720

Palandt

Bürgerliches Gesetzbuch

Beck'sche Kurz-Kommentare

Band 7

Palandt
Bürgerliches Gesetzbuch

mit Einführungsgesetz, Beurkundungsgesetz, Gesetz zur Regelung des Rechts der Allgemeinen Geschäftsbedingungen, Abzahlungsgesetz, Zweites Wohnraumkündigungsschutzgesetz, Erbbaurechtsverordnung, Wohnungseigentumsgesetz, Ehegesetz, Jugendwohlfahrtsgesetz

bearbeitet von

Dr. Peter Bassenge
Vorsitzender Richter
am Landgericht Lübeck

Prof. Dr. Uwe Diederichsen
Universität Göttingen,
Richter am Oberlandesgericht Celle

Helmut Heinrichs
Präsident des Landgerichts Bremen

Prof. Dr. Andreas Heldrich
Universität München

Dr. h. c. Theodor Keidel
Oberstlandesgerichtsrat a. D., München

Prof. Dr. Hans Putzo
Vorsitzender Richter
am Oberlandesgericht München

Prof. Dr. Heinz Thomas
Vorsitzender Richter
am Oberlandesgericht München

38., neubearbeitete Auflage

C. H. Beck'sche Verlagsbuchhandlung

München 1979

ISBN 3 406 07255 0
Druck der C. H. Beck'schen Buchdruckerei Nördlingen

Vorwort zur 38. Auflage

Die 38. Auflage hat den Stand der Gesetzgebung vom 31. Dezember 1978. Literatur und Rechtsprechung sind in den beiden ersten Büchern des BGB bis Mitte September, im Dritten Buch bis Anfang Oktober, in den übrigen Teilen des Werkes bis Mitte Oktober 1978 berücksichtigt.

Im Allgemeinen Teil wurden die Erläuterungen zur Vollmacht des Architekten erweitert. Im Verjährungsrecht wurden einzelne Anmerkungen gestrafft und neu gefaßt, so vor allem die Erläuterung der Verjährung im Falle der Anspruchskonkurrenz.

Im Allgemeinen Teil des Schuldrechts ist die Unzulässigkeit der Rechtsausübung wegen Fehlens eines schutzwürdigen Interesses neu bearbeitet. Die Stellungnahme zur Rechtsnatur der Erfüllung wurde geändert. Daraus ergaben sich im Titel „Erfüllung" zahlreiche Folgeänderungen. Bei der Aufrechnung wurden die Erläuterungen zum Merkmal der „Gleichartigkeit" der Forderungen neu gestaltet. Im Schadensersatzrecht und bei der Darstellung der Wertsicherungsklauseln ergaben sich aus dem besonders intensiven Anfall von Rechtsprechung und Literatur wiederum eine Vielzahl von Änderungen und Ergänzungen.

Im Besonderen Teil des Schuldrechts wurden einzelne Vorschriften des Kaufrechts neu kommentiert. Die Neufassung des Wohnungsmodernisierungsgesetzes (jetzt: Modernisierungs- und Energieeinsparungsgesetz) ist in allen Anmerkungen zum Mietrecht berücksichtigt worden. Die durch Richterrecht geprägte Weiterentwicklung des Arbeitsrechts ist auf aktuellem Stande in den §§ 611 ff. BGB dargestellt. Neu sind die Ausführungen über die Gefährdungshaftung des Produzenten gemäß dem Arzneimittelgesetz; die einschlägigen Vorschriften wurden abgedruckt (§ 823 BGB Anm. 16 E). Das Verhältnis mehrerer Unternehmer zueinander wurde im Werkvertragsrecht (§ 631 BGB Anm. 1 d) ausführlicher erläutert. Die rechtliche Einordnung und die Probleme der Einziehungsermächtigung (§ 665 BGB Anm. 2, § 675 BGB Anm. 3 b und § 812 BGB Anm. 5 B b cc) wurden differenzierter dargelegt. Die Haftungsregelung bei Sportveranstaltungen wurde im Rahmen des Deliktrechts breiter behandelt.

Im Sachenrecht wurden das Recht der Vormerkung (§§ 883–888 BGB) einschließlich des Widerspruchs gegen Vormerkungen (§ 899 BGB Anm. 3) und die Rechtsverhältnisse an der Grenzwand unter eingehender Berücksichtigung des Landesnachbarrechts (§ 921 BGB Anm. 6) völlig neu bearbeitet. Weitere Bereiche des mittelbaren Besitzes (§ 868 BGB Anm. 1, 2), der enteignende und enteignungsgleiche Eingriff in den Gewerbebetrieb (§ 903 BGB Anm. 5 H c), der Erwerb beweglicher Sachen von Nichtberechtigten (§§ 933, 934 BGB) und das Recht der Tilgungshypothek (Überblick 2 B d aa vor § 1113 BGB) wurden im Hinblick auf die neue Rechtsprechung – vor allem die des BGH – und die aktuelle Literatur stark überarbeitet. Erweitert wurden die Nachweise der Rechtsprechung zur Notwendigkeit eines Negativattestes beim gesetzlichen Vorkaufsrecht nach dem Bundesbaugesetz (Überblick 3 c cc vor § 1094 BGB) und die Hinweise auf Sondervorschriften des Landesnachbarrechts (z. B. § 905 BGB Anm. 1 c; § 917 BGB Anm. 3 d, 5; § 921 BGB Anm. 6).

Im Familienrecht mußte dem Dogmatisierungsprozeß Rechnung getragen werden, der nach den verschiedenen familienrechtlichen Reformen der letzten Jahre mit einer Fülle literarischer Äußerungen und einer kaum noch übersehbaren Rechtsprechung voll eingesetzt hat. So sind in die Neuauflage allein in diesem Bereich nahezu 600 Gerichtsentscheidungen eingearbeitet worden, wobei besonderes Gewicht darauf gelegt wurde, dem Benutzer auch Kontroversen zwischen verschiedenen Gerichten deutlich zu machen. Schwerpunkte der Neubearbeitung ergaben sich vor allem bei den verfahrensrechtlichen Anmerkungen, insbesondere in den Einführungen vor § 1564 und § 1601 BGB, ferner in den Anmerkungen zu §§ 1632, 1634 und 1671 BGB sowie in den Hinweisen zum Übergangsrecht. Materiellrechtlich erwiesen sich vor allem die Scheidung innerhalb des ersten Trennungsjahres, der Begriff des Getrenntlebens sowie die scheidungshemmende Härteklausel als für die Praxis besonders bedeutsam, was zu einer Umarbeitung und Erweiterung von § 1565 BGB Anm. 4 sowie der Kommentierung von §§ 1567 und 1568 BGB führte. Eine besondere Rolle spielt das gesamte Unterhaltsrecht, was sich in den Erläuterungen zu

Vorwort

§§ 1361, 1578, 1579 BGB und besonders zu §§ 1601 ff. BGB, aber auch zu §§ 58 ff. EheG a. F. niedergeschlagen hat. Bemerkenswert ist die Zunahme der Entscheidungen zu den Versuchen von Unterhaltsschuldnern, sich durch Unterlassen von Arbeitsleistung ihren Unterhaltspflichten zu entziehen (§ 1603 BGB Anm. 2). Erste grundsätzliche Entscheidungen sind auch zum Versorgungsausgleich ergangen, was zu einer erheblichen Ausdehnung der Kommentierung der §§ 1587 ff. BGB Anlaß gab. In diesem Zusammenhang war auch die jährliche Neubekanntmachung von Rechengrößen zur Durchführung des Versorgungsausgleichs in der gesetzlichen Rentenversicherung einzufügen. Abgesehen von dem Nachweis verfassungsmäßiger Bedenken gegen den Versorgungsausgleich in Literatur und Rechtsprechung (Einführung 9 vor § 1587 BGB) spielen vor allem der Ausschluß des Versorgungsausgleichs wegen kurzer Ehedauer (§ 1587 c BGB Anm. 2), die Durchsetzung gerichtlicher Auskunftsbegehren (§ 1587 e BGB Anm. 2) und die Zulässigkeit von Vereinbarungen über den Versorgungsausgleich im Rahmen des Scheidungsverfahrens (§ 1587 o BGB Anm. 3) eine besondere Rolle.

Das neue Adoptionsrecht hat eine ganze Reihe von Entscheidungen zu den §§ 1741 ff. BGB zur Folge gehabt, vor allem im Übergangsrecht (Einführung 5 vor § 1741 BGB), zur Ersetzung der Einwilligung der leiblichen Eltern (§ 1748 BGB Anm. 2) und etwa zur Möglichkeit der Änderung des Vornamens anläßlich der Annahme als Kind (§ 1757 BGB Anm. 2). Die Neuauflage bietet auch insoweit eine nahezu vollständige Übersicht über die Rechtslage im Familienrecht.

Im Erbrecht wurde der Weiterentwicklung des Rechtsgebiets durch Rechtsprechung und Schrifttum Rechnung getragen.

Im Internationalen Privatrecht wurde die Kommentierung des Haager Übereinkommens über das auf Unterhaltsverpflichtungen gegenüber Kindern anzuwendende Recht im ganzen neu bearbeitet und auf eine Erläuterung zu den einzelnen Artikeln umgestellt. Damit sind jetzt die drei wichtigsten neueren Haager Konventionen, welche von der Bundesrepublik ratifiziert worden sind, im Palandt artikelweise kommentiert. – Völlig neubearbeitet ist Artikel 124 EGBGB mit einer umfassenden Dokumentation des Landesnachbarrechts.

Die Kommentierung des Gesetzes zur Regelung des Rechts der Allgemeinen Geschäftsbedingungen wurde weiter ausgebaut. Zu dem Gesetz sind seit der letzten Auflage weitere Kommentare, Aufsätze und erste gerichtliche Entscheidungen veröffentlicht worden. Dieses Material ist gründlich ausgewertet und, soweit bei einem Kurzkommentar möglich, in der Neuauflage berücksichtigt worden. Einzelne Probleme wurden neu dargestellt, so etwa die Wirksamkeit von „salvatorischen" Klauseln und einige Anmerkungen zu den Klauselverboten der §§ 10 und 11 des Gesetzes.

Im Gesetz zur Regelung der Miethöhe waren die Änderungen der Novelle zum Wohnungsmodernisierungsgesetz einzuarbeiten und die Neufassung dieses Gesetzes (jetzt: Modernisierungs- und Energieeinsparungsgesetz) zu berücksichtigen.

Im Wohnungseigentumsgesetz wurden vor allem die §§ 22–27 WEG (im Abschnitt Verwaltung) aufgrund zahlreicher neuer Gerichtsentscheidungen eingehend überarbeitet.

Bremen, Göttingen, Lübeck, München, im November 1978

Die Verfasser

Verzeichnis der Bearbeiter der 38. Auflage

DR. PETER BASSENGE:
BGB §§ 854–1296
EG BGB Art. 52–54, 59–63, 65–69, 73, 74, 89–91, 96, 109–133, 142, 143, 179–197
Erbbaurechtsverordnung
Wohnungseigentumsgesetz

DR. UWE DIEDERICHSEN:
BGB §§ 1297–1921 mit Gleichberechtigungsgesetz, Familienrechtsänderungsgesetz, Gesetz über die rechtliche Stellung der nichtehelichen Kinder, Erstem Gesetz zur Reform des Ehe- und Familienrechts und Adoptionsgesetz
EG BGB Art. 33
Ehegesetz
Gesetz für Jugendwohlfahrt

HELMUT HEINRICHS:
Einleitung
BGB §§ 1–432
EG BGB Art. 1–4, 32, 55, 56, 76, 82, 83, 85, 86, 88, 157, 163–170, 218
Beurkundungsgesetz §§ 1–26
AGB-Gesetz §§ 1–11, §§ 13–30

DR. ANDREAS HELDRICH:
EG BGB Art. 7–31, 198–203, 207–210, 212
AGB-Gesetz § 12

DR. H. C. THEODOR KEIDEL:
Schrifttumsverzeichnis
BGB §§ 1922–2385
EG BGB Art. 64, 137–140, 147–152, 213–217
Beurkundungsgesetz §§ 27–35
Sachverzeichnis

DR. HANS PUTZO:
BGB §§ 433–630
EG BGB Art. 93, 94, 171, 172
Gesetz über die Abzahlungsgeschäfte
2. Wohnraumkündigungsschutzgesetz

DR. HEINZ THOMAS:
BGB §§ 631–853
EG BGB Art. 75, 81, 97–108, 173–178

Verzeichnis aller Mitarbeiter einschließlich der ausgeschiedenen Mitarbeiter

DR. OTTO PALANDT †:
Gesamtredaktion und Einleitung; 1.–10. Auflage

DR. PETER BASSENGE:
seit 35. Auflage; Arbeitsgebiet vgl. Bearbeiterverzeichnis der 38. Auflage

DR. BUNGE † (in Gemeinschaft mit RADTKE):
BGB §§ 2032, 2033, 2112–2115, 2205–2220; EG BGB Art. 24–26; 1. und 2. Auflage

DR. BERNHARD DANCKELMANN:
1.–36. Auflage; Arbeitsgebiet siehe zuletzt Bearbeiterverzeichnis der 36. Auflage

DR. MAX DEGENHART †:
BGB §§ 854–1296; EG BGB Art 52–54, 59–63, 65–69, 73, 74, 89–91, 96, 109–133, 142, 143, 179–197;
Erbbaurechtsverordnung; Wohnungseigentumsgesetz; 27.–34. Auflage

DR. UWE DIEDERICHSEN:
seit 33. Auflage; Arbeitsgebiet, vgl. Bearbeiterverzeichnis der 38. Auflage

DR. JOHANNES FRIESECKE †:
BGB §§ 241–432, 607–630, 657–778; 1.–6. Auflage

DR. HANS GRAMM †:
BGB §§ 433–853; EG BGB Art. 70–72, 75, 77–81, 92–108, 171–178
Gesetz über Abzahlungsgeschäfte; Außenwirtschaftsgesetz; 7.–27. Auflage

HELMUT HEINRICHS:
seit 28. Auflage; Arbeitsgebiet vgl. Bearbeiterverzeichnis der 38. Auflage

DR. ANDREAS HELDRICH:
seit 33. Auflage; Arbeitsgebiet vgl. Bearbeiterverzeichnis der 38. Auflage

DR. FRITZ HENKE †:
BGB: Einleitung vor § 854, 873–1203; EG BGB Art. 180–197; Erbbaurechtsverordnung; 1.–4. Auflage

DR. ULRICH HOCHE †:
BGB §§ 854–1296; EG BGB Art. 52–54, 59–63, 73, 74, 89–91, 109–137, 142, 143, 179–197; Erbbaurechtsverordnung; Wohnungseigentumsgesetz; 5.–26. Auflage

DR. H. C. THEODOR KEIDEL:
seit 20. Auflage; Arbeitsgebiet vgl. Bearbeiterverzeichnis der 38. Auflage

DR. WOLFGANG LAUTERBACH †:
BGB §§ 1297–1921 mit Gleichberechtigungsgesetz, Familienrechtsänderungsgesetz und Gesetz über die rechtliche Stellung der nichtehelichen Kinder; EG BGB Art. 7–31, 33, 198–203, 207–210, 212; Ehegesetz; Gesetz für Jugendwohlfahrt; 1.–32. Auflage

Verzeichnis aller Mitarbeiter

Dr. Eberhard Pinzger †:

BGB §§ 433–606, 779–853, 854 (ohne Einl)–872, 1204–1296; 1.–6. Auflage

Dr. Hans Putzo:

seit 28. Auflage; Arbeitsgebiet vgl. Bearbeiterverzeichnis der 38. Auflage

Heinz Radtke † (in Gemeinschaft mit Dr. Bunge):

BGB §§ 2034–2063, 2316; EG BGB Art. 32–179; 1.–6. Auflage

Dr. Ludwig Rechenmacher †:

BGB §§ 1922–2385; EG BGB Art. 64, 138–140; 147–151, 213–217; Sachverzeichnis; 7. bis 19. Auflage

Dr. Claus Seibert †:

BGB §§ 631–656, 1591–1600, 1626–1718, 1922–2031, 2064–2111, 2116–2204, 2208–2315, 2317–2385;
EG BGB Art. 203–206, 213–218; Gesetz betr. die religiöse Kindererziehung; Testamentsgesetz; 1.–6. Auflage

Dr. Heinz Thomas:

seit 28. Auflage; Arbeitsgebiet vgl. Bearbeiterverzeichnis der 38. Auflage

Inhaltsverzeichnis

	Seite
Verzeichnis der abgedruckten Gesetze und Verordnungen	XIX
Abkürzungsverzeichnis	XXI
I. Gesetze, Verordnungen, Amtsblätter, Zeitschriften, Entscheidungssammlungen, Behörden, Orts- und Landesnamen, einzelne juristische Werke	XXI
II. Juristische Fachausdrücke, allgemeine Wortabkürzungen	XL

Bürgerliches Gesetzbuch

Erstes Buch: Allgemeiner Teil 1

Bearbeiter: §§ 1–240 H. Heinrichs

Erster Abschnitt: Personen. §§ 1–89	9
1. Titel: Natürliche Personen. §§ 1–20	9
2. Titel: Juristische Personen. §§ 21–89	22
I. Vereine. §§ 21–79	23
1. Allgemeine Vorschriften. §§ 21–54	23
2. Eingetragene Vereine. §§ 55–79	42
II. Stiftungen. §§ 80–88	48
III. Juristische Personen des öffentlichen Rechtes. § 89	51
Zweiter Abschnitt: Sachen. §§ 90–103	53
Dritter Abschnitt: Rechtsgeschäfte. §§ 104–185	66
1. Titel: Geschäftsfähigkeit. §§ 104–115	71
2. Titel: Willenserklärung. §§ 116–144	77
3. Titel: Vertrag. §§ 145–157	124
4. Titel: Bedingung. Zeitbestimmung. §§ 158–163	139
5. Titel: Vertretung. Vollmacht. §§ 164–181	142
6. Titel: Einwilligung. Genehmigung. §§ 182–185	156
Vierter Abschnitt: Fristen. Termine. §§ 186–193	160
Fünfter Abschnitt: Verjährung. §§ 194–225	162
Sechster Abschnitt: Ausübung der Rechte. Selbstverteidigung. Selbsthilfe. §§ 226–231	181
Siebenter Abschnitt: Sicherheitsleistung. §§ 232–240	185

Zweites Buch: Recht der Schuldverhältnisse 188

Bearbeiter: §§ 241–432 Heinrichs; §§ 433–630 Dr. Putzo; §§ 631–853 Dr. Thomas

Erster Abschnitt: Inhalt der Schuldverhältnisse. §§ 241–304	191
1. Titel: Verpflichtung zur Leistung. §§ 241–292	191
2. Titel: Verzug des Gläubigers. §§ 293–304	306
Zweiter Abschnitt: Schuldverhältnisse aus Verträgen. §§ 305–361	312
1. Titel: Begründung. Inhalt des Vertrags. §§ 305–319	312
2. Titel: Gegenseitiger Vertrag. §§ 320–327	333
3. Titel: Versprechen der Leistung an einen Dritten. §§ 328–335	349
4. Titel: Draufgabe. Vertragsstrafe. §§ 336–345	358
5. Titel: Rücktritt. §§ 346–361	363

Inhaltsverzeichnis

Dritter Abschnitt: Erlöschen der Schuldverhältnisse. §§ 362–397 369
  1. Titel: Erfüllung. §§ 362–371 370
  2. Titel: Hinterlegung. §§ 372–386. 375
  3. Titel: Aufrechnung. §§ 387–396. 380
  4. Titel: Erlaß. § 397. 387

Vierter Abschnitt: Übertragung der Forderung. §§ 398–413 388

Fünfter Abschnitt: Schuldübernahme. §§ 414–419 400

Sechster Abschnitt: Mehrheit von Schuldnern und Gläubigern. §§ 420–432 . . 406

Siebenter Abschnitt: Einzelne Schuldverhältnisse. §§ 433–853 417
  1. Titel: Kauf. Tausch. §§ 433–515. 417
    I. Allgemeine Vorschriften. §§ 433–458. 419
    II. Gewährleistung wegen Mängel der Sache. §§ 459–493 436
      Bei § 482: VO betr. die Hauptmängel und Gewährfristen beim Viehhandel v.
      27. 3. 1899 456
    III. Besondere Arten des Kaufes. §§ 494–514 459
      1. Kauf nach Probe. Kauf auf Probe. §§ 494–496. 459
      2. Wiederkauf. §§ 497–503 461
      3. Vorkauf. §§ 504–514 463
    IV. Tausch. § 515 468
  2. Titel: Schenkung. §§ 516–534. 468
  3. Titel: Miete. Pacht. §§ 535–597 477
    I. Miete. §§ 535–580a 477
    II. Pacht. §§ 581–597 533
  4. Titel: Leihe. §§ 598–606 539
  5. Titel: Darlehen. §§ 607–610 541
  6. Titel: Dienstvertrag. §§ 611–630 546
  7. Titel: Werkvertrag. §§ 631–651. 591
  8. Titel: Mäklervertrag. §§ 652–656 618
  9. Titel: Auslobung. §§ 657–661 634
 10. Titel: Auftrag. §§ 662–676 636
 11. Titel: Geschäftsführung ohne Auftrag. §§ 677–687. 652
 12. Titel: Verwahrung. §§ 688–700 659
 13. Titel: Einbringung von Sachen bei Gastwirten. §§ 701–704 662
 14. Titel: Gesellschaft. §§ 705–740 666
 15. Titel: Gemeinschaft. §§ 741–758 693
 16. Titel: Leibrente. §§ 759–761 701
 17. Titel: Spiel. Wette. §§ 762–764 703
 18. Titel: Bürgschaft. §§ 765–778 706
 19. Titel: Vergleich. § 779 717
 20. Titel: Schuldversprechen. Schuldanerkenntnis. § 780–782 721
 21. Titel: Anweisung. §§ 783–792 726
 22. Titel: Schuldverschreibung auf den Inhaber. §§ 793–808a. 730
 23. Titel: Vorlegung von Sachen. §§ 809–811 738
 24. Titel: Ungerechtfertigte Bereicherung. §§ 812–822. 741
 25. Titel: Unerlaubte Handlungen. §§ 823–853 780

Drittes Buch: Sachenrecht 882
Bearbeiter: Dr. Bassenge

Erster Abschnitt: Besitz. §§ 854–872 886
Zweiter Abschnitt: Allgemeine Vorschriften über Rechte an Grundstücken.
  §§ 873–902. 905

Inhaltsverzeichnis

Dritter Abschnitt: Eigentum. §§ 903–1011 942
  1. Titel: Inhalt des Eigentums. §§ 903–924 947
  2. Titel: Erwerb u. Verlust des Eigentums an Grundstücken. §§ 925–928 981
  3. Titel: Erwerb und Verlust des Eigentums an beweglichen Sachen. §§ 929–984 988
    I. Übertragung. §§ 929–936 988
    II. Ersitzung. §§ 937–945 1013
    III. Verbindung. Vermischung. Verarbeitung. §§ 946–952. 1015
    IV. Erwerb von Erzeugnissen und sonstigen Bestandteilen einer Sache. §§ 953–957 . . 1022
    V. Aneignung. §§ 958–964. 1026
    VI. Fund. §§ 965–984 1027
  4. Titel: Ansprüche aus dem Eigentum. §§ 985–1007 1031
  5. Titel: Miteigentum. §§ 1008–1011 1058
Vierter Abschnitt: Erbbaurecht. §§ 1012–1017 1059
Verordnung über das Erbbaurecht v. 15. 1. 1919 1063
Fünfter Abschnitt: Dienstbarkeiten. §§ 1018–1093 1078
  1. Titel: Grunddienstbarkeiten. §§ 1018–1029 1079
  2. Titel: Nießbrauch. §§ 1030–1089 1087
    I. Nießbrauch an Sachen. §§ 1030–1067. 1088
    II. Nießbrauch an Rechten. §§ 1068–1084 1100
    III. Nießbrauch an einem Vermögen. §§ 1085–1089 1104
  3. Titel: Beschränkte persönliche Dienstbarkeiten. §§ 1090–1093 1107
Sechster Abschnitt: Vorkaufsrecht. §§ 1094–1104 1111
Siebenter Abschnitt: Reallasten. §§ 1105–1112 1117
Achter Abschnitt: Hypothek. Grund-, Rentenschuld. §§ 1113–1203 1122
  1. Titel: Hypothek. §§ 1113–1190 1129
  2. Titel: Grundschuld. Rentenschuld. §§ 1191–1203 1182
    I. Grundschuld. §§ 1191–1198 1182
    II. Rentenschuld. §§ 1199–1203 1189
Neunter Abschnitt: Pfandrecht an beweglichen Sachen und an Rechten.
§§ 1204–1296. 1190
  1. Titel: Pfandrecht an beweglichen Sachen. §§ 1204–1272 1192
  2. Titel: Pfandrecht an Rechten. §§ 1273–1296 1211

Viertes Buch: Familienrecht 1221

Bearbeiter: Dr. Diederichsen

Erster Abschnitt: Bürgerliche Ehe. §§ 1297–1588. 1223
  1. Titel: Verlöbnis. §§ 1297–1302 1223
  2. Titel: Eingehung der Ehe. §§ 1303–1322 1227
  3. Titel: Nichtigkeit und Anfechtbarkeit der Ehe. §§ 1323–1347 1227
  4. Titel: Wiederverheiratung im Falle der Todeserklärung. §§ 1348–1352 1227
  5. Titel: Wirkungen der Ehe im allgemeinen. §§ 1353–1362. 1227
  6. Titel: Eheliches Güterrecht. § 1363–1563 1253
    I. Gesetzliches Güterrecht. §§ 1363–1390 1256
    II. Vertragsmäßiges Güterrecht. §§ 1408–1518 1284
      1. Allgemeine Vorschriften. §§ 1408–1413 1285
      2. Gütertrennung. § 1414 1290
      3. Gütergemeinschaft. §§ 1415–1518 1292
        a) Allgemeine Vorschriften. §§ 1415–1421. 1293
        b) Verwaltung des Gesamtgutes durch den Mann oder die Frau. §§ 1422–1449 1297
        c) Gemeinschaftliche Verwaltung des Gesamtgutes durch die Ehegatten.
          §§ 1450–1470 1307
        d) Auseinandersetzung des Gesamtgutes. §§ 1471–1482 1312
        e) Fortgesetzte Gütergemeinschaft. §§ 1483–1518. 1318
    III. Güterrechtsregister. §§ 1558–1563 1332
  7. Titel: Scheidung der Ehe. §§ 1564–1587p 1334
    I. Scheidungsgründe §§ 1564–1568 1340
    II. Unterhalt der geschiedenen Ehegatten §§ 1569–1586b 1353
    III. Versorgungsausgleich. §§ 1587–1587p 1382
      Anhang I zu § 1587a: Bekanntmachung zu § 1304c RVO 1402

Inhaltsverzeichnis

    Anhang II zu § 1587a: Barwert-Verordnung 1409
    Anhang I zu § 1587b: Tabellen zum Verhältnis von monatlicher Rente usw. und dem erforderlichen Kapitalaufwand 1418
    Anhang II zu § 1587b: Tabellen zum Verhältnis von Barwert oder Deckungskapital und monatliche dynamische Rente 1419
    Anm 1 zu § 1587o: Auskunftsverordnung 1429
    Anhang zu § 1587p: Verordnung über die Behandlung der Ehewohnung und des Hausrats (6. DVO zum Ehegesetz) 1432
  8. Titel: Kirchliche Verpflichtungen. § 1588. 1439

Zweiter Abschnitt: Verwandtschaft. §§ 1589–1772 1439
  1. Titel: Allgemeine Vorschriften. §§ 1589, 1590. 1440
  2. Titel: Abstammung. §§ 1591–1600 o 1440
    I. Eheliche Abstammung. §§ 1591–1600 1444
    II. Nichteheliche Abstammung. §§ 1600a–1600o 1451
      Anhang zu § 1600o: Übergangsrecht zur Anerkennung und Aufhebung der Vaterschaft. Gesetz über die Rechtsstellung der nichtehelichen Kinder Art. 12 § 3 1461
  3. Titel: Unterhaltspflicht. §§ 1601–1615 o 1462
    I. Allgemeine Vorschriften. §§ 1601–1615 1465
      Anm 3 zu § 1612a: Anpassungsverordnung 1480
    II. Besondere Vorschriften für das nichteheliche Kind und seine Mutter. §§ 1615a bis 1615o 1482
      Anhang zu §§ 1615f, 1615g: Regelunterhalts-Verordnung 1487
  4. Titel: Rechtsverhältnis zwischen den Eltern und dem Kinde im allgemeinen. §§ 1616 bis 1625 1494
  5. Titel: Elterliche Gewalt über eheliche Kinder. §§ 1626–1698b 1501
    Anhang zu § 1631: Gesetz über die religiöse Kindererziehung 1510
  6. Titel. Elterliche Gewalt über nichteheliche Kinder. §§ 1705–1712 1543
  7. Titel: Legitimation nichtehelicher Kinder. §§ 1719–1740g 1549
    I. Legitimation durch nachfolgende Ehe. §§ 1719–1722 1549
    II. Ehelicherklärung auf Antrag des Vaters. §§ 1723–1740 1550
    III. Ehelicherklärung auf Antrag des Kindes. §§ 1740a–1740g 1555
  8. Titel: Annahme als Kind. §§ 1741–1772 1558
    Einf 5 vor 1741: Übergangsvorschriften zum AdoptG 1559
    I. Annahme Minderjähriger. §§ 1741–1766 1561
    II. Annahme Volljähriger. §§ 1767–1772 1581

Dritter Abschnitt: Vormundschaft. §§ 1773–1921 1583
  1. Titel: Vormundschaft über Minderjährige. §§ 1773–1895 1584
    I. Begründung der Vormundschaft. §§ 1773–1792 1584
    II. Führung der Vormundschaft. §§ 1793–1836 1593
    III. Fürsorge und Aufsicht des Vormundschaftsgerichts. §§ 1837–1848 1624
    IV. Mitwirkung des Jugendamts. §§ 1849–1851a 1630
    V. Befreite Vormundschaft. §§ 1852–1857a 1631
    VI. Familienrat. §§ 1858–1881 1633
    VII. Beendigung der Vormundschaft. §§ 1882–1895 1639
  2. Titel: Vormundschaft über Volljährige. §§ 1896–1908 1645
  3. Titel: Pflegschaft. §§ 1909–1921 1650
    Anhang nach § 1911:
    § 10 Zuständigkeitsergänzungsgesetz 1656

Fünftes Buch: Erbrecht 1663

Bearbeiter: Dr. h. c. Th. Keidel

Erster Abschnitt: Erbfolge. §§ 1922–1941 1667
  Anhang zu § 1924: NEhelG v. 19. 8. 69, Art. 12 § 10 1679
  Bei § 1936: VO über die deutsche Staatsangehörigkeit v 5. 2. 34 1698
Zweiter Abschnitt: Rechtliche Stellung des Erben. §§ 1942–2063 1702
  1. Titel: Annahme und Ausschlagung der Erbschaft. Fürsorge des Nachlaßgerichts. §§ 1942–1966 1702

Inhaltsverzeichnis

2. Titel: Haftung des Erben für die Nachlaßverbindlichkeiten. §§ 1967–2017 1719
   I. Nachlaßverbindlichkeiten. §§ 1967–1969 1719
   II. Aufgebot der Nachlaßgläubiger. §§ 1970–1974 1723
   III. Beschränkung der Haftung des Erben. §§ 1975–1992 1725
   IV. Inventarerrichtung. Unbeschränkte Haftung des Erben. §§ 1993–2013 1736
   V. Aufschiebende Einreden. §§ 2014–2017 1744
3. Titel: Erbschaftsanspruch. §§ 2018–2031 1745
4. Titel: Mehrheit von Erben. §§ 2032–2063 1752
   I. Rechtsverhältnis der Erben untereinander. §§ 2032–2057a 1753
   II. Rechtsverhältnis zwischen den Erben und den Nachlaßgläubigern. §§ 2058–2063 . 1780

Dritter Abschnitt: Testament. §§ 2064–2273 1783
1. Titel: Allgemeine Vorschriften. §§ 2064–2086 1784
2. Titel: Erbeinsetzung. §§ 2087–2099 1805
3. Titel: Einsetzung eines Nacherben. §§ 2100–2146 1811
4. Titel: Vermächtnis. §§ 2147–2191 1839
5. Titel: Auflage. §§ 2192–2196 1856
6. Titel: Testamentsvollstrecker. §§ 2197–2228 1858
7. Titel: Errichtung und Aufhebung eines Testaments. §§ 2229–2233 1886
   Anhang vor § 2229: Gesetz über die Errichtung von Testamenten und Erbverträgen v. 31.7.38, § 51 1888
   Anhang zu § 2231: Konsulargesetz idF v. 11.9.74, §§ 10, 11 1891
8. Titel: Gemeinschaftliches Testament. §§ 2265–2273 1910

Vierter Abschnitt: Erbvertrag. §§ 2274–2302 1923

Fünfter Abschnitt: Pflichtteil. §§ 2303–2338a 1945

Sechster Abschnitt: Erbunwürdigkeit. §§ 2339–2345 1977

Siebenter Abschnitt: Erbverzicht. §§ 2346–2352 1980

Achter Abschnitt: Erbschein. §§ 2353–2370 1985

Neunter Abschnitt: Erbschaftskauf. §§ 2371–2385 2006

Einführungsgesetz zum BGB 2011

Bearbeiter:

Dr. *Bassenge:*	Art. 52–54, 59–63, 65–69, 73, 74, 89–91, 96, 109–133, 142, 143, 179–197
Dr. *Diederichsen:*	Art. 33
H. *Heinrichs:*	Art. 1–4, 32, 55, 56, 82, 83, 85, 86, 88, 141, 157, 163–170, 218
Dr. *Heldrich:*	Art. 7–31, 198–203, 207–210, 212
Dr. h. c. *Keidel:*	Art. 64, 137–140, 147–152, 213–217
Dr. *Putzo:*	Art. 93, 94, 171, 172
Dr. *Thomas:*	Art. 75–81, 97–108, 173–178

Erster Abschnitt: Allgemeine Vorschriften (Art. 1–31) 2011
  Art. 7–31: Internationales Privatrecht 2012
    Grundlagen 2013
      Deutsches Interlokales Privatrecht 2019
    Allgemeiner Teil 2022
      Anh zu Art 7: Rechtsfähigkeit, Namensrecht 2023
      Anh zu Art 8: Das Haager Entmündigungsabkommen 2024
      Anh nach Art 10: Juristische Personen 2026
    Schuldrecht 2030
      Anh I zu Art 12: VO über d. Rechtsanwendung bei Schädigungen deutscher Staatsangehöriger außerhalb des Reichsgebiets 2040
      Anh II zu Art 12: Vertrag zwischen der BRep Deutschland u der schweizerischen Eidgenossenschaft über die Schadensdeckung bei Verkehrsunfällen 2041
    Sachenrecht 2041
    Familienrecht 2044
      Anh zu Art 13: Das Haager Eheschließungsabkommen, Übereinkommen zur Erleichterung der Eheschließung im Ausland 2048
      Anh zu Art 14: Kurze Erläuterung zu Art. 1 Haager Ehewirkungsabkommen . 2053

Inhaltsverzeichnis

    Anh zu Art 15: I. Staatsverträge 2055
                II. Gesetz über den ehelichen Güterstand von Vertriebenen u.
                Flüchtlingen 2056
    Anh zu Art 21: Das Haager Übereinkommen über das auf Unterhaltsverpflichtungen gegenüber Kindern anzuwendende Recht 2071
                Übereinkommen über die Erweiterung der Zuständigkeit der
                Behörden, vor denen nichteheliche Kinder anerkannt werden
                können 2074
    Anh zu Art 23: (Staatsverträge) Haager Vormundschaftsabkommen 2081
                Übereinkommen über die Zuständigkeit der Behörden und
                das anzuwendende Recht auf dem Gebiet des Schutzes von
                Minderjährigen und Gesetz hierzu 2082
  Erbrecht. 2088
    Anh zu Art 24–26: Übereinkommen über das auf die Form letztwilliger Verfügungen anzuwendende Recht 2092
    Allgemeine Grundsätze 2095
    Anh zu Art 29: Flüchtlinge und Verschleppte 2097
        I. AHK-G 23 über die Rechtsverhältnisse verschleppter Personen u. Flüchtlinge,
        Art 1, 2, 4, 10 2098
        II. Gesetz über die Rechtsstellung heimatloser Ausländer im Bundesgebiet v.
        25. 4. 51 (auszugsweise) 2099
        III. Abkommen über die Rechtsstellung der Flüchtlinge v. 28. 7. 51, Art. 1, 12 . 2102
        IV. Ausländergesetz vom 28. 4. 1965, §§ 28, 44 2104
        V. Übereinkommen über die Rechtsstellung des Staatenlosen v 28.9.54, Art 1, 12 2104

Zweiter Abschnitt: Verhältnis des Bürgerlichen Gesetzbuchs zu den Reichsgesetzen (Art. 32–54) 2107

Dritter Abschnitt: Verhältnis des Bürgerlichen Gesetzbuchs zu den Landesgesetzen (Art. 55–152) 2109

Vierter Abschnitt: Übergangsvorschriften (Art. 153–218) 2131

Verschollenheitsgesetz vom 15. Januar 1951
Gesetz über die Verschollenheit, die Todeserklärung und die
Feststellung der Todeszeit vom 4. Juli 1939 2144

(nicht abgedruckt)

Gesetz zur Änderung von Vorschriften des Verschollenheitsrechts (BRep) vom 15. Januar 1951 2144

(nicht abgedruckt)

Beurkundungsgesetz vom 28. August 1969 2145

(Auszug)

Bearbeiter: §§ 1–26 H. Heinrichs; §§ 27–35 Dr. h.c. Th. Keidel

Erster Abschnitt: Allgemeine Vorschriften. §§ 1–5 2145
Zweiter Abschnitt: Beurkundung von Willenserklärungen. §§ 6–35 2147
Dritter Abschnitt: Sonstige Beurkundungen. §§ 36–43 2166
Vierter Abschnitt: Behandlung der Urkunden. §§ 44–54 2166
Fünfter Abschnitt: Schlußvorschriften. §§ 55–71 2166

Gesetz zur Regelung des Rechts der Allgemeinen Geschäftsbedingungen (AGB-Gesetz) vom 9. Dezember 1976 2167

Bearbeiter: §§ 1–11, 13–30 H. Heinrichs; § 12 Dr. Heldrich

Erster Abschnitt: Sachlich rechtliche Vorschriften. §§ 1–11 2168
Zweiter Abschnitt: Kollisionsrecht. § 12 2194
Dritter Abschnitt: Verfahren. §§ 13–22 2195

Inhaltsverzeichnis

Vierter Abschnitt: Anwendungsbereich. §§ 23, 24 2202
Fünfter Abschnitt: Schluß- und Übergangsvorschriften. §§ 25–30 2204

Gesetz betr. die Abzahlungsgeschäfte vom 16. Mai 1894 . . 2206
Bearbeiter: Dr. Putzo

Zweites Gesetz über den Kündigungsschutz für Mietverhältnisse über Wohnraum vom 18. Dezember 1974 2225
Bearbeiter: Dr. Putzo

Gesetz über das Wohnungseigentum und das Dauerwohnrecht vom 15. März 1951 2235
Bearbeiter: Dr. Bassenge

Erster Teil: Wohnungseigentum. §§ 1–30 2239
  Erster Abschnitt: Begründung des Wohnungseigentums. §§ 2–9 2240
  Zweiter Abschnitt: Gemeinschaft der Wohnungseigentümer. §§ 10–19 2247
  Dritter Abschnitt: Verwaltung. §§ 20–29 2256
  Vierter Abschnitt: Wohnungserbbaurecht. § 30 2266
Zweiter Teil: Dauerwohnrecht. §§ 31–42 2266
Dritter Teil: Verfahrensvorschriften. §§ 43–58 2273
  Erster Abschnitt: Verfahren der freiwilligen Gerichtsbarkeit in Wohnungseigentumssachen. §§ 43–50 2273
  Zweiter Abschnitt: Zuständigkeit für Rechtsstreitigkeiten. §§ 51, 52 2278
  Dritter Abschnitt: Verfahren bei der Versteigerung des Wohnungseigentums. §§ 53–58 . 2278
Vierter Teil: Ergänzende Bestimmungen. §§ 59–64 2280

Ehegesetz 1946 vom 20. Februar 1946 Kontrollratsgesetz Nr. 16 2281
Bearbeiter: Dr. Diederichsen

Erster Abschnitt: Recht der Eheschließung. §§ 1–39 2283
  A. Ehefähigkeit. §§ 1–3 2283
  B. Eheverbote. §§ 4–10 2285
    Anhang zu Ehegesetz § 10: Ehefähigkeitszeugnis für deutsche Staatsangehörige 2290
  C. Eheschließung. §§ 11–15a 2291
    Anhang nach Ehegesetz 11:
      I. Bundesgesetz über die Anerkennung von Nottrauungen 2292
      II. AHK-Gesetz 23 über die Rechtsverhältnisse verschleppter Personen und Flüchtlinge Art. 6–9 2295
    Anhang nach Ehegesetz 13a:
      I. Bundesgesetz über die Anerkennung freier Ehen rassisch und politisch Verfolgter 2299
      II. Bundesgesetz über die Rechtswirkungen des Ausspruchs einer nachträglichen Eheschließung 2301
  D. Nichtigkeit der Ehe. §§ 16–26 2304
    I. Nichtigkeitsgründe. §§ 16–21 2305
    II. Berufung auf die Nichtigkeit. §§ 23, 24 2307
    III. Folgen der Nichtigkeit. § 26 2308
  E. Aufhebung der Ehe. §§ 28–37 2309
    I. Allgemeine Vorschriften. §§ 28, 29 2310
    II. Aufhebungsgründe. §§ 30–34 2311
    III. Erhebung der Aufhebungsklage. §§ 35, 36 2316
    IV. Folgen der Aufhebung. § 37 2317
  F. Wiederverheiratung im Falle der Todeserklärung. §§ 38, 39 2318
Zweiter Abschnitt: Recht der Ehescheidung. §§ 41–76 (früheres Recht) 2321

Inhaltsverzeichnis

Dritter Abschnitt: Härtemilderungsklage. § 77 2326
Vierter Abschnitt: Zusätzliche Bestimmungen. §§ 77a, 78–80 2326
  Anhang zum Ehegesetz: 1. DVO zum Ehegesetz vom 27. Juli 1938 2327

Gesetz für Jugendwohlfahrt i. d. F. vom 25. April 1977 . . . 2328
(Auszug)

Bearbeiter: Dr. Diederichsen

Abschnitt I: Allgemeines. §§ 1–3 2329
Abschnitt II: Jugendwohlfahrtsbehörden. §§ 4–23 2330
Abschnitt III: Bundesregierung und Bundesjugendkuratorium. §§ 24–26 . . . 2335
Abschnitt IV: Schutz der Pflegekinder. §§ 27–36 2335
Abschnitt V: Stellung des Jugendamts im Vormundschaftswesen; Vereinsvormundschaft.
  §§ 37–54 2339
Abschnitt Va: Vormundschaft und Pflegschaft über Volljährige. § 54a . . . 2352
Abschnitt VI: Erziehungsbeistandschaft, Freiwillige Erziehungshilfe und Fürsorgeerziehung. §§ 55–77 2352
Abschnitt VII: Heimaufsicht und Schutz von Minderjährigen unter 16 Jahren in Heimen.
  §§ 78, 79 2371
Abschnitt VIII: Kostentragung bei Hilfen zur Erziehung für einzelne Minderjährige.
  §§ 80–85 2372
Abschnitt IX: Straftaten und Ordnungswidrigkeiten. §§ 86–88 2374
Schlußbestimmung § 89 2374

Truppenschäden (Stationierungsschäden) 2374

Sachverzeichnis 2375
Bearbeiter: Dr. h. c. Th. Keidel

Verzeichnis der abgedruckten Gesetze und Verordnungen

Abwesenheitspflegschaft: § 10 ZuständigkeitsergänzungsG, im Anh nach § 1911.

Abzahlungsgesetz, G betr die Abzahlungsgeschäfte v 16. 5. 94, S. 2206.

Adoptionsgesetz v 2. 7. 1976: Art 12, Übergangsvorschriften S. 1559.

Allgemeine Geschäftsbedingungen: Gesetz zur Regelung der allgemeinen Geschäftsbedingungen v 9. 12. 1976, S. 2167.

Anpassungsverordnung, Anpassungsverordnung v 22. 6. 77, S 1480.

Arzneimittelgesetz v 24. 8. 76: § 823 Anm 16 E.

Auskunftsverordnung, Zweite Verordnung über die Erteilung von Rentenauskünften an Versicherte der gesetzlichen Rentenversicherung v 5. 8. 77, Anm 1 zu § 1587 o.

Ausländergesetz v 28. 4. 65 (BGBl I 353): §§ 28, 44, Anh IV zu EG 29.

Barwert-Verordnung vom 24. 6. 1977, BGBl I 1014, S. 1404.

Bekanntmachung zu § 1304c RVO vom 1. 12. 1976, BAnz 1976, Nr 233, S. 1402.

Beurkundungsgesetz v 28. 8. 69, S 2145.

Bundesimmissionsschutzgesetz vom 15. 3. 74, BGBl I 721: **§ 14** bei § 906 Anm 5 a dd.

Ehegesetz v 20. 2. 46, S 2281.

Ehegesetz, 1. DVO v 27. 7. 38: **§ 13** bei EheG 5; – **§ 15** bei EheG 10; – **§ 16** bei EheG 26; – **§§ 17, 18** bei EheG 29; – **§ 19** bei EheG 39.

Ehegesetz, 6. DVO (Wohnung und Hausrat) v 21. 10. 44: Im Anh zu § 1587 p.

Ehen rassisch und politisch Verfolgter, BundesG über die Anerkennung freier Ehen rassisch und politisch Verfolgter, im Anh I zu EheG 13.

1. EheRG vom 14. 6. 1976, BGBl I 1421: Art 12 Ziff 3 Abs 3, Ziff 7 d, Übergangsvorschriften S. 1386, 1387.

Eheschließungen, Heilung von Formmängeln:
a) BundesG über die Anerkennung von Nottrauungen v 2. 12. 50, im Anh I nach EheG 11,
b) AHKG 23 über die Rechtsverhältnisse verschleppter Personen und Flüchtlinge v 17. 3. 50 Art 6–9, im Anh II nach EheG 11.

Eheschließungen, nachträgliche, BundesG über die Rechtswirkungen des Ausspruchs einer nachträglichen Eheschließung, Anh II zu EheG 13.

Erbbaurecht, VO über das – v 15. 1. 19, nach § 1017.

Familienrechtsänderungsgesetz v 11. 8. 61: **Art 9 II Z 5;** Anh zu EG 29 Vorbem 2.

Flüchtlinge, Abkommen über die Rechtsstellg v 28. 7. 51: **Art 1, 12,** Anh III zu EG 29.

Gesetz über den ehelichen Güterstand von Vertriebenen und Flüchtlingen v 4. 8. 69, S 2033.

Gesetz über die rechtliche Stellung der nichtehelichen Kinder v 19. 8. 69: Art 12 § 1 Übbl 7 b vor § 1589; Art 12 § 2 Vorb 2 vor § 1600a; Art 12 § 3 Anh zu § 1600o; Art 12 § 4 bei § 1594; Art 12 § 5 bei § 1615e; Art 12 § 6 bei § 1617; Art 12 § 7 bei § 1705; Art 12 § 8 bei § 1719; Art 12 § 9 bei § 1740e; Art 12 § 10 Anh I zu § 1924; Art 12 § 11 bei EG Art 209.

Gesetz über technische Arbeitsmittel v 24. 6. 68: §§ 1–3 Anm 16 D zu § 823.

Gleichberechtigungsgesetz v 18. 6. 1957, Übergangs- und Schlußvorschriften: **Art 8 I 1,** Einf 7 vor § 1353; – **Art 8 I 2,** § 1413 Anm 4; – **Art 8 I 3,** Grdz 5 vor § 1363; – **Art 8 I 4,** Grdz 5 vor § 1363; – **Art 8 I 5,** Grdz 2 vor § 1414; – **Art 8 I 6,** Grdz 3 vor § 1415; – **Art 8 I 7** bei § 1519; – **Art 8 I 9,** § 1638 Anm 4.

Grundgesetz für die Bundesrepublik Deutschland: **Art 14,** Übbl 1 vor 903; **Art 34** bei § 839; **Art 116,** Anh zu EG 29 Vorbem 2.

Haager Eheschließungsabkommen v 12. 6. 02: **Art 1–8** im Anh zu EG 13.

Haager Ehewirkungsabkommen v 17. 7. 05: **Art 1–10** im Anh I zu EG 15.

Haager Entmündigungsabkommen v 17. 7. 05: **Art 1–14** im Anh zu EG 8.

Haager Minderjährigenschutzabkommen v 5. 10. 61 und Gesetz hiezu v 30. 4. 71 (Auszug) im Anh zu EG 23.

Gesetzesverzeichnis

Haager Unterhaltsübereinkommen v 24. 10. 56: **Art 1–6** im Anh zu EG 21.

Haager Vormundschaftsabkommen v 12. 6. 02: **Art 1–9** im Anh zu EG 23.

Heimatlose Ausländer, G über die Rechtsstellung heimatloser Ausländer im Bundesgebiet v 25. 4. 51 (auszugsweise): Im Anh II zu EG 29.

Jugendwohlfahrtsgesetz i. d. F. vom 25. 4. 1977, S. 2328.

Konsulargesetz v 11. 9. 74, BGBl I 2317: **§ 10, 11** im Anh zu § 2231.

Kündigungsschutz, Zweites G über den Kündigungsschutz für Mietverhältnisse über Wohnraum v 18. 12. 74, S. 2225.

Maschinenschutzgesetz v 24. 6. 68: § 823 Anm 16 D.

Mietrecht, G zur Verbesserung des Mietrechts u zur Begrenzung des Mietanstiegs sowie zur Regelung von Ingenieur- u Architektenleistungen v 4. 11. 71, Art 9, der das Gesetz zur Regelung der Wohnungsvermittlung enthält (auszugsweise): Anm 6 der Einf vor § 652.

Modernisierungs- und Energieeinsparungsgesetz v 12. 7. 78, BGBl I 993, § 20: § 541a nach Anm 4.

Nottrauungen, G über die Anerkennung von – v 2. 12. 50: Im Anh I nach EheG 11.

Personenstandsgesetz idF v 8. 8. 57: **§§ 3 u 4** bei EheG 12; – **§ 5a** bei EheG 10; – **§ 7a** bei EheG 8; – **§ 69b** bei EheG 10. – **PStG AVO** idF v 25. 2. 77: **§ 14** bei EheG 8.

Regelunterhalt-Verordnung vom 30. 7. 1976: Anh zu §§ 1615f, 1615g.

Religiöse Kindererziehung, G v 15. 7. 21: Im Anh zu § 1631.

Schadensdeckung bei Verkehrsunfällen, Vertrag zwischen der BRep Deutschland und der Schweizer Eidgenossenschaft über die Schadensdeckung bei Verkehrsunfällen v 30. 5. 69, im Anh II zu EG 12.

Schädigung deutscher Staatsangehöriger, VO über die Rechtsanwendung bei Schädigungen deutscher Staatsangehöriger außerhalb des Reichsgebiets v 7. 12. 42, im Anh I zu EG 12.

Staatenlose, Übereinkommen über die Rechtsstellung des Staatenlosen vom 28. 9. 54: Art 1, 12, Anh V zu EG 29.

Staatsangehörigkeit, VO über die deutsche – v 5. 2. 34, bei § 1936.

Tabellen zum Verhältnis von monatlicher Rente, Werteinheiten, Monaten für die Wartezeit und dem erforderlichen Kapitalaufwand, S. 1418, 1419.

Testamentsgesetz v 31. 7. 38: **§ 51** im Anh zur Einf vor § 2229.

Übereinkommen zur Erleichterung der Eheschließung im Ausland v 10. 9. 64, Anh zu EG 13.

Übereinkommen über die Erweiterung der Zuständigkeit der Behörden, vor denen **nichteheliche Kinder anerkannt** werden können v 14.9.61 Anh zu EG 21.

Übereinkommen über das auf die Form letztwilliger Verfügungen anzuwendende Recht v 5. 10. 61, Anh zu EG 24–26.

Verschleppte Personen, AHKG 23 über die Rechtsverhältnisse verschleppter Personen u Flüchtlinge v 17. 3. 50: Art 1, 2, 10 im Anh I zu EG 29; – Art 6–9 im Anh II nach EheG 11.

Viehmängel, VO betr die Hauptmängel und Gewährfristen beim Viehhandel v 27. 3. 99: Bei § 482.

Wohnungseigentum, G über das – u das Dauerwohnrecht v 15. 3. 51, S 2235.

Wohnungsvermittlungsgesetz v 4. 11. 71 (Auszug): Einf 6 v § 652.

Zuständigkeitsergänzungsgesetz v 7. 8. 52: **§ 10** im Anh nach § 1911.

Abkürzungsverzeichnis

I. Gesetze, Verordnungen, Amtsblätter,[1] Zeitschriften, Entscheidungssammlungen, Behörden, Orts- und Landesnamen,[2] einzelne juristische Werke

Aach	Aachen
AAnz	Amtlicher Anzeiger, Teil II zum Hamburgischen GVBl
AbbauG	Gesetz über den Abbau der Wohnungszwangswirtschaft und über ein soziales Miet- und Wohnrecht v 23. 6. 60, BGBl I 389, BGBl III 4 Nr 402-24
AbfG	Abfallbeseitigungsgesetz idF v 5.1. 77, BGBl I 41
ABGB	Österreich. Allgemeines Bürgerliches Gesetzbuch v 1. 6. 1811
AbgO (= RAbgO)	= Reichsabgabenordnung v 22. 5. 1931, RGBl I 161, BGBl III 6 Nr 610-1
ABl	Amtsblatt
ABlMR (AmZ)	Amtsblatt der Militärregierung Deutschland. Amerikanisches Kontrollgebiet
ABlMR (BrZ)	Amtsblatt der Militärregierung Deutschland. Britisches Kontrollgebiet
AbzG	Gesetz betr die Abzahlungsgeschäfte v 16.5.94, RGBl 450, BGBl III 4 Nr 402-2
Ach-Gr	Achilles-Greiff, Bürgerliches Gesetzbuch, Einführungsgesetz u Nebengesetze, Komm 21. Aufl, 1958 mit Nachtrag 1963
AcP	Archiv für die zivilistische Praxis (Band u Seite)
AdoptG	Gesetz über die Annahme als Kind und zur Änderung anderer Vorschriften (Adoptionsgesetz) v 2. 7. 76, BGBl I 1749
AdoptRÄndG	Gesetz zur Änderung von Vorschriften des Adoptionsrecht v 14. 8. 73, BGBl I 1013
ADS	Allgemeine Deutsche Seeversicherungsbedingungen 1919
ADSp	Allgemeine Deutsche Spediteurbedingungen idF v Nov 1939, RAnz 1940 Nr 4
AdVermiG	Gesetz über die Vermittlung der Annahme als Kind – Adoptionsvermittlungsgesetz – v 2. 6. 76, BGBl I 1762
AFG	Arbeitsförderungsgesetz v. 25. 6. 69, BGBl. I 582
AfP	Archiv für Presserecht (Jahr u Seite)
AG	Amtsgericht, Aktiengesellschaft
AGB	Allgemeine Geschäftsbedingungen
AGBG	Gesetz zur Regelung des Rechts der Allgemeinen Geschäftsbedingungen (AGB-Gesetz) v 9. 12. 76, BGBl I 3317
AG BGB	Ausführungsgesetz zum Bürgerlichen Gesetzbuch
AgrarR (AgrR)	Zeitschrift für das Recht der Landwirtschaft, der Agrarmärkte und des ländlichen Raumes (seit 1971; Jahr u Seite)
AHKABl	Amtsblatt der Alliierten Hohen Kommission in Deutschland (1949–1955)
AHKG	Gesetz der Alliierten Hohen Kommission für Deutschland
AIZ	Allgemeine Immobilienzeitung (Jahr u Seite)
AKB	Allgemeine Bedingungen für die Kraftverkehrsversicherung i. d. F. v 18. 12. 70 (BAnz Nr 243), auch Alliierte Kommandatur (Kommandatura) Berlin
AkfDR	Akademie für Deutsches Recht
AKG	Gesetz zur allgemeinen Regelung der durch den Krieg und den Zusammenbruch des Deutschen Reichs entstandenen Schäden (Allgemeines Kriegsfolgengesetz) v 5. 11. 57, BGBl I 1747, BGBl III 6 Nr 653-1
AkJb	Jahrbuch der Akademie für Deutsches Recht (Jahr u Seite)
AktG	Aktiengesetz v 6. 9. 65, BGBl I 1089
AkZ	Zeitschrift der Akademie für Deutsches Recht (Jahr u Seite)
Allg Beding d ElektrVersorgUnternehmen	= Allgemeine Bedingungen für die Versorgung mit elektrischer Arbeit aus dem Niederspannungsnetz der Elektrizitätsversorgungsunternehmen (Anordnung des Generalinspekteurs für Wasser und Energie zugleich für den Reichskommissar für die Preisbildung, v 27. 1. 1942, RAnz. Nr. 39)
ALR	Allgemeines Landrecht für die Preußischen Staaten von 1794
AltölG	Gesetz über Maßnahmen zur Sicherung der Altölbeseitigung v 23. 12. 68, BGBl. I 1419
Ambg	Amberg
Ambrock	Ambrock, Ehe- u Ehescheidung 1977
AmMR	Amerikanische Militärregierung
AMVO	Altbaumieten-Verordnung v 23. 7. 58, BGBl I 549, BGBl III 4 Nr 402-21
AmZ	Amerikanische Zone
AnfG	Gesetz betr die Anfechtung von Rechtshandlungen außerhalb des Konkursverfahrens v 20. 5. 98 RGBl 705, BGBl III 3 Nr 311-5
AngKG	Gesetz über die Fristen für die Kündigung von Angestellten vom 9. 7. 27, RGBl I 399

---

[1] Vgl. auch das Verzeichnis der Abkürzungen von Gesetzen, Rechtsverordnungen u allgemeinen VerwaltgsVorschriften des Bundes, 1974, GMBl 75, 230, 459; Abkürzungsverzeichnis, Bek. des Bayer. Staatsministeriums des Innern v 10. 5. 73, STAnz 1973 Nr 33.
[2] Der Ortsname ohne Zusatz bedeutet das Oberlandesgericht oder das Landgericht des betreffenden Ortes.

Abkürzungsverzeichnis I

Gesetze, Verordnungen, Amtsblätter,

AnpV 1977 ...	Verordnung zur Anpassung der Unterhaltsrenten für Minderjährige (Anpassungsverordnung 1977) v 22. 6. 77, BGBl I 977
Ans	Ansbach
AnwBl	Anwaltsblatt, Nachrichten für die Mitglieder des Deutschen Anwaltsvereins (Jahr u Seite)
AO 1977	Abgabenordnung (AO 1977) v 16. 3. 76, BGBl I 613
AP	Nachschlagewerk des Bundesarbeitsgerichts (bis 1954 Zeitschrift: Arbeitsrechtliche Praxis) (Jahrg u Seite, seit 1954 Gesetzesstelle u Entscheidungsnummer)
ApG	Gesetz über das Apothekenwesen v 28. 8. 60, BGBl I 697
ArbBlBrZ	Arbeitsblatt für die britische Zone
ArbEG	Gesetz über Arbeitnehmererfindungen v. 25. 7. 57, BGBl I 756, BGBl III 4 Nr 422–1
ArbG	Arbeitsgericht
ArbGG	Arbeitsgerichtsgesetz v 3. 9. 53, BGBl I 1267, BGBl III 3 Nr 320–1
ArbPlSchG ..	Arbeitsplatzschutzgesetz idF v 21. 5.68, BGBl I 551, BGBl III 5Nr 53-2
1. ArbRBerG	Gesetz zur Änderung des Kündigungsrechts u anderer arbeitsrechtlicher Vorschriften (Erstes Arbeitsrechtsbereinigungsgesetz) v 14. 8. 69, BGBl I 1106
ArbR-Blattei .	Arbeitsrecht-Blattei
ArbRSamml ..	Arbeitsrechts-Sammlung (früher Bensheimer Sammlung), Entscheidungen des Reichsarbeitsgericht u des Reichsehrengerichtshofs, der Landesarbeitsgerichte, Arbeitsgerichte u Ehrengerichte (Band u Seite)
ArbRspr	Rechtsprechung in Arbeitssachen (Band u Seite)
ArbSichG	Gesetz zur Sicherstellung von Arbeitsleistungen für Zwecke der Verteidigung einschließlich des Schutzes der Zivilbevölkerung (Arbeitssicherstellungsgesetz) v 9. 7. 68, BGBl I 787
ArbuSozFürs..	Arbeit und Sozialfürsorge (Jahr u Seite)
ArbuSozPol ..	Arbeit und Sozialpolitik (Jahrg u Seite)
ArchBürgR...	Archiv für bürgerliches Recht (Band u Seite)
ArchÖffR	Archiv für öffentliches Recht
Arnsbg	Arnsberg
ARSt	Arbeitsrecht in Stichworten, Arbeitsrechtliche Entscheidungen aus sämtlichen Besatzungszonen, herausgegeben von Schmaltz
ArznMG (AMG)	Arzneimittelgesetz v 24. 8. 76, BGBl I 2445
Aschaffbg	Aschaffenburg
AtG	Gesetz über die friedliche Verwendung der Kernenergie und den Schutz gegen ihre Gefahren (Atomgesetz) idF v 31. 10. 76, BGBl I 3053
AufwG	Gesetz über die Aufwertung von Hypotheken und anderen Ansprüchen (Aufwertungsgesetz) v 16. 7. 25, RGBl I 117
AufwRspr ...	Aufwertungsrechtsprechung
AÜG	Gesetz zur Regelung der gewerbsmäßigen Arbeitnehmerüberlassung (Arbeitnehmerüberlassungsgesetz – AÜG) v 7. 8. 72, BGBl I 1393
Augsbg	Augsburg
Aur	Aurich
AusbildförgsG	Erstes Gesetz über individuelle Förderung der Ausbildung (Ausbildungsförderungsgesetz) v 19. 9. 69, BGBl. I, 1719
AVAVG	Gesetz über Arbeitsvermittlung und Arbeitslosenversicherung v 16. 7. 27, RGBl I 187, idF d Bek v 3. 4. 57, BGBl I 321, BGBl III 8 Nr 810–1, aufgehoben durch § 249 Nr 1 AFG
AVB	Allgemeine Versicherungsbedingungen
AVO-PStG ..	Verordnung zur Ausführung des PStG idF v 25. 2. 77, BGBl I 377
AVG	Angestelltenversicherungsgesetz v 28. 5. 24, RGBl I 563, BGBl III 8 Nr 821–1
AVO-PStG ..	Verordnung zur Ausführung des PStG idF v 25. 2. 77, BGBl I 377
AWD (BB/AWD)	= Außenwirtschaftsdienst des Betriebsberaters (Jahr u Seite)
AWG	Außenwirtschaftsgesetz v 28. 4. 61, BGBl I 481, BGBl III 7 Nr 7400–1
AWV	Außenwirtschaftsverordnung idF v 31. 8. 73, BGBl I 1069, BGBl III 7 Nr 7400–1–1
AZO (ArbZO)	Arbeitszeitordnung v 30. 4. 38, RGBl. I 447, BGBl III 8 Nr 8050–1
B-	Bundes-
Ba	Baden
BAB	Bundesautobahn
Ba-Ba	Baden-Baden
BABl	Bundesarbeitsblatt
BadRPrax ...	Badische Rechtspraxis (Jahrg u Seite)
Bärmann	Bärmann-Pick, Wohnungseigentumsgesetz mit Erläuterungen, 9. Aufl, 1978
Bärmann Komm	= Bärmann-Merle-Pick, Wohnungseigentumsgesetz, Kommentar, 3. Aufl 1975
Bärmann Praxis	= Bärmann, Praxis des Wohnungseigentums mit Formularen u Mustern, 2. Aufl, 1968
BÄrztO	Bundesärzteordnung idF v 14. 10. 77, BGBl I 1885
BAFöG	Bundesgesetz über individuelle Förderung der Ausbildung (Bundesausbildungsförderungsgesetz) idF v 9. 4. 76, BGBl I 989
BAG	Bundesarbeitsgericht, auch Entscheidungen des Bundesarbeitsgerichts
Bambg	Bamberg
BankA	Bankarchiv, Zeitschrift für Bank- und Börsenwesen (Jahr u Seite)
BAnz	Bundesanzeiger
Barth-Schlüter	Lehrb = Bartholomeyczik – Schlüter, Erbrecht (Kurzlehrbuch) 10. Aufl. 1975
Barwert-VO .	Verordnung zur Ermittlung des Barwerts einer auszugleichenden Versorgung nach § 1587a Abs 3 Nr 2 und Abs 4 des Bürgerlichen Gesetzbuchs (Barwert-VO) v 24.6. 77, BGBl I 1014

Zeitschriften, Entscheidungssammlungen usw.   Abkürzungsverzeichnis I

Bastian/Roth-Stielow/Schmeiduch	Bastian/Roth-Stielow/Schmeidbuch uA, 1. EheRG, Kommentar, 1977
Battes	Battes, Gemschaftl Test und EhegErbVertr als Gestaltungsmittel für die VermO der Familie, 1974
BauFdgG	Gesetz zur Sicherung der Bauforderungen v 1. 6. 09, RGBl 449, BGBl III 2 Nr 213–2
BaulBeschG ..	Baulandbeschaffungsgesetz v 3. 8. 53, BGBl I 720, aufgehoben dch Bundesbaugesetz v 23. 6. 60, BGBl I 341
Baumb-Duden	HGB = Baumbach-Duden, Kurzkommentar zum Handelsgesetzbuch, 22. Aufl, 1977
Baumb-Hueck	GmbHG = Baumbach-Hueck, Kurzkommentar zum GmbHGesetz, 13. Aufl, 1970
Baumb-Lauterbach	(B-L-A-H) = Baumbach-Lauterbach-Albers-Hartmann, Kurzkommentar zur ZPO, 36. Aufl, 1978
BaunutzVO (BNVO)	= VO über die bauliche Nutzung der Grundstücke idF v 15. 9. 77, BGBl I 1763
Baur	Baur Fritz, Lehrbuch des Sachenrechts, 9. Aufl 1977
BauspG	Gesetz über Bausparkassen v 16. 11. 72, BGBl I 2097
BaWü	Baden-Württemberg
Bay	Bayern
Bayer Bgm	Der Bayerische Bürgermeister (Jahr u Seite)
BayBS	Bereinigte Sammlung des bayerischen Landesrechts
BayBSErgB .	Bereinigte Sammlung des bayerischen Landesrechts, Ergänzungsband
BayBSFN ...	Fortführungsnachweis der BayBS
BayBSVI	Bereinigte Sammlung der Verwaltungsvorschriften des Bayerischen Staatsministeriums des Innern
BayBSVJu ...	Bereinigte Sammlung der bayerischen Justizverwaltungsvorschriften
BayEG	Bayerisches Gesetz über die entschädigungspflichtige Enteignung v 11. 11. 74, GVBl 814
BayNotV (MittBayNot)	= Mitteilungen des Bayerischen Notarvereins (Jahr u Seite)
BayObLG....	Bayerisches Oberstes Landesgericht, auch Entscheidungssammlung in Zivilsachen (Jahr u Seite)
BayObLGSt ..	Bayerisches Oberstes Landesgericht, Entscheidungssammlung in Strafsachen (Jahr u Seite)
Bayr	Bayreuth
BayStrWG ...	Bayerisches Straßen- u Wegegesetz idF v 25. 4. 68, GVBl 64
BayVBl	Bayerische Verwaltungsblätter (Jahr u Seite)
BayVGH	Bayerischer Verwaltungsgerichtshof; auch: Sammlung von Entscheidungen des (k.) bayerischen Verwaltungsgerichtshofes (Band u Seite)
BayVGH . (n.F.) BayVerfGH (n. F.)	= Sammlung von Entscheidungen des Bayer. Verwaltungsgerichtshofs mit Entscheidungen des Bayer. Verfassungsgerichtshofs (ab 4. 1951 auch des Bayer. Dienststrafhofs u des Bayer. Gerichtshofs für Kompetenzkonflikte) (Band u Seite)
BayZ	Zeitschrift für Rechtspflege in Bayern (Jahr u Seite)
BB	Der Betriebsberater (Jahr u Seite)
BB/AWD ...	Der Betriebsberater / Außenwirtschaftsdienst (Jahr u Seite)
BBauBl	Bundesbaublatt (Jahr u Seite)
BBauG	Bundesbaugesetz idF v 18. 8. 76, BGBl I 2256
BBesG.......	Bundesbesoldungsgesetz idF v 23. 5. 75, BGBl I 1174
BBG	Bundesbeamtengesetz idF v 3. 1. 77, BGBl I 1, Ber 795
Bchm (Boch) .	Bochum
BdL	Bank deutscher Länder (Deutsche Bundesbank)
BDO	Bundesdisziplinarordnung idF v 20. 7. 67, BGBl I 751
BDSG	Gesetz zum Schutz vor Mißbrauch personenbezogener Daten bei der Datenverarbeitung (Bundesdatenschutzgesetz) v 27. 1. 77, BGBl I 201
BeamtVG	Gesetz über die Versorgung der Beamten u Richter in Bund und Ländern (Beamtenversorgungsgesetz) v 24. 8. 76, BGBl I 2485
BEG	Bundesgesetz zur Entschädigung für Opfer der nationalsozialistischen Verfolgung v. 29. 6. 56, BGBl I 562, BGBl III 2 Nr 251–1
BEG-SchlußG	Zweites Gesetz zur Änderung des Bundesentschädigungsgesetzes (BEG-Schlußgesetz) v 14. 9. 65, BGBl I 1315
Beitzke	Beitzke, Familienrecht, 19. Aufl, 1977
BerBG (BBiG)	Berufsbildungsgesetz v 14. 8. 69, BGBl I 1112
Bergmann-Ferid	= Bergmann-Ferid, Internationales Ehe- und Kindschaftsrecht, 3. Aufl, 1957 ff
BesSchG	Gesetz über die Abgeltung von Besatzungsschäden v 1.12.55, BGBl I 734, BGBl III 6 Nr 624–1
Betr	Der Betrieb (Jahr u Seite)
Betr AVG ...	Gesetz zur Verbesserung der betrieblichen Altersversorgung v 19. 12. 74, BGBl I 3610
BetrVG......	Betriebsverfassungsgesetz v 15. 1. 72, BGBl I 13
BeurkG	Beurkundungsgesetz v 28. 8. 69, BGBl I 1513
BewG	Bewertungsgesetz (BewG) i d F v. 26. 9. 74, BGBl I 2370
BezVG	Bezirksverwaltungsgericht
BFG	Gesetz über die Beweissicherung u Feststellung von Vermögensschäden in der sowjetischen Besatzungszone Deutschlands u im Sowjetsektor von Berlin (Beweissicherungs- u Feststellungsgesetz) v 1. 10. 69, BGBl I 1897
BFH	Bundesfinanzhof, auch Sammlung der Entscheidungen und Gutachten des Bundesfinanzhofs (Band u Seite)
BFStrG (FStrG)	= Bundesfernstraßengesetz idF v 1. 10. 74, BGBl I 2413
BGB	Bürgerliches Gesetzbuch v 18.8.96, RGBl 195, BGBl III 4 Nr 400–2

XXIII

Abkürzungsverzeichnis I

Gesetze, Verordnungen, Amtsblätter,

BGBl I, II, III	Bundesgesetzblatt, ohne Ziffer = Teil I; mit II = Teil II; mit III = Teil III
BGesA(mt)	Bundesgesundheitsamt
BGesBl	Bundesgesundheitsblatt
BGH	Bundesgerichtshof, auch Entscheidungen in Zivilsachen (Band u Seite)
BGH GrStS	Bundesgerichtshof, Großer Senat in Strafsachen
BGH GrZS	Bundesgerichtshof, Großer Senat in Zivilsachen
BGHSt	Bundesgerichtshof, Entscheidungen in Strafsachen (Band u Seite)
BGH VGrS	Bundesgerichtshof, Vereinigter Großer Senat
BGHWarn	Rechtsprechung des Bundesgerichtshofs in Zivilsachen (Jahr u Nummer)
BHaftG	Preußen. Gesetz über die Haftung des Staates u anderer Verbände für Amtspflichtverletzungen von Beamten bei Ausübung der öffentlichen Gewalt v 1. 8. 1909, GS S 691
Bielef	Bielefeld
BImSchG	Bundesimmissionsschutzgesetz v 15. 3. 74, BGBl I 721, 1193
BinnSchG	Gesetz betr die privatrechtlichen Verhältnisse der Binnenschiffahrt [Binnenschiffahrtsgesetz] v 15. 6. 95, RGBl 301, idF v 15. 6. 98, RGBl 868, BGBl III 4 Nr 4103–1
BJagdG	Bundesjagdgesetz idF v 29. 9. 76, BGBl I 2849
BKGG	Bundeskindergeldgesetz idF v 31. 1. 75, BGBl I 412
BLG	Bundesleistungsgesetz idF v 27. 9. 61, BGBl I 1769, BGBl III 5 Nr 54–1
BlGBW	Blätter für Grundstücks-, Bau- und Wohnungsrecht (Jahr u Seite)
Bln	Berlin
Bln-Sammlg, Ber LR	= Sammlung des bereinigten Berliner Landesrechts 1945–1967, GVBl Sonderband II, 1970
Bln-Sammlg, PreußR;	= Sammlung des in Berlin geltenden preußischen Rechts 1806–1945, GVBl Sonderband I, 1966
BMA	Bundesminister(ium) für Arbeit
BMF	Bundesminister(ium) der Finanzen
BMFa	Bundesminister(ium) für Familienfragen
BMG (BMietG)	= Gesetz über Maßnahmen auf dem Gebiete des Mietpreisrechts (1. Bundesmietengesetz) v 27. 7. 55, BGBl I 458, BGBl III 4 Nr 402–19
2. BMG (BMietG)	= 2. Bundesmietengesetz v 23. 6. 60, BGBl I 389, BGBl III 4 Nr 402–24
3. BMG (BMietG)	= Drittes Bundesmietengesetz v 24. 8. 65, BGBl I 971
4. BMG (BMietG)	= Viertes Bundesmietengesetz v 11. 12. 67, BGBl I 1251
5. BMG (BMietG)	= Fünftes Bundesmietengesetz v 20. 12. 68, BGBl I 1411
6. BMG (BMietG)	= Sechstes Bundesmietengesetz v 19. 12. 69, BGBl I 2358
7. BMG (BMietG)	= Siebendes Bundesmietengesetz vom 18. 6. 70 BGBl I 786
8. BMG (BMietG)	= Achtes Bundesmietengesetz v 30. 10. 72 BGBl I 2052
9. BMG (BMietG)	= Neuntes Bundesmietengesetz v 30. 10. 72, BGBl I 2054
10. BMG (BMietG)	= 10. Bundesmietengesetz v 17. 11. 75, BGBl I 2868
BMI	Bundesminister(ium) des Inneren
BMJ	Bundesminister(ium) der Justiz
BML	Bundesminister(ium) für Ernährung, Landwirtschaft und Forsten
BMWi	Bundesminister(ium) für Wirtschaft
BMWo	Bundesminister(ium) für Wohnungsbau
Bn	Bonn
BNVO	Bundesnebentätigkeitsverordnung idF v 28. 8. 74, BGBl I 2117
BNatSchG	Bundesnaturschutzgesetz v 20. 12. 76, BGBl I 3573
BNotO	Bundesnotarordnung v 24. 2. 61, BGBl I 98, BGBl III 3 Nr 303–1
BOKraft	Verordnung über den Betrieb von Kraftfahrunternehmen im Personenverkehr v 21. 6. 75, BGBl I 1573
BoR	Board of Review
BPersVG	Bundespersonalvertretungsgesetz v 15. 3. 74, BGBl I 717
BPflVO	Bundespflegesatzverordnung v 25. 4. 73, BGBl I 333, 419
BPolG	Bundespolizeibeamtengesetz idF v 3. 6. 76, BGBl I 1357
BR	Bundesrat
Br (=Brem)	Bremen
BRAG(eb)O	Bundesgebührenordnung für Rechtsanwälte v 26. 7. 57, BGBl I 907, BGBl III 3 Nr 368–1
BRAO	Bundesrechtsanwaltsordnung v 1. 8. 59, BGBl I 565, BGBl III 3 Nr 308–8
Brdbg	Brandenburg
BRep	Bundesrepublik Deutschland
BrMR	Britische Militärregierung
Brox	Brox, Erbrecht, 5. Aufl 1977
BRRG	Beamtenrechtsrahmengesetz idF v 3. 1. 77, BGBl I 21
Brschw	Braunschweig
Brsl	Breslau
BRüG	Bundesgesetz zur Regelung der rückerstattungsrechtlichen Geldverbindlichkeiten des Deutschen Reichs und gleichgestellter Rechtsträger (Bundesrückerstattungsgesetz–BRüG) v 19. 7. 57, BGBl I 734, BGBl III 2 Nr 250–1
BrZ	Britische Zone
BS	Bereinigte Sammlung
BS–RhPf	Sammlung des bereinigten Landesrechts von Rheinland-Pfalz (9. 5. 1945–31. 5. 1968)
BSeuchG	Gesetz zur Verhütung u Bekämpfung übertragbarer Krankheiten beim Menschen v 18. 7. 61, BGBl I 1012
BSHG	Bundessozialhilfegesetz idF v 13. 2. 76, BGBl I 289
BSozG (BSG)	Bundessozialgericht
BS Rh-Pf	Sammlung des bereinigten Landesrechts von Rheinland-Pfalz (Band u Gliederungsnummer)
BS-Saar	Sammlung des bereinigten Saarländischen Landesrechts, 5. 6. 45 bis 30. 6. 70, 2 Bände, 1971
BStBl	Bundessteuerblatt
B-St, KO	Böhle-Stamschräder, Konkursordnung 12. Aufl 1977

B-St, VerglO	Böhle-Stamschräder, Vergleichsordnung 9. Aufl 1977
BT	Bundestag
Bückebg	Bückeburg
BUrlG	Mindesturlaubsgesetz für Arbeitnehmer (Bundesurlaubsgesetz) v 8. 1. 63, BGBl I 2
II. BV	VO über wohnungswirtschaftliche Berechnungen (zweite Berechnungsverordnung) i. d. F. vom 21. 2. 75, BGBl I 570
BVerfG	Bundesverfassungsgericht, auch Entscheidungen des Bundesverfassungsgerichts (Band u Seite)
BVerfGG	Gesetz über das Bundesverfassungsgericht idF v 3. 2. 71, BGBl I 105
BVersG (BVG)	Gesetz über die Versorgung der Opfer des Krieges (Bundesversorgungsgesetz) idF v 22. 6. 76, BGBl I 1633
BVerwG	Bundesverwaltungsgericht, auch Entscheidungen des Bundesverwaltungsgerichts (Band u Seite)
BVFG	Gesetz über die Angelegenheiten der Vertriebenen und Flüchtlinge (Bundesvertriebenengesetz) idF v 3. 9. 71, BGBl I 1565
BWehrverw	Bundeswehrverwaltung (Zeitschrift)
BWGöD	Gesetz zur Regelung der Wiedergutmachung nationalsozialistischen Unrechts für Angehörige des öffentlichen Dienstes idF v 24. 8. 61, BGBl I 1627, BGBl III 2 Nr 2037
BWNotZ	Mitteilungen aus der Praxis. Zeitschrift für das Notariat in Baden-Württemberg (Jahr u Seite)
BZRG	Bundeszentralregistergesetz v 22.7. 76, BGBl I 2006
BZollBl	Bundeszollblatt
CC	Code civil
Charl	Charlottenburg
Cobg	Coburg
CoRA	Court of Restitution Appeals
DA	Dienstanweisung für die Standesbeamten und ihre Aufsichtsbehörden v 24.6.78, BAnz Nr 123, Beil
DAngVers	Die Angestelltenversicherung (Jahr u Seite)
DAR	Deutsches Autorecht (Jahr u Seite), Deutsche Außenwirtschafts-Rundschau (Jahr u Seite)
DArbR	Deutsches Arbeitsrecht (Jahr u Seite)
Darmst	Darmstadt
DAT	Deutsche Arzneitaxe
DAV (DAVorm)	Der Amtsvormund, Rundbrief des Deutschen Instituts für Vormundschaftswesen (Jahr u Seite)
DBB	Deutsche Bundesbank
DDR	Deutsche Demokratische Republik
Degdf	Deggendorf
DepG	Gesetz über die Verwahrung und Anschaffung von Wertpapieren [Depotgesetz] v.4.2.37, RGBl I 171
Detm	Detmold
DevG	Gesetz über die Devisenbewirtschaftung [Devisengesetz] v 12. 12. 38, RGBl I 1733
DFG	Deutsche Freiwillige Gerichtsbarkeit (Jahr u Seite)
DGB	Deutscher Gewerkschaftsbund
DGO	Deutsche Gemeindeordnung v 30. 1. 35, RGBl I 49
DGVZ	Deutsche Gerichtsvollzieher-Zeitung (Jahr u Seite)
DGWR	Deutsches Gemein- und Wirtschaftsrecht (Jahr u Seite)
Dittmann-Reimann-Bengel	(jeweiliger Bearbeiter) = Dittmann-Reimann-Bengel, Testament und Erbvertrag, 1972
DJ	Deutsche Justiz (Jahr u Seite)
DJT	Deutscher Juristentag
DJZ	Deutsche Juristen-Zeitung (Jahr u Spalte)
DM-BilG	D-Mark-Bilanz-Gesetz v 21. 8. 49, WiGBl 279, idF v 28. 12. 50, BGBl 811
DNotZ(DNotV)	= Deutsche Notar-Zeitschrift, früher Zeitschrift des Deutschen Notarvereins (Jahr u Seite)
DÖD	Der öffentliche Dienst (Jahr u Seite)
Dölle	Dölle, Familienrecht, Band I, II, 1964, 1965
DÖV	Die Öffentliche Verwaltung (Jahr u Seite)
DOG	Deutsches Obergericht für das Vereinigte Wirtschaftsgebiet
DONot	Dienstordnung für Notare v 6. 3. 61, BayJMBl 35
Dortm	Dortmund
DPA	Deutsches Patentamt
DR (DRW)	Deutsches Recht (Jahr u Seite), ab 1. 4. 39 Wochenausgabe, vereinigt mit Juristischer Wochenschrift
DRiG	Deutsches Richtergesetz idF v 19. 4. 72, BGBl I 713
DRiZ	Deutsche Richterzeitung, ab 1. 10. 50 vereinigt mit Justiz und Verwaltung
DRM	Deutsches Recht, Monatsausgabe, ab 1. 4. 39 vereinigt mit Deutscher Rechtspflege
DRpfl	Deutsche Rechtspflege (Jahr u Seite)
DRspr	Deutsche Rechtsprechung, Entscheidungssammlung und Aufsatzhinweise
DRV (DtRentVers)	Deutsche Rentenversicherung (Jahrg u Seite)
DRWiss	Deutsche Rechtswissenschaft, Vierteljahresschrift (Jahr u Seite)
DRZ	bis 1935: Deutsche Richterzeitung (Jahr u Seite. Nr des Rechtsprechungsteils); ab 1946: Deutsche Rechtszeitschrift (Jahr u Seite), ab 1. 1. 51 übergeleitet in die Juristenzeitung
DStR	Deutsches Steuerrecht (Jahr u Seite
DStZ	Deutsche Steuer-Zeitung (1. 1912-34. 1945, 35. 1947ff; ab 1948 geteilt in Ausg. A und B)
DüngemittelG	Gesetz zur Sicherung der Düngemittel- und Saatgutversorgung v 19. 1. 49, WiGBl 8
Düss	Düsseldorf
Duisbg	Duisburg
DV	Deutsche Verwaltung
DVBl	Deutsches Verwaltungsblatt (Jahr u Seite)
DVerkStRdsch	Deutsche Verkehrs-Steuer-Rundschau (Jahr u Seite)

Abkürzungsverzeichnis I

Gesetze, Verordnungen, Amtsblätter,

DV-LA	Durchführungsverordnung-Lastenausgleich
DWK	Deutsche Wirtschaftskommission (DDR)
DWohnA (DWA)	= Deutsches Wohnungs-Archiv (Jahr u Seite)
DWW	Deutsche Wohnungswirtschaft. Organ des Zentralverbandes der Deutschen Haus- und Grundbesitzer (Jahr u Seite)
EAG	Europäische Atomgemeinschaft
EBBO (EBO)	Eisenbahn-Bau- und Betriebsordnung v 17. 7. 1928, RGBl II 541, BGBl III 9 Nr 933-2
EBE	Eildienst bundesgerichtlicher Entscheidungen (Jahr u Seite)
EG	Einführungsgesetz (ohne Zusatz: zum BGB), auch Europäische Gemeinschaft
EGAO 1977	Einführungsgesetz zur Abgabenordnung v 14. 12. 76, BGBl I 3341
EGBGB (EG)	Einführungsgesetz zum Bürgerlichen Gesetzbuch v 18. 8. 96, RGBl 604, BGBl III 4 Nr 400-1
EGFamGB	Einführungsgesetz zum Familiengesetzbuch der Deutschen Demokratischen Republik v. 20. 12. 65, GBl. 66 I 19[1]
EGGVG	Einführungsgesetz zum Gerichtsverfassungsgesetz v 27. 1. 77, RGBl 77, BGBl III 3 Nr 300-1
EGStGB	Einführungsgesetz zum Strafgesetzbuch v 2. 3. 74, BGBl I 469
EG ZGB – DDR (EG ZGB)	= Einführungsgesetz zum Zivilgesetzbuch der Deutschen Demokratischen Republik v 19. 6. 75, GBl DDR I 517
EheG	Ehegesetz v 20. 2. 46 (= KRG Nr 16, KRABl 77), BGBl III 4 Nr 404-1
EhemißbrG	Gesetz gegen Mißbräuche bei der Eheschließung und der Annahme an Kindes Statt v 23. 11. 33, RGBl I 1979, aufgehoben dch Art 9 I Nr 1 FamRÄndG
1. EheRG	Erstes Gesetz zur Reform des Ehe- und Familienrechts (1. EheRG) v 14. 6. 76, BGBl I 1421
EhfG	Entwicklungshelfergesetz v 18. 6. 69, BGBl I 549
EHRV	Erbhofrechtsverordnung v 21. 12. 1936 (RGBl I 1069)
EichG	Gesetz über das Meß- u Eichwesen v 14. 7. 69, BGBl I 759
Eichler	Eichler, Institutionen des Sachenrecht, 1957, 1960
EignÜbgG	Gesetz über den Einfluß von Eignungsübungen der Streitkräfte auf Vertragsverhältnisse der Arbeitnehmer und Handelsvertreter sowie auf Beamtenverhältnisse (Eignungsübungsgesetz) v 20. 1. 56, BGBl I 13, BGBl III 5 Nr 53-5
EJF	Entscheidungen aus dem Jugend- und Familienrecht (Abschnitt u Nummer)
EKAG	Einheitliches Gesetz über den Abschluß von internationalen Kaufverträgen über bewegliche Sachen v 17. 7. 73, BGBl I 856
EKG	Europäische Gemeinschaft für Kohle und Stahl
Ellw	Ellwangen
Endemann	Endemann, Lehrbuch des Bürgerlichen Rechts, 8./9. Auflage, 1903 bis 1920
Enn-Lehmann	= Enneccerus-Kipp-Wolff, Lehrbuch des bürgerlichen Rechts Bd 2, 15. Aufl, 1958, Bearbeiter: Lehmann
Enn-Nipperdey	= Enneccerus-Kipp-Wolff, Lehrbuch des bürgerlichen Rechts. Bd 1, 1.2.: 15. Aufl, 1959, Bearb: Nipperdey
ErbbRVO	Verordnung über das Erbbaurecht v 15. 1. 19, RGBl 72, BGBl III 4 Nr 403-6
ErbhG	Erbhofgericht
ErbStDVO	Erbschaftsteuer-Durchführungsverordnung idF v 19. 1. 62, BGBl I 22
ErbStG	Erbschaftsteuer- und Schenkungssteuergesetz v 17. 4. 74, BGBl I 933
ErbStRG	Gesetz zur Reform des Erbschaftssteuer- und Schenkungssteuerrechts v 17. 4. 74, BGBl I 933
ErbStV	Allgemeine Verwaltungsvorschrift für die Erbschaftsteuer v 19. 1. 62, BAnz Nr 17
ErgG	Ergänzungsgesetz
Erm	Erman, Handkommentar zum Bürgerl Gesetzbuch, 5. Aufl, 1972
ES	Entscheidungssammlung
Esch-Wiesche	Esch-Schulze zur Wiesche, Handbuch der Vermögensnachfolge, 1976
ESJ	Entscheidungssammlung für junge Juristen
ESJSR	Entscheidungssammlung für junge Juristen, Sachenrecht von Baur, 1970
Esn	Essen
Esser	Lehrbuch des Schuldrechts, 4. Aufl Bd 1 Allg Teil, 1970, Bd 1 Allg Teil, 5. Aufl 1975, Teilbd I; Bd 2 Bes Teil, 4. Aufl, 1971
EStG 1977	Einkommensteuergesetz v 5. 12. 77, BGBl I 2365
Ettl	Ettlingen
EuGH (auch GHEuG)	= Gerichtshof der Europäischen Gemeinschaften
EuGRZ	Europäische Grundrechte, Zeitschrift
EuR	Europarecht (Zeitschrift, Jahr u Seite)
EVO	Eisenbahn-Verkehrsordnung v 8.8. 38, RGBl II 663, BGBl III 9 Nr 934-1
EWG	Europäische Wirtschaftsgemeinschaft
EWGV	Vertrag zur Gründung der Europäischen Wirtschaftsgemeinschaft v 25. 3. 57, BGBl II 759
FAG	Gesetz über Fernmeldeanlagen idF v 15. 3. 77, BGBl I 459
FamGB (FGB)	Familiengesetzbuch der Deutschen Demokratischen Republik v 20. 12. 65, GBl 1966 I 1[2]

[1] Auszug, Anh 27. Aufl S 2130.
[2] Anh 27. Aufl S 2115.

FamNamÄndG	Gesetz über die Änderung von Familiennamen und Vornamen v 5. 1. 38, RGBl I 9, BGBl III 4 Nr 401–1	FrWW	Die freie Wohnungswirtschaft (Jahr und Seite)
FamRÄndG	Gesetz zur Vereinheitlichung und Änderung familienrechtlicher Vorschriften (Familienrechtsänderungsgesetz) v 11. 8. 61, BGBl I 1221, BGBl III 4 Nr 400–4[1]	FrzZ	Französische Zone
		FStrG	Bundesfernstraßengesetz idF v 1. 10. 74, BGBl I 2413
		FürsPflVO	Verordnung über die Fürsorgepflicht (Fürsorgepflichtverordnung) v 13. 2. 24, RGBl I 100, aufgehoben dch § 153 II Nr 2 BSHG, ab 1. 6. 62
FamRAusschBer	= Bericht des Familienrechtsausschusses des Bundestages	GAL	Gesetz über eine Altershilfe für Landwirte idF v 14. 5. 65, BGBl I 1448, zuletzt geänd dch Gesetz v 7. 5. 75, BGBl I 1061
FamRZ	Ehe und Familie im privaten und öffentlichen Recht. Zeitschrift für das gesamte Familienrecht (Jahr u Seite)	GaststG	Gaststättengesetz v 5. 5. 70, BGBl I 465
FGB	Gesetz über die Feuerbestattung v 15. 5. 34, RGBl I 380	GBA	Grundbuchamt
		GBBerG	Gesetz über die Bereinigung der Grundbücher v 18. 7. 30, RGBl I 305
Fbg	Freiburg	GBl	Gesetzblatt
FernUSG	Gesetz zum Schutz der Teilnehmer am Fernunterricht (Fernunterrichtsschutzgesetz) v 24. 8. 76, BGBl I 2525	GBl DDR I, II	Gesetzblatt der Deutschen Demokratischen Republik Teil I, Teil II
		GBMaßnG	Gesetz über Maßnahmen auf dem Gebiet des Grundbuchwesens v 20. 12. 63, BGBl I 986
Festschr JT	Festschrift Deutscher Juristentag, 1960	GBO	Grundbuchordnung idF v 5. 8. 35, RGBl I 1073, BGBl III 3 Nr 315–11
Ffm	Frankfurt am Main	GBVfg	Allgemeine Verfügung über die Einrichtung und Führung des Grundbuchs v 8. 8. 35, RMBl 637
FG	Gesetz über die Feststellung von Vertreibungsschäden u Kriegssachschäden (Feststellungsgesetz) idF v 1. 10. 69, BGBl I 1885	GebrMG	Gebrauchsmustergesetz idF v 2. 1. 68, BGBl I 24, BGBl III 4 Nr 421–1, (2. Aufl).
FGG	Reichsgesetz über die freiwillige Gerichtsbarkeit v 17. 5. 98, RGBl 189, BGBl III 3 Nr 315–1	Gelsenk	Gelsenkirchen
		GemO	Gemeindeordnung
FHZiv	Fundhefte für Zivilrecht (Jahr, Nr)	GemR	Gemeines Recht
FidErlG	Gesetz über das Erlöschen der Familienfideikommisse und sonstiger gebundener Vermögen v 6. 7. 38, RGBl I 825, BGBl III 7 Nr 7811–2	GemWW	Gemeinnütziges Wohnungswesen, seit 1950, vorher Gemeinnützige Wohnungswirtschaft (Jahr u Seite)
		GenG	Gesetz betr die Erwerbs- und Wirtschaftsgenossenschaften idF d Bek v 20. 5. 98, RGBl 810, BGBl III 4 Nr 4125–1
FinA	Finanzamt		
FinG	Finanzgericht		
FinVertr	Finanzvertrag v 26. 5. 52/23. 10. 54, BGBl 54 II 135/55 II 381	Gernhuber	Gernhuber, Lehrbuch des Familienrechts, 2. Aufl, 1971
Flensbg	Flensburg		
FlößG	Gesetz betr die privatrechtlichen Verhältnisse der Flößerei v 15. 6. 95, RGBl 341, BGBl III 4 Nr 4103–5	GeschmMG	Gesetz über das Urheberrecht an Mustern und Modellen v 11. 1. 76, RGBl 11, BGBl III 4 Nr 442–1
FlüHG	Flüchtlingshilfegesetz idF v 15. 5. 71, BGBl I 681	GesEinhG	Gesetz zur Wiederherstellung der Gesetzeseinheit auf dem Gebiete des bürgerlichen Rechts v 5. 3. 53, BGBl I 33, BGBl III 4 Nr 400–1–2
FluglärmG	Gesetz zum Schutz gegen Fluglärm v 30. 3. 71, BGBl I 282	GewA	Gewerbearchiv (Jahr u Seite)
Flume, RGesch	= Werner Flume, Allg Teil des Bürgerlichen Rechts, 2. Bd: Das Rechtsgeschäft, in Enzyklopädie der Rechts- u Staatswissenschaften, Abt Rechtswissenschaft, Berlin, 2. Aufl 1975	GewO	Gewerbeordnung idF d Bek v 1. 1. 1978, BGBl I 97
		GG	Grundgesetz für die Bundesrepublik Deutschland v 23. 5. 49, BGBl 1, BGBl III 1 Nr 100–1 (3. Aufl 1969)
FlurbG	Flurbereinigungsgesetz idF v 16. 3. 76, BGBl I 546	Gierke	Gierke, Deutsches Privatrecht, Band 1–3, 1905–1936 (System Hbd der Deutschen Rechtswissenschaft 2, 3)
FO	Fernmeldeordnung idF v 5. 5. 71, BGBl I 543		
Form-Komm, ErbR	Formular-Kommentar, 6. Bd, Bürgerliches Recht III, Erbrecht, von Hardraht/Prausnitz/Arnold, 1977 (zitiert nach Nr der Formulare = FormI)	Gieß	Gießen
		GKG	Gerichtskostengesetz idF v 15. 12. 76, BGBl I 3047
Forsthoff I	Forsthoff, Lehrbuch des Verwaltungsrechts, Band I, Allgemeiner Teil, 10. Aufl 1973	GleichberG	Gesetz über die Gleichberechtigung von Mann und Frau auf dem Gebiet des bürgerlichen Rechts v 18. 6. 57,
Frankth	Frankenthal		
Fr-M-Käss	Friese-Mai-Käss, Wohnungseigentumsgesetz, 1969		

[1] Soweit nichts anderes gesagt ist, ist das FamRÄndG v 11. 8. 61 gemeint; das aufgehobene FamRÄndG v 12. 4. 38, RGBl I 380, ist jeweils besonders bezeichnet.

Abkürzungsverzeichnis I

Gesetze, Verordnungen, Amtsblätter,

	BGBl I 609, BGBl III 4 Nr 400-3
GmbHG	Gesetz betr die Gesellschaften mit beschränkter Haftung v 20. 4. 92, RGBl 477, BGBl III 4 Nr 4123-1
GMBl	Gemeinsames Ministerialblatt der Bundesministerien des Innern, für Vertriebene, für Wohnungsbau für gesamtdeutsche Fragen, für Angelegenheiten des Bundesrats
GmS-OGB ..	Gemeinsamer Senat der obersten Gerichte des Bundes
Gött (Gö)	Göttingen
GOA	Gebührenordnung für Architekten
GOI	Vertragsbestimmungen zur Gebührenordnung für Ingenieure
GoltdArch....	Goltdammers Archiv für Strafrecht (Band u Seite)
GrBln	Groß-Berlin
GrdstVG	Gesetz über Maßnahmen zur Verbesserung der Agrarstruktur und zur Sicherung land- und forstwirtschaftlicher Betriebe (Grundstückverkehrsgesetz) v 28. 7. 61, BGBl I 1091, BGBl III 7 Nr 7810-1
GrEStG	Grunderwerbsteuergesetz v 29. 3. 40, RGBl I 585, siehe Steuergesetze Nr 600
GrEStDV	Durchführungsverordnung zum Grunderwerbsteuergesetz v 30. 3. 40, RGBl I 595, siehe Steuergesetze Nr 605
GRMG	Gesetz zur Regelung der Miet- und Pachtverhältnisse über Geschäftsräume und gewerblich genutzte unbebaute Grundstücke (Geschäftsraummietengesetz) v 25. 6. 52, BGBl I 338, BGBl III 4 Nr 402-18
Groß-Schneider	= Groß-Schneider, Formularbuch für die freiwillige Gerichtsbarkeit, 2. Aufl. 1972
GrStS	Großer Senat in Strafsachen
Gruch	Beiträge zur Erläuterung des Deutschen Rechts, begr von Gruchot (Band u Seite)
GrundbuchVerfO	= Anordnung über das Verfahren in Grundbuchsachen – Grundbuchverfahrensordnung (DDR) – v 30. 12. 75, GBl DDR 76 I 42
GrundE	Das Grundeigentum, Zeitschrift (Jahr u Seite)
GrünhutsZ ...	Zeitschrift für das Privat- u öffentliche Recht der Gegenwart, begr v Grünhut
GRUR	Gewerblicher Rechtsschutz und Urheberrecht (Jahr u Seite)
GrZS	Großer Senat in Zivilsachen
GS	Großer Senat, Preußische Gesetzsammlung (Jahr u Seite)
GSB........	Bayern. Gesetz zur Beschaffung von Siedlungsland und zur Bodenreform v 18. 9. 46, BayBS IV 336, 338
GSBEG	Länderratsgesetz über Entschädigung für Übereignung oder Enteignung von Grundeigentum nach dem GSB v 9.7.49, BGBl III 2331-13-3, BayBS IV 346
GSNW	Sammlung des bereinigten Landesrechts Nordrhein-Westfalen 1945 bis 1956 (Seite)
GSSchlH	Sammlung des schleswig-holsteinischen Landesrechts
GüKG	Güterkraftverkehrsgesetz idF vom 6. 8. 75, BGBl I 2132
Güthe	Güthe-Triebel, Kommentar zur Grundbuchordnung 2 Bde, 6. Aufl, 36/37
GUG	Berlin. Gesetz über die Umstellung von Grundpfandrechten und über Aufbauschulden (Grundpfandrechtsumstellungsgesetz) v 9.1.51, VOBl I 71
GuR	Gesetz und Recht, Sammlung in Deutschland nach 8. 5. 45 erlassener Rechtssätze mit Erläuterungen (Heft u Seite)
GVBl	Gesetz- und Verordnungsblatt
GVBl II	Sammlung des bereinigten Hessischen Landesrechts Band I – III (Gliederungsnummer der Vorschrift)
GVBlWiR ...	Gesetz- und Verordnungsblatt des Wirtschaftsrates
GVG	Gerichtsverfassungsgesetz idF v 9. 5. 75, BGBl I 1077
GVNW	Gesetz und Verordnungsblatt des Landes Nordrhein-Westfalen
GWB	Gesetz gegen Wettbewerbsbeschränkungen idF v 4. 4. 74, BGBl I 869
GWW	Gemeinnütziges Wohnungswesen (Jahr u Seite)
HaagEheschlAbk	= (Haager) Abkommen zur Regelung des Geltungsbereichs der Gesetze auf dem Gebiete der Eheschließung v 12. 6. 02, RGBl 1904, 221
HaagUnterhÜbk	= Haager Unterhaltsübereinkommen v 24. 10. 56, BGBl 1961 II, 1013
HaagVormAbk	= (Haager) Abkommen zur Regelung der Vormundschaft über Minderjährige v 12. 6. 02, RGBl 1904, 240
Habscheid	Habscheid, Freiwillige Gerichtsbarkeit, 6. Aufl, 1977
HäftlingshilfeG	(HHG) = Gesetz über Hilfsmaßnahmen für Personen, die aus politischen Gründen außerhalb der Bundesrepublik Deutschland in Gewahrsam genommen wurden, idF v 29. 9. 69, BGBl I 1793
Haegele, Beschr.	= Haegele, Die Beschränkungen im Grundstücksverkehr, 3. Aufl 1970
Haegele, GrBR	= Haegele, Grundbuchrecht, 5. Aufl 1975
Haegele TV ..	Haegele, Der Testamentsvollstrecker. Systematische Darstellung für die Praxis nach bürgerlichen und nach Steuer-Recht, 5. Aufl 1975/77
HaftpflG	Haftpflichtgesetz v 4. 1. 78, BGBl I 145
Hag	Hagen
HambSLR....	Sammlung des bereinigten hamburgischen Landesrechts
HambVBl	Hamburger Verordnungsblatt
Hann	Hannover
HannRpfl	Hannoversche Rechtspflege, bis 1. 7. 47, dann Niedersächsische Rechtspflege
HansGZ(HansRGZ)	= Hanseatische Gerichtszeitung (1. 1880–48. 1927; dann Hanseat. Rechts- u Gerichtszeitschrift;

XXVIII

	vorher: Hamb. Handelsgerichts-Zeitung, ab 1868) (Jahr u Seite)
HansJVBl	Hanseatisches Justizverwaltungsblatt (Jahr u Seite)
Hbg	Hamburg
HdwO	Gesetz zur Ordnung des Handwerks (Handwerksordnung) idF v 28. 12. 65, BGBl 66 I 1, BGBl III 7 Nr 7110–1
Hechgen	Hechingen
Hdlbg	Heidelberg
Heilbr	Heilbronn
HeimarbG	Heimarbeitsgesetz v 14. 3. 51, BGBl I 191
HeimarbÄndG	Gesetz zur Änderung des Heimarbeitsgesetzes u anderer arbeitsrechtlicher Vorschriften (Heimarbeitsänderungsg) v 29. 10. 74, BGBl I 2879
HeimG	Gesetz über Altenheime, Altenwohnheime und Pflegeheime für Volljährige v 7. 8. 74, BGBl I 873
HeimkG	Gesetz über Hilfsmaßnahmen für Heimkehrer (Heimkehrergesetz) v 19. 6. 1950, BGBl 221, BGBl III 8 Nr 84–1
Hess	Hessen
HessGVBl II	Gesetz- u VOBlatt für das Land Hessen, Teil II, Sammlung des bereinigten hessischen Landesrechts
HEZ	Höchstrichterliche Entscheidungen, Sammlung von Entscheidungen der Oberlandesgerichte und der obersten Gerichte in Zivilsachen (Band u Seite)
HFR	Höchstrichterliche Finanzrechtsprechung (Jahr und Seite)
HGB	Handelsgesetzbuch v 10. 5. 97, RGBl 219, BGBl III 4 Nr 4100–1
HintO	Hinterlegungsordnung v 10. 3. 37, RGBl I 285, BGBl III 3 Nr 300–15
Hildesh	Hildesheim
HK	Handelskammer
HOAI	Honorarordnung für Architekten und Ingenieure v 17. 9. 76, BGBl I 2805, 3616
HöfeO	Höfeordnung idF v 26. 7. 76, BGBl I 1933
2. HöfeOÄndG	Zweites Gesetz zur Änderung der Höfeordnung v 29. 3. 76, BGBl I 881
HöfeORh-Pf	Landesgesetz über die Einführung einer Höfeordnung Rheinland-Pfalz (Höfeordnung) idF v 18. 4. 67, GVBl 144
HöfeVfO	Verfahrensordnung für Höfesachen v 29. 3. 76 BGBl I 881/885
HoldhMSchr	Monatsschrift für Handelsrecht und Bankwesen, Steuer- und Stempelfragen, begr von Holdheim
Horber	Kurzkommentar zur Grundbuchordnung, 14. Aufl. 1977/78
HRR	Höchstrichterliche Rechtsprechung (Jahr u Nr)
HuW	Haus und Wohnung (Jahr u Seite)
HypBkG	Hypothekenbankgesetz idF v 5. 2. 63, BGBl I 81
HypSichG	Gesetz zur Sicherung von Forderungen für den Lastenausgleich (Hypothekensicherungsgesetz) v 2. 9. 48, WiGBl 87
IHK	Industrie- und Handelskammer
IlokPR	Interlokales Privatrecht
ILR	Interlokales Recht
Inf	Information über Steuer u Wirtschaft (Jahr u Seite)
IntZHaDVO	Interzonenhandelsdurchführungsverordnung
IntZHaVO	Verordnung über den Warenverkehr mit den Währungsgebieten der Deutschen Mark der Deutschen Notenbank (Interzonenhandelsverordnung) v 18. 7. 51, BGBl I 463
IPG	Gutachten zum internationalen und ausländischen Privatrecht v Ferid-Kegel-Zweigert, 1965 ff (Jahr u Seite)
IPR	Internationales Privatrecht
iprechtlich	internationalprivatrechtlich
IPRspr	Makarov, Gamillscheg, Müller, Dierk, Kropholler, Die deutsche Rechtsprechung auf dem Gebiete des internationalen Privatrechts, 1952 ff
IRO	International Refugee Organization
Itzeh	Itzehoe
IzPR	Interzonales Privatrecht
IzRspr	Drobnig, Sammlung der deutschen Entscheidungen zum interzonalen Privatrecht, 1956 ff
JA	Jugendamt, auch Juristische Arbeitsblätter (Jahr u Seite)
JArbSchG	Gesetz zum Schutze der arbeitenden Jugend (Jugendarbeitsschutzgesetz) idF v 12. 4. 76, BGBl I 965
Jaeger-Lent-Weber	= Jaeger, Konkursordnung, 8. Aufl 1958 ff, bearbeitet von Lent, Weber, Klug, Jahr
Jaeger-Henckel-Weber	= Jaeger, Konkursordnung, 9. Aufl 1977 ff, bearbeitet von Henckel, Weber
Jansen	Jansen, Freiwillige Gerichtsbarkeit (Komm), 2. Aufl 1969–1971, Bd. 1–3
Jansen-Knöpfel	= Jansen-Knöpfel, Das neue Unehelichengesetz, 1967
JBeitrO	Justizbeitreibungsordnung v 11. 3. 37, RGBl I 298
JbIntR	Jahrbuch für internationales und ausländisches öffentliches Recht (ab 3. 1954 nur: f. internationales Recht) (1. 1948 ff)
JBl	Justizblatt
JBlSaar	Justizblatt des Saarlandes (Jahr u Seite)
JFG	Jahrbuch für Entscheidungen in Angelegenheiten der Freiwilligen Gerichtsbarkeit und des Grundbuchrechts (Band u Seite)
JG	Jugendgericht
JGG	Jugendgerichtsgesetz idF v 11. 12. 74, BGBl I 3427
JhJ	Jherings Jahrbücher der Dogmatik des bürgerlichen Rechts (Band u Seite)
JMBl	Justizministerialblatt
JO	Journal officiel
JR	Juristische Rundschau (Jahr u Seite). Rechtsprechungsbeilage dazu (1925–1936) nach Nr

Abkürzungsverzeichnis I

Gesetze, Verordnungen, Amtsblätter,

JRPV	Juristische Rundschau für Privatversicherung (Jahr u Seite)
JurA	Juristische Analysen (Jahrg u Seite)
JurBüro	Das juristische Büro (Jahr u Seite)
JurJb	Juristen-Jahrbuch
JuS	Juristische Schulung (Jahr u Seite)
Just	Die Justiz, Amtsblatt des Justizministeriums Baden-Württemberg (Jahr u Seite)
JuV	Justiz und Verwaltung (Jahrg u Seite) ab 1. 10. 50: Deutsche Richterzeitung vereinigt mit Justiz und Verwaltung
JVBl	Justizverwaltungsblatt
JVKostO	Verordnung über die Kosten im Bereich der Justizverwaltung v 14. 2. 40, RGBl I 357, BGBl III 3 Nr 363–1
JW	Juristische Wochenschrift (Jahr u Seite)
JWG	Gesetz für Jugendwohlfahrt (Jugendwohlfahrtsgesetz) idF v 25. 4. 77, BGBl I 633, Ber 795
JZ	Juristen-Zeitung (früher Deutsche Rechtszeitschrift und Süddeutsche Juristenzeitung) (Jahr u Seite)
KAGG	Gesetz über Kapitalanlagegesellschaften idF v 14. 1. 70, BGBl I 127
Kääb-Rösch, BayStrVG	= Kääb-Rösch, Bayerisches Landesstraf- u. Verordnungsgesetz, 2. Aufl, 1967
Karlsr	Karlsruhe
Kass (Ksl)	Kassel
Kbg	Königsberg
Kblz	Koblenz
Kegel	Kegel, Internationales Privatrecht, 4. Aufl 1977
Keidel-Kuntze-Winkler	= Keidel-Kuntze-Winkler, Freiwillige Gerichtsbarkeit (Komm) 11. Aufl 1978
K-E-H-E	(mit Namen des jeweiligen Verfassers) Kuntze – Ertl – Herrmann – Eickmann, Grundbuchrecht, 1974
Kempt	Kempten (Allgäu)
Kersten-Bühling-Appel	= Kersten-Bühling-Appel, Formularbuch und Praxis der Freiwilligen Gerichtsbarkeit, 16. Aufl, 1976/1977
KfH	Kammer für Handelssachen
KG	Kammergericht
KGBl	Blätter für Rechtspflege im Bezirk des Kammergerichts in Sachen der freiwilligen Gerichtsbarkeit, in Kosten-, Stempel- und Strafsachen (Jahr u Seite)
KGJ	Jahrbuch für Entscheidungen des Kammergerichts (Band u Seite); soweit nichts anderes angegeben Abteilung A
Kipp-Coing	Enneccerus-Kipp-Wolff, Lehrbuch des bürgerlichen Rechts Bd 5, Erbrecht, 13. Bearbeitg, 1978. Bearbeiter: Coing
Kissel 1, 2	Kissel, Ehe- und Ehescheidung Bd 1, 2, 1977
Klautern	Kaiserslautern
Kln	Köln
KO	Konkursordnung idF v 20. 5. 98, RGBl 612, BGBl III 3 Nr 311–4
Köhler	Köhler, Helmut, Unmöglichkeit und Geschäftsgrundlage, 1971
KonkAusfgG	Gesetz über Konkursausfallgeld v 17. 7. 74, BGBl I 1481
KonsG	Gesetz über die Konsularbeamten, ihre Aufgaben und Befugnisse (Konsulargesetz) vom 11. 9. 74, BGBl I 2317
KonsGG	Gesetz über die Konsulargerichtsbarkeit v 4. 7. 00, RGBl 213
KostÄndG	Gesetz zur Änderung und Ergänzung kostenrechtlicher Vorschriften v 26. 7. 57, BGBl I 861, BGBl III 3 Nr 360–3
KostO	Gesetz über die Kosten in Angelegenheiten der freiwilligen Gerichtsbarkeit (Kostenordnung) idF v 26. 7. 57, BGBl I 960, BGBl III 3 Nr 361–1
Kötz-Eith-Müller-Gindullis BGB	= Kötz-Eith-Müller-Gindullis, BGB mit Leitsätzen aus der höchstrichterlichen Rechtsprechung, 2. Aufl 1978
KR	Kontrollrat
KRABl	Amtsblatt des Kontrollrats in Deutschland
KRDir	Kontrollratsdirektive
Kress	Kress, Lehrbuch des Allgemeinen Schuldrechts, 1929, Nachdruck 1974
Kreuzn	Bad Kreuznach
Krfld	Krefeld
KRG	Kontrollratsgesetz
KrGefEntschG (KgfEG)	= Gesetz über die Entschädigung ehemaliger deutscher Kriegsgefangener (Kriegsgefangenenentschädigungsgesetz) idF v 29. 9. 69, BGBl I 1800
KrMaßnVO	Verordnung über Kriegsmaßnahmen auf dem Gebiete der bürgerlichen Rechtspflege (Kriegsmaßnahmenverordnung) v 12. 5. 43, RGBl I 290
KrVJSchr	Kritische Vierteljahresschrift für Gesetzgebung u Rechtswissenschaft (Band u Seite)
KSchG	Kündigungsschutzgesetz v 25. 8. 69, BGBl I 1317, BGBl III 8 Nr 800–2
Kstz	Konstanz
KUG	Gesetz betr das Urheberrecht an Werken der bildenden Künste und der Photographie (Kunsturheberrechtsgesetz) v 9. 1. 07, RGBl 7, BGBl III 4 Nr 440–3, aufgehoben durch § 141 Nr 5 des Urheberrechtsgesetzes v 9. 9. 65, BGBl I 1273, soweit es nicht den Schutz von Bildnissen betrifft
KuT (KTS)	Zeitschrift für Konkurs-, Treuhand- und Schiedsgerichtswesen (Jahr u Seite)
KVO	Kraftverkehrsordnung für den Güterfernverkehr mit Kraftfahrzeugen (Beförderungsbedingungen) idF v 23. 12. 58, BAnz 31. 12. 58 Nr 249 (mehrere Änderungen)
KWG	Gesetz über das Kreditwesen idF v 3. 5. 76, BGBl I 1121
LadSchlußG	Gesetz über den Ladenschluß v 28. 11. 56, BGBl I 875
LAG	Gesetz über den Lastenausgleich (Lastenausgleichsgesetz) idF v 1.10.

Landsh	Landshut, BGBl I 1909, BGBl III 6 Nr 621–1; auch: Landesarbeitsgericht		zeugen v 26. 2. 59, BGBl I 57, BGBl III 4 Nr 403–9
Lange-Kuchinke	= Lange-Kuchinke, Lehrbuch des Erbrechts, 2. Aufl, 1978	LuftVG (LVG)	Luftverkehrsgesetz idF v 4.11.68, BGBl I 1113, BGBl III 9 Nr 96–1
Larenz	im Allg Teil des BGB: Larenz, Karl, Lehrbuch zum Allgemeinen Teil des deutschen Bürgerlichen Rechts, 4. Aufl 1977	LuftVO	Luftverkehrs-Ordnung v 14. 11. 69, BGBl I 2117
		Lutter	Lutter, Das Erbrecht des nichtehelichen Kindes, 2. Aufl 1972
		LVerwG	Landesverwaltungsgericht
	im Allg Teil des Schuldrechts des BGB: Larenz, Karl, Lehrbuch des Schuldrechts, Bd. I, 11. Aufl, 1976	LVO	Britische Zone. Verfahrensordnung für Landwirtschaftssachen v 2. 12. 47, VOBl BrZ 137, 157; aufgehoben dch Art 2 § 26 des 2. Gesetzes zur Änderung der Höfeordnung v 29. 3. 76, BGBl I 881
	im Bes Teil des Schuldrechts des BGB: Larenz, Karl, Lehrbuch des Schuldrechts, Bd. II, 11. Aufl, 1977		
LASG	Gesetz zur Sicherung von Forderungen für den Lastenausgleich v 2.9.48, WiGBl 87, u 16. 8. 49, WiGBl 232	LwG	Landwirtschaftsgericht
		LwVG	Gesetz über das gerichtliche Verfahren in Landwirtschaftssachen v 21. 7. 53, BGBl I 667, BGBl III 3 Nr 317–1
LBG	Gesetz über die Landbeschaffung für Aufgaben der Verteidigung (Landbeschaffungsgesetz) v 23. 2. 57, BGBl I 134, BGBl III 5 Nr 54–3		
		LZ	Leipziger Zeitschrift für Deutsches Recht (Jahr u Seite)
LFGG	Landesgesetz über die freiwillige Gerichtsbarkeit (Baden-Württemberg) v 12. 2. 75, GBl 116	MABl	Ministerialamtsblatt der bayerischen inneren Verwaltung
LFZG	Gesetz über die Fortzahlung des Arbeitsentgelts im Krankheitsfalle (Lohnfortzahlungsgesetz) v 27. 7. 69, BGBl I 946	MaBV	Makler- und Bauträgerverordnung v 11. 6. 75, BGBl I 1351
		Manigk rV	Manigk, Das rechtswirksame Verhalten, 1939 (Seite)
		Mannh	Mannheim
LG	Landgericht	Marbg	Marburg
Limbg	Limburg	MaschSchG	Gesetz über technische Arbeitsmittel, Maschinenschutzgesetz v 24. 6. 68, BGBl I 717
LitUG	Gesetz betr das Urheberrecht an Werken der Literatur und der Tonkunst v 19. 6. 01, RGBl 227, BGBl III 4 Nr 440–1, aufgehoben durch § 141 Nr 3 des Urheberrechtsgesetzes v 9. 9. 65, BGBl I 1273		
		Maßfeller-Böhmer FamR	= Maßfeller-Böhmer, Das gesamte Familienrecht, 3. Aufl 1977 ff
		MdI	Minister(ium) des Innern
LJA	Landesjugendamt	MdJ	Minister(ium) der Justiz
LKatSG	SchlH Landes-Katastrophenschutzgesetz v 9. 12. 74, GVBl 446	MDR	Monatsschrift für Deutsches Recht (Jahr u Seite)
LM	Das Nachschlagewerk des Bundesgerichtshofs in Zivilsachen, herausgegeben von Lindenmaier und Möhring (Gesetzesstelle u Entscheidungsnummer; Nr ohne Gesetzesstelle bezieht sich auf den kommentierten Paragraphen)	MEA	Mieteinigungsamt
		Meckl	Mecklenburg
		Medicus	Medicus, Bürgerliches Recht, 8. Aufl 1978
		Meincke, BewertungsR	= Meincke, Das Recht der Nachlaßbewertung im BGB, 1973
		Memmg	Memmingen
Lö-vW-Tr	Löwe, Graf von Westphalen, Trinkner, Kommentar zum Gesetz zur Regelung des Rechts der Allgemeinen Geschäftsbedingungen, 1. Aufl 1977	MFG	Gesetz über den Verkehr mit Milch- und Fetterzeugnissen idF v 10. 12. 52, BGBl I 811
		MeßG	Gesetz über Einheiten im Meßwesen v 2. 7. 69, BGBl I 709
		MHRG	Gesetz zur Regelung der Miethöhe (= Art. 3 des Zweiten Wohnraumkündigungsschutzgesetzes) v 18. 12. 74, BGBl I 3604
LPachtG	Gesetz über das landwirtschaftliche Pachtwesen (Landpachtgesetz) v 25. 6. 52, BGBl I 343, BGBl III 7 Nr 7813–2		
LPlG	Landesplanungsgesetz	MietRÄndG	Gesetz zur Änderung mietrechtlicher Vorschriften, Erstes: v 29. 7. 63, BGBl I 505, Zweites: v 14. 7. 64, BGBl I 457, Drittes: v 21. 12. 67, BGBl I 1248
LSozG	Landessozialgericht		
LStVG	Bayer Landesstraf- und Verordnungsgesetz idF vom 7. 11. 74, GVBl 753		
		MilReg	Militärregierung
Lüb	Lübeck	MinBl	Ministerialblatt
Lübtow	von Lübtow, Probleme des Erbrechts, 1967	M-I-R	Merkel-Imhof-Riedel, Komm zur Grundbuchordnung, 6. Aufl, 1965ff
Lübtow, Lehrb.	von Lübtow, Erbrecht, 2 Bände, 1971	MjSchutz Übk	(MSA), Übereinkommen über die Zuständigkeit u das anzuwendende Recht auf dem Gebiet des Schutzes von Minderjährigen v 5. 10. 61, BGBl 71 II 217
Lüdtke/Handjery	Lange-Wulff-Lüdtke/Handjery, Höfeordnung, Kommentar, 8. Aufl 1978		
Lünebg	Lüneburg		
LuftfzRG	Gesetz über Rechte an Luftfahr-	MitBestG	Gesetz über die Mitbestimmung

Abkürzungsverzeichnis I

Gesetze, Verordnungen, Amtsblätter,

	der Arbeitnehmer v 4. 5. 76, BGBl I 1153
MittBayNot (BayNotV)	= Mitteilungen des Bayerischen Notarvereins (Jahr und Seite)
MittBBank	Mitteilungen der Deutschen Bundesbank
MittBdL	Mitteilungen der Bank deutscher Länder
MittBlVfWi	Mitteilungsblatt der Verwaltung für Wirtschaft des Vereinigten Wirtschaftsgebiets
MittDPA	Mitteilungen vom Verband deutscher Patentanwälte
MiZi	Anordnung über Mitteilungen in Zivilsachen v 1. 10. 67. – bundeseinheitl-s Bay JMBl 127 mit Ändergen
ModEnG	Modernisierungs- und Energieeinsparungsgesetz v 12. 7. 78, BGBl I 993
MöGladb	Mönchen-Gladbach
Mosb	Mosbach
Mot	Motive zum BGB
M-Pl-Inst	Max-Planck-Institut
MRG	Gesetz der Militärregierung
MRK	Menschenrechtskonvention
MRProkl	Proklamation der Militärregierung
MRVerbG	Gesetz zur Verbesserung des Mietrechts und zur Begrenzung des Mietanstiegs sowie zur Regelung von Ingenieur- und Architektenleistungen v 4. 11. 71, BGBl I 1745
MRVO	Verordnung der Militärregierung
MSA	Übereinkommen über die Zuständigkeit und das anzuwendende Recht auf dem Gebiet des Schutzes von Minderjährigen v 5. 10. 61, BGBl 71 II 217
MSchG	Mieterschutzgesetz v 15. 12. 42, RGBl I 712, BGBl III 4 Nr 402-12
M-R	Meisner-Ring, Nachbarrecht in Bayern, 6. Aufl, 1972
M-St-Hodes (M-St-H)	= Meisner-Stern-Hodes, Das Nachbarrecht im Bundesgebiet u Westberlin m. Ausnahme des Landes Bayern, 5. Aufl, 1970
Mü I	München
Mü II	München II
MüKo	Münchener Kommentar zum Bürgerlichen Gesetzbuch, Bd 1, Allgemeiner Teil, 1978, Bd 5, Familienrecht, 1977
Münst	Münster
MutterSchG	Gesetz zum Schutz der erwerbstätigen Mutter idF v. 18.4.68, BGBl 315
MuW	Markenschutz und Wettbewerb (Jahr u Seite)
Mz	Mainz
NachlG	Nachlaßgericht
NÄG	Namensänderungsgesetz v 5. 1. 38, RGBl 9
Nds	Niedersachsen
Nds AG BGB	Niedersächsisches Ausführungsgesetz zum Bürgerlichen Gesetzbuch v. 4. 3. 71, GVBl 73
NdsFGG	Niedersächsisches Gesetz über die freiwillige Gerichtsbarkeit idF v 24. 2. 71, GVBl 43
NdsRpfl	Niedersächsische Rechtspflege ab 1. 7. 47, vorher Hannoversche Rechtspflege (Jahr u Seite)
NEG	Niedersächsisches Enteignungsgesetz v 12. 11. 73, NdsGVBl 441
NEhelG	Gesetz über die rechtliche Stellung der nichtehelichen Kinder v 19. 8. 69, BGBl I 1243
Neust	Neustadt a d Weinstraße
Nieders. GVBl. Sb. I	= Sammlung des bereinigten niedersächsischen Rechts (9. 5. 1945 – 31. 12. 1958)
Nieders.GVBl. Sb. II	= Sammlung des bereinigten niedersächsischen Rechts (1. 1. 1919–8. 5. 1945)
Nieders. GVBl. Sb III	= Sammlung des bereinigten niedersächsischen Rechts (1. 1. 1806–31. 12. 1918)
NJ	Neue Justiz (Jahr u Seite)
NJW	Neue Juristische Wochenschrift (Jahr u Seite)
NMV 1970	Verordnung über die Ermittlung der zulässigen Miete für preisgebundene Wohnungen (Neubaumietenverordnung 1970) idF v 21. 2. 75, BGBl I 595
NotariatsG	Gesetz über das Staatliche Notariat – Notariatsgesetz (DDR) – v 5. 2. 76, GBl DDR I 93
NotMG	Gesetz über Maßnahmen auf dem Gebiet des Notarrechts v 16. 2. 61, BGBl I 77, BGBl III 3 Nr 302-3
NRW	Nordrhein-Westfalen
NTS	Nato-Truppenstatut v 19. 6. 51 BGBl 1961 II 1183
NTS-AG	Gesetz zum Nato-Truppenstatut und zu den Zusatzvereinbarungen v 16. 8. 61, BGBl II 1183
Nürnb	Nürnberg
NWB	Neue Wirtschaftsbriefe für Steuer- u WirtschR (Loseblattsammlung, Jahr u Seite)
Odersky	Odersky, Nichtehelichengesetz, Handkommentar, 3. Aufl 1973
OEG	Gesetz über die Entschädigung für Opfer von Gewalttaten v 11. 5. 76, BGBl I 1181
ÖffAnz	Öffentlicher Anzeiger für das Vereinigte Wirtschaftsgebiet
Offbg	Offenburg
OGDDR	Oberstes Gericht der Deutschen Demokratischen Republik
OGH	Oberster Gerichtshof für die britische Zone, auch Sammlung der Entscheidungen (Band u Seite)
Oldbg	Oldenburg
OLG	Oberlandesgericht (mit Ortsnamen), zugleich Sammlung der Rechtsprechung der Oberlandesgerichte (Band u Seite)
OLGPräs	Oberlandesgerichtspräsident
OLGZ	Entscheidungen der Oberlandesgerichte in Zivilsachen Jahrg u Seite
OLSchVO	Verordnung über Orderlagerscheine v 16. 12. 31, RGBl I 763, BGBl III 4 Nr 4102-1
Osnabr	Osnabrück
OVG	Oberverwaltungsgericht (zugleich amtliche Sammlung des Preußischen Oberverwaltungsgerichts nach Jahr u Seite)
OWiG	Gesetz über Ordnungswidrigkeiten idF v 2. 1. 75, BGBl I 80

XXXII

PachtKrG	Pachtkreditgesetz idF v 5. 8. 51, BGBl I 494, BGBl III 7 Nr 7813–1
Paderb	Paderborn
PartG	Gesetz über die politischen Parteien (Parteiengesetz) v 24. 7. 1967, BGBl I 773
Pass	Passau
PatG	Patentgesetz idF v 2. 1. 68, BGBl I 2, BGBl III 4 Nr 420–1 (2. Aufl)
PatAO	Patentanwaltsordnung v 7. 9. 66, BGBl I 557
PersBefG	Gesetz über die Beförderungen von Personen zu Lande (Personenbeförderungsgesetz) v 21. 3. 61, BGBl I 241, BGBl III 9 Nr 9240–1
PflVersG	Gesetz über die Pflichtversicherung für Kraftfahrzeughalter (Pflichtversicherungsgesetz) v 5. 4. 65 (BGBl I 213), BGBl III 9 Nr 925–1
Pforzh	Pforzheim
Piller-Hermann	Piller-Hermann, Justizverwaltungsvorschriften, 2. Aufl 1976 ff
Planck (+ jew Bearbeiter)	= Planck, Kommentar zum BGB nebst EinführungsG, Bd 4/2, 6, 3. Aufl 1905/06; Bd 1, 2, 4/1, 5, 4. Aufl 1913–30; Bd 3, 5. Aufl, 1933–38
PostG	Gesetz über das Postwesen v 28. 7. 69, BGBl I 1006
PostGebO	Postgebührenordnung v 12. 6. 78, BGBl I 683
PostO	Postordnung v 16. 5. 63, BGBl I 341, BGBl III 9 Nr 901–1–1
PostRGebO	Postreisegebührenordnung v 20. 3. 73, BGBl I 221
PostSchGebO	= Postscheckgebührenordnung v 12. 6. 78, BGBl I 689
PostSchO	Postscheckordnung v 1. 12. 69, BGBl I 2159
PostSpO	Postsparkassenordnung v 1. 12. 69, BGBl I 2164
PostZtgO	Postzeitungsgebührenordnung v 29. 6. 78, BGBl I 925
Pr, pr	Preußen, preußisch
PrABergG	Preußen. Allgemeines Berggesetz v 24. 6. 1865, PrGS NW 164
PrGS NW	Sammlung des in Nordrhein-Westfalen geltenden preußischen Rechts (1806–1945) (Seite)
Prölss	Prölss-Martin, Versicherungsvertragsgesetz, 21. Aufl 1977
Prot	Protokolle der Kommission für die II. Lesung des Entwurfs des BGB
PStG	Personenstandsgesetz v 8. 8. 57, BGBl I 1125, BGBl III 2 Nr 211–1
PVG	Polizeiverwaltungsgesetz, Preußen: v 1. 7. 31, GS S 77; Rheinland-Pfalz: v 26. 3. 54, GVBl 31
RabelsZ	Zeitschrift für ausländisches und internationales Privatrecht, begründet v Ernst Rabel (Jahr u Seite), früher (bis 1961): ZAIP
RAbgO (= AbGO)	= Reichsabgabenordnung v 22. 5. 31, RGBl I 161, BGBl III 6 Nr 610–1
RabG	Gesetz über Preisnachlässe (Rabattgesetz) v 25. 11. 53, BGBl I 1011
RABl	Reichsarbeitsblatt (Jahr, Teil I, Seite)
RAG	Reichsarbeitsgericht, zugleich amtliche Sammlung der Entscheidungen (Band u Seite)
RAnwendgsG	Gesetz über die Anwendung des Rechts auf internationale zivil-, familien- und arbeitsrechtliche Beziehungen sowie auf internationale Wirtschaftsverträge – Rechtsanwendungsgesetz (DDR) – v 5. 12. 75, GBl DDR I 748
RAnz	Deutscher Reichsanzeiger
Ravbg	Ravensburg
RBHaftG	Gesetz über die Haftung des Reichs für seine Beamten v 22. 5. 10, RGBl 798, BGBl III Nr 2030–9
RBerG	Rechtsberatungsgesetz v 13. 12. 35, RGBl I 1478, BGBl III 3 Nr 303–12
RdA	Recht der Arbeit (Jahr u Seite)
RdBfDJA	Rundbrief des Deutschen Jugendarchivs (früher Archiv Deutscher Berufsvormünder)
RdJB	Recht der Jugend und des Bildungswesens (Jahr und Seite)
RdK	Das Recht des Kraftfahrers (Jahr u Seite)
RdL	Recht der Landwirtschaft (Jahr u Seite)
RDM	Ring Deutscher Makler
RdRN	Recht des Reichsnährstandes (Jahr u Seite)
RdSchGmbH	= Rundschau für GmbH (Jahr u Seite)
RdSchLAG	Rundschau für Lastenausgleich (Jahr u Seite)
REAO	Berlin. Anordnung der Alliierten Kommandantur betr Rückerstattung feststellbarer Vermögensgegenstände an Opfer der nationalsozialistischen Unterdrückungsmaßnahmen v 26. 7. 49, VOBl I 221
Recht	Zeitschrift „Das Recht" (Jahr u Nr der Entscheidung [bei Aufsätzen Jahr u Seite], 1908 bis 1924 in Beilage hierzu), seit 1935 als Beilage zur Deutschen Justiz
RechtsAnglG	Saarland. Gesetz zur Angleichung des saarländischen Rechts an das in der Bundesrepublik Deutschland geltende Recht auf dem Gebiete der Gerichtsverfassung, des Zivil- und Strafverfahrens und des bürgerlichen Rechts (Rechtsangleichungsgesetz) v 22. 12. 56, ABl Saarl 1956 II 1667
REG	Rückerstattungsgesetz
RegBedVO	Regelbedarf-Verordnung 1976 v 30. 7. 76, BGBl I 2042
Regbg	Regensburg
RegBl	Regierungsblatt
RegUnterhVO	Verordnung zur Berechnung des Regelunterhalts (Regelunterhalt-Verordnung) v 27. 6. 70, BGBl I 1010
RepG	Reparationsschädengesetz v 12. 2. 69, BGBl I 105
RErbhG	Reichserbhofgesetz v 29. 9. 33, RGBl I 685
Rev crit de dr i p	= Revue critique de droit international prive (Jahr u Seite)
RFH	Reichsfinanzhof, zugleich amtliche Sammlung der Entscheidungen (Band, Seite)
RG	Reichsgericht, auch amtliche

Abkürzungsverzeichnis I

Gesetze, Verordnungen, Amtsblätter,

	Sammlung der RGRechtsprechung in Zivilsachen (Band u Seite); auch: Reichsgesetz
RGBl	Reichsgesetzblatt ohne Ziffer = Teil I; mit II = Teil II
RG GrStS	Reichsgericht, Großer Senat in Strafsachen
RG GrZS	Reichsgericht, Großer Senat in Zivilsachen
RGRK	Kommentar, herausgegeben von Reichsgerichtsräten und Bundesrichtern (11. Aufl, 1959–70, §§, Anm; 12. Aufl, 1974 ff, §§, Rdz)
RGSt	Reichsgericht-Rechtsprechung in Strafsachen (Band u Seite)
RGVZ	Reichsgericht Vereinigte Zivilsenate
RHeimstG (RHG)	= Reichsheimstättengesetz v 25. 11. 37, RGBl I 1291, BGBl III 2 Nr 2332–1
RhNK	Niederschriften über die Notarkammersitzungen der Rheinischen Notarkammer (Jahr u Seite), ab 1. 1. 61 Mitteilungen der Rheinischen Notarkammer
RhNZ	Rheinische Notarzeitschrift
RhPf	Rheinland-Pfalz
RiW	Recht des internationalen Wirtschaft (1. 1954–3. 1957); dann Außenwirtschaftsdienst des Betriebs-Beraters
RJA	Reichsjustizamt, Entscheidungssammlung in Angelegenheiten der freiwilligen Gerichtsbarkeit und des Grundbuchrechts (Band u Seite)
RK	Restitutionskammer
RKEG	Gesetz über die religiöse Kindererziehung v 15. 7. 21, RGBl 939, BGBl III 4 Nr 404 –9
RKnappschG (RKGG)	= Reichsknappschaftsgesetz idF v 1. 7. 26, RGBl I 369, BGBl III 8 Nr 822–1
RiA	Recht im Amt (Jahrg u Seite)
RLA	Rundschau für den Lastenausgleich (Jahr u Seite)
RLG	Gesetz über Sachleistungen für Reichsaufgaben (Reichsleistungsgesetz) v 1. 9. 39, RGBl I 1645, aufgehoben dch § 83 BLG
RMA	Reichsarbeitsminister(ium)
RMBliV	Reichsministerialblatt der inneren Verwaltung
RMF	Reichsminister(ium) der Finanzen
RMfEuL	Reichsminister(ium) für Ernährung und Landwirtschaft
RMI	Reichsminister(ium) des Innern
RMJ	Reichsminister(ium) der Justiz
RNatSchG	Reichsnaturschutzgesetz v 26. 6. 35, RGBl I 821
RNotO	Reichsnotarordnung v 13. 2. 37, RGBl I 191; siehe jetzt BNotO
römR	römisches Recht
ROG	Raumordnungsgesetz v 8. 4. 65, BGBl I 306
ROHG	Reichsoberhandelsgericht, auch Entscheidungssammlung (Band u Seite)
Rolland	Rolland, Kommentar zum 1. Eherechtsreformgesetz, 1977
Rosenberg-Schwab ZPR	= Rosenberg-Schwab, Zivilprozeßrecht, 12. Aufl Bd 1, 1977
Rosenthal	Rosenthal (Kamnitzer, Bohnenberg), Bürgerliches Gesetzbuch, 15. Aufl, 1965/70
Rottw	Rottweil
ROW	Recht in Ost und West (Jahr u Seite)
Rpfleger	Der Deutsche Rechtspfleger (Jahr u Seite)
RPflG	Rechtspflegergesetz v 5. 11. 69, BGBl I 2065
RpflJb	Rechtspfleger-Jahrbuch (Jahr und Seite)
Rpfl-Stud	Rechtspfleger-Studienhefte (Jahr u Seite)
RSiedlG	Reichssiedlungsgesetz v 11. 8. 19, RGBl 1429, BGBl III 2 Nr 2331–1
RsprBau	Schäfer/Finnern/Hochstein, Rechtsprechung zum privaten Baurecht
RStBl	Reichssteuerblatt (Jahr u Seite)
RTAG	Gesetz zur Regelung der Rechtsverhältnisse nicht mehr bestehender öffentlicher Rechtsträger (Rechtsträger-Abwicklungsgesetz) v 6. 9. 65, BGBl I 1065
RuG	Recht und Gesellschaft (Jahr und Seite)
RuPrMdI	Reichs- und Preußischer Minister des Innern
RuStAG	Reichs- und Staatsangehörigkeitsgesetz v 22. 7. 13, RGBl 583, BGBl III 1 Nr 102–1
RVA	Reichsversicherungsamt
RVÄndG	Zweites Rentenversicherungs-Änderungsgesetz (2. RVÄndG) v 23. 12. 66, BGBl I 745
RVBl	Reichsverwaltungsblatt (Jahr u Seite)
RVersG	Gesetz über die Versorgung der Militärpersonen und ihrer Hinterbliebenen bei Dienstbeschädigung (Reichsversorgungsgesetz) v 12. 5. 1920 (RGBl 989) idF v 1. 4. 1939 (RGBl I 663)
RVersGer	Reichsversorgungsgericht
RVerwG	Reichsverwaltungsgericht
RVO	Reichsversicherungsordnung idF v 15. 12. 24, RGBl I 779, BGBl III 8 Nr 820–1
Rvsbg	Ravensburg
RWP	Rechts- und Wirtschaftspraxis
RzW	Rechtsprechung zum Wiedergutmachungsrecht (NJW) (Jahr u Seite)
Sa	Sachsen
Saarbr	Saarbrücken
Saarl	Saarland
SaarlZ	Saarländische Rechts- und Steuerzeitschrift; später: Justizblatt des Saarlandes
SaBl	Sammelblatt für Rechtsvorschriften des Bundes und der Länder (Jahr u Seite)
SammlgArbE	(SAE) Sammlung arbeitsrechtlicher Entscheidungen der Vereinigung der Arbeitgeberverbände
SammlgBremR	= Sammlung des bremischen Rechts
Salzg	Salzgitter
Sbr	Saarbrücken
SchBerG	Gesetz über die Bereinigung alter Schulden v 3. 9. 40, RGBl I 1209,

	aufgeh dch Vertragshilfegesetz v 26. 3. 52, BGBl I 198	SeuffA	Seufferts Archiv für Entscheidungen der obersten Gerichte in den deutschen Staaten (Band u Nr)
SchBG (SchutzBG)	= Gesetz über die Beschränkungen des Grundeigentums für die militärische Verteidigung (Schutzbereichsgesetz) v 7. 12. 56 BGBl I 899	SeuffBl	Seufferts Blätter für Rechtsanwendung in Bayern (Band u Seiten)
		SFJ	Sammlg aktueller Entscheidgen aus dem Sozial-, Familien- u Jugendrecht (Gesetzesstelle u EntscheidungsNr)
SchiffsBG	Schiffsbankgesetz idF v 8. 5. 63, BGBl I 301		
SchiffsRDVO	Verordnung zur Durchführung des Gesetzes über Rechte an eingetragenen Schiffen und Schiffsbauwerken v 21. 12. 40, RGBl I 1609	SGB	Sozialgesetzbuch – Allgemeiner Teil v 11. 12. 75 BGBl I 3015; – Gemeinsame Vorschriften für die Sozialversicherung v 23. 12. 76, BGBl I 3845
SchiffsRegO	Schiffsregisterordnung v 26. 5. 51, BGBl I 359, BGBl III 3 Nr 315–18	SGb	Die Sozialgerichtsbarkeit (Jahr u Seite)
SchiffsRegVfg	Schiffsregisterverfügung v 29. 5. 51, BAnz Nr 109	SGG	Sozialgerichtsgesetz idF v 23. 9. 75, BGBl I 2535
SchiffsRG (SchRG)	= Gesetz über Rechte an eingetragenen Schiffen und Schiffsbauwerken (Schiffsrechtesetz) v 15. 11. 40, RGBl I 1499, BGBl III 4 Nr 403-4	SGVNW	Sammlung der bereinigten Gesetzu Verordnungsblattes für das Land Nordrhein-Westfalen
		SHaftpflG	Gesetz über die Haftpflicht der Eisenbahnen und Straßenbahnen für Sachschaden v 29. 4. 40, RGBl I 691, BGBl III 9 Nr 935–2; aufgehoben durch Gesetz v 16. 8. 77, BGBl I 1577
Schlesw	Schleswig		
SchlH	Schleswig-Holstein		
SchlHA	Schleswig-Holsteinische Anzeigen (Jahr u Seite)		
Schlo-Coe-Gra	Schlosser, Coester-Waltjen, Graba, Kommentar zum Gesetz zur Regelung des Rechts der Allgemeinen Geschäftsbedingungen, 1. Aufl 1977	SHG	Gesetz zur Milderung dringender sozialer Notstände (Soforthilfegesetz) v 8. 8. 49, WiGBl 205
		SJZ	Süddeutsche Juristenzeitung (Jahr u Seite, ab 47 Spalte); 51 in die Juristenzeitung übergeleitet
SchlTermG	Gesetz zur Änderung des Schlußtermins für den Abbau der Wohnungszwangswirtschaft u über weitere Maßnahmen auf dem Gebiet des Mietpreisrechts v 24. 8. 65, BGBl I 969	SMBl. NW	Sammlung des bereinigten Ministerialblattes für das Land Nordrhein-Westfalen (1948 –)
3. SchlTermG	3. Gesetz zur Änderung des Schlußtermins für den Abbau der Wohnungszwangswirtschaft u über weitere Maßnahmen auf dem Gebiet des Mietpreisrechts im Land Berlin v 30. 10. 72, BGBl I 2051	Soergel (+ jew. Bearbeiter)	= Bürgerliches Gesetzbuch mit Einführungsgesetz und Nebengesetzen, begründet von Soergel, neu herausgegeben von Siebert, 10. Aufl, Bd 1–8, 1967 bis 1975; 11. Aufl, Bd 5 (Sachenrecht), 1978
Schnitzerling	Schnitzerling, Das Recht des nichtehelichen Kindes ab 1. 7. 70, 1970		
Schönfelder	Schönfelder, Deutsche Gesetze, 55. Aufl 1978	SoldatenG	Gesetz über die Rechtsstellung der Soldaten idF v 19. 8. 75, BGBl I 2273
Schönke-Baur	Schönke-Baur, Zwangsvollstrekkungs-, Konkurs- u. Vergleichsrecht, 9. Aufl 1974	SoldVersG (SVG)	Gesetz über die Versorgung für die ehemaligen Soldaten der Bundeswehr und ihrer Hinterbliebenen (Soldatenversorgungsgesetz) idF v 18. 2. 77, BGBl I 337
SchRegG	Gesetz zur Regelung der landwirtschaftlichen Schuldverhältnisse (Schuldenregelungsgesetz) v 1. 6. 33, RGBl I 331		
SchutzbauG	Gesetz über bauliche Maßnahmen zum Schutz der Zivilbevölkerung v 9. 9. 65, BGBl I 1232	SozG	Sozialgericht
		SozSich	Soziale Sicherheit, Zeitschrift für Sozialpolitik (Jahr u Seite)
Schwab	Dieter Schwab, Handbuch des Scheidungsrechts, 1977	SparPG 1977	Sparprämiengesetz idF v 20. 12. 77, BGBl I 3165
SchwBG	Schwerbehindertengesetz v 29. 4. 74, BGBl I 1005, früher Gesetz über die Beschäftigung Schwerbeschädigter (Schwerbeschädigtengesetz) v 16. 6. 53, BGBl I 389, BGBl III 8 Nr 811–1	StaatsGH	Staatsgerichtshof
		StädtebauFördG	(StBauFG) = Gesetz über städtebauliche Sanierungs- u Entwicklungsmaßnahmen in den Gemeinden (Städtebauförderungsgesetz) v 18. 8. 76, BGBl I 2318
Schweinf	Schweinfurt	StAnz	Staatsanzeiger
SchwZGB	Schweizerisches Zivilgesetzbuch v 10. 12. 07	Staud (+ jew. Bearbeiter)	= Staudinger, Kommentar zum Bürgerlichen Gesetzbuch (10. u 11., teilweise 9. Aufl., §§, Anm); 12. Aufl. Einl. 1978
Serick I, II, III	= Serick, Eigentumsvorbehalt u Sicherungsübertragung, Bd I 1963, II 1965, III 1970, IV 1976	StAZ	Das Standesamt (früher: Zeitschrift für Standesamtswesen)
		StGB	Strafgesetzbuch idF v 2. 1. 75, BGBl I 1
		Stgt	Stuttgart

Abkürzungsverzeichnis I

StJP	Stein-Jonas, bearbeitet von Pohle, Grunsky, Leipold, Münzberg, Schlosser u Schumann, Kommentar zur ZPO, 19. Aufl, 1964–1976
StJ (+ jew Bearbeiter)	StJ, Kommentar zur Zivilprozeßordnung, bearbeitet von Grunsky, Leipold, Münzberg, Schlosser und Schumann, 20. Aufl 1977 ff
Stöber	Stöber, Forderungspfändung, 5. Aufl, 1978
StPO	Strafprozeßordnung idF v 7. 1. 75, BGBl I 129
StREG	Strafrechtsreform-Ergänzungsgesetz v 28. 8. 75, BGBl I 2289
StuW	Steuer und Wirtschaft (1. 1922–23. 1944, 24. 1947 ff)(Jahr u Seite)
StVG	Straßenverkehrsgesetz v 19. 12. 52, BGBl I 837, BGBl III 9 Nr 9233–1
StVO	Straßenverkehrs-Ordnung v. 16.11. 70, BGBl I 1665
StVollzG	Strafvollzugsgesetz v 16. 3. 76, BGBl I 581
1. StVRG	1. Gesetz zur Reform des Strafverfahrensrechts v 9. 12. 74, BGBl I 3393
1. StVRGErgG	= Gesetz zur Ergänzung des Ersten Gesetzes zur Reform des Strafverfahrensrechts v 20. 12. 74, BGBl I 3686
StVZO	Straßenverkehrs-Zulassungs-Ordnung idF v 15. 11. 74, BGBl I 3193
Sudhoff, Handb	= Sudhoff, Handbuch der Unternehmensnachfolge, 2. Aufl 1973
T ALärm	Technische Anleitung zum Schutz gegen Lärm v 16. 7. 68, BAnz Nr 137 (Beil)
TALuft	Technische Anleitung zur Reinhaltung der Luft v 8. 9. 64, GMBl 433
TelWG	Telegraphenwegegesetz v 18.12.99, RGBl 705, BGBl III 9 Nr 9021–1
TestG	Gesetz über die Errichtung von Testamenten und Erbverträgen (Testamentsgesetz) v 31. 7. 38, RGBl I 973, aufgehoben dch GesEinhG v 5. 3. 53, BGBl I 33, ausgenommen § 51
Thielmann	Thielmann, Sittenwidrige Verfügungen von Todes wegen, 1973
Th-P	Zivilprozeßordnung mit GVG und EG, erläutert von Heinz Thomas und Hans Putzo, 10. Aufl, 1978
Thür	Thüringen
TierKBG	Tierkörperbeseitigungsgesetz v 2. 9. 75, BGBl I 2313
TO	Telegrammordnung idF v 26. 2. 74, BGBl I 373
Traunst	Traunstein
Tüb	Tübingen
TVG	Tarifvertragsgesetz idF v 25. 8. 69, BGBl I 1323, BGBl III 8 Nr 802–1
ÜG	Übernahmegesetz
UFG	s GefUnfFürsG
Ufita	Archiv für Urheber-, Film-, Funk- und Theaterrecht
Ul-Br-He	Ulmer, Brandner, Hensen, AGB-Gesetz: Kommentar zum Gesetz zur Regelung des Rechts der Allgemeinen Geschäftsbedingungen, 1. Aufl 1977
UmlG	Umlegungsgesetz v 26. 6. 36, RGBl I 518, aufgehoben dch Flurbereinigungsgesetz v 14. 7. 53, BGBl I 591
UmstErgG	Gesetz über die Ergänzung von Vorschriften des Umstellungsrechts und über die Ausstattung der Berliner Altbanken mit Ausgleichsforderungen (Umstellungsergänzungsgesetz) v 21. 9. 53, BGBl I 1439, BGBl III 7 Nr 7601–1; Zweites Umstellungsergänzungsgesetz v 23. 3. 57, BGBl I 285; Drittes Umstellungsergänzungsgesetz v 22. 1. 64, BGBl I 33; Viertes Umstellungsergänzungsgesetz v 23. 12. 1964, BGBl I 1083
UmstG	Drittes Gesetz zur Neuordnung des Geldwesens (Umstellungsgesetz), in Kraft 27. 6. 48, WiGBl Beil 5 S 13
UntÄndG	Gesetz zur vereinfachten Abänderung von Unterhaltsrenten v 29. 7. 76, BGBl I 2029
UP	Unterzeichnungsprotokoll zum Zusatzabkommen zum Nato-Truppenstatut v 3. 8. 59, BGBl 1961 II 1313
UrhRG	Gesetz über Urheberrecht und verwandte Schutzrechte (Urheberrechtsgesetz) v 9.9.65, BGBl I 1273
UStG	Umsatzsteuergesetz (Mehrwertsteuer) v 29. 5. 67, BGBl I 545
UVNG	Gesetz zur Neuregelung des Rechts der gesetzlichen Unfallversicherung (Unfallversicherungs-Neuregelungsgesetz) v 30. 4. 63, BGBl I 241
UWG	Gesetz gegen den unlauteren Wettbewerb v 7. 6. 09, RGBl 499, BGBl III 4 Nr 43–1
VAG	Gesetz über die Beaufsichtigung der privaten Versicherungsunternehmen und Bausparkassen (Versicherungsaufsichtsgesetz) idF v 6. 6. 31, RGBl I 315
Verd	Verden
VereinfNov	Gesetz zur Vereinfachung und Beschleunigung gerichtlicher Verfahren (Vereinfachungsnovelle) v 3. 12. 76, BGBl I 3281
VereinhG	Gesetz zur Wiederherstellung der Rechtseinheit auf dem Gebiet der Gerichtsverfassung, der bürgerlichen Rechtspflege, des Strafverfahrens und des Kostenrechts v 12.9. 50, BGBl 455, BGBl III 3 Nr 300–6
VereinsG	Gesetz zur Regelung des öffentlichen Vereinsrechts (Vereinsgesetz) v 5. 8. 64, BGBl I 593
VerfGH	Verfassungsgerichtshof
VerglO	Vergleichsordnung v 26. 2. 35, RGBl I 321, BGBl III 3 Nr 311–1
VerkBl	Verkehrsblatt
VerkMitt	Verkehrsrechtliche Mitteilungen
VerkRdsch	Verkehrsrechtliche Rundschau
VerlG	Gesetz über das Verlagsrecht v 19. 6. 01, RGBl 217, BGBl III 4 Nr 441–1
3. VermBG	Drittes Gesetz zur Förderung der Vermögensbildung der Arbeit-

	nehmer (Drittes Vermögensbildungsgesetz) idF v 15. 1. 75, BGBl I 258
VerschÄndG .	Gesetz zur Änderung von Vorschriften des Verschollenheitsrechtes v 15. 1. 51, BGBl I 59, BGBl III 4 Nr 401–7
VerschG	Verschollenheitsgesetz v 15. 1. 51, BGBl I 63, BGBl III 4 Nr 401–6
VersN	Der Versicherungsnehmer, Zeitschr f d versicherungsnehmende Wirtschaft u d Straßenverkehr (Jahr u Seite)
VersR	Versicherungsrecht. Juristische Rundschau für die Individualversicherung (Jahr u Seite)
VerstV	Versteigerungsvorschriften v 1. 6. 76, BGBl I 1346
VersW	Versicherungswirtschaft, Halbmonatsschrift der deutschen Individualversicherung (1. 1946ff) (Jahr u Seite)
VerWiGeb ...	Vereinigtes Wirtschaftsgebiet
VerwRspr ...	Verwaltungsrechtsprechung in Deutschland (Band u Nr)
VfW	Verwaltung für Wirtschaft des Vereinigten Wirtschaftsgebietes
VG	Verwaltungsgericht
VGH	Verwaltungsgerichtshof
VGrS	Vereinigter Großer Senat
VHG	Gesetz über die richterliche Vertragshilfe (Vertragshilfegesetz) v 26. 3. 52, BGBl I 198, BGBl III Nr 402–4
VLA	Amt für Verteidigungslasten
VOB	Verdingungsordnung für Bauleistungen. Fassg 1973, BAnz 1973, Beil zu Nr 216
VOBl	Verordnungsblatt
VOBlBrZ ...	Verordnungsblatt für die britische Zone
VOL	Verdingungsordnung für Leistungen, ausgenommen Bauleistungen – Ausgabe 1960, Beil BAnz Nr 105
VolljkG	Gesetz zur Neuregelung des Volljährigkeitsalters v 31. 7. 74, BGBl I 1713
VormschG ...	Vormundschaftsgericht
Voss	Voss, Das ErbR des nehel Kindes in beiden Teilen Deutschlands, 1974
VP	Die Versicherungspraxis (Jahr und Seite)
VRS	Verkehrsrechts-Sammlung (Band u Seite)
VStG	Vermögensteuergesetz v 17. 4. 74, BGBl I 949
VV	Versailler Vertrag
VVG	Gesetz über den Versicherungsvertrag v 30. 5. 08, RGBl 263
1. VV LFGG	Erste Verwaltungsvorschrift zur Ausführung des Landesgesetzes über die freiwillige Gerichtsbarkeit – BaWü – v 5. 5. 75, Just 201
VwGO	Verwaltungsgerichtsordnung v 21. 1. 60, BGBl I 17, BGBl III 3 Nr 340–1
VwVfG	Verwaltungsverfahrensgesetz v 25. 5. 76, BGBl I 1253
VwZG	Verwaltungszustellungsgesetz

Abkürzungsverzeichnis I

WA	Westdeutsche Arbeitsrechtspraxis
WährG	Erstes Gesetz zur Neuordnung des Geldwesens (Währungsgesetz) v 20. 6. 48, WiGBl Beil Nr 5, S 1, BGBl III 7 Nr 7600–1–a
WährUmstAbschlG =	Gesetz zum Abschluß der Währungsumstellung v 17. 12. 75, BGBl I 3123
WaffG	Waffengesetz idF v 8. 3. 76, BGBl I 432
Waldsh	Waldshut
WAR	Westdeutsche Arbeitsrechtsprechung (Jahrg u Seite)
Warn	Warneyer, Die Rechtsprechung des Reichsgerichts (Jahr u Nr)
WassHaushG (WHG) =	Wasserhaushaltsgesetz idF 16. 10. 76, BGBl I 3017
WassVerbG ..	Gesetz über Wasser- und Bodenverbände (Wasserverbandsgesetz) v 10. 2. 37, RGBl I 188
WassVerbVO.	Verordnung über Wasser- und Bodenverbände (Wasserverbandsverordnung) v 3. 9. 37, RGBl I 933
WaStrG	Bundeswasserstraßengesetz v 2. 4. 1968, BGBl II 173
WBewG	Wohnraumbewirtschaftungsgesetz idF v 23. 6. 60, BGBl I 389, 418; s Einf 12 vor § 535
WBG	Gesetz zur Bereinigung des Wertpapierwesens (Wertpapierbereinigungsgesetz) v 19. 8. 49, WiGBl 295
WBSchlußG .	Viertes Gesetz zur Änderung und Ergänzung des Wertpapierbereinigungsgesetzes (Wertpapierbereinigungsschlußgesetz) v 28. 1. 64, BGBl I 45
WEG	Gesetz über das Wohnungseigentum und das Dauerwohnrecht (Wohnungseigentumsgesetz) v 15. 3. 51, BGBl I 175, BGBl III 4 Nr 403
WEG-WohnbesFördergsG =	Gesetz zur Förderung von Wohnungseigentum und Wohnbesitz im sozialen Wohnungsbau v 23. 3. 76, BGBl I 737
WehrmPStVO	Personenstandsverordnung für die Wehrmacht idF v 17. 10. 42, RGBl I 597, BGBl III 2 Nr 211–1–2
WehrPflG ...	Wehrpflichtgesetz idF v 7. 11. 77, BGBl I 2021
WehrsG	Wehrsoldgesetz idF v 20. 2. 78, BGBl I 265
Weid	Weiden
WeimRV (WRV) =	Weimarer Verfassung v 11. 8. 19, RGBl 1383, teilw BGBl III 1 Nr 100–2 (3. Aufl 1969)
WeinG	Gesetz über Wein, Likörwein, Schaumwein, weinhaltige Getränke u Branntwein aus Wein (Weingesetz) v 14. 7. 71, BGBl I 893
WertausglG ..	Gesetz über die Regelung der Rechtsverhältnisse bei baulichen Maßnahmen auf ehemals in Anspruch genommenen Grundstücken (Wertausgleichsgesetz) v 12. 10. 71, BGBl I 1625
WertV	Wertermittlungsverordnung idF v 15. 8. 72, BGBl I 1417, mit Richtlinien idF v 27. 7. 73, BAnz Beil 29
WG	Wechselgesetz v 21. 6. 33, RGBl I 399
Wiesb	Wiesbaden

Abkürzungsverzeichnis I

Wieczorek ZPO	= Wieczorek, Zivilprozeßordnung u Gerichtsverfassungsgesetz, Handausgabe, 2. Aufl 1966
Wieczorek Großkomm	= Wieczorek, Zivilprozeßordnung und Nebengesetze, Großkommentar, 1956–63; 2. Aufl 1975 ff
WiGBl	Gesetzblatt der Verwaltung des Vereinigten Wirtschaftsgebietes
1. WiKG	Erstes Gesetz zur Bekämpfung der Wirtschaftskriminalität (1. WiKG) v 29. 7. 76, BGBl I 2034
WiR	Wirtschaftsrat
WiStG	Gesetz zur weiteren Vereinfachung des Wirtschaftsstrafrechts (Wirtschaftsstrafgesetz) idF v 3. 6. 75, BGBl I 1313
WiTrh	Der Wirtschaftstreuhänder (Jahr u Seite)
2. WKSchG	Zweites Gesetz über den Kündigungsschutz für Mietverhältnisse über Wohnraum (Zweites Wohnraumkündigungsschutzgesetz – 2. WKSchG) v 18. 12. 74, BGBl I 3603
WoBauÄndG 1965	= Gesetz zur verstärkten Eigentumsbildung im Wohnungsbau und zur Sicherung der Zweckbestimmung von Sozialwohnungen (Wohnungsbauänderungsgesetz 1965) v 24. 5. 65, BGBl I 945
WoBauÄndG 1971	= Gesetz zur Durchführung des langfristigen Wohnungsbauprogramms (Wohnungsbauänderungsgesetz 1971) v 17. 12. 71, BGBl I, 1993
WoBauÄndG 1973	= Gesetz zur Änderung des Wohnungsbindungsgesetzes 1965 und des Zweiten Wohnungsbaugesetzes v 21. 12. 73, BGBl I 1970
Wöhrmann-Stöcker	Wöhrmann-Stöcker, Das Landwirtschaftserbrecht mit ausführlicher Erläuterung der Höfeordnung, 3. Aufl 1977
Wo(hn)bauG	1. Wohnungsbaugesetz v 24. 4. 50, BGBl 83, BGBl III 2 Nr 2330–1 idF v 25. 8. 53, BGBl 1047
2. Wo(hn)bauG	2. Wohnungsbaugesetz (Wohnungsbau- und Familienheimgesetz) idF v 1. 9. 76, BGBl I 2673
WohnbauGebG	Gesetz über Gebührenbefreiungen beim Wohnungsbau v 30. 5. 53, BGBl I 273, BGBl III 3 Nr 364–2
WoBindG	Gesetz zur Sicherung der Zweckbestimmung von Sozialwohnungen (Wohnungsbindungsgesetz – WoBindG) idF v 31. 1. 74, BGBl I 137
WohnG	Wohnungsgesetz (= Kontrollratsgesetz Nr 18) v 8. 3. 46, KRABl 117
WohnRBewG	Wohnraumbewirtschaftungsgesetz idF v 23. 6. 60, BGBl I 389, 418, BGBl III 2 Nr 234–1
WoGeldG (WoGG)	Wohnungsgeldgesetz idF v 29. 8. 77, BGBl I 1685
WoGV	Wohngeldverordnung idF v 21. 2. 75, BGBl I 607
Wolf	Ernst Wolf, Lehrbuch des Sachenrechts, 1971
Wolff I–III	Wolff, Verwaltungsrecht, Bd I Öffentliche Verwaltung usw, 9. Aufl 1974, Bd II, Organisations- u Dienstrecht, 3. Aufl, 1970, Bd III Ordnungs- u Leistungsrecht usw, 3. Aufl, 1973
Wolff(W)-Raiser	= Enneccerus-Kipp-Wolff, Lehrbuch des bürgerlichen Rechts, Bd. 3, 10. Aufl 1957. Bearbeiter: Raiser
WoM (WM)	Wohnungswirtschaft und Mietrecht (Zeitschrift)
1. WOMitBestG	Erste Wahlordnung zum Mitbestimmungsgesetz v 23. 6. 77, BGBl I 861
2. WOMitBestG	Zweite Wahlordnung zum Mitbestimmungsgesetz v 23. 6. 77, BGBl I 893
3. WOMitBestG	Dritte Wahlordnung zum Mitbestimmungsgesetz v 23. 6. 77, BGBl I 934
WoModG	Gesetz zur Förderung der Modernisierung von Wohnungen (Wohnungsmodernisierungsgesetz) v 23.8.76, BGBl I 2429, jetzt: Modernisierungs- und Energieeinsparungsgesetz
WoPG 1977	Wohnungsbau-Prämiengesetz idF v 20. 12. 77, BGBl I 3171
WoRKSchG	Gesetz über den Kündigungsschutz für Mietverhältnisse über Wohnraum v 25. 11. 71, BGBl I 1839
WoVermG	Gesetz zur Regelung der Wohnungsvermittlung v 4. 11. 71, BGBl I 1745
WPg	Die Wirtschaftsprüfung (Zeitschrift)
WPM	Zeitschrift für Wirtschaft und Bankrecht, Wertpapiermitteilungen, Teil IV (Jahr u Seite)
WRP	Wettbewerb in Recht und Praxis (Jahr u Seite)
WSG	Gesetz über die Aufschließung von Wohnsiedlungsgebieten [Wohnsiedlungsgesetz] v 22. 9. 33 u 27. 9. 38, RGBl I 1246, aufgehoben dch § 186 I Nr 10 BBauG
WStG	Wehrstrafgesetz v 24. 5. 74, BGBl I 1213
WStrRG	Gesetz zur Reinhaltung der Wasserstraßen v 17. 8. 60, BGBl II 2125, dch Urteil des BVerfG v 30. 10. 62, BGBl I 688, für nichtig erklärt
Wuppt	Wuppertal
Wü	Württemberg
WüBa	Württemberg-Baden
WüHo	Württemberg-Hohenzollern
WÜK	Wiener Übereinkommen über konsularische Beziehungen v 24.4. 63, BGBl 1169, II 1589
WürttJb	Jahrbücher der württembergischen Rechtspflege (Jahr u Seite)
WürttNotV	Zeitschrift des WürttNotarvereins (jetzt BWNotZ)
WürttZ	Württembergische Zeitschrift für Rechtspflege und Verwaltung (Jahr u Seite)
Würzbg	Würzburg
W-W	Weitnauer-Wirths, Wohnungseigentumsgesetz, 5. Aufl, 1974
WZG	Warenzeichengesetz idF v 2. 1. 68, BGBl I 29, BGBl III 4 Nr 423–1 (2. Aufl)
ZAIP	s. RabelsZ

XXXVIII

Zeitschriften, Entscheidungssammlungen usw.

ZAkDR	Zeitschrift der Akademie für Deutsches Recht (Jahr u Seite)
ZA-NTS	Zusatzabkommen zum Nato-Truppenstatut v 3. 8. 59, BGBl 1961 II 1218
ZBlFG	Zentralblatt für die Freiwillige Gerichtsbarkeit und Notariat (Jahr u Seite)
ZBlJugR (ZBlJR)	Zentralblatt für Jugendrecht und Jugendwohlfahrt (Jahrg u Seite)
ZBR	Zeitschrift für Beamtenrecht (Jahr u Seite)
ZDG	Zivildienstgesetz idF v 7. 11. 77, BGBl I 2039
Zeller	Zeller, Zwangsversteigerungsgesetz, 8. Aufl, 1971
ZfA	Zeitschrift für Arbeitsrecht (Jahr u Seite)
ZfB	Zeitschrift für Bergrecht (Jahr u Seite)
ZfF	Zeitschrift für das Fürsorgewesen (Jahrg u Seite)
ZfgesK(ZKW)	Zeitschrift für das gesamte Kreditwesen (Jahr und Seite)
ZfHK (ZHR)	Zeitschrift für das gesamte Handelsrecht und Konkursrecht, jetzt für das gesamte Handelsrecht und Wirtschaftsrecht (Band u Seite)
Z(eitschr) f Luft- u WeltraumR	Zeitschrift für Luft- und Weltraumrecht (Jahr u Seite)
ZfRV	Zeitschrift für Rechtsvergleichung (Jahr u Seite), erscheint in Wien
ZfSH	Zeitschrift für Sozialhilfe (Jahr u Seite)
ZfV	Zeitschrift für Versicherungswesen
ZGB-DDR (ZGB)	= Zivilgesetzbuch der Deutschen Demokratischen Republik v 19. 6. 75, GBl DDR I 465[1]
ZgGenW	Zeitschrift für das gesamte Genossenschaftswesen (Jahr u Seite)
ZGR (ZfUG)	Zeitschrift für Unternehmens- u Gesellschaftsrecht (Jahr u Seite)
ZHR	Zentralblatt für Handelsrecht (Jahr u Seite)
ZHW	Zeitschrift für das gesamte Handels- und Wirtschaftsrecht (Jahrg u Seite)
ZJABrZ	Zentraljustizamt für die britische Zone
ZJBlBrZ	Zentraljustizblatt für die britische Zone

Abkürzungsverzeichnis I

ZLW	Zeitschrift für Luftrecht u Weltraumrechtsfragen (Jahr u Seite)
ZMR	Zeitschrift für Miet- und Raumrecht (Jahr u Seite)
Zöller	Zöller, Zivilprozeßordnung mit Gerichtsverfassungsgesetz und Nebengesetzen, Kommentar, bearbeitet v Degenhart, Geimer, Gummer, Karch, Mühlbauer, Scherübl, Stephan, Vollkommer, 11. Aufl, 1974 mit Nachtrag 1975
ZollG	Zollgesetz v 14. 6. 61, BGBl 737
ZPO	Zivilprozeßordnung idF v 12. 9. 50, BGBl 535, BGBl III 3 Nr. 310-4
ZPO DDR	Gesetz über das gerichtliche Verfahren in Zivil-, Familien- und Arbeitsrechtssachen – ZPO – v 19. 6. 75, GBl DDR I 533
ZRP	Zeitschrift für Rechtspolitik (Jahr u Seite)
ZS	Zivilsenat
ZStaatsw	Zeitschrift für die gesamte Staatswissenschaft (Jahr u Seite)
ZStrW	Zeitschrift für die gesamte Strafrechtswissenschaft (Band u Seite)
ZuSE(ntsch)G	Gesetz über die Entschädigung von Zeugen und Sachverständigen idF v 1. 10. 69, BGBl I 1756
ZuständErgG	Gesetz zur Ergänzung von Zuständigkeiten auf den Gebieten des Bürgerlichen Rechts, des Handelsrechts und des Strafrechts (Zuständigkeitsergänzungsgesetz) v 7. 8. 52, BGBl I 407, BGBl III 3 Nr 310-1
ZVergl (vgl) RW	= Zeitschrift für Vergleichende Rechtswissenschaft (Jahr u Seite)
ZVG	Gesetz über die Zwangsversteigerung und die Zwangsverwaltung [Zwangsversteigerungsgesetz] v 24. 3. 97, RGBl 97, BGBl III 3 Nr 310-14
ZVOBlOst	Zentralverordnungsblatt, herausgegeben von der Deutschen Justizverwaltung der Deutschen Demokratischen Republik
Zweibr	Zweibrücken
ZZP	Zeitschrift für Zivilprozeß (Band u Seite)

---

[1] Auszug, Erbrecht, Anh der 35. Aufl.

Abkürzungsverzeichnis II — Juristische Fachausdrücke, allgemeine Wortabkürzungen

II. Juristische Fachausdrücke, allgemeine Wortabkürzungen[1]

A	Auftrag (in §§ 662 ff)	AO	Anordnung
aA	andere Ansicht	Arb	Arbeit, Arbeiter
aaO	am angegebenen Ort	ArbG, ArbGeber	= Arbeitgeber
AbändG	Abänderungsgesetz	ArbN, ArbNehmer	= Arbeitnehmer
Abg	Abgabe	ArbR	Arbeitsrecht
abgedr	abgedruckt	Arch	Architekt
Abh	Abhandlung	arg	argumentum aus …
abhgek	abhandengekommen	Argl, argl	Arglist, arglistig
Abk	Abkommen	Art	Artikel
Abkömml	Abkömmling	aS	auf Seiten
Abl	Ablehnung	ASt	Antragsteller
abl	ablehnen(d)	aStv	an Stelle von
Abn	Abnahme	AT	Allgemeiner Teil
abs	absolut	Aufenth	Aufenthalt
Abs.	Absatz, Absicht	Aufgeb	Aufgebot
Abschl	Abschluß	aufgeh	aufgehoben
Abschn	Abschnitt	Aufl	Auflage, Auflassung
Abschr	Abschrift	Aufn	Aufnahme
abstr	abstrakt	AufOAnspr	Aufopferungsanspruch
Abtr	Abtretung	Aufr	Aufrechnung
Abw, abw	Abweichung, abweichend	Aufs	Aufsicht
Abz	Abzahlung	AufsR	Aufsichtsrat
AbzK	Abzahlungskäufer	Auftr	Auftrag
AbzV	Abzahlungsverkäufer	Aufw	Aufwendungen
aE	am Ende	Ausdr, ausdr	Ausdruck, ausdrücklich
ÄndG	Änderungsgesetz	AuseinandS	Auseinandersetzung
aF	alte Fassung	ausf	ausführlich
AG	Aktiengesellschaft, Amtsgericht, Ausführungsgesetz (ohne Zusatz: zum BGB)	AusfVorschr	Ausführungsvorschrift
		ausgeschl	ausgeschlossen
AGB	Allgemeine Geschäftsbedingungen	Ausgl	Ausgleich, Ausgleichung
aGrd	auf Grund	Ausk	Auskunft
aGrdv	auf Grund von	Ausl	Auslobung, Ausländer
Akk	Akkord	ausl	ausländisch
allerd	allerdings	Ausn	Ausnahme
allg	allgemein	ausr	ausreichend
allgM	allgemeine Meinung	Auss	Aussage, Aussicht
AllgT	Allgemeiner Teil	ausschl	ausschließlich
aM	anderer Meinung	Ausschl	Ausschlagung, Ausschluß
Amtl Begr	Amtliche Begründung	außerh	außerhalb
Amtl Mitt	Amtliche Mitteilungen	AusSt	Aussteller
and	anders, andere, r, s	AV	Allgemeine Verfügung
andernf	andernfalls	AVB	Allgemeine Versicherungsbedingungen
anderw	anderweitig		
ands	andererseits	AVN	Angehöriger der Vereinten Nationen
Anerk	Anerkenntnis		
Anf	Anfechtung	AVO	Ausführungsverordnung
Angeh	Angehöriger		
angem	angemessen	B	Bundes-
Angest	Angestellter	–b	–bar
Angew	Angewiesener	BAK	Blutalkoholkurve
Anh	Anhang	BauBetrVertr	Baubetreuungsvertrag
Anl	Anlage	BaukZusch	Baukostenzuschuß
Anm	Anmerkung	Bd	Band
Ann	Annahme	Bdgg	Bedingung
AnnVerz	Annahmeverzug	bdgt	bedingt
Ans	Ansicht	Beauftr	Beauftragter
AnschBew	Anscheinsbeweis	Bed	Bedarf
Anschl	Anschluß	begl	beglaubigt
Anspr	Anspruch	BeglName	Begleitname
Anst	Anstalt	Begr	Begriff, Begründung
Antr	Antrag	Beh	Behörde
AntrSt	Antragsteller	Beil	Beilage
Anw	Anwalt, Anwartschaft, Anweisung	Beitr	Beitrag
		bej	bejahend
Anweis	Anweisender	Bek	Bekanntmachung
AnwR	Anwartschaftsrecht	Bekl, bekl	Beklagter, beklagt
Anz	Anzeige	Bem	Bemerkung

[1] Die Abkürzungen der Endungen sind unter dem Anfangsbuchstaben der Endung aufgeführt; Ausnahmen: –end unter d und –ung unter g.

Juristische Fachausdrücke, allgemeine Wortabkürzungen **Abkürzungsverzeichnis II**

benachb	benachbart
Benachteil, benachteil	= Benachteiligter, benachteiligt
Ber	Bereicherung
Berecht, berecht	= Berechtigter, berechtigt
Bes	Besitz
bes	besonders, besondere, r, s
Beschl	Beschluß
Beschlagn	Beschlagnahmung
beschr	beschränkt, beschränken
Beschrkg	Beschränkung
Beschw, beschw	= Beschwerde, beschwert
Best	Besteller, Bestimmung
best	bestellt, bestimmt
Bestandt	Bestandteil
BestätSchr	Bestätigungsschreiben
bestr	bestritten
Beteil	Beteiligter, Beteiligte
Betr	Betracht, Betrag, Betrieb
betr	betreffend
BetrR	Betriebsrat
BetrUnf	Betriebsunfall
Beurk	Beurkundung
beurk	beurkunden
Bevollm, bevollm	= Bevollmächtigter, bevollmächtigt
Bew	Beweis
Bez	Beziehung, Bezirk
Bezugn	Bezugnahme
bish	bisher, bisherig
bisw	bisweilen
Bl	Blatt
bl	bloß
BodRef	Bodenreform
bösgl	bösgläubig
Brucht	Bruchteil
Bsp	Beispiel
Bü	Bürge
Bürgermstr	Bürgermeister
bzgl	bezüglich
bzw	beziehungsweise
cc	Code civil
c.i.c.	culpa in contrahendo
–d	–end
dagg	dagegen
DAO	Durchführungsanordnung
Darl	Darlehen
darü	darüber
DBer	Dienstberechtigter
dch	durch
DEMV	Deutscher Einheitsmietvertrag
ders	derselbe
derj	derjenige
desh	deshalb
DG	Durchführungsgesetz
dgl	dergleichen
dh	das heißt
Dienstbk	Dienstbarkeit
DienstSt	Dienststelle
Diss	Dissertation
DLeistg	Dienstleistg
Dolm	Dolmetscher
DP	Displaced Person, –s
Dr	Dritter
Drucks	Drucksache
dtsch (dt)	deutsch
Durchf	Durchführung
durchf	durchführen
Durchgr	Durchgriff
Durchschn	Durchschnitt
DVerpfl	Dienstverpflichteter
DVertr	Dienstvertrag
DVO	Durchführungsverordnung
DWR	Dauerwohnrecht
E	Erbe (in Zusammensetzungen) Eigentum (im WEG), Entwurf
ebda	ebenda
ebenf	ebenfalls
ebso	ebenso
ec-Scheck	Euroscheck
eGen	eingetragene Genossenschaft
Ehefr	Ehefrau
Eheg	Ehegatte, –n
Ehel	Eheleute
Ehem	Ehemann
ehem	ehemalig
Eheschl	Eheschließung
eidesst	eidesstattlich
eig	eigen, eigener
Eigenm	Eigenmacht
eighdg	eigenhändig
Eigt	Eigentum
eigtl	eigentlich
Eigtümer	Eigentümer
Einbez	Einbeziehung
Einf	Einführung
einf	einfach
Einfl	Einfluß
eingef	eingefügt, eingeführt
eingeschr	eingeschrieben
eingetr	eingetragen
Eingr	Eingriff
Eink	Einkommen, Einkünfte
Einl	Einleitung
Einr	Einrede
einschl	einschließlich
einstw Vfg	einstweilige Verfügung
Eintr, eintr	Eintragung, eintragen
EintrBew	Eintragungsbewilligung
einverst	einverstanden
Einwdg	Einwendung
einz	einzeln
EltT	Elternteil
Empf	Empfänger
entgg	entgegen
enth	enthält, enthalten
Entl	Entleiher
Entm	Entmündigung
Entsch	Entschädigung, Entscheidung, Entschuldung
entsch	entscheiden, entscheidend
Entschl	Entschluß
entspr	entsprechend, entspricht
Entw	Entwurf
ErbbR	Erbbaurecht
Erbf	Erbfall, Erbfolge
Erbl	Erblasser
ErbSch	Erbschein
Erf, erf	Erfüllung; erfüllen, erfüllt
erfdl	erforderlich
ErfGeh	Erfüllungsgehilfe
erfh	erfüllungshalber
ErfStatt	Erfüllungs Statt
Erg	Ergänzung, Ergebnis
ErgG	Ergänzungsgesetz
ErguÄndG	Ergänzungs- und Änderungsgesetz
erh	erhalten, erhält
Erkl, erkl	Erklärung; erklären, erklärt
Erl, erl	Erlaß, erlassen
Erläut, erläut	Erläuterung, erläutert
Erm	Ermessen

XLI

Abkürzungsverzeichnis II Juristische Fachausdrücke, allgemeine Wortabkürzungen

Err–	Errungenschafts-
Ers	Ersatz
Erz	Erziehung (in Zusammensetzungen)
ES	Entscheidungssammlung
etw	etwaig
EV	Eigentumsvorbehalt
eV	eingetragener Verein
ev	eventuell
evang	evangelisch
exc	exceptio
f	für
–f	–fach, –falls
Fahrlk, fahrl ..	Fahrlässigkeit, fahrlässig
Fahrz (Fgz) ...	Fahrzeug
Fam	Familie
FamG	Familiengericht
Fdg	Forderung
Festg	Festgabe
festges	festgesetzt
Festschr	Festschrift
ff	folgende
FG	Freiwillige Gerichtsbarkeit
Fideik	Fideikommiß
finanz	finanziert
FinInstitut	Finanzierungsinstitut
FlSt	Flurstück
Fn	Fußnote
Forml	Formular
fortges	fortgesetzt
Fr	Frist
freiw	freiwillig
früh (fr)	früher
frz	französisch
Fürs	Fürsorge
Fußn	Fußnote
G	Gesellschaft (in §§ 705 ff), Gesetz Gericht (in Zusammensetzungen)
–G	Geld (in Zusammensetzungen)
–g	–ung, in zB Erfüll(un)g, Verwahr(un)g
GA	Gutachten
Gastw	Gastwirt
GB	Grundbuch
Gbde	Gebäude
Gbg	Gleichbehandlungsgrundsatz (in §§ 611ff)
Gebr	Gebrauch
Gef	Gefahr
Geh	Gehilfe
geh...........	gehörig
gek...........	gekommen
gem	gemäß
GemGebr	Gemeingebrauch
Gemsch, gemschaftl =	Gemeinschaft, gemeinschaftlich
GemSchu	Gemeinschuldner
Gen, gen	Genehmigung, genehmigt, genommen
Ger	Gericht
gerechtf	gerechtfertigt
ges	gesamt, gesetzlich
gesch	geschieden
Gesch	Geschäft
geschbeschr ...	geschäftsbeschränkt
GeschBesVertr	Geschäftsbesorgungsvertrag
GeschF	Geschäftsführer
GeschFg	Geschäftsführung
GeschFgk	Geschäftsfähigkeit
geschl	geschlossen
GeschUnfgk ..	Geschäftsunfähigkeit
gesetzw	gesetzwidrig
GesGeber.....	Gesetzgeber
GesHänder ...	Gesamthänder
(zur) ges Hand	(zur) gesamte(n) Hand
GesHandsGemsch =	Gesamthandsgemeinschaft
GesSchuld ...	Gesamtschuld
Geschw	Geschwister
gew	geworden
Gew	Gewalt
Gewahrs	Gewahrsam
gewerbsm ...	gewerbsmäßig
GewFr	Gewährfrist
GewlAnspr ..	Gewährleistungsanspruch
gg	gegen
ggf	gegebenenfalls
GgFdg	Gegenforderung
GgLeistg	Gegenleistung
ggs	gegenseitig
ggt	gegenteilig
Ggs	Gegensatz
Ggst	Gegenstand
ggsV	gegenseitiger Vertrag
ggü	gegenüber
Gl	Gläubiger, Glaube
glA	gleicher Ansicht
Gläub	Gläubiger
GlVerz	Gläubigerverzug
GM	Goldmark
GoA	Geschäftsführung ohne Auftrag
Gr	Gruppe
Grd	Grund
GrdDbk	Grunddienstbarkeit
Grdl	Grundlage
GrdPfdR	Grundpfandrecht
Grds	Grundsatz, –sätze
grdsätzl (grdsl)	grundsätzlich
GrdSch	Grundschuld
GrdsE	Grundsatzentscheidung
Grdst	Grundstück
Grdz	Grundzüge
Gter	Gesellschafter
Güterstd	Güterstand
GütGemsch ..	Gütergemeinschaft
guter Gl	guter Glaube
gutgl	gutgläubig
GVz	Gerichtsvollzieher
h............	haben, hat
–h	–haft, –heit
Halbs	Halbsatz
Handw	Handwerk
Haupts.......	Hauptsache
Haush	Haushalt
Hdb	Handbuch
Hdlg	Handlung
Heimst	Heimstätte
Herausg	Herausgabe
Herst	Hersteller
HGA	Hypothekengewinnabgabe
Hinbl	Hinblick
Hins, hins	Hinsicht, hinsichtlich
Hinterbl	Hinterbliebene, –r
Hinw	Hinweis
hL	herrschende Lehre
hM	herrschende Meinung
HöchstBetrHyp	Höchstbetragshypothek
höh	höher
HReg	Handelsregister
Hyp, hyp	Hypothek, hypothekarisch

Juristische Fachausdrücke, allgemeine Wortabkürzungen **Abkürzungsverzeichnis II**

–	die Endsilben –ig und –isch fallen weg, zB dreijähr(ig), akzessor(isch)	KonkVerw	Konkursverwalter
idF	in der Fassung	Konv	Konvention
idR	in der Regel	kr	kraft
i e	im einzelnen	krit	kritisch
i Erg	im Ergebnis	Kto	Konto
ieS	im engeren Sinne	Künd	Kündigung
iF	im Falle	KündSch	Kündigungsschutz
iGgs	im Gegensatz	L	Landes–, Leitsatz (nur L abgedruckt bei Gerichtsentscheidungen)
iHv	in Höhe von		
iJ	im Jahre		
ijF	in jedem Fall	–l	–lich, –los
iL	in Liquidation	Landw, landw	Landwirtschaft, landwirtschaftlich
immat	immateriell	LbRente	Leibrente
Immob	Immobilien	LdG	Landesgesetz (frzZ)
ImSch	Immissionsschutz	Leas	Leasing
Inanspruchn	Inanspruchnahme	Leb	Leben
ind	individuell	LebensJ	Lebensjahr
inf	infolge	Lebensm	Lebensmittel
Inh	Inhaber	Lehrb	Lehrbuch
InhPap	Inhaberpapier	Lehrl	Lehrling
InhSchVerschreibg = Inhaberschuldverschreibung		LeistgVR	Leistungsverweigerungsrecht
Inkrafttr	Inkrafttreten	letztw	letztwillig
inl	inländisch	lfd	laufend
innerh	innerhalb	Liqui	Liquidation
insb	insbesondere	LöschgAnspr	Löschungsanspruch
insges	insgesamt	LS	Leitsatz
insof	insofern	ltd	leitend
insow	insoweit	LV	Landesverfügung
Inst	Institut, Instanz	lwVfg	letztwillige Verfügung
internat	international	M	Makler, Mittel
Inv	Inventar	–m	–mäßig, –maßen
inzw	inzwischen	mA (Anm) v	mit Anmerkung von
IPR	Internationales Privatrecht	mAusn	mit Ausnahme
Irrt	Irrtum	Maßg, maßg	Maßgabe, maßgebend
iRv	im Rahmen von	Maßn	Maßnahme
iS	im Sinne	Maßst	Maßstab
iü	im übrigen	mat	materiell
iVm	in Verbindung mit	Mdl	Mündel
iW	im Wege	mdl	mündlich
iwS	im weiteren Sinne	mehrf	mehrfach
iZshg	im Zusammenhang	MErl	Ministerialerlaß
iZw	im Zweifel	m(w) H	mit (weiteren) Hinweisen
		m H v	mit Hilfe von
J	Jahr	MietZ	Mietzins
JA	Jugendamt	mind	mindestens
jedenf	jedenfalls	MindArbBed	Mindestarbeitsbedingungen
jens	jenseitig	Mißbr	Mißbrauch
jew	jeweilig	MitE	Miteigentum (im Sachenrecht ü WEG), Miterbe (im Erbrecht)
Jg	Jahrgang		
Jhdt	Jahrhundert	MitEigt	Miteigentum
jmd	jemand	MitEigtümer	Miteigentümer
JP	Juristische Person	MitErbGemsch	Miterbengemeinschaft
Jug	Jugend	Mitgl	Mitglied
jur	juristisch	Mitt	Mitteilung
		mitw	mitwirkend
k	können, kann	Mj, mj	Minderjähriger, minderjährig
–k	–keit	MMV	Mustermietvertrag
KalJ	Kalenderjahr	Mo	Monat
Kap	Kapitel	Mob	Mobilar–
kath	katholisch	Mot	Motive
kaufm	kaufmännisch	mRücks	mit Rücksicht
Kaufpr	Kaufpreis	MSch	Mieterschutz
Kfz	Kraftfahrzeug	MSchr	Monatsschrift
KG	Kommanditgesellschaft	mtl	monatlich
KGaA	Kommanditgesellschaft auf Aktien	mwN	mit weiteren Nachweisen
Kl	Kläger, Klage, Klausel	MWSt	Mehrwertsteuer
Komm	Kommentar, Kommission	n	nach
Kond	Kondiktion	–n	–nahme, –nis
Konk	Konkurs	Nachb	Nachbar
konkr	konkret	NachE	Nacherbe
konkurr	konkurrieren	Nachf, nachf	Nachfolge, –r, nachfolgend

XLIII

Abkürzungsverzeichnis II Juristische Fachausdrücke, allgemeine Wortabkürzungen

Nachl	Nachlaß		RAnO	Rechtsanordnung
NachlKonk	Nachlaßkonkurs		RAutoB	Reichsautobahn
NachlVerw	Nachlaßverwalter		RdErl	Runderlaß
NachlVerz	Nachlaßverzeichnis		Rdn	Randnote (-nummer)
Nachw	Nachweis		RdSch	Rundschau
natsoz	nationalsozialistisch		RdSchr	Rundschreiben
ne (nehel)	nichtehelich		RdVfg	Rundverfügung
NE	Nacherbe, Nacherb– (in §§ 2100 ff)		Rdz	Randziffer
negat	negativ		RE	Rückerstattung
nF	neue Fassung, neue Folge		RechnJ	Rechnungsjahr
nichtehel (nehel)	= nichtehelich		rechtf	rechtfertigen
Niederschr	Niederschrift		rechtsf	rechtsfähig
Nießbr	Nießbrauch		Rechtskr, rechtskr	= Rechtskraft, rechtskräftig
Not, not	Notar, notariell, notarisch		RechtsM	Rechtsmittel
notf	notfalls		RechtsSch	Rechtsschutz
notw	notwendig		RechtsStr	Rechtsstreit
Nov	Novelle		rechtsw	rechtswidrig
Nr	Nummer		Ref	Referat, Referent
Nutzn	Nutznießung		Reg	Regierung, Register, Regel
			regelm	regelmäßig
oa	oben angegeben(en)		RegEntw	Regierungsentwurf
oA	ohne Auftrag		RegPfdR	Registerpfandrecht
OAG	Oberappellationsgericht		Rel, rel	Religion, religiös
oä	oder ähnliches		RentenSch	Rentenschuld
obj	objektiv		Rep	Reparatur
obl	obliegend		Rev	Revision
od	oder		RFgk	Rechtsfähigkeit
öff	öffentlich		RGesch, rgesch	Rechtsgeschäft, rechtsgeschäftlich
öffR	öffentliches Recht		Ri	Richter
österr	österreichisch		Richtl	Richtlinien
OHG	Offene Handelsgesellschaft		Rspr	Rechtsprechung
ord	ordentlich		Rückg	Rückgabe
Ordin	Ordinance		Rückgr	Rückgriff
oRücks	ohne Rücksicht		RückgrR	Rückgriffsrecht
Ostz	Ostzone		Rückn	Rücknahme
ow	ohne weiteres		Rücks	Rücksicht
			Rücktr	Rücktritt
Pap	Papier (in Zusammensetzungen)		rückw	rückwirkend
Part	Partei, –en			
parteif	parteifähig		S	Satz, Seite
ParteiFgk	Parteifähigkeit		s	siehe
Pers, pers	Person, persönlich		–s	–sam, –seitig, –seits
PersönlkR	Persönlichkeitsrecht		sa	siehe auch
PersSt	Personenstand		Sachm	Sachmangel
PersStReg	Personenstandsregister		Sachverst	Sachverständiger
Pfdg	Pfändung		Sbd	Sonnabend
PfdR	Pfandrecht		Sch	Schenkung (in §§ 516 ff)
Pfl, pfl	Pflicht, pflichtig		–sch	Schaft, –schaften
Pflichtt	Pflichtteil		Schad	–schaden
PKV	Prozeßkostenvorschuß		SchadErsAnspr	Schadensersatzanspruch
pol	politisch		SchadErsPfl	Schadensersatzpflicht
poliz	polizeilich		–schl	–schluß, –schließen
PolVO	Polizeiverordnung		schlechtgl	schlechtgläubig
pos	positiv		SchmerzG	Schmerzensgeld
pos VertrVerletzg	= positive Vertragsverletzung		Schrifttt	Schrifttum
Pr	Preis, Preußen		Schu, Schuldn	Schuldner
PrBindg	Preisbindung		schuldbefr	schuldbefreiend
Präs	Präsident		SchuldÜbn	Schuldübernahme
priv	privat		SchuldVerh	Schuldverhältnis
Prod	Produzent		SchVerschr	Schuldverschreibung
Prokl	Proklamation		schutzw	schutzwürdig
Prot	Protokoll		Schwerbeh, schwerbeh	= Schwerbehinderter, schwerbehindert
Prov	Provision			
Proz	Prozeß–		Schwerbesch, schwerbesch	= Schwerbeschädigter, schwerbeschädigt
pVV	positive Vertragsverletzung (in § 276 Anm 7 und § 282 Anm 2)		SE	Sondereigentum
			selbstd	selbständig
qualif	qualifiziert		SG, SichgGeber	= Sicherungsgeber
			SichgGut	Sicherungsgut
R, –r	Recht (in der Zusammensetzung), Reich, –rechtlich		SichgHyp	Sicherungshypothek
			SichgVertr	Sicherungsvertrag
RA	Rechtsanwalt		sittenw	sittenwidrig

Juristische Fachausdrücke, allgemeine Wortabkürzungen **Abkürzungsverzeichnis II**

SN, SichgNehmer	= Sicherungsnehmer	umstr	umstritten
Slg	Sammlung	UmwSch	Umweltschutz
so	siehe oben	unbest	unbestimmt
sof	sofortig	unbdgt	unbedingt
sog	sogenannt	unerh	unerheblich
sol	solange	unerl Hdlg	unerlaubte Handlung
sond	sondern	ungerechtf Ber	ungerechtfertigte Bereicherung
SorgfPfl	Sorgfaltspflicht	Univ	Universität
sowj	sowjetisch	unstr	unstreitig
SowjZ	Sowjetzone	Unterh	Unterhalt
soz	sozial	Unterl, unterl	Unterlassung, unterlassen
Spark	Sparkasse	Unterm	Untermieter
–spr	–spruch	Untern	Unternehmer
SR	Sachenrecht	Unterschr	Unterschrift
StA	Standesamt	unvollk	unvollkommen
StatSchäden	Stationierungsschäden	unwirks	unwirksam
StBeamter	Standesbeamter	unzul	unzulässig
StellgN	Stellungnahme	uö	und öfters
StellVertr	Stellvertreter	Urh	Urheber
stillschw	stillschweigend	UrhPersönlkR	Urheberpersönlichkeitsrecht
Str	Straße, –n	Urk	Urkunde
str	streitig	UrkBdG	Urkundsbeamter der Geschäftsstelle
Strafh	Strafhaft	Url	Urlaub
Streitkr	Streitkräfte	Urschr	Urschrift
stRspr	ständige Rechtsprechung	urspr	ursprünglich
su	siehe unten	Urt	Urteil
subi	subjektiv	USt	Umsatzsteuer
SÜ, SichgÜbereigng	= Sicherungsübereignung	usw	und so weiter
sZt	seinerzeit	uU	unter Umständen
T	Teil	v	von, vor
Tab	Tabelle	VA (G)	Versorgungsausgleich, Verwaltungsakt
Tar	Tarif	Vbdg	Verbindung
Tatbestd	Tatbestand	VE	Vorerbe, Vorerb– (in §§ 2100ff)
Tats, tats	Tatsache, tatsächlich	VEB	Volkseigener Betrieb
Teilh	Teilhaber	Verbr	Verbraucher
Teiln	Teilnahme, Teilnehmer	Vereinbg, vereinb	= Vereinbarung, vereinbart
teilw	teilweise	Vereinf	Vereinfachung
TestVollstr	Testamentsvollstrecker	Vereinh	Vereinheitlichung
TestVollstrg	Testamentsvollstreckung	Verf	Verfahren, Verfassung
Tierh	Tierhalter	verfgd	verfügend
Tit	Titel	Vergl	Vergleich
TO	Tarifordnung	verh	verheiratet
TradPap	Traditionspapier	Verh	Verhältnis, Verhandlung
TreuGeb	Treugeber	Verj, verj	Verjährung, verjähren
TrGut	Treugut	Verk, verk	Verkauf, Verkäufer, Verkehr; verkauft
TrHänder	Treuhänder	VerkSichgPfl	Verkehrssicherungspflicht
trhd	treuhänderisch	Verl, verl	V(v)erlangen, Verleiher, Verletzter, Verletzung, Verlobter, verletzt
TrHdVertr	Treuhandvertrag		
Trunks	Trunksucht		
TÜV	Technischer Überwachungsverein	Verm	Vermächtnis (im Erbrecht), Vermieter, Vermögen
TV	Tarifvertrag, Testamentsvollstrecker (in §§ 2197 ff)	Veröff	Veröffentlichung
		Verp, verp	Verpächter, verpachten
Tz	Textziffer	Verpfl	Verpflichtung
u	und	Vers	Versicherung, Versorgung, Versammlung
ua	unter anderem		
uä	und ähnliche	Versch	Verschulden, Verschollenheit
uam	und anderes mehr	versch	verschieden, verschuldet
Übbl	Überblick	verschw	verschweigen
übereign	übereignet	VersN	Versicherungsnehmer
Überg	Übergabe, Übergangs–	Verspr	Versprechen
überh	überhaupt	Verst, verst	Versteigerung, Verstorbener, verstorben
überl	überlebend		
Übern, übern	Übernahme, übernommen	Vertr	Vertrag, Vertreter
Übertr, übertr	Übertragung, übertragen	Verurs, verurs	Verursachung, verursachen
überw	überwiegend	Verw, verw	Verwaltung, Verwahrung (in §§ 688 ff), verwaltet
Übk	Übereinkommen		
übr	übrig	VerwAkt (VA)	Verwaltungsakt
uH	unerlaubte Handlung (in §§ 823 ff)		
Umst	Umstände, Umstellung		

XLV

Abkürzungsverzeichnis II — Juristische Fachausdrücke, allgemeine Wortabkürzungen

Verwder	Verwender	Widerspr	Widerspruch
VerwVorschr	Verwaltungsvorschrift	Wiederh	Wiederholung
Verz	Verzeichnis, Verzug, Verzicht	WillErkl	Willenserklärung
Vfg	Verfügung	wirks	wirksam
vgl	vergleiche	wirtsch	wirtschaftlich
vGw	von Gesetzes wegen	wiss	wissenschaftlich
Vhlg	Verhandlung	Wk	Werk (im Werkvertragsrecht)
vielf	vielfach	WkVertr	Werkvertrag
vielm	vielmehr	Wo	Woche
Vj	Versicherungsjahre	Wo(Wohn)	Wohnung(s)-(im Mietrecht)
VO	Verordnung	WoRaum	Wohnraum
vollj	volljährig	Wohns	Wohnsitz
VolljErkl	Volljährigkeitserklärung	Wwe	Witwe
vollk	vollkommen	Wz	Warenzeichen
Vollm	Vollmacht	z	zu, zur, zum
vollst	vollständig	Z	Ziffer
Vollstr	Vollstreckung	zahlr	zahlreich
vollstrb	vollstreckbar	zB	zum Beispiel
vollw	vollwertig	ZbR	Zurückbehaltungsrecht
Vollz, vollz	Vollziehung, Vollzug, vollziehen, vollzogen	Zentr	Zentrale
		ZentrGenKasse	Zentralgenossenschaftskasse
VollzBest	Vollzugsbestimmung	zG	zu Gunsten
VollzGesch	Vollzugsgeschäft	zGDr	zu Gunsten Dritter
Vorbeh	Vorbehalt	ziv	zivil
Vorbem	Vorbemerkung	ZivProz	Zivilprozeß
VorE	Vorerbe	zL	zu Lasten
vorgeschr	vorgeschrieben	zT	zum Teil
vorh	vorhanden	Ztpkt	Zeitpunkt
Vork	Vorkauf	Zubeh	Zubehör
vorl	vorläufig	zugeh	zugehörig
Vormd	Vormund	zugel	zugelassen
Vormkg	Vormerkung	zuges	zugesichert
Vormsch	Vormundschaft	Zugew	Zugewinn
VormschG (VormG) = Vormundschaftsgericht		ZugewAusgl	Zugewinnausgleich
Vors	Vorsatz	zugl	zugleich
Vorschr	Vorschrift	zul	zulässig
Vorstd	Vorstand	zus	zusammen
VortAusgl	Vorteilsausgleichung	Zuschl	Zuschlag
vS	von Seiten	Zusichg	Zusicherung
vTw	von Todes wegen	Zust	Zustand, Zustimmung
VzGDr	Vertrag zu Gunsten Dritter	zust	zuständig, zustimmen
		Zustdgk	Zuständigkeit
w	werden, wird, geworden	zutr	zutreffend
–w	–weise, –widrig	Zw	Zweck, Zweifel
W	Wohnung (im WEG), Wert	zw	zwischen
währd	während	ZwBewtsch, zwbewtsch = Zwangsbewirtschaftung, zwangsbewirtschaftet	
WaStr	Wasserstraße		
Wdk	Wiederkauf	ZwVerst	Zwangsversteigerung
WE	Wohnungseigentum im (WEG)	ZwVerw	Zwangsverwaltung
WehrD	Wehrdienst	ZwVollstr	Zwangsvollstreckung
WertP	Wertpapier	ZwWtsch	Zwangswirtschaft
Wettbew	Wettbewerb	zZ	zur Zeit
wg	wegen	zZw	zum Zweck

Bürgerliches Gesetzbuch

Vom 18. August 1896
(RGBl. S. 195)

Erstes Buch. Allgemeiner Teil

Bearbeiter: Heinrichs, Präsident des Landgerichts Bremen

Schrifttum

Boehmer, Gustav, Grundlagen der bürgerl Rechtsordng, 1950–52. – Brox, Allg Teil, 2. Aufl 1978.– Emmerich ua, Grundlagen des Vertrags- und Schuldrechts, 1974. – Flume, Allg Teil, 2. Bd Das Rechtsgeschäft, 2. Aufl 1975. – Heck, Der Allg Teil des PrivR, AcP **146**, 1. – Hueck, Götz, Der Grundsatz der gleichmäßigen Behandlg im PrivR, 1958. – Lange-Köhler, Allg Teil, Kurzlehrbuch, 16. Aufl 1978. – Larenz, Allg Teil des dtschen bürgerl Rechts, 4. Aufl 1977. – Lehmann-Hübner, Allg Teil, 16. Aufl 1966. – Leisner, Grundrechte u PrivR, 1961. – Münchener-Kommentar BGB 1. Aufl 1978. – Pawlowski, Allg Teil 1972. – Ramm, Einführg in das Privatrecht, Allg Teil des BGB, 2. Aufl 1974. – Reichsgerichtsrätekommentar, 11. Auflage (§§ 21–132, 158–240: 12. Auflage 1974/77). – Rüthers, Grundriß des Allg Teil, 2. Aufl 1978. – Soergel-Siebert, BGB (Kommentar) Bd 1, Allg Teil, 10. Aufl, 1971. – Von Staudinger, Kommentar zum BGB, Bd 1, Allg Teil, 11. Aufl 1957. – Studienkommentar zum BGB (Hadding) 1975. – v Tuhr, Der allg Teil des dtschen bürgerl Rechts, 1910–18, unveränd Nachdr 1957. – Wolf, Ernst, Allg Teil des bürgerl Rechts, 2. Aufl. 1976.

Einleitung

I. Entstehung und Entwicklung des BGB

Materialien zum BGB: Erster Entwurf (E I) von 1888. – Zweiter Entwurf (E II) von 1895. – Reichstagsvorlage (E III) von 1896. – Motive (Mot) zu dem Entwurfe eines BGB, 5 Bände 1888. – Protokolle der II Kommission (Prot), 7 Bände, 1897–1899. – Mugdan, Die gesamten Materialien zum BGB, 5 Bände und Sachregister, 1899.

1) Das BGB hat erstmalig nach Jahrhunderten der Rechtszersplitterung in Deutschland ein **einheitliches Privatrecht** für das ganze damalige Reichsgebiet gebracht. Zwar gab es schon früher Normen, die in ganz Deutschland galten, nämlich viele ursprünglich gewohnheitsrechtliche Regeln deutschrechtlichen Ursprungs und vor allem das in Gesamtdeutschland im Wege der Rezeption (abgeschlossen 1495) übernommene römische Recht. Das rezipierte römische Recht hatte in seiner den Erfordernissen der Zeit angepaßten Gestalt, das sog „Gemeine Recht", galt aber nur subsidiär, weil in Deutschland der Rechtsgrundsatz bestand: „Willkür bzw Stadtrecht bricht Landrecht, Landrecht bricht Reichsrecht". Außerdem hatten die Gesetzgeber der vielen Einzelgebiete Deutschlands im Laufe der Zeit eine Unzahl von Bestimmungen erlassen, die die verschiedensten Materien ausdrücklich regelten und damit das alte Gewohnheitsrecht abschafften und die dem Gemeinrecht vorgingen. Im 18. und zu Beginn des 19. Jahrhunderts hatten die einzelnen Länder zT auch vollständige Kodifikationen erhalten, nämlich Bayern den „Codex Maximilianeus Bavaricus Civilis" (1756), der allerdings die subsidiäre Geltung des „Gemeinen Rechts" bestehen ließ, Preußen das „Allgemeine Landrecht für die preußischen Staaten" (1794), Baden das „Badische Landrecht" (1809), im wesentlichen eine Übersetzung des „Code Civil", Sachsen das „Bürgerliche Gesetzbuch für das Königreich Sachsen" (1863) und Österreich das „Allgemeine bürgerliche Gesetzbuch für die gesamten Erbländer der österreichischen Monarchie" (1811). Der „Code Civil" (1804) war außerdem von Napoleon in den linksrheinischen Gebieten eingeführt worden. Gerade diese für die damalige Zeit ausgezeichneten Kodifikationen waren im 19. Jhdt ein schweres Hindernis für die Schaffung eines einheitlichen deutschen Zivilrechts, weil die betreffenden Staaten ihre Gesetzbücher nicht alsbald wieder außer Kraft treten lassen wollten. Deshalb hat die Nationalversammlung von 1848, obwohl ihre Verfassung die Schaffung eines einheitlichen bürgerlichen Rechts vorsah, auf diesem Gebiet nichts unternehmen können. Erst die Errichtung des Reiches von 1871 gab hierfür eine ausreichende Grundlage; seine Verfassung sah seit der Novelle von 1873 (lex Miquel-Lasker) als zur Kompetenz der Reichsgesetzgebung gehörig das bürgerliche Recht vor.

2) Die Entwürfe: Alsbald, nachdem diese Änderung der Reichsverfassung in Kraft getreten war, wurde eine Kommission bedeutender Juristen zusammengerufen, die in jahrelanger Arbeit einen ersten Entwurf ausarbeitete, der im Jahre 1888 zusammen mit den „Motiven" dazu veröffentlicht wurde, um ihn der allgemeinen Kritik auszusetzen. Es wurde auch alsbald zu ihm von berufener Seite Stellung genommen. Vielfach (besonders von Gierke) wurde bemängelt, daß er überromanistisch und undeutsch sei. Andere hielten ihn für zu doktrinär und rügten seine schwerfällige und durch die Überfülle von Verweisungen unverständliche Form. Schließlich warf man ihm mit Recht vor, daß er den sozialen Anforderungen der Zeit nicht genügend Rechnung trage. Diese Kritiken trugen dazu bei, daß die wesentlichsten Mängel im Laufe der Beratungen der nunmehr zusammentretenden zweiten Kommission beseitigt wurden, und daß der zweite Entwurf von 1895 wesentlich an Klarheit und Einfachheit der Sprache gewann, auch das Recht den neuen Lebensverhältnissen besser anpaßte und dem wirtschaftlich Schwachen mehr Schutz gewährte; über die Beratungen der zweiten Kommission geben die „Protokolle" Aufschluß.
Der zweite Entwurf wurde noch einer weiteren Umarbeitung zwecks Vorlage an den Reichstag unterzogen (3. Entwurf oder Reichstagsvorlage von 1896). Der Reichstag selbst hat nur noch wenige Änderungen

Einleitung

daran vorgenommen. Nach seiner Verabschiedung wurde er als „Bürgerliches Gesetzbuch" für das Deutsche Reich am 18. 8. 1896 gleichzeitig mit dem dazu gehörigen Einführungsgesetz verkündet. Es ist am 1. 1. 1900 in Kraft getreten (EG 1).

3) Weiterentwicklung: Seit dem Inkrafttreten des BGB sind dreiviertel Jahrhunderte vergangen, und in diese Zeit fielen zwei Weltkriege. Die politischen und wirtschaftlichen Verhältnisse in Deutschland und in der Welt haben sich grundlegend geändert. Selbstverständlich blieb das nicht ohne Auswirkungen auf das bürgerliche Recht, und gewisse Änderungen des Wortlauts des BGB waren unvermeidlich. Als Gesamtkodifikation des bürgerlichen Rechts aber ist das BGB in seinen Grundlagen bis heute bestehen geblieben. Nur während der Nazizeit hatte es zeitweise den Anschein, als ob seine Tage gezählt seien; man sprach im Jahre 1935 von einem baldigen Abschied vom BGB. In der Tat wurden damals wichtige Materien aus dem BGB ausgegliedert und in Sondergesetzen geregelt, so das Recht der Eheschließung und Ehescheidung im Ehegesetz vom 6. 7. 1938, das Recht der Errichtung letztwilliger Verfügungen im Testamentsgesetz vom 31. 7. 1938 und das Verschollenheitsrecht im Verschollenheitsgesetz vom 4. 7. 1939. Diese Tendenz der Gesetzgebung hat sich grundlegend gewandelt. Seit dem Bestehen der Bundesrepublik pflegen Rechtssätze, die das Zivilrecht fortentwickeln sollen, als Gesetze zu ergehen, die die betreffenden Vorschriften des BGB ergänzen oder ändern, nicht als Sondergesetze außerhalb des BGB. So war es bei der Änderung des ehelichen Güterrechts und verwandter Gebiete durch das Gesetz über die Gleichbehandlung von Mann und Frau auf dem Gebiete des bürgerlichen Rechts vom 18. 6. 1957 (Gleichberechtigungsgesetz), bei den Gesetzen, die die Wohnungszwangswirtschaft durch ein soziales Mietrecht ersetzen, dem Gesetz über die Rechtsstellung der nichtehelichen Kinder vom 19. 8. 1969 und dem Ersten Gesetz zur Reform des Ehe- und Familienrechts vom 14. 6. 1976. Auch wurden manche Materien, die früher außerhalb des BGB geregelt worden waren, durch das Gesetz zur Wiederherstellung der Gesetzeseinheit auf dem Gebiet des bürgerlichen Rechts vom 5. 3. 1953 (BGBl 33) wieder in das BGB eingegliedert, insbesondere das Testamentsrecht. Allerdings ist der Gesetzgeber in neuester Zeit in einzelnen Fällen wieder dazu übergegangen, das Privatrecht durch Sondergesetze außerhalb des BGB abzuändern und fortzuentwickeln. Hier ist neben dem Zweiten Gesetz über den Kündigungsschutz für Mietverhältnisse über Wohnraum vom 18. 12. 1974 vor allem das Gesetz zur Regelung des Rechts der Allgemeinen Geschäftsbedingungen vom 9. 12. 1976 zu nennen. Gleichwohl stellt das BGB auch heute noch die eigentliche und im wesentlichen abschließende Kodifikation des deutschen bürgerlichen Rechts in der Bundesrepublik dar. Die Riesenarbeit, die unsere Vorfahren bei der Schaffung des BGB leisteten, hat sich also gelohnt.

a) Zeit des Kaiserreiches: Die ersten Jahre nach seinem Inkrafttreten brachten kaum Änderungen des Wortlauts des BGB; nur die §§ 72 (Mitgliederliste eines Vereins) und 833 (Tierhalterhaftung) wurden geändert. Im übrigen waren es zunächst Wissenschaft und Rechtsprechung, die das Recht fortbildeten; es galt damals, das neue Recht systematisch aufzuarbeiten und die leitenden Prinzipien darzustellen, um daraus Anregungen für die Bewältigung alter und neuer Probleme zu gewinnen. Hier haben die großen Lehrbücher des bürgerlichen Rechts und die ersten großen Kommentare zum BGB eine Arbeit geleistet, die neben der Rechtsprechung des Reichsgerichts für die Fortentwicklung des bürgerlichen Rechts ausschlaggebend war. Zu erwähnen sind insbesondere die Lehrbücher von Enneccerus, Kipp und Wolff, von Crome, von Cosack (nur zu den ersten beiden Büchern), von Dernburg, von Endemann, von Kohler und von Thur (nur zum Allgemeinen Teil) und die Kommentare von Staudinger und von Planck (später auch der Reichsgerichtsrätekommentar), aber auch die Handkommentare von Achilles-Greiff und von Fischer-Henle. Grundlegende Änderungen des Rechtslebens brachte der erste Weltkrieg mit der immer stärker werdenden Bewirtschaftung aller lebenswichtigen Güter und der Beseitigung der Goldklausel im Währungsrecht. Die diesbezüglichen Gesetze waren im wesentlichen öffentlichrechtlicher Natur, wirkten sich aber stärkstens auf das tatsächlich gehandhabte Zivilrecht aus, weil dessen Grundlage, der freie Güteraustausch, weitgehend entfiel. Das Rechtsleben, also auch das Zivilrecht, erhielt so eine stark zwangswirtschaftliche Note, ohne daß sich am Wortlaut des BGB viel änderte; es ergingen nur das Gesetz vom 8. 6. 1915 zur Einschränkung der Verfügung über Miet- und Pachtzinsforderungen (Änderungen der §§ 573, 1123, 1124) und – außerhalb des BGB – die ersten Mieterschutzbestimmungen, die das Mietrecht des BGB für Räume praktisch weitgehend außer Kraft setzten. Dieses ursprünglich als vorübergehend gedachte Notmietrecht wurde später wieder aufgenommen und weiterentwickelt und erst in neuerer Zeit fast vollständig in das BGB als Dauerrecht eingegliedert.

b) Auch die **Weimarer Republik** änderte am Wortlaut des BGB nur wenig. Die völlig zerrütteten Wirtschaftsverhältnisse versuchte man wieder durch meist öffentlichrechtliche Maßnahmegesetze zu ordnen, ohne daß das wirklich gelungen wäre. Zum BGB erging die Erbbaurechtsverordnung vom 15. 1. 1919 (vgl hinter § 1017), und es wurden wegen des Währungsverfalls die §§ 1811, 1643 über die Anlegung von Mündelgeld geändert. Das Jugendwohlfahrtgesetz vom 9. 7. 1922 (BGBl 633) veränderte das Vormundschaftsrecht erheblich (vgl jetzt das neue JWG im Schlußanhang). Bedeutsamen Veränderungen unterlagen auch das Mieterschutzrecht und das Wohnungsrecht. Schließlich bildete sich ein weitgehend selbständiges Arbeitsrecht.

Im übrigen war es in dieser Zeit im wesentlichen die Rechtsprechung, vorbereitet durch die Wissenschaft, die das Zivilrecht fortbildete. Die sogenannte Interessenjurisprudenz (Heck), die damals aufkam, ließ die rein logische Ausdeutung des positiven Rechts aus abstrakten Begriffen und ihre Anwendung auf den Einzelfall zurücktreten hinter eine Wertung der von der Rechtsordnung vorgefundenen Interessen der Beteiligten und suchte aus dem Gesetzeszweck Maßstäbe zu finden, nach denen man diese Interessen gerecht gegeneinander abwägen kann. Sie hat Eingang gefunden in die späteren Auflagen der oben genannten Lehrbücher und Kommentare, auch in den 1920 erstmals erschienenen von Oertmann, und hat der Rechtsprechung eine wichtige Stütze bei der Bewältigung der aufgetretenen neuen Probleme geboten, so besonders für die Rechtsprechung des Reichsgerichts zur Aufwertung und überhaupt zur Geschäftsgrundlage, für die das BGB nur in seinen Generalklauseln (§ 242) eine – recht schwache – Stütze bot. Es war die Zeit einer weitgehenden Ausbildung von Richterrecht.

c) Erheblich umfangreicher und einschneidender als in der vorhergehenden Zeit waren die Eingriffe in den Wortlaut des BGB während der Herrschaft des **Nationalsozialismus.** Noch heute bedeutsam sind folgende: Der Ersatz von Wildschaden hatte im RJagdG vom 3. 7. 1934 eine völlige Neuordnung erfahren, die sich in der Gestalt der §§ 29 ff des BJagdG idF v 29. 9. 1976 (BGBl 2849) heute noch auswirkt. Die Veräußerung von Nießbrauchrechten und beschränkten persönlichen Dienstbarkeiten wurde durch Gesetz vom 13. 12. 1935 in beschränktem Umfange zugelassen, wenn der Nießbrauch oder die Dienstbarkeit einer juristischen Person zusteht; seine Bestimmungen sind inzwischen als §§ 1059a–e, 1092 II und 1098 III in das BGB aufgenommen. – Von Grund auf neu geregelt wurde durch das Gesetz zur Vereinheitlichung des Rechts der Eheschließung und der Ehescheidung im Lande Österreich und im übrigen Reichsgebiete vom 6. 7. 1938 (sog **Ehegesetz 1938**) mit mehreren DVOen das gesamte Eheschließungs- und Ehescheidungsrecht. Es ist zwar durch KRG 16 (sog Ehegesetz 1946) formell aufgehoben, die meisten seiner Bestimmungen wurden aber übernommen; inzwischen sind viele davon aufgehoben durch das erste Ehereformgesetz. Ebenso stellte eine völlige Neuregelung dar das Gesetz über die Verschollenheit, die Todeserklärung und die Feststellung der Todeszeit vom 4. 7. 1939, das unter Aufhebung der §§ 13–20 BGB das Todeserklärungsrecht einschließlich des zwischenstaatlichen Rechts und des Verfahrens umgestaltet; in der Bundesrepublik ist es für Verschollenheitsfälle des letzten Krieges durch das sog Verschollenheitsänderungsgesetz vom 15. 1. 51 (BGBl 59, BGBl III 401–7) ergänzt worden. – Schließlich hat das Gesetz über Rechte an eingetragenen Schiffen und Schiffsbauwerken mit Wirkung vom 1. 1. 1941 die Eigentumsübertragung und das Schiffshypothekenrecht auf eine neue, dem Grundstücksrecht angepaßte Grundlage gestellt; durch die DVO vom 21. 12. 1940, RGBl 1609, wurden die §§ 1259–1272 aufgehoben und zahlreiche andere Paragraphen der neuen Regelung angepaßt; die im wesentlichen entsprechende Regelung für Luftfahrzeuge hat das Luftfahrzeugrechtegesetz ohne Änderung des Wortlauts des BGB vorgenommen. – Wissenschaft und Rechtsprechung konnten in der Zeit des Nationalsozialismus zur Fortbildung des bürgerlichen Rechts nicht viel beitragen.

d) Nach dem **völligen Zusammenbruch** Deutschlands im Jahre 1945 trat durch die Aufteilung in Zonen und dieser Zonen wieder in Länder eine erhebliche Rechtszersplitterung ein. Nur Kontrollratsgesetze galten in ganz Deutschland; wichtig unter diesen vor allem das schon erwähnte KRG 16 (Ehegesetz 1946), dessen scheidungsrechtliche Vorschriften zwar durch das 1. EheRG vom 14. 6. 1976 (BGBl 1421) außer Kraft gesetzt worden sind, das aber im übrigen noch heute gilt. Erst die Bildung der Bundesrepublik hat in Westdeutschland wieder eine einheitliche Gesetzgebung ermöglicht. In den ersten Jahren des Bestehens der Bundesrepublik standen die gesetzgeberischen Maßnahmen daher neben der Aufarbeitung der durch Krieg und Zusammenbruch entstandenen Probleme im wesentlichen im Zeichen der Rechtsbereinigung. Die **Gesetzeseinheit** auf dem Gebiet des bürgerlichen Rechts wurde durch das gleichnamige Gesetz vom 5. 3. 1953 (BGBl 33) im wesentlichen wiederhergestellt (mit dem Saarland erst im Jahre 1956). Zu erwähnen auf dem Gebiet des bürgerlichen Rechts sind sodann insbesondere folgende Gesetze:

Auf familienrechtlichem Gebiet erging am 23. 6. 1950 das Bundesgesetz über die Anerkennung freier Ehen rassisch und politisch Verfolgter und am 2. 12. 1950 das Bundesgesetz über die Anerkennung von Nottrauungen. Im wesentlichen familienrechtlicher Natur ist auch das schon erwähnte Gesetz über die Gleichberechtigung von Mann und Frau vom 18. 6. 1957 (BGBl 609); daß das Bundesverfassungsgericht die durch dieses Gesetz geänderten §§ 1628, 1629 I über den Stichentscheid und das Vertretungsrecht des Vaters am 29. 1. 1959 (BGBl 633) für nichtig erklärt hat, führte zu einer Lücke im Gesetz, die die Rechtsprechung ausfüllen mußte (vgl § 1628 Vorb B, C, § 1629 Anm 1). – Auf dem Gebiet des Miet- und Wohnrechts wurden in den ersten Nachkriegszeiten die Schutzbestimmungen für Mieter wegen des Wohnraummangels zunächst beibehalten und durch das KRG 18 (Wohnungsgesetz), abgelöst durch das Wohnraumbewirtschaftungsgesetz vom 31. 3. 1953, ergänzt (später wurden Wohnungszwangswirtschaft und Mieterschutz bei gleichzeitiger Anpassung des Mietrechts an die neuen Verhältnisse abgebaut; vgl weiter unten und Einf 12, 13 vor § 535). Von großer Bedeutung auf dem Gebiet des Wohnungswesens ist neben den (öffentlichrechtlichen) Wohnungsbaugesetzen auch das Wohnungseigentumsgesetz vom 15. 3. 1951 (BGBl 175) geworden, das unter den Begriffen des Wohnungseigentums und des Dauerwohnrechts neuartige dingliche Rechte geschaffen hat (abgedruckt und erläutert unter den Nebengesetzen). – In alle Gebiete des Rechts, also auch in das Zivilrecht, griffen die zur Beseitigung des Währungsverfalls von den drei westlichen Militärregierungen erlassenen Währungsgesetze ein, insbesondere das Währungsgesetz und das Umstellungsgesetz. Erhebliche Änderungen betreffend die Ehelichkeit und deren Anfechtung, die Annahme an Kindestatt und das Unehelichenrecht und kleinere Änderungen des Ehegesetzes und der dazugehörigen Vorschriften der ZPO und des FGG brachte das Gesetz zur Vereinheitlichung und Änderung familienrechtlicher Vorschriften (Familienrechtsänderungsgesetz) vom 11. 8. 1961 (BGBl 1221), das auf dem Gebiet der Adoption Vorschriften der Besatzungsmächte der Länder und das 1950 ergangenen Bundesgesetzes zur Erleichterung der Annahme an Kindesstatt abgelöst hat (vgl Einleitung 2k vor § 1297). – Auf dem schon mehrfach erwähnten Gebiet des Mietrechts haben die Gesetze zur Änderung mietrechtlicher Vorschriften vom 29. 7. 1963 (BGBl 505) und vom 14. 7. 1964 (BGBl 457) eine Reihe von Paragraphen geändert und neue hinzugesetzt und damit das Mietrecht wieder in das BGB eingegliedert (inzwischen wurde das soziale Mietrecht weiter entwickelt, siehe unten).

e) Aus den Gesetzen **neuerer Zeit,** die das bürgerliche Recht beeinflussen, und insbesondere das BGB im Wortlaut ändern, sind besonders zu erwähnen: Das Gesetz über den Fristablauf am Sonnabend vom 10. 8. 1965 (Änderung des § 193 BGB) zog die Konsequenz daraus, daß die meisten Bürobetriebe am Sonnabend geschlossen bleiben. Das Gesetz zur Änderung von Vorschriften über die Einbringung von Sachen bei Gastwirten vom 24. 3. 1966 (BGBl 181) ersetzt §§ 701 bis 703 durch neue Vorschriften, die denen der anderen Länder der EG entsprechen. Das Erste Arbeitsrechtsbereinigungsgesetz vom 14. 8.

Einleitung

1969 (BGBl 1106) vereinheitlicht die Kündigungsschutzvorschriften für Arbeitsverhältnisse und grenzt sie von denen der sonstigen Dienstverhältnisse ab (Änderungen der §§ 616, 620 bis 622, 626 und 627). Das Beurkundungsgesetz vom 28. 8. 1969 (BGBl 1513) begründet das Beurkundungsmonopol der Notare, was die Einfügung des § 127a, eine Neufassung der Vorschriften über die Errichtung öffentlicher Testamente und Erbverträge und weitere Änderungen des BGB erforderlich machte. – Von größter Bedeutung ist das Gesetz über die rechtliche Stellung der nichtehelichen Kinder vom 19. 8. 1969 (BGBl 1243), das das Unehelichenrecht von Grund auf umgestaltet und dem Recht der ehelichen Kinder stark angleicht, aber wohl keine abschließende Regelung dieses Rechtsgebietes darstellt. – Das Gesetz vom 27. 6. 1970 (BGBl 911) ersetzt den Offenbarungseid durch eine eidesstattliche Versicherung, um diese Materie dem Rechtspfleger zuweisen zu können (Änderungen der §§ 259, 260, 261, 2006, 2028 und 2057, EG 147). – Weitere Änderungen des Mietrechts (§§ 556a und 564) brachte das Gesetz zur Verbesserung des Mietrechts vom 4. 11. 1971 (BGBl 1745) und später das Zweite Wohnraumkündigungsschutzgesetz vom 18. 12. 1974 (BGBl 3603), das in seinem § 564b den zunächst als vorübergehend gedachten Kündigungsschutz des [Ersten] Wohnraumkündigungsschutzgesetzes zum Dauerrecht macht und daneben (außerhalb des BGB) neue Bestimmungen zur Miethöhe bringt. – Wichtig ist sodann das Gesetz zur Änderung des BGB und anderer Gesetze vom 30. 5. 1973 (BGBl 501), das auch für den Grundstückserwerb (ebenso für Erwerb eines Erbbaurechts und von Wohnungseigentum) die notarielle Beurkundung verlangt und deshalb den § 313 ändert. – Von Bedeutung ist auch die Herabsetzung des Volljährigkeitsalters auf 18 Jahre durch Gesetz vom 31. 7. 1974 (BGBl 1713). Das erste Gesetz zur Reform des Ehe- und Familienrechts vom 14. 6. 1976 (BGBl 1421), das den Titel über die Wirkungen der Ehe im allgemeinen erheblich ändert und das Scheidungsrecht unter Wiedereinbeziehung in das BGB grundlegend neu gestaltet, auch das Ehegesetz zum Teil aufhebt, bedeutet einen wesentlichen Schritt zu einem neuen Eherecht. Weitere Änderungen des BGB enthalten das Gesetz über die Annahme als Kind und zur Änderung anderer Vorschriften (Adoptionsgesetz) vom 2. 7. 1976 (BGBl 1749), das Gesetz zur Änderung von Vorschriften des Fundrechts vom 19. 7. 1976 (BGBl 1817), das Erste Gesetz zur Bekämpfung der Wirtschaftskriminalität vom 29. 7. 1976 (BGBl 2034), das Gesetz zur vereinfachten Abänderung von Unterhaltsrenten vom 29. 7. 1976 (BGBl 2029), das Gesetz zur Regelung des Rechts der Allgemeinen Geschäftsbedingungen vom 9. 12. 1976 (BGBl 3317), die Vereinfachungsnovelle zur ZPO vom 3. 12. 1976 (BGBl 3281), das Gesetz zur Änderung sachenrechtlicher, grundbuchrechtlicher und anderer Vorschriften vom 22. 6. 1977 (BGBl 998) und das Gesetz zur Änderung schadensersatzrechtlicher Vorschriften vom 16. 8. 1977 (BGBl 1577). – Die hier nicht erwähnten kleineren Änderungen des Gesetzeswortlauts sind bei den betreffenden Paragraphen behandelt.

In den Jahren nach 1945, insbesondere aber seit 1969 waren, wie man sieht, Gesetze, die den Wortlaut des BGB berührten, erheblich häufiger als früher. Die tatsächliche Entwicklung des Zivilrechts lassen diese formellen Gesetzesänderungen für sich allein nicht erkennen. Auch in der Zeit seit 1945 hat vielmehr Richterrecht (meist vorbereitet durch die Wissenschaft) dabei maßgebend mitgewirkt. Als der Gesetzgeber es versäumte, die geschriebene Rechts an den Verfassungsgrundsatz der Gleichberechtigung von Mann und Frau rechtzeitig bis 1. 4. 1953 vorzunehmen, mußte die Rechtsprechung die so entstandene Lücke schließen (vgl Einleitung vor § 1297 Anm 3 i, auch Einführung 3 vor § 1363) und sie muß es auch heute noch, soweit die Nichtigkeit der neuen §§ 1628, 1629 I in Frage steht. Auf Richterrecht beruht im wesentlichen auch die Anerkennung eines allgemeinen umfassenden Persönlichkeitsrechts (vgl § 823 Anm 15) sowie die Einschränkung der Anwendung des § 253 (Nichtersetzbarkeit immateriellen Schadens) durch die Rechtsprechung (vgl dazu Vorbemerkung 2b vor § 249), um nur einige Beispiele zu nennen.

f) Die Rechtsentwicklung in der DDR mit Ostberlin hat sich seit 1945 immer mehr von der in der Bundesrepublik getrennt. Die Nachkriegsgesetze (oben zu d u e) gelten dort nicht, auch nicht das Ehegesetz, das wie alle Kontrollratsgesetze aufgehoben wurde. Nachdem schon 1961 das Arbeitsrecht durch das Gesetzbuch der Arbeit vom 12. 4. 61 auf eine neue Grundlage gestellt worden war, wurde Buch IV des BGB durch das Familiengesetzbuch vom 20. 12. 65 ersetzt und wurde durch das Vertragsgesetz vom 25. 2. 65 das Vertragsrecht des BGB im Verhältnis zu volkseigenen und ähnlichen Betrieben weitgehend außer Kraft gesetzt. Trotz formeller Weitergeltung der meisten übrigen Bestimmungen des BGB änderte sich wegen der völligen Umgestaltung der staatsrechtlichen und wirtschaftspolitischen Verhältnisse die Rechtsanwendung einschneidend. Nunmehr ist mit Wirkung vom 1. 1. 76 das BGB als solches aufgehoben und durch das Zivilgesetzbuch der DDR vom 4. 7. 1975 ersetzt worden. Dieses weicht schon in der Einteilung – es enthält zB keinen allgemeinen Teil, wohl aber in einer Präambel einige Grundsätze des sozialistischen Zivilrechts – vom BGB völlig ab und regelt neben den Materien des BGB unter dem Oberbegriff der „Verträge zur Gestaltung des materiellen und kulturellen Lebens" auch Vorschriften über Konto- und Kreditverträge, über Versicherungsverträge uä. Auf internationalprivatrechtlichem Gebiet wird das ZGB ergänzt durch das Rechtsanwendungsgesetz vom 5. 12. 1975. Ein näheres Eingehen auf diese Gesetze an dieser Stelle verbietet sich von selbst. Gute Überblicke über das neue ZGB geben Kringe, AnwBl **76**, 4 u MDR **76**, 189 sowie Roggemann NJW **76**, 393. Auskunft über die Rechtsentwicklung in der DDR geben auch die in der Zeitschrift „Recht in Ost und West" (ROW) veröffentlichten Berichte des gesamtdeutschen Instituts (Bundesanstalt für gesamtdeutsche Aufgaben). Ferner ist auf das im Staatsverlag der DDR erscheinende Nachschlagewerk „Das geltende Recht", auf die Loseblattsammlung „DDR-Gesetze" von Dieter-Müller-Römer und auf die Textsammlung „Zivilrecht der DDR" von Georg Brunner sowie (für die Zeit vor dem ZGB) auf die „Einführung in das Recht der DDR" ebenfalls von Georg Brunner, 1975, zu verweisen.

II. Grundlagen, Aufbau und Allgemeine Grundsätze des BGB

1) Grundlagen: Wesentlicher Zweck des BGB war, die Rechtseinheit in Deutschland zu schaffen (vgl oben I 1); daher faßte das BGB im wesentlichen nur das damals geltende Recht zusammen und schloß sich, wo Abweichungen zwischen den Rechtsordnungen bestanden, einer von ihnen an. Seine Grundlagen waren also die des damals geltenden Rechts, dh das „Gemeine Recht" (das rezipierte römische Recht in seiner modernen Form, usus modernus Pandectarum), die Länderkodifikationen, die ihrerseits wieder weitgehend auf gemeinrechtliches Gedankengut zurückgingen, und gewisse deutschrechtliche Grundsätze. Im ganzen beruht das BGB somit auf dem durch deutschrechtliche und moderne Gedanken abgewandelten römischen Recht.

2) Aufbau: Dem von der Rechtslehre entwickelten System des bürgerlichen Rechts entsprechend mußte das BGB das Obligationsrecht, das Sachenrecht, das Familienrecht und das Erbrecht umfassen und hätte daher in 4 Bücher eingeteilt sein können. Tatsächlich hat es in einem vorangestellten weiteren Buch gewisse Grundsätze zusammengefaßt, die allgemein gelten sollen. Diese Einteilung in 5 Bücher ist erst neueren Datums und fand sich vorher in keinem Gesetzbuch. Sie war auch dem älteren Pandektenrecht unbekannt. Sie stammt von dem Heidelberger Romanisten Georg Arnold Heise, dem späteren langjährigen Präsidenten des Oberappellationsgerichts Lübeck, der als erster den Stoff seiner Pandektenvorlesungen nach einem Grundriß einteilte, der 5 Bücher vorsah, also einen allgemeinen Teil enthielt. Für die wissenschaftliche Stofferfassung von größtem Vorteil, für ein Gesetz wirkt es vielleicht etwas doktrinär und erschwert dem Laien das Verständnis, verführt auch zu der Auffassung, daß Regeln, die sich in einem der 4 besonderen Bücher befinden, nur in dessen Rahmen und nicht darüber hinaus angewandt werden dürften, was keineswegs immer zutrifft.

3) Allgemeine Grundsätze: Zur Zeit der Vorarbeiten am BGB und auch noch bei seiner Verabschiedung und Verkündung war die herrschende Zeitströmung liberalistisch, individualistisch und materialistisch. Dem entsprachen die Grundtendenzen des Gesetzbuches; es war ausgerichtet auf die freie Entwicklung der Einzelperson und die Sicherung des privaten Eigentums (Vertragsfreiheit, freie Verfügung über die dem einzelnen zugeordneten Rechtsgüter). Mit der Wandlung der herrschenden Auffassung vom Individualismus zum Sozialismus und der fortschreitenden Entwicklung zu Großzusammenschlüssen kapitalmäßiger (zB Großunternehmungen) und personeller Art (Genossenschaften, Gewerkschaften, Wirtschaftsverbände) entstehen neue Schranken für die freie Gestaltung der Rechtsverhältnisse (Vertragsfreiheit) und die freie Ausübung der Rechte. Zwar ist gerade die Menschenwürde und die freie Entfaltung der Persönlichkeit durch das Grundgesetz besonders geschützt, wie dieses auch die Garantie des Eigentums erneut ausgesprochen hat; die sozialbedingte Abhängigkeit der Menschen voneinander und untereinander verlangt gleichzeitig Rücksichtnahme aufeinander bei der Ausübung dieser Rechte, wodurch zB aus dem ursprünglich als unbeschränkte Sachherrschaft gedachten Eigentum das „sozialgebundene" Eigentum geworden ist. Aus dieser Entwicklung folgt ua die immer schärfere Betonung der Grundsätze von Treu und Glauben im Vertragsrecht, ja im gesamten Rechtsleben (vgl die geradezu unübersehbar gewordene Rechtsprechung zu § 242 BGB), die in immer weiterem Umfange angenommene Verpflichtung zum Vertragsabschluß (Abschlußzwang) oder wenigstens zur Ausgestaltung des Vertrages nach gewissen Richtlinien (zwingende Vertragsregeln), die Inhaltskontrolle von Allgemeinen Geschäftsbedingungen und Formularverträgen (vgl jetzt AGB-Gesetz §§ 9ff), schließlich auch die obrigkeitliche Festsetzung von „Vertrags"verhältnissen (diktierter Vertrag); vgl hierzu Einf 3b vor § 145. Auch die von der Rechtsprechung geschaffenen Regeln der sog „unzulässigen Rechtsausübung", die (ebenfalls auf § 242 gestützt; die hierfür gedachte Bestimmung des § 226 ist damit praktisch gegenstandslos geworden) zu einer sehr erheblichen Einschränkung der individuellen Rechtssphäre geführt haben, gehören hierher.

Diese Entwicklung, die durch die nationalsozialistische Diktatur nicht unterbrochen, ja im Gegenteil mit dem Schlagwort „Gemeinnutz geht vor Eigennutz" gefördert und durch die völlige Zurücksetzung der Persönlichkeit gar übersteigert wurde, hat die ursprüngliche Grundeinstellung des BGB völlig verändert und zu seiner tragenden Idee die gerechte Abwägung der sozialen Interessen der Gesamtheit gegenüber den persönlichen Interessen des einzelnen gemacht. Und das geschah, wie besonders vermerkt zu werden verdient, weitgehend bei gleichbleibendem Gesetzestext im Wege einer fast unmerklichen, aber stetigen Evolution, die (meist von der Wissenschaft vorbereitet) im wesentlichen das Ergebnis der Rechtsprechung unserer höchsten Gerichte gewesen ist. Diese fand die Handhabe zur Einführung der neuen Rechtsgedanken meist in den sog Generalklauseln, besonders in den §§ 138, 157, 242 und 826 BGB, die auf die „guten Sitten" oder auf „Treu und Glauben" und die „Verkehrssitte" verweisen; auf diesem Wege fanden auch die Wertmaßstäbe des Grundgesetzes, insbesondere sein Sozialstaatsgedanke Eingang in das Zivilrecht.

III. Begriff des bürgerlichen Rechts

1) Bürgerliches Recht wird in zwei Bedeutungen gebraucht, a) im Sinne des Privatrechts (Gegensatz zu öffentlichem Recht), b) im Sinne des Teils des Privatrechts, der für jedermann gilt.

a) Das bürgerliche Recht iS von Privatrecht beruht auf dem Prinzip der Gleichordnung und regelt das Recht der einzelnen Rechtspersönlichkeiten für sich und im Verhältnis zu anderen. Als solches wird es im Art 74 GG erwähnt. Es steht dabei unter den Grundsätzen der Art 1–19 GG, durch welche den einzelnen gewisse Grundrechte gewährleistet werden. Im Gegensatz dazu beruht das öffentliche Recht auf dem Prinzip der Unterordnung des einzelnen unter die Träger der öffentlichen Gewalt (Staat, Gemeinde usw), oder es regelt das Verhältnis der Träger der öffentlichen Gewalt zueinander. Soweit der Staat und andere öffentlichrechtliche Körperschaften am Rechtsleben gleichgeordnet teilnehmen, also zB Verträge abschließen, begeben sie sich auf den Boden des Privatrechts und stehen dort gleichgeordnet mit anderen Rechtspersönlichkeiten. Öffentliches Recht ist insbesondere das Staatsrecht, das Verwaltungsrecht, das Völkerrecht, das Gemeinderecht, das Kirchenrecht, das Strafrecht, aber auch das Prozeßrecht (Straf-, Zivil- und Verwaltungsprozeßrecht), das zwar die Parteien untereinander mehr (im Zivilprozeß) oder weniger (im Straf- und Verwaltungsrechtsprozeß) gleichgeordnet an dem Prozeß teilnehmen läßt, die Parteien aber der zur Staatshoheit gehörenden richterlichen Gewalt unterordnet. Die Einzelabgrenzung ist oft schwierig und kann sich mit den Verhältnissen ändern; ein gutes Kriterium ist, ob ein Träger von Hoheitsaufgaben als solcher an den Rechtsverhältnissen unmittelbar beteiligt ist oder nicht.

b) Bürgerliches Recht im engeren Sinne ist der Teil des Privatrechts, der für jedermann Gültigkeit hat, also die Materie, die das BGB vorwiegend zum Gegenstand hat. Es steht im Gegensatz zu dem speziellen

Einleitung

Privatrecht, das für einzelne besondere Lebenskreise gilt, wie das Handelsrecht, das Recht der Handelsgesellschaften, der Genossenschaften usw, das Arbeitsrecht, das Gewerberecht, das Urheber- und Verlagsrecht. Bürgerliches Recht in diesem engeren Sinne ist also generelles Recht gegenüber den anderen Teilen des Privatrechts. Daher gelten die Regeln des BGB, insbesondere sein allgemeiner Teil und das Recht der Schuldverhältnisse, soweit nicht Sondernormen für die Spezialmaterien gegeben sind, auch für die durch spezielle Bestimmungen geregelten Rechtskreise (vgl zB EGHGB Art 2). Zum bürgerlichen Recht in diesem engeren Sinne gehören neben den Materien des BGB (Schuldrecht, Sachenrecht, Familienrecht und Erbrecht) ua auch das internationale (und interlokale) Privatrecht (vgl EG Art 7 ff), das Verschollenheitsrecht, das Eherecht usw, also Materien, die teils im Einführungsgesetz zum BGB geregelt sind, teils nachträglich aus dem BGB herausgenommen sind, aber auch zB das Abzahlungsgesetz und das Wohnungseigentumsgesetz.

2) Die **Unterscheidung** zwischen öffentlichem Recht und Privatrecht und insbesondere die Unterscheidung zwischen dem bürgerlichen Recht im engeren Sinn und den übrigen Teilen des Privatrechts sind neueren Datums. Ursprünglich empfand man das gesamte Recht als Einheit und leitete seine Geltung aus der gemeinsamen Rechtsüberzeugung her (in dem anglo-amerikanischen Rechtskreis trifft das in gewissem Umfange noch heute zu). Viele grundlegende Rechtsinstitutionen haben daher in allen Rechtszweigen in gleicher Weise Bedeutung, und manche der grundlegenden Bestimmungen des BGB gelten überall, so zB die Bestimmung über die Rechtsfähigkeit und die Geschäftsfähigkeit, aber auch der Satz, daß Verträge zu halten sind, die allgemeinen Auslegungsgrundsätze usw. Soweit solche im Rahmen des Privatrechts entwickelten Regeln im öffentlichen Recht angewandt werden, darf man sie aber nicht als Teil des Privatrechts auffassen, sondern sie sind insoweit Teile des öffentlichen Rechts, was für die Frage der Zulässigkeit des ordentlichen Rechtsweges uU von Bedeutung ist.

IV. Rechtsquellen und Rechtsnormen

1) Unter **Rechtsquelle** versteht man die Entstehungsursache einer Rechtsnorm. Ursprünglich entstanden die Rechtsnormen wahrscheinlich aus Regeln, die gewohnheitsmäßig angewandt wurden, um ein vernünftiges Zusammenleben in der Gemeinschaft zu gewährleisten. Gleichberechtigt daneben trat schon frühzeitig der Gesetzesbefehl, der von einer dazu berufenen oder die erforderliche Macht entwickelnden Persönlichkeit oder Organisation ausging. Rechtsquellen sind also der Rechtssatzungen und der Rechtsgewohnheiten. Keine unmittelbare Rechtsquelle ist dagegen das sog Naturrecht, weil die Auffassungen darüber, was die Natur der Sache oder die Vernunft erfordert, voneinander abweichen und sich im Laufe der Zeit auch grundlegend ändern, also jedes feste Kriterium fehlt. Richtig ist an der Lehre vom Naturrecht, daß das gesetzte Recht den Anforderungen der Gerechtigkeit, der Moral und der Ethik durchaus nicht immer entspricht, und daß es Wertungen gibt, an denen man das positive Recht messen kann. Es sind dies aber meist keine naturbedingten, unabänderlichen Wertungen, sondern solche der jeweils erreichten Kulturstufe, die aus Religion, Ethik, Moral und Sitte fließen. Soweit das Gesetzesrecht mit diesen Wertungen in unlöslichen Widerspruch gerät, aber auch nur dann, kann es nicht oder nicht mehr als Recht gelten. Wenn man die Gesamtheit der genannten Wertungen als Naturrecht bezeichnen will, so ist dieses Naturrecht also nicht Rechtsquelle in dem Sinn, daß es Recht schafft, sondern Rechtsschranke, indem es sagt, daß gewisse positive Gesetzesnormen, die in der Form des Rechtssatzes auftreten, in Wahrheit kein Recht schaffen, oder daß eine Gesetzesnorm nicht weiter angewandt werden kann, weil sich nachträglich ein unerträglicher Widerspruch zwischen ihr und jenen Wertungen herausgestellt hat; bei nachkonstitutionellem Recht würde der ordentliche Richter das aber nicht selbst aussprechen können, sondern müßte die Frage, ob das Gesetzesrecht durch solche übergeordnete Wertungen verdrängt wird, gemäß GG 100 dem Bundesverfassungsgericht vorlegen; das gilt auch, wo eine Verfassungsnorm mit solchen übergeordneten Wertungen unvereinbar sein sollte, BVerfG NJW 54, 66.

2) a) Entsprechend den Rechtsquellen unterteilt man die **Rechtsnormen** in aa) solche des **gesetzten Rechts** und bb) solche des **Gewohnheitsrechts**. Das BGB bezeichnet beides als „Gesetz", vgl EG 2; über die Arten der verschiedenen Rechtsnormen vgl dort Anm 1–3. Im Gegensatz zu den Rechtsnormen, die das äußere Verhalten der Menschen regeln und schlechthin verpflichten, stehen die Normen der Moral und der Religion, die in erster Linie die innere Haltung betreffen, die sich ihrerseits allerdings auf das äußere Verhalten auswirken kann, und die Normen der Sitte (Anstandsregeln), die zwar das äußere Verhalten regeln, aber nicht schlechthin verpflichten wollen. Erzwingbarkeit gehört nach neuer Erkenntnis nicht zum Wesen der Rechtsnorm, ist allerdings meist mit ihr verbunden.

b) Der **Inhalt** einer Rechtsnorm muß, da sie das Verhalten der am Rechtsleben Beteiligten regeln will, entweder ein **Gebot** (bzw Verbot) sein, das zu einem bestimmten Verhalten verpflichtet, oder die **Gewährung einer Rechtsmacht**, die es dem Bedachten ermöglicht, sich in gewisser Weise zu verhalten, ohne dabei gestört zu werden. Richtig gesehen enthält allerdings auch jede Gewährung ein Gebot (Verbot), da das, was dem einen gewährt wird, ein anderer oder alle anderen achten müssen. Soweit ein einzelner Rechtssatz nur Gebot (Verbot) und keine Gewährung enthält (wie die meisten Bestimmungen der ersten Buches des BGB), hat er für sich allein keinen konkreten Inhalt, sondern gewinnt ihn erst im Zusammenhang mit den im Einzelfalle heranzuziehenden Normen, die sich meist in den anderen Büchern des BGB oder in anderen Gesetzen finden. Solche **unselbständigen Normen** haben ihren Grund in der Systematik des Gesetzes, das im Interesse der Übersichtlichkeit und um Wiederholungen zu vermeiden, die Rechtsgrundbegriffe gern vorweg und ohne Zusammenhang mit den Einzelbestimmungen behandelt, und sie (so besonders im ersten Buch des BGB) damit sozusagen vor die Klammer zieht. Diese Systematik erschwert zwar dem Nichtjuristen das Verständnis der Rechtsordnung, erleichtert aber dem Juristen die Beherrschung des Rechtsstoffes und ist, wenn dieser nicht ins Uferlose wachsen soll, rechtstechnisch fast unentbehrlich. Nach weit verbreiteter Auffassung geht das BGB allerdings mit seinen Abstraktionen zu weit.

c) Unter den **unselbständigen Rechtssätzen** unterscheidet man (nach Nipperdey): **aa) erläuternde Rechtssätze,** die anderweitig im Gesetz gebrauchte Begriffe definieren (Legaldefinition) oder einen anderweitig gegebenen Rechtssatz näher erläutern, für gewisse Fälle verneinen oder auch für gewisse Fälle abändern, und **bb) verweisende Rechtssätze,** die entweder andere Rechtssätze auf Tatbestände, die in ihnen nicht geregelt sind, für anwendbar erklären, oder bezüglich eines Tatbestandes bestimmen, daß er für die Zwecke der Rechtsanwendung wie ein anderer angesehen werden soll (Fiktion), oder schließlich, indem sie einen Sonderrechtssatz für einen bestimmten Tatbestand aufheben und damit wieder auf den allgemeinen Rechtssatz verweisen. – Wohl zu unterscheiden von der Fiktion sind die Vermutungen (sie sind Beweisregeln, die in das Gebiet des Prozessualen hinüberspielen); bei ihnen wird nicht durch ein begriffliches Umdenken des Tatbestandes ein zunächst für einen anderen Fall gegebener Rechtssatz für anwendbar erklärt wie bei der Fiktion, sondern es bleibt bei der Anwendbarkeit der gegebenen Rechtsnorm, es wird aber rein tatsächlich bis zum Beweis des Gegenteils so angesehen, als ob ein bestimmter Tatbestand, von dem man nicht weiß, ob er vorliegt, gegeben sei; praktisch bedeutet das, daß im Streitfalle (Prozeß) derjenige, der sich auf diesen Tatbestand beruft, nicht, wie das sonst nötig wäre, zu beweisen braucht, daß der Tatbestand wirklich vorliegt, vielmehr dem Gegner den Gegenbeweis überlassen kann.

3) a) Dem **räumlichen Geltungsbereich** nach unterteilt man die Rechtsnormen in „Gemeines Recht", das für ein gesamtes Gebiet (beim BGB Bundesrepublik) gilt, und partikuläres Recht, das nur für ein Teilgebiet gilt. Hat das in einem Gesamtgebiet gleichmäßig geltende Recht keine einheitliche Rechtsquelle, beruht es vielmehr auf der Gesetzgebung verschiedener voneinander unabhängiger Staaten oder Stellen, die sich untereinander auf die Setzung gleichen Rechts geeinigt haben, so pflegt man dieses Recht nicht „Gemeines Recht", sondern „Allgemeines Recht" zu nennen. Unter „Gemeinem Recht" in einem engeren Sinne versteht man das durch das BGB abgelöste, im Gebiete des alten Deutschen Reiches rezipierte römische Recht in seiner modernen Form, das ja, wenn auch nur subsidiär, im gesamten Deutschland galt (vgl oben I 1).

b) Dem **sachlichen Geltungsbereich** nach ist zu unterscheiden zwischen generellem Recht, das für jedermann gilt, und speziellem Recht, das für besondere Rechtskreise oder für bestimmte Einzelfälle vorgesehen ist. In letzterem Falle spricht man auch von Privilegium; ein Privileg kann für den Betroffenen günstig (so der allgemeine Sprachgebrauch) oder ungünstig sein (sog *privilegium odiosum*).

c) Der **Geltungskraft** nach unterteilt man die Rechtsnormen in zwingende und nachgiebige Vorschriften (*jus cogens* einerseits, *jus dispositivum* andererseits). Erstere lassen sich durch Parteivereinbarungen nicht beseitigen oder abändern, letztere weichen einer abweichenden Parteiabsicht. Oft geht damit Hand in Hand die Unterscheidung zwischen strengem Recht (*ius strictum*), das ausnahmslos und ohne Rücksicht auf den Einzelfall anzuwenden ist, und Billigkeitsrecht (*jus aequum*), das eine Änderung aus Billigkeitserwägungen zuläßt.

V. Die Anwendung des Gesetzes

1) Rechtsanwendung bedeutet die Anwendung einer Rechtsnorm auf einen Lebensvorgang. Sie setzt demnach die Feststellung des Lebensvorgangs (Tatbestandsfeststellung) und die Ermittlung der geltenden Rechtsnorm voraus, erfolgt durch Subsumtion des Lebensvorgangs unter die Rechtsnorm und führt zum Ausspruch der sich aus der Rechtsnorm ergebenden Rechtsfolge. Hierzu ua Germann, Probleme und Methoden der Rechtsfindung 1965.

a) Die **Tatbestandsfeststellung** als solche ist unjuristischer Natur. Besteht aber über den Tatbestand Streit, so ist sie Sache des Richters; das dabei zu beachtende Verfahren wird in erster Linie durch das Prozeßrecht geregelt. Gehört zu dem Tatbestand eine Willenserklärung, was praktisch die Regel ist, so muß ihr Inhalt durch Auslegung ermittelt werden. Die dafür maßgebenden Vorschriften enthält wieder das materielle Recht; vgl dazu § 133 und die vielen Bestimmungen, die Auslegungsregeln enthalten, meist dadurch gekennzeichnet, daß sie die Worte „im Zweifel" (solle das und das gelten) enthalten; auch die „Vermutungen" (vgl oben IV 2c) gehören hierher. – Bei der Feststellung des der Entscheidung zugrunde liegenden Tatbestandes ist sodann die Beweislastverteilung von größter Bedeutung; eine bestrittene Tatsache, die von der beweispflichtigen Partei nicht bewiesen wird, wird als nicht vorhanden angesehen. Auch die Beweislast ist Gegenstand des Prozeßrechts (vgl näher Baumb-Lauterbach Anh zu ZPO 282): Grundsätzlich ist für eine Tatsache die Partei beweispflichtig, die aus ihr eine ihr günstige Rechtsfolge herleitet. Sie braucht nicht zu beweisen, daß keine rechtshindernden, rechtsvernichtenden oder rechtshemmenden Tatsachen vorliegen, daß also die Rechtsfolge wegen derartiger Tatsachen (noch) nicht eingetreten oder nicht wieder weggefallen ist; zweifelhaft ist aber oft, ob eine Vorschrift rechtshindernder Natur ist oder ob sie ein negatives Tatbestandsmerkmal der Regelvorschrift enthält; das ist wiederum eine Frage des materiellen Rechts und ergibt sich daraus, ob dieses das Tatbestandsmerkmal negativ in die Regelvorschrift aufnimmt oder als Ausnahme gestaltet (Frage der Gesetzesauslegung, vgl nachstehend 2, insbesondere 2b). Zur Beweislast in Schadensersatzprozessen vgl auch Vorbem 8 vor § 249.

b) Die Ermittlung der geltenden **Rechtsnorm** ist einfach, wenn das Gesetz den vorliegenden Lebenstatbestand in seine generelle Regelung einbezogen hat und das eindeutig ausspricht. Gesetzesaussprüche sind aber keineswegs immer eindeutig und die Gesetze sind auch nicht lückenlos. Meist ist daher eine Auslegung des Gesetzes (unten 2) und oft seine Ergänzung (unten 3) erforderlich, bevor die richtige Subsumtion möglich ist.

2) Auslegung:

a) Ein Gesetz auslegen heißt, seinen Sinn erforschen, also feststellen, was der Gesetzgeber gewollt hat. Die Gedankenoperation ist die gleiche wie bei der Auslegung einer Willenserklärung (§ 133 BGB); denn auch der Gesetzesbefehl ist Erklärung eines Willens (nämlich des „Gesetzgebers"). Anerkanntermaßen ist daher § 133 auf die Gesetzesauslegung anzuwenden, RG **139,** 112, BGH **2,** 184, **LM** § 133 (D) 2; Schrifttum und Rechtsprechung zu § 133 sind also heranzuziehen; vgl daher § 133 Anm 1–4. Auch hier ist nicht am Buchstaben zu kleben: die Bindung des Richters an das Gesetz zwingt nicht zur reinen Wortinterpretation! Entscheidend ist der erkennbare Sinn, wobei es auf die Gesamtheit der (verständigen) vom

Gesetz Betroffenen ankommt. Genau dasselbe gilt für die Auslegung von Staatsverträgen, vgl darüber auch BGH NJW **69**, 2083. Bei der Gesetzesauslegung ist aber nicht immer nur der ursprüngliche Sinn und Zweck maßgebend, sondern es ist denkbar, daß sich der Gesetzesinhalt durch Wandlung der Verhältnisse bei gleichbleibendem Wortlaut ändert. Das kann zB der Fall sein, wenn der ursprüngliche Sinn des Gesetzes mit einer jetzt gültigen Verfassungsnorm nicht vereinbar ist. Sind mehrere Auslegungen möglich, von denen nur eine mit der Verfassung vereinbar ist, so verdient diese den Vorzug. Insgesamt maßgebend ist der in der Bestimmung zum Ausdruck kommende objektive Wille, so wie er sich aus Wortlaut und Sinnzusammenhang ergibt, BVerfG **1**, 312, **10**, 244, **11**, 130; bei klarem Gesetzeswillen kann entgegen dem Wortlaut ausgelegt werden, BGH **17**, 275, **18**, 49, stRspr, auch BVerfG NJW **73**, 1491 [1494]; es kann auch restriktiv dahin ausgelegt werden, daß die (dem Wortlaute nach anwendbare) Vorschrift auf gewisse Fälle nicht anzuwenden ist, weil der Gesetzeszweck dem entgegensteht, vgl zB BAG GS **AP** HausarbeitstagsG NRW § 1 Nr 19 Bl 6, 7, Betr **62**, 911. Ausgangspunkt ist aber immer der Wortlaut; zu ermitteln ist dann der Zweck (was wollte der Gesetzgeber erreichen?), wobei die Entstehungsgeschichte und Zusammenhang mit anderen Vorschriften zu berücksichtigen sind, schließlich folgt die Prüfung, ob der Wortlaut mit diesem Sinn noch vereinbar ist (ob der Sinn einen, wenn auch unvollkommenen Ausdruck im Text gefunden hat); trifft letzteres nicht zu, hilft insbesondere auch eineengende oder erweiternde Auslegung nicht weiter, so hört die Auslegung auf, auch BFH BStBl **51**, III 3 (str, vgl auch Reinicke NJW **55**, 1383). Die Vorschrift ist, weil für den Fall nicht passend, nicht anzuwenden; handelt es sich um eine Ausnahmenorm, so gilt dann die Regelnorm, handelt es sich um eine Regelnorm, so liegt eine Lücke im Gesetz vor, die gemäß unten 3 auszufüllen ist.

b) Bei der Auslegung des BGB sind ua sein Aufbau und seine Sprache zu beachten. So wird der Ausnahmecharakter einer Vorschrift oft durch die Worte „es sei denn", „das gilt nicht, wenn" ausgedrückt, oft aber auch durch einen negativen Bedingungssatz, in dem das einleitende Wort „wenn", „sofern" usw unmittelbar von dem „nicht" gefolgt ist, also „wenn nicht" oder „wenn er nicht". Ist das „nicht" dagegen dem Verb oder einem anderen späteren Satzteil beigeordnet, so soll eine (negative) Regel (ein negatives Tatbestandsmerkmal) ausgesprochen werden. Ob Regel oder Ausnahme gemeint ist, ist für die Beweislast bedeutsam, vgl oben Anm 1a. Nicht selten gibt das BGB Definitionen für einen auch anderweitig verwandten Begriff, indem es den definierten Begriff in Klammern hinter die ihn erläuternden Worte setzt (so zB „unverzüglich" = „ohne schuldhaftes Zögern" in § 121 I, „kennen müssen" = „infolge von Fahrlässigkeit nicht kennen" in § 122 II). – Im Anschluß an die Terminologie des BGB unterscheidet man ferner „Mußvorschriften", „Sollvorschriften" und „Kannvorschriften". Wo „muß" verwandt wird, führt das Zuwiderhandeln zur Nichtigkeit des abweichenden Aktes (ebenso im allgemeinen bei „kann nicht"). Wo „soll" gebraucht wird, ist der verbotene Akt gültig, es treten andere Nachteile ein (ebenso „darf nicht"). „Kann" bezeichnet in der Regel die Rechtsmacht ohne Verpflichtung (vgl dazu § 134 Anm 2a). – Weitere technische Ausdrücke des BGB sind bei den Einzelvorschriften behandelt.

3) Rechtsergänzung: Wo eine gültige, auf den zur Entscheidung stehenden Lebensvorgang passende Norm fehlt, sei es, daß das Gesetz den Fall nicht regeln will, sei es, daß es zwei entgegengesetzte Normen gibt, die einander aufheben, sei es auch, daß die dem Wortlaute nach passende Norm sich bei der Auslegung als unanwendbar ergibt, muß versucht werden, die Norm aus dem Sinnzusammenhang des Gesetzes zu finden. Über die Grundsätze des BGH dazu vgl Reinicke NJW **52**, 1153, Zimmermann NJW **53**, 484. Das geschieht durch Analogieschluß (nachstehend a) od durch Umkehrschluß (nachstehend b), ausnahmsweise durch Entwicklung eines ganz neuen Rechtssatzes (nachstehend c); im Gegensatz zum Strafrecht, wo solche Lückenausfüllung – wenigstens zuungunsten des Angeklagten – verboten ist (GG 103 II, StGB 2), ist sie im Zivilrecht erlaubt, ja unentbehrlich, weil der Richter in jedem Falle entscheiden muß.

a) Analogie ist ausdehnende Anwendung einer oder mehrerer für bestimmte Tatbestände gegebener Regeln auf rechtsähnliche Tatbestände. Man unterscheidet Gesetzesanalogie, bei der die Regeln eines Rechtssatzes auf einen ähnlichen Fall angewandt werden, und Rechtsanalogie, bei der aus mehreren Rechtssätzen ein gemeinsames übergeordnetes Prinzip abgeleitet wird, das dann auf den vorliegenden Fall unmittelbar anwendbar ist; letztere bietet naturgemäß die größere Sicherheit für ein richtiges Ergebnis.

b) Wo Rechtssätze erkennbar Ausnahmecharakter haben wollen, wo also der Gesetzgeber eine Verallgemeinerung abgelehnt hat, ist ein Analogieschluß insoweit verboten, als damit die gewollte Ausnahme gefährdet würde; insbesondere ist für Analogie kein Raum, wo der Gesetzgeber eine enge Fassung, durch die einem eindeutig abgegrenzten Personenkreis Rechte zugebilligt sind, absichtlich gewählt hat, vgl zB BGH DÖV **54**, 344. Hier ist dafür der **Umkehrschluß** erlaubt, der dahin geht, daß der nicht geregelte Fall die entgegengesetzte Rechtsfolge haben soll *(argumentum e contrario)*. Wohl aber kommt, wenn der Ausnahmesatz ein engeres Prinzip zum Ausdruck bringt, innerhalb des damit angesprochenen engeren Kreises Analogie in Frage, vgl zB BGH **26**, 83, BAG NJW **69**, 75. Zu prüfen ist außerdem, ob der ursprüngliche Wille des Gesetzgebers nicht wegen Änderung der Wertmaßstäbe außer acht zu lassen ist, so daß doch wieder Analogieschluß (gegebenenfalls freie Rechtsfindung) nötig wird.

c) Sollte sich ausnahmsweise ein anwendbarer Rechtssatz weder durch Auslegung noch durch Analogie oder Umkehrschluß finden lassen, so muß der Richter ihn für den vorliegenden Fall in Anlehnung an die Grundsätze der Gesamtrechtsordnung im Wege der **freien Rechtsfindung** neu entwickeln, so, als ob er der Gesetzgeber wäre (RG **162**, 247; das tut zB in gewisser Weise BAG **13**, 129); die Gedankenoperation ist grundsätzlich dieselbe wie bei der Rechtsanalogie, nur daß das anwendbare Prinzip nicht aus einzelnen Rechtsnormen, sondern aus dem Geiste der Gesamtrechtsordnung gewonnen wird. Das Bundesverfassungsgericht erkennt die Befugnis des Richters zu solcher „schöpferischen" Rechtsfindung ausdrücklich an, vgl etwa BVerfG NJW **73**, 1221 [1225]; der Richter soll die Lücke nach den Maßstäben der praktischen Vernunft und den fundierten allgemeinen Gerechtigkeitsvorstellungen der Gemeinschaft schließen, BVerfG aaO. – Zu beachten ist, daß der gefundene Satz durch den Richterspruch nicht etwa geltende Rechtsnorm wird; denn der Richter regelt nur das ihm vorgelegte Rechtsverhältnis. Objektives Recht würde der Rechtssatz erst werden, wenn er Gewohnheitsrecht würde (vgl darüber EG 2 Anm 1e).

Erster Abschnitt. Personen

Überblick

1) Das BGB u andere Gesetze unterscheiden natürl (vgl §§ 1ff) u juristische Personen (vgl §§ 21ff), im österreichischen u and Rechten „moralische Personen" genannt. Natürl Personen sind die Menschen; das BGB geht als selbstverständl davon aus, daß jeder Mensch die **allg Rechtsfähigkeit** besitzt, dh grdsätzl fäh ist, Träger irgendwelcher Rechte od Verbindlichkeiten zu sein (was bei den Sklaven nicht der Fall war). Das bedeutet aber nicht etwa, daß jedem Menschen jede Rechtsstell zugängl wäre; gewisse Rechtsstellgen setzen ein bestimmtes Geschlecht, ein gewisses Alter, früher auch zB die Zugehörigk zu einer Zunft, einem Stand oä voraus. Nur die Personen, die diese Voraussetzgen erfüllen, besitzen die **besondere Rechtsfähigkeit** auf diesem Gebiete. Für das PrivatR ist allerd der Zutritt aller Personen zu allen Rechtsinstitutionen die Regel. Das trifft bes auf das RechtsverkehrsR (SchuldR, FahrnisR, HandelsR) zu. Ausnahmen gelten nur, soweit sie naturbedingt od ausdr angeordnet sind. Der Begr der allg Rfgk, und damit derj der **Person**, deren einziges Kennzeichen die allg Rfgk ist, verliert viel von seiner grundlegenden Bedeutg, wenn man erkennt, daß mit der Feststellg der allg Rfgk (Rechtspersönlichk) so lange nichts gewonnen ist, als nicht auch die besondere Rechtsfähigkeit auf dem in Frage stehenden Gebiet feststeht. Damit ist auch der Streit um die Natur der jur Person (ausführl Darstellg der verschiedenen Theorien vgl HJ Wolff, Organschaft u juristische Person, 1960, Bd I) prakt ohne erhebl Bedeutg, da ihre allg Rfgk, dh die Fähigk, überh Rechtsträger zu sein, gesetzl festgelegt ist, vgl ua § 21, ihre Fähigk, an einzelnen Rechtseinrichtgen teilzunehmen, sich aber ebso wie für natürl Personen nur im Einzelfall beurteilen läßt; das Gebiet des RechtsverkehrsR steht auch der jur Person grdsätzl offen.

2) Der allg Rfgk entspricht im **Prozeßrecht** die „**Parteifähigkeit**", ZPO 50. Jedoch legt ZPO 50 II aus prakt Gründen dem nichtrechtsf Verein passive Parteifähigk bei, dh er kann unter seinem Namen verklagt werden.

3) Abschn I handelt im ersten Titel von einzelnen rechtl bedeuts Verhältnissen des Menschen (natürl Person), im zweiten Abschn von Entstehg, Betätigg u Beendigg juristischer Personen. Das Recht der natürl Personen wird ergänzt ua dch Buch IV (FamilienR) u das PersonenstandsG; von den jur Personen behandelt das BGB die rechtsf Vereine, von denen es nur das Recht der eingetragenen Vereine abschließd regelt, die Stiftgen u (in § 89) die jur Personen des öffentl Rechts. Die praktisch bes bedeutsamen jur Personen des Handelsrechts werden in den handelsrechtl Gesetzen geregelt.

Erster Titel. Natürliche Personen

Einführung

1) Natürl Person ist der Mensch. Er ist stets **rechtsfähig** iS der allg Rfgk und damit Rechtssubjekt (= Person), vgl vorstehd Übbl 1. Die Sklaverei ist dem dtschen Recht unbekannt; ein Mensch, der nach ausländ Recht Sklave ist, ist nach dtschem Recht rechtsf. – Unterscheide von Rfgk die **Handlungsfgk**, das ist die Fähigk, dch eig Handeln Rechtswirkgen hervorzubringen. Sie setzt ein gewisses Maß vernünft Willens voraus u steht Willensunfähigen daher nicht zu; sie wird unterteilt in Geschäftsfähigkeit und Verantwortlichkeit; vgl Einf 1 vor § 104 u §§ 827, 828.

2) Das „**Recht der Persönlichkeit**" (v Gierke, D PrivRecht I 703) hat im BGB keine abschließende Regelg gefunden. Leben, Körper, Gesundh u Freih werden dch § 823 I geschützt, ebso das NamensR, dieses außerdem dch § 12. Über den Schutz der Ehre fehlen ausdr Bestimmgen; ihre vorsätzl Verletzg fällt unter § 823 II iVm StGB 185 ff (vgl § 824, Kreditverletzg). Ein allg PersönlichkeitsR wurde früher von der Rechtsprechg im allg abgelehnt (zB RG **113**, 414, RAG JW **32**, 1911), doch gewährte schon das RG über § 826 ziml weitgehenden Schutz. Jetzt wird das allg PersönlkR mit Recht aus GG 1 I 2, II entnommen und über § 823 geschützt. Näheres § 823 Anm 15. – Über das Fortwirken des PersönlichkR nach dem Tode vgl BGH **50**, 106. Als Rest des Persönlichkeitsrechts wird vielf die eigenart Rechtslage der **Leiche** aufgefaßt; Näheres vgl Übbl 4b vor § 90 und über Bestattg § 1968 Anm 2.

1 ***Beginn der Rechtsfähigkeit.*** **Die Rechtsfähigkeit des Menschen beginnt mit der Vollendung der Geburt.**

Schriftt: Becker FamRZ **68**, 409 mit Nachw. Saerbeck, Beginn und Ende des Lebens als RBegriffe, 1974.

1) Begr der (allg) **Rechtsfähigk** vgl Übbl 1 vor § 1. – „Vollendung der Geburt" ist vollst Austritt aus dem Mutterleib (für StrafR entscheidet Beginn der Geburt!). Lösg der Verbindg des Nabelstrangs ist nicht erforderl, Mot I 28. Das Kind muß bei der Vollendg der Geburt leben, dh irgendwelche Lebenszeichen von sich geben, mag es auch dann sofort sterben. Lebendgeburt liegt vor, wenn nach der Trenng vom Mutterleibe das Herz geschlagen od Nabelschnur pulsiert od natürl Lungenatmg eingesetzt hat (so VOPersStG 29, dessen Definition unbedenkl übernommen w kann). Lebensfähigk wird nicht gefordert, Mißbildgen sind für Rfgk unerhebl. – Rechtsfgk **endet** mit dem Tod, mit dem die sämtl Rechte unter- od auf Erben übergehen; den bürgerl Tod, zB dch Eintritt ins Kloster, kennt BGB nicht, Vorbeh für Einschränkgen dch LandesR, EG 87, gilt nicht mehr. In welchem Ztpkt der Tod eintritt, ist in erster Linie eine Frage der Medizin. Diese stellt nicht mehr auf den Herz- od Atemstillstand, sond auf den Hirntod ab. Der Mensch w als endgült tot angesehen, wenn keine Hirnströme mehr feststellb sind, MüKo/Gitter Rdn 16. TodesErkl nach VerschG beendet RFgk nicht, begründet aber Vermutg des Todeseintritts zu dem im TodErklBeschl festgestellten Ztpkt.

2) Von **prakt Bedeutg** ist der Ztpkt der Erlangg der Rfgk vor allem im ErbR, wo meist das Vorhandensein eines Rechtssubjektes im Augenblick des Todes des Erblassers entscheidet, vgl aber Anm 3. Zwischenstaatl ist daher Erbstatut maßgebd, RG **25**, 142, str, vgl EG 24 Anm 3. – Beweislast für Tats einer (lebenden) Geburt sowie für Reihenfolge mehrerer hat, wer sich darauf beruft. Bew wird erleichtert dch PStG 60, wonach Eintragen im Geburtenbuch (Standesregister) Bew erbringen (GgBew zul).

3) Die erzeugte, aber noch ungeborene **Leibesfrucht** (nasciturus des römR) ist nach § 1 nicht rechtsf, also idR auch nicht parteif nach ZPO 50 (auflösd bedingte Parteifgk besteht, wenn Pfleger bestellt). Sondervorschriften führen aber prakt zu ihrer beschr Rfgk, so § 844 II: ErsAnsprüche gg den Töter des der Leibesfrucht nach der Geburt Unterhaltspflichtigen, § 1923 II: ErbR, § 1912: Pflegsch für sie bzw Wahrnehmg ihrer Rechte dch Eltern; vgl ferner §§ 1615 u I 2, 1963, 2141. Auch im SozVersR w die Leibesfrucht geschützt, so im UnfallVersR, BVerfG **AP** Nr 6 (and noch BSozG NJW **59**, 2135), im BVersG, BSozG NJW **63**, 1079, u zwar hier auch der noch nicht Erzeugte, BSozG NJW **64**, 470. BVerwG **14**, 43 gibt dem zZ der Vertreibg Erzeugten Anspr als Vertriebener (LAG 11), BGH **58**, 48 der dch Unfall geschädigten Leibesfrucht SchadErsAnspr gg Schädiger. Vgl über Probleme der Schädigg noch auch Selb AcP **166**, 76, für genet Schäden Bentzien VersR **72**, 1095 mit Nachw. Karlsr OLGZ **75**, 77 hält zutreffd auch Einbenenng (§ 1618) vor Geburt für zul. – Vorbehalte zugunsten noch **Ungeborener** ohne Rücks auf Erzeugg vgl § 331 II (auch § 328 Anm 1) u für noch nicht Erzeugte §§ 2101, 2178. PflegschEinl zur Sicherg der ihnen vorbehaltenen Rechte vgl § 1913 S 2. Zugunsten der Nachkommenschaft einer bestimmten Pers kann nach RG **61**, 356 eine Hyp eingetr werden. Vgl auch RG **65**, 277: Parteifgk („fingierte" Rechtspersönlichk) der gült bedachten Nachkommensch im ZwVerst- u WidersprVerf nach ZPO 771.

4) Rechtl bedeuts ist vielf das **Geschlecht** der natürl Person. Die geschlechtl Zuordng bestimmt sich nach der äußeren körperl Beschaffenh, insbes nach den äußeren Geschlechtsmerkmalen, Ffm NJW **76**, 1808. Die seelische Einstellg ist idR nicht entscheidend; bei echten Zwitterbildgen kann sie berücksichtigt w, vgl KG NJW **65**, 1084, LG Frankth FamRZ **76**, 214, nicht aber bei operativer Änderg der Geschlechtsorgane, wenn Geschlecht nach der natürl körperl Beschaffenh feststeht, Ffm NJW **66**, 407; nach BGH **57**, 63 [67] ist Eintr einer Geschlechtsänderg dch Beischreibg im Geburtenbuch schlechthin unzuläss, auch wenn körperl Merkmale weitgehd verändert (dagg Eberle NJW **72**, 330 u LG Frankth FamRZ **76**, 214) ebso Schlesw SchlHAnz **75**, 15; wohl aber ist bei ursprüngl irriger Eintr Berichtigg nach PStG 47 mögl (BGH **57**, 65).

5) **Räuml Geltg** vgl Anh 1 zu EG 7.

2 *Eintritt der Volljährigkeit.* **Die Volljährigkeit tritt mit der Vollendung des achtzehnten Lebensjahres ein.**

Vorbem: Fassg des Ges v 31. 7. 74, BGBl 1713, in Kraft ab 1. 1. 75.

1) **Volljährig** trat bis 31. 12. 74 mit 21 Jahren ein, jetzt mit 18. Sie bewirkt insb unbeschr GeschFgk, §§ 104 ff u Ehemündigk (EheG 1), ist aber auch sonst im öff u bürgerl R vielfach von Bedeutg. Sie tritt ein am Geburtstag um 0 Uhr, § 187 II 2; in den Wirkgen stand ihr die VolljährigkErkl nach § 3 gleich. Nach BGB keine Hinausschiebg der Volljährigk (ggf nur Entm § 6) mögl. – Das vollendete 18. LebensJ ist unabhäng von der Volljährigk bedeuts nach § 828 (unbedingte Verantwortlichk für unerl Hdlg). Heirat als solche macht nicht mündg, vgl aber § 8 II.

2) And privatrechtl bedeutsame **Altersstufen** insb: vollendetes 7. LebensJ (Eintritt beschränkter GeschFgk §§ 106 ff, bedingter Verantwortlichk für unerl Hdlgen § 828). (Ehemündigk tritt jetzt mit Volljährigk ein, EheG 1, Befreiung nach EheG 1 II zul).

3) **Räuml Geltg** vgl EG 7 mit Anmerkgen. – In **DDR** tritt Volljährigk gleichf mit Vollendg des 18. Lebensjahres ein (ZGB § 49); das neue VolljährigkAlter gilt dort bereits seit dem 22. 5. 50 bzw in Ost-Bln seit dem 14. 6. 50 (G v 17. 5. 50 u VO vom 8. 6. 50).

3-5 betr. VolljährigkErklärg aufgehoben dch Ges v 31. 7. 74 BGBl. 1713. Früheres Recht vgl 33. Auflage.

6 *Entmündigung.* **I Entmündigt kann werden:**
1. **wer infolge von Geisteskrankheit oder von Geistesschwäche seine Angelegenheiten nicht zu besorgen vermag;**
2. **wer durch Verschwendung sich oder seine Familie der Gefahr des Notstandes aussetzt;**
3. **wer infolge von Trunksucht oder Rauschgiftsucht seine Angelegenheiten nicht zu besorgen vermag oder sich oder seine Familie der Gefahr des Notstandes aussetzt oder die Sicherheit anderer gefährdet.**

II Die Entmündigung ist wieder aufzuheben, wenn der Grund der Entmündigung wegfällt.

Vorbem: Fassg des Ges vom 31. 7. 74, BGBl 1713 (Zusetzg der Worte „oder Rauschgiftsucht" in I Z 3), in Kraft ab 1. 1. 75.

1) **Allgemeines.** Die Entm entzieht dem Entmündigten die ihm dem Alter nach zustehende GeschFgk od beschränkt sie. Sie ist rechtsgestaltender Staatsakt. Ihr **Zweck** ist in erster Linie, den Entmündigten gg

die ihm inf seines Zustandes drohenden Gefahren zu schützen, beim Verschwender, Trunk- u Rauschgiftsüchtigen auch Schutz der Fam gg die Gefahr des Notstandes, nur beim Trunk- u Rauschgiftsüchtigen ferner Schutz Dritter gg die vom Entmündigten drohenden Gefahren. Das Interesse Dritter od der Allgemeinh ist im übr, also zB bei Geisteskrankh u Geistesschwäche, im BGB zwar nicht erwähnt, aber berücks. – Entm-**Verfahren** vgl ZPO 645 ff; es setzt einen Antr voraus, den der Ehegatte, der gesetzl Vertreter od bei Entm wg Geisteskrankh od Geistesschwäche der Staatsanwalt, bei Entm wg Verschwendg od Trunksucht nach LandesG Gemeinden od Armenverbände, ZPO 680 V, stellen können, u außerdem jeden Verwandter jeden Grades (außer wo Eheg od elterl Gewalthaber od Vormd vorhanden), vgl ZPO 646; zust AG des allg Gerichtsstands des zu Entmündigenden, ZPO 648 I. Statt der beantragten Entm wg Geistesschwäche kann Entm wg Geisteskrankh ausgesprochen werden, RG **68**, 403, str, u umgekehrt, OLG **4**, 5 (und zwar letzteres auch noch im Anf-Prozeß). Die Entm erfolgt dch Beschl des Amtsgerichts, ZPO 645, 680, und bewirkt bei Entm wg Geisteskrankh GeschUnfgk, sonst beschr GeschFgk des Entmündigten, §§ 104 Z 3, 114; weitere Wirkgen vgl §§ 1436, 1447 Z 4, 1458, 1495 Z 3, 1673, 1780, 1896, 2229 III, 2230, 2253 II, 2275. Der Beschl wird wirks bei Entm wegen Geisteskrankh mit Zustell an den gesetzl Vertreter in persönl Angelegenh, bei seinem Fehlen mit VormdBestellg, ZPO 661 I, in den and Fällen mit der Zustell an den Entmündigten, ZPO 661 II, 683 II, dh ggf seinen Prozeßbevollmächtigten, ZPO 176, RG **135**, 182. Er kann binnen Monatsfrist dch Klageerhebg bei dem übergeordneten LG angefochten werden, ZPO 664, 684, was die Wirksamk des Beschlusses unberührt läßt; doch ist der Entmündigte im AnfProzeß prozeßf, RG **68**, 404, Einf 2 vor § 104. EntmBeschl und EntmUrteil wirken für u gg jedermann, RG **108**, 133. Ein den EntmBeschl aufhebendes Urt beseitigt Entm rückwirkd § 115, RG **135**, 183 (wg Wirksamk der Hdlgen des gesetzl Vertreters vgl § 115 I 2); es setzt voraus, daß ein EntmGrund von Anfang an fehlte, Warn **16**, 260; bei späterem Wegfall nur AufhebgsVerf, vgl Anm 5. – „Entmündigt kann werden" bedeutet nicht, daß die Entm im freien Erm des Gerichts liegt; dieses muß die Entm aussprechen, wenn die sachl und prozeßrechtl Voraussetzgen vorliegen.

2) a) Geisteskrankh und **Geistesschwäche (Z 1)** sind Störgen der Geistestätig, über deren Vorliegen Sachverständige zu hören sind, ZPO 655, 671 (Gericht muß auf Grd der Gutachten selbst prüfen, einf Verweisg darauf genügt nicht, RG **162**, 35). Sie unterscheiden sich nur dem Grade nach, RG **130**, 71, OGH DRZ **50**, 495; die in der medizin Wissensch übl Begriffsbestimmgen sind nicht entscheidend, RG Recht **13**, 458, OGH DRZ **50**, 495. Geistesschwäche ist nicht gleich Schwachsinn. Geisteskrankh ist anzunehmen, wenn Störg so hochgradig ist, daß die Fähigk vernünft Willensbildg der eines Kindes unter 7 Jahren gleichzusetzen ist, Geistesschwäche, wenn die eines Mj über 7 Jahren entspricht, vgl §§ 104 Z 3, 114. Geisteskrankh war nach früher hM der „krankhaften Störg der Geistestätigkeit", die nach § 104 Z 2 GeschUnfgk zur Folge hat, nicht gleichzusetzen, wie es von medizin Seite gefordert wurde; nach RG JW **11**, 179 umfaßt letztere auch die Geistesschwäche; abzulehnen, vgl jetzt § 2229 IV, wo krankh Störg der Geistestätig an Stelle von Geisteskrankh u neben Geistesschwäche gestellt ist. Richt wohl: Geistesschwäche macht geschäftsunf nach § 104 Z 2, wenn und soweit beim Einzelgeschäft die freie Willensbestimmg ausgeschl ist, was zutreffen kann, nicht muß. Jedenf hindert Entm wg Geistesschwäche nicht, im Einzelfall volle GeschUnfgk anzunehmen, RG **130**, 71, Mü JW **38**, 1244. Geist Erkrankg im eigentl Sinne ist nicht erforderl, unvollk Entwicklg der Geisteskräfte kann ausr EntmGrd sein, Warn **17**, 232. – Geist Gebrechen geringen Grades, zB geist Unbeholfenh, die zur Entm nicht ausreichen, können Einleitg der **Gebrechlichkeitspflegschaft** nach § 1910 rechtfertigen. Die Praxis begnügt sich oft mit dieser, wo Entm zul und am Platze wäre; vgl auch § 1910 Anm 2c und § 1909 Anm 3.

b) Z 1 erfordert weiter, daß der Betroffene **seine Angelegenh nicht zu besorgen** vermag, dh ihre Gesamth, RG **65**, 201 stRspr; es genügt **Gefährdg** der gesamten pers Lebensverhältnisse. Entm auch zul, wenn die Auswirkgen der Geistesstörg (zB Wahnvorstellgen) den Betroffenen an einem richt Verhalten in u ggü der Allgemeinh hindern (vgl zB BGH FamRZ **59**, 237); hierunter fallen uU auch Querulanten. Gefahr eines Vermögensschadens ist nicht erforderl, RG DR **39**, 1520. Die Unfähigk der Besorgg einzelner od eines Kreises von Angelegenheiten genügt nicht, OGH MDR **50**, 668; ebsowenig die Weigerg, sich ärztl behandeln zu lassen, LG Düss Rpfleger **77**, 166; in solchem Fall nur Pflegsch nach § 1910. Anderers hindert Fähigk, einz Angelegenheiten zu erledigen, zB auch richt Verwaltg des Vermögens, die Entm nicht, Warn **37**, 5, OGH DRZ **50**, 495.

3) Verschwendg (Z 2) ist Hang zu unvernünft Ausgaben od unwirtschaftl Gebaren, zB auf Grd von Leichtsinn, Prunkliebe od ähnlichem, RG HRR **32**, 929, auch von unangebrachter Vertrauensseligk, vgl RG LZ **17**, 966. Sie kann auch im Verkommenlassen wirtschaftlicher Werte liegen, RG JW **14**, 862 (schwere Vernachlässigg des landwirtschaftl Gutes). – Voraussetzg der Entm ist die Gefahr des **Notstandes** für den Betroffenen od seine Familie, wozu nach hM nur die gesetzl unterhaltsberecht Angehörigen zählen; doch dürfte auch sittl UnterhaltsPfl (Geschwister) genügen. Da Verschwendgsucht nach neuerer medizinischer Erkenntn ein psychopatolog Zust ist, wäre Z 2 entbehrl, Z 1 u 3 würden genügen.

4) Trunksucht (Z 3) liegt nicht schon in häuf, übermäß Genuß geistiger Getränke. Erforderl ist vielm eine **Abhängigk** vom Alkoholgenuß der zu widerstehen, der Betroffene nicht mehr die Kraft hat, RG SeuffA **68**, 116, stRspr. Worauf der Hang zum Trinken im einz beruht, ist gleichgült. Hang zum Genusse anderer **Rauschgifte** ist ab 1. 1. 1975 gesetzl gleichgestellt. Damit wurde der fr bestehde Streit über eine mögl analoge Anwendg der Z 3 (vgl 33. Aufl) beendet. Wie im UnterbringgsR der Länder (Saage-Göppinger III Rdz 119 ff) ist der Begriff der Rauschgifte iwS zu verstehen. Er umfaßt neben den in der BetäubsmittelG genannten Stoffen alle Drogen, die Rauschzustände (Zustände zentraler Erregg od Lähmg) hervorrufen u zu einer Sucht führen können. – Voraussetzg der Entm wg Trunk- od Rauschgiftsucht ist entweder entspr der Regelg bei Z 1, daß der Süchtige seine Angelegenheiten nicht mehr besorgen kann (vgl dazu Anm 2b) od entspr derjenigen bei Z 2 die Gefahr der Notlage für ihn od seine Familie, vgl Anm 3, od endl, daß er eine Gefahr für die Sicherh anderer bildet (Gewalttätigk usw).

§§ 6, 7 1. Buch. 1. Abschnitt. *Heinrichs*

5) Aufhebg der Entmündigg, II, erfolgt, wenn feststeht, daß ein EntmGrd nicht besteht; Feststellg einer Besserg ggü der Zeit der Entm nicht nötig! Feststellgen des früheren Verfahrens binden nicht, RG JW 32, 1376; maßg ist nur, ob zZ des Urteils im AufhebgsVerf EntmGrd vorliegt, BGH FamRZ 59, 237; bei I 1 u 3 erster Fall genügt, daß Entmündigter seine Angelegenheiten besorgen kann (vgl Kellner NJW 62, 2287). Das AufhebgsVerf ähnelt dem EntmVerf, ZPO 675 ff; es setzt Antr voraus. Die Aufhebg erfolgt dch Beschl des AG, bei Ablehng Aufhebgsklage bei dem LG. Aufhebg der Entm wg Geisteskrankh kann mit Entm wg Geistesschwäche verbunden w, RG Gruch 47, 897, hM; entgg AG Bremen NJW 70, 1233 ist das keine Änderg der Entmündigg, sond kombiniertes Aufhebgs- u EntmündiggsVerf.

6) Örtl Geltg vgl EG 8 mit Anm u Anh. Wirksamk ausländischer Entm vgl BGH 19, 240.

7 Wohnsitz; Begründung und Aufhebung. I Wer sich an einem Orte ständig niederläßt, begründet an diesem Orte seinen Wohnsitz.

II Der Wohnsitz kann gleichzeitig an mehreren Orten bestehen.

III Der Wohnsitz wird aufgehoben, wenn die Niederlassung mit dem Willen aufgehoben wird, sie aufzugeben.

1) Vorbemerkgen zu §§ 7–11. Wohnsitz ist die rechtl wichtigste örtl Beziehg des Menschen. Er ist der räuml Mittelpunkt seines ges Lebens RG 67, 193 (besser räuml Schwerpunkt, BVerwG RLA 54, 339) u von Bedeutg im PrivatR, vgl insb §§ 132 II, 269 f, 773 Z 2, 1409 II, 1558, 1944 III, 1954 III, EG 8 ff, 15 f, 24 f, EheG 15, VerschG 12, 15; im VerfR ZPO 13 ff, FGG 36 ff, AGBG 14 I, StPO 8, 11. Das öff R übernimmt in einigen RGebieten den WohnsBegr des BGB (etwa im BVFG, BVerwG 5, 110, 6, 43), enthält aber iü eigenständige von BGB 7 abw Vorschr, so in AO (1977) 8, SGB (AT) Art I 30 III 1, 7. FestDVO 5 I 1 (BVerwG 35, 254). – **Unterscheide** Wohnsitz: **a)** von Aufenth dh Ort der tatsächl Anwesenh, wobei jedoch ganz kurzes Verweilen idR ausscheidet, so zB für § 132 II 2, EG 29, – **b)** von dauerndem od gewöhnl Aufenth (EG 29, ZPO 20, AO (1977) 9, SGB Art I 30 III 2), dem Ort, an dem auf längere Zeit Wohng gen w, ohne damit, sei es aus rechtl, sei es aus tatsächl Gründen, Wohns zu begründen, zB Studienort (wo auch Wohns fehlt, kann Studienort Wohns sein, VerwG Kassel NJW 50, 40), Ort einer Straf-, Pflegeanstalt, Umquartiergsort wg des Luftkrieges, Ort des FürsErziehgsheims, – **c)** von gewerbl Niederlassg, vgl ua §§ 269 f, 772, – **d)** von dienstl Wohns (= Amtssitz) der Beamten, Soldaten u Notare. – Wohns ist **Rechtsbegriff**, Fehlen jeden Wohns mögl, vgl ua § 132. – Zu unterscheiden ist der gewählte, § 7, u der gesetzl festgelegte Wohns §§ 9 I, 11. – Der Wohns befindet sich nicht am Platze der Wohng, sond in der kleinsten örtl VerwaltgsEinh, zu der sie gehört, bei Teilg einer polit Einh in mehrere Gerichtsbezirke ggf in dem betr Gerichtsbezirk vgl RG 67, 194; ändern sich die Grenzen des maßg Bezirks, so wird die neue kleinste VerwaltgsEinh Wohns, zB bei Zerschneidg von Gemeinden dch neue Staatsgrenzen, vgl dazu BVerwG 5, 106; bei ZusLegg von Gemeinden bei Gebietsreform wird Wohns die neue Gemeinde. – **Exterritoriale** werden nach hM behandelt, als wären sie im Heimatlande wohnen geblieben, vgl auch ZPO 15. – **Zwischenstaatl Recht** vgl Vorbem 7b vor EG 7.

2) Die Begründg des gewählten Wohnsitzes, I, geschieht durch „ständige Niederlassg", dh Aufenthaltsnahme (nicht notw in eig Wohng, BayObLG OLG 12, 238) mit dem rechtsgeschäftl (vgl § 8) Willen, nicht nur vorübergehd zu bleiben und den Ort zum Mittelpunkt (vgl Warn 22, 24) od Schwerpunkt (BVerwG RLA 54, 339) seiner Lebensverhältnisse zu machen; zur Niederlassg genügt (bei Umzug aus DDR) die erstmal Aufenthaltsnahme mit Wohnsitzwillen, auch wenn Rückkehr an alten Wohns zwecks Wohngsaufgabe beabsichtigt (ggf besteht vorübergehd doppelter Wohns), BVerwG DÖV 62, 870. Absicht, die Niederlassg später bei Gelegenh wieder aufzugeben, steht nicht entgg, Köln NJW 72, 394. Es genügt, wenn Domizilwille aus den Umständen geschl w kann, BGH 7, 109. Kein Wohns bei vor Anfang an mehr oder weniger bestimmte Zeit begrenzter Aufenthaltsnahme, zB zu nur vorübergehender Dienstleistg und in den Fällen Anm 1b, wenn and Ort Mittelpunkt der Lebensverhältnisse bleibt. Immerhin können auch Hausangestellte u ähnl ArbNehmer (Student vgl Anm 1b) den Aufenthaltsort zum Lebensmittelpunkt machen und sich dort „ständ" niederlassen u damit Wohns begründen, Köln JMBl NRW 60, 188; das sind aber Ausnahmen. – Wohns kann auch entgg Verboten, den Wohns zu wechseln (zB KO 101 I), begründet werden; so mit Recht hM, da der Wohns nur Anknüpfgspunkt der Rechtsordng u Rechtsstellg nicht verbessert; die Pflichten aus dem verbotswidr aufgehobenen Wohns bleiben dann aber bestehen, da verbotswidr Handeln die Rechtsstellg nicht verbessern kann, vgl Anm. 3. – Kath Ordensangehörige begründen Wohns wie and Personen, etwaige Ordenssatzgen über Wohns und Lebensart sind rechtl Recht bedeutgslos, BayObLG 60, 455. – **Erwählter** Wohns des früheren Rechts (völl and Begriff!) vgl EG 157.

3) Auch zur Aufhebg des Wohnsitzes, **III,** bedarf es außer der tatsächl Aufhebg der Niederlassg (Wohng) eines rechtsgeschäftl Willensaktes dahingehd, die Niederlassg aufzugeben, dh den Ort nicht mehr als Lebensmittelpkt zu betrachten. Aufgabe einer Wohng ohne Ann einer neuen ist daher nicht WohnsAufgabe, wenn Beziehgen zum bish Wohns aufrechterhalten bleiben, vgl BGH LM Nr 2; zB Rechtsanwalt verläßt studienhalber unter Vertreterbestellg Ort seiner Zulassg. Polizeil Abmeldg ist für Wohns ohne Bedeutg (Celle NdsRpfl 65, 112); sogar bei polizl Abmeldg u Begebg in Auswanderslager ist WohnsAufgabewillen nicht anzunehmen, solange Auswanderg nicht erfolgt, BayObLG 53, 3, ähnl BayObLG 64, 112; ebsowenig, wenn ein Flüchtling versuchsw seinen ersten nach der Flucht begründeten Wohns verläßt, um anderw ExistenzGrdlage zu suchen, BVerwG RLA 54, 330. Keine WohnsAufgabe mit Antreten andauernder Strafhaft, da freier Aufgabewille fehlt, Mü BayObLG 1, 762; anders, wenn Fam des Häftlings mit seinem Willen fortzieht. Ausweisg u Abschiebg ersetzt aber den Willen der WohnsAufgabe, RG 152, 56, das dürfte auch für Abschiebg aus Gebieten östl Oder-Neisse-Linie gelten. Ein Jude, der währd des Krieges Deutschl verließ, hat inländ Wohns nicht aufgegeben, wenn er mit Rückkehr in absehb Zeit rechnete u Verm im Inland beließ, BGH LM Nr 2; ebsowenig Verfolgter, der Wohns aus Furcht vor künft Verfolggsmaßnahmen verließ, wenn er Verlassen als vorübergehd ansah, BVerwG **32,** 66, iZw auch nicht Flüchtl aus Ostgebieten, der vor den russ Truppen floh, Hamm OLGZ **72,** 352. Der einem gesetzl Verbot widersprechde Wechsel des Wohnortes führt nicht zum Verlust des Wohns, vgl Anm 2 aE; ebsowenig anderw Wohngnahme unter Beibehaltg der alten bei RückkehrAbs, hier liegt ggf DoppelWohns vor, vgl II. – Bei Verschollenen ist mangels Anzeichen für Aufgabe Beibehaltg des bisherigen Wohns anzunehmen.

4) Doppelwohnsitz, II, erfordert idR, daß an mehreren Orten dauernd Wohngen unterhalten werden, in denen abwechselnd Aufenth genommen wird, so daß von ihm aus jeweils die ges Lebensverhältnisse bestimmt werden, PrOVG OLG **35,** 26; Unterhalten einer Wohng zu dem Zweck, nur einz GeschVerhältnisse von dort zu betreiben, genügt zum Erwerb zweiten Wohnsitzes nicht, BGH **LM** Nr 3, ähnl OVG RhPf VerwRspr **14** Nr 158. Über Doppelwohns minderj Kinder vgl § 11 Anm 1.

8 *Wohnsitz nicht voll Geschäftsfähiger.* **I** Wer geschäftsunfähig oder in der Geschäftsfähigkeit beschränkt ist, kann ohne den Willen seines gesetzlichen Vertreters einen Wohnsitz weder begründen noch aufheben.

II Ein Minderjähriger, der verheiratet ist oder war, kann selbständig einen Wohnsitz begründen und aufheben.

1) Vgl zunächst § 7 Anm 1. Begründg u Aufhebg des Wohns sind Tathandlgen, verbunden mit dem Willen ständiger Niederlassg od ihrer Aufgabe, also geschäftsähnl Handlgen, vgl Übbl 2 c, d vor § 104, u setzen **rechtsgeschäftl** Willen voraus. Daher ist grdsätzl Geschfgk zu dem Willensakt, nicht zu der tatsächl Hdlg, nötig (Ausn verheirateter Minderjähriger II). Bei dem voll GeschFähigen entsch der Wille des gesetzl Vertreters (in pers Angelegenheiten), der somit mindestens zustimmen muß, BGH **7,** 109; seine Gen der WohnsVerlegg wirkt zurück, BayObLG **59,** 181. Er kann aber den Wohns auch selbst ohne Mitwirkg des nicht voll GeschFähigen bestimmen. Der Wille des gesetzl Vertr bedarf keiner ausdr Erkl, BGH **7,** 109; daß er Wohns als dem Mündels an einem Ort, zu dem es keine Beziehgen mehr hat, beibehalten will, ist idR nicht anzunehmen, Köln JMBlNRW **60,** 131. Wo ges Vertr (AmtsVormd) den GeschUnfäh dauernd in Anstalt unterbringt, begründet er idR Wohns am Anstaltsort, Karlsr Rpfleger **70,** 202. Vgl auch § 11 für Kinder. – Gesetzl Vertr vgl Einf 2 vor § 104.

2) II eingefügt dch GleichberG Art 1 Nr 2 u geändert dch Ges v 31. 7. 74 (BGBl 1713). Der gesetzl Vertr des verheirateten oder verheiratet gewesenen Minderjähr kann für diesen Wohns weder begründen noch aufheben.

9 *Wohnsitz eines Soldaten.* **I** Ein Soldat hat seinen Wohnsitz am Standort. Als Wohnsitz eines Soldaten, der im Inland keinen Standort hat, gilt der letzte inländische Standort.

II Diese Vorschriften finden keine Anwendung auf Soldaten, die nur auf Grund der Wehrpflicht Wehrdienst leisten oder die nicht selbständig einen Wohnsitz begründen können.

1) Allgemeines: § 9 ist neu gefaßt dch SoldatenG 68. Er bezieht sich nur noch auf Soldaten, nicht mehr auf Beamte der BWehr; im übr keine sachl Änderg ggü alter Fassg (diese war durch KRG 34 Art III aufgeh, Schlesw SchlHA **49,** 160).

2) § 9 bestimmt **gesetzl Wohnsitz** für Berufssoldaten u Soldaten auf Zeit iS SoldatenG 39, 40; er gilt u galt nie für Dienstpflichtige, auch nicht für Kriegsfreiwillige, noch nicht für Angehörige der vom Besatzg gebildeten Marinedienstgruppe, Schlesw SchlHA **49,** 160, endl nicht für unter § 8 Fallende, bes Minderj, **II**. Er schließt u schloß einen gewählten Wohns neben dem gesetzl nicht aus, RG **126,** 8. – Wohns ist u war der Standort des Truppenteils, bei längerer Abkommandierg zu anderem Truppenteil dessen Standort, Dresden SeuffA **69,** 209 (vgl auch RG JW **38,** 234), anders OLG **33,** 386. – § 9 galt entspr für Angehörige des Reichsarbeitsdienstes, DVO zum ArbDienstG v 29. 9. 39, RGBl I 1967, Art 54. Eine entspr Bestimmg für Beamte (außer fr für Wehrmachtsbeamte) bestand niemals. § 9 betrifft nur den bürgerl Wohns, nicht den dienstl Wohns.

10 (Gestrichen dch GleichberG Art 1 Nr 3, betraf Wohns der **Ehefrau**; diese kann jetzt Wohns begründen u aufheben nach §§ 7, 8; früh Recht vgl 15. Aufl).

11 *Wohnsitz des Kindes.* Ein minderjähriges Kind teilt den Wohnsitz der Eltern; es teilt nicht den Wohnsitz eines Elternteils, dem das Recht fehlt, für die Person des Kindes zu sorgen. Steht keinem Elternteil das Recht zu, für die Person des Kindes zu sorgen, so teilt das Kind den Wohnsitz desjenigen, dem dieses Recht zusteht. Das Kind behält den Wohnsitz, bis es ihn rechtsgültig aufhebt.

Vorbem: § 11 war bereits einmal geändert dch GleichberG Art 1 Nr 4; er ist neu gefaßt dch NEhelG Art 1 Nr 1 (Inkrafttr 1. 7. 70). Zum fr R vgl 28. Aufl.

1) a) § 11 gilt in der Neufassg einheitl für ehel u nichtehel mj **Kinder,** ändert aber prakt an dem fr R nur wenig. Mj Kinder haben einen von den Eltern **abgeleiteten** Wohns. Die Vorschr ist jedoch nicht zwingd; anstelle des gesetzl Wohns kann auch gem §§ 7, 8 ein gewillkürter Wohns begründet w, BayObLG FamRZ **74,** 8, Schlesw SchlHA **78,** 22. § 11 bedeutet für ehel Kinder bei gemeins Wohns der Eltern, daß sie diesen teilen, bei getrennten Wohns der Eltern (gleichviel wann u wie die getrennten Wohnsitze zustande kamen, vgl Karlsr FamRZ **69,** 657, Hamm OLGZ **77,** 42), daß sie doppelten Wohns haben (so schon fr BGH **48,**

§§ 11, 12
1. Buch. 1. Abschnitt. Heinrichs

229, BayObLG **69**, 299); an diesem DoppelWohns ändert sich dch den Tod eines Elternteils für sich allein nichts (so richt Hamm OLGZ **71**, 243), so lange der verbleibde Elternteil den KindesWohns nicht nach S 3 ändert (das w oft stillschweigd geschehen). Wo wg versch Wohns der Eltern Kind 2 Wohnsitze hat, können die Eltern gemeins einen dieser Wohns nach S 3 mit §§ 7, 8 (zG des and od eines dritten) aufheben; wo beide Eltern über dauernden Aufenth bei einem von ihnen einig sind, hat also das Kind nur dort seinen Wohns; so schon Düss OLGZ **68**, 124 für fr R; stillschw Einigg ist mögl. Lebt nur ein Elternteil, so teilt das Kind dessen Wohns; dasselbe gilt, wenn dem and Elternteil die PersSorge fehlt (S 1 Halbs 2). Hat kein Elternteil die PersSorge, so teilt das Kind jetzt von Rechts wg den Wohns des PersSorgeBerecht (S 2); fr mußte dieser seinen Wohns auch für das Kind nach §§ 7, 8 begründen, was stillschw mögl u daher zu vermuten war). – Wo beide Eltern ihren Wohns aufgeben, ohne neuen zu begründen, entfällt abgeleiteter Wohns des Kindes, es wird ebenf wohnsitzlos, wenn die Eltern nicht ausnahmsw gemeinschaftl einen neuen Wohns für das Kind nach §§ 7, 8 begründet haben sollten. – Elternteil, dem tatsächl Ausübg des SorgeR dch Anordng nach ZPO 627 übertr, erhält damit nicht rechtl das SorgeR, kann also KindesWohns nicht allein bestimmen, LG Flensbg FamRZ **70**, 197.

b) Der (von den Eltern) abgeleitete Wohns bleibt nach S 3 bestehen, bis das Kind ihn rechtsgült **aufhebt**, dh nach § 7 III bis zur Aufhebg der Niederlass mit Aufgabewillen. Es ist also idR AufenthÄnderung und Willen nötig; bei Minderj entsch der Wille des personensorgeberecht Vertreters, vgl BGH **7**, 108, BayObLG FamRZ **58**, 387, ggf also der gemeins Wille beider Eltern. Aufg der Niederlassg ist nicht nöt, wenn (abgeleiteter) Wohns an einem Ort besteht, an dem sich das Kind idR nicht aufhält; hier reicht Wille aus, den AufenthOrt zur ständ Niederlassg iS des § 7 I zu machen.

2) Sonderregeln für Kinder, die für ehel erklärt sind, u für angenommene (adoptierte) Kinder bestehen nach neuem R nicht mehr. Es gilt also auch für sie S 1 und ggf S 2. Für ehel erkl Kinder teilen den Wohns des Elternteils, der personensorgeberecht ist; ein angenommenes Kind teilt den Wohns des Annehmden, da es nach § 1754 die rechtl Stellg eines ehel Kindes des Annehmden erhält (also rechtl nicht mehr als Kind der leibl Eltern gilt).

3) Für Findelkind bestimmt Vormd den Wohns (vgl § 1800), bis sich FamStand herausstellt; sodann gilt § 11.

12 *Namensrecht.* **Wird das Recht zum Gebrauch eines Namens dem Berechtigten von einem anderen bestritten oder wird das Interesse des Berechtigten dadurch verletzt, daß ein anderer unbefugt den gleichen Namen gebraucht, so kann der Berechtigte von dem anderen Beseitigung der Beeinträchtigung verlangen. Sind weitere Beeinträchtigungen zu besorgen, so kann er auf Unterlassung klagen.**

Übersicht

1) Begriff des Namens, Namensschutz
   a) Allgemeines
   b) Anwendungsgebiet des § 12, Namensfunktion
   c) Namensrecht als Persönlichkeitsrecht
   d) Namensführungspflicht
2) Erwerb des Namens
   a) Natürliche Person, Namensänderung, Adelsbezeichnung
   b) Andere Namen
3) Bestreiten des Namensführungsrechts
4) Ausschließung von unbefugtem Gebrauch
   a) Unbefugter Gebrauch
      aa) Gebrauch eines Namens
      bb) Gebrauch desselben Namens (VerwechselGefahr)
      cc) unbefugt
      dd) insbesondere Gleichnamigkeit
   b) Interessenverletzung
      aa) bei gesetzlichen Namen
      bb) bei besonderen Namen
      cc) im Geschäftsleben
      dd) Interessenabwägung
   c) Klagebefugnis
5) Ansprüche aus dem NamensR
6) Beweisfragen
7) Entsprechende Anwendung des § 12
8) Räumliche Geltung

Vorbem: Schrifttum vgl insb die Nachweise bei Soergel-Schultze-von Lasaulx, ferner Baumbach-Hefermehl 11. Aufl (B-Hefermehl) UWG 16 Rdz 11 bis 157. Der Schutz des **allg PersönlichkR** ist in § 823 Anm 15 dargestellt.

1) a) Allgemeines: Der Name ist eine sprachl Kennzeichng einer Pers (oder eines Ggst) zwecks Unterscheidg von anderen. RG **91**, 350 [352], BGH NJW **59**, 525; er dient also der Individualisierg. Das Recht am Namen (NamensR) ist das R auf ein ausschl Besitz dieses Kennzeichens (BGH NJW **59**, 525, ähnl BGH **32**, 111) u ist Ausfl des allg PersönlR (Einf 2 vor § 1 u § 823 Anm 15). Der Namensschutz des § 12 ist daher *lex specialis* ggü den Bestimmgen, auf die der Schutz des allg PersönlR gestützt w. Er erstreckt sich (trotz seiner Behandlg im 1. Titel) nach jetzt ganz hM und stRspr nicht nur auf den Namen der natürl Person (auch von Ausländern, zB BGH **8**, 319), sond auf jeden Namen u jede rechtsgült erworbene (Erwerb s Anm 2) namensartige Kennzeichng (s nachsteh). Seit sich diese Auffassg dchgesetzt hat, umfaßt § 12 den Tatbestd des UWG 16 I, der nur im Bereich geschäftl Verk gilt, so gut wie vollständ, so schon RG **114**, 94 (nur für die Bezeichnung von Druckschriften – Titelschutz – mag UWG 16 I über § 12 hinaus gelten; bedeuts daneben bleibt UWG 16 III, der „Geschäftsabzeichen" bei Verkehrsgeltg bes schützt, prakt allerd mit § 12 meist gleichläuft). Seitdem umfaßt § 12 auf zivilrechtl Gebiet auch voll die Tatbstde des WZG 24 (Namensschutz im ZeichenR) u HGB 37 (Firmenschutz). Damit ist § 12 die umfasste Grdlage für jeden zivilrechtl Namensschutz (iS des Schutzes aller namensartigen Kennzeichngen); deshalb ist die reichhaltige Rspr zu UWG 16 I jetzt auch für § 12 bedeuts. Zusätzl bringt WZG 24 strafrechtl, HGB 37 registerrechtl Sanktionen u UWG 23 IV mit 16 die zusätzl Möglk der UrtBekanntmach.

Ansprüche aus dem NamensR vgl Anm 5. Ein Anspr, bei Namensungewissh den Namen feststellen zu lassen, ist mit dem NamensR nicht verbunden; solche Feststellg kennt nur das öffl R, vgl Anm 2a Abs 2.

b) **Anwendgsgebiet**: Ursprüngl war die Rspr sehr zurückhaltd in Anwendg des § 12 auf and Namen als die der natürl Pers, vgl zB RG **59**, 285; Fabricius JR **72**, 15 will dahin zurückkehren. Weitere Entwicklg vgl Soergel-Schultze v Lasaulx Rdz 82–88. Heute w § 12 in stRspr unter weitgehder Zustimmg auf die Namen der JP des öffR (RG **101**, 171, BGH NJW **63**, 2267, OVG Münster DVBl **73**, 318), des bürgerl R (RG **74**, 114, BGH **LM** UWG 16 Nr 6 Bl 3) u des HandelsR (auch ausländ, RG **117**, 218) angewandt u zwar nicht nur auf Namen in gesetzl Form (für AG, GmbH, eGen ist Firma eine gesetzl Name, ebso Name des eV), sond auch auf deren schlagwortart Bestandteile u Abkürzgen (vgl zB RG **109**, 213 [214], BGH **11**, 215, **24**, 240, BGH NJW **59**, 2209, **70**, 1270, BGH **43**, 245 [252]), ferner auf Namen nicht rechtsfäh Vereine u anderer PersVereiniggen, RG **78**, 101 [102], BGH **43**, 245. Nach ganz hM findet § 12 auch (mind entspr) Anwendg auf bes Namen, unter denen Personen nur in gewissen Eigensch, nicht allg im Verk auftreten, so auf **Decknamen** (Pseudonyme), zB Künstler- u Schriftstellernamen (auch nach Aufg der betr Tätigk, RG **101**, 226 [231]), auch auf reinen Vornamen als Teil des Künstlernamens, Mü NJW **60**, 869 (Romy), auf Firmen der Einzelkaufleute, der oHG u KG, RG **114**, 90 [93], schließl auch auf Unternehmensnamen, die mit dem gesetzl Namen keine (erkennb) Berührg h, wie Etablissementsbezeichnungen, RG **171**, 29 [33] (Am Rauchfang), BGH NJW **70**, 1365 (Treppchen), Hausnamen, BGH **LM** Nr 43, Hotelnamen uä; vgl auch BGH **15**, 107 [109] (Koma), BGH **43**, 245 [252] (GdP). Dasselbe gilt für Embleme, BGH **LM** Nr 44, Telegrammadressen, RG **102**, 89, BGH **LM** UWG 16 Nr 14 aE, überh für jedes Wortkennzeichen, das der Verk als Kennzeichng (Name) eines Betriebes als solchen ansieht (nicht nöt, daß Inhaber selbst es als Kennzeichng benutzen wollte, RG **172**, 129 [131], BGH NJW **56**, 1713, **59**, 2210). Damit ist im Prinzip jeder Name u jede namensartige Kennzeichng dch § 12 geschützt.

aa) In der Auswirkg bestehen erhebl Unterschiede zunächst zw Schutz des Namens der natürl Pers u der Namen od sonst Kennzeichen anderer Gebilde; das NamensR ist PersönlkR (unten c) u steht der natürl Pers als der eigentl Persönlk unbeschr zu, währd die mit Persönlk erst kraft positiven Rechts ausgestatteten JP (Einf 2, 4 vor § 21) Namensschutz nur innerh ihres Funktionsbereiches beanspruchen können (BGH MDR **76**, 290. Der bürgerl Name ist auch gesetzl erworben, währd die Kennzeichen mehr od weniger frei gewählt (Anm 2 b) u nur in gewissen Lebensbereichen (zB als Künstler, als Gewerbetreibder) verwandt w. Bürgerl Namen w daher, abgesehen von MißbrFällen (vgl Anm 4 a cc) überall geschützt, und nur in den Lebenskreisen u in den örtl u sachl Bereichen, in denen sie **Namensfunktion** erfüllen, dh geeignet sind, eine Pers od ein Unternehmen mit sprachl Mitteln unterscheidskräft zu bezeichnen (vgl auch Anm 4 b cc). Zur Namensfunktion gehört, daß die Kennzeichng aussprechb ist u daß ein erhebl Teil des betr VerkKreises sie als individualisierden Hinweis auf die Pers (das Unternehmen) ansieht; das setzt wiederum voraus, daß sie individualisierende Kennzeichngskraft besitzt, vgl zB BGH **11**, 217 (KfA), **LM** UWG 16 Nr 21 Bl 2 (Karo As), Betr **76**, 2056 (Parkhotel), Stgt BB **73**, 861 (Projektbau), Köln WRP **74**, 503 (AREAL). Die Kennzeichng hat individualisierde Kennzeichngskraft von Natur aus, wenn sie von Anfang an geeignet ist, eine Pers od ein Unternehmen eindeut zu bezeichnen u von and zu unterscheiden, BGH NJW **63**, 2267, etwa Phantasieworte wie „Kwatta" RG **109**, 213 (BayObLG NJW **72**, 2185 wollte der Bezeichnung „Celdis", weil für Publikum nichtssagd, den Namensschutz versagen, BayObLG **73**, 211 hält daran mit Recht nicht fest).

bb) Namensfunktion fehlt an sich bei Buchstabenzusammenstellgen, die nicht aussprechb od für sich unverständl sind, für Bilder und Zahlen, BGH **4**, 167, **8**, 389 (Fernsprechnummern), **11**, 217 (KfA); man kann niemand damit eindeut „benennen". Solche Bezeichngen, BuchstabenZustellgen, Bilder, Zahlen (vgl 4711) usw können aber Namensfunktion dch **Verkehrsgeltg erlangen**, näml wenn die Bezeichng, die Buchstabenfolge, die Nummer, das das Bild bezeichnde Wort, häuf zur Bezeichng des betr Unternehmens mit sprachl Mitteln verwandt u dadch in den betr VerkKreisen so unterscheidskräft w, daß darin nunmehr ein individualisierder Hinw gerade auf dieses Unternehmen (diese Pers) gesehen w, dh wenn ein beachtl Teil dieser VerkKreise im Falle ihres Gebr für ein Unternehmen darin einen Hinw auf denjenigen sieht, der sie zuerst gebraucht h (so st Rspr vgl B-Hefermehl UWG 16 Rdz 30, 127 ff).

cc) Auch **Gattgsbezeichnungen** u Worten der Umgangssprache (Kinderstube, Hausbücherei, Hydraulik, Spiegel) fehlt von Haus aus die individualisierende Kennzeichnungskraft u damit Namensfunktion (vgl zB BGH GRUR **76**, 254), auch sie können sie dch Verkehrsgeltg erlangen, stRspr; vgl zB RG **163**, 233 [238] (Hydraulik), BGH **11**, 214 [216] (KfA), **15**, 107 [110] (Koma), **43**, 245 [252] (GdP), BGH MDR **76**, 204; Beispiele: RG **172**, 129 [131] (Fettchemie), BGH GRUR **76**, 254 (Management-Seminare), GRUR **77**, 508 (Datenzentrale). Dasselbe gilt für geograph Bezeichngen wie Ortsnamen u Ableitgen davon (soweit sie nicht von der polit Gemeinde selbst geführt w, zB BGH NJW **63**, 2267); sie kennzeichnen ein Unternehmen idR nicht genügd u ihnen w dann Namensschutz versagt (Berufsbezeichngen haben überh keine individualisierende Kennzeichngskraft. Anders uU bei Hotelnamen, die idR an jedem Ort als einmal benutzt w („Parkhotel"), BGH Betr **76**, 2056, u bei entspr Banknamen („Citybank"), Düss WRP **74**, 156; es kommt immer auf Verkehrsanschauung an.

dd) Haben Kennzeichngen Namensfunktion (individualisierde Kennzeichngskraft) von Natur aus, so sind sie **zeitlich** ab erster Ingebrauchnahme **geschützt**, sonst erst ab Erlangung der Namensfunktion dch Verkehrsgeltg, vgl zB BGH **11**, 217, **21**, 85 [89], **43**, 245 [252] (GdP), NJW **63**, 2267; Inhaber des NamensR ist aber der Namensgeber, nicht derjenige, der die Verkehrsgeltg erwarb, vgl BGH **LM** Nr 22. Wo Verkehrsgeltg erforderl, erstreckt sich der Schutz auch nur auf den Raum, in dem Verkehrsgeltg erlangt ist (vgl zB RG **171**, 29 [34], zum **räuml** Umfang des Namensschutzes vgl auch Anm 4b cc). – Über Schutz von Wappen, Titeln, auch Bildzeichen, vgl Anm 7.

ee) Die Namensfunktion kann **nachträgl entfallen**, wenn aus Namen Gattgsbezeichng geworden ist (zB Bismarckhering), vgl auch RG **69**, 310 (Liberty), **100**, 182 (Gervais); dann entfällt damit auch Namensschutz (uU kann Warenzeichenverletzg trotzdem vorliegen). Wo Namensfunktion nur auf Verkehrsgeltg beruht, entfällt sie dementspr mit Wegfall der Verkehrsgeltg, RG GRUR **32**, 1052, BGH GRUR **57**, 428, wofür aber vorübergehde Nichtbenutzg der Bezeichnung nicht ausreicht (unten c aa).

c) Das **NamensR** ist, wenn es auch oft hohen Vermögenswert hat, als **PersönlichkR** anzusehen, BGH **32**, 103 [111], vgl schon RG **100**, 185; aA Lange AllgT § 25 III 1a, B-Hefermehl UWG 16 Rdz 25, die bei

Unternehmensnamen ein ImmaterialgüterR annehmen. Jedenf hat es starken personenrechtl Einschlag (BGH **17**, 214), und zwar auch bei Gebr im GeschVerk, weil jede namensartige Kennzeichg mittelb auf den Träger des Unternehmens, den Unternehmer in dieser seiner Eigensch (Künstlername auf den Künstler in dieser seiner Eigensch) hinweist.

aa) Das NamensR ist **untrennb** mit der Pers des NamensBerecht (die Firma mit dem HandelsGesch, HGB 22, 23, die Unternehmensbezeichn mit dem Unternehmen) verbunden u für sich **nicht übertragb**, RG **87**, 149, BGH **21**, 66, **32**, 103 [111], stRspr. Es steht also nur dem Namensträger bzw Inhaber des Unternehmens, dem der Name (die Firma) gebührt, zu, bei oHG u KG auch den persönl haftden Gesellschaftern, deren Namen in Firma enthalten, BGH **17**, 209 [214]. Deshalb erlischt NamensR am bürgerl Namen mit dem Tode u Erben als solche können es nicht ausüben (sie sind aber oft als Träger desselben Namens legitimiert!); deshalb auch kein NamensR für ein nicht mehr bestehendes Unternehmen (NamensR erlischt mit dem Unternehmen; entsteht neues entspr Unternehmen, so erwirbt es mit Übern der Bezeichn neues NamensR mit Wirkg ab neuer Ingebrauchnahme BGH **LM** Nr 17 Bl 4). Vorübergehde Einstellg des Betr führt aber nicht zum Erlöschen des NamensR (was vorübergehd ist, ist Frage des Einzelfalles, vgl dazu RG **170**, 265 [273], BGH **21**, 66 [79], BGH NJW **59**, 2015, GRUR **67**, 199 [202] u für Fälle der Sitzverlegg aus DDR zusätzl B-Hefermehl UWG 16 Rdz 61). Bei freiw Aufg eines Unternehmens (hier Hotel) nimmt Ffm OLGZ **72**, 465 [468] mit Recht Erlöschen des NamR nach etwa 2-jähr Schließg an, wenn inzw die Absicht der Wiederaufn nicht nach außen erkennb wurde. – Weil NamensR am bürgerl Namen höchstpersönl, kann TestVollstr es nicht ausüben (hM) und kann KonkVerw den zur Firmenbildg verwerteten Familiennamen nicht ohne Zust des Namensträgers mit dem Unternehmen veräußern, RG **58**, 166 [169], BGH **32**, 103 [109]; and bei JP des HandelsR, bei denen das NamensR (Firma ist einz Name!) zum Unternehmen gehört u in KonkMasse fällt, KG NJW **61**, 833. Daß FamVerein gg unbefugten Gebr des FamNamens vorgehen kann (vgl RG **109**, 244), folgt nicht aus Verletzg seines eigenen NamensR, daß Witwe einem Verband die Führg des Namens ihres Mannes verbieten kann (BGH **8**, 318 [320]), ebenf aus Verletzg ihres (bei Gebr des Mannesnamens mitgebrauchten) Namens.

bb) Sogenannte **Übertragung des NamensR** (oft Lizenz genannt) ist nur schuldrechtl Verzicht auf Untersagg (Gestattg) RG **87**, 147 [149], BGH **1**, 241 [247]; der BenutzgsBerecht erlangt kein eig NamensR, kann also anderen die Namensführg, wenn überh, nur aus dem Recht des NamensBerecht verbieten (beachte aber, daß dch u mit Ingebrauchn des Namens **eigenes** NamensR des Gebrauchmachen entstehen kann, BGH **10**, 196 [204]). Wieweit die Gestattg geht, ob zB Beschränkgen in räuml od zeitl Hinsicht bestehen sollen (vgl RG **76**, 265, RG JW **36**, 923), ob sie widerrufl ist (bei Mißbr sicher), RG Warn **24**, 96, ob sie zur Geltdmachg der Rechte des Namensträgers gem § 12 im eig Namen ermächtigt (solche Ermächtigg unbedenkl zul, Ffm NJW **52**, 794, vgl RG **148**, 147), ob BenutzgsBerecht sein R weiter übertr kann (RG Gruch **45**, 74), ob er den Namen als Warenzeichen für sich eintragen lassen darf (vgl RG Warn **11**, 221), ist Ausleggsfrage. Bei entgeltl Gestattg der Namensführg ist weitgehd Verzicht anzunehmen (RG in obigen Entsch). Gestattg der Namensführg darf nicht zur Täuschg der Allgemeinh führen, sonst nichtig wg Verstoß gg UWG **1**, 3 (§§ 134, 138), vgl zB BGH **1**, 241 [246]; sie darf auch nicht gg HGB 23 (Verbot des Firmenhandels) verstoßen.

d) Namensführgspflicht besteht nach OWiG 111, PStG 11 Z 2, 21 Z 5; ferner privatrechtl Pflicht der Eheg ggeinand (§§ 1355, 1353) sowie des Kindes ggü Eltern (§ 1616), was aber Antr auf NamensÄnd nicht ausschließt. Ehemann kann der Frau, Eltern den volljähr Kindern nicht verwehren, eigenen Handels- od Künstlernamen zu gebrauchen, vgl Staud-Coing Rdz 22 ff. In Personenstandsbüchern darf nur gesetzl Name erscheinen, BGH **44**, 129.

2) Erwerb des Namens:

a) Namen der natürl Person: Der **bürgerl Name** der Einzelperson besteht in Deutschland aus FamNamen u mindestens einem Vornamen. Dem gemeins Namen von Ehegatten (Ehenamen) kann jeder Eheg seinen davon abweichenden Geburtsnamen voranstellen (§ 1355 III). **Erwerb** des Familiennamens: §§ 1616 bis 1618 (ehel u nichtehel Kinder), 1719, 1720, 1737, 1740f (legitimierte Kinder), 1740g (Eltern des legitimierten Brautkinds), 1757, 1767 II (adoptierte Kinder), 1355 (Ehegatten), PStG 25 (Findelkind) u 26 (Personen unbekannten PersStandes); für Ausländer vgl Anh 2 zu EG 7 u EG 14 Anm 4c; Ersatzg des Namens dch EG 55 ausgeschl, RG SeuffA **59**, 175. – Erwerb des Vornamens: dch Beilegg seitens des Personensorgeberechtigten od Behörde (in Fällen PStG 25, 26), wird mit Eintr in Geburtenbuch (früher Geburtsregister), PStG 21, 22, unabänderl; unzul Namensgebg wird dadch aber nicht wirks, BGH **29**, 257. Die dch die 2. DVO zum NamensÄndG eingeführten bes jüd Zwangsvornamen konnten wieder abgelegt werden (vgl Nachw in der 36. Aufl). Familiennamen als Vornamen in Ostfriesland vgl BGH **29**, 256. Vorname muß dem Geschlecht entsprechen (Ausnahme „Maria" als Beiname, wo solches übl) BGH **30**, 134, BVerwG NJW **69**, 857, Köln OLGZ **77**, 144. Ausländ Vornamen dürften heute unbedenkl sein, vgl LG Münster NJW **65**, 1231, Celle FamRZ **75**, 634 [635].

Namensänderung vgl NamÄndG v 5. 1. 1938 (RGBl 9) mit 1. DVO v 7. 1. 1938 (RGBl 12), ErgG v 29. 8. 61, BGBl 1621 u Allg VerwaltgsVorschr der BReg über die Änderg u Feststellg von Familiennamen usw idF v 8. 5. 63, BAnz 91 v 16. 5. 63 (Schriftt: Loos, NamÄndG Komm 1970, auch Soergel-Schultze - von Lasaulx Rdn 62–73): Änderg des Familiennamens nach NamÄndG 6 dch höhere VerwBeh od oberste LandesBeh nur aus wicht Grd, aaO 3 (widerspr nicht GG 2 I, BVerwG NJW **69**, 1039). Sie setzt Antr voraus, aaO 1, der bei unterer VerwBeh zu stellen ist, aaO 5, und erstreckt sich idR auf mj Kinder, aaO 4, aber nicht mehr ow auf den Eheg (§ 1355 Anm 5); Zusatz des Hofnamens zum Familiennamen in Westfalen vgl BVerwG VerwRspr **20**, 557. Änderg des Vornamens entspr dch untere VerwBeh, aaO 11. Oberste LandesBeh (fr RMI) kann bei Zweifeln einen Familiennamen allgemeinverbindl feststellen, aaO 8. Am NamÄndVerf sind Träger des zu verleihenden Namens nicht beteiligt, BVerwG NJW **60**, 450. Auch Änderg der Schreibweise ist Namensänderg, KG DJZ **00**, 494 (abw für Vornamen BayObLG **27**, 64), sogar Abkürzg des Vornamens, OLG **4**, 460; ebso Zusetzg eines Namens zum bisherigen; nicht aber, wenn Ehegatte seinen

Geburtsnamen dem Ehenamen voransetzt od Ehefrau nach fr Recht ihren Mädchennamen zusetzt, § 1355; Zusatz „geborene N." ebenf unbedenkl. Ebso zul Zusätze, die nur der Unterscheidg dienen, wie „senior" od einer Zahl. Nicht Namensänderg, sond Berichtigg ist es, wenn männl Kind, das als weibl angesehen wurde, nach Aufklärg des Irrtums männl Vornamen statt des weibl gegeben wird, Köln NJW **61**, 1023.

Das frühere **Adelsprädikat** ist nach WeimRV 109 III 2 (noch jetzt, aber nicht als VerfassgsG, gültig) Namensteil; sein Weglassen ist Namensänderg. Vor dem 14. 8. 19 (Inkrafttr der WeimRV) erworbene Adelsprädikate bleiben als Namensteile bestehen, RG **103**, 190. Abwandlg („des Grafen", „Freifrau") wie früher, RG **113**, 107, BayObLG **55**, 245 (WiederAnn des Mädchennamens der gesch Frau in der Form „Freifrau", nicht Freiin KG FamRZ **64**, 303); Entscheidgen des früheren *Pr*Heroldsamtes über Zugehörigk zum Adelsstand sind noch maßg, KG HRR **31**, 1563. Bevorrechtigte Adelsbezeichngen, die nur gewissen Familienmitgliedern (meist ältestem Sohn) zustanden, sind kein Namensteil, gingen also nach 14. 8. 19 auf and Familienmitglieder nicht mehr über, BVerwG **23**, 344, vgl auch BayObLG **67**, 62 („Ritter"). Der Gesamtname einschl des ehem Adelsprädikates geht auf nichtehel u angenommenes Kind über, RG **103**, 194, **114**, 338, für Namenserwerb vor 14. 8. 19 gilt das nicht, OVG Lünebg NJW **56**, 1172. Ausländ Adelsprädikate vgl Anh nach EG 7 Anm 2; über ihre WiederAnn in gewissen Fällen vgl G v. 29. 8. 1961, BGBl 1621. Nichtigk mißbräuchlicher KindesAnn vgl § 1741 Anm 2.

b) Erwerb anderer Namen: Öffentl-rechtl **Körperschaften** tragen ihren Namen oft seit unvordenkl Zeit; im übr richtet sich Erwerb und Änd ihrer Namen nach öffR; die Bezeichng „Stadt" oä gehört nicht zum Namen, BGH NJW **63**, 2267, die Bezeichng „Bad" muß man nach heut Verkehrsanschauung wohl dazu rechnen. Über die NamensÄnd von Gebietskörperschaften u deren Auswirkg auf Dritte vgl Veelken DÖV **71**, 158, Pappermann JuS **76**, 305. – Von **anderen Personen** werden Namen (außer dem bürgerl) u namensartige Kennzeichngen (iS von Anm 1 b) idR dch **Selbstbeilegg** (Ingebrauchnahme) erworben (Wahlnamen), wobei zu beachten ist, daß es ein Name (iS einer Kennzeichng mit Namensfunktion) sein, dh individuelle Unterscheidgskraft von Natur aus besitzen od dch Erlangg der Verkehrsgeltg erworben h muß (darü Anm 1 b aa); dch Annahme einer Bezeichng ohne Namensfunktion, wird kein „Name" erworben u entsteht kein Namensschutz. Rechtl unbeachtl (mithin ohne Namensschutz) ist auch ein Name (Kennzeichen), dessen Annahme od Beibehaltg gg Gesetz od gute Sitten verstößt, etwa ein täuschender Name eines Vereins (§ 57 Anm 1), eine nach FirmenR unzul Firma (HGB 18 ff, RG **82**, 164) od auch UWG 1, 3 unerlaubte Kennzeichng (vgl etwa BGH **10**, 196 [202], **LM** UWG 16 Nr 26). – Im übr bestehen für Annahme einer namensartigen Kennzeichng Schranken nur ggü denen, denen **ältere Rechte** an denselben od ähnl Namen (Kennzeichen) zustehen, was die Benutzg des neu angenommenen Namens **dem älteren ggü „unbefugt"** iS der Anm 4a cc macht; vgl dort. Ingebrauchnahme eines solchen Namens begründet dem Vornutzer ggü kein NamensR, RG JW **29**, 1226, BGH **LM** Nr 21 Bl 1 R (Lego); Dritte können sich auf das bessere R des Vorbenutzers nicht berufen, ihnen ggü besteht also ggf NamensR, BGH **10**, 204, **24**, 240. Soweit Namen u Kennzeichngen frei gewählt w können, gilt somit der Grds der **Priorität** der Erlangg der Namensfunktion, also bei Unterscheidgskraft von Anfang an der Priorität der Ingebrauchng, sonst der Erlangg der Verkehrsgeltg (Anm 1 b). Änderg des Namens (wenn nicht ganz unwesentl) führt zum Verlust der alten Priorität, BGH NJW **73**, 2153 (Metrix). Nach bish Rspr zählt nur Ingebrauchn im Inland, Gebrauch des Namens im Ausland soll (außer bei bürgerl Namen der natürl Person, BGH **8**, 322) nicht einmal bei echtem Namen (Firma) genügen (so wohl RG **117**, 215 [220, 224] zu verstehen), heute ist im zuwachsden Europa bedenkl, offengelassen BGH GRUR **69**, 359 (Sihl); immerhin liegt Gebrauch im Inland nach BGH NJW **71**, 1522 [1524] schon in Wareneinfuhr u Korrespondenz mit inländ Firma, nach BGH NJW **73**, 2153 in Gebr dch angestellten Vertriebsleiter, wenn dabei der Inh des Kennzeichens klar erkennb war, u nach RG **117**, 221 in Warenzeichenanmeldg. Nicht nöt ist „Verkehrsgeltg" im Inland, wo diese nich ohnehin erforderl, BGH **LM** UWG 16 Nr 56a Bl 1 R, BGH NJW **71**, 1524 (aA fr RG **132**, 380), vgl auch BGH NJW **74**, 1049 (WarenzeichenR). Vorbenutzg in DDR (BGH **34**, 91) gilt in BRep nicht als Vorbenutzg, wohl aber Ingebrauchng der Kennzeichng in BRep dch DDR-Unternehmen, BGH **34**, 97 (üb Namensverleihg in DDR vgl BGH NJW **58**, 17 [Zeisswerke]). Bei Änd des bürgerl Namens (zB Eheschließg, Scheidg) kann der alte als nunmehriger Deckname (Künstlername) weitergeführt w, wenn der Betr unter Tätigk nicht aufgenommen war (also kein neuer Namenserwerb), Mü WRP **60**, 189 [190], aA Graf v Bernstorff NJW **61**, 634. – Ist ein namensartiges Kennzeichen rechtsgült erworben, so genießt es Namensschutz, der sich auf gesondert gebrauchte **Namensbestandteile** erstreckt (unten 4a bb). Über Umfang des Schutzes, für den wieder der Umfang der Verkehrsgeltg entscheid sein kann, vgl Anm 4b.

3) Wird dem NamensBerecht das aus dem NamR fließende R zur **Namensführung bestritten,** gibt ihm § 12 Anspr auf Beseitigg der Beeinträchtigg (näher Anm 5); keinen Anspr hat, wer Namen objektiv unzul führt, zB eine registrrechtl unzul Firma, eine publikumstäuschde Bezeichng (Anm 2b). Das Bestreiten braucht nicht ausdrückl zu geschehen, dauerndes Benennen mit falschem Namen genügt (vgl LG Bonn **AP** § 54 Nr 1). Daher Verletzg des (hier öffrechtl) NamensR der Gemeinde, wenn Bahnhof mit unricht Gemeindenamen bezeichnet wird, BVerwG NJW **74**, 1207, nicht aber, wenn Postdienststellen den zutreffden Gemeindenamen führen, den Namen des Gemeindebezirks der Name des Gemeindebezirks, OVG Münster DVBl **73**, 318. Klage geht gg jeden Bestreitden, auch gg Behörden, außer soweit sie für Beaufsichtigg des NamensR zuständ (RG **147**, 254). – Klageberecht ist NamensInh, dessen R bestritten, nicht and FamMitgl, nicht Mann für die Frau, dagg ggf Frau sogar gg Mann, RG **108**, 231. Klageberechtigg wg Bestreiten des Namensführgsr besteht bei bürgerl Namen unabhäng von Unterscheidgskraft (Sammelnamen zB Müller); sie ist auch allg anerkannt zugunsten aller rechtsgült erworbenen Namen, Namensbestandteile u namensartigen Kennzeichngen (Anm 1 b), soweit Führg nicht ggü Gegner unbefugt (Anm 4 a cc u b).

4) Aus dem NamensR entspringt das R zur **Ausschließg anderer von unbefugtem Gebrauch** des gleichen Namens, wenn er das Interesse des Namensträgers verletzt.

a) Unbefugter Gebrauch: aa) Voraussetzung zunächst, daß ein **Namen** gebraucht w, dh ein individualisierender Hinw auf einen Namensträger (Anm 1a). Das fehlt, wenn Ware mit einem Phantasiewort bezeichnet, bei dem man an Beziehgen zum Träger eines Namens gleichen Klanges nicht denkt (Waschmittel Korall kein Hinw auf Familie Korall, Brschw BB **65**, 1289, vgl "Krongold" Hbg MuW **15**, 368). Es kommt auf Einzelfall (Verkehrsanschauung) an; so nimmt BGH **LM** Nr 21 an, daß LadenGesch "Lego" hinweisd auf nahe wohnden HandelsVertr namens Lego wirke. Verwendg von Sammelnamen (etwa Müller) wirkt oft nicht hinweisd auf einen bestimmten Namensträger (so auch B-Hefermehl UWG 16 Rdz 55). Namen ist auch hier jede gült erworbene namensartige Kennzeichng (Anm 1 b).

Voraussetzg für Anspr aus § 12 ist ferner **Gebrauch** des Namens des Berecht. Das ist in erster Linie seine Verwendg zur Bezeichng der eig Pers (auch Duldg der Benenng, wenn Benannter sie veranlaßt, RG JW **30**, 1723). Darunter fällt auch die Bezeichng des der eig Pers zugehör Unternehmens u von dessen Erzeugnissen u Waren (BGH **15**, 110 stRspr u hM) mit Namen (namensart Kennzeichng) des Berecht, also auch die Benutzg des Kennzeichens einer polit Partei für ein dieser fremdes Wahlplakat, Karlsr NJW **72**, 1811 (dazu Schlüter, JuS **75**, 558). Namensgebrauch (nicht nur Namensnenng, s unten) wohl auch, wo Beziehgen der eigenen Pers zum Namensträger angedeutet (Schüler von X, früher in Firma X), Mü WRP **74**, 101; vgl aber unten b aa.

Zweifelh ist, was darüber hinaus als "Gebrauch" des Namens zu werten. Die Benenng **dritter Personen** mit einem Namen kann nicht darunter fallen (sehr str); denn § 12 versteht in seiner ersten Alternative (Namensbestreiten) ersichtl unter "Gebrauch" des Namens nur die Namensführg iS des NamensGebr zur Bezeichng der eig Pers (u der ihr zugehör Personen u Gegenstände) u deshalb können die Worte "den gleichen Namen gebraucht" in der zweiten Alternative nicht den weitergehden Sinn haben, daß darunter auch die Benenng anderer Personen fiele. Es kommt hinzu, daß die Befugn, jemand mit einem Namen zu nennen, im sprachl Verk für jedermann unentbehrl und Ausfluß der allg HandlgsFreih ist, also nicht Inhalt des absoluten (ausschließl) NamensR sein kann. Die Benutzg eines Namens zur Bezeichng Dritter kann man auch nicht als Namensanmaß bezeichnen, wie die zweite Alternative des § 12 mit Recht genannt w.

Die **Nenng** eines Namens, ohne ihn mit der eig Pers in Beziehg zu bringen, fällt auch nicht unter § 12. § 12 schützt deshalb nicht gg Namensnenng in Veröffentlichgen, zB Pressebericht (offen gelassen BGH **LM** GG 5 Nr 18 Bl 4 [Zonenbericht]), in Reklametext, wo Zusammenhang zw Benanntem u angespriesener Ware nicht zu erkennen, BGH **30**, 7 [9], od als Blickfang zu Werbezwecken (Abbildg eines Praxisschildes, aA Köln GRUR **67**, 319 [320]), auf Plakaten (Kobl DRZ **48**, 175, Raiffeisen), auf Gefallenentafel (BGH NJW **59**, 525), auch nicht, wenn Name in Verbindg mit tatsächl Angaben genannt, wie im Falle Mü GRUR **60**, 42. Oft (nicht immer) wird in solchen Fällen Verletzg des allg PersönlkR od des R an eingerichtetem Gewerbebetrieb vorliegen u damit Anspr aus § 823 I bzw § 1004 bestehen (vgl § 823 Anm 15 u 6 g; der Analogie aus KUG 22, 23 [R am eig Bilde], die Neumann-Duesberg JZ **70**, 564 vorschlägt, bedarf es nicht). Am NamensGebr iS des § 12 (Namensanmaß) fehlt es auch bei Namensgebg an **erdichtete Personen** (Dramen, Romane uä, vgl RG JW **39**, 153, OGH Wien NJW **56**, 1942, KG OLG **30**, 312 u JW **21**, 1551, sehr str, aA zB RG u KG aaO, B-Hefermehl UWG 16 Rdz 45); der Dichter nimmt das R zum NamensGebr nicht für sich in Anspr, er setzt den Namen nicht in Beziehg zu seiner Pers. Spielt er damit auf den berecht Namensträger an, so ist das Namensnenng u es w sogar der richt (halbricht) Namen genannt. Ist die Figur rein erdichtet, so weist ihr Name nicht auf einen berecht Namensträger hin u es liegt kein Gebr des Namens (iS von Identitätsbezeichng) des Berecht vor (dagg überzeugt die Verneing der Interessenverletzg in solchen Fällen nicht immer, vgl zB OGH Wien NJW **56**, 1942). Auch wenn Ehemann seine Freundin in polizeil Anmeldg als Ehefr einträgt, gebraucht er nicht den Namen der Ehefrau (wohl tut das ggf die Freundin), sond **benennt** die Freundin mit falschem Namen (so RG **108**, 230 [232], sehr str, aA zB Soergel-Schultze-v Lasaulx Rdz 122, auch hier noch 31. Aufl). Wenn aber Mutter das nichtehel Kind mit Namen des Vaters belegt, ist das Gebr des Namens des Vaters, weil die Mutter hier den Namen des Vaters für das ihr zugehör Kind in Anspr nimmt u ihn so in Beziehg zur eig Pers setzt, vgl RG **108**, 234. Den Namen Y gebraucht nicht, wer Herrn X mit dem Namen Y anredet u ihn so ggü Dritten bezeichnet (falsche Namensnenng, kann aus and Gründen unzul sein); tut das der Bezeichnde im Einverständn mit X, so wirkt er an dessen Namensverletzg mit.

bb) § 12 setzt Gebr des **gleichen** Namens voraus. Darunter ist anerkanntermaßen die Benutzg jeder **verwechselgsfähigen** Bezeichng zu verstehen, u das allg, nicht nur im geschäftl Verk (also auch außerh UWG 16). Es genügt jede Bezeichng, dch die der Gedanke von Beziehgen zum Berecht auftauchen kann (Verwechslgsgefahr im weiteren Sinne), BGH **LM** Nr 21 Bl 1 R, auch BGH NJW **63**, 2268 ("Dortmund grüßt"). Daher liegt in "Stadttheater", "Stadtapotheke" uU der Gebr des Namens der betr Stadt, RG **101**, 169 [171], RG JW **27**, 117 (über Ortsnamen vgl auch oben Anm 1 b); entsprechd ist "Universitätsbibliothek" zu werten, aber nicht "Stadtkapelle". Sogar Benutzg eines Bildzeichens kann NamensGebr sein (Salamander RG **171**, 147 [155]). Ob Verwechsgefahr besteht, hängt von Verkehrsauffassung ab (vgl dazu auch unten 4 b cc u dd). Kleinere Abweichgen beseitigen sie meist nicht, schon gar nicht Zusätze betr die Rechtsform, wie AG, GmbH, eV, u Co (auch nicht "u Sohn"), od Zusätze wie "vormals". Beispiele für Verwechsgefahr im Wettbewerb bei B-Hefermehl UWG 16 Rdz 47, 58. VerwechslgsGefahr ist umso größer, je stärker Kennzeichnkraft der Bezeichng ist od dch Verkehrsgeltg geworden ist, man denkt dann eher an Zusammenhänge der Namensträger; sie ist umso geringer, je entfernter die Betriebe (Betätiggsfelder) der Namensträger.

Werden **schlagwortartige Bestandteile** des fremden Namens od Bezeichnng, die **damit** verwechslgsfäh sind, verwandt, so liegt darin ein teilw Gebr des **vollen** Namens u der NamensBerecht kann dagg vorgehen, auch wenn der schlagwortart Namensteil als solcher Verkehrsgeltg (noch) nicht erlangte; schlagwortart ist ein Bestandteil des vollen Firma, der losgelöst vom vollen Firmenwortlaut sich allein im Gedächtn einprägt u als Hinw auf das Unternehmen im Verk benutzt w, RG **114**, 90 [95]. Da unter den Begr des "Namens" jede Kennzeichng mit "Namensfunktion" (oben 1 b) fällt, liegt Gebr des Namens des Berecht außerdem vor, wenn ein nicht schlagwortart, aber unterscheidgskräft Namensteil od eine sonstige Kennzeichng mit Namensfunktion od Bezeichng gebraucht w, die mit solchen, die der Berecht führt, verwechslgsfäh sind, näher darü Baumb-Hefermehl UWG 16 Rdz 132 ff. Der Namensträger muß allerd Verwechslgsgefahr in Kauf nehmen, wenn sein Name zu wenig unterscheidgskräft (auch nicht kraft Ver-

Personen. 1. Titel: Natürliche Personen § 12 4

kehrsgeltg geworden) ist, um eindeut auf ihn als Namensträger hinzuweisen (schwache Kennzeichngskraft); dann kann der Namensträger nur den Gebr seines vollständ Namens, nicht Gebr ähnl Kennzeichnen verbieten, RG JW **33**, 2897 (Auto-Licht). Bezeichngen, die in einem Ort idR nur einmal verwandt w („Parkhotel"), haben aber normale Kennzeichngskraft, BGH Betr **76**, 2056. – Die Unterscheidg zw Verwechslgs Gefahr im engeren u weiteren Sinne (vgl Anm 4 b dd) ist für die Frage, ob der „gleiche" Name geführt w, ohne Bedeutg.

cc) § 12 setzt voraus, daß der and den Namen **unbefugt** gebraucht. In dieser Hins ist **ohne Bedeutg**, ob der Name (das Kennzeichen) in PersStandsbüchern (vgl aber unten Anm 6) od **Registern** als Namen, Firma, Warenzeichen, Vereinsnamen usw **eingetragen** ist; das materielle NamensR geht dem formellen aus einer etwaigen Eintr vor; auch prüft RegisterGer entggstehdes NamensR idR nicht, RG **104**, 343, BGH **8**, 318 [321]. Ohne Bedeutg für die „Befugnis" ist an sich auch, ob die konkurrierden Kennzeichnsträger in **Wettbewerb** stehen; außerh eines Wettbewerbslage sind ihre Berührungspunkte oft so gering, daß Verwechslg ausgeschl u desh Gebr des „gleichen" Namens zu verneinen (oben bb) od Verletzg des „Interesses" des einen od des and (unten b) ausgeschl u der NamensGebr deshalb befugt ist. Es gilt vielm folgendes:

Niemals unbefugt ist der Gebrauch eines Namens, der gesetzl vorgeschrieben ist, RG **165**, 271 [283], insb des bürgerl Namens in der Privatsphäre, BGH **29**, 256 [263]; dem Namensträger steht es grdsätzl frei, ob er den vollen Namen angibt od nur den Familiennamen; sogar Verwechslgefahr zwingt außerh des Wettbewerbs nicht zur Beifügg eines Vornamens, RG JW **11**, 572. Nicht unbefugt handelt auch, wer seinen bürgerl Namen zur Firmenbildg (RG **170**, 265 [270]) od zur Bezeichng seiner Erzeugnisse benutzt, sofern er dabei redl handelt u Art od Form des Namensführg nicht zu beanstanden ist (s weiter unten). Das gilt auch, wo das FirmenR die Verwendg des bürgerl Namens nicht vorschreibt, BGH NJW **66**, 343 [345], jetzt hM, vgl B-Hefermehl UWG 16 Rdz 77, 78, aA fr das RG zB **110**, 234 [237]. – Umgekehrt ist **immer unbefugt** der Gebr einer Kennzeichng, für die kein NamensR besteht, zB einer nach FirmenR unzuläss Firma, eines Namens, der gg UWG od § 138 verstößt, od eines täuschden Namens (vgl oben 2 b). – In den and Fällen, in denen mehrere Personen gleiche od verwechslgsfäh Kennzeichngen gebrauchen, stehen, da das NamensR an selbst beigelegten Namen grdsätzl dch Ingebrauchnahme erworben w, meist gült Namen einander ggü u die Frage, wer (dem and ggü) befugt ist, beantwortet sich, sofern die berecht Interessen des älteren Namensträgers dch die Namensführg des jüngeren berührt w (dazu unten b), nach der **Priorität** des Namenserwerbs, vgl oben 2 b. Unbefugt ggü dem and ist grdsätzl der Gebr einer Kennzeichng, die der and bereits früher in Gebr genommen h, od einer Kennzeichng, die mit dieser verwechslgsfäh ist (auf einen späteren Ztpkt als den der ersten Ingebrauchnahme kommt es an, wenn die Berührungspunkte, die die Verwechslgsgefahr begründen od erhöhen, erst später aufgetreten sind; s unten dd). Inländ Priorität entscheidet ggü inländ Wettbewerbern auch bei Benutzg des Namens (Firma) im Ausl; nach ausländ R erworben Namens R des Wettbewerbers steht nicht entgg, BGH **14**, 286 [293]. Bei Verpachtg eines Unternehmens verbleibt das NamensR am Unternehmensnamen idR beim Verpächter; dieser hat die Priorität, auch wenn Pächter dem Namen erst Verkehrsgeltg geschaffen h; Pächter darf ihn nicht zur Firmenbildg benutzen, BGH **LM** Nr 22 (vgl Anm 1 b d), and bei Verpachtg nur des BetrGrdst, vel dann der Pächter dem Unternehmen den Namen gibt). Gestattet ein Verein seiner rechtl selbstd Unterorganisation (Ortsverein) seinen Namen zu führen, so ist die Gestattg auf die Zeit der Vereinszugehörigk beschr, BGH MDR **76**, 27.

dd) Problemat sind die Fälle der **Gleichnamigkeit**, wo rechtmäß (ggf sogar unter Zwang) geführte ident od fast ident Namen miteinander konkurrieren u wo desh die Priorität nicht (schlechthin) entscheiden kann. Dazu gehört nicht die Gründg einer Firma mittels Strohmanns, der den Namen eines eingeführten Konkurrenzunternehmens trägt, od die Benutzg des eigenen Namens zu dem Zweck, sich namensmäß an den Ruf eines bekannten Unternehmens anzulehnen; ein derartiger NamensGebr ist unsittl u deshalb unbefugt, BGH **4**, 96 [100], NJW **51**, 520, vgl auch RG **82**, 164. Nicht befugt ist aber der Gebr des eig Namens auch, wo Art od Form des Gebr (zB in Alleinstellg od als Schlagwort) eine Verwechslgsgefahr **im Wettbewerb** schafft od erhöht, die bei and Gebr od -Form vermieden od gemindert würde, od wo die Gebr-Form den (vermeidb) Anschein der Zugehörigk zu einer fremden Familie erweckt, BGH **29**, 256 [264]. In diesen Fällen eines zwar redl Gebr des Namens als solchen, aber unbefugter GebrArt od -Form kann der ältere Namensträger dem jüngeren (auch bei WettbewLage) die Namensführg nicht einfach verbieten, sond es muß ein Interessenausgleich stattfinden (RG **171**, 321 [326], BGH **LM** UWG 16 Nr 5 Bl 2 [Hoch- u Tiefbau], auch unten Anm 4 b dd), bei dem die Priorität der Namensbenutzg des älteren allerd stark ins Gewicht fällt, BGH **LM** Nr 15 Bl 2 (Underberg), BGH NJW **68**, 349 [350] (Hellige). Der ältere kann idR verlangen, daß der jüngere alle zumutb Vorkehrgen trifft, um die Verwechslgsgefahr möglichst zu mindern, BGH NJW **66**, 343 [345], **68**, 349 [351], insb **unterscheidskräftige** Zusätze beifügt (so auch B-Hefermehl UWG 16 Rdz 76); nur ausnahmsw, etwa bei starker Verkehrsgeltg eines einprägs Namens des älteren Firma u noch wenig schutzwürd Besitzstand der jüngeren, kann, wo nicht etwa das FirmenR die Benutzg des bürgerl Namens gebietet, der Gebr des Namens überh verboten w, vgl BGH **4**, 102, NJW **68**, 350. Da aber niemand befugt ist, seinen Namen in einer Form zu gebrauchen, die zu vermeidb Verwechslgen führt, kann uU auch der ältere verpflichtet sein, zur Vermeidg von Verwechslgen beizutragen, BGH **LM** UWG 16 Nr 5 Bl 2; wo das ältere Unternehmen dch sachl od räuml Änd seiner GeschTätigk die Verwechslgsgefahr erst schafft od erhöht, ist es zweifellos zu solchen Maßnahmen verpfl, RG **171**, 321 [326], BGH **LM** UWG 16 Nr 5 Bl 2 R, Nr 26 (Hähnel), MDR **67**, 378 (Rabe).

Haben mehrere Firmen mit verwechslgsfäh Kennzeichngen lange Zeit **unbeanstandet nebeneinander** bestanden u dadch wertvollen Besitzstand erlangt, kann keine von den and Änd der Kennzeichng verlangen (uU aber Maßnahmen zur Verringerg der Verwechslgsgefahr, wofür Bildzeichen nicht ausreichen, BGH **14**, 155 [159]). Besteht solche namensrechtl **Gleichgewichtslage**, so darf keins der Unternehmen sie so verändern, daß es das and damit namensmäß beeinträchtigt, BGH **14**, 155 [160] (Farina / rote Blume), NJW **52**, 222 (Farina). – Trotz Verneing einer Verwechslgsgefahr auch im weiteren Sinne u einer Wettbewerbslage hält BGH NJW **66**, 343 (Kupferberg) unter dem Gesichtspkt der Verwässergsgefahr (vgl Anm 4b) den redl Gebr des eig Namens zur Firmenbildg für unbefugt ggü älterem berühmten Unternehmen desselben Namens, wenn kein schutzwürd Interesse an der Aufn gerade dieses Namens in die Firma bestand; bedenkl: der BGH (aaO) geht mit Recht davon aus, daß jedermann seinen Namen zur redl Firmenbildg benutzen darf u beanstandet dementspr nur die konkrete Form der Benutzg, näml daß die Firma des Bekl den Namen in Alleinstell ohne unterscheidgskräft Zusatz enthielt; auf Unterscheidungskraft kann es aber nicht ankommen, wo ohnehin jede Verwechslgsgefahr fehlt.

b) Die unbefugte Namensführung muß das **Interesse des Berechtigten** verletzen. Berechtigtes, dh **schutzwürdiges** Interesse jeder Art genügt, auch rein persönl, ideelles, Affektionsinteresse, stRspr u ganz hM, vgl zB RG **74**, 307 [310], **114**, 90 [93], BGH **8**, 318 [322], **LM** Nr 21. Wie weit das schutzwürd Interesse geht, hängt davon ab, in welchem Lebensbereich der Berecht den Namen führt, in welchem Umfang dieser Kennzeichngskraft hat u ob u inwiew ein schutzwürd Interesse des Gebrauchden entggsteht.

aa) Da die **gesetzl Namen** in allen Lebensbereichen geführt w u kennzeichnen, umfaßt bei ihnen das Interesse alle Lebensbereiche; es genügt, daß der klagende Namensträger gg die Namensbenutzg vernünft Einwendgen erheben kann, daß zB der Eindruck von familiären od geschäftl Beziehgen erweckt w (BGH **LM** Nr 21 – Lego). Jeder unbefugte Gebr eines Namens (iSv oben 4 a aa), zB zu Reklamezwecken, RG **74**, 311 stRspr, BGH NJW **63**, 2268 (Stadtname) – vgl auch BGH **20**, 345 [350] (Abbildg) – ist also Verletzg der Interessen des Namensträgers; auch der Hinw darauf, mit dem Namensträger in bedeuts Beziehgen zu stehen, Hbg GRUR **41**, 131 (Hagenbeck). Ohne Zustimmg des Namensträgers w man sich idR also nicht als seinen „Schüler" bezeichnen dürfen (RGR-Komm Anm 12), vgl auch Mü WRP **74**, 101; in solchen Fällen kann aber das Interesse des Gebrauchden überwiegen. Bei sog Sammelnamen mit nur schwacher Kennzeichngskraft (etwa Müller), bei denen der Verk mit dem Namen keinen bestimmten Namensträger verbindet, entfällt, auch wo in der Verwendg des Namens ein individualisierder Hinw gefunden w könnte, meist das Interesse eines bestimmten Namensträgers an der Verhinderg des NamensGebr, vgl auch oben 4 a aa). – Alle **anderen Namen** w nur in bestimmten Lebensbereichen geführt; da sie nur hier im Verk kennzeichnen, w sie auch nur hier geschützt:

bb) Pseudonyme (zB Künstler- u Schriftstellernamen) bestehen in erster Linie der Kennzeichng in dem Beruf; das Interesse des Namensträgers w verletzt, wenn ein anderer sie in einer Weise benutzt, die zu Verwechslgen (im Wettbew) führen kann; dann gilt das unten cc Gesagte. Hat das Pseudonym weitergehde Verkehrsgeltg erworben, geht das schutzwürd Interesse entspr weiter, ggf so weit wie bei gesetzl Namen. Ähnl bei **Vereinsnamen**; ein Verein hat Interesse daran, daß eine Gaststätte nicht seinen Namen führt, wenn das den Eindruck von geschäftl Beziehgen erweckt, BGH NJW **70**, 1270 (Weserklause).

cc) Bei den im **Geschäftsleben** geführten Kennzeichngen (Firma, Unternehmensbezeichnungen, geschäftl Kennworten, Schlagworten) ist nur ein **geschäftl** Interesse schutzwürd, BGH **LM** Nr 42; dieses kann sich auswn auch aus ideellen Belangen ergeben, BGH aaO; ein nicht mehr lebdes Unternehmen hat kein geschäftl Interesse BGH **21**, 66 [69], vgl auch Anm 1 c aa. Dem **Umfang** nach hängt auch hier die Schutzwürdigk des Interesses von der VerkAuffassg ab, näml wie stark die Kennzeichngskraft des Namens ist u wie weit er sich im Verk (sachl u räuml) dchgesetzt h (vgl auch Anm 1 b); je stärker die Kennzeichngskraft u je weiter die Verkehrsdurchsetzg, desto weiter geht geschütztes Interesse. Die Frage geht Hand in Hand mit der Verwechslgsgefahr (oben 4 a bb u unten dd), weil eine Verwechslgsmögk der Namensträger, dh der Unternehmen (auf sie, nicht auf Verwechslg der Namen selbst kommt es an!), nicht besteht, wo man das Kennzeichen des Kl nicht kennt. – **Örtlich begrenzt** ist das Interesse an Verhinderg des NamensGebr auf den Wirkgskreis des Unternehmens, RG **171**, 30 [34]. Gaststätten- u Hotelnamen sind idR ortsgebunden, RG aaO, BGH **24**, 238 [243]; der Verk weiß, daß gleichnamige Betr an versch Orten oft nichts miteinander zu tun haben (ihr Name ist aber in der ganzen polit Gemeinde, nicht nur in einem Stadtteil, geschützt, BGH NJW **70**, 1365). Ähnl bei Warenhäusern mit PlatzGesch (vgl BGH **11**, 214 [221]), bei EinzelhandelsGeschen u nur örtl bekanntem Betr. And wo das Unternehmen auf Einrichtg von Filialbetrieben eingestellt, zB Warenhaus- od Hotelketten; dann ist auch die Gaststättenbezeichng überörtl geschützt, BGH **24**, 238 [243] (tabu). – **Sachlich begrenzt** auf die Branche od ähnl Branchen ist der Namensschutz meist bei Erzeugerbetrieben; bei völl Branchenverschiedenh dürfte der Gebr des gleichen Namens das Interesse eines Namensträgers nur selten verletzen. Gefahr der Verwechslg der Unternehmen (sie ist stets Interessenverletzg RG **114**, 94 stRspr) u Interessenverletzg kommt bei gleichartigen Waren u nahe beieinander liegden Branchen eher in Frage als bei weiter Entfernung der Erzeugnisse voneinander, BGH **19**, 23 [26] (Magirus); bei ersteren kann Interesseverletzg auch bei weniger ähnl Namen zu bejahen, bei letzteren w sie selbst bei ident Namen oft abzulehnen sein. Bei der Interessenabwägg muß eine mögl sachl u räuml zukünft Ausdehng des angebl Verletzten berücksichtigt w, vgl zB BGH **8**, 387 [392], **11**, 214 [219], **LM** UWG 16 Nr 24 Bl 2 (Rei-Chemie); aber nur, wenn ein von Natur aus unterscheidgskräft Kennzeichen in Frage steht; andernf gibt es Namensschutz nur in dem Bereich, in dem es Verkehrsgeltg erlangt hat, da weitergehde Namensfunktion fehlt (Anm 1 b dd).

dd) Die Frage der Interessenverletzg fällt, wo objektiv zul gebildete Wahlnamen einander ggü stehen, mit der Frage der mangelnden Befugn zum NamensGebr zus, BGH **LM** Nr 30 Bl 3 (Promonta); denn wer eine Kennzeichng (Namen) annimmt, die ein und schon führt (od eine ähnl Kennzeichng), handelt unbefugt, wenn dadch das schutzwürd Interesse des and verletzt, aber befugt, soweit ein solches nicht berührt w. Das ist der eigentl Grd, warum bei Wahlnamen stets eine **Abwägg** der einander ggü stehdn **Interessen** erforderl ist, RG JW **39**, 154, BGH **LM** Nr 21 Bl 1 R, Nr 30 Bl 3 (Promonta). Bedeuts ist hier neben der Priorität (Anm 4 a cc) die Stärke der Kennzeichngskraft der angebl verletzten Kennzeichng. Man unterscheidet (ähnl wie im WarenzeichenR) schwache u starke Kennzeichen u solche mit gesteigerter (überragder) Verkehrsgeltg (Beispiele BGH **21**, 85 [92], **LM** UWG 16 Nr 56 u Nr 56a (Whitehorse), auch **LM** UWG 16 Nr 70 (Chepromin); entscheidd ist die Auffassg in den beteiligten VerkKreisen, bei Unternehmen, die sich mit ihren Erzeugnissen und Leistgen an die Allgemeinh wenden, die Auffassg der Allgemeinh, bei and die Auffassg des Kreises der in Betr kommden Kunden bzw Lieferanten (sie unterscheiden meist schärfer als das breite Publikum). Wo ein erhebl Teil dieser Kreise in dem angebl unbefugt geführten Namen einen Hinw auf den berecht Namensträger sieht, besteht **Verwechslgsgefahr** (oben 4 a bb), ist also ein schutzwürd Interesse des Kl verletzt, sofern nicht ein überwiegdes Interesse des Bekl entggsteht. Verwechslgsgefahr ieS liegt vor, wenn die betr Kreise Identität der Unternehmen annehmen, Verwechslgsgefahr iwS, wenn sie personelle od organisator Zusammenhänge derselben vermuten (vgl zB BGH Betr **74**, 234); Verwechslgen bei der PostZustellg sind ein Indiz, aber nicht immer entscheidd (die Post gehört nicht zu den in Betr kommenden Verkehrskreisen, aA RG **108**, 272, BGH GRUR **57**, 426 [427] Getränkeindustrie, wie hier aber wohl BGH WPM **76**, 122 [123]). Je stärker die Verwechslgsgefahr, desto weitergehd das Interesse an der Unterbindg des NamensGebr dch and (oben b dd).

Interessenverletzg ist auch ohne Verwechslgsgefahr mögl; die Rspr nimmt sie insb bei überragder Verkehrsgeltg der Kennzeichn eines „berühmten" Unternehmens an, wenn die Verwendg der gleichen (einer ähnl) Kennzeichn dch einen and ihre Werbekraft schwächen kann **(Verwässerungsgefahr)**, BGH **19**, 23 [27] (Magirus), NJW **56**, 1713 (Meisterbrand), **66**, 343 [344] (Kupferberg), aber das nur in bes Ausnahmefällen ganz überragder Verkehrsgeltg, BGH **19**, 31 (zu den Kriterien überragder Verkehrsgeltg Hambg Betr **73**, 326; zu viel verlangt wäre, daß $^2/_3$ der Bevölkerg die Kennzeichn kennen müsse, Hbg WRP **68**, 155). Auch Gefährdg des **guten Rufs** ist Interessenverletzg, Baumb-Hefermehl UWG 16 Rdz 60.

Bei der Abwägg der beiderseit Interessen ist die **Schutzwürdigk** des Interesses angebl Verletzers zu berücksichtigen, der dch redl Ingebrauchnahme des Namens einen wertvollen Besitzstand erworben hat. Zwar war das dadch erworbene NamensR zunächst dem älteren Namensträger ggü (relativ) unwirks (Anm 1 b u 2 b), nach Treu u Glauben muß dessen ursprüngl besseres R dann aber (ggf teilw) zurücktreten; es liegt ein der Verwirkg ähnl Tatbestd vor (uU auch echte Verwirkg, § 242 Anm 9 f – Gewerbl Rechtsschutz). Über die so entstehde Gleichgewichtslage vgl Anm 4 a cc.

c) **Klagebefugt** gg unbefugten NamensGebr ist der „Berechtigte", bei unbefugtem Gebr eines Familiennamens jeder Namensträger (Ehefr auch bzgl Geburtsnamens, RG JW **25**, 363), gleichviel wessen Namen der Verletzer gebrauchen wollte; Beifügg des Vornamens ändert nichts, BGH **8**, 320; bei Sammelnamen kann Interessenverletzg fehlen, s Anm 4 b aa. Bei and Namen u Kennzeichngen ist Voraussetzg für eine Berechtigg der Namensfunktion der Kennzeichng, vgl Anm 1 c. Ist diese vorhanden, so ist „Berechtigter" derjenige, der den Namen ggü dem and befugt gebraucht, die Frage der Aktivlegitimation fällt also mit der Frage der Befugn (meist der Priorität) zus; vgl oben 4 a cc u 4 b.

5) Ansprüche aus dem NamensR: Der bei Bestreiten des NamensführgsR (Anm 3) u bei unbefugtem NamensGebr (Anm 4) bestehde Anspr des NamensBerecht auf **Beseitigg der Beeinträchtigg** setzt kein Versch voraus. Er gibt Leistgs- nicht FeststellgsKlage, RG **147**, 253, für FeststellgsKl ist daneben kein Raum RG Warn **36**, 136 str. – Bei **Bestreiten des NamensführgsR** geht er dahin, das Bestreiten in der Form, in der es erfolgt ist, zu widerrufen, ggf also auch öffentl, u das NamensR anzuerkennen, wenn nöt auch Einwilligg in Namensführg ggü der zuständ Stelle. – Bei **unbefugter Namensführg** geht er dahin, alle Auswirkgen der widerrechtl Namensführg zu beseitigen, also zB Beseitigg der unerlaubten Bezeichng überall da, wo sie angebracht war, Löschg in Registern, in denen sie eingetr ist. Bei Besorgn weiterer Beeinträchtiggen (gleichbedeutd mit **Wiederholgsgefahr**, darü Einf 8 b ee vor § 823) gibt § 12 (ebso UWG 16) auch **Unterlassgsklage** (Einf 8 b vor § 823). Sie geht ja ein Verbot für die Zukunft u überschneidet sich in der Praxis meist mit BeseitiggsKl; idR kann nur die Führg des Namens (Namensbestandteils) in der konkret benutzten (unzuläss) Form verboten w (zB BGH **LM** Nr 18 Bl 4 [Zeiss], **LM** UWG 16 Nr 59 Bl 2 R [Hellige]), stRspr (wenn zB in Fa „XYZ" der Bestandteil „X" unzul, darf Antr also nicht lauten, „den Gebrauch des Wortes X zu unterlassen", sond „den Gebrauch des Namens XYZ"). Zur Beseitigg genügt oft, unterscheidungskräft Zusatz beizufügen; nur wo so eine Verwechslgsgefahr zu beseitigen, kann Verbot der Führg des Namens schlechthin verlangt w, vgl BGH NJW **68**, 350 (Hellige), auch dann aber nicht immer, vgl Anm 4a dd. Auf völl Verbot w auch verurteilt (stRspr), wo Verhalten des Verletzers zu erkennen gab, daß er sich auch künft bei Namensführg nicht einwandfrei verhalten werde (Annahme eines Namens zum Zwecke von Verwechslgen, in der Absicht am Rufe des Verletzten zu schmarotzen uä), vgl insb BGH **4**, 96 [102] (Urkölsch), **LM** UWG 16 Nr 49 Bl 2 (Jenaer Glas), **LM** UWG 16 Nr 59 Bl 2 R; diese Verurteilg läßt sich auf § 12 deshalb stützen, weil hier „weitere" (weitergehde!) Beeinträchtigg zu besorgen. – **Urteilsbekanntmachg** sieht § 12 nicht vor; sie kommt in Frage, wo UWG 16 vorliegt, UWG 23 IV. – **SchadErsAnspr** aus § 823 I, da NamensR ein absolutes R, Voraussetzg also Versch, vgl § 823 Anm 6 c; Berechng des Schadens kann nach Art einer Lizenzgebühr od aus dem Verletzergewinn erfolgen, BGH **60**, 206 [208]. Für FeststellgsKl auf SchadErs wg Namensverletzg dürfte wie bei UWG 16 II Wahrscheinl der SchadEntstehg ausreichen, vgl BGH **LM** UWG 16 Nr 69 (Pharmedan). – **Einwendgen** gg die Namensschutzansprüche: fehldes NamensR vgl Anm 2 b, fehlde Namensfunktion der angebl verletzten Bezeichng vgl Anm 1 b; Gestattg vgl Anm 1 c; besseres od gleichwert R des Bekl insb Priorität vgl Anm 2 a u 4 a cc; Verwirkg vgl § 242 Anm 9; fehlder Namensschutz für die angebl verletzte Bezeichng vgl Anm 1 b, c, eigenes NamensR des Verletzers, bes bei Gleichnamigk vgl 4 a cc, fehlde VerwechslgsGefahr vgl Anm 4 a bb u 4 b dd, fehldes Interesse vgl 4 b. Nicht beachtl ist Einwendg aus DrittR vgl 2 b und Berufg auf formelles Zeichen- od FirmenR (c muß dem materiellen R weichen) vgl Anm 4 b cc. – Bei Namensbestreitg kommt es nur auf das eigene R des Verletzten an, auf das des Bestreiten nur insofern, als es dem R des Verletzten entggsteht. – **Klageberechtigg** vgl Anm 3 u 4 c.

6) Beweisfragen: R zur Führg des bürgerl Namens w bewiesen dch Standesbücher u Auszüge daraus PStG 60, 66. BerichtiggsVerf PStG 46 ff. Eintraggn in Standesbüchern binden im NamensProz nicht; es wäre aber GgBew erforderl. Lange unbeanstandete Führg des Namens in der Familie begründet Vermutg der Rechtmäßigk, BayObLG **42**, 91.

7) Das R des Namensschutzes ist **entspr anzuwenden** auf das **WappenR**, adl u bürgerl, auch das einer Stadtgemeinde, RG JW **24**, 1711, Schlesw SchlHAnz **72**, 168 (obwohl Staats- u Gemeindewappen nach WZG 4 Z 2 nicht in die Zeichenrolle eingetragen w können). Über Gebr von Gemeindewappen für geschäftl Zwecke vgl BB **53**, 744. Nach BGH GRUR **57**, 287 [288] (Plasticummännchen) sind auch **Bildzeichen** mit überragd auf Firma hinweisder Verkehrsgeltg aus § 12 geschützt, vgl auch BGH **LM** UWG 16

§§ 12–20, Einf v § 21

Nr 21 (Karo-As); jedenf fallen sie unter UWG 16 III. – R zur Führg eines **Titels** gibt bei Bestreiten Kl entspr § 12 erste Alternative, nicht aber Kl gg unbefugte Titelführg eines and (kein ausschließl R u kein schutzwürd Interesse!). – Über Bezeichnen wie „Stadttheater", „Universitätsbibliothek" vgl oben Anm 4 a bb. – Entspr Anwendg des § 12 auf and Ausflüsse des allg PersönlkR kommt nicht mehr in Frage, seit dieses umfassd geschützt, vgl § 823 Anm 15.

8) **Räuml Geltg** vgl Anh 2 zu EG 7. – Über Abweichgen des NamensR der DDR von dem der BRep vgl Gundrum StAZ 68, 277.

13–20

Aufgeh dch Verschollenheitsgesetz (VerschG) vom 4. 7. 39 (RGBl I S 1186) § 46. Das VerschG ist in dieser Aufl nicht abgedruckt, vgl daher 31. Aufl. Es sind ersetzt:

BGB §§	durch	VerschG §§	BGB §§	durch	VerschG §§	BGB §§	durch	VerschG §§
13		2	16		5	19		10
14		3	17		6, 7	20		11
15		4	18		9			

Zweiter Titel. Juristische Personen

Einführung

1) Der Begriff der **juristischen Persönlichkeit** ist sehr streitig; die JP wird bald als wirkl vorhandenes Wesen (Verbandspersönlichk), bald als bloße Fiktion angesehen, beides mit vielen Abweichgen im einzelnen, vgl auch Übbl 1 vor § 1. Auch rechtspolitisch wird das Institut der JP immer wieder angegriffen, allerdings ohne durchschlagende Gründe. Faßt man die JP näml als bloß rechtstechnischen Begriff auf (so schon HJ Wolff, Organschaft und JP 1933), der eine Umschreibg vielfacher Rechtsbeziehgen auf einf Weise ermöglicht, ohne über den Inhalt Endgültiges auszusagen, so sind Bedenken nicht zu erheben. Als rechtstechn Begr ist er mindestens zweckm u wird so auch in Gesetzen, die aus der Zeit der verschiedensten polit Systeme stammen, verwertet. In diesem Sinne sind jur Personen: rechtl geregelte soziale Organisationen, denen die geltende Rechtsordng eine eigene „allgemeine RechtsFgk" (vgl Übbl 1 vor § 1) zuerkennt; ähnl MüKo/Reuter Rdn 1 mwN; sie können also auch Träger von Rechten u Pflichten sein, die nicht Rechte u Pflichten der ihnen angehörden od sie verwalten natürl Personen sind. Wer nur dem Menschen zugesteht, RTräger sein zu können, mag als wirkl Rechtsträger u damit Träger der entspr sozialen Pflichten den jeweils Verfüggs- od VerwaltgsBerecht ansehen, der unter dem Namen der JP auftritt u das von ihm verwaltete SonderVerm bei sein Handeln berechtigt u verpflichtet u seinerseits selbst dch die Verfassg der JP gebunden ist; ähnl die engl Rechtsauffassg. Der Theorienstreit über den Begr der JP gibt für die RAnwendg jedenf nichts her, vgl Übbl v § 1. – Begriffl scharf zu unterscheiden von den JP ist **die Gemeinschaft zur gesamten Hand**, ein typisch deutschrechtl Gebilde, bei dem das gemeinschaftl Verm ebso zweckgebunden ist wie bei der JP, als Rechtsträger aber die Gemeinschafter selbst erscheinen, nicht eine von ihnen begriffl verschiedene „Person"; die Rechte des einzelnen, die sich auf das ganze GemeinschaftsVerm erstrecken, sind dch die Mitberechtig der anderen Gemeinschafter eingeschränkt. Die Verw geschieht je nach der Art der Gemeinsch dch alle Gemeinschafter od dch einen od einige von ihnen. Hierher gehören nach geltendem Recht ua eheliche Gütergemeinschaften, Erbengemeinschaften, Gesellsch des BGB, der nichts rechtsf Verein (Besonderheiten vgl § 54) u OHG u KG, des sich insof der JP noch mehr annähern, als sie unter ihrem Namen (Firma) Rechte erwerben, klagen u verklagt w können, vgl HGB 105 ff, 124 (vielfach w ihr Status als „Teilrechtsfgk" bezeichnet); in den meisten ausländ Rechtsordngen ist die OHG jur Person! Der Gesamthand ähnl ist die Gemsch der WohnEigtümer nach WEG. – Keine Gemeinsch zur ges Hand, sond BruchteilsGemsch, ist die „Gemeinschaft" des BGB (§§ 741 ff).

2) Die JP leiten ihre Rechtsfähig ebso wie natürl Personen aus der **Anerkennng dch die Rechtsordng** her.– **JP des öff Rechts**, idR solche mit hoheitsrechtl od gemschaftswichtigen Aufgaben, insb (das Reich!) die Bundesrepublik, die Länder (alle im Privatrechtsverkehr als Fiskus bezeichnet), Gemeinden, Religionsgesellschaften, sind meist selbst gewachsen u haben am Rechtsleben teilgenommen, bevor od ohne daß ihnen ein Recht dazu ausdr verliehen wurde; etwaige Verleihg der Anerkenng eines schon bestehenden Zustandes. Andere öff Körperschaften, Stiftgen u Anstalten sind ihren Aufgaben nach Abspaltgen älterer JP, so Universitäten, Gemeindeverbände usw, und erhielten eigene Rechtspersönlichk aus Zweckmäßigkeitsgründen. Die Organisation dieser JP bestimmt das öff Recht (meist dch Gesetz); vgl auch Vorbem 1 vor § 89. – Die **JP des Privatrechts** sind ihren Aufgaben nach idR nur für einen beschränkten PersKreis bedeuts; ihre Rechtsfgk ist nicht im Volksbewußtsein gewachsen, sond beruht auf ausdr Anerkenng dch die Staatsgewalt, vgl im einzelnen Anm 4. – Für den **Umfang der** bes **Rechtsfähigkeit** (Übbl 1 vor § 1) ist Unterscheidg zwischen JP des öff u PrivatR grdsätzl bedeutgslos. Zu welchen Rechtseinrichtgen sie Zutritt haben, ist bei JP noch weniger allg zu sagen als bei Menschen, sond richtet sich nach ihren Zwecken u Aufgaben. An dem allg Rechtsverkehr, insb dem Handel, nehmen sie grdsätzl gleichberechtigt (auch die Hoheitsträger nicht bevorrechtigt!) mit den natürl Personen teil; nur können öffrechtl JP nicht rechtswirks da, wo das ihrem Zweck u Wesen widerspricht (darü Vorbem 2 vor § 89). Das eigentl PersonenR (FamilienR) ist JP grdsätzl verschlossen; wohl aber dürfte ihnen ein „allgem PersönlkR" zustehen (vgl darü § 823 Anm 15). Im Proz sind sie parteifäh, ZPO 50, privatrechtl JP auch konkursfäh, KO 213. Über Deliktsfähigk vgl § 31; strafrechtsfäh, dh Subjekt strafb Hdlgen, sind nur ihre Organe. Inwiew JP sich auf Grundrechte des

GG berufen können, hängt vom Wesen des GrundR u Art der JP ab. Ob die JP eigenen Besitz haben kann, ist str, aber belanglos, da ihr mind Besitz dch die VerwPersonen vermittelt w u sie dann Besitzschutz nach § 869 genießt. – Zum Auftreten im Verk bedarf die JP eines **Namens** (bei der Handelsgesellsch „Firma"), der teils seit langem besteht, so bei Gemeinden usw, teils bei der Gründg beigelegt, ggf auch später geänd w. Das NamensR der JP geht nicht so weit wie das der natürl Pers, BGH WPM 76, 122 [123]. Vgl dazu § 12 Anm 1 b aa.

3) Die JP nimmt am Rechtsleben dch die Personen teil, denen nach ihrer Organisation ihre **Vertretg** nach außen zukommt, in §§ 26 ff Vorstand genannt. Er ist nach hM, obwohl er nach § 26 die „Stellg des gesetzlichen Vertreters" hat, nicht Vertreter, sondern **Organ**, also Glied der dch ihn handlgsfähigen JP; vgl Staud-Coing § 26 Anm 10, BGH **LM** § 31 Nr 13. Sieht man in der VerwaltgsPers den eigentl, wenn auch treuhänderisch gebundenen Rechtsträger, so ist er die JP selbst, also offenbar nicht ihr Vertreter. Auch die übrigen nach der Verfassg der JP ihre Belange regelnden Personen, § 30, oder Personenversammlgen sind Organe der JP, also Teil ihrer selbst; daneben können Bevollmächtigte, § 164, Gehilfen, §§ 278, 831, usw bestellt werden; nach öffrechtl VereinsR wird verbotenen Vereinen idR ein Verwalter bestellt (VereinsG DVO 8–12).

4) Über die **Entstehg der JP** des öff Rechts vgl Anm 2. Die JP des PrivatR erlangt Rechtsfgk durch staatl Verleihg od Gen (Konzessionssystem) od dch Erfüllg bestimmter Anfordergen, aGrd welcher (wenn auch nicht immer zwingd) die Eintr in ein Register erfolgt, die ihrers die Rechtsfgk bewirkt (System der Normativbestimmgen, Eintraggssystem). Verleihg ist erforderl für wirtschaftl Verein (§ 22), Gen für Stiftg (§ 80), Erlaubn zum Geschäftsbetrieb für Versicherungsverein auf Ggseitig (VAG 6. 6. 31 § 15); Eintraggssystem gilt für nichtwirtschaftl Verein (§ 21), AG (AktG 23–41), KommGaAkt (AktG 278–282), GmbH (GmbHG 1–11), Genossenschaft (GenG 1–13). Wer (wie Bötticher ZZP 77, 55) die KonkMasse als JP ansieht, muß EröffngsBeschl als EntstehgsGrd ansehen.

5) Jur Personen besitzen keine **Staatsangehörigkeit** im eigentl Sinne, da das charakterisierende Momen des pers Treueverhältnisses fehlt. Wieweit Rechtsregeln, die an Staatsangehörigk anknüpfen, auf JP überh anwendb sind, u bejahendenf, ob dabei anzuknüpfen ist an das Land, in dem die Hauptverwaltg tatsächl geführt w, an die Staatsangehörigk des vertretenden Organs, diejenige der Personen ausschlaggebenden Einflusses, der Mehrh der Mitglieder od bei Kapitalgesellsch der Mehrh des Kapitals, hängt von der Lage des Falles ab, wobei insb der Zweck der betr Rechtsregel u ihre Bedeutg für die innere Organisation zu berücksichtigen ist. Für Erwerb der Rechtsfgk u Organisationsfragen gilt bei Sitz im Inland dtsches Recht. JP, die im Ausland rechtsfäh sind, sind es seit Aufhebg von EG 10 grdsätzl auch im Inland (keine Anerkenng dch BMI mehr nöt); insb sind ausl Handelsgesellsch grdsätzl auch im Inl anerkannt (nicht aber Liechtensteiner JP mit ausschl Verwaltg in Deutschld, BGH NJW 70, 918 mit krit Anm Langen). Näher unten „nach EG 10".
– Wegen **internationaler** JP vgl Vorbem 1 vor § 89.

6) Titel 2 regelt nur privatrechtl Beziehgen der JP; seine **öffentlichrechtliche** Ergänzg bildet insb VereinsG v 5. 8. 64, BGBl 593; es ersetzt das VereinsG v 19. 4. 08 u die anderen vereinsrechtl Reichsgesetze und trat mit dem 13. 9. 64 in Kraft; DVO dazu v 28. 7. 66 trat 1. 8. 66 in Kraft. Die Vereinsfreih ist durch GG 9 garantiert, vgl Vorbem 2 vor § 21. – Die bloße VermBeschlagnahme, auch die Überführg des Vermögens eines Vereins in Volkseigentum, die in der DDR nicht selten ist, berührt die Rechtspersönlich der JP (jedenf nach dem in der BRep geltenden Recht) nicht; auch ihre Löschg im Register (VereinsReg, HandelsReg) läßt sie mindestens insoweit bestehen, als sie noch VermStücke (meist in anderen Teilen Deutschlands) besitzt.

7) **Zweigstellen** (Bezirksverbände, Ortsgruppen usw) einer JP können rechtl so unselbstd sein, wie Zweigniederlassgen eines Handelsgeschäftes; so Behörden des Staats, Dienststellen usw (vgl Vorbem 1 v § 89, vielf Ortsgruppen eines Vereins; sie handeln dann innerh ihrer Befugnisse für die JP; GrundbuchEintr auf den Namen der unselbstd Zweigstelle RG 62, 9 u Woite NJW 70, 548. Sie können auch rechtl selbstd sein, ggf auch als nicht rechtsf Vereine; es kommt auf Satzg u Organisation an, vgl BGH **LM** ZPO 50 Nr 25 Bl 1 R, BayObLG 77, 8, LG Bonn NJW 76, 810 (Ortsverband der CDU). Diese entscheide auch, wer Mitglied des Hauptvereins ist, die Zweigvereine oder deren Mitglieder, vgl RG HRR 30, 2162, BGH 28, 133. Das Recht, den Namen des GesVereins zu führen, ist idR beschr auf die Zugehörigk zu diesem, BGH **LM** § 12 Nr 44.

8) Über JP aus der Zeit vor dem BGB vgl EG 163–167.

I. Vereine

1. Allgemeine Vorschriften

Vorbemerkung

Schrifttum: Sauter-Schweyer, Der eingetragene Verein, 10. Aufl 1977; Kempfler, Wie gründe u leite ich einen Verein?, 3. Aufl 1977; Reichert-Dannecker-Kühr, Handb des Vereins- u Verbandsrechts, 2. Aufl 1977; Stöber, Vereinsrecht 2. Aufl 1976; Ballerstedt in Festschr für Knur 1972 S 2; Märkle, Der Verein im Zivil- u Steuerrecht, 2. Aufl 1976. – Zur Vereinsstrafe: Meyer-Cording, Die Vereinsstrafe 1957; Flume in Festschr f Bötticher 1969 S 101; Beuthien BB **68**, Beil 12; Bötticher ZfA **70**, 44; Baumann, Die VereinsstrafGew des DFußbBundes, Diss Bonn 1971; Schlosser, Vereins- u Verbandsgerichtsbark 1972 (mit vielen rechtstatsächl Angaben); Westermann, Die Verbandsstrafgewalt u das allg Vereinsrecht, 1972; ders JZ **72**, 537; ders Anm NJW **73**, 2210; Weitnauer in Festschr f R. Reinhardt 1972, S 179.

1) **Verein** iS des BGB (ausdrückl Begriffsbestimmg fehlt im BGB) ist eine auf eine gewisse Dauer berechnete Personenvereinigg mit körperschaftl Verfassg (§ 25), die als einheitl Ganzes gedacht wird, daher

einen Gesamtnamen führt u im Bestande vom Wechsel der Mitglieder unabhängig ist; ähnl RG **76**, 28, **143**, 213, **165**, 143 (die etwas abweichde Definition des VereinsG 2 als jede Vereinigg, zu der sich eine Mehrh natürl od jur Personen für längere Zeit zu einem gemeins Zweck freiw zugeschlossen u einer organisierten Willensbildg unterworfen hat, gilt nur im öffrechtl VereinsR. Rechtl Bindgen bestehen in erster Linie zw Mitgl u Verein (repräsentiert dch sein zust Organ); zw den Mitgliedern untereinander nur insof, als sie Glieder der Vereinsgemsch sind. Die Rechtsfgk gehört nicht zu den Begriffsmerkmalen, vgl § 54; ebsowenig eine Zwecksetzg besonderer Art. Zweck des Vereins kann auch sein, für eine JP des öff R öff Aufg zu erfüllen, vgl BGH **49**, 110 (TÜV), Mü BB **77**, 865 (Feuerwehr). Unterscheide davon die **Gesellschaft** iS §§ 705 ff, die ihrem Wesen nach aus bestimmten Personen besteht, welche sich gegenseitig zum Zusammenwirken bei der Erreichg des GesellschZwecks verpflichten, u die daher mit Ausscheiden od Wechsel eines Gesellschafters endet od wenigstens ihr Wesen ändert; ihr fehlt ein begriffl übergeordnetes Ganzes u damit der körperschaftl Aufbau. – Gemeins Zweck u irgendeine Art von Organisation sind bei Verein u Gesellsch gleichm vorhanden, ebso oft ein von dem der Mitglieder gesondertes Verm; beim rechtsf Verein steht es formell dem Verein selbst zu, beim nicht rechtsf Verein ist es Gesellsch ist es Gesamthandsverm der Beteiligten; Begr der Gesamthand vgl oben Einf 1. Die rechtsfähigen Handelsgesellschaften sind Vereine iS des BGB (str), für die also neben ihrem SpezialR ergänzd §§ 21 ff gelten (unten 3); desgl Genossenschaften, nicht aber OHG u KG. – Auch polit Parteien sind Vereine; für sie gelten zusätzl Sonderregeln des PartG.

Die Existenz eines Vereins **beginnt** mit der Gründg, § 21 Anm 2b; seine Rechtsfgk mit Eintragg od Verleihg (§§ 21, 22). **Ende** des Vereins vgl § 41 Anm 1, Ende der Rechtsfgk vgl §§ 42, 43.

2) Vereinsfreiheit bestand nach WeimRV 124, der das Recht aller Deutschen „zu Zwecken, die den Strafgesetzen nicht zuwiderlaufen, Vereine und Gesellschaften zu bilden" (für Religionsgesellsch vgl aaO 137, für Vereinigg zur Förderg von Arbeits- und WirtschaftsBedinggen aaO 159) gewährleistete. Nach seiner Aufhebg dch VO 28. 2. 33, RGBl 83, wurde sie in der BRep dch GG 9 allg wiederhergestellt. Vereinsfreih gilt aber nicht uneingeschränkt, vgl GG 9 II u VereinsG v 5. 8. 64, BGBl 593. Auch nach BesatzgsR bestanden Beschränkgen; die Auflösg nach BesatzgsR beseitigte nicht den Verein, sond verbot nur jede Betätigg (BayObLG **59**, 295). – Aufnahmezwang vgl § 25 Anm 3e und § 38 Anm 1.

3) §§ **21–53** sind auf alle rechtsfäh Vereine **anwendbar,** auch auf Handelsgesellschaften, Genossenschaften, Versichergvereine (G 6. 6. 31) usw (folgt aus § 22), soweit nicht Sonderregeln bestehen, vgl ua RG **68**, 180; bedeuts zB für §§ 29, 31, 35. – §§ 21–79 sind anwendb ohne Rücks auf Größe, Bedeutg, Macht usw des Vereins. Die Unterscheidg innerh der Großvereine zw Vereinsverbänden (ZusSchlüssen von im wesentl selbstd Vereinen ggf auch mit Einzelpersonen) u Gesamtvereinen (bei denen die Untergliederngen als Teile des Gesamtvereins erscheinen, auch wenn sie selbst als Vereine organisiert sind) gibt für die Rechtsanwendg wenig her, zumal da Zwischenstufen aller Art vorkommen. Es kommt alles auf die konkrete Organisation an, die der Verein bis ins Satzg weitgehd frei gestalten kann (vgl § 25 Anm 3). Vgl auch oben Einf 7.

4) Soweit der Verein rechtsfäh (JP) ist, sind seine Rechte u Pflichten nicht die seiner Mitgl (selbstverständl können ident Verpflichtgen auch seine Mitgl od einzelne davon od die ihn vertretden Personen [Organe vgl § 26 Anm 1 u 2] treffen; dann liegt Gesamtschuld zw Verein u Mitverpflichteten vor, nicht einheitl Verpfl). Die Mitgl können also nicht wg Vereinsschulden in Anspr gen w, wie sie auch Anspr des Vereins nicht geltd machen können. Nur ganz ausnahmsw findet der sog **Durchgriff** statt, dh unmittelb Haftg der Mitgl (insb des alleinigen Mitgl). Grdlage dafür ist ein Verhalten der Mitgl, das sie verpflichtet (meist wohl aus § 826), für die betr Schulden einzustehen, zB wenn die Mitgl den Verein so organisiert haben, daß er vermögenslos ist, u dadch Gläub schädigen; Durchgriff gibt es nur, wenn Ablehng der Haftg der Mitgl zu völl unerträgl, Treu u Glauben widersprechden Ergebn führen würde. Vgl BGH **54**, 224 m Nachw, ferner § 242 Anm 4 Dg.

5) Landesrecht gilt für Vereine der nach EG 56 ff vorbehaltenen Rechtsgebiete, insb BergR EG 67, 68 (nur zT noch für WasserR, vgl VO 3. 9. 37 RGBl 933, nach BJagdG nicht mehr für JagdR); ferner für Verleihg nach § 22, siehe dort. Bei Inkrafttr des BGB bestehende Vereine bleiben in alter Eigensch bestehen, RG **51**, 160. Im Ausland rechtsfäh Vereine vgl oben Einf 5, Vereine mit Sitz im Ausland vgl § 23.

21 *Nichtwirtschaftlicher Verein.* Ein Verein, dessen Zweck nicht auf einen wirtschaftlichen Geschäftsbetrieb gerichtet ist, erlangt Rechtsfähigkeit durch Eintragung in das Vereinsregister des zuständigen Amtsgerichts.

1) a) § 21 gilt nur für inländ Vereine (ausländ vgl § 23), die nicht einen erwerbswirtschaftl Zweck mit Mitteln eines GeschBetr erstreben, BayObLG **73**, 304, insb wohltät, gesellige, wissenschaftl, künstlerische u religiöse Vereine, desgleichen politische u sozialpolitische; Vereine, die den objektiv Stifts-Charakter tragen, sind mögl, Strickrodt NJW **64**, 2085. Sie erlangen Rechtsfgk nur durch Eintr, nie durch Verleihg (gilt auch für polit Partei!), aber Wahl der Form der AktGesellsch, GmbH mögl, str!

b) Bei **wirtschaftlichem Geschäftsbetrieb** (Erwerb der Rechtsfgk § 22) ist die Eintr abzulehnen; hierfür genügt jede auf Erwerb vermögenswerter Vorteile gerichtete Tätigk nach außen (innerer Betrieb interessiert nicht), gleichviel ob Vorteile dem Verein od unmittelb den Mitgliedern zufließen; entscheid ist Hauptzweck, RG **154**, 343. Dabei entscheidet nicht nur der Wortl der Satzg, sond der tatsächl verfolgte Zweck; dieser kann sich aus einer bereits aufgen Tätigk ergeben, BayObLG Rpfleger **77**, 20. Eine nur mittelb Förderg der Vorteile der Mitglieder ist kein wirtschaftl GeschBetr, RG **133**, 177, KGJ 36 A 146. Idealvereine sind daher: Vereine zur Förderg gewerbl Interessen iSd § 13 UWG (RG **78**, 80); kassenärztl Vereinigen (RG **83**, 231); Haus- u Grundbesitzervereine (RG **88**, 333); Warenhausverbände (RG **95**, 93); Verein zum Betr eines Betriebsarztzentrums (Oldbg NJW **76**, 374); Verein zum Betrieb einer Werkkantine mit ausschließl betriebsangehöriger Kundsch (BayObLG MDR **74**, 400); Lohnsteuerhilfe-

Personen. 2. Titel: Juristische Personen   §§ 21–23

verein (Celle NJW **76**, 197 unter Berufg auf das SteuerberatgsG); Lotsenbetriebsvereine (LG Aurich MDR **61**, 144). Dagg ist § 22 anwendb, wenn der Verein wie ein Untern am RVerk mit Dr u am gewerbl Leben teilnimmt, BGH **45**, 398 (Taxizentrale). Wirtschaftl daher: WerbeGemsch, BayObLG Rpfleger **77**, 20, Gewinnsparverein, LG Stgt NJW **52**, 1139, Mähdreschverein, LG Lübeck SchlHA **62**, 102, Erzeuger-Gemsch iS des MarktstrukturG (BGBl **69**, 423), BayObLG **74**, 242 u Hornung Rpfleger **74**, 339 mit Nachw, str, aA Pelhak-Wüst AgrarR **75**, 161. Wirtschaftl auch Skisportverein, der Skilift gg Entgelt betreibt, mag auch Gewinn daraus Sportzwecken zugute kommen, Stgt OLGZ **71**, 466. Für Auskunftsvereine zweifelh, wohl wirtschaftl; ebso Verein, der Inkasso für Mitglieder vornimmt, LG Hagen Rpfleger **59**, 348 aA OLG **42**, 251. Nicht eintraggsfäh ist auch ein Verein, der nach seiner Zielsetzg u Organisation alle Merkmale einer Genossensch aufweist (BayObLG Rpfleger **78**, 249). – Sack, ZGR **74**, 179 ff will mit beachtl Gründen „wirtschaftl Geschäftsbetrieb" mit Betr eines Handelsgewerbes (HGB 105, 161) gleichsetzen, dagg K. Schmidt ZGR **75**, 477. Zur Abgrenzg zw Vereinen nach § 21 u nach § 22 auch MüKo/Reuter Rdn 4–20. Er bejaht einen wirtschaftl Verein, wenn eine dauernde wirtschaftl Tätigk stattfinden u diese in der planmäß Teiln am unternehmerischen Wettbewerb bestehen soll. Weiteres **Schrifttum**: Hornung, Der wirtschaftl Verein nach § 22 BGB, Diss Gött 1972; Knauth JZ **78**, 339; K. Schmidt BB **74**, 254, JR **74**, 243.

2) a) § 21 setzt voraus, daß ein Verein besteht, dh ein freiwill ZusammenSchl von Pers zur Verfolgg gemschaftl Zwecke. Es muß also ein GründgsAkt vorangegangen sein, dh Vertr zw mind zwei Pers (prakt wegen § 56 sieben erforderl) über Schaffg eines Vereinsgebildes u seine Organisation; er bringt einen „Vorverein" zur Entstehg, s Anm 2b. Ein „Verein", nach dessen Satzg die Verfolgg gemeinschaftl Zwecke dch die zusgeschl Pers nicht in Frage kommt u der nur der Verwaltg von Interessen eines Dritten unter einem Vereinsnamen dienen soll, ist nicht eintraggsfäh, vgl LG Hildesheim NJW **65**, 2400, BayObLG **76**, 435 [440].

b) Vor Eintragg, dh im Gründgsstadium, existiert der „Verein" bereits als dasselbe Rechtsgebilde (ohne RechtsFgk) in der Form der Gesellsch zwecks Vereinsgründg od des nicht rechtsf Vereins (BayObLG **72**, 29 [34] sieht anscheind jeden Vorverein als nichtrechtsf Verein an). **Vorvereine** beider Arten sind mit dem eingetr Verein ident, dem eV gehört das VorvereinsVerm, er trägt Vorvereinsschulden, RG **85**, 256, BGH **17**, 387, BGH WPM **78**, 116; Auflassg von Grdst also nicht nöt (aA Horn NJW **64**, 87). Gründergesellsch (anders vorhandener nicht rechtsf Verein, RG **85**, 256) kann aber RGeschäfte, die nicht zur Gründg, sond zum Vereinsbetriebe selbst gehören, nicht mit Wirkg gg späteren eV vornehmen. Vgl über dieselben Fragen für JP des HandelsR BGH **45**, 339 u für Haftg aus sonstigem schadenstiftenden Handeln RG **151**, 91, für Genossensch BGH **20**, 281 (nicht ohne weiteres Haftg für Verträge aus Gründgsstadium) u eingehd Büttner, Identität u Kontinuität bei Gründg jur Personen, 1967, Rittner, Die werdende JP 1973, Horn NJW **64**, 87. Identität mit früherem Verein fehlt bei versch MitglKreis, KG JW **31**, 545, od wesentl versch Namen, Zweck, Organisation.

3) Eintragg (Einzelheiten u Verf vgl §§ 55 ff) bewirkt konstitutiv die Rechtsfgk, auch wenn zu Unrecht erfolgt, RG **81**, 206, Köln OLGZ **77**, 66; ggf aber Löschg vAw nach FGG 142, 159 u bei satzgswidr Betr Entziehg der Rechtsfgk nach §§ 43 II, IV, 44. Die Rechtsfgk ist nicht auf den satzgsgem Zweck beschränkt, RG **49**, 292; ganz hM.

22 *Wirtschaftlicher Verein.* **Ein Verein, dessen Zweck auf einen wirtschaftlichen Geschäftsbetrieb gerichtet ist, erlangt in Ermangelung besonderer *reichsgesetzlicher* Vorschriften Rechtsfähigkeit durch staatliche Verleihung. Die Verleihung steht dem *Bundesstaate* zu, in dessen Gebiete der Verein seinen Sitz hat.**

1) Wirtschaftl Geschäftsbetrieb vgl § 21 Anm 1. Besondere bundesgesetzl Vorschriften: AktG, GmbHG, GenG, ferner RVO 504 ff, VAG 15 ff, 103. Wo solche bundesrechtl Vorschriften die Erlangg der RechtsFgk ermöglichen, ist nach hM kein Raum für staatl Verleihg, jedenf fehlt dann berecht Interesse an Erlangg der RechtsFgk auf diesem Wege; desh u wg ungünst Behandlg im SteuerR sind rechtsfäh Vereine nach § 22 selten.

2) Verfahren u Zuständk für Verleihg bestimmt LandesR; zust fast überall höhere VerwBeh. Verleihg ist öffrechtl Natur; ggf Ablehng VerpflichtgsKl zur VerwG gegeben, VGH Bad-Württ JR **74**, 242. Entscheid steht im pflmäß Ermessen. Kein Ermessensfehler, wenn Ablehng darauf gestüzt w, es stünden and geeignete Organisationsformen (eGmbH) zur Vfg, OVG Lünebg GewArch **76**, 377. Nach VGH Bad-Württ JR **74**, 242 ist Rechtsfgk zu verleihen, wenn and Organisationsform nicht zumutb, Rechtsfgk zur sinnvollen Tätigk erforderl u sonst keine Bedenken bestehen.

3) Für Vorverein bis zur Verleihg gilt § 21 Anm 2b entsprechd.

23 *Ausländischer Verein.* **Einem Vereine, der seinen Sitz nicht in einem *Bundesstaate* hat, kann in Ermangelung besonderer *reichsgesetzlicher* Vorschriften Rechtsfähigkeit durch Beschluß des *Bundesrats* verliehen werden.**

1) An die Stelle des BR trat nach WeimRV 179 der Reichsrat, an seine Stelle nach G 14. 2. 34, RGBl 89 der RMI; nach 1945 Landesminister, jetzt in BRep BMI (GG 129 I 1), vgl für den entspr Fall des früh EG 10 die Entscheidg der BRegierg BGBl **53**, 43. – § 23 betr nur Vereine, die nicht schon nach ausl R rechtsf sind. Die kr ausl R erworbene RFgk w (seit Aufhebg des EG 10) ipso facto im Inland anerkannt. Auch ausl rechtsf Handelsgesellschaften sind im Inland ohne weiteres rechtsf, RG **159**, 46 (vgl auch Einf 5 vor § 21), ebso ausländ JP des öff Rechts, vgl ferner nach EG 10 Anm 4. Erwerbsbeschränken usw für ausl JP vgl EG 86.

24 *Sitz.* **Als Sitz eines Vereins gilt, wenn nicht ein anderes bestimmt ist, der Ort, an welchem die Verwaltung geführt wird.**

1) Statt des Wohnsitzes der natürl Pers hat die JP einen **Sitz**. Sie kann ihn dch die Satzg frei bestimmen (der eV **muß** es, § 57 I); Sitz der Verw ist nur hilfsw maßg (RG JW **18**, 305), also rein fiktiver Sitz mögl (BayObLG **30**, 104 hM), ein unbefriedigender Rechtszustand. Neben dem rechtl Sitz bestehder Verwaltgssitz ist im AußenVerhältn bedeutgslos (RG **95**, 171) außer im IPR (vgl nach EG 10 Anm 2). Als Sitz kann ein Gemeindeteil, der eig Namen führt, gewählt w, BayObLG **76**, 21, Hamm Rpfleger **77**, 275. – Str, ob mehrf Sitz mögl, Hbg MDR **72**, 417 lehnt mehrfachen Sitz mit guter Begrdg ab, aA zB RGRK Rdn 3. Vorübergehendes Fehlen jeden Sitzes ist denkb, BGH **33**, 204; eine ausländ JP (Gensch) verliert dch Konfiskation ihres Vermögens ihren Sitz im Konfiskationsstaat, BGH aaO. – Sitz maßgebd für Gerichtsstand (ZPO 17), ggf für Staatsangehörigk (Einf 5 vor § 21, § 23, nach EG 10), BehördenZustdgk (§§ 21, 22, 55). – **Verlegg des Sitzes** ist unschädl innerh des Rechtsgebietes, nach dessen Recht die RechtsFgk entstand, also für eV innerh Deutschlands, für Verein nach § 22 innerh Verleihgslandes (hier aber Widerruf mögl, wenn solcher in Verleihgsbedingg vorbehalten od Änderg der ihnen zugrunde liegenden Satzgen nötig); Sitzverlegg nach außerh (AktGes außerhalb Deutschlands RG **7**, 68, ebso eV; bergrechtl Gewerksch außerh des Landes RG **88**, 53) führt zum Verlust des Rechtsfgk, nicht aber Sitzverlegg aus verlorenen Gebieten in die BRep; vgl nach EG 10 Anm 2 Abs 2. Sitzverlegg erfolgt dch Satzgsänderg in der dafür nötigen Form, bei eingetr Verein also Eintr erforderl, § 71, u zwar bei AG des bish Sitzes, das dann AG des neuen Sitzes um Eintr u Übern ersucht, Düss MDR **56**, 607, Br NJW **57**, 714, Hamm Rpfleger **63**, 119, Hbg JVBl **70**, 64; dagg Schmatz Rpfleger **63**, 109, der sich für Eintr zunächst am neuen Sitz ausspricht, ebso Keidel-Winkler FGG 159 Rdz 20, Köln JMBl NRW **63**, 201 u Rpfleger **76**, 243, Schlesw SchlHA **65**, 106 ua.

25 *Verfassung.* **Die Verfassung eines rechtsfähigen Vereins wird, soweit sie nicht auf den nachfolgenden Vorschriften beruht, durch die Vereinssatzung bestimmt.**

1) **a)** § 25 sagt, was Inhalt der **Verfassg** im konkreten Fall ist, definiert nicht den **Begriff**. Man versteht darunter die GrdEntscheidgen (BGH **47**, 177), nach denen sich das Vereinsleben nach innen u außen richten soll. Da der Verein ein zu einem gemeins Zweck gebildeter Zusammenschluß von Personen ist, die sich einer organisierten Willensbildg unterworfen h (vgl Vorb 1 v § 21), muß die Vereinsverfassg Bestimmgen enthalten über den Zweck des Vereins, über den Personenkreis, aus dem er besteht (also insb über Erwerb u Verlust der Mitgliedsch, vgl dazu RG **73**, 193), über die Organisation der Willensbildg u über das Maß der Unterwerfg unter die Vereinsgewalt, also auch über die Beiträge, wenn solche erhoben w sollen (BeitrPfl kann sich uU aus dem Vereinszweck ergeben); da der Verein sich von and unterscheiden muß, ist auch die Festlegg des Namens unentbehrl. Alle Bestimmgen dieses Inhalts sind **notwendigerweise Bestandteile** der Verfassg. Ein Teil davon ist in den §§ 26 ff gesetzl geregelt u zwar teils zwingd (die in § 40 nicht aufgeführten Bestimmgen), teils ergänzd mit Geltg, soweit die Satzg nichts anderes bestimmt. Nur was in §§ 26 ff nicht (ausreichd) geregelt, aber notwendl Inhalt der Verfassg ist, das **muß** die Satzg regeln; Mindestinhalt der Satzg sind demnach Bestimmgen über Zweck u Namen des Vereins, über Erwerb u Verlust der Mitgliedsch, über die Bildg des Vorstd u über die Berufg der MitglVersammlg (für eV vgl § 58, insbes Z 2 betr BeitrPfl). Mehr ist (entgg Lukes NJW **72**, 121) nicht nöt, weil die §§ 26 ff die Organisation des Vereins im übr u seiner Willensbildg (insb Stellg des Vorstd u der MitglVersammlg) ausreichd regeln u das Maß der Unterwerfg der Mitgl unter die Vereinsgewalt eindeut festlegen, näml dahin, daß bei Fehlens weitergehender Satzgsbestimmg **nur** diese die VereinsMitgl binden. Will der Verein eine and Organisation od weitergehende Unterwerfg der Mitgl unter die Vereinsgewalt, dann muß er auch das, weil zur Verfassg gehör, in seiner Satzg regeln; nachtragl VereinsR (s Anm 3c) genügt hierzu nicht.

b) § 25 gilt nur für die Vereine des bürgerl Rechts, da für die Vereine des HandelsR (AktG, GmbH), die VersVereine u Genschaften Sondergesetze bestehen. Er gilt aber nach hM (entspr) auch für nichtrechtsf Vereine.

2) **a)** Unter **Satzg** versteht § 25 ihren Inhalt, nicht die SatzgsUrk (RG **73**, 192); diese enthält oft Bestimmgen, die eindeut nicht Satzgscharakter haben (zB Einsetzg des ersten Vorstd). Über den begriffsnotwend Inhalt vgl Anm 1a. Wie der Verein ihn gestalten, wieweit er von den nachgieb Vorschriften des Ges abweichen u was er darü hinaus in die Satzg aufnehmen will, steht ihm frei. Die ROrdnung läßt das ordngsgem zustande gekommene VereinsR mit Bindgswirkg für den Verein (seine Organe) u seine Mitgl gelten; sie kennt keine staatl Einwirkg auf den Inhalt der Satzg (vgl BGH **19**, 51 [59]), erkennt vielm eine weitgehende Vereinsautonomie an. Näheres Anm 3.

b) Die Satzg **kommt** erstmals **zustande** dch Vertr zw den Vereinsgründern, später dch Beschl des zust Vereinsorgans, idR der MitglVersammlg (§§ 32, 33); nach BayObLG **72**, 34 kann sie im Gründgsstadium dch dn einstimm Beschl der wiederaufgen Gründerversammlg geändert w, an der aber nicht alle ursprüngl Gründer teilnehmen müssen. – Formvorschriften bestehen für die erste nicht; prakt ist Schriftlichk erforderl für eV wg § 59 Ziff 1, für Verein nach § 22, weil Verleihgsbehörde eine Unterlage braucht.

c) Die Satzg ist keine RNorm, sond Ergebn einer privrechtl Willensbetätigg, BayObLG **77**, 10. Sie ist gem § 133 **auszulegen;** zu berücks ist dabei aber nur das in den maßgebden Kreisen al lgemein Bekannte (so auch BGH **63**, 290), idR also nicht Entstehgsgeschichte, RG HRR **32**, 1287, BGH **47**, 179, wohl aber bish Übg, RG JW **36**, 2387, auch BAG NJW **65**, 887. Sie ist also im wesentl aus sich selbst auszulegen, wobei es auf Vereinszweck u MitglInteressen ankommt, BGH **47**, 180. Auslegg der Satzg ist revisibel, wenn Verein sich über mehrere OLG-Bezirke erstreckt, BGH **21**, 375, **27**, 300; sie ist für Ger weiterer Beschw voll nachprüfb, BayObLG Betr **71**, 1428.

3) a) Vereinsautonomie ist das R des Vereins, sich eine eigene Ordng zu geben. Ihre Grdlage ist die allg VertrFreih (Einf 3 vor § 145), die es gestattet, sich rechtswirks der Vereinsgewalt zu unterwerfen; diese Freih genießt hier als VereinsFreih bes GrundRSchutz (GG 9), unterliegt aber wg der GrundR anderer u der Interessen der Allgemeinh gesetzl **Einschränkgen**, u zwar zunächst dch die zwingden Vorschr der §§ 26 ff; das sind ausweisl § 40 die §§ 26, 27 II, 28 II, 29 bis 31, 34 bis 37, 39 u 41 ff. Zu ihnen darf die Satzg nicht im Widerspr stehen u sie darf auch sonst nicht gg Ges od gute Sitten verstoßen (§§ 134, 138). Solche Satzgsbestimmgen sind nichtig, nicht deswg aber die ganze Satzg (§ 139 ist nicht anwendb, BGH **47**, 179); die ganze Satzg ist nur nichtig, wenn die verbleibden Bestimmgen das Vereinsleben nicht ordngsmäß regeln könnten, KG NJW **62**, 1918, was selten zutreffen w, da ergänzd immer §§ 26 ff eingreifen; immerhin dürfte gesetzwidr Zweck die ges Satzg nichtig machen, jedenf hindert ein solcher (hier entgeltl Wohngsvermittlg) die Eintragg als eV, LG Karlsr Rpfleger **74**, 221. — Eine weitergehde **Inhaltskontrolle** von Satzg u sonst VereinsR darauf, ob sie den grundlegden Anforderngen von Gerechtigk u Billigk entsprechen (wie bei AGB, vgl AGBG 9 ff), nimmt die Rspr nur in Anspr, wenn sie Rechtsbeziehgen zu Dritten regeln, BGH **LM** Nr 10, Ffm NJW **73**, 2208. Sie ist aber auch im internen Verhältn zw Verein u Mitgl unentbehrl, weil das Mitgl sich der Vereinsgewalt im Vertrauen auf ihre Ausübg im Rahmen von Treu u Glauben unterwirft (vgl dazu BGH **64**, 239 [241], der sogar den GesellschVertr einer Publikums-KG auf Angemessenh nachprüft. Dem entscheidden Richter muß also Inhaltskontrolle dahin zustehen, ob sich das VereinsR (noch) in diesem Rahmen hält (zur Inhaltskontrolle auch Nicklisch JZ **76**, 105 [110]). Das kann je nach der Vereinsstruktur ganz verschieden zu beurteilen sein; wer sich ganz freiwill weitgehder Vereinsgewalt unterwirft, kann sich üb deren sinngem Ausübg nicht beklagen; zu weit geht also Lohbeck MDR **72**, 381, wenn er meint, das VereinsR binde immer nur, soweit es eine aus sachl Gründen des Vereinswohls erforderl u billigenswerte Regelg enthalte; auch Regeln, die dem Außenstehden sinnlos erscheinen, können binden. Wo aber die Mitgliedsch nicht auf freiem Entschl beruht, etwa weil sie (wie oft bei Monopolvereinen) zur freien Entfaltg der Persönlichk od Berufsausübg wesentl ist, muß das VereinsR allgem Billigk entsprechen, ist also vom Richter voll auf Angemessenh zu prüfen; das muß auch für die Voraussetzgen der Aufn in den Verein gelten. Im Ergebn entspricht die Rspr, obwohl sie eine Inhaltskontrolle theoret für den Regelfall ablehnt, weitgehd diesen Grdsätzen, da sie Maßnahmen des Vereins gg Mitgl, auch wenn sie sich formell auf die Satzg stützen lassen, die offenbarer Unbilligk als unwirks ansieht u Maßnahmen, die auf unbill SatzgsR gestützt sind, idR offenb unbill sind. Näheres unten Anm 5.

b) Soweit gesetzl Hindernisse nicht entggstehen u Treu u Glauben gewahrt bleiben, kann der Verein sein Vereinsleben nach Gutdünken regeln, insb die ihm passde **Organisationsform** frei wählen, Vereinsorgane aller Art schaffen u ihnen Aufgaben zuweisen, die Rechte u Pflichten der Mitgl in verschiedenster Weise gestalten, zB Mitgl verschiedener Art mit unterschiedl Rechten u Pflichten schaffen (darü § 38 Anm 1 a), auch die Rechte der MitglVersammlg stark beschneiden u den Vorstd stärken (vgl KG JW **34**, 3000). Sogar eine Satzg, die den Ausschl von Mitgl nach Belieben u ohne Angabe von Gründen vorsieht (RG **73**, 190, **147**, 13, **151**, 229), kann zuläss sein. Nicht anzuerkennen wäre eine Satzg, die Willkür von Vereinsorganen ermögl (vgl KG NJW **62**, 1917, LG Br MDR **74**, 134), es sei denn, die Mitgl könnten jederzeit austreten, ohne daß ihnen irgend ein Nachteil erwüchse. Unbedenkl zul aber Einräumg weiten Ermessens od Beurteilgsspielraums an Vereinsorgane (zB wenn „vereinsschädiges Verhalten" als Straftatbestd vorgesehen). Zul mE auch Einräumg erhöhten StimmR an Organe od Organpersonen (aA Kirberger BB **74**, 1000) od Bestimmg, daß SatzgsÄndergn der Zustimmg eines NichtMitgl bedarf (KG OLGZ **74**, 385). Unzul eine Satzg, die Verein so stark unter fremden Einfl bringt, daß er selbst willBildg nicht entfalten kann, vielm als Sonderverwaltg des and erscheint (LG Hildesh NJW **65**, 2400); dann wird näml kein gemeins Zweck der Mitglieder, sondern fremder Zweck verfolgt; vgl aber KG OLGZ **74**, 385. – Beachtl die Ausführgen von Föhr (NJW **75**, 617), daß bedeutde Vereine (Verbände), die in der Lage sind, die polit, soziale od ökonomische Situation des Volkes od größerer Teile wesentl zu beeinflussen, eine echt demokrat Organisation haben sollten; das geltde R verlangt das aber nicht, nur könnte der Richter im Streitfalle (Inhaltskontrolle Anm 3 a) unsachgemäßem VereinsR die Anerkenng versagen.

c) Die Satzg kann die Schaffg weiteren die Mitgl bindden VereinsR neben (unterhalb) der Satzg vorsehen (sog **Vereinsgesetze**, wie Sportstatuten, Richtlinien, Beisp bei Lukes, NJW **72**, 124); viele größere Vereine verfahren so; Bedenken dagg sind entgg Lukes aaO aus der Rspr nicht zu entnehmen (BGH **47**, 178 wendet sich nicht grdsätzl gg Schaffg nachrang VereinsR). Nur muß die Satzg eine klare Grdlage dafür bieten u das dabei einzuhaltde Verfahren eindeut regeln; dann beruht das zusätzl VereinsR (mittelb) auf der Verfassg des Vereins; zu Vereinsordngen vgl Reichart-Dannecker-Kühr S 62 ff, Lohbeck MDR **72**, 381. Selbstverständl darf das nachrang VereinsR nicht gg die eigentl Satzg verstoßen. Weil es aber nicht Satzg ist, kann es ohne die erschweren Voraussetzgen der §§ 32, 72 geändert w; auch kann es Satzgscharakter nicht erlangen. In der Satzg fehlde Bestimmgen, die zur Verfassg gehören würden (Anm 1 a), kann es also nicht ersetzen. Nachrang VereinsR kann sich auch als GewohnhR (Observanz) dch ständ Übg im Verein bilden; insb kann solche Übg zur Auslegg der Satzg dienen (oben Anm 2 c). Bei nichtrechtsfäh Verein (vgl BGH **25**, 316) u, wenn Eintragg der (zunächst unwirks) Verfassgsänderg in VereinsReg erfolgte (vgl BGH **16**, 143 [151]), kann ständ Übg auch Verfassg ändern.

d) Unterscheide vom nachrang VereinsR die **Geschäftsordngen**. Solche können sich die Vereinsorgane unbedenkl geben, auch wo die Satzg schweigt; sie dienen der Klarh und Erleichterg der VereinsVerw u geben ggf unter dem Gesichtspkt der Gleichbehandlg den Mitgl Anspr auf ihre Einhaltg; sie binden die Mitgl aber nicht u bieten keine Grdlage für VereinsMaßn, die die Mitgl beeinträcht könnten, BGH **47**, 178 (dort war Auferlegg ua von VereinsVerfKosten nur in EhrenGerOrdng, nicht in Satzg vorgesehen).

e) Grdsätzl frei ist jeder Verein insb bei der Festlegg der Voraussetzgen für die Mitgliedsch u die Form ihres Erwerbs; idR besteht aber auch bei Erfüllg der in der Satzg festgelegten Voraussetzgen keine **Aufnahmepflicht**, Köln OLGZ **66**, 133. GG 9 (KoalitionsFreih) begründet keinen AufnAnspr, BGH NJW **73**, 35. Solcher kann sich aber aus Selbstbindg des Vereins (ggf Auslegg der Satzg) od aus Verpflichtg gg Dr ergeben (RG **106**, 124); ferner aus Monopolstellg des Vereins, etwa wenn Ablehng den Tatbestd des § 826 erfüllen würde od weil GWB 26, 27 eingreifen (GWB 27 ist Schutzgesetz), vgl BGH **21**, 1, **29**, 347, NJW **69**, 316, **LM** § 38 Nr 3, 5, **LM** GWB 27 Nr 4, BGH **63**, 282, Betr **78**, 151. Einen örtl Mieterverein trifft keine AufnPfl, LG Münst MDR **74**, 310. – Zutreffd zum AufnZwang Birk JZ **72**, 343, daß Verein mit bedeutder Stellg in Öffentlk u erhebl Gruppenmacht Bewerber aufnehmen muß, der die nicht diskriminierden AufnVoraussetzgen erfüllt u die Mitgliedsch zur freien Entfaltg der Persönlk benötigt. BGH **63**, 282 [285] verlangt sachl nicht gerechtfertigte ungleiche Behandlg ggü bereits aufgenommenen Mitgliedern u unbill Benachteiligg des Bewerbers. Keine AufnPfl daher idR ggü Bewerber, der die (billigenswerten) satzgsgem Voraussetzgen nicht erfüllt, BGH NJW **69**, 316, **73**, 35. Abwägg der beiderseit Interessen erforderl, insb auch dahin, ob dem Bewerber die Erfüllg der satzgsgem Voraussetzgen mögl u zumutb. Bei sachl gerechtfertigter AufnBeschränkg kann dennoch AufnPfl ggü Bewerber bestehen, der das starkes gerechtfertiges Interesse an Aufn hat, wenn Zweck der AufnBeschränkg dch „mildere" Satzgsbestimmg erreichb wäre u Verein es unterläßt, seine Satzg entspr zu ändern, BGH **63**, 282 [285, 291, 293]. Eingehd zur AufnPflicht auch Nicklisch JZ **76**, 105. – AufnAnordng dch BKartellA s GWB 27.

f) Die Vereinsautonomie als solche ermächtigt den Verein nicht zu irgendwelchen Maßn zugunsten od zu Lasten der Mitgl, RG **73**, 190; denn jede solche Maßn ist Abweichg vom Grds der Gleichbehandlg (§ 35 Anm 1, § 38 Anm 1) u bedarf desh einer Grdlage in der „Verfassg" (nachst Anm 4) od in VertrBeziehgen.

4) a) Die Verfassg des Vereins (Anm 1) bildet den Rahmen, innerh dessen der Verein tät w darf. Wo eine **Maßnahme des Vereins** (seiner Organe) diesen Rahmen überschreitet, ist sie rechtswidr; ihre Rechtsfolgen sind versch je nach der Natur der Maßn: Ist sie rechtsgeschäftl Natur, so ist ihre Wirkg im Verhältn zw Verein u Gegner davon abhäng, ob sie dch der Vertretgsmacht des handelnden Organs gedeckt ist (§§ 26 II, 28 II, 30 ggf 164ff); verwirklicht sie den Tatbestd eines Delikts (§§ 823ff) od Quasidelikts, so haftet der Verein nach § 31 od § 831; im Innenverhältn können daraus Ansprüche des Vereins gg die handelnde Pers nach AuftrR (§ 27 Anm 3) entstehen. Wenn die Maßn das MitglVerhältn als solches betrifft, ist sie mangels Grdlage in der Verfassg unwirks, allg Meing, vgl zB RG **147**, 16, BGH **47**, 172 (betr Vereinsstrafen).

b) Alle VereinsMaßn (Ausnahmen unten e!) können zu **gerichtl Nachprüfg** gebracht w (idR Klage auf Feststellg der Unwirksamk); die Satzg kann sie nicht ausschließen, RG **80**, 189, BGH **29**, 354, Karlsr OLGZ **70**, 300 (allerd kann SchiedGer vorgesehen sein, unten d). Maßn, die nichts mit der Mitgliedsch zu tun haben, insb ggü Aussenstehde, sind selbstverständl uneingeschränkt nachprüfb. Außenstehder ist aber mE nicht, wer sich der Vereinsgewalt unterworfen hat; er ist Mitgl (ggf mit bes Status, QuasiMitgl), selbst wenn die Satzg ihn als NichtMitgl bezeichnet, darü § 38 Anm 1.– Bei Maßn ggü den Mitgl als solche u sonst die Mitgliedsch berührde Maßn (zB Aufn des Mitgl) ist die Nachprüfg dadch **eingeschränkt**, daß die ROrdng das interne VereinsR anerkennt, soweit es gültg zustande gekommen u inhaltl unbedenkl ist (Vereinsautonomie, oben Anm 3); auch der Richter ist daran gebunden. Die die unterschiedl Begründg im Schrifttum geforderte uneingeschränkte Nachprüfg (vgl zB Beuthin BB **68** Beilage 12, Schlosser, S 99 ff, Westermann JR **73**, 195, auch Anm NJW **73**, 2210) ist mit der Vereinsautonomie unvereinb. Der Richter muß sich vielm darauf beschränken zu prüfen, ob das geltde VereinsR die Maßn zuläßt u ob das in ihm vorgesehene Verf eingehalten ist; zu diesem Zweck muß er das geltde VereinsR feststellen, wozu auch dessen Inhaltskontrolle (Anm 3 a) gehört. Das bedeutet, daß er VereinsMaßn nur daraufhin nachprüfen kann, ob sie gg Ges, gute Sitten od gültg VereinsR verstoßen od offenb unbill sind; denn soweit Maßn gg Ges, gute Sitten od VereinsR verstoßen, finden sie in der Vereinsverfassg keine Grdlage u soweit das VereinsR eine offenb unbill Maßn zuläßt, bindet es nicht. Uneingeschränkt nachprüfb dürften VereinsMaßn aber immer sein, wenn die Mitgliedsch zur freien Entfaltg der Persönlk erforderl ist (oft der Fall bei Vereinen mit Monopolcharakter, vgl auch oben 3 e) u die Maßn diese erhebl behindert.

c) Die Bindg auch des Richters an das interne VereinsR schließt es idR aus, daß er eine Maßn, gg die es einen vereinsinternen **Rechtsbehelf** vorsieht, nachprüft, bevor das zuständ Vereinsorgan gesprochen hat u ein vorgesehener Instanzenzug erschöpft ist, RG **85**, 356, BGH **47**, 147; das gilt auch bei Weigergg der Aufn, RG **106**, 120 (127). Aus diesem Grde ist auch eine FeststellgsKl, daß ein Vereinsorgan nicht nach der Satzg verfahren sei, unzul, solange die dafür vereinsintern zust MitglVersammlg nicht gesprochen hat, BGH **49**, 396. Verzögert der Verein aber das Verfahren ungebührl (RG JW **15**, 1424), verweigert er seine Durchführg ungerechtfertigt (Saarbr JBlSaar **67**, 12) od ist dem Mitgl (etwa wg lebenswicht Interessen) Abwarten nicht zuzumuten (RG JW **32**, 1197), dann kann der Richter entscheiden (§ 315 III 2 analog), weil er an die Satzg insow nicht gebunden ist, als ihre Einhaltg zu grob unbill Ergebnissen führt (Inhaltskontrolle oben Anm 3a). Vorläuf Rechtsschutz dch Arrest oder einstw Vfg kann das staatl Ger auch gewähren, solange vereinsinternes Verf läuft, hM. – Versäumg internen Rechtsmittels dch das Mitgl steht gerichtl Geltdmachg dann entgg, wenn die Rechtsfolge der Fristversäumn klar aus dem VereinsR erkennb war, sonst nicht, BGH **47**, 174.

d) Die Entsch von Streitfällen zw VereinsMitgl untereinand od zw Mitgl u Verein kann einem **Schiedsgericht** übertr w. Die Zuständigk der SchiedsGer muß in der Satzg od in einer zum Bestandt der Satzg erklärten SchiedsGerOrdng festgelegt w, Mü BB **77**, 865; bes Vereinbg gem ZPO 1027 I dann nicht erforderl, RG **165**, 143 (zweifelnd dazu Kleinmann BB **70**, 1076). Wo SchiedsGer nicht in Satzg vorgesehen, kein Zwang, sich ihm zu unterwerfen. SchiedsGer ist nur eine von den Organen des Vereins unabhäng u unparteiische Stelle; wo Schiedsstelle das nicht ist, bleibt Rechtsweg gg ihre Entsch offen, Ffm NJW **70**, 2250 (betr „Schiedskommission" der SPD; das Verf vor ihr ist verbandsinterner Natur, vorst c). Unbedenkl aber, wenn Schiedsrichter VereinsMitgl sein müssen, RG **113**, 322. Arrest u einstw Vfg immer nur dch staatl Gericht.

e) Weitgehd abgelehnt wird eine richterl Prüfg von Maßn **religiöser** Vereiniggen wg GG 140 mit WRV 137; im einz bestehen Zweifel; vgl zB Schlosser S 135, auch Reichert-Dannecker-Kühr S 436f.

Personen. 2. Titel: Juristische Personen § 25 5

5) a) Der in Anm 4b vorgeschlagenen **beschränkten Nachprüfg** von VereinsMaßn entspricht im Ergebn die Rspr, die interne VereinsMaßn darauf prüft, ob sie gg Ges (zB GWB 25: BGH **36**, 105 [114], BetrVerfG: BGH **45**, 314), gute Sitten, Vereinsverfassg od sonst VereinsR verstoßen od offenb unbill sind (RG **147**, 11 [14], BGH **47**, 385, BGH NJW **73**, 35); der Umfang der Prüfg entspricht also etwa dem in den vergleichb Fällen des VertragsR, wo eine Leistg einseit festgelegt w (§§ 315, 319); wg Gleichh der Interessenlage sollte er ganz der gleiche sein; s aber hier Abs 2 aE). Eine Prüfg auf volle Richtigk od Zweckmäßigk der Maßn ist ausgeschl. Abzulehnen aber die verbreitete Auffassg (vgl zB RG **147**, 15, BGH NJW **66**, 1751, in BGH **45**, 314 insow nicht abgedr), daß die tatsächl Feststellgen eines Vereinsorgans, auf das dieses seine Maßn (meist Vereinsstrafe) stützt, den Richter bänden (dieser müßte dann uU offenb unbill Maßn bestehen lassen). Gewiß sind auch tatsächl Feststellgen u Subsumtionen nicht unbeschr nachprüfb, es können aber den Richter bei offenb „Unrichtigkeit" ebsowenig binden, wie im Falle von Schiedsgutachten ieS (vgl dazu § 317 Anm 2 b, § 319 Anm 2 b), ähnl jetzt auch RGR-Komm Rnr 21. Wo das VereinsR Ermessen od Beurteilgsspielraum zuläßt (zB „vereinsschäd Verhalten" als Straftatbestd), muß der Richter das beachten; er kann die Maßn dann nur auf Überschreitg des Erm od Willkür in der Beurteilg nachprüfen. – Bei der Nachprüfg kann der Richter einen Tatbestd, den die entscheidde Vereinsinstanz nicht kannte od den sie nicht abschließd gewürdigt hat, nicht berücks, RG **147**, 16, BGH **45**, 321 (kein Nachschieben von Gründen, weil nur Nachprüfg der getroffenen Entsch, nicht eigene Entsch des Richters). Ob die VereinsMaßn offenb unbill ist, ist nach BGH **47**, 387 unter Berücksichtigg auch neuer Tatsachen zu prüfen.

Hält die Vereinsmaßn der Nachprüfg im vorst Rahmen nicht stand, ist sie unwirks (Anm 4a); der Richter muß auf FeststellKl (ZPO 256) ihre Unwirksamk feststellen; bei Sprüchen mehrerer Vereinsinstanzen idR nur die der letzten (BGH **13**, 14); daneben kann Anspr auf Beseitig einer Beeinträchtigg (vgl § 1004 Anm 1 b, 5) bestehen. Der Richter kann die VereinsMaßn nicht dch eine and (ggf mildere) ersetzen, weil er damit in das den Vereinsorganen zustehde Erm eingreifen würde (§§ 315 III 2 u 319 I 2 sind also nicht anwendb).

b) Verstoß gg Vereinsverfassg liegt immer vor, wo eine satzgsmäß Grdl für die Maßn fehlt (oben 4 a) od sie gg ein Ges verstößt (vgl den Fall BGH **45**, 314). Weitere Beispiele: wenn vereinsinternes Verf formell nicht in Ordng war, zB Tatbestd ungenügd geklärt, Hbg Recht **36**, 4191, AusschließgsBeschl ungenügd oder gar nicht begründet (RG **147**, 13), Ausschließg auf längst bekannte Tatsachen gestützt (vgl RG **129**, 49), eine ganze MitglGruppe auf einmal ausgeschl w (Köln NJW **68**, 992), Ausschließg auf Verletzg von Beschlüssen gestützt w, die ein rechtswidr gebildetes Organ (Streikleitg) gefaßt hat, KG NJW **77**, 720. Mitwirkg von NichtBerecht im zust Organ macht Beschl aber nur dann unwirks, wenn deren Mitwirkg ursächl, BGH NJW **78**, 990. Rechtl Gehör (iS von Gelegenh zur Stellgnahme) muß dem Mitgl gewährt w, BGH **29**, 355, allgM. Wo Satzg schweigt, dürfte Anspr auf persönl Anhörg (BGH **29**, 355) od Zulassg eines Vertreters nicht bestehen, insb nicht anwaltl Vertretg, BGH **55**, 381 [390], BGH NJW **75**, 160 (and, wenn Verein selbst Anwalt zuzieht, BGH **55**, 390); demggü hält Reinicke NJW **75**, 2040 Zulassg eines Anwalts regelmäß für erforderl, wenn Satzg das nicht ausschließt; er hält auch Satzgsbestimmg, die anwaltl Vertretg ausschließt, für unwirks, soweit dadch faires Verfahren verhindert, beachtl. Ob Grds „ne bis in idem" zu beachten, ist zweifelh, vgl RG **51**, 89 (betr Genossensch), aber Zöllner ZZP **70**, 392; Hamm AnwBl **73**, 110 nimmt es als selbstverständl an.

c) Offenb Unbilligk liegt zB vor, wenn bei gleichem Tatbestd ein Mitgl ausgeschl w, and nicht (BGH **47**, 385); wenn Bestrafg auf ein Vorbringen des Mitgl im Rechtsstreit gestützt w, das es in Wahrg berecht Interessen aufstellen durfte, BGH **47**, 386; wenn Ausschließg allein darauf gestützt, daß Angehör des Mitgl, nicht es selbst, gg Vereinsordng verstoßen h, BGH NJW **72**, 1892, od daß die mit Vereinsstrafe belegten Mitglieder einen Anwalt, der selbst Mitgl ist, mit ihrer Vertretg betrauten u daß dieser das Mandat annahm, Hamm AnwBl **73**, 110; wo VereinsMaßn zu Folge hat, daß Mitgl in Durchsetzg seiner Rechte gg den Verein beschränkt w, Celle BB **73**, 1190. Was grob unbill ist, ist je nach Art u Größe des Vereins verschieden zu beurteilen; eine Abwägg der Interessen von Mitgl u Verein ist erforderl; wo zB die Mitgliedsch für Beruf u Fortkommen od allgem Ansehen in den beteiligten Kreisen von überragder Bedeutg ist, Ausschl nur in schwerwiegden Fällen zul; überh ist bei mächtigen, insb Monopolvereinen grobe Unbilligk leichter anzunehmen als bei wenig bedeutsamen, BGH **47**, 386 (vgl auch Anm 3 e u 4 c). Immer müssen Auswirkgen der Maßn in erträgl Verhältn zu ihrem Anlaß stehen.

d) Vereinsstrafen (Schriftt s Vorbem v § 21). Eine Vereinsstrafe bedarf v § 21). Eine Vereinsstrafe bedarf v jede ein Mitgl beeinträchtigde Maßn einer Grdlage in der Satzg, RG **147**, 10, BGH **47**, 172, stRspr; für die gerichtl Nachprüfg gelten die Ausführgen zu a) u b) entspr. Die Satzg bzw das gült VereinsR (oben Anm 3 b) muß in dem vorgeworfenen Verhalten einen zu ahndden Tatbestd sehen, vgl BGH MDR **61**, 916; Generalklauseln wie „vereinsschädigdes Verhalten" können genügen, BGH **47**, 384. Zul kann Vereinsstrafe auch sein, wenn sie mit öffentl Strafe bedrohtes Verhalten ahndet; darin liegt keine Anmaßg staatl Strafgewalt, BGH **21**, 370 [374], **29**, 352 [356]; solche sehe ich entgg Westermann (JZ **72**, 537 ff) auch nicht bei Lizenzentzug im verbandsgerichtl Strafverfahren des DFußbB. Wo Satzg eine „Vertragsstrafe" vorsieht, die die Einhaltg von MitglPflichten sichern soll, ist das Vereinsstrafe (§§ 339 ff sind nicht anwendb, BGH **21**, 370 [373], grundsätzl aA Weitnauer aaO S 185). Vereins- nicht VertrStrafe auch, wo Verein auf Grd sonstiger Unterwerfg unter Vereinsgewalt Strafen festsetzen darf, da jeder, der sich der Vereinsgewalt unterwirft, damit Mitgl im Rechtssinne, ggf mit bes Status, wird (§ 38 Anm 1 a). – Die Vereinsstrafe muß formell ordngsmäß zustande kommen; ein im internen VereinsR vorgesehenes Verfahren ist also einzuhalten, ggf auch vorgesehener Instanzenzug; zur Entscheidg kann Vorstd, Ehrenrat, Organ übergeordneten Vereins, MitglVersammlg, Verbandsgericht, auch SchiedsG (oben 4d) berufen sein. Wo Satzg über Verfahren schweigt, ist nach § 32 MitglVers zust. Einleitds u entscheidds Organ können (teilw) personengleich sein, BGH NJW **67**, 1658, auch BGH WPM **74**, 1258. Undurchführbark des Instanzenzugs, zB Unwirksamk der Schiedsklausel verhindert, daß ergangener Strafausspruch wirks w, RG **151**, 229 [232]. – Selbstverständl Voraussetzg für Vereinsstrafe ist **Mitgliedschaft** (BGH **29**, 359 stRspr); als Mitgliedsch ist hier jede Zugehörigk zum Verein iS einer Unterwerfg unter die Vereinsgewalt anzusehen, gleichviel ob

§§ 25, 26   1. Buch. 1. Abschnitt. *Heinrichs*

die Satzg diese Zugehörigk als Mitgliedsch bezeichnet (§ 38 Anm 1); so gesehen kann es VereinsMaßn auch gg Nichtmitglieder (iS der Satzg) geben. Vereinsstrafe daher wohl zul gg Gesellschafter einer oHG, die Mitglied, der aber selbst nicht Mitgl ist (aA BGH **29**, 359, der aber wenigstens Aberkenng der Vereinsehrenämter des Gesellschafters im Rahmen der Bestrafg der Gesellsch zuläßt). Dagg keine OrdngsStrafe mögl nach Ausscheiden, RG **122**, 266 [268], **143**, 1 [2], wohl aber zw AustrittsErkl u Ausscheiden, hM: nach Schlosser S 83 könnte die Satzg aber Bestrafg auch nach Austritt wg fr Handlg vorsehen, bedenkl. Wegen fehlder Mitgliedsch kann übergeordneter Verein keine Vereinsstrafen gg Mitgl des nachgeordneten Vereins aussprechen, wenn dessen Mitgl weder zugleich Mitgl des übergeordneten sind, noch der nachgeordnete Verein seine Mitgl der Disziplinargewalt des übergeordneten unterworfen h, BGH **28**, 131 [133]. Mitglieder eines Vereins, die sich dch Beitritt zum übergeordneten Verband dessen Disziplinargewalt neu unterwirft, unterliegen ihr, wenn sie nicht alsbald austreten, vgl Karlsr OLGZ **70**, 300. – Vereinsstrafe setzt nicht notwendigerw Verschulden voraus, BGH **29**, 359; zB kann Satzg bestimmen, daß dem Mitgl das Verhalten einer von ihm bei Vereinsveranstaltg zugezogenen HilfsPers zuzurechnen ist, BGH NJW **72**, 1892 (dazu monographisch Kirberger NJW **73**, 1732).

e) Das zu d Gesagte gilt grdsätzl auch für **Ausschließg** (vgl RG **73**, 190, BGH **28**, 131); sie ist idR die schwerste Vereinsstrafe; wo Satzg freie Ausschließg ohne Angabe von Gründen vorsieht, hat sie wohl nicht Strafcharakter (sie steht einer Kündigg nahe). Wo Satzg Ausschließg vorsieht, ist zeitw Ausschließg als mildere Maßn zul, Ffm NJW **74**, 189. Wo Ausschließg gar nicht vorgesehen, dürfte sie dennoch mögl sein (dch MitglVersammlg mit satzgsändernder Mehrh, BGH **9**, 177, ähnl schon RG **73**, 191), wo wicht Grd vorliegt, wie er zur fristl Künd einer Gesellsch berecht würde (RG **169**, 334, BGH **9**, 162, beide betr GmbH); hier hat sie sicher keinen Strafcharakter. – Ausschließg von Mitgl od Verbänden polit Parteien vgl PartG 10, 16. – Ausschließg aus Gewerksch wg StreikbrecherArb, BGH NJW **78**, 990; wg Kandidatur zum BetrRat auf einer von der Gewerksch nicht unterstützten Liste, BGH **71**, 126.

26 *Vorstand; Vertretungsmacht.* ¹ **Der Verein muß einen Vorstand haben. Der Vorstand kann aus mehreren Personen bestehen.**

II **Der Vorstand vertritt den Verein gerichtlich und außergerichtlich; er hat die Stellung eines gesetzlichen Vertreters. Der Umfang seiner Vertretungsmacht kann durch die Satzung mit Wirkung gegen Dritte beschränkt werden.**

1) Der **Vorstand** ist notw **Vereinsorgan**; fehlt er, so gilt § 29. Art der Bestellg u Zusammensetzg w dch Satzg bestimmt (vgl für eV § 58 Z 3). Ihm obliegt Vertretg (II Außenverhältn) u Geschäftsführg (§ 27 Innenverhältn) des Vereins. Vorstd iS der Satzg u iS des BGB sind nicht notw ident. Zum Vorstd iS des § 26 gehört nur, wer gesetzl Vertretgsmacht hat (RKRK Rdn 3, MüKo/Reuter Rdn 7). Der Vorstd iS der Satzg umfaßt dagg vielf Pers, die von der gesetzl Vertretg ausgeschl sind. Oft bestimmt die Satzg selbst einen engeren Kreis zum Vorstd iS des BGB (vgl Düss DNotZ **62**, 645). – Vorstd kann eine EinzelPers sein. Nicht zulässig ist es aber, zum Vorstd im allg die eine u bei deren Behinderg eine and Pers (Stellvertreter) zu bestellen, weil das bedingte Vorstdsbestellg wäre, Celle NJW **69**, 326, BayObLG **69**, 33, LG Köln Rpfleger **70**, 240; doch läßt sich solche Satzgsbestimmg meist dahin auslegen, daß beide Personen unbedingte alleinvertretgsberecht VorstdsMitgl sein sollen, jede also den Verein allein rechtsgült vertreten kann, wobei der „Stellvertreter" im InnenVerh dahin beschr ist, daß er nur tätig w soll, wenn Vorsitzender verhindert; solche u and Beschränkg im InnenVerh ist unbedenkl mögl, Celle u BayObLG aaO. Unbedenkl auch Bestimmg, wonach beim Wegfall eines VorstdsMitgl sein Amt bis zur Neuwahl auf ein and übergeht, LG Frankth, Rpfleger **75**, 354. Unzul aber die Bestellg eines GeschF, der, ohne Vereinsorgan zu sein, die Befugn h soll, den Verein mit einem VorstdsMitgl zu vertreten, Hamm OLGZ **78**, 23. Der Vorstd braucht nicht immer VereinsMitgl zu sein; VorstdsAmt erlischt deshalb nicht immer mit Verlust der Mitgliedsch, Hbg HansGZ **26**, B 229 (Frage der SatzgsAusslegg). Ein Mj kann (mit Zust des ges Vertreters) VorstdsMitgl sein, desgl eine JP, die dann dch ihr Vertreterorgan handelt. – Der Vorstd des eV ist zum VereinsReg anzumelden, § 67.

2) Der Vorstd ist Organ, nicht gesetzl Vertreter, KG DJ **36**, 1949 hM, vgl Einf 3 vor § 21. Die **Vertretgsmacht** nach außen ist grdsätzl unbeschr, **II 1.** Sie besteht (vorbehaltl II 2) auch bei abw Beschluß der MitglVersammlg (vgl Ffm Rpfleger **77**, 103), erstreckt sich aber nicht auf ganz außerh des Vereinszwecks liegde Geschäfte und solche, die and Organen vorbehalten, sie verpflichtg zur SatzgsÄnd, BGH LM UWG 16 Nr 6 (Formulierg zu weitgehd). Sie ist dch Satzg **beschränkbar, II 2,** völl Entziehg der VertrMacht ist aber nicht mögl, BayObLG **69**, 36, weil, wer keinerlei VertrMacht hat, nicht zum Vorstd gehört (oben Anm 1). Bei eV wirkt die Beschränkg gg gutgl Dritten nur, wenn im Reg eingetr, § 70; sie muß so bestimmt sein, daß der Geschäftsgegner ihren Umfang erkennen kann, BayObLG Betr **73**, 2518. Im Innenverhältnis wirkt sie auch, wenn nicht in Satzg enthalten; auch Beschränkg dch Beschluß der MitglVersammlg mögl, RG **63**, 208, soweit diese zuständ. – Bei mehrgliedr Vorstd ist zu unterscheiden (vgl näher Danckelmann NJW **73**, 735): a) Ist in der Satzg einem od allen VorstdsMitgl Einzelvertretgsmacht eingeräumt, w der Verein dch das betreffde VorstdsMitgl wirks vertreten, gleichgült ob eine ordngsmäß BeschlFassg gem § 28 erfolgt ist od nicht (BGH **69**, 250, 252). Das gilt ebso, wenn die für den Verein auftretden VorstdsMitgl GesVertretgsmacht h od wenn der ges Vorstd auftritt. b) Sind alle VorstdsMitgl gemeins gesetzl Vertreter, genügt zu einer wirks WillErkl Vertretg dch die für die BeschlFassg erforderl Mehrh (§ 28). Hier ist aber d ordngsmäß VorstdsBeschl Voraussetzg für ein wirks Vertreterhandeln. – **Passivvertreter** für Empfangnahme von WillErkl an den Verein ist immer jedes VorstdsMitgl, § 28 II. Wo Kenntn (od Kennenmüssen) einer Tats bedeuts ist, kommt Kenntn jedes vertretgsberecht VorstdsMitgl in Betr, RG JW **35**, 2044, u zwar auch, wenn das betr VorstdsMitgl sein Wissen absichtl unterdrückt, BGH **20**, 149 [153] u auch wenn es inzw ausgeschieden ist, BGH BB **59**, 59. – Neben dem Vorstd können bes Organe innerh ihres Geschäftskreises Vertretgsmacht haben, vgl § 30. Auch Bevollmächtigg dch den Vorstand ist zul, KGJ **32** A 187. – Die **eidesstattl Vers** (fr OffenbargsEid) müssen alle VorstdsMitgl leisten,

Personen. 2. Titel: Juristische Personen §§ 26–28

LG Köln Rpfleger **70**, 406; bedenkl dort aber, daß Eidesleistg eines VorstdsMitgl alle and befreit, vgl Schweyer ebda.

3) Für Organe der JP des öff Rechts gilt § 26 nicht; ihre Vertretgsmacht ist idR gesetzl geregelt u begrenzt auf die Zwecke der JP, vgl Vorbem 2 vor § 89.

27 *Bestellung und Geschäftsführung des Vorstandes.* I **Die Bestellung des Vorstandes erfolgt durch Beschluß der Mitgliederversammlung.**

II **Die Bestellung ist jederzeit widerruflich, unbeschadet des Anspruchs auf die vertragsmäßige Vergütung. Die Widerruflichkeit kann durch die Satzung auf den Fall beschränkt werden, daß ein wichtiger Grund für den Widerruf vorliegt; ein solcher Grund ist insbesondere grobe Pflichtverletzung oder Unfähigkeit zur ordnungsmäßigen Geschäftsführung.**

III **Auf die Geschäftsführung des Vorstandes finden die für den Auftrag geltenden Vorschriften der §§ 664 bis 670 entsprechende Anwendung.**

1) **Bestellg** dch MitglVersammlg, **I**, gilt nur in Ermangelg abweichender Satzgsbestimmg, § 40. Vgl § 25 Anm 3 b. Nach LG Hildesh, NJW **65**, 240, darf Satzg nicht Bestellg des Vorstdes dch einen Dritten vorsehen, wenn dessen Einfluß so stark ist, daß der ganze Verein praktisch nur eine Sonderverwaltg des Dritten darstellt (dann liegt aber in Wahrh gar kein Verein vor, vgl § 21 Anm 2 a); wo aber der MitglVersammlg erhebl Rechte verbleiben, steht der Bestellg dch Dritte nichts im Wege, LG Krefeld Rpfleger **68**, 17, vgl auch § 25 Anm 3 b. Bei betriebl Unterstützgskasse ist Bestellg des Vorstds dch ArbGeb unbedenkl, weil ua BetrVG 56 I e gg Mißbr schützt, BAG **AP** § 242 (Prozeßverwirkg) Nr 2. Bestellg bedarf zur Wirksamk der Annahme des Bestellten, hM vgl RGR K Rdn 3.

2) **Widerruf, II**, grdsätzl dch das bestellende Organ; abw Satzgsbestimmg zul. Widerruflichk kann nicht ausgeschl, nur auf Fall des wicht Grundes beschränkt w (deshalb kann Vorstd keine umfassde unwiderrufl Vollmacht erteilen, § 168 Anm 2). Mit Widerruf endet das VorstdsAmt, nicht ohne weiteres der (Dienst-) Vertr zw Vorstd u Verein, aus dem ggf der VergütgsAnspr erwächst. VergütgsAnspr des entlassenen Vorstdes entfällt aber, wenn Grd zur fristlosen Künd in seiner Pers bestand. Der aktienrechtl Grds, wonach der Widerruf bis zur rkräft Feststellg des Ggteils wirks ist (AktG 84 III 4), gilt im VereinsR nicht, BGH Betr **77**, 84. – Sonstige **Endigg des Vorstandsamtes**: Tod, Ablauf der Bestellgszeit, meist durch Austritt aus Verein, Amtsniederlegg, wenn in Satzg vorgesehen od bei ehrenamtl Vorstd (nicht aber bei bezahltem Vorstd, soweit kein rechtfertigder Grd vorliegt), anderer satzgsgem EndiggsGrd. Wo Satzg bestimmte Amtsdauer vorsieht, endet Amt u Vertretgsbefugn mit deren Ablauf, auch wenn der Betreffde weiter amtiert (vgl Mü WPM **70**, 770); denkb aber Bildg von abweichdem vereinsinternen GewohnhR (vgl § 25 Anm 3 c). Zweckmäß jedenf Satzgsbestimmg, daß Vorstd bis Neubestellg im Amt bleibt. Vgl aber auch § 68 Anm 2.

3) Zur **Geschäftsführg** (Innenverhältnis zw Vorstd u Verein), **III** u II 2 a E, gehören alle Handlgen, die der Vorstd für den Verein, sei es ggü den Mitgl od and Vereinsorganen, sei es ggü Außenstehden, vornimmt, auch solche rein tatsächl Natur; wird er rechtsgeschäftl tät, so liegt darin auch eine VertreterHdlg (§ 26). Wo Satzg nichts and sagt, ist Vorstd auch GeschFgOrgan; dann gelten uneingeschränkt Auftragsregeln, III. GeschFg kann aber auch and Organ übertr sein (BGH **69**, 250), jedoch kann Vorstd die Bildg des Erklärgswillens, die zur Vertretg erforderl, nicht entzogen w (dazu Danckelmann NJW **73**, 735 [738], Kirberger NJW **78**, 415); dann gelten AuftrRegeln nur, soweit Satzg nichts and bestimmt, § 40. AuftrR gilt auch für Anspr des Vereins gg Vorstd, zB auf Herausg, Auskunft, SchadErs (vgl Vorbem 2d vor § 249 darü, daß Belastg mit SchadErsPfl auch für vermögensloses Verein ein Schaden ist). **Entlastung** dch MitglVersammlg (od sonst zust Organ) bedeutet idR, daß solche Ansprüche nicht erhoben w, wirkt also wie negat SchuldAnerkenntn od Verzicht, BGH **24**, 53, vgl Wagner, Rechtsnatur der Entlastg, 1938, auch BGH NJW **59**, 1082 (AktG), NJW **69**, 131 (GmbH). – III gilt entspr für and Vereinsorgane, wo nichts and vereinb.

28 *Beschlußfassung; Passivvertretung.* I **Besteht der Vorstand aus mehreren Personen, so erfolgt die Beschlußfassung nach den für die Beschlüsse der Mitglieder des Vereins geltenden Vorschriften der §§ 32, 34.**

II **Ist eine Willenserklärung dem Vereine gegenüber abzugeben, so genügt die Abgabe gegenüber einem Mitgliede des Vorstandes.**

1) Die Willensbildg des Vereins (mag es sich um RGeschäfte, dazu § 26 Anm 2, mag es sich um Interna des Vereins handeln) erfolgt bei mehrgliedr Vorstd dch **Beschlußfassg**. Für sie gelten nach I in Ermangelg abweichender SatzgsBestimmgen, § 40, die gesetzl Vorschriften über MitglVersammlg (§§ 32ff); soweit Satzg (nur) für MitglVersammlg Abweichdes bestimmt, ist das auf VorstdsVersammlg nach hM nicht anzuwenden. Zust aller VorstdsMitgl genügt immer, § 32 II, sonst ggf ordngsm Berufg der VorstdsVersammlg, Mitteilg der Tagesordng usw erforderl, vgl BayObLG JFG **6**, 230. Vertretg einzelner VorstdsMitgl dch einen Dr ist nicht zul, Hamm OLGZ **78**, 29. Formfehler (insb Nichtladg eines VorstdsMitgl) machen Beschl nichtig, Schlesw NJW **60**, 1862. Solcher Beschl kann also auch keine Vertretgsmacht schaffen, hM; der mit der Vorn des beschlossenen RGesch Beauftragte od die es vornehmde VorstdsMehrh würde ohne Vertretgsmacht (§§ 177ff) handeln. Wo aber Vorstd in der für Vertretg satzgsgem vorgesehenen Zusammensetzg das RGesch vornimmt, handelt er mit (auf Satzg beruhder) VertrMacht, also wirks, BGH **69**, 250, Danckelmann NJW **73**, 735, 738, s näher § 26 Anm 2. – Mitstimmen in eig Sache (§ 34) kann auch Satzg nicht zulassen, RGRK Rdn 3.

2) Bei Entggnahme einer WillErkl, Passivvertretg, vertritt jedes VorstdsMitgl allein den Verein, **II**; die Vorschr ist **zwingend**. Sie gilt auch für Handelsgesellschaften u Genossenschaften und auch dann, wenn das empfangende VorstdsMitgl die Erkl absichtl unterdrückt, RG JW **27**, 1675, BGH **20**, 153. Vgl auch § 26 Anm 2.

29 Notbestellung durch Amtsgericht.
Soweit die erforderlichen Mitglieder des Vorstandes fehlen, sind sie in dringenden Fällen für die Zeit bis zur Behebung des Mangels auf Antrag eines Beteiligten von dem Amtsgericht zu bestellen, das für den Bezirk, in dem der Verein seinen Sitz hat, das Vereinsregister führt.

1) Allgemeines: a) Die jetzige **Fassung** beruht auf RPflG 30, das statt des AG des Vereinssitzes das AG der VereinsRegFührg für zust erklärt, vgl dazu § 55 II. – **b)** § 29 (auch § 48, Liquidatorenbestellg) ist auf rechtsf Vereine aller Art, auch Handelsgesellschaften, **anwendbar**, soweit Sondervorschriften fehlen; so auf Genossenschaften BGH **18**, 337, GmbH BayObLG **55**, 290, Rpfleger **76**, 357, bergrechtl Gewerkschaften RG **86**, 342, KommGaAkt RG **74**, 301 (für AktGes gilt AktG 82), auch auf nicht rechtsfäh Vereine, LG Bln NJW **70**, 1047, Soergel-Schultze-v Lasaulx § 54 Rdz 22, sehr str, (zust das AG des Sitzes), entgg LG Bln aaO aber wohl nicht auf polit Partei, Hohn NJW **73**, 2012, da insow PartSchiedsGer zust. Unanwendb ist § 29 auf Gesellsch ohne RPersönlichk wie OHG u KG u JP des öff Rechts, vgl Vorbem 2 vor § 89. Auf KG soll § 29 jedoch dann anwendb sein, wenn deren einziger Komplementär eine JP ist, Sbr OLGZ **77**, 293. – **Verfahren** nach FGG, zust Rpfleger. Voraussetzg ist zunächst, daß § 29 JP noch besteht, doch genügt, daß sie nicht offensichtl erloschen ist, Ffm JZ **52**, 565; ferner Antr eines **Beteiligten**, so des verhinderten VorstdsMitgl, eines VereinsMitgl, Gläubigers, der klagen od vollstrecken will, überh jedes, dessen Rechte od Pflichten dch Bestellg unmittelb beeinflußt w, zB ein vom Verein Verklagter, BayObLG **71**, 180. RSchutzbedürfn für den Antr besteht auch dann, wenn AntrSt sich selbst zum Vorstd (GeschF) bestellen könnte, Hbg MDR **77**, 1016. Auswahl des NotVorstds dch Ger, das Vorschläge berücksicht kann; es empfiehlt sich, das Einverständn einzuholen.

2) Die erforderlichen Vorstandsmitglieder fehlen, wenn alle Mitgl od der Alleinvorstd weggefallen od verhindert sind (dauernder Aufenth im Auslande bei fehlendem Rückkehrwillen genügt), und beim Fehlen eines von mehreren, wenn die satzgsmäß vorgesehene Zahl (Mindestzahl) nicht mehr vorhanden u Vorstd dadch beschlußunfäh ist; auch, wenn Vorstd für die Geschäft wg § 181 nicht vertretgsberechtigt, BayObLG JW **25**, 1880, nicht wo er ein Tätigwerden ablehnt, KG JFG **15**, 101, Ffm NJW **66**, 504. Wo öff-rechtl Treuhänder eingesetzt ist u VertrMacht hat, ist Vorstd idR nicht erforderl; anders wenn gerade die Einsetzg des Treuhänders angegriffen w soll, Hamm OLGZ **65**, 329; dasselbe muß gelten, wenn Verwalter für verbotenen Verein nach VereinsG 10 bestellt. – **Dringlichkeit** hängt von den Umst ab, Entsch darüber aber nicht reine TatsFeststellg, Hbg HansGZ **27** Hauptbl 264. Möglichk, gem ZPO 57 ProzPfleger zu bestellen, beseitigt Dringlichk nicht, da § 29 vorgeht, Staud-Coing Bem 9, Soergel-Schultze-v Lasaulx Rdz 11, RGRK Rdz 3, str (aA 36. Aufl).

3) Bestellg der Vertreter wirkt rechtsbegründ (BGH **24**, 51) mit Bekanntgabe an AntrSt, FGG 16 (nach BGH **6**, 232 jedenf wirks mit Bekanntgabe an AntrSt und Bestellten), u gibt dem Bestellten die vollen Befugn des fehlenden Vorstands od VorstdsMitgl (also bei Bestellg einer Einzelperson für GesamtVorstd Einzelvertretg, auch wo Satzg Gesamtvertretg vorsieht), KG OLGZ **65**, 334. Sie verpflichtet den Bestellten nicht zur Amtsführg, dazu bedarf es der Annahme des Amtes, die ein Dienstverhältn zw Verein u Bestelltem begründet (vgl BGH WPM **59**, 598/600). Sie ist gült auch bei Fehlen der Voraussetzgn, die nur im Verf nach FGG nachprüfb, BGH **24**, 51. Sie beendet aber nicht das Amt der „fehlenden" Vorstdsmitglieder, Schlesw NJW **60**, 1862. Die Amtsdauer der Vertreter endet mit Wegfall des Bestellgsgrundes, wenn BestellgsBeschl nicht ein anderes ergibt (str, vgl RG JW **18**, 363), dh idR bis zur Bestellg eines ordentl Vorstandes. BestellgsBeschl kann Vertretgsmacht beschränken, RAG **19**, 1. Bestellter hat VergütgsAnspr aus § 612 gg Verein (BGH WPM **59**, 600) nicht gg Staatskasse od AntrSteller, BayObLG Rpfleger **57**, 354. BestellgsBeschl kann Vergütg für NotVorstd festsetzen, Möhring BB **53**, 1037, LG Hbg MDR **71**, 298. – Das AG kann Bestellg aufheben, also NotVorstd **abberufen**; auch hierzu ist Antr eines „Beteiligten" nöt, KG BB **67**, 1308; Dritter ist kein Beteiligter, wenn Verein Vertreter hat, KG aaO.

30 Besondere Vertreter.
Durch die Satzung kann bestimmt werden, daß neben dem Vorstande für gewisse Geschäfte besondere Vertreter zu bestellen sind. Die Vertretungsmacht eines solchen Vertreters erstreckt sich im Zweifel auf alle Rechtsgeschäfte, die der ihm zugewiesene Geschäftskreis gewöhnlich mit sich bringt.

1) Die besonderen Vertreter sind **Vereinsorgane** wie der Vorstd, nur mit beschränkter Zustdgk. Sie müssen, wenn auch vielleicht Weisgen unterworfen, nach außen eine gewisse Selbständigk, dh einen eig VerwBereich h (RG **157**, 236), etwa in örtl getrennter Abteilg od für ein abgeschl Sachgebiet, zB Zweigstellenleiter, Kassenleiter, uU Prokurist, RG **163**, 29, BGH NJW **77**, 2260 (Leiter einer Bankzweigstelle). Unzul aber die Bestellg eines bes Vertreters ohne Beschrkg für alle VorstdsGesch, Hamm OLGZ **78**, 24. Ihre Bestellg muß auf der Satzg beruhen, was schon zutrifft, wenn die Satzg nur die Bildg des bes Geschäftskreises vorsieht, ohne von dessen Leiter zu sprechen, RGRK Rdn 4; für Sachbearbeiter einer Beh vgl RG **162**, 168 u § 89 Anm 2a und b. Als durch Satzg bestimmt (verfassgsmäß berufen, § 31) sind uU auch Organe anzusehen, deren selbstd Stellg auf langer Übg od BetrAnordng beruht, da Satzg nicht gleich SatzgsUrk, sondern auch gewohnheitsrechtl Verfassg umfaßt; es kommt darauf an, ob sie den Verein, wenn auch begrenzt, repräsentieren, RGRK Rdn 5. Weisgebundenh im Innenverhältn schadet nichts, wenn der Vertreter nach außen selbständ auftritt, BGH NJW **77**, 2260. Ist § 30 unanwendb, ist der Vertreter Bevollm od Erfüllgs- od Verrichtgsgehilfe §§ 164, 278, 831. § 30 gilt für alle JP des PrivatR u ist entspr anwendb auf

Personen. 2. Titel: Juristische Personen §§ 30, 31

JP des öff Rechts, wo an Stelle der Satzbestimmgen die OrganisationsGrdsätze der betr Verwaltg treten, RG **157**, 237, auch RG **162**, 207 (Sparkasse), RG DR **42**, 1703 (Generaldirektor eines staatl Hüttenwerks).– Beim eV ist Eintr d bes Vertreter im VereinsReg nicht nötig (folgt aus § 67). Im Proz ist er Zeuge, nicht Part, Barfuß NJW **77**, 1273.

2) Die **Vertretgsmacht** umfaßt grdsätzl den gesamten zugewiesenen Geschäftsbereich (dh was üblicherw dazugehört). Einschrkg mit Wirkg gg gutgl Dritte ist nur dch Satzg (entspr § 26 II 2) mögl. **Haftung** der JP für Handlgen der „besond Vertreter" vgl § 31 Anm 2.

31 *Haftung des Vereins für Organe.* **Der Verein ist für den Schaden verantwortlich, den der Vorstand, ein Mitglied des Vorstandes oder ein anderer verfassungsmäßig berufener Vertreter durch eine in Ausführung der ihm zustehenden Verrichtungen begangene, zum Schadensersatze verpflichtende Handlung einem Dritten zufügt.**

1) **Allgemeines.** § 31 gilt für alle Arten juristischer Personen, jetzt ganz hM, auch für JP des öff Rechts, § 89; sogar für OHG u KG, obwohl **Personengesellschaften**, RG **76**, 48 stRspr, BGH NJW **52**, 538, **59**, 379, **LM** HGB 126 Nr 1. Richtigerweise wird man ihn auch auf die KonkMasse anwenden müssen, Böttcher ZZP **77**, 71. Über Anwendg des § 31 auf nichtrechtsf Verein vgl § 54 Anm 2 A d. – § 31 behandelt die schädigende Hdlg der vertretgsberecht Organe als solche der JP, die mithin als dch jene selbst handelnd angesehen wird, vgl Einf 3 vor § 21. Die Haftg nach § 31 ist also Haftg für eig, nicht fremdes Versch, str. Sie tritt überall ein, wo auch die natürl Pers schadensersatzpflichtig wäre, zB bei unerl Hdlg §§ 823ff (auch Verletzg der VerkSichergspflichten, vgl dazu § 823 Anm 8, 14), vertragl SchadErsPfl §§ 276, 286, 325f, Versch bei VertrSchluß §§ 122, 307 (wg § 179 vgl Anm 3), schuldlosem zum SchadErs verpflichtdem Handeln §§ 228, 904 und alle Fälle der Gefährdshaftg, soweit sie auf ein „Handeln" abstellen. – § 31 ist aber nicht selbstdger HaftgsGrd; es muß also eine **zum Schadensersatz verpflichtende Handlg eines Organs** festgestellt w; doch genügt oft, so insb hins VerkSichergspflichten, Feststellg ungenügder Aufs od **fehlerhafter Organisation**, wobei das verantwortl Organ dahingestellt bleiben kann, vgl RG **89**, 136, BGH **27**, 280, VersR **71**, 449. UU kann die Tats, daß kein „verfassgsmäßig berufener" Vertreter für den fragl GeschKreis bestellt ist, für den eine Entlastg nicht mögl wäre, ein Organisationsmangel sein u zur Haftg der JP führe, RG **162**, 166, näml dann, wenn der Vorstd allein außerstande ist, den Verpflichtgen zu genügen, denen eine JP ebenso wie jede natürl Pers nachkommen muß. Das gilt nicht nur für VerkSicherungspflichten, sond für alle Verhältnisse des tägl Lebens u des wirtschaftl Verkehrs (RG **162**, 166, BGH **24**, 213, vgl BGH **39**, 130). Organisation kann desh fehlerh sein, weil die erforderl werdenden Maßnahmen in Eilfällen nicht dch ausr Plan (hier Streuplan) sichergestellt sind, BGH VRS **23**, 326, od weil die sachbearbeitden Personen keine ausreichden Anweisgen erhalten hatten, BGH **59**, 76 [82]. Diese Rechtspr über fehlerh Organisation mit der Folge der Unmöglichk der Entlastg (wo § 31 vorliegt, scheidet § 831 aus!) führt für jur Personen zweifellos zu befriedigenden Ergebnissen; für Unternehmgen großen Umfangs, die Einzelpersonen gehören, schließt sie in entspr Fällen aber die Entlastgsmöglichk nach § 831 nicht aus (vgl BGH **4**, 1), was ungerechtfertigt ist. Sie wird sich daher von § 31 frei machen u auf allg Grdsätze stützen müssen, etwa auf Verschulden des Inhabers, weil er für nöt Organisation u Aufsicht nicht sorgte (so zB BGH VersR **75**, 42), vgl § 831 Anm 6 A b unter „Großbetriebe", auch 823 Anm 8 d u e, ferner Nitschke NJW **69**, 1137. – Keine **Ausschließ der Haftung** aus § 31 durch Satzg (vgl § 40); vertragsm HaftgsAusschl ist für Fahrlässigk zul, vgl RG **157**, 232, str, nicht aber für Vorsatz, § 276 II, vgl BGH **13**, 198 [203]. Haftgsbegrenzgen dch AGB od FormularVertr sind nur im Rahmen der AGBG 9 ff wirks, vgl dort.

2) Die JP haftet nach § 31 nur für **Vorstand u verfassungsmäßige Vertreter,** also Vertreter, deren Bestellg mittelb od unmittelb in Satzg (bei öff Körperschaften dch OrganisationsGrdlage) vorgesehen ist; das sind alle Personen, denen dch allg Betriebsregelg wesensmäß Funktionen der JP zur selbstd Erf zugewiesen sind, die also die JP „repräsentieren", BGH **49**, 21; diese Vertr des § 30 gehören immer dazu, wohl auch AufsRMitgl der AG (GmbH), das für die JP tät w (dazu für Fälle des fakt Konzerns Wölde, Betr **72**, 2289). Auch Vertretgspersonen einer and JP, die die Geschäfte der JP führt (etwa kraft BetrFührgsVertr), sind verfassgsmäß berufene Vertreter der letzteren. Rgeschäftl Vertretgsmacht nicht erforderl, interne Regelg überh unerhebl, BGH aaO, auch NJW **72**, 334 (Chefarzt des Krankenhauses). Filialleiter einer Bank iE, auch wo Satzg über Filialleiter nichts vorsieht, verfassgsmäß berufener Vertreter iS des § 31, BGH BB **70**, 685, NJW **77**, 2260. Für andere Personen (auch Prokuristen mit selbstd GeschBereich, die aber Filialleiter unterstehen, BGH BB **70**, 685) Haftg nur nach §§ 278, 831; für JP des öff Rechts vgl im übr § 89. – Bei Gesamtvertretg genügt Versch eines Vertreters, um die Haftg der JP zu begründen, stRspr RG **41**, 1937, vgl BGH **LM** Nr 13.

3) Die JP haftet nur für **„in Ausführung der zustehenden Verrichtungen"** begangene Hdlgen, rechtsgeschäftl und rein tatsächl, und zwar, soweit es sich nicht um Gültigk des VertrSchlusses handelt, auch „und gerade" außerh der Vertretgsmacht, zB bei Überschreit der Zustdgk, RG **94**, 320, **162**, 207, BGH **LM** Nr 13, dann insb, wenn Vertreter innerh seines „Geschäftsbereichs" gehandelt hat, RG DR **41**, 1937, bei betrügerischem Wechselakzept trotz Verbots der Wechselakzeptierg, KG JW **38**, 1253 (Kirchengemeinde), bei Hdlg des Einzelvertreters, wo Gesamtvertretg nötig wäre, RG **157**, 233, **162**, 169, BGH **LM** Nr 13. Es muß nur enger objektiver Zushang mit den zugewiesenen Verrichtgen bestehen, BGH **49**, 23; Chefarzt des Krankenhauses fällt unter § 31 auch hinsichtl ärztl Tätigk, BGH NJW **72**, 335. Aber keine Haftg für Handeln bloß bei Gelegenh der Verrichtg, das mit dieser nicht zusammenhängt, insb bei völlig wesensfr Hdlg, die sich auch gg die JP selbst richtet, bes bei Fälschg der Unterschr eines Mitvertreters, RG **134**, 375, BGH Betr **67**, 1629, od bei erkennb Mißbr der Vertretgsmacht, RG **145**, 311. – Wo Organ der JP außerh seiner VertrMacht handelt, können aus § 31 nur außervertragl Anspr entstehen, nicht solche aus Vertr od c. i. c., weil Haftg bei machtloser Vertretg in § 179 ausschließl geregelt (sonst wäre jede Beschränkg der VertrMacht prakt wirkgslos) RG **162**, 129 [159]. Mögl aber Haftg aus Anscheins- od DuldgsVollm, s § 173

§§ 31, 32

Anm 4. – Bei Erfüllg bestehder Verpflichtg Haftg der JP nach § 278 für alle Erfüllsgehilfen, nicht nur für verfassgsmäßige Vertreter. – §§ 30, 31 betreffen nur Rechtsverhältnisse des bürgerl-rechtl Verkehrskreises, RG 165, 100. Bei **hoheitsrechtl Handeln** der JP des öff R keine Haftg nach § 31, sond nur § 839 mit GG 34 anwendb; Abgrenzg vgl § 89 Anm 1.

4) Dritter iS des § 31 ist auch das VereinsMitgl, zB der Genosse, dessen AustrErkl der Vorstd nicht an das RegisterGer weitergeleitet hat (Soergel-Schultze-v Lasaulx Rdz 34); wohl auch ein VorstdMitgl, sofern es an der BeschlFassg nicht mitgewirkt hat od überstimmt worden ist (BGH Betr **78**, 1025).

5) § 31 betrifft nur die Haftg des Vereins; er schließt nicht aus, daß der Vorstd auch persönl haftet, so zB wenn er persönl eine unerl Hdlg begeht, vgl zB BGH **56**, 73.

32 *Mitgliederversammlung.* I Die Angelegenheiten des Vereins werden, soweit sie nicht von dem Vorstand oder einem anderen Vereinsorgane zu besorgen sind, durch Beschlußfassung in einer Versammlung der Mitglieder geordnet. Zur Gültigkeit des Beschlusses ist erforderlich, daß der Gegenstand bei der Berufung bezeichnet wird. Bei der Beschlußfassung entscheidet die Mehrheit der erschienenen Mitglieder.

II Auch ohne Versammlung der Mitglieder ist ein Beschluß gültig, wenn alle Mitglieder ihre Zustimmung zu dem Beschlusse schriftlich erklären.

1) a) Die **Mitgliederversammlg** ist nach BGB grdsätzl oberstes Organ des Vereins mit umfassender u nur dch die Aufgaben der anderen Organe begrenzter Zustdgk, die sie vermittels Satzgsänderg auch selbst erweitern kann (abweichd nicht allgem mögl, § 40, vgl dazu § 25 Anm 3 b); die MitglVersammlg kann aber nicht ganz beseitigt w [folgt aus § 41], auch muß Vertretg nach außen dem Vorstd bleiben). Ihr steht auch Beaufsichtigg der anderen Organe zu. Die Zuständigk der MitglVersammlg zur Regelg der Vereinsinterna schließt die Zuständigk der Gerichte aus, solange MitglVersammlg nicht Beschl gefaßt hat (vgl § 25 Anm 4 c); FeststellgsKl gg Verein, das ein Vereinsorgan gg Satzg verstoße, daher zunächst unzuläss, BGH **49**, 398. An Stelle der MitglVers kann die Gesamth der Mitgl tätig w, wenn sie einig sind; das gilt nicht nur für die schriftl Abstimmg, II, sond allg. Im Einverständn aller Mitgl kann eine MitglVersammlg (sog Universalversammlg) daher ohne die nach I 2 erforderl Einberufg tät w.

Bei größeren Vereinen schreibt die Satzg meist vor, daß an die Stelle der MitglVersammlg eine **Vertreterversammlg** tritt. Das ist zul, hM; dann muß die Satzg aber klar ergeben, wie die Vertreter bestellt wn. Für die Vertreterversammlg gelten, wo Satzg schweigt, §§ 32 ff, vgl zB Ffm Rpfleger **73**, 54 zu § 37.

b) Die MitglVersammlg wird durch **Beschlußfassg** tätig; diese ist Rechtsgeschäft (Gesamtakt), die Abstimmg der einzelnen Mitgl empfangsbedürftige WillErkl, vgl § 130 Anm 1 b. Stimmabgabe eines Gesch-Unfähigen ist nichtig. Bei Mj umfaßt die elterl Einwillig zum Vereinsbeitritt idR auch die Zust zur Stimmabgabe, KG OLG **15**, 324, Hamelbeck NJW **62**, 722, aA Braun NJW **62**, 92. Die nichtige od wirks angefochtene Stimmabgabe ist wie eine Stimmenthaltg zu werten, berührt die Wirksamk des Beschl also nur dann, wenn sie das Ergebn beeinflußte, vgl für AktG RG **115**, 383. Sittenw Beschl ist nichtig, RG **68**, 317, ebso jeder gesetz- od satzgswidr Beschl, vgl auch Anm 3. – BeschlFassg erfolgt idR mit Stimmenmehr der erschienenen Mitgl, **I 3**, Ausnahmen §§ 33, 41 und etwaige Satzgsbestimmgen, § 40. Mitgl, die sich der Stimme enthalten, sind als erschienene Mitgl zu zählen, wirken also prakt als GgStimmen, RG **80**, 193, KG NJW **78**, 1439 mAv Merle (zu WEG), LG Boch NJW **62**, 1206 (zu GenG), Staud-Coing Bem 13, str. Haben NichtMitgl teilgenommen, hat im Streitfall Verein zu beweisen, daß sie nicht mitgestimmt u ihre Stimmen Ergebn nicht beeinflußt haben, BGH **49**, 211; umgekehrt aber, wenn spätere MitglVersammlg Protokoll genehmigt hat, BGH aaO. Bei Wahlen ist absolute (nicht relative) Mehrh erforderl BGH NJW **74**, 183 [185], auch BGH WPM **75**, 1041, wo Satzg nichts anderes bestimmt (jedes Abweichen vom allgem MehrhPrinzip, auch Blockwahl, muß Grdlage in der Satzg h, BGH NJW **74**, 183, ist bei solcher Grdlage aber unbedenkl, vgl § 25 Anm 3 b, aA Kirberger BB **74**, 1000). Führg des Vorsitzes dch Pers, die dazu nicht satzgsgemäß berufen, ist bei Abwesenh od Verhinderg der berufenen unschädl, BayObLG **72**, 329, sonst macht sie ungült, RG JW **09**, 411. Je nach den Umständen können Kontrollmaßnahmen bei Abstimmg, insb bei Wahlen nöt sein, wenn solche beantragt w, BGH **59**, 377. Feststellg des Abstimmgs- (Wahl-)Ergebnisses hat bei Verein (anders als bei AG) keine rechtl Bedeutg, BGH NJW **75**, 2101. – Ein allein erschienenes Mitgl beschließt allein (Einstimmigk).

2) Über Voraussetzgen u Form der **Berufg** der MitglVersammlg enthält üblicherw die Satzg Vorschriften, beim eV soll sie es, § 58 Z 4; auch wo sie nichts besagt, muß Mitgl Gelegenh haben, rechtzeitg Kenntn zu nehmen, desh muß angem Frist gewahrt w. Zeit u Ort der Versammlg müssen zumutb sein. Angabe der Tagesordng, **I 2**, muß so genau sein, daß sich die Mitgl vorbereiten können, maßgebd also das berecht Informationsbedürfn der Mitgl, BayObLG **73**, 68 (zu WEG 23), das Mitgl muß allg Übblick erhalten, nicht über alle denkb Auswirkgen unterrichtet werden (Stgt OLGZ **74**, 404 [406]); „Satzgsänderngen" als Tagesordngspkt genügt nur ausnahmsw, BayObLG **72**, 29 [33] „Feststellg des Kassenvoranschlages" würde für Beitragsfestsetzg nicht genügen. – Berufg erfolgt dch Vorstand (beim eV ist Einberufg dch eingetr Vorstd auch dann gült, wenn seine Amtszeit abgelaufen war, § 68 Anm 2), alle Mitgl sind dch Verein zu laden, bei BeschlFassg über Ausschließg auch der Auszuschließende. Ist Einschreiben vorgesehen, so genügt Absendg des eingeschriebenen Briefes, RG **60**, 145; wo Satzg nur schriftl Einladg vorsieht, soll aber nach Ffm NJW **74**, 189 EinladgsFr erst mit Zugang beginnen. Beweislast für ordngsmäß Einberufg trägt Verein, BGH **59**, 376. Diese Formvorschriften bzw die der Satzg **müssen** gewahrt w; sonst ist (vorbehaltl anderer Regelg in Satzg) der in Versammlg gefaßte Beschl ungült, BGH **59**, 373 (ungnügde Ladg), Schlesw NJW **60**, 1862 (Berufg dch ungült Vorstd-Beschluß); keine Ungültigk aber, wenn Formfehler (bei Einberufg oder Abstimmg) das Ergebn nicht beeinflußt haben k a n n, BGH **59**, 369 [374] (was Verein beweisen muß). – Festsetzg der Tagesordng ist grdsätzl Sache des Vorstds; die Minderh des § 37 kann aber Setzg eines Punkts auf die Tagesordng verlangen, § 37 Anm 1 aE.

Personen. 2. Titel: Juristische Personen §§ 32–35

3) Auf **Ungültigk** gefaßter Beschlüsse kann sich jedermann berufen, aA, näml für bloße Anfechtbark von Beschl, bei dem nur SchutzVorschr für Mitgl verletzt, Soergel-Schultze von Lasaulx Rdz 11, 13, Staud-Coing Rdz 8, 9, vgl auch KG OLGZ **71**, 482 (Anf müßte ggü Vorstd od ggü RegisterGer erfolgen, so KG aaO 483); jedenf keine gestaltde AnfKlage wie AktG 243, BGH **59**, 369 [372] (krit K. Schmidt AG **77**, 249), also auch keine Rechtskr des auf Kl eines Mitgl ergehden Urt auf Nichtigk für u gg alle, aA RGRK Rdn 17. Wenn inzw neue (gült) Versammlg stattfand od entspr dem Beschl längere Zeit unbeanstandet verfahren wurde, wird man, wenn er nicht zwingdes Recht, zB § 138, verletzt, Mängel als geheilt ansehen können; aA BGH **49**, 210, der zur Heilg der Nichtigk formelle Neuabstimmg in späterer MitglVersammlg verlangt. Unwirks Satzgsänderg vgl auch § 33 Anm 2b. – Für AG, GmbH, Genossensch gelten Sonderbestimmn. – Die richterl Prüfg erstreckt sich grdsätzl nur auf formelle Ordngsmäßigk des Verf, auf Inhalt des Beschl nur stark eingeschränkt, vgl § 25 Anm 5a. Wer Ungültigk eines richtig beurkundeten Beschl geltd macht, hat den behaupteten Fehler zu beweisen, RGRK Rdn 17. – Über VereinsstrafVerf vgl § 25 Anm 5d.

33 *Satzungsänderung.* I Zu einem Beschlusse, der eine Änderung der Satzung enthält, ist eine Mehrheit von drei Vierteilen der erschienenen Mitglieder erforderlich. Zur Änderung des Zweckes des Vereins ist die Zustimmung aller Mitglieder erforderlich; die Zustimmung der nicht erschienenen Mitglieder muß schriftlich erfolgen.

II Beruht die Rechtsfähigkeit des Vereins auf Verleihung, so ist zu jeder Änderung der Satzung staatliche Genehmigung oder, falls die Verleihung durch den *Bundesrat* erfolgt ist, die Genehmigung des *Bundesrats* erforderlich.

1) § 33 behandelt nur SatzgsÄnd des bereits rechtsfäh Vereins; SatzgsÄnd im Gründgsstadium s § 25 Anm 2 b. SatzgsÄnd dch Staatsakt ohne bes gesetzl Grdlage ist nichtig, BGH **19**, 58. § 33 ist **nicht** zwingd (§ 40). – **Satzgsänderg** ist jede Änd des Wortlautes der Satzgsurkunde, BayObLG **76**, 435 [438] (soweit er nicht offensichtl rein vorübergehde Bedeutg h, wie oft Bestellg des ersten Vorstds) aber auch jede Änd wesentl Grdlagen des Vereins (insb des Zwecks, RG HRR **32**, 1640) ohne Änd des Wortlauts, nicht die nähere Ausgestaltg einer Satzgsbestimmg; die Grenzen sind flüss. Nachgeordnetes VereinsR hat idR keine Satzgsqualität (vgl § 25 Anm 3 c). – Beachte, daß bei eV SatzgsÄnd erst dch Eintr in VereinsReg wirks w, § 71, bei Vereinen nach § 22 erst mit staatl Genehmigg, II.

2) a) I gilt nur, wo MitglVersammlg für SatzgsÄnd zuständ; die Satzg kann anderes bestimmen (§ 40), sie zB übergeordnetem Verein, Vorstd od and Stelle übertr, auch von Genehmigg eines Dritten abhäng machen, KG OLGZ **74**, 389, str. DreiviertelMehr genügt nicht zur Abänderg einer Bestimmg, die selbst eine höhere Mehr für eine BeschlFassg verlangt; dazu ist entspr Mehr erforderl, vgl RG HRR **32**, 1639, KG JW **34**, 2161, Sommermeyer SchlHAnz **67**, 319, hM. Für Zweckänderg gilt I 2, wenn nicht Satzg ad best (§ 40). SatzgsVorschr über SatzgsÄnd gehen I 2 auch dann vor, wenn sie ZweckÄnd nicht bes erwähnen, Karlsr Rpfleger **76**, 396, str, aA Stöber Rpfleger **76**, 377, Sauter/Schweyer S 78.

b) Wird ein nach § 33 unwirks Beschl von der Mehrh durchgeführt u fehlt für die Minderh jede Möglichk, die Mehrh u die Vereinsorgane auf den Boden der Satzg (ggf gerichtl) zurückzuführen (aber auch nur dann!), so gilt die satzgstreugebliebene Minderh als der alte Verein, dem die Rechte auf das VereinsVerm zustehen, RG **119**, 184, BGH **49**, 179; vgl dazu auch BayObLG **70**, 125. Neugründg also, wenn schwache MitglVersammlg unter polit Druck Aufn der Mitglieder and Vereins beschließt u Verein dann nach einer für bish Verein unverbindl Satzg u unter für ihn unverbindl Namen lebt, sogar wenn alte Organisation weiterbenutzt w, BGH **23**, 128; daneben besteht alter Verein weiter. Nimmt dagg Minderh die Änd dch Verbleiben im Verein hin, so setzt sich alter Verein mit neuem Zweck fort, RG JW **25**, 237; Zustimmung zu ZweckÄnd wäre also auch stillschw außerh MitglVersammlg mögl (zweifelh, jedenf längere Zeit erforderl, da es sich um Entstehg einer Art vereinsinternen GewohnhR handelt, beim EV außerdem Eintragg in Register nöt). Hinnahme ist aber rechtl bedeutsl, solange Widerstand unmögl oder unzumutb, BGH **16**, 143, **23**, 129.

3) II betrifft die Vereine der §§ 22, 23. Staatl Gen dch die nach LandesR zust Beh, vgl § 22 Anm 1, Bundesrat vgl § 23 Anm 1.

34 *Ausschluß vom Stimmrecht.* Ein Mitglied ist nicht stimmberechtigt, wenn die Beschlußfassung die Vornahme eines Rechtsgeschäfts mit ihm oder die Einleitung oder Erledigung eines Rechtsstreits zwischen ihm und dem Vereine betrifft.

1) § 34 ist **zwingend**. Ähnl Bestimmgn: AktG 136 I, GenG 43 III, GmbHG 47 IV, auch § 181, der nicht selbst zutrifft, weil VereinsMitgl nicht Vertreter des Vereins. Interessenwiderstreit anderer Art als in § 34 vorgesehen, hindert Mitstimmen nicht, zB bei eig Wahl RG **104**, 186, Hamm OLGZ **78**, 187 (zu WEG), bei Abstimmg über eigene Ausschließg Köln NJW **68**, 993, bei Abstimmg des Vorstands einer Stiftg (auf die § 34 anwendb gemäß §§ 86, 28) über Verm an das VorstdsMitgl bei Auflösg übergeht, ObFidKommGer DJ **41**, 508, bei Abstimmg über Vertr mit nahem Angehör des Mitgl, bei Abstimmg über Vertr mit Gesellsch od jur Pers, an der Mitgl beteiligt, BGH **56**, 54, **68**, 110, and aber wenn Mitgl die jur Pers beherrscht od mit ihr wirtschaftl ident ist, BGH aaO. Teilnahme an der beschließenden Versammlg ist immer zul. § 34 gilt auch für Abstimg in and Vereinsorganen und wird auch auf Gesellsch des BGB u auf OHG angewendt, RGRK Rdn 1. – Mitstimmen entgg § 34 macht Beschl ungült, wenn die Stimme entscheidd sein konnte.

35 *Sonderrechte.* Sonderrechte eines Mitglieds können nicht ohne dessen Zustimmung durch Beschluß der Mitgliederversammlung beeinträchtigt werden.

§§ 35–37

1) Sonderrecht (vgl grdsätzl Gadow Gruch **66**, 523) ist jede aus der Mitgliedsch entspringende, einem Mitgl in eig Interesse eingeräumte Rechtsstellg, die ggü derjenigen der anderen Mitgl bevorzugt ist (ähnl RG **104**, 255) und ihm durch Satzg unentziehb gewährt ist, RG HRR **32**, 1287; Einräumg auf Grund Satzg also unentbehrl, weil für alle Mitgl von Bedeutg, vgl BGH MDR **70**, 913, vgl BGH NJW **69**, 131 (für GmbH). Sonderrechte können auch allen Mitgl zustehn, RG HRR **29**, 1558. Was im einzelnen SonderR ist, ergibt Auslegg der Satzg, RG HRR **32**, 1287; zB Anspr auf Teile des VereinsVerm bei Auflösg, Warn **18**, 133, RG **136**, 190, erhöhtes StimmR, Mitgliedsch im Vorstd, wenn für Dauer eingeräumt, was bei anfängl Vorbeh für Gründer nicht ohne weiteres anzunehmen, RG JW **11**, 747, vgl BGH NJW **69**, 131 (für GmbH), das Recht, Vorstd u andere Organe zu bestellen, Warn **25**, 12, das ZustimmgsErfordern zur SatzgsÄnderng (vgl § 33 Anm 2 a), überh jede in der Satzg vorgesehene, unterschiedl RStellg einz Mitgl od MitglGruppen. – Kein SonderR ist das **MitgliedschR** selbst, vgl § 38; doch behandelt die Rspr (zutreffd) den Anspr jedes Mitgl auf Gleichbehandlg mit den und ebenf als grdsätzl unentziehb, vgl RG **73**, 191, **112**, 124, BGH **3**, 252. Unzul ist daher ungerechtf Schlechterstellg des einz Mitgl ggü and, RG JW **38**, 1329, BGH NJW **60**, 2142, BGH **47**, 386, sein unbegründeter Ausschl RG **73**, 190, sachl nicht begründeter Stimmrechtsentzug dch SatzgsÄnd, KG NJW **62**, 1917, Bestimmg über Beiträge, die einz Mitgl willkürl belasten, BGH **LM** § 39 Nr 2. Wo aber wicht Gründe für Entziehg einz MitglRechtes sprechen (hier Abhängigk des Mitgl von Personen, deren Interessen denen des Vereins entgegensetzt), ist solche zul, BGH **55**, 385; sie kann auch auf zurückliegden Tatbestd gestützt w; Voraussetzg ist aber immer gült Satzgsbestimmg, die solches vorsieht, die aber, wenn Vereinszweck dies erfordert, auch nachträgl erlassen w kann, BGH aaO. Verschiedenes darf verschieden behandelt w, vgl BAG NJW **56**, 806 (unterschiedl Behandlg der Arbeiter versch Betr hins Ruhegeld). – Sonderrechtseinräumg als Bedingg des Beitritts zum Verein vgl RG JW **38**, 3229. – **Keine Sonderrechte**, weil nicht aus Mitgliedsch entspringd, sind die einem Mitgl als Gläub gg den Verein zustehden Rechte, RG Recht **25**, 1960; hier steht ein Mitgl jedem and Gläub gleich; die dem Mitgl aus einer Versicherg beim Verein bereits erwachsenen Ansprüche lassen sich als GläubRechte od als Sonderrechte ansehen, vgl OLG **3**, 267.

2) Die **Beeinträchtigg** der Sonderrechte ist verboten; sie erfordert nicht unmittelb Einwirkg auf das Recht, es genügt ein zwangsläuf dch seiner Schädigg führendes Verhalten, Warn **18**, 133. – § 35 erzeugt schuldrechtl Ansprüche, bei Verletzg § 278 anwendb, RG JW **38**, 1329. – **§ 35 ist zwingend.** Jeder Verstoß ist für den Richter frei nachprüfb, aber nicht, bevor das zust Vereinsorgan entschieden hat (vgl § 25 Anm 4 c).

36 *Berufung der Mitgliederversammlung.* **Die Mitgliederversammlung ist in den durch die Satzung bestimmten Fällen sowie dann zu berufen, wenn das Interesse des Vereins es erfordert.**

1) Einberufg der MitglVersammlg, vgl auch § 32 Anm 2, geschieht idR dch Vorstd. §§ 36, 37 geben ihm Anweisgn, wann sie geschehen soll; verletzt er sie, so wird er schadensersatzpfl; nach RG **79**, 411 können VorstdsMitgl im Falle des **§ 36** auf Einberufg verklagt werden, zweifelh aber vgl § 37, ob ein einzelnes Mitgl klagen könnte. Vorzuziehen ist die Anwendg von § 37 II (Ermächtigg dch Amtsgericht) auch hier, da freiw Gerichtsbark das geeignetere Verf ist; ob die Voraussetzgn des § 36 vorliegen, läßt sich auch in diesem Verf klären; so auch die jetzt hM, Staud-Coing § 37 Bem 16, Soergel-Schultze-v Lasaulx § 37 Rdz 10.

37 *Berufung auf Verlangen einer Minderheit.* **I Die Mitgliederversammlung ist zu berufen, wenn der durch die Satzung bestimmte Teil oder in Ermangelung einer Bestimmung der zehnte Teil der Mitglieder die Berufung schriftlich unter Angabe des Zweckes und der Gründe verlangt.**

II Wird dem Verlangen nicht entsprochen, so kann das Amtsgericht die Mitglieder, die das Verlangen gestellt haben, zur Berufung der Versammlung ermächtigen; es kann Anordnungen über die Führung des Vorsitzes in der Versammlung treffen. Zuständig ist das Amtsgericht, das für den Bezirk, in dem der Verein seinen Sitz hat, das Vereinsregister führt. Auf die Ermächtigung muß bei der Berufung der Versammlung Bezug genommen werden.

1) Vgl zunächst § 36 Anm 1. Fassg des § 37 II S 1 u 2 beruht auf RPflG 30. Änderg ergab sich aus § 55 II. Vgl dort.

2) Der **Anspruch der Minderh** auf Einberufg einer MitglVersammlg besteht nur bei Beachtg der Formalien des **§ 37 I** (vgl Ffm Rpfleger **73**, 54) u nie bei offensichtl Mißbr dieses Rechts, str. Im übr muß der Vorstd dem Verlangen stattgeben. – § 37 gewährt ein MinderheitenR; die Satzg darf die erforderl MitglZahl also nicht auf die Hälfte od mehr festsetzen, KG NJW **62**, 1917. – Der Anspr aus § 37 I läßt sich zwangsw nur iW des II 2 **durchsetzen**, nicht dch Klage, da Rechtsschutzinteresse fehlt. Antr aus II setzt voraus, daß § 37 I gewahrt war (Ffm OLGZ **73**, 140); Verfahren nach FGG, insb 160 mit RPflG 3; Anhörg des Vorstandes soweit mögl (so Keidel-Winkler FGG 160 Anm 2). Die Ermächtigg erfolgt dch Beschl des Rpfleger u w mit Bekanntg an AntrSt wirks; Aussetzg der Vollziehg daher undenkb, BayObLG **71**, 87, wohl aber einstw Anordng nach FGG 24 III, daß Versammlg nicht abzuhalten. Gg den Beschl befristete Erinnerg (RPflG 11 I), die ggf sof Beschw w (RPflG 11 II). Die Berufg der Versammlg dch die ermächtigten Mitgl kann vor Rechtskr des Beschl ergehen, RG **170**, 90 (auch Versammlg selbst, da Beschwerde nach FGG 24 keine aufschieb Wirkg hat); der Beschl ist mind den antragstellden Mitgl zuzustellen, FGG 16 II, 150 S 2, sonst unwirks u die in Versammlg gefaßten Beschlüsse sind nichtig, BayObLG **70**, 120. Ist die Ermächtigg befristet u von der Ermächtigg nicht fristgerecht Gebr gemacht, so erlischt sie, BayObLG **71**, 87. § 37 ist entspr anwendb, wenn die Minderh Aufn eines Punktes in die Tagesordng einer MitglVersammlg begehrt, hM vgl Hamm MDR **73**, 929.

Personen. 2. Titel: Juristische Personen §§ 37-39

3) § 37 ist auch auf **Vertreterversammlung** anwendbar, wo sie an Stelle der MitglVersammlg tritt, KG JW **30**, 1224, Ffm OLGZ **73**, 139. Ähnl Bestimmgen: AktG 122, GenG 45, GmbHG 50. – § 37 ist wg gleicher Interessenlage auch auf den nicht rechtsfäh Verein anzuwenden. Das gilt nicht nur für I, sond auch für II, LG Heidelbg NJW **75**, 1661, MüKo/Reuter Rdn 4, str, aA 36. Aufl; Klage gg den VereinsVorstd auf Einberufg daher unzul.

38 *Mitgliedschaft.* Die Mitgliedschaft ist nicht übertragbar und nicht vererblich. Die Ausübung der Mitgliedschaftsrechte kann nicht einem anderen überlassen werden.

1 a) Die **Mitgliedschaft** besteht in einer organisator Eingliederg in den Verein auf Grd einer Unterwerfg unter die Vereinsgewalt, die idR im Beitritt liegt. Sie umfaßt alle Rechte u Pflichten der Mitgl als solcher u ist PersRVerhältn, RG **100**, 2, bedeutet also einen Status in dem Verein u begründet je nach Vereinszweck mehr od weniger enges Treueverhältn zw Mitgl u Verein (BGH **28**, 134). Viele Vereine kennen Mitgl mit verschiedenem Status u ganz verschiedenen Rechten u Pflichten (aktive, passive, fördernde uam); wie die Satzg sie nennt, ist rechtl unerhebl; Mitgl iS des BGB kann sogar sein, wen die Satzg ausdrückl als NichtMitgl bezeichnet, wenn er nur dch Unterwerfg unter Vereinsgewalt organisator in den Verein eingegliedert, ihm nicht nur schuldrechtl verbunden ist (so sind wohl Lizenzspieler des DFußball-Bundes im Rechtssinne seine Mitgl mit Sonderstatus, so ist wohl auch, wer VorstdsbesetzgsR hat od wessen Zust zu SatzgsÄnderg erforderl, VereinsMitgl bes Art [„QuasiMitgl"]; anders wo Beziehgen zum Verein rein schuldrechtl, wie bei Benutzg von Vereinseinrichtgen dch NichtMitgl. Auch mögen zB manchmal EhrenMitgl nicht Mitgl iS des BGB sein, vgl Recht **17**, 755). Grdsätzl sind aber alle Mitgl gleich (RG **73**, 191; über Beeinträchtigg i d Gleichbehandlg § 35 Anm 1); es bedarf also, wenn es Mitgl verschiedener Art geben soll, ausdrückl Satzgsbestimmg (§ 25 Anm 3 b). Die Satzg bestimmt auch im übr die Rechte u Pflichten der Mitgl im einzelnen. – Mit der Mitgliedsch ist kein Anteil am Vereinsvermögen verbunden (vgl aber § 45), wohl aber kann Satzg schuldrechtl Anspr Mitgl gg den Verein vorsehen (hierzu Ballerstedt in Festschr f Knur 1972). – Verletzg der dem Mitgl obliegden Pflten, insb der TreuePfl, begründet SchadErsPfl entspr den Grds über die pVV, BGH Betr **77**, 2226.

b) Die Mitgliedsch **wird erworben** dch den GründgsVertr zw den Gründern, später dch Vertr zw Mitgl u Verein, BGH **28**, 134; die beidrs WillErkl sind Beitrittserklärg u Aufn; ihre zeitl Aufeinanderfolge u ihre Bezeichngen sind gleichgült. Bestehen Nichtigk- od AnfGründe bei Beitritt od Aufnahme, so beseitigen sie Mitgliedsch erst ab Geltendmachg, nicht *ex tunc*, Walter NJW **75**, 1033, str; Einf 5 c vor § 145 gilt insow entspr. Form u Wirksamwerden von Beitritt u Aufn bestimmt die Satzg, für eV vgl § 58 Z 1; ohne WillErkl wird niemand Mitgl, das kann auch Satzg nicht bestimmen; auch Mitgliedsch auf die Dauer eines anderen Amtes ist unmögl, BayObLG Betr **73**, 2518. Wohl kann die Satzg festsetzen, daß, wenn gewisse Voraussetzgen erfüllt, Beitritt ohne Aufn genügt. Verlangt sie Aufn sich ein Vereinsorgan, so besteht idR auch bei Erf der satzgsgem Erfordernisse keine AufnPfl (näher über AufnPfl § 25 Anm 3 e). Ablehng bedarf keiner Begründg. Bedingter Beitritt ist idR mögl.

c) Verlust der Mitgliedsch dch Austritt vgl § 39, dch satzgsmäß Verknüpfg mit den Voraussetzgen für den Erwerb der Mitgliedsch (BGH WPM **78**, 1066), Ausschl vgl § 25 Anm 5e.

2) Mitgliedsch einschließl der Sonderrechte (§ 35) ist grdsätzl weder **vererblich** noch **übertragbar**, auch nicht zur Ausübg, **2**; sie ist höchst pers, also auch unpfändb. Die Satzg kann Abweichendes bestimmen, § 40 (hierzu Sernetz, Die Rechtsnachfolge in die Verbandsmitgliedschaft, 1973). – Bereits fällige Verm-Ansprüche gg Verein sind idR übertragb u pfändb. Die Ausübg der MitgliedschRechte dch gesetzl Vertreter ist idR zul; aus dem Vereinszweck kann sich aber das Ggteil ergeben.

39 *Austritt.* I Die Mitglieder sind zum Austritt aus dem Vereine berechtigt.

II Durch die Satzung kann bestimmt werden, daß der Austritt nur am Schlusse eines Geschäftsjahrs oder erst nach dem Ablauf einer Kündigungsfrist zulässig ist; die Kündigungsfrist kann höchstens zwei Jahre betragen.

1) Austritt ist einseit empfangsbedürft WillErkl, vgl § 130 Anm 1b; wird wirks mit Zugehen (§ 130) an VorstdsMitgl, § 28 II. Er bedarf keiner Begründg, auch Satzg kann solche nicht vorschreiben. Satzg kann Schriftform vorschreiben, Colmar Recht **09**, 1964, hM; dann gilt § 127, Einschreiben gem § 125 Anm 2 a Abs 2. Andere Erschwergen außer II, insb Aufstellg besonderer Voraussetzgen od Auferlegg irgendwelcher Lasten sind unwirks, RG **108**, 160, **122**, 268 (betr Verbot des Austritts bei laufendem AusschlVerf), RG **143**, 3 (Setzg auf schwarze Liste bei Austritt, um sich der Vereinsstrafe zu entziehen). An Stelle längerer KündFrist tritt 2-Jahresfrist des II 2, J W **37**, 3236. Trotz vorgesehener KündFrist ist bei wicht Grd fristloser Austritt mögl, RG **130**, 375, BGH LM Nr 2. Bei Gewerkschaft ist KündFr von 2 Jahren wg GG 9 III unwirks, Fr von 3 Mo dagg unbedenkl, BGH AP GG 9 Nr 25.

2) Austritt beendet die Mitgliedsch. Mit ihm erlöschen MitgliedschRechte u Pflichten, soweit nicht bereits unbedingt entstanden; grdsätzl also keine Haftg mehr für Vereinsschulden, auch nicht, wenn Satzg solche etwa vorsieht. Wenn gem II KündFrist bestimmt, wirkt Austritt erst mit deren Ablauf. Nach RG SeuffA **89**, 15 kann Satzg statt KündFrist auch Haftg für Vereinsschulden auf die Dauer von 2 Jahren anordnen, die dann nur auf die zZ des Austritts vorhandenen Schulden bezieht. Auch Pfl zur Zahlg von VereinsBeiträgen erlischt mit Wirksamwerden des Austritts; BeitrPfl für spätere Zeit kann MitglVersammlg nicht wirks beschließen, auch nicht als sofort entstehde Beitragsschuld mit späterer Fälligk, BGH **48**, 207.

3) Schiedsgerichtsklausel über MitgliedschRechte bindet auch Ausgeschiedenen, der solche Rechte geltd macht, vgl RG **113**, 323. – **Ausschluß** vgl § 25 Anm. 5e.

40 *Nachgiebige Vorschriften.* Die Vorschriften des § 27 Abs. 1, 3, des § 28 Abs. 1 und der §§ 32, 33, 38 finden insoweit keine Anwendung, als die Satzung ein anderes bestimmt.

1) Zwingende Vorschriften vgl § 25 Anm 3 a.

41 *Auflösung.* Der Verein kann durch Beschluß der Mitgliederversammlung aufgelöst werden. Zu dem Beschluß ist eine Mehrheit von drei Vierteilen der erschienenen Mitglieder erforderlich, wenn nicht die Satzung ein anderes bestimmt.

1) **Auflösungsgründe**: a) Zeitablauf od Eintritt einer auflösenden Bedingg gem Satzg, selten!; – b) Wegfall aller Mitgl, da Verein ohne Mitgl undenkb, BGH **19**, 61, **LM** § 21 Nr 2 (alle Mitgl sind auch weggefallen, wenn sie sich seit langer Zeit als solche nicht mehr betätigen u Vereinszweck aufgeben, vgl auch BGH WPM **76**, 686); bei nur einem Mitgl besteht Verein noch als selbstd JP, hM, BGH **LM** § 21 Nr 2; für nicht rechtf Verein kann das nicht gelten; für eV vgl auch § 73. – c) Selbstauflösg des Vereins dch das satzgsgem berufene Organ; die satzgsgem Übertr des AuflösgsR auf und Stellen als MitglVersammlg ist unbedenkl, vgl KG DJ **36**, 1949; ferner Selbstauflösg gemäß § 41, vgl Anm 2; – d) Auflösg dch Staatsakt, insb dch Verbotsbehörde nach VereinsG 3, 7 bei dch Strafgesetz verbotenem Zweck od nach GG 9 verbotener Tätigk; Rechtsmittel nach VwGO. – Erreichg des Vereinszwecks führt nicht ohne weiteres zur Auflösg, ebensowenig Unmöglichwerden der Durchführg des satzgsmäß Zwecks (dann beschränkt sich der Zweck auf Restaufgaben od VermVerwaltg), BGH **49**, 178, auch nicht jahrelange Untätigk (Mü DFG **38**, 248, vgl aber vorstehd a), auch nicht Verlust der Rechtsfgk (vgl § 42 Anm 2); es bedarf in diesen Fällen eines bes Auflösgsakts, hM.

2) Das **AuflösgsR der Mitglieder**, § 41, kann diesen nicht ganz entzogen w. Die Satzg kann Zust aller Mitgl verlangen. Bei eV gem § 22 kann Satzg staatl Gen für Auflösg fordern; ü kann Auflösg dagg nicht von Zust eines Dr abhäng gemacht w, Soergel-Schultze-v Lasaulx Rdz 11, aA LG Aachen DVBl **76**, 914. Vereinigg (Fusion) mit anderen Vereinen vgl Anm 3; nicht zu verwechseln mit Beitritt zu anderem Verein als korporatives Mitgl. AuflösgsBeschl ohne Einhalg der Satzg unter polit Druck ist nichtig, BGH **19**, 58; Verein besteht weiter, doch kann Nichtweiterverfolgen dch Mitglieder nach Wegfall des Drucks Bestätigg der Auflösg sein, BGH **19**, 64; solange nichtiger AuflösgsBeschl tatsächl wirkt, ist Verein „stillgelegt", BGH **19**, 65. – Die Auflösg führt idR zur Liquidation §§ 47 ff; anders beim Wegfall aller Mitglieder (vgl § 47 Anm 1) u im Falle des § 46.

3) In allen Auflösgsfällen gelten §§ 45 ff; soweit das **Vermögen** nicht an Fiskus fällt (§ 46), muß Liquidation stattfinden. – Die **Fusion (Verschmelzung)** von Vereinen (anders AG, GmbH usw) kennt das G nicht; daher FusionsBeschl als Auflösg zu werten, OLG **22**, 113, Hbg MDR **72**, 236. Bei VerschmelzgsVertr also keine GesamtrechtsNachf des übernehden Vereins, sond nur EinzelÜbertr aller VermStücke gem einem in der Form des § 311 geschl Vertrage mit der Haftgsfolge des § 419. Liquidation bleibt formell notw, prakt vereinfacht sie sich. Auch eine GesRNachf kr FunktionsNachf gibt es nicht, KG NJW **69**, 752, Hbg aaO.

42 *Verlust der Rechtsfähigkeit; Konkurs.* I Der Verein verliert die Rechtsfähigkeit durch die Eröffnung des Konkurses.

II Der Vorstand hat im Falle der Überschuldung die Eröffnung des Konkursverfahrens oder des gerichtlichen Vergleichsverfahrens zu beantragen. Wird die Stellung des Antrags verzögert, so sind die Vorstandsmitglieder, denen ein Verschulden zur Last fällt, den Gläubigern für den daraus entstehenden Schaden verantwortlich; sie haften als Gesamtschuldner.

1) Fassg des Gesetzes v 25. 3. 1930, RGBl 93, in Kraft seit 11. 4. 1930.

2) **Verlust der Rechtsfähigk** tritt ein durch KonkEröffng (§ 42), Entziehg der Rechtsfgk (§ 43 u § 73), Sitzverlegg ins Ausland (§ 24 Anm 1) und Verzicht auf Rechtsfgk, der unbedenkl zul, da ein Minus ggü Auflösg, hM. Anders als bei Auflösg bleibt die PersVereinigg als nichtrechtsf Verein bestehen, hM, vgl RG JW **36**, 2063; nach KG JW **35**, 3636 kann sie wenigstens beschließen, als solcher bestehen zu bleiben. Der bestehen bleibde nichtrechtsf Verein ist ident mit dem rechtsf Verein, behält aber dessen Vermögen nur im Falle des Verzichts auf die Rechtsfgk, da der rechtsf Verein bei § 42 für die Zwecke des Konkurses, bei § 47 für die der Liquidation bestehen bleibt (Liquidationsverein).

3) Währd des **Konkurses** übt der Konkursverwalter die Rechte des Vereins aus. Grenzen seiner Befugnisse vgl RG HRR **37**, 429a (kein Recht der Beitragsfestsetzg). **Eröffng** nach KO 207, 208, 213. Wiederaufhebg des EröffngsBeschl stellt Rechtsfgk wieder her; dagg nicht Beendigg des Konkurses dch Schlußverteilg od ZwangsVergl. – Der Konkurs-(Vergleichs-) **Antrag** ist bei Überschuldg dch den Vorstd (die Liquidatoren, § 53) alsbald zu stellen; verschuldete Verzögerg verpflichtet im Verhältnis zu den Gläubigern zu Schadensersatz, II; die Vorstdsmitglieder müssen also über die VermVerhältnisse des Vereins auf dem laufenden halten. Der durch Verzögerg entstandene Schaden ist nicht nur den bei Eintritt der Überschuldg vorhandenen, sond auch späteren Gläubigern zu ersetzen, RG HRR **36**, 524, vgl BGH **29**, 102 (zu GmbHG 64), aber späteren Gläub nur der Schaden, der in der Verringerg der KonkQuote infolge der Verzögerg besteht, nicht der Schaden, der dch den Eintritt des Gläub in GeschBeziehgen zu dem überschuldeten Verein entsteht, BGH aaO 104. – Eintragg des Konkurses des eV vgl § 75.

43 *Entziehung der Rechtsfähigkeit.* I Dem Vereine kann die Rechtsfähigkeit entzogen werden, wenn er durch einen gesetzwidrigen Beschluß der Mitgliederversammlung oder durch gesetzwidriges Verhalten des Vorstandes das Gemeinwohl gefährdet.

II Einem Vereine, dessen Zweck nach der Satzung nicht auf einen wirtschaftlichen Geschäftsbetrieb gerichtet ist, kann die Rechtsfähigkeit entzogen werden, wenn er einen solchen Zweck verfolgt.

III *(Aufgehoben)*

IV Einem Vereine, dessen Rechtsfähigkeit auf Verleihung beruht, kann die Rechtsfähigkeit entzogen werden, wenn er einen anderen als den in der Satzung bestimmten Zweck verfolgt.

1) III war schon aufgeh dch WeimRV 124, ob er nach dessen Außerkraftsetzg wieder galt, war str. Jetzt dch GesEinhGes endgült außer Kraft. – Über Verlust der Rechtsfgk vgl auch § 42 Anm 2.

2) Gesetzwidriges Verhalten, **I**, reicht zur Entziehg der Rechtsfgk nur, wenn es das Gemeinwohl gefährdet; dann aber w idR Auflösg nach GG 9, VereinsG 3 erfolgen. I wird also selten prakt. Staud-Coing hält ihn für verfassgswidr.

3) Wirtschaftl Zweck (**II**) vgl § 21.

4) Weiterer Fall der Entziehg der Rechtsfgk bei eV vgl § 73.

44 *Zuständigkeit und Verfahren.*
I Die Zuständigkeit und das Verfahren bestimmen sich in den Fällen des § 43 nach dem Recht des Landes, in dem der Verein seinen Sitz hat.

II Beruht die Rechtsfähigkeit auf Verleihung durch den *Bundesrat*, so erfolgt die Entziehung durch Beschluß des *Bundesrats*.

1) I ist dch GesEinhG neu gefaßt. – LandesR vgl Staud-Coing Rn 3, *Nds* AGBGB 2 II, *Ba-Wü* AGBGB § 2 II. Zust überall höh Verwaltgsbehörde. Für II ist BMdInn zust (vgl § 23 Anm 1).

45 *Anfall des Vereinsvermögens.*
I Mit der Auflösung des Vereins oder der Entziehung der Rechtsfähigkeit fällt das Vermögen an die in der Satzung bestimmten Personen.

II Durch die Satzung kann vorgeschrieben werden, daß die Anfallberechtigten durch Beschluß der Mitgliederversammlung oder eines anderen Vereinsorgans bestimmt werden. Ist der Zweck des Vereins nicht auf einen wirtschaftlichen Geschäftsbetrieb gerichtet, so kann die Mitgliederversammlung auch ohne eine solche Vorschrift das Vermögen einer öffentlichen Stiftung oder Anstalt zuweisen.

III Fehlt es an einer Bestimmung der Anfallberechtigten, so fällt das Vermögen, wenn der Verein nach der Satzung ausschließlich den Interessen seiner Mitglieder diente, an die zur Zeit der Auflösung oder der Entziehung der Rechtsfähigkeit vorhandenen Mitglieder zu gleichen Teilen, anderenfalls an den Fiskus des *Bundesstaats*, in dessen Gebiete der Verein seinen Sitz hatte.

1) Anfall bedeutet außer in § 46 nicht unmittelb VermÜbergang wie bei Erbgang, sond Erwerb eines Anspr des Anfallberechtigten gg den für den Liquidations- (Konkurs-)zweck noch bestehenden Verein, vgl § 47 Anm 1, KGJ **43**, 184; für preuß Gewerksch KGJ **25** A 130. – § 45 gilt auch bei Auflösg dch Hoheitsakt, OLG **44**, 117, außer bei VermEinziehg. – I gilt auch entspr für GmbH, weil GmbHG 72 nicht zwingd ist, RG **169**, 82.

2) Anfallberechtigt sind die dch Satzg (nachträgl Satzgsänderg über Anfallberechtigte jederzeit zul, RG **169**, 82) unmittelb od dch Übertr des BestimmgsR an Organe, **II 1**, mittelb bestimmten Personen; bei nicht wirtschaftl Vereinen gilt hilfsw **II 2**. Die Bestimmg dch das zust Organ kann noch nach Auflösg oder Verlust der Rechtsfgk erfolgen, da der Verein nach § 49 II für Liquidationszweck fortbesteht; für KonkFall KG JW **35**, 3636. In letzter Linie sind anfallsberecht bei rein selbstnützigem Verein die Mitglieder, bei anderen der Landesfiskus, **III**, od die landesrechtl bestimmte Stelle, EG 85. Sind die anfallsberecht Mitglieder nicht zu ermitteln, so gilt § 50 entspr, vgl dort. – Für **Vereinsschulden** haften die Anfallberechtigten grdsätzl nicht, auch nicht aus ungerechtf Ber nach rechtm Verteilg des Verm, vgl RG **124**, 213 (zu GmbHG 73), str; vgl aber § 51 Anm 1.

46 *Anfall an den Fiskus.*
Fällt das Vereinsvermögen an den Fiskus, so finden die Vorschriften über eine dem Fiskus als gesetzlichem Erben anfallende Erbschaft entsprechende Anwendung. Der Fiskus hat das Vermögen tunlichst in einer den Zwecken des Vereins entsprechenden Weise zu verwenden.

1) Der Fiskus, ebso die nach EG 85 an seiner Stelle anfallberecht Körperschaften, sind **Gesamtnachfolger**; Schuldenhaftg nur mit übernommenem Verm, vgl §§ 1942 II, 1966, 2011 mit 1994 I 2. – **Satz 2** begründet keinen im Zivilrechtsweg einklagb Anspr, da öffrechtl, Staud-Coing Bem 5, hM; auch verwaltgsgerichtl Verf dürfte nicht in Frage kommen, aA MüKo-Reuter Rdn. 7.

47 *Liquidation.*
Fällt das Vereinsvermögen nicht an den Fiskus, so muß eine Liquidation stattfinden.

1) Die Liquidation (im AktG „Abwicklung") dient dem Schutz der Gläub u AnfallBerecht (vgl § 45 Anm 1); sie muß außer bei §§ 42, 46 od VermEinziehg (Einf 6 vor § 21) immer stattfinden; nur im Fall des Wegfalls aller Mitglieder Abwicklg nach Pfleger nach § 1913, BGH **19**, 57, BAG NJW **67**, 1437. Für Liquidationszwecke bleibt Verein (**„Liquidationsverein"**) rechtsf, § 49 II, KGJ **43**, 184. Zweck des Vereins ist dann ausschließl Flüssigmach des Verm u Befriedigg der Gläub u AnfallBerecht, also bei Verein, der Tar-

VertrPart war, nicht mehr Erfüllg der tarifvertragl Pflichten, BArbG Betr **71**, 483 mit Nachw. Vereinsorgane bleiben, soweit dieser Zweck es erfordert, ggf mit entspr eingeschränkten Befugnissen, bestehen; an Stelle des Vorstandes treten Liquidatoren, § 48. Prozeß wird dch Liquidation nicht unterbrochen; über Fortführg eines Aktivprozesses vgl § 49 Anm 1. ErbschAnfall u Erwerb von Zuwendgen ist mögl, soweit das dem Liquidationszweck dient, BayObLG RJA **16**, 243, nicht zwecks WiederAufn der Vereinstätig, BayObLG OLG **40**, 102. War Selbstauflösg erfolgt, so kann WiederAufn der Vereinstätik dch zuständiges Vereinsorgan beschl und dadch Liquidation beendet werden; für Beschl genügt einf Mehrh, LG Frankenthal Rpfleger **55**, 106. – Über **Fusion** und FunktionsNachf vgl § 41 Anm 3.

48 *Liquidatoren.* **I** **Die Liquidation erfolgt durch den Vorstand. Zu Liquidatoren können auch andere Personen bestellt werden; für die Bestellung sind die für die Bestellung des Vorstandes geltenden Vorschriften maßgebend.**

II **Die Liquidatoren haben die rechtliche Stellung des Vorstandes, soweit sich nicht aus dem Zwecke der Liquidation ein anderes ergibt.**

III **Sind mehrere Liquidatoren vorhanden, so ist für ihre Beschlüsse Übereinstimmung aller erforderlich, sofern nicht ein anderes bestimmt ist.**

1) Die **Vorstdsmitglieder** bleiben als Liquidatoren (Abwickler, so AktG) im Amt (I 1); Abberufg u Bestellg anderer Liquidatoren (I 2) gem für den Vorstd geltenden Bestimmgen des § 27. Auch sonst gelten dieselben Regeln wie für Vorst, Vertretg (§ 26 II) aber beschränkt auf LiquidZwecke (§ 49), zB Ersatzbestell nach § 29 (diese auch beschränkt auf ein bestimmtes Geschäft, BayObLG **55**, 291 für GmbH), Haftg des LiquidVereins nach § 31 usw. Aber: Bei mehreren Liquidatoren BeschlFassg nach III, statt nach § 28 I, wenn nichts anderes für Vorstd bestimmt war; außerdem gesetzliche Pflichten der Liquidatoren nach §§ 49–52, die den Wünschen der MitglVersammlg od sonstiger Vereinsorgane vorgehen u deren Verletzg zur ErsPfl § 53, führen kann. – **Eintragg** der Liquidatoren des eV u der Art ihrer BeschlFassg vgl § 76.

49 *Aufgaben der Liquidatoren.* **I** **Die Liquidatoren haben die laufenden Geschäfte zu beendigen, die Forderungen einzuziehen, das übrige Vermögen in Geld umzusetzen, die Gläubiger zu befriedigen und den Überschuß den Anfallberechtigten auszuantworten. Zur Beendigung schwebender Geschäfte können die Liquidatoren auch neue Geschäfte eingehen. Die Einziehung der Forderungen sowie die Umsetzung des übrigen Vermögens in Geld darf unterbleiben, soweit diese Maßregeln nicht zur Befriedigung der Gläubiger oder zur Verteilung des Überschusses unter die Anfallberechtigten erforderlich sind.**

II **Der Verein gilt bis zur Beendigung der Liquidation als fortbestehend, soweit der Zweck der Liquidation es erfordert.**

1) Zweck der Liquidation ist Flüssigmachg und Verteilg des Verm, vgl § 47 Anm 1. Nur hierfür dienl Hdlgen dürfen Liquidatoren (und andere Vereinsorgane) vornehmen. Nur soweit reicht auch die Vertretgsmacht; Dritter muß aber ihre Überschreitg nur, wenn bei sorgfält Prüfg erkennb, gg sich gelten lassen, RG **146**, 376, vgl ferner eingehd K. Schmidt AcP **74**, 55. Aktivprozeß, der nur für bestehenden Verein von Belang ist, ist nicht fortzuführen, RG JW **36**, 2651.

2) Fortbestehen des Vereins zum Liquidationszweck, II, vgl zunächst § 47 Anm 1; währd der Liquidationszeit ändert Wegfall aller Mitgl u Entziehg der RFähigk noch § 73 am Fortbestehen nach II nichts, KG OLGZ **68**, 206. Nach beendeter Liquidation hört Verein zu bestehen auf; für ihn kann niemand mehr handeln, Düss NJW **66**, 1035.

50 *Bekanntmachung.* **I** **Die Auflösung des Vereins oder die Entziehung der Rechtsfähigkeit ist durch die Liquidatoren öffentlich bekanntzumachen. In der Bekanntmachung sind die Gläubiger zur Anmeldung ihrer Ansprüche aufzufordern. Die Bekanntmachung erfolgt durch das in der Satzung für Veröffentlichungen bestimmte Blatt, in Ermangelung eines solchen durch dasjenige Blatt, welches für Bekanntmachungen des Amtsgerichts bestimmt ist, in dessen Bezirke der Verein seinen Sitz hatte. Die Bekanntmachung gilt mit dem Ablaufe des zweiten Tages nach der Einrückung oder der ersten Einrückung als bewirkt.**

II **Bekannte Gläubiger sind durch besondere Mitteilung zur Anmeldung aufzufordern.**

1) Öff Bekanntmachg im Vereinsblatt, ggf Amtsblatt, ist zwar zwingd vorgeschrieben (bei Unterlassg ErsPfl nach § 53), ist aber, wenn kein Verm vorhanden, prakt entbehrl, da Inlaufsetzg der Frist des § 51 unnötig u Entstehg eines Schadens unmögl. – Anfallberechtigte gehören zu den Gläubigern iS des § 50; mindestens ist bei unbekannten Anfallberechtigten § 50 entspr anzuwenden, LG Berlin NJW **58**, 1874.

51 *Sperrjahr.* **Das Vermögen darf den Anfallberechtigten nicht vor dem Ablauf eines Jahres nach der Bekanntmachung der Auflösung des Vereins oder der Entziehung der Rechtsfähigkeit ausgeantwortet werden.**

1) Beginn des **Sperrjahres** vgl § 50 I 4. Auskehrg von VermStücken vor Ablauf macht Liquidatoren ggf schadensersatzpfl, § 53. Auch kann Verein, wenn nötig, vom Anfallberechtigten Rückzahlg nach § 812 fordern, da Zahlg vor Ablauf ohne rechtl Grd erfolgte; vgl Brschw MDR **56**, 352, das Anfallsberechtigten

uU auch bei Einhaltg der Sperrfrist aus § 812 haften läßt. Ebso bei späterer Auszahlg, wenn bekannter, zB aus Büchern ersichtl, Gläub noch unbefriedigt ist, vgl §§ 52, 53. Im übr kein RückforderungsR bei Auskehrg nach Ablauf, str, vgl § 45 Anm 2 aE. – Auskehrg beendet Liquidation; findet sich nachträgl Verm an, so ist sie (dch die alten Liquidatoren, ggf Bestellg neuer nach § 29) wieder aufzunehmen. Geschäftsbücher u Unterlagen sind kein Vermögen in diesem Sinne, Düss NJW 66, 1035. – Entspr Bestimmgen vgl AktG 272, GmbHG 73, GenG 90.

52 *Sicherung für Gläubiger.* ^I Meldet sich ein bekannter Gläubiger nicht, so ist der geschuldete Betrag, wenn die Berechtigung zur Hinterlegung vorhanden ist, für den Gläubiger zu hinterlegen.
^{II} Ist die Berichtigung einer Verbindlichkeit zur Zeit nicht ausführbar oder ist eine Verbindlichkeit streitig, so darf das Vermögen den Anfallberechtigten nur ausgeantwortet werden, wenn dem Gläubiger Sicherheit geleistet ist.

1) Sperrjahrsablauf hat keine Ausschlußwirkg; bekannter Gläub ist daher trotz Nichtmeldg zu befriedigen; ggf ist zu hinterlegen. Hinterleggsgründe u -form vgl §§ 372ff; Wirkg §§ 378ff. Statt Erfüllg od Hinterlegg hat SicherhLeistg zu erfolgen (Form: §§ 232ff), wenn Anspr str od Erf zZ nicht ausführb, zB wegen Bedingg, Unbestimmth des Inhalts des Anspruchs. Vgl auch § 51 Anm 1.

53 *Schadensersatzpflicht der Liquidatoren.* Liquidatoren, welche die ihnen nach dem § 42 Abs. 2 und den §§ 50 bis 52 obliegenden Verpflichtungen verletzen oder vor der Befriedigung der Gläubiger Vermögen den Anfallberechtigten ausantworten, sind, wenn ihnen ein Verschulden zur Last fällt, den Gläubigern für den daraus entstehenden Schaden verantwortlich; sie haften als Gesamtschuldner.

1) Fassg v 26. 2. 35 (in Kraft seit 1. 4. 1935), entspricht der urspr Fassg; inzw galt Fassg des Ges v 25. 3. 30 (RGBl 93) Art II 2.

2) Voraussetzg der Haftg der Liquidatoren ist Verletzg der GläubSchutzvorschriften (§§ 42 II, 50–52), Versch u entstandener Schaden; letzterer fehlt, soweit von Anfallberechtigtem Rückzahlg erlangt w kann, vgl § 51 Anm 1.

54 *Nichtrechtsfähige Vereine.* Auf Vereine, die nicht rechtsfähig sind, finden die Vorschriften über die Gesellschaft Anwendung. Aus einem Rechtsgeschäfte, das im Namen eines solchen Vereins einem Dritten gegenüber vorgenommen wird, haftet der Handelnde persönlich; handeln mehrere, so haften sie als Gesamtschuldner.

Schrifttum: Habscheid AcP 155, 375, Schumann, Zur Haftg des nicht rechtsfäh Vereins, 1956; Fabricius, Relativität der Rechtsfgk, 1963 S 187ff.

1) Der **nicht rechtsfähige Verein** ist, obwohl GesellschRegeln Anwendg finden sollen, **nicht Gesellschaft** iS der §§ 705ff, sond körperschaftl PersZusammenschluß, vgl Vorbem 1 vor § 21. Der begriffl Unterschied ggü der Gesellsch des BGB besteht in der körperschaftl Verfassg mit Bestellg von Vereinsorganen (Vorstd, MitglVersammlg), in der grdsätzl Unabhängigk vom MitglWechsel, und darin, daß er auf längere Zeitdauer berechnet sein muß (10 Jahre genügen, RG JW 13, 974). Dagg unterscheidet den nichtrechtsfäh vom rechtsfäh Verein nur das Fehlen der Rechtsfgk; Träger der ihm zugehör Rechte u Pflichten sind nicht der als gesondertes Gebilde gedachte Verein, sond die Mitgl in GesHand, vgl Einf 1 vor § 21 u RG 57, 92. Die innere Organisation, die die Satzg bestimmt, gleicht idR der des rechtsf Vereins; auch nach außen ergeben sich trotz der begriffl Verschiedenh viele Ähnlichk dadch, daß er die Rechte jedes einz Mitgl dch die Mitberechtigg aller and Mitgl beschr sind u tatsächl nur der Vorstd als Vertreter aller Mitgl die Rechtsmacht in sich vereinigt, die erforderl ist, um über VereinsVerm zu verfügen od die Mitgl-GesHand zu verpflichten. Erwirbt nichtrechtsfäh Verein nachträgl die RFähigk, besteht Identität mit dem neu entstandenen eV, BGH WPM 78, 116. Die Verweisg auf GesellschR ist daher rechtspolit verfehlt. Die Rspr wendet deswegen die Regeln für den rechtsfäh Verein weitgehd auf den nichtrechtsfäh an; dazu Anm 2–4. Das Schrifttum nimmt zT an, § 54 S 1 sei „kr Natur der Sache" außer Kraft getreten; es gelte nunmehr der Satz, daß auf den nichtrechtsfäh Verein das VereinsR anzuwenden sei, mit Ausn der Vorschr, die mit der RFähigk zushängen, MüKo/Reuter Rdn 2. – Abgrenzg zw Gesellsch u nichtrechtsfäh Verein: War bei der Gründg ein Gebilde in Aussicht genommen, das nach Vorstehendem begriffl als Verein einzustufen ist (ggf Auslegsfrage, RG 74, 371), so entsteht dch den GründgsVertr, der keiner Form bedarf, ein Verein; wollen die Beteiligten ein Gebilde, das begriffl Gesellsch ist, so entsteht eine solche, RG JW 06, 452 (Bezeichng ist unerhebl); Zwergvereine sind eher Gesellschaften (Schumann S 84). Polit Parteien vgl auch PartG (BGBl **67**, 773). – Die polit u wirtschaftl wichtigsten ZusSchlüsse sind meist nichtrechtsf Vereine, so fast alle Gewerkschaften, die meisten WirtschVerbände u manche polit Parteien.

2) **A**) Prakt wichtig sind folgende **Abweichgn ggüber** dem Recht des **rechtsfähigen Vereins**:
a) **Kein Klagerecht** unter dem Gesamtnamen, vielm ist klageberecht nur die Gesamth der Mitgl, die in der Klage einzeln aufgeführt werden müssen (ZPO 253), eine ziemlich sinnlose Formalität, da alle Mitgl dch den Vorstd vertreten w (Nachweis der Vollm wird dch Einreichg der Satzg ersetzt, RG **57**, 92, Einverständn jedes Mitglieds unnötig, RG HRR **28**, 1554) u der Rechtsstreit vom MitglWechsel unabhängig ist, RG **78**, 106. Man kann ihr entgehen, wenn die Satzg den Vorstd zum treuhänderischen Inh des Vereins-Verm bestimmt, Ffm NJW **52**, 793; doch ist das nach Mü MDR **55**, 33 nur in vermögensrechtl Streitigkeiten, nicht bei Geltendmachg des NamensR mögl. Auch könnte Satzg den Vorstd zur Klage in eig Namen für Verein ermächtigen (gewillkürte Prozeßstandsch). LG Bonn **AP** Nr 1, LG Köln MDR **62**, 61 gestatten Bezeichng der MitglGesamth dch Vereinsnamen; das widerspricht (leider) ZPO 253. Für Ge-

werksch hat die Rspr inzw iW der RFortbildg die volle Parteifähigk anerkannt, BGH **50**, 328, **42**, 210. Sie gilt aber nicht für Unterorganisationen einer Gewerksch, BGH **LM** ZPO 50 Nr 25, krit Fenn ZZP **86**, 177. Aktive Parteifähigk besteht wohl auch für den presserechtl Gegendarstellg Anspr auf GgDarstellg, LG Aachen NJW **77**, 255. Auch iü w man den Mitgl von größeren Vereinen, bei denen die Aufzählg aller Mitgl prakt unmögl ist, gestatten müssen, unter dem Namen des Vereins zu klagen, LG Köln MDR **62**, 61, Habscheid AcP **155**, 414, abw aber wohl BGH **42**, 214, **50**, 334. Die GgAns läuft im Ergebn auf eine Verweigerg von gerichtl RSchutz hinaus. – Im Passivprozeß genügt wohl eine nichtrechtsf Verein Bezeichng mit Vereinsnamen (ZPO 50 II, 735, KO 213, VerglO 108), vgl Anm 3. Im VerwProzeß ist nichtrechtsf Verein parteif (vgl VwGO 61 Z 2). – **b) Keine Wechselfähigk**, RG **112**, 124, Kblz MDR **55**, 424, keine eigene Erbfgk; ist der Verein als Erbe eingesetzt, so sind Erben die Mitgl mit der Auflage, die Erbsch dem VereinsVerm zuzuschlagen, RG Recht **29**, 975. – **c)** Keine Eintragg in das **Grundbuch** unter Vereinsnamen; sie wäre nichtig, RG **127**, 311. – **d) Haftung** der Mitgl bei Vertragsschulden nach § 427, für VertrVersch des Vorstandes nach § 278, für unerl Hdlg der Organe wendete die fr hM § 831 an, ließ folgl das Mitgl mit seinem ges Vermögen haften, gestattete ihm aber den EntlastgsBew, RG **143**, 212, JW **33**, 423, Schlesw SchlHA **53**, 200. Die jetzt hM hält dagg (wohl mit Recht) § 31 für entspr anwendb, bejaht also eine Haftg des Vereinsvermögens, lehnt dagg die Haftg der Mitgl mit ihrem privaten Vermögen ab, Soergel-Schultze-v Lasaulx Rdz **40**, 41, RGRK Rdn 15ff, MüKo/Reuter Rdn 11, 22; für Gewerksch: Ffm BB **50**, 702, **53**, 290, BGH NJW **65**, 33, BGH **50**, 329. Bei wirtschaftl Verein wird neben § 31 auch HGB 128 entspr heranzuziehen sein, so daß auch das PrivVermögen der Mitgl haftet, Soergel aaO, MüKo Rdn 17. – **e) Persönliche Haftg** des im Namen des Vereins **Handelnden** nach § 54 S 2 (gilt nicht für polit Partei; PartG 37). Sie entsteht immer (und zwar ggf auch ggü einem Mitgl des Vereins), mag der Handelnde mit od ohne Vertretgsmacht abgeschl haben, mag letzternf genehmigt sein od nicht; § 177 gilt insoweit nicht. Ausdr Haftgsausschluß mögl, stillschweigender in der Regel nicht anzunehmen, da dem Gesetzeszweck widersprechd, RG JW **37**, 392; daher auch bei Idealverein unbeschränkte Haftg entgg Denecke JR **51**, 742, hier bei Haftg für culpa in contrahendo (vgl § 276 Anm 6) jedenf keine Beschränkg, BGH **LM** § 31 Nr 11. Handelnder iS des § 54 ist (wenigstens bei Idealverein) nur, wer nach außen hin auftritt, vgl BGH **LM** § 31 Nr 11, ggf auch dessen VollmGeber. Die Haftg des Handelnden bleibt bestehen, wenn der Verein nachträgl rechtsf wird, bei Dauerschuldverhältnissen dürfte sie sich dann darauf beschränken, daß der Verein nach Eintr das Schuldverhältn übernimmt, vgl Celle NJW **76**, 806 betr MietVertr. Verj ist der für den Verein maßgebd Fr, LG Ffm Betr **76**, 2058. – **f)** Nach Auflösg **keine Liquidation**, wohl aber kann Satzg die Auseinandersetzg abw von §§ 730 ff regeln, insb Anfallberechtigte bestimmen; für Anwendg des § 47 aber ua Habscheid aaO 411, wohl auch BGH **50**, 329.

B) Im übr wendet die Rspr die Bestimmgen über rechtsfäh Vereine fast durchweg entsprechd an (vgl BGH **50**, 329); so §§ 27, 28: Vorstd, § 29 (dort Anm 1), § 32 (BAG **AP** Nr 4) §§ 33–36 u 37 (dort Anm 2): MitglVersammlg, § 38: Mitgliederrechte, § 39: Austritt (ebso die über Ausschl u Vereinsstrafen entwickelten Regeln BGH **13**, 11 u NJW **73**, 35), §§ 33, 41: Satzgsänderg u Auflösg, viele auch §§ 31 u 47 (oben A d u A f).

3) Abweichgen ggüber dem Recht der **Gesellschaft** beruhen meist auf der körperschaftl Verfassg des Vereins, auf die manche GesellschRegeln nicht passen: **a)** Im nicht rechtsf Verein bestehen zwar nach § 705 an sich Ansprüche der Mitgl gegeneinander auf Mitwirkg am Vereinszweck; diese werden aber ggü dem einzelnen Mitgl ausschließl dch die Vereinsorgane ausgeübt, u die Rechte des einzelnen Mitgl bestehen ggü dem Vorstd als Vertreter der Gesamthand. So sind es praktisch MitgliedschRechte u -pflichten ggü dem Vereinsorgan. – **b)** Der Verein führt einen Namen u ist im NamensR nach § 12 geschützt. – **c)** Beschränkg vertragl Haftg ggü Dritten nach Vereinsverm nach Anm 2 A d. – **d)** Haftg des Mitgl ggüber dem Verein für jedes Versch entgg § 708, RG **143**, 214, da der Verein im Innenverhältn dem Mitgl wie ein Dritter ggübersteht. – **e)** Kein Anspr ausscheidender Mitglieder auf Auseinandersetzg od Abfindg entgg §§ 730, 738 ff, RG **113**, 135, Unübertragbark u Unpfändbark des Anteils am VereinsVerm BGH **50**, 329. – **f)** Keine Künd, §§ 723 ff, wohl aber Austritt eines Mitgl, RG **78**, 136; keine Auflösg dch Konk eines Mitgl entgg § 728. Der Verein endet auch mit Ablauf der vorgesehenen Zeit od Erreichg od Unmöglichwerden des Zwecks, § 726. – **g)** Auflösg dch Staatsakt wie für rechtsf Verein zul, vgl Einf 6 vor § 21. – **h)** Eine Art beschränkter Rechtsfgk begründen ZPO 50 II, 735, KO 213, VerglO 108 (vgl Anm 2 A a), wonach der Verein als solcher unter seinem Namen verklagt w kann u in solchem Rechtsstreit dem rechtsf Verein gleichsteht, also widerklageberechtigt ist, gg ihn vollstreckt w kann, er konk- u vergleichsfäh ist. Unter dem Namen des Vereins wird hier sachl das SonderVerm der Mitgl ergriffen, das ihnen als Vereinsvermögen zur ges Hand zusteht (nur dieses!, keine Vollstreckg in das sonstige Verm der Mitglieder RG **143**, 216). Zu ihm gehören auch fällige, nicht gezahlte Beiträge, str.

4) Einzelfälle: Als Verein nach § 54 wurden ua angesehen: Arbeitgeber- u Arbeitnehmerorganisationen ohne Rechtsfgk, Heilsarmee RAG JW **35**, 2228, Kartelle u Syndikate, soweit ihnen die Rechtsfgk fehlt, so Handelssyndikate RG **82**, 295, Tarifgemeinsch RG **76**, 27, Niederlassg eines kath Ordens RG **97**, 123, auch eine Ordensprovinz RG **113**, 127, Studentenverbindg RG **78**, 135, ehemal Offizierskorps RG **105**, 309. Ortsgruppe eines rechtsf od nichtrechtsf Vereins, wenn sie selbstdig ist u eine eig Organisation besitzt, vgl RG **118**, 198 u Einf 7 vor § 21. Kein Verein ist die in Gründg befindl Genossensch BGH **20**, 281. BGH **25**, 312 behandelt korporativ organisierte Miteigentümergemsth (WaldinteressenGemsch) wie einen Verein. – **Ausländische Vereine** vgl EG nach Art 10.

2. Eingetragene Vereine

Vorbemerkung

Schrifttum: Vgl Vorbem vor § 21.

1) §§ 55–79 dienen der Durchf des Grundsatzes des § 21, wonach ein nichtwirtschaftl Verein Rechtsfgk nur durch **Eintragg** erlangt; vgl daher zunächst Anm zu § 21. Außerdem gelten §§ 24–53. Einzutragen sind: Verein (Name, Sitz) § 64, Vorstdsmitglieder u Liquidatoren §§ 64, 67, 76, Beschränkg ihrer Vertretgsmacht §§ 64, 70, 76 I 2, Satzgsänderg en § 71 (bei urspr Satzg nur Errichtgstag § 64), Auflösg, Entziehg der Rechtsfgk, Konkurs §§ 74, 75. Beendigg der Liquidation u Erlöschen des Vereins sind nicht eintraggspflicht, Eintragg aber zuläss (LG Hann Rpfleger **67**, 174). Jede Eintr setzt Anmeldg voraus; diese kann uU dch Zwangsgeld erzwungen werden, vgl § 78, Bestimmg en über das Verfahren ergänzt FGG 159. Registerführg ist dch BundesratsBeschl v 3. 11. 98, ZentrBl f DtschesR 438, im übr dch LandesR geregelt.

2) Eintragg des Vereins ist **nichtig** bei Verstoß gg die zwingenden Vorschriften der §§ 21, 26 I, 57 I, 63. Geltendmachg der Nichtigk nur nach FGG 159, 142, 143; ggf Löschg vAw vgl KG HRR **30**, 765.

55 Zuständigkeit des Amtsgerichts.
I Die Eintragung eines Vereins der im § 21 bezeichneten Art in das Vereinsregister hat bei dem Amtsgerichte zu geschehen, in dessen Bezirke der Verein seinen Sitz hat.

II Die Landesjustizverwaltungen können die Vereinssachen einem Amtsgericht für die Bezirke mehrerer Amtsgerichte zuweisen.

1) Fassg (Zufügg des II) dch RPflG 1957 § 30 Nr 3. Zweck des II, der JustizVerw eine bessere Besetzg des AG, dem die Sachen zugewiesen, mit Rechtspflegern zu ermöglichen. Die Fassgsänderg erforderte auch die Änderg von § 29 u 37 II. – Nach RPflG 3 Nr 1a obliegt Vereinsregisterführg u Bearbeitg der Vereinsregistersachen dem RPfleger.

2) Sitz vgl §§ 24, 57, Sitzverlegg vgl § 24 Anm 1. – Eintr dch unzust AG ist wirks, FGG 7.

56 Mindestmitgliederzahl.
Die Eintragung soll nur erfolgen, wenn die Zahl der Mitglieder mindestens sieben beträgt.

1) Zweck: ganz unbedeutende Vereine sollen Rechtsfgk nicht erlangen; Satzg ist daher dch 7 Mitglieder zu unterzeichnen, § 59. Auch bei einem „Dachverband" sind 7 Mitgl erforderl (Sauter-Schweyer S 171; aA LG Mainz MDR **78**, 312). Bei weniger Mitgl ist Eintr abzulehnen, § 60; erfolgt sie trotzdem, so ist sie, da es sich nur um eine „**Soll**"-Vorschr (vgl § 57 Anm 2) handelt, gültig.

57 Satzung, Mindesterfordernisse.
I Die Satzung muß den Zweck, den Namen und den Sitz des Vereins enthalten und ergeben, daß der Verein eingetragen werden soll.

II Der Name soll sich von den Namen der an demselben Orte oder in derselben Gemeinde bestehenden eingetragenen Vereine deutlich unterscheiden.

1) Die **Satzung** (vgl auch § 25) ist beim RegGericht einzureichen, § 59 II, muß also schriftl abgefaßt sein Bei Fehlen der Erfordernisse des I darf Verein nicht eingetr werden, § 60; trotzdem erfolgte Eintr ist nichtig: „**Muß**"-Vorschrift! Bei Fehlen der Klausel, daß Verein eingetr w soll, in der SatzgsUrk dürfte trotzdem erfolgte Eintr dann gült sein, wenn Eintr von Gründern beschlossen wurde, vgl Spitzenberg Rpfleger **71**, 243. – **Zweck** vgl §§ 21, 22, 33, **Sitz** vgl § 24; er muß namentl bestimmt sein (also zB nicht „am Wohnort des Vorsitzenden"). – **Namen** vgl § 12 u Einf 2 vor § 21; mit Eintr erhält er den Zusatz des § 65 „eV"; mehrere Namen kann ein Verein nicht führen RG **85**, 399, außer bei Weiterführung eines Handelsgeschäfts mit Firma KG JW **32**, 62. – Verwechslgsgefahr im Namen, II, hindert Eintr, § 60; trotzdem erfolgte ist gült, vgl Anm 2; bedeuts für II sind nur eingetr Vereine (desselben Ortes!), da ggf Zusatz des § 65 genügendes Unterscheidgsmerkmal. Im übr muß Zulässigk des Namens (NamensR § 12) nicht geprüft w. Bei offenb unzul Namen (vgl dazu bei § 12) ist Eintr aber abzulehnen, da kein Staatsorgan bei Unrecht mitwirken darf, so (in entspr Anwendg von HGB 18 II) eines Namens, der zur Täuschg über Art, Größe, Alter des Vereins führt, BayObLG **59**, 287 [290], LG Hagen Rpfleger **71**, 428, BayObLG NJW **72**, 633, Ffm OLGZ **74**, 332 („Wirtschaftskammer"), BayObLG **74**, 299 („Verband", dazu Kirberger Rpfleger **75**, 19), Celle Rpfleger **74**, 222 („Hanseatisch"), BayObLG NJW **73**, 249 („Stiftg"), Mü WRP **75**, 178 mAv Girth („Ausschuß"), Hamm Rpfleger **78**, 132 („AktionsGemsch der dtschen RAnw"). Eintr unter Verletzg dieses Grds kann zur Amtslöschg (FGG 159, 142) führen, BayObLG NJW **72**, 958, Hamm Rpfleger **78**, 132.

2) „**Soll**" in II bedeutet wie überall im BGB eine OrdngsVorschr, die die Behörden usw bindet, deren Verletzg aber die Gültigk der entggstehenden Hdlg nicht beeinträchtigt, vgl auch § 134 Anm 2a.

3) Die Erfordernisse der §§ 56, 57 sind vom RegGer bei jeder Anmeldg, nicht nur Neuanmeldg zu prüfen, LG Köln Rpfleger **70**, 240.

58 Weitere Erfordernisse.
Die Satzung soll Bestimmungen enthalten:
1. über den Eintritt und Austritt der Mitglieder;
2. darüber, ob und welche Beiträge von den Mitgliedern zu leisten sind;
3. über die Bildung des Vorstandes;
4. über die Voraussetzungen, unter denen die Mitgliederversammlung zu berufen ist, über die Form der Berufung und über die Beurkundung der Beschlüsse.

1) Fehlen der Erfordernisse des § 58 hindert die Eintr, § 60; die trotzdem erfolgte ist aber gültig (Sollvorschr, vgl § 57 Anm 2). – **Zu Z 1 u 2**: Bestimmg en über Form des Beitritts sind nicht nöt; fehlen sie, ist

er formlos gült, BayObLG NJW **72**, 1323, aA LG Münster MDR **74**, 309. – Die Satzg muß außer freiw Austritt (Z 1) auch Ausschluß regeln, wenn er mögl sein soll (über Ausschl aus wicht Grd vgl aber § 25 Anm 5e); ebso außer den normalen Beiträgen, Z 2, etwa vorgesehene Ordngsstrafen. – Fehlt Bestimmg über Beiträge, können sich solche doch aus Vereinszweck ergeben; anderf keine BeitragsPfl (vgl zB Hamm Betr **76**, 93).

2) Zu Z 3: „Bildg des Vorstandes" bedeutet eindeut Festlegg, wie er sich zusetzt, ob er aus einer od mehreren Pers bestehen soll, ggf aus wievielen. Setzt Satzg Höchst- u/od Mindestzahl fest, so bestimmt MitglVersammlg die Zahl, BayObLG **69**, 33 [36]. Fälle mangelnder Eindeutigk zB BayObLG **71**, 266, **72**, 286 u dazu Danckelmann NJW **73**, 735, BayObLG **76**, 230.

3) Zu Z 4: Form der Berufg der MitglVersammlg muß bestimmt geregelt sein, Hamm OLGZ **65**, 66; ebso notwend bestimmte Regelg, wie Beschlüsse zu beurkunden.

59 *Anmeldung.* I Der Vorstand hat den Verein zur Eintragung anzumelden.
II Der Anmeldung sind beizufügen:
1. die Satzung in Urschrift und Abschrift;
2. eine Abschrift der Urkunden über die Bestellung des Vorstandes.
III Die Satzung soll von mindestens sieben Mitgliedern unterzeichnet sein und die Angabe des Tages der Errichtung enthalten.

1) Die **Anmeldg** kann **nur durch den Vorstand**, muß aber, auch wenn Satzg für RGeschäfte Einzelvertretg zuläßt, durch alle Vorstdsmitglieder iS des BGB (vgl § 26 Anm 1) erfolgen, stRspr, KG DR **42**, 725, LG Düss NJW **49**, 787, BayObLG **72**, 29 [36] hM (aA mit beachtl Gründen Stöber Rpfleger **67**, 342). Stellvertreter, dessen Tätigwerden vom Nachweis der Verhinder des Vertretenen nicht abhängt (dazu auch § 26 Anm 1), ist VorstdsMitgl, muß also mitwirken, KG ebda; bei der Anmeldg kann sich jedes Vorstds-Mitgl vertreten lassen (begl Vollm erforderl § 77). Bei nicht ordngsm Anmeldg ist Eintr unwirks, ggf Löschg vAw nach FGG 159, 142, BayObLG JFG **1**, 273. Verstoß gg II und III berührt Gültigk der erfolgten Eintr nicht. Zweifel an Ordnungsmäßigk der Anmeldg sind dch Ermittlgen nach FGG 12 zu klären; normalerweise prüft RegGericht materiellen Inhalt der Anmeldg nicht, muß es aber, wenn begründete Bedenken bestehen, BayObLG **63**, 17. – Form vgl auch § 77. – Anmeldg von SatzgsÄnd vgl § 71.

60 *Zurückweisung der Anmeldung.* Die Anmeldung ist, wenn den Erfordernissen der §§ 56 bis 59 nicht genügt ist, von dem Amtsgericht unter Angabe der Gründe zurückzuweisen.

1) Die Anmeldg ist auch bei sonstiger Gesetzesverletzg zurückzuweisen, so bei gesetzwidr Vereinszweck (zB Vermittlg von Wohnraum, LG Karlsr Rpfleger **74**, 221), offensichtl unzul Namen (s § 57 Anm 1 aE), Gesetzwidrigk § 134, Sittenwidrigk § 138, vgl RG JW **20**, 961. Mißbr der Rechtsform des Vereins für eine unselbstd Verwaltgsstelle, vgl § 21 Anm 2. Es entscheidet der Rechtspfleger; gg seine Entscheidg (sof) Erinnerg RPflG 11 die, wenn der AmtsRi ihr nicht abhilft, gem RPflG 11 II, FGG 160 a I zur sof Beschw w. Wo fehlde Erfordernisse nachholb, ist ZwischenVfg, nicht sofort Zurückweisg zweckmäß, BayObLG **69**, 35, 36.

61 *Einspruchsrecht der Verwaltungsbehörde.* I Wird die Anmeldung zugelassen, so hat das Amtsgericht sie der zuständigen Verwaltungsbehörde mitzuteilen.
II Die Verwaltungsbehörde kann gegen die Eintragung Einspruch erheben, wenn der Verein nach dem öffentlichen Vereinsrecht unerlaubt ist oder verboten werden kann.

1) In II sind die auf polit, sozialpolit u religiöse Vereine bzgl Schlußworte, die schon WeimRV 124 II beseitigt hatte, dch GesEinhG Teil I Art 1 Nr 3 endgült gestrichen worden. Die VerwBeh kann also Einspr nur noch erheben, wenn der Verein dem öffentl VereinsR widerspricht.

2) §§ 61, 62 betr die Mitwirkg der VerwBeh. Sie gelten nicht für polit Parteien (PartG 37), hier also alsbald Eintragg nach § 64.

3) Die Zulassg (I) geschieht formlos u liegt in der Mitteilg an die VerwBeh.

4) Zust Behörden vgl bei Staud-Coing § 61 Rdn 2, *Nds* AGBGB 2, *Hess* G 24. 9. 73, GVBl 343, *Ba-Wü* AGBGB § 2 (meist untere VerwBeh).

62 *Mitteilung des Einspruchs.* Erhebt die Verwaltungsbehörde Einspruch, so hat das Amtsgericht den Einspruch dem Vorstande mitzuteilen.

1) § 62 Abs II wurde dch VereinsG 24 Z 2 gestrichen.

2) Im Falle des Einspr unterbleibt Eintragg bis zum Ablauf der Fr des § 63 II u, wenn das Verbot des § 63 II ergeht, überh bzw bis es zurückgenommen od aufgeh ist. Erhebt die VerwBeh keinen Einspr, so ist nach Ablauf der Fr des § 63 I einzutragen.

63 *Voraussetzungen der Eintragung.* I Die Eintragung darf, sofern nicht die Verwaltungsbehörde dem Amtsgericht mitteilt, daß Einspruch nicht erhoben werde, erst erfolgen, wenn seit der Mitteilung der Anmeldung an die Verwaltungsbehörde sechs Wochen

Personen. 2. Titel: Juristische Personen §§ 63–68

verstrichen sind und Einspruch nicht erhoben ist oder wenn der erhobene Einspruch seine Wirksamkeit verloren hat.

II Der Einspruch wird unwirksam, wenn die nach den Bestimmungen des Vereinsgesetzes zuständige Behörde nicht binnen eines Monats nach Einspruchserhebung ein Verbot des Vereins ausgesprochen hat oder wenn das rechtzeitig ausgesprochene Verbot zurückgenommen oder unanfechtbar aufgehoben worden ist.

1) § 63 wurde durch VereinsG 24 Z 3 geändert. Zum Inhalt vgl §§ 61 u 62 mit Anm.

64 *Inhalt der Eintragung.* Bei der Eintragung sind der Name und der Sitz des Vereins, der Tag der Errichtung der Satzung sowie die Mitglieder des Vorstandes im Vereinsregister anzugeben. Bestimmungen, die den Umfang der Vertretungsmacht des Vorstandes beschränken oder die Beschlußfassung des Vorstandes abweichend von der Vorschrift des § 28 Abs. 1 regeln, sind gleichfalls einzutragen.

1) Anm s bei § 65.

65 *Zusatz „e. V."*. Mit der Eintragung erhält der Name des Vereins den Zusatz „eingetragener Verein".

1) Mit der **Eintragg** beginnt die Rechtsfgk des Vereins, der nun seinem Namen „Eingetragener Verein" oder abgekürzt „eV" zufügen muß; fremdsprachiger Zusatz genügt nicht, JFG 8, 199 (Unterlassg der Zufügg im RechtsVerk dürfte aber unschädl sein). – Eintr ist **wirksam**, wenn sie nur Name u Sitz enthält, das das den Verein genügend kennzeichnet; im übr ist §64 OrdngsVorschr, hM. Form der Eintr vgl FGG 159, 130. Als **VorstdsMitgl** ist nur einzutragen, wer vertretgberechtigt, da andere nicht Vorstd iS des § 26. Einzutragen ferner Beschränkgen der VertrMacht u Bestimmg über BeschlFassg des Vorstds (§ 64). Eintraggen über § 64 hinaus sind zul, insb über Wirksamk von WillErkl einzelner Vorstdsmitglieder, KGJ 31 A 220; str, aA RG 85, 141, BayObLG 69, 37, mit der Begründg, im Reg seien die im Ges bezeichneten Tats. Dazu gehört aber auch die AufgabenVerteilg im Vorstd (Begründg von Einzelvertretgmacht, da sie eine Abw von § 28 enthält, vgl BGH 69, 253. – Weitere EintrFälle §§ 67, 71 (Änderg des Vorstdes u der Satzg) sowie 74–76. – Die bes Vertreter nach § 30 sind nicht einzutragen, hM, aA KG JFG 2, 280; auch nicht Inhalt der Satzg (Abschrift kommt zu den Registerakten, § 66 II). – Eintr wirkt bzgl Rechtsfgk rechtserzeugend, bzgl Beschränkg der Vertretgmacht des Vorstdes usw nur kundmachend mit der Wirkg des § 68, vgl § 70.

2) **Rechtsmittel**: Gg Ablehng der Eintr sof Beschw, FGG 160a, also wg RPflG 11 I mit 3 Nr 1a befristete Erinnerg; gg EintrVfg einf Beschw (bzw Erinnerg) nur dann, wenn sie dem Beteiligten bekanntgegeben, aber noch nicht ausgeführt. Gg Eintr kein RMittel, nur Antr auf Amtsänderg nach FGG 159, 142 ff. VereinsMitgl w selten beschwerdeberecht sein, weil FGG 20 Beeinträchtigg eines **persönl R** verlangt, Stgt OLGZ 70, 240.

66 *Bekanntmachung.* I Das Amtsgericht hat die Eintragung durch das für seine Bekanntmachungen bestimmte Blatt zu veröffentlichen.

II Die Urschrift der Satzung ist mit der Bescheinigung der Eintragung zu versehen und zurückzugeben. Die Abschrift wird von dem Amtsgerichte beglaubigt und mit den übrigen Schriftstücken aufbewahrt.

1) Veröffentlichg, I, ist Pflicht des Gerichts, Unterlassg macht ggf schadensersatzpfl nach § 839 mit GG 34, ist aber auf Wirksamk der Eintr ohne Einfluß. – Dem Anmeldenden wird die Eintr unmittelb bekanntgegeben, FGG 130 II.

67 *Änderung des Vorstandes.* I Jede Änderung des Vorstands ist von dem Vorstand zur Eintragung anzumelden. Der Anmeldung ist eine Abschrift der Urkunde über die Änderung beizufügen.

II Die Eintragung gerichtlich bestellter Vorstandsmitglieder erfolgt von Amts wegen.

1) Fassg des VereinsG 24 Z 4. – **Anmeldg** der Vorstdsänderg ist pers Pflicht **aller** Mitglieder des Vorstandes neuer Zusammensetzg (vgl dazu §59 Anm 1) u nach §78 erzwingb. Neubestellg derselben VorstdsMitglieder ist seit Änderg durch VereinsG nicht mehr anzumelden u einzutragen. – Anmeldg**verfahren** vgl §59 Anm 1, Form § 77, **Wirkung** der Eintragg § 68.

2) Eintragg des Vorstds ist zu **löschen**, wenn er weggefallen ist, was eintreten kann, wenn vor Ende der satzgsmäß Amtsdauer keine Neuwahl stattfindet; Löschg erfolgt ggf vAw nach FGG 159, 142, weil Register unricht, Stöber Rpfleger 67, 346.

68 *„Negative Publizität".* Wird zwischen den bisherigen Mitgliedern des Vorstandes und einem Dritten ein Rechtsgeschäft vorgenommen, so kann die Änderung des Vorstandes dem Dritten nur entgegengesetzt werden, wenn sie zur Zeit der Vornahme des Rechtsgeschäfts im Vereinsregister eingetragen oder dem Dritten bekannt ist. Ist die Änderung eingetragen, so braucht der Dritte sie nicht gegen sich gelten zu lassen, wenn er sie nicht kennt, seine Unkenntnis auch nicht auf Fahrlässigkeit beruht.

1) Wirkg der Eintragg des Vereins selbst vgl § 65, von SatzgsÄnd vgl § 71. – Die Eintr des Vorstds (vgl dazu auch § 69), von Beschränkgen der Vertretgsmacht des Vorstds, von Satzgsbestimmgen über andere BeschlFassg des Vorstdes als mit Stimmenmehr (§ 70) u von Ändergen des Vorstdes (§ 67) wirkt nur kundmachend. Aber: Dritter braucht sich eine nicht eingetr Änd nicht enttgghalten zu lassen, es sei denn, daß er die Änd kannte (Kennenmüssen genügt nicht). Eine eingetr Änd muß der Dritte gg sich gelten lassen, es sei denn, daß er sie nicht kennt u auch nicht kennen muß. Ein echter „öffentlicher Glaube" nach Art des Grundbuchrechts besteht also für VereinsReg nicht; es steht dem HandelsReg gleich. Dritter kann auch das VereinsMitgl sein (Bsp: Zahlg des Beitrags an fr Vorstd), str. § 68 gilt auch im Proz, Ffm Rpfleger **78**, 134 (Zust an eingetr VorstdMitgl), nicht aber sow es um Maßn gem ZPO 890 geht, Ffm aaO.

2) Zur Einberufg der MitglVersammlg ist analog AktG 121 II 2 eingetr Vorstd befugt, auch wenn Bestellg ungült od Amtszeit abgelaufen; so richt KG OLGZ **71**, 481, vgl BayObLG **72**, 329.

69 *Registerauszug.* Der Nachweis, daß der Vorstand aus den im Register eingetragenen Personen besteht, wird Behörden gegenüber durch ein Zeugnis des Amtsgerichts über die Eintragung geführt.

1) Das Eintraggzeugnis schützt nur **Behörden**, denen ggü es Bew erbringt, nicht Privatpersonen, die aber, wenn ihnen dies Zeugnis vorgelegen hat, den Bew fehlender Fahrlässigk (vgl § 68 S 2) meist führen können.

70 *Beschränkung der Vertretungsmacht; Beschlußfassung.* Die Vorschriften des § 68 gelten auch für Bestimmungen, die den Umfang der Vertretungsmacht des Vorstandes beschränken oder die Beschlußfassung des Vorstandes abweichend von der Vorschrift des § 28 Abs. 1 regeln.

1) Vgl § 68 Anm 1. Bestimmgen dieser Art, die nach Eintr des Vereins dch Satzgsänderg eingeführt werden, sind aber vor deren Eintr ganz unwirks, § 71. – Die Eintr muß Beschränkg eindeutig erkennen lassen, BGH **18**, 303, vgl § 71 Anm 1 in Verbindg mit § 68.

71 *Änderungen der Satzung.* ᴵ Änderungen der Satzung bedürfen zu ihrer Wirksamkeit der Eintragung in das Vereinsregister. Die Änderung ist von dem Vorstande zur Eintragung anzumelden. Der Anmeldung ist der die Änderung enthaltende Beschluß in Urschrift und Abschrift beizufügen.
ᴵᴵ Die Vorschriften der §§ 60 bis 64 und des § 66 Abs. 2 finden entsprechende Anwendung.

1) Eine **Satzgsänderg** (vgl § 33) ist **bis zur Eintragg** gänzl **unwirksam**, Warn **33**, 90, auch wenn fakt danach gelebt wird, BGH **23**, 128, u zwar auch im Verh zw Verein u Mitgl, Köln NJW **64**, 1575 (Ausschluß in einem nach angemeldeter Satzg nicht vorgesehenen Verfahren). Die Eintr der Satzgsänderg wirkt also, wie Eintr des Vereins selbst, rechtserzeugd. Auch für EintrVerfahren gelten die Regeln wie für Eintr des Vereins mit EinspruchsR der VerwBeh usw. **II**. – Anmeldg muß dch den nach alter Satzg gültig bestellten Vorstd (erforderlichenf Notvorstd nach § 29) erfolgen, Br NJW **55**, 1925, aA Richert DRiZ **57**, 17 (neuer Vorstd); Beschlüsse von Vereinsorganen aGrd neuer Satzg können vor Eintr ergehen, werden aber erst mit Eintr der Satzgsänderg wirks, hM, RGRK Rdz 1, Sitzverlegg vgl § 24 Anm 1. – In Eintragg genügt Angabe, Satzg sei neu gefaßt, Soergel-Schultze-v Lasaulx Rdz 6, aA RG Warn **33**, 90, Mü MDR **55**, 160, die Bezeichng der geänderten Satzgsteile verlangen. Da der genaue Satzgsinhalt aus den Registerakten zu ersehen ist, fehlt ein Grd für diese Abgrenzg des erforderlichen EintrInhalts. Soweit aber Wirkg Dritter ggü in Frage steht (§ 70), also für BeschlFassg des Vorstds u Beschränkg seiner Vertretgsmacht, ist eindeutige Eintr nötig; wenn BGH **18**, 303 auch sonst Wirksamk bei nur allg Angabe sollte verneinen wollen, wäre dem nicht beizutreten.

2) § 71 betrifft wie § 33 nur SatzgsÄnd des bereits rechtsfäh (eingetr) Vereins; SatzgsÄnd im Gründgstadium (vgl § 25 Anm 2b) w nicht gesondert angemeldet, eingereicht gilt ursprüngl geänderter Satzg genügt (§ 59 II 1). Unzuläss SatzgsÄnd, insb solche, die Verein zum wirtschaftl macht, darf nicht eingetr w, Stgt OLGZ **71**, 465; ob die Satzg den schuldrechtl Verpflichtgen des Vereins entspricht (hier auf Mitwirkg des BetrRates) ist nicht zu prüfen (LG Augsb Rpfleger **75**, 87).

72 *Bescheinigung der Mitgliederzahl.* Der Vorstand hat dem Amtsgericht auf dessen Verlangen jederzeit eine von ihm vollzogene Bescheinigung über die Zahl der Vereinsmitglieder einzureichen.

1) Fassg beruht auf § 22 RVereinsG v 19. 4. 08; früher konnte Verzeichn der Mitgl verlangt werden. Verpflichtg des Vorstandes gemäß § 78 erzwingb. – § 72 wird prakt für die Fälle der §§ 37 u 73.

73 *Entziehung der Rechtsfähigkeit.* Sinkt die Zahl der Vereinsmitglieder unter drei herab, so hat das Amtsgericht auf Antrag des Vorstandes und, wenn der Antrag nicht binnen drei Monaten gestellt wird, von Amts wegen nach Anhörung des Vorstandes dem Vereine die Rechtsfähigkeit zu entziehen.

1) Fassg des VereinsG 24 Z 5; dadch sind Abs 1 S 2 u 3 u Abs 2 gestrichen u dch FGG 160a ersetzt, wonach Vfg, die Rechtsfgk entzieht, dem Vorstd bekanntzumachen, dagg sof Beschw (befristete Erinnerg)

Personen. 2. Titel: Juristische Personen §§ 73–79

gegeben ist u Vfg erst mit Rechtskr wirks w. – **Mindestzahl** für Vereinsgründg ist 7, § 56; zur Entziehg der Rechtsfgk in dem Verf des § 73 führt aber erst ein Herabsinken auf 1 od 2. – Solange Rechtsfgk nicht entzogen, kann Verein nach hM auch bei nur einem Mitgl bestehen, so auch BGH **LM** § 21 Nr 2.

74 *Auflösung des Vereins.* I Die Auflösung des Vereins sowie die Entziehung der Rechtsfähigkeit ist in das Vereinsregister einzutragen. Im Falle der Eröffnung des Konkurses unterbleibt die Eintragung.

II Wird der Verein durch Beschluß der Mitgliederversammlung oder durch den Ablauf der für die Dauer des Vereins bestimmten Zeit aufgelöst, so hat der Vorstand die Auflösung zur Eintragung anzumelden. Der Anmeldung ist im ersteren Falle eine Abschrift des Auflösungsbeschlusses beizufügen.

III Wird dem Verein auf Grund des § 43 die Rechtsfähigkeit entzogen, so erfolgt die Eintragung auf Anzeige der zuständigen Behörde.

1) III Fassg des VereinsG 24 Z 6. – **Eintragg der Auflösg** grdsätzl auf Anmeldg des Vorstandes (Form § 77) od Anzeige der zust Beh, II, VereinsG 7 II; bei Entziehg der Rechtsfgk im Falle des § 43 auf Anz der zust Beh (III), im Falle des § 73 vAw. Eintr der Auflösg auch vAw, wenn sämtl Mitgl des Vereins wegfallen, vgl Sauter Rpfleger **54**, 289. Wegen Beendigg der Liquidation u Erlöschens des Vereins vgl Vorbem 1 vor § 55. Bei Konkurs wird vAw dessen Eröffg, § 75, nicht der daraus folgende Verlust der Rechtsfgk (§ 42) eingetr, § 74 I 2; desgl die Aufhebg des Eröffngsbeschlusses. Nach VereinsG 7 II wird auch das Erlöschen des Vereins eingetragen.

75 *Eröffnung des Konkurses.* Die Eröffnung des Konkurses ist von Amts wegen einzutragen. Das gleiche gilt von der Aufhebung des Eröffnungsbeschlusses.

1) Vgl § 74 Anm 1. – Auch Eröffng u Aufhebg des VergleichsVerf w eingetr, VerglO 108 I 2, 98 III 1

76 *Liquidatoren.* I Die Liquidatoren sind in das Vereinsregister einzutragen. Das gleiche gilt von Bestimmungen, welche die Beschlußfassung der Liquidatoren abweichend von der Vorschrift des § 48 Abs. 3 regeln.

II Die Anmeldung hat durch den Vorstand, bei späteren Änderungen durch die Liquidatoren zu erfolgen. Der Anmeldung der durch Beschluß der Mitgliederversammlung bestellten Liquidatoren ist eine Abschrift des Beschlusses, der Anmeldung einer Bestimmung über die Beschlußfassung der Liquidatoren eine Abschrift der die Bestimmung enthaltenden Urkunde beizufügen.

III Die Eintragung gerichtlich bestellter Liquidatoren geschieht von Amts wegen.

1) Die **Liquidatoren** sind einzutragen wie Vorstdsmitglieder, u zwar auch wenn sie vorher Vorstd waren. Außerdem einzutragen Abweichgn von der Regel der erforderl Übereinstimmg aller (§ 48 III). Nach § 48 II gelten ferner §§ 68–70, vgl dort.

77 *Form der Anmeldungen.* Die Anmeldungen zum Vereinsregister sind von den Mitgliedern des Vorstandes sowie von den Liquidatoren mittels öffentlich beglaubigter Erklärung zu bewirken.

1) **Öffentl Beglaubigg** vgl § 129. Auch Vollm eines Vertreters muß begl sein, KGJ **26** A 232. – Vgl auch § 59 Anm 1.

78 *Zwangsgeld.* I Das Amtsgericht kann die Mitglieder des Vorstandes zur Befolgung der Vorschriften des § 67 Abs. 1, des § 71 Abs. 1, des § 72, des § 74 Abs. 2 und des § 76 durch Festsetzung von Zwangsgeld anhalten.

II In gleicher Weise können die Liquidatoren zur Befolgung der Vorschriften des § 76 angehalten werden.

1) **Fassg des I**: Der lange überholte früh S 2 ist durch GesEinhG Teil I Art 1 Nr 5 gestrichen worden. EG StGB 121 Z 1 ersetzt „Ordngsstrafe" dch „Festsetzg v Zwangsgeld"; **Rahmen** hierfür EGStGB Art 6: 5–1000 DM. – **Verfahren** vgl FGG 159, 132–139. Nach RPflG 3 Nr 1a entscheidet RPfleger. – Zwangsgeld w festgesetzt gg die anmeldepfl Einzelpersonen, nicht Vorstd als Organ, nicht Verein, KGJ **26** A 232.

79 *Einsicht in Vereinsregister.* Die Einsicht des Vereinsregisters sowie der von dem Vereine bei dem Amtsgericht eingereichten Schriftstücke ist jedem gestattet. Von den Eintragungen kann eine Abschrift gefordert werden; die Abschrift ist auf Verlangen zu beglaubigen.

1) Einsicht in Reg u Schriftstücke (meist in den Registerakten!) steht jedermann ohne Nachweis eines Interesses zu. UrkAbschrift kann nur verlangen, wer berecht Interesse glaubh macht, FGG 34, EintrAbschrift und Negativattest nach FGG 162 dagegen jedermann, hM.

II. Stiftungen

Vorbemerkung

Neueres Schrifttum: Strickrodt, JZ **61**, 111, NJW **62**, 1480, Betr **62**, 529, 561. Ders, Stiftsrecht 1962/73. – Ballerstedt u Salzwedel, Gutachten für 44. DJurTag Vereinheitl u Reform des Stiftsrechts, 1962. – Ebersbach, Handbuch des dtschen Stiftsrechts, 1972. – Liermann, Handbuch des Stiftsrechts, I Geschichte, 1968. – Löffler u Faut, BB **74**, 329. – Reuter, GmbHRdschau **73**, 241. – Rösner, HessStiftsG, 1967. – Steuk, Die Stiftg als Rechtsform für wirtschaftl Unternehmen, 1967. – Studienkommission d Dtsch JurTags, Vorschläge zur Reform des StiftgsR, 1968. – Siegmund-Schultze, Nds StiftsG in „Praxis der Gemeindeverwaltung" 1970. – Schindler, Familienstiftungen, 1974. – Vinken, Die Stiftg als Trägerin von Unternehmen usw, 1970. – Haecker, Zum StiftG des Landes Schl-Holst SchlHAnz **72**, 153.

1) §§ 80–88 behandeln nur rechtsf **Stiftungen** des Privatrechts, die selbständ jur Personen sind. Unter Stiftg versteht man eine als selbstd RTräger anerkannte, nicht verbandsmäß Einrichtg, die einen vom Stifter bestimmten Zweck mit Hilfe eines dazu gewidmeten Vermögens dauernd fördern soll. (Auch der Akt der Widmung des Vermögens zu dem bestimmten Zweck wird als Stiftg bezeichnet.)

a) Die §§ 80–88 sind nicht anwendb auf Stiftgen **des öffentlichen Rechts**, dh solche, die vermöge ihrer Beschaffenh dem Organismus eines öff-rechtl Verbandes (Staat, Kirche usw) eingefügt (Prot I, 586) u meist durch Staatsakt, idR Gesetz, entstanden sind. Auch auf Privatrechtsgeschäft beruhende Stiftgen können öff-rechtl Charakter erhalten, wobei der Verw durch öff-rechtl Stellen, die auch bei privatrechtl Stiftgen vorkommt (vgl § 86 S 2), nicht entscheidet. Die Unterscheidg zw Stiftg des öff Rechts u des PrivatR hat kaum innere Berechtigg, zumal da das private StiftgsR des BGB schon immer erhebl öff-rechtl Einschlag hatte (vgl §§ 80, 85, 87), ist aber wg Verschiedenh der anzuwendenden Normen bedeuts. Sie ist oft schwierig, vgl Ebersbach DVBl **60**, 81, auch BVerfG DÖV **63**, 262. In manchen Ländern sind die Bestimmgen für Stiftgen des PrivatR ganz oder zT auch auf öff-rechtl Stiftgen anwendb, vgl *Bayer* StiftgsG Art 4, 9, *BaWü* StiftgsG § 1, *Hess* StiftgsG § 2, *RhPf* StiftgsG § 11. – Beachte, daß „öffentl Stiftg" des bayr Rechts ein ganz and Begriff ist; er bezeichnet Stiftgen mit gemeinnützigen Zwecken (vgl *Bayer* StiftgsG Art 1 III, *RhPf* StiftgsG § 2 III), die JP des PrivR sind, vgl zB BVerwG DVBl **73**, 795.

b) Nicht unter §§ 80–88 fallen auch die **unselbständigen Stiftgen** ohne eig Rechtspersönlichk. Rechtsträger des Stiftgsvermögens ist dort nicht eine eigene, diesem Zweck dienende JP, sond eine vorhandene Pers, meist eine JP, die bei seiner Verw treuhänderisch an den Stiftgszweck gebunden ist; §§ 80 ff, insb § 87, sind nicht einmal entspr anwendb, RG **105**, 305. Sie entstehen dch vertragl od letztwill Zuwendgen an die zur Verw bestimmte JP u unterliegen den Regeln des Schuld- od Erbrechts, RG **88**, 339. Ob rechtsf od unselbstd Stiftg gemeint, ist Frage der Ausleg des Stiftgsgeschäfts, das Wort „Stiftg" besagt nichts, da für beide Arten gebräuchl, Warn **27**, 155. Oft wird JP des HandelsR (meist GmbH) zwecks Verwaltg eines „StiftgsVermögens" gegründet; auch dann gelten §§ 80 ff nicht; solche GmbH darf das Wort „Stiftg" in ihren Namen aufnehmen, Stgt NJW **64**, 1231; ebso Verein, wenn er „Stiftgszwecken" dient (Strickrodt NJW **64**, 2085), was nur zutrifft, wenn er ein StiftgsVerm verwaltet, vgl BayObLG NJW **73**, 249.

c) Eine Unterart der Stiftg ist die **Familienstiftg**, die insbes im ehem *Pr* besonderen Regeln unterliegt; sie muß nach der StiftgsUrk ausschließl dem Interesse einer od mehrerer Familien dienen (*pr* AGBGB Art 1 § 1); für den Fall des Aussterbens kann andere Verwendg vorgesehen sein, KG **21** A 214, nicht aber schon nach Ablauf einer gewissen Zeit, KGJ **38** A 98. Für FamStiftgen gelten meist erleichterte Regelgen u sie unterstehen meist einer beschränkten Staatsaufsicht; im ehem *Pr* war AufsBeh (*Pr* StiftgsÄndG v 10. 7. 24) das AG, das auch für in den ehemals gemeinrechtl Gebieten vorhandene Stiftgen, sofern die Satzg (§ 85 BGB) nichts anderes bestimmt, KG DJ **41**, 831. Soweit die Länder inzw eigene StiftgsG erlassen haben, haben sie FamStiftgen von der Aufsicht weitgehd freigestellt; vgl die StiftgsG nachstehd unter d. Eine Unterart der FamStiftg ist die **Fideikommißauflösgsstiftg**, für die reichsrechtl FidErlG 7, 18 u DVO 10 ff galten u, soweit die Länder keine StiftgsG erlassen haben, auch noch gelten. AufsBeh ist FidKomm-Gericht, FidErlDVO 11, 13, vgl dazu EG 59 nebst Anm. Jetzt gehört die Materie wieder zum LandesR.

d) Die Regelg der §§ 80–86 ist **lückenhaft**. Sie w ergänzt dch landesrechtl Vorschr, auf die auch §§ 80, 81 II 2, 85, 87 verweisen. Landesrecht geregelt ist insb die StiftgsAufs, die öff-rechtl Charakter hat. Sie dient (auch) dem Zweck, die Stiftg vor Schäden zu bewahren. Die Verletzg der AufsPfl kann daher gem § 839, GG 34 SchadErsAnspr der Stiftg begründen, BGH **68**, 142. – An LandesR kommt in Betracht: *Bayer* StiftgsG 26. 11. 54 (BS II 661) mit AVO 22. 8. 58 (GVBl 238); *Bln* StiftgsG idF vom 10. 11. 1976 (GVBl 2599); *BaWü* StiftgsG 4. 10. 77 (GBl 408); *Br* AGBGB (SB 400a 1) §§ 4, 5 u StiftÄndG 21. 11. 40 (SB 401c 1); *Hbg* AGBGB (HambBS 40e) §§ 6–21; *Hess* StiftgsG 4. 4. 66 (GVBl 77); *Nds* StiftgsG 24. 7. 68 (GVBl 119); *NRW:* StiftgsG 21. 6. 77 (GVBl 274); *RhPf* StiftgsG 22. 4. 66 (GVBl 95), geänd 17. 5. 72 (GVBl 179) u. 14. 12. 73 (GVBl 417); *SchlH* StiftgsG 13. 7. 72 (GVBl 123). – Fast alle einschläg Vorschriften sind bei Ebersbach abgedruckt.

2) Keine Stiftg ist das **Sammelvermögen**, seine rechtl Einordng ist str; die gesammelten Spenden dürften der Gemeinsch der die Sammlg veranstaltenden natürl oder jur Personen als zweckgebundenes (Treuhand-) Verm gehören, aA RG **62**, 391 (Miteigentum der Beitragsleister); vgl im übr § 1914 Anm 1.

3) Steuerrecht: Übertr des StiftgVerm auf Stiftg (§ 82) od Erbanfall an Stiftg löst Schenkgs- od Erbsch-Steuer aus; Gewinne der Stiftg unterliegen KörperschSteuer u bei Destinatär oft auch EinkSteuer. Also steuerl Belastg hoch. And gemeinnütz Stiftg (AO [77] 51 ff), die von den wesentl Steuern befreit ist. Familienstiftg ist steuerl nur wenig begünstigt. – Steuerfragen vgl MüKo/Reuter Rdn 24ff.

80 *Entstehung einer rechtsfähigen Stiftung.* Zur Entstehung einer rechtsfähigen Stiftung ist außer dem Stiftungsgeschäfte die Genehmigung des *Bundesstaats* erforderlich, in dessen Gebiete die Stiftung ihren Sitz haben soll. Soll die Stiftung ihren Sitz nicht in einem *Bundesstaate* haben, so ist die Genehmigung des *Bundesrats* erforderlich. Als Sitz der Stiftung gilt, wenn nicht ein anderes bestimmt ist, der Ort, an welchem die Verwaltung geführt wird.

1) Die **Entstehg** der (privatrechtl) rechtsf Stiftg erfordert **a) Stiftgsgeschäft**, vgl § 81 Anm 1, und **b) Genehmigg** des Landes des Sitzes (bzw des BMI, vgl § 23 Anm 1). Zuständigk in ehemals preuß Gebieten für FamStiftgen AmtsG, sonst jetzt meist das sachl zuständige Ministerium (vgl die Vorbem 1 d v § 80 angegebenen Gesetze). Die Gen bewirkt die RechtsFgk, wenn Stiftungsgeschäft in Ordng, aber auch nur dann, RG HansGZ **13** B 21, BVerwG **29**, 316 = NJW **69**, 339; sie heilt Mängel des StiftgsGesch nicht (BGH **70**, 321) u ist also keine Verleihg, die unabhäng vom StiftsGesch wirks wäre. Sie steht idR im freien Erm der Beh (anders für FamStiftgen im ehem *Preußen* u *Württemberg*); sie kann später nicht widerrufen w, BVerwG aaO. Vor der Gen Schwebezustand: auf die Stiftg im Errichtsstadium sind die Grds entspr anwendb, die für den Vorverein herausgebildet worden sind (§ 21 Anm 2b), Schwinge BB 78, 527; für sie kann bei Bedarf Pfleger bestellt werden, OLG **24**, 246. – Für **FidKommAuflösgsstiftg** vgl FidErlG 7 u DVO 10 (vgl auch EG 59). – **Ausländ** Stiftg, die im Ausland JP ist, bedarf keiner inländ Genehmigg, BayObLG NJW **65**, 1438, auch nicht, wenn inzwischen im Ausl enteignet, da sie dann mit Bezug auf inländ Vermögen fortbesteht, BGH WPM **66**, 221. Solche Stiftg hat jetzt inländ Sitz, vgl BGH aaO.

81 *Stiftungsgeschäft unter Lebenden; Form; Widerruf.* ¹ Das Stiftungsgeschäft unter Lebenden bedarf der schriftlichen Form.

II Bis zur Erteilung der Genehmigung ist der Stifter zum Widerrufe berechtigt. Ist die Genehmigung bei der zuständigen Behörde nachgesucht, so kann der Widerruf nur dieser gegenüber erklärt werden. Der Erbe des Stifters ist zum Widerrufe nicht berechtigt, wenn der Stifter das Gesuch bei der zuständigen Behörde eingereicht oder im Falle der notariellen Beurkundung des Stiftungsgeschäfts den Notar bei oder nach der Beurkundung mit der Einreichung betraut hat.

1) Das **Stiftgsgeschäft** (wesentl Entstehgserfordernisse vgl § 80 Anm 1) ist RGeschäft (einseit od vertragl) unter Lebenden, § 81, od vTw, § 83, ersterenf Schriftform, **I**, vgl § 126, letzterenf Testament od ErbVertr erforderl. Bei einer Mehrzahl von Stiftern kann das StiftgsGesch für den einen RGesch unter Lebenden, beim and Vfg vTw sein, BGH **70**, 322. Es muß deutl erkennen lassen, daß Errichtg selbstdger Stiftg gewollt ist, OLG **4**, 8, u mindestens Bestimmungen über Zweck, Organe u VermWidmg enthalten; letzteres str, vgl aber § 82: „das in dem Stiftgsgeschäft zugesicherte Vermögen", u zB *Hess* StiftsG § 4. Die LandesG (Vorbem 1 d vor § 80) stellen meist weitere Erfordernisse auf. Beim StiftgsGesch unter Lebden ist Stellvertretg nicht ausgeschl, Enn-Nipperdey § 117 IV 1a.

2) WiderrufsR bei Stiftg vTw (§ 83) nach den für die letztw Vfg geltenden Regeln; bei Stiftg unter Lebenden zu Lebzeiten immer bis zur Gen, und zwar vor Einreich bei der GenBeh formlos, nachher dch Erkl an diese Beh, **II 2**; nach dem Tode des Stifters vgl **II 3**. – Anordng, daß Erbe die Stiftg soll widerrufen können, bedeutet, daß Erblasser das Stiftgsgeschäft nicht selbst vornimmt, sond dem Erben überläßt.

82 *Übergang des Stiftungsvermögens.* Wird die Stiftung genehmigt, so ist der Stifter verpflichtet, das in dem Stiftungsgeschäfte zugesicherte Vermögen auf die Stiftung zu übertragen. Rechte, zu deren Übertragung der Abtretungsvertrag genügt, gehen mit der Genehmigung auf die Stiftung über, sofern nicht aus dem Stiftungsgeschäfte sich ein anderer Wille des Stifters ergibt.

1) Mit der Gen der Stiftg entsteht diese als JP u gleichzeitig ihr Anspr auf Ausantwortg des vom Stifter zugesicherten Verm; Forderrechte usw gehen nach **2** regelm sogar ohne ÜbertrAkt über (bei FidKomm-AuflStiftg gilt das für alle VermGgstände, FidErlDVO 10 II); nur bei Erbeinsetzg Gesamtnachf, vgl dazu auch § 84. Obwohl das Stiftgsgeschäft keine Schenkg ist, müssen für die Haftg des Stifters wg Rechtsähnlichk im Zweifel Schenkgregeln (519–524) gelten, Soergel-Schultze-v Lasaulx Rdz 2, str.

83 *Stiftung von Todes wegen.* Besteht das Stiftungsgeschäft in einer Verfügung von Todes wegen, so hat das Nachlaßgericht die Genehmigung einzuholen, sofern sie nicht von dem Erben oder dem Testamentsvollstrecker nachgesucht wird.

1) Vfg vTw sind Testament u ErbVertr (BGH **70**, 322). Die Stiftg kann zum Erben (auch Vor-, Nach-, Ersatzerben) eingesetzt, mit Vermächtn bedacht, Auflagebegünstigte sein. Hier hat Erbe od Test-Vollstrecker die Gen zu erwirken; notf soll es das Nachlaßgericht im Interesse der Stiftg (u der Destinatäre) tun.

84 *Genehmigung nach Tod des Stifters.* Wird die Stiftung erst nach dem Tode des Stifters genehmigt, so gilt sie für die Zuwendungen des Stifters als schon vor dessen Tode entstanden.

1) § 84 gilt auch für Stiftg unter Lebenden, die bis zum Tode nicht genehmigt ist. Er fingiert, daß die Stiftg als JP schon vor dem Tode des Stifters bestand, so daß sie von ihm unter Lebenden und vTw unmittelb erwerben konnte. § 84 gilt auch für ausländ Stiftg, BayObLG NJW 65, 1438. – Gilt nur für Zuwendgen des Stifters; Dritte können der Stiftg, solange sie mangels Gen keine Rechtspersönlichk besitzt, nur bedingte Zuwendgen machen.

85 *Verfassung.* **Die Verfassung einer Stiftung wird, soweit sie nicht auf *Reichs-* oder Landesgesetz beruht, durch das Stiftungsgeschäft bestimmt.**

1) Für die **Verfassg** der Stiftg, insb Zweck, Sitz, Organe, Verw, Rechte der Genußberechtigten, Beendigg, gilt in erster Linie zwingendes BundesR, insb § 86, in zweiter zwingendes LandesR, in dritter Linie das Stiftungsgeschäft u sodann nachgiebiges Bundes- u LandesR; für FidKommAuflösgsstiftg bestimmt das FidKommGericht die Satzg, FidErlDVO 10. Landesrechtl ist insb die **Stiftsaufsicht** (in den in Vorbem 1 d vor § 80 angeführten Gesetzen) geregelt, vgl aber für FidKommAuflösgsstiftg FidErlDVO 11, 13, 15. Landesrecht regelt auch Bestellg der Organe, soweit Bestimmgen im StiftgsGeschäft fehlen. Über Änderg des StiftgsZwecks (außerh von § 87) dch LandesG vgl RG **121**, 166. – Die StiftgsAufs ist reine Rechts-Aufs, die AufsBehörde kann ihr Erm nicht an die Stelle des Erm der StiftgsOrgane setzen (BVerwG DJZ **73**, 695 = DVBl **73**, 795); öff Interessen, die dem StiftgsZweck nicht zu entnehmen, berechtigen die AufsBeh nicht zum Einschreiten (BVerwG aaO). Das AufsR dürfte das Recht zur Entsetzg des Vorstandes, sofern ein wicht Grund vorliegt, einschließen, auch wenn die Verfassg das nicht vorsieht; so ausdrückl *Hess* StiftgsG § 15. Ersatz weggefallener oder behinderter Organe fällt jedenf unter Ausübg des AufsR, RG **161**, 293; so auch *Bln* StiftgsG § 4, *Bay* StiftgsG § 24. Die StiftgsAufs darf aber die GrdRechte, die auch der Stiftg zustehen (insb GG 2 I), nicht antasten, BVerwG aaO. – Zur Verfassg gehört nicht nur das als Satzg bezeichnete Schriftstück, sond der Gesamtinhalt des Stiftgsgeschäfts, RG **158**, 188. SatzgsÄnd müssen dem erklärten o dem mutmaßl Willen des Stifters entspr, BGH **LM** § 86 Nr 2. Zur Frage, inwieweit SatzgsÄnderg staatl Gen bedarf, vgl KG OLGZ **65**, 338. Staatl Gen macht nichtige SatzgsÄnderg nicht wirks.

2) Das Stiftgsgeschäft unterliegt der **Auslegg** nach § 133; diese kann aber auch den Organen od AufsBehörden unter Ausschluß des Rechtsweges übertr sein, RG **100**, 234. Die Auslegg ist revisibel, BGH NJW **57**, 708.

3) Ob die **Genußberechtigten** (Destinatäre) klagb Rechte auf Stiftgsleistgn h, ist Frage der Auslegg der Verfassg, BGH NJW **57**, 708. Es ist nicht der Fall, wo die Auswahl den Organen nach billigem Erm, wenn auch nach Richtl, übertr ist, vgl BGH aaO; ggf kann AufsBeh angerufen werden (RG **100**, 234); da diese iW des VerwAkts tät w müßte, wäre bei Ablehng VerpflKl aus VwGO 42 gegeben. Wo die Genußberechtigten fest bestimmt od einwandfrei bestimmb sind, haben sie idR klagb Anspr, vgl BGH aaO. Bei der Bestimmg der Destinatäre besteht keine Bindg an GG 3, die Bevorzugg männl Abkömml ist daher zul, BGH **70**, 324.

86 *Anwendung des Vereinsrechts.* **Die Vorschriften des § 26, des § 27 Abs. 3 und der §§ 28 bis 31, 42 finden auf Stiftungen entsprechende Anwendung, die Vorschriften des § 27 Abs. 3 und des § 28 Abs. 1 jedoch nur insoweit, als sich nicht aus der Verfassung, insbesondere daraus, daß die Verwaltung der Stiftung von einer öffentlichen Behörde geführt wird, ein anderes ergibt. Die Vorschriften des § 28 Abs. 2 und des § 29 finden auf Stiftungen, deren Verwaltung von einer öffentlichen Behörde geführt wird, keine Anwendung.**

1) Anwendb sind stets: § 26 ein- od mehrgliedr Vorstd notw, Vertretg dch Vorstd, Beschränkg der Vertretungsmacht dch Verfassg; § 30 „besondere" Vertreter; § 31 Haftg für Vorstd u verfassgsm Vertreter; § 42 Konkurs. – Für Stiftg, die nicht von öff Beh verwaltet w, gelten ferner stets: § 28 II Passivvertretg der Stiftg dch jedes einzelne VorstdsMitgl; § 29 Hilfsbestellg fehlender VorstdsMitgl dch AG. – In Ermangelg abweichender ausdr od stillschw, ggf aus der Verw nach der öff Beh zu entnehmender Bestimmg der Verfassg gelten schließl: § 27 III Geschäftsführg des Vorstandes nach Auftragsregeln; § 28 I BeschlFassg des mehrgliedr Vorstandes nach MehrhPrinzip. Der aktienrechtl Grds, wonach der Widerruf der Bestellg zum Vorstd bis zur rkräft Feststellg des Ggteils wirks ist (AktG 84 III 4), gilt im StiftgsR nicht, BGH **LM** § 85 Nr 2.

2) **Privatrechtliche Stiftg** kann, wenn Stifter das angeordnet hat, dch **öffentl Behörde** verwaltet w; diese führt die Geschäfte nach den für sie geltenden Bestimmgen des öff Rechts; sie untersteht auch in Sachen der Stiftg den ihr übergeordneten Instanzen. – Mögl ist aber auch, daß nicht die Beh, sond BehMitgl od BehChef für seine Pers StiftgsVorstd ist; dann gelten allg Regeln.

87 *Zweckänderung; Aufhebung.* **I Ist die Erfüllung des Stiftungszwecks unmöglich geworden oder gefährdet sie das Gemeinwohl, so kann die zuständige Behörde der Stiftung eine andere Zweckbestimmung geben oder sie aufheben.**

II Bei der Umwandlung des Zweckes ist die Absicht des Stifters tunlichst zu berücksichtigen, insbesondere dafür Sorge zu tragen, daß die Erträge des Stiftungsvermögens dem Personenkreise, dem sie zustatten kommen sollten, im Sinne des Stifters tunlichst erhalten bleiben. Die Behörde kann die Verfassung der Stiftung ändern, soweit die Umwandlung des Zweckes es erfordert.

III Vor der Umwandlung des Zweckes und der Änderung der Verfassung soll der Vorstand der Stiftung gehört werden.

1) **Erlöschen** der Stiftg tritt ein dch Ablauf der vorgesehenen Zeit, Eintritt auflöser Bedingg des Stiftgsgeschäfts, Widerruf der Gen, wenn er bei Gen vorbehalten (seltene Fälle), ferner für FidKommAuflösgsstiftg dch freiw Aufhebg nach FidErlDVO 18ff u Erlöschen wg Nichtveräußerg des Grdbesitzes nach FidErlG 18 und DVO 24, dch Aufhebg nach LandesR (vgl § 85 und RG **121**, 166 betr *Pr* G 10. 7. 24), Aufhebg nach § 87 u KonkEröffng §§ 86, 42, nicht aber dch Verlust des Verm allein; hier vielm Aufhebg (ggf nach

§ 87 od LandesR) erforderl. – **Umwandlg**, dh Änderg des Stiftgszwecks, ist zul, soweit das Stiftgsgeschäft sie ausdr od stillschw (Auslegg!) vorsieht, in dem darin vorgesehenen Verf, ferner nach LandesR und gem § 87 dch AufsBeh.

2) Aufhebg oder Umwandlg nach § 87 erfordert Unmöglichwerden des Stiftgszwecks od Gefährdg des Gemeinwohls. Unmöglichk ist auch Unerlaubth, Gefährdg des Gemeinwohls ist auch Förderg einer verkehrten Tätigkeitsrichtg od des Müßiggangs. – Beides erfolgt nach LandesR (vgl Vorbem 1 d vor § 80) dch Vfg der zust Beh nach Anhörg des Vorstandes u unter tunl Berücksichtig des Stiftgszwecks; für Stiftgen mit ausländ Sitz, § 80 S 2, ist BMI zust. Rechtsbehelfe gg Entscheid der Behörde: AnfKl nach VwGO, für deren Durchführg Stiftg fortbesteht.

88 *Vermögensanfall.* Mit dem Erlöschen der Stiftung fällt das Vermögen an die in der Verfassung bestimmten Personen. Die Vorschriften der §§ 46 bis 53 finden entsprechende Anwendung.

1) Anfall vgl § 45 Anm 1. Wer anfallberecht ist, bestimmt bei Erlöschen einer FidKommAuflösgsstiftg nach FidErlG 18 der RMJ, jetzt Landesjustizminister (hilfsw gilt DVO 24), bei freiw Aufhebg gem FidErlDVO 18 der AufhebgsBeschl des Vorstands. Im übr gilt in erster Linie zwingendes LandesR, dann Stiftgsgeschäft, ggf nachgiebiges LandesR (hiernach meist Fiskus od aufsichtsführende Körpersch). Anfall des Verm einer Stiftg, die kirchl u staatl Interessen gemeins dient, vgl RG **133**, 75. – Bei Anfall an Fiskus gelten Erbgangsregeln, § 46, in anderen Fällen erfolgt Liquidation nach §§ 47–53 (vgl dort). – § 88 gilt in jedem Falle des Erlöschens, auch dem nach FidErlG 18; nur bei freiwill Aufhebg einer FidKommAuflösgsstiftg nach FidErlDVO 18 erfolgt VermÜbergang kr G, aaO 21.

III. Juristische Personen des öffentlichen Rechtes
Vorbemerkung

1) Vgl zunächst Einf 2 vor § 21. – **Jur Pers des öff Rechts** sind insb **Gebietskörperschaften,** wie Länder, Landesteile, Kreise, Provinzen, Gemeindeverbände: dagg nicht die einzelnen stationes fisci, die verschiedene Vertreter des einheitl Rechtssubjekts Fiskus darstellen, RG **59**, 404, also nicht einz Behörden. Deutsche Bundesbahn (ebso seit 1939 schon Reichsbahn) ist keine selbstd JP, aber SonderVerm des Bundes, vgl BBahnG, BGBl **51**, 955. Die Reichsautobahnen, AutobG 1 waren selbst JP, obwohl ihre Dienststellen Reichsbehörden waren (§ 2 G 1. 6. 38, RGBl II 207), RG **168**, 366; jetzt stehen „Bundesautobahnen" im unmittelb BundesEigt, G 2.3.51, BGBl 157; in der Übergangszeit hafteten für sie aus § 89 sowohl das treuhänderisch verwaltende Land wie die BRep, BGH **4**, 254. – **Fiskus** ist die Bezeichng, die dem Staat (Reich, BRep, Land) in seinen privatrechtl Beziehgen gegeben wird. Sog Verträge zw verschiedenen Stellen desselben Fiskus sind bloße VerwAkte u von Bedeutg vorwiegend für Staatshaushalt. Getrennt verwaltete VermMassen des Staates od einer Gemeinde sind nicht ohne weiteres selbständige JP, vgl RG **68**, 280, auch die Gemeindesparkasse nicht immer, vgl RG **120**, 89. – Allg sind jur Personen solche des öff Rechts, wenn sie ausdr als solche anerkannt od in den Staats- usw Apparat eingegliedert sind (vgl BGH **16**, 59 [64]). JP des öff Rechts waren bzw sind daher ua die Deutsche Reichsbank, Rentenbank, die Bank deutscher Länder (MRG 60), die Deutsche Bundesbank, die Träger der Sozialversicherg, wie Krankenkassen, Berufsgenossenschaften, Landesversichergsanstalten, usw (nicht die Ersatzkassen), die Universitäten und manche höheren Unterrichtsanstalten, die Wasser- u Bodenverbände, 1. WasserVerbO 3. 9. 37, Zweckverbände, Haubergsgenossenschaften, VerfGHRhPf VerwRspr **51**, 141, Jagdgenossenschaften Celle NJW **55**, 834, ForstBetrVerbände nach § 7 G über forstwirtsch ZusSchlüsse (BGBl **69**, 1543), öff-rechtl Stiftgen (vgl Vorbem 1 v § 80). – **Weitere JP des öffentlichen Rechts** sind die Religionsgesellschaften, vgl WeimRV 137, so die evang Kirche in Deutschland (EKD), die kath Kirche (RG **143**, 110, str ob als Gesamtkirche od nur der inländ Teil), die kath Bistümer als „selbständige Gliederungen" der kath Kirche (RG **38**, 326), die einz kath (RG **62**, 359, **118**, 27, **136**, 1) u ev Kirchengemeinden. Über die Rechtsfgk der Einrichten der kath Kirche vgl auch Reichskonkordat v 20. 7. 33 Art 13, das auch heute noch gilt, soweit nicht dch neuere Konkordate abgeändert, BVerfG **6**, 309 [334]. – Es gibt auch dch StaatsVertr geschaffene **internationale JP** des öff Rechts, die mindestens in den vertragschließenden Staaten volle Rechte der innerstaatl JP genießen, soweit sie nicht gar als Exterritoriale Vorzugsstellg einnehmen; hierher gehören zB die EG, die Europäische Investitionsbank, die Europäische Organisation zur Sicherg der Luftfahrt (Eurocontrol), die Nato sowie die UNO und ihre Unterorganisationen (vgl hierzu VO ü die Gewährg von Vorrechten an die Vereinten Nationen v 16. 6. 70, BGBl II 669). Nach Art 10 des Protokolls über die Natohauptquartiere (BGBl II **69**, 2005) besitzen auch diese Hauptquartiere, insb Shape, Rechtspersönlk, vgl auch Art 3 des Abk zw der BRep u Shape (BGBl II **69**, 2011).

2) Die grundlegenden Rechtsvorschriften für JP des öffR, insb über Organisation, Zweck, Umfang der Rechtsfgk, Organe, Vertretg gehören dem öff R an; das BGB setzt sie voraus. Es regelt nur die Haftg (§ 89 I, vgl auch § 839) u den Verlust der Rechtsfgk durch Konk (§ 89 II); im übr gelten §§ 21–88 nicht, für § 29 vgl KG NJW **60**, 151. Der Umfang der Rechtsfgk der JP des öff R ist zweckbegrenzt: Geschäfte außerh des Rahmens ihrer Zweckbestimmg u Zuständk sind schlechthin nichtig, vgl BGH **20**, 119 (vgl dazu Klotz DÖV **64**, 181), jedoch unbeschadet einer Haftg aus § 89 I (mit 31) od 839, uU auch aus culpa in contrahendo.

89 *Haftung für Organe; Konkurs.* I Die Vorschrift des § 31 findet auf den Fiskus sowie auf die Körperschaften, Stiftungen und Anstalten des öffentlichen Rechtes entsprechende Anwendung.

II Das gleiche gilt, soweit bei Körperschaften, Stiftungen und Anstalten des öffentlichen Rechtes der Konkurs zulässig ist, von der Vorschrift des § 42 Abs. 2.

§ 89 1–3

1) Die JP des öff R ist, ebso wie die JP des PrivatR, nach § 31 für den Schaden verantwortl, der dch zum SchadErs verpflichtde Handlg ihres verfassgsm Vertreters verursacht ist, **I.** Haftg u HaftgsGrdl sind die gleichen wie in § 31. Im einz vgl § 31. Das gilt aber nur, wenn die JP des öff R im privaten RVerk auftritt, nicht wenn sie kraft HoheitsR handelt (Abgrenzg vgl § 839 Anm 4 b, ferner Einf 4 h vor § 305). Bei hoheitsrechtl Handeln ist § 839 mit GG 34 HaftgsGrdl (die Bestimmgen der Länderverfassgen sind, soweit damit vereinb, AusfBestimmgen dazu), die schuldrechtsähnl Sonderverbindgen ferner eine Anwendg der §§ 276, 278 (§ 276 Anm 8). Andrers ist § 839 usw unanwendb bei Wahrnehmg bürgerl-rechtl Belange des Staates, RG **147**, 278, wozu auch VerkSichgsPfl gehört (vgl ua BGH **9**, 373 [386], **24**, 130, stRspr), soweit sie nicht dch Gesetz od bes Organisationsakt den Behörden od Beamten als öff Aufgaben zugewiesen ist, BGH **9**, 388, **27**, 282, **32**, 356 (dann Amtspflichtverletzg, Haftg nur aus § 839); zusfassd dazu BayObLG **72**, 117, auch BGH **60**, 54 [59], NJW **73**, 453. Gemeinde, die die den Straßenanliegern nach der Gemeindesatzg obliegde StreuPfl verletzt, haftet nur nach §§ 31, 89, BayObLG **73**, 121. – Vgl wg der Einzelh §§ 31 und 839 mit Anm.

Haftungsschema (vgl RG **162**, 161, Siebert DÖV **51**, 44, BayObLG **55**, 93):

A) Haftg der öffentl Körperschaft usw:

a) bei hoheitsrechtl Handlg aus § 839 mit GG 34 (vgl aber unten B a), bei schuldrechtsähnl Sonderverbindgen daneben aus entspr Anwendg der §§ 276, 278 (§ 276 Anm 8). – **b)** bei privatem Handeln für verfassgsm Vertreter (vgl Anm 2) aus §§ 89, 31 (das gilt auch für VerkSichgsPfl, vgl oben sowie § 823 Anm 8, 14), für andere Personen bei vertragl Versch nach § 278, bei unerl Hdlg nach § 831.

B) Haftg des Handelnden: a) bei hoheitsrechtl Handeln meist keine, da Staat od Körpersch an Stelle des Beamten haftet (anders gegebenenf ggü Ausländern, RBeamtenHaftG 7, u bei Gebührenbeamten, aaO 5); – **b)** bei privatem Handeln: bei vertragl Versch keine (die JP ist allein berechtigt u verpflichtet); bei unerl Hdlg Beamter nur aus § 839 (ohne Staatseintritt, da nicht in Ausübg öff Gewalt), also nur subsidiär nach der JP, Nichtbeamter aus §§ 823ff. – Vgl näher § 823 Anm 8, 14 einers und § 839 mit Anm anderers, auch Kleinsorg, HaftPfl der Gemeinden usw im Lichte der Rspr, 1964.

2) a) Dem Vorstd des Vereins entsprechen die höchsten Organe der JP, im Staat die Minister. **Verfassgsmäßig berufene** Vertreter iS der §§ 31, 30 sind nur solche, deren Funktion auf den Organisationsnormen selbst beruht, RG HRR **40**, 1389, nicht erst auf Übertrg von den Berufenen, vgl RG **121**, 385; es genügt aber, daß die Organisationsnorm Sachgebiete u Sachbearbeiter vorsieht, um einen Sachbearbeiter, dessen Geschäftsbereich auf Vertretg nach außen zugeschnitten ist, zum verfassgsm Vertreter zu machen, RG **162**, 168. Bedeutsamk der Tätigk ist nicht entscheidd; ebsowenig Organisation nach Präsidial- od Kollegialsystem od die Gebundenh an Weisgen eines im Innenverhältn übergeordneten Organs; wohl aber ist eine nach außen hervortretende gewisse Selbständigk (vgl § 30 „zugewiesener Geschäftskreis") erforderl, RG **162**, 167, BayObLG **55**, 94. Soweit ein Beamter teils selbstd, teils unselbstd handelt, ist er im Rahmen der ersten Tätigk verfassgsm Vertreter, im Rahmen der zweiten nicht, vgl RG **131**, 355.

b) Einzelfälle aus der nicht immer einheitl Rechtsprechg (ja = verfassgsm Vertreter, nein = kein verfassgsm Vertreter): **Eisenbahn:** Leiter der Eisenbahndirektion ja, RG LZ **16**, 221; Bahnhofsvorsteher des Reichsbahn ja, RG **121**, 386; Vorsteher Bahnhofs III. Klasse der Bundesbahn ja, Neust VersR **56**, 631; Fahrdienstleiter nein, Köln DR **40**, 1945, vgl auch RG **161**, 341. – **Forstverwaltg:** Oberförster (jetzt Forstmeister) ja, RG JW **04**, 548. – **Gemeinden:** Bürgermeister ja, RG **44**, 306, Celle HEZ **2**, 44; Sparkassen-Vorstd ja, RG **131**, 247; Stadtbaurat als MagistratsMitgl ja, RG JW **11**, 939; Stadtbaurat, Baudeputation ja, Bauinspektor nein, Schlesw SchlHA **54**, 186; Schlachthausdirektor, Baudeputation ja, Bauinspektor nein, entgg RG JW **11**, 640 u LZ **22**, 616 – **Justiz:** OLGPräs u sein richterl Referent für Bausachen bzgl Gerichtsgebäude ja, Hbg MDR **54**, 355; Vorstdsbeamte des Landgerichts bzgl Gerichtsgebäude ja, RG DJZ **05**, 699; aufsichtführender Amtsrichter ja, RG Gruch **49**, 635. – **Kirchengemeinde:** Pfarrer ja, KG JW **38**, 1253. – **Krankenhaus:** Stationsarzt ja, Bambg NJW **59**, 816; Chefarzt ja, BGH NJW **72**, 334, aber nein, wenn dieser bei aufgespaltenem Arzt/KrankenhausVertr selbst liquidiert, BGH NJW **75**, 1463; Direktor der UniKlinik ja, LG Kln VersR **75**, 458; Leiter der Abteilg eines Krankenhauses, ja bei Einräumg einer eigenverantwortl weitgehd selbständ Stellg, Mü NJW **77**, 2123, sonst wohl nein, BGH NJW **75**, 1465. – **Kreis** (Landkreis): Landrat, ja in seiner Eigensch als Kreisbeamter (früher Kreisausschußvorsitzender); soweit er staatl Funktionen ausübt, ist er verfassgsm berufener Vertreter des Landes. – **Post:** Vorsteher des Postamts ja, vgl RG JW **13**, 923; eines Zweigpostamts nein, Darmst Recht **41**, 2321; OberpostInsp ja, RG Recht **14**, 1651; Sachbearbeiter einer Oberpostdirektion uU ja, RG **162**, 129. – **Schulen:** Gymnasialdirektor (jetzt Oberstudiendirektor) bzgl Gebäude ja, vgl RG JW **06**, 427, nicht Schuldiener. – **Sparkasse:** Rendant ggf ja, RG **162**, 202. – **Staatsbank:** Mitglieder der Generaldirektion ja, RG **157**, 237. – **Staatseigener Gewerbebetrieb:** Generaldirektor ja, RG DR **42**, 1703. – **Straßenverwaltung** vgl BGH **6**, 195, **9**, 373, dazu Frisius NJW **53**, 887, 1625, auch BGH **16**, 95; für Landstraßen II. Ordng sind Länder u Provinzen verantwortl, Straßenbaubehörden nicht, vgl BGH ebda und **14**, 83, ferner Schmalzl NJW **56**, 205. Straßenmeister in Bayern ja, BayObLG **55**, 94; Straßenbaumeister als örtl Bauleiter ja, Karlsr VerkBl **57**, 550. – **Wasserstraßenverwaltg:** Vorstand des Wasserbauamtes ja, RG Recht **35**, 3622 a (vgl Köln NJW **51**, 845), sofern es sich nicht um Unterlassg verhältnism leicht ausführbarer eiliger SicherhMaßnahmen handelt (hier Haftg nach GG 34, § 839), RG Recht **43**, 839, vgl auch Hbg MDR **53**, 168 u BGH **20**, 57, beide mit eingehender Stellgnahme zu Literatur u Rspr, insb VerkSichgsPfl; Oberschleusenmeister ja, Celle VersR **61**, 1143. – Für von der **Besatzungsmacht** eingesetzte Beamte u eingerichtete deutsche Dienststellen haftete die betr Körpersch (vgl OGH NJW **49**, 183), Schlesw NJW **49**, 863, BGH DRiZ **51**, 234.

3) Konkurs (II) ist ausgeschl über Gemeinden; das bestimmte ausdr DGO 116 II (ebso die jetzigen LänderG) im übr gilt nach EGKOÄndG 17. 5. 98 Art IV LandesR; vgl auch KO 213.

Zweiter Abschnitt. Sachen

Überblick

1) Soweit sich ein Recht (im Sinne von Berechtigg) nicht auf gewisse Befugnisse beschränkt (zB Erwerbsberechtigg, Rechtsändergsrechte), bezieht es sich auf ein Objekt, vom BGB „Gegenstand" genannt. Von den Ggständen behandelt der nachstehende Abschn die „körperlichen Gegenstände", die er „Sachen" nennt. Im SprachGebr des BGB sind also **„Sachen"** eine Unterart der „Gegenstände". Begriff vgl im übr § 90 Anm 1.

2) Der OberBegr **„Gegenstände"** findet sich in vielen Bestimmgen, ist aber gesetzl nicht festgelegt. Er entspricht etwa dem der „Sachen" in älteren Gesetzen („res" des röm R), auch in ZPO 265, österr ABGB 285 (dort sehr weiter Begriff!) und umfaßt (vgl Soergel-Baur 1-3 vor § 90) außer den Sachen des BGB, Energien, soweit diese techn beherrschb u meßb sind (MüKo/Holch § 90 Rdnr 6), Fdgen, ImmaterialGüterR sowie sonst VermR, nicht aber Persönlich-, Fam- und unselbstdige Gestaltgsrechte (zB AnfRechte), die nicht Objekt anderer Rechte sein können. Diese Bedeutg hat „Gegenstand" offenb in den Vorschriften, die eine Herrsch od eine Vfg (vgl Übbl 3d vor § 104) darüber betreffen (zB §§ 135, 161, 185, 816, 2040). In schuldrechtl Bestimmgen (zB §§ 256, 260, 273, 292, 504, 581, 2374, auch wohl 743 ff) umfaßt er darüber hinaus alles, was VermBestandteil sein kann, zB auch „Geschäft", „Unternehmen", „Praxis", Zeitungstitel, Geschäftsgeheimnis. Solche VermStellgen können Ggst schuldrechtlicher Verträge sein, vgl RG **70**, 224.

3) Arten der Sachen (vgl auch Wieacker, Sachbegriff, Sacheinheit, Sachzuordng, AcP 148, 57): Das BGB unterscheidet: **a) Grundstücke u bewegliche Sachen: Grundstücke** sind abgegrenzte Teile der Erdoberfläche, die im GB als selbstdige Grdstücke eingetr sind. Den Grdstücken im allg gleichbehandelt werden ErbbauR, (ErbbRVO 11), das WoEigt (WEG 1, 3, 4 u 7) u nach LandesG ErbpachtR, Bergwerkseigentum u gewisse Mineralabbaurechte, EG 63, 67, 68. **Bewegliche Sachen** sind alle Sachen, die weder Grdst noch GrdstBestandteil sind, vgl RG **158**, 368; für nicht wesentl (§ 93) Bestandteile eines Grdst str. Auch **Schiffe** sind also bewegl Sachen, RG **80**, 132, ebso Luftfahrzeuge (vgl LufttzRG 98); für im SchiffsReg eingetr Schiffe u für Luftfahrzeuge, die im Reg für Pfandrechte an Luftfz eingetr sind, gelten aber zT ähnl Regeln wie für Grdstücke, so SchiffsRG 8, 24 ff SchiffsHyp, LuftzRG 1 ff, 24 ff RegPfandR, ZVG 162 ff, 171a–171n ZwVerst.

b) Vertretbare Sachen vgl § 91, **Gattungssachen** vgl § 91 Anm 2.

c) Verbrauchbare Sachen vgl § 92.

d) Teilbare und **unteilbare Sachen**, eine zB für Auseinandersetzgen bedeuts Unterscheidg, vgl § 752. Teilb ist eine Sache, die sich ohne Wertminderg in mehrere gleichart Teile zerlegen läßt. Teilbare Leistgen vgl § 266 Anm 2.

e) Einzelsachen u **Sachgesamtheiten**, vgl zB § 260. Sachgesamth, Sachinbegriff ist eine Vielh von Einzelsachen, die dch gemeins Zweck miteinander verbunden erscheinen u idR im Verk mit einheitl Namen belegt werden, zB Inventar, Warenlager, Herde, Paar Schuhe, Briefmarkensammlg. Auf die Sachgesamth als solche finden die Regeln über Sachen grdsätzl keine Anwendg; es gibt Eigtum, PfandR usw nur an den Einzelsachen, nicht am Sachinbegriff. Übereigng der Münzsammlg ist also rechtl Übereign der einzelnen Münzen; Eigt an der bei Drittem befindl Münze geht nach § 931, nicht nach § 929 über (wichtig für gutgl Erwerb § 934). Sichergsübereign eines Warenlagers umfaßt nachträgl hinzugekommene Waren nur bei Einigk der Beteiligten noch zZ des Hinzukommens. Die Verwendg des Kollektivnamens ist aber unschädl u idR nach Antr der HerausgKlage zul. Ggst einheitlicher Schuldverhältnisse können Sachgesamtheiten sein. – Nicht Sachgesamth, sond Sacheinh im Rechtssinne sind trotz natürl Mehrh Sandhaufen, Getreidehaufen uä (vgl über Bienenschwarm §§ 961 ff); hier sind die natürl Einheiten (Sandkorn, Getreidekorn) wirtschaftl u daher für den RechtsVerk bedeutgslos. Abgrenzg zw Sachgesamth u aus Bestandteilen bestehender Einzelsache vgl § 93 Anm 2–7; für Grdstücke entsch ausschließl Art der Eintr im GB, körperl Zusammenhang der Parzellen ist nicht erforderl; vgl Übbl 1 vor § 873.

f) Einfache im Ggsatz zu **zusammengesetzten Sachen** vgl § 93 Anm 4. Der Begr der **einheitlichen Sache**, § 947, ist ein anderer; er bezeichnet eine Sache im Ggsatz zu den Teilen, aus denen sie entstanden ist.

g) Hauptsachen im Ggsatz **aa)** zu Nebensachen vgl §§ 470, 651 II, **bb)** zu Zubehör vgl § 97 mit Anm, **cc)** zu Nebenbestandteilen vgl § 947, auch § 93 Anm 6.

h) Über **Geld** vgl § 245 Anm 1, über **Wertpapiere** Einf vor § 793, über sonstige **Urkunden** § 952 und ZPO 415ff.

4) Nur beschränkt geeignet, RechtsGgst zu sein, sind die ganz od teilw **verkehrsunfähigen** Sachen:

a) Ihrer Natur nach der Beherrschg dch Menschen unzugängl u daher überh nicht fäh, Ggst von Rechten zu sein, sind die im röm R sog „res communes omnium" **(Allgemeingüter)**, wie freie Luft, fließendes Wasser, Meer (Meeresstrand vgl unten c); sie sind daher nicht Sachen iS des BGB, str, vgl § 90 Anm 1. Sie werden es aber, sobald sie in echte Herrsch des Menschen gelangen (zB Luft in Behältern) u stehen dann anderen Sachen gleich. – Unterscheide von der **Luft** den **Luftraum**, auf den sich das Eigt des Grdeigtümers mit Einschränkgen (Immissionen, Überbau, Luftfahrt) miterstreckt, § 905. – **Fließendes Wasser** darf jeder schöpfen, nicht aber dazu fremden Grdbesitz betreten. Das eigentl WasserR (anders Recht der Wasserverbände, vgl WasserVerbG 10. 2. 37 und 1. WasserVerbVO 3. 9. 37) ist dch Landesgesetze geregelt, die meist Privatrechte am Wasserlauf (nicht am Wasser selbst) zulassen, vgl EG 65 f.

b) Zwar tatsächl beherrschb, aus Gründen der Pietät aber dem RVerkehr entzogen, ist die **Leiche**. Ihre Rechtslage ist sehr str. Sie als „Rest der Persönlichkeit" aufzufassen, bringt keine Klärg. Sie dürfte herrenlose Sache sein, deren Aneignug unzul ist u an der daher Eigtum nicht begründet werden kann. (Neueres

Schrifttum: Strätz, Zivilrechtl Aspekte der RStellg des Toten usw, Paderborn 1971; Peuster, EigtVerhältnisse an Leichen u ihre transplantationsrechtl Relevanz, Diss Köln 1971, Reimann, Die postmortale Organentnahme, in Festschr f Küchenhoff, 1972, Forkel JZ 74, 596, Bieler JR 76, 224). Fest steht, daß die Hinterbliebenen Einwirkgen Dritter auf die Leiche verbieten können; auch Entnahme von Organen bedürfen ihrer Zust, wenn Verstorbener sie nicht zu Lebzeiten gestattet hat (vgl LG Bonn JZ 71, 58 u § 823 Anm 15 Be). Ebso steht fest, daß die Hinterbliebenen gewisse tatsächl Verfügen, wie Art u Ort der Bestattg, treffen können; dies VfgsR dürfte auch heute noch als PrivatR, der ordentl Rechtsweg also als zul anzusehen sein, vgl RG 108, 217. Anordnungen des Verstorbenen in dieser Richtg verpflichten die Hinterbliebenen idR nur sittl, nicht rechtl. Verfügen anderer Art sind, da den guten Sitten widersprechd, unzul, auch wo gesetzl oder polizl Anordnungen nicht entggstehen; — *Hess* StGH JR 69, 436 scheint allerd VfgsR der Hinterbliebenen weitgehd bejahen zu wollen, hält aber FeuerbestattgsG, soweit es Bestattg der Aschenurne auf bestimmte Plätze beschr, dennoch für verfassungsrechtl zul. Über Bestimmg der Bestattgsart vgl § 1968 Anm 2; vgl auch StGB 168, landesrechtl Anatomiegesetze, VerwVorschriften über Leichentransport u RGSt 64, 313. — Präparierte Skelette u Leichen aus unvordenkl Zeit (zB Mumien) können Ggst von Rechten aller Art sein; Rechte an von einer Leiche getrennten Sachen vgl Dotterweich JR 53, 174. — Die **Bestattgszwecken** gewidmeten Sachen (res religiosae des röm R), insb Friedhöfe, auch Grabgitter, Särge, Kränze, sind Ggst von Privatrechten; doch ist das Eigtum daran entspr ihrer Zweckbestimmg beschränkt, vgl RG 100, 214. Verfügen, die sie nach erfolgter Widmg ihrer Bestimmg entziehen, widersprechen idR den guten Sitten u sind nach § 138 nichtig, vgl aber KG JW 35, 2072. Über Rechte an Grabdenkmälern vgl Faber u Ganschezian-Finck NJW 56, 1480 zu LG Kblz NJW 56, 949. Im einzelnen gilt LandesR, EG 111, 133. Rechtsverhältn zw Friedhof u Grabstätteninhabern unterliegen idR öffR, BVerwG 25, 364; vgl über sie auch Kalisch DVBl 52, 620. — Für den **gottesdienstl** Sachen (**res sacrae** des Rechts), zB Kirchengebäude, Kirchengeräte u Kirchenglocken (vgl OVG Rh-Pf DVBl 56, 625) gilt grdsätzl LandesR (BayObLG 67, 93); wg Kirchenstuhlrechten vgl EG 133. Auch sie sind Ggst von Privatrechten, RG 107, 367, u meist, nicht immer, Eigtum kirchlicher Gemeinden od Anstalten; auch bei ihnen ist das Eigtum dch die Zweckbestimmung beschränkt, sobald sie dch Widmg zur öff Sache geworden sind. Ihre Rechtslage entspricht etwa der VerwVermögens anderer öff Körperschaften (vgl unten d).

c) Die dem **Gemeingebrauch** dienenden Sachen (res publicae des röm R, öff Gut, Gemeindegut des österr ABGB 287, 288), wie öff Wege, Brücken, Flüsse, Meeresstrand, sind meist Eigtum öff-rechtl Körperschaften, gelegentl auch von Privaten. Das VfgsR der Eigentümer ist aber beschr, soweit die öff Bestimmg ihrer Sachherrsch entggsteht, RG 132, 398 ff (vgl TelegraphenwegeG, BundesfernstraßenG; im übrigen LandesR EG 111, 112). Im übr kann über sie verfügt w, auch können Sonderbefugnisse eingeräumt werden. LandesR kann „öffentl Eigentum" schaffen, eine öffrechtl Sachherrsch, für die BGB (auch hinsichtl der Anspr aus Beschädigg) nicht gilt, BVerfG NJW 76, 1835 [1836], auch BVerwG 27, 132. Vgl über öff Sachen auch Salzwedel DÖV 63, 241 m Nachw. Vgl dazu auch BGH 9, 380ff, der im Regelfall neben der privatrechtl Eigt eine öffrechtl Sachherrsch annimmt, aaO 385. Meeresstrand ist im Bereich der *pr* ALR „gemeines Eigentum", was mit Eigt iS des BGB nicht identisch ist (BGH 44, 27), iS des BGB ist er herrenlos LG Kiel SchlHAnz 75, 85. Bibliographie ü Recht des Meeresstrandes SchlHAnz 66, 49; über ausschließl Konzession zum BadeBetr am Meeresstrand SchlHVerwG SchlHAnz 73, 124. — Der GemeinGebr hat verschiedenen Umfang je nach Art der Sache, ihrer Zweckbestimmg, Ort od Zeit. Was in seinen Rahmen fällt, kann nicht nach § 1004 untersagt werden. Näheres vgl § 905 Anm 2 b.

d) Auch das dem öff Dienste des Staates, der Gemeinde u ähnl Körperschaften gewidmete **„Verwaltungsvermögen"** (zB Behördengebäude u deren Einrichtgen, auch der amtl gesetzte Grenzstein, vgl VerwPraxis 71, 207 – ebso kirchl Ggstände – vgl oben b) ist in der Verkehrsfgk beschr, soweit seine Zweckbestimmg es erfordert. Dieser kann es nicht entzogen werden; ZwVollstr ist daher unmögl, vgl RG 72, 352. Im übr unterliegt es allg Privatrechtsregeln. Im Ggsatz dazu ist das sog **Finanzvermögen** öffentlicher Körperschaften, das in erster Linie dem Gelderwerb dient (so Bergwerke, Domänen), grdsätzl voll verkehrsfäh. ZwVollstr vgl ZPO 882a.

e) Beschränkgen der Verkehrsfgk durch gesetzl od behördl **Veräußergsverbote** vgl §§ 134–136 mit Anm. Privatrechtl Vfgsverbote haben auf Verkehrsfgk der Sachen keinen Einfluß, vgl § 137.

90 *Begriff.* Sachen im Sinne des Gesetzes sind nur körperliche Gegenstände.

1) Allgemeines. Im Ggsatz zu älteren Gesetzen (auch ZPO u österr ABGB 285), die unter Sachen meist alle Ggstände des vermögensrechtl Verkehrs begriffen (vgl Übbl 2 vor § 90), schließt sich das BGB enger an den allg SprachGebr an u faßt darunter nur körperl Ggstände. **Sache** (Österreich: körperl Sache, ABGB 292) ist hiernach ein nach natürl Anschauung für sich bestehender, im Verkehrsleben bes bezeichneter u bewerteter körperl Gegenstand, RG 87, 45; er kann fest, flüssig und gasförmig sein; die Wahrnehmbark dch den Tastsinn, im röm R Unterscheidungsmerkmal zw „res corporales" und „incorporales", ist nicht mehr entscheid. Aber nicht alles sinnl Wahrnehmbare ist Sache; nicht zB das Licht; für elektr Strom str, vgl RG 86, 12 u MüKo/Holch Rdnr 28. – Um eine Sache von der anderen zu unterscheiden, muß sie im Raume **abgrenzbar** sein, gleichviel ob dch eig körperl Begrenzg od durch künstl Mittel, wie Grenzsteine, Einzeichn in Karten. Freie Luft, fließendes Wasser, Meereswellen sind auch aus diesem Grunde nicht Sachen, vgl Übbl 4a vor § 90 und RGRK § 90 Anm 12. – **Arten** der Sachen vgl Übbl 3 vor § 90.

2) Nicht zu den Sachen gehören der **Körper des lebenden Menschen** u seine ungetrennten Teile. Der Mensch ist heute nur Rechts- u Pflichtenträger u kann als solcher, mindestens im VermR, nicht auch RechtsGgst sein (unterscheide davon den Menschen als Rechtsbetroffenen, insb AnsprGegner!). Das Recht am eig Körper ist kein dingl Recht, sond Ausfluß der Persönlichk, aA Brunner NJW 53, 1173; im Falle der

Trenng von Körperteilen ist der Rechtsgedanke des § 953 anwendb, sie werden mit Trenng Eigtum ihres bish Trägers (MüKo/Holch Rdn 29). Verpflichtgsgeschäfte mit Bezug auf abzutrennende Teile des menschl Körpers (zB Haar) sind grdsätzl mögl, soweit sie nicht gg allg Vorschriften, insb § 138, verstoßen. – Über Verfügen über Teile des menschl Körpers Forkel JZ **74**, 594. – Zum Körper gehören nach der Verk-Auffassg auch künstl Ersatzteile, soweit sie mit ihm fest verbunden sind, zB Zahnplomben, im übr sind sie Sachen, aber der ZwVollstr entzogen, ZPO 811 Z 12; vgl hierzu auch LG Köln MDR **48**, 365. – Über die Rechtslage der **Leiche** vgl Übbl 4 b vor § 90.

3) Keine Sachen sind **unkörperliche Gegenstände,** insb Rechte od RGesamth (zB Verm od Nachlässe), ua Güter (zB Geschäftswert, Kundsch, vgl RG DR **42**, 465; ebsowenig Sachgesamth, Sachinbegriffe, denen als nur gedachten Einheiten die Körperlichk fehlt; Sachen sind nur die Einzelsachen, vgl Übbl 3e vor § 90.

4) **Praktische Bedeutung des Begriffs** der Sache: Nur Sachen können Ggst des Besitzes, des Eigentums und der meisten anderen dingl Rechte sein (Nießbr und PfandR – nicht das gesetzl VermieterpfandR – sind auch an Rechten anerkannt). Eine gerecht Anwendg insb der Vorschriften, die einen absoluten Schutz (§§ 1004, 823) gewähren, auf andere Ggstände kommt nur für AusschließlR in Frage (zB für gewerbl u künstl Urheber- u Patentrechte). – Auch gewisse Vorschriften des Schuldrechts setzen als Ggst eine Sache voraus (vgl die Sachmängelhaftg bei Kauf, Miete, Leihe, Verwahrg). Auf andere Ggstände als Sachen finden diese Vorschriften keine unmittelb Anwendg; ob entsprechende, ist Frage der Gesetzesauslegg (Sachmängelhaftg bei Verkauf eines GeschUnternehmens RG **98**, 292; Irrtumsanfechtg aus § 119 II bei Rechten RG JW **38**, 2348).

91 *Vertretbare Sachen.* Vertretbare Sachen im Sinne des Gesetzes sind bewegliche Sachen, die im Verkehre nach Zahl, Maß oder Gewicht bestimmt zu werden pflegen.

1) Der **Begriff** der vertretb Sache ist ein objektiver. Entscheid ist allein die Verkehrsüblichk ihrer Bestimmung nach Zahl, Maß od Gewicht. Abw Parteivereinbarg ändert ihren Charakter nicht. Grdstücke u deren (auch nicht wesentliche, RG **158**, 368) Bestandteile sind, da nicht bewegl, nie vertretb.

2) Unterscheide von der vertretb die **Gattungssache**, das ist eine Sache, die nur der Gattg nach bestimmt ist (vgl § 243, auch § 279). Hier entsch der Parteiwille (vgl aber Anm 4), der eine unvertretb Sache, auch Grdst, als Gattgsache zum VertrGgst machen kann (eine Parzelle am See) od eine vertretb Sache als Speziessache (einen bestimmten Apfel), was die VertrPflichten beeinflußt, die vertretb Sache aber nicht zu unvertretb macht und umgekehrt. Meist sind Gattgsachen vertretb und Speziessachen unvertretb, so daß §§ 243, 279, 300 II, 480, 524 II, 2182 I und 2183 idR nur auf vertretb Sachen Anwendg finden.

3) Vertretb sind insb Geld, ferner zB Kohlen, Obst, Wertpapiere, auch Maschinen, die serienmäß hergestellt u nach Preislisten gehandelt werden, RG **45**, 63, RG JW **13**, 27, auch Serienkraftwagen Mü DAR **64**, 188, Bier, auch dasjenige aus einer bestimmten Brauerei (aA RG JW **13**, 539), sogar nach Angaben od Muster des Bestellers gefertige Waren, wenn sie als Handelsware von einem x-beliebl Abnehmer veräußert werden sollen, BGH NJW **71**, 1793; nicht aber nach Beschreibg bes angefertige Möbel, RG **107**, 340, auch nicht gebrauchte Kraftwagen, Jordan VersR **78**, 691, Reiseprospekte für eine bestimmte Reederei, BGH NJW **66**, 2307.

4) **Praktisch bedeutsam** ist Vertretbark insb für gewisse Schuldverhältnisse, wie Darlehen u unechte Verwahrg §§ 607, 700, WerkkaufVertr § 651, Anweisg § 783 (vgl auch § 706, HGB 363, 419 und ZPO 592, 688, 794 Z 5, 884), die vertretb Sachen voraussetzen. SchadErs wg Verlustes einer vertretb Sache besteht idR in Lieferg einer anderen (vgl RG Gruch **67**, 299; RG JW **26**, 1541).

92 *Verbrauchbare Sachen.* ^I Verbrauchbare Sachen im Sinne des Gesetzes sind bewegliche Sachen, deren bestimmungsmäßiger Gebrauch in dem Verbrauch oder in der Veräußerung besteht.

^{II} Als verbrauchbar gelten auch bewegliche Sachen, die zu einem Warenlager oder zu einem sonstigen Sachinbegriffe gehören, dessen bestimmungsmäßiger Gebrauch in der Veräußerung der einzelnen Sachen besteht.

1) Auch der **Begriff** der verbrauchb Sache nach I ist obj bestimmt, da es auf den bestimmsgemäßen Gebr, also darauf ankommt, welche Bestimmg die Sache ihrer Natur nach hat. Bei II entsch Wille des Berechtigten. § 92 unterscheidet: **a)** rein t a t s ä c h l v e r b r a u c h b Sachen, die zum Verbr bestimmt sind, wozu zB Lebensmittel, Brennmaterial, dazu nicht nur Sachen gehören, die im Gebr mehr od minder schnell abgenützt w (zB Teppiche, Kleidgstücke). Die Grenzen sind flüssig; – **b)** im Rechtssinne verbrauchb Sachen, die ihrem W e s e n n a c h zur Veräußerg bestimmt sind, ua Geld, Banknoten, Wertpapiere mit geldähnl Funktion wie Schecks u fällige Zinsscheine; sie haben so gut wie keinen GebrWert, ihr Wert zeigt sich nur bei der Veräußerg! – **c)** f i n g i e r t v e r b r a u c h b a r e Sachen (**II**), die zu einem zur Veräußerg bestimmten Sachinbegriff (vgl Übbl 3e vor § 90), zB Warenlager, gehören. In diesem Sinne kann jede Sache verbrauchb sein; es entsch der vom Berecht verfolgte Zweck (Schrank beim Trödler, Kleider im Konfektionshaus, Schlachtvieh des Fleischers) RG **79**, 248. – Grdstücke sind nie „verbrauchbar".

2) **Praktisch bedeutsam** ist Verbrauchbark insb für Nutzgrechte: da eine Nutzg verbrauchbarer Sachen ohne Eingriff in die Substanz nicht mögl ist, wird bei ihnen NießbrR zum Eigtum, ehemännl u elterl Nutznießg wurden zur Verbrauchsberechtigg mit Verpflichtg zum Wertersatz, vgl §§ 1067, 1075, 1084; ähnl § 706. Vgl ferner §§ 1086, 2116, 2325.

93 Wesentliche Bestandteile. Bestandteile einer Sache, die von einander nicht getrennt werden können, ohne daß der eine oder der andere zerstört oder in seinem Wesen verändert wird (wesentliche Bestandteile), können nicht Gegenstand besonderer Rechte sein.

1) Vorbemerkg zu §§ 93–95. a) Die Regelg der §§ 93 ff geht von dem unausgesprochenen Grds aus, daß eine einheitl Sache u ihre Teile (wesentl und unwesentl Bestandteile, RG **158**, 368), solange sie ihre Teile sind, ein möglichst einheitl Rechtsschicksal haben sollten, vgl RG **69**, 120. Die Vfg über eine Sache ergreift auch die Teile, soweit nicht ausdr ausgenommen (vgl LuftfzRG 31 IV); auch ist Pfändg von Teilen einer einheitl Sache für sich allein ausgeschl (Ausn ZPO § 810). – **b)** Gänzl verboten ist aber weder das Bestehenbleiben von Rechten, die am Sachteil vor Einfüg in die Gesamtsache bestanden, noch Neuentstehg solcher Sonderrechte an Sachteilen; allerdings ist aus Gründen der Rechtsklarh Abgrenzbark des betr Teiles nötig, vgl auch Anm 4. Soweit Sonderrechte bestehen, unterliegt ihre Geltdmachg keiner Beschränkg, RG **74**, 402; daher kein Herausg eines fest in die Gesamtsache eingefügten Teiles verlangt werden; für Bestandteile an Luftfahrzeugen ergibt sich das aus LuftfzRG 31 IV. – **c)** Um volkswirtschaftl unerwünschte Folgen zu vermeiden, anerkennt das Gesetz aber dort **keine Sonderrechte** am Sachteil, wo die Trenng des Teils von der Gesamtsache die Vernichtg erhebl Werte zur Folge haben würde, RG **58**, 341 (vgl Anm 3). Solche Teile nennt das BGB (etwas irreführend) „wesentl Bestandteile", § 93. § 94 enthält eine Erweiterg des Begriffs, § 95 eine Einschränkg, § 96 erklärt die subj dingl Rechte zu Bestandteilen des herrschenden Grdstücks; ob sie wesentl Bestandteile sind, ist von Fall zu Fall zu entscheiden. – **d)** Der Ausschluß von Sonderrechten an wesentl Bestandteilen bezieht sich nur auf dingliche Rechte (Ausnahmen unten e, f und EG 181–184); daher kein Nießbr an einem ein Stockwerk eines Hauses, RG **164**, 199; kein Stockwerkseigtum od Sondereigtum an wesentl Bestandteilen, zB an Bäumen. Schuldrechtl Verbindlichkeiten können auch in bezug auf wesentl Bestandteile bestehen und neu eingegangen werden, Warn **26**, 150. – Auch Besitz an wesentl Bestandteilen ist mögl, zB an der Mietwohng, Holz auf dem Stamm, RG **108**, 272, str. – **e) Erbbaurecht** (ebso nach LandesR ErbpachtR, Bergwerkseigtum usw – vgl EG 63, 67, 68) stehen Grdstücken gleich und können (wesentl) Bestandteile haben, vgl § 95 Anm. 4. – **f) Wohnungseigentum:** Das WohnEigtumsG läßt abw von § 93 selbstd Eigtum (u dingl Rechte) an in sich abgeschl Räumen zu (sogen SonderEigtum), das im echten Eigtum des WohnEigtümers steht u zu dem wesentl Bestandt iS des § 93 gehören können; and wesentl Bestandteile des Gebäudes gehören zu dem MitEigtum der verbundenen WohnEigtümer; vgl dazu BayObLG **69**, 29.

2) Bestandteil ist jeder Teil einer einheitl, einf od zusammengesetzten (vgl Übbl 3f vor § 90) Sache. Nicht Bestandt ist eine Sache, die zwar wirtschaftl mit anderen Sachen zweckgebunden ist, insb mit ihnen zu einem Sachinbegriff gehört, aber als selbstdige Sache erscheint, RG **69**, 120, **130**, 266, BGH **LM** Nr 2. UU ist sie Zubehör, vgl § 97 (Abgrenzg vgl RG **69**, 117). Zu fragen ist also zuerst, ob die wirtschaftl Einh, deren Teil in Frage steht, eine einheitl Sache od eine Sachmehrh ist. Dabei ist grdsätzl (anders uU nach § 94, vgl dort Anm 1) von der natürl Betrachtungsweise eines verständigen unvoreingenommenen Beurteilers (RG **158**, 370) auszugehen. Bei einf, natürl entstandenen (zB Tier, Pflanze) od aus einem Stoff bestehenden Sachen (Stück Butter, Münze) besteht kein Zweifel; jeder Teil ist Bestandteil (ob immer wesentlicher, ist str, vgl Anm 4). Schwierigkeiten ergeben sich bei zusammengesetzten Sachen. Feste, nur mit erhebl Schwierigk zu lösende Verbindg genügt mangels entgegstehender VerkAnschauung, um die Gesamth zu einer Sache, die Teile zu Bestandteilen zu machen, RG **158**, 369; Begr der festen Verbindg vgl § 94 Anm 2. Sie ist aber nicht notw; lose Einfüg (Schublade im Schrank, Blatt in Loseblattsammlg), auch Zusammenhalten lediglich inf der Schwerkraft kann genügen (Tischplatte eines zerlegb Tisches), ja sogar einf wirtschaftl Zugehörigk (Manuskriptblätter, Buchführgteile, KG Rpfleger **72**, 441). Bei bewegl Sachen ist immer körperl Zusammenhang u einheitl Zweck erforderl, bei GrdstFlächen tritt gemeinschaftl Eintragg an die Stelle dieser Voraussetzgen, vgl Übbl 3e vor § 90. Das allein genügt aber nicht. Hinzukommen muß bei nur loser Verbindg, daß der Verkehr nach der Art der Herstellg u der Einrichtg alles zusammen als eine Sache auffaßt, RG **69**, 152, **87**, 45. Nach BGH **LM** Nr 2 liegt keine einheitl Sache vor, wenn die Teile leicht voneinander lösb u jedes der Einzelteile für sich verwertb ist (Kegelbahnanlage als Teil einer Gaststätte); richtiger ist dann wohl zwar Bestandt einer einheitl Sache, aber nicht wesentlicher anzunehmen, vgl Anm 3. Eine nur vorübergehende Aufhebg des körperl Zusammenhangs (zB zum Transport) hebt Einheitlichk der Sache nicht auf, erst dauernde Trenng macht die Bestandteile zu selbst Sachen, RG Gruch **64**, 97.

3) Wesentlich iS des § 93 sind **Bestandteile**, wenn durch eine Trenng der abgetrennte od der zurückbleibende Bestandteil zerstört od im Wesen verändert würde. Der Einfluß der Trenng auf die Gesamtsache ist unerhebl, BGH **18**, 229, **20**, 158; es kommt auch nicht darauf an, ob der Bestandt für die Verwendbark der Gesamtsache bes wichtig ist od ihr Wesen bestimmt (die Bezeichng „wesentlicher Bestandt" ist also mißverständl). Entscheidd ist (vorausgesetzt, daß Einh der Gesamtsache feststeht) allein, ob die Trenng zur Vernichtg wirtschaftl Werte führen würde, od ob die Teile auch nach der Trenng wirtschaftl wie bisher verwertb wären, ggf nach Wiederverbindg mit anderer, dem getrennten Bestandt entsprechender Sache, vgl BGH **18**, 229, **20**, 158 (anders nach § 94!). Feste Verbindg od Einfügg zur Herstellg (vgl § 94) genügt daher oft auch bei bewegl Sachen, bes wo eingefügter Teil von untergeordneter Bedeutg (zB einzelne Schrauben u Hebel) u Wesen des and Teiles dem Wesen der ganzen Sache gleichzusetzen, BGH **20**, 157, nicht aber für Serienmotor von Kraftfahrzeug, BGH **18**, 226, **61**, 80 (aA Pinges JR **73**, 463). Diese Regeln gelten auch bei einem Gebäude, das nicht GrdstBestandteil ist, BGH **LM** Nr 14; Teile eines solchen einheitl Gebäudes können also nicht verschiedenen Personen zu AlleinEigt zustehen. – Da die Unterscheidg zw „wesentlichen" u and Bestandteilen wirtschaftl Gründe hat, genügt der Verlust der bish wirtschaftl Bedeutg od eine erhebl Verringerg des bish wirtschaftl Wertes, RG **69**, 121.

4) Die Streitfrage, ob die **Teile einer einfachen** (im Ggsatz zu einer zusammengesetzten) **Sache** in allen Fällen wesentl Bestandteile sind (vgl oben Anm 2), ist ohne Bedeutg, soweit es sich um aus einem Stoff bestehende Sachen (Stück Butter, Barren Gold, Getreidehaufen) handelt. Hier sind Sonderrechte an Teilen prakt nicht denkb; aus der Zeit vor Zusammenfügg können sie nicht bestehenbleiben, weil die Vermischg zur Entstehg einheitlicher dingl Rechte führt (§ 948), u Entstehg neuer Sonderrechte an ungetrennten Teilen ist mangels klarer Abgrenzbark der Teile nicht mögl. Bestandteile der naturgewachsenen einfachen, bewegl Sachen (zB Tier, Pflanze) sind stets wesentliche, da ihre Trenng vom Organismus den Verlust ihrer wesentlichsten Eigensch, Teil dieses Organismus zu sein, also eine Wesensänderg, herbeiführt. — Dagg sind bei Grdstücken die einzelnen Flächen, auch Wege, Gräben usw, nicht wesentl Bestandteile, da sie dch Änderg der Grenzziehg od Ausgestaltg geteilt od verlegt w können, ohne ihr Wesen zu ändern, RG JW **10**, 813. Einzelne Grdstücksflächen können daher mit bes Rechten belastet sein (vgl auch § 890 Anm 3b); die zu belastenden Flächen sollen allerdings vorher als bes Grdstücke eingetr werden, GBO 7.

5) Auch wenn die Voraussetzgen des § 93 vorliegen, sind die nur zu **vorübergehendem** Zweck od in Ausübg eines dingl Rechts mit einem Grdstück od Gebäude verbundenen Sachen nicht wesentl, ja überh nicht Bestandteile, vgl § 95. Dagg sind sonst die mit dem Grd u Boden fest verbundenen Sachen, insb Gebäude u Erzeugnisse, eingesäter Samen, eingepflanzte Pflanzen, auch wo § 93 nicht vorliegt, **wesentliche Bestandteile des Grundstücks**, u die zur Herstellg eines Gebäudes eingefügten Sachen **wesentliche Bestandteile des Gebäudes**, § 94; für eingetr **Schiffe** gilt entsprechendes.

6) Die **praktische Bedeutung** der §§ 93–95 zeigt sich bes bei **Vereinigg mehrerer Sachen**, an denen Rechte verschiedener Personen bestehen. Werden sie wesentl Bestandteile der Gesamtsache u eine von ihnen ist Hauptsache (= Hauptbestandteil), so erlöschen die Rechte, die an den anderen (jetzt Nebenbestandteilen) bestanden; ist keine die Hauptsache, so entsteht Mitberechtigg, vgl §§ 947–949. Ein EigtumsVorbeh an der Nebenbestandteil gewordenen Sache wird wirksgslos; er macht die Verbindg nicht zu einer, die nur zu vorübergehendem Zweck (§ 95) erfolgt ist, RG **63**, 421. — Die Auflassg erstreckt sich auf die wesentl Teile des Grdstücks, auch wenn Eigtumsübergang an ihnen nicht gewollt ist; entggstehende Vereinbg ist auf rechtl Unmögliches gerichtet, uU damit auch die Auflassg selbst, RG **97**, 103. — Die Wirkg des Zuschlags in der ZwVerst erstreckt sich auf die wesentl Bestandteile, auch wenn ZuschlagsBeschl sie ausdr ausnimmt; das kann höchstens einen schuldrechtl Anspr gg den Ersteigerer auf Herausg begründen, RG **150**, 24; er ist BereicherungsAnspr, unrichtig daher Nürnb JW **38**, 1021, vgl Anm v Kaiser. EigtumsVorbeh am Gebäude bei Auflassg des Grdstücks kann den Eigtumsübergang nicht hindern u ebenf nur schuldrechtl als Anspr auf Einräumg des NutzgsR wirken, RFH JW **21**, 604. Stehende Bäume u Früchte auf dem Halm können nicht übereignet w, RG **60**, 319, letztere können allerdings in Abweichg von allen sonstigen Regeln gepfändet w (ZPO 810) u sind nach SaatgutsicherungsG v 19. 1. 49 (WiGBl 8) Ggst gesetzl Pfandrechts des Saatgut- u Düngemittellieferanten.

7) Einzelheiten aus der sehr reichhaltigen **Rechtsprechg**:

ja = wesentl Bestandteil, nein = kein wesentl Bestandteil, mit Zusatz: sS = selbständige Sache (da das Ganze keine einheitl Sache, sondern Sachmehrheit), nw = zwar Bestandteil, aber nicht wesentlicher.

Apparate, elektr Meßgeräte serienmäß Herstellg, nein, nw, BGH **20**, 158

Bergwerksgrundstück, Rohrleitg, ja, Brschw Recht **33**, 1

Bergungsschiff, Winde, nein, wohl sS, Schl SchlHA **54**, 253

Bilderbücherfabrik, Steindruckpresse, nein, sS, RG JW **07**, 128

Brauereihaus, Gärbottiche usw, nein, sS, RG Gruch **58**, 887

Dampfsägewerk, Lokomobile, nein, sS, RG JW **12**, 128

Druckerei, Druckmaschine usw, nein, sS, RG JW **09**, 159

Elektrizitäts-, Wasser-, Gaswerk, Leitgen (auch auf fremden Grdstücken), Transformatoren usw, nein, sS (ggf wesentl Bestandt des Grdst, in dem sie liegen, vgl aber § 95 I 2), RG **87**, 47, BGH **37**, 357. Wasserleitgrohrnetz einer Gemeinde in eigenen Grdstücken (Straßen), ja, in fremden, nein, RG **168**, 290; sehr zweifelh vgl Willers Betr **68**, 2023

Elektrizitätswerk, Maschinen, nein, sS, Warn **13**, 81

Fabrikanlage, -betrieb ist keine Einheitssache, sond besteht aus Mehrh selbständiger Sachen, vgl RG **67**, 35

Fabrikgebäude, Maschinen, idR nein, sS, RG **130**, 266 (gewisse Schwierigkeiten u Gefahren der Lösg aus dem Gebäude sind unbeachtl, RG **87**, 46), uU ja, RG JW **34**, 1849

Fabrikgrundstück, Anschlußgleis an benachbartes Eisenbahngelände, nein, sS, Warn **30**, 49; Abwasserleitg über fremde Grdst, nein, BGH NJW **68**, 2331; Dynamomaschinen zur Herstellg von elektr Licht u Kraft u elektr Leitg dazu, die das ganze Werk durchziehen, ja, RG JW **32**, 1197; HeizgsAnlagen idR ja Hamm MDR **75**, 488

Fleischwarenfabrik, treibender Motor, nein, sS, RG **69**, 118

Garagengrundstück, Tankanlage auf anliegendem StraßenGrdstück, ja, RG **150**, 22; Zentralheizgsanlage, ja, Nürnb JW **34**, 1433, transportable Fertiggarage ohne Fundament, nein, FinG Brem NJW **77**, 600

Gaststättengrundstück, Kegelbahn, nein, sS, BGH **LM** Nr 2

Gebäude s unter Grundstück, Hausgrundstück

Geflügelhallen, Ventilatoren ja (nach § 94 II) Oldbg NdsRpfl **70**, 113

Gewächshaus, Stahlkonstruktion ja, BGH **LM** § 94 Nr 16 (nach § 94 II)

Grundstück, Behelfsheim meist sS, OGH **1**, 168, NJW **50**, 104, Hbg MDR **51**, 736 (nach § 95), BGH **8**, 1 (nach § 95); ebso Kampfanlagen der Wehrmacht (nach § 95 II), BGH NJW **56**, 1274; dagg Luftschutzstollen u (w B), BGH NJW **60**, 1003; Fertighaus ja, vgl § 94 Anm 2b; Bootssteg idR ja des Ausgangs-Grdst BGH **LM** § 891 Nr 3; s auch HausGrdst, HotelGrdst

Grundstück, einzelne Flächen, nein, nw, BayObLG JFG **3**, 284, RG JW **10**, 813

Handelsbücher, Kontoblätter, Saldenlisten ja, KG Rpfleger **72**, 441

§§ 93, 94

Hausgrundstück, Warmwasserleitgen, Heizgsanlagen in modernem Wohnhaus, ja, BGH NJW **53**, 1180; Ffm DNotZ **68**, 655; auch wenn nachträgl zur Modernisierg eingebaut, BGH **53**, 326; angehakte Heizkörperverkleidg, ja, wenn bes angepaßt OLG **32**, 338, sonst nein, Hbg SeuffA **74**, 10; Waschbecken u Badewannen, ja, Brschw NdsRpfl **55**, 193; Warmwasserbereiter in modernem Haus ja, BGH **40**, 275, desgl Elektroherde in Norddeutschland, BGH ebda, Hbg MDR **78**, 138; Linoleumbelag, nein, sS, Mü SeuffA **74**, 157 (wo fest verlegt, selbstverstdl); zusätzl Ölfeuergsanlage, nein, nw, Celle BB **58**, 134, umgekehrt wenn jetzt einzige Befeuerg, auch wo Umstellg auf Koks mögl, BGH **53**, 326; Heizkessel zu Köln Rpfleger **70**, 88; Einbauküchen, ja, wenn sie bes eingepaßt sind, BFH Betr **71**, 656, ebso bei Einbau währd der ursprüngl Herstellg, Nürnb MDR **73**, 758; nach Hbg MDR **78**, 136 immer, sow nicht § 95 enttgstellt; Beleuchtganlagen, Frage des Einzelfalls, RG JW **09**, 130, Gruch **46**, 857

Lichtspieltheatergrundstück, Heizkessel, ja, LG Bochum MDR **66**, 48

Holzbearbeitungsfabrik, Sägen, Bohrmaschinen, Motoren, nein, sS, RG Gruch **52**, 913

Hotelgrundstück, Licht- und Kraftanlage, nein,Kbg DRZ **34** Nr 135, für Licht vgl RG **58**, 340; Fahrstuhlanlage, ja, RG **90**, 200; Warmwasseranlage, ja, RG HRR **29**, 1298; Beleuchtungskörper nein sS, Warn **17**, 264

Kokswerk, elektr Kraftanlage, ja, RG **69**, 158 (wohl nicht zutreffend)

Kraftwagen, Motor, nein, nw, BGH **18**, 226, Köln Betr **63**, 727, auch nicht wenn Kfz weiterveräußert wurde, BGH **61**, 80; Motor u Räder, nein, nw, Stgt NJW **52**, 145; Karlsr MDR **55**, 413; Fahrgestell u Karosserie, ja, Stgt NJW **52**, 145; andere Bestandteile vgl RG **144**, 241; Luftreifen, nein, nw, Jena Recht **32**, 171, Stgt VRS **3**, 324

Landgut, Milchtrockngsanlage, nein, sS, RG HRR **32**, 700

Lokomobilanlage, Schwungräder, Kurbelwelle, ja, OLG **39**, 250, and aber, wenn diese dch im Handel erhältliche ausgewechselt w können, vgl BGH **18**, 226

Metallwarenfabrik, Maschinen, nein, sS, Warn **13**, 80

Motorschiff, Motor, ja, RG **152**, 91, BGH **26**, 229 (nach § 94)

Mühle, treibender Motor, nein, sS, Warn **20**, 31; Lokomobile, nein, sS, Warn **10**, 190

Mühle u Elektrizitätswerk, Turbinenanlage, nein, sS, RG JW **11**, 574

Mühlengebäude, besonders angefertigte Mahleinrichtg, ja, RG JW **11**, 573

Schloß, Gobelins in Holzrahmen an den Wänden, nein, nw, Warn **19**, 45

Schrebergarten, Einbauten, nein, sS wegen § 95, Hbg MDR **51**, 736

Spinnerei, Maschinen, nein, sS, RG JW **09**, 483

Spinnmaschine, Düsen, nein, sS, RG **157**, 245

94 Wesentliche Bestandteile eines Grundstücks oder Gebäudes.

I Zu den wesentlichen Bestandteilen eines Grundstücks gehören die mit dem Grund und Boden fest verbundenen Sachen, insbesondere Gebäude, sowie die Erzeugnisse des Grundstücks, solange sie mit dem Boden zusammenhängen. Samen wird mit dem Aussäen, eine Pflanze wird mit dem Einpflanzen wesentlicher Bestandteil des Grundstücks.

II Zu den wesentlichen Bestandteilen eines Gebäudes gehören die zur Herstellung des Gebäudes eingefügten Sachen.

1) Allgemeines. a) § 94 erläutert nicht, sond erweitert den Begriff des wesentl Bestandteiles; allerdings werden häufig dieselben Teile wesentl Bestandteile nach § 93 u nach § 94 sein. Wie § 93 setzt auch § 94 eine einheitl Sache voraus, was insb bei der Ausslegg des Begriffs „zur Herstellung eines Gebäudes eingefügte Sachen" zu berücks ist, RG **67**, 32. Einheitl Sache ist aber hier unabhäng von der für § 93 entscheidenden natürl Betrachtgsweise (§ 93 Anm 2) und unabhäng von etwa abw VerkAuffassg das Ganze, dessen wesentl Bestandt die verbundene, eingepflanzte, zur Herstellg eingefügte Sache wird, vgl auch BGH **LM** Nr 16. – **b)** Die Sachen des § 94 werden mit der Vornahme der vorgesehenen Verbindg wesentl Bestandteile des Grdstücks (**I**) od des Gebäudes (**II**) u damit sonderrechtsunfäh. Dies Ergebn läßt sich dch die Willensrichtg der Verbindenden od durch Parteivereinbargen nicht beseitigen od einschränken, soweit nicht § 95 eingreift, wonach gewisse zu vorübergehendem Zweck verbundene Sachen, auch wenn § 93 od § 94 voll erfüllt ist, nicht Bestandteile sind (vgl § 95 Anm 1 u unten Anm 2c, 3 und 4a). Nur im Rahmen dieser den Begriff des Bestandteils einschränkenden Bestimmg kann die Willensrichtg desjenigen, der die Verbindg vornimmt, maßg sein (zB Errichtg einer Scheune für die Dauer der Pachtzeit, Einpflanzen einer Zimmerblume in den Garten mit der Abs, sie im Herbst wieder ins Zimmer zu nehmen).

2) a) Feste Verbindg mit dem Boden (**I 1**) liegt insb vor, wenn die Trenng zu Zerstörg od erhebl Beschädigg der eingefügten Sache führen od unverhältnism Kosten verursachen würde; im Einzelfalle ist es Tatfrage, RG **158**, 374. Eine nur durch Schwerkraft auf dem Boden ruhende Sache kann bei erhebl Gewicht u, wenn ihr Abtransport nur nach Zerlegg mögl ist, als fest verbunden anzusehen sein, so ein 100 t schwerer Gasbehälter einer Gasanstalt, Warn **32**, 114. Maschinen, die nur mit Schrauben oder mit Zement an das Fundament angefügt sind u sich ohne erhebl Beschädigg des Gebäudes oder der Maschinen entfernen lassen, sind idR nicht fest verbunden, RG **158**, 374. – **b)** Auch die in **I** bes hervorgehobenen **Gebäude** sind nur bei fester Verbindg mit dem Boden wesentl Bestandteile, so immer, wenn sie ein in die Erde eingelassenes Fundament haben; so zB eine Baracke mit gemauerten Giebeln u Fundament, RG JW **08**, 295. Läßt sich die Verbindg zum Fundament nur leicht lösen, ist I zwar unanwendb, die Baulichk kann aber gem II wesentl Bestandteil sein, BGH NJW **78**, 1311 (Büropavillon), **LM** Nr 16 (Gewächshaus). Keine wesentl Bestandteile sind dagg transportable Wellblechbaracken, ebensowenig transportable Fertiggaragen ohne

Fundament, FinG Brem NJW **77**, 600. Fertighäuser müssen als fest verbunden angesehen werden, da nur mit erhebl Kosten abzubauen u erhebl wirtschaftl Werte vernichtet würden (vgl § 93 Anm 3). – **c)** Trotz fester Verbindg sind die nur zu vorübergehdem Zweck mit dem Boden verbundenen Sachen (vgl § 95 I 1), zB die gelegentl eines Wettkampfes, einer öff Veranstaltg aufgebauten Tribünen, u die in Ausübg eines Rechts an fremder Sache aufgeführten Gebäude usw (vgl § 95 I 2) nicht wesentl, ja überh nicht Bestandteile. Zum Gebäude auf fremdem Grdstück vgl Vennemann MDR **52**, 75.

3) Erzeugnisse des Grdstücks u damit wesentl Bestandteile sind insb aus dem Boden gewachsene Pflanzen u die aus ihm zu gewinnenden Bodenteile, wie Sand, Kies usw (Staud-Coing Rdz 6 hält letztere nicht für Erzeugnisse, aber als „unmittelb" Bodenbestandteile für wesentl Bestandteile). Auch die erst kürzl eingepflanzte Pflanze gehört dazu; vgl **I 2**, der jeden Streit über die Sonderrechtsfgk von Samen und Pflanzen abschneidet. Früchte auf dem Halm vgl § 93 Anm 6. – Eine **Ausnahme** bringt auch hier § 95: Pflanzen, die nur zu vorübergehendem Zweck mit dem Boden verbunden sind (zB Pflanzen einer Baumschule), sind nicht Bestandteile.

4) a) Zur Herstellg eines Gebäudes eingefügt (II) ist eine Sache, die zw Teile des Gebäudes gebracht u dch Einpassen in die für sie bestimmte Stelle mit den umliegenden Stücken derart vereinigt ist, daß dch sie das Gebäude in seiner Sonderart u zu seinem Sonderzweck mit hergestellt ist, RG **56**, 288; räuml Zusammenhang ist mithin nötig. **Entscheidend** ist der mit der Einfügg verfolgte **Zweck**, RG **150**, 26, näml ob sie dazu dienen soll, das Gebäude zu dem zu machen, was es werden soll (ähnl BGH **LM** § 93 Nr 2, vgl BGH **LM** Nr 16); zu nur vorübergehd Zweck eingefügte Sachen scheiden schon deswg (und nach § 95) aus. **Unerhebl** ist, ob die Einfügg zur Fertigstellg des Gebäudes erforderlich war, RG JW **36**, 1123, auch überflüss Zierat wird wesentl Bestandteil. Ebsowenig entscheidet Art der Verbindg (fest od lose), BGH **36**, 50 (aber räuml Zusammenhang nötig), BGH **LM** Nr 16, od Zeitpunkt des Einbaus; auch nachträgl zur Vervollkommng eingebaute Einrichtgen (Wasserleitgsanlage nebst angeschl Waschtischen in den Gastzimmern eines Gasthauses, Warn **33**, 21, Holztäfelg in Schloßgebäude RG **158**, 367) können „zur Herstellg" eingefügt sein. – Nicht entscheidend ist endl, ob das Gebäude auch ohne die eingefügte Sache in Betrieb genommen w kann; Maschinen im Fabrikgebäude u sonst Ausstattgen sind oft nicht als „zur Herstellg eingefügt" anzusehen, obwohl erst ihr Einbau den beabsichtigten Gebrauch ermöglicht (vgl Einzelfälle § 93 Anm 7). Die Anwendg dieser (unstreitigen) Grdsätze ist im Einzelfall oft schwierig, auch die Rspr nicht ganz einheitl. – **b)** Zur Herstellg des Gebäudes eingefügt sind unzweifelh die zur Errichtg eines Gebäudes in jedem Falle notwendigen Werkstoffe, aus denen Mauern, Fußböden u Decken, Verputz, Treppen, Fenster, Türen usw hergestellt sind. Was darüber hinaus zur Herstellg dient, entsch die Zweckbestimmg des Gebäudes, ist also uU für gleichart Sachen in verschiedenart Gebäuden verschieden zu beurteilen, ebso Anbringg von Fenstern u Türen, vgl RG **90**, 201. In neuzeitl Hotelgebäude sind Fahrstuhlanlagen (RG **90**, 200) und Warmwasseranlage einschl der in den Gastzimmern eingebauten, angeschl Waschtische u Badewannen (RG HRR **29**, 1298) wesentl Bestandteile nach § 94 II; ähnl RFH JW **22**, 238 für die gesamten Badeeinrichtgen; Stgt NJW **58**, 1685 für Be- u Entlüftgsanlagen in Küchen- u Gasträumen eines modernen Gaststättenbetriebs in Großstadt, nicht auf dem Lande; BGH NJW **53**, 1180 für Gasheizgs- u Warmwasseranlagen eines modernen Wohnhauses, das dch durchgängigen Einbau dieser u ähnlichen Einrichtgen seinen bes Charakter erhalten hatte; BGH **53**, 324 für zur Modernisierg eingebaute Ölfeuerg; Köln Rpfleger **70**, 88 für Heizkessel in modernem Haus. Vgl iü Einzelfälle § 93 Anm 7. Die Anlage vieler Fabrikgebäude läßt es zu, darin je nach Art der verwendeten Maschinen u Einbauten diesen od jenen Betrieb einzurichten. Das ist der berecht innere Grd für die Entscheidgen, die Maschinen u andere notw Anlagen (vgl zB Oldbg NJW **62**, 2158) nicht als „zur Herstellg eingefügt" angesehen haben (vgl die Aufstellg § 93 Anm 7). Maschinen sind wesentl Bestandteile nach § 94 II idR nur dann, wenn sie u das Bauwerk aufeinander abgestimmt sind, wenn ihre Aufstellg also notw war, um dem Gebäude seine bes Eigenart zu geben (RG JW **34**, 1849, ähnl RG **130**, 266). Kegelbahn macht Gaststättengebäude nicht erst zu einem solchen, fällt also nicht unter § 94, BGH **LM** § 93 Nr 2. Stahlkonstruktion eines Gewächshauses macht dieses erst dazu, BGH **LM** Nr 16. – **c) Gebäude** sind Häuser, Brücken, Mauern u andere Bauwerke; für Schiffe str, mindestens ist II auf eingetr **Schiffe** entspr anzuwenden, da der Gesetzeszweck zutrifft; daher Schiffsmotor wesentl Bestandteil, BGH **26**, 229, ähnl schon RG **152**, 91 (für eingetr Luftfahrzeuge muß gleiches gelten). Verbindg, mit Grd u Boden ist nicht erforderl, II gilt also auch für bewegl (zB Baracken) und die unter § 95 fallenden Gebäude. – Soweit das Gebäude wesentl Bestandt des Grundstücks ist, wird die ihm zur Herstellg eingefügte Sache mittelbar Grundstücksbestandteil. – **d)** Mit der „Einfügung", dh Herstellg der vorgesehenen Verbindg endet die Selbständigk der eingefügten Sache, sie wird sonderrechtsunfäh Bestandt; so das Gebälk des Dachstuhls schon vor seiner Verankerg im Mauerwerk RG **62**, 250; vor der Herstellg der erforderl Verbindg liegt keine „Einfügung" vor; auf dem Bauplatz lagernde, in den Neubau noch nicht eingepaßte, wenn auch schon zugeschnittene Balken od Türen u Fenster (Warn **15**, 6) sind noch nicht Bestandt des Gebäudes. Fenster od Türen, die zwecks Einpassens eingesetzt waren, dann aber zur Fertigstellg herausgenommen sind, sind bereits (wesentl) Bestandteile geworden, wenn die Einpassg schon endgült war u sie nur zur Vereinfach der weiteren Arbeiten herausgenommen wurden (so wohl OLG **28**, 16 zu verstehen), nicht aber wenn das Einsetzen nur probew, also zunächst zu vorübergehdem Zweck erfolgte (Warn **15**, 6). Bei Einbau einer Sachgesamth (zB Heizgsanlage) w die einz Teile bereits mit ihrer Einfügg wesentl Bestandt, nicht erst mit der Fertigstellg der GesAnlage (aA Costede NJW **77**, 2340).

5) Überbau, Zwischenbau, Giebelmauer: Ein Überbau, der nach § 912 zu dulden ist, ist mit dem Gebäude auf dem Grdst des Überbauenden fest verbunden, wird also dessen wesentl Bestandt u damit des Grdstücks, zu dem es gehört. § 946 findet keine Anwendg, da der Überbau nach § 95 nicht Bestandt des Grdstücks wird, auf od über dem er sich befindet. Das gilt auch beim Überbau von einem Grdst auf ein anderes desselben Eigtümers, RG **160**, 177 ff (gegen **137**, 47), BGH **LM** § 912 Nr 9, u zwar auch dann, wenn der „Überbau" erst dch spätere Teilg des Grdst entsteht (BGH **64**, 333). Beim unzul Überbau findet dagg eine senkrechte Realteilg entlang der GrdstGrenze statt, BGH **27**, 204. Vgl im einz § 912 Anm 2. Bei Bau einer Giebelmauer **auf** der Grenze (Kommunmauer) nimmt die Rspr an (zusfassd BGH **57**, 245 [248], dazu krit Hodes NJW **72**, 901), daß die ganze Mauer bis zum Anbau dch den Nachb Eigt des Erstbauenden ist; alsdann wird sie gemschftl Eigt beider Nachbarn, weil wesentl Bestandt beider Grundstücke (vgl Celle NJW **58**, 225, BGH **27**, 201, **36**, 53); die Miteigtumsanteile der Nachbarn richten sich nach dem Umfang des Anbaus, BGH **36**, 54, Düss NJW **62**, 155, Köln MDR **62**, 818. Errichtet Nachb daneben eigene standfeste Mauer, so bleibt die alte Eigt des Erstbauenden, auch wenn BauBeh eine neue Mauer ohne die alte nicht zugelassen hätte, BGH NJW **63**, 1869; wird aber halbscheidige Mauer auch nur als nicht mittragende Abschlußwand des Neubaus benutzt, so wird sie MitEigt, Karlsr NJW **67**, 1233. Bei Zerstörg des einen Gebäudes bleibt die erhaltene Kommunmauer MitEigt wie bisher, BGH **43**, 130, aA Köln MDR **62**, 818, Hodes NJW **65**, 2088. Benutzg einer ganz auf NachbGrdst stehenden Mauer zur Errichtg eigenen Gebäudes ändert EigtVerhältnisse nicht, BGH **41**, 180. Für Nachbarwand und Grenzwand bestehen landesr Regelgen, vgl bei EG 124. Sog Zwischenbau, der nur dazu dient, Lücke zw zwei auf verschiedenen Grdstücken stehenden Gebäuden auszufüllen und als weder allein zu dem einen noch allein zu dem anderen Gebäude gehörig anzusehen ist, ist kein Überbau im Rechtssinn, selbst wenn er Teilflächen beider in Anspr nimmt. Auf ihn sind §§ 94 I und 946 anzuwenden, RG **169**, 167, 172. Wg der bestrittenen Fragen des Überbaues u der Kommunmauer vgl auch § 912 Anm 2 b und § 921 Anm 5.

95 Scheinbestandteile.
I Zu den Bestandteilen eines Grundstücks gehören solche Sachen nicht, die nur zu einem vorübergehenden Zwecke mit dem Grund und Boden verbunden sind. Das gleiche gilt von einem Gebäude oder anderen Werke, das in Ausübung eines Rechtes an einem fremden Grundstücke von dem Berechtigten mit dem Grundstücke verbunden worden ist.
II Sachen, die nur zu einem vorübergehenden Zwecke in ein Gebäude eingefügt sind, gehören nicht zu den Bestandteilen des Gebäudes.

1) Allgemeines: § 95 schränkt den Begriff der Bestandteile ein; er ist AusnTatbestd; **Beweislast** trifft den, der sich darauf beruft, RG **158**, 375. – Die nur zu vorübergehendem Zweck mit einem Grdst verbundenen od einem Gebäude eingefügten Sachen u die in Ausübg eines dingl Rechts auf fremdem Grd u Boden errichteten Gebäude usw sind überh nicht Bestandteile, auch nicht unwesentl, obwohl sie äußerl als solche erscheinen. Sie werden vielm als selbstand Sachen, und zwar, da sie zweifellos nicht Grdstücke sind, als bewegl angesehen (Ausnahmen s Anm 4); EigtErwerb bei Herstellg richtet sich nach § 950, Übereigng nach §§ 929 ff (Einigg u Übergabe), RG **109**, 129; gutgl Erwerb nur nach §§ 932 ff, nicht nach § 892, u zwar auch dann nicht, wenn sie im GB als Bestandteile aufgeführt sind, RG **73**, 129. Anwendg von GrdstRegeln auf sie scheidet aus, auch soweit sie ihrer Natur nach unbewegl sind, hM, die unter I u II fallenden Sachen sind auch nicht Zubehör (vgl § 97 Anm 2). Es gelten die Vorschr über die ZwVollstr in das bewegl Verm, Hamm MDR **51**, 738, LG Frankft DGVZ **76**, 86. Behandlg im UmleggsVerf s BGH **54**, 208. – Vgl zu § 95 Weimar BauR **73**, 206.

2) a) Die Verbindg (I 1) od Einfügg (II) geschieht nur zu **vorübergehendem Zweck**, wenn die spätere Wiedertrenng von Anfang an beabsichtigt od mit Sicherh erwartet wird, wenn auch erst nach langer Dauer, Warn **24**, 119, zB erst nach Ablauf eines vieljähr PachtVertr, BGH Betr **70**, 585. Darauf, ob die Verbindg fest od leicht lösb ist, kommt es nicht an, RG **87**, 50, doch kann eine nur unter wesentl Beschädigg der einen od anderen Sache zu lösde Verbindg auf Fehlen der Abs späterer Trenng schließen lassen, OGH **1**, 170. Ggsatz ist dauernde Verbindg, an deren Wiederaufhebg urspr nicht gedacht war, RG JW **35**, 418. Der innere Wille des Einfügden od Verbindden entscheidet, sofern er mit dem äußern Tatbestd vereinb ist, RG **158**, 376, OGH **1**, 170, Hbg MDR **51**, 736. Maßgebd ist der Wille zZ der Einfügg, BGH **23**, 57, **LM** Nr 7. Über spätere ZweckÄnd vgl b aE. Verbindg für die Gesamtdauer der Ausbeutg eines Steinbruchs ist nicht vorübergehd, RG **153**, 231. Die vom GrdstKäufer nach Übergabe, aber vor Auflassg mit dem Grdst verbundene (RG **106**, 148) u die unter EigtVorbeh gekaufte, vom Käufer eingefügte Sache (RG **63**, 421, BGH **53**, 324) wird (wesentl) Bestandt; ebso ein Gebäude, das Mieter in der Erwartg, ein ErbbauR zu erhalten, errichtet, BGH NJW **61**, 1251, od das MitEigtümer auf dem GrdstTeil baut, den er bei AuseinandS zu erwerben hofft, BGH DNotZ **73**, 471. Stahlkonstruktion eines Gewächshauses w wesentl Bestandteil, sobald auf Fundament montiert, auch wenn noch nicht einbetoniert, BGH **LM** Nr 16. Selbstd Sache bleibt dagg, was Mieter od Pächter (für dingl Berechtigte vgl Anm 3) für die VertrDauer od für ihre Zwecke einfügen, auch bei langer VertrDauer u massivem Bau, RG **87**, 51, OGH **1**, 170, BGH **8**, 6, BGH Betr **70**, 585. Anders, wenn die Verbindg zum Zwecke der Instandsetzg des Gebäudes usw erfolgt, RG Gruch **59**, 111, od wenn der Eigtümer die Sache nach VertrAblauf käufl übernehmen od sonst behalten soll, OGH **1**, 169, BGH **8**, 8, WPM **73**, 562; das gilt idR auch, wenn dem Eigtümer die Übern nach VertrAblauf nur freigestellt ist, BGH **LM** Nr 5, BGH Betr **64**, 368, **65**, 1553. Nicht Bestandt w aber eingefügte Sache, die Eigtümer bei Ablauf des Miet-(Pacht)Vertr übernehmen darf, wenn Einfüggszweck auch dann nur noch vorübergehd bleibt, BGH BB **71**, 1123.

b) Im einzelnen wurde vorübergehender Zweck angenommen für: Schaubuden, Gerüst, Warn **10**, 154, uU Behelfsheim OGH **1**, 170, Hbg MDR **51**, 736; Pflanzen einer Baumschule u sonst zum Verkauf in lebendem Zustande bestimmte Pflanzen, RG **105**, 215; nicht für sonstige vom Pächter angelegte Pflanzgen, nicht für vom Mieter errichtetes massives Gebäude, wenn dessen Wiederbeseitigg nicht beabsichtigt war, Hbg MDR **50**, 285; nicht für Abwasserleitg über das Grdst eines and, BGH NJW **68**, 2331. Derjenige, zu dessen Gunsten Grdst zwecks Errichtg eines Behelfsheims v RLG in Anspr genommen, steht Mieter gleich, BGH **8**, 1; Inanspruchn dch Reich für Bunkerbau vgl BGH **LM** Nr 16. Bau dch BGB-Gesellsch für die Dauer ihres Bestehens ist wie Bau eines Mieters zu behandeln, BGH NJW **59**, 1487. Was Eigtümer mietet u in Gebäude einfügt, wird nicht Bestandt (auch nicht Zubehör), BGH NJW **62**, 1498; Ausn wohl bei so fester Verbindg, daß Trenng zu Zerstörg führt, vgl Köln NJW **61**, 462. – Spätere Änderg des Zwecks macht nicht ohne weiteres zum Bestandt, vielm Einigg zw Sach- u GrdstEigtümer nötig, BGH **23**, 57, MüKo/Holch Rdn 9, str. Erwirbt GrdstEigtümer einen ScheinBestandt zu Eigt, so w er idR wesentl Bestandt, notw ist das nicht; es kommt darauf an, ob bisherige Zweckbestimmung der nur vorübergehenden Verbindg aufgeh w, BGH **LM** Nr 15. – Vgl auch § 93 Anm 7.

3) Verbindg einer Sache in **Ausübg eines Rechts** an fremdem Grdst **(I 2)** : nur dingl Rechte an fremder Sache, wie ErbbauR (vgl Anm 4), Nießbr, Dienstbarkeiten, ÜberbauR (vgl §§ 912 und 94 Anm 5) und dem öff Recht od LandesR entspringende ähnl Rechte sind gemeint. Dazu gehörte auch Recht des Jagdausübsberechtigten auf Errichtg von Jagdhütten usw nach RJagdG 29, vgl LG Arnsberg DJ **39**, 668, ebso Recht der Besatzgsmacht aus GrdstRequisition, LG Köln NJW **55**, 1797. Verbindg zu bergbaulichen Zwecken vgl RG **61**, 188, vgl auch RG **161**, 205 (Bergwerkschacht). Das Recht muß rechtsgült bestehen; ein irrigerw in Anspr genommenes Recht kann nicht „ausgeübt" werden u Ausübender ist nicht „Berechtigter" (wohl hM, anders ua Oertmann § 95 Anm 2b); die Erwartg, daß Recht bestellt werden wird, genügt nicht, BGH NJW **61**, 1251. Berechtigter ist aber, wer vom RechtsInh gemietet, gepachtet hat, BGH **LM** Nr 2. – I 2 gilt nur für „Gebäude" und sonstige „Werke", zB Badeeinrichtgen im Wohnhaus (RG **106**, 51), Mauern, Zaun, Brücken usw, nicht für Pflanzen (hier ggf I 1) und keinesf für Bodenerzeugnisse. Mit dem Grundstück verbunden ist auch, was mit einem Gebäude verbunden ist, das dessen wesentl Bestandt bildet, RG **106**, 51.

4) Das **ErbbauR** wird selbst wie ein Grdst behandelt (vgl § 1017 BGB, jetzt ErbbRVO 11). Es hat wie ein solches Bestandteile, zB in Gestalt der in seiner Ausübg aufgeführten, bei neuen Erbbaurechten auch der schon vorhanden gewesenen Bauwerke (ErbbRVO 12 I 2). Sie sind nach I 2 nicht Bestandteile des Grdstücks, werden es aber mit Erlöschen des ErbbR (ErbbRVO 12 III). Gleiches gilt für BergwerksEigt in ehem preuß Gebieten, vgl RG **161**, 205.

96 *Rechte als Bestandteile eines Grundstücks.* Rechte, die mit dem Eigentum an einem Grundstücke verbunden sind, gelten als Bestandteile des Grundstücks.

1) Allgemeines. Obwohl Rechte niemals wirkl Bestandteile (Sachteile) sein können, sollen die subjektiv dingl Rechte als Bestandteile des herrschenden Grdstücks behandelt werden (fingiert!); sie folgen also im Regelfalle dem Schicksal des herrsch Grdstücks; die auf ihm lastende Hyp erstreckt sich auf das Recht, RG **83**, 200. Ist das R wesentl Bestandt, so muß es das Rechtsschicksal des Grdstücks teilen (§ 93); ob es das ist, hängt von seiner Natur, dh davon ab, ob es vom Eigt an dem Grdst zu trennen od sonderrechtsunfäh ist. § 96 macht die Rechte nicht zu Sachen; bei Verkauf Rechts- nicht Sachmängelhaftg, RG **93**, 73.

2) In Betracht kommen ua aus dem BGB: GrdDienstbarkeiten (§ 1018), Reallasten (§ 1105 II), dingl VorkaufsR (§ 1094 II), – sämtl wesentl Bestandteile, RG **93**, 73. Ferner der HeimfallAnspr gem ErbbRVO § 2 Nr 4 (Düss DNotZ **74**, 177), das AnwR auf Eintr einer GrdDbk (Köln OLGZ **68**, 455), das JagdR nach BJagdG 3, ebenf wesentl Bestandt; nach LandesR: Abdeckereigerechtigk RG **83**, 200; *preuß* Fischereiberechtigg KJG **34** A 218; Gewerbeberechtigg realer Art RG **67**, 224. – Nicht dagegen allg Guthaben des Eigtümers aus Tilggsfonds einer AmortisationsHyp, da vom Eigt lösl, RG **104**, 73; nicht BrennR nach BranntweinmonopolG 30ff, BGH **LM** Nr 1; keinesf Ansprüche u sonstige Schuldrechte.

97 *Zubehör.* **I** Zubehör sind bewegliche Sachen, die, ohne Bestandteile der Hauptsache zu sein, dem wirtschaftlichen Zwecke der Hauptsache zu dienen bestimmt sind und zu ihr in einem dieser Bestimmung entsprechenden räumlichen Verhältnisse stehen. Eine Sache ist nicht Zubehör, wenn sie im Verkehre nicht als Zubehör angesehen wird.

II Die vorübergehende Benutzung einer Sache für den wirtschaftlichen Zweck einer anderen begründet nicht die Zubehöreigenschaft. Die vorübergehende Trennung eines Zubehörstücks von der Hauptsache hebt die Zubehöreigenschaft nicht auf.

1) Vorbemerkgen zu §§ 97, 98. Vor dem BGB waren die Rechtsregeln über Zubehör (Pertinentien) sehr verschieden. Der im BGB verwandte Begr ist deutschrechtl Ursprungs und stammt aus dem GrdstR; seine prakt Bedeutg liegt auch jetzt vornehml auf diesem Gebiete, vgl Anm 9. Er bezweckt, das Rechtsschicksal wirtschaftl zusammengehöriger Sachen möglichst einheitl zu gestalten. – Der **Begriff** des Zubehörs (§ 97) ist obj bestimmt, doch kann der Parteiwille in gewissem Umfange die Voraussetzgen schaffen, von denen die ZubehEigensch abhängt. Er umfaßt Sachen, die zwar körperl selbständ, aber wirtschaftl einer anderen Sache, der Hauptsache, untergeordnet sind. Er deckt sich nicht mit dem der Nebensachen in §§ 470, 651 II, 947 II, vgl dort. – § 98 erläutert für Gewerbebetriebe u Landgüter den ZubehBegr, erweitert ihn aber gleichzeit in gewissem Umfang, vgl § 98 Anm 1.

2) § 97 beschr den Begr des Zubehörs auf **selbständige** („ohne Bestandteil zu sein") **bewegliche Sachen**, Grdstücke u GrdstBestandteile können also nicht Zubeh sein, ebsowenig Rechte, zB nicht der Anspr auf Tilggsguthaben bei Amortisationshypotheken RG **104**, 73, nicht BrennR BGH **LM** § 96 Nr 1, wohl aber diejenigen Gebäude, die nach § 95 I 2 nicht GrdstBestandteile sind, RG **55**, 284. Die zu vorübergehdem Zweck mit dem Boden verbundenen od in ein Gebäude eingefügten Sachen (§ 95 I 1 u II) sind aber nicht Zubeh, BGH NJW **62**, 1498. Wesentl Bestandteile einer Sache können auch nicht Zubeh einer Sache sein, zu der sie nicht gehören, wohl aber unwesentl, Köln NJW **61**, 461.

3) a) Zubeh ist nur, was einer **Hauptsache** zu dienen bestimmt ist. Voraussetzg ist mithin eine Hauptsache (Grdst od bewegl Sache). Rechte (außer dem als Grdst behandelten ErbbauR, dem WoEigt u den nach EG 63 gleichstehenden Rechten) haben kein Zubeh, ebensowenig Sach- od RGesamth wie das Unternehmen (vgl Anm 4d). Eine Sache kann aber Zubeh mehrerer Hauptsachen sein; über die Folgen vgl ua Stettin JW **32**, 1581. Auch ein Sachbestandt, zB Gebäude (vgl § 98 Z 1), kann Zubeh haben, BGH **62**, 51.

Rechtl ist dann die ganze Sache Hauptsache, RG **89**, 63. – **b)** Von der obj Beschaffenh u der Nutzbark der Hauptsache hängt es ab, ob andere Sachen **ihren Zwecken dienen** können; ein unbebautes Grdst, ein noch ganz unfertiges Gebäude lassen sich nicht als Fabrikanlage nutzen, Maschinen können ihr Zubeh nicht sein, RG **89**, 65, ebensowenig Heizöl, das später zur Beheizg des Gebäudes nach dessen Fertigstellg dienen soll, Düss NJW **66**, 1714. Ein noch nicht ganz fertiggestelltes BetrGebäude kann Zubeh haben, zB das Inventar, das zur Inbetriebn erforderl; es kommt auf VerkAuffassg an, BGH NJW **69**, 36 (Ofenwagen einer noch nicht betriebsbereiten Ziegelei). Wird ein Gewerbe auf einem Grdst betrieben, das nicht für diesen Betr dauernd eingerichtet ist, sind die Maschinen u Gerätschaften kein GrdstZubehör, BGH **62**, 49. Ein BauGrdst wird dch Bebauung genutzt, Baumaterialien sind mögliches Zubeh (vgl Anm 4d). – Eine ieS wirtschaftl Nutzbark ist nicht erforderl, Orgel ist Zubeh der Kirche RG JW **10**, 466. – **c)** Wo Grdstücke od Gebäude zu einer wirtschaftl Einh gehören, können nur sie Haupts sein. In solchen Fällen ist die ZubehEigensch bes bedeuts, weil GrdstZubeh zT dem GrdstR unterliegt (vgl Anm 9). Unter mehreren ist das Grdst Haupts, von dem aus das Unternehmen hauptsächl betrieben wird, Stettin JW **28**, 1581.

4) a) Zubeh muß **bestimmt** sein, dem wirtschaftl Zweck der Hauptsache zu **dienen**, dh es muß den Zwecken der Haupts gewidmet sein. Tats Benutzg zu solchem Zweck ist nicht erforderl; die dienende Sache ist schon vor erstmaliger Benutzg Zubeh, RG **66**, 356 (Materialreserve einer Fabrik). Sie braucht nicht einmal wirkl geeignet zu sein, dem gedachten Zweck zu dienen, Warn **13**, 127. Jede für die Hauptsache vorteilh Ausnutzg genügt, vgl zB RG **47**, 199 ff. – **b)** Die Bestimmg (Widmung) muß **für die Dauer** erfolgen; **vorübergehende** Benutzg begründet die ZubehEigensch nicht **(II 1)**. Kurze Benutzg genügt, wenn Haupt- od ZubehSache entspr kurzlebig ist, einmalige, wenn eine von beiden dch die Benutzg verbraucht wird od aus anderen Gründen nur eine einmalige Benutzg der einen für die andere in Frage kommt (zB Kohlenvorräte RG **77**, 38, Heizöl Düss NJW **66**, 1714, Packmaterial). – **c)** Die Widmg für die Haupts kann jeder tatsächl Benutzer treffen, BGH NJW **69**, 2135, auch den Mieter, Pächter; doch wer, wer die Haupts nur auf Zeit nutzen darf, wertvollere Sachen meist nur für Dauer seines Rechts, also nicht dauernd ihr widmen. Was nur gemietet ist, wird der Haupts idR nicht dauernd gewidmet sein, vgl BGH NJW **62**, 1498. Die Widmg kann von dem Berecht jederzeit wieder aufgeh w; daß er die ZubehSache herausgeben muß u dazu verurteilt ist, genügt für sich allein als Aufhebg der Widmg nicht, BGH NJW **69**, 2135. – **d)** Zubeh muß dem **wirtschaftlichen Zweck der Hauptsache dienen**: Erforderl ist ein Unterordngsverhältn; die eine **Sache** muß als Haupt-, die andere als Hilfssache erscheinen. Waren u sonstige für den Verkauf bestimmte Sachen sind nur für den Betrieb des Unternehmens unentbehrl, sie dienen nicht dem Geschäftsgebäude od einer anderen Sache OLG **31**, 311, ebsowenig die im Betrieb erzeugten Waren RG **66**, 90; auch die für die Fabrikation bestimmten Rohstoffvorräte sind nicht Zubeh; sie dienen nicht dem Fabrikgebäude, sond stehen ihm als gleichwertige und gleich wicht Sachen ggü, RG **86**, 326, anders BayObLG **12**, 306. – Dagg können Sachen, deren Bestimmg es ist, mit einer Haupts verbunden zu werden, insb Baumaterialien, deren Zubeh sein, obwohl sie demnächst ihre Bestandteile w sollen (str); der Gesetzeswortlaut steht nicht entgg, da sie nicht Bestandteile sind; die für die Zukunft geplante engere Beziehg zur Haupts (als Bestandt) kann in der Ggwart die weniger enge (als Zubeh) nicht hindern, BGH **58**, 312. – **e)** Für Inventarstücke eines gewerblichen Gebäudes od eines Landgutes erübrigt sich wg § 98 (vgl dort) die Prüfg, ob sie dessen Zwecken dienen. § 98 bedeutet aber keine Begrenzg des gewerbl u landwirtschaftl Zubehörs, nur ist für andere als die dort aufgeführten Sachen nach § 97 zu prüfen, ob sie dem wirtschaftl Zweck der Haupts dienen.

5) Zubeh muß in einem seinem Zweck entspr **räumlichen Verhältnis** zur Haupts stehen **(I)** od gestanden haben u darf nur vorübergehd entfernt sein **(II 2)**. Vor erstmaliger Herstellg dieses Verhältnisses wird die Hilfssache nicht Zubeh, Warn **09**, 176; spätere vorübergehende Entferng schadet nicht mehr, II 2. Auch Benutzg vorwiegend entfernt von der Haupts (zB Lieferwagen) hindert ZubehEigensch nicht, Warn **17**, 171, nicht einmal die Benutzg entfernt vom BetriebsGrdst (außerh eingesetzter Förderbagger eines Kieswerks), RG DR **42**, 137. Körperl Verbindg ist ganz überflüss, kann Zubeh sogar zugunsten der BestandtEigensch ausschließen. Die örtl Unterbringg des Zubehörs muß seine Benutzg für die Zwecke der Haupts ermöglichen. Hilfsgebäude auf einem NachbGrdst, Fernleitgen eines Elektrizitätswerkes, Fabrikanschlußgleis auf benachb Eisenbahngelände, Sauerstoffanlage auf Grdst in der Nähe sind, sofern sie nicht wesentl Bestandt der anderen Grdstücke sind, Zubeh des Grdst des Hauptbetriebes. RG **87**, 50, Warn **30**, 49, RG **157**, 47, BGH **37**, 357, vgl auch BGH **LM** Nr 3.

6) Trotz Vorliegen aller genannten Voraussetzgen entfällt ZubehEigensch, wo die **Verkehrsauffassung** sie verneint **(I 2)**. So zB für Öfen in Miethäusern (auch Küchenherde) in manchen Gegenden Deutschlands. VerkAuffassg ist die Anschauung, die sich allg od in dem betr VerkGebiet gebildet hat u in den Lebens- u Geschäftsgewohnheiten in Erscheing tritt, RG **77**, 244, Köln NJW **61**, 462. Auf dem Umweg über sie kann früh PartikularR prakt in Geltg bleiben. Für Vieh in Oldenbg u Ostfriesland vgl Oldbg Rpfleger **76**, 243.

7) Besondere Bestimmgen über Umfang des Zubehörs finden sich ua in HGB 478 (Zubehör von Schiffen sind auch die Schiffsboote u im Zweifel die im Schiffsinventar eingetr Ggstände) sowie in HöfeO § 3.

8) Einzelfälle aus der sehr reichhaltigen Rspr: (ja = Zubehör, jedoch nicht, wenn etwa Bestandteil der Haupts od wesentl Bestandteil einer anderen Sache, nein = kein Zubehör):

Amortisationsfonds zum Grundstück – nein RG **104**, 73, vgl Anm 2
Anschlußgleis auf Nachbargrundstück – ja vgl Anm 5
Apothekeneinrichtung auf Apothekengrundstück – ja Warn **09**, 491
Baumaterial auf Baugrundstück – ja BGH BB **58**, 312
Baugeräte auf nicht für Baugeschäft eingerichteten Grundstück, nein BGH **62**, 49
Beleuchtungskörper, vom Eigentümer des Miethauses angebracht – ja OLG **14**, 8

Einrichtung einer Gastwirtschaft, eines Kaffeehauses, eines Metzgerladens – je nach Dauer u Verkehrsanschauung RG JW 09, 485; OLG 24, 249; RG Gruch 52, 116; OLG 38, 30; 31, 192; HRR 32, 2235 (vgl auch § 98 Anm 1a)
Fernleitungen eines Elektrizitätswerkes – ja vgl A 5
Fernsprechnebenanlagen in Fabrikgrundstück – nein Köln NJW 61, 461
Gasrohre außerhalb der Gasanstalt – ja OLG 30, 326
Gebäude vgl Anm 2
Gondeln auf Teich bei der Gastwirtschaft – ja RG 47, 197
Hotelomnibus – ja RG 47, 200
Kohlenvorräte vgl Anm 4b
Kontoreinrichtung eines gewerbl Betr – ja, wenn auf BetrGrdst, BayObLG OLG 24, 250, LG Freibg BB 77, 1672; ebso in einem typ Bürohaus, LG Mannh BB 76, 1152
Linoleum als Bodenbelag, wo nicht fest verlegt – ja im Fremdenheim Mü SeuffA 74, 157; nein in Hamburger Miethaus OLG 45, 110
Maschinen auf Fabrikgrundstück – ja, auch vor Inbetriebnahme RG 51, 272 – nein, solange Fabrikgebäude noch im Bau – nein, wenn Grdst nach seiner obj Beschaffenh nicht dauernd für den GewBetr eingerichtet ist, BGH 62, 49, vgl Anm 3 b
Materialreserven einer Fabrik – ja vgl Anm 4a
Personenkraftwagen eines Baugeschäftsgrundstücks, der zum Aufsuchen der Baustellen dient – ja Hamm JMBl NRW 53, 244
Pferde und Wagen einer Brauerei, Glashütte, Meierei, Sägewerkes – ja RG 69, 85; RG JW 07, 703; Warn 17, 171; Hbg SeuffA 63, 81; eines Fuhrgeschäfts – nein OLG 13, 314; eines Grundstücks, von dem aus ein Fuhrgeschäft betrieben wird – uU ja RG JW 36, 3377
Pflanzen einer Gärtnerei, die zum Schmücken ausgeliehen werden – ja OLG 3, 234
Rohstoffvorräte einer Fabrik – nein vgl Anm 4d
Schweine, die mit Molkereiabfällen ernährt werden – ja RG 77, 241; aber nicht schlachtreife Schweine RG 142, 382; vgl § 98 Anm 3
Tankstelle, die Hauseigentümer auf gemietetem NachbarGrdst betreibt, uU ja BGH LM Nr 3
Waren – nein, auch nicht Fertigfabrikate einer Fabrik, Baumschulenbestände RG 66, 90; vgl Anm 4d; Hölzer eines Sägewerks KG JW 34, 435
Ziegeleieinrichtung einer noch nicht betriebsfert Ziegelei uU ja, BGH NJW 69, 36

9) Rechtsstellung des Zubehörs. Zubehörsachen sind rechtl selbständige Sachen, können daher ein von der Hauptsache unabhg Rechtsschicksal haben. Auch Besitz an Zubehör kann sich nicht immer auf Zubeh. Der Regel nach folgt es aber der Haupts. Die Verpflichtg zu Veräußerg od Belastg erstreckt sich iZw auf das Zubeh, § 314, vgl §§ 498 I, 1096, 2164. Für das Veräußergsgeschäft selbst gilt das gleiche, sofern Veräußerer Eigtümer auch des Zubehörs ist; für bewegl Sachen ist die EiniggsErkl idR so auszulegen; für GrdstZubeh ergibt sich aus §§ 926 (od §§ 1031, 1062, 1093), wonach Übertr u Belastg des Zubehörs mit der des Grdst (Auflassg u Eintr statt Einigg u Überg!) erfolgt; ist der Veräußerer nicht Eigtümer, so richtet sich der EigtErwerb kr guten Glaubens allerdings nach FahrnisR (EigtErwerb erst mit Übergabe!). Eingehd und etwas abw geregelt ist die Haftg des Zubehörs für die Hyp, §§ 1120 ff. Auch SchiffsHyp ergreift das Zubeh, SchiffsRG 31, desgl RegPfandR an Luftfahrz, LuftfzRG 31. GrdstZubeh unterliegt nicht der FahrnisVollstr, ZPO 865 II, also auch nicht der freien Verwertg des KonkVerwalter, RG 69, 88. Dafür wird es von der GrdstVollstr (ZwVerst usw) erfaßt, ZVG 20 II, 21, 55 II, 148. – Vgl auch § 1932.

98 Gewerbliches und landwirtschaftliches Inventar. Dem wirtschaftlichen Zwecke der Hauptsache sind zu dienen bestimmt:
1. bei einem Gebäude, das für einen gewerblichen Betrieb dauernd eingerichtet ist, insbesondere bei einer Mühle, einer Schmiede, einem Brauhaus, einer Fabrik, die zu dem Betriebe bestimmten Maschinen und sonstigen Gerätschaften;
2. bei einem Landgute das zum Wirtschaftsbetriebe bestimmte Gerät und Vieh, die landwirtschaftlichen Erzeugnisse, soweit sie zur Fortführung der Wirtschaft bis zu der Zeit erforderlich sind, zu welcher gleiche oder ähnliche Erzeugnisse voraussichtlich gewonnen werden, sowie der vorhandene, auf dem Gute gewonnene Dünger.

1) Allgemeines. a) § 98 erläutert für Gewerbebetriebs**gebäude** (Anm 2) und **Landgüter** (Anm 3) die erste Voraussetzg des Zubehörbegriffs dahin, daß das sog **Inventar** immer als „der Hauptsache zu dienen bestimmt" anzusehen ist (vgl § 97 Anm 4e). Zu prüfen bleibt auch hier, ob die übr Voraussetzgen des § 97 (kein Bestandt, räuml Verhältn u fehlende entggstehende VerkAuffassg) vorliegen, RG **69**, 152, vgl dazu § 97 mit Anm. Es gibt landwirtschaftl u gewerbl Zubeh auch außerh § 98, soweit § 97 zutrifft, RG **77**, 38; § 98 geht aber uU über § 97 hinaus; so fällt der über den Rahmen der für die Wirtschaftsperiode Notwendigen hinaus gewonnene u zum Verkauf bestimmte Dünger zwar nicht unter § 97, aber unter § 98. Ferner ist für § 98 **nicht nötig,** daß die ZubehSache dem Zwecke der Haupts **auf die Dauer** dienen soll, sofern nur die Einrichtg des Gebäudes für den Betrieb auf die Dauer berechnet ist; dann begründet also Einbringg auch dch Mieter oder Pächter regelm die ZubehöriEigensch. Wo Gebäude nicht dem betr Betrieb eingerichtet, sind Maschinen des Pächters, die er für seinen Betr einbaut, nicht GebäudeZubeh, BGH Betr **71**, 2113.

b) Hauptsache ist hier das Betriebsgebäude, das Landgut. Betriebe, die keinen in einem Gebäude, Grdst od einer anderen Haupts verkörperten Mittelpunkt haben (zB manche Handelsbetriebe, ein reines Fuhrgeschäft, bei dem der Betrieb nur auf der Straße stattfindet) haben kein Zubeh, OLG **13**, 314; anders, wenn Stallgen auf Grdst, wo auch Kontor, RG JW **36**, 3377. In einem typ Bürohaus kann Büroausstattg Zubehör sein, LG Mannh BB **76**, 1152. Ist ein Gebäude auch nur teilw für den Betr eingerichtet, so ist die Einrichtg Zubeh, Mü LZ **27**, 189, Jena JW **33**, 924.

2) Die Gebäude der **Ziffer 1** müssen für den gewerbl Betr, zu dem das Inventar gehört, **dauernd eingerichtet** sein. Das Grdst (Gebäude, ggf Gebäudeteil) muß seinem Charakter nach für das BetrUnternehmen bestimmt sein, also entw eine Einteilg od sonst Beschaffenh aufweisen, die es zur Aufn gerade dieses Unternehmens prädestiniert, od es muß mit BetrGgständen so verbunden sein, daß das Ganze die Bestimmg erkennen läßt, auf einen von den jetzigen EigtVerhältnissen unabhäng Zeitraum für ein derart Unternehmen benutzt zu w; (nur) dann liegt ein wirtschaftl zugehördes Ganzes vor, dessen Zerschlag wirtschaftl Werte vernichten würde, was §§ 97, 98 vermeiden wollen, BGH **62**, 52. Hierher gehören ua Apotheken-, Bäckerei-, Druckerei-, Fuhrgeschäfts-, Gasthofs-, Metzgerei-, Molkerei-, Schlosserei-, Ziegeleigebäude. Zu den Gerätschaften gehört die gesamte sog Einrichtg, nicht aber die zum Verkauf bestimmte Ware; vgl § 97 Anm 4d. Auch die Tiere, so die zum Ausfahren der Waren usw verwandten Pferde, sind Gerätschaften iS von Z 1, RG **69**, 85.

3) **Landgut** (Z 2) ist jedes zum selbstd Betrieb der Landwirtsch (Ackerbau, Viehzucht, auch Geflügelzucht OLG **15**, 327, Forstwirtsch) geeignete u eingerichtete Grdst; es erfordert insb eine Hofstelle mit Wohn- u WirtschGebäuden, vgl OLG **29**, 211. Zum WirtschBetr bestimmtes **Gerät** sind ua Ackerbaugerät, Arbeitstiere (vgl Anm 2), Wagen, Dreschmaschinen, transportable Feldbahn (vgl Warn **08**, 114), Hausrat für Räume der Personen, die im WirtschBetr beschäftigt sind (aber nicht Büroeinrichtg, die vorwiegend zu Aufgaben außerhb des Gutes benutzt wird), Kbg HRR **41**, 924, ferner zu Gewinnung von Erzeugnissen (Milch, Eiern) od zu Zuchtzwecken gehaltenes Vieh, auch wenn es zum späteren Verkauf bestimmt u verkaufsfäh ist (also anders als Waren), RG JW **12**, 24; aber nicht schlachtreife Mastschweine, die ein verständiger Landwirt nicht weiter füttern würde, RG **142**, 381. – **Landwirtschaftl Erzeugnisse** sind zB Viehfutter, Saatgut – auch zugekauftes – (str auch nicht nach § 98, jedenf nach § 97); dagg nur der auf dem Gut gewonnene Dünger; zugekaufter ist Zubeh nur ggf nach § 97. Sonderbestimmg über PfandR an landwirtschaftl Inventar im Eigt des Pächters vgl PachtkreditG v 5. 8. 51. – Hofzubehör (HöfeO § 3) ist anderer Begr als BGB 97, 98; für ZwVollstr gilt nur BGB-Begriff, Oldbg NJW **52**, 671.

99 *Früchte.* **I** Früchte einer Sache sind die Erzeugnisse der Sache und die sonstige Ausbeute, welche aus der Sache ihrer Bestimmung gemäß gewonnen wird.

II Früchte eines Rechtes sind die Erträge, welche das Recht seiner Bestimmung gemäß gewährt, insbesondere bei einem Rechte auf Gewinnung von Bodenbestandteilen die gewonnenen Bestandteile.

III Früchte sind auch die Erträge, welche eine Sache oder ein Recht vermöge eines Rechtsverhältnisses gewährt.

1) Der **Fruchtbegriff** des BGB geht weiter als der früherer und der meisten ausländ Rechtsordnungen. Dafür schränkt das BGB in vielen Einzelbestimmgen das Recht auf Fruchtziehg usw auf die Früchte ein, die auch anderwärts als solche gelten, so daß die prakt Abweichgen gering sind. – Zu unterscheiden sind a) Früchte einer Sache (I und III) von den Früchten eines Rechts (II und III); b) unmittelbare (I und II) von mittelbaren Früchten (III) (Bezeichngen von Staud statt der unklaren Begriffe der „natürlichen" und „juristischen Früchte").

2) a) **Unmittelbare Sachfrüchte (I)** sind die organ Erzeugnisse (zB Ei des Huhnes, Kalb von der Kuh, Wolle vom Schaf) und die sonstige **bestimmungsgemäße Ausbeute** (zB Kohle, Sand) ohne Rücks auf Raubbau, aber bei Bestehenbleiben der Muttersache, also nicht das Fleisch des Schlachtieres. Bestimmgsgem ist die Ausbeute, wenn die Nutzg naturgem od verkehrsübl ist; auf den Willen des Berecht u auf ordngsgem Wirtsch kommt es für den FruchtBegr nicht an (oft aber für die rechtl Behandlg). – Frucht des Grdstücks ist nach Trenng auch der Baum, wenn er vorher Bestandteil gewesen war, RG **80**, 232; nicht der Schatz (§ 984). – Der Gewinn eines Untern fällt an sich weder unter I noch II. Er ist keine Frucht des Grdst, auf dem das Untern betrieben w, aber analog I u II als Frucht der Sachgesamth Untern zu behandeln (BGH **LM** § 818 II Nr 7, RGRK Rdn 4), sow er nicht auf den persönl Leistgen des Unternehmers beruht (BGH NJW **78**, 1578, vgl auch BGH **7**, 218).

b) **Mittelbare Sachfrüchte (III)** sind bes die Ggleistgen für Überlassg des Gebrauchs od der Fruchtziehg, RG **105**, 409; so ist Mietzins mittelb Frucht des Miethauses, und zwar schon die fällige MietzinsFdg, nicht erst der gezahlte Mietzins, str, vgl RG **138**, 72.

3) **Früchte eines Rechts a) Unmittelbare (II):** Sachfrüchte iS von Anm 2a sind RFrüchte, wenn sie in Ausübg eines FruchtziehgsR gezogen w. Vom Nießbraucher, Pächter gewonnene landwirtschaftl Erzeugnisse sind also Frucht des Nießbrauchs, Pachtrechts, Jagdbeut ist Frucht des JagdR, Dividenden (nicht Bezugsrechte, BayObLG OLG **36**, 283, Br Betr **70**, 1436, hM) sind Frucht des AktienR, abgebaute Kohle Frucht des Bergwerkeigtums u bei Verpachtg des AusbeutgsR Frucht des PachtR, RG JW **38**, 3042. Rechtsfrüchte einer Leibrente sind die Einzelleistgen, die etwas von dem RentenstammR (RentengrundR) Verschiedenes sind, RG **80**, 209, vgl § 759 Anm 1. Ob Darlehnszinsen unmittelbare (II) oder mittelbare (III) Rechtsfrüchte sind, ist str (vgl b). – Nur bestimmungsgem Erträge sind Rechtsfrüchte; die von einem Nutzgsberecht ordngswidr aus einer Sache gezogene Ausbeute ist also zwar Frucht der Sache, aber nicht Frucht des NutzgsR.

b) **Mittelbare Rechtsfrüchte (III)** sind die Erträgnisse, die aus der Überlassg der Nutzg eines Rechts an einen anderen fließen. Hierher gehören Darlehnszinsen als Entgelt für Überlassg der Kapitalnutzg, wenn man sie nicht zu den unmittelb Rechtsfrüchten als Früchte des KapitalFdgsR zählt. Erträgnisse eines wirtschaftl Unternehmens vgl Anm 2a.

Sachen   §§ 99–102

4) Bedeutg des Fruchtbegriffs: § 99 bestimmt nichts über das Recht der Fruchtziehg od den Eigt-Erwerb an Früchten, sond gibt nur die BegrBestimmg, um sie anderw zu verwerten, insb in den Vorschr über Pacht (§§ 581 ff), Nießbrauch (§§ 1030 ff), sowie über den EigtErwerb an Erzeugnissen einer Sache (§§ 953 ff). Der Begr der Früchte (od Nutzgen, die nach § 100 die Früchte mitumfassen) findet sich ferner in vielen Vorschr über Herausg, Rückg od Wertersatz von Sachen, vgl §§ 256, 292, 987 ff, 2020, 2038, 2133, 2184, 2379. Dort werden die nach Regeln ordngsmäßiger Wirtsch und die unwirtschaftl gezogenen Früchte oft verschieden behandelt. – Regeln über den Erwerb mittelbarer Früchte im Falle des Übergangs des FruchtziehgsR fehlen im BGB. § 101 ist nicht anwendb, da er die schuldrechtl Ausgleichspflicht aufeinander-folgender Fruchtziehgsberechtigter betrifft, nicht die Frage, wer die Früchte zunächst dingl erwirbt, RG 80, 316. Soweit §§ 571 ff, 581 iVm §§ 1056 eingreifen, erwirbt der neue Fruchtziehgsberecht die mittelb Früchte (ggf als bedingte od betagte Ansprüche) mit dem Erwerb des FruchtziehgsR; das muß ebso in allen anderen Fällen gelten.

100 *Nutzungen.* **Nutzungen sind die Früchte einer Sache oder eines Rechtes sowie die Vorteile, welche der Gebrauch der Sache oder des Rechtes gewährt.**

1) Der im BGB viel verwandte Begriff der **Nutzungen** umfaßt außer den Früchten (§ 99) die **Gebrauchs-vorteile.** Das sind die natürl Vorteile, die der Gebr gewährt und, wo es sich um Herausg von Nutzgen handelt, auch ihr Wert, da eine unmittelb Herausg kaum in Frage kommt, vgl Hbg MDR **53,** 613; auch StimmR aus Beteiligg ist Nutzg, RG **118,** 268. Für den Wert von GebrVorteilen ist idR der erzielb Miet- od Pachtzins maßg, BGH JR **54,** 460, Betr **66,** 739. Nutzgen sind Werte ohne VermWert; sie müssen aber aus dem Gebrauch fließen, daher nicht BezugsR auf neue Aktien (Br Betr **70,** 1436, vgl auch BayObLG OLG **36,** 283), nicht die Schatzhälfte des Eigtümers (hM), im Regelfalle nicht, was dch rechtsgeschäftl Verwertg der Sache erzielt ist (für den Fall des § 818 vgl dort Anm 3, 4), also auch nicht Kursgewinne bei Wertpapieren (Br aaO), schon gar nicht der unter Benutzg der Sache erzielte Gewinn; and aber wenn der Gewinn, wie zB bei einem Rennpferd, dch bestgem Gebrauch erzielt w. – Nutzgen eines WirtschUnter-nehmens vgl § 99 Anm 2 a. Nicht zu den Nutzgen gehören ersparte Zinsen, RG **136,** 136; bei nichtigem Darlehen kann aber für Vorteil der Geldnutzg der übl Zins als Wertersatz gefordert w, RG **151,** 127, BGH NJW **61,** 452, bei nichtiger Einräumg eines NutzgR an Grdst uU Nutzgsentschädigg in Form einer Verzinsg des GrdstWerts, BGH **LM** § 988 Nr 3.

101 *Verteilung der Früchte.* **Ist jemand berechtigt, die Früchte einer Sache oder eines Rechtes bis zu einer bestimmten Zeit oder von einer bestimmten Zeit an zu beziehen, so gebühren ihm, sofern nicht ein anderes bestimmt ist:**
1. **die im § 99 Abs. 1 bezeichneten Erzeugnisse und Bestandteile, auch wenn er sie als Früchte eines Rechtes zu beziehen hat, insoweit, als sie während der Dauer der Berechtigung von der Sache getrennt werden;**
2. **andere Früchte insoweit, als sie während der Dauer der Berechtigung fällig werden; bestehen jedoch die Früchte in der Vergütung für die Überlassung des Gebrauchs oder des Fruchtgenus-ses, in Zinsen, Gewinnanteilen oder anderen regelmäßig wiederkehrenden Erträgen, so ge-bührt dem Berechtigten ein der Dauer seiner Berechtigung entsprechender Teil.**

1) Allgemeines. § 101 behandelt nicht den Erwerb des Eigtums an den Früchten, soweit sie Sachen sind (darüber vgl § 953 ff), od des Rechts, das sich als Frucht darstellt (vgl dazu § 99 Anm 4), sond nur die schuld-rechtl Ausgleichspflicht („gebühren") zw mehreren nacheinander Fruchtziehgsberechtigten, zB Ver-äußerer-Erwerber, Verpächter-Pächter, Vorerbe-Nacherbe. Für die Regelfälle (Z 1 u Z 2 Halbs 1) gilt sog „Trennungsprinzip", dh derjenige, der zZ der Verselbständigg der Früchte (Trenng od Fälligk) bezugs-berecht ist, behält sie; dafür hat demjenigen, der die Kosten zum Zwecke der Fruchtgewinng aufgewandt hat, ErsAnspr gem § 102, vgl dort. Ausn vom „Trenngsprinzip" gilt für mittelb Früchte, die in regelm wieder-kehrenden Leistgen bestehen (Z 2 Halbs 2); hier bestehen Ansprüche entspr der Zeitdauer der Berechtigg (pro rata temporis). Der alt-deutschrechtl Grds „Wer säet, der mähet" ist zugunsten dieser klareren Regel aufgegeben. – Die Verpflichtg der Lastentragg ist in § 103 entspr geregelt.

2) § 101 gilt nicht bei **abweichender Bestimmg** dch G (zB §§ 987 ff, 1038 f, 2133) od Rechtsgeschäft (auch Testament). Eine rechtsgeschäftl Bestimmg kann sich auch dch Auslegg ergeben.

3) Wiederkehrende Erträge (Ziff 2) sind zB Miet- u Pachtzins, Kapitalzins, Rentenzahlgen, auch (da gleichbleibende Höhe nicht nötig) Gewinnanteile, RG **88,** 46.

102 *Ersatz der Gewinnungskosten.* **Wer zur Herausgabe von Früchten verpflichtet ist, kann Ersatz der auf die Gewinnung der Früchte verwendeten Kosten insoweit verlangen, als sie einer ordnungsmäßigen Wirtschaft entsprechen und den Wert der Früchte nicht übersteigen.**

1) Es entspricht der Billigk, daß derjenige, dem Früchte zugute kommen, die für ihre Gewinng gemach-ten Verwendgen trägt. Das bestimmt § 102 für den Fall, daß bereits gezogene Früchte herauszugeben sind. Sind sie beim Wechsel dessen, der ein landwirtschaftl Grdst nutzt, noch ungetrennt, so gilt entsprechendes gem den Sondervorschr der §§ 592, 998, 1055 II, 2130 I. – Zu ersetzen sind **Kosten** der Fruchtgewinng, zB Kosten der Bestellg, der Aberntg, des bergwerkl Abbaus (RG JW **38,** 3040), aber auch der Erhaltg der Früchte; auch eigner Arbeit ist zweifellos erstattgsf, wenn sie sonst anderw verwandt worden wäre (ganz hM, vgl BGH **LM** Nr 1), wohl aber auch ohne das. Das gilt alles aber nur im Rahmen ordngs-mäßer Wirtsch u bis zur Höhe des Wertes der Früchte. § 102 begründet einen selbst Anspruch auf Ers der

Fruchtgewinnungskosten, nicht etwa nur eine Einrede wie bei § 1001, RGRK Rdz 5, MüKo/Holch Rdn 6, str, aA Staud-Coing Rdz 7. Der ErsAnspr begründet gem §§ 273, 274 ein ZbR.

2) Über die Verpflichtg zur Herausg von Früchten vgl §§ 101, 292 II, 347, 467, 818, 987 ff, 2020, 2023 II, 2184.

103 *Verteilung der Lasten.* **Wer verpflichtet ist, die Lasten einer Sache oder eines Rechtes bis zu einer bestimmten Zeit oder von einer bestimmten Zeit an zu tragen, hat, sofern nicht ein anderes bestimmt ist, die regelmäßig wiederkehrenden Lasten nach dem Verhältnisse der Dauer seiner Verpflichtung, andere Lasten insoweit zu tragen, als sie während der Dauer seiner Verpflichtung zu entrichten sind.**

1) Allgemeines. § 103 regelt die Ausgleich zw zwei Beteiligten, die nacheinander für die Lasten einer Sache od eines Rechts aufkommen müssen, entspr der Früchteverteilg (§ 101). Einmalige Lasten sind vom dem zZ der Fälligk (nicht der tatsächl Zahlg!) Verpflichteten, wiederkehrende nach dem Verhältn der Zeitdauer zu tragen. § 103 gilt ebso wie § 101 nicht bei **abweichder Bestimmg** dch G (zB §§ 995, 2126, 2185, 2379) od RGesch.

2) Lasten iS des § 103 sind nur die Verpflichtgen des Eigtümers od des Berecht zu einer Leistg, nicht dingl Belastgen ohne solche Verpflichtg (wie VorkaufsR, Nießbr, GrdDbk), RG **66**, 318. – Sie müssen den Eigentümer od Berecht in dieser seiner Eigensch treffen. Unter § 103 fallen auch öff Lasten (MüKo/ Holch Rdn 6) wie GrdSteuern, Erschließgsbeiträge, die HypGewinnAbg, nicht aber sonst Leistgen, die auf Grd öffrechtl Regelg vom GrdstEigentümer zu erbringen sind, wie Straßenreinigg u StreuPfl, Schlesw VersR **73**, 677. Auch Bedinggen, an die die Polizei die Gen zur Benutzg einer Sache knüpft, sind keine Lasten iSv § 102, RG **129**, 12. – Regelmäß wiederkehrende Lasten sind ua: HypZinsen, GrdSteuer, Beiträge zu öff-rechtl Versichergen (bei Privatversichergen vgl § 70 III VVG); – andere Lasten: Erschließgsbeiträge, Schullast, Patronatslast RG **70**, 263, VermAbgabe des Lastenausgleichs LAG 73.

Dritter Abschnitt. Rechtsgeschäfte

Überblick

Übersicht

1) Rechtsgeschäfte
   a) Privatautonomie
   b) Begriff des Rechtsgeschäfts
   c) Tatbestandsmerkmale und Wirksamkeitsvoraussetzungen
2) Rechtshandlungen
   a) Begriff
   b) rechtswidrige Handlungen
   c) geschäftsähnliche Handlungen
   d) Realakte
3) Arten der Rechtsgeschäfte
   a) einseitige und mehrseitige
   b) personenrechtliche und vermögensrechtliche
   c) unter Lebenden und von Todes wegen

d) Verpflichtungs-, Verfügungs- und Gestaltungsgeschäfte
e) abstrakte und kausale
f) Erstreckung der Unwirksamkeit des Grundgeschäfts auf das Erfüllungsgeschäft
g) treuhänderische
4) Fehlerhafte Rechtsgeschäfte
   a) nichtige
   b) relativ unwirksame
   c) schwebend unwirksame
   d) anfechtbare
   e) Beschränkung der Nichtigkeitsfolgen
5) Prozeßhandlungen

Aus dem **Schrifttum**: F l u m e, RGesch u PrivAutonomie, DJT-Festschr 1960 I 135ff; derselbe, RGesch u rechtl relevantes Verhalten AcP **161**, 52; M a n i g k, rechtswirks Verhalten, 1939; P a w l o w s k i, rechtsgeschäftl Folgen nichtiger WillErkl, 1966; W o l f, RGeschäftl Entscheidgsfreih u vertragl Interessenausgleich, 1970.

1) Rechtsgeschäfte

a) Das bürgerl Recht geht vom Grds der **Privatautonomie** aus. Es überläßt es dem einz, seine Lebensverhältn im Rahmen der ROrdng eigenverantwortl zu gestalten. Die PrivAutonomie ist Teil des allg Prinzips der Selbstbestimmg des Menschen (Flume § 1, 1). Sie wird zumindest in ihrem Kern dch Art 1 u 2 GG geschützt. Die PrivAutonomie ist mehr als ein FreiheitsR. Sie berecht den einz, Rechte u Pflten zu begründen, zu ändern od aufzuheben, also im Rahmen der ROrdng eigenverantwortl rechtsverbindl Regelgen zu treffen. Haupterscheinungsformen der PrivAutonomie sind die VertrFreih (Einf 3 vor § 145), die Vereinigungs-Freih (Vorbem 2 vor § 21), die TestierFreih (Übbl 3 vor § 2064) u die Freih des Eigt (Übbl 1 vor § 903). Die PrivAutonomie gehört zu den unverzichtb GrdWerten einer freiheitl Rechts- u VerfOrdng. Es darf aber nicht vergessen w, daß die PrivAutonomie auch die Gefahr des Mißbr in sich birgt u als Instrument gesellschaftl Machtausübg benutzt w kann. Derartigem Mißbr zu begegnen, ist eine der sozialstaatl ROrdng eine der vornehmsten Aufg von GesGebg u Rspr (vgl Einf 3 vor § 145 u § 138 Anm 1 a).

b) Das Mittel zur Verwirklichg der PrivAutonomie ist das „**Rechtsgeschäft**", ein Begriff, den die RWissensch des 18. u 19. Jhdt dch Abstraktion aus den in der ROrdng normierten Aktstypen gebildet hat (Flume § 2, 1). Das RGesch besteht aus einer od mehreren WillErkl (Einf 1 vor § 116), die allein od in Verbindg mit and TatbestdMerkmalen eine RFolge herbeiführen, weil sie gewollt ist. Die Mot (I 126) setzen WillErkl u RGesch gleich. Entspr verfährt gelegentl auch das Ges. Daran ist richt, daß eine WillErkl notw Bestandt eines jeden RGesch ist. Die WillErkl gibt dem RGesch sein finales, auf die Herbeiführg einer RFolge gerichtetes Gepräge. Das RGesch erschöpft sich aber idR nicht in einer WillErkl. Das ist nur bei RGesch einfachster Art der Fall, wie zB bei der Anf, der Aufr u der Künd. Im allg gehören zum RGesch noch weitere TatbestdMerkmale, etwa eine weitere WillErkl beim Vertr, TatHdlgen wie die BesÜbertr bei der Übereign bewegl Sachen (§ 929) od behördl Akte wie die Eintr im GrdBuch bei GrdstGesch.

c) Von den TatbestdMerkmalen zu unterscheiden sind die **Wirksamkeitsvoraussetzungen,** wie die GeschFgk des Handelnden (§§ 104 ff), die Wahrg best Formen (§§ 125 ff), die Mitwirkg Dr, insb die Zust (§§ 182 ff) sowie die Gen des VormschG (§§ 1821 ff) od behördl Stellen (s § 275 Anm 9). Mangelt es an einer WirksamkVoraussetzg, so ist das RGesch nichtig (s Anm 4 a); es ist aber trotzdem als RGesch anzusehen (vgl RG **68**, 324). Das kann prakt bedeuts w bei Heilg der Nichtigk (§§ 313 S 2, 518 II, 766 S 2), ferner wenn der Berufg auf die Nichtigk der Einwand unzul RAusübg entggsteht (s § 125 Anm 6 u § 242 Anm 4 C vor a). Fehlt dagg ein TatbestdMerkmal, ist ein RGesch überhaupt nicht zustandegekommen (Nicht-RGesch im Ggs zum nichtigen RGesch). Das ist der Fall, wenn das RGesch über wesentl Bestandt (essentialia negotii) keine Regelg enthält, etwa der KaufVertr keine Einigg über Ware u Preis (vgl aber Einf 1 a aE vor § 145). Unschädl ist dagg, wenn NebenBestimmgen, die üblicherw geregelt w, aber nicht notw Bestandt des RGesch sind (naturalia negotii), offen bleiben. Fehlt es an einer Einigg über im Einzelfall gewollte, an sich aber nicht notw Bestandt (accidentalia negotii), liegt idR ein TatbestdMangel anzunehmen. Ein Nicht-RGesch liegt auch vor, wenn es an einem rechtl Bindgswillen fehlt (s Einf 1 c vor § 116). Dazu gehört auch der Fall, daß sich die Part bei VertrSchl der Nichtigk der Vereinbg bewußt waren (näher aaO).

2) Rechtshandlungen

a) Die ROrdng knüpft in vielen Fällen an Hdlgen RFolgen, für deren Eintritt es gleichgült ist, ob sie vom Handelnden gewollt sind od nicht. Diese Hdlgen können unter dem Begriff der **Rechtshandlg** zugefaßt w (Flume § 9, 1, Mot I 127). Dabei handelt es sich um einen GgBegriff zu dem des RGesch; währd das RGesch RWirkgen hervorbringt, weil sie gewollt sind, treten die RFolgen der RHdlg unabhäng vom Willen des Handelnden kr Ges ein. – Die RHdlgen zerfallen in rechtsw Hdlgen (unten b) u rechtmäß. Bei den rechtm Hdlgen sind geschäftsähnl Hdlgen (unten c) u TatHdlgen (unten d) zu unterscheiden. – Diese Begriffsbildg u ihre Unterteilgen haben aber nur geringen Wert, weil weder für die RHdlgen noch für ihre Unterarten gemeins RGrds gelten, es für die RAnwendg vielmehr auf die Eigenart jedes Hdlgstyps ankommt (vgl unten c u d).

b) Unter **rechtswidrigen Handlgen** sind solche zu verstehen, die wg ihrer Widerrechtlichk eine RFolge auslösen. Zu ihnen gehören die unerl Hdlgen (§§ 823 ff), die Verstöße gg schuldrechtl Verbindlichk (§§ 280, 284, 325, 326, pVV), die verbotene Eigenm (§§ 858 ff), die EigtStörg (§ 1004), Fälle der BilligkHaftg (§ 829) u der GefährdgsHaftg (vgl ZusStellg in § 276 Anm 10).

c) Die **geschäftsähnlichen Handlgen** sind auf einen tatsächl Erfolg gerichtete Erkl (idR Auffordergen od Mitteilgen), deren RFolgen kr Ges eintreten. Zu ihnen gehört die Mahng (BGH **47**, 357, hM, and noch Mot II 58), FrSetzgen (§ 326 I 1), Auffordergen (§§ 108 II, 177 II), Androhgen (§§ 384 I, 1220 I 1), Weigergen (§§ 179 I, 295 S 1), Mitteilgen u Anz (§§ 171, 409 I, 415 I S 2, 416 I S 1, 478 I) sowie die Einwilligg in FreihBeschrkgen, Körperverletzgen u ärztl Eingriffe.

Auf die Mehrzahl der geschäftsähnl Hdlgen sind die allg Vorschr über WillErkl entspr anwendb, näml über die GeschFgk (§§ 104 ff), das Wirksw (§§ 130 ff), die Stellvertretg (§§ 164 ff), Einwilligg u Gen (§§ 182 ff) u die Willensmängel (§§ 116 ff), hM (vgl BGH **47**, 357, Enn-Nipperdey § 207 II). Dabei ist aber nicht schemat zu verfahren. Bei jedem Hdlgstyp ist seiner Eigenart u der typ Interessenlage Rechng zu tragen (Flume § 9, 2 b, Larenz § 26). Geschähnl Hdlgen, dch die der Handelnde ledigl einen rechtl Vorteil erlangt, wie zB die Mahng, erfordern entspr § 107 nur beschr GeschFgk (§ 284 Anm 3). Bei geschähnl Hdlgen, die einen starken höchstpersönl Einschlag h, wie die Einwilligg in FreihBeschrkgen, Körperverletzgen u ärztl Eingriffe, kommt es darauf an, ob der Handelnde ein solches Maß an Verstandesreife erreicht hat, daß er die Tragweite seiner Entsch zu übersehen vermag; eine starre Altersgrenze läßt sich hier nicht ziehen (BGH NJW **64**, 1177, Flume § 13, 11, Trockel NJW **72**, 1493). Eine Anf kommt bei diesen RHdlgen nicht in Betr; schwerwiege Willensmängel (Täuschg, Drohg) können aber dazu führen, daß die Hdlg nicht mehr als Ausfluß einer eig sachgerechten Willensbildg anerkannt werden kann (BGH aaO).

d) Tathandlungen („Realakte") sind auf einen tatsächl Erfolg gerichtete Willensbetätiggen, die kr Ges eine RFolge hervorbringen. Sie unterscheiden sich von den geschäftsähnl Hdlgen dadch, daß sie keine Erkl sind. Zu den TatHdlgen gehören die Verbindg u Vermischg (§§ 946–948), die Verarbeitg (§ 950), der Besitzerwerb, die Besitzaufgabe u die BesitzÜbertr (and aber iF des § 854 II, vgl dort Anm 4), der Fund (§ 965) u der Schatzfund (§ 984), das Einbringen von Sachen in Miethäume (§ 559) u bei Gastw (§ 701), die Schaffg von urheberrechtl geschützten Werken, aber auch die WöhnsBegründ u Aufhebg (§§ 7, 8) sowie die GoA (Larenz § 26 I). TatHdlgen können sich auch auf geist-seel Vorgänge beziehen, wie der Widerr ehrenkränkder Behauptgen (BGH NJW **52**, 417) u die Verzeihg (§§ 532 S 1, 2337, 2343), hM (vgl RG **96**, 269, BGH NJW **74**, 1084, s auch § 532 Anm 2a). Ein VertrVerh kann dch TatHdlgen nicht entstehen; die Lehre vom fakt VertrVerh ist abzulehnen (vgl Einf 5 vor § 145). Hdlgen, die eine Haftg kr RScheins begründen, wie das Auftreten als ScheinKaufm u der Fall der AnschVollm (§ 173 Anm 4 c), können gleich zu den TatHdlgen gerechnet w (vgl aber nächster Abs aE).

Auf TatHdlgen sind die für RGesch geltden Vorschr grdsätzl unanwendb. Auch hier läßt sich jedoch keine starre Regel aufstellen. Eine Reihe von TatHdlgen kann auch ein GeschUnfäh vornehmen, so insb die Verbindg, die Vermischg, die Entdeckg eines Schatzes, die Schaffg von urheberrechtl geschützten Werken. Für and TatHdlgen ist eine gewisse natürl ErkenntnFähigk erforderl, so für die Verzeihg, die Einbringg von Sachen. Für die BesAufgabe verlangt die hM mind beschr GeschFgk (§ 935 Anm 4 a). Unbeschr GeschFgk ist nach ausdr gesetzl Vorschr für die Begründg u Aufhebg des Wohns (§ 8) u die GoA (§ 682) erforderl. Auch die TatHdlg, die einen RSchein setzt, begründet nur dann eine Haftg, wenn der Handelnde geschäf war (Stgt MDR **56**, 673, Nitschke JuS **68**, 541). Das beruht darauf, daß das geltde Recht den

Schutz des GeschUnf höher bewertet als den Vertrauensschutz. Unanwendb auf TatHdlgen sind die Vorschr über Willensmängel (BGH NJW **52**, 417 zum Widerruf ehrenkränkder Behauptgen). Die Verzeihg ist aber ohne Wirkg, wenn sie auf Irrt od Täuschg beruht.

3) Arten der Rechtsgeschäfte

Die RGesch lassen sich unter versch GesichtsPkten einteilen (vgl auch Einf 4 vor § 305 zur Einteilg der Vertr). Man unterscheidet:

a) Einseitige u **mehrseitige** RGesch. Zu den **einseitigen** RGesch gehören zunächst die streng einseit, für deren Wirksamk es nicht darauf ankommt, ob ein and von ihnen Kenntn erlangt. Bsp sind die EigtAufg (§ 959) u die Auslobg (§ 657). Eine weitere Gruppe einseit RGesch besteht aus empfangsbedürft WillErkl (§ 130 Anm 1 a), wie die Bevollmächtigg (§ 167), Ermächtigg u die GestaltgsGesch (unten d). Ferner gibt es einseit RGesch, die eine einer Beh ggü abzugebde WillErkl zum Ggst haben (vgl § 130 Anm 5 mit Bsp). Für die Zuordng zu den einseit RGesch ist entsch, daß sich nicht WillErkl versch Willensrichtg gegenüberstehen. Daher bleibt das RGesch auch dann einseit, wenn die Part, die das RGesch vornimmt, aus mehreren Pers besteht, wie etwa iF der gemeins Anf od Künd.

Unter den **mehrseitigen** RGesch sind am bedeutsamsten die Vertr (s dazu Einf 2 vor § 145 u Einf 4 vor § 305). Eine bes Art der mehrseit RGesch sind die Beschlüsse, die der Willensbildg im Gesellsch- u VereinsR dienen (s dazu Vorbem 5 vor § 709). Ihre Eigenart besteht darin, daß für sie idR nicht das Prinzip der Willensübereinstimmg sond das MehrhPrinzip gilt. Beschlüsse binden auch den, der sich nicht an der Abstimmg beteiligt od dagg gestimmt hat. Zur Anwendg des § 181 auf Beschlüsse vgl dort Anm 1.

b) Personenrechtliche u **vermögensrechtliche** RGesch. Unter den Begriff des RGesch fallen auch persrechtl Gesch, wie das Verlöbn (§§ 1297 ff), die Eheschließg (EheG 11 ff) u die Einwilligg des FamR. Für diese RGesch passen vielf die dem VermögensR entstammden allg Vorschr über RGesch nicht. Für sie gelten daher weitgehd famrechtl Sonderregeln.

c) RGesch unter Lebenden u von Todes wegen. RGesch vTw sind das Test (§§ 2064 ff), der ErbVertr (§§ 2274 ff) u der ErbverzichtsVertr (§§ 2346 ff), ferner wohl auch die nicht vollzogene Schenkg vTw (§ 2301). Alle and RGesch – einschließl des Vertr zGDr auf den Todesfall (§ 331) – sind RGesch unter Lebenden. RGesch vTw können auch nichterbrechtl Regelgen enthalten, wie etwa die Erteilg einer Vollm (§ 167 Anm 1) oder den Widerr einer Schenkg (RG **170**, 383).

d) Verpflichtgs- u Verfüggsgeschäfte. VerpflGesch sind solche RGesch, dch die eine Pers ggü einer and eine LeistgsPfl übernimmt. Dch das VerpflGesch, das idR ein Vertr ist, aber auch ein einseit RGesch sein kann, entsteht ein SchuldVerh (vgl zum Begriff Einl 1 vor § 241). Für das einseit VerpflGesch gilt ein numerus clausus der mögl Aktstypen (vgl Einf 3 vor § 305). Für den SchuldVertr besteht eine derart Beschrkg nicht, für ihn gilt vielmehr der Grds der VertrFreih (GestaltgsFreih), vgl Einf 4 vor § 305.

Verfügen sind RGesch, die unmittelb darauf gerichtet sind, auf ein bestehdes Recht einzuwirken, es zu verändern, zu übertr od aufzuheben (vgl RG **106**, 111, BGH **1**, 304, Larenz § 18 II). Für Vfgen gilt im Interesse der RSicherh ein numerus clausus. Zu den Vfgen gehört die Veräußerg (Übereign od Übertr eines sonst Rechts) u die Belastg. Vfg ist eine Pers auch schon gen unwirks Vfg, auch dagg schon die Einwilligg zu einer Vfg (str, vgl Flume § 11, 5 d, aA RG **152**, 383). Das Hauptanwendbreitsgebiet des Vfgs-Gesch ist das SachenR, dessen dingl RGesch dchweg verfügden Charakter h (vgl Einl 5 vor § 854). Auch das SchuldR kennt aber zahlr VfgsGesch, näml den Erlaß (§ 397), die Abtr (§§ 398 ff), die befreiende SchuldÜbern (§§ 414ff), die VertrÜbern (§ 398 Anm 4), den Aufhebgs- u den ÄndergsVertr, wobei letztere zugl VfgsGesch sein können (Larenz § 18 II c).

Vfgen sind auch die **Gestaltgsgeschäfte,** wie die Anf (§ 142), der Rücktr (§ 349), die Aufr (§ 388), die Künd u der Widerr (Einf 3 vor § 346), hM, str (vgl Flume § 11, 5 b). Da das GestaltgsGesch auf die RStellg des ErklEmpfängers ohne dessen Zutun einwirkt, muß sich die beabsichtigte RÄnderg klar u unzweideut aus der Erkl ergeben. GestaltgsGesch sind grdsätzl bedingsfeindl (so ausdr für die Aufr § 388 S 2); eine Ausn ist jedoch dann gerechtf, wenn die Bedingg ausschl vom Willen des ErklEmpfängers abhängt (Einf 6 vor § 158). Das GestaltgsGesch verträgt idR auch keinen sonst SchwebeZust. Fehlt eine erforderl Einwilligg, ist das GestaltgsGesch daher abw von den allg Grds nicht schwebd unwirks, sond nichtig (RG **146**, 316, OGH NJW **49**, 671, BAG Betr **77**, 1191, ferner § 185 Anm 1 a). Das entspr der Regelg des § 111 S 1, für die Vertretg ohne Vertretgsmacht ist jedoch die Ausn des § 180 S 2 zu beachten. Ist das GestaltgsGesch wirks geworden, kann es nicht mehr einseit zurückgenommen w (LAG Düss Betr **75**, 1081). Zur Wiederherstellg des RVerh bedarf es vielm einer vertragl Neubegründg.

Die Einteilg in Verpfl- u VfgsGesch ist nicht abschließ. Es gibt RGesch, die weder in die eine noch in die and Kategorie gehören, so die sog HilfsGesch, wie die VollmErteilg, die Einwilligg u die Gen, soweit sie nicht Vfg ist (vgl oben Abs 2).

Das Ges bezeichnet als Vfgen auch Maßn iW der ZwVollstr. Diese haben uU dieselben RFolgen wie rgesch Vfgen (vgl §§ 161 I, 184 II, 353 II, 499 S 2, 883 II, 2115), begründen aber keinen gutgl Erwerb.

e) Abstrakte u **kausale** RGesch. **aa)** Diese Unterscheidg betrifft **Zuwendgsgeschäfte**; das sind solche RGesch, die eine VermVerschiebg von den Part bezwecken (Flume § 12 I 1, Larenz § 18 II d). ZuwendgsGesch idS können sowohl VerpflGesch als auch Vfgen sein. Jede gschäftl Zuwendg bedarf eines RGrdes („causa"). Hierunter ist der der Zuwendg unmittelb zugrde liegde Zweck zu verstehen. Er ist vom bloßen (rechtl unbeachtl) Motiv zu unterscheiden, aber auch von der GeschGrdlage, deren Fehlen od Wegfall nur nach Maßg des Grds von Treu u Glauben bedeuts w kann (§ 242 Anm 6 C).

bb) Kausal sind solche RGesch, die die Vereinbg über den RGrd als Bestandt in sich schließen. Prototyp hierfür ist der ggs Vertr (§ 320 ff). Bei ihm gehen beide Part eine Verpfl ein, um den Anspr auf die Gg-Leistg zu erwerben. Der RGrd ist damit Teil der vertragl Einigg. Fehlt die Einigg über den RGrd, ist der Vertr nicht zustande gekommen. Der Fall, daß der Vertr wirks ist, der RGrd aber fehlt, kann daher nicht

Rechtsgeschäfte   **Überbl v § 104** 3, 4

auftreten. Das gilt grdsätzl für alle VerpflGesch (Flume § 12 II 4 b, Larenz § 18 II d), jedoch kennt das BGB auch einige abstr ausgestaltete SchuldVertr (vgl nachstehd cc).

cc) Abstrakte RGesch sind dagg von RGrd unabhäng; bei ihnen ist der RGrd nicht im RGesch enthalten, sond liegt außerh des Gesch. Prototyp ist die Übereign einer bewegl Sache (§ 929). Ihr RGrd kann ein SchuldVertr (GrdGesch) od eine gesetzl Verpfl sein. Er bleibt jedenf außerh des ÜbereignsGesch (ErfGesch). Mängel des GrdGesch führen idR nicht zur Unwirksamk des ErfGesch, sond begründen nur einen BerAnspr. Der Erwerber der rgrdlos erlangten Sache kann diese auch dann wirks weiterveräußern, wenn sein Abnehmer von den Mängeln des RGrdes weiß. Das gilt sinngemäß für alle sonstigen VfgsGeschäfte, auch die des SchuldR (oben d). – Außerdem hat das Ges auch einz VerpflGesch als abstr RGesch ausgestaltet. Dazu gehören: das SchuldVerspr (§ 780) u das SchuldAnerkenntn (§ 781), die Ann der Anweisg (§ 784), ferner die Verpfl aus umlauffäh WertP, wie Wechsel, Scheck u Inhaberschuldverschreibg. – Schließl sind auch die sog HilfsGesch (oben d Abs 3) ggü dem GrdGesch abstrakt (s § 167 Anm 2).

dd) Der Grds, daß VfgGesch in ihrer rechtl Wirksk vom Bestehen des RGrdes unabhäng sind (Abstraktionsprinzip) u die damit einhergehde Aufspaltg von Gesch des tägl Lebens in mehrere selbstd Vertr („Kauf" = schuldrechtl GrdGesch u dingl VfgsGesch) ist eine Eigenart des dtschen Rechts. Sie ist **rechtspolitisch umstritten**, hat sich aber im ganzen gesehen bewährt (vgl zum Streitstand Flume § 12 III 3, Rother AcP **169**, 1, Kegel Festschr f Mann 1977 S 57). Eine kausale Gestaltg der EigtÜbertr u der übr VfgsGesch wäre geeignet, die Sicherh des RVerk zu gefährden.

f) Auch nach geltdem Recht kann sich ausnw die **Ungültigkeit des Grundgeschäfts** auf das **Erfüllungsgeschäft** erstrecken:

aa) Die Tats, die das GrdGesch ungült machen, können zugl die Unwirks des ErfGesch begründen. Das ist häuf bei Mängeln der GeschFgk der Fall. Aber auch bei Irrt ist uU neben dem Grd- auch das ErfGesch anfechtb, so wenn beide Gesch in einem Willensakt zufallen (RG **66**, 389). Bei Anf wg argl Täuschg w sich das AnfR sogar idR auch auf das ErfGesch beziehen (RG **70**, 57, BGH Betr **66**, 818, Hamm VersR **75**, 814). UU kann sich auch die Nichtigk gem § 134 (BGH **47**, 369: Nichtigk auch der Abtr, wenn GeschBesorggsVertr gg RBerG verstößt) od gem § 138 auf das ErfGesch ausdehnen (§ 138 Anm 1 e).

bb) Die Wirksamk des GrdGesch kann zur **Bedingung** für den dingl Vertr gemacht w, es sei denn, daß das ErfGesch, wie die Aufl (§ 925 II), bedinggsfeindl ist. Die Vereinbg einer Bedingg kann auch stillschw geschehen (vgl RG **54**, 341). Sie ist idR bei Gesch des tägl Lebens anzunehmen, sofern Grd- u ErfGesch zeitl zufallen (RG **57**, 96, vgl auch Flume § 12 III 5 c). In and Fällen w sich eine entspr Auslegg dagg nur dann rechtf lassen, wenn für sie konkrete AnhaltsPkte vorliegen.

cc) Nach der Rspr kann auch eine entspr Anwendg des **§ 139** zur Ungültigk des VfgsGesch führen (vgl dazu § 139 Anm 4).

g) Das **treuhänderische** RGesch ist dadch gekennzeichnet, daß es dem TrHänder nach außen hin ein Mehr an Rechten überträgt, als er nach der gleichzeit mit dem TrGeb getroffenen schuldrechtl Abrede soll ausüben dürfen. Bsp sind die VollAbtr zwecks Einziehg der Fdg, die Sicherungsübereign, die VollrechtsÜbertr zZw der Verw. Das TrHandVerh kann Interessen des TrHänders dienen (eignütz TrHand; Bsp: SichergsÜbereign), es kann aber auch auf Interessen des TrGebers abgestellt sein (fremdnütz TrHand; Bsp: Inkassozession). Das fiduziar RGesch ist nicht etwa schon wg fehlder Offenkundigk sittenw (RG **106**, 57). Es liegt auch kein ScheinGesch vor, da die im Innen- u AußenVerh unterschiedl RWirken tatsächl gewollt sind. Verfügt der TrHänder in Verletzg der getroffenen schuldrechtl Verpfl, so ist die Vfg gleichwohl wirks, der TrHänder aber zum SchadErs verpfl (§ 137). Näher zur Treuhand s Einf 3 vor § 164 u insb Einf 7 vor § 929.

4) Fehlerhafte Rechtsgeschäfte: Die einem RGesch anhaftden Mängel können von unterschiedl Art u Schwere sein. Dem trägt das Ges dadch Rechng, daß es versch Arten der Fehlerhaftigk von RGesch unterscheidet. Neben der völl Wirksamk (Gültigk) auf der einen u der völl Unwirksamk (Nichtigk) auf der and Seite kennt es versch Zwischenstufen (vgl unten b, c u d).

a) Nichtigkeit bedeutet, daß das RGesch die nach seinem Inhalt bezweckten RWirkgen von Anfang an nicht hervorbringen kann. Sie wirkt für u gg alle, bedarf keiner Geltdmachg u ist im Proz vAw zu berücksichtigen. Auch nach Wegfall des NichtigkGrdes bleibt das RGesch unwirks. Zur Heilg bedarf es einer Neuvornahme (Ausn: §§ 313 S 2, 518 II, 766 S 2, ferner § 1600 f II). Als Neuvornahme ist daher auch die „Bestätigung" zu behandeln (§ 141); sie muß allen Erfordern des nichtigen RGesch genügen. Die Nichtigk eines Teils des RGesch macht iZw das ganze RGesch nichtig (§ 139). Entspr ein nichtiges RGesch den Erfordern eines and, so gilt nach § 140 das letztere, wenn anzunehmen ist, daß dessen Geltg bei Kenntn der Nichtigk gewollt sein würde (Umdeutg). Als gült ist das RGesch zu behandeln, wenn die Berufg auf die Nichtigk ausnahmsw gg Treu u Glauben verstößt; das kann bei Formmängeln in Betr kommen (§ 125 Anm 6), aber auch bei and NichtigkGrden (§ 242 Anm 4 C vor a).

Das nichtige RGesch ist von dem nicht zustandegekommenen RGesch zu unterscheiden (oben Anm 1 c). Es ist trotz seiner Unwirksamk nicht ein bloß fakt Geschehen, sond tatbestandl ein RGesch. Die Nichtigk kann auf mehreren Grden beruhen (Flume § 30, 1). Auch das nichtige RGesch kann **Rechtsfolgen** nach sich ziehen, so etwa SchadErsAnspr (§§ 307, 309, 122, c. i. c., vgl § 276 Anm 6) od Anspr aus ungerechtf Ber (§§ 812 ff). Ausgeschl sind nur die RWirkgen, die das RGesch seinem Inhalt nach bezweckt.

Die **Gründe** für die Nichtigk eines RGesch können der verschiedensten Art sein. Sie können sich aus der Pers der Beteil, dem Zustandekommen der Erkl, dem Inhalt des Gesch od mangelnder Form ergeben. Soll Nichtigk eintreten, verwendet das Ges idR den Terminus „nichtig" (§§ 105, 116–118, 125, 134, 138–142, 248 I, 306, 310, 312 I, 443, 476, 540, 637, 723 III, 749 III, 795 III, 1136, 1229, 1297 II, 1615 e I 2, 2263). Zur Bezeichng von NichtigkGrden w aber auch die Termini „unwirks" (§§ 111 S 1 u 2, 174 S 2, 344, 388 S 2, 925 II, 1253 I 2, 1367, 1831, 1950 S 2, 2101 I S 2, 2202 II S 2, AGBG 9–11) u „kann nicht" (§§ 35, 38 S 2, 137 S 1, 276 II) gebraucht. Das gilt aber nicht ausnahmsl. Die Termini „unwirks" u „kann nicht" bezeichnen teilw auch (schwebd) unwirks Gesch, die noch dch Gen wirks w können (vgl unten c).

b) Relative Unwirksamkeit bedeutet, daß das RGesch einer od mehreren Pers ggü unwirks, allen and ggü aber wirks ist. Diese Art der Unwirksamk sieht das Ges vor, wenn der Inhaber eines Rechts entgg einem zum Schutz eines and bestehden VfgsVerbot über sein Recht verfügt (Fälle: §§ 135, 136, 883 II, 888, 1124 II, 1126 S 3, KO 7 I). Die Vfg ist ggü dem dch das Verbot Geschützten unwirks, iü dagg wirks. Die relative Unwirksamk ist vAw zu beachten. Sie w geheilt, wenn der UnwirksamkGrd wegfällt od der dch das Verbot Geschützte auf die Geltdmachg der Unwirksamk verzichtet.

c) Schwebende Unwirksamkeit bedeutet, daß das RGesch zunächst unwirks ist, es aber noch wirks w kann, wenn das fehlde WirksamkErfordern nachgeholt w. Für diese Art der Unwirksamk ist kennzeichnd, daß nach Vornahme des RGesch (zunächst) ein Schwebezustand entsteht. Währd dieses Zeitraums ist das RGesch (noch) wirkgslos. Das ist im Proz vAw zu beachten. Bereits erbrachte Leistgen können gem § 812 zurückgefordert w, BGH **65**, 123. Es besteht aber schon eine Verpfl zur ggs Rücksicht. Bedarf der Vertr einer behördl Gen, sind die Part verpfl, alles Erforderl zu tun, um die Gen herbeizuführen (vgl § 242 Anm 4 C c). Das Gesch w rückw von Anfang an wirks, wenn das fehlde Erfordern nachgeholt w. Ist dies nicht mehr mögl, w das schwebd unwirks RGesch endgült unwirks (nichtig).

Hauptfälle der schwebden Unwirksamk sind Vertr von Mj (§ 108 I), von Vertretern ohne Vertretgsmacht (§ 177 I), best Gesch auf dem Gebiet des ehel GüterR (§§ 1365 I, 1366, 1423, 1427 I) sowie Gesch, die der Gen des VormschG (§ 1829 I) od einer VerwBeh (s § 275 Anm 9) bedürfen. Schwebd unwirks ist auch das unter Verstoß gg § 181 dch Selbstkontrahieren zustandegek RGesch (s § 181 Anm 3). Bei bedingten u befristeten RGesch besteht zwar bis zum Eintritt der Bedingg od des Termins gleichf ein Schwebezustand. Sie sind aber nicht schwebd unwirks, sond von Anfang an gült (s Einf 3 vor § 158).

d) Anfechtbarkeit: Das anfechtb RGesch ist zunächst gült. Erst dch die Ausübg des AnfR w das RGesch von Anfang an nichtig (§ 142 I). Der AnfBerecht hat die freie Entscheidg darü, ob er das RGesch vernichten od gelten lassen will. Macht er vom AnfR keinen od nicht fristgerecht Gebrauch, bleibt das RGesch gült. Das AnfR ist ein GestaltgsR. Es ist, soweit es sich auf vermögensrechtl RGesch bezieht, vererbl, kann aber grdsätzl das RGesch nicht übertr w (§ 413 Anm 1 c). Es erlischt außer dch Ablauf der AnfFr dch Bestätigg (§ 144).

Die Anf findet statt iF des Irrt (§§ 119, 2078), der falschen Übermittlg (§ 120) sowie der Täuschg u Drohg (§ 123). Völl andartige RBehelfe sind dagg die AnfR v RHdlgen wg GläubBenachteiligg nach dem AnfG u der KO, die Anf der Ehelichk (§§ 1593 ff) u die Anf des ErbschErwerbs iF der Erbunwürdigk (§§ 2340 ff). Sie haben mit der Anf iS des § 142 außer dem Namen nichts gemein.

Auch ein nichtiges RGesch kann angefochten w (so zuerst 1911 Kipp in Festg v Martitz, Enn-Nipperdey § 203 III 7, Flume § 31, 6, aA Oellers AcP **169**, 67). Das erscheint bei einer rein begriffl Beurteilg zwar zweifelh, ist aber wg der Interessenlage u des Schutzzwecks der Anf gerechtf. Die Anf eines nichtigen RGesch w prakt bedeuts, wenn der AnfGrd leicht, der NichtigkGrd aber nur schwer zu beweisen ist. Vor allem besteht ein Bedürfn für eine AnfMöglichk aber dann, wenn der AnfGrd stärker wirkt als der gleichzeit gegebene NichtigkGrd. Bsp: A hat von B eine Sache erworben, die dieser dem Mj C dch Betrug abgelistet hat. A wußte von dem Betrug, aber nichts von der beschr GeschFgk des C. A kann die aus der beschr GeschFgk entstandene Nichtigk der Vorveräußerg nicht entgg gehalten w, da er insow gutgl war (§ 932). Sein EigtErwerb scheitert aber iF der Anf, da er den AnfGrd kannte (§ 142 II). – Selbstverständl ist es auch zul, sich auf die ursprüngl Nichtigk statt auf die Nichtigk inf Anf zu berufen, etwa um den SchadErsAnspr aus § 122 auszuschl. Der Kl kann seinen auf Nichtigk eines RGesch gestützten Anspr gleichzeit mit ursprüngl u dch Anf herbeigeführter Nichtigk begründen u es dem Ger freistellen, aus welchem Grd es der Klage stattgibt (BGH **LM** § 142 Nr 2).

e) Beschränkg der Nichtigkeitsfolgen: Der Grds, das nichtige u angefochtene RGesch als von Anfang an unwirks anzusehen, durchbricht sind, w dch Sonderregelgen eingeschr. Eine nichtige Ehe w nach EheG 22 erst dann mit Wirkg ex nunc unwirks, wenn die Ehe dch gerichtl Urt rechtskr für nichtig erklärt worden ist. Anstelle der Anf tritt nach EheG 28 ff die nur für die Zukunft wirkde Aufhebg. Bei KapitalGesellsch können Nichtigk- u AnfGrd gleichf nur mit Wirkg ex nunc geltd gemacht w (AktG 262 ff, GmbHG 75, GenG 78 ff). Diese Grds haben Rspr u Lehre iW der RFortbildg auch auf PersonalGesellsch u ArbVertr übertr. Es ist nunmehr allg anerkannt, daß bei vollzogenen Gesellsch- u ArbVertr Nichtigk- u AnfGrd idR nur mit Wirkg ex nunc geltd gemacht w können (s Einf 5 c vor § 145). Auch bei Erkl auf umlauffäh Wertpapieren insb auf Wechseln, können Nichtigk- u AnfGrde nur beschr geltd gemacht werden. Sie sind, abgesehen vom Fall mangelnder GeschFgk, ggü einem gutgl Erwerber nur zul, wenn sie sich aus dem Papier selbst ergeben (vgl § 796, WG 17, HGB 364).

5) Prozeßhandlgen sind als solche keine RGesch. Ihre Voraussetzgen u Wirkgen regelt das ProzR (vgl Baumb-Lauterb Grdz 5 vor § 128, Th – P Einl III). Auf ihre Auslegg ist § 133 entspr anzuwenden (§ 133 Anm 2). Auch der RGedanke des § 140 ist anwendb (BGH Warn **71**, 312). Bei Willensmängeln gelten dagg nicht die §§ 119 ff, sond je nach der Art der ProzHdlg unterschiedl Grds des ProzR (Rosenberg-Schwab § 65 V mwNw, hM, str). Einz ProzHdlgen haben jedoch eine **Doppelnatur**, sie sind zugleich RGesch des PrivR u ProzHdlgen. Sie sind materiell nach bürgerl R u prozrechtl nach ProzR zu beurteilen. Das gilt für den ProzVergl (s näher § 779 Anm 9) u die Aufr im Proz (s näher § 388 Anm 2), aber auch für Anf, Rücktr u Künd, soweit sie im Rahmen eines Proz erklärt w. Erkl dieser Art w matrechtl wirks mit dem Zugang des betr Schriftsatzes, prozrechtl jedoch erst mit dem Vortrag in der mdl Verh (vgl RG **63**, 412). Die matrechtl Wirksamk einer derartigen Erkl ist nicht von ihrer prozrechtl Wirksamk abhäng (vgl § 388 Anm 2). Anerkenntn u Verzicht (ZPO 306, 307) sind dagg reine ProzHdlgen (Th – P § 307 ZPO Anm 1 mwNw). Das gilt ebso für die Unterwerfg unter die ZwVollstr (RG **146**, 312, BayObLG NJW **71**, 434) u die Erteilg einer ProzVollm. Von den ProzHdlgen zu unterscheiden sind sachlrechtl RGesch über proz Beziehgen (Prototyp: Vereinbg über KlRückn). Sie sind zul, soweit keine zwingden prozeßrechtl Grds entggstehen u begründen bei Nichtbeachtg die Einr der Argl (§ 242 Anm 4 D j). Auch die GerStandsVereinbg ist ein matrechtl Vertr über prozeßrechtl Bez, ihr Zustandekommen richtet sich nach bürgerl R (BGH **49**, 386, **57**, 72, Wirth NJW **78**, 460, str). Das gilt ebso für den SchiedsVertr (BGH **23**, 200, **40**, 320, str).

Erster Titel. Geschäftsfähigkeit

Einführung

1) Die Geschäftsfgk ist begriffl eine Unterart der **Handlungsfähigkeit**, dh der Fähigk, rechtl bedeutsame Hdlgen (Übbl 1 b u 2 vor § 104) vorzunehmen. Den Oberbegriff der Handlgsfgk erwähnt das BGB nicht; er umfaßt, soweit das PrivatR in Frage kommt (für StrafR, SteuerR u sonstiges öff Recht gelten besondere Regeln), außer der Geschäftsfgk (vgl Anm 2) und der Fähigk zu anderen rechtm Handlgen (vgl Anm 5), die Verantwortlichk für unerl Handlgen u für Verletzg bestehender Verbindlichkeiten (vgl §§ 827, 828, 276 I 3).

2) Geschäftsfähigkeit ist die Fähigk, allg zul Rechtsgeschäfte (vgl Übbl 1b vor § 104) selbstd vollwirks vorzunehmen. Das BGB sieht als Regel an, daß jeder Mensch voll geschäftsfähig ist; es gibt daher Vorschriften nur für die Ausnahmefälle der völligen Geschäftsunfgk (drei Fälle des § 104) und der nur beschr Geschäftsfgk (Minderj über 7 Jahre, § 106, und Fälle des § 114). Den Geschäftsunfähigen wird jeder rechtsgeschäftl bedeutsame Wille abgesprochen, § 105; dem Willen der beschr Geschäftsfähigen wird in ihrem eig Interesse nur teilw Rechtswirksamk beigelegt. – Das Fehlen od die Beschränkg der Geschäftsfgk hat auf die Rechtsfgk (vgl § 1) keinen Einfluß. Rechte u Interessen der Geschäftsunfähigen u Geschäftsbeschränkten nehmen grdsätzl die „**gesetzlichen Vertreter**" wahr, für Minderj meist die Eltern od ein Elternteil, vgl bei § 1629; wo diese ausfallen u für Volljährige Vormd, §§ 1793, 1897, ggf ein Pfleger, §§ 1909 ff u Einf 1 vor § 1909. – Die Regeln über die Geschäftsfgk gelten im ganzen Gebiet des PrivatR; für Eheschl vgl außerdem EheG 1–3, für Testamentserrichtg §§ 2064, 2229, 2230, 2247 IV. Im ArbeitsR gelten keine Besonderheiten, abgesehen von § 113. – Im öffentl Recht ist entspr Anwendg zT ausdr bestimmt (VwVfG 12, AO 1977 § 79), zT gelten auch abw Grds, so etwa im SozialR (SGB-AT Art. I § 36) u für die Anstaltsnutzg u das Postbenutzgsverhältn, vgl Jauernig NJW 72, 1, FamRZ 74, 631, Kämmerer DVBl 74, 273. – Im Zivilprozeß entspr der unbeschr Geschäftsfgk die Prozeßfgk (ZPO 52, jedoch ist im EntmAnfVerf (ZPO 664 ff) der Entmündigte u im EheProz der beschr Geschäftsfähige (ZPO 607) prozfäh; dasselbe gilt für Geisteskranke in sonstigen Verf, die Maßnahmen aus Anlaß des Geisteszustandes betreffen, vgl BVerfG 10, 306, BGH 35, 1, 52, 2, BayObLG 68, 245. Soweit der Entmündigte (Geisteskranke) prozfäh ist, kann er auch einen wirks AnwVertr abschließen, Hbg NJW 71, 199, Nürnb NJW 71, 1274, LG Bielefeld NJW 72, 346. Über BeschwerdeR des GeschUnfäh im Verf über Anordg der Pflegsch vgl auch § 1910 Anm 5.

3) Unterscheide aber **Geschäftsfähigkeit** von **Verfügungsfähigkeit**; diese ist die Befugn, über einen bestimmten Ggst zu verfügen; trotz voller Geschäftsfgk kann über eig Verm nicht verfügen zB der Gemeinschuldner im Konk, KO 6, der VermInh, der unter Sperre nach MRG 52 stand (vgl auch §§ 134–136). Prakt bestehen aber manche Ähnlichkeiten zw beschr Geschäftsfgk u fehlender Vfgsbefugn, daher finden sich ähnl Regeln: vgl §§ 108, 109, 111 einers und a) §§ 177, 178, 180, b) §§ 1366, 1367, 1448, c) §§ 1829 ff (und §§ 1643, 1829, 1832) anderers.

4) Die Regeln über die Geschäftsfgk sind **zwingend** u allgemeingültig. Kein Schutz des gutgl Gegners des GeschUnfähigen od beschr GeschFähigen. Guter Glaube deckt nicht mangelnde Geschäftsfgk, BGH NJW 77, 623. Der unerkannt Geisteskranke od Entmündigte u der Mj, der den Eindruck eines Volljj macht, sind daher eine Gefahr für den GeschäftsVerk. Vorschläge zur Abhilfe sind vielf gemacht, aber bedenkl, da sie die Schutzbedürftigk des GeschBeschränkten und seiner Familie vernachlässigen; vgl Dölle, Absurdes Recht, Festschr f Nipperdey S 24. Die Regeln über beschr Geschäftsfgk suchen nach Möglichk bei wirksamem Schutz des GeschBeschränkten auch die Interessen des GeschGegners zu wahren. Im lfd Geschäfts-Verk sind auch Abreden mögl, mit denen ein Geschäh für den Fall des Eintr seiner GeschUnfgk den Schaden übernimmt, der dem VertrPartner dch unerkannten Mangel der Geschäftsfgk später entstehen könnte, solche Klausel in AGB-Banken ist wirks, BGH 52, 63. – Über etwaige BilligkHaftg vgl § 829.

5) Geschäftsfgk ist zunächst nur die Fähigk zu rechtsgeschäftl Handeln (vgl Anm 1 b). Entsprechende Anwendg auf geschäftsähnl Handlgen ist meist angemessen (vgl oben Übbl Anm 2c). Dagg finden die Regeln der Geschäftsfgk keine Anwend auf Tathandlgen (vgl oben Übbl Anm 2 d); für EigtAufgabe ist aber rechtsgeschäftl Wille erforderl, vgl § 959 Anm 1; für Aneigng zweifelh, vgl § 958 Anm 2 b, Eigenbesitzwille dürfte rechtsgeschäftl Charakter haben; zur Entstehg vertragl Pflichten aus sozialtypischem Verhalten (wenn man sie als mögl ansieht) ist Geschäftsfgk sicher nötig (aA LG Brem NJW 66, 2363), vgl Einf 5 b vor § 145. – RGesch ggü GeschUnfäh u GeschBeschränkten vgl § 131.

6) Wg zeitlicher Geltg der Regeln über Geschfgk vgl EG 153–156, 200, 215, wg räumlicher EG 7.

104 Geschäftsunfähigkeit. Geschäftsunfähig ist:

1. wer nicht das siebente Lebensjahr vollendet hat;
2. wer sich in einem die freie Willensbestimmung ausschließenden Zustande krankhafter Störung der Geistestätigkeit befindet, sofern nicht der Zustand seiner Natur nach ein vorübergehender ist;
3. wer wegen Geisteskrankheit entmündigt ist.

1) Geschäftsunfähig: Begriff der GeschFgk vgl Einf 2 vor § 104.

2) Geschäftsunfähigkeit wegen Alters, Z 1: Auf Geistesreife kommt es nicht an; das Kind hört auf, geschäftsunf zu sein mit dem Beginn des Geburtstages (0 Uhr), an dem es 7 Jahre alt wird, § 187 II.

3) Geschäftsunfähigkeit wegen krankhafter Störung der Geistestätigkeit, Z 2, umfaßt im Ggsatz zu StGB 51 aF nicht den Zustand der Bewußtlosigk u nimmt einen seiner Natur nach vorübergehden Zustand aus; Voraussetzg ist also Dauerzustand, anderenf liegt keine allg GeschUnfgk vor (Warn **28**, 167), eig WillErkl ist allerdings nichtig, § 105, dagg zB Zugehen fremder WillErklärgen wirks, vgl § 131. – **Z 2** umfaßt nicht nur Geisteskrankh, sondern uU auch Geistesschwäche iS v § 6 Z 1 (vgl dort Anm 2) RG **162**, 228. Erforderl ist aber Ausschluß der Willensfreih (sie fehlt, wenn der Betreffende nicht in der Lage, seine Entschließgen von vernünft Erwäggen abhängig zu machen), RG **130**, 71, zB krankh überm Beherrschg dch den Willen and, RG JW **38**, 1591. GeschUnfgk kann auch für best ggständl abgegrenzten Kreis von Geschäften vorliegen, BGH WPM **70**, 1366, stRspr, für Querulantenwahnsinn anerkannt RG Recht **33**, 435, HRR **34**, 42, desgl für Fragen der Ehe RG **162**, 228 (krankh Eifersucht), BGH **18**, 184, FamRZ **71**, 244, bei RAnw für Führg eines best Proz BGH **30**, 117, im Rahmen von ArbStreitig BAG AP Nr 1, für best VerwG-Proz, BVerwG **30**, 25. Eine partielle („relative") GeschUnfgk für bes schwier Gesch gibt es jedoch nicht, BGH NJW **53**, 1342, **61**, 261, **70**, 1680, WPM **75**, 1280, stRspr, aA Köln NJW **60**, 1389. Eine auf best Gebiete beschr geist Störg macht nicht schlechthin geschäftsunf, insb wird das Unvermögen, die Tragweite einer WillErkl in vermögensrechtl Beziehg zu erfassen, Warn **11**, 164, OGH **4**, 66. Vgl zur TeilGesch-Unfgk Gebauer AcP **153**, 332. – In lichten Augenblicken besteht GeschFgk, wie der Wortlaut „sich in einem Zustande befindet" klar ergibt; vgl auch Warn **28**, 167. – Entmündigg wegen Geistesschwäche, die an sich nur zu beschr GeschFgk führt, hindert nicht, im Einzelfall völlige GeschUnfgk anzunehmen, RG **130**, 71, Mü JW **38**, 1244.

4) Entmündigg wegen Geisteskrankheit, Z 3, führt unabhäng vom tatsächl Geisteszustand ohne weiteres zu völliger GeschUnfgk auch währd lichter Augenblicke, anders als Z 2; vgl aber ZPO 664 II (Prozeßfgk im EntmVerf), der zu dem allg Grds auszudehnen ist, daß GeschUnfäh zur Wahrg seiner R in allen Verf prozeßfäh ist, die Maßn wg seines Geisteszustandes betreffen, vgl Einf 2 vor § 104. – Voraussetzgen der Entm vgl § 6 Anm 1. EntmVerf ZPO 645 ff.

5) Die Folgen der GeschUnfgk sind insb, daß WillErklärgen des GeschUnfähigen nichtig sind, § 105 (für Ehe vgl EheG 2, 18, für TestErrichtg §§ 2229, 2230), daß ihm WillErklärgen Dritter nicht zugehen können, § 131, und daß er Wohns selbst weder begründen noch aufheben kann, § 8. Weitere Wirkgen vgl ua §§ 206, 682, 1673, 1780, 1865 u 2201. Begründete Zweifel an GeschFgk führen zur Zurückweisg eines Eintraggsantrags dch Grdbuchrichter, Karlsr DNotZ **65**, 473. – Über Prozeßfgk u AntrR in Entmündiggs-Verf, PflegschAnordngsVerf u ähnl Verf vgl Einf 2 aE vor § 104.

6) Wer GeschUnfgk behauptet, hat sie zu **beweisen** (unstr für Z 2, gilt ebso für Z 1 u 3, vgl Saarbr NJW **73**, 2065, str); doch gilt das nur für sachl-rechtl Frage der GeschUnfgk, nicht für die prozeßrechtl Prozeßunfgk, BGH **18**, 189; auch für sie ist aber davon auszugehen, daß Störgen der Geistestätig Ausn sind, BGH NJW **69**, 1574. Steht ein allg Zustand nach § 104 Z 2 fest, so sind lichte Augenblicke von dem Gegner zu beweisen, Warn **28**, 167, vgl aber Hbg MDR **54**, 480. – RevGer kann ProzFgk vAw prüfen u sich dabei auf neue BewMittel stützen, BGH NJW **70**, 1683.

105 *Nichtigkeit der Willenserklärung.* ^I Die Willenserklärung eines Geschäftsunfähigen ist nichtig.

^{II} Nichtig ist auch eine Willenserklärung, die im Zustande der Bewußtlosigkeit oder vorübergehender Störung der Geistestätigkeit abgegeben wird.

1) I ist nur **anwendbar** auf WillErklärgen u geschäftsähnl Handlgen des GeschUnfähigen. Tathandlgen (Realakte) sind in der Regel wirks, vgl Einf 5 vor § 104. – Nichtig ist auch die ledigl vorteilh WillErkl, wie Schenkgsannahme (Schenkgen dch gesetzl Vertreter sind aber wirks, str, vgl § 181 Anm 2 c bb).

2) Die WillErkl ist nichtig. Begriff vgl Übbl 4a vor § 104. – Ein vom GeschUnfähigen Bevollmächtigter handelt, da Vollm nichtig, als Vertreter ohne Vertretgsmacht nach § 177, RG **69**, 266. – Ist die WillErkl aber von einem unerkannt geisteskranken Gesamtvertreter mit einem and Gesamtvertreter abzugeben, dann sieht Hamm OLGZ **67**, 299 die Erkl (wohl in Anwendg der Grdsätze über den Rechtsschein) für den Vertretenen (hier Kreditgenossensch) als wirks an, sehr bedenkl, vgl BGH **53**, 214.

3) Auch der im Zustand der **Bewußtlosigkeit** od **vorübergehender Störg der Geistestätigkeit** abgegebene WillErkl ist nichtig, **II.** Für Bewußtlosigk genügt so hochgradige Bewußtseinstrübg, daß Erkenntn des Inhalts u Wesens der Hdlg ganz od wenigstens in bestimmter Richtg fehlt (so auch RGRK Rdn 5); sie kann, muß nicht, vorliegen bei hochgradiger Trunkenh, BGH WPM **72**, 972; Nürnb VersR **78**, 339 (bejaht bei 3,4⁰/₀₀). – Störg der Geistestätig muß freie Willensbestimmg ausschließen, RG **105**, 272, BGH FamRZ **70**, 641; sie wirkt sich auf ein einz Lebensgebiet bezog, OGH **4**, 66, nicht aber gerade auf bes schwier Geschäfte, vgl § 104 Anm 3. Nichtig auch dann, wenn sich Erklärder schuldh in den Zustand der Störg versetzt hat, Nürnb NJW **77**, 1496. Bei VertrSchl dch Vertreter kann Störg des Vertretenen entspr § 166 zur Nichtigk führen, Brschw OLGZ **75**, 441. – II verlangt vorübergehen Zustand, bei Dauerzustand volle GeschUnfgk, § 104 Z 2.

4) Beweislast ebenso wie für § 104; vgl dort Anm 6; BGH WPM **72**, 972.

106 *Beschränkte Geschäftsfähigkeit Minderjähriger.* Ein Minderjähriger, der das siebente Lebensjahr vollendet hat, ist nach Maßgabe der §§ 107 bis 113 in der Geschäftsfähigkeit beschränkt.

1) Allgemeines vgl zunächst Einf vor § 104. Unter **minderjährig** (mj) verstehen die folgenden Bestimmgen nur den noch nicht Volljährigen (§ 2) über 7 Jahre. – SonderVorschr für Mj vgl auch: §§ 2229 I, 2233 I, 2247 IV, EheG 3, 30, ferner ua §§ 1781, FGG 56, 59; für beschränkt Geschäftsfähige überh: §§ 131 II,

Rechtsgeschäfte. 1. Titel: Geschäftsfähigkeit §§ 106, 107

165, 179 III, 1411, 1516, 1600 d, 1729, 1746, 2229 II, 2275 II, 2296, 2347 II, 2351, StGB 77 III. – §§ 107 bis 113 gelten auch für wg Geistesschwäche, Verschwendg, Trunksucht od Rauschgiftsucht Entmündigte u unter vorl Vormsch Gestellte, vgl § 114.

2) Der Mj kann sich in der Regel nicht selbst durch Verträge verpflichten, er ist daher **nicht prozeßfähig**, ZPO 52; Ausn §§ 112, 113: in deren Rahmen ist er voll prozeßf. Im Verf nach FGG hat das unter Vormdsch stehende Mündel über 14 Jahre in gewissem Umfang selbstd BeschwR, FGG 59; überh hat Geschäftsbeschränkter Antr- u BeschwR in freiw Gerichtsbark, soweit das zur Ausübg der ihm selbstd überlassenen RHdlgen erforderl ist, JFG 16, 253. Verantwortlichk für unerl Hdlgen vgl §§ 827 ff.

107 *Einwilligung des gesetzlichen Vertreters.* **Der Minderjährige bedarf zu einer Willenserklärung, durch die er nicht lediglich einen rechtlichen Vorteil erlangt, der Einwilligung seines gesetzlichen Vertreters.**

1) Vorbemerkgen zu §§ 107–111. Die für die beschr Geschfgk getroffene Regelg bezieht sich zunächst nur auf WillErklärgen, nur beschr auf geschäftsähnl Hdlgen, niemals od wenigstens nur ganz ausnahmsw auf TatHdlgen (vgl Übbl 1c, d, e vor § 104, Einf 5 vor § 104). Sie bezweckt den Schutz des GeschBeschränkten bei möglichster Wahrg der Interessen des Gegners; vgl Einf 4 vor § 104. Daher ist WillErkl, die **lediglich vorteilhaft** (vgl Anm 2) ist, ohne weiteres wirks; insoweit besteht also volle Geschfgk. Der bes Eigenart der rechtl ledigl vorteilh Gesch (Anm 2) trägt das Ges auch sonst Rechng: für sie gilt weder das Verbot des Selbstkontrahierens (§ 181 Anm 2 c bb) noch die VertretgsBeschrkg des § 1629 II (dort Anm 4). **Andere Geschäfte: a) Verträge:** bei Einwilligg (= vorheriger Zustimmg § 183) des gesetzl Vertreters ist WillErkl wirks, § 107 (gleichzeit Zustimmg steht gleich, RG **130**, 124), andernf ist sie zunächst unwirks, kann aber dch Genehmigg (= nachträgl Zustimmg § 184) wirks werden, § 108; Rechtslage in der Zwischenzeit vgl § 109. – **b) einseitige Geschäfte:** bei Einwilligg sind sie grdsätzl wirks, § 107; bei empfangsbedürftigen WillErkl (Begriff vgl Übbl 3a vor § 104) besteht aber ggf ZurückweisgsR des Gegner, § 111 S 2; andernf sind sie unwirks, § 111 S 1, außer wenn Gegner mit Abgabe der Erkl dch den GeschBeschränkten einverst ist, vgl § 111 Anm 1. – Über Einwilligg, Genehmigg, Zustimmg (stets formfrei) vgl §§ 182 ff, über gesetzl Vertreter Einf 2 vor § 104. Statt des Mj kann stets der gesetzl Vertreter handeln, auch bei ledigl vorteilh Geschäften. – Einseit RGesch ggüber Mj vgl § 131.

2) Zustfrei ist die WillErkl, die ledigl **rechtl Vorteil** bringt. Dabei kommt es nicht auf eine wirtsch Bewertg, sond allein auf die rechtl Folgen des Gesch an, BGH **LM** Nr 7, stRspr. Stehen dem Vorteil die Aufg eines Rechts oder die Begr einer persönl Verpfl (rechtl Nachteile) ggü, ist die WillErkl auch dann zustbedürft, wenn die Vorteile die Nachteile erhebl überwiegen (Bsp: Kauf zu bes günst Preis). Entferntere mittelb Nachteile (SteuerPfl, Tierhalterhaftg) sind unbeachtl, vgl BGH **15**, 169. Unmittelb dch das RGesch begründete Nachteile sind dagg auch dann zu berücksichtigen, wenn sie nicht aGrd des Parteiwillens, sond kr Ges eintreten, BGH **53**, 178 (Haftg aus § 419). Für wirtsch Betrachtgsweise Stürner AcP **173**, 402, 421; das ist aber mit dem geltden Recht nicht zu vereinb u führt zu beträchtl Rechtsunsicherh, insb soweit es auf den VerkWert ankommen soll. Ledigl rechtl vorteilh sind der schuldr SchenkgsVertr, BGH **15**, 170, KG JFG **13**, 300, Aneigng, Ann einer Abtr od eines Erl, Soergel-Hefermehl Rdz 4. Auch der Erwerb eines mit GrdPfdR belasteten Grdst ist mangels pers Verpfl ledigl rechtl vorteilh, Mü JFG **18**, 115, aM Lange NJW **55**, 1341. Der rechtl Vorteil w auch nicht dch die auf dem Grdst ruhden öff Lasten beeinträchtigt, BayObLG, NJW **68**, 941, für differenzierde Betrachtg Lange aaO S 1341. Belastg mit einem Nießbr berührt den rechtl Vorteil des EigtErwerbs ebenf nicht, auch wenn der Nießbr bei der Schenkg vorbehalten w; das gilt für bewegl Sachen, RG **148**, 324, aber auch für Grdste, Colmar OLG **24**, 29, Soergel-Hefermehl Rdz 3, aM Mü HRR **42**, 544, Ffm Rpfleger **74**, 429. Gleiches gilt für den Vorbeh eines dingl WohngsR, BayObLG NJW **67**, 1912. Ledigl rechtl vorteilh auch die Schenkg mit AusglAnordng nach § 2050 III, weil diese keine schuldr Verpfl des Beschenkten begründet, BGH **15**, 171. Der Erwerb eines NachlGrdst dch den MitE ist ledigl rechtl vorteilh, weil der MitE dadch keinen AuseinandSAnspr aufgibt, sond die Anteile der and MitE an dem Grdst hinzuerwirbt, BayObLG NJW **68**, 941. – Ist mit dem RErwerb die Aufgabe eines Rechtes verbunden od führt er zu einer pers Verpfl, ist das Gesch **nicht** ledigl rechtl vorteilh. Dies gilt für die ErfAnn, da sie den Verlust der Fdg zur Folge h, Wacke JuS **78**, 80, aA Harder JuS **77**, 149 mwN, die Schenkg einer Kommanditeinlage, LG Köln Rpfleger **70**, 245, (ebso wenn auch in and Zushang BGH NJW **77**, 1341), einer stillen Beteiligg, BFH Betr **74**, 365 (aA Tiedtke Betr **77**, 1064), eines Nießbr wg der dem Eigtümer ggü bestehden Verpfl (offen gelassen in BGH **LM** Nr 7), die Schenkg unter Aufl, Mü HRR **42**, 544, Ffm Rpfleger **74**, 429, BFH WPM **75**, 604, offen gelassen in BGH **15**, 170 f, mit Verpfl zur späteren Rückg, BayObLG Rpfleger **74**, 309, mit Verpfl zur DarlGewährg, BFH NJW **77**, 456 (and nach Hamm FamRZ **78**, 439, wenn Mj dch ein einheitl RGesch schenkw in DarlVerh eingeräumt w), Schenkg eines mit einer Reallast belasteten Grdst, Lange aaO S 1340, Schenkg einer EigtWo, wenn mit ihr Eintritt in VerwVertr verbunden, Celle NJW **76**, 2214 (krit Jahnke NJW **77**, 960). Nicht ledigl rechtl vorteilh ist auch die VermÜbern, weil mit ihr die Haftg ggü den Gläub des Übertragden verbunden ist, BGH **53**, 178; der Übernehmer kann unbeschr in Anspr gen w, wenn er sich nicht auf die HaftgsBeschrkg berufen kann. Für die ErbschAnn gilt dasselbe. – **Neutrale** Gesch, die keine vermr Interessen des Mj berühren, sind mangels Schutzbedürftk des Mj wie ledigl rechtl vorteilh Gesch zu behandeln, so die Veräußerg einer fremden bewegl Sache an einen Gutgl u die LeistgsBest gem § 317, Soergel-Hefermehl Rdz 5, Flume RGesch § 13, 7 b.

3) Zust des gesetzl Vertreters ist erforderl auch für Verlöbn, RG **61**, 272, sehr str, vgl Einf 1 vor § 1297 (nicht für Rücktritt vom Verlöbn RG **98**, 15 str), für VaterschAnerkenng, § 1600 d (nicht aber für deren Anf § 1600 k), für ErbschAnn wg Erbenhaftg. Str ist, ob zur Vornahme einer Operation stets die Zust des gesetzl Vertreters erforderl; BGH **29**, 35 hält zutreffd § 107 nicht für anwendb, weil keine rechtsgeschäftl WillErkl vorliege, und läßt Einwilligg des Mj, der Bedeutg u Tragweite erkennt, genügen. Zust des gesetzl Vertreters mag auch notw sein zum Verzicht auf Unfallhaftg des Kraftfahrers, der Mj aus Gefälligk mitnahm (so BGH NJW **58**, 905); HaftgsAusschl od Haftgsminderg für Schädiger kann aber auch sonst eintreten, wenn u soweit Mj die Tragweite der Selbstgefährdg erkannte, vgl § 254 Anm 6. Auch bei GeschFg oA sind §§ 107, 108 anwendb, hM, vgl § 682 Anm 1. – **Generaleinwilligg**, dh Einwillig zu einem Kreis von zunächst noch nicht individualisierten Geschäften, ist zul, BGH NJW **77**, 622, Enn-Nipperdey § 152 I 4, einschr Scherner FamRZ **76**, 673, str; sie ist aber im Interesse eines wirks MjSchutzes iZw eng auszulegen u darf nicht zu einer partiell erweiterten GeschFgk führen, BGH **47**, 359. Erlaubn, Führerschein zu erwerben, bedeutet iZw nicht Zustimmg zur Anmietg eines PKW, BGH NJW **73**, 1791, Celle NJW **70**, 1850, Pawlowski JuS **67**, 302, str. Zustimmg zum Autokauf u HaftPflVersichergsabschluß bedeutet nicht Zustimmg zu späteren RGesch, die bei Durchf der Versicherg nötig w, BGH **47**, 359, ebsowenig Einverständn mit Beauftragg eines Unfallhelferringes, BGH NJW **77**, 622. Zustimmg, eine Lehre zu beginnen, bedeutet nicht Zustimmg zur Miete einer selbstd Wohng, LG Mannh NJW **69**, 239. Zustimmg zur Verlobg u zur Aufn eines Darl enthält nicht ohne weiteres Zustimmg zur Anschaffg von EinrichtgsGgst auf Kredit, LG Bln JR **70**, 346.

4) Wenn gesetzl Vertreter zur eig Vornahme des RGeschäftes der Gen des **VormschGerichts**, Gg-Vormunds, Beistands bedürfte (vgl §§ 1643, 1687, 1812 f, 1821 f), ist auch seine Zust genehmiggspflichtig.

108 *Vertragsschluß ohne Einwilligung.* **I** Schließt der Minderjährige einen Vertrag ohne die erforderliche Einwilligung des gesetzlichen Vertreters, so hängt die Wirksamkeit des Vertrags von der Genehmigung des Vertreters ab.

II Fordert der andere Teil den Vertreter zur Erklärung über die Genehmigung auf, so kann die Erklärung nur ihm gegenüber erfolgen; eine vor der Aufforderung dem Minderjährigen gegenüber erklärte Genehmigung oder Verweigerung der Genehmigung wird unwirksam. Die Genehmigung kann nur bis zum Ablaufe von zwei Wochen nach dem Empfange der Aufforderung erklärt werden; wird sie nicht erklärt, so gilt sie als verweigert.

III Ist der Minderjährige unbeschränkt geschäftsfähig geworden, so tritt seine Genehmigung an die Stelle der Genehmigung des Vertreters.

1) Allgemeines, vgl § 107 Anm 1. Der ohne Einwilligg geschlossene, nicht ledigl vorteilh (§ 107) Vertr ist zunächst unwirks, aber genehmiggsfähig (schwebd unwirks, vgl Übbl 4c vor §104); Gen macht ihn von Anf an unbeschadet etwaiger ZwischenVfgen wirks (§ 184), Verweigerg endgültig unwirks, dh prakt nichtig (aA Münzel NJW **59**, 601); Verweigerg ist daher unwiderrufl, BGH **13**, 187. Geleistetes kann zurückgefordert w, § 812. Bei Gebrauchsvorteilen u Dienstleistgen aber wg des Vorrangs des MjSchutzes abw von § 818 II kein Anspr auf Wertersatz, Medicus NJW **70**, 666, MüKo/Gitter Vorbem § 104 Rdn 49f. Die Saldotheorie (§ 818 Anm 6 D c) ist unanwendb, soweit sie sich zum Nachteil des Mj auswirkt, MüKo/Gitter Rdn 55. Bei Kenntn des gesetzl Vertreters gilt § 819, BGH Betr **77**, 1181. Keine Ansprüche des Gegners bei NichtGen, außer wenn unerl Hdlg des Mj vorliegt u dieser verantwortl ist, § 828. In der Schwebezeit ist die Rechtslage beiders vererbl (hM). WiderrufsR des Gegners vgl § 109.

2) Genehmigg, I, kann außer im Falle des II dem Mj **oder** dem Gegner erkl w (§ 182 I), formlos (§ 182 II), also auch stillschw (vgl zB BAG NJW **64**, 1641); sie ist an keine Frist gebunden, ebsowenig die Verweigerg. Der Mj hat keinen Anspr auf Gen; sie ist durch VormschGericht nicht ersetzb.

3) Der VertrGegner kann Schwebezustand **durch Aufforderg** nach II beenden; sie ist empfangsbedürftige Mitteilg (vgl Übbl 1 c und 3a vor § 104). **Folge: a)** Bereits dem Mj erteilte Gen od Verweigerg wird unwirks, schon wirks od voll unwirks gewordener Vertr also wieder schwebd unwirks; **b)** Gen nur noch ggü Gegner mögl; **c)** Zweiwochenfrist für Gen, dann ggf endgültige Unwirksamk. Verlängerg einseit dch Gegner mögl, Verkürzg im beiders Einvernehmen, auch stillschw, RG HRR **37**, 786 (zu § 177). – Bei Einwillig vor VertrSchluß ist II nach dem Wortlaut (es heißt Gen, nicht Zust!) unanwendbar, hM, vgl Soergel-Hefermehl Anm 8 mwN. Gg sie spricht: Der VertrGegner kann ebso im Ungewissen sein u hat Interesse an der Beseitigg der Ungewißh; solchenf muß man daher II entspr anwenden, ebso Erm-Westermann Rdz 6.

4) Auch wenn Mj demnächst **volljährig** wird, wird der Vertr erst dch Gen wirks; auch stillschw mögl, setzt aber voraus, daß Mj schwebde Unwirksamk kannte od mit ihr rechnete, BGH **47**, 341, 351, **53**, 174, 178, stRspr. Früherer gesetzl Vertreter kann nicht mehr genehmigen, Aufforderg nach II an ihn ist wirkgslos. Ebso bei sonstigem Eintritt voller Geschfgk des Beteiligten, zB Beerbg des Mj durch GeschFähigen.

5) Beweislast für Einwilligg, Gen u deren Rechtzeitigk nach II 2 hat, wer sich auf Vertr beruft, für Aufforderg nach II 1 Gegenpartei.

109 *Widerrufsrecht des anderen Teils.* **I** Bis zur Genehmigung des Vertrags ist der andere Teil zum Widerrufe berechtigt. Der Widerruf kann auch dem Minderjährigen gegenüber erklärt werden.

II Hat der andere Teil die Minderjährigkeit gekannt, so kann er nur widerrufen, wenn der Minderjährige der Wahrheit zuwider die Einwilligung des Vertreters behauptet hat; er kann auch in diesem Falle nicht widerrufen, wenn ihm das Fehlen der Einwilligung bei dem Abschlusse des Vertrags bekannt war.

1) Allgemeines. Vgl § 107 Anm 1. Grdgedanke des WiderrufsR ist, den VertrGegner nicht zu binden, solange nicht auch der Mj gebunden, sofern er solche Bindg nicht bewußt in Kauf genommen hatte.

2) Widerruf, I, ist zul nur bis zur Genehmigg, also auch nicht mehr, wenn ggü dem Mj genehmigt; Gen beseitigt WiderrufsR, auch wenn etwa erforderl vormschgerichtl Gen noch aussteht (hM). **Erklärg** des Widerrufs auch an Mj, I 2; Ausn von § 131 II. Wirkg des Widerrufs: endgült Unwirksamk, also prakt

Rechtsgeschäfte. 1. Titel: Geschäftsfähigkeit §§ 109–112

Nichtigk. – Kein WiderrufsR, wenn Gegner Minderjährigk bzw fehlende Einwilligg, also die **Tatsachen kannte**, aus denen schwebende Unwirksamk folgt, II; Kennenmüssen steht nicht gleich.

3) Beweislast für Widerruf (auch Rechtzeitigk, hM) hat, wer Wirksamk des Vertrages verneint, für Kenntn der Mjkeit od des Fehlens der Einwilligg, wer sie bejaht, für Behauptg der Einwilligg, wer WiderrufsR geltd macht.

110 *„Taschengeldparagraph".* **Ein von dem Minderjährigen ohne Zustimmung des gesetzlichen Vertreters geschlossener Vertrag gilt als von Anfang an wirksam, wenn der Minderjährige die vertragsmäßige Leistung mit Mitteln bewirkt, die ihm zu diesem Zwecke oder zu freier Verfügung von dem Vertreter oder mit dessen Zustimmung von einem Dritten überlassen worden sind.**

1) Allgemeines. § 110 ist nur der Fassg, nicht dem Inhalt nach eine Ausn von §§ 107, 108. In Wahrh liegt in der Überlassg der Mittel die Zust des gesetzl Vertreters zu derartigem (bei Überlassg zur freien Vfg zu jedem) Geschäft; vgl RG **74**, 235, Wieser FamRZ **73**, 434, krit Safferling Rpfleger **72**, 124. Daher Wirksamk von Anf an, aber, soweit Zust nicht für best Gesch od einen best Kreis von Gesch erteilt (§ 107 Anm 3), erst mit Erf; vorher kann gesetzl Vertr die in der Überlassg der Mittel liegde Einwilligg widerrufen, Celle NJW **70**, 1851.

2) Überlassg der Mittel, auch stillschw, zB Belassg des ArbVerdienstes, BGH NJW **77**, 622, 623, Celle NJW **70**, 1850. Ob Überlassg zu (mehr od weniger) bestimmtem Zweck, zu jedem vernünft Zweck od ganz frei (selten!), ist Ausleggsfrage; vgl RG **74**, 235.

3) Als Mittel kommen alle VermGgstände in Frage (Hauptfälle: Taschengeld, Wechsel des Studenten uä, außerdem wohl auch die eig ArbKraft, Weimar JR **73**, 143). Soweit Gen des VormschGerichts od GgVormunds zu ihrer Veräußerg nötig wäre, ist diese zur Überlassg erforderl.

4) Vertr wird wirks mit **Bewirken der Leistg** = Erfüllg, § 362; Ann an Erf Statt, Hinterlegg, Aufrechng, §§ 364, 378, 389 stehen gleich. Erforderl ist grdsätzl volle Erf; Teilleistg kann nur da teilw wirks machen, wo Leistg u Ggleistg teilb sind, hM. Das ist bei reinen RisikoVers unmögl, nicht dagg bei LebensVers auf den Todes- u Erlebensfall (Schilken FamRZ **78**, 642). **Kreditgewährg** an Mj wird dch § 110 nicht gedeckt, erfordert daher bes Zust des gesetzl Vertr. – **Schenkung** (außer Anstandsschenkg) aus zur Vfg überlassenen Mitteln ist unwirks, da auch gesetzl Vertr nach § 1641 (dort Anm 1) dazu nicht berecht, Stgt FamRZ **69**, 39. – Im GrdBVerk müssen die Voraussetzgen des § 110 in der Form des GBO nachgewiesen w, LG Aschaffenbg Rpfleger **72**, 134.

111 *Einseitige Rechtsgeschäfte.* **Ein einseitiges Rechtsgeschäft, das der Minderjährige ohne die erforderliche Einwilligung des gesetzlichen Vertreters vornimmt, ist unwirksam. Nimmt der Minderjährige mit dieser Einwilligung ein solches Rechtsgeschäft einem anderen gegenüber vor, so ist das Rechtsgeschäft unwirksam, wenn der Minderjährige die Einwilligung nicht in schriftlicher Form vorlegt und der andere das Rechtsgeschäft aus diesem Grunde unverzüglich zurückweist. Die Zurückweisung ist ausgeschlossen, wenn der Vertreter den anderen von der Einwilligung in Kenntnis gesetzt hatte.**

1) Allgemeines vgl § 107 Anm 1. Unterscheide: **a)** Einseitige, nicht empfangsbedürftige WillErkl, zB Auslobg, EigtAufgabe, VaterschAnerkenntn (§ 1600 b); sie sind mit Einwilligg (=vorheriger Zust) wirks (§ 107), ohne sie ganz unwirks, wie nichtig **(1)**, keine Heilg dch Gen, nur Neuvornahme. Das gilt auch für amtsempfangsbedürft WillErkl (vgl Übbl 3a vor § 104). Sonderregel für Anerkenng der nichtehel Vatersch §§ 1600d, 1600e III. – **b)** Einseitige empfangsbedürftige WillErkl (zB Anf, Künd, Rücktr, Bevollmächtigt, vgl Übbl 3a vor § 104): sie sind mit Einwilligg grdsätzl wirksam, § 107, wenn diese aber nicht schriftl vorgelegt od vom gesetzl Vertreter mitgeteilt wird **(3)** und Gegner die WillErkl unverzügl zurückweist, gänzl unwirks, wie nichtig **(2)**: ohne Einwilligg ebenf gänzl unwirks **(1)**. Ist aber Gegner mit Vornahme des RGeschäfts dch Mj eindeut einverst (auch stillschw denkb), gilt § 111 nicht, vielm sind VertrRegeln (§§ 108, 109) anwendb, Soergel-Hefermehl Anm 1 mwN; bei streng einseit RGesch kommt das mangels ErklGegners nicht in Frage (siehe oben a).

2) Vorlegg der schriftl (vgl § 126) EinwilliggsErkl od Mitteilg derselben dch gesetzl Vertreter an Gegner kann vor, bei od nach RGesch, aber nur bis zur Zurückweisg geschehen. – **Zurückweisg** ist einseit, empfangsbedürftige WillErkl, sie ist auch ggü Mj mögl (Analogie § 109 I 2), muß unverzügl (dh ohne schuldh Zögern, § 121 I) erfolgen. Der Gegner kann, wenn schriftl Bestätigg mündlicher Erkl des Mj in Aussicht gestellt ist, mit Zurückweisg bis zu ihrem Eingang warten, LAG Hbg ArbRS **35**, 30 zu § 174.

3) Beweislast: für Einwilligg, wer Wirksamk des Geschäfts geltd macht, für Zurückweisg u deren Rechtzeitigk der Gegner, für schriftl Vorlegg od Mitteilg der Einwilligg vor Zurückweisg wieder, wer Wirksamk geltd macht.

112 *Selbständiger Betrieb eines Erwerbsgeschäfts.* [I] **Ermächtigt der gesetzliche Vertreter mit Genehmigung des Vormundschaftsgerichts den Minderjährigen zum selbständigen Betrieb eines Erwerbsgeschäfts, so ist der Minderjährige für solche Rechtsgeschäfte unbeschränkt geschäftsfähig, welche der Geschäftsbetrieb mit sich bringt. Ausgenommen sind Rechtsgeschäfte, zu denen der Vertreter der Genehmigung des Vormundschaftsgerichts bedarf.**

II **Die Ermächtigung kann von dem Vertreter nur mit Genehmigung des Vormundschaftsgerichts zurückgenommen werden.**

1) Vorbemerkgen zu §§ 112–113. §§ 112–113 bedeuten eine Erweiterg der GeschFgk des Mj für den Fall der Ermächtigg zum Betriebe eines Erwerbsgeschäftes u zum Eintritt in ein Dienst- od ArbVerhältn. In ihrem Rahmen ist der Mj voll geschäfts- und prozeßfäh, ZPO 52; der ges Vertreter kann insoweit nicht für ihn handeln (hM), sogar Ermächtigg nicht zurückgenommen ist (vgl aber § 113 Anm 4).
Ermächtigg ist formfreie, an den Mj zu richtende WillErkl; bei § 112 ist Gen des VormschGerichts erforderl (Grdsätze für deren Erteilg KG JW **37**, 470), bei § 113 nicht; bei § 113 kann Ermächtigg dch dieses uU ersetzt w, vgl § 113 Anm 3. Ermächtigg gem § 113 kann auch dch schlüss Verhalten erteilt w, „resignierdes Dulden" reicht aber nicht aus, BAG **AP** § 113 Nr 6. – Die unbeschränkte Geschfgk erstreckt sich nicht auf die Geschäfte, zu denen der ges Vertreter der vormschgerichtl Gen bedürfte. Daher ist ihr Umfang merkwürdigerw verschieden, je nachdem, ob der ges Vertreter der Vater od ein Vormd ist (vgl § 1643 im Ggsatz zu §§ 1821 ff).
Zurücknahme der Ermächtigg ist empfangsbedürftige WillErkl ggü dem Mj, wirkt nicht zurück; bei § 112 ist im Ggsatz zu § 113 vormschgerichtl Gen nötig.

2) Selbständiger Betrieb eines Erwerbsgeschäftes: jede auf selbstd Erwerb gerichtete Tätigk, auch freier Künstler, nicht aber in abhäng Stellg; sogar Handelsvertreter (BAG NJW **84** I fallen unter § 112, auch die arbeitnehmerähnl des Art 3 HandelsvertreterG (vgl ArbG Bln VersR **69**, 97), nicht aber die Angestellten des HGB **84** II, BAG NJW **64**, 1641. Begriff des Erwerbsgeschäftes vgl auch § 1822 Anm 4. Nicht von § 112 gedeckt wird die Aufgabe des Betriebes.

3) Umfang der Geschfgk ist dch § 112 gesetzl festgelegt, Beschränkg der Ermächtigg ist Dritten ggü wirkgslos; anders § 113. – Welche RGeschäfte der Betrieb mit sich bringt, entsch VerkAuffassg. Vfg über Einkünfte u deren Verwendg vgl auch § 1649.

113 Dienst- oder Arbeitsverhältnis.
I **Ermächtigt der gesetzliche Vertreter den Minderjährigen, in Dienst oder in Arbeit zu treten, so ist der Minderjährige für solche Rechtsgeschäfte unbeschränkt geschäftsfähig, welche die Eingehung oder Aufhebung eines Dienst- oder Arbeitsverhältnisses der gestatteten Art oder die Erfüllung der sich aus einem solchen Verhältnis ergebenden Verpflichtungen betreffen. Ausgenommen sind Verträge, zu denen der Vertreter der Genehmigung des Vormundschaftsgerichts bedarf.**

II **Die Ermächtigung kann von dem Vertreter zurückgenommen oder eingeschränkt werden.**

III **Ist der gesetzliche Vertreter ein Vormund, so kann die Ermächtigung, wenn sie von ihm verweigert wird, auf Antrag des Minderjährigen durch das Vormundschaftsgericht ersetzt werden. Das Vormundschaftsgericht hat die Ermächtigung zu ersetzen, wenn sie im Interesse des Mündels liegt.**

IV **Die für einen einzelnen Fall erteilte Ermächtigung gilt im Zweifel als allgemeine Ermächtigung zur Eingehung von Verhältnissen derselben Art.**

1) Allgemeines vgl § 112 Anm 1 und Einf 2 vor § 104.

2) Ermächtigg, in Dienst oder Arbeit zu treten, liegt nicht nur vor bei DienstVertr höherer u niederer Art; auch WerkVertr, zB Anstellg als Schauspieler, ebso Handelsvertreter (BAG NJW **64**, 1642) gehören hierher (str, ob das auch für den selbstd Handelsvertreter gilt, vgl Soergel-Hefermehl Rdz 2); nach RAG **3**, 221 auch LehrVertr, richtiger wohl die ggteilige hM, da Erziehgscharakter überwiegt, vgl Soergel-Hefermehl Rdz 2; so im Ergebn auch Siebert BB **51**, 195, Natzel Betr **70**, 1384, LAG Stgt BB **56**, 925. BerBG 3 II dürfte an Unanwendbark des § 113 auf LehrVertr nichts ändern. – Im BeamtenR ist § 113 entspr anwendb BVerwG **34**, 168, auch Ermächtigg, in Wehrdienst einzutreten, hat die Wirkg des § 113, OVG Münster NJW **62**, 758.

3) Ermächtigg ist widerrufl u einschränkb, II, sie ist dch VormschGericht ersetzb, wenn der ges Vertreter ein Vormd ist, III, anders als § 112. Verfahren bei Ersetzg vgl FGG 18, 53, 55, 60 Z 6. Ermächtigg gilt im Zweifel für alle Verträge gleicher Art, IV; was gleichart ist, entsch die VerkAuffassg. Rücknahme der Ermächtigg ist empfangsbedürft WillErkl, Adressat der Mj (aA hM, wonach Rückn auch ggü ArbG erklärt w kann, vgl Feller FamRZ **61**, 420, Soergel-Hefermehl Anm 8 mwN).

4) Wirkg der Ermächtigg: volle Geschfgk für RGesch betr Eingehg, Aufhebg, Erfüllg des Vertrages, auch Künd, Erf eines SchadErsAnspr, ErlaßVertr, LAG Hamm Betr **71**, 779 (AusglQuittg). Der ges Vertreter ist an sich nicht vertretgsberecht, vgl § 112 Anm 1, doch wird sein Eingreifen stets Rücknahme od Beschränkg der Ermächtigg bedeuten. RGesch mit Bezug auf Sozialversicherg fallen nicht unter Ermächtigg, Krause VerwArch **61**, 313 mwN, str, vgl jetzt auch SGB (AT) Art I 36. Dagg umfaßt sie den Beitritt zu Gewerksch, LG Ffm FamRZ **67**, 680 (vgl ArbGBEntw 16 II Nr 2), aber nicht DarlAufn bei Gewerksch, LG Münster MDR **68**, 146. Die Ermächtigg erstreckt sich grdsätzl nicht auf Vereinbg ungewöhnlicher VertrKlauseln, daher auf Wettbewerbsverbot od VertrStrafVerspr nur, wenn branchenübl, RAG **1**, 355, LAG Bln **AP** Nr 1, Brill BB **75**, 287. – Ermächtigg des I umfaßt nicht die Ermächtigg zur Vfg über ArbVerdienst, jedoch stillschw Einwilligg nach § 107 mögl u vielf übl. Vgl auch § 1649. Sie deckt die Eröffng von Gehaltskonten bei einem Kreditinstitut, wohl auch Barabhebgen, nicht aber Überweisgen, Scheerer BB **71**, 981.

114 *Beschränkte Geschäftsfähigkeit Entmündigter.* Wer wegen Geistesschwäche, Verschwendung, Trunksucht oder Rauschgiftsucht entmündigt oder wer nach § 1906 unter vorläufige Vormundschaft gestellt ist, steht in Ansehung der Geschäftsfähigkeit einem Minderjährigen gleich, der das siebente Lebensjahr vollendet hat.

1) Allgemeines. Entmündigte (außer den wg Geisteskrankh Entmündigten, vgl § 104 Z 3) u unter vorl Vormsch Gestellte sind beschränkt geschäftsfäh und prozeßunfäh wie Mj, vgl §§ 106 ff. § 114 gilt auch für die wg Rauschgiftsucht Entmündigten (§ 6 I Z 3), diese bei Änderg des § 6 vergessene Klarstellg (Löwisch NJW **75**, 15, 18, v Olshausen JZ **74**, 778) hat der GesGeber nunmehr in der Adoptionsnovelle v 2. 7. 76 (BGBl I 1754) nachgeholt. Weitere Sondervorschr für beschr GeschFähige vgl § 106 Anm 1; sonst Best betr Mj sind nicht anwendb. Für freiw Gerichtsbark vgl § 106 Anm 2. Testierfgk vgl §§ 2229, 2230, 2253 II. – Über Entm vgl § 6, über vorl Vormsch § 1906. – Gleichgült ist, ob die Entm zu Recht erfolgte (vgl aber § 115); der ProzeßAuftr für die EntmAufhebungsklage bedarf keiner Gen, Einf 2 vor § 104. – Verantwortlich für unerl Hdlg vgl § 827; sie ist unabhäng von Entm zu prüfen, RG **108**, 90. Ein wg Geistesschwäche Entmündigter kann ggf nach § 104 Z 2 völlig geschäftsunfäh sein, RG **130**, 71, Mü JW **38**, 1244.

2) Beginn der beschr Geschfgk mit Wirksamwerden des EntmBeschl ZPO 661, 683 od des die vorl Vormsch anordnenden Beschl, FGG 52; **Ende** mit Rechtskr der die Entm aufhebenden Entsch ZPO 672. 678, 685, 686, od dem Ende der vorl Vormdsch, § 1908.

3) Anordg einer **Gebrechlichkeitspflegschaft**, § 1910, hat als solche auf Geschfgk keinen Einfluß; der Pflegling kann aber nach § 104 Z 2 geschäftsunfäh sein.

115 *Aufhebung des Entmündigungsbeschlusses.* ^I Wird ein die Entmündigung aussprechender Beschluß infolge einer Anfechtungsklage aufgehoben, so kann die Wirksamkeit der von oder gegenüber dem Entmündigten vorgenommenen Rechtsgeschäfte nicht auf Grund des Beschlusses in Frage gestellt werden. Auf die Wirksamkeit der von oder gegenüber dem gesetzlichen Vertreter vorgenommenen Rechtsgeschäfte hat die Aufhebung keinen Einfluß.

^{II} Diese Vorschriften finden entsprechende Anwendung, wenn im Falle einer vorläufigen Vormundschaft der Antrag auf Entmündigung zurückgenommen oder rechtskräftig abgewiesen oder der die Entmündigung aussprechende Beschluß infolge einer Anfechtungsklage aufgehoben wird.

1) Die Aufhebg des EntmBeschl auf Anfechtgsklage beseitigt diesen rückw u stellt fest, daß ein EntmGrd nicht bestand, der Entmündigte also stets geschäftsfäh war. Seine Rechtsgeschäfte sind daher wirks **(I 1).** Dasselbe gilt für den gleichliegenden Fall des Wegfalls der vorl Vormsch aus den Gründen des **II**. Die erste Alternative von II ist auch dann anwendb, wenn die vorl Vormsch vor der Rückn des EntmAntr aufgeh worden ist, KG OLGZ **77**, 33. – Entm od vorl Vormsch hat aber bestanden u war von den zust Staatsorganen ordnngsm ausgesprochen. Wer auf solchen Staatsakt vertraut, muß geschützt sein; daher Gültigk auch der Geschäfte des ges Vertreters, **I 2**. Nach dem RGedanken der § 115, FGG 32 bleiben auch RHdlgen des Konk- u Zwangsverwalters trotz Aufhebg des zGrde liegden GerBeschlusses wirks, BGH **30**, 176. Dagg ist § 115 nach RG **141**, 271 nicht entspr anwendb auf den Fall rechtswidr Beschlagn u Einsetzg eines staatl Verwalters, nicht unbedenkl! Bei Unvereinbark der Geschäfte des Entmündigten u der des ges Vertr gelten die allg Grds; handelt es sich um zwei widerstreitde VerpflichtgsGesch, sind beide wirks, bei Vfgen h die frühere den Vorrang, Soergel-Hefermehl Anm 2, Staud-Coing Anm 2, hM.

Zweiter Titel. Willenserklärung

Einführung

1) Allgemeines.

Neueres Schrifttum: Bartholomeyczik, Die subj Merkmale der WillErkl, Festschr für Ficker, 1967, S 51; Gudian, Fehlen des ErklBewußtseins, AcP **169**, 232; Kellmann, Grdprobleme der WillErkl, JuS **71**, 609; Schmidt-Salzer, Subj Wille u WillErkl, JR **69**, 281; vgl ferner Anm 3.

a) Begriff. Die WillErkl ist notw Bestandt jeden RGesch, vgl Übbl 1 b vor § 104. Sie ist Äußerg eines auf die Herbeiführ einer RWirkg gerichteten Willens: Sie bringt einen RFolgewillen zum Ausdr, dh einen Willen, der auf die Begründg, inhaltl Änderg od Beendigg eines priv RVerh abzielt. Der subj Tatbestd der WillErkl w üblicherw unterteilt in den das äußere Verhalten beherrschden HdlgsWillen, das ErklBewußtsein (Bewußtsein, überh eine rgeschäftl Erkl abzugeben) u den GeschWillen (die auf einen best rgeschäftl Erfolg gerichtete Absicht). Diese Einteilg w im neueren Schriftt kritisiert, vgl Larenz § 25 I, Flume § 4, 3, Bartholomeyczik aaO; sie ist aber wg der bei Fehlen der einzelnen Willensmerkmale eintretden unterschiedl RFolgen nicht zu entbehren, vgl Anm 4. Zum obj Tatbestd genügt jede Äußerg, die den RFolgewillen nach außen erkennen läßt. Die Benutzg von Wort od Schrift ist nicht erforderl; soweit keine FormVorschr bestehen, können WillErkl auch stillschw abgegeben w, vgl Anm 3.

b) Schon seit dem Gemeinen R ist umstr, worin der GeltgsGrd der dch die WillErkl ausgelösten RFolge zu erblicken ist. Die **Willenstheorie** (Savigny, Windscheid, Zitelmann) hält den tatsächl subj Willen des Erklärden für entsch. Sie geht davon aus, daß das Fehlen eines RFolgewillens die Wirksamk der WillErkl grdsätzl ausschließt. Die **Erklärgstheorie** (Kohler, Leonhard) stellt dagg darauf ab, wie der ErklEmpfänger das Verhalten des and nach Treu u Glauben deuten durfte; sie will im Interesse des Vertrauensschutzes die

Berufg auf das Fehlen eines RFolgewillens grdsätzl nicht gestatten. Die neuere Lehre versucht, diesen dch das Inkrafttr des BGB nicht beendeten Theorienstreit dch eine neue Betrachtsweise zu überbrücken. Sie geht davon aus, daß die WillErkl ihrem Wesen nach **Geltgserklärg** ist, dh ein Akt rechtl Regelg, eine RSetzg inter partes, Larenz § 19 I, Flume § 4, 7, Enn-Nipperdey § 164 II 4, Soergel-Hefermehl Anm 3 vor § 116. Auch bei dieser Betrachtg bleibt aber die Frage, ob Grdlage für die in der WillErkl enthaltene Regelg der Wille des Erklärden ist od der obj Sinn seines Verhaltens. Sie ist für empfangsbedürft WillErkl iS eines Vorranges der obj ErklBedeutg zu beantworten. Diese ist nicht nur dann entsch, wenn der Inhalt der WillErkl dch Auslegg zu ermitteln ist (vgl Anm 2b), sond auch dann, wenn zweifelh ist, ob ein best Verhalten als WillErkl zu werten ist od nicht, BGH **21**, 106, Betr **76**, 1007, BGH FamRZ **77**, 312, BAG NJW **71**, 1423, **AP** § 133 Nr 36. Eine Hdlg, die aus der Sicht des ErklEmpfängers als Ausdr eines best RFolgewillens erscheint, ist dem Erklärden grdsätzl auch dann als WillErkl zuzurechnen, wenn er keinen RFolgewillen hatte, vgl näher Anm 4 b.

c) Für den **Rechtsfolgewillen** genügt es, daß der Wille primär auf einen wirtschaftl Erfolg gerichtet ist, sofern dieser als ein rechtl gesicherter u anerkannter gewollt w. Keine RBindg haben Abreden innerh von Freundsch- u Liebesbeziehungen u im gesellschaftl Verk. Dagg sind Absprachen zw Eheg über persönl Ehewirkgen uU rgeschäftl Natur (§ 1356 Anm 2 a bb). Ob ein Verhalten als Ausdr eines RFolgewillens u damit als WillErkl zu werten ist, ist gem §§ 133, 157 dch Auslegg zu entsch. Die Grenzziehg ist oft schwier, so insb bei sog sozialtyp Verhalten (Einf 5 b vor § 145), bei stillschw WillErkl (unten Anm 3), bei der Abgrenzg ggü GefälligkHdlgen (Einl 2 vor § 241). Ähnl Abgrenzgsprobleme ergeben sich bei der formlosen Hoferbenbestimmg (§ 125 Anm 6 D), beim sog stillschw HaftgsAusschl (§ 254 Anm 6), ferner bei der Frage, wann die Mitarbeit eines Eheg im Gesch des and als Begründg eines VertrVerhältn (Innengesellsch, DienstVertr) angesehen w kann (§ 1356 Anm 4). Wissen die Part, daß ihre Vereinbg nichtig ist, also von der ROrdng nicht anerkannt w, liegen mangels eines RFolgewillens schon tatbestdl keine WillErkl vor, RG **122**, 140, BGH **45**, 379, **LM** § 139 Nr 42, Düss Betr **70**, 1778. Das soll aber einer Heilg gem § 313 S 2 nicht entgegstehen, BGH NJW **75**, 205.

2) a) Auslegg einer WillErkl ist die Deutg ihres Sinnes, die **Ermittlg des Inhalts der Erklärg.** Da jedes RGesch auf die bestehde Rechtslage einwirken soll (vgl Übbl 1c, 2a vor § 104) u an dieser auch and Personen interessiert sind, ist bei der Auslegg davon auszugehen, wie die Erkl von diesen beteiligten Personen a u f g e f a ß t wurde od bei unbefangener Würdigg aufgefaßt w mußte. Stimmt deren tatsächl Auffassg mit dem Willen desjenigen, dessen Erkl (Verhalten) auszulegen ist, überein, so gilt d i e s e r **übereinstimmende Wille** der Beteiligten als Inhalt der Erkl, u zwar auch dann, wenn die Erkl obj eine and Bedeutg hat, dh jeder unbefangene Dritte ihr einen and Sinn beilegen würde, BAG BB **65**, 630, BGH WPM **72**, 1422, VersR **75**, 702; wenn übereinstimmder wirkl Wille aller Beteiligten ermittelt w kann, ist kein Raum für Auslegg, BGH **20**, 110, **LM** § 157 (Gf) Nr 2, NJW **78**, 1050, BAG **22**, 174, **AP** § 133 Nr 28, 29, 35, 38, BFH WPM **67**, 373. Aus diesem Grds folgt ua, daß der sonst unbeachtl willk Vorbeh die Erkl nichtig macht, wenn der ErklGegner ihn kennt (§ 116 S 2), daß trotz ordngsm Wortlauts das ScheinGesch nichtig ist, weil die Parteien darüber einig sind, § 117 I, aber das verdeckte Geschäft als Inhalt der Erkl des ScheinGesch gilt (§ 117 II), ferner, daß das vom Erklärden Gewollte als erkl gilt u sich der Gegner auf eine bestehde Unklarh nicht berufen kann, wenn er den beabsichtigten Sinn richtig erkannt hat, RG JW **18**, 765. Eine and Frage ist es, ob das hiernach entgg dem Wortlaut als Inhalt der Erkl Anzusehde etwa wg Formmangels (§ 125, bei bloßer falsa demonstratio nicht!, vgl § 313 Anm 8 e) od aus einem and Grd (vgl zB § 138) nichtig od wg Willensmängeln anfechtb (§§ 119, 123) ist.

b) Erst wenn die Beteiligten über den Inhalt der Erkl uneins sind, beginnt die eigentl Auslegg, bei der es sich darum handelt, den obj Sinn der Erkl, u zwar im Falle einer Mehrh von Beteiligten der Erkl des Einzelnen, zu ermitteln; bei vertragl Erklärgen sind die Erklärgen a l l e r V e r t r a g s t e i l e e i n z e l n in dieser Weise auszulegen (über die Grdsätze dieser Auslegg im einzelnen vgl § 133). Dieser Ermittlg des **objektiven Inhalts** der Erkl ist jedes WertUrt, wie auch jede Frage nach der Wirksamk der Erkl wesensfremd; das ist erst zu untersuchen, wenn auf Grd der Auslegg der Inhalt der Erkl unnumehr festzustellen ist, ob u wie sie auf die bish Rechtslage eingewirkt hat, insb, ob ein RGesch zustande gekommen ist u evtl welches. Ein wirks RGesch fehlt zB überh, wenn der ermittelte Sinn von VertrErklärgen sich nicht deckt, od wenn die Auslegg ergibt, daß ein bestimmter r e c h t s g e s c h ä f t l i c h e r Wille in der Erkl nicht feststellb ist, was insb bei schlüss Handeln, aber auch bei wörtl oder schriftl Erklärgen (zB gesellschaftl Einladgen) vorkommt. – Aus der so festgestellten Rechtslage ergeben sich die Rechte u Pflichten der Beteiligten, u zwar, soweit die Rechtslage in schuldrechtl, insb vertragl Beziehgen besteht, 1. unmittelb aus zwingden GVorschriften (meist nur zum kleinen Teil), 2. aus den ausdr u den dch die Auslegg nach § 133 bereits ermittelten Abmachgen, 3. aus einer ergänzden Auslegg dieser Abmachgen nach § 157 und 4. in letzter Linie aus den nachgieb GBestimmgen, die allg (insb im Allg Teil des 2. Buches, darunter aus § 242) od für die fragl GeschArt (insb im Bes Teil des 2. Buches) aufgestellt sind. Dabei hat die Auslegg zu 3 im Ggsatz zu der oben behandelten Auslegg nach § 133 nicht mehr den Zweck, den Inhalt der einz WillErkl zu deuten, sond unter Abwägg der Interessen der Beteiligten u unter Berücks aller Umst des Falles eine Regelg für die nicht geregelten Punkte zu finden, den GeschInhalt also zu ergänzen. Einzelheiten über diese Auslegg vgl § 157, auch § 242.

3) Sog stillschweigde Willenserklärgen

Neueres Schrifttum: F a b r i c i u s, Stillschweigen als WillErkl, JuS **66**, 1 ff, 50 ff; H a n a u, Obj Elemente im Tatbestd der WillErkl, AcP **165**, 220; Hübner, Zurechng statt Fiktion einer WillErkl, Festschr für Nipperdey, 1965 I 373; K e l l m a n n, Grdprobleme der WillErkl, Jus **71**, 609.

Die Bezeichng „stillschw WillErkl" ist mehrdeut; sie umfaßt sowohl die WillErkl dch schlüss Verhalten als auch das bloße Schweigen.

a) WillErkl können, soweit keine FormVorschr entggstehen, dch **schlüssiges Verhalten** abgegeben w. Bei WillErkl dieser Art findet das Gewollte nicht unmittelb in einer Erkl seinen Ausdr, der Erklärde nimmt vielm Hdlgen vor, die mittelb einen Schluß auf einen best RFolgewillen zulassen, Larenz § 19 IV b, Flume § 5, 3. Bsp sind die Inanspruchn eines entgeltl angebotenen Leistg, wie das Einsteigen in eine Straßenbahn (vgl Einf 5 b vor § 145), die Ann eines Angebots dch Vollzug der Leistg (§ 148 Anm 1, § 151 Anm 1), die Fortsetzg eines an sich beendeten Vertr (§§ 568, 625), die widersprlose Fortsetzg des Vertr nach Bekanntgabe von veränderten Bdggen (§ 305 Anm 2), die Gen (Bestätigg) eines RGesch dch Hdlgen, die einen Gen-(Bestätiggs)Willen erkennen lassen (§ 182 Anm 2), der Rücktr vom Verlöbn dch Betätigg des Aufhebgswillens (RG **170**, 81). Auf die konkludente WillErkl finden die allg Grds über WillErkl Anwendg. Da der Erkl-Tatbestd bei ihnen nicht in einem bloßen Schweigen, sond in einem Tun besteht, ist für sie die Bezeichng stillschw WillErkl an sich irreführd. Der Erklärde muß die Umst kennen, die seine Hdlg als Ausdr eines RFolgewillens erscheinen lassen, Soergel-Hefermehl Vorbem 10 vor § 116. Die Gen eines RGesch dch schlüss Verhalten setzt daher voraus, daß der Genehmigde die Unwirksamk kannte od mit ihr rechnete, RG **118**, 335, BGH **2**, 153.

b) Das bloße **Schweigen** ist idR keine WillErkl, sond das Ggteil einer Erkl. Wer schweigt, setzt im allg keinen ErklTatbestd, er bringt weder Zust noch Ablehng zum Ausdr. Hiervon gelten jedoch prakt wicht Ausnahmen.

aa) **Schweigen als Erklärgshandlg.** Schweigen kann in best Situationen obj Erklärgswert haben (beredtes Schweigen). Das gilt etwa, wenn das Schweigen als ErklZeichen vereinb ist, wenn der anwesde GeschInh der in seinem Namen abgegebenen Erkl eines Angest nicht entggtritt, ferner für das Schweigen bei Abstimmgen. In diesen (seltenen) Fällen ist das Schweigen ein echter ErklAkt, es erfüllt alle Vorausetzgen einer WillErkl.

bb) **Schweigen mit Erklärgswirkg.** Das Schweigen hat auch dann die Wirkg einer WillErkl, wenn der Schweigde verpflichtet gewesen wäre, seinen ggteil Willen zum Ausdr zu bringen (qui tacet, consentire videtur, ubi loqui debuit atque potuit), RG **145**, 94, BGH **1**, 355, MDR **70**, 136. Die früh hM nahm an, daß das Schweigen auch in diesen Fällen alle Merkmale einer WillErkl erfülle. Inzw hat sich jedoch die Erkenntn dchgesetzt, daß das Schweigen hier tatbestdl keine WillErkl ist, sond lediglich in seinen RWirkgen einer WillErkl gleichsteht, Staud-Coing 3 f, Larenz § 19 IV c, Flume § 5, 2, Hanau aaO, Fabricius aaO. Das Schweigen ist keine ErklHdlg, seine rechtl Bedeutg liegt in dem Unterl des mögl u gebotenen Widerspr. Man spricht daher vom Schweigen an Erkl Statt (Larenz) od von normiertem Schweigen. Zur dogmat Konstruktion vgl Hanau, Fabricius u Hübner, alle aaO.

c) aa) Die **Erklärgswirkg** des Schweigens beruht zT auf ausdrückl gesetzl Vorschr (fingierte WillErkl). Gem §§ 108 II, 177 II 2, 415 II 2, 458 I 2 gilt Schweigen auf die Aufforderg zur Gen als Ablehng. In den Fällen der §§ 416 II 2, 496 S 2, 516 I 2, 1943, HGB 362 I, 377 II hat Schweigen dagg die Bedeutg einer Gen (Ann). Auch dch vertragl Abreden kann best w, daß Schweigen Zust bedeuten soll; entspr formularmäß Klauseln sind aber nur in den Grenzen von AGBG 10 Nr 5 wirks.

bb) Prakt wichtig sind die nicht ausdrückl geregelten Fälle. Hier steht Schweigen einer WillErkl gleich, wenn der Schweigde nach **Treu und Glauben** unter Berücksichtigg der VerkSitte verpfl gewesen wäre, seinen abw Willen zu äußern, BGH **1**, 355, **LM** § 157 (Gb) Nr 4, NJW **72**, 820, Köln OLGZ **71**, 143 stRspr. Beim kaufmänn **Bestätiggsschreiben** gilt Schweigen kr GewohnhR idR als Zust, vgl § 148 Anm 2. Im übrigen gilt Schweigen auch im kaufmänn Verk grdsätzl als Ablehng, BGH **1**, 355, **61**, 285, doch kann bei Würdigg aller Umst eine Pfl zum Widerspr bestehen, Schweigen also als Zust zu werten sein, BGH NJW **75**, 1359. BewLast für Schweigen hat derj, der Rechte daraus herleiten will, BGH aaO. **Einzelfälle:** Schweigen auf Abrechng im HandelsVerk, OGH NJW **50**, 385, Düss Betr **73**, 1064 (uU Zust); auf Angebot zum VertrSchl, vgl § 148 Anm 1 (idR Ablehng); auf vom Antr abw Bdggen in AuftrBestätigg, vgl § 148 Anm 2b (idR Ablehng); auf Mitteilg von AGB, vgl AGB – Ges 2 Anm 1; auf Bestät-Schr im nichtkaufm Verk, BGH NJW **75**, 1359 (Frage des Einzelfalls); auf Erkl der Bank, sie behalte den zur Diskontierg eingereichten Wechsel als Sicherh, BGH Warn **69**, Nr 253 (idR Zust); DuldgsVollm, vgl § 173 Anm 4; als Gen eines vollmlosen Handelns vgl § 178 Anm 3; auf Rechng im nichtkaufmänn Verk, OGH NJW **49**, 943 (idR Ablehng); auf vertragsändernde Bedingg auf Rechng, BGH BB **59**, 826, MDR **70**, 136, Dauses Betr **72**, 2145 (idR Ablehng); auf Reguliergsschreiben, Köln NJW **60**, 1669 (bei Kaufm uU Zust); auf AnsprSchreiben an Versicherer, Brem VersR **71**, 912 (idR Ablehng); auf Mitteilg einer Wechselfälschg an Namensträger, BGH **LM** WG Art 7 Nr 1 u 3; NJW **63**, 148, BGH **47**, 113 (idR keine Gen); im BankVerk, BGH WPM **73**, 1014 (uU Zust).

cc) Wird Schweigen vom Ges als Ablehng fingiert (vgl oben aa), kommt es auf die GeschFgk des Schweigden u etwaige **Willensmängel** nicht an, hM, Hanau aaO S 224 mwN. In den and Fällen des Schweigens mit ErklWirkg sind die Vorschr über GeschFgk u Willensmängel dagg (entspr) anzuwenden, Staud-Coing Vorbem 6a, Larenz § 19 IV c; die Anf kann jedoch nicht auf einen Irrt über die rechtl Bedeutg des Schweigens gestützt w, BGH NJW **69**, 1711 (Bestätiggsschr), Staud-Coing aaO, Larenz aaO, hM.

d) Die Deutg eines schlüss Verhaltens od eines Schweigens als WillErkl ist idR ausgeschl, wenn hiergg rechtzeit **Verwahrg** eingelegt worden ist. Das gilt aber dann nicht, wenn das Verhalten nur die Bedeutg haben kann, gg die sich die Verwahrg wendet (protestatio facto contraria), BGH NJW **65**, 387, vgl Einf 5 b vor § 145.

e) Es ist anerkanntes Recht, daß Anspr des ArbN dch **betriebliche Übg** entstehen können, BAG NJW **71**, 163. So verpfl die dreimalige vorbehaltl Gewährg einer freiw Leistg zur Wiederholg der Zuwendg, BAG **2**, 302, **4**, 144, **14**, 174. Rspr u Schrifft nehmen hier zT eine VerpflErkl dch schlüss Verhalten an. Eberle BB **72**, 1326. Bedenkl, da idR kein RFolgewille vorliegt. Richt wohl: Der Erwerb beruht nicht auf einem rgeschäftl Tatbestd, sond auf **Erwirkg**, dem Ggstück zur Verwirkg (§ 242 Anm 9), Hanau aaO S 261, Weber Betr **74**, 709, BAG **5**, 46, ferner umfassd Canaris Vertrauenshaftg, 1971, S 372ff. W ein Anspr längere Zeit nicht geltd gemacht, kann er verwirkt w. W eine Leistg längere Zeit erbracht, kann ein auf sie gerichteter Anspr entstehen; Voraussetzg ist jedoch, daß bes Umstände vorliegen, die das Vertrauen auf die Fortsetzg der Leistg schutzwürd erscheinen lassen (strenge Anforderg!).

4) Willensmängel. Die WillErkl kann fehlerh sein, weil der Wille des Erklärden u der dch Ausleg ermittelte Inhalt seiner Erkl (Anm 2 b) auseinandfallen. Folgde Fallgruppen sind zu unterscheiden:

a) Fehlt der **Handlgswille** (Anm 1 a), liegt tatbestdl keine WillErkl vor. Der Hdlgswille ist notw Voraussetzg für die Zurechng als WillErkl. Ein Verhalten ohne Hdlgswillen (Reflexbewegg, Handeln in Hypnose, vis absoluta) ist auch dann keine WillErkl, wenn es wie die Äußerg eines RFolgewillens erscheint, ganz hM, aA Kellmann Jus **71**, 612.

b) Umstr ist, wie das Fehlen des **Erklärgsbewußtseins** (Anm 1 a) rechtlich zu behandeln ist. Bsp sind das Handaufheben währd einer Versteigerg in der Abs, einem Bekannten zuzuwinken, das Hissen einer Lotsenflagge ohne Kenntn ihrer Bedeutg, die Unterzeichn einer Sammelbestellg in der Ann, es handele sich um ein Glückwunschschreiben. Die wohl noch hM hält das ErklBewußtsein für ein notw Erfordern der WillErkl, nimmt also an, daß bei seinem Fehlen tatbestdl keine WillErkl vorliegt, Staud-Coing § 119 Anm 4, Enn-Nipperdey § 145 II A 4, Lehmann-Hübner § 34 III 1 b, Thiele JZ **69**, 407. Gg diese von der Willenstheorie (Anm 1 b) ausgehde Lösg bestehen aber Bedenken. Die nach dem BGB bestehde Freih in der Wahl der ErklHdlg schließt für den Erklärden eine Verantwortg ein; ihm u nicht dem ErklEmpfänger muß das „ErklRisiko" angelastet w, Schmidt-Salzer JR **69**, 284. Ein Verhalten, das sich für den ErklEmpfänger als Ausdr eines best RFolgewillens darstellt, ist dem Erklärden daher auch dann als WillErkl zuzurechnen, wenn er kein ErklBewußtsein hatte, Larenz § 19 III, Flume § 23, 1, Gudian AcP **169**, 232, Bydlinski JZ **75**, 1, BGH VersR **75**, 1091, BAG NJW **71**, 1423, offen gelassen von BGH NJW **53**, 58 u **68**, 2102, Voraussetzg für die Zurechng ist aber, daß der Erklärde die mögl Deutg seines Verhaltens als WillErkl bei Anwendg pflegem Sorgf erkennen konnte, Larenz, Gudian, str, aA Kellmann JuS **71**, 614. Fehldes ErklBewußtsein gibt dem Erklärden, mit den sich aus allg Grds ergebden Einschränkgen, ein AnfR analog § 119 I 2. Alternative, Larenz, Flume, Gudian, Bydlinski, aaO. Mangels eines schutzbedürft VertrauensTatbestd kommt eine Zurechng als WillErkl nicht in Betr, wenn der ErklEmpfänger das Fehlen des ErklBewußtseins kannte, vgl Anm 2a u Gudian aaO. Aus den gleichen Erwäggen schließt fehldes ErklBewußtsein bei nicht empfangsbedürft WillErkl aus (Bsp: Aufschneiden eines unbestellt zugesandten Buches in der Meing, es sei ein eig; keine Ann gem § 151).

c) Bewußte Willensmängel (§§ 116–118). Der geheime Vorbeh, das Erklärte nicht zu wollen, ist unbeachtl, § 116 S 1. Der vom Teil erkannte Vorbeh führt dagg zur Nichtigk, § 116 S 2; ebso ist die einverständl zum Schein abgegebene WillErkl nichtig, § 117. In beiden Fällen liegt eine Abw von Wille u Erkl an sich nicht vor, weil der Vorbeh u die ScheinAbs als dem ErklInhalt gehören, vgl Anm 2 a. Nichtig ist auch die ScherzErkl, § 118. Diese Regelg ist, soweit der ErklEmpfänger die mangelnde Ernstlichk nicht erkannt h, problemat, w aber dch die SchadErsPfl gem § 122 gemildert. Sie kann als Sonderregelg für einen eigentüml AusnFall nicht dahin verallgemeinert w, daß fehldes ErklBewußtsein (oben b) zur Nichtigk der Erkl führt, Larenz § 19 III, Flume § 20, 3, str. Einzelh vgl Anm zu §§ 116–118.

d) Unbewußte Willensmängel (§§ 119–120). Auch wenn der Erkl ein RFolgewille zugrde liegt, kann zw Wille u Erkl ein Widerspr bestehen, näml dann, wenn der Erklärde eine Erkl and Inhalts abgeben wollte od wenn er bei der Willensbildg von falschen Vorstellgen ausgegangen ist (Irrt). Der Irrt berührt die Wirksamk der WillErkl nicht, begründet aber unter den Voraussetzgen der §§ 119–120 ein AnfR. Einzelh vgl Anm zu §§ 119–120.

e) Herkömmlicherw w auch die Täuschg u Drohg zu den Willensmängeln gerechnet, obwohl es hier nicht um einen Zwiespalt zw Wille u Erkl geht, sond um eine unzul **Beeinträchtigg** der Freih der **Willensentschließg.** Das Ges gibt auch hier ein AnfR. Einzelh vgl Anm zu § 123.

f) Die Geltendmachg von Willensmängeln ist bei der ins Leben getretenen Gesellsch u bei dem vollzogenen ArbVerh **eingeschränkt,** vgl Einf 5 c vor § 145. Weitere Einschränkgen vgl § 119 Anm 1 c.

5) Andere Hindernisse, die der Gültigk einer WillErkl entggstehen können, sind: Mangel der **Geschäftsfg** (vgl § 104 ff), Mangel der vorgesehenen **Form** (vgl § 125 ff), entggstehende Verbotsgesetze (vgl §§ 134 ff) u insb der Verstoß gg die guten Sitten (vgl § 138). In solchen Fällen ist die WillErkl nichtig (Begriff vgl Übbl 4a vor § 104).

6) Unterscheide die **Abgabe** der WillErkl von ihrem **Wirksamwerden**! Abgegeben ist sie, sobald der Urheber sie vollendet, dh alles getan hat, um sie wirks zu machen. Dieser Zeitpkt entsch über GeschFgkeits- und Willensmängel, idR auch über Zulässigk u Form des Geschäfts. Empfangsbedürft WillErkl werden aber nicht wirksam mit der Abgabe, sond erst mit dem Zugehen an den ErklEmpf, vgl §§ 130ff.

7) Beweislast: Die Tatsachen, die eine WillErkl äußerl als wirks erscheinen lassen (Wille, Erkl, erforderlichenf Form, Zugehen u zum Teil den Vertr Willenseinigg) hat zu beweisen, wer sich auf die Wirkgen der WillErkl beruft, rechtshindernde (Schein, mangelnde Ernstlichk, Unsittlichk) und rechtsvernichtende Tatsachen (zB Anfechtbark – Irrt, Täuschg, Drohg – und AnfErkl) derjenige, der die Wirkg verneint. Die Ausleg ist Würdigg, läßt sich also nicht beweisen; die Tatsachen, die für die eine od andere Ausleg sprechen, hat zu beweisen, wer für diese Ausleg eintritt.

116 *Geheimer Vorbehalt.* Eine Willenserklärung ist nicht deshalb nichtig, weil sich der Erklärende insgeheim vorbehält, das Erklärte nicht zu wollen. Die Erklärung ist nichtig, wenn sie einem anderen gegenüber abzugeben ist und dieser den Vorbehalt kennt.

1) Allgemeines (vgl auch Einf vor § 116). Satz **1** ist eine im Interesse des Verkehrs unentbehrl, auch selbstverständl Regel. Wer heute etwas anderes zu wollen erklärt, als er wirkl will, muß an seiner Erkl festhalten; seinem inneren verschwiegenen Willen ist jede Bedeutg abzusprechen; das gilt auch für den Fall des „bösen" Scherzes, der dazu bestimmt ist, über den wahren Willen zu täuschen. – Anders, wenn der Erklärende annahm, daß man die Nichternstlichk erkennen werde (zB „guter" Scherz), dann §§ 118 mit 122. Wenn der ErklEmpf den geheimen Vorbeh wirkl kannte (Kennenmüssen steht nicht gleich!), ist die Lage ähnl wie in § 117 u die Wirkg wie dort (Nichtigk der Erkl) Satz 2; im Falle der Abgabe der Erkl unter Drohg aber nur Anfechtbark, § 123; der Erklärende muß die Möglichk haben, die Erkl bestehen zu lassen! – § 116 gilt für alle GeschArten, auch im öff Recht (RG **147**, 40); 2 gilt grdsätzl nur für empfangsbedürft Erklärgen, Ausdehng auf Auslobg aber mögl, hM.

2) Geheim ist der Vorbeh, wenn er vor demjenigen, für den die Erkl bestimmt ist, verheimlicht wird. Ob ein andrer ihn kennt, ist bedeutgslos. Bei nicht empfangsbedürft WillErkl kommt jeder, der durch die WillErkl betroffen wird, in Betr, auch bei empfangsbedürft WillErkl nicht immer nur der ErklGegner; so macht bei VollmErteilg unter geheimem Vorbeh die Kenntn des Bevollmächtigten die Vollm nicht unwirks, wenn der GeschGegner die VollmErteilg kennt, der Vorbeh ihm aber verheimlicht wird, BGH NJW **66**, 1916.

3) Geheimer Vorbeh ist auch bei sog stillschweigder WillErkl denkb und auch dort unwirks. Wer als Beauftragter od als GeschFührer ohne Auftr zu erkenn für Geschäftsherrn handelt, erwirbt für diesen trotz des geheimen Vorbehalts, für sich erwerben zu wollen, Warn **09**, 124. – Für Eheschl gilt Satz 2 nicht, EheG **16**, 28. Wohl auch nicht für amtsempfangsbedürft WillErkl, vgl Staud-Coing Anm 7, str, aA Pohl AcP **177**, 62.

117 *Scheingeschäft.* I Wird eine Willenserklärung, die einem anderen gegenüber abzugeben ist, mit dessen Einverständnisse nur zum Schein abgegeben, so ist sie nichtig.
II Wird durch ein Scheingeschäft ein anderes Rechtsgeschäft verdeckt, so finden die für das verdeckte Rechtsgeschäft geltenden Vorschriften Anwendung.

1) Allgemeines. Vgl Einf 2, 4c vor § 116. – § 117 setzt einen ErklGegner, der über die Scheinnatur des Geschäfts mit dem Erklärenden einig ist, voraus, kommt also für streng einseit WillErkl (zB Testament BayObLG FamRZ **77**, 348) nicht in Betr; auch nicht für amtsempfangsbedürft (vgl für VaterschAnerkenntn nach altem R, RG **135**, 221, aA Pohl AcP **177**, 63, jetzt s insow § 1600 f). Nicht anwendb auch auf Eheschl, da Schein kein EhenichtigkGrd. § 117 setzt die äußere Vorspiegelg eines nicht vorhandenen Willens voraus; die falsche Angabe einer Tatsache, zB Falschdatierg eines Vertrags, ist keine Scheinerklärg, RG Recht **30**, 1482, sie hat auf gleichzeit abgegebene WillErkl keinen Einfluß, § 139 ist nicht anwendb, läßt auch nicht den Schluß auf mangelnde Ernstlichk zu. – Versuch, Dritte zu täuschen, ist meist vorhanden, aber begriffl nicht notwendig, RG **90**, 277. Der Täuschgszweck allein genügt auch nicht, um ScheinGesch anzunehmen; so nicht Abtretg zwecks Stärkg des Kredits des Empf oder zwecks Benachteilig der Gläub des Abtretenden, RG HRR **35**, 1656. Wo bezweckter RErfolg nur bei Gültigk des Gesch erreichb, ist ScheinGesch nicht anzunehmen, BGH **36**, 88, Celle DNotZ **74**, 732; bei HypBestellg mag Fdg mangels Ernstlichk nicht existent w u doch Heilg auf HypBestellg gewollt sein, BGH aaO. – Unterscheide ScheinGesch vom **treuhänderischen (fiduziarischen)** Gesch (vgl Übbl 3 g vor § 104 und Einf 3 vor § 164). Versuche, einen rechtl unzul Erfolg dch Wahl eines anderen als des normalen Geschäfts zu erreichen, fallen nicht unter § 117 (das erklärte Gesch ist ernstl gewollt!), ggf aber unter § 134. Gründg einer GmbH mit Strohmann ist nicht nichtig, da wirkl gewollt, BGH **21**, 381, ebso Kauf dch Strohmann, BGH NJW **59**, 333, Darlehen, BGH Betr **78**, 1828, AgenturVertr, Düss VersR **70**, 737, BausparVertr, Köln JMBlNRW **71**, 231; ein nichtiges ScheinGesch liegt aber vor, wenn der Strohmann die mit dem R-Gesch verbundenen Pflten nicht übernehmen will u der VertrGegner hiervon weiß, Karlsr NJW **71**, 619; ebso, wenn GesellschVertr ohne zul Gesellschzweck allein zur GrdstÜbertr geschl w, BGH DNotZ **77**, 416. Vgl über Strohmann auch Einf 3 vor § 164.

2) Das ScheinGesch ist nichtig (Begriff vgl Übbl 4a vor § 104) für und gg jedermann, **I**; Schutz des auf Wirksamk vertrauenden Dritten dch die Vorschriften über gutgl Erwerb, uU SchadErsHaftg aus Delikt. – Grd der Nichtigk ist der übereinstimmende Wille der Parteien, daß das Erklärte nicht gelten soll, der nicht in der Form einer bes WillErkl zum Ausdr kommen muß, RG **134**, 36; er muß aber bei allen Parteien vorhanden sein; daher Erkl gült, wenn mehreren ggü abgegeben, aber nur mit einem die Scheinnatur abgemacht. **Beweislast** trifft den, der sich auf Nichtigk beruft, BGH **LM** Nr 4, Betr **78**, 1828.

3) Das verdeckte Geschäft, dh das Gesch, das in Wahrh von den Parteien gewollt ist, ist wirks, sofern seine Erfordernisse erfüllt sind, **II**. Grund: übereinstimmder PartWille, dessen Erkl in der Scheinerklärg zu finden ist. So ist, wenn äußerl Kauf getätigt, aber Schenkg verdeckt gewollt (Zweck: Steuerhinterziehg od Umgeh der Form des § 518), Schenkg gültig, wenn Form gewahrt; dem entspricht der SteuerAnspr: § 41 II AO 1977. Häufig ferner (sog Schwarzkauf) GrdstVerkauf unter Angabe eines geringeren als des vereinbarten Preises in der Kaufurkunde: beurkundetes Gesch (zu niedrigerem Preise) ist nichtig als ScheinGesch, gewolltes (zu höherem Preise) formnichtig wegen § 313, Aufl u Eintr heilt letzteres. Keine Heilg, wenn behördl Gen des Vertr erforderl u nur der beurkundete, nicht der verdeckte Vertr genehmigt ist, vgl § 313 Anm 13c.

118 *Mangel der Ernstlichkeit.* Eine nicht ernstlich gemeinte Willenserklärung, die in der Erwartung abgegeben wird, der Mangel der Ernstlichkeit werde nicht verkannt werden, ist nichtig.

1) Allgemeines. Vgl Einf 4c vor § 116. **Nichtigkeit** vgl Übbl 4a vor § 104. Gilt für jede WillErkl, auch einseit; für letztwill Vfg vgl RG **104**, 322. Hierher gehören: Erklärgen zum Scherz, wenn erwartet wird, daß der Gegner den Scherz erkennt (sog mißlungenes ScheinGesch, RG **168**, 205, sonst § 116), aus Prahlerei, zu Lehrzwecken usw. – Schutz des Dritten, der auf Erkl vertraute: § 122 (Ersatz des sog Vertrauensinteresses).

§§ 118, 119

2) § 118 ist **nicht anwendbar**, wo Treu u Glauben und die Bedürfnisse des redl GeschVerkehrs ein Festhalten des Erklärenden an der nicht ernstl Erkl erfordern, so bei bewußter Falschbeurkundung eines langfristigen RVerhältnisses zw jur Personen, auch wenn diese keinen unlauteren Bewegründen entspringt, RG **168**, 204, vgl dazu Friesecke AkZ **42**, 140.

119 *Anfechtbarkeit wegen Irrtums.*

I Wer bei der Abgabe einer Willenserklärung über deren Inhalt im Irrtume war oder eine Erklärung dieses Inhalts überhaupt nicht abgeben wollte, kann die Erklärung anfechten, wenn anzunehmen ist, daß er sie bei Kenntnis der Sachlage und bei verständiger Würdigung des Falles nicht abgegeben haben würde.

II Als Irrtum über den Inhalt der Erklärung gilt auch der Irrtum über solche Eigenschaften der Person oder der Sache, die im Verkehr als wesentlich angesehen werden.

1) Vorbemerkgen zu §§ 119–122: Vgl zunächst Einf 4d vor § 116. (Schrifttum: Brox, Die Einschränkg der Irrtumsanfechtg, 1960, ders, Anf v Dauerschuldverhältnissen BB **64**, 523, Leßmann JuS **69**, 478 mit Beispielen zu den IrrtArten.)

a) §§ **119–122** behandeln 4 Fälle des unbewußten Auseinanderfallens von Wille und Erkl, näml **aa) Irrtum in der Erklärgshandlg:** schon die Äußerg des Erklärenden entspricht nicht dem, was er äußern will; zB er verspricht, verschreibt sich (§ 119 I, 2. Fall), vgl Anm 3. – **bb) Irrige Übermittlg,** ein Unterfall von aa): auch hier wird etwas anderes erklärt, als erkl werden soll, nur nicht durch den Erklärenden pers, sond dch Vermittlg eines anderen als seines Werkzeugs, der etwas anderes äußert (§ 120, vgl dort). – **cc) Irrtum über Erklärgsinhalt:** die Äußerg als solche entspricht dem Willen des Erklärenden, er glaubt damit aber etwas anderes zum Ausdr zu bringen, als er tatsächl zum Ausdr bringt. Beispiel: er spricht von Miete und meint Kauf, er irrt sich über Pers des Gegners, über Ggst des Geschäftes usw (§ 119 I, 1. Fall), vgl Anm 3. – **dd) Irrtum über wesentliche Eigenschaften der Person oder Sache:** das G behandelt ihn als Unterfall von cc (§ 119 II), vgl Anm 4.

Wo weder einer der Fälle aa–dd noch § 123 vorliegt, ist das unbewußte Auseinanderfallen von Wille u Erkl unbeachtl, die Erkl gilt, so idR beim bloßen **Irrtum im Beweggrund** (Motivirrtum), vgl aber Anm 3 und 4.

b) Die **Rechtsfolgen** in den 4 Fällen sind dieselben: Die Erkl gilt zunächst, aber der Erklärende (ein anderer nur im Falle des § 318 II) kann sie anfechten (vgl Übbl 4e vor § 104), dh dch AnfErkl, die alsbald nach Entdeckg des Irrt erfolgen muß (§ 121), vernichten, wenn ein beachtl Ursachenzusammenhang zwischen Irrt u Erkl bestand (vgl Anm 5). Er muß dann aber dem vertrauenden GeschGegner seinen Schaden ersetzen (§ 122). Grund der Regelg: Berecht Interesse an der Unwirksamk der WillErkl hat nur der Erklärende, der Gegner darf sein Vertrauen in die Erkl keinen Nachteil bringen, der Erklärende mag wählen, ob er das Gesch bestehen läßt od Vertrauensschaden ersetzt. – Ob Irrt entschuldb od nicht, ist unbeachtl, vgl RG **62**, 205, **88**, 411. – Die begründete Anf macht die WillErkl des Anfechtenden nichtig u damit idR das ganze RGesch. Eine gegen Treu u Glauben verstoßende Anf ist unzul, RG **102**, 88. Ein AnfR besteht daher idR nicht, wenn der AnfGegner den Vertr so gelten lassen will, wie ihn der Irrende verstanden h (MüKo/Kramer Rdn 133).

c) Geltgsbereich: Die Regelg der §§ 119 ff bezieht sich auf alle Arten von WillErkl, empfangsbedürft u and, auf schlüss (RG **134**, 197), auf Schweigen, sofern es WillErkl ist (Einf 3c cc vor § 116), auch auf SchiedsVertr (BGH BB **67**, 97), fr auch KindesAnn RG **156**, 335, BGH **24**, 349, Hbg NJW **61**, 1471 (Anf formlos!), nicht aber auf Verzeih (RG **123**, 235) od tatsächl WissensErkl zB ggü Melderegister (OVG Münst NJW **76**, 1550), da keine WillErkl. Auch Nichtwiderruf eines Vergl ist keine WillErkl, auch keine stillschw, für Anf ist kein Raum, Celle NJW **70**, 48. Abstrakte VfgsGeschäfte sind anfechtb, wenn sich der Irrt auch auf sie erstreckt (vgl Übbl 3e vor § 104). – **Sonderregelung** für Ehe bg EheG 31f, für Anerkenng der nichtehel Vatersch, §§ 1600g, 1600m, für letztwill Verfügen §§ 2078, 2080, 2281, 2282; für ErbschAnn §§ 1949, 1956. – ArbVertr sind nach den §§ 119ff anfechtb, bei einem vollzogenen ArbVerhältn wirkt die Anf jedoch nur ex nunc, BAG NJW **62**, 74, **AP** Nr 3, Einf 5c bb vor § 145, das gilt entspr für den GesellschVertr, BGH **13**, 322, **26**, 330, **55**, 9, Einf 5c aa vor § 145, sowie für BeitrittsErkl zu Genossenschaften, BGH Betr **76**, 860; grdsätzl nicht anfechtb auch TarifVertr, WAR **50**, 169, wohl aber VorVertr zu TarifVertr, BAG NJW **77**, 318. – Nur beschr anfechtb sind Erklärgen auf Wechseln u ähnl Umlaufpapieren, Übbl 3 e vor § 104. Über Anf von ProzHdlgen vgl Übbl 5 vor § 104. – Auch im öff Recht wird § 119 (aber als Grds des öff Rechts) angewandt; Anf im Patenterteilgsverf DPA NJW **54**, 814. – Auf geschäftsähnl Hdlgen dürfte die Regelg des § 119 mindest entspr anwendb sein. – Bei maschinell zustande kommenden Erklärgen dürften, wenn Erkl dch Falschfunktionen der Maschine beeinflußt, IrrtRegeln anwendb sein; ggf kann § 120 analog angewandt w, vgl R. Schmidt AcP **166**, 21.

2) Irrtum im allgemeinen, Abgrenzg von ähnlichen Fällen. a) Die Feststellg, ob eine Erkl vom Willen abweicht, setzt eine Ermittlg des Inhalts der Erklärg voraus; diese erfolgt im Wege der Auslegung nach §§ 133, 157, vgl Einf 2 vor § 116; Auslegg gehr also der Anf stets vor, vgl OGH **1**, 156, BGH **LM** § 2100 Nr 1. Bei Verträgen sind die Erklärgen aller Parteien auszulegen; dabei ergeben sich für die Ursachen der unterschiedl Auffassg verschiedene Möglichkeiten. So kann bei dem bekannten Beispiel: „A erklärt, den Hektor verkaufen zu wollen, meint Pferd, B erklärt sich einverstanden, meint aber Hund", die Auslegg je nach den Umst ergeben, daß B mit Recht „Hund" verstanden hat, dann ist Hund verkauft, A irrt in der Erkl u kann anfechten; od, daß „Pferd" zu verstehen war, dann ist dieses verkauft, B irrt u kann anfechten. Ist eindeut Auslegg nicht mögl, so gilt für jede Partei ihr Wille, keine irrt über ihre Erkl, Irrtumsregeln sind nicht anwendb, vgl zB RG **66**, 122; es liegt sog **Mißverständnis** (versteckter Dissens) vor, dh Irrt darüber, daß die Erklärgen übereinstimmen; Regelg nach §§ 154, 155. – Unanwendb ist § 119 auch im umgekehrten Falle: zwar falsche Bezeichnung des Ggstandes od des Geschäfts dch eine od beide Parteien, aber übereinstimmender Wille: zB Verkauf der Parzelle Nr 119 ist erkl, beide Parteien denken an Nr 120, vgl § 313 Anm

8e (gilt auch bei Falschbezeichng im Insichgeschäft, da Erkl beiden Teilen zuzurechnen, BGH FamRZ **61**, 275); wollte eine Partei das nicht gelten lassen, so wäre ihr diesbezügl Wille ein nach § 116 wirkgsloser geheimer Vorbeh, vgl RG **66**, 429. Auch bei sich deckden Erklärgen, die aber in sich (sich ebenf deckend) widerspruchsvoll sind, liegt § 119 nicht vor; oft läßt sich Widerspr aber dch Auslegg beseitigen (vgl zB BGH **LM** § 155 Nr 2). – § 119 ist weiter unanwendb bei **beiderseitigem Irrtum** über die **Geschäftsgrundlage,** zB Parteien sprechen bei einer Bücherbestellg von einem Preis von 3,80 DM, den sie übereinstimmd als Buchhändlerpreis ansehen, währd dieser 5,80 DM beträgt. Vertr kommt zustande (str), Inhalt u Ausführg regelt § 242, vgl RG Gruch **69**, 216, RG **158**, 175, Karlsr JZ **71**, 295; will eine Partei die and an der Erkl festhalten, greift oft Einwand unzul Rechtsausüb ein; so zB RG **122**, 203 (Anerkenntn bei übereinstimmder Ann einer bereits bestehden Schuld). Näheres hierüber, über die Fälle nachträgl Änd der GeschGrdlage (clausula rebus sic stantibus) u den Irrt über künft Ereignisse, der ebenf nicht unter § 119 fällt (kein Irrt über den Inhalt der Erkl), vgl § 242 Anm 6 C d.

b) Irrtum ist die **unbewußte** Unkenntnis vom wirkl Sachverhalt, BAG NJW **60**, 2211. Daher kein Irrt, wo Erklärender sich bewußt ist, den Inhalt der Erkl nicht zu kennen od ihre wirtschaftl od rechtl Tragweite nicht zu übersehen, RG **134**, 31, BGH NJW **51**, 705, Betr **67**, 2115, zB Unterzeichn einer Urk ohne jede KenntnNahme vom Inhalt, BGB BB **56**, 254, NJW **68**, 2102, das gilt auch für Ausl, LG Memmingen NJW **75**, 452. Wer von dem Inhalt der Urk, die er ungelesen unterschreibt, best unricht Vorstellgn hat, ist dagg zur Anf berecht, RG **88**, 282, BAG NJW **71**, 639, ebso derj, der beim Verlesen einer not Urk eine Klausel überhört (BGH NJW **78**, 1480). Zur Anf wg Irrt über den Inh von einbez AGB s Vorbem 4e vor AGBG **8.** Unanwendb ist § 119, wenn Erklärender die Zweideutigk seiner Erkl kannte od an einer Eigensch der Pers od der Sache (II), zB Echth eines Gemäldes, od an Richtigk einer Schätzg zweifelte; wer die Ungewißh bewußt in Kauf genommen hat, kann keine Rechte daraus herleiten. W ein **Blankett** abredewidr ausgefüllt, liegen an sich die Voraussetzgen für eine Anf gem § 119 vor (Irrt über ErklInhalt), RG **105**, 185, bei einem freiw aus der Hand gegebnen Blankett ist aber ggü einem gutgl Dr die Anf nach dem RGedanken des § 172 II ausgeschl, BGH **40**, 68, 304, Flume § 23 2 c, vgl näher §§ 170–173 Anm 5. – Mißverständn od Irrt am **Fernsprecher** bieten rechtl keine Besonderheiten, Hörfehler od Irrt über Pers des Gegners kommen naturgem leichter vor. Wer sich verhört u darauf Erkl abgibt, kann diese anfechten, RG **90**, 168.

3) Irrtum in der ErklHandlg und Irrtum über ErklInhalt (Tragweite der Erkl), **I,** sind nicht immer scharf voneinander **abzugrenzen,** was wg der gleichen Rechtsfolgen auch entbehrl ist; wer zB mangels ausreichender Sprachkenntn einen falschen Ausdr gebraucht, irrt über den wirkl Inhalt, vergreift sich aber auch in der ErklHdlg, dh er will eine Erkl dieses Inhalts nicht abgeben.

a) Irrtum in der Erklärungshandlg sind insb: Versprechen, Verschreiben.

b) Irrtum über **Erklärungsinhalt** (auch Geschäftsirrt genannt) kann bestehen im Irrt über **Person des ErklGegners** (Angebot an A ist dem Inhalt nach nicht dasselbe wie Angebot an B) od andere für den Gesch wesentl Pers, zB des Gläub bei Banküberweisg, Karlsr JW **38**, 662, od im Irrt über die **Rechtsnatur des Geschäfts** (gewollt ist Kauf, erklärt Miete), dh über die das Wesen des Geschäfts bestimmenden rechtl Wirkgen der Erkl (im Ggsatz zu nur mittelb Rechtsfolgen des Geschäfts u seinen rechtsgeschäftl Nebenwirkgen, deren Unkenntn od irrige Ann die IrrtAnf nicht begründet, vgl RG **134**, 197; nicht beachtl daher Irrt über Eigt des Verkäufers, BGH **34**, 41). Auch ein RechtsIrrt kann als beachtl InhaltsIrrt anzusehen sein, wenn er die wesentl Wirkg des Gesch betrifft, OGH NJW **49**, 221, Zweibr VersR **77**, 806, sonst nicht, vgl LAG Stgt MDR **52**, 101, vgl zum RIrrt Mayer-Maly AcP **170**, 165. Der Irrt kann ferner sein: Irrt über den **Gegenstand des Geschäfts;** hierher gehört außer dem Irrt über Identität des GeschGgstandes auch der Irrt über seinen Umfang, RG Warn **14**, 271, und über andere wesentl Umst des Geschäfts, wie der Irrt des Erwerbers des Rechts über dessen Inhalt, RG **95**, 115, die Ann des Bürgen, Haftg für dch PfandR gesicherte Schuld zu übernehmen, währd sie ungesichert ist, RG **75**, 271; Unkenntn, daß dch die Erkl eine fr Vereinbg in einem wesentl Pkt geändert w, BGH **LM** HGB 119 Nr 10; insb auch der Irrt über alle diejenigen Punkte, die nach ausdrücklicher oder stillschweigender Vereinbarg der Parteien die Grdlage des Geschäfts bilden sollen und damit zum Bestandteil der Erkl geworden sind, auch wenn sie ohne solche Abrede nicht zum Inhalt der Erkl zu rechnen wären, so über den Rechtserfolg, RG **89**, 33, und unter dieser Voraussetzg (aber auch nur dann!) alle Fälle des **Irrtums im Beweggrund** (Motivirrtum). Erfordernis für die Anwendung des § 119 ist jedoch stets, daß der BewegGrd, der erstrebte Erfolg, den Verhandlgen erkennb zur **Geschäftsvoraussetzg** gemacht wurde u damit in der Erkl Ausdr gefunden hat, RG **116**, 17, stRspr. Seine bloße Mitteilg an den GeschGegner genügt nicht; dieser muß zum mindesten erkennen können, daß der Eintritt dieses Erfolges zur **Geschäftsbedingg** gemacht w soll, und dem nicht widersprechen. Anderenfalls berechtigt Irrt im BewegGrd nicht zur Anfechtg (Ausnahmen im ErbR, § 2078 II, und bei argl Täuschg, § 123). Im Einzelfall ist die Beurteilg oft schwierig; so berecht **Kalkulationsirrtum** als MotivIrrt grdsätzl nicht zur Anf, allgM, str, ob das auch dann gilt, wenn der and Teil den Irrt erkannt h od erkennen konnte, Wieser NJW **72**, 708. Waren die BerechnsGrdlagen Ggst entscheidder VertrVerhandlgen, so kann Berechng VertrGrdlage darstellen, zur Abgrenzg vgl BGH **LM** Nr 8 u 21; das RG h hier in stRspr eine IrrtAnf zugelassen, RG **105**, 406, **162**, 201, es dürften aber die Grds über das Fehlen der GeschGrdlage anzuwenden sein, Giesen JR **71**, 403, Ffm MDR **71**, 841, vgl auch BGH **LM** Nr 21, also Anpassg, notf RücktrR, vgl § 242 Anm 6 C d. Ähnl bei Irrt über Belastg der Kaufsache, RG BayZ **27**, 228, ferner bei Irrt über Höhe der MwSt, Peusquens NJW **74**, 1644. IdR unbeachtl ist Irrt über alle rein tatsächl, insb wirtschaftl Folgen des Gesch, vgl RG **88**, stRspr, so bei Verzicht auf Patent über dessen wirtschaftl Auswertbark, DPA GRUR **52**, 238, so über Angemessenheit des Preises RG **111**, 260 (über den **Wert** des Ggstandes vgl unten Anm 4c), wie auch jeder Irrt über den zukünft Lauf der Ereignisse, auch der Gesetzgebg u Rspr, Stgt RzW **51**, 68 (anders uU bei beiderseit Irrt, vgl Anm 2). – Unbeachtl MotivIrrt ist auch die irrige Meing des Vertreters, ein Gesch weisgsgemäß abzuschließen, währd er vom Willen des Vertretenen abweicht, RG **82**, 196; ebso Anerkenng einer Verpflichtg in der irrigen Ann ihres Bestehens RG **156**, 70, VaterschAnerkenntn in irriger Ann keines Mehrverkehrs der

Kindesmutter KG JR **49**, 383 (Bedeutg der IrrtAnf beim VaterschAnerkenntn vgl § 1600m), wohl auch Unkenntn von RHängigk eines weiteren Anspr bei GlobalVergl, Celle NJW **71**, 145 (vgl jedoch BAG NJW **60**, 2211), Irrt über Schuld am Unfall bei Anerkennung alleiniger Haftg, KG NJW **71**, 1220.

4) Zum Abs II vgl Brauer, Der Eigenschaftsirrtum 1941; Flume, Eigenschaftsirrtum und Kauf 1948; Raape, AcP **150**, 481; Schmidt-Rimpler in Festschr f H Lehmann S 213.

a) Der **Irrtum über wesentliche Eigenschaften der Person oder Sache** wird oft als eine bes behandelte Art des Irrtums im BewegGrd angesehen, ist aber richtig Irrt über den ErklInhalt; denn die Parteien gehen als selbstverständl davon aus, daß die wesentl Eigenschaften von Pers u Sache mindestens stillschw Inhalt der Erkl sein sollen. **Person** ist jede Pers, auf die sich das RGesch bezieht, nicht nur der ErklGegner, RG **158**, 170, der Irrt des Erklärden über seine eig Eigenschaften ist aber grdsl unbeachtl, Flume § 24, 4. **Sache** ist jeder **Gegenstand** des RGesch, nicht nur ein körperl (§ 90), RG **149**, 235, BGH **LM** § 779 Nr 2, jetzt ganz hM, also auch Fdg, BGH BB **63**, 285. – **Eigenschaften** der Pers od Sache sind nicht nur physikalische Merkmale, sond auch tatsächl u rechtl Beziehgen von gewisser Dauer. Sie müssen im V e r k e h r a l s w e s e n t l i c h angesehen w; das trifft nur zu, wo sie gerade für das in Frage stehende RGesch Bedeutg haben. Verallgemeinergen sind nicht am Platze!

b) Als wesentl **Eigenschaften der Person** kommen je nach Lage des Falles unter Umst in Frage: Geschlecht, Alter, Konfession, Sachkunde, Vertrauenswürdigk und Zuverlässigk, insb bei DauerRVerhältnissen und wo Leistg unter pers Verantwortg gefordert wird, RG **62**, 284, **90**, 342, BGH WPM **69**, 293 (zB Vorstrafen, erhebl polit Belastg für Anstellg auf leitendem od exponiertem Posten), was bei Geschäften mit reiner SachleistgsPfl, insb Kauf, idR nicht der Fall ist, Warn **20**, 185, RG **107**, 212, BGH BB **60**, 152; Kreditunwürdig, Zahlgsfähigk, überh Vermögensverhältnisse bei Kreditgeschäften, Lindacher MDR **77**, 797, insb bei Bürgsch, Warn **15**, 198 (vgl aber BGH NJW **65**, 438), auch ggf bei Verlobg, RG **61**, 86, regelm aber nicht bei Barkauf, RG **105**, 206; Schwerbeschädigteneigenschaften im ArbVertr, RAG **9**, 181; fehlde Vertrauenswürdigk bei BaubetreuungsVertr, BGH WPM **70**, 906; Verwicklg in Bestechgsfall (der zu späterem Lizenzverlust führt) bei Fußballspieler, BGH NJW **76**, 565 (aA Dörner JuS **77**, 226); nicht aber mangelnde Wahrheitsliebe bei Vertr mit ungelerntem Arbeiter, BAG NJW **70**, 1565, auch nicht Gesundh-Zustand bei uneingeschr VerzichtsErkl auf Entsch nach BEG, BGH **LM** MDR **65**, 292; seine Freih von Schwangersch ist bei ArbVertr meist nicht verkehrswesentl, BAG NJW **62**, 74, uU aber Krankheiten od Leiden des ArbN, BAG **AP** Nr 3. Irrt über Eigensch des VertrGegners begründet Anf nicht, wenn die Eigensch sich erst aus dem Inhalt der Leistg ergibt, RG **62**, 284, BGH NJW **67**, 719.

c) Eigenschaften der Sache od des Ggstandes müssen die Beziehgen zur Umwelt betreffen, das Eigt gehört nicht dazu, BGH **34**, 41; ebsowenig die bei Dchführg des Vertr drohde Haftg aus § 419, BGH **70**, 48. Es kommen zB in Betr (auch hier im Einzelfall Verkehrswesentlichk verschieden!): Stoff, Bestand u Größe, RG **101**, 68; Herkunft (Echth eines Kunstwerkes) RG **124**, 116, BGH **63**, 371; Existenz eines Gutachtens, das Echth eines Kunstwerkes bejaht, BGH NJW **72**, 1658; Herstellgsjahr, Ffm OLGZ **70**, 413; Fahrleistg, Mü Betr **74**, 1059; Lage u Bebaubark eines Grdst, RG **66**, 80, Köln MDR **65**, 292; seine Freih von Bau-Beschrkgen, Warn **12**, 366; Zubußenfreih von AnteilsR (Kuxen), Warn **08**, 592; Kundenkreis u Jahresumsatz eines ErwerbsGesch, Warn **09**, 383 (nach BGH NJW **70**, 655 soll Umsatz keine sein, bedenkl, vgl Putzo ebda); Richtigk der in einem Anleitgsbuch gegebenen Hinw, BGH NJW **73**, 843; überh die wertbildden Faktoren, RG **61**, 86, soweit sie die Sache selbst betreffen. Hamm NJW **66**, 1081 sieht die Höhe des Erbanteils ($^1/_6$ statt $^1/_3$, nicht etwa den Umfang des Nachlasses) als verkehrswesentl Eigensch des Erbanteils bei AusschlaggsErkl an; es dürfte aber Irrt über ErklInhalt (Anm 3b) vorliegen (Miterbe irrt darü, daß er $^1/_3$ ausschlägt, nicht $^1/_6$, u das betrifft den ErklInhalt). Dagg ist der **Wert** als solcher **keine Eigenschaft**, RG HRR **32**, 224, BGH **16**, 57, **LM** § 779 Nr 2, BB **63**, 285 stRspr, ebsowenig Anschaffgspreis, Marktpreis usw. Die Zahlgsfähigk des Mieters ist keine Eigensch des Miethauses, da sie das Miethaus nicht unmittelb betrifft (aA RG JW **12**, 910); ebensowenig Kaufkraft des Geldes, RG **111**, 259, soweit nicht das Geld, insb ausländ, selbst VertrGgst ist, vgl RG **105**, 407; nicht die Unkündbark der Hyp beim Grdst-Kauf, vgl Warn **09**, 134; auch nicht die Verhältnisse der Aktiengesellsch beim Aktienkauf, des Bergwerks beim Kuxkauf, RG Gruch **48**, 102, nicht die wirtschaftl Verwertgsmöglich beim Kauf einer Sache, BGH **16**, 57, nicht der spätere Wegfall der Überschuldg eines Nachl inf Verj der Schulden, LG Bln NJW **75**, 2104 (dazu Pohl AcP **177**, 78), nicht die subj Verträglich des Klimas beim GrdstKauf, BGH Betr **72**, 479, 481. Doch können diese Umst zum ErklInhalt (vgl Anm 3) gemacht u der Irrt über sie dann beachtl werden; vgl für die Zahlgsfähigk der AG beim Aktienkauf RG SeuffA **85**, 120. Sie können auch Gesch-Grdlage sein; bei deren Fehlen gilt § 242 (dort Anm 6 C d), nicht § 119, BGH **LM** § 779 Nr 2. Beim Fdgskauf dürfte der Betrag entgg BGH **LM** § 779 Nr 2 wesentl Eigensch sein, vgl Dunz NJW **64**, 1214.

d) Das **Anfechtungsrecht** wegen Irrt über wesentl Eigenschaften der Sache (nicht wg Täuschg § 123!) ist **ausgeschlossen**, wo die **Sachmängelhaftg** nach §§ 459 ff eingreift, da §§ 459 ff Sondervorschr darstellen, so BGH **34**, 34 stRspr (vgl Vorbem 2 e vor § 459). Daher auch keine IrrtAnf nach Verj der Mängelansprüche, RG **135**, 341, od bei Verzicht auf Gewährleistg, BGH BB **67**, 96, BGH **63**, 376. Das gilt natürl nur, soweit dieselben Eigenschaften, auf die sich der Irrt bezieht, die Sachmängelhaftg begründen. Wo Sachmängelhaftg ausnahmsw schon vor Gefahrübergang besteht, schließt sie nach BGH **34**, 37 IrrtAnf nicht aus. Für RMängel gelten bei Kauf §§ 440, 320 ff, die die IrrtAnf nicht berühren. – §§ 537–539 (SachmängelR bei Miete) schließen § 119 nicht aus, RG **157**, 174; and wohl, wenn Irrt grob fahrläss, vgl § 539.

5) Anfechtb ist die Erkl nur, wenn der **Irrtum** für sie **ursächlich** war. Es kommt aber nicht allein darauf an, ob der Erklärende die Erkl bei Kenntn der Sachlage nicht od nicht so abgegeben hätte, sond auch darauf, ob er das bei „verständiger Würdigg des Falles", dh „frei von Eigensinn, subj Launen u törichten Anschauungen" (RG **62**, 206) nicht getan hätte. Wo der Irrende durch die irrige Erkl nicht schlechter gestellt ist als bei Kenntn der Sachlage, fehlt AnfR, RG **128**, 116, aA Staud-Coing Anm 37. Das alles gilt auch im Falle des II, da dieser auf I verweist, hM; Anstellg dch Beh könnte zB auch bei Kenntn der Vorstrafen erfolgt sein, RAG **21**, 113.

Rechtsgeschäfte. 2. Titel: Willenserklärung §§ 119–121

6) Beweislast (vgl auch Einf 6 vor § 116). Wer Anfechtbark geltd macht, muß alle Voraussetzgen des AnfR darlegen, dh die Unterlagen dafür beibringen, daß er irrte, dh er ohne den Irrt anders gehandelt hätte u dies einer verständigen Würdigg des Falles entsprochen hätte. Auf Grd dieser ggf zu beweisenden Unterlagen entsch der Richter, ob ein (erhebl) Irrt vorlag u über den Ursachenzusammenhang zw Irrt u Erkl, vgl RG HRR **35**, 1372.

120 *Anfechtbarkeit wegen falscher Übermittlung.* Eine Willenserklärung, welche durch die zur Übermittelung verwendete Person oder Anstalt unrichtig übermittelt worden ist, kann unter der gleichen Voraussetzung angefochten werden wie nach § 119 eine irrtümlich abgegebene Willenserklärung.

1) Allgemeines vgl § 119 Anm 1. Irrige Übermittlg kommt nur in Frage bei Benutzg des Dritten als Werkzeug für Erkl (Abschreiber, Bote, Post u Telegraph), nicht bei Abgabe der Erkl dch einen Vertreter im Willen; dieser übermittelt nicht fremde Erkl, sond erklärt selbst, § 164; beachtl sind seine Willensmängel, § 166. § 120 trifft auch nicht zu bei Abgabe der Erkl an Empfangsboten, der für den Empf tätig wird. Übermittelt dieser unrichtig, geht das zu Lasten des Empf, vgl § 130 Anm 2 a aa. Auch die Übermittlg der Urschrift der Erkl scheidet aus; sie ist keine Übermittlg der Erkl, sond der Urk, die sie enthält. Mitunter ist zweifelh, ob die MittelsPers ErklBote od Empfangsbote od Vertreter einer der Parteien ist. Empfangsbote ist nur, wer als solcher für Empf tätig sein darf (dh wer zur EntggNahme der Erkl ermächtigt ist), was nach der VerkAuffassg, insb nach dem AbhängigkVerhältn, in dem der Bote steht, zu entscheiden ist. Dolmetscher ist idR ErklÜbermittler u daher ErklBote, BGH BB **63**, 204. Über Abgrenzg zw Bote und Vertreter im Willen (entscheidd das äußere Auftreten der MittelsPers) vgl Einf 2 vor § 164.

2) Keine Übermittlg ist die **bewußte** Abgabe einer and als der aufgetragenen Erkl, diese ist vielm ohne Anf für den Erklärden unverbindl, RG HRR **40** Nr 1278, Staud-Coing Anm 5, RGRK Rdz 4, aA Marburger AcP **173**, 137 unter Hinw auf die für den EmpfBoten entwickelten Grds (vgl § 130 Anm 2 a aa). Der vorsätzl falsch übermittelnde Bote ist wie ein vollmachtloser Vertr zu behandeln, Oldbg NJW **78**, 951, Erm-Westermann Anm 1, Flume § 23, 3, str. AuftrG kann daher gem § 177 genehmigen, andf haftet Bote gem § 179. UU ist AuftrG aber and Teil wg c. i. c. schaderspflicht, vgl § 276 Anm 6b bb. Bei **unbewußt** unricht Übermittlg ist § 120 dagg nach dem Gedanken des Vertrauensschutzes auch dann anwendb, wenn Erkl völl entstellt, RG SeuffA **76** Nr 189, Soergel-Hefermehl Anm 5, hM. Das gilt auch bei irriger Abgabe an falschen Empfänger, sofern sich nicht aus ErklInhalt ergibt, daß sie an and Pers gerichtet war, Staud-Coing Anm 9, RGRK Rdz 7, hM. – Auf Fernsprecher § 120 unanwendb, Mißverständn ist nach allg Regeln zu beurteilen, vgl § 119 Anm 2b.

3) Anfechtg ist entspr § 119 I nur zul, wenn die Erkl bei verständiger Würdigg des Falles in der abgegebenen Form nicht abgegeben worden wäre. Sie zieht ErsPfl nach § 122 nach sich.

4) Das Verhältn zw Erklärendem u ErklEmpf einers und Boten andrers regelt sich nach ihren Beziehgen zueinander; TelegraphenVerw haftet nicht wg unrichtiger Übermittlg von Telegrammen, TelO 22–24.

121 *Anfechtungsfrist.* I Die Anfechtung muß in den Fällen der §§ 119, 120 ohne schuldhaftes Zögern (unverzüglich) erfolgen, nachdem der Anfechtungsberechtigte von dem Anfechtungsgrunde Kenntnis erlangt hat. Die einem Abwesenden gegenüber erfolgte Anfechtung gilt als rechtzeitig erfolgt, wenn die Anfechtungserklärung unverzüglich abgesendet worden ist.

II Die Anfechtung ist ausgeschlossen, wenn seit der Abgabe der Willenserklärung dreißig Jahre verstrichen sind.

1) Allgemeines über Anf vgl Übbl 4e vor § 104, § 119 Anm 1 und §§ 142 ff. Die Anf ist WillErkl, die dahin gehen muß, das Gesch nicht bestehen lassen zu wollen; bloße Mitteilg des Irrt ist keine Anf. AnfErkl ist auch notw, wenn Gegner Irrt kennt, da es dem Irrenden freisteht, das Gesch gelten zu lassen. Anf ist ausgeschl nach Bestätigg, § 144. AnfErkl wg argl Täuschg kann Anf wg Irrt umfassen, RG **57**, 358, BGH **34**, 39.

2) Bei Anfechtbark besteht zunächst Ungewißh, ob Gesch bestehen bleibt. Das Interesse des auf diese einflußlosen Gegners gebietet, ihren Zeitraum möglichst abzukürzen. Anf muß daher **unverzüglich** erfolgen, nachdem Irrender **Kenntnis vom Anfechtungsgrunde** erhielt; erforderl hierfür ist Kenntnis des Irrt (der irrigen Übermittlg), dh des wahren Sachverhalts (die uU erst gelegentl der BewAufn im Prozeß eintritt, Warn **48**, 116) und der Tats, daß Erkl irrig war, wozu ggf Kenntn der richtigen Auslegg der Erkl gehört (vgl RG **85**, 223, BGH NJW **68**, 2099). Bloßes Kennenmüssen genügt nicht, ebensowenig das Vorliegen von VerdachtsGrden, BGH WPM **73**, 751.

3) Unverzüglich = ohne schuldh Zögern. Legaldefinition, gilt überall, wo im BGB der Ausdr gebraucht wird; denselben Sinn hat er idR in RGeschäften, RG **75**, 357. – Unverzügl ist nicht dasselbe wie sofort; dem Irrenden muß angemessene Überlegungsfrist zustehen, RG **124**, 118 (auch zur Beratg mit Rechtskundigem RG HRR **31**, 584), da nicht nur Umst verschieden sein können, bei deren Bemessg aber auch das Interesse des Gegners zu berücks ist. Abbruch anderer Geschäfte ist nicht erforderl; über Hinausschiebg der Anf, um den Anspr nicht zu gefährden vgl RG **124**, 117. Rechtsunkenntn kann das Zögern entschuldigen, RG **152**, 232 (vgl aber RG **134**, 32). Ist geschäftsunfäh AnfGegner ohne gesetzl Vertreter, so muß Pflegerbestellg unverzügl beantragt w, RG **156**, 337 (noch heute zu billigen). Auch wenn Anf unverzügl erfolgt, kann sie – insb bei Dauerschuldverhältn – gem § 242 unzul sein, falls AnfGrd für die VertrDchführg keine Bedeutg mehr h, BAG NJW **70**, 1565.

4) Absendg der AnfErkl genügt zur Fristwahrg. **I** 2; Wirksamwerden erst mit Zugehen, § 130. I 2 gilt aber nicht, wenn Absender einen umständl Übermittlgsweg auswählt; nicht rechtzeit daher Anf in der bei der eingereichten KlSchrift, BGH NJW **75**, 39 (krit Schubert JR **75**, 152, der aber verkennt, daß KlZust wesentl langwieriger als Zust gem § 132). Dagg kann gerichtl Anerkenntn in fristgerechter Berufsschrift angefochten w, da hier Ger AnfGegner, Düss SJZ **48**, 459.

5) Die 30jährige Ausschlußfrist des **II** läuft ohne Rücks auf Kenntn vom Ztpkt der WillErkl ab. Sie wird gewahrt erst mit Zugehen der AnfErkl, nicht wie I 2 mit Absendg, u ist vAw zu beachten, RG **110**, 34.

6) Beweislast: Für Irrt usw u Abgabe der AnfErkl der Anfechtende, für Verspätg der AnfErkl, dh für Ztpkt der Kenntn des AnfGrundes der Gegner, ggf für Nichtverschulden der Verzögerg wieder der Anfechtende.

122 Schadensersatzpflicht des Anfechtenden.

I Ist eine Willenserklärung nach § 118 nichtig oder auf Grund der §§ 119, 120 angefochten, so hat der Erklärende, wenn die Erklärung einem anderen gegenüber abzugeben war, diesem, andernfalls jedem Dritten den Schaden zu ersetzen, den der andere oder der Dritte dadurch erleidet, daß er auf die Gültigkeit der Erklärung vertraut, jedoch nicht über den Betrag des Interesses hinaus, welches der andere oder der Dritte an der Gültigkeit der Erklärung hat.

II Die Schadensersatzpflicht tritt nicht ein, wenn der Beschädigte den Grund der Nichtigkeit oder der Anfechtbarkeit kannte oder infolge von Fahrlässigkeit nicht kannte (kennen mußte).

1) Allgemeines vgl § 118 Anm 1, § 119 Anm 1b. - § 122 bezweckt, den auf die Gültigk einer WillErkl vertrauenden GeschGegner gg Nachteile aus der Nichtigk od Anf in den Fällen der §§ 118–120 zu schützen, soweit sein Vertrauen schutzwürdig ist. Der ErsAnspr besteht daher ohne Rücksicht auf ein Verschulden des Erklärenden. § 122 enthält den allg RGedanken, daß niemand, der auf den Bestand eines RGesch vertraut hat u vertrauen durfte, dadch Schaden erleiden soll, wenn es aus einem allein bei dem anderen VertrTeil liegenden Grunde unwirks ist od wird, und ist deshalb ggf auch anzuwenden, ohne daß Nichtigk od Anf der WillErkl vorliegt, RG **170**, 69.

2) Schadensersatzberechtigt ist nur, wer aus der Erkl Rechte hätte erlangen können, bei empfangsbedürft Erkl also nur der ErklGegner, bei anderen (auch amtsempfangsbedürft) jeder betroffene Dritte; nicht aber, wer nicht vertrauen durfte, weil er den Nichtigk- od AnfGrund kannte od bei genügender Aufmerksamk hätte erkennen müssen (**II**). Daher kein Ers des nach Kenntn od fahrläss Unkenntn entstandenen Schadens, RG Gruch **57**, 907. Nicht ersatzberecht ist auch, wer den Nichtigk- oder AnfGrund selbst hervorgerufen, zB getäuscht hatte, vgl RG **81**, 397; schuldlose Verursach des Nichtigk- od AnfGrdes (hier Irrt) muß dabei berücks w, da auch die SchadErsPfl des Erklärden Versch nicht voraussetzt, u führt als Mitverursach zur Abwägg § 254, BGH NJW **69**, 1380. Auch sonst ist bei Mitverursach § 254 anwendb, RG **116**, 19 (nicht aber im Falle des **II**, da dort ErsAnspr ohnehin entfällt, RG **57**, 89). ErsPfl entfällt auch, wenn angefochtenes Gesch ohnehin nichtig od unwirks war; vgl Übbl 4e vor § 104.

3) Der Umfang des Ersatzanspruchs ist beschr auf den Vertrauensschaden, dh die Nachteile, die dch das Vertrauen auf die Gültigk veranlaßt sind **(sog negatives Interesse)**, umfaßt also bes aufgewandte Kosten, aber auch Unterlassg und GeschAbschl, vgl RG SeuffA **62**, 131. Nach BGH NJW **62**, 1670, Celle OLGZ **72**, 193 sind Kosten des inf Anf verloren gehden Proz nicht ersetzb, wg ZPO 91 ff vorgehen (bedenkl). ErsAnspr geht keinesf über ErfInteresse, dh über die Höhe dessen hinaus, was bei gült Gesch als Schadensersatz wegen NichtErf zu leisten gewesen wäre (RG **170**, 284); also kein Anspr, wenn das Gesch dem ErsBerechtigten keinen VermVorteil gebracht hätte. Im übr gelten allg SchadErsRegeln, §§ 249 ff; nicht vermögensrechtl Schaden scheidet aus, § 253. Soweit das nichtige Gesch bereits erfüllt ist, besteht außerdem Anspr aus §§ 812 ff.

4) Beweislast für Nichtigk nach § 118 od Anf nach § 119, Höhe des Vertrauensschadens u dafür, daß er zum Kreise der ErsBerechtigten gehört, trifft den, der Ansprüche aus § 122 erhebt; für **II** und dafür, daß ErfInteresse geringer ist, den Gegner. Wenn Nichtigk nach §§ 118–120 bereits im Vorprozeß über vertragl Ansprüche entschieden ist, ist das zwar mangels Rechtskr grdsätzl erneut nachprüfb, RG **94**, 195; einem abw Vorbringen des Gegners wird aber meist die GgEinrede der Argl entggstehen.

5) II: Kennenmüssen = Unkenntnis inf von Fahrlässigk. Diese **Legaldefinition** gilt überall, wo der Ausdr im BGB wiederkehrt (entspr w „Wissenmüssen" gebraucht). - Jede, auch leichte Fahrlk genügt.

123 Anfechtbarkeit wegen Täuschung oder Drohung.

I Wer zur Abgabe einer Willenserklärung durch arglistige Täuschung oder widerrechtlich durch Drohung bestimmt worden ist, kann die Erklärung anfechten.

II Hat ein Dritter die Täuschung verübt, so ist eine Erklärung, die einem anderen gegenüber abzugeben war, nur dann anfechtbar, wenn dieser die Täuschung kannte oder kennen mußte. Soweit ein anderer als derjenige, welchem gegenüber die Erklärung abzugeben war, aus der Erklärung unmittelbar ein Recht erworben hat, ist die Erklärung ihm gegenüber anfechtbar, wenn er die Täuschung kannte oder kennen mußte.

1) Vorbemerkgen zu §§ 123–124: a) §§ 123–124 behandeln die **unlautere Beeinflussung** des rechtsgeschäftl Willens dch Täuschg od Drohg, also die erpreßte od betrügerisch erschlichene WillErkl (beides nicht im strafrechtl Sinne!). Sie hat dieselbe Wirkg wie die irrige WillErkl, dh sie gilt zunächst, kann aber von dem Erklärden, wenn er das will, dch Anf rückw vernichtet w. Über Anf vgl Übbl 4e vor § 104 u

Rechtsgeschäfte. 2. Titel: Willenserklärung   § 123 1

§§ 142 ff. Täuschg u Drohg beeinflussen oft Verpfl- u ErfGesch gleichzeitig, auch wo diese auseinanderfallen; dann ist auch VfgsGesch anfechtb, RG **70**, 57, BGH Betr **66**, 818, Hamm VersR **75**, 814. AnfFrist hier ein Jahr ab Wiederherstellg der Willensfreih (§ 124). § 123 betrifft **Willenserklärungen jeder Art**, auch Anerkenng nichteheli Vatersch (§ 1600 b, RG DR **39**, 1156, BayObLG **58**, 10; Bedeutg der Anf: § 1600 m), VorVertr zu einem TarifVertr, BAG NJW **77**, 318, ist auch für VersichergsVerträge nicht dch § 101 VVG ausgeschl, RG **141**, 82; er gilt auch für „vollzogene" Mietverträge, Einf 5 c dd vor § 145, aA LG Mannh ZMR **65**, 185. Eig Argl schließt Anf nicht aus, u B ader SchadErsAnspr, RG SeuffA **91**, 86. – Sonderregeln gelten für Ehe, EheG 33 f, letztw Vfg §§ 2078, 2082, 2281, 2283 f, für ZwangsVergl KO 196 HRR **31**, 1181; vgl ferner §§ 166 u 318 u für KindesAnn § 1760. Über beschr Anfechtbark von Beteiligserklärgen an Handelsgesellschaften u Körperschaften sowie von Erklärgen auf Wechseln uä Umlaufpapieren vgl Übbl 4 e vor § 104, von ArbVerträgen Einf 5 c bb vor § 145 u § 119 Anm 1 c, von ProzHandlgen Übbl 5 vor § 104. – Bei WillErkl eines Vertr, die dch Täuschg od Drohg beeinflußt sind, kommt es auf die Beeinflussg des Willens des Vertr an; handeln Vertr u Vertretener zus, so kommt es uU auf beide an, vgl dazu § 166 Anm 3 a.

b) Verhältnis zu §§ 138, 116, 459 ff, 119. Die Beeinflussg des rechtsgeschäftl Willens dch Drohg od Täuschg widerspricht den guten Sitten; dennoch ist § 138 (Nichtigk) nicht anwendb, sofern sonstige Unsittlichk fehlt, da § 123 SonderG, § 138 Anm 1 f cc. – Im Falle der Drohg mag § 116 S 2 (erkannter stiller Vorbeh) vorliegen; auch hier gent § 123 als SonderG vor (vgl § 116 Anm 1). Ist das RGesch aus anderen Gründen nichtig, so ist Anf gleichwohl denkb, vgl Übbl 4 d vor § 104. Wo Rechte aus § 123 (Täuschg) mit Ansprüchen wg Sachmängeln (§§ 459 ff), insb SchadErs wg Fehlens zugesicherter Eigenschaften, argl Verschweigens von Fehlern (§ 463, Einzelheiten vgl Vorbem 2 d vor § 459) zusammentreffen, bestehen sie nebeneinander, RG **96**, 156 gg ältere Rspr; erklärte Anf schließt aber, da sie den Vertr vernichtet, die auf Vertr beruhenden Mängelrechte aus; umgekehrt dürfte Wandlgverlangen Anf nicht ausschließen, so auch BGH **LM** Nr 16 aE und für den ähnl Fall des Rücktritts Mü NJW **53**, 424, Hbg MDR **66**, 49. – Anf wg Täuschg kann (muß nicht) Anf wg Irrt enthalten, BGH **34**, 39. Nach wirks erfolgter Anf wg Irrt ist für Anf wg Täuschg kein Raum; Anspr aus § 122 entfällt aber in solchem Falle, vgl § 122 Anm 2.

c) Sonstige Ansprüche aus Drohg und Täuschg. Nach erfolgter Anf bestehen, soweit schon geleistet ist, Ansprüche aus §§ 812 ff. Da Drohg und Täuschg objektiv unerl Hdlgen sind (§ 826, ggf auch § 823 I und II), bestehen SchadErsAnsprüche gg den Drohenden od Täuschenden, soweit dieser schuldh gehandelt h u verantwortl ist, §§ 827 f. Der Anspr geht (gleichviel, ob angefochten ist od nicht) dahin, den Bedrohten od Getäuschten so zu stellen, wie er im Falle der Nichtabgabe seiner Erkl stehen würde, also auf das neg Interesse (Begriff § 122 Anm 3) ohne Begrenzg auf die Höhe des ErfInteresses. Hat der Bedrohte od Getäuschte die gelieferte Sache schuldh verschlechtert, soll nach BGH **57**, 144 das beiders Versch gem § 254 ggeinand abzuwägen sein, vgl dazu Vorbem 5 c aa vor § 249 u unten Anm 5. Anspr auf ein ErfInteresse kommt in Frage, wenn nicht (wirks) angefochten ist (nach BGH NJW **60**, 237 auch iF der Anf); Voraussetzg aber Bew, daß ohne Täuschg od Drohg der Vertr ebenf, aber unter günstigeren Bedingen abgeschl wäre (RG **103**, 49 u 159, BGH Betr **69**, 877); nach § 463 genügt iF der Täuschg beim Kauf, daß ein Fehler der Sache argl verschwiegen, u ferner in entspr Anwendg dieser Bestimmg, daß eine Eigensch argl vorgespiegelt ist, RG **103**, 160, stRspr, str. Der Anspr aus § 463 nicht Hdlg kann auch einrede w (auch nach Ablauf der Fr des § 124, vgl dort Anm 1) geltd gemacht w. Täuschg u Drohg begründen idR zugleich eine Haftg wg c. i. c. mit der Folge, daß Rechte aus dem Vertr nicht geltd gemacht w können (BGH **LM** Nr 47 Bl 2); im Ergebn besteht daher auch bei **fahrl Täuschg** vielf die Möglichk, die Rückgängigmachg des Vertr zu verlangen (§ 276 Anm 6 b cc).

d) Täuschung oder Drohung durch Dritte: aa) Bei **Drohung** ist die Pers des Drohenden unerhebl, BayObLG **54**, 86, BGH NJW **66**, 2390, die WillErkl ist jedenf anfechtb. Daher genügt die allg Zwangslage, in der sich Juden im NS-Staat seit 8. 11. 38 befanden, als Kollektivdrohg zur Anf eines dieser nachgebenden GrdstKaufVertr, KG SJZ **47**, 257, vgl auch BArbG RzW **59**, 502 (AbfindsVertr); Voraussetzg ist Widerrechtlichk der Drohg, vgl Anm 3 b. (Auf diesem Gedanken beruhten die Rückerstattgesetze der 3 Westzonen. Wo sie eingreifen, sind sie *lex specialis* u schließen § 123 aus, BGH **10**, 340.)

bb) Bei **Täuschung** dch Dritte (vgl auch Schubert AcP **168**, 471) ist nach II zu unterscheiden: streng einseit WillErklärgen sind anfechtb ohne Rücks auf die Pers des Täuschenden, empfangsbedürft bei Täuschg dch Dritte nur, wenn der ErklEmpf die Täuschg kannte od sie hätte kennen müssen (Bedeutg vgl § 122 Anm 5); begründet die Erkl unmittelb ein Recht für einen Dritten (zB aus Vertretg od aus Vertr zu seinen Gunsten, § 328), so kann auch angefochten w, und zwar dem Dritten ggü, wenn er die Täuschg kannte od kennen mußte. Täusch bei TreuhandVertr zugunsten des Dritten vgl RG **156**, 328. Eine SchuldÜbern gem § 415 kann Übernehmer jedenf ggü Schuldner anfechten (der also nicht Dritter ist), BGH **31**, 326.

cc) Dritter ist nicht, wer auf Seiten des ErklGegners steht u maßgebl am Zustandekommen des Gesch mitgewirkt h, Soergel-Hefermehl Rdz 29. Kein Dr ist daher der Vertr, RG **101**, 98, BGH **20**, 39, NJW **74** 1505, stRspr; der VersAgent (VVG 43), mag er auch seine Vollm überschritten h, RG JW **28**, 1740; der Strohmann einer Part, RG HansGZ **34** B 687; der vollml Vertr, wenn Part den VertrSchl gen, RG **76**, 108. Kein Dr ist auch der VerhandlgsGeh, der ohne AbschlVollm für eine Part an den Verhandlgen mitwirkt. Die fr Rspr h insow allerd verlangt, der VerhandlgsGeh müsse den Vertr prakt vollst vorbereitet h, RG **72**, 136, SeuffA **91** Nr 40. Diese Beschrkg h die neuere Rspr aber aufgegeben; sie stellt unter Heranzieh des RGedankens des § 278 darauf ab, ob die Beziehgen zw dem Täuschden u dem ErklGegner so eng sind, daß dieser sich die Täuschg wie eine eig zurechnen lassen muß, BGH NJW **62**, 2195, 1907, **78**, 2144, Schubert AcP **168**, 481. H beim finanzieren AbzGesch der Verk für den DarlGeb die VertrVerhdlgen geführt u den Käufer Veranlassg gegeben, in ihm die VertrauensPers des DarlGeb zu sehen, ist Verk im Verh zum DarlGeb kein Dr, ohne daß es auf die Dauer der GeschVerbindg ankommt, BGH **47**, 228 (in Fortführg von BGH **20**, 40 u **33**, 309). Alleinaktionär ist bei Verhandlg für AG kein Dr, wenn diese ledigl Werkzeug zur Durchsetzg seiner Belange, Düss WPM **76**, 1261. Schu, der Bü dch Täuschg zur BürgschÜbern veranlaßt h, w noch nicht dadch zum VerhandlgsGeh u zur VertrauensPers des Gläub, daß dieser BürgschUrk entworfen u Anstoß für die Verhandlgen gegeben h, BGH **LM** Nr 31; and, wenn,

87

Schu Beauftr des Gläub war, Köln OLGZ **68**, 131; wenn es sich um ein von Gläub u Schu gemeinschaftl geplantes u dchgeführtes Gesch handelt, RG JW **34**, 219; wenn das bes Interesse des Gläub iVm and Umst es rechtf, Gläub die Täuschg zuzurechnen, BGH NJW **62**, 1907 (Abtr einer GrdSch). Der bloße Vermittler (Makler) ist Dr, RG **101**, 97, BGH **33**, 309; and aber, wenn er nur von einer Part beauftragt u als deren VertrauensPers auftritt. VersAgent, der Antr falsch ausfüllt, um sich Prov zu erschleichen, ist im Verh zum VersNeh Dr, Hamm VersR **74**, 562.

2) a) Die **arglistige Täuschung** iS des § 123 setzt wie der strafrechtl Betrug das **Hervorrufen oder Aufrechterhalten eines Irrtums** dch Vorspiegelg od Unterdrückg von Tatsachen voraus, verlangt aber weder Bereicherungsabsicht des Täuschenden noch Schädig des Vermögens des Getäuschten, RG **134**, 55. Erforderl ist der **Vorsatz**, auf den ErklWillen des anderen einzuwirken; Eventualdolus genügt; so das Bewußtsein, daß die Täuschg den and zur Erkl bestimmen könne, BGH NJW **57**, 988, Hbg VersR **75**, 562, daß die ihm gemachte Angabe falsch sein könnte, RG JW **29**, 3161. Fahrläss Verhalten begründet, da nicht argl, die Anfechtbark niemals; so nicht Verschweigen eines wesentl Umstandes in der (fahrlässigen) Ann, er sei dem anderen bekannt, RG JW **12**, 908; das bestimmte Behaupten einer dem Behauptenden nicht sicher bekannten Tats kann auf bloßer Fahrlässigk beruhen (über mögl RFolgen fahrläss Täuschg aus c. i. c. vgl § 276 Anm 6 b). Argl erfordert nicht SchädiggsAbs, nicht einmal SchädiggsVors, BGH NJW **74**, 1505, wohl aber ein unlauteres Verhalten, str, aA v Lübtow, Bartholomeyczik-Festschr S 269 ff. Keine Argl daher, wo nur das Beste des and gewollt; doch muß das eindeutig sein, BGH **LM** Nr 9. Ist die RLage des Getäuschten dch das argl Verhalten nicht beeinträchtigt worden, ist Anf gem § 242 unzul, BGH **LM** Nr 48. Keine Argl auch bei unwahrer Erkl, wo wahrheitsgem Beantwortg einer Frage unzumutb (vgl unten c). Bloße Abs des Erklärden, Vertr zu erfüllen, kann auch RG AkZ **41**, 147 (vgl auch RG DR **41**, 201, HRR **29**, 367, aber auch RG **104**, 1) nur in AusnFällen Anf begründen; Ergebn bedenkl, da man sich im allg darauf verläßt, daß Gegner seinen Verpflichtgen nachkommen will, vgl BGH GRUR **56**, 93; Verweisg auf etwaige Vollstr und ErsMöglichkeiten (§§ 326, 276), die mit Kosten, Zeit u Risiko verbunden sind, ist unbefriedigd. – Der Täuschende braucht sich über die Pers des zu Täuschden nicht im klaren zu sein, RG JW **10**, 846 (zu § 85 I 4 ALR).

b) Täuschg dch **Vorspiegelg falscher Tatsachen** erfordert Angaben tatsächl Art, nicht bloßer Werturteile. Reklamehafte Anpreisgen begründen idR keine Anf (anders, wo sie auch bestimmte Behauptgen enthalten). Ebsowenig pers Werturteile, es sei denn, daß gerade sie ersichtl für die Abgabe der WillErkl bestimmt sein sollen (etwa eine erbetene Abschätzg). Unricht Erklärgen über wertbildde Merkmale des VertrGgst sind idR als Vorspiegelg falscher Tats anzusehen, auch bei bloße Anpreisgen zu werten, BGH Betr **76**, 2393, KG OLGZ **72**, 402. In der Äußerg einer Rechtsansicht liegt die Vorspiegelg einer Tats, wenn dadch die materielle Rechtslage unrichtig dargestellt w soll, KG OLGZ **72**, 261. Wahrheitsgem Erkl über übl Gewinn kann argl Täuschg sein, wenn sie den and zur unricht Vorstellg veranlaßt (u auch veranlassen soll), auch er w diese Gewinne erzielen, Bambg MDR **71**, 44 (AutomatenaufstellVertr). Ableugnen anderweit GeschlechtsVerk dch die Kindesmutter ist argl Täuschg, RG **107**, 175, Mü HRR **42**, 469, u zwar auch dann, wenn es nicht unter bes eindringl Beteuergen erfolgt, aA KG JR **49**, 383 (Bedeutg der Anf vgl § 1600 m).

c) aa) Das (bewußte) **Verschweigen** von Tats stellt nur dann eine argl Täuschg dar, wenn ggü dem and Teil eine AufklPfl bestand, RG **77**, 314, BGH **LM** Nr 10. Voraussetzgen u Umfang dieser Pfl ergeben sich aus § 242, vgl dort Anm 4 B d. Entscheidd ist, ob der VertrPart nach Treu u Glauben unter Berücksichtigg der VerkAnschauung redlicherw Aufkl erwarten durfte, RG **111**, 234, BGH NJW **70**, 655. Es besteht keine Pfl, alle Umst zu offenbaren, die für die Entschließg des and Teils von Bedeutg sein können, RG **62**, 150, BGH NJW **71**, 1799. Ungünst Eigensch der Pers od des VertrGgst brauchen grdsätzl nicht ungefragt offen gelegt zu w, Mü NJW **67**, 158, Ffm OLGZ **70**, 411, allerd muß auf nur eingr Fragen richt u vollst Antwort erfolgen, RG **91**, 82, BGH NJW **67**, 1222, **77**, 1915. Es darf nicht „ins Blaue hinein" ohne tatsächl AnhaltsPkte Mängelfreih behauptet w, BGH **63**, 388, NJW **77**, 1055. Legt der VertrPartn erkennb bes Wert auf best Umst od ergeben sich aus dem beabsichtigten Vertr best MindAnfdgen an die Pers des GeschGegners od GeschGgst, so besteht im allg Pfl, auf ihr Fehlen hinzuweisen, vgl BGH **LM** Nr 10, § 276 (Fb) Nr 1, NJW **71**, 1799. Wieweit die Aufkl gehen muß, hängt v on den Umst ab, insb von der Art des Gesch u der beteiligten Part. Ggü einer geschäftl unerfahrenen Part kann umfassde Aufkl über die VertrRisiken geboten sein, BGH **47**, 211, vgl auch Ffm BB **70**, 943. Ein bereits bestehdes Treueverhältn kann die AufklPfl erweitern, RG **111**, 234, ebso nach der Art des abzuschließden Vertr (Gesellsch, sonst Dauerschuld-Verhältn), BGH **LM** § 276 (Fb) Nr 1. – **bb)** Auch der ArbSuchde braucht grdsätzl nicht ungefragt zu offenbaren, daher Verschw der Schwangersch od von Vorstrafen idR keine argl Täuschg, Falkenberg BB **70**, 1014 mwN; Verschw von gesundheitl Beschw nur dann argl, wenn ArbN um erhebl Behinderg der Leistgsfähigk weiß, BAG Betr **76**, 1241. Gibt ArbN auf Befragen wahrwidr Erkl ab, handelt er nur dann argl, wenn die gestellte Frage zul war, wenn sie einen unzul Eingr in seine **Intimsphäre** darstellt, BAG NJW **58**, 516, BB **70**, 803. Zul sind Fragen nach Schwangersch, BAG NJW **62**, 74, nach dem GesundhZust, BAG NJW **64**, 1197, nach Schwerbeschädigteneigensch [jetzt: Schwerbehinderteneigensch], BAG **AP** Nr 19. Bei Fragen nach Vorstrafen braucht ArbN gem BZRG 51 die Vorstrafen nicht zu offenbaren, wenn dem BZRG 30 nicht in ein polizeil Führgszeugn aufgenommen w. Außerdem sind Fragen nach Vorstrafen nur zul, wenn u sow die Art des zu besetzden ArbPlatzes dies erfordert, BAG NJW **58**, 516, BB **70**, 803. Unzul Fragen nach GeschlechtsVerk od letzter Regel, LAG Düss Betr **71**, 2071, wohl auch nach Konfession u Parteizugehörigk, Falkenberg BB **70**, 1014. – **cc)** **Einzelfälle** (ja = Täuschg, nein = keine Täuschg; da alles von der Würdigg des Einzelfalls abhängt, ist die schemat Übertr auf and Fälle unzul): Verschw eines Unfalls beim Verk des Pkw, idR ja, BGH **29**, 150, **LM** Nr 10 **65**, 35, **67**, 1222, BB **75**, 644, Strutz NJW **68**, 436, nein bei bloßem Blechschaden, aber ja bei ausdr Befragen, BGH NJW **77**, 1915; keine Pfl, unaufgefordert darauf hinzuweisen, daß Verkäufer das Kfz nicht selbst untersucht hat, BGH NJW **77**, 1055; Verschw des Verdachts der Trocken- od Naßfäule bei GrdstVerk, ja, BGH **LM** § 463 Nr 9, Celle MDR **71**, 392; Verschw des Befalls mit Hausbockkäfern, idR, ja, BGH NJW **65**, 34; NichtAufkl des Käufers darü, daß der KaufGgst für den vertragl vorausgesetzten Zweck ungeeignet, idR ja, BGH NJW 71, 1799, Karlsr Betr 68, 2075; Verschw, daß das verkaufte HausGrdst zur Straßenerweiterg in Anspr genommen w soll, ja, BGH **LM** Nr 45; Verkauf eines Pkw früherer Serie als fabrikneu, str, bejahd Düss NJW 71, 624, Weber NJW 70, 430, verneind NJW 69, 2146, Zweibr MDR 70, 325, Ffm OLGZ 70, 410; NichtAufkl des Bürgen über die Verhältn des HauptSchu, idR nein, RG 91, 81, BGH WPM 56, 888, Hbg MDR 65, 741; NichtAufkl über die Wertlosigk der verkauften Hyp, uU ja, RG JW 21, 680; NichtAufkl des FdgsKäufers über die Verhältn des Schu, idR nein, BGH WPM 75, 157; Verschw eines Wassereinbruchs bei Verk einer Bergwerksaktie, ja, vgl RG 111, 235; Verschw von Tats, die für die Bemessg des AuseinandSGuth erhebl sind, uU ja, BGH WPM 72, 1443; Verschw von schweren Eheverfehlgen bei UnterhRegelg in AuseinanderSVergl, nach fr Recht uU ja, BGH FamRZ 73, 184; Verschw der Abs, den Vertr nicht zu erfüllen, ja, aA das RG, vgl oben Anm 2a; Verschw von anspruchsgefährdden Tats im EntschädiggsVerf, idR nein, BGH **LM** ZPO 138 Nr 10; Verschw von Vorerkrankgen bei Abschl eines VersicherngsVertr, Frage des Einzelfalls, Hbg VersR 71, 902, Köln VersR 73, 1034; Verschw einer Vielzahl ähnl Versichergen, uU ja, Düss VersR 72, 197; NichtAufkl über Verhandlgen mit and ArbG bei Gewährg von Weihnachtsgratifikation, nein, BAG 1, 42; Verschw von gesundheitl Beschw dch ArbN, nur dann ja, wenn ArbN um erhebl Behinderg der Leistgsfähigk weiß, BAG Betr 76, 1241; Verschw eig wirtschaftl Bedrängn, idR nein, and aber bei erhebl Gefährdg des VertrZweckes, BGH NJW 74, 1505, 1506, so etwa bei Übern einer GewährPfl, BGH **LM** § 417 Nr 2, bei Gefährdg des LohnAnspr desArbN, BAG NJW 75, 708.

3) a) Drohung ist jede **Ausübg psychischen Zwanges**, dh die beabsichtigte **Erregung der Furcht** vor künftigem Übel (zB auch Ankündigg fristloser Entlassg, BAG **2**, 233); nicht genügt Hinweis auf obj bestehende Zwangslage (BGH **2**, 295, **6**, 351), nicht einmal Ausnutzg eines bestehenden Übels (RG **87**, 82, uU liegt dann aber § 138 vor), schon gar nicht allg Unfreih der Willensbetätigg, vgl BGH **8**, 357, wohl aber Androhg, das Übel bestehen zu lassen, vgl RGSt **14**, 265; auch maßg Beteiligg an Zusammenrottg, LG Kiel MDR **49**, 366. Nicht hierher gehört die Anwend unmittelb körperl Gewalt (zB gewalts Führen der Hand bei Unterschrift); was so entsteht, ist keine WillErkl, da jede Willensbetätigg fehlt, BGH Betr **75**, 2075; ebsowenig gehört hierher das Handeln in Hypnose; die WillErkl ist nichtig nach § 105. – Der Täter muß sich bewußt sein, daß seine Drohg den Willen des Erklärenden beeinflussen kann, RG **104**, 80; er braucht sie nicht ernst zu meinen; nicht notwendig ist auch seine Verantwortlichk nach §§ 827, 828 (vgl Staud § 123 Anm 5, str!); denn § 123 will nur die Willensfreih schützen, nicht den Drohenden strafen. – Das angedrohte Übel kann jeder Art sein; es braucht nicht den Bedrohten unmittelb zu treffen, BGH **25**, 217; ist es nur geringfügig, so bedarf die Ursächlichk der Drohg (Anm 4) bes eingehender Prüfg. Der bloße Hinweis auf ein ohne Zutun des Hinweisenden drohendes Geschehen reicht nicht aus. – Drohg seitens Dritter, auch Kollektivzwang, vgl Anm 1d.

b) Die Beeinflussg des Willens dch Drohg muß **widerrechtlich** sein. Diese Voraussetzg ist in drei Fallgruppen erfüllt: bei Widerrechtlichk des angedrohten Verhaltens (unten aa), bei Widerrechtlichk des erstrebten Erfolgs (bb) u bei Widerrechtlichk der Mittel/Zweck-Beziehg (cc), BGH **25**, 217, **LM** Nr 32.

aa) Bei Drohg mit einem rechtsw Verhalten ist die Willensbeeinflussg widerrechtl, auch wenn sie der Dchsetzg eines bestehden Anspr dient, **Widerrechtlichkeit des Mittels**, BGH **LM** Nr 32. Die Drohg mit einem strafb od sittenw Verhalten berecht stets zur Anf, Soergel-Hefermehl Anm 40. Entsprechendes gilt grdsätzl für die Drohg mit einem VertrBruch, RG **108**, 104. Dabei ist allerdings der Sicht des Drohden auszugehen: Hält er das angedrohte obj vertrwidr Verhalten in vertretb Würdigg für erlaubt, entfällt die Widerrechtlichk des Mittels, BGH **LM** Nr 28; das AnfR kann sich dann, wenn überh, nur aus der Mittel/Zweck-Beziehg ergeben, vgl unten cc. Rechtmäß ist die Drohg mit einer vertragl zul Künd, BGH Betr **78**, 1174. Wirkt ein GerVorsitzender mit der Drohg auf einen Vergl hin, andf werde ohne erneute Beratg ein ungünst Urt ergehen, soll diese Drohg wg Verstoßes gg ZPO 156 widerrechtl sein, BGH NJW **66**, 2399 mit zustimder Anm von Ostler; bedenkl, vgl die Kritik von Schneider ebda, Arndt NJW **67**, 1585, Wenzel NJW **67**, 1587, Kubisch NJW **67**, 1605.

bb) Die Willensbestimmg dch Drohg ist weiter widerrechtl, wenn der erstrebte Erfolg rechtsw ist, **Widerrechtlichk des Zweckes**, BGH **LM** Nr 32. Hierzu genügt entgg der älteren Rspr des RG (RG JW **05**, 134) nicht, daß der Drohde keinen RAnspr auf die erstrebte WillErkl h, RG **166**, 44, BGH **2**, 296, **25**, 219, BAG NJW **70**, 775. Wenn der RAnw die Weiterführg des Mandats von der Vereinbg eines Sonderhonorars abhäng macht, handelt er daher nicht ow widerrechtl, BGH Betr **78**, 1174. Der erstrebte Erfolg muß vielm verboten od sittenw sein; damit ist diese Fallgruppe neben §§ 134, 138 prakt wenig bedeuts, vgl aber Übbl 4d von § 104.

cc) Die Willensbeeinflussg dch Drohg ist ferner widerrechtl, wenn zwar Mittel u Zweck für sich betrachtet nicht anstöß sind, aber ihre **Verbindg** – die Benutzg dieses Mittels zu diesem Zweck – gg das Anstandsgefühl aller bill u gerecht Denkden verstößt, **Inadäquanz von Mittel und Zweck**, BGH **2**, 296, **25**, 220, **LM** Nr 32, BAG NJW **70**, 775. Bei Drohg mit einem an sich erlaubten Mittel (Klage, andRBehelf, Künd, StrafAnz usw) ist die Widerrechtlichk idR ausgeschl, wenn der Drohde einen RAnspr auf den erstrebten Erfolg h, RG **110**, 384, BGH **25**, 219. Ands macht nicht schon das Fehlen eines RAnspr die Drohg unzul, vgl oben bb. Entscheidd ist, ob der Drohde an der Erreichg des verfolgten Zwecks ein berecht Interesse h u ob die Drohg nach Treu u Glauben noch als ein angem Mittel zur Erreichg dieses Zwecks zu werten ist, BGH **2**, 297, BAG NJW **70**, 775. KlAndrohg idR selbst dann nicht widerrechtl, wenn geltd gemachter Anspr nicht besteht, BGH WPM **72**, 946. Drohg mit StrafAnz kann ausnw auch zul sein, wenn sie einen Angeh des Täters zur Wiedergutmachg des Schad veranlassen soll, etwa, wenn dieser Nutznießer war od einer Teiln verdächt ist, BGH **25**, 221, WPM **73**, 36, 574, krit Zweigert JZ **58**, 570. Erforderl ist eine umfassde Würdigg aller Umst, BGH **LM** Nr 32, der die zZ der Drohg herrschden Anschauungen zu Grde zu legen sind. Dabei ist von der Sicht des Drohden auszugehen: nimmt er in vertretb Beurteilg eine Sachlage an, bei der sein Vorgehen zul wäre, entfällt die Widerrechtlichk, BGH **LM** Nr 28, BAG **AP** Nr 18, sehr str; Tats- u RIrrt stehen insow grdsätzl gleich, BGH **LM** Nr 28 aE (mißverständl BGH **25**, 224); unbeachtl ist jedoch der Irrt darü, ob die Drohg im konkreten Fall von der ROrdng mißbilligt w,

BGH **LM** Nr 28 aE, auch RG **108**, 104. – Bsp: AnfR verneint: Vergl über einen aus der Sicht des Geschädigten angem SchadErsBetr nach Drohg mit StrafAnz, RG **112**, 228; SchuldAnerk nach Drohg mit StrafAnz, BAG **AP** § 781 Nr 1; Unterh- u AuseinanderSVergl zw Ehg nach Drohg mit StrafAnz wg Bigamie, sofern Leistgen im Rahmen des Angem RG **166**, 44; Verz auf MaklerProv ggü Verk (bei Aufrechterhaltg des ProvAnspr gg Käufer) nach Drohg mit NichtVerk des Grdst, BGH NJW **69**, 1627; Einwilligg in Adoption eines nichtehel Kindes dch Mutter nach Drohg, sie w andf aus dem Elternhaus verstoßen, BGH **2**, 295; (auch nach Einf des Dekretsystems wg § 1760 II d weiter von Bedeutg); Bürgsch für weitere Verbindlichk nach Drohg, andf w der Bü aus früherer Bürgsch in Anspr gen, BGH **LM** Nr 28; vertragl Beendigg des ArbVerh nach Drohg mit fristl Künd, sofern Künd aus der Sicht eines verständ ArbG vertretb, BAG NJW **70**, 775, LAG BaWü Betr **74**, 195 (dazu krit Herschel Anm zu **AP** Nr 16, Deubner JuS **71**, 71). AnfR bejaht: Verk eines Grdst nach Drohg mit Nichteinlösg eines Wechsels, BGH **LM** Nr 32.

4) Täuschg und Drohg müssen für die WillErkl **ursächlich** sein, dh die Erkl müßte ohne die Täuschg (Drohg) gar nicht od nicht so od nicht zu der Zeit, wie geschehen, abgegeben sein, vgl RG **134**, 51; kein UrsZushang, wenn Anfechtder die WillErkl aGrd eig selbstd Überleggen unabhäng von der Täuschg (Drohg) abgegeben hat, BGH WPM **74**, 1023; es genügt aber, daß die Täuschg (Drohg) mitbestimmd war, RG **77**, 314; das ist auch dann der Fall, wenn der Anfechtde die Täuschg zwar erkannt, sich aber über ihr Ausmaß geirrt hat, BGH Betr **76**, 141. Mitversch des Getäuschten steht der Anf nicht entgg, BGH NJW **71**, 1798, ist aber ggf ggü einem SchadErsAnspr zu berücksichtigen, § 254. Nach Hbg MDR **47**, 253 muß die abgegebene WillErkl dem mit der Drohg verfolgten Zweck entsprechen oder die dch Drohg (Täuschg) nur veranlaßte, nicht bezweckte WillErkl nicht angefochten werden; in dieser Allgemeinh bedenkl, da Willensfreih nicht bestand; die Anf mag dann aber unzul Rechtsausübg (vgl § 242) darstellen. Wo der Erklärende zur Erkl ohnehin verpflichtet, wo die Drohg unbedeutend od zur Willensbeeinflussg wenig geeignet, od die vorgespiegelte Tats von geringer Bedeutg od wenig glaubh war, wird ursächl Zusammenhang schwer nachweisbar sein, da idR anzunehmen ist, daß der Erklärende sich von vernünftigen Erwäggen leiten ließ; grdsätzl kommt es aber nur darauf an, wie der Erklärende ohne die Willensbeeinflussg wirkl gehandelt hätte, nicht (wie nach § 119) darauf, wie er bei vernünftiger Würdigg des Falles hätte handeln müssen, RG **81**, 16. Ursächlichk ist aber nach Bew ersten Anscheins anzunehmen, wenn eine Täuschg nach Lebenserfahrg geeignet, die Erkl zu beeinflussen, BGH NJW **58**, 177, aA BGH NJW **68**, 2139 mit der Begründg, daß es im Lebenserfahrg, ob eine Täuschg für die WillErkl bestimmd ist, nicht gäbe (das muß nicht immer zutreffen).

5) Rechtsfolge der Täuschg od Drohg ist die Anfechtbark der WillErkl (Übbl 4 d v § 104). Die WillErkl gilt zunächst, der Getäuschte od Bedrohte (nur er) kann sie aber dch Anf (§ 142) vernichten. Ist die WillErkl Teil eines Vertr, w dch die Anf grdsl das RGesch im ganzen nichtig (§ 139). Möglichk der TeilAnf vgl § 142 Anm 1. Bereits erbrachte Leistgen sind gem § 812 zurückzugewähren. Daneben hat der Getäuschte (Bedrohte) idR SchadErsAnspr aus unerl Hdlg od c.i.c. (oben Anm 1 c). Eig Arglist des Getäuschten (Bedrohten) beseitigt sein AnfR nicht (BGH **33**, 310). Es ist aber gem § 242 ausgeschl, falls AnfGrd, insb bei DauerschuldVerh, für die VertrDchführg keine Bedeutg mehr hat, BAG NJW **70**, 1565. Zufälliger **Untergang** der vom Getäuschten (Bedrohten) zurückzugewährenden Leistg läßt AnfR unberührt, BGH **53**, 144. Auch wenn AnfBerecht Untergang (wesentl Verschlechterg) verschuldet hat, behält er sein AnfR; § 351 ist nicht entspr anwendb, BGH **57**, 137, str, aA Huber JuS **72**, 439; sein Anspr auf Rückgewähr der von ihm erbrachten Leistg w aber gem §§ 242, 254 gemindert, BGH aaO u § 818 Anm 6 D c.

6) Die **Beweislast** für den ges Tatbestd trifft den Anfechtden, Warn **28**, 119, BGH NJW **57**, 988, vgl aber Köln VersR **73**, 1161. Anfechtder muß ggf widerlegen, daß Irrt nachträgl bei der Aufklärg beseitigt worden ist, BGH **LM** Nr 47. Bew des ersten Anschs kommt insb für ursächl Zushang in Frage, vgl Anm 4. Wo TäuschgsAnf mit Verschweigen begründet w, muß Gegner ggf Behauptgen darü aufstellen, wann u wie er die erforderl Angaben gemacht h will, was der Anfechtde zu widerlegen h, vgl RG JW **18**, 814.

124 *Anfechtungsfrist.* **I** Die Anfechtung einer nach § 123 anfechtbaren Willenserklärung kann nur binnen Jahresfrist erfolgen.

II Die Frist beginnt im Falle der arglistigen Täuschung mit dem Zeitpunkt, in welchem der Anfechtungsberechtigte die Täuschung entdeckt, im Falle der Drohung mit dem Zeitpunkt, in welchem die Zwangslage aufhört. Auf den Lauf der Frist finden die für die Verjährung geltenden Vorschriften des § 203 Abs. 2 und der §§ 206, 207 entsprechende Anwendung.

III Die Anfechtung ist ausgeschlossen, wenn seit der Abgabe der Willenserklärung dreißig Jahre verstrichen sind.

1) Allgemeines vgl § 123 Anm 1. Die Fristen des § 124 sind Ausschluß-, nicht VerjFristen, VerjRegeln außer den in **II** genannten daher unanwendb. Der Ablauf der Frist des **I** schließt sonstige Ansprüche und Einreden aus der Täuschg od Drohg (vgl § 123 Anm 1c) nicht aus, RG **130**, 215, jetzt stRspr; insb kann aus unerl Hdlg od aus Versch bei VertrSchluß mit § 249 noch Rückgängigmachg des Vertrages (auch einredew) verlangt w; aber nur, wenn der Getäuschte (Bedrohte) seinerseits zur Rückgewähr bereit ist, RG aaO. Der Tatbestd des § 123 allein genügt nicht, um nach FrAblauf eine Rückgängigmachg des Vertr wg c.i.c. od gem §§ 823 II, 249 zu rechtf, BGH NJW **69**, 604. – Auch wenn AnfFr gewahrt ist, kann Anf – insb bei Dauerschuldverhältn – gem § 242 unzul sein, falls AnfGrd für die VertrDchführg keine Bedeutg mehr h, BAG NJW **70**, 1565.

2) Die Frist des **I** läuft ab Kenntn der Täuschg, also des Irrt u der TäuschgsAbs, RG **59**, 96 (das Gesamtbild entsch, nicht jede einz Angabe braucht als falsch erkannt zu sein, RG JW **38**, 2202, Kennenmüssen od Vermutg genügt aber nicht, BGH WPM **73**, 751), od Aufhören der Zwangslage, dh der Furcht vor dem angedrohten Übel. – **Fristberechng** vgl §§ 186 ff. Hemmg der Frist nach **II 2**, wegen Hinderg der Rechts-

Rechtsgeschäfte. 2. Titel: Willenserklärung §§ 124, 125

verfolgg dch höhere Gewalt u Ablaufhemmg bei nicht voller Geschgk und Erbgang, vgl §§ 203 II, 206, 207. – Im Ggs zu § 121 wird die Frist nicht dch Absendg der AnfErkl gewahrt. – Zur Frist des III vgl § 121 Anm 5.

3) Beweislast für Verspätg trifft den AnfGegner, Warn **11**, 361.

125 *Nichtigkeit wegen Formmangels.* Ein Rechtsgeschäft, welches der durch Gesetz vorgeschriebenen Form ermangelt, ist nichtig. Der Mangel der durch Rechtsgeschäft bestimmten Form hat im Zweifel gleichfalls Nichtigkeit zur Folge.

1) Vorbemerkg zu §§ 125–129. – a) Der nach BGB herrschde **Grundsatz der Formfreiheit** w dch **gesetzliche Formvorschriften** eingeschränkt. Diese sollen vor übereilter Abg einer Erkl von bes Tragweite schützen (**Warnfunktion**) od Abschl u Inhalt eines RGesch klarstellen (**Beweisfunktion**); idR treffen beide Funktionen zus. Die notarielle Beurkundg soll darüberhinaus eine ausr Belehrg u Beratg der Beteil sicherstellen (**Schutzfunktion**). Ausnw kann die FormVorschr auch den Zweck haben, eine wirks behördl Überwachg zu gewährleisten, **Kontrollfunktion** (Bsp: GWB **34**, BGH **53**, 306, BGH NJW **78**, 822). Zu den gesetzl FormVorschr iS von § 125 S 1 gehören auch tarifl AbschlNormen, RG **169**, 388, BAG BB **55**, 669, im Ggs zu den BewZwecken dienden Inhaltsnormen, BAG BB **55**, 669, und den in BewirtschaftsAO enth Vorschr über Schlußscheine, die Bestät- u BewUrk darstellen, BGH **LM** Nr 7. An Formen für RGesch sind vorgesehen: 1. Schriftform, § 126. – 2. Notarielle Beurkundg, § 128, die nach § 127a ersetzt w dch Aufn der Erkl in einen gerichtl Vergl. Teilw w zusätzl die gleichzt Anwesenh der Beteil gefordert, so beim EheVertr (§ 1410) u beim ErbVertr (§ 2276). – 3. Öff Beglaubigg der Unterschrift; § 129. – Einzelne bes Formen, zB für die Auflassg (§ 925), das Testament (§§ 2231 ff) u die Eheschl (EheG 11, 13). – Zur Form des Vorvertrages vgl Einf 4b vor § 145. Nicht der Form des zu tätigden RGesch bedürfen Vollm, § 167 II (Ausn vgl § 167 Anm 1b), Einwillig u Genehmigg, § 182 II. – Auch dch RGesch können Formen vorgeschrieben w, zB dch vorangegangene Vereinbg, dch Bevollmächtig zum Abschl nur in bestimmter Form, durch letztwill Anordng; sog **gewillkürter Formzwang**, S 2.

b) VerpflichtsErkl der **Gemeinden** bedürfen nach den GemO der Länder idR der Schriftform, der eigenhänd Unterzeichng dch ein oder zwei bes Organwalter u zT noch weiterer Förmlichk (Beifügg des Dienstsiegels od der Amtsbezeichng). Ausgen hiervon sind – außer in Bay – Gesch der laufden Verw (vgl hierzu BGH **14**, 93, **21**, 63, **32**, 378, Celle OLGZ **76**, 441); bei Darl u ähnl Gesch ist idR außerdem eine Gen der AufsBeh erforderl; vgl GemO *BaWü* §§ 54, 94; *Bay* Art 38 II, 71, 72, 73; *Hess* §§ 71 II, 79, 107; *Nds* §§ 63, 100; *NRW* §§ 56, 61 II, 80; *RhPf* §§ 56, 91; *Saarl* §§ 57, 94; *SchlH* §§ 50, 57, 61, 93. Die hL sieht derart Bestimmgen als FormVorschr n zugl als ZuständigkeitsRegeln an, Soergel-Hefermehl Rdn 2, 26, Hamel DVBl **55**, 796, Westermann zu AP Nr 7. Sie w aber mit der Rspr, soweit sie RGesch des PrivatR betreffen, ausschließl als **Zuständigkeitsregelgen** (Regelgen der Vertretg) aufzufassen sein, da dem Landesgesetzgeber nach EGBGB **4**, 3 die Kompetenz zum Erlaß von FormVorschr fehlt, BGH **32**, 380, NJW **66**, 2402, BAG **AP** Nr 7, Schlesw SchlHA **71**, 201, str, aber BGH **21**, 64. Die Beachtg der vorgeschriebenen Förmlichk ist Voraussetzg dafür, daß die GemOrgane wirks als Vertreter handeln können, so schon RG **64**, 414, **82**, 8, **139**, 61; ihre Nichtbeachtg führt daher nicht zur Anwendg des § 125, sond der §§ 177 ff, BGH NJW **66**, 2402, BAG **AP** Nr 7, Ffm Rpfleger **75**, 177, str, vgl auch § 178 Anm 3. Ähnl Regelgen gelten uU für und öffr Körpersch. Soweit sie Sparkassen betreffen, handelt es sich aber um wirkl FormVorschr, deren RGrdl EG 99 ist (BGH WPM **78**, 895, NJW **58**, 866).

Str ist, ob die Körpersch bei Fehlen der vorgeschriebenen Förmlichk nach **Treu u Glauben** an den abgegebenen Erkl festgehalten w kann, vgl Nipperdey JZ **52**, 577, Beitzke MDR **53**, 1, Reinicke RFolgen formwidr Vertret, 1969, S 137 ff. Nach der Rspr ist zu unterscheiden: **aa)** Sind für die Körpersch unzust Organe aufgetreten od fehlt eine Gen, ist die Erkl unverbindl, da öffentl ZustdgkRegelgen nicht unter Berufg auf § 242 außer acht gelassen w können, RG **157**, 211, **162**, 149, BGH **LM** DGO § 36 Nr 1, NJW **72**, 940, str. Nur im ArbR kann der ZustdgkMangel uU im Interesse des ArbNSchutzes gem § 242 unbeachtl sein, BAG JVBl **71**, 275, **AP** BAT 22, 23 Nr 34. Wirks ist der Vertr ferner, wenn die Voraussetzgen für ein Duldgs- od AnschVollm vorliegen, § 173 Anm 4 d bb. Unabhäng hiervon kann Haftg aus culpa in contrahendo eintreten, BGH **6**, 333, § 276 Anm 6 a, ebso Haftg aus HGB 354, BGH **LM** HGB 354 Nr 5. **bb)** Sind für die Körpersch die zust Organe aufgetreten u fehlen lediglich sonst Förmlichk (Schriftform, Siegel), sind die Grds über die Einschrkg der Formnichtigk dch § 242 entspr anwendb, BGH **21**, 65, NJW **58**, 866, **73**, 1494. Zwar handelt es sich nicht um einen Formmangel im eigentl Sinn (vgl oben), die Interessenlage ist aber dieselbe. Die Körpersch ist daher gebunden, wenn es bei Würdigg aller Umst mit Treu u Glauben unvereinb ist, den Vertr an der Nichtbeachtg der vorgeschr Förmlichk scheitern zu lassen, vgl Anm 6 A.

2a) Nach § 125 hat **Mangel der Form** grdsätzl **Nichtigkeit** (vgl Übbl 4a vor § 104) des Geschäfts zur **Folge**. Nach dem Wortlaut gilt das für gesetzliche Formvorschr uneingeschränkt. Ausnahmen aber §§ 566, 1154 und wo der Ausleg der FormVorschr ausnahmsw ein anderes ergibt, vgl RG **73**, 74; prakt führt zu Ausnahmen auch die Zulassg des GgEinwands unzulässiger Rechtsausüb, vgl unten Anm 6. Der Mangel einer **rechtsgeschäftlich vorgeschriebenen Form** hat Nichtigk nur im Zweifel zur Folge, dh wo nicht ein anderer Wille des die Form Vorschreibenden ersichtl (Ausleg nach § 133; vgl dazu unten b). Eine Besonderh gilt für Schriftformklauseln in **AGB**. Sie sind wg des Vorrangs der IndVereinbg ggü mdl Nebenabreden ohne Wirkg (vgl AGBG 4 Anm 2, str). Vereinbarter Formzwang kann jederzeit formlos **aufgehoben** w, BGH NJW **68**, 33, Schmidt-Salzer NJW **68**, 1257, aA Eisner NJW **69**, 118, vgl auch Boergen BB **71**, 202. Stillschw Aufhebg (Einschränkg) des Formzwanges ist anzunehmen, wenn die Part die Maßgeblichk der mdl Vereinbg gewollt h, BGH NJW **62**, 1908, Betr **67**, 80, WPM **68**, 1100, u zwar auch dann, wenn sie an die Schriftformklausel nicht gedacht h, BGH **71**, 164, NJW **65**, 293, **75**, 1654, od die Klausel dahin gefaßt ist, auf die Geltdmachg mdl Absprachen w verzichtet, Tiedke MDR **76**, 367. And aber, wenn die Part dch IndVereinbg auch für die Aufhebg des Formerfordern Schriftform vereinb h, BGH **66**, 378, krit Reinicke Betr **76**, 2289. Genügt mdl Abrede, sind strenge BewAnfordergen zu stellen. Stillschw Duldg ist nach RG DR **43**, 487 idR nicht iS einer Abänderg zu werten, lange dauerndes

91

Verhalten gem dem formlosen bzw entgg dem formellen Vertr ergibt aber meist Aufhebg der Formabrede (Celle NdsRpfl **49**, 72); in solchem Falle Beweislast für Nichtänderg bei dem, der sich darauf beruft, BGH NJW **66**, 826. Versprechen der schriftl Bestätigg der mdl vereinbarten Änd bewirkt, wo Schriftform vereinbart, Änd noch nicht, BGH NJW **68**, 33. Kein Verz auf Form, wenn zu mdl Vereinbg Entsch des Vertretenen (GeschInh) eingeholt w soll, Hamm MDR **74**, 577. Gilt für Künd Schriftform, enthält widsprlose Hinn einer mdl Erkl nicht ow die Aufhebg der Formabrede, BAG JZ **78**, 317. UU kann Berufg auf Formmangel mißbräuchl sein, vgl Anm 6.

b) Rechtsgeschäftl FormVorschr ist nach § 133 a u s z u l e g e n, dabei ist ihr Zweck maßg. Geht er auf BewSicherg od Klarstellg, so führt Mangel nur zum Anspr auf Nachholg der Form (ähnl § 127 S 2 Halbs 2, vgl zB BGH NJW **64**, 1270). SchriftformVorbeh für Änd eines OHG-Vertr hat idR nur klarstellde Bedeutg u seine Verletzg führt nicht zur Nichtigk, BGH **49**, 365, krit dazu Hueck Betr **68**, 1207. Das ist insb dann anzunehmen, wenn der GesellschVertr für VertrÄnd MehrhBeschl genügen läßt (Venrooy NJW **78**, 716 gg Düss NJW **77**, 2216). Geht Zweck der Form auf Mitteilg in bes zuverlässiger Form, so genügt alles, was diesem Zweck voll entspricht, also bei Vereinbg, daß WillErkl dch Einschreiben erfolgen soll, einf schriftl Mitteilg, wenn sie nachweisl die Pers erreicht hat, der ein eingeschriebener Brief zugestellt worden wäre, RG **77**, 70, LAG Hbg Betr **72**, 980; vgl auch RG **98**, 235. Vereinbg notar Beurkundg macht Formwahrg nicht immer zur Voraussetzg der Gültigk des RGeschäfts, vgl BGH DNotZ **63**, 314. Zu vermuten ist aber, daß auch die rechtsgeschäftl vorgesehene Form zwingd sein soll („im Zweifel"), so auch § 154 II; das Ggteil wäre zu beweisen. UU kann Formabrede dahin auszulegen sein, daß sie nicht für den Vertr im ganzen, sond nur für seine wesentl Bestandt gilt.

3) Formmangel führt zur Nichtigk der formbedürft Erkl u damit nach § 139 idR **zur Nichtigkeit des ganzen RGeschäftes;** so ist bei tarifvertragl Vereinbg schriftlicher Künd eines ArbVertrags die bloß mündliche unwirks, BAG AP Nr 1. Auch ein formungült ArbVertr ist nichtig; bei verwirklichtem ArbVerhältn hat aber Berufg darauf nur Wirkg für Zukunft, BAG **AP** Nr 2. – Der gesetzl Formzwang gilt für alle mit dem Vertr im ZusHang stehden Vereinbgen, wenn sie nach dem Willen der Part Bestandt des einheitl Gesch sein sollen, BGH WPM **78**, 846, & 313 Anm 8a. Sie erstreckt sich daher auch auf **Nebenabreden**, BGH DNotZ **66**, 737, **71**, 37, soweit sich nicht aus dem Zweck der FormVorschr etwas and ergibt, BGH Betr **77**, 764 (zu GmbHG 55 I). Formmangel der Nebenabrede macht das ganze Gesch nichtig (vgl RG **65**, 393), sofern die Nebenabrede nicht eine bloße Einschränkg der HauptErkl ist, RG **71**, 415, od ausnahmsw als selbst RGesch völl unabhäng von dem HauptErkl gewollt ist; Voraussetzg ist dabei, daß die NebenErkl wirkl VertrInhalt werden sollte, was bei urkundl Erkl, die sie nicht einmal andeutgsw enthält, nicht zu vermuten ist, vgl Anm 5. Bei zugesetztem Vertr ist auch zu prüfen, ob die versch Erkl trennb u entgg der Regel des § 139 selbstd aufrechtzuerhalten, vgl zB Saarbr NJW **69**, 662 (Kaufwärtervertr). Der gesetzl Formzwang gilt grdsl auch für spätere **Ändergen** u Ergänzgen, Soergel-Hefermehl Rdz 7, § 313 Anm 10. War nur die Erkl einer Part formbedürftig (Schenkg, Bürgsch), können aber deren Verpfl formlos gemindert od abgeschwächt w, RG **71**, 415. Grdsl formfrei ist die **Aufhebg** eines formbedürft RGesch, § 305 Anm 3. – Bei gewillkürter Form ist zunächst der Umfang des Formzwangs (vgl Anm 2) dch Auslegg (§ 133) zu ermitteln. Nachträgl Formvereinbg macht das bereits abgeschl Gesch nicht unwirksam ist, Warn **30**, 69, wenn das nicht nachgewiesen w müßte, RG **94**, 133. – Kein Formmangel ist es, wenn anderes als das Gewollte förml festgelegt, aber feststeht, was Beteiligte wirkl wollten (falsa demonstratio, vgl Einf 2 a vor § 116, § 119 Anm 2, § 313 Anm 8 e).

4) Heilung des Formmangels tritt nach ausdr Vorschr ein in den Fällen der §§ 313, 518, 766, 2301 und GmbHG 1 IV, ZPO 1027 I dch Erfüll; geheilt wird die gesamte Vereinbg mit allen Nebenerklärgen. Auflassg hat jedoch nur dann heilende Kraft nach § 313 S 2, wenn sie die formungült Vereinbg decks u erfüllen soll, OGH NJW **49**, 182. Die formnichtige Ehe wird dch Zeitablauf vollgültig, EheG 17 II. Sonderregel über beschr Verbindlichk inf Erfüll in AbzG 1 a III. In and Fällen heilt Erf usw nicht, vgl RG **67**, 208, **137**, 175, BGH NJW **67**, 1128, stRspr, str. Wohl aber kann im ErfGesch, wenn die notw Form auch bzgl der Nebenabreden gewahrt, eine Neuvornahme des VerpflGesch liegen. Ausdehg der HeilgsVorschr empfiehlt mit beachtl Gründen Lange AcP **144**, 149 u für Heilg des Vorvertr Reinicke Rechtsfolgen S 25.

5) Die über ein RGesch aufgenommene Urkunde hat, wenn sie eindeutig ist, sowohl bei gesetzl wie bei gewillkürter Form die **Vermutung der Vollständigkeit und Richtigkeit** für sich, RG **68**, 15, BGH VersR **60**, 812, **LM** § 242 (Be) Nr 24 Bl 1 R; dies gilt auch für unwiderspr Bestätiggsschreiben, vgl § 148 Anm 2. Wer behauptet, daß in der Urk nicht enthaltene Nebenabreden gelten sollten, muß beweisen, daß diese zZ der Aufsetzg (im Falle der Heilg zZ der Heilg, RG JW **12**, 237) als GeschInhalt noch gewollt waren; die Tats, daß über sie bei Vorverhandlgen Einigk bestand, genügt allein nicht; die BewAnfordergen sind nach Lage des Falles versch, vgl zB RG **65**, 49, **88**, 370. Bes strenge Anfordergen, wenn VertrPart Nebenabreden zu von ihr aufgestelltem Formular behauptet, Köln JMBlNRW **70**, 154. Mögl Ergebnisse: **a)** Nebenabrede war nicht mehr beiders gewollt; der geschriebene Vertr gilt, die Nebenabrede nicht. – **b)** Sie war noch beiders gewollt, findet in der Urk auch genügd Ausdr (ob das zutrifft, ist Frage der Auslegg, bei der alle Umst zu berücksichtigen sind, vgl § 133 Anm 2): Der Vertr gilt einschl der Nebenabrede. – **c)** Nebenabrede war beiders als Vertragsteil (nicht etwa als selbstd Gesch, vgl Anm 3) gewollt: bei gesetzl Formzwang Nebenabrede nichtig, dch auch GesamtGesch, regelt sich nach § 139; bei gewillkürter Form wird meist Gültigk der Abrede unabhängig von Form gewollt sein, evtl besteht Anspr auf Nachholg der Form; vgl Anm 2 und 3. – Auch wer behauptet, die Urk enthalte nicht das Vereinbarte, hat bei eindeut Urk zu beweisen, daß der übereinstimmde Wille ein anderer war, oder muß, um anfechten zu können, einwandfrei dartun, daß er über den Inhalt geirrt hat, Warn **10**, 1; vgl § 119 Anm 6.

6) Formnichtigkeit und Treu und Glauben
Neueres Schrifttum: Coing, DNotartag 1965, 29; Gernhuber, Festschr für Schmidt-Rimpler, 1957 S 151; Herminghausen DNotZ **58**, 115; Klingsporn Betr **67**, 367; Lorenz AcP **156**, 381; ders JuS **66**, 429; Reinicke, RFolgen formwidr abgeschl Vertr, 1969; Scheld Rpfleger **70**, 413.

Rechtsgeschäfte. 2. Titel: Willenserklärung § 125 6

A) Allgemeines. Gesetzl FormVorschr dürfen im Interesse der RSicherh nicht aus bloßen Billigk-Erwäggen unbeachtet gelassen w, BGH **29**, 10, **45**, 182, NJW **73**, 1456, BAG **5**, 63. Ausn sind nur in bes liegden Fällen zul, wenn es nach den Beziehgen der Part u den Umst mit Treu u Glauben unvereinb wäre, die vertragl Abrede am Formmangel scheitern zu lassen, BGH NJW **69**, 1169; das Ergebn muß – nach einer von der neueren Rspr ständ gebrauchten Formel – für die betroffene Part nicht bloß hart, sond schlechthin **untragbar** sein, BGH **29**, 10, **48**, 398, **LM** § 313 Nr 48, DNotZ **76**, 94. Liegen diese Voraussetzgen vor, so ist das RGesch trotz des Formmangels als gült zu behandeln; es kann auf **Erfüllg** geklagt w, BGH **23**, 255, hM. § 125 steht nicht entgg, da er insow dch § 242 begrenzt w, Soergel-Siebert § 242 Anm 358 Reinicke aaO S 29 ff (immanente Einschränkg des § 125 dch § 242). Ob der Formmangel gü § 242 zurückzutreten h, ist **von Amts wegen** zu prüfen, BGH **12**, 304, **16**, 337, **29**, 12, u zwar nach den Verhältn in der letzten mdl Verh, Hermingshausen DNotZ **58**, 138. Die Umst, die für die Aufrechterhaltg des Vertr sprechen, sind von dem zu beweisen, der aus dem Vertr Rechte herleiten will, BGH **LM** § 242 (Ca) Nr 13. Die nach § 242 gebotene Anerkennug des Vertr wirkt nicht nur im Verh der Part (so Flume § 15 III 4 c, Soergel-Hefermehl Anm 24), sond auch ggü Dr, Reinicke aaO S 39.

B) Anwendgsbereich. Der Grds, daß ein Formmangel uU ggü § 242 zurückzutreten h, ist von der Rspr im wesentl zu § 313 herausgebildet worden. Er kann aber unter Beachtg des Zwecks der jeweil Form-Vorschr (vgl C c dd) auch auf and Fälle übertr w, so auf § 566, BGH **LM** § 242 (Ca) Nr 1, § 566 Nr 15; § 766, BGH **26**, 151; GmbHG 15 IV, BGH **35**, 277; Schriftform nach TarifO, BAG **2**, 65, **5**, 63; ProzVergl, BAG NJW **70**, 349; rgeschäftl vereinb Form, BGH **LM** § 127 Nr 2, Betr **71**, 525. Im formstrengen ErbR (Ausn: HöfeR vgl unter D) u WertpapierR ist dagg bei Formmängeln die Anwendg von § 242 unzul, Gernhuber aaO S 157, Reinicke aaO S 81, 86; ebso bei formbedürf Vfgen, Reinicke aaO S 83, aA BGH **LM** § 105 PrABerG Nr 1. Zur Bedeutg des § 242 bei RGeschäften der öff Hand vgl Anm 1 b.

C) Die von der neueren Rspr gebrauchte Formel, das Ergebn müsse nicht nur hart, sond untragb sein (oben A), warnt davor, § 125 vorschnell beiseite zu schieben. Sie bietet aber allein kein praktikables Abgrenzgskriterium, sond bedarf einer **tatbestandlichen Konkretisierg** (vgl unten a–c), wobei jedoch zu beachten ist, daß sich der Grds von Treu u Glauben einer abschließden tatbestandl Ausformg entzieht u bes Umst eine bes Beurteilg erfordern können.

a) Voraussetzg ist, daß ein, abgesehen vom Formmangel, wirks Vertr vorliegt. Der VertrInhalt muß daher **hinreichd bestimmt** sein, BGH **45**, 183; er muß mindestens den Anfordergen eines VorVertr (Einf 4 b vor § 145) entspr, uU können die §§ 315 ff anwendb sein.

b) Die Part, die am Vertr festhalten will, muß auf die Formgültigk **vertraut** h; § 242 ist daher unanwendb, wenn beide Part den **Formmangel kannten**, RG **117**, 124, Reinicke NJW **68**, 39, Medicus Rdn 175, u zwar auch dann, wenn der and die Erf des formungült Vertr zugesichert hatte, BGH WPM **65**, 1113, NJW **69**, 1167, JR **74**, 19 mAv Bähr. Abzulehnen BGH **48**, 399, wonach Kenntn nicht schaden soll, wenn ein Untern seinen früheren Angest dch die Zusage unbedingter VertrErf von der Wahrg der Form abgehalten h. Auch grobfahrl Unkenntn des Formmangels verdient grdsätzl keinen Schutz; Kaufleute w sich daher idR nicht auf § 242 berufen können.

c) Die Aufrechterhaltg des Vertr muß ein zwingdes **Gebot der Gerechtigkeit** sein; das ist nur der Fall, wenn der auch bei einem nichtigen Vertr bestehde RSchutz (§ 812, Anspr aus c. i. c.) nach Treu u Glauben nicht ausreichd erscheint, OGH **1**, 219, BGH **12**, 304, **16**, 337, NJW **65**, 812.

aa) Hat eine Part die and **arglistig** von der Wahrg der Form abgehalten, dh mit dem Vors gehandelt, ihrer Pfl wg des Formmangels nicht nachzukommen, ist der Vertr als gült anzusehen, RG **96**, 315, BGH NJW **69**, 1169. Dagg reicht es für einen ErfAnspr allein nicht aus, daß der and Teil die Wahrg der Form fahrl verhindert h, BGH NJW **65**, 812, **69**, 1169, str, aA BGH WPM **72**, 1027, DNotZ **73**, 18, Lorenz JuS **66**, 436, RG **107**, 359, **117**, 124; es besteht jedoch ein SchadErsAnspr aus c.i.c., der uU auf das ErfInteresse gehen kann, BGH NJW **65**, 812, § 276 Anm 6c. Auch die Tats, daß der and Teil den Formmangel schuldlos verurs h, begründet allein keinen ErfAnspr, BGH Betr **66**, 1804, NJW **77**, 2072, aA offenb BGH **29**, 12, **LM** Nr 32.

bb) Der Formmangel h zurückzutreten, wenn er auf Verletzg der einem Teil obliegden **Fürsorgepflicht** beruht u die Rückgängigmach für den and existenzgefährdd wäre, BGH **16**, 336, **20**, 173, **45**, 185 (Siedler-Vertr). Dieser Grds gilt jedoch nicht, wenn eine über kaufrechtl Beziehgen hinausgehde BetreuungsPfl fehlt; er ist daher auf die RBeziehgen zw WohngsbauUntern u Käufer unanwendb, BGH NJW **65**, 812, **69**, 1169, u zwar auch dann, wenn es sich um **soziales Wohngsbau** handelt, BGH **LM** § 313 Nr 24; und nur in bes krass liegden AusnFällen, BGH NJW **72**, 1189 (beachte auch II. WoBauG 56, 61). Auch im Verhältn zw **Angehörigen** ist Berufg auf Formmangel grdsätzl zul, BGH NJW **75**, 43.

cc) Liegt weder Argl noch Verletzg der FürsPfl vor, ist bei GrdstVertr (§ 313) idR der Formmangel zu beachten, da im allg der Anspr aus c.i.c. (§ 276 Anm 6 c) einen **ausreichenden Rechtsschutz** darstellt, u zwar auch dann, wenn beide Part den Vertr längere Zeit als gült behandelt h, BGH NJW **65**, 814, **69**, 1169, **73**, 1455, **LM** § 313 Nr 23, 24. Aufrechtzuerhalten ist der Vertr uU, wenn der Verk den Kaufpr verbraucht h u der Käufer ihn nicht zurückerlangen kann, BGH **LM** § 313 Nr 13, ferner in bes Härtefällen, BGH DNotZ **72**, 526. Verschweigt eine Part schuldh einen Umst, bei dessen Kenntn der and Teil von Formwahrg bestanden hätte, so soll der Vertr als gültig behandelt w, wenn der and Teil bereits erhebl Aufwendgen gemacht h, BGH NJW **70**, 2212 (dazu Reinhart JZ **71**, 461); bedenkl u mit der sonst Rspr kaum zu vereinbaren, da auch hier Anspr aus c. i. c. ausreichden Schutz bietet.

dd) Bei der Abwägg ist auch die **Bedeutg der** jeweil **Formvorschrift** zu berücksichtigen, BGH **LM** § 566 Nr 15 (vgl jedoch BGH **LM** § 313 Nr 23). Daher bei Verstoß gg GWB 34 (Kontrollfunktion, oben Anm 1a) keine Anwendg des § 242, BGH NJW **78**, 822. Wenn nicht § 313, sond and Vorschr verletzt ist, genügt es uU, daß der Vertr längere Zeit als gült behandelt worden ist u der and Teil daraus erhebl **Vorteile** gezogen h, vgl BGH **26**, 151 (Bürgsch), RG **153**, 61 (WettbewVerbot), BAG NJW **70**, 349 (ProzVergl), BAG Betr **72**, 1492 (arbvertragl Abrede). Weniger strenge Anfordergen an Einwand aus § 242 sind insb bei rgeschäftl vereinb Form zu stellen, vgl BGH **LM** § 127 Nr 2, Düss Betr **75**, 2271; uU auch bei formbe-

93

dürft einseit WillErkl, BGH **LM** Nr 32; and aber, wenn die Part auch für die Aufhebg des FormErfordern dch IndVereinbg Schriftform vereinb h, BGH **66**, 378, krit Reinicke Betr **76**, 2289.

D) Formlose Hofübergabe- und Erbverträge. Hat der Hofeigtümer dch Art, Umfang u Dauer der Beschäftigg eines Angeh auf dem Hof zu erkennen gegeben, daß dieser den Hof übernehmen soll u hierauf eingerichtet, so kann nach der Rspr des BGH in diesem Verhaltn je nach der Fallgestaltg ein trotz Formmangels gült HofÜbergVertr (VorVertr) od ErbVertr liegen, BGH **12**, 286, **23**, 249. Der BGH hat diese zunächst zur HöfeOBrZ entwickelte Rspr auf das Reichserbhofr ausgedehnt (BGH NJW **58**, 377), eine Übertr auf Fälle außerh des HöfeR nach anfängl Schwanken (BGH **23**, 257, **LM** § 242 (Ca) Nr 13) dagg abgelehnt (BGH **47**, 184, WPM **75**, 796, Johannsen WPM **69**, 1222) u betont, daß strenge Anforderngen zu stellen seien, BGH NJW **55**, 1065, **LM** HöfeO Nr 27, RdL **66**, 290, vgl auch Celle NdsRpfl **59**, 221, **61**, 195, **64**, 131. Im Schriftt h diese Rspr teilw Zust gefunden; es überwogen jedoch die krit u ablehnden Stimmen, vgl die Nachw in der 37. Aufl. Inzw ist der Streit den NF der HöfeO (BGBl 1976 I 1935) prakt ggstdl. § 7 HöfeO erkennt die RVerbindlk der formlosen Hoferbenbestimmung nunmehr ausdr an u übernimmt damit die Rspr des BGH, vgl dazu Faßbender DNotZ **76**, 402, Dressel NJW **76**, 1245.

126 *Gesetzliche Schriftform.* **I** Ist durch Gesetz schriftliche Form vorgeschrieben, so muß die Urkunde von dem Aussteller eigenhändig durch Namensunterschrift oder mittels notariell beglaubigten Handzeichens unterzeichnet werden.

II Bei einem Vertrage muß die Unterzeichnung der Parteien auf derselben Urkunde erfolgen. Werden über den Vertrag mehrere gleichlautende Urkunden aufgenommen, so genügt es, wenn jede Partei die für die andere Partei bestimmte Urkunde unterzeichnet.

III Die schriftliche Form wird durch die notarielle Beurkundung ersetzt.

Schrifttum: Holzhauer, Die eigenhändige Unterschrift, 1973.

1) Allgemeines vgl § 125 Anm 1. § 126 bezieht sich auf alle Fälle, wo das G Schriftform vorschreibt od RWirkgen an sie knüpft (RG VZ **74**, 70): so §§ 32 II, 37 I, 81 I, 111 S 2, 368, 409, 410, 416 II, 556 V (vgl Karlsr NJW **73**, 1001), 566, 761, 766, 780ff, 793ff, 1154; AbzG 1a; FernUSG 3; AktG 32 I, 166 I; BMG 18 (vgl BGH NJW **70**, 1078, **LM** § 125 Nr 32); MHRG 2 ff; VwVfG 57; GewO 126 b; TVG 1 II (BAG NJW **77**, 318); HandwO 21; RSiedlG 23; RVO 354, 368, 374 (vgl RG **141**, 80); GenG 5, 11 II 1, 93i III (BGH WPM **77**, 339); HOAI 4 II (LG Rottweil NJW **77**, 1692/2362 Anm v Ganten; VerglO 9 I; BBiG 15 III (BAG **AP** BBiG 15 Nr 1); BJagdG 11 (BGH WPM **78**, 846); GWB 34 (hier gilt jedoch § 126 II nicht; vgl auch Anm 2a aE). Wenn TarifVertr Schriftform des ArbVertrags vorschreibt, so ist das gesetzl Schriftform, weil TV RNorm ist, BAG **AP** BAT § 4 Nr 1 u 2, Betr **77**, 2145.

2) a) Erforderl ist Unterzeichng einer **Urkunde,** die das gesamte formbedürft Gesch enthält od im Wege der Ausleg erkennen läßt, HRR **30**, 278, BGH **LM** Nr 7 Bl 2 (die sich aus § 242 ergebnen Nebenpflichten brauchen nicht urkundl festgelegt zu w, BGH **53**, 307). Ob die Urk die formbedürftten Erkl ausr wiedergibt, ist unter Berücksichtigg des Schutzzweckes der FormVorschr zu entscheiden, BGH **57**, 53 (zu BRAGebO 3). Mehrere Blätter müssen zu einer Urk zusgefaßt, dh räuml zusgebracht sein; wenn sie in sich selbstd Erklärgen enthalten, muß die eine auf die andere Bezug nehmen. Unterschr unter der HauptUrk deckt die beigefügten, in bezug auf Anlagen, RG **148**, 351. Bezugnahme allein ohne ZusFassg zu einheitl Urk genügt insb dann nicht, wenn GeschInhalt sich erst aus anderer Urk ergibt, BGH **26**, 146 (Bürgsch, vgl schon RG HRR **28**, 1960), BGH **LM** § 566 Nr 6, **40**, 261 (beide betr MietVertr, körperl Zusammenhang so, daß sich die Urkunden nicht ohne Beschädigg trennen lassen, w in BGH **40**, 255 wohl mit Unrecht gefordert). Auch ÄndersVertr müssen des Grds der UrkEinh wahren, BGH **50**, 42, **65**, 54. Bei VertrVerlängergn ist der Bezug auf den alten Vertr zul, ohne daß dieser beigefügt zu w braucht; der VerlängerVertr muß die neu getroffenen Abreden wiedergeben u den fr Vertr hinr bezeichnen, braucht aber dessen Inhalt nicht zu wiederholen, BGH **42**, 338, **52**, 27, **LM** Nr 7, **LM** § 566 Nr 22 (zT abw, aber überholt BGH **50**, 42). – GWB 34 gestattet die Bezugn auf schriftl Beschlüsse, Satzgen od Preislisten; auch iF des GWB 34 erstreckt sich die Formbedürftigk aber grdsätzl auf den ges Vertr einschließl aller Nebenabreden; formfrei sind ledigl solche Abreden, die für das Überwachgs- u BeanstandgsR des Kartellamtes ersichtl ohne Bedeutg sind, BGH **53**, 306, **54**, 148, NJW **72**, 1712, **76**, 1743, NJW **78**, 822.

b) Nicht erforderlich ist eigenhänd Abfassg der Urk u Angabe von Ort u Zeit, auch nicht, daß die Urk ausschl rechtsgeschäftl Erklärgen enthält. Nicht nötig ist auch die Neuanfertigg der Urk; eine unwirks gewordene Urk kann erneut benutzt werden, RG **78**, 31.

3) a) Erforderl ist die **Unterzeichnung ;** die Unterschr (Zeichng mit Handzeichen) muß so erfolgen, daß sie die GesamtUrk räuml abschließt; unzureichd daher Namenszug auf dem Briefumschlag, der die Urk enthält, RG **110**, 168, od Namenszug am Rande (anders Wechselakzept WG 12). Bei Verträgen (**II** 1) gilt das für die Unterschriften aller Vertragschließenden, die den gesamten VertrInhalt decken müssen; nicht genügd ist Unterschreiben des Angebots dch den einen, der Ann dch den anderen VertrPartner, auch nicht, wenn beides auf ein Schriftstück gesetzt ist, RG **105**, 62, str, vgl OVG JW **32**, 2483; anders, dh Form ist gewahrt, wenn jede Erkl auf die andere verweist u damit ZusGehörigk der Urkunden einwandfrei festgelegt ist, RG JW **24**, 796. Nicht genügend ist (anders bei gewillkürter Schriftform § 127 II) Austausch einseitiger Erklärgen, insb Briefwechsel, RG **95**, 84, RG JW **34**, 1233, LAG Düss AP **52**, 187. Dagg reicht nach **II** 2 bei Aufn mehrerer gleichlautender (Schreibfehler unschädl!) Urkunden aus, wenn jede Partei die für den Gegner bestimmte Urk unterzeichnet. Bei empfangsbedürft Erkl ist weiterhin erforderl, daß sie dem Empf in der gesetzl vorgeschriebenen Form **zugeht,** BGH NJW **62**, 1389, **LM** § 566 Nr 7; aus dem Zweck der FormVorschr kann sich zwar ergeben, daß bei Vorliegen einer formgült Urk der Zugang einer nicht formgerecht Erkl ausreicht, Heiseke MDR **68**, 899, Ffm NJW **63**, 113 (zu GWB 34); idR w der Schutzzweck der Form aber das Zugehen einer formgerechten Urk erfordern, Karlsr NJW **73**, 1001.

b) Nicht erforderl ist, daß die Unterschr erst nach Fertigstell des Textes geleistet ist; bei nachträgl Ändergen bedarf es keiner nochmaligen Unterschr, wenn die fr Unterschr für den veränderten Inhalt Gültigk behalten soll, BGH **LM** § 581 Nr 35. Es genügt auch **Blankounterschrift**, RG 78, 29. Der darü gesetzte Text ist WillErkl des Ausstellers, BGH **40**, 68, vgl auch BGH **53**, 15 (Blankowechsel); entspr er seinem Willen nicht, was er beweisen müßte, so kann er uU wg Irrt (§ 119) od Täuschg (§ 123) anfechten, vgl § 119 Anm 2b, §§ 170–173 Anm 5. Die Erkl wird frühestens mit Fertigstell des vollst Textes wirks, vgl RG **63**, 234 (Grundschuldabtretg), dagg RG **78**, 30 (HypVerpfändg), vgl auch BGH **22**, 128 (Blankoabtretg), Düss MDR **77**, 754 (BlankoBürgschg).

4) Die Unterschrift muß **eigenhändig** gefertigt werden. Mechanische, faksimilierte Unterschr, Übermittlg dch Ferndrucker od Telegramme genügt nicht (anders für § 127), BGH **24**, 298, NJW **70**, 1078. Ausnahmen: für InhSchVerschreibgen § 793, für Aktien und Zwischen-(Interims-)Scheine AktG 13, für MieterhöhgsErkl MHRG 8, vgl ferner VVG 3 I, 39 I 1, 43 Nr 4; bei kaufm Verpflichtgsscheinen nach HGB 363 genügt Faksimile nicht, RG Gruch **55**, 826 str; die fortschreitde Rationalisierg erfordert aber wohl Anerkenng, Schmidt AcP **166**, 7; für KartellVertr nach GWB 34 genügt Faksimile sicher nicht. Auch Vollziehg der Unterschr dch Schreibhilfe genügt nicht, RG **58**, 387; zu vermuten ist dann aber, daß UnterzeichngsVollm erteilt, RG **81**, 2. Der Bevollmächtigte darf mit dem Namen des VollmGebers unterzeichnen, denn eigenhänd bedeutet nicht, daß der Aussteller mit eig Namen zeichnen muß, RG **74**, 69, BGH **45**, 195, stRspr, aA mit eingehder Begr Holzhauer, eigenhänd Unterschr, 1973. Unterschreibt der Vertreter nur mit eig Namen, so muß das Vertretgsverhältn in der Urk irgendwie zum Ausdr kommen, RG **96**, 289. Das alles gilt auch im WechselR, RG **77** 191. Schriftart ist gleichgült, auch stenograph Unterschr genügt, str.

5) Namensunterschrift ist insb die Unterzeichng mit dem FamNamen; inwieweit anderer Name genügt, hängt von der Verkehrsübg ab und davon, ob die Persönlichk des Ausstellers damit zweifelsfrei gekennzeichnet ist. Daher Vorname im FamKreis (für Testament vgl § 2247) meist genügd, vgl RG **137**, 213; ebso für frühere Fürstlichkeiten, sicher auch für Bischöfe, weil alter Brauch, str. Versehentl Unterzeichng mit fremdem Namen reicht aus, wo sich Identität aus sonstigen Umst der Urk selbst einwandfrei ergibt, BayObLG **55**, 210 (Unterschr des Notars unter vor ihm errichteter Urk). – Pseudonym reicht mindestens dann aus, wenn die Persönlichk weiteren Kreisen bekannt ist, fast hM; ähnl Klosternamen, der zur Identifizierung idR ausreichen dürfte, str. Keinesf kann sich der unter anderem Namen Auftretende selbst auf die etwaige Nichtigkeit berufen, da ArglEinr entggstünde. Für Kaufmann genügt es u Ubl die Zeichng mit der Firma, soweit sie zul ist. Keinesfalls genügt Zeichng mit Titel oder VerwandtschBezeichnung (Euer Vater) allein, vgl RG **134**, 308 (für Testament, jetzt überholt dch § 2247 nF), ebsowenig diejenige mit bloßen Anfangsbuchstaben (Paraphe), BGH NJW **67**, 2310. Leserlichk ist nicht erforderl, BGH **LM** ZPO 130 Nr 3, hM, wohl aber erkennb sein, daß es sich um Buchstaben handelt u das Schriftbild individuellen Charakter hat, BGH DNotZ **70**, 595, stRspr. Verwendg ausl Schriftzeichen bei Ausl zul, VGH Mü NJW **78**, 510 (s auch BeurkG 13 Anm 4). Ob Schriftzug Unterschr darstellt, unterliegt der Beurteilg des Ger; es ist an übereinstimmde PartAns nicht gebunden, BGH NJW **78**, 1255.

6) Die Namensunterschrift wird ersetzt dch **notariell beglaubigtes Handzeichen**, vgl BeurkG 40 VI, BNotO 20 I; nur Notare sind jetzt zuständ. – Die Schriftform überh wird ersetzt dch die Beurkundgsformen der §§ 127a, 128, **III**.

127 *Gewillkürte Schriftform.* Die Vorschriften des § 126 gelten im Zweifel auch für die durch Rechtsgeschäft bestimmte schriftliche Form. Zur Wahrung der Form genügt jedoch, soweit nicht ein anderer Wille anzunehmen ist, telegraphische Übermittelung und bei einem Vertrage Briefwechsel; wird eine solche Form gewählt, so kann nachträglich eine dem § 126 entsprechende Beurkundung verlangt werden.

1) Allgemeines vgl zunächst § 125 Anm 1–3, 5. – § 127 enthält Ausleggsregeln, die nur gelten, wenn kein anderer Wille der Beteiligten erkennb; er kann sich schon aus der Tats ergeben, daß andere Form gewählt u unbeanstandet geblieben ist; mechanisch hergestellte od faksimilierte Unterschr vielf übl, vgl RG **125**, 73, vgl R. Schmidt AcP **166**, 9. Häuf Vereinbg, daß Nebenabreden od Änd der Schriftform bedürfen; dann treten solche erst in Wirkg, wenn sie schriftl bestätigt sind (and bei stillschw Aufhebg der Formabrede, vgl § 125 Anm 2a). Kann GesellschVertr mit MehrhBeschl geändert w, so ist der vertragl vereinbarten Schriftform idR schon dch Protokollierg des Beschl genügt, BGH **66**, 86.

2) Wo anderer Wille nicht ersichtl, ist Form des § 126 zu wahren (vgl dort). Das gilt auch für Verträge, also grdsätzl Unterzeichng einer einheitl Urk od mehrerer gleichlautender Urkunden nötig; nach **2** genügt aber **telegraphische** Übermittlg (auch Fernschreiber!) u **Briefwechsel**; nicht Fernsprechermitteilg, auch nicht Zusprechen des Ankunftstelegramms an den Empf, da keine urkundl Festlegg des Inhalts, wohl aber Aufg des Telegramms dch Fernsprecher, da eig Unterschr des Absenders nicht nötig (str), ebso Fernschreiben; bei Briefen dagg Unterzeichnung erforderl, RG **106**, 269 str. Selbstverständl genügt auch Brief der einen Partei und Telegramm der anderen Partei. Verlangen der Nachholg der Form, **2** Halbs 2, berührt die Gültigk des Geschäfts nicht.

3) Beweislast: Wer bei einem Vertr, der formlos geschl w kann, die Vereinbg einer Form behauptet, ist dafür beweispflicht, sehr str, vgl § 154 Anm 3. Wenn Erfordern der Schriftlichk feststeht, hat BewLast dafür, daß andere Form als § 127 genügd od notw, wer das geltd macht.

127a *Ersatz für notarielle Beurkundung.* Die notarielle Beurkundung wird bei einem gerichtlichen Vergleich durch die Aufnahme der Erklärungen in ein nach den Vorschriften der Zivilprozeßordnung errichtetes Protokoll ersetzt.

128 *Notarielle Beurkundung.* Ist durch Gesetz notarielle Beurkundung eines Vertrags vorgeschrieben, so genügt es, wenn zunächst der Antrag und sodann die Annahme des Antrags von einem Notar beurkundet wird.

1) Vorbemerkung: § 127a ist eingefügt dch BeurkG 57 III Z 1. Er ergänzt § 128. In § 128 sind dch BeurkG 56 die Worte „gerichtliche oder" u „einem Gericht oder" gestrichen. – Da nach § 126 III die Schriftform u nach § 129 II die öffentl Beglaubigg dch die not Beurk ersetzt w u nach § 127a der gerichtl Vergl die not Beurk ersetzt, ersetzt der gerichtl Vergl alle UrkFormen; das galt schon immer, mußte aber jetzt wg der Streichg der Worte „gerichtliche oder" ausgesprochen w.

2) Allgemeines zu § 127a, 128 vgl zunächst § 125 Anm 1. Zuständig für Beurkundgen sind jetzt grdsätzl nur Notare, BeurkG 1. Form der Beurkundg vgl BeurkG 6 ff. Verletzg wesentl Formvorschriften hat Unwirksamk der Beurk u damit meist Nichtigk der beurk WillErkl zur Folge, wenn ein Vertr beurk wurde, Nichtigk des Vertr zur Folge; das galt fr für falsche Datierg (bei Verhandlg, die an einem Tage begann u am nächsten fortgesetzt wird, mußten beide Tage od der der Unterzeichng angegeben sein, sonst nichtig, BGH **29**, 8). Jetzt sind die meisten BeurkVorschr nur noch OrdngsVorschr u Verletzg führt nicht zur Nichtigk; vgl BeurkG hinten unter Nebengesetzen. – BewKraft der Urk ZPO 415. – Für Auslegg der Erkl sind Vorstellgen des Erklärden, nicht des Notars maßgebd, vgl § 133 Anm 4.

3) a) Der **gerichtl Vergleich** (§ 127a) muß in einem anhäng Verf abgeschl worden sein, BGH **15**, 195. Ebso wie der bisherige gewohnheitsrechtl Grds gilt § 127a für gerichtl Verf aller Art, also auch für VollstreckgsVerf, RG **165**, 162, Mü DNotZ **71**, 544, Verf vor dem FamG (vgl den sachl überflüss § 1587 o II 2 nF), Arrest- u einstw VerfüggsVerf, ArmenRVerf, FGG-Verf, BGH **14**, 381, Celle DNotZ **54**, 423, PrivatKl- u AdhäsionsVerf, Stgt NJW **64**, 110 (das aber Zushang mit dem Ggst des StrafVerf verlangt) sowie für Vergl vor dem Ger der bes Gerichtsbk. Der Vergl darf über den Rahmen des Streitfalles hinausgehen, BGH **14**, 387, **35**, 316. Voraussetzg ist nur, daß die betr Verf-Ordng überh den Abschl von Vergl gestattet, vgl ArbGG 54, VerwGO 106, SGG 101. Auch gerichtl Vergl über Scheidgsfolgen fällt unter § 127a, Appell FamRZ **70**, 521, Hamm NJW **68**, 1242, vgl auch § 1587 o II nF. Dem vom Ger beauftragten od ersuchten Ri steht der ProzGer gleich, BGH **14**, 387; ebso Vergl vor RPfleger, sofern dieser für das betreffde Verf zust, Nürnb Rpfleger **72**, 305. Auch der SchiedsVergl ersetzt die not Beurk, Breetzke NJW **71**, 1685; str, dagg ist Vergl vor Gütestelle (ZPO 794 I 1) zwar VollstrTitel, aber kein gerichtl Vergl iS des § 127a.

b) Die Vorschr der ZPO über die **Protokollierg** (ZPO 160ff) müssen beachtet w; das gilt angesichts des Wortlauts des § 127a selbst dann, wenn man (wie Celle NJW **65**, 1970) an sich einen wirks Vergl-Schl ohne Protokollierg für mögl hält. Der Vergl muß auch den übr prozessualen Erfordern genügen, BGH **16**, 390, insb den Vorschr über den Anwaltszwang (ZPO 78), Baumb-Lauterbach ZPO 307 Anh Anm 4 F, str, die auch für einen beitretden Dr gelten, Köln NJW **61**, 786, aA Ffm OLGZ **71**, 477. Vergl vor einem örtl od sachl unzust Ger ist wirks, LAG Brem BB **64**, 1125; das gilt auch, wenn Vergl vor dem Ger eines and GerZweiges geschl worden ist, OVG Lüneb NJW **69**, 206. Unschädl auch das Fehlen von sonst ProzVoraussetzgen, Breetzke NJW **71**, 179, od unvorschriftsmäß Besetzg des Ger, BGH **35**, 309.

c) Neben der not Beurk ersetzt der gerichtl Vergl auch die öff Beglaubigg (§ 129 II) u die Schriftform (§ 126 III); für die Auflassg vgl § 925 I S 3 u dort Anm 4c, für die Beurk des VatersAnerkenntn vgl ZPO 641c. Nicht mögl ist die Errichtg eines Testaments od dessen Widerruf, BGH Betr **59**, 790, es sei denn, der Widerruf erfolgt dch ErbVertr, Köln OLGZ **70**, 115. Ist wie bei ErbVertr od ErbVerz die persönl Erkl eines Teils erforderl (§§ 2274, 2347 II), muß dieser beim VerglSchl persönl mitwirken, BayObLG NJW **65**, 1276; besteht AnwZwang, müssen Mandant u Anw die Erkl gemeins abgeben, BayObLG aaO.

4) Beurkundg von Verträgen (§ 128) sehen unter anderem vor §§ 311, 312 II, 313, 873 II, 877, 1491 II, 1501 II, 1587 o, 2033, 2348, 2351 f, 2385; hier kann Angebot u Ann getrennt beurkundet w; suchen die Parteien die UrkundsPers nacheinander auf, so kann beides in einem Protokoll geschehen, das erst nach der zweiten Erkl abgeschl wird, RG **69**, 132 stRspr, str. – § 128 nicht anwendb, wo gleichzeit Anwesenh der Parteien erforderl (Fälle vgl § 125 Anm 1 a Z 5), ebsowenig, wo nur für Erkl einer Partei Beurkundgszwang besteht, vgl §§ 518, 1516 II, 1517, 1730, 1746 II, 1750, 1762 III, 2231, 2282 II, 2291 II, 2296 II, 2301. – Über Wirksamwerden des not beurkundeten Vertrags vgl § 152.

5) Für rechtsgeschäftl vereinb Form öff Beurk gilt § 128 ebenf, wenn nicht and Wille ersichtl.

129 *Öffentliche Beglaubigung.* ᴵ Ist durch Gesetz für eine Erklärung öffentliche Beglaubigung vorgeschrieben, so muß die Erklärung schriftlich abgefaßt und die Unterschrift des Erklärenden von einem Notar beglaubigt werden. Wird die Erklärung von dem Aussteller mittels Handzeichens unterzeichnet, so ist die im § 126 Abs. 1 vorgeschriebene Beglaubigung des Handzeichens erforderlich und genügend.

ᴵᴵ Die öffentliche Beglaubigung wird durch die notarielle Beurkundung der Erklärung ersetzt.

1) Allgemeines vgl zunächst § 125 Anm 1. Zust jetzt grdsätzl nur noch Notare (Ausn: BeurkG 1 Anm 4). Beglaubigg dch Polizei od auch Beh genügt für § 129 nicht, VwVfG 34. Die öff Beglaubigg geschieht nach BeurkG 39, 40. Sie ist Zeugn über Echth der Unterschrift od des Handzeichens u über den Ztpkt der Beglaubigg; der Beglaubiggsvermerk ist öff Urk, macht aber die unterzeichnete Erkl nicht dazu; für diese genügt einf Schriftform, § 126. Über Handzeichenbeglaubigg vgl § 126 Anm 6.

2) Beglaubigg ist vorgesehen (Beglaubigg der Unterschr u Beglaubigg der Erkl od der Urk wird in gleicher Bedeutg gebraucht) ua in §§ 77, 371, 403, 411, 444, 1035, 1154f, 1355, 1491f, 1560, 1617, 1618, 1945, 1955, 2120f, 2198, 2215, GBO 29, 32, HGB 12, ZPO 726f, 750f, 756f, ZVG 71, 84, 91, 143, 144, FGG 13, 91, 107.

Rechtsgeschäfte. 2. Titel: Willenserklärung §§ 129, 130

3) Beglaubigt wird die Unterschr desjenigen, der unterschreibt; Unterschr eines Vertreters, der mit dem Namen des Vertretenen zeichnet (vgl § 126 Anm 4), ist daher nicht beglaubiggsfäh, str; wie hier Staud § 129 Anm 3. Beglaubigt wird auch bei der Ztpkt der Unterschr; spätere Ändergen des Textes beeinträchtigen zwar nicht die Form, RG **60**, 397, aber den BewWert, da sie dch Beglaubigg nicht gedeckt sind, OLG **10**, 90; im BewInteresse liegt es deshalb, jede (auch ursprüngliche) Textänderg unterschriftl zu vollziehen u die Unterschriften beglaubigen zu lassen. Beglaubigg einer Blankounterschr ist nur ausnahmsw zul, vgl BeurkG 40 V.

4) Notarielle Beurkundg nach § 128 ersetzt die Unterschriftsbeglaubigg, da sie ein Mehr darstellt, **II**; ebso ProzVergl, vgl § 127a.

130 *Wirksamwerden der Willenserklärung gegenüber Abwesenden.* **I** Eine Willenserklärung, die einem anderen gegenüber abzugeben ist, wird, wenn sie in dessen Abwesenheit abgegeben wird, in dem Zeitpunkte wirksam, in welchem sie ihm zugeht. Sie wird nicht wirksam, wenn dem anderen vorher oder gleichzeitig ein Widerruf zugeht.

II Auf die Wirksamkeit der Willenserklärung ist es ohne Einfluß, wenn der Erklärende nach der Abgabe stirbt oder geschäftsunfähig wird.

III Diese Vorschriften finden auch dann Anwendung, wenn die Willenserklärung einer Behörde gegenüber abzugeben ist.

1) Vorbemerkgen zu §§ 130–132. a) Unterscheide Abgabe der WillErkl und ihr **Wirksamwerden**. Sie ist abgegeben, sobald der Erklärende alles getan hat, damit sie wirks werde; der Umfang des hierzu Erforderlichen ist nach der Sachlage u der Art des Geschäftes sehr verschieden, zB bei Eigtumsaufgabe nur die BesitzaufgabeHdlg, bei schriftl VertrAngebot die Niederschrift u mindestens die Absendg an den Empf. – §§ 130–132 betreffen nur den **Zeitpunkt** des Wirksam- und Bindendwerdens einer richtig (auch formgerecht!) abgegebenen Erkl; nicht also den gegen den Willen des Schreibers zugehenden Brief. Die darin enthaltene Erkl w nicht wirks, BGH **65**, 14, kann aber nach den Grds über c. i. c. (§ 276 Anm 6) zum SchadErs verpfl; vgl auch Larenz § 21 IIa u Canaris JZ **76**, 134, die eine analoge Anwendg des § 122 befürworten.

b) Die **streng einseitige** Erkl (Übbl 3a vor § 104) wird wirks mit der Abgabe unabhäng davon, wer von ihr Kenntn erhält. – Anders die sog **empfangsbedürftige**, die „einem anderen ggü abzugebende" WillErkl (aaO). Sie ist für andere Personen bestimmt, die ihr Verhalten danach einrichten sollen. Die Abgabe kann daher zur Wirksamk nicht ausreichen; diese kann aber auch nicht von tatsächl KenntnNahme abhängen, die ausschl im Willen des Empf liegen würde. Maßg ist daher der Ztpkt, zu dem die Erkl in den Machtbereich des Empf gelangt und nach den Umst zu erwarten ist, daß er von ihr Kenntn nimmt. Das bestimmt § 130 I 1 für die **Erkl unter Abwesenden**, indem es die WillErkl erst mit dem „Zugehen" wirks u damit bindend werden läßt. (Der zeitl Abstand zw der Abgabe und dem Zugehen der WillErkl ist dabei an sich bedeutgslos, vgl Anm 4 aE.) Ähnliches gilt aber auch für die **Erklärg unter Anwesenden**, und zwar nicht nur, wenn sie dch Übergabe einer Schrift, RG **61**, 415, sond auch, wenn sie mündl erfolgt. Hier genügt aber nicht, daß die Erkl in den Machtbereich des Empfängers gelangt, sond er muß in der Lage sein, sie **zu vernehmen.** Mündl Erkl kann also nicht wirks werden, solange der ErklEmpf sie nicht verstehen kann, zB wg Taubh, SprachUnkenntn, Bewußtlosigk (vgl Staud-Coing Anm 12, str); Erkl dch Fernsprecher vom Erklärenden an Empf (RG **90**, 167), Erkl dch u an Vertreter sind Erklärgen unter Anwesenden, u zwar auch dann, wenn es sich um einen vollmlosen Vertreter handelt, BGH NJW **73**, 798. Erkl dch od an Boten ist dagg Erkl unter Abwesenden; aA Kiel OLG **8**, 27; über die Abgrenzung zw ErklBoten, EmpfBoten und Vertreter vgl § 120 Anm 1 u Einf 2 vor § 164.

c) Abweichende, auch stillschweigende **Vereinbarung** über den Ztpkt des Wirksamwerdens der WillErkl sind grds zul, RAG JW **28**, 2919; für entspr Klauseln in AGB gelten jedoch die Beschrkgen in AGB Ges 10 Nr 6. Gesetzl Ausnahmen von der Regel des § 130 I finden sich mehrf, wo eine Frist zu wahren ist, zB in §§ 129 I 2, 478 I 1, HGB 377 IV; Absendg ausr, ähnl für Verladeanzeige bei Abladegeschäft, RAG **88**, 393; vgl ferner §§ 151, 152, auch RennwettG v 8. 2. 22 § 4. Wirksamwerden des Widerrufs im ProzVergleichs vgl § 779 Anm 9. – Über Zugehen an GeschUnfähige u GeschBeschränkte vgl § 131, über Ers des Zugehens dch Zustellg § 132. – Wo Rechtsfolgen an die Kenntnis geknüpft sind, reicht Zugehen, dh Möglichk der Kenntnisnahme, nicht aus. Anders ersetzt zufälliges Kenntniserhalten ohne Zugehen dieses nicht, RG **110**, 34, BGH NJW **75**, 382, 384.

2 a) Zugehen ist Rechtsbegriff, nicht reine Tats, Warn **09**, 271. **Zugegangen** ist die WillErkl, wenn sie so in den Machtbereich des Empf gelangt ist, daß bei Ann gewöhnl Verhältnisse damit zu rechnen war, daß er von ihr Kenntn nehmen konnte, vgl BGH **67**, 275, BGH NJW **65**, 966, BAG **AP** Nr 7. Wann das zutrifft, ist nach der VerkSitte zu entscheiden. Ein an Beh (od Untern) „zu Händen" einer Hilfsperson adressiertes Schreiben geht mit Eingang bei Beh (Untern) dieser zu, auch wenn es der Hilfsperson uneröffnet ausgehändigt wurde, BGH **LM** Nr 8. Zum Zugehen bei verwaister Wohng vgl Klingmüller VersR **67**, 1109.

aa) Aushändigg der **schriftlichen Erkl** an Empf reicht stets aus, mag er Kenntn nehmen od nicht, sie sogar verlieren; Erfahren des ungefähren Inhalts durch mdl Mitteilg ist dagg niemals Zugehen, der Empf muß Einsicht nehmen können, BAG Betr **77**, 1195, Einwurf in Briefkasten od an der Wohng bewirkt Zugehen, wenn u sobald mit Leerg zu rechnen ist, also nicht nachts, vgl Warn **21**, 131; bei Abholg der Post dch Empf aus Postschließfach od als postlagernde Sendg, sobald mit Abholg zu rechnen ist, RG **144**, 293, BGH **LM** Nr 2, BVerwG NJW **60**, 1587, also nicht kurz vor Schalterschluß. Unmöglichk der Zustellg wg verschlossener Wohng od Geschäfts zögert Zugehen hinaus, uU muß Empf dann aber verspäteten Zugang als rechtzeitig gelten lassen (vgl unten b). – Bei **Abgabe an Dritte** ist entscheidend, ob sie nach VerkAnschauung als ermächtigt zur Ann für Empf gelten können; das trifft bei schriftl Erkl zu auf eine zur EntggNahme von Ein-

§ 130 2–4 1. Buch. 3. Abschnitt. *Heinrichs*

gängen geschaffene Stelle bei einer Beh, RG **135**, 248, ferner auf Angehörige in der Wohng (gilt auch für die Künd eines ArbVerhältnisses, wenn der ErklEmpf sich wg Krankh od einer Kur nicht zu Hause befindet, nicht aber wo Entferng auf höherer Gewalt, zB Verschleppg, beruht u ArbNehmer nicht vorsorgen konnte, Neumann-Duesberg AP **51**, 238 Anm, auch nicht, wenn ArbNehm sich im Auftr des ArbGeb auswärts aufhält), überh Haushaltsangehörige RG **91**, 62, RAG **23**, 326 (diese aber nicht iS von ErfGehilfen; ErklEmpf hat Ablehng der Ann des Schreibens nicht zu vertreten, RAG DR **41**, 1797), Zimmervermieterin, BAG **AP** Nr 7 (krit Moritz BB **77**, 400), Putzfrau, Karlsr VersR **77**, 902, jeden kaufm Angest im GeschBetrieb, auch auf Angest der Anwaltskanzlei, Maurerpolier des Bauunternehmers für EntggNahme von Lieferschein für Baumaterial, Celle NJW **60**, 870, auf Ehefrau des GeschFührers einer GmbH in den Räumen der GmbH, Mü OLGZ **66**, 2, auf Buchhalter eines Hotels für BetrLeiter, BAG **AP** Nr 8. Zugegangen ist die Erkl auch dann, wenn sie der Dr (Empfangsbote) fahrl od vorsätzl **falsch übermittelt** od sie verspätet od überh nicht weitergibt, RG DJZ **26**, 959, BAG **AP** Nr 8, Marburger AcP **173**, 140. ProzBevollm im ArbG-Verf ist zur Entgegennahme einer Künd des ArbVertr nicht ermächtigt, LAG BW BB **67**, 1424, Zugehen also erst mit Aushändigg an Mandanten. Geht schriftl Erkl bei Deckadresse ein (hier in Bln-West für DDR-Bewohner), ist mit Aushändigg zu rechnen, vgl BVerwG VerwRspr **13** Nr 280. Ein bei einer Außenstelle eingegangener Brief ist dem Unternehmen zugegangen, wenn Außenstelle als Empfangsstelle für schriftl Mitteilgen an Hauptstelle anzusehen, insb wenn ihr Leiter Empfangsvollmacht hat oder als Empfangsbote angesehen werden kann, BGH NJW **65**, 966. Für Einschreibsendungen gilt grdsätzl nichts Besonderes; kann Zustellg mangels Anwesenh eines empfangsberechtigten Vertreters nicht erfolgen, so ist Sendg auch dann nicht zugegangen, wenn Postbote BenachrichtiggsZettel hinterläßt, BAG NJW **63**, 554, BGH VersR **71**, 262, Celle NJW **74**, 1386, Vollkommer VersR **68**, 1001, aA Richardi zu **AP** Nr 4, vgl aber unten b. Aushändigg des Einschreibens an Person, die Empf dem Postboten allg als empfangsberecht benannte, bewirkt Zugehen, Ffm VersR **51**, 99. – Nicht zugegangen ist ein Schriftstück, mit Recht verweigert ist, so wg ungenügder Frankierg od wg doppeldeut Anschrift, RG **125**, 75; und wenn kein Grd zur AnnVerweigerg vorlag, dann Zugehen mit Angebot der Aushändigg RGRK Rdz 27. – T e l e g r a m m e gehen schon mit dem Zusprechen an Empf od geeignete ÜbermittlgsPers zu, RG **105**, 256, Erkl mittels eines beim Empf vorhandenen F e r n s c h r e i b e r s , sobald mit ihrer Kenntnisnahme zu rechnen ist, während der GeschStunden also mit Eingang, sonst mit nächstem GeschStundenbeginn.

bb) Bei **mündlicher Erklärung** an eine der genannten Personen kommt es darauf an, ob der Erklärende sie für geeignet zur Übermittlg halten konnte; dann ist die Erkl mit Abgabe an sie zugegangen, RG **60**, 336, anderenf erst mit Ausführg der Bestellg, ebso bei Bestellgen dch Fernsprecher an ÜbermittlgsPers, RG **102**, 296. Ist die ÜbermittlgsPers gesetzl od bevollm Vertreter, so ist sie selbst ErklEmpf. – Zugehen der WillErkl bei Verurteilg zu ihrer Abgabe nach ZPO 894 vgl RG **160**, 324. Wo Erkl an Form gebunden, genügt mdl Erkl natürl nicht. Wird (wirks) mdl Erkl schriftl bestätigt, so kommt es auf das Zugehen der ersteren an (aA LAG BW BB **68**, 508).

b) Wer mit Eingehen rechtsgeschäftlicher Mitteilgen dauernd rechnen muß, insb ein Geschäftsmann, muß Vorsorge treffen, daß Briefschaften ihn od einen Bevollm erreichen; unterläßt er das bei einer WohngsÄnd, Reise, Krankh usw, so **wirkt das verspätete Zugehen** auf den Tag des ersten vergebl Zustellversuchs **zurück**, RG **110**, 36, Hbg MDR **78**, 489; das gilt auch im Verh von ArbN zu ArbG, wenn ArbN mit Zugang einer Erkl des ArbG rechnen mußte, BAG **AP** Nr 5 (and wenn ArbG richt Anschrift unschwer selbst feststellen konnte, vgl BAG **AP** Nr 10). Begriffl richtiger wohl: das Berufen auf die selbstverschuldete Verspätg verstieße gg Treu u Glauben u wäre eine nach § 242 (dort Anm 4 C b) unzul Rechtsausübg, RG LZ **25**, 252 (vereitelte Fernsprechermitteilg), BAG **AP** Nr 5. Empf muß also Zugehen als rechtzeit gelten lassen, sofern der Erklärde alles für einen rechtzeit Zugang Erforderl u Zumutb getan hat, BGH LM Nr 1; uU darf sich der Erklärde nicht mit einem Zustellversuch begnügen, BGH VersR **71**, 262; bei Einschreiben führt rechtsmißbräuchl Nichtabholg der Post abholbereiten Sendg dazu, Empf so zu behandeln, als sei zugegangen, BGH **67**, 277, BAG NJW **63**, 554, Celle NJW **74**, 1386. Scheitert die Zustellg aus Grden, die beide Seiten zu vertreten haben, kann Teilg des Schadens gem §§ 254, 242 angebracht sein, vgl RG **97**, 337.

c) Beweis für Zugehen obliegt Erklärendem. Das gilt auch für Telex-Texte, Karlsr NJW **73**, 1611, u für Einschreibesendgen; einen Bew ersten Anscheins gibt es hier nicht, BAG NJW **63**, 2132, BGH NJW **64**, 1176. Wer aber Empfang der Einschreibesendg erst nach Ablauf der (damals 2jährigen) Aufbewahrungsfrist der Post für den Ablieferggsschein bestreitet, obwohl er vorher von Absendg wußte, kann damit nicht gehört w, BGH **24**, 312, BGH VersR **68**, 241, Hamm VersR **76**, 722.

3) WillErkl unter Abwesden (vgl Anm 1 b) w nicht wirks, wenn vorher od gleichzeit **Widerruf** zugeht, I S 2. Der nach der Erkl zugegangene Widerruf ist auch dann verspätet, wenn der Empfänger von ihm gleichzeit mit od sogar vor der Erkl Kenntn erhält, RG **91**, 63, Soergel-Hefermehl Rdz 26, str. Ands steht es der Wirksamk des gleichzeit zugegangenen Widerrufs nicht entgg, daß der Empfänger von der Erkl fr Kenntn erhalten h, BGH NJW **75**, 382, 384. Späterer Widerruf nur mögl, wo ausdr zugelassen. And Erlöschensgründe der Wirksamk einer WillErkl zB auflöse Bedingg, für VertrAntr außerdem §§ 146–148.

4) Nach **II** wird die WillErkl mit dem Zugehen auch wirks u bindend (und zwar ggf ggü den Erben), wenn der Erklärende inzw gestorben od geschäftsunfäh (od beschr geschäftsfäh) geworden ist; insoweit entsch auf den Ztpkt ihrer Abgabe u das gilt entspr für den Eintritt in VfgsbeschränKgen. Eine andere Frage ist es, ob der Ggst der Erkl noch zZ des Wirksamwerdens dem zusteht, der gebunden ist; zB nicht bei zwischenzeitl Pfändg u Überweisg. – II setzt nicht voraus, daß der Erklärende das Zugehen zu erleben gehofft hatte u daß sein Tod ungewollt u unerwartet dazwischentrat, str, deshalb ist zB Widerruf einer Schenkg im Testament mögl, RG **170**, 380 (wirks mit Bekanntgabe des Testaments an den ErklEmpf nach Test-Eröffng, dagg Titze AkZ **43**, 134), ebso die Schenkg eines GeldBetr dch eine nach dem Tod des Erbl zu vollziehde Banküberweisg, BGH NJW **75**, 382. Über Widerruf gemeinschaftl Testaments u dessen Zugehen vgl § 2271 Anm 2 B.

Rechtsgeschäfte. 2. Titel: Willenserklärung §§ 130–133

5) Die amtsempfangsbedürftigen Erklärgen, die sonst meist wie die streng einseit behandelt werden (vgl Übbl 3a vor § 104), werden in III den empfangsbedürftigen gleichgestellt. In Betr kommen ua die Fälle der §§ 376 II, 928, 976, 1681 II, 1945, ferner die empfangsbedürftigen Erklärgen, die wahlw auch einer Beh ggü abgegeben w können, zB §§ 875, 876, 880 II, 1168, 1180, 1183, 1600 c, 1726, 1748. – Zugehen an ersuchtes Gericht steht dem an ersuchendes Gericht gleich, BayObLG **18** A 104.

6) Über entspr Anwendg der Grundsätze des § 130 im **öffentl Recht** vgl Kempfler NJW **65**, 1951.

131 *Wirksamwerden gegenüber nicht voll Geschäftsfähigen.* **I** Wird die Willenserklärung einem Geschäftsunfähigen gegenüber abgegeben, so wird sie nicht wirksam, bevor sie dem gesetzlichen Vertreter zugeht.

II Das gleiche gilt, wenn die Willenserklärung einer in der Geschäftsfähigkeit beschränkten Person gegenüber abgegeben wird. Bringt die Erklärung jedoch der in der Geschäftsfähigkeit beschränkten Person lediglich einen rechtlichen Vorteil oder hat der gesetzliche Vertreter seine Einwilligung erteilt, so wird die Erklärung in dem Zeitpunkte wirksam, in welchem sie ihr zugeht.

1) Allgemeines. § 131 ergänzt die Regeln der §§ 104 ff und ist die notw Folge der dort niedergelegten Grdsätze, daß dem GeschUnfähigen ein rechtswirks Wille ganz abgesprochen und dem des GeschBeschränkten nur soweit Wirksamk verliehen wird, als ihm das nicht schaden kann, vgl Einf 2 vor § 104, § 107 Anm 1; eine Bevollmächtig bringt lediglich rechtl Vorteil, ihr Zugehen an Mj genügt, Ffm MDR **64**, 756. § 131 gilt nicht für Zugehen an Bewußtlosen od vorübergehd Geistesgestörten, § 105 II; für Erkl an sie unter Abwesenden bewendet es bei § 130, für solche unter Anwesenden vgl § 130 Anm 1 b und Staud § 131 Anm 2.

2) Vgl über **Geschäftsunfähigkeit** § 104, **beschränkte Geschäftsfähigkeit** §§ 106, 114, Begriff des lediglich rechtl vorteilhaften Geschäfts § 107 Anm 2, **Einwilligung** § 183; Genehmigg – nachträgl Zustimmg steht der Einwillig nicht gleich u kann Zugehen an gesetzl Vertreter bei einseit empfangsbedürft WillErkl nicht rückwirkd ersetzen; bei VertrErkl gilt aber § 108 (BGH **47**, 358). Soweit der beschr GeschFähige unbeschr geschäftsfähig ist (vgl §§ 112, 113), gehen ihm WillErkl wirks zu. – Für das Zugehen an gesetzl Vertreter gelten die allg Regeln. Es genügt nicht, daß der gesetzl Vertreter von der an den GeschUnfäh gerichteten Erkl zufäll Kenntn erhält (Düss VersR **61**, 878; aA LAG Hamm Betr **75**, 407), jedoch kann uU § 242 anzuwenden sein. Besteht Gesamtvertretg, genügt Zugang an einen der GesVertreter, vgl § 167 Anm 3 c.

132 *Ersatz des Zugehens durch Zustellung.* **I** Eine Willenserklärung gilt auch dann als zugegangen, wenn sie durch Vermittlung eines Gerichtsvollziehers zugestellt worden ist. Die Zustellung erfolgt nach den Vorschriften der Zivilprozeßordnung.

II Befindet sich der Erklärende über die Person desjenigen, welchem gegenüber die Erklärung abzugeben ist, in einer nicht auf Fahrlässigkeit beruhenden Unkenntnis oder ist der Aufenthalt dieser Person unbekannt, so kann die Zustellung nach den für die öffentliche Zustellung einer Ladung geltenden Vorschriften der Zivilprozeßordnung erfolgen. Zuständig für die Bewilligung ist im ersteren Falle das Amtsgericht, in dessen Bezirke der Erklärende seinen Wohnsitz oder in Ermangelung eines inländischen Wohnsitzes seinen Aufenthalt hat, im letzteren Falle das Amtsgericht, in dessen Bezirke die Person, welcher zuzustellen ist, den letzten Wohnsitz oder in Ermangelung eines inländischen Wohnsitzes den letzten Aufenthalt hatte.

1) Die Zustellg nach § 132 stellt ein ErsMittel für das gewöhnl Zugehen dar, das unabhängig vom Empf wirkt; sie gilt als Zugehen, auch wo solches an sich nicht darin läge, insb bei Abwesenh, AnnVerweigerg, und macht die zugestellte Erkl wirks. – Nur die Zustellg dch Vermittlg des Gerichtsvolziehers, auch Ersatzzustellg, hat diese Wirkg, nicht aber Zustellgen nach ZPO 192, 196, 198–202, insb auch nicht die förml Postzustellg in unmittelbar Auftrag des Absenders (BGH **67**, 271, 277). – Verfahren: ZPO 167, 169–173, 180–191, 193–195. Zustellgsmängel verhindern Wirkg des § 132; Zugehen nach § 130 kann trotzdem eintreten, BGH NJW **67**, 823. – Über Verf bei öff Zustellg, II, vgl ZPO 204–206; über Fristwahrg ZPO 207. Öff Zustellg auch dann wirks, wenn der Erklärde ihre Bewilligg dch falsche Angaben erschlichen h, BGH **64**, 8; der Berufg auf die eingetretenen RFolgen kann aber § 242 entggstehen, BGH aaO. – Zustellg an GeschUnfähigen od GeschBeschränkten bewirkt Zugehen nur gem § 131.

2) I 2 bestimmt nur, daß zugestellt wird, läßt aber offen, ob Ausfertig od beglaubigte Abschrift zugestellt w muß; dies richtet sich nach anderen Bestimmgen, zB § 2296, Düss NJW **49**, 789.

133 *Auslegung einer Willenserklärung.* Bei der Auslegung einer Willenserklärung ist der wirkliche Wille zu erforschen und nicht an dem buchstäblichen Sinne des Ausdrucks zu haften.

1) Allgemeines. Vgl zunächst Einf 2 vor § 116.

a) § 133 befaßt sich mit der **Auslegg der einzelnen WillErkl**, dh der Ermittlg dessen, was als erklärter Wille, als Inhalt der Erkl anzusehen ist. Dabei ist von dem Standpunkt dessen auszugehen, für den die Erkl bestimmt ist. Mehr und anderes, als dieser verstehen konnte, kann in die Erkl nicht hineingelegt werden. Ergänzg od Umdeutg der Erkl kommt also nicht in Frage, RG JW **37**, 217, vgl aber Anm 2. Diese Auslegg bildet die Grdlage für die Feststellg, ob u welches Gesch vorliegt. Anders die Auslegg nach § 157, die das Vorhandensein eines fertigen RGesch voraussetzt, die Ermittlg der als Gesch – in einem Vertr (bei Auslegg einer einseit Erkl kommt § 157 nicht unmittelb in Betr RG **82**, 153) – entspringenden einzelnen RBeziehgen zum Ziele hat, soweit sich diese nicht aus reiner Rechtsanwendg ergeben, und die auch der

Ergänzg der PartErklärgen dient. Die Auffassg, daß die §§ 133 und 157 zusammengehören, ist hiernach nur bedingt richtig. – Aber auch bei der Auslegg nach § 133 sind die Regeln von Treu u Glauben und die VerkSitte insofern zu beachten, als Inhalt der Auslegg die Erforschg des wirkl Willens ist, der in der Erkl, so wie sie nach Treu und Glauben und nach der VerkSitte zu verstehen ist, Ausdr gefunden hat, RG **JW** 37, 217, RG **169**, 124, BGH **47**, 78. – Die Auslegg ist nicht nur Sache des Richters, sond eines jeden, der sich der Erkl eines anderen ggü sieht. Die Ausleggsregeln sind daher sachl-rechtl, nicht prozeßrechtl Normen.

b) Der eigentl Auslegg muß logisch vorausgehen die **Feststellg des Erklärgstatbestandes**, dh dessen, was als Erkl anzusehen u welche Umst dabei zu berücksichtigen sind (vgl Anm 2). Sie u die Ermittlg des Willens des Erklärenden (RG **SeuffA** 64, 65) sowie die Feststellg einer für die Auslegg bedeuts VerkSitte (Warn **19**, 131) sind TatsFeststellg; insoweit haben die Parteien im Prozeß eine Darleggs- u BewPfl. Solange dem Richter sächl Mittel zu Gebote stehen, festzustellen, was Parteien gewollt haben, ist richterl Auslegg erst zul, wenn die Ergebnisse jener Feststellg vorliegen, RG **DR** 42, 38, BGH **20**, 110, **LM** (Gf) Nr 2. Die Auslegg selbst ist **rechtl Würdigg**. Der Richter ist an Parteivorbringen nicht gebunden, RG **LZ** 30, 513; Auslegg kann als solche nicht „zugestanden" (RG **Recht** 31, 840), nicht „bewiesen" werden (BGH **LM** § 242 A Nr 7). BewLast besteht also nur für die zugrunde liegenden Tatsachen, RAG **HRR** 32, 2276; dazu gehören zB nur bei urkundl Erkl die für die Auslegg bedeuts Umst außerh der Urk, BGH **BB 70**, 685, ferner die Behauptg, die Part hätten einem Ausdr einverständl eine vom allg SprachGebr abw Bedeutg beigelegt.

c) Vielf wird die Feststellg des Ausleggstatbestandes in den Begriff der „Auslegung" einbezogen, woraus sich erklärt, daß zB gelegentl gesagt wird, die Auslegg liege wesentl auf tatsächl Gebiet, so BGH **NJW 57**, 873 (mißverständl auch BGH **35**, 73), was nur für die Feststellg des obj u subj Inhalts der Erkl zutrifft. Letzterer ist deshalb nur revisibel, wenn Denkgesetze, AusleggsGrdsätze, ErfahrgsGrdsätze verletzt, **LM** (Fb) Nr 3, vgl auch **LM** [A] Nr 2 (hat Tatsacheninstanz Auslegg überh nicht vorgenommen, kann Revisionsrichter frei auslegen, BGH **LM** [C] Nr 17, **NJW** 63, 2318, stRspr). Dagg ist die eigentl Auslegg als rechtl Würdigg grdsätzl voll revisibel, RG **165**, 74, BayObLG **50/51**, 263, vgl auch BGH **105**, 417 u BGH **LM** (Fb) Nr 4 betr SprachGebr; insb revisibel, ob WillErkl (zB im Testament) wg Eindeutig nicht ausleggsfäh ist, BGH **32**, 63. BAG **AP** Nr 30 (auch schon Nr 15) meint, die Ermittlg des ErklWertes sei auch Tatsachenfeststellg, da sie mit Berücksichtigg der Begleitumstände zu einheitl Denkvorgang verwoben sei; abzulehnen. Näheres vgl Baumb-Lauterbach ZPO 550 Anm 2 unter „Auslegg". – Über die Revisibilität der Auslegg von AGB vgl AGBG 5 Anm 6.

2) Gegenstand der Auslegg sind **WillErklärgen jeder Art** einschl der sog stillschw Erklärgen sowie geschäftsähnl Hdlgen, wie Aufforderg u Mitteilgen (vgl Übbl 1 c vor § 104), also neben den VertrErklärgen die einseit Erklärgen u Mitteilgen, zB das Wechselversprechen RG **85**, 196, letztwill Verfügen (vgl die Ausleggsregeln der §§ 2067 ff; ob Testierwille vorliegt, ist gem § 133 u nicht gem § 2084 zu entsch, BGH **LM** § 2084 Nr 13), InhSchVerschreibgn BGH **28**, 263, Vereinssatzgn, GesellschVertr RG **141**, 206, **165**, 73, Erkl im Proz RG **141**, 351 (vgl Übbl 5 vor § 104), AuflErkl **152**, 192, BayObLG **74**, 115, Eintr-Bewilligg JFG **3**, 402, Köln JMBlNRW **60**, 30, auch Erkl des öff Rs RG **132**, 126 (vgl auch Anm 7). – In jedem Falle ist das (erkennb, vgl Anm 4b) **Gesamtverhalten** auszulegen, also einschl der Nebenumstände, etwaiger Vorverhandlgen, des Zwecks der Erkl, insb auch des erkennb wirtschaftl Zwecks usw, vgl RG **128**, 245; denn erst das Gesamtverhalten ist die vollst Erkl, die nicht willkürl zerrissen werden darf, vgl RG **SeuffA 86**, 65. Das gilt auch bei urkundl Erklärgen, bei deren Auslegg ebenf alle maßg Umst außerh der Urk heranzuziehen sind, RG **136**, 424, **154**, 41, BGH **LM** (B) Nr 1, 3, DNotZ **71**, 721; für dingl Einigg BGH **LM** (B) Nr 13, für Test § 2084 Anm 4a. Soweit die Erkl in Wort u Schrift erfolgt, ist deren Umdeutg aGrd der Auswertg anderer Erklärgsteile, sei es ebenf wörtlicher od schriftlicher, sei es nach dem Umst gewerteten Gesamtverhaltens, zul; in diesem Sinne ist auch eine Ergänzg der ausgesprochenen Erkl mögl. Darin liegt keine Ergänzg od Aus- u Umdeutg der GesamtErkl, die im Rahmen des § 133 ausgeschl wäre (vgl Anm 1 a). Zu berücksichtigen ist immer nur das **den Beteiligten Erkennbare**, vgl Anm 4b. – Für die Auslegg von **Allgemeinen Geschäftsbedinggen** bestehen Sonderregeln in AGBG 4 u 5.

3) Voraussetzg der Auslegg ist die **Ausleggsfähigkeit** der Erkl. Bei absoluter Eindeutigk ist für Auslegg kein Raum RG **HRR** 28, 206, auch RG **158**, 124, vgl auch BGH **LM** § 2084 Nr 7. Ebensowenig, wenn der **übereinstimmende Wille** aller Beteiligten feststeht; er entscheidet auch gg den Wortlaut und ist daher zunächst zu ermitteln, vgl Einf 2 a vor § 116. Wo das RGesch unbestimmten PersKreis berührt (Gesellschafter-Beschl, Auslobg, Tarifvertrag), gilt nur das allg Erkennbare, auf den Willen der unmittelb Beteiligten kommt es nicht an, vgl BAG **NJW 61**, 1837. Der übereinstimmende Wille der Beteiligten läßt uU entnehmen aus dem Verhalten nach der Abgabe der Erkl, BGH **WPM 71**, 1515; die tatsächl Übg der Part ist daher insb bei DauerVerhältn wertvolles Ausleggsmittel. Wille der Beteiligten steht auch dann fest, wenn Erkl-Empf (den an sich mißverständl) Sinn der Erkl richtig erkannt hat, vgl BGH **MDR 59**, 637. – Nicht ausleggsfäh ist ferner eine in sich völlig widersinnige Erkl, RG **JW 10**, 801.

4) Verfahren bei der Auslegung. a) Den wirklichen Willen erforschen bedeutet nicht eine Ermittlg des inneren, unerklärt gebliebenen Willens, RG **131**, 350; der rein innerlich gebliebene Wille, der keinerlei Ausdr gefunden hat, ist nicht maßg, RG **67**, 433, BGH **47**, 78; außer Betr bleibt also, was der Erklärende außerhalb der Erklärg, neben ihr od im Widerspruch mit ihr beabsichtigte. Unter Erkl ist aber das (dem Erklärgsempfänger erkennbare!, vgl b) Gesamtverhalten zu verstehen, das nach den Umst zu werten ist (vgl Anm 2), nicht nur das wörtl od schriftl Erklärte, so würdigen sind alle Begleitumst, BAG **NJW 71**, 639. Daher ist ein Haften am **Buchstaben** od am Wortlaut unzul. Vielm ist der wahre Wille maßg, RG **SeuffA 65**, 76, sofern er in dem Gesamtverhalten irgendwie erkennb (auch versteckt) zum Ausdr kommt, vgl BayObLG **54**, 126. Vorhandene, der Ermittlg des wirkl Sinnes der Erkl dienende BewMittel dürfen nicht unbenutzt bleiben, RG **HRR** 42, 14. Späteres Verhalten der Part kann für die Auslegg zumindest indizielle Bedeutg h, BAG **AP** Nr 32, BGH **WPM 71**, 1515. Als Teil des GesVerhaltens ist auch der Erkl-Wortlaut zu berücksichtigen, RG **131**, 81, und zwar in erster Linie; denn jeder muß diejenige Auslegg gg sich gelten lassen, die nach der VerkAuffassg die gewöhnl u regelmäß ist, RG **117**, 105, doch kann das Ges-

Bild der VertrVerhandlgen eine vom übl Wortsinn abw Ausleg rechtf, BGH WPM **71**, 40. Bedeuts uU auch die Stellg der einzelnen Klausel in der GesErkl (Urkunde), BGH NJW **57**, 875; bei not Vertr sind die Vorstellgen der Parteien, nicht des Notars maßgeb, BGH BB **67**, 1394. – Bei der Ausleg kommt es, da der wirkl Wille zu erforschen ist, nicht darauf an, ob die Erkl, so wie sie sich dch die Ausleg ergibt, Treu u Glauben widerspricht, RG **82**, 316, oder sonst zu mißbilligen ist (immerhin ist ein solcher Inhalt nicht zu vermuten u die Ausleg, die das Gesch zul erscheinen läßt, vorzuziehen, vgl zB RG JW **37**, 3025 betr Anliegerbeiträge), auch nicht ob die erforderl Form (§§ 125 ff) gewahrt ist od ob der Erkl sonst ein Mangel innewohnt. Das läßt sich erst entscheiden, wenn die Bedeutg der Erkl feststeht.

b) Nur der **erklärte Wille** kommt in Betr (BGH **47**, 78), also nur das, was als Wille für den erkennb geworden ist, für den die Erkl best ist. Bei empfangsbedürft Erkl sind das die Erklärgsgegner, bei anderen die Interessenten, bei GmbHSatzg zB die künftigen Gläubiger u Gesellschafter, RG JW **34**, 1412, in manchen Fällen die Allgemeinh, vgl BGH **53**, 307. Entscheidd ist damit der **objektive Erklärgswert**, BGH **36**, 33; die Erkl gilt so, wie die Erklärgsempfänger sie nach Treu u Glauben u nach der VerkAuffassg versteh mußten, RG **91**, 426; das trifft auch für Erkl u Hdlgen des öff Rechts zu, RG **130**, 99, wobei die Besonderh der Materie zu berücksichtigen sind. – Da bei der Deutg der Erkl vom Standpkt dessen auszugehen ist, für den sie best ist, kann von den Umst und dem GesVerhalten des Erklärenden nur das berücksichtigt w, was die beteil Pers kennen od kennen mußten, bei Erkl an die Allgemeinh nur, was der Allgemeinh (dh den interessierten Kreisen) bekannt war, bei Vereinssatzg nur solche Tats, die bei den Mitgl als bekannt vorausgesetzt w können, BGH **63**, 282, bei GesellschVertr u Generalversammlgs-Beschl einer GmbH od ähnl jur Pers nur, was aus der Satzg od den öff zugängl Registerakten ersichtl ist, RG **165**, 73 (s Wiedemann DNotZ **77** Sonderheft S 99, 105), bei Wechsel neben UrkInhalt nur solche Umst, die einem unbeteil Dr mutmaßl bekannt sind, BGH **21**, 161, **64**, 14, bei börsengäng InhSchVerschreibgn die Beurteilg in Börsen- u Bankenkreisen zZ ihrer Ausgabe, BGH **28**, 264, bei normalen empfangsbedürft WillErkl, das was dem Empf erkennb war, BAG Betr **73**, 1130. – Besondere Ausdrücke sind so zu werten, wie sie an dem Ort und zu der Zeit (RG **148**, 44) ihrer Abgabe in den Kreisen der Beteiligten verstanden werden, dh nach der VerkSitte; dazu gehört unter Kaufleuten auch der Handelsbrauch nach HGB 346; Näheres vgl § 157 Anm 3. Bei der Bestellg von Waren gebr Ausdrücke sind so zu werten, wie sie am Ort der Bestellg verstanden werden, hM; tatsächl Kenntn der VerkSitte ist nicht erforderl, RG **114**, 12; bei Unkenntn kommt ggf IrrtAnf in Frage. – Der **obj ErklSinn** ist jedoch **unbeachtl**, wenn Erklärer u Erklärgsempfänger übereinstimmd dasselbe meinen, Einf 2a vor § 116.

c) Das G erleichtert die Ausleg vielf dch bes **Auslegungsregeln**, die meist durch die Bestimmg, daß etwas „im Zweifel" gelten solle, kenntl gemacht sind. Allg Auslegungsregeln außer §§ 133 und 157 gibt es nicht. – Theoretisch keine Auslegsregeln enthalten die nachgiebigen Rechtsregeln, prakt bedeuten sie oft dieselbe Auslegserleichterg; denn sie wollen überall gelten, wo die Beteiligten nichts anderes bestimmt haben. Auch hier spricht also die Vermutg für ihre Geltg. Für beide Fälle ist aber zu beachten, daß die Vermutgen erst zum Zuge kommen, wenn die gewöhnl Ausleg zu keinem eindeutigen Ergebn führt (vgl auch § 157 Anm 2b).

5) Einzelfälle aus der unübersehb Rspr aufzuführen, wäre verwirrend u wertlos, da die Ausleg je nach Lage des Falles verschieden sein muß; vgl evtl BGH LM zu §§ 133, 157. Bei Aufbauverträgen ist Abwohnklausel oft als Mietvorauszahlg zu werten, BGH LM § 157 Nr 6. Begriff der Fenster in einem Vertr zw Nachbarn, BGH LM (C) Nr 17, Inanspruchnahme eines Arztes unter Vorlage eines Krankenscheins, BGH **47**, 75; über Einbeziehg der Mehrwertsteuer in Kaufpr vgl § 157 Anm 5b. – „Anerkenng" einer abgetr Fdg dch Gläub vgl § 404 Anm 2d. – Für die Ausleg **schlüssigen Verhaltens** (Einf 3a vor § 116) gilt grdsätzl nichts Besonderes; doch ist zunächst zu ermitteln, ob das Verhalten überh als rechtsgeschäftl Erkl zu werten ist; das wäre zu verneinen, wenn dem Handelnden das Bewußtsein fehlte, daß sein Verhalten so gedeutet werden könnte, BGH LM § 398 Nr 20 Bl 3, NJW **73**, 1789. Im übr kommt es auch hier auf die GesUmst u darauf an, wie der ErklGegner das Verhalten auffassen mußte, BGH NJW **63**, 1248. Zur Frage, wann bloßes **Schweigen** eine WillErkl darstellt vgl Einf 3b u c vor § 116.

6) Beweislast vgl zunächst Anm 1b. Da grdsätzl die nach der VerkAuffassg gewöhnl u regelm Ausleg gilt, hat derjenige, der aus den Umst eine andere herleiten will, diese bes Umst zu beweisen, so auch von der VerkSitte abw Bedeutgn eines Ausdrucks. Bei Urkunden spricht die Vermutg für ihre Vollständigk u Richtigk, vgl § 125 Anm 5. Soweit Auslegsregeln od nachgiebige Rechtsregeln bestehen (vgl Anm 4 c), sind die gg deren Anwendg sprechenden Umst zu beweisen.

7) § 133 ist entspr anwendb auf die Ausleg von **Gesetzen**, vgl Einl V 2 vor § 1; ebso auf TarifVertr, weil sie Rechtsnormen darstellen, ferner auf **behördliche Akte**, wie Eintragg in öffentliches Register, RG **141**, 182; in das Grdbuch (RG **139**, 130), wo außer dem Wortlaut der Eintr und der in Bezug genommenen EintrBewilligg zur Ausleg nur Offenkundiges heranzuziehen u zu ermitteln ist, wie die Beteiligten (auch spätere Erwerber) die Eintr verstehen müssen, BGH **59**, 209, NJW **65**, 393, **74**, 641, DNotZ **76**, 16, § 873 Anm 4 d. Ebso ist ein Pfändgsbeschluß nur aus dem Beschl selbst und den den Betroffenen bekannten Umst auszulegen, RG **160**, 39. – Über Ausleg von Patenten vgl ua RG **86**, 201 ff. – Daß § 133 auch bei WillErkl öffrechtlicher Natur ggü Behörden anwendb ist (allerdings als Norm des öff Rechts), ist nicht zu bezweifeln, vgl dazu BVerwG DVBl **63**, 894.

134 *Gesetzliches Verbot.* Ein Rechtsgeschäft, das gegen ein gesetzliches Verbot verstößt, ist nichtig, wenn sich nicht aus dem Gesetz ein anderes ergibt.

1) Vorbemerkgen zu §§ 134–138. Das bürgerl R beruht auf dem Gedanken der PrivAutonomie (Übbl 1a vor § 104). Die Befugn des einz, seine R- u LebensVerh eigenverantwortl zu gestalten, besteht aber nur im Rahmen der ROrdng; soweit sie den Rechtserfolg mißbilligt, kann er nicht eintreten. Das ist der Grdgedanke der §§ 134–138; darum führen Verstöße gg gesetzl Verbote (§ 134, u zwar auch, wenn Verbot nicht ausdrückl ausgesprochen ist, sich aber aus dem Geiste der ROrdng ergibt, vgl BGH **51**, 262) od gg die ungeschriebenen Verbote der „guten Sitte" grdsätzl zur Nichtigk, dagg Verstöße gegen Verbote, die nur einzelne Personen schützen sollen, zur Unwirksamk nur ihnen ggü (§§ 135, 136); darum sind aber verbotswidr Geschäfte uU (vgl § 134, „wenn sich nicht ein anderes ergibt") auch vollwirks, zB unerl Untervermietg (§ 549); darum ist endl das rein auf Privatwillen beruhende Verbot nicht geeignet, die Rechtswirkg enggstehender Geschäfte zu hindern (§ 137). – Gesetzwidr behördl Maßnahmen sind grdsätzl bis zur Aufhebg vollgültig. Nichtigk tritt lediglich bei bes schwerwiegenden offenkund Mängeln ein, vgl VwVfG 44.

2) Allgemeines zu § 134: a) Gesetzl Verbote machen das verbotswidr Gesch nichtig, **soweit sich nicht ein anderes ergibt**. Ob das der Fall ist, ist für jede Verbotsvorschr bes zu ermitteln. Gelegentl finden sich ausdr Bestimmgen über die rechtsgeschäftl Folgen der Verbotsübertretg, die Geschäfte sind als nichtig, anfechtb, unwirks bezeichnet usw; für andere Fälle gibt die **Gesetzessprache** einen Anhaltspunkt, da hier idR (keineswegs immer!) die Verbotsgesetze mit NichtigkFolge in der Form des „**kann nicht**", „**ist unzulässig**", „**ist nicht übertragbar**" (vgl Celle VRS **50** Nr 37) gefaßt sind, u, wo and Folgen eintreten sollen, die Wendg „**darf nicht**" benutzt w, vgl LG Köln MDR **74**, 143. Ausn hiervon ua: „kann nicht" für schwebde Unwirksamk in § 181 (§§ 399, 717, 719 gehören nicht hierher, vgl § 135 Anm 1). „**Darf nicht**" mit NichtigkFolge: GmbHG 30, AktG 57, 59, 153 IV, V. – „**Soll nicht**" bedeutet bloße Ordngs-Vorschr ohne NichtigkFolge. – Verstöße gg Strafgesetze, die das Handeln aller am RGesch Beteiligten, insb beider Parteien eines Vertr unter Strafe stellen, führen meist, nicht immer, zur Nichtigk, vgl RG **106**, 317, BGH **37**, 365; wo nur eine VertrPartei strafb ist oder sich das Verbot sonst nur an eine Partei richtet, ist das Gesch idR gültig, vgl RG **104**, 107, BGH **46**, 26, BGH NJW **68**, 2286; doch kann nach dem GesZweck auch Nichtigk eintreten, BGH **37**, 262 (Verstoß gg RBerG), NJW **69**, 661 (Verstoß gg ArbVermittlgsVerbot), BGH **53**, 156 (Vertr über verbotene Werbg für Heilmittel). – **Entscheidend sind Sinn und Zweck des Gesetzes**, die ggf dch Ausleg zu ermitteln sind: wendet sich Verbot nur gg Form u Art der Vorn des Gesch (zB Verkauf am Sonntag, RG **60**, 276) od gg seine Umst (zB Ausschank nach Polizeistunde RG **103**, 264), so fehlt ein Interesse der Gemeinsch an der Versagg der Wirksamk; deshalb führen Verstöße gg gewerbepolizeil Vorschriften idR nicht zur Nichtigk, auch nicht Verk rezeptpfl Präparate ohne Rezept, BGH NJW **68**, 2286. Dagg führt der Verstoß gg das Verbot von HaustürGesch (GewO 56, ArzMG 36) nach dem Schutzzweck der Norm zur Nichtigk, BGH NJW **78**, 1970, BGH NJW **65**, 354, LG Bln NJW **71**, 2175, Thilenius MDR **77**, 803, str, aA Düss MDR **72**, 321, LG Konstanz NJW **72**, 1992, LG Darmst MDR **74**, 932, Holschbach NJW **73**, 445. Ist die Vorn überh od bestimmten Personen (vgl BGH **37**, 365) untersagt, so ist das Gesch dann nichtig, wenn bei Gültigk des RGesch der Gesetzeszweck nicht erreichb. Verstoß gg einen im G zum Ausdruck gekommen Grds genügt, nicht notwend ist ausdrückl Verbot des Gesch, BGH **51**, 262.

b) Bedarf ein Geschäft **behördlicher Genehmigung**, dh ist ungenehmigter Abschl verboten, so ist das nicht ein Verbot schlechthin; das ungenehmigt vorgenommene Gesch ist vielm bis zur Gen od deren Versagg od Aufhebg der GenPfl (vgl zu letzterer BGH **11**, 37, BGH **LM** Nr 15 u 29, BGH MDR **53**, 419 und BGH **37**, 233) schwebd unwirks (Begriff vgl Übbl 4c vor § 104); ist mit Versagg Nichtigk eingetreten, so wird diese nicht dadch beseitigt, daß nachträgl doch noch die Gen erteilt wird, RG **162**, 1, BGH **1**, 302, **LM** Nr 10 (Preisstopüberschreitg vgl Anm 3) od der die Gen versagende VerwAkt dch neuen aufgeh wird. Nichtig, nicht schwebd unwirks, ist aber ein genpflichtiges RGesch, das in beiderseit UmgehgsAbs abgeschl w, BGH WPM **71**, 586, so etwa, wenn zum Schein falsche Angaben (Preis) gemacht w u das wirkl gewollte RGesch zur Gen nicht vorgelegt w soll, BGH NJW **68**, 1928. Allg zu behördl Gen von Verträgen vgl § 275 Anm 9. VertrAbschl für den Fall der GenErteilg vgl § 309; Vorvertr auf Einholg der Gen vgl **LM** MRG 53 Nr 3. Ist die behördl Gen zu einem einseit GestaltgsGesch, zB zur Künd nötig, so ist es ohne sie idR unwirks, es gibt keine solche Geschäfte seinen Schwebezustand vertragg, vgl RG JW **37**, 1546, OGH NJW **49**, 671; wenn Gen dem ErklEmpf dch Erklärenden od auf seine Veranlasss zugeht, wird darin Wiederhoig des Geschäftes liegen, das dann damit (nicht aber rückw) gültig wird. Wo Künd im ArbR genehmiggsbedürft, wird allerd gelegentl Rückwirkg vertreten.

c) Begriff der Nichtigkeit vgl Übbl 4a vor § 104. Nichtigk des **Verpflichtgsgeschäfts** macht das abstrakte **Erfüllgsgeschäft** nicht ohne weiteres nichtig (vgl Übbl 3 c e f vor § 104), wenn nicht auch dieses, also der Erfolg, verboten ist. Ob nur VerpflichtgsGesch oder auch ErfGesch verboten ist, ist dch Ausleg des VerbotsG zu ermitteln; Gesetz, das VermVerschiebg unterbinden will, macht auch ErfGesch nichtig, vgl BGH NJW **54**, 550. – Verbot der Leistg führt in der Regel zur Nichtigk der Verpflichtg RG LZ **31**, 1060; Ausnahmen zu § 309, 308, wonach nicht insb für den Fall des Verbotswegfalls geschl Vertr gültig ist; in anderen Fällen macht die Aufhebg des Verbots das Gesch nicht nachträgl wirks, RG **138**, 55. – Über ErsPfl des bösgl VertrSchließenden vgl §§ 309, 307, über Rückfdg der Leistg § 817, insb S 2.

d) Gesetzliche Verbote sind solche der Reichs-, Bundes- und Landesgesetze, wohl grdsätzl auch Tarifverträge u Betriebsordngen (LAG Saarbr NJW **66**, 2137). Ausl VerbotsGes fallen nicht unter § 134, RG **108**, 243, **161**, 296, auch nicht Ges der DDR, BGH **69**, 296. Die Verletzg oder Umgehg ausl Ges kann aber Anwendg des § 138 rechtf, wenn sie mittelb auch dtsche Interessen schützen od auf allg anerkannten rechtlsittl Erwäggen beruhen, BGH **34**, 169, **59**, 85, **69**, 298. Verstoß gg ausl DevisenBest führt nach dem Abk über den Internat Währgsfond Art VIII zur Unklagbark der Fdg, macht aber RGesch nicht nichtig, BGH NJW **70**, 1507, BGH **55**, 338. Gesetzl Verbote eines Landes sind, soweit deren Recht anwendb ist, auch außerh des Landes als solche zu beachten, obwohl sie an sich die Wirksamk auf das betr Gebiet beschr sind; beachte aber EG 30. – Ein Verbot durch KRG od MRG, der AHK und der AHKommissare stand gesetzlichem Verbot deutscher Gesetze gleich, Brschw NdsRpfl **48**, 60. Nicht jedes Verbot einer Besatzungsmacht fällt unter § 134, vgl LG **107**, 174 für die Besetzg nach dem 1. Weltkrieg. Soweit VölkerR dem innerstaatl Recht inkorporiert ist, fällt auch ein völkerrechtl Verbot unter § 134; wo aber der Staat das völkerrechtl Verbot nicht beachtet, kann es gg den Privaten auch nicht wirken; abzulehnen daher OG DDR NJ **51**, 26 (Kriegsliefg) und NJ **51**, 27 (Rüstgskredit). Völkerrechtl Vertr, die ausschließl die RBeziehgen zw den beteiligten Reg regeln, stellen keine Verbote iSv § 134 dar, BGH **69**, 296. Diskriminiergsverbote des MontanunionVertr (Art 4b u 60) sollen nach BGH **30**, 74 keine Verbotsgesetze sein; richtiger wohl: sie ergeben, daß Nichtigk nicht gewollt. – Das Verbot braucht im G nicht ausdrückl angesprochen zu sein; es genügt, daß es im G zum Ausdr kommt (so mit Recht BGH **51**, 262 für den Verstoß gg das Gebot überparteil RPflege, gg das ein SchiedsVertr verstößt.) – Auch Veräußerungsverbote führen dann zur Nichtigk, wenn sie im Interesse der Allgemeinh erlassen sind (andernf gilt § 135), so die VermBeschlagn nach StGB 83, 93, StPO 290, 433 u nach VereinsG 10. Sie wirken auch bei Grdstücksrechten ohne Eintr u sind daher nicht grdbuchfähig. Sonstige behördl Verbote (zB der Veräußerung zu bestimmten Preises) fallen nicht unter § 134, wenn nicht im G bestimmt, BGH NJW **57**, 668, vgl Anm 3b. – Die **Grundrechtsartikel** des GG betreffen nach ihrer geschichtl Entwicklg, ihrem Inhalt u Zweck das Verh zw Bürger u öff Gewalt; sie wirken zwar über die Generalklauseln (§§ 138, 242, 826) in das PrivR ein, sie sind aber im allg keine VerbotsGes iS des § 134, sog Theorie mittelb Drittwirkg, sehr str, vgl näher § 242 Anm 1 d. Unmittelb wirkde Verbotsschranken enthalten aber GG 9 III (Koalitionsfreih), Art 48 II (Vorrang der Abgeordnetentätigk vor Pflichten aus Arb- oder GesellschVertr), vgl BGH **43**, 387, wohl auch Art 38 I S 2 (freies Mandat); nichtig daher Verpfl, Mandat bei PartWechsel niederzulegen od entspr VertrStrafVersprechen, LG Brschw DVBl **70**, 541.

3) Einzelfälle (ja = nichtig, nein = nicht nichtig)

a) Abzahlgsgesetz: Verstoß gg § 4 II, ja, RG **136**, 140. **Arbeitsvermittlg:** Unerl Vermittlg entggg AFG 4, 13 (fr AVAVG 35, 37 I), ja, Ffm NJW **65**, 42, BGH LM Nr 70, WPM **74**, 1186, Düss NJW **76**, 1638 (Fotomodell), auch wenn VermittlgsVertr mit künft ArbGeber od mit interessiertem Dr geschl, BGH Betr **78**, 1881. ProvVerspr eines Schauspielers ggü Vermittler, der entgg AVAVG 210 (jetzt AFG 228 I Nr 2) die Grenzen der erteilten Gen überschritten h, nein, BGH **46**, 26, dazu Pawlowski JZ **66**, 696; dch verbotene Vermittlg zustandegek ArbVertr, nein, BAG NJW **72**, 973, dazu Immenga BB **72**, 805; ArbVertr mit ausl ArbN mit erforderl Gen gem AFG 19, ja bei gemeins UmgehgsAbs, BAG NJW **74**, 2111, sonst nein, BAG NJW **77**, 1023, 1608. **Arbeitsverträge:** DoppelarbVerh bei sehr erhebl Überschreitg der gesetzl zul HöchstArbZeit, ja, BAG **8**, 49, 50; Fehlen des GesundhZeugn nach BSeuchG 17, 18, nein, BAG Betr **70**, 1933, **71**, 1530; ArbVertr während bezahlten Url entgg BUrlG 8, ja, ArbG Herne Betr **65**, 1670, Neumann Betr **72**, 2209, aA Diekhoff Betr **66**, 1235; Verzicht auf UrlAbgeltgsAnspr entgg BUrlG 13 I 3, ja, BAG **20**, 25, das Nichtigk auch für einen Verzicht nach Beendigg des ArbVerh annimmt, bedenkl; Verzicht auf Lohnfortzahlg entgg LFZG 9, ja, BAG Betr **72**, 343; nein, bei verglweisem Verzicht auf bereits entstandenen Anspr, BAG NJW **77**, 1213; Vereinbg auflösd Bedingg der Beendigg des ArbVerh mit weibl ArbN iF der Eheschließg (Zölibatsklausel), nach BAG **4**, 285 wg Verstoßes gg GG Art 1, 2, 6 I ja; Tarifvereinbg über Lohnabschlag für Frauen ggü den Tariflöhnen für Männer bei gleicher Arb, nach BAG **1**, 269 wg Verstoßes gg GG Art 3 I u II ja; Abreden über die Erstattg von Aus- u Fortbildgskosten, Frage des Einzelfalls, BAG NJW **77**, 973; da die GrdRArtikel keine VerbotsG iS des § 134 sind (Anm 2) ist Nichtigk in diesen Fällen nicht Aus aus § 138 herzuleiten; ArbVertr mit verbotener pol Part, ja bei Auflösg, BAG **7**, 225, 226; Verpflichtg zur Rückzahlg von Gratifikationen, Frage des Einzelfalles, vgl § 611 Anm 7e ee; ArbVertr entgg Einstellgsverbot in einer BetrVereinbg, nein, weil die BetrVereinbg für den ArbN vor dessen Eintritt in den Betr keine Verpflichtg begründet, LAG Saarbr NJW **66**, 2136.

Armenanwalt: Honorarvereinbg nein (nach fr Recht ja, RG HRR **37**, 1061), sond unvollk Verbindlk, BRAGebO 3 IV. **Arzneimittelgesetz:** Inverkbringen entgg § 20, nein, da nur Verwaltgsunrecht, ebso Abg entgg §§ 28, 35, nein, da nur Verstoß gg gesundhpoliz OrdngsR, BGH NJW **68**, 2286; Verk im Reisegewerbe vgl Anm 2 a. **Baupolizeiliche Vorschriften:** Verstoß grdsätzl nein, KG JW **38**, 2349; daher Vermietg zu baupoliz unzul Benutzg nein, KG OLG **38**, 86, VGH Kassel NJW **64**, 2444, LG Ffm NJW **77**, 1885; ebso WkVertr über BauWk bei Fehlen der BauGen, nein, BGH JR **62**, 463, LG Ffm NJW **77**, 1023, vgl aber BGH NJW **74**, 1080. **Bauträger:** Verstoß gg Vorschr der MaBV, ja, Kanzleiter DNotZ **74**, 557, Marcks DNotZ **74**, 542 (aA Hepp NJW **77**, 617), jedoch bleibt Vertr entspr § 139 Anm 2c iü wirks, vgl auch Brem NJW **77**, 638, Halbe NJW **77**, 1437. Fehlen der nach **Beamtenrecht** erforderl Gen, nein, Schlesw SchlHA **74**, 205, ferner BGH NJW **74**, 1374, 1377. **Bewirtschaftsvorschriften:** Verstoß ja u zwar bei beiderseits Verstoß grdsätzl einschl der AusführgsGesch, BGH LM Nr 34; and wenn die Vorschr nur OrdngsCharakter h od eine bloße KontrollMaßn ist, BGH LM Nr 34 u 59; nein, wenn Part den Vertr unter Beachtg der etwaigen BewirtschaftgsVorschr dchführen wollen, OHG **3**, 395, 396; KompensationsVertr, ja, BGH **1**, 131, LM Nr 3 u zwar einschl der ErfGesch, BGH **11**, 62; Abrede über die Verteilg von Gewinnen aus KompensationsGesch nach Verbotsaufhebg, nein, BGH NJW **61**, 1204. **Fernunterricht:** Vertr ohne Erlaubn gem FernUSG 12, ja, FernUSG 7. **Geldstrafenerstattg:** Verspr, Geldstrafen für zukünft strafb Hdlgen zu übernehmen, ist auf Begünstigg (StGB 257 I), gerichtet u daher nichtig, vgl BAG **9**, 249; eine nach einer Steuerverfehlg gemachte Zusage, eine etwa Geldstrafe zu bezahlen, soll wirks sein, BGH **41**, 229; Ers einer bereits entrichteten Geldstrafe, nein, vgl RG **169**, 268. **Gewerbepolizeiliche Vorschriften:** Verstoß grdsätzl nein, BGH NJW **68**, 2286; GastAufnVertr nach Polizeistunde, nein, RG **103**, 264, 265; KaufVertr über Maschine, die den maßg SicherhVorschr nicht entspr (Gesetz über techn ArbMittel 3 I), nein, LG Augsbg MDR **70**, 760; HeimpflegeVertr bei Verstoß gg HeimVO, nein, Hbg MDR **73**, 758; Verk im Reisegewerbe vgl Anm 2 a. **Gläubigerbenachteiligg:** Nach dem AnfG u den sonst entspr RGeschn, nein, RG **69**, 147, BGH BB **68**, 1057, NJW **73**, 513, stRspr; daher auch Verstoß gg KO 241, nein, RG **56**, 230. **Glücksspiel:** Als Lotterie ausgestaltete progressive Kundenwerbg, wg Verstoßes gg StGB 284, ja, Köln OLGZ **71**, 392; SpielVertr mit ortsansäss Spieler entgg SpielbankVO 1 I Nr 2, ja, BGH **37**, 365; Verstoß gg landesr Spielordng, nein, BGH **47**, 397, 398.

Haftungsausschluß: vgl § 276 Anm 5 B b. **Handelsbeschränkgen:** Zahlg auf InterzonenhandelsVertr abw von der Gen, ja, Bambg BB **61**, 550; ImportGesch unter Benutzg der einem and erteilten EinfuhrGen, nein, BGH LM Nr 59; Verpflichtung zum Warenbezug, der einer Gen unterliegt, nein, wenn die Verpflichtg für den Fall der Erteilg der Gen eingegangen w, OGH **3**, 277, 278; Auftr zur Einziehg des Kaufpr aus verbotenen Gesch, wenn der Beauftr vom Verstoß keine Kenntn hatte, nein, RG JW **23**, 294. **Handelsrechtliche Vorschriften:** EigtVorbeh an Teilen von Handelsbüchern, wg Verstoßes gg HGB 44,

§ 134 3

44 b u AO 162 ja, vgl KG Rpfleger **72**, 441; GterBeschl über die Gen einer gg BilanzVorschr verstoßd Bilanz, ja, RG **72**, 37, **80**, 335, vgl aber die Sonderregelg in AktG 256, die nach hM auch für die GmbH gilt. Verpflichtg zur Rückzahlg u Verzinsg von Aktionäreinlagen entgg AktG 57 I, ja, RG **107**, 168, dagg HypBestellg entgg GmbHG 30 I im Hinbl auf GmbHG 31 II nein, RG **168**, 302; SatzgsBest, die iF der Pfändg od des Konk eines GmbH-Gters die Einziehg von dessen GeschAnt vorsieht, ja bei unentgeltl Einziehg, nein bei die Einziehg gg gleichwert Ers, RG **142**, 377, 378. Verschärf der gesetzl SchweigePfl des AufsR, ja, Düss Betr **73**, 2441. **Heilmittelwerbg:** Zusichg von Einkünften für strafb Heilmittelwerbg, ja, doch kann der VergütgsAnspr für geleistete Tätk des Werbeleiters nach arbr Grds (Einf 5c bb vor § 145) trotzdem gegeben sein, BGH **53**, 156, 158. **Kartellrecht:** Vertr, der dem Mitgl eines nach dem GWB nichtigen Kartells Sondervorteile einräumt, ja, Ffm OLGZ **68**, 283; GebietsschutzVereinbg, die nach GWB 22, 104 beanstandet w, nein, Ffm BB **71**, 629; FolgeVertr, zw einem KartellMitgl u einem Dr, in den unzul Kartellabrede übernommen w, nein, Celle NJW **63**, 2126, LG Ravbg NJW **77**, 684; zu den Kartellverboten der Besatzg vgl 22. Aufl.

Koppelgsgeschäfte: Vgl § 138 Anm 5 l. **Kreditwesengesetz:** Kreditgewährg ohne Erlaubn nach KWG 32 I, nein, BGH WPM **66**, 1101, Betr **72**, 1477, Köln VersR **74**, 1185, Prost NJW **77**, 229; landesrechtl Vorschr, die Sparkassen bei der Gewährg von Großkrediten Beschrkgen auferlegen, iZw wohl nein, BGH WPM **78**, 786. **Landpachtgesetz:** Verstoß gg PachtG 6 III, nein, BGH **36**, 70. **Lebensmittelgesetz:** Inverkbringen verdorbener od irreführd bezeichneter Lebensm, nein, RG **100**, 40, **170**, 156, Hbg DJ **42**, 91. **Letztw Verfgen:** Vgl § 2077 Anm 1 A. **Maklerverträge:** Verbot unerwerbsm Vermittlg, nein, Nürnb JW **30**, 1425; Vertr mit Makler, der sein Gewerbe ohne die gem GewO 34c nF erforderl Erlaubn ausübt, nein; Anbieten von WoRäumen ohne Auftr eines Berecht entgg Gesetz zur Regelg der WohngsVermittlg 6 I, nein, Karlsr NJW **76**, 1408, vgl auch Einf 6 vor § 652. **Notarverweser:** Neue NotariatsGesch nach Ablauf der DreimonatsFr entgg BNotO 56 II 2, nein, KG OLGZ **67**, 240. **Presserecht:** Werbeanzeigen in Form von ZeitgsArt, nein, Köln MDR **70**, 673, Düss NJW **75**, 2018. **Rechtsberatg:** GeschBesorggsVertr mit nicht zugel RBerater, ja, obwohl sich das Verbot des RBerG nur gg den RBerater richtet, BGH **37**, 262. Nichtigk erstreckt sich auch dann auf den Vertr im ganzen, wenn dieser zugl erlaubte Tätigk umfaßt, BGH **50**, 92, **70**, 17. Geschäftsm Besorgg fremder RAngelegenh dch Notar außerh der NotarBerufstätigk, ja, Stgt DNotZ **64**, 734. Anfertig von VertrEntw für die Veräußer von EigtWo dch Arch, ja, BGH **70**, 13. Auftr an Steuerbevollm, als TrHänder Außenstände einzuziehen u ein Moratorium herbeizuführen, ja, Karlsr OLGZ **65**, 3; RBesorgg dch WirtschPrüfer als TrHänder im eig Namen, aber im Interesse des AuftrGebers, ja, vgl BGH **48**, 18; SaniergsÜbern, ja, Karlsr AnwBl **68**, 117; entgeltl SchuldenreguliergsVereinbg, die über büro- u formularm DLeistgen hinausgeht, ja, BGH **LM** § 1 RBerG Nr 19, dagg Unschuldg von GrdBes als rein wirtsch Tätigk u Aufkauf von GläubFdgen im eig Namen auf eig Rechng, nein, BGH Betr **71**, 1960; Auftr zur Erarbeitg von GeschÜbernVertr, ja, Hbg AnwBl **71**, 15; Abtr von SchadErsAnspr aus KfzUnfällen an MietwagenUntern od KfzWerkstatt, wenn mit der Abtr in der Hauptsache die geschäftsm Dchsetzg der Anspr ermögl w soll, ja, BGH **47**, 366, VersR **70**, 422, NJW **74**, 557, stRspr, and aber, wenn Abtr im wesentl nur Sicherg des MietwagenUntern dient, BGH NJW **74**, 1244; geschäftsm FdgsErwerb zum Zwecke der Einziehg, wenn es in Wahrh um die Übernahme der Schadensreguliergg geht, ja, BGH **61**, 318 („Unfallhelfer-Ring"), BVerwG NJW **78**, 234 (MietwagenUntern). Nichtigk erstreckt sich id R auf DarlVertr, ja BGH NJW **77**, 38, u auf Bürgsch, Ffm MDR **78**, 848. Nichtig auch dann, wenn Bank FdgEinzug ohne Abtr übernimmt, BGH NJW **77**, 431; sie betrifft aber nicht HilfsGesch zw Unfallhelfer u Bank, Mü DAR **77**, 267. Abtr von KundenFdgen an Factor beim unechten Factoring nein, weil hier eig RBesorgg vorliegt, BGH **58**, 367; Beteiligg eines stillen Gters an einem RBeratgsUntern, ja, BGH **62**, 234; Beauftragg eines nicht zur RBeratg zugelassenen Kreditreformvereins mit FdgEinziehg, ja, Celle OLGZ **73**, 351; Einziehg dch Detektiv, ja, Nürnb OLGZ **76**, 235; rechtl Beratg dch Bauberater, ja, BGH NJW **76**, 1635; Verstoß gg AO 107a (jetzt StBerG 5), ja, Karlsr Just **75**, 145; Übern von BuchhaltgsArb, idR ja, BGH WPM **77**, 1002, ausnahmsw nein bei rein mechan Hilfeleistg, BGH **54**, 311; über RückfdgsAnspr des Beraters aus § 812 vgl § 817 Anm 3c dd.

Reisegewerbe: Vgl Anm 2 a. **RVO:** Vereinbg einer vom LohnabzugsVerf der §§ 394, 395 abweichd Erstattgsmöglk, ja, BAG **6**, 14. **Scheckgesetz:** Verpfl des Bezogenen, Widerruf vor Ablauf der VorleggsFr zu beachten, nein, BGH **35**, 220. **Schiedsverträge:** Vertr zw VereinsMitgl u NichtMitgl, nach dem ein nur aus Mitgl bestehd SchiedsGer entsch soll, ja wg Verstoßes gg das in ZPO 1025 II, 1032 zum Ausdr gek Gebot überparteil Rechtspflege, BGH **51**, 262, dazu krit Bülow NJW **70**, 585; VertrBest, daß der von einer Part ernannte SchiedsRi zur allein Entsch berecht sein soll, wenn die and Part innerh einer best Fr keinen SchiedsRi ernennt, ja, BGH **54**, 399, 400, dazu Kornblum ZZP **84**, 339; Ausschl des ord Rechtsweges ohne Abschl eines SchiedsVertr, ja wg Verstoßes gg GVG 13, BGH **LM** § 1018 Nr 19. **Schwarzarbeit:** Vertr über verbotene SchwarzArb, ja, Kblz Betr **75**, 1249, Karlsr, NJW **77**, 2076, LG Karlsr NJW **75**, 1420, str, vgl Benöhr NJW **75**, 1970, Sonnenschein JZ **76**, 498, Celle JZ **73**, 246 (kein ErfAnspr des AuftrGeb, wohl aber SchadErsAnspr wg SchlechtErf). **Staatsvermögen:** Verringerg des GrdVerm des bayr Staates ohne od gg unzureichd Entgelt, ja wg Verstoßes gg BayVerf Art 81, BGH **47**, 36, 37, der dazu neigt, dch öff Gesichtspunkte nicht gerecht unentgeltl Zuwendgen an Private generell als nichtig anzusehen, zweifelnd BayObLG **69**, 281. **Steuerrecht:** Vertr, mit denen eine Steuerhinterziehg verbunden ist, ja wenn diese Hauptzweck, sonst nein, BGH **14**, 30, 31, **LM** Nr 57, VersR **78**, 915. Darl zum Ankauf unverzollter Zigaretten, ja, Köln MDR **57**, 34; KaufVertr über unversteuerte Zigarren, nein, wenn der Verk den Käufer zum Ankauf für berecht hielt, RG SeuffA **81**, 2. Verpfl gegü einer öffr Körpersch, einen Steuertatbestand aufrechtzuerhalten, ja, BGH **66**, 199 (GewerbeSt), krit Rathjen DStR **77**, 472. **Stimmrecht:** Gesellschvertragl Best, die die StimmAbg in eig Sache zuläßt, ja wg Verstoßes gg den § 34, AktG 136 I, GmbHG 47 IV u GenG 43 III zum Ausdr gek RechtsGrds, RG **136**, 245; sachl nicht gerechtf u willkürl unterschiedl StimmRRegelg, ja wg Verstoßes gg den in §§ 32, 35 zum Ausdr gek RechtsGrds, KG NJW **62**, 1917. **Umgehgsgeschäfte:** Vgl Anm 4. **UWG:** Verstoß gg UWG 1, nein, da er nur die Art des Zustandekommens, aber nicht den Inhalt des RGesch betrifft, Sack WRP **74**, 446; gg ZugabeVO od RabattG, nein, BGH **LM** UWG 1 Nr 12, Schlesw VersR **75**, 455 (aA zum Rabattverstoß

Nürnb MDR **76**, 488); Vereinbgen über die Etablierg eines nach UWG 6a unzul Kaufscheinhandels, ja, BGH WPM **78**, 783; SchmiergeldVertr entgg § 12, ja, RG JW **21**, 338. **Vaterschaftsanerkenntnis**: Bewußt falsches Anerk entgg StGB 169 nein, da § 1600 f abschließde Sonderregelg, Göppinger JR **69**, 403, Firsching Rpfleger **70**, 16, auch § 1600 f Anm 2 (and nach fr Recht BGH **1**, 182, Köln NJW **74**, 953). **Versteiger**: Verpflichtg, gg Entgelt in amtl Versteiger nicht zu bieten, trotz Verstoßes gg PrStGB 270 nicht nichtig, Celle NJW **69**, 1764, zur Fortgeltg dieser Vorschr krit Franzen NJW **70**, 662. **Vollstreckgsvereitelg**: Verwahrgs- od SchenkgsVertr mit dem Ziele, die ZwVollstr zu vereiteln, ja, obwohl StGB 288 nur den Schuldn mit Strafe bedroht, Schlesw SchlHA **57**, 96. **WoBindG**: Vermietg an nichtwohnberecht Mieter, nein, LG Aachen MDR **73**, 318. **Wohnsgemeinnützigkeitsgesetz**: Verpfl des WohnUntern, dem Vorstd Bezüge über den zul Rahmen des § 12 hinaus zu zahlen, nein, BGH **LM** Nr 12. **WZG**: Verpflichtg des WzInh, gg die Anmeldg desselben Wz keinen Widerspr zu erheben, nein, RG HRR **42**, 199.

b) Verstöße gegen Preisbestimmungen:

aa) Währd in der Zeit von 1936 (PreisstoppVO vom 26. 11. 36) bis zur Währgsreform nahezu alle Güter u Leistgen preisgebunden waren, bilden PrBindgen heute die Ausn. Grdlage für die noch bestehden PrBindgen sind das weiterhin in Kraft befindl PreisG vom 10. 4. 48 (vgl dazu BVerfG **8**, 274, Zezschwitz Betr **73**, 1435) sowie versch SonderG. Prakt Bedeutg haben insb: die ab 1. 1. 1977 geltde HOAI (Locher NJW **77**, 186, Koeble BauR **77**, 372); die BauPrVO 1972, die für öff Auftr u mit öff Mitteln geförderte Auftr gilt (vgl dazu Altmann Betr **74**, 661, ferner unter bb); GüKG 20ff; der die Mieten im sozialen WoBau beschränkde WoBindG 8. Zum EnergiepreisR vgl Mewes BB **71**, 1178, Melzer BB **71**, 1179, **72**, 152, Obernolte Betr **73**, 2279, Holzapfel BB **74**, 912; zur Preisbindg für Baukostenvorschüsse und Hausanschlußkosten, die an EnergieversorggsUntern zu zahlen sind, BGH WPM **78**, 730. PrRegelgen enthalten ferner WiStG 2a–c (Verbot der vorsätzl od leichtfert PrÜberhöhg) u mittelb das WoRKSchG (hinten unter NebenG). Die Vorschr der PreisauszeichnungsVO gehörten nicht zum materiellen PreisR, sond zum PreisordngsR; Verstöße gg VO lassen daher die zivilrechtl Wirksamk der getroffenen Abreden unberührt, BGH NJW **74**, 859, Stgt MDR **78**, 490. Das gilt auch für AGB u FormularVertr (aA LG Ffm Betr **74**, 2391); die Zulässigk von formularmäß Preiserhöhgsklauseln w jetzt aber dch AGB-Ges 11 Nr 1 beschr. Bei Nichtangabe des Effektivzinses in einem DarlVertr ist aber eine entspr Anwendg von AbzG 1a III (Beschrkg der Schuld auf den Nettokredit) zu erwägen, Celle NJW **78**, 1268, Bachmann NJW **78**, 865, aA Ott NJW **78**, 1269, Celle (!) NJW **78**, 1487.

bb) PrVerstöße führen idR nicht zur Nichtigk; das **Geschäft** bleibt **vielmehr mit dem zulässigen Preis aufrechterhalten**, RG **88**, 252, **166**, 89, OGH **1**, 76, BGH **51**, 181, WPM **77**, 346, ferner WoBindG 8 II, HOAI 4. Das gilt auch bei PrTreiberei iS von WiStG 2a–c, LG Hbg NJW **71**, 1411, für wucher MietVertr, LG Köln NJW **65**, 157, bei Abw von den Prämien der KfzPflVers, Kblz VersR **76**, 977. Zur Frage, ob der Anbieter von Bauleistgen an das auf den zul Pr herabgesetzte Angebot gebunden ist, vgl Hereth NJW **73**, 1441, Holzapfel BB **73**, 682. Bei einem DauerrechtsVerh wird der urspr PrVereinbg nach PrFreigabe nicht ow wieder auf, LG Dortmund MDR **54**, 42, LG Hbg WM **76**, 115. Nichtigk kommt in Betr, wenn beide Teile bewußt gg die PrBindg verstoßen, RG DR **39**, 1633, **42**, 1409. Die Rspr hat ferner Nichtigk angen, wenn es sich um PrVerstöße bei RGesch außerhalb des tägl Bedarfs handelte, so insb bei GrdstKaufVertr, RG **166**, 98, **168**, 97. Unzuträgl, die sich hieraus ergaben, führten zur VO vom 7. 7. 42, nach der ein GrdstKaufVertr zum zul Pr aufrechterhalten w konnte, vgl BGH **11**, 95–97. Nichtig ist ferner angen w für JagdpachtVertr, RG **168**, 313, GastwirtschKaufVertr, OGH **1**, 77, Verpachtg eines Lichtspieltheaters, BGH **LM** Nr 8 (dazu abl Kiefersauer JZ **53**, 556), Verk einer Zimmereinrichtg, Hbg NJW **48**, 625. Diese Rspr ist jedenf zZ ggstlos. Die noch bestehden PrBindgen betreffen ausschließl Güter u Leistgen, bei denen der Vertr zum zul Pr aufrechtzuerhalten ist, vgl auch BGH **51**, 181, wonach PrVerstoß bei WkLeistgen für Kasernenneubau nicht zur Nichtigk, sond zur Aufrechterhaltg zum zul Pr führt. Eine Sonderregelg enthält **GüKG 23 II, III**, das unter best Voraussetzgen die Fdg auf Rückzahlg eines zuviel berechneten Entgelts auf die BAnst übergehen läßt. Für unzul PrAbreden in RahmenVertr gilt GüKG 22 III nicht, für sie gelten die allg Grds maßgebd, BGH **LM** § 139 Nr 42. Zu **Abstandszahlgen an Verm** vgl Einf 11 b gg vor § 535. Zur **Preisgenehmigg** vgl Anm 2 b u § 275 Anm 9.

4) Umgehg des Verbotsgesetzes. (Zu den Problemen des UmgehgsGesch vgl Teichmann, Die Gesetzesumgehg, 1962, sehr gründl.) Soweit das G nur die Vornahme eines Geschäfts bestimmter Art, nicht den rechtl od wirtschaftl Erfolg verhindern will, ist das diesen Erfolg in zul Weise herbeiführende Gesch unbedenkl gültig, RG **125**, 211, BGH **LM** Nr 19, vgl auch Hamm DNotZ **53**, 208. Aus diesem Grunde wurde der Kauf eines Grdstücks dch einen Strohmann für einen Ausländer, um die GenPfl des Pr AGBGB 7 § 2 zu vermeiden, als gültig angesehen, RG SeuffA **80**, 100, bedenkl! – Anders, wenn die Gen selbst in ähnl Weise erschlichen wird (Landwirt wird als Strohmann für den wahren Käufer, der nicht Landwirt ist, vorgeschoben), RG HRR **32**, 482. Überh läßt sich ein unzul Erfolg durch Umgehg nicht erreichen, RG **155**, 146, insb nicht, wenn das Verhalten der Beteiligten verwerfl od vom G mißbilligt ist, RAG **8**, 277; das Gesch ist dann unsittl u nach § 138 nichtig (vgl dort Anm 5b aa). Keinesfalls ist aber jede Umgehg unsittl. Als Umgehg des Testierverbots der §§ 2271 II, 2289 I 2 kann uU ein Gesch unter Lebenden in Frage kommen, vgl § 2271 Anm 3, § 2289 Anm 1 c. Keine Umgehg aber, wenn einen Gerichtsstand od Geltg ausl Rechts vereinbart, der dtsches VerbotsG nicht kennt, sofern Sachverhalt Grd zur Anknüpfg an ausl Recht bietet, BGH NJW **61**, 1062. – Ist ein RGesch nach § 134 nichtig, so kann der verbotene Erfolg nicht mittels eines Vergleiches über die Folgen des verbotswidr Gesch erreicht w, RG Recht **21**, 2137; ebsowenig in der Form eines SchadErsAnspr, RG **90**, 306. – Geschäfte, die das Erfordern einer Erlaubn (Konzession) umgehen sollen, sind nichtig. So: scheinb Anstellg in Gast- od Schankwirtsch, währd „Angest" in Wahrh Inh sein soll, LG Bln NJW **77**, 1826/**78**, 110 (Anm Lammel); auch entspr Übertr nur des Tabakwarenverkaufs in der Wirtsch, vgl RG **91**, 242, od Anstellg als GeschFührer in Schlächterei, wo in Wahrh Verkauf vorliegt, Käufer aber nicht Meister ist, LG Bln JR **56**, 304; ebso als Allgemeinbevollmächtigg getarnter selbständiger Versicherungsbetrieb des „Bevollmächtigten", der sich so der VersAufs entzieht, RG **155**, 138. – Nichtig auch Bestellg unentgeltl Nießbrauchs auf verkauftem Grdst, um gesetzl Vor-

§§ 134–136   1. Buch. 3. Abschnitt. *Heinrichs*

kaufsR der Gemeinde wirkglos zu machen, BGH **34**, 205, nicht aber ohne weiteres TauschVertr, der Ausübg des VorkR unmögl macht, BGH NJW **64**, 540 od Vereinbg eines bes gestalteten, den Vorkaufsfall nicht auslösden RVerh, BGH WPM **70**, 321. – RGesch, die auf die Umgehg des Ges über die Verbreitg jugendgefährdder Schriften abzielen, sind nichtig, Hbg MDR **75**, 141. – Nichtig uU Umgehg des tarifl Beförderrgsentgelts nach dem GüKG dch Vereinbg einer Gewinnbeteiligg, BGH **LM** GüKG Nr 25, BB **70**, 1069. – Nichtig uU Vereinbg über VorausErf eines unverzichtb Anspr, BGH **58**, 62 (AusglAnspr des HandelsVertr). – Im ArbR können aufschiebd bedingte AufhebgsVertr wg Umgehg des KSchG nichtig sein, BAG NJW **75**, 1531.

5) Über die Haftg des **Vertragspartners**, der das gesetzl Verbot kannte, vgl § 309; über VergütgsAnspr bei nichtigem, aber vollzogenem DauerschuldVerh vgl Einf 5 c vor § 145.

135 *Gesetzliches Veräußerungsverbot.* I Verstößt die Verfügung über einen Gegenstand gegen ein gesetzliches Veräußerungsverbot, das nur den Schutz bestimmter Personen bezweckt, so ist sie nur diesen Personen gegenüber unwirksam. Der rechtsgeschäftlichen Verfügung steht eine Verfügung gleich, die im Wege der Zwangsvollstreckung oder der Arrestvollziehung erfolgt.
II Die Vorschriften zugunsten derjenigen, welche Rechte von einem Nichtberechtigten herleiten, finden entsprechende Anwendung.

1) Vgl zunächst § 134 Anm 1. Da Fälle eines gesetzl Veräußergsverbotes, das nur bestimmte Personen schützt, kaum vorkommen, ist die unmittelb Bedeutg des § 135 gering, wichtig aber seine Anwendbark nach § 136. Gesetzl Veräußergsverbote, die nicht nur bestimmte Personen schützen, fallen unter § 134. – Vfgsbeschränkgn der Ehegatten (§§ 1365 ff, 1423 ff), der Eltern (§§ 1643 ff), Vormunds (§§ 1812 ff), Erben im Falle der TestVollstr (§ 2211) gehören nicht hierher. Folge der Übertretg ist nicht relative Unwirksamk nur ggü den Geschützten, sond schwebende od gänzl Unwirksamk; vgl § 1365 Anm 3, § 1369 Anm 4, § 2211 Anm 1, § 1821 Anm 1c. Auch findet II keine Anwendg (in manchen Fällen gelten allerdings entsprechende Vorschriften). In manchen Fällen fehlt die Grdbuchfähigk, vgl § 892 Anm 5. – Keine Veräußergsverbote enthalten auch 717, 719 (BGH **13**, 183); anders (nicht überzeugend) für 717 Warn **20**, 10, für § 719 RG **92**, 401. Nach BGH **40**, 160 auch keine Anwendg des § 135 auf rechtsgeschäftl Abtretgsverbot (§ 399). – Die in KonkEröffng, KO 6, 7, und Beschlagn nach ZVG 23 liegenden Veräußergsverbote fallen unter § 136; ebso Beschlagn nach StPO 283, einstw Verfügg usw. – §§ 1124, 1126 sowie VVG 97–99 (vgl hierzu RG **95**, 208) enthalten in sich abgeschlossene Regelgn, die der des § 135 entsprechen. – Zu II vgl § 136 Anm 3.

136 *Behördliches Veräußerungsverbot.* Ein Veräußerungsverbot, das von einem Gericht oder von einer anderen Behörde innerhalb ihrer Zuständigkeit erlassen wird, steht einem gesetzlichen Veräußerungsverbote der im § 135 bezeichneten Art gleich.

1) **Allgemeines** vgl zunächst § 134 Anm 1. – § 136 betrifft entgg seinem Wortlaut nur die behördl Veräußergsverbote, die den Schutz bestimmter Personen bezwecken, vgl § 135 und RG **105**, 75. Verbote im Interesse der Allgemeinh wirken dagg absolut u sind nach § 134 zu behandeln, RG aaO, sie sind im Grdbuch nicht eintraggsfäh. – Verbote von Ger u Behörden aller Art (aber nur im Rahmen ihrer Zustdgk) stehen einander gleich, Abgrenzg also ohne Interesse; ua ZwVollstrBeschlagn, einstw Vfg, ZPO 938 (vgl RG **135**, 384), KO 6, 7, 106 (vgl RG **83**, 189), VerglO 59, 12 (für KO u VerglO aber Sonderregel!); strafrechtl Beschlagn StPO 111c IV, 283; Anordng von Verfall od Einziehg StGB 73d II, 74e III; EnteigngsBeschl vgl RG **62**, 218. – Wirksamk des Verbotes, auch ihren Ztpkt, bestimmen die Vorschriften; bei MobiliarZwVollstr ist idR Zustell nötig, bei Vollstr nach ZVG die Eintr ins Grdbuch. Im gerichtl Vergl übernommene Verpfl, nicht zu veräußern, fällt unter § 137, nicht § 136, ist also nicht grdbuchfähig, Kblz DRZ **49**, 234/523. – Wer geschützt ist, ergibt sich aus dem Zweck der Vorschr.; die Anordng der ZwVersteigerg wirkt auch zugunsten der HypGläub, ZVG 20, 23, vgl RG **86**, 258. – Ein dch einstw Vfg nach Auflassg erlassenes Verbot an GrdstKäufer, eine Eintr als Eigtümer zu beantragen (**Erwerbsverbot!**), wirkt wie das Veräußergsverbot nur zugunsten des Geschützten, RG **120**, 118, Hamm DNotZ **70**, 662.

2) **Gleichstellg mit § 135** bedeutet: Verbotswidr **Verfügung** (Begriff vgl Übbl 3d vor § 104) und **Vollstreckung** (vgl § 135 I 2) ist **gegenüber den Verbotsgeschützten** nur ihnen gglü, RG **71**, 40 – **unwirksam**. So wird dch Übereigng der beschlagnahmten Sache der Erwerber Eigtümer mit allen Rechten; nur im Verhältn zw ihm und Veräußerer einers und dem Geschützten anderers gilt noch Veräußerer als Eigtümer; der Geschützte kann gg ihn vollstrecken, von ihm Eigt erwerben usw. Der Erwerber muß dem zustimmen; vgl für GrdstR § 888 II; für andere Ggstände folgt dasselbe aus der Natur der Sache, str! Der Geschützte dürfte bei Fahrnis vom Erwerber auch RückÜbertr an seinen Schuldner verlangen können, um so Gefahr der WeiterÜbertr an Gutgläubige zu verringern, str; im GrdbuchR ist ein solcher Anspr wg der Möglichk der Eintr des Veräußergsverbots entbehrl und in § 888 nicht vorgesehen; aA Staud § 135 Anm 9, der BerichtiggsAnspr annimmt. Zusammentreffen von Veräußergsverbot u Vormkg vgl § 888 Anm 1. – Einer EinzelVollstr kann der Geschützte nach ZPO 772, 771 widersprechen, im Konkurse ist das Veräußergsverbot aber unwirks, KO 13. – Da nur der Geschützte am Veräußergsverbot interessiert ist, erlischt es sowohl mit seinem Verzicht wie mit Wegfall eines schutzbedürftigen Interesses. Leistet DrittSchu nach Pfändg an Schu, so verliert er hierdch nicht seine Einwendgn gg die Fdg, BGH **58**, 25, krit Reinicke NJW **72**, 793.

3) **Schutz gutgläubiger Dritterwerber, § 135 II.** Die Veräußerg entgg dem Veräußerungsverbot wirkt zw Geschütztem u Erwerber so wenig, wie wenn Geschützter RInhaber wäre. Die Rechtslage ist insoweit dieselbe, wie im Falle des Erwerbs vom Nichtberechtigten. Darum sind die zugunsten des gutgl Erwerbers geltenden Regeln entspr anwendb; insb § 185 und für bewegl Sachen: §§ 932ff, 1032, 1207f, 1244, HGB 366, für Grdstücksrechte §§ 892f, 1138, 1155. – Gutgl Erwerb im Wege der ZwVollstr ist hier, wie überall,

Rechtsgeschäfte. 2. Titel: Willenserklärung §§ 136–138

ausgeschlossen, RG 90, 938. Ebso an Forderg en u anderen Rechten (§ 413), zB Urheberrechten, vgl § 399; der Schuldner ist aber gem §§ 407, 408 bei Zahlg an den Nichtberechtigten geschützt, str. – **Entsprechende Anwendg** bedeutet, daß sich der gute Glaube auf Nichtbestehen des Veräußergsverbotes beziehen muß, RG 90, 338. – Um ggü dem Nichtkennenden zu wirken, bedarf relatives Veräußergsverbot (anders als absolutes, siehe Anm 1) bei Grdbuchrechten der Eintr, § 892 I 2. Beachte Sonderregelg der KO u VerglO.

137 *Rechtsgeschäftliches Veräußerungsverbot.* Die Befugnis zur Verfügung über ein veräußerliches Recht kann nicht durch Rechtsgeschäft ausgeschlossen oder beschränkt werden. Die Wirksamkeit einer Verpflichtung, über ein solches Recht nicht zu verfügen, wird durch diese Vorschrift nicht berührt.

Neueres Schrifttum: Pikalo DNotZ 72, 644, Liebs AcP 175, 1, Weitnauer Festschr f Weber, 1975 S 429.

1) Allgemeines. a) Die Vorschr will die **VerfüggsFreih** des RInh schützen (BayObLG NJW 78, 700, 701). Diese kann bei veräußerl Rechten dch rechtsgeschäftl Abreden nicht mit Außenwirkg begrenzt w. § 137 gewährleistet zugl, daß der gesetzl Kreis der dingl Rechte mit ihrem festgelegten Inh nicht dch Part-Abreden erweitert w kann. Er dient damit der **Sicherh des Rechtsverkehrs**. Veräußerl Rechte, die dch priv WillErkl zu „res extra commercium" gemacht w können, wären eine Quelle von Unklarh u Streitigk. **b)** Rgeschäftl Veräußergsverbote haben nach S 1 ggü Dr keine Wirkg, **verbotswidrige Verfügen** (Begr Übbl 3d vor § 104) sind **vollwirksam**. Das gilt auch dann, wenn das Veräußergsverbot auf einer Vfg vTw beruht, BGH 40, 117, 56, 278, od auf einem ausl Güterstd, KG OLGZ 73, 167. Auch die VfgsBefugn des Treuhänders kann nicht mit dingl Wirkg beschr w, RG 153, 369, BGH NJW 68, 1471, vgl aber unten c u § 164 Anm 2. Wg der Unwirksamk ggü Dr können rgeschäftl VfgsVerbote nicht im GrdBuch eingetr w, RG 73, 18, 90, 237, KGJ 21, 133, u zwar auch dann nicht, wenn sie in einem ProzVergl übernommen worden sind, Kblz DRZ 49, 234 (dazu krit Baur DRZ 49, 523), vgl auch unten c. Eine etwa für das Gesch erforderl behördl Gen darf nicht wg Verletzg des VfgsVerbots versagt w, BGH **LM** Nr 2. **c)** Die Abrede, Vfgen über ein Recht zu unterl, ist dagg als **schuldrechtliche Verpflichtg** wirksam, S 2. Ihre Verletzg kann SchadErsAnspr begründen, die gem § 249 S 1 auf Rückerwerb des Rechts gehen können. Der UnterlassgsAnspr kann iW einstw Vfg dch ein gerichtl Veräußerungsverbot gesichert w, BGH **LM** Nr 2. Ebso sind vertragl Sicherg en der UnterlassgsPfl zul, so dch Bürgsch, Vereinbg einer VertrStrafe, eines Vor- od WiederkaufsR. Wirks auch die Vereinbg einer auflösden Bedingg für den Fall einer Veräußerg; eine derart Abrede stellt keine Umgehg des § 137 dar, Furtner NJW 66, 184, Schlosser NJW 70, 682, str, vgl aber § 161 III. Unmittelb Sicherg dch Vormkg ist nicht mögl, da § 883 UnterlassgsAnspr nicht erfaßt, Hamm DNotZ 56, 151; für den Fall einer abredewidr Vfg kann aber eine Vormkg zur Sicherg des RückauflassgsAnspr eingetr w, BayObLG NJW 78, 700, Haegele Rpfleger 69, 271, str. Im Fall des § 1136 ist auch die schuldrechtl Verpflichtg wirkgslos, vgl ferner § 2302. Die Verpflichtg, nicht zu veräußern, ist fr die Grdst nicht formbedürft, § 313 Anm 2a; sie kann auch stillschw begründet w, Pikalo DNotZ 72, 646, § 2286 Anm 1, § 2174 Anm 2d. **d)** Die Vorschr ist Ausdr des allg RGedankens, daß sich niemand dch RGesch seiner rechtl **Hdlgsfähigk** entäußern kann, Weitnauer aaO S 431. Auch die Erwerbs- u VerpflBefugn kann daher nicht mit Wirkg gg Dr ausgeschl w, Weitnauer aaO. Ob die eig RGesch des Vertretenen ausschließlich dem Willen des Vertreters mit § 137 unvereinb, Weitnauer S 437, Liebs S 41, BGH **3**, 358, **20**, 364, WPM 71, 956, zT abw Hamm OLGZ 75, 300.

2) Betroffene Rechte: § 137 gilt grdsätzl für Sachen u Rechte aller Art. Sein Anwendgsbereich w aber dch SonderVorschr eingeschr. Nach § 399 kann die Abtr von Fdgen dch Vereinbg zw Gläub u Schu (nicht mit Dr!) mit dingl Wirkg ausgeschl w, vgl dort Anm 3 u 6. Das gilt ebso für die unter § 413 fallden Rechte. Vereinbg, die die VerkFähigk des Rechts iW der Inhaltsbestimmg, nicht w ferner zugelassen in VerlG 28, ErbbRVO 5, WEG 12, 35, AktG 68 II, GmbHG 15 V. Dagg kann die Übertragbark des AnwR des VorbehKäufers nicht mit dingl Wirkg ausgeschl w, BGH NJW 70, 699; entsprechdes gilt (außerh VerlG 28) für geistige u gewerbl SchutzR sow diese überh übertragb sind (UrhG 29 S 2), vgl RG 127, 205, ferner RG 63, 398, 69, 242. Zur Frage, ob die Übertragbark beschr dingl Rechte gem §§ 413, 399 ausgeschl w kann, vgl Einl 5 a dd vor § 854.

138 *Sittenwidriges Rechtsgeschäft; Wucher.* **I** Ein Rechtsgeschäft, das gegen die guten Sitten verstößt, ist nichtig.

II Nichtig ist insbesondere ein Rechtsgeschäft, durch das jemand unter Ausbeutung der Zwangslage, der Unerfahrenheit, des Mangels an Urteilsvermögen oder der erheblichen Willensschwäche eines anderen sich oder einem Dritten für eine Leistung Vermögensvorteile versprechen oder gewähren läßt, die in einem auffälligen Mißverhältnis zu der Leistung stehen.

Übersicht

1) **Allgemeines**
  a) Zweck der Vorschrift
  b) Rechtsbegriff der guten Sitten
  c) Tatbestand der Sittenwidrigkeit
  d) Zeitpunkt der Beurteilung
  e) Anwendungsbereich
  f) Verhältnis zu anderen Vorschriften
  g) Rechtsfolgen (Allgemeines)
  h) Beweislast, Revisibilität
2) **Sittenwidriges Verhalten gegenüber dem Geschäftspartner**
  a) Wucherähnliche Geschäfte (Abgrenzung zwischen den Absätzen I und II)
  b) Weitere Fallgruppen
  c) Rechtsfolgen
3) **Sittenwidriges Verhalten gegenüber der Allgemeinheit oder Dritten**
  a) Voraussetzungen
  b) Fallgruppen
  c) Rechtsfolgen
4) **Wucher**
  a) Voraussetzungen
  b) Rechtsfolgen
  c) Mietwucher
5) **Einzelfälle**

Neueres Schrifttum: K. Simitis, Gute Sitten u Ordre public, 1960; Larenz, JurJB **7**, 98; Schricker, GesVerletzg u Sittenverstoß, 1970; Lindacher, AcP **173**, 124.

Vorbem: Das 1. WiKG Art 3 (BGBl 1976 I S 2034) hat § 138 II mit Wirkg ab 1. 9. 76 neugefaßt; vgl Anm 4.

1) Allgemeines

a) Die dem einz von der ROrdng gewährte Befugn, seine Lebensverhältn dch RGesch eigverantwortl zu gestalten (PrivAutonomie, vgl Übbl 1a vor § 104), schließt die Gefahr von Mißbr in sich, ohne daß die vielfält MißbrMöglichk dch best umschriebene Verbote abschließd erfaßt w können. Die PrivAutonomie bedarf daher als notw Korrektiv einer Generalklausel, die der autonomen RGestaltg dort eine Grenze setzt, wo sie in Widerspr zu den Grdprinzipien unserer R- u Sittenordng tritt. Diese Generalklausel enthält § 138. Die Vorschr verweist im Anschl an eine gemeinrechtl Formel ("boni mores") auf die "guten Sitten". Ihr Zweck ist, **Mißbräuchen der Privatautonomie entgegenzuwirken**, u zwar insb dort, wo sondergesetzl Vorschr fehlen. Für die neuere REntwicklg ist jedoch kennzeichnd, daß die Anwendgsfälle des § 138 dch die Schaffg neuer gesetzl od richterrechtl Schutzregelgn, insb im Recht der AGB (vgl AGB-Ges hinten unter NebenGes) sowie im Miet-, Arb- u AbzR, zurückgedrängt w.

b) Rechtsbegriff der guten Sitten. Nach der Rspr ist ein RGesch sittenw, wenn es gg das **Anstandsgefühl aller billig u gerecht Denkenden** verstößt, RG **80**, 221, BGH **10**, 232, BAG NJW **76**, 1958. Diese Formel, die sich schon in den Mot (II S 125) findet, trägt zur inhaltl Präzisierg des § 138 nur wenig bei, vgl Larenz AT § 22 III a. Sie läßt nur zT erkennen, welche Wertmaßstäbe den RBegriff der guten Sitten inhaltl bestimmen. **aa)** § 138 verweist vor allem auf die sich aus der Sittenordng ergebden Verhaltensgebote. Dabei ist unter "guten Sitten" keine Sittlichk im gesingseth Sinne zu verstehen, ands aber auch nicht die Sitte iS der tatsächl geübten Konvention. Abzustellen ist vielm auf die in der Gemschl od in der beteiligten Gruppe anerkannten moralischen Anschauungen; der Begr der guten Sitten w dch die **herrschde Rechtsu Sozialmoral** inhaltl best, Larenz AT § 22 III a u JurJB **7**, 104 ff, Soergel-Hefermehl Rdz 2, Schricker aaO S 197. Dabei ist ein **durchschnittlicher Maßstab** anzulegen, RG **80**, 221, BGH **10**, 232; bes strenge Anschauungen sind unbeachtl, ebso aber auch bes laxe Auffassgen. **bb)** § 138 verweist zugl auf die der ROrdng immanenten rechtseth Werte u Prinzipien, Larenz AT § 22 III a u JurJB **7**, 109, Soergel-Hefermehl Rdz 1. Die Vorschr erfaßt daher auch Verstöße gg den "**ordre public**"; RGesch, die die grdlegde Prinzipien der ROrdng verletzen, sind gem § 138 nichtig, vgl BGH **68**, 4. Wie die Arb von K. Simitis (aaO) zeigt, steht dieser Aspekt des § 138 in der prakt RAnwendg, wenn auch unausgesprochen, im VorderGrd. Wenn die Rspr RGesch für sittenw erkl, geht es idR nicht um die Rezeption von außerrechtl Wertgen, sond um die Konkretisierg von Wertmaßstäben, die in der ROrdng selbst angelegt sind. Über § 138 wirkt vor allem das im **Grundgesetz verkörperte Wertsystem** in das PrivR ein, BVerfG **7**, 206, **24**, 251, BGH **70**, 324, § 242 Anm 1 d. Zu den WertEntsch, die den RBegr der guten Sitten mitbestimmen, gehört auch die **Sozialstaatsklausel** (GG 20, 28), BVerfG **8**, 329, Stgt BB **73**, 773. Der in der Rspr seit langem anerkannte Grds, daß mit Hilfe des § 138 dem Mißbr wirtschaftl Macht entggzuwirken ist, muß daher fortentwickelt u ausdrücklicher als bish gehandhabt w. Bei einem Konflikt zw außerrechtl moralischen Anschauungen u der im Recht verkörperten WertOrdng hat die letztere, sofern sie sich im Rahmen der Verfassg hält, den Vorrang. RGesch, die eine gesetzl Vorschr nach ihrem Zweck als zul anerkennt, können daher nicht gem § 138 für nichtig erkl w, BGH NJW **70**, 1179 (nach StGB 180 III straffreier MietVertr mit Dirne).

c) Die Sittenwidrigk eines RGesch kann entweder aus seinem Inh od seinem GesCharakter hergeleitet w. **aa)** Ein RGesch ist sittenw, wenn sein **Inhalt** mit grdlegden Wertgen der R- od Sittenordng unvereinb ist (Bsp: Regelgn, die gg die FamOrdng od die Menschenwürde verstoßen). In diesem Fall kommt es auf eine Würdigg der BegleitUmst grdsätzl nicht an. Unerhebl ist insb, ob die Part das Bewußtsein der Sittenwidrigk hatten od ob sie die Tats kannten, die das RGesch sittenw machen, Larenz JurJB **7**, 119 ff, Soergel-Hefermehl Rdz 25, wohl auch RG **93**, 30, **118**, 362, str, vgl ferner Lindacher AcP **173**, 124. RGesch, die nach ihrem Inh sittenw sind, kann die ROrdng auch bei Gutgläubigk der Part nicht als verbindl anerkennen. **bb)** Die Sittenwidrigk kann sich aus dem **Gesamtcharakter** des RGesch ergeben, dh aus einer zusfassdn Würdigg von Inh, BewegGrd u Zweck des Gesch, RG **98**, 79, **120**, 148, **150**, 3, BGH LM (Ca) Nr 1, NJW **51**, 397, BAG **4**, 275. Zu berücksichtigen ist hier nicht nur der obj Gehalt des Gesch, sond auch die Umst, die zu seiner Vorn geführt haben, sowie die Abs u Motive der Part, BGH LM (Cb) Nr 6. Der Handelnde braucht sich der Sittenwidrigk seines Tuns nicht notw bewußt zu sein; es genügt, wenn er die Tats kennt, aus denen sich die Sittenwidrigk ergibt, RG **97**, 255, **120**, 148, **161**, 233, BGH LM (Ca) Nr 1. Dem steht es gleich, wenn er sich der Kenntn einer erhebl Tats bewußt od grob fahrl verschließt, RG **150**, 5, BGH **10**, 233, **20**, 52, NJW **51**, 397. Zu dem obj Sittenverstoß muß also ein persönl Verhalten hinzukommen, das dem Beteil zum Vorwurf gemacht w kann, BGH LM (Ba) Nr 2, BB **53**, 695. Besteht der Sittenverstoß im Verhalten ggü dem GeschPartner (Anm 2 u 4), braucht die Kenntn od grob fahrl Unkenntn der Tats, aus denen sich die Sittenwidrigk ergibt, nur bei dem sittenw Handelnden, nicht aber bei dem Teil gegeben zu sein, RG **120**, 149, BGH WPM **66**, 496, **67**, 323, BGH **50**, 70. Bei einem sittenw Verhalten ggü der Allgemeinh od Dritten (Anm 3) ist § 138 dagg nur dann anwendb, wenn alle Beteil subj sittenw handeln, RG **114**, 341, vgl näher Anm 3a.

d) Für die Beurteilg der Sittenwidrigk sind die Verhältn im **Zeitpunkt** der Vorn des RGesch maßgebd, RG JW **37**, 3221, BGH LM (Cd) Nr 11, WPM **77**, 399. Eine spätere Änd der tatsächl Verhältn ist unerhebl, Serick III 17, so etwa das Entstehen eines Mißverhältnisses zw Leistg u GgLeistg, BGH WPM **77**, 399; ebso eine nachträgl Änd der sittl Anschauungen, Erm-Westermann Rdz 18, Serick III 12, sehr str; das folgt aus dem RGedanken des EGBGB 170. Ein gült SichgÜbereignsVertr w nicht dadch nichtig, daß die Part eine weitere rechtl bedenkl SichgÜbereign vornehmen, BGH **7**, 114, BB **58**, 1222. Auch bei letztw Vfgen ist auf den Ztpkt der Errichtg u nicht auf den des Erbf abzustellen, BGH **20**, 71, vgl näher § 2077 Anm 1 A b aa. Führt ein RGesch wg veränderter Verh zu sittenw Auswirkgen, w aber idR der Einwand unzul RAusübg dchgreifen, vgl § 242 Anm 2 b.

e) § 138 gilt für **Rechtsgeschäfte jeder Art.** Er ist auch auf dingl RGesch anwendb, Soergel-Hefermehl Rdz 8, vgl auch Einl 5 a cc vor § 854. Die Sittenwidrigk des GrdGesch hat aber nicht ohne weiteres die Sittenwidrigk des wertneutralen abstr ErfGesch zur Folge, RG **109**, 202, BGH NJW **73**, 615. Eine Erstreckg der Nichtigk auf das ErfGesch findet statt beim Wucher, Anm 4b; idR auch in den sonstigen Fällen, in denen der Sittenverstoß in einem Verhalten ggü dem GeschPartner besteht, Anm 2c. Nichtig ist das ErfGesch ferner, wenn die Sittenwidrigk gerade im Vollzug der Leistg liegt, RG **145**, 154, BGH **LM** (Aa) Nr 15, NJW **73**, 615. Das trifft zu auf SichsÜbereignden, die wg Knebelg, GläubGefährdg od aus sonst Grden gg § 138 verstoßen, Anm 5 i, k, q. Die Nichtigk kann sich auch daraus ergeben, daß das dingl RGesch von der Wirksamk des GrdGesch abhäng gemacht worden ist, § 139 Anm 5. – § 138 gilt auch für eins RGesch wie Künd (Anm 5 m) od Rücktr, ferner für geschäftsähnl Hdlgen wie Mahng, FrSetzg u die Erhebg der VerjEinr (Einf 3 vor § 194). Seit Aufhebg der Sonderregelg des TestG 48 II ist § 138 auch auf letztw Vfgen wieder anwendb, § 2077 Anm 1 A b. – Bes Grds gelten für die Anwendg des § 138 im GesellschR. Auf BeitrErkl zu KapitalGesellsch findet § 138 im Interesse des VerkSchutzes keine Anwendg, Überbl 4 e vor § 104. GesellschafterBeschl von KapitalGesellsch sind nur nichtig, wenn sie dch ihren Inh gg die guten Sitten verstoßen, AktG 241 Nr 4, der auch für die GmbH gilt, BGH **15**, 385. Sonst Mängel müssen iW der AnfKl geltd gemacht w. Ist der GesellschVertr einer PersonalGesellsch nichtig, finden idR die Grds über die fehlerh Gesellsch Anwendg, Einf 5c aa vor § 145. Nichtigk von Anfang an kommt im allg nur dann in Betr, wenn der GesellschZweck sittenw ist, BGH NJW **70**, 1540, Betr **76**, 2106, vgl auch Anm 5 h. – Die Anwendg des § 138 w nicht dadch ausgeschl, daß das RGesch zugl eine ProzHdlg ist, BGH **16**, 390 (ProzVergl). VerwAkte, die gg die guten Sitten verstoßen, sind ebenf nichtig, VwVfG 44 II Nr 6. Entspr gilt für öffrechtl WillErkl, die keine VerwAkte darstellen, RG **134**, 167, JW **38**, 43.

f) Verhältnis zu anderen Vorschriften. aa) § 134 ist nur anwendb, wenn das RGesch selbst gg ein gesetzl Verbot verstößt, § 134 Anm 2a. Sonst bei Vorn eines RGesch begangene RVerletzgen w von der Sanktion des § 134 nicht erfaßt, sie können aber zur Nichtigk gem § 138 führen. Verstößt ein RGesch gg rechtl Prinzipien od Wertgen, die keine VerbotsG iS des § 134 sind, ist uU § 138 anwendb; das gilt insb für RGesch, die gg WertEntsch des GG verstoßen, BGH NJW **72**, 1414, oben b bb. § 138 kann auch anwendb sein, wenn das RGesch selbst nicht verboten ist, der GeschPartner aber im ZusHang mit Abschl od DchFührg des Gesch gg Ges u Recht verstößt, BGH **36**, 395 (Schenkg in Verletzg der Pfl zur spars HaushFührg der öff Hand), vgl ferner Anm 5 p (Schmuggel), 5 s (SteuerzuwiderHdlgen; Vorbereitg, Förderg u Ausnutzg strafb Hdlgen). Schließl ist § 138 u nicht § 134 maßgebd, wenn ein RGesch gg ein ausl Ges verstößt, vgl § 134 Anm 2d. **bb)** §§ 157 u 242. Bevor § 138 angewandt w, sind die §§ 157, 242 heranzuziehen u zu prüfen. Wo die Auslegg (§ 157) ergibt, daß ein RGesch entgg dem ersten Anschein die Schranken des sittl Erlaubten innehält, ist § 138 unanwendb. Auch soweit übermäß Beschrkgen gem § 242 auf ein vertretb Maß herabgesetzt w können (außerordentl KündR, Einwand unzul RAusübg), ist § 138 nicht anzuwenden, RG **152**, 254, BGH JZ **52**, 366, WPM **77**, 642. **cc)** § 123. Ist ein RGesch dch argl Täuschg od widerrechtl Drohg zustande gekommen, ist es nicht gem § 138 sittenw, sond gem § 123 lediglich anfechtb; nur wenn weitere Umst als die unzul Willensbeeinflussg hinzukommen, kann § 138 herangezogen w, RG **114**, 341, **115**, 383, BGH WPM **66**, 589, **72**, 766, Betr **77**, 767. **dd) Gläubigeranfechtg.** Die Ausführgen zu cc gelten entspr. § 138 ist nur anwendb, wenn außerh des AnfTatbestdes liegde sittenw Umst hinzutreten, BGH **53**, 180, NJW **73**, 513. **ee) Inhaltskontrolle gem AGB-Ges 9 ff**: Sie hat ggü einer Anwendg des § 138, den Vorrang. § 138 ist nur dann anwendb, wenn die IndVereinbg sittenw ist od gg die AGB Bedenken bestehen, die nicht in den Schutzbereich der AGBG 9 ff fallen, Vorbem 4 b vor AGB-Ges 8. **ff)** § 826. §§ 138 u 826 haben unterschiedl Funktionen. § 138 versagt sittenw RGesch die rechtl Anerkenng, § 826 knüpft an eine vorsätzl Schädigg eine SchadErsPfl. In vielen Fällen, in denen § 138 anwendb ist, ist § 826 nicht erf (beiders Sittenverstoß, Fehlen eines SchädiggsVors); das gilt umgekehrt entspr (sittenw Schädigg dch eine nichtgeschäftl Hdlg), vgl RG **143**, 51. Eine Konkurrenz zw beiden Vorschr besteht idR, wenn ein RGesch wg eines sittenw Verhaltens ggü dem GeschPartner nichtig ist, Anm 2 u 4. Hier kann die Anwendg des § 826 uU dazu führen, daß der Geschädigten der Vort des sittenw Gesch ganz od teilw erhalten bleiben. **gg) UWG.** Ein RGesch ist nicht schon deshalb gem § 138 nichtig, weil es unter dem Einfluß sittenw Wettbew zustandegekommen ist, Sack NJW **74**, 564, WRP **74**, 447. § 138 ist nur anwendb, wenn das RGesch nach seinem **Inhalt** od seinem **Gesamtcharakter** gg die guten Sitten verstößt, Anm 1c; daß eine nach UWG 1 unzul Werbg für sein Zustandekommen ursächl war, reicht nicht aus.

g) Rechtsfolgen des Sittenverstoßes

Das sittenw RGesch ist gem § 138 nichtig. Ist nur ein Teil eines RGesch sittenw, so hat das gem § 139 idR die Nichtigk des ganzen RGesch zur Folge. Ein teilw sittenw Gesch kann aber gem § 139 Halbs 2, sofern es teilb ist, ohne den sittenw Teil aufrechterhalten w, wenn dies dem mutmaßl PartWillen entspr, BGH **52**, 24, NJW **72**, 1459, WPM **73**, 357. Die Nichtigk ist vAw zu berücksichtigen, RG **160**, 56. Sie kann von jedermann geltd gemacht w, auch von dem, der selbst gg die guten Sitten verstoßen h, RG **150**, 186, BGH **27**, 180, BAG NJW **76**, 1959. Bei einseit Sittenverstoß kann es aber unzul RAusübg darstellen, wenn der sittenw Handelnde sich zum Nachteil des und auf die Sittenwidrigk des RGesch beruft, BGH WPM **57**, 1158, **72**, 488. Zur Frage der Sittenwidrigk des ErfGesch vgl oben e. Vgl auch unten Anm 2c, 3c u 4b.

h) Die **Beweislast** für die tatsächl Voraussetzgen der Sittenwidrigk trägt derjenige, der sich auf die Nichtigk des RGesch beruft, BGH **53**, 379, NJW **74**, 1821. Die Würdigg, ob das RGesch nach dem festgestellten Sachverhalt gg die guten Sitten verstößt, ist nach stRspr eine revisible **Rechtsfrage,** RG **128**, 95, BGH **LM** (Cd) Nr 2, WPM **69**, 1257.

2) Sittenwidriges Verhalten ggü dem Geschäftspartner

Der zur Nichtigk führde Sittenverstoß kann in einem Verhalten ggü dem GeschPartner bestehen. Er kann aber auch auf einer Verletzg von Interessen der Allgemeinh od Dr beruhen, vgl dazu Anm 3.

a) Ein wicht Sonderfall des Sittenverstoßes ggü dem GeschPartner ist der in II geregelte Wucher, vgl Anm 4. Sind die Voraussetzgen des II nicht voll erf, so darf aus dem Vorliegen des einen od and Wuchermerkmals nicht ohne weiteres auf die Sittenwidrigk des RGesch geschl w, RG **64**, 181, **72**, 68, **103**, 37. Insb führt ein auffäll MißVerh zw Leistg u GgLeistg (Anm 4a aa) nicht allein zur Nichtigk, RG **83**, **150**, 2, so auch nicht übermäß hoher DarlZinssatz od überhoher KaufPr, RG SeuffA **80**, 145, Hbg DJ **37**, 1712. **Wucherähnl Geschäfte** fallen nur dann unter I, wenn weitere sittenw Umst, wie etwa eine verwerfl Gesinng des Begünstigten, hinzutreten, RG **150**, 2, BGH NJW **57**, 1274, **LM** (Cc) Nr 4. Ist das obj wucherische Gesch dadch zustandegekommen, daß der wirtschaftl od intellektuell Überlegene die **schwächere Lage** des and Teils bewußt **zu seinem Vorteil ausgenutzt** hat, ist es gem I nichtig, BGH NJW **51**, 397, WPM **66**, 400, **69**, 1256, **71**, 857. Dem steht es gleich, wenn der obj sittenw Handelnde sich böswill od leichtfert der Erkenntn verschließt, daß sich der and nur unter dem Zwang der Verhältn auf den ungünst Vertr einläßt, RG **150**, 5, BGH NJW **51**, 397, WPM **71**, 858. Ein bes grobes Mißverhältn der beidersts Leistgen kann den Schluß auf eine verwerfl Gesinng u dementspr die Anwendg des I rechtf, RG **150**, 6, BGH WPM **66**, 835, **69**, 1257, Betr **76**, 2106, Hackl BB **77**, 1413. Nichtigk kann auch bei unentgeltl Leistgen gegeben sein, BGH Betr **77**, 995. Sie ist zu bejahen, wenn sich Untern in Kenntn aller Umst ohne entspr GgLeistg von einem Kunden unangem Vorteile versprechen läßt, Ffm NJW **64**, 254 (Automatenaufstell-Vertr), Bambg NJW **72**, 1993 (LeasingVertr). Kommt ein obj wucherisches Gesch dch Ausnutzg einer Monopolstellg zustande, ist I anwendb, ohne daß es der Feststellg einer verwerfl Gesinng bedarf, BGH **LM** (Cc) Nr 4. Sittenwidrigk gem I kann anzunehmen sein, wenn ein RGesch unter Ausnutzg einer Zwangslage, von Unerfahrenh, mangelndem UrtVermögen od einer erhebl Willensschwäche (Anm 4a bb) zustandekommt, II aber wg Fehlens eines auffäll Mißverhältn der beidersts Leistgen nicht eingreift. Sittenw ist die Ausnutzg des Leichtsinns eines jugendl u unerfahrenen Menschen zum Abschl eines undchführb Vertr, um auf gefahrl Weise einen SchadErsAnspr zu erlangen, BGH NJW **66**, 1451; ebso bei geschäftl unerfahrenem Polenaussiedler, Hamm JMBlNRW **74**, 32; ebso die Ausbeutg der Geistesschwäche zur Erlangg von außergewöhnl Vorteilen, RG **72**, 68; sittenw auch VermÜbertrg, die unter Ausnutzg der Willensschwäche u Ängstlichk des 73jähr Vaters veranlaßt w ist, RG Warn **27**, 46; ebso vertragl Erbeinsetzg, die unter Ausnutzg einer psych Zwangslage zustandegek ist, BGH **50**, 71.

b) Das sittenw Verhalten ggü dem GeschPartner kann auch darin bestehen, daß eine **Macht- od Monopolstellg** dazu mißbr wg, um dem and Teil unangem VertrBedinggen aufzuzwingen, vgl Anm 5n. In diesen ZusHang gehören ferner die die Freih des and Teils übermäß beschränkten KnebelgsVertr (Anm 5 k), WettbewVerbote (Anm 5 w), AutomatenaufstellVertr (Anm 5 c) u BierbezugsVertr (Anm 5c).

c) Besteht der Sittenverstoß in einem Verhalten ggü dem GeschPartner, ist idR nicht nur das GrdGesch, sond auch das ErfGesch des geschädigten Teils nichtig, da auch die Erf dch das sittenw Verhalten herbeigeführt ist u dch dieses sein Gepräge erhält. Gg den sittenw Handelnden besteht im allg SchadErsAnspr aus § 826. Aufrechterhaltg des Gesch mit angem GgLeistg ist nicht mögl, BGH **68**, 207; insow u wg der Anspr aus § 812 gelten die Ausführgen in Anm 4b entspr.

3) Sittenwidriges Verhalten ggü der Allgemeinheit od Dritten. a) Beruht der Sittenverstoß auf einer Verletzg von Interessen der Allgemeinh od Dr, ist § 138 grdsätzl nur anwendb, wenn **alle Beteiligten sittenwidrig handeln**, RG **114**, 341, **140**, 190, BGH BB **52**, 702, WPM **64**, 1087, **66**, 495, dh die Tats kennen, die die Sittenwidrigk des RGesch begründen, Anm 2c bb. Die bloße Kenntn des unsittl BewegGrds des and Teils genügt nicht, RG **71**, 194, JW **26**, 2918; hinzukommen muß die Billigg, Förderg od Ausnutzg der sittenw Abs des and, RG JW **31**, 929.

b) Sittenwidrigk wg Verletzg von Interessen der Allgemeinh od Dr kommt insb in Betr bei **aa)** RGesch, die der Vorbereitg einer Straftat dienen (Einzelfälle Anm 5s); **bb)** RGesch, die der Ehe- u FamOrdng widerspr (Anm 5d, f, u); **cc)** RGesch, die gg die Grds der Sexualmoral verstoßen (Anm 5c, g); **dd)** standeswidr RGesch (Anm 5e, o, r); **ee)** RGesch, die auf eine Schädig Dr abzielen (Anm 5i, p, t); **ff)** RGesch die eine mißbilligte Kommerzialisierg zum Ggst h (Anm 5k).

c) Bei sittenw RGesch der hier fragl Art erstreckt sich die Nichtigk idR nicht auf das ErfGesch, vgl Anm 1e. SchadErsAnspr aus § 826 bestehen im Verhältn der Part im allg nicht, wohl aber uU für Dr. Die AusglAnspr aus ungerechtf Ber sind häuf dch § 817 S 2 ausgeschl, vgl dort.

4) Wucher (II). **a)** Das 1. WiKG (Vorbem) hat § 138 II abgeändert; es hat die subj Tatbestdmerkmale des Wuchers neugefaßt (,,Zwangslage" statt ,,Notlage"; ,,Mangel an Urteilsvermögen" u ,,erhebl Willensschwäche" statt ,,Leichtsinn"; es hat sie an den neuen StGB 302a angepaßt (vgl c). Die Änderg soll den Anwendungsbereich des WucherTatbestd erweitern (BT-Drucks 7/3441 u 7/5291); ihre Bedeutg liegt aber überwiegd auf strafrechtl Gebiet. Die nF gilt nach dem RGedanken des EGBGB 170 für nach dem 1. 9. 1976 abgeschl Vertr (zeitl Abgrenz Einf 1b vor § 145). – Wucher ist ein Sonderfall des sittenw Gesch. RGesch, die den WucherTatbestd nur zT erf, können uU gem § 138 I nichtig sein, vgl Anm 2a. **aa)** Erforderl ein **auffälliges Mißverhältnis** zw Leistg u GgLeistg. Wucherisch können daher nur einen Leistgsaustausch gerichtete VermGesch sein, RG JW **07**, 167, HRR **32**, 1430, aber solche jeder Art: Darl, Kauf, Miete, Gesellsch, DienstVertr, WkVertr, Vergl usw. Ausgangspkt für die Beurteilg ist die Ermittlg d Ggüberstellg des obj Werts der beidersts Leistgen, BGH **LM** (Ba) Nr 1, 4, 4a, WPM **69**, 1255, u zwar unter Zugrdelegg der bei VertrSchl bestehden Verhältn, BGH WPM **77**, 399. Ein nachträgl entstehdes Mißverhältn rechtf die Anwendg des II nur, wenn es auf einem ZusatzGesch beruht, RG **86**, 298. Der nachträgl Wegfall des Mißverhältn ist unerhebl. Wirken mehrere Pers als Leistde, Vermittler od in and Weise mit, genügt, daß aus der Summe der Leistgen u der Gesamth der GgLeistgen ein auffälliges Mißverhältnis besteht, StGB 302a S 2, sog Additionsklausel, die auch für die zivilrechtl Beurteilg heranzuziehen ist, Müller-Emmert/Maier NJW **76**, 1658, 1664, aA zum frR Mü NJW **77**, 152. Beim Vergl ist das beidersts Nachgeben ggeinand abzuwägen, BGH **51**, 145, NJW **64**, 1787, vgl auch BGH NJW **63**, 1197. Wann ein Mißverhältn ,,auffällig" ist, läßt sich nicht allg, sond nur aufgrd einer umfassden Würdigg des Einzelfalls entscheiden. Dabei sind insbes die übernommenen Risiken zu würdigen, BGH **LM** (Aa) Nr 15. Auch der Verwendgszweck der Leistgen kann von Bedeutg sein. Bei GrdstVerk unter erhebl Überschreitg des StoppPr lag nicht in jedem Fall ein auffäll Mißverhältn vor, BGH Betr **68**, 2172. **Einzelfälle:** (ja = auffäll Mißverhältn; nein = kein auffäll Mißverhältn): 24% Jahreszinsen für Darl, nein, LG Mü MDR **76**, 399; 27, 33%, nein, Ffm MDR **78**, 139; 35,28% Zinsen, idR ja, KG BB **74**, 1505/1605; 39,56% Zinsen, idR ja, BGH Betr **56**, 326; 40% Zinsen, idR ja, BGH WPM **71**, 857, Nürnb MDR **76**, 399; 40% u iF des Verz 60% Zinsen, ja Stgt BB **61**, 913; 45% Zinsen idR ja, BGH BB **62**, 156; uU nein bei Übern eines bes hohen Risikos, BGH **LM** (Aa) Nr 15; 54% Zinsen, ja, BGH Betr **76**, 766. **Kreditgebühren** sind in Zinsen umzurechnen, BGH (Aa) Nr 21; Umrechngsformel s LG Ffm Betr **77**, 672; in die Umrechng sind auch die VermittlgsProv u die Kosten der RestSchuldVers einzubeziehen (LG Bln BB **78**, 15, LG Ffm NJW **78**, 1925, Freund u Reich NJW **77**, 636 str, aA Canaris NJW **78**, 1894). Weitere Einzelfälle: KaufPr von ²/₃ des obj Wertes, nein, BGH **LM** (Ba) Nr 4; KaufPr, der den übl um 155% übersteigt, idR ja, LG Trier NJW **74**, 151; ungewöhnl hoher Liebhaberpreis für Grdst in Naturschutzgebiet, idR nein, BGH DNotZ **77**, 102; Bewertg einer gesellschaftsr Einlage mit nur 30% ihres Wertes, ja, BGH WPM **75**, 327; ArbLohn von 1,04 DM/Stunde, ja, LAG Brem **AP** Nr 33; WkLohn, der das Dreifache des Übl u Angem beträgt, ja, BGH Nürnb BB **73**, 777; Maklerprovision, die das Fünffache des Übl ausmacht, ja, BGH Betr **76**, 573; Jahresmietzins für einen Automaten, der dessen AnschaffgsPr um mehr als das Doppelte übersteigt, ja, LG Ffm NJW **64**, 255; Zuschlag von 13,41%, der von E-Werk mit örtl Monopolstellg ohne eig Marktleistg für die Stromliefergen eines and Werks erhoben w, ja, BGH **LM** (Cc) Nr 4. **bb)** Zum Tatbestd des Wuchers gehört weiter, daß das RGesch auf eine Zwangslage, auf Unerfahrenh, mangelndes UrtVermögen od erhebl Willensschwäche des Bewucherten zurückzuführen ist. Fehlt es hieran, ist das obj wucherische Gesch aber gem § 138 I nichtig, sofern der Begünstigte aus verwerfl Gesinng gehandelt h od sonst anstöß Umst vorliegen, vgl Anm 2a. – **Zwangslage:** Sie ist gegeben, wenn dch wirtschaftl Bedrängn od Umst and Art für den Betroffenen ein zwingdes Bedürfn nach einer Geld- od Sachleistg entsteht (BT-Drucks 7/3441). Die von der Rspr aus der aF („Notlage") abgeleitete Beschrkg auf Fälle existenzgefährdder wirtschaftl Not (vgl RG JW **15**, 574, **37**, 2448; BGH **LM** Ba Nr 1) ist dch die nF überholt. Es genügt, daß erhebl Nachteile drohen; auch polit u gesundheitl Gefährdgen sowie Nachteile für sonst nichtwirtschaftl RGüter sind miterfaßt. Unzufriedenh mit den polit Verh u der Wunsch nach höherem Lebensstandard begründen dagg keine Zwangslage, BGH NJW **77**, 2358. Gleichgült ist, ob die Zwangslage verschuldet ist. Sie kann auch bei einer an sich vermögden Part vorliegen (RG HRR **28**, 2080), ebso bei einer jur Pers (RG **98**, 324). Die Bedrängn eines Dr, insb eines Angeh, kann ausr (RG JW **15**, 574, RAG **17**, 292), wohl auch eine ledigl subj angenommene Zwangslage (str). – **Unerfahrenheit** ist ein Mangel an Lebens- oder GeschErfahrg, RAG JW **30**, 3009. Sie kann insb bei Jugendl (BGH NJW **66**, 1451), Alten od geistig Beschränkten (RG **67**, 393) gegeben sein. Unerfahrenh auf einem best Lebens- od WirtschGebiet ist uU ausr, RG LZ **26**, 819, LG Trier NJW **74**, 151, nicht aber mangelnde Fachkenntn für Sondergebiete, BGH **LM** (Ba) Nr 2, Betr **58**, 1241, BB **66**, 226. – **Mangelndes UrtVermögen** liegt vor, wenn der Betroffene nicht in der Lage ist, die beiderseit Leistgen richt zu bewerten u Vor- u Nachteile des Gesch sachgerecht gegeinand abzuwägen. Dies Unvermögen w viel wohl eine Folge von Verstandesschwäche sein. Aber auch bei einem intellektuell normal Begabten kann im Einzelfall, insb bei schwier od unklar ausgestalteten Gesch, das erforderl UrtVermögen fehlen. Entscheid ist allein, ob der Betroffene im konkreten Fall zu einer vernünft Beurteilg in der Lage war. Eine allg Schwäche des UrtVermögens ist weder erforderl noch ausr. – **Erhebl Willensschwäche:** Sie ist gegeben, wenn der Betroffene zwar Inh u Folgen des Gesch dchschaut, sich aber wg einer verminderten psych Widerstandsfähigk nicht sachgerecht zu verhalten vermag. Mangelndes UrtVermögen u Willensschwäche ergänzen sich ähnl wie Einsichts- u Steuerungsunfähigk. Sie erfassen im wesentl auch die Fälle, in denen die Rspr das fr Merkmal „Leichtsinn" bejaht h (vgl dazu BGH DNotZ **77**, 102). Auch die Willensschwäche w vielf Folge einer dauernden Störg (Drogenabhängigk, Alkoholsucht) sein, sie kann aber auch bei einem psych Gesunden vorliegen. Die von der Werbg ausgehden „Verführgen" reichen grdsl nicht aus (BT-Drucks 7/5291 S 20). Unlautere Werbg, insb sog psychologischer Kaufzwang (LG Trier NJW **74**, 151/564 Anm Sack), kann aber bei den Kunden mangelndes UrtVermögen od erhebl Willensschwäche hervorrufen. **cc)** Der Wucherer muß die Zwangslage, die Unerfahrenh usw **ausgebeutet** haben. Diese Voraussetzg ist gegeben, wenn der Wucherer sich die Zwangslage, die Unerfahrenh usw bewußt zunutze macht u dabei Kenntn von dem Mißverhältn der beiderseit Leistgen hat, eine bes AusbeutgsAbs ist nicht erforderl, RG **60**, 11, **86**, 300. Das Angebot zu dem Gesch kann von dem Bewucherten ausgegangen sein, BGH **LM** (Ba) Nr 3. Hat sich der Bewucherte aus Dankbark auf das Gesch eingelassen, so schließt das die Anwendg von § 138 II nicht aus, BGH HRR **30**, 693.

b) RFolge des Wuchers ist die Nichtigk des Gesch. Aufrechterhaltg mit angem GgLeistg ist nach hM nicht mögl, BGH **44**, 162, **68**, 207, NJW **58**, 1772, aA Stgt JZ **75**, 572. Bei Lohnwucher steht dem ArbN jedoch nach den Grds über das fehlerh ArbVerh gem § 612 II Anspr auf die übl Vergütg zu, BAG **AP** Nr 2; LAG Düss Betr **78**, 165, Wie sich aus der Formulierg „od gewähren läßt" ergibt, ist auch das ErfGesch des Bewucherten nichtig, RG **57**, 96, **109**, 202, BGH WPM **74**, 774; dagg erstreckt sich die Nichtigk nicht auf das ErfGesch des Wucherers, Soergel-Hefermehl Rdz 33, str. Bewucherter kann daher Leistg gem § 985 zurückfordern. Daneben hat er den BerAnspr aus § 812 u idR SchadErsAnspr aus § 826. Wucherer ist auf Anspr aus § 812 beschr, der aber uU dch § 817 S 2 ausgeschl w. Beim **Wucherdarlehen** steht § 817 S 2 der RückFdg des DarlKapitals nicht entgg, BGH (GrZS) **161**, 52, BGH WPM **62**, 606, **63**, 834. Der Wucherer muß dem Bewucherten das Darl aber bis zu dem Ztpkt belassen, in dem es bei Gültigk des Vertr zurückzuzahlen wäre, BGH WPM **56**, 459, ohne für die Zeit der Überlassg der DarlValuta Zinsen fordern zu können, BGH NJW **62**, 1148; vgl § 817 Anm 3c bb.

c) Das StGB enthält nunmehr in § 302a einen umfassenden, mit § 138 II weitgeh übereinstimmenden Wuchertatbestd. Wucherische RGesch sind dementspr zugl auch nach § 134 nichtig. Die fr SonderVorschr für den **Mietwucher** (StGB 302 f) ist entfallen. Für den Mietwucher w aber an der bisherigen Rspr (LG Köln NJW **65**, 158 zu WiStG 2 a Z 2 aF) festzuhalten sein, daß der Vertr zum angem Mietzins aufrecht zu erhalten ist. StGB 302a w ergänzt dch das in WiStG 5 enthaltene Verbot von Mietpreisüberhöhen.

Auch hier beschr sich Nichtigk auf den überhöhten Teil des Mietzins, § 134 Anm 3b; sie tritt bei Verwirklichg des obj Tatbestd ein, Schmidt-Futterer JR **72**, 136. Ein auffäll Mißverhältn ist idR zu bejahen, wenn die vereinb Miete die angem um mehr als 50% übersteigt, LG Darmstadt NJW **72**, 1244, Köln Betr **75**, 2033, eine wesentl Überhöh (WiStG 5) bei einer Überschreitg um 25%, Ffm ZMR **75**, 371, Hbg MDR **77**, 582; für Grenze von 20%: LG Mannh NJW **77**, 1729.

5) Einzelfälle (ja = sittenw; nein = nicht sittenw). **a) Abtretg** (vgl auch unten i u q): Abtr aller zukünft GeschFdgen, idR nein, Stgt NJW **64**, 666, aA RG **67**, 168, vgl auch BGH **62**, 100. Globalzession aller KommanditeinlageFdgen einer Publikums-KG, ja, LG Mü BB **77**, 361. Verpfl zur Abtr von Fdgen nach Zahlgeinstellg od iF der Beantragg des VerglVerf, idR ja, RG JW **33**, 40. SichgAbtr von KundenFdgen, die der Schu aGrd verlängerten EV seinen Lieferanten abtreten muß, uU ja, vgl § 398 Anm 3e. Abtr, um das ArmenR zu erlangen od dem KostenerstattgsAnspr des Gegners zu entgehen, ja, RG **81**, 176, BGH **LM** (Ca) Nr 3a (vgl aber BGH **47**, 292, der Abtr als wirks behandelt u ArmenR wg der Verh des Zedenten versagt), idR aber als wirks behandelt, um den Abtretenden als Zeugen benennen zu können, BGH **81**, 161, BGH WPM **76**, 424. – Vertragl Ausschl der Abtr von BauUnternFdgen, trotz der Möglichk eines Konflikts mit dem verlängerten EV der Lieferanten idR nein, BGH **51**, 117, vgl näher § 399 Anm 3. – **Abwerbg**: ArbVertr mit abgeworbenem ArbN, nein, BAG **13**, 284, wohl aber Anstellg eines mit unlauteren Mitteln zum VertrBruch verleiteten Angest eines Konkurrenten, RG Warn **13**, 322. SchmiergeldVertr s unten p. – **Allg Geschäftsbedinggen**: vgl AGB-Ges 9ff. – **Animierlokal**: Überhöhter GetränkePr (9025 DM), ja, Nürnb MDR **77**, 1016; Begebg eines Wechsels über 2430 DM für einige Bier, ja, LG Hbg **74**, 50, Kollhosser JuS **77**, 513. – **Ankaufsverpflichtg**: Einseit Verpfl zum Erwerb eines Grdst, idR nein, BGH **LM** (Bc) Nr 13, Köln NJW **68**, 2199.

b) Arbeitsverträge u ähnliche Abhängigkeitsverhältnisse (vgl auch unten m u w): LohnVereinbg nicht schon bei Unterschreitg des tarifmäß Lohns der Branche, sond erst bei erhebl MißVerh zum allg Lohnniveau für vergleichb Arb, BAG **AP** Nr 30. Bindg eines mdj ArbN dch einen für 2 Jahre unkündb Vertr bei umsatzabhäng Lohn u weiteren drückden VertrBedinggen, ja, BAG **AP** Nr 23. ArbVertr über öffentl Vorführg von GeschlechtsVerk, ja, BAG NJW **76**, 1958. Nicht ohne weiteres Bindg der Agenten-Prov an Mindesterfolg, RAG **19**, 110. Übern einer schuldunabhäng Mankohaftg des Verkäufers, idR ja, BAG Betr **74**, 878. VertrBest, daß das GewinnGuth eines kaufm Angest, der kein Gehalt bezieht, nebst einer von ihm geleisteten Sicherh nicht nur bei Verstoß gg eine seiner VertrPfl verfällt, ja, RG **90**, 183. Überhohe VertrStrafe nur unter bes Umst, RG HRR **32**, 1644, vgl auch § 343 Anm 1b. Klausel, wonach Gratifikation iF der Künd zurückzuzahlen ist, uU ja, vgl § 611 Anm 7e ff. Arbvertragl Verpfl, Antibabypillen zu nehmen, ja, ohne daß verwerfl Gesinng des ArbG erforderl, im Ergebn ebso LAG Hamm Betr **69**, 2353, das Nichtigk nach § 134 wg Verstoßes gg GG Art 6 I u IV annimmt. – Verpfl eines **Autors**, auf Lebenszeit alle seine Werke einem Verleger zuerst anzubieten, ja, wenn eine angem GgLeistg fehlt, BGH **22**, 347. Verpfl, einem RundfunkAnst angebotene Manuskript wiederholt zu ändern, nein, wenn in jedem Fall angem Teilvergütg zu zahlen ist, BGH **LM** (Bb) Nr 32. Neunjähr Bindg einer verml Schauspielerin an einen Manager unter Androhg erhebl VertrStrafen, ja, RG Warn **13**, 187.

c) Auszeichnungen: Entgeltl Gesch zur Verschaffg von –, ja, s unten k. – **Automatenaufstellverträge**: Vereinbg mit Gastw über DarlVerzinsg u Sichg einer gewissen Laufzeit des AufstellVertr, nein, Düss OLGZ **73**, 11. Übermäß Bindgen, die nicht mehr in einem vertretb Verhältn zu den Investitionen des Aufstellers stehen, ja, vgl v Olshausen-Schmidt, AutomatenR B 53 u B 29ff. VertrBdggen, die den Charakter der Gastwirtsch bedeutd beeinflussen können u die BewegssFreih des Wirtes stark einengen, ja, wenn eine Korrektur nach § 242 (od jetzt AGB-Ges 8ff) nicht mögl, ohne dem Vertr einen wesentl and Inhalt zu geben, BGH **51**, 55, Düss WPM **75**, 1293, vgl auch BGH NJW **71**, 1034. Bspe für unangem Bdggen s KG NJW **64**, 1475 u Ffm NJW **64**, 254. – **Bestechg**: Vertr über die Gewinng eines GesandtschSekretärs dch Bestechg, ja, RG Gruch **70**, 546, vgl auch unten p „Schmiergeld". – **Bierbezugsverträge**: Nicht ohne weiteres langfr BierbezugsVertr, der mit DarlHing od Überlassg des Inv verbunden ist, BGH NJW **70**, 2243, Düss MDR **73**, 222, stRspr. Der Umfang der BierbezugsVerpfl muß aber zur DarlHöhe u den sonst Leistgen in einem vertretb Verhältn stehen, aA Mü NJW **68**, 650. Zeitl unbegrenzte BezugsVerpfl, ja, BGH **LM** (Bb) Nr 27; zul VertrDauer hängt vom Umfang der Leistgen der Brauerei ab, BGH WPM **75**, 850; die äußerste Grenze liegt bei 20 Jahren, BGH NJW **74**, 2090, auf die eine langerfr BezugsVerpfl nach § 139 zurückgeführt w kann, BGH NJW **72**, 1459, WPM **73**, 357. § 138 unabhäng von Bindgsdauer anwendb, sofern die BewegssFreih u Selbstdk unvertretb eingeegt w (Frage des Einzelfalls: s BGH **54**, 145, **LM** (Bb) Nr 35 u 37, Ffm NJW **77**, 1157); doch kann Korrekturmöglk nach § 242 Nichtigk entgegstehen, BGH **52**, 20, BGH WPM **77**, 642. Brauerei, die zu ihren Gunsten (§ 328) geschl unsittl Vertr vorbereitet h, muß sich wie VertrPart behandeln lassen, BGH **LM** (Bb) Nr 27. – **Bordellverträge** (vgl auch unten g): Die fr Rspr sah Kauf- u PachtVertr über Bordelle als nichtig an, auch wenn sie auf eine BetrFortführg abzielten, RG **71**, 433, BGH **41**, 341, dazu krit Rother AcP **172**, 508. Nunmehr ist anerkannt, daß BordellpachtVertr wirks sind, wenn der Unterhaltg des Bordells nach dem StGB (§ 180a) straffrei ist u der Pachtzins in keinem auffäll Mißverhältn zum Wert des Pachtobjekts steht, BGH **63**, 365, Hamm NJW **75**, 653, zZ krit Honsell JZ **75**, 439. Das gilt entspr für KaufVertr, für MietVertr mit Dirne, BGH NJW **70**, 1179, u für GesellschVertr mit dem Zweck, Grdst an Dirnen zu vermieten, BGH DNotZ **75**, 93. Nichtig dagg der Vertr zw Bordellbesucher u Prostituierte, Düss MDR **75**, 661.

d) Ehe und Familie (vgl auch unten u): Nicht ohne weiteres Vereinbg über Beschränkg der Kinderzahl, RG JW **08**, 28. VertrStrafenverspr zur Sichg ehemäß Verhaltens, ja, RG **158**, 300. Verbot von GeschReisen des Ehem ohne BegleitPers, Verbot, Verwandte in das Gesch aufzunehmen, Gebot, den Bruder aus derzeit u künft Unternehmen zu entfernen, ja, RG **158**, 298. Vereinbg zw gesch Ehel über Beschrkg der Freizügk des and Teiles, idR ja, BGH NJW **72**, 1414 unter Hinw auf GG Art 11 I, abl Merten NJW **72**, 1799, zur Frage der Drittwirkg Schwabe NJW **73**, 229. Verlöbn währ Bestehens eines and, ja, RG **105**, 245, desgl EheVerspr eines Verheirateten, RG **170**, 76. Vereinbg zw Eheg, dch die ein dauerndes Recht zum Getrenntleben begr w soll, ja, RG **61**, 52, 53 u **158**, 297. SchadErsZusage des Ehebrechers ggü dem Ehem,

Rechtsgeschäfte. 2. Titel: Willenserklärung § 138 5 d–g

nein, außer wenn die Ehefr mitschuld ist od es sich um ein getarntes Schweigegeld handelt, BGH **LM** § 134 Nr 18. ScheidgsVereinbg, die unmittelb darauf gerichtet ist, die Scheidg dch das Vorbringen eines nicht mehr bestehenden ScheidsGrd zu erwirken, ja, BGH **41**, 169, 170 gg fr Rspr (vgl RG **159**, 167 u **168**, 275). Vereinbg über Verz auf Rechtsmittel gg ein Urt, das aGrd fingierter ScheidsGrde ergangen ist, ja, BGH **28**, 50. Entgeltl Gesch bezügl EhelkAnf, ja, Celle NdsRpfl **62**, 188; wirks aber Vereinbg, in der der Erzeuger u Ehebrecher die UnterhPfl für das scheinehel Kind übernimmt, BGH **46**, 56. Übernahme einer Schadenswiedergutmachg zw Eheg, idR auch dann nicht, wenn keine RPfl zum SchadErs, BGH WPM **74**, 967. Erbeinsetzg unter der Bdgg, daß der Erbe sich von seiner untreuen Ehefr scheiden läßt, nein, BGH **LM** (Cd) Nr 5, bedenkl, vgl Keuk FamRZ **72**, 9. Übertr- u LbRentenVertr, dch den Eltern einem Kind unter Übergeh der übr Abkömml ihr ges Verm zuwenden, idR nein, BGH **LM** (Cd) Nr 19.

e) Bindg dch **Ehrenwort**: Bindg einer vertragl Verpfl dch Ehrenwort nur zum Schutze bes wicht Interessen zul, RG **74**, 333 u **78**, 263, dagg ehrenwörtl Zusichg einer in der Vergangenh liegden Tats unbedenkl, RG SeuffA **95**, 57. – **Eigenhändlerverträge**: Erschwerg der nach 5 Jahren erstmals mögl Künd dch Verpfl, die ges Kundsch zu übergeben u Wettbew für 2 Jahre zu unterl, ja, wenn ohne angem Entsch, BGH **LM** (Bb) Nr 33. – Kaufzwangklausel in **Erbbaurechtsvertrag**, idR nein, BGH **68**, 1, Hamm NJW **77**, 203, Macke NJW **77**, 1158, aA Kollhosser NJW **74**, 1302. – **Erfolgshonorar**: AnwVertr über Erfolgshonorar, idR ja, BGH **34**, 70 u **39**, 148, auch dann, wenn RA sich um den Abschluß eines Vertr bemühen soll, BGH WPM **76**, 1135, **77**, 552. Erfolgshonorar eines ausl RA, idR nein, selbst wenn das Honorar ohne Rücks darauf geschuldet sein soll, auf der Erfolg der Arb sich RA zu verdanken ist, BGH **22**, 165. Ein an sich zul Erfolgshonorar kann dch Überhöh anstöß w, KG RzW **58**, 374. Erfolgshonorar eines fr dtsch RA, dem dch BEG 183 I Vertretgsberechtigg in Dtschland gegeben w war, ja, BGH **51**, 294, 295. – **Fernlehrverträge**: ProgrammiererFernLehrVertr mit offensichtl wenig geeignetem Kunden ohne entspr Eigngsprüfg, ja, Hamm MDR **70**, 841; SprachkursusVertr bei irreführder Werbg, uU ja, LG Wuppertal MDR **64**, 756; vgl jetzt FernunterrichtsschutzG v 24. 8. 1976 (BGBl I S 2325). – **Finanzierg, Teilzahlg**: TeilzahlgsVertr, den Käufer offensichtl nicht durchhalten kann, ja, RG **147**, 347. Überredg eines geschäftl unerfahrenen überschuldeten Part zu weiteren KreditAufn, uU ja, LG Bonn WPM **77**, 1341. Die Zinssätze sind je nach den KapitalmarktVerh unterschiedl zu beurt, vgl Anm 4 a aa. – Vertr über **Fluchthilfe**, grdsl nein, doch kann sich Sittenwidrigk aus überhöher Vergütg od aus Umst (konkr Gefährdg unbeteil Dr) ergeben, BGH **69**, 295, Wengler JZ **78**, 64, grdsl unbedenkl auch Vereinbg, wonach Vorschuß iF des Mißlingens der Flucht nicht zurückzuzahlen ist, BGH **69**, 307.

f) Zuwendgen an **Geliebte**: Schenkg als Belohng für ehebrecher geschlechtl Hing, ja, RG **111**, 153, 154. Entlohng homosexueller Beziehgen, ja, RG LZ **22**, 556. Benenng der zweiten Ehefr, mit der der VersN ein ehew Verh unterhalten hatte, als BezugsBerecht an Stelle der Kinder aus erster Ehe, uU ja, RG **142**, 412, auf die Kenntn des Versicherers kommt es nicht an, RG **154**, 102. SchuldVerspr an Geliebte, uU ja, wenn dadch die Heirat des Mannes erschwert w soll, aber nicht schon deshalb, weil die ZahlgsVerpfl an die Heirat des Mannes geknüpft ist, RG JW **20**, 960. Verspr einer Entsch für verpaßte Heiratsaussicht dch Geliebte ggü einem Mann, uU ja, RG JW **13**, 855. Letztw Zuwendgen, dch die ein verheirateter Mann eine Frau für ehebrecher Verk belohnen od zu dessen Fortsetzg bestimmen will, ja, u zwar auch dann, wenn die Eheg sich auseinandergelebt h u der and Eheg einverst war, BGH NJW **68**, 932, bedenkl, mit Recht krit Breithaupt aaO. Wenn die lwVfg od ein entspr Gesch unter Lebden iSn ausschl einen derart Entgeltscharakter trägt, kommt es all auf den GesUmst an, BGH **53**, 375. Für die Unsittlk genügt nicht, daß das geschlechtl Verh mitbestimmd war (so aber die fr Rspr, vgl RG **166**, 399), vielm muß es der allein od ausschlaggebde Grd sein, BGH NJW **68**, 932, **73**, 1645. Zuwendg einer Bezugsberechtigg trotz jahrelangem unsittl Verh, nein, wenn überwiegd achtenswerte BewegGrde vorh waren, BGH **23**, 78. Einsetzg der Haushälterin, mit der der Erbl 30 Jahre lang eine Eheg geführt u mit ihr geschlechtl Beziehgen unterhalten hatte, zur Alleinerbin unter Ausschl der Geschwister, nein, BGH **LM** (Cd) Nr 9, vgl auch Köln OLGZ **68**, 490 u Düss OLGZ **70**, 110. Hoferbeinsetzg eines famfremden Kindes, uU ja, wenn ihr eine versteckte Zuwendg an dessen Mutter für unerl Beziehgen zugrde liegt, Celle RdL **57**, 302, nicht den Berufg eines ehebrecher erzeugten Kindes unter Übergeh von Geschwistern u Geschwisterkindern zum Hoferben, OGH **3**, 188. Die Frage der Unsittlk derart Zuwendgen ist sehr str, zur bisher Rspr mit beachtl Grden krit Müller-Freienfels JZ **68**, 441, Ramm JZ **70**, 129. Wer sich auf die Unsittlk der Zuwendg beruft, ist bewpflicht, BGH **53**, 379; eine tats Vermutg, daß Zuwendgen an einen Ehebruchspartner diesen für die geschlechtl Beziehgen belohnen sollen, w im Ggsatz zur fr Rspr mit Recht nicht mehr anerkannt, BGH FamRZ **71**, 638. Eine lwVfg kann teilw unsittl u damit nichtig u teilw gült sein, BGH **52**, 23, so daß uU statt der Allein-Erbsch der Geliebten eine ErbenGemsch zw ihr u den gesetzl Erben entsteht, str, vgl einers Speckmann JZ **70**, 401 u NJW **71**, 924, ands abl Husmann NJW **71**, 404 u Reinicke NJW **69**, 1443. Übersicht über die Rspr des BGH s Johannsen WPM **71**, 918. Vgl auch § 2077 Anm 1 A.

g) **Geschlechtl Beziehgen** (vgl auch c „BordellVertr"): Entgeltl Vertr über GeschlechtsVerk, ja, BGH **67**, 122. Übereign des Dirnenlohnes, nein, BGHSt **6**, 379, Düss NJW **70**, 1852. Verk von Präservativen, nein, vgl BGHSt **24**, 318, von Antibabypillen, nein, vgl die Rspr zur SchadErsPfl bei Unwirksamk der Pille, Vorbem 2d vor § 249. KaufVertr ua, wenn dch strafb pornograph Schriften, ja, Hbg MDR **75**, 226; uU auch dann ja, wenn strafr unbedenkl, LG Landsh MDR **78**, 840. DienstVertr ngt schon deshalb unsittl, weil er in zeitl Zushang mit geschlechtl Beziehgen abgeschl, RAG JW **36**, 1246, wohl aber dann, wenn dch ihn die Konkubine an den DienstBerecht gefesselt w soll, RG Warn **26**, 41, od wenn er als Deckmantel für eine wilde Ehe dient, RAG Warn **31**, 137. GesellschaftsVertr zw Ehebrechern, nein, wenn der GesellschZweck selbst nicht unsittl, BGH NJW **70**, 1540, so auch bei einer zur Errichtg eines gemeins zu bewohnden Hauses gegründeten Innengesellsch, wenn der Gedanke an die Förderg des ehebrecher ZusLebens nicht im VorderGrd stand, BGH FamRZ **65**, 368; GesellschVertr zur Anschaffg von Hausrat für das ehebrecher ZusLeben, nein, aA BGH FamRZ **70**, 19. BeherbggsVertr mit Verlobten über Unterbringg in Doppelzimmer, ja, AG Emden NJW **75**, 1363, wenn Peters u Schickedanz NJW **75**, 1890, Lindacher JR **76**, 61, Händel NJW **76**, 521, Beer JuS **77**, 374, ferner LG Bonn NJW **76**, 1690/2166 (Anm Berg).

h) Gesellschaftsverhältn (vgl Anm 2e, ferner unten k u s „StimmR"): GewinnVorweg für Kommanditisten ohne Rücks auf JahresAbschl, ja, RG **166**, 72. Best, daß Gter, die Konkurrenten der Gesellsch sind, sich in GterVers dch Mitgl der GeschFg od des AufsR vertreten lassen müssen, nein, RG **80**, 390, 391, dagg ja, wenn alle GterR dch Vertreter ausgeübt w sollen, RG **88**, 221, 222. Verspr gü NichtGter, die GterR nach dessen Weisg auszuüben, jedenf dann sittenw, wenn nach GesellschVertr Übertr der Gesch-Anteile von Gen eines GeschführOrgans abhäng, RG **69**, 137. Verspr des geschführd Gters einer PersHandelsgesellsch, Einn aus anderw Tätigk jeder Art an Gesellsch abzuführen, ja, da unzul Eingr in den FreihBereich, BGH **37**, 385. Schaffg weiterer Stammaktien als Schutzaktien zur Niederhaltg der Minderh, uU ja, RG **132**, 161–166. Beschrkg der Vfg über AktienBes im Rahmen einer SchutzGemsch von Aktionären, grdsätzl nein, RG **165**, 145. Best, daß VorstdsMitgl bei Entlassg vor Ablauf ihres zehnjähr Vertr ihr volles Gehalt weiterbeziehen, falls sie nicht wg Verlust der bürgerl EhrenR entlassen w, ja, RG **75**, 238, 239. Befreiung des geschführden Gters von Pfl zur RechenschLegg, uU ja, BGH Warn **65**, 126. Globalzession aller KommanditeinlageFdgen einer PublikumsKG, ja, LG Mü BB **77**, 361. Vertragl Recht, das Ausscheiden and Gter gg Zahlg eines Entgelts zu verlangen, jedenf dann nicht, wenn Begünstigter die Ausscheidenn als Angeh unentgeltl aufgen h, BGH **34**, 83. Einräumg starker „Machtfülle" an neu eintretenden Kommanditisten, nein, sofern angem Verhältn zu dem übernommenen Risiko, BGH WPM **74**, 1151. Wiederverheiratsklauseln in GesellschVertr, dch die das den Kindern unentgeltl zugewendete GesellschVerm der Fam erhalten w soll, nein, BGH BB **65**, 1167. Best, wonach Gter ohne wicht Grd ausgeschl w kann, nein, BGH NJW **73**, 1606; wohl aber Best, daß der ohne wicht Grd Ausgeschlossene zum Buchwerten abzufinden ist, BGH BB **78**, 1333. Best, wonach gepfändeter GesellschAnteil zum Buchwert eingezogen w, nein, wenn gleiche Regelg iF des Ausschlusses aus wicht Grd gilt, BGH NJW **75**, 1835, Ffm OLGZ **78**, 36. Abrede, wonach GesellschAnteil nach dem Tode eines Gters unentgeltl an die MitGter fällt, nicht schon deshalb unsittl, weil sie das PflichtTl verkürzt, BGH WPM **71**, 1338. Gesetzeswidr Beschl, der unter AktG 241 Nr 4 fallen, auch bei Sittenverstoß nur anfechtb, RG **166**, 131 u **167**, 76. Einzahlg der GmbH-Stammeinlage aus Mitteln, die dch UntreueHandlgen zu Lasten der Gesellsch beschafft w waren, ja, RG **159**, 331. Bewußter Verstoß gg das Verteilgsverbot in GmbHG 73, ja, BGH NJW **73**, 1695.

i) Gläubigergefährdg (vgl auch unten q „SichgÜbereigng"): SichgVertr, mit dem sich eine Bank leichtfert über die Belange etwaiger GeschPartner des Schu hinwegsetzt, uU ja, BGH **20**, 50–52. Finanziergs-Vertr mit Abtr, die dg ges Einn an die des Schu an sich ziehen sollen, uU ja, wenn den Kredit die Befriedigg seiner and Gläub aus fr Zeit nicht mögl, BGH **19**, 17, 18. Aneignng sämtl Werte eines konkreifen Untern dch GroßGläub unter Ausnutzg der wirtsch Machtstellg, so daß Einstellg mangels Masse nöt, ja, BGH NJW **56**, 417, krit Barkhausen aaO. Für die Sittenwidrigk ausr, daß der SichgNehmer aGrd seiner Kenntn von der VermLage des Schu mind mit der Mögk einer Täuschg u Pers über die Kreditwürdigk des Schu rechnet, RG **143**, 52, vgl auch RG **136**, 296. SichgVertr zur Sanierg, ohne daß der Gläub die Erfolgsaussicht eingeh u obj geprüft h, idR ja, wenn die Mögk besteht, daß Dr über die Kreditwürdigk des Schu getäuscht w, BGH **10**, 228. Übereigng des Warenlagers eines FlüchtlingsBetr zur Sichg an die öff Hand, idR nein, weil and Gläub damit nicht haben nennenswerte Kapitalausstattg vorh, BGH BB **66**, 12. Entgegn von ErfLeistgen od Sicherh dch Gläub in Kenntn des bevorstehden Zusbruchs des Schu, nein, BGH LM (Bb) Nr 13. Wg GläubBenachteiligg anfechtb RGesch, idR nein, RG **170**, 332, BGH BB **68**, 1057 u NJW **73**, 513, vgl oben Anm 1 f dd. Weitere Nachw bei Serick III 39 ff. ZwVerst, um Lasten zu beseitigen, die nach Überzeug des Eigtümers dch das Grdst nicht mehr gedeckt w, nein, RG **160**, 58. LohnschiebgsVertr wurden fr nicht ohne weiteres für unsittl gehalten, vgl RG **81**, 45, 46; für sie gilt jetzt ZPO 850h. - **Globalzession**: ja, wenn sie zu einer Täuschg u Gefährdg späterer Gläub führt u SichgsNehmer dies in Kauf genommen h, BGH Betr **77**, 949. Für das Verh zum verlängerten EV s § 398 Anm 3e.

j) Glücksspiel: Darl zu Spielzwecken, ja, wenn Darleiher daraus Gewinn ziehen will u es sich für DarlNehmer um nicht unbeduetde Betr handelt, BGH LM § 762 Nr 1; sonst nein, BGH NJW **74**, 1821. MietVertr über Spielräume nicht schon dann, wenn Spielzweck Verm bekannt, wohl aber, wenn Spiel bewußt gefördert w soll, RG Warn **22**, 121. - **Haftgbeschränkgen u -verschärfgen**: S § 276 Anm 5 A a u B b. - **Haushaltsvorschriften**: Vertr mit Gemeinde, dessen Erf nur unter schwerer Verletzg von HaushVorschr mögl ist, ja, BGH **36**, 398. - **Kartellrecht**: FolgeVertr, nein, Celle NJW **73**, 2126, vgl § 134 Anm 3a unter „KartellR". Über Vertr mit Dr, der gült PrBindgsVereinbg widerspricht, vgl Plaßmann NJW **63**, 2097 u Paul NJW **64**, 129. - **Kaufvertrag** mit Polenaussiedler unter Ausnutzg von dessen geschäftl Unerfahrenh, ja, Hamm JMBlNRW **74**, 32.

k) Knebelsverträge (vgl auch c „AutomatenaufstellVertr" u „BierbezugsVertr" sowie unten m „LeasingVertr", n „Macht- u Monopolstellg" u q „SichgÜbereigng"): Nicht jede Beschrkg in der wirtsch Freih sittenw, BGH LM (Bc) Nr 13, wohl aber Lähmg der wirtsch BeweggsFreih im ganzen od in einem wesentl Teil, RG **130**, 145. Ländl PachtVertr, der die ges wirtsch Existenz des Pächters erfaßt u ihm nicht die Mögk wirtsch Emporkommens läßt, ja, RG JW **29**, 3161. PachtVertr über GewerbeBetr zu drückden Bdgen, uU ja, BGH WPM **76**, 181. Finanzierg zu Bdgen, die dem Schu jegl Freih für wirtsch u kaufm Entschl nehmen, ja, BGH **19**, 18. SchädiggsAbs für Unsittlichk nicht erforderl, selbst die Abs des stärkeren Teiles, dem and zu Hilfe zu kommen, steht Nichtigk nicht entgg, RG JW **19**, 443. SichgVertr, der den GeschBetr zum Erliegen bringen kann, nein, wenn feststeht, daß der Gläub nur im Notfall von Sichg Gebr machen w, etwa wenn der Schu die übereign Ggst weiterveräußern u die abgetretenen Fdgen einziehen darf, BGH NJW **62**, 102. Recht, die Benutzg einer für Sichg übereigneten Maschine jederzeit zu entziehen, nein, da willkürl Entziehg §§ 157, 242 entggstehen, BGH BB **55**, 331. Unterwerfg eines Schu, der saniert w soll, unter TrHdsch, die ihm die wirtsch Freih u Selbstdk nimmt, uU ja, u zwar einschl der zur Ausführg des TrHdVertr geschl ErfGesch wie SÜ, Ffm NJW **67**, 1043. Übertr aller GterR auf Lebenszeit auf sog TrHänder, ohne daß der Gter keinen Einfluß h, ja, BGH **44**, 158. Verpfl, dem Gläub mind zweimal mtl die GeschBücher mit allen zur Kontrolle dch Finanzamt u Stadtsteueramt erforderl Unterlagen vorzulegen, ja, Hamm BB **70**, 374. Drückde AbfindgsVerpfl bei Auflösg einer mit Verlust

§§ 148, 149   1. Buch. 3. Abschnitt. *Heinrichs*

str, offen gelassen von BGH NJW **69**, 1711, jedoch berecht der Irrt über die Bedeutg des Schweigens nicht zur Anf, BGH **11**, 5, 20, 154, allgM; ebsowenig kann IrrtAnf darauf gestützt w, daß BestätSchr u mdl Abrede nicht übereinstimmen, BGH NJW **69**, 1711, **72**, 45.

e) Allgemeine Geschäftsbedinggen: vgl AGBG 2 Anm 6 c.

3) Annahmefrist (§§ 147, 148): Nur rechtzeitg Ann führt zum VertrSchluß. Hat AntrSt **Frist bestimmt** so ist diese maßg, § 148. Dch AGB zG des Verwenders best AnnFr ist aber unverbindl, wenn sie unangem lang ist, AGB-Ges 10 Nr 1. Die Fristsetzg kann auch stillschw geschehen od sich aus der Natur des Geschäftes ergeben; auch bei festem Angebot ist Ann daher nur innerh einer nach den Umst zu bemessenden, angemessenen Frist mögl, RG **97**, 2. FristBest dch Bitte, „heute der Akkreditivbank Instruktionen zu geben" vgl BGH Warn **69** Nr 221. Telegraph Angebot verlangt bes beschleunigte, idR telegraphische Ann, LAG Krefeld Recht **42**, 1945. Der Antragende kann die AnnFrist jederzeit auch stillschw verlängern, Hamm NJW **76**, 1212, nicht aber nachträgl einseitig verkürzen; die Setzg einer kürzeren als der gesetzl Frist (§ 147) kann daher wirks nur mit dem Antr erfolgen, dh sie muß spätestens mit ihm zugehen. Sie bedarf der Form des abzuschließdn Vertrages, ebso die Verlängerg der Frist, RG JW **28**, 649. Fristberechng vgl §§ 186 ff. Frist beginnt idR mit Datum des Antr, nicht erst mit dessen Zugang, Soergel-Lange Rdz 7, EAG 8 II; Frist bis zu einem best Tag bedeutet iZw einschl desselben, RG **105**, 419. Mögl ist auch ausdrückl od stillschweige Vereinbg längerer Schwebezeit des Angebots, BGH BB **68**, 1215. Es besteht keine Pfl, den and Teil auf den drohden FrAblauf hinzuweisen, BGH Betr **71**, 232. Im Zweifel muß AnnErkl innerh der Fr gem § 130 zugehen, RG **53**, 59; scheitert rechtzeit Ann daran, daß Fernsprechverbindg nicht zu erzielen ist, so kommt der Vertr dennoch nicht zustande, auch nicht, wenn die Leitg des Antragden gestört ist, RG SeuffA **80**, 175. Schuldh Verhindern rechtzeit Zugehens steht aber dem Zugehen gleich, vgl § 130 Anm 2. Bei Ann dch machtlosen Vertreter muß auch die Gen des Vertretenen innerhalb der AnnFr erfolgen, BGH NJW **73**, 1789. – BewLast für Befristg vgl RG SeuffA **80**, 72.

4) Wo keine Frist bestimmt, kann Antr unter **Anwesenden** od mittels Fernsprechers (vgl dazu § 130 Anm 1 b) **nur sofort** angenommen werden, § 147 I. Nicht unter Anwesenden abgegeben ist Erkl eines Boten und Erkl an Empfangsboten, wohl aber diejenige von u an einen Vertreter, u zwar auch bei einem Vertreter ohne VertrMacht, vgl BGH NJW **73**, 798 (zu § 130). „**Sofort**" ist schneller als „unverzüglich"; jedes Zögern ist ausgeschl; es kommt aber auch hier auf die Lage des Falles an. Schweigen wird nur selten als Ann zu deuten sein. – Ein pers überreichter, schriftl Antr ist wie Antr unter Abwesenden zu behandeln, RG **83**, 106, er kann aber auch sofort angenommen werden, vgl BGH **LM** § 147 Nr 2.

5) Unter Abwesenden dauert Bindg u AnnFähigk bis zum Ztpkt, zu dem der Antragende den Eingang einer Antwort erwarten durfte, § 147 II; also von der Absendg des Antrags ab ein Zeitraum, der die normale Laufzeit des Antrags bis zum Eintreffen beim AntrEmpf, eine angemessene Überleggsfrist für diesen und die normale Laufzeit der Antwort umfaßt. Außergewöhnl Verzögerg der Beförderg des Antrags od der AnnErkl, Abwesenh des AntrEmpfängers, Erschwernisse für freie Entschließg usw, mit denen der Antragende nicht von Anfang an rechnen mußte, verlängern die Frist nicht, vgl Warn **28**, 2; anders, wo er mit solchen Umst rechnen mußte, sie ihm bekannt waren, RG **142**, 402; so bei Antr an Verein angem Fr für Bearbeitg, bei Antr an VersUntern Verzögerg dch Haupturlaubszeit, Mü VersR **76**, 745. Die AnnErkl muß innerh der Frist wirks werden, idR also zugehen. Verzögerte Absendg kann ggf dch beschleunigte Übermittlg (Telegraph, Telephon) ausgeglichen werden; telegraphische bedinggslose, also ausreichende AnnErkl behält diesen Charakter idR auch bei Zusatz „**Brief folgt**", RG LZ **24**, 811; vgl aber Warn **21**, 119. – Kommt der Vertr ohne Zugang der AnnErkl zustande (§ 151), so verkürzt sich die AnnFrist um die für die AnnBeförderg notw Zeit, vgl RG **83**, 106. – **Verspätete Annahme** vgl §§ 149, 150.

149 *Verspätet zugegangene Annahmeerklärung.* Ist eine dem Antragenden verspätet zugegangene Annahmeerklärung dergestalt abgesendet worden, daß sie bei regelmäßiger Beförderung ihm rechtzeitig zugegangen sein würde, und mußte der Antragende dies erkennen, so hat er die Verspätung dem Annehmenden unverzüglich nach dem Empfange der Erklärung anzuzeigen, sofern es nicht schon vorher geschehen ist. Verzögert er die Absendung der Anzeige, so gilt die Annahme als nicht verspätet.

1) Die **verspätete**, dh verspätet zugegangene (vgl § 147 Anm 3) **Annahme** bringt den Vertr nicht zum Entstehen, sond gilt nur als neuer Antr, § 150 I. Beruht die Verspätg allein auf verzögerter Beförderg, so erfordern es Treu u Glauben, daß der Antragende, wenn er den Grd der Verspätg erkennen mußte, den Absender, der den Vertr als zustande gekommen ansehen durfte, alsbald benachrichtigt; andernf müßte er die Ann als rechtzeitig gelten lassen. Das besagt Satz 1. – Bei verspäteter Absendg od wenn der Antragende den Grd der Verspätg nicht erkennen konnte, kann sein Schweigen zu demselben Erfolge nur führen, wenn es nach § 151 als Ann des in der verspäteten Ann liegenden neuen Antrags anzusehen ist, also zB nicht, wenn eine Form erforderl wäre.

2) Die **Anzeige** von der Verspätg, 2, ist einseitige, nicht empfangsbedürft Mitteilg; ihre rechtzeitige Absendg genügt. Sie muß **unverzügl** (vgl § 121) erfolgen. Ihre Unterlassg od Verspätg hat zur Folge, daß rechtzeitiges Zugehen und damit erfolgter VertrAbschl fingiert wird, RG **105**, 257; Ablehng des Vertr-Abschlusses aus anderen Gründen als wg Verspätg wahrt die Frist nicht.

3) Beweislast trifft den Annehmenden dafür, daß er rechtzeitig abgesandt hat u der Antragende den Grd der Verspätg erkennen konnte; sodann den Antragenden dafür, daß er Verspätg unverzügl angezeigt hat, hM, vgl Soergel-Lange Anm 14 mwN; die abw Meing bürdet dem Annehmdn den kaum zu führden Bew auf, daß der Gegner eine Anz nicht od nicht rechtzeitg gemacht h, u macht § 149 damit fast wertlos.

Rechtsgeschäfte. 3. Titel: Vertrag § 148 2

kommden Ans des Absenders den Vertr erst zustande bringen soll (dann sog AuftrBestätigg) od ob es das Ergebn früherer VertrVerhandlgen verbindl festlegen soll (dann BestätSchr), BGH Betr **71**, 2302, Schmidt-Salzer BB **61**, 591 mwN.

b) Voraussetzg u Grenzen der rechtsbegründden Wirkg. **aa)** Das BestätSchr muß sich auf **mündlich**, fernmdl od telegraf getroffene **Vereinbargen** beziehen, BGH NJW **65**, 965, Betr **70**, 1777; Bezugn kann auch stillschw erfolgen, BGH WPM **75**, 324. Bei fernschriftl Vereinbgen ist BestätSchr gleich zul, BGH **LM** HGB 346 (Ea) Nr 12. Ist ein mdl Angebot schriftl angen w, kann jedenf die Part ein BestätSchr mit rbegründder Wirkg absenden, die sich bis dahin nur mdl erklärt hatte, BGH **54**, 242. BewLast dafür, daß Verhandlgen stattgefunden h, trifft Absender, BGH NJW **74**, 991.

bb) Das BestätSchr muß **eindeutig** gefaßt sein, BGH NJW **72**, 820 mwN. Unklarh gehen zu Lasten des Absenders, RG JW **38**, 1902. Auf die Bezeichng als BestätSchr kommt es nicht an, BGH **LM** HGB 346 (Ea) Nr 12, das Schreiben muß aber nach seinem äußeren Erscheingsbild zur Wiedergabe der Verhandlgen wenigstens nach ihrem wesentl Inhalt best sein, BGH BB **61**, 1271, NJW **65**, 965, Düss BB **70**, 595; reicht ausr die Übersendg eines nur als eig Erinnerungshilfe gedachten Aktenvermerks, Köln OLG **68**, 396. Wird im BestätSchr um **Gegenbestätigg** gebeten, so bedeutet Schweigen idR keine Zust, es kommt jedoch auf den Einzelfall an, RG **106**, 415, BGH NJW **64**, 1270; das gilt entspr, wenn Zusatzabrede nicht bestätigt, sond vorgeschlagen w, BGH NJW **72**, 820. **Kreuzen** sich zwei inhaltl voneinand abw BestätSchr, so ist idR kein Widerspr erforderl; and aber, wenn die Abw lediglich eine VertrErgänzg betrifft, die ohnehin zu erwarten war, BGH NJW **66**, 1070.

cc) Das BestätSchr muß sich **zeitlich** unmittelb an die VertrVerhandlgen anschließen, also zu einer Zeit zugehen, in der der Empfänger noch mit ihm rechnen mußte, BGH NJW **64**, 1223, JZ **67**, 575. Eine allg gült Fr gibt es insow nicht; Fr von 5 Tagen uU unbedenkl, BGH WPM **75**, 324.

dd) Das BestätSchr ist ohne Wirkg, wenn es sich inhaltl so weit von dem vorher Abgesprochenen **entfernt**, daß der Bestätigde vernünftigerw mit einer Billigg nicht mehr rechnen konnte, BGH **7**, 190, **40**, 44, stRspr. Die BewLast hierfür trifft den Empf, BGH NJW **74**, 991. Erst recht ist ein Widerspr dann nicht erforderl, wenn der Bestätigde das VerhandlgsErgebn im BestätSchr bewußt entstellt, also **arglistig** handelt, BGH **40**, 45, JZ **67**, 575, Betr **69**, 125. Argl Verhalten liegt aber idR nicht vor, wenn der Bestätigde den Vertr lediglich in Nebenpunkten ergänzt, BGH Betr **69**, 2172, **70**, 1777 (krit Walchshöfer BB **75**, 721). Der Bestätigde muß sich gem § 166 I die Kenntn od das argl Verhalten seines **Vertreters** anrechnen lassen; das gilt nicht nur dann, wenn der bösgl Vertr das BestätSchr verfaßt, BGH WPM **55**, 1284, sond idR auch, wenn der von seinem Vertr falsch unterrichtete, gutgl Vertretene den VertrSchl bestätigt, BGH **40**, 46 (aA RG **129**, 349). And aber, wenn der gute Gl des Bestätigden auf eig Verhalten des Empf währd der VertrVerhandlgen beruht; hier ist, auch wenn der Vertr des Bestätigden argl gehandelt h, Widerspr erforderl, BGH **11**, 4, **40**, 48. Pfl zum Widerspr entfällt nach BGH NJW **70**, 2104 auch dann, wenn sich der and Teil bei den VertrVerhandlgen ausdr eine schriftl AnnErkl vorbehalten h (zweifelh).

ee) Da das Schweigen auf ein BestätSchr auch bei einem (noch) nicht od nicht wirks zustande gekommenen Vertr als Zust gilt (vgl oben a aa), muß der Empf auch dann widersprechen, wenn für ihn ein **vollmachtloser Vertreter** aufgetreten ist, BGH NJW **64**, 1951, Betr **67**, 1362, Karlsr WPM **76**, 887, and nur, wenn dem Bestätigden der Mangel der Vollm bekannt war, BGH NJW **65**, 966. Das gilt entspr, wenn unter dem Namen des Empf ein Unbefugter aufgetreten ist, Celle MDR **67**, 1016.

ff) Betroffener Personenkreis. Die Grds über das BestätSchr haben sich als Handelsbrauch (HGB 346) im Verk unter Vollkaufleuten herausgebildet, sind heute aber nicht mehr darauf beschr. Entscheid ist, ob der **Empfänger** wie ein Kaufm in größerem Umfang am VerkLeben teilnimmt, BGH **11**, 3, NJW **64**, 1223, Betr **67**, 1362, Warn **70**, 136; das ist bejaht worden bei nicht eingetr Schrotthändler, BGH **11**, 3; Gutsbesitzer, RG Gruch **71**, 253; RA, sofern er im eig Namen handelt, RG JW **31**, 522, od als NachlVerw eines Kaufm, BGH WPM **76**, 564, (dagg nicht beim Handeln im Namen eines sonst Mandanten, BGH **75**, 1385); WirtschPrüfer, BGH Betr **67**, 1362; Architekt, BGH WPM **73**, 1376, Köln OLGZ **74**, 8, dagg verneint bei Bankdirektor in PrivBereich, Düss Betr **66**, 458; Kleinhandwerker, Ffm MDR **66**, 512. Bei Behördentätigkeit im fiskal Bereich kommt es auf die Umst des Einzelfalles an, BGH NJW **64**, 1223. Ist der **Bestätigende** nicht Kaufm, kommt es gleichf darauf an, ob er einem Kaufm am RVerk teilnimmt u erwarten kann, daß ihm ggü auch kaufm Sitte verfahren w, BGH **40**, 44; WPM **73**, 1376. Der Kreis der mögl Empf u Absender von BestätSchr deckt sich daher. Auch außerh dieses PersKreises kann das Schweigen auf ein BestätSchr aber ausnahmsw Zust bedeuten, Einf 3c bb vor § 116.

c) Der Widerspruch ist erst erforderl, wenn das BestätSchr zugegangen (§ 130) ist, BGH NJW **65**, 966. Die BewLast insow die Absender, RG **114**, 282. Auf die Kenntn des Empf kommt es dagg nicht an, RG **105**, 389, NJW **20**, 152, NJW **64**, 1951. Der Widerspr muß unverzügl (§ 121) binnen einer den VerkBedürfn angem kurzen Fr erklärt w, BGH **18**, 216, NJW **62**, 246, idR wohl binnen 1 bis 2 Tagen, RG **105**, 390. 3 Tage können uU noch ausreichen, BGH NJW **62**, 246, dagg ist 1 Woche idR zu lang, BGH NJW **62**, 104, Köln BB **71**, 286. Rechtzeitigk h der Empfänger zu beweisen, RG **114**, 282, BGH NJW **62**, 104. Absender hat aber zu beweisen, wann das BestätSchr zugegangen, BGH NJW **70**, 232, 234. Adressat des Widerspr kann der Makler sein, der die Interessen des Bestätigden wahrnimmt, BGH MDR **67**, 584.

d) Rechtliche Einordng des Schweigens, Anfechtg. Str ist, wie die Wirkg des Schweigens auf das BestätSchr dogmat einzuordnen ist; zT w eine stillschw WillErkl angenommen, so insb Zunft NJW **59**, 276; and sehen in der Wirkg des Schweigens die Folge einer Pfl- od ObliegenhVerletzg, so insb Hanau AcP **165**, 220; wieder and gehen von einer Zurechng aGrd des Prinzips des Vertrauensschutzes aus, so insb Canaris, Vertrauenshaftg S 206, Diederichsen JuS **66**, 135. Richt Ans wohl: Das Schweigen ist ähnl wie in den Fällen der §§ 416 I S 2, 496 S 2, HGB 362 tatbestandl keine WillErkl, steht aber in seinen Wirkgen einer WillErkl gleich, sog normiertes Schweigen, wobei die normative Grdlage hier nicht eine bes gesetzl Vorschr, sond eine zu GewohnhR erstarkte VerkSitte ist, Larenz § 25 III c, ähnl BGH **11**, 5, **40**, 46, vgl Einf 3 c vor § 116. Die Vorschr über die Geschfgk sind anzuwenden; ebso die über Willensmängel, sehr

146 *Erlöschen des Antrags.* **Der Antrag erlischt, wenn er dem Antragenden gegenüber abgelehnt oder wenn er nicht diesem gegenüber nach den §§ 147 bis 149 rechtzeitig angenommen wird.**

1) Der Antrag erlischt a) durch Ablehnung; sie ist einseitige empfangsbedürft WillErkl, vgl Übbl 3a vor § 104; als Ablehng gilt auch eine Ann mit Beifüggen, § 150 II. – **b) durch Ablauf** einer für die Annahme etwa **gesetzten Frist**, §§ 148 und 151 S 2. Ein „festes" Angebot erlischt nach Ablauf einer nach den Umst zu bemessenden, angemessenen Frist, RG **97**, 3. Sie ist auch bei formbedürft Vertr formfrei; der Mj bedarf stets der Zust des gesetzl Vertreters, da die Ablehng rechtl Nachteile (Erlöschen des Antr) bringt (Soergel-Lange Rdn 4). – **c)** Wo keine Frist gesetzt ist, erlischt der Antr an einen Anwesenden dch **Ablauf** einer normalen **Annahmefrist**, § 147 II, der Antr an einen Anwesenden, wenn er nicht sofort angenommen wird, § 147 I. – Damit endet die Bindg an den Antr und ein Vertr kann dch bloße Ann nicht mehr zustande kommen, RG **93**, 176; diese gilt vielm als neuer Antr, § 150. Keine SchadErsPfl aus c.i.c., wenn AntrSt nach Erlöschen des Antr Vertr mit Dr schließt, BGH Betr **71**, 232.

147 *Annahmefrist.* I **Der einem Anwesenden gemachte Antrag kann nur sofort angenommen werden. Dies gilt auch von einem mittels Fernsprechers von Person zu Person gemachten Antrage.**

II **Der einem Abwesenden gemachte Antrag kann nur bis zu dem Zeitpunkt angenommen werden, in welchem der Antragende den Eingang der Antwort unter regelmäßigen Umständen erwarten darf.**

148 *Bestimmung einer Annahmefrist.* **Hat der Antragende für die Annahme des Antrags eine Frist bestimmt, so kann die Annahme nur innerhalb der Frist erfolgen.**

1) Zur Vertragsannahme (§§ 147-151) allgemein: **Annahme** ist vorbehaltlose Bejahg des Antr, RGRK § 149 Anm 1; sie ist einseit, empfangsbedürft, nach §§ 151, 152 ausnahmsw auch nicht empfangsbedürft WillErkl, vgl Übbl 3a vor § 104. – Der Vertr kommt zustande mit ihrem Zugehen (§ 130) an den Antragden, im Falle der §§ 151, 152 mit der Ann selbst. Sie kann dch schlüss Verhalten geschehen, soweit sie nicht nach Art des Gesch formbedingt ist. Bloßes Schweigen ist idR Ablehng, BGH BB **62**, 1056, insb bei ungewöhnl Gesch, RG Warn **19**, 131. Schweigen bedeutet aber Ann, wo ausdr Ablehng nach Treu u Glauben geboten war, RG **58**, 69, BGH **1**, 355 (vgl Einf 3 c, d vor § 116), so im allg bei einer nur wenig verspäteten AnnErkl, § 150 Anm 1, bei Angebot aGrd von Vorverhandlgen, bei denen über die wesentl VertrBedingen bereits Einigk erzielt worden war, BGH **LM** § 151 Nr 2, bei Angebot an Untern, für das Kontrahierzwang besteht, OGH NJW **50**, 24, uU bei Angebot im Rahmen laufder GeschBeziehgen, BGH **LM** § 157 (bb) Nr 4, nicht aber, wenn üblicherw ausdr Ann erfolgte, BGH **LM** § 148 Nr 2, od wenn es sich um ein außergewöhnl Gesch handelt, BGH **LM** HGB 346 (D) Nr 7. Vgl ferner § 516 II, 663, HGB **362** u Einf 3 d vor § 116. Über Zusendg unbest Ware vgl § 145 Anm 1 aE. Von der Ann dch bloßes Schweigen zu unterscheiden, ist die gem § 151 nicht empfangsbedürft Ann dch Betätigg des AnnWillens (vgl § 151 Anm 1) u die Ann dch sonst schlüss Verhalten. Sie liegt idR im Bewirken der im Antr vorgesehenen Leistg od sonst dem Antr entsprechden Handeln, vgl RG **129**, 113. Auch EntggNahme der gegnerischen Leistg kann Einverständn mit Angebot ausdrücken, vgl BGH NJW **63**, 1248, es kommt immer aber auf die Lage des Einzelfalles an. Entggnahme der Erstprämie ist beim VersVertr idR nicht als Ann zu werten, BGH NJW **76**, 289. VertrAntr an mehrere Personen vgl § 145 Anm 4.

2) Kaufmännisches Bestätiggsschreiben

Neueres Schrifttum: Canaris, Vertrauenshaftg im dtschen PrivR, 1971, 206 ff; Diederichsen JuS **66**, 129; Fabricius JuS **66**, 1, 50; Götz-Huhn, Das kaufm BestätSchr 1969; Haberkorn MDR **68**, 108; Kuchinke JZ **65**, 167; Schmidt-Salzer BB **71**, 591; Walchshöfer BB **75**, 719; Zunft NJW **59**, 276.

a) Allgemeines. aa) Es entspr kaufm Übg, einen formlos geschl Vertrag ggü dem and Teil schriftl zu bestätigen. Das bedeutet allerd nicht, daß der Vertr erst dch die Bestätigg zustande kommt; Wirksamk-Voraussetzg (§ 154 II) ist das BestätSchr nur, wenn die Part dies vereinb h, RG JW **24**, 405, BGH NJW **64**, 1270. Da sich das BestätSchr (jedenf idR) auf einen bereits wirks abgeschl Vertr bezieht, ist es, wenn es mit dessen Inhalt übereinstimmt, lediglich BewUrk, BGH NJW **64**, 1270, Diederichsen JuS **66**, 130. Das BestätSchr kann aber auch **rechtserzeugde Wirkg** h: Wenn der Empfänger das BestätSchr widerspruchslos hinnimmt, muß er dessen Inhalt gg sich gelten lassen; dch das **Schweigen** des Empf w der Vertr nach Maßg des BestätSchr geändert od ergänzt; war noch kein (wirks) Vertr geschl, entsteht ein VertrVerhältn mit dem aus dem BestätSchr ersichtl Inhalt, RG **54**, 176, BGH **7**, 189, **11**, 3, NJW **65**, 966, Betr **70**, 1777, stRspr, hM. Das unwidersprochene BestätSchr h die Vermutg der **Richtigkeit und Vollständigkeit** für sich, BGH NJW **64**, 1951, doch ist der Bew zul, daß sich die Part zusätzl auch über and Punkte einig waren, BGH NJW **64**, 589, BGH **67**, 381.

bb) Vom BestätSchr zu unterscheiden ist die sog **Auftragsbestätigg**. Währd das BestätSchr die Auffassg des Absenders über das Zustandekommen u den Inhalt eines bereits geschl Vertr wiedergibt, ist die sog AuftrBestätigg die schriftl Ann eines VertrAngebots u zwar idR eine modifizierte Ann iS des § 150 II. And als beim BestätSchr bedeutet das Schweigen auf eine AuftrBestätigg grdsätzl keine Zust, BGH **18**, 215, **61**, 285, Betr **77**, 1311, s § 150 Anm 2. Ob im Einzelfall ein BestätSchr od eine AuftrBestätigg vorliegt, ist Ausleggsfrage. Auf die Bezeichnung kommt es nicht an, BGH **LM** HGB 346 (Ea) Nr 12, wenn sie auch indizielle Bedeutg h kann. Entscheidd ist, ob das Schreiben nach der in seinem Inhalt zum Ausdr

Rechtsgeschäfte. 3. Titel: Vertrag   Einf v § 145, § 145

achtet. Es ging daher in Wahrh nur um das Problem, ob die Berufg auf den Formmangel mißbräuchl ist (Soergel-Lange Vorbem 113 vor § 145), vgl dazu § 125 Anm 6 D.

6) Allgemeine Geschäftsbedingungen: vgl AGB-Ges (hinten unter NebenGes).

145 *Bindung an den Antrag.* Wer einem anderen die Schließung eines Vertrags anträgt, ist an den Antrag gebunden, es sei denn, daß er die Gebundenheit ausgeschlossen hat.

1) Vertragsantrag ist eine einseitige, empfangsbedürftige WillErkl, vgl Übbl 3a vor § 104, die erst mit Zugehen (bis dahin Widerruf mögl) wirks wird, §§ 130 ff, aber für sich allein noch nicht RGesch ist, da sie nicht bestimmt ist, für sich allein Rechtswirkgen hervorzubringen. – Soweit keine Form erforderl (bei einseitigen Formerfordernis ist zu beachten, ob Antr od Ann formbedürftig), kann er wie jede WillErkl dch schlüss Handlg erfolgen. Er muß aber **so bestimmt** sein, daß seine bloße Bejahung (Annahme) **zur Einigung** über Inhalt und Ggst des Vertrages **genügt**; Bestimmbark dch Ausslegg nach §§ 133, 157 reicht aus. – Eine hins des Ggstandes nicht ausr bestimmb Erkl ist kein VertrAntr, RG HRR **30**, 91, vgl auch RG **170**, 400 (Erfordernisse eines Antrages, der auf Umstellg eines VersichergsVertr gerichtet ist). – Dem Antrage muß sich der **Wille der Bindung** entnehmen lassen; ob das zutrifft, ist Ausleggfrage, abweichender innerer Wille ist nur nach §§ 116 ff zu beachten; Folge verschuldeter Mißverständlich vgl § 155 Anm 3. Ist Form erforderl u das dem Anbietenden bekannt, fehlt bei formlosem Angebot der Bindgswille, vgl Einf 1 c vor § 116. Mangels genügender Bestimmth des Ggstandes od erkennb Bindgswillens sind öff Angebote in Zeitgen, Plakaten usw, Versendg von Preislisten, Ankündigg einer Theatervorstellg (RG **133**, 391) meist keine VertrAnträge, sond Aufforderngen zu deren Abgabe; sie können uU auch VertrAngebote an jedermann unter Vorbeh zwischenzeitlicher Veräußerg od Änderg wg veränderter Umst od Ablehng aus bes Gründen sein; Ausstellen von Waren mit Preisangabe im Schaufenster ist idR als Aufforderg zur Abgabe von Angeboten anzusehen, Staud-Coing Bem 2, Erm-Hefermehl Rdn 10, Enn-Nipperdey § 161 I 2 a, hM, aA 36. Aufl. Entspr gilt für die Auslage im SelbstbediengsGesch. Angebot ist die Vorlage der Ware an der Kasse, Annahme die Feststellg des RechngsBetr, vgl Dietrich Betr **72**, 957, Erm-Hefermehl Rdn 10. Die Mitteilg des Arb-Gebers an seine ArbNehmer, er wolle Altersversorgg gewähren, ist Angebot einer solchen unter den Voraussetzgen, die der ArbGeber noch festlegen will; Ann dch ArbNehmer stillschweigd (§ 151), BAG **AP** § 242 (Ruhegehalt) Nr 110. – Künd soll nach RG **143**, 126 nur dann Antr auf Abschl eines Aufhebgsvertrages sein, wenn der Kündigende sich bewußt war, daß einseitige Erkl den Vertr nicht aufhob, bedenkl, aA zB RAG SeuffA **90**, 67. – Über Zusendg von Losen als VertrAngebot vgl RG **59**, 296, BGH **LM** § 148 Nr 2. – Aufstellg eines **Automaten** ist meist als VertrAngebot an jeden, der die richtige Münze einwirft, zu werten (RGRK Anm 2, Staud-Coing Anm 3, hM). – Die Frage, ob bindender VertrAntr od nur Aufforderg zur Abgabe eines Angebots vorliegt, ist entscheid dafür, ob und ggf wann der Vertr zustande kommt; sie verliert aber viel von ihrer Bedeutg deswg, weil die in der irrigen Auffassg, eine Erkl sei bindender VertrAntr, erklärte Ann ähnl wie die verspätete Ann (§ 150 I) als selbstd Antr anzusehen und im Schweigen des Gegners, der den Irrt erkannte, eine stillschw Ann nach § 151 gesehen w kann. – VertrAntr ist auch **Zusendg unbestellter Waren.** Im Schweigen darauf liegt idR (anders oft unter Kaufleuten) keine Ann u zwar auch dann nicht, wenn der Zusendde erkl, der Vertr gelte bei Nichtablehng od Nichtrücksendg innerh best Fr als geschl, allgM. Selbst bei Beifügg von Rückporto keine Pfl zur Rücksendg. Haftg des Empf beschr sich entspr § 300 auf Vors u grobe Fahrlässigk, Soergel-Lange Rdn 54, hM.

2) Der VertrAntr ist **bindend** bis zum Erlöschen nach § 146, kann also nicht widerrufen werden. Aus der Bindg folgt ein ggseitiges Vertrauensverhältn mit SorgfPflichten u Einstehen für Versch von VertrAbschl-Gehilfen nach § 278, RG **107**, 242. Die Unterwerfg unter sofortige ZwVollstr gem ZPO 794 I Nr 5 im Antrag ist wirks, RG **132**, 8. – Nach dem letzten Halbs des § 145 ist der Antragende gebunden, **es sei denn, daß er die Gebundenheit ausgeschlossen** hat. Der Ausschluß der Bindg muß spätestens gleichzeitig mit dem Antr zugehen, da sonst die Bindg schon eingetreten und nicht mehr widerrufl ist. Er bewirkt, daß der Vertr nicht durch einf Ann seitens des Gegners zustande kommt, diese vielm als der wahre Antr zu werten ist und der (mindestens stillschweigenden) Ann bedarf; sehr str, anders RG JW **11**, 643, wonach der Vertr dch die Ann des Gegners zustande kommt, sofern der Antragende seinen Antr nicht vorher widerrufen hat; wie hier Staud-Coing Anm 15. Die prakt Bedeutg der Streitfrage ist gering, da der Ausschl der Bindg (zB dch den Zusatz: „freibleibend") meist dahin auszulegen ist, daß kein Antr, sond Aufforderg zur Abgabe eines Antrags gewollt ist, vgl RG **105**, 12, und da in solchen Fällen Schweigen auf den folgenden Antr idR als Ann nach § 151 zu werten sein wird, vgl Anm 1 aE und RG JW **26**, 2674. – Wer behauptet, daß ein echter Antr vorliegt, hat das zu **beweisen**; den Ausschl der Bindg, dh den Vorbeh des Widerrufs dh der Vorliegen eines echten Antrags, hätte zu beweisen, wer sich auf den Ausschl beruft. – Die Klauseln „Preise freibleibend", „Lieferungsmöglichkeit vorbehalten" und ähnl beschränkte Freiklauseln können auch dahin zu verstehen sein, daß der Abschl eines Vertrages, der diese Einschränkgen enthalten soll, fest angeboten wird (RG **103**, 415, BGH **1**, 354). Die Klausel „freibleibend" im Auftr wird aber iZw nicht zum Bestandteil des demnächst abgeschlossenen Vertrages, RG **102**, 228; vgl über diese Klauseln auch § 157 Anm 5.

3) Das dem GeschGegner erwachsende **Recht aus dem Vertragsantrag** ist ein GestaltgsR, RG **132**, 6, str, das bei vermrechtl Vertr grdsätzl vererbl u übertragb ist; maßg ist aber der Inhalt des Antrags, der oft (nicht immer!) dahin auszulegen sein wird, daß der VertrSchluß nur dem VertrGegner pers angetragen werden soll, vgl aber zB RG JW **11**, 752. Ist das Recht übertragb, so ist es auch pfändb, ZPO 851 I.

4) Ist ein **Antrag an mehrere** gerichtet, so ist es Ausleggfrage, ob Vertr mit jedem Annehmenden od nur mit Gesamth zustande kommen soll. Letzterenfalls kann Antr nur von allen angenommen w u alle müssen Annahmefrist wahren; lehnt einer ab, wird Antr hinfällig (Bindg entfällt), BGH **LM** Nr 10.

b) Im modernen **Massenverkehr** w vielf Leistgen der Daseinsvorsorge (Straßenbahnfahrten, Gas, Wasser, Elektrizität, Parkplätze usw) in Anspr genommen, ohne daß ausdr vertragl Abreden getroffen w, In diesen Fällen kann eine öffrechtl Leistgsbeziehg vorliegen, Jauernig NJW **72**, 1, Einf 4h vor § 305. Handelt es sich um eine privrechtl Beziehg, kommt das SchuldVerh **nicht** dch „**sozialtypisches Verhalten**" zustande (Ausdr von Larenz, Haupt sprach von „sozialer Leistgsverpflichtg"), sond dch WillErkl der Part. Wer eine Straßenbahn besteigt, schließt dch schlüss Verhalten eine entgeltl BefördergsVertr ab u zwar auch dann, wenn er den geheimen Vorbeh (§ 116 S 1) h, nicht zahlen zu wollen. Wer bei Inanspruchn eines gebührenpflicht Parkplatzes erkl, er wolle unentgeltl parken (BGH **21**, 319), ist auch dann zur Leistung des tarifmäßig Entgelts verpflichtet, wenn man mit der hM (oben a) an den Grds des BGB festhält u die Lehre vom fakt Vertr ablehnt: Der Parkplatzbenutzer muß die obj ErklBedeutg seines Verhaltens gg sich gelten lassen, sein Widerspr ist als *protestatio facto contraria* unerhebl, BGH NJW **65**, 387, Erm-Hefermehl Vorbem V 2 vor § 145, Enn-Nipperdey § 163 VII 3a, Esser § 14, 2, Siebert S 34, Staud-Weber Einl E 40 vor § 241 mwN; zumind ist aber ein WertErsAnspr aus § 812 gegeben, dem der vorsätzl handelnde Schu nicht entgghalten kann, e habe keine Aufwendgen erspart, BGH **55**, 128. Die Maßgeblichk der obj ErklBedeutg gilt ebso für den, der Strom od Fernwärme in Anspr nimmt, die Zahlg des tarifl Entgelts aber ablehnt (BGH **23**, 175, LG Ffm MDR **70**, 843, vgl aber LG Bln JZ **73**, 217), für den, der einen Taxenstandplatz mitbenutzt, sich aber nicht an den Kosten beteiligen will, BGH Betr **70**, 1686, nicht aber für den, der einen zunächst in Anspr genommenen Standplatz trotz Aufforderung räumt (Nürnb OLGZ **78**, 197). Daß die Part über die VertrBedinggen keine vollst Einigg erzielt h, steht der Bejah vertragl Beziehgen nicht entgg, etwaige Lücken sind gem §§ 315, 316 zu schließen, BGH **LM** § 315 Nr 12, ferner BGH **41**, 275, Stgt WuW **71**, 425. Bei Gesch des MassenVerk u der Daseinsvorsorge ist die Geltendmachg von Willensmängeln – entgg der Lehre vom fakt Vertr (oben a) – grdsätzl zul, allerd w der Berufg auf fehldes ErklBewußtsein u der IrrtAnf (§ 119) idR § 242 entggstehen, Staud-Weber Einl E 41 vor § 241, Soergel-Lange Vorbem 120 vor § 145, Erm-Hefermehl Vorbem V 3 vor § 145, Enn-Nipperdey § 163 VII 3b. Ebso sind die Schutz-Vorschr zG von GeschUnfäh u beschr GeschFäh zu beachten, Soergel-Lange Vorbem 122 vor § 145, Erm-Hefermehl Vorbem V 3 vor § 145, Esser § 23, 2; verfehlt LG Bremen NJW **66**, 2360, das Bildg von GewohnhR annimmt, u mj Schwarzfahrer zur Zahlg einer VertrStrafe verpflichtet, wie Medicus NJW **67**, 354, Konow Betr **67**, 1840, Metzger NJW **67**, 1740, Berg MDR **67**, 448. Auch zG des GeschUnfäh bedarf es nicht der Konstruktion eines fakt VertrVerh: Wird er bei Dchführg des unwirks Vertr verletzt, hat er Anspr aus c.i.c. (§ 276 Anm 6), die auf Seiten des Berecht keine GeschFgk voraussetzt, Canaris NJW **64**, 1988.

c) Fehlerhafte Dauerschuldverhältnisse (zum Begr des DauerSchuldVerh vgl Einl 5 vor § 241). **aa)** Bei einem vollzogenen **Gesellschaftsvertrag** können Nichtigk u AnfGrde grdsätzl nur mit Wirkg ex nunc geltd gemacht w, stRspr in allgM, grdlegd RG **165**, 193, BGH **3**, 285, vgl § 705 Anm 3d. Das gilt ebso für den Beitritt zu einer Genossensch, BGH Betr **76**, 861. Das RG hat den Gesellschtern die Berufg auf Nichtigk- u AnfGrde zunächst nur im Außenverhältnis (ggü Gläub) versagt u das mit dem Gedanken des Vertrauensschutzes („Erkl an die Öffentlichk", Erweiterg des RScheinsprinzips) begründet, RG **83**, 264, **142**, 102, **164**, 121. Später h das RG angenommen, daß die fehlerh (fakt) Gesellsch auch im Innenverhältnis nur ex nunc aufgeh w könne, RG **165**, 193. Dieser Rspr h sich der BGH angeschl, BGH **3**, 285, **8**, 166, **13**, 322, **26**, 334, **63**, 344 (argl Täuschg), MDR **69**, 642 (Ausscheiden eines Gesellschafters), NJW **71**, 375 (stille Gesellsch). Der BGH, der seit 1964 nicht mehr von fakt, sond von fehlerh Gesellsch spricht (**LM** HGB 105 Nr 19 mit Anm Fischer), h die Grds des RG aber weiterentwickelt: Voraussetzg für eine nicht als nichtig, sond als vernichtbr zu behandelnde Gesellsch ist, daß ein, wenn auch fehlerh, GesellschVertr vorliegt, BGH **11**, 190; handelt es sich um eine tatsächl Gemsch ohne jede VertrGrdlage, sind die §§ 741ff anzuwenden. Sow überwiegde Interessen der Allgemeinh od einzelner es erfordern, ist der fehlerh Gesellsch auch für die Vergangenh die Anerkenng zu versagen, BGH **3**, 288 (wie die grobe Sittenwidrigk, BGH **13**, 322, Verstoß gg gesetzl Verbote, BGH **55**, 9, NJW **74**, 1202, MjSchutz, BGH **17**, 160). Über das Verhältn dieser Rspr zur Lehre vom fakt Vertr vgl unten cc. **bb)** Bei einem vollzogenen **Arbeitsverhältnis** wirkt die Geltdmachg von Nichtigk- u AnfGrden idR ebenf nur für die Zukunft, BAG **5**, 65, **8**, 50, **12**, 104, **14**, 186, stRspr u hM, vgl Einf 4aaa vor § 611. Nur bei überwiegden Interessen der Allgemeinh od der VertrParteien ist der Vertr auch für die Vergangenh als nichtig zu behandeln, BAG **14**, 187, NJW **76**, 1959. Außerdem kann die Nichtigk od Anf einz ArbBedinggen rückwirkd geltd gemacht w, sofern ein im übr sinnvoller ArbVertr verbleibt, BAG NJW **70**, 1941. Die Grds über das fehlerh ArbVerh können im Rahmen ihres Schutzzwecks auch auf sonst DienstVertr angewandt w, BGH **53**, 158. **cc)** Die von der Rspr für das fehlerh Gesellsch- u ArbVerhältn herausgebildeten Grds bedeuten **keine Anerkenng der Lehre vom faktischen Vertrag**. Auch bei der fehlerh Gesellsch u beim fehlerh ArbVerh sind die, wenn auch fehlerh, WillErkl der Part Grdlage des VertrVerh, BGH **11**, 190. Es handelt sich nicht um die Anerkenng eines von der Willenseinigg der Part unabhäng VerpflGrdes, sond um eine Beschrkg der Nichtigk- u AnfFolgen, die an die RGedanken der AktG 275ff, GmbHG 75ff, EheG 16ff anknüpft, Soergel-Lange Vorbem 113 vor § 145, Erm-Hefermehl Vorbem 56 vor § 145, Soergel-Schultze-v Lasaulx § 705 Anm 91, 92, Fischer Anm zu **LM** HGB 105 Nr 19, auch Larenz SchuldR II § 56 VII, hM, str. Die bei allen vollzogenen DauerSchuldVerh bestehde erhöhte Bestandsfestigk (statt Rücktr Künd vgl Einl 5 b bb vor § 241) muß beim Gesellsch- u ArbVerhältn wg der hier gegebenen bes Umst (Schutz der Gesellschter u der Allgemeinh, Schutz der ArbN) dazu führen, daß ein nichtiger od anfechtb Vertr nur mit Wirkg für die Zukunft vernichtet w kann; vgl auch Sack RdA **75**, 171, der die ex-nunc-Wirkg der Nichtigk im ArbR aus dem Normzweck der die Nichtigk begrüdden Vorschr ableitet. **dd)** Auf **Miet- u Pachtverträge** sind dagg, auch nach Überlassg der Miet-(Pacht-)Sache die normalen Nichtigk- u AnfRegeln anzuwenden, KG MDR **67**, 404, LG Kassel ZMR **67**, 133, str.

d) Nach der Rspr des BGH kann uU ohne formgült Übergabe- od ErbVertr eine Verpfl zur **Hofübergabe** entstehen, BGH **12**, 286, **23**, 249. Auch diese – dch Änd von § 7 HöfeO inzw ggstdlose – Rspr enthielt (entgg BGH **23**, 249) keine Anerkenng der Lehre vom fakt Vertr (oben a). In den Hofübergabefällen hatten die Part (ausdr od dch schlüss Verhalten) einen Vertr abgeschl, jedoch nicht die gesetzl FormVorschr be-

Abschl des HauptVertr noch tatsächl od rechtl Hindern entggstehen. Zu prüfen ist aber stets, ob wirkl ein beiderseit Bindgswille zu bejahen ist, BGH WPM 73, 67, ferner ob nicht in Wahrh ein evtl bedingter, HauptVertr vorliegt, BGH NJW 62, 1812, WPM 73, 238, Brschw OLGZ 76, 74. An den notw Inhalt eines VorVertr können nicht die gleichen Anfordergen gestellt w wie an eine die Sache endgült regelnde Vereinbg, BGH DNotZ 63, 36, LM § 705 Nr 3, str. Ein wirks VorVertr setzt aber voraus, daß sich die Part über alle wesentl Punkte geeinigt h u der Inhalt des abzuschließenden HauptVertr zumindest bestimmb ist, RG 124, 83, BGH LM § 154 Nr 3 Bl 1 R, BB 68, 12; es muß eine soweit gehde Einigg erzielt worden sein, daß sich der Inhalt des HauptVertr im Streitfall unter Anwendg des ZPO 287 iW ergänzder Ausleggs ermitteln läßt, RG 156, 138, BGH LM § 705 Nr 3, WPM 76, 180. Der VorVertr ist hinsichtl seiner Anfechtbark ein selbstd RGesch, BGH WPM 73, 238. Er bedarf der **Form** des HauptVertr, wenn diese, wie idR, vor eiler eilten Bindg warnen soll, BGH **61**, 48, stRspr, für ihn gelten daher insb § 313 (RG **169**, 189), § 518, § 766 (BGH **LM** § 766 Nr 8 Bl 1 R), GWB 34 (BGH **NJW 75**, 1170), nicht dagg § 566, da Form hier nur Bew-Zwecken dient (RG **86**, 32, BGH **LM** § 566 Nr 1), ebsowenig TVG 1 II, da Form hier Unterrichtg der Normunterworfenen bezweckt (BAG **NJW 77**, 318). Bei gewillkürter Form ist es Ausleggsfrage, ob sie auch für den VorVertr gilt, BGH **NJW 58**, 1281, **BB 63**, 572. Der VorVertr verpflichtet die Part, ein Angebot auf Abschl des HauptVertr abzugeben u das Angebot des and Teils anzunehmen, BGH **JZ 58**, 245. Er kann aber auch so ausgestaltet w, daß nur der eine Teil gebunden w, der and dagg keine Pfl zum VertrSchl übernimmt, BGH **LM** § 433 Nr 16 Bl 4 (eins bindder VorVertr). Entspricht ein dem VorVertr entspr Angebot auf Abschl des HauptVertr, so erlischt seine Verpfl dch Erf, aA BGH **JZ 58**, 245, er muß dem and aber eine ausreichde Prüfzeit einräumen u kann zu Klarstellgen verpflichtet sein. Bei Weigerg kann der Berecht nicht ohne weiteres auf die nach dem HauptVertr geschuldete Leistg klagen, BGH **WPM 71**, 45; er muß die Klage vielm auf Abschl des HauptVertr richten, BGH **LM** ZPO 256 Nr 40, darf jedoch hiermit die Klage auf die geschuldete Leistg verbinden, Larenz SchuldR § 7 I, wohl auch BGH **NJW 75**, 443, dazu K. Schmidt JuS **76**, 709. Ausnahmsw kann er die geschuldete Leistg ohne gleichzeit Klage auf Abschl des HauptVertr fordern, BGH **NJW 72**, 1189 (AuflAnspr aus EigenheimbewerberVertr). Er kann aber auch unter den Voraussetzgen des § 326 SchadErs wg NichtErf verlangen, BGH **NJW 63**, 1247. Zur Anwendg der §§ 320 ff im einzelnen vgl Brüggemann JR **68**, 207. Bei VorVertr auf Begründg eines Dauerschuld Verh besteht bei Erschütterg der Vertrauensgrundlage RücktrR aus § 242, BGH **NJW 58**, 1531, vgl auch § 242 Anm 4 F.

c) Das **Optionsrecht** ist das Recht, dch eins Erkl einen Vertr, insb einen Kauf- od MietVertr, zustande zu bringen, Soergel-Lange Vorbem 49 vor § 145, Larenz SchuldR II § 40 IV 3 (gesetzl Bsp: WiederkaufsR §§ 497 ff). Es unterscheidet sich vom VorVertr dadch, daß es für den Berecht keinen schuldrechtl Anspr auf Abschl des HauptVertr, sond ein GestaltgsR begründet. Das OptionsR ergibt sich idR aus einem aufschieb bedingten Vertr, der dch die OptionsErkl unbedingt w. Bei dieser Gestaltg gelten etwaige FormVorschr (§ 313) nur für den bedingten VertrAbschl (die OptionsVereinbg), nicht dagg für die OptionsErkl, BGH **LM** § 433 Nr 16 Bl 3, **NJW 67**, 153. Von einem OptionsR spricht man aber auch dann, wenn ein Berecht ein langfristig binddes VertrAngebot gemacht worden ist, Soergel-Lange, Larenz aaO. In diesem Fall gelten etwaige FormVorschr nicht nur für das Angebot, sond auch für die OptionsErkl, BGH **LM** § 433 Nr 16 Bl 3. Ob die eine od and Art des OptionsR od ein eins bindder VorVertr (oben b) vorliegt, ist Ausleggsfrage, vgl BGH aaO. W als GgLeist für die übernommene Bindg ein sog Bindgsentgelt vereinb, erstreckt sich etwaige Formbedürftigk auch auf diese Abrede, § 313 Anm 2 d.

d) Von Einräumg einer sog **Vorhand** spricht man, wenn jemand sich verpflichtet, einen Ggst, bevor er ihn anderweit veräußert od vermietet, dem VorhandBerecht anzubieten, Larenz SchuldR II § 40 IV 2. Rechtl läßt sich die Vorhand nicht eindeut einordnen, Lorenz Festschr f Dölle I S 118. Vielf beschränken sich die Pflichten aus der Vorhand darauf, mit dem Berecht in Verhandlgen einzutreten u ihm etwaige Angebote mitzuteilen, RG HRR **33** Nr 913; diese schwächere Art der Vorhand ist auch bei Grdst nicht formbedürft, Hense DNotZ **51**, 124. Die Vorhand kann aber auch ein eins bindder aufschieb bedingter VorVertr sein (oben b), wobei die aufschiebde Bedingg (Potestativbedingg) der Wille des Verpflichteten ist, nunmehr zu verkaufen, Larenz aaO. Schließl ist denkb, daß die Vorhand als OptionsR (oben c) ausgestaltet ist, Soergel-Ballerstedt Vorbem 11 vor § 504. Was im Einzelfall gewollt ist, ist gem §§ 133, 157 zu ermitteln.

5) Sog faktische Vertragsverhältnisse: Schrifttum: Blomeyer MDR **57**, 153, Börner Festschr f Nipperdey I S 185, Esser AcP **157**, 86, Flume Festschr zum 43. DJT I S 183, Gudian JZ **67**, 303, Haupt, Über faktische Vertragsverhältnisse 1941, Kellmann NJW **71**, 265, Larenz NJW **56**, 1897, **58**, 862, DRiZ **58**, 245, Lehmann NJW **58**, 1, Nikisch Festschr f Dölle I S 79, Nipperdey MDR **57**, 129, Siebert, Faktische Vertragsverhältnisse 1958, Simitis, Die faktischen Vertragsverhältnisse 1957, Wieacker JZ **57**, 61 u Festschr f d OLG Celle S 263.

a) Nach einer v Haupt begründeten Lehre sollen VertrVerh auch ohne WillErkl der Part allein dch ein rein tatsächl Verhalten entstehen können, sog fakt VertrVerh. Diese Lehre h im Schrifttt teilw Zustimmg gefunden, so insb bei Larenz (einschränkd aber neuerdings Allg Teil § 28 II), Simitis, Nikisch, alle aaO. Auch der BGH ist ihr in einigen Entsch gefolgt, BGH **21**, 334 (Parkplatzfall), **23**, 261 (Hoferbenfall), BGH **23**, 175 (Stromversorggsfall). Die hM lehnt die Lehre vom fakt Vertr dagg ab, gg sie insb Soergel-Lange Vorbem 112 ff; Flume § 8, 2, ferner Blomeyer, Börner, Gudian, Kellmann, Lehmann, Siebert, Wieacker, alle aaO, ferner Staud-Weber Einl E 7 ff vor § 241. Dieser ablehnden Stellungnahme ist zuzustimmen. Die Lehre vom fakt Vertr ist mit den Grds des BGB, wonach Vertr dch WillErkl zustandekommen, unvereinb u läßt sich auch nicht als RFortbildg rechtf. Die von ihren Vertretern angeführten Fallgruppen (nachstehd b–d) können sachgerecht gelöst w, ohne daß der Grds eingeschränkt zu w braucht, daß zu einem VertrSchl übereinstimmde WillErkl der Part erforderl sind. Einschränkd BGH **NJW 65**, 387 (Omnibusbahnhofsfall), der offen läßt, ob an der Lehre vom fakt Vertr festgehalten w kann, ebso BGH **LM** Vorbem zu § 145 Nr 7 u 14, **LM** Allg Bedinggen der ElektrVersorggsUntern Nr 11, Betr **70**, 1686, WPM **76**, 928.

28) u einer RAnalogie zu den unter aa) aufgeführten Vorschr, str, vgl Larenz SchuldR § 4 I a. Vgl auch LG Münst NJW **78**, 1329, das aus GG 5 herleitet, der Besuch von Sportveranstaltgen dürfe Reportern nicht verwehrt w. Kein AbschlZwang für Lebensmittelhändler ohne Monopolstellg, Celle OLGZ **72**, 281. **cc)** Der AbschlZwang kann sich mittelb aus einer **Verpflichtg zum Schadensersatz** ergeben. Ist die Ablehng des VertrSchl eine vorsätzl sittenw Schädigg, besteht gem §§ 826, 249 AbschlZwang, RG **48**, 127, **133**, 392, stRspr, die aber idR Sachverhalte betrifft, die unter bb) fallen, vgl auch § 25 Anm 2 (Aufnahmezwang im VereinsR). Prakt wichtiger ist heute insow das **Kartellrecht**, insb seit der GWB-Novelle vom 3. 8. 73, vgl Möhring Betr **74**, 223. Verstößt die Ablehng des VertrSchl gg SchutzVorschr des GWB, ergibt sich aus GWB 35 iVm § 249 eine AbschlPfl, so bei Verletzg von GWB 25, 26 (BGH **49**, 98, Düss Betr **78**, 531) od GWB 27 (BGH **29**, 351). **dd)** Besteht AbschlZwang, ist bereits bloßes **Schweigen** auf ein Angebot als Ann zu werten, OHG **2**, 356, BGH **LM** § 284 Nr 1, vgl auch PflVersG 5 III. Der Zugang des Angebots reicht dagg zum Zustandekommen des Vertr noch nicht aus, Soergel-Lange Rdz 78 vor § 145. W der VertrSchl verweigert, kann der Berecht mit der Klage auf Ann seines Angebots die auf die vertragsmäß Leistg verbinden, Larenz SchuldR § 4 I c, vgl zu der ähnl Problematik beim VorVertr unten Einf 5 b aE. Er kann ferner in den unter aa) u bb) angeführten Fallgruppen SchadErs wg c.i.c. verlangen, BGH NJW **74**, 1904, Enn-Nipperdey § 162 Fußn 40; außerdem besteht idR SchadErsAnspr gem § 823 II od § 826, vgl BGH NJW **51**, 109. **ee)** Vom AbschlZwang zu unterscheiden ist der **diktierte Vertrag**. Er kommt, ohne daß es irgendwelcher WillErkl der Beteiligten bedarf, aufgrd gesetzl Ermächtigg dch Hoheitsakt zustande. Die meisten einschläg Ermächtiggen sind im Zuge des Abbaus der Zwangsbewirtschaftung beseitigt worden. Bsp für diktierte Vertr sind die ArbVerpfl gem ArbSichG 10 (nur im Verteidiggsfall u in Spanngszeiten zul), ZwangspachtVertr gem BBauG 97 II od gem Ges vom 28. 7. 69 (BGBl I 1013) § 4, ferner die Einweisg eines Eheg in den MietVertr nach HausratsVO 5. Der Hoheitsakt begründet in diesen Fällen ein priv RVerh, das in seinen Wirkgen (nicht in seiner Entstehg) einem VertrVerh gleichsteht, BGH **LM** § 284 Nr 1, Enn-Nipperdey § 162 Fußn 40.

c) Die **Freiheit inhaltl Gestaltg** w gleichf seit jeher dch die ROrdng eingeschr. Im Familien- u ErbR sind Vertr nur statth, sow das Ges sie zuläßt. Im SachenR können dch Vertr nur die Rechte begründet w, die die ROrdng vorsieht. Auch im SchuldR, dem eigentl Wirkgsbereich der VertrFreih, findet die Freih inhaltl Gestaltg ihre Grenze an den §§ 134, 138, den sonstigen vertragl zwingenden Rechts u an öffentl GenVorbeh (§ 275 Anm 9). Die tradierten Einschränkgen reichen aber nicht mehr aus, um die **Spanng zwischen Vertragsfreiheit u Vertragsgerechtigkeit** allein angemessen zu lösen. Der Vertr ist als Gestaltgsmittel der wirtschaftl u sozialen Verh uneingeschränkt geeignet, wenn sich wirtschaftl u intellektuell gleich Starke gstehen. Die beim Vertr typischerw gegebene **Richtigkeitsgewähr** (Schmidt-Rimpler AcP **147**, 130) ist dagg gefährdet, wenn der einen Part ein wirtschaftl u/od intellektuelles Übergewicht zukommt. GesGeber u Rspr sind aufgrd der Sozialstaatsklausel gehalten, dieser Gefährdg entggzuwirken u auch bei gestörter VertrParität ein ausr Maß an VertrGerechtigk sicherzustellen: hierzu bedarf es. – da eine allg gerichtl BilligKontrolle geschl Vertr mit dem Prinzip der VertrFreih u des RStaates unvereinb ist. – eines breit gefächerten Katalogs an gesetzl u richterrechtl Regelgen (vgl bereits oben a): **aa)** Im MietR, ArbR u im R der AbzahlgsGesch h der GesGeber zahlreiche **Schutzvorschriften** zugunsten der wirtschaftl Schwächeren geschaffen, vgl Einf 13 vor § 535, Einf 6 vor § 611, Einl 1 vor AbzG 1. Diese w dch Grds der Rspr ergänzt, die ihn herausgebildet h, vgl etwa die Beschränkg der ArbNHaftg, § 611 Anm 14 b; den EinwendgsDchgriff beim finanzierten AbzGesch, Anh zu § 6 AbzG. Auch das kollektive ArbR dient dazu, die Interessen der wirtschaftl schwächeren ArbN zu sichern. Das gilt insb für den TarifVertr, Einf 6 b vor § 611. Er ist der Hauptanwendgsfall des sog **Normenvertrages**, dh eines Vertr, in dem Normen vereinbart w, die für schuldrechtl EinzelVertr maßgebd sein sollen, vgl Hueck JherJb **73**, 33. **bb)** Das im GWB enthaltene, allerd dch viele Ausn eingeschränkte **Verbot wettbewerbsbeschränkder Verträge** h (ua) gleichf das Ziel, der Gefahr eines Mißbr der VertrFreih entggzuwirken. Es soll (ua) gewährleisten, daß der Abnehmer zw unterschiedl Angeboten von miteinand im Wettbewerb stehden Untern wählen kann. **cc)** Für **Allgemeine Geschäftsbedinggen** u FormularVertr h die Rspr im Wege richterl RFortbildg den Grds herausgebildet, daß formulargemäß Klauseln nur wirks sind, wenn sie angem sind u der Billigk entsprechen. Inzw hat der GesGeber den Schutz vor AGB dch das am 1. 4. 1977 in Kraft getretene AGBG (hinten unter NebenGes) ausgebaut u verbessert. **dd)** Es bleiben die Fälle, in denen ein nicht formularmäß abgeschl Vertr den Schwächeren eindeut benachteiligt, bes gesetzl SchutzVorschr aber fehlen. Hier muß auf die Generalklauseln (§§ 138, 242) zurückgegriffen w. Sie rechtf es zwar nicht, jede unbill vertragl Regelg dch eine angemessene zu ersetzen. In einer sozialstaatl Ordng ist § 138 aber anwendb, wenn ein VertrPartner sein wirtschaftl u intellektuelles Übergewicht dazu mißbraucht, um einen mit den grdlegden Anfordergen der VertrGerechtigk offenb in Widerspr stehden VertrInhalt festzulegen, vgl § 138 Anm 1 b.

4) Vorverhandlgen, Vorvertrag, Option, Vorhand.

Neueres Schrifttum: Brüggemann, Causa u Synallagma im Recht des VorVertr, JR **68**, 201; Lorenz, VorzugsR beim VertrSchl, Festschr f Dölle 1963 I S 103; Henrich, VorVertr, OptionsVertr, VorrechtsVertr 1965; Georgiades, OptionsVertr u OptionsR, Festschr f Larenz 1973, 409.

a) Dem VertrSchl gehen regelm **Vorverhandlgen** voraus. Sie sind idR nicht bindd, § 154 I, können aber für die Ausleg des späteren Vertr bedeuts sein, § 133 Anm 2. Währd der Verhandlgen bestehen noch keine VertrPflichten, wohl aber beiders SorgfPflichten aus einem **vertragsähnl Vertrauensverhältn**, deren Verletzg zur Haftg wg c.i.c. führen kann, vgl näher § 276 Anm 6, zum Einiggsmangel inf Versch einer Part vgl auch § 155 Anm 4.

b) Von den Vorverhandlgen zu unterscheiden ist der **Vorvertrag**. Der im Ges nicht ausdrückl geregelte VorVertr ist ein schuldrechtl Vertr, dch den die Verpfl zum späteren Abschl eines HauptVertr begründet w, BGH NJW **62**, 1812. Die Zulässigk des VorVertr ergibt sich aus dem Grds der VertrFreih, RG **66**, 120, allgM, er muß auf Abschl eines VerpflGesch gerichtet sein, BGH NJW **62**, 1812, kein VorVertr ist daher die Verpfl zu einer Vfg, RG **48**, 135. Der VorVertr bezweckt idR eine vorzeit Bindg der Part, wenn dem seit der Novelle vom 3. 8. 1973 – BGBl I S 917 – neben Abreden rgeschäftl Natur auch abgestimmtes Verhalten, vgl Ebel NJW **73**, 1665.) Nicht erforderl ist, daß der mit dem Vertr beabsichtigte rechtl Erfolg allein aufgrd der gemeins WillErkl eintritt. Oft müssen weitere TatbestdMerkmale hinzutreten, wie TatHdlgen (zB Überg bei FahrnÜbereign), Eintragen (zB bei RÄnderungen an Grdst) od behördl Gen. **cc)** Der Vertr setzt eine **Willenseinig** voraus, BGH NJW **71**, 521. Diese braucht zwar nicht sämtl RFolgen abschließd zu regeln; erforderl ist aber, daß der wesentl Inhalt des Vertr zumindest **bestimmbar** ist. Ein gült Vertr liegt nicht vor, wenn sich die Part über wesentl VertrBestandt (essentialia negotii, vgl Übbl 1 c vor § 104) – beim Kauf zB über Ware u Preis (RG **124**, 83) – nicht geeinig h u sich die Einig auch nicht aus den Umst entnehmen läßt. Es genügt jedoch, daß die Bestimmg – ausdr od stillschw – einer Part od einem Dr überlassen w, §§ 315 ff. Ausnahmsw kann ein wesentl Pkt auch späterer Einig vorbehalten bleiben, BGH BB **66**, 1412, RG Warn **14**, 325, § 154 Anm 1. Schließl kann der Gedanke der protestatio facto contraria trotz fehldr Einigg zur Bejahg eines VertrSchl führen, vgl unten Anm 5 b. Bei VertrLücken greifen die gesetzl Regeln u die Grds der ergänzdn VertrAusslegg (§ 157 Anm 2) ein.

b) Der **Vertragsschluß** vollzieht sich idR in der Form eines zeitl vorangehdn **Antrages** (§§ 145 ff) u seiner **Annahme** (§§ 146 ff). Der Vertr kommt aber auch dch zwei sich kreuzde, einand völl entspr Antr zustande, Neumayer Festschr Riese, 1964, S 309, str, vgl Soergel-Lange § 145 Rdz 23. **Ort des Vertragsschlusses** ist derjenige, in dem die AnnErkl wirks w, idR wo sie dem Antragden zugeht, im Fall des § 151 der Ort ihrer Abgabe, RG **62**, 381, vgl auch BGH NJW **58**, 751. **Zeitpunkt des Vertragsschlusses** ist gleichf derjenige des Wirksamwerdens der AnnErkl, idR also der Ztpkt ihres Zugehens, im Fall des § 151 der Ztpkt der Erkl, Soergel-Lange § 145 Rdz 55. Rückdatierg von RGesch vgl Schneider AcP **175**, 279.

2) Arten der Verträge
a) Im **Privatrecht** kommen Vertr in allen RGebieten vor. Im SchuldR, dem Hauptverbreitgsgebiet des Vertr, unterscheidet man zw einseit verpflichtdn Vertr (zB Schenkg, Bürgsch), unvollk zweiseit verpflichtdn Vertr (zB Leihe, Auftr) u vollk zweiseit verpflichtdn (ggs) Vertr (zB Kauf, Miete), vgl näher Einf 1 vor § 320. Neben diesen verpflichtdn Vertr stehen die vertragl VfgsGesch des SchuldR, wie Abtr, Erlaß u SchuldÜbern, vgl Übbl 3 d vor § 104. Unter den VertrBegr des BGB fallen weiter die Einiggn des SachenR (Begründg, Übertr, Änderg dingl Rechte), der Vertr des FamilienR (EheVertr, Adoption, Verlöbn, – für die Eheschließg gelten Sonderregelgn) u des ErbR (ErbVertr u Erbverzicht). Die §§ 104 ff u die §§ 145 ff gelten für alle VertrArten, die §§ 305 ff dagg grdsätzl nur für schuldrechtl Vertr, RG **66**, 99.

b) Auch im **öffentlichen Recht** können RVerh dch Vertr begründet, geändert od aufgeh w, vgl näher Einf 4 h vor § 305. Bei privatrechtl Vertr, die unmittelb der Erfüllg öff Aufg dienen, unterliegt die öff Hand den sich aus dem öffR ergebdn Bindgen, vgl § 242 Anm 1 d bb.

3) Vertragsfreiheit
a) Die **VertrFreih,** dh die Freih des einzelnen, seine LebensVerhältn dch Vertr eigenverantwortl zu gestalten, ist die Haupterscheingsform der **Privatautonomie,** Übbl 1 a vor § 104. Sie gehört zu den überkommenen grdlegdn Prinzipien unserer ROrdng. Sie läßt sich unterteilen in die AbschlFreih u die Freih der inhaltl Gestaltg, vgl unten b u c. Die VertrFreih ist als Teil des R auf freie Entfaltg der Persönlichk (GG 2 I) verfassgsrechtl gewährleistet, (BVerfG **8**, 328, BVerwG **1**, 323), unterliegt aber den Schranken der verfassgsmäß Ordng, BVerfG **12**, 347, BAG **4**, 280, Schmidt-Salzer NJW **70**, 8, **71**, 5, 173. Ihre überkommenen **Einschränken** bestehen daher fort; außerdem hat die neuere REntwicklg weitere Einschränken hervorgebracht. Von Ausn abgesehen (vgl § 134 Anm 1d) stellen die GrdRArtikel u die sonstigen Normen des GG zwar keine unmittelb wirkdn Schranken der VertrFreih dar, weil sie nach ihrer geschichtl Entwicklg, ihrem Inhalt u Zweck die Verh zw öffentl Gewalt betreffen; sie wirken aber über die Generalklauseln (§§ 138, 242, 826) in das PrivR ein (sog Theorie mittelb Drittwirkg, vgl § 242 Anm 1d). Das gilt auch für die **Sozialstaatsklausel** (GG 20, 28), BVerfG **8**, 329. Sie verpflichtet GesGeber u Rspr, Mißbräuchen der VertrFreih entgegzuwirken. Mit der Anerkenng der VertrFreih ist zwar eine allg gerichtl Billigk-Kontrolle des VertrInhalts unvereinb. Eine sozialstaatl ROrdng kann aber nicht an der Erscheing vorübergehen, daß vielf ein wirtschaftl u (od) intellektuell stärkerer die VertrBedingen aufzwingt u daß die VertrFreih ein Instrument gesellschaftl Machtausübg sein kann. Sie muß Kriterien u Verf entwickeln, um **Vertragsgerechtigkeit** auch dann zu gewährleisten, wenn die VertrFreih im materiellen Sinne allein von der einen Part in Anspr gen w, vgl unten c.

b) Die **Abschlußfreiheit** w dch die ROrdng beschr. In best Fällen besteht die Pfl, mit einem und den von diesem gewünschten Vertr abzuschließen, sofern nicht wicht Grde eine Ablehng rechtf, **Abschlußzwang** („Kontrahierzwang"). **aa)** Die AbschlPfl ist zT ausdrückl **gesetzlich** festgelegt, so für die Bundesbahn, HGB 453, EVO 3; Bundespost, PostG 8; Gas- u Elektrizitätswerke, EnergiewirtschG 6 (vgl Schwaiger WuW **68**, 423); PersBeförderngsUntern, PersBefG 22; GüterlinienVerk, GüKG 90; KfzHaftPflVersicherer, PflVersG 5 (vgl BGH NJW **73**, 751); vgl ferner BRAO 48, 49, SchwBG 3 ff; 2. WoBauG 56, PatG 15, Milch- u FettG 1 (vgl BGH **41**, 273). Währd der Zwangsbewirtschaftg bestand idR AbschlPfl ggü den Inhabern von Bezugsscheinen, Lebensmittelkarten usw, vgl OGH **2**, 352, BGH NJW **51**, 109. **bb)** Eine AbschlPfl obliegt ferner den Inhabern von **Monopolstellgn,** sow sie die Allgemeinh mit lebenswicht Gütern versorgen, RG **132**, 276, **148**, 334, Larenz SchuldR § 4 Ia, Staud-Coing Rdz 9 vor § 145. Bei einer Monopolstellg besteht daher AbschlPfl: für kommunale VersorggsBetr (RG **132**, 276, **148**, 334, vgl jetzt EnergiewirtschG 6), Krankenhäuser (Weimar JR **75**, 145), wohl auch für Theater (str, aA RG **133**, 388, wie hier Enn-Nipperdey § 162 Fußn 41 mwN), für Museen u öff Bibliotheken, für PresseUntern, sow es sich um die Veröffentlichg von polit Anz od sonst HinwAnz handelt u keine wicht Grde entgegstehen, Schlesw NJW **77**, 1886, LG Brschw NJW **75**, 782/1419 (Anm Jauernig), sehr str, einschränkd Karlsr NJW **76**, 1209 mAv Schulte, Schwarze DVBl **76**, 557 vgl auch BVerfG NJW **76**, 1627; uU auch für Flughafen (BGH **LM** Vorbem zu § 145 Nr 13) u für Theaterbesuchervereine (LG Bln NJW **62**, 207). Hier bedarf es keiner Anwendg der §§ 826, 249 (vgl unten cc); die AbschlPfl ergibt sich aus allg RGrds (Sozialstaatsklausel GG 20, der sachl Beteiligte, **III. – c) bei nichtempfangsbedürftigem** RGesch derjenige, der daraus unmittelbar Vorteil zog, zB bei Eigtumsaufgabe der Aneignende; bei amtsempfangsbedürftiger Erkl (vgl § 130 Anm 5) wahlw daneben die Beh, der die Erkl abzugeben war, **IV**; ob diese den Interessenten benachrichtigt (**IV 2** Halbs 2), hat auf die Wirksamk der Anf keinen Einfluß. – **d) bei Prozeßhandlungen**, sofern man sie entgg der hM für anfechtb hält (vgl Übbl 5 vor § 104), ist AnfGegner nur das Gericht, weil die ProzßHdlg ebenf ihm ggü erklärt w mußte, Düss SJZ **48**, 459. – Ggü unbekanntem AnfGegner kann die AnfErkl öff zugestellt werden, § 132 II.

144 *Bestätigung des anfechtbaren Rechtsgeschäfts.* ^I Die Anfechtung ist ausgeschlossen, wenn das anfechtbare Rechtsgeschäft von dem Anfechtungsberechtigten bestätigt wird.

^{II} **Die Bestätigung bedarf nicht der für das Rechtsgeschäft bestimmten Form.**

1) Allgemeines. Begriff der **Bestätigung** vgl § 141 Anm 1. Das anfechtb RGesch ist zunächst wirks und bleibt es bis zur Anf. Daher ist eine Bestätigg hier (im Ggsatz zu § 141!) inhaltl nur Verzicht auf AnfR, RG **68**, 400. Sie ist formfreie, **II**, nicht empfangsbedürftige WillErkl, RG **68**, 399, kann daher in schlüss Hdlgen bestehen (RG **104**, 3) und muß nur Willen erkennen lassen, bei dem Gesch stehenzubleiben, RG SeuffA **86**, 22; stillschweigde Erkl des Bestätiggswillens läßt sich aber nur bei Eindeutigk annehmen, BGH NJW **67**, 720, NJW **71**, 1795. Erforderl ist Kenntnis der Anfechtbark od mindestens das Bewußtsein, daß das RGesch fehlerh sein könnte, RG **128**, 119, im Falle der Drohg außerdem Wegfall der Zwangslage, OGH SJZ **49**, 470, BAG **AP** § 123 Nr 16. – **Folge** der Bestätigg ist Wegfall des AnfR u damit Vollwirksamk des RGeschäfts, soweit Bestätigg reicht; Bestätigg in Kenntnis eines Irrtums schließt Anf wg damals nicht erkannter Täuschg nicht aus, RG JW **38**, 2202. Sonstige Rechte bleiben bestehen, zB bei Täuschg ein etwaiger SchadErsAnspr aus § 826, RG JW **11**, 398. Bestätigg nach erfolgter Anf fällt unter § 141, RG **148**, 238.

2) Einzelfälle: Bestätigg ist zu sehen in Vfg über VertrGgst RG JW **11**, 359; nicht aber, wenn diese wirtschaftl erforderl war, JW **10**. 574: in freiwilliger Erf, RG JW **05**, 76; Bestätigg kann auch in Geltendmachg bloßer SchadErsAnsprüche trotz Kenntnis der Anfechtbark wg Täuschg liegen, RG **65**, 403. Es kommt aber auf den Einzelfall an, in der Ann des Verzichtwillens ist Vorsicht geboten, RG **104**, 3, BGH NJW **58**, 177, NJW **71**, 1795. **Beweislast** trägt in vollem Umfange, wer AnfR verneint; auch für Kenntnis der Anfechtbark; doch ist dafür idR Beweis der Kenntnis der AnfTatsachen genügend, RG **68**, 401.

Dritter Titel. Vertrag

Einführung

Übersicht

1) **Vertrag**
 a) Begriff
 b) Vertragsschluß, Ort und Zeit des Vertragsschlusses
2) **Arten der Verträge**
 a) Privatrecht
 b) Öffentliches Recht
3) **Vertragsfreiheit**
 a) Allgemeines
 b) Grenzen der Abschlußfreiheit (Abschlußzwang)
 c) Grenzen der Freiheit inhaltlicher Gestaltung
4) **Vorverhandlungen, Vorvertrag, Option, Vorhand**
 a) Vorverhandlungen
 b) Vorvertrag
 c) Option
 d) Vorhand
5) **Faktische Vertragsverhältnisse**
 a) Allgemeines
 b) Sozialtypisches Verhalten
 c) Fehlerhafte Dauerschuldverhältnisse
 d) Hofübergabeverträge
6) **Allgemeine Geschäftsbedingungen**

Aus dem **Schrifttum**: Flume, RGesch u Privatautonomie, DJT-Festschr, 1960, I 135 ff; Merz, Privatautonomie heute, 1970; Raiser, VertrFreih heute, JZ **58**, 1; derselbe, VertrFunktion u VertrFreih, DJT-Festschr, 1960, I 101 ff; Schmidt-Rimpler, Grdfragen einer Erneuerg des VertrR, AcP **147**, 130 ff; Schmidt-Salzer, NJW **70**, 8, **71**, 5, 173; Wolf, RGeschäftl EntscheidgsFreih u vertragl Interessenausgleich, 1970; Zöllner AcP **176**, 221; vgl ferner die Hinw vor Anm 4 u 5.

1) Vertrag

a) Begriff: Vertr ist die von zwei od mehr Pers erklärte **Willensübereinstimmung** über die Herbeiführg eines best **rechtlichen Erfolges**. Er gehört zu den mehrseit RGesch (Übbl 3a vor § 104) u setzt (mindestens) zwei zusammenstimmende WillErkl versch RSubjekte voraus. **aa)** Der Vertr ist die **Haupterscheinungsform des Rechtsgeschäfts**. Das unserer ROrdng zugrde liegde Prinzip der Privatautonomie überläßt es dem einzelnen, seine Lebensverhältnisse im Rahmen des Rechts eigenverantwortl zu gestalten (vgl Übbl 1 a vor § 104). Das wichtigste Mittel hierzu ist der Vertr; in ihm legen die Part gemeins fest, was zw ihnen rechtens sein soll. Die überragde Bedeutg, die der Vertr für den RVerk u das System des PrivR hat, kommt im Aufbau des BGB nur unvollkommen zum Ausdr. Das Ges behandelt den Vertr als einen Sonderfall der im 3. Abschn geregelten RGesch u ordnet in den §§ 145 ff im wesentl nur den VertrSchl. Inhalt u Wirkg der Vertr w dch die Normen für die einz VertrArten (zB §§ 305 ff, 320 ff) u Typen (zB §§ 433 ff) best. **bb)** Der Vertr muß auf die Herbeiführg eines best **rechtlichen Erfolges** gerichtet sein. Erforderl ist daher ein RFolgewille (Bindgswille), Einf 1 c vor § 116. Abreden, die ausschließl auf einen außerrechtl GeltgsGrd, wie Anstand, Ehre od Sitte abgestellt sind, sind keine Vertr im RSinn. Die Abgrenzg im Einzelfall ist, insb bei Gefälligk u „gentlemen's agreement" schwier, vgl näher Einf 2 vor § 241. (Das GWB erfaßt

Rechtsgeschäfte. 2. Titel: Willenserklärung §§ 142, 143

schäfts wahren u wirkt nicht zurück, vgl bei § 141. Die Anf schließt Ansprüche aus dem Vertr aus; daher ist, wenn Anf u Wandlg nebeneinander erkl sind, zunächst die Anf zu prüfen, vgl RG **74**, 1. – Anf des **Grundgeschäfts** berührt die Wirksamk des **Vollzugsgeschäfts** an sich nicht; Nichtigk des letzteren tritt aber ein, wenn es ebenf anfechtb ist (die AnfErkl, § 143, wird es stets mitbetreffen), wenn es mit dem angefochtenen ein einheitl RGesch gem § 139 bildet od wenn sein Wirksamk nach dem Parteiwillen von derjenigen des Grdgeschäfts abhängt; vgl Übbl 3 f vor § 104 und § 139. Nur in diesen Fällen können beide VertrParteien ihre Leistgen, soweit sie beim Gegner noch vorhanden sind, mit der EigtKlage herausverlangen. Sonst bestehen Bereichergsansprüche, § 812, str. Unmöglichk der Rückgewähr schließt die Anf grdsätzl nicht aus, RG **59**, 93, BGH **57**, 137 (§ 351 nicht entspr anwendb; vgl § 123 Anm 5). Der Anspr auf Rückgewähr des § 812 verwandelt sich in den WertersatzAnspr des § 818 II; Veräußerg des Empfangenen kann aber Bestätigg, § 144, darstellen. – Ein SchadErsAnspr folgt aus der Anf nur im Falle des § 122; bei Anf wg Täuschg od Drohg wird oft § 826 gg den AnfGegner gegeben sein.

3) Die mit **rückwirkender Kraft eintretende Nichtigkeit** führt auch bei Vfgsgeschäften dahin, daß der Rechtserwerb als von Anfang an nichtig gilt. Hat der Erwerber inzw an einen Dritten weiterveräußert, so stellt sich sein Veräußerg nunmehr als die eines Nichtberechtigten dar, die bei Fdgen u den Rechten des § 413 stets wirkgslos, in anderen Fällen nur bei gutem Glauben des Erwerbers wirks ist. Hierzu bestimmt II, daß die Kenntn od fahrl Unkenntn von der Anfechtbark der Kenntn od fahrl Unkenntnis von der Nichtigk des Geschäfts gleichsteht. In Betr kommen insb §§ 892, 893, 932, 936f, 1007, 1032, 1138, 1155, 1207f, 1244. Hinterlegg von Geld, dessen Erwerb dch Anf nichtig wurde, vgl BGH NJW **52**, 782. Anfechtg der Zustimmg zum Verlöbn beseitigt rechtswirks gewordenes Verlöbn nicht, LG Saarbr NJW **70**, 327.

143 *Anfechtungserklärung.* **I** Die Anfechtung erfolgt durch Erklärung gegenüber dem Anfechtungsgegner.

II Anfechtungsgegner ist bei einem Vertrage der andere Teil, im Falle des § 123 Abs. 2 Satz 2 derjenige, welcher aus dem Vertrag unmittelbar ein Recht erworben hat.

III Bei einem einseitigen Rechtsgeschäft, das einem anderen gegenüber vorzunehmen war, ist der andere der Anfechtungsgegner. Das gleiche gilt bei einem Rechtsgeschäfte, das einem anderen oder einer Behörde gegenüber vorzunehmen war, auch dann, wenn das Rechtsgeschäft der Behörde gegenüber vorgenommen worden ist.

IV Bei einem einseitigen Rechtsgeschäft anderer Art ist Anfechtungsgegner jeder, der auf Grund des Rechtsgeschäfts unmittelbar einen rechtlichen Vorteil erlangt hat. Die Anfechtung kann jedoch, wenn die Willenserklärung einer Behörde gegenüber abzugeben war, durch Erklärung gegenüber der Behörde erfolgen; die Behörde soll die Anfechtung demjenigen mitteilen, welcher durch das Rechtsgeschäft unmittelbar betroffen worden ist.

1) Allgemeines vgl § 142 Anm 1. Die **AnfechtgsErkl** ist formfreie, **empfangsbedürftige** (vgl Übbl 3a vor § 104) WillErkl, die das angefochtene Gesch, seine Anfechtbark u die Rechtzeitigk der Anf vorausgesetzt, mit ihrem Zugehen an den AnfGegner rückw vernichtet. Sie ist unwiderrufl, vgl § 142 Anm 2. Die AnfFristen sind je nach den AnfGründen verschieden, vgl §§ 121, 124, 318, 2082, 2283. Die AnfErkl kann, da sie die Rechtslage endgültig klären soll, nicht von einer (echten) Bedingg (§ 158) abhängig gemacht werden, RG **66**, 153. Zur TeilAnf vgl § 142 Anm 1. – Sondervorschriften über den Vollzug der Anf vgl §§ 1955, 2081, 2282, 2308.

2) Als **Anfechtungserklärg** ist jede WillÄußerg anzusehen, die unzweideutig erkennen läßt, daß das Gesch wg eines Willensmangels beseitigt w soll, vgl RG **158**, 168, BGH Betr **71**, 2302, Köln FamRZ **72**, 575. Rückfdg des Geleisteten, Bestreiten der Verpflichtg kann genügen, KG Betr **72**, 768; im Proz genügt sie aber zur IrrtAnf meist nicht, weil nicht eindeut, BGH MDR **55**, 25. Auch StrafAnz ist keine AnfErkl, BGH Betr **75**, 2075. Wenn sich VertrPartei gg die Fassg des Vertr wendet u Erf gemäß der von ihm gewünschten Sinn fordert, ist das Wunsch nach Berichtigg od Änd, aber keine Anf, BGH BB **65**, 305. AnfErkl muß den AnfGrd erkennen lassen, es sei denn, daß den Umst nach unzweifelh ist, worauf Anf gestützt w, Soergel-Hefermehl Anm 2, Flume § 31, 2, Lessmann JuS **70**, 505, aA RG **65**, 86. Nach FrAblauf kann Anf nicht auf and Grd gestützt w, BGH NJW **66**, 39. Die Erkl des Rücktr gem § 326 ist meist keine Anf, da sie das Bestehen des Vertrages voraussetzt, ihn nicht rückw beseitigen will, RG **158**, 168. – „Vorsorgliche" Anf im Proz ist wirks; sie ist unbedingte Anf für den Fall (Rechtsbedingg), daß sich die primär vorgetragene Rechtsauffassg (meist Auslegg der Erkl) als irrig erweisen sollte, BGH NJW **68**, 2099. – Verhältn der Anfechtgen wg Irrt und wg Täuschg zueinander vgl § 123 Anm 1b.

3) Anfechtungsberechtigt ist grdsätzl nur der, in dessen Pers ein AnfGrd besteht. Das gilt auch bei Mehrh von Geschäftsbeteiligten, RG **65**, 404; wie die Anf eines von mehreren Beteiligten wirkt, regelt § 139. – Ausnahmen von diesen Grdsatz einerseits § 2080, andererseits § 318. – Nicht dch AnfR, aber anders geschützt sind Bürgen und Eigtümer der Pfandsache, §§ 770, 1137, 1211. Abgabe der AnfErkl dch (und gegenüber) Prozeßbevollmächtigten ist zul, RG **57**, 362. Übertr des AnfRechts vgl Übbl 4 d vor § 104.

4) Anfechtungsgegner, dem die AnfErkl abzugeben ist, ist **a)** bei **Vertrag** der VertrGegner (od sein Gesamtnachfolger) beim GesellschVertr alle Gter, BGH **LM** § 182 Nr 9. Auch beim Vertr zGDr ist die Anf idR ggü dem VertrPartner zu erkl, BGH **LM** PatG 9. Nur im Falle arglistiger Täuschg, die einem Dritten unmittelbar Vorteil brachte, ist Dritter AnfGegner, II; das gilt auch, wenn dessen VertrRechte inzw einem anderen abgetreten sind, RG **86**, 310, HRR **29**, 796, eine nicht unbedenkl Regelg; die Anf wirkt dann auch ggü dem AbtretgsEmpf. Anf einer Schuldübernahme gemäß § 415 vgl BGH **31**, 325 u Hirsch JR **60**, 295. – **b)** bei **einseitigem, empfangsbedürftigem** RGesch (vgl Übbl 3a vor § 104) der ErklEmpf; wo die Erkl wahlw auch einer Beh ggü erfolgen konnte (vgl § 130 Anm 5) und ihr ggü erfolgt ist, aber nicht diese, sond

§§ 141, 142

141 *Bestätigung des nichtigen Rechtsgeschäfts.* I Wird ein nichtiges Rechtsgeschäft von demjenigen, welcher es vorgenommen hat, bestätigt, so ist die Bestätigung als erneute Vornahme zu beurteilen.

II Wird ein nichtiger Vertrag von den Parteien bestätigt, so sind diese im Zweifel verpflichtet, einander zu gewähren, was sie haben würden, wenn der Vertrag von Anfang an gültig gewesen wäre.

1) Als **Bestätigg** bezeichnet das BGB die WillErkl, durch welche jemand sein eigenes, bisher fehlerh RGesch als gültig anerkennt; den Ggsatz bildet **Genehmigung**, vgl § 184, die idR ein Dritter zu einem schwebend unwirks RGesch erteilt. § 141 gilt auch für ein nach § 142 dch Anf nichtig gewordenes RGesch. – Eine Bestätigg setzt Bestätiggswillen und daher Kenntn von der Fehlerhaftigk des zu Bestätigenden od wenigstens das Bewußtsein voraus, daß es fehlerh sein könnte, RG **138**, 56, BGH **11**, 60, BAG Betr **76**, 970. Fehlt dieses Bewußtsein, ist Festhalten am Vertr keine Bestätigg, sond ein selbstverständl Verhalten ohne rechtsgeschäftl Bedeutg. Nicht erforderl aber, daß der von der GgPartei geltd gemachte NichtigkGrd anerkannt worden ist, BGH WPM **77**, 389. Es genügt, daß beide Part nach Erörterg über eine evtl Nichtigk am Vertr festhalten, BGH aaO. – § 141 besagt, daß bei Nichtigk eines Gesch eine eigentl Bestätigg nicht in Frage kommt, sond daß es neu vorgen w muß; der Grd hierfür liegt in der Erwägg, daß dem nichtigen Gesch rechtsgeschäftl Wirkgen überh nicht zukommen und es daher nachträgl nicht geheilt w kann. Das ist logisch folgericht, aber nicht unbedingt zweckm. – Von der Bestätigg zu unterscheiden ist die bloße Ergänzg eines unvollst beurk Vertr, RG JW **29**, 575. Die in §§ 313, 518 usw vorgesehene **Heilung** dch Erf ähnelt der Bestätigg, vgl RG **75**, 115; II ist daher idR darauf entspr anwendb, vgl darüber RG **115**, 11, BGH **32**, 13.

2) Da die Bestätigg als Neuvornahme zu werten ist, **I**, ist zu ihrer **Wirksamkeit** notw, daß sie sämtl Erfordernissen des zu bestätigenden Geschäfts entspricht, den früheren NichtigkGrd aber vermeidet. Ein wg Verstoß gg gesetzl Verbot od wg Unsittlichk nichtiges RGesch kann daher idR nicht wirks bestätigt werden, da die Bestätigg das VerbotsG od die Unsittlichk nicht beseitigen kann; es wird auch durch Erf nicht wirks, RG LZ **22**, 158. Anders im Falle der Aufhebg des Verbotsgesetzes od des Wegfalls der Gründe der Unsittlichk bis zur Bestätigg; aber auch dann w das RGesch nicht von selbst wirks, es bedarf stets der Bestätigg (Neuvornahme), vgl RG **138**, 52, vgl den Fall BGH **11**, 60. – Die Bestätigg muß auch die **Form des zu bestätigenden Geschäfts** in jeder Beziehg wahren, es sei denn, daß die Formbedürftigk nachträgl entfallen, BGH NJW **73**, 1367 (Verz auf ZugewinnAusgl); Bestätigung eines formbedürft Gesch dch schlüss Handeln ist also grdsätzl nicht mögl; für formfreie Gesch genügt dagg jedes Verhalten, aus dem sich Bestätiggswille ergibt, RG **125**, 7, BGH **11**, 60, BGH Betr **68**, 479 (für angefochtenes RGesch). Der zu bestätigde Vertr braucht in seinen Einzelh nicht noch einmal erklärt zu w; es genügt, daß sich die Part in Kenntn aller Umst auf den Boden des Vertr stellen, BGH Betr **68**, 479. Als Bestätigg kann eine ErfHdlg genügen. Dagg ist Weitergebrauch bis zur Beschaffg eines ErsStückes uU keine Bestätigg, BGH NJW **71**, 1795. Bezugnahme auf frühere VertrUrk genügt nur, wenn damit die FormVorschr gewahrt w, vgl RG Gruch **71**, 387.

3) Als Neuvornahme kommt der Bestätigg **keine rückwirkende Kraft** zu; das RGesch gilt erst vom Augenblick der Bestätigg an, RG **75**, 115. – Das gilt auch für Verträge; da aber anzunehmen ist, daß die Parteien, wenn sie einen nichtigen Vertr bestätigen, möglichst denjenigen Erfolg erzielen wollen, wie er im Falle seiner Gültigk von Anfang an eingetreten wäre, bestimmt **II**, daß die Parteien sich untereinander im Zweifel so stellen müssen, wie sie in diesem Falle gestanden hätten. Ggü Dritten ist jede Rückwirkg ausgeschl.

142 *Wirkung der Anfechtung.* I Wird ein anfechtbares Rechtsgeschäft angefochten, so ist es als von Anfang an nichtig anzusehen.

II Wer die Anfechtbarkeit kannte oder kennen mußte, wird, wenn die Anfechtung erfolgt, so behandelt, wie wenn er die Nichtigkeit des Rechtsgeschäfts gekannt hätte oder hätte kennen müssen.

1) Vorbemerkgn zu §§ 142–144. Begriff u Fälle der Anfechtbark vgl Übbl 4 d vor § 104. Anf ist auch bei nichtigem RGesch zul, vgl Übbl 4 d vor § 104. Verjährg eines von Anf abhängigen Anspr vgl § 200. – Anf eines Teils eines RGesch ist nur mögl, wenn dieser selbstd ist und der Rest unberührt bestehenbleiben kann, RG **146**, 236, BGH LM HGB 119 Nr 10; auch hier vernichtet Anf das ganze Gesch, wenn nicht der AusnFall des § 139 vorliegt, vgl § 139 Anm 2, 3. – Über den Kreis der anfechtb Gesch vgl die einz AnfGründe. – Tathdlgen u die aus ihnen erwachsenen RVerhältn sind nicht anfechtb, sond in ihren Folgen höchstens für die Zukunft zu beseitigen. Auch beim Arb- u GesellschVerh wirkt die Anf grdsl nur ex nunc (vgl Einf 5 c vor § 145).

2) Das (wirksam) angefochtene RGesch ist als **von Anfang an nichtig** anzusehen. Die Anf hat rückw Kraft; diese Nichtigk wirkt auch **für und gegen Dritte,** zB gg den Mäkler, der den Anspr auf Mäklerlohn verliert, wenn der vermittelte Vertr angefochten ist, RG **76**, 355, gg den Zessionar einer Fdg, deren Erwerb dch den Zedenten angefochten ist, gg den Provisionsvertreter. Aber keine Rechtskr gg die Nichtigk zw den VertrParteien aussprechenden Urteils gg Dritte, RG **80**, 322. Mit dem Gesch werden auch die **akzessorischen Rechte,** wie PfandR, Bürgsch, VertrStrafenversprechen rückw hinfällig. – **Vor erklärter Anfechtung** besteht das Gesch für u gg jedermann; jedoch steht dem Bürgen u dem Eigtümer einer mit Grdpfand- od FahrnispfandR belasteten Sache vor erklärter Anf bis zum Ablauf der AnfFrist ein LeistgsverweigersgsR zu, §§ 770, 1137, 1211. Die **Nichtigkeit** inf Anf ist **endgültig;** Rücknahme der Anf ist daher nicht mögl, RG **74**, 3. Eine spätere Bestätigg fällt unter § 141, muß also die Formen usw des RGe-

(unterlassene Anz bei FdgsVerpfändg), BGH WPM **70**, 1023 (nicht ausgefüllter Blankowechsel). Nach der in dieser Allgemeinh bedenkl Entsch RG **123**, 28 soll § 140 niemals auf Geschäfte anwendb sein, die deshalb unwirks sind, weil sie von Nichtberecht vorgen wurden. – Nicht hierher gehört das ScheinGesch mit etwaigem verdeckten Gesch, vgl § 117. – Mögl ist auch Umdeutg eines nichtigen in ein and weniger fehlerh RGesch, eines nichtigen in ein anfechtb, eines unheilb in ein heilb nichtiges, RG **129**, 122. – Für die Umdeutg von VerwAkten gilt nunmehr VwVfG 47, dem der gleiche RGedanke zGrde liegt wie dem § 140. – Im GrdBuchVerf ist eine Umdeutg nur zul, wenn die für die Beurteilg maßgebden Umstände offenkund sind, eig Ermittlgen des GBA also nicht erforderl sind, BayObLG NJW **53**, 1914, **61**, 123, KG NJW **67**, 2359, Düss DNotZ **77**, 305. Im Proz ist Umdeutg vAw zu beachten, BGH **LM** Nr 4, aA BAG Betr **76**, 634, das Geltdmachg dch die Part für erforderl hält.

2) Einzelfälle (ja = umdeutb, sofern mutmaßl Wille nicht entggsteht; nein = nicht umdeutb). **Abtretg** in Einziehgsermächtigg, ja, BGH **68**, 125. – BeamtenVerh in ArbVerh, idR nein, BAG **8**, 267. Antr des gem § 613a gebundenen neuen ArbG auf Abschl eines **Arbeitsvertrages** in Angebot zur VertrÄnd, ja, BAG Betr **77**, 1192. Erbpacht in Pacht, ja, RG Warn **28**, 120. Erbrecht: LwVfg in Gesch unter Lebden, ja, ebso umgekehrt, BGH **40**, 224. Erbeinsetzg unter einer gg § 2302 verstoßden Aufl in Vor- u Nacherbeinsetzg, ja, Hamm NJW **74**, 60. ErbschKauf in ErbauseinandS, ja, RG **129**, 123, in Abtr des AuseinandSAnspr, RG **137**, 176. Gg § 312 I 1 verstoßde ErbteilsÜbertr in ErbVerz, ja, BGH NJW **74**, 43. ÜbergabeVertr in ErbVertr, ja, BGH **40**, 218; Angebot zur Aufhebg eines ErbVertr in Rücktr, Hamm Rpfleger **77**, 208. ErbVertr in Test, ja, KG **35** A 99, auch in gemschaftl, KGJ **31** A 114, od in Vereinbg nach § 312 II, RG HRR **27**, 1403 in aufschiebd bedingten schenkw ErlaßVertr, BGH NJW **78**, 423. Verpfl zum Abschl eines ErbVertr in VzGDr, ja, wenn Verpfl hinr konkr Inhalt h, BGH **LM** Nr 3. Gemschaftl Test von NichtEheg in EinzelTest, nein, RG **87**, 35, KGJ **35** A 98, Neust NJW **58**, 1785, Goßrau NJW **47/48**, 365. Umdeutg nicht wechselbezügl Vfgen dagg zul, KG DR **42**, 1745, Kblz NJW **47/48**, 384, Reinicke, Rechtsfolgen S 112 f, str, vgl auch § 2265 Anm 2. KG OLGZ **73**, 88 will Umdeutg uneingeschränkt zulassen, dazu Kanzleiter DNotZ **73**, 133. GesellschRecht: Übertr eines GesellschAnteils in Abtr des Anspr nach § 717, insb der AuseinandSAnspr, ja, RG Recht **13**, 1424. OHG-Vertr in Vertr über die Errichtg einer BGB-Gesellsch, ja, BGH **19**, 275. Anf wg argl Täuschg in Künd aus wicht Grd, ja, BGH NJW **75**, 1700. Vereinbg eines Sondervorteils für GmbH-Gründer bei der Gründg in entspr schuldr Vertr mit der GmbH nein, RG **165**, 132 f. Grunddienstbark, die zG des jeweil Eigtümers eingetr ist, in beschr ders Dienstbk, Mü NJW **57**, 1765. Grundstücksveräußerg in NießbrBestellg, ja, RG **110**, 392, JW **37**, 3153. VerpflErkl über GrdstÜbertr, die nicht formgült angen w ist, kann in VertrAngebot mit längerer AnnFr (OptionsR) umgedeutet w, RG **169**, 71. Ehel Güterrecht: Vfg über Anteil an beendeter fortges GütGemsch in Abtr des Anspr auf das AuseinandSGuth, ja, BGH **LM** § 1497 Nr 1. Nach GüKG unzul HaftgsAusschl in Ausschl des FdgÜberganges nach VVG 67 I 1, ja, Brem OLGZ **66**, 138. Abtr nicht mehr bestehden HerausgabeAnspr in Abtr des Anspr auf den Erlös nach § 816 I, ja, Serick II § 20 III 4. Abtr einer Hypothek in Bestellg einer neuen GrdSch, ja, RG LZ **31**, 839. Abtr einer BriefHyp in Abtr des Anspr auf RückÜbertr der Hyp dch einen Dr, ja, RG Recht **09**, 3032. HypBestellg in Bestellg einer EigtümerGrdSch, nein, RG **70**, 358 f. Eine Hyp, die ohne die vereinb Kursgarantieklausel eingetr w ist, kann in dem eingetr Umfange aufrechterh w, RG **108**, 149. Kauf eig Sache in Rückgängigmachg des KaufVertr, ja, RG JW **24**, 1360. Fristl Kündigg eines ArbVerh in fristgem Künd, ja, wenn unbedingt BeendiggsWille eindeut u erkennb, BAG Betr **76**, 634 u BetrR der Künd zugestimmt h od vorsorgl auch zur ordentl Künd gehört worden ist, BAG NJW **76**, 2367, Betr **78**, 1454. Unter entspr Voraussetzgen auch Umdeutg in Angebot zur sof VertrAufhebg, BAG **AP** § 626 Nr 64. Dagg keine Umdeutg der ordentl Künd in fristlose, da diese in ihrer Wirkg weiterreicht, BAG Betr **75**, 214. Ist Unwirksk fristl Künd rechtskr festgestellt, scheidet Umdeutg aus, BAG Betr **70**, 1182. Entspr Grdsätze gelten für das Miet- u PachtR, LG Mannh NJW **70**, 328. Künd in Anf, nein, BAG NJW **76**, 592. Abtr des Nießbrauchs in Überlassg der Ausübg, ja, RG JW **10**, 801. Bestellg eines **Pfandrechts** an einer Hyp in Vereinbg eines ZbR am HypBrief, ja, RG **66**, 27; ebso kann nichtige Verpfändg in Vereinbg eines ZbR umgedeutet w, OGH **4**, 164. Ist Verpfändg einer GrdSch als Vfg eines Nichtberecht unwirks, kommt Umdeutg in ZbR nur in Betr, wenn RInh einverst, RG **124**, 31. Verpfändg eines Grdst in Verpfl zur Bestellg einer SichgHyp, ja, Naumbg JW **29**, 70. Verpfändg in SÜ, nein, Serick II § 20 III 4, doch vgl FdgsVerpfändg in SichgAbtr, Soergel-Hefermehl Rdz 8. Rücktritt nach § 326 nicht ow in Anf, RG **105**, 208, BGH BB **65**, 1083, uU aber in Künd, LG Degdf VersR **78**, 753. Scheck in ZahlgsAuftr, ja, KG OLG **42**, 245, in abstr SchuldVerspr, kaufm VerpflSchein od GarantieVertr, nein, Düss WPM **73**, 403, Karlsr NJW **77**, 589. Nach Verlust des Rückgr scheidet Umdeutg aus, BGH **3**, 239. Schenkungsverspr in lwVfg, ja, RG Recht **12**, 1884, aM Flume, RGesch § 32, 9e. Schenkw gegebenes Schuldanerkenntn in Test, ja, BGH JW **10**, 467, ferner ein gleichzeit für die Schwester unterschriebenes SchenkgsVerspr in eighdg Test des Unterzeichndn, Kblz NJW **47/48**, 384. SchenkgsVerspr vTw in Test, ja, KG Recht **29**, 1466. Sicherungsübereign ohne konkr BesKonstitut in Verpfl zur SÜ, grdsätzl nein Serick II § 20 III 4; nichtiger LeihVertr als BesKonstitut kann jedoch in ein BesMittlgsVerh umgedeutet w, RG JW **15**, 656. Stimmrechtsabtretg in StimmRAusschl iVm Begr höheren StimmR für and Gter, ja, BGH **20**, 366–371. Vermögensübertragg in Übertr der einz VermGgstde, ja, RG **76**, 3, **82**, 277. Gg § 310 verstoßde VermZuwendg in ErbVertr, ja, BGH **8**, 34. Unwiderrufl Vollmacht in widerrufl, nein, BGH Gruch **68**, 538, Flume § 32 9e (mit and Begr). **Versichergsverträge** vgl Bach VersR **77**, 881. Dingl Vorkaufsrecht in pers VorkR, ja, RG **104**, 123f. Vereinbg fremder Währung in Vereinbg dtsch Währg, ja, KG JW **25**, 642. Eig Wechsel in Schuldanerkenntn od kaufm VerpflSchein, ja, RG **136**, 210, ebso in abstr SchuldVerspr, BGH WPM **70**, 1023. Akzept in SchuldVerspr od sonst VerpflErkl, nein, RG **136**, 210, BGH WPM **55**, 1324, Reinicke Betr **60**, 1028 u Rechtsfolgen S 93. Blankoindossament auf nichtigem Wechsel in VerpflErkl nach allg bürgerl Recht, ja, BGH NJW **57**, 1837; auch Erkl des AusSt können nicht umgedeutet w, Reinicke Betr **60**, 1028. Dingl Wiederkaufsrecht in schuldr WiederkaufsR, ja, BGH **LM** § 497 Nr 6. Zusage von Wohnungseigentum u GrdstMitE in Einräumg eines DWR, ja, BGH NJW **63**, 339.

1006. Klauseln, wonach Unwirksamk eines Teils die Wirksamk des Restes nicht berühren solle, ersetzen den Grds des § 139 durch den Ausnahmesatz; sie sind aber uU einschr auszulegen u gelten nicht, wenn wesentl VertrBest sittenwidr, BGH Betr **76**, 2107. – Gesamtnichtigk wirkt ggü jedermann; ihrer Geltdmachg auch seitens der dch den Wegfall des nichtigen Teils begünstigten Partei gg die andere, die den Rest bestehen lassen will, steht also grdsätzl nichts im Wege, RG **91**, 361; wo aber die dch den Wegfall begünstigte Partei die Nichtigk geltd macht, um die Vorteile des Vertr zu behalten u sich der GgLeistg zu entziehen, ist das unzulässRechtsausübg, RG **135**, 378. Arglisteinwand greift auch dch, wennGesamtnichtigk geltd gemacht wird, wo einzelne nur dem Schutz des Gegners dienende Klauseln nichtig sind, BGH NJW **67**, 245, WPM **71**, 99, vgl auch BGH WPM **72**, 488 u Ffm NJW **74**, 2239. – In Vertr, mit denen eine Steuerhinterziehg verbunden ist, sind idR nur die Teile nichtig, die die Hinterziehg bezwecken; and, wenn die Hinterziehg Hauptzweck des Vertr, RG DR **42**, 40.

4) Grund- u Erfüllgsgeschäft (vgl Übbl 3 e u f vor § 104). **a)** Das Grd- u das ErfGesch können dch den Willen der Part zu einer **Einheit** iS des § 139 zusgefaßt w (BGH NJW **52**, 60, **67**, 1130, BGH **31**, 323, BAG NJW **67**, 751, Hbg NJW **66**, 985, Celle OLGZ **74**, 170, stRspr, ebso Erm-Westermann Rdn 10, RGRK Rdz 22, Enn-Nipperdey § 202 IV 1, Wolff-Raiser § 38 II 4, aA Staud-Coing Rdn 6 a, Soergel-Hefermehl Rdn 11, Flume § 12 III 3 f, Larenz § 23 II a, Schlüter JuS **69**, 11). Beide Gesch liegen zwar dogmat auf „versch Ebenen"; es ist auch richt, daß der AbstraktionsGrds ein wesentl Strukturelement des dtsch PrivR ist (Flume u Larenz aaO). Diese Gesichtspkte ändern aber nichts daran, daß über die Einheitlichk iS des § 139 der rechtsgeschäftl Wille der Part entscheidet. Wie auch die Vertreter der GgAns einräumen, können die Part Grd- u ErfGesch dch Vereinbg einer Bedingg zusfassen. Der damit anerkannte Vorrang des PartWillens ist auch im Rahmen des § 139 zu berücksichtigen.

b) Grd- u ErfGesch sind aber nur dann als Einh zu behandeln, wenn für einen entspr **Parteiwillen konkrete Anhaltspunkte** gegeben sind. Die prakt immer bestehende wirtschaftl Zusgehörigk genügt nicht. Gleichzeit Abschl u (od) Zusfassg in einer Urk haben indizielle Bedeutg, reichen aber ebenf allein für die Feststellg der Einheitlichk nicht aus (BGH NJW **67**, 1130, zu weitgehd wohl BAG NJW **67**, 1128: „Vermutg"). Es müssen vielm die Umst vorliegen, die für eine Zusfassg sprechen (BGH NJW **52**, 60). Fehlt es hieran (u das w die Regel sein), bleibt es bei der Selbständigk der beiden Gesch. Das GBAmt kann daher im allg davon ausgehen, daß etwaige Mängel des GrdGesch die Wirksamk des ErfGesch nicht berühren. Nur beim Handkauf w man auch ohne bes Anhaltspkte eine Einh annehmen können. Vgl auch Übbl 3f vor § 104 zur stillschw Vereinbg einer Bedingg u zu dem Fall, daß derselbe UnwirksamkGrd sowohl das Grd- als auch das ErfGesch ergreift. **Einzelfälle**: Fahrnisübereignung, BGH NJW **52**, 60; FdgAbtr, BGH NJW **67**, 751; SchuldÜbern, BGH **31**, 323, Hbg NJW **66**, 986; NießbrBestell, Celle OLGZ **74**, 170; ErbteilsÜbertr, BGH NJW **67**, 1130, DNotZ **71**, 38.

c) Eine **Zusfassg** der beiden Gesch kommt **nicht** in Betr: **aa)** wenn das ErfGesch, wie die Aufl (§ 925 II) bedinggsfeindl ist (BayObLG Rpfleger **69**, 48), da den Part nicht der Wille einer GesUmgehg unterstellt w kann; **bb)** wenn das GrdGesch als ScheinGesch nichtig ist (vgl RG **104**, 104), da der PartWille hier zw GrdGesch (nicht wirkl gewollt) u ErfGesch (gewollt) unterscheidet, ein einheitl Wille also gerade nicht besteht; **cc)** wenn das ErfGesch zur Heilg des GrdGesch führt (§§ 518 II, 766 S 2, GmbHG 15 IV S 2. § 313 S 2, hier wg aa ohne Bedeutg).

140 Umdeutung.

Entspricht ein nichtiges Rechtsgeschäft den Erfordernissen eines anderen Rechtsgeschäfts, so gilt das letztere, wenn anzunehmen ist, daß dessen Geltung bei Kenntnis der Nichtigkeit gewollt sein würde.

1) Allgemeines vgl § 139 Anm 1 (Schriftt: Reinicke, RFolgen formwidrig abgeschl Verträge, 1969, S 88ff; Bürck SchlHA **73**, 37): Ist ein RGesch, wie es vorliegt, nichtig, enthält es aber sämtl Tatbestdsmerkmale eines and RGesch, das im Ergebn zu dem bezweckten Erfolge ganz od wenigstens zum Teil führt, so soll das letztere gelten. Diese **Umdeutung** (Konversion) darf aber nicht zur Umänderg od Ergänzg des abgeschl Geschäfts führen; das an die Stelle des beabsichtigten tretende Gesch kann also nicht weitergehde Wirkgen haben als das urspr (BGH **19**, 275, BAG Betr **75**, 214), wohl aber weniger weitgehde (BGH LM Nr 4). – Für Umdeutg ist erst Raum, wenn feststeht, daß das beabsichtigte Gesch Hindernisse entggstehen; zunächst ist also dessen Inhalt dch Auslegg zu ermitteln; schon diese kann dahin führen, daß ein Gesch der unzulässigen Art in Wahrh gar nicht gewollt ist, etwa weil nur falsche Bezeichng gewählt wurde. Steht Nichtigk des vorgenommenen Geschäfts fest, so ist zu fragen, ob es obj den Erfordernissen eines anderen voll entspricht (maßgebd Ztpkt der Vornahme, Herschel DRiZ **52**, 41), sodann ob dies Gesch bei Kenntn der Fehlerhaftigk des ursprünglichen vorgenommen worden wäre; hierbei handelt es sich meist um ergänzende Auslegg (vgl § 157 Anm 2a), da die Parteien idR an Nichtigk nicht gedacht h, also nicht ihr wirkl, sondern mutmaßl Wille zu erforschen ist; er ergibt sich nicht immer daraus, was Beteiligte vernünftigerw hätten wollen müssen, zB dann nicht, wenn feststeht, daß eine Partei die an sich vernünftige VertrGestaltg nicht wollte, gg den erklärten Willen der Part ist Umdeutg unzul, BGH **19**, 273, NJW **71**, 420 (dazu krit Bürck JuS **71**, 571). Bei entgeltl RGesch, insb ggseit Vertr ist genau zu prüfen, ob auch Partei, die GgLeistg schuldet, das umgedeutete Gesch gewollt hätte, BGH NJW **63**, 339. – Auf bloß anfechtb od schwebd unwirks Geschäfte bezieht sich § 140 nicht, wohl aber auf bereits angefochtene u endgült unwirks gewordene RGeschäfte, BGH **40**, 218; hins des mutmaß Willens der Parteien kommt es dann auf den AbschlZtpkt, nicht den der endgült Unwirksamk, an, BGH aaO. Umdeutg setzt voraus, daß nicht der mit dem RGesch erstrebte Erfolg, sond nur das von den Part gewählte Mittel von der ROrdng mißbilligt w, BGH **68**, 202. Bei sittenwidr, insb wucher od anstößigem Gesch ist daher eine Umdeutg grdsl unzul, § 138 Anm 4b. Das gilt entspr iF des § 134. Auch bei formnichtig Vertr kann Zweck der FormVorschr eine Umdeutg ausschließen vgl Zeiß WPM **63**, 906 (Bürgsch), Celle NdsRpfl **75**, 94 (GWB). Unanwendb ist § 140, wenn Wirkgslosigk des RGesch auf Nichtvollendg des Tatbestdes beruht, RG **79**, 308 aller Beteiligten nicht ohne das and abgeschl worden wäre. Sie kann auch bei unterschiedl RGesch (Kauf u BaubetreuungsVertr) u bei Beteiligg versch Pers an den einz TeilGesch gegeben sein, BGH NJW **76**, 1931. Entscheidd Auslegg im EinzFall, vgl BGH BB **55**, 430, **LM** Nr 34, 35, Betr **70**, 1591; zum „finanzierten Abzahlgskauf" vgl AbzG 6 Anm 1 gg. Es genügt Einheitlichk Wille einer Part, sofern dieser dem and erkennb war u von ihm gebilligt od hingen worden ist, BGH **LM** Nr 46. Auch wenn mehrere selbstd Vertr vorliegen, kann die Wirksamk versch Vertr aus einer Vertr GeschGrdlage für den and und den, BGH DNotZ **70**, 540, NJW **70**, 2157, **71**, 2303; Ffm MDR **78**, 50 (Kauf- u KreditVertr). Die Grds über den Wegfall der GeschGrdl u nicht § 139 sind insb dann anwendb, wenn die Part bei Abschl eines Vertr den Willen h, einen weiteren Vertr zu schließen, BGH Betr **77**, 1729. Händler-Revers-Vertr über Preisbindg mehrerer Artikel ist idR kein einheitl RGesch, sond Bündel selbstd Verpflichtgn, BGH **53**, 84. – Bei Beurk mehrerer Abreden in einer Urk spricht eine gewisse tatsächl Vermutg für Einheitlichk, BGH DNotZ **75**, 153, bei Aufn mehrerer Urk für Unabhängigk, dementspr regelt sich die BewLast RG **103**, 297, wenn nicht der Inhalt der Erklärgn ein anderes ergibt.

b) Der nichtige Teil kann bestehen: aa) in **Einzelbestimmgn**, die den Rest nicht notwendigerw berühren; zB Pfandbestellg u Bürgsch für DarlFdg RG **86**, 323; sonstig Nebenabreden bei Darlehn **Warn 15**, 226, bei Wettbewerbsverbot RG **74**, 333; ZustdgkAbrede verbunden mit nichtigem sachl-rechtl Gesch RG **87**, 7, od umgekehrt BGH **22**, 90; AnwMandat u nichtige Honorarabrede BGH JZ **62**, 369, teilw Nichtigk der Provisionsabrede mit Makler Mü NJW **70**, 709. TeilNichtigk einer Schiedsabrede macht diese idR im ganzen nichtig, BGH **51**, 263, dagg erstreckt sich Nichtigk des HauptVertr iZw nicht auf Schiedsabrede, BGH **LM** Nr 6, BGH **53**, 318, NJW **77**, 1398. MietVertr über Raum verbunden mit KaufVertr über Mobiliar, BGH **LM** Nr 29. – **bb)** in der **Teilnahme einer von mehreren Personen** an dem Gesch auf derselben Seite, BGH **53**, 179. IZw ist daher GesNichtigk gegeben: bei PachtVertr, wenn einer der Pächter geschunfäh, RG **99**, 52; ebso bei ProzVergl, RG **141**, 108; bei GrdstVerk, wenn die für Mj erforderl vormdschgerichtl Gen versagt w, BGH **54**, 72; bei Wucher od argl Täuschg ggü od dch einen von mehreren VertrGegnern, RG **72**, 218, Warn **12**, 360. Das RGesch kann jedoch nach den Umst des Einzelfalles auch hins einer Pers aufrecht zu erhalten sein, so bei HypBestellg an mehreren MitEigtAnteilen, BGH DNotZ **75**, 152, gemeinschaftl Adoption dch Eheg nach fr R, BGH **24**, 345, BürgschÜbern dch Mitbürgen, RG **138**, 270. Anordng der TestVollstrg, die bei einem Miterben ungült, kann auch als TeilTestVollstrg gült sein, BGH **LM** § 2085 Nr 3. VertrAbschl gleichzeit in eig Namen u als vollmachtloser Vertr (§§ 177 ff): gesamtnichtig, wenn Vertretener nicht genehmigt, BGH NJW **70**, 240 (vgl dazu Gerhardt JuS **70**, 326). – **cc)** in **zeitlichem Teil der Vertragsdauer**, vgl RG **114**, 39 (Sittenwidrigk wg überlanger Bindg: für zul Zeit wirks), BGH NJW **70**, 2090 (ebso bei Bierliefergsvertr), BGH **68**, 5 (ebso für AnkaufsPfl des ErbbBerecht), RAG **21**, 129, BGH NJW **62**, 734 (fehlde vormsgerichtl Gen zu längerem Vertr).

c) Unanwendbar ist § 139, wo sich aus ausdr Bestimmgn od Gesetzeszweck eine andere Regelg ergibt (so für vereinsrechtl Normen BGH **47**, 172), insb eine nur teilw Nichtigk vorgesehen ist, vgl §§ 265, 443, 476 (Warn **14**, 115), §§ 2085, 2298 u vor allem AGBG 6, ferner § 566. Soll das gesetzl Verbot best Abreden einen Beteiligten vor Benachteiligg schützen, beschr sich die Nichtigk entspr dem gesetzl **Schutzzweck** auf die verbotene Klausel; an deren Stelle tritt die zwingde gesetzl Regelg, Soergel-Hefermehl Rdz 25; so bei Verstößen gg Schutzbestimmgn zG des Handelsvertreters, RG **146**, 119 (zu HGB 67 IV, 74 ff), BGH **40**, 239 (HGB 89), Betr **71**, 2303; Schutzbestimmgn des AbzG, BGH NJW **77**, 1058, 1059; Schutzbestimmgn zG der Mieter, BGH MDR **64**, 495; zG des ArbN, BAG Betr **75**, 1417; uU des Verstoßes gg SchutzVorschr des GWB, Helm GRUR **76**, 496; unwirks HonorarVereinbg mit RAnw BGH **18**, 349; Verstoß gg BBauG 129 (Beteiligg der Gemeinde an Erschließgskosten), BGH **65**, 370; Preisverstößen, vgl § 134 Anm 3b. Unanwendb ist § 139 ferner, wenn ein Teil wg unzul RAusübg nicht geltd gemacht w kann (dann gilt der übr Teil fort). – Im übr gilt § 139 aber für **RGeschäfte aller Art**, auch für Versammlusbeschlüsse soweit sie geschäftl Inhalt haben, RG **140**, 177. Er ist auf öff-rechtl Erklärgn entspr anwendb RG **133**, 211, BGH NJW **72**, 1364, 1366; auf GrdBuchEintraggn RG **119**, 214 (and für Registereintraggn RG **132**, 22). Für VerwAkte gilt VwVfG 44 IV. Danach tritt GesNichtigk ein, wenn die Nichtigk so wesentl ist, daß die Beh den VerwAkt ohne den nichtigen Teil nicht erlassen hätte. Bei Ges hat Nichtigk einz Vorschr grdsätzl nicht die Nichtigk der übr Vorschr zur Folge, BVerfG **8**, 301; vgl auch RG **134**, 15, BGH **16**, 118, die im Ergebn übereinstimmen, aber von einer entspr Anwendg des § 139 ausgehen. Die gelegentl geäußerten Zweifel, ob bei Verstoß eines RGesch gg § 138 bloße Teilnichtigk denkb (RG **161**, 55, BGH **LM** Nr 8, 14), sind unbegründet, nur wird solches RGesch selten teilb im obigen Sinne sein; vgl dazu Sandrock AcP **159**, 516.

3) Regel ist vollständige Nichtigkeit; nur ausnahmsweise gilt der übrigbleibende Teil, und zwar nur, wenn festzustellen ist, daß er auch ohne den nichtigen abgeschl worden wäre. ((„§ 139 will gerade der Verwirklichg des Parteiwillens dienen", RG **122**, 141). Das trifft zu, wenn die Parteien die Nichtigk des Teiles kannten, RG **122**, 140, stRspr, BAG **1**, 270, BGH **45**, 379 (hierzu Battes JZ **69**, 683), od diesen Teil nicht wollten (ScheinGesch), RG **104**, 104; das übrigbleibde Gesch muß aber gewollt sein, sonst liegt überh keine biddde Erkl vor (ScheinGesch), BGH **45**, 380, BGH **LM** Nr 42. In allen anderen Fällen verlangt diese Feststellg die Erforschg des mutmaßl Willens der GeschParteien (u zwar beider, RG **99**, 55); das bedeutet idR, daß das objektiv Vernünftigste als Parteiwillen angenommen w; vgl BGH DNotZ **75**, 154, Sandrock AcP **159**, 481; die tatsächl Grdlage dafür, daß das RestGesch gültig bleiben sollte, muß die Partei darlegen und beweisen, die sich auf die Gültigk beruft, RG **141**, 109. Die Feststellg, daß die Parteien in jedem Falle, wenn auch vielleicht anders, abgeschl hätten, reicht nicht aus; es muß feststehen, daß sie das Gesch so, wie es sich ohne den nichtigen Teil darstellt, dh mit dem Inhalt des Restgeschäfts, abgeschl hätten, RG **146**, 118 (vgl BGH NJW **51**, 397); es genügt aber, wenn feststeht, daß sie den Bestand des Geschäfts nicht von dem nichtigen Teil abhängig machen wollten, RG **118**, 222. GerStandVereinbg w unwirks ist für von der Nichtigk des Vertr nicht berührt, BGH **87**, 10, das gilt entspr für SchiedsVertr BGH **53**, 318. Auch die Unwirksamk einer Wertsichergsklausel läßt idR die Gültigk des Vertr iü unberührt, vgl § 245 Anm 5 d. Daß eine Klausel als „integrierender Bestandteil" des Vertrags bezeichnet wurde, besagt für sich allein nichts, BGH BB **59**,

Austausch von Akzepten gg Schecks vgl Hucko BB **68**, 1170. Begeb eines vierstell Wechsels in einem Animierlokal, uU ja, LG Hbg MDR **74**, 50, Kohlhosser JuS **77**, 513.

w) Wettbewerbsverbote: Nach der neueren Rspr des BAG sind HGB 74 II u 74a I 3 (Verbot unbezahlter Karenz, HöchstFr 2 Jahre) auch auf ArbN anzuwenden, die nicht kaufm Angest sind, sowie auf sog Hochbesoldete, BAG NJW **76**, 342. Sittenwidrig kommt daher nur bei Umst außerh des Schutzbereichs der HGB 74 u 74a in Betr, BAG NJW **70**, 626, **71**, 74, BAG **AP** HGB 74 Nr 22; dies gilt auch für Mandantenschutzklauseln, BAG NJW **71**, 2245 u Betr **72**, 537. HGB 75f (Unverbindlichk von Sperrabreden zw ArbG) ist gleich! auf nichtkaufm ArbN auszudehnen, BGH NJW **74**, 1282, 1330. Entspr Sonderregel enthält HGB 90a für WettbewVerbot des HandelsVertr. WettbewVerbote in AusbildgsVertr sind gem BerBG 5 I unzul. Bei Vereinbg mit and Pers kommt es darauf an, ob sich das Verbot bei Würdigg aller Umst nach seinem zeitl, örtl u ggständl Umfang im Rahmen des Angemessenen hält u dch ein schutzwürd Interesse des Berecht geforderd ist, vgl BGH NJW **68**, 1717, Hamm BB **71**, 1077. Dabei ist auch die Wert-Entsch des GG 12 zu berücksichtigen, die der vertragl Beschrkg der Freih der Berufsausübg Grenzen zieht. Dreijähr Verpfl eines WirtschPrüfers, 30% seiner Honorare aus Auftr abzuführen, um ihn als Konkurrenten auszuschalten, ja, da unvereinb mit dem öff Interesse an der Freih der Berufsausübg, BGH NJW **68**, 1717; Mandantenschutzklausel dagg zul, BGH aaO. WettbewVerbot für ausgeschiedenen Gter für angem Zeitraum zul, BGH BB **57**, 202 (10 Jahre), WPM **74**, 76 (2 Jahre). Dreijähr WettbewVerbot für Apothekenpächter, nein, BGH NJW **64**, 2203. Zweijähr räuml begrenztes WettbewVerbot für Fahrlehrer als fr selbstd Mitarbeiter, nein, Köln OLGZ **67**, 397, 398. Verpfl. von einer Niederlass als prakt Arzt in einem best Ort Abstand zu nehmen, nein, wenn dadch die ärztl Versorgg nicht gefährdet w, LG Münst NJW **70**, 1974, vgl dagg für die fr Rspr RG **66**, 143. Zwei- bis dreijähr Rückkehrverbot nach Tausch der Arztpraxen, nein, BGH **16**, 80, 81. WettbewVerbot mit einem aus einer BüroGemsch ausgeschiedenen RA, nein, soweit es tragb u angem od auf ein tragb u angem Maß rückführb ist, Celle NJW **63**, 1310. SortimentsBeschrkg in Vertr zw GrdstNachbarn, idR nein, Ffm OLGZ **74**, 3. WettbewVerbot für fr FranchiseNeh, ja, wenn keine KarenzEntsch gewährt w, KG MDR **74**, 144. WettbewVerbot vereinbart zw Mannequinschule u Schülerin, nein, Karlsr MDR **75**, 314. Zum Verh von WettbewVereinbgn bei freien Berufen zu GWB 1 vgl Bache NJW **71**, 126. WettbewVerbote in UnternVeräußergsVertr vgl Heinze NJW **73**, 492, Hamm GRUR **73**, 421, BGH BB **75**, 441. Gläub, der VertrAuflösg verschuldet hat, kann aus WettbewVerbot idR kein R herleiten, vgl HGB 75, der allg RGedanken enthält, BAG BB **67**, 714.

x) WucherähnlGesch: S oben Anm 2 a. – **Zeugenbeeinflussg:** vgl oben k.

139 *Teilnichtigkeit.* **Ist ein Teil eines Rechtsgeschäfts nichtig, so ist das ganze Rechtsgeschäft nichtig, wenn nicht anzunehmen ist, daß es auch ohne den nichtigen Teil vorgenommen sein würde.**

1) Vorbemerkgn zu §§ 139–141. Begriff der Nichtigkeit vgl Übbl 4a vor § 104. – §§ 139–141 sind anwendb auch auf anfechtb RGeschäfte nach Anf, vgl § 142 I, BGH NJW **69**, 1759 (Teilanfechtg vgl RG **146**, 234) und entspr anwendb auf andere Arten der **Unwirksamkeit**, Übbl 4b bis d vor § 104, sofern diese nicht mehr hebebar ist. § 139 (nicht § 140, vgl RG **124**, 31) gilt überh für jede Unwirksamk, vgl zB RG **146**, 367, insb auch schwebe Unwirksamk, BGH **LM** Nr 24, BGH **53**, 179, 318, ferner für Unwirksamk gem § 779, Köln OLGZ **72**, 49 u (analog) für den Rücktr, BGH NJW **76**, 1931. Dagg sind die §§ 139ff auf sonst Fälle des späteren **Aufhörens der Wirksamkeit** des Gesch od GeschTeils grdsl nicht anwendb, so nicht bei nachträgl Unmöglichk od Gesetzesänderg, RG **146**, 368, aA BGH NJW **52**, 299, **LM** Nr 9, die Vollnichtigk bei gesetzl Unwirksamwerden der WertsicherungsKlauseln annehmen. Wegen urspr Unmöglichk vgl §§ 306 ff.– §§ 139, 140, 141 II und 155 entspringen dem gemeinsamen GrdGedanken, daß der rechtsgeschäftl Wille, soweit als mögl, wirks sein soll.

2) Allgemeines zu § 139 (Schrifttum: Pierer von Esch, Teilnicht RGesch, 1968): **a)** § 139 betrifft nur RGeschäfte, nicht Rechtszustände, also auch nicht die Fälle der Nichtigk der Ehe und von Gesellschaften, auch nicht von Normen, auch wenn ursprüngl dch RGesch geschaffen (gilt für TarifVertr BAG **1**, 272, für Vereinssatzg BGH **47**, 179). Er bezieht sich auch nur auf das vollst und vollendete RGesch, nicht auf die einzelne WillErkl, soweit sie kein selbständ RGesch bildet, beim Vertrag also nur auf den GesamtVertr, nicht zB auf den Fall fehlender Einigg; vgl daz u § 154. Nicht hierher gehören auch Erklärgen ohne rechtsgeschäftl Bedeutg, insb solche, über deren rechtl Wirkgslosigk die Beteiligten von Anfang an einig sind; sind sie mit RGeschäften verbunden, so kommt es nur auf die letzteren an, vgl RG **137**, 32, BGH **45**, 379; sind die Part über Nichtigk von Teilen einig, so gilt das RestGesch aber nur, wenn es mit seinem Rumpfinhalt gewollt ist, BGH **45**, 380, **LM** Nr 42. § 139 gilt auch für letztw Vfgen, doch geht § 2085 (Aufrechterhaltg im Rahmen des Möglichen) dem § 139 vor. Voraussetzg für die Anwendg von § 139 ist die **Teilbarkeit eines einheitl Geschäfts,** dh die Möglichk, bei Wegfall des nichtigen Teiles den Rest unverändert aufrechtzuerhalten, vgl RG **93**, 338 (der nach Abtrenng des vom NichtigkGrd betroffenen Teils verbleibende Rest muß als selbständ RGesch bestehen können, BGH NJW **62**, 913); wo der nichtige Teil den Gesamtinhalt bestimmt, so daß bei seinem Wegfall der Rest einen anderen Inhalt erhalten würde, bedingt Nichtigk des untrennb Teiles notw vollst Nichtigk, so Unwideruflichk einer Vollm, RG Gruch **68**, 538, so auch bei Vereinbg eines unzul Entgelts für einheitl Leistg bei Ausnutzg einer Monopolstellg BGH NJW **58**, 1772. Ebso, wenn bei RGesch mehrerer GesVertreter die WillErkl eines von ihnen nichtig ist, BGH **53**, 214 od wenn bei einheitl GgLeistg die Nichtigk einer Leistgen nicht feststellb, welcher Teil der GgLeistg auf wegfalle Leistg entfällt, BGH **LM** Nr 13. Dagg kann Erbeinsetzg teilw nichtig u zugl wirks sein, BGH **52**, 24. – Es muß sich um ein einheitl Gesch handeln; mehrere inhaltl voneinander unabhäng, wenn auch äußerl verbundene Geschäfte sind nicht Teile eines einheitl Gesch; die Schicksale des einen berühren das andere nicht, vgl RG **102**, 64. Andrers sind mehrere tatbestandl getrennte Gesch, die miteinander rechtl (nicht nur wirtschaftl RG **103**, 298) verbunden sind, als einheitl RGesch und die EinzelGesch als dessen Teile zu werten. Solche Verbindg besteht, wenn das eine Gesch nach dem Willen ja, RG JW **16**, 252. Vertr, dch den sich ein Arzt zu freier ärztl Behandlg u Rentenzahlg auf Lebenszeit als GgLeistg für die Überlassg eines Grdst verpflichtet, nein, BGH NJW **65**, 2005. – Vertr über freiwill **Sterilisation,** grdsl auch dann nein, wenn keine soziale od eugenische Indikation, BGH NJW **76**, 1790.

s) Steuerzuwiderhandlgen: Einrichtg eines Bankkontos mit dem Hauptzweck, die eingezahlten Betr der Besteuerg zu entziehen, ja, RG JW **35**, 420, ebso Ohne-Rechng-Vertr zur Steuerverkürzg, wenn diese der Hauptzweck ist, BGH **LM** § 134 Nr 57. Ist die Steuerhinterziehg nicht der Hauptzweck, ist § 138 unanwendb, BGH **14**, 31, DNotZ **69**, 350. Vereinbg, den GrdstKaufprz zwecks Steuerhinterziehg falsch anzugeben, ja, doch bleibt der Veräußergsvertr selbst gült, RG **107**, 364, BGH NJW **66**, 588. Vgl auch § 134 Anm 3a unter „Steuerzuwiderhandlungen". Zur vertragl Übern einer gg einen and festgesetzten Steuerstrafe vgl § 134 Anm 3a unter „Geldstrafenerstattg". – **Stimmrecht** (vgl auch oben h): Mitstimmen in eig Sache, ja, RG **136**, 245, s § 134 Anm 3a unter „StimmR". Nicht ohne weiteres Abstimmungsvertr unter Aktionären, RG **161**, 300. Die Verpfl zur Wahl einer best Pers zum GeschF einer GmbH zu stimmen, hielt RG **131**, 183 für sittenw, zweifelnd RG **133**, 96, wo Verpfl der Aktionäre, dafür zu sorgen, daß best Pers zu AufsRMtgl gewählt w, für wirks gehalten w. Vereinbg, daß die Mitgliedsch im AufsR einer GmbH alle 5 Jahre zw zwei Fam wechseln soll, ja, RG **57**, 208. – Vorbereitg, Förderg u Ausnutzg **strafbarer Handlgen:** Verk von wertlosen Aktien zu überhöhten Pr zum Zweck des betrüger WeiterVerk, ja, BGH Betr **71**, 39. Ann einer Zahlg, wenn der Empf weiß od annehmen muß, daß die Zahlungsmittel auf strafb Weise erlangt sind, ja, RG **94**, 193. GrdSchBestellg, wenn Gläub nach Abschl des SichgVertr erfährt, daß das Grdst mit auf strafb Weise erlangten Mitteln erworben, nein, BGH NJW **55**, 586. Vgl auch oben c „Bestechg" u p. – **Täuschg von Behörden:** Täuschg des WohnAmtes dch angebl MietVertr über Geschräume, um VerkGen zu erschleichen, ja, RG Warn **29**, 92. DarlVertr mit Spark zur Vertuschg einer Kreditüberziehg ggü der AufsBeh, nein, weil das Darl immerhin zeitweise eine Sicherh vermittelt h u als solches nicht sittenw ist, BGH WPM **72**, 585. Täuschg ausl Beh, ja, wenn dtsch Interessen berührt w, wie bei Umgeh amerikan EmbargoBest, BGH **34**, 177, NJW **62**, 1436.

t) Treubruch: Vereinbg zw Brauereien, die BierPr unbekümmert um die mit ihren Abnehmern bestehenden Vertr zu erhöhen, ja, RG **79**, 281. PfdR-Bestellg am Speditionsgut ohne Rücks auf die EigtVerh, ja, BGH **17**, 5. Abk zw HauptSchu u Gläub, daß dieser sich nur aus dem Verm des PfdSchu befriedigen soll, ja, RG **164**, 90. Vereinbg der ZwVerst, um langfrist MietVertr zu lösen, ja, RG LZ **27**, 448. Vertr, dch den der Ablader gg Ausstellg eines unricht Konnossements den Verfrachter von Anspr des Empf freizuhalten, ja, BGH **60**, 102. Abmachg, dem HaftpflVersicherer den wahren Sachverhalt nicht mitzuteilen, um dadch dem Gläub einen ungerechtf hohen ErsBetrag zu verschaffen, ja, BGH VersR **69**, 733. Treuw Selbstkontrahieren mit SchädiggsAbs, ja, RG SeuffA **86**, 91. Verk eines NachlGrdst dch den GeneralBevollm des Erbl nach dessen Tod zum EinhWert in Erf des vom Erbl erteilten Auftr, nein, weil ggü den Erben keine neue PflBindg bestand, BGH NJW **69**, 1245. Vereinbg, gg Verz auf die BeamtenR keine strafr Verfolg herbeizuführen, grdsätzl nein, aber FürsPflVerletzg, wenn VerzErkl unter dem Druck poliz Haft veranlaßt, RG JW **38**, 43. – **Umgehungsgeschäfte:** Nicht ohne weiteres Abs zur Vereitelg des VorkR, wohl aber bei verwerfl BewegGrd, Anwendg unlauterer Mittel od wenn ausschl zum Zwecke, dem VorkBerecht Schaden zuzufügen, BGH NJW **64**, 540, vgl auch RG **88**, 365 u BGH WPM **70**, 1316. Zur Umgehg von gesetzl Verboten vgl § 134 Anm 4.

u) Unterhalt, Vaterschaft (vgl auch oben d): Vereinbg über unentgeltl Beschäftigg des Ehem in Gesch der Ehefr, um UnterhAnspr eines nichtehel Kindes zu vereiteln, ja, RAG Warn **32**, 96. Entgeltl Vereinbg zw Kindesvater u Mutter, die nichtehel Vatersch zu verschweigen u UnterhAnspr des Kindes nicht geltd zu machen, ja, Mü SeuffA **77**, 58, Düss DAV **67**, 287. Verpfl der Mutter, Vater von UnterhAnspr des gemeins nichtehel Kindes freizuhalten, idR ja, Hamm FamRZ **77**, 556 (dort mit § 134 gelöst). UnterhVerz der Eheg zu Lasten des Sozialhilfeträgers, idR wohl nein, vgl Wiethaup MDR **54**, 9, LG Bielefeld NJW **58**, 185, Hampel FamRZ **60**, 421, s aber auch BGH **20**, 127. Vertr, dch den sich der gesch Ehem ggü seiner fr Ehefr verpflichtet, für ihren Unterh zu sorgen, um sie zu bewegen, mit ihm in wilder Ehe zu leben, ja, u zwar auch dann, wenn der Ehem ein Unrecht wiedergutmachen wollte, sofern die sittenw Abs der entscheidd BewegGrd war, BGH **LM** (Ce) Nr 3. Bürgsch der künft Ehefr für UnterhVereinbg zw in Scheid lebden Eheg, wenn sie nicht die Bereitwilligk zur Scheid herbeigeführt h, nein, Karlsr JR **53**, 24. UnterhVertr zG der gesch Ehefr u des Kindes, wonach die UnterhRente von Anf an die wirtschftl LeistgsFähigk des Ehem übersteigt, so daß die zweite Ehefr als Bürgin in Anspr gen w muß, ja, BGH NJW **57**, 1188. Vereinbg, wonach Ehestörer den gesch Ehem solange von UnterhPfl ggü Kind freizustellen h, als dies im Haush des Ehestörers lebt, uU nein, KG FamRZ **74**, 449. UnterhZusage eines Dr ggü einem Eheg, um ihn zur Scheidg zu veranlassen, uU ja, BGH NJW **51**, 268. Verpfl des Ehem im ScheidgsVergl, dafür zu sorgen, daß die neue Ehefr einen Teil des Witwengelds der fr Ehefr zahlt, nein, wenn beide Part auf jeden Fall wollten u nur der Streit um die Schuld ausgeräumt w sollte, BGH NJW **62**, 732.

v) Vergleich: Vereinbg einer unangem niedr Abfindgssumme unter Umgeh des RA der Geschädigten, uU ja, LG Saarbr AnwBl **76**, 131. **Verlängerter Eigtumsvorbehalt:** IdR nein, es sei denn, daß er zu einer die übr Gläub benachteiligden Übersicherg führt, BGH **26**, 190, 191; uU ja, wenn er wie eine Globalzession wirkt, BGH WPM **69**, 1072. Für das Verh zur Globalzession s § 398 Anm 3 e. – **Verfahrensrecht:** Vertr, die eine Pfl zur Vornahme od zum Unterl einer ProzHdlg begründen, sind zul, vgl § 242 Anm 4 Dj. Wirks auch Verpfl zur Rückn einer StrafAnz, Ffm MDR **75**, 584. – **Versteigerg:** Abhalten vom Mitbieten in der ZwVerst nur unter bes Umst, BGH NJW **61**, 1012, Köln NJW **78**, 47, vgl § 134 Anm 3a unter „Versteigerg". – **Vertrauensstellg:** Haben sich Vater, Mutter, Vormd, RAnw, Arzt od Pers ähnl Stellg unter Mißbr ihrer Autorität unangem Vorteile versprechen lassen, ist die Zuwendg gem § 138 I nichtig, vgl RG JW **37**, 25 (Vater), BGH **LM** (Bc) Nr 1 (ältere Schwester), ferner ausführl Kempermann, unlautere Ausnutzg von Vertrauensverhältnissen, Diss Bonn, 1975. – **Wechselrecht:** Austausch von Finanzwechseln unter Einschaltg eines gewerbsm Vermittlers zum Zwecke der Kreditschaffg, nein, BGH **27**, 176. Vermittlg u Austausch von Finanzwechseln auch in Einzelfällen idR, ja, BGH **LM** (Ca) Nr 3. Diskontierg von „umgedrehten" (vom Akzeptanten eingereichten) Wechseln, nein, BGH **56**, 265, dazu Ulmer Betr **72**, 1101. Zum

Androhg von Stromsperre für den Fall, daß Eigtümer nicht die Kosten für neuen HausAnschl trägt u vorschießt, ja, LG Mü MDR **52**, 292, zust Neumann-Duesberg ebda. Leistgssperre dch Stromversorggs-Untern, um Eigtümer zu zwingen, das Aufstellen eines Mastes zu dulden, ja, Celle NJW **59**, 2166. Verweigerg eines Messestandes dch Messe- u Ausstellgs-GmbH, nein, wenn sachl Grde maßg, selbst wenn diese nicht mitgeteilt, LG Köln NJW **49**, 715, dazu Möhring aaO. Liegt ein gg das GWB verstößder Mißbr einer Macht- od Monopolstellg vor, ist idR auch § 138 anwendb, Futter BB **78**, 935, 938, Mestmäcker AcP **168**, 235, insb 253. – **Maklervertrag**: IndividualVereinbg über erfolgsunabhäng MaklerProv, nein, BGH Betr **76**, 189; zeitl unbegrenztes AlleinverkaufsR, ja, BGH WPM **76**, 533. Vereinbg, wonach der für beide Seiten tät Makler vom Kaufinteressenten auch bei Nichtzustandekommen des KaufVertr eine Prov erhalten soll, ja, BGH **61**, 17, Hbg MDR **74**, 580, Lopau NJW **73**, 1971, krit Schulte NJW **74**, 1221 (vgl auch § 313 Anm 2f). Das gilt entspr für den Finanzmakler, Nürnb OLGZ **70**, 7. Maklerbindg (Selbstverkaufsverbot) für angem Fr (5 Jahre), nein, BGH WPM **74**, 257.

o) **Nachrichtenbeschaffg**: Vertr zur Beschaffg pol u handelspol Nachrichten aus dem Ausl, nein, RG JW **24**, 1424. – **Naturalobligation**: Abrede in ggs Vertr, daß die Anspr einer Part nicht klagb sein sollen, idR ja, Celle OLGZ **69**, 1, s auch § 134 Anm 3a unter „SchiedsVertr". – **Pauschalierter Schadensersatz**: S § 276 Anm 5 A b. – **Praxiskauf u -tausch**: Im Ggs zur fr Rspr, die einen PraxisVerk zunächst idR für nichtig hielt u erst später eine weniger strenge Haltg einnahm (vgl RG **153**, 305 – Arzt; RG **153**, 284 u **161**, 155 – RA), w PraxisVerk u -tausch jetzt grdsätzl für zul gehalten, vgl BGH **16**, 74 (Arzt), BGH **43**, 47 u NJW **73**, 98 (RA), BGH BB **58**, 496 (Steuerberater); der VertrInhalt darf aber nicht die Gefahr begründen, daß der Erwerber die Praxis in einer den Interessen der Allgemeinh widersprechden Weise fortführt, BGH **43**, 50. Beim Verk einer Arztpraxis kann eine ggs RückkehrBeschrkg für 2-3 Jahre vereinb w, BGH **16**, 80, 81. Die MitÜbertr der Patientenkartei nebst Behandlgsunterlagen ist zul, BGH NJW **74**, 602, krit Laufs NJW **75**, 1435. – **Religionsbekenntn**: LwVfg, nach der ein Erbe iF des GlWechsels auf den Pflichtt gesetzt w, ja, BGH JW **13**, 1100. AuflVerpfl iF des GlWechsels, daß der Käufer kath w sollte, ja, KG HRR **33**, 1830; HeimfallAnspr iF des GlWechsels, ja, Brschw OLGZ **76**, 52.

p) **Schmiergeldverträge** (vgl auch oben c „Bestechg" u unten t „Treubruch"): Heiml Zuwendgen an Angest der GgSeite, ja, u zwar uU einschl des dch diese Zuwendgen herbeigeführten Vertr, RG **136**, 360; ob Benachteiligg der GgSeite gewollt u ob Nachteil entstanden, ist unerh, RG **161**, 233. Für Zuwendgen an Vertreter des and VertrTeiles gilt das gleiche, BGH NJW **62**, 1099 u **73**, 363, vgl aber Düss NJW **74**, 417. ProvZusage dch BauUntern ggü Arch, ja, Hbg MDR **70**, 47. Entgeltszusage an BankAngest für Weitergabe von dienstl Wissen, ja BGH LM (Aa) Nr 24. Vgl auch § 134 Anm 3a unter „UWG". – **Schmuggel**: Vertr zur Förderg des gewerbsm Schmuggels, ja, RG **96**, 282, 283. Dagg genügt zur Sittenwidrigk eines KaufVertr nicht, daß Käufer das gekaufte Schiff zum Schmuggel benutzen will u Verk hiervon weiß, RG JW **31**, 928. – **Schneeballsystem**: Vertr über die Mitarbeit in einer auf dem Schneeballsystem aufgebauten Vertriebsorganisation, ja, BGH WPM **78**, 877, Köln BB **71**, 1209. – **Schweigegeld**: ErlVertr, um zu verhindern, daß der Schu strafb Handlgen des Gläub anzeigt od bekannt macht, ja, RG **58**, 205–207. Entgelt Verspr des Ehem ggü dem Ehebrecher, über den Ehebruch zu schweigen, ja, BGH LM § 134 Nr 18.

q) **Sichergsübereignng** (vgl auch oben i u k): Nicht ohne weiteres SÜ des ganzen Warenlagers, RG **132**, 187, insb dann nicht, wenn der Schu die übereign Waren in seinem GeschBetr veräußert u der SichgNehmer nur aus wicht Grd von den SichgsMögl Gebr machen darf, BGH NJW **62**, 102. Fehlen der Offenkundigk macht die SÜ noch nicht sittenw, RG **160**, 57. Ja, wenn dringdste SchulInteressen außer acht gelassen RAG, HRR **30**, 1117. SÜ unter dem Druck drohder ZwVollstr, ja, Marienwerder HRR **39**, 71. Erlangg aller verfügb Werte unter Ausnutzg der Notlage des Schu gg Gewährg eines zur Sanierg unzureichden Kredites, um sich ausr Sicherh für notleidd gewordene ungedeckte Kredite zu verschaffen, ja, Ffm OLGZ **67**, 260. HereinN neuer Sicherh von einem Schu, der vom SichgNehmer bereits wirtsch abhäng ist, nur zul, wenn SichgNehmer ohne grobe Fahrl einen Schaden für die and Gläub u KreditTäuschg ausschließen kann, BGH LM (Bb) Nr 4. SÜ des ganzen Maschinenparks, nein, wenn laut Bilanz noch erhebl EigKapital vorh u der Inh als tücht u redl Kaufmann bekannt ist, BGH NJW **56**, 585, vgl auch BGH WPM **71**, 441. SAbtr sämtl pfändb GehaltsAnspr zur Sicherg eines Bankkredits, idR auch dann nein, wenn Befristg fehlt, BGH Betr **76**, 383. SÜ unpfändb Ggst, nein, BGH WPM **61**, 243, Brschw MDR **62**, 303, Ffm NJW **73**, 104, a A Stgt NJW **71**, 50, das in einer solchen SÜ einen unzul Verz auf künft Pfändgs-Schutz sieht, dazu abl Gerhardt JuS **72**, 696. Dch spätere sittenw SÜ w fr nicht notw nichtig, doch kann die weitere Dchführg des fr Vertr sittenw sein, BGH **7**, 114 u Betr **58**, 1269, krit Barkhausen NJW **63**, 1412. Zur Sittenwidrigk von SÜ vgl auch Berges BB **54**, 886. – Abreden über gemeins **Spekulation** mit Wertpapieren, Frage des Einzelfalls, BGH WPM **77**, 707. – **Sport**: Entgeltl Vertr zum Fernhaltg aussichtsreicher Mitbewerber, ja, RG **138**, 137. Verspr von Zuwendgen an Fußballspieler unter Verletzg des Bundesligastatuts, idR nein, BAG NJW **71**, 855, ebso HandgeldVerspr entgg dem VertrSpielerstatut, Köln NJW **71**, 1367, od entgg Amateurstatut, Hamm NJW **76**, 331. Vereinbg einer Transfersumme für Amateurfußballer, nein, Karlsr NJW **78**, 324.

r) **Standespflichten** (vgl auch e „Erfolgshonorar", o „Praxiskauf" u w „WettbewVerbote"): Verletzg von StandesPfl kann Verstoß gg § 138 begründen, aber nur der betreffde Berufsstand rechtl anerkannt ist u sich um einen Verstoß gg anerkannte R- u GemschWerte handelt, RG **144**, 245. Vereinbg, die die Berufsorganisation als standesw mißbilligt, uU ja, BGH **22**, 357, doch macht nicht jeder Standesverstoß eines an eine Standesordng gebundenen VertrTeiles das RGesch sittenw, BGH NJW **73**, 315. Unterschreigt der von der Kammer für verbindl erkl Sätze der GOA, nein, da StandesR der Grds freier PreisVereinbg nicht beschr kann, aA Ganten ZHR **139**, 401. Vereinbg überhöhten AnwHonorars, ja, wenn RA rücksichtslos vorgegangen ist od die Honorarzusage in erpressgsähnl Weise herbeigeführt hat, RG **83**, 113. Ebso, wenn RA sich Ggst übereignen läßt, die sein AuftrGeb zur erfolgreichen Dchführg des dem RA erteilten Auftr unbedingt gebraucht, BGH NJW **67**, 873. Stille Beteiligg an Apotheke, nein, wenn die Erf der ordnsgem Arzneimittelversorgg dch den Apotheker nicht behindert w, BGH NJW **72**, 338. Entgeltl Verspr eines Krankenhausleiters, einem Arzt dch Empfehlg den Eintritt in seine Stellg als Nachf zu verschaffen,

Rechtsgeschäfte. 2. Titel: Willenserklärung **§ 138** 5 k–n

arbeitden OHG iVm SÜ in einer Weise, die den Fortfühlrden von der Entschließg des Ausscheidden vollst abhäng macht, ja, RG **JW 12**, 457. Vollm über den GesNachl, die für die Erben unwiderrufl ist, ja, wenn Vollm kein best RechtsVerh zugrdeliegt, KG **OLG 42**, 169. Gewisse Beschrkgen der Freizügigk eines Untern, die diesem keine wesentl Nachteile bringt, nein, RG **160**, 265. Verz auf Unpfändbk nach ZPO 811 Nr 1, ja, RG **72**, 183, dagg nein SÜ unpfändb Ggst, s unten q. Best in BenutzgsBdggen eines gewerbl KfzVerm, daß Mieter gebührenpfl Verwarng ablehnen muß, um die poliz Aufn des Unfalls zu veranlassen, ja, Ffm **NJW 65**, 588. – Das Versprechen eines Entgelts kann in RGesch sittenw machen, wenn die **Kommerzialisierg** in dem betreffden Lebensbereich anstöß ist. Nichtig daher Gesch des Ordens- u Titelhandels (RG **86**, 98, JW **19**, 447); entgeltl Vertr über die Ausübg des ZeugnVerweigerungsR (RG **79**, 373); uU entgeltl Vertr über die Nichterstattg einer StrafAnz (RG **JW 04**, 404); Zusage eines Schweigegelds für Ehebruch (BGH **LM** § 134 Nr 18); erkaufter Verz auf EhelichkAnf (Celle NdsRpfl **62**, 188); Manipulation eines Sportresultats (RG **138**, 137). Nicht in jedem Fall anstöß dagg, die Hilfe in einer Notlage von einer Vergütg abhäng zu machen (BGH **69**, 299; FluchthelferVertr). Wohl unbedenkl auch entgeltl Vertr über den Tausch von Studienplätzen (Mü NJW **78**, 701).

l) Koppelgsgeschäfte: Koppelg von WohnVermittlg u MöbelVerk ist dch Ges zur Regelg der WohnVermittlg (Art 9 des Ges vom 4. 11. 71) 3 III 1 untersagt, vgl Einf 2 b, 6 vor § 652. Nach fr Rspr war eine solche Koppelg nicht ohne weiteres sittenw, BGH **NJW 70**, 2017, krit Wolf JZ **71**, 376. Ein entspr Verbot für die Koppelg von GrdstKaufvertr mit Ingenieur- u ArchVertr enthält das Ges zur Regelg von Ingenieur- u ArchLeistgen (Art 10 des Ges vom 4. 11. 71) 3 S 1, vgl § 631 Anm 1 b. Auch derart Vereinbgen waren fr nicht in jedem Fall sittenw, BGH **60**, 33, aA Ffm BB **71**, 1388. – Ausnutzg von **Hoheitsrechten:** Der Staat darf grdsätzl die Wahrnehmg der öff Aufgaben nicht in einer gesetzl nicht vorgesehenen Geldleistg abhäng machen, BGH **LM** § 134 Nr 50. Gewährg in das Erm gestellter baurechtl Befreiungen gg kostenl Abtr eines GrdstStreifens für eine StrVerbreiterg, ja, BGH NJW **72**, 1657, vgl auch Menger VerwA **64**, 203, ferner RG SeuffA **87**, 182. BaudispensVertr, die mit wirtsch GgLeistgen verbunden sind, können wirks sein, wenn sie sich den Bauherrn u der Gemeinde dienen, insb innerl zusgehör Dinge in vernünft Weise miteinander verknüpfen, u wenn der Bauherr nicht schlechter gestellt w als iF einer Enteign, BGH **26**, 87, 88. Unbedenkl auch Gen, gg die wesentl finanzielle Grde sprechen u auf die kein Anspr bestand, an eine GgLeistg zu knüpfen, wenn diese die finanziellen Nachteile mildert, BGH **LM** § 134 Nr 50. Übern von „Folgekosten" der Bebauung dch Bauherrn, Frage des Einzelfalles, BVerwG NJW **73**, 1895, BGH NJW **75**, 1019. Für die Beurteilg ist gleichgült, ob BeitragsPfl in Vertr mit der Gem od in Vertr mit GrdstVeräußerer zG der Gem begründet w, BGH aaO. Die Ergbn der bisherigen Rspr sind nunmehr in dem für öffrechtl Vertr geltden VwVfG 56 kodifiziert. Danach kann eine GgLeistg vereinb w, wenn diese für einen best Zweck versprochen w, der Erf öff Aufg dient, angem ist u im sachl Zushang mit der Leistg der Beh steht. – Ein Forstamt, das die Privatwaldbesitzer iW schlicht hoheitl Tätk berät u betreut, darf sich bürgerl-rechtl Mittel bedienen u die Unkosten für die Weiterleitg von SammelBestellgen der Waldbesitzer dch eine Prov mindern, BGH MDR **63**, 990. – **Kredittäuschg:** S oben i.

m) Kündigg: Sittenwidrigk der Künd kann bei ArbVertr nicht auf Umst gestützt w, die in den Schutzbereich des KSchG fallen; § 138 nur anwendb, wenn Unsittlichk iS von KSchG 1, sond aus sonst Grden hergeleitet w, BAG **16**, 26, Betr **73**, 2307; ferner, wenn ArbN nicht unter KSchG fällt; vgl auch Schwerdtner JZ **73**, 378. Künd wg Ablehng schamverletzer Untersuchg, ja, RAG JW **36**, 2012. Künd, um die Erlangg des Amts als VertrauensratsMitgl unmögl zu machen, ja, RAG **20**, 319. Künd wg herabsetzder Agitation gg den ArbG, nein, BAG NJW **73**, 77 – JZ **73**, 375 mit abl Anm Schwerdtner. – MietKünd aus Vergeltg od sonst unsachl Grden uU unsittl, vgl LG Mannh NJW **68**, 1833 u AG Siegen MDR **70**, 239, ebso ÄndergsKünd, die dem Mieter kaum Zeit zur Überlegg läßt, LG Hbg NJW **71**, 1084. Künd eines TankstellenVertr, weil der Pächter die Einf eines belastden Rabattsystems ablehnt, ja, BGH NJW **70**, 855. – Künd eines wirtsch unzumutb PrivatgleisAnschl trotz Monopolstellg, nein, BGH Betr **71**, 2352. Künd eines StromliefergsVertr, uU ja, wenn die Weiterbelieferg wirtsch zumutb ist, BGH **24**, 152. – **Leasingverträge** (vgl auch oben k): Einseit zG der Vertriebsfirma gefaßter FormularVertr über Aufstellen einer Softeismaschine u Bezug von Eisbeuteln, ohne daß die Vertriebsfirma ihre Vertreter zur ordngsgem Information angehalten h, ja, Bambg NJW **72**, 1993, vgl auch LG Augsbg NJW **73**, 709.

n) Macht- od Monopolstellg (vgl auch b, k u m): Festsetzg eines 13,41% über dem übl Tarif liegden Stromtarifs dch allein Stromlieferantin unter Ausnutzg ihrer Monopolstellg u in Kenntn der maßg TatUmst, ja, ohne daß verwerfl Gesinng erforderl, BGH **LM** (Cc) Nr 4, vgl dazu Köhler ZHR **137**, 237. Existenzgefährdde Standgelderhöhg für Tabak- u Süßwarenstand dch Stadtgemeinde, ja, BGH **19**, 94. Überhöhte Vergütg für SondernutzgsR unter Ausnutzg der Zwangslage, ja, ohne daß sie in angem Höhe aufrechterhalten w kann, BGH NJW **58**, 1772. Sittenw auch die mißbräuchl Ausnutzg der Machtstellg des **Vermieters;** Beispiele oben 4 c. Verpfl zur Kinderlosigk in MietVertr, ja, LG Mannh WM **65**, 95. Vereinbg, daß Verp bei Beendigg des PachtVerh unter Ausschl von EntschAnspr die vom Pächter eingebaute Anl behalten darf, nach BGH NJW **67**, 1223 Frage des Einzelfalls. Verbot in PachtVertr über Kiesgrube, dem Verp nicht gehördes Grdst ohne dessen Zust auszukiesen, uU ja, BGH WPM **72**, 882. Verbot, in MietWo elektr Waschmaschine aufzustellen, ja, Roquette NJW **63**, 91, LG Bln JR **63**, 423, Glaser MDR **63**, 364; ebso für Geschirrspülmaschine, AG Hildesheim NJW **73**, 519; Überbürdg der Instandsetzgskosten auf Mieter, idR nein, LG Hbg MDR **73**, 318, aA Roesch ZMR **73**, 356. Vergl, den der Versicherer unter Mißbr seiner wirtsch Machtstellg ggü dem in dringder Not befindl Verl herbeigeführt h, ja, RG JW **36**, 2787; ebso Vereinbg eine unverhältnism geringen Abfindg für den Tod des Ehem, wenn der Versicherer die GeschUnkenntn des and Teils ausgenutzt h, RG **96**, 92, 93. Gen des Eintritts eines Nichtfachmanns ohne Geldmittel in BrauereiVertr unter Auferlegg drückder AbzVerpfl dch Brauerei, die nur ihre Vorteile verfolgt u den sicheren wirtsch ZusBruch des Eintretden in Kauf nimmt, ja, RG JW **38**, 2393. Abwälzg von SchadErsAnspr gg ein Kraftwerk aus Lieferverbot zu Gemeinde als Partner des StromliefergsVertr, uU ja, RG **143**, 29. Best in LiefergsBdggen eines städt Wasserwerks, daß GrdstErwerber für Wassergeldrückstände u sonst ZahlgsVerpfl des Voreigtümers haftet, ja, KG JW **36**, 1787 (gg KG JW **35**, 57).

§ 138 5 h–k   1. Buch. 3. Abschnitt. *Heinrichs*

h) **Gesellschaftsverhältn** (vgl Anm 2e, ferner unten k u s „StimmR"): GewinnVorweg für Kommanditisten ohne Rücks auf JahresAbschl, ja, RG **166**, 72. Best, daß Gter, die Konkurrenten der Gesellsch sind, sich in GterVers dch Mitgl der GeschFg od des AufsR vertreten lassen müssen, nein, RG **80**, 390, 391, dagg ja, wenn alle GterR dch Vertreter ausgeübt w sollen, RG **88**, 221, 222. Verspr gü NichtGter, die GterR nach dessen Weisg auszuüben, jedenf dann sittenw, wenn nach GesellschVertr Übertr der Gesch-Anteile von Gen eines GeschOrgans abhäng, RG **69**, 137. Verspr des geschführd Gters einer PersHandelsgesellsch, Einn aus anderw Tätigk jeder Art an Gesellsch abzuführen, ja, da unzul Eingr in den FreihBereich, BGH **37**, 385. Schaffg weiterer Stammaktien als Schutzaktien zur Niederhaltg der Minderh, uU ja, RG **132**, 161–166. Beschrkg der Vfg über AktienBes im Rahmen einer SchutzGemsch von Aktionären, grdsätzl nein, RG **165**, 145. Best, daß VorstdsMitgl bei Entlassg vor Ablauf ihres zehnjähr Vertr ihr volles Gehalt weiterbeziehen, falls sie nicht wg Verlust der bürgerl EhrenR entlassen w, ja, RG **75**, 238, 239. Befreiung des geschführden Gters von Pfl zur RechenschLegg, uU ja, BGH Warn **65**, 126, Globalzession aller Kommanditeinlage Fdgen einer PublikumsKG, ja, LG Mü BB **77**, 361. Vertragl Recht, das Ausscheiden and Gter gg Zahlg eines Entgelts zu verlangen, jedenf dann nicht, wenn Begünstigter die Ausscheidden als Angeh unentgeltl aufgen h, BGH **34**, 83. Einräumg starker „Machtfülle" an neu eintretend Kommanditisten, nein, sofern angem Verhältn zu dem übernommenen Risiko, BGH WPM **74**, 1151. Wiederverheiratgs-klauseln in GesellschVertr, dch die das den Kindern unentgeltl zugewendete GesellschVerm der Fam erhalten w soll, nein, BGH BB **65**, 1167. Best, wonach Gter ohne wicht Grd ausgeschl w kann, nein, BGH NJW **73**, 1606; wohl aber Best, daß der ohne wicht Grd Ausgeschlossene zu Buchwerten abzufinden ist, BGH BB **78**, 1333. Best, wonach gepfändeter GesellschAnteil zum Buchwert eingezogen w, nein, wenn gleiche Regelg iF des Ausschlusses aus wicht Grd gilt, BGH NJW **75**, 1835, Ffm OLGZ **78**, 36. Abrede, wonach GesellschAnteil nach dem Tode eines Gters unentgeltl an die MitGter fällt, nicht schon deshalb unsittl, weil sie das PflichttR verkürzt, BGH WPM **74**, 1338. Gesetzeswidr Beschl, die nicht unter AktG 241 Nr 4 fallen, auch bei Sittenverstoß nur anfechtb, RG **166**, 131 u **167**, 76. Einzahlg der GmbH-Stammeinlage aus Mitteln, die dch UntreueHandlgen zu Lasten der Gesellsch beschafft w waren, ja, RG **159**, 331. Bewußter Verstoß gg das Verteilgsverbot in GmbHG 73, ja, BGH NJW **73**, 1695.

i) **Gläubigergefährdg** (vgl auch unten q „SichgÜbereign"): SichgVertr, mit dem sich eine Bank leichtfert über die Belange etwaiger GeschPartner des Schu hinwegsetzt, uU ja, BGH **20**, 50–52. Finanziergs-Vertr mit Abtr, die die ges Einn des Schu an sich ziehen sollen, uU ja, wenn es aus dem Kredit die Befriedigg seiner and Gläub aus fr Zeit nicht mögl, BGH **19**, 17, 18. Aneigng sämtl Werte eines konkrfen Untern dch GroßGläub unter Ausnutzg der wirtsch Machtstellg, so daß Einstellg mangels Masse nöt, ja, BGH NJW **56**, 417, krit Barkhausen aaO. Für die Sittenwidrigk ausr, daß der SichgNehmer aGrd seiner Kenntn von der VermLage des Schu mind mit der Mögk einer Täuschg u Pers über die Kreditwürdigk des Schu rechnet, RG **143**, 52, vgl auch RG **136**, 296. SichgVertr zur Sanierg, ohne daß der Gläub die Erfolgsaussicht eingeh u obj geprüft h, idR ja, wenn die Möglk besteht, daß Dr über die Kreditwürdigk des Schu getäuscht w, BGH **10**, 228. Übereign des Warenlagers eines FlüchtlingsBetr zur Sichg an die öff Hand, idR nein, weil and Gläub damit rechnen müssen, da keine nennenswerte Kapitalausstattg vorh, BGH BB **66**, 12. Entgng von ErfLeistgen od Sicherh dch Gläub in Kenntn des bevorstehden Zusbruchs des Schu, nein, BGH **LM** (Bb) Nr 13. Wg GläubBenachteiligg anfechtb RGesch, idR nein, RG **170**, 332, BGH BB **68**, 1057 u NJW **73**, 513, vgl oben Anm 1 f dd. Weitere Nachw bei Serick III 39 ff. ZwVerst, um Lasten zu beseitigen, mit denen h Übereug des Eigtümers dch das Grdst nicht mehr gedeckt w, nein, RG **160**, 58. LohnschiebgsVertr wurden fr nicht ohne weiteres für unsittl gehalten, vgl RG **81**, 45, 46; für sie gilt jetzt ZPO 850h. – **Globalzession:** ja, wenn sie zu einer Täusch u Gefährdg späterer Gläub führt u SichgsNehmer dies in Kauf genommen h, BGH Betr **77**, 949. Für das Verh zum verlängerten EV s § 398 Anm 3e.

j) **Glücksspiel:** Darl zu Spielzwecken, ja, wenn Darleiher daraus Gewinn ziehen will u es sich für Darl-Nehmer um nicht unbedeute Betr handelt, BGH **LM** § 762 Nr 1; sonst nein, BGH NJW **74**, 1821. MietVertr über Spielräume nicht schon dann, wenn Spielzweck Verm bekannt, wohl aber, wenn Spiel bewußt gefördert w soll, RG Warn **22**, 121. – **Haftgbeschränkgen u -verschärfgen:** S § 276 Anm 5 A a u B b. – **Haushaltsvorschriften:** Vertr mit Gemeinde, dessen Erf nur unter schwerer Verletzg von HaushVorschr mögl ist, ja, BGH **36**, 398. – **Kartellrecht:** FolgeVertr, nein, Celle NJW **63**, 2126, vgl § 134 Anm 3a unter „KartellR". Über Vertr mit Dr, der gült PrBindgsVereinbg widerspricht, vgl Plaßmann NJW **63**, 2097 u Paul NJW **64**, 129. – **Kaufvertrag** mit Polenaussiedler unter Ausnutzg von dessen geschäftl Unerfahrenh, ja, Hamm JMBlNRW **74**, 32.

k) **Knebelgsverträge** (vgl auch c „AutomatenaufstellVertr" u „BierbezugsVertr" sowie unten m „LeasingVertr", n „Macht- u Monopolstellg" u q „SichgsÜbereign"): Nicht jede Beschrkg in der wirtsch Freih sittenw, BGH **LM** (Bc) Nr 13, wohl aber Lähmg der wirtsch BeweggsFreih im ganzen od in einem wesentl Teil, RG **130**, 145. Ländl PachtVertr, der die ges wirtsch Existenz des Pächters erfaßt u ihm nicht die Möglk wirtsch Emporkommens läßt, ja, RG JW **29**, 3161. PachtVertr über GewerbeBetr zu drückden Bdggen, uU ja, BGH WPM **76**, 181. Finanzierg zu Bdggen, die dem Schu jegl Freih für wirtsch u kaufm Entschl nehmen, ja, BGH **19**, 18. SchädiggsAbs für Unsittlichk nicht erforderl, selbst die Abs des stärkeren Teiles, dem and zu Hilfe zu kommen, steht Nichtigk nicht entgg, RG JW **19**, 443. SichgVertr, der den GeschBetr zum Erliegen bringen kann, nein, wenn feststeht, daß der Gläub nur im Notfall von Sichg Gebr machen w, etwa wenn der Schu die übereign Ggst weiterveräußern u die abgetretenen Fdgen einziehen darf, BGH NJW **62**, 102. Recht, die Benutzg einer zur Sichg übereigneten Maschine jederzeit zu entziehen, nein, da willkür Entziehg §§ 157, 242 entggstehen, BGH BB **55**, 331. Unterwerfg eines Schu, der saniert w soll, unter TrHdsch, die ihm die wirtsch Freih u Selbstdk nimmt, uU ja, u zwar einschl der zur Ausführg des TrHd Vertr geschl ErfGesch wie SÜ, Ffm NJW **67**, 1043. Übertr aller GterR auf Lebenszeit auf sog TrHänder, wenn der Gter keinen Einfluß h, ja, BGH **44**, 158. Verpfl, dem Gläub mind zweimal mtl die GeschBücher mit allen zur Kontrolle dch Finanzamt u Stadtsteueramt erforderl Unterlagen vorzulegen, ja, Hamm BB **70**, 374. Drückde AbfindgsVerpfl bei Auflösg einer mit Verlust nein, außer wenn die Ehefr mitschuld ist od es sich um ein getarntes Schweigegeld handelt, BGH **LM** § 134 Nr 18. ScheidgsVereinbg, die unmittelb darauf gerichtet ist, die Scheidg dch das Vorbringen eines nicht mehr bestehenden ScheidgsGrd zu erwirken, ja, BGH **41**, 169, 170 gg fr Rspr (vgl RG **159**, 167 u **168**, 275). Vereinbg über Verz auf Rechtsmittel gg ein Urt, das aGrd fingierter ScheidgsGrde ergangen ist, ja, BGH **28**, 50. Entgeltl Gesch bezügl EhelkAnf, ja, Celle NdsRpfl **62**, 188; wirks aber Vereinbg, in der der Erzeuger u Ehebrecher die UnterhPfl für das scheinehel Kind übernimmt, BGH **46**, 56. Übernahme einer Schadenswiedergutmachg zw Eheg, idR auch dann nein, wenn keine RPfl zum SchadErs besteht, BGH WPM **74**, 967. Erbeinsetzg unter der Bdgg, daß der Erbe sich von seiner untreuen Ehefr scheiden läßt, nein, BGH **LM** (Cd) Nr 5, bedenkl, vgl Keuk FamRZ **72**, 9. Übertr- u LbRentenVertr, dch den Eltern einem Kind unter Übergeh der übr Abkömml ihr ges Verm zuwenden, idR nein, BGH **LM** (Cd) Nr 19.

e) Bindg dch Ehrenwort: Bindg einer vertragl Verpfl dch Ehrenwort nur zum Schutze bes wicht Interessen zul, RG **74**, 333 u **78**, 263, dagg ehrenwörtl Zusichg einer in der Vergangenh liegden Tats unbedenkl, RG SeuffA **95**, 57. – **Eigenhändlerverträge:** Erschwerg der nach 5 Jahren erstmals mögl Künd dch Verpfl, die ges Kundsch zu übergeben u Wettbew für 2 Jahre zu unterl, ja, wenn ohne angem Entsch, BGH **LM** (Bb) Nr 33. – Kaufzwangklausel in **Erbbaurechtsvertrag**, idR nein, BGH **LM** (Bb) Nr 1, Hamm NJW **77**, 203, Macke NJW **77**, 1158, aA Kollhosser NJW **74**, 1302. – **Erfolgshonorar:** AnwVertr über Erfolgshonorar, idR ja, BGH **34**, 70 u **39**, 148, auch dann, wenn RA sich um den Abschluß eines Vertr bemühen soll, BGH WPM **76**, 1135, **77**, 552. Erfolgshonorar eines ausl RA, idR nein, selbst wenn das Honorar ohne Rücks darauf geschuldet sein soll, ob der Erfolg der Arb eintritt, BGH **22**, 165. Ein an sich zul Erfolgshonorar kann dch Vorbem bedenkl werden, KG RzW **58**, 374. Erfolgshonorar eines fr dtsch RA, dem dch BEG 183 I Vertretgsberechtigg in Dtschland gegeben w war, ja, BGH **51**, 294, 295. – **Fernlehrverträge:** ProgrammiererFernlehrVertr mit offensichtl wenig geeignetem Kunden ohne entspr Eigngsprüfg, ja, Hamm MDR **70**, 841; SprachkursusVertr bei irreführder Werbg, uU ja, LG Wuppertal MDR **64**, 756; vgl jetzt FernunterrichtsschutzG v 24. 8. 1976 (BGBl I S 2325). – **Finanzierg, Teilzahlg:** TeilzahlgsVertr, den Käufer offensichtl nicht durchhalten kann, RG **147**, 347. Überredg einer geschäftl unerfahrenen überschuldeten Part zu weiteren KreditAufn, uU ja, LG Bonn WPM **77**, 1341. Die Zinssätze sind je nach den KapitalmarktVerh unterschiedl zu beurt, vgl Anm 4a aa. – Vertr über **Fluchthilfe**, grdsl nein, doch kann sich Sittenwidrigk aus erhöhter Vergütg od aus und Umst (konkr Gefährdg andrer Dr) ergeben, BGH **69**, 295, Wengler JZ **78**, 64, grdsl unbedenkl auch Vereinbg, wonach Vorschuß iF des Mißlingens der Flucht nicht zurückzuzahlen ist, BGH **69**, 307.

f) Zuwendgen an Geliebte: Schenkg als Belohng für ehebrecher geschlechtl Hing, ja, RG **111**, 153, 154. Entlohng homosexueller Beziehgen, ja, RG LZ **22**, 556. Benenng der zweiten Ehefr, die der VersN ein ehew Vertr unterhalten hatte, als BezugsBerecht an Stelle der Kinder aus erster Ehe, uU ja, RG **142**, 412, auf die Kenntn des Versicherers kommt es nicht an, RG **154**, 102. SchuldVerspr an Geliebte, uU ja, wenn dadch die Heirat des Mannes erschwert w soll, aber nicht schon deshalb, weil die ZahlgsVerpfl an die Heirat des Mannes geknüpft ist, RG JW **20**, 960. Verspr einer Entsch für verpaßte Heiratsaussicht dch Geliebte ggü einem Mann, uU ja, RG JW **13**, 855. Letztw Zuwendgen, dch die ein verheirateter Mann eine Frau für ehebrecher Verk belohnen od zu dessen Fortsetzg bestimmen will, ja, u zwar auch dann, wenn die Eheg sich auseinandergelebt h u der and Eheg einverst war, BGH NJW **68**, 932, bedenkl, mit Recht krit Breithaupt aaO. Wenn die lwVfg od ein entspr Gesch unter Lebden nicht ausschl einen derart Entgeltscharakter trägt, kommt es auf die GesUmst an, BGH **53**, 375. Für die Unsittlk genügt nicht, daß das geschlechtl Verh mitbestimmd war (so aber die fr Rspr, vgl RG **166**, 399), vielm muß es der allein od ausschlaggebde Grd sein, BGH NJW **68**, 932, **73**, 1645. Zuwendg einer Bezugsberechtigg trotz jahrelangem unsittl Verh, nein, wenn überwiegd achtenswerte BewegGrde vorh waren, BGH **23**, 78. Einsetzg der Haushälterin, die den Erbl 30 Jahre geführt u mit ihm geschlechtl Beziehgen unterhalten hatte, zur Alleinerbin unter Ausschl der Geschwister, nein, BGH **LM** (Cd) Nr 9, vgl auch Köln OLGZ **68**, 490 u Düss OLGZ **70**, 110. Hoferbeinsetzg eines famfremden Kindes, uU ja, wenn ihr eine versteckte Zuwendg an dessen Mutter für unerl Beziehgen zugrde liegt, Celle RdL **57**, 302, nicht aber Berufg eines ehebrecher erzeugten Kindes unter Übergeh von Geschwistern u Geschwisterkindern zum Hoferben, OGH **3**, 188. Die Frage der Unsittlk derart Zuwendgen ist sehr str, zur bisher Rspr mit beachtl Grden krit Müller-Freienfels JZ **68**, 441, Ramm JZ **70**, 129. Wer sich auf die Unsittlk der Zuwendg beruft, ist bewpflicht, BGH **53**, 379; eine tats Vermutg, daß Zuwendgen an einen Ehebruchspartner diesen für die geschlechtl Beziehgen belohnen sollen, w im Ggsatz zur fr Rspr mit Recht nicht mehr anerkannt, BGH FamRZ **71**, 638. Eine lwVfg kann teilw unsittl, teilw gült sein, BGH **52**, 23, so daß uU statt der Allein-Erbsch der Geliebten eine ErbenGemsch zw ihr u den gesetzl Erben entsteht, str, vgl einers Speckmann JZ **70**, 401 u NJW **71**, 924, ands abl Husmann NJW **71**, 404 u Reinicke NJW **69**, 1443. Übersicht über die Rspr des BGH s Johannsen WPM **71**, 918. Vgl auch § 2077 Anm 1 A b.

g) Geschlechtl Beziehgen (vgl auch c „BordellVertr"): Entgeltl Vertr über GeschlechtsVerk, ja, BGH **67**, 122. Übereigng des Dirnenlohnes, nein, BGHSt **6**, 379, Düss NJW **70**, 1852. Verk von Präservativen, nein, vgl BGHSt **24**, 318, von Antibabypillen, nein, vgl die Rspr zur SchadErsPfl bei Unwirksamk der Pille, Vorbem 2d vor § 249. KaufVertr über strafb pornograph Schriften, ja, Hbg MDR **75**, 226; uU auch dann, wenn strafr unbedenkl, LG Landsh MDR **68**, 840. DienstVertr nicht schon deshalb unsittl, weil in zeitl Zushang mit geschlechtl Beziehgen abgeschl, RAG JW **36**, 1246, wohl aber dann, wenn dch ihn die Konkubine an den DienstBerecht gefesselt w soll, RG Warn **26**, 41, od wenn er als Deckmantel für eine wilde Ehe dient, RAG Warn **31**, 137. GesellschaftsVertr zw Ehebrechern, nein, wenn der GesellschZweck selbst nicht unsittl, BGH NJW **70**, 1540, so auch bei einer zur Errichtg eines gemeins zu bewohnden Hauses gegründeten Innengesellsch, wenn der Gedanke an die Förderg des ehebrecher ZusLebens nicht im VorderGrd stand, BGH FamRZ **65**, 368; GesellschVertr zur Anschaffg von Hausrat für das ehebrecher ZusLeben, nein, aA BGH FamRZ **70**, 19. BeherbergsVertr mit Verlobten über Unterbringg in Doppelzimmer, nein, aA AG Emden NJW **75**, 1363, dazu Peters u Schickedanz NJW **75**, 1890, Lindacher JR **76**, 61, Händel NJW **75**, 521, Beer JuS **77**, 374, ferner LG Bonn NJW **76**, 1690/2166 (Anm Berg).

150 *Verspätete und abgeänderte Annahme.* I Die verspätete Annahme eines Antrags gilt als neuer Antrag.

II Eine Annahme unter Erweiterungen, Einschränkungen oder sonstigen Änderungen gilt als Ablehnung verbunden mit einem neuen Antrage.

1) Verspätete Annahme, I, vgl § 149 Anm 1. Auf den in der verspäteten Ann liegenden neuen Antr kommt der Vertr auch dann erst mit der Ann dch den früheren Antragenden zustande, wenn der urspr AntrEmpf seinen VertrAbschluß-(Annahme-)willen dadch zeigt, daß er die verlangte Leistg nunmehr erbringt. Vielf wird die neue Ann stillschw nach § 151 erfolgen; insb unter Kaufleuten ist Schweigen in solchen Fällen idR Einverständn; vgl RG **103**, 13, BGH NJW **51**, 313.

2) Die **Annahme mit Änderungen usw, II,** ist keine eigentl Ann des Antrags, der nur so, wie er abgegeben ist, rechtswirks angenommen w kann; vgl § 145 Anm 1 und § 147 Anm 1. Ob ein Zusatz eine Änderg (ob eine Einschränkg der Bejahg des Antrags) darstellt, ist Ausleggsfrage, vgl RG JW **10**, 574. Möglicherw ist unbeschränkte Ann verbunden mit einem Antr auf Erweiterg od Änderg des Vertrages gewollt; insb kann das gewollt sein, wenn ein Mehr od Weniger angeboten od verlangt wird, als im Antr vorgesehen; vgl RG JW **31**, 1181 (Ann der beschränkten BürgschErkl, Nachsuchen erweiterter Bürgsch-Übern), anderers RG JW **25**, 236 (Verlangen größerer Mengen grdsätzl keine Ann der angebotenen geringeren) und OLG **44**, 130 (Ann eines Teils des Angebotenen). AnnErkl, die Abänderungswillen erkennen läßt, ist als unbeschr AnnErkl auszulegen, BGH **LM** Nr 2 (Bezugnahme auf eig AGB, wo Angebot die des Anbietenden enthielt); also ausdrückl Hinw auf eig (abweichende) AGB notw, mind zweckm. Wo unzweideutig Ann zu eig AGB erklärt, gilt II, BGH **LM** Nr 3, 5, 6; nimmt dann die eine Part die Leistg der anderen entgg, so kann darin uU Einverständn mit den AGB des and liegen. Das ist aber die Ausn; idR ist Nichteinbez der AGB beider Part u Gültigk des Vertr iü anzunehmen, BGH **61**, 287, Betr **77**, 1311 u AGBG 2 Anm 4 u 6 c. Eine dem Antragenden nur günstige ZusatzErkl berührt die Wirksamk der Ann nicht, OLG **38**, 39. – Zusätze wie „Brief folgt" vgl § 148 Anm 5. – Der in der ÄndergsAnn liegende neue Antr kann stillschw angenommen werden, vgl Anm 1.

151 *Annahme ohne Erklärung an den Antragenden.* Der Vertrag kommt durch die Annahme des Antrags zustande, ohne daß die Annahme dem Antragenden gegenüber erklärt zu werden braucht, wenn eine solche Erklärung nach der Verkehrssitte nicht zu erwarten ist oder der Antragende auf sie verzichtet hat. Der Zeitpunkt, in welchem der Antrag erlischt, bestimmt sich nach dem aus dem Antrag oder den Umständen zu entnehmenden Willen des Antragenden.

1) Die Ann ist grdsätzl empfangsbedürft WillErkl, die erst mit Zugehen wirks wird, § 148 Anm 1. In Fällen des § 151 bedarf es ausnahmsw **keiner Erkl gegenüber dem Antragenden**, also auch keines Zugehens; die Ann ist nicht empfangsbedürftig. Eine AnnErkl, dh ein Verhalten, aus dem der AnnWille unzweideutig hervorgeht, ist aber auch hier nicht entbehrl, RG **117**, 134, BGH WPM **77**, 1020, und bei Kontrahierngszwang, OGH NJW **50**, 25. Da der Gesichtspkt des Vertrauensschutzes keine Rolle spielt, kommt es auf die obj ErklBedeutg grdsl nicht an; erforderl ist vielm ein wirkl AnnWille (Larenz § 28 I). Vertr kommt daher nicht zustande, wenn der Handelnde beim Aufschneiden des zugesandten Buches der Ans war, es sei sein eigenes. Nimmt er die Sache in voller Kenntn aller Umst in Benutzg, kann er sich aber in entspr Anwendg des § 116 nicht auf das Fehlen des AnnWillens berufen. Irrt er über die Pers des Antragden od verkehrswesentl Eigensch), kann er gem § 119 anfechten. UU kann auch ein bloßes Schweigen als Ann gewertet w (vgl Einf 3 vor § 116, § 148 Anm 1). – Die Bedeutg der Vorschr liegt darin, daß der Vertr schon mit der Ann zustande kommt, nicht erst mit ihrem Zugehen, und daß auch eine Erkl, die dem Gegner überh nicht zur Kenntnis gelangt, genügt, RG **117**, 134. Bsp: Reservierg des bestellten Hotelzimmers, Ingebrauchnahme der zugesandten Ware, Absendg der bestellten Ware RG **102**, 372, Absendg od Überweisg des Kaufpreises, vgl RG **129**, 113. Genügt auch dch Erklärgen an Dritte, wenn sie den Willen (nicht die unverbindl Absicht) der Ann unzweideutig ergeben; vgl RG **60**, 412 (Einreichg der Beitritts-Erkl zu einer Genossensch dch Vorstd bei dem Registergericht); Selbsteintritt des Bankkommissionärs OGH NJW **50**, 947. Nachträgl Rückgängigmach (zB Wiederabholg von der Post) beseitigt den Vertr nicht.

2) Die Abgabe einer Erkl der Ann ggü dem Antragenden muß **nach der Verkehrssitte** nicht zu erwarten sein; unter Kaufleuten entsch die Gepflogenheiten des Handelsverkehrs. Für Ann des Versicherngs-Vertr dch Versicherer keine solche VerkSitte BGH NJW **51**, 313, NJW **76**, 289, wohl aber für die Ann des in der Garantiekarte liegden VertrAngebots, Bader NJW **76**, 211. AnnErkl ist nicht zu erwarten, wo Treu u Glauben im Falle der Ablehng sofortige Kundmachg erfordern würden, vgl Mü HRR **42**, 835. Hier bringt bloßes Stillschweigen bis zu dem Ztpkt, wo die Ablehng erfolgen müßte, den Vertr zustande, vgl §§ 147, 148 Anm 1. Die Ann unentgeltlicher Zuwendgen und anderer Geschäfte, die dem AntrEmpf nur günstig sind, braucht dem VerkSitte nicht erklärt zu werden, vgl RG JW **11**, 87, **31**, 1353, BAG **11**, 249, sowie § 516 II; auch bei BehAngestellten ist Ann einer begünstigenden Erkl des Dienstherrn nicht übl, BAG AP § 242 (Ruhegehalt) Nr 24. Über eilbedürftigen Antr einer Bank an ihren Kunden vgl RG **87**, 143.

3) Der Erkl der Ann ggü dem Antragenden bedarf es ferner nicht, wenn er darauf **verzichtet** hat. Verzicht kann stillschw erfolgen u sich aus den Umst ergeben; so wenn VertrLeistg beschleunigt erbracht w soll, vgl RG **102**, 372. Sie kann aus Verhalten bei früh Geschäften zu folgern sein, BGH NJW **57**, 1105 (Zusendg eines Ersatzloses).

§§ 151–154

4) Die **Dauer der Gebundenh** des Antragenden und damit der AnnFähigk des Antrags bestimmt sich nach dem Willen des Antragenden (2). Bei § 151 handelt es sich idR um kurzfristige Angebote, die nur alsbald angenommen w können; denn es ist nicht anzunehmen, daß der Antragende eine längere Bindg für einen VertrSchluß übernehmen will, von dem er uU zunächst nicht einmal erfährt. Wo schon das Nichtstun des AntrEmpfängers Ann ist, dauert die einseitige Bindg des Antragenden schon deshalb nicht lange, weil Ablehng ihn zum Erlöschen, Nichtablehng binnen kurzer Frist aber den Vertr zustande bringt.

152 *Annahme bei notarieller Beurkundung.* Wird ein Vertrag notariell beurkundet, ohne daß beide Teile gleichzeitig anwesend sind, so kommt der Vertrag mit der nach § 128 erfolgten Beurkundung der Annahme zustande, wenn nicht ein anderes bestimmt ist. Die Vorschrift des § 151 Satz 2 findet Anwendung.

1) Auch im Falle des § 152 ist die **AnnErkl** ausnahmsw **nicht empfangsbedürftig**, dh sie bringt den Vertr schon mit Beurkundg ihrer Abgabe, nicht erst mit Zugehen an den Antragenden, zustande. – § 152 galt auch bei Beurkundg dch nach LandesR (EG 142, 143) zust Beh, RG **72**, 412, aber nicht für Privatschriftform, selbst wenn sie in der Form einer Verhandlgsniederschrift erfolgte. Er gilt nicht, wenn der Antragende ein anderes bestimmt hatte; das kann stillschw geschehen u liegt idR in der Setzg einer AnnFrist, da anzunehmen ist, daß er innerh dieser Frist Gewißh haben will; die Ann muß ihm also innerh der Frist zugehen od er muß wenigstens zuverlässig von ihr Kenntn erlangen, RG **96**, 275. Ob er in Abweichg von der Regel des § 152 mehr als die Beurkundg der Ann zum VertrSchluß erforderte, ist im Einzelfalle Ausleggsfrage; vgl Warn **12**, 152. – **Beweislast** vgl Warn **13**, 354. – Nach **2** muß mindestens die Beurkundg der Ann innerh der vom Antragenden bestimmten od aus den Umst zu entnehmenden Frist erfolgen.

153 *Tod oder Geschäftsunfähigkeit des Antragenden.* Das Zustandekommen des Vertrags wird nicht dadurch gehindert, daß der Antragende vor der Annahme stirbt oder geschäftsunfähig wird, es sei denn, daß ein anderer Wille des Antragenden anzunehmen ist.

1) Nach § 130 II gilt die abgegebene WillErkl, hier der **Antrag**, weiter, wenn der Antragende nach Abgabe, aber vor Zugehen, stirbt od geschäftsunfähig (§ 104) wird, nach § 153 **kann** er im Zweifel auch **angenommen werden**, wenn Tod od GeschUnfgk nach dem Zugehen des Antrags, aber vor wirks Ann eintritt. Ann (ggü den Erben) ist aber nötig. – § 153 ist entspr anwendb bei Eintritt einer Vfgsbeschränkg, insb KonkEröffng über das Verm des Antragenden; der Vertr kommt dann mit dem Gemeinschuldner zustande. Ähnl für den Fall, daß der VertrGgst, der dem Antragenden gehörte, Gesamtgut wird, RG **111**, 190. – Eintritt beschränkter Geschfgk hat auf den Antr keinen Einfluß; die Ann muß aber dem gesetzl Vertreter zugehen.

2) § 153 gilt nur, wenn nicht „ein anderer Wille des Antragenden anzunehmen ist". Das ist Ausleggsfrage u bei Bestellgen zu pers Bedarf od Angebot zu pers Leistg idR anzunehmen; darauf, ob der GeschGegner das erkannte, kommt es nicht an. Gegner hat, wenn Vertr nicht zustande kommt, Anspr auf negat Interesse wie § 122, str, vgl Clasen NJW **52**, 14, Soergel-Lange Rdn 11; aA MüKo/Kramer Rdn 4. – Eintritt des Todes des Lebensversicherungsnehmers vor Ann des VersAntrages vgl RG SeuffA **81**, 20.

3) Eintritt der **Geschäftsunfähigkeit des Antragsgegners** hat auf VertrSchluß nur insofern Einfluß, als ggf der gesetzl Vertreter annehmen muß. **Tod des Antragsgegners** vor Zugehen des Antrags hindert den VertrSchluß, da Zugehen an den Adressaten nicht mehr mögl ist; an Erben ist der Antr idR nicht gerichtet, doch ist das Ausleggsfrage. Über Tod nach Zugehen des Antrags aber vor Ann vgl § 145 Anm 3. Tod des Gegners nach Ann ist einflußlos, § 130 II.

154 *Offener Einigungsmangel; fehlende Beurkundung.* I Solange nicht die Parteien sich über alle Punkte eines Vertrags geeinigt haben, über die nach der Erklärung auch nur einer Partei eine Vereinbarung getroffen werden soll, ist im Zweifel der Vertrag nicht geschlossen. Die Verständigung über einzelne Punkte ist auch dann nicht bindend, wenn eine Aufzeichnung stattgefunden hat.

II Ist eine Beurkundung des beabsichtigten Vertrags verabredet worden, so ist im Zweifel der Vertrag nicht geschlossen, bis die Beurkundung erfolgt ist.

1) Der **Vertragsschluß** setzt übereinstimmende, ausr bestimmte WillErklärgen voraus, vgl Einf 1 vor § 145. Dabei ist WillErkl das Gesamtverhalten des einzelnen Beteiligten, soweit es sich auf das fragl Geschäft bezieht (vgl § 133 Anm 2). Das Gesamtverhalten, das sich aus Äußergen dch Wort od Schrift u sonstigem Tun od Nichttun zusammensetzen kann, ist, wenn die erklärende Partei es nicht selbst anders will, ein einheitl Ganzes. Daraus folgt, daß die **zu einem Einzelpunkt abgegebene Erkl** idR keine selbstd Bedeutg hat, beiders übereinstimmende Erklärgen dieser Art also VertrWirkgen nicht erzeugen u idR auch dann nicht bindend sind, wenn sie schriftl niedergelegt sind (Punktation), **I 2**. Daraus folgt ferner, daß die Erkl einer Partei, sie wolle einen Punkt geregelt wissen, Teil ihrer GesamtErkl ist, über diese also so lange **keine volle Willenseinigg** besteht, als dieser Punkt nicht geregelt od fallengelassen ist; dahin besteht iZw kein Vertr, **I 1**. Ob der betr Punkt objektiv wesentl ist, ist nicht entscheidd, BGH **LM** Nr 2, maßg vielm allein der Wille der einz Partei, der aber erkennb gemacht (erklärt) sein muß; das kann auch durch schlüss Verhalten geschehen, RG SeuffA **78**, 61. All das gilt aber nur iZw, die Parteien können Bindg vereinbaren, obwohl noch einz Punkte ungeregelt sind, RG HRR **37**, 496, Düss NJW **63**, 2079, KG NJW **71**, 1139; für diese gilt dann die gesetzl Regelg, ggf erfolgt VertrErgänzg nach § 157, zB angemessene Vertr-

Dauer u Miete im MietVertr (RG Recht **41**, 3853) od analog § 315 durch richterl Entsch, BGH NJW **64**, 1617, Hamm NJW **76**, 1212 (KaufPr). Bei tatsächl Inanspruchn der Leistg u beiders Kontrahiergszwang ist idR Bindg (u Ausfülllg gem §§ 315 ff) anzunehmen, Stgt WuW **71**, 425, BGH **LM** LuftVZO Nr 2; entspr gilt, wenn die Part trotz fehlder Einigg über best Punkte beiders Leistgen austauschen u übereinstimmd ein VertrVerhältn begründen wollen, BGH **LM** § 315 Nr 12, ferner, wenn beide Part auf ihre AGB verweisen, diese aber nicht VertrInhalt w, BGH **61**, 288, § 6 AGBG Anm 6. Insow gilt jetzt die Sonderregelg in AGBG 6, wonach der Vertr grdsl wirks ist, wenn die beabsichtigte Einbez von AGB scheitert. § 154 selbstverständl auch dann unanwendb, wenn die Part ihr Verlangen nach weitergehder Regelg aufgeben. UU kann das Berufen auf Einiggsmangel gg Treu u Glauben verstoßen, BGH **LM** Nr 2.

2) II setzt im Ggsatz zu **I** volle Einigg voraus; diese genügt nicht, wenn die Parteien **Beurkundg** (öffentliche od privatschriftliche) vor der VertrEinigg vereinbart haben (vgl auch §§ 125, 127 mit Anm); dann entsteht idR Vertr erst, wenn die Form erfüllt u die Urk auch zugegangen ist, RG Gruch **61**, 775. II gilt auch, wenn Part Beurk nur deshalb vorgesehen h, weil sie den Vertr irrtüml für formbedürft hielten, Düss Betr **70**, 1778. Haben Part gerichtl VerglVorschlag angen, sind sie gem II iZw bis zur Protokollierg nicht gebunden, aA LAG Ffm NJW **70**, 2229. – Nachträgl Vereinbg der Beurk schafft idR nur Anspr auf Mitwirkg bei ihr, da zu vermuten ist, daß sie nur BewZwecken dienen soll; doch kann Wiederaufhebg des Vertr bis zur Nachholg der Beurk gewollt sein, RG JW **08**, 739. Auch bei vorher vereinbarter Beurk kann Parteiwille dahin gehen, daß sie nur BewZwecken dienen soll, RG HRR **30**, 92; zB kann Vereinbg beiderseit Bestätigg BewZwecken dienen, BGH NJW **64**, 1269. Das vereinbarte Formerfordern kann nachträgl (auch stillschw) wieder aufgeh w, vgl § 125 Anm 2.

3) Beweislast: § 154 gibt zwei Auslegsregeln, die aus der Natur der Sache folgen; er stellt keine Vermutg auf, BGH NJW **51**, 397. Zu **I**: Wer Zustandekommen trotz teilwesen Fehlens der Einigg behauptet, hat dahingehende Willensübereinstimg zu beweisen. Ist dagg streitig ist, ob noch weitere Punkte geregelt w sollten, ist derj beweispflicht, der sich auf VertrSchluß beruft, KG OLG **4**, 211, RG SeuffA **61**, 74. **II**: Wer bei einem kr Ges nicht formgebundenen Vertr eine BeurkVereinbg behauptet, muß diese beweisen, Staud-Coing Rdn 5, Soergel-Lange Rdn 15, aA RG Warn **22**, 48 (u hier 37. Aufl). Wer bei unstr Formabrede geltd macht, die Beurk solle nur deklarator Bedeutg h, ist insow beweispflichtig.

155 *Versteckter Einigungsmangel.* Haben sich die Parteien bei einem Vertrage, den sie als geschlossen ansehen, über einen Punkt, über den eine Vereinbarung getroffen werden sollte, in Wirklichkeit nicht geeinigt, so gilt das Vereinbarte, sofern anzunehmen ist, daß der Vertrag auch ohne eine Bestimmung über diesen Punkt geschlossen sein würde.

1) § 155 betrifft den Fall, daß die **Parteien glauben, vollständig einig zu sein**, währd das in Wahrh nicht zutrifft. Hier soll, wenn die fehlende Einigg einen (nach dem mutmaßl Willen der Parteien) nicht **wesentlichen Punkt** betrifft, der Vertr im übr wirks sein, vgl die entspr Regelg des § 139; das Fehlende muß wie in anderen Fällen unvollständiger VertrRegelg ergänzt werden, RG **88**, 378, aus nachgiebigen gesetzl Regeln, ggf gem §§ 157, 242. Betrifft die mangelnde Einigg den Hauptpunkt od einen objektiv wesentl, nicht ergänzb Punkt, so kommt ein Vertr nicht zustande, RG **93**, 299. – Ob die Parteien od eine von ihnen einen objektiv nicht wesentl Punkt als so wesentl angesehen haben, daß sie den Vertr ohne ihn nicht geschl hätten, ist unter Berücksichtigg aller Umst zu entscheiden; die maßg Tatsachen muß derjenige vortragen u **beweisen**, der die Wirksamk geltd macht, hM.

2) § 155 ist unzweifelh anwendb, wenn die Parteien einen Punkt bei ihren Verhandlgen **vergessen** od übersehen haben. Schwierigkeiten bereitet der Fall des **Mißverständnisses**. Hier liegt versteckter Einiggsmangel (= versteckter Dissens) nur vor, wenn sich die Erklärgen **in ihrem Inhalt nicht decken**; die äußerl Übereinstimmg od Nichtübereinstimmg (Wortlaut) ist nicht entscheidd, RG **66**, 125. Zunächst ist also der Inhalt jeder Erkl für sich (dch Auslegg nach § 133, vgl dort) zu ermitteln; dann erst sind sie miteinander zu vergleichen. Ergeben sich so inhaltl übereinstimmde Erklärgen, so liegt kein Einiggsmangel vor; der Vertr kommt zustande, BGH NJW **61**, 1668, MDR **67**, 477, WPM **73**, 1114. Der vom ErklInhalt abw Wille des einen Teils kann höchstens zur IrrtAnf gem § 119 berechtigen. Stimmen die Erkl nach ihrem obj Sinn nicht überein, so ist zu unterscheiden: Versteckter Einiggsmangel liegt vor, wenn auch der innere Wille der Parteien nicht übereinstimmt. Deckt sich der innere Wille der Part, ist § 155 dagg unanwendb; allein maßgebd ist das von den Part übereinstimmd wirkl Gewollte, RG **99**, 148, BGH DNotZ **65**, 38, Einf 2a vor § 116 mwN. Entsprechdes gilt, wenn die von einer od beiden Part abgegebenen Erkl obj mehrdeut sind. § 155 ist anwendb, wenn der tatsächl Wille nicht übereinstimmt. Sind sich die Part in Wahrh einig, gilt ihr gemeins Wille. Ebso liegt es, wenn die eine Partei im Irrt der anderen erkennt; dann gilt das von dieser Gewollte und von jener Erkannte; der innere Wille, dies nicht zu wollen, bleibt als geheimer Vorbeh (§ 116) außer Betr, vgl Warn **18**, 222. Versteckter Einiggsmangel ist auch dann nicht vorhanden, wenn die UrkundsPers eine Bestimmg in die (notarielle) VertrUrk aufgenommen hat, die keine der Parteien gewollt hatte und die von der einen Partei beim Vorlesen überhört wurde; der Vertr gilt ohne diese Bestimmg, wenn beide Parteien mit dem Vertr dieses Inhalts einverst waren, RG JW **16**, 1113; legte die andere Partei auf die Bestimmg Wert und erklärte das nicht, so wäre das ein nach § 116 nichtiger, geheimer Vorbeh.

3) Als **Fälle des § 155** bleiben sonach nur übrig: **a)** Vergessen od Übersehen eines Punktes (sog verborgene Unvollständigk); **b)** Abgabe schon äußerl voneinander abweichender Erklärgen, die auch dem Sinne nach auseinandergehen, von denen die Parteien aber annahmen, daß sie sich deckten; zB beide Parteien verhören, verlesen sich, so daß jede glaubt, die andere hätte dasselbe erklärt, wie sie (sog Erklärgsdissens); **c)** Die Erklärgen decken sich äußerl, die Auslegg ergibt aber, daß der Sinn verschieden ist (sog Scheinkonsens). – Kommt der Vertr wegen Einiggsmangels nicht zustande und beruht dieser (zB Mehrdeutigk) auf

§§ 155–157   1. Buch. 3. Abschnitt. *Heinrichs*

dem **Verschulden** einer Partei, so ist sie der anderen schadensersatzpflichtig in Höhe des **Vertrauensinteresses** (vgl § 122 Anm 3), RG **104**, 267, RAG **20**, 68. Bei beiderseit Versch ist der beiderseit Vertrauensschaden gem § 254 zu teilen; so in entspr Anwendg der §§ 122, 179, 307, RG ebda. Näheres über Haftg aus Versch bei VertrSchluß vgl § 276 Anm 6.

156 *Vertragsschluß bei Versteigerung.* **Bei einer Versteigerung kommt der Vertrag erst durch den Zuschlag zustande. Ein Gebot erlischt, wenn ein Übergebot abgegeben oder die Versteigerung ohne Erteilung des Zuschlags geschlossen wird.**

1) Bei Versteigergen gelten als VertrAntrag die auf die Aufforderg des Versteigerers abgegebenen Gebote, als VertrAnn der Zuschlag; der Bieter hat daher keinen Anspr auf den Zuschlag. Die Bindg an den Antr (das Gebot) besteht bis zur Abgabe eines höheren Gebotes (unabhängig von dessen Gültigk) od bis zum Schluß der Versteigerg. Die Beteiligten können abw Regelg vereinbaren; das geschieht idR dadch, daß der Versteigerer solche feststellt u die Bieter dch die Tatsache des Mitbietens sich einverst erklären. Zu den RBeziehgen des Versteigerers zum Einlieferer u zum Bieter vgl v Hoyningen-Huene NJW **73**, 1473.

2) § 156 ist **anwendbar** auch auf die gesetzl vorgesehenen Versteigergen auf den Gebieten des PrivR nach §§ 383 ff, 489, 753, 966, 979 ff, 1219 ff, 1233 ff, HGB 373, 376. – Für die Versteigerg iW der ZwVollstr gilt ZPO 817, der zT auf § 156 verweist. Für ZwVerst nach ZVG gelten Sondervorschriften; eine Anwendg des § 156, wie überh privatrechtlicher Vorschriften, ist ausgeschl. – Vgl auch GewO 34 b u die VO über gewerbsmäß Versteigergen vom 12. 1. 61 (BGBl I 43) idF der VO vom 22. 3. 68 (BGBl I 235).

157 *Auslegung von Verträgen.* **Verträge sind so auszulegen, wie Treu und Glauben mit Rücksicht auf die Verkehrssitte es erfordern.**

1) Allgemeines. Verhältn von § 157 zu § 133 vgl Einf 2 vor § 116 und § 133 Anm 1. Die Auslegg nach § 157 kommt danach erst zum Zuge, wenn feststeht, daß ein Vertr geschlossen ist, dh ein fertiges, gültiges RGesch vorliegt. § 157 ist anwendb auf Verträge jeder Art (vgl Einf 2 vor § 145), auch dingliche, RG JW **37**, 2187, auch Gesellschvertrag einer GmbH, RG **165**, 73; für Tarifverträge vgl aber BAG NJW **61**, 1837. Entspr Anwendg des § 157 auf andere (vertragsähnl) RGeschäfte ist möglich (zB Auslobg, so auch Staud § 133 Rdz 18), wenn die Berücksichtigg von Treu u Glauben nicht ausdr ausgeschl ist; so auf Eisenbahntarife, RG **137**, 123, Schuldverschreibgen BGH **28**, 259.

2) a) Die **Auslegg des § 157** hat zum **Ziel**, den VertrInhalt festzustellen, zunächst den sich aus den Vertr-Erklärgen unmittelb ergebenden, ferner aber auch den VertrInhalt in solchen Punkten, zu denen eine Vereinbarg der Part nicht vorliegt, gleichviel, ob die Lücke von Anfang an bestanden hat od ob sie sich erst nachträgl im weiteren Verlauf der Dinge ergeben hat, RG **164**, 202. Auch wo vertragl Regelg bestand, diese aber nicht mehr feststellb, liegt Lücke vor, Schopp MDR **58**, 291. In diesen Fällen wird **Ergänzung des Vertragsinhalts** nötig; dabei ist darauf abzustellen, was die Part bei vernünft Interessenabwägg nach Treu u Glauben für den nunmehr eingetretenen Fall vereinb hätten, wenn er von ihnen bedacht worden wäre, BGH **9**, 277, **LM** (D) Nr 1, 2, VersR **72**, 1142, NJW **78**, 695 (vgl dazu Henckel AcP **159**, 106 u über die Abgrenzg von eigentl zu ergänzender Auslegg Mangold NJW **61**, 2284). Ergänzde VertrAuslegg ist auch dann zul, wenn die Part einen Pkt bewußt offengelassen haben, BGH BB **67**, 1355, aA BGH NJW **65**, 1960, vermittelnd BGH NJW **75**, 1116. Sie scheidet aber aus, wenn Lücke sich in versch Weise ausfüllen läßt u keine Anhaltspkte für einen best PartWillen bestehen, BGH NJW **74**, 1323. Sie ist auch bei formbedürft Vertr zul, BGH MDR **64**, 835, OVG Hbg MDR **70**, 537. Im Proz geschieht sie unter Anwendg des GrdGedankens der ZPO 287, dh das Gericht entsch unter Berücksichtigg aller Umst nach freier Überzeugg u ohne Bindg an BewAnträge, RG JW **38**, 2740. In § 157 handelt es sich also nicht mehr allein um die Deutg des Sinnes der VertrErklärgen der einz Part (darüber § 133), sond um die **Auslegg des als selbstdige Rechtsquelle zu denkenden Vertrages**, dessen Inhalt im einzelnen nach ,,Treu und Glauben mit Rücksicht auf die Verkehrssitte'' zu bestimmen ist, dh unter Berücksichtigg seines Sinnes und Zwecks, des PartWillens, so wie er in den Vertragsbestimmungen zum Audruck kommt, RG **92**, 320 und 420 (ebso BGH **9**, 278 mit Anm **LM** [D] Nr 2), u der beiderseit Interessen, RG **88**, 416. – Wo eine Lücke dch G ausgefüllt ist, solche nicht vorhanden, also Ergänzg nicht mögl, BGH **LM** § 133 (A) Nr 5, BGH **40**, 103, ähnl Larenz NJW **63**, 737. (Ausleggsregeln u Vermutgen sind keine solche Lückenausfüllg, vgl unten b.) Steht fest, daß die Part die gesetzl Regelg nicht wollten, ist aber eine VertrLücke zu bejahen, BGH NJW **75**, 1116. Ergänzg nach § 157 ausgeschl, wenn VertrWille wg zwischenzeitl Änderg der Verhältnisse oder Rechtsanschauung nicht mehr geeigneter Ausgangspunkt, BGH NJW **57**, 709. Nach BGH BB **68**, 12 kann Richter aber nicht eine von den Parteien bewußt unterlassene Regelg dch ergänzde Vertr-Auslegg schaffen (VorVertr, der nur Rahmen enthielt), richtiger- mangels Bestimmth liegt kein (Vor)Vertr vor, vgl Einf 4 vor § 145. – Der vorhandene Vertr ist **Ausgangspunkt u Grenze** der ergänzenden Auslegg; nur in seinem Rahmen, dh soweit Lücken vorhanden sind, greift sie ein; zur Erweiterg des VertrGgstandes kann sie nicht führen, vgl RG **87**, 213 (auch BGH **9**, 278, **40**, 103, BAG **AP** Nr 3), ebsowenig zur Abänderg od Einschränkg des erklärten VertrWillens, RG **129**, 88, also nie zur Umänderg des Vertrages, RG **92**, 421, BGH **9**, 278, auch dann nicht, wenn aus den VertrAbreden eine Härte für eine Partei erwachsen könnte, RG JW **09**, 169. Ergänzg ist näml nur mögl, wenn sie nicht das Ergebn im Widerspruch zu dem nach dem VertrInhalt Vereinbarten stände, BGH **40**, 104. Eine Umänderg des Vertr ist bei Eindeutigk der Erklärgen nicht einmal zul, wenn diese Treu u Glauben od der VerkSitte widersprechen sollten, vgl RG **82**, 316 (in solchen Fällen hilft nicht Auslegg, sond § 138 od § 826; für den Fall späterer Veränderg der Verhältnisse vgl unten Anm 4). Wg Widerspr gg den PartWillen ist auch eine VertrErgänzg unzul, die diesen nichtig machen würde, BGH NJW **70**, 468. Dagg kann Auslegg sich in Ggsatz zu scheinb klarem, eindeut

Rechtsgeschäfte. 3. Titel: Vertrag § 157 2–5

Wortlaut stellen, bes hat sie vor (falscher) juristischer Qualifikation nicht haltzumachen (vgl LM ZVG 57b Nr 1: Baukostendarlehen in Wahrh Mietvorauszahlg). Auch kann bei Dauerverträgen die Übg der VertrPartner den Vertr ändern (vgl zB RG SeuffA **93**, 1, BGH **LM** HGB 105 Nr 22), vorausgesetzt, daß alle VertrPartner mit Abweichg vom Vereinbarten einverstanden waren, BGH BB **67**, 1307.

b) Die Auslegg nach § 157 wird ebsowenig wie die nach § 133 dadch überflüssig, daß das G Ausleggsregeln und Vermutgen aufstellt (vgl § 133 Anm 4c); diese kommen erst zum Zuge, wenn sich iW der Auslegg nicht ein anderes ergibt, vgl RG JW **11**, 213.

3) Was **Treu** und **Glauben** entspricht, wird zu verschiedenen Zeiten verschieden beantwortet, vgl RG **148**, 93. Vgl auch §§ 162, 242, 320, 815. – **Verkehrssitte** ist nicht GewohnhR, sond die im Verk der beteiligten Kreise herrschende tatsächliche Übung, wozu auch der Handelsbrauch (HGB 346) gehört, RG **135**, 345, BGH NJW **66**, 250; sie kann örtl verschieden sein. Sie ist sowohl bei Auslegg der Einzelerklärg der Parteien zu berücksichtigen (vgl § 133 Anm 1) als auch bei der ergänzenden Auslegg des § 157, wo sie ähnl wie nachgiebige Gesetzesvorschriften, aber vor diesen, zur Feststellg der richtigen Einzelfragen heranzuziehen ist, und zwar auch, wenn sie einer der Parteien **unbekannt** geblieben ist, RG **114**, 12, BGH **LM** (B) Nr 1, sofern diese nicht ausdr erklärt hatte, sich ihr nicht zu unterwerfen, RG **69**, 126; tat sie das, so wird die VerkSitte nicht verbindl (ob dann Vertr zustande gekommen, hängt davon ab, ob Einigg der Parteien über VertrInhalt vorhanden) BGH BB **56**, 868; für Handelsbrauch vgl ebda u RG **95**, 243. Nur eine VerkSitte, die für beide Vertragsteile gilt, kommt in Betr, vgl RG **135**, 345. Bei lokalen Verschiedenh ist grdsätzl die VerkSitte des ErfOrtes maßgebd; h der Vertr an einem best Ort seinen Schwerpkt, gilt die dortige VerkSitte, BGH **LM** HGB 346 (B) Nr 7. Ein nur in der Regel, nicht ausnahmslos beachteter GeschGebrauch ist nach RAG **13**, 191 keine VerkSitte; er kommt als AuslegsGrdlage nur in Betr, wenn festzustellen ist, daß die Parteien dem Brauch folgen wollten, RG **73**, 340. Zur Feststellg von Handelsbrauch vgl Wagner NJW **69**, 1282. Da die VerkSitte nur ergänzd eingreift, geht ihr eine abw VertrErkl vor, wenn sie eindeutig ist, aber auch nur dann, RG **114**, 12, BGH **LM** (B) Nr 1. Mißbräuchliche VerkSitte ist aber nicht zu beachten, RG **114**, 13. Eine erst nach VertrSchluß sich bildende VerkSitte kommt nur im Rahmen des § 242 in Betr, vgl dort und nachstehd Anm 4.

4) § 157 findet auf dem Gebiete des SchuldR eine **Ergänzung in § 242**, wonach die „Leistung so zu erbringen ist, wie Treu und Glauben mit Rücksicht auf die Verkehrssitte es erfordern". Damit wird die Abwicklg des bestehenden Schuldverhältnisses, dessen Inhalt dch Auslegg nach §§ 133, 157 bereits festgestellt ist, weiterhin den Regeln von Treu und Glauben unterstellt u die Berücksichtigg **nachträglich eingetretener Änderung der Verhältnisse** ermöglicht. Diese kann dahin führen, bereits entstandene VertrPflichten zu ändern, uU sogar zu beseitigen (Näheres § 242 Anm). Begriffl kommt somit § 242 erst zur Anwendg, nachdem die Rechtslage, wie sie sich aus der Auslegg nach den §§ 133 und 157 und aus der Anwendg aller in Betr kommenden zwingenden u nachgiebigen Rechtsregeln auf das RVerhältn ergibt, abschließd geprüft ist, vgl § 242 Anm 2a u 6 C b; prakt gehen diese Gedankenoperationen vielf ineinander über.

Aus dem Zusammenhang der §§ 157 und 242 in Verbindg mit §§ 226, 826 ergibt sich der Grds, daß keine RStellg zu einem Verhalten berechtigt, das Treu u Glauben, dh der dem VertrGegner geschuldeten Treupflicht, dem allg Billigkeitsempfinden od dem wohlverstandenen Interesse der Gesamth zuwiderläuft. Derartiger RAusübg würde vielm mit der sog **Einwand der unzulässigen (unrichtigen) Rechtsausübung** (Einrede der allg Arglist, exceptio doli generalis) entggstehen; wieweit dieser geht, ist nur im Einzelfalle u nur nach gründl Prüfg des Zwecks des Gesetzes, auf dem die unbillig ausgenutzte RStellg beruht, der Interessenlage (der Gemeinsch und der Parteien) und aller Umst des Falles zu sagen. Vgl näher § 242 Anm 4 C.

5) Die **Judikatur** ist unerschöpfl, jede Entsch ist naturgem auf den Einzelfall abgestellt. Verallgemeinerungen sind nicht am Platze. Beispielsw sind zu erwähnen:

a) Allgemeines: Auslegg von Geschäftsbedinggen eines Unternehmens (AGB) wie überh aller **typischen VertrBedinggen** (Begriff RG **155**, 28), auch Formularverträgen, vgl AGBG 4, 5. – Eine allg Regel, daß Verzichte nicht zu vermuten seien, besteht nicht; anders für unentgeltl Verzichte, RG JW **11**, 1014. – Über Auslegg doppelsprachiger Urkunden vgl RG HRR **28**, 303, ausländischer RG DR **43**, 1066. – Über Ermittlg der von den Parteien als anwendb ins Auge gefaßten Rechtsordng vgl Vorbem 2 a vor EG 12.

b) Im KündSchutzProz vereinbarte **Abfindg** für ArbN ist iZw brutto zu zahlen, LAG Düss Betr **70**, 784. – Vertr über **Alleinverkaufsrecht** begründet idR keinen absoluten Gebietsschutz idS, daß Untern den Händler (Alleinvertreter) gg Liefergen Dr in das VertrGebiet schützen muß, BGH **LM** § 433 Nr 33. – **Ankaufsrecht** kann dch eins bedingt als schuldrechtl KaufVertr (Optionsvereinbg) u langfrist VertrAngebot begründet w, vgl Einf 4 b u c vor § 145 u BGH **LM** § 433 Nr 16. – MusterVertr für **Architekten:** Da wesentl Bestimmgen der fr Fassg dch das AGBG (insb AGBG 11 Nr 10) unwirks gew sind, ist der MusterVertr neugefaßt worden, Rspr zur fr Fassg vgl 36. Aufl. – **Fälligkeitsklauseln** vgl § 271 Anm 2 d–g. – Abrede über **Freistellgspflicht** verpflichtet idR nicht nur zur Abwehr berechtigter, sond auch zur Abwehr unbegründeter Anspr, BGH NJW **70**, 1594. – Auslegg von **Freizeichnungsklauseln** vgl § 276 Anm 5 B a; stillschw Haftgsfreistellg § 254 Anm 6. – **Gerichtsstandvereinbg** ist, wenn vor Klageerhebg getroffen, bürgerlrechtl Vertr, BGH **49**, 386; sie kann stillschw zustande kommen, RG **159**, 256, u unterliegt den allg AusleggsGrds. – Besteht Vergütg in **Gewinnbeteiligg** und ist sie sonst vom Ertrag abhäng, ist es Frage des Einzelfalls, ob Einnahmen aus Subventionen mitzuberücksichtigen sind, vgl BGH **13**, 123 (Platzzuschüsse bei BühnenaufführgsVertr, ja), **LM** (D) Nr 23 (Anpassgsbeihilfe bei Förderzins nein). – **Grundstückskaufvertrag** verpflichtet zur Mitwirkg bei Beschaffg der erforderl behördl Gen, § 242 Anm 4 B c, § 275 Anm 9. Übern von UmstGrdSch kann uU als Pfl zur Freistellg von Kreditgewinnabgabe auszulegen sein, BGH NJW **58**, 705. Zu Vereinbgen über Lastenausgleichsabgaben vgl § 242 Anm 6 C a. Übernimmt GrdstKäufer Hyp w idR neben dem NennBetr des Darl auch ein Agio auf den Kaufpreis anzurechnen sein (zB NennBetr u Auszahlg 100%, bei Rückzahlg 105%), BGH DNotZ **70**, 247. – Auslegg von sog

§ 157 5

Kundenschutzklauseln vgl BGH MDR 59, 1004; einer **Kursgarantie**, BGH BB 76. 1430. – Bei **Liefergsvertrag** h Lieferer idR gem § 279 für Belieferg dch Unterlieferanten einzustehen, BGH 103, 181, and bei Einschränkg dch VorbehKlauseln vgl unten c. – **Mehrwertsteuer** ist Teil des zu zahlden Preises, BGH 58, 295, 60, 203. Sie ist, wenn sich aus den Umst nichts and ergibt, in dem angebotenen Preis enthalten, BGH aaO; das gilt auch beim WerkVertr, Karlsr NJW 72, 451, ArchitektenVertr, BGH 60, 199, Nürnb NJW 72, 2137 (Überwälzg nach HOAI 9 nunmehr preisrechtl zul, aber weiterhin von ensspr Abrede abhäng); Makler-Vertr, Köln OLGZ 72, 10, Zweibr OLGZ 77, 216; MietVertr, Stgt NJW 73, 2066, AbzGesch, Karlsr NJW 73, 2067, GrdstKauf, Hamm Betr 73, 125. Verkäufer kann auch dann keine MWSt nachfordern, wenn er irrtüml geglaubt hat, er sei nicht umsatzsteuerpflicht, BGH Betr 78, 786. Auch bei Angeboten an einen zum Vorsteuerabzug berecht Untern nimmt die hM an, daß die MWSt iZw im angebotenen Preis enthalten ist, BGH WPM 73, 677, Oldbg NJW 69, 1486, Mü Betr 70, 1480, Köln NJW 71, 894, Schaumburg NJW 71, 1734; aA Kuhn NJW 69, 261. Zweifelh, ob sich inzw ein Handelsbrauch herausgebildet h, daß Preisangebote u -vereinbgen im Verk zw vorsteuerabzugsberecht Untern iZw „netto" zu verstehen sind, bejahd Schaumburg NJW 75, 126, verneind Düss NJW 76, 1268. – **Preisänderungsklauseln** bedeuten idR, daß der Verk den Preis an § 315 an jeweiligen Marktpreis u WirtschLage anpassen darf, BGH JZ 54, 356, uU enthalten sie aber nur einen RücktrVorbeh mit Pfl zum Neuangebot, BGH aaO. ZulässigkSchranken für formularmäß Preiserhöhgsklauseln enthält nunmehr AGBG 11 Nr 1. Preiserhöhgsklauseln geben dem Käufer bei sinkden Gestehgkosten iZw nicht das R, eine Preisherabsetzg zu verlangen, BGH JZ 54, 356, und uU die allg gefaßten Preisklauseln, BGH JZ 57, 56 (StromliefergsVertr mit Sonderabnehmer). Bei Verkauf zu dem am Liefertag gült Listenpreis ist Preiserhöhg nicht zu berücksichtigen, wenn Verzöger vom Verk zu vertreten, Düss Betr 72, 35. Zur PreisändKlauseln in langfristigen LieferVertr vgl Kunth BB 78, 178. Bei ErbbVertr u Dauerschuldverhältn w zur Anpassg des Entgelts an die veränderten Verhältn vielf Gleitklauseln, Spanngsklauseln u sonst **Wertsichergsklauseln** vereinbart, vgl dazu §§ 244, 245 Anm 5 u § 315 Anm 2 b. – Zur Frage, ob **Schweigen** als Zust zu gelten h, vgl Einf 3 vor § 116 u § 148 Anm 1. – Bei **Stundgsvereinbargen** besteht idR RücktrR, wenn Schu den Anspr bestreitet, RG 90, 180, Celle MDR 62, 569, od wenn sich die VermVerhältn des Schu wesentl verschlechtern, BGH LM § 454 Nr 2. – Vertragl Verbot (zB WettbewVerbot) verpflichtet idR zugleich zur Unterlassg von **Umgehgs**handlgen, BGH WPM 70, 1339. – Die sog **Unklarheitenregel** gilt nur für AGB u FormularVertr, BGH 5, 111, 47, 216, vgl jetzt AGB-Ges 5, nicht aber für sonst Vertr, BGH VersR 71, 172, vgl jedoch Ffm OLGZ 73, 299. – Schließt Schu mit Gläub auf der Grdlage gleichmäß Befriedigg außergerichtl **Vergleich**, h Gläub bei Gewährg von Sondervorteilen an and RücktrR, RG 153, 397, Mü NJW 56, 1801. – Aus **Versicherungsvertrag** ergibt sich für VersN stillschw KündR, wenn VersSchutz obj gefährdet, BGH 5, 111, vgl auch § 242 Anm 4 d unter „Ausschlußfristen" u „Versicherungsrecht". – Aus GeschVerk kann sich für den Verk auch ohne ausdr Bestimmg ein **Wettbewerbsverbot** ergeben, RG 117, 177, Stgt NJW 49, 27; ebso aus Arztpraxistausch das Verbot, sich in der Nähe der früheren Praxis wieder als Arzt niederzulassen, BGH NJW 55, 337. Vermieter ist idR verpflichtet, im gleichen Haus keinen Wettbewerber aufzunehmen, § 535 Anm 2 a. Nachvertragl Wettbewerbsverbot für ArbN gilt idR nicht, wenn ArbG ohne wicht Grd kündigt od selbst wicht KündGrd setzt, BAG BB 67, 714. Es entfällt, wenn sein Schutzzweck dauernd wegfällt, vgl Zweibr OLGZ 72, 210 (endgült Aufg der geschützten Tätigk). – Zur Ausleg des Vertr zw **Zeitschriftenverleger** u Händler vgl BGH LM (B) Nr 7. – Ob bei Vereinbg bankübl **Zinsen** Soll- od Habenzinsen maßgebd, hängt von den Umst ab, Hamm WPM 73, 794.

c) **Einzelne Klauseln**: „Brief folgt" vgl § 148 Anm 5 – „Circa-Klausel" BGH LM (Ge) Nr 2 – „wie besehen" Warn 13, 281; „wie besichtigt" BGH BB 57, 238; „Schadenersatz, Wandlung, Minderung ausgeschlossen" u ähnl Klauseln Warn 20, 144, vgl auch § 276 Anm 5 B a aa – „Kasse gg Lieferschein", Hertin MDR 70, 881; – „Kasse gg Dokumente" RG 106, 299, BGH 14, 61; „Kasse gg Dokumente bei der Ankunft des Dampfers" BGH 41, 215, BGH WPM 67, 1216; „netto Kasse gegen Faktura" RG 69, 125; „netto Kasse" BGH 23, 131, Betr 72, 1719; „Kasse gegen Akkreditiv" RG Recht 22, 1136; „Zahlg durch Scheck" RG JW 26, 2074; „Zahlung bei Empfang" OLG 44, 242; „Zahlung nach Eintreffen der Waren" RG SeuffA 81, 25; „Zahlung gg Dokumente" BGH 55, 342 – „Zurückhaltg des Kaufpreises ausgeschlossen" BGH NJW 58, 419 –; „cif" RG 90, 1; „fob" RG 106, 212, BGH 60, 5. – „frachtfrei X" Mü NJW 58, 426 – „SEet O" = Irrtum vorbehalten, SeuffA 56, 46; – „freibleibend" bei VertrAngebot (vgl § 145 Anm 2) wird idR nur VertrBestandt, wenn im Vertr wiederholt, RG 102, 228; als VertrBestandt gewährt die Klausel meist RücktrR, nicht Befugn zur Änderg der Abmachgen, Warn 23/24, 101; möglicherw auch nur Befugn zur Preisänderg, RG 103, 415; jedenf ist sie eng auszulegen, RG 102, 228; „stets freibleibend"; „freibleibend unter Vorbehalt der Lieferungsmöglichkeit" RG 104, 115, 306; „Lieferungsmöglichkeit vorbehalten" RG 132, 305, RG JW 25, 49, BGH NJW 58, 1628; „richtige und rechtzeitige Selbstbelieferung vorbehalten" OGH NJW 49, 22, BGH LM HGB 346 (Ea) Nr 12, Celle Betr 74, 375 (derart Klausel bezieht sich uU nur auf 1 bestimmten Lieferanten, BGH 24, 39; zur Selbstbelieferungsklausel bei kongruenten DecksGesch vgl BGH LM 49, 388); – „Preise freibleibend" berecht nur zu einmaliger Abänderg der Preise, RG JW 22, 1319, OGH 4, 172. Vorbeh für Fall „kostensteigernder Faktoren" gilt nicht umgekehrt für kostenmindernde BGH LM WiStG § 1 Nr 1. – Bedeutg der Bezeichng „gentleman agreement" für eine Absprache ist nach dem Einzelfall auszulegen, BGH LM § 242 (Be) Nr 19. – „Angemessener" Mietzins ist im Streitfall vom Gericht festzusetzen, BGH LM (Ga) Nr 14. – „Gegenstände" bei Veräußerg eines Gewerbebetriebs können auch unkörperl Güter (wie Geschäftswert, Kundschaft) sein, RG DR 42, 456. – „Geschäftsverbindg" in Bankbedinggen BGH NJW 64, 2057. – Über Dollarklausel vgl RG 152, 166, auch RG 163, 324. – „Grdlegende Änd der WirtschVerhältnisse" als Voraussetzg für Änd des Erbbauzinses BGH LM ErbbRVO 9 Nr 3. – Triftiger Grund BGH LM Nr 15. – „Wert der Vorbehaltsware" bei verlängertem EigtVorbeh vgl § 398 Anm 3d cc. – Klauseln im AuslandsGesch vgl die von der Internationalen Handelskammer aufgezeichneten „incoterms" u dazu Baumb-Duden HGB 382 Anh I.

Rechtsgeschäfte. 4. Titel: Bedingung. Zeitbestimmung §157, Einf v §158

6) Die Ausleg nach § 157 ist zum großen Teil RAnwendg. Tatsächlicher Natur ist die Feststellg der VerkSitte u der Tatumstände, die für eine bestimmte Ausleg sprechen könnten. Nur insoweit kommt eine **Beweislast** in Frage; sie liegt demjenigen ob, der aus dem Bestehen einer VerkSitte u dem Vorhandensein der betr Umst eine für ihn günstige Ausleg herleiten will. Ebso hat, wer behauptet, daß die VerkSitte nicht gelten soll, dies zu beweisen, RAG **20**, 251. Über die BewLast, wenn eine VertrUrk vorhanden ist, vgl § 125 Anm 5. – Die Ausleg ist **revisibel**; das RevGer ist aber an den von der TatsInstanz festgestellten AusleggsTatbestand gebunden, vgl § 133 Anm 1 c. Dagg ist die Ausleg von AGB, FormularVertr u and typ VertrBedinggen vom RevGer uneingeschränkt nachprüfb, wenn sie über den Bezirk eines OLG hinaus gelten, BGH **7**, 368, **33**, 296, **47**, 220. Ausl AGB sind wie ausl R nicht revisibel, BGH MDR **66**, 483. Die Auslegg erfolgt ähnl wie bei Ges, vgl AGB-Ges 4 Anm 3. Ob ein Verstoß gg Treu u Glauben vorliegt, ist eine revisible RFrage, RG **145**, 32. Dagg ist die Frage, ob eine VerkSitte besteht, als rein tatsächl der Nachprüfg der Revisionsinstanz entzogen, Warn **19**, 131.

Vierter Titel. Bedingung. Zeitbestimmung

Einführung

1) Bedingung, Zeitbestimmung – ebso **Auflage** (vgl §§ 525 ff, 1940 f, 2192 ff) – sind Nebenbestimmgen, die Bestandteile eines RGeschäfts bilden können, nicht müssen; vgl auch Übbl 1 c vor § 104. Die Bedingg macht die Wirkg des RGeschäfts von einem zukünftigen ungewissen, die Zeitbestimmg von einem zukünftig gewissen Ereign abhängig, und zwar die aufschiebende Bedingg und der Anfangstermin den Eintritt der Wirkg, die auflösende Bedingg und der Endtermin ihre Beendigg. Die Auflage, die nur bei Zuwendgsgeschäften vorkommt, hat auf die Wirksamk des RGeschäfts keinen Einfluß, verpflichtet den Empf aber zur Vornahme der auferlegten Hdlg. Auch das öffR unterscheidet zw Bedingg, Befristg u Auflage, vgl VwVfG 36.

2) Bedingung iS dieses Titels ist nur die sog echte Bedingung, dh die rechtsgeschäftl Bestimmg, dch die die Wirkgen des RGeschäfts von einem zukünftigen ungewissen Ereignis abhängig gemacht werden. Sie führt zu einem Schwebezustand, währd dessen die endgültige RLage noch nicht feststeht. Echte Bedinggen sind auch die sog Willens- (Potestativ-) Bedinggen, dh deren Eintritt lediglich von dem Willen einer Pers abhängt (vgl auch Anm 4). **Nicht Bedingg** ist die auf einen **vergangenen oder gegenwärtigen** Tatbestd abgestellte Abhängigk, da der Rechtszustand hier obj von Anfang an feststeht, auch wenn die Beteiligten im unklaren sein mögen; §§ 158–161 passen nicht; uU kommt Wette, § 762, in Frage. **Ebensowenig** gehört hierher die sog **Rechtsbedingung**, das sind die im Ztpkt des GeschSchl noch ausstehden nachholb gesetzl WirksamkVoraussetzgen des RGesch wie die Zust Dr od behördl Gen, vgl Egert RBedingg, 1974. Für sie können die §§ 158 ff weder unmittelb noch entspr angewendet w, RG **144**, 73, OGH **3**, 252, Ffm NJW **70**, 1646. Ob die rechtsgeschäftl Aufstellg eines gesetzl nicht notw Erfordern, das die Beteil für erforderl hielten, als Bedingg anzusehen ist, ist Auslegggsfrage, BGH DNotZ **61**, 396, **76**, 370. – Über die Zulässigk unechter Bedinggen bei bedinggsfeindl Geschäften vgl unten Anm 6. – Im allg SprachGebr werden ungenau oft alle Bestimmgen eines RGesch Bedinggen (**Vertragsbedingungen**, **Lieferggsbedingungen**) genannt, häufig auch die von den Beteiligten bei GeschAbschl angen **Voraussetzgen**. Erstere können echte Bedinggen enthalten, letztere ausdr od stillschw zu Bedingten gemacht w, RG SeuffA **63**, 91; ob das zutrifft, ist Auslegggsfrage. Sonst kann das Fehlen einer Voraussetzg uU zur Irrt-Anfechtg (vgl § 119 Anm 2, 3) führen od die GeschGrdlage berühren u zum Rücktr berechtigen, vgl § 242 Anm 6.

3) Das bedingte RGeschäft ist vollgültig wie das unbedingte, nur die gewollten **Wirkgen sind bedingt**, dh bei der aufschiebenden Bedingg ist ihr Eintritt, bei der auflösenden ihr Wiederwegfall vom Eintritt der Bedingg abhängig, § 158; das RGesch selbst ist unbedingt und bindd nach allg Regeln; der bedingt für die Zukunft vorgesehene Rechtszustand äußert gewisse Wirkgen schon in der Schwebezeit, vgl §§ 160-162. Eine Haftg aus c. i. c. ist auch bei aufschiebd bedingtem Vertr mögl; überh verpfl bedingter Vertr zur ggs VertrTreue, vgl zB BGH LM § 158 Nr 11 (Ausfluß dieser Beziehg ist ua der SchadErsAnspr aus § 160). Die RStellg desjenigen, der bei Eintritt der Bedingg ein Recht erlangen soll, wird als **Anwartschaft** bezeichnet (vgl § 929 Anm 6 B b); diese ist als VermögensR, RG **69**, 421, grdsätzl vererb1 u übertragb, also auch pfändb, kann nach Bürgsch, PfandR usw (§§ 765, 1113, 1204), sowie dch Arrest od einstw Vfg (ZPO 916 II, 936) gesichert werden und Ggst der Feststellgsklage od Klage auf zukünftige Leistg sein; eine ähnl Anwartsch entsteht im GrdstVerkehr mit Auflassg vor Eintr, vgl § 925 Anm 6b. Die **Natur des Anwartschaftsrechts** ist insb bei bedingter RÜbertr stark bestritten; es besteht sowohl aus einem anspruchsähnl Verhältn des Anwärters zu dem derzeitigen RInhaber, dessen Recht bei Eintritt der Bedingg auf ihn übergeht, als auch in einer eigenen gesicherten RStellg zu dem GeschGgst, bei bedingtem dingl Recht also in einer dingl RStellg. Eine **Verfügg über die Anwartschaft** dch RGesch od iW der ZwVollstr wird daher sowohl die Formen der Vfg über ein anspruchsähnl Recht, vgl §§ 413, 1274, ZPO 857, als auch die Formen der Vfg über das Vollrecht wahren müssen, sehr str; vgl näher § 925 Anm 6b Abs 2, § 929 Anm 6 Bb u Bc u § 1287 Anm 2. – **Sondervorschriften über Bedinggen bei letztw Zuwendgen** vgl §§ 2066, 2074 ff, 2103 ff, 2162 ff, 2177 ff.

4) Über aufschiebende und **auflösende** Bedingg vgl Anm 1 und 3. – **Gegenstand der Bedingg** kann ein zukünft Ereign jeder Art sein, auch die freie Hdlg eines Beteil, RG **104**, 100, Hamm OLGZ **78**, 171, auch seine bloße Erkl, das RGesch wirks w od bleiben zu lassen, vgl § 495, RG **131**, 24, BGH MDR **63**, 37 (Potestativbedingg, Willkürbedingg). Unterscheide hiervon aber die Fälle, in denen ein Vertr erst dch deren Erkl selbst zustande kommt u vorher nur ein Angebot vorlag; dann fehlt vorher noch jede vertragl Bindg, vgl RG **136**, 132, währd bei einer Willkürbedingg wenigstens der andere Teil bereits gebunden ist. – Eine **unmögl aufschiebende Bedingg** macht das RGeschäft nichtig, weil die vereinbarte RWirkg nie eintreten kann,

139

eine unerlaubte ebenf, weil gg § 134 verstoßd; entspr auflösende Bedinggen sind unwirks. Unsittl Bedingg macht idR das ganze RGesch unsittl u nichtig, § 138.

5) Zeitbestimmg, in § 163 Anfangs- und Endtermin genannt, liegt nur vor, wenn die gewollten Wirkungen des RGeschäfts erst mit dem Anfangstermin entstehen od mit dem Endtermin wegfallen sollen. Dann gelten im wesentl Bedinggsregeln, vgl § 163 Anm 1; häufiger ist im SchuldR das andersgeartete RGesch mit „**betagter**" Verbindlichk (zB mit gestundetem Kaufpreis, periodisch zu zahlendem Mietzins); die vollen GeschWirkgen treten sofort ein, nur die Geltendmachg einzelner Ansprüche ist bis zum FälligkTage herausgeschoben; eine eigentl Schwebezeit fehlt, vgl ua § 813 II. – Die Übergänge zw Bedingg und Zeitbestimmg sind flüssig; Abstellen auf Ereign, dessen Eintritt ganz ungewiß ist, ist immer Bedingg, Festsetzg eines Termins, der genau, zB kalendermäß, bestimmt ist, immer Zeitbestimmg. Abstellen auf einen Termin, dessen Eintritt überh ungewiß ist (zB Verheiratg), ist regelm Bedingg; Abstellen auf ein nur der Zeit nach ungewisses Ereignis, zB Tod einer Pers, meist Zeitbestimmg; doch kann die Auslegg der WillErkl etwas anderes ergeben (die Heirat wurde als Termin gewählt, als der Hochzeitstag schon festgelegt war; der Tod als Bedingg, weil mit dem Ableben tägl zu rechnen war); vgl hierzu RG **91**, 229.

6) Bedingg und Zeitbestimmg können Bestandt fast jeden RGeschäfts sein. Ausnahmen: **bedingungsfeindlich** sind Auflassg § 925, ErbbRVO 1; Eheschl EheG 13 II; WiederAnn des Familiennamens gem § 1355 IV, Ffm OLGZ **71**, 298 (zu EheG 55); ferner grdsätzl die GestaltgsGesch (Übbl 3d vor § 104), zB Anfechtgs- und RücktrittsErkl RG **66**, 153, Kündigg RG **91**, 308; Bedingg, die in der Willkür des Gegners liegt, ist aber zulässig, vgl zB RAG DR **43**, 545, BGH **LM** HGB 346 (D) Nr 7, auch § 564 Anm 3e; ebso sonst Bedinggen, sofern die Erkl klar u beist ist u der Empf nicht in eine ungewisse Lage versetzt w, BAG NJW **68**, 2078, BGH WPM **73**, 694. Vgl auch: §§ 1484 II, 1600b, 1724, 1750 II, 1947, 2180 II, 2202 II; (echte) Zeitbestimmgen sind hier ebenf unzul, wenn sie zu Unklarh führen (Kündigg auf bestimmten Termin dagg zul). Grund überall: Erfordern absolut klarer Verhältnisse. – Ob bedinggsfeindl RGeschäfte wenigstens unechte Bedinggen (Vergangenh- u RBedingg) zulassen, ist zweifelh; reine RBedinggen dürften, da sie nur GesBestimmgen wiederholen, idR unschädl sein, OGH **3**, 252, BGH **LM** § 1477 Nr 1 Bl 2 R, Gegenwarts- u VergangenhBedingen nicht, da sie zu Unklarheiten führen und uU Spielcharakter haben.

7) Beweislast, sowohl für die Bedingg wie für ihr Fehlen, trifft, wenn eine von Anfang an vereinbarte, aufschiebende Bedingg in Frage steht, jeweils den Kläger; Einräumen des Abschlusses des RGeschäfts mit and Inhalt ist Bestreiten, RG **107**, 406, Köln OLGZ **68**, 395, Karlsr OLGZ **72**, 277, str. Für echten Anfangstermin gilt dasselbe (vgl Anm 5); bei Streit, ob Anfangstermin od Betagg vereinbart, hat Kläger zu beweisen. Dagg ist Behauptg auflösender Bedingg, Endtermins oder nachträglichen Einfügg aufschiebender Bedingg od Anfangstermins Einwand, BewLast Beklagter, BGH MDR **66**, 571, aA Reinecke JZ **77**, 164.

158 Aufschiebende und auflösende Bedingung.

I Wird ein Rechtsgeschäft unter einer aufschiebenden Bedingung vorgenommen, so tritt die von der Bedingung abhängig gemachte Wirkung mit dem Eintritte der Bedingung ein.

II Wird ein Rechtsgeschäft unter einer auflösenden Bedingung vorgenommen, so endigt mit dem Eintritte der Bedingung die Wirkung des Rechtsgeschäfts; mit diesem Zeitpunkte tritt der frühere Rechtszustand wieder ein.

1) Aufschiebende (I) und auflösende (II) Bedingg sind begriffl scharf getrennt, prakt ist die Feststellg, was gewollt ist, oft schwierig. Auslegsregeln für Sonderfälle: §§ 455, 495, 2075. Kauf vorbehaltl des Ergebn einer Probefahrt iZw aufschiebd bedingt, LG Bln MDR **70**, 923, ebso das sog KonditionsGesch (Kauf unter Bedingg der Weiterveräußerg), BGH NJW **75**, 776. Eine auflösde Bedingg kann in einer „Finanziergsklausel" liegen, KG NJW **71**, 1139/1704, insb dann, wenn Käufer zur eig Zahlg außerstande, Karlsr MDR **76**, 840, uU auch in Vereinbg eines RücktrR, RG SeuffA **79**, 15. – § 158 stellt klar, daß die bedingt gewollten Wirkgen mit Eintritt der Bedingg eintreten oder wegfallen, und zwar ohne Rückwirkg, vgl aber § 159; sie entwickeln sich mithin aus dem schon bei schwebder Bedingg bestehenden AnwartschR (Einf 3 vor § 158), treten also ein, auch wenn die Parteien sie jetzt nicht mehr begründen könnten, zB wenn der dch das Gesch Verfügde bei Eintritt der Bedingg nicht mehr lebt, nicht mehr willensfäh od verfüggsberecht ist, wenn er den GeschGgst an einen andern veräußert hat (doch gilt hier § 161 III). Bei bedingten Vfgen gelangt mit Bedinggseintritt ohne Mitwirkg der Beteiligten das Recht über od fällt zurück, vgl § 929 Anm 6 B a dd. – **Eintritt der Bedingg** ist Eintritt des vorgesehenen Ereignisses; mit ihm endet der Schwebezustand. Dieser ist ferner beendet, wenn die Bedingg ausfällt, dh, wenn feststeht, daß sie nicht mehr eintreten kann, BGH VersR **74**, 1168. Bei Kauf unter auflösder Bedingg der Nichteignung der gekauften Sache fällt Bedingg aus, wenn sich Käufer nicht innerh angem Fr über Eignung erkl, BGH BB **70**, 777.

2) Bei **Zuwendgen** (Übbl 3e vor § 104) ist zu unterscheiden, ob das GrdGesch, das ErfGesch od beides bedingt ist. Die Übereignu von Grdstücken kann nicht bedingt erfolgen, da die Auflassg keine Bedingg verträgt; hier kann nur GrdGesch bedingt sein. In anderen Fällen Auslegsgfrage, oft ist Doppelbedingg anzunehmen, so daß der Bedinggseintritt dingl wirkt. Mögl auch unbedingtes VerpflichtgsGesch auf bedingte Zuwendg; zB kann Verkauf unter EigtVorbeh Verpflichtg zur Verschaffg aufschiebend bedingten Eigtums sein. Schließl kann Gültigk des Grdgeschäfts stillschw zur Bedingg des ErfGeschäfts gemacht sein (vgl Übbl 3f vor § 104).

159 Rückbeziehung.

Sollen nach dem Inhalte des Rechtsgeschäfts die an den Eintritt der Bedingung geknüpften Folgen auf einen früheren Zeitpunkt zurückbezogen werden, so sind im Falle des Eintritts der Bedingung die Beteiligten verpflichtet, einander zu gewähren, was sie haben würden, wenn die Folgen in dem früheren Zeitpunkt eingetreten wären.

Rechtsgeschäfte 4. Titel; Bedingung. Zeitbestimmung   §§ 159–162

1) Der Eintritt der Bedingg hat **keine rückwirkende Kraft.** Das gilt, wie § 159 klarstellt, auch wenn die Beteiligten Rückwirkg wünschen; eine solche Vereinbg hat nur schuldrechtl Bedeutg, vgl BGH NJW **53**, 1099. Die Rückgewährpflichten sind auch bei auflösder Bedingg Auswirkgen des nur im übr weggefallenen Vertr, Wunner AcP **168**, 444, aA BGH **LM** Nr 1, wonach für die Rückgewähr §§ 812ff maßgebd.

160 *Haftung während der Schwebezeit.* **I** Wer unter einer aufschiebenden Bedingung berechtigt ist, kann im Falle des Eintritts der Bedingung Schadensersatz von dem anderen Teile verlangen, wenn dieser während der Schwebezeit das von der Bedingung abhängige Recht durch sein Verschulden vereitelt oder beeinträchtigt.

II Den gleichen Anspruch hat unter denselben Voraussetzungen bei einem unter einer auflösenden Bedingung vorgenommenen Rechtsgeschäfte derjenige, zu dessen Gunsten der frühere Rechtszustand wieder eintritt.

1) § 160 schützt den bedingt Berechtigten. Er gewährt ihm einen SchadErsAnspr (§ 249) gg den RInhaber, wenn dieser währd der Schwebezeit das bedingte Recht schuldh verletzt. § 278 ist anzuwenden, ebso § 282 (MüKo/Westermann Rdn 5). – Verletzgen dch ZwischenVfgen vgl auch § 161.

161 *Zwischenverfügungen.* **I** Hat jemand unter einer aufschiebenden Bedingung über einen Gegenstand verfügt, so ist jede weitere Verfügung, die er während der Schwebezeit über den Gegenstand trifft, im Falle des Eintritts der Bedingung insoweit unwirksam, als sie die von der Bedingung abhängige Wirkung vereiteln oder beeinträchtigen würde. Einer solchen Verfügung steht eine Verfügung gleich, die während der Schwebezeit im Wege der Zwangsvollstreckung oder der Arrestvollziehung oder durch den Konkursverwalter erfolgt.

II Dasselbe gilt bei einer auflösenden Bedingung von den Verfügungen desjenigen, dessen Recht mit dem Eintritte der Bedingung endigt.

III Die Vorschriften zugunsten derjenigen, welche Rechte von einem Nichtberechtigten herleiten, finden entsprechende Anwendung.

1) Bedingte Verfügen (vgl Übbl 3d vor § 104) **hindern** den RInh (bei aufschiebender Bedingg Veräußerer, bei auflösender Erwerber), der ja Inh des vollen Rechts ist, an sich **nicht an anderweiter Verfügung** währd der Schwebezeit. Diese kann aber die bereits bestehende **Rechtsstellung des bedingt Berechtigten (Anwärters)**, der bei Eintritt der Bedingung das Recht erwerben soll, nicht berühren. Daher muß die ZwischenVfg mit Eintritt der Bedingg unwirks werden, soweit sie das bedingt eingeräumte Recht beeinträchtigt. Der Anwärter erwirbt also bei Eintritt der Bedingg das ihm Zukommende ohne Rücks auf die ZwischenVfg; der aus der ZwischenVfg Berechtigte verliert es; er behält aber, was ihm etwa darüber hinaus übertr war (zB ZwischenVfg über das Eigt bei bedingter NießbrBestellg: Anwärter wird Nießbraucher, Erwerber behält das nunmehr mit Nießbr belastete Eigt). Auf den gem § 956 AneignsBerecht ist § 161 auch nicht entspr anwendb, BGH **27**, 367. – Was für ZwischenVfgen gilt, gilt auch für ZwVollstr-Maßnahmen der Schwebezeit (**I 2**), sowie für zwischenzeitlich entstandene gesetzl Pfandrechte, Soergel-Knopp Anm 4, str. AnwartschR im Konk vgl Bauknecht NJW **56**, 1177. – Keine Vfg ist die **Prozeßführg**. Der RInh (bei aufschiebder Bedingg Veräußerer, bei auflösder Erwerber) ist aktiv- u passivlegitimiert, das für od gg ihn ergangene rechtskr Urt wirkt bei Bedingseintritt gem ZPO 325 auch für od gg den neuen RInh, Pohle Festschrift für Lehmann, 1956 II S 758, 759, str; der Schutzgedanke des § 161 ist auch nicht entspr anwendb, Pohle aaO, sehr str, aA Soergel-Knopp Vorbem 40 vor § 158 mwN.

2) Die ZwischenVfg ist vollwirks, dh der Anwärter fällt aus, soweit sog **gutgläubiger Erwerb** in Frage kommt, **III**, also in den Fällen, in denen die ZwischenVfg dem Erwerber das Recht auch dann verschafft hätte, wenn der RInh Nichtberechtigter gewesen wäre; vgl für LiegenschaftsRechte §§ 892, 893, für Fahrnis §§ 932, 936, 1032, 1207, auch HGB 366 und allg § 185 (Genehmigg). An Fdgen u anderen Rechten des § 413 ist ein Erwerb kr guten Glaubens nicht mögl. Ebsowenig gibt es gutgl Erwerb iW der ZwVollstr.

162 *Unzulässige Einwirkung auf die Bedingung.* **I** Wird der Eintritt der Bedingung von der Partei, zu deren Nachteil er gereichen würde, wider Treu und Glauben verhindert, so gilt die Bedingung als eingetreten.

II Wird der Eintritt der Bedingung von der Partei, zu deren Vorteil er gereicht, wider Treu und Glauben herbeigeführt, so gilt der Eintritt als nicht erfolgt.

1) § 162 betrifft nur die **unzulässige** Einflußnahme auf die Bedingg, gilt also nicht für die in das freie Erm einer Partei gestellte, reine Willensbedingg; so nicht für den Fall, daß Genehmigg dch and Organ derselben jur Pers vorgesehen ist, RG **115**, 302; auch nicht für Aufhebg eines Kaufvertrages vor Wirksamwerden, um das VorkR nicht eingreifen zu lassen, RG **98**, 51; I auch nicht für eine Künd eines ArbVerhältnisses aus wicht Grd, wenn dessen Bestehen Bedingg eines RGeschäfts ist, RG **170**, 389. Wo eine Hdlg (Mitwirkg) des bedingt Verpflichteten zur Erf der Bedingg erforderl ist, kommt es darauf an, ob die Vornahme der Hdlg nach Treu u Glauben zu erwarten war (nach § 157 zu ermitteln! RG **88**, 3); ist das der Fall, so ist die Weigerg der Vornahme eine unzul Einwirkg, daher zB EigtErwerb des VorbehKäufers, wenn Verkäufer die angebotene Restzahlg nicht annimmt, Hbg MDR **59**, 398, es genügt, nach dem Willen der Parteien eine Entsch über die Bedingg jedenf wollen sollte, RG **79**, 96. Nicht erforderl ist Verletzg einer VertrPfl, BGH **LM** Nr 3; auch nicht die Absicht, die Bedingg zu vereiteln od herbeizuführen, vielm genügt bewußtes od fahrl (RG **122**, 247, BGH BB **65**, 1052) unredl Verhalten. Kein Verstoß gg

Treu u Glaub aber, wenn Bauherr, der Arch iF der Erteilg der BauGen ein Honorar schuldet, nach Ablehng der Gen auf ein langwier RMittelVerf verzichtet, Köln OLGZ 74, 8. Auch bloße Erschwerg des Eintritts der Bedingg reicht für § 162 idR nicht aus, RG 66, 226. Über Anwend des § 162 bei Pfändg unter EigtVorbeh verkaufter Sachen vgl § 929 Anm 6 B c. – § 162 wirkt auch zG des Maklers, der einen aufschiebd bedingten Vertr vermittelt hat, Warn 29, 101. Zur Anwendg des § 162, wenn der ProvAnspr des Maklers aufschieb bedingt, vgl BGH NJW 66, 1404.

2) Verhinderg des Eintritts der Bedingg im Falle des I u seine Herbeiführg im Falle des II führen zur Fiktion des Eintritts bzw des Nichteintritts. Das gilt aber nicht, wenn behördl Gen erteilt wird (BGH LM KRG 45 Art IV Nr 4), wohl überh nicht, wo Bedingg im öff Interesse gesetzt ist. – Als **Zeitpunkt** des Eintritts der Bedingg (I) gilt derjenige, an dem die Bedingg bei redl Handeln eingetreten wäre, RG 79, 96, str, als Ztpkt des Ausfalls (II) der des Eintritts der unredl herbeigeführten Bedingg. Hat der Schu sich die VertrErf schuldh unmögl gemacht, gilt die Bedingg aber bereits in dem Ztpkt als eingetreten, in dem ihr Eintritt verhindert worden ist, BGH NJW 75, 205. – Zu **beweisen** ist der Ursachenzusammenhang zw unredl Einwirkg u Ausfall bzw Eintritt (so auch BGH LM Nr 2), nicht die alleinige Ursächlichk der Einwirkg.

3) § 162 ist Ausfluß des **allgemeinen Rechtsprinzips**, daß, wer eine TreuPfl verletzt, daraus keine Rechte herleiten kann, insb nicht aus treuwidr Herbeiführg od Verhinderg eines Ereignisses (vgl auch die ähnl Regelg des § 351). Dieser Grds gilt auch im öff R, BVerwG 9, 92, JR 70, 275; er ist auch auf ähnl Rechtslagen anwendb, so auf die treuwidr Herbeiführg des Nacherbfalles, BGH NJW 68, 2051, uU auf Künd unmittelb vor Eintritt des KündSchutzes BAG NJW 58, 37, od vor Fälligwerden einer Gratifikation, BAG AP § 611 Gratifikation Nr 52. § 162 selbst ist aber hierauf weder unmittelb noch entspr anwendb, RG 129, 376, stRspr (Einzelheiten vgl § 275 Anm 9 a). Auch ist zu beachten, daß Ausnutzg einer vom G bewußt zG eines Beteiligten geschaffenen SchutzVorschr nicht gg Treu u Glauben verstoßen kann; Einflußnahme auf VormschGericht seitens des Vormunds od Mündels fällt also nicht unter § 162, RG SeuffA 77, 8 u zwar auch dann nicht, wenn gesetzl Vertreter Vertr teilw im eig Namen abgeschl h, BGH 54, 73; ebsowenig Einflußnahme auf VersorggsBeh zwecks Versagg der Gen eines GrdstErwerbs nach RVersorggsG 72 ff, RG SeuffA 87, 124. Entspr gilt grdsätzl für sonst GenErfordern, Ffm DNotZ 72, 180, ihre treuwidr Vereitelg kann aber SchadErsAnspr begründen, vgl § 275 Anm 5 a. – Bei auf Vergangenh abgestellten Bedinggen (Voraussetzgen) ist § 162 entspr gg denjenigen anwendb, der ihr Nichtvorliegen kannte, RG JW 36, 987.

163 **Zeitbestimmung.** Ist für die Wirkung eines Rechtsgeschäfts bei dessen Vornahme ein Anfangs- oder ein Endtermin bestimmt worden, so finden im ersteren Falle die für die aufschiebende, im letzteren Falle die für die auflösende Bedingung geltenden Vorschriften der §§ 158, 160, 161 entsprechende Anwendung.

1) **Zeitbestimmg**: Begriff u Abgrenzg ggü Bedingg einers, **Betagung** andrers vgl Einf 1, 5 vor § 158. Der Anfangstermin entspricht in der Wirkgen der aufschiebenden, der Endtermin der auflösenden Bedingg. Nicht anwendb ist nur § 162. Eine (schuldrechtl wirkende) Rückbeziehg entspr § 159 ist, obwohl § 159 im Text nicht angegeben ist, mögl (VertrFreiheit! RG 68, 141), aber ganz unübl.

Fünfter Titel. Vertretung. Vollmacht

Einführung

1) a) **Vertretung** iwS ist jedes Handeln an Stelle eines anderen, gleichviel ob es im Namen des anderen od nur in seinem Interesse geschieht. Vertretung iS dieses Titels ist aber nur das **rechtsgeschäftliche** Handeln **im Namen** des Vertretenen, die sog **unmittelbare Vertretung**. Unmittelb Vertretg kommt auch bei geschäftsähnl Hdlgen (Übbl 2 c v § 104) vor, zB Auffordergen, Mitteilgen. Auch auf das Anerkenntn iS des § 208 wendet die Rspr die §§ 164 ff entspr an, vgl BGH NJW 70, 1119, KG DNotZ 70, 157. – §§ 164 ff sind aber **nicht anwendb** auf Vornahme reiner Tathandlungen (Übbl 2 d vor § 104) für einen anderen, so nicht auf Erwerb unmittelb Besitzes (Erlangg tatsächl Gewalt § 854), Überg bei EigtÜbertr usw, RG 137, 25 f (ggf greift aber § 855 ein), wohl aber auf BesitzÜbertr doch Einigg, die Rechts ist, vgl § 854 Anm 4. Auch nicht anwendb auf den sog Wissensvertreter, dh denjenigen, der für einen andern das rechtsgeschäftl Handeln vorbereitet, zB Verträge abfaßt, währd den Abschluß selbst nur der andere vornimmt; sie haben Bedeutg bei Anträgen auf VersichergsAbschl, zB für die Frage, wem Versch zur Last zu legen ist, vgl RG DJ 42, 723 mit Anm Thees. Das unerl Hdlgen gibt es keine Vertretg, Haftg für Dritte aber zB nach §§ 831, 839 iVm GG 34, für jur Pers auch nach § 31. – GerVollz ist bei Pfändg nicht Vertr sond AmtsPers (RG 90, 194).

b) §§ 164 ff (außer § 164 II) gelten nicht für die sog unechte, **mittelbare Stellvertretg**, das Handeln im Interesse eines anderen, aber im eignen Namen; hier ist GeschPartei allein der „Vertreter", währd die wirtschaftl Folgen im Endergebn für u gg den „Vertretenen" eintreten sollen. Sie ist ein sehr häufiges, im BGB aber nicht geregeltes Rechtsgebilde; das HGB behandelt die Unterfälle des Kommissions- u Speditionsverhältnisses, HGB 383 ff, 407 ff. Hier ist zunächst nur der „Vertreter" berechtigt u verpflichtet; die Rechte unterliegen dem Zugriff seiner Gläubiger (Ausn für Ansprüche: HGB 392); der Übergang der Rechte u Pflichten von ihm auf den Vertretenen vollzieht sich dch bes RGesch zw beiden entspr ihren internen RBeziehgen. Bei vertragl SchadErsAnspr (nach RG JW 27, 1144 auch bei deliktischem) kann der „Vertreter" allerdings vom GeschGegner auch Ers des gesamten GeschHerrn entstehenden Schadens verlangen (sog Schadensliquidation aus fremdem Interesse, vgl darüber Vorbem 6 vor § 249). Wo mittelb Vertretg gewählt wird, weil der „Vertretene" das RGesch nicht selbst wirks abschließen könnte, kann man den „Vertreter"

Rechtsgeschäfte. 5. Titel: Vertretung. Vollmacht **Einf v § 164**

als Strohmann (vgl dazu auch Anm 3) bezeichnen; der Abschl dch Strohmann ist kein ScheinGesch (§ 117), da wirkl gewollt, BGH NJW **59**, 333; uU kann es, wenn gesetzl Verbot umgangen w soll, als Umgehgs-Gesch (§ 134 Anm 4) nichtig sein. – Der Vermittler ohne AbschlVollm ist kein Vertreter im Rechtssinn, obwohl die ständ Vermittler im Handelsverkehr (Handelsreisenden u Handelsvertreter iS des HGB) ohne Rücks darauf, ob sie AbschlVollm haben, allgem als „Vertreter" bezeichnet w; grdsätzl bleibt hier Abschl Sache des Geschäftsherrn; uU kommt machtlose Vertretg (§ 177) in Frage (vgl HGB 91a); bloßer Vermittler ist der Makler, auch der Handelsmakler, RG **104**, 367.

c) **Stellvertretg ist ausgeschlossen** (unzuläss) bei Eheschl, EheG 13, Einwilligg zur Ann als Kind, § 1750 II, TestErrichtg, ErbVertr, §§ 2064, 2274, und einigen anderen Geschäften des Fam- und Erbrechts (vgl §§ 1595, 1600d, 1617 II, 1618 II, 1728, 1729, 1740 b III, 1740 c, 1872 II, 2282, 2347 II, 2351). Sonst ist Vertretg grundsätzl zul. Sie kann aber aGrd der VertrFreih dch vertragl Abreden ausgeschl w, Karlsr OLGZ **76**, 274 (sog gewillkürte Höchstpersönlichk).

2) Die echte, **unmittelbare Vertretung** führt dazu, daß die RGeschäfte des Vertreters unmittelb für u gg den Vertretenen wirken, sofern der Vertreter die Befugn zur Vertretg (Vertretgmacht) hatte, § 164, od der Vertretene genehmigt, § 177. Die **Vertretungsmacht** kann auf Gesetz beruhen; so die gesetzl Vertretg der nicht od nicht vollgeschäftsfäh Personen, vgl Einf 2 vor § 104, die ggs Vertretgmacht der Eheg gem § 1357 nF, Vollm des Versicherungsvertreters VVG 43, aber auch die Vertretgsmacht der Organe einer jur Pers, obwohl sie nicht eigentl gesetzl Vertreter sind, vgl Einf 3 v § 21 u 26 Anm 2. Vertretg von BRep u Ländern bei RGesch vgl Freundling BayVerwBl **69**, 11, von Gemeinden vgl § 125 Anm 1 b. Sieht die Satzg bei best RGesch die Mitwirkg eines and Organs vor, so hat diese Beschrkg iZw nur Innenwirkg, BGH MDR **78**, 388. – Die Vertretgsmacht kann auch beruhen auf RGesch (Erteilg dch schlüss Verhalten vgl § 167 Anm 1); dann heißt sie **Vollmacht**, vgl § 166 II. Scheinvollmacht genügt idR gutgl GeschGegner, § 170 Anm 4. – Die Vertretg kann aktiv dch Abgabe der WillErkl u passiv dch ihre EntggNahme namens des Vertretenen erfolgen. – Der Vertreter unterscheidet sich vom **Boten** dadch, daß er eine eig WillErkl abgibt, währd der Bote als Werkzeug seines AuftrGeb dessen WillErkl übermittelt. Der Bote besitzt keine eig EntschließgsFreih; nicht er erklärt eine rechtsgeschäftl Willen, sond der AuftrGeb dch ihn. Er braucht daher nicht geschäftfäh zu sein. Die Form öff Beurk (§ 128) w dch die Beurk der vom Boten abgegebenen Erkl nicht gewahrt, RG **79**, 202. Zur irrigen Übermittlg vgl § 120. Die Unterscheidg zw Vertr u Bote ist nach dem äußeren Auftreten vorzunehmen, nicht nach dem zw AuftrGeb u Mittler bestehenden InnenVerh, BGH **12**, 334, Hoffmann JuS **70**, 181, hM, str. Ist der Bote als Vertreter aufgetreten od umgekehrt der Vertreter als Bote, wird der AuftrGeb gleichwohl verpflichtet, sofern sich der Bote (Vertreter) im Rahmen seiner Ermächtigg (Vollm) gehalten hat, MüKo/Thiele Rdn 50 ff. Hat Bote ohne Ermächtigg gehandelt od wissentl eine and als die aufgetragene Erkl abgegeben, gelten die §§ 177 ff entspr, vgl §§ 177, 178 Anm 1 b. – Unterscheide ferner Passivvertreter u **Empfangsboten**, vgl § 120 Anm 1.

3) In fremdem Interesse wird auch der **Treuhänder** tätig (Näheres siehe Einf 7 vor § 929, ferner § 398 Anm 6). Ihm sind dch G od RGesch (Übbl 3 g vor § 104) Rechte zur Ausübg im eig Namen eingeräumt mit der Einschränkg, daß er sie nur in fremdem Interesse ausüben darf; dh nach außen hin tritt er frei auf, im Innenverhältn ist er (oft ggü mehreren Treugebern mit einander widersprechenden Interessen) gebunden. Mangels Handelns in fremdem Namen tritt er also niemals als unmittelbarer, sond höchstens als mittelb Vertreter im RVerk auf; seine Stellg erschöpft sich aber darin nicht, sond sein Auftreten nach außen ist nur eine Seite des TrHdVerhältnisses. Gesetzl Regelg der TrHdVerhältnisse fehlt, obwohl sie häufig sind; sie können sehr verschiedene Gestalt haben, RG **127**, 345, BGH NJW **66**, 1116, BGH BB **69**, 1154. – **Gesetzliche Treuhänder** kennen: HypBkG 29 ff, BauFdgG 35 f, VAG 70 ff. Bes bedeuts war der Treuhänder („custodian") nach MRG 52 und den dazu erlassenen Treuhändergesetzen einzelner Länder; er wurde von der hM als gesetzl Verwalter (vgl nachstehd) angesehen, vgl § 823 Anm 14 unter Treuhänder, Nachw dort. Den in Berlin bestellten Haupttreuhänder hat insoz Vermächt hält KG JR **54**, 102, soweit er das Verm verwaltete, für Verrichtungsgehilfen (§ 831) der Stadt Berlin. – Die Stellg der **gesetzlichen Verwalter** usw, denen zwar nicht die Rechte an den verwalteten Ggständen zustehen, wohl aber die amtl Befugn, sie in eigenem Namen auszuüben, die also nicht Vertreter nach §§ 164 ff sind (Konkursverwalter RG **29**, 29, Nachlaßverwalter RG **65**, 287, Zwangsverwalter RG **86**, 14, Testamentsvollstrecker § 2202 und RG **130**, 134), läßt sich, obwohl herkömml so zu bezeichnen, ebenf als gesetzl Treuhandsch auffassen, Kämmerer JR **70**, 328 (ähnl die Stellg des Gvz bei der Fürs für VollstrGut RG **102**, 79). Böttcher ZZP **77**, 55 will den KonkVerw als Organ der Masse (die er für eine fiktive Jur Pers hält) ansehen; die Stellg and gesetzl Vertreter läßt sich so aber wohl nicht erklären. Echte Vertreter sind nach hM der Gläubigervertreter nach SchuldverschreibgsG v 4. 12. 99 §§ 1, 14 und nach § 1189, vgl § 1189 Anm 2. – Durch RGesch kommt es zu ähnlicher treuhänderischer Stellg, wenn der Berechtigte zur Ausübg eines Rechts od Vfg darüber einen Dritten im Interesse des Berechtigten ermächtigt; so LegitimationsÜbertr, insb des AktienstimmR, vgl § 185 Anm 4 und § 398 Anm 7. Häufiger entsteht **rechtsgeschäftliche Treuhänderschaft** dch **Übertragung der Vollrechte** am Treugut (geeignet sind veräußerl Sachen und Rechte jeder Art) vom Treugeber auf den TrHänder mit der Verpflichtg, nicht im eig Interesse bzw nur im Rahmen der zw beiden bestehenden RBeziehgen (in jedem TrHdVerhältn liegt ein Auftr, vgl § 662 Anm 6a) Gebr zu machen; ähnl bei Übertr eines Teils einer RStellg u Vorbeh des anderen Teils (zB Verkauf unter EigtVorbeh). Eig NutzgsR ist mit TrHdVerhältn vereinb, nicht Recht zum eig Verbrauch od zur Vfg zu eig Nutzen, RG **153**, 353. Das TrGut in der Hand des TrHänders wird am besten als SonderVerm angesehen, das dem Zugriff der Gläub des TrHänders unterliegt. Einzelheiten über Vollstr in TrGut u KonkFragen, über treuwidr Vfgen des TrHänders, wie über die Entstehg von TrHdVerhältn überh vgl Einf 7 vor § 929, über treuhänderische RGeschäfte auch Übbl 3 g vor § 104. – Man nennt den TrHänder auch **Strohmann** (vgl auch Anm 1), wenn Trhandsch verheimlicht wird. Erwerb des Strohmanns, Gründg einer GmbH, Führg eines Handelsgeschäfts dch ihn für den wirtschaftl Inh usw sind keine Scheingeschäfte, wenn Gesch ernstl gewollt, RG **84**, 304, HRR **33**, 3, Celle JW **38**, 1591, BGH **21**, 382, § 117 Anm 1. Strohmann hat Anspr gg Treugeber auf Befreiung von Verbindlichkeiten. In

diesen Anspr kann Gläub vollstrecken, Celle aaO. Strohmann kann der eig Inanspruchn nicht entggehalten, der and habe von seiner StrohmannEigensch gewußt, Hbg MDR **72**, 237. – Teilw treuhänderisch ist die **Übertragung zur Sicherung** (insb Sichersübereigng) insof, als der SichgNehmer von seinem Recht nur im Rahmen des Sicherszwecks Gebr machen darf, darüber hinaus nur mit Zust od im Interesse des Sichg-Gebers; vgl Serick, Eigentumsvorbehalt u Sichersübereigng (2 Bde) 1966; vgl auch § 398 Anm 6. – Kein Treuhandverhältn entsteht, wenn jemand einem anderen etwas zur Aufbewahrg für oder Weitergabe an einen Dritten übergibt; evtl liegt Vertr zGDr vor (§ 328).

164 *Wirkung der Vertretererklärung.* I Eine Willenserklärung, die jemand innerhalb der ihm zustehenden Vertretungsmacht im Namen des Vertretenen abgibt, wirkt unmittelbar für und gegen den Vertretenen. Es macht keinen Unterschied, ob die Erklärung ausdrücklich im Namen des Vertretenen erfolgt oder ob die Umstände ergeben, daß sie in dessen Namen erfolgen soll.

II Tritt der Wille, in fremdem Namen zu handeln, nicht erkennbar hervor, so kommt der Mangel des Willens, im eigenen Namen zu handeln, nicht in Betracht.

III Die Vorschriften des Absatzes 1 finden entsprechende Anwendung, wenn eine gegenüber einem anderen abzugebende Willenserklärung dessen Vertreter gegenüber erfolgt.

1) a) Die unmittelb (rechtsgeschäftl) Vertretg (vgl Einf 1,2 vor § 164) verlangt Abgabe der WillErkl **im Namen des Vertretenen,** dh erkennb Handeln in fremdem Namen. Ausdr Erkl, im fremden Namen handeln zu wollen, ist entbehrl, sofern dieser Wille aus den Umst erhellt (sog stille Vertretg), **I** 2. Der rein innerl gebliebene Wille genügt aber nicht; er muß für den GeschGegner erkennb werden; ob das zutrifft, ist Frage der Ausslegg nach § 133, ggf § 157, wobei Umst aller Art, insb früh Verhalten, Zeit u Ort der Erkl (zB in den GeschRäumen des Vertretenen s Anm 4), erkennb Interessenlage, zu berücksichtigen. Beispiele: Bestellen des Arztes erfolgt idR namens des Kranken, auch wo damit erkennb sittl od rechtl Pflicht erfüllt wird, RG AkZ **37**, 151, LG Wiesbaden VersR **70**, 69, bei Behandlg von Kind od Ehefr w aber nach § 1357 nF idR beide Eheg verpfl. Bestellg von Karten für kostspielige Flugreise einer Gruppe erfolgt iZw im Namen aller GruppenMitgl, BGH BB **78**, 928. Mandat an zusarbeitde RA richtet sich iZw an die Gesamth der RA, auch wenn sie keine Sozietät bilden, BGH **70**, 247, 249. Mandat des RSchutzversicherers an Anw erfolgt idR im Namen des VersNehmers, BGH NJW **78**, 1003. Inh einer Scheckkarte schließt GarantieVertr als Vertreter der Bank, Einf 1c vor § 765. Ergeben Umst Handeln in fremdem Namen, so kommt es auf den inneren Willen nicht an, BGH **36**, 33. Auf ein VertrVerhältn hindeutde formularmäß Klauseln sind unbeachtl, wenn der scheinb Vertr wie eine VertrPart auftritt, BGH **61**, 281 (Reiseveranstalter). Schließt Baubetreuer „in Vollm" des Betreuten Vertr mit Handwerker, kann Auslegg ergeben, daß in Wahrh Baubetreuer verpfl w, Düss Betr **78**, 583, LG Arnsb NJW **78**, 1588/2158; aA BGH **67**, 336. Die Pers des Vertretenen kann sich entspr I 2 aus den Umst ergeben, BGH Betr **76**, 146; sie braucht dem Gegner nicht bekannt, nicht einmal erkennbar zu sein (Gesch für den es angeht, vgl unten aE der Anm); Nenng eines Namens ist also entbehrl, RG **140**, 338, BGH **LM** Nr 10, BAG **AP** SeemG 24 Nr 1 (vgl LG Wiesb DNotZ **66**, 370, vollmachtlose Vertretg eines ungenannten BeigeordnetGesch der Gemeinde), aber auch nicht stets genügt, da Handeln als Bote mögl (vgl Einf 2 vor § 164 und § 120 Anm 1). Tritt Gemeinde selbsthandelnd auf, so ist sie VertrPartner, auch wenn sie in AuftrAngelegenh tätig wird, KG AcP **150**, 175, BGH **2**, 142. Stille Vertretg einer Handelsgesellsch vgl RG **119**, 64, bei Wechselunterschrift, Warn **19**, 92. Die Bezeichngen „Generalvertreter", „Handelsvertreter" uä besagen, da nur kaufm Berufsbezeichng, für die Vertretg iS der §§ 164 ff nichts, vgl Einf 1b vor § 164. – Je geringer das berecht Interesse des Gegners an der Kenntn des GeschPartners, desto geringer sind die an die Erkennbark zu stellenden Anforderngen. Bei dingl ErwerbsGesch ist Pers des Erwerbers oft gleichgült, dann kann Vertreter ohne Kenntlichmachg dieser VertrEigensch unmittelb für Vertretenen erwerben, wenn er das will (vgl § 929 Anm 5); sog **Vertrag für den, den es angeht**. Vertreter erwirbt für den Vertretenen unmittelb Besitz nach § 855 od dch InsichGesch (§ 181) mittelb Besitz nach § 868, RG **140**, 229 (Besitzübergabe selbst vgl Einf 1 a vor § 164). Aufl kann nicht als Vertr für den, den es angeht, vorgenommen w, AG Hbg NJW **71**, 102. Auch bei schuldrechtl Vertr ist die Pers des GeschPartners idR wesentl; hier w idR nur bei BarGesch des tägl Lebens ein „Vertrag für den es angeht" angen w können, RG **100**, 192, BGH NJW **55**, 587, **LM** Nr 33, jedoch können auch GrdstVertr (BGH WPM **78**, 12) u FrachtVertr (Hbg VersR **76**, 165) als „Vertrag für den, den es angeht" abgeschl w, idR aber nicht der AuskVertr, Honsell JuS **76**, 626. Der Vertr ist ggü dem and Teil verpfl, den Namen des Vertretenen mitzuteilen, Düss MDR **74**, 843.
b) Tritt der Vertreter nach außen in fremden Namen auf, will er aber in Wahrh für sich selbst abschließen, w allein der Vertretene berecht u verpflichtet, BGH **36**, 33, NJW **66**, 1916 stRspr, str. Der Vertreter ohne Vertreterwillen kann in umgekehrter Anwendg von II auch nicht anfechten, BGH **LM** ZPO 517 Nr 1; MüKo/Thiele Rdn 59. – Mögl ist Handeln zugleich im eig Namen u als Vertreter eines Dritten, RG **127**, 105; das kommt prakt selten vor. – Die Regeln der §§ 164 ff gelten auch, wo jemand **unter fremdem Namen** auftritt, u zwar auch hier ohne Rücksicht auf den Vertretgswillen; hat er Vollm des Namensträgers, so wirkt Erkl für u gg diesen, BGH **45**, 195; str; vgl zum Handeln unter fremden Namen Lieb JuS **67**, 106, Holzhauer, eigenhänd Unterschrift, 1973, S 138 ff.

2) Wirks Vertretg setzt ferner **Vertretgsmacht** voraus, also ges VertrMacht (vgl Einf 2 vor § 164) od Vollm (vgl § 167); uU genügt AnschVollm (vgl §§ 170–173 Anm 4). Wo od soweit VertrMacht fehlt, gelten §§ 177 ff. Wenn u soweit sie besteht, kommt es auf die Weisgen des Vertretenen nicht an; entscheidd ist ausschl Wille u Erkl des Vertr, seine Erkl bindet den Vertretenen, vgl § 166. Auch für einen **Mißbrauch** der VertrMacht trägt der Vertretene grdsätzl das Risiko; dem VertrGegner obliegt im allg keine bes PrüfgsPfl, BGH NJW **66**, 1911. Der Vertretene ist aber dann nicht gebunden, wenn der Vertr von seiner VertrMacht in ersichtl verdächt Weise Gebr gemacht h, so daß beim VertrGegner begründete Zweifel entstehen mußten; Vertretenen steht dann Einr der Argl zur Seite, RG **143**, 201, BGH NJW **66**, 1911. Schon einf Fahrlk des VertrGegners kann für die Einr der Argl genügen, RG **75**, 301, **134**, 72, **159**, 367, BGH

MDR **64**, 592, stRspr, doch ist jeweils zu prüfen, ob Treu u Gl der Bindg des Vertretenen entggstehen, BGH aaO. Für Vollm u ges VertrMacht gelten dieselben Grdsätze, RG **145**, 315. Im HandelsVerk kann sich der VertrGegner nicht auf die ges Unbeschränkbk der VertrMacht berufen, wenn der Vertr (Komplementär, GeschF, Prokurist) bewußt zum Nachteil des Vertretenen gehandelt h u dies dem VertrGegner aus Fahrlk nicht bekannt gew ist, BGH **50**, 114, Betr **76**, 1278. Die Tats, daß der VertrGegner die dem Vertr intern auferlegten Beschrkgen kannte od kennen mußte, reicht allein nicht aus, BAG **12**, 155, und aber, wenn der Vertretene ständ jur Berater des Vertretenen ist, BGH MDR **78**, 388. H der Vertretene zumutb KontrollMaßn unterl, kommt eine Verteilg der nachteil Folgen des Gesch entspr § 254 in Betr, BGH **50**, 114, Hamm WPM **76**, 140, krit Heckelmann JZ **70**, 62. Für **Prozeßhandlgen** gilt das gleiche; RechtsmittelVerz u -Rückn, die von dem Vertr unter offensichtl Mißbr seiner VertrMacht erkl w, sind unwirks, BGH ZPO 515 Nr 13 u ZPO 565 III Nr 10. Auch bei mißbräuchl Verwendg der Scheckkarte (Einf 3 c vor § 765), insb zur Krediterlangg, sind die zum VollmMißbr entwickelten Grds anzuwenden, BGH **64**, 79, Wentzel JuS **75**, 630. Sie gelten dagg nicht bei Mißbr der Rechte eines TrHänders, da dieser im eig Namen handelt u über ein eig Recht verfügt, BGH NJW **68**, 1471, dazu krit Kötz ebda u Schlosser NJW **70**, 681, 685, vgl auch Einf 7 B a vor § 929. Das TrGut kann jedoch unter der auflösd Bdgg übertr w, daß der TrHänder über das Recht abredew verfügt, Schlosser aaO S 682. Zum GesProblem vgl Tank NJW **69**, 6 u K. Schmidt AcP **147**, 55, 57–64. Zu **unterscheiden** ist VertrMacht (nur nach außen wirks) von **Geschäftsführungsbefugnis** (InnenVerh, auf Vertr od auf Gesetz beruhd), wenn auch Vollm u GeschFührgsBefugn oft in demselben Gesch vereinigt sind; vgl § 167 Anm 2 u § 178 Anm 2.

3) Die Wirkgen des vom befugten Vertreter geschl Geschäfts treten nur für u gg Vertretenen ein; er ist GeschPartei, die dch den abschließenden Vertreter repräsentiert wird (Repräsentationstheorie). Für u gg den befugten Vertreter (anders für den machtlosen, vgl § 179) erzeugt es keine Wirkg, sofern dieser nicht gleichzeitig im eig Namen (auch stillschw mögl RG JW **31**, 1028) handelt. Da Vertreter nicht verpflichtet wird, genügt seine beschr Geschgfk, § 165. – Für **Verschulden** des Bevollmächtigten **bei Vertragsschluß haftet** der Vertretene wie für andere Hilfspersonen, RG **114**, 160, nicht aber außerh vertraglicher Beziehgen, RG **96**, 179; nicht für Argl des gesetzl Vertreters, RG **132**, 76; handelten mehrere Vertreter, so haftet Vertretener für jeden, RG **131**, 355. Der Vertreter haftet im Falle unerl Hdlg od wo er der eigentl sachl Beteiligte ist, RG **120**, 249, und zwar meist neben dem Vertretenen. Ebso haftet Vertreter für culpa in contrahendo, jedenf wenn er eig Interesse hat (was bei Vertretg eines Ehegatten idR zu bejahen ist), BGH **14**, 318, LM Nr **14**, MDR **63**, 301, aber auch sonst: wer am RVerk, wenn auch für andere, teilnimmt, schuldet dem Partner Redlichk; wer diese verletzt, haftet (vgl § 276 Anm 6 b ff u 7 f).

4) Absatz II: Wer für einen anderen handeln will, dies aber nicht erkennb werden läßt, gilt selbst als GeschPartei; Anfechtg wg dieses Willensmangels ist ihm also versagt, BGH **LM** ZPO § 517 Nr 1. RGesch kommt aber mit dem Vertretenen zustande, wenn auch Gegner mit diesem abschließen wollte, vgl Einf 2 vor § 116, insb wo er den Verhandelnden für den Vertretenen hielt, zB Verhandlg mit Bevollm in der Ann, er sei der Inh, RG **67**, 149, BGH BB **57**, 1014, Stgt NJW **73**, 629, Köln BB **77**, 467. Handeln für eine Firma ist Handeln im Namen der FirmenInh, u zwar auch, wenn der and Teil unricht Vorstellgen über die Pers der FirmenInh h, BGH **62**, 218, **64**, 15, WPM **76**, 1084, K. Schmidt JR **75**, 461. Das gilt entspr bei Handeln für den Eigtümer einer Sache. „Erkennbar" ist Wille, in fremdem Namen zu handeln, nicht schon, wenn VertrGegner Zweifel haben könnte; es müssen Umstände hervortreten, die zu dem Schluß zwingen, daß für einen anderen gehandelt wird, Karlsr Just **64**, 12, vgl auch BGH MDR **64**, 592. – Im Einzelfall kann Abgrenzg schwierig sein, die VerkAuffassg entscheidet.

5) Beweislast. Ist str, ob ein RGesch im eig od im fremden Namen vorgen worden ist, so ist derj beweispflicht, der ein VertreterGesch behauptet. Das gilt, wenn Anspr gg den Vertretenen gem § 179 gg den Vertreter geltd gemacht w. Das gilt ebso, wenn der Verhandelnde als VertrPart in Anspr gen w; dieser muß beweisen, daß er entw ausdrückl im Namen des Vertretenen aufgetreten ist od daß sein Vertreterwille erkennb aus den Umst zu entnehmen war (BGH **LM** ZPO 517 Nr 1, NJW **75**, 775, hM). Die BewLast für die Vertretgsmacht trägt derj, der sich auf ein gült VertreterGesch beruft (BayObLGZ **77**, 9), also bei Klagen gg den Vertretenen der and Teil, iF des § 179 der Vertreter. Das Erlöschen der Vertretgsmacht ist von dem zu beweisen, der Rechte daraus herleitet. Steht das Erlöschen fest, muß Abschl vor diesem Ztpkt von dem bewiesen w, der die Gültigk des Gesch behauptet (BGH NJW **74**, 748).

165 *Beschränkt geschäftsfähiger Vertreter.* Die Wirksamkeit einer von oder gegenüber einem Vertreter abgegebenen Willenserklärung wird nicht dadurch beeinträchtigt, daß der Vertreter in der Geschäftsfähigkeit beschränkt ist.

1) Da der Vertreter aus dem GeschAbschluß nicht haftet, vgl § 164 Anm 3, genügt seine beschränkte Geschfgk (vgl §§ 106, 115). Das gilt auch für machtlose Vertretg, § 177, jedoch unter Ausschluß der Haftg aus § 179, vgl § 179 III. – § 165 ermöglicht die Bestellg eines GeschBeschränkten zum gesetzl Vertreter, zum Vorstd ei Pers (§ 26), zum Prokuristen u Handlgsbevollmächtigten. – Auf das Innenverhältn (Auftr usw, vgl § 164 Anm 2) bezieht sich § 165 nicht. – GeschUnfähige, § 104, können, da sie keinen rechtl anerkannten Willen haben, nicht Vertreter sein, ihr Handeln kann daher dem Vertretenen auch nicht aGrd RScheins (§§ 170ff, AnscheinsVollm) zugerechnet w, BGH **53**, 215; über die Probleme der Vertretg dch GeschUnfähige vgl Ostheim AcP **169**, 193. – Prozeßvertretg dch beschränkt GeschFähigen unzul, ZPO § 79.

166 *Willensmängel, Kenntnis, Kennenmüssen; Vollmacht.* [I] Soweit die rechtlichen Folgen einer Willenserklärung durch Willensmängel oder durch die Kenntnis oder das Kennenmüssen gewisser Umstände beeinflußt werden, kommt nicht die Person des Vertretenen, sondern die des Vertreters in Betracht.

§§ 166, 167

II Hat im Falle einer durch Rechtsgeschäft erteilten Vertretungsmacht (Vollmacht) der Vertreter nach bestimmten Weisungen des Vollmachtgebers gehandelt, so kann sich dieser in Ansehung solcher Umstände, die er selbst kannte, nicht auf die Unkenntnis des Vertreters berufen. Dasselbe gilt von Umständen, die der Vollmachtgeber kennen mußte, sofern das Kennenmüssen der Kenntnis gleichsteht.

1) Da das Gesch auf dem Willen des Vertreters beruht, § 164 Anm 2, sind grdsätzl nur seine **Willensmängel** mit den Folgen aus §§ 117–123 beachtl, **I**. WillMängel des Vertretenen können jedoch die Gültigk der Bevollmächtigg beeinflussen, ist anfechtb und damit den Vertreter zum machtlosen machen; vgl aber § 173 Anm 4. – Ebso entsch idR das **Kennen oder Kennenmüssen** (Begriff § 122 II) des Vertreters, zB von Mängeln der Kaufsache §§ 460, 464, von der Abs der GläubBenachteiligg KO 29ff, AnfG 3, vgl RG **80**, 5, BGH **22**, 134, **41**, 21, vom unsittl Charakter der Gesch RG **100**, 247, von eintraggsbedürft, aber nicht eingetr Tats, Hbg MDR **72**, 238 (zu HGB 15), auch des Versicherers, der Erkl für Versicherten abgibt, von mögl Einwendgen gg den Anspr, Mü OLGZ **66**, 385. Auf seinen guten Glauben kommt es (§§ 892, 932, HGB 366 usw); bei der Ausleg der WillErkl ist von seinem Wissen auszugehen. – Kenntn eines von **mehreren** Vertretern genügt, RG **134**, 36, BGH **20**, 153, **62**, 173, stRspr, vgl auch § 167 Anm 3 c. Kenntn des vollmachtlosen Vertreters genügt idR nicht, Warn **13**, 86, wohl aber die des Vermittlgsagenten, wenn er an den Vhdlgen beteiligt od mit dem Gesch befaßt war, Ffm OLGZ **76**, 224; niemals Kenntn des Boten. Für GerichtsVollz vgl Einf 2 u 3 vor § 164. Kenntn des gesetzl Vertreters genügt nicht, wenn er ohne erforderl vormschaftsgerichtl Gen handelt, RG **132**, 78. Wohl aber genügt idR Kenntn des Besitzdieners, der für Besitzherren dingl RGeschäfte vornimmt, obwohl Besitzdienersch idR kein Vertretgsverhältn schafft, BGH **32**, 58, BGH NJW **74**, 458. – Auch sonst kann § 166 trotz Fehlens eines echten Vertretgsverhältn (entspr) anwendb sein, sofern sich jemand eines und wie eines Vertreters bedient, BGH **41**, 18 („Vertrauensmann"), BGH **55**, 310 (Treuhänder); nicht anzurechnen ist dagg Kenntn einer Pers, die VertrPart intern beraten h, ohne nach außen handelnd in Erscheing zu treten, BGH **LM** Nr 8. Beim Überbau rechnet die Rspr dem Bauherrn analog § 166 Vors u grobe Fahrlässigk des Architekten zu, BGH **42**, 63, nicht aber Vors u grobe Fahrlässigk des Bauunternehmers, BGH NJW **77**, 375 (richtige Ans: Anwendg des § 278, dort Anm 1 b bb). – Kenntn des in sich vertragschließenden beiderseit Vertreters (§ 181) ist Kenntn beider Teile, RG **74**, 414. – Auf Kenntn des Vertreters, die treuwidr dem Vertretenen nicht mitgeteilt w soll, kann Gegner sich nicht berufen, BGH **134**, 71, BGH WPM **72**, 1381. – Über Anf wg Täusch u Drohg des Vertreters vgl § 123 Anm 1 d. – Haftg für Handlgen des Vertreters, über die § 166 nichts besagt, vgl § 164 Anm 3.

2) § 166 I gilt auch bei machtloser Vertretg nach **erfolgter** Gen, RG **128**, 121, BAG BB **61**, 288, uU ist aber Gen wg Willensmangels des Vertretenen anfechtb. § 166 wird entspr angewandt bei der Frage, ob Überbau entschuldb, BGH **42**, 69. – Für gesetzl Verwalter (Zwangsverwalter, KonkVerwalter usw) gilt § 166 an sich nicht; seine Kenntn ist aber deshalb maßg, weil er VertrPart ist; dasselbe gilt bei mittelb Vertretg.

3) a) Ausnahmsw ist **Kenntnis und Kennenmüssen des Vertretenen** (neben der des Vertreters!) maßg bei rechtsgeschäftl Vertretg, **II**, soweit Vertreter nach bestimmten **Weisungen** handelt; gilt entspr auch bei genehmigter machtloser Vertretg, RG **161**, 162, BGH BB **65**, 435. In solchen Fällen führt also zB argl Täusch des Vertretenen zur Anfechtbark § 123, BGH **51**, 146. Läßt sich ein Bevollm untervertreten, so kommt auch seine Kenntn in Frage, RG Gruch **58**, 907. Weisg iS des II ist weit auszulegen, RG **161**, 161; es genügt zB, daß VollmGeber den Bevollm zu dem vorgenommenen Abschl veranlassen wollte; Weisg liegt auch vor, wenn Vertretener (Mandant) bei ProzVergl des Anw mitwirkt, BGH **51**, 145. Der Weisg steht gleich Kenntn sowohl von den Einzelheiten des Geschäfts u Unterlassen eines mögl Eingreifens, vgl BGH **38**, 68; daher II auch anwendb, wenn Vertretener Kenntn erst nach Erteilg der Weisg erhielt, sofern er noch eingreifen konnte u das wußte, BGH **50**, 368. Auf Kenntn sowohl des Vertreters wie des Vertretenen kommt es natürl auch an, wenn beide beim Gesch mitwirken, zB Abschl dch Vertreter, Bestätiggsschreiben des Vertretenen, BGH **40**, 46. Befindet sich der weisgserteilde Vertretene in einem Zustand vorübergehender geistiger Störg, so soll dies nach Brschw OLGZ **75**, 441 gem §§ 105 II, 166 I das RGesch nichtig machen. – Abgesehen von II kann Willensmangel des Vertretenen Anfechtbark der VollmErteilg begründen und so mittelb das Gesch beeinflussen, vgl Anm 1. – Begriff der **Vollmacht** vgl § 167 Anm 1.

b) Bei gesetzl Vertretg ist II nicht anwendb, auch nicht auf Organ der jur Pers (es fehlt an WeisgsBerecht). Wo aber Ergänzgspfleger (nach § 1909) auf Veranlassg der allg gesetzl Vertr bestellt wurde u dieser ih gegü wie weisgsberecht GeschHerr auftrat, ist II entspr anzuwenden, BGH **38**, 68; ähnl bei Vertretg kr Schlüsselgewalt, wenn Vertr prakt nach Weisgen handelt, Neumann-Duesberg JR **50**, 338, Weimar JR **76**, 318.

4) Kenntn von Hilfspersonen, die äußerl nicht hervortreten, ist unerhebl, vgl zB BGH NJW **65**, 1174 (zu § 419), BGH **LM** Nr 8; wenn aber Vertr nur rein formell auftritt, kommt es auf den „wirtschaftl" Vertr an (beurkundder Notar, der gleichzeit HausVerw, kannte Mängel des verkauften Hauses u läßt einen Nichtinformierten als Vertr des Verkäufers auftreten), BGH **LM** Nr 14. Über Kenntn von Hilfspersonen für VerjBeginn § 852, wo der Hilfsperson die Aufklärg der Tatbestds übertragen, vgl § 852 Anm 2 Abs 1.

5) § 166 regelt nicht (unmittelb) die **„Wissensvertretung"**, (zB wessen Wissen beim BesErwerb dch BesDiener entscheid ist), sein RGedanke ist aber anwendb. Dazu Richardi „Die Wissensvertretung" AcP **169**, 385.

167 Erteilung der Vollmacht.

I Die Erteilung der Vollmacht erfolgt durch Erklärung gegenüber dem zu Bevollmächtigenden oder dem Dritten, dem gegenüber die Vertretung stattfinden soll.

II Die Erklärung bedarf nicht der Form, welche für das Rechtsgeschäft bestimmt ist, auf das sich die Vollmacht bezieht.

Rechtsgeschäfte. 5. Titel: Vertretung. Vollmacht § 167 1–3

1) a) Die gewillkürte Vertretgsmacht (**Vollmacht** = durch RGesch erteilte Vertretgsmacht, § 166 II) entsteht durch **Bevollmächtigung** des Vertreters unter Lebenden (auch durch letztwill Vfg, so allg für empfangsbedürft WillErkl RG **170**, 380, auch LG Siegen NJW **50**, 226, vgl dazu Grussendorf DNotZ **50**, 164 und Köln DNotZ **51**, 36) gerichtet an Vertreter od GeschGegner, **I**, oder dch öff Bekanntmachg, § 171. Sie ist einseit empfangsbedürft WillErkl (Übbl 3a vor § 104) und grdsätzl **formfrei, II** (gilt auch für Vollm zum Abschl eines Tarifvertrages, LAG Heidelberg WAR **50**, 169). VollmErteilg kann daher auch dch schlüss Verhalten mögl, wenn es auf Willen der Bevollmächtig schließen läßt (Auslegg nach § 133, ggf auch § 157), zB wenn Minderkaufmann nach GeschÜbertrag dem Nachfolger erlaubt, das Gesch unter bisher Namen fortzuführen, BGH NJW **66**, 1915 (bei Vollkaufmann gilt HGB 25). Stillschw Vollm kann auch vorliegen bei Duldg des dem Vertretenen bekannten Verhaltens des Vertreters (Duldgsvollm, vgl hierüber u über Wirkg des Rechtsscheins der Vollm auch §§ 170–173 Anm 4). – **Umfang** der Vertretgsmacht ergibt sich aus Vollm u deren Auslegg nach §§ 133, 157, entscheid, wie sie sich dem GeschGegner darstellt. Bei kaufm Vollm ist für Auslegg Recht des Ortes, wo sie zur Auswirkg kommt, maßg, BGH NJW **54**, 1561. Vollm zum VertrSchl umfaßt nicht notw Befugn zu einer GerStandVereinbg, Mü NJW **74**, 195 mAv Vollkommer. VollmÜberschreit kann dem gutgl GeschGegner nicht entgegehalten w, wenn Vertretene den Vertr nicht ausr überwacht h, BGH WPM **74**, 407. Im übrigen gelten iF der VollmÜberschreit §§ 177ff. Ob sie auf das Gesch im ganzen od nur auf den dch die Vollm nicht gedeckten Teil anzuwenden sind, hängt davon ab, ob dch Vollm gedeckter Teil trennb und ohne den überschreitenden Teil abgeschl worden wäre (§ 139 analog); wenn GesamtGesch anderen Charakter hat, als gedecktes, ist GesamtGesch (schwebend) unwirks, BGH NJW **58**, 57 (Steuerhinterziehg).

b) Form für Bevollmächtigg **entgegen II erforderlich**, wenn formfreie Bevollmächtigg zur Umgehg einer Formvorschr führen würde; zB unwiderrufl Vollm zum GrdstVerkauf u Bevollmächtigg des Grdst-Käufers zur Auflassg an sich, vgl § 313 Anm 6, zur ErbteilsÜbertr JFG **15**, 205, BayObLG **54**, 234, zur Vertretg in der „Erklärg des Willens" bei einer formbedürft RGesch, wenn dem Vertreter im Willen nicht zugelassen (Kindesannahmefall vgl § 1751a), nach Saarbr OLGZ **68**, 5 auch zum Abschl eines nach GWB 34 der Schriftform bedürftigen Geschäfts (bedenkl!). Dagg ist wg des anderen Zwecks der FormVorschr Vollm zur Abtretg von GmbH-Anteilen formfrei, RG **135**, 71, außer wenn sie den Bevollmächtigten nicht bezeichnet (BlankoVollm) BGH **13**, 53. – Ausnahmsw ist Schriftform vorgeschrieben, ua in AktG 114 III, ZPO 80, öffentl Beglaubigg in § 1945 II, HGB 12, GmbHG 2 II, ZVG 71 II, FGG 13, GBO 29f. Vgl über Formvorschriften für Vertretg von Gemeinden u and öffrechtl JP § 125 Anm 1b. **Unterscheide** Vollmacht zum Handeln in fremdem Namen von **Ermächtigung** zum Handeln im eig Namen (mit Wirkg für fremdes Rechtsgut), vgl § 185 Anm 4. – Für ProzeßVollm gelten ZPO 79 ff, im VerwVerf VwVfG 14 ff; in beiden Fällen sind ergänzd §§ 167 ff anwendg.

c) Mißbrauch der Vollm vgl § 164 Anm 2.

2) Vollmacht ist begriffl unabhängig vom Grdgeschäft (GeschFührungsbefugn vgl § 164 Anm 2), wie Auftr, GeschBesorggsVertr usw, also **abstrakt** (Übbl 3e vor § 104); vgl aber für Erlöschen §§ 168f. Prakt verfolgt VollmErteilg aber stets irgendeinen Zweck, eine grdlose Vollm ist also nicht denkb; anders die hM, die isolierte Vollm für mögl hält. Jedenf ist klare Unterscheidg zw Vollm u GrdGesch nötig, RG **121**, 35, da Fehler des letzteren die Vollm unberührt lassen (RG **69**, 234, Köln MDR **74**, 310), soweit nicht § 139 eingreift, und weil uU AnscheinsVollm mit ihren Wirkgen (§§ 170–173 Anm 4) bestehen bleibt. VollmUrk kann neben der Bevollmächtigg selbstverständl auch zum GrdGesch gehörde Abreden enthalten, Mü WPM **74**, 474. **Willensmängeln** berecht zur Anf der Vollm (aA für den Fall des Abschl des Vertreter-Gesch Eujen/Frank JZ **73**, 232); auch hier bleibt aber uU die Wirkg der AnscheinsVollm bestehen. Anf-Gegner ist bei InnenVollm der Vertreter, bei AußenVollm der GeschPartner (§ 143 III), diesem w aber auch bei Anf einer InnenVollm Anspr aus § 122 zuzubilligen sein, Soergel-Schultze-v Lasaulx § 166 Anm 29.

3) Arten der Vollmacht: Das BGB macht keine Unterschiede, wohl aber **unterscheidet der Verkehr:**

a) nach dem Umfang: Generalvollmacht, die Vertretg in allen Geschäften od solchen eines größeren GeschKreises **(Gattungsvollmacht)** ermöglicht, von der auf ein od einige bestimmte Geschäfte beschränkten **Spezialvollmacht**. Der Umfang im einzelnen ergibt sich dch Auslegg RAG JW **36**, 349; iZw ist enge Auslegg am Platze RG **143**, 199. Über den Umfang der Fassg „soweit die Gesetze Vertretung zulassen" vgl KG DR **43**, 802. Beschrkgen können sich auch aus den Umst (Interessenlage) ergeben, BGH WPM **75**, 779 (ArchitektenVollm bei Vereinbg eines Pauschalwerklohns). Der dem GeschGegner bekannte od erkennb Wille des VollmGebers beschränkt die Vollm auch bei umfassendem Wortlaut; das RG gab schon bei fahrl nicht erkanntem VollmMißbr die Einr der Argl, RG **143**, 201, **145**, 315 (gilt auch für Mißbr gesetzl Vertretgsmacht); vgl auch § 164 Anm 2. Die Bestimmg, daß Generalbevollm die Interessen des VollmGebers zu wahren hat, ist für sich keine Einschränkg, RG HRR **31**, 1037. Vgl über die Stellg des Generalbevollm Spitzbarth BB **62**, 851, über die Vollm des Baubetreuers, BGH **67**, 334, **LM** § 164 Nr 39. Vollm des **Architekten** (Schmalzl MDR **77**, 622, Jagenburg BauR **78**, 180): Wird ein Arch mit der DchFührg eines Bauvorhabens beauftragt, so liegt hierin, falls nichts anderes vereinb w, zugleich die Erteilg einer Vollm (BGH NJW **60**, 859, sog originäre Vollm). Für den Umfang dieser Vollm gibt es aber keine allg gült Grds; maßgebd sind die Umst des Einzelfalls. IZw ist die Vollm eng auszulegen u zwar auch dann, wenn der Arch ausdr als „bevollmächtigter Vertreter" bezeichnet w (BGH NJW **78**, 995). Sie umfaßt idR: die Vergabe einz Bauleistgen (BGH BB **63**, 111), von Zusatzleistgen nur, wenn diese von untergeordneter Bedeutg sind (Jagenburg S 181, Schmalzl S 623); die Rüge von Mängeln, die Entgegn von Vorbeh gem VOB/B 16 Nr 3 (BGH NJW **77**, 1634, **78**, 1631), von Erläutergen zu eingereichten Rechngen (BGH NJW **78**, 994). Dagg sind dch die Vollm idR nicht gedeckt: ZusatzAuftr größeren Umfangs, insb dann nicht, wenn sie die Auftr-Summe fast verdoppeln (BGH Betr **75**, 1741); Beauftragg von Sonderfachleuten (BGH BB **63**, 111; Jagenburg S 184, Schmalzl S 624, str); Verlängerg der FertigstellgsFr (BGH NJW **78**, 995), rgeschäftl Anerkenntn der Schlußrechng (BGH NJW **60**, 859), des Aufmaßes (Jagenburg S 184); Abnahme im RSinne (Brandt BauR **72**, 69, Jagenburg S 185, aA LG Essen NJW **78**, 108); Entgegn von Abtretgsanzeigen (BGH NJW

§§ 167, 168

60, 1805). Vgl auch § 173 Anm 4f. Über gesetzl Umfang von **Prokura** und **Handlungsvollmacht** vgl HGB 49, 54 ff; ProzVollm ZPO 81 f; Vollm des VersAgenten VVG 43 (sie ermächtigt nicht zu Auskünften an Dritte, BGH NJW **68**, 300).

b) Hauptvollmacht, die vom GeschHerrn selbst, von **Untervollmacht** (Substitution), die vom Bevollm ausgeht. Ob Bevollm zur Erteilg von Untervollm u in welchem Umfange er dazu befugt ist (andernf Substitution u Geschäfte des Substituten schwebd unwirks, § 177 f), ist Ausleggsfrage; es kommt auf Interessenlage, dh darauf an, ob Vertretener erkennb Interesse an pers Wahrnehmg des Bevollm hat, BGH BB **59**, 319, Düss WPM **74**, 616, Ffm VersR **76**, 173. Der von § 181 nicht befreite Hauptbevollm ist idR nicht berechtigt, den Unterbevollm davon zu befreien, KG DR **41**, 997. VollÜbertr (sog Abtretg) der Vollm ist idR unzul. Vgl für Prokura u HandlgsVollm HGB 52 II, 58, ferner § 664 und die darauf verweisenden §§ 27, 86, 713, für ProzVollm ZPO 81. Der Unterbevollm ist Vertreter des GeschHerrn, nicht des Hauptbevollm, vgl Siebenhaar AcP **162**, 354 (BGH **32**, 253 hält beides für mögl). Vgl auch Gerlach, Die Untervollmacht, 1967.

c) Je nachdem, ob der Bevollm allein od nur gemeins mit anderen handelnd Vertretgsmacht hat, unterscheidet man **Einzelvollmacht** von **Gesamtvollmacht.** Was bei Bestellg mehrerer Bevollm gewollt, ist Ausleggsfrage; bes Regelg §§ 709 ff, HGB 48 II, 125 II, 150, AktG 78, GmbHG 35 II, GenG 25, sowie ZPO 84. Bei GesamtVollm müssen sämtl Vertreter mitwirken; alle müssen geschäftsfäh sein, BGH **53**, 214; Willensmangel jedes einzelnen beachtl, vgl aber Hamm OLGZ **67**, 299. Gleichzeitig nicht erforderl, nachträgl Gen der nicht Beteiligten genügt, ggf auch eine stillschw, RG **75**, 424, BGH **LM** § 164 Nr 15; ebso genügt spezielle (nicht allgemeine, da dem Zweck der GesamtVollm widersprechd) Bevollm des einen Vertreters dch die andern, RG **112**, 220. — Zur **Passivvertretung** (EntggNahme von WillErkl dch Vertreter) ist jeder GesVertreter allein berecht, RG **53**, 230, BGH **62**, 173, vgl § 28 II, HGB 125 II 3, AktG 78 II S 2, GmbHG 35 II S 3, die Ausdr eines allg RGedankens sind.

d) Über **widerrufliche** und **unwiderrufliche** Vollm vgl § 168 Anm 2.

4) Stillschweigende Vollmacht, Duldungsvollmacht, Anscheinsvollmacht, vgl §§ 170–173 Anm 4.

168 *Erlöschen der Vollmacht.* Das Erlöschen der Vollmacht bestimmt sich nach dem ihrer Erteilung zugrunde liegenden Rechtsverhältnisse. Die Vollmacht ist auch bei dem Fortbestehen des Rechtsverhältnisses widerruflich, sofern sich nicht aus diesem ein anderes ergibt. Auf die Erklärung des Widerrufs findet die Vorschrift des § 167 Abs. 1 entsprechende Anwendung.

1) Die Vollm **erlischt** nach Maßg des Grdverhältnisses; bei Erteilg für einz Gesch mit dessen Erledigg od Unmöglichwerden, bei Befristg mit Fristablauf. Im üb erlischt die Vollm ua bei **Auftrag** od **Geschäftsbesorgungsvertrag** (§ 675): dch Tod (§ 673), uU GeschUnfgk des Vertreters (§ 673 Anm 1), nicht des VollmGebers § 672; bei Auftrag auch durch Kündigg des Vertreters § 671, Widerruf des Machtgebers § 671; bei Geschäftsbesorggsvertrag durch Künd seit § 623, 626, 627 mit 675, alles abänderb; bei **Gesellschaft** mit Beendigg der GeschFührgsR nach § 712, Künd der Gesellsch § 723 ff, Tod, Konk eines Gesellschafters §§ 727 f (abänderbar), §§ 736, 737; ferner, wo zul, dch Rücktr nach §§ 325 f, 346 ff. ProzeßVollm erlischt mit KonkEröffng, RG **118**, 162, BGH MDR **64**, 50. Auflassungsvollmacht an eine VertrPartei beruht idR auf Kaufvertrag, nicht auf Auftr, erlischt daher idR nicht dch Tod des Bevollm, sond geht auf Erben über, Schlesw MDR **63**, 675, Köln OLGZ **69**, 305. — Ob Tod u GeschUnfgk des VollmGebers ErlöschensGrd ist, ist meist Ausleggsfrage, beim Auftr u GeschBesVertr wg § 672 idR nein, KG DNotZ **72**, 18; sogar Erteilg nur für den Todesfall mögl, Warn **25**, 126; sie wirkt dann (fort) wie eine Vollm sämtl Erben (auch der minderj, Zust des VormschGer nicht nötig!), RG **106**, 186. Grdsätzl braucht Bevollm auch im Innenverhältn die Wünsche der Erben nicht festzustellen; VollmMißbr könnte, solange Vollm nicht widerrufen, nur ganz ausnahmsw vorliegen, BGH NJW **69**, 1246. Wo Vollm widerrufl, kann aber jeder Erbe für sich widerrufen, JFG **15**, 334, RG JW **38**, 1892, ebso NachlVerw, KG OLGZ **71**, 161. Nach Stgt NJW **48**, 627 soll Vollm dch Tod des VollmGebers begriffl wegfallen, wenn Bevollm Alleinerbe ist; dagg überzeugd Hueck abh SJZ **48**, 455, Klaus NJW aaO. Vgl zur postmortalen Vollm Haegele Rpfleger **68**, 345, Röhm BB **69**, 1973, Hopt ZfHR **133**, 305. — Eintritt einer Verfügungsbeschränkung des VollmGebers beendet idR GrdGesch und damit Vollm; dagg erlischt die von einem gesetzl Vertr erteilte Vollm nicht mit Beendigg der gesetzl Vertretg, RG **107**, 166, BayObLG NJW **59**, 2119, Betr **74**, 1521. — Die vom gesetzl Verwalter (Konk-, Zwangsverwalter, TestVollstrecker usw) erteilte Vollm w dch einen Wechsel in der Pers des Verwalters nicht berührt. Da der Verwalter nicht Vertreter des RInhabers ist, endet die von ihm erteilte Vollm idR mit Ende der Verw; sie besteht jedoch fort, soweit sie zur Abwicklg von vorher abgeschl, dem RInhaber ggü wirks Vertr erteilt ist.

2) Widerruf, einseit empfangsbedürft WillErkl (Übbl 3 a vor § 104), ist zu richten an Bevollm od Gesch-Gegner; für öff Widerruf vgl § 171 II. Er vernichtet die Vollm (Schutz Dritter §§ 170 ff) auch wenn GrdGesch bestehen bleiben sollte, und ist grdsätzl jederzeit zul; doch kann das GrdGesch den Widerruf ausschließen oder beschränken (**2**), was auch stillschw geschehen od sich aus dem Umst ergeben kann (Ausleggsfrage). Ausschl des Widerrufs unzul, wenn Bevollmächtigt ausschließl dem Interesse des Vertretenen dient, BGH DNotZ **72**, 229. **Unwiderruflichkeit** ist dagg Regel, wo Vollm auch dem Interesse des Bevollm dient, bedarf aber einer (ggf stillschw) Vereinbarg; einseit Verzicht genügt nicht, RG **109**, 333; Verkaufs-Vollm des Mäklers, der am Erlös beteiligt ist, vgl RG JW **27**, 1139. Bei Unwiderruflichk bleibt ggf Künd od Rücktr vom GrdGesch. Wichtiger Grd gibt immer WiderrufsR, BGH WPM **69**, 1009, hM. Isolierte Vollm ist, wenn überh denkb (vgl § 167 Anm 2), auch bei UnwiderruflichkKlausel frei widerrufl, RG **62**, 337; unbeschränkte GeneralVollm kann nichtig sein (§ 138), KGJ **47**, 153, str. Widerruf kann nicht ausschließen, wer selbst nur widerrufl Vertretgsmacht besitzt (wie der widerrufl bestellte Hauptbevollmächtigte od der Vereinsvorstand), Mü OLGZ **65**, 1. Auch bei unwiderrufl Vollm bleibt der Vertretene seinerseits verfüggsberecht, BGH **3**, 358. Eine sog „verdrängde" Vollm ist unzul, vgl § 137 Anm 1 d.

169 *Kein Fortwirken gegenüber Bösgläubigen.* Soweit nach den §§ 674, 729 die erloschene Vollmacht eines Beauftragten oder eines geschäftsführenden Gesellschafters als fortbestehend gilt, wirkt sie nicht zugunsten eines Dritten, der bei der Vornahme eines Rechtsgeschäfts das Erlöschen kennt oder kennen muß.

1) Der erloschene Auftr, ebso der beendete GeschBesorggsVertr u die aufgelöste Gesellsch wirken nach §§ 674, 675, 729 uU zG des gutgl Beauftragten od geschäftsführenden Gesellschafters fort u damit nach § 168 auch deren Vollm. Nach § 169 gilt das jedoch nicht zG eines GeschGegners, der das Erlöschen (die Auflösg) kennt od fahrl nicht kennt.

170 *Wirkungsdauer der Vollmacht.* Wird die Vollmacht durch Erklärung gegenüber einem Dritten erteilt, so bleibt sie diesem gegenüber in Kraft, bis ihm das Erlöschen von dem Vollmachtgeber angezeigt wird.

171 *Wirkungsdauer bei Kundgebung.* I Hat jemand durch besondere Mitteilung an einen Dritten oder durch öffentliche Bekanntmachung kundgegeben, daß er einen anderen bevollmächtigt habe, so ist dieser auf Grund der Kundgebung im ersteren Falle dem Dritten gegenüber, im letzteren Falle jedem Dritten gegenüber zur Vertretung befugt.
II Die Vertretungsmacht bleibt bestehen, bis die Kundgebung in derselben Weise, wie sie erfolgt ist, widerrufen wird.

172 *Vollmachtsurkunde.* I Der besonderen Mitteilung einer Bevollmächtigung durch den Vollmachtgeber steht es gleich, wenn dieser dem Vertreter eine Vollmachtsurkunde ausgehändigt hat und der Vertreter sie dem Dritten vorlegt.
II Die Vertretungsmacht bleibt bestehen, bis die Vollmachtsurkunde dem Vollmachtgeber zurückgegeben oder für kraftlos erklärt wird.

173 *Kenntnis des Erlöschens.* Die Vorschriften des § 170, des § 171 Abs. 2 und des § 172 Abs. 2 finden keine Anwendung, wenn der Dritte das Erlöschen der Vertretungsmacht bei der Vornahme des Rechtsgeschäfts kennt oder kennen muß.

1) §§ 170–173 bezwecken den **Schutz** des mit einem Vertreter bei nicht entstandener od erloschener Vollm abschließenden **gutgläubigen** Dritten. Voraussetzg ist ein **formelles Kenntniserlangen** von der (angeblichen) Vollm, nämlich a) entweder VollmErteilg gem dem 2. Fall des § 167 dch Erkl an den Dritten, **§ 170**, oder b) bes Mitteilg od öff Bekanntmachg (hierher auch Eintr in HandelsReg RG **133**, 233) der erfolgten Bevollmächtigg, **§ 171**, oder c) Vorlegg einer VollmUrk, **§ 172**. In diesen Fällen wirkt die Vollm zG des gutgl GeschGegners auch dann, wenn eine Bevollmächtigg in Wahrh nicht (nicht wirksam) erfolgt, RG **104**, 360, **159**, 369, BGH MDR **65**, 282, od Vollm bereits erloschen ist. Voraussetzg für Anwendg der §§ 170–172 ist aber, daß der Vertretene bei Vorn des KundgebgsAkts geschäftsfäh war, BGH NJW **77**, 623. Ein GeschGegner, der das Erlöschen kennt od fahrl nicht kennt (vgl § 122 II), kann sich auf ihr Fortbestehen nicht berufen, **§ 173**. Dasselbe muß gelten, wenn er das Nichtentstehen der Vollm kennt od kennen muß (so auch Staud-Coing § 173 Anm 4, BGH MDR **65**, 282 str, aA RGRK § 171 Anm 2). Jedenf genügt es, wenn die Unwirksamk aus der VollmUrk (der Mitteilg, Bekanntgabe) hervorgeht, RG **108**, 128. Bei anfechtb Bevollmächtigg entsch der gute Glaube bzgl der AnfTatsachen, § 142 II. Über erkennb VollmMißbr vgl auch § 164 Anm 2.

2) Bes Mitteilg u Bekanntmachg nach **§ 171** müssen die **Person des Bevollmächtigten** ergeben RG JW **29**, 576. Dasselbe gilt für VollmUrk nach **§ 172**, RG **124**, 386; sie muß dem GeschGegner in Urschrift (Abschrift od Bezugnahme auf Akten genügt nicht) vorgelegt sein, tatsächl Einsicht ist uU nicht erforderl, RG **97**, 275. Sie muß ausgehändigt, dh mit Willen des VollmGebers in den Besitz des Bevollm gekommen sein, BGH **65**, 13. Mitteilg u Bekanntgabe müssen dem GeschAbschl vorangehen RG **104**, 360; ebso die Urkundenvorlegg.

3) Die dch **Erklärung an den Geschäftsgegner** erteilte Vollm wirkt, solange er gutgl ist, fort, bis ihm das Erlöschen angezeigt ist, **§ 170**; Widerruf ihm ggü ist Anzeige. Dem Erlöschen steht Abänderg der Vollm gleich, RG JW **15**, 998. – Die Wirkgen der Mitteilg erfolgter Bevollmächtigg od deren öff Bekanntgabe werden dem gutgl Dritten ggü nur dch (im übrigen formfreien) Widerruf in gleicher Weise beseitigt, **§ 171** II. – Ebso werden die Wirkgen der Vorlegg der VollmUrkunde nur dch deren Rückgabe an den VollmGeber od KraftlosErkl, **§ 172** II, nicht schon dch Rückfdg beseitigt; Anspr auf Rückgabe vgl § 175, KraftlosErkl § 176.

4) **Duldgs- und Anscheinsvollmacht**

Neueres **Schrifttum**: Bienert, Ansch- u DuldgsVollm, 1975; Canaris, Vertrauenshaftg im dtschen PrivatR, 1971, S 39 ff; Craushaar AcP **174**, 2; Frotz, VerkSchutz im VertretgsR, 1972.

§ 173 4

a) Allgemeines. Die §§ 170 ff gehen davon aus, daß dem GeschGegner die Nachprüfg der Vollm nicht zuzumuten ist, wenn das Verhalten des Vertretenen nach der VerkAuffassg auf das Bestehen der Vollm schließen läßt. Dieser RGedanke, der auch in § 370 u HGB 56 zum Ausdr kommt, bildet die Grdlage für die Anerkenng von Duldgs- u AnschVollm. Beide unterscheiden sich zwar nach ihrem rechtl Charakter u ihren Voraussetzgen, vgl unten b und c; sie beruhen aber letztl gemeins auf dem Gedanken des **Vertrauensschutzes** u damit auf dem Grds von Treu u Glauben, BGH NJW **56**, 1674, **62**, 1003.

b) aa) Eine **Duldgsvollmacht** ist gegeben, wenn der Vertretene es wissentl geschehen läßt, daß ein und für ihn wie ein Vertr auftritt u der GeschGegner dieses Dulden nach Treu u Glauben dahin verstehen darf, daß der als Vertr Handelnde bevollmächtigt ist, BGH **LM** § 167 Nr 4, 13, NJW **56**, 460, VersR **71**, 227, Mü OLG **69**, 417, stRspr. Von der stillschw erteilten Vollm unterscheidet sich die Duldgs Vollm dadch, daß der Vertretene bei der Duldgsvollmachtg h, BGH **LM** § 167 Nr 10, § 164 Nr 24, RGRK § 167 Anm 4. Gleichwohl handelt es sich bei der DuldgsVollm (and als bei der AnschVollm) um einen rgeschäftl Tatbestand, BGH **LM** § 167 Nr 4, Staud-Coing § 167 Anm 9 e, Flume § 49, 3, 4, Westermann JuS **63**, 5, sehr str (zT w die Einbeziehg der DuldgsVollm in den Kreis der RScheintatbestde befürwortet, vgl Canaris aaO S 40, Fabricius JuS **66**, 56, Hoffmann JuS **70**, 451). Das Fehlen des Bevollmächtigwillens steht der Wertg als **schlüssige Willenserklärg** nicht entgg: Wer wissentl den Tatbestd einer DuldgsVollm setzt, kann sich wg des Verbots des venire contra factum proprium (§ 242 Anm 4 c ee) nicht auf den fehlden Bevollmächtiggwillen berufen, vgl die ähnl Überlegen in Einf 5 b vor § 145.

bb) Währd das Verhalten des Vertretenen, aus dem der GeschGegner auf die Bevollmächtigg schließt, bei der AnschVollm idR von einer gewissen Häufigk od Dauer sein muß (unten c bb), kann bei der Duldgs-Vollm, bei der es um bewußtes Dulden geht, schon ein gleichlieger Fall zur Bejahg der Haftg führen. Bei der Würdigg ist darauf abzustellen, ob das **Vertrauen** des GeschGegners nach den Umst des Falles trotz des fehlden Bevollmächtigswillens des Vertretenen Schutz verdient. Da es sich um die Erteilg einer **Außenvollmacht** dch schlüss Verhalten handelt (oben a u Flume § 49, 3, 4), muß der GeschGegner den maßgebl VertrauensTatbestd kennen, BGH NJW **56**, 460, VersR **65**, 135; insow dürfen aber keine zu strengen Anforderg gestellt w; es genügt, wenn der GeschGegner dch Dr von der allg Überzeug über das Bestehen der Vollm Kenntn erhalten h, BGH NJW **62**, 1003 (zur AnschVollm). Ausgeschl ist die Berufg auf den fehlden Bevollmächtigswillen nur ggü einem **Gutgläubigen**, der GeschGegner muß, ohne daß ihm Fahrlässigk zur Last fällt, auf das Bestehen der Vollm vertraut h, BGH **LM** § 167 Nr 15 Bl 2.

cc) Der **Umfang** der DuldgsVollm richtet sich nach dem geschaffenen VertrauensTatbestd iVm dem Grds von Treu u Glauben. Da die DuldgsVollm auf einer schlüss WillErkl beruht, gelten für sie die allg Vorschr über RGesch u WillErkl. Im Fall einer **Anfechtg** kann aber eine Haftg nach den Grds über die AnschVollm eintreten, vgl unten c dd. Die DuldgsVollm entfällt, wenn das Dulden des GeschHerrn aufhört, es kann aber eine AnschVollm fortbestehen, BGH **LM** § 167 Nr 10 Bl 2.

c) aa) Eine **Anscheinsvollmacht** ist gegeben, wenn der Vertretene das Handeln seines angebl Vertr nicht kennt, er es aber bei pflichtgemäß Sorgf hätte erkennen u verhindern können, u wenn ferner der GeschGegner nach Treu u Glauben annehmen durfte, der Vertretene dulde u billige das Handeln seines (Schein-)Vertr, BGH **LM** § 167 Nr 4, 8, 17, BAG **15**, 305, stRspr. Bei der AnschVollm handelt es sich um einen rgeschäftl Tatbestand, sond um die **Zurechng** eines schuldh verursachten **Rechtsscheins**, BGH **LM** § 167 Nr 4, RGRK § 167 Anm 6, Soergel-Schultze-v Lasaulx § 167 Anm 23 ff, Flume § 49, 4. Die Zurechng erfordert GeschFgk; der GeschUnfäh kann nicht aus einer AnschVollm in Anspr genommen w, Stgt MDR **56**, 673, Nitschke JuS **68**, 542.

bb) Das den RSchein erzeugde Verhalten muß idR von einer gewissen **Häufigkeit oder Dauer** sein, BGH **LM** § 167 Nr 4, § 157 (Ga) Nr 3, NJW **56**, 1674, VersR **55**, 134, Mü OLG **69**, 414. Eine Haftg tritt nur ein, wenn der angebl Vertretene seine **Sorgfaltspflichten verletzt** h, wenn er also das vollmlose Handeln voraussehen u verhindern konnte, BGH **5**, 116, NJW **56**, 1673. Ob die Aushändigg (Belassg) von VertrFormularen u ähnl Verschulden ist, ist Frage des Einzelfalls, BGH **LM** § 167 Nr 21. Ands muß der GeschGegner **gutgläubig** gewesen sein; er w nicht geschützt, wenn er den Mangel der Vollm kannte od inf Fahrlk nicht kannte, BGH NJW **58**, 2062, WPM **76**, 74. Eine AnschVollm liegt daher nicht vor, wenn der Vertr für den GeschGegner erkennb seine Vollm überschreitet, BGH VersR **65**, 134, BAG JZ **61**, 457. Sie scheidet auch bei ungewöhnl Gesch idR aus, BGH **LM** § 164 Nr 34. Inwieweit den GeschGegner eine Prüfgs- od ErkundiggsPfl trifft, hängt vom Umfang u Bedeutg des Gesch ab, BGH Warn **70**, 51. Bei wicht, einer gründl Vorbereitg bedürft Gesch ist es mit der Ann einer AnschVollm Zurückhaltg geboten, BGH NJW **58**, 2061. Der **Umfang** der AnschVollm richtet sich nach dem entstandenen RSchein iVm dem Grds von Treu u Glauben. Die Grds der AnschVollm sind auch dann anwendb, wenn dem Handelnden der Wille gefehlt h, als Vertr für abz und aufzutreten, seine Erkl aber von dem GeschGegner bei obj Würdigg dahin aufgefaßt w durfte, sie solle zugleich für abz und gelten, BGH NJW **62**, 2196.

cc) Der RSchein der Bevollmächtigg muß zZ des VertrSchl (noch) bestanden h, BGH NJW **56**, 460, MDR **58**, 83, NJW **62**, 1003; er muß für das Handeln des GeschGegners **ursächlich** geworden sein, BGH **LM** § 167 Nr 13, Köln MDR **65**, 740. Der GeschGegner muß daher idR die Tats kennen, aus denen sich der RSchein der Bevollmächtigg ergibt, BGH NJW **56**, 460. Es genügt aber, wenn ihm und die allg Überzeug vom Bestehen der Vollm mitgeteilt h, BGH NJW **62**, 1003 (aA Voss VersR **62**, 1121 für den Bereich des VVG). Überh dürfen die Anforderg an den Bew der UrsZushangs nicht überspannt w, BGH WPM **60**, 1329.

dd) Die AnschVollm **endet,** wenn der abweichde Wille des Vertretenen nach außen erkennb geworden ist, RG Warn **15**, 273. Eine **Anfechtg** (§§ 119 ff) kann die Haftg aGrd der AnschVollm nicht beseitigen, da der gesetzte RSchein nicht rückwirkd vernichtet w kann, Fikentscher AcP **154**, 4 FN 11, Canaris aaO S 196 mwN, hM. Wird eine dch RGesch begründete Vollm angefochten, haftet der Vertretene uU aus dem GesichtsPkt der AnschVollm. Der dch eine anfechtb (nichtige) Vollm erzeugte RSchein kann jedenf dann zu

Rechtsgeschäfte. 5. Titel: Vertretung. Vollmacht § 173 4, 5

einer entspr Anwendg des Grds über die AnschVollm führen, wenn den Vertretenen hinsichtl des AnfGrdes (NichtigkGrdes) Versch trifft, str, vgl Eujen/Frank JZ **73**, 236.

ee) Die AnschVollm steht in ihrer **Wirkg** einer rgeschäftl Vollm gleich. Das Gesch ist für den Vertretenen wirks, es besteht ein ErfAnspr oder ggf ein SchadErsAnspr auf das ErfInteresse, RG **170**, 284, BGH VersR **61**, 82, Fikentscher AcP **154**, 9, Soergel-Schultze-v Lasaulx § 167 Anm 30; aA Flume § 49, 4, Medicus § 5 III 3 c, die lediql eine Haftg auf das Vertrauensinteresse annehmen. Liegen die Voraussetzgen für eine AnschVollm nicht vor (etwa weil es an einem ausr RSchein fehlt, weil der Bew des UrsZushangs nicht erbracht w od weil den Vertretenen kein Versch trifft), können Anspr aus **culpa in contrahendo** bestehen, für die uU ein Versch des angebl Vertr (VerhandlgsGehilfen) ausreicht, vgl § 276 Anm 6 b ff.

d) Anwendgsbereich. aa) Die Rspr h die Grds über die Duldgs- u AnschVollm zunächst für den Verk von kaufm od in kaufm Art geleiteten Betr herausgebildet, RG **100**, 49, **162**, 148, JW **27**, 1089, BGH **5**, 213. Sie gelten aber heute **allgemein**, dh auch für u gg Minder- od Nichtkaufleute, BGH **LM** § 167 Nr 4, NJW **56**, 1674, RGRK § 167 Anm 7 (aA Canaris aaO S 48, der AnschVollm auf das HandelsR beschr will); die Beurteil im Einzelfall, insb der Umfang der SorgfPflten, kann aber davon abhängen, ob es sich um Kaufleute od um Nichtkaufleute handelt.

bb) Str ist, ob die Grds über die Duldgs- u AnschVollm auch auf **Körperschaften des öffentlichen Rechts** anzuwenden sind, dafür: Staud-Coing § 167 Anm 10 c, Westermann JuS **63**, 6, dagg: Beitzke MDR **53**, 1, alle mwN. Nach der Rspr ist zu unterscheiden: Die Körpersch haftet, wenn ihr zust Organ (ihre zust Organe) die VertretgsHdlgen duldet od den RSchein einer Bevollmächtigg verurs, BGH NJW **55**, 985 (DuldgsVollm im sozialen WohnBau), BGH **40**, 204 (AnschVollm des RAnw eines ausl Fiskus), vgl auch § 125 Anm 1 b. Keine Bindg tritt aber ein, wenn die Anwendg der Grds über die Duldgs- u AnschVollm die im öff Interesse bestehenden ZuständigkRegeln, GenErfordern od FormVorschr ausschalten würde RG **116**, 253, **127**, 228, **146**, 49 (kommunale Sparkassen), RG **162**, 149 (Oberpostrat), BGH **5**, 213 (stv Leiter einer Amtskasse), vgl auch Soergel-Schultze-v Lasaulx § 167 Anm 38 f mwN.

cc) Ob eine Duldgs- od AnschVollm vorliegt, beurteilt sich nach dem Recht des Ortes, an dem sich der Duldgs- od RScheinTatbestd ausgewirkt h, BGH **43**, 27, **LM** § 167 Nr 15.

e) Aus dem Gedanken des Vertrauensschutzes, insb aus § 370 u HGB 56, h die Rspr einen weiteren Grds herausgebildet, der sich mit dem Anwendgsbereich der Duldgs- u AnschVollm zT überschneidet: Wer einem and **Aufgaben** überträgt, deren ordngsmäß Erf nach der VerkAuffassg eine best Vollm voraussetzt, muß diesen als **bevollmächtigt gelten lassen**, auch wenn er tatsächl keine od eine zu geringe Vollm erteilt h, ScheinVollm kr Einräumung einer typischerw mit einer Vollm verbundenen Stellg. Angest am Fernsprecher (od Fernschreiber) gelten daher als ermächtigt zur Entgegennahme von Erkl, nicht aber zu deren Abgabe, RG **102**, 296. Vgl ferner RG **86**, 89, **118**, 239 (Schalterbeamte von Banken), RG **100**, 49 (Übertr der Zeichng der GeschPost), RG **117**, 169, (Überlassen des WechselAnn gem WG 25), RG **106**, 20 (zeitweil Übertr der GeschFg), BGH NJW **60**, 859, 1805 (Archite kt), BGH WPM **73**, 635 (Ausk dch BankAngest).

f) Einzelfälle (vgl auch vorstehd, insb d bb u e): Die Beauftragg eines **Architekten** mit der Leitg eines Bauvorhabens begründet idR eine sog originäre Vollm (§ 167 Anm 3a), rechtf aber nicht ow die Ann einer AnscheinsVollm, Schmalzl MDR **77**, 629, aA Stgt NJW **66**, 1461, Köln NJW **73**, 1798. AnschVollm nur dann, wenn der BauUntern aus dem Verhalten des Arch u des Bauherrn ohne Versch von einer entspr Vollm des Arch ausgehen konnte; iZw muß der Untern beim Bauherrn erkundigen. – Zur AnschVollm von **Angestellten** BGH NJW **56**, 460 (landwirtschaftl Betr), NJW **56**, 1673 (Erledigg von GeschPost), **LM** § 167 Nr 17 (Handlgsbevollmächtigter, der wie GeschF auftritt), **LM** § 164 Nr 24 (Abschl bei bloßem VermittlgsAuftr), BGH WPM **71**, 40 (Oberrentenmeister mit begrenzter Vollm). – AnschVollm im **Bankverkehr** BGH **LM** § 157 (Ga) Nr 3; von **Behörden**, Grund DVBl **78**, 428. **Betriebsratsvorsitzender** h idR keine Duldgs- od AnschVollm, aGrd derer er verbindl Erkl für den ArbG abgeben könnte, BAG **15**, 305. – **Ehefrau** h im allg keine Duldgs- od AnschVollm für ihren zum Wehr- od ErsDienst einberufenen Ehemann, vgl BGH **LM** § 1357 Nr 1, Beitzke DRZ **49**, 104. – Bei RGesch für gemeins Kind besteht uU AnschVollm des einen **Elternteils** für den and, LG Deggendorf VersR **73**, 609. – **Gesamtvertreter** können uU von Ansch- od DuldgsVollm uU alleinvertretgsberecht sein, BGH WPM **76**, 503 (VorstdsMitgl), Mü BB **72**, 113 (Prokurist). – **Inkassovollmacht,** Karlsr BB **70**, 777. – Der **frühere Inhaber** eines Untern haftet uU aGrd von Ansch- od DuldgsVollm, wenn InhWechsel nicht erkennb gemacht w, BGH VersR **71**, 227, WPM **71**, 15. - DuldgsVollm bei **Kommanditisten**, deren Komplementär dessen selbstd Auftreten hinnimmt, BGH WPM **72**, 615. – **Kraftfahrer**, der Kfz in Rep geben darf, ist zwar ermächtigt, vom Ges abweichde Bedinggen zu vereinb, das gilt jedoch nicht für einen weitgehden Haftgverzicht, BGH **LM** § 164 Nr 6. Aushändigg des Kfz-Briefes begründet nicht ow AnschVollm für Veräußerg, Köln VersR **74**, 1185. – AnschVollm für Zusichergen, die **Makler** für seinen AuftrGeb abgibt, BGH WPM **73**, 612. – Zur AnschVollm von **Miterben** BGH NJW **58**, 2061, **62**, 2196. – Zur Duldgs(Inkasso)Vollm eines **Provisionsvertreters** vgl BGH VersR **71**, 768. – Die Grds über die AnschVollm gelten auch für die **ProzeßVollm**, BGH **40**, 203, NJW **75**, 1652. Ein leitder Angest kann nach diesen Grds zur Erteilg einer ProzVollm legitimiert sein, BGH **LM** § 167 Nr 17. – Duldgs- u AnschVollm im **Steuerrecht** vgl Oswald NJW **71**, 1350; des Leiters eines **Verbindgsbüros**, BGH WPM **77**, 1167. – **Verhandlungsbeauftragter** ist zur AnschVollm für die Benenng des Bankkontos, auf das der and Teil überweisen soll, BGH WPM **71**, 1500. – Zum **Versichergsrecht** vgl BGH VersR **65**, 134 (keine AnschVollm des Schadensregulierers zur Vergabe von Reparaturaufträgen); Köln VersR **65**, 54 (Bindg an Deckgszusage eines nicht bevollmächtigten Angest); Köln VersR **58**, 588 (AnschVollm einer Filialdirektion).

5) Analoge Anwendg auf andere Rechtsscheinfälle: §§ 170–173 lassen sich analog auf andere Fälle geschaffenen od geduldeten RScheins anwenden. Wer ein Blankett freiw aus der Hand gibt, haftet bei abredewidr Ausfüll einem gutgl Dr ohne AnfMöglichk, BGH **40**, 68, 304, WPM **73**, 750, Canaris, Vertrauenshaftg, 1971, S 54. – Die Überlassg von Blanketts kann auch RSchein der Bevollmächtigg erzeugen, vgl RG **81**, 260: Überlassg von Blankozessionen (ähnl RG **90**, 278 Scheinzession), RG **138**, 269: Überlassg von Blankolagerscheinen. – Wer den RSchein hervorruft, er sei persönl haftder Gesellschafter einer OHG, haftet uU einem Dritten, der auf diesen RSchein vertraut hat, BGH **17**, 13, JZ **71**, 334, NJW **72**, 1418, NJW **73**, 1691, Gotthardt JZ **71**, 312.

174 *Einseitige Rechtsgeschäfte.* Ein einseitiges Rechtsgeschäft, das ein Bevollmächtigter einem anderen gegenüber vornimmt, ist unwirksam, wenn der Bevollmächtigte eine Vollmachtsurkunde nicht vorlegt und der andere das Rechtsgeschäft aus diesem Grunde unverzüglich zurückweist. Die Zurückweisung ist ausgeschlossen, wenn der Vollmachtgeber den anderen von der Bevollmächtigung in Kenntnis gesetzt hatte.

1) § 174 gilt nur für einseit, empfangsbedürft RGeschäfte (Übbl 3a vor § 104), die ohne Vertretgsmacht wg § 180 S 1 ungültig sein könnten, ermöglicht dem GeschGegner also die Schaffg klarer Verhältnisse; er gilt für gesetzl Vertretg nicht einmal entspr, RG **74**, 263. ZurückweisgsR entspricht dem des § 111, vgl Anm dort. Vorlage einer Fotokopie reicht aus (vgl § 410 Anm 1). Nicht genügd aber Angebot, Urk beim Bevollm einzusehen, LG Mannh Just **76**, 511. Für S 2 ist Kenntn von der Mitteilg erforderl, Zugang reicht nicht, str. S 2 gilt auch, wenn Kündigung vom ArbG in Stellg berufen, die üblicherw mit KündR verbunden, BAG Betr **72**, 1680, krit Bickel SAE **73**, 116. Kein ZurückweisgsR bei einseit RGesch (Aufr), die in einem anhäng RStreit aGrd der ProzVollm vorgen w, BAG **AP** ZPO 81 Nr 2 mAv Rimmelspacher.

175 *Rückgabe der Vollmachtsurkunde.* Nach dem Erlöschen der Vollmacht hat der Bevollmächtigte die Vollmachtsurkunde dem Vollmachtgeber zurückzugeben; ein Zurückbehaltungsrecht steht ihm nicht zu.

1) Zweck der Vorschr ist es, Mißbr zu verhüten. Daher besteht der Anspr unbedingt, auch wenn Urk noch anderes enthält, RG JW **02**, Beil 211, und ohne jedes ZbR, auch gg Unterbevollm, der HauptVollm besitzt. Anspr aus § 175 richtet sich nicht gg Dr, str, aA Staud-Coing Anm 5; gg Dr besteht aber idR Anspr aus § 985 (vgl § 950 I 2), ggü dem ZbR gleichf ausgeschl ist, § 273 Anm 5c. Widerruf eines von mehreren VollmGebern bringt RückgabeAnspr nicht zur Entstehg RG JW **38**, 1892.

176 *Kraftloserklärung der Vollmachtsurkunde.* I Der Vollmachtgeber kann die Vollmachtsurkunde durch eine öffentliche Bekanntmachung für kraftlos erklären; die Kraftloserklärung muß nach den für die öffentliche Zustellung einer Ladung geltenden Vorschriften der Zivilprozeßordnung veröffentlicht werden. Mit dem Ablauf eines Monats nach der letzten Einrückung in die öffentlichen Blätter wird die Kraftloserklärung wirksam.

II Zuständig für die Bewilligung der Veröffentlichung ist sowohl das Amtsgericht, in dessen Bezirke der Vollmachtgeber seinen allgemeinen Gerichtsstand hat, als das Amtsgericht, welches für die Klage auf Rückgabe der Urkunde, abgesehen von dem Werte des Streitgegenstandes, zuständig sein würde.

III Die Kraftloserklärung ist unwirksam, wenn der Vollmachtgeber die Vollmacht nicht widerrufen kann.

1) KraftlosErkl ersetzt Rückgabe, bes auch für § 172. Sie geschieht dch Erkl des VollmGebers, der nur zur öff Zustellg der Mitwirkg des Gerichts bedarf; dieses prüft nicht materiell KG JW **33**, 2153; gg etwaige Ablehng Beschw nach FGG 19 ff. Veröffentlich nach ZPO 204 f. – KraftlosErkl beseitigt Vollm als solche nicht, enthält aber Widerruf nach § 168. Soweit ein solcher wg Unwiderruflichk nicht mögl ist, ist auch KraftlosErkl unwirks, **III**.

177 *Vertragsschluß durch Vertreter ohne Vertretungsmacht.* I Schließt jemand ohne Vertretungsmacht im Namen eines anderen einen Vertrag, so hängt die Wirksamkeit des Vertrags für und gegen den Vertretenen von dessen Genehmigung ab.

II Fordert der andere Teil den Vertretenen zur Erklärung über die Genehmigung auf, so kann die Erklärung nur ihm gegenüber erfolgen; eine vor der Aufforderung dem Vertreter gegenüber erklärte Genehmigung oder Verweigerung der Genehmigung wird unwirksam. Die Genehmigung kann nur bis zum Ablaufe von zwei Wochen nach dem Empfange der Aufforderung erklärt werden; wird sie nicht erklärt, so gilt sie als verweigert.

178 *Widerrufsrecht des anderen Teils.* Bis zur Genehmigung des Vertrags ist der andere Teil zum Widerrufe berechtigt, es sei denn, daß er den Mangel der Vertretungsmacht bei dem Abschlusse des Vertrags gekannt hat. Der Widerruf kann auch dem Vertreter gegenüber erklärt werden.

1) a) Vorbemerkungen zu §§ 177–180: Jedes Handeln in fremdem Namen fällt, wenn die erforderl Vertretgsmacht fehlt od der Vertreter von ihr keinen Gebr macht (das ist mögl, vgl zB BGH DNotZ **68**, 408), unter §§ 177 ff, sowohl gänzl machtloses (auch bei nichtiger Vollm, RG **110**, 321) wie bloße Überschreitg der Vollm, sowohl bewußtes (sogar betrügerisches) wie unbewußtes (zB RGesch des gesetzl Vertreters des Verschollenen, der nachträgl mit früherem TodesZtpkt für tot erklärt, vgl BayObLG **53**, 29, BGH NJW **54**, 145), sowohl dem GeschGegner bekanntes wie ihm unbekanntes (aber Haftg des Vertreters verschieden,

§ 179 II und III). Tritt für Gem ein machtloser Vertreter auf, sind §§ 177 ff anwendb, BayObLG **72**, 301; auch das Handeln von GemOrganen in einer and als der vorgeschr Form gehört hierher, Brschw NJW **66**, 59, (vgl § 125 Anm 1 b); desgl Handeln and Organe öff-rechtl jur Pers außerh ihrer gesetzl Befugn, vgl zB BayObLG **62**, 253. Solches Handeln kann außer bei „Anscheinsvollmacht" (vgl § 173 Anm 4) den angebl Vertretenen gg seinen Willen nicht binden, wohl aber ist ein nachträgl Einverständn mögl (auch ursprüngliches, das dieselbe Wirkg haben muß; insof OGH NJW **49**, 141, bedenkl, vgl dazu Lehmann SJZ **49**, 332). Wo Vertretg ausgeschlossen (Einf 1 vor § 164), ist Vertretg ohne Vertretgsmacht schlechthin ausgeschl, da sie begriffl Vertretg im Willen, nicht in Erkl des Willens ist, Celle NJW **50**, 430. – §§ 177 ff sind den §§ 108 ff (RGeschäfte Minderjähriger) nachgebildet; vgl daher §§ 108 ff mit Anm, sowie Einf 3 vor § 104. – **Verträge** (auch dingliche, zB Auflassg, RG **103**, 295. 303) sind zunächst schwebend unwirks (Übbl 4 c vor § 104), **§ 177 I**, werden mit Gen vollwirks, mit deren Verweigerg aber endgültig unwirks (wie nichtig). Inzw besteht eine an sich unbegrenzte Schwebezeit (vgl RG SeuffA **85**, 67), die der Gegner aber jederzeit nach **§ 177 II** od Widerruf beenden kann, **§ 178**. Gen kann ggü Vertreter od Gegner erfolgen, § 182 (anders beim Handelsvertreter vgl HGB 91 a); nach der Aufforderg gem § 177 II nur noch an Gegner. Etwa dem Vertreter erteilte Gen od Verweigerg wird dann unwirks (**§ 177 II**), der voll- od unwirks gewordene Vertr wieder schwebd unwirks mit Widerrufsmöglichk nach § 178; allerdings kann Aufforderg nach § 177 II uU Verzicht auf Widerruf bedeuten. Aufforderg nach § 177 II liegt nicht darin, daß Gesch-Gegner, der Verhandlgspartner als vertretgsberecht ansah, den vermeintl Abschl dch kaufm Bestätiggsschreiben (§ 148 Anm 2) bestätigt, BGH **LM** HGB 346 (Ea) Nr 11. – Dasselbe wie für Verträge gilt für **einseitige RGeschäfte** in den Fällen des § 180 S 2 und 3; im übr vgl § 180 Anm 1. – § 179 regelt die Haftg des machtlosen Vertreters, wenn der Abschl nicht genehmigt ist, vgl dort.

b) **§§ 177ff, insb § 179,** sind wg Gleichh des Rechtsgrundes **entsprechend anwendbar,** wenn Bote ohne Auftr handelt od wissentl and als die aufgetragene Erkl abgibt, Oldbg NJW **78**, 951, str, vgl auch § 120 Anm 2, ferner wenn vermeintlicher gesetzl Verwalter (Einf 3 vor § 164) in eig Namen für die Masse handelt, vgl RG **80**, 417. Ebenso bei rechtlosem Handeln unter fremdem Namen (Sichausgeben für eine fremde Person, Unterschriftsfälschg), RG **145**, 91, BGH NJW **63**, 148. Ebso bei VertrSchluß für in Gründg befindl Kapitalgesellsch RG **105**, 228, BGH WPM **68**, 891, NJW **73**, 798, Schmidt NJW **73**, 1595; jedoch über § 179 hinaus immer Haftg des Handelnden, GmbHG 11 II, AktG 41. – Nur modifiziert will Müller AcP **168**, 114 die Regelg der §§ 177 ff anwenden auf die Fälle des Handelns aGrd vermeintl gesetzl Vertretgsmacht.

2) **Unterscheide Vertretung ohne Vertretungsmacht** (Außenverhältnis) von **Geschäftsführung ohne Auftrag,** §§ 677 ff (Innenverhältnis); sie gehen meist, nicht immer miteinander; der Beauftragte kann vollmachtlos sein od die Vollm überschreiten, der GeschFührer ohne Auftr (der aus anderem Grunde Vertretgsmacht besitzt) als Vertreter mit VertretgsVollm handeln (vgl § 164 Anm 2). Dem GeschFührer nach §§ 679, 680 dürfte in deren Rahmen (gesetzl) Vertretgsmacht zustehn, vgl Bertzel AcP **158**, 109, NJW **62**, 2280, LG Saarbr NJW **71**, 1894; krit Olschewski NJW **72**, 346, Berg NJW **72**, 1117.

3) **Genehmigung, § 177,** macht rückw wirks, § 184; vgl für Konkurs RG **134**, 78. Sie bringt die fehlende Vertretgsmacht nach; das Gesch kommt zustande, als ob Vertreter Vollm gehabt hätte; §§ 164 ff werden voll anwendb; keinerlei Haftg des Vertreters, § 164 Anm 3; allein seine Willensmängel usw entscheiden, § 166, sofern nicht die Gen selbst fehlerh ist. – Diese kann dch gesetzl Vertreter od Bevollm des Vertretenen erfolgen, auch dch den machtlosen Vertreter selbst, wenn er inzw Vertretgsmacht erhalten hat; handelte einer von mehreren Gesamtvertretern, so können die andern wirks genehmigen, RG **112**, 220 (selbstverständl auch der Vertretene selbst), doch muß ggf der Handelnde mit dem Gesch noch einverst sein, RG Recht **42**, 2349. Gen kann entspr § 139 auch auf einen selbstd Teil des RGesch beschr w, Staud-Coing Anm 4. Sie bedarf **keiner Form,** § 182 II, daher durch schlüss Hdlgen mögl, ggf auch dch Nichtstun, wo das als Billigg zu werten, vgl zB BGH Betr **76**, 1573, LG Hbg WPM **77**, 349; stillschw Gen setzt aber voraus, daß das Gesch dem Vertretenen von einem der Abschließenden mitgeteilt wurde, BGH NJW **51**, 398; sie setzt weiter Kenntnis der GenBedürftigk voraus RG **118**, 337, RG HRR **32**, 1821. Wo Vollm wg § 313 formbedürftig (vgl § 167 Anm 1), kann vollmachtlose Auflassg formfrei genehmigt werden, womit GrdGesch einschl Vollm gültig wird, Grussendorf DNotZ **51**, 35. Wo Gemeindeorgane die vorgeschriebene Form nicht gewahrt haben, muß Gen die Form wahren, weil nur die formrichtige Gen die Vertretgsmacht schafft; auch das allg vertretgsberecht Organ kann genehmigen, BGH NJW **66**, 2403, Schlesw SchlHA **71**, 201; das gilt entspr, wenn für Gem sonst machtloser Vertreter aufgetreten ist, BayObLG **72**, 299. Beachte, daß Gen u Verweigerg sowohl dem Gegner, wie dem machtlosen Vertreter erkl w können, § 182; vgl dazu BGH **LM** § 182 Nr 5.

4) **Widerrufsrecht** des GeschGegners, **§ 178,** setzt bei GeschAbschluß Unkenntn des Mangels der Vertretgsmacht voraus; endet mit Gen. Bis dahin also beiders keine Bindg. – Widerruf formfrei, muß aber eindeutig erkennen lassen, daß das rgeschäftl Handeln des Vertreters wg des Vertretgsmangels nicht als wirks behandelt w soll; Begründg unnötig RG **102**, 25, BGH **LM** Nr 1, WPM **73**, 460.

179 *Haftung des Vertreters ohne Vertretungsmacht.* [I] Wer als Vertreter einen Vertrag geschlossen hat, ist, sofern er nicht seine Vertretungsmacht nachweist, dem anderen Teile nach dessen Wahl zur Erfüllung oder zum Schadensersatze verpflichtet, wenn der Vertretene die Genehmigung des Vertrags verweigert.

[II] Hat der Vertreter den Mangel der Vertretungsmacht nicht gekannt, so ist er nur zum Ersatze desjenigen Schadens verpflichtet, welchen der andere Teil dadurch erleidet, daß er auf die Vertretungsmacht vertraut, jedoch nicht über den Betrag des Interesses hinaus, welches der andere Teil an der Wirksamkeit des Vertrags hat.

§§ 179, 180 1. Buch. 3. Abschnitt. *Heinrichs*

III Der Vertreter haftet nicht, wenn der andere Teil den Mangel der Vertretungsmacht kannte oder kennen mußte. Der Vertreter haftet auch dann nicht, wenn er in der Geschäftsfähigkeit beschränkt war, es sei denn, daß er mit Zustimmung seines gesetzlichen Vertreters gehandelt hat.

1) Die **Haftung** des angebl bevollmächtigten od gesetzl (RG **104**, 193) Vertreters **tritt** unabhäng von Verschulden (BGH WPM **77**, 478) **ein** bei fehlender od nicht nachweisb Vertretungsmacht, wenn Vertretener die Gen verweigert, **I**, od sie nach § 177 II als verweigert gilt; sie bezweckt den Vertrauensschutz des Gesch-Gegners, bedeutet also eine gesetzl GewährleistgsPfl des Vertreters für Beibringg der Vertretgsmacht (str), und entfällt daher, wenn das Gesch (auch) aus andern Gründen, zB Form- od Willensmängeln, unwirks ist, RG **145**, 43, stRspr (vgl aber Anm 2 aE) oder Gegner nach § 178 widerrufen hatte. Haftg soll auch entfallen, wenn Vertretner vermögenslos war, Soergel-Schultze-v Lasaulx Anm 18 mwN, zweifelh. Sie w dch **III** ausgeschl, wenn Gegner das Fehlen der Vertretgsmacht kannte od kennen mußte (Kennenmüssen vgl § 122 II, Celle OLGZ **76**, 442). Der Kenntn des Gegners muß es gleichstehen, wenn Gen des Vertretenen im RGesch ausdr vorbehalten ist; der Ann eines bedingten Abschlusses (wäre auch idR RBedingg!) bedarf es nicht. Versprechen „Vollm nachzureichen", enthält idR Erkl, Vollm sei mdl bereits erteilt, Celle DNotZ **77**, 33, macht Gegner also nicht bösgläub. Hat Vertreter erklärt, der Vertretene werde den Vertr mit Sicherh genehmigen, kann Haftg wg c.i.c. in Betr kommen, Köln JMBlNRW **71**, 270. Zur Kenntn genügt, daß Gegner die (die Vertretgsmacht nicht begründenden) Tatsachen kennt, aus denen sich Vertretgsmacht ergeben soll, daher keine Haftg, wo die dch G ausgesprochene Vertretgsmacht wg Nichtigk des Gesch fehlt, BGH **39**, 51. Ein beschr geschäftsfäh Vertreter haftet nur, wenn sein gesetzl Vertreter der Vertretertätigk zustimmte (**III 2**; Ausfluß von §§ 107 f). Ein Untervertreter haftet, wenn seine UnterVollm fehlt; für den Mangel der HauptVollm muß er einstehen, wenn er für den Vertretenen auftritt, nicht aber bei Handeln als „Vertreter des Vertreters", BGH **32**, 254, 68, 391. Dagg keine Haftg des Hauptbevollm für machtloses Handeln des Untervertreters, BGH NJW **70**, 807, 808. – Auf Boten w § 179 entspr anzuwenden sein, vgl §§ 177, 178 Anm 1b, ebso bei Handeln als angebl gesetzl Verwalter (RG SeuffA **87**, 194), bei Sichausgeben für einen andern (vgl RG **145**, 91), bei Handeln der Organe einer jur Pers außerh ihrer Befugnisse, zB Organe einer Gemeinde, BGH **6**, 333, Celle OLGZ **76**, 442, bei Handeln für eine nicht od noch nicht bestehde jur Pers od HandelsGesellsch (RG **106**, 73, BGH WPM **73**, 869), u zwar auch dann, wenn der Teil wußte, daß die jur Pers noch nicht existent war (BGH **63**, 48, krit K. Schmidt NJW **75**, 665). Haftg entfällt, sobald jur Pers u der gg sie gerichtete Anspr existent w, BGH **69**, 101. Zum Handeln für GmbH od AG vor Eintragg vgl GmbHG 11, AktG 41, die § 179 ausschließen, RG **122**, 175.

2) Vertreter haftet auf **Erfüllung** od **Schadenersatz** nach Wahl des GeschGegners; Wahlschuld iS der §§ 262ff, RG **154**, 58. Wahl der **Erfüllung** macht den Vertreter nicht zur VertrPartei, BGH NJW **70**, 241, aber haftet er an tatsächl deren Stellg; er haftet für Verzugsfolgen nach §§ 284, 326, RG **120**, 129, ggf hat er Einr des nicht erfüllten Vertrages usw, §§ 320 ff; er kann an ErfOrt verklagt w, Mü OLGZ **66**, 425, die im gescheiterten Vertr enthaltene SchiedsGerAbrede ist aber für ihn nicht bindd, BGH **68**, 360. – **Schadensersatz**: da Naturalherstellg, näml Herbeiführen der Wirksamk des Geschäfts, unmögl, voller (Hbg HRR **32**, 2237, aM RGRK Anm 1) SchadErs in Geld; umfaßt auch Kosten für vergebl Proz gg den Vertretenen, LG Mannh MDR **58**, 602. Im Falle des **III** besteht kein ErfAnspr und kann nur Ers des Vertrauensschadens (vgl § 122 Anm 3) verlangt w, abstr Berechng zul, RG **58**, 326. – Verj des ErsAnspruchs 30 Jahre RG **145**, 40, des ErfAnspr in der dafür maßgebden Fr, Hbg MDR **76**, 141. – Haftg des Vertreters auf Vertrauensinteresse (nicht auf Erf od vollen Schaden!) besteht uU auch bei Unwirksamk aus anderem Grunde als fehlender Vertretgsmacht unter dem Gesichtspunkt, daß Gegner auf Wirksamk vertrauen durfte, RG **145**, 44. – Keine Haftg des Vertretenen aus Vertr; uU muß er aber wg c. i. c. einstehen, vgl § 276 Anm 6bff; auch Bereicherghaftg des Vertretenen wird dch die Ansprüche gg Vertreter aus § 179 nicht ausgeschl, BGH **36**, 35, § 812 Anm 5 B b bb Abs 1 aE. UU haftet auch der Vertreter aus c. i. c., Crezelius JuS **77**, 797. – Handelte Vertr zugleich für Vertretenen u in eigenem Namen, so w RGesch idR nach § 139 gesamtnichtsein, vgl dort Anm 2 Abs 2.

3) Beweispflichtig ist für GeschAbschl u Verweigerg der Gen der GeschGegner KG JW **30**, 3488, für Begründg der Vertretgsmacht der Vertr, für deren Erlöschen der GeschGegner, vgl RG JW **02**, 365; für Unkenntn des Mangels der Vertretgsmacht, II, sowie Kenntn (Kennenmüssen) des Gegners, III, der Vertr.

180 *Einseitiges Rechtsgeschäft.* Bei einem einseitigen Rechtsgeschäft ist Vertretung ohne Vertretungsmacht unzulässig. Hat jedoch derjenige, welchem gegenüber ein solches Rechtsgeschäft vorzunehmen, die von dem Vertreter behauptete Vertretungsmacht bei der Vornahme des Rechtsgeschäfts nicht beanstandet oder ist er damit einverstanden gewesen, daß der Vertreter ohne Vertretungsmacht handele, so finden die Vorschriften über Verträge entsprechende Anwendung. Das gleiche gilt, wenn ein einseitiges Rechtsgeschäft gegenüber einem Vertreter ohne Vertretungsmacht mit dessen Einverständnisse vorgenommen wird.

1) Vornahme streng einseitigen RGeschäfts (Übbl 3a vor § 104 – Unterwerfg unter sofortige ZwVollstr nach ZPO 794 Z 5 gehört als Prozeßakt nicht hierher, RG **146**, 313) durch machtlosen Vertreter ist nichtig u nicht genehmiggsfäh; so Ann der Leistg KG JW **28**, 3055; für amtsempfangsbedürft Erklärgen (Übbl 3a vor § 104) gilt das nicht, vgl KG JFG **13**, 393, Sachs NJW **50**, 73, LG Ffm Rpfleger **58**, 126, str. – Ebso für **empfangsbedürftiges RGeschäft**, wenn GeschGegner die fehlde Vertretgsmacht beanstandet (= zurückweist, vgl § 174, auch § 111). Andernf gelten §§ 177–179, also Gen, ggf Aufforderg dazu. Einverständn des GeschGegners setzt Kenntn vom vollmlosen Handeln voraus, LG Mannh WM **74**, 149. – Auch bei machtloser Passivvertretg, dh wo ErklEmpf sich als Vertreter aufführte, gelten §§ 177–179.

Rechtsgeschäfte. 5. Titel: Vertretung. Vollmacht § 181 1, 2

181 *Selbstkontrahieren.* **Ein Vertreter kann, soweit nicht ein anderes ihm gestattet ist, im Namen des Vertretenen mit sich im eigenen Namen oder als Vertreter eines Dritten ein Rechtsgeschäft nicht vornehmen, es sei denn, daß das Rechtsgeschäft ausschließlich in der Erfüllung einer Verbindlichkeit besteht.**

1) § 181 verbietet, dem Vertreter mit 2 Ausnahmen (Anm 4), daß er RGesch mit sich selbst (sog **Selbstkontrahieren**) od mit einem von ihm vertretenen Dritten (sog Mehrvertretg) vornimmt; ähnl §§ 456 ff (kein Mitbieten des Versteigerers), § 34, GmbHG 47 IV, AktG 136 I, GenG 43 III (kein StimmR in eig Sache), auch BeurkG 3, 7, die aber der Beurkundg einer Vollm auf den beurkundenden Notar nicht im Wege stehen, vgl BeurkG 7 Anm 3; weitergeh §§ 1795, 1629 II (Vormd, Eltern), auch VVG 159 II, 179 III. - § 181 ist auf alle RGesch **anwendbar**, bei denen eine Vertretg zul ist. Er gilt daher für Vertr jeder Art, auch für die dingl Einigg, RG 89, 371, für familienrechtl Vertr, RG 79, 283, u Vertr des ErbR, BGH 50, 10, Riedel JR 50, 140. Er ist ferner auf einseit RGesch (wie Künd, VollmErteilg, Zust, Anfechtg) anzuwenden, RG 143, 352, nicht aber auf streng einseit, BayObLG 53, 266. Auch für Gesellsch- u Vereinsbeschlüsse gilt er nicht, BGH 52, 318; mj Gesellschafter können daher idR dch ihre Eltern vertreten w, BGH 65, 93 mwN str. Auch zur steuerl Anerkenng ist eine Pflegerbestellg nicht erforderl, BMF Erlaß vom 19. 12. 1975 BB **76**, 22 u BFH Betr **76**, 1088 unter Aufg von BFH Betr **73**, 553. Anwendb ist § 181 dagg bei Beschlüssen, die eine VertrÄnd zum Ggst h, BGH NJW **61**, 724, **76**, 1539. Vgl auch Anm 2b. Für Beschlüsse von WoEigtGemsch iS WEG 25 V abschließende Sonderregelg, Karlsr OLGZ **76**, 145. Das Verbot der Doppelvertretg gilt auch im Proz, BayObLG NJW **62**, 964 (aA offenb BGH **41**, 107), im FGG-Verf aber nur in echten Streitsachen, BayObLG aaO, nicht dagg zB für Anmeldgen zum HandelsReg, BayObLG **70**, 134, **77**, 78. - § 181 beschr nicht nur die Vertretgsmacht der gewillkürten Vertreter, sond auch die der gesetzl Vertreter, RG **71**, 163, BGH **50**, 10 u der Organe der JP, BGH **33**, 190, **56**, 101. Er ist auf den TestVollstr entspr anzuwenden, BGH **30**, 67, **51**, 213, näher § 2205 Anm 2, wohl auch auf sonst gesetzl Verw (Nachl-, Konk-, ZwangsVerw), Ffm OLGZ **76**, 486, str. - Schließen die Part mehrere Vertr, die nach ihrem gem § 139 zu ermittelnden Willen eine Einh bilden, erstreckt sich die bei einer Teilabrede bestehde Vertretgshinderg auf den ganzen Vertr, BGH **50**, 12, krit Häsemeyer FamRZ **68**, 502.

2) **Voraussetzgen: a)** § 181 beruht auf der Erwägg, daß das Mitwirken derselben Pers auf beiden Seiten des RGesch die Gefahr eines Interessenkonflikts u damit der Schädigg des einen od and Teils in sich birgt, BGH **51**, 210, **56**, 101. Das bedeutet aber nicht, daß zur Anwendg des § 181 ein Interessenwiderstreit erforderl od ausr ist. § 181 muß im Interesse der Klarh u Sicherh des RVerk als eine **formale Ordngsvorschrift** (BGH **50**, 11) aufgefaßt w, die ggü dem zugrde liegden gesetzgeberischen Zweck weitgehend verselbständigt ist. Für die Anwendg des § 181 kommt es daher grdsätzl auf die **Art der Vornahme** des RGesch u **nicht** auf die **Interessenlage** an, RG **157**, 31, BayObLG **50/51**, 456, BGH **21**, 231, BAG AP Nr 1, stRspr, hM, str. Das schließt aber nicht aus, daß für die tatbestandl Abgrenzg in best Fallgruppen auch der **Schutzzweck** des § 181 herangezogen w, vgl unten c.

b) Einzelfälle: § 181 ist unanwendb, wenn jemand einen Vertr zugl im eig u fremden Namen (od für mehrere Vertretene) mit einem Dr abschließt, also keine ggläuf, sond parallele WillErkl abgibt, RG **127**, 105, BGH **50**, 10; um einen solchen Fall handelt es sich auch, wenn die Mu eine EinbenenngsErkl gem § 1618 abgibt u dieser im Namen des Kindes zustimmt, BayObLG **77**, 57. Zu prüfen ist aber jeweils, ob gleichzeit ein RGesch zw dem Vertreter u dem Vertretenen vorgen worden ist. Das ist der Fall bei gleichzeit Eintritt mehrerer Personen in eine Gesellsch, BayObLG NJW **59**, 989, idR auch bei ErbauseinandSVertr, BGH **21**, 231, **50**, 10; bei derart Vertr müssen daher bei Beteiligg mehrerer Mdj mehrere gesetzl Vertr (Pfleger) tät w, Stgt Rpfleger **59**, 158. § 181 hindert nicht, daß der Vertreter einem von ihm im eig Namen abgeschl Vertr namens des Vertretenen zustimmt, sofern die Zust ggü dem VertrGegner erklärt w, RG **76**, 92, Hamm NJW **65**, 1489; BayObLG **77**, 76, 81; das gilt entspr, wenn der Vertr im Namen des Vertretenen geschl worden ist u die Zust namens des Vertreters erfolgt, BGH JZ **55**, 243. Ebso kann vollmachtloser Vertreter den Vertr nach billigter Genehmigg ggü dem Vertretgsgegner genehmigen, BGH **41**, 107, Hamm Rpfleger **71**, 432. Hat der Eigtümer als Vertreter des HypGläub die Hyp aufgegeben od eine Rangänderg vereinb, kann er die gem §§ 1183, 880 erforderl Zust wirks ggü dem GBA erklären, RG **157**, 31. Unzul dagg die Bewilligg der HypEintr zG des Vertreters auf dem Grdst des Vertretenen, ferner die Bewilligg der HypAbtr zG des Vertreters, da zumindest die materielle Einigg unter § 181 fällt u das GBA dies zu beachten h, RG **89**, 371. Das gilt ebso, wenn der gesetzl Vertreter des HypGläub zu seinen Gunsten die Löschg der Hyp bewilligt, KG OLG **42**, 160. Unwirks auch die Ann des vom Vertreter gezogenen Wechsels namens des Vertretenen, Dittmann NJW **59**, 1957, Tiedtke BB **76**, 1535. Bei Einlösg u Einziehg von Wertpapieren dch dieselbe Bank kann ein InsichGesch iS des § 181 vorliegen, vgl RG **111**, 349, BGH **26**, 171. § 181 gilt auch, wenn zwei JP bei einem VertrSchl dch OrganMitgl vertreten w, u zwar auch dann, wenn der Vertreter der einen JP für die und nur als GesVertreter mitwirkt, RG **89**, 373, vgl aber Celle SJZ **48**, 311, vgl auch RG Gruch **58**, 180. § 181 bleibt anwendb, wenn die Vertretgsmacht für die eine Part beim Tätigwerden für die und schon erloschen war, RG HRR **28**, 105.

c) Entsprechende Anwendg und Einschränkung des Anwendsbereichs. Obwohl wg des Charakters des § 181 als OrdngsVorschr grdsätzl eine wortgetreue Auslegg geboten ist, muß bei der tatbestandl Abgrenzg auch der Zweck der Vorschr (oben a) berücksichtigt w, BGH **56**, 102, **59**, 239. Das führt in einigen Fallgruppen zu einer Ausdehng, in and zu einer Einschränkg des Anwendsbereichs: **aa)** Die fr Rspr hielt § 181 für unanwendb, wenn der Vertreter den Vertr mit einem von ihm bevollmächtigten **Untervertreter** abschließt, RG **108**, 407, BAG FamRZ **69**, 535. Hier gebietet aber der Schutzzweck eine entspr Anwendg des § 181, Ffm OLGZ **74**, 347, Harder AcP **170**, 300, Blomeyer AcP **172**, 15 alle mwN, hL, vgl auch BGH **56**, 102. Zul dagg, wenn ein gesvertrberecht GeschF Vertr mit Gesellsch schließt, nachdem er den and GeschF zur Alleinvertretg ermächtigt, denn dieser handelt aus eig R u ist nicht weisgebunden, BGH **64**, 72, krit Reinicke NJW **75**, 1186, Klamroth BB **75**, 851, Plander Betr **75**, 1493. - Zum Teil w eine entspr Anwendg des § 181 auch für den Fall befürwortet, daß sich der Vertreter namens des Vertretenen für seine

Schuld verbürgt, Staud-Coing, Anm 22. Hier ist jedoch wg des Schutzes des Dr für eine entspr Anwendg des § 181 kein Raum, RG **71**, 219, Soergel-Schultze-v Lasaulx Anm 31. – Weitere Fälle entspr Anwendg: RG **143**, 352 (Anf eines Test ggü dem NachlG dch TestErbin namens des von ihr vertretenen gesetzl Erben); BGH **51**, 213 (Mitwirkg des TestVollstr als Verw von GmbH-Anteilen bei seiner Wahl zum GeschFührer).
bb) § 181 gilt, obwohl seine tatbestandl Voraussetzgen an sich vorliegen, nicht für RGesch zw dem geschführden **Alleingesellschafter** einer GmbH mit sich selbst, da hier ein Interessenwiderstreit ausgeschl ist u auch Belange Dr nicht berührt w, BGH **56**, 97 (and noch BGH **33**, 189), Blomeyer AcP **172**, 1, krit Winkler NJW **71**, 1356, Schubert WPM **78**, 295. – Aus den gleichen Erwäggen ist § 181 unanwendb auf RGesch, die dem Vertretenen lediglich einen rechtl Vorteil (§ 107 Anm 2) bringen, BGH **59**, 236, BFH NJW **77**, 456, Säcker/Klinkhammer JuS **75**, 626, krit Schubert WPM **78**, 291, aA die fr stRspr RG **157**, 31, Mü NJW **68**, 2109.

3) Rechtsfolgen: Das verbotswidr dch Selbstkontrahieren abgeschl RGesch ist trotz des Wortlauts „kann nicht" nicht schlechthin nichtig. Denn es kann gestattet, also auch nachträgl **genehmigt** werden. Es ist also schwebd unwirks und wird, entspr § 177, dch Gen gem § 184 vollwirks, RG **119**, 116, BGH **65**, 126, BAG **AP** § 242 Nr 1, Ffm OLGZ **74**, 347, 350. Doch fehlt bis zur Gen des Verpflichteten eine ihn – wenn auch nur bedingt – bindende Wirkg; deshalb besteht auch bis zur Gen kein Anspr gem § 883, der dch eine Vormerkg gesichert w könnte, KG DR **43**, 802. Das gilt auch bei gesetzl Vertretg; für Gen ist nicht VormschGericht (RGVZ **71**, 162, BGH **21**, 229, 234, Hamm OLGZ **75**, 173), sond Pfleger, ggf der inzw geschäftsfäh Gewordene selbst zust, RG JW **24**, 1862 hM. – Ein ausl, das Selbstkontrahieren gestattendes Recht fällt nicht unter EG 30, RG JW **28**, 2013. – Genehmigg vgl § 184 u § 177 Anm 3; bei Doppelvertretg ist Gen der beiden Vertretenen erforderl. Vertreter hat Anspr auf Gen nur, wenn Verweigerg argl wäre, RG **110**, 216.

4) Erlaubt ist Selbstkontrahieren: a) wenn gestattet, b) wenn ausschl Erf einer Verbindlichkeit.

a) Gestattung: gesetzliche vgl zB §§ 1009 II, HGB 125 I u II, AktG 78 IV 1, BerBG 3 II; auch Befreiungen des KirchenR sind zu beachten, BayObLG DNotZ **74**, 226 (Residenzialbischof), Hamm Rpfleger **74**, 310 (Kirchenvorstand). Rechtsgeschäftl Gestattg kann Teil der Bevollmächtigg sein; in GeneralVollm, Prokura, HandlgsVollm ist sie nicht ohne weiteres enthalten, auch nicht, wenn Vollm lautet „soweit die Gesetze Vertretung zulassen", KG DR **43**, 802. Vertreter kann Gestattg (die RGesch iS des § 181 ist) nicht sich selbst ggü erklären, BGH **58**, 118. Wenn ihm Selbstkontrahieren nicht gestattet ist, kann er es idR auch seinem UnterBevollm nicht gestatten, wohl aber dessen Selbstkontrahieren für den Vertretenen genehmigen, KG DR **41**, 997. Sonst ist sie Einwilligg (§ 183), kann auch stillschw erfolgen, muß dann aber unzweifelh aus den Umst hervorgehen, RG **121**, 50 (Effektenübereigng an Bankkunden); LG Kassel DNotZ **58**, 431 (beiders AuflVollm in einer Urk). Insb ist sie anzunehmen, wo Selbstkontrahieren verkehrsübl. So ist Vollm-Erteilg an einen Gesamtvertreter dch alle Gesamtvertreter einschl des zu Bevollmächtigden als gestattet anzusehen (vgl zB HGB 125 II 2, AktG 78 IV 1), also zul, RG **80**, 180, vgl KGJ **31** A 106, Celle SJZ **21** A 104, 300. Gestattg muß bei Organen jur Pers dch das Bestellgsorgan erfolgen, BGH **33**, 192, BFH WPM **75**, 457. Stimmen die Gesellschafter einer GmbH einem VertrSchl mit dem GeschFü zu, so liegt hierin idR eine Gestattg des Selbstkontrahierens, BGH **71**, 1761. Gesch des TestVollstreckers mit sich selbst über NachlGgst vgl BGH **30**, 67 u Lübtow JZ **60**, 151. Bei Gründg einer GmbH & Co KG kann der GmbH-Vertr dahin auszulegen sein, daß den GeschFührern das Kontrahieren mit sich selbst (als Kommanditisten) beim Beitr zur GmbH & Co gestattet ist, BGH BB **68**, 481; enthält Vertr Gestattg nicht, muß diese mit der zur Änderg des KG-GesellschaftsVertr erforderl Mehrh beschlossen w, BGH MDR **70**, 398. Zum Selbstkontrahieren zw GmbH & Co KG u den Gesellschafter-GeschFührer der dch die GterVersammlg nöt, BGH **58**, 116, die auch stillschw erteilt w kann, BGH NJW **76**, 1538. – Trotz Gestattg des Selbstkontrahierens kann ein Gesch wg unsittl Schädigg des VollmGebers nichtig sein.

b) Erfüllung einer Verbindlichkeit: nur glatte Erf ist zul, nicht Ann an ErfStatt, nicht Erf unter Aufgabe einer Einrede, nicht Erf eines streitigen Anspr, wohl Aufrechng, wenn beide Fdgen rechtsverbindl und fällig. Auflassg in Erf eines Schenkgsversprechens vom Vater an Kind vgl BGH **15**, 168. Zu einer Vfg über Außenstände einer GmbH ist der GeschFührer nicht mehr befugt, wenn im Innenverhältn die Grdlagen für seine Bestellg entfallen sind, RG DR **41**, 1083. BGH NJW **61**, 725 sieht in Selbstkontrahieren Erf einer Verbindlichk, wenn Vertretener zur Zust zum Gesch (hier GesellschVertrÄnderg) verpflichtet war; man wird hier auch Gestattg entnehmen können.

5) In jedem Falle muß Selbstkontrahieren **äußerlich erkennbar** sein, RG **76**, 138, BGH NJW **62**, 587, 589, BFH WPM **68**, 341. Bei formbedürft Gesch muß sich aus der Urk ergeben, daß Handeln für beide Seiten gewollt ist, Düss MDR **77**, 1018. Sonst genügt bei SchuldVertr jede Feststellbark des Willens, auch aGrd späterer Hdlgen, RG JW **12**, 236, jedoch sind bei Vertr zw GmbH u ihrem Alleingesellschafter strengere Anforderungen zu stellen, BGH Betr **71**, 956; bei dingl VfgsGesch, insb Besitz-, EigtÜbertr, ist deutl äußere Kenntlichmachg unentbehrl, RG **116**, 202, zB Trenng von eig Verm, Einlegg in Kasse usw, wobei aber auch der Berecht kenntl zu machen ist. Nicht immer erforderl ist Selbstkontrahieren beim sog antizipierten Besitzkonstitut, vgl § 868 Anm 3c. – Über **Formbedürftigkeit** der das Selbstkontrahieren gestattden Vollm zur GrdstVeräußerg vgl § 313 Anm 6c.

Sechster Titel. Einwilligung. Genehmigung

Einführung

Schrifttum: Thiele, Die Zustimmung in der Lehre vom Rechtsgeschäft, 1967.

1) Zustimmung heißt im BGB nur die privatrechtl Zust eines bei der Vornahme eines RGeschäfts nicht mitwirkenden Dritten. Die vor Abschl des RGesch erteilte Zust heißt **Einwilligung** (§ 183), die nachträgl **Genehmigung** (§ 184). Der allg SprachGebr unterscheidet nicht so scharf, was bei Ausleg von WillErkl (ebso älterer Gesetze, vgl RG **64**, 151, auch zB KO 133) zu beachten ist. – Das nachträgl Einverständn zu eig, bisher nicht vollwirks Gesch heißt im BGB **Bestätigung** (vgl §§ 141, 144). – Die Zust wirkt nur, wenn der Zustimmende zZ der Zust die Rechtsmacht besitzt, wg deren Fehlens bei den GeschBeteiligten die Zust nötig ist; die etwa erforderl GrdbuchEintr muß noch zu dieser Zeit uneingeschr bestehen RG **134**, 283.

2) Die Zustimmg (Einwilligg u Genehmigg) ist **einseitige empfangsbedürftige WillErkl** (vgl Übbl 3a vor § 104) und zwar, da sie für sich allein keine RWirkgen erzeugt, HilfsGesch. Sie ist abstrakt, vgl Übbl 3e vor § 104. Die RGeschRegeln (über Willensmängel §§ 116ff, Zugehen §§ 130ff, Auslegg § 133) sind auf die ZustErkl anwendb; zu beachten ist aber, daß der Willensmangel usw diese, nicht das zustimmgsbedürft Gesch betreffen muß; vgl auch § 182 Anm 1. – Eine **Form** ist idR nicht erforderl, daher ist stillschw Zust (durch schlüss Hdlg) mögl, vgl § 182 Anm 2. – **Behördliche Zustimmgen** (Genehmigungen) zu RGeschäften gehören, da sie keine privatrechtl RGeschäfte sind (vgl Übbl 1b vor § 104), sond sog privatrechtsgestaltende VerwAkte, an sich nicht hierher, doch sind §§ 182–184 als Ausfluß allgemeingült Grdsätze meist entspr anwendb, RG **125**, 55, **157**, 211 (abw **154**, 307); insb § 184 (Rückwirkg) auf für vormschgerichtl Gen, RG **76**, 366, auf für GrdstErwerb nötige Gen, BGH **LM** § 497 Nr 1, auf dch BewirtschaftgsMaßn erforderl gewordene Gen, vgl Brschw MDR **49**, 552, od Gen gem MRG 52; ob § 182 I auf behördl Gen entspr anzuwenden ist, ist Frage des Einzelfalls, BVerwG NJW **70**, 345; für vormschgerichtl Gen u für Gen des GgVormds gelten im übr §§ 1828ff, 1832. Näheres über behördl Gen vgl § 275 Anm 9. Behördl Zustimmgen zu Akten anderer Behörden haben mit PrivR nichts zu tun u folgen eigenen Regeln, vgl BVerwG **11**, 198.

3) Zust ist insb **erforderlich**: des gesetzl Vertreters zu RGesch Minderjähriger u Geschäftsbeschränkter §§ 106–114, des Vertretenen zu RGesch des machtlosen Vertreters § 177, des Berechtigten zu Vfgen eines Nichtberechtigten § 185, eines Ehegatten zu gewissen Geschäften des anderen §§ 1365ff, 1423ff, 1516, des Kindes zur Anerkenng der nichtehel Vatersch § 1600c, des Nacherben zu Vfgen des Vorerben § 2113 III, des Inh eines auf einem anderen lastden Rechts zur Änderg, Aufhebg des belasteten, vgl §§ 876, 1071, 1255, 1276, des Gläub zur SchuldÜbern § 145; weitere Fälle vgl §§ 458, 1245, GmbHG 17 I. Die in BetrVG 103, 102 VI vorgesehene Zust des BetrRates zur Künd kann nur vorher erteilt w, die nachträgl Gen ist wirkgslos, LAG Hbg BB **75**, 508 str. – Hierher gehören auch § 135 und nach manchen § 399; die den Veräußerungsverboten widersprechenden Vfgen wären danach relativ unwirks, insoweit also Vfgen eines Nichtberechtigten, § 185; im Falle der Einwilligg des Berechtigten sind sie vollwirks, dch Gen werden sie rückw (aA RG **75**, 142) wirks; vgl aber § 399 Anm 6. Entsprechendes gilt für ZwischenVfgen des § 161.

4) Die Zust macht das von einem anderen abgeschl RGesch **wirksam, so wie es abgeschlossen ist.** Es wird nicht zum RGesch des Zustimmenden, wenn es nicht schon in seinem Namen abgeschl war wie bei § 177; zT aA RG 80, 395ff; jedenf ist aber auch der Zustimmende an das Gesch gebunden; für Vfgen vgl auch § 185. – Bei Abschl ohne Einwilligg besteht bis zur Gen **schwebende Unwirksamkeit**, und zwar, wenn nichts anderes bestimmt (wie in §§ 109, 178), mit einstw Bindg der Beteiligten (RG **64**, 154) mind so lange, bis Gen eingeholt sein kann, vgl BGH **LM** ZPO 3 Nr 40 Bl 3 R (nichtig, wenn Gen 30 Jahre nach VertrSchl nicht eingeholt). Der Schwebezustand ähnelt demjenigen des bedingten RGesch. – Da die Zust das Gesch wirks macht, kann sie nicht widerrufen w; ihre Verweigerg macht Gesch ganz unwirks, wie nichtig; daher auch sie unwiderrufl, vgl BGH **13**, 178.

182 Zustimmung.

I Hängt die Wirksamkeit eines Vertrags oder eines einseitigen Rechtsgeschäfts, das einem anderen gegenüber vorzunehmen ist, von der Zustimmung eines Dritten ab, so kann die Erteilung sowie die Verweigerung der Zustimmung sowohl dem einen als dem anderen Teile gegenüber erklärt werden.

II Die Zustimmung bedarf nicht der für das Rechtsgeschäft bestimmten Form.

III Wird ein einseitiges Rechtsgeschäft, dessen Wirksamkeit von der Zustimmung eines Dritten abhängt, mit Einwilligung des Dritten vorgenommen, so finden die Vorschriften des § 111 Satz 2, 3 entsprechende Anwendung.

1) Die Zust (ebso ihre Verweigerg!) kann demjenigen **erklärt** werden, der ihrer zur Wirksamk seines RGeschäfts bedurfte, oder dessen GeschGegner, **I.** Jede andere Äußerg der Zust ist rechtl bedeutgslos, auch die Erkl an Gericht, Grdbuchamt usw, KGJ **34** A 253, stRspr. Bei Weiterleitg an den richtigen ErklGegner wirkt sie, wenn sie diesem zugeht, § 130. Da zwei gleichberechtigte ErklGegner vorhanden sind, kann auch die etw Anfechtg der Zust an jeden von beiden erkl werden. – Ausnahmen von I (Erkl nur an einen Teil oder andere Stellen) vgl §§ 108 II, 177 II, 876, 1071, 1178, 1245, 1255, 1276, 1427, 1666, 1748 und für vormschgerichtl Gen § 1829. – Versagg der BodenVerkGen muß beiden Part zugehen, I auch nicht entspr anwendb, BVerwG NJW **70**, 345.

2) Zust ist grdsätzl **formfrei, II.** Bes Form der Zust verlangen aber §§ 1516ff, 1600e, 1730, 1748 III, 2120, ZVG 71. – Sonst ist stillschw (vgl Einf 3 vor § 116) Zust mögl dch schlüss Hdlg, vgl RG **170**, 236 (Gen eines ohne Vertretgsmacht gezeichneten Ladescheins); der Zustimmende muß aber mind wissen, daß seine Zust erforderl sein könnte, RG **158**, 44, BGH **2**, 150 (das gilt selbstverständl nicht bei ausdrückl Zust, BGH **47**, 351); sein Nichtstun od Handeln muß dem ZustEmpf (vgl Anm 1) auch als Zust erkennb sein. Stillschw Zust zur Abänderg eines Erbvertrages vgl RG **134**, 327, stillschw Gen der Leistg an NichtBerecht, BGH VersR **74**, 592, 800, dch Prozeßführg RG **106**, 45, Gen sogar formfrei, wenn Vollm formbedürft wäre, hM aA Saarbr OLGZ **68**, 6. – Bei einseit WillErkl ist **schriftliche** Einwilligg od Mitteilg an Gegner nötig, wenn Zurückweisg seitens des Gegners vermieden w soll; vgl § 111 S 2 u 3, die nach **III** anwendb sind, mit Anm. Ohne vorherige Einwilligg vorgenommene einseit Gestaltgsgeschäfte sind wirkgslos, vgl Übbl 3d vor § 104.

§§ 183–185

183 *Widerruflichkeit der Einwilligung.* Die vorherige Zustimmung (Einwilligung) ist bis zur Vornahme des Rechtsgeschäfts widerruflich, soweit nicht aus dem ihrer Erteilung zugrunde liegenden Rechtsverhältnisse sich ein anderes ergibt. Der Widerruf kann sowohl dem einen als dem anderen Teile gegenüber erklärt werden.

1) Wesen der **Einwilligung** vgl Einf vor § 182, Form u ErklEmpf § 182. – § 183 bestimmt die freie **Widerruflichkeit**, solange das RGesch noch nicht geschl ist. Ausnahmen §§ 876, 1071, 1178, 1245, 1255, 1276, 1516f, 1748 und wenn das RVerhältn zw dem Einwilligenden u einem GeschBeteiligten den Widerruf ausschließt, insb wenn ein Anspr auf die Zust bestand. Einwillig in Weiterveräußerg der unter EigtVorbeh verkauften Ware kann nach dem zGrde liegdn RVerh nur widerrufen w, wenn der VorbehKäufer sich vertrwidr verhält, BGH NJW 69, 1171 in Weiterentwicklg von BGH **14**, 114.

2) **Vornahme** des RGeschäfts ist bei Klage deren Erhebg, nicht Fällg des Urteils, RG **164**, 242. Vornahme ist nur wirks Vornahme; eine Vfg, die erst mit GrdbuchEintr wirks wird, ist erst mit Eintr vorgenommen; wo aber Einigg bereits bindend (§ 873 II), ist späterer Widerruf nicht mehr wirks, BGH NJW 63, 36.

184 *Rückwirkung der Genehmigung.* I Die nachträgliche Zustimmung (Genehmigung) wirkt auf den Zeitpunkt der Vornahme des Rechtsgeschäfts zurück, soweit nicht ein anderes bestimmt ist.

II Durch die Rückwirkung werden Verfügungen nicht unwirksam, die vor der Genehmigung über den Gegenstand des Rechtsgeschäfts von dem Genehmigenden getroffen worden oder im Wege der Zwangsvollstreckung oder der Arrestvollziehung oder durch den Konkursverwalter erfolgt sind.

1) Wesen der **Genehmigg** vgl Einf 1, 2 vor § 182, Form u ErklEmpf § 182 Anm 1, 2. Bis zur Gen ist das genehmiggsbedürft RGesch schwebd unwirks; die Parteien sind gebunden, vgl Einf 4 vor § 182, können es aber jederzeit aufheben. (Einseit Gestaltgsgeschäfte vertragen keinen solchen Schwebezustand, vgl Übbl 3 d, 4c vor § 104; daher keine rückw Gen denkb, sond nur Wirksamk ab GenZtpkt, vgl BGH **32**, 383). Durch die Gen wird das Gesch vollwirks, wenn nicht noch ein anderer HindergsGrd besteht, und zwar grdsätzl **rückwirkend, I**, RG **134**, 122 und 286ff; abw Vereinbg ist gültig, kann auch stillschw erfolgen. Ggf wirkt sowohl das schuldrechtl Verpflichtgs-, wie das dingl VfgsGesch zurück. War für Gesch gesetzl od vertragl Frist zu wahren, ist Gen nach FrAblauf idR ohne Wirkg, BGH **32**, 375, NJW 73, 1789, aA Schubert JR **74**, 415. Gen selbst ist an keine Frist gebunden, wirkt also auch (mit rückw Kraft!), wenn nach langer Zeit erteilt, Stgt NJW 54, 36, vgl jedoch BGH **LM** ZPO 3 Nr 40 Bl 3 R. Voraussetzg ist grdsätzl, daß der Genehmigde zZ der Gen noch verfüggsberecht ist, jedoch kann der Eigtümer einer gestohlenen Sache eine Weiterveräußerg auch dann noch gen, wenn er das Eigt inzw gem § 950 verloren h, BGH **56**, 131. Da zum RErwerb an Grdstücken auch Eintr nöt ist, muß diese bei Gen noch vorhanden sein; ist die erfolgte Eintr inzw wieder gelöscht, so kann Eigt erst mit NeuEintr übergehen, RG **131**, 97, BGH **LM** § 107 Nr 7, str. – Rückwirkg unmögl bei zwischenzeitl Änd des Ggst des RGesch dch G (Umstellg in Währgsreform) Hbg MDR 53, 481. – Gen ist **unwiderruflich**, da sie den Schwebezustand beendet, BGH **40**, 164, ebso Verweigerg der Gen, RG **139**, 123, BGH **13**, 187, NJW **63**, 1613, 1615; das gilt sogar, wenn Verweigerg verwerfl Gründe hat, Saarbr DRZ **47**, 341. – Gen durch schlüss Hdlg vgl § 182 Anm 2. – Über behördl Gen vgl Einf 2 vor § 182.

2) II schützt **Rechte Dritter,** die diese in der Schwebezeit vom Genehmigden erworben haben einschl des Erwerbs dch ZwangsVfgen unabhäng von einer etw Kenntn des Dritten von dem schwebdn Gesch. Wird von zwei Vfgen die zeitl spätere gen, so bleibt diese auch dann allein wirks, wenn nachträgl die frühere gen w, BGH **40**, 164, 55, 37. Auf and RErwerb als den dch Vfg des Genehmigden od ZwangsVfgen gg ihn ist II nicht anwendb RG **134**, 121, RG DR **42**, 1159, BGH NJW **78**, 813, 814, Stgt NJW **54**, 36; ebsowenig auf Eintr eines Widerspruchs gg Richtigk des Grdbuchs, da kein Rechtserwerb, RG **134**, 288.

185 *Verfügung eines Nichtberechtigten.* I Eine Verfügung, die ein Nichtberechtigter über einen Gegenstand trifft, ist wirksam, wenn sie mit Einwilligung des Berechtigten erfolgt.

II Die Verfügung wird wirksam, wenn der Berechtigte sie genehmigt oder wenn der Verfügende den Gegenstand erwirbt oder wenn er von dem Berechtigten beerbt wird und dieser für die Nachlaßverbindlichkeiten unbeschränkt haftet. In den beiden letzteren Fällen wird, wenn über den Gegenstand mehrere miteinander nicht in Einklang stehende Verfügungen getroffen worden sind, nur die frühere Verfügung wirksam.

1) a) **Verfügen** sind die RGesch, die unmittelb darauf gerichtet sind, auf ein bestehdes R einzuwirken, vgl Übbl 3 d vor § 104; Vfg iS von § 185 ist auch die grdbuchrechtl EintrBewilligg, Düss NJW **63**, 162, BayObLG NJW **71**, 514. Str, ob § 185 auch für einseit GestaltgsGesch (Übbl 3 d vor § 104) gilt. RG Recht **24** Nr 1319 u LG Stgt MDR **70**, 682 wenden I auf Künd an; RG **78**, 382 lehnt Anwendg auf Aufr ab. Da GestaltgsGesch keinen Schwebezustand vertragen, ist II jedenf unanwendb RG **146**, 316. Gestattg des Grenzüberbaues steht Vfg so nahe, daß § 185 entspr angewandt w kann, BGH **15**, 219. Auch auf Vfgen iW der ZwVollstr ist § 185 entspr anwendb, RG **60**, 73, KG OLG **22**, 163, BGH **56**, 351, Tiedtke NJW **72**, 747, K. Schmidt ZZP **87**, 316, aA RG JW **34**, 221; die Pfändg einer nicht dem Schu gehördn Fdg bleibt aber auch dann wirkgslos, wenn Schu diese nachträgl erwirbt, BGH **56**, 350, str. Nicht anwendb ist § 185 auf Klag-

erhebg, BGH NJW **58**, 338, VersR **67**, 162 od die Einlegg von RMitteln, Hamm OLG **68**, 318. Auch auf VerpflGesch kann § 185 nicht angewandt w, hM, vgl Peters AcP **171**, 234 mwN, aA Bettermann JZ **51**, 321; daher soll iF der Reparatur einer nicht dem Besteller gehörden Sache ein Zust des Eigtümers kein gesetzl PfandR entstehen, BGH **34**, 125, krit Weimar JR **76**, 52. Auch Unterwerfg unter sofort ZwVollstr ist keine Vfg iS des § 185, BayObLG NJW **71**, 514, Ffm DNotZ **72**, 85, krit Zawar NJW **77**, 585 (zul aber wohl Unterwerfg hins eines zu erwerbden Grdst, Saarbr NJW **77**, 1202). Ermächtigg zur FdgsEinziehg als Vfg über die Fdg (häuf bei Vorausabtretg, vgl dazu BGH **32**, 357) fällt unter § 185, unten Anm 5. Unwirks Zust zu fremder Vfg fällt nicht unter § 185, da eine Zust selbst nur dann Vfg ist, wenn sie eine Vfg wirks macht, vgl RG **137**, 357; BGH **LM** Nr 7 wendet aber § 185 II entspr an. Auch die kr guten Glaubens wirks Vfg eines NichtBerecht (vgl zB HGB 366) gehört nicht hierher. – § 185 denkt nur an die Vfg, die ein Nichtberecht in **eigenem Namen** trifft. Auf Vfg in **fremdem Namen** (als Vertr) ist er nicht anwendb, es gelten nur §§ 164 ff u 177 ff (also keine Heilg nach II Fall 2 u 3), RG HRR **34**, 1276, BayObLG NJW **56**, 1279.

b) Nur die Vfg des **Nichtberechtigten** kommt in Frage; wer über eig AnwR verfügt, verfügt als Berechtigter über die **Anwartsch**, nicht als Unberechtigter über das Recht, auf das sich die Anwartsch bezieht, RG **140**, 225, BGH **20**, 94; Vfg über das Recht selbst ist nur mittelb Folge, fällt daher nicht unter § 185 (aA Schreiber NJW **66**, 2333); daher unmittelb Erwerb des VollR dch Anwärter bei Bedinggeintritt, BGH **20**, 100. § 185 aber anwendb, wenn Inh des AnwR (VorbehKäufer) über das R (Eigt) selbst verfügt, vgl Anm 2. Nichtberechtigt ist auch der noch nicht Berecht, RG **149**, 22, aA Schwerdtner NJW **74**, 1788, ebso der nicht verfüggsberecht RInh, RG Recht **12**, 22, Düss NJW **63**, 162, vgl Anm 3. Vfg einzelner Miterben über NachlGgst ist Vfg von Nichtberecht, § 185 gilt, RG **149**, 23 gg ält Rspr. – Auch wer zw Auflassg u Eintr im Grdbuch Eigt verliert, hat als Nichtberecht verfügt, BGH **LM** Nr 6, BayObLG DNotZ **73**, 610.

2) **Einwilligung** (vgl § 183) ist auch dch schlüss Hdlg mögl. In Auflassg liegt Einwilligg zur Weiterveräußerg auch ohne vorherige Eintr des AuflEmpf RG **135**, 382, BayObLG DNotZ **73**, 298, Hamm FamRZ **75**, 513, nicht aber ohne weiteres zur Belastg, BayObLG NJW **71**, 514. Einwilligg ist gem § 183 widerrufl bis zum Zustandekommen der Vfg, BGH **14**, 118 (Übereigng von unter EigtVorbeh stehden Waren). **VorbehKäufer** ist idR formularmäß berecht, Ware im ordngsmäß GeschVerk weiterzuveräußern. Auch wenn ausdrückl Einwilligg fehlt, ist sie bei Verk an Wiederverkäufer stillschw anzunehmen, Hbg MDR **70**, 506, Beschrkg auf ordngsmäß GeschVerk gilt iZw auch ohne bes Abrede (§ 157), BGH **10**, 17, 18. Er ist bei einem normal abgewickelten UmsatzGesch auch dann zu bejahen, wenn VorbehKäufer sich in wirtschaftl Krise befindet, BGH **68**, 202. Ermächtigg deckt beim verlängerten EigtVorb auch die Übertr der Fdg im Rahmen eines unechten Factorings, BGH NJW **78**, 1972. Kein ordngsmäß GeschVerk (also Weiterveräußerg nicht dch I gedeckt): Verk zu Schleuderpreis, Hbg MDR **70**, 506; Verk des Warenlagers im ganzen, RG HRR **35** Nr 1587; Verk des Einzelhändler an Wiederverkäufer, Celle NJW **59**, 1686; Verk unter Einkaufspreis, BGH **LM** § 455 Nr 23; SichgÜbereign, es sei denn, daß sie zur Finanzierg des WeiterVerk dient; Zuwendg an ArbN als Gratifikation, aA Hamm JW **32**, 201; Verk unter Vereinbg eines AbtrVerbotes, das den verlängerten EigtVorbeh (§ 455 Anm 2b bb) wirkgslos macht, BGH **27**, 306, **30**, 181, **51**, 116; vgl ferner Serick I S 153 mwN. Auf Einwilligg wie die Grds der Anscheins- u DuldgsVollm (§§ 170–173 Anm 4) entspr anzuwenden sein, offen gelassen von BGH JZ **70**, 253. Ist Vfg nicht dch Einwilligg gedeckt, kann Erwerber uU kr guten Glaubens (§§ 932 ff, HGB 366) Eigtümer w; andf gilt das in § 929 Anm 6 B a ee Ausgeführte. – Unterscheide Einwilligg zur Vfg im eig Namen von der Vollm zur Vfg im Namen des VollmGebers; Bezeichng seitens der Parteien ist nicht entscheid, vgl RG **53**, 274 einers, BGH Recht **26**, 2124 andrers (Auslegsfrage!); zB kann „Ermächtigg" zur Vollm zur Vfg im Namen des Ermächtigten, wie Einwilligg nach § 185 I, wie auch beides darstellen, Mü DNotZ **74**, 229. – **Genehmigg** (vgl § 184) des Berecht macht die Vfg wirks **(II Fall 1)**, u zwar rückw, § 184; sie ist ebenf dch schlüss Hdlg mögl (vgl § 182 Anm 2), so dch Klage auf die Bereicherg gem § 816 (RG **115**, 34), der inf der Gen anwendb wird, wenn die Umst nichts anderes ergeben, RG **106**, 44, str, vgl § 816 Anm 2 c. Gen u ihre Verweigerg sind unwiderrufl, vgl § 184. – § 415 ist ein Fall des § 185, vgl dort.

3) **Nachträglicher Erwerb** des Ggstandes der Vfg dch den Verfügenden **(II Fall 2)** macht die Verfügg **nachträglich wirksam**; entspr anzuwenden, wenn Nichtberecht, der in die Vfg eines and Nichtberecht eingewilligt hat, Ggst erwirbt, BGH **LM** Nr 7. Ebso wirkt **Beerbg** des Verfügden dch den Berecht **(II Fall 3)**, wenn er unbeschr haftet; haftet er als Erbe noch beschränkt, tritt Wirksamk nur vorläuf ein u entfällt wieder mit Eintritt beschränkter Erbenhaftg. In diesen Fällen keine Rückwirkg! RG **135**, 383. II Fall 3 liegt auch vor, wenn der Vorerbe, der gem § 2113 unwirks Vfgen getroffen h, von Nacherben beerbt w, RG **110**, 95, Mü DNotZ **71**, 544. Maßg ist auch hier (vgl Anm 1) nicht die RInhaberSch, sond die VfgsBerechtigg, also der Zusammenfallen mit der Pers des Verfügenden od seines Gesamtnachfolgers; ihm muß die Vfgsmacht zugefallen sein, deren Fehlen das Gesch unwirks machte, dh er muß zu der sZt getroffenen Vfg nunmehr berechtigt sein, BGH **LM** Nr 9. Das alles gilt nicht bei Vertretg ohne Vertretgsmacht, vgl Anm 1a. – Von mehreren gleichartigen Vfgen wird die frühere wirks, **II 2**. Liegen mehrere Vfgen vor, die sich überschneiden, aber nicht ausschließen, so wird frühere vollwirks, spätere nur soweit, als Wirksamk früherer nicht entggsteht (frühere Übereign läßt spätere Verpfändg nicht wirks werden, frühere Verpfändg steht Wirksamwerden späterer Übereign nicht entgg, führt jedoch zum Erwerb des mit PfandR belasteten Eigentums), Egert RBedingg, 1972, S 48 ff, Marotzke AnwartschR, 1977, S 23 ff, aA RG **60**, 73, BGH **20**, 100. Dasselbe muß gelten bei Zusammentreffen von Übereign und Pfändg od Entstehg gesetzl Pfandrechts. – Nachträgl Erwerb od Beerbg machen nicht wirks, wenn KausalGesch inzw hinfäll wurde, Hagen AcP **167**, 481.

4) § 185 ist Grdlage für die von Lehre u Rspr herausgebildete RFigur der **Ermächtigg**, einer Unterart der Einwilligg. Sie begründet für den Ermächtigten die Befugn, im eig Namen über ein Recht des Ermächtigden zu verfügen od das Recht dch Einziehg od in sonst Weise auszuüben. Die VfgsErmächtigg ist ein unmittelb Anwendgsfall des § 185 (Einwilligg iS des I), aber auch die auf eine entspr Anwendg des § 185 gestützte Ausübgsermächtigg ist inzw fast allg anerkannt. Vgl zur Einziehgsermächtigg § 398 Anm 7, s auch

RG **118**, 322 (AktienstimmR) u RG **123**, 241 (nicht übertragb Rechte). Unzul ist eine VerpflErmächtigg, s Anm 1 a. Die dogmat Einordng der Ermächtigg, insb die Frage, ob es sich um ein einheitl RInstitut handelt, ist weiterhin umstr, vgl dazu eingehd Doris, rgeschäftl Ermächtigg, Diss Mü, 1974.

Vierter Abschnitt. Fristen. Termine

186 *Geltungsbereich.* **Für die in Gesetzen, gerichtlichen Verfügungen und Rechtsgeschäften enthaltenen Frist- und Terminsbestimmungen gelten die Auslegungsvorschriften der §§ 187 bis 193.**

1) Allgemeines. Die Rechtssicherh verlangt für die Berechng der in Vertr od G vorkommenden Zeitbestimmungen klare Regeln; §§ 186–193 enthalten daher für Fristen u Termine Ausleggsvorschriften, die überall Platz greifen, wo nichts anderes vereinbart ist. Dabei ist **Frist** ein abgegrenzter, also bestimmt bezeichneter od jedenf bestimmb Zeitraum, RG **120**, 362, der aber nicht zusammenhängde zu laufen braucht, § 191. Fristen sind idR Ausschlußfristen (Präklusivfristen) od Verjährgsfristen. Das Wesen der **Ausschlußfrist** ist es, daß eine Hdlg innerh des Zeitraumes vorgenommen w muß, wenn nicht ein bestimmter Rechtsnachteil eintreten soll. Der Ablauf der **Verjährung** hat zur Folge, daß dem Anspr die Einr der Verj entgggesetzt werden kann. Über Unterschiede im einzelnen vgl Einf 4 a vor § 194. **Termin** iS des BGB ist der bestimmte Ztpkt, an dem etwas geschehen soll od eine Wirkg eintritt. Termin iS der ZPO hat andere Bedeutg, vgl ZPO 214 ff.

2) Die §§ 186 ff **gelten** für das gesamte bürgerl Recht einschl des HandelsR (zusätzl gilt HGB 359) und des WechselR (vgl auch WG 36 ff), für Zivilprozeß, ZPO 222 I, und freiw Gerichtsbark, FGG 17 I. Grdsätzl gelten die Ausleggsregeln auch für öffrechtl Gesetze, vgl VwVfG 31, AO (77) 108, PStG, BayObLG JW **26**, 2450, StGB, Tarifverträge, BAG **AP** Nr 1, in der SozialVers vgl zB BSG NJW **74**, 920. Abweichg StPO 42, 43.

3) Grdlage der **Zeitberechnung** ist der Gregorianische Kalender; die gesetzl Zeit in Deutschland ist die mitteleuropäische Zeit (ZeitG v 25. 7. 78, BGBl I S 1110). Gem ZeitG 3 kann dch VO der BReg vom 1. 3.–20. 10. die Sommerzeit eingeführt w (vgl Ekrutt NJW **78**, 1844).

187 *Fristbeginn.* **I Ist für den Anfang einer Frist ein Ereignis oder ein in den Lauf eines Tages fallender Zeitpunkt maßgebend, so wird bei der Berechnung der Frist der Tag nicht mitgerechnet, in welchen das Ereignis oder der Zeitpunkt fällt.**
II Ist der Beginn eines Tages der für den Anfang einer Frist maßgebende Zeitpunkt, so wird dieser Tag bei der Berechnung der Frist mitgerechnet. Das gleiche gilt von dem Tage der Geburt bei der Berechnung des Lebensalters.

1) Regelmäß soll nur **nach vollen Tagen** gerechnet w (Zivilkomputation), nicht jeweilig von der Stunde od der Minute an (Naturalkomputation). Demgem bleibt der Tag, in dessen Lauf ein Ereign od Ztpkt fällt, bei der Fristberechng außer Betr, **I**; Fr beginnt 0 Uhr des nächsten Tages. Der Grds gilt nur für die nach Tagen od längeren Einheiten berechneten Fristen. Bei den nach Stunden bemessenen Fristen wird idR eine Berechng wirkl nach Stunden gemeint sein; hier ist entspr nur nach vollen Stunden zu rechnen. Bei Fristen von 24 od 48 Stunden können ein bzw zwei Tage gemeint sein (Ausleggsfrage!), iZw Berechng nach Stunden.

2) Soll der Beginn des Tages für den Anfang der Frist maßg sein (Miete einer Wohng vom 1. April ab), so rechnet naturgem mit der Anfangstag mit, **II 1**. Hierher, nicht zu I, gehören Ausleggsfristen des BBauG 2 VI u ähnl Fr, GmS-OGB BGH **59**, 396; ebso tritt Ges, das am Tage der Verkündg in Kraft treten soll, mit Beginn des Tages in Kraft, RG **91**, 339.

3) Bei der Berechng des **Lebensalters** wird mit Rücks auf die Volksanschauung der Geburtstag entgg I mitgerechnet, **II 2**. Die volle strafrechtl Verantwortlichk tritt also zB mit Beginn des Tages ein, an dem das 18. LebensJ vollendet wird (RGSt **35**, 37). Wer am Monatsersten geboren, vollendet sein Lebensjahr mit Ablauf des vorhergehenden Monats, hM, vgl BAG Betr **65**, 1368. Das gilt auch für den Eintritt eines Beamten in den Ruhestand, BVerwG **30**, 168.

188 *Fristende.* **I Eine nach Tagen bestimmte Frist endigt mit dem Ablaufe des letzten Tages der Frist.**
II Eine Frist, die nach Wochen, nach Monaten oder nach einem mehrere Monate umfassenden Zeitraume – Jahr, halbes Jahr, Vierteljahr – bestimmt ist, endigt im Falle des § 187 Abs. 1 mit dem Ablaufe desjenigen Tages der letzten Woche oder des letzten Monats, welcher durch seine Benennung oder seine Zahl dem Tage entspricht, in den das Ereignis oder der Zeitpunkt fällt, im Falle des § 187 Abs. 2 mit dem Ablaufe desjenigen Tages der letzten Woche oder des letzten Monats, welcher dem Tage vorhergeht, der durch seine Benennung oder seine Zahl dem Anfangstage der Frist entspricht.
III Fehlt bei einer nach Monaten bestimmten Frist in dem letzten Monate der für ihren Ablauf maßgebende Tag, so endigt die Frist mit dem Ablaufe des letzten Tages dieses Monats.

1) Bei Fristberechnung **nach Tagen** gilt I vorbehaltl § 193 ausnahmslos. Ob „acht Tage" volle acht Tage od eine Woche bedeutet, ist Ausleggsfrage. Im HandelsR sind darunter acht Tage zu verstehen, HGB 359 II.

Fristen. Termine §§ 188–193

2) Für die längeren Fristen des II gilt folgendes: **a)** Fällt das für den Fristbeginn maßg Ereign in den Lauf eines Tages, so endet die Frist mit dem Ablauf des entsprechenden Wochen- od Monatstages. Fehlt der entspr Tag im Monat, dann endet die Frist mit Ablauf des letzten Monatstages III. – **b)** Fängt der Fristenlauf bereits mit dem Beginn des Tages an, dann endet die Frist mit dem Ablauf des vorhergehenden Tages, vgl auch § 187 Anm 3.

3) Die zur Fristwahrg notw Hdlg darf regelm bis zum Ablauf des letzten Tages (Mitternacht) vorgenommen werden. Der Gegner, der etwa mitzuwirken hat (vgl zB § 642), braucht seine Mitwirkg aber nicht bis zum Fristablauf bereit zu halten, zB der Geschäftsmann nicht über die Geschäftsstunden hinaus. Zur **Frist** gehört auch ihr Endzeitpunkt; was mit Fristende eintritt, tritt innerh der Frist ein, der Zeitpunkt des Ablaufs des letzten Tages der Frist gehört rechtl noch zu diesem Tage, BAG NJW **66**, 2081. Was nach Mitternacht geschieht, geschieht rechtl am nächsten Tage; dieser Tag wird nicht mitgerechnet, Künd in der Nacht vom 31. 3. zum 1. 4. nach Mitternacht setzt KündFr erst vom 2. 4. ab in Lauf, BArbG BB **69**, 1135.

4) § 188 setzt zusammenhängende Zeiträume voraus; Berechng nicht zusammenhängender Zeiträume vgl § 191.

189 Halbes Jahr, Vierteljahr, halber Monat.
I Unter einem halben Jahre wird eine Frist von sechs Monaten, unter einem Vierteljahre eine Frist von drei Monaten, unter einem halben Monat eine Frist von fünfzehn Tagen verstanden.

II Ist eine Frist auf einen oder mehrere ganze Monate und einen halben Monat gestellt, so sind die fünfzehn Tage zuletzt zu zählen.

1) Eine vertragsm Frist von **4 Wochen** darf nicht ohne weiteres einem Monat gleichgesetzt werden. Über Begriffe wie **Frühjahr** und **Herbst** entsch der SprachGebr, vgl auch HGB 359.

190 Fristverlängerung.
Im Falle der Verlängerung einer Frist wird die neue Frist von dem Ablaufe der vorigen Frist an berechnet.

1) § 190 gilt sowohl, wenn die Frist noch läuft, als auch, wenn die Verlängerg nach Ablauf bewilligt wird, vorausgesetzt, daß wirkl eine Verlängerg gemeint, nicht Setzg neuer Frist (Ausleggsfrage; beachte, daß zwar vertragl Verlängerg einer vertragl gesetzten Frist rückw mögl, Verlängerg abgelaufener gesetzl Frist nicht). Auch, wenn erste Frist am Wochenende (§ 193) endet, wird unmittelb weitergerechnet werden müssen, da urspr Frist mit der Verlängerg eine Einh bildet; bei Verlängerg einer prozeßrechtl Frist läuft neue Frist ab Ablauf der (durch Sonn- od Feiertag ggf verlängerten) urspr Frist, BGH **21**, 48 gg RG **131**, 337.

191 Berechnung von Zeiträumen.
Ist ein Zeitraum nach Monaten oder nach Jahren in dem Sinne bestimmt, daß er nicht zusammenhängend zu verlaufen braucht, so wird der Monat zu dreißig, das Jahr zu dreihundertfünfundsechzig Tagen gerechnet.

1) Beispiele: Urlaub von drei Monaten, der nicht zusammenhängend genommen zu w braucht. Verpflichtg eines Geschäftsreisenden, mind 9 Monate des Jahres auf Reisen zu sein. Die Berechng nach § 191 gilt nicht bei Hemmg der Verj nach § 205, auch nicht bei Fristhemmg dch Gerichtsferien, BGH **5**, 277, NJW **62**, 347.

192 Anfang, Mitte, Ende des Monats.
Unter Anfang des Monats wird der erste, unter Mitte des Monats der fünfzehnte, unter Ende des Monats der letzte Tag des Monats verstanden.

1) Für die Ausdrücke „**Beginn (Ende) der Woche**" fehlt entspr Ausleggsregel. Beginn der Woche wird iZw den Montag, Ende der Woche den Sonnabend bedeuten. Wo an ArbTage gedacht ist, kann heutzutage auch der Freitag gemeint sein. Mitte der Woche ist wohl immer Mittwoch. „Ende des Monats" bedeutet vor dem 1. des folgden Monats, vgl BVerwG NJW **61**, 1227.

193 Sonn- und Feiertage; Samstage.
Ist an einem bestimmten Tag oder innerhalb einer Frist eine Willenserklärung abzugeben oder eine Leistung zu bewirken und fällt der bestimmte Tag oder der letzte Tag der Frist auf einen Sonntag, einen am Erklärungs- oder Leistungsorte staatlich anerkannten allgemeinen Feiertag oder einen Sonnabend, so tritt an die Stelle eines solchen Tages der nächste Werktag.

1) Neufassg dch G v 10. 8. 65 (BGBl 753). Stellt Sonnabend hins FrAblauf Sonntag gleich.

2) § 193 wollte in der ursprüngl Fassg die Sonntagsruhe der arbeitden Bevölkerg sicherstellen; jetzt ist er auf das Wochenende erstreckt. Er findet **Anwendung,** wenn Leistg zu bewirken od WillErkl abzugeben ist; nicht wenn Eintritt des Ereignisses innerh einer Frist als Bedingg vorgesehen ist, RG SeuffA **86**, 101; ebso nicht, wenn allein der Ablauf der Fr entscheidd (uneigentl Fr, zB 3-TagesFr des VwZG 17) BFH Betr **71**, 1043, schon gar nicht, wenn Endtermin auf den Tag fällt, vgl BGH SchlHAnz **75**, 15 (Zeitpkt der Entlassg eines Richters auf Probe). Ausdehng auf geschäftsähnl Hdlgen (Übbl 2c vor § 104), insb Anzeigen (zB vom Eintritt eines VersFalles) ist geboten. § 193 gilt sowohl bei rechtl Verpflichtg zur Abgabe der WillErkl (auch Klageerhebg) innerh der Frist, als auch, wo WillErkl innerh der Frist Rechtsnachteile abwendet od Rechte wahrt, also zB für Ausschlußfristen RG **100**, 18, Frist für KonkAnf BGH **LM** Nr 1, Unterbrechg der VerjFristen RG **151**, 347, BGH WPM **78**, 464, str. Auch im öffR ist § 193 anwendb, wo nicht Sonder-Vorschr gelten od Sinn der Regelg entgegsteht, BVerwG NJW **74**, 73, vgl VwVfG 31 III, AO (77) 108 III. – Für gesetzl KündiggsFr gilt § 193 nicht; sie sollen Gekündigten schützen, müssen ihm also voll gewahrt bleiben, BGH **59**, 265, BAG NJW **70**, 1470, Betr **77**, 639. Künd mit MonatsFr am 1. 9., wenn 31. 8. Sonnabend od Sonntag, ist verspätet. Das muß für alle gesetzl KündFr u iZw auch für vertragl gelten, ist allerdings von der Rspr bisher nur für ArbVertr ausdr anerkannt. Auch Fristen für Einladg zu Versammlgen (bei AG, GmbH, Verein usw) dürften von § 193 nicht beeinflußt w, da Zweck solcher Zwischenfristen, dem Geladenen die volle Frist zur Überlegg zu lassen. § 193 aber anwendb, wo ablaufber Vertr sich verlängert, wenn Verlängerg nicht bis zu der bestimmten Zeitpkt abgelehnt w, weil hier VertrBeendigng von der Bedingg abhängt, daß Ablehng innerh der Fr erfolgt, BGH NJW **75**, 40 (vgl auch § 564 Anm 2). – **Sonderregel** für den ZivilProz in ZPO 222 II, III, jedoch ist § 193 auf Frist für VerglWiderruf anwendb, BGH **LM** Nr 1, NJW **78**, 2091, Mü NJW **75**, 933, str. Sonderregel für den StrafProz in StPO 43 II, für WechselR in WG 72, für ScheckR ScheckG 55, für FGG in FGG 17 II.

3) § 193 **verlängert die Frist** od verschiebt den Termin, bedeutet aber nicht, daß die Erkl od Leistg am nächstfolgen Werktag auf den bestimmten Tag zurückwirkt (Ffm NJW **75**, 1971, Verzinsg für Samstag u Sonntag, wenn verzinsl Schuld erst Montag gezahlt). Er **verbietet** auch **nicht** die Abg der Erkl od Erbringg der Leistg am Sonnabend od Sonntag. Der GeschGegner kann die EntggNahme an diesen Tagen nur ablehnen, wenn Treu u Glauben od VerkSitte (§§ 157, 242) das ergeben. § 193 steht als bloße Auslegsregel (§ 186) einer Vereinbg der Leistg für den Sonnabend od Sonntag nicht im Wege; bei Frist nach Stunden ist nach dem Parteiwillen § 193 idR nicht anwendb; auch bei Frist nach Tagen w Auslegg oft ergeben, daß § 193 nicht gelten soll.

4) Was staatl **anerkannte Feiertage** sind, regelt im allg heute LandesR, zB *BaWü* GBl **71**, 1, *Bay* GVBl **70**, 422, *Bln* GVBl **54**, 615, **56**, 169, *Brem* GBl **54**, 115, **58**, 61, *Hbg* GVBl **53**, 289, *He* GVBl **71**, 344, *Nds* GVBl **69**, 113, *NRW* GVBl **77**, 98, *RhPf* GVBl **70**, 225, *SchlH* GVBl **69**, 112, *Saarl* ABl **45**, 37, **47**, 225, **76**, 213. Bundesgesetzl ist 17. 6. als Tag der dtschen Einheit Feiertag, BGBl **53**, 778.

Fünfter Abschnitt. Verjährung

Überblick

1) Begriff. Zeitablauf kann unabhäng vom Willen der Parteien kr G die Rechtslage beeinflussen. Rechte können durch Zeitablauf begründet (sog erwerbende Verj) od entkräftet (erlöschende Verj) werden. Eine allg Regel für die Wirkgen des Zeitablaufs gibt das BGB nicht. Es bedient sich verschiedenartiger Rechtsformen.

a) Für den Erwerb von Rechten ist Hauptfall die **Ersitzung**, §§ 937, 1033, u für Grdstücke §§ 900, 927. Die sog unvordenkl Verjährg (dh die RVermutg für den Erwerb eines Rechts wg seiner Ausübg seit unvordenkl Zeit) kennt das BGB nicht; in reichsrechtl geregelten Materien kann sie weder beginnen, noch sich vollenden (ein vor Inkrafttt des BGB vollzogener Erwerb bleibt unberührt), wohl aber in den der Landesgesetzgebg vorbehaltenen Rechtsgebieten RG SeuffA **80**, 108.

b) Für Erlöschen od Entkräftg von Rechten dch Zeitablauf ist Hauptfall die **Verjährung** ieS nach §§ 194 ff. Sie greift nur ggü Ansprüchen dch, § 194, und gibt dem Verpflichteten nur eine Einrede, dh das Recht, die Leistg zu verweigern, § 222. Wg der Ausschlußfristen u der Verwirkg, die ebenf die Geltdmachg von Rechten ausschließen, vgl unten Anm 4, für dingl Rechte auch § 901.

2) Zweck der Verjährung ist die Wahrg des Rechtsfriedens. Auf Grd der Lebenserfahrg, daß lange nicht ausgeübte Rechte idR nicht bestehen od nicht schutzwürdig sind, gibt sie dem verspätet in Anspr Genommenen ein einfaches, von den dch den Zeitablauf verursachten BewSchwierigkeiten unabhäng Schutzmittel gg vermutl unbegründete Angriffe (vgl Mot I 291), wobei in Kauf genommen ist, daß der Berechtigte gelegentl um sein unzweifelh gutes Recht gebracht wird, wenn sich der Schuldner auf die Verj beruft; es gilt aber in weiten Kreisen (Handel, Handwerk, Beamtensch usw) mit Recht als ungehörig, ggü berechtigten Fdgen Verj einzuwenden. Über unzul Geltdmachg der Verj vgl Anm 3.

3) Die **Ausübung** der VerjEinr ist **unzulässig** (dh sie ist nicht zu berücksichtigen), wenn sie gg Treu u Glauben, § 242, verstößt. Das trifft zu, wenn der Schu den Gläub dch sein Verhalten geflissentl, etwa dch VerglVerhandlgen (RG **57**, 372), häufigen Wohnungswechsel, falsche polizeil Anmeldg (HRR **41**, 111), Erkl auf VerjEinr zu verzichten (BGH VersR **60**, 517), od auch unabsichtl (RG **153**, 101 stRspr, BGH **9**, 1) veranlaßt hat, von rechtzeit Klageerhebg abzusehen; dann ist das früh Verhalten nach Treu u Glauben mit der Erhebg der VerjEinr unvereinb u ihr steht der GgEinwand unzulässiger Rechtsausübg entgg (vgl § 242 Anm 4 Ce). Einzelfälle zB RG **144**, 381, **145**, 244, **153**, 101, **156**, 301, BAG **AP** § 242 (unzul RAusübg) Nr 6, 7, BAG BB **75**, 881 (Ruhenlassen des Verf, Nichteinklagg mit Rücks auf Vorprozeß), BGH **9**, 1, BGH NJW **55**, 1834, VRS **10**, 161, BAG NJW **57**, 558 (Nichtunterrichtg des ArbNehmers dch ArbGeber über von ihm eingeräumte Anspr), BGH NJW **59**, 96 (VerglVerhandlg), BGH VersR **71**, 440 (Verhandlg über Unfallregelg dch Versicherer für ins Ausl verzogenen Schädiger), BVerwG **23**, 171 (wiederkehrde Falschberechng von Versorggsbezügen in Feststellgsbescheiden), BGH MDR **73**, 562, Hbg VersR **76**, 1071. Es genügt nicht, daß Gläub subj der Ans war, er könne noch zuwarten, BGH **LM** § 242 (Cb) Nr 6. Schu muß dem Gläub, wenn auch unbeabsichtigt, ausr Anlaß gegeben haben, von der Unterbrechg der Verj abzusehen; sein Verhalten muß bei Würdigg aller Umst den Schluß rechtf, er w den Anspr nur mit Einwendgen in der Sache bekämpfen u sei mit einer Hinausschiebg der KlErhebg einverstanden, BGH

71, 86, 96. Schu muß sich dabei das Verhalten seines HaftPflVersicherers auch dann anrechnen lassen, wenn dieser wg Überschreitg der Deckgssumme von seiner ReguliergsVollm keinen Gebrauch machen will, BGH VersR **78**, 533. Kein RMißbr, wenn Schu aus einem VerkUnfall den Versicherer auf Deckg verklagt hatte u Versicherer deshalb mit Kl aus übergangenem Anspr des Geschädigten nach VVG 158 f bis rechtskräft Abweisg wartete, BGH NJW **72**, 158, auch nicht, wenn Parteien in gemeinsamem Irrt über VerjFr waren u Schu nach Aufklärg VerjEinr erhebt, Celle VersR **75**, 250. Für sich allein ist Berufg auf Verj kein Verstoß gg Treu u Glauben, auch nicht bei Anwalt ggü Mandanten, BGH VersR **65**, 1000, od bei öffentl ArbGeber, bei dem man sich mit pünktl Zahlg rechnet, BAG NJW **67**, 175. Es genügt auch nicht bloße Schuldlosigk des Gläub am VerjEintritt RAG **23**, 305; ebensowenig bloßes Einverständn des Schu mit Nichtbetreiben des RStreits RG JW **36**, 315, od bloße Vereinbg seines Ruhens, da sonst § 211 II ggstandslos wäre, RG JW **16**, 1188. UU kann in solchen Fällen (auch bei VerglVerhandlgen, Abwarten der Entsch eines VorProz) stillschw vereinb sein, daß auch während der Fdg vorübergehend nicht geltd machen darf (*pactum de non petendo*, vgl § 202 Anm 2); dann war Verj währd dieser Zeit gehemmt, UnzulässigkEinwand überflüss. Für die Zeit ab 1. 1. 1978 gilt nunmehr § 852 II nF, der zugl die aufgehobenen StVG 14 II, LuftVG 39 II ersetzt. Schweben zw dem Ersatzpflichtigen u dem ErsBerecht **Verhandlgen über** den (aus unerl Hdlg od Gefährdgshaftg) zu leistd **Schadensersatz**, so ist nach § 852 II nF die Verj gehemmt, bis der eine od andere Teil die Fortsetzg der Verhandlgen verweigert. Die Fälle, in denen zur Entkräftg der VerjEinr auf § 242 zurückgegriffen w muß, w inf dieser Neuregelg seltener w. Einlassg auf Klage ohne Erhebg der Einr der Verj macht spätere Erhebg nicht unzul, selbst dann nicht, wenn erst falscher Kläger klagte, Bekl diesen Mangel erst spät rügte u nach nunmehr erfolgter Abtretg Verj geltd macht, BGH **LM** § 242 (Cb) Nr 4. – **Nach dem Wegfall** der die Arglist begründden **Umstände** beginnt keine neue Verj-Frist, auch § 205 (Hemmg) ist nicht anzuwenden (außer wo *pactum de non petendo* in Frage kommt); vielm bestimmt sich die Frist für Geltdmachg nach den Anfordergn des redl GeschVerkehrs u den Umst des Falles, RG **115**, 139. Das gilt auch im Falle früh Verzichts auf VerjEinr, der wg § 225 nicht bindet, BGH VersR **60**, 517, NJW **74**, 1285, **78**, 1256. Einwand unrichtiger Rechtsausübg entfällt daher, wenn Gläub nach Wegfall der die Klageerhebg verzögernden Umst zur rechtzeit Klageerhebg noch angemessene Zeit hatte, RG **157**, 22, die immer nur kurz sein kann, BGH NJW **55**, 1834. 3 Monate sind zu lang (BGH NJW **59**, 96, **78**, 1256), erst recht 4 Monate (BGH NJW **76**, 2344), die Höchstgrenze liegt idR bei 4 Wochen (Hbg VersR **78**, 45), nach bes langen Verhandlgen können ausnw 6 Wochen zul sein (BGH WPM **77**, 870). Rückwirkg der Klagezustellg gem ZPO 270 III gilt auch hier, BGH NJW **74**, 1285. – Hat Schu die Verj dch eine zum **Schadensersatz** verpfl Hdlg (Täuschg, Verletzg einer HinwPfl) verursacht, muß er die Fdg als unverjährt gelten lassen, BGH VersR **67**, 979, **70**, 816, NJW **75**, 1655 (RAnw), BGH NJW **64**, 1023, **78**, 1313 (Architekt), BGH Betr **77**, 2443, Stötter NJW **78**, 799 (Untern ggü Handelsvertreter). Auch der sog sekundäre Anspr wg schuldh Herbeiführg der Verj unterliegt aber der Verj, BGH VersR **77**, 617. Für ihn gilt ggf BRAO 51 mit der Folge, daß 3 Jahre nach Beendigg des Mandats auch dieser (sekundäre) Anspr verjährt ist, BGH aaO. UU führt § 254 zur teilw Zurückweisg der VerjEinr. Vgl auch § 198 Anm 2.

4) Von der Verjährg sind zu unterscheiden:

a) Ablauf von **Ausschluß-(Präklusiv-)fristen**, die bestimmen, daß ein Recht nur innerh der Frist ausgeübt w kann; es ist von vornherein nur für diese Frist gegeben. Der AusschlFrist unterliegen gelegentl zwar auch Ansprüche (§§ 561 II, 801 I 1, 864, 977, 1002, NTS-AG 6, 12 ua, vgl auch 3jähr AusschlFr nach Bay-AGBGB 124 für Fdgen gg BayStaat u dazu BayObLG **70**, 320), idR betreffen sie und Rechte, meist Gestaltgsrechte (zB §§ 121, 124, 148, 532, 626 II, 1944, 1994). Das BGB unterscheidet sprachl scharf und spricht, wo VerjFrist in Frage steht, von „Verjährg" oder „verjähren"; bei der AusschlFrist gebraucht es andere Wendgen (zB „das Recht ist ausgeschl, wenn nicht ..."). Bei vereinb Fristen u Fristen and Gesetze ist es Ausleggsfrage, worum es sich handelt. Die in den VersBedinggn aufgeführ Frist zur Klageerhebg gg den Versicherer ist AusschlFrist RG JW **10**, 244. – Anders als die Verj, die nur Einr gg den Anspr erzeugt und ausdr vorgebracht w muß, beseitigt die Versäumn der AusschlFrist das Recht selbst, RG **128**, 47, und ist vAw zu beachten. **Beweislast** trifft für Verj den Schu; bei AusschlFr muß Schu FrBeginn u Ablauf, Gläub die Vornahme der fristwahrden Hdlg beweisen, Rosenberg BewLast 5. Aufl S 382. – Die für Verj geltden Vorschriften gelten nicht ohne weiteres für AusschlFristen RG **102**, 341, so nicht die Regeln über die Hemmg RG Recht **25**, 438, auch RG **158**, 140 (anders Ablaufhemmg der §§ 206, 207, vgl dort Anm 1 aE); einz Bestimmgen des VerjR sind aber vielf für entspr anwendb erkl, vgl §§ 124 II, 210, 215 II, 802, 1002 ua. – Die Grdsätze über unricht Rechtsausübg (oben Anm 3) gelten auch bei der AusschlFrist (RG Recht **25**, 909, BAG **AP** BetrVG 59 Nr 9 Bl 3, vgl auch RG **148**, 298).

b) Verwirkung. Rechte, auch Ansprüche, können uU durch Nichtausübg verwirkt w. Verwirkg ist Unterfall der Unzulässigk der RAusübg, sie unterscheidet sich nach Voraussetzg u Wirkg von der Verj, vgl näher § 242 Anm 9.

5) Fristberechng §§ 187 ff.

6) Zwischenstaatliches Recht vgl EG vor Art 12 Anm 5b. **Intertemperäres Recht** vgl EG 169, 174 II. **Kriegs- und Nachkriegsrecht** vgl § 202 Anm 5. – Auch das öffR kennt Verj; soweit Sonder-Vorschr fehlen, werden §§ 194 ff analog angewandt, hM, vgl zB BVerwG **28**, 336; für GehaltsAnspr von Beamten gilt § 197 unmittelb.

194 Gegenstand der Verjährung.

I Das Recht, von einem anderen ein Tun oder ein Unterlassen zu verlangen (Anspruch), unterliegt der Verjährung.

II Der Anspruch aus einem familienrechtlichen Verhältnis unterliegt der Verjährung nicht, soweit er auf die Herstellung des dem Verhältnis entsprechenden Zustandes für die Zukunft gerichtet ist.

§ 194 1–5

1) Allgemeines. Nur Ansprüche verjähren, **I.** Wo kein Anspr, da keine Verj. Wg Verj von Einreden vgl Anm 2. Wo das BGB die Verjährbark eines Rechts vorsieht, ist es also ein Anspr iS des I, der zugleich die gesetzl **Begriffsbestimmg** des **Anspruchs** enthält: Recht. von anderen ein Tun od Unterlassen zu verlangen (vgl dazu Okuda AcP **164,** 536). Tun ist jede denkb Hdlg, Zahlg, Abgabe einer WillErkl, Herausg, Herstellg eines Werks usw; Unterlassen: jedes Nichthandeln (Haus nicht bauen, Firma nicht führen), insb auch Dulden. Der Anspr richtet sich stets gg einen od mehrere bestimmte Dritte (den anderen!); er kann den verschiedensten Rechtsgebieten (SchuldR, SachenR, FamilienR usw) entfließen; Besonderh für Verj famrechtlicher Ansprüche vgl **II. – Unterscheide aber:**

a) Beim Anspr aus einem bestehenden **Schuldverhältnis** ist der AnsprGegner ohne weiteres in der Pers des Schu bestimmt. Anspr u Fdg sind identisch.

b) Manche schuldrechtl Ansprüche (zB auf Vorlegg einer Sache, § 809) sind nicht an die Pers eines bestimmten Schu geknüpft, sond richten sich gg jeden, der zu einer Sache in einem bestimmten Verhältn steht **(actiones in rem scriptae).** Der Anspr ist gegeben, solange dies vorgesehene Verhältn besteht.

c) Das **absolute (allwirkende) Recht,** wozu dingl Rechte (zB Eigentum), PersönlichkRechte (zB Namensrechte), Urheberrechte usw gehören, richtet sich gg jedermann; ihm fehlt die Beziehg zu einem bestimmten Gegner; es ist also kein Anspr. Aus ihm ergeben sich aber Ansprüche; so entsteht dch die Beschädigg der Sache ein schuldrechtl Anspr auf SchadErs (§ 823), dch Besitz der Sache eines andern der dingl Anspr auf Herausg (§ 985), dch unberecht Namensführg ein Anspr auf Unterlassg (§ 12), dch Verletzg des UrhRechts ein Unterlassgs- u SchadErsAnspr, vgl UrhG 97, WZG 24. AnsprGegner ist der Verletzer. Diese Ansprüche sind von dem Bestand des absoluten Rechts abhängige, aber aus ihm abgezweigte relative Rechte, die als „Ansprüche" der Verj unterliegen, vgl RG **93,** 283, soweit sie nicht unter § 902 I 1 fallen (BeseitigssAnspr aus § 1004 fällt nicht darunter, vgl Picker JuS **74,** 357; zum Beginn der VerjFr in diesem Falle vgl § 198 Anm 1 aE). Das absolute Recht als solches ist unverjährb; so verbleibt das Eigt dem Eigtümer, selbst wenn er nach 30 Jahren vom Besitzer nicht mehr Herausg verlangen kann, vgl auch RG **138,** 299. Das ist von Bedeutg, weil sich aus dem absoluten Recht jederzeit dch neue Beeinträchtiggen neue Ansprüche ergeben können, die alsdann noch nicht verjährt sind. Immerhin beraubt in solchen Fällen die Verj des abgeleiteten Anspruchs auch das absolute Recht zum großen Teil seines sachl Inhalts.

d) Bei **Dauerschuldverhältnissen,** aus denen Ansprüche auf wiederkehrende, wirtschaftl einheitl Leistgen entstehen, unterliegen nicht nur die Rechte auf die einz Leistgen, sond auch der GesamtAnspr, das StammR, aus dem sich die einz Rechte herleiten, der Verj, RG **136,** 427. Mit dem Lauf der Verj für das EinzelR beginnt auch die Verj für das **Stammrecht**; ist dieses verj, so gilt auch EinzelAnspr verj, vgl BGH NJW **73,** 1684. Mangels bes Vorschr gilt für dieses die 30jährige VerjFrist.

2) Hins der Verj von **Einreden** unterscheide: die echte Einrede, dh das bloße Recht, die Leistg zu verweigern, ist nicht verjährb, allgM; soweit dagg der als Einr vorgetragene Umst aus einem Anspr hergeleitet wird, gilt § 390 S 2 entspr: Einr bleibt trotz Verj bestehen, wenn Verj bei Entstehg des GgAnspr noch nicht vollendet, BGH **48,** 116, **53,** 122; vgl auch §§ 478, 821, 853, die Schu trotz Verj des Anspr ausdr Einr belassen.

3) Anspruchskonkurrenz a) Begründet ein u ders Sachverhalt mehrere nebeneinand bestehde Anspr, so verjährt grdsl jeder Anspr **selbständig** in der für ihn maßgebden Frist (BGH **9,** 303, **66,** 315). Das gilt zB für den RückgabeAnspr aus Vertr u Eigt (BGH **LM** § 989 Nr 2), den BerAnspr u den Anspr auf SchadErs (RG JW **38,** 2414, BGH **56,** 319) sowie idR für SchadErsAnspr aus Vertr u Delikt (BGH **9,** 303, **66,** 315, VersR **76,** 168, krit Arens AcP **170,** 392ff). **b)** Ausnw besteht ein **Vorrang der kurzen Verj,** wenn die für sie maßgebl Vorschr nach ihrem Schutzzweck auch die konkurrierenden Anspr erfassen will. Das ist insb anzunehmen, wenn das Recht des Gläub, nach Verj des VertrAnspr weiterhin Anspr aus Delikt und RGrden geltd zu machen, die gesetzl Regelg über die kurze Verj aushöhlen würde (BGH **66,** 317). Die kurzen VerjFr der §§ 558, 606, 1057 gelten daher auch dann, wenn der ErsAnspr des Vermieters (Verleihers) wg Verschlechterg der Sache auf unerl Hdlg, Gefährdgshaftg od Eigt gestützt w (BGH **47,** 55, **54,** 267, **61,** 229; weitere Einzelh u Nachw § 558 Anm 2). Das gleiche umgekehrt ebso für den Anspr des Mieters auf VerwendgsErs (BGH NJW **74,** 744). In der Fr des § 197 verjährt neben dem Anspr aus § 557 zugl der aus § 286 u § 812 (BGH **68,** 309, krit Heckelmann NJW **77,** 1335). Der SchadErsAnspr gg den HandlgsGeh aus unzul Wettbew verjährt auch insow in der Fr des HGB 61 II, als er auf unerl Hdlg gestützt w (RG DJ **37,** 1290). Die 5-JahresFr des HGB 26 gilt unabhängig davon, ob der RückgabeAnspr aus HGB 25, aus Schuldbeitritt (BGH **42,** 384) od aus § 419 in Anspr genommen w (MüKo/ v Feldmann Rdn 23). Die VerjFr des BinnSchG 117 erfaßt Anspr aus jedem RGrd (Karlsr MDR **72,** 150). Die Verj gem UWG 21 geht uU der aus § 852 vor (BGH **36,** 256, Einzelh u weitere Nachw § 852 Anm 1). Die kurze Verj gem § 638 hat ggü der aus BRAO 51 den Vorrang (BGH NJW **65,** 106), ebso ggü der aus StBerG 68 (KG NJW **77,** 110/766). **Unanwendb** ist die **kurze VerjFr** des HGB 113 III dagg, wenn der WettbewVerstoß der Gesellschafter zugl eine and VertrVerletzg enthält (Düss OLGZ **70,** 328). Auf den konkurrierenden delikt SchadErsAnspr ist die kurze VerjFR des § 477 nicht anzuwenden (BGH **66,** 315); das gilt ebso iF des § 638 (BGH **55,** 397, krit Roll WPM **77,** 1214) u der Haftg des Spediteurs gem HGB 414 (BGH **9,** 304).

4) Grdsätzl verjähren **alle Ansprüche,** Ausnahmen enthalten außer II (vgl Anm 5) §§ 758, 898, 902 (Grdbuchrechte, vgl aber § 1028), 924, 1138, 2042 II.

5) Ansprüche aus einem **familienrechtlichen Verhältnis** verjähren nicht, soweit sie **auf Herstellg** des dem Verhältn entspr Zustandes für die Zukunft gerichtet sind, **II.** Das gilt auch für die im famrechtl Verhältn wurzelnden Ansprüche gg Dritte (zB Anspr auf Kindesherausg § 1632). Unverjährbark ist bedeuts für §§ 1353, 1356, 1360, 1361, 1619, 1632. – Dagg verjähren UnterhAnsprüche für Vergangenh, ferner ua Ansprüche aus §§ 1298 bis 1301, 1615k.

195 *Regelmäßige Verjährungsfrist.* **Die regelmäßige Verjährungsfrist beträgt dreißig Jahre.**

1) Die **30jährige Verjährgsfrist** gilt überall, wo das G nicht andere Fristen vorsieht. Sie ist die längste VerjFrist des BGB. Bei der Vielzahl kürzerer Fristen, insb der 2-Jahresfrist für die häufigsten Geschäfte des tägl Lebens nach § 196, der 4-Jahresfrist für lfd wiederkehrende Leistgen nach § 197 und der 3-Jahresfrist bei unerl Hdlgen nach § 852, den wicht kurzen Fr für MängelAnspr (Kauf, Miete, WerkVertr, §§ 477, 558, 638), ferner den 5-Jahresfristen HGB 26, 61, 113, 159, den 1-Jahresfristen HGB 414, 423, 439, den kurzen Fristen des BinnSchG 117, 118, derjenigen des VVG 12 u vielen anderen, wird die Regelfrist des § 195 prakt zur Ausn. Sie gilt zB für DarlAnspr (auch aus finanziertem AbzGesch, vgl § 196 Anm 4a aE), für LiefergsAnspr des Käufers, KaufpreisAnspr aus GrdstVerkauf, Grundstücksankaufrecht aus einem Kauf-Vorvertr (dh Anspr auf Abschl des KaufVertr), BGH **47**, 392, SchadErsAnspr aus § 179 gg machtlosen Vertreter (nicht ErfüllgsAnspr, Hbg MDR **76**, 141, vgl § 179 Anm 2), Anspr aus Bürgschaft als solcher, auch wo für Hauptschuld kürzere Fr gilt, Düss MDR **75**, 1019, Anspr aus anerkanntem Kontokorrent, BGH **49**, 24, BereichergsAnspr und nach § 218 für alle rechtskr festgestellten Ansprüche. Beachte aber, daß viele Muster- u Formularverträge kürzere Fr vorsehen. – Fristberechg vgl §§ 187 ff. Fristbeginn §§ 198–201. – Unzulässigk der VerjEinrede vgl Übbl 3 vor § 194.

2) Einzelfälle : Aufopferungsanspruch (§ 903 Anm 4) verjährt in 30 Jahren RG **167**, 27, BGH **9**, 209, Düss NJW **57**, 912; in Bayern läuft daneben AusschlFrist von 3 Jahren gem AGBGB 124, die seit der nF vom 27. 7. 73 mit Kenntn der ansprbegründen Tats u der Pers des Verpflichteten beginnt. Auch Anspr aus beamtenrechtl FürsorgePfl verjährt in 30 Jahren BGH **14**, 137. – **Eigentumsherausgabeanspruch** (§ 985) verjährt in 30 Jahren; hat aber gutgl Fremdbesitzer Eigt ersessen (§ 937), so verliert bish Eigtümer Recht und damit HerausgAnspr; 30-Jahresfr auch für Rückg der Mietsache od von den Instzubeh, BGH **65**, 86, and for Zubeh die fr hM. – **Ansprüche aus AbzG 2** fallen nach BGH **58**, 121 nicht unter § 195, sond § 196, s dort Anm 4a, fr sehr str (and DarlehnsAnspr aus finanziertem AbzKauf, s § 196 Anm 4a aE). – Anspr aus selbstd **Garantie**versprechen verj in 30 Jahren, BGH Betr **71**, 520, WPM **77**, 366 (als Nebenabrede übernommene Garantie einer Sacheigensch verj nach § 477). – Anspr aus **Bereicherg u Geschäftsführg ohne Auftrag** verj in 30 Jahren, u zwar auch dann, wenn die GeschFg oder Bereicherg in der Bezahlg einer kurzfristig verjährden Schuld bestand, RG **86**, 96, BGH **32**, 16, **47**, 375 (für Bereicherg läßt BGH **47**, 375 offen), krit Reinecke VersR **7**, 4, Berg MDR **68**, 717. Die Fr von 30 Jahren gilt auch für den Anspr auf Rückzahlg von überzahltem Lohn (BAG MDR **73**, 168) u für den BerAnspr wg Verletzg eines UrhR (BGH **56**, 317). Dagg gilt die Fr des § 196, wenn der Anspr aus § 812 od GoA (etwa wg Nichtigk des Vertr) an die Stelle eines unter § 196 fallden EntgeltsAnspr getreten ist (§ 196 Anm 1). – Der öffentl Anspr auf Ersatz von Kosten für GrdstAnschlLeitgen ist kein BereichergsAnspr u verj nach AbgRecht, OVG Münster NJW **71**, 1330 (5 Jahre), OVG Kblz NJW **73**, 1341 (3 Jahre). – **Ausgleichsanspr** unter GesSchu (§ 426 I, nicht § 426 II) verj in 30 Jahren, BGH **58**, 216 [218]; ebso Ansprüche gg **Treuhänder** nach MRG 52, Mü DRspr I (113) 89c. – **Kostenerstattungsanspruch** verj in 30 Jahren, Mü NJW **71**, 1755, Ffm JZ **77**, 353. – **Schadensersatzanspruch** wg NichtErf (RG **116**, 285, BGH WPM **78**, 495) od verspäteter Erf (BGH **57**, 195 Verzugsschaden) verj nicht vor HauptAnspr, ebso für dessen Beginn (§ 198 Anm 2, RG **128**, 79), anders VertrStrafe, RG **85**, 24. Für Anspr aus **posit VertrVerletzg**, die nicht nur in mangelh Erfüll besteht, gilt grdsätzl 30-JahresFr, BAG **AP** Nr 1, Betr **71**, 52, BGH **35**, 132, **37**, 343, **58**, 85, 307, **67**, 1, NJW **74**, 1707; vgl wg Abgrenzg ggü KaufmängelAnspr § 477 Anm 1d, dd, ggü WerkmängelAnspr Vorbem 4e vor § 633, § 638. Wo kurze VerjFr für die aus dem Vertr fließden Anspr vorgesehen, fällt auch Anspr aus pos VertrVerl darunter (vgl Köln VersR **73**, 1058 zu VVG 12). SchadErsAnspr des Automatenaufstellers gg Gastwirt wg vertrwidr Umgestaltg der Gastwirtsch soll aber nicht in 4 (§ 197), sond erst in 30 Jahren verjähren, BGH **71**, 80, 82. Entspr gilt für Anspr aus **Vorvertrag** im allg 30 JahrFr, wo aber für Anspr aus HauptVertr kurze VerjFr gelten würde, läuft sie auch ggü Anspr aus VorVertr, BGH WPM **74**, 216. Anspr aus **Verschulden bei VertrSchluß** (c. i. c.) verj grdsl in 30 Jahren (BGH Betr **74**, 232). Werden die Anspr aus Sach- od WkMängeln hergeleitet, gelten die §§ 477, 638 (BGH NJW **69**, 1710). Ist wg des Versch einer Part kein Vertr od kein wirks Vertr zustandegekommen, ist die VerjFr maßgebd, die für den vertragl ErfAnspr gegolten hätte, gleichgültig ob das posit od das negat Interesse gefordert w (BGH **57**, 194, **58**, 123). SchadErsAnspr aus VOB 6 Nr 5 II wg Behinderg der Leistgsausführg verj wie der sonst aus Vertr auf die GgLeistg, BGH **50**, 31. Ansprüche auf das **Vertrauensinteresse** (vgl ua § 122, 179 II, 307) verj in der Frist, die für ErfAnspr gelten würde, BGH **49**, 83; das gilt nicht nur, wo Vertrauensinteresse das ErfInteresse nicht übersteigen soll, sond allg, BGH **57**, 196. – **Auskunftsansprüche** verj in 30 Jahren, aber spätestens mit HauptAnspr, BGH **33**, 379. – Für RückgrAnspr gg **Rechtsanwälte** aus anwaltl Tätigk (nicht zB aus detektiv MDR **73**, 130) gilt SonderVorschr der BRAO 51 (3 Jahre ab Entstehg, längstens 3 Jahre nach Auftr-Beendigg); auf deren Ablauf kann sich RA aber nicht berufen, wenn er den Mandanten nicht über seine RegreßPfl belehrt hat, Übbl 3aE v § 194. 3-JahresFr auch für Anspr gg Steuerberater- u bevollmächtigten nach SteuerberG § 638 vorgeht, KG NJW **77**, 110/766 (Anm v Martens u Widmann, krit auch Prütting WPM **78**, 130). – Zusammentreffen von Ansprüchen verschiedener VerjFristen vgl § 194 Anm 3. Anspr auf Kapital, wenn wahlw anstelle von Ruhegehalt geschuldet, BAG NJW **68**, 2027. – Sondervorschriften für Anspr **gg Geldinstitute** aus der Zeit vor 9. 5. 45 vgl G zum Abschl der Währgsumstellg vom 17. 12. 75, BGBl 3123.

196 *Zweijährige Verjährungsfrist.* **I In zwei Jahren verjähren die Ansprüche:**
1. der Kaufleute, Fabrikanten, Handwerker und derjenigen, welche ein Kunstgewerbe betreiben, für Lieferung von Waren, Ausführung von Arbeiten und Besorgung fremder Geschäfte, mit Einschluß der Auslagen, es sei denn, daß die Leistung für den Gewerbebetrieb des Schuldners erfolgt;

2. derjenigen, welche Land- oder Forstwirtschaft betreiben, für Lieferung von land- oder forstwirtschaftlichen Erzeugnissen, sofern die Lieferung zur Verwendung im Haushalte des Schuldners erfolgt;
3. der Eisenbahnunternehmungen, Frachtfuhrleute, Schiffer, Lohnkutscher und Boten wegen des Fahrgeldes, der Fracht, des Fuhr- und Botenlohns, mit Einschluß der Auslagen;
4. der Gastwirte und derjenigen, welche Speisen oder Getränke gewerbsmäßig verabreichen, für Gewährung von Wohnung und Beköstigung sowie für andere den Gästen zur Befriedigung ihrer Bedürfnisse gewährte Leistungen, mit Einschluß der Auslagen;
5. derjenigen, welche Lotterielose vertreiben, aus dem Vertriebe der Lose, es sei denn, daß die Lose zum Weitervertriebe geliefert werden;
6. derjenigen, welche bewegliche Sachen gewerbsmäßig vermieten, wegen des Mietzinses;
7. derjenigen, welche, ohne zu den in Nummer 1 bezeichneten Personen zu gehören, die Besorgung fremder Geschäfte oder die Leistung von Diensten gewerbsmäßig betreiben, wegen der ihnen aus dem Gewerbebetriebe gebührenden Vergütungen, mit Einschluß der Auslagen;
8. derjenigen, welche im Privatdienste stehen, wegen des Gehalts, Lohnes oder anderer Dienstbezüge, mit Einschluß der Auslagen, sowie der Dienstberechtigten wegen der auf solche Ansprüche gewährten Vorschüsse;
9. der gewerblichen Arbeiter – Gesellen, Gehilfen, Lehrlinge, Fabrikarbeiter –, der Tagelöhner und Handarbeiter wegen des Lohnes und anderer anstelle oder als Teil des Lohnes vereinbarter Leistungen, mit Einschluß der Auslagen, sowie der Arbeitgeber wegen der auf solche Ansprüche gewährten Vorschüsse;
10. der Lehrherren und Lehrmeister wegen des Lehrgeldes und anderer im Lehrvertrage vereinbarter Leistungen sowie wegen der für die Lehrlinge bestrittenen Auslagen;
11. der öffentlichen Anstalten, welche dem Unterricht, der Erziehung, Verpflegung oder Heilung dienen, sowie der Inhaber von Privatanstalten solcher Art für Gewährung von Unterricht, Verpflegung oder Heilung und für die damit zusammenhängenden Aufwendungen;
12. derjenigen, welche Personen zur Verpflegung oder zur Erziehung aufnehmen, für Leistungen und Aufwendungen der in Nummer 11 bezeichneten Art;
13. der öffentlichen Lehrer und der Privatlehrer wegen ihrer Honorare, die Ansprüche der öffentlichen Lehrer jedoch nicht, wenn sie auf Grund besonderer Einrichtungen gestundet sind;
14. der Ärzte, insbesondere auch der Wundärzte, Geburtshelfer, Zahnärzte und Tierärzte, sowie der Hebammen für ihre Dienstleistungen, mit Einschluß der Auslagen;
15. der Rechtsanwälte, Notare sowie aller Personen, die zur Besorgung gewisser Geschäfte öffentlich bestellt oder zugelassen sind, wegen ihrer Gebühren und Auslagen, soweit nicht diese zur Staatskasse fließen;
16. der Parteien wegen der ihren Rechtsanwälten geleisteten Vorschüsse;
17. der Zeugen und Sachverständigen wegen ihrer Gebühren und Auslagen.

II Soweit die im Absatz 1 Nr. 1, 2, 5 bezeichneten Ansprüche nicht der Verjährung von zwei Jahren unterliegen, verjähren sie in vier Jahren.

1) Lieferungen und **Leistungen des „täglichen Lebens"** werden idR bald bezahlt, Belege oft nicht ausgestellt od bald vernichtet; daher die kurzen VerjFristen des § 196 für solche Leistgen; erweiternde Auslegg daher vielf am Platze, BGH 39, 260, vgl wg AbzG 2 unten Anm 4a. Die umgekehrten Ansprüche gg die gewerbsm Verkäufer, Lieferanten usw verjähren mangels entspr Schutzbedürfnisses in 30 Jahren, RG 116, 281. § 196 gilt nicht nur für vertragl, ond auch für Ansprüche aus ungerechtf Bereicherg od GeschFg ohne Auftr, RG 86, 97, BGH 48, 127, BAG NJW 64, 2178, stRspr, wohl auch für Anspr des Verkäufers auf Erlösherausgabe bei verläng EigtVorbeh, Braunschw NJW 74, 647. Das alles gilt aber nur, wenn der Anspr in der Pers des gewerbsm Verkäufers, Lieferanten usw entstanden ist (vgl unten Anm 2 u 9 und § 195 Anm 2, auch über SchadErsAnsprüche wg NichtErf kurzfristig verjährender Ansprüche). Beachte, daß das Ges nicht auf Geschäfte „des tägl Lebens" abstellt, die Größe des RGesch daher kein Kriterium ist, BGH 48, 128; auch der Aufbau eines Hauses kann unter Z 1 fallen, Celle NJW 68, 703.

2) Der **Sachverhalt zZt der Entstehung** des Anspruchs bestimmt die maßg VerjFrist. Spätere Änderngen bei gleichbleibender Grdlage, zB Abtretg an anderen Gläub, RG 70, 29, nachträgl Erwerb der Kaufmannseigensch, RG 60, 74, ändern sie nicht. Wohl aber rechtsgeschäftl Umwandlg (Novation, vgl zB § 607 II) u Übern abstrakter Schuldverpflichtg (§§ 780 f), RG 75, 4, nicht schon Hingabe eines Schuldscheins od VerglAbschl.

3) Die VerjFristen des § 196 laufen erst von Jahresschluß ab (§ 201); **Fristberechnung** vgl §§ 187 ff, **Fristbeginn** vgl auch § 198.

4) a) Zu Z 1. Kaufmann (Begr vgl HGB 1–6), auch Minderkaufmann HGB 4 u wer nebenberufl ein Handelsgewerbe betreibt. I Z 1 ist zG gutgl Dr auch ggü einem Scheinkaufmann anwendb, Soergel-Augustin Rdz 8, Erm-Hefermehl Rdz 3, hM, aA RG 129, 403 u hier 36. Aufl. – **Fabrikanten**, auch wenn sie ausnahmsw nicht Kaufleute sind, zB bei Warenherstellg aus eig Rohstoff wie in Ziegelei. – **Handwerker** sind die aus der Be- od Verarbeitg von Material Gewinn ziehenden Gewerbetreibenden, die bei der Herstellg des ArbErzeugnisses durch eig HandArb mitwirken od dies wenigstens tun könnten u würden, wenn ihnen Gehilfen nicht zur Seite stünden; Eintr in Handwerksrolle entsch nicht, ist aber BewAnzeichen, Mü JW 38, 2134. Unter Z 1 fällt auch der **Bauunternehmer** (auch wenn er selbst weder Kaufm noch

Handwerker ist), da seine Anspr im wesentl aus handwerkl Tätigk herrühren (BGH **39**, 255, Schmalzl NJW **71**, 2015). Kein Handwerker ist der Architekt (BGH **45**, 226), der Bauingenieur u der Statiker (str), deren Anspr aber gem Z 7 gleichf unter die kurze Verj fallen (Anm 8). – **Kunstgewerbetreibender** ist, wer dch Ausübg der Kunstfertigk sich eine gewerbsmäß Verdienstquelle schafft (Kunsthandwerk), nicht der Künstler. – **Waren** sind alle bewegl körperl Sachen des Handelsverkehrs RG **130**, 85, auch solche, die der Kaufmann nur ausnahmsw verkauft, vgl Brschw NdsRpfl **74**, 319; die sog Emballage gehört dazu; Wertpapiere sind keine Ware, RG **74**, 161, wohl aber elektr Strom, BGH NJW **61**, 455. – Anspr von Gesch-Besorgern (Handelsvertretern, Kommissionären u sonstigen „Vertretern") wg Nichtausführg abgeschlossener Geschäfte sind nicht solche „für" **Besorgg fremder Geschäfte**; Z 1 und II sind also nicht anwendb RG JW **38**, 317; für Handelsvertreter vgl auch Anm 9 . – Nach Z 1 verjähren auch Anspr auf Ers von Mehraufwendgen des AuftrGeb aus VOB (B) 6 Nr 5 II, BGH **50**, 25. Ferner gilt Z 1 entspr für ErsAnspr des Verkäufers aus **AbzG 2**, BGH **58**, 121 (fr sehr str); ebso für den Anspr des FinanziersInst aus AbzG 2, 6, BGH NJW **78**, 1581; nicht aber für DarlAnspr des FinanziersInst, BGH **60**, 108. – **Auslagen** sind Aufwendgen jeder Art, die der Berecht für Rechng des Verpflichteten gemacht h. Beispiele sind Zahlgen der Bank zur Einlösg des Wechsels eines Kunden (BGH **LM** Nr 28), Auslagen für eine Zwischenfinanzierg (BGH NJW **78**, 39), Anspr auf Rücklieferg od Bezahlg von Leergut (LG Kblz NJW **59**, 1783); unerhebl ist, ob Erstatts-Anspr auf Vertr, GoA od Bereicherg gestützt w.

b) Bei Leistgen für den **Gewerbebetrieb** des Schu gilt statt der 2-JahresFr die 4-JahresFr des **II**. Das gilt auch dann, wenn die Leistg für einen demnächst zu eröffnden Betr erfolgt (RG **75**, 203, BGH NJW **67**, 2353). GewBetr verlangt einen auf Erzielg dauernder Einnahmen gerichteten berufsm GeschBetr, BGH **57**, 199. Die WoVermietg ist idR kein GewBetr. Dies gilt auch dann, wenn jemand sich mehrere Häuser zZw der Vermietg bauen läßt (BGH NJW **63**, 1397, **68**, 1962). And ist es aber, wenn der Vermieter beabsichtigt, sich eine auf Gewinn gerichtete dauernde berufsmäß EinnQuelle zu schaffen (BGH **63**, 33, NJW **68**, 1962). GewBetr ist auch die Errichtg u Veräußerg von Eigenheimen dch ein WoBauUntern (BGH BB **73**, 499) od Architekten (Nürnb BauR **72**, 318), ebenso künstler od wissenschaftl Tätigk, wenn mit dauernden Einrichtgen zu Erwerbszwecken verbunden, so Betr einer Lehranstalt, eines Sanatoriums. Kein GewBetr ist die Ausübg eines freien Berufs wie der des Facharztes (Nürnb NJW **73**, 1414) od des Steuerberaters (BGH Betr **77**, 1505, Celle OLGZ **78**, 65). Auf EinzelGesch beschr ErwerbsAbs genügt niemals. Landwirtschaftl Betr sind, soweit die Veräußerg v Erzeugn u Erzielg v Einnahmen bezweckt w, GewBetr iSv § 196, BGH **33**, 321, NJW **66**, 1403; das gilt auch für kleine EinmannBetr, LG Traunst NJW **66**, 159, Teplitzky MDR **64**. 816, str. Wasserwerk der öff Hand kann GewBetr sein, BGH **49**, 260 (im entschiednen Fall wohl zu Unrecht verneint, vgl Behrle NJW **68**, 1323), in Hessen ist es es nicht, Ffm NJW **73**, 759; auch gemeindl AbwasserbeseitiggsAnl ist es idR nicht, BGH **53**, 223, auch öff-rechtl Fernsehanstalt ist kein GewBetr, BGH **57**, 200. Nebenberufl GewBetr genügt, vgl zB LG Brem NJW **68**, 1384. Die als Kaufmann gelten Handelsgesellschaften fallen unter II, auch wenn sie keinen GewBetr im eigentl Sinne unterhalten, BGH **49**, 258 [263], **66**, 48, Mü OLGZ **76**, 444. – Sind **mehrere Schuldner** vorhanden, ist II auf alle Schu anzuwenden, sofern die Leistg für den einen erfolgt ist, ebenso BGH NJW **72**, 910, str; wo in Schu der Schuld aus Lieferg für GewBetr nachträgl beitritt, gilt das mit Sicherh, BGH **58**, 253; auch bei gleichzeit Schuldbeitritt nimmt das Ffm NJW **74**, 1336 mit Recht an. – Ob GewBetr zZ der Einklagg noch besteht, ist unerhebl, BGH BB **73**, 499. – **Beweislast** für AusnTatbstd des II trifft bei Z 1 (ebso Z 5) den Gläub; bei Leistg an Gewerbetreibden aber Vermutg dafür (HGB 344 I gilt auch hier), BGH **63**, 32.

5) Zu Z 2. Erzeugnisse der **Land- und Forstwirtschaft** (einschl Weinbau) sind auch die im Betr bearbeiteten Erzeugnisse, RG **130**, 26. Eine Ausdehng der Vorschr auf andere Urproduktionen (Jagd, Fischerei) ist nicht angängig, str; sie können aber Nebengewerbe einer Land-(Forst)wirtsch sein. Lieferg ist für den Haushalt muß Schuldner beweisen, andernf Verj in 4 Jahren, **II**; vgl auch Anm 4b. Land- und Forstwirte, die im HandReg eingetr sind, fehlen auch unter Z 1.

6) Zu Z 3. Frachtfuhrleute sind auch Luftfahrtunternehmer, Seetransportunternehmer; ferner Post (str; daß sie nach HGB 452 nicht Kaufmann ist, steht nicht entgg); nicht Schleppschiffer RG **118**, 27. 2-Jahresfrist gilt auch bei Leistg für die GewerbeBetr des Schu RG **86**, 422. Für die Eisenbahnen gilt EVO **94**. Für GüterfernVerk gilt KraftVerkOrdng 40 (meist 1 Jahr) BGH **8**, 71, für MöbelfernVerk aber 196 Z 3. BGH **LM** GüKG Nr 28. – Auslagen vgl Anm 4a. – **Z 4:** Anspr wg Beschädigg der Sachen u Räume des Gastwirts verj gem § 558, BGH **71**, 175. Auch auf DarlAnspr des Gastwirts ist Z 4 unanwendb.

7) Zu Z 6. Hierher gehört auch Schiffsvermietg, BGH **LM** Nr 7, u Vermietg einer Bäckereianlage, BGH NJW **68**, 693. Der Verj nach Z 6 unterliegt auch der SchadErsAnspr des Vermieters wg entgangenen zukünft Mietzinses nach Ende des MietVerh, BGH aaO. – Miete unbeweglicher Sachen vgl § 197.

8) Zu Z 7. Hierher gehört jedermann, der **gewerbsmäßig** Dienste leistet od fremde Geschäfte besorgt, ohne in ständ Dienstverhältn (dazu Z 8,9) zu stehen, so Makler, Wäscherei, Dienstmann, aber auch Architekt, Naturarzt, Schauspieler uä. Gemeinnützigk schließt Gewerbsmäßigk nicht immer aus, Hamm NJW **72**, 2126. Der Dienstleistg od GeschBesorgg muß nicht notw ein DienstVertr zGrde liegen; Z 7 gilt auch dann, wenn die Dienstleistg od die GeschBesorgg Ggst eines **WerkVertr** ist, BGH **59**, 165 (unter Aufg der fr Rspr zuletzt BGH **45**, 229). Unter Z 7 fallen daher die HonorarAnspr der Architekten, BGH **59**, 165 (fr sehr str), der Statiker, der Bauingenieure, der Gutachter (Hamm MDR **74**, 489). Z 7 ist ferner anwendb auf den **gewerbsmäß** Verwalter nach WEG 26ff mit Anspr gg WohngsEigentümer (LG Mannh MDR **72**, 687), auf GeschBesorggsVertr über den Vertrieb von EigtWo (BGH WPM **78**, 495), den **Baubetreuer** (vgl § 675 Anm 3c), der für Bauherrn die mit dem Bau zushängden Geschäfte führt (BGH WPM **77**, 553, Celle NJW **70**, 1191, Nürnb NJW **72**, 2126), nicht aber seit Baubetreuer, der wirtschaftl GeneralBauUntern ist (vgl Hepp NJW **71**, 12). Ist Baubetreuer zugl GrdstVerk, gilt kurze Verj jedenf für den Teil der Vergütg, der GgLeistg für den Hausbau (WkLeistg) ist, Düss OLGZ **77**, 198. KaufVertr über ein ArbErgebn fällt nicht unter Z 7, RG **123**, 378. – Für **Handelsvertreter** vgl Anm 9 und 4. – Auslagen vgl Anm 4a.

§§ 196, 197

9) **Zu Z 8 u 9.** Gedacht ist an Dauer**dienstverhältnisse** mit wiederkehrenden Dienstleistgen u Bezügen, gleichviel welcher Art (Gehalt, Naturallohn, Gewinnbeteiligg; Ansprüche wg Heuerlohn der Schiffsbesatzg vgl HGB 901 und BinnSchG 117), und zwar auch der ArbNehmer im öff Dienst, BAG **AP** TOA § 3 Nr 8, auch der Heimarbeiter, BAG **AP** Nr 4 (über Heimarbeiter vgl Willich Betr **67**, 993). Ob der Anspr auf den Vertr od andere RGründe gestützt wird, ist unerhebl, BGH **48**, 127. Unter Z 8 fallen auch einmalige Auslagen u Vorschüsse (zB betr Reisekosten) BAG NJW **66**, 268, auch wenn kein Vertr zustandekommt, BAG **AP** Nr 8. Ansprüche auf Ers wiederkehrender Auslagen fallen darunter, auch wenn als SchadErs geldt gemacht, RAG ArbRSammlg **43**, 66, od auf GeschFührg ohne Auftr od Bereicherg gestützt, BAG NJW **64**, 2178 u NJW **66**, 268, BGH NJW **65**, 1224. Wg Begriffs der Auslagen vgl Anm 4 a. Unter Z 8 fallen auch Dienstlohnansprüche des Haussohnes, der mit Rücks auf versprochene Zuwendg im Todes wegen Dienste ohne Entgelt geleistet hat, BGH NJW **65**, 1224; BAG NJW **70**, 1701, NJW **78**, 444. Auch Witwengeld-Anspr fällt unter Z 8, RAG **21**, 84, ebso Ruhegehaltsansprüche BAG NJW **55**, 1167, **67**, 174, jedoch nicht diejenigen aus dem G zu Art 131 GG (4 Jahre), BAG **AP** RegelG 63 Nr 8. Agenten nach HGB 84 früh Fassg, auch arbeitnehmerähnl, gehörten nicht hierher (RAG **22**, 271); jetzt beim HandelsVertr, wenn sie nach HGB 84 II als Angest gelt und nicht allein Z 8 (BAG BB **72**, 1056, hM), für selbst gilt 4-JahresFr des HGB 88. Einmalige Vergütg für längere Dienste, einmalige Kapitalzahlg anstelle von Ruhegehalt (BAG NJW **68**, 2027) od Vergütg für Leistgen außerh des Dienstverhältnisses (RAG **15**, 156) verjähren in 30 Jahren; ebso Anspr auf Erteilg einer Pensionszusage (BAG NJW **71**, 1424); ebso SchadErsAnspr aus § 618, RAG JW **38**, 2308. — Nicht unter Z 8 fallen Ansprüche sozial unabhängiger Personen aus DienstVertr (zT in Z 7, 14, 15 geregelt), zB nicht Ansprüche des NotGeschFührers des § 29, von VorstdMitgliedern einer AG, BGH **36**, 143, GeschFührern einer GmbH u VersorggsAnspr von deren Witwen, BGH NJW **64**, 1620 (sie fallen unter § 197). — Irrige Gehaltsüberzahlg ist kein Vorschuß, RückzahlgsAnspr fällt nicht unter Z 8 u 9, BAG MDR **73**, 168 = **AP** § 195 Nr 5.

10) **Zu 10 u 11.** Da „Lehrgeld" gem BerBG 5 II Nr 1 unzuläss, ist Z 10 insow ggstdlos. Z 11 ist auch auf öffr Anspr anzuwenden, str.

11) **Zu Z 12.** Auch hier ist gewerbs- od berufsm Betr erforderl, RG **60**, 340.

12) **Zu Z 14.** Nur Ansprüche approbierter **Ärzte** u Hebammen, aber auch bei nur gelegentl ausgeübter Tätigk. Naturärzte uä fallen bei gewerbsm Tätigk unter Z 7, andernf Z 7 u 14 analog anzuwenden str.

13) **Zu Z 15** (Fassg des KostÄndG Art X § 1). **Rechtsanwaltsgebühren** (Anspr gg Mandanten, für Kost-ErstAnspr gg ProzGegner gilt Z 15 nicht, Mü NJW **71**, 1755) verjähren, auch wenn der Höhe nach streitbart, in 2 Jahren, Warn **29**, 130, auch Anspr des Armenawalts gg Staat, Naumbg JW **34**, 1927; innerh dieser Fr muß ggf Kostenfestsetzg beantragt w, vgl § 198 Anm 2. AnwGebühren sind hier nur Gebühren für anwaltl Berufstätigk, nicht Gebühren in Sachen, die Anwalt wie jeder andere übernehmen kann, BGH **15**. 1. 59, VII ZR 28/58. Für Notare gilt jetzt wieder allein Z 15 (KostO 143); wegen Unterbrechg vgl § 209 Anm 4. Eingehd der Verj von Notargebühren BayObLG **69**, 234. — Zur Besorgg gewisser Geschäfte **öffentl bestellt** od zugelassen sind ua Feldmesser, Auktionatoren, Taxatoren, Steuerberater, WirtschPrüfer, Prüfingenieure f Ba ustatik (Schmalzl MDR **72**, 666, str, aA Steiner/Westermann Betr **75**, 535). Z 15 gilt auch für Steuerberat gsgesellsch, Hbg BB **72**, 593 (sie ist kaufm, w Z 1 anzuwenden ist). — Sie ist auch auf EntschAnspr eines ehrenamtl Ri anzuwenden, AG Darmst JurBüro **77**, 526. — Ansprüche gegen Rechtsanwälte usw vgl § 195 Anm 2. — Gerichtsvollzieher vgl jetzt GVzKostG 12 (4 Jahre nach Ende des Jahres der AuftrErledigg), Verj des Anspr auf Gebührenrückerstattg 4 Jahre ab AnsprEntstehg, aber nicht früher als 4 Jahre nach Ende des Jahres der AuftrErledigg.

14) **Zu Z 16.** Nicht auch Ansprüche auf Rückg von Urkunden u Akten, vgl dazu BRAO 50.

15) **Zu Z 17.** Das G über Entschädigg von Zeugen u Sachverständigen (BGBl **69**, 1757) bestimmt in § 15 eine AusschlFrist von 3 Monaten, binnen der das Verlangen auf Entsch gestellt w muß (näher vgl dort). Daneben läuft VerjFrist der Z 17 von der Entstehg an.

16) **Zu Abs II** vgl Anm 4b, 5.

197 *Vierjährige Verjährungsfrist.* **In vier Jahren verjähren die Ansprüche auf Rückstände von Zinsen, mit Einschluß der als Zuschlag zu den Zinsen zum Zwecke allmählicher Tilgung des Kapitals zu entrichtenden Beträge, die Ansprüche auf Rückstände von Miet- und Pachtzinsen, soweit sie nicht unter die Vorschrift des § 196 Abs. 1 Nr. 6 fallen, und die Ansprüche auf Rückstände von Renten, Auszugsleistungen, Besoldungen, Wartegeldern, Ruhegehalten, Unterhaltsbeiträgen und allen anderen regelmäßig wiederkehrenden Leistungen.**

1) **Rückstände** sind alle nach Fälligk unbezahlten Leistgsteile, auch die noch ganz geschuldete Leistg, allg M. Der Rückstand braucht dem Umfang nach nicht festzustehen, RG **72**, 334 [340]. **Verjährungsbeginn** (die Fr läuft erst ab Jahresschluß, § 201) ist auch vor Feststellg der Höhe mögl, aaO.

2) Im einzelnen verjähren in 4 Jahren: a) **Zinsen** aller Art, auch Hyp- u GrdSchZinsen; GrdbuchEintr hindert Verj nicht, § 902 I 2, vgl auch § 223 III. Ausnahmen: WG 70 (ZinsAnspr gg Akzeptanten), § 801 (Ansprüche aus Zinsscheinen). Dividenden sind Gewinnanteile, nicht Zinsen, vgl unten f. Mit den Zinsen verjähren die ihnen zugeschlagenen Amortisationsquoten. — b) Alle **Miet- und Pachtzinsen** außer denen aus gewerbsm Vermietg beweg l Sachen (§ 196 Z 6); auch SchadErsAnspr wg entgangener Miete aus MietVertrVerletzg fällt darunter, BGH NJW **68**, 693, ebso Anspr wg Mietnebenkosten (Wassergeld, Heizg) vgl LG Bielef MDR **77**, 312 u Anspr aus §§ 557, 597 einschließl der konkurrierden Anspr aus §§ 286 u 812, BGH **68**, 309 (krit Heckelmann NJW **77**, 1335). Entgg KG NJW **71**, 432 muß § 197 auch gelten, wenn Pächter

Verjährung §§ 197, 198

mit (stillschw) Duldg des Verpächters die Pachtsache in der Hoffng auf neuen PachtVertr weiter nützt. Anspr aus FilmmietVertr gehört wohl nicht hierher, vgl unten f (wiederkehrde Leistgen). – **c)** **Renten** zB aus §§ 759, 843, 912 II, 916, 917 II, 1199, 1361, 1612, idR auch Rückstände aus Reallasten. – **d) Besoldungen,** Ruhegehälter usw insb aus öffrechtl BeamtenVerh (vgl zB BVerwG **23**, 167, dort auch über ausnahmsw Unzulässig der VerjEinr, wenn VersorggsBeh Bezüge falsch berechnet h); and fallen meist unter § 196 Z 8, für Vorstd einer AG od GmbH (auch Versorgungsansprüche der Hinterbliebenen) gilt aber § 197, vgl § 196 Anm 9. – **e) Unterhaltsbeiträge,** auch die auf Beamtengesetzen beruhenden Leistgen zur Versorgg der Beamtenhinterbliebenen. – **f)** Regelm **wiederkehrende Leistgen:** erforderl regelm Wiederholg an fest bestimmten Terminen, nicht gleichbleibder Betrag, BGH **28**, 150; darunter fallen auch Ansprüche desjenigen, der als GeschFührer ohne Auftr für den blutmäß Vater eines nichtehel Kindes diesem Unterh gewährt hat, RG **170**, 252, Nürnb FamRZ **60**, 167 (vgl aber jetzt § 1615b, meist Übergang der Anspr des Kindes auf Unterh Gewährden), sowie Ausgleichs- oder ErstattgsAnspr zw Eltern, von denen ein Teil dem gemeins Kind allein Unterh gewährte, BGH **31**, 329, Karlsr OLGZ **65**, 138, u ErstattgsAnsprüche wg zu Unrecht gewährter Rentenbezüge, BGH NJW **63**, 2315, BVerwG ZBR **77**, 323; ferner von Fälligk laufder Vers-Prämien abhäng Provisionen des VersVermittlers RG **153**, 375; ebso BeitrFdg einer VersorggsKasse, BAG MDR **71**, 874 = **AP** Nr 3; ferner Vereinsbeiträge, Gewinnanteilsansprüche aus Patentverwertg BGH **28**, 144 od aus Filmverwertg Mü Ufita **66**, 313 (Mü Ufita **70**, 290 wendet § 196 Z 1 mit II an); für Dividenden der Gesellschaften str (BGH **28**, 152 läßt offen), bei Ausg von Gewinnanteilscheinen vgl § 801. Nicht zu den regelmäß wiederkehrden Leistgen gehören Zahlgen als Aufopferg od als Schmerzensgeld in wiederkehrender Form, weil AufopfergsAnspr u SchmerzensgeldAnspr einheitl Ansprüche sind, BGH VersR **57**, 450. – § 197 gilt auch bei öffrechtl Ansprüchen zw öffrechtl Körperschaften auf wiederkehrde Leistgen (hier aus § 17 G zu Art 131 GG), BVerwG **28**, 340.

3) Neben der Verj der Einzelleistg ist Verj des Stammrechts mögl, vgl § 194 Anm 1d; wichtig bei für das StammR kürzerer VerjFr, zB StVG 7 (StVG 14); mit Verj des Stammrechts sind auch alle Rückstände verjährt.

4) Die VerjFrist des § 197 gilt auch für **rechtskräft festgestellten** Anspr auf wiederkehrde Leistg, vgl § 218 II. Frist beginnt mit RKraft des Urt, bei Urt auf zukünft Leistg aber erst mit dem im Urt festgesetzten Ztpkt.

198 *Regelmäßiger Verjährungsbeginn.* **Die Verjährung beginnt mit der Entstehung des Anspruchs. Geht der Anspruch auf ein Unterlassen, so beginnt die Verjährung mit der Zuwiderhandlung.**

1) Die Verj **beginnt** grdsätzl (**Ausnahmen** vgl §§ 199ff u unten Anm 3), sobald der Anspr entstanden ist, dh **klageweise geltend gemacht** w kann; Möglichk einer Feststellgsklage genügt, RG **83**, 354, allg M. Voraussetzt ist vollwirks Entstehg, also Eintritt aufschiebender Bedingg (auch Potestativbedingg) u Anfangstermins, Erteilg erforderlicher Gen (zB des VormschG, RG **65**, 245), insb Fälligk (BGH NJW **68**, 1962, BGH **55**, 341). Bei absoluten Rechten entsteht der Anspr mit der Verletzg, bei Schuldverhältnissen idR mit der Entstehg des GläubR überh; im Sinne des § 198 entsteht KaufprFdg also mit KaufAbschl, nicht erst mit Lieferg, RG **62**, 178 (ganz hM), frühestens aber mit Fälligk; vgl auch § 202 Anm 2. Von der Erteilg einer Rechng oder der Hergabe des Aufmaßes ist der VerjBeginn auch dann unabhängig, wenn Rechng (Aufmaß) Voraussetzg für die Geltdmachg des Anspr ist (BGH WPM **78**, 496). Ansprüche auf **wiederkehrende Leistungen,** § 197, verjähren jeweils von der Fälligk der einz Leistg an, für Nebenleistgen vgl aber auch § 224. Bei **Unterlassungsanspruch** beginnt Verj mit ZuwiderHdlg (**2**), bei Ansprüchen auf dauernde Unterlass beginnt mit jeder ZuwiderHdlg neue Verj, RG **80**, 438. Nicht erforderl ist idR Kenntnis des Berecht von dem Anspr, BGH NJW **68**, 1382, vgl aber Anm 2; ebsowenig RVerletzg oder ein Bestreiten des Schuldners. Daß der Berecht mit noch ungeklärten Einwendgen zu rechnen hat, hemmt (abgesehen von § 202) den VerjBeginn nicht, RG **133**, 1. **BeseitiggsAnspr** aus § 1004 beginnt mit Störg, störder Zust läßt Anspr nicht dauernd neu entstehen, wohl aber jede Änderg der Verhältnisse, die Störg fühlbarer macht, BGH **60**, 235 [239, 242].

2) Einzelheiten: VerjBeginn (der sich bei den kurzen Fr gem § 201 auf das **Jahresende** verschiebt) bei **Kaufpreisfordergen** mit Fälligk (vgl Anm 1), diese aber herausgeschoben bei Klausel Zahlg gg Dokumente, BGH **55**, 342; bei **Anwaltsgebühren** mit erstem FälligkTatbestd des BRAGebO 16; bei der dch nachträgl Erhöhg des Streitwertes erwachsenen zusätzl Gebühr erst mit dem neuen StreitwertBeschl, BGH Rpfleger **78**, 91 (zur Begründg krit Schneider MDR **78**, 441); bei **WerklohnAnspr** auf Schlußzahlg nach VOB mit dem Ztpkt des VOB 16 Nr 2, vgl dazu BGH NJW **68**, 1962, BGH **53**, 225, BGH WPM **77**, 1053; bei **Geschäftsbesorggsvertrag** je nach rechtl Ausgestaltg gem §§ 614, 646 mit Beendigg der Tätigk od gem § 640 mit Abn, BGH NJW **78**, 39; bei **Architektengebühren,** wenn HOAI gilt, mit Rechngserteilg (HOAI 8 fr GOA 21) sonst schon mit Abnahme oder VertrBeendigg (§§ 641, 646), BGH **60**, 98 [100] (Teilbeträge aus GOA 21 – jetzt HOAI 8 – w erst mit Anforderg, aber ohne Abnahme der Teilleistg fäll, BGH NJW **74**, 967); bei **Versicherungsforderg** aus HaftpflVers mit Ablauf des Jahres, in dem der geschädigte Dr Anspr erhoben hat, Hamm VersR **72**, 697. – Bei **Schadensersatzanspruch** wegen Nichterfüllung beginnt Fr nicht mit dessen Entstehg im Anspr, RG **128**, 76, also, wo er auf Unmöglichk beruht, mit Eintritt der Unmöglichk, nicht etwa mit schon vorhergegangenem Verzug, BGH NJW **59**, 1819. SchadErsAnspr wg Verzuges entsteht nicht schon mit Beginn des Verzuges, sond erst mit dem Eintritt von Schaden, BGH **LM** § 286 Nr 3, VersR **69**, 61. Bei SchadErsAnspr gg Architekt beginnt nach dem MusterArchVertr die Fr mit Beendigg der Tätigk; wo er also (auch unberecht) kündigt, mit dieser Künd, BGH NJW **71**, 1841, ebso wenn Bauherr kündigte, Hamm NJW **74**, 2290. – Bei Anspr gg den **in zweiter Linie Haftenden** beginnt Fr erst, wenn feststeht, daß vom Ersthaftden Ers nicht zu erlangen ist, RG JW **15**, 594, für § 839 I 2 ganz hM, für VerjFr des MusterArchVertr nimmt BGH NJW **71**, 1841 sofortigen Verj-

Beginn an. Fr beginnt bei Unkenntn, ob SchadErsAnspr nach RVO 1542 übergegangen ist, erst nach Klärg dieser Frage, Stgt NJW **56**, 285. – Bei Rückgriffsanspruch, sobald dch das Versch des Haftenden die VermLage des Geschädigten verschlechtert ist, RG **153**, 106, also bei vorschriftswidr Anlegg des Gesellsch-Vermögens mit dieser Anlegg, RG JW **32**, 1648. Bei VerjEintr dch Versch des **Anwalts** wäre der Ztpkt des Ablaufs der VerjFrist maßgebd, doch kommt es auf ihn nicht an, weil Anwalt aus dem MandatsVertr verpflichtet ist, den Mandanten auf den RegreßAnspr gg ihn selbst hinzuweisen, u Nichterfüll dieser Pflicht zu selbstd SchadErsAnspr führt, BGH VersR **67**, 979, VersR **70**, 816, vgl Übbl 3 aE v § 194. – Bei jedem SchadErsAnspr beginnt Verj **einheitlich** auch für erst später entstandene Folgen, soweit voraussehb, RG **106**, 283, BGH **50**, 21 [24], BGH NJW **73**, 2285, BAG **AP** Nr 8; neue VerjFrist nur für nicht voraussehb neue SchadFolge, so für zusätzl Geldentwertgsschaden, RG **102**, 143, so für den „weiteren" Schaden des § 288 II mit dessen Entstehg, BGH **LM** § 558 Nr 1; für die dch Kaufkraftänderg notw werdde Erhöhg von UnterhRenten beginnt Verj frühestens mit Kenntn, daß Änderg nachhalt, BGH **33**, 118 insb für Schäden aus Delikt § 852 Anm 2. – Wiederholg der schädigden Hdlg setzt neue VerjFr in Lauf, da BGB keine fortgesetzte Hdlg kennt, BGH NJW **73**, 2285. Verj für Schad aus jeder EinzelHdlg läuft bes, RG **134**, 335, vgl § 852 Anm 2a. Bei DauerHdlgen kann Verj idR nicht beginnen, solange der Eingriff noch andauert, BGH NJW **73**, 2285.

3) **Ausnahmsw später er** Verjährgsbeginn, **a)** wenn VerjFrist von Anfang an gehemmt ist, vgl §§ 202ff; **b)** wo späterer Ztpkt bes bestimmt, insb bei den kurzen Fristen, so Fristlauf erst ab Jahresende für §§ 196, 197 (§ 201), ähnl VVG 12 I 2. Fristlauf erst ab Kenntn (zB §§ 852, 2332, HGB 61 II, StVG 14, LuftVG 52, PatG 48). Weitere Sondervorschriften vgl ua §§ 477 (dazu dort Anm 2b), 490, 558, 638, 801, 1057, 1226, 1302, 1615k, 2287. – Im Falle der gewährten Verwaltg beginnt Verj oft erst mit Geltdmachg (näml, wo diese die Leistg fällig macht), vgl zB BSozG **23**, 63.

199 *Verjährungsbeginn bei Kündigung.* **Kann der Berechtigte die Leistung erst verlangen, wenn er dem Verpflichteten gekündigt hat, so beginnt die Verjährung mit dem Zeitpunkte, von welchem an die Kündigung zulässig ist. Hat der Verpflichtete die Leistung erst zu bewirken, wenn seit der Kündigung eine bestimmte Frist verstrichen ist, so wird der Beginn der Verjährung um die Dauer der Frist hinausgeschoben.**

1) **Allgemeines zu §§ 199, 200.** Ansprüche, die nur von Künd od Anf des Gläub abhängen, kann dieser jederzeit zur Entstehg bringen, bei bestehender KündFrist allerdings erst mit deren Ablauf. Für den Verj-Beginn w diese Ansprüche daher vom Augenblick der rechtl (nicht tatsächl) Möglichk der Künd od Anf, bei bestehender KündFrist von einem um diese hinausgeschobenen Ztpkt an, den bereits entstandenen gleichgestellt. Ist Fälligk von Rechngserteil abhäng, ist § 199 unanwendb, BGH BB **77**, 1324. Auch für bedingte (auch potestativ bedingte) Anspr gilt nichts Entsprechendes, vgl BGH **47**, 389.

2) **Zu § 199.** Kann nur Schu kündigen, so beginnt die Verj erst mit Fälligwerden. **2** schiebt Beginn, nicht nur Endigg der Verj hinaus, wichtig für § 201.

200 *Verjährungsbeginn bei Anfechtung.* **Hängt die Entstehung eines Anspruchs davon ab, daß der Berechtigte von einem ihm zustehenden Anfechtungsrechte Gebrauch macht, so beginnt die Verjährung mit dem Zeitpunkte, von welchem an die Anfechtung zulässig ist. Dies gilt jedoch nicht, wenn die Anfechtung sich auf ein familienrechtliches Verhältnis bezieht.**

1) § 200 gilt nur, wenn Entstehung des Anspr von Anf abhängt, zB BereicherungsAnspr. Anders ist es, wenn Anf (eines Vergleichs) früheren Anspr wiederherstellt; dann gilt dessen Verj, RG **86**, 366, str. VerjBeginn ist von Kenntn des AnfGrundes unabhäng, RG **86**, 370. VerjFrist beginnt also ggf vor AnfFrist. – UU kann aber Hemmg gem § 203 II gegeben sein. – Verj für etw RückfdgsAnspr des Gegners beginnt, wie aus § 142 folgt, mit seiner Leistg.

2) Bei famrechtl Verhältnissen (zB §§ 1594 ff) beginnt Verj erst mit erfolgter Anf, § 200 S 2 (gilt auch für UnterhAnspr des scheinehel Kindes gg Erzeuger, BGH **48**, 362).

201 *Beginn der kurzen Verjährung.* **Die Verjährung der in den §§ 196, 197 bezeichneten Ansprüche beginnt mit dem Schlusse des Jahres, in welchem der nach den §§ 198 bis 200 maßgebende Zeitpunkt eintritt. Kann die Leistung erst nach dem Ablauf einer über diesen Zeitpunkt hinausreichenden Frist verlangt werden, so beginnt die Verjährung mit dem Schlusse des Jahres, in welchem die Frist abläuft.**

1) Der einheitl Beginn der kurzen VerjFristen mit Jahresanfang entheht die GeschLeute dauernder Kontrolle ablaufender VerjFristen. Die Verj endet mit dem zweiten (vierten) Kalenderjahr, das auf den nach §§ 198–200 oder Satz 2 maßg Ztpkt folgt, wenn Frist nicht gehemmt od unterbrochen. Keine Ausdehg auf andere Fristen. Nach Hemmg od Unterbrechg der Verj beginnt Weiterlauf der alten od die neue Frist sofort nach deren Ende, nicht erst wieder mit Jahresschluß, RG **120**, 356, **128**, 76. Verj des Anspr auf Jahresumsatzprämie beginnt, da erst Ende des Jahres feststeht, erst **nach** dessen Ablauf, nicht **mit** Jahresschluß, also ggf 1 Jahr später, BAG NJW **74**, 663.

202 *Hemmung der Verjährung aus Rechtsgründen.* **¹ Die Verjährung ist gehemmt, solange die Leistung gestundet oder der Verpflichtete aus einem anderen Grunde vorübergehend zur Verweigerung der Leistung berechtigt ist.**

II Diese Vorschrift findet keine Anwendung auf die Einrede des Zurückbehaltungsrechts, des nicht erfüllten Vertrags, der mangelnden Sicherheitsleistung, der Vorausklage sowie auf die nach § 770 dem Bürgen und nach den §§ 2014, 2015 dem Erben zustehenden Einreden.

1) Vorbemerkgen zu §§ 202–205. Grdsätzl wird VerjFrist fortlfd berechnet. Gewisse der Durchsetzg des Anspr vorübergehd entggstehende, tatsächl od rechtl Hindernisse, sog **Hemmungsgründe** (§§ 202–204, daneben Einzelfälle zB §§ 639 II, 802, 852 II nF, VerglO 55), bewirken aber ein zeitweiliges Ruhen (Hemmg) der Verj. Nach ihrem Wegfall läuft die Frist sofort weiter (§ 205), auch in den Fällen der §§ 196, 197 nicht erst ab Jahresschluß. – Unterscheide von der Hemmg die **Unterbrechung** (§§ 208 ff), bei der die Verj von neuem beginnt, und die **Ablaufshemmung** (§§ 206, 207). – Auf Gebührennachforderungen der Post sind die §§ 202 f entspr anwendb, BVerwG NJW **77**, 823.

2) Hemmungsgründe sind insb die meisten **aufschiebenden** (verzögerl, dilatorischen) **Einreden**, dh Leistungsverweigerungsrechte des Schu; Ausnahmen vgl II mit Anm 3. Die zerstörenden (ständigen, peremptorischen) Einreden (vgl zB §§ 813 II, 886, 1169, 1254), die dem Anspr dauernd entggstehen, hemmen die Verj nicht, da sie ohnehin ebso stark sind, wie die VerjEinr. – Hemmg dch **Stundg** kommt nur in Frage, wenn nachträgl vereinbart; von vornherein hinausgeschobene Fälligk fällt unter § 198, BGH WPM **77**, 896. **Stundgsvereinbarg** als solche unterbricht oft die Verj, da sie Anerkenntn nach § 208 enthält; dann schließt sich die Hemmg währd der Stundgszeit an. StundgsAbrede zw PfändgsGläub u Schu hemmt Verj nur im Verhältn zw diesen (BGH NJW **78**, 1914). Stundg des ArbEntgelts kann darin liegen, daß ArbNehmer den Lohn nicht verlangt, weil ArbGeber letztwill Zuwendg versprach, BAG NJW **63**, 2188, BGH NJW **65**, 1224. Dann Hemmg bis zur TestEröffng od bis zum Widerruf des Versprechens, BAG NJW **78**, 444; einseit Erwartg des Dienstleistnden auf erbrechtl Vergütg, ohne daß sie versprochen w, hemmt aber nicht, BAG NJW **70**, 1701. Die Vereinbg des Ruhens eines Prozesses enthält nicht ohne weiteres Stundg, RG **73**, 394, bedeutet aber oft *pactum de non petendo* (vgl unten). Auch gesetzl Stundgen, namentl von Moratoriumsgesetze hemmen; ebso das Bewilligg des **Armenrechts**, die nach ZPO 115 die einstw Befreiung von der Gebührenzahlg bis zum NachzahlgsBeschl nach ZPO 125 zur Folge hat, KG JW **35**, 3044, str, vgl auch RG **148**, 130. – **Weitere Fälle:** Pers Recht zum Besitz ggü dem EigtAnspr. Auf Zeit abgeschl *pactum de non petendo* (Stillhalteabkommen dahin, daß Schu auf Zeit zur Verweigerg der Leistg berecht sein soll); es kann auch stillschw zustandekommen u im Abwarten auf VorEntsch od Abschl von Ermittlgen des Schu liegen, vgl BGH LM Nr 3, KG MDR **72**, 514, od in einverständl Abwarten auf Inanspruchn eines Dritten wg Ers des in Frage stehenden Schadens, LM Nr 5, od in Vereinbg eines Schiedsgutachtens, RG **142**, 263, Hamm NJW **76**, 717, od in der Abrede, daß Schu VerjEinr nicht erheben werde, weil vor Klageerhebg Entsch eines Vorprozesses abgewartet w soll, KG MDR **72**, 513 (od der Abschl polizeil Ermittlgen), aber nicht im Schweben von Reguliergs- od VerglVerhandlungen allein, Mü OLGZ **67**, 154, vgl jetzt § 852 II nF. Ob Parteiwille auf vorübergehde Berechtigg zur Leistgsverweigerg geht, ist Ausleggsfrage, BGH NJW **73**, 316; auch wo das abzulehnen, kann VerjEinr unzul sein (vgl Übbl 3 v § 194). *Pactum de non petendo* kann auch zG des Schädigers (§ 328) vom Haftpflichtversicherer geschl sein, BGH LM Nr 12. TeilsAbk zw SozVersTräger u Haftpflichtversicherer enthält *pactum de non petendo*, **LM** Nr 12, bis Fdg des VersTrägers den AbkommensBetr erreicht h, BGH NJW **74**, 698. Hemmg endet, wenn für Geschädigten ein and, nicht am TeilsAbk beteil SozVersTräger zust w, Brschw VersR **77**, 450. – Verj ist auch sonst überall gehemmt, wo vorübergehd ein rechtl Hindern die Geltdmachg des Anspr, insb die Einl eines gerichtl Verf zum Zwecke der Unterbrechg der Verj, unmögl macht, RG **94**, 180, **136**, 193, BGH LM Nr 11, wie zB die Anordng des Ruhens des Verf gem ZPO 251 (darü § 211 Anm 2), die Nichtdchsetzbark eines dch VerwAkt festgesetzten Anspr wg aufschiebder Wirkg des vom Schu eingelegten RMittels, BVerwG NJW **77**, 823. Daß Klage auf Feststellg od künft Leistg mögl, schließt Hemmg nicht aus, BGH LM Nr 12. Gehemmt ist d Verj einer auf den SozVersTräger (gem RVO 1542) übergegangenen Fdg auf SchadErs, solange ein die Haftg des SozVersTrägers ablehnder Bescheid besteht, da der SozVersTräger bis zur Aufhebg dieses Bescheids (dch SozG) die auf ihn übergegangene Fdg nicht einklagen konnte, BGH NJW **69**, 1661. Gehemmt ist ferner die Verj einer vereinbgsgem in **Kontokorrent** einzustellden Fdg, da kontokorrentpflichtge Posten nicht selbstd einklagb, BGH **49**, 27; Hemmg endet hier für jeden Einzelposten, wenn Fdg nicht in Kontokorrent eingestellt, mit Schluß der Rechngsperiode; innerh der dann lfden VerjFr kann Einstellg in Kontokorrent verlangt w, später kann Schu VerjEinrede erheben, BGH **51**, 346 (über SaldoAnerkenntn u dessen Wirkg vgl BGH **49**, 24). – ErsAnspr gg pflichtwidr Vorstd und AufsRat ist währd seiner Amtszeit nicht gehemmt, RG **156**, 291. Zweifelhaftigk einer Rechtsfrage genügt zur Hemmg nicht, RG **126**, 299, vgl näher § 203 Anm 1. Auch Erfordern einer DevisenGen hemmt nicht, HRR **35**, 174, ebsowenig Anf- oder Aufrechngsmöglichk, ebsowenig KonkEröffng über GläubVerm, BGH NJW **63**, 2019, aA von Zwehl NJW **64**, 99. VermSperre des Gläub nach MRG 52 bewirkte Hemmg nach § 203, nicht § 202 (vgl § 203 Anm 1). Verbot des MilReg zu zahlen, hemmte nach § 202, BGH **LM** Nr 1. VerjBeginn des UnterhAnspr des scheinehel Kindes vgl § 200 Anm 2. – **Vergleichsverhandlgen** über SchadErsAnspr aus unerl Hdlg od Gefährdgshaftg führen gem § 852 nF zur Hemmg der Verj. Soweit § 852 II nicht anwendb ist, begründen Reguliergsverhandlgen uU Einwand aus § 242, Übbl 3 vor § 194.

3) Die aufschiebenden Einreden des II haben Hemmg nicht zur Folge, weil sie auf dem Verhalten des Berechtigten (Unterlassen seiner Leistg od ähnl) beruhen, das den Ablauf der Verj nicht hinauszögern darf. ZbR vgl §§ 273 f, 1000; Einr des nicht erfüllten Vertr § 320; Einr mangelnder SicherhLeistg §§ 258, 811, 867, 997, 1005; der Vorausklage § 771.

4) § 202 ist im Ggsatz zu § 203 auf AusschlFristen nicht anwendb, str, aA Säcker ZZP **80**, 434.

5) Hemmung aus Anlaß des Krieges: vgl Übbl in der 36. Aufl u im einzelnen 20. Aufl.

203 *Hemmung aus tatsächlichen Gründen.* I Die Verjährung ist gehemmt, solange der Berechtigte durch Stillstand der Rechtspflege innerhalb der letzten sechs Monate der Verjährungsfrist an der Rechtsverfolgung verhindert ist.

§§ 203, 204

II Das gleiche gilt, wenn eine solche Verhinderung in anderer Weise durch höhere Gewalt herbeigeführt wird.

1) Vgl auch § 202 Anm 1. – Tatsächl HemmgsGrd ist nur höhere Gewalt; **Stillstand der Rechtspflege, I,** ist Unterfall. Er ist Nichtarbeiten der Rechtspr entgg der bestehenden RechtsO (zB inf Krieges, Schließg der Gerichte nach MRG 2 Art VIII), also Einstellg der Gerichtstätigk selbst; Hinderg des Berechtigten, das Gericht in Anspr zu nehmen, genügt nicht, RG **128**, 47. – **Höhere Gewalt, II,** ist im wesentl dasselbe wie „unabwendbarer Zufall" in ZPO 233 aF, näml nicht ein außergewöhnl Ereign, das unter den gegebenen Umst auch dch äußerste, nach Lage der Sache vom Betroffenen zu erwartende Sorgfalt nicht verhindert w kann, RG **101**, 95 mit RG **158**, 361; geringstes eig Versch schließt höhere Gewalt aus, idR auch Versch seines Anw, vgl zB BGH NJW **73**, 698 [700], s aber unten. Konk des Gläub ist nicht höhere Gewalt, BGH NJW **63**, 2019, zT aA von Zwehl NJW **64**, 99. **Beispiele:** so plötzl auftretende Krankh, daß Vorsorge nicht mehr mögl, RG JW **12**, 384; fakt Unmöglichk für einen Juden, wg einer Beleidigg in der natsoz Zeit zu klagen, LG Bln HuW **47**, 123; uU unrichtige Rechtsbelehrg dch einen Beamten RG JW **27**, 1195, Hamm FamRZ **75**, 589; Stellg eines Betriebes unter MRG 52, auch wenn TrHänder bestellt ist, KG Betr **52**, 368, vgl auch BGH **10**, 310. Strafhaft ist nicht höhere Gewalt, Schlesw SchlHA **49**, 367. Auch Unkenntn vom Anspr ist kein HemmgsGrd, BGH NJW **68**, 1381, auch nicht **falsche Rechtsauffassg**, BGH **24**, 134. Das gilt entgg Mü FamRZ **72**, 372 grdsl auch für die EhelichkAnfKl. And ist es nur dann, wenn der Berecht die äußerste den Umst nach denkb Sorgf angewendet hat. Das kann der Fall sein, wenn er auf die unricht RBelehrg eines Beamten vertraut hat (RG JW **27**, 1195, Hamm FamRZ **75**, 589). Wird der geltd zu machde Anspr dch eine **ständ Rspr** abgelehnt, so begründet das keine Hemmg der Verj, BAG NJW **62**, 1077 (mit überzeugter Begründg), aA BGH Betr **61**, 1257. Etwas and kann höchstens dann angen w, wenn die Rspr iW richterl RFortbildg neue Anspr schafft, wie iF der Aufwertg nach dem 1. Weltkrieg RG **120**, 357, od iF der Entschädigg von Impfschäden, BGH NJW **57**, 1595, 1597. Eine ständ Rspr, die eine längere VerjFr bejahte, ist kein HemmgsGrd, BGH **60**, 101, NJW **77**, 375 (krit Schubert JR **77**, 325). Das gilt sicher dann, wenn die Dauer der Verj schon immer str war, BGH aaO; aber auch wenn diese Voraussetzg nicht zutrifft, w die Verj entgg BGH NJW **60**, 283 nicht gehemmt, da die angebl längere VerjFr den Berecht nicht hinderte, den Anspr beizeiten geltd zu machen. Beantragt eine arme Partei das **Armenrecht,** so begründet dies die Hemmg der Verj, RG **126**, 61, **168**, 224, stRspr. Es genügt, daß das Gesuch am letzten Tag der VerjFr gestellt w, BGH **70**, 235 (and noch BGH **17**, 202, **37**, 113). Das Armenrechtsgesuch muß ordngsmäß begründet u vollst sein, BGH **70**, 237. Wird das ArmenrechtsVerf dch ein Versch der armen Part verzögert, ist II unanwendb, BGH **LM** Nr 6. Die Klage muß unverzügl nach Abschl des Armenrechts-Verf erhoben w, BGH **70**, 239. Höhere Gewalt, auch dann, wenn sich die zust Beh grdlos weigert, das Armenrechtszeugn auszustellen. Unterbrechg der Verj dch Mahnbescheid ist dem nicht zuzumuten, der den RStreit bei Widerspr mangels Mitteln nicht führen könnte, RG **163**, 9, Fähigk, die Gebühr für Mahnbescheid zu zahlen, steht also Armut nicht entgg. Die Nichteinlegg der Beschw gg ArmenRVersagg schließt „höhere Gewalt" nicht notw aus, RG DR **40**, 1186, meist ist aber schon verzögerte Einlegg Versch, BGH **17**, 202. Bei Gesuch um Bestellg eines NotAnw (ZPO 78b) muß dasselbe wie für ArmenRGesuch gelten, soweit nicht die mangelnde Armut ein anderes ergibt, vgl BGH **LM** Nr 8. Bei ArmenRGesuch endet die Hemmg spätestens mit unanfechtb gerichtl Entsch, gleichviel ob sie sachl richtig od nicht, BGH **37**, 113, **LM** Nr 9, VersR **77**, 623; wurden aber sofort GgVorstellgen erhoben, die Erfolg hatten, dürfte Hemmg weitergelaufen sein, vgl für die Fristen der ZPO 233, 234, BGH **41**, 11. Hat Gläub od sein Vertreter das ArmenrechtsVerf schuldh verzögert, ist Hemmgszeit entspr zu kürzen, BGH VersR **77**, 623. – Versch des ProzVertreters kann (and als bei ZPO 232 II) höhere Gewalt sein, RG **158**, 361, aber nur in ganz außergewöhnl Fällen, BGH **17**, 205, **LM** § 254 (E) Nr 2; Melzer NJW **59**, 925 hält die Zurechng des Versch des ProzVertreters bei Versäumg der materiellrechtl Fristen des § 203 (und der in Anm 3 genannten) für unzul. – Versch des beurkundden Notars ist höhere Gewalt, KG Rpfleger **58**, 377. Wo vormundschaftsgerichtl Gen erforderl, kann verzögerte Entscheidg des Vormundschaftsgerichts höhere Gewalt sein; vgl zB § 1944 Anm 4.

2) Die Hemmgsgründe des § 203 müssen **innerhalb der letzten 6 Monate** der VerjFrist vorgelegen haben; dann wird Zeitraum, für welchen sie innerh der 6 Monate vorlagen (vgl „solange") nicht in die Frist eingerechnet (§ 205). Die Zeit vorher interessiert nicht, die Zeit nachher, soweit die (dch Hemmg verlängerte) VerjFrist weiterläuft.

3) § 203 ist anwendb auch auf gewisse andere Fristen, vgl ua §§ 210, 212 II, 215 II, 802, 1002 II, 1594 III, 1599, 1944 II, 1954 II, 2082 II, 2283 II, nicht aber zB auf 5-Jahresfrist des ZPO 586, BGH **19**, 20.

204 *Hemmung aus familiären Gründen.* **Die Verjährung von Ansprüchen zwischen Ehegatten ist gehemmt, solange die Ehe besteht. Das gleiche gilt von Ansprüchen zwischen Eltern und Kindern während der Minderjährigkeit der Kinder und von Ansprüchen zwischen dem Vormund und dem Mündel während der Dauer des Vormundschaftsverhältnisses.**

1) Allgemeines: Der Grd der Vorschr ist, daß Streit u Klagen zw Ehegatten, Eltern u Kindern, Vormd u Mündel unerwünscht u geeignet sind, das ggseitige Vertrauen zu stören. Ausdehng auf ähnl Unterordnungsverhältnisse wäre rechtspolit unerwünscht. Meist genügt allerdings ArglEinr. – Hemmgsgründe des § 204 sind vAw zu berücksichtigen RG JW **08**, 192.

2) Bestehende Ehen sind auch die nichtigen vor Rechtskr des vernichtenden Urteils. Dieses kann den zT auch auf den tatsächl Verhältnissen beruhenden HemmgsGrd nicht rückw beseitigen; str, ggteiliges Ergebn wäre aber unbillig. Hemmg endet nach Celle NJW **67**, 783 auch mit Ehescheidg dch Gericht ausländ Staates, wenn Gläub sich dauernd in dessen Gebiet aufhält, selbst wenn Urt im Inland nicht anerkannt w. Nichtehe (EheG 11 Anm 5) hemmt Verj nicht, jetzt ganz hM. – Hemmg zw **Eltern und Kindern** ist von elterl

Gewalt u seit 1. 7. 70 (NichtehelG) auch von ehel Geburt unabhäng. Sie endet mit der Adoption (§ 1755), gilt aber dann im Verh zu den Adoptiveltern (§ 1754). Alle am 1. 7. 70 nicht verjährten Anspr nichtehel Kinder fallen seitdem unter § 204, vgl zB LG Augsb FamRZ **71**, 199, aA LG Essen FamRZ **72**, 387, wie hier RGRK Rdn 5. – Hemmg auch zw Mündel u **Pfleger** § 1915, wohl auch ggü GgVormd u Beistand.

205 *Wirkung der Hemmung.* Der Zeitraum, während dessen die Verjährung gehemmt ist, wird in die Verjährungsfrist nicht eingerechnet.

1) Hemmg wirkt nur unter Personen, zw denen der HemmgsGrd eintrat, nicht für anderen GesamtSchu, dem Bürgen kommt sie zugute, § 768 I 1.

206 *Ablaufhemmung bei nicht voll Geschäftsfähigen.* I Ist eine geschäftsunfähige oder in der Geschäftsfähigkeit beschränkte Person ohne gesetzlichen Vertreter, so wird die gegen sie laufende Verjährung nicht vor dem Ablaufe von sechs Monaten nach dem Zeitpunkte vollendet, in welchem die Person unbeschränkt geschäftsfähig wird oder der Mangel der Vertretung aufhört. Ist die Verjährungsfrist kürzer als sechs Monate, so tritt der für die Verjährung bestimmte Zeitraum an die Stelle der sechs Monate.
II Diese Vorschriften finden keine Anwendung, soweit eine in der Geschäftsfähigkeit beschränkte Person prozeßfähig ist.

1) Zu §§ 206, 207: §§ 206, 207 treffen Vorsorge dagg, daß ein Anspr, dessen **Einklagg vorübergehend unmögl ist,** weil der Berechtigt nicht voll geschäftsfäh u ohne gesetzl Vertreter ist, od weil er zu einem Nachl gehört od gg einen Nachl gerichtet ist, für den niemand auftreten kann, verjährt, bevor das Hindernis behoben und eine weitere angemessene Frist verstrichen ist. Diese Umst haben aber nicht schlechthin hemmende Wirkg, sond nur insoweit, als sie in den letzten 6 Monaten od der an sich kürzeren VerjFrist vorliegen, dann aber (anders als bei § 203) unabhängig von ihrer Dauer mit der Wirkg, daß Verj erst 6 Monate (bzw die kürzere VerjFrist) nach Wegfall des Grundes eintritt. Ähnl § 2031 vgl dort. – §§ 206, 207 sind auf AusschlFristen meist entspr anwendb, vgl zB BSozG **AP** Nr 1 (betr AusschlFrist RVO 313), BSG NJW **74**, 519 (zu RVO 1290 II).

2) § 206 betrifft nur Fälle, in denen ges Vertreter wirkl fehlt; eine Ändg der gesetzl Vertretg fällt auch dann nicht darunter, wenn neuer gesetzl Vertreter die Angelegenh wirkl kennt, BGH NJW **75**, 260 (Übergang der ges Vertretg von Vormund auf Mutter bei Inkrafttr des NichtEhelG). – § 206 gilt auch nicht, soweit ein sonst beschr GeschFähiger unbeschr geschäftsfäh ist, §§ 112, 113; ebsowenig für Ansprüche gegen den nicht voll GeschFähigen, da ZPO 57 eine Klage ermöglicht. Eine ledigl tatsächl Verhinderg des gesetzl Vertreters bewirkt keine Ablaufhemmg, allgM, wohl aber rechtliche, wie Wegfall seiner Geschfgk, Ausschl seines Tätigwerdens dch §§ 181, 1629, 1795, RG **143**, 350, BGH **55**, 271. Für jur Pers, deren Organe fehlen, gilt § 206 nicht, BGH NJW **68**, 693; darin läge auch keine höhere Gewalt iS § 203. BGH BB **71**, 369. Amtl bestellter Vertreter eines RAnw ist nicht dessen gesetzl Vertr, BGH **57**, 204 [209]. – II ist wg ZPO 52 kaum von Bedeutg.

207 *Ablaufhemmung bei Nachlaßsachen.* Die Verjährung eines Anspruchs, der zu einem Nachlasse gehört oder sich gegen einen Nachlaß richtet, wird nicht vor dem Ablaufe von sechs Monaten nach dem Zeitpunkte vollendet, in welchem die Erbschaft von dem Erben angenommen oder der Konkurs über den Nachlaß eröffnet wird oder von welchem an der Anspruch von einem Vertreter oder gegen einen Vertreter geltend gemacht werden kann. Ist die Verjährungsfrist kürzer als sechs Monate, so tritt der für die Verjährung bestimmte Zeitraum an die Stelle der sechs Monate.

1) Vgl zunächst § 206 Anm 1. – § 207 schützt Erben und NachlGläub. Der Lauf der letzten 6 Monate (oder der kürzeren VerjFrist) beginnt: **a)** mit Ann der Erbsch, vgl § 1943, bei mehreren Miterben durch sämtl, str; – **b)** mit Eröffng des NachlKonkurses, vgl KO 214ff; – **c)** mit Eintritt eines NachlVertreters, dh NachlVerwalters § 1975, NachlPflegers § 1960, AbwesenhPflegers § 1911 od TestVollstreckers §§ 2197ff, und zwar bei diesem mit Ann des Amtes, RG **100**, 281, im übr mit Bestellg.

208 *Unterbrechung der Verjährung durch Anerkenntnis.* Die Verjährung wird unterbrochen, wenn der Verpflichtete dem Berechtigten gegenüber den Anspruch durch Abschlagzahlung, Zinszahlung, Sicherheitsleistung oder in anderer Weise anerkennt.

1) Vorbemerkgen zu §§ 208–217. – Unterbrechg der Verj mit der Folge, daß die bisher abgelaufene Frist außer Betr bleibt u nach Beendigg die volle VerjFrist neu beginnt (§ 217), tritt ein durch Anerkenntn des Schu, § 208, und Geltdmachg dch den Gläub, §§ 209, 210; sie tritt auch ein, währd VerjFr gehemmt, BGH NJW **57**, 344. Über Dauer der Unterbrechg und ihren rückw Wegfall vgl §§ 211–216. Über UnterbrechgsHdlgen von GesamtSchu vgl § 426. – Auf AusschlFristen sind §§ 208–217 nur anwendb, soweit bes bestimmt.

2) Anerkenntnis ist hier nicht eine rechtsgeschäftl Erkl, sondern das **rein tatsächl Verhalten** des Schu ggü dem Gläub, aus dem sich das Bewußtsein von dem Bestehen des Anspr unzweideutig ergibt, RG **113**,

238, BGH WPM **70**, 549, stRspr; Anerkenntn des DrittSchu ggü PfändsGläub genügt (BGH NJW **78**, 1914), ebso Anerkenntn ggü Dr, wenn es zur Kenntn des Berecht bestimmt war, BGH **LM** Nr 1. Zahlg an SozVersTräger, auf den Anspr übergegangen ist, ist kein Anerkenntn ggü dem Verletzten, Oldbg VersR **67**, 384. Auch in Zahlg aGrd einer BewährgsAufl (StGB 56b) kann kein Anerkenntn erblickt w, MüKo/v Feldmann Rdn 11, aA LAG Ffm NJW **66**, 1678. Als AnerkenngsHdlgen kommen dgg in Betr: Zahlg einer Leistg aus Wiederkehrschuldverhältn (BGH NJW **60**, 949), Zinszahlg, SicherhLeistg, Stundgsgesuch (BGH NJW **78**, 1914), Bitte um wohlwollende Prüfg der wirtschaftl Lage, Angebot anderw Verrechng, Vornahme von NachbessergsArb bei GewlAnspr, BGH WPM **78**, 36; auch in bloßem Stillschw kann Anerk liegen, BGH NJW **65**, 1430. Bestätigg des Anspr dem Grunde nach genügt, RG **113**, 238, BGH VRS **29**, 326, auch wenn Betrag ausdr vorbehalten, RG **63**, 382, BGH aaO, und dem Anerkennenden der Umfang des Anspr nicht klar ist, RG **135**, 9; ebso genügt jedes Verhalten des Schu ggü dem Gläub, das ergibt, daß der Schu den Anspr dem Grd nach als bestehd erachtet, BGH VersR **74**, 571, zB bei PflichtteilsAnspr AuskErteilg über Nachl BGH NJW **75**, 1409. Auch VerglAngebot (ggf auch des HaftPflVersicherers, vgl unten) reicht aus, wenn daraus hervorgeht, daß Anspr nicht bestritten wird, mag auch MitVersch geltd gemacht w, BGH VersR **65**, 1149, aber nicht, wenn aus Angebot das Bewußtsein vom Bestehen des Anspr nicht deutl hervorgeht, insb nicht, wenn Angebot unter Aufrechterhaltg des RStandpkts abgegeben; Verhalten bei VerglVerhandlgen u dabei abgegebene Erkl haben nach deren Scheitern aber idR keine Wirkg mehr, BGH WPM **70**, 549. Anerkenntn eines Anspr auf wiederkehrende Leistgen unterbricht Verj bzgl des ursprügl Schuldverhältn (hier aus StVG u Delikt, BGH VersR **70**, 178), Verj aus § 197 bleibt davon unberührt. – Ausdrückl auf einen Teil beschränktes Anerkenntn unterbricht nur hinsichtl dieses Teils; das gilt auch für Anerkenntn zu einem Bruchteil dem Grunde nach, BGH VersR **60**, 831, Nürnb VersR **70**, 552. Zahlg mit Bemerkg, daß Haftg nicht anerkannt, unterbricht nicht über gezahlten Betr hinaus, Köln VersR **67**, 463. Erkl, leisten zu wollen, wenn ein GegenAnspr (hier auf Mängelbeseitig) erfüllt, ist kein Anerkenntn, da sie gerade Bestehen od Fälligk des Anspr verneint, BGH NJW **69**, 1108; ebso ist Nichtbestreiten des KlagAnspr unter Einwand der Aufrechng kein Anerkenntn iS des § 208, BGH **58**, 104. – AnerkenngsHdlgen des HaftPflVersicherers wirken wg seiner LegalVollm aus AKB 10 V wie solche des Schu u zwar auch über Deckgssumme hinaus, BGH **70**, 1119, hM (vgl Karlsr VersR **71**, 358), u wohl auch, wenn Versicherer sich wg ObliegenhVerletzg des VersNehmers diesem ggü auf LeistgsverweigersR berufen kann, weil Versicherer auch dann den Versicherten vertreten kann. Zahlgen des HaftPflVersicherers wirken als Anerkenntn nicht über gezahlten Betr hinaus. – Bei mehreren Fdgen gg denselben Schu wirkt Anerkenntn nur für diejenige, für die es erklärt ist (Auslegfrage), vgl zB BGH VersR **69**, 922. – Nach rechtskr Feststellg des Anspr auf Ers zukünft Schadens unterbricht jede Einzelleistg für GesamtAnspr u 30-Jahresfrist des § 218 beginnt damit neu, BGH NJW **67**, 2353. – Bei Mängelansprüchen unterbricht Anerkenng des einen Anspr auch für den and, § 477 III, vgl auch BGH **39**, 190. – Da das tatsächl Verhalten maßg, ist Irrtm bedeutgslos u Rückfdg nach § 812 II ausgeschl, RG HRR **30**, 96. Aus einem argl herbeigeführten Anerkenntn können aber wg § 242 keine Rechte hergeleitet w, MüKo/v Feldmann Rdn 9.

3) Tatsächl Anerkenntn **nach beendeter** VerjFrist beseitigt eingetretene Verj nicht, RG **78**, 130, auch nicht Teilzahlg: vgl ferner BGH VersR **67**, 1092. – Wirkg vertragl Anerkenntnisses vgl § 222.

209 *Unterbrechung durch gerichtliche Geltendmachung.* ᴵ Die Verjährung wird unterbrochen, wenn der Berechtigte auf Befriedigung oder auf Feststellung des Anspruchs, auf Erteilung der Vollstreckungsklausel oder auf Erlassung des Vollstreckungsurteils Klage erhebt.

ᴵᴵ **Der Erhebung der Klage stehen gleich:**
1. die Zustellung eines Mahnbescheides im Mahnverfahren;
1a. die Geltendmachung eines Anspruchs durch Anbringung eines Güteantrags bei einer Gütestelle der im § 794 Abs. 1 Nr. 1 der Zivilprozeßordnung bezeichneten Art;
2. die Anmeldung des Anspruchs im Konkurse;
3. die Geltendmachung der Aufrechnung des Anspruchs im Prozesse;
4. die Streitverkündung in dem Prozesse, von dessen Ausgange der Anspruch abhängt;
5. die Vornahme einer Vollstreckungshandlung und, soweit die Zwangsvollstreckung den Gerichten oder anderen Behörden zugewiesen ist, die Stellung des Antrags auf Zwangsvollstreckung.

Vorbem.: Die Vereinfachgsnovelle v 3. 12. 1976 (BGBl I S 3281) hat mit Wirkg v 1. 7. 77 in Abs II Nr 1 das Wort „Zahlungsbefehl" dch „Mahnbescheid" ersetzt.

1) a) Klage auf Befriedigung = LeistgsKl, auch nach ZPO 254, 257ff., 893; auf **Feststellung** vgl ZPO 256, 280, 281 (unterbricht auch bei Fehlen der Voraussetzgen des § 256, BGH **39**, 291); auf **Vollstreckungsklausel** vgl ZPO 731, 796, 797; auf **Vollstreckungsurteil** vgl ZPO 722, 1042. (Über erneute Kl nach rechtskr Feststellg vgl § 218 Abs 2 und Anm 2 zu § 219). Wo eine der genannten Kl vor Beginn der VerjFr erhoben wird, tritt Unterbrechgswirkg sofort mit deren Beginn ein, BGH **52**, 48. Verteidigg ggü negat FeststellgsKl unterbricht nicht, RG **153**, 375, BGH NJW **72**, 157 [159], 1043, **78**, 1975, hM; gg hM mit beachtl Begründg Schlesw NJW **76**, 970. Keine Unterbrechg dch Anmeldg in ZwVerst-Verf (KG JW **38**, 45, hM) od Antr auf Arrest od einstw Vfg, Düss WRP **73**, 481 ganz hM (offen gelassen BGH NJW **73**, 2286), wohl aber dch Vollstr aus Arrest od einstw Vfg (s Anm 3 f).

b) Nur **wirksame Klageerhebung**, auch WiderKl., unterbricht Verj. Nötig also Zustell einer den wesentl Erfordernissen des ZPO 253 entsprechenden KlSchrift, RG **84**, 311, ggf AnsprErhebg in mdl Verh nach ZPO 261 II; wo KlErweiterg im vorbereitden Schriftsatz angekündigt, aber im Termin nicht ver-

Verjährung § 209 1, 2

lesen, unterbricht Schriftsatzzustell im Parteibetrieb, wenn Bekl in mdl Verh Mangel formeller Zustellg nicht rügte, BGH **LM** Nr 9, VersR **67**, 398. Bezeichng mit falschem Namen od Sammelbezeichng (WoEigtümerGemsch) unschädl, wenn Bekl aGrd der Bezeichng ow feststellb, BGH NJW **77**, 1686. Bei unverzichtb Mängeln unterbricht erst deren Beseitigg, BGH **LM** ZPO 253 Nr 16; verzichtb Mängel werden dch Rügeverzicht od ZPO 295 geheilt u zwar ZustellgsMängel rückwrkd, RG **87**, 271, BGH NJW **60**, 1947. Zustellg dch Niederlegg bei der Post wirkgslos, wenn diese Aushändigg wg falscher PartBezeichng verweigert, LG Paderborn NJW **77**, 2077. Kl des vollmachtl Vertr oder Zustellg an solchen w rückwrkd wirks, wenn Vertretener ProzFührg genehmigt, BGH **LM** Nr 10, RG **86**, 245; für ProzFührg eines nicht legitimierten gesetzl Verwalters (KonkVerw usw) u nachträgl Gen dch legitimierten muß Gleiches gelten. Bei AnsprErweiterg dch AnschlBerufg unterbricht erst Zustellg im Amtsbetrieb, RG **156**, 291. Auf Zulässigk der Kl kommt es nicht an, nur auf Wirksamk der Klageerhebg, Kl vor unzust Gericht od sonst unzuläss Kl (BGH **LM** TelegrWegeG Nr 3/4) unterbricht, vgl auch § 212. Das gilt auch für Kl vor ausl Ger in einem VertrStaat des EuGÜbk, Düss NJW **78**, 1752. Sonst unterbricht Kl vor ausl Gericht nur, wenn dessen Urt nach ZPO 328 anerkannt wird, also nicht bei fehlder Ggseitigk, RG **129**, 385, vgl Schütze WPM **67**, 246 (betr WechselAnspr). – Nach ZPO 207, 270, wirkt Zustellg der Kl auf EinreichgsZtpkt zurück, wenn Zustellg „demnächst" erfolgt, sonst nicht. Zustellg ist nicht „demnächst", wenn sie durch (auch leichtes, BGH NJW **71**, 892) Versch des Klägers oder seines Bevollm verzögert wird; Kl muß vielm alles tun, um Zustellg zu beschleunigen, insb für unverzügl Zahlg des ProzKostenvorschusses sorgen (vgl darü Baumb-Lauterbach ZPO 270 Anm 4 u KG NJW **72**, 1329); Zustellg unbegl Abschrift ohne Terminsanberaumg (in ArmenrechtsVerf) genügt, BGH VersR **65**, 1150, Nürnb MDR **67**, 669, aA BGH VersR **68**, 369 für den Fall, daß förml Zustellg dch Versch des Klägers verzögert w. Abw zw eingereichter u zugestellter Klagschrift sind unschädl, sofern beide im wesentl ident, BGH NJW **78**, 1058. Geht Klage (Antrag) form- u fristgerecht bei Gericht ein, wirkt Zustellg immer zurück, auch wenn Kl auf eine (überflüss) Rückfrage nicht sofort antwortet, BGH NJW **72**, 208 [209]; zu weit geht LG Essen, Rpfleger **72**, 32, das Rückwrkg annimmt, wenn unvollständ Gesuch um Mahnbescheid auf Rückfrage innerh einer ausgesetzten (aber zu langen) Fr ergänzt w; Verzögerg dch unwesentl Formfehler ist nach Schlesw SchlHAnz **73**, 154 unschädl. Wird so kurz nach Ablauf der VerjFrist zugestellt, daß bei deren voller Ausnutzg im normalen GeschGang Zustellg auch nicht früher erfolgt wäre, so wirkt sie jedenf auf Zeitpkt vor FrAblauf zurück, BGH NJW **69**, 928. BGH NJW **72**, 208 nimmt Rückwrkg bei Verzögerg um nur 14 Tage an. Zusfassd zu „demnächst" BGH VersR **72**, 690.

c) Der **Berechtigte** muß klagen, Klagen eines Nichtberechtigten unterbrechen also idR nicht; wohl aber Kl in zulässiger gewillkürter Prozeßstandsch (BGH VersR **67**, 162), wenn Kl die Ermächtigg offenlegt u zwar ab Ztpkt dieser Offenlegg, BGH NJW **72**, 1580. Nach gesetzl FdgÜbergang kann nur noch der NeuGläub die Unterbrechg herbeiführen, RG **85**, 429, BGH VersR **65**, 611, Karlsr NJW **61**, 1866; das gilt grdsl auch für die Abtr; iF SicherngsAbtr bleibt der Zedent jedoch idR klagberecht (§ 398 Anm 1 c). Seine Klage unterbricht hier auch dann, wenn er die Abtr nicht offenlegt, BGH NJW **78**, 698. Kl des Nichtberechtigten, der Fdg (od KlBerechtigg) nachträgl erwirbt, unterbricht erst mit WirksWerden des Erwerbs, BGH NJW **58**, 338, BGH **LM** Nr 13; keine Rückwrkg der Genehmigg der bish Prozeßführg dch neuen Kläger, BGH VersR **67**, 162. Kl des Erben unterbricht nicht, wenn NachlVerwaltg besteht; auch keine Rückwrkg bei Beendigg der NachlVerwaltg, BGH **46**, 229. Tritt durch Änderg der Parteibezeichng Berechtigter in das vom Nichtberechtigten eingeleitete Verf ein, so unterbricht erst Zustellg der Rubrumänderg, Hamm DRspr I (113) 122 d. Kl des Zessionars einer vorher nicht anerkannten SchmerzensgeldFdg unterbricht wg § 847 I 2 nicht, BGH VersR **62**, 156. Auch Kl des Geschädigten, dessen Anspr schon ein Entstehg auf Dritten (zB VersTräger, vgl RVO 1542) übergegangen ist, genügt nach RG **85**, 424, BGH VersR **65**, 610 nicht (man sollte sie wie die Kl des Zedenten wirken lassen, was BGH ablehnt). GemeinSchu ist Nichtberecht für Fdgen, die in KonkMasse fallen (ebso umgekehrt KonkVerw für konkursfreie Fdgen), BGH **LM** Nr 13. – Wer gem § 409 Abtretg seiner Fdg dem Schu angezeigt hat, bleibt, wenn Abtretg unwirks, Berechtigter; seine Kl unterbricht, BGH **64**, 117 [120].

d) Frist für Unterbrechg: Es gelten §§ 187 ff. Läuft Verj am Sonnabend od Sonntag ab, unterbricht am nächsten Werktag erhobene Kl, RG **151**, 345, Düss MDR **70**, 840.

2) Unterbrechg tritt nur in dem **Umfange** ein, in dem der Anspr zur richterl Entsch gestellt wird (ausnahmsw geht Unterbrechgswirkg weiter, vgl zB § 477 III, 639 I sowie für Kl aus § 633 III BGH **58**, 34 u für MängelAnspr aus VOB 13 Z 5–7 BGH **59**, 202 [204], **62**, 293). – Unbezifferte FeststellgsKl unterbricht für ganzen RG **75**, 302, ebso unbezifferte SchmerzGeldKl, wenn tatsächl Grdlagen für Bemessg des SchmerzGeldes ausreichd vorgetragen, BGH NJW **74**, 1551; TeilKl unterbricht nur in Höhe des eingeklagten Teils (RG **93**, 158, einhellige Meing), auch wenn Geldmachg des Restes ausdr vorbehalten ist, RG **77**, 213. Schu muß auf drohende Verj des Restes nicht hinweisen (auch nicht, wenn es eine VersGesellsch ist), BGH NJW **70**, 241. Nach BGH NJW **70**, 1682 ist es keine TeilKl (dh Unterbrechg tritt in vollem Umfang ein), wenn RentenAnspr zunächst in niedrigerer Höhe eingeklagt u später wg Änderg der wirtschaftl Verhältn von Klageerhebg ab erhöht w, weil es in solchem Falle dem Gegner von Anfang an klar ist, daß voller Schaden geltd gemacht w soll; FeststellgsKl neben LeistgsKl ist also dann nicht nöt; vgl schon BGH **33**, 116; vgl ferner Brandner VersR **70**, 873. Ebso unterbricht Kl auf Vorschuß zur Behebg von Baumängeln über den zunächst ziffernmäß eingeklagten Betrag hinaus in Höhe des insges erforderl Vorschusses, weil darin Geldmachg des erforderl Vorschusses liegt, BGH **66**, 139. (Kl auf Ers von Kosten für beseitigte Baumängel unterbricht nicht über eingeklagten Betr hinaus, BGH **66**, 142). Klage mit unaufgegliedertem Antr wg verschiedener Teilansprüche unterbricht für jeden TeilAnspr in Höhe der Gesamtklagesumme, BGH NJW **59**, 1819; auch eine nicht voll substantiierte Klage unterbricht in gleicher Weise, BGH NJW **67**, 2210, Düss VersR **77**, 40, vgl dazu Arens ZZP **82**, 143. Wird eine Klage auf Hilfsgründe gestützt, tritt Unterbrechg auch für diese ein, BGH NJW **59**, 1819, NJW **78**, 261. Wird auf den HauptAnspr zuerkannt, gilt § 212 entspr, dh Verj gilt als nicht unterbrochen, wenn HilfsAnspr nicht binnen 6 Monaten seit Rechtskr des Urt neu eingeklagt w, BGH NJW **68**, 693, aA Oehlers NJW **70**, 845. Vorbereitender Anspr (Klage auf

175

Rechngslegg, Auskunft) unterbricht grdsätzl nur für diesen, nicht für HauptAnspr, RG JW **37**, 2101, BAG Betr **71**, 1776; dagg unterbricht StufenKl voll, auch wenn in Verhandlg nur AuskunftsAnspr gestellt w (das ist kein Stillstand iS § 211 II), BGH NJW **75**, 1409 u zwar auch hins eines zunächst nicht einbezogenen Zeitraums, wenn die zeitl Begrenzg erkennb auf einem Irrt beruhte (BGH WPM **78**, 461). KündWiderrufsklage unterbricht nicht hins LohnzahlgsAnspr, BAG NJW **60**, 838; Klage auf Anrufg des Ärzteausschusses nach AVB-Unfall § 11 unterbricht nicht für EntschAnspr, aber hemmt, weil sie dem Schu ein LeistgsVR gibt, BGH VersR **71**, 433. Klage auf VertrErf od SchadErs aus AbzahlgsGesch unterbricht nicht für Anspr aus AbzG 2, Hamm MDR **72**, 605. Klage auf Unterlassg geschäftsschädiger Äußerg unterbricht nicht für Anspr auf deren Widerruf, BGH NJW **73**, 2285. Klage aus einem zur Sicherg eingeräumten oder übertr Recht (zB aus Sicherg für Fdg eingeräumter GrdSch) dürfte die Verj des gesicherten Anspr nicht unterbrechen. Über Unterbrechg bei PflichtteilsergänzgsAnspr vgl § 2332 Anm 3, 4. – Die Unterbrechg wirkt auch für RechtsNachf des Gläub, RG **163**, 396 zu DBG 139.

3) Der Klageerhebg sind nach **II** gleichgestellt: **a)** Zustellg des **Mahnbescheides**; erfolgt sie demnächst, so tritt Unterbrechg schon mit der Einreich des Gesuchs ein, ZPO 693 II, es sei denn, daß Schu inzw in Konk fiel, RG **129**, 339; über „demnächst" vgl Anm 1 b; zweifelh, ob Rückwirkg eintritt, wenn auf Antr des Gläub vor Zustell an and Ger verwiesen w, verneind LAG Mü **AP** ZPO 697 Nr 3 (bei Verweisg nach Zustellg bleibt Unterbrechgswirkg selbstverständl bestehen, vgl § 213 Anm 1). Auch Mahnbescheid auf Antr vollmachtlosen Vertreters unterbricht, wenn Vertretg später genehmigt BGH **LM** Nr 10. Im Mahnbescheid muß für Schu kenntl sein, welches der AnsprGrd ist; dazu genügt Bezugnahme auf ein dem Schu bekanntes Schreiben, BGH NJW **67**, 2354; es genügt also Individualisierg des Anspr, Substantiierg nicht nöt („wg Forderg" genügt nicht!). – **b)** Anbringg des **Güteantrages** Z 1 a (Fassg RechtseinheitsG Art 4); Anbringg dürfte erfordern, daß Gläub die Voraussetzgen für sachl Tätigwerden der Gütestelle schafft, also die Formalien des Antrags wahrt u die nötigen Gebührenvorschüsse zahlt u der Antr dem Gegner demnächst mitgeteilt wird; denn die Einreich bei Gütestelle kann nicht größere Wirkg haben, als Einreich der Klageschrift nach I hat (vgl Anm 1), so mit Recht Hbg MDR **65**, 130. – **c) Anmeldg im Konkurse** (vgl RG **170**, 276: Unterbrechg tritt ein in Höhe des angemeldeten Anspruchs, Behauptg eines höheren Schadensbetrages als der angemeldete Anspr steht also Verj nicht entgg – es war mitwirkendes Versch eingewandt): Unterbrechg bleibt wirks auch, wenn KonkEröffng nachträgl auf Beschw aufgeh, Celle NJW **59**, 941. Dauer der Unterbrechg s § 214. Anmeldg im VerglVerf bewirkt keine Unterbrechg, vgl auch VerglO 55. – **d)** Erhebg des **Aufrechngseinwands im Prozeß**; nur unzul (str) od nicht berücksichtigte Eventualaufrechng kommt in Frage, da dch zul u unbedingte der Anspr erlischt. Sie unterbricht nur hins des zur Aufrechng verwendeten Teils, also nicht über KlageFdg hinaus, RG **57**, 372, Karlsr VersR **77**, 482, aber wo mehrere Fdgen zur Aufrechng gestellt (auch wo hilfsw) für jede, BayObLG JR **67**, 221; Wegfall der Unterbrechgswirkg vgl § 215 II. – **e) Streitverkünd**g; sie unterbricht, wenn demnächst zugestellt wird, mit Einreich des dem ZPO 73 entspr Schriftsatzes. Voraussetzg ist nur Zulässigkeit nach ZPO 72, RG **58**, 76; sie ist erst imFolgeProz zu prüfen, BGH **36**, 217, und liegt auch vor, wenn Streitverkündeter alternativ zu dem Bekl aus irgendwelchen Gründen als Schu in Betr kommt, BGH **8**, 72 [80]; die Auffassg des RG (JW **13**, 32), daß Streitverkündg nur für die Fälle eines für den Streitverkündeten ungünst ProzAusgangs wirkt, ist nicht haltb, BGH **36**, 214 u Anm Kreft **LM** Nr 11. Streitverkündg im AuslandsProz unterbricht, sofern sie den wesentl Voraussetzgen des dtschen Rechts entspricht, RG **61**, 390. KlageRückn nach Streitverkündg wirkt, als ob Proz nie anhäng geworden (ZPO 269 III 1), daher gilt auch Streitverkündg als nicht erfolgt, vgl BGH **65**, 127 [134]. – **f)** Vornahme einer **Vollstreckgshandlg** (dazu vgl § 216!), auch wenn fruchtlos bleibd, und der Antr auf ZwVollstr; sie unterbricht nur für den Augenblick, nicht für die ganze Dauer der Vollstr, RG **128**, 76. Arrest und einstw Vfg als solche unterbrechen nicht, da keine VollstrMaßnahmen, Hamm BB **77**, 412, wohl aber Arrestpfändg, vgl RG **128**, 80, str, ZwVollstr aus einstw Vfg, Düss WRP **73**, 481, auch die Zustellg einer UnterlVfg, Hamm NJW **77**, 2319. Beitritt zum ZwVerstVerf ist VollstrHdlg, bloße Anmeldg nicht, KG JW **38**, 45, str, vgl Lucas und Fraeb JW **38**, 2932 und 2934.

4) Unterbrechgswirkg anderer in II nicht erwähnter Handlgen: **Antrag auf Bestimmg des zuständigen Gerichts** od Gesuch um Vorentscheid einer VerwBeh vgl § 210. – **Antrag auf Beweissicherg** unterbricht nur in den bes aufgeführten Fällen, vgl §§ 477 II, 480, 490, 493, 639. – **Geltendmachg vor Schieds- od Verwaltungsgericht** uä unterbrechen nicht, vgl § 220. – **Antrag auf Festsetzg der Anwaltsgebühren** nach BRAGebO 19 unterbricht (BRAGebO 19 VI) vgl BGH **21**, 199 [202] (nach Bonn Jur Büro **75**, 1337 aber erst mit Zustellg). – **Übersendg der Kostenrechng des Notars** nach KostO 154 unterbricht, ebso Verf gem KostO 156, Düss VersR **77**, 1109; nach KostO 17 III 2 mit 143 unterbricht auch die Aufforderg zur Zahlg, aber nur einmal, Celle DNotZ **76**, 759 (ähnl für GVGebühren nach GVzKostG 12 III), Zustellg der für vollstreckb erklärten Kostenrechng unterbricht erneut; es läuft weder 2 Jahresfrist, vgl § 218 Anm 1. – Antr auf **Umstellg** des VollstrTitels von RM auf DM unterbricht, BGH MDR **66**, 392. – **Vergleichsverhandlgen** unterbrechen nicht, vgl dazu Übbl 3 vor § 194, aber auch § 202 Anm 2; ebsowenig **ArmenRGesuch** ohne Klageschrift, auch nicht **Arrestgesuch** od Antr auf einstw Vfg (vgl auch Anm 3f), auch nicht Verteidig auf negat FeststellgsKl, str, s Anm 1, auch nicht VerfassgsBeschw. – Über Unterbrechg der Verj dch **NachbessergsVerlangen** gem VOB 13 Nr 4, 5, 6 vgl § 638 Anm 5 c u 639 Anm 1 b, c. – Im öffR können uU auch and Hdlgen des Staates unterbrechen, so Leistgsbescheid nach BeamtenR, BVerwG **34**, 97, BVerwG VerwRspr **21**, 790, nicht aber rein interne behördl Maßnahmen, BVerwG **28**, 341. Im AbgabenR gilt AO (77) 231, der eine entspr Anwendg der §§ 209 ff ausschließt, vgl BFH BB **75**, 450 (zum frR).

5) Dauer und Wegfall der Unterbrechg vgl §§ 211–216.

210 Unterbrechung durch Antrag auf Vorentscheidung.
Hängt die Zulässigkeit des Rechtswegs von der Vorentscheidung einer Behörde ab oder hat die Bestimmung des zuständigen Gerichts durch ein höheres Gericht zu erfolgen, so wird die Ver-

jährung durch die Einreichung des Gesuchs an die Behörde oder das höhere Gericht in gleicher Weise wie durch Klagerhebung oder durch Anbringung des Güteantrags unterbrochen, wenn binnen drei Monaten nach der Erledigung des Gesuchs die Klage erhoben oder der Güteantrag angebracht wird. Auf diese Frist finden die Vorschriften der §§ 203, 206, 207 entsprechende Anwendung.

1) Fassg der VO v 13. 2. 24 Art IV. – Wo **Entscheidg einer Behörde** KlVoraussetzg ist u wo **zuständ Gericht** erst nach ZPO 36 **bestimmt** w muß, ist der Ztpkt der Unterbrechg für den Fall späterer fristgerechter Einklagg zurückverlegt, weil Antr an VerwBeh od höheres Gericht den Willen zur gerichtl Geltendmachg dartut, vgl BGH **53**, 270. Wo Vorentscheid nur für einen KlageGrd nöt, unterbricht Antr für alle Klagegründe, BayObLG **56**, 65. § 210 erster Fall greift überall ein, wo Zulässigk der Kl irgendwie von einer behördl Entscheidg abhängt; er ist insb dann anwendb, wenn KlErhebg ein Vorverfahren vor einer VerwBeh voraussetzt, wie gem BRRG 126 bei Anspr aus dem BeamtenVerh od gem FinVertr 8 bei Anspr wg Stationiergsschäden, BGH VersR **77**, 647. Wo Behörde aber Leistg schuldet u Vorentscheid nicht KlVoraussetzg (etwa Angestelltengehalt), greift § 210 nicht ein; Zahlgsaufforderg an Behörde unterbricht hier also nicht; vertröstet aber Behörde mit der Bitte, Rückfragen zu unterlassen, so verstößt spätere VerjEinr gg Treu u Glauben, BAG BB **72**, 222. Untätigk des Gläub führt nicht zur Beendigg der Unterbrechg, falls die Beh vAw für den Fortgang des Verf zu sorgen h, BGH VersR **77**, 647.

211 *Dauer und Ende der Unterbrechung bei Klage.* I Die Unterbrechung durch Klagerhebung dauert fort, bis der Prozeß rechtskräftig entschieden oder anderweit erledigt ist.

II Gerät der Prozeß infolge einer Vereinbarung oder dadurch, daß er nicht betrieben wird, in Stillstand, so endigt die Unterbrechung mit der letzten Prozeßhandlung der Parteien oder des Gerichts. Die nach der Beendigung der Unterbrechung beginnende neue Verjährung wird dadurch, daß eine der Parteien den Prozeß weiter betreibt, in gleicher Weise wie durch Klagerhebung unterbrochen.

1) **Allgemeines** zu §§ 211, 212. Nach Unterbrechg dch Anerkenntn läuft sofort neue VerjFrist (ebso nach VollstrHdlg, § 209 Anm 3f), nach Unterbrechg dch Klage dagg grdsätzl **(§ 211 I)** erst ab **Erledigg des Rechtsstreits**, zB durch rechtskr EndUrt (nach § 219 auch VorbehUrt) od gerichtl Vergl. GrdUrt nach ZPO 304 erledigt den Proz nicht RG **117**, 423, wohl aber TeilUrt hins dieses Teils. **Neue Verjährgsfrist** nach Urt usw idR 30 Jahre, vgl § 218, in and Fällen die volle in Frage kommde Frist. – Klagerücknahme u ProzUrt vgl § 212.

2) Unterbrechg endet außerdem, dh VerjFr beginnt neu, wenn RStreit dch Vereinbg od Untätigk der Parteien zum **Stillstand kommt (§ 211 II)**, und zwar nicht erst mit Anordng des Ruhens nach ZPO 251, 251a, sond mit letzter ProzHdlg, RG **157**, 382, BGH NJW **68**, 693, BAG NJW **72**, 1247; so wenn gerichtl Vergl widerrufen u anschließd nichts geschieht, mit Eingang des Widerrufs bei Ger, Ffm Betr **72**, 2349. Bei RuhensBeschl ist neue VerjFrist währd der Sperrfrist des ZPO 251 II gehemmt, wenn nicht WiederAufn jederzeit mögl, BGH NJW **68**, 693; ein RuhensBeschl, der einer Partei Einholg eines od Gutachtens ermöglichen sollte, fördert Proz, bringt ihn nicht zum Stillstand, beendet daher VerjUnterbrechg nicht, Karlsr BB **73**, 119. Soweit Leitg des Verf aussschl beim Gericht liegt, ist Untätigk der Parteien kein die Unterbrechg der Verj beendender Stillstand, RG **128**, 196, BGH VersR **76**, 37, **77**, 647, auch nicht in dem Fall, daß dem Gericht wg Fehlens der Akten Einwirkgsmöglichk auf Proz fehlt (aA Ffm MDR **68**, 148, wie hier zu Soergel-Augustin § 211 Rdn 8, Köln VersR **70**, 1024). Stillstand nur hins eines Teiles beendet Unterbrechg nur für diesen, RG JW **28**, 100, BAG **AP** ZPO 322 Nr 6 (Bl 6), so zB, wenn ein KlAntr nicht (nicht mehr) gestellt w, hinsichtl des entspr Anspr (vgl BGH VersR **70**, 817). Ein tatsächl Ruhenlassen des Verf bis zum Abschl eines and beendet Unterbrechg der Verj, wirkt aber uU hemmd nach § 202 (dort Anm 2). – Neue VerjFrist läuft jeweils ab letzter dch ZPO geregelter ProzHdlg einer Part od des Ger, die zur Begründg, Führg od Erledigg des Rechtsstreits dient, RG **77**, 324, wie Zustellg, Ladg, auch Vertagg uä, nicht Einholg des Notfristattestes, Nürnb OLGZ **66**, 390. – **Weiterbetreibg** (§ 211 II 2), die erneut unterbricht, liegt nur in ProzHdlg einer Part; GerichtsHdlg unterbricht nicht, wenn Verf zum Stillstand gekommen, RG **157**, 384. Weiterbetreibg ist aber auch ArmenRGesuch RG **77**, 324, bei Ladgen schon Einreichg des Antr, nicht erst Zustellg, RG **97**, 66 (diese unterbricht die Verj erneut), im MahnVerf Zahlg der 2. Hälfte der GerGebühr, wenn TerminsAntr schon gestellt, BGH **52**, 50, auch TerminsAntr ohne Zahlg dieser 2. Hälfte, die dann aber alsbald gezahlt w muß, BGH **55**, 216, nicht aber der Auftr zu einer undchführb Zustellg, Schlesw JurBüro **78**, 1330.

3) Aussetzg dch Gericht oder gesetzl bestimmte **Unterbrechg des Verfahrens** (ZPO 239–245 – prakt wichtig insb Konk) fallen nicht unter § 211 II, RG **145**, 240; hier beginnt neue Verj erst bei Nichtbetreiben nach Fortfall des Aussetzgs- od Unterbrechgsgrundes; ruht das Verf bereits vor Eintritt des Aussetzgs- od Unterbrechgsgrundes, so bewirkt dieser keine Hemmg od Unterbrechg der Verj, BGH NJW **63**, 2019.

212 *Unterbrechung bei Klagerücknahme.* I Die Unterbrechung durch Klagerhebung gilt als nicht erfolgt, wenn die Klage zurückgenommen oder durch ein nicht in der Sache selbst entscheidendes Urteil rechtskräftig abgewiesen wird.

II Erhebt der Berechtigte binnen sechs Monaten von neuem Klage, so gilt die Verjährung als durch die Erhebung der ersten Klage unterbrochen. Auf diese Frist finden die Vorschriften der §§ 203, 206, 207 entsprechende Anwendung.

1) Vgl zunächst § 211 Anm 1.

2) Klagerücknahme (vgl ZPO 269) hat zur Folge, daß der RStreit als nicht anhängig geworden gilt, ZPO 269 III. Daher gilt auch die Unterbrech der Verj als nicht eingetreten, **§ 212 I erster Fall**. Klage-Rückn liegt uU auch in Übergang zu anderem Anspr, wenn ursprünglicher nicht weiterverfolgt w, BAG NJW 61, 1787 (Einzelfälle MüKo/v. Feldmann Rdn 3); bloße Nichtwiederholg früher gestellten Antr ist aber keine KlRückn iS des § 212, BGH VersR 65, 1153, im Einzelfall Ausleggsfrage, vgl BGH VersR 70, 817. Dieselbe Wirkg wie KlRückn hat ein **klagabweisendes Prozeßurteil, § 212 I, 2. Fall**.

3) Die unterbrechde Wirkg der ersten Klage bleibt erhalten bei **erneuter Einklagg** binnen 6 Monaten (AusschlFrist!), **§ 212 II**. Geltmachg des Anspr in jeder der Formen des § 209 genügt ebenf, vgl BGH 21, 204. Erhebg neuer Klage vor Rückn der alten vgl RG 149, 321. – Wo BeweissichgsAntr unterbricht (vgl § 209 Anm 4), muß § 212 II entspr angewandt w, bleibt Unterbrech also (nur) bestehen, wenn innerhalb 6 Monaten nach einem Ende des BewSichVerf dch AntrRückn od Zurückweisg des Antr Klage erhoben w, BGH 53, 46; mit endgült Dchführg der Beweissicherg endet Unterbrech u beginnt neue Verj, BGH aaO. Auch bei Antr auf Festsetzg der AnwGebühren (BRAGebO 19 VI) ist § 212 entspr anwendbar, BGH 21, 206. Über entspr Anwendg des § 212 bei Unterbrech dch Stützg der Klage auf Hilfsgründe vgl § 209 Anm 2.

212 a *Dauer der Unterbrechung bei Güteantrag.* Die Unterbrechung durch Anbringung des Güteantrags dauert bis zur Erledigung des Güteverfahrens und, wenn an dieses Verfahren sich ein Streitverfahren unmittelbar anschließt, nach Maßgabe der §§ 211, 212 fort. Gerät das Güteverfahren dadurch, daß es nicht betrieben wird, in Stillstand, so finden die Vorschriften des § 211 Abs. 2 entsprechende Anwendung. Wird der Güteantrag zurückgenommen, so gilt die Unterbrechung der Verjährung als nicht erfolgt.

1) § 212a beruht auf VO v 13. 2. 24 Art IV. In BRep wird er unmittelb kaum mehr prakt, weil gerichtliche Güteverf weggefallen; er gilt aber noch entsprch iF des § 213 wg der dortigen Verweisg. – **Stillstand** dch Nichtbetreiben vgl §§ 211, 212 Anm 2. – Rückn des Güteantrags beseitigt die Unterbrech der Verj rückw und – anders als nach § 212 II – endgültig.

213 *Dauer der Unterbrechung bei Mahnbescheid.* Auf die Unterbrechung durch Zustellung eines Mahnbescheides im Mahnverfahren finden die Vorschriften des § 212a entsprechende Anwendung. Die Unterbrechung gilt als nicht erfolgt, wenn der Mahnbescheid seine Kraft verliert (§ 701 der Zivilprozeßordnung).

Vorbem: Fassg beruht auf VO v 13. 2. 24 Art IV u VereinfachgsNov v 3. 12. 1976 (BGBl I S 3281).

1) Vgl zunächst § 209 Anm 3. Die Verweisg des § 1 besagt: Wird gg den Mahnbescheid rechtzeit Widerspr erhoben, so gelten für die Dauer der Unterbrech §§ 211, 212, ggf auch § 212a; StreitVerf schließt sich iS des § 212a unmittelb an MahnVerf an, wenn AG bei Widerspr ohne mdl Verhandlg den Proz an LG verw dch Beschl, BGH 55, 215. Ergeht VollstrBescheid, so gilt der Anspr als im StreitVerf anhäng geworden (ZPO 700) u die Unterbrechg dauert fort, bis VollstrBescheid rechtskr geworden od über den etwa eingelegten Einspr entschieden ist. Stillstd des Verf (§ 211 II u § 212 Anm 2) tritt auch ein, wenn VollstrBescheid im PartBetr zugestellt w soll (ZPO 699 IV), Part aber nicht zustellen läßt, so zum frR Mü OLGZ 76, 189 u im Ergebn auch LG Wuppertal NJW 72, 636.

2) Der Mahnbescheid verliert seine Kraft **(S 2)**, wenn VollstrBescheid nicht binnen 6 Monaten beantragt od wenn Antr zurückgewiesen w, ZPO 701.

214 *Dauer der Unterbrechung bei Anmeldung im Konkurs.* I Die Unterbrechung durch Anmeldung im Konkurse dauert fort, bis der Konkurs beendigt ist.
II Die Unterbrechung gilt als nicht erfolgt, wenn die Anmeldung zurückgenommen wird.
III Wird bei der Beendigung des Konkurses für eine Forderung, die infolge eines bei der Prüfung erhobenen Widerspruchs in Prozeß befangen ist, ein Betrag zurückbehalten, so dauert die Unterbrechung auch nach der Beendigung des Konkurses fort; das Ende der Unterbrechung bestimmt sich nach den Vorschriften des § 211.

1) Konkurs endet durch Aufhebg od Einstellg, KO 163, 202 ff, und zwar nicht schon mit BeschlFassg, sond erst mit öff Bekanntmachg, BGH 64, 3; ferner dch Aufhebg des Eröffngsbeschlusses auf Beschw, der die Unterbrechg nicht etwa rückw beseitigt, RGRK Rdz 1. – **II** gilt nicht bei Rückn auf Vereinbg mit Konk-Verwalter, der anderweite Befriediggsmöglichk eingeräumt hat, RG 70, 35. – Zu **III** vgl KO 146, 168.

215 *Dauer der Unterbrechung bei Aufrechnung und Streitverkündung.* I Die Unterbrechung durch Geltendmachung der Aufrechnung im Prozeß oder durch Streitverkündung dauert fort, bis der Prozeß rechtskräftig entschieden oder anderweit erledigt ist; die Vorschriften des § 211 Abs. 2 finden Anwendung.
II Die Unterbrechung gilt als nicht erfolgt, wenn nicht binnen sechs Monaten nach der Beendigung des Prozesses Klage auf Befriedigung oder Feststellung des Anspruchs erhoben wird. Auf diese Frist finden die Vorschriften der §§ 203, 206, 207 entsprechende Anwendung.

1) Die Unterbrechg nach § 209 II 3 u 4 ist auflösend bedingt dch Einklagg binnen 6 Monaten nach ProzEnde (AusschlFrist); GrdUrt beendet Vorprozeß nicht (BGH 65, 127 [135]), TeilUrt nur, wenn es den für die Streitverkündg (Aufrechng) vorgreifl ProzStoff vollständ erledigt, BGH aaO. Bei Versäumg der

Verjährung   §§ 215-219

AusschlFr kann auch hier die VerjEinr ggf dch den GgEinwand der Argl (Übbl 3 vor § 194) entkräftet werden RG **142**, 280; uU erwächst Recht auf Schadloshaltg RG DR **40**, 453. Der Klage (II) steht gleich Antr auf Bestimmg des zust Ger, wenn später innerh der Frist des § 210 Klage erh w, BGH **53**, 272.

2) Beachte, daß bei KlageRückn der (Vor-)Proz als nicht anhäng geworden anzusehen ist, also auch Streitverkündg (Aufrechng) als nicht erfolgt gilt u Verj nicht unterbrochen h, vgl § 209 Anm 3e.

216 *Unterbrechung bei Vollstreckungshandlungen.* I Die Unterbrechung durch Vornahme einer Vollstreckungshandlung gilt als nicht erfolgt, wenn die Vollstreckungsmaßregel auf Antrag des Berechtigten oder wegen Mangels der gesetzlichen Voraussetzungen aufgehoben wird.

II Die Unterbrechung durch Stellung des Antrags auf Zwangsvollstreckung gilt als nicht erfolgt, wenn dem Antrage nicht stattgegeben oder der Antrag vor der Vornahme der Vollstreckungshandlung zurückgenommen oder die erwirkte Vollstreckungsmaßregel nach Absatz 1 aufgehoben wird.

1) Die Unterbrechg nach § 209 II Z 5 fällt rückw weg dch Rückn des VollstrAuftrags od Aufhebg der VollstrMaßn wg Gesetzwidrigk (Fehlens der Voraussetzgen der Vollstr überh). Aufhebg aus andern Gründen, zB wg Unpfändbark der Sachen od auf Widerspruchsklage eines Dritten, berührt die einmal eingetretene Unterbrechg nicht; wg ihrer Dauer vgl auch § 209 Anm 3f.

217 *Wirkung der Unterbrechung.* Wird die Verjährung unterbrochen, so kommt die bis zur Unterbrechung verstrichene Zeit nicht in Betracht; eine neue Verjährung kann erst nach der Beendigung der Unterbrechung beginnen.

1) Nach dem Ende der Unterbrechg beginnt die volle VerjFrist neu zu laufen, und zwar stets sofort nach Ende der Unterbrechg; § 201 gilt nicht, RG **65**, 268. Vgl aber zur Unterbrechg dch BewSichgVerf § 212 Anm 3. Beachte, daß stets die ursprüngl VerjFr neu anläuft, nur bei abstraktem SchuldAnerkenntn (§ 781) eine 30-JahresFr.

218 *Verjährung des rechtskräftigen Anspruchs.* I Ein rechtskräftig festgestellter Anspruch verjährt in dreißig Jahren, auch wenn er an sich einer kürzeren Verjährung unterliegt. Das gleiche gilt von dem Anspruch aus einem vollstreckbaren Vergleich oder einer vollstreckbaren Urkunde sowie von einem Ansprüche, welcher durch die im Konkurs erfolgte Feststellung vollstreckbar geworden ist.

II Soweit sich die Feststellung auf regelmäßig wiederkehrende, erst künftig fällig werdende Leistungen bezieht, bewendet es bei der kürzeren Verjährungsfrist.

1) **Rechtskräftige Feststellg** ersetzt vorbehaltl II jede VerjFrist dch die 30jährige, gleichviel ob die Feststellg dch Leistgs-, Feststellgsurteil (auch VorbehUrt nach ZPO 302, 305, 590, **§ 219**), Schiedsgerichts-Urt, VollstrBefehl od KostenfestsetzgsBeschl erfolgte. Abweis negativer Feststellgsklage wirkt wie Feststllgsgurt, BGH NJW **75**, 1320; wenn Abweisg ohne Bezug auf bestimmten Betr erfolgte, bedeutet sie ausnahmsw keine Aberkenng irgend eines Betr, weswg sie die bisherige VerjFr nicht beeinflußt, vgl BGH NJW **72**, 1044. Teilweise Feststellg wirkt nur für festgestellten Betrag RG **66**, 271. GrundUrt nach ZPO 304 genügt nicht, weil es nicht materielle Rechtskr schafft, RG **117**, 423, wohl aber ein SchiedsgerichtsUrt nur über den Grund, wenn nur dieser der schiedsgerichtl Beurteilg unterlag, RG **100**, 118. – Vollstreckb **Vergleich** gem ZPO 794 Z 1 (nicht außergerichtl Vergl!), **vollstreckbare Urkunde** nach ZPO 794 Z 5, 800, 801 und die vollstreckb **Feststellung zur Konkurstabelle**, KO 164 II, 194, 206 II, stehen rechtskräftiger Feststellg gleich, § 218 I 2. – Nach KG NJW **55**, 633, Hamm Rpfleger **57**, 421, Stgt DNotZ **59**, 325, setzt vollstreckb Ausfertig der Kostenrechng des Notars nicht 30-Jahresfrist, sond 2-Jahresfrist nach § 196 Z 15 in Lauf; vgl aber Rohs Rpfleger **57**, 422, Ackermann DNotZ **59**, 327. II gilt ausschließl für Anspr gem § 197. Dch FeststellgsUrt zuerkannte Anspr auf Ers von fortlaufdem Verdienstausfall verj auch hins etwaiger Erhöhgsbeträge in 30 Jahren, Kuntz VersR **78**, 473.

2) Die 30-Jahresfr (ebso die 4-Jahresfr des II) läuft idR ab Rechtskr des Urt, hM, bei Verurteilg zu künft Leistg mit dem für Leistg festgesetzten Ztpkt, Celle NJW **64**, 820. Nach Ablauf der 30 Jahre nach Rechtskr dürfte auch VollstrUrt immer nachgesucht w, hM Ist Schu einem UnterlUrt nicht nachgekomm, ist Vollstr auch nach 30 Jahren noch mögl, da dann VerjFr wg § 198 S 2 (VerjBeginn erst bei ZuwiderHdlg), nicht erneut zu laufen begonnen h, BGH **59**, 74, MüKo/v. Feldmann Rdn 11, Hillinger GRUR **73**, 254, Ossenbrügge WRP **73**, 320, str, aA Fabricius JR **72**, 452, Krieger GRUR **72**, 696. Wo Schu dem Urt nicht nachkommt (Bsp: flüchtiger UnterhPflichtiger), ist zwecks Unterbrechg der Verj des rechtskr festgestellten Anspr neue Klage (auf Feststellg) zul, wenn andere Unterbrechgsmöglichk fehlt, LG Mannh JW **33**, 2964, LG Bln JR **50**, 283, LG Duisbg NJW **66**, 1664; str; aA LG Brem DJ **42**, 171, MüKo/v. Feldmann Rdn 12. Über Anerkenntn nach Urt auf Feststellg der Pfl zum Ers allen Schadens vgl § 208 Anm 2.

219 *Verjährung des Anspruchs aus Vorbehaltsurteil.* Als rechtskräftige Entscheidung im Sinne des § 211 Abs. 1 und des § 218 Abs. 1 gilt auch ein unter Vorbehalt ergangenes rechtskräftiges Urteil.

1) VorbehUrteile vgl ZPO 302, 305, 599.

220 *Unterbrechung der Verjährung bei sonstigen Verfahren.* **I** Ist der Anspruch vor einem Schiedsgericht oder einem besonderen Gerichte, vor einem Verwaltungsgericht oder einer Verwaltungsbehörde geltend zu machen, so finden die Vorschriften der §§ 209 bis 213, 215, 216, 218, 219 entsprechende Anwendung.

II Sind in dem Schiedsvertrage die Schiedsrichter nicht ernannt oder ist die Ernennung eines Schiedsrichters aus einem anderen Grunde erforderlich oder kann das Schiedsgericht erst nach der Erfüllung einer sonstigen Voraussetzung angerufen werden, so wird die Verjährung schon dadurch unterbrochen, daß der Berechtigte das zur Erledigung der Sache seinerseits Erforderliche vornimmt.

1) § 220 hat für KlErhebg vor VerwG, FinG od SozG seine Bedeutung fast verloren, da zw allen diesen Gerichtszweigen Verweisg mögl u damit Wirkgen der Rechtshängigk bestehen bleiben. Wichtig ist er noch für die Fälle der Anrufg eines SchiedsG, eines SonderG (zB BerufsG) oder einer Beh; Unterbrechg tritt dadch aber nur ein, wenn der Anspr dort **geltend zu machen ist,** dh wenn das angerufene Ger od die angerufene Beh zust ist. Geltdmachg bei unzust Ger, SchiedsG od Beh unterbricht also nicht, ganz hM. Die Unterbrechg tritt in dem Ztpkt ein, der in dem betr Verf der KlErhebg iS der ZPO entspricht.

2) II schützt den Berecht für den Hauptfall, in dem sich ohne sein Versch die Einl eines SchiedsGVerf verzögert. Ist Unterbrechg nach II eingetreten, dürfte nachträgl Aufhebg des SchiedsVertr die Wirkg wie KlageRückn (§ 212) haben, BGH WPM **71,** 355.

221 *Verjährung bei Rechtsnachfolge.* Gelangt eine Sache, in Ansehung deren ein dinglicher Anspruch besteht, durch Rechtsnachfolge in den Besitz eines Dritten, so kommt die während des Besitzes des Rechtsvorgängers verstrichene Verjährungszeit dem Rechtsnachfolger zustatten.

1) Bei **Rechtsnachfolge** in den Anspr od die Verpflichtg berührt die Änderg in der Pers des Berechtigten od Verpflichteten den Anspr nicht, die begonnene **Verjährung läuft** ohne weiteres fort; das folgt aus der Natur der Verj als AnsprVerj; bei EigtStörgsAnspr nach § 1004 iVm Wechsel des Eigtümers solche RNachfolge, BGH **60,** 235 [240]. – Dingl Ansprüche gg den Besitzer einer Sache dagg gehen mit Beendigg des Besitzes unter und gg den neuen Besitzer entsteht aus dem dingl Recht ein neuer Anspr (vgl § 194 Anm 1c), für den also eine neue VerjFrist beginnen würde. Nach § 221 wird aber aus prakt Gründen im Fall **abgeleiteten** Besitzerwerbs die unter dem Vorgänger abgelaufene VerjFrist dem Nachf angerechnet, auch die des Vorgängers des Vorgängers, da der neue Besitzer jeweils in die Stellg des Vorgängers eintritt (aA Ordemann JR **61,** 93). Rechtsnachfolge kann Gesamt- od Einzelnachfolge sein; letztere erfordert Willenseinig zw neuem u bisherigem Besitzer.

222 *Wirkung der Verjährung.* **I** Nach der Vollendung der Verjährung ist der Verpflichtete berechtigt, die Leistung zu verweigern.

II Das zur Befriedigung eines verjährten Anspruchs Geleistete kann nicht zurückgefordert werden, auch wenn die Leistung in Unkenntnis der Verjährung bewirkt worden ist. Das gleiche gilt von einem vertragsmäßigen Anerkenntnisse sowie einer Sicherheitsleistung des Verpflichteten.

1) Vollendung der Verjährung erfordert Ablauf der VerjFrist ohne od trotz Hemmg (§§ 202 ff) od Unterbrechg (§§ 208 ff). Sie beseitigt den Anspr nicht (daher kein FeststellgsUrt, daß „Anspr nicht zustehe", BGH **LM** Nr 8 Bl 2), gibt aber dem Verpflichteten das Recht zur Leistgsverweigerg, also eine **Einrede.** Damit vereitelt sie nur die zwangsweise Durchsetzg des Anspruchs gg den Willen des Verpflichteten. Sie wird daher nicht vAw berücksichtigt, sond nur, wenn der Schu sie geltd macht; gg den ausgebliebenen Beklagten kann also VersäumnUrt ergehen. Nicht erforderl ist Geltdmachg im Prozeß; die Einr kann auch außerh des Prozesses erhoben werden und ist dann auch im VersäumnVerf zu berücksichtigen, wenn der Kläger davon Mitteilg macht, hM; aber nicht mehr in Revision, wenn vorher nicht geltd gemacht, da tatsächl Vorbringen, BGH **1,** 234, BAG BB **58,** 916. Wird die Einr im Proz hilfsw erhoben, ist die Einschr nicht zu beachten, die Kl alsbald abzuweisen, Köln MDR **70,** 686, Schneider JurBüro **78,** 1265. – All das gilt nicht bei **öffentl-rechtl Ansprüchen,** da die Verj hier dem öff Interesse dient und idR Erlöschen der Fdg zur Folge hat, RG **84,** 281, so ausdr AO (77) §§ 232, 47.

2) Aus dem Anm 1 Gesagten folgt: Die Fdg **bleibt erfüllbar;** das zur Erf Geleistete kann nicht zurückgefordert werden (in **II** auch für den Fall der Unkenntn von der Verj ausdr klargestellt). Ebsowenig ein vertragl Anerkenntn, das nach § 812 II als Leistg gilt, und eine SicherhLeistg; Anerkenntn ist hier anders als in § 208 nur ein mit Verpflichtgswillen abgegebenes gem §§ 780–782, es bedarf (abgesehen von dem Fall des Vergleichs) nach § 781 der Schriftform, RG **78,** 163, DR **42,** 726 str. Aber auch ohne Anerkenntn kann nach eingetretener Verjährg auf Erhebg der Einr (auch formlos) verzichtet werden, BGH Betr **74,** 2005, auch BGH **57,** 209; Verzicht aber idR nur anzunehmen, wenn Schu weiß, daß Verj eingetreten, BGH VRS **20,** 187. Ein Fallenlassen der Einr im Prozeß ist nicht immer Verzicht, BGH **22,** 267, auch Zahlg von Teilbeträgen nicht hinsichtl des Restes. – Die verjährte Fdg ist noch zur Aufrechng geeignet, vgl § 390; die Haftg der Hypotheken u Pfandrechte bleibt bestehen, vgl § 223. Auch bleibt vielf trotz Verj des Anspr das Recht zur einredeweisen Geltdmachg erhalten, vgl §§ 478, 490, 639, 821, 853. Nur für §§ 901, 1028 hat Verj zugleich das Erlöschen des Rechts zur Folge. – II wird von BGH **62,** 15 entspr angewandt im Fall von Anspr aus Bauleistgn, dem nach VOB 16 Nr 2 II die vorbehaltlose Annahme der Schlußzahlg entggsteht.

3) Beim Vorhandensein **mehrerer Verpflichteter** steht die Einr nur dem zu, zu dessen Gunsten sich **die** Verj vollendet hat (§§ 425, 429).

4) Über Entkräftg der VerjEinr dch den **Gegeneinwand der Arglist** vgl Übbl 3 vor § 194.

223 *Wirkung bei gesicherten Rechten.* ᴵ Die Verjährung eines Anspruchs, für den eine Hypothek, eine Schiffshypothek oder ein Pfandrecht besteht, hindert den Berechtigten nicht, seine Befriedigung aus dem verhafteten Gegenstande zu suchen.

ᴵᴵ Ist zur Sicherung eines Anspruchs ein Recht übertragen worden, so kann die Rückübertragung nicht auf Grund der Verjährung des Anspruchs gefordert werden.

ᴵᴵᴵ Diese Vorschriften finden keine Anwendung bei der Verjährung von Ansprüchen auf Rückstände von Zinsen oder anderen wiederkehrenden Leistungen.

1) I in der Fassg der SchiffsRDVO v 21. 12. 40, RGBl I 1609. – Bei Sach- und RechtspfandR (§§ 1204 1273), Hyp (§ 1113) und Schiffshyp (SchiffsRG 8) bleibt die Sachhaftg, also die Sicherg, von der Verj der Fdg unbeeinflußt, I; der akzessorischen Natur dieser Rechte (vgl Übbl 2 Aa vor § 1113 und Übbl 1b vor § 1204) widerspricht das nicht, da ja auch eine verjährte Fdg noch besteht, vgl § 222 Anm 1, 2. Für RegisterpfandR an Luftfahrzeugen gilt sinngem dasselbe wie für Schiffshyp, LuftfzRG 98 II. – Grund- u Rentenschulden sind von der Fdg überh, also auch von ihrer Verj unabhängig. I bezieht sich auch auf gesetzl Pfandrechte (str), denn er spricht von **bestehendem** PfandR, ohne auf den EntstehgsGrd abzustellen, Schlesw SchlHA 58, 81. Auch ein ZbR, § 273, bleibt trotz Verj bestehen, str, vgl § 273 Anm 3. Ebso bleibt die Sicherg der Fdg durch (fiduziarische)RechtsÜbertr (vgl Übbl 3g vor § 104) von Verj unberührt; Rückübertr kann nicht gefordert w, II. Entspr muß ÜigtVorbeh von Verj des KaufpreisAnspr unberührt bleiben (so auch BGH 34, 195, **70**, 98) u zwar auch bei AbzKauf, vgl LG Mü NJW **65**, 2353, str, vgl Müller Betr **70**, 1209. Dagg gilt § 223 nicht für Vormerkg (§ 883), die nach § 886 beseitigt w kann. Für Bürgsch vgl § 768.

2) Die Ausn des III gilt für **wiederkehrende Leistgen** aller Art ohne Rücks auf Regelmäßigk der Wiederkehr; nicht aber auch für Amortisationsbeträge.

224 *Verjährung der Nebenleistungen.* Mit dem Hauptansprüche verjährt der Anspruch auf die von ihm abhängenden Nebenleistungen, auch wenn die für diesen Anspruch geltende besondere Verjährung noch nicht vollendet ist.

1) Zu den Nebenleistgen gehören Zinsen, Früchte, Nutzgen, Kosten, Provisionen usw. Verzugsschadensansprüche (§ 288 II) verjähren in derselben Frist ab Schadensentstehg wie HauptAnspr, RG SeuffA 82, 183, BAG AP ZPO 322 Nr 6, str, aA (für entspr Anwendg des § 224) RG **156**, 113. Selbständige wiederkehrende Leistgen gehören nicht hierher. – Über Verjährg des **Stammrechts** wiederkehrder Leistgen vgl § 194 Anm 1d.

225 *Vereinbarungen über die Verjährung.* Die Verjährung kann durch Rechtsgeschäft weder ausgeschlossen noch erschwert werden. Erleichterung der Verjährung, insbesondere Abkürzung der Verjährungsfrist, ist zulässig.

1) a) Da die Verj dem RFrieden dient (vgl Übbl 2 vor § 194), sind die VerjRegeln insofern **zwingend**, als die Verj nicht ausgeschl od erschwert werden kann. Entggstehende Abreden sind nichtig, auch Versprechen, auf VerjEinr zu verzichten, BGH VRS **24**, 94 stRspr; solcher Verzicht währd laufder Verhandlgen zwecks gütl Bereinig einer Fdg hat aber uU die Bedeutg, daß Klage bis zum Abschl der Verhandlgen nicht erhoben w soll *(pactum de non petendo)*, Ausleggsfrage; dann ist die Verj bis zu deren Scheitern gehemmt; wo Hemmg nicht in Frage kommt (BGH lehnt sie meist ab), bewirkt solcher Verzicht, daß die Erhebg der VerjEinrede bis zu deren Scheitern uzul einer kurzen ÜberleggsFr unzul ist, vgl Übbl 3 vor § 194. Wo „Verzicht" befristet ist, kann nach Ablauf der Fr der VerjEinr der Einwand unzul RAusüb nicht mehr entgg gehalten w (Düss MDR **70**, 840, Köln VersR **76**, 71); doch kommt ZPO 270 (Rückwirkg der Klageerhebg bei demnächst Zustellg) dem Kl auch hier zugute, BGH NJW **74**, 1285, Hbg MDR **75**, 406; Schu kann den „Verz" jederzeit widerrufen, BGH VersR **61**, 701. Ob Verz auch in den Fall gilt, daß Verj bereits eingetreten, ist Ausleggsfrage, Brem VersR **78**, 135. – b) **Ausnahmen** von § 225 für gewisse ganz kurze VerjFristen vgl §§ 477 I, 480, 490, 638 II, HGB 414 I, 423, 439; auch § 486 betr Verlängerg einer AusschlFrist. Verboten sind aber nur RGeschäfte, die die Erschwerg der Verj unmittelb bezwecken. Erschwerg als mittelb Folge einer andern Abrede ist gestattet, vgl Warn **11**, 259, so Hinausschieben der Fälligk des Anspr, *pactum de non petendo* (vgl § 202 Anm 2), Umwandlg einer Zinsschuld in ein Darlehen uä. – c) Einseitiger od vertragl Verzicht auf Geltdmachg vollendeter Verj ist unbedenkl, vgl § 222 Anm 2.

2) **Erleichterung der Verjährg** durch RGesch (Abkürzg der Fristen, Einschränkg der Hemmgs- und Unterbrechgsgründe usw) ist zul, auch Festsetzg vorzeitigen VerjBeginns, RG **66**, 413. Das gilt auch für Ansprüche aus Versch, sogar aus Vorsatz; § 276 II ist insoweit nicht anwendb VG **135**, 174. Formularmäß Klauseln über eine Erleichterg der Verj können aber gem AGBG §§ 9, 11 Nr 10f unwirks sein (vgl dort). In entspr Anwendg von TVG § 4 IV 3 sind ferner einzelvertragl Abreden über die erleichterte Verj von tarifl Anspr unwirks, BGH **64**, 244; Soergel-Augustin Rdz 8. Unzul wohl auch Abreden, die einen unverjährb Anspr verjährb machen.

Sechster Abschnitt. Ausübung der Rechte.
Selbstverteidigung. Selbsthilfe

Überblick

1) §§ 226 ff geben allg Regeln betr die **Ausübg und Erhaltg von Rechten**; sie werden ergänzt insb dch die ProzGesetze, die die Durchsetzg der Rechte, letzten Endes vermittels staatl Zwanges, und das dabei zu

beachtende Verf regeln, ferner dch Normen des Verw-, insb PolizeiR insof, als sie den Schutz der Einzelnen in ihrem Rechtsstand gewährleisten. – Allg Ausgangspunkt ist: die Ausüb eines Rechts ist unbeschr nur zul, soweit andere nicht betroffen werden; sonst ist, da der Rechtsstaat Privatzwang grdsätzl verbietet, zur vollen Rechtsausübung und -durchsetzg idR (Ausnahmen ua §§ 229–231) Einverständn bzw freiw Mitwirkg des Betroffenen od Anrufg der Staatsgewalt in dem dafür vorgesehenen Verf nötig; dagg ist bei der Verteidigg von RGütern gg private Eingriffe idR auch Gewaltanwendg erlaubt (§§ 227 ff).

2) § 226 betrifft die **Grenzen der Rechtsausübung** überh, auch der prozessualen; er wird außer dch viele Einzelbestimmgen ergänzt durch §§ 138, 157, 242, 826. Insgesamt ergibt sich aus diesen Bestimmgen ein allg Erfordern der Redlichk im RVerkehr, das jede RAusüb unzul macht, die sich als gröbl Verstoß gg den das gesamte bürgerl Recht beherrschenden Grds von Treu u Glauben darstellt (RG **146**, 396); der **Einwand unrichtiger Rechtsausübg** und die **Verwirkg** sind Ausflüsse dieses Grdsatzes; Näheres hierüber vgl insb § 242 Anm 2, 4C, 9.

3) Auch die Regelg der **Selbstverteidigg** (Notwehr, Notstand) und der sog **Selbsthilfe** in §§ 227 ff ist nicht erschöpfd. Hinzu tritt der sog „übergesetzl Notstand"; vgl ferner § 904 Notstandsangriff, § 867 Besitzwehr, und die bes Fälle der §§ 561, 859, 910, 962. Ein SelbsthilfeR ist auch das PrivatpfändgsR, das nach EG 89 der Landesgesetzgebg vorbehalten ist.

226 *Schikaneverbot.* Die Ausübung eines Rechtes ist unzulässig, wenn sie nur den Zweck haben kann, einem anderen Schaden zuzufügen.

1) Vgl Übbl 2 vor § 226. Ggü den dort erwähnten allg Grdsätzen ist § 226 wenig bedeuts, da er voraussetzt, daß nach Lage der gesamten Umst ein **anderer Zweck** des Handelns als Schadenszufügg objektiv **ausgeschlossen** ist, RG **68**, 424. Wenn ein berecht Interesse auch nur mitbestimmd sein kann, liegt Schikane nicht vor, RG **98**, 17. Rechtsausübg, ohne bes Vorteile zu erstreben, genügt nicht, weil sie dennoch innerh der Befugn liegen kann, RG JW **05**, 388. Daß andere Beweggründe nicht erkennb sind, kann aber auf ausschließl Schädiggszweck schließen lassen. – § 226 gilt für alle RGebiete, auch öff Recht, was für die in Übbl 2 vor § 226 erwähnten allgemeinen Grdsätze nicht überall zutrifft. Er ist auch bei Verletzg ideeller Interessen anwendb RG **72**, 251. Er wurde angewandt: wenn die Wiederbeschaffg bestimmter hinterlegter Aktien statt der angebotenen gleichartigen Aktien anderer Nummern verlangt wird u die Aktien wertlos sind, RG **96**, 184; – wenn ein Vater seinen Kindern das Betreten seines Grdstücks verbietet, auf dem die Grabstätte der Mutter liegt, RG **72**, 251; – uU wenn von verschiedenen Stellen wg der gleichen Hdlg Unterlassgsklage erhoben wird u in einem Falle bereits dazu verurteilt ist RG **120**, 47; – wenn dieselbe Klage vor vielen Gerichten ohne rechtfertigden Grd gleichzeitig erhoben wurde, ArbG Hamm MDR **66**, 272.

2) Schikanöse Rechtsausübg ist **unzulässig**, dh rechtswidr; Notwehr, § 227, gg sie also zul. Sie kann zum SchadErsatz verpflichten, da § 226 SchutzG iS von § 823 II ist; ggü dauernder schikanöser Rechtsausübg besteht UnterlassgsAnspr RG **72**, 251. Das Recht als solches bleibt aber unberührt, Ausübg unter anderen Umst, dh wo Schikane fehlt, also zul.

227 *Notwehr.* ^I Eine durch Notwehr gebotene Handlung ist nicht widerrechtlich.
^{II} Notwehr ist diejenige Verteidigung, welche erforderlich ist, um einen gegenwärtigen rechtswidrigen Angriff von sich oder einem anderen abzuwenden.

1) Der **Notwehrtatbestand** entspricht dem des StGB 32, bish 53, hM, vgl daher die Anm dazu in den Komm zum StGB; er erfordert: **a) Angriff**; kann nur von Personen, aber da Versch nicht erforderl, auch von Kindern und Geisteskranken, nicht von Tieren od Sachen (darüber § 228) ausgehen. Angriff auf jedes individuell geschützte RGut, auch Ehre genügt; auch Angriff gg sittl Gefühle u andere ideelle Güter RG **117**, 142, ebso echter Angriff auf allg PersönlkR (§ 823 Anm 15) od fotograf Aufn in Verletzg des R am eig Bild nach KUG 22, Hbg NJW **72**, 1290, nicht aber Ausstellg pornograf Schriften, da kein geschütztes Individualinteresse angegriffen, BGH **64**, 178 [180, 182], auch nicht Ehebruch, da sich Ehe nicht mit Gewalt schützen läßt, Köln NJW **75**, 2344. Unlauterer Wettbew kann Angriff sein; wettbew Abwehr bedarf aber idR keiner Rechtfertigg aus § 227, da sie selten unlauter sein w, vgl BGH NJW **71**, 804. Dagg ist NichtErf von VertrPflichten u sonstiges Unterlassen kein Angriff, Warn **33**, 116, also auch nicht Verhinderg der Abholg reparierter Sache dch Inhaber der Reparaturwerkstatt, mag ihm UnternehmerPfdR zustehen od nicht (unrichtig also insow AG Bensberg NJW **66**, 733). Kein Angriff auch, wenn jemand einem and nachläuft, um ihn zur Feststellg der Personalien dch Polizei zu bewegen, sofern dazu rechtfertigder Anlaß bestand (hier Nichtzahlg des vom Taxameter angezeigten Fahrpreises), BGH VersR **71**, 629. Gg wen sich der Angriff richtet, ist unerhebl („von sich oder einem anderen",) auch Verteidigg fremder Interessen (sog Nothilfe) fällt unter § 227 vgl zB BGH VersR **70**, 376. – **b) rechtswidrigen** Angriff, das ist jeder Angriff auf fremde RGüter, dem nicht ein bes RechtfertiggsGrd zur Seite steht, vgl § 823 Anm 7 A u B (die neuere strafrechtl Lehre, die nur objektiv vorwerfb Handlgen als rechtswidr ansieht, paßt nicht in die Terminologie des BGB). Provozierter Angriff vgl unten e. Über Notwehr ggü körperl Durchsuchg dch Polizeibeamten ohne rechtfertigden Anlaß vgl LG Bln NJW **71**, 620. – **c) gegenwärtigen** Angriff; er muß schon begonnen haben u noch nicht beendet sein. Beginn erfordert nicht, daß Verletzg schon erfolgt ist, Losgehen auf Gegner kann genügen, RG JW **11**, 578, BGH VersR **71**, 630, vgl auch BGH NJW **73**, 255. Beendet ist er, wenn er aufgegeben, fehlgeschlagen od durchgeführt ist, nicht aber wenn alsbald mit weiterer Tätlichk des Angreifers zu rechnen ist, BGH VersR **64**, 286. Der Angriff des Diebes dauert fort, solange dieser bestrebt ist, sich die Beute zu sichern, RG **111**, 370, KG OLGZ **78**, 73. – **d) Erforderlichkeit der Verteidigg.** Es kommt darauf an, ob die gewählte Verteidigg obj notw war, nicht darauf, ob der Angegriffene sie für erforderl hielt od halten konnte, RG **84**, 306, BGHSt NJW **74**, 154. Was erforderl ist, hängt von den Umst ab; maßg ist die Gewalt des Angriffs, nicht der Wert des angegriffenen Gutes; uU ist zur Verteidigg geringwert Güter eine Leib u Leben des Angreifers gefährdde Abwehr zul, RG **111**, 370, BGHSt NJW **56**, 920. Daran dürfte wohl auch MRK 2 IIa nichts geändert, str, vgl zum Streitstand Bockelmann in Engisch-Festschr S 456 ff. Grdsätzl darf der rechtswidr Angegriffene das Verteidiggsmittel wählen, das eine sofort u endgült Beseitigg der Gefahr mit Sicherh erwarten läßt, er braucht sich nicht auf ein in der Wirkg zweifelhaftes Verteidiggsmittel verweisen zu lassen, BGH NJW **76**, 42. Flucht ist nur dann zuzumuten, wenn der Angegriffene sich ohne Aufg berecht Interessen (auch Ehre!) dem Angriff entziehen kann, RG **84**, 308, vgl dazu aber unten e. Nur das am wenigsten schädl Abwehrmittel, das geeignet ist, die Gefahr des Angriffs sofort u endgült zu beseitigen, ist erforderl u zulässig, BGH VersR **67**, 478, BGHSt NJW **72**, 1822. Schußwaffengebrauch ist nur in ernster Gefahrenlage erforderl, BGH NJW **76**, 42. Trotz Vorliegen der Voraussetzgen des § 227 kein NotwehrR, wenn zw angegriffenem u dem dch die Notwehr-Hdlg verletztem RGut unerträgl Mißverhältn, BGH aaO, Hamm VersR **77**, 935. – Überschreit der erforderl Verteidigg (sog **Notwehrexzeß**) ist obj rechtswidr, wenn auch nach StGB 33 straffrei. Schaderspflichtig (§§ 823 ff) macht sie nur, wenn Versch vorliegt, also nicht bei entschuldb Irrt; wo Versch zu bejahen, ist MitVersch des Angreifers nach § 254 zu werten, BGH VersR **67**, 478. – **e)** Sonderprobleme bei **provoziertem Angriff**: Wo der Täter Angriff absichtlich herbeiführt, um sich bei einer Verletzg fremder Rechtsgüter auf Notwehr berufen zu können (sog Mißbr des NotwehrR), besteht in Wahrh kein NotwTatbestd; die angebl NotwehrHdlg ist rechtswidr (wohl allg Meing). In allen and Fällen hat die Tatsache der Provokation (auch der schuldh, ja bewußten) keinen Einfluß auf die Rechtswidrig eines Angriffs; er begründet, wenn er nicht (etwa aus eigener Notwehr) rechtmäß ist, ggf eine Notwehrlage u die erforderl Verteidigg ist rechtmäß (BGHSt NJW **72**, 1822, anders noch BGHSt NJW **62**, 309 u schon RGSt **71**, 133, die auch hier RechtsMißbr annahmen), kann also nicht schaderspflichtig machen (wohl kann die Provokation unerl Hdlg sein u zum SchadErs verpflichten). In solchen Fällen ist aber Verteidigg nicht erforderl, wenn Ausweichen (auch Flucht wäre hier zumutb) die Gefahr beseitigen würde, vgl BGHSt NJW **72**, 1822 u **75**, 1423. Auch der absichtslose Provocateur muß gewisse Beeinträchtiggen in Kauf nehmen und sich desh bei der Abwehr zunächst zurückhalten; wird der Angr dann fortgeführt, fällt solche ZurückhaltgsPfl weg, vgl dazu BGHSt NJW **76**, 634.

2) Die NotwehrHdlg ist nicht widerrechtl; alle Rechtswidrigk voraussetzenden **Rechtsfolgen** entfallen. Also keine verbotene Eigenmacht, keine SchadErsPfl aus unerl Hdlg, §§ 823 ff. Ein bei der Abwehr einem Dritten zugefügter Schaden fällt unter § 904; denn die gg den Angreifer gerichtete NotwehrHdlg ist ggü dem Dritten berechtigter Notstandsangriff, str; der ErsPflichtige kann gg den Angreifer nach § 823 Rückgriff nehmen. Der in Notwehr Handelnde haftet dem Dr aus § 823, wenn er sich der Notwehrlage bewußt ausgesetzt hat u die Gefährdg auch vorausehen konnte, BGH NJW **78**, 2029.

3) Irrtüml Ann eines Notwehrtatbestandes (sog **Putativnotwehr**) fällt nicht unter § 227, SchadZufügg ist dann also widerrechtl, Warn **26**, 112. SchadErsPfl tritt aber nur bei Versch ein, also nicht, soweit Irrt entschuldb, RG **88**, 120, OGH **4**, 105.

4) **Beweislast.** Berufg auf Notwehr ist Einwand des Fehlens der Rechtswidrigk und vom angebl Angegriffenen zu beweisen; das gilt auch für Notwehr eines Beamten in Ausübg öff Gewalt RG **159**, 240. Überschreitg der Notwehr hat zu beweisen, wer sie behauptet, RG JW **25**, 939, BGH VersR **66**, 778, auch VersR **71**, 630; bei Putativnotwehr muß der Täter Entschuldbark des Irrt beweisen RG **88**, 120.

5) Dem Notwehrtatbestd äußerl ähnl, aber begriffl davon zu trennen, sind die Fälle **berechtigten Waffengebrauchs**, die öff-rechtl geregelt sind. Die Rechtswidrigk entfällt dort auch dann, wenn Notwehrtatbestd nicht erfüllt. Vgl dazu ua die Polizeigesetze u G ü Waffengebrauch der Forst- und Jagdschutzberechtigten vom 26. 2. 35 RGBl 313.

228 *Notstand.* Wer eine fremde Sache beschädigt oder zerstört, um eine durch sie drohende Gefahr von sich oder einem anderen abzuwenden, handelt nicht widerrechtlich, wenn die Beschädigung oder die Zerstörung zur Abwendung der Gefahr erforderlich ist und der Schaden nicht außer Verhältnis zu der Gefahr steht. Hat der Handelnde die Gefahr verschuldet, so ist er zum Schadensersatze verpflichtet.

1) **Allgemeines.** § 228, ergänzt durch § 904, behandelt den bürgerlrechtl **Notstand,** der einen Unterfall des rechtfertigden Notstandes (StGB 34 neu) darstellt. Die §§ 228 und 904 gehören trotz räuml Trenng inhaltl zus. § 228 gestattet zur Abwendg einer Gefahr die Beschädigg der gefahrbringden Sache (Notstandsverteidigg), § 904 die Einwirkg auch auf eine nicht selbst gefahrbringde Sache (Notstandsangriff). Beide beruhen darauf, daß im Konfliktfalle das weniger schutzwürd RGut weichen muß, wobei je nach der Fallgestaltg SchadErsPfl entsteht od nicht. Beide §§ dürften entspr anwendb sein, wo Notstand nicht dch eine Sache, sond eine Person herbeigeführt w (oft wird dann allerd § 227 vorliegen), so besteht in Notstand auch in persönl Integrität eingegriffen w, vgl dazu Canaris JZ **63**, 655 (grdsätzl, auch zur Selbstaufopferg in Notstandslagen). – §§ 228 u 904 gelten nicht auf dem Gebiete des Jagdschutzes, vgl RG **155**, 338, vielmehr BJagdG 23 ff mit Ländergesetzen.

2) **§ 228 erfordert:** **a)** drohende **Gefahr.** Wem sie droht u welchem RGut, ist, wie für § 227 (vgl dort Anm 1, anders StGB 34, 35 neu), unerhebl; geschützt sind rechtl Interessen aller Art, auch Aneigngsrechte, RGSt **34**, 295, und ideelle Güter. (Für § 904 gilt dasselbe, doch setzt er **gegenwärtige** Gefahr voraus.) Die Gefahr muß **von der Sache** (auch Tier!) ausgehen, die im Notstand beschädigt wird. UU genügt eine mittelb von der Sache ausgehde Gefahr, RG **143**, 387, OGH **4**, 103 (= JZ **51**, 227 mit Anm Ballerstedt), str. Wo die Gefahr nicht von der Sache herrührt, greift ggf § 904 ein. Wird die Sache als Werkzeug von einem Menschen benutzt, so gilt § 227; keine ErsPfl des Schädigers, auch wenn die Sache einem Dritten gehört. – **b)** Die NotstandsHdlg muß **erforderlich** sein (ebenso § 904 „notwendig"). Das zu § 227

Anm 1 d Gesagte gilt auch hier. – **c)** Der dch die Beschädigg entstandene **Schaden** darf **nicht außer Verhältnis** zu der abgewendeten Gefahr stehen. (§ 904 hat strengeren Maßstab: der drohende Schaden muß ggü dem aus der Einwirkg entstehenden unverhältnism groß sein; Grd der Verschiedenh: die gefahrbringende Sache ist weniger schutzwürdig.) WertVergl nach obj Gesichtspunkten, wobei aber Affektionsinteresse berücksichtigt w kann.

3) Liegt Notstand des § 228 vor, so ist die Schadenszufügg **nicht rechtswidrig.** Sie ist also nicht strafb, nicht verbotene Eigenmacht, nicht unerl Hdlg, Notwehr dagg gibt es nicht. Das gilt auch für verschuldeten Notstand, trotzdem tritt hier SchadErsPfl (§§ 249 ff) ein, **2;** ebso immer bei § 904. Den Notstand hat verschuldet, wer sich vorsätzl od fahrl in die gefährl Lage begab. Über Pers des ErsPflichtigen vgl Horn JZ 60, 350. – Nicht rechtswidr sind auch an Handlgen in **rechtfertigendem** Notstand nach StGB 34 neu, dh Handlgen, die vorgenommen werden zur Abwehr einer nicht anders abzuwendden Gefahr für ein Rechtsgut, wenn bei Abwägg der widerstreitden Interessen, namentl der betroffenen Rechtsgüter und des Grades der drohden Gefahren das geschützte Interesse das beeinträchtigte wesentl überwiegt u die Hdlg ein angem Mittel ist, die Gefahr abzuwenden. Bei rechtfertigdem Notstand (insb Nothilfe) gibt es also keine SchadErsPfl, wenn nicht § 228 S 2, § 904 od analoger Tatbestd vorliegt (hierzu Wilts NJW **64,** 708, auch § 904 Anm 3 b; vgl auch LuftVG 25 u HGB 700). – Anders bei nur **entschuldigendem** Notstand (StGB 35 neu, ähnl 54 alt), dh wo rechtfertigder Notstand zwar nicht gegeben, der Täter aber bei Abwehr einer Gefahr für Leben, Leib oder Freih für sich od für eine ihm nahestehde Pers handelt, er die Gefahr nicht selbst verursacht hat und ihm nicht aus sonstigen Gründen zuzumuten ist, die Gefahr hinzunehmen. Hier handelt der Täter zwar ohne Schuld, aber rechtswidr. Der Betroffene hat Notwehrrecht und er erwirbt SchadEr Anspr, wo ohne Verschulden gehaftet wird od wenn ein dem Tatbestd des § 904 ähnl Fall vorliegt. Wo (abgesehen vom Falle rechtfertigenten Notstands) Täter die Gefahr selbst verursacht hat od wo er sie aus and Gründen hätte hinnehmen müssen (etwa kraft Berufes), ist auch Verschulden zu bejahen.

4) Für irrtüml Ann eines Notstands (**Putativnotstand**) und **Beweislast** gilt dasselbe wie bei Notwehr, vgl § 227 Anm 3, 4.

229 *Selbsthilfe.* **Wer zum Zwecke der Selbsthilfe eine Sache wegnimmt, zerstört oder beschädigt oder wer zum Zwecke der Selbsthilfe einen Verpflichteten, welcher der Flucht verdächtig ist, festnimmt oder den Widerstand des Verpflichteten gegen eine Handlung, die dieser zu dulden verpflichtet ist, beseitigt, handelt nicht widerrechtlich, wenn obrigkeitliche Hilfe nicht rechtzeitig zu erlangen ist und ohne sofortiges Eingreifen die Gefahr besteht, daß die Verwirklichung des Anspruchs vereitelt oder wesentlich erschwert werde.**

1) Begriff: Selbsthilfe iS der §§ 229 ff ist die Durchsetzg od Sicherg eines Anspr vermittels privater Gewalt. Sie ist in aller Regel unzul, da sie fast immer den Tatbestd eines Strafgesetzes oder einer unerlaubten Handlung darstellt, vgl auch Übbl 1 vor § 226. Anders soweit § 229 od eine der in Übbl 3 vor § 226 genannten Bestimmgen eingreifen, da dann Rechtswidrigk ausgeschl ist. § 229 ist also AusnVorschrift. Er wird dch § 859 (Besitz) ergänzt.

2) Voraussetzgen erlaubter Selbsthilfe: **a)** ein bestehender **Anspruch,** der verwirklicht werden soll. Vermeintl Anspr genügt nicht, wohl aber bedingter od betagter, sofern Arrest od einstw Vfg zul ist (folgt aus § 230 II, III). Es kommen also nur Ansprüche in Frage, die gerichtl durchgesetzt w können, nicht unklagbare, zB § 762. – **b) Obrigkeitliche Hilfe** muß **nicht rechtzeitig** zu erlangen sein; trifft auch zu, wenn sie zu Unrecht verweigert ist; in Betr kommen insb Arrest u einstw Vfg. – **c) Gefährdung der Verwirklichung des Anspruchs;** sie erfordert nicht Drohen eines unwiederbringl Verlustes. Selbsthilfe auch zul zur Sicherg von BewMitteln, zu befürchtende BewSchwierigkeiten genügen aber nicht nach BGHSt **17,** 328. Die Möglichk, statt Erfüllg SchadErs zu erlangen, schließt SelbsthilfeR nicht aus. – **d) Erforderlichkeit** der Selbsthilfe nach Art u Umfang vgl § 230 I.

3) Als Mittel der Selbsthilfe sind zugelassen: **a)** Wegnahme, Beschädigg od Zerstörg von Sachen (über Wegnahme vgl § 230 II). Gemeint sind nur Sachen des Schu, Eingriff in solche Dritter ist unzul, str. Unpfändb Sachen dürfen auch iW der Selbsthilfe nicht weggenommen werden RGSt **33,** 248. – **b)** Festnahme des Verpflichteten, wenn er fluchtverdächtig ist; sie soll den pers SicherhArrest (ZPO 918, 933) vorbereiten; vgl § 230 III, darf also nicht weitergehen als dieser; ein Recht zur Tötg des Verpflichteten besteht in keinem Fall RGSt **69,** 308. – **c)** Beseitigg eines Widerstandes mit Gewalt (entspr dem Vorgehen des GV nach ZPO 892).

4) Liegen diese Voraussetzgen vor, so ist die SelbsthilfeHdlg **nicht widerrechtlich,** also grdsätzl auch nicht strafb; anders, wenn die erlaubte Selbsthilfe dch eine Hdlg verwirklicht wird, die unter anderem strafrechtl Gesichtspunkt verboten ist, vgl Naumbg JRRspr **26,** 1086, oder wenn gesicherter Anspr außer Verhältn zur Schädigg des anderen steht, RGSt **69,** 308. Vgl auch § 227 Anm 2.

5) Eine **vertragliche Erweiterg** des SelbsthilfeR ist nicht mögl. Gestattg solcher Art ist daher frei widerrufl. Der Abzahlgsverkäufer, der die verkaufte Sache dem Käufer gg seinen Willen wegnimmt, handelt also widerrechtl, auch wenn ihm vertragl ein WegnahmeR eingeräumt ist, RG **146,** 182; derartiges WegnahmeR ist vielm idR im Klagewege zu verfolgen RG **131,** 222.

230 *Grenzen der Selbsthilfe.* **I Die Selbsthilfe darf nicht weiter gehen, als zur Abwendung der Gefahr erforderlich ist.**

II Im Falle der Wegnahme von Sachen ist, sofern nicht Zwangsvollstreckung erwirkt wird, der dingliche Arrest zu beantragen.

III Im Falle der Festnahme des Verpflichteten ist, sofern er nicht wieder in Freiheit gesetzt wird, der persönliche Sicherheitsarrest bei dem Amtsgerichte zu beantragen, in dessen Bezirke die Festnahme erfolgt ist; der Verpflichtete ist unverzüglich dem Gerichte vorzuführen.

IV Wird der Arrestantrag verzögert oder abgelehnt, so hat die Rückgabe der weggenommenen Sachen und die Freilassung des Festgenommenen unverzüglich zu erfolgen.

1) Zu I vgl § 227 Anm 1c.

2) II und III begründen Verpflichtgen des Täters für sein weiteres Verhalten. SicherhArrest vgl ZPO 918 ff, dingl Arrest ZPO 917, 919 ff. Anträge auf ZwVollstr od dingl Arrest sind nicht erforderl, wenn die Voraussetzgen der Besitzkehr (§ 859 II u III) vorliegen.

3) Verzögerg der Rückgabe od Freilassg, IV, verpflichtet bei Versch zum SchadErs mind nach § 823 II.

231 *Irrtümliche Selbsthilfe.* Wer eine der im § 229 bezeichneten Handlungen in der irrigen Annahme vornimmt, daß die für den Ausschluß der Widerrechtlichkeit erforderlichen Voraussetzungen vorhanden seien, ist dem anderen Teile zum Schadensersatze verpflichtet, auch wenn der Irrtum nicht auf Fahrlässigkeit beruht.

1) ErsPfl tritt ein unabhängig von jedem Versch, also über § 823 hinausgehende Gefährdgshaftg; es entsch allein die Rechtswidrigk der Hdlg. § 231 gilt auch dann, wenn der Handelnde irrtüml ein vertragl SelbsthilfeR annimmt, sein Irrt sich also nicht auf die Voraussetzgen des § 229 bezieht, BGH NJW **77**, 1818.

Siebenter Abschnitt. Sicherheitsleistung

Überblick

1) Die hier behandelte **Sicherheitsleistg** ist ein Mittel zur Abwendg der Gefahr künftiger RVerletzg od Benachteiligg. Andere derartige Mittel: VertrStrafenversprechen §§ 339 ff, Eintr einer Vormerkg §§ 883 ff, od eines Widerspruchs gg die Richtigk des Grdbuchs § 899; ferner im ProzR: Arrest u einstw Vfg ZPO 916 ff, Klage auf künftige Leistg ZPO 259.

2) Allg Regeln darüber, wann **Verpflichtg** zur SicherhLeistg besteht, fehlen. Sie kann beruhen auf RGesch (cautio voluntaria), richterl Vfg oder gesetzl Vorschr (cautio necessaria); zB §§ 52, 257, 775 II, 843 II, 867, 1039 ua). – §§ 232 ff finden nur Anwendg, wenn Sicherh aus sachl-rechtl Gründen zu leisten ist; für Fälle prozessualer SicherhLeistg gelten ZPO 108 ff.

3) § 232 behandelt **nur die Arten** der SicherhLeistg, nicht ihre **Höhe**. Diese muß, wo nichts anderes bestimmt ist, dem Werte des zu sichernden Rechts entsprechen u wäre notf im ProzWege festzusetzen.

232 *Arten.* I Wer Sicherheit zu leisten hat, kann dies bewirken
durch Hinterlegung von Geld oder Wertpapieren,
durch Verpfändung von Forderungen, die in das *Reichsschuldbuch* oder in das Staatsschuldbuch eines *Bundesstaats* eingetragen sind,
durch Verpfändung beweglicher Sachen,
durch Bestellung von Schiffshypotheken an Schiffen oder Schiffsbauwerken, die in einem deutschen Schiffsregister oder Schiffsbauregister eingetragen sind,
durch Bestellung von Hypotheken an inländischen Grundstücken,
durch Verpfändung von Forderungen, für die eine Hypothek an einem inländischen Grundstücke besteht, oder durch Verpfändung von Grundschulden oder Rentenschulden an inländischen Grundstücken.

II Kann die Sicherheit nicht in dieser Weise geleistet werden, so ist die Stellung eines tauglichen Bürgen zulässig.

1) I idF der SchiffsRDVO v 21.12.40, RGBl I 1609. – Unter den aufgezählten **Mitteln** hat der SicherhLeistende **freie Wahl**. Bei Einklagg des Anspruchs auf SicherhLeistg muß Antr u Urt dem Schu die Art der SicherhLeistg freistellen; erst bei Vollstr geht das WahlR auf Gläub gem § 264 über. Andere als die zugelassenen Sicherheiten braucht Gläub nicht anzunehmen; solange Sachsicherheiten mögl, auch nicht die Stellg eines Bürgen, vgl II. Vielf ist Bürge ganz ausgeschl, vgl zB §§ 273 III, 1218 I.

2) Die SicherhLeistg erfolgt bei Geld u Wertpapieren dch Hinterlegg nach HinterleggsO 10.3.37, wodch ein ges PfandR für den Berechtigten entsteht, § 233. In den übr Fällen des I muß PfdR od Hyp nach den dafür geltden Vorschriften bestellt w. Für HypBestellg genügt SichergsHyp; § 238 betrifft nur SicherhLeistg dch HypVerpfändg; bezügl der SicherhGrenze ist er (entspr) anwendb. RegPfandR an Luftfahrzeug ist wie SchiffsHyp zu behandeln, LuftfzRG 98 II.

3) Geld iS von gesetzl Zahlgmitteln ist in Höhe des Nennwerts zur SicherhLeistg geeignet, für die anderen Sichergsmittel stellen §§ 234 ff TauglkVoraussetzgen auf, vgl dort. Auch ausländ Geld ist zur Sicherh geeignet, aber nur in Höhe von $3/4$ des Kurswertes, § 234 III analog, hM.

233 Wirkung der Hinterlegung. Mit der Hinterlegung erwirbt der Berechtigte ein Pfandrecht an dem hinterlegten Gelde oder an den hinterlegten Wertpapieren und, wenn das Geld oder die Wertpapiere in das Eigentum des Fiskus oder der als Hinterlegungsstelle bestimmten Anstalt übergeben, ein Pfandrecht an der Forderung auf Rückerstattung.

1) Über Geld vgl § 232 Anm 3; über Wertpapiere vgl Einf vor § 793 u § 234, Sparkassenbücher gehören nicht dazu, RG 124, 219. Dch Hinterlegg entsteht für den Berechtigten ein PfandR, das nach § 1257 den Regeln des rechtsgeschäftl PfandR folgt. Ist Hinterleger nicht Eigentümer, so erwirbt der Berechtigte das PfandR bei Geld in jedem Fall, bei Wertpapier nur bei gutem Glauben, Soergel-Mormann Rdz 6, str. Hinterlegsrecht ist reichsrechtl geregelt durch HintO v. 10. 3. 37; deshalb hat GesEinhG Teil 1 Art 1 Z 6 die Worte „nach landesgesetzlicher Vorschrift" gestrichen. Nach HintO 7 erwirbt das Reich (jetzt Land) Eigt an den bei Hinterleggsstelle hinterlegten zugelassenen Zahlungsmitteln, vgl auch Einf v § 372. – Auch die Hinterlegg nach ZPO 108 hat die Wirkg des § 233.

234 Geeignete Wertpapiere. I Wertpapiere sind zur Sicherheitsleistung nur geeignet, wenn sie auf den Inhaber lauten, einen Kurswert haben und einer Gattung angehören, in der Mündelgeld angelegt werden darf. Den Inhaberpapieren stehen Orderpapiere gleich, die mit Blankoindossament versehen sind.

II Mit den Wertpapieren sind die Zins-, Renten-, Gewinnanteil- und Erneuerungsscheine zu hinterlegen.

III Mit Wertpapieren kann Sicherheit nur in Höhe von drei Vierteilen des Kurswerts geleistet werden.

1) Inhaberpapiere sind insb Schuldverschreibgen auf den Inh, §§ 793ff, u InhAktien, nicht aber die Urkunden des § 808. Kurswert ist der dch Angebot u Nachfrage beeinflußte, im Verk anerkannte Marktpreis, amtl Kursnotierg nicht erforderl. Über Mündelsicherh vgl § 1807. Auch die mit Blankoindossament versehenen Orderpapiere müssen mündelsicher sein, Wechsel sind das niemals.

235 Umtauschrecht. Wer durch Hinterlegung von Geld oder von Wertpapieren Sicherheit geleistet hat, ist berechtigt, das hinterlegte Geld gegen geeignete Wertpapiere, die hinterlegten Wertpapiere gegen andere geeignete Wertpapiere oder gegen Geld umzutauschen.

1) Der SicherhLeistgspflichtige hat nur bei Bestellg freie Wahl, § 232; nachträgl kann er die Art der SicherhLeistg nicht mehr einseit ändern. § 235 macht Ausn für Austausch von Geld u Wertpapieren.

236 Buchforderungen. Mit einer Buchforderung gegen das *Reich* oder gegen einen *Bundesstaat* kann Sicherheit nur in Höhe von drei Vierteilen des Kurswerts der Wertpapiere geleistet werden, deren Aushändigung der Gläubiger gegen Löschung seiner Forderung verlangen kann.

1) Reichsschuldbuch vgl ReichsG 31. 5. 1891/31. 5. 1910. In BRep ist BundesschuldenVerw an Stelle ReichsschuldenVerw getreten, VO 13. 12. 49, BGBl **50**, 1. Staatsschuldbücher bestehen in *Bay, Bad-Wü, Bln, Bremen, Hbg, Hess, Nds, NRW, RhlPf u Schl-H.* Der Gläub einer solchen Fdg kann Aushändig der Schuldverschreibgen verlangen, die er zur Begründg der Fdg hingeben mußte. In Höhe von drei Vierteln von deren Kurswert kann die BuchFdg zur SicherhLeistg verwendet werden. BuchFdgen gg eine Stadt (außer den Stadtstaaten) sind zur SicherhLeistg nicht geeignet.

237 Bewegliche Sachen. Mit einer beweglichen Sache kann Sicherheit nur in Höhe von zwei Dritteilen des Schätzungswerts geleistet werden. Sachen, deren Verderb zu besorgen oder deren Aufbewahrung mit besonderen Schwierigkeiten verbunden ist, können zurückgewiesen werden.

1) Den Schätzgswert muß ggf der SicherhLeistende beweisen. Ggstände, die nur Liebhaberwert haben sind ungeeignet. SicherhLeistg geschieht durch Verpfändg nach § 1205, bei Schiffen bzw Luftfahrzeugen dch Bestellg einer SchiffsHyp bzw eines RegisterPfdR (§ 232).

238 Hypotheken, Grund- und Rentenschulden. I Eine Hypothekenforderung, eine Grundschuld oder eine Rentenschuld ist zur Sicherheitsleistung nur geeignet, wenn sie den Voraussetzungen entspricht, unter denen am Orte der Sicherheitsleistung Mündelgeld in Hypothekenforderungen, Grundschulden oder Rentenschulden angelegt werden darf.

II Eine Forderung, für die eine Sicherungshypothek besteht, ist zur Sicherheitsleistung nicht geeignet.

1) SicherhLeistg geschieht durch Verpfändg (§ 232) nach §§ 1291, 1280, 1273. SicherhLeistg dch Hyp-Bestellung vgl § 232 Anm 2. Mündelsicherh vgl § 1807 I Z 1 u II. – SichergsHyp, II, vgl §§ 1184 ff. SchiffsHyp u RegPfdR an Luftfahrzeugen fallen unter § 237.

239 *Bürge.* **I** Ein Bürge ist tauglich, wenn er ein der Höhe der zu leistenden Sicherheit angemessenes Vermögen besitzt und seinen allgemeinen Gerichtsstand im Inlande hat.
II Die Bürgschaftserklärung muß den Verzicht auf die Einrede der Vorausklage enthalten.

1) SicherhLeistg dch Stellg eines Bürgen ist nur hilfsw gestattet, § 232 II. Sie geschieht dch Vermittlg des BürgschVertrags, §§ 765 ff, den der Gläub, wenn die Voraussetzgen (auch Verzicht auf Vorausklage, II) erfüllt sind, abzuschließen verpflichtet ist. Vorausklage § 771. — Angemessenem Vermögen stehen sichere regelm Einkünfte gleich. — Gerichtsstand vgl ZPO §§ 13 ff.

240 *Ergänzungspflicht.* Wird die geleistete Sicherheit ohne Verschulden des Berechtigten unzureichend, so ist sie zu ergänzen oder anderweitige Sicherheit zu leisten.

1) Der **Ergänzungsfall** kann eintreten dch Entwertg des SichergsGgstandes (Untergang, Verschlechterg Sinken des Kurswertes, VermVerfall des Bürgen) od dch Erhöhg der zu sichernden Fdg; keine Ergänzg wenn sich Wert des SichergsGgstandes nicht geändert hat, auch wenn von Anfang an unzulängl, BGH **LM** Nr 1. Die Wahl zw Ergänzg und anderer SicherhLeistg hat Verpflichteter. — **Beweislast** trifft: für Unzulänglichwerden den Berechtigten, für dessen etw Versch daran den Verpflichteten. Bei Vereinbg der SicherhLeistg dch bestimmten Ggst ist es Ausleggsfrage, ob Wertminderg ergänzgspflichtig macht.

Zweites Buch. Recht der Schuldverhältnisse

Bearbeiter der §§ 241–432: Heinrichs, Präsident des Landgerichts Bremen;
der §§ 433–630: Prof. Dr. Putzo, Vorsitzender Richter am Oberlandesgericht München;
der §§ 631–853: Prof. Dr. Thomas, Vorsitzender Richter am Oberlandesgericht München

Schrifttum

Blomeyer, Allg Schuldrecht, 4. Aufl 1969. – Brox, Grundriß des Schuldrechts, Bd I, Allg Teil, 6. Aufl 1977, Bd II, Bes Teil, 5. Aufl 1977. – Emmerich ua, Grundlagen des Vertrags- und Schuldrechts, 1974. – Esser, Schuldrecht, Lehrbuch, Allg Teil, 4. Aufl 1970, Bes Teil 4. Aufl 1971. – Esser-Schmidt, Schuldrecht, Allg Teil, 5. Aufl. TeilBd 1, 1975, TeilBd 2, 1976. Esser-Weyers, Bes Teil, TeilBd 1, 1977. – Fikentscher, Lehrb des Schuldrechts 6. Aufl 1976. – Heck, Grundriß des Schuldrechts, 1929. Unveränd Nachdr 1958. – Hedemann, Schuldrecht des BGB, 3. Aufl 1949. – Kress, Lehrbuch des Allgemeinen Schuldrechts, 1929, unveränd Neudr 1974. – Larenz, Lehrbuch des Schuldrechts, Bd 1, Allg Teil, 11. Aufl 1976, Bd 2, Bes Teil, 11. Aufl 1977. – Molitor, Schuldrecht, Studienbuch, Bd 1, Allg Teil, 8. Aufl 1965, Bd 2, Bes Teil, 7. Aufl 1965. – Titze, Bürgerl Recht, Recht der SchuldVerh, 4. Aufl 1932, Unveränd Neudr 1948. – Wolf, Lehrbuch des Schuldrechts, Bd 1 u 2, 1978.

Einleitung

Übersicht

1) **Allgemeines**
  a) Begriff des Schuldverhältnisses
  b) Relativität der Schuldverhältnisse
  c) Bedeutung des Schuldrechts, Entstehung der Schuldverhältnisse
  d) Parteiwille und öffentliche Ordnung
  e) Leistungspflichten und weitere Verhaltenspflichten
2) **Rechtsbindung** (Gefälligkeitszusagen)
3) **Schuld und Haftung**
4) **Unvollkommene Forderungen und Obliegenheiten**
5) **Dauerschuldverhältnisse**
  a) Begriff
  b) Rechtliche Behandlung
6) **Anwendungsbereich des Schuldrechts**
  a) Privatrecht einschließlich Sachen-, Familien- und Erbrecht
  b) Öffentliches Recht
7) **Kriegsfolgen und Schuldverhältnisse**

1) Allgemeines

a) Begriff des Schuldverhältn: Das SchuldVerh ist eine RBeziehg zw (mindestens) zwei Pers, kraft deren die eine, der Gläub, von der and, dem Schu, eine Leistg zu fordern berecht ist, § 241. Aus dem SchuldVerh ergibt sich das Recht des Gläub auf die Leistg, die Fdg; ihr entspr als Kehrseite die LeistgsPfl des Schu, die Schuld. Das Ges bezeichnet mitunter als SchuldVerh die einz Leistungsbeziehg (Bsp: der MietzinsAnspr für einen best ZeitAbschn), so etwa in §§ 362, 364, 397. Das SchuldVerh idS fällt mit der einz Fdg (Schuld) zus. Der eigentl Begr des SchuldVerh muß aber umfassder verstanden w. SchuldVerh ist **die Gesamtheit der Rechtsbeziehgen** zw Gläub u Schu, BGH **10**, 395, (Bsp: das MietVerh); so w der Ausdr SchuldVerh etwa in §§ 273 I, 292 I, 425, im Titel des 2. Buches u in den Überschriften vor §§ 241 u 433 gebraucht. Das SchuldVerh ist die „Quelle" der einz FdgRechte; aus ihm können eine Reihe von LeistgsPflten, weiteren VerhaltensPflten u Gestaltgsrechten hervorgehen. Man hat das SchuldVerh daher als „Organismus" (Siber), „konstante Rahmenbeziehg" (Herholz), „sinnhaftes Gefüge" (Larenz) bezeichnet.

b) Die Relativität der Schuldverhältn: Dch ein SchuldVerh w grdsätzl nur ein ihm Beteiligten berecht u verpflichtet. Die Fdg des Gläub auf die Leistg besteht als **relatives Recht** nur ggü dem Schu. Sie unterscheidet sich hierdch grdlegd von den absoluten Rechten (HerrschaftsR), deren Haupterscheinsform die dingl Rechte sind, Einf 2 vor § 854. Währd das dingl R ggü jedermann wirkt, verpflichtet das FdgR nur den Schu, nur dch ihn kann es verletzt w. Das FdgR w daher nur in Ausnfällen geschützt, BGH LM § 842 Nr 6, § 823 Anm 6 j. Das gilt nach hM auch dann, wenn ausnahmsw ein Dr unmittelb auf das Schuld-Verh einzuwirken vermag, wie zB bei Empfangn der Leistg dch den NichtmehrGläub gem § 407, vgl Otte JZ **69**, 253 mwN. Delikt Schutz besteht nur im Rahmen des § 826, dh bei vorsätzl sittenw Verleitg zum VertrBruch, vgl § 826 Anm 8q. – Die (starre) Beschränkg des SchuldVerh auf die Part ist römrechtl Ursprungs. Sie w dch prakt wicht Ausn aufgelockert (vgl Medicus JuS **74**, 613). Dch den Vertr zGDr (§§ 328ff) kann für Dr ein FdgR begründet w. Nach §§ 267 ff ist uU ein Dr befugt, an Stelle des Schu zu leisten. Die aus dem SchuldVerh entstandene Fdg kann auf einen Dr übertragen (§§ 398ff), die Schuld von einem Dr übernommen w (§§ 414ff). Auch in andren Fällen kann das SchuldVerh im ganzen übergehen, vgl §§ 571, 613 a, § 398 Anm 4, ferner dch Erbfolge, § 1922.

c) Bedeutg des Schuldrechts, Entstehg der Schuldverhältn: aa) Das SchuldR, dh der Teil des PrivR, der die SchuldVerh behandelt, ordnet nicht einen in sich geschlossenen Bereich des sozialen Lebens. Unter den Begr des SchuldVerh, der für das SchuldR konstitutiv ist, fallen vielm Lebensvorgänge der verschiedensten Art, vgl auch unten Anm 6. Hauptaufgabe des SchuldR ist die Regelg des **rechtsgeschäftlichen Verkehrs** (GüterVerk, WirtschVerk); dabei w die §§ 241ff jedoch ergänzt dch die Vorschr des Allg Teils, des SachenR (sow es um die Übereign od Belastg von Sachen geht) sowie dch zahlreiche SonderGes (zB HGB, VVG, GWB usw). Das SchuldR regelt die Verpflichtg zur Erbringg von Sachleistgen (Kauf, Tausch, Schenkg), die zeitweil Sachüberlassg (Miete, Pacht, Leihe, Darlehn), die Erbringg von ArbLeistgen im weitesten Sinn (Dienst-, Werk-, GeschBesorggsVertr), ferner SichergsGesch (Bürgsch, GarantieVertr, Schuldmitübern) u sonst VerpflichtgsGesch. – Außerdem enthält das SchuldR im GesellschR Regeln, die für die Gestaltg der **Organisationsformen** des WirtschLebens von erhebl Bedeutg sind. – Weiter hat das SchuldR die Aufg des **Personen- und Güterschutzes.** Es regelt Voraussetzgen u Umfang der SchadErsPfl bei unerl Handlgen u einigen Tatbestden der Gefährdgshaftg. Schließl enthält das SchuldR in den §§ 812 ff eine **Ausgleichsordng** für rechtsgrundlose Vermögensverschiebgen. **bb) Entstehg der Schuldverhältn** vgl Einf vor § 305.

d) Parteiwille und öffentliche Ordng: Das SchuldR w beherrscht von dem **Grundsatz der Vertragsfreiheit,** Einf 3 vor § 145, Einf 4 vor § 305. Der wichtigste EntstehgsTatbestand im SchuldVerh ist der Vertr. Auch soweit SchuldVerh dch einseit RGesch, aus gesetzl Tatbestden (unerl Hdlgen, ungerechtf Ber, GoA) od dch sozialen Kontakt (Anbahng von VertrVerh, § 276 Anm 6) begründet w, steht es den Part frei, das SchuldVerh dch Vertr zu ändern od aufzuheben, § 305. Die VertrFreih, die sich in Abschl- u Gestaltgsfreih unterteilen läßt, ist aber nicht schrankenlos. In best Fällen besteht ein **Abschlußzwang,** vgl dazu u zum sog **diktierten Vertr** Einf 3b vor § 145. Die Gestaltgsfreih findet ihre Grenze an §§ 134,138, den sonstigen Vorschriften zwingenden Rechts u an öffrechtl GenVorbehalten, vgl Einf 3c vor § 145. Gesetz u Parteiwille dürfen aber nicht als bloßer Ggsatz angesehen w. Der Parteiwille, der seine rechtsschaffende Kraft aus der Anerkenng dch die ROrdng schöpft, muß sich nicht nur negativ innerh der ausdr gesetzl Schranken halten, er muß sich auch positiv in die dch das GG geprägte öff Ordng einfügen. Das SchuldVerh gibt dem Gläub mit der Fdg nicht nur Rechte, sond zugleich auch Pflten; die RStellg des Gläub ist zugleich auch eine PfltenStellg. Nicht nur Eigt verpflichtet (Art 14 II GG), sond auch die sich aus dem SchuldVerh ergebden Rechte. Diese Pflten wohnen jedem Recht inne u begrenzen seinen Inhalt. Wo die RAusübg diese Schranken überschreitet, insb wo der RAusübg kein **schutzwürdiges Interesse** zugr liegt, stellt sie einen **Rechtsmißbrauch** dar, dem die Anerkenng zu versagen ist, vgl § 242 Anm 1 b, 2 d, 4 C. Auch ein bei seinem Abschl nicht gg ein gesetzl Verbot od die guten Sitten verstoßdes RGesch führt daher zu keinem Anspr, wenn die RAusübg zZ der Geltendmachg des Rechts Treu u Glauben widerspr, RG 148, 89, 90, 93, **163,** 96, vgl § 138 Anm 1 u § 242 Anm 1 b, 2 d, 4 C.

e) Leistungspflichten und weitere Verhaltenspflichten. Das SchuldVerh verpflichtet den Schu, die Leistg zu bewirken. Dabei ist unter Leistg dasjenige Handeln zu verstehen, das erforderl ist, um den geschuldeten Leistgserfolg herbeizuführen; es kann in einem Tun od Unterl bestehen, § 241 Anm 3, 4. Die (primären) LeistgsPflichten prägen die Eigenart des jeweil SchuldVerh u sind für die Einordng in die verschiedenen Typen der SchuldVerh entscheid. Sie lassen sich in Haupt- u NebenleistgsPflichten unterteilen, Esser § 5 III. Zu den primären LeistgsPflichten können später sekundäre hinzutreten, wie etwa SchadErsPflten wg verspäteter od schlechter Erf u AbwicklgsPflten nach Künd od Rücktr. Das SchuldVerh erschöpft sich jedoch nicht in der Herbeiführg des geschuldeten Leistgserfolges. Es stellt vielm eine **Sonderverbindg** dar, die je nach ihrer Art u Intensität Pflten zur ggs Loyalität, Rücks u Fürs begründet. Grdlage für diese NebenPften, in der Ausdr der Larenz (§ 2 I) **weitere Verhaltenspflichten** geprägt h, ist der Grds von Treu u Glauben. Ihr Umfang u Inhalt hängt von dem jeweiligen VertrZweck, der VerkSitte u den Anfordergen des redl GeschVerk ab, vgl den Versuch einer Systematisierg in § 242 Anm 4B u § 276 Anm 7c. Die VerhaltensPflten entstehen bereits mit der Anbahng von VertrVerhandlgen u sind Grdlage für die Haftg aus c. i. c., vgl § 276 Anm 6; sie können nach Beendigg des SchuldVerh fortwirken, § 276 Anm 6e. Sie erstrecken sich beim Vertr mit Schutzwirkg zGDr auf Pers, die hinsichtl der eigentl Leistgs-Pfl keine GläubStellg h, vgl § 328 Anm 2b. Bei der Anbahng von VertrVerhandl u der Einbeziehg von Dr in den Schutzbereich eines Vertr sind die VerhaltensPflten der einz Inhalt des SchuldVerh. Die neuere REntwicklg kennt danach auch SchuldVerh ohne primäre LeistgsPflten. – Für eine zT abw dogmat Einordng tritt ein Teil der neueren Lehre ein; danach soll Grdlage der Verhaltens(Schutz)Pflten ein allg gesetzl Schutzverhältn sein, das ggü dem eigentl SchuldVerh (Vertr) als rechtl selbstd zu denken ist, vgl § 276 Anm 7a bb aE.

2) Rechtsbindg. Abreden, die ausschließl auf einen außerrechtl GeltgsGrd, wie Freundsch, Anstand od Ehre zurückgehen, sind keine SchuldVertr im RSinn, vgl Einf 1a bb vor § 145. Ein rgeschäftl SchuldVerh setzt den Willen voraus, eine RBindg zu begründen, BGH NJW 68, 1874, **71,** 1404. Entscheid ist insow nicht der innere Wille; es kommt vielm darauf an, wie sich das Verhalten der Beteiligten bei Würdigg aller Umst einem obj Beobachter darstellt, BGH **21,** 107. Nicht erforderl ist, daß die Leistg VermWert hat, RG **87,** 293, **102,** 222. Bei **Gefälligkeitszusagen** od -gestatten, die von dem GefälligkVertr zu unterscheiden sind (vgl § 662 Anm 4a), ist ein RBindgswille nicht gegeben, jedoch können die aus einer Gefällig erbrachten Leistgen nicht wg ungerechtf Bereicherg zurückgefordert w, § 814. Die Verneing einer RBindg setzt idR ein uneigennütziges Handeln des Gefälligen ohne nennenswertes Eigeninteresse voraus, RG **65,** 19, BGH **21,** 107, doch kann auch in einem solchen Fall eine RBindg zu bejahen sein, BGH VRS **20,** 252, Nürnb OLGZ **67,** 140. Zu würdigen sind alle Umst, insb Art u Grd der Zusage, ihre wirtschaftl u rechtl Bedeutg sowie die bestehende Interessenlage, BGH **21,** 107. Ist ein Entgelt vereinb, w ein RBindgswille idR zu bejahen sein. Ob ein „gentlemen's agreement" eine RBindg begründet, hängt von den Umst des Einzelfalls ab, BGH **LM** § 242 (Be) Nr 19, aA Hbg MDR **53,** 482 u Ruge WuW **63,** 698, die idR eine RBindg verneinen. Auch die Zusage einer Kulanzregelg ist rechtl verbindl sein, Köln Betr **75,** 2271. Bei einem Gefälligkeits-Verh haftet der Gefällige grdsätzl nur nach dem R der unerl Hdlgen; er muß aber auch für einfache Fahrlk einstehen, da idR keine HaftgsBeschrkg besteht, vgl § 254 Anm 6. Daneben kann eine SchadErsPfl analog den Grds über c. i. c. treten, wenn u soweit das GefälligkVerh einen vertragsähnl Vertrauenstatbestd begründet, BGH **21,**107, Karlsr NJW **61,** 1866, Seetzen VersR **70,** 11, Müller-Graff JZ **76,** 153. **Einzelfälle** (ja = RBindg, nein = keine RBindg; da alles von der Würdigg des Einzelfalls abhängt, ist schemat Übertr auf und Fälle unzul): Erteilg von Ausk, Frage des Einzelfalls, vgl Anm 1 ff zu § 676. – Beaufsichtig von Nachbarskindern, idR nein, BGH NJW **68,** 1874. – „Ausleihen" eines Fahrers, Frage des Einzelfalls, BGH **21,** 107. Abrede über Fluchthilfe, ja, KG NJW **76,** 198, BGH NJW **77,** 2357, krit Crezelius NJW **76,** 1639. – **GefälligkFahrt** idR nein, BGH **65,** 18, **128,** 231, **141,** 263, LG Düss NJW **68,** 2379, doch kann auch ein VertrVerh vorliegen, RG **145,** 394, BGH VRS **20,** 252, insb bei Beteiligg an den Unkosten, Böhmer VersR **64,** 807; zur HaftgsBeschrkg vgl § 254 Anm 6. – GesellschVerh zw Eheg vgl § 1356 Anm 4. – Absprache über

Beteiligg an den Einnahmen des Klinikchefs, Frage des Einzelfalls, BGH WPM **77**, 739. – Hilfe bei Stellg eines RentenAntr, ja, Nürnb OLG **67**, 140. – Abrede über Kellerräumg, uU nein, LG Mannh MDR **65**, 131. – Unentgeltl Raumüberlassg dch Gastwirt, uU ja, Karlsr NJW **61**, 1866. – Überbringen von Sachen, uU ja, Celle NJW **65**, 2348. – Erlaubn, Kfz abzustellen, idR nein, Köln OLGZ **72**, 213. – Einladg zur Treibjagd, nein, RG **128**, 42. – Übern einer polit Widerstandstätigk, idR nein, BGH **56**, 210. – Winkzeichen im Straßenverk bei Unfall, Ffm NJW **65**, 1334. – Übern des Ausfüllens u Einreichens eines Lottoscheins für LottoGemsch, idR nein, BGH NJW **74**, 1705, krit Kornblum JuS **76**, 571, Plander AcP **176**, 425.

3) Schuld und Haftg. a) Erfüllt der Schu die ihm obliegende LeistgsPfl (Schuld) nicht, kann der Gläub die Fdg dch Klage u ZwVollstr erzwingen. In der zwangsw Dchsetzg verwirklicht sich die zur Schuld hinzutretde Haftg. Haftg bedeutet das Unterworfensein des SchuVermögens unter den VollstrZugriff des Gläub. Sie erstreckt sich idR auf das ges pfändb Verm des Schu, aber auch nur darauf; sie kann sich auch auf best VermTeile beschr, so etwa bei der Haftg des Erben (§ 1975) u des VermÜbernehmers (§ 419 II). Außerdem gibt es unvollk Verbindlichk, bei denen eine Haftg völl fehlt, vgl unten Anm 4.

b) Der Ausdr „Haftg" w in der RSprache aber auch in and Sinne gebraucht. **aa)** Von „Haftg" w vielf iS von Verpflichtetsein gesprochen, so insb beim Schulden von ErsLeistgen (Haftg auf SchadErs, Haftg für Versch, Haftg des Bürgen). Haften heißt hier: Schulden, Einstehenmüssen. **bb)** Von „Haftg" spricht man ferner bei dingl VerwertgsR (PfandR). Diese begründen eine reine Sachhaftg ohne persönl Schuld. Sie sichern zwar idR eine Fdg, diese braucht sich aber nicht gg den Eigentümer der belasteten Sache zu richten („Haftg" für fremde Schuld).

4) Unvollkommene Fordergen und Obliegenheiten. a) Neben den dch Klage u ZwVollstr erzwingb Fdgen kennt die ROrdng Verbindlichk, die zwar freiw erfüllt, aber nicht gg den Willen des Schu dchgesetzt w können. Diese unvollk Verbindlichk („Naturalobligationen") hat man früher dahin charakterisiert, es handele sich um Schulden ohne Haftg. In Wahrh liegt aber viel mehr nicht einmal eine Schuld im RSinne vor. Gemeins Merkmal der unvollk Verbindlichk ist, daß sie einen ErwerbsGrd darstellen, so daß das freiw Geleistete nicht gem § 812 zurückgefordert w kann. Im üb bestehen erhebl Unterschiede: **aa)** Die verj Fdg ist voll wirks u einklagb, sie kann jedoch nicht dchgesetzt w, wenn der Schu die Einr der Verj erhebt, §§ 222, 223. **bb)** Die dch ZwVergl im Konk od dch Vergl im VerglVerf erlassene TeilFdg ist nicht mehr dchsetzb, ein auf sie sich gründdes SchuldAnerkenntn kann aber nicht kondiziert w, RG **153**, 342, **160**, 138. **cc)** Spiel u Wette sowie der Ehemäklerlohn begründen keine Verbindlichk im RSinne. Sie bilden ledigl einen ErwerbsGrd. SchuldAnerk sind unwirks, §§ 656 II, 762 II. **dd)** Unvollk Fdgen können auch dch Vertr begründet w, Hbg HansGerZ **25**, 165, doch kann § 138 entggstehen, Celle OLGZ **69**, 1, vgl auch BGH **LM** § 1018 Nr 19. Zur Besserungsklausel vgl § 271 Anm 2e.

b) Von den vollk u unvollk Verbindlichk zu unterscheiden sind die **Obliegenheiten** (Lit: R. Schmidt, Obliegenh, 1953, Wieling AcP **176**, 345). Sie begründen für den „Berechtigten" weder einen ErfAnspr noch bei Verletzg eine SchadErsFdg, BGH **24**, 382, Hamm VersR **70**, 319; Befolgg der Obliegenh ist Gebot des eig Interesses, da der Belastete bei ihrer Verletzg einen RVerlust od rechtl Nachteile erleidet. Obliegenh kommen vor allem im VersR und RGebieten vor; Bsp sind etwa Anzeige gem § 149, InventarR gem § 1994, Untersuch u Rüge gem HGB 377, nach hM auch Pflten aus § 254 vgl dort Anm 1. Zur Anwendg des § 278 auf Obliegenh vgl § 278 Anm 4e, vgl auch § 242 Anm 4 D k.

5) Dauerschuldverhältnisse. a) Begriff: Das Dauerschuldverh ist dadch gekennzeichnet, daß die geschuldete Leistg in einem dauernden Verhalten od in wiederkehrenden, sich über einen längeren Zeitraum erstreckden Einzelleistgen besteht, Larenz § 2 VI, Staud-Weber Vorbem O 1 vor § 241. Es hebt sich dch das Merkmal ständ PflAnspanng dch von auf eine einmalige Leistg gerichteten SchuldVerh ab, Esser § 23 II. Das BGB enthält für einz DauerschuldVerh SonderVorschr (vgl etwa §§ 626, 723), verwendet aber den Begr „DauerschuldVerh" nicht; er ist von Rspr u Lehre herausgebildet worden, aber nunmehr dch das AGB-Ges (10 Nr 3, 11 Nr 1 u 12) in die GesSprache eingegangen. Zu den DauerschuldVerh gehören Miete, Pacht, Leihe, Darl (Einf 1 vor § 607, str), DienstVertr, GesellschVertr, VersVertr, UnterlVertr (Petersen GRUR **78**, 156), SchiedsVertr (BGH **41**, 108) u als Sonderform der Bezugs-(Sukzessivliefergs-)Vertr, vgl § 326 Anm 13. Auch Kauf, Auftr, Bürgsch, WerkVertr (§ 649 Anm 3) u MaklerVertr (BGH NJW **69**, 1626) können im Einzelfall ein DauerschuldVerh darstellen. Die Zuordng knüpft nicht starr an die einzelnen gesetzl VertrTypen an. Entscheidd vielm, ob das SchuldVerh nach seiner konkreten Ausgestaltg auf eine ständ Leistgsanspanng u damit auf ein fortgesetztes beiders Vertrauen angelegt ist, Esser § 23 II. Vgl auch die Nachw in § 242 Anm 4 F.

b) Rechtliche Behandlg: Das BGB geht in seinen Vorschr idR von den auf eine einmalige Leistg gerichteten SchuldVerh aus. Für die DauerschuldVerh gelten folgende Besonderh, die überwiegd von Rspr u Lehre herausgebildet worden sind: **aa)** Das DauerschuldVerh begründet eine engere Bindg als das sonst SchuldVerh. Es verpflichtet zu einer verstärkten ggs Rücksichtn u Loyalität u unterliegt in erhöhtem Maß dem Grds von Treu u Glauben, § 242 Anm 1b. Für einz DauerschuldVerh (Arb- u GesellschVerh) ist die ggs TreuePfl von beherrschder Bedeutg. **bb)** DauerschuldVerh können, auch wenn bes gesetzl od vertragl Regeln fehlen, aus wicht Grd gekündigt w, vgl näher § 242 Anm 4 F. **cc)** Ist ein DauerschuldVerh in Vollzug gesetzt, ist ein Rücktr ausgeschl, an seine Stelle tritt die KündR aus wicht Grd, BGH **72**, 628, **76**, 508, vgl auch § 326 Anm 1. **dd)** Bei Arb- u GesellschVerh (and bei sonst DauerschuldVerh) können Anf- u NichtigkGrde nur mit Wirkg ex nunc geltd gemacht w, vgl Einf 5c vor § 145.

6) Anwendgsbereich des Schuldrechts. a) Der Allg Teil des SchuldR gilt in erster Linie für die in §§ 433–853 geregelten bes SchuldVerh. Er ist außerdem auf die dch SonderGes (HGB, VerlG usw) geregelten SchuldVerh anzuwenden, soweit für diese keine SonderVorschr bestehen. SchuldVerh können darü hinaus kr Ges auch aus sachenrechtl, familienrechtl od erbrechtl Tatbestd entstehen; Bsp sind etwa das Eigtümer/Besitzer Verh (Vorbem 1a vor § 987), der Anspr auf Finderlohn (§ 971), das gesetzl SchuldVerh beim Nießbr (Einf 1 vor § 1030), der UnterhAnspr (§§ 1601 ff), das Vermächtn (§ 2174). Auch auf diese SchuldVerh ist das allg SchuldR anzuwenden, so bereits Mot II 4, III 398. Die Anwendg hat jedoch unter Beachtg der jeweiligen Sonderh zu erfolgen; sie ist ausgeschl, soweit Inhalt od Zweck der gesetzl Regelg dem entggstehen BGH **49**, 263, vgl eingeh E. Schwerdtner Verzug im SachenR 1972.

b) Auch das **öffentliche Recht** kennt SchuldVerh verschiedenster Art. Für sie gelten in erster Linie die Vorschr u Grds des VerwR. Soweit diese Lücken enthalten, sind die §§ 241 ff entspr herangezogen w, wobei jedoch die Eigenart des öffR zu berücksichtigen ist. Vgl näher § 276 Anm 8, ferner § 242 Anm 3b, 4 D, § 254 Anm 2c, § 282 Anm 3, § 284 Anm 1a, § 291 Anm 1, Einf 4h vor § 305.

7) Vertragshilfe: vgl § 242 Anm 7. – **Währungsreform 1948:** Umst von RM-Verbindlichk auf DM erfolgte grdsl im Verh 10:1 (UmstG 16), Umst 1:1 für Anspr aus Kauf- u WkVertr, soweit GgLeistg vor dem 21. 6. 48 noch nicht bewirkt war, für best AuseinandSAnspr sowie für Löhne, Gehälter, Mieten ua (UmstG 18, WährG 5). Schrifttt: Harmening-Duden, WährG, 1949; Henning-Götze, WährgsUmst; Langen, WährG, 1949; Priese-Rebentrost, G zur Neuordng des Geldwesens, 1948. Anspr gg Geldinstitute, die bis zum 30. 6. 76 nicht in DM umgest w sind, sind nach dem Ges zum Abschl der WährUmst vom 17. 12. 75 (BGBl 3123) erloschen, vgl dazu Knapp/Schoele WPM **76**, 202, **77**, 721. – **Reichsverbindlichkeiten:** vgl 31. Aufl u näher Feaux de la Croix , AKG, 1958, Pagenkopf, AKG, 1958, sowie das Schrifttum zum RepG vom 12. 2. 1969 in § 903 Anm 5 I g.

Erster Abschnitt. Inhalt der Schuldverhältnisse

Überblick

1) Über **Begriff** des Schuldverhältnisses vgl Einl 1 a vor § 241; über Inhalt ebda und § 241.

Der Abschn (§§ 241–304) enthält sämtl allg Bestimmgen über Schuldverhältnisse, mit Ausn der über Erlöschen, Wechsel der VertrPartner u Parteienmehr (§§ 362–432), mit Ausn ferner der Sondervorschriften über Schuldverhältnisse aus Verträgen (§§ 305–361), die aber ebenf allgemeine Bedeutg haben (vgl Einf 3 Abs 2 aE vor § 305). Der Abschn zerfällt in zwei Titel: Verpflichtg zur Leistg (§§ 241–292) und Verzug des Gläub (§§ 293–304). Der erste Titel enthält in den 241, 242 zwei allg Bestimmgen (vgl dort), in den §§ 243 bis 265 wichtige Einzelbestimmgen über den Leistgsinhalt, in den §§ 266–272 Bestimmgen über Art, Ort u Zeit der Leistg; die §§ 273, 274 regeln das ZbR, die §§ 275–292 das Gebiet der nichtrechtsgeschäftl Leistgsänderngen, insb Leistgsstörgen (dch Unmögl u Unverm, Versch, SchuVerzug u Rechtshängigk) mit Ausn der Leistgsstörg dch den Gläub, die in §§ 293–304 (GläubVerzug) in einen bes Titel verweisen ist.

Erster Titel. Verpflichtung zur Leistung

241 *Schuldverhältnis und Leistungspflicht.* **Kraft des Schuldverhältnisses ist der Gläubiger berechtigt, von dem Schuldner eine Leistung zu fordern. Die Leistung kann auch in einem Unterlassen bestehen.**

1) § 241 gibt keine Begriffsbestimmg des Schuldverhältnisses, sond führt nur seine Wirkgen auf, ohne diese zu erschöpfen, vgl zB unten Anm 4. Über **Grundbegriffe und Grundsätzliches** vgl Einl zu Buch II.

2) Bestimmtheit. a) Gläub und Schu müssen bestimmte voneinander verschiedene Personen sein. Es gibt keine Schuld ohne Schu, daher erlischt eine Schuld bei gänzl Wegfall der jur Persönlichk des Schu, falls weder RNachfolge noch Liquidation eintritt, hM, vgl Übbl 1 vor § 362, Einf 6 vor § 21. Das Erfordernis der Bestimmth des Gläub gilt auch für den BürgschVertr RG **57**, 66. In Verträgen zGDr kann aber ein FdgsR für den Dritten begründet w, ohne daß dieser schon vorhanden ist, er braucht nicht einmal erzeugt zu sein, es genügt, daß er dch irgendwelche Ereign bestimmb ist, vgl § 328 Anm 1; er kann auch dch Abrede der VertrSchließenden (§ 328 II), uU dch einseit Akt (vgl § 332) nachträgl ausgewechselt w.

b) Auch der Inhalt der Leistung muß bestimmt od eindeutig bestimmb sein, vgl die §§ 315–319, sonst kein SchuldVerh, RG **85**, 291, **124**, 83, Celle NdsRpfl **70**, 13, BGH **55**, 250 (MietVertr), LG Aurich BB **78**, 733 (Vertr über „Kapazitätsvermittlg"). Kein SchuldVerh auch, wo „Schuldner" zur Leistg überh nicht (auch nicht bedingt od künft) verpflichtet od gar nicht einmal berecht, BGH **23**, 300.

3) Der **Inhalt der Leistg** kann **positiv oder negativ** sein. **Die positive Leistg**, das **Tun**, umfaßt auch das Geben, zB das Verschaffen eines dingl Rechts, u das Einstehen (zB GewährVertr).

4) Die negative Leistg: das Unterlassen. Bei Ansprüchen auf Unterlassen ist zu berücksichtigen, daß die Gesetzesvorschriften zumeist auf die posit Leistg zugeschnitten sind u auf den UnterlassgsAnspr nicht immer ohne weiteres angewandt werden können, RG **70**, 440. – Das Unterlassen kann den Hauptinhalt der Leistg bilden, zB Vertr über Abhalten vom Bieten (pactum de non licitando), die dch sog Unterwerfgs-Erkl zustandekommden UnterlVertr des WettbewR (Petersen GRUR **78**, 156) od einen selbstigen Nebeninhalt, zB Wettbewerbsverbot bei Verkauf eines gewerbl Unternehmens; in beiden Fällen klagb (aber nach ZPO 259 nur, wenn Zuwiderhandeln zu besorgen, BGH LM Nr 2, str, ausdrückl offengelassen in BGH LM Nr 10, BGH **42**, 345), auch vollstreckb, ZPO 890. Jede Verpflichtg zu positiver Leistg enthält aber immer grdsätzl die Pflicht, alles mit solcher Leistg nicht Vereinbare zu unterlassen, vgl § 242 Anm 4 B, vgl auch unten Anm 6; über Verletzgsfolgen („positive" VertrVerletzgen) vgl § 276 Anm 7. Auch hier besteht uU selbständige Klagbark, vgl § 242 Anm 4 B. – Eine Unterart der Pfl zum Unterlassen ist die Pfl zur Duldung, da sie Unterlassen von Widerspr od EntggHandeln bedeutet. – Vollstreckg nach ZPO 890.

5) Unabhängig von der Unterlassg als selbstdigem od Nebeninhalt eines Schuldverhältnisses hat die Rspr insb des RG – in Anlehng an den deliktischen SchadErs- und UnterlassgsAnspr, u vor allem an den aus den absoluten Rechten folgenden UnterlassgsAnspr gg den Störer, §1004 I 2 – bei jedem auch nur obj rechtswidr Eingriff in rechtl geschützte Interessen die sog **vorbeugende Unterlassungsklage** gegeben, wenn weitere Eingriffe ernsth zu besorgen sind, wobei uU schon die erstmalige Bedrohg als ausr Verletzg gelten kann. Sie geht auf Unterlassg künftiger Handlgen, zB beleidigender Behauptgen. Daß diese mit öff Strafe bedroht sind, steht der Klage nicht entgg, stRspr. Dieser UnterlassgsAnspr ist von dem zu oben 4 behandelten, zumeist auf RGesch beruhenden, zu trennen. Noch eine andere „UnterlKlage" ist diejenige auf Widerruf (Zurückn) zB von beleidigenden Behauptgen; hier liegt eine – auf §§ 823 ff od § 1004 I 1 zu gründende – **Beseitigungsklage** (wiederherstellende „Unterlassgs"klage) vor, über sie § 253 Anm 2. – Über Unterlassungsklage vgl näher Einf 8 vor § 823.

6) Die LeistgsPflten lassen sich in **Haupt- u Nebenleistgspflichten** unterteilen, Einl 1 e vor § 241. Die Unterscheidg hat Bedeutg für das R der Leistgsstörg (Unmöglichk, Verzug, pVV), vgl Vorbem 1 vor § 275; über die Zuordng entscheidet bei vertragl SchuldVerh der – ggf aus der Interessenlage u dem Umst zu ermittelnde – PartWille, bei gesetzl SchuldVerh eine wertde Beurteilg aller Umst. Die LeistgsPflten w ergänzt dch Pflten zur ggs Loyalität, Rücks u Fürs, vgl Einl 1 e vor § 241. Grdlage für diese NebenPflten, für die sich die Bezeichng **weitere Verhaltenspflichten** dchgesetzt h, ist § 242, vgl dort Anm 4 B.

242 *Leistung nach Treu und Glauben.* Der Schuldner ist verpflichtet, die Leistung so zu bewirken, wie Treu und Glauben mit Rücksicht auf die Verkehrssitte es erfordern.

Übersicht

1) Allgemeines
  a) Bedeutung der Vorschrift
  b) Wirkung
  c) Begriffliches
  d) Grundrechte und § 242
2) Abgrenzung, exceptio doli
  a) Verhältnis zu §§ 133, 157
  b) Verhältnis zu §§ 134, 138
  c) Verhältnis zu §§ 226, 826
  d) exceptio doli
3) Geltungsbereich
  a) Privatrecht
  b) Öffentliches Recht
4) Anwendung
  A) Art und Weise der Leistung
  B) Nebenrechte und Nebenpflichten
    a) Leistungstreuepflicht
    b) Schutzpflichten
    c) Mitwirkungspflichten
    d) Aufklärungspflichten
    e) Auskunftspflichten
    f) Treue- und Fürsorgepflicht
    g) Verletzung von Nebenpflichten
  C) Unzulässigkeit der Rechtsausübung
    a) Unredlicher Rechtserwerb
    b) Verletzung eigener Pflichten
    c) Pflicht zur alsbaldigen Rückgewähr
    d) Fehlen eines schutzwürd Interesses
    e) Widersprüchliches Verhalten

  D) Einzelfälle zur unzulässigen Rechtsausübung
  E) § 242 und Rechtskraft
  F) Kündigungsrecht bei Dauerschuldverhältnissen
5) Schaffung von Schuldverhältnissen ex lege
6) Clausula rebus sic stantibus, Geschäftsgrundlage
  A) Clausula-Lehre
  B) Geschäftsgrundlage
    a) Begriff
    b) Abgrenzung
    c) Arten und Erheblichkeit der Störung
    d) Bedeutung der Risikoverteilung
    e) Anwendungsbereich
    f) Rechtsfolgen
  C) Fallgruppen
    a) Äquivalenzstörungen
    b) Zweckstörungen
    c) Veränderung der allgemeinen wirtschaftlichen Verhältnisse
    d) Gemeinschaftlicher Irrtum
  D) Weitere Einzelfälle
7) Vertragshilfe
8) Aufwertung
9) Verwirkung
  a) Begriff
  b) Abgrenzung
  c) Entwicklung
  d) Voraussetzungen
  e) Beweislast
  f) Einzelfälle

Aus dem **Schrifttum**: Baumgärtel, Treu u Glauben im ErkenntnVerf, ZZP **69**, 89, **73**, 353; Eichler, RLehre vom Vertrauen, 1950; Esser, Grds u Norm in der richterl Fortbildg des PrivatR, 1956; Fischer, Treu u Glauben im VersichR, VersR **65**, 197; Gadow, Einr der Argl, JhJ **84**, 175; Hamburger, Treu u Glauben im Verkehr, 1930; Haueisen, Unzul RAusübg u öffentlichrechtl AusschlFristen, NJW **57**, 729; Hedemann, Flucht in die Generalklauseln, 1933; Hueck, Alfred, Treuegedanke im modernen PrivatR, 1947; Larenz, Entwicklungstendenzen der heutigen Zivilrechtsdogmatik, JZ **62**, 105; Mühl, Treu u Glauben im SachenR, NJW **56**, 1657; Riezler, Venire contra factum proprium, 1912; Siebert, Verwirkg u Unzulässigk der RAusübg, 1934; derselbe, Vom Wesen des RMißbrauchs, 1935; Wendt, Die exceptio doli generalis im heutigen Recht, AcP **100**, 1; Werner, Zum Verh von gesetzl Generalklauseln u RichterR, 1966; Wieacker, Zur rechtstheoretischen Präzisierg des § 242, 1956. Schrifttum zur GeschGrdlage vgl Anm 6. Vgl außerdem die umfassden LitAngaben bei Staud-Weber u MüKo/Roth.

1) Allgemeines
a) Bedeutg der Vorschrift

aa) § 242 regelt seinem Wortlaut nach („so", „wie") nur die Art u Weise der geschuldeten Leistg; Inhalt u Bestand (das „Was" u „Ob") der LeistgsPfl w bei wörtl Auslegg von § 242 nicht berührt. Es ist

Inhalt der Schuldverhältnisse. 1. Titel: Verpflichtung zur Leistung § 242 1

aber seit langem anerkannt, daß § 242 eine weit über seinen Wortlaut hinausgehde Bedeutg zukommt. Rspr u Lehre haben aus § 242 (unter Heranziehg von § 157 u bei nicht rgeschäftl Tatbestd von § 826) den das gesamte RLeben beherrschden **Grundsatz** entnommen, daß jedermann **in Ausübg seiner Rechte u Erfüllg seiner Pflichten nach Treu u Glauben** zu handeln hat. Der Grds von Treu u Glauben gilt damit für den gesamten rechtl Verk; das SchwZGB stellt ihn in Art 2 zu Recht an den Anfang seiner Vorschr. § 242 beruht auf dem Gedanken, daß jedem Recht sozialethische Schranken immanent sind; er verpflichtet zu einer „sozial angem RAusübg" (Soergel-Mormann Vorbem 11, 12 vor § 226).

bb) Die Generalklausel des § 242 gehört zu den für die RAnwendg bedeutsamsten Vorschr. Die RFortbildg hat bei der Bewältigg neuer Problemlagen, insb in Krisenzeiten, immer wieder auf § 242 zurückgegriffen. So sind aus § 242 neue RInstitute (vgl Anm 6 GeschGrdlage u Anm 8 Aufwertg) u im Wege der Auffächerg u Konkretisierg seines Inhalts Grds für best Problemgruppen (vgl Anm 4, 5, 9) herausgebildet worden. § 242 w auch weiterhin für die RFortbildg von erhebl Bedeutg bleiben; er w mit Recht als „Eingangsstelle des NaturR (vgl Einl IV 1 vor § 1) in das pos Recht" (Mitteis) bezeichnet. Gerade wg dieser bes Bedeutg des § 242 ist aber vor einer Überforderg zu warnen. § 242 ist **keine allgemeine Billigkeitsvorschrift** (Soergel-Siebert Anm 4); er gibt dem Richter nicht die Befugn, die sich aus Vertr od Gesetz ergebden RFolgen dch vermeintl „billigere" od „angemessenere" Regelgen zu ersetzen, RG **131**, 177, BGH NJW **54**, 1526, BayObLG **72**, 283. Aufgabe des § 242 ist, Auswüchse zu beschneiden, dh der RAusübg dort eine Grenze zu setzen, wo die sich aus der sozialethischen Gebundenh des Rechts ergebden Schranken eindeut überschritten sind.

b) Wirkung: § 242 gilt für beide Part des SchuldVerh. Er kann daher zu einer **Erweiterg des Anspruchsinhalts** u zur Begründg von NebenPfl führen, vgl Anm 4 B u 6 C f. Im VorderGrd steht aber die Funktion, die RAusübg zu begrenzen. Dabei stellt § 242 eine **Innenschranke des Rechts** dar, Siebert Verwirkg u Unzulässigk der RAusübg S 85, str, vgl Nachw bei Staud-Weber Anm D 24–28. Die gg Treu u Glauben verstoßde „**Rechts**"**ausübg** ist in Wahrh keine Ausübg eines „Rechts", sie ist mißbräuchl u daher **unzulässig**. § 242 begründet eine echte **Beschränkg des Anspruchsinhalts**, dem „Recht" steht nicht etwa ein „GegenR" (Einr) ggü. Der Verstoß gg Treu u Glauben ist daher im Prozeß vAw zu berücksichtigen, BGH **3**, 103, **12**, 304, **31**, 84, **37**, 152. Ergibt sich die Mißbräuchlichk der RAusübg nicht aus dem Vortrag des Kl, sond aus den GgVorbringen des Bekl, so trifft diesen die BewLast, BGH **12**, 160, NJW **64**, 1854, **75**, 827, 828; es handelt sich also um eine rhemmde, bei nachträgl Eintreten der Tats nur eine rvernichtde Einwendg. Steht Fdg Einwendg aus § 242 entgg, kann Schu Leistg gem § 812 zurückverlangen, BGH LM (Cd) Nr 19, WPM **74**, 1218. – Aus dem Wesen des § 242 folgt, daß er zwingdes Recht ist u daß auf Einwendgen aus ihm nicht im voraus verzichtet w kann, ein solcher Verzicht wäre nichtig, RGRK Anm 5, Staud-Weber Anm A 141. – In welchem Umfang Treu u Glauben auf das SchuldVerh einwirken, w dch dessen Charakter u Dauer wesentl mitbestimmt. DauerschuldVerh (Einl 5 vor § 241) unterstehen dem § 242 im stärkeren Maße als einfache AustauschGesch, vgl Soergel-Siebert Anm 7 u unten Anm 4 F; am stärksten ist die Bindg an § 242 im SchulVerh mit personenrechtl Einschlag wie dem Arb u GesellschVerh.

c) Begriffliches: Treue bedeutet nach seinem Wortsinn eine auf Zuverlässigk, Aufrichtigk u Rücksichten beruhde äußere u innere Haltg ggü einem and, **Glauben** das Vertrauen auf eine solche Haltg, Staud-Weber Anm A 124. Dch Verwendg des Begriffs „Treu u Glauben" will § 242 im Rahmen seiner Wirkgsmöglichkeiten den in der Gemsch herrschden sozialethischen Wertvorstellgen Eingang in das Recht verschaffen u dem Gedanken Rechng tragen, daß Recht nicht nur Macht, sond auch Pfl u Verantwortg ggü dem u der Allgemeinh bedeutet, RGRK Rdn 2. Der Inhalt des Grds von Treu u Glauben ist daher an den im Bewußtsein der Gemsch od der beteiligten VerkKreise (zB Kaufleute, Landwirte) verankerten Anschauungen von Recht u Gerechtigk u an den RWerten auszurichten, auf die die Worte „Treue" u „Glauben" verweisen. Die **Verkehrssitte** als tatsächl Übg in den beteiligten Kreisen (vgl § 157 Anm 3) gibt dabei Anhaltspunkte für das, was Treu u Glauben entspr; die mißbräuchl, insb die gg Treu u Glauben verstoßde VerkSitte ist jedoch unbeachtl, RG **114**, 13, JW **22**, 488, BGH **16**, 12. Welche Anfordergen sich aus Treu u Glauben ergeben, läßt sich nicht allg, sond nur nach Lage des Einzelfalles bestimmen. § 242 ruft insofern eine **Relativität** des RInhalts hervor, Soergel-Siebert Anm 172. Eine urspr, gg Treu u Glauben verstoßde RAusübg kann bei Änderg der maßgebl Umst wieder zul w, BGH LM § 247 Nr 1, **12**, 307, BGH **52**, 365, 368. Maßgebder Ztpkt für die Beurteilg ist die Geltendmachg des Rechts, BGH **13**, 350, vgl auch BGH **20**, 75, im RStreit also die letzte TatsVerh. Die Aufgabe des Richters, der § 242 anwendet, ist and als bei § 343 (dort Anm 1) u bei VertrHilfe (vgl Einl 7 a v § 241) nicht gestaltd, sond festselld, Staud-Weber Anm A 139, unricht insow BGH NJW **52**, 137. – Für einen Verstoß gg Treu u Glauben ist kein Versch erforderl, BGH **64**, 9, Soergel-Siebert Anm 10, jedoch sind bei der gebotenen umfassden Interessenabwägg (BGH **49**, 153) auch subj Momente zu berücksichtigen. – Der Grds von Treu u Glauben gilt nur innerh von rechtl **Sonderverbindgen**, RG **160**, 357, Soergel-Siebert Anm 17. Dieser Begr ist jedoch weit auszulegen, es genügen: VertrVerhandlgen, vgl § 276 Anm 6; dauernde GeschVerbindg, vgl § 276 Anm 6e; Nachwirkgen eines Vertr, vgl Anm 4 B; Verh zw ArbNeh desselben Betriebs, BAG **5**, 16, zw Bauern u Sohn, dem Übertragg des Hofs in Aussicht gestellt w, BGH **47**, 189, zw Nachbarn, vgl Mühl NJW **60**, 1133.

d) Grundrechte u § 242: aa) Heute ist allg anerkannt, daß die Verfassgsordng, insb die in den GrdR enthaltenen WertEntsch, als Grdlage des ges RLebens auch auf das PrivatR einwirkt, vgl Einl 1 b v § 241. Str ist jedoch Art u Umfang dieser Einwirkg; zT w eine unmittelb Geltg der GrdR für den priv RVerkehr bejaht, sog **unmittelbare Drittwirkg**, so insb Enn-Nipperdey § 15 II 4, BAG **1**, 193, 4, 243, 276, **13**, 174, Leisner GrdR u PrivatR 1960 S 285 ff. Nach der GgAns gelten die GrdR als subj öff R für den rgesch Verk nicht unmittelb, wirken aber als grdlegde RWerte dch der Auslegg u über die Generalklauseln in das PrivatR ein, sog **mittelbare Drittwirkg**, so insb BVerfG **7**, 198, Dürig Festschr Nawiasky S 157 ff, Soergel-Siebert Anm 22 ff. Der BGH hat noch nicht abschließd Stellg genommen; seine Rspr zum allg PersönlkR (**13**, 338, **15**, 258, **24**, 76, **26**, 354 ua), zum R auf freie Meingsäußerg (**31**, 313, **45**, 308) u zum

§ 242 1, 2

Verh von Glaubensfreih u ehel Pfl (**33**, 149, **38**, 319) deutet auf Bejahg unmittelb Drittwirkg hin; vgl jedoch BGH **36**, 95 zu GG 12. Im AusgangsPkt ist der Theorie mittelb Drittwirkg zuzustimmen. Die GrdR betreffen nach ihrer geschichtl Entwicklg, ihrem Inhalt u ihrem Zweck das Verh zw Bürger u Staat. Ihre Einwirkg auf den priv RVerk vollzieht sich grdsl mittelb. Sie sind im PrivR als Wertmaßstab bei der Auslegg u Lückenausfüllg zu berücksichtigen; einzelne VerbotsGes iS des § 134 enthalten, vgl § 134 Anm 2d, uU können best GrdR auch als subj priv R in das System des bürgerl R übernommen w, hierauf beruht die Anerkenng des aus GG 1, 2 hergeleiteten allg PersönlR (§ 823 Anm 15) u des R auf freie Meingsäußerg als Schranke des Ehrenschutzes (§ 823 Anm 6i). Darüber hinaus wirken die GrdR über die Generalklauseln (§§ 242, 138, 826, AGBG 9) in das PrivatR ein; was **Treu u Glauben** entspr, w also entscheidd **mitbestimmt** dch das in den **Grundrechten** verkörperte **Wertsystem**.

bb) Einzelfragen: Zu den grundlegden RWerten, die auf das PrivatR einwirken, gehört die in GG 4 verbürgte Gewissensfreih, Bosch u Habscheid JZ **54**, 213, Wieacker JZ **54**, 466, Kaufmann AcP **161**, 289, Kraft AcP **163**, 472, LAG Bay JZ **58**, 514 (dazu BAG JZ **60**, 545), LAG Düss JZ **64**, 258, vgl auch Diederichsen Festschr für Michaelis S 36ff; ferner Heffter Auswirkg der Glaubens- u Gewissensfreih im Schuld-Verh, Diss Freibg 1968; Scheschonka, Arb- u LeistgsV aus Glaubens- od Gewissensnot, Diss Hbg 1972. Bei **echter Gewissensnot** kann Schu aus § 242 ein LeistgsV-, Künd- od RücktrR herleiten; erforderl ist aber umfassende Würdigg aller Umst, bei der insb das Leistgsinteresse des Gläub u das Gewicht der GewissensEntsch ggeinander abzuwägen sind, Soergel-Siebert Anm 28, Kraft AcP **163**, 484, LAG Bay JZ **58**, 514. Ein allg Vorrang der GewissensEntsch kann ggü VertrPfl nicht anerkannt w, insb kann Schu aus vorhersehb Gewissenskonflikt keine R herleiten, Wieacker JZ **54**, 467 (aA Blomeyer JZ **54**, 311, Bosch u Habscheid JZ **56**, 301, die jedoch SchadErsPfl annehmen); and nur, wenn es sich um sachl oder zeitl unbedeutde LeistgV handelt, das GläubInteresse nicht nachhalt berührt. Abzulehnen LG Heidelbg NJW **66**, 1922, dagg zutreffd Münzel ebda. – Eine allg **Pflicht zur gleichmäßigen Behandlg** läßt sich für den priv RVerk weder aus GG 3 noch aus § 242 herleiten, G. Hueck, Grds der gleichen Behandlg im PrivatR 1958, insb S 169 ff, Soergel-Siebert Anm 29, Staud-Weber Anm A 359 ff; sie besteht im Gemsch-Verh, insb im ArbeitsR, vgl § 611 Anm 9, sowie im Vereins- u GesellschR, vgl § 35 Anm 1, nicht dagg im HandelsvertreterR, BGH VersR **71**, 462, grdsätzl auch nicht im MietR, Weimar MDR **71**, 108. Sie kann gegeben sein, wenn sich eine beschränkte GattgsSchuld ggü mehreren Gläub nur teilw erfüllen läßt, RG **84**, 128. Auch die **öffentl Hand** ist bei privatrechtl Betätigg nicht schlechthin an GG 3 gebunden, wohl aber dann, wenn sie sich der Formen des PrivatR zur unmittelb Erfüll öff Aufgaben bedient, BGH **29**, 76, **36**, 91, JZ **65**, 281, NJW **67**, 1610. Allg gilt, daß der Verw dem Bindgen des öff R unterworfen bleibt, wenn sie öff Aufgaben dch privatrechtl Betätigg erfüllt, BGH **LM** GrundG Art 3 Nr 92; diese Bindg besteht auch, wenn sie Aufgaben der Daseinsvorsorge dch jur Pers des PrivR erfüllen läßt, BGH **52**, 326, **65**, 287 (Bindg kommunaler Versorggs- u VerkBetr an GG 3), BGH BB **69**, 1239 (FlughafenGmbH), Celle NJW **77**, 1295 (Gebührenregelg für Kindergarten in Art 3 GG, dazu krit Raacke NJW **77**, 2166), LG Brschw NJW **74**, 800 (Bindg kommunaler VersorggsBetr an den Grds der Verhältnismäßigk, krit Emmerich JuS **70**, 332. – Zu den grdlegden WertEntsch, die den Inhalt von Treu u Glauben bestimmen, gehört nach heutiger RAuffassg auch die **Sozialstaatsklausel** (GG 20, 28), Soergel-Siebert Anm 31. Sie ist Grenze der VertrFreih, BVerfG **8**, 329 u rechtf die Rspr, die in Anwendg von § 242 Mißbräuchen der VertrFreih als unzul RAusübg die Anerkenng versagt, Vorbem 3a u c vor § 145, ferner AGBG 9ff.

2) Abgrenzg, exceptio doli

a) Verhältnis zu §§ 133, 157: § 133 regelt die Auslegg der einzelnen WillErkl unter Zugrdelegg des erklärten Willens (vgl dort u Einf 2 vor § 116); 157 betrifft die Auslegg des als selbstd RQuelle zu denkden Vertr unter Berücksichtigg von Treu u Glauben, wobei uU Lücken dch ergänzde Auslegg zu schließen sind (vgl § 157 Anm 2). §§ 133 u 157 stellen danach Sinn u Tragweite der PartAbrede fest. Dagg enthält § 242 einen obj Maßstab, der unabhäng vom PartWillen auf Art u Weise, Inhalt u Bestand der LeistgsPfl einwirkt u auch für RVerh aus nicht rgeschl Tatbestd gilt. 157 betrifft das rechtl Wollen, § 242 das rechtl Sollen, Oertmann ROrdng u Verkehrssitte S 314, BGH **16**, 8. Die Anwendg der beiden Vorschr, die dieselben Wertmaßstäbe verwenden, greift ineinander über u überschneidet sich; grdsl ist aber davon auszugehen, daß Auslegg – einschließl der ergänzden VertrAuslegg – den Vorrang h, BGH **9**, 277, **16**, 8; erst wenn PartWille feststeht, läßt sich prüfen, ob u wie § 242 auf das RVerh einwirkt, Erm-Sirp Rdn 13.

b) Verhältnis zu §§ 134, 138: § 134, 138 bestimmen, daß RGesch, die gg Ges Verbote od die guten Sitten verstoßen, nichtig sind; sie enthalten damit Außenschranken für die Gültigk von RGesch. Dagg regelt § 242 die RAusübg, berührt aber, auch soweit er Anspr aus RGesch betrifft, deren Gültigk nicht. Seine Anwendg kann dazu führen, den Anspr auch dann ganz oder zT zu versagen, wenn das RGesch bei seinem Abschl nicht unsittl war; so kann Geltdmachg von Anspr aus einem bei Errichtg nicht sittenw Testament bei nachträgl Änderg der Verhg gg § 242 verstoßen, BGH **20**, 76. Ands können die einer Part auferlegten Beschrkgen dch § 242 derart begrenzt w, daß der Vertr entgg dem ersten Ansch nicht sittenw ist, § 138 Anm 1f bb.

c) Verhältnis zu §§ 226, 826: Neben § 242 regeln auch die §§ 226, 826 die RAusübg. Nach § 226 ist die RAusübg unzul, wenn ihr Alleinzweck SchadZufügg ist. § 226 hat inf seiner engen Voraussetzgen in der Rspr keine wesentl Bedeutg erlangt. Soweit er vorliegt, ist zugl ein Verstoß gg Treu u Glauben (u gg die guten Sitten) gegeben; § 226 ist daher neben § 242 entbehrl. Auch § 826 begrenzt die RAusübg. Er begründet bei vorsätzl sittenw SchadZufügg eine SchadErsPfl auch dann, wenn das sittw Verhalten in „Ausübg" eines „Rechts" geschieht, vgl § 826 Anm 2 e, Gadow JhJ **84**, 188. Aus § 826 ergibt sich, daß die RAusübg unzul ist, wenn sie obj gg die guten Sitten verstößt, gleichgült, ob ein Schaden entstanden ist u den Handelnden trifft. Sittenwidrigk setzt aber einen groben Verstoß gg Treu u Glauben voraus, Gadow aaO S 188, Staud-Weber Anm A 9. Auch § 826 hat daher als Schranke der RAusübg neben § 242 nur geringe Bedeutg. Er ist heranzuziehen, wenn § 242 mangels rechtl Sonderverbindg nicht anwendb ist, Anm 1 c, ferner bei rechtskr festgestellten Anspr, vgl Anm 4 E. Außerdem richtet sich die SchadErsPfl nach § 826; § 242 ist kein SchutzG iS von § 823 II, doch w bei Verstoß dagg oft pos VertrVerletzg vorliegen § 276 Anm 7. Vgl auch Übbl 2 vor § 226 u § 826 Anm 6, 8 o.

d) Exceptio doli: Die *exc doli* war ein die RAusübg begrenzter RBehelf des röm u gemeinen R; er umfaßte die *exc doli specialis* = *praeteriti* (Einwand des argl RErwerbs) u die *exc doli generalis* = *praesentis* (Einwand der ggwärtigen Argl), vgl Staud-Weber Anm D 5. Die exc doli wurde nach Inkrafttr des BGB dch die Rspr, zunächst über § 826, dann über § 242 in das neue Recht übernommen, vgl Staud-Weber Anm D 12 ff. Heute ist außer Streit, daß der ihr zugrde liegde Gedanke über § 242 auch im R des BGB gilt. Rtechnisch ist die exc doli jedoch dch die Erkenntn überholt, daß die von ihr erfaßten Fälle solche unzul RAusübg sind; sie gibt auch sprachl ein falsches Bild, weil die RAusübg, um unzul zu sein, keine Argl (dolus) (nicht einmal notw Fahrlk) erfordert, vgl Anm 1 c, u die Unzulässigk der RAusübg vAw zu berücksichtigen ist, vgl Anm 1 b. Die Rspr spricht gleichwohl noch oft von „Einwand" od „Einrede der Arglist", vgl die Nachw bei Staud-Weber Anm D 16. Über die hier einschlägigen Fälle vgl Anm 4 C insb a u b.

e) Verhältnis zu AGBG 9: vgl Vorbem 4c vor AGBG 8.

3) Geltsgbereich:

a) Der Grds des § 242 beherrscht das ges **SchuldR** einschließl des BereichergsR, RG GrZS **161**, 58, BGH **14**, 10, **29**, 161, **37**, 370; viele Vorschr des SchuldR sind nur Ausprägen des § 242, so §§ 266, 273, 299, 320, 618 u jetzt AGB-Ges 9ff. § 242 gilt darüber hinaus für das **gesamte Privatrecht** innerh u außerh des BGB, RG **166**, 49, BGH **12**, 157. Er ist daher anwendb: im SachenR, BGH **10**, 75, **47**, 189, **58**, 157, Mühl NJW **56**, 1657 u NJW **60**, 1133, vgl Einl 2b vor § 854, Übbl 2 d aa vor § 903; im FamR, BGH **5**, 186, **30**, 140, Köln FamRZ **64**, 524, Karlsr OLGZ **65**, 258; im ErbR, BGH **4**, 91, MDR **58**, 490, FamRZ **62**, 427, im gewerbl RSchutz BGH **1**, 31, **21**, 78, GRUR **60**, 141, im VersR, BGH **40**, 389, Fischer VersR **65**, 197, im JagdR, Celle NdsRpfl **68**, 205. Das ArbVerh unterliegt als GemschVerh mit personenrechtl Einschlag in ganz ähn Maße dem Grds von Treu u Glauben, in ihm besteht eine beiders Treuepfl, die sich für den ArbGeb insb als FürsorgePfl auswirkt, vgl § 611 Anm 4 u 8, Staud-Weber Anm A 51, Soergel-Siebert Anm 68. Über einzelne Anwendgsfälle des § 242 außerh des BGB vgl Anm 4 C u D, 6 D u 9f. – Im RückerstattgsR gilt § 242 nach BoR RzW **52**, 13 nur beschr, jedoch führt unredl RAusübg auch hier zur Abweisg CORA RzW **54**, 283; ebenso im Rückerstattgregreß ist § 242 anwendb, BGH **11**, 26, NJW **54**, 1724, vgl hierzu Staud-Weber Anm A 54.

b) Der Grds von Treu u Glauben beherrscht weiter das **gesamte öffentliche Recht** (§ 242 selbst ist als privrechtl Vorschr nur entspr anwendb), vgl RG **148**, 269 (SchuldVerh des öffR), BGH **30**, 236, BVerwG **9**, 160, **10**, 277, **17**, 341, **19**, 189, **25**, 303, BFH NJW **57**, 1855, **62**, 511, **64**, 1825, BSozG NJW **58**, 1607, **66**, 125 u 1381. Zur Frage, inwieweit der Grds von Treu u Glauben im VerwR als Bundes- od LandesR gilt, vgl Schleifenbaum DVBl **69**, 350. Wg einzelner Anwendgsfälle vgl Anm 4 C u D, 6 D u 9 f. Der Grds gilt auch für das **Verfahrensrecht**, insb das ZivilProzR, vgl RG **159**, 190, BGH **20**, 206, **31**, 83, **40**, 203, **43**, 292. Bei Anwendg des Grds von Treu u Glauben im öffR u VerfR ist jedoch die Eigenart dieser RGebiete zu beachten. Der Vorrang öff Interessen u das Gebot der RSicherh kann dazu führen, daß der RGedanke des § 242 im Einzelfall zurückzutreten hat, Soergel-Siebert Anm 70 u 76. Das gilt im VerfR insb für die Wahrg von Fristen u die Frage, wann es unzul ist, von rechtskr Urt Gebr zu machen; vgl im einzelnen Anm 4 D j „VerfR", E sowie 9f.

4) Anwendg: Bei Anwendg des § 242 lassen sich in Anlehng an die von Soergel-Siebert Anm 34 ff entwickelte Einteilg im wesentl vier **„Funktionskreise"** unterscheiden. § 242 regelt die Art u Weise der Leistg (nachstehd A). Er hat außerdem rechtserzeugde Wirkg, in NebenR u Pfl (nachstehd B), uU kann er auch AnsprGrdlage (BGH **38**, 149: nachbarrechtl Ausgl, vgl Überbl 2d a vor § 903) od EntstehgsGrd für gesetzl SchuldVerh sein (Anm 5). Anderers begrenzt § 242 den Umfang der Rechte, er ist Grdlage für das Verbot unzul lRAusübg (nachstehd C, D u E) u die Verwirkg, die einen wicht Sonderfall der unzul RAusübg darstellt (Anm 9). Schließl beruht auf § 242 die Lehre vom Fehlen u Wegfall der GeschGrdlage, die zu dem Umst zu den anderen kann, zu einer RErweiterg od RBegrenzg führen kann (Anm 6). Die Grenzen zw den vier Funktionskreisen sind fließd; entscheid ist letztl nicht die Zuordng zu der einen od and Fallgruppe, sond eine sorgfält Abwägg, was nach dem konkreten RVerh Treu u Glauben entspr.

A) § 242 regelt, wie schon sein Wortlaut ergibt, die **Art u Weise**, das „Wie", der Leistg. Er ergänzt insow die in den §§ 243–274 enthaltenen Einzelbestimmgen. Gem § 242 ist Leistg zur Unzeit unzul; jedoch konnte Ann einer Zahlg in RM, als diese noch Kaufkraft hatte, idR nicht abgelehnt w, OGH **1**, 48, BGH **5**, 16, **10**, 1, ferner Staud-Weber Anm A 537. § 242 verbietet Leistg am unpassden Ort. Bei Unmöglichk od Unzumutbark der Erf am vereinbarten ErfOrt tritt nach § 242 an seine Stelle ein ein angem Ort, vgl § 269 Anm 4. Gläub kann entgg § 266 zur Ann von Teilleistgen verpflichtet sein, vgl § 266 Anm 1b, uU muß er dem Schu aGrd von § 242 Ratenzahlg gewähren, RG GrZS **161**, 58 u § 266 Anm 7. Wer ein Postscheck- od Bankkonto unterhält u dies bekanntgibt, muß grdsl Zahlgen dch Überweisg auf dieses Konto gefallen lassen, RG **134**, 76, OGH **4**, 194, BGH NJW **53**, 897, vgl näher § 270 Anm 1 b. Schu kann berecht sein, an Stelle von Barzahlg Scheck zu geben, RG **78**, 142. SicherhLeistg dch Verpfändg kann dch SichgAbtr ersetzt w, wenn GläubInteresse nicht entggsteht RG JW **09**, 734, Abweichg vom Auftr unschädl, soweit Interesse des AuftrGeb nicht verletzt, BGH NJW **69**, 320. Überhaupt ist als wichtigem Grd Abweichg von der vereinbarten Weise der Leistg zul, sofern der gleiche wirtschaftl Erfolg herbeigeführt w, Staud-Weber Anm A 767.

B) Die für das einzelne SchuldVerh kennzeichnde LeistgsPfl w dch **Nebenpflichten** ergänzt, wobei NebenleistgsPflten u weitere VerhaltensPflten zu unterscheiden sind, vgl Einl 1 e vor § 241, § 241 Anm 6. Die NebenPflten können sich aus den Abmachgen der Part od bes ges Vorschr (zB §§ 368, 402, 444, 618, 666) ergeben; zumeist beruhen sie auf dem Grds von Treu u Glauben. Bei den vielfältigen, nach Inhalt u Wirkg verschartigen NebenPfl unterscheide zunächst zw unselbst u selbst NebenPfl, Soergel-

Siebert Anm 109 ff. **Unselbständige** Nebenpflichten sichern die HauptPfl u die Abwicklg des Schuld-Verh, ohne daß ihnen ein Eigenzweck zukommt. Sie sind idR nicht selbstd einklagb (sehr str vgl Stürner JZ **76**, 384), ihre Verletzg kann jedoch eine SchadErsPfl wg pos VertrVerletzg od c.i.c. begründen, vgl § 276 Anm 7 u 6. Hierher gehören die AufklärgsPfl (nachstehend d) die LeistgsTreuePfl u die SchutzPfl (nachstehd a u b). – **Selbständige** Nebenpflichten haben trotz Bindg an die HauptPfl einen Eigenzweck; sie gewähren ein ErfAnspr und sind also einklagb. Hierunter fallen die AuskPfl (nachstehd e) u die Mehrzahl der MitwirkgsPfl (nachstehd c). Zur Klagbark von UnterlAnspr vgl Lenzen NJW **67**, 1261. – Eine weitere Einteilg ergibt sich aus dem zeitl Anwendungsbereich. NebenPfl haben grdsl ein bestehdes SchuldVerh als Grdlage; jedoch begründet bereits der **Eintritt in Vertragsverhandlgen** eine Pfl zur Rücksichtn auf die Interessen des and, vgl § 276 Anm bb u dd; anderers können nach Erf der HauptPfl einzelne NebenPfl fortwirken, sog **Nachwirkg des Vertrages,** vgl § 276 Anm 6 e u nachstehd e, b u d. – Der Inhalt der Neben-Pfl begründet folgde, sich zT überschneidde Einteilg (die Terminologie ist uneinheitl, vgl Staud-Weber Anm A 772 ff):

a) Leistgstreuepflicht: Sie dient als ergänzde Nebenpflicht der Sicherg der HauptPfl. Die Part haben alles zu unterlassen, was den VertrZweck od den Leistgserfolg beinträchtigen od gefährden könnte; Schu hat pos alles zu tun, um den Leistgserfolg vorzubereiten, herbeizuführen u zu sichern, BGH NJW **78**, 260; *Beispiele:* Schu verstößt gg Pfl zur Leistgstreue, wenn er VertrErf ernsth u endgültig verweigert, RG **57**, 112; ebso Gläub, der Leistg grdlos beanstandet, RG JW **27**, 1633, vgl näher § 276 Anm 7 c aa. Verkäufer eines Untern mit Kundsch darf Käufer keinen Wettbew machen, RG **117**, 178, HandelsVertr darf nicht für Konkurrenzfirma tät sein, BGH **42**, 61, **LM** (Ba) Nr 53 Bl 4. AltGläub hat nach Abtr alles zu unterl, was Fdgs-Einziehg dch NeuGläub gefährdet, RG **111**, 303. Schu darf bei GläubVerzug SchuldGgst grdsl nicht preisgeben, sond ist zur Aufbewahrg verpflichtet, RG **108**, 343, **60**, 163, vgl aber §§ 300, 303, 372. Bis zur Leistg hat Schu hinsichtl SchuldGgst Erhaltgs- u ObhutsPfl, Staud-Weber A 792. Bei Transferschwierigk kann Schu zur verzinsl Anlegg der Schuldsumme verpflichtet sein, BGH Anm **26**, 9. Verk hat bei Versendg sorgfält zu verfahren, darf insb nicht zur Unzeit versenden, vgl § 447 Anm 1. Verm ist verpflichtet, Mieter Wettbew fernzuhalten, RG **119**, 355, BGH **LM** § 536 Nr 2, 3, 5, 6, vgl näher § 535 Anm 2 a. Mieter muß notw Reparaturen od Umbauten dulden, LG Saarbr NJW **56**, 638, v Roesgen NJW **56**, 1264. Nach Beendigg des MietVerh kann Verm eine angem Zeit verpflichtet sein, Umzugsschild zu dulden, RG **161**, 338. Gläub uU verpflichtet, Schu Unterlagen für Kreditbeschaffg für Vfg zu stellen, BGH Betr **68**, 2210, NJW **73**, 1793, Brych DNotZ **74**, 414, ebso Bescheinigg, die Schu zur Wahrnehmg seiner steuerl Belange braucht, Hamm MDR **75**, 401. Für Verk von techn Industrieprodukten besteht uU Pfl zur Lieferg von ErsTeilen, AG NJW Mü **70**, 1852, Finger NJW **70**, 2049, Rodig BB **71**, 854. Für gesetzl AltenteilsR (HöfeO 14) besteht Pfl zur Gefährdg u dingl Sicherg, Oldbg NdsRpfl **73**, 234. Auch wenn Part keine Veräußergs-, sond nur ErwerbsPfl begründet h, ist Bauträger zur Förderg des VertrZweckes (Erlangg von WoEigt zu angem Preis) verpflichtet, BGH NJW **74**, 850.

b) Schutzpflichten: Gläub u Schu haben sich bei Abwicklg des SchuldVerh so zu verhalten, daß Pers, Eigt u sonstige RGüter des and Teils nicht verletzt w, Staud-Weber Anm A 802, Soergel-Siebert Anm 152. Die SchutzPfl idS dienen somit nicht der Sicherg der HauptPfl, sond dem Schutz sonstiger RGüter des and Partners. SchutzPfl sind es normiert zB in §§ 536, 618, 701; unabhäng hiervon gilt der allg Grds, daß jede VertrPart „die gebotene Sorgfalt für die Gesundh u das Eigt des and Teils zu beobachten hat", RG **78**, 240. Verletzg von SchutzPfl begründet SchadErsPfl wg pos VertrVerletzg, vgl § 276 Anm 7 c bb. – *Beispiele:* Pfl des Verk, Käufer vor Schäden an Körper u Eigt zu bewahren, RG **78**, 240, JW **28**, 2210, LZ **29**, 1463; ebso für Gastwirt ggü Gast, RG **85**, 186, Stgt MDR **59**, 1009; bei Sportveranstaltg ggü Besuchern, RG **127**, 314, BGH VersR **57**, 228, Mü VersR **68**, 1073, Best ggü Untern, BGH **5**, 55, **26**, 370 (entspr Anwend von § 618), Verm ggü Mieter, BGH **LM** § 536 Nr 1, vgl näher § 536 Anm 4 a aa. Pfl des KfzHalters ggü berecht Fahrer, Kfz ordngsmäß gg HaftPfl zu versichern, BGH VersR **64**, 239, **71**, 430, BAG **14**, 228; idR keine Pfl des ArbGeb zum Abschl einer über die gesetzl PflVers hinausgehden Vers, BGH **16**, 119, BAG JZ **69**, 75, and uU in bes Fällen, BGH VersR **70**, 65/390, Hanau BB **72**, 5. Vgl ferner § 276 Anm 7 c bb. – SchutzPfl bestehen bereits vor Begründg des „eigentl" SchuldVerh, sobald dch die VertrVerhandlgen eine rechtl Sonderverbindg entstanden ist, vgl § 276 Anm 6. Die SchutzPfl wirken auch nach Erf jedenf solange fort, wie sich der eine Teil berechtigterw in der räuml Sphäre des and aufhält, vgl RG JW **18**, 171, LZ **29**, 1463, vgl auch BGH VersR **70**, 179 (SchutzPfl aus BefördergsVertr endet mit vollständ Verlassen des Busses). Über Wirkg der SchutzPfl zG Dritter vgl § 328 Anm 3 a.

c) Mitwirkgspflichten: Gläub u Schu sind verpflichtet, im Zusammenwirken die Voraussetzgen für die Durchführg des Vertr zu schaffen u ErfHindernisse zu beseitigen. Die MitwirkgsPfl dient ebso wie die LeistgstreuePfl (oben a) der Erreichg des VertrZweckes u des Leistgserfolges. Sie ist insb bei genbedürft RGesch von Bedeutg: Sofern das RGesch im übrigen wirks ist, sind beide Part verpflichtet, alles zu tun, um die Gen herbeizuführen u alles zu unterl, was die Gen gefährden oder vereiteln könnte, RG **129**, 376, **115**, 38, BGH **14**, 2, BB **56**, 869. Wird Gen unter der Aufl einer VertrÄnderg erteilt, sind die Part im Rahmen des Zumutb verpflichtet, den Vertr entspr abzuändern, BGH NJW **60**, 523, DNotZ **66**, 742, NJW **67**, 830, Betr **70**, 584, vgl zur Gen gem WährG 3 § 245 Anm 5. Ist Vertr inf Versagg der Gen nichtig geworden, kann uU Pfl zum NeuAbschl eines Vertr bestehen, BGH MDR **63**, 837; vgl § 275 Anm 9 a; keine derartige Pfl aber, wenn Vertr von Anfang an nichtig, BGH **LM** ErbbVO 1 Nr 3 Bl 2. Ist ErfGesch genbedürft, kann nach Versagg der Gen Pfl zur Änd der VerpflGesch u zur Wiederholg des ErfGesch bestehen, BGH NJW **76**, 1939; uU trifft Schu Pfl zu abgeänderter, genfähiger Leistg, BGH **38**, 149; vgl § 275 Anm 9 b. Bes gilt für die vormschgerichtl Gen: gesetzl Vertr kann im Mündelinteresse von GenAntr od von Mitteilg der Gen absehen, BGH **54**, 73. Weitere Beispiele: Wer seine Zust wirks, aber formlos erteilt hat, kann verpflichtet sein, sie in der Form des GBO 29 zu bestätigen, KG NJW **62**, 1062. Bezieht sich AbtrErkl inf ergänzder Auslegg auf and als den in ihr bezeichneten Anspr, ist AltGläub zur klarstellder Erkl verpflichtet, Hbg MDR **59**, 123. AbtrPfl schließt uU Pfl ein, in GesellschafterVers für Gen der Abtr zu stimmen, BGH **48**, 163.

Inhalt der Schuldverhältnisse. 1. Titel: Verpflichtung zur Leistung § 242 4B, C a, b

d) Aufklärgspflichten (Anzeige-, Hinweis-, OffenbargsPfl): Eine AufklärgsPfl (die and als die Ausk-Pfl rechtl unsbstd, also nicht klagb ist) besteht nicht schlechthin, sond nur dann, wenn der and Teil nach den im Verk herrschden Anschauungen redlicherw Aufklärg erwarten darf, RG **62**, 150, **111**, 234, BGH NJW **70**, 655. In diesem Umfang besteht AufklärgsPfl sowohl bei Anbahng von VertrVerh als auch im „eigentlichen" SchuldVerh, im ersten Fall begründet ihre Verletzg Anspr aus c. i. c. (Einzelfälle bei § 276 Anm 6b cc) u bei Argl AnfR gem § 123 (s dort Anm 2c), im zweiten Fall Anspr aus pos VertrVerl (Einzelfälle bei § 276 Anm 7c dd). Zur AufklPfl des Arztes vgl § 823 Anm 7b f u 14 unter „Ärzte".

e) Auskunftspflicht: vgl §§ 259–261 Anm 2b.

f) Die versch NebenPfl sind Ausprägen einer dem SchuldVerh immanenten allg ggs **TreuePfl**, die eine Pfl zur ggs Unterstütz in sich schließt, BGH Betr **68**, 2210, den VertrPartner aber nicht verpflichtet, gleichrang eig Interesse ggü Belangen des and zurückzustellen, BGH **LM** § 455 Nr 21 Bl 2, § 242 (Be) Nr 36 (Versagg einer Gen). Die sich aus § 242 ergebden Einzelpflichten entziehen sich einer abschließden Typisierg, in bes Situationen können weitere NebenPfl entstehen. Umfang u Inhalt der ggs TreuePfl wird wesentl dch die Dauer u den Charakter des SchuldVerh mitbestimmt. Sie ist beim einfachen AustauschGesch schwächer als beim DauerschuldVerh (zum Begriff vgl Einl 5 vor § 241), BGH NJW **78**, 260; beim SchuldVerh mit personenrechtl Einschlag wie dem Arb- u GesellschVerh stellt sie eine das RVerh beherrschde HauptPfl dar, vgl zum ArbVerh § 611 Anm 4 u 8.

g) Verletzg von Nebenpflichten: Die schuldh Verletzg von Nebenpflichten begründet SchadErs-Anspr aus pos VertrVerletzg od c. i. c., vgl § 276 Anm 6 u 7; bei selbstd Nebenpflichten (vgl oben vor aa) besteht außerdem ErfAnspr. Darüber hinaus kann PflVerletzg uU den Einwand unzul RAusübg rechtf. HaftPflVersicherer, der seiner AufklärgsPfl nicht nachgekommen ist, kann sich bei ObliegenhVerletzg des VersNehmers nicht auf Leistgsfreih berufen, BGH **47**, 108, **48**, 9, vgl unten D k. Wer nach Treu u Glauben verpflichtet ist, VertrÄnderg zuzustimmen (vgl vorstehd c), muß sich bei Weigerg uU so behandeln lassen, als habe er zugestimmt, BGH NJW **67**, 831, Betr **70**, 584. Ist Genosse pflichtwidr nicht über satzgsmäß RBehelfsFr belehrt worden, kann sich Genossensch nicht auf Fristablauf berufen, BGH NJW **60**, 2143. Vgl ferner Anm 4 C b.

C) Der Grds von Treu u Glauben kann weiter zu einer **Beschränkg** od zum **Wegfall** von Anspr od R führen. Die Einschränkgen, die sich insow aus dem Verbot **unzulässiger** (mißbräuchl) **Rechtsausübg** ergeben (vgl hierzu bereits oben Anm 1b u 2d), sind das wohl wichtigste Anwendgsgebiet des § 242. Dabei beschränkt sich das Verbot nicht auf die Ausübg subj R; auch die Ausnutzg von RLagen kann mißbräuchl sein, ganz h M. Der „Einwand" der **Nichtigkeit** eines RGesch wg Formmangels ist unzul, wenn es nach den Beziehungen der Part u den ggs Umst Treu u Glauben widerspricht, den VertrAnspr am Formmangel scheitern zu lassen, vgl § 125 Anm 6. Berufg auf Nichtigk kann auch dann unzul RAusübg sein, wenn sie auf sonstigen Grden beruht, BGH **LM** § 154 Nr 2; so etwa, wenn RGesch deshalb nichtig, weil ein bei VertrSchl für gült gehaltenes Ges nachträgl für verfassgswidr erklärt w, BAG NJW **70**, 725 (dann Anpassg). Unzul RAusübg sogar Berufg auf Sittenwidrigk gem § 138, Celle BB **68**, 642, BAG NJW **68**, 1648; vgl auch RG **71**, 435, **135**, 376. Gilt statt der vereinb Preises gesetzl Festpreis, idR keine Berufg auf § 242, BGH NJW **69**, 427. Zur Frage, inwieweit bei GläubMehrh mißbräuchl Verhalten eines Gläub ausreicht, um Einwand aus § 242 zu rechtf, vgl BGH **44**, 367.

Aus der Vielzahl mögl Anwendgen des Verbots unzul RAusübg haben sich einige **typische Fallgruppen** herausgebildet, die sich zT überschneiden:

a) Die Ausübg eines R ist idR mißbräuchl, wenn der Berecht es dch **unredliches** (gesetzw, sittenw od vertragsw) **Verhalten** erworben hat. Dieser Grds hat sich aus der exceptio doli specialis = praeteriti des röm u gemeinen R entwickelt, vgl oben Anm 2d. Es genügt ein obj unredl Verh, Argl od Versch ist nicht erforderl, BGH **LM** (Cd) Nr 5. – *Beispiele*: Künd eines PachtVertr wg Zahlgsrückstandes, wenn Verp diesen Verp der argl Schädigg des Pächters mitverurs hat, BGH **LM** (Cd) Nr 55; Künd gem ZVG 57a, wenn Erwerb iW der ZwVerst nur erfolgt ist, um § 571 zu umgehen, BGH WPM **78**, 929, KG OLGZ **73**, 1; Inanspruchn des Bürgen, wenn Gläub Schu zur Nichtzahlg veranlaßt hat, BGH **LM** § 765 Nr 10, ebso, wenn Gläub den BürgschFall dch sonst Verstoß gg Treu u Glauben herbeigeführt hat, BGH BB **68**, 853; Geltdmachg von VersorggsAnspr, wenn dieser ohne sachl Grd allein wg Zugehörigk zur NSDAP eingeräumt ist, BGH **13**, 349, wenn sich Berecht an natsoz GleichschaltgsMaßn gg sein Untern beteiligt hat, BGH **9**, 96; Geltdmachg eines vertragl ÜbernR, wenn Berecht Künd des and Gesellschafters dch eig vertragsw Verhalten verurs hat, RG **162**, 394; Geltdmachg eines Anspr auf VertrStrafe, wenn Gläub das vertrwidr Verhalten des Schu veranlaßt h, BGH NJW **71**, 1126. Berufg auf Vorbeh wertmäß Filialdeckg, wenn ÜberweisgsAuftr vertrwidr von diesem abhäng gemacht worden ist, BGH **10**, 323. Allg gilt, daß niemand aus einem schuldh vertrwidr Verhalten Vorteile ziehen darf, BGH **LM** § 123 Nr 22, Betr **70**, 1684. Nach Versäumg der AnfechtgsFr wg argl Täuschg aber keine Berufg auf § 242 (sond höchstens auf § 826 od § 823 II mit StGB 263), da § 124 Sonderregelg, BGH NJW **69**, 604. Bei öff Interesse kann RAusübg trotz unredl Verhaltens zul sein: Argl Vereitelg der Zustellg setzt NotFr nicht in Lauf, BGH NJW **78**, 426; Untern hat grdsl auch dann Anspr auf Festentgelt nach GüKG, wenn er Tarif vorsätzl unterboten hat u AuftrGeb gutgl war, BGH NJW **55**, 1755, MDR **59**, 911; and uU im GüterNahVerk, BGH **LM** GüKG Nr 37, keinesf aber Berufg auf § 242, wenn beide bösgl, BGH **LM** GüKG Nr 34; uU haftet Untern wg c.i.c., BGH NJW **68**, 1136. Vgl ferner Einzelfälle unter E.

b) Die RAusübg kann unzul sein, wenn dem Berecht eine **Verletzg eigener Pflichten** zur Last fällt, in Rspr u Lit gelegentl als Verwirkg bezeichnet, vgl dazu unten Anm 9a aE. Einen allg Grds, daß nur derjenige R geltd machen kann, der sich selbst rechtstreu verhalten hat, gibt es jedoch nicht; maßgebd sind die Umst des Einzelfalles, BGH NJW **71**, 1747, BAG Betr **74**, 2357, vgl auch BGH **50**, 250. – *Beispiele*: unzul RAusübg: Geltdmachg von R aus §§ 325, 326 bei eig VertrUntreue, RG **149**, 404, **152**, 123, BGH NJW **58**, 177, wg Einschränkgen vgl § 326 Anm 4; Berufg auf Bezugsbindg, wenn Berecht seinerseits die Belieferg verweigert, Nürnb NJW **72**, 2270; Geltdmachg eines dingl VorkR, wenn sich Berecht vertragl zur Nichtausüb verpflichtet hat, BGH **37**, 152; Geltdmach einer ProvFdg nach TreuPflVerletzg hinsichtl des provpflicht Gesch, Hamm NJW **59**, 677, Kblz BB **73**, 866; Durchsetzg eines WettbewVerbotes, wenn Berecht KarenzEntsch nicht zahlen will, BAG NJW **64**, 1643; Berufg auf gesellschaftsrechtl MitwirkgsR, wenn der Berecht Mitwirkg beharrl verweigert, BGH NJW **72**, 863; Geltdmach von VersorggsAnspr nach gröbl Treueverstoß, BAG NJW **56**, 158, **68**, 1444, BGH **55**, 277; ebso bei HonorarAnspr des Anw, RG **113**, 269, BGH VersR **69**, 38, bei Anspr auf SachverstEntsch, wenn Sachverst grobe PflVerletzg zur Last fällt, Mü NJW **71**, 257, nicht dagg bei leichter Fahrlässigk, BGH NJW **76**, 1154, ebsowenig bei leichter Pfl-Verletzg des TestVollstr, BGH DNotZ **76**, 559. IdR keine unzul RAusüb; Berufg auf Mutterschutz bei Verletzg der NachwPfl, BAG NJW **75**, 229. Wenn Ehem/Komplementär, der die Ehe schuldh zerrüttet hat, ÜbernAnspr wg grob gesellschaftsw Verhaltens gg Ehefr/Kommanditistin erhebt, BGH, **76**, 396; wenn SchadErs für SchwangerschUnterbrechg mit tödl Ausgang gefordert w, in die Getötete eingewilligt hat, BGH **7**, 207; wenn Kl, der sich gg unlauteren Wettbew wendet, gleichart WettbewVerstöße begeht, BGH NJW **60**, 1295, NJW **71**, 1749; wenn Gläub von Vollstreckgsmöglichk Gebrauch macht, von der er dch PflVerletzg eines Dr erfahren h, BGH **LM** (Cd) Nr 166. Vgl ferner Einzelfälle unter D.

c) Die RAusüb ist unzul, wenn eine Leistg gefordert wird, die alsbald zurückzuerstatten wäre *(dolo facit, qui petit, quod statim rediturus est)*, also bei **Pflicht zur alsbaldigen Rückgewähr**, RG JW **12**, 460, **160**, 312, BGH **10**, 75, **38**, 126, **47**, 269. *Beispiele:* Geltdmach einer GrdSch, wenn zGrde liegde causa weggefallen ist u daher Pfl zur Rückübertragg besteht, BGH **19**, 206; HerausgVerlangen des Eigtümers ggü AnwBerecht, wenn anzunehmen ist, daß dieser alsbald Eigtümer w, BGH **10**, 75; Verlangen auf Löschg eines Rechts wg Fehlens einer wirks Einigg, wenn schuldr Pfl zur Bestellg besteht, BGH **38**, 126, DNotZ **76**, 22; Verlangen, eine ohne die gesetzl vorgeschriebene Gen des Nachb errichtete Baulichk zu beseitigen, wenn eine RPfl zur Gen besteht, BGH Betr **76**, 1058. Geltdmach einer Fdg, wenn Gläub den zu leistdn Betr gem § 812 zurückerstatten müßte, BGH **56**, 25, VersR **76**, 1040. Geltdmach einer Fdg, wenn die nur deshalb entstanden ist, weil Gläub seiner HinwPfl nicht genügt hat, BGH **66**, 305. Geltdmach abgetretener Fdg, wenn NeuGläub verpflichtet ist, Schu von dieser Fdg freizuhalten, Hbg MDR **63**, 301; Erhebg eines öff Beitr entgg einer bestehdn FreihaltgsPfl, OVG Hbg MDR **70**, 537; Geltdmach eines ErfAnspr, wenn Gläub dem Schu den dch die Erf entstehde Schaden ersetzen muß, RG **73**, 346; Geltdmach eines RegreßAnspr dch HaftPflVersicherer, wenn Schu einen RückgrAnspr gg einen Mitversicherten h, für den Versicherer einstehen muß, BGH NJW **72**, 440; Erhebg der DrittwidersprKl, wenn Kläger mithaftet, RG **134**, 124, **143**, 277, BGH **LM** ZPO 771 Nr 2, Hbg MDR **59**, 580, Celle NJW **60**, 2196. Vgl ferner Einzelfälle unter D.

d) Die RAusüb ist unzul, wenn der Berecht **keine schutzwürd Interessen** verfolgt od überwiegde Interessen des and Teils entggstehen. Dabei sind aber strenge Anfordergen zu stellen. § 242 ist nur anwendb, wenn die RAusüb zu einer groben, unerträgl Unbilligk führen würde (MüKo/Roth Rdn 387). **aa)** RMißbrauch ist gegeben, wenn an einen **geringfügigen Verstoß** weittragde, offensichtl unangem RFolgen geknüpft w. Daher ist RücktrR od KündR uU bei geringfügigem Zahlgsrückstand ausgeschl, RG **86**, 335, **169**, 143; ebso Berufg auf Leistgsfreih bei unbedeutdem Prämienrückstand, BGH **21**, 136, od Obliegenh-Verletzg, die Belange des Versicherers nicht nachteil berührt, BGH NJW **69**, 1385; Berufg auf Verfallklausel bei geringfügiger Verfehlg, RG **152**, 258; VertrStrafAnspr bei geringfüg Überschreit der ZahlgsFr, LG Bln NJW **72**, 1324; Geltdmach eines HeimfallAnspr wg eines wieder aufgeh ZwVerstVerf, BGH **LM** RHeimstG Nr 4. **bb)** Auch bei schwereren Verstößen kann die RAusüb unzul sein, wenn sie dem and Teil **unverhältnismäß Nachteile** zufügt u weniger schwerwiegde Maßn ausreichen. So ist der Ausschluß aus der Gesellsch unzul, wenn mildere Maßregeln mögl u zumutb sind (RG **169**, 334, BGH **16**, 322). Die im VersR bei ObliegenhVerletzg vorgesehene völl LeistgsFreih tritt auch bei Vors des VersN nicht ein, wenn die Interessen des Versicherers nicht ernsth gefährdet w (s u Dk). **cc)** Die RAusüb ist auch dann mißbräuchl, wenn ihr kein **schutzwürdiges Eigeninteresse** zugrde liegt. *Beispiele:* Gemeinde darf ges VorkR nicht ausüben, wenn kein öff Interesse besteht, BGH **29**, 117, **36**, 158. AufhebgsKl gem EheG 32 ist unzul, wenn AufhebgsGrd nur als Vorwand vorgeschoben, BGH **5**, 186. Das gilt ebso für EhenichtigkKl, s De. Unzul auch die Ausübg des AuskR, um es zu vertrfremden Zwecken, insb zum Wettbew, zu mißbrauchen, BGH **10**, 387, NJW **66**, 1117; die Ausnutzg der StimmenMehrh in einer WoEigtGemsch zur einseit Dchsetzg eignütz Interessen, Hamm OLGZ **78**, 188; der Antr auf TeilgsVersteigerg, wenn Real-teilg, obwohl § 752 nicht zutrifft, mögl u zumutb, BGH **58**, 146; die Geltdmach eines HeimfallAnspr wg eines wieder aufgeh ZwVerstVerf, BGH **LM** RHeimstG Nr 4; die Inanspruchn von Sicherh einer in Vermögensverfall geratenen Part für Fdgen, die die SichgNehm (Bank) nachträgl erworben h, um einem Dr Befriedigg zu verschaffen, BGH NJW **75**, 122. Hierher gehört auch der sog **institutionelle RMißbrauch**, wie die mißbräuchl Berufg auf FormVorschr (§ 125 Anm 6) u der Mißbr der VertrFreih dch Festsetzg von unangem AGB (jetzt AGBG 9ff).

e) Die Ausübg eines R kann unzul sein, wenn sich der Berecht mit seinem früheren Verhalten in Widerspr setzt *(venire contra factum proprium,* Riezler 1912; krit neuerd Wieling AcP **176**, 334, der in den einschläg Fällen idR Verz dch schlüss Verhalten annimmt). **Widersprüchliches Verhalten** ist nur mißbräuchl, wenn d Berecht dem and Teil in dn VertrauensTatbestd geschaffen worden ist (BGH **32**, 279, BayObLG **71**, 101) od wenn sonstige Umst die RAusübg als Verstoß gg Treu u Glauben erscheinen lassen. Wechsel der RAns idR zul; and jedoch, wenn sich VertrPartner auf gleichbleibde Einstellg einrichten durfte u eingerichtet h u ihm Anpassg nicht zuzumuten, BGH **LM** WZG 1 Nr 5 Bl 3 R, ZPO § 549 Nr 81 Bl 3, ähnl **LM** (A) Nr 4 u BAG **AP** Feiertagslohnzahlgs G 1 Nr 26. Versch ist für widersprüchl Verhalten nicht erforderl, BGH WPM **68**, 877. – *Beispiele:* Wer zweifelh VertrBestimmg längere Zeit in bestimmtn Sinn ausgelegt hat, ist hieran gebunden, wenn and Teil sich darauf eingerichtet hat, RG **144**, 92. Wer jahrelang beim Gläub den Irrt unterhalten h, er sei der richt Schu, ist uU nicht berecht, nachträgl seine Passivlegitimation zu bestreiten, BGH **LM** § 164 Nr 33. Wer an gefährd Sport (Fußball) teilnimmt, kann keinen SchadErs fordern, wenn er unter Beachtg der sportl Regeln verletzt w, BGH **63**, 145. Bindg des ArbGeb, der jahrelang geringere als tarifl ArbZeit verlangt hat, LAG Bln **AP** BAT 15 Nr 2. Hat ArbG dem ArbN im Zeugn vorbehaltlos Ehrlichk u Gewissenhaftigk bescheinigt, kann er Anspr aus Mankohaftg wg eines ihm vorher bekannten Sachverhalts nicht mehr geltd machen, BAG NJW 72, 1214. Hat Erbe daran mitgewirkt, daß geschäftsunfäh Erbl Grdst verkauft, kann er nicht Nichtigk des Vertr geltd machen, BGH **44**, 367. Wer im eig Interesse Gesch über das Konto seines mj Kindes gemacht u hierfür die Schuld mitübernommen h, kann sich nicht auf das Fehlen der Gen des VormschG berufen, BGH WPM **71**, 1498. Wer wiederholt ZuwiderHdlg hingen hat, kann gleichart Verfehlgen nicht ohne Abmahng kündigen, RG DR **44**, 774. Wer im Hinblick auf den seiner Frau gewährten KinderZuschl den Unterh gekürzt hat, kann nicht nachträgl Zuschl verlangen, BGH **LM** (Cd) Nr 40. Wer das ihm ohne RGrd Geleistete behalten will, kann nicht unter Berufg auf die Nichtigk des Gesch seine GgLeistg zurückfordern, RG GZS **161**, 59, BGH **LM** § 154 Nr 2. Wer vom Schädiger Vergütg für Sachverst ersetzt verlangt u erhalten hat, kann keine Einwdg gg Höhe der Vergütg erheben, Celle NJW **67**, 1511 mit Anm Lueder NJW **68**, 1186. Wer im SchiedsVerf dessen Unzulässigk eingewandt hat, kann ggü anschließder Klage nicht Einr des SchiedsVertr erheben, BGH **50**, 191. Hat Architekt in Kenntn der für die Berechng maßgebden Umst Schlußrechng erteilt, ist er an diese gebunden, BGH **62**, 211, NJW **78**, 319; das gilt ebso für den Statiker Kln BauR **78**, 65. Hat Versicherer Ausgl nach Maßg des TeilsgAbk abgelehnt, kann er nach Verlust des DeckgsProz nicht Abrechn entspr dem TeilsgAbk fordern, BGH VersR **75**, 245. Hat Makler AlleinAuftrKlausel als bloße Formsache bezeichnet, kann er aus ihr keine Rechte herleiten, BGH NJW **69**, 1625. Hat Schu den Gläub, wenn auch schuldlos, von der Unterbrechg der Verj oder Wahrg der Frist abgehalten, so ist **Einrede** der **Verjährg** unzul, BGH **9**, 5; vgl dazu Übbl 3 vor § 194. Auf dem Verbot des widersprüchl Verhaltens beruhen ferner die Grds der **Verwirkg** (unten Anm 9) u der **Erwirkg** (Einf 3e vor § 116). Vgl auch Einzelfälle unter D.

D) Einzelfälle zur unzulässigen Rechtsausüb (vgl auch Anm 6 D GeschGrdlage u Anm 9f Verwirkg): Der Begriff unzul RAusüb läßt Raum für die Berücksichtigg jedes GesichtsPktes, welcher der Erreichg wahrer innerer Gerechtigk dient, RG **166**, 117; obige typische Fallgruppen können ihn daher nicht erschöpfen. Bei Heranziehg ein umfangreichen Rspr ist Vorsicht geboten. Was Treu u Glauben entspr, kann nur unter Abwägg aller Umst für das konkrete RVerh bestimmt w.

a) Auf **Abfindsvergleich** kann sich Schädiger nicht berufen, wenn sich inf unvorhersehb Spätschäden ein so krasses Mißverh zw Abfindgssumme u Schaden ergibt, daß Festhalten am Vergl gg Treu u Glauben verstößt, BGH VersR **61**, 382, **66**, 244, **67**, 804. – **Abtretg** kann gg § 242 verstoßen, wenn sie für Schu unzumutb Mehrbelastg begründet, oU die TeilAbtr, aber nur in bes AusnFällen, gewisse MehrArb genügt nicht, BGH **23**, 56, vgl auch RG **146**, 402. Unzumutbark kann sich auch aus Pers des NeuGläub ergeben, etwa wenn Ehem Anspr gg Ehefr an Ehebrecherin abtritt. Vgl näher Baumgärtel AcP **156**, 265. – Bei finanz **Abzahlgskauf** kann AbzK dem KreditGeb Einwdgen entggehalten, die wg Nicht- od Schlechtlieferg gg AbzV zustehen, uU die bei Einh v Kredit- u KaufVertr eine Einh bilden, sog EinwendgsDchgriff, BGH **37**, 95, **47**, 233, NJW **71**, 2303, einschränkd NJW **73**, 452, vgl näher Anhang zu AbzG 6. Arbeitet KreditGeb mit Refinanziersbank zus, kann AbzK auch dieser Einwendgen aus dem Vertr entgghalten, u zwar trotz WG 17 auch bei Inanspruchn aus Wechsel, BGH **43**, 258, **51**, 76. – Anspr aus bestätigtem **Akkreditiv** (zum Begr vgl Einf 4 vor § 783) steht Einwand unzul RAusüb entgg, wenn zGrde liegde Fdg rechtskr abgewiesen ist, BGH BB **58**, 541, od wenn Verk arglrr zur VertrErf ungeeignete Ware geliefert hat, RG **106**, 308, BGH BB **55**, 463. **Allgemeine Geschäftsbedingungen**: Vgl AGB-Ges (hinten unter NebenGes). – Bindg an **Anerkenntnis** gem NTS-AG Art 11 kann nach § 242 entfallen; dazu genügt aber nicht, daß Beh inf eines vom Begünstigten nicht verschuldeten RIrrt ein unricht Anerkenntn abgegeben h, BGH NJW **70**, 1420.

b) **Arbeitsrecht**: Die Künd des ArbVerh kann wg Verstoßes gg § 242 unwirks sein, BAG **8**, 140, **10**, 211; LAG Düss BB **78**, 1266; das KSchG verdrängt § 242 nur, soweit Sozialwidrigk der Künd in Frage steht, daneben bleibt § 242 anwendb, BAG Betr **72**, 1681, zT abw BAG **16**, 26. ArbN, der ArbLeistg bewußt erhebl zurückhält, muß sich gem § 242 Minderg des LohnAnspr gefallen lassen; das gilt entspr für Anspr auf Mutterschutzlohn, BAG NJW **71**, 111. Hat ArbNehm seine Pfl verletzt, Krankh unverzügl zu melden u ggf nachzuweisen, so w hierdch sein Anspr auf Lohnfortzahlg nicht ausgeschl, BAG NJW **72**, 76, and jedoch uU bei bes grobem Verstoß, BAG **9**, 168, vgl auch BAG BB **69**, 997. ArbN, der dch Unfall in seinem landwirtschaftl NebenBetr arbunfäh w, verstößt bei Geltdmachg des LohnfortzahlgsAnspr nicht gg § 242, LAG Ffm Betr **72**, 50, BAG Betr **72**, 1245. Tarifl Anspr unterliegen gem TVG 4 IV nicht der Verwirkg, Einwand unzul RAusüb ist jedoch statth, wenn er nicht auf illoyale Verspätg, sond auf sonstigen groben Treueverstoß gestützt w, BAG **3**, 80, **4**, 63. UrlAnspr ist gem § 242 unzul, wenn ArbNehmer mehr UrlTage vergütet verlangt, als er im UrlJahr gearbeitet hat, BAG **3**, 77, vgl auch BAG Betr **72**, 1443, LAG Hamm BB **75**, 1304; er kann uU auch bei schweren Verfehlgen des ArbNehm entfallen, BAG **6**, 300, BB **69**, 273 (Url-Abgeltg). Bei Gewährg von Gratifikationen vereinbarte Rückzahlgsklauseln sind unwirks, soweit sie auf eine unter Berücksichtigg ihrer Höhe unzumutb lange BetrBindg abzielen vgl § 611 Anm 7 e ee. Etwaiges WiderrufsR des ArbG w dch § 242 beschr, darf also nur aus sachl Grd ausgeübt w, BGH Betr **70**, 1692. Der Grds von Treu u Glauben gilt auch im BetrVerfassgsR, BAG **15**, 314, R der Gewerksch aus fr BetrVG 45 w daher dch § 242 begrenzt, BAG **15**, 315. Über Ruhegehalt u § 242 vgl Einf 7 vor § 611. Vgl ferner „AusschlFr" sowie Anm 6 D u 9 f.

c) **Aufrechng**: Auch wenn kein bes ges od vertragl AufrVerbot besteht, kann Aufr gem § 242 ausgeschlossen sein: Gg Fdg aus TrHdVerh ist Aufr unzul, BGH **14**, 346, und bei engem wirtschaftl u rechtl ZusHang zw Fdg u GgFdg, § 387 Anm 3. AufrBefugn des Mieters ggü MietzinsAnspr kann dch § 242 beschränkt w; die Rspr ist uneinheitl, vgl LG Aachen ZMR **53**, 151; Köln ZMR **54**, 44, AG Freibg NJW **56**, 1717, Glaser NJW **52**, 1205, Blei NJW **53**, 211. Aufr wohl insow unzul, als Pfändg gem ZPO 851 b aufzuheben wäre, LG Lüneb MDR **68**, 667. Ggü entschreifer KlFdg uU keine Aufr, wenn Bekl üb GgFdg pflichtw keine Abrechng erteilt hat, BGH WPM **63**, 509. Aufr verstößt gg § 242, wenn Aufrechnder, um sich wg GgFdg zu befriedigen, bewußt solche Waren bestellt u er weiß, daß für diese Waren verlängerter EigtVorbeh besteht, BGH **LM** § 387 Nr 48. Aufr uU auch unzul, wenn Schu bei Fälligwerden seiner GgFdg bereits länger im Verzug war, AufrLage also dch sein schuldh Verhalten entstanden ist, Brem NJW **68**, 1139. Berufg auf vertragl **Aufrechnungsverbot** verstößt gg § 242, wenn GgFdg auf vors unerl

§ 242 4 D c–f   2. Buch. 1. Abschnitt. *Heinrichs*

Hdlg beruht, RG **60**, 296, BGH Betr **77**, 993, and uU wenn langwier BewAufn erforderl, RG **142**, 144. Handelt es sich um GgFdg aus vorsätzl VertrVerletzg, braucht vertragl AufrVerbot nicht immer zurückzutreten, BGH NJW **66**, 1452, Nürnb WPM **72**, 264. AufrVerbot unbeachtl, wenn Gläub ins Ausl gehen will, Köln DJ **37**, 1158, im Konk RG **124**, 9, BGH NJW **75**, 442, Dempewolf Betr **76**, 1753, od wenn es aus sonst Grden (VermVerfall) Dchsetzg einer konnexen GgFdg vereitelt würde, vgl BGH **23**, 26, NJW **75**, 442; and, wenn Fdg abgetreten u NeuGläub auf AufrVerbot vertraut hat, BGH **14**, 62. Hat AufrVerbot Zweck, zügige Dchsetzg der Fdg zu gewährleisten, kann es entfallen, wenn Entsch über GgFdg Erledigg des RStreits nicht verzögert, BGH **12**, 143, NJW **60**, 859, WPM **72**, 73, vgl jetzt auch AGB-Ges 11 Nr 3. Berufg auf ges AufrVerbot des § 394 kann gleich mißbräuchl sein, vgl § 394 Anm 2. UU ist Aufr gem § 242 trotz fehlder Ggseitigk zul: Schu kann uU ggü TrHänder mit Fdg gegen TrGeb aufrechnen, vgl § 398 Anm 6c aE. – **Auskunftsanspruch:** vgl §§ 259 bis 261 Anm 5. – **Ausschlußfristen:** Die Anwendg tarifl AusschlFr steht unter dem Gebot von Treu u Glauben, BAG **14**, 145. Anspr kann daher trotz Ablauf der Fr noch zuzulassen sein, jedoch sind strenge Anfordergen zu stellen, vgl BAG **10**, 7, **17**, 200, Schaub NJW **67**, 94. § 242 anwendb, wenn and Teil im die Anschein erweckt h, er w sich nicht auf die AusschlFr berufen u Gläub hierauf vertraut h, BAG Betr **70**, 688, **72**, 1300; wenn ArbN vom Anspr deshalb nichts wußte, weil ArbG die von ihm geschuldete Abrechng od Ausk nicht erteilt h, BAG **AP** TVG 4 Ausschlußfristen Nr 41; bei Anspr aus vorsätzl strafb Hdlgen, von denen der and Teil nichts wußte, BAG aaO Nr 42; bei Argl, BAG NJW **71**, 579; dagg kein Einwand aus § 242, wenn Zweifelhaftigk der RLage nicht geltd gemacht worden ist, BAG **AP** aaO Nr 34; bei einseit Erwartg des ArbN, ArbG w sich nicht auf FrAblauf berufen, BAG BB **71**, 309. Bei geges AusschlFr hängt es von ihrem Zweck ab, ob bei ihrer Versäumg § 242 anwendb ist, BGH **31**, 83. Keine Berufg auf § 242 bei Versäumg der beamtenrechtl KlFr BGH **14**, 128, der Fr gem PatG **71**, 569. Dagg ist § 242 anwendb auf die Fr des § 626 II, vgl § 626 Anm 1, BGH NJW **75**, 1698, ferner auf Befristg des HeimfallAnspr, BGH **31**, 83. Zur Fr gem KO 41 I S 1 vgl BGH Betr **73**, 2039. Versicherer kann sich nicht auf FrAblauf berufen, wenn VersNehm kein Versch trifft; das gilt für vertragl AusschlFr, RG **62**, 191, BGH **9**, 208 u ebso für VVG 12 III, RG **150**, 186, BGH **43**, 236. Inwiew im öffR bei Versäumg von Fr § 242 anwendb ist, hängt vom Zweck der Befristg ab, BVerwG **24**, 154, ZBR **68**, 119, BSozG NJW **61**, 2277, MDR **65**, 694, Haueisen NJW **57**, 729, Nipperdey NJW **62**, 321, OVG Bln NJW **75**, 1530.

d) Wer Eintr od Ausfall einer **Bedingg** obj rechtsw herbeiführt, kann hieraus (über § 162 hinaus) keine R herleiten, RG HRR **31**, 1905. – **Bereichergsanspruch:** § 242 unanwendb, soweit der Schutz des § 818 III ausr, BGH **55**, 134, VersR **77**, 471, 474. Bei aufgedrängter Ber ist Anspr mißbräuchl, wenn Bereicherter Rückn der verbundenen Sache verlangen kann u verlangt, BGH NJW **65**, 816, **57**, 460; ist Beseitig rechtl untersagt, besteht der § 242 Anspr auf angem Ausgl, BGH **41**, 165. Bei BerAnspr gg Bewucherten können gem § 242 SchongsMaßn (Teilzahlg, Stundg) geboten sein, RG **161**, 58, bei Anspr aus § 816 kann Treu u Glauben in bes AusnFällen zu Einschränkg führen, BGH **29**, 161. Ggü Einwand aus § 817 S 2 ist Berufg auf § 242 grds ausgeschl, OHG **4**, 61, BGH **8**, 373. Über Ausschl von BerAnspr, wenn Gläub causalose GgLeistg behalten will, vgl oben C e. – **Schweigen** auf **Bestätiggsschreiben** (vgl § 148 Anm 2) ist gem § 242 unbeachtl, wenn Bestätigder sich soweit vom Abgesprochenen entfernt, daß er nicht mit Einverst rechnen kann, BGH **7**, 190, **40**, 45, Betr **69**, 125. – Beruft sich **Bürge** auf § 770 II, so kann hierin nur ausnahmsw ein Verstoß gg § 242 liegen, BGH NJW **66**, 2009. Bürge kann Gläub auch dann Erlöschen der Hauptschuld entgghalten, wenn dies Folge eines ungeschickten Verhaltens des Gläub, BGH **Warn 69** Nr 330 (Novation). Hat Gläub ggü Bürgen SorgfPfl übernommen, schließt deren Verletzg uU Anspr gg Bürgen aus, BGH **LM** § 765 Nr 16. Üb treuw Herbeiführd des BürgschFalls vgl oben C a. – Zum KündR bei **Dauerschuldverhältnis** vgl unten F. – Fallen Hyp u Fdg inf OstEnteigng auseinander u besteht aus sonstigen Grden Gefahr **doppelter Inanspruchnahme**, hat Schu LeistgsVR, BGH NJW **52**, 420, **53**, 861, MDR **58**, 88, 484. Hat Schu in Unkenntn des LeistgsVR gezahlt, steht ihm gem §§ 812, 813 BerAnspr zu, BGH **LM** (Cd) Nr 19. LeistgsVR kann fortfallen, wenn Gläub Sicherh leistet, BGH **LM** § 275 Nr 2.

e) **Eherecht:** Bei Ehe, die währd des Krieges außerh des Reichsgebietes vor Geistl geschl worden ist, kann Berufg auf Formmangel unzul RAusübg sein, wenn Ehg nach Ehe 20 Jahre als gült anerkannt w, Stgt FamRZ **63**, 42. **Ehenichtigkeitsklage:** Langer Zeitablauf (25 Jahre) begründet allein keinen RMißbr, BGH NJW **75**, 872. Kl des in bigamischer Ehe lebden Eheg ist mißbräuchl, wenn aus sittl verwerfl Gesinng erhoben, BGH **30**, 140, **37**, 51. Will od kann Eheg 1. Ehe nicht fortsetzen, so wird Kl hierdch noch nicht ausgeschl, BGH **37**, 55. RAusübg aber unzul, wenn es Kläger allein darum geht, Geliebte zu heiraten, BGH **30**, 146, ebso wenn 1. Ehe vor Eingehg der 2. dch ausl Ger gesch war, Kläger aber keinen AnerkAntr stellt, BGH JZ **62**, 446. UU auch dann unzul RAusübg, wenn Kläger sich dem Partner der inzw gesch 1. Ehe wieder zuwendet, BGH NJW **64**, 1853. **Eheaufhebgsklage** nicht schon deshalb mißbräuchl, weil Kläger sich vor Entdeckg der Täuschg von Eheg abgewandt hat, BGH **29**, 269, oder weil er Ehe zerrüttet hat, BGH NJW **58**, 1290. Aber RMißbr, wenn Kläger AufhebgsGrd als Vorwand benutzt, um sich seiner Geliebten zuwenden zu können, BGH **5**, 186. UnterlKl gg Ehefr auf Untersagg, sich mit drastischen Briefen an Ehebrecherin zu wenden, ist unzul, Nürnb FamRZ **65**, 275. Eheg kann sich ggü vermögensrechtl Anspr des and Eheg auf RMißbr berufen, wenn Durchsetzg des Anspr seinen äußeren ggständl Lebensbereich beeinträchtigen würde, BGH **34**, 80, **37**, 38, **LM** (Cd) Nr 154.

f) **Erbrecht:** Tötet Nacherbe vorsätzl Vorerben, w er wg treuw Herbeiführg des NachErbf nichtErbe BGH NJW **68**, 2051. Anfechtg gem §§ 2078 od 2281 ist unzul, wenn Erbl deren Voraussetzgen dch ein gg Treu u Glauben verstoßdes Verh selbst herbeigeführt hat, BGH **4**, 91, FamRZ **62**, 428. Hat PflichttBerecht sich zunächst mit priv Verz üb Bestand des Nachl begnügt, kann Verlangen nach Aufn eines amtl Verz (§ 2314 I 3) uU mißbräuchl sein, BGH **33**, 380. Wer am ErbVertr mitgewirkt hat, kann nicht dessen Unwirksamk wg Verstoßes gg ein ihn begünstigdes geschäftl Test einwenden, BGH MDR **58**, 490. Läßt Erbl Widerr eines gemschaftl Test öff zustellen, obwohl er den AufenthOrt seines Eheg kennt, kann gg den dch ein späteres Test Begünstigten der Einwand unzul RAusübg begründet sein, BGH

64, 8. Der mit GesSchuldKl belangte Miterbe kann Leistg verweigern, wenn sich Gläub dch Aufr gg Fdg der ErbGemsch befriedigen kann, BGH **38**, 126. Erbe, unter dessen Mitwirkg ein geschäftsunfäh Erblasser Grdst verkauft h, handelt mißbräuchl, wenn er sich auf Nichtigk des Vertr beruft, BGH **44**, 367. Sieht ErbVertr RücktrR bei pflichtw Verhalten des and Teils vor, ist Rücktr idR erst nach Abmahng zul, BGH MDR **67**, 993. Antr des Miterben auf Teilgversteigerg kann gg § 242 verstoßen, Celle NJW **68**, 802.
– **Formmangel**: Vgl § 125 Anm 6.

g) Gesellschaftsrecht: AuskR aus HGB 118 entfällt, wenn es Material für offensichtl unbegründeten Anspr (RG **148**, 280) od für vertragsw Wettbew liefern soll. Ausübg eines ÜbernR ist unzul, wenn Berecht nicht Untern erhalten, sond Liquidationsums erzielen will, BGH NJW **58**, 750. Wer PrivGläub des Mitgesellschafters zur Künd veranlaßte, kann sich nicht auf dessen Ausschl berufen, wenn dieser den Gläub alsbald befriedigte, BGH **30**, 201. Wer Liquidation absichtl verzögert, kann ggü SchadErsAnspr der Mitgesellschafter nicht einwenden, dieser sei bloßer Rechngsposten, BGH NJW **68**, 2005. Künd kann mißbräuchl sein, wenn Mitgesellschafter eingezogen, RG DR **43**, 1220, od kriegsverschollen ist, OGH NJW **50**, 503; über § 242 aber kein dauernder Ausschl des ordentl KündR, BGH WPM **77**, 738. Ausscheidder Gesellschafter war uU vor der Währgsreform berechtigt, AuseinandS zu verweigern, BGH JZ **51**, 443. Der Großaktionär hat ggü der AG eine bes TreuePfl, Lutter JZ **76**, 225. Gesellschafter u die von ihm beherrschte jur Pers sind haftgsm als Einh zu behandeln, wenn Berufg auf förml Selbstdigk gg § 242 verstoßen würde, sog **Durchgriffshaftg**, jedoch sind strenge Anforderungen zu stellen, RG **99**, 234, BGH **26**, 33, **61**, 383, BAG Betr **75**, 308, Coing NJW **77**, 1793. Es genügen nicht: Unterkapitalisierg (BGH **68**, 312, krit Emmerich NJW **77**, 2163); finanzielle, wirtschaftl u organisator Eingliederg in den Alleingesellsch (BGH aaO). Ausr kann dagg sein: Hervorrufen des RScheins persönl Haftg (BGH **22**, 230). Vermögensvermischg mit dem als AlleinGesellsch (BGH **68**, 312), insbes Verschieben des jur Pers, um rechtswidr Vort (Schmiergelder) zu erlangen (BGH aaO); vgl auch BGH **54**, 222 (Dchgriffshaftg bei Verein), NJW **72**, 1237. Kommanditist kann sich auf HaftgsBeschrkg grdsätzl auch berufen, wenn er wirtschaftl Inh der KG ist, BGH **45**, 204, uU kann aber RMißbr vorliegen, BGH NJW **72**, 1418. RScheinhaftg der Inh einer GmbH & Co KG, wenn diese in der Firmierg nicht erkennb macht, daß keiner ihrer Inh persönl haftet, BGH NJW **74**, 1191, Schmidt-Salzer NJW **75**, 1481. Pfl der Gesellsch erstrecken sich uU auch auf eine von ihr unter den Gtern gegründete weitere Gesellsch, BGH **59**, 64, WPM **75**, 777. – **Gewerblicher Rechtsschutz:** Geltdmachg von Verbietgsrechten aGrd eines Abwehrzeichens kann mißbräuchl sein, BGH **32**, 140, **52**, 369. Zur Verwirkg vgl Anm 9f.
– **Gewissensnot:** Vgl Anm 1 dbb. – **Haftgsbeschränkgen:** Vgl § 276 Anm 5 B b. – Bilden mehrere Personen **Interessengemeinschaft** (zB Groß- u Einzelhändler beim gemeins Warenabsatz) ist Inanspruchn des and uU erst zul, wenn Außenstand nicht bei Dr (Kunden) beitreibb, Celle OLG **70**, 130. – **Kaufvertrag:** Hat Käufer im VorProz mit Erfolg WandlgsEinr erhoben, kann nachträgl Geltdmachg eines SchadErsAnspr aus § 463 uU mißbräuchl sein, BGH **29**, 156. Verk einer Partie gleichart Sachen muß sich Wandlg hins ges Lieferg gefallen lassen, wenn Trenng der mangelh von mangelfreien Sachen unzumutb Aufwendgen erfordert, BGH JR **54**, 58. Wandlg uU unzul, wenn Verk für Nachbesserg erhebl Kosten aufgewendet h, Köln Betr **72**, 2458. Beim Gattgskauf kann es gg Treu u Glauben verstoßen, wenn Käufer sof angebotene mangelfreie ErsSache ablehnt, RG **91**, 110, vgl aber BGH NJW **67**, 33. VorleistgsPfl des Käufers, der vor Lieferg u Untersuchg der Ware zu zahlen hat, kann bei konkretem Verdacht auf erhebl Mängel ausgeschl sein, BGH **41**, 221, vgl BGH MDR **63**, 1004. – Berecht muß sich uU **Kenntnis** and Pers nach Treu u Glauben anrechnen lassen, auch wenn Voraussetzgen des § 166 nicht erfüllt sind, BGH NJW **68**, 988 (Verj), LM § 166 Nr 14 (KaufVertr).

h) Kindschaftsrecht: EhelichkAnfKl ist nicht deshalb mißbräuchl, weil Kläger Vatersch anerkannt hat, OGH **3**, 168, BGH **2**, 130; die Aufhebg von § 1598 aF, der bei Anerkenng Verlust des AnfR vorsah, darf nicht über § 242 korrigiert w. Unzul RAusübg kann vorliegen, wenn AnfFrist dch HemmgsVorschr verlängert wu u Kind der schuldh Verzögerg der Anf bes hart getroffen w, BGH LM 1598 Nr 2; ebso wenn Ehem Ehelichk eines Kindes anficht, das aus einer mit seiner Zust dchgeführten künstl Übertragg fremden Samens stammt, Gernhuber § 45 X 3, aA Dölle Festschr für Rabel 1954 I S 201. Einwand unzul RAusübg gg Anspr auf Herausg des Kindes kann nicht auf Gefährdg des Kindeswohls gestützt w, da insow allein VormschG zust ist, BGH NJW **51**, 309, Stgt FamRZ **72**, 265, Donau NJW **68**, 1331. Mißbr aber uU, wenn Herausg Adoption vereiteln würde, BGH aaO. Ggü § 1593 keine Berufg auf § 242, Oldbg NJW **67**, 359. – **Konkursrecht:** KonkAntr, der wg BagatellFdg od aus unlauterem BewegGrd gestellt w, kann RMißbr sein, Baur JZ **51**, 210. Gläub, der Feststell einer Fdg zur KonkTabelle betreibt, handelt mißbräuchl, wenn dch KonkVerw veranlaßt wa, dieselbe Fdg für und Gläub anzuerkennen, BGH NJW **70**, 810. Ablehng der VertrErf gem KO 17 kann gg § 242 verstoßen, RG **140**, 162, BGH NJW **62**, 2296. – Wenn **Makler** längere Zeit nicht mehr für AuftrGeb tätig war, ist Berufg auf AlleinAuftr unzul, BGH NJW **66**, 1405. Makler hat trotz Formnichtigk des vermittelten Vertr VergütgsAnspr, wenn sich VertrPart nicht auf Formmangel berufen haben, Köln JR **56**, 461, nicht genügt aber, daß einer der VertrPartner erfbereit, Celle OLGZ **69**, 418; ebsowenig Verschulden der Part an der Formungültigk des nichtdchgeführten Vertr, BGH WPM **77**, 1050. Zur Inhaltskontrolle von AGB der Makler vgl AGB-Ges 9 Anm 3, Einf 4 vor § 652, § 652 Anm 9 u 10. – **Mietvertrag:** Beruft sich Verm auf vertragl Verbot der Haustierhaltg, so ist das idR kein RMißbr, LG Köln MDR **57**, 614, LG Karlsr NJW **57**, 1599, LG Frankenthal MDR **58**, 428; and, wenn keine Belästigen zu erwarten sind (LG Wuppertal WM **78**, 167, Siamkatze), wenn and Mieter bei gleicher Sachlage eine Gen erteilt worden ist (AG Köln WM **78**, 167) od bei Blindenhund. Dagg ist Verbot, in MietWo elektr Waschmaschine aufzustellen, als Mißbr der VertrFreih unzul, Roquette NJW **63**, 91, LG Bln JR **63**, 423, Glaser MDR **63**, 364, ebso Verbot von Geschirrspülmaschinen, AG Hildesheim NJW **73**, 519. Will Mieter Koksheizg auf Öl od Gas umstellen, kann Verweigerg der Zust dch Verm mißbräuchl sein, BGH NJW **63**, 1539, MDR **64**, 749. Mieter muß Umbauarbeiten uU auch dann dulden, wenn Voraussetzgen des § 541a nicht gegeben, BGH NJW **72**, 723, Künd wg geringen Zahlgsrückstandes kann unzul RAusübg sein, vgl oben C d. Auch sonst kann Künd gg Treu u Glauben verstoßen, LG Mannh NJW **68**, 1833, zB Künd gem § 542, wenn Mieter Sache ohnehin nicht benutzt hätte, BGH Betr **70**, 1633, Künd gem § 556 S 2,

§ 242 4 D h–k   2. Buch. 1. Abschnitt. *Heinrichs*

wenn Formverstoß ausschließl in NichtBeurk einer dem Kündigden günst nachträgl vereinb Best besteht, BGH NJW **75**, 1653, uU auch Künd gem § 567, BGH **LM** § 581 Nr 31. RMißbr uU, wenn Verm, obwohl ErsVermietg mögl, den Ansp gg ausgezogenen Mieter beharrt, LG Hbg MDR **75**, 493, LG Darmst WM **76**, 118, Röhrmann NJW **71**, 787. Verweigert Mieter Erf u nimmt Verm zur SchadMinderg ErsVermietg vor, haftet Mieter trotz § 552 S 3 für Mietdifferenz, Nürnb OLGZ **66**, 12. Eins Mieterhöhg u § 242 vgl LG Siegen MDR **68**, 926. Wg Verwirkg vgl Anm 9 f.

i) Das Verbot unzul RAusübg gilt auch im **Sachenrecht** aber nur für sachenrechtl „Sonderverbindungen" (vgl oben Anm 1 c), nicht dagg soweit es um die „Zuordngsfunktion" des SachenR geht. Der Mißbr-Tatbestd kann im SachenR mangels und RBeziehungen idR nicht aus dem dingl RVerh hergeleitet w, BGH NJW **60**, 673. Anspr aus § 985 kann gg § 242 verstoßen; so bei Pfl zur alsbaldigen Rückg BGH **10**, 75; bei sof Räumgsverlangen gg Sohn, der jahrelang in landw Betr mitgearbeitet hat, BGH **47**, 189, wenn AnsprSteller unberecht über Sache verfügt u diese anschließd von gutgläub Zwischenerwerber zurückerworben hat, BGH WPM **69**, 657; das gilt entspr bei Übertr u Rückerwerb eines Schecks, BGH WPM **72**, 238. Anspr aus § 894 kann Einwand unzul RAusübg entgstehen, so bei schuldrechtl Pfl, das eingetr R zu bestellen, RG **137**, 336, BGH BB **63**, 286, NJW **74**, 1651; wenn nur formal berecht TrHänder Löschg eines vom TrGeb bestellten R verlangt RG JW **34**, 3054. Ggü Anspr aus § 861 ist Berufg auf § 242 nur ausnahmsw mögl, BGH NJW **78**, 2157. Berecht muß uU auf Ausübg seines WohnR od Nießbr zeitweil od dauernd verzichten, Ffm SJZ **48**, 386 mit krit Anm Ballerstedt, BGH **LM** § 1090 Nr 10 (wiederaufgebautes kriegszerstörtes Haus). Pfl zur Errichtg einer Altenteilswohng u § 242 s RG LZ **22**, 328, **24**, 230, vgl auch Anm 6 D d. Ausübg einer GrdDbk kann wg veränderter Umst unzul sein, wenn Schaden für das dienede Grdst außer Verh zu den Vorteilen für die herrschde, RG **169**, 183, BGH NJW **60**, 674, DNotZ **70**, 349, KG JR **63**, 18; uU besteht Anspr auf Anpassg des Inhalts der GrdDbk an veränderte Umst, BGH WPM **74**, 429; vgl auch BGH NJW **65**, 1229, **67**, 1610. Zum Auseinanderfallen von Hyp u Fdg inf Enteigng vgl oben „doppelte Inanspruchnahme". Anspr aus SichgsGrdSch ist gem § 242 ausgeschl, wenn zGrde liegde Fdg nicht od nicht mehr besteht, BGH **19**, 206. Bei PfdR kann uU nach Treu u Glauben RückgPfl bestehen, wenn Gläub anderweit aur gesichert ist, BGH **LM** § 610 Nr 1, drohder Verderb macht dagg Berufg auf PfdR idR nicht unzul, da Schu gem § 1218 vorgehen kann, BGH Betr **66**, 378. Geltdmachg von HeimfallAnspr wg eines wieder aufgeh ZwVerstVerf uU mißbräuchl, BGH DNotZ **69**, 538, doch entfällt HerausgAnspr nach berecht Rücktr nicht dch späteres Wohlverhalten, BGH **LM** (Bc) Nr 16. Über nachbarl GemschVerh u § 242 vgl Übbl 2 d aa vor § 903, zur Anwendg des § 242 im GBVerf vgl Riedel Rpfleger **66**, 356, **67**, 6. Vgl auch § 985 Anm 1, § 894 Anm 6c, Einf 4 vor § 1018, § 1222 Anm 2.

j) Schadensersatzrecht: Zur Berücksichtigg von Treu u Glauben bei Beurteilg der adaequaten Ursächlichk u bei VortAusgl vgl Vorbem 5 b u 7 vor § 249. Über Haftgseinschränkg bei gefahrengeneigter Arb vgl § 611 Anm 14 b u § 276 Anm 5c. SozVersTräger, der gem RVO 1542, 1524 pauschal abrechnet, handelt mißbräuchl, wenn PauschalBetr wesentl höher ist als Kosten einer priv Behandlg, BGH **12**, 154, VersR **56**, 178. Haften Arch u BauUntern Bauherrn als GesSchu (BGH GrZS **43**, 229) kann Inspruchn des Arch gg § 242 verstoßen, wenn Bauherr auf einf Weise vom Untern Mängelbeseitg erlangen kann, BGH **39**, 265. Sonst ist § 242 bei GesSchuld nur im Fall der Argl anwendb, BGH Betr **67**, 723. Der vorsätzl Schädiger kann sich nicht auf HaftgsAusschl gem WeimVerf 131, GG 34 berufen, wird aber Staatshaftg nicht verwirkl läßt, BGH **3**, 94. – Das Verbot unzul RAusübg gilt auch im **Sozialversicherungsrecht**. Hat Behörde Möglichk zur Fristwahrg eingeschränkt, kann Berufg auf Ablauf einer AusschlFr mißbräuchl sein, BSozG MDR **65**, 693. Keine unzul RAusübg, wenn scheinehel Kind nach Tod des Scheinvaters Waisenrente verlangt, BSozG NJW **61**, 701. Aus formell binddem, aber sachl unrecht Schuldausspruch im Scheidgs-Urt kann uU wg RMißbr Wiederaufleben der Witwenrente nicht gestützt w, BSozG FamRZ **69**, 540. – **Teilgsversteigerg** uU unzul, wenn Realteilg mögl u zumutb, BGH **58**, 146, ebso, wenn Eheg ausnahmsw gem § 242 Übertr des MitEigtAnteil des and fordern kann, BGH NJW **77**, 1234. **Verfahrensrecht**: Das Verbot unzul RAusübg gilt auch im ProzR, ist aber zurückhalte Anwendg am Platze. Argl Verweitelg der Zustellg setzt NotFr insow in Lauf, da ZPO 187 insow eine abschließde Sonderregel enthält, BGH NJW **78**, 426. Führt Kläger RStreit fort, obwohl er sich außergerichtl zur KlRückn verpflichtet hat, ist Kl als unzul abzuweisen, RG **159**, 190; entspr gilt für BerufgsRückn, RG **123**, 85, ebso bei Vereinbg, auf RMittel gg ein demnächst ergehdes Urt zu verzichten, BGH **28**, 52 (Vereinbg kann jedoch uU, insb bei ScheidgsUrt, gg § 138 verstoßen, BGH **28**, 49; auch kann der Berufg auf den Verzicht eine replicatio doli entgegstehen, BGH **LM** ZPO 514 Nr 5, NJW **68**, 794). Klage ist unzul bei Verpflichtg nicht im UrkProz zu klagen, RG **160**, 241, bei Pfl, keine PatentnichtigkKl zu erheben, BGH **10**, 22. W Vergl ggü Gegner statt ggü Ger widerrufen, Fehler uU gem § 242 unschädl, BAG NJW **69**, 110. Schu kann sich nicht auf ZPO 811 Nr 5 berufen, wenn er aus § 985 zur Herausg verpflichtet ist, Mü BB **71**, 1260, sehr str. Über mißbräuchl DrittwiderspKl vgl oben C c, über mißbräuchl Einr des SchiedsVertr oben C e, über mißbräuchl Ausnutzg rechtskr Urt unten E, über Verwirkg unten Anm 9. – Einr der **Verjährg** kann gg § 242 verstoßen, wenn Schu den Gläub, wenn auch schuldlos, von der Unterbrechg der Verj oder Wahrg der Fr abgehalten hat, uU aber auch in sonstigen Fällen, vgl Übbl 3 vor § 194. Setzt VerjBeginn Kenntn best Tats voraus, ist § 166 unanwendb, uU muß sich Gläub jedoch Kenntn eines Beauftragten gem § 242 anrechnen lassen, BGH NJW **68**, 988.

k) Versicherungsrecht: (vgl auch Fischer VersR **65**, 197). Die bei ObliegenhVerletzg vorgesehene LeistgsFreih tritt nur ein, wenn der Versicherer mit ausr Deutlichk auf den drohden RVerlust hingewiesen hat, BGH **47**, 101, **48**, 9, VersR **78**, 121. LeistgsFreih darf auch nur geltd gemacht w, wenn die Obliegenh-Verletzg generell geeignet ist, die berecht Interessen des Versicherers ernsth zu gefährden, u den VersNeh ein erhebl Verschulden trifft, BGH **53**, 160, NJW **70**, 808, 810, VersR **78**, 77. Dieser Rspr (weitere Nachw 36. Aufl) haben die Kfz-Versicherer inzw dch Neufassg des § 7 V AKB Rechng getragen; sie ist aber für and VersicherungsZweige weiterhin von Bedeutg, BGH VersR **78**, 77 (FeuerVers). Nach AKB 7 V tritt Leistgs-Freih abgestuft nach der Schwere des Verstoßes grdsl nur hins 1000 DM od 5000 DM ein; eine grobfahrl ObliegenhVerletzg bleibt folgenlos, wenn sie die Aufklärg der Sache dch den Versicherer nicht erschwert

202

Inhalt der Schuldverhältnisse. 1. Titel: Verpflichtung zur Leistung § 242 4–6 A

hat. Berufg auf LeistgsFreih ferner ausgeschl, wenn sie nicht dch den Schutzbereich der Obliegenh gedeckt **BGH NJW 70**, 995 (Führerscheinklausel). BewLastregel nach der bei ObliegenhVerletzg Vors zu vermuten ist, bei Fahrerflucht unanwendb, **BGH 52**, 91, dagg gilt der allg Grds, daß der Schu seine Schuldunfähigk zu beweisen h, auch hier, **BGH NJW 72**, 681. Auch Berufg auf Leistgsfreih wg Prämienrückstands kann in bes liegden Fällen mißbräuchl sein, **BGH 21**, 136, **NJW 63**, 1056, Neust **NJW 60**, 1066; so trotz Nichtzahlg der Erstprämie keine Leistgsfreih aus vorläufiger Deckgszusage, wenn Versicherer bei Mahng nicht auf Verlust des Deckgsschutzes hingewiesen hat, **BGH 47**, 360, **VersR 73**, 811, wenn VersNeh Folgeprämie bezahlt u Versicherer nicht auf Notwendigk der Bezahlg der Erstprämie hinweist, **BGH VersR 74**, 121; wenn VersNeh wg einer vom Versicherer zu vertretden Ungewißh über die Prämienhöhe nicht gezahlt hat, Brem **VersR 77**, 855. Der ggü einem Mitversicherten erhobene Einwand mangelnder KlBefugn kann gg § 242 verstoßen, **BGH 41**, 329. – Bei bes grobem Treueverstoß kann VersNeh VersSchutz einbüßen, auch wenn für den gegebenen Fall keine RVerwirkg vereinbart war, **BGH 157**, 67, **160**, 6. Wg AusschlFr vgl dort.

l) Vertretungsmacht: Risiko des Mißbr der VertrMacht hat grds der Vertretene; ggü VertrAnspr steht ihm aber Einwand aus § 242 zu, wenn Verhalten des Vertr beim VertrGegner ernsth Verdacht eines Treueverstoßes hervorrufen mußte, vgl § 164 Anm 2. Über AnscheinsVollm vgl § 173 Anm 4. – Das Verbot unzul RAusübg gilt auch im **Verwaltgsrecht,** doch ist der Eigenart des öR Rechng zu tragen. Über AusschlFr vgl dort. Der Grds von Treu u Glauben kann dazu führen, daß die Verw an eine von ihr erteilten Ausk oder Zusagen gebunden ist, **BVerwG 3**, 203 u jetzt VwVfG 38. Auf dem Gedanken des Vertrauensschutzes u damit auf dem Grds von Treu und Glauben beruhen auch die Beschränkgen des Widerrufs begünstigder VerwAkte, vgl jetzt VwVfG 48, 49. – **Verwirkung** vgl unten Anm 9. – **Vorkaufsrecht:** Die Ausübg des VorkR ist unzul, wenn der Berecht der Erf der sich aus seiner Erkl ergebden Pflten ablehnt, § 505 Anm 1, beim dingl VorkR ferner, wenn der Berecht sich schuldrechtl verpflichtet hat, von ihm keinen Gebr zu machen, **BGH 37**, 152. Über ges VorkR der Gemeinden vgl oben C d. Fr zur Ausübg des VorkR verlängert sich, wenn Verpflichteter Besichtigg der Sache verweigert, RG **DR 41**, 1461, BGH **MDR 72**, 128. – **Wechselrecht:** Berufg auf Fälschg einer WechselUnterschr kann gg das Verbot widersprüchl Verhaltens verstoßen, Zeiss **JZ 72**, 747; bloßes Schweigen macht Fälschseinwand nicht unzul, BGH **LM** WG 7 Nr 1, **NJW 63**, 149, BGH **47**, 113. Akzeptant kann aus Nichtvorlage des Wechsels bei Domizilaten keine R herleiten, wenn er Einlös endgült verweigert hat, **BGH 30**, 322. Vgl auch oben „Abzahlgskauf". – **Wettbewerbsrecht:** Lieferant verstößt gg § 242, wenn er Händler an lückenh Preisbindg festhalten will, **BGH 36**, 376, **53**, 86. Mißbr der KlBefugn von Verbraucherverbänden s Köln **BB 69**, 1150, Celle **BB 69**, 1284. – **Wettbewerbsverbote** u § 242 vgl **BGH 52**, 178. – Vertragl vereinbarte **Zinsen** braucht Käufer nicht zu entrichten, wenn Verk die vorgesehene Finanzierg dch ein vertrwidr Verhalten verhindert, **BGH WPM 78**, 902. – Über **Zurückbehaltgsrecht** u § 242 vgl § 273 Anm 1 a u 5.

E) Ggü einem **rechtskräftig festgestellten Anspruch** ist eine Berufg auf § 242 grds ausgeschl. Nur wenn die strengeren Voraussetzgen des § 826 vorliegen, hat die Rechtskr uU zurückzutreten, das gilt ebso für rechtskr ZuschlagsBeschl, **BGH 53**, 50, vgl näher § 826 Anm 8 o. And jedoch, wenn es sich um nach Erlaß des Urt eingetretene Ändergen handelt. Dann ist Berufg auf § 242 zul, die Rechtskr w hier in Wahrh nicht durchbrochen. Ggü rechtskr festgestelltem Anspr kann daher Verwirk eingewendet w, **BGH 5**, 194, dabei ist jedoch bes strenger Maßstab anzulegen. Ebso kann rechtskr Anspr wg Fehlens od Wegfalls der GeschGrdlage den veränderten Verh angepaßt w, **BGH 38**, 149 u unten Anm 6 B e.

F) Dauerschuldverhältnisse (vgl Einl 5 vor § 241) können, auch wenn bes ges od vertragl Regeln fehlen, nach dem Grds von Treu u Glauben aus wichtigem Grd gekündigt w, **BGH NJW 51**, 836, **BGH 29**, 172, **41**, 108. Dieses KündR kann dch vertragl Abreden in gewissen Beziehgen eingeschr, aber nicht völl ausgeschl w, vgl **BGH BB 73**, 819. Es muß in angem Fr ausgeübt werden, **BGH 71**, 211, **LM** (Ba) Nr 2. Wichtiger Grd ist gegeben, wenn die Dchführg des Vertr erhebl gefährdet u daher Festhalten an Vertr nicht mehr zumutb, **BGH NJW 51**, 836, **LM** (Bc) Nr 10, **BGH 41**, 108. Diese Voraussetzg kann erfüllt sein, wenn Schu sein Untern zZw der HaftgsBeschrkg umwandelt (GmbH & Co KG) u dies dem Partn nicht mitteilt, **BGH Betr 78**, 389. Umst aus dem eig Risikobereich begründen dagg grdsl kein KündR, **BGH NJW 51**, 836, **LM** (Bc) Nr 10; ein Versch des and Teils ist weder erforderl noch genügd, **BGH Betr 72**, 2054; eig Versch schließt das KündR nicht notw aus, **BGH Betr 69**, 1403, **72**, 2054. KündR aus § 242 hat Rspr zB zugelassen bei Kaliabbauvertr, **BGH NJW 51**, 836, **LM** § 595 Nr 1, langfrist Vertr über Herstellg eines Kalenders, BGH **LM** (Bc) Nr 8, Miet- u PachtVertr, BGH **LM** (Ba) Nr 57, **BGH 50**, 315, **WPM 78**, 273 (§ 554a keine abschließde Regelg, vgl dort Anm 3); langfristigem Bierbezugs-Vertr, BGH **LM** (Bc) Nr 10, Nr 23, SchiedsVertr, **BGH 41**, 108, **51**, 79, MaklerAlleinAuftr, **BGH NJW 69**, 1626, WärmeliefergsVertr, **BGH 64**, 293, Vertr über Fernlehrgang, Hbg **MDR 79**, 216, VertriebsVertr, **BGH Betr 72**, 2054, MusikverlagsVertr, BGH **LM** (Bc) Nr 22, Darl, **BGH Betr 75**, 2032, § 609 Anm 4, AutomatenaufstellVertr, Hbg **MDR 76**, 577. Bei VorVertr, der auf Begründg eines DauerschuldVerh gerichtet ist, besteht bei Erschütterg der VertrauensGrdlage RücktrR aus § 242, **BGH NJW 58**, 1531. Bei GesellschVertr tritt an Stelle des KündR uU AusschlKl, **BGH 9**, 161. Wg KündR aus § 242 u Wegfall der GeschGrdlage vgl unten Anm 6 D.

5) Der Grds von Treu u Glauben kann unter bes Umst **gesetzl Schuldverhältnisse** begründen; so das ges SchuldVerh, das dch Anbahng von VertrVerhandlgen od aus dauernder GeschVerbindg entsteht, vgl näher § 276 Anm 6. Auch VertrHaftg kr AnscheinsVollm beruht auf § 242, vgl **BGH NJW 56**, 1674 u §§ 170–173 Anm 4, ebso Haftg aus sonstigem RSchein, **BGH 17**, 13. Zu den sog „faktischen Vertragsverhältnissen" vgl Einf 5 vor § 145.

6) Clausula rebus sic stantibus. Fehlen u Wegfall der Geschäftsgrundlage (vgl Fikentscher, GeschGrdlage als Frage des VertrRisikos, 1971, Larenz, GeschGrdlage u VertrErf, 3. Aufl 1963, Schmidt-Rimpler in Festschr Nipperdey 1955; Hch Lange in Festschr Giesecke 1958, Stötter **AcP 166**, 149; Wieacker in Festschr für Wilburg, 1965).

A) Das ältere gemeine R ging davon aus, daß jedem Vertr auch ohne bes Abrede die **clausula rebus sic stantibus** innewohne. Daraus wurde abgeleitet, daß die Bindg an den Vertr entfalle, wenn eine grdlegde

Änderg der bei VertrSchl vorliegden bes od allg Verh eintrete. Das ALR hat versucht, diese Lehre zu kodifizieren (377 ff I 5). Sie wurde jedoch bereits in den jüngeren gemeinen R aufgegeben; das BGB hat sie, von einigen Einzelausprägen abgesehen (zB §§ 321, 610, 519, 528, 530, zT auch §§ 626, 723, 775), nicht übernommen. Der Gedanke der clausula rebus sic stantibus stellt danach im gelten R **kein allgemeines Rechtsprinzip** dar, RG 50, 257 (grds), allgM. Abgesehen von den angeführten EinzelVorschr ist er nur bei **Unterhaltsverträgen** u bei sonstigen Vertr mit Versorggscharakter von Bedeutg. UnterhVertr wohnt idR stillschw die clausula rebus sic stantibus inne (BGH NJW **62**, 2147, VersR **66**, 37, 48, 451). Sie sind an die veränderten Umst anzupassen, sobald sich die für die Bemessg des UnterhAnspr maßgebl Verhältn (Bedürfn des Berecht, Leistgsfähigk des Verpflichteten) wesentl verändert haben. Änderg kann uU in dem vereinfachten Verf gem § 1612a dchgeführt w. Anpassg kann auch im Hinblick auf die Änderg steuerl Ges (Wegfall von Absetzgsmöglk) notw sein, Stuhrmann NJW **76**, 2200. Wer bei UnterhVertr behauptet, daß Leistgn nicht den geänderten Verh angepaßt werden sollen, hat hierfür die BewLast, BGH VersR **66**, 38.

B) Als Weltkrieg, Revolution u Geldentwertg die Grdl einer Vielzahl von SchuldVerh erschüttert hatten, hat die Rspr dem Schu anfängl mit unterschiedl Konstruktionen (Clausula-Lehre, RG **100**, 130; Lehre von der wirtschaftl Unmöglichk, § 275 Anm 1 e) ein Recht auf Änderg od Aufhebg des Vertr zugestanden. Diese Konstruktionen haben aber nur vorübergehd Bedeutg erlangt. Seit 1923 hat das RG im Anschl an Oertmann die sog **Geschäftsgrundlage** als den entscheidn GesichtsPkt für die Berücksichtigg veränderter Verh angesehen, so erstmals RG **103**, 332. Hieran hat es auch nach Überwindg der wirtsch Schwierigk der Kriegs- u Nachkriegszeit festgehalten. Heute sind die Grds über Fehlen u Wegfall der GeschGrdlage trotz Streites über Einzelfragen ein in stRspr anerkanntes RInstitut. Der GesGeber hat sie nunmehr für öffr Vertr in VwVfG 60 kodifiziert.

a) Begriff: GeschGrdlage sind nach stRspr die bei Abschl des Vertr zutage getretenen, dem and Teil erkennb gewordenen u von ihm nicht beanstandeten Vorstellgn der einen Part od die gemeins Vorstellgn beider Part von dem Vorhandensein od dem künft Eintritt best Umst, sofern der GeschWille der Part auf diesen Vorstellgen aufbaut, RG **103**, 332, BGH **25**, 392, **40**, 335, NJW **53**, 1585, **LM** (Bb) Nr 18 u 61, NJW **76**, 566, BVerwG **25**, 303, BayObLG **65**, 340. Die GeschGrdlage ist daher eines vom einseit gebliebenen Motiv u ands vom VertrInhalt (Bedingg, RGrd) zu unterscheiden, vgl unten b. Die von der Rspr zGrde gelegte, auf Oertmann zurückgehde „subj Formel" w von der Lehre überw abgelehnt. Die Lehre tritt zT für eine rein obj Beurteilg ein (Kaufmann, Krückmann, Locher), zT für eine Vbdg von obj u subj Merkmalen (Lehmann), zT unterscheidet sie zw obj u subj GeschGrdl (Larenz, Wieacker); and halten den Gedanken der Risikoverteilg für allein ausschlaggebd (Fikentscher) od lehnen die Lehre von der GeschGrdl völl ab (Flume), vgl zusfassd Larenz aaO. Ggü dieser in sich uneinheitl Kritik ist an der auf die Grdl des GeschWillens abstelldn BegrBestimmg festzuhalten. Dabei ist die Feststellg der Umst, auf die der GeschWille aufbaut, jedoch kein rein psychologischer, sondern ein wertd Vorgang. Die BegrBestimmg erfaßt daher auch die Fälle, die als „obj GeschGrdlage" bezeichnet w (Aequivalenzstör, Zweckstör). Die notw Berücksichtigg obj GesichtsPkte ergibt sich daraus, daß die Frage, wann eine rechtl erhebl Störg vorliegt u welche RFolgen sie auslöst, nach dem Grds von Treu u Glauben zu beurteilen ist; vgl unten c u f. Ein Verdienst der Lehre liegt jedoch darin, daß ihre Bemühungen um Systematisierg u schärfere begriffl Konturen die Herausbildg von Fallgruppen ermöglicht (vgl unten C).

b) Abgrenzg: Die GeschGrdlage ist zu unterscheiden vom VertrInhalt, RG **168**, 127, BGH NJW **53**, 1585, VersR **61**, 383, WPM **64**, 543, **LM** (Bb) Nr 41 Bl 2; enthält bereits der Vertr nach seinem (ggf dch ergänzde VertrAusslegg zu ermittelnden) Inhalt Regeln für Fehlen, Wegfall oder Veränderg best Umst, scheidet Anpassg gem § 242 aus, BGH NJW **53**, 1585, WPM **61**, 1079, NJW **66**, 448, Betr **67**, 2115, WPM **73**, 870. Unterscheide auch den GeschZweck iS des § 812 I 2, der auch stillschw vereinb w kann, BGH **44**, 322. Anspr aus § 812 I S 2 ist ggü den Grds über Wegfall der GeschGrdlage subsidiär, BGH Betr **72**, 1621, NJW **75**, 776. Die Grenze zw ergänzder VertrAuslegg, stillschw vereinbartem GeschZweck u GeschGrdlage ist flüssig. Bei vorzeit Beendigg des MietVerh leitet die Rspr den Anspr des Mieters auf teilw Erstattg von Baukostenzuschüssen überw aus § 812 I 2 her, BGH **29**, 291, BB **67**, 733. Bei Vermögensübertraggen zw Ehegatten od zw einem Eheg u den Angeh des and sind die Grds über den Wegfall der GeschGrdl anwendb (vgl unten D c). – Unterscheide schließl von GeschGrdlage (Umstände, die beide Part zur Grdlage des gemeins GeschWillens gemacht haben, vgl oben a) das einseitig gebliebene Motiv, das für die Willensbildg einer Partei bestimmend war, möglw auch bei dem VertrVerh mitgeteilt, aber nicht in die gemeins Grdlagen des GeschWillens aufgenommen wurde. Entscheid ist iZw, ob das Verhalten des and nach Treu u Glauben als bloße Kenntnisn od als Billig u Aufn des Umst in die gemeins Grdlagen des GeschWillens zu werten ist. Einzelheiten bei den versch Fallgruppen unten C insb C b.

c) Arten u Erheblichkeit der Störg. Die Störg der GeschGrdl ist in zwei Arten mögl: Die GeschGrdl kann nicht nachträgl Ereign wegfallen od wesentl erschüttert w, sie kann aber auch von Anfang an fehlen. Letzteres trifft zu, wenn sich die Part hins einer wesentl Voraussetzg des Gesch in einem beiders Irrt befunden h. Rechtl ist das Fehlen der GeschGrdl grds ebso zu behandeln wie ihr nachträgl Wegfall (RG **108**, 110, **122**, 203, **25**, 393, näher unter C d). – Nicht jede Störg der GeschGrdl ist aber rechtl erhebl. Die Lehre vom Fehlen u Wegfall der GeschGrdlage ist eine Ausprägg des Satzes von Treu u Glauben, ein Sonderfall der Unzulässigk der RAusübg, RG **152**, 403, **153**, 358, BGH NJW **58**, 1772, JZ **62**, 361. Eine Störg der GeschGrdlage hat daher rechtl Bedeutg nur, wenn Festhalten am bish Vertr Verstoß gg Treu u Glauben wäre, RG **158**, 175, BGH WPM **69**, 499. Der Grds der VertrTreue darf nur durchbrochen w, wenn dies notw ist, um untragb, mit Recht u Gerechtigk unvereinb Ergebn zu vermeiden, wenn also dem Schu die Erf des bish Vertr nicht mehr zugemutet w kann, BGH **2**, 188, BGH NJW **58**, 1772, **76**, 566, **LM** (Bb) Nr 39, Nr 51. Unwesentl Änderungen, die die „Opfergrenze" nicht überschreiten, bleiben außer Betr. Unerhebl sind auch Einwirkgen, die beide Part od die Allgemeinh in etwa gleicher Weise betroffen haben, BGH **7**, 243; erforderl ist ein den Schu ungleich belastdes Sonderopfer. – Vorausgesehene, von den Part in den Kreis der Erwäggen einbezogene Änderen begründen keine R aus § 242, BGH Betr **69**, 833; entspr gilt grdsl für voraussehb Entwicklgen, OGH **2**, 209, BGH WPM **72**, 656, doch kann der Einzelfall abw Beurteilg rechtf, vgl

BGH **2**, 188. – Hat Schu die Änderg verschuldet, ist sie eingetreten, als er sich im Verz befand, od geht sie auf seine Entsch zurück, bestehen idR keine R wg Wegfalls der GeschGrdlage RG **103**, 5, BGH **LM** § 284 Nr 2, Betr **71**, 470; auch hier ist in bes Fällen and Beurteilg mögl, BGH JR **56**, 416, **LM** (Bb) Nr 23, FamRZ **68**, 249.

d) Bei der Prüfg der Erheblichk einer Störg kommt es entscheidd auf die **Risikoverteilg** an, die sich aus dem Vertr, dem VertrZweck u dem anzuwendden dispositiven Recht ergibt: Umst, die in den Risikobereich einer Part fallen, geben dieser in aller Regel nicht das Recht, sich auf Fehlen od Wegfall der GeschGrdlage zu berufen, BGH **LM** (Bb) Nr 47, 60, 61, § 324 Nr 5, NJW **76**, 566, stRspr, Einzelh bei den Fallgruppen insb C a u b. Bei ausdrückl RisikoÜbern od SpekulationsGesch kann Schu höchstens bei Existenzgefährdg Wegfall der GeschGrdlage einwenden, RG **163**, 96, **166**, 49; and aber bei Übern eines best, klar abgegrenzten Risikos, BGH **LM** (Bb) Nr 61.

e) Anwendungsbereich: Die Grds über Fehlen u Wegfall der GeschGrdlage gelten für alle schuldrechtl Vertr, also auch für Vergl, BGH NJW **59**, 2110, JZ **63**, 129, einseit verpflichtde Vertr wie Bürgsch, BGH NJW **65**, 438, **66**, 449 od Darl BGH **7**, 243, **15**, 34 u das abstr SchuldVerspr BGH Betr **77**, 301; vgl näher unten D. Beim normierten od diktierten Vertr (vgl Einl 3b vor § 145) sind Fehlen od Wegfall der GeschGrdlage dagg nur mit Einschränkg zu berücksichtigen, BGH **7**, 363 vgl auch BGH **2**, 183 u OGH **2**, 208. Ist Vertr nicht zustande gekommen, gibt es nicht keine GeschGrdlage, BGH NJW **56**, 1275, **LM** § 812 Nr 84. Dagg kann uU noch nach Abwicklg des Vertr geltd gemacht werden, seine GeschGrdlage habe gefehlt od sei weggefallen, BGH **25**, 393, vgl unten D c. Bei einseit RGesch w man die Grds entspr anwenden können (offen gelassen in BGH **37**, 241 für Vermächtn, verneint von BGH NJW **70**, 1420 für eins Anerk gem NTS-AG 11), nicht jedoch bei Anspr aus Gesetz. Tritt Veränderg nach Urt ein, steht Rechtskr der erforderl Anpassg nicht entgegen, BGH **38**, 149. Als Ausprägg des Satzes von Treu u Glauben gilt die Lehre von der GeschGrdlage auch außerhalb des SchuldR, soweit nicht der rechtl Charakter od der Zweck des Vertr entggstehen, vgl unten D. Besteht für Störg der GeschGrdlage ges Sonderregelg, so geht dies vor. Vorschr, die Fälle des Fehlens od Wegfalls der GeschGrdlage normieren od miterfassen, sind zB §§ 321, 519, 528, 530, 605, 610, 626, 723, 779 I, 1301, 1612a, VertrHilfeG, BVFG 83, 82 mit FlüchtlingshilfeG 20 III, HeimkG 26a, AKG 87ff, LPachtG 7, BetrAVG 16, 17, ArbEG 12 (vgl BGH **61**, 153), MehrwertsteuerG 29 (vgl die Nachw in der 36. Aufl). Diese schließen die Anwendg der allg Grds aber nur aus, soweit sie selbst eingreifen BGH **40**, 336; § 242 bleibt anwendb, soweit die Sonderregelgn tatbestandl od hins der geltd gemachten RFolge nicht zutreffen, BGH WPM **77**, 735 (VertrHilfe); argl Getäuschter kann daher uU wg Fehlens der GeschGrdlage PrHerabsetzg verlangen, BGH WPM **69**, 498); vgl wg VertrHilfe unten Anm 7.

f) Rechtsfolgen: Fehlen od Wegfall der GeschGrdlage führen grds nicht zur Auflösg des Vertr, sond zur Anpassg seines Inhalts an die veränderten Umst, BGH NJW **51**, 837, **53**, 1585, **58**, 785, BGH **47**, 52. Die Aufgabe des Richters ist insow eine festgestaltde, keine gestaltde, BGH **LM** (Bb) Nr 18 Bl 3, NJW **72**, 152, aA BGH JZ **52**, 145. Fehlen u Wegfall der GeschGrdlage sind vAw zu berücksichtigen, BGH **54**, 155, **LM** § 242 (Ba) Nr 38; Anpassg h daher beim Vertr zGDr auch dann zu erfolgen, wenn Versprechensempfänger sie nicht verlangt h, BGH NJW **72**, 152. Erforderl ist umfassde Interessenabwägg. Dabei ist dem Gedanken der VertrTreue Rechng zu tragen, dh es sind nur die geringsten möglichen Eingriffe in den Vertr zul, um ein mit Treu u Glauben zu vereinbares Ergebn zu erzielen, OHG **1**, 69, BGH **LM** § 779 Nr 2. Als Anpassg kommen zB in Betr: Herabsetzg der Schuld, BGH NJW **58**, 785, **LM** (Bb) Nr 33, Aufhebg einer Verbindlichk, BGH WPM **71**, 276; Aufhebg der Zahlgs- u AbnPfl des Käufers u Begründg einer ErsPfl für einen Teil des dem Verk entgangenen Gewinns, Ffm MDR **74**, 401; Stundg, OGH **1**, 69; Gewährg von Teilzahlg; Erweiterg des Anspr insb dch Einräumg eines AusglAnspr, BGH NJW **58**, 906, **62**, 30, vgl näher unten C a, Anpassg der ZahlgsPfl an richt Grdlage BGH **25**, 390; Feststell der Unwirksamk, BGH **62**, 26; Zuweisg einer and statt der bisher genutzten Wohng, Celle NdsRpfl **65**, 221. Bei zT bereits abgewickelten RVerh ist Anpassg uU auf die noch nicht erbrachten Leistgen zu beschr, BGH **58**, 363. Der Grds, daß das RGeschäft möglichst aufrecht zu erhalten ist, findet dort seine Grenze, wo Fortsetzg des Vertr unzumutb. Auch in diesem Fall erfolgte Auflösg jedoch grds nicht ipso jure; es besteht vielmehr RücktrR, an dessen Stelle bei DauerschuldVerh KündR u bei HandelsG ggf AusschlKl tritt, vgl BGH **10**, 51, NJW **67**, 1082. Ist Anpassg geboten, verweigert ein Teil aber seine Mitwirkg, ist Rücktr- od KündR gegeben, BGH NJW **69**, 233, Rechte wg Störg der GeschGrdlage können auch g Erben geltd gemacht werden, BGH **40**, 336, ebso gg SonderRNachf, BGH MDR **66**, 922. Wer sich auf Fehlen od Wegfall der GeschGrdlage beruft, trägt insow die **Beweislast**, u zwar auch dafür, daß die Parteien Änderg nicht in den Kreis ihrer Erwäggen einbezogen h, BGH WPM **69**, 529. Ist Wegfall der GeschGrdlage unstr, muß AnsprSteller Voraussetzgen für den Fortbestand seines Rechts beweisen, BGH WPM **73**, 1176.

C) Aus der Vielzahl mögl Anwendgen der Lehre vom Fehlen od Wegfall der GeschGrdl h sich einige typ **Fallgruppen** herausgebildet, die sich aber zT überschneiden (vgl etwa den Bauerwartgslandfall BGH **LM** (Bb) Nr 83, der sich unter b, aber auch unter d bb einordnen läßt).

a) Äquivalenzstörgen: Bei ggs Vertr ist idR die Vorstellg der Part von der Gleichwertigk von Leistg u GgLeistg GeschGrdl (RG **112**, 333, **141**, 216, BGH NJW **59**, 2203, **62**, 251). Wird das ÄquivalenzVerh dch unvorhersehb Ereign schwerwiegd gestört, ist der Vertr an die veränderten Umst anzupassen (RG **147**, 289, BGH NJW **58**, 906, **62**, 30) u zwar idR dch Gewährg eines **Ausgleichsanspruchs**. Keine Anpassg aber bei RisikoGesch (BGH BB **64**, 1397); ferner dann nicht, wenn die Störg nach der Risikoverteilg, die sich aus dem Vertr, dem VertrZweck u der ROrdng ergibt (oben B d), allein zu Lasten einer Part geht:

aa) Sinken der **Kaufkraft** des Geldes begründet allein kein R wg Wegfalls der GeschGrdl (BGH NJW **59**, 2203, **LM** (Bb) Nr 39, NJW **66**, 105, **76**, 142, Mann NJW **74**, 1297, krit Medicus Betr **74**, 759). § 242 bietet keine Handhabe, in langfr Vertr entgg nicht der dtsche R- u WirtschOrdng grdlegden Nominalwertprinzip (§ 245 Anm 2) eine stillschw Wertsichergsklausel hineinzuinterpretieren (BGH NJW **74**, 1186). Das Risiko normaler Kaufkraftentwertg trägt der Gläub. Das gilt auch für den zu Anfang des Jhdts festgesetzten Kaliabbauzins (BGH NJW **59**, 2203), den GrdstVerk auf Rentenbasis (Düss NJW **72**, 1138/1674), den ErbbZins (BGH NJW **74**, 1186, **76**, 846, Nürnb OLGZ **77**, 75), auch wenn dieser 1924 auf 0, 01 Goldmark/qm festgesetzt worden ist (Hamm BB **77**, 265, aA Oldbg Nds Rpfl **78**, 50, das bei einer Kaufkraftminderg von 50% Anpassg bejaht), den Mietzins (BGH NJW **76**, 142). Grdsl auch dann keine Erhöhg, wenn Part deshalb auf Anpassgsklausel verzichtet h, weil sie diese irrtüml für unzul hielten (BGH BB **76**, 1046). Nur bei Vertr mit Versorggscharakter wie UnterhVertr (oben A), AltenteilsVertr (unten D a u Nürnberg RdL **71**, 322) u Ruhegeldvereinbgen (Einf 7e vor § 611) führt wesentl KaufKrMinderg uU zur Erhöh der LeistgsPfl. Ist dtsches R anwendb, kann dem Gläub einer in ausl Währg ausgedrückten Fdg ein AusglAnspr zustehen, wenn ausl Währg zw Entstehg u Erf der Fdg unerwartet abgewertet w (RG **141**, 216, **155**, 137, **163**, 334). Die Opfergrenze (oben B c) muß aber überschritten sein, dh es muß sich um eine Abwertg handeln, die über das Maß normaler Paritätsänderg erhebl hinausgeht. Abzulehnen RG **147**, 289 (AusglAnspr bereits bei Abwertg von 13%). – Diese Grds gelten sinngem für den umgekehrten Fall der **Entwertg** der geschuldeten **Sachleistg** (Köhler JuS **76**, 787).

bb) Treten nach Begr des SchuldVerh **Leistgserschwergen** auf, so geht das nach der vertragl Risikoverteilg (oben B d) grdsätzl zu Lasten des Schu. Ein vereinbarter **Festpreis** bleibt daher auch ifV unerwarteten Kostenerhöhgen, witterungsbdgt Schwierigk u dergl bindd (BGH BB **64**, 1397, WPM **69**, 1021, LG Mainz NJW **71**, 51, Düss MDR **74**, 489; und bei wesentl Änderg des Leistgsumfangs BGH NJW **74**, 1864). Zusage des Bauträgers, er werde Fernwärme zum Tarif der Stadtwerke liefern, bleibt auch dann bindd, wenn Tarif nicht mehr kostendeckd, BGH NJW **77**, 2262. Bei FestPr für Heizölliefergen begründen steigde Selbstkosten keinen Wegfall der GeschGrdl, insb dann nicht, wenn Händler sich vor der PrSteigerg rechtzeit hätte eindecken können, BGH Betr **78**, 1267. Der Schu kann auch kein R daraus herleiten, daß eine von ihm geplante KreditAufn scheitert (Oldbg NJW **75**, 1788) od daß er den Pkw nicht erhält, den er vereinbgsgem in Zahlg geben wollte (BGH NJW **58**, 1772). Eine Anpassg kommt nur in Betracht, wenn dch Umst außerh des Einfluß- u Risikobereichs des Schu ein so krasses Mißverh zw Leistg u GgLeistg entsteht, daß ein Festhalten am Vertr nicht mehr zumutb ist (BGH BB **56**, 254, Larenz § 21 II); das sind im wesentl die Fälle, in denen die fr Rspr die Grds über die wirtschaftl Unmöglichk (§ 275 Anm 1 e) angewandt h. Anpassg od erfdlf Gewähr eines RücktrR kann daher geboten sein: bei übermäß Ansteigen der Herstellgskosten (RG **101**, 81 – auf das 15-fache; RG **102**, 273 – um 60%); bei Beschlagn der Vorräte (RG **94**, 47); bei Brand im FertiggsBetr (RG **57**, 118); bei Störg der VertrAbwicklg dch Maßn staatl WirtschLenkg (Ulmer AcP **174**, 167 ff); uU bei Leistgserschwerg dch ArbKampf (vgl Löwisch AcP **174**, 202, 231, der jedoch von einem and Lösgsansatz ausgeht).

cc) Auch aus **Gesetzesändergen** können sich Störgen des ÄquivalenzVerh ergeben. Diese sind, sofern SonderVorschr fehlen, nach den Grds über den Wegfall der GeschGrdl zu behandeln. Falls die Störg nicht ausschließl in den Risikobereich einer Part (oben B d) fällt, hat daher eine Anpassg zu erfolgen, etwa dch Gewähr eines AusglAnspr. Hierher gehörten die Fälle, in denen abzulöse od abgelöste Hyp nach Verk des Grdst aufgewertet w waren. Das RG gab dem dch die Aufwertg Belasteten gg den and Teil einen Anspr auf einen angem Beitr zur Aufwertgslast (RG **112**, 333, **119**, 135, **133**, 66). Entspr Probleme traten nach dem 2. Weltkrieg im Zushang mit der **Lastenausgleichsgesetzgebg** auf. Bei GrdstVerk sind vielf dadch Äquivalenzstörgen entstanden, daß die Part von unricht Vorstellgen über die Höhe der übern Abgabeschuld bzw der abgetretenen AusglLeistgen ausgegangen sind. Sofern kein RisikoGesch vorliegt, besteht in diesen Fällen bei unvorhergesehenen erhebl Ändergen ein AusglAnspr (BGH NJW **58**, 906, 907, **LM** LAG 244 Nr 1 Bl 3, WPM **71**, 1184, Rothe Betr **63**, 1527). Dabei soll bereits eine Änderg von 15% erhebl sein (BGH NJW **61**, 1859). Soweit nicht bes Umst eine abw Beurteilg erfordern, ist hälftige Teilg des angefallenen Vor- od Nachteils angem (BGH NJW **62**, 30). Bei Kauf- u PachtVertr über Apothekenkonzession war nach Einf der **Gewerbefreiheit** wohl idR Herabsetzg des Preises für die Konzession auf etwa die Hälfte sachgerecht (auf den Einzelfall abstelld der BGH: **LM** (Bb) Nr 33: PrHerabsetzg bei KaufVertr u. **LM** (Bb) Nr 37: keine Herabsetzg bei PachtVertr).

b) Ein weiterer Anwendgsfall der Lehre vom Wegfall der GeschGrdl bilden die Fälle der **Zweckstörg** (Larenz § 21 II, Köhler Unmöglichk u GeschGrdl bei Zweckstörgen im SchuldVerh S 116 ff, dort Zweckvereitelg genannt). Sie sind von der Zweckerreichg (Leistgserfolg tritt ohne Zutun des Schu ein) u dem Zweckfortfall (Leistgserfolg kann wg Wegfalls des Leistgssubstrats nicht mehr erreicht w) zu unterscheiden, die nach UnmöglichkRegeln zu behandeln sind (§ 275 Anm 1 d). Eine Zweckstörg ist gegeben, wenn der Leistgserfolg, zumindest äußerl betrachtet, noch herbeigeführt w kann, der Gläub aber an der Leistg kein Interesse mehr h (Bsp: die Verlobg, für die Ringe gekauft w sind, geht in die Brüche; der Altar, für den das Bild bestellt w ist, brennt ab). Unmöglichk liegt hier idR nicht vor (§ 275 Anm 1 d). Auch Rechte wg Wegfalls der GeschGrdl bestehen grdsl nicht. Wenn der Gläub an der weiterhin mögl Leistgserbringg kein Interesse h, so ist das sein Risiko. Käufer kann daher kein R aus § 242 herleiten, wenn er wg Umsatzrückgangs für die Ware keine Verwendg hat (BGH **17**, 327), wenn er die Wiederverkaufsmöglichk falsch beurteilt hat (Ffm BB **74**, 1093), wenn das Grdst von der öff Hand für die Anlage einer Straße gekauft worden ist, diese aber nicht gebaut w, BGH NJW **78**, 1481, wenn die Lieferg mit öff Abgabe belastet w (BGH WPM **75**, 919 od wenn er seinen GeschBetr aufgibt (Stgt NJW **54**, 233). Fragl, ob beim EnergieVersVertr die BetrStillegg als Wegfall der GeschGrdl anerkannt w kann, so Ebel Betr **78**, 679. Ähnl Grds gelten für den Mieter. Er bleibt an den Vertr auch dann gebunden, wenn die Finanzierg des von ihm geplanten Aufbaues scheitert (BGH Betr **74**, 918), wenn er nicht den erwarteten Gewinn erzielt (BGH NJW **70**, 1313, Düss NJW **70**, 2077), ebso wenn er erhebl, aber vorhersehb Verluste macht (BGH Betr **78**, 1536). Wer zur Teiln an einer Ausstellg ein Hotelzimmer best h, bleibt auch dann verpfl, wenn diese ausfällt (Brschw NJW **76**, 570/970 mAv Menden). Ausnahmsw kann aber ein best Verwendgszweck GeschGrdl sein. Dazu genügt jedoch die Mitteilg u Erörterg der Verwendg währd der VertrVhdlgen nicht. Der and Teil muß sich bei Würdigg aller Umst die geplante Verwendg – etwa dch die Preisbemessg (BGH **LM** (Bb) Nr 83) – so eigen gemacht h, daß sein Verlangen, den Vertr trotz der Zweckstörg unverändert dchzuführen, gg das Verbot widersprüchl Verhaltens verstößt (Köhler aaO S 143 ff). Hiermit stimmt die Rspr im Ergebn im wesentl überein, wenn auch einz Entsch in der Bejahg von R aus § 242 recht weit gehen. Wegfall der GeschGrdl ist angenommen w: bei Kauf von Fertighäusern, wenn BauGen versagt w (BGH **JZ 66**, 409, krit Stötter JZ **67**, 147); bei Tod des Käufers, wenn Vertr ausschl auf seine Pers abgestellt (Ffm MDR **74**, 401); bei Kauf eines alten WasserR, wenn dessen Überleit fehlschlägt (BGH WPM **75**, 274); bei Kauf von Gaststätteninventar, wenn der vom Verk vermittelte PachtVertr ohne Versch des Käufers nicht dchgeführt w (BGH **LM** (Bb) Nr 54); bei Waren, für die nur best Abnehmer in Betr kommt, wenn WeiterVerk ohne Versch des Käufers unmögl w (BGH **LM** (Bb) Nr 12, „Bohrhämmerfall" sehr zweifelh); bei Kauf eines Grdst zu VorzugsPr, wenn die geplante dem Verk förderl Verwendg nicht dchgeführt w k (BGH NJW **75**, 776); bei Saalmiete für Vorstellg, wenn Hauptdarstellerin erkrankt (Brem NJW **53**, 1393, nimmt Unmöglk an, richtig Kraft NJW **53**, 1751); bei Miete eines Bootshauses, wenn Schiffahrt auf dem angrenzden See beschrkt w (BGH WPM **71**, 1303); bei Kauf eines Grdst in der beiderseit Erwartg, dieses könne bald bebaut w (BGH **LM** (Bb) Nr 83, WPM **78**, 554); bei Pacht von Bauland, wenn Pächter das Bauvorhaben aus von ihm nicht zu vertretden Grden nicht dchführen kann (BGH NJW **58**, 785). Gläub muß sich aber am Vertr (ggf unter Anpassg) festhalten lassen, wenn and Verwertg mögl u zumutb (BGH **LM** (Bb) Nr 51).

c) Leistgserschwergen dch **allg wirtschaftl Not** geben dem Schu nicht das Recht, sich auf Wegfall der GeschGrdl zu berufen (es sei denn, daß eine erhebl Äquivalenzstör – oben a bb – vorliegt). Zwar hat die Rspr in der Vergangenh – insb nach dem 1. Weltkrieg – versucht, in derart Fällen dch Anwendg des § 242 zu helfen (Wegfall der sog „großen GeschGrdl"). Dadch w das Institut der GeschGrdl aber überfordert. Die Regelg muß insow dem GesGeber überlassen bleiben, der dafür das – zZ allerd prakt bedeutgslose – Institut der VertrHilfe geschaffen h (Anm 7). **Vermögensverlust** dch Krieg, Vertreibg, Demontage, WährgsVerfall, entschädiggslose Enteigng od ähnl Ereign geben dem Schu daher kein R wg Wegfalls der GeschGrdl (OHG **1**, 394, BGH **7**, 360), und nur bei VersorggVertr wie UnterhVertr, AltenteilsVertr u Ruhegeldzusagen (vgl dort). § 242 führt auch dann nicht zur Herabsetzg der Schu, wenn es sich um eine hyp gesicherte Fdg handelt u das Grdst zerstört od entschädiggslos enteignet w (BGH **7**, 360, MDR **58**, 86 u 88).

d) Eine weitere bes vielgestalt Fallgruppe bilden die des **gemeinschaftl Irrtums** (sog subj GeschGrdl):

aa) Haben sich die Part bei VertrSchl über einen für ihre Willensbildg wesentl Umstand gemeins geirrt, sind nicht die §§ 119 f, sond die Grds über das Fehlen der GeschGrdl anwendb (RG **122**, 203, BGH **25**, 392, NJW **72**, 153, **76**, 566). Das gilt auch iF des beiders RIrrts (BGH **25**, 393). Fälle: gemeins KalkulationsIrrt (§ 119 Anm 3 b), gemeins Irrt über den Umrechngskurs (RG **105**, 406, sog Rubelfall, vom RG mit ErklIrrt gelöst), über das UmstellgsVerh (BGH **25**, 393), über die Höhe von übernommenen Aufwendgen (BGH WPM **76**, 1352), über den VerkWert eines übern Grdst (BGH NJW **72**, 153), über die wirkl Größe eines mit einer „ca"-Größenangabe verkauften Grdst (Düss OLGZ **78**, 250 – Frage des Einzelfalls), über die öffr Voraussetzgen für die Bebauung des verkauften TGrdst (BGH NJW **78**, 695), über den AnschaffgspreIs der verkauften Sache (BGH WPM **69**, 498), über die Angemessenh des anerkannten Honorars (vgl BGH **46**, 273), über den Wert der VermGgst, auf die sich AuseinandSVertr bezieht (RG **131**, 94, **122**, 203), über den Fortbestand der Spielberechtigg des transferierten Fußballspielers, BGH NJW **76**, 566 (krit Dörner JuS **77**, 226), über die RFolgen einer VertrÄnderg (BGH **LM** HGB 339 Nr 2), über die Widerruflichk eines Test (BGH **62**, 24), über den Umfang des FdgsÜbergangs (BGH VersR **68**, 401), über die Dauer des EntschZeitraums (BGH Warn **65** Nr 111), über die dch den Vertr begründete Haftg gem § 419 (BGH **70**, 51). Auch der gemeins Irrt über **steuerl Folgen** eines Gesch führt zur Anwendg der Grds über das Fehlen der GeschGrdl u damit uU zur Anpassg (BGH Betr **76**, 234, 235, Winterberg Betr **75**, 1925, Streck Betr **75**, 2214, Peusquens BB **75**, 1362). Entgg BGH NJW **51**, 517 ist gleichwiel, wie eingehd die Part die steuerl Folgen erörtert haben. Entscheidd ist, ob der GeschWille der Part auf einem gemeins Irrt über die steuerl Behandlg aufbaut (oben B a). Vielf handelt es sich um bloß einseit Erwartgen einer Part, die unerhebl sind (BGH NJW **67**, 1082, Betr **78**, 786 = JR **78**, 236 mAv Olzen). Zur sog subj GeschGrdl eines Vertr kann auch die Wirksamk eines und wirtsch zushängden Vertr gehören (BGH DNotZ **70**, 540). Die Grds über das Fehlen der GeschGrdl schaffen in diesen Fällen eine VertrVerbindg eig Art u ergänzen den § 139 (weitere Nachw § 305 Anm 6 a).

bb) Ggst des gemeins Irrt kann auch der **Eintritt od Nichteintritt eines zukünft Ereign** sein. Wegfall der GeschGrdl kann daher gegeben sein, wenn ein gleichzeit abgeschl formungült Vertr entgg den Erwartgen der Part nicht dchgeführt w (BGH WPM **71**, 276), wenn die zugesagte Vfg vTw nicht getroffen od wieder aufgeh w (BGH NJW **77**, 950; vgl dazu Battes AcP **178**, 337, 372, der für § 812 I S 2 anwenden will), wenn das gekaufte Bauerwartgsland nicht bebaut w kann (BGH **LM** (Bb) Nr 83), wenn sich die geplante Errichtg eines weiteren Betr nicht verwirklichen läßt (LAG Brem BB **55**, 227), wenn die einem Vertr als feststehd zGrde gelegte Rspr sich ändert (BGH **58**, 362, WPR **75**, 532). IdR ist aber anzunehmen, daß der Bestand einer Vereinbg von der Richtigk der zGrde liegenden RAns unabhg sein soll (BGH VersR **75**, 375).

D) Weitere Einzelfälle: a) Bei Abfindgsvertrag über UnterhAnspr idR kein R wg Wegfalls der GeschGrdlage, wenn Abfindgskapital inf Geldentwertg verloren geht, RG **106**, 398, **141**, 200, BGH **2**, 383. Gehen Part bei AbfindgsVergl über SchadErsAnspr übereinstimmd von irrigen Vorstellgen über SchadUmfange aus, sind Grds über das Fehlen der GeschGrdlage anwendb, BGH **LM** § 779 Nr 24. Anders, wenn sich AbfindgsVergl auch auf unbekannte Schäden bezieht; doch kann sich Schädiger hier bei unvorhersehb Folgen nicht auf Abfindg berufen, wenn sich ein so krasses MißVerh zw Abfindgssumme u Schaden ergibt, daß das Festhalten am Vertr gg Treu u Glauben verstößt, BGH VersR **61**, 382, **66**, 243, **67**, 804; vgl auch unten „Vergl". – **Altenteilsleistgn** können bei erhebl Veränderg der allg wirtsch od pers Verh der Beteiligten abgeändert w, BGH **25**, 298. Bei jeder Änderg ist auf Leistgsfähigk des Hofes Rücksicht zu nehmen; doch kann sich HofÜberNehm nicht auf von ihm verschuldeten Einkommensrückgang berufen, Celle RdL **58**, 183. Soweit ges Sonderregelgn bestehen, gehen diese vor; vgl insb ReichsG über die anderweit Festsetzg von Geldbezügen aus Altenteilsverträgen vom 18. 8. 23, RGBl 815 (noch in Kraft BGH **25**, 296) u die im EGBGB 96 Anm 2 angeführten LandesG. – Bei **Ankaufsrecht** kann Anpassg gem § 242 geboten sein, wenn zw Begründg u Ausübg krasses Mißverhältn zw Leistg u GgLeistg entsteht, BGH BB **70**, 1190. – **Arbeitsrecht**: ArbG kann sich nicht auf Wegfall der GeschGrdlage berufen, wenn er Betr schließt, um auszuwandern, BAG Betr **60**, 698. Hat ArbN Errichtg eines neuen Betr angeregt und ist er für diesen angestellt, fällt GeschGrdlage weg, wenn sich Pläne nicht verwirkl lassen, LAG Brem BB **55**, 227. Wissen beide Part bei VertrSchl nicht, daß ArbN schwanger ist, kann sich ArbG nicht auf Fehlen der GeschGrdlage berufen, da Festhalten am Vertr nach den Wertgen des MuSchG zumutb, LAG Saarbr NJW **66**, 2137. Kein Wegfall der GeschGrdlage für Vereinbg über KarenzEntsch, wenn für ArbN nachträgl WettbewMöglichk entfällt, BAG NJW **69**, 677, für Vereinbg über KündAbfindg, wenn ArbN vor dem vereinb Ausscheidenstermin stirbt, BAG Betr **70**, 259, für AkkordVereinbg bei Einsatz arbsparder Maschinen, LAG Hamm Betr **70**, 113, für Leistgszulage, wenn Leistg nachläßt, BAG Betr **76**, 2404. Wegfall der GeschGrdlage läßt ArbVertr idR nicht ipso facto erlöschen, sond begründet KündR, hiervon gelten aber Ausn, BAG **AP** § 242 GeschGrdlage Nr 5 u 6. Die Grds über Fehlen u Wegfall der GeschGrdlage sind auch auf BetrVereinbgen anwendb, BAG Betr **64**, 1342, nicht aber auf normative Teil der TarifVertr, BAG Betr **77**, 679. Vgl auch unten „DauerschuldVerh".

b) Bürgschaft: Wegfall der GeschGrdlage für HauptSchu wirkt nicht ohne weiteres für Bü, RG **163**, 97, OGH NJW **48**, 521 (dagg soll nach BGH **6**, 385 Herabsetzg der Hauptschuld im VertragshilfeVerf auch dem Bü zugute kommen; zweifelh aA Jauernig NJW **53**, 1207, Reinicke MDR **52**, 708). Bü kann aber aus eig R Einwendgen erheben, wenn GeschGrdlage der Bürgschft fehlt od wegfällt, RG **146**, 379. Verschlechtert sich Leistgsfähigk des HauptSchu dch unvorherseh Entwicklgen, so liegt das grds im Risikobereich des Bü, berührt also GeschGrdlage der Bürgschft nicht, BGH NJW **65**, 438, **66**, 449. Sind Umst außerhalb des BürgschRisikos GeschGrdlage, so gelten die allg Regeln, BGH NJW **66**, 449. GeschGrdlage kann uU die Erwartg sein, Gläub werde gg den HauptSchu keine StrafAnz erstatten, BGH WPM **73**, 36, ebso Erwartg, eine geplante Sanierg w in Angriff gen, BGH WPM **73**, 752, ein ÜbernVertr w dchgeführt, BGH Betr **74**, 2244. Wegfall der GeschGrdlage im Verhältn zw Bü u HauptSchu kann BefreiungsAnspr begründen, BGH **LM** § 775 Nr 2. – **Darlehn:** Hat DarlNeh das Darl zum Erwerb od zur Herstellg von VermGgst verwandt, so kann er sich idR nicht auf Wegfall der GeschGrdlage berufen, wenn er inf von Krieg, Vertreibg od and Einwirkgen seinen VermGgst verliert od auch nur für ihn keine Bezahlg erhält, solche Risiken gehen grds zu seinen Lasten, BGH **7**, 243, **15**, 34, Betr **72**, 620. Ggü dem DarlGeb bestehen daher auch dann keine R wg Wegfalls der GeschGrdlage, wenn bei einem hyp gesicherten Darl das Grdst entschädiggslos enteignet w, BGH MDR **58**, 86 u 88. DarlNeh kann aber uU VertrHilfe in Anspr nehmen, unten Anm 7. ArbGeb-Darlehn ist kündb, wenn ArbNeh Unterschlaggen begeht, Brschw OLGZ **65**, 139, Darl an GmbH-Geschf uU bei Beendigg des AnstellgsVerhältn, BGH WPM **69**, 335, aA für ArbGebDarl LAG BaWü BB **69**, 1268. – Bei **Dauerschuldverhältnissen** besteht, auch wenn bes ges od vertragl Regelg fehlt, ein KündR aus wichtigem Grd, vgl oben 4 F. Wenn bei DauerschuldVerh die GeschGrdlage gestört ist, sind vielf zugl die Voraussetzgen für KündR gegeben. Dann geht KündR der Anwendg der sonst geltenden Grds vor, BGH **24**, 96. Das KündR entfällt aber, wenn sich die Störg der GeschGrdlage dch Anpassg des Vertr an die veränderten Umst ausgleichen läßt, BGH NJW **58**, 785. – Zur GeschGrdlage eines **Eigenhändlervertrages** vgl BGH **LM** (Bb) Nr 36. – Verlorener **Einstand** bei Aufn in Alters- od Pflegeheim u GeschGrdlage, Wacke, NJW **68**, 1417. – Vereinbg über **Erbbauzins** u GeschGrdlage, vgl BGH **LM** § 157 (D) Nr 1 WPM **69**, 64, NJW **74**, 1186; s auch oben C a aa. – Über vorweggenommene **Erbfolge** u GrdlagenIrrt vgl Coing NJW **67**, 1777. –

c) Erfüllter Vertrag: Hat GeschGrdlage von Anfang an gefehlt, so ist dies auch noch nach beiders Erf des Vertr zu berücksichtigen, BGH **25**, 393. Dagg ist Wegfall der GeschGrdlage idR unbeachtl, wenn Vertr beiders vollständ abgewickelt war, RG **106**, 401, **142**, 35, BGH **2**, 384. Es gibt jedoch Ausn, BGH NJW **53**, 1585, **LM** (Bb) Nr 41, § 133 (A) Nr 11, insb die Entsch, die in Anm 8 unten AusglAnspr bejahen (vgl Anm 8), betreffen vielfach beiders abgewickelte Vertr. – **Erlaßvertrag** kann bei beiders Irrt über grdlegde Umst unwirks sein, BGH **47**, 380. – **Familienrecht:** Auf *Adoption* nach fr R sind die Grds über Wegfall der GeschGrdlage unanwendb, Schlesw SchlHA **65**, 214. – **Zuwendgen zw Ehegatten,** die im gesetzl Güterstd gelebt h, können iF der *Scheidg* idR weder nach § 812 I S 2 noch nach den Grds über den Wegfall der GeschGrdl zurückgefordert w, es sei denn, daß der Zuwendungsempfänger mehr erhalten hat, als ihm nach den Grds des ZugewinnAusgl zustehen würde, BGH **65**, 322 (MitEigt an einem mit Mitteln des Mannes erworbenen u gebauten Haus), ferner BGH NJW **66**, 542 (ebso), NJW **74**, 1554 (Bebauung des Grdst der Frau mit Mitteln des Mannes), abw, aber dch die neuere Rspr überholt, BGH NJW **68**, 245, krit Kühne JZ **76**, 487. Ausnahmsw kann Übertr zu AlleinEigt beansprucht w, jedoch nur gg angem AusglZahlg, BGH **68**, 299 (krit Kühne FamRZ **78**, 221). Grdsl auch dann keine RückFdg, wenn die Ehe dch Tod endet, BGH, NJW **76**, 2132 wohl aber, wenn der Zuwendende den geringeren Zugewinn hatte, Schlesw FamRZ **78**, 247. Auch bei Gütertrenng besteht iF der Scheidg kein RückFdgsAnspr, soweit Zuwendg angem Ausgl für ArbLeistg des Empfängers, BGH NJW **72**, 580 (Wertpapierdepot zur Alterssicherg). AusglAnspr kann gegeben sein bei Zuwendgen für Schaffg einer eig berufl Existenz, BGH NJW **74**, 2045. Schwiegervater kann von ihm gewährtes Darl iF der Scheidg uU vorzeit zurückfordern, BGH FamRZ **73**, 252/369. Vgl auch Henrich FamRZ **75**, 536, Kühne FamRZ **69**, 371. Auf Einiggen über *elterliche Gewalt* finden Grds über Fehlen u Wegfall der GeschGrdlage Anwendg, Köln FamRZ **64**, 524, Karlsr OLGZ **65**, 258, FamRZ **68**, 266; aber kein Wegfall der GeschGrdlage, wenn zugl vereinbarte VerkRegelg nicht dchgeführt w, BayObLG **66**, 70.

d) Gesellschaftsrecht: Fällt bei OHG oder KG GeschGrdl für den Eintr eines Gters weg, so kommt Ausschl- od AufhebgsKl in Betr, BGH **10**, 51, NJW **67**, 1082, uU ist aber Aufrechterhaltg des GVerh unter Anpassg an die veränderten Umst mögl, BGH NJW **74**, 1657 (Änderg der Nachfolgeregelg nach Scheidg). Sind Gter bei AuseinandS von unricht Bewertg ausgegangen, kann dem Benachteiligten AusglAnspr zustehen, RG **131**, 94. Bei irrigen Vorstellgen über RFolge einer VertrÄnderg kann Anpassg an das wirkl Gewollte geboten sein, BGH **LM** HGB 339 Nr 2. Fehlen der GeschGrdl, wenn Gter bei ÄndersVertr von Unwiderruflichk eines widerrufl Test ausgehn, BGH **62**, 24 (vgl dazu Schmiedel Festschr f v Caemmerer, 1978, S 232 ff). Steuerl Nichtanerkenng einer FamGesellsch vgl oben C d. – Bei **Grunddienstbarkeiten** wendet die Rspr im Ergebn die Grds über den Wegfall der GeschGrdl an, beruft sich aber nur allg auf § 242, vgl oben § 242 Anm 4 D i. – **Hofübergabevertrag**: Beruht Vertr auf Erwartg, Hof w im FamBes bleiben, kann Übergeber bei Weiterveräußerg an FamFremden Erhöhg der GgLeistg fordern, BGH **40**, 334. Wegfall der GeschGrdl auch, wenn Bruder dem and den Hof in der Erwartg übertr hat, er w andwo eine LebensGrdl finden u sich diese Erwartg wg völliger Veränderg der Verh nicht erf, BGH NJW **53**, 1585.

e) Beim **Kaufvertrag** können gemeins Vorstellgen der Part über die BemessgsGrdl des KaufPr GeschGrdl sein (oben C d). Unanwendb sind die Grds über den Wegfall der GeschGrdl dagg im Bereich der Sachmängelhaftg, BGH **60**, 321; das gilt auch dann, wenn die Voraussetzgen der §§ 459ff im Einzelfall nicht vorliegen (Düss NJW **71**, 438, aA Mü DAR **72**, 329), wenn der GewlAnspr verj ist (RG **135**, 346), od wenn die §§ 459ff vertragl abbedungen sind (aA Karlsr JZ **71**, 295). Ggü der Sonderregelg der §§ 459ff ist grdsätzl auch der Einwand des Verk ausgeschl, er könne wg unvorhergesehener Umst nicht mangelfrei liefern, BGH Betr **71**, 1862. Hat Verk mängelfrei geliefert, gehört Verwendg grdsl zum Risikobereich des Käufers, Käufer kann sich also auf Schwierigk bei der geplanten Verwendg nicht berufen (oben C b). Bei Verkauf zur Abwendg der Enteignung kann Käufer uU bei Wegfall der Enteignungsvoraussetzgen vom Vertr zurücktreten (BFH Betr **56**, 734) zT gewährt Rspr hier Anspr aus § 812 I 2 (RG **132**, 241, BayObLGZ **73**, 173); dagg begründet der Wegfall des Enteignungszwecks für die öff Hand kein RücktrR, BGH NJW **78**, 1481. – Untergang od Wertminderg der KaufGgst nach GefahrÜberg fällt grdsl in den Risikobereich des Käufers, und ausnahmsw: Käufer einer Apothekerkonzession kann zur Herabsetzg des Kaufpr berechtigt sein, wenn entgg den Erwartgen der Part Niederlassgsfreih eingeführt w (BGH **LM** (Bb) Nr 33, vgl aber ebda Nr 37), beim Verkauf einer Fabrik auf Rentenbasis kommt Herabsetzg in Betr, wenn Fabrik dch Kriegsereign zerstört w (OHG **1**, 67). Keine Herabsetzg aber, wenn Einkünfte aus dem übertragenen Architektenbüro aus konjunkturellen Grden zurückgehen (BGH Betr **77**, 1788). Zum FdgKauf u GeschGrdlage vgl BGH **LM** (Bb) Nr 47. GeschGrdlage für GrdstKaufVertr kann Wirksamk des damit zühängden BaubetreuungsVertr sein (BGH DNotZ **70**, 540). Nehmen Parteien eines GrdstKaufVertr an, das bestehde Leistshindern könne in Kürze behoben w, u erweist sich diese Ann als falsch, sind die Grds über den Wegfall der GeschGrdlage u nicht § 306 anwendb, BGH **47**, 48.

f) Wegfall der GeschGrdl eines **Konzessionsvertrages** zw Gemeinde u VersorggsUntern, BGH WPM **74**, 161, Einf 4 h vor § 305. – Aus **Kurssicherungsabkommen** können keine R hergeleitet w, wenn eine Fdg dch EnteignsMaßn untergegangen, BGH NJW **58**, 339. – Bei **kurzfristig lösbarem Vertrag** w Anwendg der Grds über Wegfall der GeschGrdlage idR dch das bestehde KündR ausgeschlossen, BGH **LM** (Bb) Nr 15. – Wg Einwirkg der **Lastenausgleichsgesetzgebg** vgl C a cc. – Soll **Makler** den über den geforderten Preis hinaus erzielten MehrBetrag als Provision erhalten, kann bei unerwartet günstigem Verkauf GeschGrdlage der Provisionsabrede entfallen, Düss MDR **68**, 494. – **Miet- u Pachtvertrag** (vgl Stötter NJW **71**, 2281): Genügt Sache den Anfordergen des § 536, geht es grdsl zu Lasten des Mieters, wenn er von ihr nicht den beabsichtigten Gebr machen kann, § 552, BGH **38**, 297, vgl oben C b. – Gehen Part von der unrichtigen Ann aus, PachtVertr mit Vorpächter bestehe nicht mehr, kann GeschGrdlage des neuen PachtVertr fehlen, BGH **LM** (Bb) Nr 20. Sinken des Geldwertes gibt Verm nicht das R, Mieterhöhg zu fordern, vgl oben C a aa. Überwälzg der vom Vermieter zu zahlden MwSt auch dann nicht aus § 242 zu rechtf, wenn Mieter vorsteuerabzugsberecht, Stgt NJW **73**, 2066. – Bei lebenslängl unentgelt **Nutzgsrecht** an Wohng bestehen keine Rechte wg Wegfalls der GeschGrdlage, wenn sich Hauslasten erhöhen, Oldbg MDR **68**, 499.

g) Für **öffentlich-rechtliche Verträge** ist der Wegfall der GeschGrdl nunmehr dch VwVfG **60** geregelt. Die zum BGB entwickelten Grds können nur noch herangezogen w, soweit VwVfG **60** Lücken aufweist (Meyer NJW **77**, 1710). Maßstab für die erforderl Anpassg ist idR das öff Interesse, BVerwG **25**, 303. Zur GeschGrdl von AnbauVertr BVerwG ZMR **67**, 250, 254, bei Teileinigungen vom BBauG **110**, KG JR **70**, 28, bei GarnisonsVertr, OVG Münst DVBl **75**, 47, bei beamtenr Zusagen OVG Münst DÖD **76**, 177 bei StaatsVertr, BVerfG NJW **73**, 609. Ist öffr Vertr im Vollzug eines später für nichtig erkl Ges geschl worden, verstößt die Geltdmachg der vertragl Anspr gg § 242, BVerwG NJW **74**, 2250. – Bei Vertr über Erwerb od Auswertg eines **Patents** besteht R auf Auflösg des Vertr, wenn Patent völl od teilw vernichtet w, BGH NJW **57**, 1317, Betr **58**, 221. Wirtsch Verwertbark des SchutzR uU GeschGrdlage des LizenzVertr, BGH **52**, 60, NJW **78**, 320. – **Ruhegeld**: vgl Einf 7e vor § 611. – Bei **Schenkung** gelten für die RückFdg der geschenkten Sache §§ 528, 530, 1301, die Anspr wg Wegfalls der GeschGrdlage ausschließen, BGH NJW **53**, 1585, nicht unter diese Vorschr fallde Vorstellgen, die dgLage des GeschWillens sind, können dagg R wg Wegfalls der GeschGrdlage begründen, BGH NJW **53**, 1585, **72**, 248, **LM** § 133 (A) Nr 11, Dürr NJW **66**, 1660, aA RG HRR **39**, 678, Düss NJW **66**, 550. Zuwendgen zw Eheg s oben c. – **Sicherungsabrede** (über Bestellg einer GrdSch) u GeschGrdlage BGH **LM** (Bb) Nr 53. – **Unterhaltsverträge**: vgl oben A.

h) **Vergleich** ist gem § 779 unwirks, wenn der nach seinem Inhalt als feststehd zGrde gelegt Sachverhalt der Wirklichk nicht entspr u der Streit od die Ungewißh bei Kenntn der Sachlage nicht entstanden sein würde. Daneben gelten die allg Grds über Fehlen od Wegfall der GeschGrdlage, RG **152**, 403, BGH NJW **59**, 2110, JZ **62**, 361, **63**, 130, stRspr. Sie sind daher anzuwenden: wenn beide Part von falschen tats od rechtl Voraussetzgen ausgegangen sind, der gemeins Irrt sich aber nicht auf streitausschließde Umst bezogen hat, BGH JZ **62**, 361, BGH VersR **63**, 1219, BGH **LM** § 779 Nr 2, 24; wenn GeschGrdlage des Vergl nachträgl wegfällt, BGH JZ **63**, 279, § 779 gilt insow nicht, BGH ebda. Auch Änderg der dem Vergl zugrde gelegten Rspr kann als Wegfall der GeschGrdlage zu werten sein, BGH **58**, 362. Fehlen u Wegfall der GeschGrdlage führen auch beim Vergl zur Anpassg, BGH **LM** § 779 Nr 2, 24, nur ausnw zum Rücktr- od KündR. Beim ProzVergl kann Fehlen u Wegfall der GeschGrdlage nur in neuem RStreit geltd gemacht w, BGH NJW **66**, 1658, BAG Betr **69**, 1658, vgl § 779 Anm 9. Zur Abgrenzg von Inhalt u GeschGrdlage des Vergl, vgl BGH **LM** § 779 Nr 31. – Auf **Versicherungsverträge** finden die allg Grds über Fehlen u Wegfall der GeschGrdlage Anwendg, RG **171**, 185, OHG **4**, 96. – Die von einem Kaufmann versprochene **Vertragsstrafe** kann trotz HGB 348 wg Fehlens der GeschGrdlage herabgesetzt w, wenn Part unricht Vorstellgen über Wert des VertrGgst hatten, BGH NJW **54**, 998. – Störg der VertrDchführg dch Maßn staatl **Wirtschaftslenkg** u GeschGrdl, Ulmer AcP **174**, 202.

7) Vertragshilfe. Die dch SchuldVerh begründeten LeistgsPflten können in Krieg u sonst Notzeiten für den Schu zu einer existenzvernichtnden Härte w. Die hieraus entstehnden Probleme lassen sich mit den überkommenen schuldrechtl Regelgen nicht angem lösen, wenn auch die Rspr versucht h, sie mit den Grds des Wegfalls der GeschGrdl (Anm 6 C c) u der wirtschaftl Unmöglichk (§ 275 Anm 1 e) zu bewältigen. Der GesGeber hat daher das Institut der **Vertragshilfe** geschaffen, das den Ri in best Fällen ermächtigt, das SchuldVerh rechtsgestaltd zu ändern u an die Leistgsfähigk des Schu anzupassen. Maßgeb ist insow das VertrhilfeG vom 26. 3. 52, das jedoch die VertrHilfe auf die vor dem 21. 6. 1948 begründeten Verbindlichk beschr. Es spielt daher in der Praxis keine Rolle mehr (vgl aber BGH WPM **77**, 730). VertrHilfe kann außerdem in Anspr genommen w nach BVFG 82ff, HeimkG 26a, HäftlingshilfeG 9, FlüchtlingshilfeG (BGBl 1965 I S 612) 20 III. Auch diese Vorschr sind aber prakt ohne Bedeutg, vgl näher: Bisle VHG 1952; Duden-Roweder VHG 1952; Löschhorn VHG 1952, Saage VHG 1952.

8) Aufwertg a) Nach dem vollst Verfall der Mark-Währg zu Anfang der zwanziger Jahre (bei Stabilisierg der Währg entsprach 1 Goldmark = 1 Billion Papiermark) hat sich das RG für berecht gehalten, den Grds Mark = Mark zu dchbrechen (grdlegd RG **107**, 78). Die Zahlg in entwertetem Geld wurde ledigl als TeilErf behandelt, die Fdg aufgewertet u der Schu zu nochmaliger Zahlg verpflichtet. Die Höhe der Aufwertg wurde unter Berücksichtigg eines sog Verarmgsfaktors nach den Umst des Einzelfalles best (RG **110**, 40). Diese sog freie Aufwertg entfiel, soweit die ab 1925 wirks werdde Aufwertgsgesetzgebg anwendb war (abgedruckt bei Mügel, Das ges AufwertgsR).

b) Die AufwertgsRspr hat heute nur noch rgeschichtl Bedeutg. Ein derart tiefgreifder Währgsverfall wie der der Jahre 1920–23 hat sich nicht wiederholt. Die Geldentwertg des französ Franken (RG **120**, 76), des amerikan Dollars (RG **147**, 380, **154**, 192, **163**, 333) u des engl Pfundes (RG **145**, 55) haben der Rspr mit Recht keinen Anlaß gegeben, die dtschen Recht unterstehdn Fdgen aufzuwerten. Auch währd des Währgsverfalls nach dem 2. Weltkrieg hat die Rspr den Grds Mark = Mark voll angewendet. Sie war hierzu dch das ErgG zu MRG 51 allerd auch ausdr verpflichtet w (vgl BGH **5**, 16). Auf die ggwärt Situation einer langsam fortschreitnden weltweiten Geldentwertg sind die Grds der AufwertgsRspr keinesfalls anwendb (vgl oben C a aa, ferner § 245 Anm 2 u 5).

9) Verwirkung

a) Begriff: Ein Anspr od GestaltgsR ist verwirkt, wenn seit der Möglichk seiner Geltdmachg längere Zeit verstrichen ist u bes Umst hinzutreten, aGrd derer die verspätete Geltdmachg gg Treu u Glauben verstößt, RG **158**, 107, BGH **43**, 292, BAG **6**, 167, **AP** (Verwirkg) Nr 3. Die Verwirkg ist Sonderfall der unzul RAusübg, RG **155**, 152; Verstoß gg Treu u Glauben liegt in der **illoyalen Verspätg** der Geltdmachg des R, BGH **25**, 52, Betr **69**, 302, BAG **6**, 167, **10**, 189, BVerwG **22**, 191. Ebso wie die sonstigen Fälle unzul RAusübg begründet die Verwirkg eine inhaltl Begrenzg des R; sie ist im Proz vAw zu berücksichtigen, BGH NJW **66**, 345. – Unterscheide hiervon den VerwirkgsBegr der §§ 1676, 1580 I Nr 2, 654, 971 II, GG 18, wo Verwirkg RVerlust inf pflichtw od ehrlosen Verhaltens zeitmoment keine Rolle spielt. Auch in and Fällen können R dch pflichtw Verhalten „verwirkt" w: zB RuhegeldAnspr bei groben Treueverstößen, BAG NJW **56**, 158, **68**, 1444, BGH **55**, 277; Anspr aus Bürgsch bei schweren Treuverletzgen, BGH Betr **63**, 62; ProvAnspr, wenn BezirksVertr es ablehnt, sich um Auftr zu bemühen, Hamm NJW **59**, 677. Weitere Beispiele Anm 4 C b. Zur Unterscheidg dieses Verwirkgsbegriffs von der hier zu behandelnden Verwirkg, vgl BAG **6**, 166, BVerwG **22**, 191. Das Spiegelbild der rechtsbeschränkdn Verwirkg ist die rechtserzeugde **Erwirkg**, vgl Einf 3e vor § 116.

b) Abgrenzg aa) ggü Verzicht: Verzicht kann auch stillschw (dch schlüssiges Verh) erkl w, setzt aber rechtsgesch Willensäußerg voraus, der ein Verzichtswille zGrde liegen muß. Bei schuldrechtl Anspr ist außerdem Ann dch den and Teil erforderl, vgl § 397 Anm 1a. Die Verwirkg ist dagg vom Willen des Berecht unabhängig u kann auch eintreten, wenn dieser von seinem R keine Kenntn hat, vgl unten d cc.

bb) ggü Verj u AusschlFr: Bei Verj u AusschlFr ist allein der Ablauf der ges od vertragl best Zeit entscheidd. Die Verwirkg setzt zwar ebenf einen nach den Umst des Einzelfalles zu bestimmden Zeitablauf voraus, es müssen aber weitere Umst hinzutreten, die die verspätete Geltdmachg des Rechts mißbräuchl machen, vgl unten d bb. Je kürzer die Verj- oder AusschlFr ist, desto seltener kommt Verwirkg in Betr, BGH NJW **59**, 1629, VersR **60**, 604, BB **69**, 332, BAG BB **58**, 117. Von der Verj unterscheidet sich Verwirkg auch dadch, daß sie vAw, die Verj aber nur auf Einr zu berücksichtigen ist, BGH NJW **66**, 345.

c) Entwicklg: Das RG hat den Gedanken der Verwirkg schon vor u währd des ersten Weltkrieges gelegentl herangezogen, vgl zB RG **60**, 348, **88**, 263. Nach dem ersten Weltkrieg wurden die Grds der Verwirkg vor allem in der Rspr zur Aufwertg (RG **110**, 133, **118**, 375), zum gewerbl RSchutz (RG **134**, 41) u zum ArbR weiterentwickelt. Vorübergehd wollte das RG die Verwirkg auf diese Sondergebiete beschränken, RG **144**, 22, **149**, 352. Dann setzte sich die Auffassg dch, daß der Verwirkgsgedanke im ges RLeben zu beachten ist, RG **155**, 151, **159**, 105; heute allgM. Die Grds der Verwirkg gelten in allen RGebieten des PrivR, BGH JZ **65**, 682, OGH **1**, 283, BGH NJW **60**, 1148, im öffR, BVerwG **6**, 205, BSozG NJW **57**, 397, BGH **35**, 199, im ProzR BGH **20**, 206, **43**, 292. Verwirkg kann uU auch ggü rechtskr festgestelltem Anspr eingewandt w, BGH **5**, 194. Einzelfälle vgl unter f.

d) Voraussetzgen: Die Verwirkg ist ein außerord RBehelf. Grdsätzl steht es dem Berecht frei, bei der Geltdmachg seiner R die dch Gesetz u Vertr best Verj- od AusschlFr voll auszunutzen.

aa) Verwirkg setzt voraus, daß seit der Möglichk, das R geltd zu machen, längere Zeit verstrichen ist, sog „**Zeitmoment**" BAG **6**, 167. Die Zeitspanne richtet sich nach den Umst des Einzelfalles, allg Grds lassen sich nicht aufstellen. Für Verwirkg des RücktrR ist uU Frist von einigen Wochen ausreichd, BGH BB **69**,

383, ebso bei außerord Künd LAG Düss BB **59**, 563 (vgl jetzt AusschlFr in § 626 II nF), währd bei dingl Anspr viele Jahre erforderl sein können, BGH WPM **71**, 1084. Bei wirtsch bedeutden Anspr ist Fr länger als bei Gesch des tägl Lebens, BAG **6**, 168. Bei rechtl Zweifeln darf Berecht Klärg dch REntwicklg abwarten, BGH **1**, 8, BVerwG **5**, 140. Keine Verwirkg, wenn Berecht dch äußere Einwirkgen wie Krieg od Nachkriegszeit an der Geltdmachg seines R verhindert, BGH **1**, 34.

bb) Zum Zeitablauf müssen bes Umst hinzutreten, die die verspätete Geltdmachg des R als gg Treu u Glauben verstoßd erscheinen lassen, RG **155**, 152, BGH **21**, 78, **43**, 292, sog „**Umstandsmoment**", BAG **6**, 167. Diese Voraussetzg ist erfüllt, wenn der Verpflichtete nach dem Verhalten des Berecht annehmen durfte u angenommen hat, dieser wolle sein R nicht mehr geltd machen, u wenn er sich hierauf eingerichtet hat, BGH **25**, 52, **26**, 65, **67**, 68, Betr **69**, 302, DNotZ **73**, 380, BAG **6**, 168, BSozG NJW **73**, 871. Nicht schutzwürd aber grdsätzl das Vertrauen auf nichtige Erkl, BGH WPM **69**, 689. Die Verwirkg beruht insow auf dem Verbot des widersprüchl Verhaltens, BAG **6**, 168. Es sind jedoch auch an Umst denkb, die die verspätete Geltdmachg zum Treuverstoß machen können, RG **155**, 152 u DR **41**, 2334, so etwa das öff Interesse an der Erhaltg des RFriedens, BVerfG NJW **72**, 675.

cc) Verwirkg setzt kein Versch des Berecht voraus, RG **131**, 233, **134**, 41, 358, BGH **25**, 52; sie kann auch eintreten, wenn der Berecht von seinem R **keine Kenntn** hatte, RG **134**, 41, BGH **25**, 53, BAG Betr **69**, 1966; aA BVerwG **6**, 206, BAG NJW **78**, 724. Bei schuldloser Unkenntn des RInh ist aber bes strenger Maßstab anzulegen. Zu würdigen ist das GesVerh beider Part, RG **131**, 233, **158**, 107, also auch das des Verpflichteten, BGH **25**, 52. Keine Verwirkg, wenn Verpflichteter dem Berecht Anspr treuwidr verheimlicht, BGH **25**, 53.

dd) Keine Verwirkg, soweit wicht **Belange der Allgemeinh** entggstehen, BGH **5**, 196, **16**, 93. Daher keine Verwirkg des Beschw- u AntrR in GBSachen, BGH **48**, 354, Hamm OLGZ **73**, 405, der RBehelfe gg unricht Firmenführg od irreführde Werbg, BGH **16**, 93, GRUR **77**, 159, idR auch nicht bei Anspr mit familienr Grdl, Mü NJW **74**, 703.

e) Beweislast: Schu muß längeres Zuwarten behaupten u beweisen, Gläub ist darleggs- (nicht bew-) pfl dafür, wann u wie er Anspr geltd gemacht hat, BGH NJW **58**, 1188.

f) Einzelfälle
Arbeitsrecht: Tarifl Anspr unterliegen gem TVG 4 IV nicht der Verwirkg, Einwand unzul RAusübg jedoch statth, wenn auf sonstigen groben Treuverstoß gestüzt, BAG **3**, 80, **4**, 63. Für nicht tarifl Anspr gelten allg Grds. Solange ArbVerh besteht, aber idR keine Verwirkg zum Nachteil des ArbN, da dieser regelm unter gewissem Druck steht, BAG NJW **55**, 159. Überhaupt bei Lohn- oder GehaltsAnspr wg der kurzen VerjFr grdsl keine Verwirkg, BAG BB **58**, 117. Gesetzl UrlAnspr unterliegt wohl nicht der Verwirkg, BAG Betr **70**, 787, dagg kann Anspr auf UrlEntgelt verwirkt w, BAG aaO, ebso Anspr auf Ers von Schulgskosten, SchlH LAG BB **76**, 1418, Anspr auf ArbNErfindergütg, BGH GRUR **77**, 784. Wg Anspr des ArbG vgl BAG **6**, 166 (SchadErs), **15**, 275 (überzahlter Lohn), **17**, 185 (Anpassg des Ruhegelds an Rentenerhöh). Für außerord KündR gilt nunmehr AusschlFr gem § 626 II nF, Grds der Verwirkg daher insow ohne prakt Bedeutg, BAG NJW **78**, 724. ArbN kann aber R verwirken, sich auf Unwirksamk der außerord Künd zu berufen, BAG **9**, 344. – Im **BeamtenR** gelten die allg Grds der Verwirkg RG **158**, 239, BVerwG **6**, 205, u zwar auch für den GehaltsAnspr des Beamten, der insow keine Sonderstellg hat, BVerwG **6**, 206, ZBR **62**, 196, zT abw RG HRR **31**, 243, **33**, 568, **35**, 1410. – **BereicherngsAnspr:** Da Schu idR dch § 818 III ausr geschützt w, kommt Verwirkg nur ausnw in Betracht, BGH NJW **76**, 1259, 1262. – **Bürgschaft:** Inanspruchn aus einer 40 Jahre alten, nicht verwirkt, BGH WPM **76**, 1194. – Anspr auf Rückzahlg von MaklerProv nach 7 Jahren nicht verwirkt, BGH WPM **76**, 1194. – **Erbrecht:** Verwirkg, wenn Anspr erstmals mehr als 20 Jahre nach dem Erbfall geltd gemacht w, obwohl über zushängde Anspr verhandelt u ein Vergl geschl worden ist (BGH WPM **77**, 688). – **Gesellschaftsrecht:** SchadErsAnspr gg geschführden Gesellschafter auch nach längerer Fr nicht verwirkt, wenn dieser tats Grdlagen des Anspr verheimlicht hat, BGH **25**, 53, BB **66**, 474. KündRecht ist verwirkt, wenn mit Künd längere Zeit gewartet w, RG JW **36**, 2547, vgl auch BGH BB **66**, 876. Zur Verwirkg des ÜbernR aus HGB 142 RG JW **35**, 2490, des Anspr auf Änderg des GesellschVertr BGH WPM **69**, 688, der Berufg auf Nichtigk eines GesellschafterBeschl, BGH Betr **73**, 467. – **Gewerblicher Rechtsschutz** (vgl Klaka GRUR **70**, 265): Im Zeichen- u WettbewR setzt Verwirkg voraus, daß Verletzer schutzwürd BesStand erlangt hat, BGH **21**, 78, GRUR **60**, 141, **75**, 70. Das ist der Fall, wenn dch länger andauernde redl u ungestörte Benutzg ein Zustand geschaffen ist, der für den Verletzer erhebl Wert hat, u dieser Zustand dch das Verhalten des Verletzten mit ermöglicht wurde, BGH **21**, 78, Betr **74**, 2147; nicht erforderl, daß der Verletzer VerkGeltg erworben hat, BGH **21**, 80. War Verletzer bösgl, bedarf es längerer Benutzgsdauer, bevor BesStand schutzwürd, BGH **21**, 83, GRUR **60**, 141. Verwirkg ist mögl, wenn Verletzter von Verletzg keine Kenntn hatte, RG **134**, 41, BGH **1**, 33, NJW **66**, 346; sie ist nicht deshalb ausgeschl, weil Berecht wg ZusArb mit dem Verletzer von der Geltdmachg seiner Rechte abgesehen h, BGH **LM** (Cc) Nr 29. Sie gibt dem Verletzer aber nicht das Recht, für die von ihm benutzte Bezeichng SchutzR eintr zu lassen, BGH NJW **69**, 1485. Keine Verwirkg, wenn Verletzer wichtige IndividualR beeinträchtigt, sond Allgemeinh irreführt, BGH **5**, 196, **16**, 93, vgl BGH **34**, 345 zum Verwirkgseinwand eines VEB. Verwirkg eines SchadErsAnspr richtet sich nach allg Grds, BGH **26**, 64. Zur Verwirkg im Urh- u PatentR vgl BGH **67**, 68, Klaka GRUR **78**, 70. – **Kaufvertrag:** Hat Verk vor Währgsreform dch Lieferverzögergen den Anschein erweckt, der Vertr sei erledigt, kann ErfAnspr verwirkt sein, BGH MDR **51**, 281; ebso Anspr aus 1939 geschl GrdstKaufVertr erst 1947 geltd gemacht w, Stgt NJW **49**, 506, vgl auch Ffm DNotZ **54**, 196. Zur Verwirkg, wenn nach GrdstKauf Schwarzgeld zurückgefordert w, BGH Betr **69**, 302. – **Miete:** Verm verwirkt Anspr auf Mietnachzahlg, wenn er die vom Mieter gekürzte Miete jahrelang widerspruchslos hingenommen hat, Köln MDR **60**, 402, wenn er R aus Zusatzvereinbg erst nach vier Jahren geltd macht, BGH JZ **65**, 682; zur Verwirkg von UntermietZuschl, LG Ffm MDR **59**, 845, Heizgskosten Schmidt-Futterer BB **71**, 943, LG Mü WM **78**, 5, LG Bln WM **78**, 166, ErstattgsFdg Düss MDR **71**, 1013, des Anspr auf Mieterhöhg LG Mannh ZMR **68**, 80,

LG Köln MDR **71**, 584. Mieter hat keinen Anspr auf Rückzahlg, wenn er überhöhte Miete trotz erkannter Zweifel mehrere Jahre ohne Widerspr gezahlt, RG **144**, 90, wenn er mit Anspr erst längere Zeit nach Beendigg u Abrechng des MietVerh hervortritt, RG JW **35**, 2883. Anspr aus Instandsetzgsarbeiten uU verwirkt, wenn Mieter ihn längere Zeit nicht geltd macht u Miete vorbehaltlos zahlt, BGH LM § 558 Nr 2. KündR aus wicht Grd muß nicht sofort, aber innerh angem Fr geltd gemacht w, BGH WPM **67**, 517. – **Namensrecht**: Befugn zur Untersagg einer unricht Namensführg ist nur dann verwirkt, wenn Namensträger auf Fortdauer des bisherigen Zustands vertrauen durfte, BayObLG **71**, 216. – **Öffentliches Recht** (vgl auch Stich DVBl **59**, 234). Auch Ansprüche des öffR unterliegen der Verwirkg: AnliegerBeitrFdg, BVerwG NJW **57**, 1204, DVBl **72**, 226, OVG Münster NJW **63**, 1642; GebührenFdg, OVG Hbg MDR **62**, 246; Rechte gg mithaftenden Schu eines AufbauDarl, BVerwG DVBl **66**, 600, Anspr wg überzahlter Entsch, BVerwG DVBl **65**, 728, öffrechtl NachbKlage, BVerwG NJW **74**, 1260/1884. Anf von Prüfgsbescheiden, BVerwG DVBl **70**, 928; FolgenbeseitiggsAnspr, OVG Hbg NJW **78**, 658; idR aber keine Verwirkg der ErstattgsFdg des Bürgers, OVG Hbg MDR **68**, 1039, wohl auch nicht des baupolizeil BeseitigsR, OVG Bln DVBl **70**, 519. – **Prozeßrecht**: Die Grds der Verwirkg gelten auch im ProzR. Das Recht, Leistgs- od FeststellgsKl zu erheben, unterliegt jedoch nicht der Verwirkg (Baumgürtel ZZP **86**, 367, aA BAG NJW **62**, 463), ebsowenig das AntrR im FGGVerf (KG OLGZ **77**, 427). Sow die verspätete prozessuale Geltdmachg treuwidr ist, kann aber der der Klage od dem VerfAntr zugrunde liegde mat Anspr verwirkt sein (KG aaO). Im übr nicht dagg auch nicht proz Befugn verwirkb, insb nicht befristete RBehelfe. Es können daher verwirkt w: AnfKl gg VerwAkt, BGH MDR **70**, 138, BVerwG **7**, 56, BFH Betr **58**, 618, BSozG NJW **72**, 2103, krit Menger VerwA **66**, 85, BeschwR, BGH **20**, 206, **43**, 292, Hamm Rpfleger **66**, 211, Köln OLGZ **66**, 76, Stgt OLGZ **75**, 408, Ffm OLGZ **76**, 309 u zwar insb die unbefristete (Ausn: Keine Verwirkg der GBBeschw BGH **48**, 354, Hamm DNotZ **73**, 615), uU auch die befristete Beschw, BGH **43**, 292; ferner KlagR gem GG 19 IV 1, BVerfG NJW **72**, 675 (dazu krit Dütz NJW **72**, 1025), EinsprR gg VersäumnUrt, BGH NJW **63**, 155, Widerspr gg einstw Vfg, Ffm ZZP **69**, 459, KostenfestsetzgsAnspr Ffm Rpfleger **77**, 261, NachzahlgsAnspr gem ZPO 125, KG Rpfleger **77**, 415, ErstattgsAnspr gg Sachverst, Ffm NJW **75**, 705. Vgl Baumgärtel ZZP **67**, 423, Keidel Rpfleger **60**, 240. – Gläub kann **Rücktrittsrecht** verwirken, wenn er nach Ablauf der NachFr Zahlgen entgegennimmt u das Geschäft als im wesentl getilgt w, BGH BB **69**, 383, ebso bei ungebührl Verzögerg der RücktrErkl, BGH **25**, 52. Auch nach Erkl des Rücktr ist Verwirkg denkb, BGH NJW **60**, 2331. – **Sachenrecht**: Anspr aus dingl R können verwirkt w, nicht das dingl R selbst. Voraussetzgen sind nur ausnahmsw erf. Anspr aus § 894 kann verwirkt sein, wenn Part einen ÜbertrVertr fast zwei Jahrzehnte als gültig angesehen haben, OGH **1**, 279. Verwirkg von Anspr unter MitEigtümern, BGH WPM **73**, 83. Bei Anspr aus § 1004 idR kein Verwirkg, weil jede Einwirkg neuen Anspr begründet, RG JW **35**, 1775. – **Schadensersatzanspruch**: Bei Anspr aus vors Schädigg scheidet Verwirkg idR aus, BAG AP (Verwirkg) Nr 36. Anspr gg Arch aus Zeit vor der Währgsreform kann nach 6 Jahren verwirkt sein, BGH LM (Cc) Nr 6, Anspr gg Arzt nach 10 Jahren, wenn dieser inzw verstorben u Nachl verteilt ist, Mü VersR **56**, 543, Anspr gg Bank nach 10 Jahren, LG Hof WPM **71**, 882. Spätschäden u Verwirkg BGH VersR **63**, 1048. – **Sozialversicherungsrecht**: Recht auf Berichtigg eines Rentenbescheids kann verwirkt w, BSozG NJW **66**, 125 u 1381, NJW **73**, 871. LeistgsAnspr gg SozVersTräger unterliegen gleichf der Verwirkg, doch bes strenger Maßstab, BSozG NJW **58**, 1607, **69**, 767 (keine Verwirkg bei Nichtgeltdmachg aus RUnkenntn). – **Steuerrecht**: Die Grds der Verwirkg finden Anwendg, BFH NJW **58**, 688, u zwar auch auf SteuerAnspr, BFH Betr **70**, 2201, WPM **73**, 1223. – **Unterhaltsanspruch**: Anspr auf rückstd Unterh kann verwirkt w, Mü OLGZ **76**, 216. – Zur Verwirkg des Anspr auf **Vertragsstrafe** vgl BGH Betr **66**, 574, Düss OLGZ **68**, 260. – **Versicherungsrecht**: Verlust des VersSchutzes bei ObliegenhVerletzg od NichtzahIg der Folgeprämie (VVG 6, 39) ist keine Verwirkg im hier behandelten Sinn, vgl oben a. Versicherer kann Recht verwirken, sich Leistgsfrei zu berufen, jedoch auch hier strenger Maßstab, Mü VersR **59**, 799, Hbg VersR **60**, 783. – Bei ges od vertragl **Vorkaufsrecht** wg der kurzen AusschlFr (§ 510 II, BBauG 24 IV) idR keine Verwirkg, Celle NJW **63**, 352.

§ 243 Gattungsschuld.
I Wer eine nur der Gattung nach bestimmte Sache schuldet, hat eine Sache von mittlerer Art und Güte zu leisten.

II Hat der Schuldner das zur Leistung einer solchen Sache seinerseits Erforderliche getan, so beschränkt sich das Schuldverhältnis auf diese Sache.

1) Wesen. – Die Gattgsschuld ist ein Sonderfall der Schuld mit unbestimmtem, aber bestimmb LeistgsGgst. Ggsatz: Stückschuld. § 243 betrifft nur Sachgattgschulden, entspr Anwendg auf Schulden von Gattgshandlgen, Dienstleistgen, Gebrauchsüberlassgen (zB Bestellg eines Hotelzimmers „zu 15 DM") ist aber meist angebracht. Bei WerkVertr über vertretb Sachen gilt § 243 I sinngem, dagg gemß § 644 dem § 243 II vor (MüKo/Emmerich Rdn 5). – **Gattung**: Sachgruppe mit gemeinschaftl u sich dadch von Sachen anderer Art abhebenden Merkmalen, wozu auch bestimmter Preis gehören kann (vgl § 91 Anm 2). Die Gattgsschuld geht meist, aber nicht notw, auf Leistg vertretbarer Sachen (§ 91). Was Gattg ist, bestimmen PartWille u VerkAnschauung, Mü OLGZ **73**, 455. Soll aus einem bestimmten Vorrat geleistet werden, so liegt eine ges beschränkte (begrenzte) Gattgsschuld (Vorratsschuld) vor (10 Zentner von der Ernte des Gutes X, RG **57**, 141, Kohlen aus best Zeche, Karlsr JZ **72**, 120, Holz von einem best Lagerplatz, RG **108**, 420). Eine beschr Gattgsschuld ist vielf dch Auslegg anzunehmen, wenn ein Selbsthersteller (Gutsbesitzer, Fabrikant) Erzeugnisse seiner Herstellg zu leisten verspricht od wenn Bank ausländ Papiere für Kunden kauft u im Ausland lagern läßt (vgl Ziganke WPM **61**, 234). Sie ist überh die häufigste Form des Alltagsgeschäfts über Alltagssachen. Ihre Abgrenzg von der gewöhnl Gattgsschuld hat wesentl Bedeutg für § 279 (Untergang des Vorrats, nicht der Gattg, ist hier entscheidd). Bei begrenzter Vorratsschuld evtl Kürzg der Ansprüche mehrerer Gläub (VerteilgsPfl des Schu) RG **84**, 128 (hM). Keine Gattgsschuld, sond eine Schuld eig Art ist die Geldschuld, vgl § 245 Anm 2 aE. – Verkauf der ges Ernte begründet eine Stückschuld, ebso Verkauf der „nächsten auf Grube X zu fördernden Erze", RG 92, 371. Ob Gattgsschuld, evtl beschr Gattgsschuld od Stückschuld gewollt, ist Ausleggsfrage, vgl zB Mü NJW 57, 1801. – Zu scheiden ist die Gattgsschuld, insb die beschränkte, von der Wahlschuld (§ 262). – Außer § 243 enthalten Bestimmgen für Gattgsschulden auch §§ 279, 300 u 480. ZwVollstr: ZPO 883, 884, nicht 887 (vgl dort Abs 3). Gattgsvermächtnis: §§ 2155, 2182. Über Nichtanwendbark des § 281 auf Gattgsschulden vor Festlegg vgl § 281 Anm 3.

2) I: Der **Schuldner** bestimmt den LeistgsGgst der Gattgsschuld. Er ist jedoch in der Bestimmg, anders als bei der Wahlschuld, § 262, nicht frei: er hat Sachen **mittlerer Art und Güte** (vgl HGB 360) zu leisten, doch kann sich aus dem Vertr, zB der Preisstellg, nach Treu u Glauben ein anderes ergeben. Im Zweifel nur Mindestgrenze, Einr der Nichterfüllg, wenn die gelieferte Sache nicht unter die Gattg fällt (vgl auch Anm 3).

3) II: Konzentration (Konkretisierg) auf best Sachen (s Huber Festschr f Ballerstedt S 328). Sie ist notw, um zur Leistg zu kommen. Auswahl u Ausscheidg dch Schu genügt nicht, sie tritt erst ein, wenn der Schu die (ausgeschiedene!) Sache so angeboten hat, daß es nur noch am Gläub liegt, ob dieser die Sache in Empfang nimmt od nicht, RG 57, 404. Abgesehen vom Fall der Schickschuld u des § 299 muß das Angebot so erfolgen, daß es AnnVerzug begründet. **Nötig und genügend** also: bei Bringschulden (vgl § 269 Anm 3) tatsächl Angebot am Wohnort des Gläub; bei Holschulden u and Fällen des § 295 Ausscheidg u wörtl Angebot u zwar auch dann, wenn wg § 299 kein AnnVerzug eintritt (aA Huber aaO); bei Schickschulden (Begr § 269 Anm 3) genügt zur Konzentration bereits die Absendg (vgl § 447 für den Gattgsdistanzkauf, wo Überg an die ZwischenPers ohne Angebot auch für den Gefahrübergang genügt RG 88, 391, 57, 141, 108, 187); Ausn: bei Geldschulden iF des § 270 (Gefahrübergang erst mit Ankunft bei Gläub od mit AnnVerzug nach §§ 293, 300 II, vgl § 300 Anm 3). Konzentration bei Auslosg von Schuldverschreibgen u Zahlg des Gegenwerts auf Anleiheinlösgskonto vgl Kulemann MDR **51**, 397 u Jacobsohn NJW **51**, 764 u v Caemmerer JZ **51**, 743.

Keine Festlegg ist erfolgt, wenn der Ggst der Leistg nicht dem § 243 I entsprach od mangelh war, RG 69, 409; daher ist beim ggs Vertr die Einr des nicht erfüllten Vertrages gegeben, BewLast dann beim Schu der Gattgsware, vgl RG 95, 119 (dagg liegt nach Ann als Erf, § 363, die BewLast beim Gläub). Doch kann beim Kauf der Gläub den Schu auch an der Lieferg festhalten (womit sich das SchuldVerh auf die gelieferte Sache beschränkt) u die Sachmängelansprüche der §§ 459ff (480) geltd machen, BGH NJW 67, 33. BewLast dann beim Gläub (Käufer).

4) Folgen der Festlegung: a) Übergang der Gefahr vom Schu, der sie bis dahin als Einstehenmüssen für Unvermögen trug, § 279, auf den Gläub, §§ 243 II, 275. Vgl auch § 300 II für den Fall des AnnVerzuges, der aber fast immer (nicht zB im Falle des § 299) bei Festlegg bereits gegeben ist, aber auch vorliegen kann, ohne daß Schu das seines Erforderl getan hat, vgl v Caemmerer JZ **51**, 744. Näher vgl § 300 Anm 3.

b) Bindg auch des Schuldners, kein Recht zum Wechsel mehr, Huber, Festschr für Ballerstedt S 339, str, aA Medicus JuS **66**, 297. Der Schu ist aber zur Lieferg and Sachen berecht, wenn der Gläub die angebotene Sache zurückgewiesen h (vgl RG **91**, 113), ferner, wenn Gläub sich nicht auf die Konzentration beruft u and Sachen als Erf annimmt, BGH BB **65**, 349.

244 Geldschuld.
I Ist eine in ausländischer Währung ausgedrückte Geldschuld im Inlande zu zahlen, so kann die Zahlung in *Reichs*währung erfolgen, es sei denn, daß Zahlung in ausländischer Währung ausdrücklich bedungen ist.

II Die Umrechnung erfolgt nach dem Kurswerte, der zur Zeit der Zahlung für den Zahlungsort maßgebend ist.

245 Geldsortenschuld.
Ist eine Geldschuld in einer bestimmten Münzsorte zu zahlen, die sich zur Zeit der Zahlung nicht mehr im Umlaufe befindet, so ist die Zahlung so zu leisten, wie wenn die Münzsorte nicht bestimmt wäre.

Übersicht der Anmerkungen zu §§ 244, 245:

Vorbemerkung
1) Geld
 a) Begriff
 b) Deutsche Währung
2) Wesen der Geldschuld
3) Übersicht über die Inhaltsarten der Geldschuld
4) Fremdwährungsschuld (sog Valutaschuld)
 a) bei Erfüllungsort im Auslande
 b) bei Erfüllungsort im Inlande
 c) „effektiv"
 d) interzonale Fragen
5) Geldschulden mit Wertsicherungsklauseln
6) Devisenrechtliche Beschränkungen

Vorbem. Das BGB behandelt die Geldschuld an verschiedenen Stellen. In den §§ 244, 245 bringt es zwei Einzelbestimmgen, weitere Vorschriften über sie namentl in den §§ 251, 270, 288, 783.

1) Geld (Über Geld u Geldschuld eingeh Staud-Weber Vorbem zu §§ 244, 245 Rdz 1–50 u Fögen, Geld- u WährgsR, 1969).

a) Begriff. Geld ist seiner wirtschaftl Funktion nach allg Tauschmittel, Wertmesser, RechenEinh u Wertaufbewahrungsmittel. Rechtl ist zu unterscheiden: **Geld iwS** (Verkgeld) sind die im Verk anerkannten Zahlgsmittel, also nicht nur das inländ Währgsgeld, sond auch ausl Münzen, ausl Papiergeld, ausl Banknoten. **Geld ieS** ist nur das Geld, das kr staatlicher Anordng als solches angenommen werden muß (die gesetzl Zahlgsmittel, Staatsgeld). Die Vorschriften des BGB beziehen sich vielf, von der AnnPfl des Gläub abgesehen, auf das Geld iwS, so die §§ 244 I, 270, 935. – Beim Geld ieS ist zu scheiden der dch Prägg od Druck bestimmte Nennwert von dem **Kurswert** (Wert im Verhältn zu ausl Zahlgsmitteln) sowie dem **Kaufwert** (Wert im innerstaatl Verkehr, Kaufkraft); bei geprägtem Geld gibt es außerdem den **Metallwert**. – Dem Geld iwS (VerkGeld) steht fast in jeder Hins wirtschaftl gleich das sog **Buchgeld**

(Bankkonto), das rechtl in einer Fdg gg ein Geldinstitut besteht, über die in vereinfachter Form (dch Scheck, Überweisg od Abhebg) verfügt w kann; die Verfüggsformen des SachenR, die für das Sachgeld maßg sind, gibt es hier natürl nicht. Die durchgeführte Umbuchg des Buchgelds auf das Konto des Empfängers wird von der Wirtsch idR als Zahlg angesehen. Sie steht auch rechtl der Barzahlg gleich, sofern sich der Schu ausdr od stillschw mit einer Zahlg dch Überweisg einverstanden erklärt h (vgl § 362 Anm 3, § 270 Anm 1).

b) Deutsche Währung. Nach MünzG v 9. 7. 73 (später MünzG v 1. 6. 09) galt die Goldwährg: die deutsche Währgseinheit, das 10-Mark-Stück, war seinem Goldgehalt nach festgelegt. Währgsgeld war nur die Goldmünze. Durch Gesetze v 4. 8. 14 wurde die EinlösgsPfl aufgeh. Der Weltkrieg u seine Folgen führten zu stärkster Vermehrg der Zahlgsmittel u damit zur reinen Papierwährg. Seit MünzG v 30. 8. 24, RGBl II 254, und BankG vom selben Tage, RGBl II 235 bestand an sich wieder die Goldwährg. Die Bekanntmachg des RBankdirektoriums v 15. 4. 30, RGBl II 691, vgl BankG v 30. 8. 24 §§ 31, 52, führte auch wieder die Pfl der RBank ein, die RBanknoten in RGoldmünzen, Gold od Devisen einzulösen. Die Devisengesetze (unten Anm 6) beschränkten aber den Erwerb von Goldmünzen sowie von Gold u Devisen dch Private. Durch VO v 16. 7. 38, RGBl 901, wurde ferner den Vorkriegsgoldmünzen des Reichs, nachdem sie bereits seit Weltkriegsbeginn aus dem Verk verschwunden waren (Folge: es galt § 245, RG 103, 388), die Eigensch gesetzlicher Zahlgsmittel abgesprochen. Demgem sah das G über die Deutsche Reichsbank v 15. 6. 39, RGBl 1015, eine Pfl der RBank zur Einlösg ihrer Noten nicht mehr vor; es bestand formell eine wertgesicherte Papierwährg. RechngsEinh war die Reichsmark, MünzG § 1. Sie ist in den westl Zonen gem den gleichlautenden **Währungsgesetzen 1948** der MilRegierg en (brit u am G Nr 61, frz VO Nr 158) dch die „Deutsche Mark" abgelöst worden, vgl brit u am G 62, frz VO 159 (EmmissionsG); gesetzl Zahlgsmittel sind die von der dtschen Bundesbank ausgegebenen Banknoten (BBankG 14 I) u die vom Bund ausgegebenen Scheidemünzen (MünzG 1950, 2). Einlösgs- od Deckgsvorschriften bestehen nicht; die DM-Währg ist also rechtl eine Papierwährg. Der Wert der DM steht aber seit dem Beitritt der BRep zum Internationalen Währgsfond (1952) in einer (nur beschr variablen) Relation zum US-Dollar u damit mittelb zum Goldwert, vgl Fögen aaO S 59, Hoffmann, RFragen der Währgsparität, 1969, S 35. In der DDR gilt seit 25. 7. 48 die von der „Deutschen Notenbank" ausgegebene, ebenf „Deutsche Mark" genannte Währgs-Einh (WährgsVO 21. 6. 48 ZVBl 220, UmtauschAO 20. 7. 48 ZVBl 295); auch für sie fehlt Deckgs- und EinlösgsPfl. Gesetzl Währg ist sonach in BRep die DM West, in der DDR die DM Ost, jetzt genannt Mark der Deutschen Notenbank (MDN). Schrifttt zu den Währungsgesetzen vgl Einl 7 b vor § 241.

2) Wesen der Geldschuld. Die Geldschuld im techn Sinne geht auf Übereign von Geldzeichen in Höhe einer best Summe (Geldsummen- od Betragsschuld). Die Schuld eines best Stücks, zB best Jubiläumstalers, ist normale Stückschuld; die Schuld von Stücken einer best Münzsorte, zB 10 Jubiläumstaler (echte Geldsortenschuld) ist normale Gattgsschuld, beides also reine Sachschuld. Im Ggsatz dazu ist die Geldschuld nur ausgedrückt in Geld, näml im Vielfachen (od Teil) der RechngsEinh einer in- oder ausländischen Geldsorte; nicht aber w eine entspr Anzahl von Stücken der Sorte geschuldet, sond deren Wert, RG 101, 313, stRspr; in diesem Sinne ist die Geldschuld **Wertschuld iwS** (Gegensatz: Sachschuld); daher befreit selbst Untergang der ganzen Gattg (hier Geldsorte) entgg §§ 275, 279 nicht, vgl RG 107, 371, 151, 37, u zwar auch nicht, wenn Zahlg in best Sorte vereinbart (uneigentl Geldsortenschuld), **§ 245.** Der Wert der Geldsummenschuld bemißt sich aber aGrd des WährgsR nicht nach dem inneren Wert (Kaufkraft od Kurswert) der Zeit der Vereinbg (sog Valorismus), sond nach dem jeweiligen Nennwert des Geldes, sog **Nominalismus**, ein Grds, der zu den tragdn Grdl unserer R- u WirtschOrdng gehört, vgl BGH 61, 38. Das Risiko der Geldentwertung trägt daher grdsl der Gläub, s § 242 Anm 6 C a, es sei denn, daß eine Wertsichergsklausel vereinb ist, unten Anm 5. – And geartet ist die **Wertschuld ieS** (Geldwertschuld im Ggs zur Geldsummenschuld). Das sind Anspr, die zwar auf Leistg in Geld gerichtet sind, deren Höhe jedoch dch nicht währgsrechtl Faktoren best w, BGH 28, 265. Hierher gehören Ansprüche auf SchadErs, WertErs, uU Aufwendgs-Ers, Bereicherg (vgl zB RG 114, 344, 345, 118, 188 u Vorbem 9 vor § 249, § 256 Anm 2, § 818 Anm 5 c), ferner UnterhAnspr, Ffm DNotZ 69, 98. Solche Ansprüche gehen auch nicht ohne weiteres auf eine best Währg vgl BGH 14, 212 (SchadErsAnspr); sind sie in ausl Währg entstanden, ist ggf nach dem Kurs der letzten mdl Vhdlg umzurechnen, BGH WPM 77, 479. – Die Geldwertschuld ist (abgesehen von der Sortenschuld) **keine Gattgsschuld**, sond eine Schuld eig Art (Larenz § 12 III, Esser-Schmidt § 12 II, aA hM u 37. Aufl). § 243 I gilt nicht, da der Schu nicht Geldzeichen mittlerer Art u Güte, sond eine best Geldsumme zu leisten hat. § 243 II gilt wg der Sonderregel in § 270 nicht. Auch § 279 ist leerlaufd. Der Grds, daß Geldmangel den Schu nicht entlastet, ist ein allg RGrds, der nicht nur für Geld- u Gattgsschulden, sond auch für Stückschulden gilt (Medicus § 13 III 1 a). Dagg ist § 300 II auf Geldschulden entspr anzuwenden (Larenz § 25 II b).

3) Ihrem Inhalte nach kann die Geldschuld in **inländischer** od in **ausländischer** (Fremd-) Währg ausgedrückt sein (auf inländ oder ausl Währg lauten), vgl RG 168, 245, wo für die Begriffsbestimmg der Fremdwährgsschuld dem § 244 mit Recht der Berechngsmaßstab zugrunde gelegt wird, nicht die Art der Zahlgsmittel, dazu Michaelis AkZ 42, 278; vgl zur Fremdwährgsschuld näher unten Anm 4. Die Geldschuld kann ferner dem Gläub od Schu die Wahl stellen, nach welcher Währg sich die Erf richten soll, RG 126, 197, 136, 129 (dabei ergibt sich das WahlR des Gläub entgg der Regel des § 262 vielf aus den Umst RG 168, 247), od den Wertinhalt der Schuld in verschiedenster Weise bestimmen, zB dch Bezugnahme auf das Verhältn der Währg der Geldschuld zu einer anderen Währg, oder den Wertinhalt in verschiedenster Weise sichern, insb dch Goldwert- od sonstige Wertsichergsklauseln; über diese vgl Anm 5.

Die dem inländ Recht unterstehende, nicht in ausl Währg ausgedrückte Geldschuld (auch Anspr auf Ersatz im Fremdwährgsgebiet entstandenen Schadens BGH 14, 212) ist in deutschem Währgsgeld (vgl Anm 1) zu zahlen. Zahlgen an Ausländer unterliegen seit dem Inkrafttreten des AWG grdsätzl keinen Beschrkgen, vgl unten Anm 6.

4) Bei der Fremdwährgsschuld (Valutaschuld) ist zu unterscheiden: Die **echte** od effektive Valutaschuld ist nicht nur in ausländ Währg ausgedrückt, sond auch dch Zahlg in ausländ Währg zu erfüllen. Die **unechte**

Inhalt der Schuldverhältnisse. 1. Titel: Verpflichtung zur Leistung § 245 4, 5

Valutaschuld lautet zwar auf ausländ Währg, sie kann aber wahlw in ausländ od heimischer Währg getilgt w. Abgesehen hiervon stehen echte u unechte Valutaschuld grdsätzl gleich: Für ihre Eingeh ist, wenn Gläub u Schu Inländer sind, eine Gen der Bundesbank erforderl (WährG 3 S 1 iVm AWG 49), sofern die Fremdwährgsschuld nicht, wie etwa im Fall des § 667 (Beauftragter erlangt ausländ Währg) kr Ges entsteht, vgl BGH WPM **69**, 26. Valutaschulden sind Geldschulden iS der §§ 270, 279. Klage u Urt sind auch iF der unechten Valutaschuld auf Leistg des FremdwährgsBetr zu richten, da über die Zahlg in dtscher Währg allein der Schu zu entscheiden hat u der Umrechnungskurs im Ztpkt der Zahlg maßgebd ist (unten b). Die Vollstreckg erfolgt gem ZPO 803ff (nicht § 883 od § 887), ist also in das ges Verm zul, RG **106**, 77, Staud-Weber § 244 Rdn 81, Fögen aaO S 124 hM. Abgrenzg von echter u unechter Valutaschuld:

a) Ist die Schuld im **Ausland** zu zahlen (also ErfOrt, § 269, dort), ist § 244 I unanwendb, BGH VersR **77**, 448, iZw w eine echte Valutaschuld anzunehmen sein, aA Birk AWD **73**, 438.

b) Ist die Schuld im **Inland** zu zahlen (§ 269; mag auch das Geld ins Ausland zu übermitteln sein, § 270), so hat der Schu nach § 244 iZw (vgl unten c) die Befugn (ErsetzgsR, RGRK § 244 Anm 25, RG VZ **101**, 313 grdsätzl!), in Inlandswährg zu zahlen. Die Fremdwährgsschuld ist also insoweit kr Gesetzes iZw **unechte Valutaschuld**. § 244 I gilt auch, wenn das SchuldVerh nicht dem dtschen Recht untersteht, sie ist eine eins Kollisionsnorm, str. ErsetzgsR besteht auch bei Anspr auf Ers von Schäden, die in ausländ Währg entstanden sind, Köln NJW **71**, 2128. Über Umrechng **II**: es entscheidet der Kurs der Zeit, zu der tatsächl gezahlt wird, nicht der, zu der gezahlt werden sollte, RG **101**, 313, Köln NJW **71**, 2128, u zwar wohl der Briefkurs, da Gläub diesen zur Devisenbeschaffg aufwenden muß. – § 244 gilt auch für die Aufrechng, maßg für II ist die Zeit der AufrechngsErkl, RG **106**, 100, u zwar ihres Zugangs, bloße buchm Berechng genügt noch nicht, RG **167**, 63, dazu Meyer-Collings AkZ **42**, 235, Henn MDR **56**, 584, Birk AWD **69**, 15.

c) Die Ersetzgsbefugn besteht nicht, wenn Zahlg in **Fremdwährg ausdrücklich** bedungen ist, sog (uneigentliche, vgl Anm 2) Geldsortenschuld. Üblich die Wendg „effektiv" od „zahlbar in". Doch bedeutet **ausdrücklich** hier nur: unzweideutig bedungen, sei es dch Worte, sei es dch schlüss Tatsachen, RG **153**, 385 stRspr, vgl BGH **LM** § 275 Nr 5 (Vereinbg eines RemboursKredits innerh Stillhalteabkommens iZw echte Valutaschuld). Die Zahlg in ausländ Währg unterliegt seit dem Inkrafttr des AWG grdsätzl keinen Beschrkgen, vgl unten Anm 6.

d) Interzonale Fragen. Fremdwährgsschuld ist auch die DM-Ostschuld in der BRep und die DM-Westschuld in der DDR. § 244 gilt (mindestens entspr), vgl Henn NJW **58**, 733. Näheres auch zur Umrechng u zum ZahlgsVerk mit der DDR Vorbem 7b vor EG 12.

5) Geldschulden mit Wertsichergsklauseln (vgl Dürkes, WertsichgKlauseln 8. Aufl 1972, Hartmann Betr **70** Beil 17 u 18, ders in Dtsches Stiftgswesen S 377, Pikart WPM **69**, 1062).

a) Vereinbgen, wonach eine Schuld dch den Kurs einer and Währg, den Preis od eine Menge von Feingold od von and Gütern oder Leistgen best w soll, sind nach WährG 3 S 2 nur mit Gen der zust LZentralB zul. Diese seit 1948 geltde Regelg geht einen Mittelweg zw dem völl Verbot u der uneingeschr Freigabe von Wertsichergsklauseln. Sie soll das nominalistische Prinzip (Anm 2) vor einer zu weitgehen Aushöhlg dch vertragl Abreden sichern. Ihr Vorläufer war das ErgG zu MRG 51 (sog Mark = MarkG), dch das alle alten Wertsichergsklauseln am 1. 7. 1947 wirkgslos wurden (BGH BB **66**, 1412). Ggü der Währgsreform 1948 (UmstG) waren Wertsichergsklauseln jeder Art (auch Vereinbgen über eine Änderg des Schuldinhalts) unwirks (BGH NJW **51**, 708).

Zu WährG 3 hat die DBB **Genehmiggsrichtlinien** erlassen, vgl die nF vom 9. 6. 78 im BAnz Nr 109 v 15. 6. 78 = DNotZ **78**, 449 (dazu Willms/Wahlig BB **78**, 973). Diese Richtlinien sind gült (BVerwG NJW **73**, 529). Sie enthalten eine Negativliste nicht genfähiger Vereinbgen. Soweit die Grds die Gen nicht ausschließen, kann im allg mit ihrer Erteilg gerechnet w (Nr 4 der Grds). Nach den Grds w für Darl sowie Miet- u PachtVertr mit einer geringeren Laufzeit als 10 Jahre keine Wertsichergsklauseln gen. Nicht genfäh sind ferner Goldwertklauseln, Valutaklauseln (and nur bei Gesch mit AuslBezug, vgl auch unten e), Klauseln, die allg auf die Kaufkraft der DM Bezug nehmen, sowie Klauseln, bei einer Erhöhg, aber nicht umgekehrt bei ggläufiger Tendenz eine Ermäßigg vorsehen (sog EinseitigkKlauseln). Indexklauseln sind idR nur für best AuseinandSAnspr sowie wiederkehrde Leistgen zul, die für einen längeren Zeitraum als 10 Jahre, für die LebensZt, bis zur Erreichg der Erwerbsfähigk od ähnl zu entrichten sind. Sie dürfen auch als gemischte Index- u Gehaltsklauseln ausgestaltet w (Dürkes BB **77**, 1572).

b) Als Einschränkg der VertrFreih ist WährG 3 eng auszulegen (BGH **14**, 308, DNotZ **69**, 96, BVerwG NJW **73**, 530). Geldwertschulden ieS (vgl Anm 2), insb Unterh, fallen daher nicht unter die Vorschr (BGH NJW **57**, 342, WPM **75**, 55, Ffm DNotZ **69**, 98). Außerdem gibt es zahlreiche, von WährG 3 nicht erfaßte **genehmiggsfreie Anpassgsklauseln** (vgl nachstehd aa–ee). Beschrkgen können sich aber auch aus and Vorschr ergeben. So sind Mieterhöhgsklauseln in MietVertr über Wohnraum gem MHRG 10 (hinten unter NebenG) wirkgslos. Beim ErbbZins w die Rechte aus Erhöhgsklauseln dch ErbbRVO 9a beschr (vgl dort).

aa) Ohne Gen zul sind **Leistgsvorbehalte** (besser: Leistgsbestimmgsvorbehalte), dh Vereinbgen, nach denen die Geldschuld bei Eintritt best Voraussetzgen (zB Zeitablauf, wesentl Änderg, Erhöhg des Lebenshaltgsindex) dch die Part od Dr (Schiedsgutachter) den neuen Gegebenheiten angepaßt w soll, BGH NJW **62**, 1393, **67**, 830, DNotZ **68**, 409, stRspr. Voraussetzg aber, daß bei Anpassg ein, wenn auch begrenzter ErmSpielraum besteht, BGH DNotZ **69**, 96, **LM** § 157 (Ge) Nr 14. Die Vereinbg eines Grenzwertes begründet idR keine GenPfl (BGH BB **78**, 581). Können sich Part nicht über Anpassg einigen, gelten §§ 315, 316, vgl unten c bb. Klauseln, nach denen Änderg der Bezugsgröße automat zur Anpassg führt, sind als **Gleitklauseln** genpflichtig, BGH aaO u NJW **69**, 91, **75**, 45, **LM** WährG 3 Nr 11, 15, Betr **76**, 671.

bb) Ohne Gen zul weiter **Spanngsklauseln**, dh Vereinbgen, nach denen der geschuldete DM-Betr vom künft Preis od Wert **gleichartiger** Güter od Leistgen abhäng sein soll, BGH **14**, 310, BAG Betr **70**, 1445. Gehalt u Ruhegehalt dürfen daher an die Entwicklg and Gehälter od Ruhegehälter (zB Beamtenbesoldg) gebunden w, BGH **LM** § 133 (A) Nr 2, NJW **74**, 273, Baupreis an Baukostenindex, Kblz Betr **75**, 1842,

Miet-, Pacht- u ErbbZins an GrdstErträgen (BGH NJW **76**, 422) od an die Preisentwicklg für vergleichb Räume, BGH ZMR **68**, 199, Düss BB **73**, 913, vgl aber MHRG 10. Es muß sich aber um wirkl gleichart Leistgen handeln. GenPfl daher bei Bindg von Miet-, Pacht- u ErbbZins od KaufprRente an Gehaltsentwicklg, BGH **14**, 311, BB **54**, 976, Dürkes Rdn D 11, vgl auch BGH DNotZ **70**, 536. Str, ob Bodenwertklauseln bei ErbbZins als Spanngsklauseln genfrei, vgl Hartmann NJW **76**, 404. Für ErbbR, das Wohnzwecken dient, können aus Bodenwertklausel Rechte nur noch nach Maßg von ErbbRVO 9a geltd gemacht w, vgl dort.

cc) Ohne Gen zul auch Vereinbg von **Sachschulden,** Schlesw DNotZ **75**, 720 (Naturalreallast), BGH NJW **62**, 1568; Wahlschuld auf Naturalien od Geld (insb bei Altenteil u ErbbZins), Schlesw MDR **51**, 679, NJW **55**, 65, Celle DNotZ **52**, 126, **55**, 315; Ersetzgsbefugn für Gläub, statt Geld Naturalien zu fordern, BGH NJW **62**, 1568; Naturalleistg muß aber dch Mengenangabe (nicht dch jew Preis) best sein, Dürkes Rdn D 109. Ausn: Ffm DNotZ **69**, 98. Vgl zu Sachschulden insb bei Altenteil (Reallast) u ErbbZins auch Übbl 1e vor § 1105, ErbbRVO 9 Anm 2b, Lange NJW **57**, 250, Reithmann DNotZ **60**, 779. Beachte ferner LPachtG 6.

dd) Ohne Gen zul ferner sog **Kostenklauseln,** die, insb bei langfrist Miet- od LiefergsVertr, für das Ansteigen der Selbstkosten eine Preiserhöhg vorsehen, BGH BB **58**, 1220, Hamm NJW **69**, 1440, Betr **75**, 684, Finger Betr **70**, 1865, str, krit Willms/Wahlig BB **78**, 973. GenPfl entfällt aber nur dann, wenn Erhöhg ausschließl nach Maßg der gestiegenen Selbstkosten erfolgen soll, BGH NJW **73**, 1498.

ee) Ohne Gen zul schließl sog **Beteiliggs- od Umsatzklauseln,** nach denen die Höhe des Anspr vom Gewinn od Umsatz des and Teils abhängt, Dürkes Rdn D 133 ff, Bulla Betr **75**, 966.

c) Sowohl bei genbedürft als auch bei nicht genbedürft Anpassgsklauseln macht vielf die Frage Schwierigk, wann die (oft unbest umschriebenen) **Voraussetzgen für eine Anpassg** vorliegen u in welchem Umfang eine Anpassg gerechtf ist. Zur zweckmäß Gestaltg derart Klauseln vgl das Merkbl des Statist Bundesamts Betr **72**, 373. Für die Anpassg von **ErbbZins** gilt nunmehr, sofern das ErbbR Wohnzwecken dient, ErbbRVO 9a, der Erhöhgen einschränkt u erschwert, vgl dort. Im übr lassen sich wg der verschiedenart Fassg der Klauseln für die Anpassg keine allg Regeln aufstellen, doch w iZw eine enge Auslegg geboten sein. Erweist sich der vereinb Wertmesser (RoggenPr) als ungeeignet, kann es gerechtf sein, ihn iW ergänzend auszulegen od nach den Grds des § 242 dch einen and zu ersetzen, BGH **LM** § 157 (D) Nr 27, LG Lüb NJW **76**, 427 mAv Hartmann, das kommt aber nur bei offenb Ungeeignth in Betr, BGH BB **75**, 623. Wertsicherungsklauseln in vollstreckb Urk vgl Mes NJW **73**, 875. Bei Gleitklauseln kann Änd idR ab Eintritt der Änd-Voraussetzgen (Bilda MDR **73**, 537), bei LeistgsVorbeh dagg erst ab Zugang der AnpassgsErkl verlangt w (BGH NJW **78**, 154). AnpassgsErkl muß MehrFdg best bezeichnen, BGH NJW **74**, 1464/1947. Nachholg ist mögl, wirkt aber erst zum nächsten Stichtag, BGH aaO. Haben die Part die Anpassg einem Sachverst übertr, so ist dieser iZw **Schiedsgutachter,** nicht Schiedsrichter, § 317 Anm 2 b.

aa) Aus der Rspr zu **Gleit- u Spanngsklauseln:** Änderg nach Maßg des Lebenshaltungsindex, Celle NJW **69**, 1438, Kunz NJW **69**, 827; nach Maßg eines nicht mehr fortgeführten Preisindex, LG Mannh BB **71**, 1259; nach Maßg der Beamtenbesoldg, BGH Betr **70**, 2365 (Auswirkg von Strukturveränderungen), Hamm Betr **75**, 542 (ebso); BGH NJW **76**, 2342 (in Ortszuschlag eingearbeiteter SockelBetr), DNotZ **77**, 411 (ebso), Köln DNotZ **72**, 235 (Änderg des BDA); BAG Betr **76**, 199 (13. Monatsgehalt); BGH NJW **71**, 835 (ebso; BGH NJW **75**, 105 (ebso: bei Mietzinsvereinbg nicht zu berücksichtigen); nach Maßg von Tar-Gehältern, BGH **AP** WährG 3 Nr 3; BAG Betr **77**, 503 (nachträgl Einf von Dienstalterzulagen); nach Maßg des Bierpreises, Köln OLGZ **71**, 137 (Auswirkg der MWSt), BGH NJW **72**, 677 (ebso); Koppelg mit gesetzl Mieterhöhgen, BGH WPM **69**, 769 (ErbbZins). Ist Miethöhe von Beamtengehalt abhäng, entfällt die GeschGrdlage dieser Abrede nicht dadch, daß die Beamtengehälter stärker ansteigen als die ortsübl Miete, BGH Betr **73**, 613. Entsprechedes gilt, wenn ErbbZins von Lebenshaltskosten abhäng u diese langsamer steigen als GrdstWert, BGH Betr **73**, 1594.

bb) Bei **Leistgsvorbehalten** sind Voraussetzgen u Ausmaß der Anpassg getrennt zu prüfen. Da für letztere Frage notw ein gewisser ErmSpielraum bestehen muß (oben b aa), gelten, wenn die Part sich nicht einigen u sie die Bestimmg einem Dritten überlassen h, die §§ 316, 315, BGH **LM** § 535 Nr 35, DNotZ **68**, 425, NJW **74**, 1464; **LM** § 139 Nr 51, str; aA Bilda NJW **73**, Wedemeyer Betr **69**, 429, Wedemeyer Betr **69**, 1927. Die Auslegg des Vertr kann aber ergeben, daß die Anpassg entspr §§ 315 III, 319 III dch Urt erfolgen soll (BGH Betr **78**, 927). Verweigert Schu rechtzeit Anpassg, besteht uU SchadErsAnspr aus § 286 (BGH Betr **78**, 928). Wieweit der LeistgsVorbeh notw ErmSpielraum reicht, ist Frage des Einzelfalls, BGH DNotZ **69**, 96. Neufestsetzg erfolgt nach den Verh im Ztpkt der Anpassg; die spätere Entwicklg darf grdsätzl nicht berücksichtigt w, BGH NJW **75**, 211 (keine gleitde Staffel). Beim ErbbZins ist Erhöhg iZw in erster Linie nach dem Steigen der allg Lebenshaltskosten u nicht nach der ungesunden Steigerg der Bodenpreise auszurichten, BGH NJW **73**, 142, DNotZ **73**, 478, vgl jetzt ErbbRVO 9a. Das gilt entspr bei Mietzins, BGH **62**, 314; bei ihm ist iZw auf die MietPrEntwicklg, notf auf das Steigen der Lebenshaltskosten, nicht aber auf die Entwicklg der Beamtengehälter abzustellen, BGH **LM** § 139 Nr 51. Eine wesentl Änderg der Verh ist idR bei einem Kaufkraftschwund von 10–15% anzunehmen, BGH Betr **75**, 1356. Ob bei Neubemessg auf den marktübl Preis od die Äquivalenzvorstellgen der Part bei VertrSchl abzustellen ist, hängt vom Inhalt der Klausel ab, BGH NJW **75**, 1557. Aus der Rspr: Grdlegde Veränderg der Währgs- od WirtschVerhältn, BGH DNotZ **68**, 425 (ErbbZins); wesentl Veränderg der allg WirtschVerhältn, BGH **LM** § 157 (Ge) Nr 15 (ErbbZins), Schlesw WPM **69**, 1429 (ebso); grobes Mißverhältn zur Kaufkraft des Geldes, BGH NJW **70**, 2103, krit Bilda NJW **71**, 372 (Kaufpreisrente); Währgsverfall BAG **AP** WährG 3 Nr 1 (Ruhegehalt); Unzumutbark der bisherigen Miete, BGH **LM** § 535 Nr 35.

d) Verbotswidr Wertsicherungsklauseln sind **schwebend unwirksam,** BGH WPM **59**, 1160, DNotZ **66**, 742, § 275 Anm 9. Ist die Klausel nach den Grds der DBB (oben b) nicht genfäl, läßt sie sich in aller Regel dch eine in der Wirkg ähnl genfreie od genfäh ersetzen (zB statt Gleitklausel LeistgsVorbeh). Die Part sind gem § 242 (dort 4 B c) verpfl, rückwirkd in eine entspr VertrÄnderg einzuwilligen, BGH NJW **67**,

Inhalt der Schuldverhältnisse. 1. Titel: Verpflichtung zur Leistung §§ 245, 246

830, **73**, 1498, BGH **63**, 135, **LM** § 139 Nr 51, § 139 ist dann unanwendb, BGH **63**, 136. Besteht die Möglichk einer solchen Klauseländer ausnw nicht, ist grdsätzl gem § 139 das GesGesch unwirks, jedoch w vielf anzunehmen sein, daß der Vertr auch ohne die WertsichergsKlausel abgeschl worden wäre, BGH BB **59**, 1006, NJW **74**, 2233, vgl auch Bulla Betr **75**, 969. W Vertr gekündigt, Künd aber vor Ablauf der KündFr einverständl aufgeh, bleibt Gen wirks, BGH NJW **74**, 1081. – Auf GenPfl muß beurkundder Notar hinweisen, BGH BB **59**, 1079.

e) **Wertsicher** auch dadch mögl, daß Schuldhöhe vom **Kurswert fremder Währg** abhäng gemacht w (unechte Valutaschuld oben Anm 3). Vereinbg gem WährG 3 S 1 genbedürft: Geldschulden dürfen nur mit DevisenGen in and Währg als DM eingegangen w, diese Vorschr ist nach AWG 49 auf RGesch zw Gebietsansäss u Gebietsfremden unanwendb. Bei bloßem Wertsichergscharakter der Klausel (Ausleggsfrage, vgl zB RG **146**, 1, **152**, 166) bleibt Schuld im Nennbetrag der Inlandswährg bestehen, auch wenn fremde Währg an Wert verliert; soll Klausel aber Schuldhöhe nach jeweiligem Kurswert der Auslandswährg bestimmen, so mindert sich Schuld mit Fallen der Auslandswährg (so ausgelegt, wo beide Parteien sich sichern wollten, RG **163**, 329). Bei echter Fremdwährgverbindlichk ohne Wertklausel (vgl Anm 4) richtet sich Schuld, wenn in Inlandswährg zahlb, nach Kurs am Zahltag selbst dann, wenn Auslandswährg stark gesunken (anders nur bei Wertvernichtg der fremden Währg, vgl § 242 Anm 7e; über evtl Ausgleichsansprüche vgl § 242 Anm 6 C a aa).

6) **Devisenrechtliche Beschränkgen.** Die zuletzt auf dem MRG 53 beruhde Devisenbewirtschaftg ist 1961 dch das AWG aufgeh worden. Seitdem ist der Kapital- u ZahlgsVerk mit dem Ausl grdsätzl frei, AWG 1 I. Das MRG 53 gilt nur noch im Verk mit der DDR, vgl AWG 4 I Nr 1 u 2. Das AWG ermächtigt die BReg aber zu Beschränkgen (GenVorbeh und Verboten), vgl die AWVO für den 37. ÄVO (BGBl 1977 I 3679). Vgl im üb die Kommentare zum AWG, insb von Langen (Losebl 1968), Schulz (1965) u Sieg-Fahning-Kölling (1963) sowie Meilicke BB **73**, 716 u Peltzer BB **73**, 963 (zu den Beschränkgen des KapitalVerk dch AWVO 52 idF der VO vom 2. 2. 1973). – Bedeutg des Erfordernisses behördl Gen überh vgl § 275 Anm 9.

246 *Gesetzlicher Zinssatz.* Ist eine Schuld nach Gesetz oder Rechtsgeschäft zu verzinsen, so sind vier vom Hundert für das Jahr zu entrichten, sofern nicht ein anderes bestimmt ist.

1) **Begriff des Zinses:** Zinsen sind die Vergütg für den Gebrauch eines auf Zeit überlassenen, in Geld od and vertretb Sachen bestehenden Kapitals, die in einem Bruchteil (Prozentsatz) des Kapitals ausgedrückt, mit dem Kapital gleichart u fortlaufd zu entrichten sind, RG **160**, 78, 80, **168**, 285, BGH **LM** § 248 Nr 2. Die Zinshöhe kann von wechselnden Umst (zB Bundesbankdiskont) abhängen RG **118**, 156. Zinsen sind unabhäng von dem wirtsch Ergebn der Kapitalüberlassg zu entrichten: ist die Bruchteilsvergütg dagg nur aus einem etw Gewinn zu leisten, so liegt keine Zinsabrede, sond Gewinnbeteiligg mit festem Betrage vor RG **168**, 285. Der Begriff Kapitalgebrauchsüberlassg ist wirtschaftl; rechtlich liegt meist (Geld-) Übertr zu VollEigt mit RückgewährPfl vor, § 607, RG GrSZ **161**, 56. Die Zinsschuld setzt das Bestehen einer auf die Hauptleistg gerichteten (Kapital-) Schuld voraus (BGH **LM** § 248 Nr 2), kann aber beim entgeltl Darl iS der §§ 320 ff selber Hauptschuld sein (§ 608 Anm 1). **Keine Zinsen** sind danach: Renten (RG **141**, 7, BGH **LM** § 248 Nr 2), Erbbauzinsen (Merkel NJW **55**, 1114, vgl aber BGH NJW **70**, 243), Bereitstellgszinsen (BGH BB **78**, 833) u Mietzinsen, da sie kein Entgelt für die Überlassg eines Kapitals sind, Amortisationsquoten, da ihr Zweck Tilgg, nicht Vergütg ist, RG **91**, 299; Tantiemen, Dividenden RG **86**, 399, da feste Vorausbemessg fehlt, einmalige Abzüge (Damnum) u Provisionen, da nicht nach Zeitdauer bemessen; „Strafzinsen", da keine Vergütg für Kapitalgebrauchs, BGH WPM **74**, 44. Nach der Enteigngsentschädig in Form einer „Verzinsg" bei Nutzgsentzug ist Hauptschuld und daher zu verzinsen, BGH NJW **64**, 294. Nach einer neueren Ans sollen auch einmalige Leistgen wie Damnum u Kreditgebühren Zinsen darstellen, Belke BB **68**, 1220, Köln NJW **66**, 2217, Hamm NJW **73**, 1002, **74**, 1952; Düss WPM **76**, 1151. Dem ist zuzustimmen, sow es sich um Kreditgebühren handelt, da diese die wesentl Merkmale des Zinsbegriffes (laufzeitabhäng Vergütg für die Überlassg eines Kapitalgebrauchs) erf (Canaris NJW **78**, 1891), bei laufzeitunabhäng Leistgen dagg grdsl nicht. Soweit es um die Anwendg des § 138 geht, stehen aber auch sonst Kreditkosten (Bearbeitgsgebühren, RestschuldVers) den Zinsen gleich, vgl § 138 Anm 4a. Zur Rückrechng von Kreditgebühren vgl AGBG 9 Anm 7.

2) **Verhältnis zur Hauptschuld. Entstehung** (auch Weiterentstehg) der ZinsPfl setzt die der Hauptschuld voraus, da Nebenschuld; Ausn: § 803 für InhZinsscheine. – **Fortbestand** der entstandenen Zinsschuld ist dagg vom Bestehen der Hauptschuld unabhängig. Selbständige Abtretg, Pfändg, Einklagg mögl, RG **94**, 137. Kapital- u ZinsGläub brauchen nicht dieselbe Pers zu sein RG **94**, 137. Selbständige Verj, § 197 (in 4 Jahren). Jedoch: die Verj der Hauptschuld erstreckt sich auf die Zinsschuld, auch wenn deren selbständige Verj noch nicht eingetreten wäre, § 224.

3) **Begründg der Zinsschuld:**
a) **durch Gesetz**. Es begründet die Zinsschuld nur bei Geldschulden, da nur hier allg Regelg mögl. Fälle (Zinshöhe begrenzt): Verzugszinsen §§ 288–290, 264: grdsätzl 4%, vgl aber § 288 I u II, bei beiderseitigen HandelsGesch: 5%, HGB 352, für Wechsel- u ScheckFdgen 6%: WG 28, 48, 49, ScheckG 45, 46, zZ aber mind 2% über Bundesbankdiskont (ReichsG 3. 7. 25 RGBl 93), im SteuerR 6% AO 1977 § 238. – Prozeßzinsen § 291. – Vgl ferner insb Zinsen bei Verwendgen § 256, Rücktr § 347, Kauf § 452, ungerechtf Ber §§ 819, 820, unerl Hdlg § 849.
b) **durch Rechtsgeschäft** (meist Vertrag). Bei vertragl Bestimmg: keine Höchstgrenze, jedoch § 138 II ggf I, auch § 247. Schweigt der Vertr über Zinshöhe, dann 4%, § 246; bei beiderseit Handelsgeschäften 5% HGB 352. – Das **Weiterfordern** rechtsgeschäftlicher, insb vertragl vereinbarter Zinsen kann bei wesentl

§§ 246–248, Vorbem v § 249   2. Buch. 1. Abschnitt. *Heinrichs*

Änderg der Verhältnisse, zB starkem Fallen des übl Zinsfußes, uU auch schon bei einem Wandel der Rechtsanschauungen, zu einer nach § 242 unzul Rechtsausüb werden, vgl § 242 Anm 1, 4 D l, auch wenn im Vergl (RG **152**, 403) od dch rechtskr Urt festgesetzt. Wege zur Abänderg: Abänderungsklage § 323 ZPO, VollstrGegenklage § 767 ZPO, Herschel JW **37**, 1407 (vgl auch schon RG **124**, 152); nach Roquette JW **37**, 1941 ist besondere Klage (aus § 826) nötig.

247 Kündigungsrecht bei hohem Zinssatz.
I Ist ein höherer Zinssatz als sechs vom Hundert für das Jahr vereinbart, so kann der Schuldner nach dem Ablaufe von sechs Monaten das Kapital unter Einhaltung einer Kündigungsfrist von sechs Monaten kündigen. Das Kündigungsrecht kann nicht durch Vertrag ausgeschlossen oder beschränkt werden.

II Diese Vorschriften gelten nicht für Schuldverschreibungen auf den Inhaber und für Orderschuldverschreibungen. Bei Darlehen, die zu einer auf Grund gesetzlicher Vorschriften gebildeten Deckungsmasse für Schuldverschreibungen gehören oder gehören sollen, kann das in Absatz 1 Satz 1 bestimmte Kündigungsrecht durch ausdrückliche Vereinbarung für die Zeit ausgeschlossen werden, während der sie zur Deckungsmasse gehören.

1) Allgemeines. § 247 war einstweilen außer Kraft gesetzt dch G v 3. 3. 23, RGBl 163, wieder in Kraft gesetzt dch NotVO v 8. 12. 31, Teil I Kap III § 8, RGBl 699. – In II S 1 sind die letzten drei Worte durch GesEinhG Teil I Art 2 Z 1 zugesetzt worden. S 2 ist zugesetzt durch G v 14. 1. 63, BGBl 9, Art III Abs 2. – § 247 entstammt einer Zeit, als ein Zinssatz von 6% als hoch galt (Canaris WPM **78**, 687). Trotz der seitdem eingetretenen Änd des marktübl Zinsniveaus ist die Vorschr aber weiter geltdes Recht. Sie kann nicht dch Anwendg des § 242 eingeschränkt w (Hamelbeck NJW **59**, 518, Schmidt BB **74**, 201, aA Hereiner NJW **59**, 224). Sie ist auch bei Krediten an Vollkaufleute u die öff Hand weiterhin anwendb (aA Canaris aaO). Die Vorschr gibt dem Schu die Möglichk, seine Kredite an ein Sinken des marktübl Zinses anzupassen; dch diesen Zweck ist sie auch heute noch gerechtf.

2) Inhalt. Mittelb Einschränkg der Freih vereinbarter Zinsbemessg dch Gewährg eines KündR. Gilt auch für Schuldverhältnisse unter Kaufleuten RG **66**, 411, BGH **LM** Nr 1 Bl 2. Jedoch setzt § 247 eine Kapitalschuld voraus. Dies liegt bei einer stillen Gesellsch, wenn feste, 6% überschreitende Zinsen vereinbart sind, jedenf dann nicht vor, wenn der Stille auch am Verlust beteiligt ist, RG **168**, 287 u dazu Haupt DR **42**, 729. Bei gleitendem Zins entsteht KündR des § 247 erst, wenn (zB wg Erhöhg des Diskontsatzes) tatsächl über 6% geschuldet werden, BGH **LM** Nr 1, Riedel JurBüro **78**, 952. Disagio kann ausnahmsw zusätzl Zins darstellen BGH **LM** Nr 2, vgl Grützbach BB **64**, 1367. KündR auch bei DarlGewährg gg Kreditgebühren, sofern diese effektiv höher als 6% sind, Buß NJW **77**, 1520. Rückrechng der Kreditgebühren vgl Kessler NJW **77**, 2060. Unzul nicht nur Ausschl, sond auch jegl Beschrkg des KündR (I 2); Klausel, wonach Schu bei vorzeit Künd VorfälligkEntsch zu zahlen hat, daher bei Künd gem § 247 wirksgslos, Pleyer NJW **78**, 2128. Abrede, wonach KundR für best Zeit unzul, wie iZw nur das KundR aus § 609, nicht aber das aus § 247 ausschließen, daher keine Nichtigk gem §§ 134, 139, Hamm OLGZ **73**, 141. – Über andere gesetzl Zinsbeschränkgen vgl § 246 Anm 3 b.

3) Grund des II S 1; Schuldverschreibgen auf den Inh u Orderschuldverschreibgen bedürfen staatl Gen, vgl §§ 795, 808 a und Einf 5 b vor § 793. Satz 2 will verhindern, daß die dch Ges best Deckgsmassen dch eine Künd nach I geschwächt w. Er gilt für Deckgsmassen gem HypBankG 6 u SchiffsBankG 6, nicht aber für die in Sparkassenordnngn vorgesehenen Deckgsmassen, Pleyer NJW **78**, 2130. Er ist unanwendb, wenn sich der Kreditgeber aus der Deckgsmasse lediglich refinanziert hat, Pleyer aaO.

248 Zinseszinsen.
I Eine im voraus getroffene Vereinbarung, daß fällige Zinsen wieder Zinsen tragen sollen, ist nichtig.

II Sparkassen, Kreditanstalten und Inhaber von Bankgeschäften können im voraus vereinbaren, daß nicht erhobene Zinsen von Einlagen als neue verzinsliche Einlagen gelten sollen. Kreditanstalten, die berechtigt sind, für den Betrag der von ihnen gewährten Darlehen verzinsliche Schuldverschreibungen auf den Inhaber auszugeben, können sich bei solchen Darlehen die Verzinsung rückständiger Zinsen im voraus versprechen lassen.

1) Zu I. a) Verbot des sog Anatozismus. Gilt für Vertrags- u gesetzl Zinsen. Vgl auch §§ 289 Satz 1, 291 Satz 2. Zul aber Abrede nach Fälligk, ferner Vorwegabrede der Zinsfußerhöhg bei unpünktl Zinszahlg RG **37**, 274. – § 248 gilt nur für echte „Zinsen", wozu aber auch Kreditgebühren gehören, vgl § 246 Anm 1.

b) Ausn: Zinsen vom Kontokorrentüberschuß, falls auch nur ein Teil Kaufmann ist, auch soweit im Überschuß Zinsen einbegriffen sind, HGB 355.

2) II. Auch für priv Sparkassen, RG **115**, 397. Ob BankGesch vorliegt, entsch nach RG **129**, 195 die VerkAuffassg. Heute w sich die Frage, ob Sparkasse, KreditAnst, BankGesch vorliegt, nach dem KWG richten.

Schadensersatz (§§ 249–253)

Vorbemerkung

Übersicht

1) Bedeutg der §§ 249–253
2) Begriff des Schadens
  a) Nichtvermögensschaden
  b) Vermögensschaden (Begriff u Abgrenzung)

  aa) Beeinträchtigg von „Genußmöglichkeiten"
  bb) Entzug von Gebrauchsvorteilen
  cc) Fehlgeschlagene Aufwendungen
  dd) Einbuße an Freizeit
  ee) Beeinträchtigung der Arbeitskraft

Inhalt d. Schuldverhältn. 1. Tit.: Verpflichtg. zur Leistg. **Vorbem v § 249**

c) Schadensbegriff und normative Wertungen
  aa) Erwerbsschaden trotz Gehaltsfortzahlung
  bb) Überpflichtmäßige Anstrengungen des Geschädigten
  cc) Schadensvorsorge (Ersatz von Vorhaltekosten)
  dd) Vermögensbedarf als Schaden
d) Arten des Vermögensschadens (Güterminderung, entgangener Gewinn, Belastung mit Verbindlichkeit)
e) Umfang des zu ersetzenden Schadens (Interesse, Liebhaberinteresse, objektiver Schadenskern)
f) Unmittelbarer und mittelbarer Schaden
g) Positives und negatives Interesse
3) **Grundgedanken des Schadensersatzrechts**
4) **Konkrete und abstrakte Schadensberechnung**
5) **Zurechnungszusammenhang**
  a) Allgemeines
  b) Adäquater Ursachenzusammenhang
  c) Rechtswidrigkeitszusammenhang
    aa) Schutzzweck der Norm
    bb) Zweck des Schadensersatzes
  d) Einzelnes:
    aa) Mittelbare Verursachung
  bb) Aufwendungen
  cc) Zum Schaden neigende Konstitution
  dd) Unterlassen als Ursache
  ee) Unterbleiben oder Erlaß von Entscheidungen und Ursachenzusammenhang
e) Mehrere schädigende Ereignisse
  aa) Richtunggebende Veränderungen
  bb) Auf freier Entschließung beruhendes Verhalten eines Dritten
  cc) Gesamtkausalität, alternative Kausalität
f) Hypothetische Schadensursachen
6) **Kreis der Ersatzberechtigten Geltendmachen von Drittschaden**
  a) Allgemeines
  b) Schadensliquidation des Drittinteresses
7) **Vorteilsausgleichung**
  a) Allgemeines
  b) Handlungen des Geschädigten
  c) Leistungen Dritter
  d) Andere Vorteile
  e) Anspruchsübergang gemäß § 255
  f) Vorteilsausgleichung bei anderen Ansprüchen
8) **Beweisfragen**
9) **Zeitpunkt der Schadensbemessung**

Aus dem **Schrifttum**: Grunsky, Aktuelle Probleme zum Begr des VermSchadens, 1968; Keuk, VermSchaden u Interesse, 1972; Köndgen, Ökonomische Aspekte des SchadProblems AcP **177**, 1; Larenz, Notwendigk eines gegliederten SchadBegr, VersR **63**, 1; derselbe, VermBegr im SchadErsR, Festschrift für Nipperdey I, 1965, 489; derselbe, Nutzlos gewordene Aufwendgen als erstattgsfähige Schäden, Festgabe für Oftinger 1969, 151; Marschall v Bieberstein, Reflexschäden u Regreßrechte, 1967; Medicus, Id quod interest, 1962; Mertens, Begr des VermSchadens, 1967; Mommsen, Zur Lehre vom Interesse, 1855; Neuner, Interesse u VermSchaden AcP **133**, 277; Selb, SchadBegr u Regreßmethoden, 1963; Steindorff, Abstrakte u konkrete Schadensberechng, AcP **158**, 431; Wiese, Ers des immateriellen Schadens, 1964; E. Wolf, Grdfragen des SchadBegr, Festschr f Schiedermair 1976 S 546; Zeuner, SchadBegr u Ers von VermSchäden, AcP **163**, 380; vgl ferner die Nachw vor Anm 5, 5f, 6, 7 u 8.

1) Bedeutg der §§ 249–253. Die §§ 249–253 bestimmen **Art, Inhalt und Umfang der SchadErsleistg.** Sie ergänzen die Normen, dch die SchadErsAnspr begründet w. Das R der Haftgsbegründg (HaftgsR) ist im BGB nicht zuhängd u auch nicht abschließd geregelt. In ihm steht das Verschuldensprinzip im VorderGrd. RGrd der Haftg ist idR ein rechtsw u schuldh Verhalten. Hierher gehört die Haftg für unerl Hdlg (§§ 823 ff), für Verletzg von Pflichten im Rahmen besteder SchuldVerh (insb §§ 280, 325, 286, 326, pos VertrVerletzg, vgl § 276 Anm 7, u c. i. c., vgl § 276 Anm 6) sowie für Verletzg sachen-, familien- u erbrechtl Pflichten (insb §§ 989 ff, 1359, 1664, 1833, 2219). Daneben kennt das G zahlr Fälle einer SchadHaftg ohne Versch, vgl § 276 Anm 10: Die **Vertrauenshaftg** knüpft die ErsPfl an einen vom Schu geschaffenen Vertrauenstatbestd; sie liegt den §§ 122, 179, 307 u der Haftg für anfängl Unverm (§ 306 Anm 3) zGrde. Die **Gefährdgshaftg** beruht auf dem Gedanken, daß derjenige, der eine gefährdg Anlage od Tätigk erwachsen Schäden unabhäng vom Versch einstehen soll. Die Tatbestde der Gefährdgshaftg sind überwiegd außerh des BGB geregelt, vgl § 276 Anm 10; im BGB sind einschläg § 833 u wohl auch §§ 231, 701. Bei den gesetzl **Ausgleichspflichten** (§§ 904, 906 II, GewO 26) geht es um die Entsch dessen, was im Interesse eines und einen Eingr in seine RSphäre dulden muß. Außerdem kann sich die SchadErsPfl aus einem unmittelb auf Schadloshaltg gerichteten Vertr ergeben, so beim **Versicherngs- u Garantievertrag** (vgl Einf 3 c vor § 765).

Die §§ 249–253 finden grdsätzl auf alle SchadErsAnspr Anwendg. Für einzelne Anspr gelten Sonderbestimmgen, die die §§ 249 ff ergänzen od modifizieren: Bei Anspr aus Delikt (§§ 823 ff) sind abw von § 253 im Rahmen des § 847 auch NichtVermSchäden des Geld auszugleichen. Ist aus §§ 823 ff od aus Gefährdgshaftg SchadErs zu leisten, h uU auch mittelb Geschädigter ErsAnspr, vgl unten Anm 6 a. Bei der Gefährdgshaftg w teilw nur Pers- u Sachschaden ersetzt, nicht aber and Schaden; außerdem bestehen zT summenmäß HaftgsBeschränkgen, zB StVG 12, HaftpflG 9 u 10, LuftVG 37. Bei den AusglPflichten beschr die hM ErsPfl zT auf eine nach EnteigngsGrds zu bemessde Entsch (vgl § 906 Anm 5b u Anm 6). Auch für die SchadVers gelten Sonderbestimmgen (VVG 49 ff).

2) Schaden ist jeder Nachteil, den jemand dch ein best Ereign an seinem Vermögen od an seinen sonst rechtl geschützten Gütern erleidet. Er besteht in der Differenz zw zwei Güterlagen: der tatsächl, dch das SchadEreign geschaffenen u der unter Ausschaltg dieses Ereign gedachten, BGH **27**, 183, **40**, 347, sog **Differenzhypothese**, dazu krit Honsell JuS **73**, 69. In **Fortbildg des Schadensbegriffes** bejaht die neuere Rspr in best Fallgruppen einen Schaden aber auch dann, wenn sich bei einer das GesVerm erfassden Differenzrechng keine Minderg feststellen läßt: 1) Wird ein best VermGut verletzt u läßt sich das Maß der Beeinträchtigg nach obj Maßstäben geldl bewerten, ist unabhäng vom Ergebn der Differenzrechng ein ersatzfäh Schaden zu bejahen, BGH **45**, 218, **54**, 49, str, vgl auch unten b. 2) Der sich aus der Differenzhypothese u ihrer Erweiterg (vorstehd 1), ergebde sog natürl Schadensbegriff (Mertens aaO S 121) muß in best Fallgruppen dch normative Wertgen korrigiert w; auch das kann dazu führen, daß ein Schaden im RSinne anzuerkennen ist, obwohl zw den beiden zu vergleichden Güterlagen scheinb keine Differenz besteht, vgl näher unter c.

a) Der SchadBegr umfaßt neben dem VermSchaden auch den **Nichtvermögensschaden.** Bei diesem w aber die ErsPfl dch § 253 wesentl eingeschränkt: Der Verletzte kann idR nur Naturalrestitution verlangen, ein Anspr auf SchadErs in Geld besteht grdsätzl nicht (Ausn §§ 847, 1300), vgl § 253 Anm 1. NichtVerm-

Schäden sind die an immateriellen Gütern (wie Gesundh, Wohlbefinden, Freih od Ehre) entstandenen Einbußen. Die Verletzg von immateriellen Gütern verurs aber vielf neben den immateriellen Schäden auch VermNachteile (zB Heilgskosten, Verdienstausfall); diese stellen einen mittelb (vgl unten f) VermSchaden dar, der nach allg Grds zu ersetzen ist. Die Abgrenzg von Verm- u NichtVermSchaden ist schwier u umstr; vgl dazu unten b.

b) Vermögensschaden ist jede in Geld bewertb Einbuße, die jemand an seinem Verm erleidet, Mertens S 121. Ausgangspkt für die notw Abgrenzg ist – trotz der Fortentwicklg dch die neuere Rspr – weiterhin die sog Differenzhypothese, oben vor a. Danach ist ein VermSchaden gegeben, wenn der jetzige tatsächl Wert des Verm des Geschädigten geringer ist als der Wert, den das Verm ohne das die ErsPfl begründde Ereign jetzt haben würde. Kein Schaden, wenn NachT gleich hoher VermZuwachs od ausr Sicherh ggüsteht, BGH **64**, 62, VersR **75**, 613, Betr **78**, 247. Er w aber nicht dadch ausgeschl, daß der Geschädigte wg den entstandenen Nachteils einen Anspr gg einen Dr (zB auf Herausg) h, BGH NJW **70**, 461, VersR **75**, 612, arg § 255, vgl aber § 254 Anm 3b hh. Kein Schaden, wenn die LeistgsHdlg fehlschlägt, der Erfolg aber doch eintritt, BGH NJW **77**, 580. Bei Betrug u sittenw Schädigg kann auch dann ein Schaden zu bejahen sein, wenn der Wert der aufgeschwindelten Sache obj dem gezahlten Preis entspricht, Köln NJW **72**, 497. Handelt es sich um die Verletzg konkreter VermGüter u kann der Schaden inf obj Maßstäben in Geld bewertet w, ist ein VermSchaden ohne Rücks auf das Ergebn des GesVermVergl anzuerkennen, BGH **43**, 381, **45**, 218, **54**, 49, NJW **78**, 262, 264, str, vgl unten aa–ee. Unter Verm ist hierbei die Gesamth der einer Pers zustehdn Rechte u Güter von wirtschaftl Wert einschließl der Erwerbschancen zu verstehen. Geschützt ist daher auch die Chance, in Grdst kr guten Gl zu erwerben, Hamm MDR **71**, 46. Was im einz zum Verm gehört, entscheidet eine wirtsch Betrachtg; der Begr des VermSchadens ist ein auf die ROrdng bezogener wirtsch Begr, BGH **40**, 347, KG OLGZ **69**, 19. Alle Güter, die im WirtschLeben in Geld bewertet w, sind als Bestandt des Verm anzuerkennen, Soergel-Schmidt §§ 249–253 Anm 85, Wiese S 21, Larenz VersR **63**, 312, Grunsky S 36, krit Stoll JZ **71**, 593. Daraus folgt:

aa) Güter, die im Verk in Geld bewertet w, gehören auch dann zum Verm, wenn sie die **Möglichkeit eines ideellen Genusses** (Annehmlichk) verkörpern, Soergel-Schmidt §§ 249–253 Anm 85, Erman-Sirp § 249 Rdz 58, Wiese S 21, Grunsky S 26. Wer für eine Erholgsreise Geld gezahlt h, kann daher, wenn diese beeinträchtigt w, GeldEntsch verlangen, BGH NJW **56**, 1235, Saarbr DAR **65**, 299, unten dd. SchadErsAnspr besteht auch, wenn Jagdpächter dch Vertreibg des Wildes in der Ausübg des JagdR beeinträchtigt w, Oldbg VersR **69**, 527 (nicht aber, wenn er JagdR wg Verletzg nicht ausüben kann, BGH **55**, 147); ebso ist für den Verlust einer Theaterkarte GeldErs zu leisten, gleichgült, ob der Verletzte eine and Vorstellg besucht. Vgl auch unten cc.

bb) Zu den vom Verkehr als VermGut anerkannten Werten gehören auch die **Gebrauchsvorteile**; wer die Möglichk einbüßt, seinen Pkw zu nutzen, h daher auch dann Anspr auf SchadErs, wenn er kein ErsKfz mietet, BGH **40**, 345, **45**, 212, stRspr, str, vgl Stoll JuS **68**, 504, Köndgen AcP **177**, 1. Anspr setzt aber Eingr in den Ggst des Gebr voraus, daher kein ErsAnspr bei Nutzgsausfall inf Verletzg des Berecht, BGH **55**, 147, ebso kein Anspr bei unberecht Entziehg der Fahrerlaubn, BGH **63**, 205, **65**, 173. ErsAnspr besteht auch bei Totalschaden, Nürnb VersR **68**, 1049, ebso bei verspäteter PKW-Rückg, Nürnb DAR **69**, 300. Erforderl aber fühlb Beeinträchtigg, Voraussetzg Nutzgswille u hypothet Nutzgsmöglichk, BGH **45**, 219, NJW **68**, 1778. Kein Anspr, wenn ungenutzter Zweitwagen vorhanden, BGH NJW **76**, 286, soweit unfallbedingte Verletzg Nutzg ausschließt, BGH NJW **68**, 1778, aA Werber AcP **173**, 158. And aber, wenn Benutzg dch Angeh mögl u beabsichtigt war, BGH NJW **74**, 33, **75**, 922. Anspr w nicht dadch berührt, daß Dr dem Geschädigten unentgeltl ErsPKW überläßt, BGH NJW **70**, 1120, NJW **75**, 256, vgl auch Nürnb VersR **69**, 765. Auch OHG steht Anspr auf NutzgsEntsch zu, KG VersR **70**, 185. IdR keine Entsch, wenn Halter beschädigtes PKW weiter benutzt, auch nicht bei Verz u bei Reparatur, Klimke NJW **76**, 1970, Kunz VersR **76**, 1024. Keine zusätzl Entsch, wenn billigerer ErsWagen gemietet, BGH NJW **67**, 552, wohl aber dann, wenn pauschal berechneter Nutzgsausfall höher als Mietwagenkosten, BGH NJW **70**, 1120. Bei Beschädigg od Zerstörg von **NutzKfz** besteht Schaden in entgangenem Gewinn od den Aufwendgen für ErsKfz (BGH **70**, 199, 203). Wird ErsFahrzeug der eig BetrReserve entnommen, sind Schädiger die Vorhaltekosten zu ersetzen (s c cc). UU kommt auch SchadBemessg nach entgangenen Gebrauchsvorteilen in Betracht (BGH NJW **66**, 590), im Ergebn aber wohl nur dann, wenn der Geschädigte dch bes Anstrenggen Auswirkgen auf den Gewerbeertrag verhindert h (BGH **70**, 199, 203). Der Verlust von Gebrauchsvorteilen und Sachen ist ebso zu behandeln, wenn nach der VerkAuffassg eine selbstd Vermögenswert (VerkWert) h, BGH **63**, 397: Motorroller, aA LG Brem VersR **68**, 907; beschädigtes Haus, BGH NJW **67**, 1803, nicht benutzb Schwimmhalle Köln NJW **74**, 560, verspätete GrdstÜberg KG NJW **67**, 1233, aA Düss NJW **67**, 352, and aber dann, wenn Geschädigter noch nicht Eigtümer ist, BGH **66**, 277, **71**, 234. Kein Anspr auch bei Vorenthaltg eines Pelzmantels, BGH **63**, 393 = NJW **75**, 1163 mAv Batsch. Beschädigg eines Motorbootes, KG NJW **72**, 1427, aA für Segeljacht LG Kiel SchlHA **73**, 34. Höhe des Anspr bemißt die Praxis nach den Tabellen von Sanden u Danner VersR **66**, 697, **69**, 483, **73**, 97, **75**, 972 u für Motorräder VersR **76**, 513 (vgl Schlesw VersR **67**, 68, Ffm VersR **68**, 653, Düss VersR **68**, 905, KG VersR **69**, 1000), wobei jedoch für ältere Pkw Abschläge zu machen sind (AG Brem VersR **78**, 431). Für Nutzfahrzeuge vgl die Tabellen von Danner/Echtler (VersR **78**, 99). Die Rspr des BGH hat zunächst geschwankt (vgl NJW **66**, 1262, **69**, 1477, **70**, 1120). Sie hält nunmehr einen Betr für ausr, der die Vorhaltekosten maßvoll übersteigt, BGH **56**, 214, Dunz LM § 251 Nr 18; das stimmt mit den Tabellensätzen von Sanden u Danner überein. Zur SchadErsPfl bei Anmietg eines ErsPkw vgl § 249 Anm 1b, dort auch zur zeitl Abgrenzg der ErsPfl.

cc) Ein VermSchaden kann auch darin liegen, daß vom Geschädigten gemachte **Aufwendgen** inf des schädigdn Ereign **fehlschlagen** (nutzlos w). Das war für Anspr auf das sog negat Interesse (unten g) immer anerkannt, gilt aber auch für Anspr auf das sog posit Interesse, Esser § 41 II 4a, Köndgen AcP **177**, 26 vgl auch BGH **40**, 348, **45**, 220 (Nutzgsausfall), RG **127**, 248, BGH **57**, 80 (Aufwendgen für nicht dchgeführten Vertr), BGH NJW **70**, 38 (Aufwendgen für nicht benutzb Warenzeichen), einschränkd BGH **71**, 234.

Eine ErsPfl besteht aber nur, wenn bes Aufwendgen für einen best einmaligen Zweck endgült fehlschlagen, Stoll JZ 71, 593, Bötticher VersR 66, 309. Keine ErsPfl daher für die inf eines Unfalls nutzl gewordenen Pachtzahlgen eines Jagdpächters, BGH 55, 151, für die inf einer unberecht Entzieh der Fahrerlaubn nutzlos gewordenen Aufwendgen des ArbN für den ihm vom ArbG überlassenen („geliehenen") Pkw, BGH 65, 174, für die Zinsen u Kosten, die der Erwerber einer verspätet fertiggestellten EigtWo während des Verzugs des Bestellers h aufwenden müssen, BGH NJW 78, 1806. Das Problem des SchadErs für entgangene GebrVorteile (oben bb) läßt sich daher nicht mit dem Gedanken der fehlgeschlagenen Aufwendgen lösen, aA Löwe VersR 63, 311; dagg kann in den unter aa angeführten Fällen die SchadErsPfl idR auch auf den GesichtsPkt der nutzlos gewordenen Aufwendg gestützt w.

dd) Die bloße Einbuße von **Freizeit** stellt keinen VermSchaden dar, BAG NJW 68, 221, Köln MDR 71, 215, Stoll JZ 77, 97 aA Ffm NJW 76, 1320 (uU kann aber Einsatz eig ArbKraft ErsAnspr begründen, vgl nachstehd ee u c bb). Dagg ist der **Urlaub** nach heute überwiegder Ans als vermögenswertes Gut, seine Beeinträchtigg od Vereitelg als VermSchaden anzusehen (BGH 63, 98, Ffm NJW 67, 1373, Köln NJW 74, 561 aA Düss NJW 74, 150, Mü OLGZ 75, 186). Bei mangelh Leistgen eines Reiseveranstalters (Einf 5 vor § 631 „Reisebüro") besteht daher SchadErsAnspr (§ 635) in Höhe des Wertunterschiedes zw der versprochenen u der erbrachten Leistg. Sind Mängel so schwerwiegd, daß der Erholgserfolg überh nicht eintritt, richtet sich Anspr auf Ers aller Reisekosten (KG MDR 71, 1007, Köln NJW 73, 1083). Wenn Url dch ein sonst zum SchadErs verpfl Ereign beeinträchtigt w od fehlschlägt, besteht entspr ErsAnspr, vgl BGH NJW 56, 1235 (Verlust von Gepäck, „Seereisefall"), Brem VersR 69, 929 (VerkUnfall), KG NJW 80, 474 (Hundebiß). Bei ArbN u Freiberuflern ist auch für die nutzl vertanen UrlTage ganz od anteilig Ers zu leisten, da auch diese nach heutiger VerkAnschauung VermWert h (BGH 63, 98, sehr str, krit Stoll JZ 75, 255, Grunsky NJW 75, 609, Honsell JuS 76, 222). BemessgsGrdl ist der Aufwand für die Beschaffg zusätzl Url, also der entstehe Verdienstausfall (BGH 63, 98). Schädiger darf sich den Verz des Geschädigten auf Nachholg des Url nicht begünst w (Mammey NJW 69, 1150). Erforderl aber eine erhebl Beeinträchtigg. Kein ErsAnspr daher, wenn der Nachteil lediglich darin besteht, daß der Url and verbracht w muß als ursprüngl geplant u wenn der Geschädigte für die ursprüngl Urlaubsplang noch keine Aufwendgen gemacht hatte, BGH 60, 214 = JZ 73, 424 mit Anm Grunsky, KG NJW 72, 769/1204, Celle VersR 77, 1104; ebsowenig bei Beeinträchtigg des Urlaubserfolges dch anschließde Unfall, Celle VersR 74, 760.

ee) Die **Arbeitskraft** ist eine Eigensch der Pers, aber kein VermGut, Mertens S 152, Larenz VersR 63, 312, Knobbe-Keuk VersR 76, 406, aA Hagen JuS 69, 67, Grunsky S 73. Der bloße Ausfall der ArbKraft stellt daher keinen VermSchaden dar, BGH 7, 49, 54, 50, 69, 36 (aA BAG JZ 71, 380 für den Fall der SchadBeseitg dch Angest unter Berufg auf den normativen SchadBegr, vgl dazu Lieb JZ 71, 358, Schwerdtner JR 71, 330); ebsowenig die abstr Minderg der Erwerbsfähigk, BGH 38, 58, VersR 77, 282; erforderl ist vielm ein tatsächl Verdienst- od Gewinnausfall, vgl § 249 Anm 2c. Für die Mühewaltg bei der SchadFeststellg u Abwicklg kann Geschädigter keinen Ers verlangen, weil das zu seinem eig Pflichtenkreis gehört, BGH, NJW 69, 1109, ebso gilt auch dann, wenn der Geschädigte für die Schadensabwicklg (wie etwa iF von Warenhausdiebstählen) bes Personal angestellt h, BGH NJW 76, 1256 u 249 Anm 2e; dagg besteht uU ErsAnspr, wenn Geschädigter Schaden dch eig ArbLeistg ausgleicht, vgl unten c bb u Anm 7b.

c) Bei der Abgrenzg des SchadBegr sind auch **normative Wertgen** zu berücksichtigen, BGH 43, 381, GrZS 50, 305, 51, 111, 54, 47, Hansen MDR 78, 361. Das ist in der Sache seit langem anerkannt: Wenn der Geschädigte Versichergsleistgen od der verletzte Beamte Ruhegehalt erhält, w diese Leistgen wg VVG 67, RVO 1542, BBG 87a usw beim VermVergl nicht berücksichtigt, die Differenzrechg w also normativ korrigiert. Es ist das Verdienst der Lehre vom normativen SchadBegr (vgl insb Selb SchadBegr u Regreßmethoden 1963), daß sie diesen Ansatz weiterentwickelt u aufgezeigt h, daß auch auf allg RGrds beruhde Wertgen korrigierd auf die Differenzrechg einwirken können. Die Berücksichtig rechtl Wertgen führt im Ergebn zu einem **dualistischen Schadensbegriff**. AusgangsPkt bleibt die sog Differenzhypothese u ihre Erweiterg bei den nach obj Maßstäben bewertb Beeinträchtiggen best VermGüter (vgl oben vor a u b); ihr Ergebn muß aber uU im Einzelfall dch normative WertEntsch korrigiert w. Das entspricht der REntwicklg auf dem Gebiet der SchadZurechng, wo die reine VorAusgl, wo die reine VorAusgl, aber nach dch rechtl Wertg modifiziert w, vgl unten Anm 5c u 7a; vgl ferner unten e und Anm 4. Ein VermSchaden im RSinne kann aGrd wertder Beurteilg auch dann anzuerkennen sein, wenn die dch das SchadEreign geschaffene Güterlage u die ohne dieses Ereign hypothet bestehde scheinb ident sind:

aa) Der ArbNehm, Beamte od Gesellschafter, der dch ein zum SchadErs verpflichtdes Ereign erwerbsunfäh w, erleidet auch dann einen **Verdienstausfallschaden** in Höhe seines Gehalts, wenn ihm dieses währd der Erwerbsunfähigk weitergezahlt w, BGH 7, 30, 21, 112, 43, 381, NJW 76, 326, stRspr. Die Gehaltsfortzahlg ist bei dem Vergl der beiden Güterlagen nicht zu berücksichtigen, da sie nach ihrem Zweck dem Geschädigten zugute kommen, nicht aber den Schädiger entlasten soll, vgl näher unten Anm 7c ee.

bb) Hat der Geschädigte den Eintritt nachteiliger Folgen dch **überpflichtmäßige Anstrenggen**, dh dch Maßn, zu denen er nach § 254 nicht verpflichtet war, verhindert od beschr, ist bei der Beurteilg auf die Güterlage abzustellen, die ohne die Handlgen des Verletzten eingetreten wäre. Ein VermSchaden ist daher zu bejahen, wenn der ArbGeb der Dienste des vertragsbrüch ArbNehm selbst zusätzl leistet, BAG NJW 68, 222, Becker BB 76, 747; ebso wenn Erwerbsunfähiger od Witwe arbeitet, obwohl das unzumutb, BGH 4, 176, NJW 74, 602, nicht aber, wenn Schlechtleistg eines Angest dch and und ohne zusätzl Vergütg nachgebessert w, VerwG Kblz JZ 77, 307. Vgl näher unten Anm 7b.

cc) Ein Schaden im RSinne ist auch dann zu bejahen, wenn der Geschädigte, um befürchtete Schäden abzuwenden, **Maßnahmen der Schadensvorsorge** getroffen u hierdch die typischerw zu erwartenden nachteiligen Folgen ausgeglichen h, BGH 32, 284, Mertens S 190, Venzmer VersR 63, 795, str. Die Schadensvorsorge dch den Geschädigten entlastet den Schädiger nicht; er hat vielmehr die vorsorgl getroffenen Aufwendgen bis zur Höhe des Schadens zu ersetzen, der ohne die VorsorgeMaßn entstanden wäre, RG 74, 365 (Bereitstellg von Geräten für das Heben gesunkener Schiffe), BGH 32, 284 (Reservehaltg von Straßenbahnzug), vgl auch BGH JZ 61, 420, Hbg MDR 65, 293 (Reserveschiff). Gläub muß jedoch nachweisen, daß die Reservehaltg mit Rücks auf fremdverschuldete Ausfälle meßb erhöht ist, BGH 70, 199, 201. Ermittlg der Schadenshöhe s BGH VersR **78**, 374, Brem VersR **76**, 666, Danner/Echtler VersR **78**, 99; da iF des Einsatzes eines Kfz aus der BetrReserve im Ergebn keine Gebrauchsvorteile entgehen, besteht kein Anspr auf Nutzgsentschädigg, BGH NJW **78**, 812. SchadErs für Vorhaltekosten schließt Ers für Verdienstausfall aus, LG Offenbg VersR **67**, 243. Vgl auch v Bieberstein, Festschr für Rheinstein II S 625 ff. Bei Verletzg von UrhR billigt die Rspr der GEMA auch einen Anspr auf anteil Ers der **Kosten der Kontrollorganisation** zu, BGH **17**, 383, **59**, 286; bedenkl, vgl Düss BB **70**, 981, Loewenheim JZ **72**, 12; jedenf ist dieser Grds außerh des Bereichs der Verletzg von UrhR unanwendb, BGH **59**, 288; der **Ladenbesitzer** kann daher dem Dieb keinen Anteil an den Vorbeugekosten anlasten, Brschw NJW **76**, 60, Kblz NJW **76**, 64, AG Mettmann NJW **76**, 56, Wälde NJW **72**, 2294, Wollschläger NJW **76**, 12, Musielak JuS **77**, 535, Hagemann JZ **78**, 134, hM, aA Canaris NJW **74**, 523. Vgl auch § 249 Anm 3 b „Ladendiebstahl".

dd) Eine wertde Betrachtg kann auch dazu führen, daß bereits ein **Bedarf** als VermSchaden anzuerkennen ist, gleichgült, ob ihn der Geschädigte befriedigt oder nicht. Das ergibt sich für den Fall der Körperverletzg od Sachbeschädigg bereits aus § 249 S 2, Celle VersR **72**, 469, § 249 Anm 2a. Kosten ärztl verordneter Stärkgsmittel sind auch dann zu ersetzen, wenn der Verletzte sie aus Geldmangel nicht beschafft, BGH NJW **58**, 627, vgl auch RG **151**, 298 (Kosten einer Pflegekraft), Stgt VersR **78**, 188 (Kosten einer Operation) u allg KG VRS **36**, 2. Keine ErsPfl aber, wenn Verletzter sich aus freien Stücken nicht stationär, sond zu Hause behandeln läßt, LG Stgt NJW **76**, 1797. Die Ehefr, die inf eines Unfalls die ihr als Unterh-Beitr obliegde HausArb nicht leisten kann, h auch dann SchadErsAnspr in Höhe der Kosten einer ErsKraft, wenn tatsächl keine ErsKraft angestellt w, BGH **38**, 59, GrZS **50**, 305; ebso bleibt der ErsAnspr des Witwers wg Verlustes der gesetzl geschuldeten Haushaltsführg (§ 844 II) unberührt, wenn er sich nach Tötg seiner Ehefr ohne ErsKraft behilft, BGH NJW **71**, 2067, **72**, 1130, VersR **73**, 940, od Verwandte einspringen, BGH VersR **73**, 85; das gilt nach neuem Recht auch für die Verletzg od Tötg des haushaltsführden Ehemanns, nicht aber für sonst Fälle des ZusLebens, aA Becker MDR **77**, 705. Zur Bemessg der Höhe des Anspr vgl Schlund DAR **77**, 282, Eckelmann DAR **78**, 29, u § 843 Anm 4 A d u § 844 Anm 6 A a.

d) Der VermSchaden kann in einer Güterminderg (damnum emergens) od im Entgehen von Vorteilen bestehen, die ohne das schädigde Ereign eingetreten wären (lucrum cessans). Zum entgangenen Gewinn vgl § 252. Bei der Güterminderg kann es sich handeln um eine Beeinträchtigg des Aktivvermögens (sog Aktivschaden) od um eine **Belastg mit einer Verbindlichkeit** (sog Passivschaden). Schaden setzt Wirksamk der Verbindlichk voraus, BGH **61**, 347. Hauptanwendgsfälle sind Belastg mit SchadErsPflichten od Kosten, vgl zB RG **146**, 360, BGH VersR **60**, 275, JZ **67**, 321, KG DAR **75**, 212 (sog Haftgsschaden). Dem steht die Belastg mit einer EntschPfl aus enteigngsgleichem Eingriff gleich, BGH NJW **72**, 288. Ein VermSchaden ist aber auch die Belastg mit einer **Unterhaltspflicht** ggü einem nicht gewollten nichtehel od ehel Kind, RG **108**, 86 (Verführg eines Geisteskranken), Düss NJW **75**, 595, Celle NJW **78**, 1688, Deutsch JZ **78**, 532 (fehlgeschlagene Sterilisation), LG Itzehoe VersR **69**, 265, LG Limbg NJW **69**, 1575, Heidrich JuS **69**, 455, Giesen u Reinelt FamRZ **70**, 565 (unwirks Antibabypille), aA Bambg NJW **78**, 1685, Selb JZ **71**, 201. Entsprechdes gilt an sich für UnterhPfl ggü scheinehel Kind, Tiedtke FamRZ **70**, 232, jedoch schließt die Rspr des BGH hier auch nach erfolgreicher Anf einen ErsAnspr aus, vgl Einf 1 Abs 3 vor § 1353. Gem § 249 S 1 kann der Geschädigte beim Passivschaden idR (and im Fall des § 249 S 2) nur Befreiung von der Schuld fordern, BGH Betr **75**, 445, doch ist gem § 250 Übergang in GeldAnspr mögl. Der Befreiungs-Anspr besteht auch dann, wenn der Geschädigte weder Einkommen noch Vermögen hat, BGH **57**, 83, **59**, 148, **66**, 4, aA RG **147**, 248. Er wandelt sich im Konk des Gläub des BefreiungsAnspr in einen ZahlgsAnspr um, w aber im Konk u ZwangsVergl in seiner Höhe nicht berührt, BGH **57**, 83.

e) Den §§ 249 ff liegt ein subjektbezogener SchadBegr zGrde. Die SchadErsPfl beschränkt sich nicht auf den gemeinen Wert, zu ersetzen ist vielmehr das **volle** wirtschaftl **Interesse**, dh die Differenz zw dem ggwärt Verm des Verletzten u dem Verm, das ohne das schädigde Ereign vorhanden sein würde. Insow ist weiter die auf Mommsen (1855) zurückgehde sog Differenzhypothese (vgl oben vor a) zuGrde zu legen, wenn sie auch für die Entsch der Frage, ob überh ein VermSchaden vorliegt, dch al Beurteilgsmaßstäbe ergänzt u modifiziert w, vgl oben b u c. Eine Pfl zum GeldErs besteht auch bei Sachen mit Sammler- od Liebhaberwert, sofern sich ein Marktpreis gebildet hat, LG Bln VersR **69**, 431 (Oldtimer). Dagg ist ein **Affektionsinteresse**, dh ein persönl Erinnergs- od Gefühlswert, weil nicht wirtschaftl Natur, nicht in Geld zu ersetzen, Köln OLGZ **73**, 7; läßt sich der Ggst reparieren od wiederherstellen, so h der Schädiger aber gem § 249 S 2 die Reparatur- od Reproduktionskosten zu ersetzen. Als **Mindestschaden** kann der Geschädigte den **objektiven Schaden** (VerkWert) ersetzt verlangen, soweit sich dieser ermitteln läßt, also obj Wertmaßstäbe bestehen, Zeuner AcP **163**, 387, Niederländer JZ **60**, 620 (obj Schadenskern), sehr str; vgl auch BGH **49**, 361. Der **Gewinn des Verletzers** ist für die SchadBemessg grdsätzl auch dann gleichgült, wenn er größer ist als die Nachteile des Geschädigten. Eine Sonderstellg nimmt insow der SchadErsAnspr wg Verletzg von **Urheberrechten** u ähnl AusschließlichkR ein, der auch nach hypothet Lizenzgebühr od dem Verletzergewinn berechnet w kann, vgl § 687 Anm 2c, § 249 Anm 3b.

f) Zu unterscheiden ist weiter zw **unmittelbarem** u **mittelbarem** Schaden, wenn auch die ErsPfl nach BGB grdsätzl beide SchadArten umfaßt. Unmittelb Schaden ist die nachteil Veränderg die am betroffenen Recht oder RGut selbst verurs worden ist, Larenz VersR **63**, 6, (der jetzt die Ausdr Objekts- u VermFolgeschaden verwendet, § 27 II 3). Er umfaßt bei GeldEntsch die Kosten für die Herstellg des geschädigten Gutes, also bei Verlust od Zerstörg die Wiederbeschaffgskosten, bei Beschädigg die Reparaturkosten, bei Körperverletzg die Heil- u Pflegekosten. Auch techn u **merkantiler Minderwert** (§ 251 Anm 4baa) gehört zum unmittelb Schaden, BGH VersR **69**, 473. Mittelb Schäden sind dch das schädigde Ereign verurs sonstigen VermEinbußen, also insb entgangener Gewinn (§ 252) sowie Erwerbs- u Nutzgsausfall. Die Unterscheid hat Bedeutg für die Versuche, das Problem der sog überholden Kausalität zu lösen, vgl unten Anm 5f. Im VersR ist idR nur unmittelb Sachschaden zu ersetzen, VVG 52, 53. Auch dch vertragl Abreden od AGB w die ErsPfl oft auf unmittelb Schaden beschränkt, vgl § 276 Anm 5 caa. Von unmittelb u mittelb Schaden ist zu unterscheiden die Unterscheidg in unmittelb u mittelb Verursachg, vgl unten Anm 5d aa; ein unmittelb Schaden kann mittelb verursacht sein u umgekehrt.

g) Nichterfüllgs- und Vertrauensschaden: Wird aus einem RGesch, insb aus Vertr, wg Nichteinhaltg einer LeistgsPfl auf SchadErs gehaftet, ist grdsätzl das volle ErfInteresse (sog **positives Interesse**) zu ersetzen: der Gläub ist so zu stellen, wie er stehen würde, wenn der Schu ordngsmäß erfüllt hätte, RG **91**, 33. Dieser „SchadErs wg Nichterfüllg" (zB §§ 280, 286 II, 325, 326) geht entgg § 249 S 1 idR auf Leistg von Geld, RG **61**, 353, **107**, 17, BGH **LM** § 325 Nr 3, § 325 Anm 3, doch ist Naturalherstellg auch hier denkb, vgl § 283 Anm 4 u Pieper JuS **62**, 411. – Ist dagg gem §§ 122, 307, 179 II, aus c.i.c. (§ 276 Anm 6) od aus unerl Hdlg SchadErs weg Nichtzustandekommens eines wirks RGesch zu leisten, geht die Haftg auf den Vertrauensschaden (sog **negatives Interesse**). Hier ist der Gläub so zu stellen, wie er stehen würde, wenn er nicht auf die Gültigk des Gesch vertraut hätte, RG **132**, 79, BGH BB **55**, 429. Das negat Interesse ist idR, aber nicht notw, niedriger als das pos. In §§ 122, 179 II u 307 I 1 ist das ErfInteresse die obere Grenze des ErsAnspr; das gilt bei Anspr aus c.i.c. nicht, RG **151**, 359. Beweist Geschädigter, daß ohne die unerl Hdlg (c.i.c.) ein günstigerer Vertr abgeschl worden wäre, ist dieser für SchadBemessg maßgebd, BGH BB **69**, 696. Auch ohne diesen Bew will BGH NJW **77**, 1537 uU auf einen Vertr mit günstigerem Pr abstellen, wenn Rückabwicklg des Vertr nicht mögl (bedenkl). Das negat Interesse ist auch bei SchadErs wg unricht Ausk maßgebd: Geschädigter ist so zu stellen, wie er gestanden hätte, wenn ihm richt Ausk erteilt worden wäre, BGH NJW **69**, 510; bei der SchadBemessg ist also nicht etwa der Inhalt der unricht Ausk als richt zu fingieren.

3) Grundgedanken des Schadensersatzrechts. Das SchadErsR des BGB beruht auf dem **Ausgleichsgedanken**. Die SchadErsLeistg h keinen poenalen Charakter, sie bezweckt die Wiederherstellg des früh Zustands. Ledigl der SchmerzGAnspr hat eine gewisse Sonderstellg: zwar steht auch bei ihm die Ausgl-Funktion im VorderGrd, er soll aber zugl dem Genugtuungsgedanken Rechng tragen, BGH GrZS **18**, 154. – Das geltde SchadErsR w weiter dch das Prinzip der **Totalreparation** best. Es kennt keine Abstufg des Haftgumfanges nach dem VerschGrd u dem persönl Verhältn der Beteiligten. Soweit nicht § 254 eingreift, ist auch bei leichtester Fahrlk der adäquat verursachte Schaden zu ersetzen. Der 43. DJT h demggü mit R die Einführg einer Reduktionsklausel gefordert, die dem Richter bei leichter Fahrlk eine Begrenzg der SchadErsPfl aus BilligkGrden ermögl soll. Eine entspr Neuregelg ist in Vorbereitg, vgl § 255a im Referentenentwurf eines Ges zur Änderg u Ergänzg schadensersatzrechtl Vorschr, 1967. Im ArbR ist das Prinzip der Totalreparation dch die von der Rspr entwickelte Grds über die Haftg bei schadgeneigter Arb bereits aufgegeben, vgl § 611 Anm 14 b u § 276 Anm 5 c. – SchadErs ist nach § 249 S 1 grdsätzl dch **Naturalrestitution** zu leisten, vgl § 249 Anm 1. Dem Gläub steht es aber in der Mehrzahl der Fälle frei, stattdessen GeldErs zu fordern, § 249 S 2, §§ 250, 251 I; gg den Willen des Gläub ist GeldEntsch nur im Fall des § 251 II zul.

4) Konkrete u abstrakte Schadensberechn. Der Schaden ist grdsätzl konkret zu berechnen; abzustellen ist auf die Differenz zw der jetzigen VermLage des Verletzten u der, die ohne das SchadEreign bestehen würde, vgl oben Anm 2e u wg des BemessgsZtpkts unten Anm 9. Bei PersSchäden ist es unzul, den Schaden abstr (wie im SozVersR) nach der eingetretenen Minderg der Erwerbsfähigk zu bemessen, vgl oben Anm 2b ee. Auch entgangener Gewinn ist mit der BewErleichterg des § 252 grdsätzl konkret zu berechnen, doch ist bei ihm uU eine abstr Berechng mögl, vgl § 252 Anm 3 b, § 325 Anm 4. Die Weiterentwicklg des SchadErsR h im Ergebn dazu geführt, daß auch in and Fallgruppen eine abstr SchadBerechng zugelassen w. Die SchadErsPfl für den Verlust von Gebrauchsvorteilen (oben Anm 2b bb), die auf normativer Wertg beruhde Nichtberücksichtigg von schadbeseitigden Ereign (oben Anm 2c aa u bb), die Anerkenng von nicht befriedigten Bedürfn am VermSchaden (oben Anm 2c dd) sowie die Anerkenng des obj Schadens als Mindestschaden (oben Anm 2e) laufen prakt auf eine abstr SchadBemessg hinaus.

5) Zurechnungszusammenhang

Neueres **Schrifttum:** Bydlinski, Probleme der Schadensverursachg 1964, v Caemmerer, Problem des Kausalzushangs im PrivatR 1956, DAR **70**, 283, Huber JZ **69**, 677, Lange, AcP **156**, 114, Larenz, Obj Zurechng im SchadErsR, Festschr für Honig, 1970, 79, Lindenmaier, ZHR **113**, 207, Rother, Haftgsbeschränkg im SchadErsR 1965 S 7 ff, 197 ff, Stoll, Kausalzushang u Normzweck 1968, Weitnauer, Zur Lehre von adäquater Kausalzushang, Festgabe für Oftinger, 1969, 321.

a) Allgemeines. aa) Die SchadErsPfl setzt voraus, daß der Schaden dch das zum SchadErs verpflichtde Ereign verursacht worden ist, zw HaftgsGrd u Schaden muß also ein ursächl Zushang (Kausalzushang) bestehen. Das Problem des Kausalzushangs ist damit eines der Hauptprobleme des SchadErsRechts. Es tritt in zweifacher Beziehg auf: Ein Kausalzushang muß zw dem Verhalten des Verletzers (dem haftb machden Ereign) u dem Tatbestd der haftgbegründden Norm gegeben sein (bei Anspr aus § 823 etwa zw Hdlg des Schädigers u Körperverletzg), sog **haftgsbegründde Kausalität**; weiter muß zw dem ersten Verletzgserfolg u dem geltd gemachten Schaden ein Kausalzushang vorliegen (etwa zw Körperverletzg u Verdienstausfall od späterer Verschlimmerg des Leidens), sog **haftgsausfüllde Kausalität**. Setzt die SchadErsPfl Versch voraus, braucht sich diese idR nur auf die haftgsbegründde Kausalität zu erstrecken, vgl § 276 Anm 2.

bb) Nach dem UrsachenBegr der Logik u der Naturwissensch ist Ursache die Gesamth aller Bedinggen, Teilursache mithin jede einzelne Bedingg, die zum Erfolg beigetragen h. Hieran knüpft die dch v Buri (1873) begründete Bedinggs- od **Äquivalenztheorie** an: alle Bedinggen sind gleichwert, Ursache ist jede Bedingg, die nicht hinweggedacht w kann, ohne daß der Erfolg entfiele **(conditio sine qua non)**. Diese Theorie gilt nach stRspr des RG u BGH im StrafR; sie ist dort erträgl, weil die strafrechtl Verantwortlichk Versch voraussetzt. Für das ZivilR ist die Äquivalenztheorie unbrauchb, allgM; sie würde zu einer unerträgl Ausweitg der SchadErsPfl führen, da im ZivilR vielf ohne Versch gehaftet w (vgl oben Anm 1), der FahrlkBegr hier nur obj (vgl § 276 Anm 4b) u sich das Versch idR nur auf die haftgbegründde Kausalität zu erstrecken braucht (vgl § 276 Anm 2).

b) aa) Nach heute im bürgerl R ganz hM ist zivilrechtl bedeuts nur die Bedingg, die mit dem eingetretenen Erfolg (Schaden) in einem adäquaten Zushang steht, **Adäquanztheorie** (Begründer: v Bar 1871 u v Kries 1888). Sie gilt sowohl für die haftgbegründde als auch für die haftgsausfüllende Kausalität. Die Prüfg der

Adäquanz h zwar im Bereich der Haftgsbegründg, sow es um VerschHaftg geht, nur geringe Bedeutg, vgl BGH **57**, 27; sie ist aber im Fall der Gefährdgs- u Verursachshaftg ein unverzichtb Korrektiv. Auch nach der Adäquanzlehre muß Schädiger eine conditio sine qua non gesetzt h, BGH **2**, 138. Steht die Ursächlichk iS der Bedinggstheorie fest, ist zu prüfen, ob die Bedingg dem Erfolg adäquat ist, BGH aaO. Nicht Ursache iS der Adäquanztheorie ist eine Bedingg, wenn sie ihrer allg Natur nach für die Entstehg des eingetretenen Schadens gleichgült is u ihn nur inf einer ganz außergewöhnl Verkettg der Umst mitherbeigeführt h, Enn-Lehmann § 15 III 2. And ausgedrückt: die Möglichk des Eintritts eines Schadens darf nicht so entfernt sein, daß sie nach der Auffassg des Lebens vernünftigerw nicht in Betr gezogen w kann, RG SeuffA **63**, 263, **64**, 18; sie darf nicht außerh aller Wahrscheinlichk liegen, RG **152**, 401, **168**, 88, **169**, 91. Sachl übereinstimmd, aber weniger treffd die pos Formulierungen: das Ereign muß allg geeignet sein, einen Erfolg wie den eingetretenen herbeizuführen, RG **104**, 143, **158**, 38; es muß die Möglichk eines Erfolges dieser Art generell nicht unerhebl erhöht h, BGH **57**, 255. Häuf w beide Formulierg verbunden: das **Ereign muß im allg u nicht nur unter bes eigenartigen, unwahrscheinl u nach dem gewöhnl Verlauf der Dinge außer Betracht zu lassden Umständen geeignet sein, einen Erfolg dieser Art herbeizuführen**, RG **115**, 155, BGH **7**, 204, **57**, 141, NJW **76**, 1144. – Bei Beurteilg der Adäquanz kommt es – and als beim Versch – nicht auf die Einsicht u Voraussicht des Schädigers an, sond auf eine **objektive nachträgliche Prognose**; neben den dem Schädiger bekannten Umst sind alle dem optimalen Betrachter zZ des Eintritts des Ereign erkennb Umst zu berücksichtigen, BGH **3**, 266; heranzuziehen ist das ges zZ der Beurteilg zur Vfg stehde menschl Erfahrgswissen, BGH VersR **72**, 69. – Adäquater KausalZushang w nicht dadch ausgeschl, daß sich mögl Gefahr auf ungewöhnl Weise verwirklicht h, BGH VersR **61**, 465 (Spitzhacke, vgl dazu zuletzt Kramer JZ **76**, 338), VersR **67**, 113 (Kamineinsturz). Er ist in einem Impfschadenfall bejaht worden, obwohl die Schadenswahrscheinlichk geringer als 0,01 Prozent war, BGH **18**, 286.

bb) Die Adäquanztheorie ist in Wahrh keine reine Kausallehre, sond eine Bewertgsregel mit dem Ziel, die obj rechtl Zurechng von Schadensfolgen brauchb abzugrenzen, Rother S 8. Diesen Gedanken hat der BGH in einigen Entsch dahin ausgedrückt, bei Prüfg der Adäquanz gehe es um die Feststellg der Grenzen, bis zu der die Haftg noch zugemutet w könne, BGH **3**, 267, **18**, 288, MDR **56**, 725. Wie die spätere Rspr zeigt, verdient diese viel kritisierte Formulierg aber nicht, wenn sie bei der SchadZurechng auf Billigk u Zumutbark der Haftg im Einzelfall abstellen will, vgl insb BGH VersR **59**, 1000, **63**, 263. Der BGH erkennt zumindest in seiner neueren Rspr vielmehr an, daß die Adäquanztheorie im Ergebn nur bei gänzl unwahrscheinl Schadensverläufen die Haftg des Schädigers ausschließen kann. Rspr u Lehre h daher neben der Adäquanzformel weitere haftgsbegrenzde Wertgskriterien entwickelt, vgl unten c, auch bei adäquater Verursach kann daher der ZurechngsZushang ausgeschl sein. Einzelfälle vgl unten bb.

aa) Der Adäquanzlehre verwandt ist die Theorie der **wesentlichen Bedingg**. Sie gilt in der soz Unfall-Vers, BSozG NJW **56**, 119, **63**, 1693, in der Kriegsopferversorgg BSozG NJW **60**, 400 u im Beamten-unfallR, BVerwG **7**, 49, **26**, 333, **28**, 245. „Wesentl Bedingg" soll den Risikobereich des Vers- od Versorggsträgers abgrenzen; das führt zu einer von der Adäquanzlehre zT abw Betrachtg, Haueisen JZ **61**, 9, Kramer NJW **65**, 183, Wallerath NJW **71**, 228. Im Ergebn stimmen beide Theorien idR überein, Reiff NJW **61**, 630, doch sind Abw denkb, vgl BGH **LM** RVO 637 Nr 1.

c) Da die Adäquanztheorie nur ganz unwahrscheinl Folgen von der ErsPfl ausnimmt, ist sie allein nicht geeignet, die zurechenb Schadensfolgen sachgerecht zu begrenzen. Die auf eine WahrscheinlichkBetrachtg ausgerichtete Adäquanztheorie bedarf einer **Ergänzg** dch eine **wertende Beurteilg**. Diese Ans verdient im Interesse der Klarh den Vorzug ggü dem Versuchen, in die Adäquanztheorie selbst zusätzl Wertgskriterien aufzunehmen; vgl die rechtsähnl dualistisch (zweistuf) Betrachtsweise beim SchadBegr (oben Anm 2c) u bei der VortAusgl (unten Anm 7a). Als weitere Voraussetzg für eine SchadErsPfl ist daher zu fordern, daß zw dem haftgsbegründden Ereign u dem Schaden ein **Rechtswidrigkeitszusammenhang** besteht, Esser § 45 I, Blomeyer § 32 III 3, Huber JZ **69**, 677, v Caemmerer DAR **70**, 283, ebso die neuere Rspr BGH **27**, 138, **35**, 315, **57**, 142, NJW **68**, 2287, **69**, 372, hM, str, einschränkd Larenz § 27 III 2 mwNw. Ein RWidrigkZushang ist nur gegeben, wenn der geltd gemachte Schaden nach Art u Entstehgsweise unter den **Schutzzweck** der verletzten Norm fällt; es muß sich also um Nachteile handeln, die aus dem Bereich der Gefahren stammen, zu deren Abwendg die verletzte Norm erlassen worden ist, BGH **27**, 140, **35**, 315, **57**, 142. Die Schutzzwecklehre macht die Adaequanztheorie zwar nicht entbehrl, Esser § 45 I, Larenz § 27 III 2, str. Sie hat aber als Ergänzg dieser Theorie wesentl Bedeutg. Sie führt dazu, daß zu der kausalen Tatbestd Analyse eine am Normzweck orientierte teleologische Wertg hinzutritt.

aa) Geltgsbereich. Die Schutzzwecklehre ist zunächst für Anspr aus SchutzGVerletzg (§ 823 II) herausgebildet worden, vgl § 823 Anm 12a. Sie ist aber nunmehr für SchadErsAnspr aller Art anerkannt; so Anspr aus § 823 I, BGH **27**, 138, **32**, 205, NJW **68**, 2287; aus § 839, BGH **39**, 365, Celle NJW **71**, 103; aus BNotO 19, BGH **70**, 377; aus StVG 7, BGH **37**, 315, NJW **71**, 459, 461; aus § 463, BGH **50**, 200, NJW **68**, 2375 (maßgebd der Schutzzweck der Zusicherg); bei Beauftragg eines Sachverst mit SchadFeststellg LG Flensbg JZ **78**, 238 (das jedoch den Schutzbereich zu sehr einengt, s Olshausen aaO 227). Sie gilt auch iF des § 254 (dort Anm 3a cc) u für die Verletzg von Obliegenh, BGH **57**, 134, VersR **76**, 134.

bb) Ob eine schädigde Folge nach Art u Entstehgsweise in den Bereich der Gefahren fällt, zu deren Verhinderg die verletzte Norm bestimmt ist (vgl oben vor aa), ist aGrd einer am Normzweck u den Umst des Einzelfalles ausgerichteten **wertenden Beurteilg** zu entscheiden. Die insow notw Herausarbeitg von Abgrenzgskriterien u Fallgruppen ist erst zT geleistet, vgl dazu insb v Caemmerer Problem des Kausalzushangs 1956 u DAR **70**, 283; Huber JZ **69**, 677, Festschrift f Heimpel 1972 S 440ff u Festschr f Wahl 1973 S 301ff; Stoll Kausalzushang u Normzweck 1968, Lange JZ **76**, 198, Kramer JZ **76**, 338. Immerhin können einige Ergebn der Schutzzwecklehre nunmehr als im wesentl gesichert angesehen w, vgl nachstehd cc-gg.

cc) Folgeschäden sind trotz adaequater Verursachg nicht zu ersetzen, soweit sie sich wertder Betrachtg die **Verwirklichg eines allgemeinen Lebensrisikos** darstellen. Entscheidd ist, ob sie in innerem Zushang mit der dch die Schädigg geschaffenen Gefahrenlage stehen od ob sie zu dieser eine bloß zufäll äußere Verbindg haben. Kein SchadErsAnspr aus § 823 I, wenn bei Behandlg von Unfallverletzg eine und zur vorzeit Pensionierg führde Krankh entdeckt w, BGH NJW **68**, 2287, Kramer JZ **76**, 343; wenn Verletzter dch einen bei Gelegenh der Unfalloperation vorgenommenen, dch diese nicht veranlaßten zusätzl operativen Eingriff geschädigt w, BGH **25**, 86; ebso bei Schädigg dch eine der allg Vorbeugg diende, dch die Unfallfolgen nicht indizierte Impfg, BGH NJW **63**, 1671 (vgl aber auch BGH VersR **65**, 439), wenn nicht sehr erhebl Ehrverletzg Gehirnblutg zur Folge hat, BGH NJW **76**, 1143. Entgg BGH **57**, 137 auch keine SchadErsPfl des Verk ggü dem argl getäuschten Käufer für einen von diesem verschuldeten Unfall, sofern dieser mit der Täuschg in keinem inneren Zushang steht, Huber JuS **72**, 439, Lieb JZ **72**, 442, Flessner NJW **72**, 1777, John MDR **72**, 995, Honsell NJW **73**, 350, v Caemmerer, Festschr f Larenz 1973 S 611 (Getäuschtem bleibt aber AnfR aus § 123, vgl dort Anm 5).

dd) Erleidet jemand dch die Tötg od schwere Verletzg eines and einen **Schockschaden,** so liegt diese Folge in aller Regel im Rahmen der Adaequanz, v Caemmerer DAR **70**, 291. Nach dem Schutzzweck des § 823 I besteht ein ErsAnspr aber nur dann, wenn die GesundhBeschädig nach Art u Schwere über das hinausgeht, was nahe Angeh in derartigen Fällen erfahrgsgem an Beeinträchtiggen erleiden, BGH **56**, 163, dazu krit Deubner JuS **71**, 622, Herkner VersR **71**, 1140 (außerdem muß sich der Geschädigte – neben eig MitVersch, Karlsr VersR **78**, 575 – das des unmittelb Verletzten anrechnen lassen, vgl § 254 Anm 5c). Der entspr Schaden eines NichtAngeh dürfte nicht mehr im Schutzzweck des § 823 gedeckt sein, v Hippel NJW **65**, 1890, Berg NJW **70**, 515, Weimar MDR **70**, 565, LG Stgt VersR **73**, 648, vgl auch LG Ffm NJW **69**, 2286. Führt eine StrafAnz zum Schockschaden eines Angeh, w ein RWidrigkZushang zu verneinen sein, Hbg NJW **69**, 615 (das jedoch auf den UrsachenZushang abstellt), krit Deubner JuS **69**, 561.

ee) Kosten, die mit der **Strafverfolgg** der Beteiligten zushängen, fallen (im Ggs zu sonst Kosten der RVerfolgg u RVerteidigg vgl § 249 Anm 2 e) nicht in den Schutzbereich der privrechtl Haftgsnormen (Ausn: Anspr aus StrEG, BGH **65**, 176, **68**, 87). Daher keine ErsPfl für die Strafverteidigerkosten des freigesprochenen Unfallgeschädigten, BGH **27**, 138; das gilt entgg BGH **26**, 72 auch dann, wenn die Haftg auf § 839 BGB beruht. Ebenso keine privrechtl Haftg für die Kosten einer StrafAnz gg den Schädiger, LG Ffm VersR **75**, 1111; eines PrivKlVerf, Düss VersR **72**, 52; einer Nebenkl, gleichgült ob das Verf dch Freispruch (BGH **24**, 266) od dch Einstellg (LG Köln NJW **64**, 2064) endet (aA Leonhard NJW **76**, 2152, dazu Freundorfer NJW **77**, 2153); für den Verdienstausfall dch eine Vernehmg als Zeuge, BGH VersR **77**, 922. Aus den gleichen Grden hat der Halter nicht für die NebenKlKosten einzustehen, die im Verf gg den Fahrer entstanden sind, BGH NJW **58**, 1044.

ff) Die Zurechng von Schäden, die bei RettgsHdlgen u bei der Verfolgg des Schädigers entstehen, dürfte ebenf kein Problem der Adaequanz, sond ein solches des Schutzbereichs der Norm sein, vgl unten e bb. Weitere Anwendgsfälle der Schutzzwecklehre vgl unten f bb (rechtmäß Alternativverhalten), § 249 Anm 3b „Ladendiebstahl" u „SchadensfreiRabatt".

gg) Ein RWidrigkZushang ist weiter zu verneinen, wenn die SchadErsLeistg dem **Zweck des Schadensersatzes** zuwiderlaufen würde. Dieser Grds liegt der Rspr des BGH zum HaftgsAusschl bei Rechts- u Rentenneurose zu Grde, vgl unten d cc. Auch im übr erstreckt sich die Haftg nur auf den schutzwürd Schaden: entgangener Gewinn aus einer rechtl mißbilligten od verbotenen Tätigk ist nicht zu ersetzen, vgl § 252 Anm 2. Anw, der ein vom Verurteilten beabsichtigtes, aber aussichtsloses RMittel nicht einlegt, haftet nicht für Schaden aus vorzeit Vollstreckg, RG **162**, 68. Ein SchadErsAnspr des Täters gg einen Dr (etwa den Steuerberater, den der Täter schuldh von der strafbefreiend Selbstanzeige abgehalten h) auf Ers einer Geldstrafe wg Steuervergehens od Ordngswidrigk ist dagg mit dem Wesen des SchadErs u der Strafe nicht unvereinb, RG **169**, 267, BGH **23**, 222.

d) Einzelnes:

aa) Der Umstand, daß der Schaden nur **mittelbar verursacht** worden ist, hindert die Ann ursächl Zushangs nicht, falls der Zushang adäquat ist u unter den Schutzbereich der verletzten Norm fällt (Zu der hiervon abw Unterscheidg zw unmittelb u mittelb Schaden vgl oben Anm 2f). Beispiele mittelb aber zurechenb Verursachg: Sturz inf einer bei früherem Unfall erlittenen Beinverletzg, RG **119**, 204, BGH VersR **71**, 443 (and, wenn Beinverletzter sich nicht vor Artilleriebeschuß in Sicherh bringen kann, BGH NJW **52**, 1010), Tod des Verletzten dch Infektion im Krankenhaus, RG **105**, 264, Verderb von Eiern im Brutapparat inf Beschädigg der Stromleitg u Unterbrechg der Stromzufuhr, RG **41**, 125 (hierzu Glückert AcP **166**, 313); Produktionsausfall im GewerbeBetr aus gleichem Grd, BGH NJW **68**, 1280; Nichtausweisg eines Grdst als Bauland inf bergbaubedingter Bodensenkg, BGH **59**, 144. Mittelb Körperverletzg des später Geborenen dch Schädigg der Mutter vgl BGH **8**, 246, **58**, 48. Zur Frage, wann bei Hinzutreten der Hdlg eines and ein adäquater KausalZushang besteht, vgl unten e. Aus einer ArbAnweisg können SchadErsAnspr nicht schon hergeleitet w, wenn einz Elemente der Anweisg falsch waren, sond nur, wenn Schad auch bei völl Befolgg der Anweisg entstanden wäre, BAG Betr **69**, 1466, krit Weitnauer AP § 249 Nr 9.

bb) Aufwendgen des Verletzten sind dem Schädiger zuzurechnen, wenn sie der Verletzte nach den Umst des Falles als notw ansehen durfte, Thiele Festschr f Felgentraeger S 396, v Caemmerer VersR **71**, 974. Die „freie"Entschließg des Verletzten unterbricht den ZurechngsZushang nicht, vgl unten e bb. Ands ist die übl Adäquanzformel hier zu weit; bei der Abgrenzg ist auf den RGedanken des § 254 auszugehen, Thiele u v Caemmerer aaO. Beispiele: Die vertragsbrüch Part hat der and alle Aufwendgen zu ersetzen, die diese macht, um (auch nur vermeintl) drohde Nachteile abzuwenden, BGH **LM** HGB 376 Nr 2, WPM **72**, 558, BAG JZ **76**, 721 (Aufwendgen des ArbG zG des vom ArbN betrogenen GeschPartners). Der Schädiger hat die AnwKosten des Verletzten zu tragen; das gilt insb bei Verkehrsunfällen, vgl § 249 Anm 2e, aber auch sonst, Naumb JW **38**, 3111. Zur ErsPfl für Sachverständigenkosten u Kosten von Vorprozessen vgl § 249 Anm 2e. Ers von Strafverteidiger- u Nebenklagekosten, vgl oben c aa. Schädiger h Kosten der Krankenhausbesuche von nahen Angeh zu ersetzen, soweit sich diese im Rahmen des Angemessenen halten, § 249 Anm 2d. Ers von Mietwagenkosten vgl § 249 Anm 1, von Vorhaltekosten oben Anm 2c cc, von fehlgeschlagenen Aufwendgen oben Anm 2b cc. IdR keine ErsPfl für Aufwendgen, die der Geschädigte hätte machen können, aber gemacht h, BGH VersR **70**, 121, Ausn vgl oben Anm 2c dd.

cc) Trifft das schädigde Ereign auf eine **zum Schaden neigende Konstitution,** so w der adäquate Kausalzushang hinsichtl des gesamten entstehen Schadens nicht dadch ausgeschl, daß die schweren Folgen bei normalen Verhältnissen nicht eingetreten wären; der Schädiger haftet daher, wenn dch Verletzg eines gesundheitl Geschwächten od psych Abnormen ein ungewöhnl großer Schaden eintritt, RG 169, 120, BGH 20, 139, VersR 66, 737, NJW 74, 1510 stRspr; ebso wenn vertragsw kreditschädigdes Verhalten auf bereits gefährdeten Betr trifft, BGH LM § 249 (Ba) Nr 20. Bei PersSchaden erstreckt sich SchadErsPfl grdsätzl auch auf die Beeinträchtiggen (etwa der Arbfähigk), die dch seel Reaktionen auf die Verletzg zu erklären sind, RG 155, 41, BGH 20, 139, **39**, 315, NJW 58, 1579, VersR 66, 931, **68**, 397; das gilt uU auch bei Selbstverstümmelg des Verletzten, BGH VersR 69, 160. Das RG hat idR eine ErsPfl auch dann bejaht, wenn die ArbUnfähigk auf Begehrensvorstellgen zurückzuführen ist, denen der Verletzte aGrd seiner psych Abnormität erlegen ist, sofern er diese nicht überwinden kann (sog **Rechts-** od **Rentenneurose**), RG 75, 21, 155, 41, **159**, 257. Der BGH hat diese Rspr zunächst übernommen (LM § 249 [Bb] Nr 2), sie aber dann wesentl modifiziert: Der Schädiger haftet für eine Rechts- od Rentenneurose nicht, weil es dem Sinn u Zweck des SchadErs widersprechen würde, wenn gerade dch die Tats, daß ein und SchadErs zu leisten h, die Wiedereingliederung des Verletzten in den soz Lebens- od Pflichtenkreis erschwert od unmögl gemacht w, BGH 20, 142, ferner BGH VRS 19, 161, VersR 68, 377. Dieser Rspr ist mit der Maßg zuzustimmen, daß zw dem schädigden Ereign u der (möglw adäquat verursachten) Rentenneurose ein RWidrigkZushang fehlt, vgl oben c bb. Sie w dahin auszudehnen sein, daß RWidrigkZushang allg entfällt, wenn die psych Folgen in einem groben Mißverhältn zum schädigden Ereign stehen, so also Ausdr einer offensichtl **unangemessenen Erlebnisverarbeitg** sind, BGH VersR 70, 283. Die insow bestehde HaftgsBegrenzg (die bei Rentenneurosen die Prüfg von Simulation u MitVersch überflüss macht) greift auch dann ein, wenn nicht festgestellt w kann, daß der Rentenneurotiker seinen Versagenszustand bei Aberkenng des Anspr zu überwinden vermag, BGH NJW 65, 2293. Voraussetzg der Haftg ist aber nur bei einer Begehrensneurose die von sonstiger offenkund unangem ErlebnVerarbeitg, nicht dagg bei and, noch erlebnisadäquaten neurot Fehlhaltgn, BGH VersR 68, 397 (zweckfreie Aktualneurose), VersR 70, 272 (Angstneurose), jedoch greift § 254 ein, falls Fehlhaltg dch zumutb Willensakt od geeignete Rehabilitationsmaßn überwindb, BGH VersR 62, 280, **70**, 272, **§** 254 Anm 3b. Ob es sich im Einzelfall um eine Begehrensneurose handelt, können nur med Sachverst beurteilen; bei Würdigung der med Gutachten, die den Richter nicht binden, ist zu berücksichtigen, daß der med UrsachenBegr vom jur verschieden ist u die Terminologie auch sonst voneinander abweicht, BGH NJW 58, 1579, Witter NJW 58, 245. – Eine zT abw Beurteilg ist bei Neurosen geboten, die auf kurze VerfolggsMaßn zurückgehen, BGH **39**, 316. – Im SozVersR u VersorggsR wurde früher ein Kausalzushang zw schädigdem Ereign u Unfallneurose grdsätzl abgelehnt, vgl zB AmtlMitt des RVA 26, 480; neuerdings rückt das BSozG von dieser Ans ab, vgl BSozG NJW 63, 1693 u 2390.

dd) Auch ein **Unterlassen** kann im RSinne einen Schaden adäquat verursachen, sofern eine **Pflicht zum Handeln** bestand u die Vorn der gebotenen Hdlg den Schaden verhindert hätte, BGH 7, 204, Oldbg VersR 75, 66. Die Pfl zum Handeln kann auf Ges, Vertr, vorangegangenem gefährl Tun od der Anbahng von VertrVerh beruhen; vielf ergibt sie sich aus der allg VerkSichergsPfl, vgl § 823 Anm 8. Um Kausalität zu bejahen, muß unterbliebene Hdlg hinzugedacht u festgestellt w, daß der Schaden dann nicht eingetreten wäre, bloße Wahrscheinlichk des Nichteintritts genügt nicht, vgl BGH 64, 51, NJW 61, 870.

ee) Hängt die Beurteilg des Kausalzushangs davon ab, wie ein Ger od eine **Behörde** eine best Sache **entschieden haben würde,** so ist davon auszugehen, daß die Sache (iS des jetzt urteilend Ger) richt entschieden worden wäre, BGH NJW 56, 140, 505, BGH 36, 144, 51, 34, VersR 74, 489, stRspr. Kommt es auf den Bew einer Tats an, ist entspr der BewLast im nicht dchgeführten Verf zu entsch, BGH 30, 232. War ErmEntsch zu treffen, ist zu prüfen, wie die Beh nach ihrer übl Praxis entschieden hätte, BGH NJW 59, 1125, BVerwG 16, 342, **31**, 1. – Ist dch ein schädigdes Ereign eine behördl Entsch ausgelöst worden, muß das Ger diese als verbindl hinnehmen, BGH VersR 69, 76, 538, **72**, 976 (vorzeit Pensionierg eines verletzten Beamten); and nur bei Willkür, BGH ebda, Oldbg VersR 77, 872.

e) Mehrere schädigende Ereignisse: Ist der Schaden dch das ZusWirken mehrerer Ereign entstanden, sind grdsätzl alle für den Schaden im RSinne ursächl, vgl Dunz NJW 66, 134.

aa) Ein adäquater UrsachenZushang ist idR auch dann zu bejahen, wenn die vom ersten Schädiger in Gang gesetzte **Ursachenkette** dch einen Dr od in sonst Weise **richtgebend verändert** w. Wer eine Körperverletzg verursacht, haftet daher auch für den Schaden, der währd der ärztl Behandlg dch Kunstfehler entsteht, BGH **3**, 268, VersR 68, 773, and aber, wenn der behandelnde Arzt gg jede ärztl Erfahrg vorgeht, da ein derartiges Verhalten außerh aller Wahrscheinlichk liegt, RG JW 37, 990, RG 102, 231, stRspr. Diese Grds gelten entspr für Fehler eines Anw, RG 140, 9 u eines SchiffsFü, BGH VersR 77, 325. Ein bei der Reparatur inf geringe Leichtfertigk entstandener Brandschaden kann dem Erstschädiger nicht mehr zugerechnet w, BGH VersR 77, 519. Wer auf Schnellstraße einen Unfall verurs, ist auch für den Schaden mitverantwortl, der dch das Auffahren weiterer Kfz herbeigeführt w, BGH 43, 181, NJW 59, 573, VersR 67, 475, Düss DAR 77, 186; das gilt auch, wenn wg des Unfalls ein Kfz auf der nicht versperrten GgFahrbahn anhält u angefahren w, Köln VersR 71, 574/1024; Haftg uU auch dann, wenn Auffahrder unbeteiligten Dritten verletzt, BGH NJW 72, 1804. Wer für den Untergang eines Schiffes verantwortlich ist, muß uU für Schäden aufkommen, die ein Dr dch Auffahren auf das Wrack erleidet, Hbg VersR **72**, 1119. Wer zur Sicherg der von ihm schuldh geschaffenen Gefahrenquelle die notw Vorkehrgen trifft, ist nach BGH VersR **69**, 895 mangels Kausalität nicht verantwortl, wenn Dritter dch Nichtbeachtg der Vorkehrgen Schaden erleidet, die Nichthaftg läßt sich aber wohl in diesem Fall, wenn überh, nur aus § 254 herleiten, Schmidt VersR 70, 395. Wer and Schiff zu hartem Rudermanöver veranlaßt, ist verantwortl, wenn dieses inf Verrutschens der Deckslad untergeht, BGH **LM** § 249 (Bb) Nr 17. Kein adäquater UrsachenZushang aber zw Körperverletzg u späterem Unfall, den ein wg der Verletzg eingesetzter ErsFahrer verursacht, BGH VersR **71**, 83, auch nicht zw Beschädigg des Fahrzeugs u Unfall von ErsFahrzeug, aA für Sonderfall Düss VersR 76, 891. Allg gilt, daß derjenige, der eine Gefahrenlage schafft, bei der FehlHdlgen anderer erfahrgsgem vorkommen, den entstehden Schaden adäquat mitverursacht h, BGH 43, 181,

Inhalt der Schuldverhältnisse. 1. Titel: Verpflichtung zur Leistung **Vorbem v § 249** 5e, f

LM HGB 735 Nr 5, VersR **68**, 765, es haften dann beide Schädiger (Ausgleich §§ 426, 254), BGH MDR **64**, 135. And, wenn der Dr in völl ungewöhnl u unsachgem Weise eingreift u hierdch der Schaden entsteht, BGH **3**, 268, der Ersttäter haftet hier auch dann nicht, wenn mit dem eingetretenen Schaden schon aGrd des Erstereign zu rechnen war, der **Kausalzusammenhang** im RSinne ist hier dch das Zweitereign **unterbrochen**. Keine Unterbrechg des KausalZushangs aber, wenn sich unfallbedingte Verzögerg des Examens dch Vorlesgsstreik weiter verlängert, aA Hamm NJW **70**, 1853.

bb) W der Schaden dch das **auf freier Entschließg beruhende Verhalten** des Verletzten oder eines Dr herbeigeführt, w der ZurechngsZushang nicht unterbrochen, wenn die Hdlg des Verletzten od Dr dch das haftgbegründde Ereign herausgefordert wurde u eine nicht ungewöhnl Reaktion auf dieses darstellt, BGH **57**, 30, **63**, 189, NJW **71**, 459, **78**, 1006 (sog psych vermittelte Kausalität). Ein ZurechngsZushang ist insb zu bejahen, wenn für die ZweitHdlg ein rechtfertigder Grd bestand, vgl BGH **24**, 266. Schädiger haftet daher für Schäden, die nach einem von ihm verursachten Hauseinsturz dch Verhängg einer Benutzgssperre entstehen, Bambg OLGZ **71**, 349, die Dr bei einem Rettgsversuch erleidet, RG **164**, 125, Stgt NJW **65**, 112 (Rettg aus brennend Kfz), RG **50**, 223 (Anhalten durchgehder Pferde), Celle VersR **78**, 947 (Einfangen eines weggelaufenen Pferdes); etwas and gilt jedoch, wenn der bei der RettgsHdlg entstandene Schaden nicht mehr dch den Schutzzweck der Norm gedeckt ist, BGH **59**, 176 (Schaden beim Leichtern eines Wracks). Über etwaige Anspr des Dr gg den Gefährdeten aus GoA vgl § 677 Anm 2b, § 683 Anm 4. Bei VerkUnfallflucht haftet Flüchtder für die bei seiner Verfolgg entstehdn Schäden, BGH NJW **64**, 1363, VersR **67**, 580, ebso bei sonstiger **Flucht,** sofern der Schaden sich als Verwirklichg eines gesteigerten Verfolgsrisikos darstellt, BGH **57**, 25, NJW **71**, 1982 u der Verfolger sich zum Eingreifen herausgefordert fühlen durfte, BGH **63**, 189, NJW **76**, 569, krit Händel NJW **76**, 1204, Niebaum NJW **76**, 1673, Leitermeier, Haftg des Verfolgten für Schädn bei der Verfolgg, 1978, Diss Erlangen-Nürnb. Wer auf Autobahn od stark befahrener Straße Unfall u Verk-Stockg verurs, haftet, wenn and Kfz den Grünstreifen od Fußweg befahren u hierdch den StraßenEigtümer schädigen, da auch hier eine für einen HaftgsZushang ausr Herausforder vorliegt, Brem VersR **70**, 424, aA BGH **58**, 162, Deutsch JZ **72**, 551, Kramer JZ **76**, 344. KfzHalter, der fahrl Schwarzfahrt ermöglicht, haftet auch für vorsätzl Verhalten des Schwarzfahrers, BGH NJW **71**, 459. Unternehmen mehrere gemeins eine **Schwarzfahrt,** ist es Frage des Einzelfalls, ob neben dem jeweiligen Fahrer auch die übr Beteiligten die dch die Fahrt entstehendn Schäden im RSinne mitverursacht h, BGH NJW **78**, 421. Zw dem Teileinsturz eines Hauses u dem hierdch veranlaßten Abrißgebot besteht auch dann ein ZurechngsZushang, wenn die behördl Vfg obj nicht gerechtf, BGH **57**, 254. Dagg kein ZurechngsZushang zw den vom Notar verschuldeten Zweifeln über die Wirksamk eines Vertr u den Kosten des Proz, in denen ein Beteil erfolglos die Nichtigk des Vertr geltd gemacht h, BGH **70**, 376; auch nicht, wo Linksfahren einen and zum Rechtsüberholen mit anschließdem Linkseinbiegen u Abbremsen veranlaßt, um dem Linksfahrer einen „Denkzettel" zu geben, Köln NJW **66**, 111. Zw der Verführg einer 12-Jähr u ihrer späteren Verwahrlosg kann uU ein ZurechngsZushang bestehen, BGH NJW **78**, 2028 (strenge BewAnforderen). Bei Reizg zu einer gefährl Hdlg haftet der Provokateur neben dem Provozierten für die von einem Dr erlittene Körperverletzg, BAG Betr **68**, 1996. Ein adäquater KausalZushang besteht auch zw dem Angriff auf eine Pers u der Verletzg eines Dritten, der dem Angegriffenen zur Hilfe kommt, Düss VersR **70**, 451. Keine Unterbrechg des Kausalzushangs auch, wenn inf Unfalls Erwerbsbehinderter ArbPlatz aufgibt u keinen and findet, BGH NJW **51**, 797, doch greift uU § 254 ein.

cc) Besteht ein adäquater Kausalzusammenhang, ist es unerhebl, daß die Hdlg den Schaden nicht allein herbeiführen konnte, zur Entstehg des Schadens vielmehr notw ein weiteres Ereign erforderl war, sog **Gesamtkausalität,** RG **69**, 58, **73**, 290, BGH VersR **70**, 814; das gilt auch für das ZusWirken mehrerer Täter, § 830 I 1, u für Täter u den, der sachl Begünstigg begeht, BGH LM § 823 (Be) Nr 15a. Haben zwei Ereign den Schaden herbeigeführt, von denen jedes auch allein den Schaden verursacht hätte, sind beide ursächl, BAG Betr **69**, 1992, BGH VersR **71**, 819, Hbg MDR **74**, 930, sog **alternative Kausalität,** Jung AcP **170**, 429 mwN, vgl auch § 830 I 2. Unterscheide davon den Fall, daß Schaden **teilweise** dch das eine u teilw dch das and Ereign herbeiführt ist; dann zwei getrennte Ursachenketten; wieweit Schaden auf dem einen od and Ereign beruht, ist nach ZPO 287 (vgl unten 8) zu schätzen, BGH LM § 276 (Ca) Nr 11, § 823 (C) Nr 4, VersR **64**, 51.

f) Hypothetische Schadensursachen
Neueres **Schrifttum:** v Caemmerer, Problem der überholden Kausalität, 1962, = Gesammelte Schriften Bd 1, 411; Coing SJZ **50**, 865, Gotzler, Rechtmäß Alternativverhalten, 1977; Hanau, Kausalität der Pflichtwidrigk, 1971; Hueck JR **53**, 404; Knappe, Problem der überholden Kausalität 1954; Herm Lange AcP **152**, 153; Larenz NJW **50**, 487; Lemhöfer JuS **66**, 337; Neumann-Duesberg JZ **55**, 263; Niederländer AcP **153**, 41; Rother, Haftgsbeschränkgen im SchadensR, 1965, S 197ff; Zeuner AcP **157**, 441.

Hier geht es um die Frage, ob der Schädiger, der einen best Schaden in zurechenb Weise verursacht h, auch dann Ersatz schuldet, wenn der Schaden früher od später aGrd eines and Ereign (sog Reserveursache) eingetreten wäre. Entgg der früher hM handelt es sich hierbei um ein Problem der Schadensberechng u nicht um ein Kausalitätsproblem: real ursächl ist allein das Erstereign; die Reserveursache h sich nicht mehr ausgewirkt, weil der Schaden bereits eingetreten war, Staud-Werner Vorbem 56 vor § 249; es ist daher ungenau, vom Problem der „überholden Kausalität" zu sprechen. Das RG hat in stRspr die Berücksichtig hypothet Schadensursachen abgelehnt, RG **141**, 365, **144**, 80, **169**, 117, hiervon aber prakt wichtige Ausn gemacht, vgl unten aa. Auch das BAG steht der Berücksichtigg hypothet Schadensursachen grdsätzl ablehnd ggü, s BAG **6**, 321, NJW **70**, 1469 (dazu unten bb). Dagg wollte OGH **1**, 308 (mit eingehdr Begründg) den hypothet Verlauf schadensmindernd berücksichtigen. Der BGH hat noch nicht abschließd Stellg genommen, er neigt offenb zu einer differenzierenden Betrachtg, vgl BGH **10**, 6, **20**, 275, **29**, 215, NJW **58**, 705, **67**, 551, JZ **60**, 409, LM § 249 (Ba) Nr 20 u unten aa–dd. Die umfangreiche Lit ist uneinheitl. Gg die Berücksichtigg hypothet Schadensursachen h sich im Grds vor allem Staud-Werner Vorbem 46–66 vor § 249 u Niederländer aaO ausgesprochen. Für die Berücksichtigg hypothet Verläufe treten (mit

Einschränkgen) insb Lemhöfer u Zeuner aaO ein. Außerdem w zahlreiche vermittelnde Ans vertreten: Knappe (aaO) will nach dem VerschGrad, Larenz u Coing (aaO) nach der Art des Schadens, Esser (§ 46 III) nach der Art des ReparationsAnspr unterscheiden. Für differenzierde Lösgen auch v Caemmerer, Hueck, Lange, Neumann-Duesberg u Rother, alle aaO.

Auszugehen ist davon, daß das BGB zu der Frage, ob hypothet Schadensursachen bei der Schadensermittlg zu berücksichtigen sind, nicht ausdrückl Stellg nimmt. § 249 S 1 sagt nur, daß das schädigde Ereign wegzudenken, nicht aber, daß hypothet Ursachen hinzuzudenken sind; §§ 287 S 2, 848 sehen für best Fälle die Berücksichtigg hypothet Ursachen vor, § 440 II u HGB 844 enthalten eine Stellgnahme zG der Nichtberücksichtigg von hypothet Ursachen. Diese sich widersprechden Vorschr sind nicht Ausdr eines allg Grds, sie lassen weder eine Analogie noch ein *arg e contrario* zu. Die Frage, inwieweit hypothet Schadensursachen zu berücksichtigen sind, muß differenziert unter Berücksichtigg des Zwecks des SchadErsR beantwortet w. Dabei ist im Anschl an die Rspr des BGH u an Larenz (§ 30 I u NJW 50, 487) von folgden Grds auszugehen:

aa) Bestand bei Eintritt des schädigden Ereign eine der geschädigten Person od Sache innewohnde **Schadensanlage,** die zu dem gleichen Schaden geführt hätte, beschränkt sich die ErsPfl auf die dch den früheren Schadenseintritt bedingten Nachteile, RG **129,** 321, **156,** 191, BGH **20,** 280; **29,** 219, BB **68,** 1307 stRspr. Keine od beschränkte SchadErsPfl daher bei Beschädigg einer Sache, die ihrer Anlage nach ohnehin vor der Vernichtg stand, BGH **20,** 280, bei Schädigg eines GewBetr, der aus and Grd vor dem ZusBruch stand, BGH **LM** § 249 (Ba) Nr 20, bei unberecht Künd eines HandelsVertr, wenn dieser ohnehin selbst kündigen wollte, BGH **LM** § 249 (Ba) Nr 23, bei Verletzg einer Pers, die inf Krankh od Alters in Kürze erwerbsunfäh geworden wäre, RG **129,** 321, BGH **LM** § 840 Nr 7a, JZ **59,** 774, VersR **65,** 491; hierher gehört wohl auch der Fall BGH **10,** 6 (Entlassg eines Fabrikdirektors, der wg seiner Zugehörigk zur NSDAP ohnehin seine Stellg verloren hätte). Wohl auch keine SchadErsPfl wg unterbliebener SchönhRep, wenn wg Umbaus ohnehin Renovierg erforderl, Köln MDR **71,** 665. Keine Schadensanlage idS die Diebstahlsanfällig BGH **LM** § 249 (Ba) Nr 15, das allg Risiko von Kriegsschäden, BGH **29,** 215.

bb) Bes liegt die Frage, ob der rechtsw Schädiger einwenden kann, der Schaden wäre ganz od teilw auch entstanden, wenn er sich rechtmäß verhalten hätte; Berufg auf **rechtmäßiges Alternativverhalten,** Esser § 46 IV 2. Das RG hat diesen Einwand nicht zugelassen, RG **102,** 391 (Patentverletzg), **163,** 138 (ärztl AufklärgsPfl); dem folgt das BAG, BAG **6,** 376 (Metallarbeiterstreik), NJW **70,** 1469 (ErsPfl des vertrbrüch ArbN für Inseratkosten, auch wenn diese bei vertrgem Künd ebso entstanden), zweifelnd aber BAG NJW **76,** 644. OGH **1,** 308 h mit eingehder Begründg den ggteiligen StandPkt vertreten. Eine allg Stellgnahme des BGH steht aus; BGH **10,** 9 u **20,** 280 lassen die Frage offen; BGH NJW **71,** 239 verneint Anspr aus § 839 bei sachl gebotenen, aber von unzuständ Beh getroffener Maßn. In seiner Rspr zur ärztl AufklärgsPfl hält der BGH (abw von RG **163,** 138) den Einwand, der Patient hätte die mangels fehlder Aufklärg unwirks Einwilligg auch bei gehör Aufklärg erteilt, für erhebl, BGH **29,** 187, Petersen DRiZ **62,** 237, ebso Karlsr NJW **66,** 401. Dem ist allg zuzustimmen, Rother aaO S 218, aA Niederländer AcP **153,** 41. Wenn feststeht, daß der Schaden auch bei rechtmäß Verhalten des Schädigers eingetreten wäre, besteht zw der rechtsw Hdlg u dem Schaden kein RWidrigkZushang, oben c, Wissmann NJW **71,** 549, Medicus Anm zu **AP** § 276 VertrBruch Nr 3. Schäden, die auch bei einem normgemäßen Verhalten entstanden wären, fallen nicht in den Schutzbereich der verletzten Norm, vgl eingehd Hanau, Kausalität der Pflichtwidrigk, der für einen normativen UrsacheBegr eintritt. Der pflwidr handelnde Schädiger kann jedoch nicht einwenden, die fehlde RGrdlage hätte dch einen Dr geschaffen w können, BGH **63,** 319. Differenzierend Hamm NJW **71,** 469 (vgl auch BGH VersR **69,** 894, BGHSt **11,** 1). An die BewLast des Schädigers sind aber strenge Anfordergen zu stellen, unten ee.

cc) Die SchadErsPfl w nicht gemindert, wenn das hypothet Ereign, falls es für den Schaden ursächl geworden wäre, einen **Schadensersatzanspruch gegen einen Dritten** begründet hätte, BGH NJW **58,** 705, **67,** 552, allgM. Einwand des Schädigers, der Anspr gg den Dr wäre undchsetzb gewesen, ist unzul; der Geschädigte, der das Risiko der Zahlgsfähigk des Schädigers zu tragen h, kann nicht auch noch mit dem insow beim hypothet Schädiger bestehden Risiko belastet w, v Caemmerer aaO S 21.

dd) In den verbleibden Fällen ist in Anlehng an Larenz (§ 30 I u NJW **50,** 487) zu unterscheiden zw **unmittelbarem u mittelbarem Schaden;** zu dieser Unterscheidg vgl oben Anm 2 f. Der unmittelb Schaden ist ohne Rücks auf spätere Ereign, die hypothet den gleichen Schaden verursacht hätten, zu ersetzen, da der Geschädigte insow mit dem schädigden Ereign bereits einen ErsAnspr erworben h, der an die Stelle des verletzten RGutes getreten ist u dch spätere Entwicklgen nicht beseitigt w kann. Bei der Ermittlg des mittelb Schadens, wozu insb reine VermSchäden gehören, ist ohnehin eine hypothet Beurteilg erforderl; hier sind hypothet Ursachen zu berücksichtigen; so auch Coing SJZ **50,** 865, Soergel-Schmidt §§ 249–253 Anm 75, ähnl BGH **29,** 215, **LM** § 249 (Ba) Nr 15, VersR **69,** 803.

ee) Ist die Berufg auf hypothet Ursachen zul, hat Schädiger die BewLast dafür, daß der Schaden auch aGrd der Reserveursache eingetreten wäre, BGH NJW **67,** 551, **LM** § 249 (Ba) Nr 23, VersR **68,** 805, **69,** 43, stRspr.

ff) Eine Berücksichtigg überholder Kausalität kommt nur bei SchadErs, **nicht** aber bei Rückg, Rückzahlgs- od **Abführgspflichten** (§§ 556, 604, 607, 667, 696, 812, 985 usw) in Betr, v Caemmerer aaO S 22, Lemhöfer aaO S 339, allgM.

6) Kreis der Ersatzberechtigten, Geltdmachen von Drittschaden

Aus dem **Schrifttum:** v C a e m m e r e r, Problem des Drittschadensersatzes, ZHR **127,** 241; H a g e n, Drittschadensliquidation im Wandel der RDogmatik, 1971; R e i n h a r d t, Ersatz des Drittschadens 1933; S e l b NJW **64,** 1765; T ä g e r t, 1938, Geltdmachg des Drittschadens.

a) Die SchadErsPfl beschränkt sich grdsätzl auf den vom ErsBerecht erlittenen Schaden, BGH **7,** 30. ErsBerecht ist bei Vertr der and VertrPartner, bei unerl Hdlg derjenige, dessen R od rechtl geschütztes Interesse rechtsw verletzt ist. Bei Vertr w der ersberecht PersKreis dch die RFigur des Vertr zGDr u des Vertr mit Schutzwirkg zGDr erweitert, vgl § 328 Anm 2 u 3; bei unerl Hdlgen haben Dr in den Fällen u im Rahmen der §§ 844 II, 845 Anspr auf SchadErs (ähnl RHaftpflG 3 II, StVG 10 II, LuftVG 35 II; bei vertragl Anspr finden §§ 844 II, 845 keine Anwendg, Ausn: § 618 III). Bei Anspr, die auf einen allg VermSchutz abzielen (Anspr aus Vertr, §§ 823 II, 826, 839), kann ein mittelb Betroffener ersbercht sein, vgl RG RG 77, 100, BGH **LM** § 538 Nr 12/13. Im übr gilt der Grds, daß der dch die **Verletzg eines anderen** nur mittelb in seinem Vermögen **Geschädigte keinen Ersatzanspruch** h (Bsp: Verletzg des Sängers, EinnAusfall des Theaters). SchadErsAnspr der Erben beschr sich daher auf den bereits vom Erbl erlittenen Schaden, BGH **NJW 62**, 911, **LM** § 823 (F) Nr 25, VersR **72**, 460. Der einer GmbH entstandene Schaden soll nach BGH **61**, 380, NJW **77**, 1283 im Verhältn zum Schädiger als persönl Schaden des Alleingesellschafters gewertet w können, dagg mit Recht Mann u Roll NJW **74**, 492, Berg NJW **74**, 933, Mann NJW **77**, 2160; vgl ferner Frank NJW **74**, 2314, K. Schmidt GmbH Rdschau **74**, 178, Hüffer JuS **76**, 86. Eine unmittelb Verletzg, also kein Drittschaden, liegt aber vor, wenn jemand dch die Tötg eines nahen Angeh einen NervenZusbruch erleidet, vgl oben Anm 5 d aa. Tritt der SozVersTräger, Versicherer, ArbGeber od Dienstherr für den Schaden ein, kann er aGrd gesetzl FdgÜbergangs od Abtr beim Schädiger Regreß nehmen, vgl oben Anm 2c aa u unten Anm 7c. Auch hier handelt es sich nicht um Ers eines Drittschadens, sond um die Geltendmachg des ErsAnspr des unmittelb Geschädigten, wenn auch die Lohnfortzahlgsfälle einer Drittschadensliquidation nahe stehen mögen, vgl Kohlhosser AcP **166**, 305, Esser § 43 II 5, ferner oben Anm 2c aa.

b) Vielf w der Schaden, der typischerw beim ErsBerecht eintreten müßte, aGrd eines RVerhältnisses zw dem ErsBerecht u einem Dr auf diesen verlagert. Aus dieser **Schadensverlagerg** darf der Schädiger keinen Vorteil ziehen; Rspr u Lehre lassen daher beim Auseinanderfallen von GläubStellg u geschütztem Interesse eine **Schadensliquidation im Drittinteresse** zu, vgl nachstehd aa–ee. Ansprberecht ist dabei der Inh der verl RStellg, der tatsächl Geschädigte ist nur iF der Abtr aktivlegitimiert, Celle VersR **75**, 838. Zur Abgrenzg zw Schadensliquidation im Drittinteresse u Vertr mit Schutzwirkg zGDr vgl § 328 Anm 2b aE. Zur Drittschadensliquidation im öffR vgl BVerwG **12**, 254.

aa) Wer als **mittelbarer Stellvertreter** für fremde Rechng gehandelt, insb einen Vertr geschl h, kann den Schaden des GeschHerrn ggü dem schädigden VertrGegner geltend machen, RG **90**, 246, **115**, 425, BGH **25**, 258, VersR **72**, 68, 199, 274, stRspr, so insb des Kommissionär, der Spediteur, der Frachtführer, der Beauftragte, der Treuhänder. Zul auch die Liquidation eines Schadens, der in der Belastg mit EntschPfl aus enteigngsgleichem Eingr besteht, BGH **57**, 335. Ob der GeschHerr gg den mittelb Vertreter Ansprüche, zB aus Versch bei Auswahl des Verletzers h, ist gleichgült. Wenn der GeschHerr erklärt, keinen Ers haben zu wollen, u er damit den Schädiger entlasten will, kann der mittelb Vertreter das Drittinteresse jedoch nicht geltd machen, da er sonst grdlos bereichert w. RG **58**, 43, **90**, 247, **115**, 426.

bb) Wer als berecht Besitzer einer fremden Sache einen Vertr abschließt, der hinsichtl der Sache eine **Obhutspflicht** begründet, kann bei Verletzg dieser Pfl ggü dem VertrGegner den Schaden des Eigtümers geltd machen, RG **93**, 39, BGH **15**, 228, **40**, 101, **LM** HGB 510 Nr 3, NJW **69**, 790 (daneben besteht uU eig deliktischer Anspr des Eigtümers). Bringt Gast fremde Sache zum Gastwirt ein, folgt Zulässigk der Drittschadensliquidation aus Neufassg des § 701, vgl dort Anm 1. Aber auch bei and Vertr ist davon auszugehen, daß die dem Besitzer ggü begründete ObhutsPfl auch das Interesse des Eigtümers deckt, v Caemmerer ZHR **127**, 265, str, so insb beim MietVertr, Berg JuS **77**, 363 (abw der BGH, der diese Fälle mit der RFigur der Vertr mit Schutzwirkg zGDr löst, vgl § 328 Anm 3a ii). Das w aus dem obj VertrZweck u dem Gedanken der Schadensverlagerg zu rechtf sein; dagg stellen BGH **15**, 228, NJW **69**, 790 auf eine ergänzde VertrAusleg ab, ohne hierfür entgg der sonst vertretenen Ans (vgl unten dd) konkrete AnhaltsPkte zu fordern.

cc) Erleidet der zur EigtÜbertragg verpflichtete Eigtümer bei Zerstörg od Beschädigg der Sache keinen eig Schaden, weil er ggü seinem Gläub frei w (Bsp: Vermächtn, Versendgskauf), kann er den Drittinteresse seines Gläubs geltd machen, sog **Gefahrenentlastg**, vgl RG **62**, 334, BGH **40**, 100, VersR **72**, 1139, v Caemmerer S 260, Esser § 43 II 3, Larenz § 27 IV b 1, str. Besteller kann Schaden des Unternn geltd machen, wenn das bereits vor Abnahme (§ 644) in sein Eigt übergegangene Werk dch Dr zerstört od beschädigt w, BGH NJW **70**, 41. BGH **49**, 361 läßt bei Versendgskauf Zulässigk der Drittschadensliquidation offen, gibt Eigtümer aber Anspr auf Ers des obj Schadens (VerkWert der Ware), vgl oben Anm 2e. Ähnl Hagen JuS **70**, 442, der die Fälle der Gefahrenentlastg mit der Lehre vom normativen SchadBegr (oben Anm 2 c) lösen will.

dd) Die Liquidation des Drittinteresses ist schließl mögl, wenn dies ausdrückl od stillschweigd **vereinbart** ist, RG **170**, 251, BGH Betr **59**, 1083. Für eine solche Ausleg müssen aber konkrete AnhaltsPkte vorliegen, BGH NJW **69**, 271. Der LizenzGeb w idR berecht sein, im LizenzNeh den Schaden weiterer NutzgsBerecht geltd zu machen, BGH NJW **74**, 502. Bei Kauf- od WerkVertr kann dagg iZw nicht angenommen w, daß Käufer od Besteller berecht sein soll, den Schaden seines Abnehmers geltd zu machen, BGH **40**, 102, Betr **86**, 2168, **LM** (D) Nr 11, Hamm NJW **74**, 2091 (sog „Verkäuferkette"), krit Wolter NJW **75**, 622 u Pfister JuS **76**, 373. Das Problem der **Produzentenhaftg** kann daher nicht dch eine Schadensliquidation des Drittinteresses gelöst w, BGH **51**, 93 (vgl dazu § 823 Anm 16), ebsowenig die sog Stromkabelfälle, BGH NJW **77**, 2209.

ee) Bei Anspr aus **unerlaubter Handlg** ist Drittschadensliquidation zul, wenn Amtspflichtverletzg ggü mittelb Vertreter od Treuhänder zur Schädigg des GeschHerrn od Treugebers führt, RG JW **27**, 1144, BGH NJW **67**, 931; sie ist ferner in den Fällen der Gefahrenentlastung anzuerkennen, BGH VersR **72**, 1139, Hbg MDR **74**, 668, offengelassen in BGH **49**, 360; im übr bei Anspr aus unerl Hdlg keine Drittschadensliquidation, Hamm NJW **70**, 1793.

7) Vorteilsanrechng, Forderungsübergang auf Versicherungs- u Versorggsträger. Neueres Schrifttum: Cantzler AcP **156**, 29, Lange JuS **78**, 649, Rudloff Festschr für Fr v Hippel 1967 S 423, Selb SchadensBegr u Regreßmethoden 1963, Thiele AcP **167**, 193.

a) Hat das zum SchadErs verpflichtete Ereign neben Nachteilen auch Vorteile gebracht, stellt sich die Frage, ob diese auf den SchadErsAnspr anzurechnen sind, Problem der VortAusgl. Die ältere Rspr u Lehre hat dieses Problem ausschließl unter dem GesichtsPkt der Kausalität betrachtet; dementspr hat das RG eine

Anrechng bejaht, wenn zw schädigdem Ereign u Vorteil ein adaequater UrsachenZushang besteht, RG 80, 160, 84, 388. Später hat das RG ausdr auch ZweckgesichtsPkte berücksichtigt u trotz adaequater Verursachg eine VortAusgl abgelehnt, wenn die Anrechng des Vorteils dem Sinn der SchadErsPfl zuwiderlaufe, RG 146, 289, 151, 334, vgl auch bereits RG 92, 57. Diese Grds hat der BGH fortentwickelt; nach nunmehr stRspr ist die VortAusgl von zwei Voraussetzgen abhäng: Das schädigde Ereign, das mit dem vorteilstiftden ident sein muß (BGH NJW 76, 747), muß den **Vorteil adaequat verursacht** haben, BGH **8**, 329, **49**, 61; dabei ist genügd, daß es den Vorteil unter Mitwirkg and Umst od auch nur mittelb herbeigeführt hat, RG **146**, 278, BGH **8**, 329. Weiter muß die Anrechng des Vorteils aus der Sicht des Geschädigten zumutb sein, BGH **10**, 108, sie muß dem **Zweck** des **Schadensersatzes** entsprechen u darf den Schädiger nicht unbill entlasten, BGH **8**, 329, **10**, 108, **30**, 33, **49**, 62, NJW **78**, 536, BAG NJW **68**, 222. Diese sachgerechte Einschränkg der VortAusgl führt dazu, daß Leistgen aGrd individueller u kollektiver Schadensvorsorge freigieb Leistgen Dritter u überobligationsmäß Anstrengen des Verletzten den SchadErsAnspr idR nicht mindern, vgl im einzelnen nachstehd b–d. Die neuere Lit stimmt dieser Rspr im Ergebn weitgehd zu, hält aber die von der Rspr angewandten Abgrenzgskriterien für unbrauchb. Sie stellt auf die Art des erlangten Vorteils ab, betont, daß es sich um eine **Wertgsfrage** handelt u will die VortAusgl auch bei nicht adäqu verursachten Vorteilen zulassen vgl Larenz § 30 II, Esser § 48, Cantzler aaO, ferner Thiele aaO, der einen unlösb inneren Zushang zw Vor- u Nachteil verlangt. – Beschränkt sich ErsPfl gem § 254 auf eine Quote, ist auch Vort nur quotenmäß anzurechnen, BGH NJW **70**, 461. VortAusgl ist keine Aufrechng, KG VersR **69**, 190, findet also auch bei gesetzl od vertragl AufrVerbot statt, BGH NJW **62**, 1909. Bei Naturalherstellg ist Vort irgendwie bei ErsLeistg auszugleichen, zB dch Zug um Zug Herausg des Vort, vgl BGH **27**, 248. VortAusgl ist auch der Abzug neu für alt, vgl dazu § 251 Anm 4 a.

b) Handlgen des Geschädigten: Gleicht Geschädigter Schaden dch **eigene Leistg** aus, ist für Anrechng RGedanke des § 254 II entscheidd. Bei Maßn, zu denen der Geschädigte gem § 254 II verpflichtet ist, ist der entstehde Vorteil zu berücksichtigen, vgl § 254 Anm 2b. Schadensbeseitigg od -minderg dch überpflichtmäß Anstrengen dagg Schädiger nicht. Anspr aus § 252 w daher nicht berührt, wenn Geschädigter die verhinderten Gesch dch überpflichtmäß Maßn nachholt, BGH **55**, 329, krit Lieb JR **71**, 371. Anspr auf Ers von Erwerbsschaden bleibt bestehen, wenn Geschädigter Arb aufnimmt, ohne hierzu gem § 254 II verpflichtet zu sein, BGH NJW **74**, 602. Anspr aus § 844 II entfällt nicht, wenn Witwe Arb aufnimmt, obwohl dies unzumutb, BGH **4**, 176, VersR **67**, 259, **69**, 469 (eine und Frage ist, ob der bereits zu Lebzeiten ihres Mannes mitverdienden Ehefr dch dessen Tod überh UnterhAnspr entzogen worden ist, vgl dazu § 844 Anm 5, ferner BGH NJW **57**, 537, Weyer VersR **69**, 967); das gilt entsprechd für Anspr aus § 843, Düss DAR **69**, 157. Zur Zumutbark von Untervermieten vgl Celle VersR **66**, 246. Keine Anrechng auch, wenn ArbG Dienste des vertragsbrüch ArbNehm zusätzl selbst leistet, BAG NJW **68**, 222; wenn Geschädigter Sache selbst repariert, § 249 Anm 2b cc. Ers von Vorhaltekosten vgl oben Anm 2c cc. – Bei entgangenem Gewinn aus der NichtDchführg eines Vertr ist Vorteil aus der andweit Verwertg des VertrGgst nicht anzurechnen, wenn Geschädigter den neuen Kunden ohnehin hätte beliefern können, vgl § 252 Anm 4. SchadErsAnspr aus § 463 bleibt bestehen, wenn aufgl Käufer des Geschädigten die Sache unter Vereinbg eines HaftgsAusschl weiterverkauft h, Hamm NJW **74**, 2091, Büdenbender JuS **76**, 154, krit Pfister JuS **76**, 373. Nimmt der dch NichtErf geschädigte Käufer Deckgskauf vor, sind hieraus entstehde Vorteile nicht zu berücksichtigen, RG **52**, 154, **102**, 349. Hat Geschädigter bei Durchsetzg seines ErsAnspr eine Sache, insb ein Grdst, unter Wert ersteigert, so hat das RG den daraus entstehden Vorteil idR angerechnet, RG **84**, 389, **133**, 223, vgl auch **80**, 154, **65**, 60. Nach jetzt hM (vgl oben a) w auf Umst des Einzelfalles abzustellen sein, einschränkd auch BGH VersR **61**, 369, **67**, 189.

c) Leistgen Dritter: Hat ein Dr den Schaden beseitigt, ergeben sich für die Auswirkg auf den SchadErsAnspr drei Möglichkeiten: 1. Der SchadErsAnspr bleibt trotz der Leistg des Dr in der Pers des Geschädigten bestehen, 2. er bleibt bestehen, geht aber auf den Dr über od der Dr kann Abtretg verlangen, 3. der SchadErsAnspr geht unter, Schädiger w frei. – Für die Mehrzahl der Fälle gilt Regelg 2, jedoch kommen auch die beiden and Lösgen vor. Im einzelnen:

aa) Freigiebige Leistgen Dritter lassen den SchadErsAnspr des Geschädigten grdsätzl unberührt, da sie idR nicht den Schädiger entlasten, sond dem Geschädigten zugute kommen sollen, RG **92**, 57, BGH **21**, 117. Nicht anzurechnen daher: Ertrag einer Sammlg für den Geschädigten, RG JW **35**, 3369; freiw UnterhLeistgen eines Dritten, RG **92**, 57; Betreuung dch Verwandte, BGH VersR **73**, 85, dch Stiefmutter, LG Münst VersR **69**, 116; ArbLeistg von FamAngeh od Mitgesellschaftern, die unentgeltl für arbeitsunfähigen BetrInh einspringen, BGH NJW **70**, 95; „Verwandtenrabatt" bei ErsBeschaffg, Hamm VersR **77**, 735; freiw Zuwendgen des ArbGeb an ArbNeh, BGH **10**, 107, Leistgen von Unterstützgskassen, KG VersR **69**, 1151. Ebso wird SchadErsAnspr des Verm gg Mieter wg unterliebener Schönheitsreparatur nicht dadurch ausgeschl, daß Neumieter Reparaturkosten übernommen hat, BGH **49**, 61 (aA mit beachtl Grden LG Mannh WM **77**, 253; für Ann einer GesSchuld Schmudlach NJW **74**, 257). SchadErs wg Schlechtlieferg entfällt nicht deshalb, weil Abnehmer des Geschädigten von MängelAnspr abgesehen h, BGH NJW **77**, 1819. Hat Dritter aber geleistet, um Schädiger zu entlasten, ist die Leistg Erf gem § 267 u anzurechnen. Dritter kann hier gg Schädiger Anspr aus §§ 677 ff od § 812 haben, vgl § 267 Anm 5.

bb) Auch **Versichergsleistgen**, die Geschädigter aGrd eines von ihm od einem Dritten abgeschl VersVertr erhält, berühren SchadErsPfl des Schädigers idR nicht. Bei SchadVers (Feuer-, Diebstahls-, KaskoVers, ferner KrankenVers, soweit sie die tatsächl Behandlgskosten betrifft, BGH **52**, 352), scheidet VortAusgl schon deshalb aus, weil SchadErsAnspr hier gem VVG 67 auf Versicherer übergeht. FdgÜbergang ist beschr auf Schäden, die dem versicherten Risiko entspr, BGH **25**, 340, **44**, 383; im übrigen bleibt Verletzter FdgInhaber. Hat Schädiger den Schaden wg MitVersch od wg summenmäß Haftgsbeschränkg nur teilw zu ersetzen, geht Fdg nur insow über, als nach Befriedigg des Verletzten noch ErsPfl des Schädigers verbleibt, Differenztheorie (QuotenVorR des VersNehm), BGH **13**, 28, **25**, 340, **44**, 382, **47**, 308 (and bei FdgÜbergang gem RVO 1542 vgl unten cc). Handelt es sich nicht um SchadVers, ist VVG 67 zwar unanwendb, VersLeistgen sind aber dennoch idR nicht zu berücksichtigen, weil Anrechng ihrem

Zweck zuwiderliefe u VersVertr den Schädiger nichts angeht. Nicht anzurechnen daher: Leistgen aus Unfall Vers, BGH **19**, 99, **25**, 328, u zwar weder mit ihrem Stammwert noch mit ihren Erträgn, BGH NJW **57**, 905, VersR **69**, 351; das gilt auch für die neben einer LebensVers abgeschl UnfallzusatzVers, BGH NJW **71**, 2069; gleichgült auch, ob UnfallVers vom Verl od vom Dr (ArbG) abgeschl, BGH NJW **68**, 837. Darü, wenn Schädiger UnfallVers zG des Verl abgeschl h, vgl aE dieser Anm. Leistgen aus LebensVers sind, soweit diese RisikoVers ist, auf Anspr aus § 844 II nicht anzurechnen, BGH **39**, 249; handelt es sich um SparVers (abgekürzte LebensVers), sind dagg die Erträgn der VersSumme (wie bei Erbsch unten d aa) zu berücksichtigen, BGH aaO. Nicht anzurechnen: Leistgen einer RSchutzVers (bei SchadErsPfl hinsichtl Anwaltskosten), Mü VersR **59**, 957, LG Koblenz MDR **61**, 598, LG Saarbr VersR **76**, 83, Leistgen einer priv KrankenVers (hier besteht aber Pfl zur Abtr an Versicherer, str, aA Neiße VersR **76**, 704 mwN). Anrechenb dagg Leistgen aus UnfallVers, die der Schädiger zG des Geschädigten abgeschl hat, RG **152**, 200, so jetzt auch BGH **64**, 266 unter Aufg seiner fr Rspr (BGH **19**, 94, NJW **63**, 1201).

cc) **Sozialversichergsleistgen** u sonstige **öffentlichrechtliche Unterstützg** führen zum FdgÜbergang ir Gesetzes nicht zur Entlastg des Schädigers. Die Rspr des RG, wonach die ges Ruhegehalt- od RentenAnspr anzurechnen waren (RG **153**, 265), ist überholt. Der FdgÜbergang auf SozVersTräger (RVO 1542, AVG 77 II, AFG 127) h insb Bedeutg für Anspr aus §§ 843, 844 II; er betrifft aber auch vertragl ErsAnspr, BGH **26**, 371, VersR **69**, 954; er findet statt, soweit SozVersTräger Leistgen zu gewähren hat (Grdlage also LeistgsPfl, nicht tatsächl Leistg), RG **156**, 351, BGH **19**, 178, **48**, 183, u zwar auch bei freiw Versicherten, BGH NJW **76**, 2349. Er entfällt, wenn Rente ruht, BGH NJW **74**, 1237. FdgsÜbergang umfaßt die Befugn, gem ZPO 323 AbändergsKl zu erheben, BGH NJW **70**, 1319. Er ist unabhäng davon, ob VersTräger inf des Unf mehr leisten muß als ohne ihn, BGH GrZS **9**, 189, also RegreßAnspr gem § 844 II, RVO 1542 wg Zahlgen an Witwe, wenn Rentner getötet w, BGH NJW **71**, 936, stRspr, dazu krit Neumann-Duesberg VersR **68**, 709, Gärtner JuS **72**, 69. In derartigen Fällen hat der SozVersTräger aber kein Quotenvorrecht, s aE der Anm. Mangels Schadens jedoch kein Übergang, wenn VersTräger Teilrente zahlt, Verletzter aber in bisheriger Stellg zu unverändertem Lohn arbeitet, BGH VersR **67**, 1069. Übergang erfaßt Fdg auch, soweit Leistgen des VersTrägers dch spätere Gesetze erhöht w, BGH **19**, 179, nicht jedoch, soweit neue Leistgen in Abänderg des Gesetzessystems eingeführt, BGH **19**, 179. Er vollzieht sich im Ztpkt des schädigden Ereignisses, so daß es für den VerjBeginn nach § 852 allein auf Kenntn des VersTrägers ankommt, BGH **48**, 188, VersR **77**, 739. Wird später ein and SozVersTräger zuständ, muß er sich den bereits abgelaufenen Teil der VerjFr anrechnen lassen, BGH VersR **78**, 660. Übergang beschränkt sich auf kongruente Anspr. Erforderl zeitl Kongruenz (BGH VersR **73**, 436) u sachl; der SchadErsAnspr muß dem gleichen Zweck wie die VersLeistg dienen, BGH NJW **56**, 220; insoweit SchmerzG nicht übergangsfäh, BGH VersR **70**, 1054, ebsowenig ErsAnspr wg MehrAufwendgen für 2. Pflegeklasse, BGH VersR **73**, 1196. Waisenrente nach Tod der Mutter u Anspr aus § 844 II wg entgangener Betreuungsleistgen sind gleichart, BGH NJW **66**, 1319, ebso Kinderzuschüsse u SchadErs wg Minderg der Erwerbsfähigk, BGH NJW **75**, 978. Anspr der Hausfrau wg Beeinträchtigg der Haushaltsführg (oben Anm 2c dd) u Rente wg Minderg der Erwerbsfähigk: gleichart, soweit Haushaltsführg UnterhBeitrag, dagg ungleichart, soweit diese den eig Bedürfn dient, BGH NJW **74**, 41/640, vgl auch Meurer DRiZ **73**, 413, Grasmann FamRZ **75**, 32. Keine Kongruenz zw ErwerbsunfähigkRente u Anspr wg unfallbedingten Mehraufwendgen, BGH NJW **70**, 1685. Anspr des nichtehel Kindes aus § 844 II geht nicht über, soweit Kind Waisenrente nach dem Tod seines Stiefvaters bezog u diese wg des Todes des nichtehel Vaters wegfällt, BGH NJW **71**, 286. SozVersTräger steht sog **Quotenvorrecht** zu. Haftet Schädiger wg MitVersch, summengemäß HaftgsBeschrkg od aus sonst RGrden beschränkt, kann Geschädigter selbst nur insow SchadErs verlangen, als nach Befriedigg des VersTrägers ErsPfl des Schädigers verbleibt, BGH NJW **69**, 98, **72**, 1860, Ffm NJW **78**, 1011, krit v Bieberstein VersR **78**, 485. Das gilt auch für FdgsÜbergang nach AFG 127, Adam VersR **70**, 605, u ggü dem freiw Versicherten, Düss VersR **76**, 363. (Beispiel: Verletzter erleidet inf ArbUnfähigk mtl Verdienstausfall von 1200 DM, erhält aber Rentenleistgen von 600 DM. Bei hälft MitVersch des Geschädigten steht SchadErsAnspr von mtl 600 DM aGrd des QuotenVorR allein dem SozVersTräger zu; bei MitVersch von 1/3 kann SozVersTräger mtl 600 DM u Geschädigter mtl 200 DM verlangen, vgl ferner die Bsp bei Losdau/Ruhl VersR **75**, 293 ff). Das QuotenVorR ist nicht verfassgswidr, BGH NJW **69**, 98, aber *de lege ferenda* fragwürd, vgl Mittelmeier VersR **75**, 1072. Kein Quotenvorrecht aber, wenn für den SozVersTräger im Ergebn keine Mehrbelastg entstanden ist (Witwenrente nach Tötg eines Rentners), BGH **70**, 69. VersTräger darf nach RVO 1542, 1524 pauschal abrechnen, es sei denn, daß Pauschalabrechng der Sätze für Privatpatienten wesentl übersteigt, vgl BGH **12**, 154, NJW **65**, 2013, Mü VersR **75**, 80. Zum Abzug ersparter Aufwendgen vgl unten d bb. Zum Übergang auf mehrere VersTräger vgl § 428 Anm 2. Auch dann keine VortAusgl, wenn im Einzelfall kein ges FdgÜbergang stattfindet, BGH **4**, 178, JR **56**, 341 (Alfu), BAG Betr **76**, 746 (Zusatzrente der VBL), jedoch muß Geschädigter ErsAnspr an Versorgsträger abtreten. Leistgen der Sozialhilfe entlasten den Schädiger ebenf nicht, BGH FamRZ **61**, 28; Träger der Sozialhilfe kann SchadErsAnspr gem BSHG 90, 91 auf sich überleiten, soweit dieser Deckg des Lebensbedarfs betrifft, BGH VersR **69**, 188.

dd) Einen ähnl FdgÜbergang sehen die **Beamtengesetze** vor, vgl BBG 87a, BRRG 52 (dazu Pentz, VersR **68**, 916, Riedmaier ZBR **78**, 190), ferner BVersG 81a. Auch hier vollzieht sich FdgÜbergang bereits im Ztpkt des schädigden Ereignisses, BGH VersR **68**, 277. Er ist unabhäng davon, ob Dienstherr Dienstbezüge weiterzahlt od Versorggsleistgen erbringt. Auch Anspr aus § 844 II geht über u zwar auch dann, wenn getöteter Beamter bereits pensioniert, die Versorggslast also im Ergebn geringer w, BGH FamRZ **58**, 210, str. Auch hier ist für FdgsÜberg wie bei cc gleiche Zweckrichtg des Anspr erforderl, BGH NJW **65**, 102; diese ist gegeben, bei Anspr auf Ers der Beerdiggskosten u Sterbegeld, BGH NJW **77**, 802 bei Anspr aus § 843 wg vermehrter Bedürfn u Unfallausgleich BGH NJW **65**, 914, FdgsÜberg aber nur insow als wirkl Vermehrg der Bedürfn eintritt, BayObLG VersR **68**, 950, KG Vers **36**, 1; SchmerzGAnspr nicht übergangsfäh, KG Betr **70**, 2115. Weihnachtsgeld ist anteil nur das ganze Jahr zu verrechnen, BGH NJW **72**, 766, aA KG VersR **71**, 233; zu ersetzen auch anteiliges Urlaubsgeld, BGH **59**, 154. FdgsÜbergang auch dann, wenn Dienstherr Beihilfeleistgen erbringt, v Bieberstein VersR **65**, 1134, aA hM, vgl Hamm VersR

77, 151. Bei Fortzahlg des Gehalts geht Fdg in Höhe der Bruttobezüge auf Dienstherrn über, BGH **42**, 76. Übergang darf sich nicht zum Nachteil des Beamten auswirken, BGH **22**, 137, vgl auch BBG 87a, BRRG 52; and als bei RVO 1542 hat daher volle Befriedigg des Verletzten Vorrang, BGH VersR **67**, 902, Zweibr VersR **74**, 1090.

ee) Gehaltsfortzahlg: Erhält der arbeitsunfähige Verletzte vom ArbGeb aGrd gesetzl (§ 616 Abs 2, HGB 63, LFZG) oder vertragl Regelg Gehalt od Lohn weiter, so entlastet dies den Schädiger nicht, BGH **7**, 30, **10**, 107, **21**, 112, **43**, 381. Darü, daß hier Schaden gegeben, vgl oben Anm 2c aa); keine VortAusgl, weil Gehaltsfortzahlg nicht den Schädiger entlasten, sond dem Geschädigten zugute kommen soll. Entspr soll nach Schlesw SchlHA **71**, 124 für den AufopfergsAnspr gelten (zweifelh). Nicht anzurechnen auf SchadErsAnspr auch: vom ArbGeb gezahltes Sterbegeld, BGH NJW **78**, 536; Ruhegehälter des ArbGeb oder von UnterstützgsEinrichtungen; Gehalt, das OHG od KG ihrem unfallgeschädigten geschäfführden Gesellschafter weiterzahlt, BGH NJW **63**, 1051, NJW **70**, 95,; das soll nach BGH NJW **71**, 1136 auch für die Gehaltsfortzahlg an den GesellschafterGeschFührer einer EinmannGmbH gelten. SchadErsAnspr umfaßt hier Bruttobezüge einschl ArbGAnteile zur SozVers, BGH **43**, 378, ferner Weihnachts- u Urlaubsgeld, BGH **59**, 109, Hbg VersR **72**, 108, Riedemaier VersR **78**, 110, Beiträge zu den Sozialkassen des Baugewerbes, KG DAR **77**, 217, nicht aber Beiträge zur BerufsGenossensch, BGH NJW **76**, 326, Oldbg VersR **75**, 719, Saarbr VersR **75**, 1059, str. ErsPfl kann auch für eine weiter gewährte Tantieme bestehen, BGH NJW **78**, 40; Kuckuk BB **78**, 283; Ganßmüller VersR **78**, 805; SchadErsAnspr des verletzten Arbeiters geht gem LFZG 4 auf den ArbG über. Diese Vorschr w man auf Angest entspr anwenden können, Neumann-Duesberg BB **70**, 493, str, aA hM. Soweit kein ges FdgÜbergang stattfindet, muß der Verletzte seinen Ers-Anspr analog § 255 an den ArbG (DienstBerecht) abtreten, s § 616 Anm 5. Das sog Quotenvorrecht (vgl cc) steht hier wie bei VVG 67 u BRRG 52 (vgl bb u dd) dem Geschädigten (ArbN) zu, Lange VersR **70**, 486, 493. Eigene Anspr haben die derart mittelb Geschädigten grdsätzl nicht, RG **98**, 344, and bei unmittelb VertrAnspr, vgl RG **155**, 335.

ff) Zu bb–ee: Bei **Schadensersatzansprüchen gegen** einen mit dem Verl in häusl Gemeinsch lebden **Angehörigen** ist FdgsÜbergang auf den Versicherer gem VVG 67 II ausgeschl. Das gilt entsprech für den FdgsÜbergang gem RVO 1542 u BBG 87a, BRRG 52, BGH **41**, 82, **43**, 77 u den gem LFZG 4, BGH **66**, 107, Hamm Betr **75**, 939, Celle VersR **76**, 98. Ebso nicht Pfl zur Abtr an ArbG, Hanau BB **68**, 1044, Düss VersR **69**, 87, aA LAG BaWü Betr **69**, 397. Das gilt auch dann, wenn für Angeh HaftPflVers besteht, BGH NJW **68**, 649, BGH **66**, 111; Hamm Betr **75**, 939; ausgeschl auch der DirektAnspr gg den PflVersicherer des Angeh (PflVG 3 Nr 1), BGH **66**, 111 (krit Hirschberg JuS **77**, 439), nicht aber der RegreßAnspr aus RVO 640, BGH **69**, 359. Haftet neben dem Angeh ein Dr, beschränkt sich FdgsÜbergang (Abtr) auf Haftgsanteil des Dr, da andf Angeh entgg dem RGedanken des VVG 67 II ausglpflicht würde, BGH **54**, 256. Häusl Gemsch muß im UnfallZtpkt bestehen, späterer Wegfall schadet nicht, BGH NJW **71**, 1938, HaftgsAusschl aber auch, wenn die Voraussetzgen des VVG 67 II später entstehen, BGH NJW **76**, 1152, **77**, 108.

gg) Auch ges **Unterhaltsansprüche**, die inf des SchadEreign zum Tragen kommen, mindern Anspr gg Schädiger nicht; so ausdr §§ 618 III, 843 IV, 844 II, HaftpflG 8 II, StVG 13 II, LuftVG 38 II. Diese Vorschr sind Ausdr eines allg RGedankens: Unterhaltsleistgen sind wg ihres subsidiären Charakters niemals auf SchadErsAnspr anzurechnen, BGH VersR **70**, 41, NJW **71**, 2070. UnterhGewährg dch Kindesmutter daher nicht anrechenb auf SchadErsAnspr gg Vormd, der UnterhAnspr verj ließ, BGH **22**, 72. Bei Tötg der nichtehel Mutter keine Anrechng der UnterhLeistgen des Großvaters u der nach dessen Tod gewährten Waisenrente, BGH NJW **74**, 1236 (krit Denck NJW **74**, 1653). Gewährt Mutter Kind Unterh aus den Erträgen desselben Verm, aus dem auch bei Fortleben des Vaters Unterh geleistet worden wäre, aber trotz § 843 IV kein SchadErsAnspr aus § 844 II, BGH NJW **69**, 2008. Anspr aus § 844 II wg Todes der Mutter ausgeschl. wenn Kind inf des gleichzeit Todes des Vaters Vermögen erbt, dessen Erträge seinen UnterhBedarf decken, BGH **62**, 129. Trotz § 843 IV auch Anrechng der Unterh- od Dienstleistgen des neuen Eheg auf den Anspr des wiederverheirateten Witwers (Witwe) aus § 844 II od § 845, BGH NJW **70**, 1127, Bambg DAR **77**, 300. Anzurechnen sind ferner UnterhVorauszahlgen u Abfindgen, BGH NJW **71**, 2069. Dagg ist UnterhAnspr des Kindes gg Adoptiveltern auf Anspr aus § 844 II nicht anzurechnen, BGH **54**, 269, krit Schultze-Bley NJW **71**, 1137, Rother JZ **77**, 659. Kein gesetzl FdgsÜbergang, doch kann UnterhGewährder gg Schädiger Anspr aus GoA od ungerechtf Ber haben, RG **138**, 2, Schädiger darf aber nicht doppelt in Anspr gen w, RG **92**, 59.

hh) Abw von allg Grds sind auf Anspr aus § 839 wg I S 2 Leistgen der SozVers, des ArbGeb u aus VersVertr anzurechnen, Ausn: LebensVers, RG **155**, 191, Leistgen gem LFZG, BGH **62**, 380. Vgl § 839 Anm 7.

d) Andere Vorteile

aa) Die Hinterbliebenen eines Unfallgetöteten brauchen sich den Stammwert der **Erbschaft** od des Pflichtt auf Anspr aus § 844 grds nicht anrechnen zu lassen, da ihnen dieser ohnehin später zugefallen wäre, BGH **8**, 328, NJW **57**, 905; anrechenb aber Erträgn, BGH **8**, 328, VersR **61**, 855, sofern sie auch vor dem Erbfall der Bestreitg des Unterh dienten, BGH NJW **74**, 1236, Eckelmann MDR **76**, 902. Anrechng auch dann, wenn Geschädigter Nutznießg h, BGH VersR **69**, 951, 952, od wenn Geschädigter PflichtAnspr nicht geltd macht, BGH NJW **61**, 119. Das gilt entspr für Bausparguthaben, gleichgült ob dieses dch Erbfolge od gem § 331 erworben, BGH VersR **69**, 713. Bei Grdst sind nicht Brutto-, sond Nettoeinkünfte maßgebd, BGH VersR **62**, 323. Anrechng bei gleichzeit Tod beider Eltern vgl BGH **62**, 126. Soweit die Erträge eines GewBetr GgWert der GeschFTätigk sind, sind diese nur dann anzurechnen, wenn die Übern der Geschfg eine gem § 254 II gebotene Maßn der SchadMinderg ist, BGH **58**, 14. Ausnahmsw auch Anrechng des Stammwerts, BGH **8**, 329, VersR **67**, 1154, etwa bei betagten Eheg, die aus dem Stamm ihres Verm leben. Vgl auch John JZ **72**, 543. Keine Anrechng auf die Anspr eines unmittelb Geschädigten, der dch den gleichzeit verurs Unfalltod seines Bruders erbrechtl Vort hat, BGH NJW **76**, 747. Anrechng von Lebens- u UnfallVersLeistgen vgl oben c bb.

bb) Hat Geschädigter inf des schädigden Ereignisses **Aufwendgen erspart,** so sind diese idR auszugleichen. Bei unfallbedingtem Krankenhaus- oder Kuraufenthalt sind daher die ersparten häusl Verpfleggskosten anzurechnen, KG VersR **69**, 190, u zwar auch bei Kind, Celle NJW **69**, 1765. Das gilt auch bei FdgsÜberg gem § 4 LFZG (KG DAR **77**, 217) od auf SozVersTräger, wenn dieser nicht pauschal, sond nach tatsächl Aufwendgen abrechnet, BGH NJW **66**, 2356, Plaumann VersR **76**, 124, Fraundorfer VersR **77**, 33. Das soll jedoch bei FdgÜbergang auf den Dienstherrn nicht gelten, BGH NJW **71**, 240. Anzurechnen in erster Linie auf Verdienstausfallschaden, wenn solcher nicht entstanden, auf Behandlgskosten (wicht bei Aufspaltg der Fdg inf teilw Überg gem RVO 1542), vgl BGH NJW **66**, 2356, KG MDR **68**, 666. Die ersparten Aufwendgen sind auch beim SchadErsAnspr wg NichtErf eines Werk- od DienstVertr abzusetzen, BGH NJW **69**, 879. Anzurechnen ferner das ersparte Gehalt bei SchadErs wg Bruch des ArbVertr, BAG Betr **70**, 1646, beim Ersatz von Mietwagenkosten die ersparten Eigenkosten, vgl § 249 Anm 1, beim Anspr wg entgangener Dienste aus § 845 die ersparten Aufwendgen für Wohng u Verpflegg, BGH **4**, 129, NJW **53**, 98, VersR **61**, 857, bei Anspr des Witwers wg Verlustes der gesetzl geschuldeten Haushaltsführg (§ 844 II) die von ihr ersparten UnterhLeistgen, sow dies der Billigk entspr, BGH **56**, 389, NJW **72**, 1130 (krit Eckelmann DAR **78**, 34), bei SchadErs wg Verletzg einer WettbewAbrede die ersparte KarenzEntsch, BGH VersR **75**, 132, bei SchadErsAnspr der Gemeinde gg ihren Beamten wg pflichtw Kreditgewährg die Unterstützg, die inf der Hinausschiebg des Zusammenbruchs des Untern erspart wurde, RG JW **37**, 740, auf SchadErs wg Betruges bei Autokauf die ersparte Abnutzg des anf gekauften Pkws, Hamm NJW **70**, 2296.

cc) Verschiedenes: VortAusgl auch, wenn inf der Schädigg **Steuerersparnis** eingetreten ist, BGH **53**, 132, nicht aber, soweit Anspr auf Steuernachzahlg besteht u zwar auch dann nicht, wenn SteuerAnspr inzw verj, BGH aaO. Nicht anzurechnen sind steuerl Vorteile, die dch verspätete Erf der SchadErsPfl entstehen, BGH WPM **70**, 633, 636. Ist im Schaden (zB bei Reparaturkosten) **Mehrwertsteuer** enthalten, entfällt ErsPfl, soweit Geschädigter zum Vorsteuerabzug berecht, vgl § 249 Anm 3b „Steuern". Anzurechnen auch ein dem Geschädigten bei der ErsBeschaffg gewährter persönl Rabatt, Mü NJW **75**, 170. Ist Vertr rückgäng zu machen, sind gezogene **Nutzgen** im Wege der VortAusgl zu berücksichtigen, BGH NJW **62**, 1909, Köln OLGZ **75**, 192, Nürnb DAR **78**, 198. Zur VortAusgl beim Anstellungsbetrug vgl Mü MDR **65**, 988. Hat Gläub das iW der VortAusgl herauszugebde Grdst inzw belastet, muß er Belastg beseitigen, ist aber insow nicht vorleistgspflichtig, BGH **LM** § 123 Nr 47.

e) Dem VortAusgl verwandt ist der AnsprÜbergang des § 255, vgl dort Anm 1, 4.

f) Die Grdsätze der Vorteilsausgleich gelten nach stRspr in hM **nur für SchadErsAnsprüche** (aus Vertr, unerl Hdlg usw), nicht für andere Ansprüche (vgl aber § 615). Sie gelten daher zB nicht, wenn Geschädigter, zB der ausgefallene HypGläub, eine vertragsmäß GläubFdg, insb den ErfAnspr gg den alten Schu geltd macht, RG **80**, 154 uö, ferner nicht ggü Ansprüchen aus dem AnfG RG **100**, 90. – Anwendb sind Grds der VortAusgl auf EntschAnspr aus Enteigng, vgl BBauG 93 III, LBG 17 II, BLG 32 I, SchutzBerG 13 I, vgl näher § 903 Anm 5 d ee, ferner bei Anspr aus Auftr zu GoA, sofern die Aufwendg in einem Schaden besteht, Oldbg NdsRpfl **72**, 273. – Zur VortAusgl im BeamtenR s BVerwG **31**, 256.

8) Beweisfragen

Neueres **Schrifttum**: Diederichsen, Zur Rechtsnatur u systematischen Stellg von Beweislast u Anscheinsbeweis, VersR **66**, 211; derselbe, Fortschritte im dogmatischen Verständnis des Anscheinsbeweises, ZZP **81**, 45; Fleck, Der Beweis des ersten Anscheins in der Rspr des BGH, VersR **56**, 329; Hainmüller, Anscheinsbeweis u Fahrlässigkeitstat, 1966; Kollhosser, Anscheinsbeweis u freie richterliche Beweiswürdigg, AcP **165**, 46; Pawlowski, Prima-facie-Beweis, 1966; Prölss, Beweiserleichterg in der Schadensersatzprozeß, 1966; Sanden, Der prima-facie-Beweis in der Verkehrsrechtsprechg des BGH, VersR **66**, 201; Stoll, Haftgsverlagerg dch beweisrechtl Mittel, AcP **176**, 145.

Der Geschädigte h die **Beweislast** für die obj u subj Voraussetzgen des SchadErsAnspr. Er muß das schädige Handeln (Ereign) bew, wozu auch der Bew gehört, daß ein der Bewußtseinskontrolle u Willenslenkg unterliegdes Verhalten gegeben war, BGH **39**, 103. Er h weiter die BewLast für das Versch des Schädigers (sofern dies AnsprVoraussetzg), den ursächl Zushang zw Handeln u Ersterfolg (haftgsbegründde Kausalität), die Entstehg des (weiteren) Schad u den ursächl Zushang zw diesem Schad u dem Ersterfolg (haftgsausfüllde Kausalität). Den Bew für den Ausschl der Widerrechtlichk sowie für mangelnde Zurechngsfähigk muß dagg der Schädiger führen, BGH (GrZS) **24**, 28, **LM** § 828 Nr 3, ebso den Bew, daß die Möglichk billigerer Schadensbeseitigg bestand, BGH **LM** § 254 (Dc) Nr 22; ist die Berufg auf hypothet Ursachen zul, h Schädiger BewLast dafür, daß der Schad auch aGrd der Reserveursache eingetreten wäre, vgl oben Anm 5 f ee. Die Part können Vereinbgen über die BewLast treffen, formularmäßige Klauseln in AGB sind aber grdsätzl unwirks, AGBG 11 Nr 15. Zul sind auch Vereinbgen über eine **Pauschalierg** der Schadenshöhe (§ 276 Anm 5 A b), in AGB aber nur in den Grenzen von AGBG 11 Nr 5.

a) aa) Der dem Geschädigten oblieg Bew w vielf dch die von der Rspr herausgebildeten Grds über den **Beweis des ersten Anscheins** (prima-facie-Bew) erleichtert. <u>Steht ein Sachverhalt fest,</u> der nach der Lebenserfahrg auf ein best Geschehensablauf hinweist, so ist dieser regelmäß Verlauf, wenn der Fall das Gepräge des Übl u Typ trägt, iW des AnschBew als bewiesen anzusehen, vgl BGH **2**, 5, **31**, 357, **LM** ZPO 286 (C) Nr 7, 10 u 11. Der AnschBew gilt <u>nur für sog</u> **typische Geschehensabläufe,** nur bei diesen darf der Regelablauf ohne Ausschl and denkb Möglichk prima facie vermutet w, BGH NJW **51**, 70, **66**, 1264, **LM** § 123 Nr 21, VersR **78**, 724, stRspr; der AnschBew ist daher unanwendb, wenn individuell geprägte Verhaltensweisen zu beurteilen sind, wie etwa die Ursächlichk einer argl Täuschg, BGH NJW **68**, 2139, die Richtigk der Angaben in einer polizeil Anmeldg, BGH **31**, 357, die subj Voraussetzgen grober Fahrlk, BGH VersR **72**, 171, 944, BAG VersR **74**, 379. Ggü Jugendl ist AnschBew nicht für § 828, wohl aber für Fahrlk zul, da es insow nicht um persönl Schuld, sond um obj Maßstäbe geht, BGH NJW **70**, 1038. Beim AnschBew kann von einem feststehden Erfolg auf eine best Ursache, ebso umgekehrt von einer feststehden Ursache auf einen best Erfolg geschl w, BGH **LM** ZPO 286 (C) Nr 26. Der AnschBew ist ein Hilfsmittel für die BewFührg u BewWürdigg; er darf nicht dahin mißverstanden w, daß die bewpflicht Part ihre Darstellg nur wahrscheinl zu machen braucht, BGH NJW **62**, 31, **66**, 1264, <u>der festgestellte Sachverhalt muß vielm derart sein, daß unter Verwendg allg od bes Erfahrgssätze die volle Überzeugg des Richters begrün-</u>

Vorbem v § 249 8   2. Buch. 1. Abschnitt. *Heinrichs*

det, BGH **LM** ZPO 286 (C) Nr 7. Der AnschBew kehrt die BewLast nicht um, er ist entkräftet, wenn der Gegner Tats behauptet u beweist, aus denen sich die ernsth Möglichk eines and Geschehensablaufs ergibt, BGH **8**, 239, **11**, 227, NJW **69**, 277, 2137, stRspr; die bewpflicht Part muß dann der vollen (strengen) Bew für ihre Behauptg erbringen, BGH **6**, 170, **39**, 108. Kann ein Schaden auf zwei verschiedenen typischen Geschehensabläufen beruhen, von denen nur einer zur Haftg des Bekl führt, muß der Geschädigte diesen Ablauf beweisen, BGH **LM** § 823 (J) Nr 3, VersR **69**, 751, 753, aber nur dann, wenn Schädiger dargetan hat, daß beide ernsth in Betracht kommen, BGH NJW **78**, 2033. AnschBew, der mehrere mögl schuldh Verursachen umfaßt, ist erst dann entkräftet, wenn alle denkb Möglichk ausgeräumt sind, BGH VersR **60**, 317, **62**, 60. – Da die Verletzg von Erfahrgssätzen nach stRspr revisibel ist (vgl StJP ZPO 549 Anm III B 2), w die Anwendg des AnschBew vom RevGer prakt voll nachgeprüft, vgl Prölss aaO S 36. Ob der AnschBew entkräftet ist, ist dagg eine Frage tatrichterl Würdigg; die RevInst kann nur prüfen, ob der Tatrichter insow nicht recht Voraussetzgen beachtet hat, BGH VersR **65**, 379. – Gg den AnschBew w neuerdings eingewandt, er sei mit dem Grds der freien BewWürdigg (ZPO 286) unvereinb, da er zu festen BewWürdiggsRegeln führe, Kollhosser aaO. Auch wenn man im AnschBew eine Einschränkg des § 286 ZPO sehen wollte, könnte das seit Jahrzehnten praktizierte Institut aber gewohnheitsrechtl Geltg beanspruchen.

bb) Vom AnschBew zu unterscheiden ist der **Anzeichensbeweis**. Beim AnschBew w aus dem regelm Verlauf prima facie auf den Hergang im einzelnen Fall geschl, ohne daß es (zunächst) auf die bes Umst dieses Falles ankommt. Der AnzeichensBew beruht dagg auf einer Analyse der Einzelumstände des zu beurteilden Falles. Dabei können Erfahrgssätze, die für einen AnschBew nicht ausreichen, zus mit and Indizien dazu führen, daß die str Tats gem ZPO 286 als bewiesen anzusehen ist, BGH NJW **51**, 70, **LM** § 1006 Nr 8.

cc) Einzelfälle zum AnschBew: Bei einem inf **Alkoholgenuß** fahruntücht Kraftfahrer ist unfallursächl Versch nicht schlechthin, wohl aber dann zu vermuten, wenn er in einer von einem nüchternen Fahrer zu meisternden VerkLage versagt, BGH **18**, 311, VersR **61**, 620, KG NJW **75**, 266. Aber auch sonst kann nach den Umst des Falles, insb bei hoher BAK, AnschBew für Ursächlichk der Fahruntüchtigk sprechen, BGH **LM** ZPO 286 (C) Nr 53d. Ähnl Grds gelten für den volltrunkenen Fußgänger, BGH NJW **76**, 897 u für sonstige TrunkenhFälle, Hamm VersR **72**, 244 (tödl Treppensturz). – **Arzt** (vgl Uhlenbruck NJW **65**, 1057, § 282 Anm 2 e, § 823 Anm 14): Hat die Behandlg einen Schad zur Folge, der typischerw auf einen Behandlgsfehler zurückgeht, ist dieser prima facie bewiesen, BGH **LM** ZPO 286 (C) Nr 25, Celle OLGZ **77**, 223 (Leberblindpunktion). Ob bei Zurücklassen eines Fremdkörpers in der Operationswunde AnschBew für ein Versch spricht, ist Frage des Einzelfalls, BGH **4**, 144, **LM** ZPO 286 (C) Nr 15. AnschBew für Ansteckg, wenn erkrankter Patient ständ Kontakt mit ansteckgsfäh Mitpatienten hatte, RG **165**, 336, BGH VersR **60**, 416. Zur BewLastUmkehr bei grobem Behandlgsfehler vgl unten c cc. – Bei groben Mängeln eines Bauwerks uU AnschBew für **Aufsichtspflichtverletzg** des Architekten, BGH Betr **73**, 1846. – Versinkt Nichtschwimmer an tiefer Stelle in **Badeanstalt**, AnschBew, daß Tod dch Tiefe verursacht, BGH NJW **54**, 1119, vgl auch BGH VersR **65**, 713. – **Bauunfälle:** AnschBew für fehlerh Deckenerrichtg, wenn diese kurz nach Fertigstellg einstürzt, BGH VersR **58**, 107. AnschBew bei Einsturz eines Gerüsts, Nürnb VersR **56**, 557, bei Herunterfallen eines Reklameschilds, Köln VersR **54**, 295. – **Brandschaden:** AnschBew für Verursachg dch einen in der Nähe eingesetzten Propanbrenner, BGH VersR **63**, 142, ebso bei Schweißbrenner, BGH VersR **74**, 750, bei Ausschütten eines abgebrannten Ofeninhalts, BGH VersR **71**, 642. – Wird **Fußgänger** beim Überqueren einer Straße von Kfz angefahren, Frage des Einzelfalls, ob prima facie Versch des Fußgängers anzunehmen ist, BGH VersR **53**, 242, **58**, 169, 550. – AnschBew für **Explosion**, BGH VersR **70**, 831, bei **Frostschäden**, BGH NJW **72**, 35, bei **Jagdunfall**, BGH VersR **69**, 751. – **Kraftfahrer:** AnschBew für Versch bei Auffahren auf vorausfahrdes Fahrzeug, BGH VersR **62**, 1101, **64**, 263, KG DAR **77**, 20; auf unbeleuchtetes Hindern, BGH **LM** ZPO 286 (C) Nr 42; gg Baum BGH **8**, 239, **LM** § 823 (J) Nr 10; gg Begrenzungspfosten, Mü VersR **70**, 630; bei Streifen eines haltden Kfz, BGH **LM** ZPO 286 (C) Nr 10; uU bei Anfahren von Fußgängern, Mü VersR **70**, 628, Ffm VRS **51** Nr 39; bei Schleudern inf Aquaplaning, Düss VersR **75**, 160; uU bei Überholunfall gg Überholer, BGH VersR **75**, 331. Versch prima facie zu vermuten, wenn parkdes Kfz zu rollen beginnt, Köln VersR **74**, 1230, wenn Kfz auf Bürgersteig abkommt, BGH NJW **51**, 195, VersR **58**, 566, wenn Kfz auf die Gegenfahrbahn der Autobahn gerät, BGH VersR **58**, 91, **61**, 444. Überfahren der Mittellinie reicht bei ZusStoß mit GgKommer nicht in jedem Fall aus, um iW des AnschBew Versch zu bejahen, BGH VersR **59**, 852, wohl aber, wenn Kfz ohne ersichtl Grd auf GgFahrbahn gerät, BGH VersR **61**, 846, **69**, 636, **70**, 284. Bei KreuzgsZusStoß AnschBew für Versch des Wartepflichtigen, BGH VersR **63**, 1075, **64**, 48. AnschBew für Versch, wenn Kfz bei Glatteis in die Schleudern gerät, BGH VersR **65**, 690, **71**, 842. Kein AnschBew dafür, daß Fahren ohne Führerschein für eingetretenen Unfall ursächl, wenn keine konkreten AnhaltsPkte für falsches Fahren, BGH VersR **59**, 277, **62**, 374. Bei Auffahren auf unbeleuchtetes Kfz prima facie zu vermuten, daß fehlde Beleuchtg für Unfall mitursächl, BGH VersR **57**, 429, **64**, 296, ebso bei ZusStoß mit fahrendem unbeleuchtetem Kfz, BGH VersR **59**, 614, Düss VersR **75**, 143. AnschBew für UrsZushang, wenn Radfahrer beim Passieren eines Pkw stürzt, währd dessen Tür geöffnet w, KG VersR **72**, 1143. UU AnschBew dafür, daß Hochschleudern eines Steins dch Gegenkommer verursacht, BGH NJW **74**, 1510; ebso für Kausalität zw Schockwirkg u Herztod, BGH aaO. – AnschBew uU für UrsZushang zw **Mangel** einer Sache (Kfz) u Folgeschaden (Unfall), BGH NJW **68**, 1709, VersR **71**, 80, Hbg DAR **72**, 16. – Hat ArbN **Schmiergelder** angen, AnschBew, daß ArbG um diesen Betr geschädigt, BGH NJW **62**, 1099. – Bei Verstoß gg **Unfallverhütgsvorschriften** w vermutet, daß Unfall bei Beachtg dieser Vorschr vermieden worden wäre, BGH **LM** § 823 (E) Nr 5, VersR **65**, 1055, VersR **70**, 345, VersR **72**, 149. Das gilt ebso bei Verstoß gg anerkannte Regeln der Technik, BGH VersR **72**, 767, Verstoß gg Feuerverhütgsvorschriften, BGH NJW **78**, 2032 u bei Verstoß gg gesetzl Vorschr mit entspr Zweckrichtg, Ffm VersR **72**, 105 (SicherhFilmG). – Bei Anspr aus **Schutzgesetzverletzg** (§ 823 II) ist unklar, ob die Rspr hinsichtl des Versch des Schädigers von einem AnschBew od von einer echten Umkehr der BewLast ausgeht, vgl § 823 Anm 13 c. – Sind die zur Verhinderg eines eingetretenen Schad gebotenen **Schutzvorkehrgen** nicht getroffen worden, so ist allg prima facie zu vermuten, daß der Schaden dch die gebotenen Vorkehrgen verhindert worden wäre, vgl BGH VersR **62**, 231 (Verletzg baupolizei Brand-

Inhalt d. Schuldverhältnisse. 1. Titel: Verpflichtung z. Leistung **Vorbem v § 249, § 249**

bekämpfgsvorschriften), BGH VersR **57**, 800 (Unterlassen eines gebotenen Pfeifsignals), Hbg VersR **73**, 542, **74**, 1200 (Nichtläuten einer Glocke), Mü VersR **75**, 606 (fehldes Gitter an Maschine), BGH NJW **71**, 431 (Sicherg eines liegengebliebenen Kfz), BGH VersR **74**, 263, 972 (Mängel einer Treppe), Stgt DNotZ **77**, 48 (versäumte Belehrg des Notars), ferner DiederichsenVersR **66**, 219. – Zum AnschBew für Verletzg der **Streupflicht**, wenn Kfz auf winterl Straße ins Schleudern gerät, Karlsr VersR **70**, 822.

b) Dem Geschädigten w die BewFührg weiter dch **ZPO 287** erleichtert, wonach das Ger nach **freier Überzeugg** übr Entstehg u Höhe des Schadens zu entscheiden h. ZPO 287 gibt dem Ger verfahrensmäß eine freiere Stellg, es ist an BewAntr u an die Regeln der BewLast nicht gebunden, RG **95**, 1, **155**, 39, BGH NJW **58**, 1579, VersR **62**, 1099. Der Bew der schädigden Hdlg u der haftgsbegründden Kausalität (UrsachenZushang zw Handeln des Schädigers u konkretem HaftgsGrd) fällt jedoch nicht unter ZPO 287, insow gilt vielmehr ZPO 286, BGH **4**, 196, NJW **68**, 2292; anzuwenden ist ZPO 287 dagg auf die haftgsausfüllde Kausalität, (UrsachenZushang zw konkretem HaftgsGrd u weiterem Schaden), BGH **29**, 398, NJW **69**, 1709, **76**, 1146, stRspr. Diese Abgrenzg gilt ebso bei MitVersch, BGH NJW **68**, 985. Zu den Bew-Anforderungen bei Verletzg einer Leibesfrucht vgl BGH **58**, 48, bei Beurteilg des UrsachenZushangs zw Verletzg u späterem Tod, BGH NJW **73**, 1413, bei doppeltem Auffahrunfall, BGH NJW **73**, 1283, krit Henckel JuS **75**, 221.

c) Umkehr der Beweislast: aa) Bei SchadErsAnspr aus **Vertrag** tritt hinsichtl des Versch des Schädigers vielf eine echte Umkehr der BewLast ein, vgl § 282 Anm 2. Diese erstreckt sich aber nicht auf die aus demselben Sachverhalt herrührden konkurrierden Anspr aus unerl Hdlg, RG **160**, 156, **169**, 97, stRspr. Verletzter muß also, auch wenn auf vertragl ErsAnspr § 282 anwendb, für Anspr aus unerl Hdlg (SchmerzG) Versch des Schädigers beweisen. **bb)** Für die **Produzentenhaftg** hat die Rspr iW der RFortbildg den Grds herausgebildet, daß sich auch bei Anspr aus unerl Hdlg die BewLast hins des Versch umkehrt, BGH **51**, 101, NJW **73**, 1602; das gilt auch für Anspr gg leitde Angest des Warenherstellers, BGH NJW **75**, 1827, § 823 Anm 16 D c ff. Damit w der Gedanke der BewLastverteilg nach **Gefahrenkreisen** über den Bereich des VertrR hinaus auch für außervertragl SchadErsAnspr anerkannt, vgl näher § 282 Anm 2. Bei Anspr aus SchutzGVerletzg (§ 823 II) ist unklar, ob die Rspr hinsichtl des Versch des Schädigers von einem Anschluß-Bew od von einer echten Umkehr der BewLast ausgeht, vgl § 823 Anm 13 c. **cc)** Hat Arzt schuldh einen **groben Behandlgsfehler** begangen, der geeignet war, einen Schad, wie den tatsächl eingetretenen, herbeizuführen, tritt hinsichtl der Ursächlichk eine echte Umkehr der BewLast ein, BGH **51**, 183, **67**, 1508, **68**, 1185, 2293, **69**, 553, VersR **70**, 544. Arzt muß vollen KausalitätsGgBew führen, u zwar auch hinsichtl der Frage, ob Vorschäden SchadUrs sein können, BGH VersR **70**, 839; Bew der ernsth Möglichk einer and Ursache genügt nicht. Das gilt entspr für die grobe Verletzg **sonstiger Berufspflichten**, sofern diese dem Schutz von Leben od Gesundh dienen, BGH NJW **62**, 959 (Bademeister), Köln OLG **70**, 315 (Inh eines Kiosk auf Kirmesplatz), BGH NJW **71**, 243 (Krankenpflegepersonal). Die BewLastUmkehr gilt aber nicht bei reinen Vermögensschäden, Karlsr VersR **78**, 852 (RAnw), ferner nicht bei Streit um die Frage, ob aus Erstschaden weitere Schäd entstanden sind, BGH NJW **70**, 1230, **78**, 1683. **dd)** Wer vertragl Beratgsod **Aufklärgspflicht** verletzt h, ist bewpflicht dafür, daß Schaden auch bei pflichtgem Verhalten entstanden wäre, der Geschädigte den Rat od Hinw nicht befolgt hätte, BGH **61**, 118, **64**, 51, NJW **78**, 42; die BewLastUmkehr betrifft aber allein die mögl Nichtbefolgg des Hinw, im übr bleibt es bei der BewLast des Geschädigten, BGH NJW **74**, 795.

9) Als **Zeitpunkt für die Bemessg des Schadens** ist im RStreit idR die letzte mdl Verh vor dem Tatrichter zGrde zu legen, RG **142**, 11, **149**, 137, BGH NJW **71**, 837, Oldbg NJW **74**, 2130, stRspr. Ist Beeinträchtigg vorher weggefallen, besteht daher uU kein SchadErsAnspr mehr, BGH NJW **78**, 263 (vorübergehde VerkWertMinderg dch Immissionen). Etwas and gilt aber dann, wenn Bestand u Höhe des ErsAnspr bereits dch frühere Umst endgült festgelegt, Lent DJ **41**, 770, so etwa wenn Geschädigter vorher ErsBeschaffg od Reparatur vorgen h; wenn entgangener Gewinn für ein Zeiten verlangt w, das zu einem best Ztpkt abgewickelt worden wäre, BGH WPM **74**, 391. Vom Grds, daß Ztpkt der letzten mdl Verh maßgebd, bestehen weitere Ausn, so für die abstr Berechng des SchadErsAnspr wg NichtErf (vgl § 286 Anm 3, § 325 Anm 4, § 326 Anm 8), für die Bemessg des merkantilen Minderwerts (§ 251 Anm 4b aa), ferner, wenn Parteien Schätzg auf best Ztpkt vereinbart h, BGH **LM** § 251 Nr 11. Vgl auch RG DJ **40**, 1014 (Schad-Berechng bei Aktien mit schwankdem Kurswert). Entstehen nach der letzten mdl Verh weitere Schäden, ist Verletzter nicht gehindert, diese notf in neuem RStreit geltd zu machen, Staud-Werner Vorbem 57 vor § 249.

249 *Art und Umfang des Schadensersatzes.* Wer zum Schadensersatze verpflichtet ist, hat den Zustand herzustellen, der bestehen würde, wenn der zum Ersatze verpflichtende Umstand nicht eingetreten wäre. Ist wegen Verletzung einer Person oder wegen Beschädigung einer Sache Schadensersatz zu leisten, so kann der Gläubiger statt der Herstellung den dazu erforderlichen Geldbetrag verlangen.

1) Satz 1. –**a)** *Allgemeines zum Schadensersatzrecht* vgl zunächst Vorbem vor § 249. – **Grundsatz: Naturalherstellg.** Es ist der Zustand herzustellen, der ohne das schädigende Ereign voraussichtl sich ergeben hätte, RG **143**, 274. Der herzustellende Zustand muß wirtschaftl dem hypothetischen entsprechen, vgl RG **77**, 101, **126**, 403, auch § 251 Anm 1. „Wieder"herstellg kann nicht gefordert w, RG **131**, 178, wohl aber kann ggf etwas noch nicht Dagewesenes gefordert w, RG **69**, 306, **165**, 270, OGH NJW **49**, 302. Bei Erwerbsschäden kommt es nur auf den konkreten Schaden, nicht also auf abstrakte allg Minderg der Erwerbsfähigk an; vgl Vorbem 3 b dd u 4 vor § 249. – Auch ideeller Schaden kann uU in Natur beseitigt w, vgl § 253 Anm. 2. – Eine Verurteilg zur Rückgängigmachg einer Amtshandlung ist nicht mögl (schon ordentl RWeg nicht gegeben), sond nur zur Gewährg wirtschaftl Ausgleichs. Im Falle des § 839 daher nur SchadErs in Geld od vertretb Sachen BGH **5**, 102 (inwieweit vor VerwGerichten Aufhebg einer Amtshandlg begehrt w kann, bestimmt das VerwProzeßR, vgl zB VwGO 42). – Ist wg Nichtleistg vertretbarer Sachen, bes von Handelsware, SchadErs zu leisten, so können andere Sachen vom Gläub verlangt u

§ 249 1, 2

vom Schu geleistet werden; das gilt uU auch für nicht vertretb Sachen BayObLG **31**, 193, KG JR **48**, 282, insb bewirtschaftete Sachen (vgl dazu § 251 Anm 1).

b) Wird Gebr od sonst **Nutzung** einer Sache unmögl gemacht u deshalb Ersatzsache angemietet, so kann idR Erstatg der Miete bis zur Reparatur der beschädigten Sache od Beschaffg endgültig Ersatzes verlangt werden; dann entfällt aber Verzinsg des Sachschadens für diese Zeit. Kann Geschädigter voraussehen, daß RepZeit sich auf wenige Tage beschr u nur wenige Fahrten notw w, muß er statt Mietwagen Taxe nehmen, AG Dannenbg MDR **77**, 577, LG Mü DAR **77**, 296, Born VersR **78**, 786. Entschädigg wg entgangenen GebrVorteilen ohne Anmietg einer Ersatzsache vgl Vorbem 2b bb vor § 249. Ersparte Aufwendgen sind anzurechnen, BGH NJW **63**, 1399, 1400, u zwar auch bei Mietg einer einfacheren ErsSache, Düss VersR **69**, 429, KG DAR **76**, 241. Bei **Mietwagen** betragen die ersparten Aufwendgen idR 15%–20% des Mietzinses, Hamm NJW **64**, 406, Brem VersR **64**, 688, Mü VersR **70**, 67, KG VersR **77**, 82, DAR **76**, 241, Born VersR **78**, 778; beschr sich Mietzeit auf wenige Tage, w aber Abzug nicht in Betr kommen, LG Duisb MDR **70**, 505, LG Köln VersR **74**, 1231, AG Köln VersR **77**, 70, sehr krit, vgl LG Dortm VersR **73**, 427. Zu ähnl Ergebn führt es, wenn man die ersparten Aufwendgen nach den ADAC-Tabellen über die Kosten der PKWHaltg ausrichtet, so BGH NJW **69**, 1478, Himmelreich NJW **76**, 1729 mwN. ErsAnspr für Mietwagenkosten (u entspr für entgangene GebrVorteile) beschr sich gem § 254 II auf die den Umst nach notw Reparaturzeit, vgl Schlesw Vers **67**, 68, Düss VersR **69**, 429. Werden gleichzeit unfallunabhäng Schäden beseitigt, muß Reparaturzeit entspr geteilt w, BGH VersR **60**, 902. Keine ErsPfl, wenn Unfallschäden ohne Verlängerg der Ausfallzeit bei and Reparatur miterledigt w, BGH VRS **52** Nr 39. Bei Totalschaden (§ 251 Anm 4) ist die für die ErsBeschaffg notw Zeit maßgebd, zu der auch eine Prüfgs- u ÜberleggsFr gehört, Celle VersR **63**, 567, Mü VersR **74**, 1186. Welche Fr angem ist, hängt von den Umst des Einzelfalls ab; kauft der Geschädigte einen Neuwagen, ist auf die Fr abzustellen, die für die Anschaffg eines gleichwert Gebrauchtwagens (§ 251 Anm 4) erforderl gewesen wäre, Hamm VersR **62**, 1017; and uU, wenn Neuwagen bereits vor dem Unfall bestellt, Mü DAR **76**, 157. Auch bei Beschädigg währd Reise ist Anmietg eines Kfz zul, KG DAR **77**, 185, uU ist aber Weiterfahrt mit Bahn zumutb, Nürnb VersR **74**, 677, Stgt VersR **77**, 44 (Mietwagenkosten höher als Fahrzeugwert). Geschädigter darf Mietwagen in dem Umfang benutzen, wie er das mit seinem eig Pkw getan hätte, KG OLGZ **76**, 193. Übersicht über die Rspr Schütz VersR **68**, 124, Schmidt DAR **70**, 299, Klimke Betr **74**, Beilage 10. Mietet Geschädigter den Pkw eines Angeh, muß er sich um angem unterh der übl Sätze liegde Miete bemühren, BGH NJW **75**, 255/684 (Anm Fenn), LG Mainz NJW **75**, 1421/2019 (Anm Eggert). Die in den Mietwagenkosten enthaltenen **Prämien** für eine **HaftgsFreistellg** sind zu ersetzen, sofern für das beschädigte Fahrz eine entspr Vers bestand, BGH **61**, 331. Ob auch sonst eine ErsPfl gegeben ist, ist str; für ErsPfl Brem VersR **74**, 371, Nürnb VersR **74**, 679, LG Köln NJW **73**, 713, LG Bielef VersR **73**, 776; dagg v Caemmerer VersR **71**, 973, Karlsr VersR **72**, 567, **73**, 66; weitere Nachw bei Himmelreich NJW **73**, 765 u Wadle JuS **75**, 360. Nach BGH **61**, 325, VersR **74**, 657 soll darauf abgestellt w, ob u inwieweit mit der Mietwagennutzg ein Sonderrisiko verbunden ist, hierauf soll das dch die Mietwagennutzg ersparte eig Schadensrisiko angerechnet w. Diese Abgrenzg ist kaum praktikabel, s Karlsr VersR **75**, 527, KG VersR **77**, 82. Die Rspr hilft sich dadch, daß sie den zu ersetzdn Prämienanteil gem ZPO 287 auf $1/2$ schätzt, Schlesw VersR **75**, 268, Hbg VersR **76**, 371, Mü DAR **76**, 157. Bei Ausfall eines gewerbl genutzten Kfz (Lkw) bemißt sich SchadErs nach dem entgangenen Gewinn od den Kosten eines ErsFahrzeugs, BGH Betr **77**, 540, Klimke Betr **78**, 1323, evtl auch nach den Vorhaltekosten eines ErsKfz, Vorbem 2c cc vor § 249.

c) Der Schaden kann auch in der **Belastg mit einer Verbindlichkeit** bestehen, vgl dazu Vorbem 2d vor § 249. Über Naturalherstellg beim SchadErs wg Nichterfüllg vgl Vorbem 2g vor § 249.

d) Soweit das Ereign **keine effektive Schlechterstellg** ggü dem Zustand herbeigeführt hat, der ohne es bestehen würde, besteht grdsätzl kein Anspr, vgl Vorbem 4 vor § 249 (für die Feststellg, inwieweit Schlechterstellg vorliegt, kommt es regelmäß auf letzte mdl Verhandlg vor dem Tatrichter an, vgl Vorbem 9 vor § 249). Anders wenn wirtschaftl Ausgleich erst dch Wohltaten Dritter erzielt wurde od VersLeistg od UnterhGewähr den Schadensausgleich herbeiführte, vgl Vorbem 2 c u 7 c vor § 249. Eine Besserstellg kann sich auch ergeben, wo nach S 2 der zur Schadensbehebg erforderl Geldbetrag zu ersetzen ist, den der Geschädigte mangels Mitteln in Wahrh nicht aufgewandt hat, BGH **LM** (Gb) Nr 2, uU auch wo Schaden eines Dritten liquidiert w kann (vgl Vorbem 6 vor § 249).

e) Über Aufwendgen, die **vorsorgl zum Zwecke der Abwendg** eines vielleicht eintretenden zukünftigen SchadFalles gemacht wurden, vgl Vorbem 2 c cc vor § 249.

2) Satz 2. a) Recht auf Geldbetrag bei Personen- und Sachschäden. Grd: Der Verletzte soll selbst herstellen dürfen (er muß das aber nicht! BGH **LM** § 251 Nr 11). Gilt demnach **nicht bei Totalverlust** der Sache, hierfür vgl § 251 Anm 1a. Satz 2 gibt eine Ersetzungsbefugn des Gläub (facultas alternativa) RG **71**, 214, BGH **63**, 184, Enn-Lehmann § 10 II, str; das Recht aus Satz 2 ist eine Art der Herstellg, daher von den GeldErsAnsprüchen der §§ 250 Satz 2, 251 zu scheiden, BGH **5**, 109. Abweisg des HerstellgsAnspr wg Verneing des schädigden Ereignisses schafft Rechtskr gg GeldErsAnspr RG **126**, 403. Nach Ausübg der Wahl dch Fordern von GeldErs im Falle des Satzes 2 ist Gläub an der Wahl gebunden, RG JW **37**, 1145, Celle NJW **49**, 223. Er kann GeldBetr zu and Zweck als zur SchadBeseitigg verwenden, BGH VersR **69**, 907, Stgt VersR **78**, 188. Anspr besteht grdsl auch, wenn die Herstellg nachträgl unmögl w, BGH **66**, 239, str, vgl § 251 Anm 4b cc.

b) Sachschäden: Zu zahlen ist der erforderl Geldbetrag, dh der Betr, der im maßg Ztpkt (Urteilserlaß, Vorbem 9 vor § 249) u an dem Ort, wo sich die Sache ohne das SchadEreign befinden würde (BGH **5**, 138, **8**, 297, ersparte Transportkosten daher abzuziehen), aufzuwenden ist od zuvor vom Geschädigten zwecks Herstellg bereits aufgewendet worden ist, sofern der Geschädigte die Aufwendgen bei verständ Würdigg für erforderl halten durfte, BGH **54**, 85, VersR **74**, 244, Vorbem 5 d bb vor § 249. Satz 2 bringt eine Objektivierg der SchadBemessg, bei jedoch auch die Umst des Einzelfalls zu berücksichtigen sind, BGH aaO, krit Koller NJW **71**, 1776. Zu ersetzen grdsätzl auch Mehrkosten, die ohne eig Schuld des Geschädigten dch unsachgem Maßn der von ihm beauftragten Werkstatt verurs worden sind, BGH **63**, 184, Gotthardt VersR **75**, 977. Schädiger haftet auch dann, wenn Geschädigter inf unricht Beratg dch einen Sachverst reparaturunwürd Sache reparieren läßt, BGH VersR **76**, 390. Hat Gläub in eig Betrieb hergestellt, so kann er zu Baraufwendgen Zuschlag für **Gemeinkosten** machen, RG **74**, 364, BGH NJW **61**, 729. Das gilt aber nicht iF der Vergabe der Reparatur, weil die Mühewaltg bei der Schadensfeststell u Abwicklg zum eig PfltenKreis des Geschädigten gehört, Vorbem 2b ee. Der Geschädigte kann nach S 2, auch wenn er selbst repariert, die im Reparaturgewerbe entstehden Kosten verlangen, MüVersR **66**, 836, MVersR **67**, 398, KG NJW **70**, 431, Klimke VersR **68**, 537, wozu auch die übl MehrwertSt gehört, BGH **61**, 56, Kblz NJW **75**, 58, Gitter JR **74**, 104, str, aA Werber NJW **74**, 213; vgl zur entspr Problematik iF der ErsBeschaffg § 251 Anm 4, zur Berücksichtigg der Berechtigg zum Vorsteuerabzug unten Anm 3b „Steuern". Wer eig Reparaturwerkstatt unterhält, kann aber idR nur seine Selbstkosten (zuzügl Gemeinkosten) u nicht die höheren Kosten and Werkstätten verlangen, BGH **54**, 83. UnternGew darf er mitberechnen, wenn er gewerbsm auch Fremdreparaturen dchführt, BGH VersR **78**, 243. Zu dem nach Satz 2 geschuldeten Geldbetrag gehören als Sachfolgeschaden auch Finanzierungskosten, sofern Schadensbeseitigung nur bei Aufn von Fremdmitteln mögl od zumutb, BGH **61**, 346, NJW **66**, 1454. Wann KreditAufn notw, richtet sich nach dem Grds des § 254, vgl Himmelreich NJW **74**, 1897, Klimke VersR **73**, 880, ferner § 254 Anm 3b ee. – Ob die Geld-Entsch in Kapital od Rente zu erfolgen hat, wird nicht gesagt, KapitalEntsch ist bei Sachschäden die Regel; doch ist die RentenEntsch bei bes Anlaß zuzulassen, bei sich fortlfd erneuernden Schäden uU sogar geboten, RG **68**, 430, **136**, 375. – Zur SchadBemessg bei der Beschädigg von **Kraftfahrzeugen** vgl § 251 Anm 4.

c) Personenschäden: Für Personenschäden wird § 249 ergänzt dch §§ 843–847 (vgl dort), wenn Haftgs-Grd eine unerl Hdlg ist. §§ 843–845 bestimmen zudem, daß SchadErs grdsätzl in Rentenform zu gewähren ist. Für den Umfang des Schadens wird man aus dem Gesichtspunkt der vollen Schadenshaftg heraus die an sich nur für unerl Hdlgen ausgesprochene Regel des § 842 (Erwerbsnachteile) allg heranzuziehen haben, vgl RG **141**, 172, str, vgl auch § 252 Anm 3a Abs 2; dagg gelten die §§ 844, 845 über die Ansprüche Dritter nicht für andere Haftgründe als unerl Hdlgen, vgl Vorbem 6 vor § 249, ebsowenig gilt § 847 (Anspr auf Schmerzensgeld) allgemein. SchadErsAnspr wg entgangenen Verdienstes aus abhäng Arb richten sich grdsätzl auf Ers der Bruttolohnbezüge einschließl der ArbGebAnteile zur SozVers, BGH VersR **73**, 1028. Diesen Grds hat der BGH zunächst für die Fälle herausgebildet, in denen dem Geschädigten sein Gehalt vom ArbGeber oder Dienstherrn weitergewährt w, BGH **42**, 76, **43**, 278, NJW **66**, 199. Nunmehr w er allg angewandt, BGH VersR **73**, 1028, **75**, 37, jedoch muß sich der Geschädigte die im Zuge der Lohnfortsetzg eintretde Ersparn nach dem Grds über die VortAusgl anrechnen lassen, v Bieberstein VersR **75**, 862. Statt der bisher geleisteten SozVers-Beiträge kann Geschädigter die zur freiw Fortsetzg der RentenVers erforderl Beträge verlangen, BGH **46**, 332, auch dann, wenn noch nicht sicher ist, daß die beitragslose Zeit später zu einer Verkürzg seiner Rente führt, BGH **69**, 347 (zT krit Buchmüller NJW **78**, 999 u Hofmann VersR **78**, 620); aber nur, wenn eine Fortsetzg mögl, BGH LM § 842 Nr 3. Zu ersetzen auch anteil Weihnachts- u UrlGeld, Vorbem 7c ee vor § 249 (dort auch zum FdgÜbergang gem LohnFZG 4), ferner ErschwernZulagen, BGH **LM** § 842 Nr 4, nicht aber Aufwandsentschädigg, Trenngszulagen u ähnl, BGH aaO, Düss VersR **72**, 695. Unentgeltl Zuwendgen od solche aGrd eines EheVertr sind ebenf zu ersetzen, sofern sie wg der Verletzg entfallen, BGH NJW **73**, 700, Betr **72**, 2202. Zu ersetzen auch unfallbedingte Verkürzg von Rentenleistgn (BGH VersR **68**, 945); aber kein Schaden, wenn RentenAnspr wg Leistgn der Berufsgenossensch gem RVO 1278 ruht (BGH NJW **77**, 246). Nicht zu ersetzen Verdienstausfall aus verbotener Tätigk, s § 252 Anm 2. W einem **Gewerbetreibder** od Angeh eines freien Berufs arbunfähig, kann Schaden nicht abstr nach dem Gehalt für eine gleichwertige (tatsächlich nicht eingestellte) ErsKraft bemessen w, BGH **54**, 45, Karlsr FamRZ **75**, 341, mAv Fenn, krit Knobbe-Keuk VersR **76**, 408, Vorbem 2b ee. Abzustellen ist vielm auf den konkreten Verdienstausfall (Gewinngang), wobei dem Verletzten die BewErleichtergen des § 252, ZPO 287 zugute kommen. Einzelfälle vgl Ruhkopf/Book VersR **70**, 690, **72**, 114, **73**, 781; Bauer DAR **70**, 63, Spengler VersR **72**, 1008 (Taxenhalter), Klimke VersR **73**, 357 (ebso). Die Kosten einer tatsächl tät ErsKraft sind auch dann zu ersetzen, wenn diese aus familiären Gründen kein Entgelt beansprucht hat, Vorbem 7c aa. Die ErsPfl erstreckt sich grdsätzl auch auf den sog Entwertgsschaden (Liquidationsschaden), aber nur insow, als dieser neben dem Verdienstausfallschaden einen zusätzl Nachteil darstellt, vgl **LM** (Hd) Nr 15, krit Klimke VersR **73**, 492.

d) Die ErsPfl erstreckt sich bei Personenschäden auch auf die Kosten der **Heilbehandlg**. Sie besteht auch bei erfolgloser Behandlg, uU auch bei notw aber nicht dchgeführten Maßn (Vorbem 7c aa). Die Kosten müssen sich im Rahmen des Angemessenen halten (BGH NJW **69**, 2281, Behandlg im Ausl). Bei Abwägg kann – ebso wie bei § 251 II (dort Anm 2) – auch die Schwere des Versch berücksichtigt w (BGH aaO). Keine ErsPfl für aufwend kosmet Operation, sofern für sie kein ausr Anlaß besteht (BGH **63**, 295). Kosten für Aufn in bessere Pflegeklasse sind zu ersetzen, wenn sie ärztl empfohlen u nicht außerh des Lebensstandards liegen (BGH NJW **70**, 130). Letztl ist entscheidd, ob Verletzter die zusätzl Kosten auch ohne die Regreßmöglichk aufgewandt hätte (KG MDR **73**, 495, Hamm VersR **77**, 151). Das gilt entspr, wenn Kassenpatient einen PrivArzt in Anspr nimmt (weitergehd Düss NJW **66**, 397). SchadBemessg, wenn verletzter amerikan Soldat im Militärkrankenhaus behandelt w, s Stgt VersR **70**, 527. Abzug der ersparten häusl Aufwendgen s Vorbem 7d bb. Zu ersetzen sind auch Kurkosten (Celle VersR **75**, 1103) sowie Fahrtkosten von **Angehörigen** für Krankenhausbesuche (BGH VersR **61**, 272, **64**, 532, Celle VersR **73**, 449). Das gilt auch für Reisen aus dem Ausl (Düss NJW **73**, 2112). Keine ErsPfl aber für Entgelt des währd der Besuchszeit tät Babysitters (LG Köln VersR **73**, 145). Schädiger hat im Rahmen des Angemessenen auch alle sonstigen Kosten für eine **berufliche Rehabilitation** (Umschulg) zu ersetzen (Baltzer VersR **76**, 6).

e) Die SchadErsPfl erstreckt sich auch auf **Folgeschäden**, sofern diese mit dem schädigen Ereign in einem adäquaten UrsachenZusHang stehen u in den Schutzbereich der verletzten Norm fallen (vgl Vorbem 5d aa u bb). Das gilt insb auch für **Kosten der Rechtsverfolgg**. Keine ErsPfl aber für den eig Zeitaufwand bei der außergerichtl Abwicklg von SchadErsAnspr (BGH NJW **76**, 1256/1932 [Anm Schmidt], **77**, 35,

Hbg NJW **77**, 1347, Stoll JZ **77**, 97, aA Ffm NJW **76**, 1320). Das gilt auch dann, wenn Beh od Untern hierfür bes Personal anstellt (BGH aaO). Die dch außergerichtl Geltdmachg des SchadErsAnspr entstehenden **Anwaltskosten** sind dagg zu ersetzen (BGH **LM** (Ha) Nr 15, BGH **30**, 154) u zwar auch dann, wenn sich der RAnw selbst vertritt (Schmidt NJW **70**, 1406, LG Mainz NJW **72**, 161, LG Mannh AnwBl **75**, 68, str). Sie fallen auch bei Anspr aus § 823 (Oldbg NJW **61**, 613) u StVG 7 in den Schutzbereich der verletzten Norm (Nürnb OLGZ **69**, 140, aA BGH NJW **68**, 1964). Anspr setzt aber voraus, daß die Inanspruchn eines RAnw erforderl war (Köln VersR **75**, 1106). GeschWert ist der Betr der begründeten Fdg (BGH **39**, 73, NJW **70**, 1122, and Ruhkopf VersR **68**, 22, Kubisch NJW **70**, 1456 ua, die auf den Betr abstellen, den der Geschädigte aus seiner Sicht verständigerw als berecht ansehen durfte). Auch bei MitVersch ist der zu ersetzende Schadensanteil maßgebd (Klimke VersR **69**, 490, Schütz VersR **69**, 499). ErsPfl auch für Vergl-Gebühr, sofern diese bei außergerichtl Regulierg entsteht (BGH NJW **70**, 1122, Ikinger VersR **72**, 506). Die ErsPfl erstreckt sich auch auf AnwKosten für Schadensreguliergbei KaskoVersicherg (KG VersR **74**, 551), nicht aber auf Kosten für ein Strafverfahren gg den Schädiger (Vorbem 5 c ee vor § 249). Kosten eines **RBeistands** können wg § 254 II nur in Höhe der dch KostÄndG Art IX § 1 festgelegten Sätze geltd gemacht w (LG Hann AnwBl **75**, 174, LG Mannh VersR **76**, 154, aA Wallner VersR **73**, 888). Zu den zu ersetzden Kosten der RVerfolgg gehören ferner: Kosten von **Sachverständigengutachten,** soweit diese zu einer zweckentspr RVerfolgg notw sind (BGH **61**, 346, Karlsr NJW **68**, 1333, Brem VersR **74**, 371, Stgt NJW **74**, 951) in KfzUnfallsachen darf Geschädigter idR auch dann Gutachten einholen, wenn Schädiger bereits Sachverständigen beauftragt hat (KG OLGZ **77**, 317); zu ersetzen sind auch die Kosten eines **Beweissichergs-verfahrens** (Köln VersR **73**, 91), **Belohngen** für die Wiederbeschaffg gestohlener Sachen (BGH VersR **67**, 1169), BAG Betr **70**, 500), Kosten eines erfolglosen **Vorprozesses** gg einen vermeintl Schädiger (BGH VersR **62**, 409, NJW **69**, 1109, **71**, 135) od zur Schadensabwehr (BGH VersR **76**, 731), nicht aber Belohngen für die Überführg von Ladendieben (s 3 b „Ladendiebstahl"). Stirbt Verletzter zw Einreichg u Zustellg der SchmerzGKlage, ist Schädiger für die Kosten der RVerfolgg haftb, da sie mit der Verletzg in einem adaequaten UrsachenZusHang stehen u nicht außerh des Schutzbereichs der Norm liegen, aA Mü MDR **77**, 492. Geht es nicht um die Dchsetzg einer SchadErsFdg, sond eines sonst Anspr, können Kosten der RVerfolgg nur unter den Voraussetzgen des Verzuges (§ 286 Anm 2 b), der pVV (Düss AnwBl **69**, 446), der unerl Hdlg (LG Mannh MDR **70**, 47) od GoA (BGH **52**, 393, krit Kurbjuhn NJW **70**, 605) geltd gemacht w. Der matrechtl KostenerstattgsAnspr steht grdsl rechtl selbstd neben dem Anspr aus ZPO 91 ff. Die Kl ist aber wg Fehlens eines RSchutzbedürfn unzul, sow der Anspr im Kostenfestsetzgs Verf geltd gemacht w kann (RG **130**, 218). Kein matrechtl ErsAnspr, sow das ProzR die Kostenerstattg endgült ausschließen will. Matrechtl ErsAnspr entfällt daher, sow der Geschädigte gem ZPO 92 mit einer Kostenquote belastet worden ist (BGH **69**, 90), ebso sow ArbGG 61 die Kostenerstattg ausschließt (BAG NJW **68**, 1740, **73**, 1062). Er ist im Anwendgsbereich des ArbGG 61 auch hins einer außergerichtl RAnwTätigk ausgeschl (BAG Betr **78**, 895). Liegt ein rkräftiger KostenfestsetzgsBeschl vor, ist dieser bei unverändertem Sachverhalt auch für matrechtl ErsPfl maßgebd (BGH **45**, 257, **LM** § 252 Nr 18). Dagg braucht Verneing einer matrechtl ErsPfl der Geltdmachg im KostenfestsetzgsVerf nicht entggzustehen, Mü VRS **51**, Nr 41.

3) Einzelfälle (beispielsw): **a) Naturalherstellg:** SchadErsLeistg dch Nenng eines vertragsbrüch Dr, RG **148**, 373; dch Nenng seiner Abnehmer, BGH **LM** (Fb) Nr 7; zeitl u sachl begrenztes Beschäftiggsverbot für rechtsw abgeworbenen ArbN, BGH GRUR **76**, 306; **LM** UWG 1 Nr 10; dch Bekanntgabe der Unwirksamk des Ausschl aus einem Verein, RG **107**, 386; dch Veröffentlichg, die Verwirrg im GeschVerk beseitigt, BGH **LM** UWG 23 Nr 2; dch Veröffentlichg eines UnterlVersprechens, BGH **46**, 305; dch Veröffentlichg einer richtigstelldn Werbeanzeige in der Zeitg, die unricht Darstellg gegeben h, BGH **70**, 42; dch Weiterbeliefergbei SchadErsAnspr aus GWB 26, 35 wg Diskriminierg, BGH **49**, 98; dch Schaffg einer and Zufahrt bei SchadErs für Verlust eines WegeR, BGH VersR **68**, 896.

b) Geldentschädigg: Abzug neu für alt vgl § 251 Anm 4 a bb. – Bei Unfällen w dem Geschädigten, sofern es sich um mehr als Bagatellschaden handelt, für Telefon, Porti u Fahrtkosten ohne weitere Spezifizierg eine nach den Umst zu bemesse **Auslagenpauschale** zuzuerkennen sein, Köln DAR **65**, 270. – SchadBemessgbei Ers od Beschädiggvon **Bäumen** vgl BGH NJW **75**, 2061, KG VersR **76**, 735, **78**, 103, 524, Düss VersR **77**, 1107, Koch VersR **77**, 898. Kein SchadErs wg Überschreitg der veranschlagten **Baukosten,** sofern Mehraufwand zur Werterhöhung geführt hat, BGH NJW **70**, 2018. – Nicht befriedigter **Bedarf** als Schad vgl Vorbem 2c dd vor § 249. – **Beschädigg** von gebrauchten Sachen, insb Kfz vgl § 251 Anm 4. – Bei **Bruch des Arbeitsvertrages** umfaßt die ErsPfl ggf entgangenen Gewinn (BAG Betr **72**, 1299), zusätzl Aufwendgen für ErsKraft, LAG Bln Betr **74**, 538, Kosten für Zeitgsinserate, vgl Herget Betr **69**, 2346 mwN, Nachteile aus dem Wegfall des KonkurrenzSchutzes BAG WPM **76**, 136, nicht aber öff Zuschuß für Schaffg eines DauerArbPlatzes, wenn ArbVerh jederzeit kündb, BAG Betr **77**, 1854. Leistet ArbG die Arb des vertragsbrüch ArbN zusätzl selbst, so schließt das ErsPfl nicht aus, BAG NJW **68**, 221, Vorbem 7b vor § 249, vgl auch LAG Ffm BB **67**, 162, LAG Düss Betr **68**, 90, LAG SchlH BB **72**, 1229. Entgg BAG NJW **70**, 1469 keine ErsPfl für Inserate, die auch bei fristgerechter Künd notw gew wären, s Vorbem 5f bb. – Dazu, ob **Brutto- od Nettolohn** zu ersetzen, vgl Anm 2c. – Beschädigg einer **Eisenbahnbrücke,** BGH VersR **77**, 744. – **Finanziergskosten** vgl oben Anm 2b. – SchadBemessgbei **Fischsterben** s BGH VersR **69**, 928. – SchadErs bei Verletzg einer **Freihalteverpflichtg,** BGH NJW **70**, 1595. – Einbuße an **Freizeit** vgl Vorbem 2b dd vor § 249. – Ers für Verlust von **Gebrauchsvorteilen** vgl Vorbem 2b bb vor § 249. – Wer SchadErs für einen inf **Immissionen** entstandenen GrdstMinderwert leisten muß, hat keinen GgAnspr auf Eintr einer entspr DuldgsDbk, BGH NJW **70**, 856. – **Ladendiebstahl:** ErsPfl w nicht dadch ausgeschl, daß Untern Schaden kalkulator an GesKundsch weitergibt, Meier BB **74**, 1376. Kein Ers von pauschalierten Bearbeitgsgebühren, da Mühewaltg bei Feststellg u Abwicklg eines Schadens zum eig PfltenKreis des Geschädigten gehört, Brschw u Kblz NJW **76**, 61, Hbg NJW **77**, 1347, Vorbem 2b ee vor § 249, aA LG Brschw NJW **76**, 1640. Kein Ers von Kosten der **Kontrollorganisation,** vgl Vorbem 2c cc vor § 249. Daher auch kein Ers der Fangprämie; diese sind Teil des Vorbeugesystems des Ladeninhabers, dienen überwiegend dem Zweck der Prävention u fallen folgl nicht unter den

Schutzbereich der Norm, Brschw u Kblz NJW **76**, 61, LG Brschw NJW **76**, 1640, AG Essen u Mettmann NJW **76**, 55, 57, Wollschläger NJW **76**, 15, Musielak JuS **77**, 534, Hagemann JZ **78**, 133; aA Hbg NJW **77**, 1347, AG Mü NJW **73**, 1044, AG Bielefeld NJW **76**, 57, Canaris NJW **74**, 523, Will MDR **76**, 6, Braun/Spiess MDR **78**, 356, Deutsch u Grunsky, Gutachten u Referat für den 51. DJT, vgl auch die von Kramer dchgeführte Erhebg, wonach etwa $^2/_3$ der amtsgerichtl Urt eine ErsPfl verneinen, NJW **76**, 1608. – SchadErs bei Zerstörg eines **Leasing**Fzgs vgl BGH LM (Bb) Nr 23, Dörner VersR **78**, 884, Ebenroth JuS **78**, 588. – **Merkantiler Minderwert** vgl § 251 Anm 4 b. – **Mietwagenkosten** vgl Anm 1 b. – Ers von Kosten, die dch **Nachforschungen** über den SchadFall entstanden sind, LG Brschw VersR **71**, 928, vgl auch oben „Belohng". – **Nebenklagekosten** vgl Vorbem 5 c ee vor § 249. – **Neuroseschäden** vgl Vorbem 5 d cc vor § 249. – Haben beide Parteien gleichart **Rabattverstöße** begangen, ist zu vermuten, daß sie sich ggs nicht geschädigt h, BGH NJW **70**, 1365. – Ers von Beitr zur freiw Fortsetzg der **Rentenversicherg** vgl Anm 2 c. W künft RentenAnspr bei Nichtabführg von Beitr verkürzt, muß Schädiger (schon jetzt) den zur Sicherg der unverkürzten Rente erforderl Betr leisten, BGH LM (Ha) Nr 25. – Ers von **Reparaturkosten** vgl § 251 Anm 4 b; dort auch zur ErsPfl, wenn Reparaturkosten größer als Zeitwert. SchadErs, wenn Geschädigter selbst repariert, vgl Anm 2 b. – Kosten der **Reservehaltg** vgl Vorbem 2 c cc vor § 249. – **Risikozuschlag** bei Wiederbeschaffg eines gebrauchten Kfz vgl § 251 Anm 4 a. – SchadBemessg bei Zerstörg einer **Ruine** vgl BGH LM (Hd) Nr 4. – Verlust des **Schadensfreiheitsrabatts** ist in der Kasko-Vers zu ersetzen, BGH **44**, 387, nicht aber in der HaftPflVers, BGH **66**, 398, VersR **78**, 235 (and noch BGH **44**, 387), str: Die insow dem HaftPflVers entstehenden Nachteile beruhen nicht auf dem vom Geschädigten erlittenen Pers- od Sachschaden, sond darauf, daß auch dem Schädiger Schaden entstanden ist; zw dem schädigden Ereign u dem Rückstufgschaden besteht daher kein RWidrigkZushang, vgl Vorbem 5 c vor § 249. – Schadensbemessg bei **sichergsübereigneten** Sachen vgl RG **143**, 376. – **Steuern**: Vgl Späth VersR **74**, 307, Keuk-Knobbe StuW **76**, 43. SchadErsPfl umfaßt auch die für Reparaturen u ErsBeschaffg zu zahlde MWSt (einschl Investitionssteuer Ffm MDR **70**, 45) vgl oben Anm 2 b (Reparatur) u § 251 Anm 4 (ErsBeschaffg); insow aber wg VortAusgl kein ErsAnspr, wenn Geschädigter MWSt zum Vorsteuerabzug verwenden kann, BGH NJW **72**, 1460, Streck BB **71**, 1085, Giesberts MDR **72**, 472, 563, NJW **73**, 181, Mayer NJW **73**, 1674, hM, str. SchadErs wg Verdienstausfall umfaßt auch Ers der Mehrsteuern, die dch Zahlg des SchadErsBetr ggü der Steuer entsteht, die auf den Verdienst entfallen wäre, BGH NJW **67**, 1462, vgl auch Vorbem 7 d cc vor § 249. Bei Ehefr ist die im Falle getrennter Veranlagg entstehde Steuer maßgebd, BGH NJW **70**, 1271 (nicht höhere Steuer inf gemeins Veranlagg), krit Wais NJW **70**, 1637. Darü, ob bei Verdienstausfall Brutto- od Nettolohn maßgebd, vgl Anm 2 c. – Schadensbemessg bei **Totalschaden** vgl Anm 2 a u § 251 Anm 4 a. – Bei Verletzg von **Urheberrechten** u ähnl Ausschließlichk R kann Schaden nach Lizenzgebühr berechnet w, BGH **20**, 345, **44**, 372, idR auch nach Gewinn des Verletzers, vgl § 687 Anm 2 c. SchadBemessg nach Lizenzgebühr auch bei Verletzg des UrhR des Architekten, BGH **61**, 88; bei rechtsw Verwertg eines BetrGeheimn, BGH NJW **77**, 1062; bei „sklavischer Nachahmg", BGH **57**, 116; ebso bei Verletzg von Namens- u Firmenrechten, BGH **60**, 208. Bei Vorenthaltg eines Patents muß Verletzter dagg gem § 252 S 2 dartun, daß nach dem Umst Gewinn zu erwarten, BGH Betr **70**, 821. – SchadErs bei Beeinträchtigg des **Urlaubs** vgl Vorbem 2 b dd vor § 249. – SchadBemessg nach **Verkehrswert** eines Grdst, BGH NJW **70**, 2018. – **Verteidigerkosten** vgl Vorbem 5 c ee vor § 249. – Ers von sog **Währgsschaden** (Geldentwertgschaden) vgl § 286 Anm 2 b. – Schadensbemessg bei **Waldbrand** vgl BGH LM (Hd) Nr 5. – Ermittlg der **Wiederbeschaffgskosten** vgl § 251 Anm 4 a. – Bemessg des SchadErsAnspr gg **Wilderer** vgl BGH LM § 823 (F) Nr 10. – Verlust von **Zeitschriften** BGH Betr **75**, 1073 (ErsPfl für Nachdruckkosten uU auch dann, wenn diese höher als VerkErlös).

250 *Schadensersatz in Geld nach Fristsetzung.* **Der Gläubiger kann dem Ersatzpflichtigen zur Herstellung eine angemessene Frist mit der Erklärung bestimmen, daß er die Herstellung nach dem Ablaufe der Frist ablehne. Nach dem Ablaufe der Frist kann der Gläubiger den Ersatz in Geld verlangen, wenn nicht die Herstellung rechtzeitig erfolgt; der Anspruch auf die Herstellung ist ausgeschlossen.**

1) Satz 1. Grd der Vorschr: Wann der Gläub Naturherstellg fordern kann (§ 249, 1) und Geldersatz (§ 251), kann zweifelh sein; § 250 gibt ihm ein Mittel, Klarh zu schaffen. Er hat dies Mittel in allen, auch den zweifelosen Fällen.

Nötig: Fristsetzg u Erkl der Ablehng nach Fristablauf; Vorbeh der späteren Ablehng genügt nicht, vgl RG **53**, 166. Es genügt, daß Gläub eine „angemessene Frist" ohne nähere Angabe setzt, vgl RG **75**, 357, str, doch ist das nicht zweckm. Setzt der Gläub eine zu kurze Frist, so setzt er damit die wirkl angemessene in Lauf, RG **56**, 234 stRspr, str. Fristsetzg ist unnötig, wenn der Schu sich zur Naturherstellg endgültig außerstande erkl od sie endgültig verweigert hat od sie in der Praxis ganz unübl ist, BGH **40**, 352; dann besteht neben NaturalersatzAnspr sofort GeldAnspr. Die Frist kann in entspr Anwendg des ZPO 255 in dem auf Naturherstellg lautenden Urt gesetzt w. Im AmtsGProz kommt auch Antr nach ZPO 510 b in Frage (Vollstr vgl ZPO 888 a).

2) Zu Satz 2. Folge: Währd des Fristablaufs kann der Gläub sogar im Falle des § 249 S 2 nur Naturherstellg fordern, der Schu aber, wenn er sonst das Recht dazu hat, § 251 Abs 2, auch GeldErs leisten. Nach Fristablauf kann der Gläub nur noch GeldErs fordern, der Schu nur noch dch Geldleistg erfüllen, BGH **LM** § 249 (Gb) Nr 3 Bl 2. Höhe des GeldAnspr: so viel, daß der Gläub den Schaden selbst beseitigen kann (vgl dazu § 249 Anm 2 und § 251 Anm 3, auch Frotz JZ **63**, 391).

251 *Schadensersatz in Geld ohne Fristsetzung.* [1] **Soweit die Herstellung nicht möglich oder zur Entschädigung des Gläubigers nicht genügend ist, hat der Ersatzpflichtige den Gläubiger in Geld zu entschädigen.**

II Der Ersatzpflichtige kann den Gläubiger in Geld entschädigen, wenn die Herstellung nur mit unverhältnismäßigen Aufwendungen möglich ist.

1) Beachte zunächst, daß I und II ganz verschiedene Tatbestände regeln. Die Vorschr des **I** dient dem **Gläubigerinteresse.** Der Schu wird dch Unmöglichk nicht frei und hat ggf neben Naturalersatz ZusatzEntsch in Geld zu leisten. Er hat also (vorbehaltl II) alles zu tun, den Gläub schadlos zu stellen. Soweit GeldErs dazu nicht ausreicht, muß anderer Ers versucht werden, zB Hingabe ähnlicher Ggstände, vgl OGH **1,** 128 (betr Zeit der Warenknapph). Ob die Herstell unmögl od zur Entsch des Gläub nicht genügend ist, bestimmt sich also nach wirtschaftl Gesichtspunkten unter Heranziehg des § 242. Sie war auch bei bezugsbeschränkten od vom Markt verschwundenen Sachen nicht unmögl, da anzunehmen war, daß ein auf Sachersatz gehendes Urt innerh der VerjFrist vollstreckt werden konnte, Hamm SJZ **48,** 195, KG JR **48,** 282. – § 251 gilt nur im SchadErsR, er gilt nicht einmal entspr für EigtHerausg-Anspr, BGH NJW **64,** 2414, wohl aber für Anspr aus § 1004, s Anm 2.

a) „nicht möglich"; über Unmöglichk vgl § 275 Anm 1. Sie kann auf versch Gründen beruhen. Unvermögen des Schu (§ 275 Anm 2) steht gleich. – Fälle zB: Zerstörg unvertretb Sachen (§ 91), wenn Gläub Ers durch ähnl Ggst nicht will, BGH NJW **75,** 2061; dagg ist bei vertretb Sachen die Lieferg gleichwertiger Sachen meist eine „mögliche" u „genügende" (Anm 1 b) Herstellg; gebrauchtes Kfz ist unvertretb, also kann bei Totalverlust immer GeldEntsch verlangt w, Jordan VersR **78,** 688. Unmöglichk liegt zumeist vor beim SchadErs inf NichtErf, vgl Vorbem 2g vor § 249, ferner zB bei dauernder Minderg der ErwerbsFgk RG **80,** 28, sowie dann, wenn der Schaden in der schuldh rechtsw Vornahme einer AmtsHdlg besteht, § 839, deren Rückgängigmachg nicht verlangt (wohl aber manchmal gewährt) w kann, RG **150,** 143. Ob die Unmöglichk von Anfang an bestand od erst nachträgl eingetreten ist, ist gleichgültig: auch letzterenf nicht etwa Befreiung des Schu nach § 275, denn der SchadErsAnspr war von vornherein für diesen Fall auf Geld gerichtet. „Soweit" bedeutet, daß bei Teilmöglichk der Herstellg GeldErs nur wg des Restes verlangt werden kann, uU gilt dann aber b; vgl auch unten Anm 3.

b) „nicht genügend". Die Fälle werden sich zT mit denen zu a decken. Ferner zB, wenn Reparatur unzumutb (unten Anm 4 a bb) od die Herstellg so lange Zeit erfordern würde, daß das Warten dem Gläub nicht zuzumuten ist, RG **76,** 146.

2) II. Ersetzungsbefugnis des Schuldners (facultas alternativa). II ist Ausfluß des Grds von Treu u Glauben. Er gilt nicht nur ggü dem HerstellgsAnspr (§ 249 S 1), sond auch ggü dem Anspr aus § 249 S 2, RG **71,** 214, BGH **LM** Nr 8, NJW **75,** 2061. Er ist entspr anzuwenden, wenn es um die Beseitigung immaterieller Schäden geht, BGH **63,** 297 (kosmet Operation), krit Jochem JR **75,** 327. Ob Aufwendgen unverhältnismäß, richtet sich nicht nur nach ihrer Höhe, sond auch nach dem Interesse des Gläub u dem Maß des Versch, OGH NJW **49,** 63, Medicus JuS **69,** 45. Erforderl ist umfassde Abwägg der beiderseit Belange unter dem Gesichtspkt der Zumutbark, die das RevGer nicht beschränkt nachprüfen kann, vgl RG **132,** 53, BGH VRS **22,** 81, WPM **71,** 1112. Bei Verletzg eines Haustiers besteht Anspr auf Ers von Tierarztkosten grdsl auch dann, wenn diese größer als Preis eines and Tieres, LG Mü NJW **78,** 1862, Keller VersR **77,** 145. Wer vorsätzl Bebauungsgrenze nicht einhält, kann sich ggü BeseitiggsAnspr aus § 823 II nicht auf II berufen, BGH NJW **70,** 1180. Zur Anwendg von II im WerkVertrR vgl BGH NJW **73,** 138, auf pachtvertragl WiederherstellgsAnspr BGH NJW **76,** 235, auf Anspr aus § 1004, BGH **62,** 391, Betr **77,** 908 (krit Picker AcP **176,** 52). Nimmt Gläub, wenn auch ohne Versch, die Herstellg unter unverhältnism Aufwendgen selbst vor u verlangt Erstattg, so bleibt dem Schu das Recht aus II, BGH **LM** Nr 8. Gläub muß vor Herstellg (Erteilg des Reparaturauftrages) prüfen, ob unverhältnism Aufwendgen entstehen, Stgt NJW **60,** 1463. Zur Anwendg von II auf Reparatur beschädigter Sachen, insb Kfz, vgl unten Anm 4b bb.

3) Geldentschädigung. Über die Bemessg gibt das G keine bes Bestimmgen. Der Anspr geht entspr den Grds des § 249 auf vollen Ers des individuellen Interesses, Staud-Werner Rdz 10. Dieses ist gem ZPO 287 zu schätzen, BGH NJW **75,** 2062. Dabei kann der Herstellaufwand berücksichtigt w, BGH aaO; Anhaltspkte für eine Schätzg kann aber auch der Verk- od Ertragswert bieten.

4) Schadensbemessg bei Zerstörg, Verlust od Beschädigg gebrauchter Sachen. Sie richtet sich zT nach § 249 (Verlust vertretb Sachen, Beschädigg), zT aber auch nach § 251 (Verlust unvertretb Sachen) u w daher aus prakt Grden hier zusfassd behandelt (vgl Jordan VersR **78,** 688).

a) aa) Bei Zerstörg od Verlust richtet sich die Entsch idR nach den Kosten für Wiederbeschaffg einer wirtschaftl gleichwert ErsSache. Erleidet Kfz Totalschaden, ist daher grds auf den Preis eines gleichwert gebrauchten Kfz abzustellen; die Kosten gründl techn Überprüfg u Finanziergskosten sind hinzuzurechnen, nicht jedoch ein Risikozuschlag, BGH NJW **66,** 1455/2159, Schlesw VersR **68,** 977, stRspr. Maßgebd ist nicht der Preis, den Eigtümer bei *Verkauf* erlöst hätte (sog Zeitwert), auch nicht ein Liebhaberpreis, LG Nürnb VersR **78,** 382, sond der, der bei Kauf von gleichwert Kfz mit Werkstattgarantie an seriösen Händler zu zahlen wäre, sog **Wiederbeschaffgswert,** der idR etwa 15–25% über dem sog Zeitwert liegt, Stgt NJW **67,** 254, Celle NJW **68,** 1478, Oldbg DAR **69,** 17, Bambg NJW **72,** 828, Stgt VersR **76,** 766. Handelt es sich um einen „Ersthandwagen", so ist dies bei der Wertermittlg zu berücksichtigen, jedoch ist insoweit kein bes ausgeworfener Zuschlag zu machen, Düss NJW **77,** 719, im Ergebn ebso BGH Betr **78,** 831. Zu ersetzen auch MWSt u zwar auch dann, wenn Geschädigter auf ErsBeschaffg verzichtet od aus priv Hand kauft, KG VersR **73,** 60, LG Mü NJW **73,** 660, LG Düss NJW **78,** 429, Schaumburg NJW **74,** 1739; vgl zur Problematik iF der Reparatur § 249 Anm 2b, zur Berücksichtigg der Berechtigg zum Vorsteuerabzug vgl § 249 Anm 3b „Steuern". Bei prakt neuem Kfz (bis etwa 1000 km) ist Neupreis zuzuerkennen, Schmidt DAR **65,** 4, Henrich NJW **67,** 1943, Schlesw NJW **71,** 141, Nürnb VersR **75,** 961, Düss VersR **76,** 69, Brem VersR **78,** 236; die 1000 km-Grenze ablehnd u auf den Einzelfall abstellnd KG VersR **76,** 861, vgl auch unten b cc. Das gilt entspr für sonst gebrauchte Sachen, zB Motorräder Nürnb NJW **72,** 2042. Handelt es sich um einen nicht mehr erhältl KfzTyp, ist Wiederbeschaffgswert nach gleichwert Pkw zu bemessen, Nürnbg VersR **76,** 1167. Geschädigter Händler ist mit EinkaufsPr zu entschädigen,

Schlesw VersR **76**, 1183. Auch bei LeasingKfz ist vom KfzWert auszugehen, die Miete hätte der Leasing-Neh ohnehin weiterbezahlen müssen, BGH Betr **77**, 395. Hat zerstörte Sache noch einen Restwert, muß Geschädigter sie dem Schädiger herausgeben od dsn Wert anrechnen lassen, Hbg MDR **64**, 322, BGH NJW **65**, 1756, KG NJW **72**, 496. Kein Verstoß gg § 254 II, wenn Geschädigter Sache bei Händler zu den dort übl Bedinggn in Zahlg gibt, KG NJW **70**, 1049. Erzielt der Geschädigte einen bes günstigen Preis, weil er statt eines gleichwert gebrauchten Kfz einen Neuwagen kauft, so kommt dem Schädiger der Mehrerlös nicht zugute, weil dieser auf einen Entschluß des Geschädigten zurückgeht, der außerh der eigentl Schadensabwicklg liegt, BGH **66**, 246. Der dem Geschädigten eingeräumte Werksrabatt mindert die Ers-Pfl, BGH VersR **75**, 127, nicht aber Verwandtenrabatt, Hamm VersR **77**, 735.

bb) Eine SchadBemessg nach dem Wiederbeschaffgswert scheidet aus, wenn gleichwert gebrauchte Sachen nicht im Handel od wenn diese Art der ErsBeschaffg aus sonst Gründen (zB wg Unzumutbark) nicht in Betr kommt. Hier kann Schaden idR nur dch Anschaffg neuer Sache beseitigt w. In diesem Fall ist von den Wiederbeschaffungskosten (auch bei langleb WirtschGütern) grdsätzl Abzug **neu für alt** zu machen, BGH **30**, 29, 34. Abzug entfällt, wenn aus bes Gründen unzumutb, BGH **30**, 33; so zB bei wenig getragener Kleidg eines UnterstützgsEmpf, Schlesw MDR **52**, 747 (Abzug neu für alt bei Beschädigg vgl unten b aa). Zu berücksichtigen ist, daß der Wert für den Geschädigten maßgebd ist, BGH **30**, 34; das kann Abzug neu für alt mindern, BGH VersR **64**, 257. Der Wert der Sache für den Geschädigten (sog GebrWert) hat insb Bedeutg, wenn ErsBeschaffg schlechth unmögl; er liegt zw Neu- u Verkaufswert u ist gem ZPO 287 zu schätzen; dabei wie vom Neuwert auszugehen u ein Abzug für techn Abnutzg zu machen sein, Maase VersR **68**, 531, Karlsr VersR **73**, 471, Schlesw VersR **74**, 297.

b) aa) Bei **Beschädigg** gebrauchter Sachen richtet sich GeldEntsch grdsätzl nach den für die Wiederherstellg aufzuwendden Kosten einschließl der MwSt vgl § 249 Anm 2b (dort auch zur SchadBemessg, wenn Schädiger selbst repariert). Geschädigter braucht nicht die billigste Werkstatt zu beauftragen, muß aber (§ 254 II) Kosten im Rahmen des Angem halten, Nürnb VersR **68**, 606, Köln VersR **69**, 1006. Die ErsPfl erstreckt sich in den Grenzen des § 254 auch auf die Kosten eines erfolglosen RepVersuchs (BGH VersR **78**, 374, 839). Bei Lackschäden besteht grdsl nur Anspr auf entspr TLackierg, KG Betr **78**, 1541, vgl auch Hamm VersR **75**, 335. Zu ersetzen auch der nach der Reparatur etwa verbleibde techn Minderwert, Darkow VersR **75**, 208. Dieser w aber bei älteren Kfz idR mit geringe Farbunterschiede in der Lackierg bei Beschädigg vgl VersR **78**, 378. Zu ersetzen ist der sog **merkantile Minderwert**, u zwar auch dann, wenn der Geschädigte die Sache behält u weiterbenutzt, der Minderwert sich also nicht in einem Verkauf konkretisiert, BGH **35**, 396, hM (and noch BGH **27**, 181). Der merkantile Minderwert beruht darauf, daß ein Kfz, das Unfallschäden von einigem Gewicht erlitten hat, im Verk idR trotz ordngsmäß Reparatur geringer bewertet w als unfallsfreies. BGH **35**, 397; entspr merkantile Wertminderngn kommen bei and Sachen vor, uU auch bei neuen: BGH **LM** § 463 Nr 8, BB **68**, 1355 (Schwammverdacht); JW **04**, 140 (restauriertes Bild); BGH **9**, 98 (Mängel eines Neubaus), BGH **55**, 198 (ebso), Bindhardt VersR **65**, 18 (merkantiler Minderwert bei Gebäuden). Merkantiler Minderwert auch bei Beschädigg eines NutzKfz, Stgt VRS **54** Nr 35, daggn nicht bei Straßenbahnwagen (da kein HandelsObj), Köln VersR **74**, 761, od der Beschädigg von Bäumen (KG VersR **68**, 524). Keine ErsPfl aber, wenn Minderwert auf vorübergehden Immissionen beruht hat u diese endgült aufgehört haben, BGH NJW **78**, 263. Minderwert bemißt sich abw von dem sonst geltden Grds (Vorbem 9 vor § 249) nach Ztpkt der Wiederingebrauchn, BGH NJW **67**, 552, maßgebd ist die nach ZPO 287 zu schätzde Differenz zw Wert der Sache vor dem Unfall u nach Dchführg der Reparatur. Kein merkantiler Minderwert bei Bagatellschäden, Köln DAR **73**, 71, KG VersR **75**, 664, bei altem Kfz (älter als 5 Jahre od mehr als 100000 km) Schlund BB **76**, 908, ferner bei erhebl Vorschäden, Celle VersR **73**, 717. Die Praxis bemißt die Wertminderg vielf nach der Tabelle von Ruhkopf u Sahm VersR **62**, 593, nach der die Kosten der Reparatur u der Wert des Kfz BemessgsGrdl sind. Daggn hat der 13. Dtsche VerkGerTag vorgeschlagen, den Minderwert des Kfz je nach Alter auf 10–30% der Reparaturkosten festzusetzen, vgl Schlund BB **76**, 908, Darkow DAR **77**, 62. Auch bei Reparaturkosten kann Abzug neu für alt nöt sein; Voraussetzg ist jedoch, daß dch die Reparatur eine Wertsteigerg eingetreten ist, die sich für den Geschädigten wirtschaftl auswirkt, Celle VersR **74**, 1032, Einbau von neuen Teilen genügt allein nicht, Mü VersR **58**, 407, **66**, 1192, insb dann nicht, wenn Teile ersetzt w, die idR die Lebensdauer des Kfz erreichen, KG NJW **71**, 144.

bb) Anspr auf Ers der Reparaturkosten u des Minderwerts besteht grdsl auch, wenn diese zus höher sind als Wert der Sache vor dem SchadFall; nur wenn die bei Reparatur zu zahlde Entsch wesentl (mehr als 30%) über diesem Wert liegt, greift § 251 II (**„unverhältnismäß Aufwendgn"**) ein (Celle VersR **64**, 519, Nürnb VersR **69**, 289, Schlesw VersR **69**, 1100, Oldbg VersR **73**, 379, KG VersR **76**, 391, Stgt VersR **77**, 88), jedoch sind bei der Verletzg von Haustieren Tierarztkosten auch dann zu ersetzen, wenn sie höher sind als 130% des Wiederbeschaffgswertes (vgl Anm 2). Entscheidd, wie sich die Sachlage bei Wahl der EntschArt für den Geschädigten darstellt, BGH NJW **72**, 1801 (vgl dazu Medicus JuS **73**, 211); Risiko einer unerwarteten Erhöhg der Anschlagsumme trägt Schädiger, and aber, wenn Anschlagsumme niedriger als Fahrzeugwert, BGH aaO. Auf eingeholtes SachverstGutachten darf sich Geschädigter verlassen, Düss VersR **77**, 840. Macht der Geschädigte unverhältnismäß Aufwendgn, richtet sich ErsPfl ggf nach dem Wiederbeschaffgswert (oben a aa) u nicht nach den höheren noch verhältnismäß Aufwendgn, BGH NJW **72**, 1801, KG VersR **76**, 391, str.

cc) Geschädigter kann Schaden statt dch Reparatur auch dch **Anschaffg einer gleichwertigen Ersatzsache** ausgleichen. Er h das R, zw beiden Möglichk der Schadensbeseitigg zu wählen, BGH NJW **72**, 1800; iF der ErsBeschaffg bemißt sich Schaden nach der Differenz zw Wiederbeschaffgswert u Restwert der beschädigten Sache, vgl oben a aa. Anspr auf Ers der Instandsetzgskosten (einschl MwSt) besteht auch dann, wenn der Geschädigte die beschädigte Sache unrepariert in Zahlg gibt, BGH **66**, 239, VersR **78**, 235 (and die bish hM). Entgg bb bildet hier aber der Zeitwert des Kfz die obere Grenze der zu ersetzder Kosten, BGH aaO. Kein Ers **„fiktiver Reparaturkosten"** daggn, wenn Instandsetzg inf Naturereign unmögl, BGH aaO; wohl auch dann nicht, wenn Geschädigter ein gleichwert gebrauchtes Kfz kauft, weil er sich dann für und Art der Schadensbeseitigg entschieden hat, BGH aaO. Ist Reparatur deutl billiger, ist Schadensbeseitigg dch ErsBeschaffg unzul, § 254 II, BGH VersR **78**, 182. Hiervon gelten aber

Ausn: Geschädigter braucht sich auf billigere Reparatur nicht verweisen zu lassen, wenn diese keine Betriebssicherh gewährleistet, BGH **LM** § 249 (Hd) Nr 10; das gilt ebso, wenn Reparatur unzumutb, sog **unechter Totalschaden**, Maase VersR 68, 528, Hbg VersR 73, 354; dieser liegt vor, wenn prakt neues Kfz erhebl beschädigt, BGH NJW **76**, 1203, KG VersR **77**, 155, 295, Hamm VersR **73**, 1072, Karlsr VersR **73**, 1169, Mü VersR **74**, 65, Düss VersR **74**, 604, u zwar ist hier entspr oben a aa der Neupreis zu ersetzen. Bei and Kfz ist entscheidd, ob Kfz so umfangreiche Schäden, insb an wicht Teilen, erlitten h, daß Weiterbenutzg unter Berücksichtig der Fahrleistg u des Alters sowie des Risikos verborgener Mängel nicht zuzumuten, Brem VersR **71**, 912, Karlsr VersR **73**, 471, Mü VersR **75**, 163, Stgt VersR **76**, 73, Abrechng auf Totalschadenbasis ferner berecht, wenn Geschädigter nach sachverständ Beratg subj der Ans sein durfte, das Kfz sei nicht reparaturwürd, BGH VersR **66**, 490, Karlsr VersR **75**, 335. Das sog **Prognoserisiko** trägt auch hier (ebso wie oben Bb) der Schädiger. W zum Verkauf best Pkw beschädigt, kann Eigentümer den Händlerneupreis gg Zurverfügstellg der beschädigten Sache verlangen, BGH NJW **65**, 1756, KG NJW **72**, 496. ErsAnspr besteht auch dann, wenn der Geschädigte auf ErsBeschaffg verzichtet, vgl BGH **66**, 239, dessen Erwägen insow entspr gelten.

252 *Entgangener Gewinn.* Der zu ersetzende Schaden umfaßt auch den entgangenen Gewinn. Als entgangen gilt der Gewinn, welcher nach dem gewöhnlichen Laufe der Dinge oder nach den besonderen Umständen, insbesondere nach den getroffenen Anstalten und Vorkehrungen, mit Wahrscheinlichkeit erwartet werden konnte.

1) Die Bestimmg betrifft nur **Vermögensschaden**.
2) Satz 1. Daß nicht nur posit Schaden, sond auch ein dem Verletzten entgangener Gewinn zu ersetzen ist, folgt unmittelb aus dem SchadBegriff u dem Grds der Naturalherstellg, vgl Vorbem 2d u e vor § 249 und § 249 Anm 1. Es liegt ein Fall des Ersatzes „mittelbaren" Schadens vor (bei der Schadensversicherg wird dagg entgangener Gewinn nur bei Abrede ersetzt, VVG 53). – Nichts zu tun hat der dem Verletzten entgangene Gewinn mit dem vom Schädiger erzielten Gewinn. Seine Herausg kann vom Schu nicht unter dem Gesichtspunkt der Verpflichtg zum SchadErs, sond nur beim Vorliegen anderer Haftgsgründe gefordert werden, zB §§ 812ff, 816, 281 (vgl dort Anm 1e, f), §§ 667, 687 II. Über die Ausnahmen im Urheber-, Patent- usw Recht vgl § 687 Anm 2 c, Vorbem 2e vor § 249. – Nicht zu ersetzen ist ein Gewinn, der nur dch eine rechtsw Tätigk hätte erzielt w können, RG **90**, 64, BGH NJW **64**, 1183, WPM **68**, 1084, KG OLGZ **72**, 408; daher keine ErsPfl für entgangenen, nach dem RabattG unzul PrVorteil, Stgt VersR **73**, 773, für entgangene Einkünfte aus verbotener SchwarzArb, Köln VersR **69**, 382; and aber, wenn der Geschädigte, die erforderl behördl Gen irrtüml eingeholt h, BGH NJW **55**, 1313; hier ist auch dann SchadErs zu leisten, wenn dem Geschädigte einfache Fahrlk zur Last fällt, BGH NJW **74**, 1370, aA Stürner VersR **76**, 1013. Bei Dirne beschr sich ErsPfl auf den zu einer einfachen Lebensführg erforderl EinkommensT, BGH **67**, 119, aA (keine ErsPfl) Hbg VersR **77**, 87, Born VersR **77**, 118. Dieser ist gem ZPO 287 zu schätzen u beträgt zZ etwa 1000 DM, Mü VersR **77**, 628. – Gleicht der Geschädigte den entgangenen Gewinn dch überpflichtmäß Anstrenggn aus, so entlastet das den Schädiger nicht, Vorbem 7 b vor § 249.

3) Zu Satz 2. Die Ausdrucksweise ist mißverständl. Satz 2 definiert weder den entgangenen Gewinn, noch schränkt er ihn auf den Tatbestd des Satzes 2 ein. Vielmehr:
a) Ggü dem allg Satze, daß der Geschädigte vollen Bew für die SchadEntstehg zu führen hat, somit nachzuweisen hätte, daß der Gewinn mit Sicherheit gemacht worden wäre, gibt Satz 2 (über ZPO 287 hinaus) die **Beweiserleichterg** (jetzt hM und stRspr, BGH **29**, 398, auch **LM** Nr 5, BGH DRiZ **63**, 25 u VRS **29**, 413), daß für den Bew des Gewinns die bloße Wahrscheinlichk der Erwartg genügt. Der GgBew, daß trotz dieser Erwartg der Gewinn nicht vom Gläub erzielt worden wäre, ist zul, BGH **29**, 398. Denn trotz der Ausdrucksweise („gilt") besteht nur eine Vermutg. Darlegg u Beweis der Umst, aus denen sich die Wahrscheinlichk der Gewinnerwartg ergibt, nimmt § 252 dem Kl nicht ab, BGH NJW **64**, 662, BGH **54**, 55, BAG NJW **68**, 72, wobei jedoch keine zu strengen Anforderungen gestellt w dürfen, BAG NJW **72**, 1437. – Ob Gewinn zu erwarten, ist nicht nach dem zZ des SchadEreignisses Erkennbaren, sond nach den Erkenntnis-Quellen des beurteildn Richters zu entscheiden, BGH **29**, 398, vgl Vorbem 9 vor § 249. And nur, wenn der Gewinn auf einem ganz ungewöhnl, nicht adäquaten Ereign beruht hätte, vgl Warn **28**, 37.
Ein hes Fall des entgangenen Gewinns bei Personenverletzg ist die Bestimmg des § 842, soweit sie Ers für Nachteile für das **Fortkommen des Verletzten** gewährt, vgl dazu § 249 Anm 2.
b) Satz 2 gibt ferner, indem er die Möglichk gewährt, die Erwartg nicht nur auf die Sonderumstände sond den **„gewöhnlichen Lauf"** der Dinge abzustellen, nach hM (vgl BGH **29**, 399) die Grdlage, daß der Geschädigte den Schaden (soweit er entgangener Gewinn ist) **auch abstrakt**, nicht nur konkret, was das Gewöhnliche ist, berechnen kann (vgl Vorbem 4 vor § 249, ferner § 325 Anm 4): Im HandelsVerk ist „gewöhnlicher Verlauf", daß ein Kaufmann (nicht der Privatmann od der Fiskus, RG **105**, 285) Waren mit Marktpreis od doch Verkäuflichk Wert (RG **68**, 165), die er gekauft hat, zu diesem Preise od Wert auch absetzt; er kann daher als Käufer bei Nichtlieferg usw den Überschuß des Verkaufsmarktpreises über den VertrPreis als abstrakt entgangenen Gewinn fordern, braucht also idR keinen Deckgskauf vorzunehmen, BGH **2**, 313, vgl auch BGH **LM** Nr 5; abstr Berechng ist auch mögl für Verkäufer, dem verkaufte Ware nicht abgenommen wird (Differenz zwischen Anschaffgs- u Vertragspreis); auf Verkäuflichk im eigenen Geschäft braucht er sich nicht verweisen zu lassen, Celle MDR **66**, 410. Auch bei and HandelsGesch ist abstr Berechng zul, so bei FrachtVermittlg bei BGH **29**, 399, im FrachtR BGH VersR **65**, 351, 374, KG VersR **76**, 463, Abg von ErsTeilen BAG NJW **72**, 1437, 1439, ferner bei Verzugsschaden (ZinsVerlust) der Bank, vgl § 288 Anm 2. GgBew, daß „gewöhnl Verlauf" im Einzelfall and gewesen wäre, ist zul. Steht fest, daß Schaden einer von mehreren Pers entstanden, nicht aber welcher, so ist bei abstr Berechng SchadHöhe für jede nach ZPO 287 zu schätzen, BGH **29**, 400. Generalunkosten sind nicht abzusetzen, Stgt JR **57**, 343, anfallende Gewerbesteuer ist mitzuersetzen, BGH NJW **67**, 1462. MwSt ist weder abzuziehen noch hinzuzurechnen, da sie gewinneutral ist u entgangener Gewinn nicht der MwSt un-

terliegt, Seetzen NJW 77, 1384. – Als **Zeitpunkt** (vgl Vorbem 9 vor § 249) der Bemessg des abstr Schadens kann der Berechtigte zw Verzugseintritt u Nachfristablauf (für den Fall des Verzuges nach § 326) wählen RG 90, 423, vgl auch RG 149, 137; bei Unmöglichk, § 325, ist deren Eintreten maßg BGH 2, 313. – Nach HGB 376 ist bei **Fixgeschäften** die abstr SchadBerechng die Regel, vgl aber auch HGB 376 III. Im übr ist auch im Handels R die konkr SchadBerechng, insb an Hand vorgenommener Deckgsgeschäfte, mögl. Die Ermittlg des voraussichtl „gewöhnl Laufs der Dinge" muß nach Lage des Falles die getroffnen „Anstalten und Vorkehrgen" eingehd prüfen u würdigen, vgl für GeschSchädigg zB BGH DRiZ 63, 25; was dazu gehört, also vom Kl darzulegen u zu beweisen ist, und was zum „gewöhnl Verlauf" gehört, ist im wesentl tatrichterl Feststellg, BGH NJW 64, 663. – Fordert der ersatzberecht Verkäufer den Unterschied zw dem Selbstkostenpreis (auch bei noch nicht angeschaffter Ware) u dem VertrPreis, so ist das zul, RG 60, 347, ist aber konkr Berechng. – Vgl grdsätzl zu abstr und konkr Berechng Steindorff AcP 158, 431, Knobbe-Keuk VersR 76, 401.

4) Die Grds über **Vorteilsausgleichg** (Vorbem 7 vor § 249) gelten auch für den entgangenen Gewinn. Bei entgangenem Gewinn aus NichtDchführg eines Vertr ist Vorteil aus anderweit Verwertg des VertrGgst nicht anzurechnen, wenn Geschädigter den neuen Kunden ohnehin hätte beliefern können, BGH NJW 70, 32, KG OLGZ 72, 8.

253 Immaterieller Schaden.
Wegen eines Schadens, der nicht Vermögensschaden ist, kann Entschädigung in Geld nur in den durch das Gesetz bestimmten Fällen gefordert werden.

Neueres **Schrifttum**: Günther Wiese, Der Ersatz des immateriellen Schadens, 1964.

1) Allgemeines: § 253 beruht auf dem Gedanken, daß bei ideellen Schäden die Herstellg des Zustandes der ohne das schädigde Ereign bestehen würde, dch GeldErs nicht mögl ist, RGRK Anm 1. Da § 251 I für VermSchäden auch die Unmöglichk der Herstellg GeldErs vorsieht, ist diese Erwägg wenig überzeugd. Entsprechdes gilt für die sonstigen Grde, die in den Mot für die Regelg des § 253 angeführt w, vgl dazu BGH 35, 367, 39, 131, Wiese S 13. § 253 läuft im Ergebn auf einen minderen Schutz ideeller Güter hinaus. Das ist rechtspolit bedenkl, vgl Beschl der 45. DJT, NJW 64, 2098. Gleichwohl ist das in § 253 enthaltene **Analogieverbot** zu respektieren. Die Rspr des BGH (vgl insb BGH 35, 367, 39, 131), die bei schweren Verletzgen des allg PersönlichkR entgg § 253 SchmerzG zuerkennt, ist daher abzulehnen, aA Thomas § 823 Anm 15 F. Die Entsch des BVerfG (NJW 73, 1221), wonach die BGH-Rspr mit dem GG vereinb ist, ändert an den sich aus dem System des BGB ergebden Bedenken nichts.

2) § 253 betrifft nur die GeldEntsch. Ein Anspr auf **Naturalherstellg** (§ 249 S 1) besteht auch bei ideellen Schäden; er hat aber nur geringe prakt Bedeutg, da Naturalbeseitigg meist unmögl. Verletzter kann bei fortwirkden ehrverletzden Äußergen als SchadErs Widerruf verlangen, RG 88, 133, 97, 345, 148, 122, BGH NJW 53, 1386. Dieser ein Versch voraussetzde Anspr w aber in der Praxis dch den aus § 1004 abgeleiteten BeseitiggsAnspr verdrängt, der auch bei nicht schuldh Beeinträchtiggen besteht, vgl Helle, Schutz der persönl Ehre 2. Aufl S 30 u Vorbem 9 vor § 823. Bei Verletzg des Briefgeheimn kann Verletzter Herausg der gefertigten Abschr zwecks Vernichtg verlangen, RG 94, 3. Auch Anspr aus § 249 S 2 w, da gleichf auf Herstellg gerichtet, dch § 253 nicht ausgeschl, hM. Verletzter kann daher zB Kosten für Beseitig ehrverletzter Inschrift verlangen, Wiese S 7, ferner Kosten für öff Richtigstellg unricht ehrverletzender Behauptgen, sofern diese notw ist u sich im Rahmen des Angem hält, BGH 66, 191, 70, 42. Kein Ers von Inseratskosten, wenn presserechtl Anspr auf GgDarstellg gegeben u diese ausr ist, BGH aaO. Ebso besteht bei Sachen, die ledigl Affektionswert h, Anspr aus § 249 nur von Reparatur- od Reproduktionskosten, soweit dies mögl, vgl Vorbem 2e vor § 249. Ers ideellen Schadens kann vertragl vereinbart w, BGH JZ 55, 581, ebso ist iF ideeller Schädigg Vereinbg einer VertrStrafe zul.

3) Zur Abgrenzg von Vermögens- u Nichtvermögensschaden vgl Vorbem 2b vor § 249.

4) Eine Geldentschädigg für ideelle Schäden sieht das BGB in § 847 u § 1300 vor. Anspr aus § 847 setzt unerl Hdlg voraus, bloße VertrVerletzg genügt nicht, RG 112, 294, 113, 290. § 847 auch unanwendb bei Aufopferg (BGH 22, 50) u Anspr aus § 670 (BGH 52, 117). Außerh des BGB besteht ein Anspr auf GeldErs für immaterielle Schäden nach LuftVG 53 III, UrhRG 97 II, GWB 35, 27, SeemannsG 40.

254 Mitverschulden.
I Hat bei der Entstehung des Schadens ein Verschulden des Beschädigten mitgewirkt, so hängt die Verpflichtung zum Ersatze sowie der Umfang des zu leistenden Ersatzes von den Umständen, insbesondere davon ab, inwieweit der Schaden vorwiegend von dem einen oder dem anderen Teile verursacht worden ist.

II Dies gilt auch dann, wenn sich das Verschulden des Beschädigten darauf beschränkt, daß er unterlassen hat, den Schuldner auf die Gefahr eines ungewöhnlich hohen Schadens aufmerksam zu machen, die der Schuldner weder kannte noch kennen mußte, oder daß er unterlassen hat, den Schaden abzuwenden oder zu mindern. Die Vorschrift des § 278 findet entsprechende Anwendung.

Übersicht

1) Allgemeines
   a) Begriff des Mitverschuldens, Grundgedanken
   b) Anrechnung von Sach- und Betriebsgefahr sowie von sonstiger schuldloser Verursachung
2) Anwendungsbereich
   a) Schadensersatzansprüche
   b) entsprechende Anwendung
   c) Anwendung im öffentlichen Recht
   d) Grenzen der entsprechenden Anwendung
   e) Sondervorschriften
3) Mitverschulden des Geschädigten
   a) Bei Entstehung des Schadens (Absatz 1)

aa) Umfang der Sorgfaltspflichten
bb) Zurechnungsfähigkeit
cc) Ursachenzusammenhang
dd) – hh) Einzelfälle
b) Schadensabwendung und Minderung (Absatz 2)
aa) Allgemeines
bb) Warnungspflicht
cc) – ii) Einzelfälle
4) **Abwägung**
a) Allgemeines
aa) Verursachung
bb) Verschulden
cc) Betriebsgefahr
dd) Sonstige Umstände
ee) Aufklärung der maßgebenden Umstände
ff) Abwägung im Rahmen des Absatzes 2
b) Ergebnis der Abwägung
aa) Vorsatz
bb) Fahrlässigkeit

cc) Gefährdungshaftung
c) Abwägung bei mehreren Schädigern
aa) Mittäter
bb) Nebentäter
5) **Einstehen für mitwirkendes Verschulden Dritter**
a) Mitverschulden von Hilfspersonen und gesetzlichen Vertretern im haftungsbegründenden Vorgang
b) Mitverschulden dieser Personen bei Schadensabwendung und Minderung
c) Mittelbar Geschädigte
6) **Stillschweigender Haftungsausschluß, Handeln auf eigene Gefahr**
a) Stillschweigender Haftungsausschluß
b) Stillschweigende Einwilligung
c) Handeln auf eigene Gefahr
d) Gefälligkeitsfahrt
7) **Verfahrensrechtliches**

Aus dem **Schrifttum**: Dunz, Abwäggskriterien bei der Schadensausgleich, NJW **64**, 2133; Rother, Haftgsbeschränkg im SchadensR, 1965, S 30ff.; R. Schmidt, Obliegenh, 1953, S 105ff; Hans Stoll, Das Handeln auf eigene Gefahr, 1961; Venzmer, Mitverursach u MitVersch im SchadErsR, 1960; Weidner, Mitverursachg als Entlastg des Haftpflichtigen, 1970.

1) Allgemeines. a) § 254 beschr die ErsPfl des Schädigers, wenn bei der Entstehg (I) od der Entwicklg (II) des Schad ein „Verschulden" des Geschädigten mitgewirkt h. Die Vorschr ist, abgesehen von den sondergesetzl Haftgshöchstsummen für die Gefährdgshaftg (Vorbem 1 Abs 2 vor § 249), die einzige Einschränkg des Grds der Totalreparation (Vorbem 3 vor § 249), eine Tats, die zu der ausdehnden Anwendg des § 254 dch die Rspr beigetragen h. Der Begr des Versch ist in § 254 in einem weiteren uneigentl Sinn gebraucht. Da die ROrdng die Selbstgefährdg u Selbstschädig nicht verbietet, bedeutet Versch iS des § 254 nicht – wie sonst – eine vorwerfb, rechtsw Verletzg einer ggü einem and od der Allgemeinh bestehden RPfl; Versch iS des § 254 ist vielmehr der vorwerfb Verstoß gg Gebote des eig Interesses (Obliegenheiten); es handelt sich um ein „**Verschulden gegen sich selbst**" (Ausdr von Zitelmann), vgl RG **149**, 7, 156, 207, BGH **3**, 49, **57**, 145, NJW **70**, 946, Soergel-Schmidt Anm 11 ff, Enn-Lehmann § 16 I 3, Esser § 47 I 2, Larenz § 31 I a, hM (aA Staud-Werner Anm 27ff u Venzmer aaO S 99, die im MitVersch eine echte PflVerletzg ggü dem Schädiger sehen). § 254 beruht auf dem RGedanken, daß derjenige, der die Sorgfalt außeracht läßt, die nach Lage der Sache erforderl erscheint, um sich selbst vor Schad zu bewahren, den Verlust od die Kürzg seines SchadErsAnspr hinnehmen muß, RG **100**, 44, **112**, 287, BGH **3**, 49, **9**, 318. Die Vorschr ist damit zugl eine **Ausprägg des Grundsatzes von Treu und Glauben**, BGH NJW **72**, 334. Wer für den von ihm erlittenen Schad trotz eig Mitverantwortg vollen SchadErs fordert, verstößt gg das Verbot des „venire contra factum proprium" (§ 242 Anm 4 C e), BGH **34**, 363, NJW **70**, 756, Soergel-Schmidt Anm 13.

b) § 254 gilt über seinen Wortlaut hinaus auch dann, wenn der Geschädigte aGrd einer von ihm zu vertretden **Sach- od Betriebsgefahr** für den entstandenen Schad mitverantwortl ist. Das RG h die Anrechng der Sach- od Betriebsgefahr zwar idR nur zugelassen, wenn auch der Schädiger lediglich aGrd Gefährdgshaftg für den Schad einzustehen hatte, RG JW **37**, 2648, **38**, 3052, zweifelnd RG **164**, 270. Diese Beschrkg haben Rspr u Schrifft aber inzw aufgegeben. § 254 liegt der allg RGedanke zGrde, daß der Geschädigte für jeden Schad mitverantwortl ist, bei dessen Entstehg er in zurechenb Weise mitgewirkt h, BGH **52**, 168. Die auf seiten des Geschädigten mitwirkde Sach- od BetrGefahr beschr daher den SchadErsAnspr auch dann, wenn der Schädiger aus Delikt od Vertr haftet, BGH **6**, 320, **12**, 128, **LM** (Ba) Nr 5, stRspr, Soergel-Schmidt Anm 18, hM, aA Staud-Werner Anm 35 ff, Böhmer JR **72**, 57 u öfter. Der geschädigte Halter eines Kfz muß sich daher, wenn er nicht den AusschlTatbestd des StVG 7 II erweist, die BetrGefahr seines Kfz anrechnen lassen u zwar auch ggü dem SchmerzGAnspr, BGH **20**, 262, **26**, 75; stRspr, aber keine Anrechng im Verh zw Halter u Fahrer, BGH NJW **72**, 1415 (aA Düss DAR **74**, 157); keine Anrechng auch im Verh zw Fahrer u Dr, sofern Fahrer den EntlastgsBew gem StVG 18 führt, BGH VersR **63**, 380, Böhmer NJW **70**, 1724. Die gleichen Grds gelten für and Fälle der Gefährdgshaftg, BGH NJW **76**, 2131 (Tierhalterhaftg). Setzt der ErsAnspr kein Versch voraus, beruht er aber aus dem Gedanken der Gefährdgshaftg, rechnet der BGH dem Geschädigten eine **schuldlose Mitverursachg** auch dann an, wenn sie **nicht** Ausdr einer **Sach- od Betriebsgefahr** ist, vgl BGH NJW **69**, 1380 (Minderg des Anspr aus § 122, wenn AnfGegner Irrt schuldl mitverurs), BGH **38**, 278 (Minderg des ErsAnspr aus GoA bei Selbstaufopferg, auch wenn für KfzFahrer unabwendb Ereign); BGH WPM **64**, 1103 (Beschrkg des Anspr aus § 1004 bei Mitverursachg). Auf dem Gedanken, daß der Verantwortungsbereich bei Haftgsbegründg u HaftgsBeschräkg korrespondieren, beruht auch die Anwendung des § 829 im Rahmen des § 254, vgl unten Anm 3a bb.

2) Anwendgsbereich. a) § 254 gilt, soweit nicht SonderVorschr (unten e) bestehen, ggü **allen Schadensersatzansprüchen**, gleichgült auf welchem RGrd sie beruhen. Er ist daher anzuwenden auf SchadErs-Anspr aus Vertr (auch aus §§ 325, 326, jedoch soll es insow allein auf das Verhalten nach VertrSchl ankommen, BGH NJW **57**, 217, **72**, 1702), aus § 538 (Garantiehaftg), BGH **LM** § 537 Nr 10, BGH **68**, 288, aA BGH NJW **71**, 424; aus c.i.c., RG **151**, 360, BGH Betr **67**, 1085, BAG **14**, 211; aus unerl Hdlg u zwar auch für Anspr aus § 839, sofern nicht das MitVersch den Anspr gem § 839 III ausschließt, BGH VersR **61**, 907, NJW **65**, 962; für Anspr aus § 845 BGH **69**, 3; ebso für SchmerzGAnspr, § 847 Anm 1 c; für Anspr aus §§ 989, 990, BGH **LM** HGB 366 Nr 4 Bl 3 R, § 989 Nr 12 Bl 2; aus KO 17, RG **140**, 14. § 254 gilt ferner ggü Anspr aus Gefährdgshaftg, so für StVG 9, HaftpflG 4, AtomG 27 ausdrückl bestimmt, aber auch sonst, so für Anspr gg Tierhalter, RG **51**, 276, BGH **LM** § 833 Nr 3a Bl 2 R; gg Gastwirt aus § 701, RG **75**, 394; gg Eisenbahn aus HaftpflG 1, RG **53**, 75, BGH **2**, 355, NJW **51**, 357, jetzt ausdr klargestellt

Inhalt der Schuldverhältnisse. 1. Titel: Verpflichtung zur Leistung § 254 2, 3

dch HaftpflG 4; wohl auch für Anspr aus EVO, soweit die Sonderregeln in EVO 82 u 83 nicht zutreffen, Konow Betr **76**, 471; für Anspr aus ZPO 302 IV, 600 II, 717 II, 945, RG **54**, 347, **143**, 122, BGH Betr **73**, 2342.

b) § 254 ist **entsprechd** anzuwenden, wenn in sonstigen, gesetzl nicht geregelten Fällen **beiderseitiges Verschulden** vorliegt, das ggeinand **abzuwägen** ist, RG **71**, 191, BGH **LM** HGB 366 Nr 4 Bl 3, WPM **78**, 367, Staud-Werner Anm 20. Der RGedanke des § 254 gilt daher für den Ausgl zw mehreren erspflichtigen GesSchu, § 426 Anm 3b; für die beiders verschuldete Unmöglichk (§§ 324, 325) RG **94**, 141 u zwar auch, wenn Gläub gem § 325 zurücktritt, RG **71**, 191, s Vorbem 2 vor § 323, beim VollmMißbr, wenn Versch des Vertretenen u seines VertrPartners ggeinand abzuwägen sind, BGH **50**, 112, ebso bei Mißbr von Scheckkarte, Hamm WPM **76**, 139, wenn der argl getäuschte Käufer den Untergang der Kaufsache verschuldet, BGH **57**, 144. § 254 ist ferner entspr anwendb, wenn der Mangel zT auf mangelh Arb des Untern u zT auf den vom AuftrG vorgeschriebenen Baustoffen beruht, Saarbr MDR **70**, 760, auf Anspr aus § 1004, RG **138**, 329, BGH NJW **55**, 340, WPM **64**, 1104; wohl auch ggü vorbeugder UnterlKlage, LG Frankenthal NJW **55**, 263, aA Larenz ebda; auf Anspr aus § 670, soweit dieser auf SchadErs geht, Celle NJW **65**, 2348, BAG Betr **70**, 546; auf ErsAnspr aus GoA, Düss DAR **62**, 150, BGH **38**, 278, aA Belemann MDR **63**, 186, vgl auch Oldbg NdsRpfl **72**, 275; wohl auch für Anspr der Berufsgenossensch aus RVO 640, anzurechnen MitVersch des Verl, Kühne Betr **72**, 730, Marschall v Bieberstein VersR **72**, 996 (aA BGH VersR **72**, 171, NJW **73**, 1496), ebso der BerufsGenossensch, Saarbr Vers **73**, 183 (BGH NJW **74**, 798 wendet in krassen Fällen § 242 an u läßt Anwendbark von § 254 offen, ebso BGH NJW **74**, 860). Keine entspr Anwendg des § 254 auf Regeln über die Tragg von Gefahren (VOB 7), BGH **61**, 144, aA Saarbr NJW **72**, 1761.

c) Auch im **öffentlichen Recht** ist § 254 als Ausprägg des Grds von Treu u Glauben (oben Anm 1a) sinngem anzuwenden BGH **56**, 57, Soergel-Schmidt Anm 7. § 254 gilt daher entspr für SchadErsAnspr aus Verletzg vertragsähnl öffrechtl Pflichten, BGH NJW **65**, 962 (s § 276 Anm 8), soweit nicht SonderVorschr bestehen, vgl BGH **4**, 291 zu PostG 6 aF, jetzt PostG 14. Er ist auch auf AufopfergsAnspr entspr anwendb. Celle NJW **54**, 559, BGH **45**, 294 (aA RG **149**, 37), vgl auch BSeuchenG 51 III; ebso auf EntschAnspr aus Enteign u enteignsgleichem Eingr, BGH NJW **71**, 1696, Warn **69** Nr 77, BayObLG **60**, 302, vgl die ausdrückl Regelg in BBauG 93 III, BLG 32 II, SchutzberG 13 II, LBG 17 II; ferner auf Anspr aus dem StrEG, Hamm NJW **75**, 2033, jedoch kann das (nur für das BetragsVerf zust) ZivGer den Anspr nicht mehr wg schuldh Mitverursach der StrafverfolgsMaßn mindern, BGH **63**, 209. Auch auf RegreßAnspr des Staates gg Beamten ist § 254 entspr anzuwenden, s BVerwG **34**, 130, **50**, 108. Wg der gesschuldnerischen Haftg mehrerer Schädiger kann sich jedoch der Beamte idR nicht auf mangelnde Überwachg dch seinen Vorgesetzten berufen, BVerwG aaO. § 254 ist entspr anwendb auf den FolgenbeseitiggsAnspr, BVerwG DVBl **71**, 860, nach VerwG Hannover ZBR **71**, 280 u VGH BaWü ZBR **72**, 344 auch auf den Rückerstattgs-Anspr wg überzahlten Gehalts, zweifelh, vgl unten d aE.

d) Ausgeschl ist die Anwendg des § 254 auf **Erfüllgsansprüche**, u zwar auch dann, wenn ErfAnspr u SchadErsAnspr nebeneinander bestehen, BGH **25**, 310, NJW **67**, 250; § 254 ist daher unanwendb auf MietzinsAnspr gg den nicht eingezogenen od vorzeit ausgezogenen Mieter, Ffm ZMR **70**, 49, LG Hbg MDR **69**, 670 (vgl aber § 242 Anm 4 D h); auf LohnAnspr des unzul gekündigten ArbN, BGH NJW **67**, 250 (vgl aber § 615); auf Anspr aus Bürgsch, RG JW **37**, 3104; auf Anspr des Verfrachters gg Empf auf Zahlg der Fracht, BGH **25**, 310; dagg w man § 254 im Fall der MankoHaftg auf Anspr aus § 667 entspr anwenden können, BAG BB **71**, 705. Nicht anwendb ist § 254 auf HerausgAnspr aus § 985, BGH **93**, 281, BGH **LM** HGB Nr 4, auf GewlAnspr, BGH Betr **71**, 1764, auf BereichergsAnspr, BGH **37**, 370, Betr **70**, 2021, jedoch kann § 242 die Berücksichtigg schuldh Mitverursach rechtf, BGH Betr **71**, 1764, NJW **72**, 447 (Mängelbeseitiggsanspr), BGH **57**, 152 (BereichergsAnspr); Nachbesserg ist in diesen Fällen von dem Ers eines Teiles der entstehden Kosten abhäng zu machen, BGH VersR **61**, 405, **65**, 245, Laum BauR **72**, 140.

e) aa) StVG 17 schließt als **Sonderregelg** den § 254 aus, soweit es um die Haftgverteilg zw KfzHaltern u Fahrern geht, ferner für das Verhältn zw Kfz u Eisenbahn od Tierhalter, BGH **LM** § 249 (Bb) Nr 3 Bl 2. Für Schiffskollisionen enthält HGB 736 eine den § 254 verdrängde Sonderregelg, BGH VersR **59**, 506. StVG 17 u HGB 736 lassen aber § 254 II unberührt (BremVersR **76**, 559); sie verwenden iü prakt die gleichen AbwäggsGrds wie § 254. **bb)** Der SchadErsAnspr aus §§ 122, 179, 307, 309 entfällt, wenn die Geschädigte das zum Ers verpflichtde Ereign kannte od kennen mußte, MitVersch führt danach zum Verlust des Anspr. BGH NJW **69**, 1380 wendet § 254 auf Anspr aus § 122 aber entspr an, wenn Gläub Irrt schuldlos mitverurs hat, vgl Anm 1 b aE. Dagg ist neben §§ 460, 640 II für eine Anwendg des § 254 kein Raum (BGH Betr **78**, 1780).

3) Mitverschulden des Geschädigten

a) Mitverschulden bei der Entstehg des Schadens (I). aa) Den Geschädigten trifft ein MitVersch, wenn er diejenige Aufmerksamk u Sorgf außeracht läßt, die jedem ordentl u verständ Menschen obliegt, um sich vor Schad zu bewahren, RG **105**, 119, BGH **3**, 49, **9**, 318, sog Versch gg sich selbst (Versch in eig Angelegenh), s Anm 1 a. Ein schuldh Verhalten, das eine Haftg ggü Dritten zu begründen könnte, ist insoweit nicht erforderl, RG **149**, 7, **156**, 207, BGH NJW **65**, 1075. Der Geschädigte muß die ihm in eig Angelegenh obliegde Sorgf aber vorsätzl od fahrl verletzt h, RG **54**, 410, **59**, 221. Vorauszsetzg daher grdsätzl Vorsehbark der Schädigg, bloße Mitverursach genügt, sofern der Geschädigte für Sach- od BetrGefahr einzustehen k, s Anm 1 b.

bb) Zum Versch gehört **Zurechnungsfähigkeit** (nicht Geschfgk), §§ 827, 828 gelten entspr, RG **108**, 89, **156**, 202, BGH **9**, 317, **24**, 327, VersR **75**, 133 (135), Bambg VersR **65**, 989, ebso § 827 S 2, BGH VersR **71**, 473, 475. Dabei kommt es auf die Fähigk zur Einsicht an, daß man sich selbst vor Schad zu bewahren h, Celle NJW **68**, 2146. Da Haftgbegründ u Haftgsbegrenz korrespondieren (s Anm 1 b), ist § 829 ebenf entspr anwendb, BGH **37**, 106, VersR **64**, 385, FamRZ **65**, 265 (aA Böhmer MDR **62**, 778 u öfter). Voraussetzg aber, daß Billigk ausnahmsw die Mithaftg des Unzurechnungsfäh gebietet, BGH NJW **69**, 1762 (strenge Anfordergen!). Tats, daß Schad von Vers getragen worden ist, genügt nicht, BGH NJW **69**, 1762, **73**, 1795.

245

cc) Das Versch des Geschädigten muß für die Schädigg **mitursächl** iS der Adäquanztheorie (Vorbem 5b vor § 249) gewesen sein, RG JW **37**, 1057, NJW **52**, 537, 539, **57**, 217. Zeitl kann es dem Versch des Schädigers vorangehen od nachfolgen, BGH **3**, 47, Betr **54**, 820, jedoch soll bei SchadErsAnspr wg NichtErf od verspäteter Erf nur ein dem VertrSchl folgdes MitVersch erhebl sein, BGH NJW **57**, 217, **72**, 1702, VersR **72**, 1052 (zweifelh). Arzt kann dem Patienten bei einem Behandlgsfehler nicht entggehalten, daß dieser die Behandlgsbedürftigk verschuldet h, BGH NJW **72**, 334. Wer unberecht vom Vertr zurücktritt, kann idR nicht geltd machen, Gegner habe Rücktr dch sein Verhalten mitverurs, BGH WPM **74**, 1117. Fehlen der vom Geschädigten zu stelldnen Sichergsmittel unschädl, wenn Schädiger sie ohnehin nicht benutzt hätte, BGH VersR **70**, 813. War das MitVersch allein ursächl, entfällt Haftg bereits mangels Kausalität; war umgekehrt der vom Schädiger gesetzte Tatbestd allein adäquat ursächl, ist § 254 ebenf unanwendb, Schädiger haftet voll, OGH **1**, 272. Auch für § 254 gilt, daß die Zurechg dch den **Schutzzweck der Norm** begrenzt w, vgl Vorbem 5c vor § 249. § 254 daher nur anwendb, wenn die vom Geschädigten verletzte Pfl den Zweck hatte, Schäden wie den eingetretenen zu verhindern, BGH VersR **70**, 813, **72**, 1016.

dd) Geschäfts- u Rechtsverkehr (Einzelfälle, vgl auch § 276 Anm 4b): Jedermann hat in seinem geschäftl u priv Bereich im Rahmen des Zumutb die notw Vorkehrgen zu treffen, um sich vor Schad zu bewahren. Schuldh iS des § 254 handelt daher, wer sein eig Konto nicht überwacht, BGH NJW **68**, 742; wer Scheckformulare unsorgfält verwahrt, RG **81**, 254; wer Verlust von Paß u Kundenkarte nicht unverzügl der Bank mitteilt, BGH NJW **68**, 37; wer bei Kreditgewähr die Bonität des KreditNeh od der Sicherheiten nicht prüft, Mü NJW **70**, 1926; BGH WPM **70**, 1270; wer als Gewerbetreibder keine Vorsorge gg Veruntreuen od Unterschlagg dch ArbN trifft, BGH **LM** § 989 Nr 12, Betr **74**, 2047, BAG NJW **70**, 1861; wer sich, statt sich an Notar zu wenden, auf den Rat eines Anwalts verläßt, BGH VersR **162**, 29; wer Arb dch Nichtfachmann ausführen läßt, BGH WPM **74**, 311; ebso bei Schwarzarbeiter, Celle JZ **73**, 246; wer seine ArbN mangelh überwacht, BGH Betr **70**, 2224, BAG Betr **71**, 635; wer ArbN Verantwortg überträgt, die in auffäll Mißverhältn zu seinem Einkommen steht, LAG Bln BB **74**, 231; wer vom Steuerberater vorbereitete SteuerErkl ungelesen unterschreibt, LG Wuppertal VersR **77**, 95; wer eine ihn gesundheitl überfordernde Arb annimmt, BAG NJW **67**, 1631. Schuldh handelt auch, wer einen Irrt des and Teils nicht richt stellt, obwohl das ohne weiteres mögl u der Irrt schädl Folgen h kann, BGH NJW **64**, 195; wer Koffer mit bes wertvollem Inhalt als Reisegepäck aufgibt, BGH **24**, 188; wer als Hotelgast nachts Balkontür offenstehen läßt, obwohl im Zimmer Wertsachen, Kblz VersR **55**, 439; wer in dem in der Hotelgarage abgestellten PKW wertvolle Ggst beläßt, BGH NJW **69**, 789; wer in ungesicherter Garderobe wertvollen Pelzmantel ablegt, BGH VersR **74**, 141, wer abgelegten Pelzmantel nicht überwacht, obwohl das mögl, Hbg MDR **70**, 842; wer als AbzK den Empfang einer Ware bescheinigt, die er nicht erhalten h, BGH **33**, 301, Celle NJW **73**, 372; wer in gleicher Eigensch grdlos der Abn einer Sache ablehnt, über die er bereits ein Empfangsbekenntn ausgestellt h, BGH NJW **64**, 36; wer ohne behördl Gen zu bauen beginnt, BGH WPM **74**, 866, wer baut, obwohl Nachb gg BauGen Einwendgen erhoben h, BGH NJW **75**, 1968, wer als Besteller Hinweise des WerkUntern unbeachtet läßt, auch wenn diese nicht den FormVorschr der VOB entspr, BGH NJW **75**, 1424, WPM **78**, 220. Kein MitVersch trifft, wer sich beim Aktienkauf auf Richtigk u Vollständigk des Prospektes verläßt, RG **80**, 202; wer unter Verzicht auf GrdBuchEinsicht auf Richtigk des GrdSchBriefes vertraut, RG HRR **28** Nr 2264; wer weiß, daß Verk Ware erst beschaffen muß, BGH NJW **72**, 1702; wer mit einem zahlgsunfäh Käufer einen KaufVertr abschließt, BGH NJW **57**, 217 (bedenkl). VertrPartner, der unricht Auskt erteilt, kann and idR nicht entggehalten, daß dieser auf Auskt vertraut h, BGH **LM** § 276 (Hb) Nr 15, WPM **78**, 948. MitVersch ist dagg nicht des Vermietg vom Kfz an Mj ohne Zust der Eltern, Düss MDR **68**, 46, aA BGH NJW **73**, 1791 mwN, der jedoch dem Mj uU einen GgAnspr aus c. i. c. (Nichtaufklärg über Schadensrisiken) einräumen will; gg diese Konstruktion Medicus JuS **74**, 224, Berg JR **74**, 64.

ee) Straßenverkehr (Einzelfälle): **Fußgänger** muß sich vor Betreten der Fahrbahn überzeugen, daß sich kein Kfz nähert, BGH VersR **65**, 959, **68**, 603; er handelt aber nicht in jedem Fall schuldh, wenn er bei Annäherg eines PKW im letzten Augenblick zurückspringt, BGH VersR **70**, 819. Dagg ist es iS des § 254 schuldh, wenn er HauptVerkStraße überquert, ohne nahe gelegenen Überweg zu benutzen, BGH NJW **59**, 1363, VersR **77**, 338, Mü VersR **78**, 928. Benutzg des Überwegs befreit nicht von jeder Sorgf, Hamm VersR **69**, 139, auch nicht bei Grünlicht, BGH NJW **66**, 1211. Auch wenn VerkPosten Übergang freigibt, uU Vorsicht geboten, BGH NJW **60**, 2235. Höchste Sorgf, wenn Fußgänger ausnahmsw Autobahn überqueren darf, BGH **LM** StVO 1 Nr 11. Straßenbenutzg schuldh, wenn auf linker Straßenseite Fußweg, BGH VersR **64**, 1203, ebso wenn Pfad od Sandstreifen vorhanden, BGH VersR **60**, 149. Bei zul Benutzg der Fahrbahn besteht gesteigerte SorgfPfl, Oldbg DAR **61**, 256. Gewisse Vorsicht auch beim Betreten des Gehweges von einem Hausgang her, BGH VersR **61**, 1622. MitVersch, wenn Fußgänger sich be nähernden LKW dicht am Straßenrand aufhält, BGH NJW **65**, 1708. **Kraftfahrer**: Nichttragen eines Sturzhelms dch Motorradfahrer ist MitVersch, BGH NJW **65**, 1075, Betr **70**, 681, Brem VersR **78**, 469; das gilt auch für Motorroller, Hbg MDR **70**, 326, u Moped, Mü NJW **78**, 324, nicht aber für Fahrrad mit Hilfsmotor, BGH NJW **69**, 1898. Die Nichtverwendg von **SicherhGurten** ist nach Einfügg des StVO 1 MitVersch, Brschw NJW **77**, 299, VersR **78**, 627, LG Hanau NJW **78**, 378, aA Streicher NJW **77**, 282, Jagusch NJW **77**, 940. Die Vorschr ist verfassgsrechtl unbedenkl; mehrere VerfBeschw sind bereits im Dreier-Ausschuß des BVerfG gescheitert, vgl Knippel NJW **76**, 884, **77**, 939, Schlund JR DAR **78**, 215. Die Bejahg von MitVersch war wg StVZO 35a IV auch schon vorher gerechtfertigt, Köln VersR **77**, 1133, Knippel NJW **73**, **1484**, aA Celle NJW **75**, 1891/2249 (Anm Knippel), Stgt VersR **78**, 188 u für das Recht BGH NJW **70**, 945/1780. MitVersch bei der Verfolgg eines Flüchtden, BGH VersR **67**, 580, bei Überlassg des Kfz an Fahruntüchtigen, BGH VersR **67**, 379. Im übr gilt § 823 Anm 14 „Kraftverkehr" für das MitVersch sinngem. Vgl auch unten ff sowie Anm 4a cc u bc cc. **Insassen** des Kfz sind idR nicht verpfl, die Fahrweise des Fahrers od die VerkLage zu beobachten, BGH VersR **61**, 919, **65**, 688 (Ausn: mitfahrder Halter od WeisgBerecht BGH VersR **53**, 198, **59**, 890, ferner Co-Pilot bei einer Rallyfahrt, Brschw DAR **76**, 71); schuldh handelt aber, wer sich einem erkennb fahruntüch Fahrer anvertraut, vgl näher Anm 6c. **Halter** handelt schuldh, wenn er Kfz dch einen Fahrer ohne Führerschein lenken läßt (Ffm VersR 78, 828) od wenn er es einem unzuverläss Fahrer anvertraut, Düss NJW 72, 637.

ff) Mitverschulden ggü Verletzg der Verkehrssicherungspflicht (Einzelfälle): **Gebäude:** MitVersch: Eintreten in einen unbekannten dunklen Raum, RG JW **12**, 30, 31, Brschw VersR **54**, 357, Betr **56**, 940; eiliges Begehen einer frisch gewachsten Bodenfläche, Karlsr VersR **56**, 556, Stolpern über verkehrsunsicheren Fußabstreifer, Stgt VersR **64**, 1185, Verletzg dch Glaswand, BGH VersR **68**, 470. Bes Vorsicht bei Aufsuchen unbekannter Örtlichk, BGH VersR **57**, 198, doch auch in vertrauter Umgebg Vorsicht notw, BGH VersR **61**, 464. MitVersch Benutzg einer dunklen Treppe, obwohl Beleuchtg mögl, Stgt VersR **54**, 232, KG VersR **53**, 245. Festhalten am Geländer notw, wenn andf Gefährdg zu besorgen, BGH VersR **58**, 245 (hohe Absätze), Bambg VersR **53**, 289 (Glätte), Celle VersR **52**, 322 (frisch gebohnert). Bes Vorsicht bei Kenntn der Gefährlichk der Treppe, BGH VersR **65**, 190, **67**, 877; bei ausgetretenen Stufen, Karlsr VersR **53**, 342, Marmorstufen, Nürnb VersR **53**, 263. Treppenbenutzg in angeheitertem Zustand nicht ohne weiteres schuldh, BGH VersR **66**, 684. Ausgleiten auf Gemüseblatt idR schuldh, Neust VersR **55**, 90. **Straßen u öffentl Anlagen:** Fußgänger muß auf Weg achten u Gefahrenstellen ausweichen, BGH VersR **64**, 62; wieweit die SorgfPfl insow gehen, ist Frage des Einzelfalls, BGH VersR **69**, 515; das gilt auch in Badeanstalt, Düss VersR **65**, 818 u bei Festplatz, BGH VersR **65**, 515. MitVersch idR bei Sturz über herausragde Platten od Kanaldeckel, Neust VersR **56**, 181, Mü VersR **56**, 543, Köln VersR **57**, 401, einschränkd BGH VersR **69**, 515. Tragen sehr hoher Absätze uU MitVersch, RG HRR **31** Nr 1083. Bes Vorsicht bei Betreten eines unbekannten Geländes, BGH VersR **59**, 889, **64**, 781. MitVersch des Kfz-Fahrers, der auf Ölspur ins Schleudern gerät, BGH VersR **64**, 925; der mit Schlaglöchern unvorsichtig fährt, LG Itzehoe VersR **57**, 308; der auf unfert Straße gg Kanaldeckel fährt, Düss VersR **57**, 823; der Querrinne nicht beachtet, Schlesw VersR **64**, 982. **Schnee- und Eisglätte:** MitVersch Benutzg eines glatten Weges, wenn Benutzg eines and mögl u zumutb, RG JW **05**, 284, BGH VersR **57**, 710, LG Augsbg VersR **54**, 135, Stgt VersR **54**, 548 (wieweit Umwege zuzumuten, ist Frage des Einzelfalls). Fußgänger handelt schuldh, wenn er den gestreuten Teil des Weges ohne zwingden Grd verläßt, Hbg VersR **54**, 358. Auf Glätte muß Rücks genommen (Schlesw VersR **75**, 431) u erkennb gefährl Stellen ausgewichen w, Celle VersR **54**, 416 (Rille), Stgt VersR **55**, 463 (gefrorene Pfütze), Karlsr VersR **65**, 624. Keine Pfl für Berufstätigen, bei Glätte zu Hause zu bleiben, Stgt MDR **57**, 675. Ob Nichterkennen von Glätte schuldh, hängt von den Umst ab, BGH VersR **59**, 96, Oldbg VersR **56**, 598. Doppelamputierte muß sich bei Glätte führen lassen, LG Schweinfurth VersR **53**, 216, nicht aber 72jährige Frau, BGH VersR **55**, 456. Gehbehinderte Pers müssen Stock benutzen, das gilt uU auch für ältere Pers, Nürnb VersR **55**, 218, Oldbg VersR **56**, 523, Nürnb VersR **70**, 776. SorgfPfl des KfzFahrers bei Glatteisgefahr, Celle VersR **59**, 208, Düss VersR **66**, 370, Nürnb VersR **56**, 1007. **Bauarbeiten:** MitVersch idR Stolpern über die Querstange eines Gerüsts, Kblz VRS **11**, 4, Celle VersR **55**, 396; Anlehnen an Grabenabsperrg, wodch Sturz verursacht w, BGH VersR **57**, 393; Benutzg eines wg BauArb gesperrten Weges, LG Essen VersR **55**, 586, Hamm VersR **55**, 508. Unfall wg Baumaterials, das ungesichert auf Fußweg lagert, Stgt VersR **67**, 485. SorgfPfl des Bauhandwerkers bei Betreten eines morschen Dachs, BGH VersR **65**, 801, Benutzg einer fremden Leiter, BGH VersR **65**, 261, **67**, 187, Anbringg einer Dachrinne, Kblz VersR **62**, 624, zum MitVersch des AuftrG bei Beschädigg eines Kabels Bambg VersR **70**, 843. **Betriebe u Maschinen:** MitVersch uU bei Sturz in nicht ausreich gesicherte Montagegrube, Celle VersR **55**, 357, Köln VersR **58**, 712. MitVersch von Kindern, die an gefährl Maschinen zu Schad kommen, s BGH VersR **65**, 877, Bambg VersR **68**, 989, unvorsicht Benutzg eines Fahrstuhls, Düss VersR **72**, 159, Unfall bei Besichtigg eines im Bau befindl Schiffes, BGH VersR **72**, 553.

gg) Tätlichkeiten (Einzelfälle): Schuldh iS des § 254 handelt, wer einen und zu tätl Ausschreitgn reizt od herausfordert, RG JW **11**, 578, Warn **20** Nr 150, BGH VersR **65**, 1152; uU tritt aber MitVersch ggü grobem Versch des Täters zurück, BGH VersR **56**, 431. MitVersch des Angreifers bei fahrl Notwehrüberschreitg, BGH VersR **67**, 477. Abgrenzg der Haftanteile bei Schlägerei, BGH VersR **66**, 282, Stgt VersR **56**, 701.

hh) Sonstige Einzelfälle: MitVersch der Getöteten, die in Abtreibg eingewilligt h, BGH **7**, 198, 208. MitVersch bei Denunziation, Ffm NJW **72**, 24. MitVersch des geschädigten Veranstalters einer Gesellsch-Jagd, der nicht auf Einhaltg der SicherhVorschr hinwirkt, BGH VersR **58**, 851. Aufenth in der Nähe friedl Demonstration kein MitVersch, Köln NJW **70**, 1322. Schuldh handelt, wer sich ohne ausreichden Grd in die Nähe eines gefährl Tieres begibt, RG JW **06**, 739, **09**, 136; ebso idR, wer fremden Hund berührt, RG HansGZ **11** B 269, wer Warnschild vor biss Hund nicht beachtet, Stgt VersR **55**, 686.

b) Schadensabwendgs- u mindergspflicht. aa) Allgemeines: Nach II S 1 kann das MitVersch auch darin bestehen, daß der Geschädigte es unterläßt, den Schädiger auf die Gefahr eines ungewöhnl hohen Schad aufmerks zu machen od den Schad abzuwenden od zu mindern. II S 1 ist ledigl ein bes Anwendgsfall des I ausgesprochenen allg Grds (Soergel-Schmidt Anm 44, 47, RGRK Anm 41), der aber hinsichtl der Anrechng des MitVersch Geschädigten vor Vertretern u ErfGeh eine Sonderstellg h, vgl Anm 5. Die Anwendg von II S 1 setzt – ebso wie die von I – keinen Verstoß gg eine bes RPfl voraus, BGH **4**, 174. MitVersch iS von II ist gegeben, wenn der Geschädigte die Maßn unterläßt, die ein ordentl u verständ Mensch zur Schad-Abwendg od Minderg ergreifen würde, BGH NJW **51**, 797, VersR **65**, 1173, KG DAR **76**, 154; dabei ist der Abgrenzgsmaßstab der Grds von Treu u Glauben, BGH **4**, 174. Kommt der Geschädigte seiner Warngs-, Abwendgs- od MindergsPfl nach, so sind ihm die dabei entstandenen **Aufwendgen** als adaequat verursachter Schaden zu ersetzen u zwar auch dann, wenn die Maßn ohne Versch des Geschädigten erfolglos geblieben ist, vgl BGH NJW **59**, 933, WPM **72**, 556, 558; dazu kann auch der Wert der eingesetzten eig ArbKraft gehören, BAG NJW **68**, 222, s näher Vorbem 7 b vor § 249. Der dem Geschädigten erwachsene Vorteil ist anzurechnen, es sei denn, daß er auf überobligationsmäß Anstrenggn beruht, Vorbem 7 b vor § 249.

bb) § 254 I S 1 Halbs 1 begründet eine **Warngspflicht** des Geschädigten, wenn die Gefahr eines ungewöhnl hohen Schad besteht, die der Schädiger weder kannte noch kennen mußte. Ob der Schad als ungewöhnl hoch anzusehen ist, ist unter Würdigg aller Umst nach Treu u Glauben zu beurteilen, RGRK Rdn 59. MitVersch nur, wenn Schädigr u SchadHöhe für den Geschädigten voraussehb, BGH VersR **64**, 950.

Keine WarnsgPfl, wenn Schädiger gleiche od bessere ErkenntnMöglichk h wie Geschädigter, BGH VersR **53**, 14. Die Warng muß den drohdn Schad näher bezeichnen, BGH VersR **60**, 526, ausnahmsw kann aber auch ein abstr Hinw genügen, BGH **LM** (Da) Nr 19. Mangels Ursächlick des Unterlassens w die ErsPfl nicht gemindert, wenn Schädiger Warng nicht beachtet hätte, BGH Betr **56**, 110. Die BewLast soll insow den Geschädigten treffen, BGH aaO, sehr zweifelh. WarngsPfl besteht zB, wenn Gläub Geld zu ungewöhnl günst Bedinggen anlegen kann od spekulieren will, RG JW **11**, 35, HRR **31** Nr 922 (krit Meyer NJW **65**, 1419), ferner wenn geschädigter KfzHalter Reparatur nicht finanzieren kann u hierdch weiterer Schaden droht, Schlesw VersR **67**, 68, vgl auch unten ee.

cc) Der Geschädigte muß sich bei Körperverletzg, sof sie nicht ganz geringfüg, in **ärztliche Behandlg** begeben, RG **72**, 219, BGH VersR **64**, 94. Er h die ärztl Verordngen zu befolgen; uU muß er diät leben, Hamm VersR **60**, 859, Geschädigter kann auch verpflichtet sein, sich in geschlossener Nervenheilanstalt behandeln zu lassen, BGH VersR **60**, 149. Heranziehg eines Naturheilkundigen anstatt eines Arztes ist uU ohne weiteres Versch, RG **139**, 135. Die Höhe der Heilbehandlgskosten müssen sich im Rahmen des Angemessenen halten, s § 249 Anm 3 b. Der Geschädigte ist zur Duldg einer **Operation** verpflichtet, sofern sie gefahrl u nicht mit bes Schmerzen verbunden ist, sichere Aussicht auf Heilg od wesentl Besserg bietet u der Schädiger für geeignete kostenl Vorn einsteht, RG **139**, 134, BGH **10**, 19, VersR **61**, 1125, Düss VersR **75**, 1031, stRspr. Dementspr keine DuldgsPfl bei risikoreichen Operationen od wenn Aussicht auf Besserg zweifelt, Oldbg NJW **78**, 1200. IdR auch kein MitVersch, wenn Hausarzt von Operation abrät, RG **129**, 399. Bei Prüfg, ob Ablehng der Operation schuldh, ist ggf die verminderte Entschlußkraft des Geschädigten zu berücksichtigen, RG **139**, 135.

dd) Der Geschädigte ist im Rahmen des Zumutb verpflichtet, die ihm verbliebene **Arbeitskraft** zur Abwendg od Minderg des ErwerbsSchad zu verwenden, BGH **10**, 20, VersR **59**, 374, BB **74**, 63; das gilt auch für den inf eines Unfalls vorzeit pensionierten Beamten, BGH NJW **67**, 2053. Der Geschädigte h **Begehrensvorstellgen** zu bekämpfen, s Vorbem 5 d cc vor § 249; er h bei seiner Rehabilitation mitzuwirken, wobei der Vorschlag geeigneter Maßn jedoch idR Sache des Schädigers ist, BGH VersR **70**, 274. Der Geschädigte muß, sofern das zumutb, mit od ohne Umschulg einen **Berufswechsel** vornehmen, BGH **10**, 19, VersR **61**, 1018; er kann auch verpflichtet sein, den Wohns zu wechseln, BGH VersR **62**, 1100. Die entstehden Kosten hat der Schädiger vorzuschießen, RG **160**, 121, JW **38**, 1648. Trotz der grdsl BewLast des Schädigers (Anm 7) muß Verletzter darlegen, welche und Erwerbsmöglichk für ihn in Frage kommen, Köln VersR **78**, 552. Verletzter GeschInh muß uU Betr mit Hilfskraft fortführen, BGH **LM** § 843 Nr 1, VersR **71**, 82 u ausgefallene Arb im Rahmen des Zumutb nachholen, BGH NJW **71**, 837. Aufgabe des ArbPlatzes, die behandelnder Arzt, wenn auch irrig, als notw ansieht, ist nicht schuldh, BGH NJW **51**, 797. MitVersch aber, wenn der Geschädigte dch Begehg von Straftaten weitere Erwerbstätigk unmögl macht, RG **164**, 85. – Ob eine gem § 844 schadensberecht **Witwe** den Schaden der ArbAufn mindern muß, hängt davon ab, ob ihr nach Treu u Glauben zur Entlastg des Schädigers eine Erwerbstätigk zuzumuten ist, BGH **4**, 170, VersR **60**, 320, **66**, 977, 1048. IdR keine Pfl zur Erwerbstätigk, wenn mj Kinder zu versorgen sind, BGH VersR **69**, 469, auch nicht wenn Berufstätigk Aufg der bisherigen sozialen Stellg bedeuten würde, BGH VersR **60**, 159, auch nicht für 52 Jahre alte Frau, die drei Kinder groß gezogen h, BGH VersR **62**, 1176, wohl aber bei junger kinderloser Witwe, BGH NJW **76**, 1502. Haftet der Schädiger nur für eine Schadensquote, ist etwaiger Verdienst zunächst auf den nicht zu ersetzen Schad anzurechnen, BGH **16**, 274, VersR **62**, 1063. Nimmt Geschädigter Arb auf, obwohl er dazu ggü dem Schädiger nicht verpflichtet ist, ist ihm Verdienst nicht anzurechnen, BGH **4**, 176, NJW **74**, 602, Vorbem 7b vor § 249. Vgl auch Schmidt DAR **70**, 296.

ee) Der Geschädigte ist idR nicht verpflichtet, den zur SchadBeseitigg erforderl Betr aus **eigenen Mitteln** od dch **Kreditaufnahme** vorzufinanzieren, Mü VersR **64**, 442, **69**, 1098, Köln Betr **73**, 177, Schmidt DAR **68**, 146; aA Rasehorn NJW **60**, 661. Er genügt seinen Pflichten aus II, wenn er den Schädiger auf die aus der Verzögerg der SchadBeseitigg drohden weiteren Schäden hinweist, s oben bb. Von diesem Grds gibt es aber Ausn. Hat der Geschädigte eig Mittel, so ist ihm deren Verwendg zuzumuten, wenn dch Nichtbezahlg eines verhältnismäß kleinen Betr im unverhältnismäß weiterer Schad entstehen würde, Nürnb VersR **65**, 246. Auch sonst kann im Rahmen des Zumutb eine Pfl zum Einsatz eig Mittel bestehen, Celle VersR **73**, 353. Droht ein bes hoher Schaden, kann auch Pfl zur KreditAufn bestehen u zwar insb bei einem Gewerbetreibden, RG HRR **31** Nr 922, BGH VersR **63**, 1162, in krassen Fällen aber auch bei sonstigen Geschädigten, Oldbg VRS **33**, 84. Die Finanziergskosten sind hier – wie sonstige Aufwendgen für die SchadMinderg vgl oben aa aE – Teil des zu ersetzen Schad, BGH NJW **66**, 1455, Stgt NJW **59**, 50.

ff) Der **geschädigte KfzEigtümer** muß innerh angem Fr entsch, ob der Schad dch Reparatur od dch ErsBeschaffg zu beseitigen ist, Oldbg DAR **63**, 299, Hamm NJW **64**, 406, vgl § 251 Anm 4 b cc. Er muß die Reparatur beschleunigen, Celle VersR **62**, 512, u denn Kosten im Rahmen des Angem halten, § 251 Anm 4 b aa. Bei Kauf eines ErsKfz hat er gleichf jede Verzögerg zu vermeiden, Oldbg VersR **67**, 362, das totalbeschädigte Kfz muß er schleunigst veräußern, LG Mü VersR **65**, 145, er kann es aber auch bei Anschaffg des ErsKfz beim Händler zu dessen übl Bedinggen in Zahlg geben, KG NJW **70**, 1048; bietet der Schädiger (HaftPflVersicherer) mehr, so muß er darauf eingehen, Köln VersR **68**, 782. Den Ers von Mietwagenkosten u Nutzgsausfall kann er nur für die notw Zeit der Reparatur od ErsBeschaffg verlangen, § 249 Anm 1 b. Um Mietwagenkosten gering zu halten, muß er uU PKW trotz geringer Schäden (vorübergehd) weiterbenutzen, Mü VersR **68**, 605 od provisorische Reparatur vornehmen lassen, Köln VersR **67**, 1081. Taxenhalter muß uU bis zur Lieferg eines Neuwagens ein gebrauchtes InterimsKfz anschaffen, KG VRS **54** Nr 105. ReparaturPfl uU auch dann, wenn vor dem Unfall bereits neues Fzg bestellt w war, KG DAR **76**, 154. Vgl auch oben bb u ee, ferner Schmidt DAR **70**, 293.

gg) Der Nichtgebrauch von **Rechtsbehelfen** kann gg II verstoßen, RG **98**, 345, BSozG MDR **68**, 355, RGRK Anm 53; das gilt aber nur dann, wenn der RBehelf hinreichde Aussicht auf Erfolg versprach, BGH VersR **66**, 340. MitVersch kann daher vorliegen, wenn Geschädigter bei drohder Vollstreckg den mögl EinstellgsAntr nicht stellt, RG **167**, 81, JW **32**, 654, wenn er sich bei drohdem Schad aus Arb der öff Hand nicht an die zust Stelle wendet, BGH VersR **59**, 131, wenn Verm die Klage gem § 561 II S 2 nicht erhebt, RG

Inhalt der Schuldverhältnisse. 1. Titel: Verpflichtung zur Leistung § 254 3 b, 4

119, 267, BGH ZMR **65**, 376. Nichterhebg der UntätigkKl idR kein Versch, BGH **15**, 305, auch nicht Hinnahme eines der hM entspr Steuerbescheids, BGH VersR **70**, 183.

hh) Die **Nichtgeltdmachg von Ansprüchen** gg gesschuldnerisch haftde Mitschädiger begründet keinen Verstoß gg II, *arg* § 421, vgl aber § 421 Anm 4. Wenn Schu nicht leistet, ist Gläub auch nicht verpflichtet, zur SchadAbwendg gg Bürgen vorzugehen, BGH **LM** (A) Nr 5 c. Gibt Käufer dem Eigtümer die abhanden gekommene Sache heraus, kann er aber ggü Verkäufer verpflichtet sein, gg den Eigtümer Verwendungsansprüche geltd zu machen, BGH **LM** (Dc) Nr 6. Anspr gg Schiedsgutachter wg eines unricht Gutachtens kann nur geltd gemacht w, wenn Geschädigter das Gutachten gem § 319 angegriffen h, LG Stade MDR **76**, 582.

ii) Verschiedenes: SchadAbwendg od -Minderg dch Vorn eines Deckgskaufs (Deckgsverkaufs) ist vom Geschädigten nur unter bes Umst zu verlangen, § 325 Anm 5 a, doch haftet er ggf bei DeckgsGesch auch für Fahrlk, BGH NJW **68**, 985. Wer Vertr wg argl Täuschg angefochten h, verstößt nicht gg II, wenn er den Abschl eines neuen Vertr ablehnt, RG HRR **29** Nr 185. Macht Behörde eine Maßn von einer nicht im Ges vorgesehenen Voraussetzg abhäng, braucht sich Gesuchsteller hierauf auch unter Berücksichtigg von II idR nicht einzulassen, BGH **LM** (Dc) Nr 13. Vereinbg eines höheren Honorars als das gesetzl festgelegte verstößt idR gg II, LG Ffm VersR **72**, 180, LG Köln VersR **74**, 705, LG Hann AnwBl **75**, 174, LG Mannh VersR **76**, 154, Wallner VersR **73**, 1100. Hat sicherer Schu (BRD) einer unbestr Fdg baldige Zahlg zugesagt, verstößt Erteilg eines EinziehgsAuftr an RA uU gg II, Mü VersR **74**, 179.

4) Folge der Mitverantwortlichkeit

a) Allgemeines: Trifft den Geschädigten MitVersch od ist ihm eine schuldl Mitverursachg anzurechnen (Anm 1 b), hängt der Umfang der ErsPfl von einer Würdigg u **Abwägg** der Umst des Falles ab, I.

aa) Nach der Fassung des Ges („insbesondere") ist bei der Abwägg in erster Linie auf das Maß der beiders **Verursachg** abzustellen, RG **142**, 368, **156**, 202, **164**, 268, BGH NJW **52**, 538, **69**, 790, stRspr; Verstoß hierg ist revisibler RFehler, RG **169**, 95, BGH VRS **6**, 1. Entscheidd ist, mit welchem Grad v Wahrscheinlichk die beiders Verursachgsbeiträge zur Herbeiführg des schädigden Erfolgs geeignet waren, Venzmer aaO S 133 ff, Dunz NJW **64**, 2133; „vorwiegd verursachen" bedeutet soviel wie in höherem Grad wahrscheinl machen, BGH NJW **63**, 1447, 1449, **69**, 790. Unerhebl ist, in welcher zeitl Reihenfolge die beiders Verursachgsbeiträge gesetzt worden sind, BGH VersR **55**, 627, 628. Abzulehnen Rother aaO S 50, der allein auf das Maß des beiders Versch abstellen will. Richt ist allerd, daß die Schwere der Versch mittelb bereits die Verursachgabwägg beeinflussen kann; denn grobe Verletzen der gebotenen Sorgfalt führen idR auch zu einer höheren Gefährlichk der gesetzten Ursache, s Dunz NJW **64**, 2133.

bb) Daneben, aber erst in zweiter Linie ist das Maß des beiders **Verschuldens** abzuwägen, RG **69**, 57, 59, **141**, 357, **169**, 95, OGH JR **49**, 382, BGH VRS **6**, 1, NJW **69**, 790, stRspr. Das gilt auch für das der beiden Teilen etwa anzurechnde Versch von Hilfspersonen, RG JW **38**, 2274. Bloß vermutetes Versch (§ 831) ist nicht zu berücksichtigen, BGH **LM** StVG 17 Nr 10; auch die Zahl der Haftgründe ist idR unerhebl, BGH **LM** (Ba) Nr 3. Der höhere Schuldgrad kann dazu führen, daß das mindere Versch des and Teils völl zurücktritt, vgl unten b. Versch von Kindern u Jugendl ist idR geringer zu bewerten als das von Erwachsenen, Tüb DAR **51**, 100, Celle VersR **55**, 396.

cc) Ist an der Entstehg des Schad ein Kfz beteiligt, ist der dem Halter u Fahrer bei der Abwägg anzulastde Umst vor allem die **Betriebsgefahr** des Kfz, BGH **LM** (Ba) Nr 3 u 5. Das gilt ebso für sonst Fälle der Gefährdgshaftg, vgl auch oben Anm 1 b. BetrGefahr ist die Summe der Gefahren, die das Kfz (die Eisenbahn, das Tier usw) dch seine Eigenart in der Verk trägt, BGH **LM** (Ba) Nr 3. Ist die BetrGefahr dch einen Versch des Fahrers (BGH **12**, 128), dch einen Mangel des Kfz (BGH **LM** HaftpflG 1 Nr 5) od dch seine Bauart (BGH VersR **69**, 539) erhöht, so ist sie bei der Abwägg verstärkt zu berücksichtigen; der geschädigte Halter muß sich insow das MitVersch des Fahrers ohne die Entlastgsmöglichk des § 831 I S 2 (vgl Anm 5 a aa) anrechnen lassen, BGH VersR **59**, 731, **65**, 712, 713. Der in der Lit umstr Begr der erhöhten BetrGefahr (vgl Soergel-Schmidt Anm 24 mwN) ist aber nicht schemat anzuwenden, entsch ist, wie die dch die bes Umst des Einzelfalles best BetrGefahr sich konkret ausgewirkt h, BGH VRS **29**, 419, Böhmer MDR **65**, 878.

dd) Umstr ist, ob bei der Abwägg neben der Verursachg u dem Versch auch **sonstige Umstände,** wie VermVerhältn u wirtschaftl Folgen, berücksichtigt w können, so Schlierf NJW **65**, 676, ähnl Böhmer MDR **62**, 442. Diese Ans w jedoch abzulehnen sein; nach § 254 ist die SchadVerteilg nicht nach allg Billigk-Gesichtspunkten, sond danach auszurichten, wieweit dem einen od and Teil der Schad zuzurechnen ist, vgl Dunz NJW **64**, 2133, ferner auch Klausner NJW **65**, 1894. Ein Teil der von Schlierf u Böhmer angeführten Umst (verwandtschaftl Beziehgn, Gefälligk) kann aber ggf bei der Schuldabwägg Berücksichtigg finden.

ee) Die Abwägg darf erst erfolgen, wenn die für das Maß der beiders Verursachg u des Versch erhebl Umst aufgeklärt u festgestellt sind, RG **131**, 119, 125, **147**, 148, BGH NJW **63**, 1447, 1449, VersR **67**, 1187, BAG VersR **66**, 1065. Unterstellen sind nur ausnahmsw zul u setzen voraus, daß der unterstellte Vorgang hinreichd best ist. Wird MitVersch aGrd von Wahlfeststellgn bejaht, muß bei der Abwägg von der weniger belasten Alternative ausgegangen w, BGH NJW **78**, 421.

ff) Die dargelegten AbwäggsGrds gelten auch bei Verletzg der SchadAbwendgs- u MindergsPfl, RG **156**, 206, Venzmer aaO S 193, vgl auch Schneider MDR **66**, 455. Bei der Verletzg von II w es jedoch vielf angem sein, den Mehrschaden allein dem Verletzten aufzuerlegen, Brem VersR **76**, 560.

b) Die Abwägg kann im **Ergebnis** zu einer SchadTeilg, zu einem Wegfall der ErsPfl od zu einer vollen Haftg des Schädigers führen. Maßgebd sind die Umst des Einzelfalles. Allg Grds lassen sich kaum aufstellen. Haftgsanteile von weniger als 10% w von der Rspr idR nicht berücksichtigt, zT w diese Grenze sogar bei 20% gezogen, vgl Hamm VersR **71**, 914. Soweit die Rspr Richtlinien herausgebildet h, sind sie nicht starr, sond unter Berücksichtigg der jeweiligen Fälles anzuwenden. **aa)** Bei **Vorsatz** des Schädigers tritt ein fahrl MitVersch des Geschädigten idR zurück, RG **76**, 323, **162**, 208, BGH VersR **58**, 672, BAG Betr **70**, 500; das gilt aber nicht für die Verletzg der SchadMindergsPfl (II), RG **148**, 58, Hbg NJW **77**, 1347, 1349. Auch bei Anwendg des I bestehen Ausn: Hat ein Erf- od Verrichtgehilfe vorsätzl gehandelt, kann sich der GeschHerr auf Fahrlk des Geschädigten berufen, RG **157**, 233, BGH Betr **66**, 147. In bes gelagerten Fällen (bedingter Vors, Vors umfaßt nur PflVerletzg, nicht aber Schad) kann auch der vorsätzl Täter dem Geschädigten Fahrlk entgghalten, BGH **LM** (Da) Nr 27, BGH **57**, 145, BAG NJW **70**, 1861. Fällt dem Geschädigten Vors zur Last, besteht idR keine ErsPfl, Soergel-Schmidt Anm 19, vgl BGH NJW **73**, 518. Bei beiderseit Vors ist abzuwägen.

bb) Bei beiders **Fahrlässigkeit** ist idR eine SchadTeilg angem u zwar bei gleicher Ursächlichk je zur Hälfte, RGRK Anm 89. Ist das Versch des einen Teils die weitaus überwiegde SchadUrsache, hat dieser den Schad allein zu tragen, vgl etwa BGH VersR **67**, 187, Kblz VersR **62**, 624, Köln DAR **75**, 17.

cc) Die **Gefährdgshaftg** w idR dch leichte Fahrlk des Geschädigten nicht ausgeschl, BGH NJW **51**, 110. Sie kann entfallen, wenn die im VorderGrd stehde SchadUrsache in grob verkehrsw Verhalten des Geschädigten ist, vgl zB BGH **LM** (Da) Nr 4 (Aufspringen auf fahrde Straßenbahn), BGH VersR **62**, 788 (leichtfertiges Verhalten an unbeschranktem Bahnübergang), BGH VersR **66**, 39, **69**, 571 (grobes Versch eines Radfahrers), Köln VersR **76**, 1095 (ebso bei Fußgänger). Umgekehrt kann ggü einer dch Versch erhöhten BetrGefahr (oben a cc) ein leichtes Versch des Geschädigten einer erhöhten BetrGefahr völl zurücktreten, s etwa BGH NJW **66**, 1211, Köln DAR **75**, 17 (Unfall am Fußgängerüberweg), VersR **69**, 570 (ZusStoß mit unfallaufnehmden Polizisten), KG VersR **70**, 909 (Vorfahrtverletzg). Gesetzl Haftgshöchstgrenzen sind iF von MitVersch nicht herabzusetzen, BGH **32**, 149, Betr **74**, 1713.

c) Ist der Schaden dch **mehrere Schädiger** verurs worden, so ist bei der Abwägg zu unterscheiden:

aa) Handelt es sich um **Mittäter**, muß sich jeder den Tatbeitrag des and anrechnen lassen. Bei Abwägg ist der Verursachgs- u Schuldbeitrag sämtl Mittäter dem des Geschädigten ggüzustellen, BGH **30**, 203, Saarbr OLGZ **70**, 11. Das gilt entspr iF der Anstiftg u der Beihilfe, Saarbr aaO.

bb) Handelt es sich um **Nebentäter**, ergibt sich die vom Geschädigten insges zu beanspruchde Quote aus der Abwägg des Verursachgs- u Schuldbeitrags aller Nebentäter mit dem entspr Beitrag des Geschädigten („Gesamtschau"); wieweit der Geschädigte einen einzelnen Nebentäter in Anspr nehmen kann, bestimmt sich nach der beiders Verursachg u Schuld unter Nichtberücksichtigg der übr Beteiligten (Einzelabwägg), BGH **30**, 211, **61**, 354, **LM** § 840 Nr 6 mit Anm von Hauß, NJW **64**, 2011 im Anschluß an Dunz JZ **55**, 727, **57**, 371; krit Koch NJW **67**, 181, Selb JZ **75**, 193, Ries AcP **177**, 550. Bsp: A, B u C haben einen Schad des G von 12000 DM verurs; jedem der vier fällt ein gleicher Verursachgs- u Schuldbeitrag zur Last. Nimmt man die früher hM ledigl eine Einzelabwägg vor, kann G jedem der Schädiger, hG nur $\frac{1}{2}$, also 6000 DM, von A, B u C als GesSchu zu beanspruchen, obwohl sein Verantwortungsanteil nur insges $\frac{1}{4}$ beträgt. Richt Abwägg: G h insg 9000 DM ($\frac{3}{4}$ von 12000 DM – GesAbwägg) zu fordern, jedoch beschr sich die ErsPfl von A, B u C auf je 6000 DM ($\frac{1}{2}$ von 12000 DM – Einzelabwägg). Ergebn: G kann von A, B u C als GesSchu 45000 DM u von jedem von ihnen als EinzelSchu 1500 DM verlangen. Die von BGH VersR **59**, 608 vertretene Ans, die GesSchuld bestehe iH der niedrigsten gemeins Verantwortgsquote, ist unricht, vgl Celle OLGZ **74**, 203, Hartung VersR **74**, 106. GesSchuld u Einzelschuld sind so aufeinand abzustimmen, daß Geschädigter das bekommt, was ihm nach der GesAbwägg zusteht u Schädiger insg auf das haftet, was nach der Einzelabwägg auf ihn entfällt, vgl Engelhardt u Dunz JZ **57**, 369. In der rechnerischen Dchführg abw Eibner JZ **78**, 50 mit eingehder Stellgn zu allen in Betracht kommden Berechnungsmodellen.

cc) Die Trenng von GesSchau u Einzelabwägg ist ausgeschl, sow die Schädiger (Nebentäter) eine **Haftgseinheit** (Zurechngseinheit) bilden, BGH **54**, 285, **61**, 218, Celle VersR **70**, 1013, ferner bei SchmerzGAnspr, BGH **54**, 286. HaftgsEinh besteht zw Kfz-Halter u -Fahrer, BGH NJW **66**, 1262, Erf- od Verrichtgehilfe u GeschHerr, BGH **6**, 27, ferner immer dann, wenn sich die Verhaltensweisen der versch Schädiger in demselben Ursachenbeitrag ausgewirkt h, BGH **54**, 285, **61**, 218, VersR **71**, 350. Auf die HaftgsEinh fällt im Rahmen des Ausgl gemeins Quote, § 426 Anm 3b. Ggü dem Geschädigten haften die Schädiger iF der HaftgsEinh idR ebenf auf dieselbe Quote, da die ihnen zuzurechn Verursachgsfaktoren ident; doch kann das unterschiedl Maß des Versch (zB vorsätzl HindernBereiten u Verletzg der VerkSichPfl) versch Quoten bedingen, Dunz JZ **59**, 592, NJW **64**, 2136, **68**, 679; abw Saarbr OLGZ **70**, 11, Dubischar NJW **67**, 610, Reinelt JR **71**, 177, die die HaftgsEinh nur für die AusglPfl anerkennen.

5) Einstehen für das Mitverschulden Dritter: II S 2 ordnet nach seiner Stellg im § 254 eine entsprechende Anwendg des § 278 nur für die Verletzg der Schadensabwendgs- u MindergsPfl (II) an; er bezieht sich aber nach allgM auch auf das MitVersch im haftgsbegründenden Vorgang; II S 2 ist so zu lesen, als wäre er ein selbstd Abs III, stRspr seit RG **62**, 107. Bei der Bezugn auf § 278 handelt es sich um eine RGrdVerweisg, nicht um eine RFolgenverweisg. **Voraussetzg für die Anwendg des § 278** ist daher, daß zw den Parteien vertragl Beziehgn od eine sonstige **rechtliche Sonderverbindg** besteht; ist eine solche nicht gegeben, ist nicht § 278, sond § 831 entsprechend anzuwenden, stRspr, RG **75**, 258, **77**, 212, BGH **1**, 249, **3**, 49, ebso Soergel-Schmidt Anm 64, Böhmer NJW **61**, 62, Mammey NJW **60**, 753; aA ein Teil des Schriftt insb Kleindienst JZ **57**, 457, NJW **60**, 2028, Finger JR **72**, 406, Staud-Werner Anm 61, Rother Haftgsbeschränkg im SchadensR S 127. Für die hier vertretene Ans spricht, daß das schuldh Verhalten von Hilfspersonen bei der HaftgsBeschrkg nicht anders behandelt w kann als bei der Haftgsbegründg; ihr folgt auch der ReferentenEntw eines Ges zur Änderg u Ergänzg schadensersatzrechtl Vorschr, der eine ausdrückl Verweisg auf § 831 vorsieht.

a) Mitverschulden im haftgsbegründenden Vorgang

aa) Besteht zw den Parteien **keine rechtliche Sonderverbindg**, haftet Schädiger also allein wg Verletzg von allg RPflichten (unerl Hdlg od Gefährdg), braucht sich Verletzter, soweit es sich um eine natürl Pers handelt, das MitVersch gesetzl Vertreter überh nicht u nur von sonstigen Hilfspersonen nur gem § 831 mit der dort gegebenen EntlastgsMöglk anrechnen zu lassen, stRspr BGH **1**, 249, **3**, 49, VersR **62**, 783, **75**, 134. Darü, welche Pers Verrichtgsgehilfen sind, vgl § 831 Anm 3 u 4. Dagg ist bei jur Pers u OHG gem § 31 MitVersch ihrer Organe ohne EntlastgsMöglk zu berücksichtigen, BGH **68**, 151, **LM** HGB 126 Nr 1.

Der Halter eines Kfz muß sich das MitVersch seines Fahrers als einen die BetrGefahr erhöhden Umst (oben Anm 4 a cc) ohne die Entlastgsmöglk des § 831 I 2 entggehalten lassen, BGH VersR 59, 731, 66, 712. Beachte auch die Sondervorschriften in StVG 9, HaftpflG 4, LuftVG 34, AtomG 27, wonach sich der Geschädigte im Fall der Sachbeschädigg ggü dem Anspr aus Gefährdgshaftg das MitVersch seiner „Bewahrgehilfen" anrechnen lassen muß (gilt nicht bei Anspr aus §§ 823 ff od aus Vertr, BGH NJW 65, 1273). Bildet der Geschädigte mit einem der Schädiger eine sog ZurechngsEinh, weil sich ihr Verhalten in demselben Verursachsbeitrag ausgewirkt hat, muß sich der Geschädigte dessen MitVersch ggü und Schädigern anrechnen lassen (vgl BGH 61, 218, VersR 78, 735, § 426 Anm 3 b).

bb) Bestehen zw den Parteien **vertragliche Beziehgen,** ist dem Verletzten das MitVersch seiner gesetzl Vertreter u ErfGeh entsprechd § 278 anzurechnen, soweit er sich ihrer zur Wahrnehmg seiner Interessen im Schuldverhältn bedient h, BGH 3, 50, 36, 339. Das Kind muß sich daher mangelnder Beaufsichtigg dch Mutter entgghalten lassen, BGH 9, 319, NJW 68, 1324; ebso sonstiges MitVersch der Eltern, BGH NJW 64, 1670 od AufsPers, BGH 24, 327, soweit diese mit Willen des gesetzl Vertreters tätig geworden sind, BGH **LM** § 276 (Cg) Nr 6. Zu berücksichtigen ferner MitVersch sonstiger vom Verletzten zur Wahrnehmg seiner Interessen eingesetzter Pers, zB Ehefr, BGH **3**, 48; Architekt, BGH **LM** (E) Nr 2 Bl 3 (näher § 278 Anm 6a), Bank BGH **36**, 338, Verhandlgsbeauftragter, Hbg DAR **72**, 16; ArbN, BGH NJW **65**, 962, es sei denn, daß diese vom Schu in seinem PflKreis eingesetzt w, BGH Betr **75**, 2426 (Nachbesserg). Bei Bestehen vertragl Beziehgen ist § 278 **auch** anzuwenden, wenn Verletzter seinen Anspr auf **Delikt oder Gefährdg** stützt, BGH **9**, 316, **24**, 327, **LM** (E) Nr 2 Bl 3 (SchmerzG), NJW **64**, 1670, aA (ohne Begründg) BGH **33**, 251, vgl dazu Medicus NJW **62**, 2081.

cc) Verletzter muß sich entsprechd den unter bb dargelegten Grds ein MitVersch von gesetzl Vertretern u Hilfspersonen auch dann anrechnen lassen, wenn zw den Part zwar kein Vertr, aber eine **sonstige rechtliche Sonderverbindg** (schuldrechtliche Beziehg) besteht. Eine solche ist zu bejahen: bei einem mit dem Schädiger abgeschl Vertr zG oder mit Schutzwirkg zG des Verletzten, BGH **9**, 318, **24**, 327, **33**, 250, **LM** (E) Nr 2, NJW **75**, 868, vgl dazu § 328 Anm 2 u 3 (hier ist gem § 334 auch MitVersch des VertrPartners des Schädigers zu berücksichtigen, vgl unten c), bei vertragsähnl Beziehgen zw Geschädigten u dem aGrd eines Dienstverschaffgsvertr für ihn Tätigen, BGH VersR **70**, 934; im Fall der Drittschadensliquidation, BGH NJW **72**, 289, Hamm NJW **76**, 2078; außerdem bei einer vertragsähnl öffrechtl Beziehg, BGH NJW **64**, 1670 (Schule–Schüler), NJW **65**, 962 (Post–Postkunde), BGH **68**, 151 (Stiftgsaufsicht–Stiftg); bei Anbahng des VertrVerhältn BGH NJW **68**, 1967; ferner entgg RG **119**, 155 im Eigtümer–Besitzerverhältn, vgl § 989 Anm 2. Dagg genügt zur Anwendg des § 278 nicht: das Bestehen einer konkreten Gefährdgssituation, BGH **5**, 384 (aA Celle NJW **53**, 990), der Besuch eines publikumsoffenen Reitertrainings, BGH VersR **75**, 134, eines Friedhofs (BGH NJW **77**, 1392, 1394), die dch die VerkSichgPfl geschaffene RBeziehg, BGH VersR **59**, 732 (aA Hbg MDR **57**, 423), das Verh zw VormschRichter u Mündel, BGH **LM** (Ea) Nr 10.

b) Auf **Mitverschulden** von gesetzl Vertretern u Hilfspersonen nach Eintritt des schädigden Ereign, also **bei Schadensabwendg u -Minderg** ist § 278 gem II 2 uneingeschränkt anwendbar, BGH **9**, 319, allgM. Zur Abgrenzg zw dem haftgbegründenden Vorgang u dem unter II fallden Abschnitt vgl RG **141**, 356, BGH **33**, 140, **LM** (Ea) Nr 10, Düss NJW **73**, 1801. Anwend des § 278 setzt voraus, daß gesetzl Vertreter in dieser Eigensch gehandelt h; das ist nicht der Fall, wenn Vormd jahrelang Veruntreuungen begangen h u die einz Möglichk für den SchadMinderg die Offenbarg der Straftat war, BGH **33**, 137; ebsowenig, wenn gesetzl Vertreter für den Schädiger erkennb mißbräuchl zum Nachteil des Vertretenen gehandelt h, BAG Betr **74**, 1632. Eltern eines vollj geschunfäh, aber nicht entmündigten Kindes sind für SchadMinderg nicht dessen ErfGehilfen, BGH VersR **70**, 273, wohl aber der vom Geschädigten hinzugezogene RA, LG Hagen VersR **73**, 531. Pers, die Geschädigter mit der Wiederherstellg des früheren Zustands beauftragt, sind nicht sein ErfGeh, da Geschädigte insow nicht in Erfüllg einer dem Schädiger obliegenden Verbindlichk tätig w. Kein ErfGeh daher nicht vom Verletzten hinzugezogene Arzt, RG **72**, 219 oder Sachverst, LG Lüneb MDR **70**, 675, LG Köln NJW **75**, 57; ebsowenig die vom Geschädigten beauftragte Reparaturwerkstatt, BGH **63**, 183, Hbg VersR **74**, 1216, Karlsr VersR **76**, 1162, fr str. Beachte aber, daß bei groben Fehlleistgen des Arztes oder der Werkstatt der adäquate UrsachenZushang unterbrochen sein kann, vgl Vorbem 5e aa vor § 249. Außerdem sind Arzt u Werkstatt ggü Erstschädiger ausglpflichtig, § 426.

c) Der ersatzberecht **mittelbare Geschädigte** (§§ 844, 845) muß sich gem § 846 (neben eig mitwirkdem Versch, s RG **55**, 29) auch das MitVersch des unmittelb Verletzten anrechnen lassen. Das gilt entspr für VertrAnsprüche, die dem mittelb Geschädigten zustehen, RG **81**, 215 (SchadErsAnspr des Ehem aus MietVertr wg Verletzg der Frau). Auch wer inf Tötg od Verletzg eines Angeh eine GesundhBeschädig erleidet (vgl Vorbem 5 c dd vor § 249), muß sich dessen MitVersch anrechnen lassen; das w aber entgg RG **157**, 13 nicht aus § 846, sond aus § 242 herzuleiten sein, BGH **56**, 163, str, vgl Deubner JuS **71**, 622, Selb JZ **72**, 124. Bei Vertr mit **Schutzwirkg zGDr** (s § 328 Anm 2 u 3a) ist dem geschädigten Dr nach dem RGedanken der §§ 334, 846 das MitVersch des Gläub anzurechnen, BGH **33**, 250, NJW **65**, 1757, dieses darf daher nicht etwa dem Schu angelastet w, BGH NJW **75**, 868, krit Marburger JR **75**, 369, Berg NJW **78**, 2018. Bei nichtiger TestErrichtg soll UrkPerson dem ausgefallenen Erben das MitVersch des Erbl nicht entgghalten können, BGH NJW **56**, 260 (sehr zweifelh).

6) Stillschweigender Haftgsausschluß, Handeln auf eigene Gefahr. Die Haftg aus Vertr, unerl Hdlg od Gefährdg kann dch vertragl Abreden ausgeschl od gemindert w; über die Auslegg u die Grenzen der Wirksamk derartiger Abreden vgl § 276 Anm 5B. Zur HaftgsMinderg im ArbVerh bei gefahrengeneigter Arb vgl § 611 Anm 14 b.

a) HaftgsAusschl kann auch **stillschweigend** vereinbart w. Bei Kfz-Miete bedeutet Hinweis des Verm auf KaskoVers od offene Abwälzg der VersPrämie idR Haftgsverzicht (außer für Vors u grobe Fahrlk) in Höhe der VersSumme, BGH **22**, 113, **43**, 299. Aber kein Haftgsverzicht, wenn WerkUntern VersPrämie im Werklohn verdeckt auf Besteller überwälzt, Köln NJW **68**, 751. Hat der Auftr- od ArbGeb KaskoVers abgeschlossen, so w hierdch iZw die Haftg des Beauftragten od ArbNeh nicht berührt, BGH **30**, 48, BAG JZ **69**, 75; dazu krit v Hippel zuletzt NJW **69**, 302. Stillschweigder HaftgsAusschl kann vorliegen bei Beteiligg an gefährl

Sport (vgl unten b) od an sonstigen gefährl Unternehmgen. Für stillschweigde Abrede müssen aber konkrete AnhaltsPkte bestehen, das Zurückgreifen auf den angebl erklärten Parteiwillen darf keine Fiktion sein, BGH 43, 76, 41, 81. Kein stillschweigder HaftgsAusschl idR bei gemeins KfzZuverlässigkFahrt, BGH 39, 158, bei gemeins UrlFahrt, Düss VersR 74, 57, bei gemeins GesellschJagd BGH LM (Da) Nr 7, bei Teiln an Reitunterricht, Düss NJW 75, 1893, bei Mitbenutzg des Pferdes eines Verwandten, BGH NJW 77, 2159, bei Fahrt mit fahrtüchtigt Fahrer od mangelh Kfz, BGH LM (Da) Nr 12, Köln VersR 70, 914, doch kann MitVersch (Handeln auf eig Gefahr) vorliegen, vgl unten c. Bei Probefahrt man stillschweige Haftgsbegrenz auf grobe Fahrlässigk des Kaufinteressenten bejahen können, BGH NJW 72, 1363/1706, ebso aber mit and Begründg, Düss VersR 78, 156. In deutl lesb Aushängen bekanntgegebene HaftgsBeschrkgen können VertrInhalt w, AGBG 2 Anm 2. Dagg kann die Haftg des Warenproduzenten (§ 823 Anm 16) nicht dch eine Erkl etwa auf Verpackg od GebrAnweisg ausgeschl w, Schweigen des Verbrauchers bedeutet vielm Ablehng, Einf 3b vor § 116. Auch ein zw Verkäufer u Verbraucher vereinb HaftgsAusschl zG des Produzenten, (vgl § 276 Anm 5 B a cc) kann in derart Fällen nicht angen w, vgl auch Simitis Gutachten für den 47. DJT S 88, Giesen NJW 69, 587. Da Vertr erforderl, setzt HaftgsAusschl bei Mj Zust des gesetzl Vertreters voraus, BGH NJW 58, 905. ZT abw Gerhardt (JZ 70, 535), der bei Anspr aus c. i. c. eine Haftgsfreistellgn für mögl hält. Über GefälligkFahrt vgl unten d.

b) Dem HaftgsAusschl steht die **Einwilligg** des Verletzten nahe. Die Einwilligg beseitigt, wenn sie wirks ist (vgl dazu § 823 Anm 7 B f), die Widerrechtlichk der Verletzg, also eine Voraussetzg des SchadErsAnspr; der HaftgsAusschl berührt dagg die Widerrechtlichk nicht, läßt aber ein vorweg genommenen Verzicht keinen SchadErsAnspr entstehen. Währd HaftgsAusschl GeschFgk erfordert, BGH NJW 58, 905, genügt bei Einwilligg in die Verletzg höchstpersönl RGüter EinsichtsFgk, BGH 29, 33, Böhmer MDR 59, 705, doch ist bei VermögensR GeschFgk nötig. Ebso wie HaftgsAusschl kann Einwilligg stillschweigd erfolgen, es sind aber auch hier konkrete Umst erforderl, die den Willen, in Verletzg einzuwilligen, erkennen lassen, BGH 34, 360. Bei Teiln an gefährl **Sport** od sportähnl Betätigg ist idR stillschw Einwilligg in Verletzg anzunehmen, die trotz Einhaltg der sportl Regeln entstehen, Mü OLGZ 71, 34, KG OLGZ 73, 324, BGH 63, 140 (leitet Haftgsfreistellg aus dem Verbot widersprüchl Verhaltens her). Kein Haftgsverzicht aber für Teiln an einer mäß schwier Bergtour, Karlsr NJW 78, 705; vgl ferner unten d u § 823 Anm 7 B f.

c) Im Anschl an RG 141, 265 hatte die Rspr das **Handeln auf eigene Gefahr** der Einwilligg gleichgestellt, also bei Handeln auf eig Gefahr die Widerrechtlichk der SchadZufügg verneint, BGH 2, 162, LM § 823 (Ha) Nr 3. In der grdlegden Entsch BGH 34, 355 ist diese prakt u konstruktiv bedenkl Rspr aufgegeben worden. Handeln auf eig Gefahr ist nunmehr allein danach zu beurteilen, daß der Geschädigte die Gefahrenlage u den Schaden mitherbeigeführt h; ob Haftg ausgeschl od gemindert ist, best sich nach den Grds des § 254, BGH 34, 363, 43, 77. And nur bei der Tierhalterhaftg, die nach ihrem Schutzzweck bei Handeln auf eig Gefahr nicht eingreift, BGH NJW 74, 234, 77, 2158. Entscheidd jeweils, ob vorwerfb Selbstgefährdg vorliegt; diese ist zu verneinen bei Teilnahme an Jagdveranstaltg, BGH LM (Da) Nr 7, an KfzZuverlässigkFahrt BGH 39, 158, bei gemeins Skifahrt, Köln NJW 62, 1110, beim Zuschauen eines Autorennens, aA RG 130, 168, bei sittl gebotenem Verhalten (Anhalten durchgehder Pferde, Fahrt des Arztes mit angetrunkenem Fahrer zu einem Schwerkranken). Vorwerfb Selbstgefährdg dagg bei Fahrt mit Fahrer ohne Führerschein, wenn diese Tats bekannt od erkennb, BGH 34, 363, bei Fahrt mit nicht zugelassenem Kfz, BGH VersR 69, 424, bei Fahrt mit Fahrer, der inf Alkoholgenusses od Übermüdg erkennb fahrtüchtig ist, BGH LM (Da) Nr 12, VRS 27, 321, VersR 71, 474; and, wenn Fahrgast an Fahrtüchtigk des Fahrers keine begründeten Zweifel zu haben brauchte, BGH VersR 69, 380; bei Abwägg ist zu berücksichtigen, daß in erster Linie der Fahrer für seine Fahrtüchtigk verantwortl ist, BGH VersR 66, 565. Vorwerfb Selbstgefährdg nicht bei Fahrt mit Fahrer ohne ausreichde Fahrpraxis, od währd witterungsbedingter Glätte, BGH NJW 65, 1075, Hbg VersR 70, 188, wohl aber bei Mitveranlassg der Fahrt, Schlesw DAR 71, 101, ferner bei Nichtbeachtg eines Warngsschildes vor einem bissigen Hund, Stgt VersR 55, 686, Benutzg einer gefährl Sprunganlage, Celle VersR 69, 1049, Teiln an gefährl Sport, Bamb NJW 72, 1820, Ausführg von BauArb aGrd eines Vertr, der noch einer Gen bedarf, BGH LM § 276 (Fc) Nr 4. Bei Mj gilt für Zurechenbark der Selbstgefährdg § 828, BGH 34, 366.

d) Bei **Gefälligkeitsfahrt** (zum Begr vgl Böhmer VersR 64, 807) können Anspr idR allein aus unerl Hdlg hergeleitet w; Gefährdgshaftg ist dch StVG 8a ausgeschl; vertragl Anspr scheiden aus, weil idR ein rgeschäftl Verpflichtgswille fehlt, RG 145, 394, BGH 21, 107, LG Düss NJW 68, 2379, Einl 2 vor § 241, doch w man für Seetzen VersR 70, 11 uU vertragsähnl Vertrauenshaftg analog c. i. c. annehmen können. Gesetzl HaftgsBeschrkg bei GefälligkVerh auf Vors u grobe Fahrlk besteht (abgesehen von §§ 521, 599) nicht, aA Hoffmann AcP 167, 406. Stillschweigder vertragl HaftgsAusschl (oben a) liegt idR nicht vor; die Unentgeltlichk der Fahrt reicht allein nicht aus, um Haftgsverzicht für leichte Fahrlk anzunehmen, es müssen vielmehr weitere Umst hinzutreten, um solche Wertg zu rechtf, stRspr, BGH 30, 46, 43, 76, NJW 66, 41 (weist daraufhin, daß HaftgsAusschl nicht dem Gefälligen, sond dessen Versicherer zugute kommen würde), VersR 67, 157, Betr 72, 1387, Böhmer JR 70, 135. Auch bei Fahrten mit nahen Angeh verneint die Rspr idR einen stillschweigden HaftgsAusschl, BGH 41, 81, NJW 74, 2124 (Eheg), 43, 76 (Vater u Sohn), NJW 64, 1898 (Stiefvater), Düss VersR 69, 262 (Vater u Sohn); dem kann nur mit einer Einschränkg zugestimmt w; ein Haftgsverzicht für einfache Fahrlk kann iW ergänzder VertrAuslegg zu bejahen sein, wenn der Angeh trotz der nF von AKB 11 Nr 4 keinen VersSchutz h, Stgt NJW 64, 728; (zu AKB fr Fassg). Entspr kann ausnw zw ArbKollegen anzunehmen sein, BGH VersR 78, 625. Auf jeden Fall ist aber bei Angeh der FdgsÜbergang auf den SozVersTräger od Dienstherrn analog VVG 67 II ausgeschl, Vorbem 7c ff vor § 249. Zur Anwendg von § 1359 u § 277 Anm 3. Eine Einwilligg des Verletzten (oben b) liegt bei GefälligkFahrten idR ebenf nicht vor. Der GesichtsPkt des Handelns auf eig Gefahr führt nur dann zu einer Haftgseinschränkg, wenn mit der GefälligkFahrt eine vorwerfb Selbstgefährdg verbunden ist, also erkennb Risiken übernommen w, die über die des normalen KfzVerk hinausgehen, vgl oben c. Danach haftet Fahrer grdsätzl auch bei GefälligkFahrten uneingeschränkt, die zT abweiche Rspr (vgl zB Schlesw DAR 53, 32) ist dch die neue Rspr des BGH überholt. — Bei GefälligkFahrt, die mit einem nicht ordngsmäß versicherten Kfz dchgeführt w, haftet der Halter dem Fahrer für die dch den fehlenden

VersSchutz entstehden Nachteile, BGH VersR **69**, 50, BAG Betr **70**, 546; and uU bei bes schwerem Versch des Fahrers, BGH aaO.

7) Verfahrensrechtliches. Die Beweislast für das Versch des Geschädigten hat der ErsPflichtige RG **159**, 261, BGH **LM** (D c) Nr 22. Das Vorbringen ist Einwand, nicht Einrede, also Berücksichtig vAw, sofern entspr Tats bekannt, BAG NJW **71**, 958; str; jedenf genügt ein Vortrag des Schädigers, der erkennen läßt, daß er aus dem Verhalten des Geschädigten einen Einwand herleiten will. Für Bew des MitVersch gilt ZPO 286 (wobei Grds des AnscheinsBew anwendb sein können, Vorbem 8 vor § 249); dafür, inwiew MitVersch sich ausgewirkt hat, gilt ZPO 287, BGH NJW **68**, 985. Bei der Abwägg gem § 254 ist die Beweislastregel des § 282 unanwendb, BGH **46**, 268. – Über den Einwand ist im Grundurteil nach ZPO 304 zu entscheiden, er darf aber dem BetragsVerf vorbehalten bleiben, wenn er zugleich dieses berührt u er zweifellos nicht zum völligen Wegfall des SchadErsAnspruchs führen kann, RG **82**, 197, RG JW **38**, 2740, BGH **1**, 34. Beim SchmerzGAnspr ist im GrdUrt nicht auf eine Quote zu erkennen, sond auszusprechen, daß der Anspr unter Berücksichtig eines MitVerschAnteil dem Grde nach gerechtf ist, BGH VersR **70**, 624, Köln MDR **75**, 148. – Verurteilg zu zukünft Rentenzahlg uU unzul, solange die gem § 254 II gebotenen Heilsversuche noch nicht erfolgt sind, BGH NJW **70**, 1229. – Ein TeilUrt kann, falls § 254 eingreift, erst nach Aufklärg aller rechtl Gesichtspunkte ergehen RG **139**, 304. – Es steht nichts im Wege, zunächst nur einen Teil des Anspr einzuklagen, damit der Einwand des § 254 in diesem Prozeß mit Erfolg erhoben w kann, RG **122**, 360, Mü NJW **70**, 1924. – Die Abwägg der Verantwortlichk ist Tatfrage, also idR nicht revisibel. BGH NJW **52**, 1329, BGH **3**, 52, **20**, 290, VersR **75**, 153.

255 *Abtretung der Ersatzansprüche.* **Wer für den Verlust einer Sache oder eines Rechtes Schadensersatz zu leisten hat, ist zum Ersatze nur gegen Abtretung der Ansprüche verpflichtet, die dem Ersatzberechtigten auf Grund des Eigentums an der Sache oder auf Grund des Rechtes gegen Dritte zustehen.**

Neueres **Schrifttum**: Selb, Festschr f Larenz 1973, S 517 ff; Münchbach, Regreßkonstruktionen in Schadensfällen, 1976.

1) Allgemeines. Die Bestimmg steht der Vorteilsausgleich nahe, da sie vermeidet, daß der Beschädigte eine den Ers des Schadens übersteigende Bereicherg erhält, RG **53**, 327; vgl daher zunächst Vorbem 7 vor § 249. Sie ist entspr anzuwenden, wenn einem dch Verletzg arbunfäh gew ArbN sein Gehalt weitergewährt w (Pfl zur Abtr des SchadErsAnspr an den ArbG), jedoch sieht LFZG 4 insow nunmehr FdgsÜbergang kr Ges vor, vgl Vorbem 7e cc vor § 249.

2) Verlust der Sache: auch EigtVerlust (str, ob dann nicht RVerlust vorliegt, vgl Oertmann Anm 4). **Rechtsverlust:** Verlust jedes, auch insb eines dingl Rechts. Eintritt der Verj (obwohl sie bloß Einr gibt) ist RVerlust. – Entwertg genügt, str, aA Selb aaO S 547, so Beschädigg der Sache, Zahlgsunfähigk des Schu der Fdg, Bambg OLGZ **76**, 451. Nach RG JW **06**, 109 entspr Anwendg des § 255 auf einen noch nicht endgültigen Verlust (Abhandenkommen des Wechsels), ähnl BGH **6**, 61 (vorläufiges Wertlosswerden einer Fdg), nach RG DR **41**, 1961 auch auf andere SchadErsAnsprüche; aber abgesehen von Lohnfortzahlgsfällen (Anm 1) nicht auf SchadErsAnspr wg GesundhSchadens, BGH NJW **60**, 240.

3) Abtretung. Keine gesetzl FdgsÜbertr, sond nur GgAnspr Zug um Zug gg die SchadErsLeistg, RG **59**, 371. Der ErsPflichtige hat daher die Einr des **Zurückbehaltgsrechts**, § 273; hat er schon geleistet, kann er auf Abtretg klagen, BGH **52**, 42; Angebot der SchadErsLeistg gibt ihm aber keinen Anspr auf Abtretg Zug um Zug, LG Bln NJW **58**, 1877. Erlangt ErsBerechtigter nach SchadErsLeistg die Sache zurück, so kann ErsSchu die SchadErsLeistg nicht zurückfordern (§ 812 I 2 liegt nicht vor, da SchadErs geschuldet wurde u SchadErsLeistg diese Schuld zum Erlöschen brachte); er kann aber Herausg der Sache anstelle der nach § 255 geschuldeten Abtretg des HerausgAnspr verlangen; SchadErsBerechtigter wird sich durch Rückgewähr der ErsLeistg befreien können; so richtig Weimar JR **59**, 93, str (zT w Anspr auf Rückgewähr der ErsLeistg bejaht, s Reeb JuS **70**, 215, Selb aaO S 547). – **Wirkg der Abtretg:** Erwerb des Rechts, auch des Eigtums (§ 931: in der Abtretg des EigtAnspruchs liegt die Einigg über den EigtÜbergang RG **59**, 371, aM Oertmann Anm 3).

4) Recht auf Abtretg. Es steht grdsätzl jedem Schädiger zu, gleichgült, ob er aus Vertr, Delikt od sonstigem RGrd haftet, Staud-Werner Anm 6. Dieb, der Sache an gutgl Erwerber veräußert h, h jedoch keinen AbtrAnspr, BGH **52**, 42, krit Goette VersR **74**, 526. Abtr an ihn wäre sinnlos, da Erwerber ihm entgghalten könnte, daß er ihn von Anspr Dritter freihalten muß. Da § 255 nur zG von SchadErsPflichtigen gilt, h derjenige, der vom Eigtümer aus § 816 in Anspr gen w, kein R auf Abtr etwaiger Anspr aus § 823, BGH **29**, 161, aA Reeb JuS **70**, 214; ihm können jedoch AusglAnspr aus § 426 zustehen, BGH **52**, 45. Im Verh zw GesSchu ist § 255 unanwendb, da § 426 als SpezialVorschr vorgeht, BGH **59**, 102.

5) Abzutretende Ansprüche. Dazu gehören nicht nur die unmittelb Ansprüche aus dem Recht (zB aus §§ 985, 1007), sond auch Deliktansprüche aus § 823 I, str (nicht dagg aus § 823 II), SchadErsAnsprüche aus §§ 989, 990, hM, ebso Bereichergsansprüche (etwa aus § 816 I), jedenf soweit sie auf dem SachEigt beruhen, RG JW **37**, 2777, BGH **52**, 42. Nicht gehören dazu Ansprüche aus einem die verlorene Sache betreffden bes Vertr, zB aus Versicherg der Sache gg Feuer od Diebstahl. Umgekehrt würde Abtretg des Rechtes des VersNehmers gg den Brandstifter od Dieb beanspruchen können; VVG 67 sieht jedoch (bei der Schadens-, nicht der Lebens- und der Unfallversicherg) bereits den gesetzl Übergang des ErsAnspruchs auf den Versicherer vor, soweit dieser ersetzt, falls der Anspr sich nicht gg einen in häusl Gemsch mit dem VersNehmer lebenden FamAngehörigen, der nicht vorsätzl gehandelt hat, richtet; letzterenf auch kein Recht auf Abtretg nach § 255. Auch bei der Pflichtversicherg gesetzlicher Übergang, vgl VVG 158f, PflVG 3 Nr 9. – Vgl auch Vorbem 7c ee vor § 249. – Die Möglichk der Ansprüche genügt, den BestehensNachw hat der Abtretgsberechtigte nicht zu führen, RG JW **37**, 2777, LAG BaWü Betr **69**, 398.

256 Verzinsung von Aufwendungen. Wer zum Ersatze von Aufwendungen verpflichtet ist, hat den aufgewendeten Betrag oder, wenn andere Gegenstände als Geld aufgewendet worden sind, den als Ersatz ihres Wertes zu zahlenden Betrag von der Zeit der Aufwendung an zu verzinsen. Sind Aufwendungen auf einen Gegenstand gemacht worden, der dem Ersatzpflichtigen herauszugeben ist, so sind Zinsen für die Zeit, für welche dem Ersatzberechtigten die Nutzungen oder die Früchte des Gegenstandes ohne Vergütung verbleiben, nicht zu entrichten.

1) Aufwendung. Begriff nicht im Gesetz. Das BGB spricht ua von Aufwand, Verwendgen (§§ 994ff), Auslagen, Kosten. Aufwendg ist freiw Aufopferg von VermWerten (auch Übern von Verbindlichkeiten RG **151**, 99) für die Interessen eines and, BGH NJW **60**, 1568, BGH **59**, 329. Freiwillig: insow Ggsatz zum Erleiden eines Schadens. Doch werden Schäden, die mit dem Einsatz für fremde Interessen notw od wahrscheinl verknüpft sind (Beschädigg bei Rettg), Aufwendgen gleichgestellt, vgl § 670 Anm 3, währd umgekehrt Aufwendgen des Geschädigten unter den SchadBegr fallen können, Vorbem 5d bb vor § 249.

2) Aufwendgsersatz: kein „Schadens"ersatz, sond Erstattg, Wertersatz, zumeist (str, ob nicht stets, da in S 1 von „Betrag" die Rede ist, so Oertmann Anm 3) auf Geld gericht; in Zeiten verminderter Kaufkraft od fehlenden Tauschwertes des Geldes kann wohl statt Geld Naturalersatz gefordert werden (Ausfluß aus § 242), so Brschw BB **47**, 349. AufwendgsErs umfaßt auch die entstandene MehrwertSt, Seltmann NJW **69**, 1153, Schaumburg NJW **74**, 1737.

3) Fälle: zahlreich, insb §§ 304, 670, 683, 684 S 2 u 994ff. Erstattgsmaß unterschiedl.

4) Satz 1 u 2 geben Zinsregelg. Grund: ZinsPfl dessen, der den Nutzen hat. Zinshöhe: § 246.

257 Befreiungsanspruch. Wer berechtigt ist, Ersatz für Aufwendungen zu verlangen, die er für einen bestimmten Zweck macht, kann, wenn er für diesen Zweck eine Verbindlichkeit eingeht, Befreiung von der Verbindlichkeit verlangen. Ist die Verbindlichkeit noch nicht fällig, so kann ihm der Ersatzpflichtige, statt ihn zu befreien, Sicherheit leisten.

1) Anwendgsgebiet. Die Vorschr betrifft nur die Lösg von einer Verbindlichk, deren Eingeh eine „Aufwendung", § 256 Anm 1, war. Für andere Fälle ergibt sich der BefreiungsAnspr aus dem jeweiligen Haftgsgrunde, zB aus der Pfl zum SchadErs gem § 249 (Vorbem 2d vor § 249), aus Vertr, insb Auftr zur BürgschÜbernahme, § 775, RG **139**, 204.

2) Befreiungsmittel: Ihre Wahl ist Sache des Schu, zB Zahlg an den dritten Gläub, befreiende SchuldÜbern. Zahlg des Geldbetrages an sich selbst kann der „Ersatz"berechtigte nicht ohne weiteres verlangen, vgl jedoch für den zu Anm 1 aE genannten Befreiungsfall RG **78**, 34 u JW **34**, 685, ferner zu VOB (B) 13 Nr 5 II BGH **47**, 273. S 2 ist Ausdr eines allg RGedankens, der auch für nicht unter § 257 fallde BefreigsAnspr gilt, Rimmelspacher JR **76**, 89. Die Vollstr der Urt auf Befreiung richtet sich nach ZPO 887, ders JR **76**, 183.

3) Besonderes: Im **Konkurs** des ErstattgsBerecht gehört der BefreigsAnspr zur Masse; er verwandelt sich in ZahlgsAnspr RG **93**, 211, **139**, 231, BGH **57**, 78, aA Gursky KTS **73**, 27; zum BefreigsAnspr aus § 249 vgl Vorbem 2d vor § 249. Über **Nichtabtretbark** RG **80**, 183, vgl § 399 Anm 2a.

258 Wegnahmerecht. Wer berechtigt ist, von einer Sache, die er einem anderen herauszugeben hat, eine Einrichtung wegzunehmen, hat im Falle der Wegnahme die Sache auf seine Kosten in den vorigen Stand zu setzen. Erlangt der andere den Besitz der Sache, so ist er verpflichtet, die Wegnahme der Einrichtung zu gestatten; er kann die Gestattung verweigern, bis ihm für den mit der Wegnahme verbundenen Schaden Sicherheit geleistet wird.

1) Anwendungsgebiet. § 258 regelt nur die Ausübg des WegnahmeR (des jus tollendi), setzt also sein Bestehen voraus. Das Recht wird im G gegeben insb dem Mieter § 547a, Pächter § 581 II, dem Besitzer ggü dem EigtAnspr § 997 I, dem Vorerben § 2125.

2) „Einrichtg" ist eine Sache, die einer and körperl hinzugefügt ist u deren wirtschaftl Zwecken dient, zB Ofen, Beleuchtanlage, Anschlußgleis, nicht aber Zwischendecken, eingezogene Wände, Celle NdsRpfl **69**, 283. Unerhebl, ob sie Bestandt, insb wesentl, geworden ist.

3) Wesen und Inhalt des Rechts. Es ist Gestaltgs- (Trenngs-) Recht und zwar, wenn die Sache wesentl Bestandt und damit – im allg – Eigt eines anderen geworden war, ein AneignsR. Es erlischt mit Ausübg, wenn die Sache in den Besitz des anderen übergeht, verwandelt sich jedoch dann in den schuldrechtl Anspr auf Gestattg der Wegnahme (S 2). „Versetzen in den vorigen Stand" (S 1) bedeutet: in den Stand vor Hinzufügen der Einrichtg setzen; ist das nicht mögl, so ist das WegnahmeR gleichwohl gegeben, es besteht aber SchadErsPfl entspr § 251 II, Staud-Werner Rdn 6. Sind die Schienen eines Anschlußgleises entfernt, so hat WegnahmeBerecht auch Schotter zu entfernen, BGH BB **66**, 304. Keinesf darf sich Berecht auf Wegn der verwertb Bauteile beschr u alles and auf Grdst zurücklassen, BGH NJW **70**, 754.

259 Umfang der Rechenschaftspflicht; eidesstattliche Versicherung. [1] Wer verpflichtet ist, über eine mit Einnahmen oder Ausgaben verbundene Verwaltung Rechenschaft abzulegen, hat dem Berechtigten eine die geordnete Zusammenstellung der Einnahmen oder der Ausgaben enthaltende Rechnung mitzuteilen und, soweit Belege erteilt zu werden pflegen, Belege vorzulegen.

II Besteht Grund zu der Annahme, daß die in der Rechnung enthaltenen Angaben über die Einnahmen nicht mit der erforderlichen Sorgfalt gemacht worden sind, so hat der Verpflichtete auf Verlangen zu Protokoll an Eides Statt zu versichern,

daß er nach bestem Wissen die Einnahmen so vollständig angegeben habe, als er dazu im Stande sei.

III In Angelegenheiten von geringer Bedeutung besteht eine Verpflichtung zur Abgabe der eidesstattlichen Versicherung nicht.

260 *Pflichten bei Herausgabe oder Auskunft über Inbegriff von Gegenständen.* I Wer verpflichtet ist, einen Inbegriff von Gegenständen herauszugeben oder über den Bestand eines solchen Inbegriffs Auskunft zu erteilen, hat dem Berechtigten ein Verzeichnis des Bestandes vorzulegen.

II Besteht Grund zu der Annahme, daß das Verzeichnis nicht mit der erforderlichen Sorgfalt aufgestellt worden ist, so hat der Verpflichtete auf Verlangen zu Protokoll an Eides Statt zu versichern,

daß er nach bestem Wissen den Bestand so vollständig angegeben habe, als er dazu im Stande sei.

III Die Vorschrift des § 259 Abs. 3 findet Anwendung.

261 *Abgabe der eidesstattlichen Versicherung.* I Die eidesstattliche Versicherung ist, sofern sie nicht vor dem Vollstreckungsgericht abzugeben ist, vor dem Amtsgericht des Ortes abzugeben, an welchem die Verpflichtung zur Rechnungslegung oder zur Vorlegung des Verzeichnisses zu erfüllen ist. Hat der Verpflichtete seinen Wohnsitz oder seinen Aufenthalt im Inlande, so kann er die Versicherung vor dem Amtsgericht des Wohnsitzes oder des Aufenthaltsorts abgeben.

II Das Gericht kann eine den Umständen entsprechende Änderung der eidesstattlichen Versicherung beschließen.

III Die Kosten der Abnahme der eidesstattlichen Versicherung hat derjenige zu tragen, welcher die Abgabe der Versicherung verlangt.

Vorbem: Neufassg dch das Ges vom 27. 6. 1970 (BGBl I S 911). Sie hat den Offenbarungseid dch die eidesstattl Vers ersetzt, vgl Anm 6.

1) Allgemeines: a) Die Durchsetzg von Anspr ist vielf nur mögl, wenn der Berecht über ihm unbekannte Verhältn od Vorgänge unterrichtet w. Diesem Gedanken trägt das G dadch Rechng, auf Ausk u RechenschLegg begründet. Beide Pflichten sind nur graduell verschieden. RechenschLegg setzt eine mit Einn u Ausgaben verbundene Verw voraus; sie ist eine bes, genauere Art der Ausk, vgl Anm 3. Unterschied zw Ausk- u AufklärgsPfl vgl § 242 Anm B vor a.

b) Die Pfl zur AuskErteilg u RechenschLegg ist im BGB nicht zushängd u nur unvollk geregelt. § 259 best lediglich die **Art u Weise** der **RechenschLegg**, setzt also das Bestehen einer entspr Pfl voraus. § 260 betrifft die AuskFälle, in denen der Schu ein **Bestandsverzeichnis** vorzulegen h. Grdlage für die Pfl zur Ausk u RechenschLegg sind neben ausdr gesetzl Vorschr (insb §§ 666, 675, 681, 687 II) von der Rspr herausgebildete RGrds, die inzw wohl zu GewohnhR erstarkt sind, vgl Anm 2d u 3b.

2) Auskunftspflicht. Voraussetzgen. Eine allg AuskPfl ist dem BGB unbekannt, RG **102**, 236, BGH NJW **57**, 669, **70**, 751. Pfl zur AuskErteilg besteht nur innerh rechtl Sonderverbindgen u setzt einen bes RGrd voraus, Ffm NJW **74**, 1569.

a) Grdlage für AuskPfl kann ein **Auskunftsvertrag** sein, der auch stillschw abgeschl w kann, vgl näher § 676 Anm 3–5. AuskAnspr kann sich ab 1. 1. 1978 auch aus BDSG 13, 26, 34 ergeben.

b) Bei vielen vertragl od gesetzl SchuldVerh besteht aGrd **ausdrückl gesetzl Vorschrift** als NebenPfl eine Pfl zur AuskErteilg, so zB §§ 402 (Zedent). 444 (Verkäufer), 1379 (ZugewGemsch), 1580, 1605, 1361 IV (UnterhBerecht u Verpflichteter), 1839, 1799 (Vormd), 2027 (ErbschBesitzer), 2057 (Miterben, für die aber keine allg ggs AuskPfl besteht, RG **81**, 31, str), 2127 (Vorerbe), 2314 (Erbe ggü PflichttBerecht). Bes Bedeutg haben die §§ 666, 675, 681, 687 II, 713, die bei Auftr, GeschBesVertr, GoA, unerl EigenGeschFg u für den geschführden Gesellschafter eine AuskPfl (u zugl eine Pfl zur RechenschLegg vgl Anm 3a) begründen).

c) Gem § 260 I ist auskpflicht, wer einen Inbegr von Ggständen herauszugeben h. **aa)** Eine Mehrh von Ggständen (Sachen od Rechten) bildet einen „**Inbegriff**", wenn sie von einem einheitl RVerh erfaßt w u der Berecht zur Bezeichnung der einzelnen Ggstände nicht in der Lage ist, RG **90**, 139. Sofern ein einheitl VerpflGrd besteht, sind daher Inbegriffe zB Nachl, Unternehmen, SonderVerm, Herde, Bibliothek, Kundsch (RG DR **42**, 465), Gesamth von Vermittlgsgebühren od VerkErlösen (RG LZ **31**, 372), Gesamth von Provisionen (vgl BGH **55**, 202), Gesamth von SchadErsAnspr (RG HRR **28**, 1726), nach BGH **41**, 321 auch Gesamth der Aufgaben des Architekten (zweifelh). **bb)** Gleichgültig ist, ob die HerausgPfl auf Vertr od Ges beruht. AuskPfl gem § 260 I kann zB bestehen bei Anspr aus § 812, RG **90**, 139; aus § 985, RG Gruch **47**, 910; bei SchadErsAnspr, RG HRR **28**, 1726. Häufig ist bei HerausgPfl wg eines Inbegr unabhäng von § 260 I Pfl zur AuskErteilg gegeben, zB aGrd von § 666 od § 2027 (ErbschBesitzer). Dann ist § 260 ledigl für Inh u Umfang der Ausk von Bedeutg, vgl Anm 4 a aa.

d) aa) Nach **Treu u Glauben** (§ 242) besteht AuskPfl, wenn die zw den Part bestehden RBeziehgen es mit sich bringen, daß der Berecht in entschuldb Weise über Bestehen od Umfang seines Rechts im Ungewissen ist u der Verpflichtete die zur Beseitigg der Ungewißh erforderl Ausk unschwer geben kann, RG **108**, 7, **158**, 379, BGH **10**, 387, **55**, 202, NJW **57**, 1062, **62**, 731, stRspr. Unter diesen Voraussetzgen sind zB auskberecht: ein VertrPartner ggü and wg der BemessgsGrdlagen seines Anspr, BGH **LM** § 242 (Be) Nr 5; Käufer, der Haus zum Herstellgspreis gekauft h, wg der entstandenen Kosten, BGH Betr **70**, 1533; der Eigtümer wg der vom Besitzer gezogenen Nutzgen, RG **137**, 211, BGH JR **54**, 460; der UnterhGläub wg der Höhe des Einkommens des UnterhPflichtigen, sofern er berecht Interesse dartut, LG Hbg NJW **71**, 2078, Lange MDR **65**, 95, unter den gleichen Voraussetzgen der UnterhPflichtige hins der Verh des Berecht, LG Düss FamRZ **76**, 216 (vgl jetzt §§ 1361 IV, 1580, 1605); der weichde Erbe gg den Hoferben wg der BemessgsGrdlagen seines AbfindgsAnspr, Oldbg NdsRpfl **72**, 88; der pflichtteilberecht Erbe ggü den vom Erbl Beschenkten, BGH **61**, 180 (§ 2314 unanwendb); der gem § 615 zahlgspflicht ArbG gg ArbN wg anrechneb Einkünfte, BAG NJW **74**, 1348 (wendet HGB 74c II entspr an); der SichgGeber (ggf SichgNehmer) wg des Verbleibs des SichgGuts, Brschw BB **56**, 903; der VorbehEigentümer wg des Verbleibs der gelieferten Ware, bei verlängertem EigtVorbeh auch wg Außenständen aus Weiterverkäufen, Köln NJW **57**, 1032. Dieser Anspr richtet sich im Konk gg KonkVerw, BGH **49**, 11 (krit Kuhn WPM **69**, 226). KonkVerw hat gg einen mögl AnfGegner zumindest dann keinen AuskAnspr, wenn er sich wg der notw Informationen an den GemSchu halten kann, BGH NJW **78**, 1002. Ebso hat Erbe keinen AuskAnspr gg einen angebl DarlNehmer des Erbl, BGH NJW **70**, 751. Bundespost muß Benutzer uU Namen des Beamten nennen, der diesen geschädigt h, BVerwG **10**, 275, NJW **75**, 1333. Ggf können auch VertrVerhandlgen AuskPfl begründen, BGH **LM** § 242 (Be) Nr 23. AuskPfl trifft den Schu des HptAnspr, dessen Vorbereitg die Ausk dient; der Urheber kann aber auch von dem Versteigerer od Kunsthändler Ausk verlangen, der ein dem FolgeR (UrhG 26) unterliegdes Gesch vermittelt hat, BGH **56**, 262. **bb)** Bes Bedeutg hat die aus § 242 hergeleitete AuskPfl bei **Schadensersatzansprüchen.** Innerh bestehder VertrBeziehg besteht AuskPfl unter den Voraussetzgen von aa bereits dann, wenn begründeter Verdacht für eine zum SchadErs verpflichtde Hdlg gegeben ist, BGH **LM** § 242 (Be) Nr 19, BAG BB **67**, 839, Betr **72**, 1831, LG Köln NJW **56**, 1112. Dagg müssen bei ges SchadErsPfl alle AnsprVoraussetzgen (auch Versch!) dargetan sein, jedoch genügt für SchadEntsteh Wahrscheinlichk, Celle GRUR **77**, 262. Schu muß die Ausk erteilen, die Gläub zur Berechg seines Schadens benötigt, BGH NJW **76**, 193 = JZ **76**, 318 mAv Stürner. Ausk über strafb Hdlgen Dritter kann Gläub nur fordern, soweit dies zur SchadensBerechg unerläßl, BGB aaO. Bsp: Verletzg von WettbewVerboten, BAG NJW **67**, 1879; WettbwVerstöße, BGH **LM** UWG 1 Nr 144, Pietzner GRUR **72**, 151 (aber kein AuskAnspr darü, ob Werbebehaupt richtig, BGH **LM** § 242 (D) Nr 66); von AlleinVerkR BGH NJW **57**, 1026; von KundenschutzAbk, BGH **LM** § 242 (Be) Nr 17; Abbau fremder Kohle, RG **110**, 16; Verbreitg von kreditschädigden Behauptgen, BGH NJW **62**, 731. Entspr AuskPfl bei BeseitiggsAnspr aGrd von § 1004, RG **158**, 379, Ffm NJW **71**, 245, BGH Betr **72**, 621. **cc)** Anspr auf **Einsicht in Unterlagen** kann aus § 242 nur hergeleitet w, wenn Ausk bei Abwägg der beiderseit Interessen zur Wahrg der berecht Belange nicht ausr, BGH Betr **71**, 1416. Vgl aber § 810.

3) Pflicht zur Rechenschaftslegg, Voraussetzgen: Eine allg Pfl zur RechenschLegg besteht nicht, erforderl ist bes RGrd, RG **102**, 236, BGH NJW **57**, 669.

a) Für eine Reihe von Fällen hat das G eine Pfl zur RechenschLegg **ausdrückl angeordnet.** So bei Auftr (§ 666), GeschBesVertr (§ 675), GoA (§ 681), unerl EigenGeschFg (§ 687 II), für geschführden Gesellschter (§ 713), Eltern (§ 1698), Vormd (§ 1890), Vorerbe (§ 2130 II), TestVollstr (§ 2218). Rähnl ist die Pfl zur Rechngslegg, die dem Vormd (uU auch den Eltern) ggü VormschG obliegt, §§ 1840, 1841, 1667 II. SonderVorschr auch in WEG 28 III u IV, in § 5 der MaBV für Gewerbetreibde gem GewO 34c, ferner in HGB 87c für Abrechng über Provision des HandelsVertr (vgl dazu BGH **32**, 302, Celle NJW **62**, 1968).

b) aa) Diesen ausdr geregelten Fällen (insb §§ 687 II, 681, 666) ist iVm § 242 der Grds zu entnehmen, daß rechenschleggspflichtig jeder ist, der **fremde Angelegenheiten** besorgt od solche, die zugl fremde u eig sind, RG **73**, 288, **110**, 16, **164**, 350, BGH **10**, 385, NJW **59**, 1963 stRspr. Pfl zur RechenschLegg daher bei BauBetrVertr (auch wenn § 675 unanwendb), Locher NJW **68**, 2324 (nicht aber bei FestpreisVereinbg, Hamm NJW **69**, 1439), bei MietVertr hinsichtl der Heizkosten, LG Mannh NJW **69**, 1857, bei vertragl od Zwangslizenz, RG **127**, 243, bei partiarischer Beteiligg an Gewinn, KG OLG **19**, 390 (einschränkd RG **73**, 288), bei rechenschpflicht Verw aGrd eines nichtigen Vertr RG HRR **33**, 3; nicht dagg bei Pfl zur Herausg von Nutzgen an Eigtümer RG **137**, 212 (uU aber AuskPfl). **bb)** Auch **rechtsw Verhalten** kann Pfl zur RechenschLegg begründen (arg § 687 II). SchadErsPfl umfaßt zwar im allg keine Pfl zur RechenschLegg RG HRR **30**, 966, wohl aber dann, wenn duch die schädigde Hdlg obj ein Gesch des Geschädigten besorgt worden ist u dieser ein schutzwürd Interesse an RechenschLegg h. Demgem RechenschLegg bei Verletzg fremder UrheberR od gewerbl SchutzR, vgl § 687 Anm 2c, bei Verletzg eines vertragl AlleinVerkR, **92**, 203, bei verbotswidr abgestell Gesch eines HandelsVertr, BGH JW **28**, 2092, bei Vereitelg eines Vertr, bei dessen Erf Rechensch zu legen gewesen wäre, RG **89**, 103, BGH MDR **63**, 300, nicht aber bei irreführder Werbg, BGH **LM** § 242 (Be) Nr 35.

4) Inhalt u Erf a) der AuskPfl, b) der Pfl zur RechenschLegg.

a) Auskunft muß so weit gehen, wie zur Dchsetzg des Anspr des Gläub erforderl, RG **137**, 212; sie muß Gläub Nachprüfg ermöglichen, RG **127**, 244. Der nähere Inh ergibt sich jew aus dem Zweck der Ausk iVm § 242, BAG VersR **70**, 943, uU besteht Pfl, die für eine Wertermittlg erforderl Unterlagen vorzulegen, BGH **LM** § 260 Nr 1 Bl 2 R. IdR aber kein Anspr auf Vorlage von Belegen, vgl LAG Hamm Betr **74**, 973 (and bei Pfl zur RechenschLegg u nach § 1605 I S 2 bei AuskPfl im UnterhR). Der mit der Erteilg der Ausk verbundene ArbAufwand darf nicht in einem Mißverhältn zur Bedeutg der Ausk stehen, jedoch kann Gläub die erforderl Arb uU selbst übernehmen, BGH **70**, 91. **aa)** Bezieht sich AuskPfl auf Inbegr

Inhalt der Schuldverhältnisse. 1. Titel: Verpflichtung zur Leistung § 261 4–6

von Ggständen (vgl Anm 2 c) gilt für ihren Inh § 260 I. Danach hat Schu **Bestandsverzeichnis** vorzulegen. Dieses muß alle Aktiva, aber auch Passiva enthalten, BGH 33, 374. Es kann in einer Mehrh von Verzeichn bestehen, die zus die Ausk darstellen, BGH **LM** § 260 Nr 14. **Ergänzg** kann vom Gläub verlangen, wenn Schu inf Irrt einen Teil des Bestandes weggelassen h, RG 84, 44, BGH **LM** § 260 Nr 1. Im übr begründen materielle Mängel des Verzeichn keinen Anspr auf Ergänzg, sond auf Abgabe einer eidesstattl Vers, BGH **LM** ZPO 254 Nr 3 u 6, vgl Anm 6. bb) AuskPfl w auch **erfüllt**, wenn Bes eines herauszugebden Inbegr od Vorn auskpflicht Hdlg verneint w, uU genügt entspr mündl Erkl, BGH Betr 69, 1014. Keine Erf aber, wenn ohne diesbezgl Frage Tatbestd bestritten w, der AuskPfl begründen könnte, BGH NJW 59, 1219, WPM 71, 443.

b) Wesentl Inhalt der **Pflicht zur Rechenschaftslegg** ist die Mitteilg einer Rechng, RG 108, 7, dh einer geordneten ZusStellg der Einnahmen u Ausgaben, BGH **LM** ZPO 1042 Nr 4. Rechng muß in sich verständl u übersichtl sein. Belege sind, soweit solche üblicherw gegeben w, vorzulegen, beim Auftr sind sie herauszugeben, § 667. Verzögert sich Rechnslegg, muß Schu uU vorläuf Abrechng vorlegen, LG Stgt NJW 69, 2337. Keine Erf, wenn Berecht die Posten erst aus Büchern od Belegen zusuchen muß od wenn wicht Belege fehlen, RGZ 100, 150. Erf aber, wenn Schu Einnahmen u Ausgaben verneint, vgl oben a bb. Materielle Unvollständigk begründet keinen Anspr auf **Ergänzg**, sond gem § 259 II Anspr auf Abgabe der eidesstattl Vers, BGH **LM** ZPO § 254 Nr 3 u 6, vgl Anm 6. ErgänzgsAnspr aber, wenn Rechng aGrd gefälschter Unterlagen aufgestellt, RG HRR 33, 465 u in den oben a aa angeführten Fällen.

c) Anspr auf Ausk od Rechensch kann idR nur mit dem zGrde liegden R abgetreten w; RechenschAnspr des Gesellschters daher unabtretb, RG 95, 231, AuskAnspr des Miterben nur mit Erbanteil abtretb, Karlsr FamRZ 67, 692 u pfändb, RG LZ 16, 1473. Abtr des HauptAnspr erstreckt sich iZw auf Ausk- od RechenschAnspr. Anspr aktiv u passiv vererbl, jedoch uU Befreiung des Erben wg Unvermögens, § 275, RG HRR 33, 569. Für Pfl auf Ausk oder RechenschLegg gilt iZw der gleiche ErfOrt wie für die zGrde liegde HptPfl, Karlsr NJW 69, 1968, Düss NJW 74, 2185, vgl auch § 261 I S 2. Bei Rechngslegg ggü mehreren ist an sich § 432 anwendb, doch ist Schu uU Vervielfältiggg zuzumuten, RG DR 41, 2191; neben den AuskAnspr der PersMehrh kann bei einem berecht Interesse ein IndividualAnspr des einz Gläub treten, BayObLG Rpfleger 72, 262. Kann endgült Ausk (Rechensch) nicht innerh angem Fr erteilt w, besteht uU Pfl zur vorläuf Ausk (Rechensch), LG Stgt NJW 68, 2337. Ggü Anspr auf Ausk od RechenschLegg kein ZbR wg ErsAnspr des Schu, vgl § 273 Anm 5 c.

d) Anspr auf Ausk od RechenschLegg kann abbedungen w, Stgt NJW 69, 2338. **Verzicht** kann aber gg § 138 verstoßen; bei BaubetreuungsVertr ist Verzicht idR gem §§ 5, 8 MaBV unzul. EntggNahme von Leistgen des Pflichtigen enthält iZw keinen Verz auf Ausk (RechenschLegg), Mü HRR 41, 628. Gläub verliert Anspr auf Rechensch über Verletzergewinn nicht dadch, daß er zunächst Ausk zur Vorbereitg eines SchadErsAnspr verlangt hat, BGH NJW 73, 1837, 1839. Anspr **verjährt** in 30 Jahren, aber spätestens mit HauptAnspr, BGH 33, 379.

e) Klage auf Ausk od RechenschLegg kann gem ZPO 254 mit Klage auf Abgabe der eidesstattl Vers u Herausg verbunden w. Bei StufenKl Urt zunächst nur über Ausk od RechenschLegg, erst wenn sie erfolgt ist, auf Abgabe der eidesstattl Vers u schließl auf Herausg, BGH 10, 386, **LM** ZPO 254 Nr 3 u 7. Urt muß so konkret sein wie mögl bezeichnen, uU aber allg Fassg unvermeidl, BGH Betr 70, 1533; Urt auf Ausk, das SchadBerechng nach entgangener Lizenzgebühr ermöglicht, schließt AuskKl wg Herausg des Verletzergewinns nicht aus, BGH NJW 73, 1837. ZwVollstr bei Urt auf Ausk od RechenschLegg ZPO 888 (nichtvertretb Hdlg), KG NJW 72, 2093, ausnahmsw kann auch ZPO 887 (vertretb Hdlg) zutreffen, LAG Ffm Betr 71, 2220.

5) AuskPfl u Pfl zur RechenschLegg w dch § 242 **begrenzt**. Anspr entfällt od ist eingeschränkt, wenn Gefahr besteht, daß Berecht Ausk zu vertrfremden Zwecken, insb zum Wettbew, mißbraucht, RG 127, 245, BGH 10, 387, NJW 66, 1117, ebso wenn sonst Treu u Gl enttgstehen, RG 148, 281, BGH 14, 58. Ggf ist Ausk an zur Verschwiegenh verpflichtete Pers zu erteilen, BGH **LM** § 260 Nr 6, PatG 47 Nr 5. Anspr ist ausgeschl, wenn Gläub sich aus ihm zugängl Unterlagen selbst unterrichten kann, BGH **LM** § 242 (Be) Nr 25, WPM 71, 1196; ferner wenn feststeht, daß Gläub aGrd der Ausk od RechenschLegg keinesf etwas fordern könnte, RG HRR 33, 3, BAG **AP** HGB 87 c Nr 3, LG Düss BB 77, 1674. Dagg kann Schu sich nicht darauf berufen, daß er sich bei wahrheitsgem Ausk od RechenschLegg einer strafb Hdlg bezichtigen müßte, BGH 41, 318, auch Störg des ErinnersVerm befreit den Schu nicht, RG DR 41, 2335. Langes Zuwarten kann Verwirkg begründen, BGH 39, 92, trotzdem kann nachträgl Ausk verlangt w, wenn Bedenken gg Zuverlässigk erst später auftreten, BGH 39, 93.

6) Eidesstattliche Versicherg (§§ 259 II u III, 260 II u III, 261), sie ist aGrd des Ges vom 27. 6. 70 (Vorbem) an die Stelle des Offenbargseides getreten. **Materiellrechtl** Pfl, die auch durch mehrere eidesstattl Versichergen erfüllt w kann, BGH NJW 62, 245. Krit zur Neuregelg Habscheid NJW 70, 1669.

a) Voraussetzg: Begründeter Verdacht, daß die in der Rechng enthaltenen Angaben über die Einnahmen (§ 259 II) bzw das Bestandsverzeichn (§ 260 II) nicht mit der erforderl Sorgf erstellt worden sind. Maßgebd das GesVerhalten des Schu, BGH **LM** § 259 Nr 8. Nicht ausreichd, daß Schu Ausk vor Kl verweigert h, BGH NJW 66, 1117. Ein Grd zur Abgabe der eidesstattl Vers liegt auch nicht darin, daß das Verzeichn ohne Zuziehg von Zeugen aufgestellt worden ist od daß Schu Belege erst später vorgelegt h, KG JR 49, 410. Unschädl auch Weglass eines Teils des Bestandes inf entschuldb RIrrt, BGH **LM** § 260 Nr 1, BGH **LM** 1196. Unvollst, mehrf berichtige Angaben können Ann mangelnder Sorgf begründen BGH **LM** § 259 Nr 8, erst recht das Verschweigen von wesentl Tats, BGH 41, 322. – Eidesstattl Vers erstreckt bei RechenschLegg nur auf Vollständigk der **Einnahmen.** Grd: Unvollständigk der Ausgaben benachteiligt RechenschPflichtigen selbst. TestVollstr hat nach RG Gruch 58, 441 auch wg Ausg Pfl zur eidesstattl Vers. Bei Bestandsverzeichn (§ 260 I) bezieht sich Pfl zur eidesstattl Vers uU auf Passiva, BGH 33, 375.

b) Für Anspr auf eidesstattl Vers besteht **kein RSchutzinteresse,** wenn Gläub auf einfachere Weise umfassde Klarstellg erreichen kann, BGH 55, 206. Anspr auf eidesstattl Vers tritt daher uU hinter dem an sich gleichrang Anspr auf Bucheinsicht zurück, BGH aaO. Im HandelsvertreterR ist er ggü dem Anspr aus HGB 87c IV subsidiär, BGH **32**, 302. Vgl ferner §§ 259 III u 260 III. Pfl zur Abgabe der eidesstattl Vers w nicht dadch ausgeschl, daß Schu strafb Hdlg offenb muß, BGH **41**, 322.

c) Verfahren (§ 261). **aa)** Schu kann eidesstattl Vers **freiwillig** vor Ger der freiw Gerichtsbk abgeben, FGG 163, 79. Ger h nicht zu prüfen, ob Grd zur Ann einer unsorgfältigen Ausk (Rechng) besteht, KGJ **45**, 112. Gläub muß aber eidesstattl Vers dch Klage od in sonstiger Weise verlangt h, BayObLG **53**, 135. Eidesstattl Vers im FGG-Verfahren auch noch nach Urt mögl, Zust seit 1. 7. 70 RPfleger, vgl § 3 Nr 1 b RPflG idF des Ges vom 27. 6. 1970 (RGBl S 911). **bb)** W eidesstattl Vers verweigert, muß Gläub **Klage erheben**, die gem ZPO 254 mit Klage auf Ausk (RechenschLegg) u Leistg verbunden w kann, vgl Anm 4 e. **Vollstreckg** des Urt: ZPO 889. VollstrG ist AmtsG, zust seit 1. 7. 1970 RPfleger, vgl § 20 RPflG idF des Ges vom 27. 6. 1970 (BGBl S 911), jedoch ist die Anordng der Erzwinggshaft dem Ri vorbehalten, RPflG 4 II Nr 2. **cc) Formel** der eidesstattl Vers kann zur Verdeutlichg geändert w, § 261 II, Bsp: RG **125**, 260, BGH **33**, 375. Zust bei freiw eidesstattl Vers das Ger der freiw Gerichtsbk, andernf das Proz- od VollstrG. Änderg dch VollstrG uU auch dann zul, wenn Formel der eidesstattl Vers im Urt rechtskr festgelegt, Bambg NJW **69**, 1304/2244, str. **dd) Kosten** der eidesstattl Vers trägt gem § 261 III, wer diese verlangt. Gilt für Abn der eidesstattl Vers im FGG-Verf auch nach ZPO 889, nicht dagg für Kosten nach ZPO 889 II, 888. Auch ProzKosten, die dch Streit um Anspr auf Abgabe der eidesstattl Vers entstanden sind, fallen nicht unter § 261 III, Staud-Werner § 261 Anm 4.

262 Wahlschuld; Wahlrecht. Werden mehrere Leistungen in der Weise geschuldet, daß nur die eine oder die andere zu bewirken ist, so steht das Wahlrecht im Zweifel dem Schuldner zu.

Neueres Schrifttum: Ziegler AcP **171**, 193.

1) Wesen. Die **Wahlschuld** (Alternativobligation) ist wie die Gattgsschuld **eine** Schuld mit zunächst noch unbestimmter, aber bestimmb Leistg. Es werden von vornherein mehrere versch Leistgen geschuldet, von denen jedoch nur die eine od die andere zu leisten ist; Konkretisiergsmittel: die Wahl. Unterschiedl LeistgsGgst sind nicht unbedingt erforderl; eine Wahlschuld besteht auch dann, wenn sich die Leistgen nur dch ihre Modalitäten (Ort, Zeit) unterscheiden, RG **57**, 141, RGRK Rdn 2, aA RG **114**, 395, vgl aber Anm 3 e. – Bei Vereinbg, daß **Wahl durch Dritten** erfolgen soll, liegt keine Wahlschuld vor (so aber Ziegler aaO S 199), es sind vielm die §§ 317 ff anzuwenden (Enn-Lehmann § 8 III 3), str, aA Staud-Werner Vorbem 16 vor § 262 (bedingte Schuld).

2) Entstehg: durch Vertr, Vermächtn oder G. Beispiel für gesetzl Entstehg: § 179, RG **154**, 62. – Wahl zw Währgen kr Vertrages: RG **126**, 197, **136**, 129.

3) Die Wahlschuld hat das BGB überaus unzweckmäßig geregelt (vgl insb § 264). Sie ist prakt selten, häufiger sind beschr Gattgsschuld, insb beschr Gattgsschuld (§ 243), u Ersatzbefugn (vgl nachstehd c und d). Wenn in WillErklärgen von Wahl die Rede ist, ist oft Ersetzungsbefugn gemeint (Ausleggsfrage). – Unterscheide also von Wahlschuld:

a) die **beschränkte Gattgsschuld** (Vorratsschuld): bei dieser denken die Parteien nur an eine (gattgs- mäßig) bestimmte Leistg, oder zwar an mehrere Leistgen, aber sämtl gleicher Art. Bei der Wahlschuld stellen sie sich dagg mehrere verschiedenartige Leistgen vor. Wichtiger Unterschied insb § 243 I: bei der Gattgsschuld sind Sachen mittlerer Art zu leisten RG **57**, 141. Im Leben überwiegt die Gattgsschuld.

b) den Fall des **wahlweisen Nebeneinanderstehens** mehrerer **Fordergen** od Gestaltgsrechte in einem SchuldVerh (währd bei der Wahlschuld nur eine Fdg besteht) sog elektive Konkurrenz, so im Falle des § 281, ferner bei der Wahl zw SchadErs wg NichtErf u Rücktr §§ 325, 326, Düss NJW **72**, 1051, zw Wandlg u Minderg § 462, RG JW **11**, 592, zw WegnahmeR u BerAnspr, BGH **LM** § 946 Nr 6 zw Erf u VertrStrafe, Ziegler aaO S 205, zw Minderg u Nachbesserg, aA Köln OLGZ **68**, 257, 259. Die §§ 262 ff, insb § 263, gelten für diese Fälle nicht.

c) die **Ersetzungsbefugnis** (facultas alternativa) des **Gläubigers**: zunächst wird nur eine Leistg geschuldet, doch kann Gläub auch eine andere verlangen. Gesetzl Beispiele: § 249 S 2 (hM), §§ 340 I, 843 III, EheG 62 II. Der begriffliche u Ergebnis-Unterschied zur Wahlschuld des Gläub ist gering. Vgl hierzu Erler, Wahlschuld mit WahlR des Gläub usw, 1965.

d) die **Abfindgs-** (Lösgs-, Ersetzgs-)**Befugnis** (facultas alternativa) des **Schuldners**. Hier ist der Unter- schied von der Wahlschuld grdlegend: nicht die eine od andere, sondern nur die eine Leistg ist geschuldet: der Schu hat aber das Recht zu einer anderen Leistg als Ers der Erf (ohne Zust des Gläub). Gesetzl Bei- spiele (häufig): §§ 244 I (RG **101**, 313), 251 II, ferner RG **127**, 352. Auch vertragl Begründg ist nicht selten, sie ist idR anzunehmen, wenn KfzKäufer gebrauchtes Fahrzeug in Zahlg gibt, BGH **46**, 338, Dubischar JZ **69**, 175, krit Pfister MDR **68**, 361. Dch Klauseln in AGB können Ersetzgsbefugn zG des Verwenders nur begründet w, sow die Abw dem ud Teil zuzumuten ist, AGBG 10 Nr 4.

e) den Fall, daß für einen Anspr, insb SchadErsAnspr, mehrere **Berechnungsarten** bestehen. Da es sich nicht um mehrere Leistgen, sond um mehrere Berechnungsmöglichk einer Leistg handelt, sind §§ 262 ff unanwendb, BGH NJW **66**, 826, Stgt NJW **70**, 287 (Anspr aus BRAGO 26).

f) die Schuld des Verkäufers beim Bestimmgs-(Spezifikations-)Kauf, HGB 375: der Kauf ist Gattgskauf, der Käufer hat BestimmgsR hins Form, Maß usw; hierzu BGH NJW **60**, 674.

4) Wahlrecht: iZw beim **Schuldner**. § 262 ist Ausleggsregel u ergänzt ggf die Parteivereinbg.

263 Ausübung des Wahlrechts; Wirkung.
I Die Wahl erfolgt durch Erklärung gegenüber dem anderen Teile.
II Die gewählte Leistung gilt als die von Anfang an allein geschuldete.

1) Allgemeines. WahlR ist GestaltgsR. Ausübg durch einseitige empfangsbedürft unwiderrufl Erkl. Anfechtg wg Irrt usw mögl. Bindg schon durch Erkl, nicht erst dch Leistg. Erkl auch stillschw dch Klage, Angebot, Ann mögl. Bei Leistg in Unkenntnis des WahlR RückFdg nach §§ 812 ff (anders bei der facultas alternativa, § 262 Anm 3 c, d). Keine bedingte Wahlerklärg zul. § 263 enthält nachgiebiges Recht RG **136**, 130.
Auf Fälle der „facultas alternativa" (§ 262 Anm 3c, d) findet § 263 keine Anwendg; Konzentration tritt nicht schon dch Erkl, sond erst mit Leistg ein, MüKo/Keller Rdn 9, hM, aA offenb BGH NJW **70**, 992. Gleichwohl kann die Erkl bindd u unwiderrufl sein (Frage des Einzelfalls), RG **132**, 14, **136**, 130, RGRK Rdn 7.

2) Zu Abs 2: Beschränkg auf die eine Leistg mit Fiktion der Rückwirkg.

264 Verzug des Wahlberechtigten.
I Nimmt der wahlberechtigte Schuldner die Wahl nicht vor dem Beginne der Zwangsvollstreckung vor, so kann der Gläubiger die Zwangsvollstreckung nach seiner Wahl auf die eine oder auf die andere Leistung richten; der Schuldner kann sich jedoch, solange nicht der Gläubiger die gewählte Leistung ganz oder zum Teil empfangen hat, durch eine der übrigen Leistungen von seiner Verbindlichkeit befreien.
II Ist der wahlberechtigte Gläubiger im Verzuge, so kann der Schuldner ihn unter Bestimmung einer angemessenen Frist zur Vornahme der Wahl auffordern. Mit dem Ablaufe der Frist geht das Wahlrecht auf den Schuldner über, wenn nicht der Gläubiger rechtzeitig die Wahl vornimmt.

1) Allgemeines. Die Vorschr ist, insb für den Fall, daß der Schu wahlberecht ist, denkb unzweckmäß. Es besteht keine Pfl zur Wahl. Eine Klage auf Vorn der Wahl ist nicht mögl, Verzögerg der Wahl begründet keinen Leistgsverzug.

2) Zu I: Schwerfällige Regelg. Kein Übergang des WahlR auf Gläub. Vielmehr: Klage auf die „eine oder die andere Leistg", § 262. Urteil ebso: Vollstr nach Wahl des Gläub. Der Schu kann nach Beginn der Vollstr die Wahl nicht mehr dch Erkl ausüben, sond nur noch dch Leistg, RG **53**, 82. Beginn der Vollstr: Antr ans Gericht genügt noch nicht. Leistgsempfang noch nicht dch Sachpfändg, wohl aber, wenn GVz in den Besitz des gepfändeten Geldes kommt, ZPO 815.

3) Zu II: Eine Art des **Annahmeverzuges**. – Wörtl Angebot der geschuldeten Leistgen genügt, § 295 S 1; Fristsetzg ist unnötig, wenn Gläub ernsth u endgültig verweigert hat, RG **129**, 143, wie bei § 326.

265 Unmöglichkeit bei Wahlschuld.
Ist eine der Leistungen von Anfang an unmöglich oder wird sie später unmöglich, so beschränkt sich das Schuldverhältnis auf die übrigen Leistungen. Die Beschränkung tritt nicht ein, wenn die Leistung infolge eines Umstandes unmöglich wird, den der nicht wahlberechtigte Teil zu vertreten hat.

1) Allgemeines. Die Vorschr ist nachgieb Recht. Sie führt vielfach zu unbill Ergebnissen (Ziegler AcP **171**, 211) u trägt den mögl Interessenlagen nicht ausr Rechng. Stillschw Abbeddgg ist anzunehmen, wenn ihre Anwendg der VertrAbs widerstreiten würde, RG **90**, 395. Entspr Anwendg des § 265, wenn Versprechen der einen Leistg gesetzl verboten od wg Formmangels nichtig, falls die andere Leistg auch ohne die ungültige vereinb worden wäre, RG Gruch **48**, 973, dagg nicht, wenn Versprechen der einen (etwa als UmgehgsGesch) unsittl ist, da dann idR der ganze Vertr nichtig ist.

2) Unmöglichkeit. a) Anfängliche Unmöglichk **aller Leistgen** führt zur Nichtigk, § 306, ggf Ers des Vertrauensschadens, § 307 I; nur **einer Leistg** führt zur Beschränkg des Schuldverhältnisses auf die mögl Leistg, § 265, ggf auch hier Ers des Vertrauensschadens, § 307 II. § 265 S 1 ist ggü § 139 SonderVorschr; da es sich um nachgieb Recht handelt (Anm 1), kann aber im Einzelfall iW der Ausleg GesNichtigk anzunehmen sein.

b) nachträgliche Unmöglichk einer einzelnen Leistg:

aa) nach der Wahl: die Unmöglichk der nicht gewählten Leistg ist für das SchuldVerh unerhebl, die der gewählten bestimmen sich wg 263 S 2 nach den allg Bestimmgen (§§ 275 ff, 323 ff);

bb) vor der Wahl: Bei Eintritt der Unmöglichk einer Leistg dch Zufall od Versch des **Wahlberechtigten**: Sonderregel des § 265 Satz 1, also Beschränkg auf die übr Leistgen. Bei Unmöglichk einer Leistg dch Versch des Wahlgegners: keine Beschränkg, RG **120**, 129, daher bei Wahl der unmögl Leistg dch den wahlberechtigten Schuldner: Befreiung, § 275, uU GgAnspr des Schu nach § 324, bei Wahl dieser Leistg dch den wahlberechtigten Gläubiger: SchadErs nach § 280 od § 325.

3) § 265 ist bei einer **Ersetzgsbefugnis** des Schu § 262 Anm 3 d) entspr anwendb. Schu kann daher, wenn Unmöglichk nicht vom Gläub zu vertreten ist, aus Unmöglichk der ErsLeistg keine Rechte herleiten, RG **94**, 60.

266 Teilleistungen.
Der Schuldner ist zu Teilleistungen nicht berechtigt.

1) § 266 hat den **Zweck**, Belästiggen des Gläub dch mehrfache Leistgen zu verhindern (RG **79**, 361).

2) a) Der Begr **Teilleistg** w vom Ges nicht definiert. Die §§ 280 II, 320 II, 323 I 2, 325 I 2, 420, 427, 431, 432, die gleichf Probleme der Teilleistg regeln, sind für die Ausleg des § 266 unergieb. Eine einheitl Begr-Bildg ist nicht mögl, da jede Vorschr entspr ihrer Zweckbestimmg ausgelegt w muß (Coing SJZ **49**, 532). Teilleistg iS des § 266 ist jede unvollst Leistg (Erm-Sirp Rdn 1). Dabei sind die obj Gegebenh maßgebd, nicht die Auffassg des Schu. § 266 ist auch dann anwendb, wenn der Schu die obj unvollst Leistg subj für vollst hält (Schmidt DAR **68**, 144, aA Heinzelmann NJW **67**, 534). Von der TeilLeistg begriffl zu unterscheiden ist die Leistg eines aliud. Für die Abgrenzg kommt es darauf an, ob die erbrachte Leistg dch weitere Leistgen zu der geschuldeten GesLeistg ergänzt w könnte (Teilleistg) od nicht („AndersLeistg"). Die prakt Bedeutg der Unterscheidg ist jedoch gering, da Gläub in beiden Fällen ein AblehngsR hat. Das Verbot des § 266 gilt auch für die **Hinterlegg** u die Künd eines TeilBetr dch den Schu (RG **111**, 401).

b) Der Begr der **teilbaren Leistg** (vgl §§ 420, 427, 431, 432) stimmt mit dem der Teilleistg weder überein noch ist er aus ihm ableitb. Er ist aber deshalb für § 266 von Bedeutg, weil die ausnw bestehde Pfl zur Ann von Teilleistgen (Anm 4) grdsl nur bei teilb Fdgen in Betracht kommt. Teilb ist eine Leistg, wenn sie ohne Wertminderg u ohne Beeinträchtigg des LeistgsZwecks in Teilleistgen zerlegt w kann (Staud-Coing Rdn 1, RGRK § 420 Rdn 9). Das trifft idR zu bei Leistg von Geld od and vertretb Sachen (RG **67**, 261, **75**, 310), GattgsLeistgen, Lieferg von mehreren aGrd eines KaufVertr geschuldeten Sachen, Dienstleistgen (RG JW **11**, 756). Unteilb sind die Leistgen, deren Ggst nicht geteilt w kann, wie die Verpfl zur Herstellg eines Werkes (RG JW **11**, 756), zur tatsächl Übergabe (Herausgabe) einer best Sache (RG **89**, 207, **119**, 169, BGH **65**, 227, arg 432 I 2), zur Verschaffg des Eigt od eines Rechts (RGRK § 420 Rdn 11: TeilEigt ist ggü VollEigt nicht minus sond aliud, str), zur Naturherstellg gem § 249 S 1 (RG **67**, 275), zur Rück-Übertr einer GrdSch (BGH WPM **69**, 211), zur Gebrauchsgewähr an einer Mietsache (vgl BGH NJW **73**, 455), zur Unterlassg (Übbl 3 vor § 420). Auch bei einer im natürl Sinn teilb Leistg kann sich aus dem **Leistgszweck** u der Eigenart der auf den LeistgsGgst gerichteten Fdg die Unteilbark der Leistg (rechtl Unteilbark) ergeben (Übbl 1 c aa vor § 420).

3) Sind aus einem SchuldVerh **mehrere Forderngen** entstanden, so ist die Erf einer dieser Fdgen keine Teilleistg, sond vollst Erf. § 266 ist dementspr unanwendb bei Zahlg einer von mehreren rückständ Mietzinsraten (KG OLG **22**, 290). Das gilt ebso für Unterhalt, HypZinsen, Beiträge u Renten. Anspr auf VerspätgsSchaden u VertrStrafe sind nicht Teil der HauptFdg, sond auf einem zusätzl RGrd beruhde NebenFdg (Staud-Werner Rdn 2, str). § 266 daher unanwendb, wenn Schu allein die HauptFdg (NebenFdg) bezahlt. Das gilt ebso für das Verh von HauptFdg zu Zinsen u Kosten, jedoch ist Leistg gem § 367 zunächst auf Zinsen u Kosten anzurechnen. Schuldet der Schu neben einer noch mögl Teilleistg SchadErs wg des unmögl gewordenen Teils, handelt es sich gleichf um zwei Anspr (Staud-Werner aaO, str).

4) Ausnahmsweise ist **Teilleistg zulässig**:

a) Zulässigk kann sich aus einer **Parteivereinbarg** ergeben, die uU auch stillschw zustande kommen kann. Beim SukzessivlieferungsVertr ist VertrAbwicklg dch Teilleistg VertrInhalt. § 266 gilt bei ihm für die jeweilige Teilleistg.

b) Aufrechng: Es darf mit einer geringeren gg eine größere Fdg aufgerechnet w (allgM). Die §§ 387 ff wären sonst weitgehd leerlaufd, da gleich hohe Fdgen sich selten aufrechenb ggüstehen. Zul auch Aufr mit einem Teil der GgFdg (RG **79**, 360, hM, aA 36. Aufl); TeilAufr kann aber gem § 242 unzul sein, wenn sie eine für den Gläub unzumutb Belästigg darstellt.

c) Der **Wechsel- u Scheckinhaber** muß Teilzahlgen annehmen (WG 39 II, ScheckG 34 II). Eine Pfl zur Ann von Teilzahlgen besteht auch in der Zwangsvollstreckg (arg ZPO 757) u im KonkVerteilgsVerf (KO 149). Im **Enteignungsverfahren** darf Eigtümer die behördl festgesetzte Entschädigg auch dann nicht zurückweisen, wenn sie zu niedr ist (BGB **44**, 59, NJW **67**, 2011).

d) Eine weitere Einschränkg des § 266 ergibt sich aus dem Grds von **Treu u Glauben** (§ 242). Der Gläub darf Teilleistgen nicht ablehnen, wenn ihm die Ann bei verständ Würdigg der Lage des Schu u seiner eig schutzwürd Interessen zuzumuten ist (BGH VersR **54**, 298, **LM** Nr 2). Die Frage hat insb für Teilleistgen von HaftPflVersicherern bei bestr AnsprHöhe prakt Bedeutg (für Zulässigk der Teilleistg in derart Fällen Ruhkopf VersR **60**, 13, Schmidt DAR **68**, 143; einschränkd Rother NJW **65**, 1749, Roidl NJW **68**, 1865). Ihre Entscheidg erfordert in jedem Einzelfall eine sorgf Abwägg der beiderseit Interessen (Baumgärtel VersR **70**, 971). AnnPfl des Gläub ist zu bejahen, wenn Schu in vertretb Würdigg der Umst der Ans sein durfte, er leiste als, was er schulde (Düss NJW **65**, 1763, Hamm VersR **67**, 383). Ann ist dem Gläub idR auch dann zuzumuten, wenn nur ein geringfüg SpitzenBetr fehlt (RG SeuffA **77**, 22, Staud-Coing Rdn 5). Entspr gilt, wenn Schu nach seiner finanziellen Lage zur vollst Leistg außerstande ist od wenn Schu sich zur zusätzl Zahlg bereit erklärt, sofern ein weitergehder Anspr bewiesen w (Nürnb VersR **65**, 1185). Dagg ist die Ann von Teilleistgen unzumutb, wenn sie als Verz auf die MehrFdg gedeutet w könnten (Düss VersR **66**, 1055, vgl auch KG VersR **71**, 966, Stgt VersR **72**, 448) od wenn sich ein leistgsfähiger Schu eine offensichtl nicht ausr Leistg anbietet.

5) Der Gläub kann die Teilleistg ablehnen, er muß es nicht. Für den Schu treten iF der Ablehng die **NichtErfFolgen** (§§ 286, 320, 326) hins der GesLeistg ein. Nimmt der Gläub die Teilleistg widerspruchslos an, obwohl Schu sie als vollst bezeichnet, gilt § 363. Die **Zuvielleistg** hat das Ges nicht geregelt (s Reichelt AcP **130**, 176). Gläub kann bei Unteilbark ablehnen. Bei Teilbark muß er das Geschuldete annehmen, sofern dch Trenng keine unzumutb Aufwendgen entstehen u Schu zur Rückn der Mehrleistg bereit.

6) § 266 gilt nicht **für den Gläub**. Dieser kann Teilleistgen fordern u einklagen, es sei denn, daß ausnw § 242 entggsteht. Zul daher auch TeilKl auf Übereign eines GrdstTeils (BGH WPM **78**, 193). Bei Teilklagen kann Gläub den aufrechnden Bekl nicht auf den nicht eingeklagten FdgsTeil verweisen (§ 389 Anm 3). Das gilt entspr bei TeilErf (BGH WPM **66**, 160). Bei TeilErf vor Klagerhebg kann Gläub aber den verbleibden Rest (ganz od teilw) geltd machen u dadch Anrechng auf den nicht eingeklagten FdgsTeil herbeiführen (BGH aaO).

Inhalt der Schuldverhältnisse. 1. Titel: Verpflichtung zur Leistung §§ 266–268

7) Das **Gericht** kann grdsl keine Teilzahlgen bewilligen. Ausn: § 1615i (rückständ Unterh), § 1382 (ZugewinnAusgl), §§ 1934b u 2331a (ErbErs- u PflTAnspr), vgl ferner RGGrZS **161**, 58 (RückzahlgsAnspr des Wucherers). Im VollstrVerf können gem ZPO 813a ZahlgsFr bewilligt w. Das VertragshilfeG ist auch insow dch Zeitablauf überholt (vgl § 242 Anm 7).

267 *Leistung durch Dritte.* I Hat der Schuldner nicht in Person zu leisten, so kann auch ein Dritter die Leistung bewirken. Die Einwilligung des Schuldners ist nicht erforderlich.

II Der Gläubiger kann die Leistung ablehnen, wenn der Schuldner widerspricht.

1) Voraussetzgen. Leistg dch einen Dritten kommt nicht in Frage, wenn der Schu in Pers zu leisten hat. Im allg besteht aber im SchuldR als GüterverkehrsR nicht die Notwendigk persönlicher Leistg des Schuldners. Doch kann § 242 dem Gläub WiderspR gg die Leistg eines bestimmten Dritten gewähren, vgl für den umgekehrten Fall § 399 Anm 5. Kraft Gesetzes haben in Zweifelsfällen in Pers zu leisten der Dienstverpflichtete § 613, der Beauftragte § 664, der geschäftsführende Gesellschafter § 713, der Verwahrer § 691 (in den ersten drei Fällen auch keine Übertragbark des Anspruchs auf die Leistg). In diesen Fällen auch keine Leistg dch gesetzl Vertreter (zB bei Dienstleistg Minderjähriger), dagg Heranziehg von Hilfspersonen (§ 278) dch Schu mögl. Auch sonst kann die Natur des Schuldverhältnisses eine Leistgsbewirkg dch Dritte ausschließen.

2) Der Anspr des Gläub erlischt nur, wenn Dr mit dem **Willen** leistet, **Verpflichtg des Schuldners zu tilgen,** BGH **46**, 325, **43**, 11, v Caemmerer Festschr für Dölle 1963 I S 141, wobei es nicht auf den inneren Willen des Dr, sond darauf ankommt, wie Gläub sein Verhalten verstehen durfte, BGH **40**, 276, NJW **74**, 1132, str. Bei Fehlen einer solchen TilggsBest (zB bei Leistgen eines PutativSchu) w Schu nicht frei; Dr (PutativSchu) h daher keinen BerAnspr gg Schu (unten Anm 5), sond muß sich an Gläub halten, BVerwG **48**, 248, soweit nicht gesetzl FdgÜberg (etwa gem § 1615b dort Anm 1) stattfindet, vgl aber Sinn NJW **68**, 1861. Dritter hat jedoch in den Grenzen des § 242 die Befugn, die TilggsBest nachzuholen (Folge: BerAnspr gg Schu), BGH NJW **64**, 1898, LAG Düss Betr **78**, 1136, v Caemmerer aaO S 147, str, Mögl auch eine sog doppelte TilggsBest, wonach die Verpfl des Schu u zugl eine eig Verpfl erfüllt w soll, BGH **70**, 397. – **Dritter** iS des § 267 ist **nicht,** wer im Namen des Schu od als seine HilfsPers, § 278, od in Erf eigener, Verbindlichk ggü dem Gläub handelt, so der GesSchu § 421, der Bürge § 774 (BGH **42**, 56), der Versicherer, der aGrd eines TeilsAbk leistet, BGH NJW **70**, 134, der aGrd eines Pfändgs- u ÜberweisgsBeschl leistde DrittSchu, LG Brem NJW **71**, 1366, die einen Wechsel einlösde Bank, BGH **67**, 79, der Wechselregreßpflichtige (doch kann dieser auch zwecks Tilgg der Haupt[Wechsel-]schuld zahlen, vgl RG **120**, 208). Über die Erf- u Regreßproblematik bei Versorggs- oder Rentenzahlgen an Ehefrau und Kind eines verschollenen Toten vgl die Nachw in § 683 Anm 4 u BVerfG **18**, 436. Anwendg des § 267 auf GrdSchuld vgl Saarbr OLGZ **67**, 104, BGH NJW **69**, 2238, WPM **70**, 1517.

3) Der Dritte kann **nur** die **Leistung** bewirken RG **65**, 162, dagg **keine Ersatzleistg,** wie Leistg an Erf Statt, Hinterlegg, hM (aA KG JW **28**, 2563), od Aufrechng mit eig Fdg gg die des Gläubigers an den Schu (schon nicht wg § 387, da Ggseitigk fehlt) RG **119**, 4; also kein Zwang zum Clearing. Anders, wenn gesetzl (zB § 268) od vertragl bestimmt. – § 267 gilt nicht für einen von Dritten mit dem Gläub geschlossenen Vergleich; über dessen ggf auch unmittelb Wirkg für Schu (§ 328) vgl RG **127**, 128 u dazu Einf 5b vor § 328. Der Dritte kann auch nicht an andere, etwa den Gläub des Gläubigers, leisten, falls nicht § 362 II vorliegt.

4) Folge der Leistg des Dritten: Tilgg, § 362, auch wenn Schu widerspricht (I). Lehnt Gläub Ann ab: AnnVerzug (§ 293), falls nicht Schu widersprochen hat (II).

5) Der **Rückgriff des Dritten** regelt sich nach seinem RVerh zum Schu; kein Fordergsübergang kr Gesetzes auf den Dritten wie in § 268. Falls zw ihnen kein od ein nichtiges RVerh besteht, hat der Dritte einen BerAnspr gg den Schu, der nicht dch § 814 ausgeschl w, BGH Betr **75**, 2432; zur Verj dieses Anspr vgl § 195 Anm 2. Bestand dagg die Schuld nicht, dann RückfdgsR des Dritten gg den Gläub, falls § 814 nicht hindert, Lorenz JuS **68**, 445, str, vgl näher § 812 Anm 5 B b dd u ee. Rückgr gg den Gläub ferner, wenn Dritter (zB PutativSchu) nicht den Willen hatte, die Verpfl des Schu zu tilgen, vgl Anm 2.

6) Der Dritte kann eine dem Schu vom Gläub unter **Eigentumsvorbehalt** verkaufte u gelieferte Sache nach ZPO 808 pfänden u die Restschuld an Gläub zahlen, dadch unbedingtes Eigt des Schu erzielen u das WidersprR des Gläubigers nach ZPO 771 damit beseitigen; der Widerspr des Schu aGrd des § 267 II gg die Zahlg des Dritten an den Gläub ist unwirks, wenn der Dritte außerdem das EigtAnwartschR des Schu nach ZPO 857 gepfändet hat, Ablehng des Gläub wäre wg § 162 ohne Wirkg, StJSchP ZPO 857 II, 9, vgl BGH NJW **65**, 1476. Das gilt entspr bei Anwartsch aus auflösd bedingter SichgsÜbereign, Derleder BB **69**, 727.

268 *Ablösungsrecht des Dritten.* I Betreibt der Gläubiger die Zwangsvollstreckung in einen dem Schuldner gehörenden Gegenstand, so ist jeder, der Gefahr läuft, durch die Zwangsvollstreckung ein Recht an dem Gegenstande zu verlieren, berechtigt, den Gläubiger zu befriedigen. Das gleiche Recht steht dem Besitzer einer Sache zu, wenn er Gefahr läuft, durch die Zwangsvollstreckung den Besitz zu verlieren.

II Die Befriedigung kann auch durch Hinterlegung oder durch Aufrechnung erfolgen.

III Soweit der Dritte den Gläubiger befriedigt, geht die Forderung auf ihn über. Der Übergang kann nicht zum Nachteile des Gläubigers geltend gemacht werden.

1) Voraussetzgen. Betreiben der ZwVollstr, RG **146**, 322, in einen dem **Schuldner** gehörigen „Gegenstand". Ferner: dingl Recht an dem Ggstand **(I 1)** od Besitz **(I 2)**. Das Recht muß grdsätzl ein dingliches sein RG **167**, 299, ZwangsHyp genügt, LG Verden Rpfleger **73**, 296, ebenf Vormkg, Kiel HRR **34**. 1663. Besitz ist insb von Bedeutg für Mieter u Pächter von Grdstücken, ZVG 57, 57a, 57b. Ferner wird vorausgesetzt Verlustgefahr dch Vollstr und, daß Ablösg deren Abwendg dient, RG **146**, 323. – Gehört der Ggst nicht dem Schu, so kann der gefährdete Dritte nicht nach § 268, sond nach ZPO 771 vorgehen; ggf kann er für Schu nach § 267 leisten (vgl § 267 Anm 6). – § 268 setzt ZwVollstr wg GeldFdgen, nicht wg dingl Rechte, voraus. – Anwendungsfälle des § 268 sind die §§ 1142, 1143, 1150, 1223 II, 1224 mit der Erweiterg, daß sie auch schon vor der ZwVollstr gelten. Kein AblösgsR nach §§ 1150, 268 mehr nach Zuschlag im VerteilgsVerf, da dann keine Möglichk mehr besteht, dem Dritten den HaftGgst dadch zu erhalten, RG **150**, 60. – Der Dritte übt eig Recht aus, er tritt nicht nur wie im Falle des § 267 als Dritter für den Schu ein, RG **150**, 60.

2) Bewirkg der Befriedigg: auch durch Hinterlegg od Aufrechng, II; Widerspr des Schu unerhebl. Die Voraussetzgen der Hinterlegg (§§ 372 ff) müssen gegeben sein, zB AnnVerzug des Gläubigers; bei der Aufrechng die Voraussetzgen der §§ 387 ff, abgesehen von der Ggseitigk der Fdgen.

3) Folge: hier nicht Erlöschen, wie in § 267, sond gesetzl Übergang der Fdg, § 412, nebst Nebenrechten, § 401, auf den Dritten **(III 1)**. Auch öff-rechtl Fdgen gehen über RG **146**, 319, BGH NJW **56**, 1197.

4) Gläub darf keinen Nachteil haben **(III 2)** RG JW **35**, 2559, Herpers AcP **166**, 454. Bei Teilbefriedigg hat daher die RestHyp des Gläub den dingl Vorrang vor der Hyp des Dritten RG **131**, 325 (gg RG **82**, 135), das gilt entspr für PfandR Celle NJW **68**, 1140 mit Anm Bronsch, 1936. ZG anderer Fdgen gg den Schu gilt III 2 für den Gläub höchstens dann, wenn diese mit der abgelösten Fdg rechtl zushängen, Warn **14** Nr 275, so auch RG **136**, 43 für den gleichliegden Fall des § 774 I 2. RG **82**, 136 geht für andere als HypFdgen darüber hinaus. – Bei dem Übergang der GebührenFdg des Rechtsanwalts gg die arme Partei auf die den Anwalt befriedigde Staatskasse gilt nach BRAGebO 130 dasselbe wie nach III 2.

269 *Leistungsort.* I Ist ein Ort für die Leistung weder bestimmt noch aus den Umständen, insbesondere aus der Natur des Schuldverhältnisses, zu entnehmen, so hat die Leistung an dem Orte zu erfolgen, an welchem der Schuldner zur Zeit der Entstehung des Schuldverhältnisses seinen Wohnsitz hatte.
II Ist die Verbindlichkeit im Gewerbebetriebe des Schuldners entstanden, so tritt, wenn der Schuldner seine gewerbliche Niederlassung an einem anderen Orte hatte, der Ort der Niederlassung an die Stelle des Wohnsitzes.
III Aus dem Umstand allein, daß der Schuldner die Kosten der Versendung übernommen hat, ist nicht zu entnehmen, daß der Ort, nach welchem die Versendung zu erfolgen hat, der Leistungsort sein soll.

1) Unmittelbare Bedeutg der Vorschr: sie legt den Ort fest, an dem der Schu die Leistg**shandlung** vorzunehmen hat; man bezeichnet ihn am besten als Leistgsort, nicht, wie vielf übl, als ErfüllgsOrt, weil man darunter auch den Ort des Eintritts des Leistgs**erfolges** verstehen könnte. Näheres Anm 3 ff.

2) Mittelbare Bedeutg hat § 269 außerdem:

a) für das **internationale PrivatR** und zwar dort für die Bestimmg der **Rechtsordng**, der ein **Schuldverhältnis** unterworfen ist, vgl Vorbem 2 vor EG 12.

b) für die Beantwortg der Frage, welche **Verkehrssitten** notf anzuwenden sind, welche **Auslegungsgrundsätze** zu gelten haben und welches **örtliche Interesse** bei der Fdg von **Schadensersatz** wg NichtErf zu gelten hat, RG **55**, 425. Alles das bestimmt sich nach der auf dem Wege a) gefundenen Rechtsordng.

c) für den **Gerichtsstand** des ZPO 29: für Klagen auf VertrErf, SchadErs wg NichtErf, Feststellg des Bestehens eines Vertrages usw ist das Gericht des Ortes zust, wo die streitige Verpflichtg zu erfüllen ist. Welcher das ist, bestimmt sich nach § 269. Vereinbgen über den ErfOrt begründen aber seit dem 1. 4. 1974 nicht mehr den GerStand des ZPO 29, vgl dazu Merz WPM **75**, 114, Brehm/Preusche NJW **75**, 26; etwas and gilt nur dann, wenn die Part Vollkaufleute, jur Pers des öffR od öffr SonderVerm sind, vgl ZPO 29 II nF.

3) Der Ort der Leistgs**handlung**, den § 269 nur regelt, braucht sich nicht mit dem des Leistgs**erfolges** zu decken, dh dem Ort, wo das SchuldVerh endgültig sein Erf findet. Bei sog **Bring**schulden (Leistg am Wohns des Gläub) decken sich beide Orte; auch bei sog **Hol**schulden (Schu hat an seinem Wohns bereitzustellen, Gläub hat dort abzuholen) decken sich beide Leistgsorte (Wohns des Schu); nach § 269 I sind Schulden regelm Holschulden. Anders sog **Schick**schulden. Hier ist Leistgsort der Wohns des Schuldners, jedoch ist Schu zur Vornahme der Absendg an einen anderen Ort, den sog **Bestimmungs**- (od Abliefergs-) ort verpflichtet, vgl § 447. Schickschulden sind iZw die Geldschulden, vgl § 270 I, IV, RG **101**, 143, **103**, 261, vgl auch § 269 III. Über AnnVerzug bei Schickschulden vgl § 294 Anm 2b.

§ 269 bestimmt an sich nur den Leistgsort als polit Ortsbegriff. Er ist aber auf die **Leistgsstelle** (zB Wohnung) innerh des Ortes entspr anzuwenden, gilt also auch für Platzgeschäfte, vgl RG **78**, 141. Auf UnterlPfl ist er ebenf anwendb, gleichgült ob diese ausdr vereinb od sich aus dem VertrZweck ergeben, BGH NJW **74**, 410/1045 (Anm Geimer); h Schu überall zu unterlassen, so ist er nach ZPO 29 iVm § 269 am Wohns zu verklagen, nicht kann er beliebigen Orts verklagt werden; vgl aber auch ZPO 32.

4) Wo der Leistungsort ist, unterliegt nach I in erster Linie der **Bestimmg der Parteien**. Sie kann ausdr od **stillschweigd** geschehen, ist aber seit der GerStandsNovelle, abgesehen vom kaufm Verk, für den GerStand gem ZPO 29 wirkgslos, vgl Anm 2c. Läuft Bestimmg den tatsächl Verhältn zuwider, ist sie für die Leistg ohne Wirkg, RG **41**, 360, für den GerStand ist derart Bestimmg nur noch unter den Voraussetzgen des ZPO 29 II nF von Bedeutg. Die Abrede „zahlbar in" ist keine Leistgsortsbestimmg, sond regelt nur die Art der Zahlg, Hbg JW **38**, 1891, dagg ist Bestimmg einer Akkreditivbank idR Leistgsortbestimmg, Düss WPM **71**, 171, str. Einseitige Erklärgen nach Abschl, insb auf Rechngen („Erfüllungsort X") genügen nicht, RG **57**, 411, stRspr; and uU bei ständ GeschVerbindg zw Kaufleuten, vgl AGBG 2 Anm 6a. Dagg genügt die einseit Erkl in einem Bestätiggsschreiben, falls Empf schweigt, vgl § 148 Anm 2, ebso der Vermerk in Schlußnoten des Makler. Erfüllen beide Teile tatsächl am selben Ort, wobei Scheckhingabe uU genügt, so ist daraus auf die stillschw Vereinbg dieses Orts als Leistgsort zu schließen, RG **102**, 283; dasselbe gilt für den Fall langdauernder gleichbleibender Übg (vgl LAG Mannh **AP** Nr 2). – Nachträgl vertragl **Änderg** ist selbstverständlich mögl RG **106**, 211, nicht aber einseitige. Sitzverlegg einer Vertragsgesellsch ändert Leistgsort für AuseinandersetzgsAnspr nicht ohne weiteres Kblz MDR **50**, 45 mit Kritik Blomeyer. – Bei Unmöglich od Unzumutbark der Erf am vereinbarten ErfOrt (zB er liegt nicht mehr im deutschem Gebiet), tritt an seine Stelle ein anderer angemessener ErfOrt, RG **107**, 122, OGH **1**, 367, BGH BB **65**, 844, so Stelle früheren Wohnsitzes des Schu sein jetziger (auch ausländischer!) Celle NJW **53**, 1831; auch bei sonstiger völliger Änderg der Verhältnisse ändert sich der Leistgsort Düss DRZ **48**, 307. – Bei gegenseitigen Verträgen liegt es nahe, daß die Parteien, wenn überh, einen gemeinschaftl inländ ErfOrt haben vereinbaren wollen, insb bei Auslandsberührg des Schuldverhältnisses, Warn **22** Nr 60, vgl auch oben 2a und unten Anm 5 Abs 2.

5) Bei fehlender Parteibestimmg (Anm 4) entscheiden die **Umstände,** insb die **Natur** des Schuldverhältnisses (falls diese nicht schon zur Ann stillschweigender Abrede, Anm 4, geführt haben), zB Zahlg von Gasthausrechngen, Werkleistg an Gebäuden, uU genügt die Tats, daß die zu überlassende Sache sich an einem dritten Ort befindet. Für Lohnzahlg aus ArbVertr ist ArbStätte Leistgsort, wenn sie auch Betriebssitz ist, LAG Ffm **AP 52**, 170. Zu den wesentl Umst gehört die **Verkehrssitte** (auch Handelsbrauch). Kleinverkäufe des Alltagsverkehrs sind zT kraft VerkSitte Bringschulden (zB Kohlenlieferg für Haushalt), Leistgsort dann Wohng des Käufers; bei Ladenkäufen ist im allg der Ort des Ladens für beide Parteien Leistgsort OLG **41**, 244, Warenschulden im Handelsverkehr sind dagg zumeist Schickschulden, Leistgsort Wohns des Schu, jedoch AbsendgsOrt des Schu, vgl § 447. Für Arzthonorar ist Leistgsort nur uU (Badeort) der Wohns des Arztes, Karlsr BadRPrax **11**, 150. Bei reinen GefälligkVertr ist Leistgsort der jeweilige AufenthOrt des Schu. Für die SchadErsPfl aus unerl Hdlgen folgt der Leistgsort aus der HerstellgsPfl des § 249; meist, nicht immer, ist es also der Schädiggsort (stets ist dieser gerichtsstandsbegründend, ZPO 32, und entscheidet über das anzuwendende Recht, Art 12 EG). – **Nebenpflichten** sind im Zweifel am Ort der Hauptverpflichtg zu erfüllen, RG **70**, 199, so zB Rechensch- u AuskPfl, Karlsr NJW **69**, 1968, Düss NJW **74**, 2185. BürgschSchulden haben dagg ihren selbstd Leistgsort RG **137**, 11, stRspr.

Der Leistgsort für die Verpflichtg beider Teile bei **ggs Verträgen** ist nicht notw ein einheitlicher, vielm für die Verpflichtgen jedes Teils gesondert zu bestimmen, falls nicht ein anderer VertrWille erkennb ist, vgl RG **140**, 69, Warn **12** Nr 99. Einheitl Leistgsort ist anzunehmen bei ArbVerh (dessen Mittelpkt), LAG Brem AP **51**, 273; AnwVertr (berufl Wohns des RA), Celle OLGZ **67**, 309, Stgt AnwBl **76**, 439, LG Hbg NJW **76**, 199; idR auch bei sonst DienstVertr (Ort, wo Dienste zu erbringen sind), Düss Betr **72**, 1064 (and aber beim HandelsVertrVertrag, Düss NJW **74**, 2185); KfzReparatur (Ort der Werkstatt), LG Brem NJW **65**, 203, Düss MDR **76**, 496; ArchitektenVertr (Ort des BauWK), Stgt BauR **77**, 72, str, aA Nürnb BauR **77**, 70; dagg h Mieter den Mietzins nicht stets am Ort des MietGrdst zu zahlen, RG **140**, 69, bei FerienWo aber einheitl Leistgsort, LG Flensbg SchlHA **67**, 267. Gemeins Leistgsort bei Wandlg u zwar der Ort, wo sich die Sache vertragsgemäß befindet, RG **55**, 112, **57**, 12; ebso nimmt RG **96**, 347 für die Ansprüche aus Bereicherg bei VertrNichtigk einen gemeins Leistgsort. Als Leistgsort für den MindergsAnspr auf Teilrückzahlg nimmt RG Gruch **47**, 1150 den Wohns des Verkäufers bei VertrSchluß an (anders RG **66**, 76), ebso für die Rückgewähransprüche aus VertrAnfechtg, RG **49**, 421. Darüber, daß für SchadErsAnspr wg NichtErf der Ort der verabsäumten Leistg maßg ist, vgl oben Anm 2b.

6) Versagen Parteibestimmg und Umstände (die BewLast für ihr Vorliegen hat, wer sich darauf beruft, § 269 I ist ergänzender Rechtssatz, vgl § 271 Anm 1), so ist Leistgsort der **Wohnsitz** (§ 7) des Schuldners bei **Entstehg (I),** für Gewerbeschulden des gewerblichen Niederlassung **(II).** Bei WohnsMangel muß AufenthOrt maßg sein. Bei WohnsMehrh: Schuldnerwahl, § 262. Nachträgl WohnsWechsel ändert den ErfOrt grdsl nicht, BGH **36**, 13, LG Bln WPM **77**, 327. Etwas and gilt nur dann, wenn Erf am r Wohns unmögl od unzumutb, vgl Anm 4; bei Vertreibg aus der Heimat ist wohl neuer Wohns der „angemessene" ErfOrt, vgl Anm 4. Über sonstige Sitzverlegg (einer OHG) vgl Kblz MDR **50**, 45. – Bei bedingten od befristeten Geschäften entsch die AbschlZeit, vgl RG **69**, 11. Über Wohng als Leistgsstelle oben Anm 3 Abs 2. Schulden sind also nach § 269 regelm Holschulden, nicht Bringschulden.

7) § 269 gilt nicht, wo das **Gesetz anderen** Leistgsort ausdr bestimmt. So § 261 für die eidesstattl Vers; § 604 für RückgPfl des Entleihers (Bringschuld, Köln BB **72**, 1526); §§ 697, 700 bei Verwahrg, auch der unregelm: Rückg am Verwahrgsort; § 811 Vorlegg von Sachen; VVG 36 Leistgsort für Prämie der jeweilige Wohns des VersichgNehmers, jedoch AbsendgsPfl; ScheckG 1 Z 4, 2 II, III, 8, 28, 29, WG 1 Z 5, 2 III, 38, 75 Z 4, 76 III, 77 für die Zahlg des Bezogenen u des Ausstellers des eig Wechsels, dagg ist für die Zahlg des Regreßpflichtigen u für den wechselrechtl BereichergsAnspr gg Aussteller (WG 89, ScheckG 58) § 269 maßg, also der Ort des Wohnsitzes od der Niederlassg der Leistgsort, RG Recht **18**, 1446 (str, Gerichtsstand ZPO 603!). Geldschulden öffentlicher Kassen waren früher nach landesrechtl Gesetzgebg od Handhabg Holschulden, nicht Schickschulden (oben Anm 3), heute gelten für Zahlgen aus öff Kassen nach G v 21. 12. 38, RGBl S 1899, hins des Leistgsorts grdsätzl die allg Vorschriften (§ 269), § 1 IV, ebso gilt § 270, § 1 I, II; Lohn- u Gehaltsschulden sind aber grdsätzl Holschulden, § 2 I; bei Überweisg trägt aber Kasse die Gefahr, BGH **LM** G über Zahlg aus öff Kassen § 2 Nr 1. Besonderes gilt für Zahlgen der Sozialversicherg u der öff Fürsorge, aaO § 2 II.

8) Rechtsfolgen des Leistgsorts für das Schuldverhältn: der Schu muß am Leistgsort leisten, sonst kommt er in SchuVerzug u der Gläub hat wg seiner etw GgLeistg die Einr des ZurückbehR od die des nichterfüllten

Vertrages; nur wenn der Schu am Leistgsort leistet, kommt Gläub in AnnVerzug. Doch wird jeder Vertragsteil iZw auch mehr tun dürfen, als er gehalten ist, der Schu wird also bei Holschulden auch bringen od schicken, der Gläub bei Bring- od Schickschulden auch holen dürfen. – In welcher **Währg** zu zahlen ist, richtet sich nicht nach dem Leistgsort; maßgeb sind vielm die Grds des IPR u des interlokalen Rechts über das Währgsstatut, vgl Vorbem 7 v EG 12 u für UnterhAnspr EG 19 Anm 6.

9) III: Die Übern der **Versendgskosten** (oder der Versendg, die bes auszubedingen ist, da die Schulden nach § 269 I iZw Holschulden, nicht Schickschulden sind) ändert den Leistgsort nicht. Sogar die Übern der **Versendgsgefahr** ändert ihn nicht RG **68**, 78, **114**, 408. (Über Übern der Absendg dch den Verkäufer als NebenPfl – ohne daß dadch der Leistgsort geändert wird – vgl § 447.) Demgem ändern gewisse, Nebenpflichten begründende **Klauseln** des HandelsR den Leistgsort nicht, so „fob" (free on board), RG Gruch **47**, 1152, so „fob" (free on board), RG **106**, 212, „frei Hamburg" RG **111**, 24, „bahnfrei", „franko X", „Zahlung Kasse". „Cif" (cost, insurance, freight) bedeutet dagg nach Handelsbrauch, daß der Abladehafen ErfOrt für den Verkäufer ist (RG **87**, 134; Liesecke WPM **78**, Sonderbeil 3 S 37).

270 *Zahlungsort.* I Geld hat der Schuldner im Zweifel auf seine Gefahr und seine Kosten dem Gläubiger an dessen Wohnsitz zu übermitteln.

II Ist die Forderung im Gewerbebetriebe des Gläubigers entstanden, so tritt, wenn der Gläubiger seine gewerbliche Niederlassung an einem anderen Orte hat, der Ort der Niederlassung an die Stelle des Wohnsitzes.

III Erhöhen sich infolge einer nach der Entstehung des Schuldverhältnisses eintretenden Änderung des Wohnsitzes oder der gewerblichen Niederlassung des Gläubigers die Kosten oder die Gefahr der Übermittelung, so hat der Gläubiger im ersteren Falle die Mehrkosten, im letzteren Falle die Gefahr zu tragen.

IV Die Vorschriften über den Leistungsort bleiben unberührt.

1) a) Grundsätzliches. § 270 läßt den Leistgsort der Schuld, § 269, unberührt, § 270 IV. Geldschulden sind danach Schickschulden, vgl § 269 Anm 1, 3, jedoch mit der nicht bei allen Schickschulden bestehenden Besonderh, daß der Schu die Kosten und die Gefahr trägt. § 270 gilt (ebso wie § 269) auch im Platzverkehr RG **78**, 140, BGH **LM** Nr 3 Bl 3, NJW **69**, 875. § 270 ist nur AusleggsVorschr, vgl Anm 3.

b) Geldübermittlg: Unmittelb Barzahlg kommt bei größerer Entferng der Parteien voneinander kaum mehr vor, auch Übermittlg von Barbeträgen dch Boten ist selten. Regel bildet Übermittlg dch Post od Bank, und zwar entweder von Bargeld, insb dch Wertbrief, Postanweisg, Barzahlgsauftrag (im Postscheckverkehr „Postscheck" genannt) oder dch Überweisen und Anweisen verschiedener Art. – Bei der **Bargeldübermittlg** treten kaum Zweifelsfragen auf, sie findet ihre Erledigg, wenn Gläub Geld erhalten hat; bis dahin trägt Schu Gefahr (Anm 2c) und Kosten (Anm 2d).

c) Anweisung, vgl §§ 783ff (prakt häufigster Fall der **Scheck**): Sie wird dem Gläub vom Schu ausgehändigt od übersandt und bedeutet für den Angewiesenen nur eine Ermächtigg zur Zahlg (bei Verrechnungsscheck zur Gutschrift), gibt also dem Empf (Gläub) kein Recht gg den Angewiesenen und ersetzt Zahlg zunächst nicht (Gutschrift von Schecks erfolgt dementspr üblicherw mit dem Zusatz „Eingang vorbehalten", womit nach Halle NJ **51**, 378 ein aufschieb bedingtes Guthaben entsteht); nimmt der Gläub einen Scheck od andere Anweisg statt Barzahlg an, so liegt darin grdsätzl Einverständn mit dieser ErfArt, nicht Ann an Erf Statt, vgl § 788. LeistgsErfolg (Erf) tritt erst mit Auszahlg od endgült Gutschrift ein; vorläuf Gutschrift w idR mit Belastg des Ausstellers endgült, BGH **53**, 204 (and bei Belastg, die erkennb ohne Einlösgswillen erfolgt, BGH aaO; für die Rechtzeitigk entscheidet aber Hingabe (Absendg) des Schecks, vgl Anm 2c. Abrede des Ausstellers des Schecks u Bank über Einlösg des Schecks ist iZw kein Vertr zG des Scheckinhabers, BGH **LM** § 328 Nr 19, vgl auch unten zum ÜberweisgsAuftr. Bei **Akkreditiv** (Auftr der Bank des Schu an andere Bank, dem Gläub schlechthin oder unter Bedingen, zB gg Vorlage von Versandpapieren, zu zahlen, vgl näher Einf 4 vor § 783) gilt dasselbe, wenn Akkreditiv dem Empf ausgehändigt, also Anweisg ist.

d) Überweisung: Sie ist Weisg (§§ 665, 675) des Schu an sein Geldinstitut od and GeschFreund zur Gutschrift auf Konto des Gläub bei demselben Geldinstitut od dem Institut, bei dem er Konto unterhält. Schu ist zur Schuldtilgg dch Überweisg berecht, wenn Gläub sein Konto dch Aufdruck auf Rechng od ähnl mitgeteilt hat (BGH NJW **53**, 897). Kontoeröffng reicht dagg als Einverständn nicht aus (BGH aaO, Mü-Ko/Heinrichs § 362 Rdn 16, str). Überweisg auf das angegebene Konto ist Erf, keine Leistg an Erf Statt (§ 362 Anm 3, str). Sie tritt mit Gutschrift auf dem Konto des Gläub ein (BGH **6**, 124, NJW **71**, 380). Die Gutschrift ist ein abstr Schuldversprechen der Bank zG des Überweisgsempfängers (BGH aaO); dch sie w die Überweisg unwiderrufl. Gutschrift unter Vorbehalt genügt nicht (vgl BGH **3**, 159). Dagg ist GutschriftAnz nicht erforderl, RG **114**, 143, vgl BGH NJW **53**, 897. Gutschrift auf Konto „Pro Diverse" verschafft Empf meist keinen Anspr, § 665 Anm 2. Schuldentilgg auch dann, wenn das vom Gläub bezeichnete Konto das eines Dr ist, BGH WPM **71**, 1500. Gläub hat Anspr auf Gutschrift ab Eingang der Überweisgsnachricht bei EmpfBank, wenn er dort Konto unterhält; Eingang bei Zentrale genügt, Kenntn kontoführender Stelle ist unerhebl BGH NJW **51**, 758; aber Anspr ist von EmpfBank noch nicht anerkannt u Überweisg daher noch widerrufb, weswg Eingang der Überweisg bei Bank zur Erf seitens des Schu nicht ausreicht (bei Widerrufsverzicht ist mit Eingang bei EmpfBank erfüllt, BGH NJW **59**, 1176). Einen unmittelb Anspr des Empf begründet der ÜberweisgsAuftr selbst idR nicht (RG **102**, 65, **141**, 289 gegen RG **84**, 354, **91**, 119), er ist also idR kein Vertr zG Dritter, kann es aber ausnahmsw sein, vgl RG **134**, 77, Celle OLGZ **71**, 6. BGH NJW **61**, 1715 lehnt (für Postscheckübweisg) VzGDr ab, anders noch BGH NJW **51**, 437; BGH **27**, 284 läßt offen. Die GeschVerbindg zw Bank u Überweiser verpflichtet die Bank bei vorhandenem Guthaben od

Kredit zur Gutschrift auf das Konto des Empfängers, wenn er sein Konto bei derselben Bank, wenn auch anderer Filiale, hat (gleichviel ob Deckg bei EmpfFiliale einging, BGH **10**, 322), und zur Gutschrifterteilg an die EmpfBank (unmittelb oder mittelb), wenn er sein Guthaben bei anderer Bank hat; sie verpflichtet aber nach hM nicht zur Einräumg eines unmittelb FdgsRechts an den Empf, vgl Ulmer SJZ **47**, 239, **48**, 236, **49**, 759. Der Empf erlangt zwar mit Gutschrift auf sein Konto Anspr auf Auszahlg, aber entgg RG **105**, 399, **141**, 289 nicht a Grd des Überweisgsauftrages, aus dem Ansprüche nur des Auftraggebers folgen, sond weil das aus den GeschBeziehgen zw Empf und seiner Bank folgt, ebso OGH NJW **50**. 642: Näheres zum GiroVertr u zur sog steckengebliebenen Banküberweisg s § 675 Anm 3b. – Bei **Akkreditiv** dch Schreiben an EmpfBank, wenn es ZahlgsAuftr ist (Akkreditiv als Anweisg vgl oben) gilt im allg dasselbe wie für Überweisg, doch entsteht eigener Anspr des Empfängers auf Zahlg erst mit seiner Benachrichtigg dch EmpfBank vom Akkreditiveingang. Näheres Einf 4 vor § 783.

e) Lastschriftverfahren (vgl Abk über den LastschriftVerk vom 1. 1. 64, abgedr bei Engel, RProbleme um das LastschriftVerf 1966; weiteres Schriftt: Canaris BankVertrR Rdn 188 ff, 234, 245; Franke Betr **73**, 1055; Hadding, Bärmann-Festschr 1975, S 375; Pleyer-Holschbach Betr **72**, 761; Sandberger JZ **77**, 285; Schmidt AcP **166**, 12): Der Ablauf ähnelt dem einer Überweisg, jedoch mit dem Unterschied, daß der „Auftr" für die bargeldlose Zahlg vom Gläub erteilt w (sog „rückläufige Überweisg", BGH **69**, 82). Gläub reicht die Lastschrift bei seiner Bank ein; diese erteilt eine Gutschrift, die trotz ihres vorläufl Charakters bereits ein (wohl aufschiebd) bedingtes abstraktes Schuldversprechen ist (BGH **70**, 181), u gibt die Lastschrift an die Schu-Bank weiter; diese belastet das Konto des Schu u löst die Lastschrift ein. Ist Erf im LastschriftVerf vereinb, ist grdsl der Gläub für die Rechtzeitigk der Leistg verantwortl (BGH **69**, 366). Der Schu hat das seinerseits Erforderl getan, wenn auf seinem Konto Deckg für die Lastschrift vorhanden ist (BGH aaO). Will Gläub vom Einzug im LastschriftVerf Abstand nehmen, muß er dies dem Schu rechtzeitig u unzweideut mitteilen (BGH aaO). Das Abk vom 1. 1. 64 unterscheidet zwei Arten des LastschriftVerf: **aa) EinzugsermächtiggsVerf**: Der Schu ermächtigt den Gläub, künft Zahlgen von seinem Konto einzuziehen. Rechtl handelt es sich um eine Ermächtigg (§ 185) sowohl an den Gläub als auch an die Schu-Bank (Lüke/Philippi JuS **78**, 307). Der Schu hat nach Belastg seines Kontos 6 Wochen lang ein WidersprR. Erf tritt ein, wenn die GläubBank von der des Schu Deckg erhält, sie ist bis zum Eintritt der Widerspruchsfrist auflösd bedingt (Canaris Rdn 245, MüKo/Heinrichs § 362 Rdn 19). **bb) AbbuchgsVerf.**: Der Schu erteilt seiner Bank widerrufl den Auftr, vom Gläub eingehe Lastschriften einzulösen. Rechtl handelt es sich um eine generelle Weisg (§§ 675, 662) des Schu an seine Bank. Der Schu hat kein WiderspR (BGH Betr **78**, 1826). Sein WiderrR erlischt, wenn Deckg bei GläubBank eingegangen ist (BGH aaO). Im gleichen Ztpkt w die Lastschrift dch erteilte Gutschrift vorbehaltlos; es tritt Erf ein (Canaris Rdn 245; MüKo/Heinrichs § 362 Rdn 19). **cc)** Zw Gläub u SchuBank bestehen keine vertragl Beziehgen, ebsowenig zw Schu u GläubBank. SchuBank haftet dem Gläub aber nach den Grds des **Vertrages mit Schutzwirkg** zG Dr (§ 328 Anm 2), wenn sie ungedeckte Lastschriften nicht unverzügl zurückgibt (BGH **69**, 82) od wenn sie Widerr des Schu beachtet, obwohl sie weiß, daß kein WiderrR besteht (Düss NJW **77**, 1403, Frenz/Winterhalder Betr **78**, 1821, krit Lüke/Philippi JuS **78**, 307). Auch der GläubBank obliegen SchutzPflten ggü dem Schu. Sie ist aber ggü dem Schu nicht verpflichtet, die Erkl des Gläub über das Bestehen der Einzugsermächtigg zu überprüfen (BGH **69**, 187).

2) Einzelnes
a) Über **Geld** und **Geldschuld**: §§ 244f Anm 1, 2. Geldschuld ist auch die Verpflichtg zur Zahlg der Darlehensvaluta, wenn der Übersendende „Schuldner" eines DarlVorvertrages ist, RGRK Rdn 3, str; die Schuld des Beauftragten (Geschäftsführers) auf Herausg von Geld ist keine Geldschuld, § 270 I ist auf sie nicht anwendb BGH **28**, 128, Gläub haftet also für Übermittlg nur im Rahmen der §§ 276, 278, Coing IZ **70**, 245, Ostler NJW **75**, 2275. Entspr gilt im Ergebn bei Anspr aus ungerechtf Ber; Schu kann gem § 818 III Kosten des Überweisg absetzen; er w frei, wenn GeldBetr bei Übermittlg ohne sein Versch verloren geht, Erm-Sirp Rdn 7.
b) Wohnsitz: der jeweilige (anders als in § 269 I), vgl jedoch III. Bei Fehlen od Wegfall von Wohns od Niederlassg muß AufenthOrt, falls bekannt, an Stelle des Wohnsitzes treten.
c) Gefahr trägt nach I 1 bis Beendigg der Übermittlg (Anm 1b) grdsätzl Schu, Ausn III: bei Gefahrerhöhg inf nachträglicher Wohns- od Niederlassgsänderg entfällt die Gefahrtragg des Schu gänzlich (and bei der Kostenerhöhg unten d); bei Verlagerg des Bankkontos des Gläub gilt das nicht BGH NJW **52**, 929. Gefahr (der Begriff ist im BGB mehrdeutig) bedeutet hier die Verlustgefahr (wohl auch die Geldentwertsgefahr, vgl Hbg HansGZ **24**, Hauptbl 131, auch Mü BayZ **25**, 98 Fall einer Überweisg) und die Gefahr der Beschlagn. Treu u Glauben (§ 242) verlangen zur Verteilg des Verlustes hin. Schu haftet nach § 270 nur für die eigentl **Transportgefahr**, nicht für Gefahren, die Gläub dch sein Verhalten (zB Abholg aus von ihm eingerichtetem Postfach) selbst schafft, RG **69**, 137. – **Nicht unter I fällt** sog **Zeitgefahr**: der Schu hat daher (falls das Geld überh und vollwertig ankommt) rechtzeitig geleistet (dh seine LeistgsHdlg vorgenommen, vgl § 269 Anm 3), wenn er es rechtzeitig abgesandt hat, mag es auch erst nach der Leistgszeit ankommen, RG **78**, 140, Hamm VersR **76**, 1032; anders nur, wenn die Parteivereinbg dahin auszulegen ist, daß das Geld innerhalb der Frist bei dem Gläub eingehen muß od sich das aus den Umst ergibt. Hins der Verzögerg haftet der Schu daher nur für Versch bei Versendg einschl Auswahl des Überbringenden; dieser, insb die Post ist danach nicht ErfGehilfe iS des § 278. Zur **rechtzeitigen** Leistg genügt beim Einzahlg auf Postanweisg RG **78**, 140, bei Zahlg dch Hingabe eines Bank- od Postschecks, und zwar Bar- od Verrechngsschecks (falls der Scheck überh vom Gläub angenommen wird) rechtzeitige Absendg (vgl RG **78**, 142, Karlsr NJW **55**, 504, Nürnb MDR **68**, 148), das gilt auch bei Zahlg dch vordatierten Scheck, BGH **44**, 180; überbringt Schu den Scheck, kommt es darauf an, wann VfgGewalt auf Gläub übergeht, BGH NJW **69**, 875 (Einwerfen in Briefkasten), BFH Betr **69**, 420 (Übergabe). Bei Geldübermittlg dch Bankgiroüberweisg od Postschecküberweisg genügt zur Rechtzeitigk der „Übermittlung" rechtzeitiger Eingang des ÜberweisgsAuftr bei der Bank des Überweisend od Post, falls Deckg vorhanden, Celle MDR **69**, 1007, Soergel-Schmidt Anm 3, sehr str. Larenz § 14 IV c, Martin (VersR **77**, 658) ua verlangen dagg, daß Bank Konto des Schu belastet

hat. Gutschrift für Empf ist nicht erforderl, BGH NJW **64**, 499, and, wenn Bringschuld vereinbart BGH NJW **71**, 380, Mü VersR **75**, 851. Bareinzahlg auf Zahlgskto steht der Zahlg dch Postanweisg gleich. Voraussetzg ist, daß Gläub das Halten eines Postscheck- od Bankkontos bekanntgegeben hat u nichts anderes vereinb ist, vgl oben Anm 1b. Beim LastschriftVerf hat Schu das seinerseits Erforderl getan, wenn auf seinem Konto Deckg vorhanden ist, Anm 1e. Zahlgen aus öff Kassen vgl § 269 Anm 7. – **Unterscheide** hiervon die Frage, wann der Leistungserfolg (vgl § 269 Anm 1, 3), die **Erfüllung** (§ 362), eingetreten ist; hierüber vgl oben Anm 1b und § 362 Anm 3. Sie ist bedeuts insb bei der sog steckengebliebenen Banküberweisg, vgl § 675 Anm 3b.

d) Kosten. Dazu gehört das Bestellgeld, nicht aber die vom Gläub an sein Kreditinstitut zu zahlde Kontoführgsgebühr, BAG Betr **77**, 679, OVG Brem ZBR **76**, 90. Im Falle III treffen den Gläub, anders als bei der Gefahrerhöhg, nur die Mehrkosten, die allerdings bei Wohnsitzwechsel usw innerh Deutschlands nicht entstehen werden. Nach G v 21. 12. 38 über Zahlgen aus öffentl Kassen § 1 Abs 3 (RGBl 1899) treffen den Gläub bei Wohnsverlegg ins Ausland alle Lasten.

3) Ausnahmen. § 270 gibt nur eine Ausleggsregel. Der PartWille od das Ges können and best. Für Mietzins keine allg Ausn, sie kann sich aber aus den Umst des Einzelfalles ergeben, etwa wenn Hausverwalter im Haus wohnt, Oertmann Anm 4, vgl auch § 269 Anm 5. Auf Verpfl des Beauftragten zur Herausg von Geld ist I unanwendb, vgl Anm 2a. Anspr der Bank gg ihre Kreditkunden sind dagg Schickschulden, gesetzl ErfOrt ist der Wohns des Kunden, Vollkommer BB **74**, 1316. And aber bei Geldschulden aus Präsentationspapieren; sie sind stets Holschulden, vgl § 269 Anm 7; dort auch über Zahlgen aus öff Kassen.

4) Beweis. Schu hat Absendg, Rechtzeitigk der Absendg sowie bei Streit über Verlust Eingang zu beweisen. PostanweisgsAbschn, wohl auch Wertbriefeinliefergsschein, schaffen nur eine tatsächl Vermutg für Absendg u Ankunft, vgl dazu BGH **24**, 312. Bescheinigg über Absendg eines Einschreibebriefes beweist nichts für Geldübermittlg, vgl ROHG **13**, 46.

271 *Leistungszeit.*
I Ist eine Zeit für die Leistung weder bestimmt noch aus den Umständen zu entnehmen, so kann der Gläubiger die Leistung sofort verlangen, der Schuldner sie sofort bewirken.

II Ist eine Zeit bestimmt, so ist im Zweifel anzunehmen, daß der Gläubiger die Leistung nicht vor dieser Zeit verlangen, der Schuldner aber sie vorher bewirken kann.

1) a) Allgemeines: Zu unterscheiden sind der Ztpkt, von dem ab der Gläub die Leistg verlangen kann – **Fälligkeit** der Fdg – u der Ztpkt, von dem ab der Schu leisten darf, der Gläub also dch NichtAnn der Leistg in AnnVerz kommt, **Erfüllbarkeit** der Fdg. IdR w Fdg gleichzeit fäll u erfüllb. Die Fdg kann jedoch, obwohl noch nicht fäll, erfüllb sein, vgl II u dazu Anm 2a. Umgekehrt ist es denkb, daß der Schu nicht von sich aus leisten, der Gläub aber jederzeit die Leistg fordern darf, Staud-Werner Rdz 17 (sog verhaltener Anspr). Bsp: Anspr auf ErsVort (§ 281), auf Quittg (§ 368) u auf Rückg aus der Verwahrg (§§ 695, 696 S 2).

b) Wesen und Bedeutung des I: Er ergänzt fehlende ParteiErkl u ist Ausleggsregel. Damit wird sofortige Fälligk u Erfüllbark gesetzl Regeltatbestd; fälligkeitshindernde Nebenabreden also vom Schu (als Einwendgen) zu **beweisen,** auch wenn angebl von Anfang an vereinbart, Staud-Werner Bem 18; die GgMeing (zB BGH **68**, 306, Reinecke JZ **77**, 159), das Bestreiten des Klagegrundes annimmt, ist prakt unbrauchb, weil fauler Schu BewSchwierigk ausnutzen kann. Wer behauptet, es sei kein Bar-, sond ein AbzahlgsGesch abgeschl worden, trägt daher die BewLast, aA BGH NJW **75**, 206.

c) Bestimmg der Leistgszeit kann geschehen ua in Form einer Zeitbestimmg des § 163, einer Bedingg (§ 158), einer Betagg (Einf 5 vor § 158), nachträglichen Stundg (unten Anm 2g), alles auch stillschw denkbar („aus den Umständen zu entnehmen"), wobei allg Ausleggsregeln (§§ 133, 157) und § 242 zu berücksichtigen; Bestimmbark genügt, vgl dazu Anm 2e. Klauseln in AGB sind unwirks, wenn sie zG des Verwders unangem lange od nicht hinr best LeistgsFr vorsehen, AGBG 10 Nr 1.

d) Fehlt eine Bestimmg über die Leistgszeit, so gilt I. **Sofort** heißt dann: so schnell, wie Schu nach den Umst leisten kann. Die Dchführg des Vertr von Gen abhängig, tritt Fälligk erst nach deren Erteilg ein, BGH NJW **74**, 1080 (BauGen). UU kann § 242 Hinausschieben der Liefer- od ZahlgsFrist erfordern, was Prozeßrichter feststellen kann; vgl auch unten Anm 2 g. Sofortige LeistgsPfl bedeutet **Fälligkeit,** Gläub kann auf Leistg klagen, dch Mahng Verzug herbeiführen, Schu dch Angebot den Gläub in AnnVerzug setzen. Das gilt auch im Falle Devisenverbots, weil es Fälligk nicht hindert, BGH NJW **64**, 100.

e) Für die **Tageszeit** der Leistg gilt für Gläub und Schu § 242 (nicht zu unpassender Zeit leisten), für Handelssachen HGB 358 (nur währd gewöhnl GeschZeit).

2) II: a) Bestimmg der Leistgszeit wirkt **im Zweifel** nur **zugunsten des Schuldners** (II): er kann vorher leisten, also auch vorher mit AnnVerzugswirkg anbieten, vgl jedoch § 299 für vorübergehende Behinderg des Gläubigers. Führt vorzeit Tillgg zum Verlust eines vertragl R des Gläub, ist II idR unanwendb, BGH NJW **70**, 603 (BeleggsR bei Baudarlehn). Auch bei verzinsl Schulden wird II nicht ohne weiteres zutreffen, vgl § 609 III für das Darl. Dasselbe gilt für HypFdgen, für Grdschulden dagg als rein dingl Belastgen scheidet § 271 II überh aus, KG JW **35**, 1641. Beim Ruhegehalt ist Vorauszahlg nur für angem Zeit (6 Monate) zul, BGH NJW **72**, 154. Beim VerwahrgsVertr kommt die Zeitbestimmg dagg nur dem Gläub (Hinterleger) zugute, der auch vor der Zeit zurückfordern darf, aber nicht vorher zurückzunehmen braucht, § 695. Leistet Schu eine betagte Schuld vorzeitig, so ist, selbst bei Irrt, RückFdg ausgeschl, § 813 II.

b) Die **Bestimmung der Leistgszeit** kann die Bedeutg h, daß ihre Nichteinhaltg die Leistg dauernd unmögl macht, sog **absolutes od uneigentl Fixgeschäft,** BGH **60**, 16. Ein solches liegt vor, wenn die Einhaltg der Leistungszeit nach der gegebenen Interessenlage u dem VertrZweck derart wesentl ist, daß eine verspätete Leistg keine Erf mehr darstellt. Bei Nichteinhaltg der Leistungszeit gelten die §§ 275 ff, 323. Bsp für absolute

FixGesch sind etwa Taxenbestell für best Zug, auf best Zeit abgestellter ReiseVertr, BGH **60**, 16, NJW **74**, 1047, WärmeliefergsVertr, Börner, RFragen des WärmeliefergsVertr, 1971, S 30, Vertr über regelmäß dchzuführde Wartgen, Stgt BB **77**, 118, idR auch die ArbPfl des ArbN, Söllner AcP **167**, 139, Neumann-Duesberg Betr **69**, 261.

c) Nicht so weitgehende Folgen hat die Nichtinnehaltg der Leistgszeit beim sog **Fixgeschäft ieS**, § 361. Nicht jedes Gesch mit genau bestimmter Leistgszeit ist Fixgeschäft, vielm muß dem Schu od beiden VertrPartnern die genaue Einhaltg des Leistgstermins od der Leistgsfrist zur unbedingten Pflicht gemacht sein, so daß mit der zeitgerechten Leistg das Gesch „stehen und fallen", RG **51**, 347, soll. Darauf können die Klauseln: genau, präzis, fix, prompt, spätestens od sofort (Mü Betr **75**, 1789) hinweisen (ob b oder c vorliegt, kann im Einzelfall zweifelh sein). Über die RFolgen vgl Anm zu § 361, nicht treten ohne weiteres die UnmöglichkFolgen ein, wie oben zu b. Ob Leistg nicht zeitgerecht, ist allerdings nicht nach dem VertrBuchstaben, sond nach § 242 zu beurteilen, RG **117**, 356.

d) Fälligkeitsklausel: Die Abrede der sofortigen Fälligk des Kapitals bei nichtrechtzeitiger Zins- od Ratenzahlg ist iZw im Sinne von schuldhafter nichtrechtzeitiger Zahlg aufzufassen (wobei allerdings § 279 zu beachten ist), hM, Warn **13**, 223, JW **19**, 570, BGH NJW **57**, 1760, vgl Vorbem 2b vor § 339. Nach Treu u Glauben hat Gläub von etwaigen Rechten aus unpünktl Zinszahlg innerh angemessener Zeit Gebr zu machen, sonst erlöschen sie für diesen Verzugsfall, RG **142**, 275. Läßt sich Gläub in solchem Falle (dasselbe gilt, wenn er gekündigt hat) weitere Zinszahlgen gefallen, so ist nach Treu u Glauben anzunehmen, daß er sich damit seiner Rechte aus dem VertrVerstoß des Schu (oder der Künd) begeben wollte.

e) Unbestimmte (aber bestimmbare) **Festlegung** der Leistgszeit. Formularmäß Leistgszeitklauseln zG des Verwders sind gem AGBG 10 Nr 1 unwirks, wenn die LeistgsFr unangem lang od nicht hinr best ist, vgl AGBG 10 Anm 1. Steht AGBG 10 Nr 1 nicht entgg u ist die Bestimmg dem **Schu überlassen,** so hat er sie nach § 315 iZw nach bill Ermessen zu treffen, notf Bestimmg durch richterl Urt. Ist die Leistgszeit in sein Belieben gestellt, so ist, falls überh Rechtsbindg gewollt ist, der Schu nicht völlig frei, sond gehalten, die Zeit im Rahmen des § 242 zu bestimmen, notf Bestimmg dch den Richter. Daß Schu erst mit seinem Tode zur Leistg verpflichtet sein solle, gilt zwar nach § 2181 iZw für die Leistg des Vermächtnisbeschwerten, für das SchuldR als GüterverkehrsR ist diese Ausleggsregel aber nur ausnahmsw brauchb (aA Enn-Lehmann § 24, I 1, b und Oertmann Anm 5a). Vor der Bestimmg durch den Richter kann Gläub noch nicht Verzug herbeiführen, Frist nach § 326 setzen u bereits auf Verzugsfolgen klagen, RG **64**, 117 uö (aA für Handelssachen RG **90**, 29). Bei der sog Besserungsklausel bei Geldschulden (dh der Abrede, die Schuld bei Besserg der VermVerhältnisse od, sobald es die VermVerhältnisse unbeschadet des sonstigen notw Bedarfs gestatten, zu zahlen) muß Gläub alsbald der Zahlg klagen, wenn er Besserg behaupten u beweisen kann, RG **94**, 290, BGH WPM **75**, 975. Schu mag GgBew führen, RG **28**, 179.

Dem **Gläub überlassen** ist die Zeitbestimmg bei Abrede der Leistg auf Abruf, der meist zeitl festgelegt sein wird, je nach Abrede auch nacheinander (sukzessive) erfolgen kann. Nichtabruf führt dch § 295 zum GläubVerzug, nach RG SeuffA **63**, 6 uU auch zum SchuVerzug des Gläubigers, vgl auch § 293 Anm 5. (Spezifikationskauf, HGB 375, der schon kr Gesetzes zu Schuldnerverzugsfolgen führen würde, liegt an sich nicht vor.)

f) Klauseln: „Kasse gegen Faktura": Schu hat schon gg Empfang der Rechng, ohne daß Ware auch nur abgesandt zu sein braucht, zu leisten, RG **69**, 126. „Kasse gegen Verladgsdokumente": Schu hat gg Empfang der Verladgsdokumente, jedoch nur zu leisten, falls er keine Weigergsgründe hat; er hat diese allerdings zu beweisen RG **59**, 24. „Zahlg gegen Dokumente": Fdg w (erst) mit Zurverfüggstell der Dokumente fäll, BGH **55**, 342.

g) Stundg bedeutet Hinausschiebg der Fälligk einer Fdg bei bestehenbleibder Erfüllbark, Esser § 23 I 3. Sie beruht idR auf vertragl Abrede. kann in den Fällen der §§ 1382, 1615 i, 2331 a aber auch dch das Ger angeordnet w. In bes AusnFällen kommt auch § 242 als Grdl für eine Stundg in Betr, BGH NJW **77**, 2358 (FluchthelferVertr). Der Stundg rechtsähnl ist eins das Versprechen des Gläub, die schon fällige Fdg erst w nicht geltd zu machen (pactum de non petendo, echte Einr) u ands das Hinausschieben der Wirksamwerdens der Verpflichtg (Zeitbestimmg iS § 163). Stundg kann schon bei VertrSchluß vereinbart werden (vgl zB § 509), nachträgl Stundg ist VertrAbänderg (vgl § 305 Anm 2); ist sie, wie meist, EntggKommen des Gläub, so ist sie iZw als bloße EinrBegründg aufzufassen, vgl RG **127**, 129, **153**, 345. Sie gelt meist auf bestimmte Zeit, doch ist auch unbestimmt mögl; dann Bestimmg dch Gläub entspr § 316 nach billigem Erm. Stundg bis zur Leistg der Abnehmer des Schu entfällt, wenn diese nicht in angem Fr leisten, Hamm MDR **77**, 928. Stundg bis zur Besserg der VermVerhältnisse des Schu endet, sobald u soweit Schu zur Leistg imstande ist, er muß unaufgefordert zahlen RG **94**, 290. Keine Stundg, sond Gl nur Frist zur Geldbeschaffg aus dem Ausland gewährt, RG **83**, 181 (zu § 454); das ist noch „sofortige Leistg" im Sinne des § 271 (vgl Anm 1c). Verspricht Gläub, aus Titel zeitweil nicht zu vollstrecken, handelt es sich nicht um eine Stundg, sond um einen VollstrVertr, BGH NJW **68**, 700, der den Verz weiterbestehen läßt. Gläub kann Stundg widerrufen, wenn Schu Anspr bestreitet, RG **90**, 180, Celle MDR **62**, 569, ebso uU bei nachträgl Stundg, wenn sich die Verhältnisse des Schu wesentl verschlechtern, § 242, BGH FamRZ **74**, 652. Für den Fall der Stundg bei VertrSchluß gilt § 321.

3) Ggf ist die Leistgszeit den **Umständen** zu entnehmen, zB beim WerkVertr aus der Beschaffenh der Leistg. Anspr auf Rückzahlg der Mietkaution w nach Beendigg des MVerh fäll, sobald GgAnspr des Vermieters betragsmäß festliegt, LG Stgt NJW **77**, 1885.

4) § 271 I entfällt, wenn die Leistzeit dch **Gesetz** bestimmt ist, so bei Miete § 551, Leihe § 604, Darl §§ 608, 609 (vgl oben Anm 1), DienstVertr § 614, WerkVertr § 641, Verwahrg §§ 695, 696, 699 (vgl oben Anm 2a), Gesellsch § 721, UnterhGewährg § 1612 III.

272 Zwischenzinsen.
Bezahlt der Schuldner eine unverzinsliche Schuld vor der Fälligkeit, so ist er zu einem Abzuge wegen der Zwischenzinsen nicht berechtigt.

1) Allgemeines. Nichtabzug des Zwischenzinses (Diskont, interusurium) bei vorzeitiger Zahlg (unverzinslicher) Fdgen. So auch im früh Recht. Grund: freier Wille. Selbst bei irrtüml Zufrühzahlg ist RückFdg (nicht nur des Kapitals, sond auch) der Zwischenzinsen ausgeschl, § 813 II. – Auch kein Abzug des sog **Kassenskontos** bei Barzahlg der noch nicht fälligen, erst recht nicht der fälligen Warenschuld, falls nicht ausdrückl od stillschw Gegenabrede; ein allgemeiner Handelsbrauch (der sich entgg § 272 entwickelt haben müßte) besteht nicht, ist aber in vielen Handelszweigen übl geworden.

2) Ausnahmen mögl durch Parteiabrede, ferner dch gesetzl Anordng; vor allem in KO 65, 70: betagte unverzinsl Fdgen u wiederkehrende Hebgen können nur unter Abzug des Zwischenzinses geltd gemacht werden. Ausnahmen ferner im ZwVerstVerf, ZVG 111, ferner bei vorzeitiger Zahlg der HypFdg od Pfandschuld in bes Fällen, §§ 1133, 1217.

3) Berechng des Zwischenzinses: 3 Methoden: die des Benedikt Carpzow (1654): Abzug der Zinsen vom NennBetr der Schuldsumme (logisch u wirtschaftl verfehlt); die mathematisch richtige des Philosophen und Juristen von Leibniz (1683): Errechng der Summe, die mit Zins und Zinseszins die Schuldsumme am FälligkTage ergeben würde; die Hoffmannsche Methode (1731), die von der Leibnizschen ausgeht, aber die Zinseszinsen wegläßt. Die oben Anm 2 genannten Gesetze schreiben die Hoffmannsche Methode ausdr vor; sie gilt auch sonst in der Praxis.

273 Zurückbehaltungsrecht.
^I **Hat der Schuldner aus demselben rechtlichen Verhältnis, auf dem seine Verpflichtung beruht, einen fälligen Anspruch gegen den Gläubiger, so kann er, sofern nicht aus dem Schuldverhältnisse sich ein anderes ergibt, die geschuldete Leistung verweigern, bis die ihm gebührende Leistung bewirkt wird (Zurückbehaltungsrecht).**

^{II} **Wer zur Herausgabe eines Gegenstandes verpflichtet ist, hat das gleiche Recht, wenn ihm ein fälliger Anspruch wegen Verwendungen auf den Gegenstand oder wegen eines ihm durch diesen verursachten Schadens zusteht, es sei denn, daß er den Gegenstand durch eine vorsätzlich begangene unerlaubte Handlung erlangt hat.**

^{III} **Der Gläubiger kann die Ausübung des Zurückbehaltungsrechts durch Sicherheitsleistung abwenden. Die Sicherheitsleistung durch Bürgen ist ausgeschlossen.**

Übersicht

1) Grundsätzliches. Begriff. Wesen
2) Gegenstand
3) Fälliger Gegenanspruch
4) Konnexität
5) Ausschluß
   a) durch Gesetz
   b) durch Vereinbarung
   c) durch Natur des Schuldverhältnisses
   d) bei Unstatthaftigkeit der Aufrechnung
6) Absatz II
7) Abwendung durch Sicherheitsleistung (Absatz III)
8) Handelsrechtliches Zurückbehaltungsrecht
9) Verfahrensrecht

1) a) Grundsätzliches. ZbRecht ist laut § 273 I das Recht des Schu, seine Leistg zu verweigern, bis die ihm gebührende Leistg bewirkt wird. Zweck des ZbRechts: Hinwirken darauf, daß Zusammengehöriges auch rechtl zusammen beendet wird, aber nur mittelb dch Sicherg des Schu, daß auch er die geschuldete Leistg erhält. Daher kein unmittelb Zwangs- od BefriediggsR des Schu (vgl zB BGH Betr **54**, 740), anders zT das ZbR des § 1000 (§ 1003 I 2, vgl jedoch daselbst II), sowie das kaufm ZbR HGB 369 ff (unten Anm 8). Demgem III: AbwendgsR des Gläub durch SicherhLeistg, unten Anm 7, anders bei der Einr des nichterfüllten ggs Vertrages, § 320 I 3, der über den Sichergzweck hinaus der ggseitige Leistgsaustausch Wesensmerkmal ist. Im übr sind sowohl diese Einr als auch das ZbR des § 1000, nicht aber das kaufm ZbR, nur Unterfälle des ZbR des § 273 mit gewissen Besonderheiten.

b) Wesen: Das ZbR des § 273 ist nur ein Sonderfall des allg Gedankens des § 242, wonach treuwidr handelt, wer fordert, ohne, obwohl dazu verpflichtet, selbst zu leisten, RG **152**, 73, **68**, 34, BGH **LM** Nr 7. Daraus ergeben sich Einschränkgen des ZbRechts trotz an sich nach § 273 gegebener Voraussetzgen (unten Anm 5c, d), ferner aber uU Erweitergen über § 273 hinaus gem dem aus § 242 zu folgernden Geltg des gemeinrechtl Satzes: „dolo facit, qui petit, quod rediturus est", § 242 Anm 4 Cc. Das ZbR ist kein dingl Recht, auch kein „Anspruch", vgl RG **100**, 198. Es gehört zu den dem Schu vom Ges eingeräumten wesentl SchutzR. Es kann daher dch AGB grdsl nicht abbedungen w, AGBG 11 Nr 2. Sein Bestehen ist nicht vAw zu berücksichtigen. Es gibt vielm nur eine (verzögerliche, aufschiebende) **Einrede**, ein LeistgsverweigersgR, § 202 II, I, das übrigens die Verj des GgAnspruchs nicht hemmt, § 202 II. Im Ggsatz zu anderen aufschiebenden Einreden führt das ZbR nicht zur Abweisg der Klage (auf Zeit), sond nur zur Verurteilg des Beklagten zur Zug-um-Zugleistg, § 274. Es begründet kein GebrauchsR, BGH **65**, 57, 59. Es beseitigt nicht die Fälligk des Anspr. Seine Geltdmachg schließt aber den SchuVerzug aus, vgl § 284 Anm 2, ebso den Anspr auf ProzZinsen, vgl § 291 Anm 2. Ist Verzug eingetreten, genügt Geltdmachg des ZbR zur Heilg des Verzuges nicht, der Schu muß vielmehr die eig Leistg anbieten, § 284 Anm 6. Das ZbR ist schuldrechtlicher Natur, gilt aber auch ggü dingl Ansprüchen, so ggü dem HerausgAnspr des Eigtümers, BGH **64**, 124, dem BerichtiggsAnspr (§ 894) des wahren Eigtümers auf WiederEintr in den Grdbuch, vgl RG **114**, 268, **115**, 46, BGH **41**, 35, ebso ggü dem Anspr des GrdstVerkäufers auf Einwilligg in die Löschg einer für den Käufer eingetragenen Auflassgsvormerkg, wenn dieser Anspr sich darauf gründet, daß der KaufVertr nichtig ist, vgl RG **163**, 62 (nicht aber ggü der Feststellgsklage, daß KaufVertr nichtig, RG **163**, 63). – Das ZbR gilt auch ggü erbrechtl Ansprüchen, auch ggü famrechtlichen, soweit nicht deren RNatur entggsteht. Es gilt daher nicht ggü einem Anspr auf Unterh, OLG **21**, 240 (anders wohl, wenn UnterhBerechtigter aus vorsätzl unerl Hdlg haftet, vgl zu dem entspr Problem bei AufrechngsAusschl Anm 5d); es gilt auch nicht ggü dem Anspr auf Leistg der ehel Pflichten, soweit es diesem ggü aus vermrechtlichen GgAnsprüchen hergeleitet wird, RG JR Rspr **27**, 1382. Zur Anwendg des § 273 I im Rahmen der Erbauseinandersetzg vgl Dütz NJW **67**, 1105. – § 273 gibt ein gesetzl ZbR. Doch ist auch **vertragliche Begründg** (eines schuldrechtlichen, nicht dinglichen ZbRechts) mit der Folge des § 273 mögl, so bes bei der Umdeutg eines unwirks bestellten Pfandrechts gem § 140, vgl RG **66**, 26 (HypBrief). Im **öffentl Recht** ist der GrdGedanke des § 273 ebenf anwendb; er muß aber uU hinter höherrangigen RGrds zurücktreten, vgl OVG Hbg NJW **77**, 1251.

Aus der schuldrechtl Natur folgt Wirkg nur **unter den Vertragspartnern** (und ihren RNachfolgern), daher nicht im Konk, RG **149**, 94, anders nur beim ZbR wg Verwendgen; hier AbsondersgsR, KO 49 I Z 3. Das ZbR setzt Ggseitigk von Anspr und GgAnspr voraus. GgAnspr muß daher dem Schu zustehen, wenn auch in Gemsch mit and, BGH **5**, 176, **38**, 125. ZbR kann dem Zessionar im Rahmen des 404 entgegengehalten werden, ebso dem Dritten beim Vertr zGDr, § 334. Dem ZbR steht nicht unbedingt entgg, daß der ihm zugrunde liegende GgAnspr auf einer unerl Hdlg beruht, RG **72**, 66, **123**, 6, anders aber im Falle des § 273 II; dem ZbR steht ferner nicht entgg, daß der Gläub seines eignen GgAnspr des Schu ggü ein ZbR wg and GgAnspr geltend machen kann, auch **134**, 91, anders, wenn dem GgAnspr des Gläub auf Zahlg, wg dessen Schu seine Leistg zurückhält, ein ZahlgsAnspr des Gläub in mind gleicher Höhe gübersteht, gg den der Schu seine GgFdg aufrechnen kann, so daß er durch diese Möglichk ausr gesichert ist, RG HRR **28**, 2084.

c) Die Geltdmachg des ZbRechts ist daran geknüpft, daß die Leistg noch zurückgehalten w kann, also noch nicht bewirkt ist, im Falle § 273 II, daß Schu noch Besitz hat. Hat der Schu die **Leistg bewirkt** od den Besitz aufgegeben, selbst irrtüml, so kann er nicht nach § 813 Rückgewähr (Wiedereinräumg) verlangen, da das ZbR keine Einr gab, die den Anspr dauernd ausschloß, vgl RG **139**, 19. Dasselbe gilt bei unfreiwilligem Besitzverlust RG **109**, 104 (letzteres anders bei vertragl ZbR: Vertragsklage auf Wiedereinräumung des Besitzes RG **68**, 389). Vollstreckt Gläub im Laufe des RStreits aGrd vorl vollstreckbaren Urteils, so kann Schu die bisher noch nicht vorgebrachte Einr des ZbRechts nicht auf dem Wege des § 717 II od III ZPO erheben, da dies Rückhaltgs- u demzufolge Rückgewährsmöglichk (Besitz) zZ der Geltdmachg voraussetzt, RG **109**, 105, wohl aber, wenn die Einr zuvor schon erhoben war, RG **139**, 19, RG JW **27**, 1468. Anderes kann Gläub die aus ZPO 717 II oder III prozessual geschuldete Rückgewähr- od ErsLeistg nicht aus materiellrechtl Gründen zurückhalten: kein rechtl Zushang iS von unten Anm 4, RG **123**, 395.

2) Gegenstand des ZbRechts kann sein die Leistg von Sachen; auch solcher, die nicht selbständ VermWert haben u daher nicht selbständig pfändb sind (Versichergsscheine RG **51**, 87, Hyp- und Grdschuldbriefe RG **66**, 24, Sparkassenbücher usw). Ggst des ZbRechts können ferner sein Handlgen jeder Art, zB Dienst- od ArbLeistgen, BAG NJW **64**, 883, auch der SchiedsRi, BGH **55**, 347; Grdbuchberichtigg BGH **41**, 35; gesetzl DuldgsPflten (NotwegeR), BGH Betr **76**, 2399; auch geschuldete Unterlassgen (wg eines LeistgsAnspr des Schu) RG **152**, 73, Karlsr VersR **73**, 857, soweit Treu u Glauben nicht entgegensteht (das wäre der Fall, wenn eine ZuwiderHdlg den UnterlassgsAnspr endgültig vereiteln würde). Umgekehrt wird der Schu eines LeistgsAnspr (wieder mit Rücks auf Treu u Glauben) nur ganz ausnahmsw seine Leistg desw zurückhalten können, weil der Gläub des LeistgsAnspr eine ihm dem Schu ggü obliegde UnterlassgsPfl nicht erfüllt, RG DR **40**, 795. Begriffl ausgeschl ist das ZbR ggü GestaltgsKl wie der VollstrGgKl, BGH **71**, 19, 22.

3) Fälliger Gegenanspruch des Schuldners. (Fälligk wird nicht gefordert beim ZbR des § 1000, vgl § 1001). Kein ZbR wg eines bedingten od künft GgAnspr, vgl Köln Betr **74**, 2301. Auch kein ZbR wg eines GgAnspruchs auf eine unmögl gewordene Leistg RG JW **19**, 105 (jedoch wg des ErsAnspruchs, vgl RG SeuffA **74**, 83). Vertragl Einräumg eines ZbR wg nicht fäll GgAnspr aber unbedenkl zul. „Liquidität" (sofortige Beweisbark) wird nicht gefordert, ebsowenig Gleichartigk (diese ist nötig bei Aufrechng). Es genügt, wenn Fälligk od GgAnspr erst mit Erbringg der geschuldeten Leistg entsteht, RG **82**, 27, Celle OLG **70**, 359, Hbg NJW **71**, 1317. ZbR wg Anspr auf Rechng, die MWSt bes ausweist (UStG 14), Peusquens NJW **74**, 683. Auch ein bereits verj Anspr begründet das ZbR, wenn die Verj noch nicht vollendet war, als Anspr des Gläub entstand (entspr Anwendg des § 390 S 2), BGH **48**, 116; das gilt auch für einen verj MängelbeseitiggsAnspr nach VOB, sofern Anz (§§ 639, 478) rechtz, BGH **53**, 122; aA Celle NJW **67**, 1967, das ZbR mind bei verj wiederkehrendem Anspr ausschließt; vgl auch Canaris JZ **67**, 756. Kein ZbR wg eines GgAnspr aus Spiel od Wette. – ZbR wg öffrechtl Fdgen vgl Stober DVBl **73**, 351.

4) Der GgAnspr muß **„aus demselben rechtlichen Verhältnis"** fließen: **Konnexität.** Fdgen, auch zw denselben VertrPartnern, stehen sich im allg selbständ ggü, begründen daher kein ZbR. And bei rechtl Zushang, da sonst Treuwidrigk. „Dasselbe rechtl Verhältnis" ist hier unstreit im weitesten Sinne zu verstehen. Es ist nicht nur zu bejahen aus demselben Rechts- u insb SchuldVerh (dann gilt bei ggs Verträgen § 320), sond es genügt als Grd beider Ansprüche ein „innerlich zugehöriges **einheitliches Lebensverhältnis**" RG **72**, 65, ein „innerer natürlicher wirtschaftlicher Zushang" beider Ansprüche, derart, daß es treuwidr wäre zuzulassen, den einen Anspr ohne oder geltd zu machen, vgl RG **134**, 146, **158**, 14, BGH **47**, 167, FamRZ **70**, 642, stRspr. Demgem ist ein ZbR gegeben für die beiderseit Ansprüche aus einem nicht zustande gekommenem od nichtigem Vertr RG **108**, 336, stRspr, aus ständ GeschVerbindg zwar nicht schlechthin, BGH **54**, 250, wohl aber dann, wenn zw den einz Vertr ein derart enger Zushang besteht, daß eine „natürl Einheitlichk des fakt Verhältnisses" gegeben ist, RGZ **68**, 34, Düss NJW **78**, 703. Aber angebl kein ZbR gg den Anspr auf die Grdschuldbrief zu erledigter Sache wg GebührenFdg unter den und Sache trotz „Dauerberatg" Warn **28**, 172 (bedenkl). Rechtl Zushang ist gegeben zw dem VertrLeistgsAnspr des einen und dem SchadErsAnspr des and Teils RG **66**, 101. (Bei ggs Verträgen vgl § 320 sowie § 325 Anm 3.) Rechtl Zushang ist weiter gegeben zw dem GrdbuchberichtiggsAnspr u dem Anspr

§ 273 4–6

auf Ers inzw vom Schu aufgewendeter HypZinsen; nach VerlöbnAuflösg zw GrdbuchberichtiggsAnspr u GgAnsprüchen, Warn **14** Nr 39; zu vermrechtl Ansprüchen aus der Ehe RG JW **23**, 749 (Ehewohng), **36**, 1827, vgl aber wg des Verhältnisses persönlicher u vermögensrechtl Ansprüche oben Anm 1 b. Abgelehnt wird das ZbR wg Ansprüchen aus einem GesellschVerh ggü Verbindlichkeiten als Kunde der Gesellsch (Bank), RG **118**, 300. Abzulehnen weiter der Zushang zw dem Anspr aus § 717 II od III ZPO und dem materiellrechtl Verh der VertrPartner, vgl oben Anm 1c. – Einen bes Fall rechtl Zushangs behandeln II (unten Anm 6) u § 1000.

5) Ausschluß des ZbRechts:

a) auf Grund Gesetzes: keine Zurückhaltg der VollmUrk § 175, kein ZbR des Mieters od Pächters an Grdst od Wohng gg den aus MietVertr klagenden Vermieter §§ 556 II, 580, 581 II, anders bei Klage aus Eigt bei nichtigem MietVertr RG **85**, 137. Kein ZbR des Gesellschafters einer GmbH ggü der Fdg auf Bareinzahlg der Stammeinlage GmbHG 19 II, RG **83**, 268. Kein ZbR an Schuldschein u Wechsel, wenn Schuld getilgt BGH NJW **58**, 2112; ebsowenig, wenn Schuld nicht entstanden BGH aaO. Einschränkg des ZbRechts ggü Fdgen aus TreuhandVerh RG **160**, 59. Kein ZbR an den ArbPapieren, Peterek Betr **68**, 173. Nur sehr eingeschränkt besteht ZbR für den Dienstherrn bei Beamtenbezügen, vgl zB BBG 84 II.

b) auf Grund Vereinbarung; das ZbR kann dch PartAbrede ausgeschl w, dch formularmäß Klauseln dagg grdsl nicht, AGBG 11 Nr 2. Stillschw Ausschl bei Vereinbg einer VorleistgsPfl, ferner, wo sofortige Leistg ausdr od stillschw (vgl § 387 Anm 3) vereinbart, od bei sonst vertragl Ausschl RG **136**, 412 u 413. Vertragl AufrVerbot schließt ZbR aus, wenn Zb im Ergebn einer Aufr gleichsteht, Nürnb MDR **77**, 231, vgl unten d. Trotz entggstehder Abrede kann Schu uU ZbR geltd machen, wenn Teil und grobe VertrVerletzg begeht, BGH Betr **72**, 868, vgl auch Brych DNotZ **74**, 417.

c) aus der Natur des Schuldverhältnisses, insb der Natur des GläubAnspruchs. **Kein** ZbR daher ggü gesetzl UnterhAnspr od Altenteilsleistgen, Soergel-Schmidt Rdz 20; ggü Anspr auf Quittg (§ 368) od Löschgsbewilligg (§ 1144) wg andweit GgAnspr aus dem SicherheitsVerh RG JW **11**, 808, BGH **71**, 19, 21, ebso ggü Anspr auf Beglaubig der HypAbtr, BGH NJW **72**, 44; ggü Anspr auf Herausg des Reisepasses, LG Ba-Ba NJW **78**, 1750; ferner, wenn Zb unverhältnismäß Schaden verursachen würde. IdR auch kein ZbR wg GgAnspr auf Unterl, vgl Anm 2; ggü Anspr auf RechenschLegg od Ausk, RG **102**, 110, BGH WPM **69**, 591, **78**, 465; ggü Anspr auf Rückg von zur Ans überlassener Ware, BGH LM Nr 16; ggü Anspr auf Aufhebg der Gemsch (§ 749), BGH **63**, 348; ggü SchadErsAnspr, wenn dieser auf NichtErf eines Anspr beruht, dem kein ZbR entggstand, BGH WPM **75**, 425, an GeschPapieren, BGH WPM **68**, 1325; an Buchhaltgsunterlagen, Düss NJW **77**, 1201; an BetrMitteln u Werkzeugen des ArbG, LAG Düss Betr **75**, 2040; an Miet- od Pachtkaution, wenn nach Beendigg des Vertr angem Fr für Abrechng abgelaufen, Celle OLGZ **66**, 6. Kein ZbR des EnteignsUntern ggü EntschFdg bis zum EigtÜbergang, BGH **44**, 58; des WoEigt ggü VorschußAnspr der EigtGemsch aus WEG 16 II, BayObLG MDR **72**, 145; ggü dem Anspr auf Zust zur Veräußerg von WoEigt, BayObLG Rpfleger **77**, 173; des PflichtteilsBerecht ggü Anspr auf Herausg des Nachl, KG FamRZ **74**, 386. ZbR ggü WechselFdg wg GgAnspr aus dem GrdGesch grdsätzl zul, BGH **57**, 300, NJW **76**, 1451, str. BGH kann ausgeschl sein ggü Anspr auf Rückg von Sicherh nach Wegfall des Sichergszweckes, BGH NJW **68**, 2139; ggü Anspr auf Herausg des dch die GeschBesorgg Erlangten, vgl RG **160**, 59, BGH LM § 313 Nr 15, an den vom VersVertreter eingezogenen Prämien, LG Bonn VersR **71**, 543, Höft VersR **70**, 461. Bei kommunalen VersorggsUntern kann Grds der VerhältnismäßigK ZbR ausschließen, LG Brschw NJW **74**, 800.

Kein ZbR, wenn Schu für GgAnspr ausr Sicherg besitzt (arg § 273 III), RG **85**, 137, **136**, 26, BGH **7**, 127. § 273 enthält keine dem § 320 II entspr Vorschr, da Gläub das ZbR, und als iF des § 320, dch SicherhLeistg abwenden kann, III, vgl oben Anm 1a. Gleichwohl kein ZbR an ganzer Leistg bei verhältnismäß Geringfügigk des GgAnspr, RG **61**, 128, 133, JW **35**, 505. § 273 gilt auch, wenn Gläub nur einen TeilAnspr geltend macht, RG **51**, 369, vgl auch RG **134**, 91.

d) ZbR ist idR **nicht ausgeschlossen, wo Aufrechnung ausgeschlossen** wäre; denn Zurückbehalt ist Geltdmachg einer (nur aufschiebenden) Einr, Aufrechng dagg ein zum Erlöschen führendes RGesch; erstere hat Sichergs-, letztere Tilggszweck, erstere erfordert Zushang, aber nicht Gleichartigk, letztere Gleichartigk, aber nicht Zushang, vgl Enn-Lehmann § 25 I 3. Dagg ist ZbR **ausgeschlossen**, wo seine Ausübg einer (unzul) **Aufrechng gleichkommen** Erfolg haben würde, BGH **38**, 129, BGH BB **67**, 1143, NJW **74**, 367. Das ist der Fall bei beiders fäll GeldFdgen RG **123**, 8, namentl bei dem ZbR des Schu ggü einer unpfändb u daher nicht aufrechenb Fdg, insb LohnFdg (§ 394, ZPO 850 ff); u ggü SchadErsAnspr aus vorsätzl unerl Hdlg (§ 393), BAG NJW **68**, 565; dann bedeutet Zurückhaltg in Wahrh Erkl der Aufrechng, also Tilgg; ein anderer Wille des Zurückhaltenden könnte nicht als erklärt gelten, sond wäre als Gesetzesumgehg unbeachtl, RG **85**, 110 (grdsätzl), **83**, 140, **123**, 8, BGH LM HGB 355 Nr 12. In solchen Fällen wäre Zurückhaltg nicht, wie das G vorsieht, Mittel der Sicherg, sond der Deckg jedenf dann, wenn GgFdg nicht beigetrieben werden kann u Zurückhaltender das weiß, BGH LM § 395 Nr 2 Bl 2. **Ausnahme hiervon wieder**, wenn Grd des ZbRechts eine vertragl unerl Hdlg im Rahmen desselben Rechtsverhältnisses (Dienst-, UnterhVerhältnis) ist: § 242, RG **85**, 116, vgl BGH **30**, 38 sowie § 394 Anm 2. Bei vertragl AufrVerbot ist ZbR bei beiders fäll GeldFdgen jedenf dann zul, wenn ZbR (etwa gem HGB 88a) unabdingb, Köln VersR **70**, 54/461.

6) II: regelt für seinen Fall das Erfordern des Zushangs (Anm 4) besonders. – Er gilt, wie § 273 überh, auch ggü dinglichen Ansprüchen, zB GrdbuchberichtiggsAnspr, BGH **41**, 35 („**Gegenstand**" ist auch ein Recht od BuchR, auch eine Vormerkg, die zwar kein dingl Recht, einem solchen aber ähnl ist, RG **163**, 63). Neben II gilt ggf auch I, BGH **64**, 125, ferner auch § 1000, der nötig war, da § 273 einen fälligen GgAnspr voraussetzt, § 1000 dagg nicht (vgl § 1003). Ob VerwendgsersatzAnspr besteht, entscheidet § 273 II nicht. Verwendg muß jedenf auf den Ggst den ZbRechts gemacht sein, Schlesw WPM **71**, 1259, 1478; das ist nicht der Fall bei Verwendg auf Grdst, das mit Hyp belastet, deren Löschg als Grdbuchberichtigg verlangt wird BGH **41**, 37 mit Anm Rothe LM Nr 17. Vorsätzl unerl Hdlg des Schu schließt ZbR (anders als nach I); unbedingt aus, auch wenn Vertreter sie begangen hat, BGH LM Nr 6, aber nur hins GgAnspr wg Verwendg od SchadErs, Kblz MDR 77, 667. Für entspr Anwendg von II auf vorsätzl VertrVerletzg Schlesw WPM 72, 1259, 1478. – II setzt Besitz des Schu voraus; über Besitzverlust, insb währd des RStreits, vgl oben Anm 1 aE.

7) Abwendg durch Sicherheitsleistg: III. Anders als in § 320 (dort I 3). Grund vgl Anm 1. Daher Pfl des Schu, die Absicht ZbR geltd zu machen, auf Mahng hin kundzutun, sonst SchuVerzug, oben Anm 1 b. Nötig Leistg der Sicherg; Erbieten genügt noch nicht, es ist jedoch mögl, die Vollstr des Urteils vom Nachweis der SicherhLeistg abhängig zu machen, RG 137, 355. Für die Höhe der Sicherg ist maßg die Deckg der GgAnsprüche, uU jedoch der Wert der zurückgehaltenen Ggstände, falls dieser geringer ist, vgl RG 137, 355, aA RG 152, 75. Sicherg dch Bürgen ausgeschlossen, III 2, weil das Verschlechterg wäre.

8) Für das ZbRecht nach **HandelsR**, HGB 369 ff, 372, gilt § 273 nicht. Es zeigt wesentl Unterschiede, insb: rechtl Zushang nicht gefordert, auch an eig Sachen mögl. Es gibt BefriediggsR u AbsonderugsR im Konkurse, KO 49 I Z 4. Ein ähnl Leistgsverweigergs R (das aber zur Klageabweisg führt) kennen § 770 II u HGB 129 III, solange Gläub sich dch Aufrechng befriedigen kann; es ist auf ähnl Fälle analog anzuwenden, vgl BGH 38, 127.

9) Verfahrensrechtliches: vgl § 274 mit Anm.

274 *Wirkungen des Zurückbehaltungsrechts.* I Gegenüber der Klage des Gläubigers hat die Geltendmachung des Zurückbehaltungsrechts nur die Wirkung, daß der Schuldner zur Leistung gegen Empfang der ihm gebührenden Leistung (Erfüllung Zug um Zug) zu verurteilen ist.
II Auf Grund einer solchen Verurteilung kann der Gläubiger seinen Anspruch ohne Bewirkung der ihm obliegenden Leistung im Wege der Zwangsvollstreckung verfolgen, wenn der Schuldner im Verzuge der Annahme ist.

1) § 274 regelt die verfahrens- u vollstreckgsrechtl Folgen der Geltdmach des ZbRechts. Vgl daher zunächst die **Anm zu § 273**, insb Anm 1.

2) I: Das ZbR im Rechtsstreit. Es ist nicht vAw zu beachten, sond bedarf der Geltdmach dch Einr. Der KlagabweisgsAntr genügt als Einr nicht; wird dieser aber auf die Nichtleistg des Klägers gestützt, so liegt hierin die Erhebg der Einr. Sie ist auch dann zu berücksichtigen, wenn kein formeller Antr zur Verurteilg Zug um Zug gestellt w, BGH 34, 133, VersR 77, 515, 517. Darleggs- u BewLast für die (positiven) Zb-Rechtstatsachen hat der Bekl, Warn 14, 39. Folge der Einr: nicht Abweisg der Klage, wie sonst bei verzögerl (aufschiebenden) Einreden, sond Zug-um-Zug-Verurteilg des Bekl u zwar auch dann, wenn der Kläger (ohne entspr HilfsAntr) auf uneingeschränkte Verurteilg anträgt, BGH NJW 51, 517 (Zug-um-Zug-Verurteilg ist ggü unbedingter kein aliud, sond minus). Ist gleichzeitige Ausführg der Leistgen nicht mögl, dann muß die Urt nach § 242 eine andere zweckenspr Lösg finden, Ffm BB 78, 323. Der Leistgsort des GgAnspruchs wird dch seine Verwendg für die ZbEinrede an sich nicht verändert. Klageabweisg, nicht Zug-um-Zug-Urt aber, wenn dem Anspr des Gläub gg Miterben ein aufrechenb Anspr der ErbenGemsch gggüüberstht, BGH 38, 122. Die Einr der ZbRechts braucht nicht im Grdurteil nach der ZPO 304 erledigt zu werden RG 123, 7 (vgl jedoch HRR 35, 1337). Zug-um-Zug-Verurteilg des Bekl auch, wenn er bereits im AnnVerzuge ist, RG 51, 369, 84, 230, jedoch Bedeutg für die Tragg der ProzKosten. Stellt Urt AnnVerzug fest, gilt für Vollstr II, RG JW 09, 463. Keine Geltdmach erst in späterem Verlaufe des RStreits, falls Gläub den Anspr bereits aGrd vorläuf vollstreckb Urteils beigetrieben hat, § 273 Anm 1c. – Revisionsrechtl Behandlg, wenn nur Entscheidg über GgLeistg fehlerh, vgl BGH 45, 287 u BGH NJW 66, 2356.

3) II: Das ZbR in der Zwangsvollstreckung. Das Zug-um-Zug-Urteil gibt VollstrMöglichk nur dem Gläub, nicht dem zurückhaltenden Schu, Warn 21, 22 (ebso erwächst nur die Feststellg der LeistgsPfl des verurteilten Schu in Rechtskr, nicht die Pfl des Kl zur GgLeistg). Der Gläub erhält eine vollstreckb Ausfertigg des Urteils (falls nicht Verurteilg des Schu zur Abgabe einer WillErkl vorliegt) ohne Bew, daß Schu befriedigt od im AnnVerzug ist, ZPO 726 II. Vollstr selbst setzt aber entweder Befriedigg od Zug-um-Zug-Angebot des Gläub bei Vornahme der Vollstr od, § 274 II, AnnVerzug des Schu voraus. Liegt AnnVerzug vor, so entfällt also das Recht des Schu auf Zug-um-Zug-Leistg, RG 84, 230. Über Herbeiführg des AnnVerzuges dch Gläub vgl §§ 294, 295, 298. Durchf der Vollstr ZPO 726 II (s oben), 756, 765, vgl auch 894 I 2.

Leistungsstörungen (§§ 275–290 u. a.)

Vorbemerkung vor § 275

1) Grundsätzliches: Wesen des Schuldverhältnisses ist es, daß es den einen Partner berechtigt, von dem anderen eine Leistg zu verlangen (§ 241), oft können beide Partner wechselseitig voneinander Leistgen verlangen. Zweck des Schuldverhältnisses ist also, daß „die Leistung" erbracht wird; mit dem Erbringen der Leistg (§ 362), der Erfüll (oder einem Erfüllungssurrogat) hat es seinen Zweck erfüllt und erreicht. Unterbleibt die Leistg od wird sie nicht zur richtigen Zeit od nicht in der richtigen Art u Weise erbracht, so kann der Gläub normalerw seinen Anspr auf Erfüll im Wege der Klage und alsdann im Vollstreckgswege durchsetzen. Eine im SchuldVerh nicht vorgesehene Entwicklg der Verhältnisse kann aber den Anspr des Gläub beeinflussen, ihn ganz oder teilw beseitigen, ihn umwandeln, verstärken od abschwächen. Tatumstände, die solche Änderungen des Anspruchs bewirken, nennt man heute im Anschluß an Stoll (Die Lehre von den Leistgsstörungen 1936) meist **Leistungsstörungen**. Das BGB behandelt von diesen ausdrückl nur das **Unmöglichwerden der Leistg** (§§ 275–283 u für ggs Verträge zusätzl §§ 323–325), den **Verzug des Schuldners** (§§ 284–289 u für ggs Vertr zusätzl § 326) u in besonderem Titel den **Gläubigerverzug**

§§ 274, 275

(§§ 293–304), der meist nicht hierhergezählt wird, aber ebenf das Bild der geschuldeten Leistg verändern kann. Über diese Fälle vgl bei den betr §§. Daneben gibt es die vom G nirgends berücksichtigte Fallgruppe der **„positiven Vertragsverletzungen"**; darüber § 276 Anm 7.

2) Welchen Einfluß die Leistgsstör auf den Anspr hat, hängt oft davon ab, wer sie **„zu vertreten"** hat. Darüber enthalten die §§ 276–279 im Rahmen der UnmöglichkRegelg Bestimmgen, die auch anderw gelten. Grundsätzl hat jedermann die Leistgsstör zu vertreten, die er **verschuldet** hat, dh bei der ihn Vorsatz oder Fahrlk trifft. Das BGB enthält aber keinen Satz, wonach jedermann für den Schaden haftet, den er vorsätzl od fahrl herbeigeführt hat. Wohl aber gilt der allg Grds (der allerdings im BGB auch nicht ausdrückl ausgesprochen ist, vgl dazu § 276 Anm 1a bb), daß im bestehenden SchuldVerh der Schu für jeden Schaden haftet, der durch einen von ihm zu vertretenden Umst eintritt; aus diesem Grds wird insb die Haftg für positive VertrVerletzg hergeleitet (vgl § 276 Anm 7). Darüber hinaus wird daraus die Haftg für Verschulden bei und vor VertrSchluß entnommen, vgl § 276 Anm 6. – Darüber, daß der Schu außer seinem Versch auch andere Umst zu vertreten hat, vgl § 278 (Versch der Erfüllgsgehilfen, vgl übrigens auch HGB 431, 485, 486 I Z 3 u BinnSchG 59 III) und § 279 (Unfähigk, eine Gattungssache zu leisten). Darüber, daß er uU nicht für jede Fahrlk haftet, vgl § 277.

3) Die §§ 275 ff regeln die nachträgl Unmöglichk. Sie stellen obj Unmöglichk u Unvermögen gleich (§ 275 II) u unterscheiden in der RFolge danach, ob der Schu die Unmöglichk zu vertreten h od nicht. Bei zu vertretender nachträgl Unmöglichk ist der Schu schadersspflichtig (§ 280), bei nicht zu vertretender nachträgl Unmöglichk w er von der LeistgsPfl frei (§ 275). Wie sich die Unmöglichk der Leistg bei ggs Vertr auf den Anspr auf die GgLeistg auswirkt, best die §§ 323 ff. Die anfängl Unmöglichk behandelt das Ges in § 306. Sie macht den Vertr nichtig. Dagg muß der Schu für anfängl Unvermögen einstehen.

275 Nicht zu vertretende Unmöglichkeit.

I Der Schuldner wird von der Verpflichtung zur Leistung frei, soweit die Leistung infolge eines nach der Entstehung des Schuldverhältnisses eintretenden Umstandes, den er nicht zu vertreten hat, unmöglich wird.

II Einer nach der Entstehung des Schuldverhältnisses eintretenden Unmöglichkeit steht das nachträglich eintretende Unvermögen des Schuldners zur Leistung gleich.

Übersicht

1) Unmöglichkeit. Begriff
2) Unvermögen
3) Ursprüngliche und nachfolgende Unmöglichkeit
4) Dauernde und vorübergehende Unmöglichkeit
5) Teilweise und völlige Unmöglichkeit
6) Vertretbarkeit
7) Bedeutung des § 275 insbesondere
8) Verfahrensrechtliches
9) Behördliche Genehmigung und Unmöglichkeit

1) Unmöglichkeit: Vgl zunächst Vorbem 3. Die Erläutergen in Anm 1–5 gelten sowohl für die nachträgl Unmöglich (§§ 275 ff) als auch für die anfängl (§§ 306 ff). Die §§ 275 ff sind auf alle SchuldVerhältn anwendb (RG **62**, 227), treten ggf hinter SonderBest zurück. So gehen zB die §§ 537, 538 den §§ 275, 323 vor (BGH NJW **63**, 804). Für die Anwendg der §§ 275 ff auf dingl Anspr gelten die allg Grds (Einl 6a vor § 241).

Begriff der (sog obj od sachl) Unmöglichk: Sie ist gegeben, wenn die Leistg von niemandem erbracht w kann. Unvermögen (Anm 2) liegt dagg vor, wenn die Leistg von and bewirkt w könnte, der Schu aber zur Leistg außerstande ist.

a) Die Unmöglichk kann auf **tatsächlichen Gründen** beruhen. Die Leistg ist umögl, wenn die geschuldete Sache niemals existiert h od untergegangen ist. Das gilt auch bei Zerstörg der Mietsache (BGH **66**, 350) u bei Rechten, so etwa bei Verz auf ein nicht existierdes R (RG **78**, 431, Mü NJW **71**, 1807), bei Verk einer dch ZwVerst untergegangenen Hyp (RG Recht **18**, 1126), ferner bei Kauf- od LizenzVertr über ein GeheimVerf, wenn dies bei VertrSchl bereits offenkund war (BGH **163**, 7, BGH GRUR **63**, 209). Die Unmöglichk kann sich auch aus **Nichteinhalt der Leistgszeit** ergeben, so insb beim sog absoluten FixGesch (§ 271 Anm 2b). Aber auch bei and RGesch kann Zeitablauf die Leistg unmögl w lassen; zB endet die Verpfl zum Abschl eines ErbVerzVertr mit dem Tod des Erbl (BGH **37**, 329).

b) Unmögl ist auch die Leistg, der dauernde **Rechtshindernisse** entggstehen. Fälle anfängl (Anm 3) rechtl Unmöglichk: Vertr über die Liefgerg eines verkäufl Sache; Übereigng einer Sache, die dem Gläub schon gehört (RG JW **24**, 1360); Vereinbg eines NutzgsR, das dem Begünstigten bereits kr GemGebr zusteht (RG **150**, 218). In diesen Fällen ist der Vertr gem § 306 nichtig. Beruht die anfängl rechtl Unmöglichk auf einem Verstoß gg ein gesetzl Verbot, so tritt sowohl nach § 306 als auch nach § 134 Nichtigk ein (§ 306 Anm 3). Keine anfängl Unmöglichk dagg bei Vertr über eine wg Einführg der GewerbeFreih (Art 12 GG) ggstlose Apothekenkonzession (BGH NJW **60**, 322), ebensowig bei Einräumg einer Lizenz an einem nachträgl für nichtig erkl Patent (BGH NJW **57**, 1317) od einem nicht schutzfäh Gebrauchsmuster (BGH Betr **77**, 89). – Fälle nachträgl (Anm 3) rechtl Unmöglichk: Übereign einer Sache, die der Gläub inzw wirks von einem Dr erworben h (RG JW **10**, 805); einer Sache, deren Liefg dch Ges verboten w (RG **102**, 205, **117**, 129); das gilt für eine ins Ausl zu erbringde Leistg auch dann, wenn Verbot nur dort besteht (RG **93**, 184); Beschlagn einer best Sache od einer ganzen Warengatt inf Krieges (RG **95**, 22); Einreiseverbot bei Reisevertrag (BGH **60**, 16); Entzug der Gewerbeerlaubn, die der zur BetrFortführg verpfl Pächter benötigt (LM **§** Nr 3 u 323 Abs 1 Nr 5); Wirksamw eines Beschäftiggsverbots (BAG **9**, 301, **AP** 615 Nr 29); Auslaufen der ArbErlaubn eines ausl ArbN (BAG NJW **77**, 1023); Versagg der für das ErfGesch erforderl Gen (BGH **37**, 240 u näher unten Anm 9b). Bei höchstpersönl Leistgen begründet Unvermögen zugleich Unmöglichk (vgl aber § 306 Anm 3 aE). Unmöglk ist nicht gegeben, wenn nur die ursprüngl ErfArt

Inhalt der Schuldverhältnisse. 1. Titel: Verpflichtung zur Leistung § 275 1, 2

undchführb gew ist, die Leistg aber vom Schu zumutb in and Weise erbracht w kann (RG 92, 225, BGH LM § 242 (Ba) Nr 15).

c) Unmögl ist auch die Leistg, die zwar theoret mögl, nach der Anschauung des Lebens aber **praktisch** nicht erbracht w kann (Erm-Battes Rdz 16 vor § 275, Roth JuS 68, 102 FN 21). Schulbeispiele: Ring auf MeeresGrd, Münzsammlg unter Hochhaus. Hierher gehört auch der Fall, daß die verkaufte Sache von unbekannten Tätern gestohlen worden ist (RG 105, 351, Erm-Battes Rdz 16 vor § 275, sehr str, für Unvermögen BGH 8, 231, Gudian NJW 71, 1239).

d) Unmöglichk liegt auch dann vor, wenn zwar die LeistgsHdlg an sich weiterhin mögl ist, sie aber den Leistgserfolg nicht mehr herbeiführen kann (Larenz § 21 I c, Esser § 35 I, Erm-Battes Rdz 15 vor § 275, Beuthien, Zweckerreich u Zweckstör im SchuldVerh, 1969, S 16, Köhler, Unmöglichk u GeschGrdl bei Zweckstörgen im SchuldVerh, 1971, S 18 ff). § 275 ist daher anwendb, wenn der geschuldete Leistgserfolg ohne Zutun des Schu eintritt, sog **Zweckerreichg** (Bsp: das freizuschleppde Schiff kommt wieder frei; der zu behandelnde Patient w vor Eintreffen des Arztes gesund). Das gleiche gilt, wenn der Leistgserfolg wg Wegfalls des Leistgssubstrats nicht mehr erreicht w kann, sog **Zweckfortfall** (Bsp: das zu streichde Haus brennt ab, das zu unterrichtde Kind stirbt). Die fr hM, die hier AnnVerzug bejahte, vermag nicht zu überzeugen (vgl § 293 Anm 2b), da es sich um ein endgült Leistgshindern handelt, AnnVerzug aber nur bei vorübergehden Leistgshindern in Betr kommt. Auch dauernde Ann- od Mitwirkgsunmöglichk des Gläub begründet daher Unmöglichk im RSinne (§ 293 Anm 2b). Für die GgLeistg gelten die §§ 320ff. Der von der SachleistgsPfl frei gewordene Schu behält daher seinen VergütgsAnspr, wenn der Gläub die Zweckerreichg od den Zweckfortfall zu vertreten hat (§ 324 u dort Anm 2). Aber auch wenn das nicht zutrifft, hat der frei gewordene Schu Anspr auf eine Teilvergütg. Das ergibt sich aus einer entspr Anwendg des § 645 (dort Anm 3b cc). Diese Vorschr enthält den allg RGedanken, daß Leistgsstörgen, die im weitesten Sinn mit dem Wegfall od der Veränderg des Leistgssubstrats zushängen, zur Sphäre des Gläub gehören u diesen daher zur Zahlg einer Teilvergütg verpflichten (Köhler aaO S 38ff u S 77ff; MüKo/Emmerich Vorb § 275 Rdn 77; vgl auch BGH 40, 71, 60, 14, Kln OLGZ 75, 323). Unabwendb ist § 275 dagg, wenn der Leistgserfolg, zumindest äußerl betrachtet, noch herbeigeführt w kann, der Gläub aber an der Leistg kein Interesse mehr h, sog **Zweckstörg** (Bsp: Hochzeit, für die Kapelle bestellt ist, findet nicht statt; Fußballspiel, zu dem eine Sonderfahrt dchgeführt w soll, fällt aus). Daß der Gläub an dem weiterhin mögl Leistgserfolg kein Interesse mehr h, trägt er als sein Risiko (Esser § 35 II, Huber JuS 72, 59, Köhler aaO S 81ff; zT abw Beuthien aaO S 145ff). Ausnahmsw kann die vom Gläub beabsichtigte Verwendg aber VertrInhalt mit der Folge sein, daß bei Scheitern der geplanten Verwendg Unmöglichk anzunehmen ist (Hamm WPM 72, 1323, im dort entsch Fall – Verpachtg zum Betr einer Gaststätte – zweifelh); uU sind auch die Grds über den Wegfall der GeschGrdl anwendb (§ 242 Anm 6 C b).

e) Eine weit verbreitete Ans will der rechtl Unmöglichk die sog **wirtschaftliche** Unmöglichk gleichstellen. Diese w bejaht, wenn die Leistg zwar an sich mögl ist, ihr aber solche Schwierigk entggstehen, daß sie dem Schu wg Überschreitg der „Opfergrenze" nach Treu u Glauben nicht zugemutet w kann („überobligationsmäß Schwierigk"). Die Gleichsetzg von wirtschaftl u rechtl Unmöglichk diente der Rspr nach dem 1. Weltkrieg dazu, der völl Veränderg der wirtschaftl Verhältn dch Not u Inflation Rechng zu tragen (RG 94, 47, 100, 131, 101, 81, 102, 273, 107, 157). Sie versagte jedoch, wenn die Veränderg nicht die Leistg, sond die GgLeistg (Geldleistg) betraf (vgl RG 102, 101, 106, 9). Inzw hat sich weitgehd die Ans dchgesetzt, daß für die Fälle von übermäß Leistgserschwergen nicht die Vorschr über die Unmöglichk, sond die Grds über den Wegfall der GeschGrdl (§ 242 Anm 6 C a bb) die sach- u interessengerechte Lösg darstellen (Larenz § 21 I e, Staud-Werner Vorbem 8, 9 vor § 275, Erm-Battes Rdz 45 vor § 275). IFv übermäß Leistgserschwergen ist idR nicht die Befreig von der LeistgsPfl, sond Anpassg an die veränderten Verhältn die angem RFolge. Auch die Rspr hat die Lehre von der wirtschaftl Unmöglichk inzw prakt aufgegeben u wendet nunmehr die Grds über den Wegfall der GeschGrdl an (BGH LM § 242 [Bb] Nr 12 u 50 Bl 2, BB 56, 254). Die Vertreter der Lehre von der wirtschaftl Unmöglichk räumen iü ein, daß dem Schu nicht verwehrt w kann, zur Erf seiner Verbindlichk überobligationsmäß Anstrengen zu machen (vgl Enn-Lehmann § 46 I). Wirtschaftl Unmöglichk soll daher nur auf Einr des Schu berücksichtigt w. Auch das zeigt, daß rechtl u „wirtschaftl" Unmöglichk in Wahrh nicht gleichgestellt w können.

2) Unvermögen (vgl Roth JuS 68, 101). **a)** Sie ist gegeben, wenn die Leistg von einem and erbracht w könnte, der Schu aber zur Leistg außerstande ist. Gem § 275 II stehen nachträgl Unmöglichk u nachträgl Unvermögen einand gleich. Das gilt auch iF des § 280 (RG 52, 95). Für die §§ 275 ff ist die Abgrenzg zw Unmöglichk u Unvermögen daher unerhebl. Sie ist aber im Hinbl auf § 306 von Bedeutg: Bei ursprüngl Unmöglichk besteht keine LeistgsPfl (§ 306), für ursprüngl Unvermögen muß der Schu dagg einstehen (§ 306 Anm 3).

b) Das Unvermögen kann – ebso wie die Unmöglichk – auf **tatsächl od rechtl Gründen** beruhen. Tatsächl Unvermögen: Abschl eines 2. ArbVertr für denselben Zeitraum (BAG AP § 306 Nr 1); dauernde ArbUnfähigk eines HandelsVertr (LG Bln NJW 69, 514; Nürnb VersR 69, 1136, offen gelassen von BGH 52, 17; ebso bei sonst DienstVertr; and aber, wenn Vertr dch Vertreter erfüllb (BGH Betr 57, 1223); Mittellosigk des Schu, doch kann Schu aus ihr wg der § 279 zGrd liegdn Wertg keine Rechte herleiten (vgl Roth JuS 68, 105); unzureichdes know-how eines Unternehmers, der seinem HandelsVertr den Vertrieb einer Neuh zugesagt hat (BAG Betr 74, 1617), Beschaffgsschwierigk bei Gattgsschulden (§ 279 Anm 2). **Rechtl Unvermögen:** Verk einer nicht dem Verk gehörenden Sache ohne Zust des Eigtümers (BGH DNotZ 72, 530); Verk einer eig Sache ohne die erforderl Zust des Eheg (RG 80, 249, BGH 47, 269); Veräußerg der verkauften Sache an Dr (BGH WPM 73, 1202); in diesen Fällen liegt Unvermögen dann nicht vor, wenn Zust des Dr oder Rückerwerb mögl (Roth JuS 68, 106). Das gilt entspr, wenn Vermieter, der Konkurrenzschutz zugesagt h, weiteren MietVertr ohne Beachtg einer Klausel abschließt (BGH NJW 74, 2317). Schu kann sich hierauf ggü SchadErsAnspr des Gläub aber nur berufen, wenn er substantiiert die Möglichk der Erf aufzeigt (BGH WPM 73, 1202).

3) Ursprüngliche (anfängliche) und **nachfolgende** (nachträgliche) **Unmöglichkeit**, vgl auch Anm 1 a. Erstere ist in §§ 306 ff geregelt. UnterscheidungsZtpkt ist die „Entstehung" des Schuldverhältnisses (§ 275), also die Zeit des VertrSchlusses, str, vgl unten. Die **nachträgliche** Unmöglichk (§§ 275 ff, 323 ff) erfordert daß die Leistg zu irgendeinem Ztpkt nach VertrSchl unmögl (od der Schu dazu unvermögd) wird. Bei aufschiebend bedingten od befristeten Fdgen liegt nachträgl Unmöglichk vor, wenn die Leistg nach VertrSchl, wenn auch vor Eintritt des Leistgszeitpunktes, unmögl wird (hM, Enn-Lehmann § 45 I). Ist für die Leistg (ErfGesch) die Gen eines Dr erforderl, so begründet deren Versagg keine anfängl, sond nachträgl Unmöglichk, BGH **37**, 233, Zweibr OLG **70**, 309, s auch Anm 9b. Vgl ferner § 306 Anm 2.

4) Dauernde und **vorübergehende Unmöglichkeit.** Als Unmöglichk iS des § 275 ist grdsätzl nur die dauernde Unmöglichk (dauerndes Unvermögen) anzusehen RG **168**, 327, allg M; ebso für § 306 (urspr Unmöglichk) und für SchadErsAnspr des § 280. Die (nachträgl) vorübergehende Unmöglichk (ebso Unvermögen) führt nur, wenn zu vertreten, zu den Verzugsfolgen, unverschuldet, schließt sie diese aus. – Die vorübergehende Unmöglichk steht aber der dauernden dann gleich, wenn sie die Erreich des GeschZwecks in Frage stellt od dem Gegner die Einhaltg des Vertrags bis zum Wegfall der Unmöglichk nicht zumutb ist (BGH **LM** Nr 3, 4, 7, Betr **70**, 1070, 1591, stRspr, vgl auch § 323 Abs 1 Nr 3), was der zu beweisen hat, der sich auf Unmöglichk beruft, BGH MDR **54**, 734. Das gilt bes in den § 271 Anm 2b erwähnten Fällen. Im allg aber steht die zeitweilige der dauernden Unmöglichk nicht gleich RG **106**, 17, vgl BGH **38**, 295, es kommt auf die Umst an, BGH **LM** Nr 4. Bei Dauerverpflichtgen wird die zeitw Unmöglichk meist eine teilw dauernde darstellen, sie kann aber sogar eine völlige dauernde sein. – Ist die Leistg dauernd unmögl geworden, was nur aus der bes Gestaltg des betreffenden Schuldverhältnisses heraus zu entscheiden ist (OGH **3**, 393, RG **158**, 331), so ist es bedeutgslos, wenn sie später einmal inf besonderer Umst wieder mögl wird; es entsch der erstere Ztpkt, RG ebda. Doch kann uU aGrd des (dch die Unmöglichk nicht vernichteten, dazu vgl Anm 7) Schuldverhältnisses die eine od die andere Partei zu einem bestimmten Verhalten, ggf zum NeuAbschl verpflichtet sein, vgl RG **158**. 331. Bloß vorübergehd ist die Unmöglichk, wenn sie bei bedingten od befristetem Anspr zZ des Eintritts der Bedingg od der Fälligk bereits wieder behoben ist, ebso wenn die Unmöglichk nach Fälligk, aber noch vor Eintritt des Verzuges, idR auch, wenn sie nur vor UrtErlaß wieder behoben ist; ferner, wenn eine behördl Beschlagn alsbald wieder aufgeh worden ist, Warn **16**, 212. Nach Treu u Glauben wird sich der Schu auf eine erst währd des Verzuges eingetretene und sonst von ihm zu vertretende Unmöglichk dann nicht berufen dürfen, wenn sie inzw behoben ist, RGRK Rdn 23. Tanzverbot für die Kriegsdauer als dauernde Unmöglichk vgl RG **89**, 205; vgl anderes (bei öff-rechtl Beschränkg des Bierumsatzes) RG **90**, 374; Herstellgsverbot bzgl der geschuldeten Lieferg ist keine (dauernde) Unmöglichk, solange Aufhebg zu erwarten, OGH **3**, 393. Versagg der erforderl Gen der Devisenbehörde begründet nach RG **151**, 38 nur vorübergehende Unmöglichk; das trifft sicher auf Zahlg eines von GgLeistg nicht (mehr) abhängigen GeldBetr zu, bei beiderseits nicht erfüllten Verträgen aber sehr zweifelh. Pfl zu zinsbringender Anlegg nicht transferierb Beträge besteht nur uU, BGH **NJW 58**, 137.

5) Teilweise und **völlige Unmöglichk.** §§ 275 und 280 betreffen auch die teilw Unmöglichk (vgl „soweit" in §§ 275, 280 I); § 306 erwähnt sie nicht, wohl aber § 307 II. Über die Fälle der §§ 280 II und 306 vgl § 280 Anm 5 und § 306 Anm 5. Über Teilbark der Leistg überh vgl § 266 Anm 2a. Ob teilw od völlige Unmöglichk vorliegt, best sich nach Inhalt u Zweck des Schuldverhältnisses (RG **140**, 383, Zweibr OLGZ **70**, 309) und nach Art u Grad der Unmöglichk (Coing SJZ **49**, 534), dh danach, ob die mögl bleibende Leistg noch im Rahmen des konkr Schuldverhältnisses liegt, also wirtschaftl eines ganz anderes bedeutet; vgl Scherner JZ **71**, 533; das bedingt eine Prüfg wie bei § 139, ob das SchuldVerh auch über den mögl Teil zustande gekommen wäre; beachte aber, daß § 275 grdsätzl vom Bestehenbleiben des Schuldverhältnisses bei Teilunmöglichk, also von der Ausnahmefolge des § 139 ausgeht. Auch die bloße Unmöglichk von Nebenleistgen kann uU Unmöglichk der Gesamterfüllg bedeuten, RG **88**, 37. – Auf der **Verschlechterg** der Sache sind die Grds über die teilw Unmöglichk entspr anwendb. Unmöglichk ist daher gegeben, wenn Leistg keine ordngsmäß Erf der Verbindlichk mehr darstellt, Oldbg NJW **75**, 1788. Ab Überg gelten jedoch für Kauf, Miete u WerkVertr Sondervorschriften. – Die bloß **zeitweilige** Unmöglichk ist bei einmaliger Verpflichtg keine teilw, für sie gelten die Regeln des **Verzuges**, vgl näher oben Anm 4; anders bei Unterlassgspfl (Dauerverpflichtg), vgl ganz § 284 Anm 1a.

6) Die Wirkgen des nachträglichen Eintritts von Unmöglichk od Unvermögen sind verschieden, je nachdem, ob der Schu ihn **zu vertreten** hat. Hat er das, so haftet er nach § 280 auf SchadErs, andernf wird er befreit, § 275. Ob der Schu die Unmöglichk zu vertreten hat, ist keine Frage des ursächl Zusammenhangs (dieser muß außerdem gegeben sein), sond da, wo (wie zumeist) Versch gefordert wird, eine solche des **Verschuldens.** Hat Schu dch seine Hdlg die Leistg unmögl gemacht, so hat er die Unmöglichk nicht zu vertreten, wenn sein Handeln gerechtfertigt war; etwa bei Selbsthilfeverkauf (HGB 373), Handeln als GeschFührer oA im Interesse des Gläub, vgl BGH JZ **57**, 666. Was Schu zu vertreten hat, ergeben §§ 276–279; danach hat uU der Schu die Unmöglichk auch bei eig Schuldlosigk zu vertreten, so in den Fällen der §§ 278 (Haftg für Hilfspersonen), 279 (Einstehen für Unvermögen bei Gattgschulden, falls Leistg aus der Gattg noch mögl ist), ferner, wenn die Unmöglichk währd seines Verzuges mit der Leistg eintritt: § 287 S 2. Für eintretende Geld-Mittellosigk hat er einzustehen, vgl § 279 Anm 1. Zu vertreten hat der Schu auch ein Unvermögen, das dch den Gläub selbst, aber erst inf schuldhaften vertragswidrigen Verhaltens des Schu, das den Gläub zu der Hdlg genötigt hat, herbeigeführt worden ist, vgl RG JW **10**, 805. Öffrechtl Anordnungen, die zu Unmöglichk od Unvermögen führen, hat der Schu idR nicht zu vertreten, so Beschlagn u polizeil Verbote, RG JW **11**, 94; zu vertretde Unmöglk aber, wenn Schu Grdst zur Abwendg der Enteignung an Gemeinde verkauft, BGH NJW **69**, 461. Auch nicht unmittelb verschuldetes späteres Eintreten von Unmöglk od Unvermögen ist vom Schu dann zu vertreten, wenn er bei VertrSchl mit einem solchen Eintreten rechnen mußte u die Gefahr auf sich nahm, vgl RG **93**, 181, BGH Betr **60**, 261, wobei Gläub in entspr Anwendg des § 326 Fr setzen kann, wenn Dauer des Unvermögens zweifelh, BGH **LM** § 242 (Be) Nr 24 (das „Verschulden" liegt dann bereits im VertrSchl, vgl § 276 Anm 6), ferner, wenn das Eintreten auf schuldh Versäumen, sich rechtz einzudecken, beruht, RG 95, 264, selbst wenn Verzug (mit der Folge des § 287 S 2) noch nicht gegeben war. Es sind danach für die Prüfg der Vertretbark stets die Gesamtumstände zu berücksichtigen.

7) Bedeutg des § 275 insbesondere. Er spricht die Befreiung des Schu aus unter den beiden Voraussetzgen der nachträgl eintretenden Unmöglichk u der Nichtvertretbark (Anm 6) dch den Schu. Unvermögen steht gleich, II, vgl aber für Gattgsschulden § 279. Die **Gefahr** der Leistg trägt danach grdsätzl der Gläub. Der Eintritt der Unmöglichk bedeutet keine **Vernichtg des Schuldverhältnisses,** sowie etwa bei der anfängl Unmöglichk, die zur Nichtigk führt, § 306. Dementspr vermag das SchuldVerh, wenn der Schu einen Ersatz od ErsAnspr erlangt hat, noch Ansprüche des Gläub hierauf zu erzeugen, § 281. – Der Erhebg einer Einr dch den Schu bedarf es nicht, um die Befreiung herbeizuführen; doch trifft den Schu nach Treu u Glauben eine Pfl zur Anzeige der Unmöglichk an den Gläub. – Für die **GgLeistung** bei ggs Verträgen gilt § 323. – Verschulden des Gläub ist für § 275 unerhebl. Es hat nur bei ggs Verträgen insb für die Verpflichtg des Gläub zur GgLeistg Bedeutg, § 324.

8) Verfahrensrechtliches. Vgl hierzu § 282: bei gegebener Unmöglichk hat der Schu die BewLast dafür, daß sie von ihm nicht zu vertreten ist, sowie für das Fehlen des ursächl Zushanges zw dem von ihm zu vertretenden Verhalten u dem Erfolg, der Unmöglichk. Daß Unmöglichk selbst vorliegt, hat auf die Erfüllungsklage des Gläub hin – als rechtsvernichtende Tats – der Schu zu beweisen. Steht die Unmöglichk (od das Unvermögen) fest (ist sie vom Schu geltd gemacht u vom Gläub nicht bestritten od vom Schu bewiesen), so ist die Klage auf Erf abzuweisen, da ein Urt auf eine Leistg, deren Unmöglichk feststeht, widersinnig wäre, BGH NJW 72, 152, 74, 1552, 1554, 2317, Betr 76, 573, hM. Steht dagg die Unmöglichk (das Unvermögen) noch nicht fest, sond ist das Eintreten vom Schu – wenn auch unter BewAntritt – geltd gemacht, so handelt dies eine alsbald Verurteilg nicht, sofern der Schu die etwaige Unmöglichk zu vertreten hat, RG 54, 28, **107**, 18, Kblz NJW **60**, 1253, K. Schmidt ZZP **87**, 61, str, aA Meincke AcP **171**, 22; der Bew über die Unmöglichk ist also nicht zu erheben. Der Gläub kann, wenn er in solchem Falle ein Urt auf Leistg erzielt hat, sich im Wege der Vollstr selbst davon überzeugen, ob die Erf nicht doch mögl ist, und dann gem § 283 vorgehen.

9) Zusatz: Notwendigkeit behördlicher Genehmigg von RGeschäften. **Verhältnis der Genehmigungspflicht zur Unmöglichkeit;** GenErfordern bestehen zB für GrdstGeschäfte aus BBauG u GrdstVerkG (vgl darüber Übbl 12b vor § 873, auch § 313 Anm 15), für Verträge von Gemeinden (Gen der AufsBeh nach den Gemeindeordngen, vgl § 125 Anm 1b), nach MRG 53 (gilt noch für Interzonenhandel, BVerfG NJW **65**, 741), nach WährG 3 (vgl § 245 Anm 5). GenErfordern nach ausl R kann aGrd völkerrechtl Vertr auch dann zu beachten sein, wenn der Vertr dtsch R anwendb, BGH NJW **70**, 1002. – Als Gen wird hier, anders als in §§ 182ff, auch die vor GeschAbschl erteilte Gen bezeichnet. – Erklärt die für Gen zust Stelle ein Gesch für genehmiggsfrei, so ist Gen nicht erforderl, BGH **1**, 294, ähnl **14**, 4, einschränkd BGH NJW **69**, 923. Auch UnbedenklBescheinigg der PreisBeh bei GrdstGesch stand PreisGen weitgehd gleich, BGH **14**, 4. – Die Gen kann für das VerpflGesch, das ErfGesch od für beide erforderl sein; uU betrifft sie keines von beiden, zB GenPfl nach EinzelhandelsschutzG bei Betreiben von Verkaufsstellen berührt Verträge über Veräußerg von Verkaufsstellen nicht, Hbg MDR **49**, 359. Folgdes wird, falls keine anderw Einzelregelg besteht, zu gelten haben:

a) Behördl Gen ist bereits **zum Verpflichtgsgeschäft** erforderl, gleichgült, ob sie außerdem zum ErfGesch nötig ist: Hier ist die Erteilg der Gen uneigentl (Rechts-)Bedingg des Verpflichtgsgeschäfts, gesetzl WirksamkVoraussetzg, nicht Teil des rechtsgeschäftl Tatbestandes. **aa)** Bis zur Entsch der Beh besteht ein Zustand **schwebender Unwirksamkeit** (Begriff Übbl 4c vor § 104), stRspr, RG **129**, 376 (Rentengutsvertrag); RG **75**, 406, **76**, 385 (Schenkgenehmigg); RG **98**, 47, 103, 106, **106**, 145, **123**, 330, **154**, 306 (sämtl zur Bek 15. 3. 18 und zum *Pr* GrdstVerkG), RG DR **41**, 213 (zur GrdstVerkBek 26. 1. 37), BGH **14**, 311 (zu WährG 3), BGH **23**, 344 (WohnsiedlG), vgl auch Einf 2 und 4 vor § 182, § 134 Anm 2. Der Vertr ist nicht nichtig, da er weder gg ein gesetzl Verbot (§ 134) verstößt, noch auf eine unmögl Leistg gerichtet ist (§ 306), BGH **37**, 233. Auch eine Anwendg der §§ 307–309 kommt danach nicht in Frage, vgl RG JW **31**, 3450. (Nichtig sind aber beiders in UmgehgsAbs geschlossene Verträge, BGH NJW **68**, 1928; bei einseitiger UmgehgsAbs sind RGesch schwebd unwirks, vgl zB BGH NJW **53**, 1587.) – Ein Anspr auf Erf, ja auf Auflassg od Kaufpreiszahlg, ist zwar im Hinbl auf die schwebende Unwirksamk (noch) nicht gegeben, daher auch keine Klage auf Leistg, „nach Beibringg der Genehmigg", RG **98**, 246, RG DR **41**, 214, wohl aber auf Feststellg, daß Vereinbgen bestimmten Inhalts getroffen sind, RG **121**, 157; bei Nichtleistg tritt, da kein ErfAnspr besteht, auch kein Verzug ein, auch Rechte aus § 326 können demgem nicht ausgeübt werden, RG **168**, 266 (devisenrechtl Gen). Da der Vertr jedoch nach dem erklärten Willen der VertrPartner wirks werden soll, hat jeder Abschließende die TreuPfl, das Seine zur Herbeiführg der Gen u somit zum Wirksamwerden des Vertr zu tun, RG **129**, 376, RG **115**, 38, **119**, 334, BGH JZ **72**, 368, § 242 Anm 4 B c. Ebso besteht Pfl, die zur Vorbereitg der VertrErf notw Maßn zu treffen, Hbg MDR **72**, 947. Kein beliebiger „Rücktritt" mögl RG **98**, 246, vgl auch RG **114**, 159. Bei Verstoß SchadErsPfl uU auf das ErfInteresse, vgl § 276 Anm 6c. Klage auf Feststellg der **Mitwirkgspflicht** zul RG **121**, 157. Wird Gen unter der Voraussetzg einer VertrÄnderg erteilt, so muß Partei, zu deren Gunsten sie ausschlägt, der Änderg zustimmen, BGH NJW **60**, 523, § 242 Anm 4 B c u (zu WährG 3) § 245 Anm 5d. Voraussetzg der Pflicht ist, daß der Vertr, von den fehlenden Gen abgesehen, gültig, insb formgültig, abgeschlossen ist. Ausnahmsw kann sogar Pfl zum NeuAbschl eines dch GenVersagg nichtig gewordenen Vertrages bestehen, vgl BGH MDR **63**, 837 u jedenf besteht bei genehmiggsbedürft Vertr (aus § 242) weitgehde MitwirkgsPfl zu einer Gestaltg, die zur Gen führt, BGH DNotZ **66**, 742, vgl auch BGH NJW **67**, 830.

bb) Mit erteilter Genehmigg wird Vertr **vollwirksam.** Der GenBescheid ist daher, weil er privatrechtl gestaltende RWirkg hat, nicht widerrufl (RG **103**, 107, OGH **2**, 251, 305, OGH DNotZ **50**, 430, BayObLG **52**, 210, zT abw BVerwG **54**, 257); idR auch nicht mit RBehelfen anfechtb, wird daher wirks mit Zustellg, Widerruf berührt Wirksamk des Vertr nicht, BGH DNotZ **69**, 617 (zT abw GrdstVG 7, der Nachweis der

Unanfechtbark der Gen verlangt). Gen ist aber widerrufl, wenn PrivRGesch vorher nicht abgeschl, bis zu dessen Abschl, RG **106**, 142, vgl Lange NJW **50**, 731; erfolgt AnfKlage im verwaltgsgerichtl Verf bis zu diesem Ztpkt, so endet damit die Wirksamk der Gen (wg der aufschiebden Wirkg der AnfKlage), und jetzt erfolgender Abschl ist ungenehmigter; vorheriger Abschl bleibt als genehmigter voll wirks. Ob die Gen rückwirkende Kraft hat, ist mangels ausdr Regelg (so früher zB in Art 86 S 2 EG) aus dem Zweck der einzelnen Genehmigungen zu entnehmen, ja bei GenPfl nach MRG 52, BGH MDR **53**, 419, ja bei WSG BGH **LM** WSG § 4 Nr 3. § 184 (wie die §§ 182 ff überh) ist auf die behördl Gen als Staatshoheitsakt entspr anwendb RG **123**, 330, **125**, 55, **157**, 211 und **145**, 307, BGH NJW **69**, 1246, unrichtig daher OVG Münst JZ **59**, 417, wonach behördl Genehmiggen grdsätzl nicht zurückwirken sollen (Ergebn dort richtig, Bestätigg einer Satzgsänderg). Vgl auch Münzel NJW **59**, 1657.

cc) Bei **endgültiger Versagg** der Gen, die erst mit Rechtskr des Versaggsbescheides eintritt (BGH JZ **72**, 368) fällt mit der RBedingg aus u endet der Schwebezustand, vgl RG **172**, 1 (Aufzählg von Fällen), **168**, 351 (Devisengenehmigg), BGH DNotZ **53**, 397 (Preisgenehmigg), BayObLG **64**, 104. Das Gesch ist **unwirksam**, kann nicht mehr wirks werden (Ffm RdL **59**, 17); auch nicht dadch, daß Versaggsbescheid später aufgeh wird, BGH NJW **56**, 1918, JZ **72**, 368. Die §§ 134, 306 sind aber auch nunmehr nicht anzuwenden, demgem auch nicht §§ 307–309, RG JW **31**, 3450. Auch liegt nicht etwa nachträgl Unmöglichk der Leistg (§§ 275 ff, 323 ff) vor, da die Erteilg der Gen bereits gesetzl WirksamkVoraussetzg des Vertrages war; aA BGH **37**, 240, wo nachträgl Unmöglichk angenommen (jedenfall werden beide Teile frei u es liegt kein Wegfall der GeschGrdlage vor). Trifft einen der VertrPartner bereits beim VertrSchl selbst od bei Einl der VertrVerhandlungen ein Versch, hat er zB wie hier die ihm bekannte Tats der GenPfl dem andern, dem sie nicht bekannt zu sein brauchte, fahrl verschwiegen, so haftet er aus culpa i. c. auf Ers des Vertrauensschadens, vgl RG **114**, 159, ggf liegt argl Täuschg, § 123, vor (dann würde durch Anf Vertr rückw gänzl nichtig); uU besteht auch Haftg aus unerl Hdlg. **Verzögerg** der Gen steht der Verweigerg nur dann gleich, wenn sie die Erreichg des GeschZwecks in Frage stellt od den Part ein längeres Zuwarten nicht zumutb ist, oben Anm 4, OGH NJW **49**, 821, BGH NJW **78**, 1262.

b) Nicht schon VerpflichtgsGesch, wohl aber **Erfüllungsgeschäft bedarf der Genehmigg**: Kommt seltener vor (Beispiele: AusfuhrGen nach KRG 53, OGH NJW **49**, 425, OGH **4**, 147, BewirtschBestimmgen für nicht beschlagnahmte Waren, Schlesw MDR **49**, 358, BBauG 19, BGH **37**, 237, **67**, 34). VerpflGesch ist hier wirks geschl, nicht schwebd unwirks wie zu a, auch ist es nicht wg Verstoßes gg ein gesetzl Verbot nichtig (§ 134, vgl dort Anm 2), noch deswg, weil die Leistg „verboten" (§ 134) od „unmöglich" (§ 306) ist. Denn die Erf ist nur wirks, nicht unmögl. Demgem kommen auch hier die §§ 307–309 nicht in Frage. Dagg ist die etwa vorgenommene Erf, zB Auflassg, schwebd unwirks; doch kann Fehlen der Gen auch zivilrechtl unschädl sein, so wenn Handeln ohne Gen gem AWG 33 od aus sonstigen Grden bloße Ordngswidrigk darstellt, BGH **LM** § 134 Nr 59. Klage auf Leistg nach Gen ist grdsl zul, BGH NJW **78**, 1262 (and fr iF nötiger devisenrechtl Gen, RG **143**, 328, und AusfuhrGen nach KRG 53, OGH NJW **49**, 425). — Die Pfl beider VertrPartner zur Herbeiführg der Gen ist hier echte VertrPfl, bei Verzug gilt ggf § 326, RG HRR **36**, 388. — Wird **Genehmigg** endgültig **versagt**, so entfällt die RBedingg der Erf. Dies ist, in Blickrichtg auf den Vertr, als Eintritt nachfolgender (dauernder) Unmöglichk der vereinbarten Leistg (§§ 275 ff, 323 ff) anzusehen, so RG **149**, 349, BGH NJW **69**, 837, stRspr; eine etwaige Rückwirkg (vgl oben a) steht nicht im Wege, da das „Geschäft", auf dessen VornahmeZtpkt die Rückwirkg geht, nicht der Vertr, sond das ErfGesch ist (anders Clasen NJW **63**, 429). Die Versagg wird meist von keiner Partei zu vertreten sein, daher grdsätzl Befreiung des Schu nach §§ 275, 323, BGH NJW **69**, 837, jedoch können auch die §§ 280, 325, 324 anwendb sein, nicht dagg die Vorschr über Sachmängelhaftg, BGH aaO. Auch wo Unmöglichk nicht zu vertreten, müssen nicht immer §§ 275, 323 eingreifen, da sich aus § 242 uU Verpflichtg zur VertrÄnd u Wiederholg des ErfGesch ergeben kann, BGH **38**, 146, **67**, 34. UU kommt Haftg für Versch bei VertrSchluß in Frage, uU auch weitergeh SchadErs wg NichtErf des Vertrages (bei Gewähr od argl Vorspiegelg der NichtgenehmiggsBedürftigk), daneben ggf Haftg aus unerl Hdlg. — Das Gesagte (Eintritt nachfolgender Unmöglichk) gilt erst recht, soweit es sich um Verträge handelt, die bereits zu einer Zeit geschl waren, als die Erf noch genehmiggspflichtig war, RG JW **36**, 572, RG **146**, 64.

c) Nicht hierher gehört der Fall, daß die Möglichk der Erf des Vertrages von einer Gen abhängt, zB Vertr über Lieferg von Sachen, für die Herstellgsverbot (beim Schu od überh) besteht. Hier finden UnmöglichkRegeln Anwendg (Anm 1–8).

d) Wegfall des Erfordernisses der Genehmigung macht ungenehmigtes Gesch wirks, wenn es für diesen Fall geschl; aber auch sonst, wenn Schwebezustand noch bestand, vgl Hbg HEZ **2**, 306 (Abschätzgszwang für gebrauchte Kraftfahrz, Mü SJZ **50**, 824 (PreisVorbeh nach Preisfreigabe), BGH MDR **53**, 419 (Aufhebg der VermSperre), BGH BB/AWD **59**, 14 (nachträgl Ergehen einer AllgGen nach MRG 53), BGH **37**, 233 (Wegfall der GenPfl aus WSG für obligat Geschäfte), BayObLG **64**, 106. Rückwirkg tritt aber nicht ein (aA für Wegfall der GenPflicht nach WSG BGH NJW **65**, 41). Bezweckt das Gesch Umgehg od sollte Gen gar nicht eingeholt werden, so war es von Anfang an nichtig u kann nicht mehr wirks werden, BGH NJW **68**, 1928, DNotZ **69**, 351, wenn beide Teile diese Abs hatten (oben a). Ähnliches gilt bei Nichtigk eines GrdstKaufs wg Preisverstoßes, wenn Preise später freigegeben, BGH NJW **59**, 95.

276 *Haftung für eigenes Verschulden.*

I Der Schuldner hat, sofern nicht ein anderes bestimmt ist, Vorsatz und Fahrlässigkeit zu vertreten. Fahrlässig handelt, wer die im Verkehr erforderliche Sorgfalt außer acht läßt. Die Vorschriften der §§ 827, 828 finden Anwendung.

II Die Haftung wegen Vorsatzes kann dem Schuldner nicht im voraus erlassen werden.

Inhalt der Schuldverhältnisse. 1. Titel: Verpflichtung zur Leistung §276 1–3

Übersicht

1) Systematisches. Grundsätzliches
2) Verschulden
3) Vorsatz
4) Fahrlässigkeit
   a) Arten und Grade
   b) Maß. Einzelfälle
5) Haftungsverschärfungen und -milderungen
   a) gesetzliche Haftungsänderungen
   b) vertragliche Haftungsverschärfungen
   c) vertragliche Haftungsmilderungen
   d) gefahrengeneigte Arbeit
6) Verschulden bei Vertragsanbahnung (culpa in contrahendo) u anderem nichtvertraglichen Vertrauensverhältnis
   a) Rechtsgrund der Haftung für c. i. c.
   b) Sorgfaltspflichten
   c) Haftungen auf Schadensersatz
   d) Haftung beim Kauf
   e) Haftung aus dauernder Geschäftsverbindung
7) **Sog positive Vertragsverletzung**
   a) Allgemeines (Haftungsgrund, Begriff)
   b) Schlechtleistung
   c) Verletzung von Nebenpflichten
   d) nachvertragliche Pflichten
   e) Rechtsfolgen, insbesondere bei gegenseitigen Verträgen
   f) Verschulden von Erfüllungsgehilfen
   g) Konkursordnung § 17
   h) Verschiedenes
8) **§§ 276, 278 bei öffentlichrechtlichen Verhältnissen**
9) **Beweislast, Anspruchskonkurrenz**
10) **Verschuldens- und Erfolgshaftung**

1) Systematisches. Grundsätzliches. Im System des BGB wollen die §§ 276–279 zunächst den in § 275 angewandten Begriff „zu vertreten" best. Sie gelten daher überall, wo das G diesen Begriff verwendet, nicht nur bei Unmöglichk. Anwendsgebiet u RNatur der einz Vorschr des § 276 sind ungleichart:

a) I, 1 spricht aus, daß grdsätzl „Vorsatz" und „Fahrlässigkeit" (zusammen: „Verschulden", vgl Anm 2) zu „vertreten" sind.

aa) Sie sind zu vertreten vom **„Schuldner"**, also nur im Rahmen eines bereits vorhandenen (dch Vertrag od Gesetz begründeten) Schuldverhältnisses od eines unterm Schuldverh ähnl RVerhältnisses, zB bei Vertr-Anbahng, dauernder Geschäftsverbindg (vgl unten Anm 6) oder bei öffentlrechtl Beziehgen ähnl Art (vgl unten Anm 8). Innerh eines solchen besteht also grdsätzl VerschHaftg. (Über Fälle der Haftg ohne Versch innerh eines bestehenden Schuldverhältnisses unten Anm 10 a). Dagg spricht I 1 nicht aus, daß grdsätzl jedermann auch außerhalb eines Schuldverhältnisses sein schuldh Handeln zu vertreten habe. Inwieweit der Fall ist, wird anderweit, insb dch die Vorschriften über unerl Hdlgen, bestimmt; es gibt auch Fälle der Haftg ohne Versch außerh eines Schuldverhältnisses, vgl unten Anm 10b.

bb) Wenn **I 1** vom Vertretenmüssen spricht, so bedeutet das dem Wortlaut nach zunächst nur **Verantwortlichsein**, also die Haftgsvoraussetzgen, besagt aber noch nichts über die Haftgsfolge. Über den eigentl Wortlaut hinaus hatte jedoch das RG, die Annahme einer Lücke u ihre Ergänzg dch Rechtsfindg scheuend, unmittelb aus I 1 den Satz hergeleitet, daß jeder Schu innerh eines vorhandenen Schuldverhältnisses für schuldh Verletzen ihm obliegender Verpflichtgen, auch über die Haftg für Unmöglichk (§§ 275, 279 ff, 323 ff) u Verzug (§§ 284 ff, 326) hinaus, zum SchadErs verpflichtet ist (Haftg für sog positive VertrVerletzgen, vgl näher unten Anm 7).

b) I, 2 und 3 geben eine Begriffsbestimmg der Fahrlk u regeln die Zurechng für sie u den nicht bes definierten Vorsatz. Diese Bestimmgen gelten, anders als I 1, über den Rahmen bereits vorhandener Schuldverhältnisse hinaus, insb also auch für die unerl Hdlgen, aber auch außerh des SchuldR.

c) Abs II geht über den Rahmen von a, aa insof hinaus, als er auch für erst zukünftige od nur als mögl gedachte („im voraus") Schuldverhältnisse gilt. II gilt daher auch für die Haftg aus einer vertragl als mögl ins Auge gefaßten unerl Hdlg, vgl unten Anm 5b.

2) Verschulden. Begriff weder hier noch sonst im BGB festgelegt, in der RLehre str. Es ist obj pflichtwidriges (idR rechtswidriges) u subj vorwerfbares Verhalten eines Zurechngsfähigen, das meist zu einem schädl Erfolge geführt hat. Demgem erklärt I 3 die §§ 827, 828, die über die Zurechngsfähigk für unerl Hdlgen Bestimmungen treffen, hier für anwendb (nicht etwa gelten die Vorschriften der §§ 104 ff über Geschäftsfähigk). Über die Voraussetzgen der §§ 827, 828 vgl dort (Unterschied zw Zurechngsfgk u Versch vgl BGH **LM** § 828 Nr 1). § 829 ist nach hM nicht anwendb. Das Versch setzt danach Voraussehbark des ersten schädl Erfolges (zB der Beschädigg der VertrSache) voraus, nicht dagg des dadch entstandenen (über den ersten Erfolg hinausgehenden) weiteren Schadens (anders zB § 826), insb nicht dessen Höhe. Auch hins des weiteren Erfolges (Schadens) ist zum Versch nicht erforderl, daß der Täter bereits eine genaue Vorstellg von Art u Umfang des Erfolges gehabt hat (od hätte haben müssen), wenn er nur die Entstehg irgendeines Schadens vorausgesehen hat od hätte voraussehen müssen, vgl RG **69**, 344, **136**, 10, **148**, 165, BGH NJW **53**, 542, Köln VersR **78**, 471. – Versch setzt ua einen Eingriff in eine fremde RSphäre voraus, über „Versch gegen sich selbst" vgl § 254 Anm 2, § 351 Anm 2. – Voraussetzg der Bejahg der Haftg ist ferner adäquater **ursächlicher Zusammenhang** zw dem Verhalten u dem ersten Erfolg (haftgsbegründende Kausalität) sowie dem weiteren Schaden (haftgsausfüllde Kausalität); die Nichtvorhersehbark entfernterer Schad-Wirkgen kann uU dazu führen, die Frage, ob ein adäquater ursächl Zushang vorliegt, zu verneinen. Vgl näher über den ursächl Zushang sowie über die Vorteilsausgleichg Vorbem 5 u 7 vor § 249. – Die Frage nach Vorhandensein u Art des Verschuldens ist teils tatsächlicher, teils rechtlicher Natur, daher daraufhin revisibel, ob Begriffe der VerschArten verkannt sind, vgl dazu BGH **10**, 16 u 74, **LM** § 277 Nr 1, aber auch BAG **2**, 175 (richtige Subsumtion ist RFrage aber nur beschr nachprüfb) u dazu Hueck u Bötticher **AP** BetrVG 23 Nr 1. – Selbstmord eines Schuldners ist kein vertretb Versch dem Gläub ggü (str, s Grasmann Festschr f Ferid, 1978, 511, 516).

3) a) Vorsatz ist das Wissen u Wollen des rechtsw Erfolges, Soergel-Schmidt Anm 3; das gilt sowohl für das VertrR als auch für das R der unerl Hdlgen. Der Streit zw Vorstellgs- u Willenstheorie ist dch die Erkenntn überholt, daß zum Vors sowohl ein Wissens- als auch ein Willenselement gehört: Der Handelnde

277

§ 276 3, 4

muß den rechtsw Erfolg vorausgesehen u in seinen Willen aufgenommen h. Nicht erforderl, daß der Erfolg gewünscht od beabsichtigt war, RG **57**, 241, ebso ist BewegGrd unerhebl. Der Vors braucht sich idR nur auf die Verletzg des Vertr zu erstrecken, nicht auf den eingetretenen Schaden, BGH MDR **55**, 542. Das gilt im R der unerl Hdlgen sinngem: Bei § 823 I genügt Wissen u Wollen der Verletzg des geschützten R od RGutes, bei § 823 II Wissen u Wollen der SchutzGVerletzg, bei § 839 Wissen u Wollen der AmtsPfl-Verletzg, der eingetretene Schaden braucht vom Vors nicht umfaßt zu sein, BGH **34**, 381, NJW **65**, 963, VersR **72**, 492, stRspr, s auch § 823 Anm 9 c, § 839 Anm 6. And bei SchmerzGAnspr, hier muß sich Vors auf die Verletzg der in § 847 aufgezählten Lebensgüter beziehen, RG **142**, 122. And auch bei Anspr aus § 826, wo sich Vors auf die ges Schadensfolgen erstrecken muß, BGH NJW **51**, 596, s § 826 Anm 3a. Wie im StrafR umfaßt der VorsBegr im ZivilR neben dem unbedingten auch den bedingten Vors. Bedingt vorsätzl handelt, wer den als mögl erkannten rechtsw Erfolg billig in Kauf nimmt, BGH **7**, 313, VersR **52**, 223, **69**, 435. Abgrenzg ggü bewußter Fahrlk vgl BGH **LM** VVG 152 Nr 2, NJW **71**, 460, BAG VersR **71**, 528, Köln VersR **78**, 265.

b) Der Irrt über tatsächl Umst, aber auch der RIrrt schließt den Vors aus, RG **72**, 6, **84**, 194, **119**, 267. Zum Vors gehört nach hM im ZivilR das **Bewußtsein der Rechtswidrigk**, sog VorsTheorie, BGH NJW **51**, 597, **65**, 963, Ffm NJW **71**, 1614, Mayer-Maly AcP **170**, 154, Esser § 37 III, Larenz § 20 II. And die im StrafR geltde sog Schuldtheorie (StGB 16, 17, BGH GrStS **2**, 194), nach der ein vorwerfb VerbotsIrrt den Vors nicht beseitigt. Bei Verletzg eines strafrechtl SchutzG ist Bewußtsein der RWidrigk nicht erforderl, es genügt vorsätzl Schuld iS der Schuldtheorie, BGH NJW **62**, 910. Auch ErsPfl aus § 826 setzt nicht Bewußtsein der Sittenwidrigk voraus, Kenntn der Umst, die das Verhalten als sittenw erscheinen lassen, reicht aus, BGH NJW **51**, 597, s § 826 Anm 3 b. Daraus ist allg abzuleiten, daß der Irrt über grdlegde Anfordergen des Rechts (RBlindh) den Vors nicht beseitigt, Staud-Werner Vorbem 71 vor § 275, str. Unerhebl ist auch der RFolgenIrrt u der Irrt über Einzelh des Kausalverlaufs. Bedingt vorsätzl Verstoß gg grdlegde allg RPfl ist vorsätzl VertrVerletzg auch dann gegeben, wenn Schu nicht weiß, daß sein Verhalten zugl eine VertrVerletzg darstellt, BGH NJW **70**, 1082. – Im Ggsatz zum BGH tritt das BAG für eine Übern der Schuldtheorie in das ZivilR ein, BAG **1**, 79 uö, dagg Baumann AcP **155**, 495. – Wer sich auf einen der Vors ausschließden RIrrt beruft, trägt insow die BewLast, BGH **69**, 143. Entfällt Vors inf Irrt, besteht vielf Haftg wg Fahrlk, zum RIrrt vgl § 285 Anm 2. UnzurechngsFgk schließt Vors aus, auch wenn sie auf Alkoholgenuß beruht, BGH NJW **68**, 1132, nicht aber verminderte ZurechngsFgk, BGH VersR **67**, 126.

4) Fahrlässigkeit. Ihr Begriff ist bestimmt in **I 2**: Außerachtlassg der im Verk erforderl Sorgf; hierzu Nipperdey NJW **57**, 1777, der in Anlehng an BGH GrZS **24**, 21 bei Beachtg der im Verk erforderl Sorgf schon RWidrigk entfallen läßt; bedenkl, vgl § 823 Anm 7 A. Über Voraussehbark des Erfolges vgl oben Anm 2.

a) Arten und Grade der Fahrlässigk. **Arten** der Fahrlässigk: **bewußte** : Täter hat mit Erfolgsmöglichk gerechnet, aber fahrl auf Nichteintreten gehofft, und **unbewußte** : Erfolgsmöglichk fahrl nicht erkannt. **Grade** (Stufen) der Fahrlk: **leichte** oder gewöhnl (dafür wird idR gehaftet, § 276), **grobe u konkrete** Fahrlässigk. Über die beiden letzteren § 277 Anm 2, 3. Neuerdings wertet die Rspr (insb das BAG bei gefahrgeneigter Arbeit) die **ganz leichte** Fahrlk besonders (ähnl das früh GemR) u schränkt Haftg dafür ein, BAG **AP** § 611 Haftg des ArbNehmers Nr 8, 14, vgl dazu Mayer-Maly AcP **163**, 114. – Wer bei einem Partner schweres Versch ist, soll nach BAG AP § 611 (Haftg des ArbNeh) Nr 37, Betr **70**, 1547 im Verh zu anderem leichter wiegen können; dagg mit guten Gründen Buchner NJW **67**, 2381. – Über Fahrlk beim **Rechtsirrtum** oben Anm 3 und § 285 Anm 2.

b) Abweichd vom StrafR gilt im BGB kein individueller, sond ein auf die allg VerkBedürfn ausgerichteter **objektiver**, abstrakter SorgfMaßstab. Das G spricht von „**erforderlicher**", nicht „üblicher" **Sorgfalt,** BGH **8**, 141, VersR **62**, 250; eingerissene Verkehrsunsitten u -nachlässigkeiten entschuldigen daher nicht. IdR aber kein Versch, wenn die zust Fachleute die getroffenen Maßn für ausreichd hielten, BGH NJW **71**, 1882. Das Verhalten jedes VertrPartners muß so sein, daß Schaden für den anderen möglichst vermieden wird. Daher handelt ggü seinen VertrPartnern fahrl, wer einen nicht vertrauenswürd (erhebl vorbestr) GeschFührer bestellt, BGH NJW **70**, 1314. Mehr als das im Verk Erforderliche wird vom einzelnen nicht verlangt, Warn 11 Nr 270. Die Berücksichtigg von Anschauungen eines engeren VerkKreises ist nicht ausgeschl RG **102**, 49, sond geboten RG **126**, 331 (Fahrgäste auf Vergnüggsdampfer), **152**, 140, BGH **LM** (Cd) Nr 4 (Verweig eines Kindes aus dem Gefahrenbereich einer landwirtschaftl Maschine); auch örtl Verhältnisse sind zu berücksichtigen RG **113**, 426; ebso zeitliche (was erforderl ist, ist uU nach den Zeitumständen verschieden). Erforderl ist das Maß an Umsicht u Sorgf, das nach dem Urt besonnener u gewissenh Angehöriger des betreffden VerkKreises von den in seinem Rahmen Handelnden zu verlangen ist, BGH NJW **72**, 151. Vorsorge für alle abstrakt denkb Schadensrisiken kann nicht verlangt w, es muß die naheliegde Möglichk einer Schädigg bestehen, BGH VersR **75**, 812. Sicherungsvorkehrgen sind auch dann zu treffen, wenn sie mit Zeitverlust, Unbequemlichk od finanziellen Opfern verbunden sind, BGH NJW **53**, 258; sie können aber idR nicht verlangt w, wenn sie nicht od kaum zu beschaffen sind. Da der Maßstab des § 276 objektiv ist, ist es bei vertragl SchuldVerh idR unerheblich, ob Verstand, Einsicht, Geschicklichk, Körperkraft od sonstige vom Willen unabhängige Eigenschaften des betreffenden Schuldners über od unter dem im Verk Erforderlichen liegen, RG **119**, 400, **152**, 140, stRspr, abgeschwächt auch BGH **LM** (Be) Nr 2 (str, aber berechtigt: Handelnder hätte letzterenf von dem VertrAbschl überh Abstand nehmen sollen). Hatte allerdings der andere VertrTeil Kenntn von der persönl Unzulänglichk des Handelnden, so sind uU die Anfordergen herabzusetzen, RG **119**, 399. Unsachgem Maßnahmen sind keine Fahrlk, wenn in unverschuldeter, nicht vorausseh b Gefahrenlage keine Zeit zur Überlegg blieb, BGH **LM** ZPO 286 (A) Nr 2, NJW **76**, 1504; das richt (als richt erkannte) Verhalten muß dem Schu auch zumutb sein, BGH **LM** § 828 Nr 1. – Die Anfordergen des Verkehrs sind für die einzelnen **Handlungstypen** (je nach Größe der damit verbundenen Gefahr RG **147**, 356) u für die verschiedenen **Menschengruppen** (Berufs-, Alters-, Bildgs-, Lebenskreise) **verschieden** u verschärfen od mildern den Haftgmaßstab zwar nicht nach der Eigenpersönlichk des einzelnen, aber nach seiner Einordng in die jeweilige Gruppe, BGH

Inhalt der Schuldverhältnisse. 1. Titel: Verpflichtung zur Leistung § 276 4

39, 283, BAG Betr 72, 780, stRspr, zB Kind (BGH NJW 70, 1038), Jugendl (BGH LM [Be] Nr 2, BGH VersR 67, 159), Landwirt, Richter, Arzt usw, RG 95, 17; das HGB verlangt demgem die Sorgf eines ordentl Kaufmanns, eines ordentl GeschManns, Frachtführers, Spediteurs usw, zB HGB 347.

c) **Weitere Einzelfälle der Fahrlässigk** aus der Rspr (vgl auch § 242 Anm 4 B, § 254 Anm 3, unten Anm 6 u 7, ferner zu den einzelnen bes Schuldverhältnissen, insb §§ 611, 675, 823, 839): **Abbruchunternehmer:** Düss VersR 69, 1051. – **Anlagenberatg:** Haftg für – dch BeratgsGesellschaft, BGH BB 78, 1031; dch Herausgeber eines Börsendienstes, BGH 70, 356, Köndgen JZ 78, 389; dch Bank, BGH WPM 76, 630; dch Gründer u Initiatoren einer PublikumsKG, BGH NJW 78, 1625. – **Architekt** (vgl Bindhardt, Haftg des –, 7. Aufl 1974): Er ist für statische Berechng nicht verantwortl; bemerkt er aber Fehler, so muß er Nachprüfg veranlassen, BGH VersR 64, 1045, 67, 260. BeratgsPflten, Ganten BauR 74, 78. Pfl zur Beratg des Bauherrn hins Geltdmachg von SachmängelR, BGH NJW 73, 1457. AufsPfl bei örtl BauAufs, BGH VersR 69, 473, 70, 571, 71, 818, 74, 167, Brschw VersR 74, 436, bei Abbruchsarbeiten, Düss VersR 69, 1051. Grdsätzl keine Pfl zur Beratg hinsichtl steuerl Vergünstiggen, BGH 60, 1. Mangelh Wohnflächenberechng, Mü BauR 73, 122. – **Arzt:** er ist ihm fallen die Voraussetzgen eines vertrgl u delikt Haftg idR zus, s daher § 823 Anm 14 unter „Ärzte" u „Krankenhaus". Zur AufklärgsPfl des Arztes bei Operationen u sonst gefährl BehandlgsMaßn s § 823 Anm 7 B f. Zur BewLast Vorbem 8 a cc u c cc vor § 249 u § 282 Anm 2 e. Haftg wg Verletzg der SchweigePfl BGH NJW 68, 2288; Haftg für Diebstahl im Sprechzimmer RG 99, 35, ebso im Krankenhaus, Karlsr NJW 75, 597. Vgl auch die RsprÜbersichten von Petersen, DRiZ 62, 194, 233 u Gaisbauer VersR 72, 419, ferner Deutsch VersR 77, 101. – **Baggerunternehmen:** BGH NJW 61, 1523. – **Bank:** Haftg für Auskunftserteilg RG 139, 103, BGH WPM 73, 636, Hbg WPM 75, 703 (Kreditwürdigk eines Kunden); für falsche Anlagenberatg BGH NJW 73, 456; bei Vermittlg von ausl Investmentanteilen, BGH WPM 76, 630; für Abw von Weisgen bei AuszahlgsAuftr BGH NJW 75, 558, bei Überweisgen BGH WPM 72, 308; SchutzPfl ggü KreditNeh, dem sie Darl zur Sanierg einer PublikumsKG gibt, deren HauptGläub sie ist, BGH Betr 78, 1923. Scheckeinziehg BGH 5, 290, 6, 55, 13, 127, 22, 304. Barauszahlg eines Verrechnungsschecks BGH 26, 268. Einlösg eines Verrechnungsschecks in einer Weise, die Barauszahlg prakt gleichsteht, BGH Warn 68, 270, LM § 899 Nr 12. Prüfg der Echth des Schecks, BGH NJW 69, 694, WPM 71, 474, Karlsr WPM 75, 461, LG Bln NJW 77, 586; Nichtaufklärg über VermögensVerh eines Wechselbeteiligten bei Diskontierg eines Wechsels, BGH WPM 77, 638. Unterlassen des Hinw auf devisenrechtl Verbot, BGH 23, 226, auf steuerschädl Vfg bei steuerbegünstigtem Sparen, BGH NJW 64, 2059. Verletzg der VerschwiegenhPfl bei Eingang einer Überweisg BGH 27, 241. Finanzierg von Abzahlgskauf vgl BGH 33, 296, 47, 207, 217. Beratg über wirtschaftl Folgen bei EffektenGesch BGH WPM 72, 281, Interessenwahrg hinsichtl Sicherggsgut, BGH WPM 72, 72, SorgfPfl, wenn Darl erst nach Sicherg dch GrdSch ausgezahlt w soll, BGH WPM 70, 710. – **Bundesbank:** Keine Pfl, in Zahlgsschwierigk geratene Bank vom AbrechngsVerk auszuschließen, BGH NJW 78, 1853. – **Bankkunde:** Haftg für Aufbewahrg von Scheckformularen RG 81, 254, für Nichtmitteilg des Verlustes von Kundenkarte, BGH NJW 68, 37, für NichtAnzeige von Falschbuchgen Ffm WPM 72, 436. – **Berggasthaus:** VerkSichgPfl Mü OLGZ 65, 23. – **Betriebsunternehmer** bei Benutzg neuartigen Gerätes vgl BGH LM (Cd) Nr 4. – **Eisenbahnverwaltg:** Haftg für VerkSicherh auch in Wartesälen RG JW 16, 737. AufsPfl RG 121, 382. Funkenflug bei Verwendg von Braunkohlen in Kriegs- u Nachkriegszeit RG NJW 49, 908. – **Fahrlehrer:** BGH NJW 70, 2197, KG VersR 75, 830. – **Finanzmakler:** SorgfPflten ggü Kreditinstitut, BGH WPM 70, 1270, Mü NJW 70, 1924. – **Gastwirt:** Haftg für Gefahrlosigk der Räume RG JW 39, 1004, RG 160, 156; Sicherg vor randalierden Gästen, KG VersR 72, 157; Bewachg der Garderobe, Gaisbauer VersR 72, 723. – **Gemeinde:** Haftg für Schäden aus einer von ihr betriebenen Wasserleitg RG 132, BGH 17, 191, für Verunreinigg des abgegebenen Trinkwassers BGH LM (C) Nr 15. – **Gerichtsvollzieher:** vgl § 839 Anm 15. – **Grundstücksmakler** haftet uU für Nichtmitteilg der Unzuverlässigk des Arch, der verkauftes Haus baute, BGH Betr 67, 2215. – SorgfPfl des vom Kreditsuchden beauftragten **Grundstücksschätzers** ggü Bank, Saarbr NJW 72, 55. – **Jäger:** RG 98, 58, BGH MDR 59, 33. – **Jagdveranstalter:** RG 128, 43. – **Kindertagesstätte:** KG OLGZ 74, 191. – **Kraftfahrer:** vor Eisenbahnübergang RG 157, 193; Selbstbeobachtg auf Ermüdg LM (Cg) Nr 6; Rennfahrer Brem DAR 55, 192. Irrt über Inhalt der StVO, BGH NJW 58, 2066. Fahrlk bei ihm unbekannten Augenfehler, BGH JZ 68, 103. Faustregel für Mindestabstand: die halbe Tachozahl in Metern, BGH NJW 68, 450. – **Kfz-Betriebe:** Nachfüllen von Frostschutzmitteln, Ffm DAR 73, 296; Schließen der Motorhaube, Oldbg DAR 67, 274; Nichtmitteilg des festgestellten zu geringen Getriebeölstandes, Düss DAR 77, 322; Waschanlage BGH NJW 74, 1143, BGH NJW 75, 685, KG Betr 77, 1501; LG Kass VersR 78, 190; Pfl zur Sicherg vor Diebstahl, BGH NJW 74, 900, Brem VRS 37, 252, Köln Betr 73, 615, Düss NJW 75, 1034. – **Kranführer:** Hamm VersR 74, 670. – **Krankenhaus:** RG JW 38, 1246, BGH JR 52, 239 (Außerachtlassg öffrechtl Vorschr), BGH NJW 58, 2107 (Pfl, Eines öff Test zu ermöglichen), Karlsr MDR 75, 226 (SicherysMaßn gg Diebstahl). – **Motorradrennfahrer:** RG 127, 315. – **Notar:** vgl § 839 Anm 15, ferner Einf 2 h vor § 611. – SichergsPflten beim Befüllen von **Öltanks:** BGH VersR 70, 812, NJW 72, 42, VersR 73, 713, NJW 78, 1576, Appel Schlarmann VersR 73, 993. – **Patentanwalt:** Pfl, nach entggstehden älteren Schutzrechten zu forschen, BGH 52, 359. – **Rechtsanwalt** (vgl Boergen, Die vertragl Haftg des RA, 1968; Müller JR 69, 161): Bei Bitte um Beratg ist RA zu allg, umfassder u möglichst erschöpfend Belehrg verpflichtet, BGH NJW 61, 602, LM § 611 Nr 26 a; Anspr des AuftrGeb muß er nach jeder Richtg sorgfält prüfen, BGH VersR 67, 704, u den maßgebden Sachverhalt dch Befragg ermitteln, Mü VersR 74, 813 u den Mandanten vor mögl Schädiggen bewahren, BGH LM (Ci) Nr 25. Über ergangene gerichtl Entsch muß er Mandanten unverzügl u vollständ unterrichten, Ffm VersR 77, 41, ebso über Lauf u Ende der RMittelFr, BGH NJW 77, 1198. Er muß die Weisgen des Mandanten beachten, BGH VersR 77, 421, für rechtzeit Unterbrechg der Verj sorgen, Köln VersR 77, 438, u sicherstellen, daß der UnterbrechgsTatbestd zu beweisen ist, Köln OLGZ 77, 324. Er muß den seinen Mandanten etwa zustehdn HaftPflVersSchutz prüfen u die insow notw Schritte (Unterbrechg der Verj) vornehmen, BGH LM § 675 Nr 46. Ist unter seiner Beteil ein formunwirks Vertr abgeschl worden, muß er alle denkb Risiken aufzeigen, bloßer Hinw auf Nichtigk genügt nicht, BGH Warn 77 Nr 1. BelehrgsPfl bei Aussichtslosigk u bes Kosten, BGH VersR 74, 488, Düss VersR

279

§ 276 4, 5

73, 424, auch bei bloßer Zweifelhaftigk der RLage, RG **151**, 204; darüber, daß SchmerzGeldAnspr erst nach Einklagg vererbl ist, BGH NJW **60**, 1101; über versorggrechtl Risiken einer ScheidsVereinbg, BGH VersR **71**, 641, über drohden RVerlust inf FrAblauf, wenn GerKostenvorschuß verspätet gezahlt w, BGH NJW **74**, 2319; rechtzeit RMitteleinlegg, RG **118**, 126; allg anerk RLehre od höchstrichterl Rspr darf RA nicht übersehen, RG **87**, 187, BGH NJW **52**, 425, **74**, 1866 (1868); der sicherste Weg ist zu wählen, RG **151**, 264, BGH NJW **59**, 141; zwar keine Pfl zur RÜberwachg des Ger, doch dürfen gerichtl Vfgen nicht unbesehen u gedankenlos hingen w, RG JW **38**, 2738, 2739; ebsowenig Mitteilgen des GerVollziehers, Düss NJW **71**, 2077. Ob er die Wirksamk eines nach ausl R unter Beteiligg eines ausl RA geschl Vertr prüfen muß, ist Frage des Einzelfalls, BGH NJW **72**, 1044. Haftg des RA wg unricht ProzFührg Müller MDR **69**, 797, 896, 965. RA muß Mandanten ggf auch auf RegreßAnspr gg sich hinweisen; bei Verletzg dieser Pfl kann er sich nicht auf Verj des RegreßAnspr berufen, Übbl 3 v § 194 aE. Über Haftg von Anwaltssozietäten vgl § 425 Anm 1 c. Wahrnehmg eines Versteigerstermins dch Bürovorsteher BGH VersR **58**, 191. Haftg für Ausk über Solvenz des Mandanten, BGH NJW **72**, 678, Robrecht AnwBl **73**, 57. – **Rechtsbeistand:** Nach BGH VersR **71**, 866 sind an seine RKenntnisse, insb bei Anwendg von neuen Ges, geringere Anfordergen zu stellen als an RAnw. – **Reeder:** Haftg für körperl Unversehrth der Fahrgäste RG **126**, 330. – **Reiseleiter,** der die Gesellsch an Gefahrenstelle führt, Brschw VersR **52**, 103. – **Richter** vgl § 839 Anm 15. – **Sachverständiger:** Jessnitzer, Der gerichtl SV, 4. Aufl, 1973, im SchiedsGVerf BGH **42**, 315, im StrafProz BGH NJW **68**, 787, BGH **62**, 54, Bausachverständiger JR **71**, 365. – **Schiedsrichter:** keine weitergehde Haftg als Staatsrichter BGH **15**, 15. – **Schornsteinfeger:** Ffm VersR **75**, 244. – **Schrankenwärter:** BGH VersR **56**, 52. – **Schrotthändler:** BGH BB **53**, 992. – **Sportverletzgen:** BGH **63**, 140, NJW **76**, 2161, Deutsch VersR **74**, 1048, Grunsky JZ **75**, 109. – **Skiläufer:** BGH **58**, 40, Köln OLGZ **69**, 154, Mü NJW **74**, 189. – **Sprengarbeiten:** BGH **LM** (Cd) Nr 5, VersR **70**, 139, **73**, 1069. – Herabfallen von Drähten bei Starkstromleitungen RG **147**, 356. – **Steuerberater:** RG **169**, 267 u dazu Titze AkZ **43**, 15 (SchadErsAnspr des Klienten auf Ers der Steuergeldstrafe, weil er sich unschuldh von straflos machder SelbstAnz abgehalten hat). Haftg für Verlust von Steuervergünstigg, BGH VersR **68**, 48, BB **68**, 1263, Versäumg von AusschlFr, Köln VersR **74**, 671. Überwachg der Buchführg, BGH VersR **71**, 956, Betr **73**, 520, Düss Betr **74**, 1616. – **Verkehrsunternehmen:** Haftg für gefahrlose Abgangsmöglichk, BGH NJW **59**, 1081. – **Warenhausunternehmer:** Keine Pfl zur ständ Überwachg der in Garage abgestellten KundenFzge, sofern übl VollkaskoVers zG der Kunden besteht, BGH NJW **72**, 151, vgl auch Güllemann NJW **72**, 889. – **Wirtschaftsprüfer:** Haftg für Richtigk des von ihm geprüften JahresAbschl ggü Kreditgeber, BGH NJW **73**, 321, Durchlaub Betr **74**, 905, für Empfehlg, sich an einem Untern zu beteiligen, BGH WPM **75**, 763.

5) Haftungsverschärfgen und Haftgsmildergen. Die Haftg für Vors u Fahrlk tritt (nur) ein, soweit nichts and best ist, I S 1. Für eine Reihe von Fällen sieht das **Gesetz** Verschärfgen od Mildergen der Haftg vor, vgl zu den gesetzl Verschärfgen unter Anm 10 u zu den gesetzl Mildergen § 277 Anm 2 u 3. Die Verschärfg od Milderg der Haftg kann aber auch vertragl ausbedugen w.

A) Vertragliche Haftgsverschärfgen. a) Sie sind in IndividualVertr bis zur Grenze des § 138 zul, zB dch GarantieVertr, Übern jeder Haftg einschl höherer Gewalt, Begründg einer Gefährdgshaftg; diese kann aber nicht bereits aus dem Angebot einer vollautomat Leistg hergeleitet w, BGH NJW **75**, 685. Haftgsverschärfgen in **Allgemeien Geschäftsbedinggen** u FormularVertr sind nur verbindl, wenn sie sachl angem sind, vgl jetzt AGBG 11 Anm 4. Haftgserweitergsklauseln sind iZw eng u gg den auszulegen, der die Haftg erweitern will, BGH NJW **72**, 256, vgl auch unten B a aa.

b) Abreden, die die Höhe des SchadErs **pauschalieren,** sind aGrd der VertrFreih grdsätzl zul, BGH NJW **70**, 32 u 2017, BAG NJW **67**, 751, Lindacher VertrStrafe 1972, Beuthien Festschr f Larenz 1973 S 495; arg AGBG 11 Nr 5. Sie sind nach ihrem Zweck (BewErleichterg zG des Gläub) von der **Vertragsstrafe** zu unterscheiden. Soll in erster Linie die Erf der Hauptverbindlichk gesichert w, so handelt es sich um eine VertrStrafe nach § 339, die gem § 343 der richterl Kontrolle unterliegt. Bezweckt die Abrede die vereinfachte Dchsetzg eines als bestehd vorausgesetzten Anspr, liegt eine Schadenspauschale vor, BGH **49**, 89, NJW **70**, 32. Entscheidd letztl, ob es sich bei Würdigg aller Umst um den ernsth Versuch einer antizipierten Schätzg des typischerw entstehden Schadens handelt od nicht, Köln NJW **74**, 1953, iZw kann der Wortlaut gewisse Hinw geben, ,,SchadErs'', ,,entgangener Gewinn'' od ähnl spricht für Schadenspauschale, BGH NJW **70**, 32. Zur Abgrenzg im MaklerR vgl § 652 Anm 10 F. Pauschaliergs-Klauseln sind auch in **Allgemeinen Geschäftsbedingungen** grdsätzl zul, aber nur, wenn die Pauschale den bei normalem Ablauf zu erwartenden Schaden nicht übersteigt u dem Kunden der Nachw gestattet ist, der Schaden sei niedriger als der Pauschalsatz, vgl jetzt AGBGes 11 Nr 5. Auch für Schadenspauschaliergen in IndividualVertr w eine richterl Reduktionsmöglichk auf den angem Betr anzuerkennen sein; für entspr **Anwendg des § 343** Lindacher aaO S 168 ff, Staud-Kaduk § 343 Rdz 13, LAG Düss Betr **73**, 85, aA BGH NJW **70**, 32; für Begründg der Reduktion aus dem schadensersatzrechtl Bereichergsverbot Beuthien aaO S 504 ff. Schadenspauschalen in ArbVertr vgl Beuthien BB **73**, 92.

B) Vertragl Haftgsmildergen sind ebenf grdsätzl zul, u zwar auch für Anspr aus unerl Hdlg, RG **88**, 436, BGH **9**, 306, stRspr; fragl, ob das auch insoweit gilt, als die § 823 ff Leib u Leben schützen, Deutsch VersR **74**, 305. Nach II kein HaftgsAusschl für Vors, gleichgült ob Haftg auf Vertr od Ges (unerl Hdlg) beruht. Dagg kann Haftg für Vors von ErfGehilfen grdsätzl abbedungen w, § 278 S 2, vgl jedoch unten b.

a) aa) Bei vertragl Haftgsmildergen (Freizeichnungsklauseln) ist zunächst ihre Bedeutg dch **Auslegg** zu ermitteln. Sie sind iZw **eng** u gg den auszulegen, der die Haftg abdingen will, RG **142**, 335, BGH **22**, 96, **40**, 69, **47**, 318, **54**, 305, NJW **70**, 386, stRspr. Das gilt nicht nur für formularmäß Klauseln (vgl jetzt AGBG 5), sond auch für IndVereinbgen (so wohl auch BGH NJW **78**, 261). Ausschl von Gewährleistgs-Anspr bezieht sich iZw nicht auf SchadErsAnspr wg pos VertrVerletzg, BGH VersR **70**, 677, ebsowenig auf ErsAnspr aus unerl Hdlg (Produzentenhaftg), BGH **67**, 366 (and aus Elektrizitätswerk BGH **64**, 359), wg falscher Beratg, BGH **47**, 318, **LM** § 157 (Gf) Nr 6 od wg fehlerh Ablieferungsinspektion, BGH NJW **69**, 1708/2043; ebso nicht auf SchadErsAnspr wg Verletzg der NachbessergsPfl, BGH NJW **76**, 235, Betr **78**, 1172, HaftgsBeschrkg eines Lagerhalters, gilt uU nicht für Anspr aus §§ 823 ff, BGH VersR **71**, 617,

623; das gilt entspr für Architekten, BGH WPM **75**, 597. Umgekehrt läßt Ausschl von SchadErsAnspr idR die gesetzl GewährleistgsR unberührt, LG Ffm VersR **70**, 871, nicht aber ggü Elektrizitätswerke, BGH **64**, 359. HaftgsAusschl für Material- u Bearbeitgsfehler betrifft iZw nicht Konstruktionsfehler, Celle BB **70**, 513. HaftgsAusschl für mittelb Schäden gilt nicht bei Verzug mit rechtskr festgestelltem Anspr, BGH VersR **69**, 61, iZw auch nicht für Anspr aus unerl Hdlg od Verletzg einer nachvertragl BeratgsPfl, BGH NJW **71**, 1130. UU kann die mit dem Besitzer vereinb HaftgsBeschrkg dem Eigtümer entggehalten w, BGH NJW **74**, 2178, VersR **76**, 1129. Freizeichn in AGB der Banken (vgl dazu Liesecke WPM **70**, 502): Freizeichng für Rat u Ausk schließt Haftg für pflichtw unterl Beratg nicht aus, BGH VersR **64**, 744, BB **67**, 1309, sie gilt nicht für fernmündl Scheckbestätiggen im Verk der Banken untereinander, BGH **49**, 173 (hierzu krit Beuthien JZ **68**, 472), Ausk „ohne Obligo" bedeutet Hinw auf HaftgsBeschrkg gem AGB, aber keine weitergehde Haftgsfreistellg, BGH NJW **70**, 1737. Freizeichng erstreckt sich idR nicht auf Fälschgsrisiko, BGH NJW **68**, 37, vgl aber auch BGH NJW **69**, 694, sie gilt auch nicht bei Buchg auf falschem Konto, BGH NJW **68**, 742, vgl auch BGH NJW **54**, 997. Klausel, wonach Kunde auf eig Gefahr handelt, enthält iZw keinen HaftgsAusschl, da das Ges unter Gefahr nicht zu vertretde Ereignisse versteht, BGH Betr **72**, 34, Mü VersR **74**, 201.

bb) Die Haftgsmilderg kann auch **stillschweigd** vereinb w, vgl § 254 Anm 6a; dort auch zum Haftgs-Ausschl dch Aushang od ähnl.

cc) Zul auch die Vereinbg von Haftgsmilderg mit Wirkg **zugunsten Dritter.** Da die §§ 328 ff für schuldrechtl VfgsGesch nicht gelten (vgl Einf 5b vor § 328), nimmt die Rspr bei derart Abreden ein pactum de non petendo zGDr an, BGH VersR **60**, 727; idR gilt jedoch über §§ 423, 397 eine dingl Wirkg begründen: Fdg kann ggü einem GesSchu mit GesWirkg erlassen w; das hat entspr für Verzicht auf künft Fdg zu gelten, vgl BGH BB **56**, 1086 u § 397 Anm 1b. Haftgsmilderg gelten iZw auch ohne ausdrückl Einschluß für die ArbN des Schu, BGH NJW **62**, 389 (vgl auch BGH VersR **71**, 412), uU sind sie auch auf sonst ErfGehilfen auszudehnen, BGH VersR **60**, 729, WPM **77**, 785 (HaftgsBeschrkg des HauptfrachtFü u des Schiffers u UnterfrachtFü), sow nicht die der Vertr entggesteht, BGH VersR **72**, 40. Insb ist eine Einbeziehg in den Schutzbereich der Haftgsmilderg dann geboten, wenn der ArbNeh einen Freihaltgs Anspr wg gefahrengeneigter Tätigk gg den Untern hätte, eine Freizeichng ohne Ausdehng auf den ArbNeh also sinnlos wäre, BGH NJW **62**, 389, Hbg VersR **72**, 659. Krit Helm AcP **161**, 516, Gernhuber JZ **62**, 553, Schmidt-Salzer BB **69**, 297, Gerhardt VersR **71**, 381, Riedel HaftgsAusschl in der Energieversorgg, 1972, 51 ff. Auch Abreden über AusschlFr od Abkürzg der Verj wirken iZw zG der ArbN des Schu, BGH **LM** HGB 612 Nr 4, vgl auch § 328 Anm 2b aE. Besteht für den Mieter eines Kfz eine Haftgsmilderg (vgl § 254 Anm 6a), so gilt diese auch für den von ihm beauftragten Fahrer, BGH **22**, 122, Nürnb VersR **71**, 259, KG OLGZ **75**, 8. Zw Mieter eines Zelts u Benutzer vereinb HaftgsVerz wirkt uU zG des Vermieters, Hamm Betr **75**, 1650. Dagg hat Haftgsbegrenzg in Garantiekarte des Herstellers idR keine Wirkg zG des Verk, Bader NJW **76**, 212.

b) Nach der Auslegg der Haftgsmilderg ist ihre **Wirksamkeit** zu prüfen. Verbote von Haftgsmilderg enthalten StVG 8a II, RHaftpflG 5, LuftVG 49, BerBildG 5 II, GüKG 26, 85 (vgl BGH **49**, 218, 221, VersR **73**, 73), FuttermittelG 6 (BGH **57**, 298), FernUSG 2 V Nr 3. Außerdem kann die Haftgsmilderg gg § 138 verstoßen. Haftgsbeschränken in **Allgemeinen Geschäftsbedinggen** sind nur verbindl, wenn sie sachl angem sind. Diesen zunächst von der Rspr herausgebildeten Grds hat der GesGeber nunmehr in AGBG 9 u 11 Nr 7ff kodifiziert u dabei die Zulässigk von Freizeichngsklauseln weiter beschr; vgl AGB-Ges (hinten unter NebenGes).

C) Im **Arbeitsverhältnis** gelten zT bes HaftgsGrds. Die Rspr erstreckt die Haftg des ArbGeb aGrd des § 242 u der FürsPfl in best Fallgruppen über § 276 hinaus, vgl § 611 Anm 11b, § 615 Anm 3b. Der ArbNeh haftet grdsätzl gem § 276 für Vors u jede Fahrlk, BAG **7**, 118, 290, NJW **68**, 717, **69**, 2300; bei **gefahrengeneigter Arbeit** gilt jedoch eine heute gewohnheitsrechtl HaftgsBeschrkg auf gF u RVerh, die man dch AV od RVerh übertr kann. Bei Schäden, die ein **Beamter** im Rahmen hoheitsrechtl Tätigk Dritten od dem Diensttherrn zufügt, können die arbeitsrechtl Grdsätze der Haftg bei gefahrengeneigter Arbeit nicht angewandt w, weil Beamter hier ohnehin nur bei grober Fahrlk haftet (§ 839, BBG 78, BRRG 46), BVerwG **19**, 249; bei SchadVerursach im Rahmen fiskal Tätigk (für die auch HaftgsBeschrkg auf grobe Fahrlk besteht, BVerwG ZBR **70**, 527) w man sie anwenden müssen, OVG Saarl NJW **68**, 1796, zweifelh, ob das auch dann gilt, wenn Beamter haftpflichtversichert, vgl BVerwG **29**, 129, BGH NJW **72**, 440, OVG Saarl aaO. Dagg ist Anwendg auf AufträgVerhältn ausgeschl, BGH **30**, 49, ebso auf Vertr mit Schwarzarbeiter, Celle JZ **73**, 246, auf DienstVertr von Organen jur Pers, BGH WPM **75**, 469, von selbstd Tätigen, BGH NJW **63**, 1100, **70**, 34, 127, krit Becker-Schaffner NJW **69**, 1235.

6) Verschulden bei Anbahng von Vertragsverhandlgen (Versch beim Vertragsschluß, seit Jhering **culpa in contrahendo**) u bei sonstigem nichtvertragl Vertrauensverhältn. Der Übg folgt hier behandelt, obwohl aus § 276, auch von der Auffassg oben Anm 1 a, bb aus, die Haftg für c. i. c. nicht herzuleiten ist. Denn § 276, der vom „Schu" spricht, setzt eine bereits begründete Verbindlichk voraus. Zur c. i. c. Erman AcP **139**, 274, 321, Larenz Festschr f Ballerstedt, 1975, S 397 ff, Nirk Festschr f Möhring, 1975, S 71 ff, Stoll Festschr f v Caemmerer, 1978, S 435 ff.

a) Rechtsgrund der Haftg. Eine Reihe von gesetzl Vorschr verpfl zum SchadErs wg Versch währd der VertrVerhandlgen, ohne daß ein wirks Vertr od der Tatbestd einer unerl Hdlg gegeben zu sein braucht, vgl §§ 122, 179, 307, 309, 463 S 2, 663. Aus diesen EinzVorschr haben Rspr u Lehre iW der RFortbildg den Grds abgeleitet, daß bereits dch die Aufn von VertrVerhandlgen ein diesen gleichzustellen geschäftl Kontakt ein vertragsähnl Vertrauens Verh entstehe, das die Partner zur Sorgf von „Schuldnern" verpfl, RG **95**, 58, **120**, 251, **162**, 156, BGH **6**, 333, **66**, 54. Das „RVerhältn der VertrVerhandlgen" (Stoll) u die daraus folgde Haftg für c. i. c., sind heute gewohnheitsrechtl anerkannt, Larenz § 9 I; sie w im AGB-Ges 11 Nr 7 als selbstverständl besteh vorausgesetzt. Das dch die Aufn von VertrVerhandlgen entstehde SchuldVerh ist dadch gekennzeichnet, daß es keine primäre LeistgsPflten kennt, sond ledigl Pflten zur ggs Rücks, Fürsorge u Loyalität. Der Grd für die Verpfl ist mit Ballerstedt (AcP **151**, 507) in „der Gewähr von in Anspr genommenem Vertrauen" zu erblicken. Es handelt sich zugl um einen Fall von gesteigertem „sozialen Kontakt" (Dölle ZStaatsW **43**, 67); dieser reicht aber allein zur HaftgsBegrdg nicht aus. Die Haftg tritt unabhäng davon ein, ob es überh zu einem Vertr kommt. Vorausetzg ist aber ein Verhalten, das auf Abschl eines Vertr od Anbahng geschäftl Kontakte abzielet. SchadErs wg c. i. c. kann daher nur geltd machen, wer sich als mögl Kunde in Verkaufsräume begeben h, nicht ein sonst Besucher, BGH **66**, 54, ergänzd sind aber die Grds über Vertr mit Schutzwirkg zGDr heranzuziehen, BGH aaO, krit Strätz JR **76**, 458. Die Verpfl aus c. i. c. erfordert GeschFgk, nicht dagg die Berechtigt, Canaris JZ **64**, 1987, BGH NJW **73**, 1791. – Grd der Ausgestaltg der Lehre von der c. i. c. im Recht des BGB: die Haftg aus unerl Hdlg, die sonst eintreten würde, ist gerade für die fahrl VermSchädigg unzulängl geregelt (keine allg Haftg für fahrl VermSchädigg, eingeschränkte Haftg für Gehilfen, § 831).

b) Sorgfaltspflichten: Es wird wie im bestehden SchuldVerh gehaftet, also für Vorsatz u Fahrlk, u zwar für Versch bei Anbahng u währd der Verhandlgen sowie beim VertrSchl; besteht für das angebahnte RVerh geringeres Haftgsmaß (zB §§ 521, 690), gilt dieses auch für die Haftg aus c.i.c., str, vgl Gerhardt JuS **70**, 597. Haftg kann dch vertragl Abreden beschr w, dch AGB aber nur in den Grenzen von AGB-Ges 9, 11 Nr 7.

aa) Abbruch der VertrVerh begründet idR auch dann keine SchadErsPfl, wenn Abbrecher weiß, daß and Teil in Erwartg des Vertr Aufwendgen gemacht hat, BGH NJW **67**, 2199, **75**, 43, WPM **77**, 620. Abbrecher haftet jedoch, wenn er schuldh **Vertrauen auf das Zustandekommen des Vertrages** erweckt hat, BGH **LM** (Fa) Nr 3, 11, BB **55**, 429, BAG NJW **63**, 1843. Haftg hier auch dann, wenn angebahnter Vertr formbedürft war, BGH **LM** (Fa) Nr 3, NJW **67**, 2199, Köln MDR **75**, 51. Haftgsbegründder Vertrauens-Tatbestd liegt vor, wenn über den Inhalt des Vertr Einigk bestand u VertrSchl nur noch bloße Förmlichk war, BGH **LM** (Fa) Nr 28, ebso wenn VertrSchl als sicher hingestellt wurde, BGH NJW **75**, 1774, Betr **77**, 1548, BAG Betr **74**, 2061; uU genügt es, daß berecht Ann hervorgerufen wurde, Vertr w zustandekommen, BAG NJW **63**, 1843, BGH **LM** (Fa) Nr 3, 11, BB **69**, 1456, Gola BB **76**, 795 (Frage des Einzelfalles). Fällt der Part bei Schaffg des VertrauensTatbestd kein Versch zur Last, besteht gleichwohl ErsPfl, sofern sie ohne trift Grd vom VertrSchl Abstand nimmt, BGH WPM **74**, 508, einschränkd BGH NJW **75**, 43. Bindg an den geschaffenen VertrauensTatbestd beschr sich auf angem Fr, BGH NJW **70**, 1840, uU auch auf best Aufwendgen, BGH WPM **76**, 923. Kein SchadErsAnspr aus c. i. c., wenn Antragder nach Ablauf der AnnFr andweit Vertr abschließt, BGH Betr **71**, 232. Setzt Abtretg schriftl Gen des Schu voraus, ist dieser dem Zessionar schaderspflichtig, wenn er als sicher in Aussicht gestellte Gen nicht erteilt, BGH WPM **68**, 531. SchadErsPfl, wenn zwei Untern ohne Bildg einer ArbGemsch gemeins Angebot abgegeben u einer Untern allein dchführt, BGH WPM **74**, 754; uU auch dann, wenn vollmachtloser Vertreter erkl, Vertretener w Vertr mit Sicherh genehmigen, Köln JMBlNRW **71**, 270. Bei öffentl Ausschreibg kann unsachl Bevorzugg eines and Bewerbers uU Haftg aus c. i. c. begründen, BGH **49**, 79. – IdR keine Haftg für **Verzögergen** bei VertrAnn od Ablehng, BGH NJW **66**, 1407. Das gilt grdsl auch für VersVertr, soweit ASt sich für best Fr gebunden hat u Vers diese Fr ausnutzt, BGH aaO, Mü VersR **65**, 373, Kblz VersR **77**, 320. UU aber Haftg, wenn sich ASt über die Länge der Bearbeitgsdauer u der AnnFr erkennb geirrt hat, BGH VersR **75**, 1090, 1093. Vgl auch unten cc aE.

bb) Bei **unwirksamem Vertrag** haftet die Partei aus c. i. c., die UnwirksamkGrd zu vertreten hat, so bei formungült Vertr (wenn Formmangel nicht schon nach § 242 unschädl vgl § 125 Anm 2), BGH **6**, 333, NJW **65**, 812, Celle MDR **52**, 554, eingehd Reineke, RFolgen formwidr abgeschl Vertr, 1969, S 118 ff; bei verschuldetem Dissens RG **104**, 267; bei unwirks VertrSchl dch Gehilfen, der zwar zur Verhandlg, nicht aber zur Abgabe rgeschäftl Erkl berecht war, RG **162**, 156, BAG NJW **56**, 398, Prölss VersR **68**, 1179 (doch w hier uU Duldgs- od AnscheinsVollm vorliegen vgl § 173 Anm 4); bei einem gem § 134 nichtigen Vertr, Düss BB **75**, 201 (202); bei Vertr, der wg fehler DevisenGen unwirks ist, BGH **18**, 252, Hamm MDR **69**, 306. Haftg wg c. i. c. tritt auch dann ein, wenn Untern gem AGBG 9ff unwirks Klauseln verwendet, Vorbem 3b vor AGBG 8.

cc) Verletzg der vorvertragl **Aufklärgspflicht** (Offenbargs-, HinweisPfl), die an § 242 folgt (s dort Anm 4 B d), begründet Haftg aus c. i. c., auch bei wirks Vertr. War PflVerl für VertrSchl ursächl, kann nach § 249 dessen Rückgängigmachg verlangt w, BGH NJW **62**, 1196, **68**, 986, **69**, 1625, **74**, 851, Köln NJW **72**, 1813, Larenz aaO (vor a) S 405, Nirk aaO (vor a) S 85, so daß uU schon fahrl Täuschg VertrAnspr ausschließt, dazu krit Medicus JuS **65**, 209, Liebs AcP **174**, 26. Auf die Befugn, wg c. i. c. die Rückgängigmachg des Vertr zu verlangen, sollte aber § 124 entspr angewandt w (arg a fortiori). Ebso kann es eine Verletzg vorvertragl Pflten sein, wenn ein Vertr dch **unlauteren Wettbew** zustande gebracht w, Sack WRP **74**, 450. Auch hier besteht aus c. i. c. Anspr auf VertrAufhebg, aA Sack, der §§ 119, 123 entspr anwenden will. Nichtaufklärg über Sachmängel aber kein c. i. c., da §§ 459ff Sonderregelg, vgl unten d. **Einzelfälle**: Beim Abzahlgskauf muß Bank auf die von Lieferg u Mängelfreih unabhäng RückzahlgsPfl hinweisen u vor unricht EmpfBekenntnis warnen, BGH **47**, 212, auch wenn Nicht geschäftl unerfahren, BGH NJW **67**, 222. Arb Nehmer braucht Fragen nach Vorstrafen, die das ArbVerh nicht berühren, nicht wahrhgem zu beantworten, § 123 Anm 2c bb; er darf aber nicht verschw, wg Krankh arbunfäh zu sein, BAG NJW **64**, 1197. **ArbGeber** muß wirtschaftl Bedrängn offenbaren, wenn diese LohnAnspr gefährdet, BGH NJW **75**, 708, ebso, wenn sie zur vorzeit Beendigg des AusbildgsVerh führen kann, BAG Betr **77**, 1323. Architekt muß den erkennb nicht über die GoA unterrichteten Bauherrn auf bes VergütgsPfl aufmerks machen, Köln MDR **59**, 660. Wer Automaten vertreibt, muß unerfahrene Interessenten über alle Risiken des Vertr unterrichten, Ffm NJW **64**, 256, Hamm MDR **63**, 48. Baubetreuer muß darauf hinweisen, daß er nicht nach den WoBauVorschr zugel, Düss MDR **72**, 688. Bausparkasse braucht nicht aus darauf hinzuweisen, daß sich die bisher übl ZuteilgsFr uU verlängern können, BGH NJW **76**, 892, 2257. **Bauträger** muß Kunden über Belastgen richt u vollst aufklären, BGH NJW **74**, 851. Bauunternehmer braucht nicht für Rechenfehler einzustehen, wenn AuftrGeb Angebote nach VOB (A) 23 rechner zu prüfen h, BGH **60**, 225; umgekehrt hat BauUntern keinen SchadErsAnspr, wenn AuftrGeb die für die PrErmittlg maßgebl Umst erkennb lückenh angegeben, BGH NJW **66**, 498. Ist Verwirklichg einer BauMaßn finanziell nicht gesichert, muß Gemeinde bei Ausschreibg der Bauleistg hierauf hinweisen, Düss

Inhalt der Schuldverhältnisse. 1. Titel: Verpflichtung zur Leistung   § 276 6b

NJW 77, 1064. Gläub braucht Bürgen grdsätzl nicht über Umfang des BürgschRisikos zu unterrichten, darf ihn aber insow nicht irreführen, BGH NJW 68, 986, Betr 74, 2200. **DarlGeb** haftet wg c. i. c., wenn er über Aussicht, Landesbürgsch zu erhalten, schuldh unricht Angaben macht, BGH VersR 78, 822. Bei Diskontierg eines Wechsels idR keine Pfl der Bank, über die Vermögensverhältn der Wechselbeteiligten aufzuklären, BGH WPM 77, 638. Fuhrunternehmer darf AuftrGeb nicht wahrwidr versichern, Zielort liege in NahVerkZone, BGH NJW 68, 1136. Gemeinde muß ErbbRInteressenten uU auf geplante öffr NutzgsBeschr hinweisen, BGH **LM** (Fb) Nr 10. Fehlmitteilg von Umst, die der Erteilg einer erforderl behördl **Genehmigg** entggstehen können, BGH **LM** § 276 (Fc) Nr 4. Mangelnde Aufkl über GenBedürftigk des RGesch, aA LG Düss NJW 76, 298, vgl auch BGH **LM** (Fc) Nr 4. Gründer einer **Gesellschaft** (AG), der dch sein Verhalten Gründg gefährdete, kann Mitgründer schaderspflicht sein, BGH MDR 61, 832. Gründer u Initiatoren einer PublikumsKG haften für schuldh falsche Prospektangaben, BGH NJW 78, 1625. Gründer einer nicht eingetr GmbH haften, wenn ihr GeschF neue Gter über wesentl Umst. täuscht, BGH 15, 205. AGGründer muß uU Bedenken gg Kreditwürdigk offenbaren, wenn er Dr zum VertrSchl mit AG veranlaßt, RG 159, 55 f. Haftg aus c. i. c., wenn Vertr über Gestattg der Erdölförderg dch unricht Erkl zustande kommt, die geolog Verh seien genau untersucht, BGH NJW 78, 41. Läßt Verk **KaufVertr** dch Vertr abschließen, muß er dafür sorgen, daß Käufer weiß, an wen zu zahlen ist, Schlesw SchlHA 62, 301. Auf Zweifel an Kalkulation eines erfahrenen Käufers braucht Verk nicht hinzuweisen, falls er nicht Unrichtigk kannte, BGH WPM 72, 854. Verlangt Verk Vorauszahlg, muß er Käufer auf Gefahr hinweisen, daß er seine Verpfl möglicherw nicht erf kann, BGH **LM** (Fa) Nr 21. GrdstVerk muß Käufer, dem es auf Ablösg von Hyp ankommt, über deren Unkündb aufklären, BGH NJW 71, 1096. Ebso besteht Pfl zum Hinw auf ZwVerstVerf, wenn Käufer das Grdst zur Finanzierg beleihen lassen will, BGH Betr 78, 979. Fahrl Angaben od Nichtangaben des Verk über Eigensch der Kaufsache begründen idR keine Anspr aus c. i. c., da §§ 459 ff insow abschließde Sonderregelg, BGH 60, 319. Verk eines EinzelhandelsGesch muß Umsätze mitteilen, wenn es Käufer erkennb auf best Umsatzgröße ankommt, BGH NJW 70, 653, u darf Käufer keine unricht od irreführde Bilanz vorlegen, BGH Betr 74, 231/1609. Haftg aus c. i. c. auch bei unricht Angaben über den Gewinn des verkauften Untern, BGH NJW 77, 1538. Bei vorzeit Abg des in Zahlg gen Gebrauchtwagens muß Verk auf Unverbindlichk der LieferFr u fr FrÜberschreitgen des Herstellers hinweisen, Köln DAR 71, 295. Kfz darf grdsätzl ohne Rücks auf Baujahr als fabrikneu verk w, wenn es aus neuem Material hergestellt u noch nicht benutzt, Ffm OLGZ NJW 78, 273; fehlt jedoch wesentl techn Änderg, muß Verk dies offenbaren, Düss NJW 71, 622. Auch bei Ausstellgswagen der Vorserie muß Verkauf auf Änderg od wesentl Verbesserung der neuen Serie hinweisen, Zweibr MDR 70, 325, bedenkl KG NJW 69, 2145 mit abl Anm Weber NJW 70, 430. Verk einer für best Platz vorgesehenen Maschine muß deren Maße richt angeben, BGH NJW 62, 1196. Inh einer Kfz-Reparaturwerkstatt muß AuftrGeb darauf unterrichten, wenn er Auftr gg Zuschlag von 10% an fremden Untern vergibt, Köln OLGZ 74, 383 (dort w pVV angen). Lehrinstitut, das EDV-Programmierer ausbildet, muß Interessenten eingeh über Anfdgen u Berufsaussichten informieren, Stgt MDR 71, 216; dagg h Sprachschule ggü berufserfahrenen Vollj mit mittlerer Reife keine entspr AufklärgsPfl, Nürnb BB 72, 61. Makler darf Unterzeichng eines AlleinAuftr nicht als bloße Formsache hinstellen, BGH NJW 69, 1625; er muß den bereits anderwit gebundenen VertrPartner über rechtl Auswirken des AlleinAuftr aufklären Celle NdsRpfl 63, 277. M darf nicht Voraussetzgen für Baubeginn bejahen, wenn weder Bebauungsplan noch BauGen vorliegen, Köln NJW 72, 1813. Verm muß bei Abschl eines **MietVertr** Mieter über Bewirtschaftg der Wohng aufklären, Hbg NJW 67, 595. Bedarf Verm als ErbbauBerecht der Zust des Eigtümers, muß er Mieter bei langfr MietVertr idR darü unterrichten, BGH **LM** (Fa) Nr 22; das gleiche gilt, wenn vom Mieter geplante baul Änderg von Zust des Eigtümers abhängt, BGH **LM** (Fa) Nr 14. Kfz-Verm braucht Mieter nicht bes darauf hinzuweisen, daß vereinb HaftgsAusschl bei grober Fahrlk entfällt, BGH NJW 74, 549. **Versicherer** braucht VersN grdsätzl nicht von sich aus über genauen Umfang des VersSchutzes aufzuklären, falls nicht Vorstellgen des VersN erkennb unricht, BGH MDR 59, 553; so braucht er insb nicht ow auf einz AusschlBest hinzuweisen, BGH NJW 57, 140. VersN kann SchadErs wg c. i. c. verlangen, wenn schuldh der unricht Anschein erweckt worden ist, es bestehe sofort VersSchutz, BGH VersR 78, 458. Hat VersAgent den VersN nicht über Umfang der Vers aufgeklärt, obwohl er dessen irrige Vorstellgen hätte erkennen müssen, besteht uU Pfl zu entspr Erstreckg des VersSchutzes, BGH 40, 27; vgl auch § 278 Anm 4a dd.

dd) Eintritt in VertrVerh begründet Pfl, sich so zu verhalten, daß Pers, Eigt u sonstige RGüter des and Teils nicht verletzt w; schuldh Verletzg dieser **Schutzpflicht** (vgl § 242 Anm 4 Bb) führt zum SchadErsAnspr aus c.i.c. Zielt VerkEröffng auf VertrSchl, tritt also neben die delikt Haftg wg Verletzg des VerkSicherhgsPfl Haftg aus c.i.c., mag auch Vertr nicht zustande kommen, RG 78, 239, BGH NJW 62, 32; VersR 68, 993; Voraussetzg, daß sich Geschädigter mit der Abs des VertrSchl od der Anbahng geschäftl Kontakts in die Räume des and begeben h, BGH 66, 54. Erforderl wohl auch bes Verkaufsraum, eierverkaufender Landwirt haftet für VerkSicherg nicht aus c. i. c., Mü VersR 55, 44. Wer bei Verh über den Abschl eines WkVertr Sachen des and Teils in Gewahrs nimmt, hat ObhutsPfl wie WkUntern, BGH NJW 77, 376. Kaufinteressent haftet bei Probefahrt aus c. i. c., BGH Warn 68, 124, Karlsr VersR 71, 1049; auch der Ladendiebstahl ist c. i. c., abw Hbg NJW 77, 1347, das pVV annimmt. Wer bei VertrVerh ArbNeh des and Teils anwirbt, ist uU aus c. i. c. haftb, BGH NJW 61, 1308. Vgl auch § 242 Anm 4 B b.

ee) Auch **öffr Körperschaften** haften in ihrem privr TätigkKreis für c.i.c., u zwar auch dann, wenn ihr Vertr nicht abschlußberecht (BGH 6, 333, BGH WPM 78, 1092, BAG NJW 63, 1844) od die erforderl aufsichtsbehördl Gen fehlt, BGH **LM** (Fc) Nr 4. Vergabe eines ausgeschriebenen Auftr an and Bewerber kann bei offensichtl ErmMißbr od sonst RVerletzgen c. i. c. sein, BGH VersR 65, 766, JR 70, 101, Hamm BB 72, 243. Die Grds über c. i. c. sind auch im öffR entspr anwendb, BGH NJW 78, 1804, BVerwG DÖV 74, 133; das gilt auch für das BeamtenR, Battis ZBR 71, 300.

ff) Die Haftg für vorsätzl od fahrl Verhalten von gesetzl Vertretern u **Erfüllgsgehilfen** (Verhandlgs- u Abschl-Bevollmächtigten od Gehilfen) richtet sich nach § 278, RG 120, 252, 132, 78, BGH BB 55, 430, BAG Betr 74, 2061. Wer VertrVerhandlgen dch einen Beauftragten führen läßt, haftet daher (auf das Vertrauensinteresse), wenn dieser ohne od unter Überschreitg der Vollm Vertr schließt. Enn-Nipperdey § 183 I 1,

Flume § 47 3d, vgl auch BGH **6**, 334, WPM **77**, 994, str; ebso für argl Täuschg des Vertreters, BGH NJW **74**, 1505. Bei Abzahlgsfinanzierg dch Bank ist Verk bei Verhandlg über Darl idR ErfGehilfe der Bank, BGH **33**, 312, **47**, 230. § 278 bezieht sich hier auf Pfl zum gewissenh Verhalten währd Vor- u AbschlVerh; Gesch-Herr ist verantwortl, wenn sein Gehilfe das vom und Teil zu unterschreibe Formular schuldh falsch ausfüllt, BGH NJW **72**, 822, nicht aber für Verhalten einer Pers, die ohne sein Wissen und gg seinen Willen handelt, BGH **LM** § 177 Nr 5, WPM **69**, 524.

gg) Haftg des Gehilfen. Neben dem GeschHerrn haftet der Gehilfe ggf pers aus unerl Hdlg, zB aus § 826, RG **120**, 252. Aus c. i. c. kann Gehilfe in Anspr genommen w, wenn er Verhdlgen in eig Interesse maßgebl führt u aus dem Gesch pers Nutzen erstrebt, BGH **14**, 318 (Ehem), **LM** (Fa) Nr 4 (Agent), Düss VersR **70**, 126 (VersAgent), BGH **LM** (Fa) Nr 14 (GmbH-GeschFührer), § 278 Nr 37 (Architekt), BGH BB **67**, 225, **LM** (Fa) Nr 21, § 278 Nr 49 (Ehem); mittelb Interesse reicht zur Haftgsbegründ nicht aus, BGH BB **66**, 53 (Prokurist), WPM **71**, 498 (Handelsvertreter). Gehilfe haftet aber auch dann selbst, wenn er für sich pers Vertrauen in Anspr gen u hierdch die VertrVerh beeinflußt hat, BGH **LM** (Fa) Nr 4, 14, NJW **64**, 2009, BB **67**, 225, **LM** § 278 Nr 49, Hbg MDR **67**, 491 (Generalkonsul, der für ausl Staat mietet), BGH **63**, 382, NJW **77**, 1914, **LM** (A) Nr 14 (KfzHändler, der Kfz im Namen des Kunden verkauft), BGH NJW **78**, 1625 (Gründer u Initiatoren einer PublikumsKG), BGH Betr **75**, 1694 (MutterGesellsch, die Verhandlgen für Tochter führt). Das gilt entspr für den von einer Part bestellten Sachwalter, BGH **56**, 81, **70**, 337, 341 (Sachwalter bei Abwicklg eines CharterVertr). Die Haftg des ErfGeh tritt ggf neben die Sachmängelhaftg der Part, BGH **63**, 388. Führt der Gehilfe die VertrVerh überw im eig Interesse u Verantwortg, kann seine Haftg die der Vertretenen ausschließ, BGH NJW **73**, 1605 (Komplementär, der bei Aufn neuer Gter zugl für die Kommanditisten auftritt). Vgl auch Anm 7f.

c) Haftung auf Schadensersatz. Worin der Schaden besteht, bestimmt sich gem § 249 nach dem Einzelfall: grdsätzl Ersatz des **Vertrauens**schadens, entspr den Regelgen der §§ 122, 179, 307, vgl dazu Vorbem 2 g vor § 249, jedoch ist das ErfInteresse, anders als bei den genannten Vorschriften, nicht immer die obere Grenze RG **151**, 359, BGH BB **55**, 429, BGH **57**, 193, BAG Betr **74**, 2060. Der Schaden ergibt sich aus dem Vergl der VermLage, wie sie bei Fortführg der dch das schadenbringende Versch unbeeinflußte Vorhaben des Geschädigten bestanden hätte, mit der wirkl VermLage, BGH VersR **62**, 562. § 463 S 2, der Ersatz des ErfInteresses zuspricht, ist Sonderbestimmg. ErfInteresse jedoch auch bei c.i.c. zu ersetzen, wenn das Gesch ohne c.i.c. wirks zustande gekommen wäre, BGH NJW **65**, 812, Hamm MDR **69**, 307. Bei vom Verkäufer verschuldeter Formnichtigk eines GrdstKaufVertr kann Schaden des Käufers dem Kaufpreis eines gleichwertigen Grdst entsprechen, BGH NJW **65**, 812, keinesf besteht aber Anspr auf Naturalrestitution iS der Erf, BGH WPM **68**, 1402, aA Reinicke RFolgen formwidr abgeschl Vertr, 1969, S 129. § 254 ist, anders als bei den Sonderregelgen der §§ 122 II, 179 III, 307 I 2, anzuwenden, RG **151**, 360, BGH Betr **67**, 1085. Als Geschädigter kann uU (in entspr Anwendg des § 328) auch ein Dritter (anderer als verhandelnde Parteien) in Betr kommen, BGH **66**, 54.

d) Verhältnis zum Gewährleistgsrecht: Beim Kauf schließen die §§ 459ff die Haftg für c. i. c. aus, soweit sich die Versch auf Fehler u zugesicherte Eigensch des KaufGgst bezieht, BGH **60**, 319, Vorbem 2c vor § 459; and aber bei vorsätzl c. i. c., BGH **LM** § 123 Nr 47. Das gilt für den WkVertr entspr, BGH Betr **76**, 958, von Westphalen BB **75**, 1316, Vorbem 4d vor § 633. **Verjährg** der Anspr aus c. i. c. vgl § 195 Anm 2, § 177 Anm 1 u § 638 Anm 1.

e) Aus dauernder Geschäftsverbindg, aus der sich ein **Vertrauensverhältnis** herausgebildet hat, kann sich eine Haftg nach VertrGrdsätzen auch für Hdlgen ergeben, die nicht unmittelb auf Erf einer VertrPfl od Anbahng eines Vertr gehen, aber mit dem Vertr in Zushang stehen, insb für Ausk- u Ratserteilg, so RG stRspr, vgl RG **126**, 52, **131**, 246, BGH **13**, 199, **49**, 168, BB **67**, 1309, **69**, 382. Umfang der Verpfl nach Lage des Falles verschieden. Diese Haftg ist ein Parallelfall, kein Unterfall der Haftg für Versch bei VertrSchl. Vgl auch § 676 Anm 5. Weitere Parallelfälle: Haftg aus der **Nachwirkg** eines Vertrages vgl unten Anm 7d; Haftg in GefälligkVerh, Einl 2 vor § 241; Haftg des Vertreters od Vermittlers, der nach VertrSchluß den GeschGegner falsch informiert, vgl Canaris VersR **65**, 114. Auch die Haftg der einen VertrPartei ggü Dritten wg der auf diesen zu erstreckenden Schutzwirkgen des Vertr (vgl § 328 Anm 2b u 3a) dürfte dogmat hierher gehören (der Dritte vertraut mit Recht dem redl u sorgfält Verhalten der VertrPartei). Zur Haftg des Warenherstellers vgl § 823 Anm 16.

7) Positive Vertragsverletzg. Aus dem **Schrifttum**: Canaris JZ **65**, 475, Köpcke, Typen der pos VertrVerletzg, 1965, Staub, Die pos VertrVerletzgen 2. Aufl 1913 (grdlegd), Stoll AcP **136**, 257, Thiele, JZ **67**, 649.

a) Allgemeines. aa) Die Verfasser des BGB sind davon ausgegangen, daß dch die Vorschr über Unmöglichk u Verz einers u die gesetzl GewährleistgsVorschr bei Kauf, Miete u WerkVertr ands alle denkb Arten von Leistgsstörgen geregelt seien. Wie zuerst Staub (1902) nachgewiesen hat, gibt es aber zahlr weitere Fälle von VertrVerletzgen, die sich unter keinem dieser rechtl GesichtsPkte einordnen lassen. So zB, wenn der zur Bilanzaufstellg verpflichtete Gesellschafter die Bilanz vor Ablauf der festgesetzten Fr fahrl falsch zieht u die Gesellsch hierdch zu schädl Abschlüssen veranlaßt w, od wenn der Schu fahrl krankes Vieh liefert, das das Vieh des Gläub ansteckt. In beiden Fällen ist der Schaden weder dch Unmöglichk noch dch Verz entstanden; ebsowenig läßt sich aus den GewährleistgsR eine SchadErsPfl begründen. Staub hat für diese im BGB nicht ausdrückl geregelte dritte Art der Leistgsstörg mit der Bezeichng **positive Vertragsverletzg** (pVV) geprägt u den Grds entwickelt, daß der Schu für pVV ebso einzustehen habe wie für Unmöglichk u Verz. Dieser Grds hat sich allg durchgesetzt; er bildet einen **gesicherten Bestandteil des Schuldrechts**, vgl insb RG **54**, 98, **106**, 22, BGH **11**, 83; über den RGrd der Haftg u Einzelfragen der tatbestandl Abgrenzg bestehen allerd unterschiedl Ans, vgl unten. Die Bezeichng pVV ist an sich ungenau. Die Haftg für pVV greift auch bei Verletzg von Pflichten aus gesetzl SchuldVerh ein, nicht nur bei Verstoß gg vertragl Pflichten. Die Verletzg braucht auch nicht in einem pos Handeln zu bestehen, auch ein Unterl kann eine pVV darstellen. Der Name pVV hat sich aber so sehr eingebürgert, daß man an ihm festhalten sollte, zumal die vorgeschlagenen and Bezeichngen (pos Fdgsverletzg, SchutzpflVerletzg, sonst Fdgsverletzg) entweder gleichf zu eng od zu farblos sind.

Inhalt der Schuldverhältnisse. 1. Titel: Verpflichtung zur Leistung **§ 276** 7 a, b

bb) Rechtsgrundlage der Haftg: Die seit mehr als 60 Jahren in stRspr angewandten Grds über die Haftg für pVV stellen inzw **Gewohnheitsrecht** dar, Larenz § 23 I a, Soergel-Schmidt Vorbem 32 vor § 275. Der Streit um den RGrd der Haftg hat daher heute im wesentl nur noch dogmengeschichtl Bedeutg. Das RG hat die Haftg für pVV unmittelb aus § 276 hergeleitet: die Vorschr, daß der Schu Vors u Fahrlk zu vertreten habe, bedeute zugleich, daß der Schu bei VertrVerletzg SchadErs leisten müsse, RG **66**, 291, **106**, 25, (nur wenn es bei ggs Vertr darum ging, für den Gläub ein RücktrR od SchadErsAnspr wg Nichterfüllg zu begründen, hat das RG die §§ 325, 326 entsprechd angewandt, RG **57**, 115, **67**, 7, **149**, 404). Diese Ans hat das Schrifttum mit Recht abgelehnt, ebso der BGH, vgl BGH **11**, 83: § 276 enthält nur einen Haftgmaßstab, sagt aber nichts über die RFolge, die bei einer schuldh VertrVerletzg eintritt. Die Fallgruppen der pVV lassen sich auch nicht unter den Begr der Teilunmöglichk einordnen (so aber Himmelschein AcP **135**, 255; **158**, 273; ihm folgt ein Teil des neueren Schriftt, etwa MüKo/Emmerich Vorbem 68 vor § 275, zT auch Westhelle, NichtErf u pVV, 1978). Es bestand daher für die pVV eine – inzw gewohnheitsrechtl geschlossene – Regelglücke, die dch eine entsprechende Anwendg der Bestimmgen über Verzug (§§ 286, 326) u Unmöglichk (§§ 280, 325) auszufüllen war, Enn-Lehmann § 55 II, Larenz § 23 Ia, BGH **11**, 83, wobei zugleich der RGedanke des § 242 herangezogen w konnte, BGH **11**, 84. Eine neuere Ans (Canaris, Thiele) betrachtet als Grdlage der Haftg für pVV nicht den Vertr, sond ein diesem ggü rechtl selbst allg **Schutzverhältnis**, auf dem auch die Haftg für c. i. c. (oben Anm 6) u beim Vertr mit Schutzwirkg zGDr (§ 328 Anm 2b, 3a) sowie die Produzentenhaftg (Canaris JZ **68**, 502, vgl § 823 Anm 16) beruhen soll, vgl Einl 1 e vor § 241. Gg die Ans spricht, daß sie die Grenze zw vertragl u delikt Haftg verwischt, Giesen NJW **69**, 583. Ihr ist weiter entggzuhalten, daß die pVV neben der Verletzg von Schutzpflichten im weitesten Sinn die Fälle der Schlechtleistg umfaßt, in denen es nicht um Verletzg von Pflten aus dem SchutzVerh sond eindeut um VertrVerletzg geht, Huber AcP **177**, 296. Sie vermag das RücktrR wg pVV nicht zu erklären u läuft im Ergebn auf eine Zweiteilg des Instituts der pVV hinaus. Beim nichtigen Vertr, auf den Canaris hinweist, sind, soweit einem Teil ein schuldh Verhalten zur Last fällt, Anspr aus c. i. c. gegeben; für Anspr aus pVV besteht insow weder eine Grdlage noch ein Bedürfn.

cc) Unter den **Begriff** der pVV fallen alle PflVerletzgen im Rahmen eines bestehnden SchuldVerh, die weder Unmöglichk noch Verz herbeiführen u deren Folgen nicht von den gesetzl GewährleistgsVorschr erfaßt w, BGH **11**, 83, NJW **78**, 260. Die pVV ist damit in Wahrh der GrdTatbestd der VertrVerletzg. Wg der Vielfalt der VertrInhalte u der denkb Arten von VertrVerletzgen ist eine abschließde Tatbestdbildg nicht mögl; als Haupttypen der pVV lassen sich aber die Schlechtleistg (nachstehd b) einers u die Verletzg von Nebenpflichten (nachstehd c) ands unterscheiden (vgl auch den beachtl Versuch einer Typenbildg von Köpcke).

b) Schlechtleistg. aa) Bei **Verträgen ohne gesetzliche Gewährleistgsvorschriften** richten sich die RFolgen der vom Schu zu vertretnen Schlechtleistg (vorbehaltl von Anspr aus §§ 823ff) allein nach den Grds über die Haftg für pVV. So insb bei DienstVertr, MaklerVertr, Auftr, GeschäftsbesorggsVertr u Gesellsch. *Beispiele:* schuldh falsche Behandlg dch Arzt, BGH **5**, 324, schuldh unricht ProzFührg od Beratg dch RA, BGH VersR **61**, 136, schuldh schlechte ArbLeistg des ArbN, BAG **7**, 121 (beachte aber die Haftgsmilderg bei gefahrgeneigter Arb, § 611 Anm 14b), Schlechtleistg des Maklers, BGH **36**, 326, des Beauftragten, BGH BB **64**, 100, der Bank, BGH **22**, 305, des Gesellschafters, BGH **25**, 49.

bb) Bei **Verträgen mit gesetzlichen Gewährleistgsvorschriften** besteht Haftg für pVV, soweit das GewährleistgsR Regelglücken enthält. Im KaufR regeln die §§ 459ff grdsätzl nur die R, die dem Käufer wg unmittelb manglh Lieferg zustehn, die Haftg für die dch die Schlechtlieferg entstehnden weiteren Schäden („Begleitschäden", „Mangelfolgeschäden") richtet sich grdsätzl nach den Regeln über die pVV, BGH NJW **65**, 553, Betr **71**, 520, Huber AcP **177**, 296, Vorbem 2b vor § 459, krit Honsell JR **76**, 361, der Anspr aus pVV nur bei Verletzg einer Kontroll- od HinwPfl bejaht. Nur iF des § 463 erstreckt sich der Gewl-Anspr uU auch auf Folgeschäden, BGH **50**, 200, § 463 Anm 4. Haftg des Verk wg pVV, wenn das von ihm gelieferte Propangas wg unzureichde Abdichtg der Flasche explodiert, BGH Betr **72**, 1335, wenn er schuldh vergiftetes Viehfutter liefert u hierdch Tiere des Käufers sterben, RG **66**, 290, wenn der Käufer inf der gelieferten nicht pasteurisierten Milch an Typhus erkrankt, BGH VersR **54**, 100, wenn dch unsachgem Versendg von Batterien Brandschaden entsteht, BGH **66**, 208, wenn schuldh manglh geliefert w, dessen Verarbeitg zu Folgschäden führt, BGH MDR **62**, 965, wenn der Käufer dch WeiterVerk der manglh Sache SchadErsAnspr ausgesetzt w, BGH JZ **67**, 321. Bei dem Verk, der nicht selbst Hersteller ist, w es aber vielf am Versch fehlen; ihm obliegt nach stRspr idR hinsichtl der verkauften Ware keine bes UntersuchgsPfl, BGH VersR **56**, 259, **60**, 855, NJW **68**, 2238, **77**, 1055, 1056; über die etwaigen Anspr gg den Produzenten vgl § 823 Anm 16. Im Miet- u PachtR bestehn bei schuldh Schlechtleistg wg pVV, soweit nicht im Einzelfall gleichgerichteter Anspr aus § 538 gegeben ist, der auch Körper- u sonst Mangelfolgeschäden umfaßt, vgl § 538 Anm 5b. Im WerkVertrR ist die Abgrenzg zw dem Anspr aus § 635 u pVV str, vgl näher Vorbem 4e vor § 633.

cc) Der Schlechtleistg stehen die (systemat unter c gehörden) Fälle nahe, daß Verk od Untern **Nebenpflichten** verletzt, die mit der Beschaffenh der (an sich einwandfreien) Ware od Werkleistg zushängen: Verletzg einer vom Verk übernommenen BeratgsPfl dch unricht Angaben über Eigensch der Sache, BGH BB **58**, 426, NJW **62**, 1197, LM (Hb) Nr 15. Verletzg der Pfl, den Käufer über Benutzg u Wartg der Maschine zu unterrichten, BGH **47**, 312 (falsche Bediengsanleitg); Nichtmitteilg von weiteren Schäden, die Untern bei den ReparaturArb hätte bemerken müssen, BGH LM § 242 (Ca) Nr 37; NichtAnz eines (an sich zul) Zusatzes von Chlor zum Leitgswasser, der bei Konservenfabrik zu Schäden führt, BGH **17**, 131; Verletzg der Pfl, vor gefährl Eigensch der gelieferten Ware zu warnen. Hat Käufer den vom Verk eingerichteten Beratgsdienst in Anspr genommen, besteht Verpfl zu umfassder Information, BGH Betr **77**, 1695. Ist der Verk nicht Hersteller, w die Verpflichtg zur Warng mangels einer UntersuchgsPfl (vgl oben bb) meist nicht dem Verk sond dem Produzenten obliegen, s BGH VersR **55**, 766, **59**, 523, **60**, 342, **68**, 280; dann gelten die Grds der Produzentenhaftg, vgl § 823 Anm 16.

§ 276 7 c

c) Verletzg von Nebenpflichten. Neben der Schlechtleistg ist die vom Schu zu vertretde Verletzg von Nebenpflichten der zweite Hptanwendgsfall der pVV. Wg der Hinw-, Beratgs- u Warngspflichten, die bei Kauf u WerkVertr hinsichtl der Beschaffenh der Ware od Werkleistg bestehen können, vgl oben b cc. Angesichts der Vielfalt der in Frage kommden, vom jeweiligen VertrTypus abhäng Nebenpflichten können hier nur einige typ Beispiele angeführt w:

aa) Verletzg der **Leistgstreuepflicht**, dh der Pfl, den **Vertragszweck** u den Leistgserfolg weder zu **gefährden** noch zu **beeinträchtigen**, vgl § 242 Anm 4 B a. Wann eine schuldh Gefährdg od Beeinträchtigg des VertrZweckes vorliegt, ist Frage des Einzelfalls; bei Vertr, die ein dauerndes Zuswirken erfordern, sind an das Verhalten beider Part strengere Anforderngen zu stellen als bei einf GüterumsatzGesch, vgl unten e bb u zum SukzessivliefergsVertr § 326 Anm 13. Hierher gehören: die ernsth u endgült Weigerg, den Vertr od Anspr zu erfüllen, RG **93**, 286, **149**, 403, BGH NJW **69**, 40 u zwar auch bei obj noch nicht fäll Anspr, BGH NJW **74**, 1080; das unberecht Lossagen vom Vertr: RG **96**, 294 (Bestreiten eines wirks Vertr), RG **57**, 113 (unberecht Rücktr), RG **51**, 192, **53**, 150, NJW **67**, 248, LG Hbg MDR **76**, 844 (unberecht Künd); Künd wg eines in Wahrh nicht gegebenen Eigenbedarfs, LG Waldshut WM **78**, 5; Weigerg, die vereinbarten VertrBedinggen einzuhalten, BGH LM § 326 (H) Nr 10a, NJW **78**, 103; Verschlechterg des verkauften fabrikneuen Pkws dch Einbau alter Teile BGH NJW **78**, 260; Verlangen von Barzahlg statt der vereinbarten Zahlg dch Wechsel, BGH **LM** (Hd) Nr 2; unberecht Versagg von VersSchutz, BGH VersR **72**, 970; Erheben von unberecht GgFdg, RG **171**, 301; Täuschen des and Teils dch unricht Angaben über die VertrErf, BGH **11**, 86; Bestechg eines Angestellten des Gläub, um diesen zu einem illoyalen Verhalten ggü seinem ArbGeb zu veranlassen, RG **149**, 189; Einziehg der abgetretenen Fdg dch Zedenten, RG **111**, 303 (keine pVV des AbtrVertr, sond des KausalGesch); Gefährdg des nicht dingl gesicherten WohnR dch hohe Belastg des auf Rentenbasis gekauften Grdst, BGH **LM** (Hb) Nr 10; treuwidr Verhalten eines Gesellschafters, RG **123**, 25; GeheimhaltgsPfl bei Vertr über Herstellg von Modeneuheiten, BGH **16**, 11. Über beleidigde Äußergen vgl unten e bb.

bb) Verletzg der **Schutzpflicht**, dh der Pfl, sich bei Abwicklg des SchuldVerh so zu verhalten, daß Pers, Eigt u sonstige RGüter des and Teils nicht verletzt w, vgl § 242 Anm 4 B b. Damit w die VerkSichergsPfl (§ 823 Anm 8) innerh vertragl Beziehgen zur VertrPfl, BGH Betr **76**, 1282. Beispiele: Verletzg von Eigt od Pers des Best dch Untern od dessen ErfGeh bei Durchführg des WerkVertr, RG **148**, 150, (Verbrenngen bei Legen einer Wasserwelle), BGH VersR **60**, 345, **76**, 166 (Brandschaden), BGH VersR **69**, 828 (Sicherg gefährl Werkzeuge); BGH VersR **75**, 41, (SchutzPfl des Best ggü Untern); Brem VRS **37**, 252, Köln Betr **73**, 615 (ObhutsPfl hinsichtl der zu reparierden Sache); ebso bei KaufVertr, RG LZ **29**, 1463 (verkehrsunsicherer Fahrstuhl im Warenhaus), BGH VersR **64**, 632, **70**, 812 (Schädigg beim Einfüllen von Heizöl); MietVertr, BGH VersR **69**, 754 (Verletzg der FürsPfl), BGH NJW **64**, 33 (Wassereinbruch); DienstVertr, Hamm VersR **69**, 340 (FürsPfl des ArbGeb), BAG NJW **68**, 718 (Schwarzfahrt des ArbN); GastAufnVertr, BGH VersR **69**, 830; Haftg des Schankwirts für abgelegte Garderobe, Hbg MDR **70**, 842; diffamierde Kritik an VertrPart, Hbg BB **73**, 1409, vgl dazu auch unten e bb. Bank muß geeignete Maßn treffen, wenn sich ihr der Verdacht aufdrängt, der GeschFü ihrer Kundin handele zu deren Nachteil.

cc) Verletzg der **Mitwirkgspflicht**, dh der Pfl, im ZusWirken mit dem and Teil die Voraussetzgen für die Durchführg des Vertr zu schaffen u ErfHindern zu beseitigen, vgl § 242 Anm 4 B c; Beispiele: pVV des Nichteinholg der erforderl AusfuhrGen, Mü BB **54**, 547; dch Vereitelg der notw BauGen, RG **122**, 251; dch Weigerg des Best, die zur Herstellg des Werkes erforderl Mitwirkgshandlgen vorzunehmen, BGH **11**, 89, vgl unten e cc.

dd) Verl von **Aufklärgs-** (Anzeige-, Hinweis-, Offenbargs-) od **Auskunftspflichten**. ArbNehmer muß ArbG schädigde Hdlgen von ArbKollegen mitteilen, wenn diese in seinem AufgBereich begangen u WiederhGefahr besteht, BAG Betr **70**, 1598. Architekt braucht nicht Richtk der stat Berechngen nachzuprüfen, wohl aber deren tatsächl Voraussetzgen, BGH VersR **67**, 260; außerdem muß er nachprüfen, wenn er Falschberechng erkannt h od aGrd seiner besseren Sachkenntn erkennen mußte, BGH VersR **64**, 1045, vgl auch § 276 Anm 4 c. Bank muß Kunden bei steuerbegünst SparVertr über steuerschädl Vfgen belehren, BGH NJW **64**, 2058, vgl auch § 276 Anm 4 c. Girokunde muß Verlust von Paß u Kundenkarte anzeigen, BGH NJW **68**, 37. Bauunternehmer muß Best auf Bedenken gg Leistgn des Vorgängers hinweisen, BGH **LM** § 633 Nr 3. Ergeben sich bei Dchführg der Arb Gefahren für Best, muß er diesen aufklären, Mü Betr **74**, 1227. HandelsVertr h Untern über Bedenken gg Kreditwürdk eines GeschPartners zu unterrichten, BGH BB **69**, 1196. Untern muß Vertr rechtzeit über beabsichtigte BetrStillegg informieren, BGH NJW **74**, 795. Hersteller muß Käufer vor typ Gefahren der Kaufsache warnen, BGH **64**, 49. Lagerhalter ist bei Gefahr der Entwertg od des Verlustes des Gutes zur Anz verpfl, OGH **1**, 383 f. Makler braucht vermitteltes Gesch nicht umfassd auf Zweckmäßigk zu prüfen, er muß AuftrGeb idR nur die Umst offenbaren, die für dessen Entschließg bedeuts sein können, BGH **36**, 328, so zB die fachl u pers Unzuverlässk des bauleitden Arch, BGH Betr **67**, 2215. Bedenken gg Leistgsfähk des VertrPartners braucht er nicht selbst nachzuprüfen, doch muß er sie weitergeben, BGH BB **56**, 733. Schließt Stadt MietVertr mit Zirkusunternehmen, muß sie dieses uU auf mögl KonkurrVeranstaltgen hinweisen, BGH VersR **71**, 155. Stromerzeuger muß Stromabnehmer von längeren Abschaltgen rechtzeit benachrichtigen, BGH NJW **71**, 2267. HinwPfl des Versicherers, insb wg RFolgen von ObliegenhVerletzgen, vgl § 242 Anm 4 D k.

ee) Verletzg von **sonstigen Nebenpflichten**: Verletzg der TreuePfl dch rechtswidr Ausschl aus Genossensch, OHG **1**, 379; Verletzg der VerschwiegenhPfl, BGH **27**, 246; Verletzg der berecht Interessen des and Teils dch Mitteilg einer wahren Tats an Dr, BGH NJW **62**, 2198; Zuwiderhandlg gg WettbewVerbot, BGH **16**, 11; Erteilg eines falschen od unricht Zeugn dch ArbG, BAG NJW **68**, 1350; Verletzg der tarifl FriedensPfl, BAG **6**, 341; Abschl eines ungünst Vergl dch Zessionar, an den Fdg erfhalber abgetreten, RG **160**, 1; ebso dch HaftPflVersicherer, BGH **24**, 320, **28**, 244, Ablehng eines günst VerglAngebots, v Hippel VersR **69**, 1079.

Inhalt der Schuldverhältnisse. 1. Titel: Verpflichtung zur Leistung § 276 7 d–f

d) Auch ein Verhalten des Schu **nach Vertragserfüllg** kann eine pVV darstellen, soweit vertragl Pflichten über die Erf hinaus weiterwirken. Die Pfl, den VertrZweck nicht zu gefährden, besteht bei einem erfüllten WarenumsatzGesch uU fort, BGH **LM** § 362 Nr 2, es ist aber keine pVV, wenn eine VertrPart vermeintl Rechte dch Klage geltd macht, BGH **20**, 169, WPM **69**, 829 od einen unbegründeten KonkAntr stellt, BGH **36**, 18. Aus KaufVertr über Grdst kann sich als VertrNachwirkg Pfl zur Nichtbebauung des nicht verkauften RestGrdst ergeben, RG **161**, 338. Als weitere VertrNachwirkgen kommen in Frage: aus dem VertrZweck sich ergebdes WettbewVerbot, BGH **113**, 72, **117**, 178; Benachrichtiggspflichten, OGH **1**, 384, BGH **61**, 178. ObhutsPfl hinsichtl zurückgelassener Sachen des Mieters, BGH Warn **71**, Nr 126; Pfl, schädigde Äußergen zu unterl, BGH NJW **62**, 2198; Pfl, Falschbuchgen anzuzeigen, Ffm WPM **72**, 436; DuldgsPflten, Mü OLGZ **74**, 283. – Bilden **mehrere Verträge** nach dem Willen der Part eine Einh, ist die bei einem Vertr begangene pVV auch für den and erhebl, RG **161**, 104, BGH **LM** (H) Nr 3.

e) Rechtsfolgen. aa) Die vom Schu zu vertretende pVV begründet für den and Teil einen **Schadensersatzanspruch**, der sich auf alle unmittelb u mittelb Nachteile des schädigden Verhaltens erstreckt, Soergel-Schmidt Vorbem 39 vor § 275. Dieser Anspr besteht grdsätzl auch dann, wenn dem Gläub ebenf eine VertrVerletzg zur Last fällt, RG **123**, 241, BGH NJW **62**, 2198, **71**, 1747 mwN; doch kann die VertrVerletzg des Gläub das Versch des Schu ausschließen od zur Anwendg des § 254 führen; vgl auch unten bb. Der SchadErsAnspr tritt grdsätzl nicht an die Stelle sond neben den ErfAnspr, BGH **11**, 84. Er kann bei unberecht Künd auf Wiedereinräumg des Bes gerichtet sein (Sternel MDR **76**, 267) aber auch auf Ers der AnwKosten für die Zurückweisg der Künd, LG Hamm ZMR **70**, 363. Bei falscher Beratg kann er dahin gehen, daß ein Anspr als nicht zu behandeln ist, BGH NJW **64**, 1023.

bb) Bei **gegenseitigen Verträgen** kann die pVV – ebso wie bei Unmöglichk u Verz (§§ 325, 326) – für den and Teil ein **Rücktrittsrecht** od einen **Schadensersatzanspruch wegen Nichterfüllg** des ganzen Vertr begründen. Voraussetzg ist, daß die pVV den **Vertragszweck** derart **gefährdet,** daß dem and Teil nach Treu u Glauben das **Festhalten am Vertrag nicht zugemutet werden kann,** RG **54**, 98, **149**, 404, BGH **11**, 84, **LM** § 276 (H) Nr 3, NJW **69**, 975, stRspr. Ob diese Voraussetzg erfüllt ist, ist Frage des Einzelfalls. Bei einem auf dauerndes ZusWirken der Part angelegten Vertr sind an das beiders Verhalten strengere Maßstäbe anzulegen als bei einf WarenumsatzGesch; Es muß sich unter Berücksichtigg des jeweiligen VertrZweckes um schwere, die VertrGrdlage erschütternde Verstöße handeln, RG JW **38**, 2010. Hierher gehören die Fälle der ernsth u endgült Weigerg, den Vertr zu erfüllen, der unberecht Lossagg vom Vertr sowie sonst Fälle, in denen der eine Teil die VertrauensGrdlage des Vertr zerstört hat, vgl die Nachw oben unter c aa. Beachte, daß die ErfVerweigerg nur dann ein RücktrR od SchadErsAnspr wg Nichterfüllg rechtf, wenn sie ernsth u endgült erklärt w; insow sind strenge Anfordergen zu stellen, RG **66**, 421, **67**, 318, BGH **LM** § 326 (Dc) Nr 2; es genügt nicht die mit einem Stundgsgesuch verbundene Erklär, zZ nicht zahlen zu können, RG **66**, 421, ebso nicht Ablehn mit gleichzeit Angebot, über die VertrErf zu verhandeln, BGH **LM** § 326 (Dc) Nr 2. Lehnt Schu nach VerzEintritt die VertrErf ab, ist § 326 direkt anwendb, Zurückgreifen auf die Grds über die pVV unnöt, str, vgl § 326 Anm 6 d. Ein RücktrR od ein SchadErsAnspr wg Nichterfüllg aus dem GesichtsPkt der pVV ist – wie oben unter c aa angeführten Beispielen – in folgdn Fällen gegeben: erhebl Leistgsverzögerg, wenn sie allein od zus mit and Umst schwerwiegde Unzuverlässigk des Schu erkennen läßt, BGH NJW **69**, 975; Einbau alter Teile in einen verkauften fabrikneuen Pkw, BGH NJW **78**, 260; Verletzg der vom Verk übernommenen Pfl, nicht in das Absatzgebiet des Käufers zu liefern, RG **54**, 286; mangelh Teillieferg, wenn hierdch die VertrauensGrdlage zerstört w, RG **67**, 7; wiederholte Nichtzahlg der Nutzgsentschädig für eine verkaufte, aber noch nicht dingl übertr EigtWohng, BGH NJW **72**, 1668; schwerwiegde Verletzg der LeistgstreuePfl, BGH Betr **76**, 1956; NichtErf des Anspr auf SicherhLeistg aus MaBV, Brem BB **77**, 316; Beleidiggen od schwere Kränkgen des and Teils, RG **140**, 385, DR **39**, 1441, and idR bei einf GüterumsatzGesch, RG **102**, 409, BGH **LM** § 276 (Hd) Nr 1 od Vergl, BGH WPM **71**, 1055, vgl aber Hbg BB **73**, 1409. Dagg idR kein RücktrR, wenn Gläub mit dem Abruf der Leistg säum, BGH NJW **72**, 99. Ebso nach BGH **23**, 204 kein Rücktr vom SchiedsVertr, wenn eine Part die and den Schiedsrichter abspenst macht. Ebso wie im Fall des § 326 steht das RücktrR u der SchadErsAnspr wg Nichterfüllg auch bei pVV grdsätzl nur dem zu, der selbst vertragstreu ist, RG **109**, 55, **149**, 40, vgl auch § 326 Anm 4, doch w der ErfAnspr erg ausgelöste SchadErsAnspr dch eig vertrwidr Verhalten idR nicht berührt, vgl oben aa. Eine Nachfristsetzg ist idR nicht erforderl, BGH **11**, 86, wohl aber uU bei minder schweren Störgen, BGH Betr **68**, 1575, **70**, 1970. RücktrErkl muß angeben, in welchem Verhalten die pVV erblickt w, BGH **LM** (Hd) Nr 1, ein Nachschieben neuer Grde ist unzul, BGH **11**, 86, Gläub kann aber bei Kenntn neuer Umst ggf erneut zurücktreten, wenn GesTatbestd Rücktr rechtf, BGH **LM** § 326 (H) Nr 4.

cc) Bei **Dauerschuldverhältnissen** tritt an die Stelle des RücktrR ein KündR aus wicht Grd, so bei Gesellsch, RG **158**, 326, DienstVertr, **158**, 326, bei Miete u Pacht nach Überg der Sache, BGH **50**, 312; KündR kann, wenn VertrauensGrdlage zerstört ist, auch dem zustehen, der sich selbst vertrwidr verhalten h, BGH NJW **58**, 1531. SchadErsAnspr wg Nichterfüllg ist ebenf ausgeschlossen, stattdessen besteht SchadErsAnspr wg Herbeiführg der Künd entspr § 628 II, BGH NJW **69**, 419; haben beide Part Künd verschuldet, kann auch KündGegner ein (gem § 254 geminderter) SchadErsAnspr zustehen, BGH NJW **69**, 1845. Zur SchadBerechng vgl BGH **LM** § 249 (Ha) Nr 6. Bei ErbbauVertr RücktrR bis Eintragg im Grdbuch, BGH MDR **61**, 490 nicht aber danach, BGH NJW **69**, 1112. Beim Werkvertrag kann Besteller unter den Voraussetzgen von bb vom Vertr zurücktreten od SchadErs wg Nichterfüllg verlangen, Hbg MDR **71**, 135; aA BGH **45**, 375, der KündR ohne die VergütgsPfl des § 649 gibt; inkonsequent; denn umgekehrt stehen Untern die R aus § 326 zu, wenn der zur Mitwirkg bei der Herstellg verpflichtete Besteller VertrZweck gefährdet, RG **152**, 122, **171**, 301, BGH **11**, 89; §§ 642, 643 enthalten keine abschließende Regelg, BGH **50**, 179; über Sukzessivlieferungsverträge vgl § 326 Anm 13.

f) Der Schu muß bei pVV ebso wie bei Verz u Unmöglichk für das Verschulden seiner **Erfüllgsgehilfen** einstehen, § 278. Der ErfGeh selbst haftet uU aus unerl Hdlg, vertragl Anspr gg ihn bestehen grdsätzl nicht,

BGH NJW **64**, 2009, **LM** (Ha) Nr 4. Eine eig vertragl ErsPfl des ErfGeh ist aber in entspr Anwendg der für c. i. c. geltden Grds (oben Anm 5 b gg) dann zu bejahen, wenn die pVV nicht in einer eigentl Leistgsstörg sond in einer Verletzg von NebenPfl besteht, u der ErfGeh bei Anbahng u Abwicklg des VertrVerh für sich Vertrauen in Anspr genommen h, BGH **70**, 337, 342 (weitergehd Canaris VersR **65**, 114, Müller NJW **69**, 2172, Düss NJW **71**, 942).

g) Lehnt der **Konkursverwalter** aGrd von KO 17 die Erf des Vertr ab, so hat der and Teil einen SchadErsAnspr wg Nichterfüllg, BGH **15**, 336, **68**, 380 allg M. Der Anspr ist kein konkursrechtl, sond ein SchadErsAnspr nach bürgerl R, str. Ablehng der Erf ist im Verh zw GemeinSchu u Gläub pVV, da sie auf der von GemeinSchu gem § 279 zu vertretden Zahlgsunfähigk beruht, vgl auch RG **135**, 170. Für das VerglVerf gibt VerglO 52 dem Gläub ausdr SchadErsAnspr.

h) Abgrenzg zum **Gewährleistgsrecht** vgl oben b; **Beweislast** vgl § 282 Anm 2; **Verjährg** vgl § 195 Anm 2, § 477 Anm 1, § 638 Anm 1; **Sukzessivliefergsvertrag** vgl § 326 Anm 13.

8) a) Die RGedanken der §§ 276, 278 gelten auch für **öffentlich-rechtliche Verhältnisse,** soweit diese schuldrechtsähnl Pflichten begründen u die Eigenart des öffR nicht entggsteht, RG **152**, 132, BGH **17**, 192, **21**, 218, BVerwG **13**, 20, stRspr. §§ 276, 278 sind daher auch auf öffrechtl Vertr (Einf 4 h vor § 305) entspr anwendb, RG **131**, 73; **161**, 181. Sie gelten außerdem sinngem für sonstige öffrechtl **Sonderverbindgn**, sofern diese eine einem privrechtl SchuldVerh vergleichb Leistgs- od Obhutsbeziehg zum Gsgst h, vgl BGH **4**, 149, **17**, 192, **54**, 299, **59**, 305, NJW **77**, 197/954 (Anm Palder). Die verletzten Pflichten müssen über allg Amtspflichten iS des § 839 hinausgehen, zw dem einzelnen u der öffentl Körpersch muß ein „besonders enges Verhältn" bestehen, so BGH **21**, 218, NJW **63**, 1828. Als schuldrechtsähnl Beziehgn idS sind insb anerkannt die öffrechtl Verwahrg, BGH **3**, 172, NJW **52**, 658, 931, öffrechtl Anstaltsnutzgsverhältnisse, BGH DVBl **63**, 438, Tiemann VerwA **65**, 388, das RVerh zw dem Krankenhaus u einem aGrd öffR eingewiesenen Kranken, BGH **4**, 138, ferner die FürsPfl des Dienstherrn ggü dem Beamten, BVerwG **13**, 20, BGH **43**, 184, weitere Einzelfälle vgl unter b. Keine schuldrechtsähnl Sonderverbindg besteht nach der Rspr des BGH zw Strafgefangenen u Strafanstalt, BGH **21**, 219, **25**, 231, 238, NJW **62**, 1053, 1054, zweifelh, aA Hbg MDR **55**, 111. Auch im Verhältn zw Schüler u Schule sollen §§ 276, 278 unanwendb sein, BGH NJW **63**, 1828, **LM** § 839 (Fd) Nr 12a; nicht überzeugd, die RBeziehg zw Schüler u Schule ist sicher „enger" als etwa die öffrechtl Verwahrg, vgl Menger VerwA **56**, 90; diese Streitfrage ist nunmehr hinsichtl Körperschäden dch Einbeziehg der Schüler in die gesetzl UnfallVers ggstlos, da RVO 636 privrechtl SchadErsAnspr ausschließt, vgl BGH NJW **77**, 296. Für den Geschädigten h der Anspr aus §§ 276, 278, der sich auf den VermSchaden beschr, ggü dem konkurrierden DeliktAnspr aus § 839, Art 34 GG den Vorteil der günstigeren BewLastVerteilg (§ 282), der Nichtanwendung des § 839 I S 2 (BVerwG **25**, 145, BGH **63**, 172) u III, der entspr Anwendbark der Grds über die vertragl Schutzwirkg zGDr (BGH NJW **74**, 1817) sowie der 30-jähr Verj; ihr Nachteil besteht darin, daß sich der Geschädigte das MitVersch von gesetzl Vertr u ErfGeh anrechnen lassen muß, vgl § 254 Anm 5a, u die Haftg dch Satzg beschr w kann, BGH **61**, 13. Für SchadErsAnspr wg Verletzg öffrechtl Pflichten ist gem VerwGO 40 II der **ordentliche Rechtsweg** eröffnet, BGH **43**, 34, **59**, 305, BayObLG **35**, 35, das gilt jedoch nur für Anspr ggn die öffHand, nicht umgekehrt, BGH **43**, 269. Für SchadErsAnspr gg die Bundespost ist der ord RWeg gem PostG 26 II zul, BGH **67**, 69. Dagg sind SchadErsAnspr wg Verletzg öffrechtl Vertr vor dem VerwGer geltd zu machen, vgl VerwGO 40 nF, ebso Anspr wg Verletzg der beamtenrechtl FürsPfl gem BRRG 126, BBG 172, BVerwG **13**, 17, BGH **43**, 184.

b) Einzelfälle (ja = entspr Anwendg der §§ 276, 278; nein = keine entspr Anwendg, nur delikt Haftg): Beziehg zw gemeindl **Deckstation** u Benutzer, ja, BGH VersR **78**, 254; Verletzg der **Fürsorgepflicht** des Dienstherrn ggü dem Beamten, ja BVerwG **13**, 20, BGH **43**, 184 (unter Aufgabe von BGH **29**, 312); die Haftg aus §§ 276, 278 erstreckt sich aber, wie stets, nicht auf SchmerzG, insow sind vielm allein § 839, Art 34 GG maßgebd, BGH NJW **65**, 929, vgl § 839 Anm 5 A. – Behandlg eines in Ausübg öff Gewalt in einer **Heil- u Pflegeanstalt** untergebrachten Geisteskranken, ja RG DR **43**, 854, BGH **21**, 219, str. – Betreuung von Kindern u Jugendl im Rahmen öff **Jugendpflege**, uU ja RG **130**, 97, (Kinderlandverschickg), RG JW **33**, 1389 (gemeindl Spielschule), KG VersR **74**, 368 (Kindertagesstätte). – Beziehg zw Gemeinde u GrdstEigentümer hinsichtl **Kanalisation**, ja BGH **54**, 299, NJW **77**, 197, MDR **78**, 298. – Unentgeltl Krankenbehandlg aGrd öffR dch gemeindl **Krankenhaus**, ja RG **112**, 293, BGH **4**, 138. – Verhältn zw **Krankenkasse** u Mitgl hinsichtl vertrauensärztl Untersuchg, ja RG **131**, 73. – Verhältn zw **Post** u Postbenutzer, grdsätzl ja RG **155**, 335, BGH **9**, 17, **66**, 305, NJW **64**, 41, **65**, 962. PostG **11** ff enthalten jedoch Sonderbestimmgn, hierdch w die Haftg teilw ausgeschl od beschr, zT werden auch die Amtshaftgsvorschriften für anwendb erklärt, ggf ebPostG 18 S 2, 19, 20. Sonderregelg für die Schadenshaftg enthalten auch die Telegraphen- u die Fernmeldeordng, vgl § 839 Anm 2 A a dd u Anm 15. – Benutzg von gemeindl **Schlachthof**, uU ja, BGH **61**, 7, NJW **74**, 1816. – Beziehg zw Schüler u **Schule** vgl oben a. – Verhältn zw **Sozialversichergsträger** u Versicherten, uU ja BSozG NJW **70**, 1254. – Verhältn zw Strafgefangenen u **Strafanstalt** vgl oben a. – RBeziehg zw Land einers u **Universität** u Studentensch ands, ja, Karlsr NJW **74**, 1824. – Verletzg der **Verkehrssichergspflicht**, nein RG **113**, 296 stRspr. – Öffrechtl **Verwahrg**, ja BGH **3**, 173, NJW **52**, 658, 931, auch dann, wenn Bürger Verwahrer, Müller JuS **77**, 232, vgl näher Einf 3 a vor § 372, Einf 4 c vor § 688. – Liefrg von Trinkwasser dch gemeindl **Wasserwerk**, ja RG **152**, 132, BGH **17**, 192, **59**, 303, LM (Ci) Nr 29.

9) a) Beweislast : vgl Vorbem 8 vor § 249 u § 282 Anm 1 u 2.

b) Anspruchskonkurrenz: Bestehen Ansprüche aus Versch innerhalb eines Schuld-, insb VertrVerhältnisses u erfüllt das nämliche Verhalten **auch** den Tatbestand einer **unerlaubten Handlung,** so bestehen beide Ansprüche grdsätzl **nebeneinander,** RG **88**, 318 (grundlegend), stRspr. Näheres Einf 2 vor § 823.

10) Grundsätzlich hat der Schu nur für Versch zu haften, vgl oben Anm 5. **Haftung ohne Verschulden:**

a) Haftg ohne Versch (**sog reine Erfolgshaftung** oder Haftg für **Zufall**, wobei als Zufall ein weder vom Schu noch vom Gläub zu vertretender Umstand zu verstehen ist) **innerhalb** eines Schuldverhältnisses tritt nur kr besonderer Regelel ein. **Fälle:** Haftg für das Versch gesetzlicher Vertreter u ErfGehilfen nach § 278 (vgl dort), Haftg für Zufall beim SchuVerzug § 287 S 2, Gastwirtshaftg § 701, ferner großenteils die Gewährleistgspflichten, zB bei Kauf §§ 459 ff, Miete §§ 537 ff, WerkVertr §§ 633 ff usw. Auch die Haftg des Schu einer Geldschuld aus § 279 für (auch unverschuldetes) Unvermögen, solange die Leistg aus der Gattg noch mögl ist, u die arbeitsrechtl Haftg aus gefährl Arbeit (§ 611 Anm 3 d) u aus Betriebsrisiko (§ 615 Anm 3) können hierher gerechnet w. Außerh des BGB vgl zB die Haftg der Eisenbahnen für beförderte Güter HGB 454, 456, 458, 459, iVm EVO v 8. 9. 38, RGBl II S 663, §§ 31 ff, 81 ff. Haftg der Post HGB 452, PostG 6, vgl dazu oben Anm 8.

b) Außerhalb bestehender Schuldverhältnisse muß in bestimmten Fällen, die aber nicht unter einen einheitl Gesichtspunkt zu bringen sind, für schuldlose Hdlgen eingestanden werden. So zB für Hdlgen, die schon dswg nicht schuldh sind, weil ihnen der RWidrigk fehlt, insb bei berechtigtem Eingriff in fremde Rechte: § 904, GewO 26; ferner besteht überh eine Haftg auf SchadErs aus, wo dem Eigtümer ausnahmsw die Unterlassgsklage versagt ist (zB bei Funkenflug einer Kleinbahn), RG 58, 134, bei der irrigen Ann eines Selbsthilferechts, § 231, im ProzR zB bei unbegründetem Arrest, ZPO 945, und bei vorl Vollstr eines später wieder aufgeh Urteils, ZPO 717 II; vgl auch ZPO 302 IV, 600. Weiter in Fällen fehlerhafter Abgabe von WillErklärgen, §§ 122, 179 II, 307 u vor allem in den Fällen der **Gefährdungshaftg**. Sie ist im BGB, das von der VerschHaftg als Grds ausgeht, nicht organisch geregelt. Daher meist Regelg dch Sondergesetze (HaftpflichtG, StraßenverkehrsG, LuftverkehrsG, AtomG, ArznMG); im BGB: § 833 (Tierhalterhaftg), §§ 231, 701. Keine Gefährdgshaftg über die Sondervorschriften hinaus, RG 147, 353. Vgl ferner Esser, Grdlagen u Entwicklg der Gefährdghaftg, Neudr 1969. Vgl auch § 254 Anm 6. – Über die Gefährdungshaftg hinaus geht der Gedanke der Haftg aus Billigk, im BGB bisher nur § 829. – Prakt zur Haftg ohne Versch führt uU die Rspr zur VerkSichgPfl, theoret w sie auf § 823, ggf mit §§ 31, 89, gestützt, vgl § 823 Anm 8.

277 Sorgfalt in eigenen Angelegenheiten; grobe Fahrlässigkeit.
Wer nur für diejenige Sorgfalt einzustehen hat, welche er in eigenen Angelegenheiten anzuwenden pflegt, ist von der Haftung wegen grober Fahrlässigkeit nicht befreit.

1) Fahrlässigkeitsgrade vgl § 276 Anm 4 a. Das G unterscheidet, wie gesagt, drei Stufen der Fahrlk: gewöhnliche (leichte), grobe und Verletzg der Sorgf in eig Angelegenheiten (culpa in concreto, diligentia quam in suis). Für leichte Fahrlk, deren Begriff in § 276 bestimmt ist (dort Anm 4), wird im Regelfall gehaftet; die eingeschränkte Haftg nach reiner oder den beiden anderen FahrlkGrade gilt nur in den gesetzl bestimmten Fällen, in Fällen, in denen verminderte Haftg aus der Natur der Sache folgt (vgl für ArbR § 276 Anm 4a u 5 C) od kr Parteiabrede, die nach § 276 I zulässg u auch stillschw mögl (vgl BGH BB 54, 702) ist. Über Haftgseinschränkg vgl auch § 254 Anm 6 u § 276 Anm 5 B.

2) Grobe Fahrlässigkeit. Das G selbst grenzt sie von der gewöhnlichen nicht ab, die Abgrenzg ist daher im Einzelfall Sache des Richters. Grobe Fahrlk wird danach gegeben sein, wenn die nach § 276 I 2 verkehrserforderl Sorgf in bes schwerem Maße verletzt wird, nach RG 141, 131, BGH 10, 16, 74 uö: wenn nicht das beachtet wird, was im gegebenen Falle **jedem einleuchten mußte**, insb wenn schon einfachste, ganz naheliegende Überlegen nicht angestellt werden, nach RG 163, 106: wenn schon einfachste, ganz naheliegende Überlegen nicht angestellt werden. Währd der Maßstab bei der leichten Fahrlk ein ausschließl obj ist (vgl § 276 Anm 1 b), sind bei der groben Fahrlk auch subj, in der Individualität des Handelnden begründete Umst zu berücksichtigen, BGH 10, 17, **LM** Nr 3, NJW 72, 476, VersR 74, 569, BAG Betr 72, 780, Ffm VersR 76, 554, Weingart VersR 68, 427; idR w für grobe Fahrlk das Bewußtsein der Gefährdl zu fordern sein, Stgt VersR 68, 954, Lohe VersR 68, 323, aA BayObLG VersR 76, 33; hier für grobe Fahrlk kein AnschBew, vgl Vorbem 8 a aa vor § 249. Gesetzl HaftgsBeschrkg auf grobe Fahrlk besteht iF des AnnVerzugs (§ 300 I), ferner gem §§ 680, 968. Grobe Fahrlk ist Voraussetzg für den RegreßAnspr des Dienstherrn gg den Beamten iF einer AmtsPflVerletzg (BBG 78 I 2, BRRG 46 I 2). Sie schließt im Sachenrecht gutgl Erwerb aus (§ 932 II). Weitere Bedeutg hat der Begr dch AGB-Ges 11 Nr 7 erlangt, wonach die Haftg für grobe Fahrlk nicht dch formularmäß Klauseln ausgeschl w kann.

3) Konkrete Fahrlässigkeit (Sorgfalt in eigenen Angelegenheiten, vgl nach Rother Haftgsbeschränkg in SchadensR 1965 S 185 ff, Hoffmann NJW 67, 1207, Deutsch JuS 67, 496). Hier ist der Maßstab ein subjektiver, der Individualität (u zwar der individuellen Übg) des Handelnden angepaßter. Überschreitet diese indessen die verkehrserforderl Sorgf, so haftet der Handelnde nur für diese (§ 277: „nur"): die Bestimmg soll die Haftg nicht erschweren, sond mildern. Die Berücksichtigg der individuellen Übg findet jedoch ihre Grenze daran, daß für grobe Fahrlk auf jeden Fall zu haften ist. – **Gesetzliche Fälle**: Haftg des unentgeltl Verwahrers § 690, des Gesellschafters § 708, der Ehegatten bei Erfüllg der sich aus dem ehel Verhältn ergebenden Pflichten § 1359, der Eltern bei Ausübg der elterl Gewalt § 1664, des Vorerben ggü dem Nacherben § 2131, des AbzKäufers nach AbzG 1 d II. Bei gemeins Teiln am StraßenVerk sind die Haftgsbeschränkgen der §§ 708, 1359, 1664 unanwendb, BGH **46**, 313, **53**, 352, **61**, 104. – Die **Beweislast** dafür, daß er in eig Angelegenh nicht sorgfältiger, als geschehen, vorzugehen pflege, trifft den Handelnden.

278 Verschulden des Erfüllungsgehilfen.
Der Schuldner hat ein Verschulden seines gesetzlichen Vertreters und der Personen, deren er sich zur Erfüllung seiner Verbindlichkeit bedient, in gleichem Umfange zu vertreten wie eigenes Verschulden. Die Vorschrift des § 276 Abs. 2 findet keine Anwendung.

Übersicht

1) **Grundsätzliches**
 a) Grundgedanke
 b) Anwendungsbereich
2) **Gesetzliche Vertreter**
 a) Begriff
 b) Organe juristischer Personen
3) **Erfüllungsgehilfe**
 a) Begriff
 b) Hilfspersonen des Erfüllungsgehilfen
 c) Substitution
4) **Erfüllung einer Verbindlichkeit des Schuldners**
 a) Handeln im Pflichtenkreis des Schuldners
 b) Verhaltenspflichten (Schutzpflichten)
 c) Innerer Zusammenhang mit der Erfüllungshandlung – Handeln bei Gelegenheit der Erfüllung
 d) Unterlassungspflichten
 e) Obliegenheiten, „Gläubigerpflichten", Haftung für Repräsentanten
 f) Höchstpersönliche Schuldnerpflichten
5) **Verschulden des Gehilfen**
6) **Einzelfälle**
7) **Umfang der Haftung**
8) **Beweislast**
9) **Haftungsausschluß**

1) Grundsätzliches: a) Währd außerhalb eines SchuldVerh für HilfsPers gem § 831 idR nur bei eig allerd vermutetem Auswahl- od ÜberwachsVersch gehaftet w, stellt § 278 bei bestehdn SchuldVerh das Versch von gesetzl Vertr u ErfGeh eig Versch gleich; er begründet damit eine Art von **Erfolgshaftg** (§ 276 Anm 10 a). Die Vorschr beruht auf dem Gedanken, daß der Schu ggü dem Gläub für seinen Gesch- u Gefahrenkreis verantwortl ist u daß sich diese Verantwortg auch auf die vom Schu zur Erf eingesetzten HilfsPers erstreckt (BGH **62**, 124, Larenz § 20 VIII, Lüderitz NJW **75**, 4). Wer den Vorteil der ArbTeilg in Anspr nimmt, soll auch deren Nachteil tragen, nämlich das Risiko, daß die Gehilfen schuldh rechtl geschützte Interessen des Gläub verletzen (Esser § 39 I).

b) Anwendgsbereich: aa) Die Haftg für fremdes Versch nach § 278 gilt nur **innerhalb bestehender Schuldverhältnisse** (BGH **58**, 212). Gleichgült, ob es sich um einen vertragl od gesetzl SchuldVerh handelt. Nach § 278 w daher auch gehaftet für das Versch von gesetzl Vertr u ErfGeh (Verhandlgs- u AbschlBevollmächtigten od Geh) bei od vor Abschl eines Vertr **(culpa in contrahendo)**; denn schon dch den Eintritt in Verhandlgen entsteht ein vertragsähnl Verh, das SorgfPflten iS des § 278 begründet (s § 276 Anm 6). Es genügt, daß zw Gläub u Schu ein rechtl **Sonderverbindg** besteht, aus der sich Verbindlichk ergeben (BGH **58**, 214: Verh zw PfändgsGläub u DrittBerecht; Larenz § 20 VIII). Eine solche Sonderverbindg kann aus dauernder GeschVerbindg (§ 276 Anm 6 e) u als Nachwirkg aus einem abgewickelten Vertr (§ 276 Anm 7 d) folgen. Dagg gilt § 278 nicht für unerl Hdlgen der HilfsPers (BGH **1**, 249, **4**, 3). Hier kommt nur die Haftg aus § 831 mit der Möglichk des EntlastgsBew in Betr. Besteht ein SchuldVerh, kann die unerl Hdlg aber zugl einen Verstoß gg eine schuldr Verpfl darstellen u daher dem Schu gem § 278 zuzurechnen sein (s Anm 4b). Auf die RGemsch (§§ 741 ff) ist § 278 anwendb (Schubert JR **75**, 363, aA BGH **62**, 246 u hM, vgl auch bb aE), nicht aber auf bloße tatsächl GemschVerh ohne schuldr Beziehgen der Beteiligten zueinand (Erm-Battes Rdz 6), so nicht auf das Verh zw mehreren Mietern eines Hauses od das Verh zw ArbN desselben Betr. Bei GefälligkVerh kann dagg ein vertragsähnl VertrauensVerh vorliegen, § 278 also anwendb sein (s Einl 2 v § 241).

bb) Auch auf **sachenrechtliche Sonderverbindungen** findet § 278 Anwendg (Einl 6a v § 241), so auf das Eigt-Bes-Verh (§ 990 Anm 2), auf das Verh zw WoEigtümern (BayObLG NJW **70**, 1551), das gesetzl SchuldVerh beim Nießbr u and beschr dingl R, die Pflten des Finders (Erm-Battes Rdz 3). Auf den BesErwerb ist § 278 dagg unanwendb, da er das Eigt-Bes-Verh erst begründet u es hier auch nicht um die Zurechng von Versch, sond von Kenntn geht (BGH **16**, 262). Auf das nachbarrechtl GemschVerh (Überbl 2d aa v § 903) wendet die hM § 278 nicht an (BGH **42**, 377, VersR **58**, 834, NJW **77**, 375, Soergel-Schmidt Rdz 6). Das soll auch für die halbscheid Giebelmauer gelten (BGH **42**, 379), für Einstöße gg § 909 (BGH NJW **60**, 335) u für die dch wasserrechtl Best geregelten Beziehgen (BGH VersR **65**, 689). Das ist prakt unbefriedigd u veranlaßt die Rspr zur Überspanng der Haftg aus § 831. Auch dogmat vermag die hM nicht zu überzeugen. Das dch Bundes- u LandesR geregelte RVerh zw Nachbarn erfüllt alle Merkmale einer rechtl Sonderverbindg, § 278 ist daher anwendb (Mühl NJW **60**, 1136, Westermann § 63 IV 2). Das gilt zumindest für das RVerh hinsichtl einer gemeins Kommunmauer (Düss NJW **59**, 580).

cc) Der RGedanke des § 278 gilt ebso wie der des § 276 auch im **öffentlichen Recht,** vgl näher § 276 Anm 8.

dd) Wo das Ges ausdr od dem Sinne nach **eigenes Verschulden voraussetzt,** genügt Versch einer HilfsPers nicht, so nicht für den Ausschl des AusglAnspr des HandelsVertr gem HGB 89b III (BGH **29**, 278).

2) Gesetzliche Vertreter a) Der Begr ist im **weiteren Sinn** des Handelns mit Wirkg für und zu verstehen (BGH NJW **58**, 670). Unter § 278 fallen daher nicht nur der Inh der elterl Gewalt, der Vormd, der Pfleger u Beistand. Er gilt auch für sonst Pers, die aGrd gesetzl Vorschr mit Wirkg für und handeln können (BGH aaO), so für den TestVollstr (RG **144**, 402, BGH LM § 823 (Ad) Nr 1), NachlVerw, KonkVerw, ZwVerw, TrHänder („custodian" des MRG 52 (BGH NJW **58**, 670), ferner den Eheg iF des § 1357 u den Eheg, der bei Verw des GesGutes mit Wirkg für den and handelt (Erm-Battes Rdz 13). Bei GesVertretg genügt das Versch eines Vertr (RG **110**, 146).

b) Dagg ist § 278 nicht anwendb auf **verfassgsmäßig berufene Vertreter** (Begr § 31 Anm 2) einer **juristischen Person.** Diese sind als Organe anzusehen. Ihr Versch gilt nicht nur bei unerl Hdlgen, sond auch innerh bestehder SchuldVerh nach §§ 31, 89 als eig Versch der jur Pers (Soergel-Schmidt Rdz 10, RGRK Rdz 8, RG LZ **33**, 310, aA RG **122**, 358, **152**, 132, unentschieden RG **110**, 147). Beide Ans führen im wesentl zum selben Ergebn, nur bei Anwendg von § 278 S 2 besteht eine Abw (vgl Anm 9).

Inhalt der Schuldverhältnisse. 1. Titel: Verpflichtung zur Leistung § 278 2–4

Für die OHG gilt gewohnheitsrechtl dasselbe wie für jur Pers (RG **76**, 48, BGH NJW **52**, 537). Dagg w für den Vorstd eines nichtrechtsf Vereins nach § 278 gehaftet (RG **143**, 214).

3) a) Erfüllsgehilfe ist, wer nach den tatsächl Gegebenh des Falles mit dem Willen des Schu bei der Erf einer diesem obligden Verbindlichk als seine HilfsPers tät w (BGH **13**, 113, **50**, 35, **62**, 124). Währd § 831 idR auf selbstd Untern unanwendb ist (§ 831 Anm 3a), kann ErfGeh auch derj sein, der in seinem Verhalten keinem WeisgsR des Schu unterliegt (RG **101**, 104, BGH **62**, 124). Die Art der zw dem Schu u der HilfsPers bestehdn rechtl Beziehg ist gleichgült (BGH **13**, 113, **50**, 35). Sie kann auch öffrechtl gestaltet sein (BGH **62**, 124) od in rein tatsächl ZusArbeit bestehen (BGH **LM** Nr 17). Auch wenn das RVerh zw Schu u HilfsPers nichtig ist, ist § 278 anwendb. Für das Verhalten eines GeschF ohne Auftr haftet der Schu dagg nur iF nachträgl Gen (RG LZ **13**, 466, BGH NJW **55**, 297). Unerhebl ist, ob die HilfsPers eine eig Verbindlichk erf will (BGH **13**, 114), ob sie überh weiß, daß sie dch ihre Tätigk eine Verpfl des Schu erf (BGH **13**, 114, VersR **69**, 1108), u ob der Schu imstande wäre, die Leistg in eig Pers auszuführen (RG **64**, 234, **160**, 314). § 278 greift auch ein, wenn sich die HilfsPers nicht an die Weisgen des Schu hält (BGH **31**, 366). Auch iF des Streiks muß der Untern sich das Verhalten seiner ErfGeh (ArbN) zurechnen lassen (MüKo/Emmerich § 275 Rdn 73; aA Löwisch AcP **174**, 202, 251). Das gilt zumindest iF eines rechtsw Streiks (vgl BGH NJW **77**, 1875 zu § 839, GG 34). Der ErfGeh kann dem Schu dch den Gläub gestellt w, so etwa ein Pilot, der dem Untern vom Best zur Prüfg zur Vfg gestellt w (Hamm NJW **74**, 1090) od ein ArbN des Käufers, der dem Verk bei der Nachbesserg hilft (BGH Betr **75**, 2426). Müssen bei einer WkLeistg mehrere Untern zuswirken, so haftet jeder MitUntern für den vom and Teil best ErfGeh (BGH NJW **52**, 217).

b) Hilfspersonen des Erfüllsgehilfen sind ErfGeh des Schu, sofern dieser mit ihrer Heranziehg einverst war (RG **102**, 235, **142**, 189). Das Einverständn kann auch stillschw erklärt w. Der Schu braucht nicht im einz zu erfahren, welche weiteren Geh der erste ErfGeh beauftragt (BGH NJW **52**, 217). War der Schu nicht einverst, sind ihm die Hdlgen der HilfsPers seines ErfGeh nicht zuzurechnen. Er ist aber idR gleichwohl verantwortl, weil die Eigenmächtigk der ersten HilfsPers als Versch ggü dem Gläub anzusehen ist.

c) Substitution: War bei Auftr od Verwahrg dem Schu gestattet, die gesamte Ausführg einem and (dem Substituten) zu übertragen, so haftet er nicht für dessen, sond nur für ein Versch bei der Übertr (nach § 276), insb bei der Auswahl des Betrauten (culpa in eligendo), §§ 664 I 2 (vgl dort Anm 1), 691 S 2. Auf entgeltl GeschBesVertr ist der RSatz des § 664 I 2 nicht anwendb, da § 675 nicht auf § 664 verweist (RG **161**, 70, and fr RG **78**, 313, mißverständl BGH **LM** § 664 Nr 1). Der WkUntern haftet daher auch dann gem § 278, wenn er die DchFührg der Arb mit Zust des Best einem and Untern überläßt (Hamm NJW **74**, 1090). § 278 u nicht § 664 I 2 gilt auch für den amtl best Vertr des RA (RG **163**, 377).

d) Bedient sich der Schu zur Erf seiner Verpfl **elektronischer Hilfsmittel** (Datenverarbeitg), haftet er für Versch bei Betr u Wartg der Anlage, u zwar auch dann, wenn er insow ein and Untern beauftragt (oben a). Bei einem unverschuldeten techn Versagen ist § 278 dagg unanwendb (Lieser JZ **71**, 761, aA Schmidt AcP **166**, 23).

4) Der ErfGeh (gesetzl Vertr) muß **in Erfüll einer Verbindlichkeit des Schuldners** gehandelt h.

a) Inwieweit dem Schu fremdes Versch zuzurechnen ist, richtet sich daher nach seinem konkr **Pflichtenkreis**, wie er dch Art u Inhalt des jew SchuldVerh festgelegt ist. Beim KaufVertr ist der **Hersteller** (Lieferant) im Verh zum Käufer nicht ErfGeh des Verk, da sich dessen Pflten nicht auf die Herstellg der Sache erstrecken (RG **101**, 158, BGH NJW **68**, 2238). Das gilt entspr beim WerklifergsVertr über eine vertretb Sache (BGH **48**, 121, **LM** § 463 Nr 13). Der Hersteller w auch nicht dadch ErfGeh des Verk, daß dessen UntersuchsPfl (§ 276 Anm 7b cc) inf seines berecht Vertrauens auf die Zuverlässigk des Lieferwerkes entfällt (BGH **LM** § 276 (Hb) Nr 2). Liefert der Hersteller auf Weisg des Verk unmittelb an den Käufer, ist er hins der Lieferg, nicht aber iü ErfGeh des Verk (vgl BGH WPM **71**, 1122, weitergeh offenb RG **108**, 223, Hertin MDR **70**, 883). Gg den Verk besteht daher bei einer für ihn unerkennb Schlechtleistg des Herstellers kein SchadErsAnspr, idR haftet aber der Hersteller aus § 823 (vgl dort Anm 16). Benutzt der Verk zur Erf der ihm obligden UnterweisgsPfl eine Bediensanleitg des HerstWerkes, so ist dieses insow sein ErfGeh (BGH **47**, 316, krit Weitnauer NJW **68**, 1597, Wolff Betr **68**, 1611). Auch hins der Rechtzeitigk der Leistg muß sich der Verk das Versch des Lieferanten anrechnen lassen (stillschw GewährÜbern, Ffm BB **77**, 13). Beim WerkVertr ist der Zulieferer idR gleichf nicht ErfGeh des Untern (BGH NJW **78**, 1157), wohl aber der SubUntern (BGH **66**, 48). – Beim **Versendgskauf** sind die BefördergsPers wg § 447 keine ErfGeh des Verk (RG **115**, 164, BGH **50**, 35, aA Schultz JZ **75**, 240). Übernimmt der Verk die Auslieferg mit eig Leuten, ist dagg § 278 anzuwenden (MüKo/Hanau Rdn 14) u zwar schon deshalb, weil die Verwendg eig Leute dem abstrakten Möglichk der Drittschadensliquidation (Vorbem § 249 Anm 6b cc) prakt abgeschnitten w (Brox JuS **75**, 8). ErfGeh sind der Fahrer od SubUntern, die für den Verk die Auslieferg u das Einfüllen von Heizöl übernehmen (BGH NJW **71**, 1036, 1038). – Beim **Dienstverschaffgsvertrag** hat der Verpflichtete die Dienste zu verschaffen, aber nicht für ihre Ordngsmäßigk einzustehen; er braucht sich daher das Versch des zur Dienstleistg Bestellten nicht anrechnen zu lassen (BGH **LM** Nr 40, VersR **70**, 934, Becker NJW **76**, 1827). Das gilt entspr beim LeihArbVerh (BGH NJW **71**, 1129), jedoch muß der „Verleiher" die Eigng des ArbN sorgf prüfen (BGH NJW **75**, 1695; vorbestrafter Buchhalter). Beim sog LohnfuhrVertr (Stellg eines Kfz mit Fahrer) ist der Fahrer dagg idR ErfGeh des Untern (BGH NJW **75**, 780). – Unanwendb ist § 278 bei Verbindlichk, die den Schu ledigl zur Beauftragg eines Dr verpflichten, sich aber nicht auf die Tätigk des Dr erstrecken (Erm-Battes Rdz 25). So ist der Arzt weder ErfGeh des zur Vorlage eines ärztl Zeugnisses verpflichteten ArbN (RG **101**, 154) noch des dch eine Körperverletzg Geschädigten (RG **72**, 220). Entspr gilt für die vom Geschädigten beauftragte **Reparaturwerkstatt** (BGH **63**, 184) u den von ihm hinzugezogenen Sachverst (§ 254 Anm 5b). Bei **Pauschalreise** ist Hotel ErfGeh des ReiseUntern (BGH **63**, 98, Köln OLGZ **75**, 185).

b) Der Ausdr Verbindlichk umfaßt die **gesamte Verpflichtg** des Schu (RG 160, 314). Er bezieht sich nicht nur auf die Haupt- u NebenleistgsPflten, sond auch auf die dem Schu obliegden **weiteren Verhaltenspflichten** (Einl 2e vor § 241). § 278 gilt daher auch für die Verletzg der **Schutzpflicht,** dh der Pfl, sich bei Abwicklg des SchuldVerh so zu verhalten, daß Pers, Eigt u sonst RGüter des and Teils nicht verletzt w (§ 242 Anm 4 B b). Welche Pers aus dem GeschKreis des Schu in bezug auf SchutzPflVerletzgen als ErfGeh anzusehen sind, richtet sich nach der Art des SchuldVerh u der Stellg der HilfsPers. Beim MietVertr hat der Vermieter einzustehen für seinen Hauswart (RG 103, 143), seinen Hausverwalter (BGH **NJW 68**, 1323), den von ihm beauftragten RepUntern (RG **102**, 234). Arb, die in seinem Auftr Arbeiten ausführen (BGH **LM** Nr 39) nicht dagg für den einen Mieter im Verh zum and (RG **103**, 374, BGH VersR **69**, 754). Der Mieter haftet gem § 278 für seine FamAngeh (Zunft AcP **153**, 373ff), Untermieter (§ 549 III), Hauspersonal u gewerbl Angest (RG **84**, 224). Er ist ferner für Gäste, Kunden und Lieferanten verantwortl (auch für den Spediteur, der die Wohng einer eingebrachten Sache beschädigt, RG **106**, 134), nicht dagg für Hausierer u Bettler (Zunft AcP **153**, 373ff), auch nicht für den Hauswart, selbst wenn dieser Hdlgen im Mieterinteresse vornimmt (KG ZMR **76**, 204). Bei **Offenbargspflichten** hängt die Anwendg des § 278 auf HilfsPers des Schu davon ab, welche Aufgaben diesen zugewiesen sind. Die Arb, die an der Herstellg eines Werkes (Ggst) mitwirken, sind hins der Pfl, Mängel zu offenbaren, nicht ErfGeh des Untern (BGH **LM** § 463 Nr 13, KG MDR **70**, 1011), wohl aber die mit Prüfungsaufgaben beauftragte Kolonnenführer (BGH **62**, 66), ebso der Subunternehmer, BGH **66**, 48 = JR **76**, 287 mAv Schubert.

c) Die schuldh Hdlg muß in innerem **sachlichem Zusammenhang** mit den Aufg stehen, die der Schu dem ErfGeh im Hinbl auf die VertrErf zugewiesen hatte; für schuldh Hdlgen des ErfGeh nur bei **Gelegenheit** der VertrErf haftet der Schu nicht (RG **63**, 343; BGH NJW **65**, 1709, VersR **66**, 1154). Die Hdlg des ErfGeh muß in den allg Umkreis des AufgBereichs gehören, zu dessen Wahrnehmg ihn der Schu best hat (BGH **31**, 366, NJW **65**, 1709). Der Zushang mit der VertrErf w nicht dadch unterbrochen, daß der ErfGeh von den Weisgen des Schu abweicht (BGH aaO) od in die eig Tasche wirtschaften will (BGH NJW **77**, 2259). Er kann auch bei vorsätzl Hdlgen gegeben sein, arg § 278 S 2 (BGH **LM** § 827 Nr 1, **LM** § 549 ZPO Nr 15). § 278 ist daher anwendb: wenn der mit einer Rep beauftragte Geselle im Zushang mit der Rep eine Sache beschädigt (RG **63**, 343); wenn der Lagermeister (Wächter) eingelagerte (zu bewachde) Sachen stiehlt (RG **101**, 348, BGH **LM** § 549 ZPO Nr 15); wenn HotelAngest mit eingestelltem GästePkw Schwarzfahrt unternimmt (BGH NJW **65**, 1709); wenn Klempnerlehrling dch unsachgem weisgwidr Einsatz einer Lötlampe Brand verursacht (BGH **31**, 366); wenn Schaden dch eine im ZusHang mit der VertrDchführg stehde NeugierHdlg verursacht w (BGH VersR **66**, 1154); wenn Frau des KlinikVerw bei Benutzg der klinikeigenen Bügeleinrichtg Brand verursacht, sofern sie zur Benutzg der Einrichtg berecht oder verpfl (BGH **23**, 323); wenn AbschlußVertr der Vollm Vertr schließt. Dagg ist § 278 unwendb, wenn der mit der Rep beauftragte ArbN bei Ausführg der Arb stiehlt od den Gläub mißhandelt (Hbg MDR **77**, 752); wenn Bauführer als vollmachtloser Vertr an Handwerker erhebl Auftr vergibt (BGH NJW **63**, 2167); wenn GehaltskontenFü dem ArbN überzahltes Gehalt ablistet (BAG MDR **61**, 355, zweifelh). Die Abgrenzg ist vielf schwier u unsicher (dazu krit Zunft AcP **153**, 378, Schmidt AcP **170**, 505). § 278 sollte in Weiterentwicklung der bisherigen Rspr immer angewandt w, wenn der Schu bei eig Handeln gleicher Art (auch) gg eine VertrPfl verstoßen haben würde (vgl Erm-Battes § 278 Rdz 41).

d) § 278 gilt auch für die Erf von **Unterlassgspflichten** (RG **63**, 117, **79**, 42, **160**, 313). Bei primären UnterlPfl ist dch Auslegg (§ 157) zu ermitteln, ob u inwieweit der Schu für seine HilfsPers einzustehen h (so wohl Ffm NJW **74**, 2239, aA Ulmer ebda). Bei den UnterlPflten, die sich als NebenPflten aus § 242 ergeben, muß auch der Schu die ZuwiderHdlgen derj Pers anrechnen lassen, deren Tätigk mit der UnterlPfl in innerem sachl Zushang steht (BGH **23**, 323, WPM **78**, 248); vgl dazu oben c. Hins der Pfl des Mieters, Schädiggen der Mietsache zu unterl, sind alle Pers ErfGeh, denen er die Benutzg der Mietsache gestattet (vgl oben b).

e) § 278 gilt gem § 254 II 2 für die Verl der sich aus § 254 ergebden **Obliegenheiten** (dort Anm 5). Er ist ferner in § 351 für anwendb erkl. Auf den **Annahmeverzug** ist er gleichf entspr anzuwenden (Anrechng des Verhaltens der HilfsPers des Gläub), da die RStellg des Gläub zugl eine PfltenStellg ist. Aus den gleichen Erwäggen muß der Gläub sich auch im Rahmen des § 324 das Versch seiner HilfsPers analog § 278 anrechnen lassen. Für die Verl von sonst Obliegenh (Einl 4 b vor § 241) gilt § 278 dagg nicht (RG **159**, 352). Er ist insb auf Obliegenh des VersN unanwendb, dieser muß sich aber das Verhalten seiner **Repräsentanten** anrechnen lassen (BGH **11**, 122, VersR **64**, 475, stRspr). Repräsentant ist, wer in dem GeschBereich, zu dem das versicherte Risiko gehört, aGrd eines Vertretgs- od ähnl Verhältn an die Stelle des VersN getreten ist; der Repräsentant muß zum selbstd Handeln befugt sein, jedoch ist rgeschäftl Vertr u Macht nicht erforderl (BGH VersR **64**, 475, **65**, 149, NJW **70**, 43). Repräsentant ist der gesetzl Vertr des mj VersN (BGH **135**, 372), nicht aber eine untergeordnete HilfsPers (BGH **11**, 123), nicht die Ehefr, der der VersN währd einer Reise die Obhut über den Hausstand übertr h (RG **117**, 329, Köln VersR **69**, 1014, nicht der Sohn, der den Hof gemeins mit seiner Mu (der VersNeh) verwaltet (Hamm VersR **77**, 1145). In der Kfz-Versicherg ist Repräsentant, wer die Wartg u die Verantwortg für die VerkSicherh übernommen hat (BGH NJW **70**, 43). Das trifft auf den Mieter nicht ow zu (BGH NJW **69**, 1387), auch nicht auf den abhäng Fahrer (BGH VersR **71**, 538), wohl aber dann, wenn dem Fahrer die Prüfg der VerkSicherh übertr worden ist (BGH VersR **75**, 229). – Für den **Versicherungsagenten** gilt der gewohnheitsrechtl Satz, daß der Versicherer den vom Agenten fehlerh beratenen u unvollst aufgeklärten VersN so stellen muß, wie er richtiger Beratg gestanden hätte (BGH VersR **147**, 188, BGH **2**, 92, **40**, 27, NJW **64**, 244). Es besteht daher uU Anspr auf entspr Erstreckg des VersSchutzes, der jedoch bei erhebl MitVersch des VersN entfällt (BGH **40**, 24, VersR **78**, 458).

f) Höchstpersönliche Schuldnerpflichten: § 278 ist unanwendb, wenn der Schu die VertrErf einem and überträgt od sich zur Erf einer HilfsPers bedient, ohne hierzu berecht zu sein. Hier haftet der Schu bereits gem § 276 aus eig Versch. Einer entspr Anwendg des § 278 (so RG **152**, 128) bedarf es nicht.

5) Der ErfGeh (gesetzl Vertr) muß **schuldhaft** gehandelt h, also vorsätzl od fahrl. Besteht Haftgsmilderg, haftet Schu nur für den VerschGrad, für den er selber einzustehen h (RG **65**, 20). Der Sorgf-Maßstab richtet sich nach der Stellg des Schu, nicht der des ErfGeh (BGH **31**, 367). Meister haftet daher auch dann für die Fehlleistg des Lehrlings, wenn sie diesem nicht vorwerfb (BGH aaO).

6) Einzelfälle (ja = ErfGeh; nein = nicht ErfGeh)
a) Abzahlungskauf: Verk für Bank bei Verhandlg über Kredit, ja, BGH **33**, 299, 312, **47**, 230, WPM **73**, 750; ebso Kreditvermittler für Bank, Stgt NJW **75**, 262, aber nicht hins der Entggn der DarlValuta, BGH WPM **78**, 879. – **Architekt:** Für Bauherrn ggü Untern, ja hins PlangsVersch, BGH VersR **68**, 152, **70**, 281; ja hins Pfl zur Koordinierg, BGH WPM **70**, 357; ja hins Fehler der Ausschreibg, BGH WPM **77**, 1004, Stötter BauR **78**, 16; dagg nein soweit Arch Pfl zur BauAufs verl, BGH NJW **72**, 447, WPM **74**, 200. – Ärzte u HilfsPers (vgl Laufs ArztR Rdn 177): Bei einem sog „totalen KrankenhausVertr" (vgl Einf 2a cc vor § 611) sind Ärzte u sämtl Klinikpersonal ErfGeh des Krankenhausträgers (BGH **23**, 321, **LM** Nr 24). Beim „gespaltenen Arzt-KrankenhausVertr", der seit dem Inkrafttreten der BPflVO prakt nur noch bei Belegärzten vorkommt (Musielak JuS **77**, 87), ist Arzt hins der ärztl Betreuung nicht ErfGeh des Krankenhausträgers (BGH NJW **75**, 1463. Iü kommt es darauf an, ob die HilfsPers im PfltenKreis des Arztes od des Krankenhausträgers tät w (BGH **5**, 324, **LM** Nr 24, NJW **62**, 1763, LG Aach NJW **76**, 1155). ErfGeh ist die vom Arzt zugezogene Krankenschwester, sein UrlVertr (BGH NJW **56**, 1834); die städt Röntgenschwester für Arzt ggü Patienten, nein, wenn die Stadt Apparat u Personal dem Kranken zur Vfg stellte; ja, wenn Arzt sich beider unter eig Verantwortg zu bedienen hatte, RG **118**, 44, **139**, 258, Daniels NJW **72**, 306. Apotheker für Arzt im Verh zum Patienten, nein, RG **125**, 377. Zur Anwendbark von § 278 auf Verl der ärztl SchweigePfl s Kleinwefers u Wilts NJW **63**, 2345, **65**, 333.
b) Bankverkehr: Kontoführde Bank für KontenInh ggü Überweisdem, ja, Hbg HEZ **2**, 84. Bezogene Bank ist ErfGeh des AusSt, nicht des vom ScheckInh mit der Einziehg beauftragten KreditInst, Köln BB **53**, 305. Beim LastschriftVerf (§ 270 Anm 1e) sind die beteil Banken ErfGeh des Gläub, LG Bln WPM **75**, 530. Vom Käufer zZw der Zahlg eingeschaltete Bank, ja, BGH **105**, 34. BankAngest für Bank ggü Kunden, ja, RG **84**, 353. Von der beauftragten Bank in die Abwicklg eingeschaltete weitere Bank, wohl nein, da Substitution, vgl Kümpel WPM **77**, 698. Bauträger im Verh zw finanzierder Bank u Grdst-Erwerber, idR nein, BGH NJW **76**, 2213. Bevollm des Kunden, der ZahlgsAuftr fälscht, kein ErfGeh des Kunden im Verh zur Bank, RG **160**, 315, abl Boesebeck DR **39**, 1324. – **Bauverträge:** BauUntern für Bauherrn ggü and BauUntern, nein, BGH Betr **71**, 1764, **72**, 184. Statiker für Bauherrn ggü Arch, ja, Düss NJW **74**, 704. BauFü, ja, wenn er im Zushang mit seinem AufgKreis unricht Ausk erteilt; nein, wenn er ohne VertrMacht Auftr größeren Umfangs erteilt, BGH **LM** Nr 37. Verschw von Baumängeln s Anm 4 b. – Arch s oben a. – **Bürgschaft:** HauptSchu für Gläub ggü Bü, idR nein, BGH **LM** § 765 Nr 19.
c) Chartervertrag: Vercharterer für Verfrachter (Charterer) nein, Hbg MDR **70**, 56. – **Culpa in contrahendo:** s § 276 Anm 6b ff. – **Dienst- u Arbeitsverträge:** Fügt ein ArbN dem and Schaden zu, so begründet das nicht ow eine Haftg des ArbG, da nicht jeder ArbN hins der dem ArbG obliegden FürsPfl ErfGeh ist (RG **102**, 374, **106**, 294). Anwendb ist § 278, wenn dem schädigden ArbN die Erf von ArbGFunktionen übertr ist, BAG NJW **69**, 766. – **Dienstverschaffgsvertrag:** s Anm 4a.
d) Gastaufnahmevertrag: Mitwirkde einer Unterhaltsvorführg für Gastwirt ggü Gästen, ja, RG **169**, 215. „Aufpasser" für Gastwirt ggü Gästen, ja, BGH NJW **75**, 520. Mit Pkw eines Gastes schwarzfahrder Angest für Hotelier ggü Gast, ja, BGH NJW **65**, 1709; nein, wenn Angest dem Gast aus eig Antrieb anbietet, dessen Pkw zu einer Tankstelle zu fahren, BGH NJW **64**, 718. – **Gerichtsvollzieher,** der im Auftr des Käufers verderbl Sachen versteigert, ggü Verk nein, da er hoheitl u nicht als Beauftr tät w, RG **104**, 285 (vgl aber BGH **62**, 122). – **Gesellschaftsrecht:** Der zur unechten GesVertr einer Gesellsch berufene Prokurist ist nicht ErfGeh des von ihm ersetzten OrganMitgl (BGH **13**, 64), and aber, wenn sich das OrganMitgl des Prokuristen zur Erf eig Pflten bedient (BGH aaO). Gter einer BGB-Gesellsch haben bei GesHandSchulden u GesSchulden für das Versch ihrer MitGter einzustehen (Beuthien Betr **75**, 729, 773). – **Gewerkschaftssekretär:** Für Gewerksch hins FriedensPfl, ja, BAG **3**, 284. **Jagdgast:** Für Jagdherrn ggü Jagdgästen, nein, RG **128**, 42.
e) Kaufvertrag: Keine Haftg des Verk für den Hersteller s Anm 4a. Beim Versendgskauf keine Haftg des Verk für das Beförderungspersonal s Anm 4a. Verschw von Mängeln s Anm 4b. Lagerhalter ist ErfGeh des Verk ggü Käufer, Hertin MDR **70**, 884; ebso sonst Pers, denen Verkäufer die Sache in der Zeit zw VertrSchl u Lieferg überläßt, ferner Steuerberater, dessen Bilanz vom Verk dem Käufer eines GmbH-Anteils vorgelegt w, BGH Betr **76**, 37, 38. – **Leiharbeitsverhältnis:** s Anm 4 a. – **Makler:** Für Verk im Verh zum Käufer, idR nein, BGH NJW **64**, 853. Ein Makler für den and, wenn sie in einer „Franchise-Organisation" zusarbeiten, ja, BGH WPM **78**, 246. – **Mietverhältnis:** s Anm 4b. – **Nachbarrecht:** s Anm 1b bb. – **Notar:** Für Verk ggü dem Käufer hins der Pfl, sich das Eigt des verk Grdst zu beschaffen, ja, wenn er mit Abwicklg beauftragt, BGH **62**, 121, dazu krit Lüderitz NJW **75**, 1. Angest eines Notars hins der Erf seiner AmtsPfl, nein, da diese in eig Pers zu erfüllen ist, RG **162**, 28, BGH NJW **76**, 847.
f) Rechtsanwalt: Für PfändgsGläub ggü dem der Pfändg widersprechden DrittBerecht, ja, BGH **58**, 215. Bürovorsteher für RAnw ggü Mandanten, ja, RG **101**, 249, ebso amtl bestellter Vertr, RG **163**, 377, VerkAnw für HauptBevollm, nein, RG **156**, 211; für Part im Verh zum HauptBevollm, idR nein, RG **167**, 80. – **Tankstellen:** Gehilfe für Inh hins der NebenPfl zur sicheren Aufbewahrg des zum Waschen gegebenen Kfz, ja, BAG NJW **68**, 717. Tankwart, der vom Kunden mit Rückführg seines Kfz beauftragt ist, kein ErfGeh des TankstellenInh, BGH VersR **68**, 472.
g) Werkverträge: Monteur, der Gasuhr unsachgem anbringt, ist ErfGeh des Untern ggü Kunden u dessen ArbN, RG **127**, 224. TransportPers, dch die HauptUntern den zu bearbeitenden Ggst zum SubUntern befördern läßt, ja, RG **101**, 152. SubUntern, ja, BGH **66**, 48, Zulieferer, nein, BGH NJW **78**, 1157. Rennfahrer für Veranstalter ggü Zuschauern, ja, RG **127**, 314. Schiffsbesatzg für Reeder hins der mit der

Beförderg zushängden Pflten, ja, RG **124**, 50. Verschw von Mängeln s Anm 4b. BauVertr s oben b. – **Wettverträge**: Buchmacher für TotalisatorUntern, uU ja, BGH **LM** Nr 17.

7) Umfang der Haftg: Sie entspr dem der Haftg für eig Versch bei Erf der Verbindlichk. Da für SchmerzG nur aGrd unerl Hdlg gehaftet w (§§ 847, 253), kann SchmerzGAnspr nicht auf § 278 gestützt w (RG JW **11**, 360). Haftg besteht nur ggü dem Gläub u den Pers, die in den Schutzbereich des Vertr einbezogen sind (§ 328 Anm 2b). Dritten ggü haftet der Schu nur gem § 831. Der ErfGeh selbst haftet nicht aus Vertr, uU aber aus unerl Hdlg. Für ein Versch bei den VertrVerhandlgen kann der ErfGeh unter best Voraussetzgen auch selbst in Anspr genommen w (s § 276 Anm 6b ff).

8) Gläub h die **Beweislast** für das Versch der HilfsPers, es sei denn, daß § 282 anwendb ist (vgl dort). Es brauchen jedoch keine VerschTats hins best HilfsPers bewiesen zu w, da der Schu sonst in BewNot geriete.

9) Satz 2 ermöglicht einen **Haftgsausschluß** für vorsätzl Verhalten von ErfGeh u gesetzl Vertr. Dies gilt nicht für gesetzl Vertr jur Pers, da sie Organe sind (s Anm 2b). Außerdem w § 278 S 2 nunmehr dch AGB-Ges 11 Nr 7 begrenzt; danach ist der formularmäß Aussch der Haftg für Vors u grobe Fahrlässigk des ErfGeh unwirks.

279 *Unvermögen bei Gattungsschuld.* **Ist der geschuldete Gegenstand nur der Gattung nach bestimmt, so hat der Schuldner, solange die Leistung aus der Gattung möglich ist, sein Unvermögen zur Leistung auch dann zu vertreten, wenn ihm ein Verschulden nicht zur Last fällt.**

1) Wesen der Vorschrift. Vgl die Anm zu § 275, insb Anm 1, 2, 4, 6. Nach § 275 I, II gilt als Grds, daß der Schu dch nicht von ihm zu vertretde nachfolgde Unmöglk (Unvermögen) befreit w. Danach trägt also grdsätzl die Gefahr der Leistg der Gläub. § 279 macht davon eine Ausn für Gattgsschulden (Begriff § 243 Anm 1). **Grund der Vorschr**: die Pfl des Schu zur Lieferg einer Gattgssache beschränkt sich nicht auf die gerade bei ihm vorhandenen Stücke, sond verpflichtet ihn auch zur Beschaffg. Auf Geldschulden ist § 279 nicht anzuwenden (§ 245 Anm 2). Es besteht aber ein allg RGrds, daß jeder Schu für seine finanzielle Leistgsfähigk einzustehen h (vgl RG **75**, 337, **106**, 181, BGH **LM** § 133 (C) Nr 32). Er gilt nicht nur für Geld- u Gattgsschulden, sond auch für Stückschulden (vgl Anm 3).

2) Inhalt, Grenzen. Aus Anm 1 folgt, daß der Schu eine **Unmöglichkeit** der Leistg, die auch jedem anderen die Leistg unmögl machen würde, nicht zu vertreten hat, so bei gesetzl Verboten, Beschlagn der gesamten Gattg. Für die bereits „konkretisierte" Gattgsschuld (§ 243 II, vgl § 243 Anm 3) gelten die Vorschriften der Stückschuld, insb die §§ 275, 280, nicht also § 279. Nicht od doch nur beschr anwendb ist die Vorschr auf die sog beschränkte (begrenzte) Gattgsschuld (Schuld aus bestimmtem Vorrat, zB aus der diesjährigen Ernte eines bestimmten Gutes). Hier tritt mit dem Wegfall der begrenzten Gattg (Vorrat) Unmöglichk ein, jedoch kann gem § 242 Anpassg in Betr kommen, Karlsr JZ **72**, 120.
Über den Begriff des **Unvermögens** vgl § 275 Anm 2, über den der Unmöglichk dort Anm 1. Wichtig ist, daß der Schu nicht erst bei Untergang der ganzen Gattg, sond schon dann frei w, wenn die Leistg den Schu über die zumutb Opfergrenze hinaus belastet, wenn also die Beschaffg der Gattgssache, sei es aus Heranschaffgs-, sei es selbst aus nur geldl Gründen, so schwierig geworden ist, daß sie dem Schu (wenn auch nur in dem gerade vorliegenden Einzelfall, insoweit also auch Begrenzg der Haftg für Unvermögen) billigerw nicht mehr zuzumuten ist, vgl RG **57**, 116, **88**, 172, **107**, 156: die Ware muß noch bei Mittel beschafft w können, mit deren Anwend nach Treu u Glauben zu rechnen ist; ebso Nehlert NJW **48**, 141. Die Pfl des Schu darf nicht überspannt werden; Voraussetzg ist daher im allg, daß die Ware noch am Markt ist; aus den Händen von Verbrauchern braucht sich der Schu einer Handelsware diese im allg nicht zu beschaffen (vgl obige Entscheidgen). Das ist jedoch entgg der Rspr nicht aus dem Gesichtspkt wirtschaftl Unmöglk (§ 275 Anm 1e), sond aus § 242 (Wegfall der GeschGrdl) herzuleiten, vgl § 242 Anm 6 C a. – Das Einstehen auch für unverschuldetes Unvermögen betrifft nicht solche Unvermögensfälle, die mit der Eigenart der Schuld als Gattgsschuld nicht zusammenhängen, zB bei unverschuldeter Freih-Beschrkg od sonstigen rein persönl Hindergründen; es besteht kein Anlaß, hier die Gattgsschulden anders zu behandeln als Stückschulden (RG **99**, 1, Erm-Battes Rdn 5, hM).

3) Beschaffgsschulden (Anschaffgs-, Verschaffgsschulden): Hier verspricht Schu, dem Gläub bestimmte Sachen zu beschaffen. An sich keine Gattgsschuld. Da der Schwerpunkt bei ihr in der Beschaffg (der Aufwendg) der Geldmittel liegt und der Schu dafür einzustehen hat, vgl oben Anm 1, ist **§ 279 auf sie entsprechend** anzuwenden, vorausgesetzt, daß das Unvermögen zur Leistg hierauf zurückgeht, RG **75**, 335, **106**, 181, stRspr. Kenntn, daß Schu Ware erst beschaffen muß, rechtf idR nicht Anwendg des § 254, BGH NJW **72**, 1702.

4) Besonderes. Klauseln. § 279 entfällt, wenn das Unvermögen des Schu zur Leistg auf schuldhaften oder sonst vertretb Handlgen des Gläub beruht, RG **97**, 10, zB Ausbringen unbegründeter Arreste. § 279 kann ferner durch sog Befreiungsklauseln abbedungen w (vgl Liesecke WPM **78** Beil 3 S 45 ff). Über die Streikklausel RG Gruch **50**, 943, die Kriegsklausel RG **87**, 92. Zur Klausel „Liefergsmöglichk vorbehalten" vgl BGH NJW **58**, 1628, WPM **78**, 400 (w Schu vom Lieferanten in Stich gelassen, muß er sich im Rahmen des Zumutb um andweit Deckg bemühen); zur weitergehen „Selbstbelieferungsklausel" vgl BGH **49**, 393 (Schu w grdsätzl frei, wenn ihn sein Lieferant nicht beliefert).

5) Die Beweislast für das Unvermögen hat, wer sich darauf beruft. Im übr gilt § 282.

280 Haftung bei zu vertretender Unmöglichkeit.

I Soweit die Leistung infolge eines von dem Schuldner zu vertretenden Umstandes unmöglich wird, hat der Schuldner dem Gläubiger den durch die Nichterfüllung entstehenden Schaden zu ersetzen.

II Im Falle teilweiser Unmöglichkeit kann der Gläubiger unter Ablehnung des noch möglichen Teiles der Leistung Schadensersatz wegen Nichterfüllung der ganzen Verbindlichkeit verlangen, wenn die teilweise Erfüllung für ihn kein Interesse hat. Die für das vertragsmäßige Rücktrittsrecht geltenden Vorschriften der §§ 346 bis 356 finden entsprechende Anwendung.

1) Allgemeines. Die Vorschr ergänzt die des § 275, die den Einfluß der vom Schu nicht zu vertretenden Unmöglichk regelt; vgl daher zunächst dort Anm 1–6. Sie bezieht sich, ebso wie § 275, der das in II ausdr ausspricht, auch auf den Fall des Unvermögens (Prot 1, 321). Sie betrifft nur die **nachträgliche Unmöglichk** (Unvermögen), Begriff § 275 Anm 3; über die Haftg bei ursprünglicher vgl §§ 306, 307. – Dch den Eintritt zu vertreter Unmöglichk (Unvermögen) entfällt der ErfAnspr, Larenz § 22 I, str, vgl Nachw bei Brehm JZ **75**, 573; er wandelt sich in einen SchadErsAnspr um. Es handelt sich jedoch ledigl um eine Inh-Änderg, nicht um die Begründg eines neuen SchuldVerh. Bürgen u Pfänder bleiben demgem verhaftet, §§ 767 I, 1210 I. – Für ggs Verträge gilt § 325.

2) Voraussetzungen. Die Unmöglichk od das Unvermögen müssen **dauernd**, nicht bloß vorübergehd sein. Über den Unterschied § 275 Anm 4, für Fälle des Verkaufs einer fremden od später vom Verkäufer an einen Dritten veräußerten Sache vgl § 275 Anm 2. Bei nur vorübergehder Unmöglichk od sonstiger tatsächl Behinderg tritt Verzug des Schu ein, wenn dessen Voraussetzgen gegeben sind, darüber § 275 Anm 4. Die RFolgen des § 280 I treten ferner nur „soweit" ein, als Unmöglichk od Unvermögen vorliegen, also bei vollständ Unmöglichk voll, bei bloß teilweiser Unmöglichk nur hins des unmögl Teils. Doch führt uU auch die bloß teilw Unmöglichk nach dem Zweck des Vertrages dazu, Unmöglichk hins der ganzen Verbindlichk anzunehmen, vgl § 275 Anm 5. Darüber hinaus gilt II (unten Anm 5).

3) Unmöglichk muß vom Schu zu vertreten sein, vgl dazu § 275 Anm 6. Ist die Unmöglichk dch **Verschulden beider Teile** herbeigeführt, so gilt § 280 zwar, jedoch ist § 254 anzuwenden, RG **71**, 191, **94**, 141.

4) Rechtsfolge: Schadensersatz wegen NichtErf der Verbindlichk. Zu ersetzen ist gem § 249 das „Erfüllungs"interesse, das sog positive Interesse. Darüber Vorbem 2 g vor § 249. Der SchadErs geht meist auf Geldleistg, denn die Herstellg in Natur ist durch die Unmöglichk der Leistg im allg ausgeschl, Vorbem 2 g vor § 249, und uU den Pfl zur Herausg von Wertpapieren, BGH WPM **71**, 1414, vgl auch RG **107**, 17. – Über Schadensberechng vgl Vorbem 4 vor § 249, auch § 325 Anm 4. Bei ggs Verträgen geht der SchadErs-Anspr nach § 325 (Differenzlehre) auf SchadErs wg NichtErf des ganzen Vertrages, vgl § 325 Anm 3.

5) II: Teilweise Unmöglichkeit. Vgl dazu § 275 Anm 5. Grdsätzl gilt I: also SchadErs wg NichtErf nur hins des unmöglichen Teils. Jedoch SchadErs wg NichtErf der ganzen Verbindlichk, wenn die Unmöglichk des Teils nach dem Zweck des Vertrages die Erf auch des übr Teils der Verbindlichk unmögl macht, oben Anm 2. **Darüber hinaus** kann der Gläub nach § 280 II auch dann, wenn die Erf des übrigen, noch möglichen Teils der Verbindlichk für ihn **„kein Interesse"** mehr hat, die Erf auch dieses Teils ablehnen u SchadErs wegen NichtErf der ganzen Verbindlichk fordern, zB wenn er sich inzw wg der ganzen Verbindlichk hat anderweit versorgen müssen. Die Rechte des Gläub aus II können dch formularmäß Klauseln nicht ausgeschl w, AGB-Ges 11 Nr 9. Das Fehlen des Interesses ist objektiv zu bestimmen, nicht entscheidet das Belieben des Gläub. Die Anwendbark der §§ 346 ff betrifft nur die Durchführg des Verlangens des Gläub, nicht ist das Vorliegen der Voraussetzgen des vertragl RücktrR zu fordern. Gläub hat danach die Ablehng zu erklären, § 349; eine etwa schon empfangene Teilleistg hat er zurückzugeben, § 346; die Ann einer Teilleistg hindert die Anwendg von II nicht, eines Vorbehalts des Gläub bei der Ann bedarf es nur uU. – Teilunmöglichk liegt an sich auch vor bei einer Leistg, die nur noch in geminderter Güte mögl ist, vgl darüber § 275 Anm 5. – Nach § 355 kann der Schu dem Gläub für die Ausübg des Rücktr eine angemessene Frist mit der Wirkg setzen, daß nach Fristablauf Rücktr nicht mehr mögl ist. – Bei ggs Verträgen gilt § 325.

6) Verfahrensrechtliches. Die **Beweislast** für das Vorliegen der Unmöglichk (BewLast im übr vgl § 282!) hat, wer sich auf sie beruft, also der Schu, wenn der Gläub auf Erf klagt u Schu Unmöglichk einwendet, dagg der Gläub, wenn er alsbald auf SchadErs klagt. Dazu ist der Gläub berechtigt, ohne den Umweg über § 283 (Klage auf Erf, Urteil darauf, hernach Fristsetzg) gehen zu müssen, vgl auch RG **69**, 355, **80**, 249. Klagt Gläub, was aus BewGründen für ihn zweckmäßiger ist (siehe oben), auf Erf, so kann er, wenn der Schu Unmöglichk übergeben, zum Antr auf SchadErs übergehen, ohne den Einwand der Klageänderg befürchten zu müssen, ZPO 264 Z 3, selbst dann, wenn die Unmöglichk bereits vor Klageerhebg eingetreten war (falls er davon schuldlos Kenntn nicht erhalten hatte), da die veränderte Sachlage als iS der ZPO 264 Z 3 nach der Klageerhebg eingetreten anzusehen ist, RG **88**, 405. Er muß sogar zu dem Antr auf SchadErs übergehen, wenn die Unmöglichk feststeht, da auf eine unmögl Leistg, weil widersinnig, kein Urt ergehen kann, RG **107**, 18; steht die Unmöglichk nicht fest, wohl aber, daß der Schu sie jedenf zu vertreten hätte, so läßt die hM die Klage auf Erf zu (darüber § 275 Anm 8).

281 Herausgabe des Ersatzes bei Unmöglichkeit.

I Erlangt der Schuldner infolge des Umstandes, welcher die Leistung unmöglich macht, für den geschuldeten Gegenstand einen Ersatz oder einen Ersatzanspruch, so kann der Gläubiger Herausgabe des als Ersatz Empfangenen oder Abtretung des Ersatzanspruchs verlangen.

II Hat der Gläubiger Anspruch auf Schadensersatz wegen Nichterfüllung, so mindert sich, wenn er von dem im Abs. 1 bestimmten Rechte Gebrauch macht, die ihm zu leistende Entschädigung um den Wert des erlangten Ersatzes oder Ersatzanspruchs.

1) Voraussetzgen des Anspruchs.

a) „Schuldner": Es muß also ein **Schuldverhältnis** bereits gegeben sein. Der RGrd ist gleichgültig, nicht nur aus Vertr, sond auch aus unerl Hdlg od GeschFg oA, nicht jedoch aus ungerechtf Bereicherg (§§ 812 ff), denn hier ist die dch § 281 ausgesprochene „Surrogation" (s unten Anm 2) dch die §§ 818 ff bes, wenn auch ähnl, geregelt. § 281 ist danach nie allein RGrd eines ErsAnspr, sond nur im Zusammenhang mit dem vorliegden Schuldverhältn. – § 281 gilt nicht für den dingl Anspr des Eigtümers auf Herausg (§ 985), wenn der Besitzer die Sache weiterveräußert u einen Erlös erzielt hat, da der dingl Anspr dann gg den neuen Besitzer weiterbesteht u die etw schuldrechtl Folgen eines Besitzverlusts dch RG 987 dch bes sind, RG 115, 31, 157, 44, jetzt stRspr u hM, and fr RG 105, 88. Eigtümer kann VerkErlös aber iF der Gen gem § 816 vom Besitzer herausverlangen. §§ 985, 281 scheiden insow auch deshalb als AnsprGrdlage aus, weil sie allenf BesSurrogate betreffen würden, währd der VerkErlös EigtSurrogat ist, vgl unten g.

b) Der schuldrechtl Anspr muß auf **Leistg eines Gegenstandes** (vgl Übbl 2 vor § 90) gerichtet sein. Gerade für diesen Ggst muß der Ers eingetreten sein (Unmittelbark des Ersatzes), also hat zB Mieter einer Sache, die entzogen, aus § 281 keinen Anspr auf Mieteinräumg an ErsGgst od auf Zinsen aus Entschädigg, vgl BGH 25, 10; uU kann aber ergänzende VertrAuslegg solchen Anspr ergeben. Auch keine Herausgabe eines Teils des Kaufpreises für Grdst, an dem Dienstbark zu bestellen war, BGH 46, 264 u Anm Rothe **LM** Nr 4. Ein Handeln od Unterlassen ist kein Ggst; § 281 gilt daher nicht beim WerkVertr RG 97, 90.

c) Die Leistg muß (nachträglich) **unmöglich** geworden sein. Unvermögen, wenn es dauernd ist, genügt. Gleichgültig ist, ob der Schu die Unmöglichk zu vertreten, er also deswg SchadErs wg NichtErf zu leisten hat (§ 280) od nicht, so daß er von der Leistg frei wurde (§ 275); gleichgültig auch, ob der Gläub die Unmöglichk zu vertreten hat, BGH **LM** Nr 1.

d) Der Schu muß einen **Ersatz** od **Ersatzanspruch** (sog „stellvertretendes commodum") erlangt haben. ErsAnsprüche können sich zB ergeben: aus Zerstörg, Beschädigg, Entwendg der Sache, aus Enteignyg od Beschlagn RG 91, 262, als Ansprüche auf die Versicherssumme RG 89, 38, VersR 55, 225, aus unberechtigter Versteigerg der Sache dch einen Dritten. Ers ist auch das zur Befriedigg dieser Ansprüche an den Schu Gezahlte. Auch die Befreiung von einer Schuld kann Ers erlangt worden sein RG 120, 350.

e) Der Schu muß den Ers oder ErsAnspr **„infolge"** des die Leistg unmöglich machenden Umstandes" erlangt haben. Es muß also (adäquater) ursächl Zusammenhang (darüber Vorbem 5 vor § 249) gegeben sein RG 102, 205. Dieser liegt vor zw Unmöglichk u dem Anspr auf die Versicherssumme, obwohl dieser nicht ohne die zuvorige Eingehg der Versicherg dch den Schu gegeben gewesen wäre, RG 89, 38, BGH **LM** Nr 1 Ers ist ferner auch der durch RGesch, insb Verkauf der Sache, vom Schu erzielte GgWert RG 105, 89, **138**, 48, BGH 46, 264, stRspr, str, obwohl noch nicht der Verkauf, der den Anspr auf den GgWert begründet, die Unmöglichk herbeiführt, sond erst die Veräußerg. Denn der geforderte Zusammenhang ist als wirtschaftlicher zu denken: Verkauf u Veräußerg gehören wirtschaftl zusammen. Die GgMeing wäre unbillig (allerdings würden bei Vorsatz des Schu ggf §§ 687 II, 681, 667 eingreifen).

f) Der Schu muß den Ers oder ErsAnspr **erlangt** haben. Ob der Gläub selbst einen solchen Ers hätte erzielen können, ist unerhebl, RG **138**, 47. Späterer Verlust befreit den Schu nur, wenn er nu nicht zu vertretender Unmöglichk beruht, § 275, sonst Pfl zum SchadErs, § 280 (anders die Regelg beim BereicherungsAnspr, §§ 812 ff, insbes § 818 III). Jedoch ist erlangt nur, was dem Schu tatsächl zugeflossen ist, RG 120, 349. Denn der Leitgedanke des § 281 ist, VermWerte, die einem anderen wirtschaftl nicht zukommen, dem zuzuführen, dem sie gebühren, RG ebda. Danach kann der Schu Aufwendgen, auch den Wert persönlicher Tätigk, in Abzug bringen, vgl RG 105, 91, so im Ergebn auch RG **138**, 51, allerdings auf dem Umwege eines GgAnspruchs aus ungerechtf Bereicherg. Hat der Schu aus der zu leistenden Sache eine ganz neue geschaffen, so entfällt allerdings der ErsAnspr, RG **138**, 50. – § 281 gilt auch bei unberechtigten, aber wirksamen (§ 407) Vfgen des Abtretenden über die Fdg nach Abtretg, da der Abtretende aGrd des der Abtretg zugrunde liegenden Vertrages auch nach der Abtretg noch Schu ist, RG JW 26, 981, vgl auch § 276 Anm 7 c.

g) Der Schu muß den Ers od ErsAnspr **für** den geschuldeten Ggst erlangt h: Der Ers (ErsAnspr) muß an die Stelle des geschuldeten Ggst getreten u mit ihm ident sein, RG 88, 288, BGH 25, 9. Bestand die unmögl gew Leistg in der Übertrg von Bes, kann Gläub daher nur die Bes- nicht aber die EigtSurrogate herausverlangen, Jochem MDR **75**, 179. Wer GebrR verloren h, hat aus § 281 keinen Anspr hins der für das Eigt gewährten EnteignsEntsch, BGH 25, 8, ebsowenig hins der VersSumme od des VerkErlöses, BGH 46, 264. Im PachtVertr vereinb AnkaufsR erstreckt sich nur dann auf EigtSurrogat (BrandVersSumme), wenn vorher ausgeübt, BGH VersR **77**, 526.

2) a) Wesen und Inhalt des Anspruchs.
Grdgedanke ist (vgl RG 120, 349, 157, 44, BGH **LM** Nr 1, auch oben Anm 1 f) Ausgleich ungerechtfertigter VermVerschiebgen zu schaffen, ähnl dem Bereicherungs-Anspr. Vgl auch die ähnl Regelgen in §§ 667, 816. § 281 spricht demgem von der Herausg des Erlangten. Die hierin zum Ausdr gebrachte „Surrogation" ist keine dingliche, der Anspr ist schuldrechtl, RG 105, 87. (Die Surrogationsfälle des BGB sind nicht einheitl ausgestaltet, vgl RG 105, 87, **94**, 20; zT wirkt die Surrogation unmittelb dinglich, namentl bei Sondervermögen, zB § 718 II.) – Das SchuldVerh bleibt im Falle des § 281 bestehen, Bürgen u Pfänder bleiben verhaftet. Der Anspr ist kein SchadErsAnspr, er gilt auch im Falle der Befreiung des Schuldners dch die Unmöglichk, vgl oben Anm 1 c, auch II (Anm 4). Der Anspr entsteht nicht kr Gesetzes, sond erst durch das Verlangen des Gläubigers (sog verhaltener Anspr). Der Gläub kann, wenn er außerdem einen SchadErsAnspr aus § 280 hat, auch noch nach dem § 281 erlangten Ers Vorbem von diesem Anspr abgehen u auf den SchadErsAnspr zurückgreifen RG 108, 187. Der Gläub kann, wenn er einen SchadErsAnspr hat, nach § 281 II auch von vornherein den Ers aus § 281 I im Rahmen eines SchadErsAnspr fordern, RG 108, 186; er kann auch, wenn er Anspr aus § 281 durchgesetzt hat, später SchadErs (jedoch gemindert nach II) verlangen, BGH NJW **58**, 1041; vgl unten Anm 4, auch § 325 Anm 8. Umgekehrt kann der Schu nicht etwa den Gläub auf seine Bereitschaft zur Ersatzherausg an Stelle der Leistg von SchadErs verweisen.

Inhalt der Schuldverhältnisse. 1. Titel: Verpflichtung zur Leistung **§§ 281, 282**

b) Umfang des Anspruchs: Herauszugeben bzw abzutreten ist alles, was der Schu als Ers erlangt hat, gleichviel was sein Wert ist und wie es erlangt wurde; auch ungewöhnl günstiger Erlös u auch unerlaubtes Geschäft sind zu berücksichtigen, vgl Haselhoff NJW **48**, 289.

3) § 281 gilt nicht für die **Gattungsschuld**, solange diese noch nicht konkretisiert ist (§ 243 II), da ein „geschuldeter" Ggst, dessen Leistg unmögl geworden sein könnte, nicht vorliegt, RG **88**, 288, **108**, 187, stRspr. Das gilt auch für beschränkte Gattgsschulden (vgl § 243 Anm 1). Anders aber bei diesen, wenn der UnmöglichkGrd (zB gesetzl Verbot, Beschlagn) den gesamten Vorrat betrifft, RG **93**, 143, **95**, 23. – Für das weitere Schicksal des ErsAnspruchs (Verzögerg, Haftg für Versch) gilt das alte SchuldVerh, da der Anspr aus ihm nur eine Inhaltsänderg erfahren hat.

4) II. Die Vorschr regelt den Fall, daß sowohl der Anspr auf SchadErs wg NichtErf (aus § 280) als auch der aus § 281 gegeben ist. Sie ist eine Folge des Grdgedankens des § 281 I: Der Ausgleich würde sonst zu einer nicht gerechtf Besserstellg des Gläub führen. Keine Aufrechng, sond Minderg, ähnl der Vorteilsausgleichg (Vorbem 7 vor § 249). – Vgl auch oben Anm 1f. – Für ggs **Verträge** gilt für die Pfl zur GgLeistg, falls u soweit der Gläub Ers verlangt, § 323 II.

5) Die **Beweislast** dafür, daß dem Schu ein ErsAnspr erwachsen ist, trägt der Gläub.

282 *Beweislast bei Unmöglichkeit.* Ist streitig, ob die Unmöglichkeit der Leistung die Folge eines von dem Schuldner zu vertretenden Umstandes ist, so trifft die Beweislast den Schuldner.

1) a) § 282 gilt für die nachträgl **Unmöglichk** u das nachträgl Unvermögen (über seine Anwendg auf pos VertrVerletzgen vgl Anm 2). Er regelt nicht, wer zu beweisen h, ob überh Unmöglichk gegeben ist. Insow h nach allg Grds die BewLast, wer Rechte aus der Unmöglichk herleitet, also Gläub, wenn er auf SchadErs klagt, Schu, wenn er ggü der ErfKlage Unmöglichk einwendet, vgl § 280 Anm 6, § 275 Anm 8. § 282 betrifft nur die Frage, ob die Unmöglichk „Folge eines vom Schu zu vertreten Umst ist." Er legt insow h dem Schu die BewLast auf, weil dieser idR am besten die Grde aufklären kann, die ihn erf unmögl gemacht h, BGH **LM** § 688 Nr 2 Bl 3. § 282 ist sowohl bei Erf- als auch bei SchadErsKlage des Gläub anwendb, RG **101**, 153, BGH **3**, 174. Er gilt bei RückgewährAnspr auch dann, wenn die Sache zwar noch vorhanden, aber beschädigt ist, BGH **3**, 174, Düss MDR **74**, 1017.

b) An die dem Schu gem § 282 obliegde BewPfl dürfen **keine zu hohen Anfordergen** gestellt w, BGH NJW **53**, 59, Düss OLGZ **75**, 318. Der EntlastgsBew ist geführt, wenn Schu die Ursache der Unmöglichk nachweist u dartut, daß er diese nicht zu vertreten h. Es genügt aber auch, wenn Schu den Grd der Unmöglichk wahrscheinl macht u beweist, daß er für diesen nicht einzustehen h, BGH NJW **53**, 59. Auch wenn Ursache der Unmöglichk unaufklärb, kann sich Schu dch den Bew entlasten, daß er alle ihm obliegde Sorgf beobachtet h, RG **74**, 344; bei dem BewAusfäll, wenn nach den Umst die ernstl Möglichk offen bleibt, daß er die NichtErf zu vertreten h, BGH NJW **52**, 1170, Warn **69** Nr 41. UU w dem Schu Erfahrgssätze des Lebens od die Grds über den Bew des ersten Anscheins zugute kommen, vgl Vorbem 8a vor § 249; w Anspr erst viele Jahre nach Eintritt der Unmöglichk geltd gemacht, kann sich BewLast umkehren, BGH WPM **72**, 19. Der EntlastgsBew muß sich auch auf das Versch von ErfGehilfen erstrecken, RG **101**, 153, BGH Warn **69** Nr 41. Besteht Haftgmilderg, genügt der Bew, daß der Grad an Sorgf angewendet h, für den er einzustehen h, BGH **46**, 267, NJW **65**, 1584, BVerwG **52**, 260.

2) Im Anschl an Raape AcP **147**, 217 nimmt das Schrifft überwiegd an, daß § 282 auf die **positive Vertragsverletzg** entsprechd anzuwenden ist, Staud-Werner Vorbem 59 vor § 275. Nach dieser Ans h Gläub zu beweisen, daß Schu obj eine Leistgs- od NebenPfl verletzt h, währd Schu dartun muß, daß er die festgestellte PflVerletzg nicht zu vertreten h. Die Rspr h diese Auffassg im Ergebn weitgeh übernommen, sie aber dch den Gedanken modifiziert, daß die BewLast bei pVV nach **Gefahrenkreisen** (Verantwortgsbereichen, Sphären) zu verteilen ist. Danach findet eine dem § 282 entsprechde Umkehr der BewLast statt, wenn die SchadUrsache aus dem Gefahrenkreis des Schu hervorgegangen ist, BGH **8**, 241, **23**, 290, **28**, 254, **48**, 312, VersR **70**, 179, jetzt stRspr, ebso Prölss VersR **64**, 901, Larenz § 24 I b, krit Musielak AcP **176**, 465. Diesen Grds h die Rspr zunächst dch für Beherberggs-, Gastaufnahme-, Werk- u Dienstverträge sowie für „ähnl" Verträge herausgebildet, vgl RG **169**, 97 (BeherberggsVertr), RG **160**, 155 (GastaufnahmeVertr), BGH **8**, 241, Saarbr VersR **77**, 1168 (BefördergsVertr), BGH **23**, 290, **27**, 238 (WerkVertr), BGH **28**, 254, VRS **30**, 257 (DienstVertr), BGH **3**, 174 (VerwahrgsVerhältn). Er ist anschließd auch auf and Vertr ausgedehnt worden, so auf MietVertr, BGH NJW **64**, 35, VersR **76**, 1085; KaufVertr, BGH **LM** HGB 377 Nr 6 Bl 4, **LM** § 433 Nr 36 Bl 3 R, Vertr zw Bank u Kunde, BGH WPM **72**, 583, ObhutsPfl bei Sichergsübereign, BGH BB **67**, 434, Vertr über vorläuf Aufstellg eines Warenautomaten, BGH WPM **70**, 683, gilt aber nicht für konkurrierde delikt Anspr, BGH VersR **78**, 282. Auch bei SchadErsAnspr wg ungünst Verwertg von Sicherzgsgut h hinsichtl des Versch gem § 282 Umkehr der BewLast anzunehmen sein, Serick BB **70**, 547. Die neuere Rspr wendet die BewLastverteilg nach Gefahrenkreisen über den Bereich der pVV hinaus auch bei **anderen Ansprüchen** an, soweit eine vergleichb Interessenlage besteht, so bei Anspr aus § 635, BGH **48**, 312, aus c. i. c. BGH NJW **62**, 31, BGH **66**, 54, **67**, 387, BAG Betr **77**, 1323; aus gesetzl SchuldVerh zw Ladgsbeteiligten u Schiffer, BGH VersR **77**, 326, Köln OLGZ **72**, 26, Hbg VersR **72**, 658, aus § 823, soweit es sich um die Produzentenhaftg handelt, BGH **51**, 104, NJW **73**, 1602; auch auf § 989 w § 282 entspr anzuwenden sein, s dort Anm 2. Die BewLastVerteilg nach Gefahrenkreisen rechtf sich aus dem Gedanken, daß jeder für seinen Bereich verantwortl ist u daher die Nachteile tragen muß, wenn insow Umst unaufklärb bleiben. Sie ist dch AGB nicht abänderb (AGBG 11 Nr 15) u bedeutet für die pVV im einzelnen:

a) Der **Gläubiger** muß idR **beweisen**, daß dem Schu eine **objektive Pflichtverletzg** zur Last fällt, BGH **28**, 253, **48**, 312, JZ **64**, 425, VersR **63**, 386, **70**, 831, **LM** Nr 18. Gläub trägt weiter die BewLast dafür, daß die SchadUrsache aus dem Gefahrenkreis des Schu hervorgegangen ist, BGH **27**, 239, VersR **66**, 344, Düss NJW **66**, 737. Hinsichtl der obj PflVerletzg kann sich die BewLast des Gläub aber verkürzen; die Rspr sieht vielf die Tats, daß Gläub bei Abwicklg des Vertr geschädigt worden ist, als ausreichend Bew einer obj PflVerletzg an. Bew einer obj PflWidrigk ist daher zB geführt: beim BeförderungsVertr, wenn Schädigg dch den Beförderungsvorgang od dch Beförderungseinrichten verurs ist, BGH **8**, 241; beim Verwahrungsvertr, wenn bewiesen w, daß das beschädigte Gut in ordngsmäß Zustand eingelagert ist, BGH **41**, 153; ebso wenn nach dem VertrZweck NebenPfl zur Verwahrg besteht, LG Mönchengladbach NJW **73**, 191/1502; beim WerkVertr, wenn Schaden (Brand) bei Arb des Untern entstanden ist, BGH VersR **60**, 345, od wenn Werk mangelh, BGH **48**, 312; uU beim KaufVertr, wenn Verk bei Lieferg der Ware Schaden verurs, BGH VersR **64**, 632; weitere Bsp bei Stoll AcP **176**, 152. Dch diese BewErleichtergen hinsichtl des obj Tatbestds der pVV geht die Rspr über die von der hL befürworteten entsprechden Anwendg des § 282 noch hinaus, Larenz § 23 I b. Im übr w dem Gläub vielf der Bew des ersten Anscheins (Vorbem 8a vor § 249) zugute kommen.

b) Hat Gläub den ihm gem a) obliegenden Bew erbracht, muß **Schuldner beweisen**, daß er die pVV **nicht zu vertreten** h, BGH **8**, 241, **23**, 290, **27**, 238; er muß eig Versch u ggf Versch von ErfGehilfen ausschließen, das gilt auch für Konstruktionsfehler, BGH VersR **71**, 80. Es ist der volle GgBew zu führen; und als beim Bew des ersten Anscheins (Vorbem 8a vor § 249) genügt es nicht, daß Schu die ernsth Möglich eines and Geschehensablaufs dartut.

c) Für den **Kausalzusammenhang** zw pVV u Schaden trägt grdsätzl Gläubiger die BewLast, BGH LM Nr 18, NJW **69**, 554, 1709, VersR **78**, 724, BAG NJW **68**, 1350, aA offenb BGH NJW **68**, 2240. Beachte aber, daß die Rspr uU die Tats, daß der Gläub bei Abwicklg des Vertr geschädigt worden ist, als ausreichend Bew einer obj PflVerletzg ansieht, vgl oben a. In diesen Fällen ist Gläub zugl der Notwendigk enthoben, einen KausalZushang zw pVV u Schaden darzutun. Auch bei Verletzg von vertragl Beratgs- od **Aufklärgspflichten** tritt hins des UrsachenZushangs eine Umkehr der BewLast ein, Vorbem 8 c dd vor § 249. Im übr w vielf die Grds des AnschBew anwendb sein, Vorbem 8a vor § 249.

d) Auch im **Arbeitsrecht** ist § 282 auf die pVV entsprechd anzuwenden, BAG NJW **57**, 647, **65**, 709, AP Nr 7, Betr **75**, 356, das gilt insb für Anspr aus § 618, vgl dazu Anm 3 d. Voraussetzg ist aber auch hier, daß die SchadUrsache aus dem Verantwortgsbereich des Schu hervorgegangen ist; § 282 daher unanwendb, wenn gg ArbNeh Anspr aus gefahrengeneigter Arb geltd gemacht w, BAG **19**, 70, NJW **71**, 958, BGH NJW **73**, 2020. Vgl im übr oben a–c u unten f.

e) Str, ob § 282 auch bei SchadErsAnspr aus pVV gg **Arzt** anzuwenden ist, Uhlenbruck NJW **65**, 1057, Stoll AcP **176**, 155. Der BGH verneint dies, BGH LM ZPO 286 (C) Nr 25, VersR **67**, 664, NJW **69**, 554 u zwar auch bei Anspr gg Tierarzt, BGH NJW **77**, 1102 (vgl aber BGH NJW **75**, 1463: Würdigg von SachVerstGutachten). Er läßt aber nunmehr eine Ausn zu, wenn bei der Behandlg ein mangelh Gerät eingesetzt worden ist (BGH NJW **78**, 584 = JZ **78**, 277 mAv Deutsch). Diese Beschrkg überzeugt nicht; es ist kein rechtfertigder Grund ersichtl, dem ArztVertr insow eine Sonderstellg einzuräumen. Steht fest, daß im Verantwortgsbereich des Arztes eine obj PflVerletzg (Kunstfehler) unterlaufen ist, h Arzt seine Schuldlosigk nachzuweisen. Der Kunstfehler ist allerd vom Patienten zu beweisen, oben a; dazu genügt nicht, daß im Zushang mit der Behandlg ein Schaden entstanden ist, BGH NJW **69**, 554. Patient h auch BewLast für den UrsachZushang zw Behandlgsfehler u Schaden, BGH NJW **69**, 554 u oben c; insow kehrt sich BewLast aber (auch für delikt Anspr) um, wenn Arzt einen groben Behandlgsfehler begangen h, der geeignet ist, einen Schaden wie den eingetretenen herbeizuführen, BGH NJW **67**, 1508, **68**, 1185, 2293 stRspr, vgl näher Vorbem 8c cc vor § 249. Außerdem sind vielf die Grds des Bew des ersten Anscheins anwendb, vgl Vorbem 8a vor § 249.

f) Die angeführten BewLastGrds gelten auch bei **Kassenfehlbeständen** u für die sonstige Mankohaftg. ArbG (Diensther) muß beweisen, daß im Verantwortgsbereich des ArbN (Beamten) ein Fehlbestand entstanden ist; dazu gehört idR Bew, daß ArbN allein Zugang u Vfg über Kasse hatte, BAG VersR **70**, 191, Betr **71**, 2263; sodann ist es Sache des ArbN (Beamten), sich zu entlasten, BGH **5**, 26, BAG **19**, 5, BVerwG **37**, 199, **52**, 260, Trinkner BB **68**, 505; LAG BaWü BB **68**, 1289, Karlsr Betr **69**, 742.

3) Der RGedanke des § 282 ist auch im **öffentlichen Recht** anzuwenden, so insb bei öffrechtl Verwahrg, BGH **3**, 174, **4**, 195 (Einf 3a vor § 372, Einf 4c vor § 688), öffrechtl Liefergsbeziehgen, BGH **59**, 309, öffrechtl TrhdVerhältn, BGH NJW **52**, 659, Haftg des Kassenbeamten für Fehlbestände, oben Anm 2f.

4) Die Umkehr der BewLast für vertragl Anspr gilt nicht für die aus demselben SachVerh herrührden Anspr aus unerl Hdlg, vgl Vorbem 8 c vor § 249.

283 *Fristsetzung nach Verurteilung.*

I Ist der Schuldner rechtskräftig verurteilt, so kann der Gläubiger ihm zur Bewirkung der Leistung eine angemessene Frist mit der Erklärung bestimmen, daß er die Annahme der Leistung nach dem Ablaufe der Frist ablehne. Nach dem Ablaufe der Frist kann der Gläubiger Schadensersatz wegen Nichterfüllung verlangen, soweit nicht die Leistung rechtzeitig bewirkt wird; der Anspruch auf Erfüllung ist ausgeschlossen. Die Verpflichtung zum Schadensersatze tritt nicht ein, wenn die Leistung infolge eines Umstandes unmöglich wird, den der Schuldner nicht zu vertreten hat.

II Wird die Leistung bis zum Ablaufe der Frist nur teilweise nicht bewirkt, so steht dem Gläubiger auch das im § 280 Abs. 2 bestimmte Recht zu.

1) Allgemeines. a) Bestehen AnhaltsPkte dafür, daß dem Schu die Leistg unmögl gew ist, h der Gläub für die Geltdmachg seiner Rechte folgde Möglichk: **aa)** Er kann **Klage auf Erf** erheben. Diese Kl ist wg der SchadErsPfl aus § 283 auch dann zul, wenn das ErfUrt nicht vollstrb ist, BGH **56**, 308, 312, NJW **74**, 2317. Die ErfKl ist allerd abzuweisen, wenn Unmöglichk od Unvermögen feststehen, § 275 Anm 8. Gläub kann aber dann zum Antr auf SchadErs od Herausg des Erlangten (§ 281) übergehen, ohne daß ihm der Einwand der KlÄnd entgegehalten w kann, ZPO 264 Nr 3. **bb)** Gläub kann sich alsbald **Klage auf SchadErs wg NichtErf** erheben. Abgesehen von Sonderregelgn, insb im GewlR, besteht SchadErsAnspr wg NichtErf aber nur dann, 1) wenn die Leistg inf eines vom Schu zu vertretden Umst unmögl gew ist, §§ 280, 325; 2) wenn die Leistg inf des Verz für den Gläub kein Interesse mehr h, §§ 286 II, 326 II; 3) bei ggs Vertr nach FrSetzg gem § 326 I u in best Fällen pVV (§ 276 Anm 7e bb). – Stützt der Gläub seinen SchadErsAnspr auf § 280 od § 325, muß er den uU schwier Bew der Unmöglichk führen, § 280 Anm 6. Soweit die §§ 286 II, 326 I u II unanwendb sind, w sich der Gläub daher vielf für den Weg der ErfKl entsch.

b) Hat der Gläub (gem a aa) auf Erf geklagt u ein entspr Urt erzielt, **erleichtert § 283 den Übergang zum SchadErsAnspr wg NichtErf.** Gläub braucht dem Schu nach Rechtskr des Urt nur eine angem Fr zu setzen u zu erkl, daß er die Leistg nach FrAblauf ablehnen w; er kann dann nach fruchtlosem Ablauf der Fr ohne weitere Voraussetzgn SchadErs wg NichtErf verlangen, vgl BGH **53**, 33. § 283 **fingiert** nach FrAblauf die **Unmöglichk** der Leistg. Gläub braucht den UnmöglichkBew daher nicht mehr zu erbringen. Auch ein vorheriger VollstrVersuch ist nicht erforderl. Der Weg des § 283 ist jedoch kein ausschließl. Wenn der Gläub ein Urt auf Erf erstritten h, kann er auch nach Maßg der §§ 286 II, 325, 326 zum SchadErsAnspr übergehen (RG Warn **12** Nr 375), muß aber die Voraussetzgn dieser Vorschr erfüllen. – § 283 ist auf die Haftgs- u GefahrtraggsGrds der §§ 275, 280 (§§ 323, 325) zugeschnitten, K. Schmidt MDR **73**, 974. Er gilt aber grdsätzl auch dort, wo SonderVorschr die Geltg der §§ 275, 280 ausschließen; jedoch muß idF sichergestellt w, daß etwaige für den Schu günstigere HaftgsBest dch Anwendg des § 283 nicht unterlaufen w, vgl Anm 2 zum Anspr aus § 985.

2) Anwendungsbereich. § 283 ist grdsätzl bei allen SchuldVerh anwendb. Er gilt nicht nur für ErfAnspr ieS, sond auch für Anspr aus Künd (§ 556, BGH **56**, 308, 312), Rücktr, Wandlg (RG **66**, 67) od ungerecht Ber, vgl K. Schmidt MDR **73**, 973. Unanwendb ist er bei Urt auf Abgabe einer WillErkl, weil bei diesen mit Rechtskr Erf eintritt (ZPO 894), BGH **53**, 34. Bei einseit ZahlgsAnspr ist § 283 ebenf funktionslos; und aber bei ZahlgsAnspr aus ggs Vertr, da § 325 II dem Gläub hier (neben dem SchadErsAnspr) ein RücktrR u die Rechte aus § 323 gewährt. Auch auf SchadErsAnspr ist § 283 unanwendb, seine Funktion übernimmt insow § 250, K. Schmidt ZZP **87**, 70, str. Auf dingl Anspr findet § 283 dagg Anwendg, vgl Einl 6 vor § 241. Er gilt insb für den Anspr aus § 985, BGH **53**, 32. Geht Eigtümer gem § 283 vor, kann Besitzer analog § 255 Übertr des Eigt verlangen, Wallerath JR **70**, 163, K. Schmidt ZZP **87**, 71, str. Beim mittelb Besitzer könnte Anwendg des § 283 darauf hinaus, er SchadErs leisten müß, ohne daß die Voraussetzgn der §§ 989, 990, 993 vorliegen, vgl Anm 1b aE. BGH **53**, 29 (zust Wallerath aaO) löst diesen Konflikt dadch, daß er gg den mittelb Besitzer idR nur einen Anspr auf Abtr des HerausgAnspr gibt (der sich gem ZPO 894 von selbst vollstreckt), krit Kühne JZ **70**, 189, Derleder NJW **70**, 929, E. Schwerdtner, Verz im SR, 1973, S 142, vgl auch § 985 Anm 2b.

3) Voraussetzgn u Rechtsnatur des Anspr. a) Erforderl ist ein **rechtskr Urt.** Das VorbehUrt im UrkProz sowie der VollstrBefehl stehen gleich, dagg sind ein vorläuf vollstreckb Urt u ein gerichtl Vergl nicht ausr, Staud-Werner Rdz 5f, K. Schmidt ZZP **87**, 51.

b) Erforderl ist weiter **Fristsetzg** u Erkl der **Ablehng,** vgl dazu § 250 Anm 1, § 326 Anm 5 u 6. FrSetzg kann gem ZPO 255 bereits im ErstUrt erfolgen. Sie ist entbehrl, wenn der Schu erkl od im ErstProz erkl h, daß er nicht leisten könne od wolle, RG **96**, 21, **109**, 236, ebso, wenn Gläub die Vollstr fruchtlos versucht h, RG **109**, 236. Währd des FrLaufes besteht LeistgsAnspr fort. Gläub muß angebotene Leistg annehmen, sonst AnnVerz. Er kann vollstrecken u, wenn sein Interesse nach FrSetzg entfällt, gem § 286 II od § 326 II vorgehen, Erm-Battes Rdz 10, str. Nach fruchtlosem FrAblauf entfällt LeistgsAnspr; er wandelt sich ipso jure in SchadErsAnspr um.

c) Der Anspr aus § 283 geht auf SchadErs wg NichtErf des LeistgsAnspr, nicht etwa, wie im fr Recht, auf SchadErs wg Nichtbefolgg des ErstUrt, RG **117**, 67. Gläub kann seinen SchadErsAnspr daher auch auf Umst stützen, die vor der letzten mdl Verh im ErstProz eingetreten sind, RG aaO; den UnmöglichkBew braucht er nicht mehr zu führen. Die **Rechtsnatur** des Anspr aus § 283 u ZPO 767 II schließen es aus, daß sich der Schu auf eine vor dem ErstUrt eingetretene, von ihm nicht zu vertrete Unmöglichk berufen kann, RG **107**, 19, **117**, 68, BGH **53**, 33, Hbg MDR **68**, 666. Auch alle übr vor dem ErstUrt entstandenen Einwendgn sind ausgeschl, RG **107**, 19, **117**, 68, und höchst beim Einwand, Gläub h auf Anspr aus § 283, verzichtet (zT abw Kühne JZ **70**, 189, E. Schwerdtner, Verz im SR, 1973, S 144, die iF des HerausgUrt gg mittelb Besitzer [Anm 2 aE] die Präklusionswirkg des ErstUrt beschr). Schu kann nur geltd machen, daß die Erf nach der letzten mdl Verh des ErstProz dch einen von ihm nicht zu vertreten Umst unmögl gew sei, **I** 3. Die prakt Bedeutg dieser Vorschr ist aber gering: Da Schu sich wg der Verurteilg, zumindest aber wg der FrSetzg im Verz befindet, h er gem § 287 S 2 idR auch für zufäll Unmöglichk einzustehen. Zul ist Einwand, der Gläub habe das ErstUrt sittenw erschlichen, RG HRR **28**, 2265, ferner die Aufr mit GgFdgen, BGH NJW **75**, 1119.

d) Verfahrensrechtliches. Örtl u sachl ausschl zust das ProzGer 1. Instanz des ErstProz, ZPO 893, 802. Der SchadErsAnspr kann nicht bereits hilfsw mit dem LeistgsAnspr im ErstProz verbunden w, Staud-Werner Rdz 23. Ein derart (unechter) HilfsAntr ist aber unter den Voraussetzgn der ZPO 259 zul, Staud-Werner aaO, K. Schmidt ZZP **87**, 68, vgl Schlesw NJW **66**, 1929, aA Mü OLGZ **65**, 11. Bei Kl vor dem AmtsG auf Vornahme einer Hdlg ist ev Verurteilg zu SchadErs gem ZPO 510b statth, idF schließt aber ZPO 888a Vollstr des LeistgsAnspr aus.

4) Inhalt des Anspr. a) Der Anspr aus § 283 geht gem § 249 S 1 auf Naturalherstellg; SchadErs darf aber nicht zur Wiederherstellg des gem § 1 S 2 Halbs 2 erloschenen ErfAnspr führen, RG **96**, 24. Prakt ist daher idR GeldErs zu leisten, doch sind auch and Fälle denkb, vgl RG **73**, 21 (Anspr auf SicherhLeistg; SchadErs dch gleichwert und SicherhLeistg).

b) Bei **ggs Vertr** geht Anspr aus § 283 gem § 325 II auf SchadErs wg NichtErf des ganzen Vertr. Für ihn gilt die zu §§ 325, 326 entwickelte Differenztheorie, RG **66**, 68, vgl § 325 Anm 3. Die ersparte GgLeistg des Gläub w Rechngsposten; dem Gläub steht es jedoch frei, die GgLeistg anzubieten od sie iF einer Vorleistg dem Schu zu belassen, § 325 Anm 3, RG **96**, 20 (für die an sich nicht unter §§ 320 ff fallde Wandlg). Bei ggs Vertr kann Gläub nach FrAblauf statt SchadErs zu verlangen auch vom Vertr zurücktreten od die Rechte aus § 323 geltd machen, § 325 II mit I 3.

c) Für den Ztpkt der SchadBemessg gilt das gleiche wie für den Anspr aus § 325 mit der Maßg, daß an die Stelle der Eintr der Unmöglichk der Ablauf der Fr tritt, vgl näher § 325 Anm 4.

5) II. Vgl dazu § 280 Anm 5.

284 *Verzug des Schuldners.* **I** Leistet der Schuldner auf eine Mahnung des Gläubigers nicht, die nach dem Eintritte der Fälligkeit erfolgt, so kommt er durch die Mahnung in Verzug. Der Mahnung steht die Erhebung der Klage auf die Leistung sowie die Zustellung eines Mahnbescheides im Mahnverfahren gleich.

II Ist für die Leistung eine Zeit nach dem Kalender bestimmt, so kommt der Schuldner ohne Mahnung in Verzug, wenn er nicht zu der bestimmten Zeit leistet. Das gleiche gilt, wenn der Leistung eine Kündigung vorauszugehen hat und die Zeit für die Leistung in der Weise bestimmt ist, daß sie sich von der Kündigung ab nach dem Kalender berechnen läßt.

Vorbem: Die Vereinfachgsnovelle v 3. 12. 1976 (BGBl I 3281) hat mit Wirkg v 1. 7. 77 in I 2 das Wort „Zahlgsbefehl" dch „Mahnbescheid" ersetzt.

1) a) Begriff. Abgrenzg von der Unmöglichkeit. Verzug des Schu (mora debitoris, Leistgsverzug) ist die (rechtswidrige) Verzöger der Leistg dch den Schu. Die Verzöger muß der Schu zu vertreten haben (§ 285). Regelg des SchuVerzuges §§ 284–290, ferner § 326, der den § 286 II dch eine bes Regelg ersetzt. Über das Verhältn der posit VertrVerletzg zu Unmöglichk u Verzug vgl Vorbem 1 vor § 275. – Der Verzug grenzt sich von der Unmöglichk dahin ab, daß er ausschließl die Verzöger der Leistg betrifft. Die **Leistg** muß also noch mögl, **„nachholbar"** sein. Andernf liegt Unmöglichk, nicht Verzug vor. Verzug ist daher kein Unterfall der Unmöglichk; auch kein Fall teilweiser Unmöglichk (hM). Unmöglichk ist nur die dauernde Unmöglichk; zu vertretende zeitw Unmöglichk ist Verzug, vgl RG **75**, 336; nicht zu vertretende begründet weder Verzugs- noch UnmöglichkFolgen (vgl § 275 Anm 4). UU kann aber die Rechtzeitigk der Leistg so wesentl sein, daß die verspätete Leistg eine ganz andere ist, die Verzöger die Leistg also unmögl macht, vgl § 271 Anm 2b. Dann treten die UnmöglichkFolgen ein. – Die Leistg muß auch **nachholbar bleiben**: wird sie währd des Verzuges, verursacht dch diesen od dch einen dritten Umstand (§ 287 S 2), unmögl, so treten die UnmöglichkFolgen ein. Jedoch verschärft der Verzug das Maß des Einstehens für die währd seiner Dauer eingetretene Unmöglichk (§ 287 S 2). Ferner kann zwar neben dem SchadErs wegen NichtErf aus Unmöglichk der Ers des reinen Verzugsschadens gefordert werden, jedoch nur insoweit, als dieser nicht bereits bei der Errechng des ersteren berücksichtigt ist, RG **94**, 206, vgl auch RG **105**, 281, BGH NJW **53**, 337. Demgemäß kann in solchem Falle für die abstrakte (vgl RG **149**, 137) Berechng des SchadErsatzes wg Unmöglichk auch der dem Verzugseintritts zugrunde gelegt werden, vgl RG **96**, 160, anstatt, wie sonst notw, der Ztpkt des Eintretens der Unmöglichk; ob daneben ein bes Verzugsschaden zu berechnen ist, kommt auf den Fall an, vgl zB BGH NJW **53**, 337. – Das Gesagte muß auch für den Fall des Unvermögens gelten, auch eine Leistg, zu der der Schu unvermögd ist, ist nicht nachholb; hat jedoch der Schu das Unvermögen zu vertreten, so wird, solange er noch auf Erf in Anspr genommen w kann, was auch im Unvermögensfall prakt Bedeutg haben kann (vgl dazu § 275 Anm 8, § 280 Anm 6), seine Verzugshaftg fortbestehen. vgl z B RG **75**, 335. – Aus dem Gesagten folgt, daß bei Verzöger zeitl begrenzter **Unterlaßpflichten** grdsätzl nicht Verzug, sond Unmöglichk vorliegen wird, da die Leistg (Unterlassg) nicht nachholb ist (hM); auch bei Verstoß gg Dauerunterlaßpflichten liegt iR nicht Verzug, sond nur Unmöglichk vor, da er nicht bloßer Zeitverstoß ist, vgl BGH **52**, 398. – Auch bei **dinglichen** Ansprüchen ist Verzug mögl, vgl § 990 II u eingehd E. Schwerdtner Verzug im SachenR 1972, doch ist Anwendbark der §§ 284ff für jeden Anspr bes zu prüfen, BGH **49**, 263; auf Anspr des VormkgsBerecht aus § 888 gg vormkgswidr eingetragenen Eigtümer sind die §§ 284ff nicht anwendb (vgl dazu kritisch Reinicke NJW **68**, 788; Schwerdtner aaO S 186ff). – Die §§ 284ff können als allg RGedanken im **öffentl Recht** grdsätzl entspr angewandt w, sehr str, vgl Fischer NJW **69**, 1883, Schwankhart NJW **70**, 1301, BGH **36**, 344 (Verzugszinsen im Londoner SchuldenAbk). Sie w aber zT dch Sonderregelgen verdrängt, so dch AO 1977 §§ 233ff, SGB-AT 44, RVO 397a (Marburger Betr **74**, 384), auch aus dem GesZushang kann sich die Unanwendbark der §§ 284ff ergeben. Anspr auf Verzugszinsen sind daher ausgeschl bei Gehaltsfdgen der Beamten, BVerwG **16**, 346, **24**, 190, bei Anspr aus BFG, BGH LM BFG 1965 § 3 Nr 2, idR im LastenAusglR, BVerwG **21**, 44, auch hins des Anspr auf Rückerstattg einer rechtsgrdlos empfangenen Entsch, BVerwG DVBl **78**, 609, bei Anspr auf Erschließgsbeiträge, BVerwG NJW **71**, 1148. Zust zur Entscheidg sind den VerwGO 40 II, GG 34 grdsätzl die ord Ger, BVerwG **14**, 4, DVBl **71**, 412; das gilt aber nur dann, wenn der ErsAnspr unmittelb u ausschließl Ggst der Kl ist, BVerwG **27**, 132, NJW **71**, 1148, vgl auch § 291 Anm 1.

b) Voraussetzgen: Der Anspr muß „vollwirksam und fällig" sein (vgl Anm 2). Der Schu muß nicht od nicht rechtzeitig geleistet haben; die BewLast für die Tats u die Zeit der Leistg trifft aber, falls die Leistg nicht in einem Unterlassen besteht, den Schu (folgt aus dem Wortlaut und aus allg Grdsätzen, vgl § 363 Anm 1); vgl ferner § 285 Anm 1 aE. Die Verzögerg muß vom Schu „zu vertreten" sein, vgl § 285. Grdsätzl muß ferner der Schu gewarnt, „gemahnt" (vgl Anm 3) worden sein, ehe die strengen Verzugsfolgen eintreten.

c) Systematisches: Verzug ist Pflichtverletzg. Solche Pflichten sieht das BGB vorwieg beim Schu. Es regelt daher den AnnVerzug des Gläub gesondert (§§ 293 ff) und leitet aus ihm keine SchadErsPfl her. Bei ggs Verträgen können Schu- und GläubVerzug in demselben Verhalten liegen, so bei dem die Kaufsache nicht an- und abnehmenden (§ 433 II) Käufer, ebso beim Werkbesteller, § 640 I; vgl auch § 293 Anm 5.

Inhalt der Schuldverhältnisse. 1. Titel: Verpflichtung zur Leistung § 284 2–4

2) Vollwirksamkeit und Fälligkeit: daher kein Verzug bei unvollk Verbindlichkeiten, ebso nicht wenn dem Anspr eine dauernde (zerstörende) Einr entggsteht, zB die Einr der Verj, mag die Einr auch noch nicht geltd gemacht worden sein (hM). Auch das Bestehen einer nur aufschiebenden (verzögerlichen) Einr schließt den SchuVerzug aus, auch bei ihr bedarf es nicht erst der Geltdmachg RG JW 21, 523, RG 126, 285, stRspr, BGH NJW 63, 1149 (str), da die Leistg wg eines Umstandes unterbleibt, der vom Schu nicht zu vertreten ist (§ 285); der Geltdmachg bedarf es nur später, insb im Prozeß, weil sonst keine Folgergen aus dem Bestehen der Einr gezogen w dürfen, auch nicht die, daß kein Verzug eintrat. Das gilt insb für die Einr der Stundg (vgl darüber § 271 Anm 2g) und die des nichterfüllten Vertrages; eine Ausn macht nur die Einr des ZurückbehaltsR: den Willen, die Leistg zurückzuhalten, muß der Schu dem mahnenden Gläub kundtun, um diesem die Abwendg dch SicherhLeistg nach § 273 III, die ihm freisteht, zu ermöglichen, RG 77, 438, BGH WPM 71, 1021, stRspr, Geltdmachg aber dann nicht erforderl, wenn Abwendg gem § 273 III nicht in Betr kommt, BGH 60, 323. And für ggs Vertr; bei ihnen schließt Recht, Leistg bis zur Bewirkg der GgLeistg zu verweigern, SchuVerzug ohne weiteres aus, BGH NJW 63, 1149, 66, 200. Ist jedoch der Gläub zur Erbringg der eig Leistg bereit u imstande, so ist SchuVerzug gegeben, RG 126, 285, teilw u weitergeh gefordert, Gläub müsse GgLeistg auch anbieten, vgl BGH NJW 66, 200, dem ist nur zuzustimmen, wenn Gläub vorleistgspflicht, BGH ebda, vgl auch § 320 Anm 3a; es genügt, wenn Gläub auf bei Notar hinterlegten Betr der GgFdg verweist, BGH LM § 320 Nr 8. Bei Streit hat Gläub Leistgsbereitsch zu beweisen RG 76, 413, RG HRR 32, 436, stRspr, entspr der Regelg der BewLast bei ggs Vertr, wonach bei Erhebg der Einr des nichterfüllten Vertr den Gläub die BewLast trifft. Bei der Mahng braucht der Gläub die eig Leistg nicht schon anzubieten, das folgt aus der Selbständigk seines Anspr, vgl RG 151, 310. – Keinen Einfluß auf Fälligk hat die Gewähr einer Räumgsfrist dch den Richter nach ZPO 721; sie schließt also Verzug nicht aus, BGH LM MSchG 27 Nr 1, doch wird SchadErsAnspr dch § 557 III beschr; staatl Transferverbot (Devisengesetze) hindert Verzug nicht, BGH NJW 64, 100.

3) Mahng. Einseitige, empfangsbedürft, formlose Aufforderg. Sie ist kein RGesch, sond geschäftsähnl Hdlg (BGH 47, 357, Übbl 2 c vor § 104, hM). Die Vorschr über RGesch u WillErkl sind aber entspr anwendb (BGH aaO). Die Mahng des GeschBeschränkten ist daher gült, da sie lediql Vorteile bringt (§ 107), die des GeschUnfähigen dagg nichtig.

a) Art der Mahng. Sie muß vom Gläub ausgehen, bestimmt u eindeutig sein, RG 93, 301, erfordert keine Fristsetzg od Androhg bestimmter Folgen, muß aber erkennen lassen, daß Ausbleiben der Leistg Folgen haben wird, BGH **LM** Nr 1 (krit Hbg MDR **78**, 577). Fdg eines unbest Geldbetrages (Schmerzensgeld) ist nur wirks, wenn ausr konkrete Tatsachen zur Höhe vorgebracht, vgl BGH VersR **63**, 726. Bedingte Mahng genügt nicht RG **75**, 333, str, aA Staud-Werner Anm 22. Befristete Mahng, binnen 2 Wochen zu leisten, genügt. Nicht genügt Übersend einer Rechng, RG **118**, 354. Stillschw Mahng mögl RG **50**, 261, zB Übersend einer quittierten Rechng, eines Postauftrages, wiederholte Rechngsübersendg. Erfolgen Rechngserteilg u Mahng gleichzeit, tritt Verzug uU erst nach angem PrüfgsFr ein, BGH Warn **70** Nr 191. Bei Verträgen auf Abruf ist Abruf zugleich Mahng, Dresden SeuffA **72**, 135, str. – Darüber, daß Anbieten der GgLeistg bei Mahng nicht nötig, wohl aber nötig ist, daß Gläub bereit u in der Lage ist zu leisten, vgl oben Anm 2.

b) Zuvielforderg bei Mahng. Ob die Mahng dann wirks ist, ist nach Treu u Glauben zu entscheiden. Sie muß bei ZuvielFdg die Höhe des wirkl fäll Anspr erkennen lassen, BGH Warn **69** Nr 7. Ist anzunehmen, daß eine Mahng richt Inhalts den Schu nicht zur Leistg veranlaßt hätte, so gilt die Mahng, RG SeuffA **59**, 219, RG **109**, 63, JW **31**, 1183, wicht bei nur geringfügiger ZuvielFdg. Der Schu muß daher, um die Verzugsfolge zu meiden, die geringere Leistg anbieten; anders aber, wenn anzunehmen ist, daß der Gläub diese nicht, auch nicht als Teilleistg, angenommen hätte, BGH **LM** § 346 Nr 6.

c) Mahng allein genügt nicht, wenn zur Vornahme der Leistg eine Mitwirkg des Gläub erforderl ist, so bei Holschuld (BGH Betr **71**, 2155), bei Pfl zur Spezifikation od bei Pfl zur Auflassg. Der Gläub muß hier nicht nur mahnen, sond die ihm obliegde MitwirkgsHdlg vornehmen od anbieten, BGH aaO, also etwa den Auflassgstermin bestimmen, RG **53**, 75, doch genügt es, wenn sich der Gläub in der Mahng ausdr od stillschw bereit erklärt, in dem vom Schu zu bestimmenden Termin zu erscheinen, RG **108**, 69. Mahng genügt auch nicht, wenn bei ggs Vertr Gläub zu seiner Leistg (in vertragsgem Art) nicht bereit od in der Lage ist, OGH **4**, 175, vgl auch Anm 2.

d) Nicht nötig ist, daß Mahng am Leistgsort (§ 269) erfolgt, ebso kann sie zu ungeeigneter Zeit erfolgen. Verzug tritt dann erst ein, wenn Leistg nach Treu u Glauben verlangt w kann.

e) Der **Mahng gleichgestellt** ist durch § 284 I 2 die Erhebg der Leistgs- (nicht Feststellgs-)Klage, die Widerklage, die Zustellg eines Mahnbescheids; ein HilfsAntr genügt, RG **117**, 114. Nicht genügt die Anmeldg der Fdg im Konkurse des Schu, RG **121**, 211, nicht die Erhebg der Klage auf künftige Leistg nach ZPO 257 ff.

f) Mahng muß **nach Fälligk** erfolgen, kann aber mit der Hdlg, die fällig macht, verbunden werden, RG **50**, 261, BGH WPM **70**, 1141.

4) Die Mahng ist entbehrlich:

a) II, 1: wenn die Leistg (dch Vertr, G usw) nach dem **Kalender** bestimmt ist; es genügt, daß sie danach, wenn auch nur mittelb, zu „bestimmen" ist RG **103**, 34, BGH WPM **71**, 615, zB bei der VertrBestimmg: „spätestens am 10. April" oder „noch im Laufe des April", RG **106**, 89. Doch muß sich die Leistg nur nach dem Kalender bestimmen lassen, bloße Möglichk der Berechng nach dem Kalender genügt nicht, also nicht zB der Abreden: „2 Wochen nach Lieferg", „2 Wochen nach Abruf", RG **68**, 22, **103**, 33; ebsowenig „30 Tage nach Rechngsdatum", Düss MDR **76**, 41. – Bei Abruf als SchuPflicht (vgl § 293 Anm 5) genügt bei Sukzessivlieferungsverträgen zum SchuVerzuge der Nichtabruf, wenn die Ware innerhalb kalenderm bestimmter Frist, zB innerh eines Jahres, abzunehmen war. – Bei wiederkehrenden (kalenderm bestimmten) Leistgen tritt Verzug jeweils bei Verspätg ein, auch wenn Gläub bisher die regelm unpünktl Leistgen stets widerspruchslos annahm, BGH NJW **59**, 766 (zu § 554).

b) II, 2: Ist binnen einer bestimmten, kalenderm zu berechnenden Zeit **nach Kündigg** zu leisten, so ist bes Mahng entbehrl, zB Räumg od DarlRückgabe 3 Monate nach Künd. Abruf steht der Künd nicht gleich, bei Abrede der Lieferg „2 Wochen nach Abruf" ist also bes Mahng erforderl, RG **103**, 33, vgl oben a. Auch bei sonstiger Abhängigk der Leistgszeit von einem Ereign (zB 1 Monat nach Abrechng) ist Mahng nötig, vgl Oldbg NJW **59**, 888, LG Mannheim BB **68**, 269 u dazu Wittmann ebda.

c) Nach **Treu u Glauben** ist Mahng entbehrl, wenn der Schu vor od nach der Fälligk die Leistg bestimmt u endgültig verweigert hat, RG **67**, 317, BGH **2**, 312, **65**, 377, Hamm DAR **78**, 104, stRspr, ferner, wenn die Leistg des Schu unzulängl ist und Schu dies erfahren hat, RG SeuffA **60**, 28, BGH NJW **70**, 1502. Überh tritt Verzug ohne Mahng ein, wenn das Zeitmoment nach dem VertrWillen für die Erf von entscheidender Bedeutg ist, RG JW **33**, 2204, BGH NJW **59**, 933, **63**, 1823 (Zusage schnellstmögl Reparatur, wenn dem entscheidende Bedeutg zukommt).

d) Die Mahng kann auch dch **PartAbrede** erlassen w. Dazu bedarf es aber einer Individualvereinbg; entspr formularmäß Klauseln sind gem AGB-Ges 11 Nr 4 unwirks.

e) Wenn RGrd der (Rückgabe-)Pfl des Schu die **Entziehung einer Sache** dch unerl Hdlg, §§ 848, 849, **ist**: fur semper in mora, hM, vgl Kiel SeuffA **59**, 259; das G selbst behandelt in den §§ 848, 849 nur (wichtige!) Verzugsfolgen, nicht Verzugsvoraussetzgen.

5) Schu gerät nicht in Verzug, wenn Gläub zZ der Mahng od am kalendermäß best Termin außerstande od nicht willens ist, Leistg anzunehmen (entspr Anwendg von § 297), Gursky AcP **173**, 450. BewLast h insoweit Schu.

6) Heilung des Verzuges (vgl Eisenhardt JuS **70**, 489, Scherner JR **71**, 441). Im G nicht geregelt. Sie tritt – für die Zukunft – ein, wenn der Schu nunmehr leistet od die Leistg anbietet; BewLast hat insow Schu, BGH NJW **69**, 875. Sobald AnnVerzug des Gläub eintritt, entfällt der LeistgsVerzug des Schu; AnnVerzug setzt voraus (§ 294), daß die Leistg vollst angeboten w. Gleichzeit Angebot von VerzZinsen u Schaden nicht erforderl, da nicht Teil der HptFdg, sond auf einem zusätzl RGrd beruhde NebenFdg, Eisenhardt u Scherner aaO, § 266 Anm 3, str. Auch wenn man die ursprüngl Leistg als Teilleistg ansieht, ist Gläub uU nach Treu u Glauben zur Ann verpflichtet, BAG BB **75**, 1578, § 266 Anm 4 d. Ein aGrd des Verz entstandenes Rücktrod KündR fällt, sofern es nicht vorher ausgeübt worden ist, mit der Heilg des Verz weg, BGH **34**, 197, Müller Betr **70**, 1209. Auch Stundg beseitigt den Verzug, ebso Verj, BGH **34**, 197; ferner tritt Verzugsheilg ein, wenn auch der Gläub in Verzug gerät, wenn dieser dch den schon eingetretenen Verzug des Schu meist verhindert w. Insb genügt nicht, daß nach Verzugseintritt ein ZbR geltd gemacht w, der Schu muß dann mind Zug um Zug anbieten RG **120**, 197, BGH NJW **71**, 421. Über Heilg des Verzugs bei nachträgl Erwerb des LeistgsVerweigerungsR aus § 321 vgl dort Anm 3, bei nachträgl Berufg auf § 410 vgl dort Anm 1.

285 Kein Verzug ohne Verschulden. Der Schuldner kommt nicht in Verzug, solange die Leistung infolge eines Umstandes unterbleibt, den er nicht zu vertreten hat.

1) Allgemeines. Der Verzug muß auf einem „vom Schu zu vertretenden Umstand" beruhen. Es wird also meist Versch vorliegen müssen, da der Schu grdsätzl nur für Versch haftet, § 276. Jedoch hat der Schu uU auch andere Umst zu vertreten, vgl § 276 Anm 10a, so wenn der Verzug auf Versch von ErfGehilfen (§ 278) beruht, od er ein, wenn auch vorübergehende, Mittellosigk bei Gattgsschulden zurückzuführen ist, da der RGedanke des § 279 auch für den Fall des Verzuges gilt, vgl RG **75**, 335. – Das G sieht das Vertretenmüssen nicht als Voraussetzg des Verzuges, sond das Nichtvertretenmüssen als BefreiungsGrd an. Die Beweislast trifft damit den Schu, vgl auch § 284 Anm 2 aE.

2) Fälle des Nichtvertretenmüssens: Zufällige vorübergehende Unmöglichk (bei dauernder zufälliger Unmöglichk entfällt Verzug, da § 275 gegeben ist); vorübergehende unbillig nicht zumutb Schwierigk (§ 242), zB schwere Erkrankg, RG JW **03**, Beil 114; schuldlose Unkenntn des geänderten Wohnorts des Gläub RG SeuffA **60**, 27; Nichtmitteilg der Anschrift des Zessionars RG SeuffA **68**, 32; Unkenntn der Erben des verstorbenen Gläub, BGH LM § 581 Nr 35; uU Schwierigkeiten im zwischenstaatl VerrechngsVerk RG **161**, 105; vom Gläub verschuldete Unklarh über die Höhe der Fdg, BGH VRS **54** Nr 177; Unkenntn der genauen Tatumstände bei SchmerzGfdg, Celle NJW **63**, 1205; ebso bei sonst Anspr aus Delikt und Quasidelikt vgl BGH BB **64**, 820 zu Stationiergsschäden; Verzug tritt dann erst nach Ablauf einer angemessenen (nach den Umst zu bemessenden, bei Stationiergsschäden 4 Monate) Frist ein, BGH aaO. Vers gerät nicht in Verzug, solange er in tatsächl Hinsicht gewicht Bedenken gg das Bestehen einer LeistgsPfl haben kann, BGH LM VVG 11 Nr 1, Kblz VersR **74**, 1215. Zur Frage, ob Verzug des Mieters mit RäumgsPfl dch Schwierigkeiten bei der ErsRaumbeschaffg ausgeschl w kann, vgl Schmidt-Futterer NJW **62**, 472, Celle MDR **67**, 1013; vgl auch § 557 II.

Rechtsirrtum (Lit: Rittner, Festschr für F v Hippel, 1967, S 391 ff; Mayer-Maly AcP **170**, 133 ff; vgl auch § 276 Anm 3). Die ältere Rspr h, wenn auch mit Schwankgen (vgl Rittner u Mayer-Maly aaO), überw angen, daß der Schu einen RIrrt idR auch dann zu vertreten habe, wenn dieser nicht auf Fahrlk beruht, RG **130**, 28. Die neuere Rspr geht dagg einmüt davon aus, daß der Schu für einen unversch RIrrt nicht einzustehen braucht, RG **156**, 120, OGH **4**, 180, BGH NJW **51**, 398, 758, **LM** Nr 4. Str ist jedoch, wann ein RIrrt als unversch anzusehen ist; Einigk besteht darü, daß Schu Erkundiggen einzuziehen u RLage gründl prüfen muß; nach einigen Entsch soll es genügen, wenn der Schu seine RAns aGrd einer solchen sorgfält Prüfg gebildet h, so BGH NJW **53**, 1426, **LM** § 276 (Bd) Nr 2 Bl 3, NJW **74**, 1903, BGH **17**, 295, **62**, 36; and Entsch fordern zusätzl, daß der Schu nicht mit abw Beurteilg dch das zust Ger zu rechnen braucht, so BGH NJW **51**, 398, **LM** ADS Nr 2 Bl 3, Betr **69**, 788, WPM **70**, 1514. Für das VertrR w dieser strengeren Ans zu folgen sein; wenn Schu ernsth mit abw gerichtl Entsch rechnen muß, muß er insoweit das Risiko tragen. Schuldh handelt daher, wer sich auf eine von zwei entggesetzten RAusk verläßt, BGH VersR **68**, 148 (zu § 254). Auch wenn ein KollegialGer die RAns des Schu gebilligt h, ist dieser nicht in jedem Fall entlastet, Saarbr OLGZ **71**, 322, BGH NJW **74**, 1903, wohl aber, wenn RAns der damals hM entsprach, BGH NJW **72**, 1045. Weniger strenge Anforderngen w zu stellen sein, wenn Unklarh vom Gläub veranlaßt worden ist, BGH NJW **70**, 463. IdR auch kein Versch, wenn beide Teile längere Zeit hindch von derselben RAns ausgegangen sind, RG **96**, 316. Zum RIrrt bei Beginn eines tarifwidr ArbKampfes vgl BAG **AP** TVG § 1 (FriedensPfl) Nr 2. – Einer bes Geltdmachg des Entschuldiggsgrundes bedarf es nicht, es genügt sein Vorhandensein (bei Streit muß natürl Schu beweisen). – Darü, daß das Bestehen eines, auch nur verzögerlichen Einrederechts grdsätzl den Verzug ausschließt, vgl § 284 Anm 2, bes auch zu den Einreden des nichterfüllten Vertrages und des ZbRechts, bei denen Besonderes gilt. – Die berechtigte Besorgn, daß der Gläub von der Leistg einen vertragswidr, den Schu schädigenden Gebr machen würde, entschuldigt, RG **JW 10**, 804. – Erweist sich die Leistg nachträgl als nicht vertragsgem, so tritt jedenf mit der Mitteilg (schuldhafter) Verzug ein, RG SeuffA **60**, 28.

286 *Verzugsschaden.* [I] Der Schuldner hat dem Gläubiger den durch den Verzug entstehenden Schaden zu ersetzen.

[II] Hat die Leistung infolge des Verzugs für den Gläubiger kein Interesse, so kann dieser unter Ablehnung der Leistung Schadensersatz wegen Nichterfüllung verlangen. Die für das vertragsmäßige Rücktrittsrecht geltenden Vorschriften der §§ 346 bis 356 finden entsprechende Anwendung.

1) Allgemeines (zu I und II). Die Absätze I u II sprechen die **Hauptfolgen** des Verzuges aus, die §§ 287–290 weitere Folgen. § 286 I bestimmt die Verpflichtg zum Ers des Verzögergsschadens, § 286 II die zum SchadErs wg NichtErf der ganzen Verbindlichk. Für ggs Verträge wird die Möglichk des II, zum SchadErs wg NichtErf zu kommen, in den Voraussetzgen dahin erweitert, daß Interessewegfall nicht erforderl ist, sond Fristsetzg unter Androhg der Ablehnung genügt, in der Wirkung dahin, daß die Pfl zum SchadErs wg NichtErf des ganzen Vertrages die Folge ist. Unmöglichk der Leistg braucht auch im Falle II nicht gegeben zu sein; liegt sie vor, so gelten die UnmöglichkFolgen, die sich allerdings (§ 280 I) grdsätzl mit den Verzugsfolgen des § 286 II decken, vgl näher § 284 Anm 1. Der Verzug hat im Falle II dieselbe Folge, wie wenn Unmöglichk eingetreten wäre. Weitere Verzugsfolge: ändern sich Verhältnisse nach Verzugseintritt zuungunsten des Schu, so ist das keine Änderg der GeschGrdlage, BGH **LM** § 284 Nr 2. – § 286 I gilt auch **bei ggs Vertr**; Anspr auf Ers von VerzögergsSchaden bleibt auch dann bestehen, wenn einer VertrPart später gem § 325 od § 326 Anspr auf SchadErs wg NichtErf erwächst, BGH NJW **75**, 1740. An die Stelle von § 286 II tritt bei ggs Vertr § 326 II. – Die formularmäß Freizeichng von Verzugsfolgen w dch AGBG 11 Nr 8 u 7 beschr.

2) Zu I. a) Der Anspr auf Ers des **Verzögergsschadens** tritt **neben** den bestehenbleibenden Leistgs-Anspr (anders SchadErsAnspr des II, der immer an die Stelle der nicht rechtzeitigen Leistg tritt). – Bei I ist zu ersetzen der dch den Verzug entstandene Schaden; zw Verzug u Schaden muß also ursächl Zusammenhang bestehen (was Gläub voll zu beweisen hat). – Die Verjährg des Anspruchs aus I richtet sich nach dem HauptAnspr, kann jedoch nicht vor Eintritt der Verzugsfolgen beginnen, BGH **LM** Nr 3, WPM **73**, 489.

b) Inhalt und Umfang des Anspruchs bestimmen sich nach den §§ 249–255. Daher grdsätzl Herstellg in Natur, prakt allerdings fast immer Geldersatz. Der Schaden kann entgangener Gewinn sein; ob Schu mit Gewinnentgang rechnete, ist gleichgültig, BGH Betr **56**, 110; besteht der Schaden in Nutzgsausfall einer Sache, kann er in Anlehng an Mietpreis entsprecher Sache geschätzt w, KG NJW **67**, 1334. Der Gläub kann auch den Geldentwertgsschaden ersetzt verlangen, soweit dieser auf Verzug zurückzuführen ist, RG **107**, 213, JW **38**, 946, LAG Hbg Betr **72**, 1587, Hbg VersR **75**, 660. Macht Schu geltd, trotz Zahlg von Valuta mit geringerem Kurswert sei kein Sachens entstanden, trägt er die BewLast, BGH **LM** § 282 Nr 25. – Zinsen als Verzugsschaden vgl § 288 Anm 2. – Zu ersetzen sind auch die Kosten von **Mahnschreiben** nach Verzug, sofern Mahng nicht aussichtslos u überflüss, BGH VersR **74**, 642. Dazu gehören auch RA-Kosten, da die Beauftragg eines RA dem adaequaten Kausalverlauf entspr u im allg nicht gg § 254 verstößt. Vgl auch § 249 Anm 2d. Die Kosten der den Verzug begründden Mahng (Künd) sind dagg nicht dch den Verzug erwachsen, Köln VersR **75**, 1106, bedenkl Köln OLGZ **72**, 411, das insow Anspruch wg pVV bejaht, vgl Emmerich JuS **72**, 471. Kosten eines Inkassobüros sind im Hinbl auf § 254 (auch bei BagatellFdgen) lediglich der in Höhe von RAKosten zu erstatten, Köln OLGZ **72**, 411, Strohm BB **65**, 1298, Schmidt Rpfleger **70**, 82; und nur in bes AusnFällen (etwa wenn bei zahlgsunwill Schu Hausbesuche od dgl notw); weitergeh v Stackelberg BB **65**, 891, Finke NJW **75**, 1310, ferner Hamm MDR **73**, 497. Zusätzl zu den Kosten eines RA können die Kosten eines Inkassobüros grdsätzl nicht geltd gemacht w (§ 254), Nürnb Betr **73**, 962, Düss MDR **74**, 226. ErsPfl besteht insb dann nicht, wenn Schu erkennb zahlgsunwill od unfäh, da Notwendigk späterer Beauftragg eines RA hier vorausseb, Mü NJW **75**, 832. Sie kann ausnw gegeben sein, wenn Gläub aus bes Grden annehmen durfte, die Beauftragg eines RA werde nicht erforderl w. – Zu den Verzugsschäden gehören auch die inf des Verzuges weiter fäll gewordenen Prämien für eine Kreditversicherg, LG Hbg BB **71**, 932; ebso die Kosten des VollstrAuftrages, wenn zwar Schuldtilgg vor seiner Erteilg eintrat, Gläub dies aber noch nicht wissen konnte (zB bei Banküberweisg). – Die vorbehaltlose Ann der verspäteten Leistg führt nicht ohne weiteres zum Verlust des Anspr auf Verzugsschaden, vgl RG **43**, 268; vgl § 284 Anm 6.

3) II. Bei Interessewegfall hat der Gläub das Recht, unter **Ablehng der Leistg** Schadensersatz wg NichtErf der ganzen Verbindlichk zu fordern. Dieses Recht kann dch formularmäß Klauseln in AGB nicht ausgeschl w, AGB-Ges 11 Nr 9. – Das Interesse muß inf des Verzuges in Wegfall gekommen sein. – Für Inhalt u Umfang des SchadErsAnspruchs gelten auch hier die §§ 249–255. Der Anspr geht hier immer auf Geld, da das G in § 286 II die ErsLeistg in Ggsatz zur Erf stellt. Der Schaden kann konkret, uU auch abstrakt, bemessen werden, vgl dazu § 325 Anm 4; in letzterem Falle gilt der Verzugseintritt od der Interessewegfall nach Wahl des Gläub als Stichtag RG **96**, 160; für die konkrete Schadensbemessg ist dagg ein Stichtag nicht vorgeschrieben, es ist der wirkl entstandene Schaden einschl des konkret entgangenen Gewinns zu ersetzen, wobei die verschiedensten Zeitpunkte zw Verzugseintritt u letzter TatsachenVerhdlg im RStreit eine Rolle spielen können; zu ersetzen ist der Schaden, wie er sich im letzteren Ztpkt als schließl erwachsen darstellt, RG **149**, 137. Neben dem SchadErs nach II ist die Geltdmachg eines bes Verzögergsschadens (I) ausgeschl, vgl jedoch für den Fall des Eintritts der Unmöglichk während des Verzuges RG **94**, 206 u § 284 Anm 1, § 287 Anm 2. Überh kann der Verzögergsschaden Berechnungsfaktor des SchadErsFdg wg NichtErf sein. – Nach II 2 sind die §§ 346 ff anzuwenden, obwohl die Erhebg des SchadErsAnspruchs keinen Rücktr, sond die Beanspruch von VertrRechten darstellt. Ein RücktrR ist nur bei ggs Verträgen gegeben, § 326, ferner bei Fixgeschäften, § 361, hier unabhängig vom Verzuge. – Sonderbestimmgn in §§ 264 II, 354, 538 II, 542, 554, 634, 775 Z 3.

287 *Erweiterte Haftung.* Der Schuldner hat während des Verzugs jede Fahrlässigkeit zu vertreten. Er ist auch für die während des Verzugs durch Zufall eintretende Unmöglichkeit der Leistung verantwortlich, es sei denn, daß der Schaden auch bei rechtzeitiger Leistung eingetreten sein würde.

1) Satz 1. Er erweitert das **Haftungsmaß,** wo dieses die leichte Fahrlk noch nicht umfaßt, auf diese. Im Hinbl auf S 2, der die Haftg für den Fall des UnmöglichkEintritts auch auf zufälligen Eintritt erstreckt, hat Satz 1 prakt nur geringe Bedeutg. Er gilt insb für den Fall, daß ein anderer Schaden als Unmöglichk (od Verschlechterg) eintritt, Staud-Werner Rdz 2.

2) Satz 2 erweitert (mit der Einschrkg des Halbs 2) die **Haftung** des Schu auf die **während** des Verzuges **durch Zufall** (Begriff § 276 Anm 10) eintretende **Unmöglichkeit.** Der die Unmöglichk hervorrufende Zufall braucht nicht dch den Verzug verursacht worden zu sein; ist er dies, so folgt die Haftg des Schu schon aus § 280 I iVm §§ 285, 286. Adäquater ursächl Zushang zw Verzug u Zufallsereignis ist danach nicht zu fordern, es genügt die rein zeitl Folge. Dagg muß der Schaden eine adaequate Folge der Unmöglichk sein. – **Einschränkung:** keine Haftg, wenn die Unmöglichk **auch bei rechtzeitiger** Leistg eingetreten wäre, also zB derselbe Brand die Sache auch bei rechtzeitiger Leistg beim Gläub vernichtet hätte. Doch genügt auch, daß ein anderes Ereign die Sache beim Gläub bei rechtzeitiger Leistg getroffen haben würde, zB Einbruchsdiebstahl. Keinen Ausschl bewirkt ein Zufall, der die Sache nach der beim Schu eingetretenen Unmöglichk beim Gläub getroffen haben würde, da mit diesem Ztpkt der SchadErsAnspr schon entstanden ist, und nur wenn die Sache in diesem Ztpkt wirklich die Schadensanlage innewohnte, Erm-Battes Rdz 5, vgl Vorbem 5 f aa vor § 249. Ebsowenig gilt die Einschränkg für den Fall, daß die Unmöglichk der Leistg nicht dch Zufall herbeigeführt, sond vom Schu verschuldet ist. – Die BewLast für das Vorhandensein der die Einschränkg begründenden Tatsachen liegt beim Schu. Den Schu trifft auch die Pfl nachzuweisen, daß der Gläub die Sache nicht vor der beim Gläub eingetretenen SchadEreignis verbraucht od weiterveräußert hätte, so daß der Schaden sie nicht mehr getroffen haben würde; doch gilt für diesen Nachweis ZPO 287. Bei Wertschwankgen kann der Gläub den höchsten Wert ersetzt verlangen, wenn nicht der Schu nachweist, daß der Gläub die Sache vor der etwaigen Wertsteigerg bereits veräußert od bei eingetretenem Sinken des Wertes noch behalten hätte (hM); auch hierfür gilt aber ZPO 287. – Die Einschränkg stellt danach in Satz 2 Halbs 1 nicht geforderte Voraussetzg des ursächl Zusammenhanges zw Verzug u Schaden in gewissem Umfange wieder her, legt aber die BewLast für sein Fehlen dem Schu auf. – Satz 2 gilt nicht nur für völlige Unmöglichk, sond auch für die Verschlechterg, da diese teilw Unmöglichk (Unmöglichk gehöriger Leistg) darstellt, vgl § 275 Anm 5. Er gilt auch für vorübergehde Unmöglichk (vorübergehendes gesetzl Zahlgsverbot) BGH **LM** § 286 Nr 3.

288 *Verzugszinsen.* I Eine Geldschuld ist während des Verzugs mit vier vom Hundert für das Jahr zu verzinsen. Kann der Gläubiger aus einem anderen Rechtsgrunde höhere Zinsen verlangen, so sind diese fortzuentrichten.
II Die Geltendmachung eines weiteren Schadens ist nicht ausgeschlossen.

1) I. Verzugszinsen (Satz 1). Über Geldschuld vgl §§ 244, 245 Anm 2; Geldschuld ist auch die Schuld von Schmerzensgeld (vgl § 291 Anm 1 u § 284 Anm 3). Zinsen gem I S 2 sind als MindestSchadenErs unabhäng davon zu leisten, ob dem Gläub tatsächl ein Schaden entstanden ist (Erm-Battes Rdn 2, Lepke Betr **78**, 839, 842). Der ZinsAnspr besteht auch bei unverzinsl Fdgen (RG **92**, 284, BGH NJW **53**, 337), auch bei VorschußAnspr zB § 633 III od VOB (B) § 13 Nr 5 (Köln BauR **73**, 248, aA Mü NJW **78**, 766). Bei GehaltsAnspr betrifft er des Brutto-Betrag (Lepke aaO). Bei Verz mit DarlGewährg braucht sich Gläub nicht die Zinsen abrechnen zu lassen, die er bei rechtzeitiger DarlGewährg zu zahlen gehabt hätte (RG **92**, 284). Dagg keine Verzugszinsen auf Wechselunkosten u Provision, da SondRegeln im WG 48, BGH NJW **77**, 1396. Verzugszinsen bei beiders Handelsgeschäften 5%, HGB 352. Ausn von Satz 1: der Schenker hat Verzugszinsen nicht zu entrichten, § 522. – Höhere Zinsen (S 2) können aus dem zugrunde liegenden RGesch zu zahlen sein. – Verzugszinsen neben SchadErs (wg NichtErf): Gläub kann Wert zZ letzter mdl Verhdlg u Verzugszinsen oder Wert bei SchadEintritt u als Verzugsschaden auch höhere Zinsen verlangen, BGH NJW **53**, 337. Verzugszinsen im öff Recht vgl § 284 Anm 1a aE.

2) Gläub kann gem II eine **den I überschreitde Zinsforderg** geltd machen, soweit die Voraussetzgn des § 286 vorliegen. Schaden kann entweder im Verlust von Anlagezinsen od in der Aufwendg von Kreditzinsen liegen, Belke JZ **69**, 586. Bank kann Zinsverlust abstr (§ 252 Anm 3b) berechnen, u zwar, wenn sie versch GeschArten betreibt, nach ihrem Dchschnittsgewinn, BGH **62**, 103, NJW **74**, 1281 (Anm Roll).

Ähnl gilt wohl auch für VersUntern, aA Köln NJW 69, 1388. Im übr muß Zinsverlust dagg konkret dargelegt u bewiesen w, vgl Roll DRiZ 73, 339, doch dürfen BewAnforderung nicht überspannt w. Grds des AnschBew zwar nicht anwendb, Roll aaO, str, bei hinreichd konkreter Darlegg aber ZPO 287, uU auch § 252 S 2 („getroffene Vorkehrgen"). Weitergeh BGH WPM 74, 128, der bei Fdgen mit höherem Betrag offenb obj SchadBemessg nach dem erzielb Anlagezins zul will. – Wird Ers von Kreditzinsen verlangt, genügt zunächst Behauptg, Gläub habe Bankkredit in Anspr genommen, BGH Betr 77, 582. Bestreitet Schu, w konkrete Darlegg erforderl, BGH aaO. AnschBew nicht anwendb, KG NJW 57, 1561, Köln NJW 61, 30, str, aA fr Rspr, vgl Nachw bei Roll DRiZ 73, 339. Bew, daß Gläub gerade wg KlagFdg Kredit aufgenommen hat, ist aber bei Kaufmann nicht zu fordern, BGH BB 65, 305, LG Bielefeld NJW 72, 1995, ebsowenig bei der öff Hand, BGH BB 78, 931. ErsAnspr besteht auch bei Kreditgewährg dch verbundenes Unternehmen BGH NJW 75, 867. Einwand, die Außenstände, für die ErsAnspr gem §§ 288 II, 286 in Betr komme, seien insg höher als die aufgenommene Kredit, ist unzul, Hbg MDR 74, 930 (alternative Kausalität). Zu ersetzen auch die auf die Zinsen etwa zu leistde MWSt, Hamm NJW 74, 1874, Celle MDR 74, 1016, Mayer NJW 74, 839, Seltmann BB 75, 648, aA LG Köln VersR 77, 288. And aber, wenn Gläub den geschuldeten Betrag an Dr abzuführen hat, Düss VersR 74, 1075. – Im übr vgl wg Verzugsschadens § 286.

289 *Keine Zinseszinsen.* **Von Zinsen sind Verzugszinsen nicht zu entrichten. Das Recht des Gläubigers auf Ersatz des durch den Verzug entstehenden Schadens bleibt unberührt.**

1) Satz 1. Er erweitert das in § 248 enthaltene Verbot der Zinseszins**vereinbarg**. Er schränkt ferner den § 288 I ein. Ob die Zinsschuld auf G od Vertr beruht, ist gleichgültig. Nur muß eine Zinsschuld vorliegen. Das ist nicht der Fall bei der Pfl zur Erstattg widerrechtl gezogener Zinsen OLG 24, 285, auch nicht bei Bereitstellgszinsen u EnteigngsEntsch wg entzogener Nutzg in der Art von Zinsen, vgl § 246 Anm 1. S 1 gem ErbbVO 9 I, § 1107 auf ErbbZinsen u Einzelleistgen aus Reallast entspr anwendb, BGH NJW 70, 243, NJW 78, 1261, krit Bringezu NJW 71, 1168. Er gilt auch für Kreditgebühren, § 246 Anm 1.

2) Satz 2. Er schließt den Anspr auf SchadErs wg verzögerter Zinszahlg, §§ 288 II, 286 I, nicht aus. Daher mögl SchadErs wegen nicht gezahlter Zinsen, wenn Gläub nachweist, daß er die Zinsen verzinsl angelegt hätte, RG 152, 174. Das kann auch bei Banken nicht ohne nähere Darlegg angen w. Bank darf ihren Zinsverlustschaden aber auch hier entspr § 288 Anm 2 abstr berechnen, Löwisch NJW 78, 26. Im kaufm Kontokorrentverkehr sind Zinsen von Verzugszinsen zul, vgl HGB 355.

290 *Verzinsung des Wertersatzes.* **Ist der Schuldner zum Ersatze des Wertes eines Gegenstandes verpflichtet, der während des Verzugs untergegangen ist oder aus einem während des Verzugs eingetretenen Grunde nicht herausgegeben werden kann, so kann der Gläubiger Zinsen des zu ersetzenden Betrags von dem Zeitpunkt an verlangen, welcher der Bestimmung des Wertes zugrunde gelegt wird. Das gleiche gilt, wenn der Schuldner zum Ersatze der Minderung des Wertes eines während des Verzugs verschlechterten Gegenstandes verpflichtet ist.**

1) Voraussetzg ist, daß der Schu zum „Wertersatz" eines „Gegenstandes" (Begriff Übbl 1 vor § 90) verpflichtet ist, der herauszugeben oder, dessen Herausg aber während des Verzuges unmögl (Satz 1) od nur noch verschlechtert mögl (Satz 2) geworden ist. Wann diese Pfl besteht, ergibt sich nicht aus § 290, sond regelt sich nach § 280 I iVm §§ 285, 286 und insb nach § 287. § 290 bestimmt auch nichts darüber, welcher Ztpkt der Wertbestimmg zugrunde zu legen ist; vgl dazu § 286 Anm 3 und § 287 Anm 2.

2) Inhalt. Der ZinsAnspr des § 290 ist gesetzl MindestschadensAnspr, wie bei der ZinsPfl des § 288 I 1. Ein weitergehender SchadErsAnspr ist (vgl § 288 II) nicht ausgeschl. – Für das Gebiet der unerl Hdlgen bestimmt § 849 dasselbe, vgl § 284 Anm 4d.

291 *Prozeßzinsen.* **Eine Geldschuld hat der Schuldner von dem Eintritte der Rechtshängigkeit an zu verzinsen, auch wenn er nicht im Verzug ist; wird die Schuld erst später fällig, so ist sie von der Fälligkeit an zu verzinsen. Die Vorschriften des § 288 Abs. 1 und des § 289 Satz 1 finden entsprechende Anwendung.**

1) Allgemeines. Anwendungsgebiet. Es ist beschränkt: idR wird der Schu schon spätestens dch die Rechtshängigk in Verzug kommen, da ihre Herbeiführg der Mahng gleichsteht, § 284, so daß die ZinsPfl schon nach § 288 I 1 begründet ist. Doch kann der Schu zB in entschuldb RechtsIrrt die Leistg verweigert haben und auch nach Rechtshängigk weiter verweigern dürfen, vgl § 285 Anm 1, 2 u RG 92, 283; dann hat er aber nach § 291 Prozeßzinsen zu zahlen. – Die Vorschr enthält sachl-rechtl Folgen der Rechtshängigk. Sie gilt nur für Geldschulden (über sie vgl §§ 244, 245 Anm 2), RGrd der Schuld unerhebl; gleichgültig auch, ob Geldsummen- od Geldwertschuld; auch unbeziffert geltd gemachter SchmerzensgeldAnspr daher ab Rechtshängigk zu verzinsen, BGH NJW 65, 531 u 1376, KG VersR 72, 281. Bei Urt gem § 315 III dagg ProzZinsen erst ab UrtErl, Brschw OLGZ 66, 19; ebso bei Urt über AbfindgsAnspr gem KSchG 7, 8, BAG NJW 69, 1735 (LAG Brem NJW 78, 126 beschränkt Zinsen auf Zeit ab RKraft). Anspr auf ProzZinsen kann nach Entscheidg über die HauptFdg in bes RStreit eingeklagt w, BVerwG 38, 51. Zinsfuß 4% Satz 2 iVm § 288 I. Von Zinsen, mag ihre Fdg auf Vertr od G beruhen, sind ProzZinsen nicht zu zahlen, Satz 2 iVm § 289 S 1. – § 291 ist grdsätzl auch im öff Recht anwendb, BVerwG NJW 58, 1744, 73, 1854, BGH NJW 70, 1637. Inzw bestehen aber für wicht öffr RGebiete ZinsRegelgen, die § 291 verdrängen. Für Abg gelten AO 1977 § 236 (ProzZinsen auf ErstAnspr) u § 237 (ZinsPfl bei erfolgl RMittel). Diese Vorschr sind (ebso wie fr FGO 111) auch auf öffr Gebühren u Beiträge anwendb, BVerwG **37**, 159, OVG Lüneburg VerwRspr **23**, 201. Im SozR gilt ab 1. 1. 1978 SGB-AT 44. Fr gab es im SozR u der Kriegsopferversorgg keine Prozeßzinsen, BSozG NJW **65**, 1199, **69**, 575, ebsowenig im WiedergutmachgsR, BGH **LM** BEG 1956 § 169 Nr 1, BVerwG DVBl **63**, 507 u bei Anspr aus dem LAG, BVerwG **51**, 287. – Kein Anspr auf Ers weiteren Schadens aus dem Gesichtspunkt der Rechtshängigk. – Nicht außer ProzZinsen noch Verzugszinsen für dieselbe Zeit, RG **92**, 285.

2) Voraussetzgen: Rechtshängigk best sich nach den Vorschr der ProzOrdngen, vgl zB ZPO 261, 302 IV. Keine ProzZinsen auf Wechselunkosten u Provision, da SondRegeln im WG 48, BGH NJW **77**, 1396. Auch ein HilfsAntr begründet die Rechtshängigk RG **117**, 114. Nötig ist Klage auf Leistg, Klage auf Feststellg genügt nicht, aA für Eingruppiergsstreitigk BAG NJW **70**, 1207. Bei KlageRückn gilt § 212 II nicht. Bei Klage auf künftige Leistg, ZPO 257ff, Zinsbeginn erst mit Rechtshängigk mit Eintritt der Fälligk: S 1 Halbs 2. Keine ZinsPfl, wenn Anspr Einr des ZbR od des nicht erfüllten Vertr enttggsteht, BGH **55**, 198, KG NJW **71**, 144, Düss NJW **71**, 2310. ZinsPfl auch dann, wenn Gläub den geschuldeten Betrag an Dr weiterzuleiten h, Düss VersR **74**, 1075.

292 *Haftung bei Herausgabepflicht.* I Hat der Schuldner einen bestimmten Gegenstand herauszugeben, so bestimmt sich von dem Eintritte der Rechtshängigkeit an der Anspruch des Gläubigers auf Schadensersatz wegen Verschlechterung, Unterganges oder einer aus einem anderen Grunde eintretenden Unmöglichkeit der Herausgabe nach den Vorschriften, welche für das Verhältnis zwischen dem Eigentümer und dem Besitzer von dem Eintritte der Rechtshängigkeit des Eigentumsanspruchs an gelten, soweit nicht aus dem Schuldverhältnisse oder dem Verzuge des Schuldners sich zugunsten des Gläubigers ein anderes ergibt.

II Das gleiche gilt von dem Ansprüche des Gläubigers auf Herausgabe oder Vergütung von Nutzungen und von dem Anspruche des Schuldners auf Ersatz von Verwendungen.

1) Allgemeines. Die Vorschr ordnet sachlrechtl Wirkngen des Rechtshängigk für gewisse Ansprüche an. Sie steigert die Haftg des Schu. Sie gewährt ein **Mindestmaß** von Haftg; das zugrunde liegende SchuldVerh od der Verzug des Schu, der meist gegeben sein wird (nicht aber zB bei entschuldb RechtsIrrt), kann zu erhöhter Haftg des Schu führen. Über Rechtshängigk vgl § 291 Anm 2.

2) Voraussetzgen: Anspr auf Herausg eines bestimmten Ggstandes. Nicht nur Sachen, sond auch Rechte, auch Immaterialgüterrechte, RG **62**, 321, auch Erbteil, RG **137**, 179, Apotheke BGH **LM** § 987 Nr 3. Nicht Gattgssachen. Herausg ist sowohl Rückgabe (zB bei der Leihe) als auch Übergabe (beim Kauf). § 292 gilt nicht für die Vorlegg von Sachen, §§ 809, 810.

3) Inhalt. Die Bestimmg ordnet die Anwendg der Vorschriften über die Haftg des Besitzers ggü dem Eigtümer beim rechtshängigen EigtAnspr an, und zwar nach drei Richtgen:

a) Für den Anspr auf **SchadErs** wg Verschlechterg, Unterganges od einer aus einem anderen Grunde eintretenden Unmöglichk der Herausg. Danach ist (§ 989) der Schu schadensersatzpflichtig, wenn nach Rechtshängigk der SchuldGgstand dch sein Versch verschlechtert wird, untergeht od aus einem anderen Grunde von ihm nicht herausgegeben w kann. – Nur Mindesthaftg, oben Anm 1. Daher: Wenn, wie meist, Verzug vorliegt, haftet der Schu aus diesem weitergehend auch für Zufall nach § 287 Satz 2, vgl dort Anm 2. Ferner: auch das zugrunde liegende SchuldVerh kann eine weitere Haftg begründen; insb haftet beim BereicherungsAnspr der Schu nach § 819 I bereits ab Kenntn der Grundlosigk des Empfanges so, wie nach § 292 ab Rechtshängigk, vgl RG **137**, 179.

b) Für den Anspr auf Herausg od Vergütg von **Nutzgen**: nach § 987 sind die gezogenen herauszugeben, für die schuldh nicht gezogenen ist Ers zu leisten. Auch hier ist das nur die Mindesthaftg.

c) Für den Anspr auf **Verwendgsersatz**: nach §§ 994 II, 995, 996 hat der Schu für nach Rechtshängigk gemachte Verwendgen einen ErsAnspr nur, soweit sie notw waren, u nur nach Maßg der Vorschriften über die GeschFg oA, also wenn sie dem (wahren) Interesse und dem mutmaßl Willen des Gläub entsprachen od von ihm genehmigt waren, andernf nur, soweit der Gläub bei Herausg noch bereichert ist, §§ 683, 684. (Für landwirtschaftl Grdstücke gilt § 998.) Auch bei einem HerausgAnspr aus Bereicherg begrenzt sich die ErstattgsPfl des Gläub für die vom herausgabepflichtigen Empf nach Rechtshängigk gemachten Verwendgen auf die notwendigen, § 818 IV, RG **117**, 114. – Auch die §§ 1000–1003 gelten entspr, insb also Zurückbeh-Einrede nach § 1000.

Zweiter Titel. Verzug des Gläubigers

Einführung

1) Der regelm Ablauf eines Schuldverhältnisses führt zur Erfüllg. Dieser Ablauf kann dch Eintritt von Unmöglichk (§§ 275, 279ff, 323ff), SchuVerzug (§§ 284ff, 326) und dch posit VertrVerletzgen des Schu (darüber § 276 Anm 7) gestört werden mit der Folge, daß der Inhalt der Leistg sich ändert od der Schu überh der Leistg frei wird. Auch das **Verhalten des Gläubigers** kann den Inhalt des Schuldverhältnisses ändern: einmal im Falle der vom Gläub zu vertretenden Unmöglichk bei ggs Verträgen (§ 324 I, vgl dort Anm 1), sodann im Falle des **Gläubigerverzuges** (mora creditoris oder accipiendi), falls der Gläub eine Hdlg, die zur Erf nötig ist, namentl die Ann der Leistg (daher bezeichnet man den GläubVerzug auch als AnnVerzug) nicht vornimmt od sonstigen Mitwirkgs-, insb Leistgsvorbereitungspflichten nicht nachkommt. Das BGB läßt die Wirkngen des GläubVerzuges auch bei einem vom Gläub nicht zu vertretenden, insb nicht schuldhaften Verhalten eintreten, legt dem Gläub aber – dementspr – keine SchadErsPfl auf. Das G würdigt damit, jedenf mit dem Verneinen einer SchadErsPfl des Gläub auch bei schuldh AnnVerzuge, nicht hinreichend die Pflichten, die auch dem RStellg des Gläubigers innewohnen, vgl Einl 1 d vor § 241. De lege ferenda wäre eine beschränkte SchadErsPfl des schuldh in Verzug gekommenen Gläub am Platze. – Bei ggs Verträgen liegt manchmal in denselben Tatsachen Gläub- und Schuldnerverzug, vgl § 293 Anm 5.

293 Annahmeverzug. Der Gläubiger kommt in Verzug, wenn er die ihm angebotene Leistung nicht annimmt.

1) Begriff. Allgemeines. Gläub-(Annahme-)verzug liegt vor, wenn eine Verzögerg der Erf dadch eintritt, daß der Gläub eine zur Erf nötige Mitwirkg, insb die Ann der Leistg, unterläßt. GläubVerzug kommt danach nicht in Frage, wo es einer solchen Mitwirkg nicht bedarf, so im allg bei Verpflichtgen auf Unterlassen od auf Abgabe von WillErklärgen. Über Abgrenz des GläubVerzuges von der Unmöglichk unten Anm 2 b, vom Leistgs-(Schu-)Verzug unten Anm 5.

2) Die Voraussetzgen des AnnVerzuges sind geregelt in §§ 293-299. Übersicht u Allgemeines:
  a) Der Schu muß so, wie das von ihm versucht wird, leisten dürfen, insb zu dieser Zeit. Er kann das iZw auch vor Fälligk, § 271, vgl aber § 299. – Öffrechtl Verbot der Leistg dch Schu verhindert AnnVerzug trotz Angebots BGH NJW 52, 742 (Sperre nach MRG 52), RG 151, 118, BGH NJW 54, 1241 (devisenrechtl Verbot; vgl dazu § 294 Anm 2 d).
  b) Der Schu muß leisten können, vgl § 297. **Unmöglichk der Leistg** od Unvermögen des Schu schließen daher AnnVerzug aus, RG 106, 276, BGH 24, 96, BAG AP § 615 Nr 29. Die Grenzen zw Unmöglichk der Leistg u AnnVerzug sind, insb bei Dienst- u WerkVertr schwer zu ziehen. Prakt Bedeutg der Grenzziehg bei DienstVertr: bei Unmöglichk entfällt LohnAnspr, § 323, bei AnnVerz bleibt er, § 615. Die fr hM ging von der sog Abstrahiergsformel aus: Entscheidd sei, ob dem Schu, die Mitwirkg des Gläub unterstellt, die Leistg mögl ist, Enn-Lehmann § 57 II. Beim ArbVertr h sich die Rspr seit 1923 von den §§ 615, 323 gelöst u stattdessen darauf abgestellt, in wessen „Gefahrenkreis" die Störgsursache fällt, sog **Sphärentheorie**, RG 106, 276, BAG 3, 346, vgl näher § 615 Anm 3. Im Anschl an die Arbeiten von Beuthien (Zweckerreichg 1969) u Köhler (Zweckstörgen 1971) hat sich im Schrifttum (mit Recht) die Ans dchgesetzt, daß für die Abgrenz von AnnVerzug u Unmöglichk allein entscheidd ist, ob die Leistg noch erbracht w kann od nicht; der Gesichtspkt, aus welcher Sphäre das Leistgshindernis stammt, w nicht schon bei der begriffl Zuordng zu AnnVerzug od Unmöglichk, sond erst bei Prüfg des Anspr auf die GgLeistg erhebl. AnnVerzug liegt als Unterfall der Leistgsverzögerg nur vor, wenn Gläub die angebotene Leistg nicht annehmen will od wenn ein vorübergehdes Ann- od Mitwirkgshindern besteht, Larenz § 25 I c u § 21 I c, Esser § 35 I, Erm-Battes Rdn 2 vor § 293 (Bsp: Ortsabwesenh des zu unterrichtenden Kindes). Unmöglich ist dgg bei allen dauernden Leistgshindern anzunehmen gleichgült, worauf sie im einzelnen beruhen. Sie ist auch gegeben, wenn die an sich weiterhin mögl LeistgsHdlg nicht mehr den Leistgserfolg herbeiführen kann, § 275 Anm 1 d. Unmöglichk daher bei Zweckerreichg (Eintritt des Leistgserfolges ohne Zutun des Schu: wegzuräumender Erdwall w weggeschwemmt), § 275 Anm 1 d; bei Zweckfortfall (Wegfall des Leistgssubstrats: zu behandelnder Patient stirbt), § 275 Anm 1 d; bei dauernder Ann- od Mitwirkgsunmöglichk des Gläub, (Gesangsschüler w stumm, Fahrschüler erblindet), so offenb auch BGH 60, 17 (Unmöglichk, wenn ReiseVertr wg fehlder u nicht zumutb Schutzimpfg undchführb w). Stammt das Leistgshindernis aus der Sphäre des Gläub steht Schu in entspr Anwendg des § 645 ein Anspr auf eine Teilvergütg zu, § 275 Anm 1 e, vgl aber oben Anm 2 c.
  c) Der Schu muß die Leistg grdsätzl **anbieten**, und zwar im allg tatsächlich, §§ 294-296.
  d) Der Gläub **nimmt** die Leistg **nicht an**, od unterläßt eine MitwirkgsHdlg, die zur Leistg nötig ist, vgl §§ 293, 295, 296, 298. – Ausdr AnnVerweigerg ist nicht nötig. – Der Grd der NichtAnn ist gleichgültig, anders nur im Fall des § 299. – Auch bei Rechten, nicht nur bei Sachen ist NichtAnn denkb, zB bei Wertpapieren, die dem SachenR unterliegt RG 60, 167, bei ArbLeistgen.
  e) Nicht ist Voraussetzg, daß die NichtAnn oder Nichtmitwirkg vom Gläub **verschuldet** ist. Grund: vgl Einf v § 293. Vgl auch § 299. Für Hilfspersonen hat der Gläub einzustehen, vgl § 278 Anm 4 e.

3) Wirkgen des AnnVerzuges: darüber die §§ 300-304. Über Wirkgen, die über diese Bestimmgen hinausgehen, vgl § 300 Anm 1. Keine SchadErsPfl.

4) Beendigg: das G schweigt. Der AnnVerzug endet – für die Zukunft –, wenn die Voraussetzgen wegfallen, also der Schu sein Angebot zurücknimmt od die Leistg unmögl w, BAG JZ 62, 68, ferner wenn der Gläub sich zur Ann od sonstigen MitwirkgsHdlg bereit erklärt, wobei er aber den Ers der etwa erforderl gewordenen Aufwendgen (§ 304) anzubieten hat. – Solange der Gläub sich im AnnVerzuge befindet, kommt der Schu nicht in Leistgsverzug. In dem nachträgl Bereiterklären kann aber eine Mahng liegen, die, neben der Beendigg des AnnVerzuges den Leistgsverzug herbeiführt, falls nicht § 285 eingreift.

5) Die Ann od sonstige MitwirkgsHdlg ist nach BGB **keine** (Leistgs-)**Pflicht** des Gläubigers. Gläub-(Annahme-) und Schu-(Leistgs-)verzug unterscheiden sich grdsätzl. Anders beim Kauf (§ 433 II) und WerkVertr (§ 640 I): die dort geregelte Pfl zur „Abnahme" (körperlichen Hinwegnahme, RG 56, 176), die zT mehr, zT weniger enthält als die „Annahme", ist LeistgsPfl, begründet für den Käufer od Werkbesteller daher auch SchuVerzug mit den Folgen der §§ 284 ff u uU des § 326 (vgl dort Anm 3 b). Beim Spezifikationskauf des HGB 375 ist die Spezifikation nicht nur Recht, sond auch Pfl des Käufers, begründet daher sowohl Ann als auch Leistgsverzug, sogar mit der Folge des § 326. Unterlassen des Abrufs – währd der Abrufsfrist – dch den Käufer begründet jedenf AnnVerzug RG 56, 177. Ob es nicht einen Leistgsverzug (allerdings nach hM keinen Verzug mit der „Abnahme-"Pfl des § 433 II) enthält, ist Frage des Einzelfalles, ebso, ob er dann Leistgsverzug mit einer Hauptverbindlichk (mit der Folge des § 326) ist. Beides wird uU bei Sukzessivlieferverträgen, insb über raumfüllende Massengüter, wo der Verkäufer nicht nur an der GgLeistg

(Zahlg), sond auch an der Wegnahme ein wesentl Interesse hat, anzunehmen sein, RG SeuffA **63**, 6. In solchen Fällen kann das Unterlassen des Abrufs, wenn er kalenderm bestimmt ist, sogar eine Mahng überflüss machen, § 284 II, vgl § 284 Anm 4. Vgl auch § 271 Anm 2e.

294 Tatsächliches Angebot. Die Leistung muß dem Gläubiger so, wie sie zu bewirken ist, tatsächlich angeboten werden.

1) Allgemeines. Die Bestimmg besagt, daß grdsätzl ein Angebot zur Herbeiführg des AnnVerzuges nötig ist (Ausn § 296), daß das Angebot ferner grdsätzl ein tatsächliches sein muß (Ausn § 295). Angebot ist keine SonderHdlg, sond nur Beginn der Leistg, deren Vollendg (Erf) an NichtAnn scheitert. – Es genügt nicht bloß Bereiterklären zur Leistg, das Angebot muß vielm so sein, daß der Gläub nichts weiter zu tun braucht als zuzugreifen u damit anzunehmen, RG **109**, 328. – Das Angebot ist nicht RGesch, sond TatHdlg („Realakt", Übbl 2 d vor § 104), hM, Larenz I 25 I mwN.

2) Die Leistung ist, so, wie sie zu bewirken ist, anzubieten.

a) Wem und von wem? Dem Gläub od seinem empfangsberecht Vertreter, vgl § 278 Anm 8. Grdsätzl vom Schu od seinem Vertreter; im Rahmen des § 267, also falls der Schu nicht in Pers zu leisten hat u nicht widerspricht, auch von einem Dritten. Ist ein Dritter dagg zur Leistg berechtigt, §§ 268, 1150, 1249, so kann er ohne Einschränkg wirks anbieten.

b) Zeit und Ort. Im Zweifel schon vor Fälligk, § 271, vgl jedoch § 299. Nur zu angemessener Zeit, vgl HGB 358. Ort: § 269, vgl RG **108**, 160, **50**, 208. Bei Bringschulden (darüber zu 269 Anm 3) hat Schu die Sache tatsächl zum Gläub zu bringen, jedoch ist Vorweis des Geldes nicht nötig, wenn er es in der Tasche hat, RG **85**, 416; bei Nachnahmesendgen ist Vorzeigg dch die Post nötig RG **102**, 372. Bei Schickschulden ist zum AnnVerzuge nicht nur erforderl, daß der Schu die Sache zur Absendg bringt, sie muß auch ankommen u vom Gläub nicht angenommen werden, vgl § 293 Anm 2d (str, aA RG JW **25**, 607); erst dann Gefahrübergang; vgl auch § 300 Anm 3c. Auch beim Versendgskauf des § 447 tritt AnnVerzug erst mit Nichtabnahme ein, jedoch Gefahrübergang bereits mit Absendg, § 447. Bei Holschulden genügt wörtl Angebot, § 295.

c) Die **geschuldete** Leistg ist anzubieten, kein ErfSurrogat. Angebot einer Leistg an Erf Statt genügt nicht.

d) Es ist die **geschuldete Art, Güte u Menge** anzubieten. Teilangebot genügt nicht, § 266, falls nicht Abweichg geringfügig ist, § 242, Warn **09** Nr 196. Mehrangebot begründet AnnVerzug, wenn Gläub dch Aussonderg nicht beschwert wird u Schu das Angebot auch auf den tatsächl nur geschuldeten Betrag zu beschränken bereit ist, RG **23**, 126. Ein Herausgeben von Geld (Geldwechseln) ist dem Gläub in gewissem Rahmen – Tatfrage – nach der VerkSitte, § 242, zuzumuten, daher uU AnnVerzug. Eine mangelh Leistg kann der Gläub zurückweisen, aber auf seine Gefahr, RG **106**, 297; auf den Mangel braucht er sich nicht zu berufen RG **111**, 89; war die Leistg tatsächl nicht mangelh, so kommt er in AnnVerzug (weist der Gläub mit Recht zurück, so kommt der Schu übrigens dadch in Leistgsverzug, falls die sonstigen Erfordernisse der §§ 284 ff gegeben sind). – Darüber, ob der Gläub dch Angebot einer Zahlg unter Vorbeh in AnnVerzug kommt, vgl § 362 Anm 2. – War Geldleistg im Ausl geschuldet, aber dch Devisengesetzgeb verboten, so bewirkte Anbieten der (zul) Zahlg auf Sperrkonto nicht AnnVerzug (RG **151**, 116, BGH NJW **54**, 1241; Gläub war zur Ann in dieser Form nicht verpfl); bei an Devisenausländer im Inland geschuldeter Geldleistg war Zahlg auf Sperrkonto Erf, weil Schuldinhalt dch Devisengesetzgeb entspr umgestaltet, str.

295 Wörtliches Angebot. Ein wörtliches Angebot des Schuldners genügt, wenn der Gläubiger ihm erklärt hat, daß er die Leistung nicht annehmen werde, oder wenn zur Bewirkung der Leistung eine Handlung des Gläubigers erforderlich ist, insbesondere wenn der Gläubiger die geschuldete Sache abzuholen hat. Dem Angebote der Leistung steht die Aufforderung an den Gläubiger gleich, die erforderliche Handlung vorzunehmen.

1) Allgemeines. Die Bestimmg enthält zwei Ausnahmen von dem allg Grds des § 294, daß das Angebot tatsächl sein muß. – Die Möglichk des wörtl Angebots besteht nur für den „Schuldner", nicht für einen Dritten, selbst wenn dieser nach § 267 erfüllen könnte, Warn **09** Nr 348, anders aber, wenn er ablösgsberechtigt ist, §§ 268, 1150, 1249, RG **83**, 393. – Voraussetzg ist, daß der Schu imstande ist, die Leistg zu bewirken, doch trifft im Streitfalle die BewLast den Gläub, § 297, vgl dort. Bei Gattgssachen ist vorherige „Konkretisierg" (§ 243 Anm 3), also Ausscheidg nicht erforderl, vgl § 297 Anm 2 (wohl aber zum Gefahrübergang, § 300 Anm 3c). – Das wörtl Angebot ist (im Ggsatz zum tatsächlichen vgl § 294 Anm 1 aE) geschäftsähnl Hdlg (§ 284 Anm 3), wie die Mahng, Übbl 3 vor § 104; str, vgl die Nachw bei Erm-Battes Rdz 6. Die §§ 130 ff sind anwendb, das Angebot kann aber stillschw geschehen. Es kann daher auch in der Klage auf Unwirksamk der Künd (BAG NJW **63**, 1124, 1517) od in einem sonst Widerspr gg die Künd (BAG **3**, 74, BGH BB **68**, 559) liegen; das gilt aber nicht, wenn ArbN selbst erklärt, er sei krank u arbeitsunfäh, dann muß er seine Dienste nach Wiedergenesg erneut wörtl anbieten, BAG Betr **71**, 1971, NJW **75**, 1335.

2) Fall 1: Erklärg des Gläub, die **Leistg nicht annehmen zu wollen.** Sie muß bestimmt erfolgen, ein bloßer Vorbeh genügt nicht. Sie ist auch in der Erkl zu finden, daß er den Vertr für nichtig halte, annulliere, zurücktrete, RG **57**, 113, od kündige BAG NJW **63**, 1124; sie kann auch in einem schlüss Verhalten des Gläub liegen, BGH MDR **58**, 335, BAG NJW **69**, 1734 (rechtsw Einf von KurzArb). Trotz der Erkl muß der Schu noch wörtl anbieten RG **50**, 210, vgl aber § 296 Anm 1 aE. Das wörtl Angebot muß der geschuldeten Leistg entsprechen, sonst unwirks, RG HRR **28**, 414. Beim TeillieferngsVertr kann nach Ablehng einer zuläss Teilliefrg u wörtl Angebot einer weiteren das wörtl Angebot der übr Teillieferngen uU unterbleiben, vgl RG JW **10**, 804. Die Erkl des Gläub muß dem wörtl Angebot vorausgehen RG **50**, 210. –

Inhalt der Schuldverhältnisse. 2. Titel: Verzug des Gläubigers §§ 295–298

Widerruft der Gläub seine Ablehng, so muß der Schu tatsächl anbieten. – Die Erkl des Gläubigers ist RGesch, str, vgl auch oben Anm 1 aE.

3) Fall 2: Zur Bewirkg der Leistg ist **Mitwirkg des Gläubigers erforderlich;** diese unterbleibt. So bei: WahlR des Gläubigers bei der Wahlschuld § 262; Notwendigk vorheriger Angabe des Schuldbetrages dch den Gläub, insb Rechngserteilg; Anweisg von Diensten; nähere Bestimmg des LeistgsGgstandes, bes beim Spezifikationskauf HGB 375, Warn **18** Nr 177. Ferner bei der bes vom G genannten Holschuld (Ggsatz Bring- u Schickschuld § 294 Anm 2b), beim WerkVertr, da dort Abnahme nötig ist, § 640, bei den Liefergsverträgen auf Abruf (vgl dazu § 293 Anm 5), bei ArbVertr, zB wenn ArbGeb ArbNehm über WiederAufn der Arb zu benachrichtigen h, LAG Düss BB **69**, 1479. Dafür, ob anzunehmen ist, daß nach dem Vertrage eine Mitwirkg des Gläub erforderl ist, gilt § 242, RG **168,** 327.

4) Auch ein **wörtl Angebot** ist **nicht erforderl,** wenn es angesichts des Verhaltens des Gläub eine leere Form wäre (§ 242), Larenz § 25 I b, Soergel-Schmidt Anm 1, str. Dazu genügt die Erkl des Gläub, die Leistg nicht annehmen zu wollen, zwar noch nicht, wohl aber, wenn nach den Umst offensichtl ist, daß Gläub auf der AnnVerweigerg beharren w, vgl BAG NJW **69,** 1734, das allerd § 296 anwendet.

296 *Überflüssiges Angebot.* **Ist für die von dem Gläubiger vorzunehmende Handlung eine Zeit nach dem Kalender bestimmt, so bedarf es des Angebots nur, wenn der Gläubiger die Handlung rechtzeitig vornimmt. Das gleiche gilt, wenn der Handlung eine Kündigung vorauszugehen hat und die Zeit für die Handlung in der Weise bestimmt ist, daß sie sich von der Kündigung ab nach dem Kalender berechnen läßt.**

1) Die Vorschr **ergänzt den Fall 2 des § 295** (dort Anm 3). Sie ist ein Ggstück zu der Regelg des § 284 II beim SchuVerzug. Ein Angebot, tatsächl od wörtl, ist hier nicht nötig. – Nimmt der Gläub die Hdlg nachträgl vor, so wird der AnnVerzug geheilt, falls Heilg mögl ist (nicht beim Fixgeschäft, vgl § 293 Anm 2b); es ist nunmehr tatsächl Angebot des Schu nötig. – BAG NJW **69,** 1734 wendet § 296 entspr an, wenn ArbGeb für eine Gruppe von ArbNehm ArbMöglichk verweigert, vgl dazu § 295 Anm 4.

297 *Unvermögen des Schuldners.* **Der Gläubiger kommt nicht in Verzug, wenn der Schuldner zur Zeit des Angebots oder im Falle des § 296 zu der für die Handlung des Gläubigers bestimmten Zeit außerstande ist, die Leistung zu bewirken.**

1) Dem Schu darf die **Leistg nicht unmöglich** sein. Ist sie unmögl (od ist der Schu zur Leistg unvermögen), so liegt kein AnnVerzug, sond Unmöglichk (Unvermögen) der Leistg mit deren Folgen vor (§§ 275, 279ff, 323ff). Über die Abgrenz zw Unmöglichk u AnnVerzug **vgl § 293 Anm 2b.**

2) Die Best fordert, daß die Leistg **dem Schuldner** nicht unmögl sein darf. Darin liegt ausgesprochen, daß der Schu zur Leistg auch **bereit** sein muß, BAG NJW **73,** 1949. Diese Bereitsch ergibt iF des tatsächl Angebots (§ 294) bereits aus der Tats des Angebots, BAG NJW **73,** 1949, aber jeweils nur für den Ztpkt des Angebots, nicht für die Zukunft, BGH NJW **75,** 1336. Für die Fälle des wörtl Angebots (§ 295) und des Eintritts des AnnVerzuges ohne Angebot (§ 296) muß die Bereitsch zZ des Angebots od in der für die Hdlg des Gläub best Zeit gegeben sein, § 297; zuvor ist Bereitsch nicht erforderl RG **103,** 15. Es ist jedoch nicht Bereitsch zu sofort Leistg zu fordern; es genügt, daß die Leistg so weit vorbereitet ist, daß geleistet w kann, sobald die Ann od sonstige MitwirkgsHdlg des Gläub erfolgt, RG **50,** 255. Demgem ist bei der Gattgsschuld (bei wörtl Angebot od im Falle § 296) die Ausscheidg noch nicht erforderl, RG **34,** 99, **45,** 30, es genügt sogar, daß feststeht, daß der Schu sich den LeistgsGgst, wenn auch erst durch Dritten, jederzeit verschaffen kann, RG ebda u **50,** 260, uU auch, daß Schu den LeistgsGgst in Kürze herstellen kann, BGH MDR **58,** 335, RG Recht **18,** 678 Beil. Die Folgen des AnnVerzuges, insb das Recht zum Selbsthilfeverkauf nach HGB 373, treten damit ein (Schu wird aber mangels Konkretisierg der Gattgsschuld bei nunmehr eintretender Unmöglichk nicht frei, vgl § 300 Anm 3c).

3) Die **Beweislast** für die Unmöglichk der Leistg u die mangelnde ErfBereitsch trifft den Gläub, das folgt aus der Gesetzesfassg.

298 *Zug-um-Zug-Leistungen.* **Ist der Schuldner nur gegen eine Leistung des Gläubigers zu leisten verpflichtet, so kommt der Gläubiger in Verzug, wenn er zwar die angebotene Leistung anzunehmen bereit ist, die verlangte Gegenleistung aber nicht anbietet.**

1) Die Vorschr regelt den GläubVerzug bei **Zug-um-Zug-Leistgen.**

2) Voraussetzgen: Auch der Gläub muß, und zwar Zug um Zug zur Leistg des Schu od sogar als Vorleistg, zu einer Leistg verpflichtet sein. Das trifft zu bei ggs Verträgen, aber auch sonst, so in den Fällen der §§ 255, 273, 281, 410 und bes bei der Verpflichtg des Gläub, Quittg zu erteilen, § 368, od den Schuldschein zurückzugeben, § 371. – Bietet der Gläub auf Verlangen des Schu die ihm obliegende GgLeistg nicht an, so kommt er trotz Bereitsch zur Ann der ihm gebührenden Leistg in AnnVerzug. Ob er die ihm obliegende Leistg tatsächl oder nur wörtl anbieten muß, bestimmt sich nach den §§ 294, 295.

3) Wirkung: Annahmeverzug des Gläub trotz AnnBereitsch. Der Gläub gerät außerdem durch das Nichtanbieten der GgLeistg in **Leistungsverzug** mit dieser, falls er das Nichtanbieten zu vertreten hat; er hat sich zu entlasten, § 285. Solange AnnVerzug des Gläub währt, ist Leistgsverzug des Schu ausgeschl.

299 *Vorübergehende Annahmeverhinderung.* Ist die Leistungszeit nicht bestimmt oder ist der Schuldner berechtigt, vor der bestimmten Zeit zu leisten, so kommt der Gläubiger nicht dadurch in Verzug, daß er vorübergehend an der Annahme der angebotenen Leistung verhindert ist, es sei denn, daß der Schuldner ihm die Leistung eine angemessene Zeit vorher angekündigt hat.

1) Allgemeines. Der Eintritt des AnnVerzuges ist von einem Versch des Gläubigers unabhängig, § 293 Anm 2e. Auch bei zeitweil Unvermögen oder Unmöglichk der Ann tritt also AnnVerzug ein, § 293 Anm 2b. Hiervon macht § 299 für gewisse Fälle bei vorübergehender Verhinder des Gläub eine Ausn.

2) Voraussetzgen. Der Schu bietet an: entweder in einem Falle, wo eine Leistgszeit nicht bestimmt ist, oder in einem Falle, wo die Leistgszeit zwar bestimmt ist, der Schu aber schon vorher leisten darf (so im Regelfalle, § 271 II). In beiden Fällen hat der Nichteintritt des AnnVerzuges zur Voraussetzg, daß der Schu den Gläub in der Annahme bei dem Angebot überfällt; die Vergünstigg gilt also nicht, wenn der Schu die Leistg dem Gläub eine angemessene Zeit vorher angekündigt hat. Die Ankündigung muß vom Schu od dem ablösgsberechtigten Dritten ausgehen. – § 299 ist nur eine nähere Ausgestaltg des § 242.

300 *Haftungsminderung; Gefahrübergang.* I Der Schuldner hat während des Verzugs des Gläubigers nur Vorsatz und grobe Fahrlässigkeit zu vertreten.

II Wird eine nur der Gattung nach bestimmte Sache geschuldet, so geht die Gefahr mit dem Zeitpunkt auf den Gläubiger über, in welchem er dadurch in Verzug kommt, daß er die angebotene Sache nicht annimmt.

1) Allgemeines über Wirkgen des Gläubigerverzuges. § 300 bestimmt zwei Folgen des Gläub-Verzuges; darüber unten Anm 2 u 3. Weitere sind enthalten in den §§ 301–304. Eine SchadErsPfl begründet der AnnVerzug nicht, auch nicht aus dem Gesichtspunkt der unerl Hdlg, RG **123**, 340, vgl aber § 304. Der AnnVerzug bewirkt auch **keine Befreiung des Schu**, abgesehen vom AnnVerzuge bei Dienstverträgen, § 615. Doch kann sich der Schu von der Pfl zur Herausg od Leistg von Grdstücken auf dem Wege des § 303 zT befreien, auch sonst hat er sich durch den Schu erleichterte Rechte: er hat bei beweg Sachen das Recht der Hinterlegg der Sache, § 372, bzw des Erlöses aus dem Selbsthilfeverkauf, § 383, vgl auch HGB 373, näher § 303 Anm 1. – Der AnnVerzug erleichtert die Vollstr von Urteilen auf Leistg Zug um Zug: §§ 274 II, 322 III. Über Übergang der Gefahr der GgLeistg vgl § 324 II und unten Anm 3. Weitere Folgen des AnnVerzuges: §§ 264 II, 615, 642, 644.

2) I. Er setzt die Verschuldenshaftg des Schu, wenn sie strenger war, auf die für grobe Fahrlk (u Vorsatz) **herab**. Doch bezieht sich das trotz des weitgehden Wortlauts nur auf die Haftg für den LeistgsGgstand selbst, BGH **LM** § 651 Nr 3 Bl 2 R; die Haftg für schuldh Verhalten (pVV) u die für sorgsame Vornahme des Selbsthilfeverkaufs (HGB 373) bleibt in der alten Höhe (hM, RG SeuffA **76**, 96, JW **21**, 394, aA RG **57**, 107). – § 300 I gilt für alle Schuldverhältnisse, auch für das aus der Wandlg entstehende, RG **56**, 270, Warn **12**, 376. Nicht anwendb ist § 300 I bei der Sonderregelg der Haftg der Bundesbahn nach HGB 453ff iVm EVO, RG **108**, 57. – Die BewLastregelg des § 282 gilt, soweit diese reicht, auch bei Vorliegen von AnnVerzug.

3) II. Die Vorschr besagt, daß bei **Gattungsschulden** mit dem AnnVerzug die **Gefahr** hins der angebotenen Sache auf den Gläub **übergeht**. Sie ist mißverständl u hat nur geringe prakt Bedeutg. Im einz gilt folgendes:

a) Ebso wie bei der Stückschuld der Gläub von vornherein die Gefahr des Verlustes od Verschlechterg der Sache trägt (§ 275 Anm 7), trägt auch bei der Gattgsschuld der Gläub von vornherein die **Gefahr** des Untergangs od der Verschlechterg der ganzen Gattg; der Schu wird also bei Eintritt solcher Fälle, zB bei Totalbeschlagnahme der Gattg dch behördl Akt, von seiner LeistgsPfl frei, § 275, vorausgesetzt, daß er die Unmöglichk nicht zu vertreten hat. Anderers verliert der Schu bei ggs Verträgen bei Eintritt der Unmöglichk den Anspr auf die GgLeistg, § 323, er trägt also bei ggs Verträgen (vom VertrBeginn an) die Gefahr der GgLeistg, die „Vergütungsgefahr". – Liegt AnnVerzug vor, so ändert sich an diesem RZustand, falls nicht ein ggs VertrVerh vorliegt, nichts, insb kommt ein Gefahrübergang auf den Gläub nicht in Frage, da dieser sowieso die Gefahr trägt, § 275. Bei ggs Verträgen behält dagg bei AnnVerzug der Schu den Anspr auf die GgLeistg, die „Vergütungsgefahr" geht durch den AnnVerzug auf den Gläub über. § 300 II ist aber hierfür ohne Bedeutg, die RFolge tritt aGrd von § 324 II ein, RG **103**, 15.

b) Bei der **beschränkten Gattgsschuld** (Vorratsschuld) (vgl § 243 Anm 1) gilt das zu a Gesagte mit der Maßg, daß die Wirkgen an den Untergang od die Verschlechterg des ganzen Vorrats geknüpft sind.

c) Betrifft dagg (bei unbeschränkter od beschr Gattgsschuld) die Unmöglichk od Verschlechterg **nicht die ganze Gattung** od den ganzen Vorrat, so hat das mit der Gefahrübergang nichts zu tun (RG **57**, 405), solange die Schuld nicht konkretisiert ist; denn Gefahrtragg ist Risiko für Untergang od Verschlechter des LeistgsGgstandes, und den gibt es noch nicht. Konkretisierg geschieht nach § 243 II dadch, daß der Schu das zur Leistg „seinerseits Erforderliche" vornimmt, wozu die Ausscheidg u weiter ein derartiges Verhalten des Schu gehört, daß es jetzt nur noch am Gläub liegt, die Sache in Empfang nehmen will od nicht, RG **57**, 404, vgl § 243 Anm 3. Das kann fast stets nur in einer auch den AnnVerzug begründenden Weise geschehen (vgl ebda). Daraus ergibt sich, daß bei Gattgsschulden die Gefahrtragg durch § 243 II iVm § 275 dahin geregelt ist, daß nach Konkretisierg idR die Grdsätze für die Stückschuld gelten, also die Gefahr auch für den Schu eintretendes Unvermögen (entgg § 279) den Gläub trifft. § 300 II ist in diesen Fällen nur von geringer prakt Bedeutg. Er führt also nU zu Änd ggü der Regel in § 243 II. **aa)** Gefahrübergang aGrd des § 300 II tritt bei wörtl Angebot der schon ausgesonderten Leistg ein, wenn dieses gem § 295 AnnVerzug begründet, § 243 II aber noch nicht erfüllt ist (Gläub einer Bring- oder Schickschuld hat er-

Inhalt der Schuldverhältnisse. 2. Titel: Verzug des Gläubigers   §§ 300–304

klärt, er werde nicht abnehmen oder ruft nicht ab). **bb)** Der Gefahrübergang beruht auch dann auf § 300 II, wenn §§ 243 II, 275 wg einer abw vertragl Regelg od wg der Gefahrregelg in § 270 unanwendb sind (der den Gläub vergebl angebotene GeldBetr w dem Schu auf dem Rückweg gestohlen). **cc)** AnnVerzug kann bei einem wörtl Angebot bereits vor dem Ausscheiden der Sache eintreten (RG **103**, 15, § 297 Anm 2). Das genügt jedoch für den Gefahrübergang gem § 300 II nicht. Für ihn ist eine Aussonderg der zu leistden Sache aus der Gattg erforderl (RG **57**, 402, BGH WPM **75**, 920, Hönn AcP **177**, 390, hM, aA J. Schröder MDR **73**, 466), wobei jedoch die Aussonderg dem Angebot nachfolgen kann (BGH u Hönn aaO; aA RG aaO). Entgg Hönn (aaO) w man dem Schu bei LeistgsErschwern nach AnnVerzug, aber vor Aussonderg auch keinen Anspr auf Ers der Mehrkosten zubilligen können; der in seinem Normzweck enge § 304 rechtfertigt die von Hönn befürwortete Analogie wohl nicht.

301 Wegfall der Verzinsung. Von einer verzinslichen Geldschuld hat der Schuldner während des Verzugs des Gläubigers Zinsen nicht zu entrichten.

1) Allgemeines. Die Vorschr regelt eine weitere Wirkg des AnnVerzuges. Der Schu wird von einer vorhandenen **Zinspflicht** für die Dauer des AnnVerzuges **befreit**, keine bloße Stundg. Das gilt für alle Arten von Zinsen. Daß Verzugszinsen (§ 288) vom Schu nicht zu entrichten sind, ergibt sich schon daraus, daß der GläubVerzug den SchuVerzug mit derselben Leistg ausschließt. – Zum Aufhören der ZinsPfl bedarf es nicht erst der Hinterlegg; § 379 II Fall 2 kommt daher für verzinsl Geldschulden bei Hinterlegg aGrd AnnVerzuges nicht zum Zuge. – Aus § 301 folgt der allg Grds, daß bei Geldschulden VertrZinsen bis zum AnnVerzug (od bis Befreiung von der LeistgsPfl od bis Hinterlegg) zu zahlen sind, RG JW **36**, 2858, Mü Rpfleger **78**, 55.

2) Ausnahmen. Die Vorschr soll den Schu entlasten, aber nicht bereichern; hat er daher Zinsen tatsächl gezogen, so muß er sie, zwar nicht nach § 301, uU aber nach § 302 als Nutzgen herausgeben. § 301 muß ferner nach Treu u Glauben ausscheiden, solange jemand fremde Gelder für sich verwendet hat. §§ 668, 1834 (hM).

302 Nutzungen. Hat der Schuldner die Nutzungen eines Gegenstandes herauszugeben oder zu ersetzen, so beschränkt sich seine Verpflichtung während des Verzugs des Gläubigers auf die Nutzungen, welche er zieht.

1) Allgemeines. Über den Begriff der Nutzgen vgl § 100, vgl auch § 301 Anm 2. Ob der Schu zur Herausg od zum Ers von Nutzgen verpflichtet ist, bestimmt sich nach dem SchuldVerh. Ist er es, so beschränkt sich währd des GläubVerzuges die Pfl auf die gezogenen Nutzgen. Kein Einstehen für schuldh (selbst vorsätzl) nicht gezogene Nutzgen. Doch sind Treu u Glauben zu wahren. Bei Transferschwierigkeiten (die AnnVerzug ausschließen, § 293 Anm 2a) muß Schu die tatsächl gezogenen Zinsen nach dem GrdGedanken des § 302 an den Gläub herausgeben, BGH NJW **58**, 137.

303 Recht zur Besitzaufgabe. Ist der Schuldner zur Herausgabe eines Grundstücks oder eines eingetragenen Schiffs oder Schiffsbauwerks verpflichtet, so kann er nach dem Eintritte des Verzugs des Gläubigers den Besitz aufgeben. Das Aufgeben muß dem Gläubiger vorher angedroht werden, es sei denn, daß die Androhung untunlich ist.

1) Allgemeines. Der AnnVerzug des Gläub bewirkt **keine Befreiung** des Schu. Gleichwohl braucht er die Leistg nicht dauernd bereit zu halten: bei geschuldeten bewegl Sachen hat er die Möglichk, sich (voll!) zu befreien, indem er die Sache unter Verzicht auf das Recht zur Rückn hinterlegt od sie, falls sie sich zur Hinterlegg nicht eignet, versteigern läßt u den Erlös hinterlegt, §§ 372, 378, 383, 384, vgl auch HGB 373. wonach es der Hinterlegg des Erlöses nicht bedarf (vgl § 383 Anm 1). Bei Grdstücken kommen die §§ 372ff nicht in Frage. Es besteht hier für den Schu keine Möglichk der vollen Befreiung, falls er zu den als zur Besitzverschaffg verpflichtet ist. Er kann sich bei ihnen nur von der Pfl zur Herausg befreien, indem er den Besitz aufgibt (§ 856). § 303 gilt sowohl für die Pfl zur eigentl Herausg als auch für die zur Leistg, zur Herausg aus persönl od aus dingl RGrd. Ein Recht zur Dereliktion (Aufgabe des Eigentums), §§ 959, 928, steht dem Schu weder bei bewegl Sachen noch bei Grdstücken zu. Wenn der ihm etwa obliegenden Pfl zur Übereigng wird er nicht frei. Nach RG **60**, 163 kann jedoch der Schu über die gesetzl geregelten Wirkgen des AnnVerzugs hinaus bei AnnVerzug geschuldete Kuxe nach § 130 des PrABergG der Gewerksch zur Vfg stellen, um sich von Zubußen zu befreien, da der Weg der Hinterlegg nicht zum Ziele führt. Grund: § 242. – Der AnnVerzug wandelt Bring- nicht in Holschulden um.

2) Einzelheiten. Mit dem Grdst kann der Schu den Besitz an **beweglichen Sachen**, soweit sie Zubehör sind, unter Wahrg der Interessen des Gläub aufgeben. Der Aufgabe hat eine Androhg vorauszugehen. Sie kann mit dem Angebot der Leistg verbunden w RG **73**, 70. Androhg unnötig, wenn untunl, letzteres vom Schu zu beweisen. – Mit dem Besitzverlust entfällt die Haftg für das weitere Schicksal des Grdstücks, RG ebenda. Bei Rückerlangg des Besitzes entsteht die HerausgPfl wieder.

304 Ersatz von Mehraufwendungen. Der Schuldner kann im Falle des Verzugs des Gläubigers Ersatz der Mehraufwendungen verlangen, die er für das erfolglose Angebot sowie für die Aufbewahrung und Erhaltung des geschuldeten Gegenstandes machen mußte.

1) Allgemeines. Der AnnVerzug ruft keine SchadErsPfl hervor, u wandelt Bring- nicht in Holschulden um, vgl § 300 Anm 1, § 303 Anm 1. Der Schu hat nur das Recht, die erforderl Mehraufwendgen ersetzt zu erhalten. Anders, wenn der Gläub zugleich in Leistgsverzug, zB Abnahmeverzug, gerät, vgl § 293 Anm 5.

2) Einzelheiten. Es sind nur die Mehraufwendgen zu ersetzen, die der Schu „machen mußte", die also tatsächl erforderl waren, RG **45**, 302. Zu ersetzen sind nur die „Mehr"aufwendgen. Hierzu gehören auch die Kosten des erfolglosen Angebots. Darüber hinaus haftet der Gläub nur nach den Regeln der GeschFg oA (§§ 677 ff). Wegen seines ErsAnspruchs hat der Schu ein ZbR nach § 273. Will der Gläub seinen Ann-Verzug beenden, so hat er nicht nur seine Ann od die sonst erforderl MitwirkgsHdlg, sond auf Verlangen auch den Mehraufwendgsersatz anzubieten, vgl § 293 Anm 4.

Zweiter Abschnitt. Schuldverhältnisse aus Verträgen

Überblick

1) Der Abschn regelt die Schuldverhältn „aus Verträgen", gilt aber darüber hinaus auch für solche aus einseit RGesch, vgl Einf 3 vor § 305. Der Abschn gilt nicht für sachen-, familien- u erbrechtliche Vertr.

2) Er behandelt Begründg u Inhalt eines Vertrags (§§ 305–319), sodann den ggs Vertr (§§ 320–327), das Leistgsversprechen an eine Nichtvertragspartei (§§ 328–335), die Besonderheiten der Draufgabe (§§ 336–338) und der VertrStrafe (§§ 339–345) und schließt die RücktrRegeln (§§ 346–361).

Erster Titel. Begründung. Inhalt des Vertrags

Einführung

1) Allgemeines. Der Titel gibt in § 305 eine grdsätzl Bestimmg über rechtsgeschäftl Begründg u Inhaltsänderg eines Schuldverhältnisses dch Verträge, regelt in den §§ 306–309 Verträge über eine unmögl Leistg u Verträge verbotswidrigen Inhalts, erklärt in den §§ 310–313 gewisse andere Verträge für nichtig od formbedürftig, erstreckt in § 314 die Wirkg gewisser Verträge iZw auf Zubehör und gibt in den §§ 315 bis 319 Vorschriften über Verträge, deren Leistg dch den VertrSchluß selbst noch nicht hinreichd bestimmt, immerhin aber bestimmb ist.

2) Entstehg von Schuldverhältnissen. Allgemeines. Schuldverhältnisse (Begriff Einl 1 vor § 241) können entstehen dch RGesch (unten Anm 3, 4), RVerletzg (außervertragl Unrecht, unerl Hdlg; unten Anm 5) und aus Zuständen rechtlicher od tatsächlicher Art (unten Anm 6). Doch kommen auch andere Entstehgsursachen vor, die sich nicht in diese Dreiteilg (die nur theoretischen Wert hat) eingliedern lassen (zB aus schuldlosen, zu Ers verpflichtenden Hdlgen, vgl § 276 Anm 10 b). – Schuldverhältnisse können auch aus geschäftsähnl Hdlgen od Realakten (beides vgl Übbl 2 b u c vor § 104) entstehen.

3) Begründg durch Rechtsgeschäft. Das einseitige Rechtsgeschäft. Die schuldrechtl RGeschäfte, insb Verträge, verwirklichen die wesentl Aufgabe des SchuldR, den Güterverkehr zu regeln. Über den Begriff des RGeschäfts und die in diesem notw enthaltene, auf einen Rechtserfolg gerichtete WillErkl eines od mehrerer Beteiligter vgl Übbl 1 vor § 104 und Einf 1 vor § 116, über das Verhältn von Parteiwille u öffentl Ordng vgl Einl 1 d vor § 241 sowie unten Anm 4; darüber, daß auch Hdlgen, die keine RBindg hervorrufen, sond ledigl Gefälligkeiten bedeuten wollen, RFolgen haben können, vgl Einl 2 vor § 241. – Unter den Schuldverhältnissen, die dch RGesch entstehen, sind zu unterscheiden Schuldverhältnisse aus Verträgen, vgl unten Anm 4, und solche aus einseitigen RGeschäften. Über Beschlüsse vgl zu § 705 Anm 3 a und Vorbem 5 b vor § 709.

Die Entstehg von Schuldverhältnissen aus **einseitigen Rechtsgeschäften** (Versprechen) ist nur mögl, soweit das G das ausdr zuläßt, § 305. Fälle im BGB für den RVerkehr unter Lebenden: Versprechen der Zuwendg vor Verm an eine zu errichtende Stiftg (§ 82), die Auslobg (§§ 657 ff), nach bisher hM (vgl Staud-Müller § 793 Rdn 6) die Verschreibg auf den Inh (§§ 793 ff) und die Ann der Anweisg (§ 784). Das VertrAngebot (der Antrag) allein ist dagg zwar WillErkl, aber nicht vollst RGesch; über das schon währd der VertrVerhandlgen bestehende (gesetzl) SchuldVerh und seine Bedeutg vgl § 276 Anm 6. – Einseitige gestaltende RGeschäfte (Gestaltgsgeschäfte, vgl Übbl 3 d vor § 104), zB Künd, Anf, Rücktr, Mahng, Aufrechng usw, können vielf das bereits vorhandene Schuldverhältnis beeinflussen, selbständig begründen können sie Schuldverhältnisse nicht. Durch einseitiges RGesch von Todes wg (Testament) kann insb der schuldrechtl VermächtAnspr begründet werden, vgl darüber im ErbR. – Die Regeln des zweiten Abschnittes über Schuldverhältnisse aus Verträgen, §§ 305–361, müssen auf die aus einseitigen RGeschäften entstehenden Schuldverhältnisse, obwohl nicht ausdr gesagt ist, sinngem angewendet werden, soweit die Unterschiede dem nicht entggstehen (allg M).

4) Die typische Art der Entstehg von Schuldverhältnissen dch RGeschäfte ist die dch **Vertrag**, § 305. Grdsätzl besteht das Recht der Einzelpersönlichk, den eig ihr dch die ROrdng zugewiesenen Lebenskreis durch eig Willen (Parteiwillen) zu gestalten, namentl in bezug auf die Güterverteilg (den Güterverkehr) vgl Übbl 1 a vor § 104. Es besteht grdsätzl die Freih zum Abschl u zur Gestaltg des Inhalts; § 305 setzt beides voraus. Da der Parteiwille nur die ihm von der ROrdng überlassenen Aufgaben verwirklichen kann, muß er innerh dieses Rahmens bleiben, um von dieser anerkannt zu werden. Über VertrFreih u ihre Einschränkgen näher Einf 3 vor § 145. Soweit die ROrdng keine Schranken setzt, besteht für schuldrechtl Verpflichtgsverträge volle Gestaltgsfreih, also kein Typenzwang, wenn auch das G manche typische Verträge regelt, vgl § 305 Anm 5. – Für die Verträge des SchuldR gelten zunächst die Bestimmgen des Allg Teils über Verträge (§§ 145 ff), die überragende Bedeutg gerade für die Verträge des SchuldR haben. Zum Begriffe des Vertrages, zum VertrSchluß, zur Wirksamk u Unwirksamk des Vertrages usw vgl Einf 1 ff vor § 145, auch

Übbl 3, 4 vor § 104. Der vorliegende Titel, wie der Abschn II überh, gibt demgem nur einzelne Bestimmgen, zB §§ 306 ff über Nichtigk von Verträgen gewissen Inhalts, ferner Formvorschriften bei gewissem Inhalt.– **Unterscheide** bei den Verträgen des SchuldR:

a) Verpflichtende und verfügende Verträge; vgl Übbl 3 d vor § 104. Der erstere ist der eigentl „schuldrechtl" Vertrag („Schuldvertrag") ieS, der „schuldbegründende", „obligatorische" (= verpflichtende) Vertr. Er schafft das Schuldverhältn. Der verfügende Vertr setzt ein bereits vorhandenes Schuldverhältn voraus, er hebt es auf, verändert es inhaltl od überträgt es auf der Gläub- od Schuldnerseite. Die Vfgsverträge des SchuldR (das SachenR ist das eigentl HerrschGebiet dieser Verträge) sind: Abändergs- und Aufhebgs-Vertr, der Erlaß (§ 397), die Übertr der Fdg (§§ 398 ff), die befreiende Schuldübern (§§ 414 ff). Sie sind abstrakt.

b) abstrakte u kausale Verträge vgl Übbl 3 e u f vor § 104.

c) entgeltliche (sog onerose) und **unentgeltliche** (sog lukrative) Verpflichtsverträge. Unterschied nach dem RGrd. Erstere zielen auf Austausch, letztere auf nicht zu entgeltende Zuwendg von VermWerten. Dabei können die Parteien bei den ersteren das Entgelt als die gleichwertige GgLeistg ansehen, so bei den ggs Verträgen, vgl Einf 1 c vor § 320. Unterschieden über die Begriffe Entgeltlichk u Unentgeltlichk RG GrZS **163**, 356, vgl auch BGH **52**, 205. Unentgeltl sind die Schenkg u die GefälligkVerträge (über sie § 662 Anm 4 a), zB das zinslose Darlehen. Das verzinsl Darl ist dagg entgeltl Vertr, da auch dem Geber Vorteil bringend, vgl Einf 1 vor § 607.

d) formlose und **formgebundene** Verträge. Über Form vgl §§ 125 ff mit Anm. Zwecke der Form: Warng des od der Abschließenden, BewSicherg; bei Mitwirkg von Amtspersonen auch: Kontrolle durch die Rechtsordng. Rechtspolitisch erwünscht ist Formgebundenh wichtiger Geschäfte, Formfreih der Kleingeschäfte, so schon ALR I, 5, 131 ff, code civil Art 1341 ff. Nach BGB, insb SchuldR, besteht grdsätzl Formfreih, vgl § 305. Form ist im SchuldR vorgeschrieben: Schriftform für den ganzen Vertr nur bei Miet- od PachtVertr für länger als ein Jahr (§§ 566, 581), für die Erkl des einen VertrTeils bei Leibrentenversprechen § 761, BürgschErkl § 766 (anders HandelsR HGB 350), Schuldversprechen u Schuldanerkenntn §§ 780, 781 mit der Ausn des § 782, Ann der Anweisg § 784, Ausstellg der InhSchVerschreibg § 793, ferner Zuwendgsversprechen an Stiftg § 81; notarielle Beurkundg erforderl für den ganzen Vertr in den Fällen §§ 311, 313, für einseitige Erkl bei Schenkgsversprechen § 518 I. Nachträgl Errichtg beglaubigter Urk kann verlangt werden in den Fällen §§ 371, 403, 411. – Formerfordernisse des Vorvertrags vgl Einf 4 vor § 145, des Abänderungsvertrags vgl § 305 Anm 2.

e) Konsensual- u Realverträge; erstere beruhen auf der bloßen Willenseinigg der VertrParteien (so die Regel, § 305), bei letzteren muß noch ein reales Element hinzutreten (Realverträge), so nach hM das Darl (§ 607), vgl jedoch Einf 1 vor § 607. – Verträge, die dch sofortigen Leistgsaustausch vollzogen w, sog Handgeschäfte, entbehren des schuldrechtl Charakters grdsätzl nicht, sond es fällt Verpflichtgs- u VfgsGesch zus.

f) Vorvertrag und **Hauptvertrag**: Der Vorvertr, dh der Vertr, der die Verpflichtg zum Abschl eines schuldrechtl Vertrages begründet, ist im BGB nicht erwähnt, aber schon aGrd der Vertragsfreih zul. Vgl näher Einf 4 vor § 145.

g) Über den **Abändergs-** und AufhebgsVertr, über die **Novation**, sowie über typische, untypische u gemischte Verträge u VertrVerbindgen vgl § 305 Anm 2–6; über einseitig verpflichtende, unvollk zweiseitige u ggs Verträge vgl Einf v §§ 320 ff; über Verträge zG Dritter vgl Einf v § 328; über die Bedeutg behördlicher Genehmigg vgl § 275 Anm 9.

h) Öffentlichrechtliche Verträge

Auch auf dem Gebiet des öffR können RVerh dch Vertr begründet, geändert od aufgeh w, VwVfG 54. Beim öffentl Vertr unterscheidet man zw koordinationsrechtl Vertr (Vertr zw Gleichgeordneten, insb zw HohTrägern) u subordinationsrechtl Vertr (Vertr im Über- u Unterordngsverhältn, insb zw Verw u Bürger); auch letzterer ist heute ausdr als zul anerkannt, vgl unten bb. Über privatrechtl Vertr der öff Hand, die unmittelb der Erf öff Aufgaben dienen s § 242 Anm 1 d bb.

aa) Maßgebd für die oft schwier **Abgrenzg** zw öffrechtl u privrechtl Vertr ist der VertrInhalt, entscheid also, ob sich Vertr auf einen von der ROrdng öffrechtl od privrechtl geregelten Ggst bezieht, BGH **32**, 216, BVerwG **22**, 140. Die ältere Rspr kann nur mit Vorsicht herangezogen w, sie betrachtete öffrechtl Vertr vielf als privrechtl. **Öffrechtl** sind zB: AblösgsVertr über Pflichten aus RGaragenOrdng, BGH **32**, 217, BVerwG **23**, 214, doch ist auch privatrechtl Ausgestaltg mögl, BGH **35**, 71 (vgl aber BGH **56**, 365); Vertr über Beseitig eines nicht genehmigten Bauwerks, OVG Münst DÖV **60**, 798; Vertr zw Gemeinde u Priv über Erschließgs- od StraßenBeitr, BVerwG **22**, 140, BGH **56**, 365, NJW **72**, 585, **74**, 1709 (GrdstÜbertragg in Anrechng auf Anliegerkosten); GrdstTausch in verwgerichtl Vergl, BVerwG NJW **76**, 2360; ErschließgsVertr gem BBauG 123 III, BVerwG NJW **69**, 2162, BGH **54**, 287, **58**, 388 (Unternehmer-Vertr nach PrFluchtlinienG hatte dagg uU privatrechtl Charakter, BGH NJW **61**, 73, ebso ErschließgsVertr fr Rechts, BGH NJW **72**, 1657); Vertr über sog Folgekosten, BVerwG NJW **73**, 1895, BGH NJW **78**, 1804 (dazu krit Mutius VerwArch **65**, 201); Vertr zw Eigtümer u Gemeinde über Wohnraumbewirtschaftg BVerwG **4**, 113, BGH **43**, 37, Mü OLGZ **68**, 55; Vergl über öff Last, BGH WPM **71**, 195; Vertr über Steuer mit Steuerpflichtigen, BVerwG **8**, 329 (nur aGrd ausdr gesetzl Ermächtig zul), GarnisonsVertr, BVerwG **25**, 301 (and BGH DVBl **75**, 44), Vertr zw Gemeinden über Teilg des Steueraufkommens kann nach BGH VerwRspr **4**, 181 privatrechtl sein (zweifelh); öffrechtl ferner: Vertr zw Dienstherrn u Beamten über Studienförderg, BVerwG NJW **68**, 2023, BGH **LM** § 13 GVG Nr 126, aA Schmidt NJW **69**, 617; Einiggen über öffrechtl Entsch, insb nach BBauG 18 II, 40 VI, 110, 111, BGH NJW **73**, 656 (dagg können Vertr zur Abwendg der Enteignng privatrechtl sein, BGH aaO, ebso Vertr über unentgeltl Abtr von Straßenflächen BayObLGZ **73**, 176), vgl aber BGH NJW **74**, 1709; Vertr zw Bahn u Gemeinde über Bahnanschluß, BGH

34, 88, od Bahnhofsnamen (BGH NJW **75**, 2015). **Privatrechtl** zB: Vertr zw Verk u Käufer über Tragg öffrechtl Folgelasten, OVG Lüneb DVBl **72**, 154; KonzessionsVertr zw Gemeinde u VersorggsUntern über Leitgsverlegg in öff Straßen, BGH **15**, 114, **LM** FStrG Nr 6, BVerwG **29**, 251; Vertr über Wasserentnahme aus öff Gewässern, BGH **28**, 41, vgl dazu Barocka VersArch **51**, 1; Vertr mit Künstler über die Ausstellg seiner Werke, BVerwG VerwRspr **28** Nr 65; Vertr über ZusatzVersorgg dch Versorggsanstalt des Bundes, BGH **48**, 35, **69**, 175, BSozG NJW **72**, 2151, mit PrivFirma über Suche nach Bodenschätzen, BVerwG DVBl **70**, 735; zw Flughafen u Benutzer, BGH VRS **55** Nr 7.

bb) Die von Rspr u Lehre seit langem bejahte **Zulässigkeit** von subordinationsrechtl Vertr w nunmehr dch das VwVfG 54ff ausdr anerkannt, vgl Götz NJW **76**, 1429, Maurer JuS **76**, 493, Meyer NJW **77**, 1706. Das VwVfG kennt als VertrArten den VerglVertr (§ 55) u den AustauschVertr (§ 56). Der VerglVertr ist auch dann wirks, wenn er mit der GesLage nicht voll übereinstimmt, sofern die Beh den VerglSchl zur Beseitigg der Ungewißh nach pflichtmäß Ermessen für zweckmäß hält (ähnl für das frR BVerwG **14**, 103, BSozG NJW **67**, 1822, **68**, 176). Dagg gelten für den AustauschVertr strengere WirksamkVoraussetzgen. Er ist – wie nach bisherigem Recht (BVerwG NJW **76**, 686) – nichtig, wenn ein VerwAkt entspr Inhalts sachl rechtswidr wäre (VwVfG 59 II Nr 3). Auch bei Verstoß gg das nunmehr in VwVfG 56 kodifizierte Verbot von KoppelgsGesch (§ 138 Anm 5 l) tritt Nichtigk ein. Weitere NichtigkGrde vgl VwVfG 59 u Göldner JZ **76**, 352, Schenke JuS **77**, 281. Öffrechtl Vertr bedürfen der Schriftform (VwVfG 57). Haben sie eine Pfl zur Übereigng od zum Erwerb eines Grdst zum Ggst, gilt § 313 sinngem (dort Anm 2c). Soweit das öffR keine Sonderregeln enthält, sind die Vorschr des bürgerl Rechts als allg RGedanken entspr anzuwenden (VwVfG 62).

cc) Bei **Anstalten** u ähnl Einrichtgen kann das BenutzgsVerhältn dch privrechtl Vertr, öffrechtl Vertr od VerwAkt zustandekommen, die Zulassg kann ferner zweistuf geordnet sein, vgl dd aE. Maßgebd für die Zuordng zum öff R od PrivR ist der in der rechtl Ordng des BenutzgsVerh zum Ausdruck kommde Wille des Anstaltsträgers. Privatrechtl Benutzg ist auch dann mögl, wenn Anschl- u Benutzungszwang besteht, OVG Lüneb NJW **77**, 450. Sie ist zB gegeben bei Bundesbahn, BGH RG **161**, 344, **162**, 365, BGH **6**, 309; idR bei kommunalen Elektrizitätswerken, BGH NJW **54**, 1323, Sparkassen, RG **91**. 344, Krankenhäusern BGH **4**, 148, **9**, 145 (and bei Einweisg in geschl psychiatr Anstalt BGH **38**, 49), Flughäfen BGH Betr **69**, 1970, DVBl **74**, 560 (krit Ossenbühl ebda S 541), uU bei städtischer Badeanstalt, Bad VGH DVBl **55**, 745, Kindertagesstätten, KG OLGZ **74**, 193, VGH Kassel NJW **77**, 452, Celle NJW **77**, 1295, Müllkippe BGH NJW **75**, 106. Dagg öffrechtl Benutzg bei Bundespost, BGH **67**, 70 uU bei kommunalen Wasserwerken, BGH **17**, 192, BayObLG **68**, 35, jedoch ist auch privrechtl Ausgestaltg mögl, BGH **65**, 285, OVG Lüneb NJW **77**, 450. Auf öffrechtl Vertr u öffrechtl ausgestaltete AnstaltsnutzgsVerh finden die §§ 276, 278 entspr Anwendg, vgl § 276 Anm 8. Für SchadErsAnspr aus öffrechtl BenutzgsVerh steht gem VerwGO 40 II der ord RWeg offen, BGH DVBl **63**, 438, BayObLG **68**, 35. Zur RStellg des Mj im öffentl AnstaltsnutzgsVerh vgl Jauernig NJW **72**, 1.

dd) Für die Gewährg von Darlehn im Rahmen öff Kreditprogramme haben Rspr u Lehre die sog **Zweistufentheorie** entwickelt: Die Entsch über die Darlehnsgewährg ist VerwAkt, der in Vollzug des Bewilliggsbescheids geschl DarlehnsVertr gehört dem PrivR an, BGH **40**, 206, **61**, 299, WPM **77**, 1227, BVerwG **1**, 308, **13**, 307, **18**, 47, krit Bethke JR **72**, 139. Str, ob Parallelität zw öffR u PrivR nach VertrSchl fortbesteht (so BVerwG, insb **13**, 307) od ob sich RBeziehgn nach VertrSchl allein nach PrivR richten (so BGH **40**, 206, WPM **68**, 916); richt wohl die vermittelnde Ans von BGH **52**, 160: die Frage läßt sich nicht allg entsch, maßgebd ist derAuslegg der für den jeweil Fall geltden gesetzl Regelg. Bei verlorenen Zuschüssen u bei sonst nicht als Darl gewährten Zuwendgen untersteht das Subventionsverhältn idR allein dem öff R, BVerwG NJW **69**, 809, BGH **57**, 130, VGH Mannh NJW **78,** 2050; umgekehrt ist allein PrivR anwendb, wenn die öff Hand den Kredit lediglich refinanziert u sich für ihn verbürgt h, BVerwG **30**, 211, ebso idR bei WoBauDarl an Angeh des öff Dienstes, BVerwG DVBl **73**, 416. Auch die Benutzg öff Einrichtgen ist vielf zweistuf geordnet; die Entsch über die Zulassg erfolgt dch VerwAkt, der anschließd geschl Vertr ist privatrechtl, BVerwG **32**, 334, OVG Münst DVBl **68**, 842, NJW **69**, 1077, Hess VGH VerwRspr **28** Nr 226, krit Jauernig NJW **72**, 1, Ossenbühl DVBl **73**, 289, vgl auch VerwG Wiesb DVBl **74**, 244.

ee) Über schuldrechtl Verträge, die Verpflichtg zur Vornahme von ProzHandlgen zum Ggst haben, vgl § 242 Anm 4 D j. Schiedsverträge u Gerichtsstandsvereinbargen sind materiellrechtl Verträge über prozeßrechtl Beziehgen, ihr Zustandekommen richtet sich nach bürgerl R, BGH **23**, 200, **40**, 322, **49**, 386.

i) Nicht aus Vertr entstehen Schuldverhältnisse dch **Angehen von Amtspersonen** u schuldh Hdlgen derselben, so bei Inanspruchn des Gerichtsvollziehers, RG VZ **82**, 85 (Haftg des Fiskus aus § 839 iVm BHaftG, nicht aus Vertr) sowie des Notars (Haftg aus § 19 BNotO, nachgestaltet dem § 839, keine Haftg aus Vertr, auch nicht für Beratg).

5) Schuldverhältnisse können ferner entstehen dch **Rechtsverletzg** (außervertragl Unrecht, unerl Hdlg). Hierüber vgl Einf 1, 2 vor § 823. Ein allg Grds wie im code civil art 1382, wonach jede schuldh rechtsw Hdlg zum SchadErs verpflichtet, besteht im BGB nicht. – Rechtsverletzgen innerhalb bestehender Schuldverhältnisse, darüber Vorbem 1 vor § 275, können deren Inhalt verändern u dadch mittelb neue Verpflichtungen zur Entstehg bringen.

6) Vertragsähnl Schuldverhältnisse können endl erwachsen aus **rechtlichen od tatsächlichen Zuständen,** insb aus der Tats einer nicht gerechtfertigten VermVerschiebg (§§ 812 ff), einer GeschFg oA (§§ 677 ff), einer Gemeinsch (§§ 741 ff), der Tats des Besitzes einer Sache (Verpflichtg zur Vorlegg, §§ 809 ff), ferner, außerh des SchuldR, aus sachen-, erb- und famrechtl Rechtsverhältnissen u Rechten, insb dem Eigt. – Auch die Haftg für culpa in contrahendo (vgl § 276 Anm 6) gründet sich nicht auf den Vertr, also auf RGesch, sond auf die Tats des Verhandlgseintritts, vgl auch § 242 Anm 5. – Vertragsart Schuldverhältn können uU auch dch TatHdlgen entstehen, vgl Übbl 1e vor § 104, ferner dch Staatsakt (diktierten Vertr), vgl Einl 3 b cc vor § 145, schließl nach neuerer (str) Auffassg dch „sozialtypisches Verhalten", vgl Einf 5b vor § 145.

305 *Begründung.* **Zur Begründung eines Schuldverhältnisses durch Rechtsgeschäft sowie zur Änderung des Inhalts eines Schuldverhältnisses ist ein Vertrag zwischen den Beteiligten erforderlich, soweit nicht das Gesetz ein anderes vorschreibt.**

1) Begründg dch Vertr. Die Bestimmg spricht zunächst aus, daß zur Begründg eines Schuldverhältnisses dch RGesch grdsätzl ein Vertr zw den Beteiligten erforderl ist. Über nichtrechtsgeschäftl Begründg von Schuldverhältnissen vgl Einf 2, 5, 6 vor § 305, über ihre Begründg dch einseitige RGeschäfte dort Anm 3, über Begründg dch Verträge Anm 4 a bis h; dort zu a auch über verfügende, also nichtobligatorische Verträge. Über einseitige, unvollk zweiseitige u ggs Verträge vgl Einf 1 vor §§ 320 ff. – § 305 erfordert einen Vertr zw den „Beteiligten"; über Verträge zGDr vgl die §§ 328 ff. – Über die Bedeutg behördlicher Gen vgl § 275 Anm 9.

2) Abänderungsverträge. Schuldverhältnisse können auch dch andere Tatbestände als Verträge, näml dch zufällige Ereignisse od dch Störg seitens eines der VertrPartner ihrem Inhalte nach geändert werden, vgl Vorbem 1 vor §§ 275 (Leistgsstörgen), §§ 293 ff (GläubVerzug). Soweit eine rechtsgeschäftl Abänderg in Frage kommt, bedarf diese nach § 305 grdsätzl eines Vertrages zw den Beteiligten; zur Abänderg dch einseitigen (Gestaltgs-)Akt (zB Wahl, Fristsetzg) ist ein VertrPartner nur bei Vorliegen der besonderen gesetzl bestimmten Voraussetzgen dieser Akte zugelassen. Der SchuldabänderungsVertr schafft unmittelb Abänderungswirkg, ist also verfügender Natur, vgl Übbl 3 d vor § 104; er ist ferner als solcher idR abstrakten Charakters, Übbl 3 e vor § 104, dh von der Einigk der VertrPartner über den RGrd der Abänderg unabhängig (die abgeänderten Rechtsverhältnisse behalten die [abstrakte oder kausale] Natur, die sie hatten). Wesentl für die Abänderg ist, daß das alte Schuldverhältn als solches, wenn auch abgeändert, bestehen bleibt, RG **65**, 392, also seine Identität nicht verliert; wird es aufgeh u dch ein neues ersetzt, so liegt Schuldumschaffg vor (unten Anm 4). Bürgschaften u Pfandrechte bleiben danach bei der Abänderg grdsätzl erhalten, haften allerdings nicht für eine Erweiterg der Schuld, §§ 767 I 3, 1210 I 2. ÄndergsVertr kann stillschw abgeschl w, BAG Betr **76**, 2478 (Fortsetzg des Vertr nach Mitteilg von abgeänderten Bdggen). Haben die Part einen Vertr längere Zeit zu abgeänderten Bdggen dchgeführt, besteht uU tatsächl Vermutg für das Zustandekommen eines ÄndVertr (BGH BB **78**, 1137). Zur Abgrenzg zw Änderg u NeuAbschl eines Vertr s BGH **LM** Nr 10. Zur rechtl Beurteilg von Anpassgsklauseln in Vertr vgl Bilda Betr **69**, 427 (aufschieb bedingte Verpfl zum Abschl von ÄndVertr). Auch Stundg ist Abänderg, vgl über sie § 271 Anm 2 g. Darü, daß das Vereinbgs-Darl des § 607 II die Bedeutg einer Schuldabänderg haben kann, vgl dort Anm 2 a. Darü, ob und wann der AbändergsVertr der für den SchuldbegründgsVertr etwa vorgeschriebenen Form, zB der d § 313, bedarf vgl § 313 Anm 10. – Eine Änd iwS (Personenwechsel) liegt auch in der FdgsAbtretg, §§ 398 ff, vgl RG **136**, 399, in der SchuldÜbern §§ 414 ff u der VertrÜbern (vgl § 398 Anm 4). Über Verzicht auf Einreden (einseitig mögl) vgl § 397 Anm 1 a.

3) Auch die **Aufhebg** eines Schuldverhältnisses dch einf Vertr der Beteiligten (contrarius consensus) ist mögl, wenn das auch im G nicht bes bestimmt ist, allg M (dch einseitigen Akt dagg nur, soweit gesetzl zugelassen, so bei Rücktr u Aufrechng). Der AufhebgsVertr bedarf nicht der Form des BegründgsVertr, vgl für Aufhebg eines GrdstVertr § 313 Anm 9, eines TarifVertr, BAG BB **77**, 94. Auch vertragl Schriftform für VertrÄndergen gilt iZw nicht für AufhebgsVertr, aA Schmidt-Futterer MDR **71**, 13. Geschieht die Aufhebg dch Erlaß, so gilt § 397, über den Unterschied vgl dort Anm 1 b aE und 5. Die auf Aufhebg gerichteten WillErklärgen der Parteien können auch stillschw abgegeben, müssen aber, und zwar beiders, kundgetan werden, Kblz VersR **75**, 125. Zur Abgrenzg von einverständl Aufhebg u Kündg vgl BGH **52**, 16. Ob Aufhebg Rückwirkg hat od bereits entstandene Anspr unberührt läßt, ist Frage der Auslegg des Einzelfalls, BGH Betr **78**, 1831. Erfolgt Aufhebg mit Wirkg ex tunc hat Rückgewähr der beiders Leistgn iZw analog §§ 346 ff zu erfolgen.

4) Wird die vertragl Aufhebg des Schuldverhältnisses (od einer EinzelFdg) mit der Begründg eines neuen derart verbunden, daß das neue an die **Stelle** des alten treten soll (Ersetzgswille, animus novandi, dch Auslegg festzustellen, seine ausdr Erkl ist nicht nötig RG **119**, 24) so liegt eine **Novation** („**Schuldumschaffung**": RG **134**, 155, **162**, 245 uö, „Schuldersetzung" od „Schuldumwandlung": Enn-Lehmann § 75) vor. Ihre Zulässigk ergibt sich aus der VertrFreih, vgl oben Anm 3, RG **119**, 24, hM. Wann Schuldabänderg (oben Anm 2) und wann Umschaffg vorliegt, ist Auslegsfrage. Im ersten Falle bleiben Bürgsch und PfandR bestehen, im andern erlöschen sie (anders nur beim Kontokorrent, vgl unten, aGrd der AusnBestimmg des HGB 356 I, die übrigens iW der Analogie auf KonkVorrechte auszudehnen ist, RG **162**, 245). IZw wird bloße Abänderg gewollt sein RG JW **38**, 1391. Das neu geschaffene Schuldverhältn kann als kausales od, wenn die Ersetzgsabrede außerh der Abrede der Neubegründg bleibt, als abstraktes begründet werden. Letzterenf Form nötig, §§ 780, 781, falls nicht § 782 od HGB 350, 351 vorliegen. In beiden Fällen sind (aGrd des Wesens der Umschaffg) die sich aus der Art des alten Schuldverhältnisses ergebenden Einwendgen ausgeschl, RG **134**, 155, letzterenf auch der Einwand, daß das alte Schuldverhältn nicht bestand; der Schu ist hier darauf beschränkt, die neugeschaffene abstr Fdg zu kondizieren od ihr mit der Einr aus §§ 812 II, 821 entggzutreten, RG **119**, 12, währd die neugeschaffene kausale Fdg in ihrem Bestehen vom Bestehen der alten unmittelb abhängig ist, BGH **28**, 167. – Der Vergl hat idR keine schuldumschaffde Wirkg BGH **52**, 46. Auch bei Übern einer neuen Verbindlichk zZw der Tilgg ist iZw keine Schuldumschaffg anzunehmen, der neue Anspr tritt vielm neben den bestehenbleiben alten (§ 364 II); liegt dagg Leistg an ErfStatt vor, so i.t das ein Fall der Schuldumschaffg, RG SeuffA **62**, 202. – Umschaffg ist ferner in der Hingabe eines **Prolongationswechsels** zu erblicken, falls der alte zurückgegeben wird (sonst nicht), RG **107**, 35; Umschaffg liegt möglicherw vor im Falle des § 607 II, vgl dort Anm 2 a–c, auch oben Anm 2, so bei Umwandlg einer Kaufpreisschuld in eine DarlSchuld RG **119**, 23, vgl auch RG **134**, 154, ferner RG **62**, 51: Umwandlg einer Bauvertragsschuld in ein Darl. – Der prakt wichtigste Fall der Umschaffg ist die Anerkenng des dch Verrechng im kaufm **Kontokorrentverhältnis**, HGB 355, ermittelten Saldos, RG **87**, 435, BGH **26**, 150, **58**, 260, stRspr, vgl § 387 Anm 2 (keine Schuldumschaffg aber bei Übersendg von Tagesauszügen im Sparkassenkontokorrent, BGH **50**, 277), währd die Rspr im Falle der Erteilg eines Schuldversprechens od

Schuldanerkenntnisses aGrd gewöhnl Abrechng (§ 782) die umschaffende Wirkg verneint, RG JW **02**, 97, str. – Über das Kontokorrentverhältn vgl auch § 387 Anm 2.

5) Wg des im SchuldR herrschden Grds der VertrFreih sind die Part in der Ausgestaltg ihrer vertragl Beziehgen grdsätzl frei; and als im SachenR besteht im SchuldR **kein Typenzwang**, vgl Einf 4 vor § 305. Für bes wicht, häuf vorkommde VertrArten hat der GesGeber aber im BGB (§§ 433ff), HGB u in SonderG (zB VVG, VerlG) spezielle RNormen aufgestellt u zugleich die Vertr mit Namen bezeichnet, sog **typische Verträge** („benannte" Vertr). Diesen stehen die gesetzl nicht bes geregelten sog atyp Vertr iwS ggü.

a) Die Bedürfn des Rechts- u WirtschVerk h dazu geführt, daß sich neben den vom Ges ausdr normierten weitere typ Vertr herausgebildet h, sog **verkehrstypische Verträge.** Dabei handelt es sich zT um Neubildgen eig Art (Bsp: GarantieVertr), zT um Abwandlgen normierter Vertr (Bsp: StahlkammerVertr = abgewandelter MietVertr, vgl RG **141**, 99), überwiegd aber um eine gemischte Vertr, vgl Anm 6b u c. Zu den im Rechts- u WirtschLeben entstandenen verkehrstyp Vertr, die zT versch Unterarten aufweisen, gehören insb: finanziertes **Abzahlgsgeschäft** (§ 6 AbzG Anm 1): AgenturVertr in der WerbeWirtsch (BGH WPM **72**, 947, Möhring BB **74**, 65); **Arbeitnehmerüberlassgsvertrag** (Einf 4a ee vor § 611); **Automatenaufstellvertrag** (Einf 2e vor § 535); **Baubetreuungsvertrag** (§ 675 Anm 2c); **Beherbergsvertrag** (Einf 2 vor § 701); **BelegarztVertr**, BGH NJW **72**, 1128; **Bühnenaufführgsvertrag** (BGH **13**, 119); **Dienstverschaffgsvertrag** (Einf 2c vor § 611); **Diskontierg** von Wechseln (idR Kauf od kaufähnl Vertr, BGH **19**, 292, NJW **72**, 1084); **Fernunterrichtsvertrag** (Einf 2a ff vor § 611); **Factoringvertrag** (Factor übernimmt Dienstleistgen – insb Debitorenbuchhaltg u Mahnwesen – u kauft od kreditiert KundenFdgen seines AuftrGeb, vgl Rödel BB **67**, 1301, Montenbruck MDR **71**, 541, Serick BB **76**, 425, Bette Factoring-Gesch, 1973, Blaurock ZHR **142**, 325, ferner § 398 Anm 3d); **Filmbezugsvertrag** (BGH LM § 325 Nr 8, Haeger NJW **59**, 656); FilmverwertgsVertr (BGH **2**, 331, **9**, 264); FranchiseVertr (Skaupy BB **69**, 113, KG MDR **74**, 144); **Garantievertrag** (Einf 3c vor § 765); **Hofübergabevertrag** (BGH **3**, 211); **Leasingvertrag** (Einf 4 vor § 535); RahmenVertr für Zeitschriftenverleger u Händler (BGH JZ **69**, 71); **Schuldmitübernahme** (Übbl 2 vor § 414); **Schiedsrichtervertrag** (RG **94**, 210, LM ZPO 1025 Nr 5, Breetzke NJW **68**, 1113); **Werkfördergsvertrag** (Einf 11b cc vor § 535); Vereinbg über ein eheloses **Zusammenleben** von Mann u Frau (Roth-Stielow JR **78**, 233).

b) Rechtliche Behandlg. Sowohl für verkehrstyp Vertr als auch für atyp Vertr ieS (Bsp: Vertr mit GrdstEigt über Aufstellg von Leitgsmasten, BGH LM § 241 Nr 11; Vertr zw Gemeinde u Untern über alleiniges R zum Aufstellen von Reklameflächen, BGH NJW **52**, 620) gilt das allg SchuldVertrR. Vielf kann das Recht ähnl gesetzl geregelter VertrTypen herangezogen w, u zwar, wenn es sich um gemischte Vertr handelt, nach den in Anm 6c dargestellten Grds; uU lassen auch VerkGewohnh Schlüsse auf den PartWillen zu (§ 157). Bei typ Vertr kann das Recht des betreffden VertrTyps wegen abweichder Abreden od des VertrZweckes teilw unanwendb sein. So können die Part zB auf einen DienstVertr Regeln des WerkVertrR für anwendb erklären, BGH LM § 611 Nr 3. Das Recht des VertrTyps, dem der Vertr inhaltl entspr, w aber nicht schon dadch unanwendb, daß die Part dem Vertr eine and Bezeichng geben, RG JW **13**, 639.

6) Vertragsverbindgen und gemischte Verträge. a) Mehrere Vertr zw denselben Part sind idR voneinand unabhäng, u zwar auch dann, wenn zw ihnen ein tatsächl od wirtsch Zushang besteht, RG **79**, 439. Die Part können mehrere rechtl selbstd Vertr aber auch derart zu einem SchuldVerh zufassen, daß diese (insb für die Anwendg der §§ 139, 313, 325, 326, 346) eine Einh bilden, sog **zusammengesetzte Verträge,** RG **97**, 220. Ob das eine od and der Fall ist, entsch der gem §§ 133, 157 zu ermittelnde PartWille, RG **78**, 43, **103**, 297, vgl § 139 Anm 2, § 313 Anm 8c. Abschl in einer Urk kann für einheitl Vertr sprechen, BGH NJW **70**, 1415, UrkTrenng läßt Selbständigk vermuten, RG **103**, 297, BGH DNotZ **68**, 665. Wenn ein wirtschaftl einheitl Gesch in zwei rechtl selbstd Vertr aufgespalten w, können Treu u Glauben es uU rechtf, die Trenng nicht zu beachten u den sog **Einwendgsdurchgriff** zuzulassen, so bei AbzGesch, Anh 3 zu AbzG 6; Finanzierg eines DienstVertrs, LG Augsb NJW **72**, 637, **73**, 1704); LeasingVertr, LG Augsb NJW **73**, 709, Düss NJW **73**, 1612; finanzierte EhemaklerVertr, § 656 Anm 3c. Zwei rechtl selbstd Vertr können auch dadch miteinand verbunden sein, daß die Wirksamk u Durchführbark des einen Vertr **GeschGrdlage** für den and ist, BGH DNotZ **70**, 540, BGH **68**, 126 (Leasing- u KaufVertr) Ffm BB **77**, 1573 (Kauf- u FinanziergsVertr); die Auflösg des einen Vertr kann wicht Grd für die Künd des and darstellen, BGH MDR **59**, 483 (Miete u DienstVertr). W ein Vertr verletzt, kann der verbundene nur nicht aus wicht Grd gekündigt w, wenn der verletzte Vertr aufrecht erhalten w soll, BGH JZ **72**, 493. Zum Sukzessivlieferungs-Vertr vgl § 326 Anm 13.

b) Währd beim zusgesetzten Vertr mehrere dch den Parteiwillen verbundene, aber gedankl voneinand trennb Vereinbgen vorliegen, sind beim **gemischten Vertrag** Bestandt versch VertrTypen derart verbunden, daß sie nur in ihrer Gesamth ein sinnvolles Ganzes ergeben. Die Grenze zu zusgesetztem u gemischtem Vertr ist fließd, vgl zur Abgrenzg BAG Betr **72**, 2358. Die Lehre unterteilt die gemischten Vertr in vier Gruppen (vgl Enn-Lehmann § 100, Larenz II § 62, Esser § 15 II, Staud-Kaduk Einl 72ff vor § 305, Neumann-Duesberg SAE **70**, 49): **aa) Typischer Vertrag mit andersartiger Nebenleistg**: Die von den Part zu erbringde HptLeistgen entspr einem typ Vertr, eine Part schuldet jedoch zusätzl eine andart Nebenleistg, Bsp: Miete eines Zimmers mit Bedieng, Kauf mit MontageVerpfl (die MontagePfl kann aber auch HptPfl sein, Stgt BB **71**, 239), Vertr über zahnprothet Heilbehandlg, BGH **63**, 306 (DienstVertr mit WkVertr-Nebenleistg), Kauf von Wein in zurückzugebden Flaschen, Kauf einer GastWirtsch mit BierbezugsPfl. **bb) Kombinationsvertrag**: Eine Part schuldet mehreren versch VertrTypen entspr HptLeistgen. Bsp: PensionsVertr über Kost u Unterkunft, Miete einer Maschine mit DienstverschaffgsVertr hinsichtl des Bedienungspersonals (RG **69**, 129), FactoringVertr (Anm 5a). **cc) Gekoppelter Vertrag** (doppeltyp Vertr): Die Part tauschen Leistgen aus, die versch typ Vertr entspr. Bsp: HausmeisterVertr (BAG **21**, 340), Bürgsch gg Dienstleistgen, Warenlieferg gg Werkleistg. **dd) Typenverschmelzgsvertrag**: In der von einer Part geschuldeten Leistg sind Elemente versch VertrTypen untrennb miteinand verbunden. Bsp: Vergl mit

KaufVertr (OGH **3**, 26); Abonnement eines Börsendienstes (BGH **70**, 356, 359: Kauf u Übern von entgeltl BeratgsPflten); gemischte Schenkg (§ 516 Anm 7), wohl auch Vertr über Theaterbesuch (Faude JuS **69**, 434), Schiffspassage, SanatoriumsAufenth.

c) Für die rechtl Behandlg der gemischten Vertr sind drei Theorien entwickelt worden: **aa)** Die **Absorptionstheorie** hält das Recht der HptLeistg für anwendb. **bb)** Die **Kombinationstheorie** wendet die jeweils für den betreffen VertrBestandt maßgebden RNormen an und versucht, sich dabei ergebde Ggsätzlichk nach dem mutmaßl PartWillen auszugleichen. **cc)** Die **Theorie der analogen Rechtsanwendung** entspr im prakt Ergebn der Kombinationstheorie, hat aber einen and theoret Ansatz. Sie nimmt an, daß das Ges die Mischformen nicht regelt, die Vorschr des bes SchuldR also nur entspr angewandt w können. – Keine dieser Theorien ist angesichts der Vielgestaltigk der auftretden Mischformen in der Lage, die rechtl Behandlg der gemischten Vertr allein sinnvoll zu lösen, Staud-Kaduk Einl 73 vor § 305, Soergel-Schmidt Vorbem 18 vor § 305. Wenn ausdr Abreden fehlen, ist vom mutmaßl PartWillen auszugehen, für den der VertrZweck, die Interessenlage u die VerkSitte AnhaltsPkte geben können. Dabei w idR folgde rechtl Einordng sachgerecht sein: die rechtl Beurtlg folgt des entspr VertrTyps heranzuziehen, Hbg VersR **77**, 567; das gilt entgg der hM grdsätzl auch für typ Vertr mit andersart NebenLeistg, offen gelassen von BGH **2**, 96, wie hier BGH NJW **72**, 46, BGH **63**, 312. Kollidieren die ges Vorschr, ist das Recht des VertrTyps heranzuziehen, der den rechtl oder wirtsch Schwerpkt bildet, ähnl RG **161**, 324, BGH **2**, 333. Gleiches gilt für die Auflösg, insb Künd, des Vertr u die Fragen des RWeges, BAG NJW **69**, 1192 = SAE **70**, 47 mit Anm Neumann-Duesberg. Sind die VertrTypen gleichwert vertreten (wie idR beim gekoppelten u KombinationsVertr, uU aber auch beim TypenverschmelzgsVertr), ist die Vorschr anzuwenden, die dem VertrZweck am besten entspr; bedeuts kann auch sein, aus welchem VertrTeil sich der AuflösgsGrd ergibt; uU muß, insb beim TypenverschmelzgsVertr, für best Fragen (zB Länge der KündFr) iW der RAnalogie an versch Vorschr eine „mittlere Lösg" abgeleitet w, vgl Raisch BB **68**, 530 (KündFr beim AutomatenaufstellVertr). Die gerichtl Zustdgk hängt von der Art des geltd gemachten Anspr ab, für dessen Zuordng der Schwerpkt des Vertr (BAG NJW **69**, 1192) od der VertrTeil bestimmd sein kann, aus dem der Anspr hergeleitet w, BAG Betr **76**, 539, **AP** ArbG 2 ZuständigkPrüfg Nr 2 (ArbVertr mit Zusage gesellschaftsrechtl Beteiligg).

306 *Unmögliche Leistung.* **Ein auf eine unmögliche Leistung gerichteter Vertrag ist nichtig.**

1) Anwendgebiet. Rechtsgrund. Über Unmöglichk der Leistg vgl § 275 Anm 1 bis 5. – Währd die §§ 275 ff die nachträgl Unmöglichk allg für Schuldverhältnisse regeln, handelt § 306 dem Wortlaut und der Stellg im G nach nur von Verträgen. Er dürfte aber auch auf Schuldverhältnisse, die kr Gesetzes od dch einseitigen Rechtsakt entstehen, anwendb sein. Auf nichtschuldrechtl Verträge od Rechtsverhältnisse ist er indessen nicht anzuwenden, RG Gruch **28**, 942 (für die Übereigng). – § 306 übernimmt den römrechtl Satz: impossibilium nulla est obligatio. Die in § 306 ausgesprochene Nichtigk entspricht aber nicht einer logischen Fdg: diese würde nur zur Nichtverpflichtg zur Leistg führen, der Vertr könnte auf das (positive) Interesse gerichtet bleiben. Nach BGB ist (als Folge der Nichtigk) nur Ers des negativen Interesses vorgesehen, § 307. Diese Beschränkg und die Nichtigk des § 306 ist rechtspolitisch bedenkl. Krit auch Beuthien, Zweckerreichg 1969 S 132 ff u 221 ff.

2) § 306 betrifft die **ursprüngliche** (**anfängliche**) Unmöglichk. Über ihre Abgrenzg von der nachf Unmöglichk vgl § 275 Anm 3. Danach ist für die Abgrenzg der Zeitpunkt der „Entstehung" des Schuldverhältnisses maßg (§ 275), also die Zeit des VertrSchlusses, nicht die der Fälligk der Leistg; tatsächl Abschl ist maßg, wenn Vertr rückdatiert, Karlsr SJZ **49**, 412. Bei Verträgen auf bedingte u befristete Lieferg ist daher eine erst zw VertrSchl u Bedingungseintritt od Fälligk eintretende Unmöglichk keine anfängliche, sond nachfolgende, hM. Bei § 308 II genügt es aber, daß die Möglichk zwar nicht bei VertrAbschl, aber bei Eintritt der Bedingg od Fälligk vorliegt. Fälle ursprünglicher Unmöglichk: vgl § 275 Anm 1. Über den Fall der Notwendigk behördlicher Genehmigg vgl § 275 Anm 9. – Sonderbestimmg in § 2171: Für die Unmöglichk einer in einem Vermächtn auferlegten Leistg entsch die Zeit des Erbfalles, nicht die der Test-Errichtg.

3) § 306 gilt **nur** bei anfängl (obj) **Unmöglichkeit** der Leistg, gleichgült ob die Unmöglichk auf tatsächl od rechtl Grden beruht. Ist die Leistg wg Verstoßes gg ein gesetzl Verbot unmögl, tritt Nichtigk sowohl nach § 134 als auch nach § 306 ein, RG **95**, 348, **120**, 405. Bei **Unvermögen** (subj Unmöglichk) ist § 306 unanwendb. Er enthält keine dem § 275 II entspr Vorschr. Für anfängl Unvermögen hat jeder Schu einzustehen, BGH **8**, 231, **11**, 22, **47**, 269, Betr **72**, 1336, BAG **AP** Nr 2, stRspr. Abw ein Teil des Schriftt, das jedoch in sich uneinheitl ist: zT w eine entspr Anwendg der §§ 280, 275, 325, 323 befürwortet (s Gudian NJW **71**, 1239), and stellen darauf ab, aus welchem Gefahrenkreis die Ursache des Unvermögens stammt (Larenz § 8 II) vgl zusfassd Demmer, Haftg des Schu für ursprüngl Unvermögen, Diss Köln, 1974, Evans-v Krbek AcP **177**, 35. Ggü dieser Ans ist aber daran festzuhalten, daß der Schu für seine Leistgsfähigk bei Begründg des SchuldVerh stillschw eine Garantie übernimmt. Bei Unvermögen kann daher Gläub auf Erf (RG **80**, 250) od, wenn das Unvermögen dauernd ist (vgl § 275 Anm 4), alsbald auf SchadErs wg NichtErf klagen (RG **69**, 355), ohne erst den Umweg über § 283 gehen zu müssen. Bei ggs Vertr stehen dem Gläub auch die sonst Rechte des § 325 zu, Planck Anm 8. Bei nur **vorübergehendem** Unvermögen treten die **Verzugsfolgen** ein, §§ 286, 326, RG **80**, 250. – Zur **Abgrenzg** von (obj) Unmöglichk u Unvermögen vgl § 275 Anm 1 u 2. Bei höchstpersönl Leistgen begründet Unvermögen zugleich Unmöglichk. Schu haftet aber aGrd Einstandspfl auf das ErfInteresse, Neumann-Duesberg BB **70**, 1462.

Ebso wie für § 275 ff muß für § 306 die Unmöglichk eine **dauernde** sein (Begriff u Bedeutg § 275 Anm 4); bei nur vorübergehender gelten §§ 306 f nur, wenn sie die Erreichg des VertrZwecks verhindern, (BGH **47**, 51 läßt offen, ob Gleichstellg der vorübergehden Unmöglichk mit dauernder unter solchen Umständen zuläss. Andernf ist der Vertr gültig; uU aber Umgestaltg wg Fehlens der GeschGrdlage (§ 242 Anm 6), insb wenn beide Teile irrig von baldiger Möglichk der Erf ausgingen, BGH **47**, 52.

4) Ob einer der VertrPartner die Unmöglichk zu **vertreten** hat, ist für die Nichtigk aus § 306 unerhebl, ist jedoch nach § 307 von Bedeutg.

5) § 306 gilt auch für die **teilweise** Unmöglichk hins des unmögl Teils, vgl dazu aber § 275 Anm 5, vgl auch § 307 II. § 139 ist heranzuziehen RG **51**, 94. Teilw Unmöglichk liegt grdsätzl auch bei fehlender Güte vor, vgl dazu § 275 Anm 5.

6) Der Grds des § 306 gilt nicht uneingeschränkt. **Sonderregelgen** (meist mit der Haftg auf volles Erf-Interesse als RFolge):

a) Bei Verkauf einer nicht bestehenden Fdg od eines sonstigen Rechtes gilt nicht § 306, sond der Verkäufer haftet für den rechtl Bestand der Fdg, § 437 (falls nicht das Entstehen eines solchen Rechts überh unmögl war). Grd: Ann eines stillschw Gewährversprechens RG **68**, 293, Mü NJW **71**, 1807.

b) § 306 entfällt, wenn der Schu vertragl eine besondere GewährPfl übernommen hat; dann Haftg auf volles ErfInteresse, vgl RG **137**, 84; gesetzl Fall § 463.

c) § 306 gilt kr gesetzlicher Regelg nicht in den Fällen der gesetzl Gewährleistg, zB gelten beim Kauf für Sachmängel die §§ 459, 463: gesetzl Haftg für Mängel, bei Zusicherg sogar Haftg auf volles ErfInteresse (also Behandlg als stillschw Gewährübernahme, oben b). GewährleistgsR verdrängt § 306 auch dann, wenn es vertragl abgewandelt od eingeschränkt ist, BGH **54**, 238. – Im WerkVertrR geht § 645 dem § 306 vor, vgl Hofmann MDR **63**, 719. – Im MietR haben die §§ 537, 538 Vorrang vor § 306; das gilt selbst dann, wenn die Mietsache wg eines nicht behebb Mangels zum vertrmäß Gebrauch von Anfang an ungeeignet ist, LG Mannh MDR **78**, 406, Benöhr NJW **74**, 648, Hassold NJW **75**, 1865, aA Celle NJW **73**, 2289.

d) Bei der RMängelhaftg beim Kauf gelten nach § 440 I für die Haftgsfolgen die §§ 323–326, also Schad-Ers wg NichtErf od Rücktr, nicht aber Befreiung nach § 323, da für urspr Unvermögen der Schu einzustehen hat, RG **69**, 356.

307 *Negatives Interesse.* I Wer bei der Schließung eines Vertrags, der auf eine unmögliche Leistung gerichtet ist, die Unmöglichkeit der Leistung kennt oder kennen muß, ist zum Ersatze des Schadens verpflichtet, den der andere Teil dadurch erleidet, daß er auf die Gültigkeit des Vertrags vertraut, jedoch nicht über den Betrag des Interesses hinaus, welches der andere Teil an der Gültigkeit des Vertrags hat. Die Ersatzpflicht tritt nicht ein, wenn der andere Teil die Unmöglichkeit kennt oder kennen muß.

II Diese Vorschriften finden entsprechende Anwendung, wenn die Leistung nur teilweise unmöglich und der Vertrag in Ansehung des möglichen Teiles gültig ist oder wenn eine von mehreren wahlweise versprochenen Leistungen unmöglich ist.

1) Allgemeines. § 307 ist ein Fall der Haftg für Versch bei VertrSchl, BGH **LM** Nr 1. Neben § 122 u § 179 II gab er Anlaß, grdsätzl, in entspr Anwendg dieser Bestimmgen, eine Haftg für Versch bei VertrAnbahng zu bejahen, vgl § 276 Anm 6. Die Haftg des § 307 ist unabhängig von der Parteistellg. Sie entfällt, wenn auch der andere Teil die Unmöglichk kannte od kennen mußte, § 307 I 2; die starre, für die allgemeine Haftg für Versch bei VertrAbschl nicht angebrachte Regel (RG **151**, 361) schließt es aus, für die Bemessg der Haftg das Versch der Parteien gem § 254 ggeinander abzuwägen, vgl § 254 Anm 2e bb, RG **105**, 412, daher hier keine Haftg des selbst vorsätzl Wissenden ggü dem bloß Fahrlässigen RG **110**, 55 (doch vgl RG § 826 vorliegen). – Die Haftg aus § 307 ist kein DeliktsAnspr, daher gilt nicht die kurze Verj des § 852, sond die 30jährige; jedoch kürzere Verj, wenn auch der VertrAnspr in kürzerer Zeit verjähren würde (hM), ebso Haftg nur für den schwereren VerschGrad, wenn auch nach dem Vertrage nur für ihn gehaftet wird (hM).

2) Vertrauensinteresse. Darüber Vorbem 2g vor § 249. Die Regel ist die Folge der in § 306 ausgesprochenen (rechtspolitisch bedenklichen, vgl § 306 Anm 1 aE) Nichtigk und der Vorstellg (Mot II 178), daß aus nichtigen Verträgen kein Anspr auf das ErfInteresse gegeben w könne. Die Beschrkg erscheint verfehlt. Verfehlt ist auch die Begrenzg auf die Höhe des ErfInteresses, sie wird daher für die allg Fälle der Haftg für Versch bei VertrSchl von der Rspr nicht angewendet, RG **151**, 359.

3) II. Teilweise Unmöglichk. Ob Gültigk in Ansehg des mögl Teils gegeben ist, bestimmt sich nach § 139, vgl § 306 Anm 5. Über Wahlschulden allg § 262, über Unmöglichk bei ihnen § 265.

308 *Vorübergehende Unmöglichkeit.* I Die Unmöglichkeit der Leistung steht der Gültigkeit des Vertrags nicht entgegen, wenn die Unmöglichkeit gehoben werden kann und der Vertrag für den Fall geschlossen ist, daß die Leistung möglich wird.

II Wird eine unmögliche Leistung unter einer anderen aufschiebenden Bedingung oder unter Bestimmung eines Anfangstermins versprochen, so ist der Vertrag gültig, wenn die Unmöglichkeit vor dem Eintritte der Bedingung oder des Termins gehoben wird.

1) Allgemeines und I. Über das Verh zu § 306 vgl dort Anm 2. – Die Nichtigk eines auf eine unmögl Leistg gerichteten Vertrages wird nicht etwa dch ein späteres Möglichwerden der Leistg geheilt. Wenn jedoch die Parteien bereits beim VertrSchl den Fall des Möglichwerdens einer zunächst unmögl Leistg ins Auge gefaßt haben, so entfällt die Nichtigk (I). Die Abrede braucht nicht ausdr getroffen zu werden

Schuldverhältnisse aus Verträgen. 1. Titel: Begründg. Inhalt d. Vertrags §§ 308–311

RG **102**, 255: Versprechen der Lieferg beschlagnahmter Waren für den Fall der Freigabe, vgl auch RG **138**, 55; ist aber alsbaldige Leistg gewollt, so entfällt § 308, OGH **3**, 60. Im ArbR ist I bei sog überwindb BeschäftiggsVerboten anwendb, sofern Part Voraussetzgen für eine zul Beschäftigg herbeiführen wollen, BAG **AP** BBiG 15 Nr 1.

2) **II.** Ebso ist der Vertr gültig, wenn die unmögl Leistg unter einer **aufschiebenden Bedingg** (u zwar unter einer anderen als der in Abs 1 behandelten des Möglichwerdens der Leistg) od für einen späteren Ztpkt versprochen wird, falls die Leistg vor Eintritt mögl wird. Auch wenn sie erst nach Eintritt mögl wird, kann gleichwohl § 308 I gegeben sein, wenn die Vertragsgenossen das gewollt haben.

309 *Gesetzwidriger Vertrag.* **Verstößt ein Vertrag gegen ein gesetzliches Verbot, so finden die Vorschriften der §§ 307, 308 entsprechende Anwendung.**

1) **Allgemeines.** Daß ein Vertr, der gg ein gesetzl Verbot verstößt, **nichtig** ist, ist bereits dch § 134 ausgesprochen. § 134 gilt bei Verbot des Abschlusses und bei VertrSchl über eine verbotene Leistg. Näheres vgl bei § 134, insb darü, wann NichtgkFolge eintritt od sich aus „das Gesetz ein anderes ergibt". – Keine Ausdehng des § 309 auf unsittliche Geschäfte. Bei einem § 308 entspr Sachverhalt scheidet aber idR ein Verstoß gg § 138 aus. – Auch bei Verstoß sowohl gg § 134 als auch gg § 138 gilt § 309 nicht; ebsowenig, wenn Vertr für den Fall der Erteilg einer AusnGen geschl, diese aber dch falsche Angaben erschlichen wird, BGH **LM** § 134 Nr 3. – Über Verbot mit GenVorbeh vgl § 275 Anm 9.

2) **Haftg: § 307.** Auch bei argl Täuschg des anderen über das Bestehen des Verbotes haftet der Täuschende nach RG **105**, 366 nur gem §§ 309, 307. UU daneben Haftg aus unerl Hdlg.

3) Die **Anwendg des § 308** I hat zur Voraussetzg, daß die VertrPartner, wenn auch nur stillschw, den Wegfall des Verbots ins Auge gefaßt haben, BGH **LM** § 134 Nr 7, vgl die Fälle RG **102**, 255, **138**, 55. Für § 308 II siehe RG **105**, 137.

310 *Vertrag über künftiges Vermögen.* **Ein Vertrag, durch den sich der eine Teil verpflichtet, sein künftiges Vermögen oder einen Bruchteil seines künftigen Vermögens zu übertragen oder mit einem Nießbrauche zu belasten, ist nichtig.**

1) **Allgemeines.** Das Verbot soll den sich Verpflichtenden schützen. Sein Grund ist sittl u wirtschaftl: es soll sich niemand zum (privaten) Vorteil eines anderen gewisserm seiner Erwerbsfähigk begeben können (vgl Mot II 186, 187). Auch heute billigenswert. Nichtig ist nur der VerpflichtgsVertr. **Verfügende,** insb dingliche rechtsgeschäftl Übertr od Belastg des ggwärtigen od gar des künftigen Vermögens als solches od eines Bruchteils ist nach BGB überh nicht mögl, abgesehen von der Begründg der Gütergemeinschaft gem §§ 1415ff. Auf familiengüter- u erbrechtl Verträge bezieht sich die Bestimmg nicht, vgl Übbl 1 vor § 305, daher auch nicht auf Erbverträge §§ 2274ff, vgl aber § 2302. Wohl aber bezieht sich § 310 auf einseitige Versprechen, vgl Übbl vor § 305. Gleichgültig ist die Art des Vertrages, GesellschBegründg, Leibrentenversprechen ua, gleichgültig ob eine GgLeistg versprochen wird. Nichtig nach § 310 ist nur Verpflichtg zur Übertr od NießbrBestellg, gültig daher Verpflichtg zur **Verpfändg** (nicht Sichersübereig, vgl auch RG **139**, 200) od zur Übertr der Verw an einen Treuhänder der Gläubiger, RG **72**, 116 für den Fall des § 311.

2) **Künftiges Vermögen.** Vermögen: nur Aktiva, RG **69**, 285 u 416. Vertr über künftiges **fremdes** Verm verstößt nicht gg § 310 (RG **79**, 282 zu § 311, Einmanngesellsch; Entscheidg im Ergebnis jedenf richtig, da SonderVerm). – **Sondervermögen** werden durch § 310 nicht betroffen, vgl § 311 Anm 2. – § 310 steht der Verpflichtg zur Übertr einzelner VermStücke nicht entgg, BGH **WPM 76**, 744. Anders bei der Abtr aller künft GeschFdgen, aA RG **67**, 166; es sei denn, daß der Schu im übr vermögenslos ist od daß § 138 eingreift, dort Anm 5a. – Geht die Verpflichtg auf Übertr des ggwärtigen und des künftigen Vermögens, so bestimmt sich ihre Teilgeltg (§ 311) nach § 139, RG Recht **12**, 3180.

3) § 310 gilt auch für **juristische Personen.** Demgem kann auch nicht im GesellschVertr einer GmbH für den Fall ihrer Auflösg bindend das AnfallR eines Dritten begründet werden RG **169**, 83. Doch ist dch AktG 341 I, der für die dort geregelten **GesellschVerschmelzgen** (§§ 339–358) gilt, § 310 ausdr für unanwendb erkl, ebso für alle Fälle der VermÜbertragg, AktG §§ 359–361, der Verschmelzg von VersVereinen auf Ggseitigk, VAG 44a, u der Verschmelzg von eGen od Revisionsverbänden, GenG 63e, 93c.

4) Ob Haftg für **Vertrauensschaden,** §§ 307, 309, mögl ist, bestimmt sich danach, ob man § 310 nur als Ausgestaltg des § 138 ansieht (vgl oben Anm 1 Anf): dann keine Haftg, vgl § 309 Anm 1 (andernf ist Haftg denkb, Enn-Lehmann § 31 I, 3).

311 *Vertrag über gegenwärtiges Vermögen.* **Ein Vertrag, durch den sich der eine Teil verpflichtet, sein gegenwärtiges Vermögen oder einen Bruchteil seines gegenwärtigen Vermögens zu übertragen oder mit einem Nießbrauche zu belasten, bedarf der notariellen Beurkundung.**

1) **Allgemeines. Rechtsgrund:** Gefährlichk der Verpflichtg für den sich Verpflichtenden. § 311 regelt den **Verpflichtgsvertrag.** Die Übertr usw selbst kann nur dch Einzelakte vorgenommen werden. Sind solche vorgenommen, so sind sie gültig, doch können bei Formmangel (Nichtigk nach § 125) des Verpflichtgsvertrages die Leistgen nach § 812 zurückgefordert werden, falls nicht § 814 eingreift. Keine Formmangelheilg dch Erf, RG **76**, 3, **137**, 350. Beim Schenkgsversprechen bedarf hier daher der ganze Vertr der Beurk,

319

nicht nur das Versprechen (§ 518 I); demgem auch keine Heilg dch Vollzug nach § 518 II, OLG **17**, 376, hM, oder nach § 313 S 2, wohl aber uU nach § 139 iVm § 313 S 1 und 2 für mitübertragene Grdstücke, RG **61**, 284. Art des Vertrages u der GgLeistg gleichgült. § 311 gilt auch für ein einseitiges Versprechen, vgl Übbl v § 305. Formlos gültig dagg die **Verpflichtg zur Verpfändg** (aber nicht zur Sichergsübereigng, vgl RG **139**, 200) und die Verpflichtg, nicht über sein Verm zu verfügen u die Verw zwecks GläubBefriedigg einem Treuhänder zu übertragen, RG **72**, 116.

2) Der Wille **beider Vertragspartner** muß auf Verpflichtg zur Übertr usw des ggwärtigen **Vermögens** (das BGB versteht darunter nur die Aktiva! vgl Anm 4) des einen Teiles gehen. Geht der Wille nur auf Verpflichtg zur Übertr von Einzelstücken, mögen diese auch tatsächl das ganze Verm des einen ausmachen, zB HofübergabeVertr, so ist § 311 nicht gegeben, RG **69**, 420, **76**, 3, stRspr, BGH **25**, 4 (aA Knieper MDR **70**, 979). Anderers wird der auf VermÜbertr im ganzen gerichtete VertrWille nicht dadch ausgeschl, daß Ggstände von verhältnism untergeordneter Bedeutg ausgen worden sind, RG **137**, 349, stRspr. Die Bezeichng im Vertr als ganzes Verm od als Einzelsachen kann Anhalt für den Parteiwillen geben, ist aber nicht ausschlaggeb, vgl RG **69**, 420, **94**, 315. § 311 gilt nicht, wenn VertrGgst ein **Sondervermögen** ist, zB ein Unternehmen, RG Gruch **63**, 88, Warn **17** Nr 49, od das Verm einer OHG, RG JW **10**, 242, ein Fideikommißverm, RG **137**, 348, vgl auch BGH **25**, 4. – § 311 gilt nicht für die Verpflichtg zur Übertr eines fremden Vermögens, RG **79**, 282 (vgl dazu § 310 Anm 2).

3) § 311 gilt auch für Verpflichtgen **juristischer Personen** zur Übertr ihres Vermögens, hM, RG **76**, 2, **137**, 348, Enn-Lehmann § 28 II 1, jedoch bestehen zT SonderVorschr. – Für die **Verschmelzg** von Kapitalgesellsch (AG, KGaA, GmbH, bergrechtl Gewerksch) gelten AktG 339–358, die gem VAG 44a auch auf die Verschmelzg von VersVereinen auf Ggseitigk anzuwenden sind. Nach AktG 341 bedarf der VerschmelzgsVertr nicht Beurkundg, §§ 310, 311 sind unanwendb. Der VerschmelzgsVertr zw eGen od zw Revisionsverbänden bedarf nach GenG 93c, 63e nur der Schriftform, §§ 310, 311, 313 bleiben außer Anwendg. – Für die **Umwandlg** von Kapitalgesellsch (AG, KGaA, GmbH, bergrechtl Gewerksch) in Personalgesellsch (OHG, KG) od Einzelunternehmen sowie für umgekehrte Umwandlgsvorgänge gilt das UmwandlgsG idF vom 6. 11. 69 (BGBl I 2081). Die dch AktG 362–392 geregelte **Umwandlg** von Kapitalgesellsch in Kapitalgesellsch anderer Rechtsform hat, da die Rechtspersönlichk bestehen bleibt, eine VermÜbertr weder zum Inhalt noch zur Folge.

4) Die Verpflichtg zur Übern des Vermögens betrifft nur die **Aktiva**, vgl RG **69**, 285 u 416. Für die **Schulden** haftet der Verpflichtgsgegner nach § 419, vgl dort; die Haftg aus § 419 setzt übrigens keinen Vertr aus § 311 voraus, die Voraussetzgen der §§ 311 u 419 decken sich also nicht; § 311 will den sich Verpflichtenden, § 419 die Gläub schützen.

312 *Vertrag über Nachlaß eines lebenden Dritten.* ¹ Ein Vertrag über den Nachlaß eines noch lebenden Dritten ist nichtig. Das gleiche gilt von einem Vertrag über den Pflichtteil oder ein Vermächtnis aus dem Nachlaß eines noch lebenden Dritten.

II Diese Vorschriften finden keine Anwendung auf einen Vertrag, der unter künftigen gesetzlichen Erben über den gesetzlichen Erbteil oder den Pflichtteil eines von ihnen geschlossen wird. Ein solcher Vertrag bedarf der notariellen Beurkundung.

Neueres Schrifttum: D a n i e l s , Vertr mit Bezug auf den Nachl eines noch lebden Dritten, 1973, Diss Bonn.

1) I. a) Grundgedanke: Die Vorschr beruht auf sittl u wirtschaftl Erwäggen (Mot II 182, BGH **37**, 323). Abmachgen über den Nachl eines lebden Dritten sind nach der § 312 zGrde liegden Wertg sittl verwerfl u können gg die vom Dritten beabsichtigten od getroffenen erbrechtl Vfgen verstoßen. Sie sind zugl wg ihres aleatorischen Charakters wirtschaftl bedenkl (vgl Daniels, aaO, insb S 33ff, der hierin die entscheide ratio der Vorschr sieht).

b) § 312 gilt (ebso wie die §§ 310, 311) nur für **schuldrechtl Verträge** (BGH **37**, 324, s aber unten c)· And als die §§ 310, 311 betrifft § 312 aber nicht nur Verpfl zur Übertr od NießbrBestellg, sond grdsätzl alle VerpflGesch mit Bezug auf den Nachl eines lebden Dr. Dem Nachl gleichgestellt sind Pflicht u Vermächtn (I S 2), neuerd auch der ErbErsAnspr (arg § 1934 b II, s Damrau FamRZ **69**, 585). Unter § 312 fallen die Verpfl zur ErbschAnn od Ausschlagg, zur Nichtgeltmachg des Pflichtt od zur Unterlassg der TestAnf (Staud-Kaduk Rdz 3). Auch AbfindgsVereinbg zw Schluserben eines Berliner Test sind gem § 312 nichtig (BGH **37**, 323, krit Wiedemann NJW **68**, 771), jedoch kommt uU eine Umdeutg in einen Erbverzichts-Vertr in Betr (BGH NJW **74**, 43, krit Blomeyer FamRZ **74**, 421). Dagg sind Vertr über das AnwR des Nacherben zul (Einf 4 vor § 2100). Gleichgült ist, ob sich der Vertr auf den Nachl (Pflicht usw) im ganzen od nur einen Bruchteil bezieht (BGH **26**, 324). Der Vertr braucht auch nicht auf eine unmittelb Beteiligg am Nachl abzuzielen; es genügt, daß sich der Umfang der Leistg nach dem NachlWert richtet (BGH aaO). Gült ist dagg der Vertr über einz NachlGgst (RG LZ **24**, 587, OGH NJW **49**, 623, BGH **LM** Nr 3 stRspr), ebso die Verpfl, aus dem Nachl eine betragsmäß best Leistg (Rente) zu erbringen (BGH **26**, 325, krit Meincke JuS **76**, 501), ebso die Verpfl, vom Erblasser zu dessen Lebzeiten keine Zuwendgen anzunehmen, BGH WPM **77**, 689. Etwas and gilt aber, wenn die Verpfl prakt alle NachlAktiven erfaßt (OGH NJW **49**, 623, BGH **LM** Nr 3, hM, aA Daniels S 41ff). Maßgebd ist insow der Ztpkt des VertrSchl (BGH aaO). Die VollmErteilg dch einen künft Erben fällt nicht unter § 312 (Staud-Kaduk Rdz 4); unzul ist jedoch die Erteilg einer unwiderrufl Vollm, da sie zur Umgehg des § 312 mißbraucht w könnte. Die Zust des Dritten ändert an der Nichtigk nichts. Maßgebd ist, ob die VertrPart den Dritten als lebd gedacht haben; insow kommt es also nicht auf die obj Sachlage, sond auf die subj Vorstellgen der Part an (RG **93**, 297, Staud-Kaduk Rdn 8, hM, aA Daniels aaO S 73ff).

c) Auch Verfügen über den Nachl eines lebden Dritten sind nichtig (BGH 37, 324). Das ergibt sich bereits aus allg RGrds (BGH aaO), kann aber auch aus einer entspr Anwendg des § 312 hergeleitet w (Daniels aaO S 59ff). Verträge des **Erblassers selbst** fallen nicht unter § 312. Für sie sind die Vorschr des ErbR (ErbVertr §§ 1941, 2274ff; ErbVerzichtsVertr §§ 2346ff; Vertr über vorzeit ErbAusgl, §§ 1934d, e) maßgebd.

2) a) Die in II enthaltene AusnRegelg soll dem uU bestehden Bedürfn nach einer **vorzeitigen Auseinandersetzg** entggkommen. Alle VertrSchließden müssen künft gesetzl Erben sein. Nicht erforderl ist, daß es sich um die nächsten gesetzl Erben handelt; es genügt, daß sie zZ des VertrSchl zu den gem §§ 1924ff möglicherw zur Erbf berufenen Pers gehören (RG 98, 332, BGH NJW 56, 1151, aA Daniels S 80ff).

b) Der Vertr muß sich auf den **gesetzlichen Erbteil** od den Pflichtt beziehen. Dem steht der ErbErsatz-Anspr gleich (§ 1934b II). Unzul sind dagg Vertr über testamentar Erbteile u Vermächtn (RG 98, 332, BGH NJW 56, 1151, str, aA mit beachtl Grden Daniels aaO S 96ff, dessen Lösgsvorschlag sich aber zu weit vom GesWortlaut entfernt u nicht berücksichtigt, daß § 312 für die Lebenszeit des Erbl von seinem Willen abw Abreden der Erben verhindern will). Werden die VertrSchließden gesetzl Erben, so ist zu unterscheiden: Die VertrPart, die sich zur Vfg über ihren gesetzl Erbteil (Pflichtt) verpfl hat, muß kr Ges Erbe (Pflichtt-Berecht) w, andf w die übernommenen Verpfl ggstlos; dagg ist es unschädl, daß die and VertrPart enterbt od bedacht w (RG 98, 333, Staud-Kaduk Rdz 13, Erm-Battes Rdz 3, sehr str, zT abw 34. Aufl, vgl auch Wiedemann NJW 68, 771, Blomeyer FamRZ 74, 421).

c) Die in § 312 II zugel Vertr haben nur schuldrechtl Wirkg. Das VollzugsGesch, etwa die Übertr des ErbAnteils (§ 2033), muß nach dem Erbfall dchgeführt w. Der PflichttAnspr kann dagg als künft Fdg auch schon vor dem Erbfall abgetreten w (§ 398 Anm 3c, vgl auch Daniels aaO S 115ff, der auch eine Vorausabtretg von Miterbanteilen für zul hält). Über die Kombination eines Erb- u ErbVerzichtsVertr mit einem Vertr nach § 312 II vgl OGH NJW 49, 666, über die Umdeutg eines nichtigen ErbVertr in einen Vertr nach § 312 II vgl RG JR 27 Nr 1403.

313 *Form der Verpflichtung zur Veräußerung oder zum Erwerb eines Grundstücks.* **Ein Vertrag, durch den sich der eine Teil verpflichtet, das Eigentum an einem Grundstück zu übertragen oder zu erwerben, bedarf der notariellen Beurkundung. Ein ohne Beobachtung dieser Form geschlossener Vertrag wird seinem ganzen Inhalte nach gültig, wenn die Auflassung und die Eintragung in das Grundbuch erfolgen.**

Übersicht

1) Allgemeines
2) Voraussetzungen des Formzwanges
   a) Verpflichtung zur Übertragung
   b) Verpflichtung zum Erwerb
   c) Vertrag, Satzung, einseitiges Rechtsgeschäft
   d) bedingte Verpflichtung, Vorvertrag
   e) Verpflichtung bezüglich eines Grundstücks oder eines Erbbaurechts
   f) fremde Grundstücke, Verpflichtungen gegenüber Dritten (insbesondere Maklern)
3) Verpflichtungen kraft Gesetzes
4) Geltung für verschiedene Vertragsarten
   a) Gesellschaftsvertrag
   b) Weitere Einzelfälle
5) Auftrag und Geschäftsbesorgungsvertrag
6) Abschlußvollmacht
7) Auflassungsvollmacht
8) Umfang des Formzwanges
   a) Allgemeines
   b) Einzelfälle
   c) Gemischte oder zusammengesetzte Verträge
   d) Bewußt unrichtige Beurkundung
   e) Unbewußt unrichtige Beurkundung
   f) Unvollständige Beurkundung
9) Vertragsaufhebung
10) Vertragsänderung
11) Beurkundung
12) Folge des Formmangels
13) Heilung des Formmangels: Voraussetzungen
14) Wirkung der Heilung
15) Behördliche Genehmigungen

1) Allgemeines. a) § 313 S 1 ist dch Ges vom 30. 5. 73 (BGBl I S 501) mit Wirkg zum 1. 7. 1973 **neu gefaßt** worden. Formbedürft ist nunmehr auch die Verpfl zum Erwerb eines Grdst, vgl Anm 2b.

b) Der **Zweck** des § 313 besteht darin, den Eigtümer u (seit der nF) den Erwerber eines Grdst vor dem Eingehen übereilter Verpfltgen zu schützen, eine sachgem Beratg beider VertrPartner zu gewährleisten u Streitigk über das Zustandekommen u den Inhalt der getroffenen Abreden vorzubeugen, BGH NJW 74, 271. Die Vorschr gilt aber auch dann, wenn ihr Schutzzweck im Einzelfall auf and Weise erreicht worden ist, BGH 16, 335, 53, 194.

2) Voraussetzungen des Formzwanges. Der Formzwang besteht für Vertr, die eine Verpfl zur Übertr od zum Erwerb eines Grdst begründen.

a) Formbedürft ist die Verpfl zur **Übertragg** von GrdstEigt. Die Verpfl zur Belastg eines Grdst ist grdsätzl formfrei, Soergel-Schmidt Rdz 6 (Ausn: ErbbR, Anm 2 e; dingl VorkR, Anm 2 d). Formfrei auch die Verpfl, nicht zu veräußern od nicht an best Pers zu veräußern, BGH 31, 19, NJW 63, 1603, FamRZ 67, 470, WPM 74, 19, krit Pikalo DNotZ 72, 655. Verpfl bedarf aber der Form, wenn sie ledigl die Erf einer formnicht VeräußersPfl sichern soll, BGH DNotZ 66, 364, Köln NJW 71, 1942. Verpfl des NachE, dem Verk eines NachlGrdst zuzustimmen, steht der Begr einer VeräußersPfl gleich, ist also formbedürft, BGH LM § 2120 Nr 2/3; das gilt entspr für die Verpfl, den GrdBuchberichtiggsAnspr auf WiederEintr als Eigtümer nicht geltd zu machen, Kblz NJW/RzW 52, 252. Formlos wirks sind dagg RGesch, die keine Verpfl zur Vfg über ein Grdst zum Ggst h, wie die **Abtretg** des AuflAnspr, vgl unten g. Nicht formbedürft auch der Verz auf einen AuflAnspr, RG 127, 298, ferner der Vertr über die Umwandlg eines Grdst in eine Heimstätte, KG JW 35, 2583, Recke DJ 37, 748.

b) Formbedürft ist seit dem 1. 7. 1973 (Anm 1 a) auch die Verpfl zum **Erwerb** eines Grdst. Die Neuregelg beruht auf dem Gedanken, daß auch der heut vch auf dem GrdstMarkt der Erwerber ebso schutzbedürft ist wie der Veräußerer, BTDrucks 7/63, BRDrucks 273/73. Sie betrifft insb KaufanwärterVertr (Anm 2 d), sonst einseit Erwerbsverpflichtgen, uU aber auch MaklerVertr (Anm 2 f) u die Erteilg von Vollm (Anm 6 u 7). Nach fr Recht, das für die vor dem 1. 7. 1973 geschl Vertr weitergilt (RGedanke des Art 170 EGBGB, vgl BGH WPM **73**, 1356, zur zeitl Abgrenzg vgl Einf 1 b vor § 145), bestand dagg kein Formzwang für Vertr, dch die ledigl die Verpfl zum Erwerb eines Grdst begründet wurde, BGH **57**, 394, **61**, 20, sehr str (weitere Nachw 37. Aufl). KaufanwärterVertr waren aber auch nach fr Recht vielf deshalb formbedürft, weil sie stillschw eine VeräußergsPfl begründeten, BGH DNotZ **72**, 17, NJW **73**, 517. Es konnte auch als eine unzul Umgehg des § 313 anzusehen sein, wenn ein einheitl Vertr willkürl in einen formfreien Erwerbs- u in einen später abzuschließden formbedürft VeräußergsVertr aufgespalten wurde, Stgt NJW **70**, 566, **73**, 147, Hamm DNotZ **71**, 364, str.

c) Die Verpfl zur Übertr od zum Erwerb des Grdst muß nach dem Wortlaut der Vorschr dch **Vertrag** begründet w. In Betr kommen nicht nur Kauf od Tausch, sond jeder Vertr, der die Verpfl zur Übereign od zum Erwerb eines Grdst zum Ggst hat, vgl näher Anm 4 u 5. § 313 gilt auch für öffrechtl Vertr, BGH **58**, 386, VerwG Düss DNotZ **71**, 546, Baur DVBl **70**, 824, aA Ziegler DVBl **72**, 215; zT bestehen aber Sonderbestimmgen, so im BBauG 110 für die Einigg im EnteignsVerf (BGH NJW **73**, 657), ferner in StBauFG 35 II 2, 55 III 2. § 313 ist auf **einseitige Rechtsgeschäfte** (StiftgsGesch, Auslobg) entspr anzuwenden, Staud-Kaduk Rdz 86, str, nicht aber auf lwVfg, vgl OGH **1**, 166. Die Zuweisg von Grdst gem der **Satzg einer Genossenschaft** unterliegt nicht dem § 313, BGH **15**, 182, **LM** Nr 59. Im KleinsiedlgsR ist § 313 dagg anzuwenden, BGH **16**, 334, Oldbg Rpfleger **61**, 240, aA Düss NJW **50**, 914. Pfl zur Übertr einer Siedlerstelle aus dem GleichhGrds, vgl BGH **29**, 81, **31**, 37, **45**, 179.

d) Nicht notw ist, daß der Vertr unmittelbar auf die Übertr od den Erwerb eines Grdst gerichtet ist. Formbedürft sind auch **bedingte Verpflichtgen**, RG **72**, 385, **162**, 84, **169**, 70, seit der nF also auch bedingte Erwerbsverpflichtgen, Celle NJW **77**, 52, etwa in KaufanwärterVertr. Kein Formzwang bei reiner Willensbedingg (Einf 4 vor § 158), da hier wirkl Bindg nicht besteht. Behält sich Schu das Recht vor, anstelle des geschuldeten GeldBetr ein Grdst zu übereignen, so gilt entgg fr Recht (RG **95**, 7) § 313, da eine aufschieb bedingte ErwerbsVerpfl begründet w; ebso (entgg RG Gruch **48**, 972), wenn die GrdstÜbereigng eine der wahlw Leistgen eines WahlSchuldVerh mit SchuWahlR ist (§ 262). Der **Vorvertrag** ist formbedürft, RG **169**, 189, BGH NJW **70**, 1916, ebso die Einräumg eines persönl VorkR, RG GrZS **72**. 385, **148**, 108, u die Verpfl zur Bestellg eines dingl VorkR, RG **110**, 333, **125**, 263, BGH DNotZ **68**, 93. Formzwang besteht auch für die Begründg eines **Ankaufsrechts**, BGH **LM** § 433 Nr 16 Bl 3; er erstreckt sich hier auch auf die vom Berecht geschuldete GgLeistg ("Bindgsentgelt"), RG **62**, 414, HRR **30**, 1099, Hamm DNotZ **71**, 296. Im übr ist nach den drei Gestaltgsmöglich des AnkaufsR (BGH **LM** § 433 Nr 16) zu unterscheiden: **aa)** Abschl eines eins bindden Vorvertr (Einf 4 b vor § 145). Folge: auch der HauptVertr muß in der Form des § 313 geschl w, sein Abschl heilt etwaige Formmängel des VorVertr, RG **169**, 189 u unten Anm 13 d. **bb)** Begründg eines OptionsR (Einf 4 c vor § 145) dch eine OptionsVereinbg (aufschieb bedingter Vertr). Folge: die OptionsVereinbg ist formbedürft, die OptionsErkl nicht, RG **169**, 70, BGH **LM** § 433 Nr 16 Bl 3. **cc)** Begründg eines OptionsR (Einf 4 c vor § 145) dch ein langfrist VertrAngebot. Folge: Neben dem Angebot ist auch die OptionsErkl (AnnErkl) formbedürft, RG u BGH aaO. – Ist in einem GrdstKaufVertr einem Dritten ein EintrittsR eingeräumt worden, so ist dessen Ausübg formfrei, RG DR **44**, 116; formfrei auch die Ausübg der im Vertr vorbehaltenen Bestimmg, an welchen der VertrPartner das Grdst aufzulassen ist, OGH NJW **50**, 463.

e) Der Vertr muß sich auf die Übertr od den Erwerb eines **Grundstücks** beziehen. Dem Grdst stehen MitEigtAnteile gleich, RG Warn **25**, 19, ebso das WohnEigt, WEG 4 III. § 313 gilt nach ErbRVO 11 auch für Verpflichtgen, ein **Erbbaurecht** zu übertr, zu bestellen od zu erwerben. Formbedürft wohl auch der Vertr über die Einräumg von WohnBes, da er eine bedingte Verpfl zur Übertr von WohnEigt begründet, Brambring NJW **76**, 1439, BWNotZ **77**, 89. Auf Vertr über wesentl GrdstBestandt ist § 313 unanwendb, RG Warn **25**, 56. Verpfl zur Veräußerg eines HandelsGesch, zu dem GrdBes gehört, ist formbedürft. Ebso Verkauf sämtl Anteile einer KapitalGesellsch, deren Vermögen im wesentl aus Grdst besteht, RGRK Rdz 29, aA RG JW **25**, 1109 (AG), unbestimmt RG **133**, 10 (GmbH). § 313 gilt auch für den Verkauf von **ausländischen** Grdst, soweit die Part die Anwendg dtschen R vereinb haben, RG **52**, 239, **53**, 194, **57**, 339. Für den im Ausl über ein dtsches Grdst geschl Vertr genügt nach EGBGB 11 I 2 die Form des VertrOrtes, da EGBGB 11 II nur für Vfgen gilt, RG **121**, 156, vgl auch **160**, 230.

f) Gleichgült ist, ob der Vertr ein eigenes od **fremdes** Grdst betrifft, RG **77**, 131; der AusspielVertr (Tombola) ist daher entgg Nurnb OLGZ **66**, 278 auch dann formbedürft, wenn das als Gewinn ausgesetzte Grdst noch nicht dem Veranstalter gehört. Gleichgült ist auch, ob die Übereign an den VertrPartner oder an einen Dr erfolgen soll, RG **81**, 50, **162**, 84, Mü OLGZ **72**, 271 (GrdstVerwertgsVertr). § 313 daher anwendb, wenn sich Eigtümer ggü **Makler** zum Verkauf an nachgewiesenen Interessenten verpflichtet, BGH NJW **70**, 1915, Köln DNotZ **70**, 25; ebso VertrStrafVerspr od ProvZusage für den Fall des Nichtverkaufs, BGH NJW **71**, 93, nicht dagg die auf diesen Fall abgestellte Vereinbg von AufwendgErs, BGH NJW **71**, 557, soweit sich dieser im Rahmen des Angem hält, BGH BB **73**, 1141, krit Schwerdtner JR **71**, 199, Bache Betr **71**, 997, Götz JuS **71**, 338. Seit dem 1. 7. 1973 (Anm 2b) gilt das entspr für den **Erwerbsinteressenten**: Verspricht er für den Fall des Nichterwerbs eine VertrStrafe od eine Prov, so bedarf die Abrede der Form des § 313, Breloer NJW **74**, 347, RGRK Rdz 33, vgl auch Celle DNotZ **74**, 167, die das bereits für die aF annehmen.

g) Die **Abtretg** des Anspr auf Übereign eines Grdst ist nicht gem § 313 formbedürft (BayObLG NJW **76**, 1895; RGRK Rdn 63; MüKo/Kanzleiter Rdn 15; Wolfsteiner Rpfleger **76**, 120; ebso fr RG **53**, 270; **111**, 300; **150**, 404; **155**, 176; aA Huhn Rpfleger **74**, 2; Ertl DNotZ **76**, 88). Sie ist ein VfgGesch, währd § 313 nur für VerpflGesch gilt. Auch die Verpfl zur Abtr dürfte trotz der nF des § 313 weiterhin formfrei

Schuldverhältnisse aus Verträgen. 1. Titel: Begründg. Inhalt d. Vertrags § 313 2-5

sein (zweifelh: BayObLG aaO läßt offen; aA Ertl DNotZ **76**, 68; MüKo/Kanzleiter Rdn 15). Sie betrifft die Übertr u den Erwerb eines Anspr, nicht des Grdst.

3) Wenn die **Verpflichtg** zur Übertr u zum Erwerb des Grdst **kraft Gesetzes** od aus einem sonst selbstd RGrd besteht, also dch die Abrede der Parteien nicht geschaffen w, ist § 313 unanwendb, BGH Betr **73**, 1502. Grdsätzl formfrei daher der Auftr zur Beschaffg eines Grdst: die Pfl zur Übereign (§ 667) ist nicht Inhalt, sond Folge des Auftr, vgl Anm 5; seit der nF des § 313 (Anm 2b) ist aber jeweils zu prüfen, ob für den AuftrGeb eine ErwerbsPfl begründet w, vgl Anm 5. Formfrei auch der Vertr über Wandlg eines GrdstKaufs, da die Rückgewähr gesetzl Folge der Wandlg ist, RG **137**, 296. Kein Formzwang für Gemsch-AuseinandS, die der Regelg des § 752 voll entspr, OGH NJW **49**, 64.

4) § 313 gilt für **alle Verträge**, in denen eine Verpfl zur Übertr od zum Erwerb eines Grdst übernommen w, nicht nur wo diese der HauptGgst des Vertr ist, wie bei Kauf u Tausch.

a) Gesellschaftsvertrag u ähnl (vgl Petzoldt BB **75**, 905). Wird bei Gründg der Gesellsch od bei späterem Beitritt ein Gesellschter zur Einbringg eines Grdst verpflichtet, so gilt § 313, RG **68**, 262, **79**, 304, BGH BB **55**, 203. And, wenn das Grdst nur zur Benutzg u dem jeweiligen Werte nach in die Gesellsch eingebracht w soll, RG **109**, 383, BGH WPM **67**, 952. Formfrei auch Gründg einer Innengesellsch (§ 705 Anm 8), bei der das Grdst dem nach außen allein auftretden Gesellschter gehört, BGH NJW **74**, 2278, 2279; and aber, wenn vereinbart ist, das Grdst (etwa iF der Auflösg) für Rechng der Gesellsch zu verwerten, RG **162**, 81, **166**, 165. Gründg einer Gesellsch zum Zweck des Erwerbs u der Veräußerg von Grdst (GrdstSpekulations-, ParzelliergsGesellsch) entgg bish Recht (RG **68**, 262, **82**, 302) formbedürftig, vgl Petzoldt aaO S 907. Formbedürft auch der Beitritt zu einer PublikumsKG, wenn damit Pfl zum Erwerb einer EigtWo verbunden, BGH Betr **78**, 1218. Hat der Gesellschter ein Grdst im eig Namen, aber für Rechng der Gesellsch erworben, ist er gem §§ 713, 667 zur Übereign verpflichtet, hinsichtl der ÜbertrPfl bedarf es daher nicht der Form des § 313, RG JW **35**, 3529, BGH FamRZ **67**, 451, vgl aber Anm 5. Keiner Form bedarf es in allen Fällen, in denen der EigtÜbergang dch **Anwachsg** (§ 738 I 1) erfolgt, da hier keine rgeschäftl Übertr (Erwerb) stattfindet. Formfrei daher: Eintritt od Ausscheiden aus einer Gesellsch, der Grdst gehören, RG **82**, 160, BGH MDR **57**, 733; Übernahme des Vermögens einer OHG od KG dch einen Gesellschter aufgrd HGB 142 od rgeschäftl Abrede, RG **65**, 240, **68**, 410, **136**, 99; ebso bei BGB-Gesellsch, obwohl einem dem HGB 142 entspr Vorschr fehlt, BGH **32**, 314, NJW **66**, 827, sehr str, vgl § 736 Anm 1. Formbedürft Vereinbg auf **Überführg von Gesamthands- in Bruchteilseigentum** od AlleinEigt **57**, 432, **129**, 123, Mü DNotZ **71**, 544. § 313 gilt daher auch bei Übertr des Grdst einer ErbGemsch auf eine persgleiche OHG oder BGB-Gesellsch, KG DR **40**, 977; Übertr des Grdst einer Gesellsch auf eine und persgleiche Gesellsch, RG **136**, 405; nicht dagg bei Umwandlg einer OHG in eine BGB-Gesellsch, RG **155**, 86.

b) Andere Fälle: Abtretg: vgl Anm 2g. – **Ausbietgarantie**: idR formbedürft, Celle NJW **77**, 52. – **Baubetreuungsvertrag**: vgl Anm 5a u b. – **Garantieversprechen** nach RG **140**, 219 nicht formbedürft. – **Gemeinschaft**: AuseinandSVertr formbedürft, BGH DNotZ **73**, 472, and aber, wenn er der Regelg des § 752 voll entspr, OGH NJW **49**, 64. – **Maklervertrag**: vgl Anm 2f. – Vereinbg über das **Nichtbieten** in Verst, grdsätzl nicht formbedürft, und wenn sie Teil eines auf EigtVerschaffg gerichteten Vertr ist, Hamm OLGZ **74**, 123. – **Öffentlich-rechtlicher Vertrag**: vgl Anm 2c. – **Parzelliergsvertrag**, dch den sich der eine verpflichtet, sein Grdst an Dritte zu verkaufen od aufzulassen, ist formbedürft, RG **50**, 168, **68**, 261, Mü OLGZ **72**, 271. – **Schuldübernahme**: Übern der ÜbereigngsPfl formbedürft, BGH **103**, 156 (aA Reichel JW **33**, 2642); seit der nF wohl auch Übern der AbnPfl, nicht dagg die Übern der KaufprSchuld. – **Bürgschaft** für Verkäufer bedarf nicht der Form des § 313, da Bü keine eigene vertragl Verpfl zur GrdstÜbereign eingeht, RG **140**, 218, str. Bürgsch für KaufPrSchuld unterliegt nicht der Form des § 313, RG **134**, 245, **140**, 339, BGH **LM** Nr 3 Bl 2, and aber, wenn sie wesentl Bestand des VeräußergsVertr sein soll, BGH NJW **62**, 586. – Beim gerichtl **Vergleich** w die not Beurk dch die Protokollierg gem ZPO 159 ff ersetzt, § 127 a. Der außergerichtl Vergleich ist formbedürft, wenn in ihm die Verpfl zur Übereign od (seit der nF) zum Erwerb eines Grdst neu übernommen od verschärft w, RG **94**, 152, **109**, 26, BGH LM Nr 5. Formfrei, wenn sich Verk nach Aufl u Eintr verpflichtet, bei der Beschaffg einer noch nicht behördl Gen mitzuwirken, RG **120**, 117. – **Vertragsstrafversprechen** für den Fall der Nichtveräußerg od des Nichterwerbs eines Grdst formbedürft, BGH NJW **70**, 1916, **71**, 93, 557, WPM **73**, 816. – **Vorkaufsrecht, Ankaufsrecht** vgl Anm 2d. – **Werkvertrag** formbedürft, wenn sich Untern zur Bebauung u Übereign eines Grdst verpflichtet, u zwar auch dann, wenn Bebauung Hauptleistg, BGH LM Nr 48.

5) Auftrag und Geschäftsbesorggsvertrag. a) Der Auftr od GeschBesVertr (§ 675) über die **Verschaffg** eines Grdst ist nach der 1. Alternative d § 313 S 1 (Begründg einer ÜbereigngsPfl) idR nicht formbedürft. Der Beauftr (GeschBesorger), der sich zur GrdstVerschaffg bemühen soll, übernimmt keine Pfl zur Übereigng; and nur, wenn er für den Erfolg seiner Bemühngn einzustehen h, RG JW **11**, 580, **31**, 3269. Auch wenn der Beauftr (GeschBesorger) das Grdst (als verdeckter StellVertr) im eig Namen, aber für Rechng des AuftrG erwirbt, ist die 1. Alternative des § 313 S 1 unanwendb; die ÜbereignsPfl ist hier nicht Inhalt, sond gesetzl Folge des geschäftl Vertr (§§ 667, 675), BGH BB **56**, 1124, DNotZ **61**, 583, FamRZ **67**, 451, LM Nr 40, stRspr. Das gilt ebso für den geschführden Gesellschter, BGH DNotZ **61**, 584, WPM **66**, 398, die PublikumsKG, die ihren Mitgl EigtWo verschaffen soll, BGH Betr **78**, 1218, den TrHänder, RG JW **26**, 2571, den für Rechng des AuftrG handelnden Baubetreuer, BGH WPM **67**, 531, 1037. Nach der nF ist § 313 aber dann anwendb, wenn der Vertr (stillschw) für den AuftrG eine (bedingte) **Erwerbspflicht** begründet. Das ist zu bejahen, wenn die EntschließgsFreih des AuftrG hinsichtl des Erwerbs od Nichterwerbs des Grdst nach dem GesBild des Vertr prakt aufgeh ist, vgl die nach fr Recht zu MaklerVertr ergangenen Entsch BGH NJW **70**, 1915, **71**, 93, 557. **Baubetreuungsverträge** (Mattern WPM **72**, 671, § 675 Anm 2c) sind daher seit der nF (entgg BGH WPM **67**, 531, 1037) auch dann regelmäß formbedürft, wenn der Bauträger das Grdst für Rechng des AuftrG erwerben soll, RGRK Rdn 32, MüKo/Kanzleiter Rdn 21.

§ 313 5–8   2. Buch. 2. Abschnitt. *Heinrichs*

b) Soll der **Bauträger** (GeschBesorger) das Grdst nicht als verdeckter StellVertr, sond für eig Rechng erwerben, ist der Vertr bereits nach § 313 S 1 1. Alternative formbedürft, BGH **LM** Nr 40, 48. Das gilt ebso, wenn der Bauträger ein eig Grdst bebauen u übereignen soll, gleichgült, ob ein Kauf-, Wk- oder WkLiefergsVertr vorliegt, BGH DNotZ **69**, 744, **LM** Nr 48, Mattern WPM **72**, 671.

c) Der Auftr (GeschBesVertr) zur **Veräußerg** eines Grdst ist grdsätzl formfrei. And aber, wenn damit bereits eine Bindg zur Veräußerg begründet w, vgl Anm 6 u 7.

6) Abschlußvollmacht. Sie ist wie die AuflVollm, Anm 7, grdsätzl formfrei, § 167 II. Das galt nach der aF des § 313 für die auf den GrdstErwerb gerichtete Vollm ausnlos. Seit der nF des § 313 **stehen** die **Veräußergs-** u die **Erwerbsvollmacht gleich,** Kanzleiter DNotZ **73**, 522. Beide bedürfen idR keiner Form (RG **62**, 336, 337, **76**, 183, **104**, 237). And in folgden Fällen (die angeführte Rspr ist teils zur Abschl-, teils zur AuflVollm ergangen):

a) Vollm kann **Teil** eines einheitl Erwerbs- od VeräußergsVertr sein, so daß sich die für den Vertr geforderte FormPfl (vgl Anm 8 c) auf sie erstreckt, RG **94**, 150, **103**, 300. Das gilt insb, wenn sie die ÜbertrVerpfl sichern soll, RG **50**, 168. – Oft w zugl nachstehd b od c vorliegen.

b) Die Vollm kann **unwiderruflich** sein. Die abstr Vollm ist stets widerrufl. Die Unwiderrufk kann nur hergeleitet w aus dem auf GrdstErwerb od -Veräußerg gerichteten kausalen GrdGesch (Auftr, Dienst-, WerkVertr usw), § 168 S 2. Ist die Vollm unwiderrufl, so bedeutet das schon eine bindde Verpfl zum GrdstErwerb od zur Veräußerg, wie sie dch § 313 unter Formzwang gestellt ist, so daß auch die VollmErteilg **formbedürftig** ist, RG **110**, 320, BGH **LM** § 167 Nr 18, DNotZ **65**, 549, stRspr; das gilt auch bei unwiderrufl, aber zeitl begrenzter Vollm, BGH WPM **67**, 1039.

c) Auch die **widerruflich,** insb die nach außen abstr ohne Verbindg mit einem GrdGesch erteilte Vollm ist formbedürft, wenn sie nur die **äußere Einkleidg** der bereits begründeten **Erwerbs-** od **Übertraggsverpfl** darstellt, mit ihr also **tatsächlich dieselbe Gebundenheit** hervorgerufen w soll wie iF der Unwiderruflk, RG **104**, 238, **108**, 126, BGH **LM** § 167 Nr 18, DNotZ **65**, 549 u **66**, 92, WPM **74**, 1230, stRspr. Dies kommt namentl dann in Betr, wenn der Bevollm in Wahrh nur ein Werkzeug des Käufers ist u dessen Weisgen zu folgen h, RG **108**, 126. Auch die dem Bevollm erteilte Befugn, im Wege des Selbstkontrahierens (§ 181) den Kauf mit sich selbst abzuschließen, deutet auf einen derart Willen zur rechtl Bindgk hin, RG **108**, 126, doch ist eine solche Vollm nicht schlechthin formbedürft, sond es ist im einz Falle zu prüfen, ob der VollmGeber sich bereits rechtl binden wollte, BGH NJW **52**, 1210, DNotZ **66**, 92, KG JW **37**, 471, Karlsr Rpfleger **72**, 92, hM. – Der Dr kann sich auf guten Gl hins der Vollm (§§ 172 I, 171 I) nicht berufen, wenn sich aus der VollmUrk selbst die dem zugrundeliegden RechtsVerh anhaftenden Formmängel ergeben, RG **108**, 128.

d) Schließt der Bevollm in den Fällen a) bis c) ab, so handelt er, da Vollm unwirks, als machtloser Vertr, Folge daher schwebde Unwirksamk u Genehmiggsmögl, § 177. – Ein der Form des § 313 entspr Auftr nebst Vollm macht die Beurkundg des KaufGesch nicht entbehrl, RG HRR **34**, 373.

7) Auflassungsvollmacht. Für sie gilt das in Anm 6 Gesagte entspr. Zur Frage, unter welchen Voraussetzgen der rechtl Bestand der Vollm von der Formnichtigk des Erwerbs- od VeräußergsVertr berührt w, vgl Anm 8 d u 13 b. – Aufl aGrd formungült AuflVollm ist schwebd unwirks, § 177. Der Geltdmachg der Formnichtigk kann § 242 entgegstehen, vgl § 125 Anm 6.

8) Umfang des Formzwanges

a) Allgemeines. Der Form bedarf der gesamte Vertr (Antr u Ann), dh alle Vereinbgen, aus denen sich nach dem Willen der Beteiligten das schuldrechtl VeräußergsGesch zusetzt, RG **145**, 247, BGH **LM** Nr 3, 20 u 68, DNotZ **66**, 738, **75**, 89. Gleichgült ist, ob es sich um obj wesentl od unwesentl Bestimmgen handelt, RG **97**, 220. Formgebunden alle Abreden bei od vor VertrSchl, die die Part als Teil des Vertr (als zu dem Vertr in innerem Zushang stehd) angesehen h, RG **103**, 297. Auch Abreden, die die Part zw Beurk des Antr u der Ann treffen, bedürfen der Form, BGH **LM** Nr 27. Ledigl die Abreden sind formfrei, von denen anzunehmen ist, daß die Part auch ohne sie abgeschl hätten (entspr Anwendg des § 139), RG **65**, 393, Warn **24** Nr 111, BGH DNotZ **54**, 188, **LM** Nr 20. Die Part können eine formbedürft Abrede nicht dadch willkür dem Formzwang entziehen, daß sie sie einverständl nicht mitbeurkunden lassen, RG **97**, 221, od daß sie auf Einhaltg der Form verzichten, RG **61**, 267. Unvollständ Beurk unschädl, sofern Abrede in der Urk einen gewissen Niederschlag gefunden h u iW der Auslegg als VertrInhalt ermittelt w kann, BGH NJW **69**, 132, WPM **74**, 847. Unzul aber Bezugn auf und nicht not beurkundete Vereinbg, BGH NJW **77**, 2072; vgl auch unten b u e.

b) Einzelheiten. aa) Das zu veräußernde **Grundstück** muß im Vertr hinreich best bezeichnet w. Grdbuch- od Katasterbezeichng bei Verk eines Grdst im ganzen genügd, wenn auch nicht erforderl, BGH NJW **69**, 132. Noch nicht vermesser GrdstTeil muß in geeigneter Weise umschrieben w, Haegele Rpfleger **73**, 272. Größenangabe allein nicht ausr, BGH aaO. Umst außerh der Urk können herangezogen w, soweit sie in der Urk einen, wenn auch unvollk Ausdr gefunden h, RG JW **25**, 2237, BGH NJW **69**, 132. Zul Verweisg auf Lageplan, BGH DNotZ **68**, 624, auf eine den Part zugängl Karte, BGH **59**, 15, DNotZ **73**, 96 (zu GBO 29), auf Pflöcke, Mü DNotZ **71**, 544, od auf sonst Orientiergshilfen wie Bäume, Zäune, Gräben, BGH NJW **69**, 502 (zu GBO 29), vgl auch **LM** § 155 Nr 2 (Abw zw Lageplan u Vertr). Ergibt sich der Umfang der VerkäuferPflten aus einer **Baubeschreibg,** so gilt für diese das Beurkundgserfordern, BGH **69**, 266 = DNotZ **78**, 148 mAv Brambring (and noch BGH **63**, 360). Zul auch, daß Bestimmg des zu übertragden Grdst gem §§ 315 ff VertrPart od Dr überlassen w, RG **165**, 163, BGH BB **67**, 1394, od Vereinbg, daß sie später erfolgen soll, Nürnb DNotZ **65**, 611. Auch die Bestimmg des Berecht kann nachträgl gem §§ 315 ff erfolgen, OGH NJW **50**, 463. Ausübg des BestimmgsR dann formfrei, OGH NJW **50**, 463, BGH Rpfleger **73**, 356. **bb)** Formgebunden Abreden über die **Gegenleistg,** RG **103**, 297, auch

324

Schuldverhältnisse aus Verträgen. 1. Titel: Begründg. Inhalt d. Vertrags § 313 8–10

soweit sie an Dr zu erbringen sind, RG LZ **24**, 231, BGH **11**, 101. Formzwang besteht auch für Abreden über Art u Weise der Tilgg, Düss DNotZ **73**, 602, über Tragg der Wertzuwachssteuer, RG **112**, 68, über Finanzierungskosten, Düss BB **71**, 846, bes Vergütg für baldige Räumg, RG **114**, 233, Sondervergütg für einzelne Verk, u zwar auch dann, wenn sie hinter dem Rücken der and vereinbart w, RG **118**, 247, **132**, 133. Angabe, der Preis sei gezahlt, genügt nicht, auch bereits bewirkte Leistgen müssen beurkundet w, BGH NJW **69**, 1629. Köln OLGZ **77**, 209. Nicht ausr auch Erkl über GgLeistg bestehe Einigk, BGH DNotZ **68**, 481. GgLeistg muß im Vertr bestimmt oder bestimmb bezeichnet w, auch kann dem gem §§ 315ff einem Dr od einer VertrPart überlassen w, BGH **LM** Nr 33. cc) Vertragl Zusichergen des Verk sind formbedürft, RG SeuffA **94**, 119, BGH WPM **73**, 612. Dagg gilt § 313 nicht für den gem ZPO 1027 in bes Urk errichteten SchiedsVertr, BGH **69**, 260, 264 (abw die fr hM). dd) **Vereinbargen** des Verk od Käufers **mit Dritten** gehören idR nicht zum Vertr u sind daher formlos gült, BCH **LM** Nr 3, DNotZ **66**, 737. Etwas gilt aber dann, wenn die Abrede nach dem Willen der Beteiligten in den rechtl Zushang des geschl Vertr einbezogen w soll, RG **145**, 249, BGH **11**, 101, Hamm OLGZ **76**, 264. Das kann auch auf eine Bürgsch zutreffen, die bei VertrSchl für die KaufprSchuld übernommen w, Anm 4b. Vereinbg mit vollmachtl Vertreter über die Gen des von diesem geschl Vertr idR formfrei, BGH **LM** Nr 10.

c) Bei **gemischten** od **zusammengesetzten Verträgen** (§ 305 Anm 6) erstreckt sich der Formzwang auf den ges Vertr, sofern dieser eine rechtl Einheit bildet, RG **97**, 220. Maßgebd ist dafür grdsätzl der Wille der VertrPart, RG **145**, 249; es genügt aber der Wille des einen Teils, wenn der and ihn erkannt u hingen h, RG **103**, 299, BGH DNotZ **71**, 410. Ein tatsächl od wirtschaftl Zushang (gleichzeit Abschl, Veranlassg des einen Vertr dch den and) ist nicht ausr, RG **145**, 248. Erforderl ist grdsätzl eine ggs Abhängigk derart, daß die Vereinbgen nur zus gelten sollen, BGH NJW **61**, 1764. Genügd aber wohl auch eine einseit Abhängigk des GrdstGesch von dem and od umgekehrt, RG **97**, 222. Abgrenzg vielf zweifelh. UrkTrenng od Mündlichk der Zusatzabrede läßt Selbständigk vermuten, RG **103**, 297, BGH WPM **67**, 1132, DNotZ **68**, 665. ZusFassg in einer Urk dagg Einheitlichk, BGH DNotZ **75**, 87. Bei Würdigg hat Richter alle Umst zu berücksichtigen. Vertr über den Verkauf u die Bebauung eines Grdst bilden idR eine Einh (Ffm DNotZ **78**, 90), Vertr über GrdstInventar kann auch dann selbstd sein, wenn Preishöhe dch gleichzeit Grdst-Verk beeinflußt, BGH NJW **61**, 1764, DNotZ **75**, 89. Trotz rechtl Selbstdk der Vertr kann Formzwang über § 139 das GesGesch ergreifen, wenn Vertr nach dem Willen der Part nur zus gelten sollen, BGH **LM** Nr 46, DNotZ **75**, 89. Liegt einheitl Vertr vor, so ist bei Beurk nicht § 313 nur dann gewahrt, wenn der rechtl Zushang in ihnen eindeutl verlautbart w, RG AkZ **40**, 252, doch kann die Berufg auf den Formmangel mißbräuchl sein, Titze ebda. Zu dem Fall, daß die Abschl- od AuflVollm Teil eines einheitl VeräußergsGesch ist, vgl Anm 6a u 7 sowie unten d.

d) Haben die Part **bewußt Unrichtiges** beurkunden lassen (Bsp: einen zu niedrigen KaufPr), so ist der beurk Vertr als ScheinGesch (§ 117) nichtig u der wirkl gewollte Vertr wg Formmangels (§ 125) ungült, RG **78**, 119, BGH **54**, 62, stRspr, vgl auch Celle NdsRpfl **48**, 41 (zusätzl Entgelt für mitverkaufte Grdst-Bestandt). Die in einem solchen Vertr enthaltene Aufl od AuflVollm w jedoch idR gült sein, da sie zur Ausführg des verdeckten mündl abgeschl Vertr erteilt, also unabhäng vom beurk Vertr gewollt u abgegeben ist, RG **103**, 302, **104**, 104, 298, **114**, 353, **137**, 339, Spiro, Die unricht Beurk des Pr beim Grdstkauf, 1964, ferner Anm 13b. – Bei Ausüb des gesetzl VorkR gilt zG des SiedlgsUnternehmens der beurk Pr, RSiedlG 4 III, vgl dazu BGH **53**, 52.

e) Haben die VertrPart **unbewußt Unrichtiges** beurkunden lassen, obwohl sie über das in Wahrh Gewollte einig waren, so liegt eine unschädl unricht Bezeichng (falsa demonstratio) vor. Der Vertr ist mit dem gewollten Inhalt gült zustande gekommen, so bei falscher Kataster- od Grdbuchbezeichng des verkauften Grdst, RG **109**, 336, BGH BB **67**, 811, NJW **69**, 2045, stRspr, bei versehentl falscher Beschreibg der Grenzlinie, BGH WPM **71**, 1085, bei versehentl Weglassen von Klauseln, die in einer and, in Bezug genommenen Urk enthalten sind u über die Part sich einig waren, BGH **LM** Nr 30, bei unricht Angabe der Höhe der übernommenen Hyp, RG JR **27**, 1010, bei unricht Bezeichng des Verpflichteten, BGH WPM **73**, 869; krit Wieling AcP **172**, 307. Bei in Wahrh fehler Willensübereinstimmg liegt bei Mehrdeutigk der Urk versteckter Dissens vor (§ 155), bei Abw zw Wille u Erkl kann IrrtAnf (§ 119) in Betr kommen.

f) Ist der Vertr **unvollständ beurkundet**, so ist der nicht beurk Teil auf jeden Fall nichtig, vgl aber oben a aE. Die Gültigk des Vertr im übr richtet sich nach § 139, Kblz AcP **150**, 458, Staud-Kaduk Rdz 100. Wußten die Part um die Formnichtigk eines Teils ihrer Abreden, so ist das Beurkundete allein gült, RG **122**, 140, BGH **45**, 379, jedoch können die formunwirks Abreden gem § 313 S 2 wirks w, BGH NJW **75**, 205.

9) Die **Aufhebg** des Vertr bedarf bis zur Aufl nicht der Form des § 313, da sie keine ÜbereignsPfl (u auch keine ErwerbsPfl) begründet, RG **65**, 392, BGH WPM **64**, 509. Formfrei wohl auch die Aufhebg zw Aufl u Eintr, BGH aaO. Die VertrAufhebg nach Aufl u Eintr ist dagg als Neubegründg einer Übereigns- u ErwerbsPfl formbedürft, RG SeuffA **80**, 42, BayObLG Rpfleger **77**, 104. – Formfrei der Rücktr kr Vertr od Ges, die Wandlg (u Minderg), RG **137**, 296, der **Erlaß** des Anspr auf Aufl u RückAufl, RG **127**, 298. – Nach fruchtlosem Ablauf der NachFr des § 326 kann der erloschene ÜbereignsAnspr nur in der Form des § 313 wiederhergestellt w, BGH **20**, 344.

10) **Abänderg. a)** Das Schrifttum nahm unter der aF des § 313 überw an, der ÄndergsVertr sei nach dem Schutzzweck des § 313 nur dann formbedürft, wenn er die ÜbereignsPfl erweitere od verschärfe; Ändergen, die die RLage des Veräußerers nicht verschlechtern, seien formlos wirks, Planck-Siber Anm 5b. Enn-Lehmann § 42 II 3, Hoche DNotZ **58**, 346, ferner hier 32. Aufl. Diese Ans, der gelegentl auch das RG zugeneigt h (RG **109**, 27, **148**, 109), ist dch die nF u den ihr zugrde liegden Gedanken des Erwerberschutzes überholt, Kanzleiter DNotZ **73**, 522, RGRK Rdz 84. Nunmehr sind **grdsätzl alle Ändergen formbedürft**, soweit sie einen Bestandt des ursprüngl Vertr betreffen, so schon für die aF Staud-Kaduk Rdz 57, Soergel-Schmidt Rdz 22 u die überw Rspr RG **65**, 392, BGH **LM** Nr 27, 50, BGH **56**, 162, NJW **73**, 37, **74**, 271. **Formfrei** sind Ändergen, die weder die Übereigns- noch die AbnPfl erweitern od ver-

§ 313 10–13

schärfen, wie etwa die Verlängerg der Fr für ein vertragl RücktrR, BGH **66**, 270. Entspr gilt für Änderungen, die Nebenpkte betreffen, in entspr Anwendg des § 139 von dem geschl Vertr abtrennb sind, Erm-Erman Rdz 50, RG **103**, 331. Formfrei sind ferner Vereinbgen, die lediglich der Beseitigg einer bei **Abwicklg des Geschäfts** aufgetretenen unvorhergesehenen **Schwierigkeit** dienen u den Inhalt der ggs LeistgsPflten im Kern unberührt lassen, RG **140**, 339, BGH **LM** Nr 14, Betr **66**, 978, NJW **73**, 37, **74**, 271, stRspr. Das soll jedoch nicht gelten, wenn ein not Angebot dch beiderseit Vereinbg für den Fall seiner Ann geändert w, BGH **LM** Nr 27.

b) Einzelfälle: Es besteht in aller Regel Formzwang. **aa) Formbedürft:** Erl od Herabsetzg des KaufPr, RG DR **40**, 1292, OGH **1**, 291, BGH **LM** Nr 5, 14, und aber bei berecht Mindergverlangen, RG **137**, 296; Erhöhg des KaufPr (für aF str), und uU wenn lediglich zum Ausgl für Geldentwertg, RG HRR **28**, 1469; NeuÜbern der ÜbereignungsPfl, RG **109**, 27, BGH Betr **66**, 978; Vereinbg über Anrechng od Aufr von Leistgen, RG Recht **11**, 2426, Staud-Kaduk Anm 62; Ersetzg der Barzahlg dch Ablösg od Verbindlichk od dch sonst Leistg an ErfStatt, BGH Betr **55**, 432, BGH **56**, 162; Vereinbg über Übertragbark eines VorkR, RG **148**, 108; Vorverlegg od Hinausschieben der Lieferzeit BGH **LM** Nr 50, NJW **74**, 271; Verlängerg der Fr zur Erkl der Aufl, RG **76**, 34. Formzwang entfällt nicht dadch, daß Änderg iW des Vergl vereinb w, RG **109**, 26, BGH **LM** Nr 5. **bb) Nicht formbedürft** Abreden, dch die zur Behebg von unvorhergesehenen Abwicklgsschwierigk Leistgsmodalitäten an die neuen Verh angepaßt w, oben a); das kann zutreffen für StdgsVereinbgen, RG LZ **24**, 232, Leistg an Dr, RGRK Anm 43; Verlängerg der Fr für WiederkaufsR, BGH NJW **73**, 37, Vereinbg über aufgetretene R- od Sachmängel, vgl BGH WPM **72**, 557.

c) Änderngen **nach Auflassg** sind **nicht** formbedürft, weil die ÜbereignungsPfl (u die ErwerbsPfl) mit der Aufl dch Erf erloschen sind, also nicht mehr bestehen, RG HRR **33**, 1410, BGH **LM** Nr 49, WPM **72**, 557, Betr **75**, 1983. Das gilt natürl ebso für Änderngen nach Aufl u Eintr.

11) Notarielle Beurkdg. Für sie gilt § 128 u das hinten unter Nebengesetzen abgedr BeurkG. Gerichtl Vergl ersetzt not Beurk, § 127 a. Zur unricht od unvollständ Beurk vgl Anm 8 d–f.

12) Folge des Formmangels ist **Nichtigkeit** des Vertr, § 125. Sie ist vAw zu beachten u zwar auch dann, wenn Part den Vertr als gült behandelt wissen wollen, BGH **LM** § 125 Nr 29, od sie auf Einwand der Formnichtigk verzichtet h, BGH NJW **69**, 1167. Nichtigk erstreckt sich auf den **gesamten** Vertr, es sei denn, daß § 139 Halbs 2 anwendb ist. Die mit dem formnichtl Vertr verbundene AuflVollm kann uU gült sein, ebso die Aufl, vgl Anm 8 d u 13 b. Der nichtige Vertr kommt nicht als Grdlage für eine Vormkg in Frage, RG **55**, 343; uU besteht wg c. i. c. Pfl zum Ers von Vertrauensschaden, vgl § 276 Anm 6 c. Ganz ausnahmsw kann die Berufg auf den Formmangel gg Treu u Glauben verstoßen, § 125 Anm 6.

13) Satz 2: Heilg des Formmangels. Um ein formnichtiges RGesch gült zu machen, bedarf es grdsätzl einer formgerechten NeuVorn, § 141 I. Von diesem Grds ist § 313 S 2 eine Ausn. **Voraussetzgen:**

a) Notw sind **Aufl und Eintr**, Aufl allein genügt nicht, ebsowenig Bewilligg u Eintr einer AuflVormkg, BGH **LM** Nr 19. Bis zur Eintr kann der Veräußerer die Aufl (u die EintrBew) kondizieren, RG **108**, 329, **109**, 354, stRspr, es sei denn, daß er die Formnichtigk kannte (§ 814), RG **133**, 276. Erhebg der KondiktionsKl hindert die Eintr u damit die Heilg nicht. Veräußerer kann aber iW einstw Vfg ein sog **Erwerbsverbot** erwirken. Die trotz dieses Verbots erfolgte Eintr ist analog §§ 136, 135 ggüb dem Veräußerer relativ unwirks u heilt nicht, RG **117**, 290, **120**, 120. Bei Aufhebg des Erwerbsverbots tritt nachträgl Heilg ein, Mü OLGZ **69**, 196. Ein Widerspr hindert wg seiner and Zweckbestimmg die Heilg nicht, RG **109**, 334. Die **Willensübereinstimmg** der Part muß bis zur Aufl fortbestehen, RG **109**, 354, BGH DNotZ **69**, 350, NJW **78**, 1577; spätere Uneinigk schadet auch dann nicht, wenn Aufl unmittelb nach VertrSchl in derselben Urk erfolgt, BGH WPM **73**, 612. Die Eintr muß tatsächl vollzogen sein, RG **54**, 147, u das **veräußerte Grdstück** betreffen, RG **78**, 44. Eintr auf falschem GrdBuchblatt heilt auch iF einer falsa demonstratio nicht; diese ist zwar für Vertr u Aufl (Anm 8 e), nicht aber für Eintr unschädl, RG **61**, 265. Aufl u Eintr müssen **sämtliche** veräußerten Grdst umfassen, RG **68**, 386; bei TeilAufl entscheidet § 139 darü, ob Heilg hinsichtl des aufgelassenen GrdstTeils anzunehmen ist, vgl RG **133**, 294, RG **137**, 351 offen gelassen. Beim **Tauschvertrag** müssen beide Grdst aufgelassen sein, RG **56**, 36, vgl auch BGH **59**, 271. Bei Verpfl zur ErbbRÜbertr (ErbbRVO 11 I 1) heilt Eintr des Erwerbers als Eigtümer u Löschg des ErbbR, BGH **32**, 11. Heilt erstreckt sich auf **Rückübereignungsverpflichtg**, ohne daß insow bereits Aufl u Eintr erforderl, BGH **LM** Nr 15, NJW **75**, 205. Verpfl des Eigtümers, das Grdst nach Beendigg des ErbbR an den ErbbBerecht aufzulassen, w aber dch die Eintr des ErbbR nicht geheilt, BGH **59**, 269. Sofern § 313 bei Verk eines ausl Grdst anzuwenden ist (vgl Anm 2 e), tritt Heilg mit EigtErwerb nach ausl R ein, Mü OLGZ **74**, 19, vgl auch BGH **52**, 243.

b) Die **Aufl** muß **rechtswirks** sein, RG **137**, 352, BGH **29**, 9. Aufl dch Bevollm heilt nur, wenn **AuflVollm** gült, RG JW **30**, 3476, od wenn die (zunächst schwebd unwirks) Aufl gen w, § 177. Ungültigk der Vollm kann sich insb daraus ergeben, daß sie abw von der Regel des § 167 II ihrerseits formbedürft, die Form aber nicht gewahrt ist, vgl Anm 6 u 7, Aufl dann ohne heilde Wirkg, BGH DNotZ **66**, 96. Ist die formgült erklärte Vollm Bestandt des VeräußerngsVertr, dieser aber wg unvollständ od unricht Beurk nichtig, richtet sich ihre Gültigk nach § 139. Haben die Parteien in der Urk bewußt unricht Erklärgen abgegeben (Schwarzkauf), ist die in die Urk aufgen Vollm idR gült, da sie zur Ausführg des verdeckten mdl abgeschl Vertr erteilt ist, also § 139 Halbs 2 eingreift, Anm 8 d. Diese Grds gelten entspr, wenn die AuflBestandt eines unvollständ oder unricht beurk VeräußergsVertr ist, RG **104**, 104, 298, ferner **134**, 86. Auch wenn es sich nicht um Schwarzkauffälle handelt, ist idR als Wille der Part anzunehmen, daß die AuflVollm u (od) Aufl trotz der Nichtigk des GrdGesch wirks sein sollen, RG **78**, 44, **114**, 353, **137**, 339, BGH NJW **76**, 237. – Bedarf die Aufl einer behördl Gen, muß diese vorliegen, damit Heilg eintritt, BGH DNotZ **69**, 350. Heilg auch bei gutgl Erwerb von **Nichtberechtigten**, BGH **47**, 270. Bei **Veräußergskette** genügt unmittelb Aufl an den Letzterwerber, wenn anzunehmen ist, daß der Veräußerer damit den formlosen Vertr mit seinem Abkäufer erfüllen will; sofern entspr ErfWille u ErfBerechtigg gegeben, w auch die übr formlosen Vertr der Kette geheilt, RG **132**, 290, **85**, 274, **82**, 344.

c) **Voraussetzg** ist, daß der Formmangel der alleinige UngültigkGrd ist. **Andere Mängel**, wie Willensmängel, fehlde Vertretgsmacht, Verstoß gg §§ 134, 138, fehlde vormschgerichtl Gen (RG **137**, 352) usw, w von der Heilg nicht erfaßt, BGH DNotZ **69**, 350. Auch der Mangel einer vertragl vereinb Form w nicht geheilt. Der Heilg steht nicht entgg, daß die Part den Formmangel bei VertrSchl kannten, BGH NJW **75**, 205.

d) § 313 S 2 ist auf einige Fallgruppen **entsprechend anwendbar**: Formungült Vertr über Bestellg eines dingl VorkR w dch Einigg u Eintr wirks, sofern Willensübereinstimmg zZ des ErfGesch noch besteht (oben a), BGH DNotZ **68**, 93. Formunwirks VorVertr w dch Abschl des HauptVertr wirks, RG **169**, 190, zweifelnd BGH DNotZ **61**, 316. Eine entspr Anwendg des § 313 S 2 kommt dagg nicht in Betr, soweit der Formzwang auf and Vorschr beruht: Formungült ErbschKauf w dch ErbteilsÜbertr nach § 2033 nicht geheilt, RG **129**, 123, **137**, 175, BGH NJW **67**, 1128, DNotZ **71**, 38 (krit Schlüter JuS **69**, 14); keine Heilg auch für den gem § 2348 formbedürft Erbverzicht, RG HRR **30**, 713.

14) Satz 2: Wirkgen der Heilg. a) Sie erstreckt sich auf den **gesamten Inhalt** des Vertr einschließl aller mdl u schriftl Nebenabreden, vgl Anm 8a. Wirks w auch die vereinb Verpflichtgen zur Rückübereign, BGH **LM** Nr 15, NJW **75**, 205, soweit sie nicht weiterreichen als der Ggst der Veräußerg, BGH **59**, 269, Heilg erstreckt sich auch auf ein entgg § 761 mdl abgegebenes zu Vertr gehördes Leibrentenversprechen (BGH NJW **78**, 1577), auf formbedürft Abreden mit Dr, BGH NJW **74**, 136, ebso auf Unterwerfg unter ZwVollstr, Köln NJW **70**, 1881. Voraussetzg aber, daß Willensübereinstimmg über die Geltg u Fortgeltg der Nebenabreden zZ der Aufl noch bestand, stRspr vgl Anm 13a. Keine Vermutg für Fortdauer der Willensübereinstimmg, sie kann sich aber aus den Umst ergeben, RG Warn **09** Nr 350.

b) Der Vertr **wird** gült, daher **keine Rückwirkg**; eine vorher eingetr AuflVormkg bleibt wirkgslos, BGH **54**, 63 (aA Lüke JuS **71**, 341). Vertragl Anspr verj erst ab Eintr u zwar auch bei früherer Überg des Grdst, RG **75**, 114, **134**, 86. Die Heilg ist nach ihren Voraussetzgen (Vorn des dingl ErfGesch) u ihrer Form keine Bestätigg eines nichtigen RGesch iS des § 141. Die Gleichh der Interessenlage begründet aber die tatsächl Vermutg, daß die VertrPartner auf den Willen iS des § 141 II h, RG **115**, 12, BGH **32**, 13, **54**, 63.

15) Behördl Genehmiggen zu GrdstVeräußerungsverträgen: Die GenPfl für land- u forstwirtschaftl Grdst ist nunmehr im GrdstVG geregelt (vgl näher Einf 7b bb vor § 854), die städtebaul GenVorschr sind im BBauG zusaßt (vgl näher Überbl 12 vor § 873). Über die rechtl Auswirkg behördl GenPfl vgl § 275 Anm 9. Zur VO über die Preisüberwachg vom 7. 7. 42, aufgeh ab 29. 10. 60 dch BBauG 186, vgl 20. Aufl. Zur Wirkg der Aufhebg auf schwebde Vertr vgl 37. Aufl.

314 *Erstreckung auf Zubehör.* Verpflichtet sich jemand zur Veräußerung oder Belastung einer Sache, so erstreckt sich die Verpflichtung im Zweifel auch auf das Zubehör der Sache.

1) Allgemeines. § 314 ist Ausleggsbestimmg, nicht ergänzender Rechtssatz. GgBew mögl. Er hat insof Bedeutg, als das Zubeh das rechtl Schicksal der Haupts nicht ohne weiteres teilt. § 314 betrifft den **schuldrechtlichen** Vertrag. Ein VeräußergsVertr ist nicht nur Kauf u Tausch, auch Schenkgsversprechen. Auf Miete, Pacht u Leihe entspr anwendb. Für das Vermächtn gilt dasselbe nach § 2164. Über den Miterwerb des Zubehörs bei Erwerb des Eigt an einem Grdst § 926. Sache: § 90, Begr des Zubehörs: §§ 97, 98. – Daß sich zur Veräußerg Verpflichtende Eigtümer des Zubehörs ist, wird für § 314 nicht vorausgesetzt. – Entscheidender Ztpkt: der des VertrSchlusses (in Entw I ausdr enthalten, in Entw II als selbstverstdl gestrichen), doch kann sich ein anderer Ztpkt aus den Umst ergeben. § 314 ist entspr anwendb auf gewerbl Schutzrechte als Zubeh eines verkauften Betriebes RG **112**, 244, 247. Gewinnanteilschein ist Zubeh der Aktie, wenn räuml Verhältn des § 97 zu ihr besteht; aber auch sonst muß die Verpflichtg zur Veräußerg usw der Aktie dem Grdgedanken des § 314 entspr, sich auf ihn erstrecken, RGRK Anm 1.

315 *Bestimmung der Leistung durch eine Partei.* I Soll die Leistung durch einen der Vertragschließenden bestimmt werden, so ist im Zweifel anzunehmen, daß die Bestimmung nach billigem Ermessen zu treffen ist.
II Die Bestimmung erfolgt durch Erklärung gegenüber dem anderen Teile.
III Soll die Bestimmung nach billigem Ermessen erfolgen, so ist die getroffene Bestimmung für den anderen Teil nur verbindlich, wenn sie der Billigkeit entspricht. Entspricht sie nicht der Billigkeit, so wird die Bestimmung durch Urteil getroffen; das gleiche gilt, wenn die Bestimmung verzögert wird.

1) Allgemeines. Die Leistg des Schu muß im Vertr bestimmt od wenigstens bestimmb vereinbart sein, sonst besteht kein Schuldverhältn, vgl § 241 Anm 2b. Bestimmb ist Leistg, wenn sie nach obj Maßstäben ermittelt w soll, s Anm 2c. Hinr bestimmt ist auch die Verpflichtg, sich im Falle der Gründg einer AG an dieser in einer festgelegten Weise zu beteiligen, RG **85**, 289, ferner die Abrede bei VertrAnträgen, einen anderen als Annehmenden zu benennen, RG **20**, 37, **24**, 66. – Die nachfolgende Bestimmg ist VertrErgänzg. Ist sie erst späterer Einigg der VertrPartner vorbehalten, dann liegt bis zu dieser noch kein VertrSchluß vor, § 154; das gilt auch für den VorVertr, RG **124**, 83. Gemeint kann aber auch sein, man werde sich schon einigen (Ausleggsfrage); dann § 316, vgl dort Anm 1. – Die Bestimmg der Leistg kann auch einem der VertrPartner, §§ 315, 316, od einem Dritten, §§ 317–319, vorbehalten werden. Voraussetzg der §§ 315, 317–319 ist, daß die VertrPartner über die Bestimmg der Leistg dch den einen od einen Dritten einig geworden sind, sonst ist kein Vertr zustande gekommen, vgl RG **90**, 27; dagg setzt § 316 eine solche Einigg nicht voraus, vgl dort Anm 1. Voraussetzg w weiter, daß eine sachgerechte Ergänzg mögl, der Vertr also nicht derart lückenh ist, daß er dch eine Bestimmg gem §§ 315ff nicht ausgefüllt w kann, BGH **55**, 248. – Auch andere VertrKlauseln können der Bestimmg dch eine Partei od Dritten überlassen w; dann gelten §§ 315, 317–319 entspr, zB Feststellg der DienstUnfgk als Voraussetzg der Pensionierg od der Widerruf einer Pensionszusage, BAG NJW **56**, 1963, **57**, 648. – Soll Bestimmg im VertrPart im Einvernehmen mit einem Dritten (zB BetrR) erfolgen, sind §§ 317ff entspr anwendb, BAG **21**, 311, **AP** § 319 Nr 2.

2) I. Wollen die VertrPartner die Bestimmg der Leistg dch einen von ihnen (dch wen, muß vereinbart sein), so gilt nach § 315 I die **Auslegungsregel**, daß die Bestimmg nach **billigem Ermessen** zu treffen ist (ebso bei Bestimmg dch einen Dritten § 317 I). Der Berecht hat insow einen EntscheidgsSpielraum, er w rechtsgestaltd, nicht rechtsfeststelld tät, MüKo/Söllner Rdn 14, aA v Hoyningen-Huene Billigk im ArbR 1978.

a) Da § 315 nur Ausleggsregel, hindert er nicht, daß die Part die Bestimmg der Leistg in das **freie Ermessen** einer Partei stellen, RG **99**, 106; dann gilt § 315 III nicht, die Ermessensbestimmg ist aber unverbindl, wenn offenb unbillig, RG **99**, 107. Die Leistgbestimmg kann sogar in das freie Belieben einer Partei gestellt sein (RG aaO 107); bei Belieben des Gläub wird allerdings der Vertr meist wg unsittl Beschrkg des Schu aus § 138 nichtig, bei Belieben des Schu wird dessen Bindg fehlen u Vertr deshalb unwirks sein. Ist er doch gültig u wird die Bestimmg nicht vorgenommen, so wird der Vertr unwirks, wie wenn eine Bedingg für seine Wirksamk ausgefallen wäre, vgl die Nachweise zu dem gleichliegenden Fall des §§ 317ff bei § 319 Anm 3. § 315 III gilt nicht, doch ist auch hier die Bestimmg, wie oben bei der freien Ermessensentscheidg, bei offenb Unbilligk für unverbindl zu halten (BAG **AP** § 242 Nr 18).

b) Die Bestimmg dch einen VertrPartner kann den Gesamtinhalt der Leistg od eine einzelne Festlegg (**Modalität**) betreffen, zB Ort, Zeit, Art, Umfang. Stets muß aber eine Grdlage bestehen, von der bei Ausübg des billigen Ermessens ausgegangen w kann, zB GeschZweck, GgLeistg (vgl § 316), VerkSitte usw. Über Bestimmg der Zeit RG **64**, 116. Zul ist danach auch die sog Besserungsklausel bei Geldschulden, darü § 271 Anm 2e. Ein Fall der Bestimmg der Leistg dch eine Partei ist der Bestimmgs-(Spezifikations-)kauf des HGB 375; hier aber str, ob § 315 I gilt; § 315 III gilt nicht. – Die Klausel „Preis freibleibend" stellt die Preisbestimmg in das billige Ermessen des Verkäufers, unter Berücksichtigg des Verhältnisses der Marktlagen der Abschl- u der Lieferzeit, RG **103**, 415; Vorbeh einer Preisberichtigg unter bestimmten Voraussetzgn läßt sich ebso auslegen, uU aber auch als Vorbeh des Rücktritts mit neuem Angebot BGH **1**, 354. § 315 (iVm § 316) ist auch anwendb, wenn in einem Vertr ein **Leistgvorbehalt** (vgl § 245 Anm 5 b aa) vereinbart worden ist u Part sich nicht über Anpassg einigen können, BGH **LM** § 535 Nr 35, DNotZ **68**, 425, Betr **76**, 670, str, vgl näher § 245 Anm 5c bb. – Weitere Anwendungsfälle: Festsetzg der konkreten UrlZeit dch ArbGeb vgl BAG NJW **62**, 269, Betr **71**, 295, uU Eingruppierg in Vergütgsgruppen BAG **AP** § 611 GewerkschAngest Nr 2, Widerruf von Leistgszulagen, BAG Betr **71**, 392, **73**, 480, uU Vergütgsfestsetzgen in öffr DienstVerh, VerwG Kassel DVBl **72**, 345 (Lehrbeauftragter), Nachberechng von Krankenhauspflegekosten, LG Ffm NJW **78**, 597, Vergütgsregelg, wenn Part dch Aufn der Lieferg VertrVerh begonnen h, ohne sich über Entgelt zu einigen, BGH **LM** Nr 12. Festsetzg von Rahmengebühren des RAnw nach Ermessen vgl BRAGO 12 nF, Schmidt NJW **75**, 1727.

c) Ob die VertrPartner die Leistgsbestimmg einem von ihnen überlassen haben, ist **Ausleggsfrage**. **Vorweg** ist zu prüfen, ob Leistg im Vertr **stillschweigend** bestimmt worden ist. Das ist der Fall, wenn Höhe des Entgelts dch Bezugn auf obj Maßstab geregelt w. Kauf zum Tages-, Laden-, Markt-, Tax- od ortsübl Preis fällt idR nicht unter §§ 315f; betragsmäß Festlegg erfolgt notf hier dch Ger, dessen Entsch hier (and als bei III) nicht gestaltden, sond feststellden Charakter hat. Entspr gilt bei GrdstKauf zum „Verkehrswert" od mit Abrede, daß Preis nach Grds des EnteigngsR bemessen w soll, BGH WPM **68**, 582. Auch bei Bezugn auf obj Maßstab kann jedoch ein Spielraum bleiben, der dann nach §§ 315ff dch Parteibestimmg auszufüllen ist. Haben Part „angemessenes" Entgelt vereinbart, sind idR §§ 315f anwendb, doch kann im Einzelfall Bestimmg dch ergänzde VertrAusleg od nach and obj Maßstab mögl sein, BGH BB **65**, 103, **LM** § 157 (Ga) Nr 14, WPM **69**, 994. Beim Dienst-, Werk- u MäklerVertr gelten nach §§ 612 II, 632 II, 653 II, wenn die Höhe der Vergütg nicht bestimmt ist, die taxmäß, bei Fehlen einer Taxe die übl (nicht die angemessene) Vergütg als vereinb, vgl auch HGB 59. Für Kauf besteht keine solche Bestimmg. **Beweislast**: Wer das Recht der Bestimmg des Umfangs der Leistg für sich in Anspr nimmt, hat das zu beweisen; dazu gehört Nachw, daß weder eine ausdr noch eine stillschw Abrede über die Leistg getroffen ist u auch eine Taxe, übl Vergütg od sonstige obj Grdlage nicht besteht, vgl RG **57**, 46, stRspr. Wer freies Erm für sich in Anspr nimmt, hat zu beweisen, daß nicht billiges gelten sollte, § 315 I. Vgl auch unten Anm 4.

3) II: Die **Bestimmg** ist einseit empfangsbedürft Rechts- (Gestaltungs-)Gesch, hM, sie konkretisiert den Leistgsinhalt u kann daher nicht mehr geändert w, soweit keine allg Nichtigk- od Anfechtungsgründe vorliegen, Düss BB **68**, 1262, Hbg MDR **68**, 667, vgl auch BGH **62**, 211. Auch durch schlüss Hdlg mögl, RG JW **12**, 346, BGH **LM** AbzG 5 Nr 2, Düss MDR **68**, 321. Sie wirkt, wenn es sich um die Bestimmg der ursprüngl Leistg handelt, auch für die zurückliegde Zeit, iF der Leistgsanpassg (Wertsicherungsklausel) dagg idR nur für die Zukunft, Bilda NJW **74**, 1947, s auch BGH NJW **78**, 154. – **Verpflichtg** zur Bestimmg: eine solche besteht beim Bestimmgskauf des HGB 375. Im übr ist zu unterscheiden:

a) BestimmgsR des Gläubigers enthält auch Pfl dazu, arg III 2 Halbs 2, selbst bei freiem Erm od Belieben, da GläubStellg auch Pflichtenstellg ist (MüKo/Söllner Rdn 22, str). Bis zur Bestimmg dch Gläub kein SchuVerzug, bei wörtl Angebot des Schu (leisten zu wollen) od Aufforderg zur Bestimmg AnnVerzug, § 295. Klage des Schu ist, jedenf wenn billiges Erm gilt, mögl. Sie geht aber nicht auf Bestimmg, da dch die Verzögerg der Gläub sein BestimmgsR überh verloren hat, sond auf richterl Gestaltg, III 2 Halbs 2.

b) Bei BestimmgsR des Schuldners: Pfl zur Best ist Teilinhalt der LeistgsPfl. Daher SchadErs bei Verzug, § 286. Klage des Gläub auf Bestimmg des Schu allerdings nur bei Bestimmg nach freiem Erm od Belieben; bei billigem Erm tritt Verlust des BestimmgsR u Bestimmg dch Urt ein, III 2 Halbs 2; inf dieser Vorschr auch keine Möglichk für Gläub wg Verzuges des Schu mit der Bestimmg nach § 326 vorzugehen.

Ebsowenig kann der Gläub unter dem Gesichtspunkt des Verzuges des Schu mit der Leistg selbst nach § 326 vorgehen, er muß vielm gem III 2 Halbs 2 Klage erheben; erst nach rechtskr Bestimmg der Leistg dch den Richter kommt Gläub mit ihr in Verzug u kann Gläub nach § 326 vorgehen, RG **64**, 116, BGH **LM** Nr 11. Nach RG **90**, 20 soll dagg der Gläub bei Handelssachen, wenn Schu die Leistgszeit nach billigem Erm zu bestimmen hat u mit der Bestimmg – und damit mit der Leistg selbst – in Verzug gekommen ist, bereits ohne den Weg des III nach § 326 vorgehen (Nachfrist setzen u auf SchadErs klagen) können, vgl § 271 Anm 2e.

4) III, SonderVorschr für den Fall der Bestimmg nach **billigem Ermessen : a)** Nach III ist Bestimmg nur verbindl, wenn sie obj der Billigk entspricht; verneinendenfalls tritt zwar nicht Nichtigk (str, vgl Staud-Kaduk Rdn 3), aber Unverbindlichk, also weder Schu- noch GläubVerzug ein. Tats, daß Bestimmg unbill ist, berecht im allg nicht zum Rücktr od zur Künd des Vertr, BGH **LM** Nr 11. – Bei Nichtbilligk Bestimmg dch **Urteil**: Klage auf Bestimmg. Es kann aber auch sogleich auf die Leistg geklagt w, die bei einer der Billigk entspr Bestimmung geschuldet w (BGH **41**, 280). Ggü der Leistgsklage des bestimmgsberecht Gläub kann Schu geltd machen, die Bestimmg sei unbill; eine Widerklage ist nicht erforderl (BGH **LM** § 535 Nr 35). Auch wenn die LeistgsBestimmung in den Grden erfolgt („verdecktes" GestaltgsUrt), ist das Urt gestaltend; vor Rechtskr des Urt also keine Fällig der Leistg, Brschw OLGZ **66**, 15. Anrufg des Ger muß innerh angem Fr erfolgen, BAG **18**, 59. – III 2 gilt selbstverständl auch, wenn Bestimmde öffrechtl Körpersch, RAG JW **38**, 701, ebso wenn Bestimmg mit behördl Gen erfolgt, BGH **LM** LuftVZO Nr 2. – **Beweislast** (vgl auch Anm 2c): nach hM hat der Bestimmde die BewLast für die Billigk der getroffenen Bestimmung, arg III S 1, BGH NJW **69**, 1809, Betr **76**, 670 (S 2 Halbs 1 spricht demggü eher für BewLast des Gegners). – Verlust des BestimmgsR u Bestimmg dch Urt tritt ferner ein bei ihrer Verzöger dch den Berecht; Verzug braucht nicht vorzuliegen.

b) Was dem „billigen Ermessen" entspricht, ist unter Abwägg der Interessenlage der VertrPartner festzustellen, BGH **41**, 271; dabei kommt es auf die Bedeutg der Leistg an, deren GgWert zu bestimmen ist, BGH NJW **66**, 540, Hbg MDR **77**, 51, bei einem erstatteten Gutachten also auf die aufgewandte Arbeit u seinen wirtschaftl Wert für den Gegner; beim AnkaufsR für ein Grdst auf dessen VerkWert, BGH NJW **78**, 1371. **Wertsicherungsklauseln** vgl § 245 Anm 5 b; Entgelte für das Starten u Landen von Flugzeugen, s BGH WPM **78**, 1097.

316 *Bestimmung der Gegenleistung.* Ist der Umfang der für eine Leistung versprochenen Gegenleistung nicht bestimmt, so steht die Bestimmung im Zweifel demjenigen Teile zu, welcher die Gegenleistung zu fordern hat.

1) Allgemeines. § 316 gilt nur für ggs Verträge. Er setzt voraus, daß die eine Leistg inhaltl voll im Vertr bestimmt, hins der anderen, der GgLeistg, zwar über ihre Art, zB Preiszahlg, vertragl Bestimmg getroffen, aber ihr Umfang offen geblieben ist. Grund der Vorschr: Ein solches Offenlassen des Umfangs der GgLeistg kommt im Verk häufig vor, ohne daß § 154 vorliegt, weil die Parteien endgültige Bindg wollen, zB bei Bestehen eines Vertrauensverhältnisses zw den VertrPartnern, bei Inspruchn von Diensten od Werkleistgn höherer Art, so bei Erstatg von Gutachten od bei ärztl Beratg, aber auch sonst.

2) § 316 ist Auslegsregel dahin, daß der, der die im Umfang offen gebliebene GgLeistg zu fordern hat, bestimmgsberecht ist. Auf Rahmengebühren des RAnwalts ist § 316 seit dem 15. 9. 1975 wieder anwendb, vgl BRAGO 12 nF u Schmidt NJW **75**, 1727; and für fr Recht vgl Baumgärtel VersR **73**, 686, Düss NJW, **74**, 653. Abrede, über den Preis schon einig zu werden, kann ein Fall des § 316 sein, RG Recht **19**, 1272. Sieht eine **Wertsichergsklausel** vor, daß die Leistg einvernehml erhöht w soll, kann beim Scheitern der Einigg § 316 anwendb sein; idR w es aber dem PartWillen entspr, daß die LeistgsBestimmung gem § 315 III dch Urt erfolgt, BGH Betr **78**, 927, § 245 Anm 5c bb. Auch auf ProvAnspr des HandelsVertr ist § 316 idR unanwendb, BGH VersR **71**, 464. – Liegen die Voraussetzgen des § 316 vor, so hat der Gläub der GgLeistg ihren Umfang nach § 315, also nach bill Erm zu bestimmen.

3) Vorweg ist stets zu prüfen, ob eine, wenn nicht ausdr, so doch wenigstens stillschweigende Abrede über den Umfang der GgLeistg getroffen ist; vgl dazu § 315 Anm 2c.

4) Für **Vornahme, Wirkung** und notfalls **Ersatz** der Bestimmg gilt § 315, vgl dort Anm 3, 4.

317 *Bestimmung der Leistung durch einen Dritten.* [I] Ist die Bestimmung der Leistung einem Dritten überlassen, so ist im Zweifel anzunehmen, daß sie nach billigem Ermessen zu treffen ist.

[II] Soll die Bestimmung durch mehrere Dritte erfolgen, so ist im Zweifel Übereinstimmung aller erforderlich; soll eine Summe bestimmt werden, so ist, wenn verschiedene Summen bestimmt werden, im Zweifel die Durchschnittssumme maßgebend.

1) Allgemeines. Die Vorschr setzt voraus, daß die VertrPartner über die Bestimmg der Leistg dch einen Dritten, od mehrere Dritte (II), einig geworden sind. Sie enthält in I dieselbe **Auslegsregel** wie sie in § 315 I für den Fall der Einigg der VertrPartner über die Bestimmg dch einen von ihnen aufgestellt ist, näml, daß iZw die Bestimmg nach bill Ermessen zu treffen ist. Es gilt daher das zu § 315 Anm 1, 2b, c Gesagte entspr. Mögl ist danach auch, die Bestimmg dem freien Ermessen od auch dem freien Belieben eines Dritten zu überlassen; letzteres ist, im Ggsatz zu der Regel der Bestimmg dch einen der VertrPartner §§ 315, 316 (vgl auch § 315 Anm 2), in § 319 II ausdr ausgesprochen, vgl dort Anm 3. – Nicht Dritter im Sinne von §§ 317ff ist eine gesetzl zur Bestimmung berufene **Behörde**, RG Recht **11**, 1279, AkZ **41**, 115, auch nicht das ordentl Gericht innerh seiner gesetzl Zustdgk, vgl RG **169**, 237, BGH **LM** Nr 3, eine

§ 317 1, 2

Abrede, ein Gericht zum Schiedsgutachter (vgl Anm 2) zu bestellen, ist unwirks, BGH **LM** Nr 3, dagg darf VerwBeh Schiedsgutachten erstatten, wenn sie nicht gesetzl für verbindl Entsch zust ist, BGH **LM** Nr 8. Soll das Ger die Leistg aGrd eines von den Part vereinbarten obj Maßstabs od dch ergänzte VertrAuslegg feststellen (vgl § 315 Anm 2c), bestehen gg seine EntschBefugn keine Bedenken, da § 317 hier unanwendb, BGH **LM** § 157 (Ga) Nr 14. Unbedenkl auch, die Bestimmg des Dr einer AmtsPers zu übertragen, die dann aber nicht amtl tätig w, vgl zum Parallelfall der Schiedsrichterbestimmg Arnold NJW **68**, 781. – Die Möglichk, einem Dritten die Bestimmg der Leistg od einer Leistgsart („Modalität") zu übertragen, folgt aus der VertrFreih, vgl aber § 315 Anm 1; die Zulässigk einer Abrede, das Belieben eines Dritten gelten zu lassen, erscheint rechtspolitisch bedenkl. Ausgeschl ist, die Bestimmg einer Anwaltsvergüt für eine in der RAGebO geregelte Berufsleistg einem Dritten zu überlassen, so ausdr früh RAGebO 93 II 4, vgl auch § 315 Anm 2b aE.

2) Die Bestimmg der Leistg od einer Leistg„modalität" dch einen od mehrere Dritte ist von den VertrPartnern gewollte **Vertragsergänzg**. Soweit der Dritte (nach I im Zweifel) die Bestimmg nach billigem Erm zu treffen hat, handelt es sich um eine Unterart des Schiedsgutachtenvertrages im weiteren Sinne: unten b aa. Es ist zu unterscheiden (vgl BGH **6**, 338):

a) Der **Schiedsvertrag, ZPO 1025**, das ist die Abrede, daß die Entsch eines Rechtsstreits dch einen od mehrere Schiedsrichter (arbitri) erfolgen solle; erforderl idR Schriftform, Ausdrücklichk, bes Urk (ZPO 1027). Für ihn gilt das Verf der ZPO 1025 ff, mögl Ablehng der Schiedsrichter dch jeden VertrPartner § 1032, Schiedsspruch § 1039, Aufhebgsklage § 1041, Vollstreckbarerklärg §§ 1042 ff. – Der SchiedsVertr entzieht dem Prozeßrichter eine diesem an sich zufallende Streitentscheidg, dh die Feststellg von Rechtsfolgen festzustellender Tatsachen, u weist sie dem Schiedsrichter zu. (Die Abrede, daß das ordentl Gericht „entscheiden" solle, ist kein SchiedsVertr, RG **169**, 237, vgl auch Anm 1.) Die §§ 317–319 kommen für SchiedsVertr u -Verf nicht in Betr. Vgl Jonas Anm II 3 vor § 1025. – Ebowenig kommen die §§ 317–319 in Betr für Schiedsgerichte, die dch G, Rechtsverordng od VerwAkt eingesetzt worden sind. Solche Schiedsgerichte sind Sondergerichte RG **156**, 279, 287. Über ihre Rechtsnatur RG **157**, 110.

b) Der **Schiedsgutachtenvertrag iwS** (unter Einschluß von unten aa). Ein Schiedsgutachter (Schätzer, arbitrator) kann kr übereinstimmenden Willens der VertrParteien nach drei Richtgen tätig werden, RG **96**, 60, **152**, 201, **153**, 193, BGH **6**, 335 (vgl auch Wittmann, Struktur u Grdprobleme des Schiedsgutachten-Vertr, 1978, S 13 ff.):

aa) er kann zur Aufgabe haben, den **Vertragswillen** der Parteien nach billigem Erm **zu ergänzen,** ihn, insb bei Dauerschuldverhältnissen, den Änderngn der Umst anzupassen, sei es bei Feststellg ihrer Untragbark für einen der VertrPartner, sei es unter einer and im Vertr vorgesehenen Voraussetzg. Wenn der Gutachter bindend über eine Voraussetzg entscheiden soll, hat er insow eine schiedsrichterl (oben a) Aufgabe; vgl Jonas JW **37**, 221, dann müssen also die Formalien des SchiedsVertr gewahrt w. SchiedsgutachtenVertr liegt dagg vor, sofern gerichtl Nachprüfbark, wenn auch nur offenb Unbilligk ud Unrichtigk (vgl § 319 Anm 2) vorgesehen od stillschw vorausgesetzt BGH **48**, 28, NJW **75**, 1556, Zweibr OLGZ **71**, 396. Bulla BB **76**, 390. Hierher gehört insb der Fall, daß die Part einen **Leistgsvorbehalt** (§ 245 Anm 5 b aa u c aa) vereinb u die Feststellg der Voraussetzgen u des Umfangs der PrErhöhg einem Sachverst übertr h, BGH u Zweibr aaO, ferner BGH **62**, 315. Aufg u Verf richten sich ausschl nach §§ 317 ff.

bb) er kann zur Aufgabe haben, nicht den Vertr in einem Punkt zu ergänzen, sond einen bereits obj vorhandenen, dem Unkundigen verborgenen, von einem Sachkundigen aber auffindb VertrInhalt **klarzustellen,**

cc) er kann zur Aufgabe haben, überh nicht den Inhalt einer VertrLeistg zu schaffen (aa) od klarzustellen (bb), sond für die Bestimmg dieses Inhalts u damit für die Entsch des Streits der VertrPartner gewisse dafür erhebl Unterlagen, **Tatsachen**, Elemente od AnsprVoraussetzgen **heranzuschaffen** sowie diese für die VertrPartner bindend **festzustellen**, und damit vielf prakt einem RStreit vorzubeugen od doch diesem dch die getroffene Feststellg die maßgebl Richtg zu geben. Diese Feststellgsaufgabe u Feststellgsmacht kann auf tatsächl, wird aber vielf auch auf rechtl Gebiete liegen, eine Einordng (Subsumtion) von Tatsachen unter RBegriffe bedeuten, vgl BGH **9**, 143, BAG NJW **58**, 315. – Fälle: die Feststellg eines Schadens (BGH NJW **71**, 1445), des ursächl Zusammenhangs zw schädigdem Ereign u Schaden (BGH WPM **75**, 1047), des Vorliegens von Versch, die Feststellg der Erwerbsfgk od -beschränkg, der Angemessenh eines dem Räumgsverpflichteten zugewiesenen Ersatzraums (BayObLG NJW **50**, 909, Bambg NJW **50**, 917), Feststellg des als Entsch geschuldeten VerkWertes eines Bauwerkes, BGH WPM **75**, 256, der „ortsüblichen" Miete, BGH MDR **65**, 36, der aGrd einer **Wertsichergsklausel** (§ 245 Anm 5) eingetretenen Preisänderg, Bulla Betr **75**, 968 (sofern sie sich aus einer Gleit- od Spanngsklausel [§ 245 Anm b u c bb] ergibt, bei LeistgsVorbeh liegt aa vor), des Schätzpreises für in Zahlg genommenen Pkw, LG Hbg NJW **70**, 2064, BGH **61**, 84, Gleiss/Bechtold BB **73**, 868, Rauscher BB **74**, 629; Feststellg der GesBaukosten dch behördl Prüfg, BGH NJW **74**, 896, von Reparaturmängeln dch KfzSchiedsstelle, LG Nürnb NJW **76**, 972, AG Erlangen BB **76**, 252, des Wertes eines GesellschAnteils, BGH WPM **76**, 253. Auf Feststellg der RFolgen hat sich die Tätigk nicht zu erstrecken, sonst SchiedsVertr (oben a), BGH **6**, 339; sie bleibt ebso wie Nachprüfg nach § 319 Sache des Gerichts.

dd) In den Fällen bb und cc liegt ein **Schiedsgutachtenvertrag im eigentl Sinne** vor. Eine unmittelb VertrWillensergänzg der VertrPartner, wie im Falle aa) ist nicht gegeben. Anderers wird im Ggsatz zu a (Schiedsvertrag) eine Streitentscheidg über die RFolgen nicht getroffen. Deswg kommt eine Anwendg der ZPO 1025 ff nicht in Frage, auch keine Ablehng eines Schiedsgutachters dch einen VertrPartner, RG **152**, 207, aA StJSchP § 1032 V, und wenn das AblehngsR vertragl festgelegt, BGH NJW **72**, 827; über Ablehng ist aber nicht im Verf gem ZPO 1032 zu entscheiden, Mü BB **76**, 1047. Versagg rechtl Gehörs berührt Wirksamk des Schiedsgutachtens nicht, BGH **6**, 341, NJW **55**, 665, Betr **68**, 751, str, vgl Habscheid KTS **70**, 11 mwN. SchiedsgutachtenVertr auch im ArbR mögl, soweit Dispositionsbefugn der Parteien gegeben, BAG NJW **58**, 315. Es sind die §§ 317–319 entsprechend anzuwenden, dh Unverbindlichk bei offenb „Unrichtigkeit" (vgl § 319 Anm 2) und dann Gestaltg dch Urt,

§ 319 I 2, vgl dort Anm 2b. Die Kosten des Schiedsgutachters fallen den Part iZw je zur Hälfte zur Last, LG Hbg MDR **75**, 143; Vertr kann auch noch währd des RStreits geschl werden, RG **96**, 59. – Fälle: RG, **67**, 71, häufig im VersR, vgl RG **69**, 167, vgl auch Gutachten nach § 14 I 2 AVB u VVG 64, RG HRR **31**, 443, vgl iü oben cc.

c) Bestimmg der Leistg od einer Leistgsart dch Dritte kr Willens der VertrPartner als **reine rechtsgestaltende Vertragsergänzg** (Vereinbargsersatz). **Unmittelbarer Fall der §§ 317 bis 319.** Nicht Streitentscheidg dch Ausspruch von RFolgen (insoweit Ggsatz zum Schiedsvertr, oben a; näher über den Unterschied Jonas JW **37**, 533), auch keine Streitvorbeugg u Feststellg von Tatsachen od EntschElementen iW rechtlicher Einordng wie beim SchiedsgutachtenVertr, oben b, bb und cc (näher über diesen Unterschied Jonas JW **37**, 221). Soweit die Bestimmg dch den Dritten nach billigem Erm vorzunehmen ist, was nach § 317 I iZw anzunehmen ist, spricht man auch hier von einem SchiedsgutachtenVertr (iS oben b, aa), selbst wenn der Dritte die Leistg selbst u nicht bloß eine Leistgsart od ein Leistgselement zu bestimmen hat, RG DJ **37**, 1708.

d) Zu a bis c: Ob SchiedsVertr (a), SchiedsgutachtenVertr (b) od VertrErgänzg dch Bestimmg Dritter (c) gegeben ist, kann im Einzelfalle zweifelh sein; die von den VertrPartnern gebrauchten Ausdrücke (Schiedsrichter, Gutachter usw) werden selten Schlüsse erlauben. Da nach hM (siehe oben b, dd) auf sämtl Fälle des Schiedsgutachtenvertrages (b) immer die Vorschriften der §§ 317–319 entweder unmittelb od entspr anwendb sind, ist nur der Unterschied zw b und c einer (SchiedsgutachtenVertr iwS) und a (SchiedsVertr) anderers von Wichtigk. Maßgebd für die Abgrenzg ist letztl, ob nach dem Willen der Part eine gerichtl Überprüfg auf offenb Unbilligk od Unrichtigk mögl sein soll (dann Schiedsgutachten) oder nicht (dann SchiedsVertr), vgl oben b aa; iZw wird, da weniger weitgehd, SchiedsgutachtenVertr gemeint sein. Zuweisg der Leistgsbestimmg an eine unparteiisch zusammengesetzte Stelle bei Änderg der Verhältnisse eines DauerSchuldVerh ist idR SchiedsgutachtenVertr, RG **152**, 204, BGH **48**, 30, NJW **75**, 1556, u zwar der Fall b aa. Die Anpassgsklausel ist idR dahin auszulegen, daß die höhere Leistg vo dem Ztpkt an gefordert w kann, in dem dem and Teil das Erhöhgsverlangen zugegangen ist, BGH NJW **78**, 154. Preisrichter sind nicht Schiedsgutachter, sond Schiedsrichtern ähnl, BGH **17**, 366. – Fälle unmittelb od entspr Anwendg der §§ 317–319; kassenärztliche Verträge, wonach eine Prüfgsstelle die Rechngsbeträge nach billigem Erm kürzen kann, RG **124**, 33; über Abrede banküblicher Zinsen u daher Bestimmg der Zinssätze dch Bankfachleute als Schiedsgutachter RG **136**, 56; Bestimmg des zu späterem Ztpkt zul Preises als Kaufpreis vgl Anm 2b cc.

3) II: Bestimmg dch **mehrere Dritte.** Sie stellen eine Einh dar RG **87**, 195. Grdsätzl gilt daher nur die übereinstimmende Erkl, bei Nichtübereinstimmg § 319 I 2. Nur bei Summenbestimmg iZw anders, II Halbs 2. § 317 I (Bestimmung nach billigem Erm) gilt auch hier, ebso Ersetzg dch Urt nach § 319 I.

4) Ob der **Dritte** (insb der Schiedsgutachter) zur Bestimmg **verpflichtet** ist, entscheidet sich danach, ob u welcher Vertr mit ihm besteht. Liegt solche Abrede auch nur mit einem VertrPartner vor, so ist der Dritte ggü **beiden** zur Bestimmg verpflichtet, RG **87**, 194. **Haftung des Dritten** bei mehreren Schiedsgutachtern vgl BGH **22**, 345; ein Schiedsgutachter haftet nur bei groben Verstößen gg anerkannte fachwissenschaftl Regeln, RG JW **33**, 217 u nur, wenn sein Gutachten wg offenbarer Unrichtigk unverbindl ist, BGH **43**, 376.

318 *Anfechtung der Bestimmung.* **I** Die einem Dritten überlassene Bestimmung der Leistung erfolgt durch Erklärung gegenüber einem der Vertragschließenden.

II Die Anfechtung der getroffenen Bestimmung wegen Irrtums, Drohung oder arglistiger Täuschung steht nur den Vertragschließenden zu; Anfechtungsgegner ist der andere Teil. Die Anfechtung muß unverzüglich erfolgen, nachdem der Anfechtungsberechtigte von dem Anfechtungsgrunde Kenntnis erlangt hat. Sie ist ausgeschlossen, wenn dreißig Jahre verstrichen sind, nachdem die Bestimmung getroffen worden ist.

1) I. (entspricht § 315 II): Die Bestimmung des Dritten ist einseitige empfangsbedürft R-(Gestaltgs-)Gesch., hM. Abgabe ggü einem der VertrPartner genügt. Die Bestimmung wird mit ihrem Zugehen Inhalt des zw den Parteien bestehenden RGeschäftes; die Leistg wird konkretisiert. Die Erkl ist daher unwiderrufl Warn **13**, 356, selbst wenn Dritter nachträgl zu andrer Überzeugg kommt, Celle NdsRpfl **54**, 49, ggf kommt nur Anf nach II und Unverbindlichk nach § 319 in Betr.

2) II. Anfechtbarkeit. Als WillErkl ist die Bestimmg wg Willensmangels anfechtb. Jedoch ist anfechtgsberechtigt hier, entgg §§ 119, 123, nicht der erklärde Dritte, sond berechtigt dazu sind nur die VertrPartner (nach Treu u Glauben aber nicht der, der getäuscht od gedroht hat). Grund der Abw: die Erkl hat RWirkgen nicht für den Dritten, sond für die Parteien, deren Willen sie ergänzt. – Die Voraussetzgen der Anf sind mangels anderer Regelg den §§ 119, 123 zu entnehmen, jedoch erscheint § 123 II unanwendb. Entgg § 124 I muß auch bei Täuschg u Drohg unverzügl nach Kenntniserlangg angefochten werden, II 2. – Der Inhalt der Bestimmg ist für die Anf unerhebl, insb braucht die Bestimmg nicht offenb unbillig zu sein; ist sie das, so ist außerdem der Weg des § 319 I gegeben, RG DR **43**, 296.

319 *Unwirksamkeit der Bestimmung; Ersetzung.* **I** Soll der Dritte die Leistung nach billigem Ermessen bestimmen, so ist die getroffene Bestimmung für die Vertragschließenden nicht verbindlich, wenn sie offenbar unbillig ist. Die Bestimmung erfolgt in diesem Falle durch Urteil; das gleiche gilt, wenn der Dritte die Bestimmung nicht treffen kann oder will oder wenn er sie verzögert.

II Soll der Dritte die Bestimmung nach freiem Belieben treffen, so ist der Vertrag unwirksam, wenn der Dritte die Bestimmung nicht treffen kann oder will oder wenn er sie verzögert.

§ 319 1–4

1) Allgemeines. Entspr § 315 III schafft die Bestimmg einen Ers für den Fall, daß der Dritte nach bill Ermessen bestimmen soll (I) u die Bestimmg unbillig ausfällt. Sie verschärft jedoch die Voraussetzgen (**offenbare Unbilligk**, nicht nur Nichtbilligk, muß vorliegen). Grd des Unterschiedes: haben die Parteien sich auf eine dritte, von ihnen verschiedene, vertragsergänzende Stelle geeinigt, so sollen sie nur bei trift Grunde von deren Willensbildg abgehen können, sonst Übermaß an Streitigkeiten. Ist der Dr nicht an das Maß billigen Ermessens gebunden (II), so hat das Gesch aleatorischen Charakter; daher fehlt hier die Möglichk, das Gericht bestimmen zu lassen.

2) I. Bestimmg nach billigem Ermessen : a) Unverbindlichk der Bestimmg des Dritten bei **offenbarer Unbilligkeit.** Sie liegt vor, wenn die Unbilligk sich jedermann, od doch jedenf dem sachkundigen u unbefangenen Beobachter, sofort aufdrängt, BGH **LM** § 317 Nr 8, BGH **BB 63,** 281, Betr **70,** 827; dabei muß die festgesetzte Leistg als Ganzes betrachtet w, nicht einzelne Teile od SchätzgsGrdlagen, BGH aaO. „Offenbar" ist nicht dasselbe wie „offenkundig", Erhebg von Beweisen daher nicht ausgeschl, aber nicht über bloße Unrichtigk, da bei offenb Unbilligk sogar Erkennbark der Unbilligk dch Sachverständige, RG **69,** 168, **96,** 62, Staud-Kaduk Anm 1; auch Anspr auf Ausk gg GgPartei, um Frage der offenb Unbilligk prüfen zu können, uU gegeben, OGH NJW **50,** 781. Für die Erkennbark zugrunde zu legen ist der zZ der Bestimmg erkennb TatsStand, hinterher sich ergebde Unrichtigk bedeutet noch nicht Unbilligk, RG **69,** 168. Dagg genügt **objektive** Unbilligk.

b) Das Gesagte gilt auch für **Schiedsgutachten** ieS (§ 317 Anm 2b, bb u cc) mit dem Unterschiede, daß bei ihnen offenb **Unrichtigkeit** zu fordern ist, da es sich nicht um VertrWillensergänz im ErmWege, sond um TatsKlarstellg od -Feststellg od deren rechtl Einordng handelt (vgl BGH **43,** 376, **LM** § 317 Nr 7, BGH NJW **65,** 150, WPM **76,** 270, Bulla BB **76,** 391). Für Schiedsgutachten im weiteren Sinne, § 317 Anm 2c (= 2b, aa), ist Unbilligk nötig, vgl RG DJ **37,** 1709, Gelhaar Betr **68,** 743. – Für **Schiedssprüche** (§ 317 Anm 2a) gilt dagg § 319 I überh nicht.

c) Wo offenb Unbilligk nötig, also in den Fällen oben a (Bestimmg nach billigem Ermessen) reicht offenb Unrichtigk nicht aus; offenbg Unbilligk erfordert vielm, als daß Bestimmg noch im Rahmen billigen Ermessens liegt; Treu u Glauben müssen in grober Weise verletzt sein, BGH **LM** § 317 Nr 9; der Dritte muß sachwidrig u offenbar gg das Interesse des Betroffenen verstoßend od auf offenb ungenügender Grdlage vorgegangen sein; Tat-, uU auch RFrage. Daß die Versichergsgesellsch zum Mitgliede (nicht Obmann) der Schiedskommission ihren Vertrauensarzt, der schon zuvor Stellg genommen hatte, berufen hat, macht das Schiedsgutachten der Kommission nicht offenb unbillig od unrichtig, RG **69,** 167, auch nicht Durchf notwendiger Aufklärg nicht dch Dritten selbst, sond einen Beauftragten, LG Köln HuW **49,** 316. Auch erhebl Fehlschätzg machen die Bestimmg nicht ohne weiteres unbillig, da dem Dr erhebl Spielraum überlassen, BGH **LM** § 317 Nr 8. Offenb Unbilligk aber, wenn Dr den VertrInhalt außer acht läßt u einseit die Interessen einer Part berücksichtigt, BGH **62,** 314. VerfMängel sind grdsl unbeachtl, da es allein auf das Ergebn ankommt (BGH **6,** 341, NJW **64,** 2401). Im Widerspr hierzu soll nach neuerer Rspr das Schiedsgutachten auch dann unwirks sein, wenn der Schiedsgutachter für eine von ihm festgelegte LeistgsÄnderg keine nachprüfb Begründg angibt, BGH NJW **77,** 801 (krit Bulla NJW **78,** 397), so etwa, wenn bei Mieterhöhg Berechnungsmaßstab nicht dargelegt w, BGH NJW **75,** 1556. Wird Dr ein Ausschuß tät, ist allein das von diesem gefundene Ergebn entscheidd, nicht aber die Art seines Zustandekommens, BGH **LM** § 157 (Ge) Nr 16 Bl 3 R. Dagg nimmt BGH NJW **64,** 2401 offenb Unbilligk an, wenn zwei Schiedsgutachten mit stark verschiedenen Ergebnissen erstattet u der nach § 317 II iZw maßgebende Mittelwert objektiv unangemessen ist. – Auch wo offenb **Unrichtigk** entscheidend ist, muß sie so sein, daß sie zZ des Schiedsgutachtens einem Sachkundigen sofort aufgedrängt hätte, BGH **LM** Nr 13 (statt Konstruktionsin Wahrh Bedingsfehler); offenb Unbilligk ist dann aber nicht nötig, **LM** § 317 Nr 7, Gelhaar Betr **68,** 743.

d) Liegt offenbare Unbilligk od (wo sie ausreicht) offenbare Unrichtigk vor, so ist die Bestimmg zwar nicht nichtig, str, aber unverbindl. **Bestimmg dann dch Urteil.** Die **Beweislast** für die offenbare Unbilligk hat hier unstreitig der sie Behauptende (im Falle des § 315 III nach hM anders, vgl § 315 Anm 4). Im übr gilt zu der Klage u der Natur des Urteils das zu § 315 Anm 4 Gesagte. Offenbare Unrichtigk eines einzelnen besonderbaren Punktes (Wertansatz) macht idR nur diesen Punkt unverbindl; Gericht ersetzt ihn dch den richtigen, ist im übr aber an Schiedsgutachten gebunden, BGH NJW **57,** 1834. – Bestimmg dch Urt hat ferner zu erfolgen, wenn der Dr die Bestimmg nicht treffen **kann** od **will** od sie **verzögert,** I 2; Verzug nicht erforderl. I 2 gilt auch, wenn Verzögerg auf Nichterkennng des Dr dch eine Part beruht, BGH NJW **71,** 1455 (zu VVG 64), BB **77,** 619. „Nichtkönnen" liegt zB vor, wenn vor der Bestimmung ein SühneVerf stattzufinden hat, dies aber nicht dchführb ist, BGH NJW **78,** 631, wenn die Bestimmg mehreren obliegt, diese sich aber nicht einigen, BAG BB **69,** 579, ebso bei Wegfall des Dr, BGH **57,** 47.

3) II betrifft den Fall, daß der Dr die Bestimmg nach **freiem Belieben** zu treffen hat. Kann od will der Dr die Bestimmg nicht treffen, od verzögert er sie, so wird der Vertr unwirks, wie wenn eine für seine Wirksamk gesetzte Bedingg ausgefallen wäre, (nach hM im Schriftt ist die Vornahme der Bestimmg echte aufschiebende, rechtsgeschäftl Bedingg der VertrWirksamk; die Prot S 468 überließen die Entscheidg der Wissenschaft). Auch bei offenb Unbilligk der Bestimmg des Dritten gibt das G kein Mittel. Doch darf die Bestimmg nicht gg die guten Sitten od gg das G verstoßen (§§ 138, 134), vgl BayObLG **13,** 226.

4) § 319 ist nach hM (RG **67,** 75, Zweibr OLGZ **71,** 399, RGRK Rdn 16) **nachgiebiges Recht.** Doch muß eine von I abw Regelg in Kenntn dessen geschehen, daß das G eine offenb unbill Bestimmg nicht als verbindl ansieht, RG **150,** 7. Die Part können auch vereinb, daß die Best gem I S 2 statt des ord Ger ein SchiedsG treffen soll, RG **153,** 195, Staud-Kaduk Anm 6, str.

Zweiter Titel. Gegenseitiger Vertrag

Einführung

1) Gegenseitiger Vertrag. Begriff. Zur Entstehg jeden Vertrages ist erforderl, daß einander entsprechende WillErklärgen mehrerer vorliegen. Seiner Entstehg nach ist also jeder Vertr zwei- od mehrseitig, insof also ggseitig. Man unterscheidet aber weiter nach den **Vertragswirkungen** (den aus dem VertrSchl erwachsenden **Verpflichtgen**) nach römrechtl Vorbild zw einseitig verpflichtenden Verträgen (a) u zweiseitig verpflichtenden, unter diesen wieder zw unvollkommen (b) und vollkommen (c) zweiseitig verpflichtenden („ggseitigen") Verträgen. Die Scheidg erscheint heute insof überholt, als auch bei den einseitigen u den unvollkommen zweiseitigen Verträgen notw eine beiderseitige TreuPflicht besteht, vgl Einl 1 e vor § 241. Im übr ist der Unterschied dieser beiden VertrArten (a und b) von den ggs Verträgen (c) auch heute noch anzuerkennen. Nur auf letztere (c) bezieht sich der vorliegende Titel.

a) Der sog (streng) **einseitig** verpflichtende Vertrag: er erzeugt nach der herkömml Auffassg begriffsnotw nur Verpflichtgen einer der Parteien. Fälle: Handdarlehen (§ 607 I), sofern es unverzinsl ist (vgl Einf 1 vor § 607), das Darlehensversprechen (§ 610), ferner Bürgsch (§ 765), Schenkgsversprechen (§ 518). In Wahrh besteht auch hier eine beiderseitige TreuPfl als VertrPfl (zB haftet der Darlehensgeber bei Hingabe von schlechtem Saatgetreide aus posit VertrVerletzg, nicht nur aus unerl Hdlg, vgl auch § 694.

b) unvollkommen zweiseitig verpflichtende Verträge: hier entsteht nach der herkömml Auffassg die eine Verpflichtg notwendig u gibt dem Vertr das Gepräge, die des anderen Teils entsteht nur unter gewissen Umst; nach röm Recht war stets gegeben die actio (zB mandati) directa, nur uU gegeben die actio contraria. Fälle: meist Verträge zur Wahrnehmg von Interessen dch andere, so Auftr, Leihe, unentgeltl Verwahrg; Auftragsausführgs- u RückgPfl entstehen notw, Pflichten des AuftrGebers, Verleihers u Hinterlegers dagg nicht notw. (Ein ohne Vertr entstandenes unvollkommenes zweiseitiges Schuldverhältn, Einf 6 vor § 305, ist die GeschFg oA.) – Auch hier ist eine beiderseitige TreuPfl als begriffsnotw entstehd anzunehmen, so daß der Unterschied von a) gegenüber b) sich verwischt. Dagg unterscheiden sich beide deutl von der Gruppe c:

c) vollkommen zweiseitig verpflichtende (= **gegenseitige**) Verträge. Bei ihnen stehen die beiderseits notw erwachsenden Verpflichtgen in einem AbhängigkVerhältn voneinander: jeder VertrPartner verspricht seine Leistg um der anderen willen („für" die andere) RG **147**, 342. Ggs Verträge können daher nie abstrakt sein, vgl Übbl 3 e vor § 104.

aa) Jeder der Partner des ggs Vertrages sucht den **Gegenwert** für seine Leistg in der des anderen. Jeder der VertrPartner geht mithin davon aus, daß die Leistg des andern der seinen (mindestens) gleichwertig (äquivalent) ist, hM, RG **81**, 365, **107**, 127. Diese Vorstellgen der VertrPartner können als GeschGrdlage des ggs Vertrages bezeichnet werden, bei deren Nichtvorhandensein od Wegfall Beschränkgen in der Ausübg der VertrRechte eintreten, die notf durch richterl Urt festzustellen sind, vgl § 242 Anm 6 C a. Doch kann das nur dazu führen, daß Auswüchse behoben werden, nicht aber, daß zB lediglich ein „nur", „billige", „angemessene" oder „gerechte" Preis geschuldet werde, vgl Einl 1 d vor § 241. Wohl aber gelten auch für ggs Verträge die allg Bestimmgen, die verbotenen, unsittlichen usw RGeschäften die Anerkennung versagen. Auch die Vorschr des AGB-Ges (8 ff) tragen dazu bei, Störgen des ÄquivalenzVerh dch unangem VertrBdggen zu verhindern.

bb) Das beiderseitige Versprechen der Leistg um der des anderen willen unterscheidet die ggs Verträge grdlegend von den zu a) u b) genannten. Inhalt des ggs Vertrages wird daher meist (nach hM nicht notwendig, vgl unten) sein, diese Leistgen auszutauschen, so bei den eigentl Veräußergsverträgen (Kauf u Tausch), aber auch bei den GebrÜberlassgs- (Miete, Pacht) u den ArbVerträgen (Dienst-, Werk-, insb Geschäftsbesorggs-, Mäklervertrag). Auch das verzinsl Darlehn w als ggs Vertr anzusehen sein, sehr str, vgl näher Einf 1 vor § 607 mwN. Es ist nicht erforderl, daß der Austausch gerade zw den VertrSchließenden gewollt ist, auch Leistgen an Dritte können, wie dch jeden anderen, RG **150**, 133, so auch dch einen ggs Vertr übernommen werden, RG **65**, 48, Warn **17**, 269, vgl §§ 328 ff. Ferner wird auch kein Austausch von Leistgen zugesagt beim GesellschVertr, der gleichwohl nach hM u stRspr, RG **76**, 279, **78**, 305, **147**, 342 (bedenkl, vgl § 705 Anm 3a, c) ggs Vertr ist, da jeder Gesellschafter seine Leistg dafür verspricht, daß auch der andere leistet, wenn auch der Endzweck des Vertrages ein weiterer ist. Doch finden gerade auf ihn die §§ 320ff nur mit Einschränkgen Anwendg, näher § 705 Anm 3 c. Bei Vereinsbeitritt verneint auch das RG (RG **100**, 2) einen ggs Vertr, u nimmt RGesch des PersonenR an. – Die Wandlg schafft keinen ggs Vertr RG **93**, 49, vgl aber unten Anm 3b. Der Vergleich (§ 779) ist idR ggs Vertr, BGH WPM **74**, 369, 370, kann aber auch als nichtggs Vertr geschl werden, vgl zB RG **106**, 86, BAG Betr **70**, 259. Nicht nach dem Recht des ggs Vertrages sind die Rückforderg von Leistgen zu beurteilen, die in Hinblick auf einen nicht zustande gekommenen Vertr gemacht worden sind, RG SeuffA **75**, 68. - Auch gesetzl Schuldverhältnisse können den Regeln des ggs Vertrages folgen, so das zw einem VertrPartner eines ggs Vertrages u dem vollmachtlosen Vertreter des anderen, der nicht genehmigt hat (§ 179). Voraussetzg ist Abhängigk der einen Leistg von der anderen entspr dem ggs Vertr. Kein solches Verhältn ist das des Käufers eines Miterbenanteils nach dessen Übertr zu dem ein VorkaufR ausübenden Miterben BGH NJW **54**, 1884, wohl aber das des Vorkaufsberechtigten, der sein VorkaufsR ausgeübt hat, zum Verkäufer.

cc) Ggs Verträge sind nicht nur die oben genannten, im BGB so ausgestalteten typischen Verträge. Auch die zu oben a u b genannten Leistgen, die gewöhnl VertrInhalt einseitiger od unvollk zweiseitiger Verträge sind, können von den Parteien im Einzelfalle in einem ggs Vertr vereinbart werden, so das Darlehensversprechen, vgl Einf 1 a vor § 607, die BürgschLeistg gg Entgelt RG **66**, 426, uU die Schenkg unter Aufl RG SeuffA **71**, 136 (vielf zweifelh, RG SeuffA **74**, 166). Mögl ist auch ein den §§ 320 ff unterfallder mehrseit Vertr (Bsp: Ringtausch), vgl Pfister JZ **71**, 284. Überh können ggs Verträge auch außerhalb des Rahmens der Typenverträge des BGB od unter Typenvermischg geschl w, vgl § 305 Anm 5, 6.

Ggs Vertr zB Vereinbg eines WettbewVerbots gg Zahlg einer KarenzEntsch, BAG Betr **68**, 2041, idR wohl auch Vertr, dch den sich künft Erbl zur Zahlg einer Abfindg v weichder Erbe iS von ErbVerz verpflichtet, Degenhart, Rpfleger **69**, 146, aA Speckmann NJW **70**, 117. Auch der idR außerh des rgeschäftl Tatbestd stehde, mit einer Leistg bezweckte Erfolg (§ 812 I S 2) kann zum Inhalt eines ggs Vertr gemacht w, RG **132**, 242. Anderers können wicht Regeln des Rechts der ggs Verträge wegbedungen w, so die Verpfl zur Zug-um-Zugleistg dch Abrede der Vorleistg eines Teils. Auch stehen selbst bei Vorliegen eines ggs Vertr nicht notw alle aus ihm sich ergebden Verpflichtungen im Verhältn ggseit Abhängig, so daß uU die Einr des nicht erfüllten Vertr (§§ 320, 322) nicht gegeben ist, und bei nachträgl Unmöglichk u Verzug nicht die Regeln der §§ 323–327, sond die §§ 275, 280, 286 Anwendg zu finden h. So besteht keine Ggseitigk zw der RückgPfl des Pächters u einem ihm wg vorzeitiger Künd zustehdn EntschAnspr, die §§ 320, 322, 323 sind daher unanwendb, RG **108**, 127, Dopjans NJW **76**, 898. Dagg steht die Pflicht des Kommissionärs zur Abtretg der EntschFdg wg Verlusts des Kommissionsgutes im GgseitigVerhältn zu seinem Recht auf Provision, daher LeistgsverweigersR aus §§ 320, 322, vgl RGRK § 320 Rdn 8 (RG **105**, 128 dagg zweifelnd), anders, wenn Vertr gem KO 23 erloschen (RG aaO). Über die Anwendg der §§ 275, 280 statt §§ 323 ff bei nachträgl Unmöglichk für gewisse Ansprüche aus ggs Verträgen vgl Staud Vorbem 2 b vor § 320; darü, daß auch § 326 nur bei Verzug mit einer Hauptverbindlichk in Frage kommt, unten § 326 Anm 3 b.

2) Die grundsätzliche Abhängigkeit der ggs Verpflichtgen voneinander (oben Anm 1 c aa) bedeutet **dreierlei:**

a) Die **Entstehg** der einen Verpflichtg ist von der der anderen völlig abhängig, der AusnFall des § 139 Halbs 2 kommt daher insow nicht in Frage. Insb genügt zur Nichtigk Unmöglichk (§ 306) u Unsittlichk (§ 138 I) einer Leistg (sog genetisches Synallagma).

b) Jede der ggs Verpflichtgen kann grdsätzl nicht geltd gemacht werden, ohne daß die andere bewirkt wird (sog funktionelles Synallagma), Grds der **Zug-um-Zug-Leistg**, §§ 320, 322. Er entfällt nur, wenn VorleistgsPfl des einen Teils ausbedungen wird, was mögl ist, § 320 I. Der Grds bedeutet jedoch – nach der im BGB getroffenen Regelg (die insow im Ggsatz zu der des ALR § 271 I 5 steht) – nicht, daß der Vertr-Partner von vornherein nur einen Anspr auf Leistg gg (Vornahme od doch Angebot der) GgLeistg hat. Vielm hat nach § 322 jeder einen Anspr auf die Leistg zunächst ohne Rücks auf die von ihm zu bewirkede GgLeistg; er kann auf die Leistg schlechthin klagen. Der AnsprGegner ist darauf angewiesen, sein Recht auf die **GgLeistg durch Einrede** (die exceptio non [non rite] adimpleti contractus), hM u stRspr. Erhebt er die Einr nicht, so ergeht zB gg ihn Versäumnisurt. Erhebt er sie aber, so zeigt sich die Abhängigk der Leistgen doch darin, daß einredebegründende Tats der Abschl des ggs Vertrages ist; es ist dann Sache des AnsprErhebenden (Klägers), die Einr dch die – von ihm zu beweisende – Einwendg der eig Erf zu entkräften. Voraussetzg dieser BewLastverteil ist allerdings, daß das Bestehen der GgLeistgsPfl des Klägers, insb also der Ggseitigk der beiderseitigen Leistgen, außer Streit ist; wenn nicht, hat der Beklagte das Bestehen seines Anspruchs auf die GgLeistg zu beweisen, RG HRR **32**, 2136. – Näheres über die Einrede vgl Anm zu § 320.

c) Auch abgesehen von der Geltdmachg (b) zeigt sich die Abhängigk der ggs Verpflichtgen darin, daß **Störgen** der einen Leistgsverpflichtg Folgen nicht nur für diese, sond auch für die und u damit das ganze Vertragsverhältnis haben (sog konditionelles Synallagma). Daher die zusätzl Regelg über die Folgen der nachträgl Unmöglichk bei ggs Verträgen dch die §§ 323–325 u 327, der Folgen des Verzugs dch die §§ 326, 327. Die konditionelle Verknüpfg von Leistg u GgLeistg zeigt sich vor allem im Grds des § 323 I, wonach iF der von keiner Part zu vertretden Unmöglichk auch die GgLeistgsPfl entfällt, vgl dazu Dubischar Festschr f Raiser S 99 ff.

3) Verhältnis der Vorschriften

a) Die §§ 320 ff gehen, soweit ihre Anwendg reicht (über Einschränken oben Anm 1 c, cc), bei ggs Verträgen den für alle Schuldverhältnisse od für Schuldverträge geltenden allg Vorschriften vor.

b) Die §§ 320 ff gelten grdsätzl für alle **ggs Verträge**. Doch bestehen für manche Verträge Sonderregelgen, die die Geltg der §§ 320 ff, insb der §§ 323–325 u des § 326, ausschließen od einschränken, vgl über den GesellschVertr § 705 Anm 3 a, c; vgl ferner allg Vorbem 2 a E vor § 323, § 323 Anm 1, § 325 Anm 1, § 326 Anm 1, auch § 306 Anm 6 d (zu § 440 I). Auch beim Kauf sind die §§ 320 ff grdsätzl anzuwenden, § 440 Abs 1, vgl RG **117**, 335; Sonderbestimmgen in § 440 Abs 2 ff hins der Haftg für Entwehr beim Verkauf beweglicher Sachen. Auch für die Rückgewähr der Leistgen beim Rücktr vom Vertr sind die §§ 320, 322, entspr anzuwenden, § 348 S 2 und RG **136**, 33, nicht dagg die §§ 323 ff, vgl § 348 Anm 1. Ebenso gelten für die Wandlg, obwohl auch sie nicht ein neues ggs VertrVerhältn schafft, die §§ 320, 322 entspr, RG **467** iVm § 348 S 2, vgl auch § 320 Anm 2 c bb; dagg gelten für die Wandlg nicht die §§ 323 ff, insb § 326, RG **93**, 49. – Die §§ 320 ff sind über die §§ 445, 440 I auch auf nicht ggs Verträge über Veräußerg od Belastg einer Sache gg Entgelt entspr anzuwenden, zB auf die Verpfändg u die HypBestellg, RG **55**, 131, JW **37**, 2765.

320 **Einrede des nichterfüllten Vertrags.** [I] Wer aus einem gegenseitigen Vertrage verpflichtet ist, kann die ihm obliegende Leistung bis zur Bewirkung der Gegenleistung verweigern, es sei denn, daß er vorzuleisten verpflichtet ist. Hat die Leistung an mehrere zu erfolgen, so kann dem einzelnen der ihm gebührende Teil bis zur Bewirkung der ganzen Gegenleistung verweigert werden. Die Vorschrift des § 273 Abs. 3 findet keine Anwendung.

[II] Ist von der einen Seite teilweise geleistet worden, so kann die Gegenleistung insoweit nicht verweigert werden, als die Verweigerung nach den Umständen, insbesondere wegen verhältnismäßiger Geringfügigkeit des rückständigen Teiles, gegen Treu und Glauben verstoßen würde.

Schuldverhältnisse aus Verträgen. 2. Titel: Gegenseitiger Vertrag § 320 1, 2

1) Allgemeines: (vgl Brox, Die Einrede des nicht erfüllten Vertrages beim Kauf, 1948.) § 320 (I 1) gibt dem Partner eines ggs Vertrages, der auf die von ihm geschuldete Leistg belangt wird, die Einr des nicht (od nicht gehörig) erfüllten Vertrages, exceptio non (non rite) adimpleti contractus, das LeistgsverweigersR, **bis** die GgLeistg bewirkt „wird" (nicht „ist"). Grund der Vorschr: das Wesen des ggs Vertrages, die Abhängigk („Ggseitigkeit") der beiderseit Leistgen, vgl darüber Einf 1–3 vor § 320. Es liegt eine echte (aufschiebende, verzögerliche) Einr vor, keine Berücksichtigg vAw, vgl aaO Anm 2 b. Die Einr ist eine **Unterart** der Einr des **ZbRechts** des § 273, hM, vgl auch RG **149,** 328, doch hat sie nicht nur den Sicherzwecke wie diese, kann also im Ggsatz zu ihr nicht durch SicherhLeistg abgewendet werden, 13. Grd: die innere Verbundenh der beiderseitigen Leistgen beim ggs Vertrage, der dch bloße SicherhLeistg nicht hinreichd Rechng getragen würde. Die Einr gibt ebsowenig wie das ZbR des § 273 (dort Anm 1 a) ein BefriediggsR. Beide sind nur Ausprägen des § 242, mit dem Unterschiede, daß bei beiden die in den Fällen des § 242 sonst im allg gegebene Inhaltsbeschränk des Anspruchs (vgl § 242 Anm 1) dch das Recht zur Einr ersetzt wird. – Der AnsprGegner (der Bekl), ist, soweit es sich um die Frage seiner Berechtigg zu einer vorl Ablehng seiner Leistg handelt, auch bei Vertr- und Treueverstößen des Klägers, solange eine Änderg des Verhaltens des Klägers noch mögl u zu erwarten ist, durch § 320 (mit der Folge des § 322 Abs 1) hinreichd geschützt, so zB wenn der Kläger die eig Leistg ablehnt od sich illoyal verhält (ausnahmsw kann aber ein Verhalten des Kl, zB die fortgesetzte Verweiger seiner Leistg, nach § 242, über die §§ 320, 322 hinaus, sogar zur Abweisg der Klage als verfrüht führen, vgl RG DR **39,** 1005 Nr 26 Abs 1). Neben § 320 hat der Bekl die allg Rechte, zB den SchadErsAnspr wg schuldh VertrVerletzg od das Recht, mit der etwaigen ErsAnspr aufzurechnen. Die endgültige Gestaltg, insb die Möglich des Lösg des VertrVerhältnisses dch den Bekl wg posit VertrVerletzg des Kl, wird dann vom weiteren Verhalten des Kl abhängen, vgl § 276 Anm 7c, § 326 Anm 12. – Das LeistgsverweigersR kann **abbedungen** werden, vgl RG **136,** 412, 413, aber nur dch IndividualVereinbg, nicht dch AGB, vgl AGBG 11 Nr 2. Ausgeschl ist § 320 insb, wenn ein VertrPart eine VorleistgsPfl übernimmt, vgl dazu Anm 4.

2) Voraussetzungen.

a) Gegenseitiger Vertrag. Darü vgl Einf 1c vor § 320. Es muß zu seinem Abschl gekommen sein, vgl dort Anm 1c, bb. Er muß noch bestehen; somit keine Einr mehr nach Anf für die Rückgewähransprüche (nur Einr des § 273) RG **94,** 310, ferner nicht nach beendetem Dienstverhältn (bedenkl), RG **54,** 125, vgl Einf 1c, cc vor § 320. Darü, daß die §§ 320, 322 auch beim Rücktr u bei der Wandlg gelten, obwohl beide kein ggs VertrVerhältn begründen, vgl Einf 3b aE vor § 320. Über die Frage des § 320 beim GesellschVertr vgl § 705 Anm 3c.

b) Bestehen einer **Gegenforderg,** die zu der beanspruchten im **Gegenseitigkeitsverhältnis** steht. Ein solches besteht nicht notw zw allen aus ggs Verträgen entstehenden Fdgen, vgl Einf 1c, cc vor § 320, insow kann aber möglicherw ein ZbR nach § 273 in Frage kommen. Bei Sukzessivlieferungsverträgen besteht inf der Einh des Schuldverhältnisses Ggseitigk auch wg etwaiger GgFdgen aus anderen, früh od späteren, Teilleistgen, vgl RG **68,** 22. Auch eine GgFdg, die auf ein Unterlassen gerichtet ist, kann Ggst der „Einbehaltung" sein, RG **152,** 74 (str), falls damit das Recht des Gläubigers des Unterlassgsanspruchs nicht gänzlich vereitelt wird (§ 242). GgFdg aus ArbVerhältn gg seine Verpflichtg zur ArbLeistg ist auch sein Anspr auf menschenwürd Behandlg, BAG NJW **64,** 883. Unerhebl ist, daß die GgLeistg abredegem nicht an den die Einr Erhebenden, sond an Dr zu machen ist, RG **65,** 48, od daß der die Einr Erhebende den Anspr auf die GgLeistg an einen and abgetreten hat, BGH **55,** 356, WPM **78,** 951 (krit Ludewig NJW **72,** 516), vgl § 398 Anm 3a. In entspr Anwendg des § 390 S 2 begründet auch in einem Anspr die Einr aus § 320, wenn die Verj noch nicht eingetreten war, als Anspr des Gläub entstand, BGH **53,** 125. Doch muß die GgFdg noch bestehen, daher keine Einr des Beklagten, wenn dem Kläger die Leistg der GgForderg bereits unmögl geworden, Warn **17** Nr 135. Der Bekl kann aber die Einr erheben, solange die Unmöglich nicht feststeht u der Kläger den nach § 282 obliegenden Nachw nicht geführt hat. Hat der Kl aber diesen Bew erbracht, so ist auch der Beklagte von seiner LeistgsPfl nach § 323 frei u bedarf der Einr nicht mehr. Die Einr besteht auch, wenn der Anspr des Beklagten auf die GgLeistg sich, insb durch vom Kläger verschuldete Leistgsstörgen (Unmöglichk, Verzug, positive VertrVerletzg), irgendwie verändert, insb sich in einen SchadErsAnspr verwandelt hat. In letzterem Falle wird aber im Hinbl auf die Differenzlehre (vgl § 325 Anm 3) für ein LeistgsverweigersR des Bekl aus § 320 (od auch aus § 273) im allg kein Raum mehr sein, da die GgFdg als SchadErsAnspr des Bekl ein einseitiger DifferenzAnspr geworden ist, in dem die vom Kl geforderte Leistg einen Rechngsposten darstellt, § 325 Anm 3. Voraussetzg der Einr ist weiter, daß der Bekl nicht bei dem **Vertrage stehen bleibt:** lehnt er die eig Leistg überh und nicht nur bis zur Leistg des Klägers ab, so kann er die Einr den §§ 320, 322 nicht erheben (BGH WPM **78,** 731, 733) u muß andere, das VertrVerhältn endgültig lösende RBehelfe geltd machen, zB aGrd pVV vom Vertrage zurücktreten od SchadErs wg NichtErf des ganzen Vertrages fordern, vgl § 276 Anm 7c, § 326 Anm 12. – Voraussetzg des EinrR ist, daß der die Einr Erhebende selbst **vertragstreu** ist; auf Tatsachen, die erst nach seinem eigenen Leistgsverzug eingetreten sind, kann er die Einr nicht gründen RG **120,** 196, vgl auch § 326 Anm 4. – **Nicht** ist Voraussetzg des EinrR, daß der EinrGegner (Kläger) seine Leistg bisher **schuldhaft** nicht bewirkt hat RG **145,** 282, daß er insb mit ihr bereits im Verzuge ist RG HRR **32,** 438. Daß die von ihm geschuldete Leistg bereits **fällig** sein muß, ist in § 320, entgg § 273, nicht ausdr ausgesprochen, ergibt sich aber aus dem GgseitigkVerhältn der beiden Leistgen. – Bekl kann die Einr auch erheben, wenn er im **Annahmeverzug** ist (vorausgesetzt, daß er überh noch beim Vertr stehenbleiben will, was er dch das Erheben der Einr zeigt) hM, RG SeuffA **59,** 149, aA Kirn JZ **69,** 327, doch hat der vorangegangene AnnVerzug Prozeßkostenbedeutg; die Interessen des Gläub sind ferner dadch gewahrt, daß er der Erhebg der Einr zunächst dch Hinterlegg (§§ 372, 383) od in anderer Weise, zB durch Hinterlegg bei Notar (vgl BGH LM Nr 8), vorbeugen kann.

c) Unerhebl ist, in welchem **Umfange** die GgLeistg noch aussteht: auch bei nur noch teilweisem Ausstehen kann der Schu seine GgLeistg voll zurückhalten; das G sieht eine Beschrkg des EinrR auf einen dem

Verhältn der noch ausstehenden Leistgen entsprechenden Teil grdsätzl (von II abgesehen, vgl unten cc) nicht vor, RG JW **15**, 1003.

aa) Eine Folge davon ist **I, 2**: auch wenn die GgLeistg an mehrere zu erfolgen hat, hat der Schu die Einr bis zur Bewirkg der ganzen GgLeistg, mag auch der fordernde einz Gläub selbst seinen Anteil bereits an den Schu geleistet haben; I 2 liegt dagg nicht vor, wenn auch der Schu nur eine Teilleistg zu machen, er aber seinen Anteil bereits empfangen hat.

bb) Die Einr führt zur **vollen Verweigerg** der GgLeistg nicht nur bei teilw, sond auch bei unvollständ od **nicht gehöriger Leistg** (exc non rite adimpleti contractus). Der Schu braucht es dazu nicht erst kommen zu lassen, er kann von vornherein die Ann der teilw, unvollständigen od nicht gehörigen Leistg ablehnen (vgl für die teilw Leistg § 266), falls nicht § 242 einschlägt; er hat dann die Einr des gänzl nicht erfüllten Vertrages. Nimmt er dagg die nicht richtige Leistg an, so kann er grdsätzl seine ganze GgLeistg mit der Einr des nicht gehör erf Vertr verweigern. Aus dem **Gewährleistungsrecht** können sich aber Abweichungen ergeben: Im KaufR steht dem Käufer Einr aus § 320 zu, solange er die mangelh Sache nicht als Erf iS von § 363 angenommen h, RG **66**, 279. Nach diesem Ztpkt w Einr aus § 320 idR dch die Sonderregel der §§ 459 ff verdrängt, RG **66**, 333, **108**, 280, BGH **10**, 248, sehr str, aA Soergel-Schmidt Anm 7. Käufer kann aber ggf Einr der Wandlg erheben, auf die gem §§ 467, 348 S 2 die §§ 320, 322 entspr anzuwenden sind, vgl Einf 3 b vor § 320. Käufer h trotz Ann als Erf iS von § 363 weiterhin Einr aus § 320, sofern echter ErfAnspr fortbesteht, BGH **26**, 339 (zum WerkVertr); das ist der Fall bei Lieferg eines aliud, BGH NJW **69**, 787, § 459 Anm 1; wenn Käufer gem § 480 NachliefergsAnspr zusteht, § 480 Anm 2, wenn er aGrd vertragl Abrede NachbessergsAnspr hat, ferner bei RMängeln (§ 440 I), RG **108**, 280. Beim WerkVertr steht dem Besteller, der Nachbesserg verlangen kann, Einr aus § 320 zu, da Anspr auf Nachbesserg erfüllt sein muß, BGH **26**, 337, **55**, 357 (zu VOB § 13 Nr 5). Einr aus § 320 führt hier gem § 322 I zur Verurteilg Zug um Zug, BGH **26**, 337, **61**, 42; vgl näher Vorbem 4a vor § 633.

cc) Das LeistgsverweigersR ist **ausgeschlossen**, sow Treu u Glauben entggstehen, II u RG **68**, 22. In II ist die Geringfügigk des noch ausstehdn Leistgsteils (od Leistgsmangels) nur beispielsw erwähnt. LeistgVR ausgeschl, wenn Art des Ggst Zb verbietet od wenn Zb den Anspr des Gläub endgült vereitelt, BGH NJW **74**, 1106. II bedeutet nicht etwa, daß die GgLeistg allg nur zu einem dem rückständ Teil der Leistg entspr Teil einbehalten w darf, BGH NJW **58**, 706, BGH **54**, 249. Es sind vielm alle Umst zu berücksichtigen, RG **56**, 151. IdR w die Zurückbehaltg, sofern die GgLeistg teilb ist, auf etwa das Drei- bis Fünffache der ausstehden Leistg zu beschr sein, Hbg MDR **70**, 676, doch kommt es auf den Einzelfall an, Hbg MDR **70**, 243, Nürnb OLGZ **65**, 13. Bei Teilklagen ist zu berücksichtigen, daß Anspr zT beschränkt ist, wenn nicht eingeklagten FdgTeil gesichert, BGH **56**, 316, bei NachbessergsAnspr die Unlust von Handwerksbetrieben, kleinere Reparaturen zu übernehmen, Nürnb OLGZ **65**, 13, ands aber auch die Tats einer bereits geleisteten Sicherh, RG JW **15**, 1189 (obwohl § 273 III unanwendb).

3) Wirkungen des Leistungsverweigerungsrechts.

a) Bereits sein bloßes Bestehen **hindert** den Eintritt des **SchuVerzuges** beim EinrBerechtigten, der Erhebg der Einr bedarf es dazu, anders als beim ZbR des § 273 (vgl dort Anm 1), nicht, RG **126**, 285, hM, vgl näher § 284 Anm 2. (Grd des Unterschiedes von der Regel beim ZbR: die engere Verbundenh der VertrLeistgen beim ggs Vertr, die auch die Abwendg dch SicherhLeistg hier ausschließt, § 320 I 3). Doch kommt der Schu in Verzug, wenn der Gläub mahnt u dabei zur Erbringg der eig Leistg bereit u imstande ist, RG **126**, 285; die eig Leistg braucht er bei der Mahng nicht schon anzubieten, vgl RG **151**, 310. And aber, wenn Gläub vorleistgspflicht: Hier tritt Verzug nur ein, wenn Gläub die eig Leistg erbringt od anbietet, BGH NJW **66**, 200, WPM **74**, 370. – Die Verjährg des Anspruchs des einen VertrPartners wird aGrd der ausdr Vorschr des § 202 II weder dch das Bestehen noch dch die Erhebg der Einr dch den anderen gehemmt, im Ggsatz zu anderen verzögerl Einreden (§ 202 I), aber in Übereinstimmg mit der Einr des § 273.

b) Die **Erhebg der Einrede** vor od selbst im RStreit führt, da die Einr nur verzögerlicher Natur ist, noch nicht zu einer endgültigen Bereinigg des VertrVerhältnisses. Die Einr hat auch im RStreit schwächere Wirkgen als andere verzögerl Einreden; sie führt nicht zur Abweisg der Klage als zur Zeit unbegründet, hindert also (ebso wie die des ZbRechts, §§ 273, 274), nicht die Verurteilg, sond schränkt diese nur ein: § 322.

c) Beweislast (vgl Einf 2b vor § 320). Die Erhebg der Einr dch den Bekl zwingt den Kläger grdsätzl dazu, sie durch die Darlegg u den Beweis eigener Erf zu entkräften. Das gilt sowohl für die Einr des nicht, als auch die des nur teilw, nicht gehörig od nicht vollst erfüllten Vertrages. Anders dagg, kr Sonderregel beim Kauf u bei sonstigen Veräußergs- od Belastgsverträgen, soweit der Beklagte Vorliegen eines RMangels (wofür grdsätzl die §§ 320 ff gelten, § 440 I, RG **108**, 280) einwendet, §§ 442, 445; anders ferner allg, soweit die vom Kl geschuldete GgLeistg in einem Unterlassen besteht, §§ 345, 358, Enn-Lehmann § 33 I 3. Allg trifft den Beklagten ferner, was für die Einr des nur teilw, nicht gehörig od nicht vollst erfüllten Vertrages von Bedeutg ist, dann die BewLast für die einredebegründenden Tatsachen, wenn er die Einr erhebt, obwohl er eine ihm als Erf angebotene Leistg als Erfüllg angenommen hat, § 363. Daß das der Fall ist, hat der Kläger zu beweisen; wann Ann als Erf anzunehmen ist, muß sich nach den Umst des Einzelfalles richten, vgl darüber § 363 Anm 2.

4) Vorleistungspflicht eines Teils.

a) Entstehung. Sie kann bereits **kraft Gesetzes** bestehen, so die des Vermieters § 551, des Dienstverpflichteten § 614, des Werkunternehmers § 641 (str, ob sich diese auch auf Nachbesserg bezieht, vgl oben Anm 2 c bb). Sie kann ferner entgg der grdsätzl nach §§ 320, 322 gegebenen Zug-um-Zug-LeistgsPfl von den VertrParteien **vereinbart** w, jedoch können entspr formularmäß Klauseln gem AGBG 11 Nr 2 nichtig sein. Fälle zB: Abrede der Zusendg unter Nachnahme, Abrede der Akkreditivstellg dch den Käufer RG **102**, 155, ferner bei Vereinbg „Kasse (bereits) gegen Faktura" RG JW **23**, 685, od „Zahlg (bereits) gg Dokumente", BGH NJW **71**, 979. Dagg ist nicht VorleistgsPfl die Verpfl zur Zahlg gg Hergabe von

Dispositionspapieren. Auch die gesetzl bestimmte VorleistgsPfl kann wegbedungen w, so meist bei der GrdstMiete.

b) Die VorleistgsPfl hat **zur Folge**, daß für den auf Leistg verklagten Pflichtigen die Einr der §§ 320, 322 entfällt. Auch das Herbeiführen des SchuVerzuges des anderen ist nur mögl, wenn der Vorleistg erbracht od jedenf angeboten w, BGH NJW 63, 1149, 66, 200. – Anderers können Treu u Glauben zum Wegfall einer bestehenden VorleistgsPfl und danach wieder zum Regelfall od zum mindesten zum Recht auf Sicherstellg (vgl auch § 321) führen, RG Gruch 63, 219, zB wenn der andere Teil beim TeillieferungsVertr frühere Vorleistgen noch nicht bezahlt hat RG 66, 427, od wenn er bereits erklärt hat, die eig Leistg nicht erbringen zu können, BGH Betr **68**, 1809, od nicht mehr erbringen zu wollen, BGH **50**, 176, Betr **72**, 868, uU kann für den sich Weigernden neben Anspr auf Vorleistg auch Einr aus § 320 entfallen, BGH aaO. Die VorleistgsPfl wird zur Pfl der Zug-um-Zug-Leistg, wenn auch die Leistg des VorleistgsBerecht inzw fäll geworden ist, RG JW **24**, 1141.

321 *Vermögensverschlechterung.* **Wer aus einem gegenseitigen Vertrage vorzuleisten verpflichtet ist, kann, wenn nach dem Abschlusse des Vertrags in den Vermögensverhältnissen des anderen Teiles eine wesentliche Verschlechterung eintritt, durch die der Anspruch auf die Gegenleistung gefährdet wird, die ihm obliegende Leistung verweigern, bis die Gegenleistung bewirkt oder Sicherheit für sie geleistet wird.**

1) Allgemeines. Die Bestimmg gibt dem Vorleistgspflichtigen unter bes nachträgl eingetretenen Umst eine Einrede, nicht mehr. Die Bestimmg ist nicht nur Voraussetzgen und Wirkgen ein beschränkter Anwendgsfall der clausula rebus sic stantibus, dh des § 242 (vgl § 242 Anm 6). Sie schließt nicht aus, aus § 242 andere, auch in der Wirkg weitergehende, Beschrkgen der VorleistgsPfl zu rechtfertigen, vgl die Fälle in § 320 Anm 4b aE. Dem § 321 entspricht für das DarlVersprechen der § 610, der jedoch in der Wirkg weitergeht (WiderrufsR, nicht bloß Einr).

2) Voraussetzungen.

a) V o r l e i s t g s p f l i c h t bei einem ggs Vertr. Darüber vgl § 320 Anm 4, § 322 Anm 3.

b) Nachträgliche wesentl Vermögensverschlechterg des Berechtigten, die zur Gefährdg des Anspruchs auf die GgLeistg führt. Bereits bei VertrSchluß vorhandene schlechte Vermögensverhältnisse geben nicht das Recht aus § 321 (aA Lindacher MDR **77**, 797), doch kann Anf wg Betruges (§ 123), Fdg auf SchadErs deswegen (§ 823 II, auch §§ 826, 249), sowie Anf wg Irrtums über die verkehrswesentl Eigensch des Kreditwürdigk (§ 119 II) in Frage kommen. Bereits bei VertrSchl vorhandene schlechte VermVerhältnisse können sich aber weiter wesentl verschlechtern u dann § 321 anwendb machen, so dch Eröffng des Konk- od VerglVerfahrens, auch Einzelvollstreckg aus alten Schulden BGH NJW **64**, 99; Verschlechterg kann auch in Ablehng eines aussichtsreichen Kreditgesuchs liegen, BGH aaO. Notw ist eine Verschlechterg gerade der VermVerhältnisse des Schu, nicht genügen für § 321 allgemeine Veränderungen der WirtschLage, Warn **16** Nr 5 (Krieg). Da nicht nur Verschlechterg, sond Gefährdg erfordert wird, schließt Vorhandensein ausreichender Sicherh den § 321 aus, RG **53**, 244, auch ausreichend sichere Bürgsch. Verlangt KonkVerw gem KO 17 VertrErf, ist Einr aus § 321 nur gegeben, wenn Masse nicht ausreicht, Düss MDR **70**, 1009. Auf Verpflichtgen, deren Erf dch VermVerschlechterg nicht gefährdet w (persönl Dienstleistgen, Unterlassgen), ist § 321 nicht anwendb. Ebso entfällt § 321, wenn bis zur Fälligk od dem Einfordern der Vorleistg die Verhältnisse sich wieder gebessert haben; solange der Vorleistgspflichtige von der Besserg noch nichts weiß, ist jedoch sein Verzug ausgeschl, § 285, der and hat vielm die Pflicht zur Mitteilg u ggf zum Nachw der Besserg. – Vorherige Ankündigg der Erhebg der Einr ist nicht nöt RG **51**, 171.

3) Wirkung. § 321 gibt nur eine **Einrede**, bis die Leistg bewirkt od – wenn auch nur dch Bürgsch – sichergestellt ist. Verzug des Vorleistgspflichtigen w geheilt, wenn er nunmehr seine Leistg gg Bewirkg der GgLeistg anbietet, BGH NJW **68**, 103, vgl auch BGH BB **58**, 1273, abw RG **92**, 218 für einen Sonderfall. Eine Umwandlg des Schuldverhältnisses dahin, daß der vorleistgspflichtige nunmehr die Leistg des anderen Zug um Zug gg Bewirkg der eigenen fordern (u darauf klagen) könnte, tritt dch § 321 nicht ein, stRspr u hM, zB RG **53**, 62, RGRK Rdn 6. § 321 läßt danach das VertrVerhältnis in der Schwebe, gibt insb dem Vorleistgspflichtigen kein Rücktr- od Recht auf SchadErs. Insb kann er den Verzug des anderen nicht herbeiführen u dann nach 326 vorgehen. Anders, wenn der andere daraufhin die VertrErf endgültig verweigert: dann Rücktr od SchadErs aus posit VertrVerletzg. Aber auch sonst wird man aus § 242 dem Vorleistgspflichtigen das Recht geben müssen, zurückzutreten, wenn der andere, trotz Aufforderg, zu der eig Leistg gg die Leistg des Vorleistgspflichtigen (od zur Sicherstellg) nicht bereit ist, BGH **11**, 85, Lindacher MDR **77**, 799, hM.

322 *Verurteilung zur Leistung Zug um Zug.* **I Erhebt aus einem gegenseitigen Vertrage der eine Teil Klage auf die ihm geschuldete Leistung, so hat die Geltendmachung des dem anderen Teile zustehenden Rechtes, die Leistung bis zur Bewirkung der Gegenleistung zu verweigern, nur die Wirkung, daß der andere Teil zur Erfüllung Zug um Zug zu verurteilen ist.**

II Hat der klagende Teil vorzuleisten, so kann er, wenn der andere Teil im Verzuge der Annahme ist, auf Leistung nach Empfang der Gegenleistung klagen.

III Auf die Zwangsvollstreckung findet die Vorschrift des § 274 Abs. 2 Anwendung.

§ 322, Vorbem v § 323

1) Allgemeines. Die Bestimmg regelt in **I** u **III** die verfahrens- und vollstreckgsrechtl **Folgen** der Erhebg der Einr des § 320, vgl daher zunächst die Einf 2b vor § 320, sowie die Anm zu § 320, insb Anm 1 und 3b. Die Regelg entspricht der des § 274 für die Einr des ZbRechts, es gilt daher das dort Gesagte. – **II** gibt eine bes Vorschr für die Klage des Vorleistgspflichtigen.

2) Der **gewöhnliche Fall** des **§ 320 I** (Verpflichtg zur **Zug-um-Zug-Leistung**).

a) Im Rechtsstreit: Bei Nichterhebg der Einr VersäumnUrt gg den Bekl, selbst wenn eig Leistg vom Kl nicht behauptet wird. Bei EinrErhebg wird Klage nicht abgewiesen, mag auch Kl einen HilfsAntr auf Zug-um-Zug-Leistg beim Bekl nicht gestellt haben, der Bekl wird vielm zur Leistg Zug um Zug verurteilt. Form der Erhebg der Einr grdsätzl gleichgültig, Antr auf Klageabweisg genügt jedenf dann, wenn auf angebl Nichtleistg des Kl gegründet, Hamm MDR **78**, 402, RGRK Rdn 3. Erledigg im GrdUrteil wg der grdsätzl Selbständigk des Klageanspruchs nicht nötig (RG **123**, 7 für das ZbR des § 273). Zug-um-Zug-Verurteilg auch, wenn Bekl LeistgsAnn bereits verweigert hat, vgl RG **84**, 230, od wenn er bereits im AnnVerzuge, vgl § 320 Anm 2b aE. Keine Erhebg der Einr erst im späteren Verlauf des RStreits mögl, falls Kl den Anspr bereits aGrd vorl vollstreckbaren Urteils beigetrieben hat, vgl § 273 Anm 1 aE. Keine Erhebg der Einr erst in der RevInst. Über BewLast vgl § 320 Anm 3c. – Bei TeilUrt ist Zug-um-Zug der vollen GgLeistg zu verurteilen, BGH NJW **62**, 628.

b) In der Zwangsvollstreckg: hierfür gilt das zu § 274 Anm 3 Gesagte. **III** verweist auf § 274 II.

3) II. Der Fall der **Vorleistungspflicht** eines der VertrPartner. Vgl dazu § 320 Anm 4. § 322 I gilt hierfür nicht.

a) Für die Klage des zum Fordern der Vorleistg Berechtigten gilt nichts Besonderes, sie ist ohne Bewirkg od Anbieten der eig Leistg mögl, vgl jedoch § 320 Anm 4b.

b) Klagt der Vorleistgspflichtige, ohne die Vorleistg bereits bewirkt zu haben, so ist die Klage abzuweisen, da die Bewirkg Voraussetzg für die Fälligk des Anspruchs ist, BGH **61**, 42, 44 hM. Ist dagg der Beklagte mit der Ann der Leistg im Verzuge (vgl §§ 293ff, insb § 298), – den Eintritt des AnnVerzuges, wenn auch nicht die Fortdauer, hat Kl darzulegen u zu beweisen – so gibt II dem Kl das Recht, ohne weiteres auf die ihm geschuldete Leistg zu klagen. Die Klage hat auf Verurteilg zur „Leistung nach Empfang der GgLeistung" zu gehen, vgl RG SeuffA **59**, 149. Klagt er einf auf Leistg, so wird die Klage zwar nicht abgewiesen, es ergeht aber Urt auf das Minus der „Leistung nach Empfang der GgLeistung", im übr wird die Klage abgewiesen. Die ZwVollstr eines auf „Leistg nach Empfang der GgLeistung" ergangenen Urteils wird ebenso bewirkt wie die eines Zug-um-Zug-Urteils, da III sich auch auf II bezieht, hM, Karlsr MDR **75**, 938, RGRK Rdz 7, Gabius NJW **71**, 866, aA Staud-Kaduk Anm 17.

Nachfolgende Unmöglichkeit bei gegenseitigen Verträgen
(§§ 323–325)

Vorbemerkung

Neueres Schrifttum: Meincke AcP **171**, 19.

1) Allgemeines. Die Bestimmgen sind eine **Ergänzung** (zT auch Abänderg) der allg Vorschriften der §§ 275, 279, 280–283 über die Folgen nachfolgender Unmöglichk. Diese gelten für die Unmöglichk der einz Leistg grdsätzl auch hier RG **106**, 24; die §§ 323 ff geben nur ergänzende Sondervorschriften für ggs Verträge, um die Frage zu klären, welche Folgen die Unmöglichk der Leistg auf das **Schicksal der Gegenleistung** (bei zu vertretender Unmöglichk, § 325, weitergehend auch das Schicksal des ganzen Vertrages, vgl § 325 Anm 3, 6) hat. Grd: das ggs AbhängigkVerhältn von Leistg u GgLeistg bei ggs Verträgen, vgl Einf 1c, 2c vor § 320. – Für den Verzug gilt dasselbe, § 326, dort Anm 1. – Darü, daß die §§ 323–325, 327 nicht für alle Verbindlichkeiten aus ggs Verträgen gelten, sond nur für die im GgseitigkVerhältn stehenden, vgl oben Einf 1c, cc vor § 320 (für den Verzug vgl dazu § 326 Anm 1 u 3b).

2) Einzelnes. a) Die §§ 323ff gelten nur für die **nachfolgende** (Begriff § 275 Anm 3) Unmöglichk (einschl des Unvermögens: § 275 II muß auch hier gelten); auf die ursprüngliche Unmöglichk sind auch bei ggs Verträgen ausschließl die §§ 306 ff anwendb RG **105**, 351. Ebso gelten die §§ 323 ff nicht für das ursprüngl Unvermögen (der Schu haftet für dieses, § 306 Anm 3); anders jedoch beim Kauf, wo nach § 440 I der Verkäufer auch für urspr Unvermögen gem den §§ 323 ff zu haften hat, vgl § 306 Anm 6d.

b) Die §§ 323 ff unterscheiden ebso wie die §§ 275, 279, 280 danach, ob die Unmöglichk vom Schu zu **vertreten** ist (§ 325) od nicht (§ 323). Ob der Gläubiger die Unmöglichk zu vertreten hat, ist für die §§ 275 ff ohne Bedeutg. Anders beim ggs Vertr: hier hat es Einfluß auf das Schicksal der vom Gläub geschuldeten GgLeistg, § 324. Der Fall, daß die Unmöglichk der Leistg von beiden Parteien zu vertreten ist, ist in den §§ 323 ff nicht bes geregelt: je nach dem Überwiegen des Vertretenmüssens (meist also des Verschuldens) wird entweder § 324 od § 325 anzuwenden sein (§ 323 hat auf jeden Fall auszuscheiden), wobei dann aber § 254 (hins der SchadErsFolge unmittelb, im übr entspr, vgl § 254 Anm 2 b) anzuwenden ist, RG **71**, 191, **94**, 140, Oldbg NJW **75**, 1789/2295 (Anm Teubner), abw Hadding AcP **168**, 150. der immer § 325 anwenden u das GläubVersch im Rahmen des § 254 od dch einen GgAnspr des Schu auf anteiligen SchadErs wg pos VertrVerletzg berücksichtigen will.

c) Anwendungsbereich. Die §§ 323 ff gelten für alle ggs Verträge, soweit nicht Sonderregelgn, zB hins der Haftg für Sachmängel, eingreifen, trotz der (selbstverständl vorgehen) Sondervorschriften der §§ 537, 542 für Miet- u Pachtverträge, vgl dazu § 537 Anm 1 u zum RücktR § 326 Anm 1; wenn dem Mieter die GebrAusübg dch einen in seiner Person liegenden Umst unmögl wird, wird er

Schuldverh. aus Verträgen. 2. Titel: Gegens. Vertrag **Vorbem v § 323, §§ 323, 324**

nach § 552 von der GgLeistg nicht frei, vgl dazu BGH **38**, 295, LG Kblz NJW **68**, 942. Grdsätzl gelten §§ 323 ff auch für Dienstverträge BGH **10**, 195, für WkVertr bis zur Abnahme, Stgt BB **77**, 118, für Vertr nach der VOB (Verdinggsordng für Bauleistgn) neben VOB 8, BGH NJW **58**, 217 (nicht aber neben VOB § 4 Z 6, 7 u § 13 Z 5–7, BGH NJW **65**, 152), für AnstellgsVertr von GesellschOrganen BGH **10**, 187, nur stark eingeschränkt aber für Arb- und ähnl Verhältnisse, vgl § 615 Anm 3, Neumann-Duesberg Betr **69**, 305. Zur Geltg des § 323 bei GesellschVerträgen vgl § 705 Anm 3 c. – Für den Ausschl des § 326 gilt Ähnliches, vgl dort Anm 1 u 12 a. – Über das Verhältn der 323 ff zu KO 17 vgl RG **73**, 62. – Die §§ 323 ff können abbedungen werden.

323 *Nicht zu vertretendes Unmöglichwerden.* I Wird die aus einem gegenseitigen Vertrage dem einen Teile obliegende Leistung infolge eines Umstandes unmöglich, den weder er noch der andere Teil zu vertreten hat, so verliert er den Anspruch auf die Gegenleistung; bei teilweiser Unmöglichkeit mindert sich die Gegenleistung nach Maßgabe der §§ 472, 473.

II Verlangt der andere Teil nach § 281 Herausgabe des für den geschuldeten Gegenstand erlangten Ersatzes oder Abtretung des Ersatzanspruchs, so bleibt er zur Gegenleistung verpflichtet; diese mindert sich jedoch nach Maßgabe der §§ 472, 473 insoweit, als der Wert des Ersatzes oder des Ersatzanspruchs hinter dem Werte der geschuldeten Leistung zurückbleibt.

III Soweit die nach diesen Vorschriften nicht geschuldete Gegenleistung bewirkt ist, kann das Geleistete nach den Vorschriften über die Herausgabe einer ungerechtfertigten Bereicherung zurückgefordert werden.

1) Grundsätzliches. Vgl zunächst die Vorbem v §§ 323 ff. – Das Freiwerden des Schu von seiner Leistgspflicht regelt bereits § 275. In § 323 wird nur, mit Rücks auf die Natur des ggs Vertrages, die Befreiung des VertrGegners von der **Gegenleistg** bestimmt, was sich aus § 275 noch nicht ergeben würde. Danach trägt grdsätzl der Schu der unmögl Leistg die Gefahr der GgLeistg, also beim (nicht erfüllten) Kauf der Verkäufer die Gefahr der Erlangg des Kaufpreises (Preisgefahr- anders röm-gem Recht: periculum est emptoris), dh der Verkäufer wird dch den zufälligen Untergang der Kaufsache zwar frei, verliert aber den Anspr auf den Preis. Das gilt allerdings gerade beim Kauf nur so lange wie Verkäufer Gefahr trägt, idR also bis die Sache übergeben od der Käufer als Eigtümer in das Grdbuch eingetr worden ist, § 446; noch früherer Übergang im Falle des § 447. – Auch auf Dienstverträge ist § 323 anwendb, trotz § 626, RG **92**, 177, **158**, 326, BGH **10**, 193, aber nicht ohne weiteres auf ArbVerhältnisse, vgl § 615 Anm 3. Für WkVertr w § 323 dch § 645 teilw verdrängt, vgl BGH **60**, 18 = JZ **73**, 366 mit Anm Medicus. Auch wenn die Unmöglichk auf Zweckerreichg od Zweckfortfall beruht, gilt § 323 nur mit Einschränkgen, § 275 Anm 1 d.

2) Voraussetzungen.

a) Nachträgliche Unmöglichkeit oder Unvermögen. Darüber vgl § 275 Anm 1 u 2, sowie § 279. Nötig dauernde Unmöglichk, vgl § 275 Anm 4; bloß zeitige muß uU der dauernden gleichgestellt werden, ebda. – Beim Kauf gelten die §§ 323 ff auch im Falle ursprünglichen Unvermögens, vgl § 306 Anm 6.

b) Von keiner Partei zu vertreten: Über Vertretenmüssen vgl § 275 Anm 6. Über von beiden Parteien zu vertretende Unmöglichk Vorbem 2 vor §§ 323 ff.

3) Wirkung. Kein Erlöschen des Schuldverhältnisses ohne weiteres, da II od III gegeben sein können. Aber Verlust des Anspruchs auf die GgLeistg, sowie Rückgabe der schon gemachten, vgl Anm 1. Dagg kein RücktrR wie in § 325.

4) Bei Teilunmöglichkeit mindert sich das Recht auf die GgLeistg im Verhältnis des Wertes der vollst Leistg zum Werte der noch möglichen Teilleistg, I Halbs 2, Berechng RG **92**, 14, Zweibr OLG **70**, 310. – Voraussetzg dieser RFolge ist aber, daß die Teilunmöglichk nicht schon völlige bedeutet, welche Bedeutg sich auch aus dem VertrZweck ergeben kann, RG **140**, 383, vgl § 275 Anm 5, wichtig für Bezugsverträge. Teilunmöglichk kann auch dch Zeitablauf eintreten, Stgt BB **77**, 118 (WartgsVertr).

5) II. Der Gläub hat das Recht, den **Ersatz** der unmögl gewordenen Leistg gem § 281 zu fordern, vgl dort. Dann aber entfällt, aus der Natur des ggs Vertrages heraus, der in I ausgesprochene Grdgedanke der Befreiung des Gläub von der GgLeistg insoweit, als der verhältnism Wert des Ersatzes geht, vgl näher Text. Nur Recht, nicht Pfl des Gläub.

6) III. Die bereits **geleistete Gegenleistung** ist zurückzugeben. Bes Bestimmg war nötig, da kein Erlöschen des Schuldverhältnisses eintritt, oben Anm 3, und § 323 wirkt nicht wie ein RücktrR gibt, so daß die Regeln des vertragsm Rücktrittsrechts (§ 346) weder unmittelb noch über § 327 anzuwenden sind. – Nach RG **139**, 22 betrifft die Verweisg des III auf Bereicherungsvorschriften nur den Umfang der herauszugebenden Bereicherg, nicht werden dadch die bes Voraussetzgen der §§ 812 ff erforderl, § 812 I 2 dürfte aber immer vorliegen. § 818 III ist anwendb, BGH **LM** § 818 III Nr 6, aA Meincke AcP **171**, 38. Haben beide Seiten Teilleistgn erbracht, gilt für die Abwicklg die Saldotheorie (§ 818 Anm 6 D), BGH **LM** § 818 III Nr 6, jedoch kann sich Schu nicht auf Verluste u Schäden berufen, die vor der Unmöglichk eingetreten sind u für die er vertrmäß das Risiko zu tragen hat, BGH aaO. Haben die Part damit gerechnet, daß Unmöglichk eintreten könnte, so gilt für den Umfang der Bereicherungshaftg § 820 I 1, RG **123**, 406, BGH NJW **75**, 1510. Die Haftg aus III entfällt, wenn NichtErf auf Enteignung des dem Verpflichteten gehörigen Lieferwerks beruht, Brschw HEZ **1**, 268.

324 *Vom Gläubiger zu vertretendes Unmöglichwerden.* I Wird die aus einem gegenseitigen Vertrage dem einen Teile obliegende Leistung infolge eines Umstandes, den der andere Teil zu vertreten hat, unmöglich, so behält er den Anspruch auf die Gegenleistung. Er muß sich jedoch dasjenige anrechnen lassen, was er infolge der Befreiung von der Leistung erspart oder durch anderweitige Verwendung seiner Arbeitskraft erwirbt oder zu erwerben böswillig unterläßt.

II Das gleiche gilt, wenn die dem einen Teile obliegende Leistung infolge eines von ihm nicht zu vertretenden Umstandes zu einer Zeit unmöglich wird, zu welcher der andere Teil im Verzuge der Annahme ist.

1) Grundsätzliches: Aus § 275 folgt nur die Befreiung des Schu der unmögl gewordenen Leistg auch in diesem Falle. § 324 ist Sonderregel für ggs Verträge, begründet aus deren Sondernatur, vgl Vorbem 1 vor § 323.

2) Die Unmöglichk (od das Unvermögen) des Schu muß vom **Gläubiger** zu vertreten sein. Anders als beim Schu (vgl §§ 276 ff) sagt das Ges beim Gläub nicht ausdrückl, was dieser zu vertreten h. Nach dem Zushang des Ges gilt insow folgendes (vgl Neumann-Duesberg BB **69**, 1449):

a) Gläub h Unmöglichk zu vertreten, wenn diese Folge einer von ihm begangenen **unerlaubten Handlg** ist, allgM (Bsp: Käufer zerstört vor Überg gekaufte Sache).

b) Gläub h Unmöglichk zu vertreten, wenn diese auf einem Verstoß des Gläub gg **vertragliche Pflichten** beruht. Dabei kann es sich um Verletzg von HptPflten handeln (Bsp: verkaufte Sache w inf Nichtzahlg des Kaufpr zwangsversteigert, RG **66**, 348, Warn 09, 396; and, wenn Gläub zur Zahlgsverweiger berecht, RG **59**, 154). Es genügt aber auch Verletzg von NebenPflten (Bsp: ArbGeb verschuldet ArbUnfähigk des ArbNehm, Neumann-Duesberg Betr **69**, 261, 305; ArbAusfall inf eines vom ArbGeb verschuldeten Brands, BAG NJW **69**, 766). I auch anwendb, wenn Gläub Pfl verletzt h, VertrZweck zu fördern u alles zu unterl, was Leistgserfolg gefährden könnte (§ 242 Anm 4 B a), vgl BGH **38**, 192, RG **166**, 147.

c) Gläub h Unmöglichk zu vertreten, wenn das Leistgshindern nach der vertragl **Risikoverteilg** zu seinen Lasten geht, MüKo/Emmerich Rdn 18 ff. Das ist der Fall, wenn Gläub nach dem VertrZweck die Gefahr für best Leistgshindern übernommen h, BGH **LM** Nr 1; wenn Kreditunwürdigk des Gläub Leistg des Schu unmögl macht, BGH **LM** Nr 5. Dagg kann § 324 in den Fällen der Zweckerreichg u des Zweckfortfalls nur ausnahmsw angewandt w, § 275 Anm 1 d. Der Anspr des frei gewordenen Schu auf eine Teilvergütg ergibt sich aus dem RGedanken des § 645, aaO.

d) Für den **Werkvertrag** enthält § 645 Sonderregelg, die § 324 teilw verdrängt, BGH **60**, 18 = JZ **73**, 366 mit Anm Medicus, krit E. Wolf Betr **74**, 465. Sie gilt entspr, wenn das Wk an od mit einer Pers der Sphäre des Best ausgeführt werden soll, diese aber nicht mitwirken kann, BGH aaO (ReiseVertr).

3) Der Gläub h Versch seiner **Hilfspersonen** wie eig zu vertreten (§ 278), BAG NJW **69**, 766, BGH BB **69**, 601, § 278 4 e. In den Fällen Anm 2a ist auch § 831 anwendb, str.

4) Rechtsfolgen.

a) Befreiung des Schuldners von Verpflichtg zu eig Leistg nach § 275.

b) Recht des Schu auf die **GgLeistg**, aber Anrechng von Vorteilen. I 2, zB des anderweitigen Dienstlohns (ähnlich § 615). Böswillige Unterlassg: Schädiggsabs od jedenf Treulosigk. – Anrechng ist keine Aufrechng, sond Minderg, da Gläub keinen selbständigen Anspr darauf hat. Anrechng geschieht auf Einwand des Gläub.

c) Mögl außerdem eine **SchadErsVerpflichtg** des Gläub aus unerl Hdlg, uU auch aus dem Vertrage.

d) Gläub hat das Recht, nach § 281 den Ers zu verlangen, da § 281 auch hier entspr zu gelten hat, Warn 18 Nr 160, BGH **LM** § 281 Nr 1.

5) II. Bei **Annahmeverzug** des einen Teils (Gläubigers) behält der andere (Schu) den Anspr auf die GgLeistg, wenn währd des AnnVerzuges die Leistg inf eines von letzterem (Schu) nicht zu vertretenden Umstandes unmögl od er dazu unvermög wird. Die Gefahr der GgLeistg, die „Vergütungsgefahr", trägt danach vom Eintritt des AnnVerzuges an der Gläuber. Da nach § 300 I der Schu vom AnnVerzuge ab nur noch für Vors u grobe Fahrl einzustehen hat, erstreckt sich die Gefahrenkreis auch auf eine vom Schu leicht fahrl verschuldete Unmöglichk. – Über AnnVerzug vgl §§ 293 ff. – Ablehng mangelhafter Ware (auch mit Rechtsmängeln behafteter, RG **111**, 89) begründet keinen AnnVerzug. – Auch für Gattgsschulden gilt § 324 II. Doch ist bei ihnen außer dem AnnVerzuge auch die Konkretisierg der Leistg nötig, die im Falle des AnnVerzuges aGrd wörtlichen Angebots (§ 295) zum AnnVerzuge selbst noch nicht vorzuliegen braucht, vgl darü § 300 Anm 3 c. Erstreckt sich dagg die Unmöglichk auf die ganze Gattg, so ist vorherige Konkretisierg nötig, RG **103**, 15, vgl § 300 Anm 3 a.

6) Beweislast. Wer trotz Unmöglichk der eig Leistg Anspr auf die GgLeistg erhebt, muß beweisen, daß der and Teil die Unmöglichk zu vertreten hat, Staud-Kaduk Rdz 55, Erm-Battes Rdz 6. And aber, wenn Vermieter nach Zerstörg der Mietsache Weiterzahlg der Miete verlangt, sofern der Mietgebrauch unstr für die Zerstörg ursächl war, BGH **66**, 352. And auch, wenn die eig Leistg währd des AnnVerzugs des and Teils unmögl geworden ist. Hier muß der in AnnVerzug geratene Gläub (trotz § 282) beweisen, daß der Schu die Unmöglichk zu vertreten hat, MüKo/Emmerich Rdn 69.

325 *Vom Schuldner zu vertretendes Unmöglichwerden.*
I Wird die aus einem gegenseitigen Vertrage dem einen Teile obliegende Leistung infolge eines Umstandes, den er zu vertreten hat, unmöglich, so kann der andere Teil Schadensersatz wegen Nichterfüllung verlangen oder von dem Vertrage zurücktreten. Bei teilweiser Unmöglichkeit ist er, wenn die teilweise Erfüllung des Vertrags für ihn kein Interesse hat, berechtigt, Schadensersatz wegen Nichterfüllung der ganzen Verbindlichkeit nach Maßgabe des § 280 Abs. 2 zu verlangen

Schuldverhältnisse aus Verträgen. 2. Titel: Gegenseitiger Vertrag   § 325   1–3

oder von dem ganzen Vertrage zurückzutreten. Statt des Anspruchs auf Schadensersatz und des Rücktrittsrechts kann er auch die für den Fall des § 323 bestimmten Rechte geltend machen.

II Das gleiche gilt in dem Falle des § 283, wenn nicht die Leistung bis zum Ablaufe der Frist bewirkt wird oder wenn sie zu dieser Zeit teilweise nicht bewirkt ist.

Übersicht

1) Allgemeines. Voraussetzungen
2) Übersicht der Rechte des Gläubigers
3) Schadensersatz wegen Nichterfüllung
4) Berechnung des Schadens
5) Einzelfragen bei konkreter Schadensberechnung
6) Rücktritt
7) Teilweise Unmöglichkeit
8) Rechte aus § 323 (Absatz I Satz 3)
9) Absatz II

1) Allgemeines. Voraussetzgen. Vgl zunächst Vorbem v §§ 323 ff. § 325 gilt nur bei **nachträglicher** Unmöglichk (od Unvermögen), wenn diese vom Schu der unmögl Leistg zu vertreten ist. Für die ursprüngl Unmöglichk gelten die §§ 306 ff; über urspr Unmöglichk vgl § 306 Anm 3, über Unmöglichk u Unvermögen überh § 275 Anm 1, 2; nur dauernde kommt in Betr, näher § 275 Anm 4. Über Vertretenmüssen vgl § 275 Anm 6 (kein Verzug erforderl! vgl BGH **2**, 310), über Unmöglichk, die von beiden Teilen zu vertreten ist, vgl Vorbem 2 vor § 323 ff. § 325 ist auch auf posit VertrVerletzgen ggs Verträge (entspr) anwendb, vgl § 326 Anm 12a. § 325 gilt für alle ggs Verträge, falls keine Sondervorschriften gegeben sind; solche sind zB § 440 Abs 2–4 über die Haftg des Verkäufers einer beweglen Sache auf SchadErs wg NichtErf wg RMangels, beruhend auf dem Rechte eines Dritten, vgl zu § 440 u dazu RG **117**, 335; ferner die §§ 626 bis 628 für Dienstverträge, die an Stelle des RücktrR u des Anspruchs auf SchadErs wg NichtErf (des ganzen Vertrages) nach §§ 325, 326 treten, vgl RG **158**, 326. – Über die Frage der Geltg des § 325 bei GesellschVerträgen § 705 Anm 3c.

2) Rechte des Gläubigers im Falle der vom Schu zu vertretenden Unmöglichk. Für den Gläub **konkurrieren mehrere Rechte**. Er kann:

a) unabhängig von § 325 die eig Leistg ablehnen unter der Darlegg, daß die GgLeistg unmögl geworden sei. Er kann ferner die Einr des nichterfüllten Vertrages (§ 320) erheben, falls er nicht vorleistgspflichtig ist. Die BewLast für den Eintritt der Unmöglichk hat dann der Schu.

b) SchadErs wg Nichterfüllg des Vertrages fordern, § 325 I, unten Anm 3, 4, 5.

c) zurücktreten, § 325 I, unten Anm 6.

d) die Rechte aus § 323 geltd machen (Ers nach § 281, Rückfordern der eig Leistg), unten Anm 8.

e) Er kann, vorausgesetzt, daß die Unmöglichk od das Unvermögen noch nicht feststeht, zunächst auf Erf klagen u dann zum SchadErsAnspr übergehen, vgl § 283 Anm 2b, auf dem Wege des § 283 auch erst nach Erlaß des Urteils, vgl § 283 Anm 3 u unten Anm 9. – Welches dieser Rechte geltd gemacht w soll, muß der Gläub im Proz ausdr od dch schlüss Hdlgen erkl, BGH NJW **71**, 1560; dazu krit Bürck JuS **73**, 347.

3) Anspruch auf Schadensersatz wg Nichterfüllg. a) Für seine Ermittlg gibt es bei ggs Vertr, dh iF der §§ 325, 326, zwei Methoden: **aa)** Nach der **Differenztheorie** (Rspr des RG seit RG **50**, 262, vgl aber unten b) entfällt die Verpfl des Gläub, die GgLeistg zu erbringen. Der Gläub kann als Schaden die Differenz zw dem Wert der unmögl gew Leistg u seiner eig, ersparten GgLeistg verlangen. Das SchuldVerh wandelt sich in einen einseit Anspr des Gläub auf SchadErs um; Leistg u GgLeistg sowie etwaige Folgeschäden sinken zu bloßen Rechngsposten für die Ermittlg der Schadenshöhe herab, RG **152**, 112, BGH NJW **58**, 1915, LM § 404 Nr 12. SchadErs ist wg NichtErf des ganzen Vertr zu leisten. Bei der Feststellg der Differenz zG des Gläub handelt es sich nicht um eine Aufr, sond um eine Abrechng, RG **141**, 262, BGH NJW **58**, 1915. Der SchadErsAnspr richtet sich abw von § 249 S 1 auf Leistg von Geld, RG **127**, 248, BGH LM Nr 3, Pieper JuS **62**, 413, u zwar grdsätzl in dtsch Währg, RG **102**, 62. **bb)** Nach der **Austausch- od Surrogationstheorie** (Oertmann, Henle) bleibt die Verpfl des Gläub zur GgLeistg bestehen. An die Stelle der nicht mehr mögl Leistg des Schu tritt als „Surrogat" ihr Wert. Diesen kann der Gläub im Austausch gg seine GgLeistg verlangen. SchadErs w daher (nur) für die NichtErf der Verpfl des Schu geleistet. Da die Unmöglichkeit der Leistg im allg eine Naturalherstellg ausschließt, richtet sich der SchadErsAnspr idR auf Geld, vgl BGH LM Nr 3. Naturalherstellg kommt aber (und als bei der Differenzmethode) in Betracht, wenn der Schu eine gleichart u gleichwert Leistg beschaffen kann, vgl Pieper JuS **62**, 414.

b) Der Streit zw Differenz- u Austauschtheorie, der sich vor allem beim TauschVertr auswirkt, ist heute prakt überholt. Als ganz hM hat sich eine vermittelnde Ans dchgesetzt, die sog **abgeschwächte Differenztheorie**; ihr h sich die Rspr angeschlossen, RG **96**, 22, BGH **20**, 343; ihr folgt auch das Schrifft, Staud-Kaduk Rdz 60 vor § 323, Soergel-Schmidt Rdz 2, Erm-Bates Rdz 13, Larenz § 22 I, Esser § 51 I. Danach ist der SchadErs wg NichtErf idR nach der Differenzmethode (oben a aa) zu ermitteln, RG **50**, 262, **127**, 248, **149**, 136, BGH **20**, 343, LM § 454 Nr 4. Es gelten aber zwei Modifikationen: **aa)** Der Gläub h ein vertragl Recht, die ihm obliegde GgLeistg zu erbringen. Dieses Recht besteht auch dann, wenn die Voraussetzgen der §§ 325, 326 erf sind. Der **Gläub** ist daher **berechtigt** (nicht verpfl), SchadErs nach der **Austauschmethode** zu fordern; er kann dem Schu die GgLeistg anbieten u Ers für die unmögl gew Leistg (zuzügl etwaiger Folgeschäden) verlangen, RG **96**, 22, BGH **20**, 343, Erm-Bates Rdz 13, Larenz § 22 II, hM. **bb)** Hat der Gläub die **GgLeistg** bereits erbracht, führt der Gedanke der endgült Liquidation des SchuldVerh u der Beschrkg des Gläub auf einen GeldAnspr dazu, daß er dem Schu die GgLeistg zu belassen h u entspr der Austauschmethode Ers für die unmögl gew Leistg fordern kann, BGH JW **31**, 1183, Staud-Kaduk Rdz 67 vor § 323, Larenz § 22 II. Will der Gläub idF seine GgLeistg zurück haben, muß er vom Vertr zurücktreten od gem § 325 I 3 iVm § 323 vorgehen. Etwas and gilt aber, wenn der Gläub noch Eigtümer der gelieferten Sache ist, wie iF der Lieferg unter EigtVorbeh. Hier kann der Gläub die Sache mit dem Anspr aus § 985 herausverlangen u im übrigen SchadErs wg NichtErf nach der Differenzmethode fordern, RG JW **32**, 1205, RG **141**, 261, **145**, 65, Müller Betr **69**, 1495, wohl auch BGH **54**, 216, str.

4) Berechng des Schadens beim SchadErs wg NichtErf. Zu ersetzen ist der gerade dem Gläub entstandene Schaden, vgl Vorbem 2 e, 4 vor § 249. Diesen Schaden kann der Gläub stets „**konkret**", dh unter Zugrundelegg der Tatsachen des Einzelfalles, berechnen, auch einen entgangenen Gewinn. Der „konkrete Schaden" ist dann der Unterschied zw der VermLage, die eingetreten wäre, wenn die andere Partei richtig erfüllt hätte, und der Lage, die durch die NichtErf eingetreten ist, vgl Vorbem 4 vor § 249. Alle zZ der Regelg (im Prozeß: der letzten TatsVerhdlg) erkennb Momente sind zu berücksichtigen (RG **149**, 137), auch die bis dahin eingetretenen Preissteigergen, Karlsr NJW **71**, 1809, ein best Stichtag für SchadErmittlg (wie bei abstrakter Berechng, vgl nachstehd) ist nicht vorgesehen. DeckgsKauf ist nicht nöt, auch nicht Aussonderg der Ware BGH **LM** § 249 (Hb) Nr 4. – § 252 gibt dem Gläub aber die Grdlage, einen etwa entgangenen **Gewinn** auch (nach seiner Wahl, BGH **2**, 313, er kann von der einen Berechngsart auf die and übergehen, auch beide nebeneinander vorbringen, RG Warn **20**, 153, KG OLG **40**, 210) **abstrakt** zu berechnen, wenn ein solcher Gewinn nach dem typ Ablauf erwartet w könnte, vgl § 252 Anm 3 b. – Eine solche Erwartg besteht im HandelsVerk (nicht dagg ohne weiteres für Privatmann od Fiskus) für den nicht belieferten **Käufer** (Hauptfall!) dahin, daß er seine Ware zum Marktpreise auch wieder abgesetzt hätte, so daß er als abstr SchadDifferenz den Unterschied des VertrPreises vom Marktpreis fordern kann; er kann auch die übl Handelsspanne abzügl ersparter spezieller Unkosten (insb Umsatzsteuer) fordern, Stgt JR **57**, 343. Dem Pflichtigen steht jedoch der GgBew offen, daß dieser gewöhnliche Verlauf im gegebenen Falle gerade nicht eingetreten wäre. Eine Pfl zu einem Deckgskauf besteht grdsl nicht, vgl unten 5a. Umgekehrt kann der **Verkäufer** seinen Schaden dahin berechnen, daß er den Unterschied zw dem VertrPreis und dem (niedrigeren) Marktpreis fordert. Vorteil aus anderweit Verkauf der Sache braucht er sich nicht anrechnen zu lassen, vgl unten 5b. – **Zeitpunkt** (Stichtag) für die abstrakte SchadBerechng ist der Eintritt der Unmöglichk der Leistg od, falls der Schu zuvor im Verzuge war, nach Wahl des Gläub der des Verzugseintritts, RG **96**, 159, RG **149**, 137. Über den Ztpkt der Berechng des abstrakten Schadens im Falle des § 326 vgl dort Anm 8. Vgl über BemessgsZtpkt Lent DJ **41**, 770.

5) Einzelfragen der Praxis bei konkreter SchadBerechng:

a) Der nicht belieferte Käufer. Er kann vor allem den Unterschied zw dem VertrPreis u dem nunmehr nötig gewordenen Anschaffgspreis fordern, auch wenn er keine bes Eindeckg vorgenommen, sond an Stelle der zu liefernden Ware schon früher von ihm erworbene Ware verwendet hat, RG **98**, 272. Er kann weiter darlegen, daß er inf der Nichtlieferg einen günstigen Weiterverkauf nicht habe vornehmen können, wodch ihm ein konkreter Gewinn entgangen sei. Nach der Praxis, RG **127**, 248, kommt dem Gläub (Käufer) sogar eine Vermutg dahin zu Hilfe, daß die von ihm gekaufte (und nicht gelieferte) Ware dem Kaufpreis gleichwertig war, so daß sein Mindestschaden in dem gezahlten Kaufpreis besteht. Er kann zwar nicht diesen selbst zurückfordern (da er nicht zurückgetreten ist), wohl aber einen SchadBetrag in gleicher Höhe als Mindestbetrag seines Schadens, BGH **62**, 120, Celle Betr **69**, 1886. Nutzlos gewordene **Aufwendgen**, die Käufer für den erwarteten, aber nicht dchgeführten Weiterverkauf gemacht h, sind ebenf zu ersetzen, RG **127**, 248, BGH **57**, 80, es sei denn, Verk beweist, daß Käufer diese bei Verwertg nicht wieder hereingebracht h würde, RG aaO. Das gilt sinngem für **Mieter**, der für nicht dchgeführten Vertr Aufwendgen gemacht h, BGH Betr **69**, 1502, vgl auch Vorbem 2b cc vor § 249. Hat Verkäufer keinerlei Absatzmöglichk, kann Käufer gem §§ 254, 242 verpfl sein, die verspätet gelieferte Ware abzunehmen u zu einem herabgesetzten Preis zu verkaufen, BGH WPM **78**, 640. Pfl zum **Deckgskauf** besteht nicht schlechth, Ffm NJW **77**, 1015, wohl aber wenn sie als Maßn der Schadminderg sachl geboten u zumutb, BGH WPM **65**, 102, 104, Karlsr NJW **71**, 1809. UU muß Käufer von Deckgskauf absehen, wenn dieser bes ungünst, RG JW **37**, 1489. Der Deckgskauf ist jedoch die typ Form der konkreten SchadBerechng des Käufers. Hierbei hat er hins der Wahl des Ztpktes u der Anwendg von Bemühgen den Interessen des Verk Rechng zu tragen, sonst ist § 254 anzuwenden, RG **50**, 268, BGH NJW **68**, 985. Insb ist die Eindeckg tunlichst bald vorzunehmen, RG **101**, 91. Den Gewinn, den der Käufer dch den Weiterverkauf der Ware, mit der er sich eingedeckt hat, erzielt hat, braucht er bei seiner SchadBerechng nicht abzusetzen, da der ursächl Zushang mit NichtErf fehlt, RG **52**, 150, **90**, 160.

b) Konkrete SchadBerechng des Verkäufers, wenn der Käufer seine GgLeistg, den Kaufpreis, nicht zahlt (bes wichtig für den Fall des Verzugs mit Kaufpreiszahlg, § 326). Der Verk kann den Unterschied zw seinem niedrigeren Anschaffgspreis u dem VertrPreis fordern; hat aber die Ware einen höheren Wert, als der Anschaffgspreis war, so muß er sich den Vorteil, der darin liegt, daß er die Ware behält, iW der Vorteilsausgleich anrechnen lassen RG **89**, 282. Beim Verkauf von Gattgssachen, die der Verk selbst herstellt, kann er indessen den Unterschied zw dem Herstellgspreis (Selbstkosten) u dem VertrPreis fordern, ohne daß der Käufer einwenden kann, daß der Verk die Ware behalten hat od anderweit hätte verkaufen können, da anzunehmen ist, daß der Verk weitere Mengen der Ware herstellen kann u bei weiterer Verkaufsgelegenh hergestellt haben würde, RG JW **19**, 445, Celle NdsRpfl **66**, 64. Ähnl, wenn Händler nicht abgenommene Sache anderweit verkauft: Es ist zu vermuten, daß Händler 2. Käufer bei Dchführg des 1. Vertr mit and Ware beliefert hätte, BGH JZ **61**, 27, NJW **70**, 32. ErsPfl erstreckt sich auch auf den mit dem Deckgsverkauf verbundenen Kursverlust, BGH WPM **76**, 352. Auch der Verk (betr den Käufer vgl oben a) ist zu einem Deckgsverkauf nicht ohne weiteres, sond nur im Rahmen des § 254 verpflichtet. Hat er ihn vorgenommen, so kann er ihn der SchadBerechng zugrunde legen, er haftet jedoch gem § 254 für jede Fahrlk, BGH NJW **68**, 985. Hat er die Ware selbst ersteigert, so muß er sich ihren Mehrwert ggü dem Steigersentgelt anrechnen lassen, da die Ware in seinem Besitz geblieben ist (siehe oben), BGH **110**, 159. Der Selbsthilfeverkauf des HGB 373 unterscheidet sich vom Deckgsverkauf, da dieser nicht auf Rechng des Käufers geht, RG **110**, 156. Er kann aber vom Verk seiner SchadBerechng zugrunde gelegt w, wenn dieser dabei die Interessen des Käufers gewahrt hat, RG **61**, 281.

6) Rücktritt I. Er ist **rechtsgestaltend.** Er erstreckt sich auf das GesGesch iS des § 139 (BGH NJW **76**, 1931) u wandelt das VertrVerh in ein AbwicklgsVerh um, Einf 1 vor § 346. Er hat nicht „dingliche", sond nur schuldrechtl Folgen: schon gemachte Leistgen sind nach den Vorschriften über das vertragsm RücktrR, §§ 346ff, die nach § 327 anzuwenden sind, zurückzugewähren, vgl aber § 327 Satz 2 u dort Anm 2. Nachdem Rücktr erkl worden ist (Ausleggsfrage, ob wirkl Rücktr gewollt!), ist SchadErsAnspr u Anspr aus § 281 ausgeschl, RG **85**, 282, Düss NJW **72**, 1051; ein aus unerl Hdlg begründeter Anspr bleibt aber bestehen, er umfaßt aber nicht den durch NichtErf entstehenden Schaden, BGH NJW **54**, 145. Zur Frage, inwieweit Anspr aus c. i. c. u pos VertrVerletzg bestehen bleiben, vgl Einf 1 vor § 346. Der Rücktr kann nach den Grds über den Wegfall der GeschGrdl **widerrufen** w, wenn das Geleistete beim RücktrGegner ohne dessen Versch (§ 347) untergegangen ist, der Rücktr also dazu führen würde, daß der RücktrBerecht nichts erhält, aber seine Leistg zurückgewähren müßte, Larenz § 26b aE (für IrrtAnf Blomeyer § 35 II 1a; für Kondiktion gem § 812 I 2 Saarbr DRZ **49**, 280, Staud-Kaduk Rdn 63). – Der Gläub w Rücktritt wählen, wenn seine GgLeistg hochwertiger ist als die unmögl gewordene Leistg des Schu, so daß, falls nicht and Umst hinzukommen, ihm ein Schaden nicht entstanden ist. Insb wird er den Rücktr wählen, wenn er seine höherwertige Leistg schon gemacht hat, da er unter dem Gesichtspunkt des SchadErsatzes diese Leistg nicht zurückfordern kann, vgl oben Anm 3 aE. Darü, daß der Käufer den gezahlten Kaufpreis idR als Mindestschaden auch auf dem Wege des SchadErsatzes (jedenf dem Werte nach) zurückerhalten kann, vgl oben Anm 5a. – Der Rücktr erfolgt (vgl näher § 327 Anm 1) dch einseitige empfangsbedürftige unwiderrufliche Erkl, vgl RG **119**, 18. Die Erkl, zurückzutreten u SchadErs zu fordern, bedeutet idR keinen Rücktr, eine andere Auslegg ist aber nicht ausgeschl, RG **126**, 69; denn weil der im Verkehr ist der gesetzestechn Begriff „Rücktritt" nicht geläufig, die Verwendg dieses Ausdrucks wird daher oft SchadErs nicht ausschließen, BGH **LM** § 326 (Ea) Nr 5. Wird der Rücktr im RStreit mit dem Zusatz erklärt: „für den Fall, daß andere Klagegründe versagen sollten", so betrifft der Zusatz nur die künftige Aufklärg eines schon jetzt bestehenden Zustandes, die RücktrErkl ist daher unbedingt u wirks abgegeben. Das RücktrR wird nicht dadch verloren, daß der Gläub zunächst SchadErs od den Ersatz aus § 281 verlangt hat, erst die Ann der ErsLeistg führt zum Verlust, RG **109**, 187, BGH **16**, 393. Die Ausübg des RücktrR ist an keine Frist gebunden, jedoch sind Treu u Glauben zu wahren. Auch kann der Schu dem Gläub zur Ausübg eine angemessene Frist setzen, nach deren Ablauf das Recht erlischt, §§ 327, 355, hM; einseitiger Verzicht des Gläub auf RücktrR ist bindend, BGH **LM** § 326 (J) Nr 2.

7) Teilweise Unmöglichkeit. I, Satz 2. Über sie vgl § 280 Anm 5.

a) Die Teilunmöglichk **kann** im Hinbl auf den VertrZweck **Vollunmöglichkeit** bedeuten. Dann gilt das für diese Gesagte.

b) Ist das nicht der Fall, dann beschränken sich die Wirkgen der Teilunmöglichk grdsätzl auf den **unmöglichen Teil** RG **73**, 61. Insoweit kann Gläub also SchadErs wg NichtErf des Vertrages fordern oder vom Vertr zurücktreten, § 325 I 1 iVm § 280 I („soweit"); damit werden die verschiedenen Teile des Vertrags rechtl selbständig (vgl § 326 Anm 3a). Doch kommt ein Teilrücktritt unter Aufrechterhaltg des Vertrages hins des mögl gebliebenen Teils nur in Frage, wenn er dem VertrZweck nicht widerspricht (vgl RG **79**, 311, BGH **LM** § 634 Nr 7 Bl 2), und das wird bei einem einheitl, nicht in selbständige Teile zerlegb Vertrage regelm der Fall sein. Hier kann der Gläub also bei teilw Unmöglichk vom ganzen Vertr, aber auch nur vom ganzen Vertr, zurücktreten, RG **67**, 104, HRR **31**, 925.

c) Hat aber bei Teilunmöglichk die teilw Erf des Vertrages für den Gläub **„kein Interesse"**, so kann er nach § 325 I 2 die TeilErf hins des mögl Teils ablehnen u Schad Ers wg NichtErf des ganzen Vertrages fordern oder vom ganzen Vertrage zurücktreten. § 325 I 2 gibt insof dem Gläub mehr Rechte als § 280 II, als es genügt, wenn der Gläub kein Interesse an der beiderseitigen TeilErf hat; nicht nötig ist, daß auch die noch mögl Teilleistg selbst für ihn kein Interesse hat, RG **50**, 143, **67**, 104, vgl auch RG **126**, 67. (Fall des gemischten Vertrages, vgl § 305 Anm 6), § 325 I 2 kann dch IndividualVereinbg abgedungen w, nicht aber dch Klausel in AGB, AGB-Ges 11 Nr 9. – Auf den SchadErsAnspr finden nach § 325 I 2, 280 II die Vorschriften über das vertragsm RücktrR entspr Anwendg. Danach kann der Schu dem Gläub zur Erkl, ob er SchadErs wg NichtErf des ganzen Vertrages fordere, eine angemessene Frist setzen (§ 355). – Anderers kann der Gläub auch den Rücktr selbst wählen. Auch hierfür gilt der Fristsetzg, § 327 iVm § 355, vgl oben Anm 6 aE. – Ein Fall des I 2, möglicherw aber auch des I 1 (oben a), kann gegeben sein bei Unmöglichk bloßer Teilleistgen in **Sukzessivliefergsverträgen**. Der Rücktr ist hier, wenn der Gläub kein Interesse mehr an der Weiterbelieferg hat, nicht nur wg der unmögl gewordenen Teile, sond wg der gesamten Verbindlichk gegeben; nach stRspr, RG **58**, 421, **61**, 130 uö, jedoch nur insow, als der Vertr noch nicht erfüllt ist; begriffl ist er dann also Künd. Vgl auch § 326 Anm 13.

8) I Satz 3. Der Gläub kann weiter nach § 325 I 3 die **Rechte aus § 323** geltd machen. Er kann daher den Ersatz des § 281 verlangen, wenn ein solcher dem Schu erwachsen ist, § 323 II, er bleibt aber dann insow im verhältnism Wert des Ersatzes (siehe näher Text) zur GgLeistg verpflichtet. Er kann auch nach § 323 III die Rückgabe seiner dem Schu gewährten GgLeistg verlangen; anders als im allg beim Rücktritt (vgl oben Anm 6) ist diese aber nur im Umfange der §§ 812ff herauszugeben, § 323 III. Fordert der Gläub den Ersatz nach § 281, so kann er trotzdem noch zur Fdg auf SchadErs wg NichtErf übergehen, solange er sich nicht auf den Wert seines Anspruchs auf SchadErs wg NichtErf annimmt u anzunehmen berechtigt ist, § 281 II, RG **108**, 187, 188. Der Gläub kann auch von vornherein den Ers aus § 281 bereits im Rahmen seines SchadErsAnspruchs nach § 325 I 1 iVm § 281 II, § 281 I (also nicht über § 325 I 3, § 323 II) fordern. Fordert er bei Vorhandensein eines SchadErsAnspruchs den Ers aus § 281 I, so wird sein Begehren regelm so auszulegen sein, RG **108**, 186. Zur verhältnism Erbringg der GgLeistg ist er dann nicht verpflichtet.

9) II. Er gibt dem Gläub die Rechte des § 325 I in dem Falle des § 283 nach fruchtlosem Ablauf der nach § 283 zu setzenden Frist. Der Gläub hat danach hier insb, über § 283 hinausgehd, den Anspr auf SchadErs

§§ 325, 326

wg Nichterfüll des ganzen Vertrages (vgl oben Anm 3) und, anders als in § 283, auch ein RücktrR. Im übr vgl die Anm zu § 283, bes Anm 4. – Beim Kreditkauf steht dem Verk das RücktrR aus § 325 II nicht zu, wenn er voll erfüllt hat, § 454.

326 *Verzug; Fristsetzung mit Ablehnungsandrohung.* I Ist bei einem gegenseitigen Vertrage der eine Teil mit der ihm obliegenden Leistung im Verzuge, so kann ihm der andere Teil zur Bewirkung der Leistung eine angemessene Frist mit der Erklärung bestimmen, daß er die Annahme der Leistung nach dem Ablaufe der Frist ablehne. Nach dem Ablaufe der Frist ist er berechtigt, Schadensersatz wegen Nichterfüllung zu verlangen oder von dem Vertrage zurückzutreten, wenn nicht die Leistung rechtzeitig erfolgt ist; der Anspruch auf Erfüllung ist ausgeschlossen. Wird die Leistung bis zum Ablaufe der Frist teilweise nicht bewirkt, so findet die Vorschrift des § 325 Abs. 1 Satz 2 entsprechende Anwendung.

II Hat die Erfüllung des Vertrags infolge des Verzugs für den anderen Teil kein Interesse, so stehen ihm die im Absatz 1 bezeichneten Rechte zu, ohne daß es der Bestimmung einer Frist bedarf.

Übersicht

1) Allgemeines
2) Übersicht der Rechte des Gläubigers
3) Verzug des Schuldners
4) Voraussetzung eigener Vertragstreue
5) Nachfristsetzung und Ablehnungserklärung
6) Fristsetzung entbehrlich
7) Fruchtloser Fristablauf
8) Schadensersatz wegen Nichterfüllung
9) Rücktrittsrecht
10) Teilweises Leistungsbewirken (Absatz 1 Schlußsatz)
11) Interessewegfall (Absatz 2)
12) Positive Vertragsverletzung
13) Teillieferungsverträge
14) Verfahrensrecht

1) Allgemeines. Die **Voraussetzgen des Verzuges** bestimmen sich auch für ggs Verträge nach §§ 284 ff. Auch die **Wirkgen** bestimmen sich zunächst nach diesen Vorschriften. Der Gläub kann daher von dem im Verzuge befindlichen Schu nach § 286 I Erfüllg u Ersatz des Verzögerngsschadens fordern. Die in **§ 286 II** ausgesprochene SchadErsPfl wg NichtErf der Verbindlichk ist dagg für ggs Verträge in **§ 326** nach Voraussetzgen und Wirkgen dch eine andere Regelg **ersetzt**: danach kann der Gläub SchadErs (sogar wg NichtErf des Vertrages überh, nicht bloß der Verbindlichk des Schu) fordern od vom Vertr zurücktreten, und er kann diese Rechte nicht nur bei Wegfall des Interesses an der Erf ausüben, § 326 II, vgl § 286 II, sond eine solche Liquidierg des ganzen Vertrages auch ohne Interessewegfall dch eig Hdlg, u zwar durch Fristsetzg, § 326 I, herbeiführen. **Grund der** etwas verwickelten **Regelg**: der Gläub soll im Hinbl auf die eig GgLeistg, die er bei ggs Verträgen zu machen od gar schon gemacht hat, in der Lage sein, aus dem Zustand der Ungewißh, den der Verzug des Schu herbeigeführt hat, in angemessener Zeit herauszukommen, es gilt ähnl Regelg in § 250, dort Anm 1. – **Anwendgsgebiet**: § 326 gilt grdsätzl für alle ggs Verträge, auch für gemischte (vgl § 305 Anm 6), RG **67**, 104, **79**, 310. Doch bestehen bei einzelnen VertrArten Sondervorschriften, die die Anwendg des § 326 ausschließen od einschränken. Für in Vollzug gesetzte **Dauerschuldverhältnisse** gilt der von Rspr u Lehre herausgebildete Grds, daß das RücktrR dch die KündR aus wicht Grd (§ 242 Anm 4 F) verdrängt w, BGH WPM **72**, 628, Einl 5 b vor § 241. Dieser Grds ist insb anerkannt für Miet- u PachtVertr. BGH **50**, 312, DienstVertr, RG **92**, 158, BGH **50**, 314, BierliefergsVertr BGH Betr **76**, 1010, GesellschVertr § 705 Anm 3c. Soweit das RücktrR ausgeschl ist, w das Recht, SchadErs wg NichtErf des ganzen Vertr zu verlangen, dch den Anspr auf SchadErs wg schuldh Veranlassg der Künd. Dieser ergibt sich für den DienstVertr aus § 628 II, iü aus pVV (Verz) iVm § 249, vgl BGH **64**, 383, **76**, 367 (MietVertr), RG **89**, 400 (GesellschVertr). Über die Anwendg des § 326 auf WerkVertr vgl Hbg MDR **71**, 135 u § 276 Anm 7e cc, auf AufbaumietVertr, BGH NJW **57**, 57. Bei ErbbVerträgen ist Rücktr nur bis zur Eintr im Grdbuch zul, BGH NJW **69**, 1112; her Vertr über EigtWo w Rücktr nach dingl Vollzug uU dch WEG 18 ausgeschl, BGH **59**, 106. Für Verzug mit Prämienzahlg beim VersVertr gilt die Sonderbestimmg des VVG 39. Beim Kauf unter EigtVorbeh kann der Verk bei Zahlgsverzug nach § 455 auch ohne Fristsetzg zurücktreten RG **144**, 65. Nach RG **106**, 93 ist § 326 auch beim Leibrentenversprechen, wenn dieses dch Gewährg des „Stammrechts" bereits „erfüllt" ist, ausgeschl. Anderers ist § 326 nur bei ggs Verträgen anwendb, danach nicht bei der und der Rückgewähr als nicht mit der Rückgewähr in Verzug geratenen Käufer, hier gilt nur § 286 II, RG **93**, 48. Auf gerichtel Vergl ist § 326 anwendb LAG Stgt DRZ **50**, 300. – § 326 setzt Verz voraus, also Nachholbark, mithin noch vorhandene Möglichk der Leistg. § 326 gilt danach nicht, wenn die Leistg schon vor Verzugseintritt unmögl geworden war, es gilt dann § 325, RG **97**, 9. Dasselbe muß auch für den Eintritt der Unmöglichk nach Verzugsbeginn gelten, str, vgl auch zu dazu § 284 Anm 1, auch für das Verhältn von Unmöglichk u Verzug überh. – Die Regelg des § 326 ist nicht **zwingend**: die Parteien können eine andere Regelg vereinbaren RG **96**, 257, auch auf das Erfordern der Fristsetzg verzichten RG LZ **22**, 194. – Auf gesetzeshähnl Anwendg der §§ 326, 325 wird auch die Behandlg der posit VertrVerletzgen gegründet, darüber § 276 Anm 7e bb. Über Sukzessivliefergsverträge unten Anm 13. – **Abzahlgsgeschäft** vgl AbzG hinten unter Nebengesetze.

2) Übersicht. Ist bei einem ggs Vertr der eine Teil (Schu) im Verzuge, so hat der and (Gläub) **nach seiner Wahl folgende Rechte** (vgl die Zustellg für den Fall der Unmöglichk, § 325, dort Anm 2):

a) Er kann die eig Leistung dch Erhebg der Einrede des nicht erfüllten Vertrages, § 320, verweigern. Dieses Recht steht ihm unabhängig von einem Verzuge des Schu zu. Das VertrVerhältnis bleibt aber damit in der Schwebe.

b) Er kann Erfüllg der geschuldeten Leistg und daneben Ersatz des Verzögerngsschadens verlangen, § 286 I (nicht II). Bleibt Gläub beim Vertr stehen, ist er weiterhin zur GgLeistg verpflichtet; bereits erbrachte Leistg kann Gläub auch dann nicht zurückfordern, wenn diese unter EigtVorbeh erfolgt ist, BGH **54**, 214. Gläub kann den HerausgabeAnspr aus § 985 aber geltd machen, wenn KaufpreisAnspr verjährt ist, BGH **70**, 96, 100. Geht der Gläub, unter Wahrg der Voraussetzgen des § 326, vom ErfVerlangen auf die Fdg von SchadErs wg NichtErf über, so kann er den bis dahin erwachsenen Verzögergsschaden neben dem SchadErs wg NichtErf fordern, vgl BGH NJW **75**, 1740; der spätere ist Bestandt des Anspr aus § 326, vgl RG **94**, 206, **105**, 281, HRR **32**, 437, vgl auch unten Anm 8. Auch nach Erl eines Urt auf Erf kann er gem § 283 zum Anspr auf SchadErs wg NichtErf übergehen, vgl § 283 Anm 3. Auch iW des § 326 kann er noch nach Erlangg des ErfUrt vorgehen RG LZ **25**, 258.

c) Er kann unter den Voraussetzgen zu e) SchadErs wegen **NichtErfüllg des gesamten Vertrages** (nicht bloß NichtErf der Verbindlichk des Schu) fordern, darü Anm 8.

d) Er kann unter denselben Voraussetzgen vom Vertrage **zurücktreten**, darüber Anm 9.

e) Zu c und d: Beide Rechte sind grdsätzl (anders nur in den Fällen der Anm 6) an die **Voraussetzg** geknüpft, daß der Gläub dem Schu eine angemessene **Frist** zur Bewirkg der Leistg setzt u damit die **Erklärg** verbindet, daß er nach Fristablauf die Ann der Leistg **ablehne** (über beides Anm 5); beachte den grdlegenden Unterschied zu der Regelg des § 325: dort entstehen die konkurrierenden Rechte des Gläub bereits dch den UnmöglichkFall, es bedarf nur der Wahl des Gläub! Nach fruchtlosem Fristablauf entfällt der ErfAnspr (Anm 7). Fristsetzg ist entbehrlich im Falle II (Interessewegfall, Anm 6) sowie insb bei endgültiger ernsth Erfüllgsweigerg des Schu (Anm 6d), selbstverständl auch zur Ausübg eines vertragl vereinbarten RücktrR, wenn dessen Voraussetzgen gegeben, BGH **LM** § 346 Nr 6. – Allgemeine Voraussetzgen der Rechte aus § 326 sind Verzug des Schu mit einer Hauptleistg (Anm 3 a, b) und eigene Vertragstreue des Gläub (Anm 4). Über posit VertrVerletzgen § 276 Anm 7 e bb, über Sukzessivliefergsverträge Anm 13.

3) Verzug des Schuldners.

a) Allgemeines. Er setzt Fälligk der Fdg sowie im allg Mahng u Vertretenmüssen des Schu voraus, vgl darü § 284 Anm 2, 3, 4, § 285 Anm 1. Bei ggseitigen Verträgen gehört im Hinbl auf das Bestehen der Einr des nicht erfüllten Vertrages zur Herbeiführg des SchuVerzuges, daß der Gläub selbst zur eigenen Leistg bereit u fähig, RG **76**, 413 u selbst vertragstreu ist (vgl Anm 4). Doch braucht Gläub bei Mahng seine Leistg noch nicht anzubieten, str, vgl § 284 Anm 2. – **Teilverzug**: Ist der Schu nur mit Teilen der Leistg, insb einer Restleistg (die aber zur Hauptleistg gehören muß, vgl unten b), in Verzuge, so kann der Gläub die Behelfe aus § 326 nur hins dieses Restes ausüben, nicht hins des ganzen Vertrages, vorausgesetzt, daß eine solche Trenng durchführb ist; die Teile des Vertrages sind dann rechtl selbständig, BGH **36**, 318. Hat dagg wg des Teilverzuges die Erf des ganzen Vertrages für ihn **kein Interesse mehr**, so kann der Gläub (das ist in entspr Anwendg aus § 326 I Schlußsatz zu entnehmen) die Rechte aus § 326 in bezug auf den ganzen Vertr ausüben, braucht also die für ihn interesselose Teilleistg nicht zu behalten, RG **50**, 138, Hamm NJW **75**, 1521, hM. Das RücktrR darf sogar in aller Regel bei einem einheitl Vertr nur für den ganzen Vertr ausgeübt w, vgl § 325 Anm 7b. Ist der Schu aber nur mit einer geringfügigen Teilleistg im Verzuge, so entfällt ein RücktrR (§ 242), vgl RG **76**, 150, BGH Warn **69** Nr 7, auch § 320 II. Vgl auch Anm 10 u 13. Zur Frage, ob der Gläub statt SchadErs od Rücktr auch die Rechte aus § 323 geltd machen kann, vgl BGH Warn **72**, 109. – Nicht nöt ist, daß der Umfang der Leistg des Schu feststeht, es genügt, daß er berechenb ist, RG **49**, 40. Ist die Bestimmg der Leistungszeit dem Schu überlassen, so kann, da Verzug dann noch nicht gegeben ist, der Gläub nicht ohne weiteres nach § 326 Frist setzen, str, vgl § 271 Anm 2e.

b) Es genügt nicht, daß der Schu mit einer beliebigen, er muß viel mehr mit einer **Hauptleistg** im Verzuge sein. Welche Leistg Hauptleistg ist, bestimmt sich nach dem Willen der jeweiligen VertrPartner: diese müssen die Leistg als wesentl gewollt h, BGH NJW **72**, 99 (vgl RG **101**, 431, wo Ausstellg der zur Bahnkontrolle erforderl Rechng als Hauptleistg gewertet w). Beim WkVertr ist die AbnPfl des Best (§ 640) HauptPfl; die AbnPfl des Käufers (§ 433 II) stellt dagg idR keine HauptPfl iS des § 326 dar, BGH **53**, 161 stRspr; anders kann es im Einzelfalle nach dem Willen der VertrPartner liegen. Namentl kann die Pfl zur EntggNahme der Auflassg HauptPfl sein, bes wenn davon für den Verkäufer Rechte abhängen (Herbeiführg der Befreiung von HypSchulden), RG **69**, 106. Ferner ist Abnahme Hauptleistg bei Verkauf von Materialien auf Abbruch, Warn **22** Nr 96, od von Massengütern. Auch der **Abruf der Ware** ist idR NebenPfl, BGH NJW **72**, 99, er kann aber, zB bei BierliefergsVertr (Mü NJW **68**, 1881) od bei Massengütern, Hauptleistg sein. Hauptleistgen können ferner darstellen: Bestellg eines Akkreditivs, Mü NJW **58**, 752; bei KfzKauf Lieferg des KfzBriefes, BGH NJW **53**, 1347, Schlechtriem NJW **70**, 1995; Verschaffg der GebrMöglichk (Zulassg), Karlsr OLGZ **69**, 317; Anschließen des gekauften Geräts, Stgt Justiz **66**, 283, Pfl zur Nachbesserg od Nachlieferg, BGH NJW **70**, 1502. Hat Mieter vertragl SchönhReparaturen übern, handelt es sich idR um eine Hauptleistg, BGH NJW **77**, 36, vgl unten Anm 6 d.

4) Voraussetzg der Rechtsbehelfe des § 326 ist weiter grdsätzl die **eigene Vertragstreue** des Gläub, RG **149**, 404, **152**, 123, stRspr (abw Teubner, Ggseit VertrUntreue, 1975: er geht von den Grds des vertragl Synallagmas aus, unterscheidet drei Intensitätsgrade der PflVerletzgen u entwickelt hieraus einen Lösgsvorschlag, der von dem Ergebn der Praxis zT abweicht). Der Gläub muß einer ihm etwa obliegenden VorleistgsPfl nachgekommen sein BGH **LM** (A) Nr 12, bei LeistgsPfl Zug-um-Zug muß er zur eig Leistg bereit u imstande sein, vgl oben Anm 3a u BGH aaO; er darf nicht schon selbst im Verzuge sein, RG **120**, 193, od sich dch eig Hdlgen außerstande gesetzt haben zu erfüllen, BGH NJW **74**, 36. Unschädl aber, wenn Gläub leistungsunfäh w, nachdem sich der and Teil endgült vom Vertr losgesagt h, BGH NJW **77**, 580. Die NichtErf dch den Gläub ist aber dann keine VertrUntreue, wenn sie dch die VertrUntreue des Schu erst hervorgerufen ist, RG **109**, 55; Verzug tritt dann nicht ein BGH **LM** (C) Nr 1a. Bei Verzug beider Teile kommt es darauf an, wer zuerst im Verzug war, BGH NJW **68**, 103. Fr VertrUntreue in bezug auf eine Pfl, auf deren Erf der andere Partner keinen Wert legte, hindert Geltdmachen der Rechte aus § 326 nicht, BGH **LM** (C) Nr 1a. Eigene VertrUntreue schließt Anspr auch nur solange aus, wie dieser Zustand währt, BGH **LM** § 325 Nr 6, Betr **68**, 128. Bekenntnis zur VertrErf reicht auch nicht aus, wenn ErfMöglichk tatsächl nicht mehr besteht, BGH NJW **74**, 36, WPM **78**, 732. Bei Dauerschuldverhältn (Anm 13) kann uU auch der selbst nicht VertrTreue wg Erschütterg des Vertrauensverhältnisses zurücktreten, BGH NJW **58**, 1531, vgl auch BGH **4**, 111. – Unerhebl ist, ob sich der Schu ggü der Nachfristsetzg des Gläub bereits auf dessen VertrUntreue als Grd für die eig NichtErf berufen hat; es genügt, daß er das im RStreit tut, KG MDR **74**, 319 (anders, wenn er gg das fragl Verhalten des Gläub früher nichts einzuwenden hatte, RG **152**, 123). Dem VertrUntreuen ist es aber nicht verwehrt, wg einer VertrUntreue des and Teils SchadErsAnsprüche aus §§ 280, 286 od wg pos VertrVerletzg zu stellen, wobei aber zu prüfen ist, ob wirkl eine VertrUntreue des and Teils vorliegt oder vielm dch ihn Gläub das Forderndes ausgeschl ist, BGH NJW **71**, 1747, § 276 Anm 7e aa u bb. Aus ErfWeigerg des Gegners für den Fall der Beseitigg der VertrWidrigk kann der vertragsuntreu Gewordene die Rechte aus § 326 herleiten, falls er nunmehr vertragsmäß handeln will u kann, BGH **LM** (A) Nr 12, WPM **72**, 1056. Eigene VertrUntreue schließt auch ein etwa vereinbartes vertragl RücktrR wg vertragswidr Verhaltens des Gegners aus, BGH **LM** § 346 Nr 6, Betr **68**, 2210, and uU, wenn vertragl RücktrR auf wicht Grd abstellt, BGH Betr **70**, 1780, vgl auch Lorenz JuS **72**, 311.

5) Verzug allein genügt in § 326 (anders als bei der Unmöglichk, § 325) nicht, um die RWirkgen der Vorschr entstehen zu lassen. Es ist vielm nötig das Setzen einer **angemessenen Frist (Nachfrist)**, verbunden mit der **Erklärg der Ablehng** für den Fall fruchtlosen Ablaufs der Frist. Die Verbindg beider Erklärgen ist nötig RG JW **10**, 183. Die Erklärgen sind **ein** einseitiges unwiderrufl u empfangsbedürftiges RGesch RGesch **53**, 167, **58**, 407. Auch zur Zeit ihrer Abgabe muß der Gläub zu einer ihm etwa obliegenden GgLeistg bereit u imstande sein, RG **151**, 311; das in § 284 Anm 3 Gesagte gilt auch hier.

a) Setzen einer **angemessenen Frist** zur Bewirkg der Leistg.

aa) Die **Aufforderg muß auf Bewirkg der Leistg** gehen: Aufforderg an den Schu, binnen bestimmter Frist zu erklären, ob er zur Leistg bereit sei, genügt (leider) nicht, RG **101**, 399 stRspr; ist aber ausnw ausr, wenn bei einem langfrist Vertr Leistgshindern in der Sphäre des Schu entstanden sind, BGH **LM** § 242 (Be) Nr 24, ferner, wenn Schu sich zu fristgerechter Leistg außerstande erkl, BGH **LM** (Dc) Nr 4. – Über Fristsetzg zur Auflassg u Fristsetzg unter ZuvielFdg vgl § 284 Anm 3 bi c.

bb) Die Fristsetzg kann idR erst **nach Verzugsbeginn** wirks erfolgen RG **93**, 180. – Doch kann nach stRspr die (den Verzug begründende) Mahng mit der Fristsetzg verbunden werden RG **50**, 262, **93**, 181. Welche Frist angemessen ist, bestimmt sich nach den Umst des Falles, § 242. Dabei ist aber zu berücksichtigen, daß es sich um eine Nachfrist handelt. Der Schu hat danach keinen Anspr darauf, die Frist so bemessen zu erhalten, daß er währd ihres Laufs die, vielleicht noch gar nicht begonnene, Leistg erst anfangen u fertigstellen kann, RG **89**, 123 stRspr. Den Interessen beider Teile, vor allem des Gläub, ist Rechng zu tragen, RG ebda. Vorherige vertragl Abreden über die Dauer der NachFr sind mögl; Klauseln in AGB, die dem Verwender eine unangem lange od nicht hinreichd bestimmte NachFr einräumen, gem AGB-Ges 10 Nr 2 aber unwirks. Eine zu kurz gesetzte Nachfrist ist nicht wirkgslos: es wird damit eine angemessene Nachfrist in Lauf gesetzt RG **62**, 68, **106**, 90, HRR **32**, 1436, stRspr. Anders, wenn der Gläub zu erkennen gibt, daß er auch die innerh angemessener Frist erfolgende Leistg keinesf anzunehmen bereit ist, RG **91**, 207, od wenn die Frist so kurz bemessen ist, daß der Schu sie unmögl einhalten kann, u sie nur gesetzt ist, damit der Gläub vom Vertr loskommt, RG JW **11**, 92. Der Schu braucht der zu kurz gesetzten Frist nicht sofort zu widersprechen RG Recht **17**, 1804. Die Aufforderg zur „unverzüglichen" Leistg reicht uU aus u setzt eine angemessene Frist in Lauf RG **75**, 357. Bei Streit über die Angemessenh ist die Fristbemessg Sache des Richters RG **62**, 69. – Einseitige Verlängerg der Frist dch den Gläub ist im allg zul, solange die Frist noch läuft, falls die Interessen des Schu dadch nicht gefährdet werden; dch Abrede der VertrPartner (trotz der Wirkg des Fristablaufs, Anm 7 a) auch noch hernach, KG LZ **17**, 420, das ist dann aber neuer, notf formbedürftiger. VertrSchluß, BGH **20**, 340. – Die Befugn des Gläub zur Fristsetzg nach § 326 ist an keine Frist gebunden, jedoch sind Treu u Glauben zu wahren; mögl auch noch nach Erlangg des ErfUrteils RG LZ **25**, 258.

b) Mit der Aufforderg zur Bewirkg der Leistg binnen der Frist muß die **Erklärg verbunden** (vgl RG **120**, 193) werden, daß der Gläub nach Fristablauf die **Annahme der Leistg ablehnen werde.** Die Worte des Gesetzes brauchen nicht gewählt zu werden, ihr Gebr ist aber im Hinbl auf die strengen Anfordergen der Rspr an den ErklInhalt anzuraten. Jedenf muß aus der Erkl unzweifelh hervorgehen, daß der Gläub nach Fristablauf Erf nicht mehr annehmen w, BGH NJW **77**, 36. Daß u welche Rechte aus § 326 er wähle, braucht der Gläub noch nicht zu sagen. Er kann es aber, RG **61**, 131. Droht er dabei Rücktr an, so ist er hieran nicht gebunden, Düss NJW **72**, 1051, MüKo/Emmerich Rdn 107; ebso kann er von der SchadErsFdg noch zum Rücktr übergehen, RG **109**, 184. Aus der Rspr: Erkl, sich den Rücktr od sonstige Rechte „vorzubehalten", genügt nicht, RG **91**, 164, BGH **LM** (D) Nr 2. Nicht genügt Androhg der „üblichen Schritte", der „Übergabe an einen Rechtsanwalt" RG Recht **16**, 351, BGH NJW **68**, 103, die Drohg, „über die Ware anderweit zu verfügen" RG JW **21**, 1359 (bedenkl), bloße Androhg der SchadErsFdg ohne Ablehng der Leistg RG DRZ **25**, 96, die Erkl, den Schu „für allen Schaden verantwortl zu machen", vgl RG **120**, 194. Die Drohg, vom Vertr „abzugehen" od ihn „aufzurufen", müßte genügen, RGRK Anm 11, vgl auch RG **114**, 7, anders RG **120**, 129; dementsprechend läßt BGH **LM** (Ed) Nr 3 die Erkl genügen, daß Waren nur unter Vorbeh der Verkaufsmöglichk angenommen werden. – Die Erkl ist einseitiges empfangsbedürftiges RGesch und nicht einseitig zurücknehmb, RG SeuffA **76**, 76.

6) Fristsetzung ist entbehrlich:

a) Im **Falle des § 326 II** (darüber unten Anm 11) und beim handelsrechtl FixGesch gem HGB 376 (vgl dort); vgl auch § 361.

b) Bei **pos Vertragsverletzg** des Schu, sofern sie den VertrZweck ernsth gefährdet, vgl § 276 Anm 7e bb; das ist auch dann zu bejahen, wenn eine erhebl Leistgsverzögerg zus mit and Umst eine schwerwiegde Unzuverlässigk des Schu erkennen läßt, BGH NJW **69**, 975.

c) Wenn der Schu auf die Fristsetzg ausdr od auch nur stillschw (vgl RG **104**, 375) **verzichtet** hat. Die VerzErkl muß aber wirkl vom Schu abgegeben od in einer IndividualVereinbg enthalten sein; eine entspr Klausel in den AGB des Gläub genügt nicht, AGBG 11 Nr 4.

d) Wenn der Schu die Erfüll ernsthaft u endgültig verweigert, od wenn er selbst erkl hat, zur Leistg außerstande zu sein, RG 109, 236. Fristsetzg wäre hier nutzlose Förmlichk, stRspr, RG 51, 347, 53, 166, 57, 105, 129, 145, gilt auch bei WerkVertr, der VOB unterfällt, BGH **LM** (G) Nr 1. Der etwa vorleistgspflichtige Gläub braucht dann nicht etwa noch vorzuleisten. – Grd des Fortfalls der Fristsetzg ist, soweit die Verzugsvoraussetzgen vorliegen, der Grds von Treu u Glauben, Soergel-Schmidt Anm 24 (Schu muß sich wg des Verbots des „venire contra factum proprium" an der ErfVerweigerg festhalten lassen); auf pos VertrVerletzg ist entgg RG 57, 113, **149,** 403 nur abzustellen, wenn Schu noch nicht im Verzug ist, vgl § 276 Anm 7e bb. An die Ann wirkl ErfVerweigerg sind strenge Anfordergen zu stellen; nicht ausreichd sind: Ausweichen des Schu, RG 67, 318, **66,** 421; Bitte um Stundg u Erkl zZ nicht zahlen zu können, RG 66, 430; Äußerg rechtl Zweifel, BGH Betr **71,** 1203; Meingsverschiedenheiten über den Inhalt des Vertr; BGH NJW **71,** 798; Ablehng mit der Erkl, zu Verhandlgen über Streitpunkt bereit zu sein, BGH **LM** (Dc) Nr 2, Erkl zur fristgerechten Leistg außerstande zu sein, BGH Betr **76,** 238 = JR **76,** 282 mAv Schneider. Nimmt Mieter die ihm obliegden Reparaturen nicht vor, ist grdsl FrSetzg u Ablehngsandrohg erforderl, BGH NJW **77,** 36, Hbg NJW **73,** 2211, Oske ZMR **73,** 321, uU kann aber Auszug endgült Weigerg darstellen, BGH **49,** 56, NJW **71,** 1839. – Da Fristsetzg u Ablehngsandrohg hier nicht ausgesprochen worden sind, kann der Gläub trotz der ernsthl ErfVerweigerg noch auf Erf bestehen. Lehnt er aber nach der Weigerg des Schu Erf ab u fordert SchadErs, od tritt er zurück, so kann er nicht wieder zum ErfAnspr übergehen, vgl RG **91,** 31. – Darü, daß idR nur der VertrTreue aus der VertrUntreue des VertrGegners Rechte herleiten kann, vgl oben Anm 4.

7) Fruchtloser Fristablauf (ähnl Regelg in § 250): **Voraussetzg** ist, daß die Leistg nicht voll u fristgem bewirkt wird, RG 50, 140; Bewirken hier nicht gleichbedeutd mit § 362, LeistgsHdlg genügt (wenn LeistgsErfolg später eintritt), bei Versendgskauf also Absendg, BGH **12,** 269. Leistet der Schu nicht voll, aber teilw, so ist weiter Voraussetzg, daß der Gläub die Teilleistg ablehnt, wozu er berechtigt ist, falls nicht der ausgebliebene Leistgsteil unerhebl, RG **76,** 153. Lehnt er nicht ab, so ist die Leistg insoweit (teilweise) bewirkt; es liegt dann der Fall unter Anm 10 vor. Frist gilt auch bei geringer Überschreitg als versäumt, und nur in bes AusnFällen, BGH NJW **74,** 360. – **Folgen** des Fristablaufs:

a) Der **Erfüllgsanspruch geht unter;** ebso erlischt Verpflichtg des Gläub zur GgLeistg. Nach Fristablauf könnte beides nur durch neue Vereinbg wiederhergestellt werden, die der für einen solchen Vertr etwa nötigen Form (zB § 313) bedarf, RG **107,** 345, BGH **20,** 344.

b) An die Stelle des untergegangenen ErfAnspruchs tritt für den Gläub die Möglichk, **entweder SchadErs** wg NichtErf zu fordern **oder zurückzutreten.** Kein Wahlschuldverhältn, sond nebeneinander hergehende GläubRechte. Der Gläub kann unter ihnen wählen. Seine Wahlbefugn ist unbefristet, jedoch kann der Schu dem Gläub unter Anwendg der §§ 327, 355 für die Ausübg des RücktrR eine AusschlFrist setzen, str; nach Fristablauf dann nur SchadErsAnspr. – Nach der Erkl, SchadErs zu fordern (nicht mehr nach der Ann, RG JW **32,** 1204), kann der Gläub noch zum Rücktr übergehen, RG **85,** 280, **109,** 184, BGH **16,** 393, stRspr, nicht aber umgekehrt, RG DJZ **15,** 206; denn die RücktrErkl ist RGesch, dagg das Fordern von SchadErs nur Rechtsgeltdmachg. Gläub kann auch dann SchadErs fordern, wenn er bei Fristsetzg Rücktr angedroht hat, oben Anm 5b. Ob der Gläub Rücktr od SchadErs verlangt, ist dch Auslegg der Erkl zu ermitteln, es kann im Einzelfall zweifelh sein. In einer unter EigtVorbeh gelieferten Sache ist auch iF der Geltdmachg von SchadErs mögl, § 325 Anm 3b aE; sie ist aber, wenn sie vor Ablauf der NachFrist erfolgt, idR als Rücktr gem § 455 zu werten, vgl Hamm Betr **75,** 1647, ferner AbzG 5. Die Erkl, zurückzutreten und SchadErs fordern zu wollen, wird meist nicht als Rücktr anzusehen sein, RG **126,** 69.

8) Der Anspruch auf Schadensersatz wegen Nichterfüllg: Er geht auf SchadErs wg NichtErf des **Vertrages überhaupt,** nicht, wie in § 286 II, nur der Verbindlichk des Schu. Die Verbindlichk des Gläub zur eig GgLeistg entfällt; sein Anspr besteht in einer einseitigen GeldFdg, die sich bemißt nach dem Unterschied zw seiner jetzigen VermLage, entstanden dch Unterbleiben der – vertrErf, und der Lage, die entstanden wäre, wenn der Schu ordnsgsmäß erfüllt hätte, RG **102,** 62. Diese Differenz ist in Geld zu erstatten (Differenzlehre), da Gläub an Naturalrestitution nicht interessiert, vgl Pieper JuS **62,** 415. Im übr gilt das zu § 325 Anm 3 Gesagte, vgl dort auch zum Fall, daß der Gläub noch Eigtümer der gelieferten Sache ist, u über die Einschränkgen der Differenzlehre für die Fälle, daß der Gläub die eig Leistg schon bewirkt hat od noch bewirken will. Der bisher schon erwachsene Verzögerungsschaden kann daneben weiter gefordert werden, der ferner erwachsende ist Bestandt des SchadErsatzes wg NichtErf, vgl oben Anm 2b. Der Gläub kann seinen Schaden nach seiner Wahl konkret od, soweit zul (vgl § 325 Anm 4), auch abstrakt berechnen, er kann auch beide Berechnungsarten nebeneinander vorbringen, auch von der einen auf die andere übergehen, Warn **20** Nr 153, RG ScuffA **75,** 187. Vgl zu all dem aus zu § 325 Anm 4 u 5 Gesagte. Für die abstrakte SchadBemessg ist der Ztpkt entscheidd, in dem der Gläub bei vertrgem Verhalten des Schu über die zu liefernde Ware hätte disponieren können, Ffm NJW **77,** 1015. Dabei hat der Gläub die Wahl, den Marktpreis zur Zeit des Verzugsbeginns od den zur Zeit des Ablaufs der Nachfrist (in welchem Augenblick die Umwandlg des Schuldverhältnisses eintritt) zugrunde zu legen, RG **90,** 424, **91,** 31, **149,** 137, stRspr; im Falle der ernstl ErfVerweigerg des Schu tritt an die Stelle des Ablaufs der Nachfrist der Ztpkt, in dem der Gläub erklärt, nunmehr die Ann der Leistg abzulehnen u SchadErs zu fordern, RG **91,** 31, **103,** 293, stRspr. Im Falle des § 286 II ist der Ztpkt des Verzugseintritts zugrunde zu legen. Über Ztpkt für die konkrete SchadBemessg vgl § 325 Anm 4. Über den Einfluß nachträgl eintretder Unmöglichk vgl oben Anm 1 aE; als Stichtag für die abstr SchadBerechng kann hier vom Gläub jedenf auch der Ztpkt des Eintritts der Unmöglichk zugrunde gelegt w, RG **91,** 31, **96,** 160.

9) Das Rücktrittsrecht: Hierüber gilt das zu § 325 Anm 6 Gesagte. Über Einschrkgen des RücktrR bei vorangegangenem bloßem Teilverzug vgl oben Anm 3a. – Beim Kreditkauf ist das RücktrR des Verkäufers aus § 326 ausgeschl, wenn er (voll) erfüllt hat, § 454. Über Vollerfüllg RG **118,** 100 u **133,** 113.

10) **§ 326 I. Schlußsatz:** Nur **teilweises Bewirken** der Leistg **während der Nachfrist.** Dann gilt § 325 I 2: hat die teilw Erf des Vertrages (also das Behalten der bereits empfangenen Teilleistg gegen teilweises Bewirken der GgLeistg RG **50**, 143, Gruch **53**, 943) für den Gläub kein Interesse, so kann er sein SchadErsVerlangen und seinen Rücktr auf den ganzen Vertr erstrecken, RG **50**, 143; hat die teilw Erf des Vertrages, soweit der Schu geleistet hat, für ihn Interesse, so kann er SchadErs wg NichtErf des ausgebliebenen VertrTeils fordern od insow zurücktreten, vgl § 325 Anm 7; dort auch darü, daß TeilRücktr überh nur in Frage kommt, wenn ein solcher dem VertrZweck nicht widerspricht, u über AGB-Ges 11 Nr 9. – Über den Fall, daß bereits der Verzug nur hins einer Teilleistg vorliegt, vgl oben Anm 3a; vgl auch unten Anm 13 für Teillieferngsverträge.

11) II. Auch ohne Fristsetzung kann der Gläub zurücktreten od SchadErs wg NichtErf verlangen, wenn die Erf des Vertrages inf des Verzuges für ihn **kein Interesse mehr** hat. Weggefallen sein muß das Interesse an der Erf des Vertrages, dem Austausch der Leistgen. Das Interesse des Gläubigers muß inf des Verzugs weggefallen sein, der Verzug muß also die adäquate Ursache des Interessewegfalls sein. Das ist nicht der Fall, wenn der Gläub vorzeitig, schon vor Eintritt des Verzuges, eingedeckt hat, RG **70**, 127, **96**, 129, BGH WPM **71**, 617, od er Ware unabhäng vom Verz nicht absetzen kann, BGH NJW **70**, 1502. Daß der Schu einen solchen Erfolg voraussehen konnte, ist nicht zu fordern, RG **94**, 326, BGH NJW **71**, 798. Ob Interessewegfall gegeben ist, ist Frage des Einzelfalles; gegeben zB bei Verzug mit Liefergen Saisonartikeln RG JW **05**, 136, ferner bei Vergrößerg des Risikos des Gläub RG **104**, 375. Preisrückgang der gekauften u nicht gelieferten Ware genügt allein noch nicht Warn **22**, 51. Auch noch währd des Laufs der vom Gläub nach I gesetzten Frist kann sein Interesse wegfallen RG **89**, 124. – Das Schuldverhältn verwandelt sich in den einseitigen SchadErsAnspr nicht schon dch den Interessenwegfall, sond erst dch die Erkl des Gläub, Erf ablehnen zu wollen; eine solche AblehngsErkl (die in Erkl des Rücktritts od Verlangen von SchadErs liegt) ist also unentbehrl, entbehrl ist nur die Fristsetzg mit der bedingten AblehngsErkl. Die Erkl ist einseitiges empfangsbedürftiges, nicht einseit zurücknehmb RGesch.

12) Positive Vertragsverletzg: vgl § 276 Anm 7 dort insb e bb.

13) Teillieferungs- (Bezugs-, Sukzessivlieferungs-) Vertrag. Vgl zunächst § 325 Anm 7 c, auch oben Anm 3a. Es ist das ein **einheitlicher Vertrag**, dch den sich der eine Teil zur Liefer einer festen od einer nach dem Bedarf des anderen für eine gewisse Zeit zu bestimmenden Warenmenge, lieferb in Raten, der and (idR) zu ratenw Zahlg verpflichtet hat, vgl RG **148**, 330, BGH NJW **72**, 246. Hier kann der Gläub, wenn der andere mit mehreren Liefergen od Zahlgen in Verzug kommt (uU genügt schon Verzug mit einer nicht ganz geringfüg Leistg), zunächst einmal Erf nebst Verspätgsinteresse wg der verzögerten Leistg od nach Fristsetzg SchadErs wg NichtErf dieser verzögerten Leistg fordern. Er kann aber ferner, wenn dch die Säumnis mit der Lieferg od Zahlg od dch die eine Schlechtlieferg die Erf des ganzen **Vertragszwecks** derart gefährdet wird, daß ihm die Fortsetzg des Vertrages nicht mehr zugemutet w kann, SchadErs wg NichtErf **des ganzen Vertrages** fordern od von dem ganzen Vertr zurücktreten; nach der Rspr gilt das mit der Einschränk, daß diese Rechte grdsätzl nur insow ausgeübt w können, als der Vertr noch nicht erfüllt ist, vgl zB RG **54**, 98, **67**, 7, **97**, 136, stRspr. Säumn des Schu auch nur mit einer Zahlg od Lieferg od nur eine Schlechtlieferg ist eine posit VertrVerletzg (§ 276 Anm 7) hins des ganzen noch nicht erfüllten Vertrages. Zwar ist auch hier grdsl NachFrSetzg u Ablehngsandrohg erforderl, BGH NJW **77**, 35. Wenn der Vertr bes Pünktlichk voraussetzt, kann aber uU schon bei Schlechtleistg od bei Verzug mit einer Zahlg od Lieferg eine Fristsetzg gem § 326 I unnöt w, RG **104**, 41, BGH NJW **72**, 246 stRspr (dabei ist aber HGB 377 zu beachten, Rügepflicht, RG **65**, 49, BGH **LM** HGB 377 Nr 5). Das gilt auch für den Käufer von Massengütern, der den Abruf gg Treu u Glauben verzögert, RG **88**, 262, **91**, 347, od ablehnt, Mü NJW **68**, 1881. Der Rücktr steht wg der Beschrkg auf den noch nicht abgewickelten VertrTeil prakt der Künd gleich. Die für die Künd von Dauerschuldverhältnissen aus wicht Grd geltden Regeln (§ 626 Anm 1–3) lassen sich daher meist entspr anwenden, vgl BGH NJW **58**, 1531. Der Gläub kann für die verschiedenen Einzellieferngen auch unterschiedl Rechte geltd machen, zB wg der zurückliegden Erf zuzügl Verzugsschaden verlangen, für die zukünftg zurücktreten; er kann auch auf RücktrR verzichten, vgl § 325 Anm 6. – Auch wenn ein (einheitlicher!) SukzessivlieferngsVertr nicht vorliegt, sond mehrere rechtl selbstd Verträge, können diese doch derart in einem rechtl Zushang zu bringen sein (ein bloß wirtschaftl würde nicht genügen), daß die Art der Abwicklg des einen Vertr auch für die Erf der and erhebl sein soll, RG **161**, 104, BGH **LM** § 276 (H) Nr 3.

Die Einheitlichk des Sukzessivlieferngsvertrages führt im **Konkursfalle** dazu, daß der KonkVerwalter das WahlR des KO 17 (vgl dazu § 276 Anm 7 g) nur einheitl ausüben kann; fordert er daher Weitererfüllg, so wird auch der Anspr auf Bezahlg der vor KonkEröffng an den GemSchu gemachten Liefergen Masseschuld, KO 59 Z 2 Fall 1, RG **98**, 138, **129**, 228, BGH **LM** KO 17 Nr 3. Für das VerglVerf ist aber dch VerglO 36 II mit der Auffassg des Sukzessivlieferngs Vertr als einheitl Vertr dann gebrochen, wenn die Leistgen teilb sind u der Gläub bereits vor Eröffng des VerglVerf teilw geleistet hat. Der Gläub ist in diesem Fall für seine Fdg auf die GgLeistg einfacher VerglGläub, vgl auch VerglO 50 I 2. In Verfolg dieser Entwicklg unterscheidet auch für den KonkFall (KO 17) die Rspr seit RG **148**, 330, von dem einheitl Tielliefergs-Vertr das „Wiederkehrschuldverhältnis", das kr einer, ist auch nur stillschw, Wiederholg des Vertr-Schlusses für die weiteren Zeitabschnitte od Bezugsmengen stets neu entsteht, so vor allem bei Verträgen von Kleinabnehmern auf Abnahme von Wasser, Gas od elektr Kraft. Liegt ein solches Verhältn vor, dann kann der KonkVerwalter sein ErfVerlangen nach KO 17 auf die Zukunft beschränken. (Auch abgesehen hiervon wird es meist, inf der KontrahiergsPfl des anderen Teils, durch NeuAbschl eines Vertrages zur Erf nur für die Zukunft kommen.)

14) Verfahrensrechtliches.

a) Der Gläub kann die Nachfrist auch noch setzen, nachdem er bereits auf Erfüllg Klage erhoben hat; es ist dann der Fall des ZPO 264 Z 3 gegeben, RG **88**, 406, **102**, 262, **109**, 134. Selbst nach Erwirkg des

Schuldverhältnisse aus Verträgen. 3. Titel: Leistung an Dritte §§ 326, 327, Einf v § 328

Urteils auf Erf kann er die Nachfrist noch setzen, §§ 283, 326. Auch zum Rücktr wird der Gläub dann noch aGrd des § 326, übergehen können, obwohl § 283 nur vom SchadErsAnspr wg NichtErf spricht, jedenf dann, wenn die Voraussetzgen des Rücktritts erst nach dem Urt eintreten.

b) Beweislast. Die Voraussetzgen des § 326 hat der Gläub zu beweisen. Ist streitig, ob der Gläub selbst ordngsm erfüllt u angeboten hat u hierfür die Erfüllgsbereit war, so trifft ihn dafür die BewLast, RG HRR **32**, 436, BGH **LM** (H) Nr 8; Schu, der sich unberecht vom Vertr lossagt, ist aber bewpflicht dafür, daß Gläub bis zum Ztpkt der VertrDchführg nicht hätte leistgsbereit w können, BGH WPM **74**, 327. Für Erf währd der NachFr h Schu BewLast. Im Falle des § 326 II hat der Gläub den Wegfall des Interesses zu beweisen. – Bei SchadErsAnspr aus pos VertrVerletzg hat Käufer die nicht gehörige Erf auch dann zu beweisen, wenn er an der Ware ablehnt u KaufprSumme als SchadErs verlangt, BGH JZ **64**, 425 (vgl auch § 282 Anm 2). Vorleistgspflichtiger Käufer hat, wenn er Zahlg wg Unfähigk des Verkäufers zu vertragsmäß Lieferg verweigert, die Unfähigk zu beweisen, BGH NJW **65**, 1270.

327 *Regelung des gesetzlichen Rücktrittsrechts.* **Auf das in den §§ 325, 326 bestimmte Rücktrittsrecht finden die für das vertragsmäßige Rücktrittsrecht geltenden Vorschriften der §§ 346 bis 356 entsprechende Anwendung. Erfolgt der Rücktritt wegen eines Umstandes, den der andere Teil nicht zu vertreten hat, so haftet dieser nur nach den Vorschriften über die Herausgabe einer ungerechtfertigten Bereicherung.**

1) Satz 1. Über das RücktrR der §§ 325, 326 vgl bereits § 325 Anm 6 u § 326 Anm 9. – Nach Satz 1 iVm § 349 ist der **Rücktritt** durch einseitige empfangsbedürft Erkl ggü dem anderen auszuüben. Die Erkl ist RGesch RG **60**, 336. Sie ist Gestaltgsakt, daher unwiderrufl. Gleichzeit Angebot der Rückg des Empfangenen ist nicht nöt RG **49**, 38. Der Rücktr wandelt das VertrVerh in ein AbwicklgsVerh um, Einf 1 vor § 346, str. Vollerfüllg von einer Seite oder Teilerfüllg von einer od beiden Seiten schließt den Rücktr nicht aus, auch nach § 454 beim Kreditkauf wenn der Verk, wenn dieser voll erfüllt hat, vgl § 326 Anm 9. Über Einschränkgen des RücktrRechts bei einzelnen RVerhältnissen, wenn der Vertr bereits verwirklicht worden ist, vgl § 326 Anm 1. Bei posit VertrVerletzgen in Sukzessivliefergsverhältnissen wird das RücktrR im allg nur hins des noch nicht erfüllten VertrTeils gegeben. § 326 Anm 13, steht also hier der Künd nahe. – UU ist der Rücktr ausgeschl, §§ 351–353, namentl, wenn der RücktrBerechtigte die Unmöglich der Herausg der empfangenen Ggstandes verschuldet hat; zufälliger Untergang des Ggstandes, den der Berechtigte empfangen hat, schließt den Rücktr nicht aus, § 350. – Die Wirkg des Rücktritts ist nicht dinglicher, sond schuldrechtlicher Natur, § 346. – Eine Frist für die Ausübg des RücktrRechts dch den Berechtigten besteht nicht; doch kann die andere Teil nach § 355 eine AusschlFrist setzen.

2) Satz 2 setzt eine **Ausnahme** ggü den §§ 346, 347 fest; statt der in § 347 best strengen Haftg nach den §§ 987ff gilt die BerHaftg, insb auch § 818 III. Nach der Entstehgsgeschichte sollte diese Ausn Härten für den RücktrGegner in den Fällen von Entw I 243 (entspr etwa §§ 283 I 1 u 2) u 361 verhindern, vgl Prot I 653, ferner Glaß Gefahrtragg u Haftg beim ges Rücktr, 1959, S 88ff, Weitnauer NJW **67**, 2314. In seinem ursprüngl Sinn ist § 327 S 2 prakt bedeutgslos: iF des § 283 besteht kein RücktrR; das RücktrR des § 361 ist kein gesetzl, sond ein vertragl; iü hat der RücktrGegner (der zur FixLeistg Verpfl) den Rücktr idR zu vertreten (§ 279). Aus S 2 h die Rspr jedoch den **allgemeinen Rechtsgedanken** abgeleitet, daß derjenige, der den Rücktr nicht zu vertreten hat, nur auf Ber haftet, ohne Rücks darauf, ob er od der and Teil den Rücktr erkl h, RG **130**, 123, BGH **53**, 148, Köln OLGZ **70**, 455; Staud-Kaduk Rdn 29, Wolf AcP **153**, 97; aA Glaß aaO, Weitnauer NJW **67**, 2314, **70**, 637, 639, v Caemmerer Festschr für Larenz S 629 Fn 29. Dieser Grds ist auch auf als die in § 327 S 1 genannten gesetzl RücktrR anwendb, RG JW **28**, 57, so auf sondergesetzl RücktrR, RG **116**, 380, BGH **6**, 230, iF des § 636 I 1, BGH WPM **70**, 1421, iF der Wandlg, Köln OLGZ **70**, 455 (sehr str, vgl § 347 Anm 2). Er kann, wenn der PartWille dafür hinr Anhaltspkte bietet, auch auf vertragl RücktrR anzuwenden sein, Kblz DRZ **49**, 112, Ffm NJW **67**, 984. Dabei stellt § 327 S 2 das Höchstmaß der Haftg dar; wo die Normalhaftg nach § 347 geringer ist, bleibt es dabei, Nürnb MDR **72**, 238, Fuchs NJW **60**, 2177. Vgl weiter § 347 Anm 2.

Dritter Titel. Versprechen der Leistung an einen Dritten

Einführung

1) a) **Schrifttum.** Wesenberg, Verträge zugunsten Dritter 1949, Heilmann, Zur Lehre vom Vertrage zugunsten Dritter, ZfHK **50**, 15 u NJW **68**, 1853, Gernhuber, Festschrift Nikisch, Drittwirkungen im Schuldverhältn kraft Leistungsnähe, 1958.

b) Schuldverhältnisse haben Rechtswirkgen grdsätzl nur unter den VertrParteien, nur diese werden berechtigt u verpflichtet, vgl Einf 1b vor § 241. Die VertrPartner können aber zum Inhalt des Schuldverhältnisses machen, daß der Schu (Versprechende) sich gegen dem Gläub (VersprechensEmpf) ggü verpflichtet, an einen vom Gläub verschiedenen **Dritten zu leisten.** (Um solche Pfl handelt es sich nicht, wenn der Schu nur das Recht haben soll, sich auch durch Leistg an einen Dr zu befreien; dieser ist dann nur Zahlstelle, „solutionis causa adjectus", § 362 Anm 3.) Die VertrAbrede, die Leistg an den Dr zu bewirken, kann nach § 328 I **entweder** dahin gehen, daß der Gläub das Recht zu behalten, die Leistg an den Dritten zu fordern, **nicht** aber **dem Dritten** ein eigenes FdgsR zu geben (unechte Verträge zGDr, Verträge auf Leistg an Dr) **oder dem Dritten ein FordergsR zu geben** (echte, berechtigende Verträge zGDr), sei es ihm allein od, so nach § 335 idR, daneben dem Gläub. Unechte Verträge zGDr bieten nichts Besonderes, sie sind daher Ggst der Regelg dieses Titels nur insof, als die §§ 329, 330 (zus mit § 328 II) Ausleggsregeln dafür geben,

Einf v § 328   2. Buch. 2. Abschnitt. *Heinrichs*

wann sie als vorliegd (so im Falle des § 329) od als nicht vorliegend (so im Falle des § 330) anzunehmen sind. Im übr bezieht sich der Titel nur auf die echten Verträge zG Dr. Über Verträge mit dem Recht einer Partei, einen Dr, der in ihre VertrStellg eintreten soll, zu benennen (kein VzGDr!), vgl Moschel JR 52, 311. – Verträge zGDr derart, daß dem Dr ein selbständiges Recht erwuchs, kannte das römR nur ganz ausnahmsw, sie sind späteren Ursprungs u fanden sich im älteren dtschen Recht in zahlr Anwendungsformen. Über die Gründe, die die heutige Rspr dazu geführt haben, in vielen Fällen iW der Auslegg Vertrag zGDr anzunehmen, vgl § 328 Anm 2b.

2) Der **Zweck** des Vertrages zGDr ist, zu vermeiden, daß der Schu zunächst an den Gläub u dieser dann an den Dritten leistet. Das wird erreicht dadurch, daß der Schu verpflichtet wird, unmittelb an den Dritten zu leisten. Diese Leistg vollzieht damit nicht nur die Verpflichtg des Schu ggü dem Dr, sond hat Wirkgen auch auf das Verhältn des Schu zum Gläub u das des Gläub zum Dr. Es sind danach drei Personenbeziehgen zu unterscheiden:

a) Der **Vertrag zwischen Gläub und Schu** (sog Deckgsverhältn), der dem Dr das FdgsR auf die Leistg ggü dem Schu gibt, den Schu also verpflichtet, § 328 I. Dieser Vertr kann nur ein fdgsbegründder, also schuldrechtl VerpflVertr sein (vgl unten Anm 5). Die Art des Vertr ist gleichgült, ob ein- od zweis verpflichtd, ob entgeltl od unentgeltl, abstrakt od kausal; jeder schuldrechtl VerpflVertr kann Vertr zG eines Dr sein od es dch VertrAbrede werden, RG 150, 133. Der VzGDr ist also kein selbständiger VertrTypus. Fälle zB Kauf, Beförderungs-, MietVertr, Auftr, uU auch Schenkg (unter Aufl), bes häufig VersicherungsVertr; auch Vorvertr zGDr kommt vor, vgl Schmalzel AcP **164**, 446. Zwischen den VertrPartnern entstehen die vollen VertrBerechtigen u -verpflichten, nur mit dem Unterschiede, daß die LeistgsPfl des einen die Richtg zum Dritten hat. Man bezeichnet dieses VertrVerhältn – vom Standpunkt des Schu aus – als Deckgs- oder Außenverhältn. Es ist das eigentl Vertrags(schuld)verhältnis zGDr. Leistet der Schu an den Dr, so ist das Leistg (Zuwendung) im Rahmen dieses VertrVerhältnisses. Folgen: § 334 Anm 1. Wo ein VertrPartner Leistg an den anderen, wenn auch im Interesse eines Dr verspricht, gelten §§ 328ff, insb § 334 Anm 1, BGH NJW **67**, 1319.

b) Durch den Abschl des Vertrages zu a), die Begründg des FdgR für den Dr, w **kein Vertragsverhältnis zwischen dem Gläub u dem Dritten** geschaffen, BGH DNotZ **70**, 240. Der Gläub will aber damit dem Dr etwas zuwenden (sog Valutaverhältnis). Der Grd der Zuwendg kann verschieden sein: vielf wird der Gläub damit eine ihm ggü dem Dr obliegende Schuld tilgen (causa solutionis), oft, bes beim LebensversicherungsVertr mit Bezugsberechtigt Dritter, wird er ihm eine unentgeltl Zuwendg machen wollen (causa donandi). Fehlt ein ZuwendgsGrd od fällt er weg, so kann der Gläub, wenn der Schu an den Dr geleistet hat, das Erlangte von dem Dr zurückfordern (§ 812), vgl § 334 Anm 2.

c) Der VzGDr schafft auch **kein Vertragsverhältnis zwischen Schuldner u Drittem**, vgl RG JW **38**, 2967, BGH **54**, 147. Es besteht für den Dr nur ein aus dem VertrVerhältn der VertrParteien abgespaltenes FdgsR gg den Schu und demgem wie Verpflichtg des Schu ggü dem Dr, aus der auch Nebenpflichten folgen können, so uU den Dr nicht in Anspr zu nehmen, wenn er den Gläub nicht in Anspr nehmen kann (vgl BGH **49**, 281). Immerhin kann die GläubStellg des Dr wie jede GläubStellg (Einl 1d vor § 241) auch Pflichten hervorrufen, vgl RG JW **13**, 426 („vertragsähnliches" Verhältn). – Weiteres § 334 Anm 1, § 335 Anm 2.

3) Das **Forderungsrecht** des Dritten **entsteht** kr des schuldrechtl Vertrages zGDr. Eines bes **Beitritts** des Dr bedarf es **nicht**, RG **71**, 324, er wird nicht AbschlTeilnehmer. Auch seine Zust ist zum Rechtserwerb unnötig (aber ZurückweisgsR zul). Das Recht entsteht in der Pers des Dr u n m i t t e l b a r, nicht erst über die Pers des Gläub. Demgem fällt das Recht, wenn es erst mit dem Tode des Gläub entsteht, vgl § 331, nicht zunächst in den Nachlaß des Gläub, RG **128**, 189, BGH **41**, 96, stRspr, str. Der Umfang der Rechte des Dr best sich nach dem Inhalt des VzGDr; fällt im Verhältn der VertrPart die GeschGrdlage weg, steht dem Dr ein an die veränderten Verhältn anzupassder Anspr zu, BGH NJW **72**, 152.

Das Recht des Dr muß nicht notw alsbald bei VertrSchl als VollR entstehen. Je nach dem dch Auslegg zu ermittelnden Willen der VertrParteien kann das Recht befristet od bedingt sein, es kann, selbst wenn entstanden, noch dem Widerruf der VertrSchließenden, auch nur eines von ihnen, unterliegen (§§ 328 II, 332, VVG 166). Es ist dann nur mit diesen Beschränkgen entstanden. Es kann auch nur eine Anwartsch, sogar nur eine bloße Hoffng auf ein künftiges Recht vorliegen.

4) Die **Form** des VzGDr bestimmt sich nach hM (RG **106**, 2, BGH **54**, 147, Soergel-Schmidt Vorbem 19 vor § 328) nur nach der zwischen den **Vertragsparteien** geschlossenen Vertr; daher nötig Form des § 313 bei Verpflichtg zur GrdstÜbereignig an einen anderen als den Gläub, die des § 518 bei einem vom Schu dem Gläub ggü schenkweise abgegebenen Versprechen, an den Dr zu leisten, od umgekehrt bei einem Schenkgsversprechen der Gläub an den Schu unter der Aufl, daß der Schu an den Dr leiste, §§ 525ff, vgl § 527 II. Ohne Einfluß auf die Formgültigkeit des VzGDr ist es dagg, ob die Zuwendg des Gläubigers an den Dritten (oben Anm 2b) einer Form bedurft hätte, wenn Gläub sie über sein Vermögen hätte gehen lassen. Der Form des § 518 bedarf es also nicht, wenn, wie häufig, das Valutaverhältnis eine Schenkgszusage enthält; Grund: Der Gläub belastet sein Verm alsbald ggü dem Schu durch den entgeltl Vertr u ist sich auch darü klar (Enn-Lehmann § 35 V 2). Ebso ist im Falle des § 331, bes bei der Lebensversicherg, die Form letztwilliger Verfügen unnötig. Vgl hierzu RG **88**, 138, **106**, 1, BGH **41**, 46, 201, **66**, 12, NJW **65**, 1913, stRspr, str.

5) Der VzGDr nach BGB kann nur ein **schuldrechtlicher Verpflichtgsvertrag** sein, der ein **ForderungsR** des Dr **begründet** (vgl oben Anm 2a).

Danach sind nach BGB nicht möglich:

a) Vertr **zu Lasten Dritter**, dch die ein Dr unmittelb verpflichtet w, RG JW **24**, 809, hM, BGH **58**, 220, **61**, 361, **68**, 231 (Übertr eines GesellschAnteils zGDr), aA vereinzelt RG **80**, 175; auch wenn der Dr sich

Schuldverhältnisse aus Verträgen. 3. Titel: Leistung an Dritte **Einf v § 328, § 328**

mit seiner Belastg einverstanden erklärt hat, w er nicht unmittelb verpfl; eine VerpflErmächtigg ist unzul, vgl § 185 Anm 1a. Mögl natürl, daß Schu sich selbst vertragl verpfl, sich um die Leistg des Dr zu bemühen od dem Gläub die LeistgsHdlg (Dienste) des Dr zu verschaffen (DienstverschaffgsVertr) od sogar für den Erfolg der Leistg des Dr einzustehen (GewährVertr). Für einen Sonderfall (Vergl zw Eltern über KindesUnterh im ScheidgsVerf) erkennt § 1629 III nF nunmehr einen Vertr zu Lasten Dritter an.

b) schuldrechtliche Verfüggsverträge (vgl Einf 4a vor § 305) zGDr; Ausn: § 414, dort Anm 1. Unzul daher Abtr zGDr (aA RG **124**, 135), VertrÜbertr zGDr (BGH **68**, 231) u ErlaßVertr zGDr (RG **148**, 262, KG OLGZ **78**, 67, 71). Mögl aber, daß sich der eine Vertragschließende ggü dem anderen verpflichtet, einen Anspr, den er gg einen Dr hat, nicht geltd zu machen (pactum de non petendo), und daß auch der Dr dadch, falls von den VertrParteien gewollt, das Recht erhält, den Erlaß von jenem zu fordern u sich dessen Klage ggü auf die Verpflichtg zu berufen, RG **127**, 129, BGH **LM** § 328 Nr 15. Das gilt auch für Vergleiche, RG ebenda. Den **Haftgausschluß** zGDr (§ 276 Anm 5 B a cc) sieht die Rspr als pactum de non petendo an, BGH VersR **60**, 727. Hier läßt sich jedoch idR über §§ 423, 397 dingl Wirkg begründen: Fdg kann ggü einem GesSchu mit GesWirkg erlassen w, das h entspr für Verzicht auf künft Fdg zu gelten, (s zum letzteren BGH BB **56**, 1086 u § 397 Anm 1 b). Das **Teilsabkommen** zw SozVersTrägern u HaftpflVersicherern (Begr vgl Wussow VersR **68**, 811) ist pactum de non petendo zG des versicherten Schädigers, Wussow aaO, BGH **LM** § 202 Nr 12, im Ergebn auch Celle VersR **70**, 541.

c) dingliche Verträge auf Begründg von Rechten für einen Dr, BGH **41**, 95; nach stRspr auch nicht, wenn ein Recht auf Leistg aus dem Grdst begründet wird (GrdSch, Hyp, Reallast, obgleich bei letzterer nach § 1108 daneben eine begrenzte schuldrechtl Verpflichtg des Eigtümers besteht), RG JW **31**, 525 u RG **66**, 97 (Hypothek), RG **124**, 221 (MobiliarpfandR), BGH **LM** § 1105 Nr 1 (Reallast), aA das überw Schriftt, das die Anwendg der §§ 328 ff auf dingl Vertr teils grdsätzl bejaht (Erman-Westermann § 328 Rdz 3, Heck § 10, 7, Larenz § 17 IV), teils für R bejaht, aGrd deren Leistgen aus dem Grdst zu erbringen sind (Esser § 53 III, Wolff-Raiser § 38 II 3); auch nach dieser Ans müssen aber jedenf die Publizitätsakte (BesErwerb, Eintr) in der Pers des Dr vollzogen w, Erman-Westermann § 328 Rdz 3. Nach der Rspr erwirbt der Dr die (Buch-)Hyp oder GrdSch usw erst dch Einigg mit dem Eigtümer (§ 873) u auch formlos (§ 877) u auch stillschw erfolgen kann. Kein EigtErwerb des Dr an Wertpapieren auf einer Bank dch Vertr des Eigtümers mit der Bank, die Papiere nach Tod an den Dr herauszugeben, RG **98**, 282, BGH **41**, 95 (and bei GeldFdgen gg Bank od Sparkasse od Anspr auf Übereign, da Fdgen vgl § 328 Anm 3).

d) Nicht unter die §§ 328 ff fallen demgem ehegüterrechtl u Erbverträge (§§ 1432 ff, 2274 ff), da nicht schuldrechtl. Sie begünstigen aber vielf Dritte.

e) §§ 328 ff sind auch nicht ohne weiteres anwendb auf **Verwaltungsakte**, die Auflagen zGDr enthalten; daher kein Recht des Dr auf Auflageerfüllg BGH NJW **57**, 668, doch kann im VerwAkt VertrAngebot zGDr liegen, vgl § 328 Anm 3a (Motorsport).

6) Kein VzGDr liegt vor bei der **Anweisung**: sie ist kein VerpflichtgsVertr, sond ermächtigt nur den Angewiesenen. Auch der AnweisgsEmpf wird nur ermächtigt, erhält also aus der Anweisg selbst noch kein Recht auf die Leistg. Die Anweisgsannahme ist kein Vertr. Vgl §§ 783 ff.

328 *Vertrag zugunsten Dritter.*
I Durch Vertrag kann eine Leistung an einen Dritten mit der Wirkung bedungen werden, daß der Dritte unmittelbar das Recht erwirbt, die Leistung zu fordern.

II In Ermangelung einer besonderen Bestimmung ist aus den Umständen, insbesondere aus dem Zwecke des Vertrags, zu entnehmen, ob der Dritte das Recht erwerben, ob das Recht des Dritten sofort oder nur unter gewissen Voraussetzungen entstehen und ob den Vertragschließenden die Befugnis vorbehalten sein soll, das Recht des Dritten ohne dessen Zustimmung aufzuheben oder zu ändern.

1) Allgemeines. (I) Vgl zunächst Einf v § 328. Verträge aller Art sind zGDr denkb, auch Bürgsch zG des Gläub dch Vertrag zw HauptSchu u Bürgen BGH Betr **66**, 1307. – Der Dr, für den das FdgsR begründet wird, braucht bei VertrSchl noch nicht vorhanden, nicht einmal erzeugt zu sein, RG **65**, 280, Hamm VersR **73**, 810, es genügt, daß er bestimmb ist, RG **106**, 126. Mögl die vertragl Begründg eines Auflassgsanspruchs für die jeweilig Eigtümer eines anderen Grdstücks als VzGDr, RG **128**, 249. – Keine RechtskrWirkg des vom VersprechensEmpf erstrittenen Urteils zG des Dr, BGH **3**, 385.

2) Zu II: a) Ob der Dritte das **Recht erwirbt**, ob also ein echter VzGDr vorliegt, ist i W der **Auslegung** des Willens der VertrPartner zu ermitteln. Maßg sind nicht bloß die meist wenig ergiebigen VertrErklärgen, sond die gesamten Umst des Falles, aus denen, auch iW ergänzender VertrAuslegg (§ 157), auf den Willen der VertrPartner zu schließen ist, BGH NJW **75**, 344; dabei stellt der verfolgte Zweck ein wichtiges (objektives) Merkmal dar RG **127**, 222, BGH **LM** Nr 6. Naheliegend ist zB der Schluß auf Rechtserwerb des Dr, wenn Abschl ein Akt der Fürsorge, bes wenn er ledigl im Interesse des Dr vorgenommen worden ist; eine Vermutg dafür besteht aber nicht. Auslegsregeln enthalten die §§ 329, 330. Über alsbaldige u spätere Rechtsentstehg vgl Einf 3 vor § 328.

b) Verträge mit Schutzwirkg zugunsten Dritter. Schrifttum: v Caemmerer, Gesammelte Schriften I S 464; Esser § 54 I; Gernhuber, Festschr für Nikisch 1958 S 249 u JZ **62**, 553; Larenz § 17 II, NJW **56**, 1193, **60**, 78; Lorenz JZ **60**, 108; Medicus NJW **62**, 2081; ferner Böhmer MDR **60**, 807, **63**, 546; Abgrenzg zur Drittschadensliquidation: Berg NJW **68**, 1325, JuS **77**, 363, Hohloch FamRZ **77**, 530, Söllner JuS **70**, 162.

Neben dem eigentl VzGDr, der für den Dr einen Anspr auf die vereinb (Haupt-) Leistg begründet, h die Rspr als bes Art der Drittberechtigg den Vertr **mit Schutzwirkg** zGDr (Ausdr von Larenz) herausgebildet. **Wesen:** Der Anspr auf die geschuldete (Haupt-)Leistg steht allein dem Gläub zu, der Dr ist jedoch in der Weise in die vertragl Sorgf- u Obhutspflichten einbezogen, daß er bei deren Verletzg vertragl SchadErsAnspr geltd machen kann, BGH NJW **59**, 1676, BGH **49**, 353, Larenz, Esser, Gernhuber, v Caemmerer, alle aaO. Der Vertr mit Schutzwirkg zGDr war der Sache nach schon in der Rspr des RG anerkannt, vgl zB RG **91**, 24, **102**, 232, **127**, 222. Die Erkenntn, daß es sich um einen bes, vom eigentl VzGDr zu unterscheidden VertrTyp handelt, hat sich jedoch erst neuerdings im Anschl an die Untersuchgn von Larenz u Gernhuber in der Rspr dchgesetzt, vgl BGH NJW **59**, 1676, BGH **49**, 353. Grd für die Herausbildg des Vertr mit Schutzwirkg zGDr war die Unzulänglichk des DeliktR, insb die unbefriedigde Regelg der Gehilfenhaftg in § 831; dch den Vertr mit Schutzwirkg zGDr w der geschädigte Dr hinsichtl der Haftg für Hilfspersonen (§ 278 statt § 831), der BewLast (§ 282 Anm 2) u der Verj gegü einer bloßen Haftg nach §§ 823 ff besser gestellt; soweit es um § 254 geht, wirkt sich der Vertr mit Schutzwirkg zGDr dagg zum Nachteil des Dr aus: er muß sich auch ggü delikt Anspr MitVersch seiner gesetzl Vertreter u Hilfspersonen sowie des Gläub anrechnen lassen, vgl § 254 Anm 5a. Ob u inwieweit Dr in die Schutzwirkg des Vertr einbezogen sind, ist, da ausdrückl Abreden prakt nicht vorkommen, iW ergänzder VertrAuslegg nach dem Vertr-Zweck unter Berücksichtigg von Treu u Glauben zu entscheiden, BGH NJW **59**, 1676, **70**, 40, BGH **49**, 354. Das neuere Schrifttm nimmt dagg überwieg an, es handele sich um eine richterl RFortbildg gem § 242 u eine Ergänzg disposit R (MüKo/Gottwald Rdn 60, Larenz § 17 II). Im Ergebn stimmen beide Ans weitgehd überein (vgl auch BGH **56**, 273, NJW **77**, 2074, die die Fragen der konstrukt Ableitg offen lassen). Der VertrSchutz beschr sich idR auf die Personen, die dch den Gläub mit der Leistg des Schu in Berühr kommen u bei denen der Gläub redlicherw damit rechnen kann, daß die ihm geschuldete Obhut in gleicher Weise auch diesen Pers entgegenbracht w, BGH **66**, 57 (krit Strätz JR **76**, 458). Das hat die Rspr zunächst nur dann bejaht, wenn der Gläub für das Wohl u Wehe des Dr mitverantwortl ist, wenn er ihm also **Schutz u Fürsorge** schuldet, BGH **51**, 96, **56**, 269, NJW **59**, 1676, **70**, 40, **77**, 2208. Sie hat dementspr verlangt, zw dem Gläub u dem Dr müßten idR familien-, arbeits-, mietrechtl od ähnl Beziehgn mit personenrechtl Einschlag bestehen, BGH NJW **68**, 1931. Nunmehr ist aber anerkannt, daß auch bei RBeziehgn ohne personenrechtl Einschlag ausnw eine Schutzwirkg zGDr bejaht w kann, soweit dies die Umst des Einzelfalls nach Treu u Glauben erfordt (BGH **69**, 82 - Lastschriftverfahren; ferner BGH **61**, 233, NJW **76**, 1841, NJW **76**, 1844). Damit das Vertr- u Haftgsrisiko übersehb u kalkulierb bleibt, muß der Kreis der Begünstigten aber eng gezogen w (BGH NJW **76**, 1844). Der KaufVertr zw Produzenten u Händler h iZw keine Schutzwirkg zG der Abnehmer des Händlers, BGH **51**, 98, ebsowenig Vertr über Verleihg eines Gütezeichens, BGH NJW **74**, 1503. Das Problem der **Produzentenhaftg** (§ 823 Anm 16) läßt sich daher nicht dch die RFigur des Vertr mit Schutzwirkg zGDr lösen; ist dch die unmittelb beim Produzenten gekaufte Ware in Angeh od ArbN des Käufers geschädigt worden, kann jener aber vertragl Anspr gg den Produzenten geltd machen, vgl Anm 3a hh. Bei der Einbeziehg Dr in die Schutzwirkg des Vertr geht es in erster Linie um PersSchäden. In der Rspr ist aber anerkannt, daß dem Dr auch hinsichtl **Sach- u Vermögensschäden** ein vertragl SchadErsAnspr zustehen kann, BGH NJW **65**, 1955, BGH **49**, 355, JZ **70**, 375. Demgem können bei Sachschäden ein vertragl ErsAnspr des Dr u ein Anspr des Gläub auf Liquidation des Drittinteresses (Fallgruppe „ObhutsPfl über gläubfremde Sachen" vgl Vorbem 6b bb vor § 249) nebeneinander bestehen, vgl Söllner JuS **70**, 163, aA (für Vorrang der Drittschadensliquidation) Berg NJW **68**, 1325, NJW **78**, 2018. Auch bei c. i. c. kann ein Dr nach dem RGedanken des § 328 in den Schutz der geschuldeten Obhut einbezogen sein, BGH **66**, 56 (krit Kreuzer JZ **76**, 778, Hohloch JuS **77**, 302). Kein Anspr des Dr, wenn sich Schu ggü Gläub wirks von Haftg **freigezeichnet** hat, BGH **56**, 269, aA MüKo/Gottwald Rdn 76. Schutzwirkg zG Ungeborener vgl Selb AcP **166**, 105, Celle VersR **55**, 408. Wer in die Schutzwirkg eines Miet- oder LeihVertr einbezogen ist, kann sich ggü SchadErsAnspr auch auf die kurze **Verj** gem §§ 558, 606 berufen, BGH **49**, 278, **61**, 232, NJW **76**, 1843; auch vertragl AusschlFr u **HaftgBeschrkgen** wirken uU zG des Dr, vgl § 276 Anm 5 B cc. Schutzwirkg zGDr kann auch in öffrechtl Verh (§ 276 Anm 8) bestehen, BGH NJW **74**, 1817.

3) Einzelfälle. a) Vertr mit **Schutzwirkg zugunsten Dritter: aa) Anwaltsvertrag** auf Besorgg eines Notars zwecks Testamentserrichtg kann Schutzwirkg zG der als Alleinerbin vorgesehenen Tochter h, BGH NJW **65**, 1955. Schutzwirkg zG einer von Klienten beherrschten JP, vgl BGH **61**, 380, zG der Kinder des Mandanten, wenn diesen ein Scheidsgvereinbg Vermögenswerte übertr w sollen, BGH FamRZ **77**, 383, krit Hohloch FamRZ **77**, 530. **bb)** Vom gesetzl Vertreter geschl Vertr über **ärztliche Behandlg** h Schutzwirkg zG des zu behandelnden Kindes, RG **152**, 176. Vertr der Krankenkasse mit Kassenarzt war früher Vertr zG des Patienten, RG **165**, 105 (vgl jetzt RVO 368d IV u dazu Eberhardt AcP **171**, 289), ebso der von der Krankenkasse abgeschl KrankenhausVertr, BGH **1**, 383, NJW **56**, 1106, **59**, 816, jedoch keine Schutzwirkg des KrankenhausVertr zG der Angeh des Patienten, BGH **2**, 94, Düss NJW **75**, 596. Vertr über Entbindg der Mutter h Schutzwirkg zG des nasciturus, Celle VersR **55**, 408, BGH NJW **71**, 242, Vertr über Sterilisation hat Schutzwirkg zG des Eheg, Celle NJW **78**, 1688, Deutsch JZ **78**, 532. **cc) Banken:** Schutzwirkg zG der Kunden uU bei Vertr über Kreditauskünfte, BGH WPM **74**, 686; Musielak VersR **77**, 975; bei Abwicklg des Lastschriftverkehrs, BGH **69**, 82 (§ 270 Anm 1e). **dd) Beförderungsvertrag** (vgl Weimar DAR **72**, 64) h Schutzwirkg zG der mitbeförderten Angeh, RG **87**, 65 (Straßenbahn), HRR **30** Nr 1915 u 2061 (Taxe), RG Recht **24** Nr 161 (Dampfer), BGH **24**, 327 (Bundesbahn). Vom Verein abgeschl Vertr begründet Haftg ggü Mitgl, Schlesw SchlHA **49**, 163. Kein VertrSchutz ggü Begleiter des Käufers, der bei Auslieferg der Ware mitfährt, BGH VersR **60**, 153. Keine vertragl Haftg des vom Verkäufer beauftragten FrachtFü ggü Käufer, BGH NJW **78**, 1576, 1577, Mü NJW **58**, 424 (jedoch Schadensliquidation des Drittinteresses Vorbem 6b cc vor § 249). **ee) Dienstverschaffgsvertrag** h Schutzwirkg zG des mittelb Beschäftigten, RG **164**, 399, Vertr zw Strafanstalt u Untern über die Beschäftigg von Gefangenen h Schutzwirkg zG der ArbN des Untern, BGH LM § 157 (D) Nr 5. **ff) Dienstvertrag** hat uU Schutzwirkg zG der Angeh des DienstVerpfl, BGH NJW **75**, 867. Vertr zw Eigentümer u Hausverwalter begründet SchutzPflichten ggü Hausbewohner BGH NJW **68**, 1324. Vertr zw Steuerberater u AuftrGeber h keine Schutzwirkg ggü dessen Bank, Schlesw VersR **61**, 1148. **gg)** Stellt **Gastwirt** Raum für Veranstaltg zur Verfügg, so begründet das vertragl Haftg ggü allen Teiln, RG 160, 155. **hh) Kaufvertrag** zw Produzenten u Händler begründet keine SchutzPflichten ggü den Abnehmern des Händlers, vgl Anm 2b. VertrSchutz erstreckt sich jedoch auf die FamAngeh des Käufers, die bestimmtsgem mit der Ware in Berührg kommen (Hamm VersR 77, 842); ebso beim Kauf von ArbGerät auf ArbN des Käufers, BGH NJW 56, 1193 (betriebsunsichere Dreschmaschine), NJW 59, 1676 (Instruktionsfehler bei Rostschutzmittel). Vertr des HausEigtümers mit Gemeinde über Lieferg von Leitgswasser h Schutzwirkg zG der Mieter, RG JW 37, 737. – Schutzwirkg zG des **Kindes** bei Vertr über seine Beaufsichtigg, Koblenz NJW 65, 2347, über Heimunterbringg Schlesw VersR 78, 237; über PrivSchulbesuch, RG 127, 223. Vgl auch bb, ii u ll. **ii) Mietvertrag** (vgl Weyer BB 72, 339): Bei Vertr über Wohnraum sind in den Schutzbereich der vertragl Sorgf- u Obhutspflichten einbezogen: die zur HausGemsch des Mieters gehörden Personen, insb FamAngeh u Hausgehilfen, BGH 61, 233, **LM** § 536 Nr 1 Bl 2 R; auch der Partner einer eheähnl LebensGemsch, aA Hamm FamRZ 77, 320, ebso die Aufwartefrau, Zunft AcP 153, 389, aA KG JW 77, 2592 u der Untermieter (abw für Gewerberäume, BGH NJW 78, 883), nicht aber die Lieferanten od Gäste, Weimar, ZMR 70, 225, Hummel ZMR 71, 1. Bei zu gewerbl od berufl Zwecken gemieteten Räumen besteht Schutzwirkg zG der in diesen Räumen beschäft Pers, BGH 61, 233, u der vom Mieter beauftragten WkUntern, BGH Betr 76, 1617. Vom Verein geschl MietVertr h Schutzwirkg zG der Mitgl, BGH NJW 65, 1757, das gilt entspr bei Gesellsch, BGH Betr 72, 577. Schutzwirkg zGDr (die auch bei Vermietg bewegl Sachen mögl ist, BGH 49, 279) besteht auch, wenn Vermieter aGrd des GewlR ohne Versch haftet, BGH 49, 352, ZMR 68, 171. Sie erstreckt sich neben Körperschäden auch auf Sach- u Vermögensschäden, BGH 49, 355, JZ 70, 375, Celle NdsRpfl 57, 6. In neueren Entsch dehnt der BGH die Schutzwirkg zGDr auf Eigtümer aus, deren Sachen sich berechtigterw in den Mieträumen befinden, BGH 49, 350, JZ 68, 304, 70, 375; bedenkl, diese Fälle sind wohl der Schadensliquidation des Drittinteresses zu lösen (Fallgruppe „ObhutsPfl über gläubfremde Sachen" vgl Vorbem 6b bb vor § 249), Berg NJW 68, 1325, JuS 77, 363. Ist die Sache eines FamAngeh od ArbN des Mieters beschädigt worden, bestehen dagg Anspr des Mieters auf Ers des Drittschadens u eig vertragl ErsAnspr des Dr nebeneinander, vgl Anm 2b aE. Die dem Mieter ggü dem Vermieter obliegenden Pflichten h keine Schutzwirkg zG der and Mieter, BGH NJW 69, 41, BB 74, 1222, nach Mü VersR 77, 654 auch nicht zG der Angeh des Vermieters. **kk)** Hat der Veranstalter eines **Motorradrennens** sich ggü der zust Beh verpflichtet, für etwaige Schäden Dr aufzukommen, w hieraus ein geschädigter Teiln unmittelb berecht, Mü VersR 51, 21, ebso der geschädigte StraßenEigtümer BGH VersR 63, 431. **ll)** Beim **Werkvertrag** sind in die Schutzwirkg der dem Untern obliegenden Sorgf- u ObhutsPflichten einbezogen: die FamAngeh des Best, BGH MDR 56, 534 (insb dann, wenn diese Eigtümer der zu bearbeitenden Sachen, Nürnb MDR 74, 401), seine ArbN, BGH 33, 249, 55, 18, Betr 72, 553, ebso Aufwartefrau u sonst Pers, denen er gem § 618 III Schutz u Fürs schuldet, RG 127, 224; idR seine Mieter u deren Angeh, BGH VersR 59, 1009, bei einem vom Mieter abgeschl AufbauVertr uU der Vermieter, BGH NJW 54, 874, bei Vertr der Stadtgemeinde über Trümmerbeseitigg der GrdstEigtümer, KG NJW 58, 185, bei Vertr einer altrechtl Gemsch über Kultiviergsarbeiten die beteiligten Eigtümer, BGH VersR 72, 260, bei HeizgsVertr hins Bürohaus die Mieter, Köln VersR 76, 1182. Für fehlerh Errichtg einer Kommunmauer soll Untern auch dem anbauberecht Nachbarn haften, Düss NJW 65, 539 (zweifelh, vgl Hodes ebda). WerkVertr h aber keine Schutzwirkg zG der am selben Bau tät and Untern, BGH NJW 70, 40, Vertr zw Bauherrn u Arch begründet keine SchutzPfl ggü den auf dem Bau tät Arbeitern, Köln VersR 69, 811, BGH NJW 71, 753. Vertr zw VersorggsUntern u Baufirma über Rohrverlegg h keine Schutzwirkg zG der GrdstEigtümer, BGH VersR 62, 86, auch nicht zG der Abnehmer, BGH NJW 77, 2208. Hat der Besteller Räume od ArbGerät zur Vfg zu stellen, h der WerkVertr insow Schutzwirkg zG der ArbN u SubUntern, BGH 5, 67, 26, 371, von der sich Besteller aber mit Wirkg ggü dem SubUntern freizeichnen kann, BGH 56, 269. Besteller haftet für das Versch and Untern, da diese für Pfl aus § 618 III seine ErfGehilfen, BGH VersR 70, 831. Vertr mit **Wirtschaftsprüfer** über JahresAbschl h keine Schutzwirkg ggü den Kreditgebern des Mandanten, BGH NJW 73, 322, Durchlaub Betr 74, 905.

b) Sonstige („volle") Verträge zugunsten Dritter: Abfindgserklärg ggü Versicherer wirkt als pactum de non petendo zG des Schädigers, Ffm VersR 51, 147. – **Agenturvertrag** zw Untern u Vertreter kann VzG u Vertreter sein (Einhaltg der Bezirksgrenzen, UnterstützgsPfl). – Vertr über **Anderkonten** von RAnw od Notar idR kein VzGDr, Nichterlein DR 43, 594, Seybold-Hornig, BNotO § 23 Anm 10. – Beauftragg eines **Anwalts** dch den RSchutzVersicherer erfolgt im Namen des VersN, BGH NJW 78, 1003; bei AuftrErteilg dch KfzHaftPflVersicherer liegt dagg idR Vertr zG des Halters (Fahrers) vor, Köln NJW 78, 897. – **Ausstattgsversprechen** uU Tochter uU VertrzG des Bräutigams RG 67, 206. – Im Vertr mit fr Eigtümer übernommene **Baubeschränkgn** wirken uU zG der Nachb, BGH NJW 75, 344, LG Brschw NdsRpfl 75, 273. – **Bauunternehmerbindg** bei GrdstVerkauf idR Vertr zG des Untern, LG Bonn NJW 70, 1083. – Vertr zw Eigtümer u Pächter über **Bierbezugspflicht** wirkt zG der Brauerei, BGH DNotZ 70, 240. – **Dividendengarantie** als Vertr zG der Aktionäre, RG 147, 47. – **Frachtvertrag** wirkt gem HGB 435 zG des Empfängers, Konow Betr 75, 137, ebso der LuftfrachtVertr, Ffm BB 71, 1071, **Freistellgserklärg** der Bank ggü Bauträger zG der Erwerber, BGH DNotZ 77, 360, nicht dagg die **Geldübersendg** dch die Post per Postanweisg, PostG 12, PostO 44, vgl zu PostG aF RG 43, 100, 60, 27. – Eintrittsklausel im **Gesellschaftsvertrag** uU VzGDr, Stötter Betr 70, 525. – **Giroüberweisgsauftrag** vgl § 270 Anm 1 b, § 362 Anm 3. – **Haftgsausschluß** zGDr vgl § 276 Anm 5 B a cc. – **Hinterlegg** vgl Vorbem 3 a vor § 372. – **Kontoeinrichtg** (vgl Canaris NJW 73, 825): Ob dch Anlegg eines Sparbuchs auf den Namen eines Dr u Einzahlg ein Recht des Dr als DarlGläub begründet w, ist Ausleggsfrage; idR läßt Kontoeinrichtg auf den Namen eines and für sich allein keinen Schl auf einen VzGDr zu, RG 73, 221, BGH 21, 150, 28, 369 (bloßes Indiz); stRspr, wesentl Bedeutg h dem Bes am Sparbuch zukommen, BGH NJW 70, 1181. Legen Eltern od sonstige Verwandte ein Sparbuch für ein geschunfäh Kind an, so wollen sie sich iZw der Vfg über das Guthaben nicht endgült begeben, sond Gläub des Kreditinstituts bleiben, BGH 46, 201; vielf soll dem Benannten der Betr aber mit ihrem Tod zugewandt w, BGH aaO, dazu Finger JuS 69, 309, vgl auch Einf 4 vor § 328, § 331 Anm 1 b. Zahlt Vater als Vormd für sein volljentmündigtes Kind Geld auf dessen Namen ein, kann er als gesetzl Vertreter handeln, Kind also Gläub u VertrPartner sein, Schlesw SchlHA 70, 113. Einzahlgen eines Eheg auf Konto des and vgl Mordhorst MDR 56. 6. – Vertr zw **Krankenhaus** u SozialVersichergsTräger berecht Kassenpatienten, BGH **1**, 386, vgl auch oben a bb. – **Prozeßvergleich** kann VzGDr sein; Dr erwirbt Anspr, kann aber nur vollstrecken, wenn er dem Vergl beigetreten ist, Mü NJW **57**, 1367, Celle NJW **66**, 1367, KG NJW **73**, 2032, str, vgl Segmüller NJW **75**, 1686. Bei Vergl zw Eltern über KindesUnterh besteht Vollstreckgsmöglichk gem § 1629 III nF auch ohne Beitritt. **Regreßverzichtsvertrag** zw Versicherern ist pactum de non petendo zG der VersN, Düss VersR **53**, 275, BGH VersR **54**, 591. – **Tarifvertrag** ist in seinem schuldrechtl Teil (insb hinsichtl FriedensPfl) Vertr zG der Mitgl der TVParteien, BAG **6**, 340. – **Teilabkommen** zw SozVersTräger u HaftPflVersicherer vgl Vorbem 5b vor § 328. – **Treuhandvertrag** zw TrHänder u Schu ist, wenn TrHänder Betr sanieren od liquidieren soll, idR Vertr zG der Gläub des Schu, BGH **LM** Nr 30, BGH **55**, 309, **62**, 3, Ffm MDR **76**, 841. Auch der SaniergsVertr mit GeschNachf kann Vertr zG der Gläub sein, Hamm WPM **73**, 743. – **Übergabevertrag** bercht Dr, soweit für ihn Leistgn ausbedungen, Kassel HEZ **2**, 243. – **Versicherungsvertrag:** LebensVers vgl § 330 Anm 2; Vers für fremde Rechng (VVG 75 I S 1) ist VzGDr, RG **130**, 241. Geschplanmäß Erkl ggü AufsBeh kann für VersNehmer entspr § 328 eig ErfAnspr begründen, Oldbg NJW **74**, 2133. – **Völkerrechtliche Verträge** können Anspr von Privatpersonen begründen, RG **117**, 284, **121**, 7, aber grdsätzl erst nach ihrer Übern als innerstaatl Recht (Ratifizierg), BGH **17**, 313. – **Werkfördergsvertrag** (AufbaufinanziergsVertr mit „BeleggsR") ist uU Vertr zG der vom Förderer vorgeschlagenen Mieter, BGH NJW **67**, 2261, vgl auch BGH **48**, 245, Celle NJW **67**, 2264, Roquette NJW **67**, 2239. – **Wertpapierdepot:** An den von der Bank verwahrten Wertpapieren kann nicht iW eines VzGDr Eigt eines Dr begründet w, RG **98**, 283, BGH KuT **67**, 159, Einf 5 c vor § 328; wohl aber Anspr auf Übereigng, BGH **41**, 96, daher Umdeutg mögl.

4) **Änderg oder Aufhebg des Rechts des Dritten** dch die VertrSchließenden od einen von ihnen. Inwieweit eine vertragl Änderungs- od Aufhebgsbefug der VertrSchließenden gegeben ist, ggf noch nach befristeter, bedingter od selbst endgültiger Entsteh des Fdgsrechts, ist Ausleggsfrage; das Recht des Dr ist dann nur unter diesen Beschränkgen als entstanden anzusehen. Einseitige Änderg dch einen der VertrSchließenden, insb den Gläub, ist nur zul bei Vorbeh im Vertr, sie bedarf nach allg Grdsätzen dann der Erklärg ggü dem anderen VertrSchließenden (nicht ggü dem Dr, Erkl ihm ggü weder erforderl noch genügend). Die Erkl kann jedoch, in Ausn hiervon, nach § 332 iZw auch durch Vfg von Todes wg abgegeben werden. Bei der Lebens- (u zwar Kapital-) Versicherg (vgl § 330 Anm 2) ist nach VVG 166 iZw eine solche einseitige Änderungsbefug des Gläub (Versicherungsnehmers) dch Wechsel des „Bezugsberechtigten" anzunehmen, sogar dch einseitige Veränderg eines Lebensversicherungsvertrages, der einen Dr nicht nennt, in einen solchen zGDr durch erstmalige Benenng eines Bezugsberechtigten.

329 *Auslegungsregel bei Erfüllungsübernahme.* Verpflichtet sich in einem Vertrage der eine Teil zur Befriedigung eines Gläubigers des anderen Teiles, ohne die Schuld zu übernehmen, so ist im Zweifel nicht anzunehmen, daß der Gläubiger unmittelbar das Recht erwerben soll, die Befriedigung von ihm zu fordern.

1) Vorbemerkung.

a) Von **Erfüllungsübernahme** spricht man, wenn jemand sich dch Vertr mit einem Schu verpflichtet, einen Gläub dieses Schuldners zu befriedigen, ohne daß der Gläub unmittelb das Recht erwerb, von ihm zu fordern (gesetzl Fall: § 415 III). Die ErfÜbern ist danach ein „unechter" VzGDr, vgl Einf 1 vor § 328. Auf spätere Schulderweitergen od Erschwergen, zB vorzeitige Künd dch Schu, erstreckt sich die Haftg nicht, RG SeuffA **62**, 204. – Der BefriedggsAnspr des Schu gg den Dritten ist grdsätzl nicht abtretb, da das Leistgsinhalt ändern würde; er ist aber abtretb an Gläub der zu tilgenden Schuld, in dessen Hand er zum Anspr auf Leistg wird; vgl näher § 399 und dort Anm 2a.

b) Möglich ist aber auch, daß ein derartiger Vertr zw dem Dr u dem Schu **unmittelbar ein Recht des Gläubigers begründen soll**, von dem Dr die Befriedigg zu fordern: § 328 I. Dann liegt echter VzGDr vor. Im **Zweifel** ist das **nicht** anzunehmen, vgl Anm 2. Ist ein solcher Wille der VertrSchließenden aber anzunehmen, so liegt in der unmittelb Begründ eines Rechts des Gläubigers, da sie die Begründg der Verpflichtg des Dr enthält, eine Schuldmitübernahme = kumulative Schuldübernahme (vgl Übbl 2 vor § 414) RG **65**, 166, die den Dr zum Gesamtschuldner neben dem Schu macht; § 334 gilt auch dann, str.

c) Davon zu unterscheiden ist wieder die **Schuldübernahme** der §§ 414 ff, die befreiend ist, also die Pers des Schu auswechselt. Auch sie kann, nach §§ 415, 416, dch Vertr (aber verfügenden Vertr) des Schu mit dem Übernehmer erfolgen, bedarf dann jedoch der Gen des Gläub. Bei Verweigerg sowie währd der Schwebezeit bis zur Entsch des Gläub gilt die vom Schu mit dem Übernehmer vereinbarte SchuldÜbern als ErfÜbern (a), § 415 III.

2) § 329 besagt, daß **im Zweifel** bei dem in ihm genannten Vertrage nicht der Fall 1 b, sond 1 a, also bloße **Erfüllübernahme**, vorliegt, also kein echter VzGDr. Vereinbg, wonach Käufer MaklerProv übernimmt, ist regelmäß bloße ErfÜbern, vgl § 652 Anm 9 B b; uU kann es sich aber um Begründg einer von den Voraussetzgen des § 652 unabhäng ZahlgsPfl handeln, BGH NJW **77**, 582. ErfÜbern kann auch in einem abstr Schuldversprechen (Form § 780) erkl w erden RG **58**, 200. Über Fälle unmittelbarer Rechtsentsteh für den Dr vgl dagg RG **65**, 166; auch der Vertr, den Gläub eines Dritten zu befriedigen, kann als VzGDr anzusehen sein, doch ist die Vermutg des § 329 auch hier zu widerlegen, RG **114**, 301. Im Falle des HGB 25 III entstehen, entgg § 329, unmittelbare Rechte der Gläubiger des Veräußerers des Handelsgeschäftes dch bes VerpflichtgsGrd, und zwar stets dch Bekanntmachg der Übern der Verbindlichkeiten, RG **50**, 120, aber auch zB dch Anz der einzelnen Gläub, jedenf für diesen, RG **77**, 98. – Es ist mögl, daß in der Ann einer Rechtsabtretg auch die Übern der dem Recht entsprechden Verpflichtg zG des Gläub liegt, RG **130**, 118. – ErfÜbern ggü Bü bedarf nicht der Form des § 766, BGH NJW **72**, 576.

3) Über **Bereichergsansprüche** bei nichtigem Vertr iS des § 329 vgl § 812 Anm 5b dd u BGH **LM** Nr 1.

Schuldverhältnisse aus Verträgen. 3. Titel: Leistung an Dritte § 330 1, 2

330 *Auslegungsregel bei Lebensversicherungs- oder Leibrentenvertrag.* Wird in einem Lebensversicherungs- oder einem Leibrentenvertrage die Zahlung der Versicherungssumme oder der Leibrente an einen Dritten bedungen, so ist im Zweifel anzunehmen, daß der Dritte unmittelbar das Recht erwerben soll, die Leistung zu fordern. Das gleiche gilt, wenn bei einer unentgeltlichen Zuwendung dem Bedachten eine Leistung an einen Dritten auferlegt oder bei einer Vermögens- oder Gutsübernahme von dem Übernehmer eine Leistung an einen Dritten zum Zwecke der Abfindung versprochen wird.

1) Allgemeines. Die Bestimmg gibt für vier Fälle die Ausleggsregel, daß echte Verträge zG Dr vorliegen; darü Anm 2–4. Vgl ferner § 331 über den ErwerbsZtpkt bei Leistgen, die nach dem Tode des Gläub erfolgen sollen, sowie §§ 328 II, 332.

2) Lebensversicherungsvertrag. Vgl VVG 159 ff. – **a)** Zu unterscheiden sind nach dem Inhalt der LeistgsPfl des Versicherers Kapital- u Rentenversicherg, nach dem Eintritt des VersicherungsgsfalIes die gewöhnliche, zahlb bei Tod des Versicherten, u die sog abgekürzte Lebensversicherg, zahlb bei Tod, spätestens aber bei Erreich eines bestimmten Lebensalters. – Die Ansprüche aus dem VersVertr stehen im allg dem VersNehmer, bei Tod seinen Erben, u zwar als Teil des Nachlasses, zu, BGH **32**, 46. VzGDr wird VersVertr erst, wenn Versicherer zur Leistg an Dr, den sog Bezugsberechtigten verpflichtet w. Anspr auf VersSumme entsteht dann unmittelb in der Pers des BezugsBerecht (§ 328), fällt also bei ver Tod zahlb LebensVers nicht in Nachlaß, BGH **13**, 232, **32**, 47. Für KapitalVers auf den Todesfall gibt VVG 167 die Ausleggsregel, daß, wenn Zahlg „an die Erben" ausbedungen ist, diese nicht als RNachfolger des VersNehmers, sond als „Dritte", als „Bezugsberechtigte" berecht sein sollen (ihr Anspr fällt also nicht in Nachl), ferner, daß diejenigen bezugsberechtigt sind, welche im Falle des Todes (gleichviel aus welchem RGrd) zu Erben berufen sind, selbst wenn sie die Erbsch ausschlagen. Sind die „Hinterbliebenen" bedacht, so sind idR Frau u Nachkommen gemeint, gleichgült, ob sie Erben sind, BayObLG SeuffA **56**, 248. Zur Frage, ob Gewinne u Dividenden dem BezugsBerecht od dem Nachl zustehen, vgl Nürnb VersR **69**, 608.

b) Zur alsbaldigen od späteren **Schaffg des Rechtes eines Bezugsberechtigten** bedarf es grdsätzl eines Vertrages zw Versicherer u VersNehmer (ergibt sich aus §§ 305, 328 II, vgl dort Anm 4) ebso zur Änderg od Aufhebg des Rechts des Dr, falls nicht einer der VertrSchließenden sich die Befugn zu einseitiger Gestaltg vorbehalten hat; dann geschieht diese dch einseitige Erkl ggü dem anderen VertrSchließenden. Hat sich der Gläub (VersNehmer) eine Auswechselg des Dr vorbehalten, so kann diese nach § 332 (vgl dort) iZw auch in einer Vfg von Todes wg geschehen. Bei einer Kapital- (nicht Renten-) Vers ist nach VVG 166 iZw anzunehmen, daß dem VersNehmer die einseitige Befugn vorbehalten sei, einen Dr als Bezugsberechtigten zu bezeichnen sowie an dessen Stelle einen anderen zu setzen, insb also die Bezeichnung zu widerrufen, selbst wenn die Bezeichnung im Vertr erfolgt war. Bezeichng u Widerruf sind einseitige Willens- (Gestaltgs-)Erklärgen, die dem Versicherer zugehen müssen, RG **153**, 225, Bezeichng ggü dem begünstigten Dr genügt nicht, RG **140**, 32. – Bezeichng (auch Widerruf) können gg die guten Sitten verstoßen u dann nichtig sein (zB bei Begünstigg der Geliebten dch Ehemann), Kenntn des Versicherers dafür unerhebl; die Nichtigk hat aber im allg keinen Einfluß auf Wirksamk des VersVertrages selbst RG **154**, 106, 108.

c) Widerruf ist möglich, solange das Recht des Dr noch nicht unwiderrufl entstanden ist, was nach § 331 iZw nicht vor, jedoch mit Tod des VersNehmers der Fall ist. Daher kein WiderrufsR nach Tod des VersNehmers durch dessen Erben. Mögl aber auch, das Recht des Dr schon vor Tod unwiderrufl zu begründen, RG **71**, 327; das kann nach VVG 166 auch durch einseitige Erkl des VersNehmers ggü dem Versicherer (Verzicht auf Widerruf) geschehen, RG **154**, 105, 106; dagg begründet Vertr des VersNehmers mit dem Dr od einseitige Erkl ggü diesem kein unmittelb Recht des Dr, sond nur eine schuldrechtl Verpflichtg des Versicherten, nicht zu widerrufen, RG **142**, 416, **136**, 50. Ist das ValutaVerh zw VersN u Dr wie häuf eine **Schenkg**, entsteht eine gesicherte RStellg des Dr erst dann, wenn die Voraussetzgen der §§ 516 ff gewahrt sind. Ann des Schenkgsangebots kann gem § 153 nach dem Tod des VersN erfolgen, Erben können dies jedoch dch Widerruf des Angebots verhindern, BGH NJW **75**, 383, krit Harder NJW **77**, 1139, Bühler NJW **76**, 1727, Kümpel WPM **77**, 1186, Hager Festschr f v Caemmerer, 1978, S 127 ff. Ist Form des § 518 I nicht gewahrt, ist RErwerb im ValutaVerh nicht eingetreten, wenn die Schenkg vollzogen ist, vgl dazu BGH NJW **75**, 1360 u § 518 Anm 5. – Das BezugsR des Dr (auch das unwiderrufl) schließt nicht aus, daß der VersN den **VersVertrag kündigt**, VVG 165, od umwandelt, VVG 173 ff, denn er ist noch die VertrPartei, er hat die Prämien zu zahlen. Das KündR kann nicht ausgeschl w RG **154**, 159. Zur Frage, ob der Versicherer dem BezugsBerecht ggf von Künd usw Mitteilg machen muß, vgl Freis VersR **70**, 984. – Das WiderrufsR des VersN ist Teil seiner Rechte aus dem VersVertr, die gepfändet u überwiesen w können, es ist nicht höchstpersönlicher Natur. Nach Überweisg kann der PfändgsPfdGläub widerrufen, vorher nocht nicht, RG **153**, 225. Voraussetzg ist, daß das Recht des Dr nicht bereits unwiderrufl war, vgl oben. Widerruf nach Tod ist iZw nicht mehr mögl, § 331 I. Vgl auch Reinicke, Lebensversicherg und Nachlaßgläubiger NJW **56**, 1053. – Auch die Verpfändg u die Abtretg der Rechte aus dem VersVertr dch den VersNehmer stellen als solche noch keinen Widerruf eines vorhandenen Bezugsrechts dar RG **127**, 272 (Verpfändg), **153**, 226, DR **40**, 735 (Abtretg), stRspr, str, jedenf bedarf es der Erkl des Widerrufs ggü dem Versicherer, dieser kann stillschw erfolgen, in der nach § 1280 zur Verpfändg nötigen Anz jedoch nicht ohne weiteres erblickt w kann. Der Zessionar kann, falls es der Zedent noch könnte, widerrufen. – Ist **Ehefrau** als BezugsBerecht bezeichnet, so erlischt ihr BezugsR dch Scheidg grdsätzl nicht, es bedarf vielm eines Widerrufs, BGH NJW **76**, 290, Hamm VersR **76**, 143, Düss VersR **75**, 918. Das gilt auch dann, wenn die Ehefr ohne Namensnenng benannt ist, BGH aaO, Hoffmann FamRZ **77**, 222, str. – Bei LebensVers-Verträgen mit InhKlausel gilt nichts anderes RG **136**, 51, 66, 97 ff, DR **40**, 735, da die Klausel nur den Versicherer befugt, den Inh als legitimiert anzusehen.

d) Die Zuwendg des Bezugsrechts kann wg **Gläubigerbenachteiligg** anfechtbar sein. Die hM (vgl BGH VersR **76**, 616 mAv Harder u Soergel-Schmidt Rdz 6) unterscheiden, ob das BezugsR dem Dr von vornherein mit VertrSchl zugewendet worden ist od erst nachträgl aus einer zunächst zu eig Gunsten genommenen Versicherg. Im ersten Falle hat er (bei Anf nach KO 32 Nr 1, 2, AnfG 3 Nr 3, 4), nur die gezahlten Prämien, im allg nur die des letzten Jahres (od der letzten zwei Jahre), gem KO 37, AnfG 7 zurückzugewähren, vorausgesetzt, daß der Dr den Anspr auf eine VersSumme mind in Höhe dieser Prämien erhält. Denn nur die Prämien stammen aus dem Verm des VersNehmers. Im anderen Falle hat der Dr die bezogene VersSumme od den Anspr auf sie herauszugeben, da er auf die Summe zwar dem Versicherer ggü unmittelb Anspr hat, der Anspr aber vor der Bezugsbezeichng zum Verm des VersNehmers gehört hat, aus diesem also weggegeben ist; falls aber die Bezugsrechtseinräumg aus Zeitgründen nicht mehr anfechtb ist, so sind auch hier nur die Prämien der letzten Zeit zurückzugewähren. Vgl dazu Heilmann KTS **72**, 18. – Dasselbe gilt für den Anspr auf Ergänzg des Pflichtteils nach § 2325, wenn eine LebensVers zG eines Dr eingegangen ist. – Über den ebso liegenden KonditionsAnspr aus § 812 vgl § 334 Anm 2. – Eine Sonderregelg enthält VVG 177.

e) § 330 bezieht sich nicht auf andere Versichergsarten, jedoch gelten nach VVG 180 für die Unfallversicherg, wenn sie KapitalVers ist, die VVG 166–168. – Die in den VVG 74 ff geregelte Schadensversicherg **für fremde Rechng** (Vers des Interesses eines anderen als des VersNehmers) ist VzGDr (des Versicherers), jedoch Sonderregel, vgl dort. Vgl RG **130**, 242, wonach das VfgsR des VersNehmers aus VVG 76 I höchstpersönl, daher nicht pfänd- od abtretb sei (bedenkl, vgl RGRK Anm 3). – Vers gg Unfälle, die einem anderen zustoßen, ist mögl, VVG 179, sie gilt nach § 179 II iZw als für Rechng des anderen, also als den anderen berechtigend, genommen, RG **95**, 250.

3) Leibrentenvertrag zG Dritter, meist der Witwe, §§ 759 ff.

4) Unentgeltliche Zuwendg, wenn dem „Bedachten" eine Leistg an einen Dr auferlegt worden ist. Die Bestimmg ist nicht klar: nach Enn-Lehmann § 35 II 2b ist gedacht an Fälle, wo die Leistg des Schu eine unentgeltl Zuwendg des Gläub an den Dritten darstellt; der Wortlaut ist damit nicht vereinb, doch muß unmittelb Rechtsentstehg auch in solchen Fällen angenommen werden; vgl im einzelnen Planck-Siber 1b. - Vgl auch §§ 525, 527 II (Schenkg unter Aufl), § 2301 (Schenkg v Todes wg).

5) Abfindung an Dritte in Verträgen über **Vermögens-** od **Gutsübernahmen** vgl § 312, EG Art 96 u dazu zB Pr AG Art 15. Entspr Anwendg bei Übern eines städtischen FabrikGrdstücks RG JW **05**, 717.

331 *Leistung nach Todesfall.* I Soll die Leistung an den Dritten nach dem Tode desjenigen erfolgen, welchem sie versprochen wird, so erwirbt der Dritte das Recht auf die Leistung im Zweifel mit dem Tode des Versprechensempfängers.

II Stirbt der Versprechensempfänger vor der Geburt des Dritten, so kann das Versprechen, an den Dritten zu leisten, nur dann noch aufgehoben oder geändert werden, wenn die Befugnis dazu vorbehalten worden ist.

1) I: a) Auch wenn feststeht, daß aus einem Vertr der Dr ein unmittelb Recht erwerben soll, (vgl § 328 II), so ist damit noch nicht gesagt, **wann** er dieses Recht erwirbt u ob er bis dahin bereits ein bedingtes od befristetes Recht od eine Anwartsch od eine bloße Hoffng hat. I gibt nun für den (prakt wichtigen) Fall, daß die Leistg an den Dr nach dem Tode des Versprechensempfängers (Gläubigers) erfolgen soll, die Auslegsregel, daß der Rechtserwerb des Dritten iZw (erst, aber auch alsbald) **mit Tod** eintritt. Daher besteht in diesem Falle bis zum Tod iZw kein Recht des Dr, sond freie Abänderbark der künftigen RStellg (Hoffnung: RG **51**, 404, **71**, 326) des Dr, sei es dch Vertr zw Gläub u Schu, sei es, kr Vorbehalts, dch einseitigen Akt eines der VertrSchließenden, dessen sich der Gläub aGrd des § 332 auch in der Vfg von Todes wg bedienen kann. Grenze der Abänderbark: § 138, vgl BGH Warn **70** Nr 52. Mit dem Tode erlischt die Möglichk, die RStellg des Dr, die damit ggwärtig geworden ist, noch zu ändern. Ist das ValutaVerh wie häuf eine **Schenkg**, ist der RErwerb im Verh zu den Erben aber nur dann gesichert, wenn die Voraussetzgn des §§ 516 ff gewahrt sind. Wußte der Dr von seiner Begünstigg nichts, fehlt es an der Einigg über die Unentgeltlichk. Ann des Schenkgsangebots kann zwar noch nach dem Tod des Versprechensempfängers erfolgen, Erben können dies aber dch Widerruf des Angebots verhindern, § 330 Anm 2c. Ein im ValutaVerh wirks RErwerb setzt weiter voraus, daß entweder die Form des § 518 I gewahrt od die Schenkg vollzogen ist (§ 518 II), vgl dazu BGH NJW **75**, 1360 u § 518 Anm 5. – Daß der Dr das Recht nicht aus dem Nachl, sond unmittelb kr des Vertrages vom Schu erwirbt, ohne daß das Verm des Gläub, mit dem Tode also der Nachl, berührt wird, folgt bereits aus § 328, vgl Einf 3 vor § 328.

b) Fälle: Insbes der Lebensversichergsvertrag, soweit Leistg nach Tod des Gläub erfolgen soll, RG **51**, 404 (vgl darü, auch über Unwiderruflichk der Bezugsberechtigg, § 330 Anm 2); Vertr zw ArbG u ArbN über Versorgg der Witwe des ArbN, BGH Warn **70** Nr 52; BausparVertr BGH NJW **65**, 1913; ferner Gesellschaftsverträge, in denen ein Dr bei Tod eines der Gesellschafter berechtigt wird; Vertr mit Kreditinstitut auf Einräumg einer Fdg auf Geld od Wertpapiere an Dr beim Tode des Gläub, BGH **41**, 96, NJW **75**, 382, Kümpel WPM **77**, 1186; Sparbuch BGH **46**, 202.

2) II. Ist im Falle I der Dr beim Tode des Versprechensempfängers (Gläubigers) noch nicht geboren, so kann er das Recht auf die Leistg auch noch nicht erwerben. Gleichwohl soll nach II der Schu gebunden bleiben, die Erben des Gläub können daher dch Vertr mit dem Schu einseitig die LeistgsPfl des Schu nur bei Vorbeh aufheben. Das gilt, gleichgültig, ob der Dr schon erzeugt ist, wenn er nur bestimmbar ist, vgl § 328 Anm 1.

332 *Änderung durch Verfügung von Todes wegen bei Vorbehalt.* Hat sich der Versprechensempfänger die Befugnis vorbehalten, ohne Zustimmung des Versprechenden an die Stelle des in dem Vertrage bezeichneten Dritten einen anderen zu setzen, so kann dies im Zweifel auch in einer Verfügung von Todes wegen geschehen.

1) Allgemeines. Ob u unter welchen Voraussetzgen der Dr ein Recht erwirbt u ob die VertrSchließenden die **Befugnis** haben, es aufzuheben od zu ändern, ist Ausleggsfrage, vgl §§ 328 II, 331; haben sie diese Befugn, dann ist das Recht des Dr nur mit dieser Maßg, also bedingt entstanden. Die Ausnutzg solcher Befugn durch die VertrSchließenden erfolgt grdsätzl durch ÄndergsVertr. Anders nur, wenn einer von ihnen sich die einseitige Vornahme einer derartigen Maßn vertragl vorbehalten hatte. Ein solcher Vorbeh ist iZw bei der Lebens-(Kapital-) Versicherg für den VersNehmer anzunehmen, VVG 166, u zwar hier, über § 332 hinaus, auch für die erstmalige Bestimmg eines Bezugsberechtigten, RG **140**, 33; vgl weiter § 330 Anm 2. – Die Auswechselg (od im Falle VVG 166 auch erstmalige Bezeichnung) hat dch Erkl des dazu Berechtigten ggü dem anderen VertrPartner zu erfolgen, Erkl ggü dem Dr genügt nicht, RG **140**, 34, **153**, 225.

2) § 332 bestimmt, daß, wenn ein solcher Vorbeh ausgesprochen od anzunehmen ist (Anm 1), die Auswechselg usw des Dr auch in einer **Vfg von Todes** wg geschehen kann, also in diesem (Ausn-) Falle (RG **136**, 52, **168**, 186) nicht der Erkl ggü dem anderen VertrPartner bedarf, vgl Bartholomeyczik in Festschr für v Lübtow S 729. Die Bezeichng der Auswechselg des Dr kann den einz Inhalt der Vfg von Todes wg bilden, Mü HansGZ A **41**, 208, Thees DJ **42**, 205, str. Auch in diesem Falle erwirbt der Dr nicht aus dem Nachlaß, sond unmittelb aus dem Vertr (Einf Anm 3 vor § 328). – Für entspr Anwendg des § 332 auf den Fall des Schenkgswiderrufs (§ 531 I) dch Test Titze AkZ **43**, 134 in Fortbildg von RG ebda.

333 *Zurückweisung des Rechts durch den Dritten.* Weist der Dritte das aus dem Vertrag erworbene Recht dem Versprechenden gegenüber zurück, so gilt das Recht als nicht erworben.

1) Grund der Vorschr ist, daß der Dr das Recht ohne sein Zutun erworben hat, vgl Einf 3 vor § 328, § 331 Anm 1, und daher zu einseitiger Zurückweisg in der Lage sein muß, vgl § 516 II (Schenkung) und § 1942 (Erbschaftsausschlagg). Kein ZurückweisgsR der Sparkasse ggü Gutschrift der Girozentrale, da Erwerb nicht auf VzGDr, sond auf Girovertrag beruht, OGH NJW **50**, 641.

2) Voraussetzgen. Mögl erst mit Anfall des Rechts, vgl Einf 3 vor § 328, § 331 Anm 1, str. Schon vorher kann der Dr sich verpflichten, von dem ihm zugedachten Recht keinen Gebr zu machen, RG **101**, 306. Nach Annahme des Rechts, die auch durch schlüss Verhalten erfolgen kann, ist Zurückweisg nicht mehr mögl. Beweggrund der Zurückweisg ist gleichgültig, RG **119**, 3. – Zurückweisg geschieht dch einseitige empfangsbedürftige WillErkl.

3) Wirkung der Zurückweisg: für den Dritten gilt das Recht rückwirkd als niemals erworben. Für die VertrSchließenden kann daraus folgen, daß die Leistg des Schu dadch nachträgl unmögl wird, also §§ 275, 323 zur Anwendg kommen, LG Stade NdsRpfl **73**, 16; LG Osnabrück NdsRpfl **73**, 126 (FernlehrVertr). Frage des Einzelfalls. Vielf w Vertr dahin auszulegen sein, daß der Gläub einen and Dr bezeichnen od nunmehr Leistg an sich fordern kann. Letzteres bei der LebensVers, VVG 168.

334 *Einwendungen des Schuldners gegenüber dem Dritten.* Einwendungen aus dem Vertrage stehen dem Versprechenden auch gegenüber dem Dritten zu.

1) Allgemeines. Vgl zunächst Einf 2 vor § 328 über die dreifachen Personenbeziehgen beim VzGDr. – Auch darü, daß § 334 nicht anwendb bei Versprechen einer Leistg auf Veranlassg des Dritten aber an VertrGegner (meist entfallen dann §§ 328ff überh). – Danach beruht das Recht des Dr, das nur in einem FdgsR, nicht etwa in der vollen RStellg einer VertrPartei besteht, auf dem zw Gläub u Schu geschlossenen Vertr, dem sog Deckgsverhältnis, vgl Einf Anm 2a, auch bei abstr Verträgen, RG **71**, 178. Nur aus ihm kann Schu **Einwendgen** herleiten. Für § 138 kommt es aber uU auf das Verhältn zw Schu u Dr an, wenn sich des Gläub zur Dchsetzg seiner Interessen bedient, BGH DNotZ **70**,240; es ist auch mögl, daß die Wirksamk des Vertr zw Dr u Gläub GeschGrdlage für den VzGDr ist, BGH **54**, 155. Bei Nichtigk des VzGDr entfällt das Recht des Dr; ggf kann der Schu wg Irrt od argl Täuschg anfechten, ein ZbR nach § 273 od die Einr aus § 320 aGrd des Deckgsverhältn geg den Dr geltd machen, wandeln, mindern (§ 462), zurücktreten od SchadErs wg NichtErf fordern (§§ 325, 326) u die Leistg dem Dr ggü verweigern. Der Rücktr ist ggü dem Gläub, nicht dem Dr zu erklären. RückgewährAnspr (§ 346) richtet sich gg den Dr, aA Düss VersR **70**, 739, das Anspr gg Gläub u Dr bejaht. Vgl näher über Leistgsstörgen bei VzGDr Lange NJW **65**, 659. Auch soweit der VersVertr VzGDr (Vers für fremde Rechng), muß sich der Dr (Versicherer) grdsätzl alle Einwendgen aus der Pers des VersN entgegenhalten lassen, BGH **26**, 287, VersR **67**, 344. – **Ausgeschlossen** ist **Aufrechng**, BGH MDR **61**, 481, hM, da kein Einwand aus dem Vertr, gleichgültig, wann GgFdg entstanden. SchadErs-Ansprüche gg den Dritten hat der Schu im allg nicht, vgl jedoch Einf 2c. Wohl aber kann Schu dem Anspr des Dritten ggfs MitVersch des VertrPartners entgegenhalten, § 254 Anm 5c. – Umstr ist, ob sich der **Bereicherungsanspruch** des Schu bei Nichtigk der Vertr (Deckgsverhältn) gegen den Gläub oder den Dr richtet, vgl Hadding, BerAusgl beim Vertr zu Rechten Dr, 1970, Peters AcP **173**, 71, Canaris Festschr f Larenz 1973 S 828ff u § 812 Anm 5 B b cc. Das Schrifttum nimmt überwiegd an, daß der BerAusgl zw dem Schu u dem Gläub stattfinden h, Larenz § 17 I b, Enn-Lehmann § 35 V 3, wobei zT eine subsidiäre Haftg des Dr bejaht w, Canaris S 833, weitere Nachw bei Hadding S 42ff, ebso RG **60**, 24 (für unechten VzGDr), BGH **5**, 281 (für nachträgl Wegfall des RGrdes), Hbg JZ **71**, 424; nur wenn auch das ValutaVerh fehlerh ist (Doppelmangel), soll der Schu seine Leistg vom Dr zurückfordern dürfen. Dagg stellt BGH **58**, 184 (in Anlehng an Hadding S 70ff) auf die Umst des Einzelfalles ab: Entscheidd, ob nach der ZweckBest des Schu der Dr od der VersprechensEmpf als LeistgsEmpf anzusehen ist, dazu krit Canaris NJW **72**, 1196. Richt Ans wohl: Leistgskondiktion des Schu gg den Dr, da Schu beim echten VzGDr solvendi causa auf den Anspr des Dr leistet, so Lorenz AcP **168**, 294, JuS **68**, 444, RGJW **15**, 652; der Dr ist wohl (entgg

Hadding) bereichert, da sein etwaiger Anspr aus dem ValutaVerh nicht erlischt; die rgrdlose Leistg ist keine Erf, sond ein ErfVersuch. Bei wirks Deckgs-, aber fehlerh ValutaVerh findet der BerAusgl allein zw Gläub u Dr statt, vgl Anm 2.

2) Keine Einwendgen hat der Schu ggü dem Dr aus dem sog Valutaverhältnis (Einf 2b), BGH **54**, 146, Hbg MDR **78**, 403. Besteht es nicht, so kann der Gläub vom Dr zurückfordern, soweit dieser auf Kosten des Gläub bereichert ist (Umfang streitig), nach hM u Rspr, falls das Deckgsverhältn ein VersVertr mit alsbaldiger Bezugsbezeichng des Dr ist, nur die GgLeistg des Gläub, also die Prämien, nicht die VersSumme, vgl auch § 330 Anm 2.

335 *Forderungsrecht des Versprechensempfängers.* Der Versprechensempfänger kann, sofern nicht ein anderer Wille der Vertragschließenden anzunehmen ist, die Leistung an den Dritten auch dann fordern, wenn diesem das Recht auf die Leistung zusteht.

Neueres **Schrifttum**: Hadding, Zur Ausleg des § 335, AcP 171, 403ff.

1) Allgemeines. Im Wesen des (echten) VzGDr liegt, daß der Dritte fordergsberechtigt ist. § 335 gibt die Ausleggsregel, daß iZw **auch der Versprechensempfänger** berechtigt ist, die Leistg (an den Dritten) zu fordern; auch Ers des Schadens an diesen kann er fordern, nicht an sich selbst, RG HRR **35**, 342, BGH NJW **67**, 2261, Betr **74**, 1106. Urt wirkt aber nicht zG des Dritten, BGH **3**, 385. Keine Gesamtgläubigersch, sond bes Gestaltg einer FdgsMehrh, die sich in die in §§ 420ff geregelten Fälle nicht einfügen läßt. Nach Hadding (aaO) begründet § 335 für den VersprechensEmpf kein FdgsR, sond lediğl eine gesetzl Einziehgsermächtigg. — Abtretg des FdgsR ist zul, jedenf an den begünstigten Dr, RG **150**, 133.

2) Der Dritte hat nur ein FdgsR gg den Schu, nicht die Stellg des VertrSchließenden, Mü Rpfleger **72**, 32. Wird sein Recht verletzt, hat er Ansprüche aus §§ 280, 286ff; dagg kann er nicht aus §§ 325, 326 zurücktreten od SchadErs wg NichtErf des Vertrages fordern; vgl auch Lange NJW **65**, 661.

3) Auch der **Versprechensempfänger** kann nicht ohne Zustimmg des Dritten (vgl RG **101**, 276) wandeln, zurücktreten od nach § 326, 286 II usw Frist setzen, da er sonst das Recht des Dr zerstören könnte. Dagg kann er anfechten, auch kündigen, vgl auch VVG 165, 178; das KündR des VersprechensEmpf (Versicherghsnehmers) ist nicht entziehbar. Ers des ihm selber durch NichtErf entstandenen Schadens kann er fordern RG HRR **35**, 342, BGH WPM **72**, 488.

Vierter Titel. Draufgabe. Vertragsstrafe

336 *Auslegung der Draufgabe.* I Wird bei der Eingehung eines Vertrags etwas als Draufgabe gegeben, so gilt dies als Zeichen des Abschlusses des Vertrags.
II Die Draufgabe gilt im Zweifel nicht als Reugeld.

1) Wesen der Draufgabe (ihre Bedeutg heute nur gering). — Zuweilen wird bei VertrEingeh von einem od beiden VertrPartnern etwas als Draufgabe (Draufgeld, Aufgeld, Angeld, Handgeld, Heuer-, Mietstaler) gegeben, ohne daß nähere Abmachgen darü getroffen werden. Der HingabeGrd kann verschieden sein: nach **I** ist die Draufgabe ein **„Zeichen"**, schafft also eine Vermutg (ZPO 292) des VertrAbschlusses. Der GgBew ist mögl, zB dahin, daß das Aufgeld mit Rücks auf einen erst abzuschließenden, wenn auch schon umrissenen, Vertrag gegeben sei. Nach der **Ausleggsregel des II** ist die Draufgabe iZw kein „Reugeld", dh der Leistde ist nicht berecht, unter Preisgabe des Geleisteten vom Vertr zurückzutreten. Besteht dieses Recht nach der getroffenen Vereinbarg doch, gilt § 359. - Die Draufgabe dient danach der Bestätig des VertrSchlusses, ferner im beschränkten Umfange der Sicherg der Vertragserfüll, vgl § 338 S 1, und ist Mindestentschädigg, vgl § 338 Anm 2. Sie ist dagg nicht schon alsbald vorgenommene od sogar vorweggenommene Teilerfüll selbst wie die Anzahlg. Sie vermag auch eine notw VertrForm nicht entbehrl zu machen. Draufgabe ist Nebenabrede, wohl Realvertrag. Ist der Vertr, dem sie dient, nichtig, zB wg Formmangels, so wirkt das auf das Nebenverhältn; die Draufgabe ist als ungerecht Bereicherg zurückzufordern, §§ 812, 820, RG **53**, 237. – Über Rückg des zum Zeichen des Verlöbnisses Gegebenen § 1301.

2) Über Gegenstand der Draufgabe u **Art** der Hingabe sagt das G nichts. Daher beliebiger Ggst, meist Geld. Art: meist wohl volle Wertüberführg, also Übereigng, jedoch auch zB Verwahrg denkb.

337 *Anrechnung oder Rückgabe der Draufgabe.* I Die Draufgabe ist im Zweifel auf die von dem Geber geschuldete Leistung anzurechnen oder, wenn dies nicht geschehen kann, bei der Erfüllung des Vertrags zurückzugeben.
II Wird der Vertrag wieder aufgehoben, so ist die Draufgabe zurückzugeben.

1) Die Bestimmg stellt als Ausleggsregel klar, daß die Draufgabe iZw **keine Zugabe** über die VertrLeistg des Gebers hinaus sein soll, sond bei Erfüllg, wenn Anrechng mögl, anzurechnen, wenn nicht, zB bei Nichtgleichartigk u bei Hingabe nur zur Verwahrg, zurückzugeben ist **(I)**. Kommt es nicht zur Erf, sond zur VertrAufhebg **(II)**, gleichgültig in welcher Weise, vgl jedoch § 338, dann ebenf RückgPfl. In beiden Fällen ist RückgPfl VertrPfl, bei Störgen gelten daher die §§ 275 ff, nicht bloße Bereichergshaftg, §§ 812 ff (str, aA zB RGRK Rdn 2), vgl aber § 820, der zu ähnl Ergebn führen würde.

338 *Draufgabe bei zu vertretender Unmöglichkeit der Leistung.* **Wird die von dem Geber geschuldete Leistung infolge eines Umstandes, den er zu vertreten hat, unmöglich oder verschuldet der Geber die Wiederaufhebung des Vertrags, so ist der Empfänger berechtigt, die Draufgabe zu behalten. Verlangt der Empfänger Schadensersatz wegen Nichterfüllung, so ist die Draufgabe im Zweifel anzurechnen oder, wenn dies nicht geschehen kann, bei der Leistung des Schadensersatzes zurückzugeben.**

1) Satz 1 begründet eine **Ausnahme** von § 337 für den Fall, daß der Geber die Wiederaufhebg vertretb, insb verschuldet, herbeigeführt hat. In Betr kommen die §§ 280, 286 ff, 325, 326, wohl auch die §§ 360, 361, auch 462, nicht aber Rücktr kraft Vorbehalts, § 346, oder der Fall des § 323: für ihn bleibt es bei § 337.

2) Die Ausleggsregel des **Satzes 2** macht wieder eine Ausn von dem Satz 1, stellt also für ihren Fall die RFolge des § 337 wieder her. Grund: die SchadErsLeistg tritt an die Stelle der Erf, § 337 I. Aus Satz 1 iVm Satz 2 folgt, daß die Draufgabe außer ihrer Natur als AbschlBestätigg noch die einer **Mindestentschädigg** hat.

Vertragsstrafe (§§ 339–345)

Vorbemerkung

Neueres **Schrifttum**: Bötticher, Wesen und Arten der Vertragsstrafe sowie deren Kontrolle ZFA **70**, 3, Lindacher, Phänomenologie der Vertragsstrafe, 1972, Horschitz NJW **73**, 1958.

1) **Wesen. a) Begriff:** Die VertrStrafe ist eine meist in Geld bestehde Leistg, die der Schu für den Fall der NichtErf od der nicht gehör Erf einer Verbindlichk verspricht. Ihr Zweck ist, die Erf der Hauptverbindlichk als „Druckmittel" zu sichern u dem Gläub den SchadBew zu ersparen, BGH **49**, 89, NJW **58**, 1483, hM, aA Lindacher aaO S 55 ff. Die Bezeichnug ist gleichgült. Die VertrStrafe ist insb von Bedeutg, wenn der drohde Schaden nachweisb od nicht ersatzfäh (§ 253) ist. StrafVerspr erfordern idR eine IndividualVereinbg. Formularmäß StrafVerspr sind uU wirks, soweit AGBG 11 Nr 6 nicht entggsteht. Dch StrafVerspr können grdsätzl Verbindlichk jeder Art gesichert w, auch gesetzl Pflichten. Die Hauptverbindlichk kann auf ein Tun oder Unterl gerichtet sein. VertrStrafen sind grdsätzl auch für Hdlgen zul, die mit öff Strafen bedroht sind, BGH **21**, 374. Zur Konkurrenz mit Strafe gem ZPO 890 vgl § 339 Anm 1. Die die Strafe auslösde PflVerletzg u die zu leistde Strafe müssen bestimmb sein, BGH **LM** § 339 Nr 19; die Festsetzg der Strafhöhe kann aber gem §§ 315 ff dem Gläub od einem Dr überl w, Hbg JZ **63**, 172, BGH WPM **71**, 165 (dann h Herabsetzg gem §§ 315, 319 den Vorrang vor der gem § 343). §§ 134, 138 als Grenze für StrafVerspr vgl § 343 Anm 1b.

b) VertrStrafe iS der §§ 339 ff ist nur das **unselbständige,** an eine Hauptverbindlichk angelehnte StrafVerspr, ganz hM, aA Lindacher aaO S 66 ff. Besteht die Hauptverbindlichk nicht, ist sie nichtig, wirks angefochten od erloschen, ist auch das StrafVerspr unwirks. Das gilt auch, wenn die VertrErf ohne Versch des Schu unmögl w, BGH **LM** § 339 Nr 2, Knütel AcP **175**, 69; wenn die Hauptverbindlichk unwirks w, LG Mü NJW **75**, 784, ferner wenn der Vertr wg des Verhaltens des Schu gekündigt wird, BGH NJW **62**, 1341. Zul aber Abrede, wonach PflVerletzg zum Verfall der VertrStrafe u gleichzeit zur Auflösg des Vertr führen soll, BGH **LM** § 339 Nr 2, Düss MDR **71**, 217. Folgen der Akzessorietät: Einheitlichk des GerStandes, RG **69**, 11; vor Verwirkg der Strafe keine isolierte Abtr der Rechte aus dem StrafVerspr, wohl aber Mitübergang mit dem HauptAnspr, § 401 Anm 1 b.

2) **Ähnliche Rechtsgebilde. a)** Beim **selbständigen Strafgedinge** verspricht jemand eine Strafe für den Fall, daß eine Hdlg vorgen od unterl w, ohne sich jedoch zu der Hdlg od Unterl zu verpflichten; es fehlt also an einer erzwingb Hauptverbindlichk. Das selbstd StrafVerspr kann dazu dienen, das Verhalten eines Dr zu sichern, BGH NJW **67**, 1319. Es kann auch Zusagen gesellschaftl od sonst außerrechtl Art (vgl Einl 1 c u 2 vor § 241) schützen, doch w hier vielf § 138 entggstehen. Wird für den Fall der Künd eines Dienst- oder ArbVertr die Rückzahlg einer **Gratifikation** od ähnl Leistg vereinb, so handelt es sich um ein selbstd Strafversprechen, Düss Betr **72**, 181, Bötticher ZFA **70**, 19, und die stRspr des BAG vgl § 611 Anm 7e. Das selbstd StrafVerspr ist dch die §§ 339 ff nicht geregelt; auch bei ihm besteht aber die Befugn zur Herabsetzg übermäß Strafen, § 343 II, ferner ist § 344 anwendb, vgl dort Anm 1 u 2. Außerdem w iZw § 339 S 1 (Versch als Voraussetzg der Strafverwirkg) entspr anzuwenden sein, RG **95**, 203.

b) **Verfallklausel.** Währd der Schu beim StrafVerspr eine zur Hauptleistg hinzutretde meist in Geld bestehde Leistg zu erbringen h, geht die Verfallklausel (Verwirkgs- kassator Klausel) dahin, daß der Schu bei NichtErf od nicht gehör Erf von Rechten verliert. Ist der Wegfall aller Rechte vereinb, so gilt das gem § 360 grdsätzl als RücktrVorbeh, vgl dort Anm 1 u 2. Sieht die Abrede den Wegfall od die Beschrkg einz Rechte vor, ist § 360 unanwendb, der RVerlust tritt ipso facto ein. Auf Verfallklauseln sind jedoch die §§ 339 ff grdsätzl entspr anzuwenden, BGH NJW **60**, 1568, **68**, 1625, **72**, 1893, BAG NJW **61**, 698, Bötticher ZFA **70**, 39, Götz Festschr f Schiedermair 1976 S 215. Der nur formale Unterschied zw zusätzl Leistg u dem Wegfall eig Rechte rechtf keine unterschiedl sachl Behandlg. Es ist daher Herabsetzg nach § 343 zul, BGH NJW **68**, 1625; ebso setzt der RVerlust gem § 339 S 1 grdsätzl Versch voraus, RG **95**, 202, **145**, 31, **152**, 258, die das jedoch zT aus § 242 herleiten. Auch auf Klauseln über eine vorzeit Fälligk sind die §§ 339 ff entspr anwendb. Erm-Westermann Vorbem 6 vor § 339, str, dagg nicht zu vertragl AusschlFr, Bötticher ZFA **70**, 41. Bes Regeln gelten für den im VersR bei **Obliegenheitsverletzgen** eintretden Verlust des VersSchutzes.

Die Rspr erkennt an, daß der uU existenzvernichtde Wegfall des VersSchutzes in seiner Wirkg einer VertrStrafe nahe steht, BGH **52**, 90, VersR **77**, 272. Sie hält gleichwohl § 343 für unanwendb, BGH VersR **72**, 363, entnimmt aber § 242, daß keine LeistgsFreih eintritt, wenn diese in einem auffäll Mißverhältn zur Schwere od Bedeutg der ObliegenhVerletzt stehen würde, vgl § 242 Anm 4 Dk; für eine entspr Anwendg des § 343 aber Kblz VersR **72**, 921, Düss VersR **73**, 1157, ähnl Lindacher JuS **75**, 289, der § 315 III entspr anwenden will, dagg Hüffer VersR **74**, 617, Zuther VersR **74**, 630.

c) **Reugeld**, § 359. Der Anspr auf Reugeld setzt den Rücktr vom Vertr voraus, die Strafe dagg das Weiterbestehen des Vertr. Die Strafe will den Schu anhalten zu erfüllen, das Reugeld gibt ein Mittel, sich dem Vertr zu entziehen. Die §§ 339ff gelten nicht, insb keine Herabsetzg nach § 343, Köln MDR **68**, 48. „Reueprovision" in MaklerVertr ist iZw VertrStrafe u kein Reugeld, BGH NJW **70**, 1915.

d) **Vereinsstrafe.** Sie ist Ausfluß der in der Satzg begründeten OrdngsstrafgewaIt des Vereins. Sie unterscheidet sich nach RGrdlage u Zweck von der VertrStrafe, u unterliegt daher nicht den §§ 339ff, BGH **21**, 370, str, vgl näher § 25 Anm 3.

e) **Betriebsbuße.** Sie kann nach einer BetrBußOrdng zul sein u ist dch das ArbGer voll nachprüfb, BAG **20**, 97. Die §§ 339ff gelten für sie nicht. Im Schrifft ist die Zulässigk von BetrBußen str, vgl zusfassd Galperin BB **70**, 933 u Zöllner ZZP **83**, 365. Zur Abgrenzg von der auch im ArbVertr mögl VertrStrafe vgl Löwisch JuS **70**, 261.

f) Die Abrede über **pauschalierten Schadensersatz** soll bei SchadErsAnspr wg Nicht- od SchlechtErf den SchadNachw ersparen u an seine Stelle einen Anspr auf die vereinb Pauschale setzen. Sie ist kein VertrStrafVerspr. Ist sie, wie idR, in einer formularmäß Klausel enthalten, gilt AGBG 11 Nr 5. Aus Inhalt u Zweck der Abrede kann sich jedoch ergeben, daß in Wahrh eine VertrStrafe vorliegt, vgl näher § 276 Anm 5 A b, dort auch zur entspr Anwendg des § 343.

339 *Verwirkung der Vertragsstrafe.* **Verspricht der Schuldner dem Gläubiger für den Fall, daß er seine Verbindlichkeit nicht oder nicht in gehöriger Weise erfüllt, die Zahlung einer Geldsumme als Strafe, so ist die Strafe verwirkt, wenn er in Verzug kommt. Besteht die geschuldete Leistung in einem Unterlassen, so tritt die Verwirkung mit der Zuwiderhandlung ein.**

1) **Allgemeines.** Vgl Vorbem 1 u 2. Nichtigk der Strafabrede kann sich aus § 134 od § 138 ergeben, vgl § 343 Anm 1b. Für das StrafVerspr gelten die allg Auslegsregeln, BGH **33**, 164, es erfaßt wird UmgehsgHdlgen, vgl Anm 4. Flaschenpfand kann VertrStrafe darstellen, BGH **LM** Nr 10, ebso Verzugs- u Überziehsgebühr, Belke BB **68**, 1219, Gorniak NJW **69**, 2125, ferner Strafregelg in RVO, die VertrInhalt geworden ist, BGH MDR **62**, 209 (Versorggbedinggen von Elektrizitätswerk), VertrStrafen im FrachtR vgl Konow Betr **71**, 2393, im BauVertr Kleine-Möller BB **76**, 442. Höhe der VertrStrafe kann auch dch Dritte festgesetzt w (§ 317), nicht aber dch das Ger, BGH Betr **78**, 84, krit Lindacher BB **78**, 270. – Enthält gerichtl Vergl VertrStrafVerspr, kann Gläub zw Antr gem ZPO 890 u VertrStrafe wählen, Köln NJW **69**, 756, Stgt NJW **69**, 1305; ist VertrStrafe bezahlt, idR kein RSchutzinteresse für Antr gem ZPO 890, Celle BB **70**, 11.

2) **Satz 1.** Er hat (allg M) nur den Fall der Nicht- od nichtgehörigen Vornahme einer geschuldeten **Handlung** im Auge, da bei Unterlassgen im allg ein Verzug nicht in Frage kommt, vgl § 284 Anm 1. Über **Verzug** §§ 284, 285; Bekl kann sich dch Nachw der Nichtvertretbark (des NichtVersch) befreien, vgl § 285 Anm 1, auch kann das Maß des Versch nach § 242 eine Rolle spielen RG **152**, 259, Karlsr BB **67**, 1181. Einwand überholder Kausalität (Vorbem 5f vor § 249) unzul, BGH NJW **69**, 461. Ist Strafe vom ArbNehm für Fall des „Vertragsbruchs" versprochen, so verwirkt er Strafe nur bei Vors, nicht aber bei entschuldb RIrrtum, LAG Bln **AP** Nr 4. Strafe kann auch unabhäng von Versch versprochen w, BGH NJW **71**, 883, aA Lindacher VertrStrafe, 1972, S 90ff, sie ähnelt dann GarantieVerspr, BGH NJW **58**, 1483 (dort auch Abgrenzg zu GarantieVertr). Über Ausschl des Verzuges bei ggs Verträgen, falls Einr des nichterfüllten Vertr gegeben ist, vgl § 320 Anm 3a; beiderseit Verstöße beim ggs Vertr lösen etwaige beiders vereinb VertrStrafen aus, auch uU, wenn die Übertretg des einen so schwer war, daß dem Bindg an das Abk nicht zugemutet w kann, RG **96**, 174. Ist VertrStrafe bei nicht fristgerechter Leistg versprochen, so entfällt Verspr, wenn dch vom Gläub zu vertr Umstände der vorgestellte Zeitplan umgeworfen w, BGH NJW **66**, 971. Verkauft Gastwirt Gaststätte, so stellt das idR keine schuldh Verletzg des AutomatenaufstellVertr dar, Ffm Betr **74**, 1315.

3) **Satz 2.** Die Hauptverbindlichk besteht in einem **Unterlassen.** Verwirkg der Strafe tritt ein mit ZuwiderHdlg. Auch hier muß sich der Schu dch den Nachw des Nichtverschuldens befreien können, ebso jetzt BGH NJW **72**, 1893/2264, Betr **73**, 764, aA Mot II 270 u neuere Rspr BGH **LM** § 407 Nr 3, NJW **71**, 1126. Auch hier kann die Strafe aber ebso wie bei S 1 (Anm 2) garantieähnl ausgestaltet u unabhäng von einem Versch versprochen w, BGH NJW **72**, 1893.

4) **Einzelnes.** Für das Verschulden von Hilfspersonen ist einzustehen, § 278, vgl RG **63**, 116, BGH MDR **62**, 209. – Ob der Verwirkgsfall gegeben ist, ist nach Treu u Glauben zu beurteilen, vgl oben Anm 3. Tarngsversuchen des Schu ist entggzutreten, insb bei Wettbewerbsverboten (bei denen meist S 2 gegeben sein wird): Vorschieben der Ehefr od Angestellter RG **96**, 174, mittelb Wettbewerb dch bloße Geldunterstützg. – Der StrafAnspr ist jedenf mit dem HauptAnspr abtretb, zB bei Geschäftsübertragg, RG **72**, 434. – Geringfügige Pflichtverletzgen, insb Zeitüberschreitgen, sind nach § 242 unerhebl, vgl dort Anm 4A. – Ob die Strafe ein- od mehrfach verwirkt ist, ist nach § 242 zu beurteilen. – Verschuldete Unmöglichk steht dem Verzug gleich, vgl auch §§ 340 II, 341 II. – Zusfassg mehrerer gleichart EinzelHdlgen ist grdsätzl auch dann mögl, wenn Strafe „für jeden Fall der ZuwiderHdlg" versprochen, BGH **33**, 163.

Schuldverhältnisse aus Verträgen. 4. Titel: Draufgabe. Vertragsstrafe §§ 340–342

340 *Strafversprechen für Nichterfüllung.* I Hat der Schuldner die Strafe für den Fall versprochen, daß er seine Verbindlichkeit nicht erfüllt, so kann der Gläubiger die verwirkte Strafe statt der Erfüllung verlangen. Erklärt der Gläubiger dem Schuldner, daß er die Strafe verlange, so ist der Anspruch auf Erfüllung ausgeschlossen.

II Steht dem Gläubiger ein Anspruch auf Schadensersatz wegen Nichterfüllung zu, so kann er die verwirkte Strafe als Mindestbetrag des Schadens verlangen. Die Geltendmachung eines weiteren Schadens ist nicht ausgeschlossen.

1) Allgemeines. Die §§ 340, 341 (sowie § 342) regeln das Verhältn der **verwirkten Strafe** zum Erf- u SchadErsAnspr wg NichtErf. Zweck der Regelg: GläubBeschränkg im Interesse des Schuldnerschutzes. § 340 gilt, wenn die Strafe für den Fall der NichtErf versprochen ist, dagg § 341, wenn sie für den Fall nicht gehöriger Erf versprochen ist. § 340 schränkt den Gläub weiter ein als § 341. – Für welchen Fall die Strafe versprochen ist, **kann** im Einzelfall zweifelh sein u ist dch Auslegg des Willens der Parteien zu ermitteln, vgl RG **70**, 441, **112**, 366: Die Strafe kann zB das Interesse an der ganzen Unterlassg decken sollen (dann § 340) od nur an einer einzelnen Zuwiderhdlg (dann § 341); bei Verstoß gg WettbewVerbot bringt Strafverlangen den UnterlAnspr für die Zeit zum Erlöschen, auf die sich die verwirkte Strafe bezieht, das kann in nicht abgegrenzter Zeitraum, aber auch die Strafe für nicht eingehaltene Karenzzeit sein, LAG BaWü NJW **73**, 533, ferner BAG AP HGB 74a Nr 4, NJW **71**, 2008, NJW **73**, 1717. Entscheidg vielf nur aus Strafhöhe zu gewinnen. Straf-Verspr für NichtErf iF nicht gehöriger Erf unanwendb, BAG Betr **75**, 1704. – Teilw Erf ist im allg NichtErf, str, die Teilleistg ist, wenn Strafe gefordert wird, zurückzugeben. – Ausschl des § 340 dch HGB 75c II (dort nur Strafe, nicht Erf). – Die §§ 340, 341 sind nicht zwingd; sie können dch IndividualVertr abgeändert w, nicht dagg dch AGB, BGH **63**, 256. Abrede über Hinfälligwerden des Vertrags (die als Rücktr- od KündR gilt, § 360) kann mit VertrStrafVerspr verbunden sein, BGH **LM** § 339 Nr 2.

2) I. Die Strafe soll die **Nichterfüllung bestrafen.** Keine Wahlschuld, sond nebeneinander hergehende Rechte des Gläub, entweder Strafe od Erf zu fordern, nicht beides. Erkl ist einseitiges RGesch, auch dch Klageerhebg mögl. Strafforderg bindet, falls Strafe verlangt w konnte, dh schon verwirkt war, RG **77**, 292, BGH **LM** UWG 17 Nr 2, ErfFdg noch nicht, RG JW **13**, 319, wohl aber ErfAnn. Solange Gläub nicht gewählt h, ist die fäll Fdg idR nicht erfüllb, BAG NJW **70**, 1146 (etwaige AusschlFr läuft dann noch nicht). Ob der Gläub eines ggs Vertrages bei StrafFdg zu eigener Leistg verpflichtet bleibt, ist aus Strafhöhe zu ermitteln, iZw nicht (RGRK Anm 7). Vgl auch Knütel AcP **175**, 44, der dem Schu idR die Befugn zuerkennt, die Strafe dch nachträgl Anbieten der Erf zu „bereinigen".

3) II. Hat Gläub einen **SchadErsAnspruch wegen Nichterfüllg** (so wohl meist, sei es aus Verzug, verschuldeter Unmöglichk od posit VertrVerletzg), dann kann er außer der Strafe noch das die übersteigende ErfInteresse verlangen, Satz 2; Fdg der VertrStrafe schließt spätere Fdg weiteren SchadErsatzes nicht aus, BGH **LM** UWG 17 Nr 2. Der StrafAnspr ist (Satz 1) nicht an einen SchadNachw geknüpft RG **103**, 99, BGH **63**, 260.

341 *Strafversprechen für nicht gehörige Erfüllung.* I Hat der Schuldner die Strafe für den Fall versprochen, daß er seine Verbindlichkeit nicht in gehöriger Weise, insbesondere nicht zu der bestimmten Zeit, erfüllt, so kann der Gläubiger die verwirkte Strafe neben der Erfüllung verlangen.

II Steht dem Gläubiger ein Anspruch auf Schadensersatz wegen der nicht gehörigen Erfüllung zu, so finden die Vorschriften des § 340 Abs. 2 Anwendung.

III Nimmt der Gläubiger die Erfüllung an, so kann er die Strafe nur verlangen, wenn er sich das Recht dazu bei der Annahme vorbehält.

1) I, II. Vgl § 340 Anm 1. – Hier kann der Gläub die **Strafe** für die nicht gehörige Erf sowie die **Erfüllg nebeneinander** fordern (I), ferner auch Strafe für nicht gehörige Erf u SchadErs für die NichtErf überhaupt, arg I, RG **94**, 206, vgl § 326 Anm 2b; er kann auch neben VertrStrafe Verzugszinsen wg nicht rechtzeitiger Erf für Zeit nach Verwirkg der Strafe verlangen, BGH NJW **63**, 1197. Dagg gilt für das Verhältn der Strafe u des SchadErsatzes für die – unter Strafe gestellte – nicht gehörige Erf nach II der § 340, also das dort Anm 3 Gesagte.

2) Vorbehalt bei Annahme der Erfüllg, III. Im Falle des § 340 schließt Ann der Erf (vgl § 363) den StrafAnspr aus (dort I, 1), in § 341 nicht (I), jedoch ist **bei** Ann der Erf Vorbeh nötig, sonst Erlöschen des StrafAnspr, RG **57**, 341, selbst bei RUnkenntn. Der Vorbeh muß ausdr, wenn auch vielleicht nicht mit Worten, bei der Ann erklärt werden, „bei" ist, anders als in §§ 464, 640, streng auszulegen: früherer Vorbeh genügt nicht, selbst wenn dieser erkennb fortwirkt, RG **73**, 147, BGH **33**, 237, NJW **77**, 897, str, aA Soergel-Schmidt Anm 4. Vorbeh auch dann erforderl, wenn Gläub mit StrafAnspr bereits aufgerechnet hatte, Celle OLGZ **72**, 274, ebso trotz Streitverkündg, BGH **68**, 368 (zu VOB [B] 16), nicht aber, wenn StrafAnspr bereits rhängig, BGH **62**, 328. Vorbeh nötig nur bei der Hauptleistg, in TeilliefergsVertr bei jeder Lieferg, RG Gruch **52**, 664; iF von VOB (B) 12 Nr 4 ist Aufn in das AbnProtokoll erforderl, LG Tüb NJW **73**, 1975. III kann dch IndividualVertr abbedungen w, BGH NJW **71**, 833, nicht aber dch AGB, Hamm Betr **75**, 1601. Eine abw Vereinbg kann nicht aus einer Abrede hergeleitet w, wonach VertrStrafe bei ZuwiderHdlg sofort fäll ist, BGH NJW **71**, 883.

342 *Andere als Geldstrafe.* Wird als Strafe eine andere Leistung als die Zahlung einer Geldsumme versprochen, so finden die Vorschriften der §§ 339 bis 341 Anwendung; der Anspruch auf Schadensersatz ist ausgeschlossen, wenn der Gläubiger die Strafe verlangt.

§§ 342, 343

1) Allgemeines. Vgl Vorbem 1 vor § 339 sowie § 340 Anm 1. Bei anderen als Geldstrafen werden vielf Verfallklauseln vorliegen, vgl Vorbem 2b. – Die §§ 339–341 werden für anwendb erkl, dazu tritt eine weitere Beschrkg des Gläub: das Strafverlangen schließt hier entgg §§ 340 II, 341 II einen höheren SchadErs-Anspr überh aus. – Die §§ 343–345 gelten von vornherein nicht nur für Geldstrafen.

343 *Herabsetzung der Strafe.* I Ist eine verwirkte Strafe unverhältnismäßig hoch, so kann sie auf Antrag des Schuldners durch Urteil auf den angemessenen Betrag herabgesetzt werden. Bei der Beurteilung der Angemessenheit ist jedes berechtigte Interesse des Gläubigers, nicht bloß das Vermögensinteresse, in Betracht zu ziehen. Nach der Entrichtung der Strafe ist die Herabsetzung ausgeschlossen.

II Das gleiche gilt auch außer den Fällen der §§ 339, 342, wenn jemand eine Strafe für den Fall verspricht, daß er eine Handlung vornimmt oder unterläßt.

1) a) Allgemeines: Währd das VertrR die Gerichte idR auf eine RKontrolle beschr u eine richterl VertrGestaltg ausschließt, gibt § 343 dem Ri ausnahmsw eine freiere Stellg: Er h VertrStrafen auf Kl od Einr auf das Maß des Angemessenen herabzusetzen u damit aGrd einer **Billigkeitskontrolle rechtsgestaltd** zu entsch. Hierdch unterscheidet sich die Anwendg des § 343 auch von der des scheinb sehnl § 242. Bei § 242 h der Ri die Grenzen der RAusübg nicht zu gestalten, sond ledigl festzustellen, vgl § 242 Anm 1 c; überdies gilt für § 242, daß auch Unangemessenes noch nicht gg Treu u Glauben zu verstoßen braucht, vgl § 242 Anm 1 a bb. § 343 ist auch auf and als Geldstrafen anzuwenden, vgl § 342. Eine inhaltsgleiche Vorschr enthält AbzG 4 I S 1, vgl auch HGB 75c I S 2.

b) § 343 setzt ein **wirksames Vertragsstrafversprechen** voraus. Dazu ist die Wirksamk der zGrde liegden Hauptverpflichtg erforderl, vgl § 344. Das StrafVerspr selbst kann, wenn es in AGB enthalten ist, gem AGB-Ges 11 Nr 6 unwirks sein. Außerdem kann sich Nichtigk aus §§ 134, 138 ergeben, was uU über § 139 auch die Nichtigk der Hauptverpflichtg begründet, RG **158**, 301. Gesetzl Verbote enthalten § 550a, BerBG **5** II, § 622 V (BAG Betr **72**, 1245), FernUSG 3 V Nr 1, WoVermG 4 (Einf 6 vor § 652); zur entspr Anwendg von ZPO 888 II vgl Lindacher VertrStrafe, 1972, S 72. § 138 ist nicht schon bei unverhältnismäß Höhe anwendb, es müssen vielm bes Umst in bezug auf Inhalt, BewegGrd od Zweck der Abrede hinzutreten, RG **114**, 307, HRR **32** Nr 1644, BGH **LM** Nr 1b, WPM **77**, 641, 643. Bsp: RG **68**, 229 (Knebelg u Verpfl dch Ehrenwort), RG **85**, 100 (Gefährdg der wirtschaftl Existenz), RG **90**, 181 (Ausnutzg wirtschaftl Macht ggü ArbN), RG **158**, 300 (Koppelg mit familienrechtl Pflichten). Für die Beurteilg der Sittenwidrigk ist, wie auch sonst bei § 138, der Ztpkt der VersprAbg entsch, RG **JW 13**, 320, **36**, 179, § 138 Anm 1 d. Auch wenn das Verspr nicht gg § 138 verstößt, kann die Geltdmachg des StrafAnspr eine gem § 242 unzul RAusübg sein, so etwa wenn der Gläub selbst vertrbrüch ist, wenn er sich mit seinem eig Verhalten in Widerspr setzt, od wenn seine Interessen dch die VertrVerletzg des Schu weder beeinträchtigt noch gefährdet worden sind.

c) Richterl Gestaltg aGrd des § 343 ist erst nach Verwirkg der Strafe mögl, vorherige FeststellgsKl ist unzul, RG **JW 13**, 604. Entrichtg schließt Herabsetzg aus, I S 3, and aber, wenn Schu ausdrückl unter Vorbeh geleistet h, str. Bei Verfallklausel (unten Anm 2) steht Verfall der Entrichtg nicht gleich. „Auf Antrag" schließt Herabsetzg vAw aus, es genügt aber jede Äußerg des Schu, die seinen Willen erkennen läßt, eine Aufhebg od Herabsetzg der Strafe zu erreichen, BGH **NJW 68**, 1625, Bezifferg nicht erforderl, BGH aaO. Die Befugn des Schu ist weder abtretb noch pfändb, LG Hannover **NJW 59**, 1279. Bei der Entsch über die **Angemessenheit der Strafe** sind alle Umst des Einzelfalls zu berücksichtigen, Sieg **NJW 51**, 508, so zB der VerschGrad u die wirtschaftl Lage des Schu. Das Fehlen eines Schadens rechtf allein keine Herabsetzg nicht, RG **103**, 99, HRR **32** Nr 1645, entsch ist, welchen Schaden der VertrBruch hätte herbeiführen können, BGH **LM** § 339 Nr 2. Strafe, die entstandenen Schaden nicht übersteigt, idR nicht herabsetzb, Nürnb **MDR 68**, 920. Zu berücksichtigen uU, daß Schaden aGrd hypothet Urs auch bei VertrTreue des Schu eingetreten wäre, BGH **NJW 69**, 461, **74**, 2089. Unverhältnismäß Höhe ist Tatfrage; revisibel nur, ob TatRi von richt rechtl GesichtsPkten ausgegangen ist, BGH **LM** § 339 Nr 2, BAG **15**, NJW **71**, 2007. BewLast für die Tats, aus der die Unverhältnismäßigk hergeleitet w soll, hat Schu, RG **JW 36**, 179, BGH **GRUR 53**, 263, LAG BaWü Betr **63**, 1224. Maßgebder Ztpkt für die Beurteilg ist hier (and als bei § 138, vgl oben b) der Geltdmachg des StrafAnspr, da es sich um eine Kontrolle der RAusübg handelt, Sieg **NJW 51**, 508, Böttcher **ZFA 70**, 25, str. RG **Recht 12** Nr 1761 stellt auf Verwirkg ab. RG **64**, 293 läßt offen, ob Verwirkg, KlErhebg od letzte mdl Verhandlg maßg, vgl auch BAG **BB 71**, 1154.

d) § 343 ist **zwingdes Recht**, BGH **5**, 136, NJW **68**, 1625. Ein nach Verwirkg der Strafe erklärter Verzicht auf Herabsetzg w aber als wirks anzusehen sein. § 343 gilt auch für Strafen, die auf einer dch RVO zum VertrInhalt gewordenen Vorschr beruhen, BGH **23**, 183. Die Festsetzg der Strafe, aber auch die Herabsetzgsbefugn kann auf ein SchiedsGer übertr w, Böttcher **ZFA 70**, 32, RG **ZAkDR 37**, 655, wohl auch DR **39**, 1915, KG DR **39**, 2156.

e) § 343 gilt nicht für **Vollkaufleute**, HGB 348, 351. Entscheid für KaufmannsEigensch ist VersprAbg, BGH **5**, 136, NJW **54**, 998; zur BewLast vgl RG HRR **32** Nr 1645. In bes liegden Fällen kann aGrd des RGedankens von HGB 348 auch bei Nichtkaufleuten eine Herabsetzg der Strafe unzul sein, BGH **5**, 133 (alleiniger Gesellschter u GeschF einer GmbH). Auch bei Kaufleuten bleibt jedoch Herabsetzg wg Fehlens od Wegfall der GeschGrdlage mögl, BGH NJW **54**, 998, ferner bei formularmäß Verspr nach den Grds über die richterl Inhaltskontrolle von AGB, LG Ffm **NJW 75**, 1520 u AGBG 11 Anm 6 b.

2) II. § 343 gilt auch für das selbständige Strafversprechen, vgl Vorbem 2a vor § 339. Er muß aber auch für die **Verfallklausel** (Vorbem 2b vor § 339) gelten, wenn die Art des Nachteils eine Herabsetzg zuläßt, wohl auch für pauschalierten SchadErs (§ 276 Anm 5 A b), nicht aber für das Reugeld, die Vereinsstrafe u die BetrStrafe (Vorbem 2c, d, e), für die andere Regeln gelten.

344 *Unwirksamkeit.* Erklärt das Gesetz das Versprechen einer Leistung für unwirksam, so ist auch die für den Fall der Nichterfüllung des Versprechens getroffene Vereinbarung einer Strafe unwirksam, selbst wenn die Parteien die Unwirksamkeit des Versprechens gekannt haben.

1) Allgemeines. Ist die Hauptverpflichtg unwirks, so ist auch ein Strafversprechen, das nur die Erf sichern will, wenn nicht unwirks, so doch ggstandslos. Zweifelh könnte sein für den Fall, daß die Vertr-Partner das wußten, die Strafe aber trotzdem versprachen. § 344 erstreckt die Unwirksamk auch darauf. Aus dem Gesagten folgt, daß § 344 auch für selbständige Versprechen (Vorbem Anm 2a) gelten muß, da sonst Umgehg, RG HRR **29**, 1204, BGH NJW **70**, 1916, **71**, 93, 557.

2) Fälle zB: Nichtigk nach §§ 134, 138, 306; Nichtigk nach Anf; Verletzg gesetzl vorgeschriebener Form, §§ 125, 313, 518; daher kein StrafVerspr für Erf einer formungültigen Verpflichtg zur GrdstÜbereignzg RG **107**, 40, BGH NJW **70**, 1916; Fälle der §§ 762–764; Unverbindlichk gem HGB 74ff, Ffm Betr **72**, 292, Götz Festschr f Schiedermair 1976 S 216; ebso gem HGB 75f (Sperrabreden zw ArbG), BGH Betr **73**, 428, NJW **74**, 1282.

345 *Beweislast.* Bestreitet der Schuldner die Verwirkung der Strafe, weil er seine Verbindlichkeit erfüllt habe, so hat er die Erfüllung zu beweisen, sofern nicht die geschuldete Leistung in einem Unterlassen besteht.

1) Die Bestimmg regelt die BewLast. Sie schließt auch hierin die Strafverbindlichk an die Hauptverpflichtg an. Über § 345 (u § 358) hinaus hat überh im gesamten SchuldR der Satz zu gelten, daß bei Verpflichtgen zu positiven Leistgen der Schu die Erf zu beweisen hat, u zwar auch dann, wenn der Gläub aus der NichtErf bes Rechte herleitet, vgl § 363 Anm 1; bei Unterlasßgen hat Gläub die ZuwiderHdlg zu beweisen. Die Bestimmg gilt auch für den Fall nicht gehöriger Erf, jedoch ist § 363 zu beachten. – Dieselbe Regelg in § 358.

Fünfter Titel. Rücktritt

Einführung

1) Allgemeines. a) Der Rücktr, der dch eins empfangsbedürft WillErkl auszuüben ist (§ 349), hat zum Ziel, zG des RücktrBerecht den vor VertrSchl bestehenden Zustand wiederherzustellen. Die fr hM sieht im Rücktr eine rückwirkde Aufhebg des VertrVerh im Ganzen, also einen ErlöschensTatbestd, der systemat an sich in den dritten Abschn gehören würde, RG **50**, 266, **75**, 201, Enn-Lehmann § 38 II, Soergel-Schmidt Vorbem 4 vor § 346. Nach dieser Ans beseitigt der Rücktr den RGrd für die erbrachten Leistgen; es wäre BereicherungsR (§ 812 I 2) anzuwenden, wenn das G nicht in den §§ 346ff eine Sonderregel getroffen hätte; die beiders Rückgewährpflichten w als gesetzl SchuldVerh (modifiziertes BereicherungsVerh) angesehen, auf das subsidiär die §§ 812ff anwendb sein sollen. Überwieg w angenommen, daß neben dem Anspr aus § 346ff ein konkurrierder Anspr aus § 812 I 2 bestehe, Enn-Lehmann § 38 II 1, Soergel-Schmidt Vorbem 5 vor § 346; ähnl BGH NJW **52**, 779, der beim Rücktr vom KaufVertr rechtsgrdlosen u damit unentgeltl Bes iS des § 988 annimmt, dagg vgl unten b u § 988 Anm 2b.

b) Diese Ans kann aber, wie Stoll (JW **28**, 58) u Wolf (AcP **153**, 102) nachgewiesen h, weder systemat noch prakt überzeugen. Richt ist zwar, daß dch den Rücktr die ErfüllgsAnspr u die mit dem ErfInteresse zushängden sekundären Anspr (zB § 286 Verzugsschaden) erlöschen; der Rücktr hebt aber das VertrVerh nicht als Ganzes auf, sond wandelt es in ein **Abwicklgsverhältnis** um, Stoll aaO, Wolf aaO, Larenz § 26a, Esser § 30 III, Staud-Kaduk Vorbem 19 vor § 346, ebso Wunner AcP **168**, 425, der auf die Parallele zum auflösd bedingten Vertr hinweist. Das AbwicklgsVerh ist kein modifiziertes BereicherungsVerh, sondern das dch eins RGesch (RücktrErkl) umgestaltete ursprüngl VertrVerh. Daraus folgt: Neben den ohnehin vom rechtl Bestand des Vertr unabhäng Anspr aus c. i. c. (vgl Karlsr BB **75**, 1316) bleiben auch Ansprüche aus pos VertrVerletzg bestehen, soweit sie sich auf Schäden außerh des ErfInteresses beziehen, vgl die oben Angeführten, so zT auch die hM, vgl zB Soergel-Schmidt Vorbem 5 vor § 346; Sicherh w dch den Rücktr Zw nicht frei, Esser § 30 III 1 (aA hM vgl Hbg MDR **64**, 324, BGH **51**, 73); für Anspr aus § 346 S 2 (nicht S 1) u aus AbzG 2 gilt wg der vertragl Grdlage kurze Verj gem § 196 I Nr 1, sofern dessen Voraussetzgen im übr gegeben, s KG NJW **69**, 1255, BGH **58**, 121, Hamm MDR **72**, 605, jetzt wohl hM. Da der RGrd der Leistg nicht entfällt, sind die §§ 812 ff nur anwendb, soweit das Ges dies ausdr best (§ 327 S 2). Konkurrierde Anspr aus § 812 I 2 kann es nicht geben; § 988 ist unanwendb (vgl oben a), die Herausg von Nutzgen richtet sich nach § 347, vgl dort Anm 1. Der neueren Auffassg steht BGH **16**, 156 nahe, der das AbwicklgsVerh als „VertrVerh eig Art" bezeichnet. Vgl auch § 347 Anm 1; § 348 Anm 1.

c) Das RücktrR ist **Gestaltgsrecht**, daher unverjährb, unterliegt aber der Verwirkg, § 349 Anm 1, § 242 Anm 9 f. Es ist nicht höchstpersönl Natur, also mit and VertrR übertragb. Mögl ist Rücktr nur beim VerpflichtgsVertr, nicht aber beim verfügden Vertr; ähnl Wirkgen sind bei diesem dch Vereinbg einer auflösden Bedingg zu erreichen, soweit diese nicht, wie bei § 925 II, unzuläss ist. Der Rücktr hat keine dingl Wirkg, RG **108**, 27, allgM; daher keine Wirkg des Rücktr ggü Dritten, der Sache in Kenntn des RücktrVorbeh erworben h, RG **108**, 27. And nur, wenn das ErfGesch unter der auflösden Bedingg des Rücktr von GrdGesch vorgenommen worden ist, RG **54**, 341. Rücktr vom Verlöbn §§ 1298 ff, vom ErbVertr §§ 2293 ff.

2) Entstehung. Der Rücktr kann seine Berechtigg **im Vertrage** („Vorbehalt") finden. Hieran ist bei der Regelg des Titels in erster Linie gedacht (§ 346). Der Rücktr kann kr Vertrages allg (Zweck meist:

Einf v § 346, § 346 2. Buch. 2. Abschnitt. *Heinrichs*

Anpassg an ungewisse Zukunft) od nur befristet u insb bedingt (Zweck: ErfSicherg) vorbehalten sein; Regelgen bei bedingtem RücktrVorbeh enthalten die §§ 357, 358, in gewissem Sinne auch § 359, Fälle der Ann eines solchen in den §§ 360, 361, 455. Für RücktrVorbeh in AGB enthält AGB-Ges 10 Nr 3 WirksamkSchranken. Bei MietVerh über Wohnraum gelten für vereinb RücktrR, wenn Wohnraum überlassen, Vorschr über Künd, § 570a. – Weit häufiger als der vertragl vorbehaltene ist aber der **Rücktritt kraft gesetzlicher Bestimmg.** Die Vorschr des Titels betreffen an sich nur das vertragl RücktrR. Das G erklärt jedoch bei den wichtigsten ges RücktrR die §§ 346 ff ganz od zT für entspr anwendb, so für die Fälle der §§ 325, 326 dch § 327, vgl aber § 327 S 2, ferner auf die Wandlg (vgl unten Anm 3e) beim Veräußergs-Vertr, insb Kauf- u WerkVertr dch §§ 467, 493, 634. Auch auf die Fälle der §§ 280 II, 286 II sind Rücktr-Vorschr entspr anzuwenden, obwohl es sich bei ihnen um, wenn auch durch Gestaltgsakt (Ablehng) herbeigeführte, SchadErsFälle handelt. Auf ein gesetzl RücktrR sind die §§ 346 ff idR unanwendb, vgl RG **116**, 379 (Rücktr gem VO vom 29. 10. 23, RGBl II 406), RG **130**, 123 (Rücktr gem § 242), BGH **6**, 230 (Rücktr gem UmstG 20). Die Regelgen, die §§ 346 ff auf gesetzl RücktrR für anwendb erklären, berücksichtigen nicht genügd, daß die Interessenlage beim gesetzl Rücktr eine and ist als beim vertragl, insb brauchen bei jenem die Parteien nicht stets von vornherein mit dem RücktrFall zu rechnen; daraus entstehen Schwierigk, vgl § 347 Anm 1.

3) Ähnliche einseitige Gestaltgsrechte.

a) Kündigung. Vgl Vorbem 2 vor § 620, § 564 Anm 3, § 609 Anm 3, § 723 Anm 1, auch Übbl 3 d vor § 104. Sie gestaltet das SchuldVerh (meist DauerschuldVerh) ebenf in ein AbwicklgsVerh um, doch sind die erbrachten Leistgen nicht zurückzugewähren, RG **90**, 330. Bei Dauerschuldverhältnissen ersetzt sie idR das gesetzl RücktrR, vgl Einl 5 b vor § 241, § 326 Anm 1, vgl auch § 570a. In and Fällen (zB Darl) dient sie dazu, die Fälligk einer Fdg – dch Bestimmg der Leistgszeit – herbeizuführen u dadch mittelb auf das Ende des SchuldVerh hinzuwirken. Auch die Künd ist gestaltend, daher nicht einseitig w. Sie kann aber einverständl aufgeh w. Bei Aufhebg vor Ablauf der KündFr kein Neuabschluß, sond Fortsetzg des bisherigen Vertr, BGH NJW **74**, 1081. TeilKünd ist bei einheitl RVerh grdsl ausgeschl, BGH VersR **77**, 816; Karlsr Betr **78**, 298. Künd kann auf Vertr od G beruhen. Die §§ 346 ff gelten nicht.

b) Widerruf. Er kann auf Vertr od G beruhen. Er bedeutet idR, daß die RFolgen einer früheren, noch nicht endgültig wirks WillErkl ex tunc beseitigt w, vgl §§ 109, 130, AbzG 1b, FernUSG 4, AuslInvestmG (BGBl 1969 I S 986) § 11; aber auch and: §§ 530, 531. Das G spricht beim AuftrGeber von Widerruf, § 671, beim Beauftragten von Künd. Ob WiderrufsVorbeh beim gerichtl Vergl Wirksamk des Vergl hinausschiebt od RücktrR begründet, ist Frage des Einzelfalles, BGH **46**, 279, VersR **62**, 155; vgl auch Bergerfurth NJW **69**, 1797. Die §§ 346 ff gelten für Widerruf nicht. Für den Widerruf gem AbzG 1b Sonderregel in AbzG 1d.

c) Hinzufügen einer **auflösenden Bedingg**, § 158 II, vgl dort. Mögl auch beim ErfGesch, vgl oben Anm 1; dann dingl Wirkg. Unmittelbare Wirkg, aber keine Rückwirkg; vgl aber § 159.

d) Anfechtg (§§ 119 ff ua). Sie betrifft Mängel, die dem RGesch von vornherein anhaften. Die §§ 346 ff gelten nicht RG **101**, 390.

e) Wandlg, §§ 467, 493, 634. Sie steht dem Rücktr kr gesetzl RücktrRechts nahe, daher gelten kr § 467 die §§ 346 ff (mit Abweichgen, RG **55**, 110) entspr. Jedoch keine Gestaltgswirkg bereits kr einseitiger Erkl, sond erst mit Vollziehg der Wandlg (§ 465), also mit Einverständn des Gegners od rechtskräftigem Urteil, vgl dazu § 465 Anm 1.

f) Umtauschvorbehalt. Kein RücktrVorbeh, auch meist kein Kauf auf Probe, § 495, sond Ersetzgsbefugn des Käufers hins der Ware (vgl § 262 Anm 3c), vgl Vorbem 1 vor § 494.

g) Über die Möglichk des Rücktritts wg Wegfalls der **Geschäftsgrundlage** vgl § 242 Anm 6. Kein Fall vertraglichen, vielm gesetzlichen RücktrRechts, die 346 ff gelten daher nicht, vgl RG **130**, 123.

4) Beiderseitiger Rücktritt ist idR Rücktr, nicht vertragl Aufhebg, RG JW **14**, 865, Auslegg kann aber vertragl Aufhebg ergeben. Zum AufhebgsVertr vgl § 305 Anm 3.

346 *Wirkung des Rücktritts.* Hat sich in einem Vertrag ein Teil den Rücktritt vorbehalten, so sind die Parteien, wenn der Rücktritt erfolgt, verpflichtet, einander die empfangenen Leistungen zurückzugewähren. Für geleistete Dienste sowie für die Überlassung der Benutzung einer Sache ist der Wert zu vergüten oder, falls in dem Vertrag eine Gegenleistung in Geld bestimmt ist, diese zu entrichten.

1) Voraussetzgen. a) RücktrittsR, das auf Vorbeh od G beruhen kann, vgl Einf 2 vor § 346. RücktrVorbeh erfordert schuldrechtl Vertr, vgl näher Einf Anm 1. Ob vereinbart, ist Auslegsfrage. Ja bei der Klausel „freibleibend", RG **105**, 370, desgl bei „Kriegs-", „höhere Gewalt-" usw Klausel; der nähere Inhalt solcher Klauseln ist Auslegsfrage, im allg sind sie nicht dahin auszulegen, daß das Ereign die Unmöglichk der Leistg herbeigeführt, jedoch dahin, daß es auf die Leistg wesentl störend eingewirkt haben muß, RG § 326 Anm 4. – Rücktr kann auch aus Handelsbrauch od der Natur des Vertr ergeben, BGH Betr **77**, 674. – Rücktr erstreckt sich auf das GesGesch iS des § 139, RG **67**, 104, BGH NJW **76**, 1931. – Vereinbg eines Rückverkaufs R im EigenhändlerVertr kann wie RücktrVorbehalt zu behandeln sein, BGH NJW **72**, 1191.

b) Rücktrittserklärg vgl § 349.

2) Wirkung. Vgl zunächst Einf 1 a u b. Der Rücktr gestaltet das SchuldVerh dahin um, daß die empfangenen Leistgen zurückzugewähren sind. Er hat keine Wirkg gg Dritte. Die Leistgen sind dem VertrPartner zurückzugewähren, ausnw auch an od über Dr, Hbg NJW **58**, 1781 (gekoppelte Verträge), eine Pfl zur Rückn (Beseitigg) der Leistg begründet § 346 jedoch nicht, Hamm NJW **78**, 1060. Bei vertragl vorbehaltenem Rücktr ist ErfOrt der des Vertr, Staud-Kaduk Rdz 40 mwN, str; die Sache ist daher iZw am Wohns des VertrSchu (nicht des RückgewährSchu) zurückzugewähren. Das gilt ebso für den Rücktr kr Ges, soweit der RückgewährSchu den RücktrGrd zu vertreten h, Karlsr MDR **70**, 587, aA Nürnb NJW **74**, 2237. Hat RückgewährGläub den Rücktr zu vertreten, w dagg als ErfOrt der Ort anzusehen sein, an dem sich die Sache vertragsgem befindet, BGH WPM **74**, 1073, MüKo/Janßen Rdn 14; das gilt insb auch iF der Wandlg, vgl § 467 Anm 1 d. – Vor RücktrErkl eingetretene Unmöglichk der Rückgewähr hindert Rücktr nur, soweit die §§ 351–353 eingreifen, § 350, vgl Vorbem zu § 350. Falls nicht stärkere Haftg (§ 347), gilt grdsätzl WertErs (folgt aus Satz 2) RG JW **11**, 756 hM. – §§ 346, 347 gelten uU nicht, wenn die zurückzugewährde Leistg dem Vertr entspr weiterzuleiten war, weil dann nur dem nur dann die ratio der verschärften Haftg, daß für die Rücktr-Folgen vorgesorgt w konnte, vielf nicht zutrifft, Kblz DRZ **49**, 112. Frage des Einzelfalls, vgl ands Ffm NJW **67**, 984.

3) **Satz 2** betrifft Fälle, wo Dienstleistg od Benutzg HauptVertrGgst; ist Nutzg Nebenfolge, gilt § 347 S 2. **Wert** = gemeiner Wert; RG **138**, 33 (zu AbzG 2) gibt Anhaltspunkte. § 818 III gilt nicht. Satz 2 Halbs 2 (GgLeistg) zeigt das Fortwirken des Vertr, vgl Einf 1 b vor § 346. Die Part können über die zu entrichten Vergütgen Vereinbgen treffen; formularmäß Klauseln zG des Verwenders sind aber nur wirks, wenn sie angem Beträge festsetzen, AGB-Ges 10 Nr 7.

347 *Haftung bei Rückgewähr.* **Der Anspruch auf Schadensersatz wegen Verschlechterung, Unterganges oder einer aus einem anderen Grunde eintretenden Unmöglichkeit der Herausgabe bestimmt sich im Falle des Rücktritts von dem Empfange der Leistung an nach den Vorschriften, welche für das Verhältnis zwischen dem Eigentümer und dem Besitzer von dem Eintritte der Rechtshängigkeit des Eigentumsanspruchs an gelten. Das gleiche gilt von dem Anspruch auf Herausgabe oder Vergütung von Nutzungen und von dem Anspruch auf Ersatz von Verwendungen. Eine Geldsumme ist von der Zeit des Empfanges an zu verzinsen.**

1) **Allgemeines.** § 347 ordnet für die Rückgewähr die beim EigtAnspr von Rechtshängigk ab geltende strenge Haftg bereits vom Zeitpunkt des Leistungsempfangs an, u zwar in den drei Richtgen des SchadErsatzes wg Unmöglichk usw (§ 989), der Nutzgsherausgabe (§ 987) u des Verwendgsersatzes (§§ 994 II, 995, 998). § 996 gilt nicht, da er die Zeit vor Eintritt der RHängigk betrifft. Bei nützl Verwendgen besteht WegnR (§ 997) u bei bleibder Wertsteiger (trotz Einf 1 b v § 346) wohl auch der BerAnspr, Staud-Kaduk Rdz 22, aA BGH **LM** Nr 4. Gewöhnl ErhaltgsKosten (§ 994 I 2) sind nicht zu ersetzen, wenn dem Rücktr-Schuldner die Nutzgen verbleiben BGH **44**, 239. – § 347 gilt, falls beide Teile Leistgen empfangen haben, für beide. Er gilt auch für Rücktr nach Maßg des AbzG (hinten unter Nebengesetzen), BGH **44**, 238. – Ist die Leistg ohne Versch des RücktrGegners untergegangen, würde Rücktr also dazu führen, daß der Rücktr-Berecht nichts erhält, er aber seine Leistg zurückgewähren müßte, kann Rücktr widerrufen w, § 325 Anm 6.

2) **Gesetzl Rücktrittsrecht.** Die in § 347 angeordnete strenge Haftg beruht auf dem Gedanken, daß beide Part wg des vertragl RücktrVorbeh mit dem Rücktr rechnen mußten u sich auf ihn einrichten konnten. Diese Voraussetzg trifft auf den gesetzl Rücktr u die Wandlg nicht zu; hier würde, worauf schon RG **50**, 145 hinweist, die Rückbeziehg der Haftg auf den Leistgsempfang vielf zu unbill Ergebn führen. Die hM nimmt daher zutr an, daß iF des gesetzl RücktrR u der Wandlg die strenge Haftg für den RücktrBerecht erst mit Kennen der RücktrVoraussetzgen einsetzt, Mü BB **52**, 305, Köln OLGZ **70**, 455, Thielmann VersR **70**, 1072, Schmidt MDR **73**, 977, Staud-Kaduk Rdn 26, Soergel-Schmidt Rdn 2, RGRK Rdz 13, sehr str, aA RG **145**, 82, HRR **30**, 771 (vgl aber RG **130**, 123), Weitnauer NJW **67**, 2314, v Caemmerer Festschr für Larenz S 629 Fn 29, Wieling JuS **73**, 400. Diese Ans rechtf sich aus einer teleolog Reduktion der in §§ 327, 467, 634 IV best „entspr" Anwendg der RücktrVorschr; sie entspr zugl dem in § 327 S 2 zum Ausdr kommenden allg RGedanken, vgl dort Anm 2. Nutzgen sind daher bis zur Kenntn von den RücktrVoraussetzgen nur insow zu vergüten, als noch eine Ber vorhanden ist (§ 818 III), LG Augsbg NJW **78**, 2034; iF der Wandlg eines KaufVertr über einen Pkw ist dabei auf die ersparte Abschreibg des anfalls gekauften Kfz abzustellen (vgl Köln OLGZ **75**, 192, Nürnb DAR **78**, 198). Die HaftgEinschrkg auf die Grds des BerR gilt aber nur zG des RücktrBerecht; der RücktrGegner, der den RücktrGrd zu vertreten hat, unterliegt von Anfang an der strengen Haftg des § 347, Staud-Kaduk Rdn 25. Ihn trifft auch die VerzinsgsPfl gem S 3, Hbg MDR **74**, 42, weitergehd Thielmann VersR **70**, 1079 (ZinsPfl auch iF der BerHaftg).

3) § 347 entfällt, wo Unmöglichk schon nach §§ 351–353 zum Ausschluß des RücktrR geführt hat, vgl § 350 Anm 1. Er schließt die Anwendg sonst Haftgvorschriften nicht aus; die Haftg verschärft sich bei Verzug mit Rückgewähr, §§ 286, 287, sie mildert sich bei GläubVerzug, § 300 I; bei Verzug des RücktrBerecht mit Rückgewähr kann der andere auch nach § 354 vorgehen.

348 *Erfüllung Zug um Zug.* **Die sich aus dem Rücktritt ergebenden Verpflichtungen der Parteien sind Zug um Zug zu erfüllen. Die Vorschriften der §§ 320, 322 finden entsprechende Anwendung.**

1) **Allgemeines.** Der Rücktr gestaltet das VertrVerh in ein AbwicklgsVerh um, vgl Einf 1 b vor § 346. Das AbwicklgsVerh ist nach § 348 **kein ggs Vertragverhältnis**. Es gelten ledigl die §§ 320, 322, also das LeistgsverweigersR u die Verurteilg Zug-um-Zug. Dagg gilt nicht § 323 (dafür die umgekehrte – bedenkl – Regel des § 350, vgl dort), nicht § 325 (dafür § 347) u nicht § 326 (dafür § 354, vgl dort). – Für das

§§ 348–351 2. Buch. 2. Abschnitt. *Heinrichs*

gesetzl RücktrR gilt nichts anderes, ebso für die Wandlg, RG **93**, 49 (Ablehng des § 326). Doch hat das RG auf die beiderseit Rückgewährpflichten aus der Wandlg die zu §§ 325, 326 für den SchadErsAnspr wg NichtErf entwickelte Differenzlehre für entspr anwendb erkl, RG **66**, 67, **96**, 23. Vgl § 325 Anm 3, § 283 Anm 4, Einf 3b vor § 320 (§ 320 Anm 3c). – Über Leistgsort vgl § 346 Anm 2.

349 *Erklärung des Rücktritts.* Der Rücktritt erfolgt durch Erklärung gegenüber dem anderen Teile.

1) Erkl ist einseitige empfangsbedürftige WillErkl (Übbl 3a vor § 104, § 130 Anm 1) u zwar GestaltgsGesch (Übbl 3d vor § 104), daher unwiderrufl; formlos, im RStreit auch dch Prozeßbevollmächtigten mögl RG **50**, 144, dort übrigens üblicherw den Anzeige in den Gerichtsakten. Nicht nötig gleichzeitiges Erbieten zur Rückgewähr RG JW **08**, 479. – UU nach § 242 vorherige Androhg geboten Warn **18** Nr 136. – Frist für RücktrErkl vgl § 355. Bei ungebühr Verzögerg der Erkl kann RücktrR verwirkt sein, vgl zB BGH **25**, 52, NJW **60**, 2331.

350 *Zufälliger Untergang.* Der Rücktritt wird nicht dadurch ausgeschlossen, daß der Gegenstand, welchen der Berechtigte empfangen hat, durch Zufall untergegangen ist.

1) Vorbem zu §§ 350–353: Die §§ 350–353 regeln die Frage, ob das RücktrR überh zur Entstehg gelangt od nicht. Sie betreffen daher nur Veränderg en vor Erklärg des Rücktritts (bei der Wandlg vor der Vollziehg dch Einverständn des anderen od Urt, § 465). Für Verändergen nachher gilt § 347. Die §§ 350–353 betreffen ferner nur vor Ausübg des RücktrR entstandene Verändergen des Ggstandes, den der RücktrBerechtigte empfangen hat; Verändergen des Ggstandes, den der andere empfangen hat, schließen den RücktrR nicht aus, für sie gelten die §§ 346 S 2, 347 iVm den allg Vorschriften, vgl § 347 Anm 1. – Die Vorschriften der § 350ff sind abdingbar. Abgesehen von den Fällen der § 350ff kann RücktrR auch gem § 242 ausgeschl sein; das gilt bei Rücktr wg Vertragswidrigk des and Teils insb dann, wenn RücktrBerecht ebenf vertragsw handelt, BGH **LM** § 346 Nr 6; und aber uU, wenn wicht Grd RücktrVoraussetzg, BGH Betr **70**, 1780. Wg des Verbots des venire contra factum proprium ist Rücktr unzul, wenn Gläub die an ihn erbrachte Leistg ganz od teilw behalten will, BGH NJW **72**, 155 (zur Wandlg).

2) Die Regelg des § 350, nach der der RücktrBerecht bei zufäll Untergang des ihm gelieferten Ggst die Rückg seiner Leistg fordern kann, steht im Ggsatz zu der im BereichergsR geltden Saldotheorie (§ 818 Anm 6 D), dem für ggs Vertr maßgebden § 323 u EKG 79. Es ist daher zweifelh, ob § 350 rechtspolit angem ist, vgl Flessner NJW **72**, 1780, Wieling JuS **73**, 397. Das ändert aber nichts an der Verbindlichk der Vorschr. Beim vertragl RücktrR kann im Einzelfall stillschw Abdingg des § 350 anzunehmen sein, jedoch müssen dafür hinr Anhaltspkte vorliegen. Abzulehnen die in der Lit wiederholt unternomme Versuche, die Regelg des § 350 dch kunstvolle jur Konstruktionen beiseite zu schieben: so die Ans Wolfs (AcP **153**, 142), auf § 350 sei § 323 anzuwenden; die Ans Honsells (MDR **70**, 719), § 350 sei nur anwendb, wenn der Untergang auf einem bei Überg vorhandenen Mangel beruhe; die Ans Wielings (JuS **73**, 397), der den Rücktr nach Untergang der Sache mit der Begr ausschl will, der Berecht setze sich damit in Widerspr zu der von ihm übernommenen Gefahr; wie hier Weitnauer NJW **70**, 638, v Caemmerer Festschr für Larenz 1973 S 631, Staud-Kaduk Rdn 9. – **Zufall**, vgl § 276 Anm 10a, liegt vor, soweit weder Versch noch einer der sonst zu vertretenden Fälle der §§ 351–353 gegeben ist. Über eine Erweiterg des VerschBegriffs, somit vgl § 351 Anm 2. – Zufälliger Verschlechterg muß gleichstehen (allgM), desgl sonstige unverschuldete Unmöglichk der Rückgabe. BGH **5**, 340 nimmt mit Recht unverschuldete Unmöglichk der Rückgabe an, wenn Käufer die Kaufsache dem bestohlenen Eigtümer herausgegeben hat u dazu verpflichtet war; vgl zu diesem Urt aber Wolf NJW **53**, 166, AcP **153**, 130, Mezger JZ **53**, 67, NJW **53**, 812, Boehmer JZ **52**, 521, 588, **53**, 392, Werner NJW **52**, 930 u nochmals Wolf NJW **54**, 708.

351 *Verschuldeter Untergang.* Der Rücktritt ist ausgeschlossen, wenn der Berechtigte eine wesentliche Verschlechterung, den Untergang oder die anderweitige Unmöglichkeit der Herausgabe des empfangenen Gegenstandes verschuldet hat. Der Untergang eines erheblichen Teiles steht einer wesentlichen Verschlechterung des Gegenstandes, das von dem Berechtigten nach § 278 zu vertretende Verschulden eines anderen steht dem eigenen Verschulden des Berechtigten gleich.

1) Allgemeines. Vgl Vorbem zu § 350. – **Unvermögen** muß der Unmöglichk gleichstehen, zumal bei Zulassg des Rücktritts der andere dch § 354 dasselbe erreichen würde, RG **102**, 315, stRspr. **Verschlechterg:** auch Belastg, vgl § 353. Bei bloß unwesentl Verschlechterg (Tatfrage) gilt nur § 347. Hat der Berechtigte den Ggst veräußert, so ist Unvermögen gegeben, wenn er die Sache sich nicht wieder verschaffen kann, was anzunehmen ist (Tatfrage), wenn er nichts dafür vorbringt, zumal wenn er den Erwerber nicht zur Rückveräußerg verpflichtet hat, § 353 steht nicht entgg, RG **56**, 261, **128**, 367, stRspr; anderenf kann der RücktrGegner immer noch dem § 354 vorgehen, vgl dort Anm 1. Versch nach RücktrErkl, bei der Wandlg nach Vollziehg, ist für § 351 unerhebl, RG **71**, 277, vgl § 350 Anm 1; Weiterbenutzg kann aber zur Verwirkg der Rechte aus Rücktr führen, BGH NJW **60**, 2331. Auch für Verlust dch Vollstreckg (ZwVerst) gilt § 351, falls verschuldet.

2) Verschulden. Es bedeutet hier ähnl wie in § 254 (dort Anm 1a) zurechenb Unachtsamk in eig Angelegenh, Staud-Kaduk Rdn 22, Wieling JuS **73**, 399. ZT w angen, jede freie menschl Hdlg, die den Untergang (wesentl Verschlechterg) zurechenb bewirkt, sei iS des § 351 schuldh (Larenz § 26c, v Caemmerer Larenz-Festschr S 623). Damit w aber das vom Ges festgelegte VerschErfordern prakt aufgegeben. Notw ist vielm eine Verletzg der in eig Angelegenh gebotenen Sorgf. Kenntn od fahrl Unkenntn vom RücktrR (RücktrGrd) sind dagg nicht erforderl. Das gilt auch für das gesetzl RücktrR u die Wandelg, Staud-Kaduk Rdn 22, Larenz § 26c, Wieling aaO, ebso (allerd nicht expressiv verbis) BGH Betr 74, 2295, str, aA RGRK Rdn 12, Erm-Westermann Rdn 5. Die abw Behandlg des gesetzl RücktrR bei der SchadErsPfl aus § 347 (dort Anm 2) steht nicht entgg. Das Verbot widersprüchl Verhaltens, auf dem § 351 beruht (Wolf AcP 153, 131, BGH NJW 72, 155), trifft auch dann zu, wenn der gesetzl RücktrBerecht die Sache in Unkenntn des RücktrR zerstört hat; ü bleiben ihm seine konkurrierden Rechte (SchadErs, Minderg). Auf die Anf ist § 351 nicht entspr anwendb, § 123 Anm 5. Versch liegt zB vor, wenn Veräußerer den Erwerber nicht zur Rückveräußerg verpflichtet, RG 56, 261, od die ZwVerst schuldh herbeigeführt hat, RG 59, 93, ferner immer dann, wenn der Berecht den Ggst in zurechenb Weise einer über das normale Maß hinausgehden Gefahr ausgesetzt hat. Das Verhalten der Pers, deren sich der Berecht bei Erhaltg od Verwahrg bedient hat, steht gem § 278 seinem eig Verschulden gleich. Überwiegdes Versch genügt (§ 254), RG ebda u 56, 270. Bei der Wandlg genügt für § 351 Versch auch nach der Erkl, aber noch vor der Vollziehg, oben Anm 1, jedoch ist das Versch nach Erkl schärfer zu werten, RG 145, 82. Kein Versch, wenn Käufer einer gestohlenen Sache diese an Eigtümer herausgibt, BGH 5, 340 u § 350 Anm 2. Auch Weiterbenutzg der zurückzugewährden Sache ist nicht notwendigerw Versch, zB nicht, wenn sie auch im Interesse des VertrPartners lag, BGH NJW 58, 1773, Karlsr NJW 71, 1809, vgl auch LM Nr 4, wenn der RücktrGegner wg seines Anspr auf Nutzgsentschädig an baldiger Rückgewähr kein Interesse hat (BGH WPM 78, 325) oder wenn sie wg Nichtrückgewähr der GgLeistg erforderl war, Hamm NJW 77, 809/1970 mAv Dörner (abw LG Bonn NJW 77, 1456). – BewLast für NichtVersch hat in entspr Anwendg des § 282 der RücktrBerecht, BGH NJW 75, 44.

352 *Verarbeitung oder Umbildung.* **Der Rücktritt ist ausgeschlossen, wenn der Berechtigte die empfangene Sache durch Verarbeitung oder Umbildung in eine Sache anderer Art umgestaltet hat.**

1) Versch nicht gefordert. Sondervorschr bei der Wandlg: §§ 467, 487. – Verarbeitg vgl § 950. – Auch § 352 beruht auf dem Gedanken des venire contra factum proprium, Wolf AcP **153**, 137.

353 *Veräußerung oder Belastung.* **I Hat der Berechtigte den empfangenen Gegenstand oder einen erheblichen Teil des Gegenstandes veräußert oder mit dem Rechte eines Dritten belastet, so ist der Rücktritt ausgeschlossen, wenn bei demjenigen, welcher den Gegenstand infolge der Verfügung erlangt hat, die Voraussetzungen des § 351 oder des § 352 eingetreten sind.**

II Einer Verfügung des Berechtigten steht eine Verfügung gleich, die im Wege der Zwangsvollstreckung oder der Arrestvollziehung oder durch den Konkursverwalter erfolgt.

1) § 353 kommt nicht zur Anwendg, wenn die Weitergabe an den Dritten (od die Belastg) bereits ein Versch des rücktrittsberechtigten Empfängers selbst darstellt, vgl dazu § 351 Anm 1, 2. – Für das Versch des Dr gilt § 351 Anm 2. Da der Dr dem RücktrGegner ggü nicht gebunden ist, weil der Rücktr gg Dr nicht wirkt (Einf 1 vor § 346), muß hier ein Handeln des Dr genügen, das Versch wäre, wenn der RücktrBerechtigte es vorgenommen hätte, Staud 2a.

354 *Verzug; Fristsetzung für Rückgewähr.* **Kommt der Berechtigte mit der Rückgewähr des empfangenen Gegenstandes oder eines erheblichen Teiles des Gegenstandes in Verzug, so kann ihm der andere Teil eine angemessene Frist mit der Erklärung bestimmen, daß er die Annahme nach dem Ablaufe der Frist ablehne. Der Rücktritt wird unwirksam, wenn nicht die Rückgewähr vor dem Ablaufe der Frist erfolgt.**

1) Voraussetzungen: Bereits erklärter Rücktr, Verzug des RücktrBerechtigten mit Rückgewähr (§§ 284, 285), fruchtlose Fristsetzg (unnötig bei ernstl Weigerg, vgl § 250 Anm 1) nebst AblehngsErkl. Über Verbindg der (den Verzug begründenden) Mahng mit der Fristsetzg vgl § 326 Anm 5a, bb. Verzug zB, wenn der RücktrBerechtigte die empfangene Sache veräußert hat (auch wenn nicht schuldh u noch mit der Möglichk der Rückerlangg, vgl dazu § 351 Anm 1, 2), er dann endgültig nicht zurückgeben kann u nunmehr die Sache nicht zurückgeben will; ferner wenn er sie nicht zurückgeben will. Ebso bei Verzug mit Rückgängigmach einer erhebl Belastg ("Teil"). – Bei Verzug des anderen gelten §§ 283, 286 I, II.

2) Wirkung. Rücktr wird rückw unwirks, VertrVerhältn lebt mit dem vor der RücktrErkl bestehden Inhalt wieder auf, jedoch ohne den RücktrVorbeh, RG **123**, 393. – Der and ist nicht auf § 354 beschr, K. Schmidt MDR **73**, 976. Er kann auch nach § 283 od § 286 I od II vorgehen, dagg nicht nach § 326, da dieser nicht gilt, RG **93**, 48, vgl § 348 Anm 1.

3) Auch wo § 354 nicht gegeben (zB mangels Mahng kein Verzug, keine Fristsetzg), kann **lange Verzögerg** der Rückgewähr nach RücktrErkl darauf schließen lassen, daß Berechtigter nunmehr Vertr weitergelten lassen wollte, worauf sich der andere eingerichtet hat mit der Wirkg, daß Berechtigter sich auf Rücktr nicht mehr berufen kann; doch gilt das nur ausnahmsw, vgl BGH NJW **60**, 2332.

355 *Erlöschen des Rücktrittsrechts nach Fristsetzung.* Ist für die Ausübung des Rücktrittsrechts eine Frist nicht vereinbart, so kann dem Berechtigten von dem anderen Teile für die Ausübung eine angemessene Frist bestimmt werden. Das Rücktrittsrecht erlischt, wenn nicht der Rücktritt vor dem Ablaufe der Frist erklärt wird.

1) Allgemeines. Bei Fehlen einer vertragl Ausübgsfrist kann der Nichtberechtigte den Schwebezustand dch Fristsetzg (vgl § 250 Anm 1) beenden. Mögl erst, sobald das RücktrR ausgeübt w kann, RG JW 02, 10.

2) Verzicht. Keine bes Regelg im Gesetz. Vor RücktrErkl ist vertragl Verz, auch stillschw, mögl; er ist in der Ann der Leistg trotz Vorhandenseins der RücktrVoraussetzgen regelm zu finden. Nach RücktrErkl kein Verz mehr mögl, nur, notf formeller, neuer VertrSchluß, RG 66, 432; dabei handelt es sich um einen AbänderungsVertr, er stellt das dch den Rücktr umgestaltete VertrVerh mit dem vorher bestehden Inhalt wieder her. – UU Verwirkg dch längeres Zuwarten RG 107, 109, vgl § 242 Anm 9f.

356 *Unteilbarkeit des Rücktrittsrechts.* Sind bei einem Vertrag auf der einen oder der anderen Seite mehrere beteiligt, so kann das Rücktrittsrecht nur von allen und gegen alle ausgeübt werden. Erlischt das Rücktrittsrecht für einen der Berechtigten, so erlischt es auch für die übrigen.

1) § 356 gilt, gleichviel ob mehrere berechtigt od verpflichtet sind. Die Art des MehrhVerhältnisses ist gleichgültig, vgl §§ 420, 427, 428, 709, 747, 2039, 2040; doch geht die Sonderregel der etwa vorliegenden Gemsch, zB Gesamthand (vgl Übbl 4 vor § 420), vor, RG 151, 312 (zu § 2040). Es genügt, wenn die Voraussetzgen des RücktrRechts nur dch Verhalten eines Beteiligten geschaffen worden sind, BGH NJW 76, 1931. – Die Vorschr ist abdingbar, vgl RG 153, 398; bei außergerichtl Vergl kann RücktrR idR von jedem Gläub selbstd geltd gemacht w, RG 153, 398, Mü NJW 56, 1802, uU auch bei gerichtl Vergl BGH 46, 279, VersR 62, 155. Sie gilt, wie die §§ 346ff überh (Einf 3), nicht für die Anf, RG 56, 424, u die Künd, RG 90, 330. Jedoch kann beim Miet- u PachtVertr die Lösg ebenf nur einheitl erfolgen, RG ebda u 138, 186. – Vgl ferner §§ 474 (Minderg), 502 (Wiederkauf), 513 (Vorkauf).

357 *Rücktritt wegen Nichterfüllung.* Hat sich der eine Teil den Rücktritt für den Fall vorbehalten, daß der andere Teil seine Verbindlichkeit nicht erfüllt, so ist der Rücktritt unwirksam, wenn der andere Teil sich von der Verbindlichkeit durch Aufrechnung befreien konnte und unverzüglich nach dem Rücktritte die Aufrechnung erklärt.

1) Allgemeines. Bedingter RücktrVorbeh, vgl Einf 2 vor § 346. – Die §§ 357, 358 geben Einzelregeln für den Vorbeh des Rücktritts für den Fall der Nichterfüllg des anderen Teils, dh für den Fall, vor dem kr des § 360 als Folge der Vereinbg einer Verwirkgsklausel einzutreten hat. Betr Versch ua gilt daher das zu § 360 Gesagte, vgl dort Anm 2. – Die §§ 357, 358 gelten auch für den Vorbeh des Rücktritts für den Fall nicht rechtzeitiger od nicht gehöriger Erf.

2) Folge: Rücktr wird unwirks, Vertr lebt mit vorher bestehdem Inhalt wieder auf.

358 *Beweislast bei Rücktritt wegen Nichterfüllung.* Hat sich der eine Teil den Rücktritt für den Fall vorbehalten, daß der andere Teil seine Verbindlichkeit nicht erfüllt, und bestreitet dieser die Zulässigkeit des erklärten Rücktritts, weil er erfüllt habe, so hat er die Erfüllung zu beweisen, sofern nicht die geschuldete Leistung in einem Unterlassen besteht.

1) Vgl § 357 Anm 1. – § 358 regelt die **Beweislast** ebso wie § 345. – Daß RücktrVorbeh vereinbart ist, hat der Berechtigte zu beweisen.

359 *Rücktritt gegen Reugeld.* Ist der Rücktritt gegen Zahlung eines Reugeldes vorbehalten, so ist der Rücktritt unwirksam, wenn das Reugeld nicht vor oder bei der Erklärung entrichtet wird und der andere Teil aus diesem Grunde die Erklärung unverzüglich zurückweist. Die Erklärung ist jedoch wirksam, wenn das Reugeld unverzüglich nach der Zurückweisung entrichtet wird.

1) Das Reugeld wird nicht geschuldet, ist daher keine VertrStrafe, keine „Wandelpön", vgl Enn-Lehmann § 40 II, Mü NJW 69, 1630, vgl weiter Vorbem 2c vor § 339. – Entsteht für den RücktrBerecht ein gesetzl RücktrR, so entfällt Reugeldzahlg, RG JW 13, 918. – **Beweislast** für Reugeldzahlg hat trotz des Wortlauts der Zurücktretde, hM.

360 *Verwirkungsklausel.* Ist ein Vertrag mit dem Vorbehalte geschlossen, daß der Schuldner seiner Rechte aus dem Vertrage verlustig sein soll, wenn er seine Verbindlichkeit nicht erfüllt, so ist der Gläubiger bei dem Eintritte dieses Falles zum Rücktritte von dem Vertrage berechtigt.

3. Abschnitt. Erlöschen der Schuldverhältnisse §§ 360, 361, Überbl v § 362

1) Allgemeines.
a) Ist vereinbart, daß Schu bei NichtErf seiner Rechte aus dem Vertr verlustig sein soll, so liegt der Fall der Verwirkgsklausel (Verfall-, kassatorische Klausel, lex commissoria) vor. § 360 gibt solcher Klausel, entgg ihrem Wortlaut, die Wirkg, daß **keine Verwirkg**, also kein RVerlust unter der auflösenden Bedingg der NichtErf, eintritt, sond die Abrede als **Rücktrittsvorbehalt** zu gelten hat. (Das liegt übrigens im Interesse auch des Gläub, da der Schu sonst in der Lage wäre, das VertrVerhältn dch NichtErf zu beseitigen.) – § 360 gilt auch für die nicht rechtzeitige od nicht gehörige Erf.
b) Die Abrede echter Verwirkg ist indessen nicht ausgeschl (anders nach AbzG 1 I, 5). Dann liegt ein Strafversprechen vor, vgl Vorbem 2 vor § 339, es ist also Versch zu fordern, § 339.
c) § 360 betrifft nur den Fall, daß Verlust aller VertrRechte des Schu, also Auflösg des VertrVerhältnisses, vereinbart ist; bei Abrede des Eintretens von Einzelnachteilen (vorzeitige Fälligk, Anspr-, Anzahlgsverlust usw) gilt § 360 nicht, vielm treten diese Nachteile von selbst ein, hM, vgl Vorbem 2b vor § 339.

2) Für § 360 (Fall oben 1 a) gilt:
a) Verschulden. § 360 sagt nichts darüber, ob der Schu NichtErf verschuldet od wenigstens zu vertreten h muß. Das ist iZw zu bejahen, hM, RG **142**, 275, BGH BB **59**, 972, WPM **67**, 1299, stRspr, (ebso wie in den Fällen 1 c, zu denen die Entscheidgen, zB RG **145**, 30, meist ergangen sind); and Auslegg ist aber nicht ausgeschl RG **92**, 391, BGH LM § 273 Nr 6. – BewLast für NichtVersch hat Schu.
b) Einzelnes. Ob NichtErf od nicht rechtzeitige Erf vorliegt, ist nach Treu u Glauben zu beurteilen, zu verneinen zB bei geringfügiger Fristüberschreitg KG OLG **22**, 162, ebso RG **117**, 356 sogar für das FixGesch (§ 361). – Der Rücktr ist binnen angemessener Frist zu erklären, sonst verwirkt der Gläub das RücktrR, da ein längerer Schwebezustand treuwidrig wäre, vgl Warn **13**, 223. Ausübg des RücktrR ist nach § 242 unzul, wenn sie rücksichtslos wäre, RG HRR **31**, 732. Vgl auch § 355 u dort Anm 2.

361 *Fixgeschäft.* Ist in einem gegenseitigen Vertrage vereinbart, daß die Leistung des einen Teiles genau zu einer festbestimmten Zeit oder innerhalb einer festbestimmten Frist bewirkt werden soll, so ist im Zweifel anzunehmen, daß der andere Teil zum Rücktritte berechtigt sein soll, wenn die Leistung nicht zu der bestimmten Zeit oder innerhalb der bestimmten Frist erfolgt.

1) Fixgeschäft. Wesen, Voraussetzgen. Vgl zunächst § 271 Anm 2c. Nicht jede genaue Bestimmg der Leistgszeit hat schon den Fixcharakter; die vereinbarte ErfZeit muß vielm so wesentl Bestandt des RGeschäfts sein, daß nachträgl Leistg nicht mehr als (volls) Erf angesehen w kann. Liegt FixGesch vor, so gibt § 361 die Auslegsregel, daß der Gläub ein RücktrR hat. § 361 gilt nicht für das sog absolute FixGesch, vgl § 271 Anm 2b, wo die Leistgszeit derart wesentl ist, daß ihre Verfehlg die **Leistg unmöglich macht**: hier gelten die §§ 275 ff, 323 ff. Er gilt ferner nicht für einseitige od ggs Verträge: für solche gelten nur die allg Vorschriften, §§ 280 ff, 286 ff. Ob Leistg zeitgerecht, ist nach Treu u Glauben zu beurteilen, uU führt danach geringe Fristüberschreitg nicht zur Auslösg des RücktrR RG **117**, 356. § 361 erfordert nur Nichtleistg zur od innerh der Zeit; **Verzug unnötig**, RG **108**, 159, also Versch unerhebl. Doch darf, § 242, Nichtleistg nicht vom Gläub verschuldet sein. Unnötig Anbieten der GgLeistg RG **108**, 159. Gläub muß aber zu ihr bereit u imstande sein RG HRR **26**, 1116. – Fristsetzg ist hier, anders als bei § 326, unnötig. – FixGesch ist auch das überseeische AbladeGesch RG **88**, 73.

2) Wirkg. Gläub kann iZw zurücktreten, u zwar ohne Fristsetzg. Tritt er zurück, so ist Erf- oder SchadErsAnspr ausgeschl. Gläub kann aber auch vom Rücktr absehen u nachträgl Erf, falls nicht unmögl, sowie Verspätgsschaden nach § 286 I fordern od auch nach §§ 325, 326 vorgehen. Voraussetzg jeder SchadErsFdg ist aber Verzug, also idR Versch. – Der Rücktr ist ohne Verzögerg zu erklären (§ 242), sonst erlischt das Recht § 361 (umgekehrt erlischt beim Handelsfixkauf, HGB 376 I, beim Schweigen der ErfAnspr; über weitere Unterschiede des Handelsfixkaufs vgl Baumb-Duden HGB 376 Anm 1). SonderVorschr: KO 18.

Dritter Abschnitt. Erlöschen der Schuldverhältnisse

Überblick

1) Erlöschen ist unmittelbare Beendigg, nicht bloß Erlangg einer zerstörenden Einr, zB der der Verjährg § 222, od der aus einem pactum de non petendo (das zul ist, RG **148**, 263). Erlöschen kann die **einzelne Fdg**, aber auch – sei es im Gefolge des Erlöschens einer Fdg, sei es alsbald – das **ganze Schuldverhältnis** (über den Unterschied vgl Einl 1a vor § 241; was erlischt, ist Frage des Einzelfalles, in § 362 I ist in erster Linie an die EinzelFdg gedacht. – Der Abschnitt regelt **vier Erlöschensgründe: Erfüllg** (einschl Leistg an Erf Statt) §§ 362 ff (der Regelfall des Erlöschens), **Hinterlegg** (nur uU ErlöschensGrd) §§ 372 ff, **Aufrechng** §§ 387 ff, **Erlaßvertrag** § 397 (einschließl negativen AnerkenntnVertr, § 397 II). Schuldverhältnisse können weiter durch **einseitige rechtsgeschäftl Aufhebgsakte** erlöschen od in AbwicklgsVerhältn umgestaltet w: Rücktr, Künd, Widerruf, Anfechtg, Wandlg vgl Einf 1, 3 vor § 346; **ferner vertraglich** dch Aufhebgsvertrag, vgl § 305 Anm 3, Aufrechnungsvertrag, vgl § 387 Anm 2, od Novation, vgl § 305 Anm 4, endlich **durch nicht rechtsgeschäftliche Tatbestände:** Zeitablauf; Endtermin § 163; Tod bei höchstpersönl Forderngen od Schulden zB § 673 S 1, 727; völliger Untergang der (jur) RPersönlichk ohne RNachfolge od Liquidation aGrd gesetzlicher Bestimmgen, str vgl BGH **48**, 306.

24 Palandt 38. A. 369

Ferner: nicht zu vertretende Unmöglichk § 275, vgl auch § 323; Verwirkg, vgl § 242 Anm 9 (Erlöschen, nicht bloß Einr, str); ferner Vereinigg von Fdg u Schuld, im BGB als selbstverständl nicht ausgesprochen, zumal es sich aus den gesetzl Ausnahmen (vgl zB WG Art 11 Abs 3) ergibt (Prot I 376, RG **147**, 243), vgl die Einzelregelgn der §§ 425, 429, 1164, 1173, 1991, 2143, 2175, 2377, für InhPapiere RG **147**, 243 (keine Vereinigg dagg in den Fällen des Fdgsüberganges, zB §§ 268 III, 426 II, 774, 1143, WG Art 47). Zweckerreichg u Zweckfortfall sind nach richt Ans Fälle der Unmöglichk der Leistg, § 275 Anm 1 d; Wegfall des GläubInteresses (Einl 1 c vor § 241) ist kein bes ErlöschensTatbestd, sond nach den Grds über unzul RAusübg (§ 242 Anm 4 C d) zu behandeln, Beuthien Zweckerreichg, 1969, S 251 ff. – Erlöschen tritt ferner ein dch Befriedigg iW der ZwVollstr aGrd rechtskr Titels, vgl ZPO 815 III, 819, vgl auch § 362 Anm 2 aE, uU nach KO 17 ff. Erlöschen von Reichsverbindlichkeiten vgl Einl 8 c vor § 241.

2) **Nicht denkbar** ist vertragl Verzicht auf den bereits eingetretenen ErlöschensGrd, zB die Tilgg, mit der Folge des Wiederauflebens des Schuldverhältnisses (mögl dagg Verzicht auf entstandene Einr); mögl ist nur vertragl Neubegründg unter Formwahrg RG **66**, 432, **107**, 347, sie kann bei formfreiem Vertr in der Rückg des SchuldBetr liegen, BAG Betr **72**, 782, vgl auch § 355 Anm 2, Rechte gg Bürgen u Pfänder leben nicht wieder auf. Anders nur in bes Fällen, vgl zB § 354 Anm 2.

Erster Titel. Erfüllung

362 *Erlöschen durch Leistung.* I Das Schuldverhältnis erlischt, wenn die geschuldete Leistung an den Gläubiger bewirkt wird.
II Wird an einen Dritten zum Zwecke der Erfüllung geleistet, so finden die Vorschriften des §185 Anwendung.

1) **Erfüllg** ist Schuldtilgg dch Bewirken der geschuldeten Leistg. Unter Leistg iS des § 362 ist nicht die LeistgsHdlg, sond der Leistgserfolg zu verstehen (MüKo/Heinrichs Rdn 7). Hängt dessen Eintritt von weiteren Voraussetzgn (zB Eintr im GrdBuch) ab, ist der Schu daher uU zur Wiederholg der LeistgsHdlg verpfl (BGH **LM** § 157 (D) Nr 25 Bl 2). Die Leistg kann in einem rein tatsächl Tun oder Unterlassen od in einer rechtsgeschäftl Hdlg (Übereigng) bestehen. Sie ist aber selbst kein RGesch, sond **realer Tilggsakt** (Theorie der realen Leistgsbewirkg, so Larenz § 18 I, Staud-Kaduk Vorbem Rdn 17 ff, MüKo/Heinrichs Rdn 9, hM, str). Die hiervon sog VertrTheorie (Ehmann JZ **68**, 530, NJW **69**, 1833, Rother AcP **169**, 30), die eine vertragl Willenseinig der Part über die Zuordng der Leistg zu einem best SchuldGrd fordert, ist mit § 366 unvereinb, wonach der Schu über die Zuordng zu best hat. Sie widerspr, insb bei Werk- u Dienstleistgn sowie Unterlassgn, auch dem VerkBedürfn u der natürl Anschauung. Die in der Tat erforderl Zuordng der Leistg zu einem best SchuldVerh erfolgt dch Bestimmg des Schu (MüKo/Heinrichs Rdn 10). Als Teil der Leistg gelten für sie in subj Hins die gleichen Voraussetzgn wie für die LeistgsHdlg. Sie kann daher bei rein tatsächl Hdlgen oder Unterlassen auch von einem GeschUnfähigen getroffen w u ergibt sich idR, insb wenn der Gläub nur eine Leistg zu fordern hat, aus den Umst. Erf tritt nur ein, wenn die Leistg an einen **Empfangsberechtigten** bewirkt w. Dem Mdj fehlt diese „Empfangszuständigk" (Larenz § 18 I). Durch Leistg an ihn geht zwar das Eigt über (§ 107), es tritt aber keine Erf ein (Wacke JuS **78**, 80 ff, Larenz § 18 I, MüKo/Heinrichs Rdn 11, hM, aA Harder JuS **77**, 149 ff). **Zahlung** (EigtÜbergang an Geld) ist meist (nicht immer, vgl DarlBegründg) Erf. Erf tritt nicht ein, wenn Schu nicht best, auf welche von mehreren Fdgen angerechnet werden soll u § 366 II nicht eingreift, BGH **LM** Nr 7; TilggsBest kann grdsätzl nicht nachgeholt w, vgl aber BGH **51**, 160. **Vorschußzahlung** ist meist ErfVorleistg, nicht Darl, RG **133**, 252. Daher ist der Vorschuß ggf nur nach BereicherungsGrdsätzen rückforderb RG JW **12**, 684. Abreden über VorausErf können bei unabdingb Anspr wg Gesetzesumgeh unzul sein, BGH **58**, 60. – Ausn von § 362: zum Erlöschen der Wechselschuld führt nicht Zahlg allein, sond erst Zerstörg der Urk od Quittgsvermerk auf ihr, RG **61**, 7. – Nach der Erf wirkt der Anspr als RGrd für die empfangne Leistg fort; er begründet für den Empfänger die Berechtigg, die Leistg behalten zu dürfen, vgl Welker, BerAusgl wg ZwVerfehlg, 1974, S 40 ff.

2) **Bewirken** der **geschuldeten** Leistg. Wer bewirken kann, sagen die §§ 267, 268, wie zu bewirken ist, die §§ 242, 271 (Zeit), 269 ff (Ort), 266 (Teilleistg). Inhalt u Umfang der Leistg bestimmen sich nach dem Schuldverhältn; die Leistg muß inhaltsgem, insb vollst sein. – Weist Gläub dch ihn nötig ist) die Leistg, gleichviel ob zu Recht od Unrecht, zurück, dann keine Erf, also kein Erlöschen der Schuld; es tritt jedoch, falls der Gläub zu Unrecht abgelehnt hat, AnnVerzug ein, §§ 293 ff, mit der Möglichk für den Schu, Erlöschen, insb dch Hinterlegg, herbeizuführen, vgl § 300 Anm 1. Nimmt Gläub eine unvollst Leistg an, dann nur TeilErf, falls nicht Ann an ErfStatt vorliegt, § 364, vgl auch § 363 (BewLast), dort auch über Vorbeh des Gläubigers. Zum Begriff der TeilErf: Coing SJZ **49**, 532. – Unerhebl ist, ob der Leistgserfolg nicht dch die LeistgsHdlg allein, sond erst in Verbindg mit anderen Tatsachen, zB gutgl EigtErwerb, eintritt. Erfüllg (Zahlg) unter **Vorbehalt** ist der Gläub anzunehmen verpflichtet, wenn die Zahlg bedinggslos erfolgt u der Schu damit nur die Anerkennng (§ 208) der Schuld ablehnen u sich die RückFdg bei (von ihm zu beweisendem) Nichtbestehen der Schuld – entgg § 814 – vorbehalten will; **anders**, wenn der Schu mit dem Vorbeh mehr verbindet, insb die Erf nur als bedingte, mit Pfl des Gläub, bei RückFdg das Bestehen der Schuld zu beweisen, bewirken will: das wäre kein schuldgemäßes Angebot, da die Schuldtilgg in der Schwebe bliebe; nimmt der Gläub aber gleichwohl an, so unterwirft er sich dem, Warn **14** Nr 240. Bei Zahlg aGrd einstw Vfg od zur Abwendg der ZwVollstr aus vorläufig vollstreckbarem Titel od VorbehUrt ist Vorbeh im ersten Sinne selbstverständl, vgl ZPO 717 II, III, 302 IV, 600 II, Tilgg bleibt in der Schwebe, sofern erkennb zur Abwendg der ZwVollstr geleistet w, vgl BGH WPM **65**, 1022, **68**, 923, MDR **76**, 1005, Hamm NJW **75**, 1843. Ebso bei Vollstreckg aus solchem Urt RG **98**, 329 (offen in **109**, 106), str.

Erlöschen der Schuldverhältnisse. 1. Titel: Erfüllung §§ 362–364

3) Leistg an den Gläubiger. Auch an den gesetzl od bevollmächtigten Vertreter, den Quittgsüberbringer § 370, den zur Ann Ermächtigten, zB den AnweisgsEmpf § 783. Ferner an eigenberechtigte Nichtgläubiger: Nießbraucher § 1074, Pfandgläub § 1282, ZPO 835. Auch der Schu selbst kann zur Leistg an einen Dritten (den solutionis causa adjectus) ermächtigt (dann freier Widerruf) od berechtigt (dann grdsätzl kein Widerruf) werden. Das erste liegt nicht vor bei Angabe einer Bank als Zahlstelle (BGH 53, 142, 69, 189). Darf Schu dch **Banküberweisg** leisten (§ 270 Anm 1b), steht diese Zahlg völlig gleich. Dch die Gutschrift erwirbt der Schu im Ergebn ebso wie iF der Barzahlg Verfüggsmacht über den geschuldeten GeldBetr („Buchgeld"). Die Banküberweisg ist daher nicht Leistg an Erf Statt, sond **Erfüllg** (Larenz § 18 IV, MüKo/Heinrichs Rdn 17, sehr str, aA BGH NJW 53, 897, Staud-Kaduk Vorb Rdn 62, 63). Vgl zur Banküberweisg, Zahlg dch Scheck u im LastschriftVerf § 270 Anm 1b ff. – Zahlg an den Nichtgläubiger befreit nicht trotz guten Glaubens, anders nur in bestimmten Fällen, zB §§ 169, 407, 2366, 2367, vgl auch § 370.

4) II. Fälle: Einwilligg od Gen des Gläub; Empf wird später Gläub, zB dch Beerbg des Gläub od Abtretg; Gläub beerbt Empf u haftet unbeschränkt. Die Fälle in Anm 3 gehören nicht hierher.

5) Über **Beweislast,** auch für den Fall, daß der Gläub aus der NichtErf besondere Rechte herleitet, vgl § 363 Anm 1.

363 *Beweislast bei Annahme als Erfüllung.* Hat der Gläubiger eine ihm als Erfüllung angebotene Leistung als Erfüllung angenommen, so trifft ihn die Beweislast, wenn er die Leistung deshalb nicht als Erfüllung gelten lassen will, weil sie eine andere als die geschuldete Leistung oder weil sie unvollständig gewesen sei.

1) Allgemeines. Die Bestimmung geht davon aus, daß die Erf grdsätzl vom Schu zu beweisen ist (BGH WPM **75,** 593); das gilt auch dann, wenn der Gläub aus der NichtErf bes Rechte herleitet, Mot I 383, BGH NJW **69,** 875, VersR **77,** 1153, 1155, bei UnterlassgsPfl hat aber Gläub ZuwiderHdlg zu beweisen. Die BewLast des Schu gilt sowohl für die Tats der Leistg als dafür, daß die Leistg obligationsgem war. Von diesem Grds macht § 363 für den Fall der Ann als Erf eine Ausn. § 363 ordnet nur eine BewLastumkehr an, keinen sachlichrechtl Nachteil für den Gläub. § 363 gilt nicht beim ggs Vertr; beim Kauf ist er inf von Sonderregelgn (§§ 442, 462ff) zT ohne Bedeutg, vgl näher § 320 Anm 3c.

2) Voraussetzg: Ann als Erfüllg. Die beschränkende Wirkg der Ann als Erf (Anm 1) fordert nicht, daß der Gläub die Leistg als tadellose, es genügt, daß er sie als im wesentl schuldgem Erf angenommen hat, RG **57,** 339, **109,** 295, Stgt NJW **69,** 611, stRspr. Ann als Erf scheidet aus, wo zur Erbringg der Leistg Ann nicht nöt, vgl § 362 Anm 1. – Die Ann als Erf ist als solche kein RGesch, sond tatsächl Vorgang, daher keine Anf, str. Wann sie vorliegt, ergibt der Einzelfall; ein Vorbeh des Gläub vermag ihre Wirkgen grdsätzl nicht zu beseitigen, RG **71,** 23. Das bloße Hinnehmen genügt im allg nicht, bes bei verpackt übersandten Sachen, and bei Geldscheinpäckchen OLG **43,** 39. Es genügen aber: Behalten, längeres Schweigen RG **86,** 214, Gebrauchen, Weiterverkauf.

3) Wirkg. Nur **Beweislastumkehr,** vgl Anm 1, kein sachlichrechtl RVerlust des Gläub, insb nicht Gen od Mängelverzicht, RG **57,** 400; auch die Einr des nicht gehörig erfüllten Vertrages bleibt ihm. Die BewLastumkehr erstreckt sich auf die volle Obligationsmäßigk der Leistg, insb auch die etwaige Mangelhaftigk, RG **109,** 296, stRspr. – **Weitergehende Wirkgen** der Ann als Erf treten nur beim **Kauf,** falls Ann in Kenntnis des Mangels erfolgt, § 464, ebso bei der Abnahme beim WerkVertr, § 640 II; hier Vorbeh nötig, sonst sachlichrechtl RVerlust. Weiter gehen für den beiderseitigen Handelskauf HGB 377, 378: Pflicht zur Untersuchg u Anz nach „Ablieferung", sonst tritt die sachlichrechtl Folge der Genehmiggsfiktion ein.

364 *Annahme an Erfüllungs Statt.* I Das Schuldverhältnis erlischt, wenn der Gläubiger eine andere als die geschuldete Leistung an Erfüllungs Statt annimmt.
II Übernimmt der Schuldner zum Zwecke der Befriedigung des Gläubigers diesem gegenüber eine neue Verbindlichkeit, so ist im Zweifel nicht anzunehmen, daß er die Verbindlichkeit an Erfüllungs Statt übernimmt.

1) Allgemeines. Bewirkg einer anderen als der geschuldeten Leistg ist keine Erf. Sie kann aber die Erf ersetzen, also Tilgg herbeiführen, wenn der Gläub dieser Art der Tilgg zustimmt, wozu er, abgesehen von den Fällen der Abfindgsbefugnis des Schu (vgl § 262 Anm 3d) nicht verpflichtet ist. Die Abrede, derart zu tilgen, kommt erst dch Leistg u Ann zustande und wird gleichzeitig dadch erfüllt, also RealVertr; sie ist aber (trotz § 365) kein entgeltl VeräußergsVertr, sond eine Vereinbg über die Erf („HilfsGesch"); SchuldGrd bleibt das ursprüngl SchuldVerh; dieses best über RBeständigk u Rückforderbark der Leistg (Harder, Leistg an Erf Statt, 1976, S 106ff, 171; MüKo/Heinrichs Rdn 1, abw die hM vgl Larenz § 18 IV). Abfindgsbefugn kann von Anfang an vereinbart od dch SchuldabändergsVertr (§ 305 Anm 2) nachträgl vorgesehen w. Tatsächl Entgegn der Leistg genügt nicht; erforderl ist Wille des Gläub, die angenommene Leistg als geschuldete gelten zu lassen, BAG Betr **76,** 59. Inzahlnahme eines Gebrauchtwagens bei KfzKauf kann Leistg an Erf Statt sein, BGH **46,** 340, Hbg MDR **71,** 135, Hamm NJW **74,** 1091, NJW **75,** 1521, Ffm NJW **74,** 1823, Dubischar JZ **69,** 175, krit Pfister MDR **68,** 364; and jedoch, wenn hinsichtl des Gebrauchtwagens lediql ein VermittlgsAuftr erteilt w, BGH NJW **78,** 1482, Hamm NJW **76,** 53 mAv Medicus, krit Espenhain WPM **78,** 1107.

2) a) Gegenstand der Leistg an Erf Statt können sein
aa) Sachen, Rechte, insb Fdgen gg Dritte, die an den Gläub abgetreten werden, vgl zur Gewährleistg § 365.

bb) zum Zwecke der Schuldtillg kann aber auch ein anderes SchuldVerh (Fdg) unter den VertrPartnern neu begründet und an die Stelle des alten gesetzt werden; od es kann ein Dritter die neue Verbindlichk eingehen. Es liegt dann ein Fall der Schuldumschaffg **(Novation)** vor; vgl dazu § 305 Anm 4. Vgl aber unten Anm 3 und 4b.

b) Besteht die zu erfüllde **Forderg nicht** od entfällt sie (zB dch Wandlg), h Gläub Leistg an Erf Statt zurückzugewähren u nicht etwa den angerechneten Betr zu vergüten, Ffm Betr **70**, 581, aA Karlsr NJW **65**, 111, vgl auch Hamm NJW **75**, 1521. Zum umgekehrten Fall, daß die an ErfStatt abgetretene Fdg nicht besteht, vgl § 365.

3) Wann Annahme an Erfüllungs Statt vorliegt und wann bloße Ann erfhalber (in diesem Falle tritt Tilgg erst ein, wenn dem Gläub dch die andere Leistg tatsächl Werte zufließen), ist durch Auslegg zu ermitteln. Im Zweifel wird, soweit der Gläub dch die Leistg nur Fdgen in die Hand bekommt, zB bei Abtretg einer Fdg gg einen Dritten od bei Neubegründg einer Fdg gg einen solchen, nach der Erfahrg des Lebens nur Ann erfhalber anzunehmen sein. Für den Fall, daß der Schu dem Gläub ggü zwecks Befriedigg eine neue Verbindlichk übernimmt, spricht § 364 II das ausdr aus; iZw dann also keine Schuldumschaffg, oben Anm 2b. Liegt sie vor, wie insb im Falle des Saldoanerkenntnisses im KontokorrentVerk RG **125**, 416, so gilt das zu § 305 Anm 4 Gesagte. Banküberweisg ist idR Erf nicht Leistg an Erf Statt, vgl §§ 270 Anm 1b, 362 Anm 3.

4) Leistg u Annahme **erfüllungshalber** (vgl Köhler WPM **77**, 242). Erörtergsbedürftig sind hier die Fälle:

a) Dem Gläub wird eine **Forderung gegen einen Dritten abgetreten** (od sie ist deswg von dem Dritten gg ihn neu begründet worden). Gläub hat dann zwei Fdgen, die aber dch die Abrede der Hingabe erfhalber unter sich verbunden sind: besteht die alte Fdg nicht od wird sie vernichtet, so ist die Abtretg kondizierbar, RG **61**, 321; wird die abgetretene Fdg getilgt, so erlischt im Umfange der Tilgg auch die alte; Zahlg auf alte Fdg kann gem § 267 zugleich Tilgg der abgetretenen sein, BGH WPM **74**, 571. Gläub hat aus der Abrede, die ein RVerhältn besonderer Art darstellt, RG **160**, 1, nach Treu u Glauben die Pfl, zunächst mit verkehrsübl Sorgf zu versuchen, sich aus der abgetretenen Fdg zu befriedigen, RG **65**, 81, BGH Warn **69** Nr 7, Celle OLGZ **70**, 451. Pfl zur Erhebg einer Klage mit zweifelh Erfolgsaussicht besteht nicht, Nürnbg WPM **76**, 967. Es ist ihm auch nicht grdsätzl verwehrt, mit dem Dritten einen Vergl über die Fdg sogar ohne Zust des Abtretden zu schließen; er hat jedoch darzulegen, daß ihm Volleinziehg nicht mögl war, RG **160**, 1.

b) II : Der **Schuldner** hat dem Gläub ggü zwecks Befriedigg eine **neue Verbindlichkeit** übernommen. Übernahme nur erfhalber ist hier nach II iZw anzunehmen (vgl oben Anm 3). Hauptfall: Hingabe eines Wechselakzepts (RG **158**, 317, BGH **LM** § 766 Nr 12) od Schecks (ScheckG 12, RG **78**, 142, Düss NJW **48**, 264) zwecks Erf einer Verbindlichk (dagg liegt II nicht vor, wenn Wechselhingabe selbst die geschuldete Leistg RG JW **37**, 1485), auch die Hingabe eines Prolongationswechsels, falls nicht der alte zurückgegeben w (dann Umschaffg, vgl oben Anm 3, RG **107**, 35, zu weitgehd Naumbg JW **39**, 285, wo aus Hingabe des Prolongationswechsels stets die Verpfl zur Rückg des alten hergeleitet wird). Gläub hat hier zunächst wie im Falle a, zu versuchen, sich aus dem Wechsel zu befriedigen u das dazu Verkehrsübliche (Präsentation) zu tun, Dresden SeuffA **72**, 96. Ist der Wechsel erst später fällig, w hierin idR keine Stundg, sond ledigl ein vorübergehder Ausschl der Klagbark zu erblicken sei, Köhler WPM **77**, 248, str. Erf statt tritt ein, wenn der WechselNeh einen GgWert erhalten h, den er behalten darf, BGH WPM **75**, 1255. Erlangt der Gläub aus der neuen Fdg keine Befriedigg, so kann er auf die erste zurückgreifen, Warn **25** Nr 119. – Übernahme einer EigtümerGrdschuld des Verkäufers od einer GrdstBelastg (zB Hyp), deren Gläub ein Dr ist, dch den Käufer unter ,,Anrechng auf den Kaufpreis", stellt idR die gem § 433 geschuldete Leistg selbst dar, ist also weder Annahme an Erf Statt noch erfhalber auf den Kaufpreis; eine auf Geldzahlg gerichtete KaufprFdg besteht insow gar nicht, so daß § 364 II nicht erst in Frage kommt; so RG **120**, 169, andere Auslegg ist aber mögl, RG **121**, 38.

365 *Gewährleistung bei Hingabe an Erfüllungs Statt.* Wird eine Sache, eine Forderung gegen einen Dritten oder ein anderes Recht an Erfüllungs Statt gegeben, so hat der Schuldner wegen eines Mangels im Rechte oder wegen eines Mangels der Sache in gleicher Weise wie ein Verkäufer Gewähr zu leisten.

1) Voraussetzgen: die Fälle des § 364 Anm 2a, § 365 gilt nicht bei Leistg bloß erfhalber RG **65**, 81. Da die Vereinbg an Erf Statt keinen neuen SchuldGrd schafft (§ 364 Anm 1), ist § 365 unanwendb, wenn sich aus dem ursprüngl SchuldVerh etwas and ergibt, so iF der Schenkg (§§ 523, 524), ferner bei Anspr aus Spiel u Wette (§ 762 II), MüKo/Heinrichs Rdn 1, str. Gläub hat die Rechte aus §§ 433 ff (323 ff) und 459 ff; bei Rechten, insb Fdgen, haftet der Schu für Bestehen, § 437, nicht für Güte. Auch bei Rücktr des Gläub (§§ 325, 326) od Wandlg (§ 467) lebt die alte Fdg nicht von selbst wieder auf, sond Schu ist nur zur Wiederherstellg verpflichtet; Gläub kann aber im Proz sofort auf Erf der wiederhergestellten Fdg klagen, BGH **46**, 342. Beim Fordern von SchadErs wg NichtErf, §§ 325, 326, besteht DifferenzAnspr in Geld (§ 325 Anm 3 aE). Nach KaufVertrGrdsätzen ist auch zu beurteilen, ob eine Verletzg der OffenbargsPfl den hingegebenen Leistg die Anfechtbark aus § 123 begründet, RG **111**, 234. – Für Tilgg eines Schenkgsversprechens gilt grdsätzl nichts anderes, hM, doch wird Auslegg oft zu anderem Ergebnisse führen müssen, da § 365 nicht zwingd ist. – Erweiterte Haftg, zB für Fdgsgüte, kann übernommen werden, RG JW **07**, 105. – Tilgt ein Dritter gem §§ 365, 267, so haftet er, nicht der Schu.

366 *Anrechnung der Leistung auf mehrere Forderungen.* ¹Ist der Schuldner dem Gläubiger aus mehreren Schuldverhältnissen zu gleichartigen Leistungen verpflichtet und reicht das von ihm Geleistete nicht zur Tilgung sämtlicher Schulden aus, so wird diejenige Schuld getilgt, welche er bei der Leistung bestimmt.

Erlöschen der Schuldverhältnisse. 1. Titel: Erfüllung §§ 366–368

II Trifft der Schuldner keine Bestimmung, so wird zunächst die fällige Schuld, unter mehreren fälligen Schulden diejenige, welche dem Gläubiger geringere Sicherheit bietet, unter mehreren gleich sicheren die dem Schuldner lästigere, unter mehreren gleich lästigen die ältere Schuld und bei gleichem Alter jede Schuld verhältnismäßig getilgt.

1) Allgemeines und I. § 366 gilt nicht bloß bei Geld-, sond auch bei and gleichart (Gattgs-) Leistgen. Er gilt auch bei einer Mehrh von Fdgen aus einem Schuldverhältn, BGH NJW 65, 1373 (Miete), ebso bei mehreren GrdSch, Düss WPM 76, 938. Er ist auf eigenständ gewordene FdgsTeile entspr anwendb, so wenn nur ein TeilFdg dch Hyp gesichert ist, BGH NJW 73, 1689, bei Einklagg einer TeilFdg, RG 66, 271. Er gilt auch bei Fdgen mehrerer Gläub, falls dem Schu ggü eine Pers für die Gläub auftritt (zB bei stiller Teilabtretg, verlängertem EigtVorbeh), BGH 47, 170, dazu Pfister NJW 68, 239, Ehmann JZ 68, 549, Derleder AcP 169, 100, MüKo/Heinrichs Rdn 3. Anwendg der §§ 366, 367 bei Zahlg an Auktionator Hbg MDR 68, 47. – Der Schu kann sein **BestimmgsR** auch stillschw ausüben, zB dch Zahlg gerade des Betr einer der Schuldsummen, Köln MDR 69, 482, BGH WPM 73, 461. – Wo aber Beziehg der Leistg auf bestimmten Schuldteil nicht klar ersichtl, muß Schu bestimmen, wenn § 366 II nicht eingreifen soll, vgl BGH MDR 62, 977. Ist der zu laufden Zahlgen (Gehalt, Miete, Unterh) verpflichtete Schu im Rückstand, ist bei Leistg einer Rate eine eindeut Zuordng nicht ersichtl (and Hbg DR 40, 1185: letzte Rate); es gilt daher II, BGH NJW 65, 1373. – Bestimmung dch den Schu muß bei Leistg erfolgen, sonst greift II ein, es sei denn, daß Part Schu nachträgl Bestimmg vorbehalten h, BGH 51, 161. – **Widerspricht Gläubiger** der vom Schu bestimmten Anrechng u lehnt er Ann ab, dann GläubVerzug, § 293, nimmt er gleichwohl an, so ist sein Widerspr unerhebl, falls Schu dem nicht nachträgl zustimmt (Änderg der Geltg kraft Vereinbg). Gläub hat nie BestimmgsR RG 55, 414. – Haben die Parteien zuvor Tilggsreihenfolge **vereinbart**, so ist diese auch dann maßgebd, wenn der Schu eine abw Anrechngsbestimmg trifft, RG 66, 54; BGH WPM 66, 337, hM. – I gilt nur bei freiw Leistg. Auch der leistende Dritte (§ 267) muß nach § 366 I bestimmen können. – Der **Bürge** ist an die Bestimmg des Hauptschuldners gebunden, kann dagg aus anderweiter Tilggsabrede mit Gläub gesonderte ggü Rechte herleiten, RG 136, 184. Hat HauptSchu nichts bestimmt, so kann der Bürge bei Leistg bestimmen, hM. – § 366 I od II sind für das Kontokorrentverhältnis ausgeschl RG 87, 438, BGH NJW 70, 561. – Für das SteuerR regelt AO 1977 § 225 die Reihenfolge der Tilgg; iü w man § 366 im öffR entspr anwenden können, Hbg HRR 32, 1437, BGH VersR 62, 27, 63, 1034. Vom ArbG gezahlte SozVersBeiträge sind iZw auf den ArbNAnteil anzurechnen, Wochner Betr 77, 1092. – Vgl auch § 396.

2) II. Gesetzliche Tilggsreihenfolge. a) Sie beruht auf dem vermuteten, vernünft PartWillen, daher unanwendb, wo sie (ausnahmsw) der Interessenlage offensichtl widerspricht, BGH NJW 69, 1846, LM Nr 8. Bei VersVerhältn ist idR die dem VersN günstigste Anrechng vorzunehmen, BGH NJW 78, 1542. – **Geringere Sicherh:** dazu ist auch die Sicherg dch Mithaftg eines GesSchu (Celle NJW 70, 329) od dch Titel, zB Urt, zu rechnen, vgl Hbg MDR 71, 758, aA Withöfft JZ 55, 374; ebso die vom einen Dr gestellte Sicherh (GrdSch), BGH **LM** Nr 10; bei RückerstattgsGrdst die über der Belastgsgrenze liegde Fdg, LG Stgt RzW 50, 432; früher verjährde Fdg ist, wenn Verj in absehb Zeit droht, bei sonstiger Gleichartigk weniger sicher, BGH NJW 57, 1314, NJW 65, 1373, ebso wenn RVerlust dch FrAblauf droht, BGH VersR 76, 138. Größere **Lästigkeit**, zB wenn bereits eingeklagt, RG 66, 275. **Alter**: nach Entstehg, nicht nach Fälligk, hM.

b) II gilt entsprechend bei Beitreibg aus demselben Titel, vgl HRR 37, 792; ferner bei Anrechng des Erlöses von Sicherheiten RG 114, 211, HRR 32, 1556; bei Zahlg auf Geldstrafe u Mehrerlös (Geldstrafe lästiger) Hbg MDR 50, 757. – § 366 II gilt nicht bei Teilausschüttgn des KonkVerwalters an einen KonkGläub, dessen Fdgen teilw bevorrechtigt, aber zur KonkTabelle ohne VorR festgestellt sind; denn der KonkVerwalter hat kein BestimmgsR, sond das G bestimmt, wie die KonkMasse zu verwenden ist, RG 164, 219.

3) Beweislast. Kläger, der Tilgg bestreitet u Anrechng auf andere Fdg gem II behauptet, muß deren Dasein, Schu muß dann Bestimmg nach I od Anrechng auf KlageFdg nach II beweisen. RG 55, 413, BGH Betr 74, 2005, WPM 78, 1046.

367 *Anrechnung auf Zinsen und Kosten.* I Hat der Schuldner außer der Hauptleistung Zinsen und Kosten zu entrichten, so wird eine zur Tilgung der ganzen Schuld nicht ausreichende Leistung zunächst auf die Kosten, dann auf die Zinsen und zuletzt auf die Hauptleistung angerechnet.

II Bestimmt der Schuldner eine andere Anrechnung, so kann der Gläubiger die Annahme der Leistung ablehnen.

1) Erweiterg des § 366 auf das Verhältn von Hpt- u NebenFdg; gilt auch für ZwVollstr u im VerglVerf, BGH NJW 56, 1595, nicht aber, wenn neben einem Anspr Zinsen u Kosten einer and Fdg geschuldet w, BGH NJW 69, 1846. Grd der Vorschr: Mögl Verschiedenh der RVerhältnisse an Zinsen u Kosten, vgl RG 122, 43. Hier kein BestimmgsR des Schu wie § 366 I, es gilt nur die gesetzl Folge. Zinsen iS des § 367 sind nur nicht verjährte Zinsen KG DR 43, 803. – Bestimmt Schu gleichwohl anders, kann Gläub Ann ablehnen, nimmt er aber an, so gilt die Bestimmg des Schu, Düss Rpfleger 75, 355. Auch vor Leistg sind abw Vereinbg zul, Hamm NJW 74, 1951. – Erst ein Überschuß über Zinsen u Kosten entfällt auf die nach § 366 II nachfolgende Fdg.

368 *Quittung.* Der Gläubiger hat gegen Empfang der Leistung auf Verlangen ein schriftliches Empfangsbekenntnis (Quittung) zu erteilen. Hat der Schuldner ein rechtliches Interesse, daß die Quittung in anderer Form erteilt wird, so kann er die Erteilung in dieser Form verlangen.

1) Wesen der Quittung. Quittg ist das einseitige Bekenntn über den Empfang der geschuldeten Leistg, s Text. Sie ist nur Bekenntn einer Tats, kein Rechtsgeschäft, auch keine geschäftsähnl Hdlg (aA Stötter MDR **78**, 632), nur ein vom Gläub gg sich selbst hergestelltes BewMittel, nichts weiter, hM, RG **108**, 55 stRspr (außerdem hat sie nach § 370 auch Legitimationscharakter für ihren Träger). In Quittgsleistg u -annahme kann ein ErlaßVertr (§ 397 I) liegen (zB schenkweise Erteilg) od ein negativer AnerkenngsVertr (§ 397 II) zB um einen Streit über Tilgg zu beenden; die sog Ausgleichsquittg kann eins od das andere sein (vgl dazu § 397 Anm 6). Die Quittg als solche enthält keins von beiden, insb keinen AnsprVerzicht. Die Quittg beweist; wenn schriftl (vgl Anm 2) nach ZPO 416; auch wenn Schriftform nicht voll gewahrt ist, hat sie für die BewWürdigg Bedeutg, ZPO 286; auch die schriftl kann anderers durch GgBew entkräftet w, RG **123**, 82, **119**, 279, HRR **36**, 661, stRspr. Hierfür genügt, daß die Überzeugg des Ger vom Empfang der Leistg erschüttert w [BGH BB **78**, 1232]. Das kann bereits desh anzunehmen sein, weil die Quittg von einem GeschUnfäh stammt (Karlsr MDR **78**, 667). Bei Vorausquittg genügt Bew der Vorauserteilg, hM, RG **108**, 56; damit steht Unrichtigk des Empfangsbekenntnisses fest. Schu hat dann die spätere Leistg zu beweisen, wobei ihm behilfl sein kann, daß der Gläub die Quittg längere Zeit hindch widerspruchslos in seinen Händen belassen hat, RG ebda; nicht hat Gläub zu beweisen, daß Leistg auch später nicht erfolgt ist. Auch die Vorausquittg ist danach nur BewMittel, ihre Erteilg ist nicht „Beweisvertrag" od etwa Abrede, daß Gläub nur bei Nachweis des Fortbestehens die Fdg noch geltd machen könne (so Enn-Lehmann § 74 III, 3b). Nicht dasselbe gilt für den Schuldschein, vgl § 371 und § 607 Anm 4. – Da Quittg nur BewMittel ist, kann Schu eine Quittg unter Vorbeh weiterer Ansprüche nicht zurückweisen KG JW **18**, 776, anders bei Vorbeh nachträglicher Durchzählg der Geldsumme Kiel JW **23**, 616. – Die Quittg hat die geschuldete Leistg zu kennzeichnen RG **79**, 191.

2) Form. Schu hat Anspr auf Schriftform. § 126 gilt, obwohl Quittgsleistg nicht WillErkl ist, oben Anm 1. Rechtl Interesse an anderer Form: zB für Grdbucheintraggen („löschungsfähige" Quittg) §§ 1144, 1167, 1192, GBO 29, Quittg des Gerichtsvolziehers ZPO 757.

3) Verpflichtg zur Erteilg. Sie besteht auch bei Kleingeschäften, hM, falls nicht § 242 entggsteht; auch für Teilleistgen, wenn solche angenommen werden; desgl bei Aushändigg von Arbeitspapieren an ArbN, LAG Düss BB **62**, 596. Zu erteilen nur bei Leistg, auch erhalber (bei Banküberweisg jedenf dann, wenn Schu berecht Interesse dartut, LG Stgt MDR **71**, 843), nicht aber bei Hinterlegg od Aufrechng, ferner nur auf Verlangen (verhaltener Anspr); Zug um Zug, selbst bei vertragl VorleistgsPfl des Schu, daher ZbR des Schu gem § 273, falls Gläub Erteilg verweigert, so daß SchuVerzug nicht eintritt; vielm kommt Gläub in AnnVerzug, § 298. Gläub darf Quittg auch nicht wg anderer Fdgen, selbst aus demselben Schuldverhältn, zurückhalten, RG JW **11**, 808. – Auch nach Leistg noch Anspr auf Quittg, RGRK Rdn 2; Klage darauf kann bei vertragl SchuldVerh im GerStand des ErfOrt (ZPO 29) erhoben w, da § 368 Ergänzg des PartWillens MüKo/Heinrichs Rdn 9. – Auch der leistde Dritte (§§ 267, 268) hat Anspr auf Quittg.

369 Kosten der Quittung.

I Die Kosten der Quittung hat der Schuldner zu tragen und vorzuschießen, sofern nicht aus dem zwischen ihm und dem Gläubiger bestehenden Rechtsverhältnisse sich ein anderes ergibt.

II Treten infolge einer Übertragung der Forderung oder im Wege der Erbfolge an die Stelle des ursprünglichen Gläubigers mehrere Gläubiger, so fallen die Mehrkosten den Gläubigern zur Last.

1) Grund: das Interesse des Schu, da Quittg für ihn BewMittel ist, vgl § 368 Anm 1. Daher anders zB bei Auftr u VerwahrgsVertr. Für seine ArbLeistg kann Gläub kein Entgelt fordern, RGRK Rdz 2. – Mehrkosten aus bes Anlaß, zB GeschUnfgk, hat nach § 242 der Gläub zu tragen, vgl auch Abs 2.

370 Leistung an den Überbringer der Quittung.

Der Überbringer einer Quittung gilt als ermächtigt, die Leistung zu empfangen, sofern nicht die dem Leistenden bekannten Umstände einer Annahme einer solchen Ermächtigung entgegenstehen.

1) Ermächtigg des Überbringers. In der Überg der Quittg liegt idR (je nach Lage des Falles) die Erteilg einer InkassoVollm, die Bestellg zum Empfangsboten od eine sonst Entggnahme der Leistg. Der auf dem Gedanken der **Rechtsscheinhaftg** beruhe § 370 (BGH **40**, 297, 304) schützt den Schu aber auch dann, wenn der Überbringer nach seiner RBeziehg zum Gläub nicht zum Leistgempfang berecht ist. Der Schu w auch dann frei, wenn die Quittg gestohlen worden od sonst abhanden gekommen ist (MüKo/Heinrichs Rdn 4 mit NW, hM, aA 37. Aufl). Quittgsträger kann trotz seiner Amtsstellg auch der Notar sein (aA RG HRR **30**, 602), doch ist er es nicht, wenn er lediglich eine Löschungsbewillig in der Hand hat, Warn **08** Nr 196. – Die Fiktion der Ermächtigg entfällt, wenn Schu Umst, die ihr entgegenstehen, kennt, Fahrlk genügt nicht. Geschützt wird nicht nur der Schu, sond auch ein leistender Dritter; für die Kenntn der entggstehenden Umst ist grdsätzl seine Pers maßg, str. Die Quittg muß spätestens bei Leistg vorgelegt, RG HRR **30**, 602, auf Verlangen ausgehändigt werden. Die Ermächtigg geht nur auf Leistgempfang, nicht auf Empfang einer ErsLeistg, und nur auf Leistg an den Überbringer, nicht an Dritte, RG HRR **28**, 1404, RG **102**, 345.

2) Quittg. Nur die echte. Leistg auf fälschlich angefertigte Quittg befreit nicht RG **160**, 312, BAG NJW **61**, 622; ebsowenig Leistg auf inhaltl verfälschte bei echter Unterschrift, MüKo/Heinrichs Rdn 3; jedoch befreit Leistg auf die Blankettquittg, wenn die Ermächtigg unberechtigt ausgefüllt ist; Grd: Publizitätsschutz, vgl BGH **40**, 297, 304. Auch wenn Schu nicht befreit wird, kann ihm aber ein aufrechenbarer SchadErsAnspr gg den Gläub aus Versch an der Fälsch od fälschlichen Anfertigg zustehen zB bei nachlässiger Formularverwahrg, RG **73**, 352.

371 Rückgabe des Schuldscheins. Ist über die Forderung ein Schuldschein ausgestellt worden, so kann der Schuldner neben der Quittung Rückgabe des Schuldscheins verlangen. Behauptet der Gläubiger, zur Rückgabe außerstande zu sein, so kann der Schuldner das öffentlich beglaubigte Anerkenntnis verlangen, daß die Schuld erloschen sei.

1) Satz 1. Schuldschein (vgl auch § 952 I) ist eine vom Schu zwecks BewSicherg für das Bestehen der Schuld gegebene Urk, die die Schuld bestätigt od auch erst begründet, RG 120, 89, BGH WPM **76**, 975, stRspr; mehrere äußerl getrennte Urkunden können zus einen Schuldschein bilden RG **131**, 6. Für den DarlSchuldschein vgl § 607 Anm 4. Das Eigt am Schuldschein steht dem Gläub zu, § 952, es folgt dem Recht an der Fdg, dch Tilgg der Schuld fällt es dagg nicht von selbst an den Schu zurück, hM, daher war bes Bestimmg nötig, um RückgVerpflichtg zu begründen (da die Anwendg von § 812 zweifelh sein konnte). Grund des Satzes 1: Besitz des Gläub am Schuldschein ist Indiz für Bestehen der Schuld (umgekehrt Besitz des Schu Indiz für Erlöschen), RG JW **10**, 64. Daher u aus ideellen Gründen Interesse des Schu an Rückerlangg. – Der RückgAnspr besteht neben dem QuittgsAnspr. Er steht nur dem Schu zu, nicht dem leistenden Dritten, falls Schuld nicht auf diesen übergeht. Er richtet gg den Gläub, auch den Zessionar, auch daneben gg den etwaigen dritten Besitzer, MüKo/Heinrichs Rdn 6, hM, Beschrkg des Anspruchs auf die VertrPartner wäre im Hinbl auf den Grd der Bestimmg (vgl § 370 Anm 1) lebensfremd, da § 812 gg den Dritten nicht stets gegeben wäre. Herausg einer Urk kann nur verlangt werden, wenn diese einen Schuldschein über eine erfüllbare u erfüllte Fdg darstellt, und wenn Urk nur Niederschrift über einen Vertr, dch den GeldFdg nicht begründet werden sollte, Oldbg NdsRpfl **48**, 9. – Der Anspr ist in entspr Anwendg auch bei Erlöschen auf andere Weise als durch Leistg zu geben, Soergel-Schmidt Anm 2, str. Nach Düss MDR **53**, 557 kann Schu in entspr Anwendg von § 371 Herausg des VollstrTitels verlangen; dazu krit Lüke JZ **56**, 475.

2) Satz 2. Das Anerkenntn ist ein solches des § 397 II, kein bloßes BewMittel. Voraussetzg: die bloße Behauptg des Gläub. Kosten: Gläub (unstr). Schu kann, auch auf Rückg des Schuldscheins klagen (Grd: Anm 1); Gläub mag dann Unvermögen beweisen. Nach Entggnahme des Anerkenntn Anspr auf Rückg aber nur noch bei einem bes Interesse.

Zweiter Titel. Hinterlegung

Einführung

1) Allgemeines. Der Titel eröffnet dem Schu unter gewissen Voraussetzgen den Weg der Hinterlegg, um sich vorläufig (§ 379 I) od auch endgültig (§ 378) von einer Schuld zu befreien. Hinterlegg ist die Übergabe der Schuldsache für den Gläub an eine öffentl Stelle (die Hinterleggsstelle). Sie ist danach **Erfüllgsersatz**. – **Voraussetzgen**: Gläub muß im AnnVerzuge sein od Schu muß nicht mit Sicherh erfüllen können. Hinterlegg ist möglich nur bei geschuldeten **beweglichen Sachen**, jedoch nicht stets bei allen, vgl § 383 Anm 1. Für Grdstücke vgl für den Fall des AnnVerzuges (nur für diesen) § 303. – Die §§ 372 ff gelten auch für die Hinterlegg zwecks Tilgg dinglicher öffentlicher Verbindlichkeiten.

2) Andere Fälle der Hinterlegg.
a) UU ist der Schu zur Hinterlegg **verpflichtet**, falls Gläub sie verlangt, RG **52**, 144, so (meist zu Zwecken treuhänderischer Verwahrg) zB nach §§ 432 I Satz 2, 660 II, 1077, 1281, 2039 Satz 2. Hier stellt die Hinterlegg die Bewirkg der Leistg **selbst** dar, die Schuldtilgg beruht dann nicht auf §§ 372 ff, sond auf § 362 I. Die §§ 372 ff, die nur das HinterleggsR des Schu behandeln, kommen daher nur hins der befreienden Wirkgen der Hinterlegg nicht zur Anwendg; ebso bei nur widerrufl Hinterlegg.

b) Für die Hinterlegg zu anderen als Schuldbefreiungs-, insb zu **Sicherungszwecken** gelten die §§ 372 ff dagg nicht; so nicht für die Hinterlegg zwecks SicherhLeistg aus sachlrechtl Gründen (es gelten dafür vielm §§ 232 ff), zB in den Fällen der §§ 257, 258, 273, 321, 509, 1389; die Hinterlegg aus prozessualem Anlaß, zB ZPO 707, 710, 713, 853 (dazu RG **59**, 14), 921 II, ZVG 69; die Hinterlegg nach KO 169, die SicherhLeistg nach AktG 225, 272, 303, 347, 374, nach StPO 117, 118, nach RAbgO 132, 142, sowie in anderen Fällen. – Auch für die Hinterlegg nach ZPO 75 gelten die §§ 372 ff nicht. – Eine Hinterlegg aus prozessualem Anlaß kann jedoch dch Parteierklärg in eine solche mit befreiender Wirkg nach §§ 372 ff (§ 378) umgewandelt werden, RG JW **14**, 466. – Die Hinterlegg ist zu scheiden von der vertragl Verwahrg der §§ 688ff, vgl Anm 3a, und von der „besonderen amtlichen Verwahrung" von Testamenten u Erbverträgen der §§ 2246, 2248, 2277, 2258a, 2258b, 2300.

c) Über die häufige Hinterlegg bei einem Notar vgl § 372 Anm 5, § 378 Anm 2.

3) Der **Titel** regelt nur die **privatrechtlichen** Voraussetzgen der Hinterlegg zwecks Befreiung, also die Fragen, wann das HinterleggsR besteht (HinterleggsGrd), wer hinterlegen was hinterlegt werden (HinterleggsGgst) kann, ferner wie zu hinterlegen ist od doch hinterlegt werden kann, endl die **schuldrechtlichen Wirkgen** der Hinterlegg für das Verhältn zw Gläub u Schu, §§ 378, 379.

a) Die **öffentlichrechtliche Seite der Hinterlegg** aGrd dieses Titels (u der meisten and oben genannten Hinterleggsfälle), sowie das ges HinterleggsVerf ist geregelt dch die HintO (vgl Kriege-Bülow HintO; Drischler HintO 1951). Die Aufgaben der „Hinterleggsstelle" in den Fällen der §§ 372 ff sind dem AmtsG übertragen, HintO 1 II, u zwar dem RPfleger, RPG 30. Gg Entsch sind als RBehelf die Beschw im Aufs-Weg sowie Antr auf gerichtl Entsch gem EGGVG 23 gegeben, HintO 3 I u II. Ist Antr auf Herausg dch Entsch des LGPräs (AGPräs) abgelehnt, ist Kl im ord RWeg zul, HintO 3 III, Antr gem EGGVG 23 idF nicht statth, Ffm OLG **74**, 358. Für SchadErsAnspr aus der Hinterlegg steht ord RWeg gem VerwGO 40

II offen. Das Hinterleggsverhältn ist ein **öffentlichrechtliches Verhältnis** (ein Fall sog öffr Verwahrg). Soweit seine öffr Natur nicht entggsteht, sind auf das Hinterleggsverhältn die Grds des privr Verwahrgs-Vertr zGDr entspr anzuwenden, BGH WPM **66**, 1018, ferner RG **115**, 421, **166**, 234, BGH **4**, 195 stRspr. Danach sind insb für die Wahrg der Pfl zur Rückg §§ 278 (vgl § 276 Anm 8) u 282 entspr anwendb, nicht aber ohne weiteres §§ 700, 607 I, 245 (BGH WPM **66**, 1018), wohl aber § 242 (BGH aaO 1019); ist allerd die Herausg (in dem dafür vorgesehenen Verf, HintO 12 ff) einmal erfolgt, so besteht nach HintO 18 nur noch eine Haftg des Fiskus für etwaige AmtsPflVerletzgen von Justizbeamten gem GG 34, zB bei Herausg an NichtBerecht od bei pflichtwidr Verzögerg.

b) Das **Hinterleggsverhältnis** wird demgem **begründet** nicht dch privrechtl Vertr zw Schu u Hinterleggsstelle, sond dch die Annahmeanordng, HintO 6, iV damit, daß der HinterleggsGgst in die Verfüggsgewalt der Hinterleggsstelle gelangt ist. Die Anordng ist einseitig Verwaltgsakt. Sie ergeht allerdings nur auf Antrag des Hinterlegers (od Ersuchen einer Behörde), HintO 6, der RGesch ist. Der Antr ist schriftl zu stellen und hat den Gläub u den HinterleggsGrd genau zu bezeichnen, §§ 11 bis 13 der AusfVorschr (erfährt Schu von einem in Betr kommenden Gläub erst später, kann er ihn nachträgl angeben, BGH NJW **60**, 1003; und zwar auch bei RücknVerzicht). Glaubhaftmachg des Hinterleggsgrundes ist nicht nötig. War Antr, zB wg GeschUnfgk des Schu, unwirks, so kommt durch die AnnAnordng iVm der Ann das HinterleggsVerhältn gleichwohl zur Entstehg, der Schu wird „Hinterleggsbeteiligter"; ebso, wenn auch nur formell, der Gläub. Doch entsteht dann kein materieller Anspr auf Herausg zG des Gläub, und für den Schu treten die schuldrechtl Wirkgen der Hinterlegg (VerweisgsR od Schuldbefreiung) nicht ein. – Hinterlegt ein anderer als der Schu im eig Namen, so ist er Hinterleggsbeteiligter, vgl §§ 268, 1142, StPO 117ff. Hinterlegt jemand für einen anderen, ohne daß im Antr hervortritt, daß er dabei im eig Namen handelt, so ist der andere Hinterleggsbeteiligter, RG JW **34**, 2971, der erste kann sich nur an den Schu, nicht an den Fiskus halten, falls er nicht etwa einen Titel erwirkt. Ebsowenig hindert das Fehlen des Hinterleggsrechts des Schu (also die Unrechtmäßigk der Hinterlegg, Fehlen der Voraussetzgen des § 372) die Entstehg des öffrechtl Hinterleggsverhältnisses, hier entsteht der HerausgAnspr des Gläub, jedoch treten die schuldrechtl Wirkgen im Verhältn Schu-Gläub (VerweisgsR od Schuldbefreiung) nicht ein, RG **66**, 412, solange der Gläub die hinterlegte Sache nicht angenommen hat; der Schu kann vom Gläub, wenn Schu auf das RücknR verzichtet hat, also das Hinterleggsverhältn nicht von sich aus rückgängig machen kann, den HerausgAnspr kondizieren. – Auch die Herausg geschieht dch einseitigen Verwaltgsakt, ergeht auf Antr od Ersuchen, HintO 12ff. Gläub hat seine Berechtigg nachzuweisen, HintO 13, bei mehreren Beanspruchenden die ausschließ Berechtigg, RG **79**, 74, **103**, 412. Bei letztinstanzl Ablehng Klage, HintO 3 V.

c) Der Titel schweigt auch (im Ggsatz zu dem nicht hierher, sond zu oben Anm 2b gehörenden Fall der Hinterlegg zwecks SicherhLeistg, § 233) über die **dinglichen Wirkgen** der Hinterlegg. Darüber HintO 7–9: gesetzliche u gesetzl zugelassene Zahlgsmittel gehen in das Eigt des Fiskus über, unabhängig davon, ob der Hinterleger Eigtümer war; andere Sachen werden aufbewahrt. Das Eigt an solchen Sachen erlangt der Gläub nicht schon dch die, selbst unter RücknVerzicht, vorgenommene Hinterlegg, da ein Erwerb dinglicher Rechte dch den – entspr anzuwendenden – VzGDr (§ 328) nicht mögl ist, vgl Einf 5c vor § 328. Jedoch erwirbt er, falls seine Fdg auf Übereigng geht, entspr § 929 Eigt dch die ggü der HinterleggsStelle erklärte Ann, da er dch sie das in der Hinterlegg liegende Übereignungsangebot annimmt u zugleich mittelb Besitzer w (MüKo/Heinrichs § 372 Rdn 17); nach aA erfolgt die EigtÜbertr entspr § 930 od § 931. – Die HinterleggsStelle vermittelt den Besitz für den Gläub iS des § 868 RG **135**, 274. – § 700 gilt nicht.

372 Voraussetzungen.
Geld, Wertpapiere und sonstige Urkunden sowie Kostbarkeiten kann der Schuldner bei einer dazu bestimmten öffentlichen Stelle für den Gläubiger hinterlegen, wenn der Gläubiger im Verzuge der Annahme ist. Das gleiche gilt, wenn der Schuldner aus einem anderen in der Person des Gläubigers liegenden Grunde oder infolge einer nicht auf Fahrlässigkeit beruhenden Ungewißheit über die Person des Gläubigers seine Verbindlichkeit nicht oder nicht mit Sicherheit erfüllen kann.

1) Ein hinterleggfähiger Gegenstand. Geld, auch bloß gesetzl zugelassene Zahlgsmittel, auch ausländ Geld (dieses ggf mit Devisengenehmigg). – Urkunden, auch andere als Schrifturkunden. Auch Handakten, OLG **6**, 54, VollmUrk KG NJW **57**, 755. – Kostbarkeiten: die allg VerkAnschauung entscheidet, also Sachen, deren Wert im Verhältn zu Größe u Gewicht des hoch ist, KG Rpfleger **76**, 316. – Nach HGB 373 sind beim AnnVerzug des Käufers beim Handelskauf „Waren" jeder Art hinterleggsfähig.

2) Nur der Schuldner kann hinterlegen, RG **120**, 211, hM (aA KG JW **28**, 2563), ein Dr nur, wenn er Ablösgsberechtigter ist, zB §§ 268 II, 1142 II. – Der Schu hat nur das Recht, nicht die Pfl zur Hinterlegg, RG **61**, 250, BGH NJW **69**, 1661, 1662, vgl aber Einf 2a vor § 372.

3) Der Schu muß bereits zur Leistg **berechtigt** sein, vgl § 271, auch § 293 Anm 2a. Soweit er zu Teilleistgen berechtigt ist, kommt auch Teilhinterlegg in Frage, BGH LM § 378 Nr 6.

4) Es muß ferner **eine** der folgden Voraussetzgen gegeben sein:

a) Annahmeverzug des Gläubigers. (Vgl §§ 293ff.)

b) Oder der Gläub ist dem Schu zwar bekannt, aber ein anderer in der **Person des Gläubigers liegender Grund** (als a) macht dem Schu Erf od doch sichere Erf unmögl, zB Verschollenh des Gläub, GeschUnfgk, beschränkte GeschFgk iVm Fehlen eines gesetzl Vertreters; VermSperre wg Zonentrenng ist selbstverständl kein in der Pers des Gläub liegender Grd, KG NJW **49**, 426.

c) Oder nicht auf Fahrlk beruhende **Ungewißheit über die Person des Gläub,** die dem Schu die Erf od doch sichere Erf unmögl macht, zB bei Arrestpfändg, od sonst in RNachfolgefällen: bei mehrf Abtretg,

Erlöschen der Schuldverhältnisse. 2. Titel: Hinterlegung   §§ 372–376

angefochtener Abtretg, Erbfall; überh in Fdgsprätendentenfällen, wenn RLage für Schu nicht eindeutig. Nur begründete (objektiv verständige) subjektive Zweifel geben das HinterleggsR, RG 59, 18, BGH 7, 306 (vgl zB BGH 27, 244); sie können auf unsicherer Beurteilg von Tatsachen od auch von RFragen beruhen, RG 97, 173; Zweifel, ob Fdg unter Enteigng des Gläub in DDR fiel, genügten anfangs, Hamm HEZ 2, 244, später verlangte BGH 7, 307 Erkundigg seitens des Schu über die RLage (bedenkl Überspann der SchuPfl). Hinterleggsbefugn ist sogar bei Wechselschulden denkb, zB falls ein Vormann Diebstahl des Wechsels behauptet, RG 55, 49. Mögl auch, wenn eine Berechtigg zur Leistg an eine der fragl Personen besteht, zB an den Inh des Sparkassenbuchs RG 89, 402, od wenn der Schu dch Vorschriften, die die gutgl Leistg an den Nichtberechtigten schützen, zB die §§ 893, 409, 793 I 2, 1412, WG Art 16, gedeckt wäre. Schu darf in diesem Fall auch dann hinterlegen, wenn die befreide Wirkg der Leistg an den Nichtberechtigten nicht zweifelh ist, Köln VersR 77, 506 (zu § 409), MüKo/Heinrichs Rdn 12, aA RG 97, 173 (zu § 893). – Der Zweifel, ob die Schuld besteht, gibt dagg kein HinterleggsR, RG 103, 286, BGH LM Nr 6.

5) Die Hinterlegg muß bei der dazu bestimmten **öffentl Stelle** erfolgen, dh bei AG als Hinterleggs- Stelle (vgl Einf 3a vor § 372). Die oft vorkommende Hinterlegg bei einem Notar ist nicht Hinterlegg iS der §§ 372 ff; vgl § 378 Anm 2.

6) Bei **Prätendentenstreit** um den hinterlegten Betr ist nach hM Kl auf Freigabe (Leistg) zul; Freigabe- Anspr ergibt sich aus § 812, da der nichtberecht Beteiligte seine RStellg ohne RGrd auf Kosten des berecht Gläubigers erlangt h (BGH 35, 165, 170, ferner BGH NJW 70, 463, 72, 1045).

373 **Zug-um-Zug-Leistung.** Ist der Schuldner nur gegen eine Leistung des Gläubigers zu leisten verpflichtet, so kann er das Recht des Gläubigers zum Empfange der hinterlegten Sache von der Bewirkung der Gegenleistung abhängig machen.

1) **Allgemeines.** Die Beschrkg kann alsbald od später bis zum Ausschl des RücknR (§ 376) ausgesprochen werden. Hinterlegg unter anderen Beschrkgen kann die HinterleggsStelle zurückweisen. Die Klage auf die GgLeistg bleibt dem Schu.

2) **Fälle**: zB §§ 255, 273, 320, 368, 371.

374 **Hinterlegungsort; Anzeigepflicht.** I Die Hinterlegung hat bei der Hinterlegungsstelle des Leistungsorts zu erfolgen; hinterlegt der Schuldner bei einer anderen Stelle, so hat er dem Gläubiger den daraus entstehenden Schaden zu ersetzen.

II Der Schuldner hat dem Gläubiger die Hinterlegung unverzüglich anzuzeigen; im Falle der Unterlassung ist er zum Schadensersatze verpflichtet. Die Anzeige darf unterbleiben, wenn sie untunlich ist.

1) **Hinterlegungsort** ist der Leistgsort, der sich nach §§ 269, 270 IV bestimmt. Daß die Sache, zB nach § 270 I, II, an einen anderen Ort, den Bestimmgsort, zu übersenden ist, macht diesen nicht zum Leistgs- u daher Hinterleggsort, MüKo/Heinrichs Rdn 1, str. Hinterlegg bei der HinterleggsStelle eines anderen als des Leistgsorts macht die Hinterlegg nicht unwirks, sond gibt nur SchadErsAnspr.

2) **Anzeigepflicht.** Keine Pfl zur Beifügg des HinterleggsScheins, RG JW 03, Beil 79. Weist Schu der HinterleggsStelle die Anz nicht nach, so kann diese nach HintO 11 die Anz namens des Schu machen; Grd: vgl § 382 Anm 1.

375 **Rückwirkung bei Postübersendung.** Ist die hinterlegte Sache der Hinterlegungsstelle durch die Post übersendet worden, so wirkt die Hinterlegung auf die Zeit der Aufgabe der Sache zur Post zurück.

1) Voraussetzg ist, daß die Sache, wenn auch verschlechtert, bei der HinterleggsStelle wirkl eingeht; insoweit trägt die Gefahr der Schu, falls sie nicht der Gläub aus anderen Gründen, zB AnnVerzug, § 324 II, trägt. Gilt nur bei Postübersendg; vgl auch JustizKassenO § 37.

376 **Rücknahmerecht.** I Der Schuldner hat das Recht, die hinterlegte Sache zurückzunehmen.

II Die Rücknahme ist ausgeschlossen:
1. wenn der Schuldner der Hinterlegungsstelle erklärt, daß er auf das Recht zur Rücknahme verzichte;
2. wenn der Gläubiger der Hinterlegungsstelle die Annahme erklärt;
3. wenn der Hinterlegungsstelle ein zwischen dem Gläubiger und dem Schuldner ergangenes rechtskräftiges Urteil vorgelegt wird, das die Hinterlegung für rechtmäßig erklärt.

1) **Rücknahmerecht. I.** Das G gibt dem Gläub dch die Hinterlegg allein noch keinen unentziehb Anspr gg die HinterleggsStelle. Es gibt dem Schu vielm zunächst noch ein „Rücknahmerecht", befreit ihn andrers, solange dieses Recht besteht, noch nicht von der Schuld, sond gibt ihm nur eine Verweisgseinrede, § 379, vgl dort. Ist dagg das RücknR ausgeschl, so tritt rückw vom Ztpkt der Hinterlegg Befreiung ein, § 378, vgl

dort. – Das „Rücknahmerecht" ist GestaltgsR: seine Ausübg vernichtet zwar nicht das öffrechtl Hinterleggsverhältn, hebt aber den dch die Hinterlegg begründeten öffrechtl Anspr des Gläub auf Heraus auf und bringt den öffrechtl HerausgAnspr des Schu, das eigentl Recht auf Rückg, erst zur Entstehg.

2) **Ausschluß. II Z 1**: Der **Verzicht** ist der HinterleggsStelle ggü, bei der Hinterlegg od später, zu erklären. Er ist unwiderrufl. Er läßt den Schu aus dem Kreise der „HinterleggsBeteiligten" (HintO 13) ausscheiden, eine bes Bewilligg der Heraus an den Gläub dch den Schu ist nunmehr, von Ausnahmen abgesehen, nicht mehr „erforderlich" (§ 380), im allg, insb bei Hinterlegg wg Ungewißh über die Pers des Gläub, auch nicht „genügend" (§ 380), RG **87**, 377 ff zu dem gleichlautenden § 14 der preuß HintO v 21. 4. 13. Sie kann daher vom Gläub nicht verlangt werden. – **Zu Z 2**: Bei Hinterlegg wg Ungewißh wird die Rückn dch die AnnErkl jeder Pers ausgeschl, die als Gläub in Betr kommen kann. – **Zu Z 3**: Nötig Vorlegg des Urteils.

377 *Unpfändbarkeit des Rücknahmerechts.* I Das Recht zur Rücknahme ist der Pfändung nicht unterworfen.
II Wird über das Vermögen des Schuldners der Konkurs eröffnet, so kann während des Konkurses das Recht zur Rücknahme auch nicht von dem Schuldner ausgeübt werden.

1) **I : Grund**: Durch die Hinterlegg ist dem Gläub bereits ein, wenn auch dch den Schu selbst noch entziehbares, Recht entstanden. Es soll dem Gläub dch andere Gläub nicht geschmälert w können. Nach §§ 413, 400 ist das RücknR auch unübertragbar, nach KO 1 gehört es nicht zur KonkMasse. Durch II wird erreicht, daß es währd des Konkurses auch vom Schu nicht ausgeübt w kann. Das Recht des Gläub, die Ann zu erklären u dadch Eigtümer zu werden, wird dch die KonkEröffng nicht beschränkt, ebso nicht der Verzicht des Schu auf das RücknR. – Die Anfechtg der Hinterlegg bleibt anderen Gläubigern od dem KonkVerwalter unbenommen.

378 *Wirkung der Hinterlegung bei ausgeschlossener Rücknahme.* Ist die Rücknahme der hinterlegten Sache ausgeschlossen, so wird der Schuldner durch die Hinterlegung von seiner Verbindlichkeit in gleicher Weise befreit, wie wenn er zur Zeit der Hinterlegung an den Gläubiger geleistet hätte.

1) Ist das RücknahmeR ausgeschlossen (darüber § 376), so hat die Hinterlegg **schuldbefreiende Wirkg**, u zwar rückw vom Ztpkt der Hinterlegg ab. Die Hinterlegg wird dann zwar noch nicht zur Leistg, insb tritt keine dingl Wirkg ein, vgl darü Einf Anm 3c, auch § 363 ist zunächst noch nicht anwendb, RG HRR **31**, 683: Die Hinterlegg wird aber zum Erfüllngsersatz, sie wird SchuldtilggsGrd. Bürgen u Pfänder werden rückw frei, Zinsen, VertrStrafen u Verzugswirkgen fallen rückw weg, die Einr des nichterfüllten Vertrages entfällt für den Gläub, da die Leistg des Schu als erfüllt gilt. Eine **unrechtmäßige** Hinterlegg, bes Hinterlegg bei der Voraussetzgen des § 372 fehlen, hat alle diese Wirkgen nicht, vgl Einf 3b vor § 372.

2) Auf die Hinterlegg einer Geldsumme **bei Notar** (BNotO 23) sind §§ 372 ff nicht anwendb (vgl § 372 Anm 5), auch nicht §§ 378, 379. Zahlg an ihn ist keine Erf, diese tritt grdsl erst mit Auszahlg an den Gläub ein, BGH DNotZ **65**, 343, Hamm DNotZ **68**, 504, LG Köln DNotZ **74**, 436.

379 *Wirkung der Hinterlegung bei nicht ausgeschlossener Rücknahme.*
I Ist die Rücknahme der hinterlegten Sache nicht ausgeschlossen, so kann der Schuldner den Gläubiger auf die hinterlegte Sache verweisen.
II Solange die Sache hinterlegt ist, trägt der Gläubiger die Gefahr und ist der Schuldner nicht verpflichtet, Zinsen zu zahlen oder Ersatz für nicht gezogene Nutzungen zu leisten.
III Nimmt der Schuldner die hinterlegte Sache zurück, so gilt die Hinterlegung als nicht erfolgt.

1) Durch die Hinterlegg ist das RücknR des Schu grdsätzl noch nicht ausgeschl, vgl § 376 Anm 1. Die Hinterlegg hat dann noch nicht befreiende Wirkg, vgl § 378 Anm 1. Ihre Rechtmäßigk (vgl §§ 372–374) vorausgesetzt, hat sie aber folgende Wirkgen:
a) Sie gibt dem Schu das Recht, den Gläub auf die hinterlegte Sache zu verweisen, dh ein **EinredeR**, RG **59**, 17. Erhebg der Einr hindert spätere Rückn nicht. Ihr Bestehen begründet gem § 202 I die Hemmg der Verj. Die Einr kann vom Bürgen u Verpfänder geltd gemacht werden, §§ 768, 1137, 1211.
b) Währd der Dauer der Hinterlegg trägt der Gläub die Gefahr. **Gefahrübergang** tritt also bei widerrufl Hinterlegg nicht erst bei RücknAusschl ein. Gefahr ist hier Gefahr des GgLeistg, da die Gefahr des Leistg der Gläub sowieso trägt, §§ 275, 243 II. Ist wegen AnnVerzuges hinterlegt, so ist Gefahrübergang schon von da ab eingetreten, § 324 II. –
c) Währd der Dauer der Hinterlegg hat der Schu keine Zinsen zu zahlen u keinen Ers für nicht gezogene **Nutzgen** zu leisten. Lag AnnVerzug vor, so treten von ihm ab bereits die Folgen der §§ 301, 302 ein.

2) **Mit Rücknahme** gilt die Hinterlegg als **nicht erfolgt III.** Von Bedeutg auch für Zinsen, Gefahr, Verzugsfolgen, Bürgen- u Pfänderhaftg.

380 *Nachweis der Empfangsberechtigung.* Soweit nach den für die Hinterlegungsstelle geltenden Bestimmungen zum Nachweise der Empfangsberechtigung des Gläubigers eine diese Berechtigung anerkennende Erklärung des Schuldners erforderlich oder genügend ist, kann der Gläubiger von dem Schuldner die Abgabe der Erklärung unter

Erlöschen der Schuldverhältnisse. 2. Titel: Hinterlegung §§ 380–384

denselben Voraussetzungen verlangen, unter denen er die Leistung zu fordern berechtigt sein würde, wenn die Hinterlegung nicht erfolgt wäre.

1) Vgl HintO 13. Hat Schu auf das RücknR verzichtet (§ 376 II Nr 1), ist seine Erkl nur dann erforderl, wenn er die Herausg von einer GgLeistg abhäng gemacht hat (§ 373) u Gläub diese erbracht h, aber nicht beweisen kann. Aber auch wenn Schu das RücknR noch zusteht, ist seine Erkl idR zur Herausg nicht nöt, MüKo/Heinrichs Rdn 3. Zum Nachw der Empfangsberechtigg bei Prätendentenstreit vgl § 372 Anm 6.

381 *Kosten der Hinterlegung.* **Die Kosten der Hinterlegung fallen dem Gläubiger zur Last, sofern nicht der Schuldner die hinterlegte Sache zurücknimmt.**

1) **Grund**: Die Hinterlegg erfolgt aus Gründen in der Pers des Gläub, § 372 Anm 4. Gilt nur für die rechtm od vom Gläub anerkannte Hinterlegg. – Die Regelg für den Fall der Rückn folgt aus § 379 III.

382 *Erlöschen des Gläubigerrechts.* **Das Recht des Gläubigers auf den hinterlegten Betrag erlischt mit dem Ablaufe von dreißig Jahren nach dem Empfange der Anzeige von der Hinterlegung, wenn nicht der Gläubiger sich vorher bei der Hinterlegungsstelle meldet; der Schuldner ist zur Rücknahme berechtigt, auch wenn er auf das Recht zur Rücknahme verzichtet hat.**

1) Das **Recht des Gläubigers** auf Herausg des Hinterlegten kann, selbst wenn das RücknR des Schu ausgeschl ist, dch Zeitablauf erlöschen. Zeitraum: 30 Jahre ab Empfang der Anz od, wenn Anz untunl war (§ 374 II 2), ab Hinterlegg, hM. Ist das Recht des Gläub erloschen, so kann der Schu, auch wenn er auf das RücknR verzichtet hatte, die Sache zurückfordern. Den Nachw der Anz od ihrer Untunlichk hat er zu führen, vgl dazu HintO 11 u § 374 Anm 2. Doch besteht sein HerausgR nur währd eines weiteren Jahres, dann erlischt es, u die Sache w Eigt des Fiskus (der GeldBetr verbleibt dem Fiskus), HintO 19.

2) Mit dem Erlöschen des Rechts des Gläub auf Herausg erlischt auch die **Forderg gegen den Schuldner** (falls sie nicht bereits durch RücknAusschluß, § 378, zuvor erloschen war), obwohl das G schweigt, allgM.

383 *Versteigerung hinterlegungsunfähiger Sachen.* I **Ist die geschuldete bewegliche Sache zur Hinterlegung nicht geeignet, so kann der Schuldner sie im Falle des Verzugs des Gläubigers am Leistungsorte versteigern lassen und den Erlös hinterlegen. Das gleiche gilt in den Fällen des § 372 Satz 2, wenn der Verderb der Sache zu besorgen oder die Aufbewahrung mit unverhältnismäßigen Kosten verbunden ist.**

II **Ist von der Versteigerung am Leistungsort ein angemessener Erfolg nicht zu erwarten, so ist die Sache an einem geeigneten anderen Orte zu versteigern.**

III **Die Versteigerung hat durch einen für den Versteigerungsort bestellten Gerichtsvollzieher oder zu Versteigerungen befugten anderen Beamten oder öffentlich angestellten Versteigerer öffentlich zu erfolgen (öffentliche Versteigerung). Zeit und Ort der Versteigerung sind unter allgemeiner Bezeichnung der Sache öffentlich bekanntzumachen.**

IV **Die Vorschriften der Absätze 1 bis 3 gelten nicht für eingetragene Schiffe und Schiffsbauwerke.**

1) **Allgemeines.** Ob eine geschuldete bewegl Sache zur Hinterlegg geeignet ist, bestimmt § 372. Ist sie das nicht, so kann der Schu, falls HinterleggsGrd der AnnVerzug des Gläub ist, bei allen geschuldeten bewegl Sachen die Wirkgen der Hinterlegg herbeiführen, indem er die Sachen **versteigern** läßt u den **Erlös hinterlegt**. Ist HinterleggsGrd dagg einer der Fälle des § 372 Satz 2, so ist der Schu zur Versteigerg u Hinterlegg des Erlöses nur bei zu besorgendem Verderb od unverhältnism Aufbewahrgskosten der Sache berechtigt. – Bei AnnVerzug des Käufers beim Handelskauf kann der Verkäufer auch nach HGB vorgehen: er kann die Ware selbst, gleichgült welcher Art sie ist, in einem öff Lagerhaus od sonstwo sicher hinterlegen, HGB 373 I; er kann sie ferner nach 373 II versteigern lassen, ohne den Erlös hinterlegen zu müssen, sond kann sich daraus befriedigen. – Bei Grundstücken gibt es keine Hinterlegg noch Selbsthilfeverkauf, aber Besitzpreisgabe, § 303. – Abs IV eingefügt dch VO v 21. 12. 40, RGBl 1609, Art 2.

2) Für die **Versteigerg** gelten die §§ 156, 456, 458. Sie geschieht für Rechng des Gläub; öff Versteigerg an einem anderen als dem Leistgsort (vgl § 374 Anm 1) macht diese trotz des Wortlauts nicht unwirks, jedoch ist Schu schadensersatzpflichtig u hat bei Streit die BewLast dafür, daß auch bei ortsgerechter Versteigerg mehr nicht erzielt worden wäre, hM, RG **110**, 270.

3) **Wirkgen.** Die Hinterlegg des Erlöses erfolgt nach §§ 372 ff. Sie hat die Wirkgen der Hinterlegg der geschuldeten Sache selbst, vgl bes §§ 378, 379, also Befreiung bei RücknAusschl. Selbstverständl kann der Schu den Erlös auch, anstatt ihn zu hinterlegen, an den Gläub zahlen, wenn dieser zur Ann, wenn auch vielleicht unter Vorbeh, bereit ist, RG **64**, 371. Er kann gg die Fdg des Gläub auf den Erlös auch mit GgAnspr aufrechnen, RG **64**, 374. Obwohl das Gesetz schweigt, ist davon auszugehen, daß der Erlös entspr §§ 1247, 966, 979 an die Stelle der ursprüngl geschuldeten Sache tritt u der Anspr des Gläub sich in eine GeldFdg auf den Erlös umwandelt, MüKo/Heinrichs Rdn 8.

384 *Androhung der Versteigerung.* I **Die Versteigerung ist erst zulässig, nachdem sie dem Gläubiger angedroht worden ist; die Androhung darf unterbleiben, wenn die Sache dem Verderb ausgesetzt und mit dem Aufschube der Versteigerung Gefahr verbunden ist.**

II Der Schuldner hat den Gläubiger von der Versteigerung unverzüglich zu benachrichtigen; im Falle der Unterlassung ist er zum Schadensersatze verpflichtet.

III Die Androhung und die Benachrichtigung dürfen unterbleiben, wenn sie untunlich sind.

1) Über „Androhung" und „untunlich" vgl § 303 Anm 2. Androhg ist formfrei; RG **94**, 143.

385 *Freihändiger Verkauf.* Hat die Sache einen Börsen- oder Marktpreis, so kann der Schuldner den Verkauf aus freier Hand durch einen zu solchen Verkäufen öffentlich ermächtigten Handelsmäkler oder durch eine zur öffentlichen Versteigerung befugte Person zum laufenden Preise bewirken.

1) Börsen- od Marktpreis: Preis, der sich aus der Vergleich einer am Ort u zur Zeit geschlossenen größeren Anzahl von Geschäften ergibt, RG **34**, 121. Der laufende Preis muß mind erzielt werden. Handelsmäkler: HGB 93 ff; Kursmakler: BörsenG 34.

386 *Kosten der Versteigerung.* Die Kosten der Versteigerung oder des nach § 385 erfolgten Verkaufs fallen dem Gläubiger zur Last, sofern nicht der Schuldner den hinterlegten Erlös zurücknimmt.

1) Das zu § 381 Gesagte gilt entsprechend.

Dritter Titel. Aufrechnung

Einführung

1) Der Titel behandelt als weiteren Fall des Erlöschens von Fdgen den **Erfüllersatz durch** einseitige **Aufrechng.** – Über Begriff, Zweck u Wesen der Aufr § 387 Anm 1, AufrLage § 389 Anm 1, Aufr im Prozeß § 387 Anm 2, vgl auch Ausschl § 387 Anm 3, AufrVertr § 387 Anm 2, Verhältn zum ZbR § 273 Anm 5 d. – „Anrechg", vgl §§ 324, 615, auch „Vorteilsanrechg", Vorbem 7 vor § 249, sind nicht Aufr, ebso nicht die Errechng des Differenzanspruchs im Falle der §§ 325, 326, vgl § 325 Anm 3.

387 *Voraussetzungen.* Schulden zwei Personen einander Leistungen, die ihrem Gegenstande nach gleichartig sind, so kann jeder Teil seine Forderung gegen die Forderung des anderen Teiles aufrechnen, sobald er die ihm gebührende Leistung fordern und die ihm obliegende Leistung bewirken kann.

1) **Begriff. Wesen, Zweck der Aufrechnung:** Aufr ist wechselseitige Tilgg zweier sich ggüstehender Fdgen dch Verrechng. Sie ist weder Erf noch Erlaß, sond Leistg von ErfErs, RG **120**, 282. Sie kann erfolgen dch einseitige AufrErkl dch einen Schu, der zugleich Gläub ist (nur dieser Fall, als der üblicherw vorkommende, ist gesetzl geregelt), od dch AufrVertrag, Anm 2. Beide Arten haben unmittelb tilgende (verfügende) Wirkg. Die einseitige Aufr bedeutet eine dem Gläub vom Schu aufgezwungene Befriedigg dch eine Leistg anderer Art, ist insof eine Ersatzbefugnis des Schu, vgl § 262 Anm 3 d. Ihr Zweck ist, ein unwirtschaftl Hin u Her zu vermeiden. Daneben hat die Aufr aber auch eine Sichergs- u VollstrFunktion („PfandR an eig Schuld" vgl Bötticher Festschr f Schima 1969 S 95). Sie gibt dem Schu die Möglichk, seine GgFdg iW der Selbsthilfe dchzusetzen (RG **80**, 394, BGH WPM **71**, 859). Diese mit der Aufr verbundene Sicherg ist vor allem bei VermVerfall des and Teil von Bedeutg; sie kann insow dch AGB nicht ausgeschl w (vgl AGBG 11 Anm 3)

2) **Aufrechnungsvertrag.** Im BGB nicht geregelt. Er bewirkt unmittelb Aufhebg beider Fdgen, soweit sie sich decken, ist daher ggseitig bedingter ErfErsatzgs- (nicht Erlaß-)Vertr, str. Er ist daher unwirks, falls die eine Fdg nicht besteht, es sei denn, daß sie gerade durch den Vertr neubegründet od in zul Weise anerkannt wird. Der AufrVertr ist zu scheiden von dem (schuldrechtl) AufrVorvertrag, der zB, neben einer Stundgsabrede, in der Begründg des Kontokorrentverhältnisses, HGB 355, liegt. Mögl ist aber auch ein durch spätere AufrErkl eines der VertrPartner bedingter AufrVertr. Die Voraussetzgen der einseitigen Aufr brauchen beim AufrVertr nicht vorzuliegen, so nicht Fällgk (BGH NJW **70**, 41), nicht einmal Gegenseitigk, also auch zB Aufr mit Fdgen Dritter (dazu Börner NJW **61**, 1505). AufrVertr ist die sog **Skontration** (vertragl Verrechng von Fdgen unter mehr als zwei Pers aGrd allseit Vereinbg. Die zuweilen in AGB enthaltene Konzernverrechngsklausel (Aufr mit Fdgen von Firmen des Konzerns) ist ein AufrVorVertr; sie stellt ein grdsätzl zul Sicherungsmittel dar, vgl Brych, Konzernverrechnungsklausel ein Skontrationsvertr, Diss Mü 1969, u BGH LM Nr 43. Entspr gilt, wenn sich öff Hand Aufr (Verrechng) mit GgFdg and Körpersch vorbehält, BGH WPM **77**, 760. Abschl eines AufrVertr auch dch schlüss Verhalten, RG **104**, 188. AufrVertr ist unwirks, wo das G die Aufr schlechthin ausschließt, so GmbHG 19, RG **85**, 354, **141**, 210, vgl auch AktG 66. AufrVertr ist auch der Abrechnungsvertrag (vgl § 782); ein AufrVertr ist insb enthalten in der vertragl Anerkenng des Saldos im Kontokorrentverhältn, HGB 355 (die daneben umschaffde Wirkg hat, vgl § 305 Anm 4). Lagen jedoch dem Saldo klaglose, aber (auch dch Aufr) erfüllb Fdgen – so § 762 u BörsenG 52, 55, 59 – zugrunde, ist auch der in der Anerkenng liegde AufrVertr da nur Mittel der Anerkenng id § 139 unwirks u damit, da Erf dch Aufr entfällt, das ganze Saldoanerkenntn, so RG **132**, 222 entgg der früh Rspr, die verhältnism Tilgg annahm, and Canaris Betr **72**, 469, der die §§ 366, 369 entspr anwenden will. – Hat ein Dienstverpflichteter kr Vereinbg mit dem Dienst-

berechtigten das Recht, die für diesen erzielten Einnahmen um seine Vergütg zu kürzen, wie vielf der Kellner, der den Verzehr u das Bedienungsgeld einkassiert und letzteres behält (AufrVertr, bedingter AufrVertr od AufrVorvertr, vgl RG **138**, 258), so kann sich der Dienstberechtigte einem den Lohn pfändenden Gläub des Dienstverpflichteten ggü auf diese Abrede nicht berufen, sond hat die Vollablieferg, notf dch Entlassg, zu erzwingen, BAG NJW **66**, 469, stRspr; anders kann es sein in Verhältnissen des Großverkehrs, zB bei Provisionsagenten im Ausland, die Kaufgelder einnehmen, RG **138**, 258, aber nur wenn wirkl AufrVertr vorliegt, bloße Übg genügt nicht, BGH VersR **70**, 368. Vgl § 392 Anm 1.

3) Einseitige Aufrechng. Voraussetzgen (§ 387) vgl unten Anm 4–8. Über **Ausschluß** der Aufr vgl §§ 390–395. In Abw von diesen Bestimmgen kann das Recht zur einseitigen Aufr vertraglich erweitert, beschränkt u auch ausgeschl werden, RG **60**, 358. Vereinbg eines AufrVerbots (§ 391 II) hat verfügde Wirkg, hM, aA Fenge JZ **71**, 118. Es kann stillschw vereinb w od sich aus der Natur der RBeziehgen ergeben, so zB bei vorsichtiger Barzahlg (etwa Klausel Kasse gg Faktura, Kasse gg Verladepapiere), BGH **14**, 61, **23**, 135, NJW **76**, 852, Vereinbg über Stellg eines Akkreditivs, BGH **60**, 264), bei Geldwechsel-Gesch, bei Vertr zw GemeinSchu u KonkGläub, BGH BB **71**, 848, bei HerausgAnspr des Treugebers keine Aufr mit GgFdgen, die mit TrHdVerhältn in keinem Zushange stehen, RG **160**, 60, BGH **14**, 342, BayObLGZ **76**, 166. Ggü Anspr des Mandanten aus § 667 darf RA aber grdsl auch mit HonorarFdg aus fr Auftr aufrechnen, BGH NJW **78**, 1808. Hat der VersN für den Verletzten Leistg des Unfallversicherers in Empfang gen, ist ggü dem HerausgAnspr des Verletzten Aufr mit Anspr aus demselben Unfall nicht ausgeschl, BGH NJW **73**, 1368. Dagg AufrAusschl bei Abrede schiedsrichterl Entsch über eine Fdg RG **123**, 350, BGH **38**, 254 (vgl auch § 395 Anm 1), wenn für GgFdg die ausschl eines ausl Ger vereinbt ist, BGH **60**, 89, wohl auch bei Fdgen aus Marshallplanimporten wg der hierfür geltden Sonderregeln, so Stgt NJW **54**, 643, bei aus Soforthilfefonds stammenden AufbauDarl, wenn GgFdg damit nicht zusammenhängt, BGH **25**, 215, vgl auch Ffm DNotZ **69**, 515, ferner bei vorbehaltloser Anerkenng einer verpfändeten od abgetretenen Fdg, RG HRR **29**, 1567, § 404 Anm 2d. Dagg begründet die DrittSchuErkl gem ZPO 840 kein AufrRVerbot, BGH NJW **78**, 44. – AufrVerbot in AGB steht nicht rechtskr festgestellten od unbestr Fdg nicht entgg, AGBG 11 Nr 3; auch bei Aufr mit konnexen GgFdgen muß es uU zurücktreten, AGBG 11 Anm 3c. Unbeachtl ist das vertragl AufrVerbot im Konk, BGH NJW **75**, 442. Dempewolf Betr **76**, 1753, od wenn es aus sonst Grden (VermVerfall, Auswanderg) die Dchsetzg einer konnexen GgFdg vereiteln od erhebl gefährden würde, vgl BGH **23**, 26, WPM **75**, 616; and aber, wenn Fdg abgetreten u NeuGläub auf AufrVerbot vertraut hat, BGH **14**, 62. Entspr Einschrkg des Verbots ergibt sich aus interessengerechter Auslegg, BGH NJW **75**, 442, bei formularmäß Klauseln notf aus AGBG 9, vgl AGBG 11 Anm 3. Vertragl AufrVerbot mit Mietkaution entfällt idR, sobald nach VertrEnde angem Zeit für Abrechng abgelaufen, Celle OLGZ **66**, 7. Es unterliegt ferner den sich aus § 242 ergebden Schranken, § 242 Anm 4 D c. Ein gesetzl AufrVerbot besteht der Verpflichtg zur Kapitaleinlage enthalten AktG 66, GmbHG 19 II, dazu RG **141**, 204, BGH **15**, 52, **53**, 75, NJW **68**, 399, ferner GenG 22 V, RG **148**, 235, VAG 26, BGH **16**, 38. Das Truck- u Kreditiergsverbot der GewO 115, 119, steht in seiner Wirkg einem AufrVerbot gleich. Es stellt aber keinen Verstoß gg GewO 115, 119 dar, wenn Miete für WerkWohng mit ArbLohn verrechnet w, BAG **AP** Nr 2; wenn ArbN zur Bezahlg von Warenlieferngen des ArbG bei einem diesem nahestehenden Bank Kredit aufnimmt, BGH NJW **75**, 1515. Auch wenn kein gesetzl od vertragl Verbot besteht, kann Aufr gem § 242 unzul sein, vgl § 242 Anm 4 D c.

4) Gegenseitigkeit der Forderungen: der Schu der einen muß Gläub der anderen sein. Stichtag: AufrErkl, vgl jedoch §§ 406, 407, auch §§ 392, 395. Die Fdgen brauchen nicht aus ggsVerträgen herzurühren. HGB 392 II schließt Ggseitigk zw Fdg des Kommissionärs u GgFdg des Käufers von Kommissionsgut nicht aus, BGH NJW **69**, 276, krit Dressler NJW **69**, 655, Schwarz NJW **69**, 1942. Zul ist auch Aufr ggü bes ausgewiesener MehrwertSt, da sie Teil der KaufprFdg (VergütgsFdg) ist, vgl § 433 Anm 3 A a, abw offenb Flies Betr **70**, 563. Nicht ggseit sind Fdgen von Reichsgesellschaften u Schulden des Reichs u umgekehrt. Trotzdem soll Aufr zul sein, wenn Gesellsch in Wirklichk nur einer Reichsdienststelle gleichzuachten, BGH **3**, 316, **10**, 205, **15**, 30, **17**, 19, NJW **52**, 817, LM Nr 8 u 9. Diese Rspr h der BGH (nach anfängl Schwanken) damit begründet, daß die Berufg auf die rein formale Selbständigk der Reichsgesellsch eine nach § 242 unzul RAusübg sein könne, BGH **10**, 205, **17**, 23 (näher 28. Aufl.) Dem ist grdsl zuzustimmen, wenn auch zweifelh ist, ob der BGH den AusnCharakter von § 242 immer ausr beachtet hat. Auch sonst kann Aufr trotz formell fehlder Ggseitigk ausnahmsw gem § 242 zuzulassen sein (strenge Anforderng!), so Aufr gg Fdg des Strohmanns mit GgFdg gg Hintermann, BGH WPM **62**, 1175, bei InkassoAbtr u TrHandsch, § 398 Anm 6c; gg Fdg der AG (GmbH) aber keine Aufr mit GgFdg gg AlleinGesellsch, BGH **26**, 31, es sei denn, daß die Voraussetzgen der DchgriffsHaftg (§ 242 Anm 4 D g) vorliegen.

a) **Nur ein Schuldner** kann aufrechnen. Ein Dritter kann nur erfüllen, § 267, nicht dem Gläub ErsLeistng aufdrängen. Der Bürge kann daher dch Aufr mit einer eig Fdg gg den Gläub nicht die (vielleicht größere) Hauptschuld, wohl aber die BürgschSchuld und damit die Hauptschuld tilgen, RG **53**, 404. AufrR eines Dritten vgl §§ 268, 1142 Abs 2 (vgl dazu Anm 5), 1150, 1249, u früher § 1376 Z 2. – Darüber, ob ein Anwalt der Bank ggü mit einer AnderkontenFdg gg eine Eigenkontenschuld aufrechnen kann (wichtig bei Konk der Bank), vgl Spitzer JW **38**, 2178.

b) Ein Schu kann nur **mit einer eigenen Fdg**, nicht mit der eines Dritten aufrechnen, selbst wenn dieser zustimmt, RG **78**, 383. Zust kann aber uU in Abtr umgedeutet w. Bürge kann nicht mit der Fdg des Hauptschuldners aufrechnen, RG **122**, 147, er hat nur die Einr aus § 770 II. Ein GesSchu kann nicht mit der Fdg eines anderen GesSchuldners aufrechnen, etwa § 422 II, der Ehem nicht mit Fdgen der Ehefr RG **78**, 382, Warn **12**, 380, ein Gesellschafter nicht mit einer GesellschFdg, der Miterbe nicht mit einer ErbschFdg § 2040 I (Miterbe hat aber uU LeistgVR gem § 242, BGH **38**, 126), der Nießbraucher nicht mit einer von ihm einzuziehenden Fdg RG **103**, 29, str; anders der PfandGläub (wg seines Eigeninteresses) RG **97**, 39, str.

c) Aufr nur mit Fdgen, die **gegen den Gläubiger** gehen. Daher keine Aufr gg eine GesellschFdg mit einer Fdg gg einen Gesellschafter § 719 II, gg eine NachlFdg mit einer Fdg gg einen einzelnen Miterben

§ 2040 II, gg eine gemschaftl Fdg iS von § 432 nicht mit Fdg gg einen Mitgläub, BGH NJW **69**, 839, gg eine Fdg (Guthaben) der WohnEigtümer nicht mit Fdg gg den Verwalter, Hbg MDR **70**, 1008, od gg einz WohnEigtümer, KG OLGZ **77**, 5. Gläub der Erben nicht gg TestVollstr, BGH **25**, 275. Zul aber Aufr gg GesFdg (§ 428) mit Anspr gg einz GesGläub, BGH **55**, 33. Erweiter bei Abtretg im Rahmen des § 406, ferner überh bei bloßer Inkassoabtretg od ähnl gestalteter TrHdschaft, vgl § 398 Anm 6c; Einschränkgen: § 392, KO 55.

5) a) Voraussetzg der Aufr ist **Gleichartigkeit** des **Gegenstandes der Leistg**. Unterschiede in den Leistgsmodalitäten, etwa hins der Verzinsg od des ErfOrtes (§ 391) hindern die Aufr nicht, ebsowenig eine Ungleichartigk des SchuldGrdes (BGH **16**, 127; BAG NJW **65**, 72). Fdgen des öffR u des PrivR können daher grdsl aufgerechnet w (§ 395 Anm 1). Auch die für eine Fdg bestehe Zweckbindg begründet keine Ungleichartigk (BGH **54**, 244, aA 37. Aufl). Mit dem VorschußAnspr aus § 633 III od VOB/B 13 Nr 5 kann daher aufgerechnet w (BGH **54**, 244, hM, aA Düss BB **68**, 1096, BauR **70**, 59), ebso ggü dem Anspr auf UrlAbgeltg (BAG NJW **65**, 72, aA Sielck Betr **69**, 396). Anspr aus § 667 auf Heraus einer Geldsumme ist (abgesehen vom Fall getrennter Aufbewahrg u Verw) mit GeldFdg gleichart (BGH NJW **78**, 1808, Celle OLGZ **70**, 8, Schrader MDR **78**, 622, str, aA 37. Aufl). Daß § 270 auf Anspr aus § 667 unanwendb ist (BGH **28**, 128), betrifft nur eine Leistgsmodalität. Bei Anspr aus § 667 w die Aufr aber dch § 242 beschr (oben Anm 3). Anspr auf DarlAuszahlg ist nach der KonsensualVertrTheorie (Einf 1 vor § 607) mit GeldFdg gleichart (aA RG **52**, 306 vom Standpkt der RealVertrTheorie), doch ist Aufr für den DarlGeb vielf dch den VertrZweck ausgeschl (§ 607 Anm 1e). Gleichartig muß im Ztpkt der Aufr gegeben sein (Celle OLGZ **70**, 8). Ausnahmsw kann es genügen, daß sie im Ztpkt der AufrLage bestanden h (BGH **2**, 308, **23**, 396, **35**, 253: nicht umgestellte RM-Fdg gg das Reich u in DM umgestellte RM-Fdg des Reiches). Im Konk kann ggü einer GeldFdg des GemSchu mit einer nicht auf Geld gerichteten GgFdg aufgerechnet w (KO 54 I).

b) Das Erfordern der Gleichartigk beschr die Aufr im wesentl auf beiderseit GeldFdgen; denkb ist sie allerd auch bei Gattgsschulden von vertretb Sachen. GeldFdgen in versch Währg sind ungleichart (RG **106**, 99); die Aufr ist aber mögl, wenn dem Schu die Ersetzgsbefugn des § 244 I zusteht (RG **106**, 99, **167**, 62, Ffm OLGZ **67**, 17). Ungleichart waren RM- u DM-Fdgen (BGH **23**, 400, vgl aber oben a) aE). Geldwert- u Geldsummenschulden (§ 245 Anm 2) w mit der Aufr gleichart, weil diese die Wertschuld betragsmäß festlegt (Larenz § 18 VI 2 Fn 1, Reinicke NJW **59**, 361, str, s auch § 389 Anm 1). Mit GeldFdgen sind **gleichartig:** Anspr auf Einwilligg in die Auszahlg von hinterlegtem Geld (Erm-Westermann Rdn 8); titulierter Anspr auf Zahlg an Dr (Hbg MDR **70**, 588); RückgewährAnspr aus KO 37, sow er auf Geld geht (RG **136**, 161); Anspr des ReallastBerecht aus § 1108 (BGH JZ **78**, 345); uU Anspr auf Leistg börsengängiger Wertpapiere (RG **160**, 62, krit Grunsky JuS **63**, 103). Mit GeldFdg **nicht gleichartig** sind: Anspr auf Befriedigg aus einem Grdst (RG JW **14**, 402, BGH WPM **65**, 479), jedoch gibt § 1142 II dem Eigtümer (nicht dem Gläub) ein AufrR; der Anspr gg ein Kreditinstitut auf Erteilg einer Gutschrift (BGH NJW **78**, 699); der Anspr auf SchuldBefreiung (RG **158**, 10; BGH **12**, 136; **25**, 6, **47**, 166, hierzu krit Brem NJW **63**, 2080, Trinkl NJW **68**, 1077); geht er auf den Gläub über, w er jedoch zu einem ZahlgsAnspr, mit u ggü dem aufgerechnet w kann (BGH **35**, 325).

6) Die Fdg, **mit der** der Schu aufrechnet (die Fdg des aufrechnenden Schuldners, **Gegenforderung**), muß bestehen, **fällig** sein RG **104**, 188, vgl **118**, 299 (eine Fdg auf Auseinandersetzgsguthaben, § 730, ist noch keine GeldFdg; KostenstattgsAnspr wird mit vorläuf vollstreckb KostenEntsch fäll BGH WPM **76**, 460, aA 35. Aufl], ferner **vollwirksam**, also klagb, und nicht dch (**verzögerliche** od **zerstöre**) **Einrede** entkräftb sein (vgl § 390); Ausnahmen bzgl Fällig KO 54 I, VerglO 54. AnfechtgsR des Gläub schadet nicht, solange noch nicht angefochten ist; wird angefochten, so wird die Aufr wg Wegfalls der GgFdg (§ 142) rückw unwirks. Rechnet Schu trotz Kenntnis eigenen AnfRechts auf, so bestätigt er das anfechtb Gesch mit der Wirkg des § 144. Mit auflös bedingter Fdg kann aufgerechnet w, Celle OLGZ **72**, 275; keine Aufr dagg mit aufschieb bedingter Fdg, auch nicht im Konkurse des AufrGegners, KO 54 I, III, aber Verlangen nach Sicherstellg. Vgl ferner KO 55, VerglO 54. Rechtshängigk der Fdg steht Aufr nicht entgg, BGH **57**, 243, BAG Betr **74**, 1340.

7) Die Fdg, **gegen die** der Schu aufrechnet (die **Hauptforderung**), braucht nicht vollwirksam zu sein, daher Aufr gg Fdg aus Spiel, § 762 I 2, Differenzgeschäfte, § 764, und uU BörsenterminGesch, BörsenG 55, 56; sie muß aber bestehen, sonst ist Aufr unwirks (GgFdg bleibt dann bestehen); sie muß bereits, wenn auch noch nicht fäll, so doch **erfüllbar** sein, vgl § 271 I, II; daher wg WG 40 vor Fälligk keine Aufr gg WechselFdg, BGH NJW **70**, 41, Aufr gg künft Ruhegehaltsraten nur für Zeitraum von 6 Monaten, BGH NJW **72**, 154. Gg eine auflösd bedingte Fdg kann aufgerechnet w. Keine Aufr dagg gg eine aufschieb bedingte Fdg im voraus für den Fall des Eintretens der Bedingg RG JW **03**, Beil 124; and im Konk des AufrGegners KO 54 I (Aufr aber unzweckm, da der Aufrechnende nicht weiß, ob seiner Fdg uU ausfällt). Vgl ferner KO 55, VerglO 54; auch Fdg gg Reich kann vor Erfüllbark aufgerechnet werden, BGH **35**, 255. Einredemöglichkeit hindert nicht; Aufr in Unkenntn zerstörender Einr ist aber rückforderb, vgl §§ 813, 814, HauptFdg ist wiederherzustellen. Für Anfechtbark gilt Anm 6 entspr. Aufr des OstSchu gg Fdg des WestzonenGläub vgl § 390 Anm 2.

8) Nicht ist **Voraussetzg:** gleicher Schuldgrund RG **52**, 306; rechtlicher Zusammenhang anders als beim ZbR, § 273, aber prozessual von Bedeutg: ZPO 145 III, 302; Liquidität, BGH **16**, 129, vgl aber ZPO 302 („Entscheidungsreife"); gleiche Größe, vgl näher § 266 Anm 5a; gleicher Leistgs- od Abliefergsort, § 391.

388 **Erklärung der Aufrechnung.** Die Aufrechnung erfolgt durch Erklärung gegenüber dem anderen Teile. Die Erklärung ist unwirksam, wenn sie unter einer Bedingung oder einer Zeitbestimmung abgegeben wird.

Erlöschen der Schuldverhältnisse. 3. Titel: Aufrechnung §§ 388, 389

1) Die **AufrErklärg** ist einseitige empfangsbedürftige WillErkl, vgl Übbl 3a vor § 104. Sie ist Gestaltgsgeschäft, Verfügg (Übbl 3d vor § 104), u daher unwiderrufl u bedinggsfeindl (S 2!). Unwirks daher Aufr für den Fall, daß die Fdg demnächst entstehen werde, RG JW 03, Beil 124; unwirks auch Aufr ohne eine erforderl Gen BGH **11**, 27 (37). Ausdr Erkl nicht nötig RG **59**, 211, sie kann auch in Leistgsverweigerg ggü gleichart Schuld liegen. ErklFrist besteht nicht. Sieht TarVertr schriftl Geltdmachg des Anspr innerh best Frist vor, gilt Schriftform auch für AufrErkl, LAG Düss Betr **71**, 1015.

2) Aufrechng im Prozeß (vgl Nikisch in Festschrift f H. Lehmann S 765). Die AufrErkl kann vor Proz-Beginn abgegeben sein, so daß im Proz auf sie nur verwiesen w. Wird sie dagg erst im Proz (meist vom Beklagten) abgegeben, so ist sie gleichzeit ProzHdlg und sachl-rechtl RGesch, hM, BGH **23**, 23, stRspr. Als RGesch wirkt sie schon mit Erkl in vorbereitdem Schriftsatz, falls sie in diesem nicht bloß angekündigt ist, u zwar mit dessen Zugehen. Scheitert die Aufr aus verfahrensrechtl Grden (etwa wg Zurückweisg gem ZPO 296) kann der Aufrechnde die GgFdg anderweit geltd machen (BGH **16**, 124, 140), da die verfahrensrechtl Nichtbeachtg der Aufr nach dem RGedanken des § 139 auch ihre sachl-rechtl Unwirksamk nach sich zieht, Rosenberg-Schwab § 106 III 2, Lüke JuS **71**, 165 (and Begründgen bei Grunsky ZZP **86**, 443, Blomeyer ZZP **88**, 429). ProzVollm enthält Bevollmächtigg zur Aufr RG **53**, 148. Nebenintervenient kann nicht mit Fdg der von ihm unterstützten Part aufrechnen, BGH **LM** ZPO 67 Nr 8. Über die prozessuale Behandlg der Aufr vgl ZPO 145 III (Möglichk der Verhandlgsabtrenng), 302 (VorbehUrt mögl), 530 II (Zurückweisgsmöglichk in Berufsginstanz). Bei Aufr mit öff-rechtl GgFdg, für die sonst VerwRWeg zust, muß idR Aussetzg (evtl nach VorbehUrt gem ZPO 302) erfolgen BGH **16**, 124, ebso wenn SozG für GgFdg zust, Karlsr VersR **69**, 565, nicht aber bei Aufr mit Fdg, die an sich vor ArbG gehören würde, BGH **26**, 304, od vor LandwirtschG BGH **40**, 338. SozG kann über Aufr mit GgFdg entscheiden, die an sich vor VerwG gehören würde, BSozG NJW **19**, 1368. SchiedsVertr über die zur Aufr gestellte Fdg hindert Aufr im Proz, BGH **38**, 258, ebso Vereinbg eines ausschließl ausl GerStandes, BGH **60**, 85. – Aufr muß nach BGH **11**, 65 auch bei konnexer GgFdg nicht im GrdUrteil erledigt werden, wenn feststeht, daß Klage-Fdg die GgFdg übersteigt, anders RG stRspr, zB **123**, 6. Geltdmachg auch mit Vollstreckgsgegenklage, ZPO 767, mögl; anders wenn Aufrechenbark bereits zuvor objektiv bestand, hM u stRspr; daß dem Verurteilten die Möglichk der Aufr, zB das Bestehen einer GgFdg, bisher nicht bekannt war, macht die VollstrGgKl daher nicht zul, hM, stRspr. Nach ZPO 322 II erwächst bei der Aufr, in Ausn von Abs 1, auch die Entsch in den Urteilsgründen über die zur Aufr verwandte GgFdg in Höhe des verwandten Betr in Rechtskr, falls die Gründe aussprechen, daß die GgFdg nicht besteht, dh schon vor Aufr nicht bestanden hat, od daß sie zuvor zwar bestanden hat, aber durch die Aufr verbraucht worden ist, also nicht mehr besteht, so RG **161**, 172 (unter Aufgabe von RG **80**, 167). Vgl Baumb-Lauterbach § 322 Anm 3, str. Aufr bei TeilKl vgl § 389 Anm 3.

3) Eventualaufrechng im Prozeß. Sie liegt vor, wenn der Aufrechnende (meist der Beklagte) die Aufr neben anderen Verteidiggsmitteln (Bestreiten der KlageFdg od Vorbringen von Einwendgen) für den Fall, daß diese nicht durchgreifen, erklärt, od sie derart bereits vor dem Proz erklärt hat u das jetzt geltd macht. Zulässig trotz Satz 2, da keine echte, sond nur eine RBedingg (denn Bestehen der HauptFdg ist gesetzliche Voraussetzg der Aufr) od auch nur eine Scheinbedingg vorliegt, so, wenn Beklagter Einreden gg die HauptFdg vorgebracht hat (denn die Geltg der Aufr soll nicht von einem zukünftigen ungewissen Ereignis abhängen, sond nur von der Aufklärg eines bereits jetzt bestehenden Zustandes), hM, stRspr, vgl auch §§ 209 II 3, 215, deren die Zulässigk voraussetzen. Im Zw ist jede erst im RStreit erklärte Aufr bloße Eventual-Aufr. **Behandlg:** Das Gericht kann auf die Aufr erst zurückgreifen, wenn das andere Vorbringen des Aufrechnenden nicht durchgreift; es ist daher nicht mögl, die Klage bei nicht entscheidgsreifer KlageFdg, aber liquider AufrFdg unter Offenlassen des Abweisgsgrundes alsbald abzuweisen, RG **42**, 364, **167**, 258, BGH **LM** ZPO 322 Nr 21, BAG **11**, 346, hM, stRspr, sog Beweiserhebgstheorie, die insb von Stölzel (ZZP **24**, 50 uö) vertretene KlAbweisgstheorie ist überholt. – Wenn der Bekl bestreitet od sonstige Einwendgen macht, aber daneben ausdr **unbedingt aufrechnet**, so ist das nur zul, wenn in seiner Erkl das (unter der Bedingg der Klageabweisg aGrd der vorgenommenen Aufr abgegebene) Anerkenntn der KlageFdg zu erblicken ist, Herschel DR **41**, 2402, ähnl RG **167**, 258. Alsdann ist bei Liquidität der GgFdg die Klage alsbald abzuweisen, vgl auch RG **42**, 322.

389 *Wirkung der Aufrechnung.* **Die Aufrechnung bewirkt, daß die Forderungen, soweit sie sich decken, als in dem Zeitpunkt erloschen gelten, in welchem sie zur Aufrechnung geeignet einander gegenübergetreten sind.**

1) Die Wirkg der Aufr ist das **Erlöschen** der Fdgen, soweit sie sich decken; es besteht nicht nur eine Einr. Nach einmal erklärter Aufr kann ErklGegner also nicht mehr anderweit aufrechnen (keine „Replik" der Aufr), RG JW **11**, 151, **37**, 3226, RG **143**, 388; beachte aber § 396 I 2, wenn Gegner widerspricht. – Voraussetzg ist, daß beide Fdgen bestehen, sonst keine Wirkg, vgl § 387 Anm 7 u 6. Geknüpft ist die Wirkg an die AufrErkl, zu ihrem Zeitpunkt müssen daher die Voraussetzgen der Aufr gegeben sein; das bloße Gegenüberstehen von Fdgen, die sog **Aufrechnungslage**, hat allein noch keine Wirkgen, RG **124**, 159, **167**, 64, str (vgl Dietrich AcP **170**, 534) bis auf die, daß sie das AufrR gibt (weitere Wirkg aber in den §§ 770 II, 1137, 1211: Einrederechte Dritter). Beide Fdgen bleiben daher verzinsl, Verzug tritt ein, VertrStrafen verfallen. Wird die Aufr erklärt, so wird die AufrWirkg des Erlöschens auf den Beginn der AufrLage **zurückbezogen**, die Fdgen gelten, soweit sie sich deckten, als bereits zu diesem Ztpkt getilgt. Verzugswirkgen, Straf- u ZinsAnspr, RG **101**, 113, entfallen, gleichgültig, ob eine der Fdgen unverzinsl war. Grund der Rückwirkg: Schu brauchte sich wirtschaftl nicht mehr als Schu zu fühlen. Keine Rückbeziehg auf Zeit der AufrLage daher, wenn nur Gläub, nicht auch Schu aufrechnen konnte, BGH **27**, 125; ebsowenig, wenn urspr Geldsummen- u Geldwertschuld einander ggüberstanden, so mit Recht Reinicke NJW **59**, 361 str, vgl v Caemmerer SJZ **50**, 9, Dietrich AcP **170**, 550. – Weitere Folgen aus bereits vorhandener AufrLage ziehen die §§ 390, 392, 406, KO 53 f, VerglO 54, vgl jedoch § 395 Anm 2. Vgl auch § 554. – **Prozeßkosten** trägt wg der Rückbeziehg (soweit sie eintritt) der Kläger, auch wenn der Beklagte erst im Prozeß aufrechnet, RG 58, 417; anders wenn der Beklagte die GgFdg erst nach Klageerhebg erlangt hat u der Kläger nach Aufr den RStreit für erledigt erklärt, RG 57, 384. – Eine aus ZPO 23 begründete Zustdgk des Prozeßgerichts wird dch spätere Aufr nicht beseitigt RG 58, 258. – Auch im öffR wirkt Aufr auf Ztpkt der AufrLage zurück; daher ist im verwgerichtl AnfVerf gg Gebührenbescheid die erst im Prozeß erklärte Aufr zu berücksichtigen, BVerwG DVBl 60, 36, Battis DVBl 71, 572, aA OVG Münst NJW 76, 2036.

2) Hat ein Schu in Unkenntn seines AufrRechts wg einer ihm zustehenden GgFdg gezahlt, so hat er **nicht den Bereichergsanspruch**; er zahlte keine Nichtschuld, da erst Aufr tilgt; § 813 greift weder unmittelb (da keine Einr) noch a fortiori ein; AufrLage ist hier nicht maßg, Mot II 109, RG **120**, 280, **144**, 94, Dietrich, AcP **170**, 538, sehr str; etwaige Strafgelder, Zinsen usw verbleiben daher dem und Teile.

3) Klagt der Kläger **nur eine Teilforderg** ein, so ist der Bekl in der Lage, dieser gü im RStreit mit einer GgFdg aufzurechnen, ebso wie er berechtigt wäre, die eingeklagte TeilFdg trotz § 266 zu bezahlen; den aufrechnenden Beklagten auf den nicht eingeklagten Teil zu verweisen, wodch dann die KlageFdg übrigbliebe, widerspräche dem Willen des Aufrechnenden, der entscheidend ist, BGH **LM** UmstG 18 Abs 1 Z 3 Nr 25, BGH NJW **67**, 34, BGH **56**, 314, WPM **75**, 795, stRspr, aA Dietrich AcP **170**, 539. Kläger kann dann die Klage erweitern, ZPO 264 Nr 2; er muß es, wenn er der Abweisg entgehen will. Anders, wenn der Bekl bereits vor Klageerhebg aufgerechnet hatte, RG **129**, 65, od wenn der Kläger vor od bei Klageerhebg, wenn auch nur eventuell, in zuläss Weise (§ 388 Anm 3) aufrechnet u somit von vornherein nur den Rest einklagt, so wenn er auf die ihm „jedenfalls" verbleibde Fdg klagt, RG **57**, 100; wird TeilFdg, die nach einzubehaltder Sicherh verbleibt, eingeklagt, so kann Bekl mit SchadErsAnspr nur aufrechnen, sow er die Sicherh übersteigt, BGH NJW **67**, 34, BGH **56**, 315. – Vgl § 266 Anm 5 a.

390 Keine Aufrechnung mit einredebehafteter Forderung.
Eine Forderung, der eine Einrede entgegensteht, kann nicht aufgerechnet werden. Die Verjährung schließt die Aufrechnung nicht aus, wenn die verjährte Forderung zu der Zeit, zu welcher sie gegen die andere Forderung aufgerechnet werden konnte, noch nicht verjährt war.

1) Allgemeines. a) Über Ausschl der Aufrechng vgl außer §§ 390–395 auch § 387 Anm 3.

b) § 390 handelt nur von der **GgFdg** (Fdg des aufrechnenden Schu), mit der aufgerechnet wird. Über Einredebehaftg der Fdg des AufrGegners vgl § 387 Anm 7. § 390 ist eine Folge der für die GgFdg zu fordernden Vollwirksamk, vgl § 387 Anm 6. Er betrifft verzögerliche u zerstörende (vgl aber S 2) Einreden, aber nur materielle, nicht ProzEinreden, RG **123**, 349, jedoch schließt die Einr des Schiedsvertrags die Aufr aus, vgl § 387 Anm 3. Guthabenblockierg wie 1945 in Ostzone u Berlin gibt solche Einr, Brschw MDR **49**, 624 (aA LG Düss MDR **49**, 753), desgl Beschlagn des Vermögens der öff Hand nach MP.G 52, vgl § 387 Anm 5. Daß Nichtigk der GgFdg die Aufr ausschließt, folgt schon aus § 387, vgl dort Anm 6, über Anfechtbark vgl ebda.

2) Einzelne Einreden. Die Einr des ZbRechts, § 273, schließt Aufr mit der behafteten Fdg aus, anders nur, wenn der andere Teil im AnnVerzuge ist u der Erklärende die eig Leistg dauernd zur Vfg hält, RG **94**, 310, BGH MDR **59**, 386. Die Einr des nichterfüllten Vertrages, § 320, schließt Aufr aus, anders jedoch, wenn die Einr, bei gleichen Liefergs- u Zahlungsbedinggen, beiden Teilen zusteht, RG **119**, 4. Keine Aufr mit Fdg für die AufrGegner nur beschr haftet, vgl BGH **LM** Nr 2; ggü eig Fdg des Erben daher keine Aufr mit Fdg, der DürftigkEinr entggsteht, BGH **35**, 327, wohl aber ggü NachlFdg, vgl § 1990 Anm 1.

3) Satz 2: Die Erweiterg der AufrBefugn mit einer Fdg, der die Einr der Verjährg entggsteht, beruht auf der Rückwirkg der Aufr, vgl § 389 Anm 1; sie besteht auch dann, wenn AufrFdg wg Verj rechtskr abgewiesen, BGH Betr **71**, 1619. Ist eine für die Fdg bestehende AusschlFr abgelaufen, ist S 2 nicht entspr anwendb, da Fdg in diesem Fall (and als bei Verj) erloschen, BAG NJW **68**, 813, **AP** Nr 2, Betr **74**, 585, BGH Betr **74**, 586 (unter Aufg von BGH 24, 60, 308). Entspr anzuwenden ist § 390 S 2 dagg auf Fdg, die wg VOB (B) 16 Nr 3 II 1 (vorbehaltlose Ann der Schlußzahlg) nicht mehr geltd gemacht w kann, Hamm BauR **76**, 434, ferner auf das ZbR, § 273 Anm 3. – § 390 S 2 wird wieder eingeschränkt dch § 479, Warn **14** Nr 46, ferner dch KVO 40 V, BGH NJW **74**, 1139.

391 Aufrechnung bei Verschiedenheit der Leistungsorte.
I Die Aufrechnung wird nicht dadurch ausgeschlossen, daß für die Forderungen verschiedene Leistungs- oder Ablieferungsorte bestehen. Der aufrechnende Teil hat jedoch den Schaden zu ersetzen, den der andere Teil dadurch erleidet, daß er infolge der Aufrechnung die Leistung nicht an dem bestimmten Orte erhält oder bewirken kann.

II Ist vereinbart, daß die Leistung zu einer bestimmten Zeit an einem bestimmten Orte erfolgen soll, so ist im Zweifel anzunehmen, daß die Aufrechnung einer Forderung, für die ein anderer Leistungsort besteht, ausgeschlossen sein soll.

1) Verschiedene Leistgsorte beeinträchtigen AufrR idR nicht, **I 1**, aber SchadErs nach **I 2**; der volle (adäquat verursacte) Schaden ist zu ersetzen. Ist aber Ort u Zeit wesentl GeschInhalt (es braucht nicht gerade FixGesch, § 361, vorzuliegen), so entfällt AufrR, weil mit GeschZweck unvereinb.

392 Aufrechnung gegen beschlagnahmte Forderung.
Durch die Beschlagnahme einer Forderung wird die Aufrechnung einer dem Schuldner gegen den Gläubiger zustehenden Forderung nur dann ausgeschlossen, wenn der Schuldner seine Forde-

rung nach der Beschlagnahme erworben hat oder wenn seine Forderung erst nach der Beschlagnahme und später als die in Beschlag genommene Forderung fällig geworden ist.

1) § 392 betrifft nur die Beschlagn der „**Hauptforderg**" (Fdg des AufrGegners vgl § 387 Anm 7). Die Beschlagn enthält ein Verbot, die HauptFdg zu erfüllen, vgl zB ZPO 829 I 1, somit auch, sie durch ErfErs (Aufr) zu erfüllen. Die volle Durchf des Verbots wäre aber unbillig, soweit Schu schon vor der Beschlagn hätte aufrechnen können (die „Aufrechngslage", § 389 Anm 1, also gegeben war), oder doch wenigstens begründete Aussicht dazu hatte, aufrechnen zu können. Daher § 392 (ähnl Regelg in § 406). Es genügt, daß die GgFdg im Ztpkt der Beschlagn dem RGrd nach bestand, Köln BB **77**, 1735. Aufr ist auch dann zul, wenn Schu in Verletzg der Beschlagn an Gläub geleistet h, BGH **58**, 25, dazu krit Reinicke NJW **72**, 793/1697. – Entgg § 392 erklärte Aufr ist relativ unwirks, vgl **135**, 136. Für den nach Beschlagn geschlossenen AufrVertr kann nichts and gelten(folgt aus ZPO 829 I 2), BAG **AP** Nr 1 u 2; ein zuvor geschlossener AufrVertr ist ohne die Beschränkg des § 392 wirks, wenn das Erlöschen der Fdg ohne weitere Erkl des Schu mit Fälligk der GgFdg eintreten sollte, BGH NJW **68**, 835, Bötticher, Festschr für Schima 1969, S 106; vgl auch RG **138**, 258, BGH VersR **70**, 368, vgl auch die Rspr der ArbGerichte zu § 387 Anm 2; Aufr von ArbGeberAnspr mit zukünftiger LohnFdg unbedenkl, Hbg NJW **52**, 388; für MietFdg des ArbGeber-Vermieters vgl BAG **AP** Nr 1. – Anwendg des Gedankens des § 392 auf die Pfändg des Anspr des Gläub auf den Versteigererlös RG **136**, 322. Aufr gg Fdg auf Versteigererlös entfällt, weil Gläub (Vollstr-Schuldner) über Versteigererlös nicht verfügsberechtigt, vgl zB BGH **39**, 244.

2) Für die Aufr dch den **Konkursgläubiger** nach KonkEröffng gilt die dem § 392 vorgehende Sonderregel der KO 53–56, die das Erfordern der Ggseitigk in zeitl Hins verschärft (KO 55). Bei Beschlagn von PrivVerm nach MRG 52 dürfte § 392 gegolten haben; vgl zu Aufr ggü unter TrHdsch gestelltem Betrieb BGH **17**, 303 und dazu Leiß NJW **55**, 1395.

393 *Keine Aufrechnung gegen Forderung aus unerlaubter Handlung.* **Gegen eine Forderung aus einer vorsätzlich begangenen unerlaubten Handlung ist die Aufrechnung nicht zulässig.**

1) § 393 hindert die Aufr **gegen** eine Fdg aus vorsätzl unerl Hdlg, dh wenn Aufrechnender aus vorsätzl unerl Hdlg schuldet; **mit** einer solchen kann aufgerechnet werden, dh der Schu einer Fdg aus vorsätzl unerl Hdlg kann nicht aufrechnen, der Gläub kann es. – Strafbark ist unerhebl. ErsAnsprüche aus vorsätzl VertrVerletzg sind gg eine Aufr nicht geschützt BGH NJW **75**, 1120, auch wenn die Hdlg zugleich vorsätzl unerl Hdlg ist, RG **154**, 338, BGH NJW **67**, 2013, mag ein Anspr hieraus auch nicht erhoben sein oder, zB wg Verj, nicht mehr erhoben w können, RG **167**, 259, BGH NJW **77**, 529. Aufr gg Anspr, der lediglich auf Argl aus § 463 gestützt w kann, daher zul, RG **154**, 338. Jedoch ist Aufr nicht mögl, wenn sie unzul Rechtsausübg wäre, so uU, wenn der Aufrechnende die vorwerfb Tatsachen, auf die er sein AufrR stützt, selbst verursacht, wenn auch nicht verschuldet hat, RG JW **39**, 355 (vgl den umgekehrten Fall in § 394 Anm 1). Der Einziehgsbeauftragte (Agent usw) kann gg den AuftrGeber mit Vergütgsansprüchen usw nicht aufrechnen, soweit dieser gg ihn Ansprüche aus unerl Hdlg (Unterschlagg, Untreue) hat, aber auch sonst fehlt Ausschl der Aufr schon aus dem Wesen dieses VertrVerhältnisses; Rechtsanwalt vgl BGH MDR **67**, 752. AufrVerbot gilt auch ggü Folgeschäden einschließl KostenerstattgsAnspr, Karlsr MDR **69**, 483, nicht aber ggü Anspr auf Ers von PrivKlKosten, vgl Glötzner MDR **75**, 718, auch nicht für Fdg, die in keinem inneren Zushang mit der unerl Hdlg steht, Celle OLGZ **69**, 319. Ggü GeldstrafAnspr ist Aufr ohnehin ausgeschl (§ 395 Anm 1), entspr Anwendg des § 393 daher nicht erforderl. Auch nach Abschl eines Vergl bleibt bei vorsätzl unerl Hdlg bestehen, sofern keine Schuldumschaffg (§ 779 Anm 4 a) vorliegt, unricht Glötzner MDR **75**, 718. Auch dem Schuldübernehmer od einem sonst haftenden Dritten ist die Aufr versagt RG **154**, 338. – Gg eine Fdg aus vorsätzl unerl Hdlg ist selbst die Aufr mit einer solchen ausgeschlossen RG **123**, 7, Haase JR **72**, 137, str. – Über AufrR des Bürgen bei unerl Hdlg des Gläub gg den HauptSchu vgl § 770 Anm 3. – Vorteile aus der unerl Hdlg hat sich der Gläub „anrechnen" zu lassen; das ist keine Aufr, RG **54**, 139, BGH MDR **67**, 752. – Gg einen Anspr aus ZPO 717 II ist Aufr mögl, § 393 hindert nicht, RG **76**, 406; ebso gg Rückzahlgsansprüche aus ZPO 600 II, 302 IV, RG JW **34**, 3193; keine Aufr dagg gg Ansprüche aus ZPO 717 III, RG **103**, 352, JW **33**, 1130, str. Str, ob GrdGedanke des § 393 Aufr ggü Anspr aus BEG ausschl, vgl BGH **LM** Nr 4.

394 *Keine Aufrechnung gegen unpfändbare Forderung.* **Soweit eine Forderung der Pfändung nicht unterworfen ist, findet die Aufrechnung gegen die Forderung nicht statt. Gegen die aus Kranken-, Hilfs- oder Sterbekassen, insbesondere aus Knappschaftskassen und Kassen der Knappschaftsvereine, zu beziehenden Hebungen können jedoch geschuldete Beiträge aufgerechnet werden.**

1) Allgemeines. Das AufrVerbot soll im öff Interesse verhindern, daß dem Gläub der unpfändb Fdg die LebensGrdlage gänzl entzogen w. Die Vorschr ist zwingd, RG **146**, 401, steht aber der Aufr mit der unpfändb Fdg nicht entgg. Sie gilt auch für AufrVereinbg, LAG SchlH BB **64**, 596, diese ist aber zul, wenn nach Fälligk der unpfändb Fdg geschl, BAG NJW **77**, 1168, Anrechng von Vorschüssen ist keine Aufr u daher statth, RG **133**, 252. Als Umgehg unzul aber Vereinbgen, die best Leistgen entgg der wirkl Sachlage zu Vorschüssen erklären, BAG NJW **56**, 926. Für das ZbR gilt § 394 nicht, vgl aber § 273 Anm 5 d. Nach Übergang der Fdg auf einen Dr, insb auf den SozVersTräger gem RVO 1542, entfällt das Aufr-Verbot, BGH **35**, 327. SonderVorschr für Aufr gg Anspr aus dem SozialR in SGB (AT) 51.

2) Ausnahmen: Vgl zunächst S 2. Das AufrVerbot tritt zurück, soweit Treu u Glauben dies erfordern. Zul daher die Aufr von SchadErsAnspr aus vorsätzl unerl Handlgen, soweit diese aus demselben LebensVerh entstammen; das ergibt sich für das BeamtenR ausdr aus BRRG 51 II 2, BBG 84 II 2, gilt aber auch für das ArbVerh, RG **85**, 116, **123**, 8, BAG NJW **60**, 1590, **65**, 70, u ggü UnterhAnspr, BGH **30**, 39. Im ArbR ist idR auch die Aufr mit Anspr aus vorsätzl VertrVerletzg zul, BAG NJW **60**, 1590 (gg fr Rspr); entspr gilt für UnterhAnspr, offen gelassen von BGH **AP** Nr 12, aA BGH **30**, 39. Erbe (Witwe) des vorsätzl Schädigers handelt aber idR nicht rmißbräuchl, wenn er sich ggü Aufr mit SchadErsFdg auf die Unpfändbark seiner Hinterbliebenenbezüge beruft, RAG **11**, 44. Wie weit die Aufr dchgreift, hängt von einer Abwägg der Umst des Einzelfalles ab, BAG NJW **65**, 70. IdR wird dem Gläub das Existenzminimum (ZPO 850d) zu belassen sein, BAG **AP** Nr **8**, einschränkd BAG NJW **65**, 70. Hat ArbN UrlGratifikation wg bestimmgswidr Verwendg zurückzuerstatten, kann ArbG mit ErstattgsAnspr gg Anspr auf UrlAbgeltg aufrechnen, BAG NJW **63**, 462, vgl auch RAG JW **30**, 437 (Aufr mit Anspr auf Rückzahlg von Umzugskosten). Ist Unterh dem mj Berecht zugeflossen u hat dieser ihn bestimmgsgem verwandt, kann der UnterhSchu iF nochmaliger InAnsprn mit seinem Anspr aus § 812 aufrechnen; § 394 steht nach seinem Schutzzweck nicht entgg, Schlesw SchlHA **78**, 66.

3) Die **Pfändgverbote** befinden sich in and Ges, insb in ZPO 850 ff. Bedingt pfändb Anspr (ZPO 850b) stehen unpfändb Fdgen gleich, es sei denn, daß das VollstrG die Pfändg zugel h, BGH **31**, 217, NJW **70**, 282, KG OLGZ **70**, 19. Nicht anzuwenden ist § 394 auf Miet- u Pachtzinsen, da diese pfändb, ZPO 851b. Aufr ist aber gem § 242 unzul, soweit Pfändg gem ZPO 851b aufzuheben wäre, vgl § 242 Anm 4 D c. KO 14 ist kein Pfändgsverbot iS des § 394, vgl BGH NJW **71**, 1563, hinsichtlich der Bankkonten entspr ZPO 835 III 2 nF, wohl aber das VerwertgsVerbot des ZPO 773, RG **80**, 33. Wer schuldh das Entstehen eines unpfändb Anspr verhindert, kann ggü dem SchadErsAnspr nicht aufrechnen, RG **162**, 197, RAG **12**, 342, LAG Brem BB **56**, 596. Keine Aufr auch ggü vertragl UnterhAnspr, die zwar ohne ges Verpfl übernommen, aber wie gesetzl UnterhAnspr ausgestaltet, RG Warn **19**, 69, Hbg OLG **21**, 247.

395 *Aufrechnung gegen Forderungen öffentlich-rechtlicher Körperschaften.* **Gegen eine Forderung des** *Reichs* **oder eines** *Bundesstaats* **sowie gegen eine Forderung einer Gemeinde oder eines anderen Kommunalverbandes ist die Aufrechnung nur zulässig, wenn die Leistung an dieselbe Kasse zu erfolgen hat, aus der die Forderung des Aufrechnenden zu berichtigen ist.**

1) Allgemeines über Aufrechng und öffentlich-rechtliche Fordergen. Auf die Aufr öffrechtlicher Fdgen ggeinander u die privater Fdgen gg öffrechtliche u umgekehrt beziehen sich die §§ 387 ff nicht unmittelb, str. Doch sind sie darauf entspr anzuwenden, soweit die Natur der öffrechtlichen Fdg, gg die (uU auch: mit der) aufgerechnet w soll, nicht entgegsteht, BVerwG ZBR **72**, 211, BFH WPM **73**, 1006, Lüke JuS **71**, 171, Vallendar DÖD **73**, 52, so auch AO 1977 § 226, der aber die Aufr des Steuerpflichtigen auf unbestr od rechtskr festgestellte GgAnspr beschr. Daß die aufzurechnden Fdgen in versch VerfArten zu verfolgen sind, steht der Aufr nicht entgg, BGH **16**, 130, **21**, 29 stRspr, str (vgl dagg für die Abrede schiedsgerichtl Entsch über eine Fdg § 387 Anm 3, für die Entsch dch Schiedsgerichte als Sondergerichte auch RG **157**, 109, 119). Das Zivilgericht kann nur über Aufrechenbark, AufrBefugn und AufrWirkgen, nicht über Bestehen der GgFdg entscheiden; insoweit kann es nach ZPO 148 aussetzen, uU muß es, BGH **16**, 138, vgl § 388 Anm 2. – § 322 II ZPO schließt die spätere Verfolgg der als nicht bestehend angesehenen GgFdg in der anderen VerfArt nicht aus, RG **77**, 413. Da die Aufr vorwiegd Tilggr ist, vgl § 387 Anm 1, ist über ihre Zulassg maßg diejenige Rechtsordng zu bestimmen, der die Fdg angehört, gegen die aufgerechnet w soll, dh deren Schu die Aufr erklärt, vgl auch RG **155**, 245, BGH **16**, 138. Aufr mit Anspr auf **Geldstrafe** zul, nicht aber umgekehrt, AG Hann NJW **75**, 178, Mümmler Rpfleger **74**, 94 mwN, vgl aber jetzt BRAGO 96a nF u dazu KG Rpfleger **78**, 34.

2) § 395 beschränkt die **Aufr gegen Forderungen des Fiskus** über § 387 (Gegenseitigkeit) hinaus. Insofern, als er keinen Unterschied zw öffentl und privrechtl Fdgen macht, überschreitet er den Rahmen einer privrechtl Rechtsregel. Demgem muß er weichen, soweit das öff Recht die Aufr gegen öffrechtl Fdgen anders regelt. Geschehen dch AO (1977) § 226 für SteuerAnspr, vgl zur fr AO Rössler NJW **69**, 494 u Kulla Betr **70**, 610. Er gibt eine Einschränkg ggü § 395. Aufr nur mit unbestr od rechtskr festgestellten GgFdgen mögl; anderers gibt er eine Erweiterg, da gleichgültig ist, an welche Kasse, sogar ob überh an eine Kasse der FinanzVerw, die GgFdg zu leisten wäre. **Kasse** is § 395 ist Amtsstelle mit selbständiger KassenVerw RG **82**, 236. Maßg ist Kassenidentität zZ der Aufr, frühere AufrLage (§ 389 Anm 1) gibt kein AufrR, RG **124**, 158, BGH **LM** Nr 2. – Vgl auch Art 81 EG. – Die Aufr des Fiskus **mit** Fdg wird durch § 395 nicht betroffen u demnach dch ihn auch nicht beschränkt; vgl dazu im allg oben Anm 1.

396 *Mehrheit von Forderungen.* **I Hat der eine oder der andere Teil mehrere zur Aufrechnung geeignete Forderungen, so kann der aufrechnende Teil die Forderungen bestimmen, die gegeneinander aufgerechnet werden sollen. Wird die Aufrechnung ohne eine solche Bestimmung erklärt oder widerspricht der andere Teil unverzüglich, so findet die Vorschrift des § 366 Abs. 2 entsprechende Anwendung.**

II Schuldet der aufrechnende Teil dem anderen Teile außer der Hauptleistung Zinsen und Kosten, so finden die Vorschriften des § 367 entsprechende Anwendung.

1) Für § 396 ist gleichgültig, ob dem Gläub od dem Schu od beiden **mehrere aufrechenbare Forderungen** zustehen, hM. – Zunächst gilt die Bestimmg des Aufrechnenden. Fehlt sie, od widerspricht der andere (vorausgesetzt, daß auch er aufrechngsberechtigt ist) unverzügl, so gilt § 366 II, wobei gleichgültig ist, ob die Fdgen früher od später aufrechenb geworden sind, hM. Eine neben der Verj geltend gemachte Aufr des Beklagten richtet sich gg die nicht verjährten Klageposten u nur hilfsw gg verjährte; will Kläger demggü die Regel des § 366 II, so muß er unverzügl widersprechen, RG JW **38**, 2041. — Bestimmt der Aufrechnende im Falle II eine andere Reihenfolge u lehnt AufrGegner sie ab, so ist Aufr wirkgslos, hM. — § 396 betrifft nicht die vertragl Aufr, RG **132**, 221.

Vierter Titel. Erlaß

397 *Erlaßvertrag; negatives Schuldanerkenntnis.* I Das Schuldverhältnis erlischt, wenn der Gläubiger dem Schuldner durch Vertrag die Schuld erläßt.
II Das gleiche gilt, wenn der Gläubiger durch Vertrag mit dem Schuldner anerkennt, daß das Schuldverhältnis nicht bestehe.

1) Wesen: Erlaß ist Vertrag zw Gläub u Schu, dch den der Gläub auf die Fdg verzichtet (wodch dann möglicherw das ganze SchuldVerh erlischt).

a) Erlaß ist Vertrag. Im Gebiete des Schuldrechts gibt es keinen **einseitigen Verzicht auf Forderungen** (schuldrechtl Ansprüche), RG **72**, 171, **110**, 418. Im SachenR dagg vielf einseitiger Verzicht, zB §§ 875, 928, 959, 1064, 1255 I, vgl zB BGH NJW **58**, 1231 (Verzicht auf VorbehEigt). Ebso im öffentlichen Recht, vgl RG JW **23**, 988: Verzicht des Fiskus auf Regreßansprüche jetzt BBG 78); im ProzeßR zB ZPO 306, 514, auch im RückerstattgsR Köln RzW **54**, 106. Nicht dagg im ErbR: ErbverzichtsVertr § 2346; das sog Befreiungsvermächtn, § 2174, ist zwar einseitig, wirkt aber nicht unmittelb, sond nur verpflichtend. Auch im SchuldR kann auf Einreden, vgl § 768 II, und Gestaltgsrechte, zB §§ 376 II Nr 1, 671, **einseitig** verzichtet werden, LM § 326 (I) Nr 2 u hM, so auf ein RücktrR od auf die Einr der vollendeten Verj (dem vor Vollendg der Verj erklärten Verzicht auf die Einr steht § 225 entgg, jedoch kann die Erhebg der Einr dann uU unzul Rechtsausüb sein, vgl Übbl 3 vor § 194).

b) Erlaß ist (vertraglicher) **Verzicht auf eine Forderg**. Der Verzicht iS rechtsgeschäftlicher Aufgabe eines Rechts od RVorteils ist im BGB nicht einheitl geregelt, er setzt begriffl weder ein zweiseitiges RGesch noch ein bereits vorhandenes Recht, auf das verzichtet wird, voraus. Der Verzicht im SchuldR, und zwar auf einen schuldrechtl Anspr (Fdg), nicht auf bloße Befugn od Einr (oben a), ist wesensgleich mit dem Erlaß, hM, daher nur vertragl mögl. (Auch der Verzicht auf ein VorkaufsR ist nur als vertragl Erlaß mögl RG JW **12**, 858.) Rein sprachl kann „erlassen" werden nur eine bereits, wenn auch nur betagt od bedingt, bestehende Fdg, nicht eine künftige; Erlaß künftiger Fdgen, zB künftiger Zinsen, bewirkt aber, daß sie gar nicht erst entstehen, BGH **40**, 330, BB **56**, 1086, hat also prakt Wirkg eines Erlasses. Andrers können nur noch vorhandene Fdgen, also nicht bereits getilgte, erlassen werden, vgl auch Anm 5. — Über Verzicht auf erdienten Tariflohn § 611 Anm 6 h.

2) Abschl formfrei (anders der umgekehrte Fall der abstrakten Schuldbegründg, § 780). Er kann auch dch schlüss Hdlg erfolgen, zB dch Rückg des Schuldscheins, Erteilg einer Quittg. Er kann auch in jahrelangem Unterlassen der Geltdmachg, wenn Anlaß zu ihr gegeben gewesen wäre, RG Recht **16**, 1865, und im negativen Schuldanerkenntn (II) liegen, vgl unten Anm 6. Stets muß aber der Wille zu erlassen gegeben sein. Dieser setzt Kenntn der Fdg od wenigstens der Möglichk ihres Bestehens voraus, RG **135**, 265, KG OLGZ **74**, 266, MDR **75**, 1020. Erteilg od widerspruchslose Ann einer Abrechng genügt idR nicht, BGH Betr **57**, 210. Es ist ein Erfahrgssatz, daß ein RVerzicht, also auch ein Erlaß, **nicht zu vermuten** ist, RG **118**, 66, stRspr. Die Notwendigk rgeschäftl Aufgabewillens unterscheidet Erlaß (u Verzicht) von der Verwirkg, vgl zu ihr § 242 Anm 9. Als Vertr bedarf der Erlaß ferner der Ann, die ebenf stillschw erfolgen kann, RAG HRR **32**, 1070, auch gilt § 151.

3) Wirkg. Unmittelb Erlöschen der Fdg, ob auch des ganzen Schuldverhältnisses, ist Tatfrage.

a) Erlaß ist danach **verfügender** Vertr, vgl Einf 4a vor § 305. Daher gilt § 185, wenn ein Dr erläßt, ferner ist der schenkw Erlaß bereits Vollzug, die FormVorschr des § 518 I gilt nicht, RG **53**, 296, Hbg NJW **61**, 76.

b) Als Vfg ist der Erlaß **abstrakt**, RG **53**, 296, vgl Übbl 3e vor § 104, daher unabhängig von dem entgeltl od unentgeltl RGrunde. Er ist indes bei Fehlen od Wegfall des RGrundes kondizierbar nach § 812 II iVm I, RG **108**, 107; die Wiederherstellg der Fdg bedarf dann der etwaigen Neubegründgsform RG **76**, 61. Auch kann der RGrd zur (selbst auflösenden, Warn 11 Nr 259, str) Bedingg des Abschlusses erhoben werden, bei deren Nichteintreten od Wegfall der abstr Vertr von selbst hinfällig wird, RG JW **11**, 488.

c) Mögl ist, daß die VertrSchließenden keinen Erlaß, sond nur die schwächere Wirkg der Einrede erzeugen wollen: **pactum de non petendo**. Es ist unbedenkl gültig, wird aber zw den Parteien nur befristet vorkommen (RG **127**, 129), da sonst dem Erlaß gleichbedeutend; dagg pactum de non petendo zw Dr u Gläub zG des Schu häufig, vgl § 276 Anm 5 B a cc u Einf 5 b vor § 328, ferner BGH JZ **56**, 119.

d) Erlaß ist unwirks, soweit Ansprüche **unverzichtbar** sind, so gewisse UnterhAnsprüche im FamR, §§ 1614, 1360 a III, 1615, ferner grdsätzl Anspr auf Tariflohn (§ 611 Anm 6 h) u Anspr auf Lohnfortzahlg (§ 9 LFZG, vgl dazu BAG NJW **72**, 702, BB **73**, 427, Maurer Betr **72**, 2481).

4) Erlaß ist Vertr zw Gläub und Schu, daher **nicht** mögl zw dem Gläub u einem anderen **zugunsten des dritten Schuldners**. Folgt auch aus oben Anm 3a (Verfügg) iVm dem in Einf 5b vor § 328 Gesagten.

5) Der Erlaß betrifft nur die Fdg und nur infolge ihres Erlöschens möglicherw das ganze Schuldverhältn. Dagg führt ein (ebenf formfreier) **Aufhebgsvertrag** (contrarius consensus) zur Aufhebg des ganzen SchuldVerh; er ist unbedenkl zul, vgl § 305 Anm 3, und zwar auch noch nach Erf der EinzelFdgen, str, Enn-Lehmann § 74 I 3. Begriffl ist er vom Erlaß zu unterscheiden.

6) II. Vertragliches negatives Schuldanerkenntnis. Es kann in der Erteilg einer Quittg liegen. Im ArbR stellt die AusglQuittg idR ein negat Schuldanerkenntn dar (Müller Betr **76**, 1466). Sie enthält meist Verzicht auf KündSchutz (BAG NJW **77**, 1983), uU auch auf Lohnfortzahlg (LAG Hamm Betr **75**, 987) u auf KarenzEntsch (LAG Düss Betr **74**, 1915), nicht aber auf Ruhegehalt (BAG Betr **74**, 487) u den ZeugnAnspr (BAG NJW **75**, 407). Entscheid ist der Inhalt der Quittg, die iZw eng auszulegen ist u uU wg Irrt od argl Täuschg angefochten w kann, BGH BB **77**, 1401. Wird das negat Schuldanerkenntn in Kenntn des Bestehens od doch der Möglichk des Bestehens der Schuld abgegeben, so ist es echter Erlaß in der Form des II, Kondiktion dann nicht mögl. Wenn in Tilggserwartg abgegeben, ist Kondiktion bei Nichttillg mögl. § 812 II. Wenn nur zwecks Klarstellg abgegeben, ist Kondition nach § 812 II mögl, RG **108**, 107, falls Schuld annahmewidr doch bestand, jedoch ist Bestehen und Irrt bei Erteilg zu beweisen. – Die **Entlastg** eines Rechnsleggspflichtigen kann unter II fallen RG SeuffA **70**, 75. Der Vormd hat keinen klagb Anspr auf Entlastg iW II, doch kann das VormschG freiwillige Entlastg vermitteln, RG **115**, 371. Über die Bedeutg der Entlastg eines öff Rechngsbeamten, insb bei vorgekommenen Haushaltsüberschreitgn, vgl RG **153**, 166. Entlastg im GesellschR ist wohl (intern dch BeschlFassg zustandekommendes) einseit RGesch der Gesellsch, das ohne Zugehen wirks ist u GeschFührg billigt, mit der Folge, daß etwaige bekannte od bei BeschlFassg erkennb ErsAnsprüche erlöschen, BGH NJW **59**, 192, **69**, 131. Kein Erlöschen von ErsAnsprüchen aber bei AG, vgl AktG 120 II.

Vierter Abschnitt. Übertragung der Forderung

Überblick

1) Die Fdg (der schuldrechtl Anspr) ist im Ggsatz zum absoluten Recht eine Beziehg von Pers zu Pers, vgl Einl 1 a vor § 241. Die Möglichk der Übertr der Fdg, also der Auswechselg des Gläub, ohne Änderg der Identität des Fdgrechts (also einer RNachfolge in die Fdg) erscheint danach nicht ohne weiteres gegeben zumal wenn man berücksichtigt, daß die Fdg, ebso wie ihre Quelle, das Schuldverhältn, nicht bloß eine Rechts-, sond auch eine Vertrauensbeziehg darstellt. Gleichwohl erkennt das BGB (§ 398) grdsätzl die Übertragbark von Fdgen an, vgl jedoch §§ 399, 400. – In Frage steht nur die Einzelnachfolge, vgl § 412 Anm 1. – Der Titel erörtert zunächst die rechtsgeschäftl Übertragg von Fdgen (die „Abtretung"), §§ 398 bis 411, in § 412 die Übertr kr Gesetzes, in § 413 die Übertr anderer Rechte als Fdgen. Die §§ 401–403 erörtern weitere Wirkgen der Abtretg, § 405 schützt den Neugläubiger, die §§ 404, 406–410 schützen den Schu. – Über das der Abtretg zugrunde liegende Verhältn vgl § 398 Anm 1 a u 3 a, § 407 Anm 4; über Möglichk der Übertr des ges Schuldverhältnisses § 398 Anm 4; Blankoabtretg dort Anm 1 b; fiduziarische Abtretg dort Anm 6; Einziehgsermächtigg dort Anm 7.

2) Abschn 4 betrifft (abgesehen von § 411) nur Fdgen des Zivilrechts. **Öffentlich-rechtliche** folgen eigenen Regeln auch bzgl Übertragbark und ÜbertrForm (SGB-AT 53), meist ist Mitteilg an Schu WirksamkErfordernis (AO 1977 § 46), manchmal Zust der schuldenden Beh, oft ist Abtretg ausgeschl. Wo Bestimmgen fehlen, kann man §§ 398–410 entspr anwenden, BSozG NJW **59**, 2087, BFH WPM **73**, 1007; für Gehaltsansprüche gilt § 411. Abtr von LAG-Anspr vgl BVerwG **4**, 128, **28**, 257, **39**, 273, MDR **75**, 79.

398

Abtretung. Eine Forderung kann von dem Gläubiger durch Vertrag mit einem anderen auf diesen übertragen werden (Abtretung). Mit dem Abschlusse des Vertrags tritt der neue Gläubiger an die Stelle des bisherigen Gläubigers.

Übersicht:

1) Begriff
2) Form
3) Grundsätzliche Abtretbarkeit, Ausnahmen
4) Vertragsübernahme
5) Wirkung der Abtretung
6) Fiduziarische Abtretung
7) Einziehungsermächtigung, Inkassomandat

1) Begriff. Abtretg (Abtr) ist Vertr zw Alt- u Neugläubiger, dch jener eine Fdg auf diesen überträgt.

a) Nötig Vertrag: einseitiges RGesch genügt nicht. Der Vertr ist **Verfügg**, Einf 4 a vor § 305, nicht VerpflichtgsVertr (nicht glückl die Bezeichnung als „dinglicher" Vertr, so RG **149**, 98 uö, da die Fdg selbst kein „dingliches" Recht). Nichtbestehen der Fdg macht den Vertr zwar ggstandslos, Warn **13**, 403, begründet aber noch keine Haftg (grdsätzl anders das Wechselindossament, WG 15). Eine solche ergibt sich erst aus der dem Vertr zugrunde liegenden, zu ihm verpflichtenden, Zweckabrede, die er, da als Vfg abstrakt (Übbl 3 e vor § 104), nicht in sich aufnimmt, RG **87**, 71 (doch kann das Vorliegen des Abtretgsgrundes natürl zur Bedingg der Abtr gemacht werden). Den Schu gehen Mängel des Kausalverhältnisses grdsätzl nichts an RG **102**, 386. – **Rechtsgrund der Abtretg** ist häufig Fdgskauf, auch Abrede der Hingabe an Erf Statt, vgl § 365 Anm 1, od sonstiger entgeltl Vertr, § 445 (in diesen Fällen Haftg für Bestehen, nicht Güte der Fdg, §§ 437, 438), auch Schenkg (Haftg nach § 523 ff), vor allem Sicherg, auch Inkasso, Anm 6. Im RGrdGesch liegt vielf bereits stillschw Abtretg, RG **126**, 184, BGH NJW **69**, 40.

b) Vertr zwischen Alt- und Neugläubiger. Zust des Schu unnötig (vgl dazu § 399 Anm 5), ebsowenig Anz an ihn, vgl aber §§ 406–411. Nicht mögl Abtretg zG eines Dritten mit unmittelb Wirkg, da Abtr Vfg ist, vgl Einf 5 b vor § 328, aA RG **124**, 138 (vereinzelt). Mögl aber die sog **Blankoabtretung**, die den Empf der (in blanco ausgestellten) AbtrUrk ermächtigt, dch Ausfüllg sich selbst od einen Dr als Neugläub zu bestimmen, RG **90**, 279; durch Ausfüllg (Ausübg des Gestaltgsrechts) wird der Bestimmte rückw

Neugläub (so Enn-Lehmann § 78 II 5, RG **11**, 8 für das Blankoakzept beim Wechsel, str, anders RG **63**, 234, J W **36**, 3234 für die BlankohypothekenFdgsabtretg: erst ab Ausfüllg). Die Abtr dch Hergabe einer BlankoUrk wahrt (wenn Ausfüllg später erfolgt) eine etwa notw Schriftform, BGH **22**, 132, Betr **75**, 831, vgl auch § 126 Anm 3 b. Vgl zur Blankozession Dölle in Festschr f Martin Wolff 1952, Dohm WPM **73**, 886, Egert RBdgg, 1974, S 146 ff.

c) Vertragsinhalt ist die **Übertragung** einer Fdg od eines Teils einer teilb Fdg (s unten 3 b). Begründg einer GesGläubersch ist dagg keine Abtr sond RGesch eig Art, das der Zust des Schu bedarf, BGH **64**, 67. Wirksame Übertr setzt voraus, daß der Neugläub die Fdg im eig Namen einziehen kann. Zwar kann verabredet werden, daß auf Zeit oder unter gewissen Bedinggen der Altgläub allein befugt bleiben soll, die Fdg einzuziehen; bei der Sichergsabtretg (unten Anm 6) ist das sogar die Regel. Unwirks ist die Abtr aber dann, wenn dem Neugläub das Recht zur Einzieh dauernd und bedinggslos versagt ist, RG JW **38**, 1330, DR **39**, 865, stRspr, od dem Neugläub erst dann erwachsen soll, wenn Vollstreckgsmaßnahmen von Gläubigern des Altgläubigers die Stellg des Neugläubigers gefährden würden, RG **92**, 109, **160**, 207, RG JW **38**, 1330, stRspr, BGH **26**, 192, **LM** Nr 9 a. Vgl auch unten Anm 7. Daß der Neugläub die Fdg zu seinen Gunsten einziehen soll, ist nicht WirksamkVoraussetzg der Abtretg, das Ggteil ist bei der Sichergsabtretg sogar die Regel. Die Fälle, in denen der Altgläub nach außen hin, dem Schu ggü, zunächst noch Inh der Fdg bleibt, insb auch zu deren Einzieh ermächtigt ist, werden als sog „stille Zession" bezeichnet, RG **136**, 102, AltGläub bleibt zur Einzieh der Fdg berecht, BGH NJW **78**, 698, u kann uU Dr wirks zur Entggnahme der Leistg ermächtigen, Tiedke Betr **76**, 421, zu nochmaliger Abtr ist er grdsl nicht befugt, BGH **66**, 152. Der VorbKäufer darf iF eines verlängerten EigtVorb die Fdg aus dem Weiterverkauf jedoch im Rahmen eines echten Factorings abtreten (BGH NJW **73**, 1972). Zul auch die sog Diskontierg bloßer Buchforderungen, bes aus Abzahlgsgeschäften an den Kreditgeber, RG **133**, 241, **136**, 102, vgl auch Anm 3c, d und e. – Die Abtr kann wg Verstoßes gg ein gesetzl Verbot nichtig sein, vgl § 134 Anm 3a „RBeratg". Sie kann auch **unsittlich** u gem § 138 nichtig sein, vgl § 138 Anm 5a. Sittenwidrigk kann sich bei Globalzession insb aus einem Konflikt mit einem verlängerten EV ergeben, vgl unten Anm 3e.

d) Abtretg an Schuldner führt grdsätzl zum Erlöschen der Fdg (Konfusion, vgl Übbl 1 vor § 362), anders wohl bei auflösd bedingter Abtr, da hier ein AnwR beim Gläub verbleibt; anders auch nach WG 11 III u bei InhPapieren (RG **147**, 243); über Sichergsabtretg an Schu vgl Dörstling NJW **54**, 1429.

2) Form ist grdsätzl unnöt, selbst wenn zur Begründg der Fdg Formwahrg nöt war, RG **148**, 108; formlos daher die Abtr des Rechts auf Auflassg RG **53**, 270, **111**, 300. Abtr kann auch stillschw erfolgen (vgl Anm 1a aE), sie setzt aber das Bewußtsein voraus, daß WillErkl wenigstens möglicherw erforderl, BGH **LM** Nr 20. Bei Teilzahlgskauf od DarlVertr w kleingedruckte od auf der Rückseite der VertrUrk befindl GehaltsAbtrKlausel nicht VertrInhalt, LAG Brem BB **66**, 535, LG Düss BB **67**, 118, u a LAG BaWü NJW **70**, 349, ferner Bökker NJW **70**, 1104 u jetzt AGBG 2. Das gilt entspr für AbtrErkl in VollmUrk, LG Nürnb AnwBl **76**, 166. Bei Abtr von Fdgen aus Papieren, bei denen die Innehabg Verwertgsvoraussetzg ist (**Wertpapieren**), soweit bei ihnen RÜbertr dch bloße Abtr überh mögl ist (so meist bei Rekta- u Order-, nie bei InhPapieren), ist grdsätzl UrkÜbergabe erforderl, RG **119**, 217, **126**, 284; so für die Fdg aus der BriefHyp nach § 1154 I, für die BriefGrdSch nach § 1192 (bei beiden ist überdies für die AbtretgsErkl – nicht die Ann – Schriftform nöt), ferner beim Wechsel RG **88**, 292, BGH WPM **70**, 245 (bei diesem wie bei den meisten anderen Orderpapieren geschieht aber die Übertr weitaus häufiger nicht dch Abtr, sond dch Indossament, WG 11 ff) u bei der Anweisg § 792. Vor UrkÜberg ist Abtr in diesen Fällen noch nicht vollendet, der Anspr auf UrkÜberg ist aus dem AbtrVertr, auch dem schriftl geschlossenen, nicht herzuleiten (aA RG **63**, 424), sond nur aus dem etwa zugrunde liegenden RVerhältn, vgl auch RG **105**, 385. Das **Sparkassenbuch** ist nicht Wertpapier, Überg daher unnötig, vielm Übertr dch bloße Abtr, Warn **16** Nr 74, stRspr, doch liegt in der BuchÜberg oft Abtr, BGH Betr **72**, 1226. – Das Eigt am Wertpapier (u Nichtwertpapier) folgt bei derart Abtretgen dem FdgsR, § 952. – Bei Fdgen aus **Inhaberpapieren** ist Abtretg nach § 398 nicht mögl, hier folgt das Recht dem Eigt am Papier, es gelten die §§ 929 ff; § 952 gilt nicht.

3) Eine **Forderung** ist nach BGB **grundsätzlich abtretbar**, jedoch zahlr Ausnahmen, vgl §§ 399, 400. Über Übertr anderer Rechte § 413.

a) Unerheblich, welchen **Rechtsgrund** die Fdg hat, auch Fdgen aus gegenseitigen Verträgen, RG **127**, 249. Jedoch steht bei ihnen die Einr des nichterfüllten Vertrages, §§ 320, 321, dem Schu auch ggü dem Neugläub zu RG **64**, 122 (§ 404), nur der Altgläub schuldet die GgLeistg u haftet für Mängel, nur ihm ggü kann der Schu anfechten, zurücktreten usw, vgl § 404 Anm 1 a. Der Altgläub kann die Einr des nichterfüllten Vertr ggü dem Schu, BGH **55**, 356; er kann (allerd nur mit Zust des Neugläubigers) anfechten, zurücktreten usw, anderes kann das auch der Neugläub mit Zust des Altgläubigers, vgl BGH NJW **73**, 1794 u § 413 Anm 1c. Ansprüche aus § 326 aGrd ihm ggü eingetretenen Verzuges kann der Neugläub selbst erheben RG **55**, 402, RG **170**, 187, vgl § 401 Anm 1 d, vgl auch RG **127**, 248, Seetzen AcP **169**, 366. – Übertragb ist auch die Fdg aus natürl Verbindlichkeiten.

b) Teilabtretg ist mögl, wenn Fdg teilb ist u Schu dch Teilabtretg nicht unzumutb beschwert w, vgl § 399 Anm 5, krit Kogel NJW **75**, 2063. Sie schafft FdgsMehrh u zwar, wo nichts vereinb, zu gleichem Rang, BGH **46**, 243, Derleder AcP **169**, 97; auch früh Abtr schafft keinen Vorrang, RG **149**, 98; Schu kann an einen der Gläub mit der Bestimmg zahlen, daß dessen Fdg getilgt sein soll, Minderg kann aber idR nur verhältnism geltd gemacht w, BGH **46**, 244; and, wenn Schu SchadErsAnspr aus § 326 geltd macht, da sich SchuldVerh idF auf ErsAnspr konzentriert, BGH **LM** § 404 Nr 4. Anspr auf Übereigng eines Grdst kann hinsichtl einer realen Teilfläche abgetreten w, es sei denn, daß die Teilg für den Erstveräußerer zu unzumutb Erschwernissen führt, BayObLG DNotZ **72**, 233 mwN, str. Bei AnsprKonkurrenz (Einf 2 vor § 823) kann Abtr auf einen der Anspr beschr w, es entsteht dann GesGläubersch (§ 428), vgl Arens AcP **170**, 406.

c) Auch befristete, bedingte u **künftige** Fdgen können abgetreten w, sog **Vorausabtretg**, BGH 7, 367, NJW **65**, 2197, BAG NJW **67**, 752, hM. Begründ: FdgÜbergang ist nicht AbschlTatbestd, sond Wirkg der Abtr, BGH **30**, 240, **32**, 369 s auch Serick IV § 47 I 1 (GewohnhR). Das RVerhältn u die RGrdlage, aus der der künft Anspr erwachsen soll, braucht noch nicht zu bestehen, RG **55**, 334, BGH NJW **65**, 2197, auch Ungewißh über die Pers des künft Schu schadet nichts, BAG NJW **67**, 752. Erbl kann eine erst in der Pers des Erben entstehe Fdg wirks abtreten, BGH **32**, 367. Erforderl nur, daß die Entstehg der Fdg zZ der Abtr mögl erscheint, RG **134**, 227, u die abgetretene Fdg so konkret bezeichnet w, daß sie bei ihrer Entstehg bestimmt ist, vgl unten d. And Grds gelten dagg für die Pfändg: pfändb ist die künft Fdg nur, wenn bereits eine rechtl Grdlage vorhanden ist, die die Bestimmg der Fdg nach Art u Pers des Schu ermöglicht, BGH **53**, 32, **LM** ZPO 857 Nr 4 Bl 3, ähnl gilt für die Vormerkbark, vgl § 883 Anm 3 d. Bei VorausAbtr ist der RErwerb des AbtrEmpfängers erst mit Entstehg der Fdg vollendet, BGH **30**, 240. Sie w daher ggstlos, wenn die Fdg nicht entsteht, BGH WPM **73**, 489; im KonkFall ist dem Abtrempfänger bei KO 15 ggü den KonkGläub unwirks, es sei denn, daß der RGrd der Fdg bereits bestand, die RStellg des AbtrEmpfängers also zu einem AnwR erstarkt war, BGH NJW **55**, 544, Medicus JuS **67**, 386, str aA, Egert, RBdgg, 1974, S 96. Die dch die VorausAbtr geschaffene RPosition ist vererbl u gem §§ 413, 398 auch übertragb. Mögl ist auch die Abtr einer zwar bestehden, aber vom Abtretden erst zu erwerbden Fdg (§ 185). Str ist, ob die abgetretene künft Fdg unmittelb in der Pers des AbtrEmpfängers entsteht, od ob sie eine „logische Sekunde" zum Verm des Abtretden gehört; für **Direkterwerb** Esser § 55 III, Soergel-Schmidt Anm 11, Hbg MDR **56**, 227; für **Durchgangserwerb** Egert, RBdgg, 1974, S 60. Richt wohl zu differenzieren: DirektErw, wenn RGrdlage bereits vorhanden, andf DurchgangsErw, Larenz § 34 III, Erm-Westermann Rdz 12, RGRK Rdz 72, Serick IV § 47 IV, vgl auch BGH **20**, 88 (DirektErw bei Übertr des AnwR aus bedingter Übereign). Da die VorausAbtr auch bei DchgangsErw wg des Grds der Priorität (unten e) späteren Abtr u Pfändgen vorgeht, ist der Streit ohne wesentl prakt Bedeutg. Soweit DirektErw stattfindet, gelten die §§ 399ff entspr BGH NJW **69**, 276, BGH **66**, 385, einschränkd Schomaker BB **69**, 940. – Bsp aus der Rspr: Abtretb künft DividendenAnspr, RG **98**, 320; LohnFdg, BGH NJW **65**, 2197, **LM** Nr 28, BAG NJW **67**, 752; VergütgsAnspr, der nach Ausübg des HeimfallAnspr entsteht, BGH NJW **76**, 895; Saldoguthaben aus Kontokorrent, BGH WPM **56**, 1126; HypFdg, RG **74**, 418, BGH **53**, 63 (nicht gesondert abtretb dagg Anspr auf Anteil am Versteigererlös, da mit Hyp ident, BGH NJW **64**, 813), übertragb ferner künft LAG-Anspr, BVerwG **21**, 25, öffentl ErstattgsAnspr, Franke WPM **72**, 1240, GmbHAnteile, BGH **21**, 245, PatentR, BGH **139**, 56. NutzgsR am künft UrhR, vgl RG **140**, 250 u jetzt UrhG 29 S 2; weitere Nachw bei Hufnagel NJW **52**, 490.

d) Eine Abtr od VorausAbtr ist nur wirks, wenn die abgetr Fdg genügd **bestimmt** od **bestimmbar** ist, RG **98**, 202, BGH **7**, 367, **LM** Nr 8, BAG NJW **67**, 752. Handelt es sich um eine VorausAbtr, muß die abgetr Fdg spätestens im Ztpkt ihrer Entstehg zweifelsfrei ermittelt w können, BGH **7**, 369, **70**, 89.

aa) Die Abtr einer **Fordergsmehrheit** setzt voraus, daß die betroffenen Fdgen hinreichd individualisiert w. Das ist der Fall bei Abtr aller aus einem best GeschBetr, RG JW **32**, 3760; ebso bei Abtr aller Fdgen gg Kunden od AuftrGeb aus einer best Art von RGesch, RG **155**, 30, BGH WPM **61**, 350, Stgt NJW **64**, 666. Abtr „aller künft Fdgen" ist ebenf ausreichd best, sie kann aber gem § 138 nichtig sein, § 138 Anm 5a. Unwirks ist die Abtr mehrerer Fdgen in Höhe eines TeilBetr, wenn nicht erkennb ist, auf welche Fdgen od TeilFdgen sie sich bezieht, RG **98**, 202, BGH Warn 68 Nr 165, WPM **70**, 848. Abtr aller Fdgen bis zu einem HöchstBetr ist unwirks, sow sie zukünft Fdgen betrifft u unbest ist, welche Fdgen jeweils „nachrücken" sollen, BGH **71**, 78.

bb) Str, ob Umfang der Abtr von der **wechselnden Höhe anderer Fordergen** abhäng gemacht w kann, ablehnd RG **92**, 238, wohl auch BAG **AP** Nr 3, grdsätzl bejahd Wolf NJW **66**, 107, offengelassen von BGH NJW **65**, 2198. Richt wohl eine vermittelnde Ans: auch hier genügt die Bestimmbark des Umfangs der Abtr. Dazu ist nicht ausreichd, daß zw Abtretdem u AbtrEmpfänger der Umfang der Abtr ermittelt w kann. Auch Schu muß sich in zumutb Weise Gewißh darü verschaffen können, an wen er zu leisten h; ist das gewährleistet, ist Abtr wirks, Celle Betr **67**, 375, andf ist sie unwirks, BGH NJW **65**, 2198.

cc) Auch bei VorausAbtr dch **verlängerten Eigentumsvorbehalt** (Begr u Zulässigk vgl § 455 Anm 2b), Globalzession od ähnl Klausel in AGB genügt Bestimmbark idS, daß sich im konkreten Fall ermitteln läßt, ob Fdg von der Abtr erfaßt w; entgg RG **155**, 29 ist nicht notw, daß die Bestimmbark abstr für jeden denkb Fall gegeben ist, BGH **7**, 369, **26**, 183, stRspr. Bei VorausAbtr dch AGB ist die Klausel zunächst nach für AGB geltden Grds (AGBG 4, 5) obj auszulegen; dann ist zu fragen, ob Klausel die Fdg bei dieser Auslegg erfaßt; schließl ist zu prüfen, ob die Fdg genügd bestimmb ist, BGH **7**, 369, **LM** Nr 8. Abtr auch dann wirks, wenn die Feststellg der abgetretenen Fdg erhebl Arb- u Zeitaufwand erfordert, BGH **70**, 90. Ist wg fehler Aufzeichnungen nicht aufklärb, welche Fdgen von verlängerten EigtVorb erfaßt w, ist Zedent schaderspflicht, der Zessionar aber nicht berecht, belieb KundenFdgen in Anspr zu nehmen (BGH Betr **78**, 1871). Die Rspr h Bestimmbark bejaht bei verlängertem EigtVorbeh, der sich auf die ges dch Verarbeitg entstehende Fdg erstreckt, BGH **7**, 369, NJW **74**, 1130, bei verlängertem EigtVorbeh „in Höhe des Werts der Ware" od „entspr dem Wert der Lieferg" sowie jedenf in ähnl Formulierg, BGH NJW **64**, 150, **68**, 1518, **75**, 1227 (Abtr in Höhe des vom Zedenten geschuldeten Preises), bei Abtr aller Fdgen aus einem best Zeitraum, auch wenn einzelne Fdgen ausgn, BGH WPM **66**, 13, bei Abtr der Fdg aus der Verwendg des Materials, BGH **LM** § 157 (Ga) Nr 18. Dagg ist die Bestimmbark verneint worden bei verlängertem EigtVorbeh hinsichtl „der an die Stelle der Kaufsache tretden Fdgen", BGH **LM** Nr 8, bei verlängertem EigtVorbeh „in Höhe des Rechngswertes der jeweils verarbeiteten VorbehWare", KG JR **61**, 142, bei verlängertem EigtVorbeh, der Umfang der VorausAbtr nicht abgrenzt, BGH **26**, 183, WPM **75**, 977. FdgAbtr aGrd des verlängerten EigtVorbeh auch dann, wenn Weiterveräußerg wiederum unter EigtVorbeh erfolgt, BGH **56**, 37.

e) Für das Verhältn zw mehreren Abtr od VorausAbtr derselben Fdg gilt der **Grundsatz der Priorität**, BGH **30**, 151, **32**, 363 stRspr. Von ihm ist auch beim **Konflikt zwischen verlängertem Eigentumsvorbehalt und Globalzession** auszugehen, BGH aaO, vorausgesetzt, daß beide Sichergen wirks sind (vgl § 138 Anm 5 i u k). Der an sich unbedenkl verlängerte EigtVorbeh kann gg § 138 verstoßen, wenn er mit einer Globalzession verbunden w, BGH NJW **77**, 2261, Lambsdorff/Skora BB **77**, 922. Die zum Verh der beiden SichergsR teilw im Schrifft vertretene Ans (Flume NJW **50**, 847, Neubeck NJW **59**, 581 ua), der verlängerte EigtVorbeh habe aGrd Surrogation od wg „größerer Nähe" zur abgetretenen Fdg den Vorrang vor der Globalzession, findet im Ges keine Stütze, BGH **30**, 152. Beachtl, aber wohl undchführb die Versuche, die Fdg nach Wertquoten (Erman BB **59**, 1109, Scherner BB **68**, 1267, Esser JZ **68**, 281, Franke JuS **78**, 373) od nach der Kredithöhe (Beuthien BB **71**, 375) zw Geld- u Warenkreditgeber zu teilen BGH **32**, 364, **51**, 118. Der Grds der Priorität w im Verh zw Globalzession u verlängertem EigtVorbeh dch § 138 modifiziert. Wenn man stattdessen auf AGBG 9 abstellt (so Graf v Westphalen Betr **78**, 68), bestehen im Ergebnis kaum Unterschiede: Die Globalzession ist wg Verleitg des Zedenten zur Täuschg u zum VertrBruch nichtig, soweit sie sich auf Fdgen erstreckt, die von einem verlängerten EigtVorbeh erfaßt w, BGH **30**, 152, NJW **68**, 1516, **69**, 318. Dies gilt auch dann, wenn Fdg nur mit Zust des Schu abgetreten w kann, BGH **55**, 34; doch ist jeweils auch der subj Tatbestd zu prüfen, BGH **32**, 366, NJW **60**, 1003, BB **62**, 79, NJW **68**, 1517, aA Esser ZHR **135**, 320, offengelassen in BGH NJW **69**, 320. § 138 daher unanwendb, wenn Globalzessionar Konflikt mit verlängertem EigtVorbeh für ausgeschl halten darf, BGH **32**, 366, BB **62**, 79, wenn nach dem Willen der VertrParten der verlängerte EigtVorbeh Vorrang h soll, BGH NJW **74**, 942. Von den in der Bankpraxis bei Globalzessionen übl Klauseln (vgl Serick BB **74**, 849, Lambsdorff/Skora NJW **77**, 701) räumt die sog dingl VerzKlausel (Vorrangklausel) den Vorwurf der Sittenwidrigk aus, wohl auch die von Lambsdorff/Skora (aaO) vorgeschlagene modifizierte Vorrangklausel (Vorrang nur des branchenübl EigtVorbeh), nicht aber die sog VerpflKlausel (Schu soll VorbehVerk aus Kredit befriedigen), BGH NJW **69**, 318, **74**, 942 (and noch BGH NJW **60**, 1003), wohl auch nicht die sog schuldr TeilVerzKlausel (Anspr des VorbehVerk auf teilw Freigabe), Stgt NJW **76**, 150, Lambsdorff/Skora aaO, krit Bennat NJW **76**, 790, aA, Düss WPM **77**, 404, Mü BB **78**, 635, LG Bln WPM **76**, 1023, LG Kreuznach WPM **77**, 1364, vermitteld Messer NJW **76**, 925. Beim echten **Factoring** (rechtl ein FdgKauf, bei dem der Factor das Debitorenrisiko trägt) ist Konflikt mit verlängertem EigtVorb idR ausgeschl, da Abtretg an Factor dch die dem VorbKäufer erteilte Ermächtigg gedeckt ist (BGH NJW **78**, 1972). Fehlt eine derart Ermächtigg, ist die fr Abtretg an Factor wirks, da sie auch bei einem mögl Konflikt mit einem verlängerten EigtVorb nicht gg § 138 verstößt (BGH **69**, 248 mwN; Blaurock ZHR **142**, 335). Beim unechten Factoring (einem KreditGesch) sind dagg grdsl die allg Regeln über den Konflikt von verlängertem EigtVorbeh u Globalzession anzuwenden, MüKo/Roth Rdn 120, sehr str, aA Schmitz NJW **78**, 201. – Übersicht über die Rspr bei Nirk NJW **71**, 1913, Serick BB **74**, 845, vgl ferner Kaduk Festschr f Larenz 1973 S 683, u Serick IV § 48ff mit einem neuen Lösgsvorschlag (dingl TeilVerz des Globalzessionars kr Ausleg od Abrede). Vgl auch § 455 Anm 2, § 929 Anm 6. – Vorausabtretgsabreden bei vertragl Ausschl der Abtretbark vgl § 399 Anm 3.

4) **Vertragsübernahme** (Schrifft: Pieper, Vertragsübernahme u Vertragsbeitritt 1963 u dazu Fabricius JZ **67**, 144): Das BGB regelt die Abtr einz Fdgen u die Übern einz Schulden. Es enthält dagg keine Vorschr über eine rechtsgeschäftl **Übertragg eines Schuldverhältnis im ganzen,** dh den Eintritt einer VertrPart anstelle der bisherigen. Eine VertrÜbern sieht das Ges nur als Folge and RGesch vor, so in den §§ 571, 581 II, 613 a, 1251, VVG 69 (vgl ferner § 569 a, VVG 151 II, 177). Lehre u Rspr haben aber iW der RFortbildg den nunmehr allg anerkannten Grds herausgebildet, daß die rgeschäftl Übertr eines ganzen SchuldVerh zul ist (Pieper aaO; Larenz § 35 III, Coester MDR **74**, 803). Einzelfälle: Parteiwechsel im PachtVertr, BGH LM § 581 Nr 16; MietVertr BGH WPM **78**, 1071; ArbVertr, BAG Betr **73**, 924; ElektroVersorggsVertr, BGH NJW **61**, 454; SukzessivlieferungsVertr, BGH WPM **73**, 489; BierbezugsVertr, Nürnb NJW **65**, 1920; PersonalGesellsch, BGH **44**, 231. Die VertrÜbern ist ein einheitl RGesch (BGH **LM** § 581 Nr 16, BAG Betr **73**, 924, hM), nicht eine Kombination von Abtr u SchuldÜbern (so aber BGH NJW **61**, 454 u hier bis 34. Aufl). Sie ist Vfg über das SchuldVerh im ganzen u bedarf der Zust aller Beteiligten. Sie kann als „dreiseitiger Vertr" abgeschl werden; mögl ist aber auch ein Vertr zw der ausscheiden u eintretden Part unter Zust des and Teils (vgl BGH **LM** § 581 Nr 16). Zust kann im voraus erteilt w, in AGB aber nur in den Grenzen von ABG-Ges 11 Nr 13. Dem Eintretden stehen alle Einwendgen aus dem SchuldVertr zu. Außerdem kann er sich auf Mängel der VertrÜbern berufen, nicht aber auf Mängel des GrdGesch, da die VertrÜbern als Vfg abstrakt ist (Übbl 3e vor § 104). Die §§ 398ff, 414ff sind nur eingeschr anwendb (Pieper aaO S 212ff). So sind insb §§ 407–410 leerlaufd, da der verbleibde VertrPartner vom Wechsel seines Gegners notw Kenntn erhält; iF einer im voraus erteilten Zust sind §§ 407 ff jedoch entspr heranzuziehen. In gleicher Weise ist auch ein VertrBeitritt zul, wobei die Art der Mitberechtigg u Mitverpflichtg von dem jeweiligen SchuldVerh abhängen. Beitritt zu MietVertr bedarf ggf der Form des § 566, BGH **65**, 49.

5) Die **Wirkg** der Abtr ist der **Übergang der vollen Gläubigerstellg** einschl der Rechte aus Schiedsklausel RG **146**, 55. SchadErs wg Verzuges od Unmöglichk beurteilt sich nach Pers des Zessionars, str aA Peters JZ **77**, 119 mwN, doch w bei der SichergsAbtr Schaden des Zessionars maßgebl sein, str; leistgsbezogene SchutzPflten wirken bei offener Abtr zu seinen Gunsten, auch sonst sekundäre GläubR gehen uU auf ihn über, vgl Seetzen AcP **169**, 352, MDR **70**, 809 (auch zu Einschränkgen aus dem Gesichtspktdes SchuSchutzes), ferner Anm 3a, § 401 Anm 1. Einwendungen aus dem der Abtr zugrunde liegenden Verhältn hat Schu nicht RG **102**, 386, wohl aber aus der Unwirksamk der Abtr selbst (nichtiges GrdGesch kann Abtr unwirks machen, wenn beide Einh bilden, BAG NJW **67**, 751, vgl § 139 Anm 4). Der bish Gläub scheidet aus Schuldverhältn ganz aus; zur Feststellgsklage bleibt er aber legitimiert RG Recht **30**, 1982, hM; krit BAG NJW **66**, 1772. - Besteht die abgetretene Fdg nicht, steht sie dem Erwerber nicht zu, ist sie nichtig od sonst fehlerh, so erwirb Erwerber keine bzw eine fehlerh Fdg, **kein Schutz des gutgläubigen Erwerbers,** § 404, vgl aber § 405.

6) Rechtlich Vollabtretg ist auch die bloß **fiduziarische Abtretg** (Wesen: die RÜbertr geht über den wirtschaftl Zweck hinaus). Gültig, kein ScheinGesch (vgl bei § 117), RG JW **35**, 2728, für das SichergsEigt vgl § 930 Anm 4. Zwecke insb: **Sicherung** (Interesse des Treuhänders) mit Pfl zur RückÜbertr nach Befriedigg, RG **123**, 381, falls nicht schon die Abtr selbst als dch Eintritt der Befriedigg auflösd bedingt

§§ 398, 399

(Warn **14**, 330) abgeschl war, was jedoch iZw nicht anzunehmen ist, BGH WPM **60**, 1407. SichergsAbtr ist auch die Abtr aGrd eines verlängerten EigtVorbeh, BGH **LM** § 157 (Ga) Nr 18. – **Inkasso** (Interesse des Treugebers), wenn tatsächl echte Vollabtretg, jedoch zu Inkassozwecken vorlag, vgl dagg Anm 7. – Im Innenverhältnis hat der Treuhänder die Rechte des Gebers zu wahren RG **76**, 347, BGH NJW **60**, 959. (Ähnl das Innenverhältn bei der Abtr erfhalber, vgl zu ihr § 364 Anm 4a, dort auch dazu, ob der NeuGläub sich ohne Zust des AltGläub vergleichen darf). – SichergsAbtr an Schu vgl Anm 1 d.

a) Voraussetzg ist **wirksame Abtretg,** vgl dazu Anm 3c, d, e, auch Anm 1c.

b) Wirkg: Der Treuhänder wird im Verhältnis zum Schuldner Alleingläubiger RG **76**, 347, stRspr. Schu hat daher keine Einwendungen aus dem der Abtr zugrunde liegenden KausalGesch zw Treugebern u -händern RG **99**, 143, **102**, 386, BGH NJW **74**, 186. Er kann sich daher auf das Recht des Treugebers auf Rückabtretg wg Widerrufs des Auftr (bei InkassoAbtr) od Befriedigg des Treunehmers (bei SicherAbtr) nicht berufen. And bei auflösd bedingter Abtr, RG **99**, 143, die jedoch iZw nicht anzunehmen ist, vgl oben vor a; uU kann KausalGesch auch dahin auszulegen sein, daß es stillschw pactum de non petendo zG des Schu enthält, also gem § 328 auf Einwendungen aus dem KausalGesch berufen kann, Willowelt NJW **74**, 974. Die ältere Rspr, RG **53**, 418 uö, gab dem Schu vielfach (allerdings meist in Fällen, die unter Anm 7 fielen), die „exceptio doli". Auch heute wird der Schu in solchen Fällen auf die Unzulässigk der Rechtsausüb (§ 242) des Treuhänders verweisen können, wenn Mißbr vorliegt, vgl den von Lange DR **39**, 851 mitgeteilten Fall.

c) Die **wirtschaftlich** einer vollen RStellg nicht entspr Stellg des TrHänders tritt aber auch nach außen hervor: durch die SichergsAbtr wird, ebso wie bei der Verpfänd, das Recht des Treugebers, vom Schu Zahlg zu verlangen, auch darauf zu klagen, nicht berührt (unbeschadet des KlagR des TrHänders), RG **155**, 52, BGH **32**, 71, NJW **78**, 698, währd bei der gewöhnl Abtr der Abtretde das KlagR grdsätzl verliert, vgl oben Anm 1c. Ferner kann der TrHänder nicht stRspr der Pfänd der Fdg zwar nach § 771 ZPO als FdgsInh widersprechen (die Anwendg des ZPO 805 lehnt die Rspr ab), im Konk des Treugebers hat er dagg nur ein Absonders-, kein AussondergsR, BGH **LM** § 157 (Ga) Nr 18. Umgekehrt kann der Treugeber der Pfändg der Fdg dch einen Gläub des TrHänders iW des § 771 ZPO entgtreten u hat im Konk des TrHänders ein AussondergsR. Vgl Vorbem 7 vor § 929 u § 930 Anm 4. Auch kann Aufr mit Fdg gg Treugeber gg Fdge des weisgsgebundenen TrHänders zugelassen werden, wenn Berufg auf mangelnde Ggseitigk gg § 242 verstößt, BGH **25**, 367, NJW **68**, 595, WPM **75**, 79, 80, Hamm Rpfleger **65**, 174. Zuzulassen ist Aufr insb dann, wenn TrHänder weisgsgebunden wie ein Angestellter (BGH **25**, 367) od sonst unselbstd (Hamm aaO).

7) Zu scheiden von der fiduziar Abtretg (Anm 6), wenn auch in der Rspr nicht immer geschieden, ist die sog **Einziehgsermächtigg** (Inkassomandat); sie ist Übertr eines bloßen FdgsAusschnitts. Die Fdg selbst verbleibt bei dem Übertragend. Ob bei einer Inkassozession eine fiduziar Vollabtretg oder bloße Einziehgsermächtigg vorliegt, ist nach allg AusleggsGrds (§§ 133, 157) zu entscheiden, Köln JMBlNRW **71**, 7, vgl auch Henckel Festschr f Larenz 1973 S 655 ff. Bei einer SichergsAbtr verbleibt dem AltGläub idR ein EinziehgsR (oben Anm 1c); entspr gilt für den Bauträger, der seine GewlAnspr gg den BauUntern (Handwerker) an den Bauherrn abgetreten hat (BGH NJW **78**, 1376). – Die Zulässigk der Einziehgsermächtigg w aus § 185 als Einwilligg zur Vfg (zu der Einziehg) hergeleitet RG **133**, 241 uö, BGH **4**, 164 (vgl auch LG Kreuznach NJW **55**, 952); sie enthält als wesentl Teil die Ermächtigg zur Einklag („gewillkürte" ProzStandsch), diese ist davon abhäng, daß der Ermächtigte ein eig schutzwürd Interesse an der gerichtl Geltdmachg der Fdg h, RG **91**, 397, BGH **4**, 164, NJW **58**, 338, **65**, 1962, str, vgl Henckel Festschr f Larenz 1973 S 643 ff. **Wirkgen** der Einziehgsermächtigg: der Ermächtigte kann Zeuge sein; der Schu kann, da der Ermächtiger ihm ggü Gläub geblieben ist, auch mit nach Kenntn der „Abtretg" erworbenen Fdgen **aufrechnen**, nicht dagg mit Fdgen gg den Ermächtigten, OLG **23**, 19, auf Widerruf der Ermächtigg kann er sich berufen RG **53**, 418; auch dem Indossatar ggü hat er die Einwendgen aus der Pers des Indossanten RG **117**, 72; das Urt schafft für u gg den Ermächtigten Rechtskr BGH NJW **57**, 1636. – Richtiger Ans nach ist die Zulässigk der Einziehgsermächtigg kr RGesch weder gedankl zu rechtf, noch für den redl GeschVerk erforderl, EinziehgsVollm (notf fiduziarische Übertr) reicht aus; vgl Köhler, Findet die Einziehgsermächtigg im geltenden bürgerl Recht eine Grdlage? 1953. Sie w aber heute als GewohnR od richterl RFortbildg anzuerkennen sein, Rüssmann JuS **72**, 170. Ausschl der Abtretbark steht nicht der Einziehgsermächtigg entgg, angedeutet, BGH **LM** § 847 Nr 3, NJW **69**, 1110, vgl auch Hbg NJW **63**, 2128. – Über Ermächtigg zur Geltdmachg des dingl Berichtiggsanspruchs vgl § 894 Anm 6. Gesetzl ermächtigt ist bei der Seeversicherg der Versicherte zur Geltdmachg der auf Versicherer übergegangenen Rechte OGH NJW **50**, 66 mit Nachw. – Das G selbst läßt eine Spaltg des FdgsR nur beim PfandR u Nießbr an Fdgen zu, §§ 1074, 1282.

399 Ausschluß der Abtretung bei Inhaltsänderung oder Vereinbarung.
Eine Forderung kann nicht abgetreten werden, wenn die Leistung an einen anderen als den ursprünglichen Gläubiger nicht ohne Veränderung ihres Inhalts erfolgen kann oder wenn die Abtretung durch Vereinbarung mit dem Schuldner ausgeschlossen ist.

1) Allgemeines. Ausgeh von dem Grds der Abtretbark der Fdg, vgl Übbl zu § 398, bestimmt das G in den §§ 399, 400 drei Fälle der Unabtretbarkeit. Die Regelg ist nicht abschließ: hinzu treten zahlr Fälle der Unabtretbark kr besonderer Bestimmg im BGB (zB Schmerzensgeld § 847) u in anderen Gesetzen (zB § 1 G über die Sicherg der Bauforderngen v 1. 6. 09, vgl KG DR **40**, 814), die zT als unter die allg Vorschr des § 399 Halbs 1 fallend angesehen w können. Darüber hinaus muß Unabtretbark in weiteren Fällen angenommen werden, unten Anm 4 u 5. – Abtretgsverbot dch TarifVertr vgl LAG Ffm Betr **72**, 243, dch Betriebsvereinbg BAG **AP** Nr 1.

Übertragung der Forderung § 399 2–6

2) Nichtabtretbarkeit aus Halbsatz 1:

a) Voraussetzg ist, daß der **Inhalt der Leistg** selbst sich dch die Abtr ändern würde, zB: Anspr auf Unterh, auf Altenteilsleistgen auch in Geld, KG HRR **35**, 723 (vgl jetzt § 400 iVm ZPO 850b I Nr 3), auf Bestell einer persönl Dienstbark, iZw die Ansprüche auf Dienstleistg u aus Auftrag, §§ 613 I S 2, 664 II. Ferner grdsätzl der Anspr aus VertrSchl auf VertrSchl, zB DarlVorvertr, jedoch mögl Abtr des Rechts auf Auszahlg derart, daß der Abtretende dadch Schu wird, RG **68**, 355, **77**, 407. Nicht abtretb das VorkaufsR, § 514, vgl dazu RG **148**, 109, **163**, 151; ferner der Anspr auf Schuldbefreig; dieser ist jedoch abtretb an den Gläub der Schuld u verwandelt sich dann in einen ZahlgsAnspr, RG **140**, 378, **158**, 12, BGH **12**, 136, Betr **75**, 445, stRspr; eine entspr Umwandlg findet bei Pfändg des BefreiungsAnspr dch den Gläub der Schuld statt, BGH **7**, 246, Stgt VersR **70**, 170, ferner bei KonkEröffng über das Verm des BefreiungsBerecht, BGH **57**, 81; zur Abtr des Anspr auf Befreiung von einer BürgschFdg vgl **LM** Nr 14. Der Anspr eines GeschInhabers aus Wettbewerbsverbot ist abtretb (nur) an den Nachf, RG **96**, 172, **102**, 129; das gilt ebso für Abtr des Anspr aus WerkfördergsVertr, BGH NJW **72**, 2036. Der Anspr aus Vertr zG eines Dr ist an den Dritten abtretb RG **150**, 133, der Anspr auf Zahlg der Kommanditeinlage an einen GesellschGläub, BGH **63**, 340. – Beschränkgen der Abtretbark können auch für Anspr auf **zweckgebundene** Leistgen bestehen, s BGH **25**, 211 (AufbauDarl – behandelt Aufr, gilt aber ebso für Abtr –), Warn **69** Nr 295 (Flutgeschädigtenhilfe), BGH Betr **78**, 1493 (Anspr auf Ers von Bürokosten eines SaniergsVereinbg), BAG Betr **70**, 1327 (BeihilfeAnspr gg Dienstherrn, abtretb an Gläub der beihilfefäh Kosten), Wagner Rpfleger **73**, 206 (Leistgen nach dem UnterhSichG). Die bes ausgewiesene MehrwertSt ist dagg als Teil des Kaufpr (§ 433 Anm 3 A a) abtretb, Gößler Betr **70**, 2095, ebso ArbNSparzulage gem 3. VermBildgsG, BAG Betr **76**, 2117.

b) Leistgsinhaltsänderg dch Abtr würde ferner eintreten bei **höchstpersönlichen** Anspr (nicht dagg bei VergütgsAnspr für höchstpersönl Leistgen, KG NJW **74**, 752), ferner bei Anspr, bei denen die persönl Beziehg zw Gläub u Schu wesentl ist. Fälle zB: §§ 717, 847 S 2, 1300, auch NutzgsR des Pächters RG **134**, 96; ferner UrlaubsAnspr des ArbNehmers, auch Anspr auf Urlaubsabgeltg u -vergütg, BAG **AP** § 611 (UrlaubsR) Nr 3, 7, 17, 42. – Nichtabtretb die PostscheckFdg, PostscheckG 4, 10, RG HRR **30**, 104, aber pfändb, LG Bln JW **37**, 1026, stRspr. – Rechtshängigk hindert dagg Abtr nicht, ZPO 265, jedoch AntrÄnderg nötig, RG **56**, 307; Urteilsrechtskr für und gg Neugläub, ZPO 325; ein Anspr aus ZPO 717 II, III ist gg den Neugläub vollstreckb. – Das FeststellgsklagR aus ZPO 256 ist nicht abtretb, aber auch nicht abtretgsbedürftig, da Feststellgsklage RInhabersch nicht voraussetzt.

3) Vereinbarung des Abtretgsausschlusses kann bei od nach VertrSchl erfolgen, auch stillschw, so zB wenn Kontokorrentverhältn besteht; stillschw Ausschl der Abtretbark von LohnFdgen ist nicht anzunehmen, BGH **23**, 55. Klausel „Abtr w nicht anerkannt" bedeutet AbtrAusschl, BGH WPM **68**, 195. LohnAbtrVerbot in Betriebsvereinbg wirkt als Ausschließgsabrede, BAG **AP** Nr 1, 4. § 399 ist auch anwendb, wenn Abtr vereinbgsgem von Einhaltg einer Form od sonstigen Erfordernissen abhängt, BGH WPM **77**, 820, Serick IV § 51 I (aA 35. Aufl). AbtrAusschl auch hins zukünft Fdgen mögl, RG **97**, 78 (dann w Fdg auch von früherer Vorausabtretg nicht erfaßt, BGH **27**, 306, **LM** Nr 8). Pfändg (u Überweisg zur Einziehg) dagg mögl, soweit geschuldeter Ggst pfändb ist, ZPO 851 II. AbtrAusschl kann den verlängerten EigtVorbeh eines Lieferanten gg Gläub wirkgslos machen, BGH **27**, 306, **30**, 181. Möglich dieses Konflikts macht den AbtrAusschl aber nicht sittenwidr, BGH **51**, 113, **56**, 175, krit Koppensteiner JuS **72**, 373. Ausschl der Abtretg wirkt auch ggü KonkVerw, BGH **56**, 230, bei LohnFdg aber nicht ggü SozVersTräger, der den Unterh des ArbNehmers für den Lohnzeitraum getragen hat, BAG NJW **66**, 1727. – Berufg auf AbtrAusschl kann unzul RAusübg sein, Hbg VersR **72**, 631. – Zur Vereinbg eines AbtrAusschl bei beschr dingl Rechten vgl Einl 5 a dd vor § 854; bei sonstigen Rechten Däubler NJW **68**, 1117.

4) Nebenrechte (-folgen) sind, soweit unselbständig, **nicht selbständig abtretbar.** So die Ansprüche aus Bürgsch, PfandR u Hyp, sowie letztere Rechte selbst, vgl §§ 401, 1153 II Halbs 2, 1250 I 2, ferner der Anspr auf Rechngslegg RG JW **31**, 525, auf Quittg (§ 368), Köln OLGZ **71**, 153, sowie akzessor Gestaltgsrechte: Rücktr-, Anf-, KündR RG JW **09**, 685, vgl § 413 Anm 1 c. Nicht selbstd abtretb nach hM Anspr aus § 894 dort Anm 6, u aus § 985 Anm 1. Selbstd abtretb sind Ansprüche auf Zinsen u VertrStrafen, auch noch nicht fällige.

5) Auch abgesehen von Sonderregeln muß man im Hinbl darauf, daß das Schuldverhältn, auf dem die Fdg beruht, nicht nur Rechts-, sond auch Vertrauensverhältn ist, der Abtr die Wirkg versagen (die **Ausübg** des AbtretgsR als **unzulässig** ansehen), wenn sie mit der Natur des Schuldverhältnisses nicht vereinb ist, so bei Abtr von UnterlAnsprüchen aus § 823 RG HRR **33**, 919, aus Patent od Patentlizenz RG **148**, 147, aus Preisbindg Hbg NJW **63**, 2128, ferner wenn die Abtr den Schu unbillig beschweren würde, so uU die TeilAbtr RG **146**, 399, 402, dies aber nur in schwerwiegenden AusnFällen, BGH **23**, 56 (daß dem Schu, zB dem ArbGeber bei Abtr von LohnFdgen, gewisse Mehrarbeit erwächst, genügt nicht). Die Unzulässigk kann uU ihren Grd in der Pers des in Aussicht genommenen Neugläubigers haben. Näher über die unzumutb FdgsAbtr Baumgärtel AcP **156**, 265.

6) Die **gegen § 399 verstoßende** Abtr ist **unwirksam,** BGH **40**, 159, **13**, 184, **LM** Nr 8, Soergel-Schmidt Anm 6, Larenz § 34 II 1, Furtner NJW **66**, 186, str; ihre Unwirksamk kann nicht nur vom Schu, sond von jedermann geltd gemacht w, soweit nicht § 242 entggsteht, BGH **56**, 176. Die Fdg gehört weiterhin zum Verm des Zedenten u kann bei diesem gepfändet w, RG **136**, 399. Die GgAns (RG **148**, 110, Scholz NJW **60**, 1837), nach der die Abtr idR entspr § 135 nur relativ unwirks sein soll, übersieht, daß § 399 keine das rechtl Dürfen beschränkde Verbotsnorm ist, sond der Fdg die VerkFähigk nimmt, RG **136**, 399, BGH **40**, 160, RGRK Rdz 13. Die gg einen vereinb AbtrAusschl verstoße Abtr w aber in analoger Anwendg des § 185 wirks, wenn der Schu sie gen, Celle NJW **68**, 652, LG Nürnb BB **68**, 562 ,RGRK Rdz 14, vgl auch BGH **LM** § 406 Nr 2, str, aA BGH **70**, 299, 302, Soergel-Schmidt Anm 7, Larenz § 34 II 1, Hbg

MDR **62**, 405, die § 185 für unanwendb halten u ÄndergsVertr verlangen. Die Gen wirkt entspr § 184 zurück, Serick IV § 51 I 2 str, jedoch bleiben Pfändgen u sonstige Vfgen gem § 184 II wirks, RG **136**, 399, BGH **LM** Nr 8.

400 Ausschluß bei unpfändbaren Forderungen. Eine Forderung kann nicht abgetreten werden, soweit sie der Pfändung nicht unterworfen ist.

1) Allgemeines. Für den Schutzzweck u die Folgen eines Verstoßes gilt das in § 394 Anm 1 Gesagte entspr, RG **146**, 401. Unter § 400 fällt auch die unwiderrufl Einziehungsermächtigg, RG **146**, 402, BGH **4**, 165, uU auch Vereinbg über die Verwaltg unpfändb ArbEinkommens dch Dritten, Celle OLGZ **71**, 345.

2) Ausnahmen. Nach dem Zweck der Vorschr entfällt das AbtrVerbot, soweit der Abtrete vom AbtrEmpf wirtsch gleichwert Leistgen erhält, sei es freiw, BGH **4**, 153, sei es aGrd gesetzl Verpfl, BGH **13**, 360, **59**, 115, **LM** Nr 5, s auch BAG **AP** KO 30 Nr 1. Zul auch Abtr unpfändb Fdgen auf rückstd Gehalt gg gleichzeit Gewährg der zum LebensUnterh notw Barmittel iW des Darl, Mü ZBR **55**, 87, nicht aber Abtr von UnterhAnspr an behandelnden Arzt, LG Mü NJW **76**, 1796. Sind unpfändb RentenBetr unter aufschiebder Bdgg voller Zahlg abgetr, wenn er noch nicht gezahlt ist, kann AbtrEmpf, soweit er nicht unter die Voraussetzg von ZPO 259 auf künft Leistg klagen, BGH **5**, 343; geschäd ArbN, der gg Abtr seines SchadErsAnspr Vergütg weitererhalten h, kann auf Zahlg der entspr Betr an ArbG klagen, BGH **21**, 120. — § 400 gilt grdsätzl auch für den FdgsÜbergang kr Ges, jedoch (§ 412) nur entspr. Unpfändbark des SteuerAnspr nicht Übergang auf ZollBü 135, 31; auch Fdgsübergang gem RVO 1542, LFZG 4 w dch § 400 nicht gehindert, RG JW **30**, 3638, ebsowenig Überleitg nach BSHG 90 (dort aE). — AbtrVerbot entfällt nach Übergang der unpfändb Fdg auf einen Dr, insbes kr Gesetzes, RG **89**, 236, BGH **35**, 327.

3) Zu den Pfändgsverboten s § 394 Anm 3. Das Vollstreckverbot des KO 14 I ist kein Pfändgsverbot iS des § 400, LG Krefeld MDR **67**, 761, aA LAG Tüb NJW **70**, 349.

401 Übergang der Neben- und Vorzugsrechte. I Mit der abgetretenen Forderung gehen die Hypotheken, Schiffshypotheken oder Pfandrechte, die für sie bestehen, sowie die Rechte aus einer für sie bestellten Bürgschaft auf den neuen Gläubiger über.

II Ein mit der Forderung für den Fall der Zwangsvollstreckung oder des Konkurses verbundenes Vorzugsrecht kann auch der neue Gläubiger geltend machen.

1) I. Nebenrechte (vgl § 399 Anm 4).

a) In I genannt: **Hypothek**; eine Fdgsabtretg, die den Übergang der Hyp ausschlösse, wäre sogar nichtig, § 1153 II Halbs 1, anders 1190 IV u 1159. Auch der Anspr auf Befriedigg aus dem Versteigerserlös geht mit über RG **65**, 418, nicht dagg eine zur Sicherg der Fdg bestellte GrdSch RG **135**, 274, BGH WPM **69**, 210, NJW **74**, 101. **SchiffsHyp** eingefügt dch VO v 21. 12. 40, RGBl 1609, Art 2; vgl SchiffsRG 51. Register-PfdR an Luftfahrzeug ist nach LuftfzRG 98 II wie SchiffsHyp zu behandeln. **PfandR** geht mit über, bei Ausschl des Übergangs erlischt es, §§ 1250 II, 1273 II, dasselbe gilt für die **Bürgschaft**, RG **85**, 364 (Bürgsch erstreckt sich aber nicht ohne weiteres auf nach Abtr gewährten Kredit, BGH **26**, 142).

b) I ist auf **andere unselbständige sichernde Nebenrechte** entspr anzuwenden RG **126**, 384, so auf Hyp- oder Pfandrechtstitel, RG ebda, zB aus § 648, auf Rechte aus **Vormerkg** BGH **25**, 23, BayObLG Rpfleger **72**, 16, aus **Erfüllungsübernahme**, falls GläubR besteht (iZw nicht, § 329), RG **65**, 170, aus einer zu Sicherungszwecken erfolgten Schuldmitübern, BGH NJW **72**, 437, auf Ausk od Rechnglegg, uU auf das kaufmänn ZurückbehaltsR, anders hM, uU auf das Recht, Vfgen zu genehmigen, BGH NJW **71**, 1452, iZw auch auf noch nicht fällige Zinsen RG **74**, 84, und noch nicht verwirkte VertrStrafen RG JW **07**, 171, Ausleggsfrage.

c) **Nicht Nebenrechte** iS I sind Rechte aus Sicherungsübereign, Sicherungsabtretg einer Fdg, Garantievertrag und EigtVorbehalt. Doch ist iZw schuldrechtl Verpflichtg des Altgläubigers zur Übereignig usw anzunehmen (vgl RG **89**, 195, **91**, 279, BGH **42**, 56, BGH **LM** Nr 5, Bl 3, LG Darmstadt NJW **77**, 251/719 (Anm Oesterle), vorausgesetzt, daß Abrede mit SichgGeber nicht entgegensteht, BGH **LM** aaO, vgl auch Scholz NJW **62**, 2228, Friedrich NJW **69**, 485.

d) **Nicht Nebenrechte** iS I, sond selbständige, besonderer Abtretg bedürftige Ansprüche sind schon entstandene SchadErsAnsprüche, RG **72**, 141, ferner Gestaltgsrechte des Abtretenden, vgl darü § 398 Anm 3 u § 413 Anm 1 c. Auch fäll Zinsansprüche fallen nicht unter § 401, BGH WPM **72**, 560, doch ist Abtr iZw dahin auszulegen, daß ZinsAnspr mitumfaßt, BGH Warn **71** Nr 276; Zinsansprüche bei gesetzl FordergsÜbergang (§ 412) vgl BGH **35**, 173. — Das ZurückbehaltsR aus § 273 ist Einr u überh unabtretbar. (Dagg behält der Schu sein ZbR nach § 404 auch ggü dem Neugläub.)

2) II. Vorzugsrechte gehen über. Vgl ZPO 804 II, KO 47 ff, 61, 62. Übergang auch auf den die Zollschuld zahlenden Bürgen RG **135**, 32, BFH BStBl III **76**, 579, 580, u den GesSchu, der Einfuhrumsatzsteuer verauslagt, Düss MDR **78**, 853. — ObVorzugsrechte, die an Pers des Gläub geknüpft sind, übergehen, ist str, aber ohne Interesse, da das G solche zZ nicht kennt, vgl RGRK Rdn 29. Bei Überleitg des UnterhAnspr gem BSHG 90, 91 geht PfändgsVorR aus ZPO 850d mit über, BAG NJW **71**, 2094, krit Friesinger NJW **72**, 75.

3) Nach dem RGedanken des § 401 gehen iZw auch die Rte u Pflten aus einer Schiedsgerichtsklausel auf den Zessionar über, BGH **68**, 359, NJW **78**, 1586. § 401 gilt auch für den gesetzl FdgsÜbergang (§ 412); dabei entstehen Zweifel, wenn mehrere Sicherheiten bestellt u ein SichgGeber den Gläub befriedigt. Vgl dazu § 774 Anm 2g, § 1225 Anm 2.

Übertragung der Forderung §§ 402–404

402 *Auskunftspflicht; Urkundenauslieferung.* Der bisherige Gläubiger ist verpflichtet, dem neuen Gläubiger die zur Geltendmachung der Forderung nötige Auskunft zu erteilen und ihm die zum Beweise der Forderung dienenden Urkunden, soweit sie sich in seinem Besitze befinden, auszuliefern.

1) Allgemeines. Abtr ist Vfgs-, nicht VerpflichtgsVertr, die Pflichten des Altgläubigers bestimmen sich nach dem GrdVerhältn, vgl § 398 Anm 1a. Gleichwohl knüpft das G die Verpflichtgen der §§ 402, 403 an die Abtr, wohl in Typisierg der Verpflichtgen aus dem GrdGesch, so daß sie bei dessen Nichtigk entfallen müssen, Heck § 66, 5b, str. Bei Verabsäumg der Pflichten SchadErsatz.

2) Beweisurkunden. — Besitz wird vorausgesetzt, str. Die ÜbereignsPfl spricht § 402 nicht aus, sie ist aber aus § 242 meist zu bejahen. Das Eigt an der Schuldurkunde selbst geht nach § 952 bereits mit Abtr über. — Für Teilabtretg wird § 444 S 2 entspr zu gelten haben, str. — Wenn UrkÜberg Teil des Abtretgsaktes ist, vgl § 398 Anm 2, gilt § 402 nicht, da er vollendete Abtr voraussetzt. — Bei Abtr von GewlAnspr aGrd eines BauBetrVertr erstreckt sich AuslifergsPfl auch auf das Leistgsverzeichn, sonst Ausschreibgsunterlagen, Zeichnungen, Schlußrechngn u Korrespondenz, Hamm MDR **76**, 43, Jagenburg NJW **72**, 1222, Locher BauBetrR S 130.

3) Über die Pfl des Altgläubigers, den Neugläub auch nach Abtr nicht zu schädigen, insb Einziehg zu unterlassen, vgl § 276 Anm 7c.

403 *Pflicht zur Beurkundung.* Der bisherige Gläubiger hat dem neuen Gläubiger auf Verlangen eine öffentlich beglaubigte Urkunde über die Abtretung auszustellen. Die Kosten hat der neue Gläubiger zu tragen und vorzuschießen.

1) Vgl § 402 Anm 1. — Grund: § 410 I. — Kosten: Zug um Zug, § 273, RG HRR **32**, 2141. Auch der zahlende Bürge nach § 774, 412, RG ebda.

404 *Einwendungen des Schuldners.* Der Schuldner kann dem neuen Gläubiger die Einwendungen entgegensetzen, die zur Zeit der Abtretung der Forderung gegen den bisherigen Gläubiger begründet waren.

1) Allgemeines. Grdsatz: Die Stellg des Schu darf dch die Abtr, da sie ohne seinen Willen erfolgt, nicht verschlechtert w, vgl BGH **19**, 156; dem AbtrEmpf **nutzt auch sein guter Glaube nichts**; Einschränkg in § 405. — § 404 ist grdsätzl auch auf dingl Anspr anwendb, BGH **LM** § 242 (Bb) Nr 53 Bl 2 R. — Die Relativität des RInhalts jeder Schuld (vgl § 242 Anm 1) kann uU dazu führen, daß Fdg, deren Ausübg dch den AltGläub mißbräuchl gewesen wäre, in der Hand des NeuGläub wieder inhaltswirks ist u umgekehrt, vgl Herschel AkZ **40**, 76, Mü NJW **70**, 664.

2) a) Dem Schu stehen die **Einwendgen** zu, die die Entstehg der Fdg hindern, zB aus §§ 117, 118, 138, ferner die rechtsvernichtenden, zB aus § 362 und aus vor Abtr bereits von ihm (od vom AltGläub) erklärter Gestaltg (Widerruf, Anfechtg, Rücktritt, Aufrechng). Der Schu hat aber nach der Abtr auch noch die Gestaltgsrechte selbst (falls b gegeben), kann also anfechten, zurücktreten usw, und zwar dch Erkl ggü dem AltGläub, vgl § 143 Anm 4a (für die Aufrechng Sonderregel in § 406: Erkl, auch wg früh Fdgen, ggü dem NeuGläub, falls nicht § 407 vorliegt). Will Schu gem § 326 vorgehen, muß er Fristsetzg u Ablehnungsandrohg ggü AltGläub erklären, Braga MDR **59**, 441. Wenn der Ausübg des GestaltgsR tatsächl Hindernisse entggstehen (zB Aufenth des AltGläub unbekannt), dürfte Schu die Einrede der Anfechtbark od des RücktrR ggü NeuGläub machen, NJW **71**, 271. (Über die Gestaltgsrechte der GläubSeite vgl § 413 Anm 1 c, § 398 Anm 3 a, § 401 Anm 1 d.) Schu kann weiter die im Ztpkt der Abtr bereits begründeten (unten b) Einr ggü dem NeuGläubger geltd machen, zB die der Verj, die aus §§ 273, 320, auch die BereichergsEinr RG **86**, 304, ebso Einwand, daß tarifl AusschlFr abgelaufen, BAG VersR **69**, 337. Auch prozessuale Einr: Gerichtsstandsabrede, SchiedsVertr RG **56**, 183. Selbstverständl auch Einwendgen aus § 242, BGH **LM** § 242 (Bb) Nr 53. Abtretg der KaufprFdg für rückerstattgpflichtiges Grdst vgl BGH **25**, 27.

b) „**Begründet**": Es genügt, daß die Einwendgen, Gestaltgsrechte usw ihrem **Rechtsgrunde nach** bereits zZ der Abtr gegeben waren, RG **72**, 213. Das ist der Fall, wenn sie unabhängig vom GläubWechsel im Schuldverhältn selbst ihren Grd haben, RG **124**, 114, BGH **25**, 29, mag auch der die Einwendg im einzelnen wirksam machende Umstand erst später eingetreten sein, zB genügt für die Rechte aus §§ 320 ff, 325 ff, daß der ggs Vertr zZ der Abtr vorlag, RG **83**, 282, BGH **25**, 29, **LM** § 326 (Ea) Nr 3, Pick AcP **172**, 39; bei Verj reicht es aus, wenn sie sich erst nachher vollendet, RG **124**, 114; ZbR kann dem NeuGläub entgegehalten w, wenn GgFdg zZ der Abtr bereits fäll war, BGH **19**, 162; w GgFdg später fäll, ist § 406 entspr anwendb, BGH **58**, 331, **64**, 126.

c) Selbstverständl kann der Schu die Unwirksamk der Abtretg geltd machen. Er kann aber grdsätzl nicht Einwendgen aus dem der Abtr zugrunde liegenden Verhältn herleiten, vgl § 398 Anm 5 u 6b.

d) § 404 zwingt nicht, RG **71**, 32. Der Schu kann auch nach Abtr dch Vertr mit NeuGläub auf Einwendgen verzichten, schuldbestätigdes Anerkenntn, § 781 Anm 2a. Dieses kann in Mitwirkg bei Abtr od „**Anerkennung**" der Fdg („Annahme" der Abtretg) auf Mitteilg von Abtr hin liegen, RG **77**, 157, **125**, 254, BGH **LM** § 406 Nr 2, Betr **56**, 889, Celle OLGZ **69**, 10; ausnahmsweise liegt sogar abstr Anerkenntn nach § 781 vor, RG **83**, 187; uU handelt es sich aber auch um eine bloße WissensErkl ohne rechtsgeschäftl Wirkg, BGH NJW **78**, 44 (zu ZPO 840); im Einzelfall Auslegsfrage, vgl Strecker BB **65**, 479. Verzicht auf

Einwendgen kann rechtswirks dem neuen Gläub vor Abtretg erklärt w, BGH BB **64**, 1396. Anerkenng (= Verzicht auf Einwendgen) kann, da RGesch, angefochten u kondiziert werden, wenn die Voraussetzgen dem ErklEmpf (Zessionar) ggü vorliegen. Verzicht erstreckt sich iZw auf die Schu bekannten oder erkennb Einwendgen, BGH Betr **71**, 1347, NJW **73**, 2019, Betr **77**, 539, kann aber auch weiter reichen, BGH NJW **70**, 321, dazu Reinicke NJW **70**, 885 u § 781 Anm 2a. Zessionar hat keine Rechte aus Anerkenng, wenn Abtr unwirks, BGH MDR **70**, 310. Eine vom NeuGläub vorformulierte Erkl ist iZw eng auszulegen, BGH NJW **73**, 39. Krit Canaris, Vertrauenshaftg, 1971, S 102ff, Marburger Betr **73**, 2125, Benöhr NJW **76**, 174. Sie wenden sich gg die Einordng der Schuldbestätig als RGesch; Canaris will dafür auf Grds der RScheinHaftg abstellen, währd Marburger u Benöhr nur eine Haftg im Rahmen der *c.i.c.* (falsche Ausk) bejahen.

3) Macht der Schu Einwendgen, die ihm nach § 404 zustehen, nicht geltd, so entsteht ihm dadurch kein BereicherngsAnspr gg NeuGläub, BGH **LM** Nr 6.

405 *Abtretung unter Urkundenvorlegung.* Hat der Schuldner eine Urkunde über die Schuld ausgestellt, so kann er sich, wenn die Forderung unter Vorlegung der Urkunde abgetreten wird, dem neuen Gläubiger gegenüber nicht darauf berufen, daß die Eingehung oder Anerkennung des Schuldverhältnisses nur zum Schein erfolgt oder daß die Abtretung durch Vereinbarung mit dem ursprünglichen Gläubiger ausgeschlossen sei, es sei denn, daß der neue Gläubiger bei der Abtretung den Sachverhalt kannte oder kennen mußte.

Neueres Schrifttum: Canaris, Vertrauenshaftg im dtschen PrivR, 1971, S 85 ff.

1) **Allgemeines.** Fdgserwerb aGrd **guten Glaubens** gibt es im SchuldR im allg nicht, wohl aber ggf dch §§ 406–411 Schutz des an vermeintl Gläub leistenden Schuldners. Auch § 405 ermöglicht nicht Erwerb nicht bestehender (bzw nicht abtretbarer) Fdg, stellt aber „Neugläubiger" prakt ggf ggü Schu so, als ob er Fdg erworben hätte. – **Grund des § 405**: die Öffentlichmachg der Schuld. Voraussetzg daher: guter Glaube des Neugläubigers, mag aber auch erst weiterer Erwerber sein. Beachte, daß hier (anders als bei § 932) auch leichte Fahrlk schadet („kennen mußte" vgl § 122 II). Da § 405 rechtsbegründend wirkt, ist guter Glaube des Nacherwerbers nicht mehr erforderl, wenn Vormann gutgl die RStellg aus § 405 erworben hatte, hM, OLG **28**, 94. Urk über die Schuld ist auch der Lagerschein, BGH Betr **75**, 831. Voraussetzg ist Vorlegg (nicht notw Überg) bei Abtr, RG **111**, 47, stRspr. – **Wirkg**: Ausschl der zwei genannten Einwendgen, RG **74**, 421 (aA Canaris aaO S 94, der § 405 auf alle Einwendgen ausdehnen will). Der in Erwartg der GgLeistg ausgestellte Schuldschein ist nicht zum Schein ausgestellt, daher nicht nach § 117 nichtig, RG **60**, 21. – Folge des § 405 muß sein, daß der Schu mit Fdg gg den Abtretenden im Rahmen des § 406 ggü dem Neugläub aufrechnen kann, obwohl jenem ggü mangels gültiger Schuld Aufrechngsmöglichk nicht bestand, RG **87**, 424. – Bei Verpfändg gilt § 405 entspr, Weimar JR **73**, 277, nicht aber bei gesetzl Fdgsübergang, § 412, da bloßer Verkehrsschutz, Weimar MDR **68**, 556. Für das VertrAngebot, falls abtretb, gilt § 405 (§ 413), RG **111**, 46.

2) Der dch Ausstellg einer (unrichtigen od irreführenden) Urk geschaffene RSchein schafft allein keine Haftg. Sie setzt außerh des § 405 vertragl od ähnl Beziehgen (AuskunftsVertr vgl § 676 Anm 3) od Vorliegen unerlaubter Hdlg voraus, BGH **12**, 110. Gedanke des § 405 aber anwendbar, wenn die Abtr einer Fdg ScheinGesch, aber beurkundet ist; dann kann Abtretender dem gutgl Dritterwerber Einwand des Scheins nicht entgghalten (unzul Rechtsausüb § 242 Anm 4D), RG **90**, 273, **115**, 308.

406 *Aufrechnung gegenüber dem neuen Gläubiger.* Der Schuldner kann eine ihm gegen den bisherigen Gläubiger zustehende Forderung auch dem neuen Gläubiger gegenüber aufrechnen, es sei denn, daß er bei dem Erwerbe der Forderung von der Abtretung Kenntnis hatte oder daß die Forderung erst nach der Erlangung der Kenntnis und später als die abgetretene Forderung fällig geworden ist.

1) **Allgemeines. a)** § 406 beruht auf demselben Grdgedanken wie § 404, vgl dort Anm 1. Nach § 404 kann der Schu sich ggü dem neuen Gläub auf die vor der Abtr erklärte Aufr berufen (Einwand der Schuldtilgg dch Aufr), nach § 407 auch auf die nach Abtr, aber vor Erlangg der Kenntn erklärte Aufr. § 406 betrifft danach nur die Aufr, die zZ der Erlangg der Kenntn der Abtr vom Schu noch nicht erklärt war. § 406 erlaubt dem Schu die Aufr (ggü neuem Gläub) auch nach Kenntn von der Abtr, wenn nicht die Ausnahmen des Schlußhalbsatzes vorliegen. Damit wird zunächst formell klargestellt, daß nach Kenntn von der Abtr die AufrErkl nicht dem Altgläub, sond dem **neuen Gläub ggüber abzugeben ist** (anders bei sonstigen Gestaltgsgeschäften vgl § 404 Anm 1a). Materiell stellt § 406 klar, daß dem Schu die im Ztpkt der Kenntniserlangg vorhandene Möglichk der Aufr dch die Abtretg nicht genommen wird, also trotz jetzt fehlender Ggseitigk die Aufr zul ist, wenn sich die Fdgen im Ztpkt der Kenntniserlangg aufrechenb (iS von § 387) ggüberstanden, vgl BGH **19**, 157. – Beachte, daß gem § 412 der § 406 auch bei gesetzl Fdgsübergang anwendb, vgl den in BGH **35**, 325 entschiedenen Fall. Bei AufrVertr gilt nicht § 406, sond § 404 od § 407.

b) Die **zusätzl Bedeutg** des § 406 liegt darin, daß der Schu nicht nur bei Kenntniserlangg bereits vorhandenes AufrR, sond auch die RStellg erhalten will, daß er sich von seiner Schuld einmal **durch Aufrechng würde befreien können.** Er gestattet ihm deshalb grdsätzl die Aufr auch, wenn die AufrLage zZ der Kenntniserlangg noch nicht vorhanden war, ohne die Abtr inzw aber eingetreten wäre. – Mit einer solchen späteren Aufrechngsmöglichk konnte der Schu zZ der Kenntniserlangg aber nicht rechnen, wenn er mit AltGläub AufrVerbot vereinb hatte, § 406 daher in diesem Fall unanwendb, BGH **LM** Nr 12. Schutzbedürfn für Schu besteht nicht, wenn er die GgFdg erst nach Kenntniserlangg erworben hat, und auch dann nicht, wenn seine GgFdg später als die abgetretene Fdg fällig wurde; denn der Schu hätte in der Zeit zwischen Fälligk der HauptFdg u Fälligk der GgFdg auch ohne die Abtr die HauptFdg nicht dch Aufr, sond nur dch Erf tilgen können. Daher von Ausnahmen des Schlußhalbsatzes des § 406. Kenntn von VorausAbtr steht Kenntn von Abtr gleich, BGH **66**, 384, krit Denck Betr **77**, 1493. Die in § 406 für die Aufr getroffene Regel gilt für das ZbR entspr, BGH **58**, 331. – Erwerb vor KenntnErlanng: Bei GgFdg aus eig R ist genügd, daß rechtl Grdlage zZ der KenntnErlangg besteht, BGH JZ **62**, 92, BGH **58**, 330, NJW **74**, 2001. Unbedingth u Gleichartigk brauchen noch nicht vorzuliegen, RG **73**, 140, BGH **12**, 144, **19**, 158, **35**, 326. Schu kann daher vorbehaltl rechtzeitiger Fälligk (vgl nachstehd) mit SchadErsAnspr aufrechnen, der erst nach Abtretg u Kenntn entsteht, aber aus vorher geschl Vertr herrührt, BGH JZ **62**, 92. Bei GgFdg aus abgeleitetem R muß Erwerb vor Kenntn von Abtretg erfolgt sein, fehlde Unbedingth u Gleichartigk in diesem Ztpkt auch hier unschädl, RGRK Rdz 14. – Fälligk: War GgFdg zZ der KenntnErlangg fällig, ist Reihenfolge des Fälligwerdens ohne Bedeutg. Tritt Fälligk später ein, kann Schu nur aufrechnen, wenn GgFdg spätestens gleichzeit mit HauptFdg fäll, BGH **19**, 159, **35**, 326, BAG NJW **67**, 752. Daher keine Aufr mit KostenerstattgsAnspr aus RStreit über abgetretene Fdg, da ErstattgsAnspr erst mit vorläuf vollstreckb KostenEntsch fällig (vgl § 387 Anm 6), also nach abgetretener Fdg, RG HRR **29**, 1206. Fdg, der ein ZbR entggsteht, gilt iS des § 406 als nicht fäll, BGH **58**, 331. Spätestens mit Fälligk der HauptFdg muß GgFdg auch gleichart geworden sein, BGH **19**, 158. Gg eine vom KonkVerw abgetretene Fdg kann Schu wg KO 54 auch mit einer später fäll gew GgFdg aufrechnen, BGH NJW **74**, 2001. Gg abgetretenen Anspr auf KommanditEinlage kann Gesellschafter mit später fäll ErsAnspr gg Gesellsch aufrechnen, BGH **63**, 342, krit Recker DNotZ **76**, 237. – Zweifelh, ob Schu gem § 406 geschützt, wenn er GgFdg nach Entstegh der AufrLage zur Sicherg abgetreten u nach KenntnErlang von Abtr der HauptFdg wiedererworben h, vgl Fricke NJW **74**, 1362.

c) Bei mehrfacher Abtr gilt § 406 auch ggü den Zwischengläubigern, hM. – Mit Fdgen ggü den Neugläubigern kann Schu unbeschränkt aufrechnen. Auch iF des gesetzl FdgÜbergangs (§ 412) auf GesSchu od Bü kann der Schu aufr, vgl Denck JZ **76**, 669, AcP **176**, 530.

2) Einzelnes. Über Kenntn vgl § 407 Anm 2, BewLast für Kenntn trifft Neugläub, RG SeuffA **87**, Nr 171. – Keine Aufr, daher keine Anwendg des § 406, wenn Neugläub nach §§ 320, 326 vorgeht, BGH NJW **58**, 1915. Wo Aufr nach § 406 ausgeschl, kann bei Ansprüchen aus einheitl Lebensverhältn doch RückbehaltgsR (§ 273) vorliegen, vgl § 404 Anm 2b. – Bei TeilAbtr kann Schu ggü abgetretenen Teilen aufrechnen. – EntstehsGrd der GgFdg ist gleichgültig, zur Aufr verwendb auch neu erworbene Fdg aus unerl Hdlg des Neugläubigers. Verzicht auf Aufr dch „Annahme" der Abtretg vgl § 404 Anm 2d. – Wo § 406 Aufr zuläßt, kann Zessionar selbstverständl alle GgRechte des Zedenten einwenden, BGH **35**, 327.

407 *Leistung an den bisherigen Gläubiger.* **I** Der neue Gläubiger muß eine Leistung, die der Schuldner nach der Abtretung an den bisherigen Gläubiger bewirkt, sowie jedes Rechtsgeschäft, das nach der Abtretung zwischen dem Schuldner und dem bisherigen Gläubiger in Ansehung der Forderung vorgenommen wird, gegen sich gelten lassen, es sei denn, daß der Schuldner die Abtretung bei der Leistung oder der Vornahme des Rechtsgeschäfts kennt.

II Ist in einem nach der Abtretung zwischen dem Schuldner und dem bisherigen Gläubiger anhängig gewordenen Rechtsstreit ein rechtskräftiges Urteil über die Forderung ergangen, so muß der neue Gläubiger das Urteil gegen sich gelten lassen, es sei denn, daß der Schuldner die Abtretung bei dem Eintritte der Rechtshängigkeit gekannt hat.

1) I. Allgemeines (vgl auch Weimar JR **66**, 461). Der Schu bedarf des Schutzes, weil die Abtr eine Anz an ihn nicht voraussetzt; alle RHandlgen, die er in Unkenntn der Abtr ggü dem alten Gläub vornimmt, müssen daher dem neuen Gläub ggü wirken. – **Rechtsgeschäfte:** zB Stundgsabrede, Herbeiführg des AnnVerzuges, Hinterlegg, Aufr (vgl § 406 Anm 1), Erlaß, Erfüllg RG **111**, 303, ErfErsatz nach § 364, Leistg erfhalber, Wechsel- od Scheckhing RG **158**, 317, BGH NJW **76**, 1842 (§ 407 aber unanwendb, wenn Schu die wirks erlassene Sperre des Schecks nach Kenntn von der Abtr aufhebt, BGH aaO), ZwangsVergl im Konkurse des Schu RG **125**, 410, Mitteilg nach § 416 RG **67**, 414 ua. – **Folge:** Schu kann die Gesch NeuGläub entgghalten, braucht es aber nicht, da bloße SchutzVorschr für ihn, BGH **52**, 153. Er kann daher insb die Zahlg an den AltGläub kondizieren, zB weil er sich ggü NeuGläub dch Aufr befreien will, da dieser in Konk gefallen ist, RG **83**, 188, BGH LM Nr 3, stRspr u hM. RGeschäfte, die die Stellg des Schu verschlechtern, zB Mahng des AltGläub sind, da § 407 für sie nicht eingreift, wg fehlender GläubStellg des AltGläub schlechthin unwirks, RG **125**, 409. – § 407 gilt auch bei Rückabtretg, ferner (entspr) für die Begründg eines Lebensversicherungsbezugsrechts RG **154**, 119. Darüber, ob § 407 auch zu gelten hat, wenn Schu eines qualifizierten Legitimationspapiers (§ 808), zB die Sparkasse, an den AltGläub ohne Vorlegg des Papiers (Sparkassenbuchs) zahlt, vgl Sprengel DR **43**, 1209. – § 407 gilt gem § 412 auch bei gesetzl Fdgsübergang, vgl zB BGH **19**, 179 (RVO 1542), Ffm VersR **74**, 155 (VVG 67), bei Überweisg nach ZPO 835 RG **87**, 412, stRspr, str (wichtig bei Ersatzzustellg, unten Anm 2) u wohl auch für andere Fälle des FdgsÜbertr dch Staatsakt. – Bei Verkauf unter verlängertem EigtVorbeh soll die gem § 407 wirks Leistg des Schu an den VorbehKäufer u Weiterverkäufer den etwaigen Anspr gg Schu aus § 816 nicht mindern, BGH NJW **70**, 2059 (zweifelh).

2) Kenntnis (zu I und II). Nötig Kenntn der „Abtretung", also des RÜbergangs. Kenntn der tatsächlichen Umst, insb des AbtrAktes, muß aber im allg genügen, RG **102**, 387, BGH LM Nr 7, da völlig sichere Kenntn nicht zu fordern ist; Anz des AltGläub genügt stets, die des NeuGläub uU, RG **74**, 117, **88**, 6, Düss WPM **75**, 398. Kenntn einer HilfsPers des Schu genügt idR nur dann, wenn diese hins der Erf der abgetretenen Fdg VertrMacht hat, BGH NJW **77**, 581. Bei Benutzg eines EDV-Zahlgsystems kann sich Schu aber uU auf fehlde Kenntn nicht berufen (Organisationsmangel), BGH aaO. Verspricht NeuGläub, Zweifel des Schu dch Übersend einer AbtrUrk auszuräumen, h Schu bis zum Eingang der Urk idR keine Kenntn, Brschw NdsRpfl **72**, 60. Eine Pfl des Schu, selbst Erkundigen einzuziehen, besteht grdsl nicht, Oldbg VersR **75**, 415. Bei gesetzl Fdgsübergang genügt Kenntn der Tatsachen, aus denen sich der Fdgsübergang ergibt, BGH VersR **62**, 516, Karlsr VersR **68**, 1071 (and aber, wenn Schu nach derzeit Rspr die Voraussetzgen eines FdgÜbergangs verneinen durfte, Celle VersR **77**, 549); bei Überweisg nach ZPO 835 Kenntn von Zustellg des ÜberweisgsBeschl. Kennenmüssen genügt nicht, daher reicht Zugehen der Anz nicht allein, RG **135**, 251, schon gar nicht Zugehen bei einem zur EntggNahme nicht zuständigen, also insoweit nicht bevollmächtigten Angestellten od Architekten, BGH NJW **60**, 1805. Tatfrage. BewLast für Kenntn Zessionar, doch muß Schu Unkenntn dartun, wenn Zugang bewiesen, LAG Bln BB **69**, 1353.

3) a) II: bindet den Neugläub an ein zw Altgläub u Schu ergangenes **Urteil**. Er gilt nicht bei Eintritt der Rechtshängigkeit vor Abtretg, weil kein Schutzbedürfn, da Urt nach ZPO 325 für u gg Neugläub Rechtskr schafft. Vgl ZPO 265; Altgläub bleibt Partei, muß aber als Kläger den Antr auf Leistg an Neugläub ändern, sonst Abweisg RG **56**, 308.

b) Wird Fdg erst nach Abtretg rechtshängig (Parteirolle gleichgültig), so besteht für den Schu, der die Abtr bei Eintritt der RHängigk nicht kannte, sie daher im Proz nicht vorbringen konnte, Schutzbedürfn, da Urt nach ZPO 325 dem Neugläub ggü nicht Rechtskr schaffen würde. Daher Erweiterg des ZPO 325 dch § 407 II: Wirkg des Urteils gg den Neugläub, auch sow es das Bestehen der GgFdg des Schu feststellt (BGH **64**, 127, Olshausen JZ **76**, 85), aber nur zG des Schu, nicht zG des Neugläub, da auch II allein den Schutz des Schu bezweckt, BGH **52**, 152. Das zw Altgläub u Schu ergehende Urt bindet Neugläub in dem Umfange, in dem es Altgläub nach ZPO 322 bindet, BGH **35**, 168; es kommt also auf Identität des StreitGgstandes an. — Erfährt der Schu im Laufe des RStreits von der vor RHängigk erfolgten Abtr, so kann er sich darauf im RStreit berufen, braucht es aber nicht, kann anderers auch nach ZPO **72**, 75 vorgehen, darf aber, wenn er verurteilt wird, nicht an den obsiegenden Altgläub leisten (da II ihm insow nicht hilft und I entggsteht), sond mag nach § 372 hinterlegen, RG **84**, 289, vgl auch betreffs ZPO 767, RG HRR **32**, 1001.

4) Über **Ansprüche** des geschädigten **Neugläubigers** gg den **Altgläubiger** vgl § 276 Anm 7c und § 281 Anm 1 f.

408 *Mehrfache Abtretung.* **I** Wird eine abgetretene Forderung von dem bisherigen Gläubiger nochmals an einen Dritten abgetreten, so finden, wenn der Schuldner an den Dritten leistet oder wenn zwischen dem Schuldner und dem Dritten ein Rechtsgeschäft vorgenommen oder ein Rechtsstreit anhängig wird, zugunsten des Schuldners die Vorschriften des § 407 dem früheren Erwerber gegenüber entsprechende Anwendung.

II Das gleiche gilt, wenn die bereits abgetretene Forderung durch gerichtlichen Beschluß einem Dritten überwiesen wird oder wenn der bisherige Gläubiger dem Dritten gegenüber anerkennt, daß die bereits abgetretene Forderung kraft Gesetzes auf den Dritten übergegangen sei.

1) Nur der erste AbtrEmpf ist wahrer Neugläub, der spätere („Dritte") ist Nichtberechtigter. Er steht für die Anwendg des § 407 an der Stelle des Altgläubigers. Vgl weiter zu 407. „Leistung" ist auch die Hingabe von Wechseln erfhalber, ohne daß es auf die Wechselfälligk ankommt, RG **158**, 317. — Rechnet Schu ggü dem Dritten auf, so ist er jedenf geschützt, soweit § 407 ihn deckt (vgl § 406 Anm 1). Darüber hinaus muß auch § 406 entspr angewandt werden, RGRK Rdn 8, str.

2) II. Bei ÜberweisgsBeschl gilt I vollinhaltl, dh zB Leistg an Überweisgsbegünstigten muß wahrer Neugläub gg sich gelten lassen, wenn Schu zZ der Leistg die früh Abtr nicht kennt. Gesetzl Fdgsübergang (vgl § 412) von bereits abgetretener Fdg ist begriffl unmögl, wohl aber kann gesetzl Fdgsübergang fälschl vom alten Gläub als wirks anerkannt sein, dann gilt wieder I. Gleichgült ist, ob das Anerkenntn mdl od schriftl abgegeben worden ist, BGH **11**, 302.

409 *Abtretungsanzeige.* **I** Zeigt der Gläubiger dem Schuldner an, daß er die Forderung abgetreten habe, so muß er dem Schuldner gegenüber die angezeigte Abtretung gegen sich gelten lassen, auch wenn sie nicht erfolgt oder nicht wirksam ist. Der Anzeige steht es gleich, wenn der Gläubiger eine Urkunde über die Abtretung dem in der Urkunde bezeichneten neuen Gläubiger ausgestellt hat und dieser sie dem Schuldner vorlegt.

II Die Anzeige kann nur mit Zustimmung desjenigen zurückgenommen werden, welcher als der neue Gläubiger bezeichnet worden ist.

1) Anzeige ist rgeschäftsähnl Vorstellgs- (nicht Willens-)Mitteilg, setzt GeschFgk voraus u ist anfechtb, str. Schu kann sich auf § 409 berufen, braucht es aber nicht, da nur SchutzVorschr, RG **93**, 75 stRspr, er kann auch Zahlg an den Fordernden ablehnen od, falls § 372 eingreift, hinterlegen, RG **70**, 89, Köln VersR **77**, 576. Gläub bleibt bei unricht Anz als wirkl FdgInh zur KlErhebg u Unterbrechg der Verjährg berecht, BGH **64**, 119, NJW **78**, 2025. Selbst wenn Schu weiß, daß die Anz unrichtig u der in ihr Bezeichnete in keiner Weise zur Vfg über die Fdg od zu ihrer Geltdmachg ermächtigt ist, ist er nach RG **126**, 185, BGH LM MRG 53 Nr 6, stRspr u hM (von argl ZusWirken abgesehen) geschützt, bedenkl, einschränkd BGH Betr **55**, 603. Schutz des § 409 entfällt, wenn Abtr gesetzl Verbot entggsteht, BGH **56**, 349, ebso bei Leistg an einen nicht dch die Urk Legitimierten, BGH aaO. — Wg des Ausgleichs zw dem materiell Berecht u dem dch Anz (Urkunde) Ausgewiesenen vgl § 816. — Der Abtr ist für § 409 die Begründg eines BezugsR bei der LebensVers gleichzustellen, RG 154, 109. – § 409 gilt auch bei Abtr von Ansprüchen aus SozialVers, BSozG NJW 59, 2087, ebso für Versorggsbezüge, BSozG NJW 60, 264, u Anspr aus BEG, BGH MDR 65, 119.

2) **II**: Zur **Zustimmung** ist der Dr bei Unrichtigk aus § 812 verpflichtet. Klage darauf mögl. Fehlde Zust beseitigt bei unricht Anz das KlagR des AltGläub nicht, gibt Schu aber ZbR, BGH **64**, 121, NJW **78**, 2025.

410 *Aushändigung der Abtretungsurkunde.* ᴵ Der Schuldner ist dem neuen Gläubiger gegenüber zur Leistung nur gegen Aushändigung einer von dem bisherigen Gläubiger über die Abtretung ausgestellten Urkunde verpflichtet. Eine Kündigung oder eine Mahnung des neuen Gläubigers ist unwirksam, wenn sie ohne Vorlegung einer solchen Urkunde erfolgt und der Schuldner sie aus diesem Grunde unverzüglich zurückweist.

ᴵᴵ Diese Vorschriften finden keine Anwendung, wenn der bisherige Gläubiger dem Schuldner die Abtretung schriftlich angezeigt hat.

1) § 410 gibt dem Schu keinen Anspruch auf Aushändigg, sond nur ein LeistgsverweigersR (Einr), § 273 gilt daher nicht. § 274, ebso § 273 III, wird aber entspr anzuwenden sein, da Schu tatsächl nur Zug um Zug zu leisten hat, RG **56**, 303. Bei Akkreditiv soll Berufg auf § 410 zur KlAbweisg führen, BGH WPM **76**, 115. Erhebt Schu nachträgl Einr aus § 410, w Verzug ex nunc geheilt, BGH NJW **69**, 1110. Kann Zessionar (zB wg Todes des Zedenten) keine AbtrUrk beschaffen, muß er and Erkl beibringen, die Schu vor doppelter Inanspruchn sichert, BGH **LM** § 285 Nr 10. Öffentl Beglaubigg kann Schu nicht verlangen, bei tatsächl Ungewißh (EchthBedenken) mag er hinterlegen, § 372. – Ggü Aufr h Schu nicht die Rechte wie I 1, es ist aber I 2 entspr anzuwenden, BGH **26**, 246. – Aushändig einer Fotokopie der AbtrUrk genügt, BAG NJW **68**, 2078. Eine in Ggwart des Schu protokollierte AbtrErkl genügt als Anz (II) jedenf dann, wenn Schu Protokoll Abschr erhalten h, BGH WPM **69**, 1416. – Bei ges FdgÜbergang (§ 412) ist eine diesen anerkennde Urk auszustellen.

411 *Gehaltsabtretung.* Tritt eine Militärperson, ein Beamter, ein Geistlicher oder ein Lehrer an einer öffentlichen Unterrichtsanstalt den übertragbaren Teil des Diensteinkommens, des Wartegeldes oder des Ruhegehalts ab, so ist die auszahlende Kasse durch Aushändigung einer von dem bisherigen Gläubiger ausgestellten, öffentlichen oder amtlich beglaubigten Urkunde von der Abtretung zu benachrichtigen. Bis zur Benachrichtigung gilt die Abtretung als der Kasse nicht bekannt.

1) Die Vorschr verstärkt den SchuSchutz zG öffentl Kassen ggü §§ 407, 410. Abtr auch ohne Benachrichtigg gült, BGH **11**, 302. Kasse kann auch bei Fehlen einer Benachrichtigg wirks zahlen; hat sie dies jahrelang getan, kann sie sich nicht nachträgl auf § 411 berufen, BAG **AP** § 242 (Ruhegeh) Nr 115 Bl 4. W Kasse nur von zweiter (unwirks) Abtr benachrichtigt, kann sie an den Empf der späteren Abtr nur unter den Voraussetzgen des § 408 mit befreiender Wirkg leisten, BGH **11**, 302, abl Brandt u Krüger NJW **54**, 1114. Auf Angest des öff Dienstes ist § 411 entspr anwendb, Soergel-Schmidt Rdz 1, Erm-Westermann Rdz 2, str, aA RAG **12**, 168. – Amtl Beglaubigg vgl BeurkG 65.

412 *Gesetzlicher Forderungsübergang.* Auf die Übertragung einer Forderung kraft Gesetzes finden die Vorschriften der §§ 399 bis 404, 406 bis 410 entsprechende Anwendung.

1) **Fälle** des ges FdgsÜbergangs sind zahlr, vgl § 268 III, 426 II, 774 I, 1143 I, 1225, 1249, 1607 II, 1615b, ferner VVG 67 u RVO 1542, vgl dazu Vorbem 7b bb u cc vor § 249. GesRNachf dch Erbf (§ 1922) fällt nicht unter § 412, wohl aber GesRNachf unter Lebden, wie § 1416 u AktG 346 II, 353 V, str. § 571 I begründet keine RNachf, vgl dort bei Anm 4. – Auf FdgsÜbertr dch HohAkte (ZPO 835, BSHG 90, BAföG 37) ist § 412 entspr anwendb, BAG NJW **71**, 2094, Lüke JZ **59**, 270. Überleitg einer künft Fdg gem BSHG 90 h die Wirkg einer Abtr, bedingt dch die Unterstützg des Hilfsbedürft, BGH **20**, 131. Str, ob nach Überleitg der Hilfsbedürft od SozHilfeträger für die Geltdmachg künft Fdgen aktivlegitimiert, vgl Ffm OLGZ **68**, 425, LG Saarbr NJW **72**, 1901, Seetzen NJW **78**, 1351.

2) Das Ges best eine **entspr Anwendg** u nimmt davon die auf den rgeschäftl Verk abstellden §§ 405, 411 aus. Zu berücksichtigen daher der jeweil Normzweck, RG **135**, 31. Vgl im üb die Anm zu den einz Vorschr.

413 *Übertragung anderer Rechte.* Die Vorschriften über die Übertragung von Forderungen finden auf die Übertragung anderer Rechte entsprechende Anwendung, soweit nicht das Gesetz ein anderes vorschreibt.

1) Die §§ 398–412 (§ 412 wird allerdings kaum praktisch) finden „entsprechende" Anwendg. Grdsätzl ist danach **jedes „Recht" abtretbar** (u zwar formfrei, § 398), soweit nichts anderes bestimmt ist u das Wesen des Rechts nicht entggsteht. Abtretb darunter –:

a) Andere als schuldrechtl Ansprüche, insb die durch RVerletzg erwachsenen dinglichen Ansprüche (hM), auch ohne das dingl Recht selbst, vgl §§ 931, 985, 870, 1004, ferner grdsätzl die erbrechtl Ansprüche, nicht dagg – ihres Wesens wg – grdsätzl die famrechtl Ansprüche, meist auch ausdr ausgeschl.

b) Andere Rechte: Mitgliedschaftsrechte an Körperschaften personenrechtl Natur sind grdsätzl unabtretb (zB § 38), solche vermögensrechtl Natur abtretb, zB GmbHG 15 III (abtretb auch künft Gesch-Anteile, BGH **21,** 245, KG OLGZ **68,** 480), AktG 68 (Namensaktie; die InhAktie ist übertragb nach §§ 929 ff, vgl § 398 Anm 2). Sachenrechte sind meist (nach bes Regeln, die nach dem SchlußHalbs also vorgehen) übertragb, dagg grdsätzl ihres Wesens wg nicht Familienrechte, nicht das ErbR selbst. Anwartschaftsrechte sind nach den Regeln übertragb, die für das VollR gelten, so die Anwartsch aus erfolgter Auflassg in der Form des § 925, vgl Einf 3 vor § 158, BGH **49,** 202, Hoche NJW **55,** 652, Anwartsch aus bedingter Übereigng bewegl Sachen in der Form der §§ 929 ff, BGH **28,** 21, NJW **70,** 699. Nach § 413 übertragb sind die gewerbl Schutzrechte, zT nach bes Regeln, zB PatG 9 S 2 (formlos, RG **126,** 284), WZG 8, UrhR ist abw vom früheren R nicht übertragb, UrhRG 29 S 2, doch richtet sich der Begründg von NutzgsR (UrhRG 31 ff) nach §§ 413, 398. Über Abtr öffrechtl Fdgen RG **143,** 94. Unternehmen ist weder Sache noch Recht, sond Inbegriff von Ggst. Übertr richtet sich nach den für die einzelnen Ggst maßgebden Vorschr, BGH **LM** Nr 2.

c) Bei der Übertrbk von **Gestaltgsrechten** ist zu unterscheiden:
aa) Selbstd GestaltgsR sind grdsätzl übertrb, so das AneignsR, das WiederkaufsR, Enn-Lehmann § 83, 3, ferner das Recht aus einem VerkAngebot, wenn Abtretbark ausbedungen, RG **111,** 47, das VorkR, wenn Übertrbk vereinb, RG **148,** 112.
bb) Unter den **unselbstd** GestaltgsR gibt es **Hilfsrechte,** die der Ausübg od Durchsetzg der Fdg selbst dienen u damit dem Gläub als solchem zustehen, zB das Recht auf FälligkKünd, das GläubWahlR, die Ersetzgsbefugn; diese Rechte gehen zwangsläuf mit der Fdg auf den neuen Gläub über, BGH NJW **73,** 1793, Enn-Lehmann aaO, u sind daher nicht selbstd abtrb.
cc) Eine weitere Art der **unselbstd** GestaltgsR dient der Umgestaltg des ges SchuVerh, **ohne höchstpers Charakter** zu tragen, so das Recht zur VertrKünd, Mü SeuffA **80,** 116, u zum Rücktr. Diese GestaltgsR sind nicht wesensmäß mit dem HauptR verbunden, Enn-Lehmann aaO, u können zus mit der Fdg od auch nur einen Teil von ihr abgetr, mit der Maßg, daß auf den AbtrEmpf sämtl Rechte u Pfl aus dem Vertr-Verh übergehen müssen, str, so für das gesetzl u vertragl RücktrR, BGH NJW **73,** 1793 mwNw.
dd) Soweit die auf Umgestaltg des SchuVerh gerichteten **unselbstd** GestaltgsR **höchstpers Natur** sind, bleiben sie an die Pers des ursprüngl RechtsInh gebunden u gehen nur auf dessen Erben über; so ist das AnfR regelm an die Pers des Erkld gebunden, Larenz § 34 VI; iF der VertrÜbertr (§ 398 Anm 4) geht es aber auf den RNachfolger über, Coester MDR **75,** 803.
Über die Geltdmachg von GestaltgsR dch den AltGläub mit Zust des NeuGläub u umgekehrt s § 398 Anm 3a; darü, wer Gegner bei Ausübg der GestaltgsR des Schu ist, vgl § 404 Anm 2a.

Fünfter Abschnitt. Schuldübernahme

Überblick

1) Allgemeines. Die Schuldübern des BGB ist Eintritt eines neuen Schu an die Stelle des alten; dieser wird befreit. Die Fdg bleibt dieselbe, es liegt Sondernachf in die Schuld vor, RG **70,** 415; SchuldÜbern ist RNachfolge iS von ZPO 265, 325, 727, KG JW **38,** 1916, str, aA BGH **61,** 140 mwN; Ggstück: die Abtretg, wo RNachf ieS stattfindet. (Die Bedenken gg die Identitätswahrg sind die gleichen wie bei der Abtr, vgl Übbl v § 398). Schulden jeder Art können übernommen werden, keine Einschränkg wie in § 399, auch zukünftige, klaglose, sowie rechtshängige, vg § 417 Anm 1a. Zwei Wege: § 414 Vertr zw Übernehmer u Gläub; §§ 415, 416 Vertr zw Übernehmer u Schu unter Mitteilg an u Gen des Gläub. In beiden Fällen ist die Schuldübern **abstrakt,** hM, da **Verfügg über die Fdg** gg den Schu; zugleich ist sie Verpflichtg des Übernehmers. Übernommen wird die Schuld, wie sie bei Übern bestand. Wirkgen im einzelnen vgl zu §§ 417, 418; über RGrd § 417 Anm 3; über Vorzugstellg in der Währgsreform vgl § 418 Anm 2. Die Schuldübern ist als solche formlos, falls nicht aus anderen Gründen Form nötig, zB wg des Inhalts der übernommenen Schuld, so bei einer Schuld aus § 313, vgl RG **103,** 156. Für die Form der Übern einer abstrakten Schuld gilt § 780, od, wenn sie Schenkgsversprechen ist, § 518. – Von der (befreienden) Schuldübern sind zu **unterscheiden:** die Schuldmitübern (Anm 2) und die ErfÜbern (Anm 3). Ähnl Verhältnisse auch: GarantieVertr (vgl Einf 3c vor § 765) und Bürgsch (§§ 765 ff, auch unter Anm 2b).

2) a) Die sog **Schuldmitübernahme,** RG **153,** 344 (kumulative, bestärkende SchuldÜbern, „Schuldbeitritt" RG **148,** 66), ist im BGB als RGesch nicht geregelt (Fälle gesetzl Schuldmitübern: §§ 419, 556 III, 2382, HGB 25, 28, 130, WG 28), aber nach § 305 zul, stRspr. Sie kann zw Gläub u Übernehmer vereinbart w (Abgrenzg zur Schuldübern unten b), aber auch zw Schu u Übernehmer. Dann gilt jedoch § 329 (iZw kein FdgR des Gläub, sond bloße ErfÜbern), BGH Betr **75,** 2081, ferner § 334. Schuldmitübernehmer kann Einwendgen gg die Wirksamk der Übern erheben, BGH Betr **76,** 332, and als in § 417 II sind auch Einwendgen aus dem GrdVerh zwisch Schu zul, BGH WPM **73,** 1289. Zust des Gläub ist dann nicht erforderl, hM. – **Wesen:** Der Übernehmer tritt als Gesamtschu (§ 421 vgl dort) neben den Schu, RG **135,** 107. – **Form:** vgl Anm 1. – Ob bloß Mitübern od befreiende Schuldübern vorliegt, ist Auslegsfrage, iZw wird die erste, als den Gläub nicht belastend, gewollt sein, anders bei Übern von HypSchulden (§ 416), vgl RG **75,** 340. – **Verj:** Die VerjFr der übernommenen Schuld ist auch gg dem Übernehmer maßgebd, BGH **58,** 251, Brem NJW **72,** 910, Ffm NJW **74,** 1336; im übr gilt § 425.

b) Die Mitübern hat mit der **Bürgschaft** gemeins, daß sie dem Gläub eine weitere Sicherg verschafft. Gleichwohl **Unterschied:** der (auch selbstschuldnerische) Bürge haftet für fremde Schuld, seine BürgschSchuld bleibt abhängig davon, daß die Hauptschuld fortbesteht, er haftet für deren jeweiligen Bestand,

§ 767. Die Gesamtschuld des Mitübernehmers ist dagg zwar in ihrer Entstehg vom Vorhandensein der Schuld des Schu abhäng, vgl RG **143**, 156 (and, wenn selbstd HaftgsÜbern gewollt, BGH WPM **71**, 1498), kann aber hernach eig Wege gehen, § 425, RG **135**, 108. Die FormVorschr des § 766 gilt danach nicht für Schuldbeitritt RG **59**, 233, stRspr; § 766 ist auch nicht entspr anzuwenden, da sein Grd, die Erwartg des Bürgen, nicht in Anspr genommen zu w, hier entfällt. Wann SchuldMitÜbern vorliegt u wann Bürgsch, kann im Einzelfall sehr zweifelhaft sein, so bei Vertr des Übernehmers mit dem Gläub. Nach stRspr, RG **90**, 417, Köln MDR **57**, 674, Mü MDR **65**, 573 muß bei Mitübern eig unmittelb (wirtschaftl) Interesse des Übernehmers vorliegen, zB bei Zahlzusage des HypGläub an Bauhandwerker, Warn **09** Nr 16; bloß persönl Interesse soll nicht genügen (bedenkl). Auf die Art des Interesses kommt es jedenf dann nicht an, wenn die VertrUrk eindeut den Willen zur Verbürgg od umgekehrt zur SchuldMitübern ergibt, BGH **LM** § 133 (B) Nr 7, (C) Nr 33 (Mitunterzeichng eines DarlAntr). Bei Zweifeln muß (selbstschuldnerische) Bürgsch, als die den Normalfall gesetzl regelnde Sichergsform, angenommen w, also Schriftform nöt, RG **90**, 417, BGH **6**, 397; das gilt auch bei eig wirtsch Interesse des ZweitSchu, BGH NJW **68**, 2332, BB **76**, 1431. – Bei Verzicht des Bürgen auf gewisse etwa entstehde Einwendgen u Einreden gg die Hauptschuld liegt nach RG **153**, 345 insoweit nur, mit der Bürgsch verbundene, SchuldMitübern vor.

3) Über die bloße **Erfüllgsübernahme** dch Vertr des Schu mit einem Dr, ohne daß ein Recht des Gläub gg den Dr begründet wird, vgl zu § 329. Gesetzl Fall: § 415 III.

414 *Vertrag zwischen Gläubiger und Übernehmer.* **Eine Schuld kann von einem Dritten durch Vertrag mit dem Gläubiger in der Weise übernommen werden, daß der Dritte an die Stelle des bisherigen Schuldners tritt.**

1) Vgl zunächst Übbl 1 vor § 414. Der befreiende Vertr des § 414 zw Gläub u Übernehmer ist eine kr Gesetzes ausnahmsw zulässige (vgl Einf 5b vor § 328) **Verfügg** über das FdgsR zG eines Dritten, des Schuldners, zugleich VerpflichtgsVertr. Abstrakt, formfrei. Auch stillschw mögl RG **107**, 216, etwa dch Umschreibg eines Flugscheins, BGH **62**, 76, doch muß Gläub den Entlassgswillen deutl erklären RG HRR **28**, 8, sonst bloße Schuldmitübern, Übbl Anm 2a. Zust des Schuldners nicht nötig, als and in §§ 333, 516 II besteht für Schu auch kein ZurückweisgsR, Weimar JR **72**, 285. – Über Wirkgen vgl § 417 Anm 1. – § 414 gilt auch im Falle des ZVG 53, RG **125**, 103.

415 *Vertrag zwischen Schuldner und Übernehmer; Genehmigung des Gläubigers.* **I Wird die Schuldübernahme von dem Dritten mit dem Schuldner vereinbart, so hängt ihre Wirksamkeit von der Genehmigung des Gläubigers ab. Die Genehmigung kann erst erfolgen, wenn der Schuldner oder der Dritte dem Gläubiger die Schuldübernahme mitgeteilt hat. Bis zur Genehmigung können die Parteien den Vertrag ändern oder aufheben.**

II Wird die Genehmigung verweigert, so gilt die Schuldübernahme als nicht erfolgt. Fordert der Schuldner oder der Dritte den Gläubiger unter Bestimmung einer Frist zur Erklärung über die Genehmigung auf, so kann die Genehmigung nur bis zum Ablaufe der Frist erklärt werden; wird sie nicht erklärt, so gilt sie als verweigert.

III Solange nicht der Gläubiger die Genehmigung erteilt hat, ist im Zweifel der Übernehmer dem Schuldner gegenüber verpflichtet, den Gläubiger rechtzeitig zu befriedigen. Das gleiche gilt, wenn der Gläubiger die Genehmigung verweigert.

1) Allgemeines. Vgl Übbl 1 vor § 414, ferner Hirsch JR **60**, 291. – Die Schuldübern kann nach § 415 dch Vertrag zwischen Übernehmer u Schu geschl werden, bedarf dann aber der Gen des Gläub. Durch den Vertr, der abstrakt u formfrei ist, Übbl 1 vor § 414, „**verfügen**" Übernehmer u Schu als Nichtberechtigte (§ 185) über die Fdg („Verfügungs"lehre, hM, RG **134**, 187, daher Gen des Gläub nötig; zugleich verpflichtet sich der Übernehmer. (Die „Angebots"lehre erhebt dagg die Gen des Gläub zum VertrBestandt: zur Ann eines in der Mitteilg [Anm 2] liegenden VertrAngebots, vgl unten Anm 3 aE.) Der Vertr muß klarstellen, daß eine **befreiende** Schuldübern, also weder Schuldmitübern noch bloße ErfÜbern, gewollt, vgl Übbl 2a, 3 vor § 414; bei Übern einer Hyp (dh der HypSchuld) dch den GrdstKäufer in Anrechng auf den Kaufpreis ist iZw das erste anzunehmen RG **75**, 340, JW **32**, 1043, stRspr, vgl auch KG JW **38**, 1916. – Täuschg bei ÜbernVertr vgl § 417 Anm 2. Auch für den Fall des ZVG 53 gilt § 415, obwohl in ihm nur § 416 angeführt ist, RG **125**, 103. – Schuldübern der Lastenausgleichsabgaben vgl LAG 60.

2) Voraussetzg der Gen ist **Mitteilg** der Schuldübern dch einen der VertrPartner an den Gläub. Geschäftsähnl Hdlg. nicht zeitgebunden; auch dvrch schlüss Hdlgen mögl RG **125**, 104. Sie liegt nicht in Mitteilg eines Vertrages, dessen Gültigk gleichzeitig bestritten wird, RG **119**, 421; sie kann uU in Zinszahlg dch den Übernehmer der HypSchuld liegen RG JW **37**, 1233. Auch im Falle des ZVG 53 ist Mitteilg nötig RG **136**, 96.

3) Genehmigg. Auch durch schlüss Hdlg, falls klar, zB dch Klage, RG **107**, 216, BGH WPM **75**, 331; sie liegt nicht im Schweigen (anders § 416 I 2), auch nicht ow in Ann von HypZinsen od -Kapital von dem Übernehmer (GrdstErwerber) RG JW **37**, 1233. Sie kann nach § 182 dem einen oder dem anderen erklärt werden; es läuft keine Frist, vgl aber Anm 4. Vorherige Zust (Einwilligg) reicht aus RG **60**, 415, BGH Warn **76**, 61; Mitteilg (Anm 2) ist dann unnötig, str. ZustKlausel in AGB sind aber nur in den Grenzen von AGBG 11 Nr 13 wirks. Sie berecht Übernehmer auch nicht, den LeistgsGgst zu ändern, BGH **LM** § 242 (Bc) Nr 23 (RNachfKlausel im BierbezugsVertr). – **Wirkg:** Schuldübergang, rückw auf Ztpkt des VertrSchlusses, RG **134**, 187. Bei einer geschlossenen Reihe aufeinanderfolgender Schuldübernahmen genügt in Anwendg des Grdgedankens des § 415 Mitteilg u Gen derjenigen späteren Übern, aus der der Gläub

Rechte herleiten will, mögen auch die Vormänner inf Fehlens von Mitteilg u Gen nie Schu geworden sein, RG **121**, 316, stRspr. Genehmigt Gläub aGrd einer Mitteilg des Übernehmers, so kann diese uU als Angebot nach § 414 angesehen w, das der Gläub dch Gen annimmt, BGH **31**, 323, von Bedeutg, wenn Gen bereits verweigert ist, vgl oben Anm 1, ferner, wenn zw Übernehmer u Schu vereinbarte Übern unwirks, vgl § 417 Anm 3b.

4) Bis zur Genehmigg Schwebezustand. Gläub hat, auch bei bereits erfolgter Mitteilg, noch kein Recht; die VertrPartner können den SchuldübernVertr noch – vertraglich – aufheben od ändern, I 3. Jeder kann dem Gläub Frist setzen, II 2; bei Schweigen gilt Gen als verweigert. Vgl auch Anm 5.

5) Ist die Gen **verweigert**, III 2, od gilt sie als verweigert, II 2, so ist der SchuldübernVertr als solcher endgültig ggstandslos geworden, die Fremdverfügg ist vernichtet, RG **139**, 127. Die VerweigergsErkl ist RGesch, RG ebda. Im Verhältn der VertrPartner gilt aber iZw die Minderwirkg der **Erfüllgsübernahme**, vgl zu § 329, als gewollt, III 2. Dasselbe gilt nach III 1 für die Zeit des Schwebezustandes, oben Anm 4. – Vgl oben Anm 3 Schlußsatz.

416 *Übernahme einer Hypothekenschuld.* I Übernimmt der Erwerber eines Grundstücks durch Vertrag mit dem Veräußerer eine Schuld des Veräußerers, für die eine Hypothek an dem Grundstücke besteht, so kann der Gläubiger die Schuldübernahme nur genehmigen, wenn der Veräußerer sie ihm mitteilt. Sind seit dem Empfange der Mitteilung sechs Monate verstrichen, so gilt die Genehmigung als erteilt, wenn nicht der Gläubiger sie dem Veräußerer gegenüber vorher verweigert hat; die Vorschrift des § 415 Abs. 2 Satz 2 findet keine Anwendung.

II Die Mitteilung des Veräußerers kann erst erfolgen, wenn der Erwerber als Eigentümer im Grundbuch eingetragen ist. Sie muß schriftlich geschehen und den Hinweis enthalten, daß der Übernehmer an die Stelle des bisherigen Schuldners tritt, wenn nicht der Gläubiger die Verweigerung innerhalb der sechs Monate erklärt.

III Der Veräußerer hat auf Verlangen des Erwerbers dem Gläubiger die Schuldübernahme mitzuteilen. Sobald die Erteilung oder Verweigerung der Genehmigung feststeht, hat der Veräußerer den Erwerber zu benachrichtigen.

1) Allgemeines. Der Käufer eines Grdstücks, das mit einer Hyp belastet ist, kann nach § 439, wenn nichts anderes vereinbart ist, vom Verkäufer deren Beseitigg verlangen. Vielf wird aber in GrdstKaufverträgen die „Übernahme" der Hyp vereinbart, meist „in Anrechnung auf den Kaufpreis" (darüber, daß dann insoweit eine KaufpreisFdg gar nicht besteht, die Übern vielm die urspr VertrLeistg ist, vgl § 364 Anm 4b); eine solche Übern ist als Übern auch der persönl Schuld auszulegen, u zwar als befreiende, RG JW **32**, 1043, stRspr, vgl § 415 Anm 1; das gilt aber dann nicht ohne weiteres, wenn der Veräußerer des Grdst nicht zugl persönl Schu ist, BGH **LM** Nr 1. Für diese Fälle, auch bei and als Kaufverträgen, gibt § 416 einen Weg, der die Herbeiführg der Gen des Gläub erleichtern soll, indem, u zwar als in § 415 II 2, das Schweigen des Gläub auf die Mitteilg der Übern unter gewissen Voraussetzgen als GenErteilg „gilt", § 416 I 2 (Fiktion). Das schließt nicht aus, daß die Schuldübern auch auf dem Wege des § 415 (od auch des § 414) erfolgen kann, wenn eine der Voraussetzgen des § 416 nicht erfüllt ist, aber auch sonst. Das Wort „nur" in I 1 ist daher mißverständl RG **63**, 50, stRspr, allgM (über Mitteilg u Gen in diesen Fällen vgl § 415 Anm 2, 3). Denn Zweck des § 416 ist nur, den Schuldübergang zu erleichtern, um die unerwünschte Trenng von dingl u persönl Haftg zu vermeiden, RG **128**, 71.

2) Voraussetzgen (sie müssen vorliegen, sonst entfällt die Fiktionswirkg, und es bleiben nur die Wege der §§ 415, 414): Die Mitteilg muß vom Veräußerer ausgehen, schriftlich sein u den Hinweis des II 2 enthalten. Mögl erst nach Eintr des Erwerbers als Eigtümer ins Grdbuch; ob er noch zZ der Mitteilg Eigtümer war, ist unerhebl, RG **56**, 203. Die Hypothek muß mind zZ der Eintragg des Erwerbers noch bestanden haben RG **128**, 72. Gläub darf nicht innerh der Frist die Gen verweigert haben.

3) Einzelnes. Auch hier Rückwirkg, RG **134**, 187. Veräußerer hat Mitteilgs- u NachrichtsPfl, III, sonst SchadErs. – Gläub muß d Verweiger, wenn er zwErwerb betreibt, den Veräußerer unverzügl benachrichtigen, vgl § 1166. – Währd des Schwebezustandes, sowie wenn Gläub verweigert hat, gilt auch hier §415 III, Warn **08** Nr 136. Nach Verweiger kann Gen nicht mehr erteilt werden RG **139**, 127. – § 416 beschränkt sich auf den Fall der Sicherg der persönl Schuld dch Hypotheken, auch Vormerkgen solcher. Für entspr Anwendg auf Schuld, zu deren Sicherg Grd- od Rentenschuld bestellt ist, mit Recht Brschw MDR **62**, 736, str, vgl Siegelmann Betr **69**, 1325; § 416 gilt nach ZVG 53 auch bei der ZwVerst für bestehenbleibde Hyp, u zwar nach ausdr Vorschr (ZVG 53 II) hier auch für Grd- u Rentenschulden. – Anwendg auf Schiffshypotheken sieht G nicht vor (keine Änderg des § 416 wie zB § 418 durch SchiffsRG); da SchiffsHyp immer SichgHyp, dürfte sie auch kaum prakt w.

417 *Einwendungen des Übernehmers.* I Der Übernehmer kann dem Gläubiger die Einwendungen entgegensetzen, welche sich aus dem Rechtsverhältnisse zwischen dem Gläubiger und dem bisherigen Schuldner ergeben. Eine dem bisherigen Schuldner zustehende Forderung kann er nicht aufrechnen.

II Aus dem der Schuldübernahme zugrunde liegenden Rechtsverhältnisse zwischen dem Übernehmer und dem bisherigen Schuldner kann der Übernehmer dem Gläubiger gegenüber Einwendungen nicht herleiten.

Schuldübernahme §§ 417–419

1) Schuldübern ist Nachfolge in die Schuld, vgl Übbl 1 vor § 414.

a) Die Schuld geht mit ihren zZ der Übern begründeten (vgl RG **143**, 156) Nebenverpflichtungen, zB fälligen Verzugszinsen, über, iZw nicht mit den bereits fälligen VertrZinsen, vgl entspr § 401 Anm 1b, Stichtag ist auch für die Übern nach § 415 der Vertr, nicht erst die Gen. Die Schuldübern ist RechtsNachf iS von ZPO 265, 325, 727, vgl Übbl 1 vor § 414.

b) I. Der Übernehmer hat alle **Einwendgen aus dem Schuldverhältnis**, die zZ der Übern für den Urschuldner „begründet" waren; dazu gilt § 404 entspr, vgl dort Anm 1b. Stichtag ist auch im Falle des § 415 der Ztpkt der Übern, nicht der der Gen, vgl § 415 Anm 3; hier str. Der Übernehmer kann daher Entstehgshemmg (zB aus §§ 117, 118, 134, 138) od Fdgsvernichtg (Erf, Erlaß, erklärte Aufr) einwenden. Er hat auch die bei Übern bereits „begründet" gewesenen Einreden, zB der Verj (BGH WPM **72**, 515), des § 320, vgl § 404 Anm 1 b. Mit einer Fdg des Schu aufrechnen kann Übernehmer nicht, I 2 (natürl kann er mit eigenen Fdgen aufrechnen), auch eine dem § 770 II entspr Einr hat er nicht. Auch andere Gestaltgsrechte des UrSchu (Anf-, Rücktr-, WandlgsR) gehen nicht auf ihn über, auch § 770 I gilt nicht entspr, str. Doch mag der Übernehmer aus dem Grdverhältn gg den UrSchu den Anspr haben, daß dieser anfechte usw.

2) Der Übernehmer haftet ferner nur bei **Wirksamkeit der Übernahme.** Das ist nach allg Grdsätzen selbstverständl, § 417 schränkt es nicht ein. Es gilt sowohl für den Fall der Übern nach § 414, als der nach § 415 (§ 416). Fälle zB §§ 117, 118, 134, 138 Dissens, RG **119**, 420, od wirks Anf, zB wg Irrtums, RG ebda. Für Anf wg argl Täuschg ist § 123 II zu beachten. Bei einer Täuschg des Übernehmers dch den Gläub, die der Urschuldner kannte od kennen mußte, ist eine Übern nach § 414 auch diesem ggü anfechtb; ist Übernehmer beim Übern nach § 415 durch Urschuldner getäuscht, so kann er auch nach Übern anfechten, u zwar ggü Schu, BGH **31**, 323, **LM** Nr 2 (krit Rimmelspacher JR **69**, 201), doch kann uU in Mitteilg u Gen Vertr gem § 414 liegen, vgl § 415 Anm 3 aE. Vgl weiter Anm 3.

3) Die Übern ist **abstrakt**, vgl Übbl 1 vor § 414, § 415 Anm 1. Daraus folgt ua:

a) Liegt ihr ein **Rechtsverhältnis zwischen Übernehmer u Gläubiger** zugrunde, so hindern Einwendgen aus ihm zwar nicht die Gültigk der Übern, geben dem Übernehmer aber, gleichgültig, ob Übern nach § 414 od § 415 vorliegt, eine BereicherungsEinr aus § 812, hM. Auch auf sonstige RBeziehgen zw ihm u dem Gläub, zB Stundg, kann sich der Übernehmer berufen, er kann mit eigenen Fdgen gg den Gläub aufrechnen usw.

b) II : Liegt dagg, wie meist, der Übern ein **Rechtsverhältnis zwischen Übernehmer und Urschuldner** zugrunde, so hat der Übernehmer daraus **keine Einwendgen gegen den Gläubiger**, zB bei Nichtig od wirks Anf od bei Weigerg der GgLeistg, gleichviel ob Übern nach § 414 od § 415 (§ 416) erfolgt ist. Anders dagg, wenn, was nur im Falle des § 415 prakt wird, Mängel des Kausalgeschäfts nach allg Grdsätzen auch die Übern berühren, so im Falle des § 138 u bei Zushang der Übern mit dem GrdGesch, § 139, RG **58**, 386, BGH **31**, 323, Hbg NJW **66**, 985. Hier hilft II dem Gläub selbst dann nicht, wenn die „Mitteilung" der §§ 415, 416 an ihn sich auf die Tats der Übern beschränkt hat, BGH **31**, 321; Ergebn nicht vermeidb, falls man nicht die Mitteilg als eig ÜbernAngebot auffassen kann (vgl § 415 Anm 3 aE), was aber nur bei Mitteilg dch Übernehmer mögl wäre. Der Weg der Übern nach § 415 (§ 416) ist daher für den Gläub gefährl, vgl § 415 Anm 1. Gg die hM, wonach bei § 415 Mängel des GrundGesch den Gläub berühren können, wenden sich Heckelmann (zu Hbg aaO) NJW **66**, 1925 u Rimmelspacher JR **69**, 201.

418 *Erlöschen von Sicherungs- und Vorzugsrechten.* I Infolge der Schuldübernahme erlöschen die für die Forderung bestellten Bürgschaften und Pfandrechte. Besteht für die Forderung eine Hypothek oder eine Schiffshypothek, so tritt das gleiche ein, wie wenn der Gläubiger auf die Hypothek oder die Schiffshypothek verzichtet. Diese Vorschriften finden keine Anwendung, wenn der Bürge oder derjenige, welchem der verhaftete Gegenstand zur Zeit der Schuldübernahme gehört, in diese einwilligt.

II Ein mit der Forderung für den Fall des Konkurses verbundenes Vorzugsrecht kann nicht im Konkurs über das Vermögen des Übernehmers geltend gemacht werden.

1) Zweck der Bestimmg : den Übergang der Nebenrechte zu verhindern, der aus dem Bestehenbleiben des Schuldverhältnisses logisch folgen würde, aber unbillig wäre. – Die Bestimmg gilt nicht für gesetzliche Bürgschaften u Pfandrechte, str, wohl aber für Vormkg, Hoche NJW **60**, 464; I 2 gilt auch bei Sichergsgrundschuld, BGH DNotZ **66**, 667, dazu krit Scholz NJW **66**, 1740. Satz 2 (HypVerzicht, vgl § 1168) bedeutet, daß ohne Eintr EigtümerHyp. Bei Einwillig nach S 3 bleiben die Rechte aus I (nicht II) bestehen. Erkl des Bürgen bedarf der Form des § 766, RGRK Rdn 8, aA RG **70**, 415; nachträgl Zust genügt nicht RG HRR **33**, 1742, str, Neubegründg des NebenR wäre dann nötig. – In Abs 1 S 2 ist zweimal „Schiffshypothek" eingefügt durch VO v 21. 12. 40, RGBl 1609, Art 2. RegisterpfandR an Luftfahrzeugen ist SchiffsHyp gleichgestellt dch LuftfzRG 98 II.

419 *Vermögensübernahme; Haftung des Übernehmers.* I Übernimmt jemand durch Vertrag das Vermögen eines anderen, so können dessen Gläubiger, unbeschadet der Fortdauer der Haftung des bisherigen Schuldners, von dem Abschlusse des Vertrags an ihre zu dieser Zeit bestehenden Ansprüche auch gegen den Übernehmer geltend machen.

II Die Haftung des Übernehmers beschränkt sich auf den Bestand des übernommenen Vermögens und die ihm aus dem Vertrage zustehenden Ansprüche. Beruft sich der Übernehmer auf die Beschränkung seiner Haftung, so finden die für die Haftung des Erben geltenden Vorschriften der §§ 1990, 1991 entsprechende Anwendung.

III **Die Haftung des Übernehmers kann nicht durch Vereinbarung zwischen ihm und dem bisherigen Schuldner ausgeschlossen oder beschränkt werden.**

1) Allgemeines. – Vgl Eisemann AcP **176**, 488, Gördes GläubSchutz bei der VermÜbern, 1976, Diss Bielefeld, Schricker JZ **70**, 265, Wilburg Festschr f Larenz 1973 S 661. – **Grundgedanke** des § 419 ist, daß das Aktivvermögen des Schu die natürl Unterlage für den ihm eingeräumten Kredit ist, BGH **27**, 260, also das Schutzbedürfn des Gläub, der seine Befriedigg aus dem übertragenen Verm in der Hand des Erwerbers in gleicher Weise soll erhalten können, wie wenn die Übertr nicht stattgefunden hätte, RG **130**, 37. Er ordnet daher bei rechtsgeschäftl Übertr eines Vermögens eine gesetzl (inhaltl beschränkte, vgl II u Anm 4b) Schuldmitübern an (Begriff vgl Übbl 2 vor § 414); Veräußerer u Übernehmer werden GesSchu. „Vermögen" ist also AktivVerm, nicht ReinVerm. § 419 beruht auf der deutschrechtl Auffassg, daß Schulden Lasten des (Aktiv)Vermögens sind, die bei Übergang des Vermögens mit übergehen müssen, RG **139**, 201. Im (oben angeführten) neueren Schriftt sind § 419 und der ihm zugrdeliegde gesetzgeber Zweck lebh umstr. Da der Gläub nach der Vorschr (zumindest bei wortgetreuer Auslegg) iF einer entgeltl VermÜbern sowohl in das „alte" als auch in das „neue" Verm des Schu vollstrecken kann, w sie als einseit Norm ohne tragfäh Grdl bezeichnet (Wilburg); zT w ihre Aufhebg gefordert, zT eine Auslegg, die den entgeltl VermÜbernehmer von der Haftg aus § 419 freistellt, vgl Anm 3a.

2) Übernahme des Vermögens. a) Übern ist gleichbedeutd mit **Rechtsübergang** dch Übereign u (od) Abtr, BGH **54**, 103. – Übereignung an TrHänder zwecks GläubBefriedigg ist VermÜbern, Köln NJW **60**, 966, str, ebso Sicherübereign des ges Verm, RG **139**, 200, BGH WPM **64**, 743, hM (aA Paulus ZZP **64**, 187, Serick III S 162, Wilke NJW **75**, 2098; BGH **LM** AnfG 3 Nr 1 uö läßt offen; vgl auch BGH NJW **78**, 1520, wonach die Globalzession im Rahmen eines unechten Factoring keine VermÜbern iS des § 419 ist), doch ist iF der Sicherungsübereign meist Vorwegbefriedigg des Übernehmers zul, vgl Anm 4c. Auf Bestellg eines sog NutzgsPfdR am ges Verm ist § 419 dagg nicht entspr anwendb, BGH **54**, 104 = **LM** Nr 22 mit Anm Braxmaier = JZ **71**, 26 mit Anm Schricker; ebsowenig auf Überlassg der Ausübg des Nießbr, BGH **55**, 111 = JZ **71**, 501 mit Anm Schricker.

b) Verm ist nach dem Zweck der Vorschr (vgl Anm 1) das **Aktivvermögen,** aus dem sich die Gläub befriedigen konnten. Unerhebl daher, daß Schu unpfändb Rente od Versorggsberechtigg verbleibt, ebso der Ausschl unpfändb Ggst, ferner der Ausschl einzelner VermStücke, wenn der Wert im Verhältn zum Ganzen unbedeutd, RG **139**, 203 stRspr, od sie keine Befriediggsmöglichkeiten bieten, Saarbr SaarlZ **56**, 8. Ob zurückbleibende VermStücke unbedeut, bestimmt sich nach wirtschaftl Gesichtspunkten, BGH **66**, 219, BAG **AP** § 613a Nr 6. Bei dem Vergl sind daher die Lasten der ausgeschl Ggstde von deren Wert abzusetzen, ebso die dingl Belastgn mit übertr Ggstde, BGH **66**, 220, Spieß JuS **77**, 578. Das gilt ebso, wenn Erwerber das Vermögen im Zuge der Übern entschuldet hat, BGH aaO. Das Entgelt für die VermÜberg ist bei der Ermittlg, ob das ganze Verm übergegangen ist, nicht zu berücksichtigen, RG **148**, 265, stRspr, jedenf dann nicht, wenn es nicht die gleiche Befriediggsmöglichk bietet wie das übernommene, Anm 3a. **Übertragg einer Sachgesamtheit ist nicht nötig;** immerhin müssen die veräußerten Ggstde in ihrer ZusFassg VermInbegr darstellen; ob das der Fall ist, entscheidet VerkAuffassg, uU genügt ein einziger Ggst, zB HausGrdst RG **134**, 124, BGH **LM** Nr 14, wenn er das ganze od nahezu das ganze Verm des Veräußerers ausmacht, GrdSch, Stgt NJW **52**, 1019, Nießbr an Grdst, offengelassen von BGH **53**, 176; nicht genügt Abtr des ggwärt u zukünft ArbEinkommens, BGH **62**, 100, ebsowenig Übertr von Kleidgs-, Möbelstück, Haustier, ausgen das letzte VermGut ist, BGH **134**, 124, BGH Betr **71**, 377. Ähnl Gesichtspunkte sind für die Verfügen des § 1365 maßg, vgl dort. – Verbleibt erhebl Vermögen beim Übergeber, so liegt § 419 nicht vor, also zB nicht bei Übertr des gesamten Vermögens in Westzonen, wenn Verm in der Ostzone vorhanden, das dem GläubZugriff unterliegt, BGH **20**, 4. Ebso liegt § 419 nicht vor bei Übertr von SonderVerm (etwa OHG- od KG-Vermögen), wenn Gesellschafter noch anderes Verm besitzen, BGH **27**, 263, auch nicht bei Einbringg des GesVermögens in Personalgesellsch, da Gesellschafter Inh (Mitinhaber) bleibt, BGH BB **64**, 8 (Ausscheiden des Gesellschafters kann Tatbestd des § 419 erfüllen, BGH BB **54**, 700), auch RückÜbern eines Treuguts dch TrGeber ist nicht VermÜbern, wenn TrHänder anderes Verm hat, BGH **27**, 262.

c) Für Veräußerg eines **Handelsgeschäfts** mit Firma gilt **HGB 25** als SonderVorschr u daneben § 419, wenn GeschVerm das GesVerm darstellt, was insb bei veräußernder jur Pers der Fall ist, RG **69**, 290; im Falle der HGB 25 II u III ist § 419 besonderer HaftgsGrd, RG aaO. – Bei Übertr eines **Betriebes** können HGB 25 und § 419 vorliegen; aber auch, wo deren Voraussetzgen fehlen, tritt Erwerber uU in die Verpflichtgen des Übergebers aus den ArbVerhältnissen ein unter dem Gesichtspunkt der sog „**Betriebsnachfolge**"; vgl jetzt § 613a. Auch im SteuerR kann die BetrNachfolge zur Haftg des Übernehmers führen, vgl AO 1977 § 75. – „**Funktionsnachfolge**" (Übern von Funktionen öffrechtl und ähnl Körperschaften dch neue) kann ebenf unabhängig von § 419 zur Haftg des Übernehmers führen, wenigstens bei Amtshaftgs- u ähnl Ansprüchen, vgl BGH **8**, 177, **10**, 223, **16**, 187, BAG NJW **58**, 844, vgl auch BAG **AP** Nr 1 (Rotes Kreuz) und 2. Wer die Funktion einer aufgelösten jur Pers des PrivR übernimmt, hat aber grdsätzl keinen Anspr auf deren Verm, KG NJW **69**, 753. Beachte auch, daß nach AKG die Ansprüche gg Reich u Preußen (auch Bahn u Post) meist erloschen u dann auch nicht mehr auf Funktionsnachfolge zu stützen sind, vgl BGH **36**, 245, **40**, 318.

3) Übernahme durch Vertrag (vgl hierzu Riedel, Rpfleger **61**, 261): **a)** „durch Vertrag" (der Ausdr ist nicht ganz zutreffd) bedeutet die rechtsgeschäftl VermÜbertr im Ggsatz zum VermÜbergang dch G, Enteigng, Vollstr u ä. Nach der Rspr ist gleichgült, ob die VermÜbertr unentgeltl od **entgeltl** erfolgt, RG **69**, 288, **148**, 265, BGH **33**, 126, **66**, 219. Dagg will die neuere Schriftt § 419 grdsätzl nur iF einer unentgeltl VermÜbern anwenden, Erm-Westermann Rdz 9, Larenz § 35 II, Eisemann, Gördes, Schricker, Wilburg (alle wie

Anm 1). Bei einer VermÜbern ohne gleichwert Entgelt soll Übernehmer, wenn überh, ledigl in Höhe der Wertdifferenz haften. Auf den Übernehmer, der ein angem Entgelt bezahlt h, soll § 419 nach seinem Zweck unanwendb sein: Es sei nicht sachwidr Begünstigg des Gläub, wenn er sowohl in das neue wie in das alte Verm seines Schu vollstrecken könne; wer das übernommene Verm voll bezahlt habe, dürfe nicht dem Risiko eines Zugriffs von Gläub des fr VermInh ausgesetzt w. Die Rspr ist dieser Ans – wohl mit Recht – nicht gefolgt, BGH **33**, 126, **66**, 219, Betr **68**, 2209. § 419 ist nach seinem Wortlaut u dem ihm zugrde liegden Gedanken des GläubSchutzes auf entgeltl VermÜbertragen jedenf dann anwendb, wenn die neue Verm nicht die gleiche Sicherh u Befriediggsmöglichk bietet wie das übernommene, BGH aaO. Bestehen gleiche Vollstrecksgsmöglichk, ist Anspr aus § 419 ausgeschl, Deutsch JuS **63**, 179. – Bei Erwerb dch eins Aufhebg eines R an einem Grdst (§ 875) ist § 419 unanwendb, BGH **53**, 176 (= JZ **71**, 24 mit Anm Schricker), and aber, wenn vertragl Absprache zugrde liegt, BGH aaO. Eigenmächt Übern führt zur Haftg nach § 419 nur, wenn Übernehmer Verm behalten darf u kann, RG JW **37**, 1059. – Nicht dch Vertr, sond aGrd Gesetzes erfolgt VermÜbergang bei GesNachfolge; daher § 419 nicht anwendb bei Erbfall (§ 1922, Schuldenübergang nach §§ 1967 ff), in den Fällen der Verschmelzg (AktG 339–358), der VermÜbertr nach AktG 359, 360, der Umwandlg von Kapitalgesellschaften nach AktG 362–393 od UmwG (dagg ist § 419 anwendb bei Übertr nach AktG 361, die nicht GesRechtsnachfolge ist). Entsprechendes gilt her für den Begr der ehel GüterGemschaften, deren Wirkgen ohne ÜbertrAkt eintraten bzw eintreten, vgl heute § 1416; hier gelten Sonderregeln, nicht § 419. Aus demselben Grd entfällt § 419 im Falle der Staatensukzession, BGH **8**, 169, **14**, 285, **15**, 96, **16**, 184, 189, vgl aber Anm 2c (Funktionsnachfolge). Ebso entfällt § 419 bei Enteigng, bei Erwerb iW der ZwVollstr (vgl RG **154**, 375) und des der KonkMasse (BGH **66**, 217, 228); ebso bei VermÜbergang der aufgelösten KPD auf BRep kr des AuflösgsUrt des BVerfG, BAG NJW **59**, 1245.

b) Unter „Vertrag" kann nur das den Übergang des Vermögens unmittelb herbeiführende Gesch, das **Verfüggsgeschäft,** (ggf die Mehrzahl dieser Geschäfte) verstanden werden, weil „durch" schuldrechtl Vertr (zB des § 311) ein VermÜbergang nicht eintritt (vgl dazu BGH NJW **66**, 1748); jedenf ist Vertr iS des § 311 nicht erforderl (§ 419 geht über § 311 weit hinaus, RG **69**, 421, vgl auch § 311 Anm 4) u jedenf genügt nicht einverständl Erwerb in ZwVerst, weil VermÜbergang nicht unmittelb auf Vertr beruht, RG **154**, 375. Schuldrechtl Vertr daher nicht nötig, Übertr in Erfüllg gesetzl Verpflichtg genügt, BGH **LM** Nr 14. Daher auch Nichtigk des schuldrechtl Vertrages bedeutgslos, sofern nur der VermÜbergang (Übertr sämtl aktiver VermBestandteile) gültig stattfindet, RG **130**, 38, BGH **LM** Nr 14. Nicht notw ist gleichzeit Übergang aller VermStücke, wohl aber Zushang der verschiedenen ÜbertrAkte, weil sonst nicht „Vermögens"-Übern, sond Übern einzelner VermStücke (vgl BGH **55**, 111). Fortlaufde Übertr der Außenstände im Rahmen eines unechten Factorings stellt dagg keine VermÜbern dar (BGH NJW **78**, 1520). Nicht notw Übern dch einzelne Pers; Übertr an mehrere (zu ideellen Bruchteilen od erweitert) erfüllt § 419, wenn als GesAbgabe gedacht u Erwerber das wissen, RG **123**, 54, BGH WPM **72**, 610, die Übernehmer w (beschr haftde) GesSchu. Übertr nur eines Bruchteils kann entgg RG **123**, 54 nicht genügen. – Die hM stimmt mit obigen Ergebnissen voll überein, wenn sie auch unter „Vertrag" das schuldrechtl Gesch begreift, wo ein solches vorhanden, richt jetzt aber BGH NJW **66**, 1748: die Gesamth der Verpflichtgs- u Verfüggsgeschäfte. Nach BGH **LM** Nr 14 gilt § 419, wenn VermÜberg irgendwie auf Vereinbg beruht, ähnl BGH **53**, 177.

c) Erwerber muß wissen, daß Übertragenes das ganze od nahezu das ganze Verm darstellt, od mind die Verhältnisse des Übergebers kennen, aus denen sich das ergibt, BGH **55**, 107, NJW **76**, 1400, **LM** Nr 16 Bl 2, stRspr; sonst ist es keine „Vermögens"-Übern, sond Übern einz VermStücke (vgl Anm 3b). Die entgegengesetzte „objektive Theorie" ist daher abzulehnen (aA Bergenroth MDR **53**, 140, Richter MDR **53**, 469), sie würde Schutz des GrdstErwerbers dch § 892 auf dem Umwege über Haftg nach § 419 im Ergebn beseitigen, RG **123**, 55. Die von Larenz § 35 II vertretene sog beschr subj Theorie (Kenntn nur erforderl, wenn Übern einz VermGgst betr) deckt sich im Ergebn mit der hier vertretenen: Bezieht sich Vertr ausdr auf das Verm im ganzen, ist der subj Tatbestd der VermÜbern notw gegeben. Die Kenntn von Hilfspersonen, die nicht Vertreter iS von § 166 sind, steht der des Übernehmers nicht gleich, BGH NJW **65**, 1174. Für das „Wissen" kommt es idR auf den Ztpkt der VermÜbern, also des dingl Erwerbs, an. Handelt es sich um die Übereigng eines Grdst, ist jedoch der Ztpkt der Beantragg der AuflVormerkg od der Umschreibg entscheidd, BGH **50**, 105 (dazu Koenig NJW **71**, 1174 u Futter NJW **76**, 551), and noch BGH NJW **66**, 1748. BewLast für Kenntn h AnsprSteller, BGH WPM **72**, 610. – Über das gleiche Problem bei Anwendg des § 1365 vgl dort Anm 2.

4) Wirkung: Eintritt einer Schuldmitübern (jedoch mit beschr Haftg) kr Gesetzes, vgl Anm 1. Ausschl der Schuldübern hat ggü dem Gläub keine Wirkg, III. Zust des Gläub zur Übern schließt Haftg nicht ohne weiteres aus, RG **148**, 264, der Gläub kann aber auf Haftg des Übernehmers (auch stillschw) verzichten. Der bish Schu haftet weiter; er bleibt für GestaltgsErkl wie Anf usw ErklEmpfänger, BGH WPM **74**, 724; beide sind GesSchuldner; Übernehmer ist also nicht RNachfolger des Schu, RG **125**, 195, BGH **57**, 420, WPM **70**, 1291. Eine zZ der VermÜbern begonnene VerjFr läuft ggü dem Übernehmer weiter, Unterbrechg der Verj hat entspr § 425 II Einzelwirkg, BGH NJW **77**, 1879. Übernehmer kann beim Schu in voller Höhe Regreß nehmen; Grdl des Regresses ist nicht § 434 (s BGH **70**, 51), sond GoA bzw § 812, Messer NJW **78**, 1257. Wenn VermÜbertr gewollt, aber noch nicht in vollem Umfange dingl vollzogn, haftet Erwerber schon vom Abschl des VerpflichtgsGesch ab (ergibt sich aus II 1: Haftg mit den Ansprüchen aus dem „Vertrage").

a) Übernehmer haftet **für die Ansprüche,** die gegen den Veräußerer vor Vertragsschluß bereits, wenn auch nur bedingt od sonst im Keime (vgl zB BGH **39**, 277, BAG Betr **77**, 1467) bestanden waren **(I)**, nicht dagg für die erst durch die Übertragg gg den Veräußerer entstehenden Ansprüche (so auch RGRK Rdn 76, aA RG HRR **31**, 9, Celle NJW **56**, 792 mAv Danckelmann), da für sie das übernommene Verm niemals Befriediggsobjekt war. Bei Auseinanderfallen von schuldrechtl Vertr u dingl Übertr haftet Übernehmer für alle bis zum Vollzug der Übertragg begründeten Ansprüche, BGH **LM** AnfG § 3 Nr 1, BFH NJW **71**, 2327; BGH **LM** Nr 16 läßt Übernehmer daher mit Recht für den SchadErsAnspr haften, der einem Dr dch den zur Übertr verpflichtden Vertr deshalb entsteht, weil er in Verletzg einer dem Dr ggü bestehden Verbindlichk abgeschl wurde. Bei GrdstÜbertr haftet Übernehmer für Schulden, die vor Eingang des Antr auf AuflVormerkg od auf Umschreibg beim GBA entstanden sind, BGH **33**, 128, **LM** Nr 17, Klunzinger NJW **72**, 551, vgl ferner BGH **55**, 105. Für Ger- u VollstrKosten haftet Übernehmer, wenn Kl im Ztpkt der Übern zugestellt war; es genügt jedoch KlEinreichg, sofern Zust demnächst erfolgt, BGH NJW **75**, 304. – Über Haftg des Übernehmers für UnterhAnsprüche BGH **LM** EheG 60 Nr 1, für Anspr eines zZ der Übern bereits erzeugten, noch nicht geborenen Kindes Kgb HRR **37**, 1076. Keine Haftg des Übernehmers für Kreditgewinnabgabe, wenn Übern vor Inkrafttr des LAG erfolgte, Schubert NJW **54**, 49. Haftg erstreckt sich auch auf öffr Verbindlichk, jedoch ist der ordentl RWeg insow nicht zul, BGH NJW **78**, 2092.

b) Der Übernehmer haftet nicht unbeschränkt, sond nur **mit dem übernommenen Vermögen** u den Ansprüchen gg den Veräußerer aus dem ÜbernVertr, **II 1**. Die Haftg ist der Erbenhaftg nachgebildet durch Verweisg auf §§ 1990f; doch gibt es nichts der NachlVerw (dem NachlKonk) Entsprechendes. Surrogation tritt ein, vgl RG **137**, 55; davon abgesehen aber Haftg nicht in Höhe des Wertes des übernommenen Vermögens, sond mit diesem. Haftg mit dem übernommenen unpfändb „good will" beschr sich auf dessen Surrogate, vgl aber Röding JZ **71**, 208. **Prozessuales:** Gläub kann ZahlgsKl erheben; Kl aber auch auf Duldg der ZwVollstr in – näher zu bezeichnende – Ggst des übernommene Verm richten, BGH WPM **68**, 1405, RGRK Rdn 26. Bei ZahlgsKl ist zur Geltdmachg der Beschrkg Vorbeh im Urt nöt, ZPO 786, 780.I; er ist ohne weiteres zu geben, erstreckt sich aber nicht auf die Kosten des Proz zw Gläub u Übernehmer, Ffm Rpfleger **77**, 372. Die Klage ist abzuweisen, wenn das übernommene Verm unstr keine Vollstreckungsmöglichk bietet, BGH NJW **74**, 943. Besteht hierüber Streit, kann Ger Bew erheben; es kann den Einwand aber auch in das VollstrVerf verweisen, RG **137**, 54, BGH **66**, 222. Bei der Vollstr wird die beschr Haftg erst auf VollstrGgKl des Übernehmers berücksichtigt, ZPO 786. Vgl weiter unten c. – Über VollstrKlausel gg den Übernehmer aus dem Urt gg den Schu vgl ZPO 729. Vorbeh hier unnöt, da selbstverständl.

c) Durchführg der Haftung: II 2: Solange der Übernehmer annehmen darf, daß das Verm zur Befriedig aller Gläub ausreicht, darf er die Gläub aus ihm freiw befriedigen, II 2: §§ 1991, 1978, 1980. Ist das nicht od nicht mehr der Fall, so muß er sich, wenn er sich nicht ersatzpflichtig machen will (§ 1979), darauf berufen u hat freiwillige Leistg zu weigern. Er hat vielm das Verm „im Wege der Zwangsvollstreckung herauszugeben", dh **die Zwangsvollstreckg zu dulden**. Daher ist im allg keine Abwendg och Zahlg des Wertes mögl wie in § 1992, RG **137**, 55, **139**, 205, BGH **30**, 267. Übernehmer kann Kl auf Zahlg od Duldg (oben b) dadch abwenden, daß er sich der sof ZwVollstr in das übernommene Verm gem ZPO 794 I Z 5 unterwirft: Zulässigk folgt aus 794 II, vgl RG **137**, 53. Hat der Übernehmer dch seine Gebarg mit dem übernommenen Verm die Befriedigg des Gläub aus dem Verm schuldh vereitelt, so haftet er diesem nach AuftrGrdsätzen auf SchadErs ohne die Möglichk, diese Haftg auf übernommenes Verm zu beschränken, §§ 419 II 2, 1991, 1978, 662 ff, 276, 280, vgl BGH NJW **57**, 420, NJW **72**, 720. Der Gläub kann unter diesem Gesichtspunkt neu gg Übernehmer klagen, kann diese RLage aber auch ggü VollstrGgKlage einredeweise geltd machen, wenn er bereits aGrd des VorbehUrteils in das Verm des Übernehmers vollstreckt u dieser, gestützt auf den Vorbeh, die VollstrGgKlage erhoben hat, so schon Kiel OLG **29**, 192, Ffm JW **29**, 2899, Herschel DR **40**, 325 zu Köln dort. – Übernehmer hat ein Recht auf **Vorwegbefriedigung**. Zwar darf er das gezahlte Entgelt nicht vorweg abziehen, RG **69**, 228, wohl aber Aufwendgen gem §§ 1978 III, 1990, 1991 (Celle OLGZ **78**, 201). Dazu gehören auch Aufwendgen, die Übernehmer zur Entschuldg des übernommenen Verm gemacht h, BGH **66**, 225. Auch wg sonst Fdg gg den Veräußerer darf der Übernehmer sich vorweg befriedigen, also auch das Verm insow zurückbehalten, selbst wenn er weiß, daß das Verm zur Befriedigg aller Gläub nicht ausreicht, da er als Inh des Rechts (der nicht gg sich selbst klagen kann) einem Gläub nach § 1991 III gleichsteht, BGH Betr **62**, 1139. Das gilt aber nur für bereits vor der Übern entstandene Fdgen RG **139**, 202; BGH NJW **57**, 420 (maßg Ztpkt ggf Zeit des Vollzugsgeschäfts BGH **12**, 232), nicht für durch die Übern erst insow entstandene Fdg (etwa auf RückFdg des Entgelts od Ersatz der ÜbernKosten, RG **137**, 52) od erst hernach entstandene; wicht für die sicherghalber erfolgte VermÜbern, RG **139**, 202, BGH WPM **71**, 442. – Nicht zum übernommenen Verm gehören Berechtiggn, die Übernehmer höchstpersönl dch HohAkt eingeräumt, wie GüterVerkGen, auch wenn Übergeber entsprechde besaß, BGH **30**, 271.

d) Einzelnes. Hat der Gläub aGrd Titels gg den Schu Sachen in dessen Gewahrsam pfänden lassen (prakt vor allem bei der Sicherglsübern), so steht der Klage des Übernehmers aus ZPO 771 entgg, daß er dieselben Sachen wieder „im Wege der Zwangsvollstreckg herausgeben" müßte, RG **143**, 277, WPM **71**, 672, stRspr. – Die Klage aus § 419 (od die hierauf, zB im Falle des ZPO 771, gestützte Einwendg) kann mit anderen GläubSchutzbehelfen, zB der Anf aus dem AnfG (hier ist derselbe Antr zu stellen, vgl AnfG 7) verbunden werden, obwohl die Gesichtspunkte sich ggseitig ausschließen, ebso mit dem Vorbringen des Scheins u dem der Unsittlichk der Übern.

Sechster Abschnitt. Mehrheit von Schuldnern und Gläubigern
Überblick

1) Eine Mehrheit von Gläubigern kann in folgenden RFormen auftreten:

a) Teilgläubigerschaft: Sie besteht gem § 420 iZw bei teilb Leistgen. Die Fdg jedes Gläub ist ggü der des and rechtl selbstd, vgl § 420 Anm 1. Zum Begr der Teilbark der Leistg vgl § 266 Anm 2 b. Teilb sind danach idR nur Leistgen von Geld u and vertretb Sachen. Auch wenn die Leistg im natürl Sinne teilb ist, besteht vielf aGrd des RVerhältn zw den Gläub eine gemeins EmpfangsZustdgk u damit Unteilbark iS des § 420, BGH NJW **58**, 1723, **69**, 839, BGH **39**, 15; dann keine Teil-, sond Mitgläubigersch, vgl unten c. Teilgläubigersch ist daher prakt die Ausn. Ihr GgStück ist die Teilschuld, vgl unten Anm 2a.

b) Gesamtgläubigerschaft: Jeder der GesGläub kann die ganze Leistg fordern, der Schu braucht aber nur einmal zu leisten, §§ 428–430. An welchen Gläub er leisten will, steht in seinem Belieben. Auch die GesGläubigersch ist prakt von geringer Bedeutg; vgl näher § 428 Anm 1 u 2. Ihr GgStück ist die GesSchuld, vgl unten Anm 2b.

c) **Mitgläubigerschaft** (Ausdr von Larenz § 36 I b): Die Fdg steht mehreren in der Weise gemschaftl zu, daß die Gläub nur Leistg an alle verlangen können u der Schu nur an alle leisten kann. Die in den §§ 420 ff nur unvollkommen geregelte Mitgläubigersch ist der prakt wichtigste Fall der GläubMehrh. Folgde Arten sind zu unterscheiden:

aa) Einfache Forderersgemeinschaft: Steht mehreren Teilh ein Recht in BruchteilsGemsch (§ 741) zu, erstreckt sich die anteilige Berechtigg auch auf die der Gemsch erwachsden Fdgen. Für das InnenVerh zw den Teilh gelten die §§ 741 ff, für das AußenVerh ggü dem Schu ist § 432 maßgebd, BGH NJW **58**, 1723, **69**, 839, Zweibr Rpfleger **72**, 168, RGRK § 432 Anm 4, str. Der Teilh kann daher auch hinsichtl seines Anteils nicht Leistg an sich verlangen, sond muß Leistg an die Gemsch fordern. Das gilt auch bei einer im natürl Sinne teilb Leistg, da der gemschaftl Verwendgszweck (vgl insb § 748) eine rechtl Unteilbark (oben a) begründet, RG DR **40**, 2170, BGH NJW **58**, 1723, **69**, 839, stRspr. Daneben ist entspr § 747 S 2 Geltdmachg der Fdg dch alle mögl, vgl § 747 Anm 3. Zul auch Abreden, dch die das KlagR des einzelnen Teilh erweitert od ausgeschl w. Bspl einfacher FdgsGemsch: Anspr der WoEigtümerGemsch gg Eigtümer auf Kostenbeteilig, KG OLGZ **77**, 3; MietzinsAnspr mehrerer MitEigtümer, BGH NJW **58**, 1723; MietzinsAnspr mehrerer Mieter gg Untermieter, BGH NJW **69**, 839; SchadErsAnspr (RG LZ **16**, 326), Anspr aus § 556 (RG **124**, 199), sofern sie einer BruchteilsGemsch zustehen. Bei mehreren Mietern ist iZw keine Bruchteils-, sond eine ZweckGemsch, also Gesellsch, anzunehmen, RG **138**, 186, LG Bln NJW **56**, 1282, BGH NJW **72**, 249; die Mitmieter sind dann Gläub zur ges Hand, vgl unten bb. Entsprechdes gilt, wenn Eheg gemeins einen MietVertr abschließen, vgl Soergel-Mezger § 535 Anm 40 (GesellschVerh mit familienrechtl Einschlag), str. Sind gem § 1357 I 2 nF beide Eheg aus einem Vertr berecht, ist idR eine FdgsGemsch auf familienrechtl Grdlage anzunehmen. Jeder Eheg ist gem § 432 klagberecht, die Klage ist jedoch auf Leistg an beide Eheg zu richten, soweit sich nicht aus den Umst etwas and ergibt, Büdenbender FamRZ **76**, 667, aA Wacke FamRZ **77**, 525. Der Gläub kann jedoch an jeden Eheg mit befreider Wirkg leisten, da sie nach dem Sinn des § 1357 insow wechselseit zur Entgegn der Leistg ermächtigt sind. Vgl auch unten Anm 4.

bb) Gesamthandsgläubigerschaft: Sie liegt vor, wenn die Fdg zu einem SonderVerm gehört, das den Gläub „zur gesamten Hand" zusteht. Das Ges kennt folgde GesHandsGemsch: Gesellsch §§ 718 ff; nichtrechtsfäh Verein § 54; OHG u KG HGB 105 II, 161 II, ehel GütGemsch §§ 1416 ff; fortgesetzte GütGemsch §§ 1485 ff; ErbenGemsch § 2032 ff. Eine vertragl Begründg von GesHandsGemsch außerh dieser Fälle ist nicht mögl, RG **152**, 355. Die Fdgen der GesHand sind als Bestandt des SonderVerm geshänderisch gebunden. Der einzelne GesHänder kann über sie weder ganz noch teilw verfügen; der Schu kann nur an die Gemsch leisten, Aufr mit einer Fdg gg einen GesHänder ist unzul, §§ 719, 1419, 2033 II, 2040. Außer bei der ErbenGemsch (§ 2033 I) kann der einzelne GesHänder auch nicht über seinen Anteil am ganzen SonderVerm verfügen, §§ 719 I, 1419 I. Da die Fdgen der GesHand wg der bestehdn rechtl Gebundenh im RSinne unteilb sind, ist auf sie an sich § 432 anwendb, BGH **39**, 15, RGRK § 432 Anm 5, Soergel-Schmidt § 432 Anm 3, wie a Larenz § 36 I b, Hadding JZ **75**, 161. Das **Fordergsrecht** des einzelnen MitGläub **aus § 432** w aber dch die gesetzl Regelg der Verw **weitgehd ausgeschlossen** (vgl dazu eingehd Nitschke ZfHK **128**, 48): 1. Bei der **Gesellschaft** ist die FdgEinzieh ein Akt der GeschFührg, für die unter Ausschl des § 432 die Regeln der GeschFührg maßgebd sind, BGH **39**, 15, **12**, 312, **17**, 346. Die Fdg kann grdsätzl nur von den Gesellschaftern gemeins geltd gemacht w, wobei für diese die geschführgsberecht Gesellschafter handeln, BGH aaO. Entgg RG **70**, 33, **152**, 314 ist § 432 auch dann unanwendb, wenn GeschFührg nach § 709 den Gesellschaftern gemeins zusteht, BGH **12**, 312, str, aA Soergel-Schmidt § 432 Anm 3, Nitschke aaO S 71. Ein EinzelklagR eines Gesellschafters besteht nur, wenn die and FdgsEinzieh gesellschwidr verweigern u Schu am gesellschwidr Verhalten beteiligt ist, BGH **39**, 16, **17**, 346. Dieses EinzelklagR soll dagg bei OHG u KG stets ausgeschl sein, BGH NJW **73**, 2198. Ohne diese Beschränk zul ist der, auch als **actio pro socio**, dh der Anspr eines Gesellschafters gg den and auf Leistg des Beitr od von SchadErs an die Gesellsch, BGH **10**, 101, **25**, 49, NJW **60**, 433, **73**, 2198. – 2. Bei der **ErbenGemsch** ist jeder Miterbe berecht, Leistg an die ErbenGemsch zu verlangen, § 2039, der insow § 432 entspricht. – 3. Bei der **ehelichen GüterGemsch** ist allein der Verwalter einziehu. klagberecht, § 1422. Der and Eheg hat nur in den Fällen der §§ 1428–1431, 1433 ein eig KlagR. Das gilt entspr bei der fortges GütGemsch § 1487. Nach deren Beendigg (§§ 1494 ff) kann aber jeder Teilh analog §§ 432, 2039 Leistg an die GesHand verlangen, BGH FamRZ **58**, 459. Zur GesHandSchuld vgl unten Anm 2c.

cc) Mitgläubigerschaft ohne gemeinschaftliche Berechtigg: § 432 gilt auch dann, wenn mehrere Gläub, die weder eine Bruchteils- noch eine GesHandsGemsch bilden, eine unteilb Leistg zu fordern h. Eine Mitgläubigersch in dieser Form kommt aber prakt kaum vor, da ieR MitGläub, wenn keine GesHandsGemsch vorliegt, idR eine BruchteilsGemsch besteht, vgl § 432 Anm 1.

dd) Soweit die MitGläub selbstd fdgsberecht sind (vgl vorstehd aa–cc), können sie auch mahnen. Die Ausübg von GestaltgsR (Anfechtg, Aufrechng, Künd) richtet sich nach dem zw ihnen besteheden RVerh u zwar nach den Vorschr über Vfgen, §§ 714, 747 S 2, 1422, 1487, 2040 I; zum RücktrR vgl § 356. Wird MitGläub, der nicht od nicht allein aufrechnen kann, wg einer Schuld der GläubGemeinsch in Anspr genommen, kann er die Leistg verweigern, sofern sich der and dch Aufr ggü der GläubGemsch befriedigen kann, BGH **38**, 126 (betr ErbenGemsch, muß aber allg gelten, vgl auch HGB 129 II). Aufr dch Schu mit Fdg gg einzelnen MitGläub ist, auch soweit §§ 719 II, 1419 II, 2040 II nicht eingreifen, unzul, BGH NJW **69**, 839. Soweit MitGläub nach dem zw ihnen bestehden RVerh mit Wirkg für die and handeln kann, h sein Verhalten GesWirkg. Im übrigen gilt § 432 II, vgl dort Anm 2c. IdR bilden die MitGläub zugl eine SchuGemsch; sind diese, soweit es sich um ihre SchuStellg handelt, die für die jew SchuMehrh geltdn Grds maßgebd, vgl unten Anm 4.

d) Keine Gläubigermehrheit liegt vor, wenn an der Fdg ein Recht eines Dr besteht od die RStellg des Gläub dch ein Einziehgs- od ZustimmgsR eines Dr beschr ist. §§ 420 ff daher unanwendb auf das Verhältn

Überbl v § 420 1–5   2. Buch. 6. Abschnitt. *Heinrichs*

zw Gläub u Nießbraucher (vgl § 1077), zw Gläub u Pfandgläub (§§ 1281, 1282), zw Gläub u EinziehgsBerecht (§ 398 Anm 7). Eine bes Art der FdgMehrh besteht beim echten Vertr zGDr, wenn sowohl der Versprechensempfänger als auch der Dr fdgsberecht ist, vgl § 335 Anm 1.

2) Bei der **Mehrheit von Schuldnern** treten die gleichen RFormen auf wie bei der GläubMehrh (oben Anm 1):

a) Teilschuldnerschaft: Sie besteht gem § 420 iZw bei teilb Leistgen. Der Gläub h ggü jedem Schu einen selbstd Anspr auf die von diesem zu erbringde Teilleistg. Zur Begr der Teilbark der Leistg vgl § 266 Anm 2b u oben Anm 1a. Die Teilschuld ist trotz § 420 prakt selten, s unten b; vgl zu ihr § 420 Anm 1.

b) Gesamtschuldnerschaft: Jeder Schu ist zur ganzen Leistg verpflichtet, der Gläub kann sie aber nur einmal fordern, §§ 421–427. Sie ist prakt die Regelform der SchuMehrh u gilt (insb aGrd der §§ 427, 840) entgg § 420 meist auch bei teilb Schulden. Zum Begr der GesSchuld vgl § 421 Anm 1.

c) Gemeinschaftliche Schuld: Sie besteht, wenn die Schu in ihrer Verbundenh zu einer GesLeistg verpflichtet sind; die LeistgsPfl des einzelnen Schu beschr sich nicht (wie oben a) auf eine selbstd Teilleistg, erstreckt sich aber auch nicht (wie oben b) auf die ges Leistg, sond geht dahin, im ZusWirken mit den and Schu den Leistgserfolg herbeizuführen. Währd die gemschaftl Fdg (oben Anm 1c) der HptAnwendgsfall der GläubMehrh ist, kommt die gemschaftl Schuld idR nur als GesHandsschuld vor:

aa) Gesamthandsschuld: Die GesHänder schulden, soweit die Fdg das GesHandVerm als **Sondervermögen** betrifft, in geshänderischer Verbundenh, also gemschaftl, Soergel-Schmidt Vorbem 7 vor § 420, Enn-Lehmann § 89 III, Blomeyer JR **71**, 402. Der Gläub muß ggü allen GesHändern kündigen, er bedarf zur Vollstr in das SonderVerm eines Titels gg alle, ZPO 736, 740 II, 747; der Titel braucht aber nicht einheitl zu sein, getrennte Titel genügen, RG **68**, 223, stRspr, doch müssen GesHänder aus demselben RGrd haften, BGH Betr **70**, 1173 (für Erben, das w aber allg zu gelten haben). Bei GütGemsch u fortges GütGemsch reicht Titel gg den verwaltden Eheg aus, ZPO 740 I, 745. Gläub der GesHand kann auch ein GesHänder sein. Daneben **haften** die GesHänder idR **auch persönlich** mit ihrem nicht geshänderisch gebundenen Verm. Die GesHänder sind insow meist GesSchu, vgl bei der Gesellsch §§ 427, 431, bei der GütGemsch § 1437 II, bei der ErbenGemsch § 2058, bei der OHG HGB 128. Gelegentl haften sie aGrd bes Abrede od gem § 420, § 2060 auch als TeilSchu. Zur GesHandsVerpflichtg ohne persönl Haftg vgl Hoffmann NJW **69**, 742.

bb) Sind mehrere, die keine GesHandGemsch bilden, zu einer Leistg verpflichtet, die sie nur zus erbringen können, ist es Auslegsfrage, welche RForm der SchuMehrh vorliegt. Vielf ist GesSchuld gegeben, so auch, wenn mehrere Untern sich zur gemeins Herstellg eines Werkes verpflichten, BGH NJW **52**, 217. Daß der einzelne Schu nicht allein leisten kann, schließt die GesSchuld nicht aus, *arg* § 431; da auch ein auf eine subj unmögl Leistg gerichteter Vertr wirks ist (vgl § 306 Anm 3), kann Schu sich verpflichten, auch für das Verhalten des and miteinzustehen. Bei den Mitgl einer sog Eigengruppe od bei gemschaftl Verpflichtg mehrerer Musiker zu einer Orchesterveranstaltg w dagg iZw keine GesSchuld, sond eine gemschaftl Schuld vorliegen. SchadErsPfl besteht wohl nur für eig Verschulden, BAG NJW **74**, 2255; wenn schuldh SchadVerursachg dch Gruppe feststeht, müssen die einz GruppenMitgl sich entlasten, BAG aaO, str. Bei vom ArbG zugestellten sog Betriebsgruppen besteht SchadErsAnspr gg ein KolonnenMitgl dagg nur, wenn ihm eine schuldh Schlechtleistg nachgewiesen w, LAG Brem Betr **70**, 1696, Dütz zu BAG **AP** TVG 4 AusschlFr Nr 50.

d) Keine Schuldnermehrheit bilden

aa) der Schu u der akzessor haftde Bürge, vgl Einf 1d, e vor § 765 (GesSchu ist dagg der Schuldmitübernehmer, Übbl 2b vor § 414), vgl auch § 421 Anm 2;

bb) der ErsPflichtige u die gem § 839 I S 2 nur subsidiär haftde Körpersch, BGH NJW **60**, 240, BGH **61**, 352; aA Baumann AcP **169**, 321, der GesSchuld annimmt: eine GesSchuld liege auch vor, wenn eine Schuld bedingt sei (vgl § 421 Anm 1), bei § 839 I 2 handele es sich der Sache nach um eine RBedingg.

3) Sind mehrere zur **Unterlassg** verpflichtet, sind idR mehrere rechtl selbstd SchuldVerh anzunehmen, da jeder eine and Leistg schuldet, Soergel-Schmidt § 420 Anm 5. Das gilt ebso umgekehrt, wenn mehrere Gläub von demselben Schu Unterlassg verlangen können, RGRK Rdn 18. Treten mehrere in die UnterlassgsPfl ihres RVorgängers ein, so vervielfältigt sich die Schuld, Enn-Lehmann § 88 I 4. Mögl ist jedoch auch eine gesschuldnerische Verpflichtg idS, daß jeder auch für die Unterlassg des and einzustehen h, vgl auch § 425 Anm 1c. GesSchuld uU für DuldgsPfl aus GesGrdSch od Hyp, BayObLG NJW **73**, 1881.

4) Stehen auf einer Seite des SchuldVerh mehrere Pers, so sind diese häuf **sowohl Schuldner als auch Gläubiger**. Die Art ihrer Gläub- u SchuStellg ist dann vielf verschieden. So schulden mehrere Käufer od Mieter das vertragl Entgelt iZw gem § 427 als GesSchu, sie sind aber idR gem § 432 nur gemeins fdgsberecht, vgl oben Anm 1c. Entspr gilt idR, wenn beide Eheg eines § 1357 aus einem Vertr berecht u verpflichtet sind. Das KündR kann von mehreren Mietern u ggü ihnen nur gemeins ausgeübt w, RG **138**, 186, BGH **LM** § 425 Nr 6, Kenntn eines Mieters ist dem and zuzurechnen, BGH NJW **72**, 249. Mehrere Verk od Vermieter schulden idR gem §§ 427, 431 als GesSchu; die Kaufpr- oder MietzinsFdg w ihnen gem § 432 meist als MitGläub zustehen (vgl oben Anm 1c aa u bb), doch wird gem § 420 auch TeilFdgen mögl sein. Die Vermieter können nur gemschaftl kündigen, RG **138**, 186, grdsätzl kann auch nur gg allen gekündigt w, RG aaO. Auch beim GruppenArbVerh ist idR nur gemschaftl Künd zul, BAG Betr **72**, 244. Vgl auch § 425 Anm 1c.

5) Sondervorschriften in den §§ 356 für Rücktr (dazu RG **151**, 312), 474 Minderg, 502 Wiederkaufs-, 513 VorkaufsR.

420 *Teilbare Leistung.* **Schulden mehrere eine teilbare Leistung oder haben mehrere eine teilbare Leistung zu fordern, so ist im Zweifel jeder Schuldner nur zu einem gleichen Anteile verpflichtet, jeder Gläubiger nur zu einem gleichen Anteile berechtigt.**

1) Vgl oben Übbl 1 a u 2 a. – § 420 stellt bei Teilbark der Leistg zwei Vermutgen auf: die der Teilg des SchuldVerh sowie die der Gleichh der Anteile. Für die SchuMehrh sind die Vermutgen von geringer Bedeutg, da aGrd anderweiter Bestimmg auch bei teilb Leistg meist GesSchuld vorliegt, vgl § 421 Anm 3 a, b. GläubMehrh: MietzinsFdg mehrerer Vermieter ist meist teilb, Übbl 1 c aa vor § 420. Wird im UnterhVergl der für mehrere Gläub zu leistde Unterh in einer Summe ausgedrückt, kann § 420 anwendb sein, KG OLGZ **71**, 386. – Eine (schwache) Verbindg schafft § 320 I 2. Vgl auch §§ 356, 327 und dazu RG **151**, 311.

421 *Gesamtschuldner.* **Schulden mehrere eine Leistung in der Weise, daß jeder die ganze Leistung zu bewirken verpflichtet, der Gläubiger aber die Leistung nur einmal zu fordern berechtigt ist (Gesamtschuldner), so kann der Gläubiger die Leistung nach seinem Belieben von jedem der Schuldner ganz oder zu einem Teile fordern. Bis zur Bewirkung der ganzen Leistung bleiben sämtliche Schuldner verpflichtet.**

1) **Begriff der Gesamtschuld.** Der Gläub kann die Leistg von jedem GesSchu nach seinem Belieben ganz od teilw fordern, soll die Leistg aber nur einmal erhalten. Das GesSchuldVerh bedeutet für den Gläub eine starke Sicherg (Heck: „Paschastellg"). Es besteht aus mehreren Fdgen (Schulden), die zu einem Schuld-Verh höherer Ordng zusgefaßt sind, BGH **46**, 15, hM. Dch die Leistg des einen GesSchu verliert der Gläub auch die Fdg gg den and (TilggsGemsch).

a) Das GesSchuldVerh setzt voraus, daß der Gläub lediglich **einmal zur Leistg berechtigt** ist. Keine GesSchuld, sond sog Leistgskumulation, wenn Gläub zur Befriedigg desselben Bedarfs vorsorgl mit mehreren Lieferanten selbst Vertr abschließt. Besteht bei unterl SchönhReparatur Anspr gg den fr Mieter u gg den Neumieter, liegt ebenf LeistgsKumulation vor, BGH **49**, 61, Gundlach NJW **76**, 787, aA, LG Kassel NJW **75**, 1842, die GesSchuld annehmen. – GesSchuld erfordert weiter, daß jeder Schu **auf das Ganze** verpflichtet ist; hierdch unterscheidet sich die GesSchu von der sog gemschaftl Schuld, vgl Übbl 2 c vor § 420.

b) Die Pflten der GesSchu müssen sich auf **dasselbe Leistgsinteresse** beziehen. Eine völl Identität von LeistgsInh u -umfang ist jedoch nicht erforderl; es genügt ein an der Grenze zur inhaltl Gleichh liegde bes enge Verwandtsch, BGH **43**, 233. Die eine Fdg kann daher bedingt od befristet sein, die and nicht, RG Gruch **54**, 149. Auch in NebenBest können Unterschiede bestehen so im Leistgsort, Schlesw NJW **52**, 1019. Bei versch Umfang ist GesSchuld insow gegeben, als sich die Pflten decken, RG **82**, 439, BGH **52**, 45. Die eine Schuld kann auf Naturalherstellg od Nachbesserg gehen, die and auf GeldErs, BGH GrZS **43**, 232. Arch u BauUntern sind zwar für die Errichtg des Bauwerkes keine GesSchu, BGH **39**, 264, wohl aber hinsichtl der von ihnen gemeins zu verantwortden Baumängel, u zwar auch dann, wenn der Arch auf SchadErs, der Untern dagg auf Nachbesserg od Wandlg haftet, BGH **43**, 230, **51**, 275. Das gilt entspr für die gemeins Verantwortlichk für Arch u Statiker, BGH VersR **71**, 667. Muß sich Bauherr gem §§ 254, 278 das Versch des Arch anrechnen lassen, beschr sich die GesSchuld auf die gemeins Haftgsquote von Arch u Untern, BGH WPM **70**, 355.

c) **Nicht erforderl** ist, daß die beiden Fdgen auf **demselben Rechtsgrund** (EntstehgsGrd) beruhen, RG **77**, 323, BGH **19**, 124, **52**, 44. Der eine GesSchu kann aus Vertr, der and (ErfGehilfe) aus Delikt haften, BGH LM § 426 Nr 9, **59**, 101. Weitere Bspe für GesSchuldVerh ohne gleichart RGrd: Haftg der Straßenbahn aus Vertr, des Kfz-Halters aus Gefährdg, RG **84**, 415; Haftg des VertrPartners gem § 324 auf Erf, des ErfGehilfen auf SchadErs aus Delikt, BGH VersR **69**, 788; Anspr gg Dieb u gg den aus § 816 haftdn Abnehmer u Weiterverkäufer, BGH **52**, 43 (krit Reeb JuS **70**, 217, Goette VersR **74**, 526); GesSchuldVerh auch zw Schu für der Leibrente u der zu der zu deren Sicherg eingetr Reallast, BGH **58**, 191. Mögl. auch, daß ein GesSchu aGrd öffR u der aGrd PrivR haftet, Düss MDR **78**, 853.

d) Notw ist weiter eine **rechtl Verbundenheit** der Fdgen, die diese zu einem SchuldVerh höherer Ordng (BGH **46**, 15) u zu einer TilggsGemsch zusfaßt, RG **77**, 323, BGH **13**, 365, **19**, 123, **43**, 229, Esser, § 58 II, Medicus § 33 II 1 b, Larenz § 37 I, hM, str, Nachw über die GgAns vgl unten Anm 2. Str ist jedoch, welches Merkmal die für die GesSchuld kennzeichnde innere Abhängigk (wechselseit Tilggswirkg) begründet.

aa) Die Rspr sieht das entscheidde Strukturmerkmal der GesSchuld im Bestehen einer **Zweckgemeinschaft**, RG **77**, 323, **159**, 89, BGH **13**, 365, **19**, 123, **43**, 229, stRspr. Diese ZweckGemsch kann **gewollt** sein, so bei Begr dch gemschaftl Vertr (§ 427) od dch nachträgl Erstreckg etwa dch Schuldmitübern, RG **116**, 285, u zwar auch bei nachträgl abstr Mitverpflichtg, RG **77**, 223. Eine ZweckGemsch besteht auch bei getrennten RGesch, wenn jeder Schu mit der Schuld des and rechnet, BGH NJW **59**, 2161. Es genügt jedoch auch, daß die **Zweckgemeinschaft objektiv** vorhanden ist, BGH **52**, 43, **59**, 101. Dem steht es gleich, daß der Zweckzushang vom Ges geschaffen ist, so bei der Doppelversicherg (VVG **59**), auch wenn sie den Versicherern unbekannt ist, RG **149**, 367, ferner bei Verbürgg mehrerer, § 769, und in den Fällen der §§ 830, 840. Geht es um den Ausgl eines Schad, bejaht die Rspr im Ergebn eine ZweckGemsch zw allen Beteiligten, die den Schaden verantwortl **mitverursacht** h, gleichgült, ob sie aus Vertr, Delikt, Gefährdg od ungerechtf Ber haften, RG **159**, 89, BGH **43**, 230, **51**, 275, **52**, 43, **59**, 101; vgl dazu Dilcher JZ **67**, 110, **73**, 199. Dabei ist unerhebl, ob der zw den Schädigern etwa bestehde Vertr wirks ist oder nicht, unrichtig (wenn auch im Ergebn – Abwägg gem § 254 – zutreffd) BAG Betr **73**, 1078. GesSchu auch zw mehreren HaftPflVers, die SozVersTräger aGrd von TeilgsAbk für denselben Schaden Ers zu leisten haben; ferner BruchteilsBerecht an EigtWo hinsichtl der an die EigtümerGemsch zu zahldn Lasten, Stgt NJW **69**, 1176.

bb) Der von der Rspr zur Abgrenzg verwandte Begr der ZweckGemsch w vom neueren Schriftt fast einmüt als willkürl anwendb Kriterium u Leerformel abgelehnt, vgl Esser § 58 I, Larenz § 37 I, Medicus § 33 II 1b, Selb SchadBegr u Regreßmethoden 1963, Frotz JZ **64**, 667, Dilcher (wie oben aa), krit auch BGH **52**, 44, **59**, 99. Das Schriftt sieht überw in der **wechselseitigen Tilggswirkg** u in der **Gleichstufigkeit** der Verbindlichk das für die GesSchuld entscheidde Strukturmerkmal, vgl Esser, Larenz, Medicus, Selb, Frotz, alle aaO. Darin liegt aber kaum ein Fortschritt. Die vom Schriftt verwandten Abgrenzgskriterien haben keine schärferen Konturen als die der Rspr; beide Auffassgen führen prakt überall zum gleichen Ergebn. Außerdem ist es zumindest problemat eine RFolge der GesSchuld (wechselseit Tilggswirkg – § 422 –) zu ihrer Voraussetzg zu erheben. Ebso ist es angesichts § 840 II u III zweifelh, ob wirkl die Gleichstufigk der Pflten für die Begr der GesSchuld konstitutiv sein kann. Vgl zur Kritik Thiele JuS **68**, 149 u Ehmann GesSchuld 1972 S 62 ff. Möglicherw ertragreicher die Versuche, die Strukturen der GesSchuld dch eine Typenbildg herauszuarbeiten, vgl Börnsen, Strukturen der GesSchuld Diss Kiel 1969, der 5 Haupttypen unterscheidet; Ehmann aaO, der 3 Typen herausstellt, in die er aber auch die Fälle gesetzl FdgÜbergangs (Anm 2a) miteinbeziehen will.

2) Besteht zw den Fdgen **kein rechtlicher Zusammenhang** (ZweckGemsch, wechselseit Tilggs-Gemsch, Gleichstufigk), so ist **keine Gesamtschuld** gegeben, RG **77**, 323, BGH **13**, 365, **19**, 124, Warn **70** Nr 223, stRspr, Esser § 59 II, IV, Larenz § 37 I, Medicus § 33 II, Selb u Frotz (wie Anm 1d bb), sog unechte od (besser) scheinb GesSchuld, str, aA Rüssmann JuS **74**, 292, Ehmann (wie Anm 1d bb) mwNw. Bei der scheinb GesSchu besteht keine ggs Tilggswirkg. Die Verpfl im ganzen erlischt zwar, wenn der endgült Verpflichtete (Schädiger) leistet, nicht aber bei der Leistg der zur vorläuf Befriedigg Verpflichteten (Dritten). Eine sog scheinb GesSchuld liegt vor, wenn wg eines Schadens neben dem Anspr gg den Schädiger ein nicht auf schadersatzrechtl Grds beruhder Anspr gg einen Versicherer, SozVersTräger, ArbG, Dienstherrn, SozHilfeTräger, UnterhPflichtigen, Mieter (Köhler JuS **77**, 655) od Baulastpflichtigen (RG **82**, 214) besteht (and bei schadersatzrechtl Mitverantwortlichk BGH **6**, 21) ferner iF des § 255. Die §§ 422–425 passen für diese Fälle nicht; insb wäre es offensichtl verfehlt, AnnVerz ggü dem Schädiger anzunehmen, wenn der Geschädigte die Versicherungs- od Versorggsleistg zurückweist (§ 424). Für den **Regreß** (§ 426) gelten gleich bes Grds:

a) Gesetzlicher Fordergsübergang: Hat der Vers, SozVersTräger, ArbG od Dienstherr den Schaden wiedergutgemacht, geht der SchadErsAnspr kr Gesetzes auf ihn über, VVG 67, RVO 1542, LFZG 4, BBG 87a, vgl dazu Vorbem 7c bb–ee vor § 249. LFZG 4 gilt zwar seinem Wortlaut nach nur für Arbeiter, kann aber auf Angest entspr angewandt w; folgt man dem nicht, gilt § 255 sinngem, vgl Vorbem 7c ee vor § 249. SozHilfeTräger kann Fdg gem BSHG 90, 91 auf sich überleiten; iF des § 255 ist Anspr auf Abtr gegeben. Für eine Anwendg des § 426 besteht hier weder eine Grdlage noch ein Bedürfn.

b) Sonstige Fälle: Ausdr Regreßregelgen fehlen iF des Baulast- u UnterhPflichtigen sowie des Mieters. GoA, auf die RG **82**, 214 u **138**, 2 abstellen, w idR nicht gegeben sein, weil der Leistde nicht den Willen hat, ein Gesch des Schädigers zu besorgen. Ungerechtf Ber scheidet aus, weil der Schädiger dch die Leistg des Dr nicht von seiner SchadErsPfl befreit w, Vorbem 7c aa u gg vor § 249. Der Leistde hat aber Anspr auf Abtr der SchadErsFdg; das kann man mit Larenz (§ 32 II) aus § 242 (NebenPfl) od mit Selb (wie Anm 1d bb) § 77 aus einer entspr Anwendg des § 255 herleiten; vgl auch Thiele JuS **68**, 154, der iW einer RAnalogie einen gesetzl Fdgübergang bejaht. Leistet der HaftPflVers eines schuldl Beteiligten aGrd eines TeilgsAbk SchadErs (BGH VersR **70**, 1108) w der Regreß gg den Schadensverursacher ebenf dch Begründg einer ZessionsPfl des Geschädigten (§§ 242, 255) zu lösen sein.

c) Ein Urt gg mehrere Bekl auf dieselbe Leistg bezeichnet die Beklagten zweckmäßigerw auch dann als GesSchu, wenn nur eine scheinb GesSchuld vorliegt, weil so klargestellt, daß Leistg nur einmal zu erbringen, vgl LG Hbg MDR **67**, 401, Karlsr MDR **68**, 755, aA RGRK Rdn 55. Wird nur ein GesSchu verurteilt, hat er keinen Anspr darauf, daß die sich aus § 422 ergebde Einschränkg seiner Haftg in der UrtFormel zum Ausdr kommt, LG Bielef NJW **62**, 111.

3) Entstehung vgl bereits Anm 1. GesSchuld entsteht insb:

a) durch Rechtsgeschäft. So im Zw bei Verpflichtg zu teilbarer Leistg dch geschaftl Vertr (auch einseitiges Versprechen), § 427; ferner durch nachträgl Erstreckg: Schuldbeitritt, Übbl 2 vor § 414. Ist eine Verpflichtg des gemeinschaftl Vertrages nichtig od wirks angefochten, so gilt zwar grdsätzl für die übrigen die Regel des § 139, doch wird vielf seine Ausn zu gelten haben, RG **139**, 272. – Ist Vertr nichtig, haftet jeder Schu aus § 812 nur auf das von ihm Erlangte, RG JW **09**, 275, allgM (and, wenn das Erlangte in GesHandVerm einverleibt ist, da Rückgabeleistg dann mangels EinzelverfügssR unteilb, § 431). Ist Vertr angefochten, nimmt RG **67**, 261 gesschuldnerische Haftg an; and mit Recht die hM: unterschiedl Behandlg von nichtigem und angefochtenem Vertr wg § 142 wäre nicht zu rechtf. Bei Rücktr, Wandlg u Minderg ist als VertrNachwirkg (§ 427) GesSchuld anzunehmen, hM. GesSchuld nach dem RGedanken des § 427 ferner, wenn die ungerechtf bereicherte BGB-Gesellsch aufgelöst u Vermögen verteilt, BGH **61**, 342, krit Meincke Betr **74**, 1001. – Auch die Haftg aus § 307 trifft nur den, bei dem die Voraussetzgen vorliegen.

b) kraft Gesetzes. So stets, wenn unteilbare Leistg geschuldet wird, § 431. RGrd gleichgültig; über Unterlassgsverpflichtg vgl Übbl 5 vor § 420. – Ferner insb: Mitbürgen stets nach § 769; Veräußerer u Vermögens- od Erbschaftsübernehmer: §§ 419, 2382, 2385; Miterben nach § 2058; ArbN u ArbG hinsichtl Lohnsteuer, BAG **6**, 54 (aber volle AusglPfl des ArbN). Die Gesellschafter einer OHG stets, HGB 128 (die der Gesellsch des BGB vielf, Übbl 4b, bb vor § 420). Zw Gesellsch u ausgeschiedenem Gesellschafter besteht kein echtes GesSchuldVerh, vgl § 422ff sind aber entspr anwendb, soweit Interessenlage nicht entgsteht, BGH **36**, 226, **39**, 324, **44**, 233, **47**, 378, stRspr. Mehrere für einen nicht rechtsfäh Verein Handelnde nach § 54 S 2. Die aus unerl Hdlg für denselben Schaden nebeneinander Verantwortlichen nach § 840. Mehrere aus Gefährdg für denselben Schaden Haftende, so nach HaftpflG 1, RG **61**, 56, nach StVG, vgl dort § 17, vgl auch oben Anm 1. KfzHalter u HaftpflVers gem PflVersG 3 Nr 2. Mehrere VermVerwalter, wenn sie ein Versch trifft, vgl §§ 42 II, 86, 89; 53, 88; 1833 II, 1915; 2219 II. Vgl ferner zB §§ 556 III, 1108 II, 1357 I 2 aE, 1437 II, 1459 II, VVG 59, ZPO 100 IV.

Mehrheit von Schuldnern und Gläubigern §§ 421–425

4) Wirkgen der GesSchuld: Beliebiger **Zugriff** des Gläub gg jeden dch Kl u Vollstr bis zur Befriedigg, § 421 S 2; MitSchu können daher dem Gläub nachläss Betreiben gg and GesSchu nicht vorwerfen, wenn nicht geradezu Argl vorliegt, BGH BB **67**, 476. Gläub ist trotz entstehder Mehrkosten berecht, gg die GesSchu getrennt zu klagen, jedoch treffen GesSchu grdsl nur die Kosten der gg ihn gerichteten RVerfolgg, Lappe NJW **77**, 95. Im Konk jedes GesSchu kann der Gläub bis zur vollen Befriedigg die ganze Fdg geltd machen, KO 68. Haften Architekt u BauUntern für einen Mangel als GesSchu, muß Bauherr sich uU zunächst an Untern halten, BGH NJW **62**, 1499. Im ArbVerh kann die Wirkg der GesSchu dch die ggs TreuePfl beschr w; haftet dem ArbNehm neben dem ArbGeb ein Dritter, kann ArbNehm dem ArbGeb uU erst dann auf SchadErs in Anspr nehmen, wenn Anspr gg Dritten (unmittelb Schädiger) nicht durchsetzb, BAG **18**, 199; ebso bei gemeins Haftg des ArbNehm u eines Dritten. – **Abwehr** dch die GesSchu mögl dch gesamtwirkde (§§ 422–424) od nur einzeln wirkde (§ 425) Umstände, letzteres grdsätzl bei Umst, die in der Pers nur eines GesSchu eintreten, § 425, RG **102**, 399, **135**, 108. – **Ausgleich**: § 426.

422 *Wirkung der Erfüllung.* **I** Die Erfüllung durch einen Gesamtschuldner wirkt auch für die übrigen Schuldner. Das gleiche gilt von der Leistung an Erfüllungs Statt, der Hinterlegung und der Aufrechnung.

II Eine Forderung, die einem Gesamtschuldner zusteht, kann nicht von den übrigen Schuldnern aufgerechnet werden.

1) I. Gesamtwirkende Tatsachen (vgl § 421 Anm 4). I folgt aus dem Wesen der GesSchuld, § 421 Anm 1. Folge der Leistg des befriedigenden GesSchuldners aber hier: Untergang der Schuld nur, soweit kein AusglAnspr entsteht, sonst Übergang, § 426 II, vgl auch § 774. – **Erfüllung**: § 362, dch einen GesSchu, auch dch Dritte, § 267, § 425 Anm 1a (dagg nicht nach § 268: dort Übergang, vgl dort III). Auch Teilerfüllg, soweit zul od angenommen. Leistg an **Erfüllgs Statt**: § 364. **Hinterlegg**: §§ 372 ff, bei RücknahmeR: VerweisgsR (§ 379) aller.

2) Die Aufrechng hat Gesamtwirkg, soweit sie wirks bereits erklärt. Ein AufrechngsR steht aber jedem GesSchu nur mit eigener Fdg zu, **II**; Grund: § 387 Anm 4b.

423 *Wirkung des Erlasses.* Ein zwischen dem Gläubiger und einem Gesamtschuldner vereinbarter Erlaß wirkt auch für die übrigen Schuldner, wenn die Vertragschließenden das ganze Schuldverhältnis aufheben wollten.

1) Erlaß (§ 397) ggü einem GesSchu kann Einzelwirkg (nur dieser GesSchu w frei, er bleibt aber ausglpflicht, § 426 Anm 5) od GesWirkg (alle GesSchu w frei) haben. Daneben ist EinzelErl mit beschr GesWirkg mögl: begünstigter GesSchu w völl frei, die übr hinsichtl des FdgsAnteils, den im Innenverhältn der Begünstigte zu tragen hätte (dann keine AusglPfl des Begünstigten). Was gewollt ist, ist Ausleggsfrage. BewLast für volle od beschr GesWirkg hat der Behauptete. Soll der Erl (od der im Vergl vereinb TeilErl) die Verpflichtgen des GesSchu endgült bereinigen, ist beschr GesWirkg anzunehmen, RGRK Rdn 8, vgl auch § 426 Anm 5; zT abw Wacke AcP **170**, 42. Auch bei TeilgsAbk zw SozVersTräger u HaftPflVersicherer ist iZw anzunehmen, daß SozVersTräger Anspr gg Zweitschädiger nur hins der von diesem im Innenverh zu tragden Schadensquote verbleibt, RGRK Rdn 11. EinzelErl ggü einer OHG mit Vorbeh der Fdg gg Gesellschafter ist idR nicht zul, BGH **47**, 379, and aber, wenn Gesellschafter zustimmt, BGH WPM **75**, 974. Zul auch EinzelErl ggü einem Gesellschafter bei Aufrechterhaltg der Fdg gg OHG, BGH BB **71**, 975. Erl ggü Schädiger wirkt auch für den gem PflVersG 3 Nr 2 haftden Versicherer, Köln VersR **69**, 1027. – Der **Einzelvergleich**, § 779, hat GesWirkg nur, wenn u soweit er Befriedigg od GesErl enthält od zur Folge hat, insow auch AusglAnspr nach § 426; darüber hinaus uU Anspr aus §§ 677 ff, 812. ZwangsVergl, KO 193 S 2, und Vergl nach VerglO 82 II haben dagg keine GesWirkg. – Auch **Schuldumschaffg**, § 305 Anm 4, und **Schuldübernahme** vgl RG **80**, 94, können mit GesWirkg abgeschl werden.

424 *Wirkung des Gläubigerverzugs.* Der Verzug des Gläubigers gegenüber einem Gesamtschuldner wirkt auch für die übrigen Schuldner.

1) Über Gläub-(Annahme-)Verzug vgl §§ 293 ff. – Grund: die Ann hätte Erf bewirkt, also GesWirkg gehabt, § 422. – Wirkgen des AnnVerzuges: §§ 300–304, 372 ff. – Beseitigg: dch Bereiterklärg (§ 293 Anm 4) des Gläub ggü dem Anbietenden mit GesWirkg, dch Erkl ggü anderen GesSchuldnern mit nur persönl Wirkg.

425 *Wirkung anderer Tatsachen.* **I** Andere als die in den §§ 422 bis 424 bezeichneten Tatsachen wirken, soweit sich nicht aus dem Schuldverhältnis ein anderes ergibt, nur für und gegen den Gesamtschuldner, in dessen Person sie eintreten.

II Dies gilt insbesondere von der Kündigung, dem Verzuge, dem Verschulden, von der Unmöglichkeit der Leistung in der Person eines Gesamtschuldners, von der Verjährung, deren Unterbrechung und Hemmung, von der Vereinigung der Forderung mit der Schuld und von dem rechtskräftigen Urteile.

1) I. a) Rein objektive oder alle GesSchu berührende **Tatsachen** haben selbstverständl **Gesamtwirkg**, so die Erf dch Dritte, § 267, § 422 Anm 1, die nachträgl Unmöglichk der Leistg, §§ 275, 323 (ist sie von einzelnen zu vertreten, so haften diese, aber nur sie, unten c, auf SchadErs, §§ 280, 325), über Rücktr vgl unten Anm 2.

§§ 425, 426

b) Tatsachen, die in der Pers eines GesSchuldners eintreten, wirken regelm nur für u gg die **Person**, I, von den Tatsachen des §§ 422–424 abgesehen. Beispiele s II u dazu Anm 2. Inhalt u Lauf der GesSchulden können sich danach verschieden gestalten, vgl RG **126**, 279, auch unten Anm 2 zu Ablehng.

c) Auch die Tatsachen zu b haben **Gesamtwirkg**, wenn sich das aus dem „Schuldverhältnis", also der Vereinbg, dem Inhalt od dem **Zweck des Schuldverhältnisses**, ergibt. So iZw bei gemschaftl **Werk**-**herstellg** (BGH NJW **52**, 217), gemeins Betr einer Gaststätte (BGH VersR **69**, 830) od **Wohngsmiete**: Haftg jedes Untern oder Mieters für Versch und u von dessen Hilfspersonen (vgl aber Celle NJW **74**, 2012); dasselbe wird im allg bei gemschaftl Jagdpacht anzunehmen sein KG DJ **38**, 798, ebso bei gemeins Pkw-Miete, BGH **65**, 226 (auf den EinzFall abgestellt). Kenntn eines Mieters ist dem and zuzurechnen, BGH NJW **72**, 249. **Kündigg** ist bei mehreren Mietern od Vermietern nur von allen u an alle mögl, EinzelKünd hat weder Einzel- noch Gesamtwirkg, vgl Übbl 4 vor § 420; bei Konk eines Mieters hat Vermieter kein KündR aus KO 19, BGH **26**, 104, dagg kann KonkVerw mit GesWirkg kündigen, RG **141**, 392, Celle NJW **74**, 2012; grdsätzl nicht anders bei gemeinschaftl mietden Eheleuten KG JW **29**, 3242. Auch bei GruppenArbVerh ist idR nur gemeinschaftl Künd zul, BAG Betr **72**, 244. Verbundene Rechtsanwälte haften bei gemeinschaftl übernommener Vertretg jeder für schuldh Hdlgen des and im Rahmen des Berufsgebiets RG **85**, 307, **88**, 344, BGH **56**, 355. Das gilt auch dann, wenn die RA nur den Anschein erweckt h, zw ihnen bestehe eine Sozietät, BGH **70**, 247. Haftg aller Gesellschter für Versch der and w allg bei Gesellschaftern von BGB-Gesellsch anzunehmen sein, Beuthien Betr **75**, 773. Geltdmachg eines Anspr ggü ArbG wirkt bei tarifl AusschlFr auch ggü Schuldmitübernehmer, BAG Betr **72**, 396. Zur Anwendbark des § 425 auf Gesellschafter der OHG nach seinem Ausscheiden aus dieser vgl BGH **36**, 226, **44**, 233, **48**, 204.

2) II. Beispiele für Anm 1b: **Kündigg**, vgl aber oben 1c. – **Verzug** (SchuVerzug, für GläubVerzug gilt § 424): Voraussetzgen, insb Mahng, wirken nur ggü dem einz GesSchu; Mahng des Kfz-PflVers hat jedoch gem AKB 10 V GesWirkg, Nürnb NJW **74**, 1950. Entspr gilt für die Verzugsfolgen: **Ablehng** der Leistg u Fordern von SchadErs nach § 286 II oder § 326 hat daher nur Einzelwirkg, hins der übrigen bleibt der urspr Inhalt der Schuld; selbst wenn alle in Verzug gesetzt sind, hat Ablehng auch nur einem u Fordern von SchadErs nur Einzelwirkg, RG **65**, 28, **140**, 18; für **Rücktritt** gilt dagg § 356 (§§ 327, 326), übrigens auch für § 325: Erkl von oder ggü allen GesSchuldnern erforderl, für Rücktr des Gläub ist dazu Verzug aller GesSchu nötig. – **Verschulden**: es gilt das oben zum Verzug Gesagte, vgl aber auch oben Anm 1c. – Nachträgl **Unmöglichkeit** der Leistg in der Pers (nur) eines GesSchuldners (= Unvermögen, § 275 II) / Folge für diesen: § 275 od § 280; vgl auch oben Anm 1. Über § 307 vgl § 421 Anm 3. – **Verjährg** läuft u wird unterbrochen od gehemmt für jeden besonders RG **116**, 285; das gilt auch für Schuld-Mitübern gem § 419, BGH NJW **77**, 1879, die Unterbrechg kann aber nach dem zw den GesSchu bestehden RVerh auch GesWirkg h, Köln NJW **72**, 1899; bei Schuldmitübern gilt die VerjFr der übernommenen Schuld auch ggü dem Übernehmer, BGH **58**, 251, Brem NJW **72**, 910, Ffm NJW **74**, 1336. – **Vereinigg**: der betroffene Gläub (fr GesSchu) muß AusgleichsBetr (§ 426 I) von vornherein in Abzug bringen, § 242. – **Rechtskräftiges Urteil**: ZPO 325, RG **116**, 285; da Urt nur für Pers wirkt, kann jeder GesSchu allein auf Feststellg des Umfangs der GesSchuld klagen, BGH MDR **61**, 219. – **Ferner** wirken nur für u gg einen GesSchu zB (nicht genannt): **Abänderungs**vereinbarg mit nur einem, RG **102**, 399; **Anfechtg** dch od gg einen; **Abtretg** nur der Fdg gg einen: mögl, RG JW **05**, 428 hM, wenn auch nicht zu vermuten; Tatbestände von persönl Schutzvorschriften, zB BVFG 82, BGH MDR **56**, 91. Auch die SchutzWirkg des AbzG erstreckt sich grdsätzl nicht auf weitere GesSchu, BGH **47**, 251, wohl aber auf die als GesSchu mithaftde Ehefr, BGH **64**, 271. **Rechtshängigkeit**: Celle OLG **70**, 360.

426 *Ausgleichungspflicht der Gesamtschuldner.* I Die Gesamtschuldner sind im Verhältnisse zueinander zu gleichen Anteilen verpflichtet, soweit nicht ein anderes bestimmt ist. Kann von einem Gesamtschuldner der auf ihn entfallende Beitrag nicht erlangt werden, so ist der Ausfall von den übrigen zur Ausgleichung verpflichteten Schuldnern zu tragen.

II Soweit ein Gesamtschuldner den Gläubiger befriedigt und von den übrigen Schuldnern Ausgleichung verlangen kann, geht die Forderung des Gläubigers gegen die übrigen Schuldner auf ihn über. Der Übergang kann nicht zum Nachteile des Gläubigers geltend gemacht werden.

1) Allgemeines: § 426 regelt das interne Verhältn zw den GesSchu, indem er dem GesSchu, der an den Gläub geleistet hat, einen AusglAnspr gibt (I) u gleichzeit den Übergang des GläubR auf den leistdn GesSchu ausspricht (II). Dieser kann uU Ausgl von den anderen GesSchu aus 3 Gründen verlangen:

a) unabhängig von § 426 aus einem etwa zw den GesSchu bestehden **Innenverhältnis** (zB Auftr, Gesellsch, GeschFührg oA [BGH NJW **63**, 2068], ungerechtf Ber);

b) auf Grund des I, nach dem eine gesetzl AusglPfl besteht (Näheres Anm 2, 3, 5);

c) aus der **Forderg des Gläubigers** gg die GesSchu, die nach **II 1** im Rahmen der AusglPflicht (b), mit Neben- u Vorzugsrechten (§ 412 mit § 401) auf ihn übergeht (Näheres Anm 4).

Grund der AusglPfl u der Haftg zu gleichen Teilen ist nach stRspr die zw den GesSchu auch unabhäng von etwaigem InnenVerhältn (Abs 1a) bestehende ZweckGemsch (§ 421 Anm 1), RG **69**, 424, BGH **6**, 19, BGH GrZS **43**, 231; die AusglPfl ist daher nach stRspr u hM bei der sog „scheinb Gesamtschuld", BGH **13**, 365, **19**, 144 ausgeschl; bei ihr gelten für den Regreß die Ausführgen in § 421 Anm 2a u b.

2) Die AusglPfl des **I** besteht unabhäng davon, ob u welches Innenverhältn zu den GesSchuldnern vorliegt. Besteht aber ein solches, so wirkt es auf die AusglPfl insow ein, als es „ein anderes bestimmt." Das ist häufig der Fall; auch gesetzl ist oft „ein anderes bestimmt." Die **Haftung zu gleichen Teilen** (Kopfteilen) ist also nur Hilfsregel (Anm 3c).

a) Wesen der AusglPflicht. Sie entsteht als **selbständige** Verpfl von vornherein mit Entstehg der GesSchuld, nicht erst dch die Befriedigg des Gläub, vgl RG **160**, 151, BGH **35**, 325, kann also von jedem GesSchu (als BefreiungsAnspr) gg die and schon vor Befriedigg des Gläub geltd gemacht w. Über die Auswirkg vertragl u gesetzl Haftgsfreistellgn auf die AusglPfl vgl unten Anm 5. Die AusglPfl wird nicht berührt dch Abtretg der Rechte des Gläub an einen der GesSchu BGH **17**, 214; ihr steht auch nicht entgg, daß Ansprüche des Gläub gg einem AusglPflichtigen inzw verjährt ist, zB aGrd des § 852, BGH **69**, 426, **77**, 322, **146**, 101; hM: der AusglAnspr hat also seine eig Verj (30 Jahre, BGH VersR **60**, 996, BGH **58**, 218). Auch rechtskr Urt zw Gläub und einem AusglPflichtigen hat keinen Einfluß RG **69**, 426, BGH VersR **69**, 1039.– Beachte, daß AusglPfl nur im Rahmen der GesSchuldnersch besteht; haftet ein GesSchu dem Gläub auf mehr als der and, so Ausgleich nur bzgl des gemeinschaftl Schadensteils, vgl Neust NJW **53**, 1264, od der gemeins Schadensquote BGH **12**, 220, vgl auch BGH NJW **66**, 1263. – AusglPfl zw verschiedenen öffrechtl Körperschaften, die wg AmtsPflVerletzg ihrer Beamten haften, ist bürgerlrechtl Natur, da auf § 426 beruhend, BGH **9**, 65; soweit jedoch Dienstbezüge nach § 4 Dienst- u ArbUnfallG fortgezahlt werden, entfällt RückgriffsR, BGH **43**, 115. Bürgerlrechtl ist auch AusglAnspr zw verschiedenen Unterhaltspflichtigen nach PrWassG **96**, BGH NJW **65**, 1595.

b) Inhalt. Jeder der GesSchu ist in Höhe seines Anteils dem anderen ggü nach zwei Richtgen verpflichtet:

aa) Er hat bei Fälligk zur Befriedigg des Gläub **mitzuwirken.** Anspr geht auf Befreiung von dem Teil der Schuld, den der and GesSchu im InnenVerh zu tragen hat, RGRK Rdz 12, 13. Er begründet unter den Voraussetzgen des § 273 ein ZbR, Celle OLGZ **70**, 359. Bei schuldh Nichterfüllg dieser Pfl Haftg auf vollen SchadErs RG **79**, 291, **92**, 151, also uU auch auf ProzKosten des and Schu, BGH NJW **74**, 694, Neust NJW **63**, 494; insb wenn diesen Schaden im InnenVerh allein zu tragen h, BGH VersR **56**, 161, **69**, 1039.

bb) Hat ein GesSchu den Gläub in einer seinen Anteil an der Schuld (od an der gerade fälligen Rate) übersteigenden Höhe befriedigt, so kann er von den übrigen **Ersatz verlangen**. Der Anspr geht idR auf WertAusgl; der Umst, daß die Schulden des einz GesSchu verschiedenen Inhalt sind, steht der Ausgleichg nicht entgg, BGH GZS **43**, 234. Bleibt die Leistg des GesSchu unter der Höhe seines Anteils, so hat er diesen Anspr nicht, str, aA für Mitbürgen BGH **23**, 361. – **Prozeßkosten** aus RStreit mit Gläub sind nicht ausglfäh, sond eig Schaden, RG **92**, 148, BGH VersR **57**, 800, VRS **54** Nr 144, bei gemeins Inanspruchn mehrerer GesSchu haften sie im InnenVerh idR nach Kopfteilen u nicht nach der für den materiellen Schaden maßgebden Verteilg, BGH NJW **74**, 693. Abw können sich ergeben, wenn ein GesSchu seine MitwirkgsPfl bei Abwicklg des Schadens verletzt, vgl aa, ferner, wenn Kosten zur Abgeltg der HauptFdg übernommen worden sind, BGH NJW **71**, 884.

cc) I 2: Bei aus irgendeinem Grunde, insb Zahlgsunfgk, entstehendem **Ausfall eines Gesamtschuldners** erhöht sich der Pflichtanteil der übrigen (einschl des AusglBerechtigten), RG **92**, 146, bzw ist er neu zu berechnen, Schlesw SchlHAnz **65**, 236. Die in Anspr genommenen können dem AusglBerecht etwaige Säumnis in der Belangg des Ausgefallenen entggehalten, uU auch einen von ihm dem Ausgefallenen gewährten Erlaß, RG **142**, 267.

dd) Jeder AusglPflichtige haftet grdsätzl nur auf seinen Pflichtanteil, **keine gesamtschuldnerische Haftg**, RG **92**, 146; nur kr Abrede od unter besonderen Umst anders, vgl RG **87**, 67, **136**, 286, zB wenn einige von ihnen engere HaftgsGemsch bilden, vgl unten Anm 3 b.

3) Die AusglPfl des I (oben Anm 1b u Anm 2) kann ganz entfallen od auf andere als Kopfteile od sogar auf vollen Ersatz gehen, soweit ein „anderes **bestimmt**" ist. Solche Bestimmg kann sich ergeben:

a) aus Rechtsgeschäft, insb Vereinbg der GesSchuldner RG **77**, 322, auch stillschweigender RG **61**, 60. Ferner auch aus den **Umständen** bei Eingehg der GesSchuld, insb dem zugrunde liegenden Innenverhältn (oben Anm 1 a); Gesellschafter haften iZw nach den BeteiligsVerhältn, RG **88**, 125, BGH BB **73**, 1326; Ffm MDR **68**, 838 (ist ein Gter inzw AlleinInh gew, haftet er uU allein, BGH WPM **75**, 101); WoEigt nach Maßg von WEG 16, BayObLG NJW **73**, 1881, der beauftragte od als GeschFührer oA handelnde GesSchu hat, soweit er befriedigt hat, Anspr auf vollen Ausgl im Umfange der §§ 670, 683ff, BGH VersR **70**, 621 (wenn er nicht im InnenVerh einen Teil selbst zu tragen hat), Mitbürgen vgl § 774 Anm 2g. AusglPfl des ArbNehmers bei Zahlg der Lohnsteuer durch ArbGeb, BAG **AP** Nr 3.

b) aus dem Gesetz. Gesetzl Regelgn der AusglPfl enthalten §§ 840 II, III, 841, 1833, VVG 59 II, PflVersG 3 Nr 9. Bei SchadErsPfl richtet sich die Verteilg des Schadens auf mehrere ErsPflichtige nach den entspr anwendb RGrds des **§ 254;** das gilt auch dann, wenn die Haftg auf versch RGründen beruht (zB bei einem auf Vertr, beim and auf unerl Hdlg); entscheidd ist daher in erster Linie das Maß der Verursachg u daneben, aber in zweiter Linie, das Versch (§ 254 Anm 4a), vgl RG **75**, 256, **84**, 430, **92**, 147, BGH **17**, 214, **LM** Nr 9, **43**, 231, **51**, 279, **59**, 103, stRspr, die inzw in StVG 17 u LuftVG 41 ihren gesetzl Niederschlag gefunden h. Dabei kann die Abwägg ebso wie iF der unmittelb Anwendg des § 254 zu einer Schadensteilg, aber auch zur alleinigen Belastg eines ErsPflichtigen führen, vgl § 254 Anm 4b. Kfz-Halter u Fahrer (BGH NJW **66**, 1262, VersR **70**, 64) sowie Erf- od VerrichtgsGehilfe u GeschHerr (BGH **6**, 27, Betr **70**, 1682) bilden **Haftgseinheit** idS, daß auf sie eine gemeins Quote entfällt; das gilt auch für sonst Schädiger, sofern sich ihr Verhalten in demselben Ursachenbeitrag ausgewirkt h, BGH **61**, 218, § 254 Anm 4c cc. Leistg eines Mitgl der HaftgsEinh bringt AusglPfl auch für die übr zum Erlöschen. Auch Geschädigter kann mit einem Teil der ErsPflichtigen im Verhältn zu den übrigen HaftgsEinh bilden, BGH **61**, 218. Keine AusglPfl dieses ErsPflicht, wenn in einem VorProz die HaftgsEinh nicht berücksichtigt u Nebentäter daher mit zu hoher Quote belastet worden ist (BGH VersR **78**, 735), uU aber Regreß gem § 812 (BGH aaO). Zur Schadensverteilg zw mehreren Verantwortlichen bei Baumängeln vgl Ganten BauR **78**, 187. Kirchhofsordng kann Schaden aus verkehrsunsicherem Zustand einer Grabstelle im InnenVerh zw Träger des Friedhofs u NutzgsBerecht allein letzterem anlasten, KG NJW **74**, 1560. Dagg kann GesSchu den sich aus § 426 ergebnen InnenAusgl nicht dadch verändern, daß er die auf ihn entfalldte Haftquote gem §§ 826 od 839 als Passivschaden ggü einem and GesSchu geltd macht, BGH NJW **78**, 816. Anspr aus

§ 826 gehen dem § 426 aber dann vor, wenn ein GesSchu vom and vorsätzl in die Mithaftg gedrängt worden ist, BGH aaO. – § 839 I S 2 gehört nicht zu den das InnenVerh zw den GesSchu regelnden Vorschr, da nach ihm gar keine GesSchuld entsteht, BGH **61**, 354. Beachte aber, daß § 839 I S 2 nach neuerer Rspr bei Schäden im StraßenVerk nicht mehr anzuwenden ist, BGH NJW **77**, 1238, Futter NJW **77**, 1225, u daß bei Schädigg eines Beamten dch einen and auch FürsPflVerletzg vorliegen kann u diese zur AusglPfl führt, BGH **43**, 184. Auch der AufopfergsAnspr ist grdsätzl subsidiär, BGH **20**, 81, **28**, 301 (krit Konow DVBl **68**, 205), nicht aber der Anspr des Impfgeschädigten aus BSeuchG, BGH **51**, 5.

c) Die Regel des I S 1 ist danach **bloße Hilfsregel**, die nur beim Fehlen jedes anderen Verteilgsmaßstabes, wozu bei zum SchadErs verpflichteten GesSchuldnern auch § 254 gehört, in Betr kommt; sie ist also praktisch Ausnahme. Sie gilt zB für VorschußPfl der Parteien ggü den SchiedsRi, BGH **55**, 349, uU im Verhältn zw LeibrentenSchu u dem Schu der sicherungshalber eingetragenen Reallast, BGH **58**, 191. Die BewLast für die eine Abw rechtfertigden Umst trifft den, der die Umst behauptet, RG **88**, 125.

d) Auch wenn sich die AusglPfl dch RGesch, Umstände od G (oben a, b) anders als nach Kopfteilen regelt, wird damit nur der Inhalt der gesetzlichen AusglPfl (I) anders bestimmt. Der Anspr bleibt jedoch seinem **Wesen** nach der **gesetzliche** AusglAnspr aus § 426 Abs 1, RG **92**, 147, der verschieden ist von dem aus dem InnenVerh (Anm 1a). Das zu Anm 2a über das Wesen des Anspruchs (auch zur Verj) Gesagte gilt auch hier RG **77**, 323 (auch für den Fall des § 254, RG **92**, 147; anscheinend anders RG **136**, 186). Auch Anm 2b (betr Inhalt des Anspruchs) gilt.

4) **Übergang der Gläubigerforderung (II)** tritt nur ein im Rahmen der AusglPfl u nur soweit ein GesSchu den Gläub befriedigt. Er setzt also eine nach Anm 2 u 3 bestehde AusglPfl voraus u tritt nur in ihrer Höhe ein. Weitere Voraussetzg ist Befriedigg des Gläub; nur s o w e i t der GesSchu den Gläub befriedigt u daraus AusglAnspr hat, erfolgt der Übergang. Der übergegangene Anspr behält seinen Charakter u sein eigenes Schicksal, BGH **20**, 374. Ihm können nach §§ 412, 404, 406 alle Rechte u Einwendgen entgg gesetzt w, die ein *debitor cessus* dem Zessionar entgg setzen kann, zB Vergleich, rechtskräft Abweisg, Aufrechenbark, Verjährg, vgl RG **77**, 322. Mit der GläubFdg gehen Nebenrechte über, § 412 mit § 401, vgl § 401 Anm 1, 2. Übergang ausgeschl, wenn Fdg nicht übertragb, Celle OLG **70**, 360 (SchmerzG). – Zu II 2 vgl § 268 Anm 4, auch **LM** Nr 26.

5) **Haftgsfreistellg und Ausgleichspflicht**

Neueres **Schrifttum:** Böhmer MDR **68**, 13, v Caemmerer ZfRV **68**, 81, Hanau VersR **67**, 516, K e u k AcP **168**, 175, M e d i c u s JZ **67**, 398, P r ö l s s JuS **66**, 400 u VersR **67**, 678, Reinicke NJW **54**, 1641, R i e d e l , HaftgsAusschl in der EnergieVersorgg, 1972, 70ff, Sieg JZ **69**, 263, T h i e l e JuS **68**, 149, 156, W a c k e AcP **170**, 42.

a) Dch einen nach Entstehg des GesSchuldVerh mit einem GesSchu vereinb Erl w die AusglPfl nicht berührt, BGH **11**, 174, es sei denn, daß der Erl (volle od beschr) GesWirkg h, vgl dazu § 423 Anm 1. Problemat ist dagg, wie sich die mit einem GesSchu vorher vereinb **vertragliche Haftungsfreistellg** auf das GesSchuldVerh auswirkt. Einigk besteht darü, daß das Haftgsprivileg nicht zu Lasten des unbeteiligten Zweitschädigers gehen darf. Die Ans, der nicht haftgsbegünstigte Zweitschädiger müsse den Schaden (voll) ersetzen, ohne vom haftgsbegünstigten Schädiger Ausgl verlangen zu können (so zB Naumbg JW **38**, 2355, Riedel aaO), w heute mit Recht allg abgelehnt. Der BGH erkennt der vertragl Haftgsfreistellg lediql Innenwirkg zw den Beteiligten zu, bejaht also eine AusglPfl des haftgsbegünstigten GesSchu, BGH **12**, 213, **35**, 323, **58**, 220; dem folgt der ReferentenEntw eines Ges zur Änderg u Ergänzg schadensersatzrechtl Vorschr, 1967, der einen entspr § 840 II vorschlägt. Auch diese Lösg überzeugt aber nicht. Sie führt zu dem konstruktiv zweifelh Ergebn einer nur im Innenverhältn bestehden GesSchuld u entwertet die Haftgsfreistellg: der Haftgsbegünstigte würde, wenn er für den Schaden gemeins mit einem and verantwortl ist, schlechter stehen als bei alleiniger Verantwortg. Richt Ans: der ErsAnspr des Gläub gg den Zweitschädiger mindert sich um den Verantwortsanteil des Haftgsbegünstigten; da sich die Haftg des Zweitschädigers hierdch von vornherein auf seinen Verantwortsanteil beschr, bedarf es keiner AusglPfl, so Böhmer, Hanau, Keuk, Medicus, Prölss, Reinicke, Thiele, alle aaO, Esser § 59 II, Larenz § 37 III. Das läßt sich mit einer ergänzden Auslegg der Haftgsfreistellg begründen, die als pactum de non petendo zG des Zweitschädigers aufgefaßt w kann. Vgl auch Schröder JR **70**, 41, der dem Gläub den Verantwortsbeitrag des Haftgsbegünstigten gem §§ 254, 278 anrechnen will. Fragl, ob sich Anspr gg den Zweitschädiger auch dann auf dessen Verantwortsanteil beschr, wenn Haftgsbegünstigg ledigl in Abkürzg der VerjFr besteht, so Keuk JZ **72**, 528 u Haase JR **72**, 376 gg BGH **58**, 216.

b) Entsprechde Fragen treten auf, wenn zG eines Schädigers eine **gesetzl Haftgsfreistellg** eingreift, die die an sich nach allg Grds gegebene SchadErsPfl ausschließt, vgl im einzelnen aa–ee. Auch hier darf die Störg des GesSchuldVerh idR nicht zu Lasten des nicht haftgsbegünstigten Zweitschädigers gehen; ands kann die Haftgsbegünstigg im allg nicht dch eine AusglPfl entwertet w. Gesetzl Haftgsfreistellgen sind iZw ebso wie vertragl Haftgsverzicht dahin auszulegen, daß sich der Anspr des Gläub gg den Zweitschädiger um den Verantwortsbeitrag des Haftgsbegünstigten mindert, Prölss, Thiele, wohl auch Medicus u Hanau, alle aaO, sehr str.

aa) Ist ein **Arbeitsunfall** dch den ArbG u einen nicht unter RVO 636ff fallden Dritten verschuldet worden, verpflichtete die früh Rspr den Dritten zum vollen SchadErs, versagte ihm aber wg RVO 636ff einen AusglAnspr gg den ArbG, RG **153**, 38, BGH **19**, 120, NJW **67**, 982. Richt Ans aus den angeführten Grden: der ErsAnspr des Geschädigten (SozVersTrägers) gg den Mitschädiger mindert sich um den VerantwortsAnteil des ArbG, er entfällt, wenn ArbG den Schaden weitaus überwiegt verurs h; das gilt entspr bei Mitverursachg dch einen haftgsbegünstigten ArbKollegen. Dieser Ans h sich nunmehr auch die Rspr angeschl, BGH **61**, 51, VersR **74**, 889, Celle VersR **74**, 484; keine Kürzg dagg, wenn Mitschädiger den Schaden weitaus überwiegd verursacht hat, BGH NJW **76**, 1915. Bereits fr hatte der BGH eine Minderg der ErsPfl des Zweitschädigers anerkannt, sofern der Anspr nicht vom Geschädigten, sond gem RVO 1542 vom SozVersTräger geltd gemacht w, BGH **51**, 37, **55**, 16, **58**, 356, NJW **71**, 753, ferner für den Fall eines AnsprÜbergangs auf den ArbG, BGH **54**, 177.

bb) Ist für einen **Dienstunfall** der Dienstherr u ein Dritter verantwortl, richtet sich der Ausgl nach allg Grds (§§ 426, 254). BRRG 81 u BBG 151 stehen der AusglPfl des Dienstherrn nicht entgg, BGH **6**, 3, 25, **43**, 178, str, aA Helle ZBR **70**, 47.

cc) Die Haftgfreistellg des ArbN bei **schadensgeneigter Arbeit** vermindert den Anspr des ArbG gg einen neben dem ArbN verantwortl Zweitschädiger um den Verantwortgsanteil des nicht haftden ArbN, Karlsr OLGZ **69**, 158.

dd) Entfällt für einen von mehreren Schädigern die ErsPfl aGrd von **Haftgsbeschränkgen des bürgerl Rechts** (zB §§ 708, 1359, 1664), so soll das die AusglPfl nicht berühren, BGH **35**, 317, Düss NJW **78**, 891. Sachgerechter erscheint auch hier: der ErsAnspr des Geschädigten gg den nicht haftgsbegünstigten GesSchu mindert sich um den Verantwortgsanteil des Haftgsbegünstigten, vgl Prölss JuS **66**, 400, Thiele JuS **68**, 149, 156, sehr str. Da nach neuerer Rspr (BGH **46**, 313, **53**, 352, **61**, 104) §§ 708, 1359 für VerkUnfälle (u wohl weitergeh für alle Verletzgen von allg RPflichten) nicht gelten, h das Problem erhebl an prakt Bedeutg verloren. And gilt, wenn Amtshaftg gem § 839 I S 2 entfällt. § 839 I S 2 schließt als Subsidiaritätsklausel nicht nur AusglPfl, sond auch jede Minderg des anderweitigen ErsAnspr aus, vgl BGH NJW **65**, 200, allgM. Zweitschädiger kann die ihn treffde ErsPfl auch nicht als eig Schaden (Passivschaden) gg die Körpersch geltd machen, BGH **61**, 352. Nach neuerer Rspr ist § 839 I S 2 aber bei Schäden im StraßenVerk nicht mehr anwendb, BGH NJW **77**, 1238.

ee) Der Versicherer, SozVersTräger, ArbG od Dienstherr kann bei Schäden, die dch einen mit dem Verletzten in häusl Gemeinsch lebdn (gem VVG 67 II nicht regreßpflicht) **Angehörigen** u einem Dritten versch worden sind, von Dritten nur hinsichtl dessen Verantwortgsanteil Regreß verlangen, da anfd der Angeh entgg dem RGedanken des VVG 67 II ausglpflicht würde, BGH **54**, 256, Stgt NJW **68**, 2147, VersR **69**, 240, Hamm VersR **70**, 321, Celle VersR **76**, 93, Mü VersR **77**, 729, Vorbem 7 c ff vor § 249.

427 *Gemeinschaftliche vertragliche Verpflichtung.* **Verpflichten sich mehrere durch Vertrag gemeinschaftlich zu einer teilbaren Leistung, so haften sie im Zweifel als Gesamtschuldner.**

1) § 427 ist Ausn zu § 420; unteilbare Leistg ist ohnehin stets GesSchuld, § 431. – § 427 ist aber nur Ausleggsregel. – Vertrag: auch RealVertr RG **71**, 117, desgl Vertr, der von Vertreter für mehrere VollmGeb (Miteigtümer) geschl w, Karlsr Justiz **67**, 313; aber auch einseitiges SchuldVerspr, zB bei Auslobg, § 657, ebso mehrere GeschHerren bei GeschFührg oA, BGH **LM** § 426 Nr 26. § 427 gilt auch bei getrennten od nicht gleichzeitig abgeschlossenen Verträgen RG **70**, 410, BGH NJW **59**, 2161; ferner wenn die vertragl begründete Pfl auf mehrere Nachf übergeht, BGH NJW **73**, 455. Werden beide Eheg gem § 1357 aus einem Vertr verpflichtet, haften sie gleichf idR als GesSchu, Büdenbender FamRZ **76**, 667. – Für Vergütg des auch nur von einer Partei ernannten Schiedsrichters haften beide als GesSchu, BGH **55**, 347. – Haftg als GesSchu auch für Nebenverpflichtung; über Folgen von Veränderngen, insb dch Einzelschulden, vgl § 425 Anm 1, 2. Über BerAnspr insb bei Nichtigk od Anfbark sowie über Anspr iF des Rücktr vgl § 421 Anm 3a. GesSchuld, wenn Verw für WoEigtümer Heizöl od ähnl bestellt, BGH **67**, 235. Dagg Teilschulden, wenn künftige Wohnseigtümer die Bauarbeiten für Errichtg des Hauses gemeins vergeben, BGH NJW **59**, 2160, Karlsr Justiz **69**, 42, Hamm Betr **73**, 1840, ebso wenn auf einem Grdst für mehrere AuftrGeb verschiedene Gebäude zu errichten sind, BGH Betr **77**, 397.

428 *Gesamtgläubiger.* **Sind mehrere eine Leistung in der Weise zu fordern berechtigt, daß jeder die ganze Leistung fordern kann, der Schuldner aber die Leistung nur einmal zu bewirken verpflichtet ist (Gesamtgläubiger), so kann der Schuldner nach seinem Belieben an jeden der Gläubiger leisten. Dies gilt auch dann, wenn einer der Gläubiger bereits Klage auf die Leistung erhoben hat.**

1) **Wesen**: vgl Übbl 1b vor § 420. Sie ist die Kehrseite der GesSchuld, vgl § 421. Zum Unterschiede von der GesHandFdg (vgl Übbl 1c, bb) kann der einzelne GesGläub Leistg des Ganzen (od eines Teils) an sich selbst fordern. Der Schu kann nach seinem Belieben an einen der Gläub leisten, auch wenn ein anderer schon Klage erhoben hat od die Vollstr betreibt. Es bestehen mehrere selbstd Fdgen, die aber dch die Einheitlichk der TilggsWirkg miteinand verbunden sind. Zum Nachw der Erf genügt daher Quittg eines der Gläub, KG OLGZ **65**, 95. Die GesGläubigersch erleichtert die RVerfolgg, setzt aber ein enges VertrauensVerh der GesGläub voraus: ist der eine befriedigt, so sind die übrigen auf die AusglAnsprüche des § 430 beschränkt.

2) GesGläubigersch kommt praktisch nicht oft vor. **Entstehg** kr Gesetzes nur in dem (seltenen) Fall des § 2151 III (nach manchen auch bei §§ 525 II, 2194), ferner uU kr gleichzeitigen Rechtsübergangs nach BBG 87a bzw den entspr Bestimmgen der Länderbeamtengesetze und nach RVO 1542 od auf mehrere VersTräger nach RVO 1542, vgl BGH **28**, 68, **40**, 108 (Innenausgleich vgl BGH **LM** RVO 1542 Nr 45a, NJW **69**, 1901). Keine GesGläubigersch, sond wg des Quotenvorrechts (Vorbem 7 c cc vor § 249) alleiniger FdgsÜbergang auf den SozVersTräger, sow volle Befriedig wg beschr Haftg des Schädigers ausgeschl, BGH NJW **61**, 216, VersR **71**, 637. Bei Übergang nach VVG 67 entsteht keine GesGläubigersch, BGH **44**, 383. – Entgehen Ehemann u Kind dch Tötg der Ehefr (Mutter) Betreuungsleistgen, so bestehen getrennte Anspr u keine GesGläubigersch, BGH NJW **72**, 1130, 1716, VersR **73**, 84. Kein GesGläub auch bei Verletzg eines „Hauskindes"; Anspr des Kindes aus § 842 hat vielm Vorrang vor dem Anspr der Eltern aus § 845, BGH **69**, 385. GesGläub sind dagg: ausgleichsberecht Mitbürgen ggü den and Mitbürgen, RG **117**, 5, mehrere KostenGläub aus einem KostenfestsetzgsBeschl, Breslau JW **30**, 3345, aA Kblz Rpfleger **77**, 216 (TeilGläubsch). – Entstehg dch Rechtsgeschäft mögl, erfordert bei nachträgl Begründg aber Zust des Schu, BGH **64**, 67. GesGläubigersch bei GemschKonten von Eheleuten („Oder-Konto"), Nürnb NJW

61, 510, KG NJW 76, 807, jedoch mit der Besonderh, daß Schu an den Fordernden leisten muß. Eine Vermutg für GesGläubigersch, wie in § 427 für die GesSchuld, besteht nicht, ebsowenig eine allg gesetzl Bestimmg wie in § 431 für diese. Im Ggteil wird bei teilb Fdgen Teilg vermutet, § 420; für unteilb gilt § 432. Die Rechte der einzelnen GesGläubiger sind voneinander unabhängig, BGH 29, 364. – GesBerechtigg entspr dem § 428 ist auch im SachenR mögl, hM, so bei Hyp, BGH 29, 363, GrdSch, BGH NJW 75, 445, ErbbauR, vgl LG Hagen DNotZ 50, 381 mit Anm Dickertmann, Reallast, BayObLG Rpfleger 75, 300, dingl WohnR BGH 46, 253 (vgl § 1093 Anm 2) nicht zul ohne GrdDbk, Haegele, Rpfleger 75, 154, ferner keine GesBerechtigg iS des § 428 für Eheleute, wenn das Recht zum GesGut der GütGemsch gehört, BayObLG DNotZ 63, 49, 68, 493. – AuflVormerkg für GesGläub ist mögl, BayObLGZ 63, 128, Kln Rpfleger 75, 20.

429 Wirkung von Veränderungen.
I Der Verzug eines Gesamtgläubigers wirkt auch gegen die übrigen Gläubiger.

II Vereinigen sich Forderung und Schuld in der Person eines Gesamtgläubigers, so erlöschen die Rechte der übrigen Gläubiger gegen den Schuldner.

III Im übrigen finden die Vorschriften der §§ 422, 423, 425 entsprechende Anwendung. Insbesondere bleiben, wenn ein Gesamtgläubiger seine Forderung auf einen anderen überträgt, die Rechte der übrigen Gläubiger unberührt.

1) Grundsätzl gilt nach III die Regelg der GesSchuld, §§ 422, 423, 425, vgl dort. GesGläub kann mit GesWirkg erlassen, soweit nicht das RVerh zw den GesGläub entggsteht, BayObLG Rpfleger 75, 300. Auch I entspricht dem § 424; Grund wie dort: die Ann hätte, als Erf, die FdgsRechte der übrigen GesGläubiger erlöschen lassen. Sonderregelg nur in II: Vereinigg, zB Beerbg des Schu dch einen GesGläub od umgekehrt, hat hier GesWirkg; Grund: der Schu könnte als GesGläub Leistg an sich selbst wählen. – Etwaige GestaltgsR (WahlR) können die GesGläub idR nur gemeins ausüben, BGH 59, 187.

430 Ausgleichungspflicht der Gesamtgläubiger.
Die Gesamtgläubiger sind im Verhältnisse zueinander zu gleichen Anteilen berechtigt, soweit nicht ein anderes bestimmt ist.

1) Im Zweifel **Ausgleichspflicht**, u zwar zu gleichen Anteilen wie in § 426 I 1 bei der GesSchuld. Die Pfl besteht nur, soweit der Gläub mehr als den ihm zustehenden Anteil erhalten hat, vgl § 426 Anm 2b, bb; anders aber, wenn der Rest vom Schu nicht beitreibbar ist (beides str). – In dem einzigen gesetzl Fall der GesGläubigersch (vgl § 428 Anm 1) gilt § 430 nicht, vgl § 2151 III 3.

431 Mehrere Schuldner einer unteilbaren Leistung.
Schulden mehrere eine unteilbare Leistung, so haften sie als Gesamtschuldner.

1) Im Ggs zu den §§ 420, 427 ist § 431 nicht nur Vermutg, sond zwingder Natur. Wg der Unteilbark der Leistg kann eine Behandlg als Teilschuld nicht vereinbart w. Die in § 431 vorgesehene GesVerantwortlichk gilt aber idR nicht für Leistgen, die aus RGrden nur gemeins erbracht w können, BGH NJW 75, 311. Er schließt es auch im übr nicht aus, daß eine von mehreren gemeins zu erbringde Leistg als sog gemschaftl Schuld zu behandeln ist, vgl Übbl 2c vor § 420. Auf den RGrd der Leistg kommt es für die Anwendg des § 431 nicht an. Über Unteilbark der Leistg vgl § 266 Anm 2b. Mithaftg erstreckt sich uU auch auf Erf-Gehilfen des MitSchu, BGH LM § 278 Nr 2/3. GesHaftg bleibt bei nachträgl Verwandlg in teilb Leistg (SchadErsPfl in Geld) bestehen, RG 67, 275. UnterlassgsPfl vgl Überbl 3 vor § 420.

432 Mehrere Gläubiger einer unteilbaren Leistung.
I Haben mehrere eine unteilbare Leistung zu fordern, so kann, sofern sie nicht Gesamtgläubiger sind, der Schuldner nur an alle gemeinschaftlich leisten und jeder Gläubiger die Leistung an alle fordern. Jeder Gläubiger kann verlangen, daß der Schuldner die geschuldete Sache für alle Gläubiger hinterlegt oder, wenn sie sich nicht zur Hinterlegung eignet, an einen gerichtlich zu bestellenden Verwahrer abliefert.

II Im übrigen wirkt eine Tatsache, die nur in der Person eines der Gläubiger eintritt, nicht für und gegen die übrigen Gläubiger.

1) Wesen, Voraussetzungen, Anwendungsfälle.

§ 432 ist die einzige Vorschr des Abschn, die die **Mitgläubigerschaft** (gemschaftl FdgsBerechtigg) betrifft, vgl Übbl 1c vor § 420. Sie gilt, wenn mehrere eine unteilb Leistg zu fordern h, es sei denn, daß GesGläubigersch besteht, die aber prakt selten ist, vgl § 428 Anm 1. Zum Begr der unteilb Leistg vgl § 266 Anm 2b, Übbl 1a vor § 420. Danach besteht auch bei im natürl Sinne teilb Leistgen vielf aGrd des RVerh zw den Gläub eine gemeins EmpfangsZustdgk u damit Unteilbark iS der §§ 432, 420, BGH 39, 15, NJW 58, 1723, 69, 839. § 432 ist anzuwenden: 1. bei der **einfachen Fordergsgemeinschaft** (BruchteilsGemsch an Fdgen, § 741), str; 2. im Grds bei **Gesamthandsfordergen**, str; die FdgsR der einzelnen MitGläub aus § 432 w aber hier dch die gesetzl od vertragl Regelg der Verw des SonderVerm vielf ausgeschl; 3. bei gemschaftl Fdgen auf eine unteilb Leistg, ohne daß die MitGläub eine Bruchteils- od GesHandsGemsch bilden. Diese Gestaltg h nur geringe prakt Bedeutg. Sie kann gegeben sein, wenn der Besitzer u der Eigtümer gemeins dch eine Hdlg geschädigt worden sind, Köhler JuS 77, 654. Vgl zu diesen drei Anwendungsfällen näher Übbl 1c vor § 420. Außerdem gilt § 432 gem § 1011 für den dingl HerausgAnspr des Miteigtümers.

2) Wirkung.

a) I 1: Jeder Gläubiger hat ein FdgsR, aber nur auf Leistg an alle; der Schu kann nur an alle gemschaftl leisten. Aufr mit GgAnspr gg einen Gläub mangels Ggseitigk unzul, BGH NJW **69**, 839. Über Mieter- u VermieterMehrh vgl Übbl 4 vor § 420. Leistg an den einz Gläub befreit daher nicht, vgl II, falls u soweit sie nicht allen zugute kommt. Angebot nötig an alle; nimmt dann einer nicht an, so liegt AnnVerzug aller vor, Schu kann nach §§ 372 ff hinterlegen usw.

b) I 2: Ferner kann jeder Gläub **Hinterlegg** usw für alle fordern; über Verwahrerbestellg vgl FGG 165. – Der Anspr geht auf Hinterlegg unter RücknVerzicht, vgl Einf 2a vor § 372. Erfolgt sie, dann ist sie Erf u befreit nach § 362.

c) II. Andere nur in der Pers eines Gläub eintretende **Tatsachen** wirken nur für u gg diesen, zB Mahng, daher SchuVerzug nur ggü dem Mahnden, ebso rechtskr Urt RG **119**, 169. Argl Verhalten eines MitGläub genügt nicht, um Einwand unzul RAusübg zu begründen, BGH **44**, 367; macht jedoch dieser MitGläub den Anspr gg den Widerspr der and geltd, ist Kl wg Mißbr. der ProzFührgsbefugn als unzul abzuweisen, BGH aaO. Kann ein MitGläub nach dem zw ihnen bestehdn RVerh mit Wirkg für die and handeln, h sein Verhalten entgg II GesWirkg, Übbl 1c dd vor § 420. – Verwandelt sich die Fdg in eine teilb, so entstehen TeilFdgen, § 420, hM (anders bei der unteilbaren Schuld, § 431 Anm 1).

d) Über einen **Ausgleich** zw den mehreren Gläubigern sagt § 432 nichts, anders beim GesSchuldverhältn, §§ 426, 430. Es gelten die für das Innenverhältn der Gläub maßgebden Grds, also notf §§ 741 ff.

Siebenter Abschnitt. Einzelne Schuldverhältnisse

Überblick

1) Schuldverhältnisse als RBeziehg von einer Pers zu einer and Pers, die den einen (Gläubiger) zum Fordern einer Leistg vom and (Schuldner) berecht (vgl Einl 1a vor § 241) gibt es in vielen unterschiedl Formen. Bestimmte typ SchuldVerh sind ges geregelt, der wesentl Teil in den 25 Titeln des 7. Abschn (sog Bes SchuldR), weitere insb im 3.–5. Buch des BGB zB Fund (§§ 965 ff), das Eigtümer-BesitzerVerh (§§ 985 ff), ZugewinnAusgl (§§ 1371 ff), Unterh (§§ 1601 ff), Vermächtn (§§ 2147 ff), Pflichtteil (§§ 2303 ff), im HGB zB HandelsvertreterVerh (§§ 84 ff), oHG (§§ 105 ff), KG (§§ 161 ff), KommissionsGesch (§§ 383 ff), SpeditionsGesch (§§ 407 ff), FrachtGesch (§§ 425 ff), ferner in bes G wie VVG, WG, SchG, UrhG, VerlG ua. Daneben gibt es, da im Ggsatz zum SachenR TypenFreih gilt, typ SchuldVerh, die ges nicht bes geregelt sind, zB GarantieVertr, Schuldbeitritt, SchiedsrichterVertr u sog atyp SchuldVerh, die keinem bestimmten VertrTyp zugeordnet w können.

2) Einteilung. Die einzelnen SchuldVerh w nach dem RGrund ihrer Entstehg (vgl Einf vor § 305) eingeteilt in: **a) Rechtsgeschäftliche** SchuldVerh: hierzu ist nach § 305 grdsätzl im allgem ein Vertr erforderl (zB Kauf, Miete, WerkVertr); nur wenn es G vorschreibt genügt ein einseit RechtsGesch (zB Auslobg, Vermächtn). **b) Gesetzliche** SchuldVerh: sie entstehen kr G indem bestimmte tatsächl Voraussetzgen erfüllt w (zB unerlaubte Handlg, ungerechtfertigte Bereicherg, GeschFührg ohne Auftr, Eigtümer-Besitzer-Verh). **c) Sonstige** Entstehgsgründe von SchuldVerh sind demgegenüber umstr (das soztyp Verhalten od fakt, dh ohne WillErklen zustandegekommene VertrVerh, Larenz Sch § 4 II) od prakt bedeutgslos (die dch staatl Hoheitsakt zustandegekommen, sog diktierten Vertr, zB ZwangsmietVertr, § 16 WBewG; ArbVerpfl, § 10 ArbSichG).

3) Zuordnung eines SchuldVerh zu einem bestimmten Typ geschieht bei ges SchuldVerh (Anm 2b) ausschl dch Subsumtion der Tats, bei rechtsgeschäftl, indem der Inhalt der zugrdeliegden WillErklen ermittelt u zunächst festgestellt w, zu welcher Leistg (§ 241) sich die am SchuldVerh beteiligten Pers verpfl haben. Entspricht diese einem bestimmten VertrTyp (zB § 433, § 535 od § 631), so ist ihm das SchuldVerh zuzuordnen, auch wenn der Vertr and bezeichnet ist. Nur wenn der rechtsgeschäftl LeistgsInhalt sich nicht od nicht eindeut feststellen läßt, entscheidet die Bezeichng, die dem RGesch im Einzelfall von den vertrschließden Pers gegeben wurde.

4) Rechtsanwendung. Für jedes einzelne SchuldVerh gilt das allg SchuldR (1.–6. Abschn) u der Allg Teil (1. Buch), soweit sie im Einzelfall anwendb sind. Es wird rechtl beurteilt nach den zwingden ges Vorschr, nach den rechtsgeschäftl getroffenen Bestimmungen u den nachgieb (dispositiven) ges Vorschr soweit sie nicht dch Gläubiger u Schuldner abbedungen sind. Soweit eine ges Regelg des bes SchuldR für das einzelne SchuldVerh der des allg SchuldR widerspricht, geht sie als spezielleres G vor (zB § 690 dem § 276).

Erster Titel. Kauf. Tausch

Einführung

1) Allgemeines. a) Begriff: Kauf ist ein schuldrechtl ggs Vertr (§§ 320 ff). Er ist wg des geltden AbstraktionsPrinz stets vom ErfGesch zu trennen u zu unterscheiden (vgl Anm 2a). Er begründet für den Verk die Pfl, dem Käufer den KaufGgst zu verschaffen, dh Sachen zu übergeben u zu übereignen, Rechte zu übertr; für den Käufer die Pfl zur KaufPrZahlg u Abn. Diese Pfl sind im einz bei § 433 dargestellt. Kauf ist das häuf u wicht UmsatzGesch mit dem Zweck des Austausches v Ggstden gg Geld. **b) Abschluß:** Es gelten die Regeln für den Vertr (§§ 145 ff). Es haben sich im PrivRVerk, insb im kfm Bereich, zahlr Formen und typ Inhalte herausgebildet. Stets müssen beim Kauf best Pers (od eine Mehrh v best Pers) sich als Verk u Käufer ggüb stehen. Notw ist die Einigg üb KaufGgst u KaufPr als MindErforden des VertrInhalts.
c) Vertragspartner sind diejen, in deren Namen der KaufVertr abgeschl w. Grdsätzl kann darin (dch aus-

Einf v § 433 1–4   2. Buch. 7. Abschnitt. *Putzo*

drückl Vereinbg) den Part vorbehalten w, daß ein Dr an ihrer Stelle in den Vertr (dch entspr WillErkl) eintritt, auch in einz Re u Pfl (zB im Wege der §§ 398, 414). Im GeltgsBer des AGBG ist das zwingd eingeschr dch dessen § 11 Nr 13.

2) Abgrenzung des Kaufs als schuldrechtl Vertr (Anm 1a): **a) Zu den Erfüllungsgeschäften** (KaufPrZahlg u Übertr des KaufGgst). Kauf verschafft nur einen schuldrechtl Anspr auf die Sache od das R. Das ErfGesch (insb Übereign der gekauften Sache od des Bargelds, Abtretg des verkauften Rs, Überweisg des KaufPr) ist vom Kauf rechtl getrennt (hierzu Einf 5b vor § 854); das gilt auch dann, wenn Kauf u ErfGesch in einen einz tats Vorgang zufallen (sog Handkauf; vgl Anm 3d). Zur Anwendg v §§ 139, 158: Einf 5b, bb, cc vor § 854. **b) Zum öffentlichen Recht:** KaufR ist entspr anwendb auf Liefergen dch öff VersorggsEinrichtgen, insb v Gemeinden für Strom, Wärme, Gas, Wasser (BGH NJW 72, 2300); vgl auch § 433 Anm 1a. Öff Bewirtschaftg steht einem KaufVertr nicht entgg (BGH **1**, 75); ÜbernVertr der Einfuhr- u Vorratsstellen sind KaufVertr (BGH WPM **65**, 875). Hingg bewirken staatl Beschlagn (Requisitionen) u ähnl Eingriffe, insb Enteigng keinen KaufVertr od kaufähnl RVerh (BGH **13**, 145).

3) Arten des Kaufs. Es bestehen in der gesetzl Regelg zahlr Modalitäten je nach KaufGgstd u VertrInhalt (insb Zahlgsw, Bedingen) mit unterschiedl RFolgen. **a) Stück- u Gattungskauf:** Abgrenzg in § 243 Anm 1. **b) Sach- und Rechtskauf:** Abgrenzg in § 433 Anm 1. **c) Bar- und Kreditkauf:** Bei Barkauf findet Vorauszahlg od Zahlg des KaufPr Zug um Zug gg Lieferg statt; Kreditkauf: alle Formen v vertragl best Zahlg des KaufPr nach Lieferg od Übertragg des KaufGgst, insb Zahlgsziel u Abzahlg (mit den SoRegeln des AbzKaufs im AbzG). **d) Verpflichtungs- und Handkauf:** Nach dem gesetzl Regelfall sind der schuldrechtl VerpflVertr (Kauf) u die ErfGesch (vgl Anm 2a) auch getrennte RGesch in versch, zeitl getrennten tats Vorgängen. Beim Handkauf fallen KaufVertr u ErfGesch in einen einz Vorgang zus (vgl Anm 2a); seine rechtl Behandlg ist umstr. Für Trenng v VerpflGesch (§ 433) u ErfGesch (Anm 2a) hinsichtl der RFolgen: Larenz § 35 II, Fikentscher § 66 III 2, 3. Für Handkauf als einh LeistgsAustausch unter der Bedingg wirks erbrachter GgLeistg mit Folge eines RückfordergsAnspr aus § 985: Flume RGesch § 12 III 4; Erm-Weitnauer 14 vor § 433. Die erstgenannte Meing entspr dem Abstraktionsprinzip des geltden Rs u ist vorzuziehen. **e) Bürgerlich-rechtlicher Kauf und Handelskauf:** Für den ein- u beiderseit Handelskauf gelten SondVorschr (§§ 373–382 HGB). Einordg dch den Begr des HandelsGesch (§§ 343–345 HGB). **f) Vorkauf:** Es gibt das schuldrechtl VorkR (§§ 504 ff) u das dingl 1094 ff; nur an Grdst). **g) Wiederkauf:** vgl § 497 Anm 1, auch zur Unterscheidg vom WiederVerkR. **h) Probekauf:** Zu unterscheiden sind Kauf nach Probe (§ 494), Kauf auf Probe (§ 495), Kauf auf Umtausch (Vorb § 494); Kauf zur Probe ist ein Kauf, bei dem die RFolgen des Kaufs nach Probe (§ 494) für spätere, neue KaufVertr über gleiche Waren eintreten (Larenz § 40 I). **i) Versteigerung:** Bei der privat-rechtl Versteigerg, vgl Anm 4h, kommt im Verh Auktionator u Ersteher (Bieter) ein KaufVertr zustde (v. Hoyningen-Huene NJW **73**, 1473), u zwar dch den Zuschlag (§ 156). Die Erf geschieht wie beim gewöhnl Kauf. Die privatrechtl Versteigerg gibt es als freiw (Auktion) u als öffentl Versteigerg aGrd bes gesetzl Vorschr (zB §§ 383 ff, §§ 1233 ff, §§ 979 ff). Davon zu untersch ist die öffVersteigerg iW der ZwVollstr (§§ 814 ff ZPO). **j) Weiterverkauf** liegt vor, wenn der Käufer einer noch nicht übergebenen Sache mit einem Dr vereinb, daß dieser mit od ohne Aufgeld od mit Abschlag den Vertr mit dem Verk übernimmt; Abwicklg nach §§ 398 ff, §§ 414 ff bei 2 getrennten KaufVertr (Starek BB **68**, 488). **k) Fixkauf:** Bei Handelskauf gilt § 376 HGB, sonst § 361. **l) Spezifikationskauf:** ist ein SondFall des Gattgskaufs (§ 375 HGB). **m) Sukzessivlieferungsvertrag:** Begr: § 326 Anm 13. RNatur: Kauf od WerkliefergsVertr (Anm 4c). Die KaufVorschr finden (getrennt) für den ganzen einheitl Vertr u für die einz LiefergsRaten Anwendg. RFolgen bei Verz, Unmöglk u pos VertrVerl: § 326 Anm 13. Sach- u RMängelGewLeistg für die einz Liefergen beschränkt sich auf diese, zB Wandelg od Minderg einer Lieferg bei Fortbestand des ganzen Vertr. Auswirkg mangelnd Einzelliefergen auf den ganzen (einheitl) Vertr: § 326 Anm 13. **n) Konditionsgeschäft** (aufschiebd od auflösd bedingter Kauf) liegt insb vor: bei Kauf mit RückgR (§ 158 II; Klausel: „Auswahl bis ...", Karlsr Betr **71**, 1410), Kauf bei vollz Weiterveräußerg (§ 158 I, BGH NJW **75**, 776). GefahrÜberg: § 446 Anm 3b. Diese Gesch, im Sortimentsbuchhandel übl, im Textileinzelhandel vorkommd, w häuf als Kommission bezeichnet. Abgrenzg: BGH aaO u Anm 4i. **o) Factoringvertrag** (vgl § 305 Anm 5): Er kann nur insof einen KaufVertr enthalten, als der AuftrG seine KundenFdg auch verkaufen u dch Abtretg der Fdg erf kann (zur Abgrenzg v KreditGesch vgl Serick BB **76**, 425). **p) Erwerb vom Bauträger:** § 631 Anm 1 u § 675 Anm 3c.

4) Unterscheidungsmerkmale zu anderen Vertragstypen. a) Tausch (§ 515); an Stelle eines KaufPr (§ 433 Anm 3 A a) w ein VermWert (insb Sache od R) als vertrgm GgLeistg erbracht. **b) Auftrag** (§ 662): Der alltägl, insb der kfm SprachGebr sagt hierü nichts, was entscheidet. Wenn der AuftrN für den AuftrG Ggste beschaffen soll, liegt Auftr vor, wenn Vertretg (Einf 1 vor § 164) od Vermittlg mit noch ungewissem Erfolg stattfindet. Demggü setzt Kauf die unmittelb Verpfl aus § 433 I u II voraus. **c) Werklieferungsvertrag** (§ 651). Der über vertretb Sachen (§ 91), sog Liefergskauf (für den sowieso KaufR gilt, § 651 I), setzt die HerstellgsPfl des WerkUntern als VertrGgst voraus (vgl § 433 Anm 1a). Der sog Kauf eines FertHauses ist reiner WerkVertr (Graba MDR **74**, 975; vgl auch § 433 Anm 1a). **d) Werkvertrag:** Einf 4b vor § 631. Kombination v Kauf (eines Grdst) mit WerkVertr (üb Errichtg eines Bauwerks) kann beim Erwerb vom Bauträger vorliegen (vgl Vorbem 3 vor § 459). **e) Pacht:** Einf 1b vor § 581. **f) Darlehen:** Einf 4b vor § 607. **g) Vergleich** (§ 779). Enthält er Austausch v Sachen od Ren gg Geld, daneben weitere (auch stillschw) Abreden, liegt ein Vergl, kein Kauf vor (OGH NJW **50**, 103); jedoch best sich die RFolgen des dieses LeistgsAustausch nach KaufR (§ 779 Anm 1a). **h) Versteigerung:** Zu untersch ist das RVerh des AuftrG, der den Ggst dem Versteigerer zur Versteigerg einliefert (Gesch-BesorggsVertr, § 675, od Kommission, § 383 HGB, BGH NJW **75**, 970), v dem Vertr zw Versteigerer u Ersteher, der gem § 156 zustdekommt; dieser ist eine bes Art des KaufVertr (vgl Anm 3 i). Hierzu VO v 1. 6. 76 (BGBl 1345). **i) Kommission:** Der Kommissionär kauft u verk (ggü Dr) im eigenen Namen, aber für Rechng des Kommittenten (bei gewerbsmäß Komm: §§ 383 ff HGB). Merkmale eines KommGesch (Verh Kommittent zu Kommissionär sind: Vereinbg eines bestmögl Pr od MindestPr, Prov, WeisgsR, Auswahl des VertrGgst dch den Lieferanten, VerkAbrechng (Kln MDR **73**, 230). Bei „Auswahl bis . . ." od R zur Weiterveräußerg od Rückg bis zu best Ztpkt liegt ein KonditionsGesch vor (Karlsr Betr **72**, 552, vgl Anm 3n). **j) Lizenzvertrag:** W. gewerbl SchutzRe (Patente, GebrMuster, GeschmMuster, Warenzeichen) übertr, liegt ein Kauf nur dann vor, wenn das R voll (od wenigstens im wesentl Umfang) u endgült übergehen soll; Indiz hierfür ist, wenn das R an Dr übertr od zur Benutzg überl w darf (Soergel-Ballerstedt 18). Beim LizenzVertr w dem LizenzN nur die Verwertg od Nutzg gestattet, nicht das R selbst übertr. **k) Transfer** eines Sportlers, insb Fußball- od Eishockey-Spielers (als Spielerkauf bezeichnet), ist ein Vertr eigener Art, bei dem die Transfersumme für den Vereinswechsel u dafür bezahlt w, daß der abgebde Verein die Voraussetzgn zur Erteilg der SpielErlaubn erf (vgl Dörner JuS **77**, 225).

5) Internationale Kaufverträge. Für die Anwendg deutschen Rs bei KaufVertr mit Auslandsberührg ist zu beachten (vgl hierzu Landfermann NJW **74**, 385; Witte-Wegmann JR **75**, 49): **a) Anwendbarkeit des BGB** sowie sonst deutschen Rs regelt sich nach dtsch IPR u kommt in Betr: **aa)** Infolge ausdrückl od stillschw Vereinbg, daß dtsch R anzuwenden sei (Grdsatz der Parteiautonomie; Vorbem 2a vor Art 12 EG). **bb)** Infolge hypothet PartWillens bei Fehlen einer Vereinbg gem Anm aa, nach den Grdsätzen Vorbem 2a vor Art 12 EG. **cc)** Infolge Feststellg des (subsidiären) Schuldstatuts, dh der RechtsO, die am Leistgs- od ErfOrt gilt, nach den Grdsätzen Vorbem 2b u 6a vor Art 12 EG. – Diese kollisionsrechtl Regeln entfallen im Anwendgsbereich einheitl internat Kaufrechts (Anm b). **b) Einheitliches internationales Kaufrecht** beruht auf dem Haager KaufRÜbk v 1. 7. 64 (BGBl 73 II 885) u w verwirkl, indem die VertrStaaten die im wesentl gleichlautbd Ge als innerstaatl R in Kr setzen: Einheitl G über den intern Kauf bewegl Sachen v 17. 7. 73 (BGBl 856) = EKG u Einheitl G über den Abschl v intern KaufVertr über bewegl Sachen v 17. 7. 73 (BGBl 868) = EKAG; beide in Kr seit 16. 4. 74 (BGBl 358). VertrStaaten sind bisher (1. 7. 75): Belgien, Deutschland, Gambia, Großbritannien (mit Vorbeh gem Art V des Übk), Italien, Niederlande, San Marino; Israel ist nur für das EKG. In and Staaten ist das RatifikationsVerf eingeleitet. Zur Übersicht: Heldrich NJW **74**, 2156; U. Huber Betr **75**, 1205. **aa) Anwendbarkeit:** α) Nur bei Niederlassg beider VertrPart in den VertrStaaten gelten EKG u EKAG auch ohne Vereinbg. Der Begr des intern Kaufs ist eng umschrieben, umfaßt ledigl bewegl Sachen (nicht Wertpapiere, Devisen, registrierte Schiffe u Luftfz, elektr Energie, Art 5 EKG), WerklieferngsVertr nur beschränkt (Art 6 EKG). Außerdem schränkt Art 1 I EKG ein; es muß (alternativ) vorliegen: lit a) Grenzüberschreitder Transp bei od nach VertrAbschl; lit b) Vornahme der VertrAbschlHdlgen in versch Staaten; lit c) Lieferg in einen and Staat als in den des VertrAbschl. β) Die Anwendg der Ge darf nicht dch Vertr der Part ausgeschl sein (Art 3 EKG, Art 1 EKAG). Andseits können auch VertrPart aus Staaten, die nicht VertrStaaten sind, die Anwendg der Ge vereinb (Art 4 EKG, Art 1 EKAG). Das EKAG ist insof subsidiär als es nur gilt, soweit sich nicht aus den Vorverhandlgen u Gepflogenh der Part sowie aus Gebräuchen anderes ergibt (Art 2 I EKAG). **bb) Inhalt:** Das EKAG regelt ledigl den Abschl des KaufVertr (lex specialis zu §§ 145ff u § 343ff HGB). Das EKG regelt ausschließl (Art 8 EKG) die Pfl des Verk (Art 18–55) u des Käufers (Art 56–70) einschl der RFolgen v Verz, Nicht- u SchlechtErf; die Zug-um-Zug-Leistg (Art 71–73); Befreig v der LeistgsPfl (Art 74); die einseit VertrAufhebg (Art 75–81); den SchadErs (Art 82–89); die KostenVerteilg (Art 90); die Verwahrg der Kaufsache (Art 91–95); den Gefahrübergang (Art 96–101).

I. Allgemeine Vorschriften

433 *Vertragliche Hauptpflichten.* [I] Durch den Kaufvertrag wird der Verkäufer einer Sache verpflichtet, dem Käufer die Sache zu übergeben und das Eigentum an der Sache zu verschaffen. Der Verkäufer eines Rechtes ist verpflichtet, dem Käufer das Recht zu verschaffen und, wenn das Recht zum Besitz einer Sache berechtigt, die Sache zu übergeben.
[II] Der Käufer ist verpflichtet, dem Verkäufer den vereinbarten Kaufpreis zu zahlen und die gekaufte Sache abzunehmen.

1) Kaufgegenstand sind Sachen (Anm a) u Rechte (Anm b) sowie sonst Ggst wirtschaftl TauschVerk (Anm c). **a) Sachen** sind körperl Ggste (§ 90) in jedem AggregatZust; daher insb Wasser, Gas bei Art. Grdsätzl ist bedeutgslos, worin GebrZweck u Wert der Sache liegt; daher ist Kauf v Druckwerken, insb Zeitg u Zeitschr Sachkauf (BGH NJW **78**, 997); für WertP vgl Anm b; ausl Geldscheine u -münzen (als Devisen) u außer Kurs gesetzte (als SammelObj) sind Sachen. Wechseln v Geld derselben geltden Währg ist nicht Kauf, sond Tausch (§ 515). Auch künft, noch nicht entstandene Sachen können verk w; hier sind folgde VertrGestaltgen mögl: Kauf ist aufschiebd bedingt (§ 158 I) mit Entsthg der Sache; oder: Verk ist zur Herstellg der Sache verpfl (dann gilt § 651); od KaufPr ist auch geschuldet, wenn Sache nicht entsteht (Kauf einer Chance, vgl Anm c, cc; sog Hoffngskauf, Erm-Weitnauer 16). Bei Erwerb v Grdst u GrdstT verbunden mit Vertr üb zu errichtde Gebäude u GebäudeT, insb EigtWohng ist die Einordng in den VertrTyp umstr (§ 675 Anm 3c). Sind sie fert hergestellt, liegt EigtWo, also unstritt KaufR anzuwenden; weitergehd für Kauf bei Erwerb v Bauträger Brych NJW **74**, 1973; aA Gläser NJW **75**, 1006: WerkVertr. **b) Rechte** im weitesten Sinne: **aa) Begriff:** grdsätzl alle, soweit sie übertragb sind; auch bedingte u künft, dingl Re, Fdgen, AnwartschR, Anteile an Sachen u Ren, Gesellsch, Gemsch, gewerbl SchutzRe (insb Patente, GeschmMuster, Warenzeichen, VerlagsR, subj öff Re, soweit sie übertragb sind (zB Konzession); WohnBes (Einf 2i vor § 535). Nicht: Besitz (§ 854; entgeltl Übertr ist Miete); höchstpersönl Re, zB NamensR (Ausn für Firma gem § 23 HGB). **bb) Wertpapiere:** in erster Linie RKauf, aber zugl hinsichtl der Papiere Sachkauf, hierzu: § 437 Anm 3. **cc) Gesellschaftsanteile:** Grdsätzl RsKauf; das gilt stets auch für das ErfGesch, insb auch für den sog Mantelkauf (Kauf aller Anteile einer vermögensl gewordenen KapGesellsch); Zulässig umstr (Soergel-Ballerstedt 39). Bei Erwerb aller oder beherrschder Anteile kann aber SachkaufR, insb für Gewl eingreifen (Anm c, aa; 3d vor § 459). **c) Sonstige Gegenstände** wirtschaftl TauschVerkrs: **aa) Sach- und Rechtsgesamtheiten:** Untern (insb GewBetr) als ZusFassg pers u sachl

Mittel, einschl aller zugehör Güter, näml Kundsch, Ruf, GeschGeheimnisse, Warenzeichen, Firma, Re aus Wettbewerbsregeln, know-how; hieraus folgen Einweisgs-, Mitt- u AufklärgsPfl unmittelb aus dem KaufVertr. Die ErfGesch (zB § 398, § 929) u RFolgen richten sich teils nach Sach-, teils nach RKauf, je nachdem, welcher BestdTeil betr ist (§ 437 Anm 1 d; Bergerfurth-Menard 61 u 352). Für Mängel des Untern als solches gilt SachmängelGewl (3 d vor § 459). Der Kauf eines Untern ist jedenf reiner KaufVertr (Hommelhoff: Die Sachmängelhaftg beim UnternKauf, 1975, S 18). UnternKauf liegt auch vor, wenn alle GesellschAnteile (zB alle Aktien, alle GeschAnteile einer GmbH) einheitl verk w (RG stRspr 150, 401). Bei Bestandt des BetrVermögens (Grdst, Warenvorräte, Außenstände) liegt Sach- od RKauf vor, nicht UnternKauf. Auch der Kauf einer Praxis ist zul, insb Arzt (BGH 16, 71; Düss NJW 73, 558), RA (BGH 43, 46), Steuerberater (Celle Betr 60, 1181). Wg Sittenwidrigk best KlauselRspr vgl § 138 Anm 5 b ff. ErbschKauf: § 2371 ff. **bb) Strom und Wärme:** Ihre Lieferg w nach der VerkAuffassg wie die Lieferg v Waren behandelt, entspr dem Kauf bewegl Sachen (hM). Bei DauerSchuldVerh kann dabei die ord Künd ohne zeitl Begrenzg ausgeschl w (BGH NJW 75, 1269). Für BGH-Rspr zum EnergieVersorggsVertr vgl Hiddemann WPM 76, 1294. **cc) Einzelnes:** KaufGgst können insb sein: Reklameidee, Gewinnchance, HerstellgsVerf, know-how.

2) Verkäuferpflichten beim Sachkauf (I S 1). Pfl zur Überg (Anm a) u zur EigtVerschaffg (Anm b) bestehen selbstd nebeneinander; außerdem die NebenPfl (Anm 4). Der Vertr ist nicht vollst erf, solange eine der beiden Pfl nicht erf ist; daher ist Unmögl u Verz hinsichtl der einen Pfl Unmögl od Verz für den ganzen Vertr. RFolgen der NichtErf: § 440. **a) Übergabe** der verk Sache (iZw einschließl Zubeh, § 314) bedeutet Verschaffg unmittelb Bes gem § 854 I od II. ÜbergErs, näml Vereinbg eines mittelb BesVerh (§§ 930, 868) zw Verk u Käufer od Abtretg des HerausgAnspr (§ 931) genügt nur, wenn das im KaufVertr od später dch VertrÄnd (§ 305) vereinb w. Gleiches gilt für die kfm TradPap (Konnossement, Ladeschein, Orderlagerschein); hier genügt insb die Klausel Zahlg gg Dokumente. Es kann in gleicher Weise inf vereinb Überg an Dr (RG 74, 354) od dch Dr (zB Lieferant des Verk) die ÜbergPfl erf w. Beim VersendgsKauf (§ 447) genügt der Verk seiner ÜbergPfl dch Überg an den PersKr des § 447 I. Vollz u erf ist die Überg aber erst, wenn der Käufer od sein BesDiener (§ 855; dieser ggf als befördernde Pers) den Bes erlangt (Soergel-Ballerstedt 58; Larenz § 40 I). Von der Überg ist die Abliefg zu untersch: rein tats Vorgang, dch den der Käufer in die Lage versetzt w, über die Kaufsache zu verfügen u bei der Verk sie aus seiner VfgsGewalt entläßt (vgl § 477 Anm 2b, aa). **b) Eigentumsverschaffung** der verk Sache (iZw einschl Zubeh, § 314) bedeutet Übertr des Eigt auf den Käufer od auf v ihm benannte Dr (vgl § 328). **aa) Formen:** Übereignet w gem §§ 929ff, 873, 925 od Übereignung kfm TradPap (vgl Anm a; §§ 424, 450, 650 HGB); nicht des Frachtbriefduplikats, weil es ledigl Abtretg des HerausgAnspr bedeutet (BGH WPM 71, 742). Bei gutgl Erwerb verschafft auch der NichtBer Eigt u erf (§§ 932 ff, 892; § 366 HGB). **bb) Umfang:** Der Verk schuldet nicht den EigtÜberg, sond nur die Handlg, die seinerseits dazu erforderl sind, insb die rechtsgesch Erkl abzugeben, erforderl Zust Dr (zB des Eigt gem § 185) od die Gen einer Beh (zB § 19 II Nr 1 BBauG; BGH NJW 69, 837) zu beschaffen, soweit nicht im KaufVertr od später dch VertrÄnd (§ 305) etwas and vereinb w. Bei Grdst muß der Verk alles tun, um die Umschreibg des Eigt im Grundbuch zu fördern, insb die notw Erkl ggü dem GBA abzugeben, notw Voreintragg (§ 39 GBO) herbeizuführen (RG 113, 405) u EintrHindern zu beseit (RG 118, 100). Mangels bes Vereinbg ist unbelastetes Eigt zu verschaffen (§ 434). Bloßes BuchEigt (§ 891 I) genügt nicht (RG 132, 148). **cc) Vorbehalte:** α) EigtVorbeh: § 455; Erf tritt erst ein, wenn vertragsm der EigtVorbeh erlischt u Käufer Eigt erwirbt. β) LiefermöglkVorbeh: Verk bleibt zur Lieferg verpfl, solange die Herstellg od Beschaffg der Sache mögl ist, ggf auch unter finanziellen Opfern (BGH NJW 58, 1628). Der Verk w von der LeistgsPfl erst frei, wenn er sich in zumutb Umfang erfolgl bemüht hat (Bergerfurth-Menard 501). γ) SelbstbeliefergsKlausel: ist Kauf unter auflösder Bedingg (§ 158 II), daß dem Verk die Beschaffg der Sache vom Dr gelingt, nicht mit RücktrVorbeh (§ 346). Der Verk w von der LiefergsPfl frei, wenn sein Lieferant nicht od nicht rechtzeit liefert (BGH WPM 68, 510); idR kann dann auch nicht der Käufer aus vom Verk abgetretenem R SchadErs vom sog ErstVerk (Lieferanten des Verk) verlangen (vgl BGH MDR 73, 493). Nur ausnahmsw liegt bei SelbstbeliefergsKlausel ledigl Freizeichng von der LiefergsFr vor (BGH 24, 39). **dd) Sachen des Käufers:** Die EigtVerschaffg ist obj unmögl (RFolgen § 306 od §§ 323–325); idR w Umdeutg (§ 140) mögl u angebracht sein, entw in entgeltl Verzicht des Verk auf BesR od Aufhebg eines vorangegangenen Kaufs derselben Sache dch den Verk u Käufer (RG JW 34, 1360).

3) Verkäuferpflichten beim Rechtskauf (I S 2). Auch beim RKauf besteht das Abstraktionsprinzip (Einf 2a): Der KaufVertr bewirkt noch nicht den Übergang des Rs auf den Käufer, auch wenn hierfür ein Vertr genügt (vgl § 398); es ist als ErfGesch der RÜbertr notw (Anm a). Auch für den RKauf gilt iü, was unter Anm 2 einleitd steht. RFolgen bei NichtErf: §§ 440, 441. **a) Rechtsübertragung.** Sie geschieht in den Formen, die für das betr R vorgeschrieben sind, näml Fdg u and Re grdsätzl formfrei dch Vertr gem §§ 398, 413. Dieser Vertr w idR zugleich mit dem KaufVertr geschl, wobei die WillErkl, das R zu übertr, meist stillschw erfolgt. Stets müssen die ges FormVorschr eingehalten w: GBEintr (§ 873), Schriftform (zB § 1154), not Beurk (§ 11 III GmbHG). Bedingg (§ 158) sind zul, sow sie bei dem betr R nicht ges verboten sind (Vorbem 6 vor § 158); insb ist zul: die vollst Zahlg des KaufPr (entspr § 455). Bei gutgl Erwerb (zB § 892, Art 16 WG) verschafft auch der NichtBer das R u erf. Für den Umfang der VerkPfl gilt Anm 2b, bb entspr. **b) Übergabe von Sachen** an den Käufer ist HauptPfl des Verk nur, wenn das R zum Bes an der Sache berecht (I S 2). Solche Re sind: ErbbauR (§ 1 ErbbRVO), Nießbr (§§ 1036 I, 1059), WohnR (§ 1093), DauerwohnR (§ 31 WEG), pfandgesicherte Fdg (§§ 401, 1251). Die ÜbergPfl w erf wie bei Anm 2a. Über § 451 sind die §§ 446–450 entspr anwendb. Von dieser ÜbergPfl des I S 2 zu untersch ist die Eigt- u BesLage bei SchuldUrk (vgl § 952) bei WertP (insb Wechsel u Scheck), die zum Zwecke der RÜbertr (Anm a) übereignet u übergeben w müssen, ferner bei BewUrk (vgl § 444).

4) Nebenpflichten des Verkäufers. Sie folgen unmittelb aus dem Vertr, auch wenn sie darin nicht ausdrückl übernommen sind. Sie stehen aber nicht im GgskVerh der §§ 320ff u bestehen grdsätzl bei allen

KaufGgst (Anm 1), je nach deren Art u dem Inhalt des Vertr. RFolgen der Verletzg: bei Unmöglk §§ 275, 280; bei Verzug § 286; bei SchlechtErf (pVV): § 276 Anm 7. Es gelten weder § 477 noch HGB 377 (BGH JR **77**, 65 m Anm v H. U. Schneider). **a) Auskunft und Urkundenübergabe:** für Re gelten §§ 402, 413 schon für den KaufVertr; für Sachen: § 444. **b) Rat, Belehrung und Aufklärung:** hierzu ist der Verk grdsätzl weder bei Abschl noch bei Erf des Vertr verpfl, ausnahmsw aber wenn er eine derart Pfl vertr übernommen hat, sie nach VerkSitte (§ 157) nach Handelsbrauch (§ 346 HGB) besteht, ferner wenn der Käufer für den Verk ersichtl auf dessen Sachkunde vertraut hat (Giesen NJW **71**, 1798). Bsp: Notw Unterweisg für Gebr, Behandlg u Wartg einer Kaufsache, insb einer Maschine (BGH **47**, 312 = JZ **68**, 228 m Anm v Diedrichsen); Warng vor Feuergefahr (BGH JZ **60**, 124); Hinw auf konkrete GesundhGefährdg bei Körperpflegemittel (Saarbr OLGZ **66**, 8), insb Gefahr allerg Reaktionen auch in seltenen Fällen (BGH NJW **75**, 824); Einweisg in die GeschFührg bei Verk eines Untern (Soergel-Ballerstedt 70); Unterlassen v Bezugnahme auf irreführde Werbg (vgl Trinkner BB **75**, 1493); idR nicht die Unterrichtg darü, daß der Käufer seiner Kalkulation unzutreffde Werte zugrdelegt (BGH WPM **72**, 854). **c) Prüfung** der Kaufsache: wie Anm b; insb grdsätzl keine Pfl zu prüfen, ob die Sache zu den Verwendgszweck beim Käufer geeignet ist (vgl RG **125**, 78), aber zu bejahen für Ablieferingsinspektion eines fabrikneuen Kfz (BGH NJW **69**, 1708), Untersuchg v gefahrdrohden Vorrichtgen, zB Propangasflaschen-Ventil (BGH VersR **72**, 953). Beim sog Strecken-Gesch hat der ZwHändler nicht die Pfl, die Ware auf Mängel zu untersuchen (BGH WPM **71**, 1121). **d) Schutz** des KaufGgst, insb Pflege, Obhut, Verwahrg od Lagerg (BGH Betr **72**, 34) bis zum Gefahrenübergang (§§ 446, 447). **e) Mitwirkung** des Verk bei Hdlgen des Käufers zur Verwendg der Kaufsache (aus § 157). Abg erforderl Erkl für Zulassg des verkauften Kfz (vgl Hamm NJW **53**, 386); bei Verwertg eines Warenlagers nach Beendigg eines EigenhändlerVertr (BGH **54**, 338); bei Verk eines Gesch in gemieteten Räumen hat der Verk auf den Verm einzuwirken, damit er dem MietVertr mit dem Käufer fortsetzt (Hbg OLG **28**, 149). Nicht unter die Neben-Pfl sond unter die HauptPfl fallen alle Hdlgen, die erforderl sind, daß die Sache übereignet u übergeben, das verkaufte R verschafft w (vgl Anm 2, 3); zB Überg des Warenbegleitscheins für Transport nach Bln (KG NJW **65**, 1605). **f) Unterlassung** v Wettbewerb bei Verk eines Gesch od einer Praxis (nur örtl begrenzt) ist nach § 157 dann anzunehmen, wenn der KaufPr überwiegd für einen erhebl Teil für das Fassonwert gezahlt w (RG **163**, 311). **g) Verpackung** dch den Verk für den erforderl Transport zum Käufer ist so vorzunehmen, daß Schäden bei normaler Behandlg vermieden w (Bsp f Batterien: BGH JR **77**, 65 m Anm v H. U. Schneider). Kosten: § 448. **h) Versendung** der Kaufsache: **aa)** Im Regelfall (Überg der Sache an den Käufer am regelm ErfOrt, dem Wohns od der Niederlassg des Verk, § 269 I, II) keine NebenPfl des Verk, sond HauptPfl (Anm 2a). **bb)** Beim Versendgskauf (§ 447) liegt Schickschuld vor; hier ist Verk verpfl, die Sache zum Transport zu bringen (Bahn, Post, Frachtf od Spedition anzuliefern); zur Beförderg selbst ist der Verk nicht verpfl. Versch bei Auswahl v Beförderigsart u -Pers führt zu pVV (§ 276 Anm 7). Führt der Verk den Transport selbst od dch eigenes Personal aus, w dadch keine Pfl zum Transport begründet, jedoch haftet der Verk nach §§ 276, 278 (hM; hierzu krit Kuchinke Festschr für H. Lange S 259 mwN). Die Haftg für selbstd Transportbeauftragte gem § 278, wird v der hM wg § 447 verneint, wohl zu Unrecht, da die Differenzierg ggü der Haftg bei Eigentransport ungerechtf ist (Schulz JZ **75**, 240 mwN). **cc)** Bringschuld (mit Pfl des Verk zum Transport u Ablieferg beim Käufer) liegt grdsätzl nicht vor, nur bei ausdrückl od stillschw Vereinbg, die jedoch nicht schon dann anzunehmen ist, wenn der Verk den Transport (auch mit eigenem Personal) übernimmt (Kuchinke aaO S 273). **i) Erteilung von Schriftstücken:** Rechngen müssen im kfm Verk wg der MWSt immer erteilt w; auch sonst, wenn es geschübl ist u der KaufPr vom Käufer nicht ohne weiteres errechnet w kann (Dauses Betr **72**, 2145); berecht für KaufPr nicht zur Einr gem § 320, weil NebenPfl. Es muß auch eine Bescheinigg zur Vorlage beim FinAmt erteilt w, wenn der Käufer sie für einen SteuerVort benöt (Hamm MDR **75**, 401).

5) Pflicht zur Kaufpreiszahlung (II) ist die stets im GgseitkVerh (§§ 320ff) stehde HauptPfl des Käufers, grdsätzl Zug um Zug (§§ 320 I, 322) gg die Übertr des KaufGgstd (Anm 2, 3) zu erf. **a) Kaufpreis. aa) Begriff:** Er ist das vereinb Entgelt für den KaufGgst; muß in Geld bestehen (in ausl Währg, vgl § 244) bestehen; anderenf liegt Tausch vor (§ 515); umfaßt die MWSt (BGH WPM **73**, 677 mwN), aber nicht die Zinsen für den gestundeten od verspätet gezahlten KaufPr (zur Abgrenzg BGH WPM **71**, 42). **bb) Höhe:** Sie unterliegt der Vereinbg der Part u muß in Geld best od bestimmb sein. Die Part können hierbei verpfl sein, eine best Höhe zu vereinb od nicht zu überschreiten, zB Kauf v WohnBes (§ 62c II u § 62d III, IV II. WoBauG). Fehlt eine ausdrückl Vereinbg über die Höhe, ist mögl: (1) Offener EiniggsMangel (§ 154 I); (2) Börsen- od MarktPr (Begr: § 385 Anm 1 u § 453 Anm 2) als vereinb anzunehmen. (3) Der im Gesch-Betr des Verk übl Pr (insb Laden- u ListenPr) ist als vereinb anzunehmen, gilt bei derart KaufVertr idR. (4) Bestimmg dch Verk gem §§ 315, 316. (5) Ergänzde VertrAuslegg (Hamm NJW **76**, 1212). Nur AGB ist eine Erhöhg bei Lieferg innerh 4 Monaten nach VertrAbschl unwirks, zB TagesPrKlausel (AGBG 11 Nr 1). — Bsp für Bestimmbk: Höhe der Entsch im Fall einer Enteigng (BGH NJW **67**, 31) Wertsichergsklauseln: § 245 Anm 5. **Klauseln:** (1) „Börsenpreis": der zur ErfZt an der zum ErfO nächstgelegenen Börse amtl bekannt gegebene Pr (Kurs). (2) „Brutto für netto": KaufPr w nach dem Gewicht der Ware zuzügl Verpackg berechnet. (3) „Preis freibleibend": Verk ist berecht, bei veränd wirtsch Verh zZt der Lieferg eine entspr Erhöhg des KaufPr einseit festzusetzen, wobei die Lieferg nicht unangem verzögert w darf (vgl OGHZ **4**, 172); od Vereinbg des MarktPr zZ der Lieferg (HK Hbg BB **65**, 956); od Berechtigg des Verk höheren Pr vorzuschlagen, der bei beidenseit HandelsGesch als vereinb gilt, wenn Käufer nicht unverzügl widerspricht (BGH **1**, 353). (4) „Kassenskonto . . . %": Käufer darf den RechngsBetr um den Skontosatz kürzen, wenn er sof bar bezahlt; bei angegebener Fr, nur wenn innerh dieser Fr das Geld beim Verk eingeht. (5) „Tagespreis": grdsätzl wie „freibleibd" (vgl 3); jedoch darf der Verk nicht über den Pr hinausgehen, den er von und vergleichb Kunden fordert. (6) „Netto Kasse": Zahlg ist ohne jeden Abzug zu leisten. (7) „Selbstkostenpreis": Summe der GestehgsKosten, dh EinstandsPr zuzügl aller Unkosten (Hamm BB **65**, 1359), jedoch ohne einen Anteil an allg, auch ohne diesen Kauf anfallden GeschUnkosten. **cc) Mehrwertsteuer:** (UmsatzSt) ist Teil der KaufPrFdg (vgl Anm aa). Ob der KaufPrBetr ohne od einschl MWSt vereinb ist, hängt von der ausdrückl od stillschw Vereinbg im Einzelfall ab. Bei Preisauszeichng ist die MWSt idR inbegriffen. Wird erkl „Preise sind Nettopreise + MWSt", so ist auszulegen, daß der angegebene Pr der GesPr ist (Mü BB **70**, 512). Auch iW ergänzder VertrAusslegg (§ 157) kann bei einem zum Vorsteuerabzug berecht Käufer die MWSt nicht zusätzl zum vereinb KaufPr verlangt w (BGH WPM **73**, 677 u Betr **78**, 786; Karlsr Justiz **77**, 200; Köln NJW **71**, 894; Schaumburg NJW **74**, 1734 mwN), auch nicht nachgefordert w, wenn der Verk seine MWStPfl beim Kauf falsch eingeschätzt hat (BGH aaO). Hingg ist nach einer Umfrage des DIHT ein Handelsbrauch dahin zu bejahen, daß zw vorsteuerabzugsberecht Untern, die ohne Erwähng der MWSt genannten KaufPr den NettoPr (ohne MWSt) darstellen (Schaumburg NJW **75**, 1261; aA Düss NJW **76**, 1268). **dd) Fälligkeit**: Sie tritt grdsätzl mit Entstehg des KaufPrAnspr (dh Abschl des KaufVertr) ein; jedoch ist in der Praxis die Ausn (näml spätere Fälligk) die Regel. Es gilt § 271. Es besteht keine ges VorleistgsPfl des Verk. Wenn sich aus dem Vertr (insb aus FälligkKlauseln) u aus den Umst nichts and ergibt (§ 271 I), sind die Leistgen beider VertrPart sof fäll u bei Einr gem § 320 Zug-um-Zug zu erf (§ 322). Der bei Lieferg sof (Rest-)Zahlg verlangde Verk muß wg § 271 I nicht beweisen, daß Barzahlg vereint war, wenn der Käufer behauptet, es sei ein AbzK vereinb (aA BGH NJW **75**, 206). **Klauseln**: (1) „Ziel": FälligkEintritt nach Ablauf der dabei genannten Fr, iZw gerechnet ab Datum der Rechng. (2) „, Valuta 1. 12. Ziel 30 Tage": Fälligk tritt am 31.12. ein; kfm FälligkZins (§ 353 HGB) bleibt vorbehalten. (3) „Kasse gg Lieferschein": SofZahlg (unter Ausschl der Aufrechng) bei Lieferg mit VorleistgsPfl des Käufers (BGH NJW **65**, 1271), (4) „Kasse gg Faktura": Sof Fälligk bei Zugang der Rechng unter Ausschl der Aufrechng (BGH **23**, 131). (5) „Kasse gg Dokumente" (TradPap od DispositionsPap, zB FrachtbriefDuplikat): Käufer hat die Dokumente bei Vorlage dch KaufPrZahlg einzulösen, grdsätzl ohne vorher Besichtigg der Ware (vgl BGH WPM **63**, 844; Ausn bei entspr Handelsbrauch, BGH **41**, 216); bei Zusatz des Ztpkts (zB „... bei Ankunft des Schiffs") auch ohne Rücks auf Beschaffenh der Ware (BGH WPM **67**, 1215) u stets ohne Aufrechng (BGH **14**, 61). (6) „Dokumente gg Akkreditiv": Zahlg ist bei Vorlage der DispositionsPap (insb FrachtbriefDuplikat) von der Bank zu leisten, bei Käufer das vertregm Akkreditiv gestellt hat. (7) „Zahlg nach Belieben": KaufPr ist für eine angem, aus den Umstden des Einzelfalls zu bemessde Zeit gestundet (Bergerfurth-Menard 128). (8) „Lieferung gg Nachnahme": KaufPr ist bei Anlieferg u Vorlage des NachnScheins dch die Post fällig. **ee) Kaufpreisersatz**: Eine andersart Leistg des Käufers in der Pers des KaufPr anstelle v Geld erfordert stets entspr vertragl Vereinbg; auch später (§ 305). Abgrenzg zum Tausch: § 515 Anm 1. Kauf liegt jedenf dann vor, wenn ein in Geld bemesser KaufPr ganz od teilw dch eine and Leistg an ErfStatt (§ 364 I) od erfüllshalber (§ 364 II) beglichen (erlegt) w soll. Bsp: Inzahlgnehmen eines gebr Kfz (BGH **46**, 338); bei GrdstKauf Übern v Hyp od dch die Grdschuld gesicherter Verbindlk, wobei insow eine GeldFdg des Verk nicht entsteht (vgl BGH WPM **61**, 506). **b) Zahlung**: Sie hat grdsätzl in bar (dh Übereign v Geldscheinen u -stücken) zu erfolgen; in inländ Währg. Ist der KaufPr in ausländ Währg best, gelten §§ 244, 245. Vereinbg od Gestattg bargeldloser Zahlg ist in der Praxis häuf. Gestattg liegt insb in der Angabe der KontoNr auf Rechng od Auftragsbestätig. Erf (gezahlt) ist erst mit Gutschr auf Kto des Verk, bei Nachn mit Zahlg an die Post (aA Jagusch DRZ **48**, 212). Vereinbd Zahlg dch Scheck kann bereits in mit ScheckÜberg vorgen sein (RG **109**, 35); das ist insb bei ordngsgem ausgefülltem Euro-Scheck anzunehmen. Grdsätzl gilt bei Scheck u Wechsel § 364 II, so daß die (bis dahin gestundete) KaufPrFdg iZw erst mit Einlös erlischt (§ 364 Anm 4b). Ist Übern v Kundenwechseln des Käufers vereinb, so müssen sie diskontfäh sein. Zahlg dch Nachn per Post muß vertr vereinb sein u darf nicht vom Verk einseit verlangt w.

6) Abnahmepflicht (II) des Käufers besteht nur bei Sachen (Anm 1a). **a) Begriff**: Abn ist der tats Vorgang, dch den der Verk vom Bes der Sache befreit w. Sie deckt sich idR mit der Handlg, dch die der Käufer bei der Überg (Anm 2a) mitwirkt. **b) Voraussetzungen**: Der Verk muß zur Überg imstande sein (dh er od ein herausgabebereiter Dr muß sie in Bes haben, Erm-Weitnauer 13) und sie dem Käufer anbieten; außerdem muß die Sache vertrgem sein. Bei nur geringfüg Mängeln od Abweichgen ist der Bestand der AbnPfl nach § 242 zu verteilen (BGH BB **57**, 92). **c) Rechtsnatur**: Sie ist idR NebenPfl (RG **53**, 161), steht daher nur ausnahmsw im GgseitVerh (§§ 320ff), wenn sie im Vertr ausdrückl od stillschw zur Hauptpfl gemacht w. Bsp: Verk einer großen Warenmenge mit dem für Käufer erkennb Zweck der LagerRäumg (RG **57**, 108); Verk v Holz auf dem Stamm (RG JW **27**, 43); Verk v Abfallmaterial od leicht verderbl Ware. Andseits kann die AbnPfl dch Vertr (auch nachträgl, § 305) ausgeschl w, ohne daß das RGesch seine Eigensch als KaufVertr verliert. **d) Nichterfüllung** der AbnPfl dch Unterl od Verweigerg führt unter den Voraussetzgen der §§ 284, 285 zum SchuVerz u zur SchadErsPfl des § 286; jedoch ist § 287 unanwendb, weil der Verk dch §§ 324 II, 300 II genügd geschützt ist (Soergel-Ballerstedt 89). Bei GgseitVerh (vgl Anm c) können §§ 320ff eingreifen. AnnVerz (§§ 293ff) hinsichtl der VerkHauptPfl (Anm 2, 3) tritt unabhäng v NichtErf der AbnPfl idR gleichzeit mit dem SchuVerz ein. **e) Prozessuales**: Auf Abn kann geklagt w, unabhäng von od verbunden mit einer KaufPrKl; jedoch nie (Zug-um-Zug) gg Zahlg od die Verpfl zu I (Anm 2, 3). ZwVollstr: § 887 ZPO; vertretb Hdlg, da Einlagerg idR genügt.

7) Nebenpflichten des Käufers. Es gilt grdsätzl, was in Anm 4 einheitl ausgeführt ist. **a) Lastentragung** ab Überg (§ 446 I S 2) bei bewegl Sachen, ab Eintr (§ 446 II) für Grdste u gleichstehde Re. **b) Kaufpreisverzinsung** ab Übergang der Nutzgen (§ 452), dh ab Übergabe bei bewegl Sachen (§ 446 I S 2), ab Eintr bei Grdst u gleichstehden Ren (§ 446 II). Bei Handelskauf ab Fälligk des KaufPr (§ 353 HGB). **c) Versendungs- und Abnahmekosten**: nach Maßg des § 448. **d) Beurkundungs- und Eintragungskosten**: bei Grdsten, Ren an Grdst, Schiffen und Luftfz (§ 449). **e) Verwendungsersatz**: nur nach § 450. **f) Aufbewahrung** für Sachen, die der Käufer beanstandet hat, bei Kaufleuten gesetzl (§ 379 HGB), bei Nichtkaufleuten aus § 242 abzuleiten. **g) Verpackungsrückgabe**: Pfl hierzu besteht bei den ggwärt WirtschVerh nur ausnahmsw bei entspr Vereinbg, die aber bei Behältern u Flaschen als Leihmaterial häuf ist; bei Flaschenpfand vgl BGH NJW **56**, 298. Kosten der Rücksendg trägt iZw der Käufer. **h) Abruf**: Ist die Lieferg auf Abruf verkauft u wird vom Käufer nicht innerh angem Fr der Lieferg zu Fr, unterbleibt dies, so kann wg der gem § 271 I eintretden Fälligk der Verk auf Zahlg u Abn klagen. **i) Untersuchung** der gelieferten Sachen bei beiderseit HandelsGesch (§§ 377, 378 HGB). **j) Aufklärung**: Hierzu ist der Käufer

Einzelne Schuldverhältnisse. 1. Titel: Kauf. Tausch §§ 433–435

nur aGrd Vereinbg verpfl od aGrd bes Umstde, zB bei Kreditkauf, wenn der Käufer weiß, daß er zur Zahlg nicht imstande sein w.

8) Beweislast trägt: **a) Verkäufer** für Abschl des Vertr, Einigg über den VertrInh, näml alle vom Verk behaupteten Teile u Pkte des Vertr, soweit sie der Käufer bestreitet. Beim Handkauf hat er wg der Vermutg sof Barzahlg zu beweisen, daß eine Zahlg des KaufPr (wenn sie der Käufer behauptet) unterblieben sei. **b) Käufer** für die KaufPrZahlg (ausgen bei Handkauf, Anm a), für Stundg des KaufPr u eine von der VerkSitte abweichde Vereinbg (vgl § 157 Anm 6).

434 *Gewährleistung wegen Rechtsmängel.* Der Verkäufer ist verpflichtet, dem Käufer den verkauften Gegenstand frei von Rechten zu verschaffen, die von Dritten gegen den Käufer geltend gemacht werden können.

1) Allgemeines. a) Zweck: Ergänzg des § 433 I u Folge des ErfAnspr. Dem Käufer ist der KaufGgst so zu verschaffen, daß er darüber nach Belieben verfügen kann ohne der Re Dr beschr zu sein. **b) Abdingbarkeit** ist zu bejahen, uneingeschr bis zum völl Verzicht (BGH **11**, 24), zB dch ,,Übern mit allen Ren u Pfl" (RG **66**, 316). Jedoch Nichtigk bei Argl des Verk (§ 443). **c) Anwendungsbereich:** Alle KaufGgstde, Sach- u RKauf, insb auch von Wertpapieren (BGH **8**, 222). Entspr anwendb beim VerlagsR (§ 39 VerlG). § 434 gilt nicht bei Veräußerg im Wege der ZwVollstr (§ 806 ZPO, § 56 ZVG). **d) Ausschluß der Gewährleistung:** Außer dch Verz (Anm b) gem § 439 sowie dann, wenn der Käufer kr guten Glaubens lastenfrei erwirbt, insb gem §§ 936, 892. **e) Maßgebender Zeitpunkt** für die Freih von Ren Dr ist nicht der des KaufVertrAbschl, sond Übergang: bei bewegl Sachen der des Eigt (RG **120**, 295), bei EigtVorbeh daher Eintritt der Bedingg (BGH NJW **61**, 1252), bei Grdst der Ztpkt der Auflassg (RGRK Rdz 2), bei Ren der der Übertragg (insb §§ 398, 413), im GrdstR der der Einigg. Gleichgült ist, zu welchem Ztpkt die Re Dr geltd gemacht w können (RG **111**, 86); entscheidd, daß das RVerh, auf dem das R beruht, zu diesem Ztpkt schon besteht.

2) Rechte Dritter. Sie müssen an dem od in Bezug auf den KaufGgst bestehen u auch nur möglw gg den Käufer bei od nach dem Kauf geltd gemacht w können (vgl Anm 1e). **a) Dingliche Rechte:** Alle außer dem Eigt (hierfür gilt § 433 I). Bei bewegl Sachen insb AnwartschR, PfdR, Nießbr, soweit sie Grdst-Zubeh od -Bestandt sind, auch der GrdPfdRe (wg §§ 1121 ff). Bei Grdst auch alle in Abt II des Grdbuchs eingetr Re, insb auch GrdDienstbk (RG **66**, 316), VorkaufsR (RG **133**, 76). Wenn eine Hyp entgg §§ 434, 439 übernommen w u Inhalt od Umfang v der Zusicherg des Verk abweichen (bestr; vgl Michaelis NJW **67**, 2391). Ferner allg: VeräußergsVerbote gem §§ 135, 136 (RG **132**, 145), NacherbenR (§§ 2113 ff). **b) Obligatorische Rechte:** Nur soweit sie einem Dr berecht Bes verschaffen, dch ZbR dem Käufer entggesetzt w können od ihn in seiner VfgsBefugn in den Nutzg des KaufGgst beeinträcht, insb: Miet- u PachtR wg § 571 (BGH WPM **72**, 556); bei Grdst u grdstgleichen Ren die dch Vormerkg gesicherten Anspr (RG **149**, 195); rückständ Einlage bei GesAnteil; Unbenutzbk wg entggstehden Patents (RG **163**, 1 [8]), Patentanmeldg (BGH NJW **73**, 1545; vgl § 30 I PatG) od GebrMuster; bei Kauf v UrhR, Patent od GebrMuster erteilte Re, Lizenzen, auf privatrechtl Titeln beruhde BauBeschrkgen (BGH BB **65**, 1291). Nicht: die Haftg aus § 419 (BGH WPM **78**, 60). **c) Öffentliche Rechte:** Bei GrdstKauf gilt für Abgaben u and Lasten § 436. Auch sonst stellen öff-rechtl Eingriffe od Beschrkgen grdsätzl keinen RMangel dar (BGH NJW **78**, 1429 für Baulast). Ausn: Öff-rechtl VeräußergsVerbote u BeschlagnRe soweit sie die RStellg des Käufers beeinträcht (RG **111**, 89; für § 94 StPO verneint v LG Bonn NJW **77**, 1822); ferner der Genehmiggszwang gem § 6 WoBindG (BGH NJW **76**, 1888). BauBeschrkgen w als Sachmängel behandelt (§ 459 Anm 2a).

3) Rechtsfolgen. Es ist davon auszugehen, daß der Verk zur Erf seiner HauptPfl § 433 I dem Käufer den Ggst frei von Re Dr verschaffen muß. Solange der Verk diese Re nicht beseitigt, hat der Käufer die Re aus § 440 I: Einr des nichterf Vertr (§§ 320, 321), Befreiung von der GgLeistg (§ 323), SchadErs (unter best Voraussetzgen, §§ 440 II–IV, 441) u Rücktr (§§ 325, 326). Der ErfAnspr (auf Beseitig der entggstehden Re gerichtet) besteht bis zum Rücktr od bis Ablauf der NachFr (§ 326 I 2). BewLast für RMangel trägt Käufer (§ 442).

435 *Rechtsmängel bei Grundstücken.* ⁱ Der Verkäufer eines Grundstücks oder eines Rechtes an einem Grundstück ist verpflichtet, im Grundbuch eingetragene Rechte, die nicht bestehen, auf seine Kosten zur Löschung zu bringen, wenn sie im Falle ihres Bestehens das dem Käufer zu verschaffende Recht beeinträchtigen würden.

ⁱⁱ Das gleiche gilt beim Verkauf eines eingetragenen Schiffs oder Schiffsbauwerks oder einer Schiffshypothek für die im Schiffsregister eingetragenen Rechte.

1) Die **Verpflichtg** des Verk zur Verschaffg lastenfreien Eigt w für Grdstücke u eingetr Schiffe dahin erweitert, daß auch Scheinbelastgen vom Verk zu löschen sind. Der auf Lastenbefreiung in Anspr genommene Verk kann sich daher nicht darauf berufen, daß ein eingetr Recht in Wahrh nicht besteht. Die Vorschr gilt für alle Eintraggen, auch solche, die inhaltl unzul, RG **88**, 28. Obgleich Käufer diese selbst beseitigen kann, kann er vom Verk Beseitigg verlangen, denn dieser muß etwaige Kosten tragen. Löschgs-Pfl des Verk auch bei unwirks Vormerkg, RG **149**, 195. Bis zur Löschg kann Käufer Mitwirkg zu angebotener Auflassg verweigern; Käufer kauft auch dann insow nicht gg Treu u Glauben verstoßen, vgl § 266 Anm 1a. Nach Eintr u Überg darf Käufer Kaufpr nur nach Maßg des § 320 II verweigern. Zur Beseitig der Eintr muß Käufer dem Verk angemessene Frist setzen. Entspr anwendb bei RegPfdR (§ 98 LuftfzRG).

§§ 435–437

2) **Löschg** nicht bestehenden Rechts bewirkt Verk gem § 894. Ist Käufer bereits als Eigtümer eingetr, so kann Verk doch mit Ermächtigg des Eigtümers BerichtiggsAnspr im eig Namen u Interesse als fremdes Recht geltd machen, RG **112**, 265. Eine solche stillschw Ermächtigg wird bei ausdr vertragl Löschgsverpflichtg des Verk in dieser erblickt, RG **53**, 411; vgl BGH **LM** § 1169 Nr 1. Schweigt der Vertr über die Löschgsverpflichtg des Verk, so liegt die Ermächtigg des Käufers in seiner Aufforderg an den Verk, die Löschg zu bewirken.

436 *Öffentliche Lasten bei Grundstücken.* **Der Verkäufer eines Grundstücks haftet nicht für die Freiheit des Grundstücks von öffentlichen Abgaben und von anderen öffentlichen Lasten, die zur Eintragung in das Grundbuch nicht geeignet sind.**

1) Die Bedeutg der Vorschrift besteht in der **Ergänzg des vermutl Parteiwillens**: Käufer muß damit rechnen, daß er im Erwerb eines Grdstücks die an das Eigt geknüpften öff Lasten u Abgaben zu tragen hat, von denen Verk wg des Verlusts von Besitz u Eigt frei wird. Öff Lasten u Abgaben sind regelm von entscheidender Bedeutg für Preisbildg bei GrdstVerkauf, so daß Käufer für deren bes Höhe durch geringeren Preis entschädigt w. Von öff Lasten u Abgaben kann Verk regelm Grdst auch nicht befreien. Über die Sonderregelg beim Lastenausgleich Anm 4. — Anwendb nur auf Grdstücke; entspr anwendb auf Rechte an Grdstücken, nicht aber auf andere Ggstände, RG **105**, 391, od Schiffe; bei diesen w jedoch im Verkehr stets mit öff Lasten gerechnet; stillschw Übern durch Käufer kann sich jedoch als Parteiwille aus § 157 ergeben. Andrers kann auch bei Grdstücken Verk ausdr Gewähr für Freih von öff Lasten u Abgaben im Ztpkt des Gefahrübergangs übernehmen.

2) **Öffentl Lasten** sind Leistgen, die kr öff Rechts auf dem Grdst selbst ruhen od aus dem Grdst zu entrichten sind, BGH **BB 61**, 770.

a) Als öffentl Lasten sind anzusehen: Hauszinssteuer, Grdsteuer, kommunale Abgaben, Straßenanliegerbeiträge, Straßenbaukosten, Köln **JW 27**, 1436, Kirchen- u Schulbaulast, RG **43**, 206, Patronatslast, RG **70**, 264, Kaminkehrergebühren, § 9 S 2 VO v 28. 7. 37, HypGewAbgabe, § 111 LAG, Anm 4; vgl im übr auch § 854 Einl 4 f.

b) Keine öffentl Lasten sind: VermAbgabe nach dem LAG u Soforthilfeabgabe nach dem SHG, da Personensteuer, BGH **BB 61**, 770; GrdErwerbsteuer, RG **75**, 208; Müllabfuhrgebühren, Bln (LG) JR **56**, 185; Schneeräum- u StreuPfl, Schlesw VersR **73**, 677. Über rückständige öff Lasten, die nach dem Sinn der Vorschr auch nicht hierher gehören, vgl §§ 446, 103. Bestehen eines Bebauungsplans u Einleitg eines Flurbereiniggsverf (Köln **MDR 76**, 931). Über BauBeschrkungen § 434 Anm 2 c.

3) Auch wenn eine öff Last zu Recht od Unrecht im GB eingetr ist, haftet der Verk nicht, soweit die Last tatsächl besteht.

437 *Gewährleistung bei Rechtskauf.* ^I **Der Verkäufer einer Forderung oder eines sonstigen Rechtes haftet für den rechtlichen Bestand der Forderung oder des Rechtes.**
^II **Der Verkäufer eines Wertpapiers haftet auch dafür, daß es nicht zum Zwecke der Kraftloserklärung aufgeboten ist.**

1) **Allgemeines. a) Verhältnis zu § 306**: Hierzu stellt § 437 (dch die Gültigk des KaufVertr) eine Ausn dar, aber nur sow das Bestehen des R od der Fdg zZ des VertrAbschl obj mögl war. § 306 gilt daher, wenn Bestand od Entstehg des R od der Fdg aus rechtl (nicht aber aus tats) Grden unmögl war (RG **90**, 240 [244]). Für die Veräußerg nicht bestehder gewerbl SchutzR hat dies nicht allg gesagt w; es kommt auf den Einzelfall an, ob die Schutzfähigk klar ersichtl ausscheidet (vgl Soergel-Ballerstedt 2). **b) Zweck**: Der Verk, der den Bestand eines (sinnl nicht wahrnehmb) R dch den Verkauf behauptet, soll dafür grdsätzl uneingeschr einstehen müssen. **c) Abdingbarkeit**: ist zu bejahen (allg M), insb dch HaftgsAusschl (zB „ohne Gewähr") u dch Übern weitergehder Haftg. Ist Zweifelhk dem Käufer bekannt, so kann stillschw HaftgsAusschl vorliegen. **d) Anwendungsbereich**: Nur für den Kauf eines (auch künft) R; aber auch dann, wenn das R zu einer Sach- u Rechtsgesamth (insb zu einem gewerbl Untern) gehört u dieses verk w; in diesem Fall w nach § 437 gehaftet, ggf neben §§ 459 ff (BGH **NJW 70**, 556 u **WPM 75**, 1166; vgl § 433 Anm 1 c, aa), näml soweit der RsMangel für den KaufGgst (Untern als solches) einen (Sach-)Mangel darstellt (Vorbem 3 d v § 459). § 437 gilt nicht für den entgeltl Verz auf ein R (Mü **NJW 71**, 1808). **e) Ausführung**. Es ist stets zu unterscheiden: der KaufVertr u das ErfGesch, näml die Übertr des R (insb nach §§ 398, 413). Beide Vertr können in einem einz Vorgang liegen u sich zeitl decken. Ist ein R verk, das zum Bes berecht, so ist der Bes zu verschaffen (§ 441). **f) Beweislast**: § 442.

2) **Haftung. a) Voraussetzungen**: Im Anwendgsbereich (Anm 1d) haftet der Verk allein aGrd des KaufVertr, ohne Rücks auf Versch. **b) Umfang**. Es w für den Bestand gehaftet, gleich ob das R nie entstanden, wieder erloschen (insb dch Anf od Aufrechng), mit einer Einr behaftet u aus diesen od and Grden nicht dchsetzb ist; zB inf einer Beschlagn (BGH **NJW 63**, 1971). Die Haftg bezieht sich auf den Inhalt u Umf des R, wie es im KaufVertr best ist, ohne nähere Best auf den gewöhnl, insb gesetzl Inhalt, ferner auf die NebenR des § 401 (RG **90**, 240). Für den Rang eines R am Grdst kommt es daher nur auf den Inhalt des KaufVertr an, sofern nicht ein best Rang darin angegeben od vorausgesetzt w (Soergel-Ballerstedt 4). Der Verk haftet auch für die Übertragbk des R (BGH **NJW 70**, 556), aber nur wenn sie rechtsgesch ausgeschl ist; denn bei gesetzl Unübertragbk gilt § 437 nicht (vgl Anm 1a). Der Verk haftet nicht dafür, daß das R auch brauchb ist u den vertragl vorausgesetzten Wert hat; ohne bes Abrede, insb nicht dafür, daß eine Fdg eingebracht w kann (vgl § 438) u grdsätzl nicht für Mängel der Sache, auf die das R sich bezieht (Larenz § 45 II). Ausschl der Haftg bei Kenntn des Mangels: § 439. **c) Maßgebender Zeitpunkt** ist grdsätzl der des Kauf-

VertrAbschl, nicht der der Übertr des R. Es w gehaftet, wenn der RGrd für das Erlöschen od die Beeinträchtigg zum maßgebden Ztpkt entstanden war. Ist ein künft R verkauft, w für die Entstehg des R zur best Zeit gehaftet. Ist ein bedingtes R verk, w nur dafür gehaftet, daß zZ des VertrAbschl die auflöse Bedingg noch nicht eingetreten, die aufschiebde Bedingg nicht ausgeschl war. **d) Wirkung.** Der Käufer hat zunächst den ErfAnspr u kann vom Verk die Verschaffg des R od ggf die Herstellg des dem KaufVertr entspr Inhalt des R verlangen. Davon unabhäng kann er auch über § 440 I die R aus §§ 320–327 geltd machen, insb Leistgsverweiger, SchadErs od Rücktr. **e) Besonderheiten bei Gesellschaftsanteilen.** Hier w dafür gehaftet, daß der Anteil in der entspr Größe u die betr Gesellsch besteht u nicht in Liquidation ist (RG 99, 218), ferner für die rechtl Eigensch des GesAnteils, zB Höhe der Gewinnbeteiligg, Umfang des StimmR (U. Huber ZfUG 72, 395). Für den Wert des Anteils sowie für Mängel des von der Gesellsch betriebenen Untern od der Bestandteile des GesellschVerm w grdsätzl nicht gehaftet; nur dann, wenn hierfür Gewl od Garantie vom Verk vertragl übernommen w (U. Huber aaO mwN). SachmängelGewl kann aber entspr §§ 459ff ohne bes Vereinbg bestehen, wenn der od die verkauften Anteile mehr als eine Minderh-Beteiligg darstellen (vgl Vorbem 3 vor § 459). Entspr gilt für Aktien, insb Pakete.

3) Wertpapiere. Ihr Kauf stellt in erster Linie einen RKauf dar. Da bei WertP aber das R nur dch Vorlage des Papiers, das eine Sache darstellt, ausgeübt w kann, liegt zugleich ein Sachkauf (§ 433) vor, dch den der Verk zur Übergu Übereigng des WertP verpfl ist (hM; Larenz § 45 II; RG **109**, 295). Davon zu unterscheiden sind Urk, für die § 952 anwendb ist; bei diesen Urk folgt das R am Papier dem R aus dem Papier kraft G ohne Übereigng (§ 952 Anm 2, 3). § 437 setzt das alles voraus u erweitert ledigl in II die Haftg. **a) Art der Gewährleistung:** Haftg für RMängel (§§ 437ff) u Sachmängel (§§ 459ff) sind nebeneinander anwendb (RG aaO), soweit deren Voraussetzgen vorliegen. Bsp für RMängel: Formungültigk eines Wechsels od Schecks, Unwirks einer Verpfl aus dem WertP, Künd des verbrieften R, Aufgebot zur KraftlosErkl (II; § 947 II ZPO), fehlde Beweisbk des R gem § 21 WBG; Zahlgssperre des § 1019 ZPO (RG aaO). Sachmängel (§ 459): sind nur solche, die dem WertP als Sache anhaften, zB Abtrenng eines Teils, Fälschg einer notw Unterschr, Fehlen von notw Stempelg, Zerstörg der Schrift (insb teilw). Bewirkt der Sachmangel zugleich einen Mangel des R (zB Verfälschg, Fehlen des notw Bestandt eines Wechsels) so herrscht grdsätzl der RMangel vor u dem Käufer stehen allein die R daraus zu (Larenz aaO; Oertmann 4). **b) Umfang. aa)** Bei RMängeln: Der Verk haftet grdsätzl wie in Anm 2 dargestellt. Er haftet insb nicht für den Kurs des WertP, seine Börsenfähigk, künft Dividende. **bb)** Bei Sachmängeln: Wandelg od Minderg (§ 462), ggf SchadErs (§ 463). Nachbesserg od Nachlieferg einer einwandfreien Urk (abgesehen vom Gattgskauf, § 480) nur bei entspr Vereinbg der VertrPart (beachte aber Anm c, aa). **c) Besonderheiten bei aa) Banknoten:** KaufVertr kann, weil der Kaufpr in Geld bestehen muß (§ 433 Anm 3 A) nur vorliegen bei Kauf von Geld in and Währg od beim Umtausch von Geld gleicher Währg. Sind die Banknoten gefälscht, verfälscht od außer Kurs, so liegt ein RMangel vor (hM; Larenz aaO; Soergel-Ballerstedt 19, Staud-Ostler 32; RG **108**, 316); ein Sachmangel nur bei Stückkauf ausländ Banknoten (RG **108**, 279, Larenz aaO) od, wenn eine Banknote umtauschunfäh beschäd ist. **bb) Inhaberpapiere:** W bei der WertPBereinigg die RStellg rückw entzogen, vgl BGH **8**, 222. Bei Kauf von Aktienpaketen beachte Anm 2e. **cc) Wechsel:** Es ist zu unterscheiden: die Haftg aus dem Wechsel (Art 9, 15, 28 WG) von der Gewl-Leistg aus dem (häuf zugrdeliegden) Verkauf des Wechsels. Hierfür gilt § 437 unmittelb. Der Verk haftet (abdingb, Anm 1c) insb für die Formgültigk des Wechsels (aber § 439 beachten), für die Echth der Unterschr, das Fehlen von dch Art 17 WG nicht ausschl Einwendgen, für die abredegem Ausfüllg eines Blankowechsels. Beim WechseldiskontGesch (idR RKauf, Einf 4b vor § 607) w nicht für den unveränd Fortbestd des Devisenkurses gehaftet, so daß Währgsverluste zu Auf- od Diskontgeber (Käufer) trägt (vgl RG **142**, 23). **dd) Scheck:** Wer einen Scheck verkauft (auch als dessen Aussteller) haftet aus dem KaufVertr nicht für die Einlösg (hierfür nur nach Art 12 ScheckG) sond nur für die Wirksk seiner Scheck-Verpfl (hM; Soergel-Ballerstedt 23 mwN). Der Verkauf eines Schecks liegt aber nicht vor, wenn er (wie es idR geschieht u dem Zweck des Schecks entspr) gem § 364 II begeben od weiterbegeben w.

438 Haftung für Zahlungsfähigkeit. Übernimmt der Verkäufer einer Forderung die Haftung für die Zahlungsfähigkeit des Schuldners, so ist die Haftung im Zweifel nur auf die Zahlungsfähigkeit zur Zeit der Abtretung zu beziehen.

1) Die Haftg für ZahlgsFgk des Schu muß **übernommen** sein. Sie folgt näml nicht ohne weiteres aus dem Fdgskauf (§ 437 Anm 2), auch nicht bei Hingabe der Fdg an Erf Statt aus der Ergänzgsregel des § 365, es sei denn, daß auch hier Garantie für Zahlgsfähigk des Schu übernommen wurde, RG Gruch **47**, 642. Hat Verk die Haftg auch **für den Eingang der Forderg** übernommen, so haftet er nicht nur für die Zahlgs-Fgk des Schu im Ztpkt der Abtretg, sond auch bei Fälligk, vorausgesetzt, daß Käufer Einziehg sorgfältig betreibt. Immer bedarf es der Auslegg der Vereinbg. § 438 ist gesetzl Auslegsregel u nachgiebigen Rechts. Die HaftgsÜbern für ZahlgsFgk ist Nebengedinge des KaufVertr. Daher nicht Bürgsch, deren Schriftformerfordern unanwendb; Einr der Vorausklage ist hier nicht gegeben, doch ist Käufer nach Treu u Gl verpfl, zunächst die Einziehg u Vollstr aus verkaufter Fdg zu versuchen, bevor er Gewährleistg verlangt, Warn **10**, 107; denn ZahlgsFgk ist noch nicht Zahlgswille. Anderers sind die Grdgedanken der §§ 773, 776 entspr anwendb. § 438 entspr anwendb bei Hyp- u Grdschuldkauf. Kenntn des Käufers von ZahlgsUnfgk schadet ggü der ausdr Garantie des Verkäufers nicht.

2) Als **Zeitpunkt** der zu gewährleistenden ZahlgsFgk gilt nicht Abschl des KaufVertr, sond Übergang der Fdg, Hyp usw, obgleich dieser nach VertrSchl bewirkt w kann. Tritt Zahlgsunfgk zw VertrSchl u Abtretg ein, so besteht Haftg des Verk gleichwohl: Käufer kann in diesem Fall Ann der Abtretg ablehnen u ohne Vorgehen gg Schu Erf der Garantie von Verk selbst verlangen. Ztpkt der Abtretg ist auch maßg, wenn Kündbark der Fdg zunächst ausgeschl ist; dagg haftet Verk ohne zeitl Beschrkg, wenn ihm bevorstehende Zahlgsunfgk bekannt war.

3) Zahlungsunfähigkeit liegt auch vor, wenn Schu nur in Raten zahlen kann. Hat Käufer alsbald nach Abtretg Fdg ausgeklagt u vollstreckt, ohne Zahlg zu erhalten, so besteht tatsächl Vermutg für Zahlgsunfgk des Schu schon zur Zeit der Abtretg. Bestreitet Verk dann Zahlgsunfgk bei Abtretg, so muß er Gründe darlegen u beweisen.

439 Kenntnis des Käufers vom Rechtsmangel.
I Der Verkäufer hat einen Mangel im Rechte nicht zu vertreten, wenn der Käufer den Mangel bei dem Abschlusse des Kaufes kennt.

II Eine Hypothek, eine Grundschuld, eine Rentenschuld, eine Schiffshypothek oder ein Pfandrecht hat der Verkäufer zu beseitigen, auch wenn der Käufer die Belastung kennt. Das gleiche gilt von einer Vormerkung zur Sicherung des Anspruchs auf Bestellung eines dieser Rechte.

1) Allgemeines. Der Grd der gesetzl RMängelhaftg fällt fort, wenn Käufer den Mangel bei VertrSchl kannte, also nicht damit rechnen konnte, den KaufGgst ohne diesen RMangel zu erhalten. Bei Sachmängeln gilt nicht § 439, sond § 460. Haftgbefreiung für RMängel gilt nur hins gesetzl Haftg, nicht bei vertragl Zusicherg, RG **88**, 167. Über die Anwendg des § 439 auf die Rückerstattg s unten Anm 5. – Abs 2 gilt entspr für das RegPfdR an in die Luftfahrzeugrolle eingetr Luftfahrzeugen, § 98 LuftfzRG.

2) Die Kenntnis des Käufers muß sich auf den fehlenden Bestand des Rechtes od die rechtl Beschrkgen des Kaufggstandes beziehen. Es genügt nicht Kenntn der Tatsachen, aus denen der RMangel folgt, wenn Käufer daraus nicht den Mangel ersah, weil er nicht die richtigen rechtl Folgergen zog, BGH **13**, 341. Selbst grob fahrl Unkenntn steht der hier erforderl positiven Gewißh nicht gleich, BGH NJW **60**, 721. Dem Käufer bekannte Bedenken, die er dem Verk nicht mitteilt, können aber Versch bei VertrSchl begrden, BGH aaO. Kennt Käufer den RMangel, so kann er sich nicht über rechtl od wirtschaftl Tragweite des Mangels berufen, BGH **2**, 331 = NJW **51**, 705. Erklärt Käufer vertragl, die Rechte zu kennen („dem Käufer des Grdst sind die MietVertr bekannt"), so muß er sich so behandeln lassen, als ob er sie in dem erklärten Umfange kannte (RGRK Anm 6). Das soll nicht gelten, wenn statt MietVertr das Wort MietVerh verwendet w, BGH WPM **72**, 556.

3) Zeitpunkt der Kenntn muß der VertrSchl sein. Später vom Käufer erworbene Kenntn schadet ihm nicht. Nimmt Käufer, der erst nach Kauf Kenntn von Mangel erhielt, den Ggst ohne Vorbeh entgg, so erlischt VerkHaftg (anders als bei Sachmangel § 464) nicht. BewLast: § 442. Kennt Käufer bei VertrSchl dingl VorkaufsR, so ist Vertr unter der stillschw Bedingg geschl, daß das VorkaufsR nicht ausgeübt w, RG JW **22**, 576. Bei persönl VorkaufsR dagg besteht trotz Kenntn des Käufers SchadErsPfl des das VorkaufsR erfüllenden Verk.

4) Bei Belastg des Kaufgstandes mit **Hypothek, Grundschuld, Rentenschuld oder PfandR** bezweckt Verk regelm die Verwendg des Kaufpr zur Tilgg der gesicherten Fdg, währd Käufer nicht mit dem Ggst für fremde Schuld haften will. Deshalb wird in diesen Fällen die Regel der §§ 434, 435 auch dann aufrechterhalten, wenn Käufer bei VertrSchl Belastgen kannte. Die Vorschr findet vorzugsw auf GrdstVerkauf Anwendg, RG **122**, 380. Es kommen aber nicht nur Rechte an Grdstücken, sond auch solche an Fahrnis in Betr, so Pfandrechte u Zubehörbelastgen, BGH WPM **61**, 484. Die Vorschr ist jedoch wie §§ 434, 435 – auch stillschw – abdingb. Übernimmt Käufer Hyp usw ausdr in Anrechng auf Kaufpr, so entfällt BeseitiggsPfl. Auf andere Rechte als Hyp, GrdSchld, Rentenschuld u PfandR ist § 439 II nicht, auch nicht entspr, anwendb. Über dingl VorkaufsR Anm 3. Dagg mit dem gesamten GrdstKaufR entspr anwendb auf Verkauf sämtl Anteile einer Grdst-GmbH, RG **120**, 283. – Über PfandR an Luftfahrzeugen Anm 1.

5) Rückerstattg: Nach Art 47 AmMRG 59 u Art 39 BrMRG 59 ist die RückerstattgsPfl ein Mangel im Recht nach §§ 433 ff. Der Verk hat daher seinem rückerstattgspflichtigen Käufer ggü diesen Mangel zu vertreten, u zw ohne Rücks darauf, ob dieser den Mangel kannte; § 439 I gilt nicht. Diese Regelg verstößt nicht gg das GG, BGH BB **56**, 647. In der früh FrZ prakt das gleiche Ergebn, BGH **13**, 341. Rückgriffsberechtigt danach auch der schlechtgl Käufer gg den gutgl Verk; keine Berücksichtig des mitwirkenden Verschuldens des Käufers, BGH WPM **64**, 236. Anspr geht in erster Linie auf Erfüllg, auf Geld jedoch dann, wenn, wie regelm, Verk zur Erfüllg außerstande, BGH WPM **64**, 235. Voller Schaden ist zu ersetzen, §§ 440, 441 Anm 1. Zu beachten jedoch auch hier § 242, BGH WPM **64**, 236, insbes wenn Fdg vollen Schadens rechtsmißbräuchl, BGH aaO (Zubilligg nur des negativen Interesses). RMißbr, u zwar hins der SchadErsFdg überh, von BGH **13**, 67 bejaht, für den Fall, daß das Reich (Bundesbahn als Rechtsnachfolgerin der RBahn) RückgrAnspr geltd macht. RMißbr kann jedoch nicht allein mit den Härten gerechtfertigt w, die sich für den Pflichtigen aus der gesetzl Regelg ergeben, BGH WPM **60**, 326. – Vergleicht sich der REPflichtige mit dem Widerspr gg den Rückerstattg seines Verk, so ist von den ordentl Gerichten zu prüfen, ob die Voraussetzgen des Rückgr nach REG gegeben sind u der Vergl der Sach- u RLage entspr, BGH WPM **59**, 275. Vertragl Ausschl der Haftg für RMängel befreit; fragl im Einzelfall aber stets, ob sich die Freizeichng auch auf den hier in Rede stehenden Mangel im Eigt bezieht; darü u über die Ermittlg des mutmaßl Parteiwillens BGH WPM **64**, 235. Auch die mittelb RVorgänger des erstattgspflichtigen Käufers haben diesem ggü den Mangel zu vertreten, wenn es sich um den Verk v Grdstücken od beweglichen Sachen handelt und der RVorgänger beim Erwerb – seltsamerw w nicht auf die Veräußerer abgestellt – schlechtgl (nur Kenntn des Entziehgstatbestdes, grob fahrl Unkenntn nicht ausreichd, BGH RzW **57**, 155, Hbg MDR **65**, 575) und der rückerstattgspflichtige Käufer gutgl war. – RückgrAnspr gg das Reich (Preußen, RAutobahn) oder deren RNachfolger ausgeschl nach § 1 I AKG, BGH WPM **59**, 292. – Über ZwVerst als Entziehgstatbestd BGH WPM **60**, 326. Der REPfl, der das Grdst in der ZwVerst erworben hat, hat gg den früheren Eigtümer keinen RückgrAnspr, § 56 S 3 ZVG, BGH WPM **60**, 1095.

Einzelne Schuldverhältnisse. 1. Titel: Kauf. Tausch　　　　　　　§§ 440–442

440 *Rechte des Käufers.* ^I Erfüllt der Verkäufer die ihm nach den §§ 433 bis 437, 439 obliegenden Verpflichtungen nicht, so bestimmen sich die Rechte des Käufers nach den Vorschriften der §§ 320 bis 327.

^{II} Ist eine bewegliche Sache verkauft und dem Käufer zum Zwecke der Eigentumsübertragung übergeben worden, so kann der Käufer wegen des Rechtes eines Dritten, das zum Besitze der Sache berechtigt, Schadensersatz wegen Nichterfüllung nur verlangen, wenn er die Sache dem Dritten mit Rücksicht auf dessen Recht herausgegeben hat oder sie dem Verkäufer zurückgewährt oder wenn die Sache untergegangen ist.

^{III} Der Herausgabe der Sache an den Dritten steht es gleich, wenn der Dritte den Käufer oder dieser den Dritten beerbt oder wenn der Käufer das Recht des Dritten anderweit erwirbt oder den Dritten abfindet.

^{IV} Steht dem Käufer ein Anspruch auf Herausgabe gegen einen anderen zu, so genügt an Stelle der Rückgewähr die Abtretung des Anspruchs.

441 *Weitere Rechte des Käufers.* Die Vorschriften des § 440 Abs. 2 bis 4 gelten auch dann, wenn ein Recht an einer beweglichen Sache verkauft ist, das zum Besitze der Sache berechtigt.

1) Allgemeines. Nur die NichtErf der in § 440 I bezeichneten Pfl löst die allg Folgen der NichtErf von Vertr aus, u zwar gleicherm bei NichtErf dch Verk od dch Käufer. Wandlg u Minderg (§ 462) sind bei RMangel nicht mögl. Für Verletzg der VerkPfl hebt § 440 I ausdr hervor, daß jede der in §§ 433–437, 439 festgestellten Pfl die §§ 320–327 anwendb macht, es sich daher um Teile der HauptVerpfl des Verk handelt. Bei BesVerlust v verkauften bewegl Sachen stellen §§ 440 II–IV, 441 zusätzl Erfordern auf. **a) Anwendungsbereich:** Kauf v Sachen u Ren; §§ 440 II–IV u § 441 nur beweg Sachen u Re, die zum Bes berecht, zB Nießbr (§§ 1036, 1059), PfandR (§ 1251), DauerWohnR (§ 31 WEG), nicht Miete u Pacht. **b) Rechte des Käufers:** ErfAnspr, auch wenn seine GgLeistg dch Versch des Verk unmögl w (§ 324); Einr des nichterf Vertr (§§ 320, 322), SchadErs wg NichtErf auch bei subjektivem Unvermögen des Verk (BGH **11**, 16), desgl bei Verz nach § 326; Rücktr nach §§ 325 ff. Der Käufer hat diese Re auch dann, wenn der Verk trotz eines ihm zustehden ZbR vorzeit erf hat; auch in diesem Fall hat der Verk dafür einzustehen, daß die Sache im Ztpkt ihrer Überg nicht mit Ren Dr belastet ist, die ihre Benutzg dch den Käufer hindern (BGH WPM **60**, 1417). Auch wenn die Sache schon zZ des KaufAbschl dem Verk nicht gehört, gelten die §§ 320 ff. **c) Verhältnis zu anderen Vorschriften:** Das RücktrR (§§ 325, 326) richtet sich nach den allg Vorschr, insb §§ 351, 352, 354; § 327 S 1; jedoch ist trotz § 351 II, III der Käufer zum Rücktr berecht, wenn er die Sache dem bestohlenen Eigt zurückgegeben hat (BGH **5**, 337). Bei anfängl Unvermögen des Verk gilt § 325 entspr, nicht § 306, weil der Verk dieses Unvermögen stets zu vertreten hat (BGH **8**, 231; Soergel-Ballerstedt § 440 Anm 3 a; bestr, aA Erm-Weitnauer 7). IrrtAnf wg RMangel ist dch § 440 I grdsätzl nicht ausgeschl; jedoch die aus § 119 II, soweit wg der betreffen Eigensch Haftg aus § 440 in Betr kommt (Erm-Weitnauer 3); Eigt ist keine Eigensch iS des § 119 II (BGH **34**, 32).

2) Voraussetzungen des Schadensersatzanspruchs. Dem Käufer entsteht dch die bloße Behauptg eines zum Bes berecht Rs dch einen Dr noch kein Schad. Die Unbilligk, die darin liegt, daß Käufer die Sache behält, dem RückgAnspr des Verk den Einwand aus dem KaufVertr entggesetzt u gleichzeit SchadErs verlangt, soll § 440 II verhindern. Zur Bedeutg dieser Best: RG **117**, 335 u BGH **5**, 337.

a) Herausgabe an Dritten. Käufer gibt die Sache dem Dr mit Rücks auf dessen Recht heraus. Er ist nicht verpfl, aber berechtigt, sich mit dem EntwehrgsAnspr erhebenden Dritten auf einen RStreit einzulassen u dem Verk den Streit zu verkünden. Gibt Käufer die Sache dem Dr freiw heraus, so trifft ihn hins des RMangels die BewLast, wenn er jetzt den Verk in Anspr nimmt. Ist die Sache dem früh Besitzer abhanden gekommen, so genügt Käufer mit Nachw dieses Tatbestandes; er braucht nicht zu beweisen, daß der Dr Eigtümer geblieben ist (BGH **16**, 307). Der Herausg steht nach § 440 III gleich, wenn durch RNachfolge Identität zw Käufer u dem Dr entsteht. Eine Abfindg, dch die Käufer die Anspr des Dr erwirbt od beseitigt, muß jedoch eine endgült sein. Maßgebder Ztpkt für die Berechng des Schad ist der Wert der Sache zZ der Herausg an den Eigter. Bei Kfz, das der Käufer bis zur Herausg ungestört nutzen kann, tritt der Schad überh erst mit der Herausg ein (Hamm NJW **75**, 2197).

b) Rückgabe an Verkäufer. Käufer braucht sich nicht mit dem Dr auseinanderzusetzen, kann vielm die Sache wg des Rs des Dr dem Verk zurückgeben od den HerausgAnspr abtreten (IV); auch dann ist der Weg für SchadErs frei.

c) Untergang der Kaufsache. Ist die dem Käufer übergebene Sache bei diesem untergegangen, so entfällt gleichf den Grd den SchadErsAnspr zu versagen. Hat Käufer dem Dr nach §§ 989, 990 wg verschuldeten Untergangs SchadErs leisten müssen, so kann er seiners vom Verk SchadErs wg NichtErf verlangen (RG **117**, 337). Bei zufälligem Untergang der Sache ist nur der Schaden zu ersetzen, der unmittelb durch den RMangel entstanden ist, zB wenn Käufer seinem weiteren Abkäufer vor Untergang der Sache SchadErs gg Rückgewähr der Sache hatte leisten müssen; denn die Gefahr des zufäll Untergangs geht trotz RMangels mit Überg auf den Käufer über (§ 446, RGRK 14).

442 *Beweislast für Rechtsmängel.* Bestreitet der Verkäufer den vom Käufer geltend gemachten Mangel im Rechte, so hat der Käufer den Mangel zu beweisen.

1) Allgemeines. Verlangt Verk den Kaufpr, so hat der Einwand des Käufers, die GgLeistg sei nicht od nicht vollst erbracht, zur Folge, daß Verk nach § 323 vollst Erf seiners beweisen muß, wenn andseits nicht

§§ 442–444 2. Buch. 7. Abschnitt. *Putzo*

lediglich zur Zahlg Zug-um-Zug verurteilt w soll. Wendet nun Käufer ein, die Unvollständigk der Leistg bestehe in einem RMangel, so trifft ihn abw nach § 442 die BewLast für diesen Mangel. Bleibt er beweisfällig, so ergeht Urt auf Zahlg ohne Vorbeh der GgLeistg. Für andere Einwände nach § 322, zB daß Verk den KaufGgst noch nicht zu Käufer übertr habe, gilt diese BewLastregelg auch nicht entspr.

2) Die **Beweislastregelg** umfaßt alle Streitfälle aus § 434, ohne Unterschied, welchen RBehelf aus § 440 I Käufer geltd macht. Sie ist auch anwendb ggü einem schon an sich unzul ZbR, RG **69**, 107. Beweispflichtiger Käufer muß nicht nur Geltdmachg, sond auch Berechtigg der Anspr des Dritten, aus denen der RMangel folgen soll, beweisen. Verteidigt sich Verk damit, daß Käufer den RMangel gekannt habe (§ 439), so hat Käufer gleichwohl die Tatsachen darzutun, aus denen RMangel folgt, BGH **63**, 264. Hat der Käufer einem Dr, dem sie gestohlen war, die Sache freiwill herausgegeben, genügt der Nachw des Diebstahls, wenn der Dr sich auf § 1006 I 2 od § 1007 berufen kann (BGH **16**, 307). Entspr gilt, wenn Verk behauptet, Haftg für diesen Mangel sei vertragl ausgeschl (§ 443). BewLast für diese Verteidigg im übr beim Verk, jedoch muß Käufer Gegeneinwand, daß Verk RMangel argl verschwiegen hat (§ 443), beweisen.

443 *Vertraglicher Ausschluß der Gewährleistung.* **Eine Vereinbarung, durch welche die nach den §§ 433 bis 437, 439 bis 442 wegen eines Mangels im Rechte dem Verkäufer obliegende Verpflichtung zur Gewährleistung erlassen oder beschränkt wird, ist nichtig, wenn der Verkäufer den Mangel arglistig verschweigt.**

1) Vertragliche Abreden über Beschrkg od Ausschl der Gewährleistg für RMängel sind grdsätzl ebso zul wie bei Sachmängeln (Vorbem 4 vor § 459). Sie können ausdr od stillschw getroffen sein od auf Handelsbrauch beruhen, RG JW **23**, 177. Stillschw Ausschl insb bei RisikoGesch. Ist nur Gewährleistg hins bestimmten Fehlers ausgeschl, so ist GewährleistgsAusschl nicht auf andere Fehler zu beziehen, RG **62**, 122.

2) Schranke der VertrFreih besteht in **Arglist** des Verk. Hat dieser RMängel argl verschwiegen, so ist GewährleistgsAusschl selbst – nicht jedoch der übrige KaufVertr, RG **62**, 125 – nichtig. Nichtigk geht nicht weiter als Argl des Verk, so daß GewährleistgsAusschl hins eines Mangels nichtig, hins des anderen wirks sein kann. – Argl setzt voraus: **a)** daß Verk den Fehler kannte od mind mit Möglichk seines Bestehens rechnete, RG JW **13**, 1153, **b)** daß Verk wußte od doch damit rechnete. Käufer kenne den Mangel nicht u werde **c)** bei Kenntn des Mangels den Kauf nicht abschließen, RG **63**, 300; RG JW **13**, 684. Danach liegt, da Voraussetzg zu **a** entfällt, ein argl Verschweigen nicht vor, wenn HaftgsAusschl vereinb wurde, nachdem gutgl Verk Mangelfreih zugesagt hatte. Dagg handelt Verk argl, der schweigt, um Käufer zu täuschen, RG **55**, 215, od der sich den Anschein gibt, als halte er das Bestehen des RMangels für zweifelh, währd er die Zweifellosigk des Mangels genau kennt, RG **75**, 437, od der sonst irgendwelche ihm zur Entschluß des Käufers erhebl erscheinende Zweifel nicht zur Sprache bringt, RG **62**, 152; DR **44**, 409. Besondere Machenschaften zur Verheimlichg des Fehlers sind nicht erforderl. Verteidigg des Verk ggü Arglisteinwand ist nur dahin mögl, daß Käufer den RMangel bei VertrSchl kannte (§ 439). Selbst grobfahrl Unkenntn des Käufers bei VertrSchl u vorbehaltslose Ann des KaufGgstandes in Kenntn des Mangels, schadet nicht, wenn diese Kenntn nach VertrSchl erlangt wurde. Vgl hierzu auch § 460 Anm 4.

3) Auf die **Arglist Dritter** kann sich Käufer nach § 433 nur berufen, wenn Verk selbst deren Verhalten bewußt ausgenützt, also damit schon argl gehandelt hat od wenn Stellvertreter des Verk argl handelte, vgl RG **61**, 207. Für bloßen Gehilfen haftet Verk nicht nach § 278, da keine Erf, sond Begründg od Beschrkg einer Verbindlichk vorliegt. Mögl Haftg nach § 831, wenn Gehilfe zu einer für VertrSchl erhebl Verrichtg bestellt.

4) Über **Beweislast** § 442 Anm 2 aE. Die Nichtigkeit des GewährleistgsAusschl bei Argl des Verk ist unabdingb; die Wirkg der Vorschr kann nur durch ehrl Mitteilg an Käufer, nicht durch VertrKlauseln beseitigt w.

444 *Auskunftspflicht.* **Der Verkäufer ist verpflichtet, dem Käufer über die den verkauften Gegenstand betreffenden rechtlichen Verhältnisse, insbesondere im Falle des Verkaufs eines Grundstücks über die Grenzen, Gerechtsame und Lasten, die nötige Auskunft zu erteilen und ihm die zum Beweise des Rechtes dienenden Urkunden, soweit sie sich in seinem Besitze befinden, auszuliefern. Erstreckt sich der Inhalt einer solchen Urkunde auch auf andere Angelegenheiten, so ist der Verkäufer nur zur Erteilung eines öffentlich beglaubigten Auszugs verpflichtet.**

1) Die **Verpflichtg** zur Auskunft u Auslieferg der BewUrkunden entsprechen im wesentl der Regelg bei Fdgsabtretg § 402. Es handelt sich um eine selbstd VerkPfl, grdsätzl NebenPfl; nur ausnahmsw HauptPfl, wenn Gebrauch der Kaufsache ohne Ausk od Urk unmögl ist (wg KfzBrief vgl BGH NJW **53**, 1347). Ihre Verletzg löst RFolgen aus §§ 280 ff aus; wenn HauptPfl, nach § 320 ff. Fehlt Verschulden des Käufers, gilt § 275. Verpflichtg bezieht sich auch auf Vorkaufsverpflichtg, RG **108**, 68. Der Inhalt der **Auskunftspflicht** geht auf Verschaffg der auf die rechtl Verhältn bzgl Unterlagen, nicht dagg auf eine RBelehrg des Käufers durch Verk. Auch wenn Käufer selbst die Möglichk hat, sich anderweitig – zB durch Grdbucheinsicht – die Auskunft zu verschaffen, w Verk von AuskunftsPfl nicht befreit. – **Verpflichtg zur Auslieferg der Urkunden** bezieht sich auf BewUrkunden (auch KfzBrief); soweit Urkunden zur RÜbertr erforderl sind, müssen sie bereits nach § 433 übergeben w. Pflicht zur UrkÜbergabe bezieht sich nur auf Urkunden, die sich im – mittelb od unmittelb – Besitze des Verk befinden. Da § 444 abdingb ist, kann im KaufVertr vereinb w, daß auch Urk zu übergeben sind, die der Verk nicht in Besitz hat. Bei GrdstKauf sind insb MietVertr und alle sonstigen das Grdst betr Urkunden auszuliefern. Kann Verk Urk nicht entbehren, weil sie sich noch auf anderes als KaufGgst bezieht, so genügt dem Bedürfn des Käufers nach Bew-

Mitteln ein notariell beglaubigter Auszug, dessen Kosten Verk trägt. Über Warenbegleitschein bei Kauf od Inzahlnahme eines Kfz in Berlin KG NJW **65**, 1605. **Entspr Anwendg** w bejaht bei GrdstKauf für urkundl Unterlagen über Verh, die zur Ermittlg der Kostenmiete notw sind, LG Essen NJW **65**, 920, nicht Bauzeichnungen, Karlsr NJW **75**, 694; aA LG Detm NJW **69**, 2144 u 34. Aufl.

2) Vollstreckg wg AuskAnspr des Käufers, der selbständiges klagb Recht darstellt, nach ZPO § 888. Neben § 444 kann Anspr aus § 810 gegeben sein, so stets, wenn nur UrkAuszug erteilt ist. Verstoß gg AuskPfl kann bei Lasten (§ 446 I 2) dazu führen, daß sie entgg § 446 I der Verk auch nach GefÜbergang trägt (Hbg MDR **78**, 492).

445 *Kaufähnliche Verträge.* **Die Vorschriften der §§ 433 bis 444 finden auf andere Verträge, die auf Veräußerung oder Belastung eines Gegenstandes gegen Entgelt gerichtet sind, entsprechende Anwendung.**

1) Andere Verträge, a) die auf entgeltl Veräußerg gerichtet: VeräußergsVertr, bei denen GgLeistg weder in Geld noch in RVerschaffg od Sachleistg (§ 515), sond in Hdlgen besteht; Vergl RG **54**, 167; TrödelVertr, Auslobg, EinbringgsAbk mit GmbH-Gesellschafter, RG **86**, 213; nicht Fdgsabtretg erfhalber, RG **65**, 79. – **b)** die auf entgeltl Belastg gerichtet: jeder schuldrechtl Vertr, der auf Begr dingl Rechts gerichtet, soweit nicht lediglich das zu begründende Recht verkauft, also § 433 unmittelb anwendb. Kaufähnl sind zB FilmverwertgsVertr, BGH **2**, 331; DarlVertr mit Kreditbank unter Bestellg von GrdPfdR (Ffm NJW **69**, 327 m abl Anm v Schütz). Bei Vertr über HypBestellg ist lediglich eine gültige Hyp zu verschaffen, nicht aber mangels besonderer Abrede der erste Rang, da nicht das Grdst verkauft, § 439 insow, auch nicht entspr anwendb ist, RG **55**, 131.

2) Durch **Sondervorschriften** ist Anwendbark des KaufR geregelt in: § 365 (Hingabe an Erf Statt); § 515 (Tausch); §§ 541, 581 II (Miete, Pacht); § 651 (WerkliefergsVertr); § 757 (Gemeinschaftsteilg); § 2182 (Vermächtn); §§ 2374 ff (ErbschKauf). Allg für Gewährleistg: § 493.

3) Keine entspr **Anwendg** bei unentgeltl Vertr, da Schärfe der VerkHaftg hier unangemessen u durchweg besondere Regelg, vgl § 523 (Schenkg), § 1624 (Ausstattg); § 2385 II (ErbschSchenkg). – Ferner keine Anwendg bei Veräußerg durch ZwVollstr, ZPO § 806, ZVG § 56 S 3.

446 *Gefahrübergang; Nutzungen; Lasten.* **I Mit der Übergabe der verkauften Sache geht die Gefahr des zufälligen Unterganges und einer zufälligen Verschlechterung auf den Käufer über. Von der Übergabe an gebühren dem Käufer die Nutzungen und trägt er die Lasten der Sache.**

II Wird der Käufer eines Grundstücks oder eines eingetragenen Schiffs oder Schiffsbauwerks vor der Übergabe als Eigentümer in das Grundbuch, das Schiffsregister oder das Schiffsbauregister eingetragen, so treten diese Wirkungen mit der Eintragung ein.

1) Allgemeines. a) Anwendungsbereich: Nur Sachen iS des §90. Die Regelg des Gefahrübergangs bezieht sich demgem nur auf den Untergang u die Verschlechterg der Sache. Ferner Sachgesamth u Inbegriff von Sachen u Rechten (zB ein Untern) bei dem eine der Überg entspr Verschaffg der tatsächl Herrsch in Betr kommt Sonderregelg für ErbschKauf § 2380. **b) Abdingbarkeit:** zu bejahen (BGH WPM **70**, 126). Zu Gefahrklauseln vgl § 448 Anm 3. Die Vereinbg w bei Grdst vom Formzwang des § 313 erfaßt (BGH WPM **71**, 636).

2) Die Gefahr der zufälligen – dh von keinem VertrTeil zu vertretenden – Unmöglk der Leistg trägt nach § 323 bis zur vollst Erf der zu dieser Leistg Verpflichtete. Gefahr bedeutet dabei eine Lage, bei der der Betroffene das Risiko der Nachteile, für die er die Gefahr trägt, nicht auf einen anderen (bei Vertr den VertrGegner) abwälzen kann. Ggüber der allg Regel des § 323 begründet § 446 eine Ausn für die Gefahr des zufälligen Untergangs od der zufälligen Verschlechterg der Sache, aber auch nur für diese Gefahren, RG **106**, 16. Auch wenn Verk zwar die Sache übergeben, aber noch nicht vollst erfüllt, das Eigt noch nicht übertr od Lasten noch nicht beseitigt hat; behält bei nunmehrigem zufälligen Untergang (Verschlechterg) Verk den Anspr auf GgLeistg (RG **85**, 320; **93**, 330). Die Sache geht unter od w verschlechtert, wenn sie **körperl vernichtet** od beschädigt w. Dem Untergang ist auch die **widerrechtl Entziehg durch einen Dritten** gleichzusetzen. Denn da dem Käufer für den unverschuldeten Untergang der Sache deshalb die Verantwortg auferlegt w, weil der Besitz auf ihn übergegangen ist, sie aus dem tatsächl HerrschBereich des Verk ausgeschieden ist, liegt der Fall der Entwendg ganz gleich; auch hier konnte sich Verk gg die vom Sachbesitz abhängige Gefahr nicht mehr schützen, deshalb muß sie Käufer tragen. Beruht aber Untergang (Verschlechterg) auf Umst, die der verk Sache bereits vor Überg anhaften, so bleibt Haftg aus § 323 unberührt. Das gilt auch für behördl Beschlagn od gesetzl Handelsverbote, die auf diese regelm auf Umst beruhen, die schon vor der Überg der Sache gegeben waren. Werden jedoch diese Umst ausnahmsw erst später gesetzt – wie etwa bei der Beschlagn bestimmter auf dem Transport befindl Güter – so ist auch hierin ein Untergang der Kaufsache nach § 446 zu erblicken, der den Anspr des Verk auf die GgLeistg nicht berührt. Hierzu auch § 447 Anm 6.

3) Eintritt des Gefahrübergangs. Setzt stets gült, insb auch formgült KaufVertr voraus. **a) Zeitpunkt:** Maßgebd ist die Überg der Kaufsache (§ 433 Anm 2 a). Es genügt grdsätzl nicht, da mittelb Bes (§ 868) verschafft w. Abw Vereinbg üb den Ztpkt des GefahrÜberg ist zul. Auf den EigtÜberg kommt es nicht an. EigtVorbeh (§ 455) ist daher bedeutgsl. **b) Bedingter Kauf** (sog KonditionsGesch). Auch hier gilt der Grds, daß nur bei wirks KaufVertr ein GefahrÜberg stattfindet, sofern nichts and vereinb ist (vgl § 159; RGRK 4). **aa) Auflösend** (§ 158 II): GefahrÜberg mit Überg der Sache. Bei Ausfall der Bedingg ist der Vertr wie von Anfang an unbedingt zu behandeln; bei Eintritt besteht kein Vertr mehr, der Verk hat keinen Kauf-

§§ 446, 447 2. Buch. 7. Abschnitt. *Putzo*

PrAnspr, bei zufäll Unterg od Verschlechterg der Sache auch keinen ErsAnspr (diesen nur bei Versch des Käufers). **bb) Aufschiebend** (§ 158 I): Wird die Kaufsache schon vor BedinggsEintritt übergeben, ist Rückbeziehg (§ 159) als vereinb anzusehen. Tritt die Bedingg nach zufäll Unterg od Verschlechterg der Sache ein, muß KaufPr bezahlt w. Fällt die Bedingg aus, besteht kein KaufVertr u kein KaufPrAnspr (BGH NJW **75**, 776). **c) Genehmigungsbedürftiger Kauf:** Bei rechtsgeschäftl Genehmigg (§ 182) gilt Anm b, bb entspr. Bei behördl Genehmigg w, wenn der Kauf davon abhäng gemacht w, sowieso ein aufschieb bedingter Kauf vorliegen.

4) Ausnahmen. Früher als mit Überg geht die Gefahr über: **a)** AnnVerzug des Käufers §§ 324 II, 300 II. **b)** Versendgskauf § 447. **c)** ErbschKauf § 2380. **d)** Grundstückskauf (II): Gefahrübergang schon, wenn Käufer als Eigtümer im GB eingetr w; das gilt aber nur, wenn der Käufer dadch auch das Eigt erwirbt (Brox JuS **75**, 1 [5]; bestr; aA bis 34. Aufl). Wird jedoch Grdst vor Eintr übergeben, so bleibt es bei § 446 I. Sonderregelg des Gefahrübergangs bei ZwVerst: § 56 ZVG. **e)** Schiffskauf: entspr Anm d. Bei ZwVerst: §§ 162, 56d ZVG.

5) Nutzungen und Lasten (I 2). Gehen zugleich mit der Gefahr über (aber nicht bei § 447). Nutzgen: § 100. Lasten: § 103; auch die öff (vgl § 436 Anm 2); dazu gehört nicht die GrdErwSt. I 2 betrifft nur das InnenVerh zw Verk u Käufer.

447 *Gefahrübergang bei Versendungskauf.* **I** Versendet der Verkäufer auf Verlangen des Käufers die verkaufte Sache nach einem anderen Orte als dem Erfüllungsorte, so geht die Gefahr auf den Käufer über, sobald der Verkäufer die Sache dem Spediteur, dem Frachtführer oder der sonst zur Ausführung der Versendung bestimmten Person oder Anstalt ausgeliefert hat.

II Hat der Käufer eine besondere Anweisung über die Art der Versendung erteilt und weicht der Verkäufer ohne dringenden Grund von der Anweisung ab, so ist der Verkäufer dem Käufer für den daraus entstehenden Schaden verantwortlich.

1) Allgemeines: ErfOrt ist mangels abw Vereinbg der Wohns od die Niederlass des Schu (§ 269), des Verk hins seiner Übereigns- u ÜbergPfl. Daran ändert sich nichts, wenn nach dem Vertr Besitzübergang u Übereign außerh des Wohnsitzes (Niederlass) des Verk vollzogen w soll; denn der Verk hat am ErfOrt die Hdlgen vorzunehmen, die bewirken, daß der Erfolg am Abliefergsort eintritt. Versendg nach außerh ist also mögl, in VersendgsPfl od Übern der Kosten durch Verk (§ 269 III) eine Vereinbg über ErfOrt liegt. § 447 ist abdingb, RG **106**, 212. § 447 w unanwendb, wenn eine Bestimmgsort, der versendenden Ware als ErfOrt vereinb; dann gilt § 446. § 447 gilt nicht, wenn eine bereits versandte (rollde) Ware verkauft w, BGH **50**, 32, u nicht im Verh Verk zu Drittabnehmer, BGH NJW **68**, 1929. Wg Versendg als NebenPfl des Verk u Haftg für Dr vgl § 433 Anm 4 h. § 447 änd nichts an der ÜbergPfl (§ 433 Anm 2 a).

2) Versendgskauf ist ein gewöhnl Kauf, bei dem der Verk die Nebenverpflichtg übernommen hat, für Versendg der Ware an den vom Käufer gewünschten Abliefergsort Sorge zu tragen. Verk kann zwar nicht am Ort seiner Niederlass erfüllen; denn Käufer ist hier nicht anwesend; er befreit sich jedoch von der Gefahr des zufälligen Untergangs der Kaufsache dadurch, daß er sie der BeförderngsPers übergibt, BGH BB **60**, 881. Ohne bes Vereinbg der ÜbersendgsPfl w unterst so kann es regelm nicht nach Treu u Gl dem Verk aufzuerlegen sein, da er nur Zug um Zug zu leisten hat u Überg an Beförderngspersonen regelm Vorleistg des Verk ist. Hat Käufer Kaufpr u Versendgskosten bezahlt, so kann sich jedoch Verk regelm nicht der Versendg entziehen, ohne in Leistgsverzug zu geraten. Darüber hinaus besteht vielf der Handelsbrauch, daß Verk bei allen Distanzkäufen vor Zahlg Ware übersenden u Untersuchg durch Käufer ermöglichen muß, insb bei Verk „frei Waggon", RG **103**, 129. Über cif- u fob-Klauseln vgl § 448 Anm 3.

3) Die Versendg muß auf **Verlangen des Käufers** geschehen, so daß Verk hier im Interesse des Käufers eine Nebenverpflichtg erfüllt, BGH BB **60**, 881, also zugl die Geschäfte des Käufers besorgt. Es genügt ein Verlangen des Käufers, das nach KaufAbschl ausgesprochen w. Dagg ist § 447 unanwendb, wenn nicht im Einverständn mit Käufer versandt w, etwa um das Lager zu räumen. Ist Versendgspflicht zum wesentl VertrBestandt gemacht, besorgt also Verk nicht nur ein Gesch des Käufers, so geht die Gefahr nicht schon mit Ausliefer an VersendgsPers über, RG **88**, 37. Versandt w muß vom ErfOrt, anderf kein Gesch des Käufers, sond Hauptverpflichtg des Verk, so daß dieser die Transportgefahr trägt; RG **111**, 25. Hat sich jedoch der Käufer mit einer solchen Versendg (ab auswärtigem Lieferwerk od Lager, ab Einfuhrhafen) einverstanden erkl (aber nicht als einseit Maßn des Verk), so gilt § 447, BGH NJW **65**, 1324. Dabei muß jedoch auch diese Versendg im Interesse des Käufers liegen; daher geht Gefahr nicht auf diesen über, wenn nach dem ErfOrt versandt w, Hbg MDR **47**, 63 u Delbrück daselbst. Reist die Ware über den ErfOrt, so geht die Gefahr erst in diesem Ztpkt auf den Käufer über, Kblz HEZ **2**, 90.

4) Versendg nach einem anderen Ort als dem ErfOrt, sowohl innerh derselben Ortschaft als anderen Orten, weil ErfOrt nur die Wohng od Niederlassg des Verk ist (§ 269). Besteht eine VersendgsPfl des Verk (§ 433 Anm 4h, cc) trägt er bis zur Abliefg die Gefahr. Das gleiche gilt auch für den Transport der Ware zur Bahn od Post, wenn Verk die Versendg übernommen hat, u zwar ohne Rücks darauf, ob er sich hierbei eigener od fremder Leute bedient. Im Versandhandel w eine solche Verpflichtg als von den Parteien gewollt anzunehmen sein. Erst mit der Auslieferg an die Versandanstalt geht die Gefahr auf den Käufer über. Wie hier Staud-Ostler Anm 14; bestr. – Hat Verk im eig Interesse ohne Rücks auf Käufer der BeförderngsPers eine bestimmte Anweisg für den Transport gegeben und w diese ursächl für einen eintretenden Schaden, so ist auch insow § 278 anwendb, RG **115**, 164. Spediteur, Frachtführer usw sind aber idR auch nicht ErfGehilfen od Vertreter des Käufers, BGH BB **60**, 881.

5) Sobald die **Ausliefg** an die BeförderngsPers erfolgt, geht die Gefahr auf Käufer über. Der bloße Auftr an den Spediteur genügt nicht, vielm muß die Ware unter Berücksichtigg etwaiger Weisgen des Käufers einem geeigneten Spediteur, Frachtführer usw mit der vom Käufer angegebenen Anschrift zum Versand bzw zur Beförderg übergeben sein, RG **115**, 162; das ist bei einem poln Verk mit Übergabe an die poln Bahn auch dann gegeben, wenn „frei deutsch/poln Grenze" vereinb ist (Nürnb MDR **78**, 492). Die Auslieferg ist ein tatsächl Vorgang u umfaßt alle Vorgänge, die iS des kaufm Verkehrs erforderl sind, um den durch Beförderg vermittelten Eingang der Ware beim Käufer zu bewirken. Sie verschafft dem Käufer weder Besitz noch Eigt, hierzu bedarf es der tatsächl Ann der Ware durch Käufer, BGH BB **60**, 881. Anders nur, wenn BefördergsPers ausnahmsw Vertreter des Käufers ist, od Sonderabreden der Part über die Einlagerg der Ware bei einem Spediteur getroffen worden sind, BGH aaO. Überg eines kaufm Dispositionspapiers an BefördergsPers genügt nicht, da nicht dieses, sond Ware KaufGgst; das Papier reist auf Gefahr des Verk. – Bei Gattgkauf ist zum Gefahrübergang die Konkretisierg erforderl, § 243. Im überseeischen Gesch wird diese regelm in Absendg der Verladsanzeige zu erblicken sein, RG **88**, 392.

6) Gefahrübergang bezieht sich nur auf die Beförderungsgefahr, RG **93**, 330; Kiel SchlHA **47**, 97, also auf solche Schäden, für die die Beförderg ursächl od mitursächl ist. Auch Veränderg der rechtl Verhältn können zur Beförderungsgefahr gehören, OGH MDR **48**, 394. Ferner: Mißgriffe der mit der Beförderg beauftragten Personen, BGH NJW **65**, 1324; Versicherg der Ware durch Spediteur, der Auslieferg von Prämienerstattg abhängig machen läßt, RG **99**, 56; eine erst durch den Transport ermöglichte Beschlagn durch Feindeshand, RG **114**, 407. Dagg gehören nicht zur Beförderungsgefahr: behördl Beschlagn der Ware im Inland, RG **106**, 17, soweit nicht durch den Transport verursacht, Ulmer BB **47**, 109; Rückruf der rollden Ware dch den Verk des Verk, weil letzterer nicht gezahlt hat, RG **93**, 333; Untergang od Verschlechterg der Ware währd der Beförderg inf von Sachmangel, der zZ der Überg zur Versendg bereits bestand; hier haftet Verk nach §§ 459 ff, BGH **LM** Nr 3 (Verderb der Ware auf dem Transport, weil vorher unzureich gekühlt); Untergang od Verschlechter inf nicht ordngsgem Verpackg od Verladg: hier haftet Verk bei Versch aus pos VertrVerletzg, BGH NJW **68**, 1929.

7) Abweichg von der Art der Versendg, die Käufer vorgeschrieben hat, ändert nichts am Gefahrübergang, wenn nur Versendg an Käufer vorliegt. Für Befördergsschaden haftet Verk auch hier nicht, wenn für die Abw ein dringender Grd vorlag, zB weil ihm die Befolgg nach VertrSchl erteilten Anweisg wg der damit verbundenen ungewöhnl Schwierigk nicht zuzumuten ist, RG JW **17**, 215. Ist Verk ohne dringenden Grd von Anweisg des Käufers abgewichen, so haftet er doch nicht schlechthin für Befördergsschaden, sond nur, soweit der Schaden durch die abw Beförderg entstanden ist u bei Einhaltg der Weisg nicht entstanden sein würde. Vgl hierzu auch BGH **LM** Nr 2; daselbst auch über die Verpfl der Verk, den Käufer auf die Unzweckmäßigk seiner Weisgen aufmerks zu machen, wie anderers dafür, daß der Verk in aller Regel davon ausgehen darf, daß sich der branchekundige Käufer seine Weisgen wohl überlegt haben w. BewLast trägt Verk dafür, daß die Abw von der vereinb Versendgsart nicht ursächl für die Entstehg des Schadens. BewLast im übr trägt Käufer hins der Vereinbg über die Versendgsart, die Entstehg u den Umfang des Schadens.

8) Versendg zur Unzeit. Verk hat bei der Versendg, einem im Interesse des Käufers liegenden Gesch, die im Verkehr erforderl Sorgf zu beachten. Abwägg der beiders Interessen steht unter dem Grds von Treu u Glauben, Krekels NJW **47/48**, 92. Käufer trägt daher die Gefahr nicht, wenn Verk weiß, daß die Ware ihr Ziel nicht erreichen kann, ROHG **13**, 353, auch nicht, wenn dem Verk mit einer an Sicherh grenzenden Wahrscheinlichk offenkundig ist, daß die Ware nicht mehr ankommen w. Diese Fragen waren von Bedeutg für die Versendg in den letzten Kriegsmonaten. Vgl hierü Bettermann ZfHK **111**, 102.

448 Kosten der Übergabe.

I Die Kosten der Übergabe der verkauften Sache, insbesondere die Kosten des Messens und Wägens, fallen dem Verkäufer, die Kosten der Abnahme und der Versendung der Sache nach einem anderen Orte als dem Erfüllungsorte fallen dem Käufer zur Last.

II Ist ein Recht verkauft, so fallen die Kosten der Begründung oder Übertragung des Rechtes dem Verkäufer zur Last.

1) Grundgedanke der Vorschr ist, daß Verk die Kaufsache vertragsgem – am ErfOrt zur ErfZeit – so anbieten muß, daß Käufer nur noch abzunehmen braucht; indfessen hat Verk bis zur Ermöglichg der Abn, Käufer die aus der Abn folgenden Kosten zu tragen. Ausn nach § 449 bei Grdstücken u Rechten an ihnen. Die Vorschr ist jedoch durch Vertr frei abzuändern.

2) Vom Verkäufer zu tragen sind: Befördergr einschl Verzoll bis zum ErfOrt, Lagerg bis zur ErfZeit, Zuckersteuer, RG Gruch **48**, 1015. Kosten des Messens u Wägens trägt Verk, wenn zur Ausscheidg der Kaufsache aus größerem Vorrat erforderl, nicht aber, wenn nur Nachprüfg durch Käufer bezweckt. Kosten der Verpackg sind bei Versendg zum ErfOrt ÜbergKosten.

3) Kosten der Abnahme sind die durch Übern der Sache in Vfgsgewalt des Käufers entstehenden Kosten. Hierzu gehören auch Kosten der Untersuchg der Sache auf Mängel u zugesicherte Eigenschaften. Die Versendg liegt zw Überg u Abn. Da Verk die ErfHdlgen nur am ErfOrt vorzunehmen hat, fallen die **Versendgskosten** bis zum ErfOrt ihm, ab ErfOrt dem Käufer zur Last. Zu den Versendgskosten gehören Steuern, RG **68**, 43, u Zölle. Häufig Abänderg durch Klauseln, insb im AbladeGesch zu beachten die „Incoterms" 1953. „Ab Fabrik", „ab Lager", alle Befördergskosten trägt Käufer; „cif": Verk trägt Kosten der Abladg u Löschg, der Versicherg u Beförderg; die Gefahr geht auf den Käufer über, wenn die Ware im Verschiffshafen die Reling passiert; „fob-Bremen": Verk trägt Kosten u Gefahr, bis die Ware in Bremen die Reling passiert, RG **106**, 212, Gänger BB **53**, 931; „frei Bahn" Verk trägt Kosten bis zur Bahn; „frei Waggon" Verk trägt Kosten bis der geladene Waggon od die Ware, falls sie keine volle Waggonladg ergibt, der Eisenbahn ausgehändigt worden ist; „fio" = „free in and out", Käufer trägt Kosten der Einladg u Ausladg; ebenso bei „fas" = „free alongside ship"; „frei Haus" Verk trägt Kosten bis in das Lager des Käufers; „ab Kai Hamburg" Verk trägt die Kosten des Aufnehmens, Käufer die des Absetzens, Kaiumschlagsgebühren sind daher vom Käufer je zur Hälfte zu tragen, HK Hbg BB **51**, 685, Gefahr geht auf Käufer erst mit der Abn der Ware am Kai über, vgl hierzu eingehd Haage BB **56**, 195; „frei ab Kai Hamburg" Verk trägt die Kosten des Aufnehmens u Absetzens u damit die Kaiumschlagsgebühren, HK Hbg BB **51**, 685; „frei Zonengrenze" unzweckm Kostenklausel, besser „Kosten u Gefahr bis zu oder von . . .", IHK Stgt BB **52**, 734. – **Vertragskosten.** „Die Kosten dieses Vertr u seiner Durchführg trägt Käufer" – häufig in GrdstVerträgen. Hierunter fallen zunächst die unmittelb durch des Vertr verursachten Kosten (Beurkundgkosten), möglicherw aber auch die Kosten eines sachverst Schätzers, der vor Abschl des Vertr im Interesse beider Partner hinzugezogen wurde; BGH LM § 505 Nr 2.

4) Beim **Rechtskauf** muß Verk das Recht dem Käufer verschaffen u deshalb auch Kosten der Begründg u Übertr tragen (Ausn bei GrdstRechten, § 449). Hierher gehören insb Beurkundgs- u Stempelkosten bei Übertr. Soweit für Übertr kein Beurkundgszwang besteht, trägt Käufer Kosten einer trotzdem verlangten Beurkundg (§ 403). Dagg trägt Verk Kosten, wenn Beurkundg erforderl, um eine RegEintr des Käufers zu erreichen, von der die Befugn zur Ausübg des Rechts abhängt (WZG § 8 II; PatG § 24 II).

449 Grundbuch-, Beurkundungs- und Schiffsregisterkosten.
I Der Käufer eines Grundstücks hat die Kosten der Auflassung und der Eintragung, der Käufer eines Rechtes an einem Grundstücke hat die Kosten der zur Begründung oder Übertragung des Rechtes nötigen Eintragung in das Grundbuch, mit Einschluß der Kosten der zu der Eintragung erforderlichen Erklärungen, zu tragen. Dem Käufer fallen in beiden Fällen auch die Kosten der Beurkundung des Kaufes zur Last.

II Der Käufer eines eingetragenen Schiffs oder Schiffsbauwerks hat die Kosten der Eintragung des Eigentumsübergangs, der Käufer eines Rechts an einem eingetragenen Schiff oder Schiffsbauwerk hat die Kosten einer zur Begründung oder Übertragung nötigen Eintragung in das Schiffsregister oder das Schiffsbauregister mit Einschluß der Kosten der zur Eintragung erforderlichen Erklärungen zu tragen.

1) **Allgemeines. a) Anwendungsbereich:** I gilt für Grdst u grdstgleiche Re, II für eingetr Schiffe u Schiffsbauwerke (insb Docks), ferner entspr für Luftfahrz u die an ihnen bestellten RegPfdR (§ 98 LuftfzRG). Gilt nicht für Enteign (Erm-Weitnauer 6), auch nicht entspr für kaufähnl Vertr (vgl § 445). **b) Abdingbarkeit:** ist uneingeschränkt zu bejahen; and Vereinbg ist insb auch stillschw mögl. **c) Innen- und Außenverhältnis:** § 449 betr nur das InnenVerh der KaufVertrPart, nicht ihre Schuld od Haftg für die Kosten gg Dr, insb Behörden u Notar.

2) **Kosten. a) Begriff.** Darunter sind nur die dch Eintr u Beurkundg unmittelb verursachten Kosten zu verstehen, näml Gebühren u Auslagen gem KostO, nicht sonstige Aufwendgen der VertrPart; auch nicht sonstige Eintr- u BeurkKosten die notw sind, um die Voraussetzgen dafür zu schaffen, daß die Übereign vorgen w kann; erst recht nicht Vermessgskosten, die unter § 448 fallen (LG Kassel MDR **57**, 228). **b) Voraussetzungen:** Die KostenPfl greift auch ein, wenn die Beurkundg nicht notw war, ist unabhäng von Vollz im GrdBuch u besteht auch, wenn der KaufVertr später wieder aufgeh w (Karlsr DNotZ **63**, 242). **c) Einzelheiten:** Kosten einer AuflassgsVormgk fallen unter § 449 (Hamm NJW **65**, 303; Oldbg NdsRpfl **65**, 108; bestr; aA bis 34. Aufl), ebso die GrdErwerbsteuer (Brem DNotZ **75**, 95 mwN; bestr; aA bis 34. Aufl).

450 Ersatz von Verwendungen.
I Ist vor der Übergabe der verkauften Sache die Gefahr auf den Käufer übergegangen und macht der Verkäufer vor der Übergabe Verwendungen auf die Sache, die nach dem Übergange der Gefahr notwendig geworden sind, so kann er von dem Käufer Ersatz verlangen, wie wenn der Käufer ihn mit der Verwaltung der Sache beauftragt hätte.

II Die Verpflichtung des Käufers zum Ersatze sonstiger Verwendungen bestimmt sich nach den Vorschriften über die Geschäftsführung ohne Auftrag.

1) **Allgemeines.** Gefahrübergang ist für die Interessenlage der VertrTeile hins Erhaltg der Kaufsache ein Wendepunkt. Daher knüpft das G an dieses Ereign eine Änderg der Anspr des Verk auf VerwendgsErs. Gefahrübergang vor Überg an Käufer kann eintreten nach § 446 II, § 447 od bei vertragl Ersetzg der Überg (§ 433) durch Besitzmittlgsverhältn (§ 930). Die hier geregelten Anspr auf VerwendgsErs besagen nichts über Verpflichtg des Verk zu solchen Verwendgen. Anspr aus § 450 begründen für Käufer ZbR (§ 273).

2) Für **Verwendgen** nach Kaufabschl aber **vor Gefahrübertragg** bestimmt sich ErsPfl des Käufers (II) nach § 683: es müssen Verwendgen sein, die nicht zur bloßen Erhaltg der Kaufsache notw sind; denn insow erfüllt Verk eig Verpflichtg (§ 433 Anm 4 d), diese Aufwendgen sind durch Kaufpr abgegolten. Ferner müssen Verwendgen dem Interesse u mind mutmaßl Willen des Käufers entsprechen.

3) Verwendgen **nach Gefahrübergang** (I) kann Verk wie ein Beauftragter ersetzt verlangen, wenn Aufwendg für Verwaltg obj notw ist (nicht nur – wie nach § 670 – dem Verk erforderl erscheint) und diese Notwendigk nach Gefahrübergang eintrat.

451 Gefahrübergang und Kosten bei Rechtskauf.
Ist ein Recht an einer Sache verkauft, das zum Besitze der Sache berechtigt, so finden die Vorschriften der §§ 446 bis 450 entsprechende Anwendung.

1) Das sind insb die in § 433 Anm 3b aufgeführten Re. Entspr anwendb auch die §§ 459 ff.

Einzelne Schuldverhältnisse. 1. Titel: Kauf. Tausch §§ 452–455

452 *Verzinsung des Kaufpreises.* **Der Käufer ist verpflichtet, den Kaufpreis von dem Zeitpunkt an zu verzinsen, von welchem an die Nutzungen des gekauften Gegenstandes ihm gebühren, sofern nicht der Kaufpreis gestundet ist.**

  1) **Allgemeines.** Ausgangspunkt der ZinsPfl ist Gedanke, daß Käufer nicht gleichzeitig KaufGgst u Kaufpr nutzen soll. Vorschr vertragl abdingb, insb durch ausdr Regelg der Verzinsg gestundeten Kaufpr, die dann unabhängig von Nutzgsübergang. Auf Abzahlgsgeschäfte ist § 452 nicht anwendb, wie überh entspr Anwendg auf ähnl Verträge unzul, BGH WPM **63**, 1227 (für WerkVertr vgl § 641 II).

  2) **Zinspflicht beginnt** mit Übergang der NutzgsR auf Käufer gem § 446 od vertragl Bestimmg, auch wenn Kauf erst nach Übergang des NutzgsR auf Käufer zustande kommt, was beispielsw bei vereinb Erfordern des Abschl durch Aufsichtsstelle des Käufers der Fall sein kann. Unerhebl, ob Käufer die ihm gebührenden Nutzgen tatsächl zieht od ziehen kann. Die Zinsen sind gesetzl Zinsen, nicht Verzugs- (RG **80**, 373) od VertrZinsen. Zinsen betragen 4% (§ 246), bei beiders Handelskauf 5% (HGB § 352).

  3) **Stundg** ist Käufer gewährt, wenn er erst nach Leistg des Verk zahlen soll. Ist Zug-um-Zug-Leistg od Vorleistg des Käufers vereinb, so liegt darin keine Stundg, RG **50**, 138, u Käufer muß seit Übergang der Nutzgsbefugn verzinsen. Stundg muß dem Käufer Recht auf Vorleistg des Verk geben; bloße Nachsicht des Verk od Gewährg unbestimmter Frist zur Geldbeschaffg enthält keine Stundg, RG **83**, 181. Ist Kaufpr gestundet, so bei VermVerschlechterg des Käufers Einr des Verk gg den Anspr auf Erf seiner VorleistgsPfl, § 321 Anm 3; für ZinsPfl ist Einr des Verk meist unerhebl, weil dann Verk nur Zug um Zug leisten w.

453 *Marktpreis.* **Ist als Kaufpreis der Marktpreis bestimmt, so gilt im Zweifel der für den Erfüllungsort zur Erfüllungszeit maßgebende Marktpreis als vereinbart.**

  1) Die **Ausleggsregel** setzt eine Vereinb voraus, die auf einen MarktPr Bezug nimmt, ohne den maßg Markt näher zu bezeichnen. MarktPr kann auch stillschw vereinb sein, insb bei marktgängiger Ware. Ist am ErfOrt MarktPr nicht zu ermitteln, so ist Markt des Ortes maßg, zu dessen WirtschGebiet der ErfOrt gehört. Verlangt Verk den MarktPr, so muß er beweisen, daß dieser vereinbart.

  2) **Marktpreis** eines Ortes ist der DurchschnittsPr, der sich unabhängig von besonderen zufälligen Umständen der Preisbildg aus der Vergleichg einer größeren Anzahl an diesem Orte zur maßg Zeit geschlossener Kaufverträge für Waren der betreffenden Beschaffenh ergibt. Maßg wird zunächst der amtl festgestellte Preis sein, ohne daß GgBew unrichtiger Feststellg ausgeschl wäre. Im Einzelhandel gilt regelm LadenPr als vereinb.

454 *Ausschluß des Rücktrittsrechts.* **Hat der Verkäufer den Vertrag erfüllt und den Kaufpreis gestundet, so steht ihm das im § 325 Abs. 2 und im § 326 bestimmte Rücktrittsrecht nicht zu.**

  1) Der **gesetzgeberische Gedanke** der Vorschr besteht in der Erwägg, daß der Käufer, der die Sache zur Benutzg od zum Verbrauch erworben u dieser Bestimmg zugeführt hat, durch die Rückg unbillig belastet würde, Warn **30**, 204. Es handelt sich um eine vertragl abdingb AusnVorschr, die eng auszulegen u einer entspr Anwendg nicht fähig ist. Unberührt bleibt vertragsm RücktrR (§§ 346, 360), SchadErsAnspr u LeistgVR nach §§ 320, 321, BGH **LM** Nr 4.

  2) Verk muß bereits **erfüllt** haben. Daher ist § 454 beim VorbehKauf (§ 455) nicht anwendb, weil Erf durch EigtÜbergang erst mit Restzahlg eintritt, RG JW **27**, 667, u zudem § 455 das RücktrR ausdr gibt. Der Erf durch Verk kann auch unter dem Gesichtspkt von Treu u Gl nicht die NichtErf gleichgestellt w, die auf Versch des Verk beruht, RG **118**, 104. Wann Verk erfüllt hat, bestimmt § 433; bei GrdstKauf genügt regelm lastenfreie Auflassg durch eingetragenen Verk, währd Eintragg des Käufers nicht geschuldet w, BGH NJW **51**, 761. Ist nur noch ein unwesentl Teil der Leistg rückständig – etwa Zubehörteile –, so liegt Erf iS der Bestimmg vor, vgl RG **50**, 140. Ist Lieferg in Teilleistgen vereinb, einige Teillieferungen geleistet u Kaufpr hierfür gestundet, so gilt § 454 hins dieser Teile, Warn **08**, 137; nur hins der nicht erfüllten od nicht gestundeten Teile ist Rücktr zul, Warn aaO. Ist die als Einh vereinb Leistg des Verk – mengenmäßig od wirksm – nur teilw erbracht, so ist Rücktr unbeschr zul, RG **50**, 139. Hat Käufer außer Zahlg noch andere Leistgen übernommen u ist er mit diesen Leistgen in Verzug, so ist Rücktr des Verk nach §§ 325, 326 gleichf zul, BGH **LM** Nr 1.

  3) **Stundg** des Kaufpreises muß zur Erf des Verk hinzukommen, also Kreditkauf vorliegen. Über Stundg § 452 Anm 3 und RG **83**, 181. Widerruf der Stundg berührt Anwendbark von § 454 nicht, BGH **LM** Nr 2.

455 *Eigentumsvorbehalt.* **Hat sich der Verkäufer einer beweglichen Sache das Eigentum bis zur Zahlung des Kaufpreises vorbehalten, so ist im Zweifel anzunehmen, daß die Übertragung des Eigentums unter der aufschiebenden Bedingung vollständiger Zahlung des Kaufpreises erfolgt und daß der Verkäufer zum Rücktritte von dem Vertrage berechtigt ist, wenn der Käufer mit der Zahlung in Verzug kommt.**

  1) **Allgemeines.** Schriftt: Serick: EV u Sichersübertragg (4 Bde) 1963/65/70/76. Mertens: EV u sonst Sichersgmittel des Verk im ausl R, 1964; für England Mann NJW **76**, 1013. **a) Bedeutung.** § 455 ist eine Ausleggregel. Der EV hat im WarenVerk umfassde Bedeutg. Bei Zwischenhandels-, Fabrikations- u AbzGesch w er regelm vereinb. Über § 455 hinausgreifd gibt es versch Formen (vgl Anm 2b). Der EV ist im WarenVerk das weitaus häufigste u wichtigste Kreditsicherungsmittel. **b) Zweck**: Der EV dient dem Sicherungsbedürfn des Verk, der den Kaufpr nicht im voraus od Zug um Zug gg Überg der Kaufsache erhält.

Dieser Zweck w erf, indem bei EV das Eigt nach aufschieb bedingter Einigg (§§ 929, 158 I) mit der Zahlg des Kaufpr, ex nunc wirkd, ohne weitere WillErkl des Verk auf den Käufer übergeht. Dch diese Sicherg (in der Praxis dch gutgl Erwerb Dr u Verlust, insb Beseitig, Verbindg, Verarbeitg u Verbrauch der Sache stark gefährdet) w die Neigg, auf Kredit zu verkaufen, damit der Umsatz gefördert. Zugl w dem Käufer vorzeit Gebr od Weiterverkauf ohne sofortige volle Bezahlg des Substanzwerts ermögl (daher mietrechtl Einschlag). Zweck u Wesen des EV erschöpfen sich nicht im Schutz des Verk vor unberecht Vfgen des Käufers u Schutz vor dessen Gläub (so aber offenb BGH NJW **70**, 1733) sond erstrecken sich neben der Sicherg der KaufprFdg auch auf die Funktion, den dingl RückFdgsAnspr (Anm 5) zu erhalten (Serick I S 77 f). Der Zweck des EV beschr sich nicht auf die Sicherg der R des Verk, die diesem bei VertrAuflösg zustehen (aA J. Blomeyer JZ **71**, 186). **c) Verhältnis zur Sicherungsübereignung** (vgl § 930 Anm 4): Zweck u Art der Sicherg (idR dch besitzlose Eigtümerstellg) sind teilw gleich, teilw ähnl; als (teilw gewohnhrechtl) Rechtsinstitute sind sie voneinander unabhäng. **d) Anwendungsbereich:** Nur bei Kauf u beim WerkliefergsVertr über vertretb Sachen (§ 651 I). Nur bei bewegl Sachen, auch wenn sie unwesentl Bestandt (vgl § 93 ff) od Zubeh (§§ 97, 98) sind, auch wenn sie zu einem GesPr verkauft w (RG **144**, 62). Bei Sachgesamth (insb Warenlager, Untern, Inv) muß sich der EV auf die einzelnen beweg Sachen beziehen (SpezialitätsGrdsatz des SachenR); daher kann der EV nicht auf ein HandelsGesch im ganzen bezogen w (RG **67**, 383; BGH NJW **68**, 392 für die SichersÜbertr). Nicht anwendb: auf Grdst (§ 925 II), Fdgen u sonst R, wesentl Bestandt einer and bewegl Sache (§ 93). **e) Schuldrechtliche Seite:** Der Kauf ist unbedingt geschl. Wird der EV im KaufVertr vereinb, so ist der Verk nur zur bedingten Übereign (§§ 929, 158 I) verpfl, währd die ÜbergabePfl (§ 433 I) unberührt bleibt; deshalb ist der KaufVertr bereits mit bedingter Übereign u Überg von Seiten des Verk erf, nicht erst mit Erwerb des VollEigt dch den Käufer (Fikentscher § 71 V 3 a); damit entfällt im Konk des Verk wie des Käufers das iErg unerwünschte WahlR des KonkVerw aus § 17 KO (Fikentscher aaO). Im Falle des Verzugs (§§ 284 ff) mit der KaufprZahlg (§ 433 II) ist der Verk zum sof Rücktr berecht (unabhäng von § 326). **f) Sachenrechtliche Seite:** Der Käufer erlangt dch die aufschieb bedingte Übereign (§§ 929, 158 I) mit der Überg (od ihrem Ers §§ 930, 931) erst ein (übertragb) AnwR (§ 929 Anm 6 B b), mit Eintr der Bedingg (gem § 455 iZw die vollst Bezahlg des Kaufpr) das volle Eigt. Bis dahin hat der Verk auflösd bedingt (§ 158 II) Eigt, sog VorbehEigt mit HerausgAnspr aus § 985 (Anm 5). Er ist bis dahin mittelb Besitzer (hM), der Käufer (als BesMittler) Fremdbesitzer (§ 929 Anm 6 B a, cc). **g) Abdingbarkeit:** Da § 455 lediglich eine AusleggsRegel darstellt, können die VertrPart im Rahmen der VertrFreih (Grenze insb § 138) etwas and vereinb als § 455 vorsieht, insb für die Voraussetzgen des Rücktr, für den Inhalt der Bedingg u weitere Pfl des Käufers. **h) Zusätzliche Sicherung** gg gutgl Erwerb Dr (§§ 932 ff) ist bei Kfz dadch mögl u übl, daß der Verk den Kfz-Brief einbehält, weil dadch bei WeiterVerk Gutgläubk gehindert w (vgl § 932 Anm 2 b; BGH NJW **65**, 687). Im Einzelfall ist auch unmittelb Kennzeichg der Ware mit EV denkb. **i) Behandlung im Konkurs:** § 929 Anm 6 B f; in der **Zwangsvollstreckung:** § 929 Anm 6 B c. **j) Beweislast** für die Vereinbg des EV trägt derjen, der sich auf ihn für sein Eigt beruft (BGH NJW **75**, 1269); für Eintritt der aufschiebden Bedingg trägt sie hingg der Erwerber. **k) Allgemeine Geschäftsbedingungen:** Auch die erweiterten Formen des EV (Anm 2b) verstoßen grdsätzl nicht gg §§ 3, 5, 9 AGBG (Thamm BB **78**, 20 u Übsicht für zahlr typ Klauseln in BB **78**, 1038).

2) Eigentumsvorbehalt. Anwendgsbereich: Anm 1 d. Sachenrechtl w der EV idR dch aufschieb bedingte Übereign (§§ 929–931, 158 I) verwirkl (vgl Anm 3). Schuldrechtl muß der (vertrgem) EV Inhalt des KaufVertr sein; das wird meist dch AGB, FormularVertr, Aufdruck auf Briefbogen u Bestätiggsschreiben bewirkt, kann aber auch ohne ausdrückl Erkl dch Auslegg (§ 157) sich ergeben (vgl hierzu Schulte BB **77**, 269). Ist ausdrückl unter EV verkauft, kann angenommen w, daß auch unter dem Erkl des Verk nur unter EV übereignet w (Larenz Sch § 39 II a). W ohne od entgg einer Vereinbg im KaufVertr nur unter EV geliefert (sog vertrwidr EV), so verletzt der Verk seine VertrPfl (vgl § 433 Anm 2 b). Der EV muß spätestens bei Überg erkl w (hierzu § 929 Anm 6 B a, aa). Inwieweit dies stillschw oder ausdrückl geschehen muß, ist umstr: für deutl Erkl an Empfänger BGH **64**, 395; für geringere Anfdgen Schulte BB **77**, 269. Zeitl genügt die Erkl des (auch vertrwidr) EV im Lieferschein, aber nicht in der nach Überg übersandten Rechng (§ 929 aaO). Die nach unbedingter Übereign u Überg zugehde Erkl des EV ist unwirks (vgl aber Anm b, ff). Auch der vertrwidr EV bewirkt sachenrechtl, daß der Verk Eigtümer bleibt. Dch Ann der Sache kann der Käufer bedingtes Eigt erwerben. **a) Einfacher Eigentumsvorbehalt** erstreckt sich lediglich auf die verkaufte, unter EV übereignete Sache u erlischt dch: **aa)** Zahlg des KaufPr: Hierzu Anm 3 b. **bb)** Erwerb des Eigt dch Dr über § 185 od § 932 ff. Der Verk kann dch Vertr die Vfg über die Sache verbieten. Das ergreift nur, wenn es ausdrückl erwähnt ist, auch die Vfg über das AnwartschR, wirkt dann aber lediglich nach § 137 (BGH NJW **70**, 699). Ist Käufer eine Pers, die die Sache zum Weiterverkauf erwirbt u ist dies dem Verk erkennb, so ist auch ohne ausdr Erkl trotz EV im Verkauf die Einwilligg (§ 185 I) zur Weiterveräußerg im Rahmen eines ordngsgem GeschBetr enthalten, vgl (auch zu § 185 II) § 929 Anm 6 B a, cc. Der Verk kann sich in diesen Fällen dch verlängerten EV (Anm b, cc) sichern, die Einwilligg bis zur Veräußerg auch widerrufen (BGH NJW **69**, 1171). **cc)** Eins Verzicht des Verk, auch konkludent mögl, zB dch Herausg des KfzBriefes an den Käufer (BGH NJW **58**, 1231), nicht aber idR an das FinanziersUntern (BGH **LM** Nr 15). **dd)** Realakte, insb Verbindg (§§ 946, 947), Vermischg (§ 948) u Verarbeitg (§ 950). RFolgen u Schutzmöglk für den Verk: Serick BB **73**, 1405. Außerdem erlischt der EV dch Untergang der Sache. **b) Erweiterter Eigentumsvorbehalt** ist in 6 Formen mögl, zT weitgehd übl; sie können miteinander verbunden w (vgl Serick BB **71**, 2). Grdsätzl gelten für sie die Regeln des einf EV. **aa) Weitergeleiteter** EV liegt vor, wenn der Käufer sich dem Verk ggü verpfl, die unter EV gekaufte Sache nur in der Weise weiterzuübereignen, daß der Verk VorbehEigtümer bleibt. Ist in der Praxis ungebräuchl gew. Es kann geschehen dch Übertr des AnwartschR (§ 929 Anm 6 B b, aa) od dch bedingte Übereign an den Dr mit Einwilligg des VorbehEigtümers (§ 185 I). Veräußert der Käufer ohne an den EV offenzulegen (dann gutgläub Erwerb dch Dr gem § 932 ff mögl), so ist er ansonsten neu dem Verk nach § 280 schadersspfl. Zur Sicherg des ErstVerk ist für diesen Fall eine vorherige (damit verbundene) Vereinbg eines verlängerten EV (Anm cc) sinnvoll. **bb) Nachgeschalteter** EV (Begr v Serick I S 80 ff) liegt vor, wenn der Käufer ohne den EV offenzulegen, die Sache seiners unter (eigenem) EV weiterverkauft; insb im ZwHandel übl. Das kann mit dem (ersten) Verk vereinb sein (pflgem nachgeschalteter EV) u w dann regelm mit der Vorausabtretg (Anm cc) verbunden (eigentl Anwendungsbereich des verlängerten EV als Sicherg des ersten Verk). Ist das nicht vereinb, u verk der VorbehKäufer (mit Einwilligg des ersten Verk, Anm a, bb, § 185 I) unter eigenem EV weiter (freiw nachgeschalteter EV), so erwirbt der erste Verk die neue KaufprFdg nur, wenn Vorausabtretg (Anm cc) vereinb ist. Überträgt der erste VorbehKäufer abredewidr das Eigt bedingt od (ohne EV) voll, ist er dem ersten Verk schaderspfl (§ 280), insb dann, wenn den Käufer das Eigt über §§ 932ff gutgl erwirbt. Bei nachgeschaltetem (also doppeltem) EV tritt, weil 2 versch Erwerber auftreten, eine Verdopplg des AnwR ein (§ 929 Anm 6 B, a, ee, β). Der Verk verliert das Eigt erst, wenn eine der beiden KaufprFdgen getilgt w (BGH **NJW 71,** 1038 = **JR 71,** 287 m Anm v Bähr). **cc) Verlängerter** EV (vgl § 398 Anm 3d) liegt vor, wenn Verk u Käufer vereinb, daß an Stelle des EV, wenn dieser erlischt (insb dch Weiterveräußerg, Verbindg, Verarbeitg, vgl Anm a) die neue Sache (das ArbProdukt), hierzu § 950 Anm 3a, bb) od die daraus entstehde Fdg treten soll. Das setzt die Einwilligg zur Weiterveräußerg voraus (vgl Anm a, bb); sie erstreckt sich aber nicht auf die Veräußerg an einen Dr, der die Abtretg der von ihm geschuldeten Fdg von seiner Zust abhäng macht (BGH **27,** 306). Die Abtretg der künft Fdg (sog Vorausabtretg) ist eine Sichergsabtretg (BGH **WPM 71,** 71). Sie ist wirks, auch wenn die Bestimmbark der einzelnen Fdgen weder zZ ihrer Abtretg noch zZ ihrer Entstehg in jedem Fall gewährleistet ist; es genügt, daß die Fdg individualisierb, dh von and unterscheidb ist (BGH **7,** 365; **27,** 306 gg die Rspr des RG, zB **155,** 26). Bei Einstellg in ein Kontokorrent ist die Vorausabtretg wg Unabtretbk unwirks u nur wirks, wenn sie auf den Schlußsaldo bezieht (BGH **WPM 78,** 538). W bis zur Höhe des Wertes der VorbehWare od mit ähnl Klausel abgetreten, so ist der Kaufpr maßgebd, den Verk mit dem (vorausabtretden) Käufer vereinb hat (BGH **NJW 64,** 149). Darüberhinaus können auch Fdg aus Dienstleistgen (§§ 611, 631), dch die der EV inf der §§ 946–950 erlischt od mit dem KaufGgst zushängen (insb ReparaturkostenFdg, BGH **WPM 72,** 43) voraus abgetreten w; das bedarf aber einer ausdr Erkl; liegt nicht in der verlängerten EV, den die VertrPartner auf die verkaufte Sache beziehen (BGH **NJW 68,** 1516), u muß den Umfang der Abtretg erkennen lassen (BGH **26,** 178). Bei mehrf Abtretg gilt allg der Grdsatz zeitl Priorität; es ist nur die erste Abtretg wirks (BGH **32,** 361; aA Beuthien **BB 71,** 375, der für ein Teilgsprinzip eintritt). Verh zum FactoringVertr: Serick **BB 76,** 425. Verh zur Globalzession: § 398 Anm 3d. Der verlängerte EV kann gg § 138 verstoßen, wenn er wie eine Globalzession wirkt (BGH **WPM 69,** 1072). **dd) Kontokorrentvorbehalt** liegt vor, wenn der EV nicht schon dann erlischt, sobald der Käufer den Kaufpr der VorbehSache bezahlt, sond erst, wenn er alle od einen best Teil der Fdgen aus der GeschVerbindg beglichen hat. Der KontokorrentVorbeh ist vor allem aGrd von AGB weitgehd übl, grdsätzl zul (hRspr BGH **42,** 58 u **NJW 78,** 632; dagg Larenz Sch § 39 II 3 mwN); er erlischt mit dem FdgAusgleich u lebt nicht wieder auf (BGH aaO). Über den ausdr im Einzelfall vereinb Umfang darf der KontokorrentVorbeh nicht ausgedehnt w (BGH **JR 69,** 58); er ist auch mögl, wenn kein KontokorrentVerh besteht (vgl BGH **WPM 69,** 1072) u w dann auch Globalvorbehalt genannt (Braun **BB 78,** 22). **ee) Konzernvorbehalt** liegt vor, wenn der KontokorrentVorbeh (Anm cc) nicht auf die Fdgen and, idR zum selben Konzern des VorbehEigtümers gehörde Gläub erstreckt w. Hierfür gilt das gleiche wie für den KontokorrentVorbeh (vgl Mittmann **NJW 73,** 1108). **ff) Nachträglicher** EV ist der nach Übereign u Übergabe vereinb EV, der üb § 140 in eine bedingte Rückübereign umgedeutet w kann (§ 929 Anm 6 B a, bb) u den KaufVertr entspr abänd (Staud-Ostler 15). Üb das Verh zum AGBG bei Globalvorbehalt (Anm dd; Braun **BB 78,** 22).

3) Bedingung (aufschiebd, § 158 I) für den Erwerb des VollEigt dch den Käufer. **a) Inhalt:** IZw die vollst Bezahlg des Kaufpr, einschl der MwSt. Dazu gehören vereinb Versandkosten u Abgaben, jedoch Zinsen (insb VerzZinsen), Finanziergsspesen u ähnl NebenFdgen nur, wenn es vereinb ist (für Zinsen aA RGRK-Kuhn 17). Der Inhalt der Bedingg kann bis zu ihrem Eintritt dch Vertr (§ 305) geänd w (BGH **42,** 58). **b) Eintritt** (vgl § 158 Anm 1) dch restlose Zahlg des Kaufpr (Anm a). Bei Überweisg an Konto erst mit Gutschur, bei Wechsel u Scheck mit Einlösg, bei Aufrechng (selbstverständl nur wenn sie wirks ist) mit Zugang der Erkl (§§ 388, 130); sonst mit Erlöschen der KaufprFdg aus and Grden. Teilzahlg bewirkt grdsätzl kein teilw Erlöschen des EV (RGRK-Kuhn 17), auch nicht bei einem Gesamtpr hinsichtl einzelner Sachen (Serick I S 419); and Vereinbg ist mögl (Anm 1g). Bei FdgsMehrh ist § 366 anzuwenden, wenn nicht ein KontokorrentVorbeh (Anm 2b, ee) vereinb ist. **c) Wirkung.** Wg der sachenrechtl Lage s Anm 1f. Solange der EigtErwerb dch den Käufer nicht vollz ist, hat der Verk noch nicht voll erf (vgl § 433 I), obwohl er seine Leistgshandlg vorgen hat; aber der Leistgserfolg ist noch nicht eingetreten (umstr, vgl Serick I S 116 ff). And Vereinbg mögl, insb bei Gestattg der Weiterveräußerg gegeben.

4) Rücktritt vom KaufVertr. Hierzu bei ZahlgsVerz des Käufers berecht. Verz muß sich auf den Kaufpr (wie Anm 3a) beziehen. Fristsetzg nach § 326 nicht erforderl (RG **144,** 65). Ab Verj der KaufprFdg ist Rücktr ausgeschl (K. Müller **Betr 70,** 1209 mwN). Will Verk dagg nicht zurücktreten, sond SchadErs wg NichtErf verlangen, so ist nur Vorgehen nach § 326 mögl u NachFr nöt. HerausgVerlangen aus Eigt enthält Rücktr nur, wenn ein AbzGesch vorliegt u § 5 AbzG anwendb ist (vgl dort Anm 3b).

5) Herausgabeanspruch des Verk besteht (auch vor Rücktr) aus § 985. Käufer hat R zum Bes (§ 986) aus dem KaufVertr, jedenf solange er ihn ordngsmäßig erf. Daneben besteht der Anspr aus Vertr (vgl Einf 3a, aa vor § 985), stets nach Rücktr, mit dem auch das R zum Bes erlischt; aber auch vorher bei einem nach der Differenztheorie berechneten SchadErsAnspr aus § 326, bei ZahlgsVerz, unsachgem Behandlg der Kaufsache oder sonstigem vertrwidr Verhalten des Käufers (vgl K. Müller **Betr 69,** 1493 mwN; aA nunmehr BGH **NJW 70,** 1733 mwN: kein RücknR wg Verz vor Rücktr aus § 455 od fruchtlosem Ablauf der NachFr des § 326). Entspr geht in diesen Fällen das R zum Bes (§ 986) verloren (zu diesen Fragen näher § 929 Anm 6 B b ff). Der BGH (**NJW 70,** 1733) berücks weder den mietrechtl Einschlag des EV (§ 929 Anm 6 B b ff ε) noch die vom Eigt des Verk unabhäng Funktion des EV, den RückFdgsAnspr zu sichern (dazu zutreffd Serick I S 136 ff). Der HerausgAnspr besteht, auch wenn KaufprFdg verjährt ist (hM; BGH **34,** 191 u **NJW 78,** 417; vgl § 223 Anm 1 u AbzG § 1 Anm 4e; das w mit entspr Anwendg des § 223 begründet). Daher kann bei verjährter KaufprFdg der Verk die herausverlangte Sache verwerten u sich für den Rest-

§§ 455–458, Vorbem v § 459　　　　　　　　　　　　　　　　　　2. Buch. 7. Abschnitt. *Putzo*

Kaufpr am Erlös befried, wenn der Käufer endgült die Zahlg verweigert (Serick I S 441; aA K. Müller Betr **70**, 1209, der § 320 anwendet). Dch die Rückn erlangt der Käufer keinen Anspr auf Rückzahlg der geleisteten Raten. Bei AbzGesch ist aber über § 5 AbzG die Rückabwicklg gem AbzG vorzunehmen (Serick I S 442; K. Müller aaO).

456 *Ausgeschlossene Käufer bei Zwangsvollstreckung.* Bei einem Verkauf im Wege der Zwangsvollstreckung dürfen der mit der Vornahme oder Leitung des Verkaufs Beauftragte und die von ihm zugezogenen Gehilfen, mit Einschluß des Protokollführers, den zum Verkaufe gestellten Gegenstand weder für sich persönlich oder durch einen anderen noch als Vertreter eines anderen kaufen.

1) a) Zweck: Unparteil Leitg des Verf. **b) Anwendungsbereich**: Verk (insb öff Verst) bewegl Sachen u Re gem §§ 814–817a, 821, 844, 857 ZPO, sowie ZwVerst v Grdst u grdstgleichen Ren (§ 866 I ZPO). Weitere Anwendbk: § 457. **c) Personenkreis**: Das Erwerbsverbot gilt insb für GerVollz (§ 814 ZPO), Versteigerer od VerkBeauftragte (§ 825 ZPO), VerstRichter od -Rpfleger (§ 1 ZVG), alle HilfsPers auch mit untergeordneten Aufgaben. **d) Erwerbsverbot**: Auch in allen Formen der Vertretg, insb auch mittelb StellVertr u TrHänder (vgl Einf vor § 164). **e) Wirkung**: § 458. Erwerb v Ersteher aGrd eines weiteren Kaufs berührt § 456 nicht. § 181 bleibt daneben anwendb (RG **56**, 105 [108]).

457 *Ausgeschlossene Käufer bei Pfandverkauf.* Die Vorschrift des § 456 gilt auch bei einem Verkauf außerhalb der Zwangsvollstreckung, wenn der Auftrag zu dem Verkauf auf Grund einer gesetzlichen Vorschrift erteilt worden ist, die den Auftraggeber ermächtigt, den Gegenstand für Rechnung eines anderen verkaufen zu lassen, insbesondere in den Fällen des Pfandverkaufs und in den §§ 383, 385 zugelassenen Verkaufs, sowie bei einem Verkaufe durch den Konkursverwalter.

1) a) Anwendungsbereich: Folgde Fälle v Verk, insb iW öff Verst: §§ 383 385, 753, 966, 979, 983, 1003, 1219, 1221, 1228 ff, 2042 (753); weiter §§ 368, 371, 373, 376, 379, 388, 391, 437, 440 HGB sowie §§ 117 ff KO. **b) Freiwillige Versteigerung**: Hierfür gelten die §§ 456, 457 nicht. Für gewerbsmäßige Verst gelten die dem § 456 ähnl Verbote des § 34b VI GewO mit NichtigkFolge (§ 134) u die VO v 1. 6. 76 (BGBl 1345). Bei Verst dch Notare (§ 20 III BNotO) greift im engeren Umfang § 16 BNotO ein.

458 *Kauf trotz Kaufverbots.* **I** Die Wirksamkeit eines den Vorschriften der §§ 456, 457 zuwider erfolgten Kaufes und der Übertragung des gekauften Gegenstandes hängt von der Zustimmung der bei dem Verkauf als Schuldner, Eigentümer oder Gläubiger Beteiligten ab. Fordert der Käufer einen Beteiligten zur Erklärung über die Genehmigung auf, so finden die Vorschriften des § 177 Abs. 2 entsprechende Anwendung.

II Wird infolge der Verweigerung der Genehmigung ein neuer Verkauf vorgenommen, so hat der frühere Käufer für die Kosten des neuen Verkaufs sowie für einen Mindererlös aufzukommen.

1) a) Zustimmungsbedürftigkeit: Bei einem Kauf, der gg §§ 456, 457 verstößt, besteht entgg § 134 schwebde Unwirksk. Zust: Einwillig (§ 183) u Gen (§ 184). Sie muß v Seiten aller Beteil vorliegen; außer Schu, Gl u Eigtümer auch and PfandGl. **b) Rechtsfolgen**: Kauf (Verst) u ErfGesch (insb Übereign) v nichtig, wenn die Zust auch nur v einem der Beteil (Anm a) verweigert w. Erkl über die Gen kann nur der Erwerber über § 177 II herbeiführen (I S 2). **c) Ersatzansprüche**: Der Anspr aus Abs II ist v Versch unabhäng. Weiter können Anspr aus § 823 II u aus § 839, Art 34 GG bestehen.

II. Gewährleistung wegen Mängel der Sache

Schrifttum: Flume, Eigenschaftsirrtum u Kauf, 1948; Raape, Sachmängelhaftg u Irrtum beim Kauf AcP **150**, 481; M. Wolff, Sachmängel beim Kauf, JhJ **56**, 1; v. Caemmerer, Falschlieferung, Festschr M. Wolff **52**, 3; Fabricius, Schlecht- u Falschlieferg beim Kauf, JuS **64**, 1 u 46, JZ **67**, 464.

Vorbemerkung

1) Allgemeines. Bei der GewlPfl des Verk von Sachen ist zw RMängeln (§§ 439–443 mit RFolgen der NichtErf, §§ 320–327) u Sachmängeln (§§ 459–480) zu unterscheiden (vgl zur Abgrenzg Anm 3). **a) Abdingbarkeit**: die §§ 459–480 sind größtenteils dispositiv. Grenzen: § 476 u Anm 4. **b) Gewährleistungsansprüche** des Käufers sind (grdsätzl wahlw): Wandelg (§ 462), Minderg (§ 462), SchadErs wg NichtErf (§§ 463, 480), Nachlieferg (§ 480, nur bei Gattgskauf) u Nachbesserg (nur wenn vereinb, § 462 Anm 1b). **c) Allgemeine Voraussetzungen** der GewlAnspr sind: Sachmängel (§ 459), fehlde Kenntn des Mangels (§ 460) od Vorbeh bei Ann (§ 464).

2) Verhältnis zu anderen Rechten ist sehr umstr. Einigk besteht darin, daß die §§ 459–480 eine Sonderregelg darstellen, die in ihrem Anwendgsbereich alle allg Vorschr ausschließt. Daraus folgt zunächst unstreit, daß Anspr aus Verletzg von NebenPfl aus dem KaufVertr, die mit Sachmängeln nichts zu tun haben, zB BeratgsPfl (BGH NJW **62**, 1196), AuskPfl (§ 444), dch die §§ 459 ff nicht berührt w. Sehr umstr ist, ob der Gefahrübergang (vgl § 459 I) auf die Anwendbk and Anspr einwirkt. Nach hRspr (RG **96**, 156, **138**, 356;

BGH **34**, 32) sollen bis zum Gefahrübergang die allg Vorschr, insb die IrrtAnf gem § 119 II unbeschr zugelassen w. Nach richt Auffassg (Larenz § 41 II e) ist die Anwendg der allg Vorschr vor u nach dem Gefahrübergang in gleichem Umfang ausgeschl, weil die GewlAnspr auch schon vor Gefahrübergang entstehen können (vgl § 459 Anm 2). Die Anwendbk der R w, sow sie wg der Sonderregel ausgeschl ist, nicht dadch herbeigeführt, daß im Einzelfall der Ausschl der Gewl zul vereinb ist (Soergel-Ballerstedt 28; aA Karls JZ **71**, 294). **a) Unmöglichkeit und Verzug.** Die §§ 306, 320–327 sind ab Gefahrübergang (vgl § 459 Anm 2) nicht anwendb, weil auch die Überg u Übereign einer mangelh Sache Erf des KaufVertr ist, solange lediglich ein Sachmangel u nicht ein aliud (dh eine und als die verk Sache) vorliegt; das kommt in erster Linie beim GattgsKauf (§ 480) in Betr, beim Stückkauf nur, wenn der Verk die Sache vertauscht od verwechselt. Diese RFolge u ihre Begr sind sehr umstr; von der wohl hM w die Unanwendbk auf den Stückkauf beschr, weil bei Gattgskauf w § 480 I Anspr auf Lieferg mangelfreier Sache besteht. Die richt Begründg ist, daß die NichtErf der LeistgsPfl u die Gewl für Sachmängel nach Voraussetzg u Wirkg zweierlei sind (Larenz § 41 II e, Soergel-Ballerstedt 12). Vielf w dies auch damit begründet, daß die §§ 459ff eine Sonderregel darstellen (Enn-Lehmann § 108). Auf jeden Fall kann der zur Wandelg berecht Käufer die Zahlg des Kaufpr verweigern, weil er ihn dch die Wandlg sof wieder zurückfordern kann (§ 242 Anm 4 c, cc; Larenz § 41 II e). **b) Positive Vertragsverletzung** (vgl § 276 Anm 7b) ist neben §§ 459ff anwendbar; denn GewlR enthält Sonderregel nur bzgl der unmittlb Wirkg mangelh Lieferg, schützt jedoch mit dem Regelbehelf der Wandlg u Minderg den Käufer nicht hinreichd vor solchem Schad, der über den den Mangel begründden Nachteil hinausgeht (BGH **LM** § 276 [K] Nr 3 u § 463 Nr 1), insb dch Verarbeitg der mangelh Sache u dch diese Sache (zB Unfall) an Sachen od RGütern verursachte Schäden (vgl auch § 463 Anm 4). Hierbei ist insb die Verletzg von UntersuchgsPfl bedeuts (vgl BGH NJW **68**, 2238), auch das schuldh Herbeiführen eines Mangels zw Kaufabschluß u Gefahrübergang (Larenz § 41 II). Verj: § 477 Anm 1 d, dd. Da der SchadErsatz-Anspr auf das Vertrauensinteresse gerichtet ist, kann entgangener Gewinn nicht verlangt w (BGH **35**, 130). **c) Verschulden bei Vertragsschluß** (c. i. c.; vgl § 276 Anm 6). Anspr daraus sind ausgeschl, soweit sich die Versch des Verk auf die Beschaffenh des KaufGgst (Fehler u zusichergsfäh Eigensch, § 459) bezieht, da die §§ 459ff eine abschließde Sonderregelg darstellen (RG stRspr, zB **161**, 337, vom BGH für Fahrlk übernommen in **60**, 319 = NJW **73**, 1234; bestr; Darstellg des MeingsStds: Schaumburg MDR **75**, 105). Nur soweit die vorvertragl Versch des Verk nicht auf Fehler od Eigensch bezieht, haftet er uns. i. c. auf Ers des VertrauensSchad (Soergel-Ballerstedt Rdnr 32 vor § 459), zB bei Verletzg von Aufklärgs- u BeratgsPfl (BGH NJW **58**, 866); Vorlage einer unricht od manipulierten Bilanz bei Verkauf eines Untern (BGH NJW **77**, 1536 mwN) od Angaben zum Reinertrag (BGH NJW **77**, 1538). Für weitergehde Anwendg von c. i. c.: Diederichsen BB **65**, 401 mwN; Hbg MDR **73**, 496; Schaumburg MDR **75**, 105. Unmittelb Haftg aus c. i. c. v Vertr u Vermittlern, die für den Verk handeln, ist nicht ausgeschl (BGH **63**, 382). **d) Anfechtung wegen Täuschung** (§ 123) ist grdsätzl neben GewlAnspr zul, da zu einer Begünstigg des betrüg Verk dch Beschrkg des Käufers auf Gewl kein Anlaß besteht (hM; RG **104**, 3). Da bei Anf nur SchadErsAnspr aus §§ 823 II, 826, idR auf negat Interesse gerichtet, od BereicherngsAnspr (§§ 812, 818) bestehen, zB Gebrauchtwagenhändler (BGH NJW **77**, 1915), kann es im Einzelfall für den Käufer günst sein, nicht anzufechten sond SchadErs wg NichtErf (§ 463) zu verlangen (vgl Weitnauer NJW **70**, 637). Eine erfolgl AnfErkl kann in eine WandelgsErkl (§ 462) umgedeutet w. Anf u GewlAnspr (§§ 462, 480) schließen sich aus; jedoch hat der Käufer die Wahl, solange nicht eine der beiden Erkl zum erstrebten Erfolg geführt hat, schließt erst die begrdte Anf der Wandelg aus (Giesen zu BGH NJW **71**, 1795). Vgl weiter § 463 Anm 5a, b. **e) Anfechtung wegen Irrtums** des Käufers über verkwesentl Eigensch (§ 119 II; zul aber die Anf aus § 119 I ist ausgeschl, soweit aus gleichem Grd Gewl geltd gemacht w könnte (BGH **34**, 32; RG stRspr zB **138**, 354; Soergel-Ballerstedt 28; Larenz § 41 II; bestr; für weitergehde Anwendg von § 119 II insb Esser § 64 VI 3a, Schmidt NJW **62**, 710). Das ergibt sich daraus, daß §§ 459ff gerade den Fall regeln, daß die Kaufsache verkwesentl Mängel aufweist u hieran RFolgen knüpfen, die als Sonderregelg den allg Vorschr des § 119 II vorgehen. Auch wird dch das GewlR mit seinen kurzen VerjFr (§ 477) eine schnelle, endgült Abwicklg bezweckt, die dch Zulassg der IrrtAnf wg Sachmangels (30 Jahre VerjFr) prakt wieder vereitelt würde. Der Ausschl der IrrtAnf bezieht sich jedoch wiederum nur auf den Bereich des GewlR. Eine Anf wg Irrt des Verk ist daher nur zul, soweit sich der Irrt nicht auf Vorhandensein eines Fehlers od auf zugesicherte Eigensch bezieht, weil er sich sonst der Gewl entziehen könnte (Larenz § 41 II). Bei Irrt des Käufers ist Anf zul, wenn er sich auf and verkwesentl Eigensch bezieht, die nicht zugleich GewlMängel darstellen (BGH **16**, 54). Soweit die Gewl zul vertragl ausgeschl ist, bleibt auch die Anf ausgeschl (BGH WPM **66**, 1185; aA Schmidt-Salzer JZ **67**, 66). Für Anf wg Inhaltsirrt bei Gewl-Ausschl im FormularVertr: Liebe AcP **174**, 26. RFolgen der Anf: Nichtigk (§ 142), Anspr aus § 812 u Ers des VertrauensSchad (§ 122). **f) Unerlaubte Handlung** (§§ 823, 826). Anspr daraus w dch §§ 459 ff nicht ausgeschl, selbst wenn die uH gleichzeit das argl Verschweigen eines Mangels enthält (BGH NJW **60**, 237; vgl auch § 463 Anm 5); ebswen bei Produzentenhaftg (BGH NJW **77**, 379). Der SchadErsAnspr aus §§ 823ff unterliegt trotz § 477 der dreijähr Verj nach § 852 (BGH **66**, 315). **g) Fehlen und Wegfall der Geschäftsgrundlage.** RFolgen daraus sind, soweit es sich um Fehler od Eigensch des KaufGgst handelt, ausgeschl (vgl § 242 Anm 6 c gg u BGH WPM **71**, 1016), auch bei vereinb Ausschl der SachmängelGewl (vgl vor Anm a; aA Karlsr JZ **71**, 294). Die Gelt jedenf sow bei Fehlen der VertrZweck nicht uf eines außerh der Beschaffenh der Sache liegden Umstands (sog Umweltfehler) unerreichb (vgl Köhler S 176 ff) od der Mangel sich nicht nur zuungunsten des Verk auswirkt (BGH aaO).

3) Anwendungsbereich. Allg Voraussetzg ist, daß ein Kauf (§ 433) vorliegt. Erwerb v Bauträger: § 631 Anm 1 u § 675 Anm 3c. **a) Sachen:** alle bewegl u unbewegl (§ 90), einschließl ihrer Bestandt u Zubehör (§§ 93–98), auch wenn sie nicht iW des Verk veräußert w (§ 493) u wenn es sich um MitEigt-Anteile handelt, insb gmschaftl Einrichten bei EigtWo (BGH WPM **71**, 1251). Bei Druckschriften keine Anwendg für fehlerh Rat (BGH WPM **78**, 306 für Anlageempfehlg beim Börsendienstes). **b) Wertpapiere:** nur sow es sich um Mängel der Urk handelt (vgl § 437 Anm 3a). **c) Rechte:** grdsätzl nicht; es gilt § 437. Ausnahmsw anwendb in den Fällen des § 451 u der Anm e. Abzulehnen bei Patent, Erfindg,

Vorbem v § 459 3, 4   2. Buch. 7. Abschnitt. *Putzo*

Verfahren (zT aA RG **163**, 6), know-how-Vertr. **d) Sachgesamtheiten:** auch wenn Re dazugehören (vgl § 433 Anm 1 c, aa), insb gewerbl u kaufm Untern (hierzu Hommelhoff: Die Sachmängelhaftg beim UnternKauf, 1975). §§ 459 ff sind nicht nur für Mängel betrzugehör Sachen anwendb, sond auch für Mängel des Untern als solchem (allgM). Was darunter im Einzelfall zu verstehen ist, muß auf den KaufGgst (das Untern) bezogen w. Einzelne Substanzstücke begrden einen Mangel des Untern nur, wenn sie seine Marktstellg gefährden (Hommelhoff aaO S 38). Für einzelne RMängel vgl § 437 Anm 1 d; Sachmängel: § 459 Anm 5 f. Für sog FortAbschlAngaben des Verk (zu Gewinn- u Verlustrechng, Umsatz, Bilanz, Inv) haftet er nur nach § 459 II, ggf § 463 S 2 (Hommelhoff S 59 ff; aA BGH NJW **70**, 653 mit abl Anm v Putzo u WPM **74**, 51: keine Haftg aus § 459, sond aus c. i. c., vgl Anm 2 c), auch wenn er am Vertr festhält (BGH NJW **77**, 1538). Über die gesetzl Gewl (§§ 459 ff) besteht ein NachbessergsAnspr, wenn die LeistgsStörg nur dch den Verk beseit w kann (Hommelhoff S 109 ff). § 477 gilt, § 377 HGB nicht (Hommelhoff S 117 ff).
e) Gesellschaftsanteile u MitgliedschR: ihr Kauf ist der eines Rs. Gewl grdsätzl nach § 437, jedoch gelten die §§ 459 ff (unter Ausschl der IrrtAnf, BGH NJW **69**, 184 u mit Anwendg des § 477; letzteres bestr, vgl U. Huber ZfUG **72**, 395 [418]), soweit es sich um Mängel des von der Gesellsch betriebenen Untern od einz ihrer VermGgst handelt (vgl die zufassden Darstellgen: Wiedemann FestSchr für Nipperdey I 815; Neumann-Duesberg WPM **68**, 494; Loos NJW **62**, 519; U. Huber ZfUG **72**, 395); jedoch gilt in diesen Fällen Voraussetzg, daß die Part des KaufVertr darin von einer best Beschaffenh des Untern od des Ggst des GesellschVerm ausgegangen sind (U. Huber aaO [406]). **aa)** Verk aller Anteile; damit ist nach der VerkAuffassg u dem wirtsch Zweck auch das Untern selbst (zusätzl) verkauft (hM seit RG **120**, 283; BGH NJW **69**, 184 u WPM **78**, 59). Das gilt auch, wenn mehrere Verk u Käufer an einheitl Vertr beteiligt sind (RG **122**, 378). **bb)** Verk von beherrschden Anteilsquoten (insb MehrhBeteiligg), auch bei mehreren VertrPart (wie Anm aa). Kriterium ist, ob dadch unternehmer Leitgsmacht (satzgsändernde Mehrh) verschafft w (hierzu Hommelhoff ZHR **76**, 271 [283]). Die Rspr ist uneinheitl. Wie hier bejahd: BGH WPM **70**, 819; Mü NJW **67**, 1327; Wiedemann aaO S 835; aA für einen GmbHAnteil v 50% BGH NJW **76**, 237 = JZ **77**, 131 m Anm v Wiedemann. Umstr ist ferner, ob es für die beherrschde Stellg auf den Verk od Käufer ankommt (vgl Neumann-Duesberg aaO). **cc)** Bei Verk kleinerer Anteile grdsätzl nicht, nur ausnahmsw dann, wenn der Verk eine beherrschde Stellg innehat u der Kaufpr am GesellschVerm orientiert ist (vgl Neumann-Duesberg aaO S 502, Wiedemann aaO S 836).

4) Vertragliche Abänderung. Die nachfolgde Darst gilt uneingeschr nur für Vertr außerh des GeltgsBer des AGBG, näml des zeitl (nur Vertr vor dem 1. 4. 77, AGBG 32) u des persönl (AGBG 24). GewlAnspr können insb dch AGB ausgeschl u beschr (sog Freizeichnsklauseln), aber auch (seltner) bei den EinkaufsBedingg) erweitert w. **a) Allgemeines.** Grdsätzl sind die GewlVorschr der §§ 459 ff vertragl abdingb. Ausn: Argl gem § 476 (vgl dort u zwingde gesetzl Vorschr (zB § 6 FuttermittelG; BGH **57**, 292). Grenzen: § 138 u § 242 (vgl § 276 Anm 5 B b). Das gilt insb für formularmäß Regelg der GewlAnspr (zusfassd Schmidt-Salzer NJW **69**, 718). Es darf die Abweichg von dispositivem Vorschr nicht gg das ges Leitbild des VertrTyps verstoßen (BGH NJW **70**, 29). Die Regelg der R u Pfl beider VertrPart müssen darin sachl angem geregelt sein (BGH st Rspr, zB NJW **67**, 32). Die Regeln richterl Inhaltskontrolle (Einf 6 D vor § 145) sind zu beachten. Individuell vereinb VertrBdgg unterliegen nicht so engen Grenzen (BGH **22**, 90 [97]). Sow es sich um eine zul Beschrkg der Gewl handelt, dürfen eindeut vereinb, auch umfassde Freizeichnsklauseln nicht einschränkd ausgelegt w (BGH NJW **67**, 32). Ein Ausschl der GewlAnspr bezieht sich nicht auf Haftg für Versch bei VertrSchluß (Anm 2 c). **b) Zweck:** Ausnutzg der VertrFreih u je nach Interessenlage die Auswirkg auf den Kaufpr, der gerade auch in Hinbl auf den Umf der Gewl kalkuliert w, insb bei Beschrkg der Gewl niedr angesetzt w kann. **c) Form und Inhalt:** Notw ist die Form der KaufVertr (insb § 313), nicht nur bei ges, auch bei rechtsgeschäftl vereinb Form. RFolgen bei Verstoß: § 125 nur für den GewlAusschl, nicht über § 139 der ganze Vertr. Die GewlBeschrkg muß eindeut sein. Beschr ein Händler ggü seinem Käufer die Gewl auf die des Herstellers der Sache, so liegt darin noch kein GewlAusschl (Hamm NJW **74**, 909). **d) Art der Mängel:** Es kann die Haftg für jeden Mangel in dem unter e) dargelegten Umf erweitert od ausgeschl w. Für zugesicherte Eigensch (§ 459 II) ist ein Ausschl nicht mögl, weil damit die Bedeutg der Zusicherg beseit w (BGH **50**, 200); das gilt auch, wenn die ges Gewl ausgeschl w kann (zB bei gebrauchtem Kfz, BGH BB **77**, 1723) u dann auch für Begleit(Mangelfolge)schäden, die gem § 463 zu ersetzen sind. Der GewlAusschl versagt zB gg einen WandelgsAnspr, wenn bei einem gebr Kfz das VerkSchild vor VerkSchluß eine um 100000 km (am Tachostand orientierte) verminderte GesFahrLeistg ausweist (BGH NJW **75**, 1693). Hingg kann, aber nur für ausdr Erkl, auch für versteckte (geheime) Mängel die Gewl dch angem Rügefristen beschr w (aA Schmidt-Salzer NJW **69**, 718), aber Argl ausgen (§ 476).
e) Umfang: Es kann insb SchadErs, Wandelg, Minderg u Nachlieferg ausgeschl w. Es können Fr festgelegt, verlängert u verkürzt, Mängelrügen in best Form u Fr verlangt w (im GeltgsBer des AGBG eingeschr dch AGBG 11 Nr 10e). Es kann auch das Verbot vereinb w, Kaufpr wg GewlAnspr zurückzuhalten (vgl § 433 Anm 5a dd). Nur in engen Grenzen u nicht in den jew gegner Verantwortgsbereich hinein kann die BewLast umgekehrt w (BGH **41**, 151 [154]). Mögl ist Übern der Haftg des Verk für Mangelfolge- u BegleitSchad ohne Versch (Bedenken gg derart Klauseln in AGB für Einkauf aus richterl Inhaltskontrolle: Heinze NJW **73**, 2182). Es ist zul, den Verlust von GewlAnspr daran zu knüpfen, daß die beanstandete Ware nicht auf Verlangen dem Verk zur Untersuch überl w (BGH **LM** § 138 [Bc] Nr 11). Nachbesserg: mind dieser (in den §§ 459 ff nicht vorgesehene) Anspr muß dem Käufer verbleiben. Nur beim Gebrauchtwarenhandel (insb Kfz, Maschinen) kann auch dieser Anspr, damit jede Gewl (außer Argl, § 476) ausgeschl w (hM; vgl BGH NJW **70**, 29; einschränkd Hager NJW **75**, 2276), insb dch die Klausel „gebraucht wie besicht u unter Ausschl jeder Gewl" (Hamm MDR **78**, 314); jedoch immer nur für ein best Kfz, nicht für Lieferg eines belieb ErsKfz gleichen Typs (Brschw BB **72**, 1529), weil Besichtigg u Überprüfg vor dem KaufAbschl mögl sein muß. § 476 bleibt unberührt (vgl auch § 460 Anm 4). Haftg besteht jedoch trotz allg vereinb HaftgsAusschl für wirks u konkret vereinb zuges Eigensch (vgl krit Hager NJW **75**, 2276 mwN). Im gleichen Umfang w GewlAusschl zugelassen beim Kunstauktionator (BGH NJW **75**, 970 m abl Anm v. Hoyningen-Huene NJW **75**, 963: Verbleib eines WandelgsR). **f) Grenzen:** Im übr kann die Gewl

nicht ganz ausgeschl w (BGH NJW **71**, 1795 [Konstruktionsmängel]); insb ist bei Konstruktionsmängeln eine Beschr auf Nach(Ers)Lieferg unwirks, weil der Käufer damit nicht mangelfrei beliefert w kann (Schmidt-Salzer BB **72**, 1161). Die Beschr auf Nachlieferg ist aber insb mögl, wenn ledigl Fabrikationsfehler vorliegen, od wenn dem Käufer ein RücktrR eingeräumt w, falls der Verk die Beschrkg auf Nach(Ers)Lieferg geltd macht (Schmidt-Salzer aaO). W der GewlAnspr, auf den der Käufer beschr ist, insb die Nachbesserg, nicht erf (Unmögl od Verz) od auch nicht unter Beseitigg des Mangels mit neuem Mangel erf, kann der Käufer grdsätzl auf die ges GewlAnspr zurückgreifen (hM; Schmidt-Salzer NJW **69**, 718 mwN; Stötter Betr **69**, 647). Für Anwendg der §§ 325, 326: Kastendiek in Anm zu Brem BB **75**, 397. Dieser Anspr kann wiederum nicht ausgeschl w, wohl aber darauf beschr w, daß nur Wandelg, Minderg od Nachlieferg (od nur eins von diesen) verlangt w kann u SchadErs ausgeschl ist (im einzelnen bestr, vgl Schmidt-Salzer NJW **69**, 718). Bei Nachbesserg sind je nach dem Einzelfall auch mehrere Versuche dem Verk zuzulassen, bei Nachlieferg grdsätzl nur einer (Schmidt-Salzer aaO). Das WahlR zw den jeweils verbleibden GewlAnspr steht grdsätzl dem Käufer zu (BGH NJW **67**, 32). Die Verkürzg v MängelrügeFr darf nicht grob unbill sein (zB 3-Tage-Fr ab Überg bei einer Rechenmaschine, Hbg MDR **74**, 577). **g) Abtretung** v GewlAnspr gg Dr als Ers für eigene Gewl. Bei Verkauf einer neu errichteten od zu errichtden EigtWohng kann der Verk ggü dem Erwerber seine eigene GewlPfl dch Abtretg der GewlAnspr gg die BauBeteil ersetzen; dies ist bei FormularVertr jedoch dahin auszulegen, daß die EigenHaftg des Verk nur entfällt, wenn der Erwerber sich aus dem abgetretenen Anspr schadl halten kann (BGH NJW **74**, 1135; hierzu Löwe NJW **74**, 1108 u Brych MDR **74**, 628). Ist bei einem Verk jede Gewl ausgeschl (zB gebrauchtes Kfz) u hat der gutgläub Verk seine sog Erstkäufer gg seinen Verk Anspr aus § 463, so ist er verpfl seinen Anspr an den (Zweit-)Käufer abzutreten (Wolter NJW **75**, 623 mwN). Dieser abzutretde SchadErsAnspr ist nicht dch den Vorteil gemindert od ausgeglichen, der dch den günst WeiterVerk erwächst (Büdenbender JuS **76**, 153). **h) Produzentengarantie:** Garantiescheine, die der Produzent dem dann vom Händler weiterverkauften Produkt (insb Geräte) beigibt, begründen einen bes Vertr zw Produzenten u Käufer, der die GewlAnspr gg den Verk nicht ausschließt (P. Bader NJW **76**, 209).

459 *Haftung für Sachmängel.* **I** Der Verkäufer einer Sache haftet dem Käufer dafür, daß sie zu der Zeit, zu welcher die Gefahr auf den Käufer übergeht, nicht mit Fehlern behaftet ist, die den Wert oder die Tauglichkeit zu dem gewöhnlichen oder dem nach dem Vertrage vorausgesetzten Gebrauch aufheben oder mindern. Eine unerhebliche Minderung des Wertes oder der Tauglichkeit kommt nicht in Betracht.

II Der Verkäufer haftet auch dafür, daß die Sache zur Zeit des Überganges der Gefahr die zugesicherten Eigenschaften hat.

1) Allgemeines. § 459 ist die grdlegde Vorschr für die Sachmängelhaftg des Verk, zugleich Voraussetzg des Anspr aus § 462 u enthält den für § 463 S 2 maßg FehlerBegr. **a) Anwendungsbereich:** Vorbem 3 vor § 459. **b) Abdingbarkeit:** Vorbem 1 a, 4 vor § 459. **c) Begriff des Sachmangels:** umfaßt Fehler (Anm 3) u Fehlen zugesicherter Eigensch (Anm 4). **d) Quantitätsmängel:** Ist die Sache zu klein od zu groß, hat sie vom VertrInhalt abw Abmessgen, kann ein Sachm vorliegen. SoRegelg für Grdst: § 468. Sind in Behältn weniger Stücke od geringere Menge als vereinb (zB 45 statt 50 pro Kiste, 80 statt 90 kg pro Faß), liegt teilw NichtErf vor (§§ 320 ff). Bei beiderseit Handelskauf unterliegen Fehlmengen der RügePfl (HGB **377**, 378). **e) Falschlieferung** (aliud = auch als die gekaufte Sache): vgl Vorbem 2 a. Es gelten die §§ 320 ff, nicht SachmHaftg, jedenf beim Stückkauf (hM). Beim Gattgkauf (Abgrenzg v § 480 Anm 1a) gilt grdsätzl dasselbe (BGH NJW **69**, 787; aA v. Caemmerer Festschr f M. Wolff S 1), nur ausnw w bei beiderseit HandelsGesch wg der Gleichstellg in HGB 377, 378 auch bei genehmiggsfäh Falschlieferg SachmängelGewl (insb auch §§ 477, 480) angewendet (hRspr seit RG **86**, 90; auch hM im Schrifttt). **f) Verschulden** (§§ 276, 278) ist für die Haftg aus § 459 bedeutgsl (auch bei § 463), weil ohne Versch gehaftet w. Versch ist aber Voraussetzg für die Haftg aus Anspr der Vorbem 2a, b, c, f. **g) Verhältnis zu anderen Rechten:** Vorbem 2.

2) Gefahrübergang der VerkPfl aus § 433 I ist der maßg Ztpkt für die SachmHaftg aus § 459 (vgl Abs I S 1 II). **a) Begriff:** Es ist der Übergang der Preis(Vergütgs)Gef bei zufäll Unmögl (§ 324 II), Untergang od Verschlechterg der Kaufsache (§§ 446, 447) gemeint. **b) Zeitpunkt:** Frühestens mit AnnVerz (§§ 293 ff) des Käufers, weil dadch VergütgsGef übergeht (§ 324 II). Grdsätzl mit Überg der Kaufsache (§ 446; vgl dort Anm 3), bei VersendgsKauf nach § 447. Weitere Ausn: § 446 Anm 4 c–e. **c) Entstehung des Sachmangels:** Seine Urs muß zZ des GefÜbergangs gesetzt sein (StK-Lüdersitz 7). Der Verk haftet auch für Mängel, die erst nach KaufAbschl aber bis zum GefÜbergang entstanden sind; hingg nicht für solche, die bei VertrAbschl vorlagen aber bis zum GefÜbergang beseit sind; insb ist der Verk berecht, nach VertrAbschl bis zur Übergabe den Mangel zu beseit; iF des § 447 entfällt idR die SachmHaftg, wenn der Mangel nach GefÜbergang, aber vor Ankunft beim Käufer entfällt (RG **55**, 201 [207]). **d) Vor Gefahrübergang** kann beim Stückkauf (bei Gattgkauf: § 480 Anm 1b), wenn ein Sachm vorliegt, der Käufer die Ann der Sache verweigern u die Re aus den §§ 320 ff geltd machen od SachmHaftg vor Übergabe verlangen, auch bei behebb Mangel, dessen Beseitigg, der Verk endgült verweigert (hM seit RG **87**, 256 [260]). **e) Nach Gefahrübergang** bestehen nur die Re aus SachmHaftg; die aus § 320 ff sind ausgeschlossen (vgl Vorbem 2a).

3) Fehler (Abs I) ist die eine Art eines Sachm (vgl Anm 4). **a) Begriff:** Die Definition ist dem Abs I S 1 zu entnehmen. Ein Fehler liegt vor, wenn der tats Zustd der Kaufsache von dem Zustd abweicht, den die VertrPart bei Abschl des KaufVertr gemeins vorausgesetzt haben u diese Abweichg den Wert der Kaufsache od ihre Eigng zum vertragl vorausgesetzten od gewöhnl Gebr herabsetzt od beseit. Der Fehler kann in körperl (phys) Eigensch od in solchen (voraussichtl andauernden) tats u rechtl Beziehgen zur Umwelt liegen, die nach der Verkehrsauffassg Wert u Brauchbk der Kaufsache unmittelb beeinflussen (allg-M). Grdsätzl ist der jeweils vertragl vorausgesetzte bes Zweck, Gebr od Zustand (Beschaffenh) der Kaufsache maßg (sog subj od konkr FehlerBegr); sind solche Voraussetzgen im Einzelfall nicht festzustellen, kommt es auf die Abweichg vom gewöhnl (normalen) Zustd (Beschaffenh) derart Sachen an (sog obj FehlerBegr; für dessen generelle Anwendg: Knöpfle JZ **78**, 121). Dies ist wohl hRspr u Meing (vgl Erm-Weitnauer 3 vor § 459). **b) Wert der Kaufsache** (Verk- od Tauschwert). Er wird aus den sog wertbildnen Faktoren ermittelt. Das ist nicht der KaufPr selbst, sond sind die Umst, die den KaufPr der Sache beeinflussen (zB Bebaubark eines Grdst, Baujahr u Tachostand des Kfz, Werk eines bek od des Malers). Ein solcher Umst kann (muß aber nicht) zugleich die GebrTauglk (Anm c) beeinträcht. **c) Gebrauchstauglichkeit.** Auch hierbei ist darauf abzustellen, wie der Käufer es nach Lebenserfahrg u dem Inhalt der VertrVerhandlg erwarten durfte (StK-Lüderitz 2b). Gewöhnl Gebr ist die Benutzg gleichart Sachen bei dchschnittl LebensVerh (auch örtl) des konkr Falles (obj Maßstab). Subj Unfähigk des Käufers u dessen pers Anschauung bleiben außer Betr; ebso Häufigk u Seltenh des Fehlers. **d) Aufhebung** v Wert od GebrTauglk bedeutet deren völl Beseitigg (Wertlos, GebrUntauglk). Sie ist immer erhebl (vgl Abs I S 2). Alternat Vorliegen genügt (zB betriebsunfäh Maschine trotz Schrottwert). **e) Minderung** v Wert od GebrTauglk bedeutet deren Herabsetzg od Beeinträchtigg ggü dem, was vertragl vorausgesetzt od bei derart Sachen gewöhnl (normal) ist (vgl Anm a). Die Minderg muß immer erhebl sein (Anm f). **f) Erheblich** (Abs I S 2) muß Wert od GebrTauglk gemindert sein. Maßg ist hierfür die Verkehrsauffassg, ggf ein Handelsbrauch (HGB 346), bei Mehrh v Fehlern ihre Auswirkg in Gesamth. Stellt Tat- u RFrage dar u ist insow der Rev zugängl (BGH **10**, 242). Unerhebl ist ein Fehler, wenn er in Kürze v selbst verschwindet od v Käufer mit nur ganz unerhebl Aufwand selbst schnell beseit w kann.

4) Fehlen zugesicherter Eigenschaften (Abs II). Das Fehlen einer zuges Eigensch ist neben dem Fehler (Anm 3) wie der Art eines Sachm; im Ggsatz zum Fehler (vgl Anm 3f) w auch für das Fehlen einer unerhebl Eigensch gehaftet, auch wenn Wert od GebrTauglk nicht beeinträcht w, sofern die Eigensch zuges ist. Hingg bleiben bedeutgsl Abweichgen v der Zusicherg außer Betr. **a) Zugesichert** ist eine Eigensch, wenn der Verk dch eine ausdrückl od stillschw Erkl, die VertrInhalt geworden ist, dem Käufer zu erkennen gibt, daß er für den Bestand der betr Eigensch an der Kaufsache einstehen will. Die Abgrenzg zur unverbindl Beschreibg, Bewertg od Anpreisg der Kaufsache ist im Einzelfall zu treffen. **aa) Zustandekommen:** Zur vertrgem Vereinbg genügt Willensübereinstimmg der VertrPart ohne ausdrückl Bestätigg. Eine Zusicherg kann insb abgeleitet w aus VerkÜbg u Handelsbrauch, bes Vertrauen des Käufers, bes Bedeutg der Eigensch u Eigng der Kaufsache für best vertragl Verwendgszweck (vgl Semler NJW **76**, 406), aus Eindringlk, wch Wiederholg der Angabe (BGH NJW **59**, 1489). Es kann auch der Käufer die Eigensch festlegen, deren Zusicherg verlangen u der Verk braucht lediglich zuzustimmen (BGH **LM** § 463 Nr 2). Bei VertrAngebot des Verk muß dieses die die Zusicherg ausmachde Erkl enthalten od sie muß bis zum VertrAbschl in den VertrInhalt aufgenommen w. Sie kann mit subj Einschränkg versehen sein, zB daß der Verk unter best Pers Voraussetzgen nicht haftet (BGH **LM** § 463 Nr 6). **bb) Stillschweigende Zusicherung** ist nur mit Vorsicht u Zurückhaltg anzunehmen. Sie liegt grdsätzl nicht in bloßer Warenbezeichng, auch wenn diese einer DIN entspr müßte (BGH NJW **68**, 2238 [Dieselkraftstoff]; aA Henssler BB **69**, 24); ebsowenig in der auf Anfdg des Käufers abgegebenen zusichernden Erkl des Verk, die Ware sei bisher noch nie aus diesem Grd beanstandet w (BGH WPM **74**, 1204). Hingg kann die Zusicherg darin liegen, daß die Sache für einen VertrInhalt gewordenen od beiden VertrPart bekannten best Verwendgszweck geeignet sei (BGH **59**, 158 [Kunstharz]; hierzu v. Westphalen BB **72**, 1071 u Hüffer JuS **73**, 607); bei Verk v Sachen mit geschütztem Warenzeichen auch dch Bezugn auf die gestaltete Werbg (Qualitätskontrolle; BGH **48**, 118 [Trevira]). Unwiderlegb Vermutg einer Zusicherg: § 33 I SaatgutverkehrsG. **cc) Form:** Da die Zusicherg VertrInhalt geworden sein muß, bedarf sie der für den Vertr vorgeschriebenen Form (BGH WPM **70**, 819); jedoch heilt der Formmangel bei Grdst dch Auflassg u Eintr gem § 313 (RG **161**, 330 [337]). **dd) Genehmigungen,** die ges vorgeschr sind (zB des VormundschG), müssen sich auf die Zusicherg erstrecken. **ee) Mehrere Verkäufer:** Nur wer (auch stillschw) zugesichert hat, haftet. Hat dies nur einer getan, haften die and nur, wenn der zusichernde für sie Vollm hatte (§ 164). **ff) Zeitpunkt:** Maßg ist der des GefahrÜberg (Anm 2). Darauf muß sich für § 459 auch die Zusicherg beziehen, nicht ohne weiteres darauf, daß die Eigensch danach auch bestehen bleiben sollen. Hierfür ist die Übern einer unselbstd Garantie mögl (vgl § 477 Anm 4b; Vorbem 3d vor § 633) od ein selbstd GarantieVertr (Vorbem 3c vor § 675). **gg) Kraft Gesetzes** ist dch bloßen KaufAbschl zugesichert: beim Kauf auf Probe (§ 494); bei Futtermittel für handelsübl Reinh u Unverdorbenh (§ 6 FuttermittelG, BGH **57**, 292); bei Saatgut best MindestAnfdgen (§ 58 SaatgutG). **b) Eigenschaft** ist jedes der Kaufsache auf gewisse Dauer anhaftde Merkmal, das für deren Wert ihren vertragl vorausgesetzten Gebr od aus sonst Grd für den Käufer erhebl ist. Der Begr umfaßt daher alles, was (dch Vorhandensein od Anwesenh) einen Fehler ausmacht (Anm 3a), darüberhinaus aber auch jedes der Sache anhaftde Merkmal, das ihren Wert od ihre GebrTauglk nicht beeinflußt, aber für den Käufer v Interesse sein kann (zB Liebhaberinteresse an Herkunft). Auch die Abwesenh eines best Fehlers ist eine Eigensch; dann folgt die Zusicherg die SachmHaftg sowohl aus Abs I wie Abs II, ggf neben § 463. Hingg ist nur Abs II (ggf § 463) anwendb, wenn die Eigenschaft nicht Wert u GebrTauglk berührt, der Käufer sich aus Interesse an der Eigensch diese sich hat zusichern lassen. Besteht die Eigensch in einer Umweltbeziehg, muß diese auf Umstden beruhen, die außerh der Sache selbst liegen; daher ist keine Eigensch das Eigt an der Sache (BGH **34**, 32), die Freih v Rechten Dr (es gilt § 434) u v öff Lasten (es gilt § 436). Eine Eigensch ist auch Wert (auch Marktwert) od Preis (auch Fabrik od GroßhandelsPr) der Kaufsache selbst (allgM). **c) Fehlen** bedeutet, daß die Kaufsache die Eigensch nicht aufweist. Nur bedeutgsl Abweichgen v der Zusicherg bleiben außer Betr.

5) Einzelheiten.

a) Grundstücke. aa) Fehler: Funktionsmängel der EntwässergsAnlage eines Hauses (BGH **LM** Nr 17); Hausschwamm sowie uU Trockenfäule (BGH **LM** § 463 Nr 8), auch beginnde Schwammbildg (vgl BGH BB **68**, 1355); bereits bei GefahrÜberg bestehde (nicht eine erst zu erwartde, RG **161**, 193)

Einzelne Schuldverhältnisse. 1. Titel: Kauf. Tausch § 459 5

öff-rechtl Baubeschränkg (BGH WPM **69**, 273; teilw abl u einschränkd Sellner MDR **71**, 169); beeinträcht Bebaubark eines Grdst (BGH NJW **65**, 532); bei Bauland alte Fundamentmauern (RG SeuffA **83**, 183); beschr Vermietbk v Räumen wg baurechtl (BGH WPM **70**, 162) od sonst Vorschr (Soergel-Ballerstedt 10); hochgrad Verwanzg eines Hauses (RG JW **37**, 2591); Lage u Größe eines Grdst als Beschaffenh Angabe (Erm-Weitnauer 4 mwN); uU Bebaubk der NachbGrdst, wenn Unbebaubk vertragl vorgesehen ist (RG **161**, 330 [335]); mangelh Nutzbk landwirtsch Grdst (RG **129**, 280); Bewohnbk v Kellerräumen nur, wenn vertragl vorausgesetzt (BGH WPM **77**, 1088). **bb) Keine Fehler:** Öff Lasten (§ 436); Rechte Dr (§ 437). Versagg einer notw AuflassgsGen gem BBauG 19 (BGH NJW **69**, 837: NichtErf); GenZwang gem WoBindG 6 für EigtWo (BGH NJW **76**, 1888; RMangel); vorübgehde Baufeuchtk; Entstehg eines EntschädiggsAnspr aus § 951; Haftg aus § 419 (BGH NJW **78**, 370 für ErbbauR m Anm v Messer 1257). **cc) Eigenschaften:** Mietertrag (BGH WPM **65**, 272); Bebaubk, sowohl sof (BGH) WPM **71**, 528) wie spätere zu best Ztpkt; Nichtbebaubk eines NachbGrdst (RG **161**, 330); baurechtl zul Bewohnbk eines GbdeTeils (BGH WPM **73**, 612); erfolgte Zahlg v ErschließgsBeiträgen (Mü NJW **70**, 664); Grad landwirtsch Nutzbk (RG **129**, 280); Höhe der VersSumme (RG **54**, 219); Lage in bezug auf best wesentl tats Umstde (Erm-Weitnauer 31); Baujahr eines Hauses (Schleswig MDR **77**, 929). **dd) Keine Eigenschaft:** ständ Vermietbk u Belegg (RG **148**, 286 [Fremdenheim]); Nichtbestehn des Rechts auf NachbGrdst Bebauung zu untersagen (RG **93**, 71).

b) Kraftfahrzeuge. Grdsätzl alle techn Mängel, die die Zulassg u die TÜV-Plakette hindern (Erm-Weitnauer 11). Stets ist zw Neu- u Gebrauchtwagen zu unterscheiden (beachte auch Vorbem 4e). **aa) Fehler:** Fehlde Übereinstimmg v KfzBrief u Daten des Kfz (BGH **10**, 242; umstr; aA Schlechtriem NJW **70**, 1993); erhebl höhere tats km-Leistg als die gem Tachostand vertr vorausgesetzte (Celle BB **59**, 249), zB 100000 km (Köln MDR **75**, 53); bei Verk fabrikneuen Kfz Herkunft aus früherer Serie u Fehlen techn Veränd (Düss NJW **71**, 622); der dch einen Unfall begrdete merkantile Minderwert (Brem MDR **68**, 1007); undichtes Motorgehäuse (Nürnb BB **59**, 137); Rostflecken u Lackkratzer bei Lieferg zum WeiterVerk als fabrikneu (BGH NJW **76**, 1268 [Vorführwagen]); dch lange StandZt entstandene gehäufte Mängel an fabrikneuem Kfz (LG Bln NJW **76**, 151); mehrjähr Verwendg als Taxi (BGH MDR **76**, 1012). **bb) Keine Fehler:** Austausch- statt Originalmotor (BGH BB **69**, 1412); Fehlen einer einzelnen techn Neuerg der letzten Bauserie (KG NJW **69**, 2145; abl Anm v Weber NJW **70**, 430); Eintragg eines VorEigtümers im Kfz-Brief bei fabrikneuem Kfz, wenn es nets tats noch nicht gefahren ist (RGRK-Mezger 14; aA Karlsr NJW **71**, 1809); bei fabrikneuem Kfz Herkunft aus Vorratsproduktion (Ffm u LG Aach NJW **78**, 273: 1 Jahr); Zurückhalten des Kfz-Briefs dch VorEigtümer (Stgt DAR **71**, 13); Einstellg der Produktion eines Kfz-Typs (aA Celle BB **70**, 9). **cc) Eigenschaften:** Baujahr (Karlsr MDR **67**, 44); neu, fast neu od neuwert (RGRK-Mezger 26); km-Leistg, auch des Motors (BGH WPM **76**, 614); TreibstoffVerbr (Brem VerkBl **50**, 228); Austausch- od Originalmotor (BGH BB **69**, 1412); Vorhandensein best techn Einrichtgen (KG NJW **69**, 2145); ÜbPrüfg dch Kfz-Meister u TÜV-Abn (Köln NJW **72**, 162 m abl Anm v Henseler 825); Zahl der VorBes (Köln VersR **74**, 584); Unfallfreih (BGH NJW **78**, 261; Köln Betr **75**, 2129; kein eine Blechausbesserg übersteigter Schad); Bezeichg als Ersthand-Fahrz (LG Bln VersR **76**, 396: Fehlen bejaht, da als Mietwagen gelaufen); Einsatzfäh v Ferntransp (BGH NJW **55**, 1313); Bezeichg als „generalüberholt" od „überholt" (Köln OLGZ **67**, 19). **dd) Zusicherung:** Bezeichg als fabrikneu bedeutet nicht Zusicherg, daß es noch nicht auf eine and Pers zugelassen war (aA Karlsr NJW **71**, 1809 u 2311 m abl Anm v Andres), bewirkt aber die Zusicherg, daß es noch nicht gefahren ist; Verk zum ListenPr mit für Neuwagenkauf typ Hdlgen führt zur Zusicherg der NeuwagenEigensch (LG Bln NJW **76**, 151); Bezeichg in ZeitgsAnz ohne Hinw auf fehlde Identität bei Besichtigg des Kfz (LG Bln VersR **76**, 396); Anbringen eines Beschriebzettels üb km-Leistg (Mü Betr **74**, 1059).

c) Verschiedene Waren: aa) Fehler: Nicht ausräumb Verseuchsverdacht von Lebensmitteln (BGH **52**, 51 [abl Fabricius JZ **70**, 29] u NJW **72**, 1462); Verpackgsmängel, wenn die Verkäuflk hiervon abhängt (BGH Betr **58**, 868); uU höherer Wassergehalt v Rohöl (Hbg MDR **54**, 551). **bb) Kein Fehler:** drohde Beschlagn nicht verderbl Ware wg Herkunft aus Schmuggel (RG **101**, 413); geringe Umsatzchancen; bei Massenartikel nicht einwandfreier Zustd einzelner Stücke (Soergel-Ballerstedt 18). **cc) Eigenschaft:** Neutrale Austattg (RG **130**, 379); längere Haltbk (BGH **LM** § 480 Nr 2), Exportfäh (Hbg OLG **33**, 273); ReinhGrad v Edelsteinen (Mü OLG **22**, 224). **dd) Keine Eigenschaft:** Verpackg in Säcken des Käufers (Brschw OLG **22**, 221). **ee) Zusicherung:** Verwendg v Warenzeichen u Bezugn auf best Werbg (BGH **48**, 118 [Trevira]); Mitt eines pos VersuchsErgebn iVm Rat zur Verwendg eines Lacks (BGH **59**, 158). **ff) Keine Zusicherung** dch Verk einer im Ausland hergestellten, als patentiert bezeichneten Sache für Patentschutz im Inland (BGH NJW **73**, 1545); Bezeichung als fabrikneu schließt beschädiggsfreie längere Lagerg nicht aus (Thamm BB **71**, 1543).

d) Maschinen und Geräte. aa) Fehler: NichtErf v UnfallVerhütgsVorschr (Düss Betr **55**, 429) **bb) Kein Fehler** ist das Alter (Baujahr), jedenf bei gebr gekauften; fehlde Indikationsbreite eines medizin Geräts (BGH **16**, 54). **cc) Eigenschaft:** fabrikneu, kaum gebraucht, fast neu od neuwert (BGH NJW **59**, 1489). **dd) Zusicherung:** Bezeichg als fabrikneu bedeutet, aus neuem Material hergestellt u ungebr, so daß Lagerg nicht entggsteht (vgl Anm b, aa) u Baujahr unerhebl ist (Ffm OLGZ **70**, 409). **ee) Keine Zusicherung:** Erkl des Verk die Maschine könne an einem best Platz aufgestellt w (BGH NJW **62**, 1196; vgl aber § 433 Anm 4 b).

e) Kunstwerke, Literatur, Antiquitäten, Sammelobjekte: aa) Fehler ist ihre Unechth (RG **135** 340), zB Urhebersch eines and als desjen Künstlers, der vertragl vorausgesetzt w. Herkunft aus einer and Manufaktur. **bb) Kein Fehler:** unerwünschte Tendenz eines Buches idR (BGH NJW **58**, 138). **cc) Eigenschaft:** Echth eines Kunstwerks (RG **115**, 286); Herkunft aus PrivBes (RG DJ **35**, 208); Zuordng als Werk eines best Künstlers dch SachVerst (BGH NJW **72**, 1658); Katalogwert (sog Michelwert) einer Briefmarkensammlg (Stgt NJW **69**, 610 m Anm v Schmidt 1118); inhaltl Richtigk eines Anleitgsbuches (BGH NJW **73**, 843). **dd) Keine Eigenschaft:** Rentabilitätsberechg für Film (RG LZ **27**, 606). **ee) Zu-

§§ 459, 460 2. Buch. 7. Abschnitt. *Putzo*

sicherung kann in EchthZertifikat od dch Hinw auf Signatur iVm KaufPr erfolgen (v. Westerholt/Graupner NJW **78**, 794).

f) Unternehmen (vgl Vorbem 3d). **aa) Fehler**: Bei Getränkegroßhandel unbekannter Lagersgrost des mitverkauften Leerguts (BGH WPM **74**, 312); bei Steuerberatgspraxis nicht aufgearb Rückstände, für die VergütgsAnspr entfallen ist (Karlsr BB **74**, 1604); uU fehlde Gen zur Fortführg des Betr (Mü HRR **36**, 590); eine v Betr ausgehde gesetzwidr Abgasführg (BGH Warn **73**, 313); Brauchbk u kaufmänn Verwertbk des entwickelten Geräts (BGH WPM **78**, 59). **bb) Kein Fehler**: Ertragsfähk u Umsätze (hM; RG **67**, 86; aA Immenga AcP **171**, 1); Bestand u Übertragbk des MietR (BGH NJW **70**, 556). **cc) Eigenschaft**: Ertragsfähk (BGH NJW **59**, 1584); Höhe der Verbindlk (RG **146**, 120 [124]); zurückliegde Jahresumsätze (Putzo in abl Anm zu BGH NJW **70**, 653) u Reinerträge (BGH NJW **77**, 1538); unricht od manipulierte Bilanz (Goltz Betr **74**, 1609; aA BGH WPM **74**, 51); ständ eigener GleisAnschl (RG HRR **30**, 1313); Menge des in zurückliegdem ZtRaum in einer Gastwirtsch verk Biers (RG JW **15**, 506). **dd) Keine Eigenschaft**: in Zukunft keinen Wettbewerb zu betreiben (RG JW **36**, 2705); Warenzeichen für Betr (RG Warn **10**, 72).

g) Wertpapiere: Kein Fehler ist der Kurs des WertP; ein best Kurs kann Eigensch sein. Keine Eigensch sind NebenRe einer Aktie (RG **56**, 255; es gilt § 437 I).

6) Beweislast. Der auf KaufPr od auf SchadErs nach § 326 klagde Verk hat BewLast für vertragsm Beschaffenh der Ware, solange Käufer sie nicht nach § 363 als Erf angenommen hat (RG **66**, 279; vgl BGH NJW **65**, 1270). Nach Ann muß Käufer den Mangel (ggf auch die Zusicherg) beweisen, wenn er gg KaufPrAnspr GewlAnspr einwendet (hM). Der Käufer muß auch bei VorleistgsPfl streit Mängel beweisen (BGH aaO).

460 *Kenntnis des Käufers.* **Der Verkäufer hat einen Mangel der verkauften Sache nicht zu vertreten, wenn der Käufer den Mangel bei dem Abschlusse des Kaufes kennt. Ist dem Käufer ein Mangel der im § 459 Abs. 1 bezeichneten Art infolge grober Fahrlässigkeit unbekannt geblieben, so haftet der Verkäufer, sofern er nicht die Abwesenheit des Fehlers zugesichert hat, nur, wenn er den Fehler arglistig verschwiegen hat.**

1) Grundgedanke der Vorschr besteht darin, daß Käufer nur dann Schutz des strengen GewlR verlangen kann, wenn er durch Leistg des Verk in seinen berechtigten Erwartgen enttäuscht wird. Wer den Mangel kommen sieht, soll nicht kaufern, wenn für ihn der Mangel Bedeutg hat. § 254 I ist unanwendb (BGH BB **78**, 1138).

2) Das Gesetz beschränkt Gewährleistg auf dem Käufer verborgen gebliebene Mängel; ausgeschl sind einmal alle Mängel, von denen Käufer **positive Kenntnis hatte.** In diesem Fall ist Haftg sowohl für Fehler (§ 459 I) wie auch für zugesicherte Eigensch (§ 459 II) ausgeschl; desgl keine Haftg für argl Verschweigen, RG **55**, 214. Als Kenntnis genügt nicht dringender Verdacht, RG LZ **18**, 837, auch nicht Kennt des äußerl Fehlers ohne Erkenntn der Wert- od BrauchbarkMinderg, BGH NJW **61**, 1860. Ferner bleibt Gewährleistg des Verk für zugesicherte Eigensch bestehen, wenn Käufer deren Fehlen kannte, Verk aber Verpflichtg zur Herstellg der Eigensch übernahm, RG Recht **08**, 960. Kenntn muß bei VertrSchl vorhanden sein, also für GrdstKauf bei Beurkundg, für Kauf „auf Besicht" bei Billigg der Sache dch Käufer, RG **94**, 287. Wg später erlangter Kenntn § 464.

3) Grobfahrlässige Unkenntnis des Käufers von Fehler od GebrMinderg durch bekannten äußerl Fehler befreit Verk von Gewährleistg. Dagg befreit ihn nicht grobfahrl Unkenntn des Käufers hins Fehlens zugesicherter Eigensch, weil Käufer sich auf Richtigk der Zusicherg verlassen darf. Grobe Fahrlk, bes schwere Vernachlässigg der verkehrserforderl Sorgf, muß für Ztpkt des VertrSchl od früheren Ztpkt festgestellt w, RG **131**, 353, späteres Versch unbeachtl. Käufer hat nicht ohne weiteres UntersuchungsPfl vor KaufAbschl, sond nur, wenn Umst nach Treu u Glauben es erfordern, RG **131**, 354. Er kann sich im allg auf Angaben des Verk od eines anerkannten Sachverst verlassen. Der Käufer eines gebrauchten Kfz hat nicht die Pfl, einen Fachmann zuzuziehen, um das Kfz auf Fehler zu untersuchen (Köln NJW **73**, 903); hingg handelt ihm Kfz-Händler grobfahrl, wenn er ohne Untersuch übernimmt (Celle NdsRpfl **74**, 83). Bei Kauf dch Vertreter ist § 166 anwendb, RG **101**, 73.

4) Grobe Fahrlk des Käufers ist unerhebl bei Zusicherg durch Verk (hins Eigensch od Abwesenh von Fehlern), RG JW **30**, 3472, sow bei **arglistigem Verschweigen** von Fehlern durch Verk (hierzu § 463 Anm 3). Arglist setzt stets Vorsatz voraus, bedingter Vorsatz ausreichd, nicht hingg Fahrlk, BGH LM § 463 Nr 1 (Schwamm würde bei einiger Sorgf vom Verk entdeckt worden sein). Entscheid ist, ob im Einzelfall Verk nach Treu u Glauben zur Mitteil seiner Kenntn od Zweifel verpflichtet war, BGH LM § 123 Nr 10; auch schon die Vermutg eines erhebl Mangels verpfl daher zur Mitteilg, Köln NJW **65**, 110. Nicht erforderl, daß Verk Täuschg bezweckte. Maßg ist Gesamth aller Mängel. Nicht jede argl Täuschg macht grobfahrl Unkenntn des Käufers unerhebl, RG JW **36**, 647, entscheid ist vielm Ausnutzg der Unkenntn zwecks Verhinderg eines Abspringens des Käufers. Dagg ist nicht erforderl, daß Käufer bei Kenntn wirkl abgesprungen sein würde. Verschweigen muß bei VertrSchl argl sein, BGH **LM** § 463 Nr 9. Wegen Verschweigens bei Lieferg vgl RG **55**, 214. Bei Argl des Verk kommt § 254 für Fahrlk des Käufers nicht in Betr, § 254 Anm 3; nur posit Kenntn des Mangels schadet. Über OffenbargsPfl beim Verk von unfallbeschädigtem Kfz BGH **LM** § 123 Nr 10, wie überh im Gebrauchtwagenhandel hins eines früheren Unfalls, BGH NJW **67**, 1222; bei Inzahlnahme eines solchen Kfz durch Händler ausreichd regelm Hinweis auf die Tatsache, daß Kfz Unfall gehabt hat, wenn diesem die Untersuch überlassen w, BGH NJW **65**, 35. AufklärgsPfl besteht grdsätzl bei Frage nach früherem Unfall (BGH NJW **67**, 1222), auch bei schweren Mängeln, zB falscher Kilometerstand, überholter Motor statt Austauschmotor (Strutz NJW **68**, 436 mwN). OffenbargsPfl im GrdstVerkehr auch in bezug auf Trockenfäule, zum mindesten dann, wenn Verk versichert, ihm sei nichts

Einzelne Schuldverhältnisse. 1. Titel: Kauf. Tausch §§ 460-462

von verborgenen Mängeln bekannt, BGH **LM** § 463 Nr 9; ebenso BGH NJW **65**, 34 in bezug auf Holzbockbefall.

5) Beweislast: Kenntn des Käufers vom Mangel u grobfahrl Unkenntn muß Verk beweisen, der damit rechtsvernichtende Tats geltd macht, RG **102**, 394. Will Käufer trotz eigener grober Fahrlk Gewährleistg verlangen, so muß er Argl, Zusicherg od Verspr der nachträgl Beseitigg beweisen.

461 *Pfandverkauf.* **Der Verkäufer hat einen Mangel der verkauften Sache nicht zu vertreten, wenn die Sache auf Grund eines Pfandrechts in öffentlicher Versteigerung unter der Bezeichnung als Pfand verkauft wird.**

1) Anwendgsbereich der AusnVorschr beschränkt sich auf PfandVerk nach §§ 1235 I, 1236 ff. Die gleiche Regelg treffen ferner ZPO § 806 und ZVG § 56 S 3. Bei Übereigng gepfändeter Sachen nach ZPO § 825 entfällt Gewährleistg, weil kein Kauf, Hbg OLG **33**, 106. Dagg besteht Gewährleistg bei Selbsthilfe-Verk durch GVz (§ 383 III) u bei freihändigem PfandVerk nach §§ 1235 II, 1221, 1240 II, 1245, 1246, RG JW **02**, 545; vgl auch JW **04**, 561.

2) Gewährleistg ausgeschlossen für Fehler (§ 459 I) und argl Verschweigen (hM, RGRK Anm 1; Staud-Ostler Anm 3). Doch kommt bei Argl Haftg des Verk nach §§ 823, 826 in Betr. Ob Haftgsausschl auch für zugesicherte Eigensch gilt, ist str. Auch § 461 ist vertragl abdingb, so daß in Zusicherg von Eigensch bei PfandVerk solche Abdingg liegt, Staud-Ostler Anm 2.

462 *Wandelung; Minderung.* **Wegen eines Mangels, den der Verkäufer nach den Vorschriften der §§ 459, 460 zu vertreten hat, kann der Käufer Rückgängigmachung des Kaufes (Wandelung) oder Herabsetzung des Kaufpreises (Minderung) verlangen.**

1) Allgemeines. Gilt nur bei Spezies(Stück)Kauf; bei Gattgskauf (§ 243 I) gilt § 480. Gesetzl Regelg für Vollz u Dchführg von Wandelg u Minderg: §§ 465–474. **a) Anspruchskonkurrenzen:** Außer Wandelg u Minderg sind kr G SchadErs (§ 463) u Nachlieferg bei Gattgsschuld (§ 480) mögl. Dch Vereinbg ist auch Nachlieferg bei Stückschuld u Nachbesserg in allen Fällen mögl. Wg WahlR u dessen Erlöschen: § 465 I. Über Anwendbark allg RBehelfe neben GewlR vgl Vorbem 2 vor § 459; über vertragl Ausschl dieses R Vorbem 3 vor § 459. **b) Nachbesserung und Nachlieferung.** Anstelle von Wandelg u Minderg können die VertrPart (auch schon vor Überg der Sache), auch der Käufer Gewl verlangt, auch Nachbesserg vereinb (ohne Vereinbg bei UnternKauf, Vorbem 3d vor § 459). Es besteht sonst kein NachbessergsAnspr krG (hM; aA Peters JZ **78**, 92). Im GeltgsBer des AGBG ist Beschrkg auf Nachbesserg od ErsLieferg nur wirks, wenn dem Käufer ausdrückl vorbehalten w, bei fehlgeschlagener Nachbesserg (od ErsLieferg) Minderg zu verlangen (AGBG 11 Nr 10b). Ebso kann auch Nachlieferg ohne daß Gattgskauf (§ 480) vorliegt, vereinb w. Damit erlischt das WahlR (vgl § 465 Anm 1). Bleibt Nachbesserg erfolgl od unterbleibt die Nachlieferg, so kann von diesem Vertr (noch nicht vom KaufVertr) gem § 325 od § 326 zurückgetreten w, ggf also nur mit NachFr (BGH NJW **70**, 1502; vgl auch Hamm MDR **70**, 231). Danach leben die Gewl-Anspr (mit WahlR) wieder auf (vgl Kirchhof NJW **70**, 2052). § 633 III gilt entspr (BGH NJW **76**, 234). Auch SchadErsAnspr wg unterbliebener Nachbesserg setzt (entspr § 634) voraus, daß Fr gesetzt u Ablehng angedroht ist (BGH NJW **71**, 1793). Ist in AGB bei Beschrkg auf Nachbesserg vereinb, daß SchadErs ausgeschl ist, gilt dies nicht für schuldh Verletzg der NachbessergsPfl (BGH BB **76**, 156). Die Nachbesserg muß grdsätzl kostenlos vorgenommen w (vgl § 476a). **c) Abtretung:** Anspr auf Wandelg u Minderg sind als akzessor GestaltgsRe grdsätzl nicht abtretb (§ 399 Anm 4). Abtretb sind aber die Anspr aus der vollzogenen Wandelg sowie auf Rückzahlg des zu viel gezahlten Kaufpr nach Minderg; desgl der auf SchadErs (RG **59**, 238). Sind Anspr aus dem KaufVertr abgetreten, bleiben die Befugnisse zur Wandelg u Minderg bei den VertrPart; aber idR ist Zust des Zessionars erforderl (Seetzen AcP **69**, 370). **d) Rechtsstellung des Bürgen:** Wer für den Kaufpr bürgt, hat Einrede aus § 768. Auch § 770 I gilt entspr (§ 770 Anm 4).

2) Voraussetzgen des Anspr auf Wandelg od Minderg ergeben sich aus §§ 459, 460. Anspr beruhen auf KaufVertr, der zu mangelfreier Leistg verpfl, entstehen daher nicht erst durch SchlechtErf u können schon vor dieser (§ 459 Anm 2d), stets aber bei Abnahmeverweigerg wg Mangels geltd gemacht w. Neben Vorliegen eines vom Verk zu vertretenden Mangels bei Gefahrübergang muß gültiger Vertr vorliegen, da vertragl Anspr, RG JW **09**, 493. Schließl muß Käufer Wandelg od Minderg **verlangen**; RFolgen treten nicht ohne Ausübg des Rechts ein. Käufer steht Anspr auf Wandelg od Minderg zu, es sind zwei einander ausschließende selbständige Anspr, nicht einheitl Anspr mit wahlweisem Inhalt, RG **66**, 335. Käufer kann wählen, bis ein Anspr iS von § 465 vollzogen; § 263 unanwendb. Im RStreit ist Übergang von Minderg zur Wandelg u umgekehrt Klageänderg, RG JW **07**, 46; rechtskr Abweisg der Wandlgsklage schließt neue Mindergsklage nicht aus, RG JW **11**, 592. Keine Voraussetzg der Gewährleistg ist Mängelrüge, von welcher bei Handelskauf § 377 HGB Anspr abhängig macht. Nach BGB keine UntersuchgsPfl, nur vorbehaltlose Ann in Kenntn des Mangels schadet (§ 464). In Anlehng an Grdgedanken von HGB § 377 verliert aber Käufer nach § 242 Anspr auf Gewährleistg, wenn er Rüge des ihm bekannten Mangels ungebührl verzögert, RG **104**, 96, weil er durch solchen Mißbr sein Recht verwirkt. Läßt sich aber Verk sachl auf verspätete Rüge ein, so wird sie als noch rechtzeitig gelten müssen, RG **106**, 297.

3) Wandelg erläutert G als Rückgängigmachg des Kaufes. Nach § 465 enthält WandelgsAnspr nicht etwa nach Art von Rücktr u Anf einseitiges GestaltgsR, sond richtet sich auf **Einwilligg des Verkäufers**. Rückgewähr nach § 467. Über klagweise Dchsetzg des Wandlgsbegehrens § 465 Anm 1–3. Wandelg bei

443

SukzessivliefergsVertr bezieht sich nur auf einzelne mangelh Rate, RG **104**, 382, aber posit Fdgsverletzg durch Wahrscheinlichk künftig mangelh Raten mögl. Über Verwirkg u Verzicht § 464 Anm 5.

4) Minderg erläutert G als Herabsetzg des Kaufpr. Für sie gilt das gleiche wie für Wandelg (Anm 3), soweit sich nicht Unterschiede aus der Fortgeltg des KaufVertr ergeben. Durchführg der Minderg: § 472. Dauernde Ingebrauchnahme u Abnutzg der Sache hindert Minderg nicht, RG **66**, 115; ebsowenig Weiterveräußerg durch Käufer, RG **131**, 347, Hbg LZ **18**, 869. Anders bei Wandlg, § 464 Anm 5.

463 Schadensersatz wegen Nichterfüllung.
Fehlt der verkauften Sache zur Zeit des Kaufes eine zugesicherte Eigenschaft, so kann der Käufer statt der Wandelung oder der Minderung Schadensersatz wegen Nichterfüllung verlangen. Das gleiche gilt, wenn der Verkäufer einen Fehler arglistig verschwiegen hat.

1) Allgemeines. a) Rechtsnatur: Der SchadErsAnspr aus § 463 ist ein vertr GewlAnspr; er setzt daher einen gült KaufVertr voraus (RG **132**, 80) u ist ausgeschl, wenn dieser wg § 123 angefochten ist (vgl Anm 5 a, b). **b) Anwendungsbereich:** Nur bei Spezies-(Stück-)Kauf; bei Gattgskauf gilt § 480 II. RGedanke des § 463 ist für entspr anwendb erkl auf LizenzVertr (BGH NJW **70**, 1503). **c) Abdingbarkeit:** Sie ist für die Tatbestde der Argl dch § 476 ausgeschl; beim Fehlen einer zugesicherten Eigensch zZ des Kaufs (S 1), also ohne Argl auch für den Fall, daß die Sache für den vorgesehenen Verwendungszweck ungeeignet ist, wenn die Eigng hierfür zugesichert wurde (BGH **50**, 200); iü kann S 1 abbedungen w (BGH NJW **70**, 2021 [2023]; jedoch nicht im GeltgsBer des AGBG, die Haftg auch nicht eingeschr (AGBG 11 Nr 11). Ausn: § 33 III SaatgutverkehrsG. **d) Verhältnis zu § 462:** SchadErs aus § 463 kann nur statt Wandelg od Minderg (§ 462) verlangt w, also wahlw (BGH **29**, 148 [151]); diese drei Anspr können im Proz daher nur im Eventual-Verh geltd gemacht w. § 263 ist unanwendb. Das WahlR (ius variandi) erlischt erst mit der RKraft eines Urt, das auf einen der 3 Anspr gerichtet ist (hM) od mit Vollz v Wandelg od Minderg dch Einverständn des Verk (§ 465), entspr dch Einverständn des Verk mit dem SchadErsAnspr (vgl § 465 Anm 1a). Bis zur Bindg kann der Käufer noch v einem zum and Anspr übergehen (BGH **29**, 148 [151]). SchadErsAnspr ist nicht ausgeschl, wenn der Käufer gg Rückg der Sache sich KaufPr erstatten läßt, aber SchadErs vorbehält (RG **90**, 332). **e) Verjährung:** Für S 1 gilt § 477, für S 2 u die sonst Fälle v Argl § 195 (30 Jahre).

2) Allgemeine Voraussetzungen: Für alle aus § 463 abgeleiteten Anspr ist zu beachten: **a) Grundregel.** Es müssen die Voraussetzgen für Wandelg u Minderg (§ 462) vorliegen, also § 459 u § 460. Daraus folgt, daß der Mangel noch bei GefahrÜberg (§ 459 I) vorliegen muß u daß Gewl trotz Argl u Zusicherg des Verk ausgeschl ist, wenn der Käufer den Mangel kennt (§ 460 S 1). **b) Haftung für Dritte:** Handelt bei VertrAbschl für den Verk ein Vertreter, gilt für Argl, Verschweigen u Vorspiegeln § 166, soweit der Vertreter im Rahmen der Vertretgmacht handelt (RG **83**, 244). Verk haftet für seine ErfGehilfen (§ 278), die bei Abschl des KaufVertr mitwirken. Ein Vertreter u Vermittler selbst kann unmittelb dem Käufer aus c. i. c. auf VertrauensSchad haften (BGH NJW **75**, 733), insb wenn ihm als Sachwalter des Verk weg Fachkunde des Vertrauen v VertrPartner entgegenbracht (BGH WPM **76**, 614). Keine ErfGehilfen sind: der Zulieferant, auch nicht bei einem WerkLiefergsVertr (BGH **48**, 118); bei der serienmäß Herstellg einer Maschine alle dabei tät ArbN (BGH **LM** Nr 13). § 831 ist nur anwendb, wenn § 823 II vorliegt. Ist die argl Vorspiegelg v einem Dr begangen, für den § 278 nicht eingreift, haftet der Verk, wenn er diese Vorspiegelg ausnutzt (RG **103**, 161). Keine entspr Anwendg v § 166 für § 463 auf Vermittler (aA Hoffmann JZ **69**, 372). Überh keine Haftg für Boten, (allgM). Bei Mehrh v Verkäufern haftet nur derjen nach § 463, der argl handelt (RG **99**, 121). Nur bei Hinzutreten bes Umst liegt bei dem Verk, der selbst nicht arglist handelt, eine Übern der Haftg gem § 463 vor (BGH WPM **76**, 324). **c) Zeitpunkt:** Der Mangel muß sowohl bei VertrAbschl wie auch bei GefahrÜberg (vgl Anm a) vorhanden sein; sei es, daß der Mangel schon ein Mangel, der aus dem bei VertrAbschl vorhandenen entstanden ist. War beim Kauf der Mangel den VertrPart bekannt u wird v Verk seine Beseitigg bis zum GefahrÜberg zugesichert, kann S 1 nur angewendet w, wenn der Verk weiß, daß er den Mangel nicht beseit kann (Erm-Weitnauer 5). Soll die Sache erst nach VertrAbschl hergestellt w (WerkLiefergsVertr üb vertretb Sache, § 651), so liegt eine (beschr) Gattgsschuld vor u es gilt nicht § 463 sond § 480 II. **d) Ursächlichkeit** zw Zusicherg, argl Verschweigen od Vorspiegeln u dem KaufAbschl muß v Käufer nicht dargelegt w (ähnl Erm-Weitnauer 5); jedoch entfällt Anspr aus § 463, wenn der Verk beweist, daß Zusicherg, Verschweigen od Vorspiegelg für den KaufAbschl bedeutgsl waren (BGH Betr **69**, 2082).

3) Besondere Voraussetzungen. Es muß alternativ vorliegen: **a) Fehlen zugesicherter Eigenschaft** schon zZ des Kaufs (S 1). Zusicherg wie § 459 Anm 4 a. Eigensch wie § 459 Anm 4 b. Wie bei § 459 kommt es nicht darauf an, ob die Zusicherg für Wert u Tauglk der Sache nach der vertrgem Gebr erhebl ist od nicht. ZZt des Kaufs: Damit ist das ZustdeKommen des KaufVertr gemeint. Die Zusicherg kann sich auf seine Eigensch beziehen, die zZ des Kaufs nach Kenntn der Part nicht vorliegt, aber bis zu einem später best Ztpkt gem Zusicherg eintreten werde (vgl BGH WPM **76**, 978). Der GewlAnspr setzt kein Verschs voraus. Der Verk haftet gem S 1 auch, wenn er das Fehlen der Eigensch nicht kennen konnte od nicht kannte. **b) Arglistige Täuschung** kommt in den folgenden Formen vor: **aa) Verschweigen eines Fehlers** (S 2). Fehler wie § 459 Anm 3; nur erhebl gem § 459 I 2 (Erm-Weitnauer 6, Soergel-Ballerstedt 8; aA RGRK-Mezger 1, RG **134**, 88; bis 34. Aufl). Argl: Es ist keine betrüg Abs erforderl. Es genügt, daß der Verk den Mangel kennt od mit seinem Vorhandensein rechnet; ebso, daß er es weiß od damit rechnet, dem Käufer sei der Mangel unbek u er werde den Kauf nicht abschließen, wenn er den Mangel kennen würde. Fahrlässigk des Verk genügt nicht (BGH **LM** Nr 1). Verschweigen: liegt vor, wenn Pfl zur Aufklärg bestd; setzt nicht ein Unterdrücken voraus. Nach § 242 zu beurt. Einzelfälle: § 460 Anm 4. **bb) Vortäuschung der Abwesenheit von Fehlern** dch Hdlgen in argl Abs steht dem Verschweigen (Anm aa) gleich (allgM). Es kommt dann nicht auf die Pfl zur Aufklärg an. **cc) Vorspiegelung** einer nicht vorhandenen Eigensch in argl Abs führt zu entspr Anwendg des S 2 (hM; RG **132**, 78). Die argl Vorspiegelg muß sich auf eine

Eigensch der Kaufsache (§ 459 Anm 4 b) beziehen. Argl: entspr Anm aa. Zurechtmachen u äußere Aufbesserg der Kaufsache kann im Einzelfall Vorspiegeln darstellen.

4) Schadensersatz. (Lit: Todt: Die SchadErsAnspr des Käufers, Mieters u Werkbestellers aus Sachmängeln, 1970). **a) Grundsätze:** Es ist SchadErs wg NichtErf, sog pos Interesse zu leisten (Vorbem 2 g vor § 249). Bei Fehlen einer zugesicherten (S 1) od argl Vorspiegelg einer nicht vorhandenen Eigsch ist der Käufer so zu stellen, wie er stehen würde, wenn die Sache diese Eigensch besäße. Bei argl Verschweigen eines Fehlers od argl Vorspiegelg der Abwesenk v Fehlern (Fälle des S 2), ist der Käufer so zu stellen, wie wenn die Kaufsache den Fehler nicht hätte. Der SchadErs ist nicht dadch ausgeschl, daß der Fehler nicht mehr im Bes der Kaufsache ist. Ob der SchadErs auch die sog Mangelfolge- od Begleitschäden umfaßt, ist im einz bestr (vgl Erm-Weitnauer IV 4 vor § 459). Sie können ggf aus pos VertrVerletzg verlangt w (Karlsr OLGZ 66, 274; vgl Vorbem 2b vor § 459). Zur Abgrenzg vgl Peters NJW 78, 665. Bei Argl (Anm 3) w das für die pos VertrVerletzg erforderl Versch idR vorliegen, wenn hier die Schädersanspr nicht schon von vorneherein von § 463 umfaßt w (Larenz § 41 IIc 3; einschränkd Diederichsen AcP 165, 149 [160]). Bei Zusicherg von Eigsch fallen die MangelfolgeSchäd unter § 463, wenn sie vom obj Sinn der Zusicherg umfaßt w, insb, wenn die Zusicherg bezweckt, den Käufer vor solchen Schäd zu schützen (Diederichsen aaO, ihm folgd das Schriftt; BGH 50, 200 u NJW 73, 843 mwN). Gleiches muß gelten, wenn eine Eigensch argl vorgespiegelt w (Todt BB 71, 680). Stets ist zu unterscheiden, ob die Zusicherg sich auf das ErfInteresse beschr od auf MangelfolgeSchäd erstreckt (Schmidt-Salzer BB 72, 18). Diese Unterscheidg w oft unterl (vgl LG Düss BB 72, 242). Die ErsPfl w nunmehr auch auf EntwicklgsGefahren ausgedehnt (BGH 59, 158 = NJW 72, 1706; abl v. Westphalen BB 72, 1069; zum MangelfolgeSchad vgl auch § 823 Anm 16). Ers für entgangene GebrVorteile kann nur verlangt w, wenn nach der VerkAuffassg die ständ Verfügbk der Sache einen geldwerten VermVorteil darstellt (zB Auto, nicht ein Pelzmantel, vgl BGH NJW 75, 733). Für NachbessergsAnspr im Rahmen der Naturalrestitution: Peters JZ 78, 92. **b) Berechnung** (kein Fall von Aufrechng, Karlsr Just 71, 104) ist auf zwei Arten zur Wahl des Käufers mögl: **aa) Wertdifferenz:** Der Käufer kann Sache behalten u verlangen, so gestellt zu w, als ob gehör erf wäre, also Ers des Wertunterschieds zw mangelfreier u mangelh Sache (BGH NJW 65, 34). Ers in Geld, kein Anspr auf Beseitigg des Mangels od Herstellg zugesicherter od vorgespiegelter Eigensch (BGH WPM 75, 230). Für Zulässk der SchadBerechng nach dem GeldBetr, der erforderl ist, um den Mangel zu beseit: Bulla BB 75, 445. **bb) Austausch:** Der Käufer kann auch Ann der Sache gänzl ablehnen u Ers des aus Vfg stellen u den dch NichtErf des ganzen Vertr entstandenen Schad verlangen (hM; BGH 29, 148). Nachw fehlden Interesses des Käufers an mangelfr Leistg ist nicht erforderl (Soergel-Ballerstedt 1; BGH aaO; bestr). Als SchadErs stets Erstattg des KaufPr u der VertrKosten (RG 134, 90), sowie der Untersuchgskosten (aA LG Köln MDR 70, 1010: neu aus c. i. c.), ferner Kosten des RStreites, der Käufer gg seinen Abnehmer führen mußte. **cc) Maßgebender Zeitpunkt** für SchadBerechng ist derjenige, zu dem der KaufVertr vertrgem erf w sollte (aA bis 34. Aufl: Zt des Kaufs); daher ist eine spätere Werterhöhg inf Beseitigg des Mangels dch Käufer unerhebl. Ebso, wenn es ihm später gelingt die Mieteinnahmen zu erzielen, die bei KaufAbschl entgg der Zusicherg des Verk nicht erzielt w konnten (BGH WPM 65, 273). **dd) Weiterverkauf:** Den Gewinn hieraus, den der Käufer ohnehin gemacht haben würde, braucht er, wenn er Ers der Kosten des Deckgskaufs verlangt, bei der SchadBerechng nicht abzusetzen (RG 52, 154). Hat er die mangelh Sache weiterverk u hat der Abnehmer gewandelt (§ 462), so kann er den Gewinn nur verlangen, wenn er keine und Zusichergen als sein Verk gemacht hat (BGH NJW 68, 2375). Will der Käufer anstatt wie beabsichtigt sie zu verk die Sache behalten u iW ihres Herabsetzg des Preises auf angem Betr verlangen, so muß er darlegen, daß Verk auch zu MinderPr verk hätte (RG JW 31, 3270). Andernf muß der Käufer den Schad berechnen, indem er von Bedeutg des Mangels ausgeht; so können auch die Kosten verlangt w, die aufgewendet w mußten, um die Sache in den mangelfreien Zust zu versetzen (BGH NJW 65, 34). Hatte Käufer zwecks Weiterveräußerg gekauft, so besteht für abstr SchadBerechng die Vermutg, daß er zu dem Preise hätte weiterverk können, den andere für gleiche Ware zu derselben Zeit in demselben Wirtsch-Gebiet erzielt haben (RG 90, 306). Wg Haftg für Schad aus § 463 nach günst WeiterVerk dch den Erstkäufer u AbtretgsPfl Vorbem 4g vor § 459. **ee) Mitverschulden** des Käufers: § 254 ist grdsätzl anwendb; jedoch nicht im Bereich des § 460, der eine SondRegelg für Kenntn u grobfahrl Unkenntn v Mängeln auf Seiten des Käufers darstellt. Daher kann dem Käufer auch nicht Versch bei VertrSchluß entgegengesetzt w, wenn er eine zumutb Prüfg der Kaufsache unterläßt u den Verk nicht über den Mangel belehrt od es unterläßt, den Verk auf solche Zweifel hinzuweisen, die diesen vom VerkEntschl abgehalten hätten.

5) Anspruchskonkurrenzen. Es kommen in Betr: **a) Unerlaubte Handlung** (§ 823 II wg StGB 263, § 826, vgl hierzu Vorbem 2f vor § 459). Nicht jede Argl erf schon die Voraussetzgen einer unerl Hdlg. Anf des KaufVertr aus § 123 ist für Anspr aus unerl Hdlg unerhebl. Der SchadErsAnspr geht hier regelm auf das negat Interesse (Vorbem 2g vor § 249; BGH WPM 69, 496), wenn der KaufVertr angefochten w ist. Verk hat also den Käufer so zu stellen, wie er gestanden haben würde, wenn er nicht getäuscht worden wäre, wobei sich der Käufer den Vorteil anrechnen lassen muß, der ihm aus dem Gebr der Sache erwachsen ist (BGH WPM 63, 1252; § 823 Anm 12c). Ist KaufVertr unangefochten geblieben, kann Käufer auch Erf-Interesse (Vorbem 2g vor § 249) verlangen, aber nur, wenn er nachweist, daß der Kauf mit dem Verk bei Angabe der richt Tats zu günstigeren Bdggen zust gekommen wäre (vgl § 123 Anm 1c). ErfInteresse kann auch verlangt w, wenn nach wirks Anf wg argl Täuschg der Käufer den SchadErsAnspr auf dieselbe Grde stützt wie die Anf, sofern der Verk die Eigensch der Kaufsache vertragl zugesichert (BGH NJW 60, 237) od eine Eigsch (ohne Zusicherg) argl vorgespiegelt hatte. **b) Ungerechtfertigte Bereicherung** (§ 812 I). Dieser Anspr besteht nach wirks Anf aus § 123 (vgl Vorbem 2d vor § 459). Die Rückabwicklg des KaufVertr ist im Ergebn das gleiche, wie wenn Ers des negativen Interesses (wie bei Anm a) verlangt w. Auch hier muß sich der Käufer den Wert der von ihm gezogenen Nutzgen anrechnen lassen (§ 818 I, II); ist er höher als der UrteilsAusgl (Vorbem 7 vor § 249), braucht nur dieser ausgeglichen zu w, weil die Differenz ihren Grd nur im SchadErsAnspr hat (BGH NJW 62, 1909). **c) Verschulden bei Vertragsschluß** (Vorbem 2c vor § 459): Dieser Anspr scheidet im Bereich des § 463 aus, weil diese Vorschr in Bezug auf Fehler u Eigensch der Kaufsache eine abschließde SondRegelg darstellt. Für Anwendbark bei NebenPfl: Honsell JR **76**, 361. **d) Positive Vertragsverletzung** (Vorbem 2b vor 459): wie Anm c. Das gilt insb für fahrl Angaben oder Nichtangaben des Verk üb Eigsch der Kaufsache (BGH WPM **76**, 791).

6) Beweislast: Für die Gewl kommt es allein auf den Zust der Sache zZ der Überg an. § 363 ist nicht anzuwenden, da die §§ 459ff SchlechtErf, keinen Fall der NichtErf darstellen (Rosenberg: Beweislast 5. Aufl § 27 II 1). Der Käufer trägt die BewLast für den Mangel, einschließl Zusicherg der Eigensch, hinsichtl der Argl für den ges Inhalt der Erkl des Verk, aus der die Argl zu entnehmen ist (RG **102**, 394; BGH WPM **70**, 162). Verk hat BewLast dafür, daß argl Verschweigen od Vorspiegelg für den KaufAbschl bedeutgslos gewesen sei (BGH Betr **69**, 2082).

464 Vorbehalt bei Annahme.
Nimmt der Käufer eine mangelhafte Sache an, obschon er den Mangel kennt, so stehen ihm die in den §§ 462, 463 bestimmten Ansprüche nur zu, wenn er sich seine Rechte wegen des Mangels bei der Annahme vorbehält.

1) Allgemeines. Wer bei Lieferg Mangel entdeckt, pflegt ihn zu beanstanden, wenn er ihm wichtig erscheint. Schweigen in solchem Fall ist argl, weil es nur BewSchwierigk od Schädigg des Verk verursachen kann. Deshalb läßt G den in Kenntn schweigenden Käufer die Rechte auf Gewährleistg verwirken. § 464 gilt daher nicht, wenn Käufer den Mangel erst nach Ann erkennt, BGH NJW **58**, 1724. Er gilt nur für Sachen u ihnen gleichgestellte Sachgesamth (Unternehmen, RG **98**, 292 u dgl) u nur für Sachmängel. Entspr Anwendg auf RMängel ausgeschl, RG Recht **15**, 1052. Verwirkg gilt auch für SchadErs wg argl Vorspiegelns od Verschweigens, RG **101**, 73; u sogar, wenn Anspr auf §§ 823 ff gegründet, RG **59**, 104; irrig, daß RG **63**, 113, diese Auffassg aufgegeben hätte (so RG JW **11**, 756, RGRK Anm 1); – in Wahrh hatte dort der Käufer sich seine Rechte bei der Ann vorbehalten –; auf diesen Irrt hat schon RG HRR **34**, 1193 hingewiesen. Falls Kauf u Übergabe der Sache zeitl zusfallen, wird § 464 durch weitergehenden § 460 überflüssig. Bei zeitl Verschiedenh von Kauf u Übergabe vernichtet aber – anders als bei § 460 – grobfahrl Unkenntn des Käufers hins Fehlers erst bei Ann GewlAnspr nicht, Warn **18**, 185. Sind mehrere Sachen als zusgehörd verkauft (§ 469 S 2), muß vorbehaltlose Ann alle Sachen betreffen, wenn § 464 für alle eingreifen soll; sonst nur Verwirkg hins der einz mangelh Teillieferg; doch kann vorbehaltlose Ann einzelner Sache in Kenntn des Mangels stillschw Verzicht auf Rechte wg dieses Mangels auch bzgl der übr Sachen enthalten. Warn **10**, 12, RGRK Anm 1.

2) Kenntnis muß posit Bewußtsein von Mangel umfassen, dringender Verdacht genügt nicht, RG LZ **18**, 837. Erforderl Erkenntn der Wert- od BrauchbarkMinderg, RG **149**, 402. Grobfahrl Unkenntn des Mangels nicht ausreichd; Anm 1. Mängelrüge nach HGB § 377 nur erforderl bei zweiseitigem HandelsGesch. Inwieweit auch außerh HGB § 377 zu alsbaldiger Untersuchg der Sache u MängelAnz verpfl, beurteilt sich nach § 242, RG **104**, 96. Kenntn des Vertreters des Käufers bei Ann steht nach § 166 der Kenntn des Käufers gleich, RG **101**, 73. Bei Mißbr der Vertretgsmacht durch Vertreter, den Verk erkennt, kann dieser aus Mißbr keine Rechte gg vertretenen Käufer herleiten, RG **101**, 73. Über Kenntn auch § 460 Anm 2.

3) Annahme ist EntggNahme der Sache als eine dem Vertr in der Hauptsache entspr Erf, BGH NJW **58**, 1724. Begriff der gleiche wie in § 363, nicht aber wie in § 433 II. Mit Vorbehalten u Mängelrügen ist Ann durchaus vereinbl, RG JW **11**, 486. Bei Grdst enthält sowohl Überg wie Auflassg eine Ann, BGH **50**, 364. Vorbeh muß bei zeitl früherer RHdlg erkl w, RG **58**, 261. Mängel, die zw beiden RHandlgn bekannt w, müssen noch bei der späteren gerügt w, BGH aaO. Bei der rein behördl Maßn der Eintr ist Vorbeh selten mögl u nie erforderl, RG **134**, 88. Bei Versendgskauf braucht AnnWille nicht gerade ggü Verk erklärt zu w, RG **64**, 145. Bei Verk eines Warenlagers liegt Ann u Ztpkt für Vorbeh in Abschl der Inventur durch Käufer, Warn **10**, 12. Auslädg der Sache durch Spediteur, der Vertreter des Käufers ist, enthält Ann, RG **64**, 236.

4) Vorbehalt muß bekannte Mängel bezeichnen; allg Vorbeh ohne Angabe einzelner Mängel unwirks, RG Recht **10**, 2516. MängelAnz muß RVorbeh ergeben, wie für die Anz nach § 478 und HGB § 377 erforderl, § 478 Anm 2. RVorbeh auch formlos u auch durch schlüss Verhalten mögl. Zeitpkt des Vorbehalts muß Ann iS von Anm 3 sein, doch genügt sofortiger schriftl Vorbeh nach Erhalt zugesandter Ware; vorgängiger Vorbeh wirkt auch bei Ann fort, RG **58**, 262. Vorbeh muß ggü Verk oder dessen Stellvertreter, nicht bloßem Boten od Dienstmann erkl w, Posen OLG **24**, 329.

465 Vollzug der Wandelung oder Minderung.
Die Wandelung oder die Minderung ist vollzogen, wenn sich der Verkäufer auf Verlangen des Käufers mit ihr einverstanden erklärt.

1) Allgemeines. a) Anwendungsbereich: Unmittelb auf Wandelg u Minderg; entspr auf Nachlieferg (§ 480), sow es sich um das Erlöschen des dem Käufer zustehden WahlR zw den GewlAnspr handelt, auch für den SchadErsAnspr (§ 463; Soergel-Ballerstedt 6) u die vereinb Nachbesserg u Nachlieferg (BGH NJW **70**, 1502). **b) Abdingbarkeit** ist uneingeschränkt zu bejahen; insb kann nach vollz Wahl ein and GewlAnspr vereinbart w (§ 305). **c) Bedeutung.** Es bestehen versch Auffassgen, die in Bezug auf das Erlöschen des WahlR übereinstimmen, aber das Zustandekommen der Wandelg u Minderg u den Inhalt der Anspr darauf unterschiedl beurt. Gilt aber nicht für Nachlieferg, Nachbesserg u SchadErs. **aa) Vertragstheorie:** (Leonhard: Bes SchuldR S 68; Oertmann 1 d mwN). Der Käufer hat einen (Wandelgs- od Mindergs-)Anspr gg den Verk auf Abschl eines Vertr (übereinstimmde WillErkl), durch den die Wandelg od Minderg vollz w. Erst mit der EinverständnErkl u dem dadch herbeigeführten Vertr w der KaufVertr geänd (§ 305) u entstehen die RFolgen des § 467 (Wegfall der noch nicht erf Pfl aus dem KaufVertr od RückgewährAnspr) u des § 472 (Wegfall der ZahlgsPfl od RückgewährAnspr für den herabgesetzten Teil des Kaufpr). Kommt dieser Vertr nicht freiw zustande, kann der Käufer nur auf Einverständn zur verlangten Wandelg od Minderg klagen. Vollz u VertrAbschl kann der erst durch § 894 ZPO mit Rechtskr. Erst dadch veränd sich die Re u Pfl aus dem KaufVertr u entstehen die Anspr auf Rückgewähr. Verj des Anspr aus dem Vertr: 30 Jahre (§ 195); § 477 nur für Anspr auf Abschl des Vertr. **bb) Herstellungstheorie:** (Enn-Lehmann § 110 I, 2; Esser: § 64 III 1; Staud-Ostler 12). Der Käufer hat von vorneherein den Anspr auf Herstellg des Zust, der der Wandelg od Minderg entspr (§ 467 od § 472), kann Rückzahlg des Kaufpr od Befreiung von der ZahlgsPfl (bei Minderg zum entspr Teil). Die Bedeutg des § 465 erschöpft sich danach im Verlust des WahlR zw den GewährleistgsAnspr; denn auch die Herstellgstheorie läßt selbstverständl zu, daß der Verk sich freiw mit dem Anspr des Käufers einverst erkl u die Handlg vornimmt, die dieser RLage entspr. Andernf kann aber der Käufer ihn auf Herstellg des entspr Zustands verklagen u gg eine KaufprKl Wandelg od Minderg mit der Wirkg geltd machen, daß die KaufprFdg insoweit erlischt. Verj: ausschließl nach § 477. **cc) Theorie des richterlichen Gestaltungsakts:** (auch modifizierte VertrTheorie; Böttcher: Die Wandlg als Gestaltgsakt, 1938; Larenz § 41 II a). Wandelg u Minderg w (wie bei der VertrTheorie) dch Vertr vollz, aus dem dann die Anspr auf Herstellg des entspr Zustands erwachsen. W dieser Vertr vom Verk nicht freiw abgeschl, so kann der Käufer sof auf Leistg klagen od die Einwendg (Erlöschen des KaufprAnspr) unmittelb erheben. Das Urt (über die LeistgsKl) wirkt aber zugleich rechtsgestaltd: Wandelg od Minderg w dch entspr Umgestaltg des KaufVertr vollz, auch wenn die Formel rechtskr nur über die LeistgsKl befindet. Der Vertr ist w in der Sache rechtsgestaltde Urt ersetzt. Verj wie bei der VertrTheorie (Anm aa). **dd) Gemischte Theorie:** Vom RG (zB **101,** 64) begründet, vom BGH (**29,** 148) übernommen. Stellt auf die prakt Bedürfn ab: Sie gestattet dem Käufer (wie bei der HerstellgsTheorie) sof die Kl auf die dem Wandelgs- u MindergsR entspr RFolgen, hält aber für die freiw vertragl Regelg der KaufVertrPart den Abschl eines Vertr für erforderl u genügd. In der Wirkg reicht sie (in der Praxis allerd) nicht über die Theorie des richterl Gestaltgsakts (Anm cc), da auch die Verj nach der VertrTheorie (Anm aa, aE) behandelt w. Da die umständl, zeitraubden, uU 2 aufeinanderfolge Klagen erforderdnen Folgen der VertrTheorie vermieden w, sind trotz dogmat Bedenken (§ 349 in § 467 ausgelassen) die Theorien zu cc) u dd) vorzuziehen.

2) Verlangen v Wandelg od Minderg. **a) Rechtsnatur:** Einseit empfangsbed WillErkl des Käufers (stets an den Verk), die einen VertrAntr enthält, dementspr auch die Erkl des Verk. **b) Form:** Keine, auch wenn der Kauf formbedürft war (RG **137,** 294). Auch im Proz als Einr zul u wirks. **c) Inhalt:** W wahlw Wandelg od Minderg begehrt (nur außerger zul), geht WahlR auf Verk über. Mit Kl kann nur Wandelg od Minderg verlangt w; im HilfsVerh zul. **d) Einigung.** Abw v § 151 muß Einverständn des Verk mind stillschw erkl w, damit der Vertr (vgl Anm 1 c) zustande kommt. Daher besteht bis zur EinverständnErkl od rechtskr Verurteil (Anm 1 c) keine Bindg des Käufers (BGH WPM **25,** 273); er kann sein Verlangen bis zur Ann zurückziehen. In der Rückn der Kaufsache liegt nicht notw das Einverständn des Verk (RG **91,** 110). **e) Wirkung:** Berecht Wandlgsbegehren setzt den Verk in AnnVerz (§§ 293 ff), wenn er die entspr angebotene Sache nicht zurücknimmt.

3) Wirkung. Vollz der Wandelg od Minderg wirkt nur verpflichtend, nicht dingl, RG **108,** 27. Anspr nach § 433 können nicht mehr erhoben w. Das WahlR zw den GewLeistgsAnspr (Anm 1a) wg desselben Mangels erlischt u kann nicht mehr einseit geänd w (BGH **29,** 151). Durch Wandelg wird kein neues VertrVerh begründet, RG **93,** 49, so daß Rücktr vom Wandelg gem § 326 unzul. Hingg ist bei vereinb Nachbesserg od Nachlieferg § 325 u auch § 326 anzuwenden, BGH NJW **70,** 1502. WandelgsEinr äußert RechtskrWirkg nur im Rahmen der streitigen Anträge. Wird Klage auf Restkaufpr wg Wandelgs-Einr abgewiesen, so kann ggü zweiter Klage auf Rückzahlg der Anzahlg Verk § 477 einwenden, RG **69,** 385; dagg Boetticher aaO S 28 u Larenz NJW **51,** 500. Ist KaufprKlage wg WandelgsEinr abgewiesen, so kann Käufer noch zu SchadErs (§ 463) übergehen, wenn nach Lage des Falles Wandelg u SchadErs sich weitgehd decken, weil Rückg der Kaufsache auch bei Wandelg nicht mögl, RG **147,** 390. Noch weitergehd BGH **29,** 156, wonach Übergang zur Klage auf SchadErs nur bei Verstoß gg Treu u Glauben ausgeschl sein soll.

466 *Ausschlußfrist für Wandelung.* Behauptet der Käufer dem Verkäufer gegenüber einen Mangel der Sache, so kann der Verkäufer ihn unter dem Erbieten zur Wandelung und unter Bestimmung einer angemessenen Frist zur Erklärung darüber auffordern, ob er Wandelung verlange. Die Wandelung kann in diesem Falle nur bis zum Ablaufe der Frist verlangt werden.

1) Grundgedanke: Auch die kurze Verj des WandelgsAnspr nach § 477 genügt häufig noch nicht dem Interesse des Verk an Klarstellg der Frage, ob er Kaufsache zurücknehmen muß, insb dann, wenn er noch andere Käufer für dieselbe Sache hat. Fristsetzg kann nur Wandelg betreffen. Bei Minderg steht nur Höhe der KaufprFdg in Streit, so daß Verk sich anderw Verwertg der Sache nicht offenzuhalten braucht; bei Voraussetzgn von SchadErs ist Verk der Wohltat des § 466 nicht würdig.

2) Fristsetzg zul ,wenn **a)** Käufer Sachmangel behauptet hat und **b)** Verk sich zur Wandelg erbietet. Fristsetzg muß Aufforderg zur Erkl über Wandelg enthalten, nicht erforderl Hinweis auf AusschlWirkg. Ist gesetzte Frist unangemessen kurz, so verwandelt sich ihre Dauer von selbst in eine angemessene, RG **56,** 234. Fristsetzg zu empfehlen ggü SchadErsKlage, damit der auf SchadErs abgewiesene Käufer nicht noch nachträgl auf Wandelg klagen kann. Nach Ablauf angemessener Frist ist Wandelg ausgeschl; gg Fristablauf kann Käufer weder Wiedereinsetzg in vorigen Stand noch sonstige Nachsicht des Gerichts verlangen, soweit nicht Einwand der Argl od unzul RAusübg in Betr kommt. RG **166,** 276. Hat sich Verk ohne Fristsetzg zur Wandelg erboten u lehnt sie der Käufer ab, ist die Wandelg ebenf ausgeschl, Hbg MDR **69,** 923.

467 *Durchführung der Wandelung.* Auf die Wandelung finden die für das vertragsmäßige Rücktrittsrecht geltenden Vorschriften der §§ 346 bis 348, 350 bis 354, 356 entsprechende Anwendung; im Falle des § 352 ist jedoch die Wandelung nicht ausgeschlossen, wenn der Mangel sich erst bei der Umgestaltung der Sache gezeigt hat. Der Verkäufer hat dem Käufer auch die Vertragskosten zu ersetzen.

1) Allgemeines. a) Bedeutung. § 467 behandelt Durchf der nach § 465 bindd gewordenen Wandelg. Auf das AbwicklgsSchuldVerh finden best Vorschr des vertragsm RücktrR entspr Anwendg. Wandelg hat nur schuldrechtl Wirkg (vgl § 465 Anm 1). An Stelle des bisher Vertr tritt die Pfl aus § 346, einander die empfangenen Leistgen zurückzugewähren. **b) Umfang**: Grdsätzl kann sich die Wandelg nur auf den gesamten einheitl KaufVertr u auf den vollen KaufGgst beziehen, nicht auf einz mangelh Bestdteile (BGH NJW **72**, 155; hierzu krit Jakobs JuS **72**, 377). Ausn: nur bei einheitl KaufVertr über mehrere Sachen gem § 469. **c) Verhältnis zum Rücktritt**: Für Rücktr genügt einseit Erkl (vgl § 349), um die RFolgen auszulösen; die Wandelg erfordert entweder Einverständn des Verk od an dessen Stelle ein Urt (vgl § 465 Anm 1). Für die entspr Anwendg der §§ 346 ff ist an Stelle des RücktrErkl (§ 349) nicht das (einseit) Wandelgsbegehren, sond die vollz Wandelg (§ 465 Anm 1) zu setzen, insb für den Ztpkt in den Fällen der Anm 2. **d) Erfüllungsort**: §§ 269, 270 für Pfl des Verk, idR Rückzahlg (LG Krefeld MDR **77**, 1018 mwN). Für Pfl des Käufers zur Rückg: Ort, wo die Sache sich vertrgem befindet. Daher hat der Käufer idR nicht auf seine Kosten u Gefahr an den Verk zu senden (RG **57**, 15). **e) Beweislast**. Es gilt § 282. Daher hat der Käufer sein NichtVersch in den Fällen der §§ 351, 353 (Anm 2a–c, e) zu beweisen, insb Untergang der Kaufsache (BGH NJW **75**, 44).

2) Ausschluß der Wandelg kann eintreten dch: **a) Untergang** des KaufGgst, aber nur bei Versch (§ 276) des Käufers (§ 278) od ErfGeh (§ 351), nicht bei Zufall (§ 350). Die Haftg für Versch kann sich wg § 300 auf grobe Fahrlässigk beschränken, wenn der Verk dch berecht Wandelgsbegehren in AnnVerzug gerät (§§ 293 ff) (RG **145**, 79 [85]). **b) Wesentliche Verschlechterung** des KaufGgst (§ 351), nur bei Versch (wie Anm a), wg Zufall vgl § 350 Anm 2. Ob Verschlechterg wesentl ist, ist im Einzelfall Tatfrage; nicht ohne weiteres dch bloßen WeiterVerk und Gebr gegeben. **c) Unmögliche Herausgabe** (§ 351) nur bei Versch (wie Anm a u b). Subj Unvermögen steht der obj Unmöglk gleich (§ 351 Anm 1). **d) Umgestaltung** des KaufGgst (§ 352) dch Verarbeitg od Umbildg (beides wie § 950) sowie untrennb Vermischg (Soergel-Ballerstedt 10); auch dch Dr, wenn der Käufer diesen hierzu beauftragt od angewiesen hat. Versch ist bedeutslos (vgl § 350). Trotz Umgestaltg ist Wandelg zul, wenn der Mangel erst dabei sich zeigt (S 1 Hs 2). **e) Veräußerung und Belastung** (§ 353) des KaufGgst für sich allein schließen nur bei Versch u Unmögl der Herausg (vgl §§ 350, 351) die Wandelg aus. Fehlt ein Versch des Käufers, so ist die Wandelg dch den Dr, an den veräußert od für den belastet ist, die Voraussetzgen der §§ 351, 352 (einschl Versch) erf sind. Auch da gilt dann S 1 Hs 2, weil § 353 auch auf § 352 verweist. § 353 geht davon aus, daß dem bei § 350 schuldlosen Käufer der Rückerwerb der mangelh Sache v Dr grdsätzl mögl ist. **f) Verwirkung** des WandelgsAnspr ist mögl (vgl § 242 Anm 9), aber Zurückhaltg angebracht, soweit die Anwendg der §§ 350–353 in Frage steht, wobei für den ZtAblauf zw Ann u Geltdmach des GewlAnspr bedeuts ist (vgl RG **104**, 96). Die übl Benutzg bis zum Wandelgsbegehren, selbst wenn sie zu Abnutzg führt, begründet idR keine Verwirkg (zB bei gebr Kfz, Hamm NJW **77**, 809) auch nicht nach dem Wandelgsbegehren, wenn der zu ersetzde GebrVorteil auch im Interesse der Verk liegen kann (vgl BGH NJW **58**, 1773), wohl aber, wenn dch Verhandlg über SachMängelGewl der Käufer den Verk zu erhebl Aufwendgen veranlaßt u der Käufer danach wg and Mängeln Gewl fordert (ähnl Köln MDR **73**, 314).

3) Durchführung. Verk u Käufer haben sich so zu stellen, als ob der Kauf nicht geschl worden wäre (RG **55**, 112). Rückgewähr Zug um Zug (§ 348), bei Verändergen (insb Verschlechterg, Verwendgen Nutzgen) im Umfang des § 347. Aufrechng ist nach der VertrTheorie jedenf außerh des Proz ausgeschl (Thielmann VersR **70**, 1069), nach der Herstellgstheorie unter Beachtg des § 388 S 2 zuzulassen.

a) Verpflichtgen des Käufers: Rückg der empfangenen Sache frei von Belastgen, die seit Empfang begründet (§ 346), u zwar in der für Übertr vorgeschriebenen Form. Herausg der gezogenen u Ers für schuldh nicht gezogene Nutzgen (§§ 347, 987), mindestens nach §§ 347, 988 (Thielmann aaO); für nicht gezogene Nutzgen jedoch keine ErsPfl, wenn die Nutzg der mangelh Sache dem typ Affektionsinteresse des Käufers zuwider gelaufen wäre (Koller Betr **74**, 2458). Wg unwesentl Verschlechterg nach Erhebg des Wandlgsbegehrens haftet Käufer, der diese verschuldet, auf SchadErs (§§ 347, 989 ff) Umstr ist, ob die strenge Haftg, die den Besitzer erst mit RHängigk trifft, für den Käufer schon seit Empfang der Leistg besteht (so RG **145**, 79). Im Hinbl auf die hieraus folgdn unbill Ergebn, ist es vertretb, die strengere Haftg erst beginnen zu lassen, sobald der Käufer Kenntn von den Wandlgsvoraussetzgen erlangt (vgl § 347 Anm 1; Thielmann VersR **70**, 1069). Kommt Käufer mit Rückgewähr der Sache od sonst Verpfl aus Wandelg in Verz, so kann ihm Verk nach § 354 Frist mit Ablehngsandrohg setzen. Mit fruchtlosem FrAblauf w Wandelg unwirks u Käufer verliert GewlAnspr (RG **123**, 393).

b) Verpflichtgen des Verkäufers: Rückzahlg des empfangenen Kaufpr; bei verändertem ListenPr nicht der neue (aA falsch gefaßter Leitsatz zu Karlsr NJW **71**, 1809). 4%, bei zweiseit HandelsGesch 5% Zinsen seit Empfang (§§ 347 S 3, 246; HGB § 352). Bei Zahlg in Wertpapieren sind diese zurückzugeben bei GeldErs nach dem Kurswert. Ist ein Ggst (insb eine gebrauchte Sache) in Zahlg gegeben, ist diese, nicht ihr Wert in Geld, zurückzugeben (Ffm Betr **70**, 581); and wohl bei Doppelkauf (vgl § 515 Anm 1). Notw Verwendgen auf Kaufsache sind nach § 683 zu ersetzen (§§ 347, 994 II); ebenf FeuerVers; Fracht u Zoll; Transportkosten; Einbaukosten gekauften Motors. Nach S 2 sind auch VertrKosten zu ersetzen; hierher gehören Kosten des KaufVertr, der Auflassg u der Eintr sowie Umsatzsteuer; Telegrammkosten; Maklergebühren; Kosten der auf VertrAuflösg bezogenen WillErkl, auch von erforderl MängelAnz. Ferner muß Verk auch ohne im Interesse des Käufers Sache zurückzunehmen (Staud-Ostler Anm 40; aA RGRK Anm 5); insow ist § 433 II entspr anwendb. Sind mehrere als Käufer od Verk beteiligt, so Wandelg nur durch alle u gg alle; Erlöschen des WandelgsR für einen wirkt gg die übrigen (§ 356).

Einzelne Schuldverhältnisse. 1. Titel: Kauf. Tausch §§ 468–470

468 *Zusicherung der Grundstücksgröße.* Sichert der Verkäufer eines Grundstücks dem Käufer eine bestimmte Größe des Grundstücks zu, so haftet er für die Größe wie für eine zugesicherte Eigenschaft. Der Käufer kann jedoch wegen Mangels der zugesicherten Größe Wandelung nur verlangen, wenn der Mangel so erheblich ist, daß die Erfüllung des Vertrags für den Käufer kein Interesse hat.

1) Allgemeines. GrdstGröße ist Mengen- nicht EigenschAngabe. **a) Anwendbar:** als AusnVorschr nur bei Grdst (u Inbegriff solcher), nicht bei bewegl Sachen, GrdstR u GrdstBestandt. **b) Voraussetzungen:** Der Zusicherg (§ 459 Anm 4a) steht wg § 463 das argl Vorspiegeln einer best GrdstGröße gleich (RG 66, 338); Größenangabe muß wie bei § 459 Anm 4a v der Zusicherg u v Vertr umfaßt sein. § 468 gibt keine Vermutg (Erm-Weitnauer 1). Soll das Grdst erst aus einem größeren herausgemessen w u ist Lage u Ausdehng den VertrPart bekannt, genügt die ungefähre Angabe der qm-Zahl (Nürnb NJW **78**, 1060). **c) Wirkung:** Bei Zusicherg w Größe wie Eigensch (§ 459 Anm 4b) behandelt. Gewl nach §§ 462, 463; nur Wandelg nach S 2 (Anm 2) eingeschr. §§ 460, 464, 477–479 gelten. **d) Anfechtung** wg Irrt ist wie bei 2c vor § 459 ausgeschl.

2) Wandelungsanspruch ist nach Maßg des S 2 beschr, jedoch nur für die Fälle, daß die zugesicherte GrdstGröße fehlt. Setzt (üb § 459 hinaus) die Erheblk dieses Mangels voraus; kann insb bei städt Bauplätzen vorliegen. Es kommt auf den Einzelfall an. BewLast für Erheblk u ErfInteresse trägt der Käufer.

469 *Wandelung bei Verkauf mehrerer Sachen.* Sind von mehreren verkauften Sachen nur einzelne mangelhaft, so kann nur in Ansehung dieser Wandelung verlangt werden, auch wenn ein Gesamtpreis für alle Sachen festgesetzt ist. Sind jedoch die Sachen als zusammengehörend verkauft, so kann jeder Teil verlangen, daß die Wandelung auf alle Sachen erstreckt wird, wenn die mangelhaften Sachen nicht ohne Nachteil für ihn von den übrigen getrennt werden können.

1) Grundsatz der Einzelwandelg (S 1). Bei einheitl Kauf mehrerer Sachen, auch wenn ein Gesamtpr vereinb ist, kann Wandelg nur für die mangelh Sachen verlangt w. In diesem Fall w der Gesamtpr nach § 471 herabgesetzt. Die Wandelg w nicht dadch ausgeschl, daß mangelfreie Sachen weiterveräußert od aus and Grden nicht herausgegeben w können (vgl §§ 350–354), auch wenn der Rest der Sachen, für die gewandelt w kann, für den Verk dadch geringeren Wert hat (Ausn S 2). S 1 ist nicht anwendb: auf Minderg. Bei mangelh Bestandt einer einheitl Sache (Rohlff zu BGH NJW **72**, 575; vgl auch § 467 Anm 1 b). Für Nebensachen, insb Zubeh gilt § 470.

2) Gesamtwandelung (S 2) ist die Ausn von S 1. **a) Anwendungsbereich:** Kauf mehrerer Sachen (wie Anm 1), auch wenn mehrere, äußerl selbstd VertrAbschl vorliegen, die ein einheitl RGesch bilden (Wallerath MDR **70**, 636). Gilt auch, wenn für einen Teil der Sachen die Mängelrüge nach § 377 HGB versäumt ist (RG **138**, 331). Entspr anwendb: nach § 543; auf SchadErsAnspr aus §§ 463, 480 II, wenn ein Teil der gekauften Sachen dem Verk zur Vfg gestellt w (RG aaO). Nicht anwendb: bei Minderg; bei SukzessivliefergsVertr in Bezug auf künft Lieferg, weil hierfür selbstd RücktrR besteht (RG **57**, 115). **b) Voraussetzungen: aa)** Als zugehörd verkauft: ist nach den Abs u Interessen der VertrPart zu beurt. IdR zu bejahen, wenn die Part beabsicht, den Kauf nur in der dch den gmschaftl Zweck der Sachen hergestellten Verbindg abzuschließen, so daß die Sachen dazu best erscheinen (jedenf bis zur Erf eines best Zwecks) zuzubleiben (BGH Betr **70**, 341). Bsp: mehrbänd Werk; Tafelgeschirr; Zimmereinrichtg, HandelsGesch mit Grdst, GeschGebäude u -einrichtg, Maschinen für einheitl Fabrikationsanlage; zum WiederVerk best Waren derselben Art, wie der von einem Großhändler gekaufte Inhalt eines Waggons mit Obst. **bb)** Trenng ohne Nachteil unmögl: u zwar für die VertrPart, die die Gesamtwandelg verlangt. Nachteil ist weit auszulegen, damit die unwirtsch mechan Zerteilg von Sachgesamth vermied w wird, insb gegeben, wenn die Sachen einzeln erhebl weniger brauchb sind, wenn der Käufer den restl Teil nicht gebrauchen, der Verk den gewandelten Teil allein nicht verkaufen kann, wenn passde ErsStücke nicht od nur schwer zu beschaffen sind, wenn Trenng nur dch zeitraubdes Aussortieren mögl ist (BGH **LM** Nr 1). Nicht genügt der Nachteil, der allein darin liegt, daß der Käufer die mangelfreien Sachen behält (RG **66**, 154). **c) Wirkung:** Jede VertrPart kann verlangen, daß die Wandelg auch auf alle, also auch die mangelfreien Sachen erstreckt w, aber nur auf alle, nicht auf einen Teil des Rests. Es kann also auch der Verk Wandelg verlangen, wenn vorher der Käufer für einen Teil Wandelg begehrt hat. Durchführg: §§ 465, 467. **d) Beweislast** für Zugehörk u Nachteil trägt der, der GesamtWandelg verlangt.

470 *Erstreckung der Wandelung auf Nebensache.* Die Wandelung wegen eines Mangels der Hauptsache erstreckt sich auch auf die Nebensache. Ist die Nebensache mangelhaft, so kann nur in Ansehung dieser Wandelung verlangt werden.

1) Ob zw zwei Sachen **Verhältnis von Haupt- und Nebensache** besteht, beurteilt sich nach Parteiwillen u VertrZweck. Wird Zubeh gleich mit Haupts (§§ 97, 98), deren wirtschaftl Zweck es dient, veräußert, so stellt es Nebensache dar. Nebensache iS des Vertr regelm dann, wenn sie ohne eine andere wirtschaftl bedeutendere Sache nicht gekauft wäre, Hbg Recht **14**, 334.

2) Den VertrWillen, wonach eine Haupt- u eine od mehrere Nebensachen angenommen w, ergänzt § 470 durch **Ausleggsregel,** daß Wandelg wg Mangels der Haupts auch Nebensache, wg Mangels der Nebensache nicht Haupts umfassen soll. Keine Partei hat WahlR auf Wandelung. Folgen treten kr Gesetzes u aGrd ergänzten Parteiwillens ein. § 470 kann nicht zugleich mit § 469 S 2 vorliegen, Hbg HRR **35**, 1301, weil zwar Nebensache mit Haupts, aber nicht Haupts mit Nebensache zugehörend.

§§ 471–473

471 Wandelung bei Gesamtpreis. Findet im Falle des Verkaufs mehrerer Sachen für einen Gesamtpreis die Wandelung nur in Ansehung einzelner Sachen statt, so ist der Gesamtpreis in dem Verhältnisse herabzusetzen, in welchem zur Zeit des Verkaufs der Gesamtwert der Sachen in mangelfreiem Zustande zu dem Werte der von der Wandelung nicht betroffenen Sachen gestanden haben würde.

1) Anwendbark, falls GesamtPr vereinb, im Falle der §§ 469 S 1, 470 S 2. Falls neben Kaufpr sonstige Leistgen od Dienste vom Käufer geschuldet, werden zunächst sie in Geld veranschlagt u dem Kaufpr zugerechnet, § 473.

2) Verhältnismäßige Herabsetzg des Preises nach § 471 will Eigenart der vertragl Preisbildg unberührt lassen u setzt deshalb nicht einfach den Wert der von Wandelg betroffenen Sachen vom Kaufpr ab. Die VerhältnRechng stellt sich wie folgt: Obj Gesamtwert der Sachen, wenn alle mangelfrei gewesen wären = 6000 DM. Obj Gesamtwert der von Wandelg nicht betroffenen Sachen = 4000 DM. Vertragl Gesamtpreis = 4500 DM. Herabgesetzter Preis = x ~ 6000:4000 ⟺ 4500:x = $\frac{4000 \cdot 4500}{6000}$ = 3000 DM.

Maßg Ztpkt für Feststellg der obj Werte ist VertrSchl, nicht Gefahrübergang.

472 Berechnung der Minderung. ^{I} Bei der Minderung ist der Kaufpreis in dem Verhältnisse herabzusetzen, in welchem zur Zeit des Verkaufs der Wert der Sache in mangelfreiem Zustande zu dem wirklichen Werte gestanden haben würde.

^{II} Findet im Falle des Verkaufs mehrerer Sachen für einen Gesamtpreis die Minderung nur wegen einzelner Sachen statt, so ist bei der Herabsetzung des Preises der Gesamtwert aller Sachen zugrunde zu legen.

1) Allgemeines. MindergsAnspr darf nicht als eine Art SchadErsAnspr aufgefaßt w, RG JW **31**, 3270; daher Berechng nur nach obj Maßstab des § 472, ohne Rücks auf bes Nachteile gerade für diesen Fall. Minderg besteht in Herabsetzg des Kaufpr (§ 462). Sollten mit Zahlg des Käufers noch andere Leistgen abgegolten w, so unterliegt nur der auf Kauf entfallende Teil der Zahlg einer Minderg. Zahlt Käufer an einen Dr zur Ablösg seiner Rechte, so liegt hierin KaufprZahlg nur, wenn dem Verk auch insow ein Entgelt für seine Leistg nach dem KaufVertr erbracht w, RG JW **31**, 3270. Über Gebr u Weiterveräußerg der Kaufsache vgl § 462 Anm 4. – Gem § 323 sind § 472ff entspr anwendb bei teilw Unmöglichk der Leistg, RG **92**, 17. Für Tausch, RG **73**, 152; über Sachleistgen des Käufers § 473. ErfOrt: Wohns od Niederlassg des Verk bei VertrAbschl.

2) Herabsetzung des Kaufpreises verhältnismäßig, damit Eigenart vertragl Preisbildg unberührt bleibt. Macht Fehler Kaufsache völlig wertlos, so kann als Minderg voller Kaufpr zurückverlangt w, BGH **42**, 232 (zum WerkVertr), doch ist wertlose Sache dann an Verk herauszugeben. Konkrete Feststellg der Minderg auch in diesen Fällen notw (BGH WPM **78**, 59). Bei Minderg ergibt sich gemind Kaufpr wie nach § 471; obj Wert mangelfreier Sache verhält sich zu obj Wert der mangelh Sache wie vereinb Preis zu gemindertem Kaufpr. Ist Wert ohne Mangel 6000,– DM, Wert bei Mangel 4000,– DM und KaufPr 4500 DM, so ergibt Rechng für geminderten Preis x folgendes: 6000 : 4000 = 4500 : x; x (geminderter Preis) = 3000 DM. Unter Wert der Sache (einmal mit, einmal ohne Mangel) ist gemeiner Verkaufswert zu verstehen, nicht Ertragswert (Warn **12**, 69) od der Wert, den Sache gerade für Käufer hat, Hbg OLG **20**, 181. Preisänderg bei unrichtiger Zusicherg des Mietertrages verkauften Zinshauses zu berechnen nach Verhältn des Kaufpr, der für zugesicherte Mieteinnahme bewilligt, zu dem Betrage, der bei gleicher Berechnngsweise für geringere wirkl Mieteinnahme bewilligt wäre, RG, Recht **04**, 2598. Entspr ist in anderen Fällen des Fehlens zugesicherten Ertrages zu verfahren; Minderwert bei abbruchreifem Haus vgl BGH **LM** Nr 4. Wertberechng für Ztpkt des Verk u für ErfOrt. Nachträgl Wertsteigerg der mangelh Sache für Minderg unerhebl, RG Recht **17**, 371. Freie Schätzg der Minderg nach ZPO § 287 unzul. Decken sich der obj Wert der Kaufsache in mangelfreiem Zustand u der Kaufpr, so kann Minderg dadurch vollzogen w, daß der Betr vom Käufer abgezogen w, der zur Beseitigg des Mangels erforderl ist, BGH **LM** Nr 1.

3) Bei Verkauf mehrerer Sachen für einen GesamtPr lautet Rechng: Gesamtwert der Sachen, wenn mangelfrei (1000,–) verhält sich zu Gesamtwert der Sachen in wirkl mangelh Zustand (800,–) wie GesamtPr (900,–) zu gemindertem Preis (x); x = 720,– DM. II auch anwendb, wenn mehrere Sachen zwar nicht für GesamtPr, aber als zusammengehörend (§ 469) verkauft, Staud-Ostler Anm 11.

4) Minderg bei teilweise gestundetem Kaufpreis zunächst vom bar zu zahlenden Betrage zu berechnen; auf Verlangen des Verk erfolgt Herabsetzg des fälligen u des gestundeten Teils im gleichen Verhältnis; vgl auch RG SeuffA **67**, 247.

473 Sachleistungen als Kaufpreis. Sind neben dem in Geld festgesetzten Kaufpreise Leistungen bedungen, die nicht vertretbare Sachen zum Gegenstande haben, so sind diese Leistungen in den Fällen der §§ 471, 472 nach dem Werte zur Zeit des Verkaufs in Geld zu veranschlagen. Die Herabsetzung der Gegenleistung des Käufers erfolgt an dem in Geld festgesetzten Preise; ist dieser geringer als der abzusetzende Betrag, so hat der Verkäufer den überschießenden Betrag dem Käufer zu vergüten.

1) Anwendgsbereich: Wandelg einzelner von mehreren verk Sachen (§ 471) u Minderg (§ 472). Für Wandelg bei Einzelkauf gelten §§ 467, 346. Nicht vertretb Sache: andere als § 91. **Errechnung:** Es

Einzelne Schuldverhältnisse. 1. Titel: Kauf. Tausch   §§ 473–476

werden die nicht vertretb Leistgen dem Kaufpr zugerechnet u dann VerhältnRechng nach § 471 od § 472 aufgestellt; der errechnete wg Gewl zu zahlde Preis ist v GesamtPr, wie nach § 473 berechnet, zu kürzen. Der Untersch ergibt den Betr, um den der bar vereinb KaufprT herabzusetzen ist. Fällt er geringer aus als die Minderg, muß Verk zuzahlen (RG **72**, 299). **Tausch**: Es ist statt Kaufpr der Wert derj Sache zu setzen, die MindergsBerecht seiners schuldet, dann nach § 472 zu verfahren (RGRK Mezger 2).

474 *Mehrere Vertragsbeteiligte.* **I** Sind auf der einen oder der anderen Seite mehrere beteiligt, so kann von jedem und gegen jeden Minderung verlangt werden.

II Mit der Vollziehung der von einem der Käufer verlangten Minderung ist die Wandelung ausgeschlossen.

1) Mehrere Beteiligte stehen auf einer VertrSeite, gleichgültig, ob sie GesGläub, GesHandsgläub od entspr Schu sind: Minderg kann auch von GesHandsgläub mit TeilSchu vollzogen w. Anwendb auch, wenn auf beiden Seiten mehrere beteiligt, ferner, wenn erst nachträgl zB durch Erbgang Mehrh von Gläub od Schu entsteht. Durch Mehrh von Beteiligten erhält der VerkSeite nicht WahlR zw Wandelg u Minderg. Über Wandelg bei mehreren Beteiligten §§ 467, 356. Außer zum Einverständn mit Minderg wird jeder von mehreren Verk auch zur Ausübg eines bei Minderg für Verk mögl Verlangens (§ 472 Anm 4) befugt sein. Wegen Betruges durch einen von mehreren Verk kann Käufer Minderg nicht verlangen, wenn nicht zugl § 459 gegeben (also bei Vorspiegelg einer nicht nach dem Vertr vorausgesetzten Eigensch ohne Wissen der anderen Verkäufer), weil Minderg auch die unbeteiligten Verk treffen würde; daher nur SchadErs (nach § 463 od §§ 823, 826) gg betrügerischen Verk, RGRK Anm 1, od Anf nach § 123, § 139 Anm 2b; vgl auch § 463 Anm 3 aE und § 476 Anm 2.

2) Wandelg ausgeschlossen nicht durch Verlangen, sond erst durch Vollzug der Minderg. Jeder von mehreren Käufern kann Wandelg verhindern durch Einigg mit einem Verk über Minderg. Ob Käufer seinen MitKäufern ggü dies darf, entsch sich nach InnenVerh.

475 *Mehrmalige Gewährleistung.* Durch die wegen eines Mangels erfolgte Minderung wird das Recht des Käufers, wegen eines anderen Mangels Wandelung oder von neuem Minderung zu verlangen, nicht ausgeschlossen.

1) Gewährleistg bezieht sich stets auf **einzelnen Mangel** und die durch diesen bewirkte Minderg von Wert od Brauchbark. Daher mehrmalige Minderg od Minderg u dann Wandelg zul. Für Erheblichk des zweiten Fehlers nach § 459 I S 2 ist erster Fehler mit zu berücksichtigen, selbst wenn er durch vollzogene Minderg erledigt. War zweiter Mangel bei Minderg wg anderen Mangels bereits entdeckt, so wird regelm die Gewährleistg hierfür verwirkt, wenn nicht auch er gleichzeitig geltd gemacht w.

2) Berechng der **zweiten Minderg** so, daß der durch erste Minderg bestimmte MinderPr nochmals in dem Verhältn herabzusetzen ist, in dem Wert der Sache nur mit erstem Mangel zum Wert mit allen nunmehr bekannten Mängeln steht.

476 *Vertraglicher Gewährleistungsausschluß.* Eine Vereinbarung, durch welche die Verpflichtung des Verkäufers zur Gewährleistung wegen Mängel der Sache erlassen oder beschränkt wird, ist nichtig, wenn der Verkäufer den Mangel arglistig verschweigt.

1) Umfang. Vertragl Abreden über Beschrkg oder Ausschl der Gewährleistg für Sachmängel ebso zul wie nach § 443 für RMängel. Vgl hierü Vorbem 4 vor § 459. § 476 gilt nicht für Verz auf Gewährleistg, der nach Gefahrübergang vereinb w (Soergel-Ballerstedt 2). Bei formularmäß Bedingen muß Verk Unklarh gg sich gelten lassen, BGH **5**, 111, ohne sich auf ihm günst Auslegg berufen zu können, die sich vielleicht für RKundigen ergibt. Bei typischen Klauseln w jedoch unter Berücksichtigg der beiderseit Interessen im allg ein bestimmter Inhalt zugrunde gelegt w können, BGH NJW **67**, 32; WPM **66**, 1184. Auf Verletzg von NebenPfl, die nicht Sachmängel betreffen (vgl § 433 Anm 2c), bezieht sich HaftgsAusschl nur, wenn auch insow unmißverständl. **Klauseln**: Arbitrage – Vereinbg: Käufer kann nur Minderg verlangen; wg Höhe soll Schiedsgutachten verbindl sein, RG **73**, 257; vgl hierüber § 317 Anm 2b; hingg ist „Hamburger Arbitrage" od „Hamburger freundschaftl Arbitrage" Schiedsgerichtsvereinbg (vgl § 317 Anm 2a), beschränkt daher Nachprüfg nicht auf Qualitätsmängel, BGH BB **60**, 679. Kauf einer Sache „wie sie steht und liegt" bedeutet Ausschl jeder Gewährleistg auch für verborgene Fehler, u zwar auch dann, wenn im üb bemerkt w, daß der Käufer die Kaufsache besichtigt hat, BGH BB **64**, 906. Kauf tel quel: Verk kann die geringwertigste Qualität der ausbedungenen Gattg – aber auch nur dieser – liefern, BGH BB **54**, 116. Kauf „wie besichtigt": nur Mängel von Gewährleistg ausgeschl, die bei Besichtigg wahrnehmb, Nürnb BB **59**, 137. Zum sog Kauf in Bausch u Bogen (Briefmarkensammlg) s Stgt NJW **69**, 610 u 1118. Kauf „wie besichtigt u Probe gefahren", BGH VRS **12**, 161. Kauf „ohne Garantie" unter Ablehng der Gewährleistg für Eigensch des Grdst kann als bloße Ablehng der Haftgserweiterg unter Aufrechterhaltg gesetzl Haftg für Fehler verstanden w, RG Recht **14**, 2641; HausVerk „im jetzigen Zustand", RG JW **31**, 2478; Umfang ausgeschl Mängel bei HaftgsAusschl für „Beschaffenheit" des Grdst, RG Recht **20**, 3076; HaftgsAusschl für Hausmängel, Warn **27**, 11.

2) HaftgsAusschl nichtig, soweit Verk Mängel argl verschweigt, Eigensch od Abwesenh von Fehlern argl vorspiegelt, RG **83**, 242, od Eigensch zusichert (BGH NJW **68**, 1622). Über Argl § 463 Anm 3; sie erfordert also (mind bedingten) Vorsatz; grobe Fahrl genügt nicht (BGH NJW **77**, 1055). Eine AufklPfl des Verk setzt Kenntn od Kennenmüssen des Mangels inf einer UntersuchgsPfl voraus (BGH aaO). Argl Vorspiegelg macht HaftgsAusschl nichtig, weil sie dem Käufer Erkenntn der Tragweite des GewlVerzichts unmögl macht. Nichtig auch ausdr Ausschl der Haftg für Argl. Aber nur GewlAusschl – nicht der ganze Vertr – ist nichtig, § 139 nicht anwendb. Sind mehrere, teils argl verschwiegene, teils Verk selbst unbekannte Mängel vorhanden, ist Haftgsbeschränkg nur hins der ersteren nichtig, hins der letzteren wirks, RG **62**, 125. Käufer kann aber regelm nach § 123 ganzen Vertr anfechten. Argl eines von mehreren Verk od ggü einem von mehreren Käufern ausreichd, RG Recht **15**, 1058. Nachträgl GewlAusschl auch für argl verschwiegene Mängel wirks, soweit bei Ausschl dem Käufer bekannt, RG Recht **13**, 3232; soweit Mängel dem Käufer unbekannt, ist § 476 entspr anwendb.

476a *Aufwendungen bei Nachbesserung.* Ist an Stelle des Rechts des Käufers auf Wandlung oder Minderung ein Recht auf Nachbesserung vereinbart, so hat der zur Nachbesserung verpflichtete Verkäufer auch die zum Zwecke der Nachbesserung erforderlichen Aufwendungen, insbesondere Transport-, Wege-, Arbeits- und Materialkosten, zu tragen. Dies gilt nicht, soweit die Aufwendungen sich erhöhen, weil die gekaufte Sache nach der Lieferung an einen anderen Ort als den Wohnsitz oder die gewerbliche Niederlassung des Empfängers verbracht worden ist, es sei denn, das Verbringen entspricht dem bestimmungsgemäßen Gebrauch der Sache.

1) Allgemeines: Eingefügt dch das AGBG, iKr seit 1. 4. 77. **a) Zweck:** Der häuf als einz GewlAnspr vereinb NachbessergsAnspr w bes dch AGB in der Weise beschr, daß der Käufer einen Teil der damit verbundenen Kosten zu tragen hat. Volle KostenPfl des Verk soll für den Kauf in Angleich an den WerkVertr (§ 633 II S 1 u 2 nF) dch § 476a als ges Regelg eingeführt w. **b) Anwendungsbereich:** Gilt für alle KaufVertr; auch wenn sie nicht unter den GeltgsBer des AGBG fallen. **c) Abdingbarkeit:** Uneingeschr gegeben, wenn AGB bei VertrAbschl nicht verwendet od nicht wirks zugrdegelegt w (BR-Drucks 360/75 zu Nr 13). Grenze: §§ 138, 242 u wenn dch IndividualAbrede vereinb. Zwingd der Verwendg v AGB beim Kauf neu hergestellter Sachen ggü Pers, die den KaufVertr nicht als Kaufmann für den Betr ihres Handels-Gew abschl (AGBG 24 Nr 1) u die nicht jur Pers des öffR od ein öff-rechtl SoVerm darstellen (AGBG 24 Nr 2; das folgt aus AGBG 1, 11 Nr 10c). Für KaufVertr, die unter AGB mit Kaufleuten für deren Handels-Gew, jur Pers d öff R u öff SoVerm abgeschl w, wenn Nachbesserg in AGB vereinb ist, kann die Geltg des § 476a nur abbedungen w, wenn damit nicht gg AGBG 9 (unangemessene Benachteiligg) verstoßen w. Abdingg ist unwirks, wenn gg AGBG 9 verstoßen w.

2) Voraussetzungen (S 1). **a) Kaufvertrag,** bei dem die Wirkg des § 476a nicht zul abbedungen ist (vgl Anm 1c). **b) Vereinbartes Nachbesserungsrecht** (§ 462 Anm 1b). Es muß an Stelle, nicht wahlw neben Wandelg od Mind (§ 462) vereinb, somit der einz GewlAnspr des Käufers (abgesehen v § 463) sein; auch bei Nachbesserg des D*r*, insb Hersteller. **c) Gewährleistungsanspruch** gem § 462 muß gegeben, daher auch § 459 erf sein, so daß der Verk zur Nachbesserg verpfl ist (vgl § 462 Anm 1b).

3) Wirkung: Der Verk muß nicht nur die Nachbesserg selbst kostenlos dchführen, sond auch die Aufwendgen (Anm a) tragen, entweder unmittelb selbst begleichen od dem Käufer ers. Er darf sie daher dem Käufer nicht in Rechng stellen. Ausn: Anm b. **a) Aufwendungen:** Begr: § 256 Anm 1; insb die ausdrückl in § 476a genannten, ferner Abschleppkosten. Sie müssen erforderl gewesen sein, um die Nachbesserg auf dem für den Verk wirtsch u nicht unzumutb verzögernden Wege zu ermögl. **b) Erhöhte Aufwendungen** (S 2): Sind dem Käufer nicht zu ers u dürfen, soweit vom Verk erbracht, von ihm in Rechng gestellt w. Setzt voraus, daß die gekaufte Sache nach Lieferg (BesErlangg dch Käufer od dessen BesDiener) od in den Bes eines vertrgem best Empfängers an einen and Ort verbracht w ist, als an den Wohns od Sitz (§ 269 Anm 6) des Empf (nicht notw des Käufers), auch wenn dies nicht der LiefergsOrt ist. Ist nicht an diesen, sondern an einen anderen Ort geliefert worden, so ist der LiefergsOrt maßgbl. Ausn: (letzter Hs): bestimmungsgem Verbringen an einen and Ort kann insb vorliegen bei Kfz, mobilen Maschinen, Flugzeugen.

477 *Verjährung der Gewährleistungsansprüche.* **I** Der Anspruch auf Wandelung oder auf Minderung sowie der Anspruch auf Schadensersatz wegen Mangels einer zugesicherten Eigenschaft verjährt, sofern nicht der Verkäufer den Mangel arglistig verschwiegen hat, bei beweglichen Sachen in sechs Monaten von der Ablieferung, bei Grundstücken in einem Jahre von der Übergabe an. Die Verjährungsfrist kann durch Vertrag verlängert werden.

II Beantragt der Käufer gerichtliche Beweisaufnahme zur Sicherung des Beweises, so wird die Verjährung unterbrochen. Die Unterbrechung dauert bis zur Beendigung des Verfahrens fort. Die Vorschriften des § 211 Abs. 2 und des § 212 finden entsprechende Anwendung.

III Die Hemmung oder Unterbrechung der Verjährung eines der im Absatz 1 bezeichneten Ansprüche bewirkt auch die Hemmung oder Unterbrechung der Verjährung der anderen Ansprüche.

1) Allgemeines. a) Zweck: Verk soll nur kurze Zt mit Anspr aus Mängeln rechnen müssen, die ihm mögl w selbst unbekannt sind; außerdem BewUnsicherh. Röm-rechtl Ursprungs. **b) Bedeutung:** Echte Einr (§ 222), keine AusschlFr. **c) Abdingbarkeit:** Ausschl der Verj, Verkürzg (§ 225) u Verlängerg (Anm 4) ist dch Vertr mögl. **d) Anwendungsbereich: aa) Sachkauf:** wie Vorbem 3a vor § 459. Gilt auch bei Kauf eines Untern (umstr; vgl Vorbem 3 d vor § 459); § 477 gilt insb nicht (sond § 638) bei Kauf eines Grdst mit einem v Verk darauf zu errichtdn Bauwerk für Mängel des Bauwerks (BGH NJW **75**,

Einzelne Schuldverhältnisse. 1. Titel: Kauf. Tausch §§ 477, 478

47). **bb) Sachmängel**: nur Anspr aus solchen, also wg Fehler od Fehlen zugesicherter Eigensch (§ 459). **cc) Falschlieferung** (falsche Sache, Art od Menge). Grdsätzl ist nicht erfüllt (§ 440 I), § 477 unanwendb (BGH NJW **69**, 787). Das gilt stets für den Stückkauf. Bei Gattgskäufen (vgl § 243 Anm 1) w § 477 angewendet, sow dch § 378 HGB die Falschlieferg als Sachmangel behandelt w (BGH **LM** Nr 5). Das trifft nur innerh der selben Gattg zu, wenn and Art od Sorte geliefert ist (BGH NJW **68**, 640 mwN). Die Anwendg auch auf Käufe, die nicht HandelsGesch sind, ist zweifelh (dafür: Soergel-Ballerstedt 7). **dd) Ansprüche**: nur solche, die sich unmittelb aus Nachteilen wg eines Sachmangels ergeben, gleichgült, ob krG od vertragl modifiziert (BGH NJW **71**, 654 mwN u Anm v Schmidt-Salzer), näml: Wandelg u Minderg (§ 462), Nachlieferg (§ 480 I 2), auch aus mangelh ausgeführter Nachlieferg, Nachbesserg (vgl BGH NJW **67**, 2005 für § 639), SchadErs wg Fehlen zugesicherter Eigensch (§§ 463, 480 II), wg Nicht-Erf des Anspr auf mangelfreie Nachlieferg (BGH NJW **73**, 276 mwN); auch wg c. i. c. (RG **129**, 280) u pos VertrVerletzg (BGH NJW **71**, 654; Düss NJW **75**, 453), insb einer NebenPfl (BGH NJW **65**, 148) u bei SukzessivliefergsVertr (BGH NJW **72**, 246), sofern sich das Versch auf Fehler oder Eigensch bezieht (BGH aaO; vgl aber hierzu BGH NJW **76**, 1353), auch auf sog MangelfolgeSchäd (hM; BGH NJW **73**, 276; Schmitz NJW **73**, 2081 mwN; Düss MDR **75**, 227). **ee) Nicht,** insb bei Argl des Verk, wo § 195 gilt (RG **129**, 282); bei Anspr aus vollzogener Wandelg od Minderg u in den sonst Fällen, in denen sich die VertrPart über die Gewl geeinigt u damit neue Anspr begründet haben (vgl § 465 Anm 1), insb dch vereinb Nachlieferg od Nachbesserg (RG **144**, 162), Vergl (§ 779) über Mängelhaftg, insb SchadErsPfl (RG **90**, 169); auswn gilt dann aber § 477, wenn sich die Part über den Umfang, insb die Nachlieferg nicht geeinigt haben (BGH NJW **61**, 117). Bei nachträgl aGrd der Gewl vereinb Nachbesserg sind die §§ 638, 639 entspr anzuwenden (Soergel-Ballerstedt 18). Abzulehnen ist die Anwendg des § 477 auf Anspr aus § 823, wenn sie im Einzelfall mit GewlAnspr konkurrieren; es verbleibt bei der Frist des § 852 (BGH NJW **66**, 315; vgl RGRK-Mezger Rdz 2 zu Schlechtriem; aA Düss NJW **75**, 453), ebso die Fr des § 195 bei schuldh Verletzg vertr NebenPfl ohne unmittelb Bez auf Mangel der Sache (BGH NJW **76**, 1353). **e) Sondervorschrift**: für Saatgut gilt § 33 IV SaatgutverkehrsG (1 Jahr ab Überg).

2) Verjährung. a) Frist. Bei bewegl Sachen 6 Monate, bei Grdst 1 Jahr. Berechng: §§ 188, 193. Sachen, die in Grdst eingefügt w, sind bewegl (Nürnb MDR **63**, 499), auch GrdstZubeh, wenn § 470 S 2 gilt. Bei SachInbegr (zB HandelsGesch) gelten für bewegl Sachen u Grdst getrennte Fristen (Enn-Lehmann § 108 IV 1, sehr bestr; aA RG **138**, 354). **b) Beginn**: Setzt grdsätzl Entstehg des Anspr voraus. Daher kein Beginn vor Wirksw des KaufVertr, insb Erf der Form (RG **134**, 87 für § 313), Eintritt der aufschiebenden Bedingg (§ 158), Erteilg behördl od rechtsgeschäftl Genehmigg trotz Rückwirkg (allgM); Eintritt des Schad, insb bei MangelfolgeSchad (BGH NJW **73**, 843). **aa) Bewegliche Sache**: mit Ablieferg (von Überg zu untersch; vgl § 433 Anm 2a); setzt voraus, daß der Verk dem Käufer die Möglk verschafft, die Sache körperl in Besitz zu nehmen, insb die Fälle des § 854; keinesf reicht mittelb Besitz (§ 868) aus. Erst mit Aufstellg od Montage, wenn diese vom Verk geschuldet w (BGH NJW **61**, 730). Bei Versendgskauf nicht bevor BesDiener (§ 855) des Käufers tats Gewalt erlangt. Bei SukzessivliefergsVertr läuft Fr für jede Rate bes. **bb) Grundstücke**: mit Überg; das ist die einverständl BesÜbertr dch den Verk auf den Käufer. **c) Eintritt** der Verj auch bei versteckten Mängeln, ohne Rücks auf die Untersuchungsmöglk (BGH NJW **61**, 730).

3) Hemmung und Unterbrechung. Es gelten grdsätzl §§ 202–217; MängelAnz genügt zur Unterbrechg also nicht. Bei VglVerhandlgen wg der Gewl üb die VerjFr hinaus kann unzul RAusübg vorliegen (vgl § 3 vor § 194; Hbg VersR **78**, 45). Besonderh: **a) Klageerhebung** (§ 209 I) aGrd eines Anspr unterbricht auch für alle and Anspr (Abs III; RG **134**, 272), ohne Rücks darauf, ob sie sich ggs ausschließen (vgl Larenz NJW **51**, 500; aA RG **93**, 160); für § 209 II Nr 1 wg Anf aus § 123 I für WandelgsAnspr bejaht v BGH NJW **78**, 261. Es w aber nur wg des best, mit Kl geltd gemachten Sachmangels unterbrochen, nicht wg and (BGH **LM** Nr 1). **b) Beweissicherungsverfahren** unterbricht (Abs II) zusätzl zu den in § 212 genannten Tatbestdn; nicht jedoch ein BewAntr gem § 282 ZPO (BGH NJW **73**, 38). Beendet ist das BewSicherngs-Verf, wenn ein Sachverst mdl sein Gutachten erstattet oder erläutert, mit der Protokollierg (BGH NJW **73**, 698). Entspr Anwendg der §§ 211 II, 212: gilt nicht, wenn das BewSichergsVerf dchgeführt w, so daß Fr des § 477 III erneut in Lauf gesetzt w; BGH **53**, 43 für § 639, Kubisch NJW **53**, 1966; aA Hamm NJW **65**, 1535). **c) Bei Nachbesserung** w Verj gehemmt entspr § 639 II (BGH **39**, 293).

4) Verlängerte Verjährungsfrist (Abs I S 2) dch ausdrückl od stillschw Vertr; auch für best Mängel mögl. **a) Umfang**: Es kann FrBeginn hinausgeschoben (BGH BB **53**, 186), die Fr bis auf 30 Jahre erstreckt, Unterbrechg u Hemmg vereinb w. Zur Auslegg vgl Schmidt NJW **62**, 713. **b) Garantiefrist**. Es ist zu untersch: **aa) Selbständige Garantie**: Bei Kauf entspr Vorbem 3 d, cc vor § 633 mögl, aber nur ausnahmsw anzunehmen; führt zu 30jähr Fr (§ 195). **bb) Unselbständige Garantie**: Die Fr läuft grdsätzl unabhg von VerjFr (RG **128**, 213). Reicht sie über die VerjFr nicht hinaus, berührt sie die Verj nicht (BGH BB **61**, 228). Bedeutg: ist idR nicht zugleich RügeFr (BGH aaO). Ist die GarantieFr länger als die VerjFr, so ist mind die VerjFr entspr verlängert, idR aber gilt: W innerh der GarantieFr ein Mangel entdeckt, so beginnt damit die VerjFr für diesen Mangel zu laufen (BGH BB **62**, 234).

478 *Erhaltung der Mängeleinrede.* [1] Hat der Käufer den Mangel dem Verkäufer angezeigt oder die Anzeige an ihn abgesendet, bevor der Anspruch auf Wandelung oder auf Minderung verjährt war, so kann er auch nach der Vollendung der Verjährung die Zahlung des Kaufpreises insoweit verweigern, als er auf Grund der Wandelung oder der Minderung dazu berechtigt sein würde. Das gleiche gilt, wenn der Käufer vor der Vollendung der Verjährung gerichtliche Beweisaufnahme zur Sicherung des Beweises beantragt oder in einem zwischen ihm und einem späteren Erwerber der Sache wegen des Mangels anhängigen Rechtsstreite dem Verkäufer den Streit verkündet hat.

§§ 478–480

II Hat der Verkäufer den Mangel arglistig verschwiegen, so bedarf es der Anzeige oder einer ihr nach Absatz 1 gleichstehenden Handlung nicht.

1) Die Erhaltg der Mängeleinrede bringt eine Ausn von § 477 u gewährt grdsätzl dem Käufer keinen Anspr, sond erhält nur Einr gg Anspr des Verk, RG **128**, 215. Auf diese Durchbrechg der Verj vo Gewl-Anspr beschränkt sich Bedeutg der Vorschr, RG **74**, 293. Leistgsklage – etwa auf Rückg der Anzahlg – steht Käufer trotz berechtigter Verweigerg der Restzahlg nach VerjAblauf nicht zu, RG **69**, 388 (vgl § 465 Anm 3), auch nicht ein RückfdgsAnspr aus § 813 I, RG **144**, 93; dagg kann er Einr trotz Verj der Anspr mit Feststellgsklage geltd machen, RG **92**, 7. Ausnahmsw kann wg § 1169 Käufer Löschg der RestkaufgeldHyp verlangen u einklagen, soweit MindergsEinr reicht, RG **71**, 12. Aufrechng od Einr gg and Anspr des Verk als KaufPrAnspr ist ausgeschl (Ffm WPM **76**, 939).

2) Voraussetzg für Erhaltg der Einr ist Anzeige des Käufers, ihre Absendg, BeweissichergsAntr (ZPO § 485) od Streitverkündg (ZPO §§ 72 ff). Anzeige mdl, fernmdl od schriftl, liegt auch in Erhebg der Wandelg klage u wird durch deren Rückn nicht unwirks, RG **59**, 154. Anzeige u prozessuale Behelfe müssen den Mangel betreffen, der später geltd gemacht w soll, Warn **15**, 111. Allg Redensarten über Mißbilligg der Lieferg genügen nicht; Verk muß aus Anzeige klar erkennen, daß Käufer Rechte aus Mangel herleiten will; das ist regelm anzunehmen, wenn Käufer das Vorhandensein der Mängel behauptet, nicht erforderl, daß auch die Nichtgenehmigg ausgesprochen w, RG **54**, 67. Anzeige ist nicht empfangsbedürft WillErkl; auch dem beschr geschäftsfäh Käufer mögl (§ 107). Anzeige w in aller Regel erst nach Ablieferg der Kaufsache, also erst nach Beginn der VerjFrist (§ 477) erstattet w können; auch frühere Anzeige jedoch zul, BGH **LM** § 639 Nr 2 (für den WerkVertr). – Ist KaufprFdg abgetreten, so kann neuem Gläub angezeigt w, Kiel JW **27**, 2643. Kürzere MängelAnzFr als die VerjFr sind bei nicht offensichtl Mängeln im GeltgsBer des AGBG unwirks (AGBG 11 Nr 10e).

3) Bei Arglist bedarf es nach II der Anz nicht; ohne Bedeutg, da Verj ohnehin erst nach 30 Jahren (§ 477).

479 *Erhaltung des Aufrechnungsrechts.* Der Anspruch auf Schadensersatz kann nach der Vollendung der Verjährung nur aufgerechnet werden, wenn der Käufer vorher eine der im § 478 bezeichneten Handlungen vorgenommen hat. Diese Beschränkung tritt nicht ein, wenn der Verkäufer den Mangel arglistig verschwiegen hat.

1) Allgemeines: Durchbrechg von § 390. Zwecks Aufrechterhaltg der durch § 477 bezweckten endgültigen Klärg aller Anspr bei Kauf wirkt Aufrechng mit ErsAnspr nicht auf Ztpkt zurück, in dem Aufrechng mögl war. Nur rechtzeitige Maßn nach § 478 erhält AufrechngsR; dadurch aber nur Einwand gg Anspr des Verk, kein Anspr des Käufers; er kann nicht, wenn er in Unkenntn der AufrMöglichk Zahlg leistet, diese nach §§ 812 ff zurückfordern, RG **144**, 93 (vgl § 813 Anm 2). Aufrechngsbeschränkg auch für allg SchadErsAnspr wg schuldh mangelh Lieferg, RG **56**, 166; Warn **14**, 46. R zur Aufrechng bleibt für einheitl SchadErsAnspr erhalten, wenn weiterer Schaden erst nach Ablauf der Verj eintritt, BGH **50**, 21 für § 639.

2) Nur gegen Kaufpreisanspruch ist nach Verj Aufr bei Erf von § 478 zul; Aufr gg Anspr aus anderen Gesch zw denselben Parteien nach Verj trotz Erhaltg der MängelEinr ausgeschl (str), RG **56**, 171. BGH NJW **61**, 1254, grdsätzl ebso, meint jedoch, daß Aufr auch gg solchen Anspr zul, der aus Geschäften stammt, die „sowohl wirtschaftl als auch unter dem Gesichtspunkt von Treu u Glauben betrachtet, dem KaufGesch noch zuzurechnen sind"; dem kann schon aus Gründen der Rechtssicherh nicht gefolgt w. Wie hier im Ergebn auch BGH **LM** Nr 3.

480 *Gattungskauf.* I Der Käufer einer nur der Gattung nach bestimmten Sache kann statt der Wandelung oder der Minderung verlangen, daß ihm an Stelle der mangelhaften Sache eine mangelfreie geliefert wird. Auf diesen Anspruch finden die für die Wandelung geltenden Vorschriften der §§ 464 bis 466, des § 467 Satz 1 und der §§ 469, 470, 474 bis 479 entsprechende Anwendung.

II Fehlt der Sache zu der Zeit, zu welcher die Gefahr auf den Käufer übergeht, eine zugesicherte Eigenschaft oder hat der Verkäufer einen Fehler arglistig verschwiegen, so kann der Käufer statt der Wandelung, der Minderung oder der Lieferung einer mangelfreien Sache Schadensersatz wegen Nichterfüllung verlangen.

1) Allgemeines. a) Anwendbar nur bei Gattgskauf (§ 243 I), auch bei beschr. Bei Kauf best Sachen (Stückkauf) gilt § 480 nicht (vgl aber § 462 Anm 1b). Stückkauf liegt nur dann vor, wenn nach dem Vertr-Inhalt die Erf nur dch die best Sache vorgesehen od mögl sein sollte. **b) Verhältnis zur Nichterfüllung:** Bis zur Ann hat der Käufer Anspr auf Lieferg einer mangelfreien Sache mittlerer Art u Güte (§ 243 I) u kann eine dem nicht entspr zurückweisen (allgM). Mit der Ann (auch einer mangelh Sache) hat der Käufer hat der Verk zunächst erfüllt (Esser § 64 III 4a; Kirchhof NJW **70**, 2052), weil die Konzentration (§ 243 II) eingetreten ist (aA die hM, nach der sie erst eintritt, wenn der Käufer Wandelg od Minderg verlangt; Kirchhof aaO mwN). Die Re aus § 326 hat der Käufer nur bei aliud-Lieferg (and beim Handelskauf, vgl § 459 Anm 1 e), sonst nur bis zur Ann (Esser aaO; aA die hM), nach Ann nur noch die des § 480.

2) Nachlieferungsanspruch. a) Rechtsnatur: (Nach)ErfAnspr (hM; vgl Kirchhof NJW **70**, 2052 mwN); w daher als unechter GewlAnspr angesehen, weil nach hM die Konzentration (§ 243 II) ausbleibt, wenn der Käufer bei mangelh Sache nicht Wandelg od Minderg, sond Nachlieferg verlangt (vgl hierzu aber Anm 1 b). Kein Anspr auf Nachbesserg (vgl § 462 Anm 1 b). **b) Wahlrecht:** endet erst mit Vollzug von Wandelg od Minderg od mit Einigg über Nachlieferg entspr § 465. WahlR hat Käufer, Verk kann nicht Wahl der ErsLieferg erzwingen (BGH NJW **67**, 33). Ablehng einer dch Verk sof angebotenen ErsLieferg kann jedoch gg Treu u Glauben verstoßen (RG **91**, 112, vgl hierzu auch BGH aaO). **c) Wirkung.** Verlangt der Käufer Nachlieferg, kann der Verk, wenn er Einverständn erkl (§ 465), Anspr auf Rückg der mangelh Sache; Zug um Zug (I S 2; §§ 467 I, 348). Ist auch die Nachlieferg mangelh, kann der Käufer wieder (wie bei § 462 Anm 1 b) auf die and GewlAnspr zurückgreifen. **d) Regelung** (I S 2) entspr der Wandelg. Über § 467 gelten auch RücktrVorschr. **e)** *Verjährung:* grdsätzl § 477 (I S 2); entfällt aber, wenn sich Verk u Käufer auf Nachlieferg u ihren Umfang geeinigt haben (BGH NJW **58**, 418; vgl § 465 Anm 1). **f) Beweislast** für Mängel ab Gefahrübergang der Käufer, bis dahin der Verk.

3) **Schadensersatzanspruch** (II). Voraussetzgen: wie § 463 Anm 2 u 3; jedoch ist hier maßgebder Ztpkt der Gefahrübergang (§ 446), weil vorher die Sache, die geliefert w, noch nicht feststeht. Berechng u Umfang: § 463 Anm 4.

481 *Viehkauf.* Für den Verkauf von Pferden, Eseln, Mauleseln und Maultieren, von Rindvieh, Schafen und Schweinen gelten die Vorschriften der §§ 459 bis 467, 469 bis 480 nur insoweit, als sich nicht aus den §§ 482 bis 492 ein anderes ergibt.

1) **Allgemeines. a) Sonderregelung** ggü den §§ 459–480 (nicht ggü den allg KaufVorschr) mit kurzen GewährFr. Der Verk haftet ges nur bei Hauptmängeln (§ 482) grdsätzl auf Wandelg (§ 487) u nur, wenn sie innerh der GewlFr hervortreten mit 6-wöch VerjFr (§ 490). **b) Anwendungsbereich:** Nur lebde Tiere, der in § 481 genannten Tiergattgen; daher zB nicht Hunde, Katzen; hierfür gelten die §§ 459 ff. Bei und entgeltl Vertr ist § 481 gem § 493 anwendb. Gilt nicht, wenn Tiere als Zubeh eines Grdst mitverk w (RG **102**, 309). **c) Abdingbarkeit:** ist für Verschärfg, Erweiterg (§ 492) u Milderg der Haftg zu bejahen (allgM); auch völl Ausschl mögl. Grenze: § 476. Auch können die §§ 481–492 überh abbedungen w, sodaß die §§ 459 ff, 469 ff uneingeschr gelten. **d) Sonstiges:** GewohnhR besteht nicht. Zu beachten ist ferner das G üb Verk mit Vieh u Fleisch (BGBl **51**, 272).

2) **Wirkung.** § 459 I ist völl unanwendb (allgM; RG **123**, 148), ebso alle Vorschr, die die Minderg betr (§ 487 I). Die Anwendbark der and in § 481 genannten Vorschr ist eingeschr, je nachdem, was die §§ 482 bis 492 and best. Bei Argl ist § 463 anwendb. Wg HGB 382 gelten HGB 377, 378 auch dann nicht, wenn ein Handelskauf vorliegt (RGRK-Metzger 3).

482 *Hauptmängel und Gewährfristen.* I Der Verkäufer hat nur bestimmte Fehler (Hauptmängel) und diese nur dann zu vertreten, wenn sie sich innerhalb bestimmter Fristen (Gewährfristen) zeigen.

II Die Hauptmängel und die Gewährfristen werden durch eine *mit Zustimmung des Bundesrats* zu erlassende *Kaiserliche* Verordnung bestimmt. Die Bestimmung kann *auf demselben Wege* ergänzt und abgeändert werden.

1) **Allgemeines.** § 482 beschr die ges Gewl auf die Hauptmängel, die in der nachstehnden VO geregelt sind; dch Auslegg nicht erweitergsfäh (Schlesw SchlHA **57**, 72). **a) Abdingbk:** § 481 Anm 1 c. **b) Andere Ansprüche: aa)** Gewl für den Mangel als Hauptmängel der üb § 492 (vgl dort). **bb)** Keine Haftg aus c. i. c. für fahrl unricht Angaben od fahrl Verschw v Fehlern, die nicht Hauptmängel darstellen (BGH NJW **66**, 2353). **cc)** Anspr aus pVV nur für Hauptmängel, die sich innerh der GewlFr gezeigt haben (RGRK-Metzger 6). **dd)** Anf aus § 119 II ist ausgeschl, weil für Hauptmängel Sonderregelg besteht u Nebenmängel nicht verkehrswesentl sind (allgM). Anf aus § 123 ist zul. **ee)** SchadErsAnspr aus §§ 823 II, 826 sind mögl. **ff)** HauptPfl iS der §§ 320 ff können bei Turnierpferden die AbstammgsPapiere sein (Stgt AgrarR **77**, 232).

2) **Voraussetzungen** für die ges Gewl: **a) Hauptmängel:** Nur die der VO, dch Auslegg nicht erweitergsfäh (Schlesw SchlHA **57**, 72). Der Verk haftet auch ohne Nachw der Erheblichk od einer Wertminderg. Die VO untersch Nutz- u Zuchttiere (§ 1) sowie Schlachttiere (§ 2). Maßgebd für die ZweckBest ist der Abschl des KaufVertr. BewLast für dem Kauf zugrdegelegten Verwendgszweck: Käufer. IZw ist als Nutztier verk. **b) Gewährfristen:** Sind AusschlFr (keine Hemmg od Unterbrechg) u in der VO festgesetzt. Sie können dch Vertr verkürzt od verlängert w (§ 486). Innerh dieser Fr muß sich der Mangel zeigen, nicht notw am lebden Tier. Er muß von irgend einer Pers, nicht notw vom Käufer wahrgenommen w. Es genügt nicht, daß der nach Ablauf der Fr erkannte Mangel innerh der Fr schon vorhanden war. Auch Argl des Verk hindert Ablauf der Fr nicht, begründet aber Einr gem § 242 (RG **148**, 46).

3) **Wirkungen. a) Haftung.** Der Käufer kann Wandelg verlangen (§ 487 I), SchadErs gem § 463 bei Zusicherg, daß Hauptmängel nicht vorliegen (§ vgl § 490 I). **b) Haftungsausschluß: aa)** Bei Kenntn des Mangels zZ des Kaufs (§ 460 S 1). **bb)** Bei Ann des Tieres in Kenntn des Mangels ohne Vorbeh (§ 464). Ist der Mangel bei Kauf erkennb u erkl Käufer, sich von Beschaffenh des Tieres überzeugt zu haben (od ähnl), besteht HaftgsAusschl, wenn der Mangel wg grober Fahrl unerkannt blieb (§ 460 S 2; RGRK-Metzger 9). **cc)** Bei VertrVereinbg u HaftgsAusschl (vgl § 481 Anm 1c) ohne Argl des Verk (§ 476).

Verordnung betreffend die Hauptmängel und Gewährfristen beim Viehhandel
Vom 27. März 1899 (RGBl S 219):

§ 1. *Für den Verkauf von Nutz- und Zuchttieren gelten als Hauptmängel:*

I. *bei Pferden, Eseln, Mauleseln und Maultieren:*

1. *Rotz (Wurm) mit einer Gewährfrist von 14 Tagen;*
2. *Dummkoller (Koller, Dummsein) mit einer Gewährfrist von 14 Tagen; als Dummkoller ist anzusehen allmählich oder infolge der akuten Gehirnwassersucht entstandene, unheilbare Krankheit des Gehirns, bei der das Bewußtsein des Pferdes herabgesetzt ist;*
3. *Dämpfigkeit (Dampf, Hartschlägigkeit, Bauchschlägigkeit) mit einer Gewährfrist von 14 Tagen; als Dämpfigkeit ist anzusehen die Atembeschwerde, die durch einen chronischen unheilbaren Krankheitszustand der Lungen oder des Herzens bewirkt wird;*
4. *Kehlkopfpfeifen (Pfeiferdampf, Hartschnaufigkeit, Rohren) mit einer Gewährfrist von 14 Tagen; als Kehlkopfpfeifen ist anzusehen die durch einen chronischen und unheilbaren Krankheitszustand des Kehlkopfs oder der Luftröhre verursachte und durch ein hörbares Geräusch gekennzeichnete Atemstörung;*
5. *periodische Augenentzündung (innere Augenentzündung, Mondblindheit) mit einer Gewährfrist von 14 Tagen; als periodische Augenentzündung ist anzusehen die auf inneren Einwirkungen beruhende, entzündliche Veränderung an den inneren Organen des Auges;*
6. *Koppen (Krippensetzen, Aufsetzen, Freikoppen, Luftschnappen, Windschnappen) mit einer Gewährfrist von 14 Tagen;*

II. *bei Rindvieh:*

1. *tuberkulöse Erkrankung, sofern infolge dieser Erkrankung eine allgemeine Beeinträchtigung des Nährzustandes des Tieres herbeigeführt ist, mit einer Gewährfrist von 14 Tagen;*
2. *Lungenseuche mit einer Gewährfrist von 28 Tagen.*

III. *bei Schafen:*

Räude mit einer Gewährfrist von 14 Tagen;

IV. *bei Schweinen:*

1. *Rotlauf mit einer Gewährfrist von 3 Tagen;*
2. *Schweineseuche (einschließlich Schweinepest) mit einer Gewährfrist von 10 Tagen.*

§ 2. *Für den Verkauf solcher Tiere, die alsbald geschlachtet werden sollen und bestimmt sind als Nahrungsmittel für Menschen zu dienen (Schlachttiere), gelten als Hauptmängel:*

I. *bei Pferden, Eseln, Mauleseln und Maultieren:*

Rotz (Wurm) mit einer Gewährfrist von 14 Tagen;

II. *bei Rindvieh:*

tuberkulöse Erkrankung, sofern infolge dieser Erkrankung mehr als die Hälfte des Schlachtgewichts nicht oder nur unter Beschränkungen als Nahrungsmittel für Menschen geeignet ist, mit einer Gewährfrist von 14 Tagen;

III. *bei Schafen:*

allgemeine Wassersucht mit einer Gewährfrist von 14 Tagen; als allgemeine Wassersucht ist anzusehen der durch eine innere Erkrankung oder durch ungenügende Ernährung herbeigeführte wassersüchtige Zustand des Fleisches;

IV. *bei Schweinen:*

1. *tuberkulöse Erkrankung unter der in der Nummer II bezeichneten Voraussetzung mit einer Gewährfrist von 14 Tagen;*
2. *Trichinen mit einer Gewährfrist von 14 Tagen;*
3. *Finnen mit einer Gewährfrist von 14 Tagen.*

483 Beginn der Gewährfrist.
Die Gewährfrist beginnt mit dem Ablaufe des Tages, an welchem die Gefahr auf den Käufer übergeht.

1) **Gewährfrist:** vgl. § 482 Anm 2b; ist vAw zu beachten. Beginn: Gefahrübgang (§§ 446, 447, 300 II); mit Tagesablauf (§ 187). Ende: § 188. Unanwendbar ist § 193, da Mangel sich auch an diesen Tagen zeigen kann u keine WillErkl abzugeben ist (RGRK-Metzger mwN).

484 Mängelvermutung.
Zeigt sich ein Hauptmangel innerhalb der Gewährfrist, so wird vermutet, daß der Mangel schon zu der Zeit vorhanden gewesen sei, zu welcher die Gefahr auf den Käufer übergegangen ist.

1) **Anwendbar:** Auch für Nebenmängel bei vereinb GewFr (§ 492). **Vermutung** des § 484 ist widerlegb. An GgBew dch Verk, daß Mangel zZ des GefahrÜberg noch nicht vorlag, sind bes strenge Anforderungen angebracht.

Einzelne Schuldverhältnisse. 1. Titel: Kauf. Tausch §§ 485-488

485 *Rechtsverlust.* Der Käufer verliert die ihm wegen des Mangels zustehenden Rechte, wenn er nicht spätestens zwei Tage nach dem Ablaufe der Gewährfrist oder, falls das Tier vor dem Ablaufe der Frist getötet worden oder sonst verendet ist, nach dem Tode des Tieres den Mangel dem Verkäufer anzeigt oder die Anzeige an ihn absendet oder wegen des Mangels Klage gegen den Verkäufer erhebt oder diesem den Streit verkündet oder gerichtliche Beweisaufnahme zur Sicherung des Beweises beantragt. Der Rechtsverlust tritt nicht ein, wenn der Verkäufer den Mangel arglistig verschwiegen hat.

1) Allgemeines. a) Anwendungsbereich: Hauptmängel (§ 482), Nebenmängel u Fehlen zugesich Eigensch, wenn GewFr vereinb ist (§ 492; RG **123**, 214); üü § 481 Anm 1 b. **b) Beweislast:** Für Ablauf der AusschlFr vor Anz: Verk. Für Erstattg od Absendg der Anz, für argl Verschw dch Verk: Käufer.

2) Voraussetzungen für Behalten der GewlAnspr (vAw zu prüfen): **a) Rechtshandlungen** (S 1): Wahlw: MängelAnz (formlos, genaue Bezeichng der Art des Mangels od der Merkmale, allg Rüge „krank" genügt nie), KlErhebg (ZPO 253, 261 b III), StreitVerkündg (ZPO 72) od BewSichersgAntr (ZPO 485). **b) Fristwahrung:** Die 2-TageFr (bis 24 Uhr) schließt sich unmittelbar dem Ablauf der GewFr an (§ 483 Anm 1). Im Ggsatz zu § 483 gilt § 193 (vgl dort Anm 2 für Anz). FrBeginn vor Ablauf der GewFr bei Tod des Tieres tritt ein (S 1), um GgBew (§ 484) zu ermögl.

3) Wirkung: Der GewlAnspr erlischt u kann auch nicht als Einr geltd gemacht w. Ausn nur bei argl Verschw des Verk (S 2); Argl: wie § 463 Anm 3b, aa.

486 *Änderung der Gewährfrist.* Die Gewährfrist kann durch Vertrag verlängert oder abgekürzt werden. Die vereinbarte Frist tritt an die Stelle der gesetzlichen Frist.

1) Fristveränderung: Der GewFr (§ 482 Anm 2b) dch forml Vertr. W die Fr so verlängert, daß der GZweck v § 482 vereitelt w, ist die Verlängerg unwirks; ist sie unangemessen kurz (je nach Art der Krankh zu beurt), kann § 138 od § 476 zutreffen. **Ausschluß** jeder GewFr ist unwirks, weil dies keine Abkürzg darstellt (hM; RGRK-Metzger 1, Erm-Weitnauer 1).

487 *Ausschluß der Minderung.* ^I Der Käufer kann nur Wandelung, nicht Minderung verlangen.

^{II} Die Wandelung kann auch in den Fällen der §§ 351 bis 353, insbesondere wenn das Tier geschlachtet ist, verlangt werden; anstelle der Rückgewähr hat der Käufer den Wert des Tieres zu vergüten. Das gleiche gilt in anderen Fällen, in denen der Käufer infolge eines Umstandes, den er zu vertreten hat, insbesondere einer Verfügung über das Tier, außerstande ist, das Tier zurückzugewähren.

^{III} Ist vor der Vollziehung der Wandelung eine unwesentliche Verschlechterung des Tieres infolge eines von dem Käufer zu vertretenden Umstandes eingetreten, so hat der Käufer die Wertminderung zu vergüten.

^{IV} Nutzungen hat der Käufer nur insoweit zu ersetzen, als er sie gezogen hat.

1) Allgemeines. a) Ausschluß der Minderung bei Viehkauf gem § 481 Anm 1b. Es verbleiben Wandelg u SchadErsAnspr (§ 463), auch ErsLieferg (§ 491). W bei Schad Ers Minderwert abgezogen (§ 463 Anm 4b, aa), darf nicht § 472 angewendet w (RG **60**, 234). **b) Abdingbarkeit** ist auch für I zu bejahen. W Minderg als GewlAnspr vereinb, gilt diese Abrede, nicht §§ 462, 467 (RG aaO). **c) Prozessuales:** für die unter § 487 fallden Betr gilt ZPO 287.

2) Erweiterte Wandelung (II) ist wg § 467 u des Ausschl der Minderg nöt. **a) Voraussetzungen: aa)** Allg: Hauptmangel (§ 482 Anm 1a), Nebenmangel (§ 492) u GewährFr (§ 482 Anm 1b), fehlder HaftgsAusschl (§ 482 Anm 3b). **bb)** Bes (II): Wg Ausschl v §§ 351–353 darf die Unmöglk der Rückgewähr schuldh sein, insb auf Schlachtg od Weiterveräußerg beruhen, nur dann nicht, wenn die Weiterveräußerg in Kenntn des Mangels zwecks Schlachtg erfolgt (RGRK-Metzger 2). **b) Durchführung:** Rückgewähr Zug-um-Zug (§§ 467, 348). Bei Verk mehrerer Tiere, auch Kuh mit Kalb gilt § 469. Ist Rückgewähr unmögl (Fälle der §§ 351–353) u S 2, muß der Käufer gg Rückgewähr des KaufPr den Wert vergüten (statt Schad-Ers, § 347). Maßgebd ist obj Wert des Tieres in mangelh Zustd für die Zt des Vollz der Wandelg (Soergel-Ballerstedt 4 mwN; bestr). Abs III: Bei unwesentl Verschlechterg vor Vollz der Wandelg, vom Käufer zu vertr (§§ 276, 278), ist Rückg mit Vergütg der WertMind in Geld Zug-um-Zug gg KaufPr vorzunehmen. Bei wesentl Verschlechterg, die vom Käufer zu vertr ist (§§ 276, 278), muß er SchadErs leisten (§§ 467, 347). Ebso bei unwesentl Verschlechterg nach Vollz der Wandelg, weil III dieseVerschlechterg nicht umfaßt (allgM).

3) Nutzungen: III ändert §§ 467, 347 ab. Begr. § 100. Nutzg kann zur ordngsgem Behandlg erforderl sein (zB Melken). W sie unterl, kann die dadch eingetretene WertMinderg (Anm 2b) eine ErsPfl nach III begrden.

488 *Ersatz von Nebenkosten.* Der Verkäufer hat im Falle der Wandelung dem Käufer auch die Kosten der Fütterung und Pflege, die Kosten der tierärztlichen Untersuchung und Behandlung sowie die Kosten der notwendig gewordenen Tötung und Wegschaffung des Tieres zu ersetzen.

1) Allgemeines: § 488 erweitert den Anspr des Käufers über § 467 S 2 (VertrKosten) u notw Verwendgen (§§ 467 S 1, 347, 994, 995) hinaus, ist aber abdingb (RGRK-Metzger 2). Stellt eine von der Wandelg abhäng

§§ 488–492 2. Buch. 7. Abschnitt. *Putzo*

NebenFdg dar. Sie verjährt mit dem WandelgsAnspr (§§ 224, 490) od mit dem R aus vollz Wandelg in 30 Jahren (§ 195; Soergel-Ballerstedt 2 mwN), aber mit frühzeit Verwirkg (242 Anm 9). § 488 schließt weitergehde Anspr auf Ers v Schad od Aufwendgen nicht aus; mögl aus vertragl HaftgsErweiterg (§ 481 Anm 1c), pVV, unerl Hdlg od Geschf oA.

2) Anspruchsumfang. Als AusnVorschr ist § 488 eng auszulegen, Erweiterg dch entspr Anwendg unzul. Stets sind nur die nach Art u Umfang übl Kosten zu ers. Pflegekosten: auch solche, die wg des Mangels im bes Umfang erforderl sind. Tierarzt: auch wenn die Untersuchg sich auf and Mängel erstreckte. Tötg: sog Notschlachtg, um den Mangel festzustellen; auch bei Schlachtvieh (VO § 2; RGRK-Metzger 1 mwN). Wegschaffg: damit ist nicht der Rücktransport gemeint, sond Kosten zur Absonderg des Tiers, um Ansteckg zu vermeid od Transp zur Schlachtg. Kosten des Hin- u Rücktransp sowie die der MängelAnz fallen unter § 467 (dort Anm 3b).

489 *Versteigerung des Tieres.* Ist über den Anspruch auf Wandelung ein Rechtsstreit anhängig, so ist auf Antrag der einen oder der anderen Partei die öffentliche Versteigerung des Tieres und die Hinterlegung des Erlöses durch einstweilige Verfügung anzuordnen, sobald die Besichtigung des Tieres nicht mehr erforderlich ist.

1) Allgemeines. VerfRegelg als SondVorschr ggü ZPO 935, 937. Keine Ablehng wg fehlder Dringlk zul. VollzFr ZPO 936, 929 II gilt. Zust ist das ProzGer (AG wg GVG 23 Nr 2c). HauptProz ist der üb die Wandelg. Öff Versteigerg: § 383. Der für beide Part zu hinterlegde VerstErlös (in einstw Vfg anzuordnen) tritt an Stelle des Tieres. Das ist bei Dchführg der Wandelg (§ 487 Anm 2b) zu beachten.

2) Voraussetzungen: a) Rechtsstr üb Wandelg (auch WandelgsEinr) muß anhäng (nicht notw rechtshäng, ZPO 263) sein. Bei Anspr auf SchadErs od Nachlieferg gilt § 489 nicht; nur ZPO 935, 940. **b)** Besichtigg des Tieres darf nicht mehr erforderl sein; regelm gegeben bei BewSicherg (ZPO 485) od Gutachten eines unpart SachVerst. **c)** Antrag an das ProzGer (Anm 1).

490 *Verjährung der Mängelansprüche.* I Der Anspruch auf Wandelung sowie der Anspruch auf Schadensersatz wegen eines Hauptmangels, dessen Nichtvorhandensein der Verkäufer zugesichert hat, verjährt in sechs Wochen von dem Ende der Gewährfrist an. Im übrigen bleiben die Vorschriften des § 477 unberührt.

II An die Stelle der in den §§ 210, 212, 215 bestimmten Fristen tritt eine Frist von sechs Wochen.

III Der Käufer kann auch nach der Verjährung des Anspruchs auf Wandelung die Zahlung des Kaufpreises verweigern. Die Aufrechnung des Anspruchs auf Schadensersatz unterliegt nicht der im § 479 bestimmten Beschränkung.

1) Allgemeines. a) Anwendungsbereich: Alle GewlAnspr wg Hauptmängel (§ 482) u Nebenmängel (§ 492). **b) Verhältnis zu § 485:** Die Verj läuft neben der AusschlFr. Daher muß Käufer, wenn er MängelAnz erstattet, auch dch geeignete Handlgen die Verj unterbrechen (§ 209; deckt sich mit den die Anz ersetzden ProzHdlgen, § 485 Anm 2a). **c) Abdingbarkeit:** Abkürzg (§ 225) u Verlängerg zul (§ 477 I 2).

2) Dauer: Beginn: Stets am Tage u unmittelb nach Ablauf der GewFr (I 1, § 483). Sonderregelg in § 492 S 2. Berechng: §§ 187 I, 188 II; § 193 gilt. **a) 6 Wochen:** Anspr auf Wandlg (§ 487), SchadErs wg Hauptmangel, dessen Fehlen zugesichert ist (§ 463) u wg der Anspr aus § 492 (dh für Nebenmängel ohne vereinbarte GewährFr; aA Fellmer AgrarR 78, 97: 6 Monate), auch wg des Schad, der nicht an dem betr Tier entstanden ist. **b) 30 Jahre:** Bei Argl des Verk wg I S 2 (§ 477 I S 1) u bei Anspr aus vollz Wandelg (§ 477 Anm 1d, ee). **c) Unterbrechung und Hemmung:** nach allg Vorschr u mit gem II verkürzten Fr (§§ 202 ff) Nur für den geltdgemachten Mangel (BGH **LM** § 477 Nr 1).

3) Geltendmachung der VerjEinr grdsätzl nach § 222 I. Die Einr gg die Zahlg des KaufPr ist üb § 478 hinaus erweitert (III); sie bedarf nicht der Maßn des § 485, weil § 485 diese voraussetzt, um den GewlAnspr zu erhalten. Dasselbe gilt für die Aufrechng hins § 479. Für Anspr aus § 492 ohne GewährFr vgl dort Anm 4.

491 *Gattungstierkauf.* Der Käufer eines nur der Gattung nach bestimmten Tieres kann statt der Wandelung verlangen, daß ihm anstelle des mangelhaften Tieres ein mangelfreies geliefert wird. Auf diesen Anspruch finden die Vorschriften der §§ 488 bis 490 entsprechende Anwendung.

1) Anwendbar: Bei Gattgkauf (§ 480 Anm 1a). **Voraussetzung:** GewlAnspr gem § 482 Anm 2, § 492 Anm 2. **Wirkung:** ErsLieferg (S 1) kann an Stelle der Wandelg verlangt w (wie § 480 Anm 2), u zwar ein Tier mittlerer Art u Güte der betr Gattg (§ 243). Statt dessen kann auch SchadErs verlangt w, wenn die Voraussetzgen (§ 482 Anm 3a, § 492 Anm 2) vorliegen.

492 *Erweiterte Haftung beim Tierkauf.* Übernimmt der Verkäufer die Gewährleistung wegen eines nicht zu den Hauptmängeln gehörenden Fehlers oder sichert er eine Eigenschaft des Tieres zu, so finden die Vorschriften der §§ 487 bis 491 und, wenn eine Gewährfrist vereinbart wird, auch die Vorschriften der §§ 483 bis 485 entsprechende Anwendung. Die im § 490 bestimmte Verjährung beginnt, wenn eine Gewährfrist nicht vereinbart wird, mit der Ablieferung des Tieres.

1) Anwendungsbereich: Grdsätzl § 481 Anm 1 c. Nur die nicht zu den Hauptmängeln zähldn Fehler u Eigensch (RG **123**, 148); denn soweit Zusicherg einen Hauptmangel betr, folgt Gewl schon aus § 482. Auch § 492 gilt nur für die in § 481 aufgeführten Tiergattgen.

2) Voraussetzungen. Die GewlÜbern u die Zusicherg erfordern ausdrückl rechtsgesch Willen u Erk des Verk, sich zu verpfl (RG **161**, 337); sie müssen ausdrückl erkl w, weil § 492 eine AusnVorschr darstellt (Schlesw MDR **78**, 314). **a) Gewährleistungsübernahme:** für alle Nebenmängel mögl, auch insges u allg. Zur Auslegg: RGRK-Metzger 2. **b) Zusicherung** einer Eigsch (wie § 459 II; vgl dort) muß diese best bezeichnen u kann sich insb auf Abstammg, Fähigk u GebrMöglk beziehen. „Vollgesund" kann Gewl für alle Krankh begründen. Angaben in einem Auktionskatalog sind idR als Anpreisg zu bewerten (Celle NJW **76**, 1307; abl Fellmer AgrarR **77**, 226). Trächtk bedeutet nur, daß die Stute das Fohlen trägt.

3) Wirkung. Es ist zu untersch: **a) Wandelung.** GewlÜbern im Rahmen des § 459 I od II führt zum Anspr auf Wandelg (§ 487 I). **b) Schadensersatzanspruch,** wenn die Voraussetzgen des § 463 vorliegen. Gilt auch für argl verschw Nebenmängel (RGRK-Metzger § 482 RdNr 7; sehr bestr). **c) Sonstige Ansprüche:** wie § 482 Anm 1 b. **d) Gewährfristen** für Hauptmängel eignen sich nicht für vertragl Zusicherg; desh entfällt GewFr hins vertragl Haftg für Nebenmängel u Eigensch, wenn nicht vertragl GewFr vereinb ist. § 485 ist bei fehlder GewFr unanwendb. Zusicherg eines Kalbetermins ist nicht Vereinbg einer GewFr (LG Gött NdsRpfl **56**, 226). Das Ende der GewährFr ist bei zugesicherter (Nicht)Trächtk bis zur Kenntn des Mangels, spätest bis zum Ende der längsten TrächtkDauer hinausgeschoben (Fellmer AgrarR **77**, 226).

4) Verjährung. Beginn nach § 490, wenn GewFr (Anm 3) vereinb ist, sonst mit Ablieferg (S 2; § 477 Anm 2 b, aa). Der verjährte Anspr aus § 492 kann als Einr geltd gemacht w, wenn eine Anz nach § 478 od gleichgestellte Maßn erfolgt ist (hM; Erm-Weitnauer 2). TrächtkGarantie schiebt den VerjBeginn (§ 490) bis zur Kenntn des Mangels, äußerstenf bis zum Ablauf der längsten TrächtigkFr hinaus (LG Landsh RdL **60**, 49), iZw bis Unwahrh der Zusicherg offenb w (Staud-Ostler 13f).

493 **Kaufähnliche Verträge.** Die Vorschriften über die Verpflichtung des Verkäufers zur Gewährleistung wegen Mängel der Sache finden auf andere Verträge, die auf Veräußerung oder Belastung einer Sache gegen Entgelt gerichtet sind, entsprechende Anwendung.

1) Allgemeines. Entspr allg RGedanken der Gewl im SchuldR; vgl auch § 445. **a) Anwendbar** bei: Hingabe an Erf Statt (§ 365); Tausch (§ 515); SachDarl (§ 607); Einbringg in eine Gesellsch (§ 705); AuseinandS der Gesellsch od Gemsch (§§ 731 S 2; 757); Vergl (§ 779); insb über einen PflTeilAnspr (BGH NJW **74**, 363); Mischformen dieser VertrTypen; Lieferg von Sachen gg Leistg von Diensten; Zugabe, die wg Kaufs and Ware gewährt w; Bestellg eines Nießbr od ErbbR (BGH NJW **65**, 533). Verpfändg kann im Einzelfall entgeltl sein. **b) Unanwendbar:** wg fehldem Entgelts bei Schenkg (vgl aber § 524 II); Ausstattg (§ 1624); Vermächtn (vgl aber § 2183); Übern einer NebenPfl bei GmbH-Sacheinlage (Schönle NJW **65**, 2134). Weil keine Veräußerg od Belastg vorliegt bei Miete u Pacht. Desh keine Gewl des früh Pächters, wenn neuer Pächter von ihm das dem Verpächter gehörde Inventar übernimmt (KG JW **31**, 3460), und aber, wenn Pächter Eigt am Inventar hat (RG JW **36**, 3232). Grdsätzl nicht auf Re (vgl aber Vorbem 3 vor § 459), insb nicht auf Verpfl, die Re aus Meistgebot zu verschaffen (RG **150**, 397), od bei Ausbietsgarantie (RG **157**, 177).

2) Entsprechende Anwendung bedeutet, daß die §§ 459 ff nur so angewendet w dürfen, wie es den Besonderh des jeweil Gesch entspricht.

III. Besondere Arten des Kaufes

Vorbemerkung

1) Gewisse Formen des Kaufs sind so eigenartig u häufig, daß sie eine gesonderte gesetzl Regelg erfordern. Deshalb sind hier Kauf nach u auf Probe (§§ 494–496), Wiederkauf (§§ 497–503) u Vorkauf (§§ 504–514) geregelt. Andere Eigenarten von Kaufverträgen sind zu selten, um eine Sonderregelg zu verdienen, u müssen daher, wenn sie vorkommen, ausdr vertragl geregelt w; es sind dies insb Kauf unter Vorbeh eines besseren Angebots, durch das Verk vom Vertr frei wird; der Vorbeh der RVerwirkg durch einen VertrTeil bei VertrStörg; der Kauf auf Probe dagg besitzt keine Eigenart u enthält nur die Beifügg eines Beweggrundes. Der **Kauf auf Umtausch** dagg kommt im tägl Leben häufig vor, insb beim Kauf eines für einen Dr bestimmten Geschenks. Dieser Kauf steht dem Kauf auf Probe nahe, nur erstreckt sich Ablehnungsbefugn des Käufers nur auf den KaufGgst, nicht auf KaufVertr. UmtauschR innerh angemessener Frist auszuüben, BGH BB **63**, 1237 (Kfz, insbesond in ein neues Modell mit Aufpreis). Mit Überg geht Gefahr auf Käufer über, KGBl **07**, 94; gg Rückg des unversehrten Ggstandes kann Käufer Lieferg eines gleichwertigen anderen Ggstandes, den Verk zum Verkauf gestellt hat, verlangen. Bei AnnVerzug des Verk hins der umzutauschenden Sache: § 300.

1. Kauf nach Probe. Kauf auf Probe

494 **Kauf nach Probe.** Bei einem Kaufe nach Probe oder nach Muster sind die Eigenschaften der Probe oder des Musters als zugesichert anzusehen.

1) Allgemeines. Zusicherg von Eigensch erfordert eine Beschreibg der als vertragsm vorgestellten Leistg; über solche Beschreibg können Ausleggsstreitigk entstehen. Klarer u einfacher ist es, die Beschreibg durch eine Probe (Muster) der Ware zu ersetzen und zu vereinb, daß die vertragsm Leistg die Eigenschaften der Probe haben soll. Das ist auch mögl bei Kauf eines wissenschaftl Werkes, BGH NJW 58, 138. Demgem neigt Handelsverkehr zum Kauf nach Probe, soweit nicht für die Ware allg Gütebedinggen bestehen, auf die Bezug genommen w kann. – Von einer Bestimmg der vertragl Leistg durch die Probe kann nicht gesprochen w, wenn Probe u gelieferte Ware ein aliud (§ 378 Halbs 2 HGB) sind; Fiktion des § 494 entfällt sodann; BGH MDR 61, 50. Vorlegg od Überg von Muster bei Angebot kann verschiedenen Zwecken dienen, nicht notw Zusicherg der Probemäßigk. Kostproben, Orientiergsmuster od Ausfallmuster brauchen nicht Zusicherg vorgelegt zu sein, RG 94, 336. Mögl ist Probe nur zur Erweckg der Kauflust od deshalb vorgelegt w, damit Käufer sich ungefähres Bild von der Kaufsache machen kann (Probefahrt mit Kfz). Nicht erforderl, daß Probe bei VertrSchl vorliegt od überh noch vorhanden ist; auch eine bei Drittem befindl od dem Käufer früher gelieferte u von ihm verbrauchte Ware kann als Muster gelten, desgl eine mit dem Bestätiggsschreiben des Verk übersandte Probe, BGH Betr 66, 415. Ob Eigensch der Probe zugesichert sein soll, entsch sich nach dem Zweck, der mit Vorlegg der Probe od Bezugnahme darauf verfolgt w. Bei Bestellg von Ware „wie gehabt" gilt früh Lieferg als Probe, deren Eigensch für neue Lieferg zugesichert sind, Kolmar Recht 11, 1112. Neben Probemäßigk können noch andere Eigensch zugesichert w, BGH Betr 59, 1083; auch kann Muster nur für bestimmte Eigensch als maßg vereinb sein, BGH Betr 66, 415. Ist Probe erkennb mangelh, so keine GewlAnspr, wenn Ware rügelos bestellt w u die gleichen Mängel wie die Probe ausweist, BGH Betr 57, 66. Haftg für heiml Mängel, die an Probe od der als Probe bestimmten früh Lieferg nicht erkennb waren, wird durch Probemäßigk der Lieferg nicht ausgeschl, RG DR 42, 1160. Dagg bedeutet Lieferg „nur nach Muster" zugleich Ausschl der Haftg für heiml Fehler der Probe, RG 95, 45. Wird nach KaufAbschl Ausfallprobe der festgekauften Ware gegeben, so liegt nicht Kauf nach Probe vor, sond Probe soll dem Käufer schon vor Ablieferg Beschaffenh der Ware zeigen, RG HRR 28, 11. – § 494 **nicht zwingd**; daher Beschränkg der GewlAnspr auf Wandlg od Minderg zul, BGH Betr 66, 415.

2) Die Eigenschaften der Probe gelten als zugesichert. Zu beachten, daß völlige Übereinstimmg zw Muster u Ware nur selten mögl ist; regelm wird Übereinstimmg in den wesentl Punkten genügen. Was wesentl ist, bestimmt sich nach § 242. Ist danach eine nicht unwesentl Verschiedenh anzunehmen, so besteht GewlPfl auch bei unerhebl Minderg des Wertes od der Tauglichk (§ 459 II). Bei Veränderlichk der Eigensch der Probe zw deren Lieferg u Lieferg der Ware werden iZw die Eigensch zugesichert sein, die Probe bei Ankunft beim Käufer hatte. Bei Abw der Ware von Probe hilft es nichts, daß erstere mittlerer Art u Güte ist, KG JW 24, 714. Bei Kauf „nach Typ" gelten nur die typischen Eigensch des Musters als zugesichert, BGH NJW 58, 2108. Wegen heiml Mängel der Probe Anm 1 und RG 99, 249. Aufbewahrg der Probe ist für GewlAnspr nicht wesentl, da auch nach bereits verbrauchter Probe gekauft w kann. Vernichtg der Probe aber für BewLast erhebl (Anm 3). Ist die „Probe" dem Käufer nicht ausgehändigt worden, so wird dies regelm gg Kauf nach Probe sprechen.

3) Beweislast: bei Streit, ob Kauf nach Probe od ohne solche, trägt BewLast, wer Anspr aus streitigem Kauf herleitet: Verk bei KaufprKlage für Fehlen der Probevereinbg, wenn Käufer Probewidrigk einwendet; Käufer für Probevereinbg u Probewidrigk, wenn er auf Gewährleistg klagt, RG JW 23, 457. Wer eingeschränkte Bedeutg der Probe behauptet, ist dafür beweispfl, RG JW 10, 938. Bei Streit über Probewidrigk muß Käufer beweisen, wenn er Ware als Erf angenommen hat (§ 363). Zur Aufbewahrg der Probe ist nur der Handelsmäkler, nicht einer der VertrTeile verpflichtet. Gleichwohl wird man nach den Grdsätzen des Anscheinsbeweises annehmen müssen, daß derj die Eigensch der Probe zu beweisen hat, in dessen Besitz diese sich befand, wenn er nicht den zufälligen Untergang nachweist. Denn soweit er nicht ohnehin beweispfl ist, muß er jedenf beweisen, wenn er dem VertrGegner den Beweis (Verlangen der Vorlage) schuldh erschwert hat, BGH 6, 224. BewLast bei Streit um Identität des vorgelegten Stückes mit der Probe trifft Käufer auch dann, wenn Verk Probe vorlegt, Staud-Ostler Anm 26.

495 *Kauf auf Probe.* I Bei einem Kaufe auf Probe oder auf Besicht steht die Billigung des gekauften Gegenstandes im Belieben des Käufers. Der Kauf ist im Zweifel unter der aufschiebenden Bedingung der Billigung geschlossen.

II Der Verkäufer ist verpflichtet, dem Käufer die Untersuchung des Gegenstandes zu gestatten.

1) Auf Probe (auf Besicht) w gekauft, wenn Wirksamk des Kaufs von der ins freie Belieben des Käufers gestellten Billigg des KaufGgstandes abhängig sein soll; zB bei Kauf „unter Vorbehalt der Musterkonvenienz", RG 137, 297. Ob Kauf auf Probe gewollt, entsch sich nicht allein nach dem gebrauchten Ausdr, sond nach dem gem allg Auslegsregeln zu ermittelnden VertrWillen, RG JW 12, 28. Entscheidd, ob Billigg im freien Belieben des Käufers liegen sollte. Kein Kauf auf Probe, wenn Mißbilligg durch Käufer nur unter bestimmten nachprüfb Voraussetzgen zul sein soll, zB bei Kauf nach Analysenausfall, bei einem sog ErprobgsKauf, wenn der KaufVertr unter der auflösden Bedingg steht, daß die Kaufsache nicht geeignet ist, BGH WPM 70, 877, Mü NJW 68, 109 („auf Feldprobe"); auch nicht, wenn bei „Kauf auf Probe" Käufer zugleich zur Abn verpfl w, falls Vertragsmäßigk der Ware durch Arbitrage festgestellt w, Hbg OLG 36, 111. In diesen Fällen ist Vertr endgült geschl, aber Rücktr od and Re vorbehalten. – Durch Kauf auf Probe ist Vertr bedingt geschl (I S 2, § 158), vom bindd Angebot des Verk zu unterscheiden (RG 104, 276). Gefahrtragg regelt sich nach dem Recht des bedingten Kaufs (§ 446 Anm 3). Verk haftet für Verletzg der VertrPfl auch bei Kauf auf Probe auf SchadErs, RG JW 23, 605; Verk ist auch hins der Bedingg entspr §§ 161 ff gebunden, Käufer dagg nicht, weil Billigg gerade in seinem freien Belieben steht.

2) Bedingg des Kaufs ist Billigg durch Käufer. Mögl sowohl aufschiebende Bedingg der Billigg wie auflösende der Mißbilligg. Mangels vertragl Regelg wirkt Bedingg aufschiebd. Ob Billigg als freie Willensäußerg eines VertrTeils echte Bedingg sein kann, ist str und wohl zu verneinen. Billigg ist rechtsgestaltende, dem Verk abzugebende WillErkl, RG **137**, 299. Mangels einer echten, von Einflußnahme des Käufers unabhäng Bedingg sind §§ 161 ff auf Vereitelg des Bedingungseintritts durch ihn unanwendb; dagg entspr anwendb, wenn Verk Bedingg vereitelt, weil er keinen Einfluß haben soll. Mißbilligung durch Käufer zul ohne Angabe von Gründen, selbst wenn angegebene Gründe unrichtig od vernünftige Gründe überh fehlen u Käufer bei verständiger WirtschFührg Ware dringd benötigen würde. Schikane (§ 226) kann nie in Mißbillig allein, regelm aber in VertrAbschl in fester Abs späterer Mißbilligg liegen, der nach § 826 zu beurteilen. Sinnlosigk der Mißbilligg kann aber aus Ann festen Kaufs rechtfertigen, zB wenn Ware bei Rücksendg, die inf Mißbilligg unerläßl wäre, verderben würde. Billigg bezieht sich regelm auf Kauf, nicht auf Mängel der Ware, u enthält daher keinen GewlVerzicht, RG JW **12**, 858; RGRK Anm 16. Das gilt auch dann, wenn Käufer Mängel bei Billigg kennt od grob fahrl nicht kennt. Die GgMeing, RG **94**, 287, (vgl RGRK Anm 16) will § 460 nach dem ihm zugrunde liegenden „Gesetzesgedanken" entspr anwenden, wobei doch § 460 auch beim Kauf auf Probe unmittelb gilt, insow aber nur auf die Mängelkenntn bei VertrSchl abstellt, daher in zusätzlicher entspr Anwendg nichts über die Kenntn zu einem späteren Ztpkt aussagen kann. Dagg ist § 464 entspr anwendb, weil hier wie dort Käufer an Durchf des Kaufs mitwirkt; positiv bekannte Mängel gelten daher als genehmigt, soweit Käufer nicht ausdr Rechte vorbehält (§ 464 Anm 4). Billigg u Mißbilligg auch wirks, wenn KaufGgst nicht besichtigt wurde, RG **94**, 287. Kosten der Besichtigg u Aufbewahrg trägt Käufer; über Kosten der Rücksendg entscheidet VertrAusleg, ev Handelsbrauch; kein Anspr des Verk auf Nutzgsvergütg, wenn Käufer nicht billigt, Celle BB **60**, 306.

3) Untersuch soll dem Käufer Entschließg über Billigg des Kaufs ermöglichen. Anspr auf Gestattg der Untersuch ist selbstd klagb u nach ZPO § 888 vollstreckb; bei Weigerg des Verk auch Vorgehen nach § 326 auf SchadErs mögl (§ 893 ZPO); über SchadErs Hbg OLG **20**, 183. Gg Anspr auf Untersuch kann Verk nicht einwenden, daß Ware wg Mangelhaftigk doch nicht gebilligt würde, RG **93**, 254.

496 *Billigungsfrist.* Die Billigung eines auf Probe oder auf Besicht gekauften Gegenstandes kann nur innerhalb der vereinbarten Frist und in Ermangelung einer solchen nur bis zum Ablauf einer dem Käufer von dem Verkäufer bestimmten angemessenen Frist erklärt werden. War die Sache dem Käufer zum Zwecke der Probe oder der Besichtigung übergeben, so gilt sein Schweigen als Billigung.

1) Billiggsfrist beim auflösd bedingten Kauf in gleicher Weise wie bei dem nach § 495 iZw anzunehmenden aufschiebd bedingten Kauf. Fristsetzg durch Verk kann auch in Zustellg der KaufprKlage liegen. Bei Lieferg einer Maschine „auf 8 Wochen zur Probe" liegt nur GebrFrist vor, nach deren Ablauf Billiggsfrist gesetzt w kann, Hbg Recht **08**, 3776.

2) Schweigen des Käufers wirkt als Billigg nur, wenn ihm die Sache zum Zwecke der Probe (Besichtigg) übergeben war. Ist nur Muster u nicht Ware selbst übergeben, so bewirkt Schweigen bis Fristablauf Mißbilligg, RG **137**, 297. Bitte um Fristverlängerg enthält iZw Ablehng zugl mit Angebot neuen Kaufs auf Probe; anders Düss JW **26**, 2935 (keine Ablehng). Ablehng muß nach § 130 dem Verk innerh der Billiggsfrist zugehen.

2. Wiederkauf

497 *Zustandekommen des Wiederkaufs.* I Hat sich der Verkäufer in dem Kaufvertrage das Recht des Wiederkaufs vorbehalten, so kommt der Wiederkauf mit der Erklärung des Verkäufers gegenüber dem Käufer, daß er das Wiederkaufsrecht ausübe, zustande. Die Erklärung bedarf nicht der für den Kaufvertrag bestimmten Form.

II Der Preis, zu welchem verkauft worden ist, gilt im Zweifel auch für den Wiederkauf.

1) Allgemeines. Das WdkR ist zu unterscheiden vom WiederVerkR (prakt bedeuts beim sog Eigenhändlervertr, vgl BGH NJW **72**, 1191); hierfür §§ 497 ff nur zT entspr anwendb (BGH aaO). Das WdkR ist idR NebenBest eines KaufVertr; kann auch für Dr begrdet w. Das WdkR muß nicht notw schon bei KaufAbschl vereinb w, auch nachträgl Ergänzg des Kaufs dch WdkR mögl, RG **126**, 311. Begründg des WdkR enthält aufschiebd bedingten KaufVertr, Bedingg ist Erkl des Wiederkäufers, daß er ausübe, BGH WPM **65**, 357. Der bedingte Anspr auf Rückübereignig w, wie stets bei bedingten Anspr, bereits mit Abschl der WdkRVereinbg, nicht erst mit der Erkl des Wiederkäufers, begründet; BGH **38**, 371 (bedeuts nach AKG). WdkRVereinbg bedarf der für Kauf vorgeschriebenen Form, da es eine bedingte Verpfl zur EigtÜbertr od Rechtsverschaffg enthält, allgM; BGH NJW **73**, 37 mwN. Nicht formbedürft ist die Verlängerg der AusschlFr des § 503 (BGH aaO) u die Ausübg des WdkR. Der bedingte Anspr auf Übereigng dch Vormerkg gesichert w, RG **125**, 247, BayObLG **61**, 63. Ist Begründg mangels Gen der VerwBeh schwebd unwirks, so wird sie rückw mit der Gen der Ausübg des WdkR wirks, BGH NJW **51**, 517. WdkR kann neben AusübgsErkl auch noch von anderen Bedingen abhäng gemacht w. Es ist übertragb u vererbl, kann verpfändet, auch für den Teil eines Grdst ausgeübt w (BGH WPM **78**, 192). Vom VorkaufsR unterscheidet sich WdkR dadurch, daß es keinen Weiterverkaufsfall voraussetzt u daß Wdk-Preis bereits vertragl bestimmt w. Ges WdkR: §§ 20, 21 RSiedlG; § 12 RHeimstG. Das WdkR ist auch vom HeimfallAnspr (§ 2 Nr 4 ErbbRVO; § 36 WEG) zu unterscheiden. Verboten ist der gewerbsm Ankauf bewegl Sachen verbunden mit WdkR (§ 34 IV GewO).

2) Ausübung des WdkR dch fristgem (§ 503) Erkl des Verk (u Wiederkäufers) ggü dem Käufer; des gleichzeit Angebots des Wdkaufpr bedarf es nicht, BGH LM Nr 2. Erklärg muß deutl den Rückerwerbswillen enthalten, Androhg der Ausübg od bedingte Ausübg unwirks. Zul aber unter der RBedingg, daß die in erster Linie geltd gemachte VertrAnf erfolglos, RG **97**, 269. Die für WdkRVereinbg etwa bestehende

§§ 497–499   2. Buch. 7. Abschnitt. *Putzo*

Formvorschr besteht nicht für Ausübgserkl, weil Vertr durch Ausübg nicht erst zustande kommt, nur durch sie bedingt ist. Daher wA von BGH **29**, 107, zu Recht die Notwendigk verneint, insow die für VerpflichtgsErkl der Gemeinden erforderl Form einzuhalten (vgl über die unterschiedl RLage beim Vorkauf § 505 Anm 1). Mit Ausübg, die unwiderrufl, werden die Pflichten des Käufers als WdVerk u des Verk als WdKäufer schuldrechtl im Umfange der §§ 433ff wirks. Über die behördl Gen der Ausübg des WdkR oben Anm 1. Dingl Wirkg kommt der Ausübg des WdkR nach BGB nicht zu.

3) Wiederkaufpreis frei vereinb wie Kaufpr. Wegen Wdk zum Schätzwert § 501. Bei unterbliebener od unklarer Preisvereinbg gilt Ausleggsregel nach II: als angemessener Preis gilt gleicher Preis wie bei Kauf; wurde dabei anderer Preis gezahlt als vereinbt, so wird das meist vertragl Preisänderg enthalten, maßg muß daher der gezahlte, nicht der urspr vereinb Kaufpr sein, RGRK Anm 21. Bei Anwendg von II ist Wuchereinwand ausgeschl, nicht aber bei vertragl geringerem WdkPreis. Grdlegende Verändergen des Geldwertes sind zu berücksichtigen, so daß im Falle der gesetzl Ausleggsregel die verschiedenen Geldbeträge gleiche Kaufkraft haben müssen, RG JW **27**, 979; daher Umstellg 1:1, wenn Sache erst nach dem Währgs-Stichtag rückübereignet w, BGH **29**, 107. – Ausübg des WdkRechtes ausgeschl, wenn Preis durch Zus-Treffen von Geldentwertg u Preisbindg nicht wertentspr, OGH BB **49**, 109.

498   *Haftung des Wiederverkäufers.*   I Der Wiederverkäufer ist verpflichtet, dem Wiederkäufer den gekauften Gegenstand nebst Zubehör herauszugeben.

II Hat der Wiederverkäufer vor der Ausübung des Wiederkaufsrechts eine Verschlechterung, den Untergang oder eine aus einem anderen Grunde eingetretene Unmöglichkeit der Herausgabe des gekauften Gegenstandes verschuldet oder den Gegenstand wesentlich verändert, so ist er für den daraus entstehenden Schaden verantwortlich. Ist der Gegenstand ohne Verschulden des Wiederverkäufers verschlechtert oder ist er nur unwesentlich verändert, so kann der Wiederkäufer Minderung des Kaufpreises nicht verlangen.

1) Herausgabepflicht des WdVerk entspr § 433 ist nur bes hervorgehoben; daneben alle anderen Verpflichten wie bei Kauf, RG **126**, 313, insb Übereignung im Umfange der HerausgPfl; Abweichgen von §§ 433ff in II. HerausgPfl umfaßt Zubeh (§§ 97ff), nicht jedoch Nutzg, die WdVerk zog od ziehen konnte, wie WdKäufer nicht Kaufpr verzinst. Zubehör auch herauszugeben, wenn es erst nach WdkVereinbg angeschafft. Nicht jedoch Zubeh, mit dem eine vom WdVerk nachträgl beschaffte Einrichtg ausgestattet, weil letztere ihm verbleibt (§ 500). Kaufsache u Zubeh sind im Zustande der HerausgZeit herauszugeben, RG **126**, 314, natürl nur Zug um Zug gg Wdkaufpr.

2) Verändergen und Verschlechtergen zw WdkVereinbg u WdkAusübg in II abschließd geregelt, RG **126**, 313. Untergang der Sache währd dieser Zeit: wenn vom WdVerk verschuldet, ist er schadensersatzpflichtig; wenn inf Zufalls, so erlosch damit WdkR, Staud-Ostler Anm 3. Verschlechterg: wenn vom Wd-Verk verschuldet, gleichf SchadErsPfl; wenn Zufall, keine ErsPfl, auch nicht nach anderen Vorschr, denn WdKäufer kann von Ausübg des WdkR Abstand nehmen; bei wesentlicher zufälliger Verschlechterg aber ggf Anf der AusübgsErkl nach § 119 II. Verschlechterg od wesentl Veränderg liegt nicht vor, wenn bei Verk von GmbH-Anteilen zwischenzeitl Kapitalerhöhg erfolgt, Haftg nur nach § 226, RG JW **25**, 1993; über zwischenzeitl Beeinträchtigg des GmbH-Anteils vgl auch BGH BB **58**, 1108. Veränderg durch WdVerk: Haftg nur bei wesentl Veränderg. In allen Fällen, in denen keine SchadErsPfl besteht, ist nicht nur Minderg (II 2), sond jede Gewährleistg ausgeschl. Da Rechte des WdKäufers währd der Schwebelage – ähnl § 160 – gg Vereitelg durch WdVerk geschützt w sollen, ist § 460 unanwendbar, wenn WdKäufer Mängel bei Ausübg des WdkR kennt.

3) Nach Ausübg des WdkR haftet WdVerk für jetzt eintretende Beschädigg, Untergang u dgl, wie bei jedem Kauf, ohne Beschränkgen des II. Desgl für Mängel, die nach Ausübg an WdVerk, aber vor Vereinbg des WdkR entstehen. Für Mängel, die vor Überg der Sache durch WdKäufer an WdVerk vorhanden, haftet letzterer nicht.

499   *Beseitigung von Rechten Dritter.*   Hat der Wiederverkäufer vor der Ausübung des Wiederkaufsrechts über den gekauften Gegenstand verfügt, so ist er verpflichtet, die dadurch begründeten Rechte Dritter zu beseitigen. Einer Verfügung des Wiederverkäufers steht eine Verfügung gleich, die im Wege der Zwangsvollstreckung oder der Arrestvollziehung oder durch den Konkursverwalter erfolgt.

1) WdVerk ist schon vor Ausübg des WdkR **gebunden**, wenn WdKäufer später ausübt. Er kann zwar gültige Belastgen, Veräußergen vornehmen, da WdkR nicht dingl. Kommt es nicht zum Wdk, so sind Vfgen nicht zu beseitigen. Verfügender WdVerk handelt aber auf eig Gefahr u muß Vfg beseitigen, wenn WdkR ausgeübt. Ist Beseitigg der Vfg unmögl, so ist WdVerk schadenersatzpflichtig, § 325. BeseitiggsPfl bezieht sich nur auf RMängel, die nach Kauf u vor Wdk entstehen. Für RMängel vor Kauf keine Gewährleistg; für RMängel nach Wdk §§ 323 ff.

2) Zwangsweise Verfügen stehen grdsätzl den rechtsgeschäftl gleich. Auszunehmen solche Vollstreckgen, die WdVerk nicht zu vertreten hat, zB bei WdkR an MiteigtBruchteil, die Teilsversteigerg.

3) Ist WdkR durch Vormerkg gesichert, so kann WdKäufer nach RAusübg gem §§ 883 II, 888 vorgehen.

500 Ersatz von Verwendungen. Der Wiederverkäufer kann für Verwendungen, die er auf den gekauften Gegenstand vor dem Wiederkaufe gemacht hat, insoweit Ersatz verlangen, als der Wert des Gegenstandes durch die Verwendungen erhöht ist. Eine Einrichtung, mit der er die herauszugebende Sache versehen hat, kann er wegnehmen.

1) **Verwendgen** des WdVerk können in der notw Erhaltg, einer wertsteigernden Verbesserg, der Beschaffg von Zubeh od von Einrichtgen bestehen. Soweit Verwendg nach Ausübg des WdkR liegen, gilt § 450. Verwendg, die zur Erhaltg notw, müssen vom WdVerk geleistet w u sind nicht zu ersetzen. Andere Verwendg vor RAusübg sind zu ersetzen, soweit dadurch Werterhöhg eintritt. Wertberechn durch Vergl des obj Werts bei WdkR-Vorbeh mit obj Wert bei Herausg an den WdKäufer, RGRK Anm 2. Vgl auch § 501.

2) **Einrichtgen** (§ 258) können bei Wertsteigerg Vergütg nach Anm 1 begründen. Statt dessen kann WdVerk von VergütgsAnspr Abstand nehmen u Einrichtg zurückbehalten. Auch Einrichtg, die nach RAusübg angebracht, kann weggenommen w.

501 Wiederkauf zum Schätzungswert. Ist als Wiederkaufpreis der Schätzungswert vereinbart, den der gekaufte Gegenstand zur Zeit des Wiederkaufs hat, so ist der Wiederverkäufer für eine Verschlechterung, den Untergang oder die aus einem anderen Grunde eingetretene Unmöglichkeit der Herausgabe des Gegenstandes nicht verantwortlich, der Wiederkäufer nicht zum Ersatze von Verwendungen nicht verpflichtet.

1) **Haftg** des WdVerk für **Bestand** des WdkGgstands ist bei Wdk zum Schätzgswert beschr. WdVerk haftet nicht für Untergang, Verschlechterg od sonstige Unmöglichk der Herausg. Haftg bleibt aber bestehen für wesentl Veränderg u Rechte Dritter.

2) Besonderer **Verwendgsersatz** findet nicht statt, weil bei Ermittlg des Schätzwerts die Wertsteigerg durch Verwendgen (§ 500) berücks w. Das WegnahmeR (§ 500 S 2) bleibt unberührt.

3) **Haftgsbeschränkg** für Verschlechterg usw befreit WdVerk nicht von Haftg nach § 826. **Arglist** wird hier regelm schon anzunehmen sein, wenn WdVerk willkürl u absichtl Verschlechterg usw bewirkt. Insb kann sich WdVerk ggü § 826 nicht darauf berufen, daß er geglaubt habe, WdKäufer werde sein Recht nicht ausüben.

502 Gemeinsames Wiederkaufsrecht. Steht das Wiederkaufsrecht mehreren gemeinschaftlich zu, so kann es nur im ganzen ausgeübt werden. Ist es für einen der Berechtigten erloschen oder übt einer von ihnen sein Recht nicht aus, so sind die übrigen berechtigt, das Wiederkaufsrecht im ganzen auszuüben.

1) **Gemeinschaft** an WdkR liegt stets vor, wenn mehrere Berechtigte vorhanden; unerhebl, welcher Art gemeins Berechtigg u ob Mehrh von Berechtigten schon bei Wdkvereinbg vorhanden. Würde R-Ausübg durch einzelne für ihren Bruchteil gestattet, so behielte WdVerk nur die restl EigtBruchteile. Die Vorschr verhindert ähnl den §§ 356, 467, 513, daß WdVerk in eine Gemsch eintreten muß. Entspr anwendb auf Mehrh von WdVerk.

2) **Übergang des Ausübgsrechts,** wenn einer von mehreren WdKäufern das Recht verliert (§ 503) od zu erkennen gibt, daß er das Recht nicht ausüben werde. Dann können die übr Berechtigten (gemeinsam! S 1) die Erkl nach § 497 abgeben; sie müssen den ganzen Ggst des WdkR übernehmen. Rechte u Pfl aus Wdk erwachsen nur zw ausübenden WdKäufern u WdVerk.

503 Ausschlußfrist. Das Wiederkaufsrecht kann bei Grundstücken nur bis zum Ablaufe von dreißig, bei anderen Gegenständen nur bis zum Ablaufe von drei Jahren nach der Vereinbarung des Vorbehalts ausgeübt werden. Ist für die Ausübung eine Frist bestimmt, so tritt diese an die Stelle der gesetzlichen Frist.

1) **Wesen:** AusschlußFr (BGH **47,** 387), daher sind VerjVorschr über Hemmg u Unterbrechg auch nicht entspr anwendb. **Anwendungsbereich:** nur WdkR; grdsätzl nicht bei AnkaufsR (vgl Vorbem 4d vor § 504) u KaufVorvertr (BGH aaO). **Berechnung** der Fr §§ 187 ff. Die Fr gilt nur für die Ausübg des WdkR (§ 497 Anm 3), nicht für den ErfAnspr aus § 498 I. **Abweichende Vereinbarungen** sind zul (S 2), insb and Fr u Ablauf der Fr dch Eintritt eines best Ereign. Ändergen der Fr, auch nachträgl mögl, unterliegen nicht der Form des § 313 (BGB NJW **73,** 37).

3. Vorkauf

Vorbemerkung

1) **Allgemeines. a) Begriff:** Das VorkR ist die Befugn, einen Ggst dch einen Kauf zu erwerben, wenn der VorkVerpfl diesen Ggst an einen Dr verkauft; mit der Ausübg des VorkR kommt dann der KaufVertr zw VorkBer u VorkVerpfl (Verk) mit dem gleichen Inhalt zustde wie der zw dem VorkVerpfl u dem Dr. Das VorkR der §§ 504 ff ist ein GestaltgsR (Larenz § 40 III; aA Erman-Weitnauer § 504, 4; KaufVertr mit doppelter aufschiebder Bedingg), rein schuldrechtl. Verh zum dingl VorkR: Anm 2. **b) Anwendungsbereich:** Auf alles, was Ggst eines Kaufs sein kann (§ 433 Anm 1). Die §§ 504 ff gelten auch für die gesetzl VorkRe, sind grdsätzl entspr anwendb auf Vorpacht u Vormiete (Einf 1c vor § 535). **c) Abdingbarkeit:**

Vorbem v § 504, § 504 2. Buch. 7. Abschnitt. *Putzo*

ist zu bejahen, insb kann der KaufPr limitiert od die Ausübg in der Weise erleichtert w, daß sie bereits vor Abschl des Kaufs vorgenommen w kann (Soergel-Ballerstedt 10). **d) Gesetzliche Vorkaufsrechte:** Währd das VorkR der §§ 504ff dch Vertr begrdet w (§ 504 Anm 1), gibt es gesetzl VorkRe: Für Miterben (§ 2034), für Gemeinden (§§ 24ff BBauG u § 17 StädtebauFördG), für gemeinnütz SiedlgsUntern (§§ 4–11, 14 RSiedlG), für Heimstättenausgeber (§ 11 RHeimstG), für ArbNErfinder (§ 27 ArbEG). Für diese gesetzl VorkRe gelten die §§ 504ff grdsätzl.

2) Unterschied zum dinglichen Vorkaufsrecht (§§ 1094ff). Die §§ 504ff gelten für das dingl VorkR ergänzd (§ 1098), die §§ 1094ff aber nicht für das schuldrechtl VorkR. Währd das dingl VorkR eine unmittelb Belastg des Grdst mit Wirkg gg jeden Dr darstellt, kann das schuldrechtl VorkR bei Grdst nur dch eine Vormkg dingl gesichert w (RG 72, 392). **a) Schuldrechtliches Vorkaufsrecht: aa)** Dingl Sicherg nur dch Vormkg mögl (RG 72, 392). **bb)** Verpflichtet nur denjen, der das VorkR bestellt hat (VorkVerpfl) u gilt nur für einen VorkFall. **cc)** Kann auf einen best KaufPr begrenzt w. **dd)** Ausschl des VorkR bei Verkauf in ZwVollstr u dch KonkVerw (§ 512). **b) Dingliches Vorkaufsrecht: aa)** Dingl Sicherg dch unmittelb Belastg des Grdst u Eintr im Grdbuch. **bb)** Verpflichtg für den jeweil Eigt; bestellt w kann für mehrere u alle VerkFälle (§ 1097). **cc)** Kann nicht für fest best KaufPr bestellt w (§ 1098 Anm 1). **dd)** Gilt auch bei ZwVerst u Verkauf dch KonkVerw (§ 1098 I 2, § 1097 Anm 1a).

3) Rechtsverhältnis zum Käufer (Dr). Die §§ 504ff regeln nur das Verh zw VorkBer u VorkVerpfl, nicht ihr RVerh zum sog DrKäufer. **a) Verkäufer** (VorkVerpfl). Sein KaufVertr mit dem DrKäufer w dch die Ausübg des VorkR grdsätzl nicht berührt; der Vertr u die VertrPfl bleiben bestehen (RG 121, 138). Gegen den Verk bestehen bei Ausübg des VorkR zwei ErfAnspr (des DrKäufers u des VorkBer). Je nachdem, wem ggü er erf, ist er dem aus und aus §§ 325, 326 zum SchadErs verpfl. Er muß selbst Vorsorge treffen, indem er den Verkauf an den Dr davon abhäng macht (Bedingg, § 158), daß das VorkR nicht ausgeübt w od ihm der Rücktr vorbehalten bleibt (vgl § 506). Eine Vereinbg, wonach dem VorkBer Gelegenh zur Ausübg des VorkR zu gewähren sei, ist nicht als Bedingg od RücktrVorbeh auszulegen, sond als Vertr zG Dr, dch den DrKäufer zur Weiterveräußer an den VorkBer verpfl sein kann (RG 163, 155). **b) Vorkaufsberechtigter:** Es entstehen auch bei Ausübg grdsätzl keine RBeziehgen zum DrKäufer (RG 121, 138), insb kein ErstattgsAnspr des Dr für VertrKosten (Erm-Weitnauer § 505, 5). Ausn: bei Vertr zG Dr (Anm a aE) u bei Vormkg (§§ 883, 888).

4) Abgrenzung. Es gibt zahlreiche Ausgestaltgen von Vertr, die dem VorkR u WdkR ähnl sind. Die Terminologie ist uneinheitl. Die wicht Formen sind: **a) Vorvertrag.** Begr: Einf 4b vor § 145. Bei einem VorVertr für einen Kauf muß mind der KaufGgst best od bestimmb sein. **b) Vorhand.** Begr.: Einf 4d vor § 145. In bezug auf KaufVertr ist zur Abgrenzg ggü dem AnkaufsR (Anm d) lediglich die Pfl zu verstehen, dem VorhandBerecht die Angebote and VertrInteressenten mitzuteilen u ihm die Entscheidg vor den and zu überlassen, den Kauf abzuschließen. IZw ist mit Vorhand lediglich diese Verpfl gemeint. Sie kann sich auch auf künft Sachen od Re beziehen (RG 79, 156). Schuldh Verletzg der Pfl aus der Vorhand kann SchadErsAnspr begrden (§ 280). **c) Eintrittsrecht:** ist das R eines Dr, in einen bestehden KaufVertr mit dem gleichen od veränderten Inhalt unter best Voraussetzgen als Käufer einzutreten. Führt zu einer SonderRNachf mit den RFolgen einer FdgsAbtretg (§§ 398ff) u einer SchuldÜbern (§ 414ff). **d) Ankaufsrecht** (OptionsR in bezug auf einen Kauf, vgl Einf 4c vor § 145). Es kann auf verschiedene Weise begrdet w u ist im Einzelfall dch Auslegg zu ermitteln. Der Anspr aus dem AnkaufsR ist übertragb (§ 398); er unterliegt grdsätzl der 30jähr Verj (BGH 47, 387); er kann dch Vormkg als künft Anspr auf EigtÜbertr (§ 883 I 2) gesichert w (BGH JR 74, 513 m Anm v U. H. Schneider). **aa)** Binddes VerkAngebot (§ 145), das innerh einer best Fr angenommen w kann, so daß es allein vom AnkaufsBer abhäng den KaufVertr zustdezubringen. Das AnkaufsR entsteht in diesem Fall ohne Vertr, allein dch das bindde Angebot, das aber so best sein muß (dh den notw VertrInhalt umfaßt), daß einf Ann genügt (§ 145 Anm 1). Das AnkaufsR ist in diesem Fall ein GestaltgsR (§ 145 Anm 3). Sobald das Angebot abgegeben ist, kann der künft Anspr aus dem erst dch Annahme entstehden KaufVertr dch Vormkg (§ 883) gesichert w (Larenz § 40 IV 3). **bb)** Auflösend bedingter KaufVertr od KaufVorvertr (Anm a). Die Bedingg kann in den freien Willen beider VertrPart gestellt w (BGH NJW 67, 153). Die erforderl WillErkl muß dem VertrPart, nicht einem GrdstErwerber zugehen (BGH JR 74, 513). **cc)** OptionsVertr, der dem Berecht das Recht einräumt, dch WillErkl (§ 130) einen KaufVertr mit festgelegtem Inhalt zustdezubringen. Der OptionsVertr ist nicht mit dem KaufVertr od VorVertr ident (and als bei Anm aa u bb). Beim OptionsVertr kommt der KaufVertr erst dch die Ausübg des AnkaufsR zustande (Larenz § 40 IV 3).

504 *Voraussetzung der Ausübung.* Wer in Ansehung eines Gegenstandes zum Vorkaufe berechtigt ist, kann das Vorkaufsrecht ausüben, sobald der Verpflichtete mit einem Dritten einen Kaufvertrag über den Gegenstand geschlossen hat.

1) Entstehung des VorkR beruht auf G (Vorbem 1d) od auf Vertr. Vertragl Begründg setzt formgült VorkVertr voraus: not Beurk bei Grdst (§ 313 Anm 2d), bei GmbH-Anteilen, § 15 GmbHG; Heilg nach § 313 nicht durch Eintr einer Vormerkg, RG JW 34, 2545; auch Vorvertr über Verpflichtg zur Bestellg von VorkR an Grdst usw formbedürft, RG **107**, 39. Die Part können für den Fall, daß das VorkR ausgeübt w, and Best für den dch Ausübg des VorkR entstehden Vertr vereinb (BGH WPM **71**, 46; vgl § 505 Anm 2).

2) Vorkaufsfall. Das VorkR kann ausgeübt w, wenn Verpfl mit Dr KaufVertr schließt; es kann sich daher nur auf solche KaufVertr beziehen, die nach seiner Begr geschl w, auf frühere auch dann nicht, wenn sie erst nach der Begr des VorkR behördl genehmigt, BGH **LM** § 1098 Nr 4, od dch einen neuen Vertr lediglich abgeänd w, BGH WPM **70**, 283. Das gilt auch dann, wenn es sich um gesetzl VorkR handelt, BGH **32**, 383. Drittkauf muß rechtsgült sein, BGH WPM **60**, 552; eine etwa erforderl behördl Gen muß vorliegen, hM; BGH **14**, 1 u **23**, 342 [344]; dagg Dietzel JR **75**, 8. Der VorkFall entsteht nicht bei Einbringg in Gesellsch, Schenkg (auch nicht bei gemischter, BGH **13**, 133), Tausch (BGH NJW **64**, 540; RG **88**, 361) od

Einzelne Schuldverhältnisse. 1. Titel: Kauf. Tausch §§ 504-506

Ringtausch (BGH NJW **68**, 104); Erbteilskauf u MiterbenAuseinandS (BGH WPM **70**, 321); auch nicht bei Veräußerg an einen Miteigtümer bei TeilgsVersteiger (BGH **13**, 133; dagg mit zutreffder Differenzierg M. J. Schmidt MDR **75**, 191. Verk ist in VertrGestaltg mit Drittem frei, nur darf er keine Bestimmg vereinb, die auf Vereitelg des VorkR abzielt; andfalls ist das ggü dem VorkBer unwirks (BGH WPM **70**, 321). Abänderg des Drittkaufs ist mit Wirkg gg Vorkäufer (§ 505 II) zul, solange VorkR noch nicht ausgeübt, RG **118**, 8. Durch nachträgl Aufhebg des wirks Drittkaufs wird jedoch VorkFall nicht beseitigt, RG **118**, 8, insb nicht dch Rücktr des Käufers wegen Ausübg des VorkR (BGH NJW **77**, 762).

3) Erlöschen des VorkR nicht schon durch Verk eines Teils des Ggstandes: es kann hins des Teils ausgeübt w od nicht, bleibt hins des Restes bestehen. Dagg erlischt es durch Nichtausübg, der ein Fristablauf (§ 510) gleichsteht. Ferner Erlöschen durch ErlaßVertr (§ 397), BGH WPM **66**, 893, nicht durch einseitigen Verzicht, dieser kann jedoch ggf Einwand der Treuwidrigk begründen u daher Ausübg des VorkR ausschließen, BGH aaO. ErlaßVertr bereits vor Abschl des Vertr mit dem Drittkäufer mögl, BGH LM Nr 7 (schlüss Verhalten des VorkBerechtigten).

505 *Ausübung.* I Die Ausübung des Vorkaufsrechts erfolgt durch Erklärung gegenüber dem Verpflichteten. Die Erklärung bedarf nicht der für den Kaufvertrag bestimmten Form.
II Mit der Ausübung des Vorkaufsrechts kommt der Kauf zwischen dem Berechtigten und dem Verpflichteten unter den Bestimmungen zustande, welche der Verpflichtete mit dem Dritten vereinbart hat.

1) Ausübung: dch einseit empfangsbedürft WillErkl ggü Verpfl od Vertr mit ihm (§ 305). Auch bei gesetzl VorkR einer Gemeinde privrechtl WillErkl (BGH stRspr, zuletzt NJW **73**, 1278 mwN; bestr; aA: Verwaltgsakt). Die Erkl ist ihrem Inhalt nach nicht nur Ausübg eines vertragl od gesetzl Rechts, sond begründet auch Pfl des Erklärden; Anm 2. Sie bedarf daher, soweit VerpflichtgsErklärgen genehmiggsbedürft sind (etwa nach GemO), der Gen, BGH **32**, 375. Die Erkl des VorkBerechtigten unterscheidet sich daher insow von der Erkl des Wiederkäufers; hierzu § 497 Anm 3. Wegen Ausübgsfrist § 510. AusübgsErkl ist bedinggsfeindl; daher dürft auch eine genehmiggsbedürft AusübgsErkl innerh der Ausschlußfrist des § 510 genehmigt w, BGH **32**, 375. Die AusübgsErkl ist abzugeben ggü Verpfl auch dann, wenn Drittkäufer nach § 510 I VorkFall mitteilt. AusübgsErkl ist formfrei, weil für Begr des VorkR Form schon gewahrt sein muß, § 504 Anm 1. Die Wirkg des § 566 bleibt aber unberührt, so daß mit formloser Ausübg des VormietR der Vertr auf jeden Fall zustdekommt (BGH NJW **71**, 422). Sie ist **unwirks,** wenn sie gg Treu u Glauben verstößt; so wenn VorkBerechtigte offenb nicht in der Lage ist, seine Verpflichtg zu erfüllen, BGH LM Nr 3; so auch, wenn er Zahlg des Kaufpr abhäng macht von vorheriger gerichtl Prüfg, ob KaufprVereinbg Ausübg des VorkR erschweren od vereiteln sollte (§ 506 Anm 2), BGH LM Nr 6. Sie ist **unzulässig,** wenn der VorkBerechtigte schuldrechtl verpflichtet ist, das VorkR nicht auszuüben, BGH **37**, 147 (zum dingl VorkR).

2) Wirkung. Dch Ausübg w neuer selbständ KaufVertr zw Parteien des Vorkaufs begrdet, BGH LM Nr 4. Ausübender tritt also nicht in den Drittkauf ein, er hat jedoch alle Leistgen zu erbringen, die der Erstkäufer nach dem KaufVertr zu erfüllen hätte, sow sich nicht aus dem G (§§ 507-509) od aus dem KaufVertr etwas anderes ergibt; BGH aaO; **LM** Nr 3 (Vereinbg zw Verk u Erstkäufer, daß dieser einen Teil der KaufprFdg durch Aufr tilgt, berührt AusübgsR nicht). Entggstehende Erklärg des Vorkäufers dahin, daß er zwar sein VorkR ausübe, jedoch best, hiermit verbundene Pfl ablehne, regelm bedeutgslos, wenn Verpfl auf die RWirksamk der AusübgsErkl vertraut, BGH **LM** § 535 Nr 27 (zur Vormiete). Falls bei Vereinbg des VorkR bes Bedinggen für Vertr zw Vorkäufer u Verpfl vorgesehen (fester VorkPreis, WdkR), so gelten zunächst diese, im üb Bedinggen des Drittkaufs. Solche Sondervereinbg zul, da § 505 VertrFreih nicht einschränkt, RG **104**, 123, u zwar bis zur Ausübg des VorkR, BGH NJW **69**, 1959; vgl § 504 Anm 1 aE. Der VorkVerpfl ist nicht gehalten, dem VorkBerecht die Ausübg des VorkR zu ermögl, BGH aaO; insb hat der Vorkäufer keinen Anspr auf and Bedinggen u längere Fr wg Schwierigk bei Beschaffg des KaufPr (BGH WPM **73**, 1403). Wg Pfl die Kosten des Vertr zw Verk u Dr zu erstatten, BGH **LM** Nr 2, die inner Vormerkg zg des Dr, vgl Bonn (LG) NJW **65**, 1606. Zweck des II: VorkBerecht soll sich nicht schlechtere Bedinggen gefallen lassen müssen als der Dr. Auch der Verpfl soll nicht schlechter gestellt w. Nicht: SchutzVorschr für den Dr. Ausübg des VorkR schafft keine vertragl Beziehgen zw VorkBerecht u DrKäufer (Vorbem 3 vor § 504); der Dr Käufer kann zul FeststellgsKl gg VorkBerecht erheben, daß Ausübg des VorkR unwirks war, BGH WPM **70**, 933.

506 *Unwirksame Vereinbarungen.* Eine Vereinbarung des Verpflichteten mit dem Dritten, durch welche der Kauf von der Nichtausübung des Vorkaufsrechts abhängig gemacht oder dem Verpflichteten für den Fall der Ausübung des Vorkaufsrechts der Rücktritt vorbehalten wird, ist dem Vorkaufsberechtigten gegenüber unwirksam.

1) Allgemeines. Verpflichteter ist trotz VorkR in Gestaltg des Vertr mit Drittem frei. Auch RücktrR od auflöse Bedingg für den Fall der Ausübg des VorkR ist dem Drittkäufer ggü gültig; sie ist sogar zweckm, um Verpfl vor SchadErsAnspr des Drittkäufers (Vorbem 3 vor § 504) zu schützen. Vertragstreue verlangt jedoch, daß Verpflichteter sich solcher Vereinbg nicht bedienen darf, um VorkR zu vereiteln; deshalb ist sie im Verhältn zum Berechtigten unwirks: Verpflichteter kann weder den VorkFall leugnen noch enthält der neue selbständige KaufVertr zw Parteien des Vork (§ 505 Anm 2) solche Bedingg od RücktrR.

2) Entspr Anwendg des Grdgedankens, daß Verpflichteter sich nicht auf Klauseln des Drittkaufs, die VorkR vereiteln sollen, berufen kann, wenn gültig zustande gekommener Drittkauf wieder aufgeh wird,

RG 118, 8. Umgehgsgeschäfte, dch die VorkR vereitelt w, können, weil sittenw, nichtig sein; entscheidd Gesamtcharakter od Begründg dieses Gesch, insb verwerfl Beweggründe od Anwendg unlauterer Mittel od Zweck (Schädigg des VorkBerecht), BGH NJW **64**, 540. Aus der Rspr: NießbrBestellg, um Ausübg des VorkR zu verhindern, BGH BB **61**, 311. Vereinbg einer Abfindg des Erstkäufers u Mieters, um Ausübg des VorkR zu vereiteln, BGH **LM** § 505 Nr 3. – Entspr anwendb auf das VorkR des Siedlgsuntern, § 8 RSiedlG idF des GrdstVG v 28. 7. 61 (§ 27).

507 *Nebenleistungen.* Hat sich der Dritte in dem Vertrage zu einer Nebenleistung verpflichtet, die der Vorkaufsberechtigte zu bewirken außerstande ist, so hat der Vorkaufsberechtigte statt der Nebenleistung ihren Wert zu entrichten. Läßt sich die Nebenleistung nicht in Geld schätzen, so ist die Ausübung des Vorkaufsrechts ausgeschlossen; die Vereinbarung der Nebenleistung kommt jedoch nicht in Betracht, wenn der Vertrag mit dem Dritten auch ohne sie geschlossen sein würde.

1) Allgemeines. Ungeschriebener Grds, daß Vorkäufer Nebenleistg, auch geringfügige, erbringen muß, wenn er dazu außerstande. Ist er dazu außerstande, so greift § 507 ein. S 2 kann bei Begr des VorkR abgedungen sein. Nebenleistg in Geld nicht schätzb, wenn Pflege durch Verwandte vereinb, RG **121**, 140. Auf Vormiete (Vorpacht) ist § 507 nicht durchweg anwendb, RG **125**, 127. – Entspr anwendb auf das VorkR des RSiedlG, § 8 daselbst idF des GrdstVG v 28. 7. 61 (§ 27).

508 *Gesamtpreis.* Hat der Dritte den Gegenstand, auf den sich das Vorkaufsrecht bezieht, mit anderen Gegenständen zu einem Gesamtpreise gekauft, so hat der Vorkaufsberechtigte einen verhältnismäßigen Teil des Gesamtpreises zu entrichten. Der Verpflichtete kann verlangen, daß der Vorkauf auf alle Sachen erstreckt wird, die nicht ohne Nachteil für ihn getrennt werden können.

1) Allgemeines. Nachgiebiges Recht, RG **97**, 283. Auf Vormiete (Vorpacht) entspr anwendb, KG OLG **17**, 26. Grdsätzl Regelg besteht darin, daß VorkR auch ausgeübt w kann, wenn sein Ggst mit vorkaufsfremden Ggständen verkauft w, vgl auch RG **123**, 270. Gilt auch, wenn VorkR nur für Teilfläche eines Grdst besteht u das ganze Grdst verkauft w, BGH **LM** Nr 1. Entspr anwendb auf das VorkR nach dem RSiedlG, § 8 idF des GrdstVG v 28. 7. 61.

2) Verhältnism Teil des Gesamtpreises zu errechnen entspr §§ 472 ff. Gesamtwert aller verkauften Ggstände (1000.–) verhält sich zu Wert der VorkSache (800.–) wie Kaufpr aller Ggstände (900.–) zum Preis der VorkSache (x), x = 720 DM.

3) Erstreckg des Vorkaufs auf alle Sachen, wenn Verpflichteter beweist, daß Trenng nicht ohne Nachteil für ihn mögl; er muß sich auf diese Einr berufen. Ist VorkR bereits ausgeübt, so hat Vorkäufer WahlR: er kann jetzt Ausübg überh ablehnen od die bish Ausübg auch für alle verkauften Ggstände gelten lassen; Kontrahierungszwang bzgl der vorkaufsfremden Ggstände besteht nicht, RG **133**, 79. Einschränkg der Erstreckg, wenn wirtschaftl Einh der mehreren Ggstände schon bei Begr des VorkR bestand: dann hat der Verpfl durch Bestellg des VorkR an einem Teil davon die wirtschaftl Einh aufgeh u kann sich nach § 242 nicht auf § 508 S 2 berufen; wenn wirtschaftl Einh erst später begründet, so darf dies nicht zur Herbeiführg der Folgen des § 508 S 2 geschehen sein, RGRK Anm 3. – Über entspr Anwendg, wenn entspr anwendb VorkR der Gemeinde nach § 24 I 1 BBauG nur auf einen GrdstTeil bezieht, BayObLG NJW **67**, 113 u Anm 1.

509 *Stundung des Kaufpreises.* I Ist dem Dritten in dem Vertrage der Kaufpreis gestundet worden, so kann der Vorkaufsberechtigte die Stundung nur in Anspruch nehmen, wenn er für den gestundeten Betrag Sicherheit leistet.

II Ist ein Grundstück Gegenstand des Vorkaufs, so bedarf es der Sicherheitsleistung insoweit nicht, als für den gestundeten Kaufpreis die Bestellung einer Hypothek an dem Grundstücke vereinbart oder der gestundete Kaufpreis unter Anrechnung auf den Kaufpreis eine Schuld, für die eine Hypothek an dem Grundstücke besteht, übernommen worden ist. Entsprechendes gilt, wenn ein eingetragenes Schiff oder Schiffsbauwerk Gegenstand des Vorkaufs ist.

1) Allgemeines. Stundg ist Angelegenh persönl Vertrauens. Vorkäufer kann insow nicht Gleichstellg mit Drittkäufer verlangen; daher Ausn vom Grds der Gleichh des Vorkaufs mit Drittkauf. Wegen Hyp-Übern in Anrechng auf Kaufpr § 416; auch vor Gen der Schuldübern kann Verpfl Auflassg nicht verweigern. II S 2 eingefügt durch DVO zum SchiffsRG. Entspr anwendb auf das RegPfdR an in das Luftfahrzeugregister eingetr Luftfahrzeugen, § 98 LuftfzRG u das VorkR nach dem RSiedlG, § 8 daselbst idF des GrdstVG v 28. 7. 61.

510 *Mitteilungspflicht; Frist zur Ausübung.* I Der Verpflichtete hat dem Vorkaufsberechtigten den Inhalt des mit dem Dritten geschlossenen Vertrags unverzüglich mitzuteilen. Die Mitteilung des Verpflichteten wird durch die Mitteilung des Dritten ersetzt.

II Das Vorkaufsrecht kann bei Grundstücken nur bis zum Ablaufe von zwei Monaten, bei anderen Gegenständen nur bis zum Ablaufe einer Woche nach dem Empfange der Mitteilung ausgeübt werden. Ist für die Ausübung eine Frist bestimmt, so tritt diese an die Stelle der gesetzlichen Frist.

Einzelne Schuldverhältnisse. 1. Titel: Kauf. Tausch §§ 510–514

1) Mitteilung des Drittkaufs kann sowohl durch Verpflichteten wie durch DrKäufer erfolgen. Vorkäufer hat aber nur gg Verpflichteten Anspr auf Mitteilg; Anspr kann klagew geltd gemacht w; daneben macht sich Verpflichteter schadenersatzpflichtig u verhindert Fristbeginn nach II. Mitteilg, auch mdl zul, BGH LM Nr 3, muß sich nicht nur auf Tats, sond auf Inhalt des Drittkaufs beziehen u den Vorkäufer so vollständ unterrichten, daß ihm Entscheid über Ausübg seines VorkR innerh der gesetzten Fr mögl, BGH WPM **66**, 891. Genehmiggsbedürftigk des Vertr (vgl § 504 Anm 2) muß daher ebenso wie die Tatsache, daß Vertr genehmigt worden ist, mitgeteilt w, BGH aaO, BGH **23**, 342, auch jede VertrÄnd (BGH NJW **73**, 1365). Mitteilg ist nicht WirkskVoraussetzg für Ausübg des VorkR.

2) Fristen können vertragl verlängert od verkürzt sein. Voraussetzg für Fristbeginn ist Empfang der vollst u richtigen Mitteilg, also auch einer vorherigen VertrÄnd (BGH BB **73**, 1416). Außerdem muß zu dieser Zeit bereits ein rechtswirks Drittkauf vorliegen, einschl erforderl behördl Gen, Anm 1, BGH WPM **66**, 891. Fristen sind Ausschl-, nicht VerjFristen, BGH aaO, daher keine Hemmg od Unterbrechg. Fristberechng §§ 186 ff. Falls AusübgsErkl genehmiggsbedürft ist, muß auch sie innerh der Frist des Abs II genehmigt w; hierzu § 505 Anm 1.

3) Entsprechende Anwendung auf and Eintritt in Vertr mit Dr, insb Vormiete, RG **126**, 126, u Vorpacht, BGH NJW **71**, 422.

511 *Verkauf an Erben.* Das Vorkaufsrecht erstreckt sich im Zweifel nicht auf einen Verkauf, der mit Rücksicht auf ein künftiges Erbrecht an einen gesetzlichen Erben erfolgt.

1) Allgemeines. Gutsübergabe an gesetzl Erben ist Sonderfall, kein übl Verk; daher im Zweifel kein VorkFall. Gesetzl Erbe ist auch der nachberufene Erbe, RGRK Anm 3. Auch anwendb, wenn an gesetzl Erben u dessen Ehegatten verk w, RG JW **25**, 2128. Erforderl stets gesetzl Erbe; ob Käufer als Vertr- od TestErbe eingesetzt, ist unerhebl. Zur Anwendg bei § 2034 vgl BGH WPM **71**, 457.

512 *Ausschluß bei Zwangsvollstreckung und Konkurs.* Das Vorkaufsrecht ist ausgeschlossen, wenn der Verkauf im Wege der Zwangsvollstreckung oder durch den Konkursverwalter erfolgt.

1) Zweck: Das VorkR darf als obligator R ZwVollstr u ZwVerk nicht beeinträcht; außerdem ist der VollstrSchu nicht zum Verk. **Anwendbar** auf jedes VorkR (auch dingl ohne eingeschr ch § 1098 I 2); gilt auch iF des § 2304 (BGH NJW **77**, 38). Entspr gilt § 512 für das vertr AnkaufsR (Vorb 4 d vor § 504; RG **154**, 355) u bei Verk dch den PfandGl (§ 1228; RGRK-Mezger I). **Voraussetzungen:** Verk dch KonkVerw gem KO 126 ff. ZwVollstr gem ZPO 814, 821, 825 sowie nach ZVG 15 ff, jeweils in den Ggst des VorkR. Nicht bei Aufhebg der Gemsch (§ 753), auch wenn sie dch ZwVerst geschieht (ZVG 180 ff); jedoch ist in diesen Fällen, obwohl § 512 nicht entggsteht, der Vorkauf gem § 504 dann ausgeschl, wenn ein MitEigter das Grdst ersteigert, weil er nicht Dr iS v § 504 ist (BGH **13**, 133), selbst wenn das VorkR nur einen MitEigtAnteil belastet u den Zuschlag ein MitEigter erhält, dessen Anteil nicht versteigert w (BGH **48**, 1). Ebensowen genügt eine ZwVerst gem ZVG 175–179 (Erm-Weitnauer 1). **Wirkung:** Das VorkR kann für diesen Fall nicht wirks vereinb w, denn § 512 ist zwingd. Der VorkBerecht hat daher grdsätzl auch keinen SchadErsAnspr gg den VorkVerpfl (RGRK-Mezger II).

513 *Mehrere Vorkaufsberechtigte.* Steht das Vorkaufsrecht mehreren gemeinschaftlich zu, so kann es nur im ganzen ausgeübt werden. Ist es für einen der Berechtigten erloschen oder übt einer von ihnen sein Recht nicht aus, so sind die übrigen berechtigt, das Vorkaufsrecht im ganzen auszuüben.

1) Die auf Mehrh von Verpflichteten entspr anwenb Vorschr entspricht der Regelg des WdkR (vgl § 502). S 2 ist eng auszulegde AusnVorschr.

514 *Unübertragbarkeit.* Das Vorkaufsrecht ist nicht übertragbar und geht nicht auf die Erben des Berechtigten über, sofern nicht ein anderes bestimmt ist. Ist das Recht auf eine bestimmte Zeit beschränkt, so ist es im Zweifel vererblich.

1) a) Grundsatz: Das VorkR ist unübertragb. Hierdurch w der VorkVerpflichtete vor einem ihm nicht genehmen Wechsel in der Pers des Berechtigten geschützt; BGH WPM **63**, 619. Daher **abdingbar**.

b) Die **durch Ausübg des VorkR erwachsenen Rechte sind frei übertragb**. § 514 steht dem nicht entgg. Sie sind auch vererbl, RG **163**, 154, wenn nicht Sachverhalt ergibt, daß VorkR nur zur eig Ausnutzg gewährt. Daher kein Verstoß gg § 514, wenn sich Berechtigter einem Dr ggü zur Ausübg des VorkR und Übertr der hieraus entstandenen Rechte verpflichtet, BGH WPM **63**, 619. Fusion einer AG steht dem Erbfall gleich, vgl RG **123**, 295, zweifelnd RG **163**, 148. Befristg spricht für Erblichk, aber nicht für Übertragbark.

2) Rechtl Natur des ÜbertrVerbots ist relatives Veräußergsverbot iS des § 135, RG **163**, 155. Bei formbedürftigem Vork Änderg des Vertr iS der Übertragbark formbedürftig; Verpflichteter kann aber durch formfreie Erkl der schwebd unwirks Übertr volle Wirksamk verleihen, RG **148**, 105. Gesetzl VorkR des Miterben ist vererbl, § 2034 II.

§§ 514, 515, Einf v § 516, § 516

3) **Übertragg** liegt vor, wenn an Stelle des Vorkäufers ein anderes Rechtssubjekt tritt, gleich ob durch Einzel- od GesRechtsNachf. Wird Unternehmen nach dem G über die Umwandlg von Kapitalgesellschaften v 12. 11. 56 umgewandelt, so wechselt zwar begriffl die RPersönlichk, wirtschaftl w jedoch die Identität gewahrt, daher keine Übertr iS des § 514, VorkR bleibt daher bestehen, aA KG DR **39**, 1891, zweifelnd RG **163**, 148 (zum G v 5. 7. 34). Bei Veränderg der Grenzen von Gebietskörpersch u der zu diesem Zweck angeordneten Umgestaltg u RechtsNachf liegt bloßer Wandel der Erscheingsform des im Wesen unveränderten RTrägers vor, VorkR bleibt daher bestehen, RG **163**, 142. Vgl über ähnl Rechtslage nach § 549 Anm 2 daselbst.

IV. Tausch

515 Auf den Tausch finden die Vorschriften über den Kauf entsprechende Anwendung.

1) Tausch ist Umsatz eines individuellen Werts gg einen anderen individuellen Wert, Mot II 366, Wesentl ist Fehlen eines Kaufpr in Geld od anderen Umlaufwerten. Zahlt derj, der geringeren Ggst leistet, Wertunterschied in Geld, so wird dadurch Tausch nicht ausgeschl, es sei denn, daß Geld Hauptleistg ist. Vertragl genannter Geldbetrag kann bloße Rechnungssumme sein. Tausch auch unter Einschaltg Dr mögl (sog Ringtausch), zB wenn A das Grdst des B entgeltl erwirbt u zugl sein Grdst an C entgeltl veräußert, wobei B sein Grdst dem C für Tausch zur Vfg stellte, RG **161**, 3. Abgrenzg von Tausch gg Doppelkauf: Wortlaut ist nicht entscheidd; getrennte Urk stehen nicht entgg; Tausch liegt vor, wenn nach dem Vertr Inhalt der Leistg jeden Teils im Verschaffen des Ggst besteht (BGH NJW **68**, 104). Wohngstausch ist nur Besitzwechsel, kein Tausch (iS des § 515) zw den Mietern, wenn neue Mietverträge mit den Vermietern abgeschl w. Bei **Inzahlungnahme** eines Ggst beim Kauf (insb Gebrauchtwagen bei Kauf eines Neuwagens) ist mögl: Kauf u Ann an Erf Statt (§§ 364 I, 365) mit Ersetzgsbefug des Käufers (BGH **46**, 338), Doppelkauf mit Aufrechngsabrede od gemischter Vertr aus Kauf u Tausch (vgl Pfister MDR **68**, 361). Wg der RFolgen vgl Dubischar JZ **69**, 175; bei Wandelg § 467 Anm 3 b. Die Übern des Gebrauchtwagens steht idR unter der Bedingg, daß der Vertr über den Neuwagen zustandekommt (Hbg MDR **71**, 134).

2) Anwendb Vorschriften §§ 433 ff mit Ausn der Bestimmgen über Kaufpr; unanwendb §§ 452–458, 461, BGH LM § 454 Nr 1 (§ 454). Auch §§ 504 ff (Vortausch) sind zumindest unpraktisch, RG **88**, 364. Tauschleistgen sind Zug um Zug zu erbringen, RG **51**, 367. Jede VertrPartei ist hins des hingegebenen Ggstands Verk, hins des empfangenen Käufer. Bei Minderg ist der vertragl etwa vorgesehene AnnPreis nicht als Kaufpr zu behandeln, vielm zunächst der obj Wert der Sachen in mangelfreiem Zustande zu ermitteln. Die Minderg gem § 472 berechnet sich aus dem Verhältn des Werts der Sache, wenn sie fehlerfrei wäre (1000.–), zu dem der mangelh Sache (800.–), das gleich ist dem Verhältn des obj Werts der GgLeistg (900.–) zum entspr GgWert (x). x = 720.–. Der UnterschiedsBetr zw obj Wert der GgLeistg und x (180.–) ist der dem Mindergsberecht zu erstattende Betrag, RG **73**, 152.

Zweiter Titel. Schenkung

Einführung

1) Schenkg ist Unterart der **unentgeltl Zuwendgen**. Über Begriff der Unentgeltlichk § 516 Anm 4. Schenkg wird vom BGB als **Vertragsverhältn** aufgefaßt. Sie hat außer der Zuwendg Willenseinigg über die Unentgeltlichk zur Voraussetzg. Sonstige unentgeltl Zuwendgen, die nicht Schenkgen sind: Stiftg (§§ 81, 84), Ausstattg (§ 1624), wissentl Zahlg einer Nichtschuld, wenn der andere Teil Schuld als besteh ansieht. Der unentgeltl Rechtserwerb ist in seinen Wirkgen schwächer als der entgeltl; er muß ggü dem Anspr der Gläub zurücktreten: §§ 816 I S 2, 822, 988; KO §§ 63 Nr 4; 226 II Nr 3; 32; 37 II; AnfG §§ 3 Nr 3, 4; 7 II.

2) Weitere Sonderbestimmgen: Verfüggsbeschränkg des Vorerben § 2113 II, des TestVollstreckers § 2205, des über sein Verm im ganzen verfügenden Ehegatten, §§ 1365 ff, des das GesGut verwaltenden Ehegatten, § 1425, aus dem Vermögen eines Kindes od Mündels, §§ 1641, 1804, Nichtigk des unentgeltl Verzichts auf den UnterhAnspr des nehel Kindes § 1714 II, Schenkg von Todes wegen § 2301 (§ 518 Anm 3), Schenkg einer Erbsch § 2385 II.

516 *Begriff.* I Eine Zuwendung, durch die jemand aus seinem Vermögen einen anderen bereichert, ist Schenkung, wenn beide Teile darüber einig sind, daß die Zuwendung unentgeltlich erfolgt.

II Ist die Zuwendung ohne den Willen des anderen erfolgt, so kann ihn der Zuwendende unter Bestimmung einer angemessenen Frist zur Erklärung über die Annahme auffordern. Nach dem Ablaufe der Frist gilt die Schenkung als angenommen, wenn nicht der andere sie vorher abgelehnt hat. Im Falle der Ablehnung kann die Herausgabe des Zugewendeten nach den Vorschriften über die Herausgabe einer ungerechtfertigten Bereicherung gefordert werden.

1) Allgemeines. a) Begriff: Schenkg setzt voraus: **aa) objektiv:** Bereicherg des Empf aus dem Verm eines and (Anm 3). **bb) Subjektiv:** Einigg über Unentgeltlk der Zuwendg (Anm 4). **b) Form:** Die sof vollz Schenkg (Handschenkg) ist forml gült. Für das SchenkgsVerspr gilt § 518. **c) Verträge zugunsten Dritter** (§ 328) kommen häuf im Zushang mit unentgeltl Zuwendgen vor: Mit sof Wirkg bei Zahlgen auf Sparguthaben eines Dr (BGH **46**, 198); mit Wirkg ab dem Tode des Zuwendenden, zB LebensVers zDr (RG **128**, 189); BezugsBerechtigg eines Dr für den Fall, daß der Zuwendende nicht mehr die Re auf dem Vertr erwirbt (BGH NJW **65**, 1913 [BausparVertr]). Solche Vertr sind nicht nach ErbR als Vermächtn, sond allein nach den §§ 328ff zu beurt (BGH NJW **65**, 1913; aA zT Staud-Boehmer ErbR Einl § 27). Ggst der Schenkg (Zuwendg, Anm 2) ist in diesen Fällen die Prämie, Beitr u sonst Zahlgen, die der Zuwendende leistet (BGH WPM **76**, 532).

2) **Zuwendung** (I) aus dem Verm ist Hing eines VermBestandt v einer Pers zG einer and. Meist dch RGesch, wie zB Übertr od Belastg v Ren, Erl einer Fdg. Mögl ist auch Zuwendg dch Unterl (Nichtunterbrechg der Verj; vgl aber § 517) od dch tats Hdlgen. Immat Güter nur dann, wenn mit ihnen wirtschaftl Vorteil verbunden ist (RGRK Anm 1). Bei unentgeltl Leistg v Diensten liegt Zuwendg in Aufopferg der hierfür zu beanspruchden Vergütg. Es muß VermVerminderg auf seiten des Zuwendenden eintreten. Nicht erforderl, daß geschenkter Ggst zuvor Eigt des Schenkers war. W ein GeldBetr zur Anschaffg einer Sache gegeben, so kommt es auf den Einzelfall an, ob das Geld od die Sache geschenkt ist (BGH FamRZ **70**, 19). Schenkg des ganzen Verm ist mögl (§ 311; aber FormVorschr), nicht Zuwendg des künft Verm od Bruchteil davon (§ 310).

3) Zuwendg muß zu **Bereicherg** des Empf führen: **a)** objektives Merkmal. BereichergsAbs nicht erforderl; daher können auch Zuwendgen, die aus selbstsüchtigem Beweggrunde gemacht sind, Schenkg sein, RG **95**, 14. — **b)** Keine Bereicherg liegt vor, wenn VermStück lediglich fiduziarisch übertr w, zB an einen Treuhänder, od wenn Empf das Erhaltene bestimmgsgem zu wohltätigen od gemeinnützigen Zwecken zu verwenden hat (zB Sammlgen). Zuwendgen an jur Personen, Vereine, die satzgsgem solche Zwecke verfolgen, sind dagg Schenkg, RG **112**, 210.

4) **Unentgeltlichkeit** bedeutet nicht kostenlos, RG [GZS] **163**, 355; jedoch darf keine GgLeistg vorliegen. Diese fehlt auch bei der belohnden (remuneratorischen) Schenkg, so daß hierfür die §§ 516 ff gelten. RG JW **19**, 378.

a) **Entgeltlichk** liegt nicht nur vor, wenn Leistg u GgLeistg durch ggs Vertr versprochen. sond auch dann, wenn die GgLeistg Bedingg der Leistg ist, Warn **20**, 38, od wenn sie unmittelb als Zweck der Leistg vereinb w (kausale Verknüpfg), RG **163**, 356. Erforderl ist aber, daß zw Leistg u GgLeistg **rechtl, nicht nur tatsächl (wirtschaftl) Zusammenhang** besteht, RGRK Anm 6; Beweggrund u GgLeistg sind begriffl z scheiden, RG Recht **19**, 2102.

b) Doch liegt Unentgeltlichk **nicht schon in objektivem Mißverhältn** zw Leistg u GgLeistg. Entgeltlichk besteht auch, wenn nach dem Willen der Parteien die Leistgen einander gleichstehen, es sei denn, daß die Parteien hierbei willkürl handeln, BGH NJW **61**, 604; vgl auch Anm 7.

c) Die GgLeistg braucht nicht **Geldwert** zu haben, zB Versprechen eines Dritten ggü Ehem, ihm für den Fall der Scheidg die Abfindg für die Frau zu gewähren, RG Recht **18**, 1522. Auch keine unentgeltl Zuwendg, wenn Mann der Frau VermWerte zuwendet, um sie zur Rückkehr zu bewegen, RG HRR **31**, 1752. GgLeistg kann im Einverständn der Parteien auch an Dritten bewirkt w, BGH LM § 816 Nr 4, vgl auch unter f.

d) **Ruhegeld.** Die Zusage, nach Beendigg eines DVerh od ArbVerh Ruhegeld zu zahlen, ist keine Schenkg (Einf 7a vor § 611).

e) Ob **Bestellg oder Aufgabe einer Sicherheit** Schenkg ist, hängt von den Umst ab. Hierbei muß auch, worauf BGH LM Nr 2 zutreffd hinweist, unterschieden w zw dem Verhältn Schu/Gl und Schu/Bürgen (bzw GrdstEigtümer bei Bestellg einer Hyp). SicherhLeistg durch Schu selbst ist keine Schenkg ggü dem Gl, auch nicht bei unvollkommener (natürl) Verbindlichk, da Gl nicht bereichert w, BGH **30**, 7. Im Verhältn zum Schu kann die Bestellg einer Sicherh nur dann als Schenkg des Bestellers (Bürgen, Eigtümers) gewertet w, wenn dieser auf Rückgr gg den Schu bei Bestellg der Sicherh verzichtet hat u späterhin den Gl befriedigt; BGH aaO. Befriedigt Besteller nicht, w vielm Schu vom Gl mit Erfolg belangt, so liegt in dem Verzicht auf Rückgr nur dann Schenkg, wenn Besteller der Sicherh Schu ggü Erf der Schuld übernommen hatte; hierzu BGH aaO, daselbst auch über den Verzicht auf Rückgr nach Bestellg der Sicherh. — Über Bürgsch als Schenkg ggü dem Gl vgl RG **90**, 181.

f) **Ausstattg, Schenkg unter Ehegatten usw.** Bei der einem Kinde gewährten Ausstattg kommt es nach § 1624 darauf an, inwieweit Ausstattg das den Umständen, insb VermVerhältn, des Versprechenden entspr Maß übersteigt. VermRücklagen, die aus dem Verdienst eines Eheg zur gemsch Altersversorgg bei gemsch VfgBefugn vorgenommen w, sind idR keine Schenkg (BGH NJW **72**, 581). Hochzeitsgeschenke gelten in der Regel als beiden Ehegatten zugewendet, sofern nicht Beschaffenh od besondere Bestimmg anderes ergibt, KG SeuffA **62**, 317. Geschenke unter EheG (insb Bekleidg, pers GebrGgstde) können in Wirklk UnterhLeistg sein (Bambg FamRZ **73**, 200). UnterhVersprechen zw Ehegatten zwecks Erleichterg od Ermöglichg der Scheidg ohne SchuldAusspr ist nicht unentgeltl, auch nicht, wenn es von einem Dr abgegeben w, BGH LM § 138 (Cd) Nr 4. Bei Gütertrenng erteilte Zusagen v Zuwendgen des (mehr)verdienden Eheg an den and zum Ausgleich der Nichtteilhabe am Zugew sind iZw keine SchenkgsVerspr (BGH WPM **77**, 922).

g) Bei Zuwendgen unter **nahen Verwandten** gilt vermutete SchenkgsAbs nur in den Grenzen der §§ 685, 1620. Darüber hinaus, insb Dienstleistgen, hängt es von den Umst ab, ob unentgeltl Zuwendg vorliegt, Verwandtsch allein schließt gewollte Entgeltlichk nicht aus; BAG NJW **59**, 1746. Entgeltlichk des Vertr, durch den sich Geschwister ggs zur Unterstützg ihrer Mutter verpfl, Warn **14**, 243; entgeltl auch die Zuwendg an die Schwester in der Erwartg, der Vater werde den Zuwendenden bei dem Erbfall günstiger stellen, BGH NJW **51**, 268; zur Entgeltlk bei vorzeit ErbAusgl vgl BGH LM Nr 8.

h) Gewährg **zinslosen Darlehns** kann Schenkg sein, RG Gruch **71**, 531, ebso unentgeltl GebrGewährg, wenn wirtschaftl auf der einen Seite VermMinderg, auf der anderen Bereicherg vorliegt, zB bei unentgeltl längerer Überlassg einer sonst vermieteten Wohng, anders bei einer sonst leerstehenden Wohng. Ferner ist zu prüfen, ob in diesen Fällen nicht bloße Gefälligk vorliegt, Staud-Ostler Anm 9.

i) Schuldbefreiung. Bei Erf einer (wirkl bestehenden) Schuld liegt Entgelt in der Befreiung von der Schuld, RG **105**, 248. Auch Erf unvollkommener Verbindlichk ist entgeltl, RGRK Anm 12, dagg ist Erf einer nur sittl od AnstandsPfl Schenkg, RG **125**, 380; vgl § 534. **Aufwertgsverträge**, durch die der gesetzl Umstellgssatz erhöht w, sind keine Schenkg, da keine Willenseinigg über Unentgeltlichk, BGH **LM** Nr 7.

k) Aufnahme in eine Gesellschaft, auch ohne bes Einlage, ist regelm keine unentgeltl Zuwendg, BGH **LM** Nr 3, BB **65**, 472.

l) Prämienzahlg auf Vers- od BausparVertr zG Dritter (vgl Anm 1) ist regelm unentgeltl Zuwendg, es sei denn, daß nachweisl ValutaVerh (VersNehmer/Begünstigter) etwas anderes ergibt, BGH NJW **65**, 1913.

5) Einigg über Unentgeltlichk der Zuwendg ist erforderl (BGH WPM **67**, 1131), BereichergsAbs dagg unnötig, oben Anm 3a, RG **125**, 385; insow ist daher obj Sachlage maßg. Insb kann ggü Anspr Dritter eine objektiv unentgeltl Leistg nicht durch den Parteiwillen zu einer entgeltl gemacht w, RG HRR **34**, Nr 1441. – Einigg fehlt, wenn eine Partei in dem irrigen Glauben handelt, daß Verpflicht rechtl Art besteht, RG **105**, 249. Einigg kann auch stillschw erkl w, RG **111**, 153. Auch bei Handschenkg liegt schuldrechtl Vertr in dem Sinne vor, daß Einigg über die Unentgeltlichk RGrd bildet.

6) Abs II. Die ohne Willen des anderen vollzogene Zuwendg (zB Bezahlg der Schuld eines anderen) ist als Angebot einer Schenkg zu betrachten, an das Zuwendender bis zur Ann od Ablehng gebunden ist. Um den hierdurch entstehenden SchwebeZustand abzukürzen, kann Schenkender dem anderen Frist zur Erkl über ann setzen, für die keine bes FormVorschr besteht. Lehnt Empf ab, so wird Bereicherg des Empf ungerechtfertigt u Zuwendender hat einen RückgAnspr nach §§ 812ff, RG **111**, 151. Ablehng ist empfangsbedürftige WillErkl (§ 130). – II gilt nicht, wenn zur Ann des Angebotes Vornahme positiver Hdlg des Empf gehört, Warn **21**, 120. – Keine Anwendbark auf gemischte Schenkgen (Anm 7) u auf Auflageschenkgen (§ 525).

7) Gemischte Schenkung. a) Begriff und Abgrenzung. Ist ein einheitl Vertr, bei dem die Leistg des einen VertrPart im Wert nur zu einem Teil dch die Leistg des anderen aufgewogen w u der Teil übereinstimmd wollen, daß der überschießende Wert unentgeltl gegeben w; das obj MißVerh allein genügt nicht. Ist die Leistg teilb, liegen zwei voneinander unabhäng Vertr vor, zB Kauf od Tausch u Schenkg, keine gemischte Schenkg (Larenz § 43 III). Schenkg, nicht gemischte Schenkg ist die unter Aufl (§ 525) u ein Vertr, der dch seinen Inhalt u seine Form die Unentgeltlichk nur verschleiert (Soergel-Ballerstedt 22). HofüberlassgsVertr unter gesetzl Erben sind idR gemischte Schenkg (BGH **30**, 120 u FamRZ **67**, 214). Bei RGesch zw Verwandten u Freunden mit Entgelten unter dem übl VerkWert liegt gem Schenkg nur dann vor, wenn die Einigg über teilw Unentgeltlk vorlag; das trifft meist nicht zu. **b) Behandlung:** Sie ist umstr. Trenngstheorie (RG **163**, 260), EinhTheorie (Oertmann § 524 Anm 9 d) u Theorie der AbschlSchenkg (Siber 186) w vertr. Prakt brauchb Ergebn sind nur ohne konsequente Dchführg einer dieser Theorien mögl, indem auf den Zweck des jeweil Gesch abgestellt w (ZweckwürdiggTheorie, Esser § 67 I 3): **aa) Form** § 518 trifft unmittelb nur den unentgeltl Teil, kann über § 139 zur Nichtigk des ganzen Gesch führen. Heilg nach § 518 II mögl. **bb) Rückforderungsrechte** (§§ 527, 528). Widerruf (§ 530) u NotbedarfsEinr (§ 519) erstrecken sich grdsätzl nur auf den unentgeltl Teil, auf den ganzen (unter Rückg der GgLeistg), wenn der SchenkgsCharakter des Gesch überwiegt (BGH **30**, 120); bei Grdst vgl insb BGH NJW **72**, 247. **cc) Gewährleistung:** Für den unentgeltl Teil nach §§ 523, 524, 526. Für den entgeltl: nach KaufR, Minderg (§ 472) nur nach dem entspr Anteil; Wandelg (§§ 467ff) nur für die ganze Sache; SchadErs (§ 463) nur anteil (Larenz § 43 III).

8) Beweislast. Allg Grdsätze maßg. Die wirkl Sachlage entscheidet, nicht schlechthin die in der VertrUrk enthaltenen Wertangaben, Warn **16**, 132. Darü, wie weit bei Leistg zw nahen Verwandten u Ehegatten Schenkgscharakter zu vermuten ist, vgl Anm 4g. Wer ggü der auf Darl gestützten Zahlgsklage Schenkg behauptet, verneint damit den KlageGrd; Kläger muß in diesem Falle Hingabe als Darl beweisen, Soergel-Ballerstedt 11 mwN; bestr. Entspr gilt für Kauf. Im GrdbuchR sind die §§ 891, 1138 zu beachten, vgl BGH **98**, 124.

517 Unterlassen eines Vermögenserwerbs.
Eine Schenkung liegt nicht vor, wenn jemand zum Vorteil eines anderen einen Vermögenserwerb unterläßt oder auf ein angefallenes, noch nicht endgültig erworbenes Recht verzichtet oder eine Erbschaft oder ein Vermächtnis ausschlägt.

1) Allgemeines. § 517 enthält eine **Einschränkg** des Schenkgsbegriffes; nicht nur Ausleggsregel, sond posit RNorm **a) Unterlassg eines Vermögenserwerbes** hat zur Voraussetzg, daß ein Erwerb noch nicht stattgefunden hat; findet also keine Anwendg, wenn der schon erworbene VermGgst nachher einem anderen zugewendet w, RG JW **06**, 161. Keine Schenkg sind hiernach die Nichtann eines VertrAntrages, Verweigerg der Gen eines RGesch, Unterlassg einer Anf, Versäumg einer Frist. Anders bei indirekter Verm-Zuwendg: Gläub weist Schu an, an Dritten zu leisten, den Gläub damit beschenken will. Hier wird der RVorgang so angesehen, wie wenn Gläub den Ggst erworben und auf den Dritten übertr hätte, Staud-Ostler Anm 5. – **b) Verzicht auf angefallenes,** noch nicht endgült erworbenes **Recht**; zB aufschiebbedingte Rechte, nicht dagg befristete; Verzicht auf die Eintr ins Grdbuch nach Auflassg, SchlH SchlHA **49**, 23. Verzicht auf künftig fällig werdende Zinsen kann Schenkg sein.

2) Ausschlagg von Erbschaft od Vermächtnis. §§ 1953, 2180. Verzicht auf bereits entstandenen PflichtteilsAnspr ist entspr zu beurteilen (§ 2317), RGRK Anm 5; aA Staud-Ostler Anm 3.

§ 518 Form.

518 *Form.* **I** Zur Gültigkeit eines Vertrags, durch den eine Leistung schenkweise versprochen wird, ist die notarielle Beurkundung des Versprechens erforderlich. Das gleiche gilt, wenn ein Schuldversprechen oder ein Schuldanerkenntnis der in den §§ 780, 781 bezeichneten Art schenkweise erteilt wird, von dem Versprechen oder der Anerkennungserklärung.

II Der Mangel der Form wird durch die Bewirkung der versprochenen Leistung geheilt.

1) Allgemeines. a) Anwendungsbereich: Gilt für SchenkgsVerspr (Anm 2) jeder Art, auch für remuneratorische (belohnde) Schenkg, für HandelsGesch (§ 343 HGB), solche, die sittl od AnstandsPfl entspr (vgl § 534) od als Vertr zGDr gestaltet sind; ferner bei gemischter Schenkg (§ 516 Anm 7b, aa). Wg Änderg vgl Anm 2d. § 518 gilt nicht für die sog Hand- od Realschenkg (vgl Anm 2c) u die Schenkg v Todes wg (vgl § 2301). **b) Zweck**: Nicht nur Verhütg übereilter SchenkgsVerspr, sond auch Klarstellg, ob ein ernstl gemeintes Verspr vorliegt. Dient ferner der Vermeidg von Streitigk über angebl Schenkg Verstorbener u will auch die Umgeh der FormVorschr für letztwill Vfgen vermeiden.

2) Schenkungsversprechen. a) Begriff: Ist ein einseit verpflichtder Vertr, dch den der Schenker einem and eine Leistg (§ 241) verspricht, die unentgeltl (§ 516 Anm 4) erfolgen soll. Der Vertr kommt zustande, indem der Beschenkte erklärt, daß er das Verspr des Schenkers annimmt (§ 151). Der Form des § 518 unterliegt nur die WillErkl des Schenkers (Anm 3). **b) Wirkung**: Ein wirks SchenkgsVerspr stellt bereits die Schenkg dar, weil dadch das R gegen den Beschenkten, die versprochene Leistg zu fordern, begründet w. Ihm ist ein R (Anspr) zugewendet, das dch den Vollz (Leistg des versprochenen Ggst) nur noch erf w (Larenz § 43 I aE). **c) Abgrenzung** von der Hand- od Realschenkg; eine solche liegt vor, wenn ohne ein vorangehdes SchenkgsVerspr der Ggst dem Beschenkten sofort verschafft w, insb dch Übereign od Abtretg u dabei die Einigg der Unentgeltlk (§ 516 I) besteht. Bei der (formfreien) Hand- od Realschenkg liegt der RGrd (causa) zugleich im RGesch od Realakt, dch das der VermGgst auf den Beschenkten übergeht. Die Hand- od Realschenkg ist von der Heilg (Abs II, Anm 5) zu unterscheiden; sie decken sich nur darin, daß der den Formmangel heildd Vollz (Anm 5a) das gleiche voraussetzt u zum selben Ztpkt wirks w. **d) Änderung** des SchenkgsVerspr; nur dch Vertr mögl (§ 305). Formbedürft ist die Änderg nur insow, als sie den Umfang der unentgeltl Zuwendg erweitert (Erm-Seiler 6). Eine formgült Abänderg heilt das wg mangelnder Form unwirks ursprüngl SchenkgsVerspr nicht (Staud-Ostler 4).

3) Schuldversprechen und -anerkenntnis (I S 2; §§ 780, 781). Soll der Anspr, der dch einen solchen Vertr (Einf 3 vor § 780) begründet w, den Ggst der Schenkg bilden, so gilt für das Verspr (§ 780) od das Anerkenntn (§ 781 S 1) des Schenkers die not Form (Anm 4) wie für das SchenkgsVerspr (also nicht für die AnnErkl des Beschenkten). Gilt auch, wenn dem schuldbegründden Vertr (§§ 780, 781) ein gesonderter SchenkgsVertr (Anm 2a) nicht vorausgeht, sond SchuldVerspr u -anerkenntnis sofort unentgeltl abgestl w. Grd dieser Regelg: Der Formzweck (Anm 1c) trifft ebso zu. I 2 w entspr angewendet auf die Begründg and abstrakter SchuldVerh, insb wenn ein Wechselakzept geschenkt w (hM; RG **71**, 289 [291]) od ein Scheck (BGH NJW **75**, 1881); wg Heilg dch Vollz: Anm 5a, aa.

4) Form für das SchenkgsVerspr (Anm 2a) und die unter I 2 fallden Erkl (Anm 3). Ist für den ganzen Vertr Form vorgeschrieben (zB §§ 313, 2033), muß diese Form auch für die AnnErkl des Beschenkten erf w. **a) Beurkundung.** Grdsätzl ist die not Beurk notw (I S 1; § 1 BeurkG); diese Form w dch Aufn in einen ProzVergl ersetzt (§ 127a). Bis zum Inkrafttr der BeurkG (1. 1. 70) war auch gerichtl Beurk zuläss (alte Fassg des I 1) u bleibt wirks, wenn sie vor dem 1. 1. 70 vorgen w. **b) Formmangel** bewirkt Nichtigk der formbedürft WillErkl (§ 125). Heilg nur dch Vollz (Anm 5).

5) Heilung des Formmangels (Anm 4). Sie tritt allein dch den Vollz (Anm a) ein, unabhängig davon, ob der Schenker die Unwirksamk des SchenkgsVerspr kennt. **a) Vollzug** der Schenkg, indem der Schenker die versprochene Leistg freiwill bewirkt (erf, § 362 I), dch RGesch u (od) Realakt (vgl § 362 Anm 1); auch in den Fällen § 364 I u § 376 II Nr 1 u 2. Für § 518 w aber nicht der Leistgserfolg verlangt, sond wenn der Schenker (Schu) alles das getan hat, was er für den Vollz tun muß, sodaß ein bedingter od befristeter Vollz (§§ 158, 163) genügt (hM: BGH NJW **70**, 1638 u **LM** § 163 Nr 2; Erm-Seiler 8 mwN). TeilVollz bewirkt Heilg nur zum entspr Teil (Soergel-Ballerstedt 14). Für den Vollz ist stets zu beachten, was SchenkgsGgst ist u nach welchen Vorschr er übertr w. Bei unbewegl Sache (§ 873, Grdst u dingl Re (§§ 873, 925), Fdg (§§ 398ff), Grdst, bar (über § 929), Überweisg u Gutschr (vgl § 675 Anm 3b), Einlös eines Schecks (BGH WPM **78**, 844). Ein R kann auch dch Vertr zG Dr (§ 328) verschafft w (BGH **41**, 95 u **46**, 198). Stets muß das VollzGesch wirks sein. Einzeln: **aa)** Fdgen dch formlose Abtretg (§ 398), auch bedingte od befristete Fdg; EinziehgsErmächtigg genügt nicht (Erm-Seiler 7); das gilt auch bei Bank- u Spargutshaben, wobei Überg des Sparbuchs nicht notw, aber idR genügd ist (vgl § 808 Anm 1; Soergel-Ballerstedt 9); Anspr auf Übereig v hinterlegtem Geld od Wertpapieren, insb eines WertpDepots (BGH **41**, 95); Anspr auf Auszahlg eines GeldBetr v Konto des Schenkers (vgl BGH NJW **75**, 382). Abtretg einer WechselFdg muß nach WG wirks sein, daher insb Überg notw (Soergel-Ballerstedt 11 mwN); bei einem Scheck ist die Einlös (BGH NJW **75**, 1881); die Schenkg kann dch BedinggsEintritt mit dem Tode des Schenkers wirks w (BGH WPM **76**, 1130). **bb)** GeldÜbertr ist vollz: mit Ausführg des ÜberweisgsAuftr dch die Bank; bei Zahlg dch Scheck mit dessen Überg (entspr Wechsel Anm aa), spätestens mit Einlös (BGH WPM **71**, 443); mit Errichtg eines Bank- od Spargutshabens dch Vertr zGDr auf dessen Namen u entspr Willensrichtg des Schenkers (vgl BGH **46**, 198 u WPM **66**, 1248); entspr Einzahlg auf ein solches Konto (vgl BGH **21**, 150); mit Zahlg der Prämie od Beiträgen bei Vers- u BausparVertr (BGH NJW **65**, 1913); mit Auszahlg dch die Bank, wenn der KontoInh zur Vfg über das Bankkonto dch den Beschenkten einwill u gem § 181 befreit (Mü DNotZ **74**, 229). **cc)** Befreiung von einer Verbindlichk: dch Bewirken der Leistg an den Gl (§ 267 I); Erlaß einer Fdg gem § 397 (Hbg NJW **61**, 76). **dd)** Sachen: wenn das Eigt geschenkt w, mit Vollendg des Erwerbsvorgangs; jedoch genügt Erwerb des AnwartschR, wenn der EigtErwerb später ohne Zutun des Schenkers eintritt (BGH MDR **60**, 1004). W ledigl Bes od Nutzg geschenkt, genügt die einmal Überg zu diesem Zweck (BGH NJW **70**, 941; Köln NJW **73**, 1880 [Wohng]; aA Reinicke NJW **70**, 1447). **ee)** Rechte dch AbtretgsVertr (§§ 413, 398), insb bei GesellschAnteil mit der erforderl Zust der Mitgesellsch, die schon im GesellschVertr erkl sein kann (Hueck Betr **66**, 1043; vgl Anm b; § 719 Anm 2b). **ff)** WertP: EigtÜbertr dch (auch bedingte) Einigg u Abtretg des HerausgAnspr (§§ 929, 931) bei Verwahrg im Depot (BGH WPM **74**, 450). **gg)** Bezugsberechtigg aus einem LebensVersVertr: wird versprochen, sie unwiderrufl einzuräumen, tritt Vollz erst ein, wenn die Unwiderruflk gem § 13 II AllgLebensVersBed herbeigeführt od bis zum Tode des VN tats nicht widerrufen w (BGH NJW **75**, 1360). **b) Kein Vollzug** liegt insb vor, wenn das VollzGesch nicht wirks od perfekt geworden ist, od wenn der Vollz nur vorbereitet od gesichert w soll. Einzelh: **aa)** Sachen: Ermächtigg zur Abholg ledigl zu Lebzeit des Schenkers (RG LZ **19**, 692); Überg an einen Treuhänder, der nach dem Tode des Schenkers an den Bedachten geben soll (RG JW **17**, 924); Auftr an Dr zur Übereign nach dem Tode (RG **83**, 223). **bb)** Rechte: Abschl eines VersVertr für einen Dr mit Zusage, für diesen die Prämien zu zahlen (Brschw VersR **62**, 701); Gutschr ledigl in den Handelsbüchern des Versprechden (BGH **7**, 378 für GesellschAnteil; sehr bestr, vgl Erm-Seiler 9 mwN); Abrede zw Gl u Schu, daß der Gl die Fdg an den Dr überträgt (RG **161**, 9). **c) Wirkung.** Geheilt w nur der Formmangel (auch der eines bedingten SchenkgsVerspr). Andere Mängel des SchenkgsVerspr w nicht geheilt. Kein Einfluß auf die WillErkl des Bedachten.

519 Notbedarfseinrede.
I Der Schenker ist berechtigt, die Erfüllung eines schenkweise erteilten Versprechens zu verweigern, soweit er bei Berücksichtigung seiner sonstigen Verpflichtungen außerstande ist, das Versprechen zu erfüllen, ohne daß sein angemessener Unterhalt oder die Erfüllung der ihm kraft Gesetzes obliegenden Unterhaltspflichten gefährdet wird.

II Treffen die Ansprüche mehrerer Beschenkten zusammen, so geht der früher entstandene Anspruch vor.

1) Allgemeines. In Abs I ist mit Wirkg v 1. 1. 62 an die Stelle des Wortes „standesmäßiger" das Wort „angemessener" getreten; Art 1 Z 41 FamRÄndG v 11. 8. 61. — § 519 gewährt im Falle der **noch nicht vollzogenen Schenkg** dem Versprechenden eine **Einrede** (beneficium competentiae). Bei vollzogener Schenkg gelten §§ 528, 529. — Aus dem allg Gedanken der Vorschr ist zu folgern, daß Einr auch dann gegeben sein kann, wenn nach dem Verspr eine erhebl Geldentwertg eintritt (hM). § 519 ist Sonderregel des Wegfalls der GeschGrdlage und schließt daher insoweit Anwendg des allg RBehelfs aus. — Auf die Einr kann nicht im voraus verzichtet w (hM). Sie steht nicht dem Bürgen zu, wohl aber dem MitSchu.

2) Die bloße **Gefährdg** des eigenen angem Unterhalts od der gesetzl UnterhPfl gg Dritte genügt, dh begründete Besorgn, daß die Mittel des Schenkers künftig nicht ausreichen w; eine bereits eingetretene Beeinträchtigung ist nicht erforderl. Angem Unterh: § 1610 idF des FamRÄndG. Gesetzl UnterhPflichten: §§ 1360 ff, 1601 ff, 1615 a ff, 1739, 1766, EheG §§ 58 ff. Daß Schenker im Fall seiner Bedürftig selbst einen gesetzl UnterhAnspr hat, steht dem WeigerngsR nicht entgg, RG JW **36**, 987. — Die sonstigen Verpflichtgen des Schenkers sind zu berücksichtigen, nicht etwa schlechthin abzuziehen (wichtig insb für bedingte u bedingte Verbindlichk). Der Einwand steht nur dem Schenker selbst, nicht seinem Erben, zu, wie sich aus KO § 226 II Z 3 entnehmen läßt. — Die Einr führt zur völligen od teilw Abweisg der Klage. Beschenkter kann aber erneut klagen, wenn, was er beweisen muß, die Voraussetzgen des § 519 inzw weggefallen sind (hM).

3) Mehrere Schenkgsverspr (II). Der ältere Anspr geht dem jüngeren vor. Entstehg des Anspr ist maßg, dh der Ztpkt der Ann des Schenkgsverspr, u zwar auch bei bedingten od betagten. Bei mehreren gleichzeitigen Schenkgen tritt gleichm Kürzg ein (str).

520 Erlöschen eines Rentenversprechens.
Verspricht der Schenker eine in wiederkehrenden Leistungen bestehende Unterstützung, so erlischt die Verbindlichkeit mit seinem Tode, sofern nicht aus dem Versprechen sich ein anderes ergibt.

1) Allgemeines. Die Vorschr bezieht sich nur auf die Fortgewährg der versprochenen Leistgen, dagg nicht auf bereits fällig gewordene u rückständig gebliebene Leistgen. Diese können ggü den Erben geltd gemacht w. — Die laufende Leistgsverpflichtg erlischt idR mit dem Tode des Schenkenden. Das Gegenteil kann in dem Verspr ausdr od stillschw vereinb sein, ist aber vom Beschenkten zu beweisen; ausreichd: „Zahlg auf Lebenszeit des Beschenkten". — Die Verpflichtg erlischt auch mit dem Tod des Beschenkten. — Über Leibrente § 759. Bei Leibrentenschenkg gilt § 520. Bei MitSchu ist iZw der Tod des Erstversterbenden maßg, RGRK Anm 1.

521 Haftung des Schenkers.
Der Schenker hat nur Vorsatz und grobe Fahrlässigkeit zu vertreten.

1) Allgemeines: a) Zweck: Wg der Uneigennützigk des Schenkers ist nur beschr Haftg gerechtf. **b) Abdingbarkeit:** Haftg kann (formbedürft, § 518) erweitert u bis auf Vors beschr w (§ 276 II). Aus der Unentgeltlk allein darf auf keine über § 521 hinausgehde HaftgsBeschrkg geschl w (RG Warn **32**, 73). **c) Haftungsmaß:** Vors: § 276 Anm 3. Fahrlk: § 277 Anm 2. Der Schenker haftet auch für ErfGeh (§ 278) nur gem § 521 (RG **65**, 17 [20]).

Einzelne Schuldverhältnisse. 2. Titel: Schenkung §§ 521–524

2) Anwendungsbereich. a) Persönlich: der Schenker, seine RNachfolger (insb Erben), MitSchu u Bürgen. **b) Sachlich:** auch bei sog Handschenkg (§ 534, Esser § 67 II 1), für: Unmöglk der Erf (§§ 279, 280, 307), Eintritt des Verzugs (§ 285), RHängigkHaftg (§ 292), pos VertrVerletzg (§ 276 Anm 7), c.i.c. (§ 122 II; § 276 Anm 6), verbotswidr Schenkg (§ 309). **c) Nicht:** für R- u Sachmängelhaftg, sow die §§ 523, 524 Spezialregeln darstellen; für Haftg aus eingetretenem Verzug (§ 287); im Bereich des gesetzl SchutzVerh (§ 276 Anm 6b, dd; Gerhardt JuS 70, 597); auch nicht entspr für and unentgeltl R- od GefälligkVerh (Soergel-Ballerstedt 4).

522 Verzugszinsen. Zur Entrichtung von Verzugszinsen ist der Schenker nicht verpflichtet.

1) Allgemeines. § 522 bedeutet, daß der Beschenkte, auch wenn den Schenker Vors od grobe Fahrlk (§ 521) trifft, nicht ohne weiteres die Verzugszinsen nach § 288 verlangen kann. — Unberührt bleiben dagg die Vorschr über Prozeßzinsen, § 291 (str), ferner § 292 und SchadErsPfl nach §§ 286, 287.

523 Haftung für Rechtsmängel. I Verschweigt der Schenker arglistig einen Mangel im Rechte, so ist er verpflichtet, dem Beschenkten den daraus entstehenden Schaden zu ersetzen.

II Hatte der Schenker die Leistung eines Gegenstandes versprochen, den er erst erwerben sollte, so kann der Beschenkte wegen eines Mangels im Rechte Schadensersatz wegen Nichterfüllung verlangen, wenn der Mangel dem Schenker bei dem Erwerbe der Sache bekannt gewesen oder infolge grober Fahrlässigkeit unbekannt geblieben ist. Die für die Gewährleistungspflicht des Verkäufers geltenden Vorschriften des § 433 Abs. 1, der §§ 434 bis 437, des § 440 Abs. 2 bis 4 und der §§ 441 bis 444 finden entsprechende Anwendung.

1) Allgemeines. Zweck u Abdingbk wie § 524 Anm 1a, c. Anwendgsbereich: Sachen u Re (Ggstde, vgl § 90). RsMängel: wie §§ 434–437. Bei gemischter Schenkg nur für den unentgeltl Teil. Abs I (Anm 2) gilt nur, wenn der Ggst im Verm (bei Sachen EigenBes) des Schenkers ist, Abs II (Anm 3), wenn er sich das Eigt od die Inhabersch zZ des SchenkgsVerspr erst verschaffen muß.

2) Grundsätzliche Haftung (I). a) Voraussetzungen: der RMangel muß zZ des SchenkgsVollzugs vorliegen. Argl Verschweigen: wie § 460 Anm 4. **b) Wirkung:** nur Ers des VertrauensSchad (Vorbem 2g vor § 249), zB Aufwendgen für den Ggst, Unterl anderw Erwerbs. Kennt der Beschenkte den RMangel, kann die Ursächlk entfallen.

3) Besondere Haftung (II). a) Voraussetzungen: Maßgebd Ztpkt: Anm 2a. Kenntn u grobfahrl Unkenntn: wie § 460 Anm 2, 3. Erwerb der Sache: auch hier ist Ggst gemeint. Gleichgült, ob Stück- od GattgsSchuld vorliegt. **b) Wirkung:** SchadErs wg NichtErf (Vorbem 2g vor § 249). **c) Durchführung** (II S 2): entspr den Pfl u der Gewl des Verk.

524 Haftung für Sachmängel. I Verschweigt der Schenker arglistig einen Fehler der verschenkten Sache, so ist er verpflichtet, dem Beschenkten den daraus entstehenden Schaden zu ersetzen.

II Hatte der Schenker die Leistung einer nur der Gattung nach bestimmten Sache versprochen, die er erst erwerben sollte, so kann der Beschenkte, wenn die geleistete Sache fehlerhaft und der Mangel dem Schenker bei dem Erwerbe der Sache bekannt gewesen oder infolge grober Fahrlässigkeit unbekannt geblieben ist, verlangen, daß ihm anstelle der fehlerhaften Sache eine fehlerfreie geliefert wird. Hat der Schenker den Fehler arglistig verschwiegen, so kann der Beschenkte statt der Lieferung einer fehlerfreien Sache Schadensersatz wegen Nichterfüllung verlangen. Auf diese Ansprüche finden die für die Gewährleistung wegen Fehler einer verkauften Sache geltenden Vorschriften entsprechende Anwendung.

1) Allgemeines. a) Zweck: Haftg u Gewl des Schenkers w aus dem gleichen Grd wie für § 521 eingeschr; auch weil davon auszugehen ist, daß der Schenker die Sache so verschenkt wie sie ist. **b) Anwendungsbereich:** Nur für Sachen, bei gemischter Schenkg nur für den unentgeltl Teil (vgl § 516 Anm 7d). Nur für Fehler (wie § 459 I), nicht für zugesicherte Eigensch (§ 459 II; hierzu Anm d). Abs I gilt bei allen Schenkgen einer best Sache (Stückschuld), bei Gattgschuld (§ 243 I) nur dann, wenn sich die Sache zZ des SchenkgsVerspr schon im Besitz des Schenkers befindet. Abs II gilt nur, wenn bei Gattgschuld der Schenker zZ des SchenkgsVerspr sich die Sache (dh ihren Besitz) noch nicht verschaffen muß, um die Schenkg erfüllen zu können. Auf den Besitz (nicht auf das Eigt) ist deshalb abzustellen, weil der Fehler für den Schenker erkennb sein muß. **c) Abdingbarkeit.** Die Haftg kann (formbedürft, § 518) erweitert, beschr, aber nicht für Vors ausgeschl w (§ 276 II), erst recht nicht für Argl. **d) Zusicherung von Eigenschaften** ist (vgl Anm d) wirks mögl, aber formbedürft (§ 518). Bei Fehlen der Eigensch hängen die RFolgen vom Inhalt des SchenkgsVertr ab (zur Ausslegg § 157); Wandelg (entspr § 462), ErsLieferg (entspr Abs II) od SchadErs (VertrauensSchad entspr Abs I) sind denkb. **e) Gefährliche Sachen.** Sind sie fehlerfrei, so gilt § 521 für die Erf von AufklärgsPfl (c.i.c.; vgl § 521 Anm 1c; vgl Raape AcP 147, 250). Liegt die Gefährlk od Schädlk gerade in dem Fehler, so gilt allein § 524, insb für die Folgeschäden zB Sturz von Leiter mit morschen Sprossen (Gerhardt JuS 70, 597 [600]).

2) Grundsätzliche Haftung (I). a) Voraussetzungen: Fehler: wie § 459 I; er muß zZ des Vollzugs der Schenkg vorliegen, also idR mit dem Übergang des Eigt (§§ 929ff) od des AnwartschR. Argl Verschweigen: wie § 460 Anm 4. **b) Wirkung:** SchadErsPfl gem §§ 249ff; aber nur Ers des Vertrauens-Schad (Vorbem 2g vor § 249), einschließl des FolgeSchad. Kein Ers für das ErfInteresse, insb nicht für Aufwendg zur Beseitig des Fehlers. Auch sonstige GewlAnspr sind ausgeschl.

3) Besondere Haftung (II). a) Voraussetzungen: Fehler u Ztpkt: wie Anm 2a. Kenntn u grobfahrl Unkenntn: wie § 460 Anm 2, 3; maßgebder Ztpkt hierfür ist der Erwerb (des Eigt) der Sache. Argl Verschweigen: wie § 460 Anm 4. **b) Wirkung:** Im Falle des I S 1 nur Nachliefer fehlerfreier Sache, bei I S 2 wahlw (wie bei § 480 I) auch SchadErs wg NichtErf (wie bei § 463). § 519 (Notbedarfeinrede) bleibt anwendb. § 279 gilt wg § 521 nicht (vgl auch Ballerstedt FestSchr für Nipperdey 267). **c) Durchführung** (II S 3) richtet sich nach VerkGewl, insb gelten notw Vorbeh (§ 464), Verj (§ 477) u für die Nachliefer die in § 480 I genannten Vorschr; soweit darin auf Versch abgestellt ist gilt § 521.

525 *Schenkung unter Auflage.* I Wer eine Schenkung unter einer Auflage macht, kann die Vollziehung der Auflage verlangen, wenn er seinerseits geleistet hat.

II Liegt die Vollziehung der Auflage im öffentlichen Interesse, so kann nach dem Tode des Schenkers auch die zuständige Behörde die Vollziehung verlangen.

1) Allgemeines. a) Begriff: Auflage ist die einer Schenkg hinzugefügte Best, daß der Empf zu einer Leistg verpfl sein soll. Das ändert aber nichts daran, daß die Zuwendg eine Schenkg ist, u zwar auch insow, als der Ggst dch den Wert der Aufl aufgezehrt w (RG 105, 308). Aufl kann Hauptzweck des RGesch sein. Inhalt der Aufl kann jede Leistg (Tun od Unterl) sein, gleichgült, ob es VermWert hat od nicht. Die Aufl kann im Interesse des Schenkers, des Beschenkten od eines Dr liegen. **b) Form:** Es gilt § 518; auch für die Aufl. Nichtbeachtg der Form macht die Schenkg in vollem Umfang nichtig. **c) Befreiung von der Auflage** ist mögl inf nachträgl Unmöglk gem § 275; bei Entwertg des geschenkten Ggst kann der Beschenkte entspr § 526 die Erf der Aufl dch Einr verweigern (RG 112, 210). **d) Nichtigkeit der Auflage,** wenn gg §134 od §138 verstoßen w, ferner bei § 306. Ob die Nichtigk der Aufl auch die Schenkg ergreift, best sich nach § 139. Bei Unsittlichk wird sich häuf eine Nichtigk des ganzen Vertr, also auch der Schenkg, schon aus § 138 ergeben. **e) Sondervorschriften** bestehen im ErbR bei letztwill Vfg: §§ 1935, 1940, 1967, 1972 ff, 1980, 1992, 2192 ff, 2322 ff.

2) Abgrenzung der Aufl v: **a) Wunsch, Rat oder Empfehlung:** Der Vollz kann nicht verlangt w; unterbleibt er, treten keine RFolgen ein. Bsp: Geldzuwendg für einen ErholgsAufenth. **b) Verwaltungsanordnungen** hins des zugewendeten Verm, zB §1418 II Nr 2. **c) Entgeltlicher Vertrag:** Maßgist, ob nach PartWillen Leistg u GgLeistg in dem Verh stehen sollen, daß die Aufl nur dch Leistg ist u aus ihren Erträgn bewirkt w kann (dann liegt Aufl vor, vgl Coing NJW 49, 260) od ob die Part Leistg u GgLeistg iS eines Ausgl einander gleichstellen (RG 112, 211). AnhaltsPkt bietet der v den Part angen ggs Wert der Leistgen u ihrer Grdlage. Bsp für Schenkg mit Aufl: GrdstÜbereign unter Vorbeh des Nießbr (Bambg NJW 49, 788); Übertr eines Sparkontos gg verzinsl Darl aus diesem Geld (BayObLG NJW 74, 1142). **d) Gemischte Schenkung:** diese setzt sich aus einem entgeltl u unentgeltl Teil zus (vgl § 516 Anm 7), währd bei Schenkg unter Aufl der ganze Ggst geschenkt ist. ÜbertrVertr mit Abfindgen an die Geschwister des Übernehmden ist iZw Schenkg unter Aufl (OGH NJW 49, 260). **e) Werkvertrag:** Es gilt im Grds Anm c. Schenkg eines Kap an Kirchengemeinde mit Verpfl, eine Grabstätte zu pflegen, ist Schenkg mit Aufl (RG 112, 210). **f) Zuwendung zur Weitergabe** an einen Dr ohne daß dem Empf etwas verbleiben soll, ist keine Schenkg (RG 105, 308), sond Auftr (§ 662). **g) Zweckschenkung** liegt vor, wenn nach dem Inhalt des RGesch od dessen GeschGrdlage ein über die Zuwendg an den Beschenkten hinausgehder Zweck verfolgt w, aber kein Anspr auf Vollziegh besteht (Erm-Seiler 8). RFolgen bei NichtErreich des Zwecks: § 812 I 2.

3) Erfüllungsanspruch. Er ist aufschieb bedingt dch die Erf des SchenkgsVerspr (I; § 158 I). Der Schenker ist demnach vorleistgspfl, jedoch kann etwas and, insb Zug-um-Zug-Leistg vereinb w. Bei Kl auf Erf der Aufl muß der Schenker die Vollz der Schenkg beweisen. Der AuflAnspr kann dch einstw Vfg gesichert w. Vollz der Schenkg (vgl § 518 Anm 5) u Erf des AuflAnspr geschieht nach den allg Regeln (§§ 362 ff), ist auch nach § 378 mögl. SchuldAnerkenntn od -Verspr (§§ 780, 781) genügen nicht. RFolgen bei Nicht-Erf: § 527.

4) Gläubigerstellung hinsichtl der AuflErf: **a) Schenker** od dessen RNachf in erster Linie (I). **b) Begünstigter** der Aufl: Ist an ihn aufgem zu leisten, hat er einen unmittelb Anspr gg den Beschenkten auf Erf der Aufl (§ 330 S 2) neben dem Schenker, aber erst nach Vollz der Schenkg (§ 334). **c) Zuständige Behörde** (II), kein Anspr auf Erf vor dem Tod des Schenkers. Der Erbe des Schenkers bleibt neben der Beh ansprberecht, kann aber die Aufl ohne Zust der Beh nicht mehr erlassen (§ 397). Öff Interesse: jede Förderg des Gemeinwohls. Zustdgk der Beh richtet sich nach LandesR, zB *Nds* § 3 AGBGB; *BaWü* § 4 AGBGB; *SchlH* § 1 VO v. 9. 9. 75, GVOBl 257. Kl auf Erf nur im ZivProz.

526 *Verweigerung des Vollzugs der Auflage.* Soweit infolge eines Mangels im Rechte oder eines Mangels der verschenkten Sache der Wert der Zuwendung den zur Vollziehung der Auflage erforderlichen Aufwendungen nicht erreicht, ist der Beschenkte berechtigt, die Vollziehung der Auflage zu verweigern, bis der durch den Mangel entstandene Fehlbetrag ausgeglichen wird. Vollzieht der Beschenkte die Auflage ohne Kenntnis des Mangels, so kann er von dem Schenker Ersatz der durch die Vollziehung verursachten Aufwendungen insoweit verlangen, als sie infolge des Mangels den Wert der Zuwendung übersteigen.

Einzelne Schuldverhältnisse. 2. Titel: Schenkung §§ 526–528

1) Grundgedanke. Beschenkter ist nicht verpflichtet, mehr zu leisten, als er bekommen hat. Er kann unter den Voraussetzgen des § 526 die AuflErf einredew verweigern od, falls er schon geleistet hat, Ersatz verlangen. Beides aber nur in bezug auf den FehlBetr, dh also nicht hins der durch den Mangel verursachten ganzen Wertminderg, sond nur hins des Betrages, um den der Wert der Schenkgszuwendg hinter den Kosten der Aufwendg zurückbleibt.

2) Erfüllseinrede: Aufschiebd bedingt; besteht auch ggü dem Anspr eines Dr od der zuständigen Beh (§ 525). Die Einr entfällt, wenn der FehlBetr nachgezahlt w. Keine Einr, wenn Beschenkter den Mangel bei SchenkgsAnn gekannt hat (str).

3) Nach Auflagevollziehg hat Beschenkter gg den Schenker (nicht gg dritten Empf!) Anspr auf Ers der Aufwendgen, jedoch nur, wenn er ohne Kenntn des Mangels vollzogen hat. §§ 256, 257 sind für den Anspr des Beschenkten maßg. Hat Beschenkter dagg den Mangel gekannt, so entfällt der Anspr. Fahrlässiges Nichtkennen steht der Kenntn nicht gleich. Bei nachträgl Entwertg des geschenkten Ggstandes entspr Anwendg des § 526, RG 112, 214. – **Beweislast:** Beschenkter muß nicht nur Mangel u FehlBetr. sond auch Unkenntn des Mangels beweisen (hM).

527 *Nichtvollziehung der Auflage.* I Unterbleibt die Vollziehung der Auflage, so kann der Schenker die Herausgabe des Geschenkes unter den für das Rücktrittsrecht bei gegenseitigen Verträgen bestimmten Voraussetzungen nach den Vorschriften über die Herausgabe einer ungerechtfertigten Bereicherung insoweit fordern, als das Geschenk zur Vollziehung der Auflage hätte verwendet werden müssen.

II Der Anspruch ist ausgeschlossen, wenn ein Dritter berechtigt ist, die Vollziehung der Auflage zu verlangen.

1) Allgemeines. Bei Nichtvollziehg der Aufl kann Schenker **a)** auf Erf klagen (§ 525), **b)** uU SchadErs nach §§ 280, 283, 286 verlangen, **c)** uU nach § 530 wg groben Undanks widerrufen, **d)** unter den Voraussetzgen des § 527 die Schenkg im gewissen Umfange zurückfordern. – Mögl ist Vereinbg eines vertragl RücktrR für den Fall der Nichtvollziehg der Aufl (§ 346) od aufschiebd bedingter Aufl. Dann weitergehendes RückfdgsR. – Landesrechtl Vorschriften bei bäuerl GutsüberlassgsVertr: Art 15 § 7 Pr AGBGB, BGH 3, 206; Art 42 Bay AGBGB.
Wegfall der Geschäftsgrundlage (§ 242 Anm 6c): insow enthält sind §§ 527, 528, 530 Sonderregeln. Grdsätze des Wegfalls der GeschGrdlage sind aber anwendb soweit der Sachverh außerh der Bereichs der §§ 527, 528, 530 liegt (BGH WPM **68**, 474, NJW **53**, 1585, vgl auch Dürr NJW **66**, 1660).

2) Schenker (nicht ein Dritter) **kann zurückfordern**, u zwar nach §§ 325, 326 in folgdn Fällen: **a)** bei Unmöglichk der AuflErf, wenn diese auf einem vom Beschenkten zu vertretenden Umstand beruht, **b)** bei teilw Unmöglichk, wenn die teilw AuflErf für den Schenker kein Interesse mehr hat, **c)** bei Verzug des Beschenkten, wenn die Voraussetzgen d § 326 vorliegen, **d)** bei rechtskr Verurteilg des Beschenkten u fruchtlosem Fristablauf nach §§ 325 II, 283; nicht dagegen bei unverschuldeter Unmöglichk, BGH **LM** Nr 1. Miterben des Schenkers müssen gemeinschaftl zurückfordern (§§ 327, 356), Erben eines TrHänders können es überh nicht, RG SeuffA **97**, 121. – Rechtskr eines Urteils über RentenVerspr steht Rückfdg nicht entgg, wenn das RentenVerspr in Wirklichk nur schenkgshalber gegeben war, RG JW **37**, 1547. – **Umfang der HerausgabePfl** regelt sich nach den entspr Bestimmungen über ungerechtf Bereicherg, § 818 ff; § 819 ist zu beachten. Bei gemischter Schenkg Rückfdg nur, soweit der Mehrwert durch die GgLeistg nicht ausgeglichen ist, RG **148**, 239. – Keine Anwendg von § 527, wenn die AuflErf überh keinen VermWert hat; dann nur ErfAnspr u uU BereichergsAnspr nach § 812 (hM. aber str).

3) Ausschluß des RückforderngsAnspr, wenn ein Dr die Vollziehg der Aufl verlangen kann (II), gleichgültig, ob allein od neben dem Schenker. Dritter ist auch die „zuständige Behörde" iS von § 525 II (str); das RückfdgsR des Erben wird jedenf durch die Befugn der Beh ausgeschl.

528 *Rückforderung wegen Verarmung.* I Soweit der Schenker nach der Vollziehung der Schenkung außerstande ist, seinen angemessenen Unterhalt zu bestreiten und die ihm seinen Verwandten, seinem Ehegatten oder seinem früheren Ehegatten gegenüber gesetzlich obliegende Unterhaltspflicht zu erfüllen, kann er von dem Beschenkten die Herausgabe des Geschenkes nach den Vorschriften über die Herausgabe einer ungerechtfertigten Bereicherung fordern. Der Beschenkte kann die Herausgabe durch Zahlung des für den Unterhalt erforderlichen Betrags abwenden. Auf die Verpflichtung des Beschenkten finden die Vorschriften des § 760 sowie die für die Unterhaltspflicht der Verwandten geltende Vorschrift des § 1613 und im Falle des Todes des Schenkers auch die Vorschriften des § 1615 entsprechende Anwendung.

II Unter mehreren Beschenkten haftet der früher Beschenkte nur insoweit, als der später Beschenkte nicht verpflichtet ist.

1) Allgemeines. Nach dem FamRÄndG v 11. 8. 61 ist maßg der angemessene (früher standesgem) Unterh. – **Vor Vollziehg des Schenkgsversprechens** steht dem Versprechenden die Notbedarfseinrede nach § 519 zu, nach Vollziehg der HerausgAnspr nach § 528, dessen Voraussetzgen aber strenger sind. Vorheriger Verzicht auf den Anspr ist unwirks. – Keine Anwendg auf Pflicht- u Anstandsschenkgen (§ 534) – Einr vgl § 529. – Eine jur Pers kann sich nicht berufen, RG SeuffA **85**, 124. Der Anspr steht nur dem Schenker selbst, nicht seinem GesRechtsnachf (Erben) zu, wie sich aus KO § 226 II Z 3 folgern läßt. – Anspr des Schenkers aus § 528 ist der **Pfändg** nur unterworfen, wenn er vertragl anerkannt od rechtshäng geworden ist, § 852 II ZPO. Doch ist Anspr auf die einzelne Rente (Anm 4) pfändb u abtretb (keine Anwendg von § 850b Z 2 ZPO). Wg Verh zu Wegfall der GeschGrdlage vgl § 527 Anm 1.

2) Bedürftigk: Schenker muß außerstande sein (Ztpkt der letzten mdl Verhandlg maßg), seinen eig angemessenen (nicht notdürftigen) Unterh zu bestreiten u die seinen Verwandten, dem Ehegatten od früh Ehegatten ggü obliegende gesetzl UnterhPfl zu erfüllen. RückfdgsAnspr auch schon dann, wenn Schenker entweder seinen eig Unterh nicht bestreiten od die vorgenannten gesetzl UnterhPflichten nicht erfüllen kann. Nicht erforderl ist aber, daß die Bedürftigk gerade durch die Schenkg herbeigeführt worden ist. Gefährdg genügt nicht, bereits bestehendes Unvermögen ist notw, Warn **43**, 7. Angreifen der VermSubstanz kann daher vom Schenker verlangt w, RG SeuffA **61**, 102, nicht aber unwirtschaftl Verwertg, Warn **43**, 7. Der Umstand, daß Schenker im Falle seiner Bedürftigk einen gesetzl UnterhAnspr hat, steht der Anwendbark der Vorschr nicht entgg, RG JW **36**, 987. ArbMöglichk des Schenkers ist zu berücksichtigen.

3) Anspr geht auf **Herausgabe des Geschenkes** nach den Vorschr über ungerechtf Bereicherg, §§ 818 ff; aber nicht schlechthin auf Herausg der ganzen Schenkg, sond nur auf Herausg, soweit es zur Deckg des durch § 528 geschützten Bedarfs notw ist. Bei unentgeltl Weitergabe des Geschenks an einen Dr richtet sich der Anspr nach § 822 gg diesen. Freie Beweiswürdigung, Warn **35**, 3. – S 3 bezieht sich nur auf S 2, nicht auf den RückfdgsAnspr des I S 1 (ungenaue Gesetzesfassg).

4) Abwendg der Herausgabepflicht durch Zahlg des für den Unterh erforderl Betrages in Form einer fortlaufenden Rente an den Schenker (I S 2, 3). Kein Anspr des Schenkers, sond nur alternative Ermächtigg des HerausgPfl. RentenPfl erlischt mit Tod des Schenkers (§ 1615), nicht mit dem des Beschenkten.

529 *Ausschluß des Rückforderungsanspruches.* I Der Anspruch auf Herausgabe des Geschenkes ist ausgeschlossen, wenn der Schenker seine Bedürftigkeit vorsätzlich oder durch grobe Fahrlässigkeit herbeigeführt hat oder wenn zur Zeit des Eintritts seiner Bedürftigkeit seit der Leistung des geschenkten Gegenstandes zehn Jahre verstrichen sind.

II Das gleiche gilt, soweit der Beschenkte bei Berücksichtigung seiner sonstigen Verpflichtungen außerstande ist, das Geschenk herauszugeben, ohne daß sein standesmäßiger Unterhalt oder die Erfüllung der ihm kraft Gesetzes obliegenden Unterhaltspflichten gefährdet wird.

1) Allgemeines. § 529 enthält **drei Ausnahmen** von dem RückfdgsR des Schenkers. Alle drei sind (trotz des scheinb entggstehenden Wortlautes) Einreden, also nicht vAmtsw zu berücksichtigen. **a)** Vorsätzl od grobfahrl verschuldete Bedürftigk des Schenkers, zB Trunksucht, Verschwendg. **b)** Fristablauf. **c)** Eigene Bedürftigk des Beschenkten; Voraussetzgen wie bei § 519, nicht wie bei § 528.

530 *Widerruf der Schenkung.* I Eine Schenkung kann widerrufen werden, wenn sich der Beschenkte durch eine schwere Verfehlung gegen den Schenker oder einen nahen Angehörigen des Schenkers groben Undankes schuldig macht.

II Dem Erben des Schenkers steht das Recht des Widerrufs nur zu, wenn der Beschenkte vorsätzlich und widerrechtlich den Schenker getötet oder am Widerrufe gehindert hat.

1) Allgemeines. Der Widerr w in den §§ 530–534 geregelt. **a) Rechtsnatur**: das R zum Widerr ist höchstpersönl, nicht abtretb, daher unpfändb; nur eingeschr vererbl (Anm c). **b) Anwendbar**: für SchenkgsVerspr u für vollzogene Schenkg; bei gemischter Schenkg vgl BGH **30**, 120). Nur wenn der Schenker eine natürl Pers ist, nicht eine jurP ist (BGH NJW **62**, 955); ebso beim Beschenkten (Düss NJW **66**, 550). **c) Vererblichkeit**: ist dch II eingeschränkt; auch die Hinderg am Widerr muß vorsätzl u rechtswidr sein. **d) Nahe Angehörige**: Maßg ist das tats pers Verh zum Schenker, nicht der Grad der Verwandtsch od Schwägersch. Mögl auch bei Pflegekind u -eltern, Lebensgefährten.

2) Voraussetzungen des Widerrufs. Maßg ist die tatrichterl Würdigg des gesamten Sachverh (BGH NJW **67**, 1082). **a) Schwere Verfehlung** des Beschenkten (nicht eines Dr, BGH WPM **62**, 555), auch dch Unterl od dch Mehrh v Handlgen (Erm-Seiler 2). Obj muß sie sich gg den Schenker od Angeh richten, subj eine tadelnswerte, auf Undankbk deute Gesinng offenb (RG **158**, 141). Die Verfehlg muß vorsätzl, schuldh u rechtswidr sein. Bei mehreren Schenkern eines unteilb Ggst genügt Verfehlg gg einen (BGH MDR **63**, 575). Bsp: Bedrohg des Lebens; körperl Mißhandlg, grdlos EntmündiggsAntr u StrafAnz; belastde Aussagen trotz ZeugnVerweigergsR (BGH **LM** Nr 6); schwere Beleidigung; zweifelh, ob zur Scheidg führde ehewidr Beziehgen ausreichen (vgl Olschowski MDR **75**, 626). **b) Grober Undank** ggü dem Schenker muß der schweren Verfehlg zu entnehmen sein; dabei kommt einem engen Verwandtsch-Verh zw Schenker u Beschenktem keine erhöhte Bedeutg zu (BGH NJW **78**, 213). Ein Zushang zw der Schenkg u der Verfehlg ist aber nicht erforderl; jedoch muß der Beschenkte bei der Verfehlg Kenntn v der Schenkg, dem Schenker od der AngehEigensch gehabt haben. Verfehlgen des Schenkers ggü dem Beschenkten können groben Undank ausschl (Erm-Seiler 4). Undankb Gesinng ggü dem dch Aufl Begünstigten (§ 525) genügt nicht (BGH MDR **51**, 335); Untreue bei eheähnl Verh für ausreichd gehalten v Hamm NJW **78**, 224.

531 *Widerrufserklärung.* I Der Widerruf erfolgt durch Erklärung gegenüber dem Beschenkten.

II Ist die Schenkung widerrufen, so kann die Herausgabe des Geschenkes nach den Vorschriften über die Herausgabe einer ungerechtfertigten Bereicherung gefordert werden.

Einzelne Schuldverhältnisse. 3. Titel: Miete. Pacht §§ 531–534, Einf v § 535

1) **Form** des Widerr (I): einseit empfangsbedürft WillErkl (§ 130) des Schenkers od dessen Erben (§ 530 II); auch im Test mögl (RG **170**, 380). **Wirkung**: Es entfällt der RGrd der Schenkg u entsteht ein Anspr aus unger Ber (§§ 812 ff) gg den Beschenkten (BGH **35**, 103 [107]). Geschenk ist das, was dem PartWillen bei der Schenkg entspr; muß nicht vorher im Eigt des Schenkers gestanden haben (RG **167**, 199 [202]). Nachträgl Verzeih beseit vollz Widerr nicht.

532 Ausschluß des Widerrufs.
Der Widerruf ist ausgeschlossen, wenn der Schenker dem Beschenkten verziehen hat oder wenn seit dem Zeitpunkt, in welchem der Widerrufsberechtigte von dem Eintritte der Voraussetzungen seines Rechtes Kenntnis erlangt hat, ein Jahr verstrichen ist. Nach dem Tode des Beschenkten ist der Widerruf nicht mehr zulässig.

1) **Allgemeines.** Die drei AusschließgsGrde (Verzeihg, ZtAblauf, Tod) greifen nur ein, wenn der Widerr noch nicht vollzogen ist; andernf ist nur ErlaßVertr (§ 397) mögl. Verzeihg ist Einrede; ZtAblauf u Tod sind rechtsvernichte Einwendgen.

2) **Einzelheiten. a) Verzeihung:** wie § 2337 (vgl dort). Tats Vorgang, kein RGesch, setzt Einsichtsfähigk voraus. **b) Fristablauf:** AusschlFr; Berechg: § 187 I, 188 II. Für den Erben des Schenkers beginnt die Fr nicht vor Kenntn seiner ErbenEigensch. **c) Tod des Beschenkten:** der vor dessen Tod erkl wirks Widerr begrdet Anspr gg dessen Erben.

533 Verzicht auf Widerrufsrecht.
Auf das Widerrufsrecht kann erst verzichtet werden, wenn der Undank dem Widerrufsberechtigten bekannt geworden ist.

1) § 533 ist zwingd (BGH **3**, 206 [213]). Gilt für das WiderrufsR des § 530 u den daraus folgden Rückg-Anspr (BGH JR **72**, 67). Verzicht (einseit empfangsbedürft WillErkl, § 130) ist erst ab Kenntn der den Undank bildden Tats wirks mögl.

534 Pflicht- und Anstandsschenkungen.
Schenkungen, durch die einer sittlichen Pflicht oder einer auf den Anstand zu nehmenden Rücksicht entsprochen wird, unterliegen nicht der Rückforderung und dem Widerrufe.

1) **Allgemeines.** Auch die Pfl- u Anstandsschenkgen sind Schenkg iS der §§ 516 ff (RG **125**, 380); es gelten wg § 534 aber nicht die §§ 528–533, wohl aber § 527 (Nürnb BB **65**, 1426; bestr). Fällt die Schenkg nur teilw unter § 534, so ist der entspr Teil v RückFdg u Widerr ausgeschl, bei Unteilbk RückFdg Zug um Zug gg eine der sittl od AnstandsPfl entspr Leistg (BGH LM Nr 1). Sonstige Regeln für Pfl- u Anstandsschenkgen: §§ 814, 1425 II, 1641, 1804, 2113 II, 2205, 2207, 2330. **Sittliche Pflicht.** Nicht nur Betätigg der allg Nächstenliebe, sond eine aus den bes Umst des Einzelfalles erwachsde sittl Pfl, wobei das Verm u die Lebensstellg der Beteiligten sowie ihre pers Beziehgen untereinander zu berücks sind (BGH LM Nr 1). Beispiele: Unterhaltg von bedürft Geschwistern, auch Schenkg von Pers, die eheähnl zusgelebt haben (RG HRR **37**, 371). **Anstandspflicht.** Insb Geburtstags-, Weihnachts-, Neujahrs-, Hochzeitsgeschenke. Es ist auf die Ansichten u Gepflogenh soz Gleichgestellter abzustellen, insb darauf, ob die Unterl des Geschenks zu einer Einbuße an Achtg in diesem PersKreis führen würde (RG **98**, 323 [326]).

Dritter Titel. Miete. Pacht

I. Miete

Einführung

Übersicht

1) Begriffe und Rechtsnatur
   a) Miete
   b) Mietvertrag
   c) Untermiete
   d) Mietvorvertrag
   e) Vormiete
   f) Mietoptionsvertrag
   g) Doppelvermietung

2) Abgrenzung zu anderen Verträgen
   a) Pacht
   b) Leihe
   c) Werkvertrag
   d) Verwahrungsvertrag
   e) Gesellschaft
   f) Gemeinschaft
   g) Verein und Genossenschaft
   h) Dingliche Rechte
   i) Öffentlich-rechtliche Nutzungsverhältnisse

3) Mischverträge
   a) Verbundene Verträge
   b) Gemischter Vertrag

4) Leasingverträge
   a) Begriff
   b) Rechtsnatur
   c) Rechtliche Behandlung

5) Inhalt des Mietverhältnisses
   a) Dauer
   b) Pflichten und Rechte
      aa) Pflichten des Vermieters
      bb) Pflichten des Mieters
   c) Rechte des Mieters gegen Dritte
   d) Rechte Dritter aus dem Mietverhältnis

6) Grundstücksmiete
   a) Anwendungsbereich
   b) Rechtsgrundlagen

Einf v § 535 1, 2   2. Buch. 7. Abschnitt. *Putzo*

7) **Raummiete**
   a) Anwendungsbereich
   b) Rechtsgrundlagen
8) **Wohnraummiete**
   a) Anwendungsbereich
   b) Rechtsgrundlagen
   c) Soziales Mietrecht
      aa) Sozialwohnungen
      bb) Wohngeld
   d) Deutscher Einheitsmietvertrag
9) **Mischmietverhältnisse**
   a) Untrennbar vermietete Sachen
   b) Trennbar vermietete Sachen
10) **Prozeßrechtliches**
    a) Urteilsverfahren
       aa) Zuständigkeit
       bb) Streitwert
       cc) Klage
       dd) Räumungsfrist
       ee) Vorläufige Vollstreckbarkeit
       ff) Kostenentscheidung
       gg) Rechtsentscheid
    b) Vollstreckungsschutz
11) **Finanzierungsbeiträge und andere Mieterleistungen**
    a) Zulässigkeit
    b) Arten
       aa) Verlorener Baukostenzuschuß
       bb) Abwohnbarer Baukostenzuschuß
       cc) Mietvorauszahlung
       dd) Mieterdarlehen
       ee) Werkförderungsvertrag
       ff) Aufbaudarlehen
       gg) Abstand
       hh) Mietkaution
12) **Wohnraumzwangswirtschaft**
    a) Mietpreisbindung
    b) Beendigung
    c) Übergangsrecht
13) **Soziales Mietrecht**
    a) Bestandschutz
    b) Vertragliche Mieterhöhungen
    c) Einseitige Mieterhöhungen
    d) Mietpreisberechnungen

1) Begriffe und Rechtsnatur.

a) Miete (MietVerh) ist das Rechts(Schuld)Verh zw Verm u Mieter, das dch MietVertr begründet w. Das MietVerh ist ein DauerschuldVerh. Ggst des MietVerh können nur Sachen (§ 90) sein. **b) Mietvertrag** ist ein schuldrechtl, entgeltl GebrauchsüberlassgsVertr (wie Pacht u Leihe), ggs Vertr i S der §§ 320 ff. Abschl des MietVertr (§ 535 Anm 1a) u Beginn des MietVerh (Anm a) fallen meist nicht auf denselben Ztpkt. **c) Untermiete** ist ein MietVerh zw dem Mieter (dem sog Hauptmieter) u dem Untermieter; ein Mietverh 2. Stufe, auch eine 3. Stufe ist mögl. Der UntermietVertr ist echter MietVertr (mit allen Rechten u Pflichten) u von der bloßen Überlassg des Gebrauchs der Sache an einen Dritten od der Abtr des Rechts aus dem MietVertr (§ 398) zu unterscheiden (Larenz Sch § 48 IIIa). **d) Mietvorvertrag** ist ein formloser (§ 566 Anm 1c) VorVertr (Einf 4 b vor § 145), dch den sich die künft Verm u Mieter bindd verpfl, einen MietVertr abzuschließen. VertrInhalt muß im einzelnen darin festgelegt sein. Könnte der MietVertr sof geschlossen w, so müssen bes Gründe für die Ann vorliegen, daß rechtl Bindg u damit ein VorVertr gewollt war (BGH WPM **69**, 919). Auf einen VorVertr kann nicht allein daraus geschl w, daß ein beabsicht MietVertr nicht od nicht wirks zustandegek ist (BGH WPM **63**, 173). Aus einem forml MietVorVertr kann wg § 566 auf schriftl Abschl des MietVertr geklagt w, wenn die BeurkundgVereinbg war (BGH **LM** § 566 Nr 11). **e) Vormiete** ist das R aus einem Vertr, der dem Berecht ggü dem Verm das Recht einräumt, in einen vom Verm mit einem Dritten geschlossenen MietVertr als Mieter einzutreten. Hierfür gelten die §§ 504–514 (Vorkauf) entspr (allg M; zB BGH **LM** § 535 Nr 27), insb § 505 (sodaß MietVertr zw Verm u Berecht zu den gleichen Bedinggen wie mit dem Dritten vereinbart, zustandekommt), § 508 (Gesamtpreis, RG **123**, 265), § 510 (AnzeigePfl, BGH MDR **58**, 234, u-Fr, Kania ZMR **76**, 1); § 514 (Unübertragbk); § 507 aber nicht ohne weiteres (RG **125**, 123). Schriftform des § 566 gilt nicht (Soergel-Mezger 8; Kania ZMR **76**, 1; aA Weimar JR **67**, 456). Übergang auf GrdstErwerber gem § 571 (BGH WPM **71**, 131; bestr). **f) Mietoptionsvertrag** (vgl Einf 4c vor § 145) ist ein MietVertr, der unter der aufschiebden Bedingg geschl ist, daß der eine VertrPartner innerh einer best Frist von dem ihm eingeräumten GestaltgsR (Kania ZMR **76**, 1), diesen MietVertr zustandezubringen od zu verlängern, dch formlose Erkl Gebrauch macht (BGH NJW **68**, 551). Dadch w ein dem AnkaufsR (Vorbem 1 vor § 504) entspr AnmietR begr (RG **161**, 267); Schriftform des § 566 gilt für eine entspr lange Optionsdauer (Kania ZMR **76**, 1). Die Verlängerungsoption, bei der kein neues MietVerh begrdet w, sond das alte fortges w (BGH aaO), muß vor Ablauf des MietVertr ausgeübt w (RG **99**, 154). Eine nicht ausdrückl festgelegte Fr ist dch Auslegg zu ermitteln, wobei an KündFr angeknüpft w kann (Düss NJW **72**, 1674). § 571 ist nur bei Verlängergsoption anwendb. **g) Doppelvermietung** liegt vor, wenn dieselbe Sache, die bereits dch wirksamen MietVertr vermietet ist, an eine and Person nochmals vermietet w; ist voll wirks. Es liegt am Verm, wem ggü er erf Dem und Mieter stehen idR nur Anspr auf SchadErs zu (BGH MDR **62**, 398). Keine Doppelvermietg liegt vor, wenn der fr Mieter den Anspr aus § 556 I nicht rechtzeit erf (Brem [LG] ZMR **69**, 282).

2) Abgrenzung zu anderen Verträgen.

Sie ist nach dem ges Inhalt des Vertr vorzunehmen; die von den Part gewählte Bezeichnung des Vertr ist nicht entscheidd (RG **130**, 275). Maßgebl Ztpkt ist der des VertrAbschl; daher ist für die Rechtsnatur des Vertr insb unerhebl: späterer Eintritt eines Dritten (RG **125**, 128); Rückgabe od Kauf des Inventars dch den Pächter (RG **122**, 274); Änderg des gepachteten Betr. **a) Pacht** (§ 581): Miete bezieht sich nur auf Sachen (§ 90), Pacht auf Ggstände (Sachen u Rechte); Miete gewährt nur den Gebr, Pacht auch den Bezug der Früchte (§ 99). Werden dch einheitl Vertr mehrere Sachen teils nur zum Gebr, teils auch zum Fruchtgenuß, od Sachen u Rechte überlassen, so kommt es auf den HauptGgst u auf den wesentl VertrZweck an. Werden Grdste od Räume für einen gewerbl od freiberufl Betr überlassen, liegt Pacht nur dann vor, wenn Räume (od Grdst) für einen best Betr baul geeignet, auso eingerichtet u ausgestattet sind, daß sie alsbald für den Betr mit Gewinn benutzt w können (RG stRspr; **109**, 206), auch wenn Inv noch ergänzt w muß. Wenn der stets erforderl Zusammenhang zw Raum- u InvÜberlassg besteht, kann das Inv auch von einem Dritten überlassen w (RG JW **28**, 469 u 2517). Der Umst, daß die Räume gewerbl od berufl benutzt w, genügt nicht. Bsp für Pacht: eingerichtete Gastwirtsch mit Wohng; Bäckerei mit Backstube u Ladeneinrichtg (RG HRR **29**, 593); eingerichtete u eingeführte EinzelhandelsGesch u HandwerksBetr (Warn **26**, 183), Hotels (RG **103**, 271), Erholgsheim (RG **102**, 186), Theater u Kino (RG **138**, 192), Arzt-

478

u Zahnarztpraxis; für Miete: Anwaltskanzlei (RG JW **25**, 472), leere od nicht für ein bestimmtes, schon bestehendes Gesch eingerichtete Räume (zB Büro, Laden mit Regalen u Verkaufstischen); Maschinenanlagen (BGH NJW **68**, 692); Überlassg eines Autokinos für einen GebrWagenmarkt (Mü MDR **72**, 425). **b) Leihe** (§ 598) ist im Ggsatz zur Miete unentgeltl. Auch bei WoRaum mögl, wenn zB abgegrenzte Teile einer Wohng ohne Entgelt überlassen w. Ist das Entgelt auch weit unter dem Marktpr (sog GefälligkMiete), liegt Miete vor (BGH **LM** § 535 Nr 45). **c) Werkvertrag** (§ 631): hier w statt Gebrauchsüberlassg die Herbeiführg eines best Erfolges geschuldet (Einf 1 vor § 631). Bei Miete u WerkVertr sind MischVertr (Anm 3 a) häuf. WerkVertr mit mietrechtl Einschlag liegt zugrunde bei Besuch von Veranstaltgen (Theater, Konzert Kino, Sport usw) als Zuschauer od Zuhörer (RG **127**, 313; **133**, 388), auch trotz sog Platzmiete). MietVertr ist der einfache CharterVertr (vgl Einf 5 vor § 631), die Überlassg einer Sache für eine Veranstaltg gg Entgelt (BGH **LM** § 823 Nr 28), nicht aber, wenn sie nur mit Rücksicht auf den Verzehr der Gäste erfolgt (RG **160**, 153). **d) Verwahrungsvertrag** (§ 688): hier w nicht Gebrauchsüberlassg des Raums sond die Aufbewahrg geschuldet. Nur für bewegl Sachen mögl. VerwahrgsVertr liegt vor, wenn nicht nur Raum zur Aufbewahrg überlassen, sond auch Obhut (Bewahrg) übernommen w (BGH **3**, 200); prakt wichtig bei Einstellen von Kraftfahrzeugen (Weimar NJW **63**, 629), wo Umst des Einzelfalls entscheiden. VerwahrgsVertr: bewachter Parkplatz (hM; aA Neumann-Duesberg, VersR **68**, 313), Parkhaus (aA LG Brem NJW **70**, 2064) uU Sammelgarage (Ruhkopf VersR **67**, 10 mwN). Miete: Einzelgarage; Bankschließfach trotz bestehder BewachgsPfl der Räume (hM; RG **141**, 99 mwN); Kühlhauszellen (BGH **LM** § 535 Nr 2). **e) Gesellschaft** (§ 705) ist ZusSchluß von Personen zu gemeins Zweck; hier kann GebrÜberlassg an Gesellsch vereinb Beitr (§ 705) sein, auch bei den gesellschähnl partiar RechtsVerh (§ 705 Anm 10). Umst u Vereinbgen des Einzelfalls entscheiden, insb beim sog **Automatenaufstellungsvertrag** (Lit: v Olshausen-Schmidt: AutomatenR, 1972; Huffer NJW **71**, 1433; vgl § 705 Anm 10), der wohl überh nicht einem best VertrTyp zugeordnet w kann. Miete eines GrdstTeils liegt vor, wenn ein Raum allein zum Betr eines od mehrerer Automaten od ein Platz für die Aufstellg eines Automaten (sog AutomatenanbringsVertr, v Olshausen-Schmidt S 78) gg festes Entgelt od best Anteil am Umsatz (sog Umsatzmiete) zur Verfügg gestellt w. Partiarische Rechts-Verh, Gesellsch od gemischter Vertr (Anm 3 b) liegt vor, wenn der Automat in einen GewerbeBetr, insb Gastwirtsch, eingegliedert u Gewinnbeteiligg vereinbart ist (BGH **47**, 202). KündFr in diesen Fällen entgg § 723 I regelm 3. Werktag zum Ende des übernächsten Monats (hM; LG Köln NJW **72**, 2127 mwN). Zur NachfKlausel vgl Düss OLGZ **73**, 11. Stets ist Miete gegeben, wenn der Automat (mit od ohne Aufstellplatz) gg Entgelt an denjenigen überlassen w, der das Gesch damit betreibt. Die Rspr beurteilt die RNatur des AutomatenaufstellVertr unterschiedl: Hamm NJW **64**, 2021 u JMBl NRW **65**, 29; Stgt (LG) NJW **63**, 1927; Köln JMBl NRW **62**, 269. Bei Ausschließlk ist Schriftf wg § 34 GWB mögl (Celle NdsRpfl **75**, 89). **f) Gemeinschaft** ist Gebr einer Sache aus eigenem Recht (§ 743 II), auch nicht Miete, wenn alleiniger Gebr gem § 745 I gg Entgelt eingeräumt w (BGH NJW **66**, 1707; and NJW **74**, 364). Bei GesHandGemsch (insb ErbenGemsch) ist entgeltl Gebr dch einen Miterben regelm Miete (BGH **LM** § 535 Nr 42). Miete zu vereinb ist auch bei Gemsch (§ 741) stets mögl (§ 535 Anm 1a; vgl auch BGH NJW **74**, 743). **g) Verein und Genossenschaft**: Benutzg ihrer Einrichtgen dch Mitglieder ist nur dann Miete, wenn der Gebr wenigstens für kurze Zeit ausschl u gg bes Entgelt überlassen w, insb eine Wohng (Wiesb [LG] NJW **62**, 2352 m Anm v Roquette), Maschinen ohne Bedienspersonal (sonst gemischter Vertr, Anm 3a); auch nicht mietähnl Verh, wenn ein Mitglied eine Festlk des Vereins gg Entgelt besucht (Mü VersR **76**, 99). **h) Dingliche Rechte**: WohngsR (§ 1093; zur Abgrenzg BGH ZMR **70**, 11); Dauerwohn- u DauernutzgsR (§ 31 WEG), Nießbr (§ 1030) sind im Ggsatz zur Miete dingl Rechte, an Grdsten u Teilen eintraggsbedürft (§ 873). **i) Wohnbesitz** ist ein schuldrechtl DauerWohnR zur Eigennutzg einer Wo iVm Beteiligg an einem zweckgebundenen Vermögen, das mit einem WohnBesBrief bestät u mit einer bedingten, befrist Verspfl zum Erwerb v WoEigt verbunden ist (§§ 12a, 62f II. WoBauG idF v 1. 9. 76, BGBl 2674; Übbl bei Pick NJW **76**, 1049). Der Vertr bedarf der Form des § 313 (Brambring NJW **76**, 1439). Es darf nur an Pers vergeb w, die im soz WoBau gem § 5 WoBindG berecht sind (§ 62b II. WoBauG). Für die Einräumg des WoBes gelten bes Vorschr für Kaufpr u VerwKosten (§ 62c II. WoBauG). Der WoBes ist grdsätzl nur mit Zust des Bauträgers übertragb (§ 62d II. WoBauG) u vererbl. GebrÜberl an Dr setzt Einwilligg des Bauträgers voraus, die nur aus den Grd des § 62e II. WoBauG erteilt w darf. Das NutzgsVerh aus WoBes ist vom Berecht nur bei Übertr des WohnBes zul, vom Verpfl (Bauträger) nur bei Vorliegen v Grd zur fristl Künd eines MjetVerh, bei unzul Übertr dch den Berecht u bei Anspr des Verpfl (Bauträgers) auf Übertr (§ 62e II. WoBauG). Die Höhe des NutzgsEntgelts ist beschr auf die Höhe der laufden Aufwendgen zur Deckg. **j) Öffentlichrechtliche Nutzungsverhältnisse** unterliegen nicht dem MietR des BGB, so insb Dienstwohngen von Richtern, Beamten u Soldaten (BGH **LM** § 71 GVG Nr 9), Telefonanschluß (BGH **39**, 35), Überlassg von kommunalen Einrichtgen, zB Marktstände, Vieh- u Schlachthofräume (RG **99**, 96), Gräber (Bachof ArchÖffR **78**, 82), Badeanstalten, soweit Benutzg auf Grund öff-rechtl Satzg vergeben w (Erm-Schopp 11). MietVertr ist aber die Sondernutzg öff Sachen (zB dch Verkaufsstand) mögl, wenn der Gebr dch Vertr gewährt, nicht nur überlassen w (BGH **19**, 85 [92]).

3) Mischverträge (vgl § 305 Anm 6), die mind zT dem MietR unterliegen, sind häuf. Praktisch sind zwei Gruppen zu unterscheiden: **a) Verbundene Verträge** (TypenkombinationsVertr u AustauschVertr mit atypischen Ggleistg, Larenz Sch § 34, 1, 2). Der einheitl Vertr ist zu einem Teil Miete, im übrigen einem and VertrTyp zuzuordnen. Für jeden Teil w das Recht des zutreffenden VertrTyps angewendet. Allg gilt § 139. Die wichtigsten Formen sind: <u>Mietkauf</u>. Das ist ein MietVertr, bei dem der Verm dem Mieter das Recht einräumt, innerh einer best Frist die (idR neue) Sache zu einem vorher best Preis zu kaufen, wobei die bis dahin gezahlte Miete ganz od zT auf den Kaufpreis angerechnet w. Es ist also ein MietVertr mit einem KaufoptionsVertr verbunden. Miet- u KaufR w getrennt für jeden Teil angewendet. In der Ausübg der Kaufoption liegt die iZw damit zulässige fristlose Künd des MietVerh. Mietpreis ist meist überhöht, einers um den Mieter zum Kauf zu veranlassen, andseits weil bei neuer Sache dch Gebr starker Wertverlust eintritt. Verm ist hauptsächl am Verkauf interessiert. Anreiz für Mieter ist leichtere Finanzierg als bei sof Kauf u mögl Steuervorteil, weil im Effekt stark progressive Abschreibg erreicht w.

Der Unterschied zum LeasingVertr (Anm 4) liegt darin, daß beim Mietkauf Gefahr, Gewährleistg u Instandhaltg gem §§ 536–539 beim Verm liegen. **Hausmeister(verwalter)wohnung:** im Einzelfall verschieden; idR Arbeits- od DienstVerh verbunden mit Überlassg einer Werkmiet- od -dienstwohng (§§ 565 b–e, vgl dort). **Maschinen und Fahrzeuge:** w das Bediengspersonal gestellt, liegt idR Miete verbunden mit Dienstverschaffgs Vertr vor (KG NJW **65**, 976; Hilgendorff VersR **72**, 127), wenn Gebr überlassen (zur Disposition des Mieters), nach Zeit abgerechnet u Obhut (insb Wartg) dch Mieter übernommen w (vgl hierzu BGH LM § 535 Nr 40); sonst reiner Dienst- od WerkVertr (Hbg MDR **65**, 491 u **68**, 1007; Karlsr MDR **72**, 324). Übernimmt der Verm Wartg od Einschulg des Mieters od dessen Personal zum Bedienen, ist der MietVertr mit WerkVertr verbunden. **Gastwirtschaft mit Bierlieferungsvertrag:** ist Miet (od Pacht)-Vertr verbunden mit Sukzessivliefergsvertr (§ 326 Anm 13). **Filmverleih:** Vertr zw Filmverleih u Kino-Untern ist MietVertr, soweit der Film als Sache überlassen w (Celle NJW **65**, 1667), verbunden mit Lizenz-Vertr, dch den urheberrechtl das VorführgsR (§§ 19, 94 UrhG) auf Zeit übertragen w. Davon zu unterscheiden ist der Vertr zw Filmhersteller u Verleiher, der keine mietrechtl Elemente aufweist (RG **161**, 321; BGH **2**, 331; Einf 1 h vor § 581). **Heimpflegevertrag:** Insb in Altenheim, MietVertr verbunden m DVertr, wobei einh Künd u KündFr auf beiden Seiten anzunehmen ist. Für außerord Künd gilt § 626 (Hbg MDR **73**, 758). **b) Gemischter Vertrag** (Typenverschmelzgs Vertr, Larenz Sch § 34, 3). Der einheitl Vertr weist Merkmale der Miete u mind eines and VertrTyps auf. Der Vertr w grdsätzl nach MietR behandelt, wenn die wesentl Leistg in entgeltl GebrÜberlassg besteht. Daneben können einzelne Vorschr der and Vertr-Typen direkt od entspr angewendet w, soweit sie dem MietR nicht widerspr. Im wesentl MietVertr sind: möblierte Zimmer mit Frühstück u Bediengg; BeherbergsVertr (Einf 2 vor § 701, BGH NJW **63**, 1449); Benutzg von Vergnüggs- u Sporteinrichtgen (soweit nicht öff-rechtl NutzgsVerh vorliegen, vgl Anm 2 i), zB Sprungschanze, Autoskooter (BGH NJW **62**, 908), Schiffsschaukel (Köln NJW **64**, 200); Schwimmbad (BGH VersR **75**, 766); Reklameflächen an Fahrzeugen (daneben WerkVertr); aber reine Miete bei Hauswänden u freistehen Tafeln (Erm-Schopp 11).

4) Leasingverträge stellen wirtschl eine bes FinanziergsForm dar mit Vorteilen für den Hersteller od Händler (Umsatz), den LeasGeber (KapNutzg) u LeasNehmer (erleichterte Finanzierg, indirekte Bilanz- u Steuervorteile). Die Vertr sind je nach Zweck u Ggst unterschiedl ausgestaltet. Zur Einordng in das dtsche Privat- u SteuerR krit H. Krause NJW **73**, 691. **a) Begriff:** LeasVertr liegt vor, wenn eine Sache od Sachgesamth vom LeasGeber dem LeasNehmer gg Entgelt zeitw überlassen w, wobei der LeasGeber von Gefahr u Haftg für Untergang, Beschädigg u Instandhaltg der Sachen freigestellt ist. Das Risiko ist also ähnl dem Kauf verteilt. Regelmäß (aber nicht begriffsnotw) enthält der LeasVertr ein Kaufoptions(Ankaufs-)R (vgl Vorbem 1 vor § 504) des LeasNehmers. Die VertrDauer kann best sein (insb bei Werkanlagen zw 7 u 15 Jahre übl, FinanziergsLeas) od unbest mit jederzeit mögl ordentl Künd (insb bei Maschinen u Fahrzeugen, OperatingLeas). LeasGeber kann der Hersteller, auch dessen Tochtergesellsch sein (Hersteller-Leasing) od eine vom Hersteller unabhäng Person, insb ein FinanziergsUntern (Finanziergs-Leasing). In der Wirtsch w insb bei Kraftfahrzeugen u and Verbrauchsgütern zur Werbg ein Vertr als LeasVertr bezeichnet, der in Wirklichk reiner MietVertr ist, weil die den LeasVertr kennzeichnende kaufähnl Risikoverteilg fehlt. **b) Rechtsnatur:** Sie ist umstr. Der LeasVertr ist ein bes ausgestalteter MietVertr, auch häuf so bezeichnen (Nürnb NJW **77**, 152), da entgeltl GebrÜberlassg von Sachen den wesentl VertrInhalt ausmacht (Flume Betr **72**, 1; Esser § 74, 4; Reich JuS **73**, 480; von BGH WPM **75**, 1203 für den Einzelfall bejaht). Die von den §§ 536–539 abweichde vertragl Regelg berührt das Wesen des MietVertr nicht. Für Sach- od RKauf: Fikentscher § 71 V 7; Emmerich SchuldR Schwerpkte 1973 § 8 I 4; Plathe BB **70**, 601. Für atyp gemischten Vertr: Larenz § 63 III; Klaes NJW **68**, 1502 [1507]. Enthält der LeasVertr eine Kaufoption, so liegt der Unterschied zum Mietkauf (Anm 3a) in der Haftg, Gewährleistg u InstandhaltgsPfl. **c) Rechtliche Behandlung:** Abschl grdsätzl formfrei; § 566 gilt. Für VertrInhalt, beiders Rechte u Pfl sind die Bedinggen des EinzelVertr maßg (meist AGB), soweit sie nicht gg zwingde ges Vorschr (insb AGBG) od gute Sitten verstoßen (§§ 134, 138; hierzu LG Kblz NJW **73**, 706). Ein LeasVertr kann ein UmgehgsGesch iS des § 6 AbzG sein (vgl § 6 Anm 2b, bb AbzG; Köln NJW **73**, 1625 m abl Anm v Reich). Im Zw sind die §§ 536–539 ausgeschl, so daß die InstandhaltgsPfl den LeasN trifft (Ffm NJW **77**, 200; abw BGH NJW **77**, 195); er trägt auch grdsätzl die Sachgefahr (vgl Flume Betr **72**, 56). §§ 540, 541 gelten unabdingbr; insb kann Rechtsmangel bei SichergsÜbereigng (§ 930 Anm 4b) eintreten. Auch ohne bes Vereinbg sind GewährleistgsAnspr des LeasG gg Verk u WerkUntern an den LeasN abgetreten (aA BGH NJW **77**, 847: Anspr aus §§ 459ff stehen nur dem LeasG zu). Bei der (zu empfehlden) Abtretg der GewlAnspr gg den Lieferanten, ist auch ein formularmäß GewlAusschl zw LeasG u LeasN wirks (BGH NJW **77**, 847), wg § 11 Nr 10a AGBG aber nicht gg Nichtkaufleute (J. Blomeyer NJW **78**, 973). Iü kann der LeasN Einwendgen wg Sach- u RMängel, die das Leas-Gut betr, nicht dem LeasG, sondern nur dem Lieferanten dem LeasGuts entggsetzen (Düss NJW **73**, 1612); das gilt nicht, wenn der LeasVertr ein UmgehgsGesch iS des § 6 AbzG darstellt (§ 6 AbzG Anm 2b, bb). Künd bei unbest VertrDauer: § 556 I od IV, bei Sachgesamth nur einheitl. Außerordentl Künd nach §§ 542, 553, 554 stets zul (aA Plathe aaO); jedoch besteht hierzu keinesf ein Grd, bevor der LeasN alles getan hat, um die GewlAnspr gg den Lieferanten durchzusetzen (vgl Ffm NJW **77**, 200). Weitere KündGründe für beide VertrPart können auch bei best VertrDauer vereinb w. Sonst sind sie nicht, auch nicht aus wicht Grd zur außerord Künd berecht. § 626 ist nicht entspr anwendb; insb nicht bei Finanziergsschwierigk, Aufgabe od Änderg des Betr u wenn BetrAnlage veraltet. Im Konk des LeasNehmers gilt § 19 KO (BGH NJW **78**, 1383). Verlängerg des LeasVertr dch Option (vgl Anm 1f) ist mögl, erfordert stets Vereinbg im LeasVertr od selbstd Vertr. Nach Beendigg des LeasVertr gelten §§ 556, 557. Bei LeasVertr mit Kaufoption gelten außerdem die Regeln des Mietkaufs (vgl Anm 3a). Zur Behandlg in der ZwVollstr vgl Döllerer BB **71**, 535.

5) Inhalt des Mietverhältnisses.

In den §§ 535–580a ist das MietVerh so geregelt, daß ein Teil der Vorschr für MietVerh über alle Arten von Sachen gilt; daneben gibt es Vorschr, die nur für MietVerh über best Arten von Sachen gelten. Danach

Einzelne Schuldverhältnisse. 3. Titel: Miete. Pacht **Einf v § 535** 5–8

ist zu unterscheiden: MietVerh über bewegl Sachen (insb Kraftfahrzeuge, Maschinen), WoRäume (Anm 8), sonstige Räume (Anm 7) u Grdst (Anm 6), denen eingetr Schiffe u Luftfahrzeuge gleichstehen (§ 580a; § 98 LuftfzRG). Alle MietVerh unterstehen als DauerschuldVerh im verstärkten Maße Treu u Glauben (vgl § 242 Anm 4f). Es gilt VertrFreih (Einf 3 vor § 145; Einl 1 a, b vor § 241); sie ist aber insb im WoMietR dch zahlr Vorschr eingeschränkt. **a) Dauer:** Begründet w das MietVerh immer dch MietVertr (Anm 1; § 535 Anm 1), grdsätzl formfrei (Ausn: § 566 u § 125 S 2); beendet dch Zeitablauf (§ 564 I), dch jederzeit mögl Vertr zw Verm u Mieter (§ 305 Anm 3), dch außerord Künd (§§ 542, 553–554 a), dch ord Künd, wenn MietVerh auf unbest Zeit eingegangen ist (§ 564 II). Ist bei Beendigg des MietVerh die gemietete Sache noch nicht gem § 556 I zurückgegeben, besteht ein sog AbwicklgsVerh (§ 557; 1 d vor § 987), Verlängerg des MietVerh ist VertrÄnd (§ 305) unter Fortbestand u Identität des MietVerh. **b) Pflichten und Rechte** aus dem MietVerh. Den Pfl entspr auf Seiten des VertrPartners Anspr. Im GgseitigkVerh stehen die Gebrauchsgewährgs- u ErhaltgsPfl des Verm zur MietzahlgsPfl des Mieters (Larenz Sch § 18 I). **aa) Pflichten des Vermieters:** Den Gebrauch zu gewähren (§ 535 S 1), die Mietsache zu erhalten (§ 536), für Sach- u Rechtsmängel Gewähr zu leisten (§§ 537–541), Lasten der Mietsache zu tragen (§ 546), Verwendg des Mieters zu ersetzen (§ 547), Wegnahme von Einrichtgen des Mieters zu dulden (§ 547a); FürsorgePfl (§ 535 Anm 2b, aa), VerkSichergsPfl (§ 535 Anm 2b, bb). Darühinaus können sich weitere NebenPfl ergeben (vgl § 535 Anm 2b). **bb) Pflichten des Mieters:** Den Mietzins zu zahlen (§ 535 S 2); die SorgfaltsPfl u Pfl zur Einhaltg des vertrgem Gebr (§§ 550, 553), die ObhutsPfl (§ 545); ferner gewisse DuldgsPfl (insb baul Maßn, § 541a, Besichtigg der Mietsache); bei Beendigg des MietVerh die RückgPfl (§ 556). Darü hinaus können sich NebenPfl ergeben, zB DchFührg von SchönhReparaturen (§ 536 Anm 4 c), Unterlassen von Ruhestörgen, Reinigg. **c) Rechte des Mieters gegen Dritte.** Da Miete nur schuldrechtl wirkt, hat Mieter gg Dritte (auch Mitmieter, BGH NJW **69**, 41) unmittelb nur Anspr aus §§ 859–862, 869, 1007 u §§ 823 I, II, 858, soweit der Mieter Bes der Mietsache hat. Außerdem kann er bei Störg des vertragsgem Gebr dch Dritte vom Verm verlangen, daß dieser gg den Dritten vorgeht (BGH JR **66**, 177). **d) Rechte Dritter aus dem Mietverhältnis** (sog Schutzwirkg): § 328 Anm 2b, 3a, ii.

6) Grundstücksmiete.
a) Anwendungsbereich: direkt auf Grdst (Übbl 1 vor § 873), alle unbebauten Grdst, Teile eines Grdst od Gebäudes, die nicht Räume, insb WoRäume, sind (vgl Anm 7 a, 8 a u § 580), zB Wandaußen- und Dachflächen (hM; Erm-Schopp § 580, 3 mwN), insb zum Anbringen v Warenautomaten. Teilfläche eines Camping-Platzes (LG Verden VersR **77**, 146 mwN). Entspr auf eingetragene Schiffe und Luftfahrzeuge (§ 580 a). Subsidiär auf Räume (Anm 7), insb WoRäume (Anm 8 b); vgl § 580. **b) Rechtsgrundlagen:** SondVorschr für die GrdstMiete sind: §§ 551 II, 556 II, 559–563, 565 I, 566, 571–579. Soweit diese SondVorschr eingreifen, gilt das allg MietR (§§ 535 ff) u VertrFreih.

7) Raummiete.
a) Anwendungsbereich: Räume sind alle Gebäude u Innenräume von Gebäuden, die nicht WoRäume (Anm 8a) sind, insb GeschRäume (Läden, Werkstätten, Kino, Fabrikgebäude, Gaststätten, Lagerräume uä), Garagen, Sporthallen, Vortragssäle. Keine Räume sind: Plätze od Stände in Räumen (Erm-Schopp § 580, 2), bewegl Sachen u deren Innenräume, zB Schiffsräume, Wohn- u Gerätewagen, auch wenn sie auf festem Platz aufgestellt sind. **b) Rechtsgrundlagen:** Es gelten die SondVorschr §§ 541a, 547a II, 554a, 557 I u die für GrdstMiete (Anm 5b). Soweit nicht die SondVorschr eingreifen, gilt das allg MietR mit Ausn der Vorschr, die nur für WoRaum anwendb sind. Im übr gilt VertrFreih voll mit Wegfall der letzten Einschränkgen nach dem GRMG (vgl. Anm 12a, b).

8) Wohnraummiete.
a) Anwendungsbereich: WoRaum ist jeder zum Wohnen (insb Schlafen, Essen, Kochen, dauernder priv Benutzg) best Raum, der Innenteil eines Gebäudes, nicht notw ein wesentl Bestandteil eines Grdst ist, daher auch Behelfsheime, transportable Baracken; nicht aber bewegl Sachen u deren Innenräume, zB Wohnwagen, Schiffskajüten (hM; Erm-Schopp § 580, 4). Zum WoRaum gehören auch die Nebenräume (zB Bad, Flur, Abstellraum, Kellerabteil). Nicht WoRaum sind die Räume der Beherbergsbetriebe. **b) Rechtsgrundlagen:** Nach Aufhebg der WoZwangswirtsch gilt für MietVerh über WoRaum das im 1. – 3. MietRÄndG geschaffene neue soz MietR, dessen bürgerl-rechtl Teil im BGB (der prozessuale Teil in die ZPO) eingearbeitet ist (Anm 13). Es besteht grdsätzl, soweit die §§ 535–580 sie nicht in Einzelh einschränken, VertrFreih, insb freie Wahl des VertrPartners, mit Ausn bei SozWo (Anm c, aa) freie Vereinbg des Mietpreises u bes Mieterleistgen. KündSch w dch die verlängerten Fr (§ 565 II, III), die sog SozKlausel (§ 556a) u das WoRKSchG gewährt. Die §§ 535–579 gelten grdsätzl alle für das WoRaummietVerh, soweit sie nicht ausdr nur für Grdst u and Räume (zB § 565 I) od nur für bewegl Sachen (zB § 565 IV) anzuwenden sind. Für MischmietVerh vgl Anm 9. **c) Soziales Mietrecht.** Über die bürgerl-rechtl u prozessualen Vorschr des soz MietR (vgl Anm 13) hinaus genießen WoRauminhaber mit niedrigen Einkommen öffentl-rechtl Förderg u Unterstützg: **aa) Sozialwohnungen** sind neugeschaffene (nach dem 20. 6. 1948 bezugsfertig gewordene) öffentl geförderte Wo (§ 1 WoBindG). Sie sind behördl erfaßt u dürfen nur an Pers mit geringem Einkommen überlassen w, denen die Bescheinigg über die WoBerechtigg mit Angabe der angemessenen WoGröße erteilt ist (§§ 4, 5 WoBindG); Verstoß begrdet keine Nichtigk des MietVertr aus § 134 (LG Aachen ZMR **73**, 379 mwN). Der MietPr darf die Kostenmiete (gem §§ 8a, 8b WoBindG) od die sog Vergleichsmiete nicht übersteigen (§ 8 WoBindG). Die zul Miete w nach der NMV 1970 berechnet. Die Vereinbarg von BauKZuschüssen u ähnl Mieterleistgen ist beschr (vgl Anm 11). Im übr unterliegt das MietVerh über SozWo dem allg WoRaummietR des BGB, insb auch der Künd. Das gilt entspr für Bergarbeiterwohng gem § 22 WoBindG; Vorbem 2c vor §§ 565b. **bb) Wohngeld** ist ein Miet- oder LastenZuschuß zu den Aufwendgen für WoRaum, der aus öffentl Mitteln dem Inh von WoRaum (jeder Art, Anm a) mit niedr Eink zur Vermeidg soz Härten auf Grd des 2. WoGeldG u der WoGeldVO v 21. 2. 75 (BGBl 607) gewährt w. Auf WoGeld besteht ein öff-rechtl Anspr; er kann nicht abgetreten, verpfändet od gepfändet w (§ 2 II WoGeldG). Wirkt sich im übr nicht auf das MietVerh aus. **d) Musterverträge.** Damit

w die verbliebene VertrFreih weitgehd ausgefüllt. 1934 w als VertrMuster der DEMV von den Spitzenverbänden ausgearb u vielf verwendet. 1976 ist vom BJM der MMV vorgelegt w. Daneben gibt es zahlreiche priv ausgearb VertrFormulare, die bei wirks Abschl den Vertr im dispsit Bereich gestalten. Der Inhalt des DEMV ist dch das 3. MietRÄndG (Anm 12b) zum großen Teil in zahlr zwinge Vorschr der §§ 537–569a eingegangen. Der MMV w v den VermVerbänden abgelehnt u hat bislang nur geringe prakt Bedeutg. Auf seine rechtl Auswirkg ist bei den einzelnen §§ hingewiesen. Die VertrFormulare stellen AGB dar (vgl AGBG 1 II).

9) Mischmietverhältnisse sind MietVerh, die auf einheitl MietVertr beruhen, sich aber auf Sachen erstrecken, für die verschiedene mietrechtl Vorschr gelten; zB verbundene Wo- u GeschRäume, möblierte WoRäume, WoRäume mit Garten, teils als Wohng teils als Atelier genutzter Raum (Hbg MDR **68**, 327). Hierbei können versch ges Best konkurrieren, insb für die KündFr. Grdsätzl gelten für jede der vermieteten Sachen die dafür anwendb Vorschr (Grdst-, Raum- od WoRaummiete, Anm 6–8, od für bewegl Sachen). Dch VertrAuslegg kann sich ergeben: **a) Untrennbar vermietete Sachen:** dazu gehören idR Wohnzimmer, WoRäume mit Laden; es kann nicht zT gekünd w; es sind die Vorschr anzuwenden, die für den Teil der vermieteten Sache gelten, worauf sich der vorherrschde VertrZweck bezieht (Erm-Schopp F 5); ist das nicht feststellb, kommt es auf das Übergewicht des berechneten Mietzinses an (Weimar Betr **72**, 81); iZw gilt die längere KündFr gem § 565 u das WoRKG. **b) Trennbar vermietete Sachen:** idR Wo mit Garten od Garage; es kann getrennt mit der jeweils anwendb Fr gekünd w, wenn die Auslegg des Vertr die TeilKünd zuläßt (vgl § 564 Anm 3d); für jeden Teil gelten getrennt die dafür anwendb Vorschr.

10) Prozeßrechtliches. a) Urteilsverfahren. aa) Zuständigkeit: Bei WoRaum das AmtsG, in dessen Bez er liegt, örtl u sachl ausschl, für nahezu alle Streitigk (§ 29a ZPO); bei and Räumen das AmtsG sachl ohne Rücks auf den Streitwert bei Klage wg Überlassg, Benutzg, Räumg od Zurückbehaltg eingebrachter Sachen (§ 23 Nr 2a GVG), aber nicht Klagen auf Mietpreis u SchadErs; örtl: §§ 12–40 ZPO; bei Grdst u bewegl Sachen gelten die allg ZustdgkVorschr der §§ 23 Nr. 1, 71 GVG, §§ 12–40 ZPO. **bb) Streitwert:** § 8 od § 3 ZPO für Zustdgk, § 12 GKG für Gebühren (bei Räumg höchstens jährl Mietzins). **cc) Klage** auf künft Räumg: für Grdst u Räume 257 ZPO; für WoRäume nur § 259 ZPO. **dd) Räumungsfrist:** nur bei WoRaum mit Möglichk nachträgl Verlängerg od Verkürzg, bei Urt nach § 721 ZPO; bei ProzVergl nach § 794a ZPO. **ee) Vorläufige Vollstreckbarkeit:** bei WoRäumen u anRäumen § 709 Nr 1 ZPO ohne SicherhLeistg, im übr gg SicherhLeistg nach § 710 S 1 ZPO, soweit nicht § 708 od § 709 Nr 4 ZPO anzuwenden sind. **ff) Kostenentscheidung:** als SondVorschr für WoRäume gilt § 93b ZPO. **gg) Rechtsentscheid** des BGH od OLG auf VorleggsBeschl des LG als BerufsGer bei Divergenz od grdsätzl RFrage mögl (Art III 3. MietRÄndG). **b) Vollstreckungsschutz:** gg Räumg nur noch bei sittenw Härte nach § 765a ZPO; nach §§ 30, 31 WBewG noch ÜbergangsR (Anm 12c). Für MietzinsFdg nach § 851b ZPO.

11) Finanzierungsbeiträge und andere Mieterleistungen sind Vermögensaufwendgen, die der Mieter od ein Dritter auf Grd von od iVm MietVertr neben der Mietzahlg zG des Verm od eines ausziehenden Mieters erbringt. **a) Zulässigkeit** ist im Rahmen der VertrFreih grdsätzl gegeben; in best Umfang bei dem (früher od bisher) preisgebundenen WoRaum dch die §§ 29, 29a 1. BMietG preisrechtl verboten, daher behördl genehmiggsfäh (BGH WPM **65**, 411); bei SozWo dch § 9 WoBindG, vor Geltg des WoBindG bei öffentl gefördertem Wo dch § 28 1. WoBauG, § 50 2. WoBauG (§ 134). Der Rückzahlgsanspr, bei dem § 817 S 2 ausgeschlossen ist (§ 30 1. BMietG), verjährt in einem Jahr; bei preisgebundenem WoRaum teils ab Leistg, teils ab Beendigg des MietVerh (§ 30 I, III 1. BMietG), bei öffentl gefördertem WoRaum u bei SozWo ab Beendigg des MietVerh (§ 28 III 1. WoBauG; § 50 IV 2. WoBauG, § 9 V WoBindG). Von diesem RückzahlgsAnspr wg unzul FinanzirgsBeitr ist der nach § 347 od § 812 zu behandelnde RückerstattgsAnspr für noch nicht abgewohnte, zul verlorene Baukostenzuschüsse zu unterscheiden, für die zT Art VI G v 21. 7. 61 (BGBl 1041 idF des G v 24. 8. 65, BGBl 969) gilt. **b) Arten.** Insb seit 1948 haben sich verschiedene Arten von Mieterleistgen herausgebildet, die entweder einen FinBeitr (Anm aa, bb, dd, ee, ff), ein Überlassgsentgelt (Anm cc, gg) od eine SicherhLeistg (Anm hh) darstellen. **aa) Verlorener Baukostenzuschuß** ist eine Geld- od Sachleistg (BGH Betr **66**, 578), die der Mieter od für ihn ein Dritter zG des Verm zum Neubau, Wiederaufbau, Ausbau, zur Erweiterg, Wiederherstellg od Instandsetzg von Räumen, insb WoRäumen, erbringt, ohne daß der Verm zur vollen od teilw Rückerstattg dieser Leistg vertragl verpfl ist. Ob eine solche Vereinbg vorliegt, ist oft Auslegsfrage (vgl BGH NJW **64**, 37). Sie ist meist Teil des MietVertr. Sie ist unzul (vgl Anm a): Bei SozWo grdsätzl immer (§ 9 WoBindG), ausnahmsw dann zugel, wenn vorher ein nach § 28 1. WoBauG od § 50 2. WoBauG zugel BaukZusch dem leistden Mieter zurückerstattet wurde u dieser Betrag vom neuen Mieter geleistet w (§ 9 IV WoBindG). Bei öff gefördertem WoRaum grdsätzl verboten, ausnahmsw dann zugel, wenn sie von Dritten (zB dem ArbGeber des Mieters) erbracht w u zur Verbindlichk des Mieters begründet (§ 50 I 2. WoBauG); im GeltgsBereich des 1. WoBauG (§§ 50, 50a) waren BaukZusch zugel, soweit sie nicht im behördl Bescheid über die Bewilligg öff Mittel ausgeschlossen wurden (§ 28 1. WoBauG). Bei preisgebundenem WoRaum waren sie nur unzul, wenn ledigl zur Instandsetzg od -haltg gewährt w (§ 29 I, 29 a IV 1. BMietG), aber zul, wenn Mieter auf WoVerbesserg nach § 536 keinen Anspr gehabt hätte (BGH ZMR **66**, 245). Rückerstattg zul verlorener BaukZusch (auch entgg vertragl Ausschl), soweit sie dch die Dauer des MietVerh nicht als getilgt anzusehen sind: nach § 347 in best Umfang gem Art VI G v 21. 7. 61, BGBl 1041, idF des G v 24. 8. 65, BGBl 969 (vgl dazu Düss MDR **67**, 133); wirkt auch für den RNachf des Mieters (BGH NJW **66**, 1705); auf VermSeite gilt § 571. Soweit dieses G nicht anzuwenden ist, kann Anspr aus § 812 I bestehen, wenn BaukZusch eine SondLeistg für den Abschl eines langfr MietVertr bezweckt u der MietVertr vorzeit beendet w (BGH **29**, 289, **LM** Nr 41 zu § 812); kann dch Abstandszahlg (Anm gg) aber ausgeschlossen sein (BGH NJW **64**, 37). AnsprBerecht ist, wer den BaukZusch geleistet hat (BGH NJW **67**, 561). Gg Anwendg von § 812: Wunner NJW **66**, 2285; Pflug **AcP** 169, 34; Strutz NJW **68**, 1955. **bb) Abwohnbarer Baukostenzuschuß** unterscheidet sich von Anm aa) ledigl dadch, daß die Leistg des Mieters auf die Miete angerechnet w. Das ist als vorausbezahlter Mietzins zu behandeln (BGH **29**, 289 daher § 557 a anzuwenden (Soergel-Mezger 49). Vereinbg (wie Anm aa) ist grdsätzl zul; aber unzul (vgl Anm a) in folgenden Fällen: bei SozWo, wenn gegen § 9 II–IV WoBindG verstoßen w (§ 28 II 1. WoBauG, § 50 I 2. WoBauG); bei preisgebundenem WoRaum nur, wenn ledigl für Instandsetzg od -haltg geleistet u der in § 29 a II 1. BMietG best Umfang überschritten w. Rückzahlg des nicht abgewohnten BaukZusch nach § 557 a; Vorauszahlg auch RNachf des Verm ggü wirks, vgl § 574 Anm 2 a; § 573 Anm 1 b. Einseit Mieterhöhgen sind idR (im Wege der VertrAuslegg) ausgeschlossen, ebso der BaukZusch abgewohnt w (Ffm ZMR **67**, 120); ebso die ord Künd, wobei aber § 566 (Schriftform) zu beachten ist (LG Bochum MDR **70**, 512). **cc) Mietvorauszahlung** ist vorausbezahlter Mietzins, der nicht vereinbgsgem zu Bau- od Instandsetzgsarbeiten an der vermieteten Sache geleistet w u dessen Verwendg dem Verm freigestellt ist; darin liegt der Unterschied zum abwohnb BaukZusch. Eine solche Mietvorauszahlg kann sich Freibeitr u unzul (Anm a) bei SozWo (§ 9 I WoBindG), preisgebundenem WoRaum (§§ 29, 29 a I 1. BMietG) u bei öff gefördertem WoRaum, auch wenn dies im BewilliggsBescheid nicht ausdrückl best ist, da es dem Zweck des § 28 1. WoBauG u des § 50 2. WoBauG entggsteht, die nur FinBeitr vorsehen. Rückerstattg zul Mietvorauszahlg nach § 557 a. Bei RNachf auf der VermSeite gelten §§ 573, 574 (vgl dort Anm 1 b u 2 a); da das Geld nicht für den Aufbau od Ausbau des MietGrdst best war u nicht hierfür verwendet wurde, kann der Vorauszahlg dem Erwerber nicht entggehalten w (BGH **37**, 346 u NJW **67**, 555); anders bei Anm bb. Ord Künd wie bei Anm bb aE ausgeschl. **dd) Mieterdarlehen** ist ein Darl (§ 607), das der Mieter dem Verm mit Rücks auf den Abschl des MietVertr gewährt. Es ist ein FinBeitr, wenn es vereinbgsgem zu einem der in Anm a aufgeführten Zwecke verwendet w, sonst Überlassgsentgelt. Grdsätzl zul (vgl Anm a), bei SozWo u öff gefördertem WoRaum nur dann, wenn es sich um zugel FinBeitr des Mieters handelt (§ 9 II–IV WoBindG, § 28 II 1. WoBauG, § 50 II 2. WoBauG), bei preisgebundenem WoRaum, soweit sie als FinBeitr dch §§ 29 I, 29a II, III 1. BMietG zugel sind. Die Rückzahlg des MieterDarl geschieht idR dch vertragl Aufrechng gg die einzelnen Mietzinsforderungen nach Eintritt der Fälligkt; bei Beendigg des MietVerh ist iZw der DarlRest zur Rückzahlg fällig. Handelt es sich um einen FinBeitr, so trifft über § 571 den Erwerber Pfl zur Verrechng (BGH **16**, 31) u Rückzahlg (Ffm NJW **64**, 453, Larenz Sch § 44 IV 2). **ee) Werkförderungsvertrag** ist ein Vertr zw dem Verm u einem Geldgeber (idR ein ArbGeber), der einen FinBeitr (insb ein Darl) gewährt, wofür sich der Verm verpfl, MietVerh unter Bedinggen mit den Pers abzuschließen (idR dessen ArbN). Auch bei öff geförderten Wohngen zul gem § 28 1. WoBauG u § 50 V lit a 2. WoBauG. WerkfördergsVertr (uU Vertr zug Dr, § 328 Anm 3b) u MietVertr sind versch, getrennte Vertr. Dem Geldgeber steht gg den Verm ein schuldrechtl BeleggsR zu. Dieser Anspr ist gem § 398 abtretb; § 399 steht nicht entgg (BGH NJW **72**, 2036). Das BeleggsR erlischt grdsätzl nicht dadch vor der vereinb Zt, daß der DarlN das Darl vorzeitig zurückzahlt (BGH NJW **75**, 381). Schuldh Verletzg des BeleggsRs verpfl zum SchadErs (BGH WPM **62**, 1223); § 571 gilt für das BeleggsR nicht (§ 571 Anm 4). Zur ord Künd ist iZw die Zust des Geldgebers erforderl; aber nur solange das BeleggsR besteht (BGH WPM **69**, 1454). Wg Bindg an vereinb Mietzins vgl BGH NJW **60**, 382, Celle NJW **67**, 2264. Vereinbg der Kostenmiete bedeutet, daß sie nach der II. BerVO zu ermitteln ist (BGH WPM **75**, 668). **ff) Aufbaudarlehen** ist (soweit für MietVerh bedeuts) ein auf Grund des § 254 III LAG zG eines nach dem LAG anspruchsberecht Mieters gewährtes Darl, das als FinBeitr dch den Verm zu verwenden ist. Die dadch geförderte Wo darf dch MietVertr nur an die vom Ausgleichsamt benannten Pers vergeben w, Zweck- u Mietpreisbindg, Rückzahlg usw richten sich im einzelnen nach dem Vertr, der nach dem Inhalt der Bewilligungsbescheide abgeschlossen w (vgl Kürzel ZMR **66**, 353). Über Dauer u Umfang des ZustErfordern (LastenAusglAmt) u Rspr des BVerwG vgl v Welck BlGBW **73**, 147. **gg) Abstand** ist eine Geld- od Sachleistg des Mieters, die er für die Überlassg von WoRaum an den weichenden Mieter od Verm erbringt. Grdsätzl zul; aber unzul (Anm a): Leistg an Verm bei SozWo (§ 9 I WoBindG), bei öff geförderter Wo aus den gleichen Gründen wie bei Anm cc, bei preisgebundenem WoRaum allg bis 1. 8. 58, von da an nach § 2 II S 2 AMVO, sow dadch die preisrechtl zul Miete überschritten w (BGH WPM **68**, 920), allg unzul wieder seit 1. 7. 60 auf Grund des § 29a I 1. BMietG (BGH NJW **67**, 1909); Leistg an Mieter bei preisgebundenem WoRaum, soweit nicht dch § 29 II 1. BMietG zugelassen. Bei zul Abstand ist Anspr nach § 812 wg vorzeitiger Beendigg mögl. Wg Abstandszahlg an den weichenden Mieter grdsätzl keine Pfl des Verm zum VertrAbschl mit dem Leistenden (vgl § 535 Anm 1 c). Kein Abstand ist die sog Ablösg von Einrichtgen, die der weichende Mieter dem Nachf überläßt; hier liegt Kauf vor. Unzul Abstand liegt nur vor, soweit die GeldLeistg den Wert der Ggstde u Einrichtgen zZ des Überg übersteigt (BGH NJW **77**, 532 = WPM **77**, 345). **hh) Mietkaution** (Schopp ZMR **69**, 1; Glaser ZMR **77**, 161); ist eine SicherhLeistg des Mieters für Anspr des Verm aus dem MietVerh. Kann in verschiedenen Formen gestellt w (vgl § 232), idR aber dch Bargeld od Einzahlg auf Konto des Verm, mögl u zweckmäß auf Sperrkonto. Zulässigk ist eingeschr bei preisgebundenem WoRaum dch § 10 II NMV 1970. RückzahlgsPfl erst bei Beendigg des MietVerh, soweit alle Anspr des Verm erfüllt sind (BGH NJW **72**, 721); vorher ist die Kaution nur Sicherh, keine Erf; der Mieter darf mit der RückzahlgsFdg nicht aufrechnen u Zahlg nicht zurückhalten (BGH aaO). Aufrechng dch Verm ist auch währd der Mietzeit mögl (Rödding BB **68**, 934), aber nicht mit einer bestr Fdg, weil Kautionsabrede iZw entggsteht. Nur bei bes Vereinbg ist Befriedigg des Verm an der Kaution währd der Mietzeit zul u Anspr auf Auffüllg der Kaution gegeben. Bei Veräußerg des Grdst (Raum od Wohng) gilt § 572. Der Anspr auf Rückzahlg der Kaution ist nur, wenn es vereinb ist, sonst erst ab Verzug zu verzinsen. Da ein (unregelmäß) NutzgsPfdR (§ 1213 entspr) vorliegt (aA Demuth ZMR **76**, 195: Darlehen), gilt § 1214, so daß Verm verpfl ist, Nutzgen zu ziehen, insb verzinsl anzulegen (sehr umstr; vgl Glaser aaO; wie hier zB LG Mannh MDR **77**, 493). Die Nutzgen sind dem Mieter bei Beendigg des MietVerh herauszugeben bzw zu ersetzen (aA LG Essen DWW **77**, 19). Abweichende Vereinbg (insb einer „unverzinsl Kaution") ist mögl u kann dazu führen, daß der Zinsertrag ein zusätzl Überlassgsentgelt darstellt (Köhler ZMR **71**, 3).

12) Wohnraumzwangswirtschaft. Sie umfaßt Mieterschutz, Mietpreisbindg u WoRaumbewirtschaftg. Dch das AbbauG v 23.6.60 (BGBl 389) ist sie stufenweis aufgehoben u dch das geänd soz WoMietR des BGB abgelöst w. Für Berlin blieb der MSch bis 31. 12. 75 auf Grd des G v 30. 10. 72 (BGBl 2051) aufrechterhalten. Der alte RZustd für Mieterschutz, WoRaumbewirtschaftg u MietPrBindg ist in der 27. Aufl (mit Nachtr) Einf 5 vor § 535 dargestellt; darauf w verwiesen. **a) Mietpreisbindung** ist u noch in Bln aufrechterhalten bis 1. 1. 81 (Art 1 G v 17. 11. 75, BGBl 2867). MietErhöhg ist dort nur zugelassen nach dem 10. BMG (Art 3 G v 17. 11. 75). In Hbg, Mü u Landkreis Mü ist die MietPrBindg mit dem 31. 12. 74 abgelaufen u dch begrenzte MietErhöhg ersetzt (Art 6 2. WKSchG). PrBindg besteht iü nur noch für die SozWo (Anm 8c, aa) aGrd des WoBindG, für Bediensteten Wo (Anm 13b, dd) u öff geförderte Wo, soweit sie nicht SozWo sind (Anm 13b, ee). Berechng preisgebundener Miete: Anm 13d. **b) Beendigung** der WoRaumZwangswirtsch u Ers dch das neue soz MietR. Die Änd des BGB gelten: Die des 1. MietRÄndG frühestens ab 1. 11. 63 in den an diesem Tag weiß gewordenen Kreisen; in den später weiß gewordenen Kreisen von dem Tag an, von dem an das MSchG nicht mehr anzuwenden war, im übr mit dem Außerkrafttr des MSchG (Art IV § 7 1. MietRÄndG). Die des 2. MietRÄndG seit dem 1. 8. 64 in den bis dahin weiß gewordenen Kreisen, in den später weiß gewordenen Kreisen von dem Tag an, von dem an das MSchG nicht mehr anzuwenden war, im übr mit dem Außerkrafttreten des MSchG (Art IV § 7 II 2. MietRÄndG); die des 3. MietRÄndG in allen bis dahin weiß gewordenen Kreisen (Art IV § 7 II 2. MietRÄndG); die des 3. MietRÄndG in allen bis dahin weiß gewordenen Kreisen, in den letzten 7 schwarzen Kreisen ab 1. 1. 69, in Berlin ab 1. 1. 70 (vgl Art IV § 4 II 3. MietRÄndG). In Bln ist das MSchG bis 31. 12. 80 anwendb, der § 564b II Nr 2 in einer bes Fassg (Art 3 G v 17. 11. 75, BGBl 2867). **c) Übergangsrecht.** Die MietVerh richten sich vom Inkrafttreten des neuen RZust (Anm b) an nach dem neuen Recht (Art IV § 1 2. MietRÄndG; Art IV § 1 3. MietRÄndG).

13) Soziales Mietrecht. Es ist zunächst dch die 3 MRÄndG u die dadch vorgenommenen Änd des BGB verwirkl, in Kr getreten gem Anm 12b, für mieterschutzfreie WoRaumMietVerh in Bln dch Art 4 MRVerbG am 5. 11. 71 **a) Bestandsschutz.** Seit u soweit das MSchG außer Kr getreten ist (Anm 12) können MietVerh grdsätzl frei (ord od außerord) gekünd w, frühestens am Tag nach Außerkrafttreten des MSchG. Der Schutz des Mieters von WoRaum w gewährt dch die sog SozKlausel (§ 556a–c). Ein mittelb Bestandsschutz w gewährt dch das Verbot der Zweckentfremdg bei SozWo (§ 12 WoBindG) u in sog Ballgsgebieten nach landesrechtl VO (Art 6 MRVerbG). Ein nachhalt Bestandsschutz ist dch das 1. WKSchG eingeführt u dch das 2. WKSchG, insb § 564b als DauerR ausgestaltet worden. **b) Vertragliche Mieterhöhungen.** Grdsätzl kann die Höhe der Miete frei vereinb w, soweit nicht die MietPrBindg (Anm 12a) entggsteht. Eine allg Grenze gg überhöhten Mietzins bilden die dch Art 7, 8 MRVerbG eingefügten § 302f StGB, §§ 2a, 2b WiStG. Währd eines MietVerh kann die Mieterhöhg, wenn der Mieter sie nicht vereinb, grdsätzl nur über eine ÄndKünd herbeigeführt w, indem der Mietzins des alten Vertrages (§ 305) neu vereinb w. Das G über den KündSchutz für MietVerh über WoRaum (Anm a aE) verbietet eine solche ÄndKünd u sieht dafür eine auf die sog VerglMiete begrenzte Mieterhöhg vor. Sie kann dch Kl erzwungen w. **c) Einseitige Mieterhöhungen** dch schriftl Erkl des Verm sind in best Umfang zugelassen, um die Miete an veränd wirtsch Verh (bei MietPrBindg) od einem gesteigerten Mietwert des WoRaums (zur Vermeidg einer ÄndKünd) anzupassen. Die Erkl des Verm (Ausübg eines GestaltgsR) unterliegt grdsätzl der Schriftform (§ 126), ausnw nicht, wenn sie dch automat Einrichtgen gefert w (§ 18 I 4 1). BMietG u § 10 I 5 WoBindG, jeweils idF des Art 5 MRVerbG). In allen Fällen einseit Mieterhöhg kann der Mieter das MietVerh innerh best Fr künd u damit der Eintritt der Mieterhöhg vermeiden (§ 20 1. BMietG; § 11 WoBindG, § 32 StädteBFG). Es ist zu unterscheiden: **aa) Sozialwohnungen**: Erhöhg auf die zul Kosten- od VerglMiete (§§ 8–8b WoBindG) ist jederzeit mögl; soweit die vereinb Miete niedr ist (§ 10 WoBindG). **bb) Modernisierte Wohnungen** in städtebaul Saniergsgebieten: Erhöhg auf angemessene Miete, näml best Anteil, auf den WoRaum entfallder Modernisiergskosten (§ 32 StädteBFG), beschr Erhöhg bei sonst Wo dch § 3 MHRG. **cc) Preisgebundener Wohnraum** (AltbauWo u steuerbegünst Wo). Erhöhgen waren dch die in dem ganzen GBgebiet geltenden 1. u 2. BMietG, dann in den schwarzen Kreisen dch das 3. u 4. BMietG zugelassen w. Danach ist die allg PrBindg nur noch in Bln, Hbg, Mü u Landkreis Mü aufrechterhalten w. Für Hbg, Mü u Landkreis Mü waren dch das 5., 7., u 9. BMietG weitere Erhöhgen zugelassen. Seit 1. 1. 75 gilt die SoRegelg in Art. 6 2. WKSchG. In Bln wurden spez Mieterhöhgen dch den 6. u 8. BMietG zugelassen, eine weitere seit 1. 12. 75 dch das 10. BMietG (Art 3 G v 17. 11. 75, BGBl 2867). **dd) Bedienstetenwohnungen** (BeleggsR zG Angeh des öff Dienstes); Erhöhg auf die Kostenmiete, entspr der Regelg des WoBindG (Anm aa) ; § 87 a II. WoBauG. **ee) Öffentlich geförderte Wohnungen,** die nicht SozWo (Anm aa) sind. Solange sie unter § 88 od § 111 II. WoBauG fallen, ist Erhöhg auf die Kostenmiete zul (§§ 88b, 111, 87a II. WoBauG). **ff) Nicht preisgebundener Wohnraum**: Dch §§ 4–6 MHRG ist eine einseit Mieterhöhg dch Umlage erhöhter Betr- u KapKosten sowie dch ErhöhgsErkl bei Kostenmiete vorgesehen. **d) Mietpreisberechnungen.** Soweit MietPrBindg besteht (Anm 12a, 13b), sind für die Berechng anzuwenden: **aa) AMVO** (für Bln AMVOB) für preisgebundene AltbauWo (bezugsfert bis 31. 12. 49), soweit nicht § 34 NMV 1970 entggsteht. **bb) NMV 70** für preisgebundene NeubauWo (bezugsfert nach dem 20. 6. 48), SozWo (Anm b, dd) u öff geförderte Wo (Anm c, dd). **cc) II. BerechnungsVO**, soweit die Anwendg des WoBindG u des II. WoBauG für die Bemessg der Kosten- u VerglMiete eine Berechnung von Wirtschaftlk od WoFläche erfordert.

535 Vertragliche Hauptpflichten.
Durch den Mietvertrag wird der Vermieter verpflichtet, dem Mieter den Gebrauch der vermieteten Sache während der Mietzeit zu gewähren. Der Mieter ist verpflichtet, dem Vermieter den vereinbarten Mietzins zu entrichten.

1) Mietvertrag. Begr u RNatur: Einf 1a, b vor § 535. **a) Abschluß.** Nach §§ 145 ff. Nur einseit GebrAnmaß ohne Zust des Verm ist kein MietVertr. Zusage im Rahmen von VertrVerhandlgen kann Haftg aus cic (vgl § 276 Anm 6) begründen (LG Mannh ZMR **71**, 133). EntschädiggsPfl in diesem Fall nach §§ 812, 823. Form des MietVertr: Grdsätzl frei, vgl aber § 566. Stillschw Abschl eines MietVertr ist mögl, wenn eine Gemsch (§ 741) od eine GesHand einem ihrer Mitgl eine Sache, insb Räume, gg wiederkehrdes Entgelt überläßt (BGH WPM **69**, 298, vgl aber Einf 1f vor § 535). Eintritt des Eheg od and FamAngeh des verst Mieters in den MietVertr ist nach § 569a mögl. Begründg eines MietVertr dch richterl Gestaltg ist bei Ehescheidg mögl (§ 5 HausratsVO). Besteht zw den VertrPart Einverständn mit vorzeit Einzug des Mieters, so ist ein vereinb vorzeit VertrBeginn (§ 305) mit allen Rechten u Pfl anzunehmen. **b) Gegenstand.** Vgl hierzu Einf 6–9 vor § 535. Nur Sachen, nicht Rechte. Auch Teile von Sachen, zB Hauswände (für Reklamezwecke), Fenstermiete, Luftraum, Flächen im Innern von öff VerkMitteln. Ein einheitl MietVertr kann sich auf mehrere Sachen beziehen, insb auf Räume u Wohnugen in verschiedenen Stockwerken (LG Bambg WM **74**, 117). GebrGewähr öff Anlagen gg Gebühr ist regelm nicht Miete, sond RVerh öffrechtl Natur (vgl Einf 2i vor § 535). Das gilt insb für Telefon (BGH **39**, 36), Rundfunk u Fernsehen. Im MMV ist der MietGgst in § 1 u Anl (WohngsBeschreibg u ÜbergVerhandlg) minuziös beschrieben (hierzu Schmidt-Futterer NJW **76**, 921). **c) Verpflichtg zum Abschluß eines Mietvertrags** kann sich aus MietVor-Vertr (Einf 1d vor § 535) ergeben od aus sog NachfKlausel (Verpfl ggü Mieter mit einem von diesem benannten neuen Mieter MietVertr abzuschließen). Vgl hierzu BGH NJW **66**, 1706; wg „solventen" MietNachf vgl BGH Warn **69**, 334. SchadErsPfl des Verm bei schuldh Verletzg dieser Pfl (BGH WPM **67**, 788). Ohne vereinb NachfKlausel ist Verm nicht verpfl, mit einem vom Mieter vorgeschlagenen Nachf abzuschließen (BGH NJW **63**, 1299; vgl auch Weimar MDR **69**, 631). Wg Mietvorauszahlg vgl § 557a Anm 5. **d) Mehrheit von Vertragspartnern.** Einheitl od sukzessiver VertrAbschl mögl, ebso die Beendigg dch AufhebgsVertr (§ 305). Künd: § 564 Anm 2f. **aa) Vermieter**: Grdsätzl Gemsch (§ 741), insb bei MitEigt; Gesellsch nur, wenn Voraussetzgen des § 705 vorliegen. Die Verm sind MitGläub (§ 432); daher kann die Miete nur gem § 432, nicht anteil (§ 420) eingezogen w (BGH NJW **71**, 839). **bb) Mieter**: Grdsätzl Gemsch (bestr, vgl Schopp ZMR **76**, 321). Gesellsch nur, wenn Voraussetzgen des § 705 erf sind, das ist meist bei GeschRMiete der Fall (Schopp aaO). Es besteht GesSchuld (§§ 421–426) für alle Pfl aus dem MietVerh, soweit nicht vertragl abgeändert (§ 305). Bei Eheg kommt es auf den Vertr an, ob beide od welcher von ihnen Mieter ist. Haben beide Eheg den Vertr abgeschl, so bestehen bei WoRaum zwei selbstd MietVerh, die miteinander so verbunden sind, daß das eine nicht ohne das andere besteht (hM; Schopp aaO). Bei Tod eines Eheg: §§ 569a, 569b. Anspr jedes Eheg gg den and, sich als Mitmieter zu beteil (Pohle MDR **55**, 5); aber auch des Verm auf Beitritt zum MietVertr, wenn der Eheg währd des MietVertr in die Wohng zieht (Hummel ZMR **75**, 211). **e) Wechsel der Vertragspartner**: Nach allg schuldrechtl Grdsätzen dch Vertr (§ 305); für einzelne Rechte u Pfl nach §§ 398, 414, 415. Der MietVertr behält dann grdsätzl seinen bisher Inhalt (BGH Betr **78**, 1690). Bei Veräußerg eines Grdst gelten §§ 571–576. Wechsel des Mieters: SondRegel für FamAngeh §§ 569a, 569b. Vertragl Fälle: § 549 Anm 7.

2) Pflichten des Vermieters. ZusStellg: Einf 5b, aa vor § 535. **a) Gebrauchsgewährung** (S 1) ist Haupt- u GgseitkPfl, für den VertrTyp Miete unerläßl. **aa) Inhalt**: W ergänzd dch § 536 best. Der Verm muß die Mietsache so bereitstellen, daß der Mieter in der Lage ist, den übl od vertragl best Gebr zu machen; dazu gehört das Überl der Mietsache (§ 536 Anm 3) u das Belassen, auch das Unterl eigener Störg. GebrGewähr ist nicht nur Dulden, sond ggf posit Tun (BGH **19**, 85), insb Schutz gg Störg des Mieters in der Mietsache dch and Mieter u sonst Dr in mögl u zumutb Umfang. **bb) Umfang: α)** Zeitl: Erst ab vereinb Beginn des MietVerh. Bei vorzeit Einzug vgl Weimar WM **71**, 180. β) Räuml: Alle Bestandt der Mietsache, iZw auch das Zubehör (§ 314 entspr) insb (mind 2) Schlüssel zur WohngsTüre (Gaisbauer DWW **70**, 43 mwN) u zu GeschRäumen (Glaser Betr **73**, 2176), ferner HaushGeräte (zB Öfen, Boiler). Auch ohne bes Abrede sind bei gemieteten Räumen solche Grdst- od Gebäudeteile (zB Hausflur, Hof, Dchfahrt, Treppen, Lift, GemschToiletten) mitvermietet, die nur für allein Benutzg des Mieters in Betr kommen od (zur Mitbenützg) zum Gebr oder Zugang der Miet räume notw sind (BGH NJW **67**, 154). Ein einheitl MietVerh liegt auch vor, wenn zwei in versch Geschossen liegde Wohngen zu einem GesMietPr vermietet w (LG Bambg BlGBW **75**, 75). Bei Garage u Hausgarten eines Mehrfamilienhauses iZw zu Mitvermietg (vgl Soergel-Mezger 57). Namen- u Firmenschilder sowie Reklameschaukästen u Warenautomaten an Außenflächen ohne bes Abrede nur nach örtl VerkSitte (vgl BGH **LM** Nr 10); ausdrückl in MMV 10 II Nr 3 geregelt. Rspr zur Außenwerbg in BB **66**, 1204. γ) Art u Weise des Gebr muß vertrgem gewährt w. Richtet sich nach dem VertrInh u VertrZweck; Auslegg gem § 157; deckt sich mit Umfang der ErhaltsPfl (§ 536 Anm 4a). Daraus ist auch die Pfl abzuleiten, dem Mieter ein best Verhalten zu gestatten. Einzelheiten (bes vertragl Regelg geht vor): Der Mieter darf in der Wo, soweit sie nicht überbelegt w, Pers, insb FamAngeh u HausPersonal zum dauernden Wohnen aufnehmen, Besuche empfangen u für angemessene Dauer aufnehmen (ausdrückl in MMV 10 II Nr 1), mit and Pers zuleben, soweit nicht Gebr-Überl vorliegt (§ 549 Anm 2a) od Beeinträchtigg des Verm od and Mieter entsteht (vgl LG Ffm MDR **67**, 216). **Haushaltmaschinen**, die gg Wasserauslaufen gesichert sind, dürfen in Küche od Bad verwendet w (vgl Glaser MDR **69**, 539, 577). Im MietVertr enthaltenes ausdrückl Verbot eine Waschmaschine aufzustellen, ist zul u verbindl (AG Hannover MDR **73**, 1021 m Anm v Glaser). Entspr gilt für Geschirrspülmaschinen. Ausdrückl Regelg, die der hM im wesentl entspr, in MMV 12 (hierzu Schmidt-Futterer NJW **76**, 921 [923]). Für **Fernmeldeanlagen**, insb Fernsprech- u -schreibanlagen hat der Verm stets die erforderl Zust der Post ggü abzugeben (Aubert NJW **59**, 1639); Einzelantennen dürfen vom Mieter (aber nur fachmännisch) angebracht w, solange der Verm keine GemschAntenne zur Vfg stellt (LG Hbg ZMR **78**, 140; Ewald MDR **65**, 85; ausdrückl in MMV 10 II Nr 5, IV); Sendeanlagen sind wo an bes Zust des Verm gebunden (Soergel-Mezger 115); Umstellg auf and **Heizungsart** muß der Verm dulden, soweit damit nur eine geringfüg Beeinträchtigg seines Eigt verbunden ist (BGH NJW **63**, 1539 u **LM** § 535 Nr 28 für Außenwandgasofen); Abstellen von **Fahrzeugen** hat der Verm zu dulden: bei Kfz im Hof, nur wenn Abstellplatz darin vorgesehen ist (vgl Glaser MDR **62**, 521); Fahrräder (nicht Motorräder) in der Wo (Kuschel NJW **58**, 123), Motorräder im Keller (Soergel-Mezger 98); nicht: Fahrzeuge jeder Art in Hausflur, Durchfahrten, Treppenabsätzen u sonst zur gemschaftl Benutzg best Räumen. **Haustierhaltung** richtet sich primär nach den Best des MietVertr, erfordert iZw die Zust des Verm (Weimar ZMR **76**, 131), die aber nicht aus RMißbr verweigert w darf. Kein RMißbr liegt vor, wenn die Unterl verlangt w (§ 550), nachdem der Mieter ohne die ausdrückl im MietVertr vorausgesetzte Zust des Verm Haustiere gehalten hat (LG Bln ZMR

§ 535 2, 3   2. Buch. 7. Abschnitt. *Putzo*

75, 217). Die Zust kann nicht verlangt w, wenn die Haustierhaltg im MietVertr von vornherein ausdrückl verboten war. Widerruf erteilter Zust nur nach bill Erm, da § 315 gilt, soweit nichts vereinb ist (alles sehr umstr, vgl Soergel-Mezger 97 mwN). Kleintierhaltg (zB Wellensittich, Hamster, Zierfische) kann doch den Verm nicht verboten w, wenn Störg Dr ausgeschl ist (Weimar BlGBW **74**, 149). Ausdrückl Regelg in MMV 10 II Nr 4, III, V. **Wettbewerbsschutz** für Gewerbe (auch freie Berufe, BGH **70**, 79 = JR **78**, 193 m abl Anm v Haase) hat der Verm auch ohne ausdrückl Regelg im MietVertr zu gewähren, auf jeden Fall im selben Gebäude u auf dem selben Grdst (Hbg MDR **64**, 508), aber auch auf angrenzden (Celle MDR **64**, 59). Der Verm darf nicht selbst konkurr u nicht an KonkurrUntern vermieten od nach Abtrenng (zum Zwecke der Umgehg) veräußern (Kblz NJW **60**, 1253). Das gilt bei vertragl WettbewVerbot auch, wenn der Verm einer WoEigtGemsch angehört, die im ihr gehörden Einkaufszentrum an ein KonkurrenzUntern vermietet (BGH WPM **74**, 1182). Was Konkurr ist, best sich nach dem Einzelfall; Überschneidg in NebenArt reicht nicht aus (BGH **LM** § 536 Nr 2 u 3). Beisp: Eisdiele u kantineähnl Gastwirtsch (BGH **LM** § 536 Nr 6); Cafe u Eisdiele (Ffm Betr **70**, 46; bejaht), Apotheke u Drogerie (stets zu bejahen). **Störungsschutz** insbes vor Dritten. Eintritt Unbefugter (BGH **LM** Nr 2 [Kühlhaus]) u Immissionen (zB Geruch, Geräusch, Rauch); jedoch muß sie der Mieter dulden, soweit der Eigt hierzu verpfl ist (§§ 906 ff; LG Hann ZMR **69**, 281). Gg Dr hat Mieter BesStörgsKl (§§ 862, 865) u ggf SchadErsAnspr (§ 823; vgl BGH BB **54**, 426).

b) Nebenpflichten (vgl Einf 5b, aa vor § 535). Ihr Bestand u ihr Umfang richten sich nach dem Inhalt des MietVertr u der Art der Mietsache. **aa) Fürsorgepflicht.** Wie aus § 242 zu entnehmen, besteht sie bei der Miete als DauerschuldVerh nur in abgeschwächter Form (vgl § 242 Anm 4b ff). Die meisten in Rspr u Lit daraus abgeleiteten EinzelPfl fallen unter die vertrgm GebrGewähr (Anm a) u die VerkSichgPfl (Anm bb). Im Einzelfall kann Verm verpfl sein, den Mieter zu warnen (BGH NJW **57**, 826), über wesentl Vorkommnisse zu benachricht (OGH BB **49**, 299) od aufzuklären; Fürs ggü Hotelgast bei Erkrankgen (vgl Weimar MDR **63**, 551). Keine Pfl, die Mieter gleichzubehandeln (Weimar MDR **71**, 108). **bb) Verkehrssicherungspflicht** (allg vgl § 823 Anm 8) nicht nur in Bezug auf die Mietsache selbst, sond auch auf Zugänge (RG **165**, 155), Treppen, Hausflur, Hofraum, Garten, Fahrstuhl (BGH BB **61**, 1302), insb auch für die StreuPfl bei Glatteis (BGH VersR **65**, 364; wg Hausbriefkasten vgl Hurst ZMR **67**, 67), die Beleuchtg (vgl Gaisbauer DWW **69**, 278 mwN) u das Vermeiden unsachgem Bohnerns, wobei Warnschilder die Haftg nicht ausschließen (BGH NJW **67**, 154). Bei SchadErsAnspr des Mieters (pos VertrVerletzg od § 538) ist ggf § 254 zu berücksicht (Kürzel DWW **68**, 18). **cc) Sonstiges**: Entgeltl Übern der Restfüllg eines Heizöltanks bei EinfFamHaus (LG Mannh ZMR **75**, 304).

c) Nebenleistungen. Bei Wo u gewerbl Räumen gehören Wasser- u Strom-, je nach Lage auch GasAnschl, sowie Beheizbk zur GebrGewährg (Anm a). Nebenleistg sind (neben Diensten wie ReinigsArb) daher insb die Zufuhr von Strom, Wasser, Gas u Wärme, der Betr einer Sammelheizg (hierzu Lau ZMR **77**, 37), ferner die Einrichtg u Unterhaltg einer GemschAntenne, hierzu Glaser Betr **74**, 125 mwN. Entgelt je nach Vereinbg (fehlt sie, so gilt § 315). Diese NebenLeistgen hat, wenn nichts and vereinb ist, der Mieter zu bezahlen (aA Hummel ZMR **75**, 65), bei Abtretg an den Lieferanten (für Fernwärme LG Mü I MDR **78**, 494). AbrechngsPfl wg § 259 (zum Inhalt Hummel aaO). Die Heizkostenabrechng ist nicht vor Abschl der Heizperiode fäll u muß sich nicht auf Ang über Einkauf v Brennstoffen (außer Gesamtaufwand) erstrecken (Glaser ZMR **76**, 129). Bei MietprBindg Umlegg der Kosten nach AMVO u NMV 1970 mögl. Bei ZahlsVerz eines Mieters darf Verm die Beheizg (über § 320) nicht gg and (vertrtreue) Mieter zurückhalten (vgl Grund NJW **54**, 499). Umfang der Heizg bei Wohn- u Büroräumen: 20–22° Zimmertemperatur, bei Schlafräumen 15°, nur währd der AufenthZt; bei WoRaum bis 23 Uhr (vgl Glaser ZMR **78**, 33 mwN).

d) Haftung für Dritte kommt nur in Betr für: **aa) Erfüllgsgehilfen** (§ 278). Nur sow es sich um VertrPfl des Verm handelt u Versch vorliegt: die im Mietgebäude tät ArbN des Verm (BGH **LM** § 278 Nr 39); Hausverwalter (BGH NJW **68**, 1323); Hausmeister; vom Verm für BauArb, Rep u Wartg beauftragte Untern (BGH BB **61**, 1302 [Lift]). Grdsätzl nicht: and Mieter; ausnahmsw dann, wenn sie vom Verm genutzte Räume, die eine Gefahrenquelle darstellen, mit Willen des Verm mitbenutzen (BGH NJW **64**, 33 [Wasserhahn]) od mit Erf von VermPfl beauftragt sind. **bb) Verrichtgsgehilfen** (§ 831). Haftg sow sie für den Verm, aber nicht in Erf von MietVertrPfl handeln. Dafür kommen insb die in Anm aa aufgeführten Pers in Betr.

3) Pflichten des Mieters. ZusStellg Einf 5b, bb vor § 535. **a) Mietzinszahlung** (S 2) ist Haupt- u GgseitkPfl; für den VertrTyp Miete unerläßl (andfalls liegt Leihe vor). **aa) Art**: idR aber nicht notw, in Geld, zB DLeistg (wg Hausmeister vgl Einf 3a vor § 535), GebrÜberlassg and Sachen, Übernahme v Lasten, insb Steuern u LAGLeistgen (BGH **LM** Nr 11) auch einmalige, nicht notw wiederkehrde, nach ZtAbschn bemessene Leistgen (vgl BGH NJW **54**, 673 [abwohnb BauKZuschuß]). **bb) Höhe**: Sie muß best od bestb sein (zB Umsatzmiete), unterliegt grdsätzl der VertrFreih, aber insb begrenzt durch den Wuchervorbeh in § 302 f StGB u § 302 e StGB, § 2 a WStG (hierzu Schmidt-Futterer NJW **72**, 135). Bei Vorbeh späterer Vereinbg ist bis dahin der angem MietZ zu zahlen (KG NJW **55**, 949). Fehlt eine Vereinbg, gilt § 315. Die Entsch darü obliegt dem Gericht (BGH NJW **68**, 1229). Zur Miete gehören nicht die Entgelte für Nebenleistgen (Anm 2 b, cc). Wg MWSt vgl § 157 Anm 5 b. Wg Berücksichtigg der MWSt bei Umsatzmiet: § 581 Anm 3a. Bes ErhöhgsVorschr: Einf 13b, c vor § 535. **cc) Erhöhungsklauseln**: Wertsicherg: § 245 Anm 5. Bei ausdrückl vertragl Vorbeh einer Neufestsetzg wg Veränd der wirtsch Verh ist Erhöhg ausnahmsw mögl (BGH NJW **64**, 1021), sonst insb wg Geldentwertg od Kostensteigerg grdsätzl ausgeschl (vgl § 242 Anm 6c, gg [GeschGrdlage]). **dd) Mietpreisbindung.** Besteht noch für manche aus dem Kreis von Wo (Einf 12 a vor § 535). Eine die preisrechtl zul Miete übersteigde Vereinbg ist soweit u solange unwirks (§ 26 1. BMG); also keine Nichtigk des MietVertr aus § 134. Über die preisrechtl zul Miete entsch die ord Ger. **ee) Fälligkeit**: § 551. **ff) Erfüllung**: Ob bar od dch Überweisg zu zahlen ist, richtet sich nach Vertr. Scheck bedarf stets der Zust des Verm (§ 346). Da § 270 gilt, dürfen Überweisgskosten nicht abgezogen w. ErfOrt: § 269. Bei mehreren MietZFdgen gilt § 366 (BGH NJW **65**, 1373). Keine Pfl des Mieters eine EinziehgsErmächtigg im LastschriftVerf zu erteilen (Weimar in abl Anm z LG Siegen WM **76**, 73). **gg) Verjährung:** §§ 197, 196 I Nr 6. **hh) Verwirkung:** § 242 Anm 9f; Übbl 4b vor § 194. **ii) Haftung Dritter** für die MietZt. Soweit sie nicht Mitmieter sind (§ 427), ist bes VerpflGrd notw (vgl Einf vor § 765). KrG haften in das MietVerh eingetretene FamAngeh gem § 569a III; darühinaus besteht ohne bes VerpflGrd bei solchen Pers keine Schuld od Haftg für Miete. W an Minderj vermietet, ist Haftg des UnterhVerpfl über §§ 683, 679, 681 mögl.

b) Außerordentliche Entgelte: Nur wenn sie ausdrückl vereinb sind, insb die Mieterleistgn in Einf 11 vor § 535.

c) Nebenpflichten (vgl Einf 5 b, bb vor § 535). Allg wie Anm 2 b. **aa) Vertragsgemäßer Gebrauch:** Daß der Mieter ihn einzuhalten hat, ergibt sich aus den §§ 550, 553. Inhalt, Umfang u Grenzen: Anm 2 a. RFolgen bei Verstoß: UnterlKl (§ 550); bei Versch SchadErs (§ 550 Anm 1), Künd (§ 553). **bb) Nebenentgelte**, insb für die sog Nebenkosten für Nebenleistgn des Verm (Anm 2 c). Ob u in welchem Umfang sie der Mieter zu bezahlen hat, unterliegt der Vereinbg, insb im MietVertr (vgl Anm 2c); unübersichtl u perfektionist geregelt in MMV 2 u Anl, Aufstellg der BetrKosten. Es gelten grdsätzl die gleichen Regeln wie für die MietZZahlg (Anm a). Ist vereinb, daß Kosten (insb für Heizg) umgelegt w, so gehören die Aufwendgn für Bediedg, Wartg, Instandhaltg u Reinigg dazu (LG Hbg ZMR **60**, 75), für Wärmemeßgeräte nicht ohne weiteres (vgl Schmidt-Futterer ZMR **71**, 172). Fälligk richtet sich nach Vereinbg, fehlt diese, tritt sie erst mit Abrechng ein (AG Stgt BlGBW **75**, 74; üb deren Inhalt vgl LG Lübeck WM **76**, 7). Fehlt eine Vereinbg üb Heizgskosten, ist dzt iZw anzunehmen, daß sie im MietPr inbegr sind (aA LG Mannh WM **74**, 217); eine vereinb Heizkostenpauschale deckt jedoch sämtl Heizkosten (LG Mannh MDR **76**, 757). Hingg ist Wasser, Kanalisation, Schornstein, Innenhaus- u Straßenreinigg iZw v Verm zu tragen. Kosten für Wasser umfassen auch das Abwasser (aA LG Stgt WM **74**, 256). **cc) Duldungspflichten:** Zur Raummiete SonderRegelg in § 541a. Daneben u davon unabhäng ist dem Verm nach vorher Ankündigg die Besichtigg der Mietsache (nie zur Unzeit) zu gestatten, auch ohne Grd, wenn u soweit es vereinb ist (zB MMV 14); ohne Vereinbg: α) Zur Feststell des Zustds der Räume; bei Wohngen alle 1–2 Jahre (Weimar BlGWB **74**, 107 mwN). β) Bei Verdacht vertrwidr Gebr oder Vernachlässigg der ObhutsPfl (§ 545 Anm 1). γ) Vor Verk od NeuVermietg bei bevorstehder Beendigg des MietVerh auch Besichtigg dch Interessenten. **dd) Erhaltgspflichten:** Nur soweit sie der Mieter (entgg der ges Regelg) dem Verm abgen hat (vgl § 536 Anm 1c).

536 Überlassungs- und Unterhaltungspflicht des Vermieters.
Der Vermieter hat die vermietete Sache dem Mieter in einem zu dem vertragsmäßigen Gebrauche geeigneten Zustande zu überlassen und sie während der Mietzeit in diesem Zustande zu erhalten.

1) Allgemeines. a) Bedeutg: Ergänzt die HauptPfl des Verm (§ 535 S 1), so daß die Pfl aus § 536 zur HauptLeistgsPfl (§§ 320 ff) gehören. Gibt dem Mieter klagb Anspr (ggf einstw Vfg) auf Herstellg des vertrgem Zustds. Dementspr DuldgsPfl (§ 541 a). **b) Sonstige Rechte** des Mieters, wenn der Verm die Pfl aus § 536 nicht erf: Befreiung vom MietZ od Minderg (§ 537); SchadErs (§ 538), Künd (§ 542), Rücktr gem §§ 325, 326 nur bis zur Überlassg der Mietsache (vgl § 537 Anm 1c). **c) Abdingbarkeit:** zu beiden (Glaser MDR **70**, 734); daher können insb die Pfl aus § 536 vom Mieter übernommen w (§ 535 Anm 3c, dd). Auch bei WoRaum verstoßen solche Vertr grdsätzl nicht gg § 138 (aA Roesch ZMR **73**, 356). Pfl zur Instdhaltg umfaßt nicht Instdsetzg od Neuherstellg eines GbdeT (LG Hbg MDR **78**, 318).

2) Vertragsmäßiger Zustand der Mietsache muß sein so, daß sie zum vertrmäß Gebr geeignet ist. Inhalt u Umfang: § 535 Anm 2 a; umfaßt also insb auch die Grdst- u GebTeile, die zur gemschaftl Benutzg dch den Mieter u zum Zugang zur Mietsache best sind. Dieser Zustd muß bei der Überlassg u während der ges MietZt vom Verm gewährleistet w. Für Arbeiten vor Einzug des Mieters Regelg in MMV 13 IV.

3) Überlassung liegt darin, daß der Mieter in die Lage versetzt w, die Sache vertrgem zu gebrauchen. Rein tats Vorgang. Besitzverschaffg (§ 854) idR, aber nicht immer notw. W der Mieter Besitzer, liegt MittlgsVerh vor (§ 868). Ob ausschließl Gebr einzuräumen ist, richtet sich nach dem Inhalt des MietVertr (RG **108**, 204). VorleistgsPfl des Verm; vertragsl oft und geregelt (vgl § 551). Anspr auf Überlassg ist ErfAnspr; bei Doppelvermietg (Einf 1 g vor § 535) fehlt einer Kl gg Verm, wenn der and Mieter im rechtm Bes ist, mangels Dchsetzbk das RSchutzbedürfn (BGH LM § 541 Nr 4).

4) Erhaltung im vertrgem Zust umfaßt alle Maßn, die erforderl sind, um dem Mieter währd der ges MietZt den vertragm Gebr (§ 535 Anm 3 a) zu sichern. Die Pfl kann dch Vertr (§ 305) auf den Mieter übertr w (Anm 1 c), auch nur bzgl der Kosten u bei MietPrBindg, aber hier nur, soweit es kleinere Instandhaltgn sind (Glaser MDR **70**, 734). Der Verm ist verpfl zum Zwecke der Erf der ErhaltgsPfl die Mietsache regelm zu überprüfen (vgl BGH NJW **57**, 826 u WPM **69**, 1011); insb auch Gasleitgen (vgl Stgt ZMR **73**, 144). Zur Erhaltg gehört insb: **a) Instandsetzung:** Räume müssen in einem der öffrechtl BauVorschr entspr Zustd, mitvermietete Gebäudeteile (zB Lift, LG Hbg NJW **76**, 1320), HaushGeräte gebrauchsfäh gehalten w; daher treffen die Kosten einer Umstellg von Stadt- auf Erdgas den Verm (Gather DWW **71**, 359), wenn der Mieter diese Kosten nicht übernommen hat (Anm 1 c). Kfz müssen fahrbereit sein u den Vorschr der StVZO genügen, Maschinen funktionsfäh u ausreich Unfallschutz ermögl. Vgl weiter § 535 Anm 2a.

b) Reinigung von Kaminen, Straße vor dem Haus, gemschaftl benutzter Teile des Miethauses, Entleerg v Versitzgruben u Mülltonnen (vgl Gaisbauer WM **71**, 18).

c) Reparaturen oder Renovierung aller beschäd, verunstalteten od abgenutzten Teile (auch der Außenfläche) der Mietsache (davon zu untersch die Pfl zur Wiederherstellung des früh Zust bei Rückg, vgl § 556 Anm 1a); insb die sog SchönhRep einer Wo (Lit: Glaser, R der SchönhRep, 2. Aufl 1977), streichen od tapezieren v Wänden, Decken, Böden, Heizkörpern einschl Heizrohre, Innentüren, sowie Fenster u Außen-

§§ 536, 537 2. Buch. 7. Abschnitt. *Putzo*

türen v innen (Begr gem § 28 IV der II. BV). Hierfür enthält MMV 7 eine bes Regelg (hierzu Schmidt-Futterer NJW 76, 921 [924]), ebso für BagatellSchäd MMV 8. **aa) Ausführungspflicht** trifft grdsätzl den Verm. Übern dch den Mieter im MietVertr ist aber allg übl. Es besteht ein klagb Anspr auf Vorn der Rep. ZwVollstr: § 887 ZPO. Eine Pfl zur Ausführ v SchönhRep im MietVerh trifft den Mieter nur dann, wenn dies für diesen Ztpkt bes vereinb ist (Otto Betr 74, 857); zB dch die Klausel im MietVertr, die Räume „erneuert" zurückzugeben (vgl Herpers WM 75, 45); dann ist für die RenoviergsPfl unerhebl der Zustd der Räume (LG Mannh ZMR 76, 83) u der Umstand, daß der Verm bei Überg seine eigenen Pfl zur Vorn der SchönhRep nicht erf h (BGH WPM 78, 227). Die Vereinbg „bezugsfert od vertrgem" reicht hierfür nicht (Herpers aaO); sie führt zur Pfl, die Räume in einen für den Nachmieter zumutb Zust zu versetzen; das bedeutet, daß nur fäll SchönhRep auszuführen sind (vgl § 556 Anm 1a). **bb) Fälligkeit**: Beschäd Teile sofort (§ 271 I). SchönhRep sind idR alle 5-6 Jahre erforderl, bei Küchen uU eher, bei Lackanstrichen (insb Innentüren, Fenster) wesentl später. Der Anspr auf Dchführg der SchönhRep besteht auch während des MietVerh sobald sie erforderl sind ohne Rücks auf das subj WertUrt des Mieters (hM; Oske MDR 73, 14 mwN). Sind aber die Räume noch vertrgem, so sind auch die SchönhRep noch nicht fäll, auch nicht anteil zu ersetzen (LG Mainz WM 69, 203). Re des Verm: bei Ende des MietVerh hat der Mieter, wenn er die Pfl übernommen hat (Anm aa) diejen SchönhRep auszuführen, die notw sind, die Räume in einen vertrgem Zustd zu versetzen (BGH 49, 56 mwN). **cc) Pflichtverletzung**: W die Rep v dem Verm (Anm aa) nicht ausgeführt, ist zunächst ErsVorn mögl, wenn dies vertragl vorgesehen ist (insb nach dem Auszug des verpfl Mieters) od nach § 887 ZPO iW der ZwVollstr. Ist der Verm zur Durchführg der Rep verpfl, hat der Mieter die Re aus § 537 Anm 4. SchadErsAnspr des Verm gg den zur Rep verpfl Mieter ist mögl nach Urt über § 283, bei Verz aus § 286 od aus einer VertrVerletzg (§ 276 Anm 7), nicht aus §§ 325, 326, weil bei vertragl Übern dch den Mieter keine HauptleistgsPfl vorliegt (Erm-Schopp 26; Haase in abl Anm zu BGH JR 77, 194; bestr; aA § 326 Anm 3b; BGH NJW 77, 36 mwN), so daß insb die NachFr § 326 I nicht notw ist. DieserSchadErsAnspr des Verm besteht auch dann, wenn nach dem Auszug des Mieters der Nachmieter die Rep ausführt od die Kosten ggü dem Verm übernimmt (BGH 49, 56 mwN; Gundlach NJW 76, 787; bestr; aA: Schaden erfüllt wg Vorteilsausgleich od Anspr erlischt wg Zweckerreichg; hierzu Hadding JuS 69, 407 mwN). Pauschalierg kann im GeltgsBer des AGBG unwirks sein (AGBG 11 Nr 5). Wenn der Anspr der Verm gg Vor- u Nachmieter besteht, kann ein gerechter Ausgleich zw den 3 Beteil (Verm, Vor- u Nachmieter) dch Ann einer Gesamtschuld (§ 421) erzielt w (Schmudlach NJW 74, 257; LG Kass NJW 75, 1842; dagg Gundlach aaO). Anspr des Verm auf AufwendgsErs ist mögl, wenn ErsVorn vertragl vorgesehen ist, die Kosten nicht der Nachmieter übernommen (LG Bielefeld MDR 72, 1037) od dieser den Anspr aus § 812 (vgl § 367 Anm 5) an den Verm abgetreten hat. Umfang des SchadErsAnspr: §§ 249ff; SachverstKosten gehören idR nicht dazu (LG Mannh Justiz 74, 57).

5) Wegfall der Erhaltungspflicht kommt nur in Betr dch: **a) Vertragsänderung** (§ 305), da § 536 abdingb ist (Anm 1 c). Das kann ausnahmsw angen w, wenn Mieter in Kenntn eines Mangels vorbehaltlos annimmt (vgl § 539 Anm 1). **b) Untergang** (od Zerstörg) der Mietsache ohne Versch des Verm (§§ 323, 324); er w v der Pfl zur GebrÜberl frei (§ 275) u ist nicht verpfl die Miets wieder herzustellen (BGH NJW 76, 1506). Bei teilw Zerstörg ist Pfl zur Wiederherstellg nur zu bejahen, wenn sie währd der Mietzeit mögl ist u die Opfergrenze nicht überschritten w (§ 242; BGH NJW 59, 2300). **c) Beschädigung** der Mietsache, die auf Versch des Mieters od seines ErfGeh (BGH BB 69, 601) beruht, weil da SchadErs dch Mieter (§ 249, Naturalherstellg) zu leisten ist.

537 *Haftung für Sachmängel.* **I** Ist die vermietete Sache zur Zeit der Überlassung an den Mieter mit einem Fehler behaftet, der ihre Tauglichkeit zu dem vertragsmäßigen Gebrauch aufhebt oder mindert, oder entsteht im Laufe der Miete ein solcher Fehler, so ist der Mieter für die Zeit, während deren die Tauglichkeit aufgehoben ist, von der Entrichtung des Mietzinses befreit, für die Zeit, während deren die Tauglichkeit gemindert ist, nur zur Entrichtung eines nach den §§ 472, 473 zu bemessenden Teiles des Mietzinses verpflichtet. Eine unerhebliche Minderung der Tauglichkeit kommt nicht in Betracht.

II Absatz 1 Satz 1 gilt auch, wenn eine zugesicherte Eigenschaft fehlt oder später wegfällt. Bei der Vermietung eines Grundstücks steht die Zusicherung einer bestimmten Größe der Zusicherung einer Eigenschaft gleich.

III Bei einem Mietverhältnis über Wohnraum ist eine zum Nachteil des Mieters abweichende Vereinbarung unwirksam.

1) Allgemeines. a) Fassung: Abs I S 2 u Abs III sind angefügt u Abs II S 1 ist neu gefaßt worden dch das 2. MietRÄndG; Ztpkt des Inkrafttr: Einf 12b vor § 535. **b) Abdingbarkeit** (III). Bei WoRaum (Einf 8a vor § 535) ist § 537 zG des Mieters zwingd. Daher darf im MietVertr die Minderg nicht von einer befristeten AnzPfl abhäng gemacht w (Weimar WM 70, 162; AG Aachen NJW 70, 1923). Da § 537 den Mieter ledigl von Pfl befreit, aber keinen Anspr gibt, ist Aufrechng u ZbR nicht mögl, § 552a daher für § 537 bedeutgslos. **c) Verhältnis zu anderen Vorschriften: aa) Unmöglichkeit.** α) **§§ 306, 307**: Setzt voraus, daß die Leistg des Verm (GebrGewährg) von Anfang an obj unmögl ist (vgl § 306 Anm 2, 3), insb wenn die Sache nicht existiert. Die §§ 306, 307 gelten aber nicht, wenn die Mietsache dem Mieter überlassen, aber für den vertragl vorausgesetzten Gebr völl untaugl ist, selbst wenn dieser Fehler nicht behoben w kann (aA Celle NJW 73, 2281 mwN). Auch in diesen Fällen verbleibt es bei den Re des Mieters gem Anm 4. β) **§§ 323–326**: (Vgl Beuthien, Zweckerreichg u Zweckstörg im SchuldVerh, S 166ff). Vor Überlassg der Mietsache gilt nicht § 537 (GWortlaut I 1, BGH NJW 78, 103; aA Hassold NJW 74, 1743), sond es gelten §§ 323ff, uU pos VertrVerletzg (BGH aaO). Nach Überlassg der Mietsache gilt § 537 I, soweit eine GebrUntauglichk od -Verminderg der Mietsache vorliegt; er geht dem § 323 vor (BGH NJW 63, 804; Hassold NJW 75, 1863); ebso den §§ 325, 326 (vgl BGH NJW 57, 57). Soweit Unmöglk der VermLeistg auf and Grd als Sachmangel beruht (zB Untergang der Mietsache) gilt § 323. Ist der Fehler vom Mieter zu vertreten, w § 324 I dch § 537 I nicht ausgeschl (Diederichsen JZ **64**, 2; Hassold NJW **75**, 1863). § 324 II gilt an Stelle des § 537 I nur, wenn der Mangel ohne den GläubVerz nicht eingetreten wäre (Beuthien S 166 Nr 90 mwN). γ) § 275 gilt bei zufäll Unmöglk der VermLeistg (Hassold NJW **75**, 1863). **bb) Anfechtg** (§§ 119, 123) ist auch nach Überlassg der Mietsache grdsätzl mögl (Soergel-Mezger 4 mwN; bestr). **cc) Geschäftsgrundlage** (§ 242 Anm 6). Soweit sich ihre Störg auf Fehler od Eigensch der Mietsache bezieht, gehen die §§ 537 ff als ausschließde SondRegelg vor (Stötter NJW **71**, 2281). Nur in Fällen des Wegfalls der GeschGrdlage aus obj Grden bleiben deren Regeln ausnahmsw anwendb (vgl Stötter aaO u BGH NJW **58**, 785 m Anm v Kubisch). **dd) Mieterhöhung** nach § 2 MHRG. Der § 537 ist SoRegelg, sodaß der MietmindergsAnspr nicht dem Erhöhvsverlangen entgegesetzt w kann (LG Mannh MDR **77**, 140; vgl MHRG 2 Anm 3b). **d) Rechtsnatur**: § 537 ist rechtsvernichtde Einwendg ggü Miet-ZahlgsAnspr (§ 535). **c) Beweislast**: Mieter hat Vorliegen des Mangels u Beeinträchtigg der Tauglichk der Mietsache zu vertrgem Gebr zu beweisen, Verm die Unerheblk der TauglkMinderg.

2) Fehler (I). **a) Begriff**: Grdsätzl ein Mangel der der Mietsache in ihrer Substanz anhaftet. Der Fehler kann aber auch in einem tats bzw rechtl Verhältn bestehen, das nach den allg VerkAnschauungen für einen Mieter die Sache u deren GebrWert beeinträcht. Stets muß die Tauglk zu dem von den VertrPart konkret vorausgesetzten vertrgem Gebr (§ 536 Anm 2, 4) ganz aufgeh od (erhebl, Anm b) gemindert sein. Auch Fehler, die nicht behebb sind, fallen unter § 537 (Hassold NJW **74**, 1743). **b) Erheblichkeit** (I S 2): Die Tauglk zum vertrgem Gebr (damit der GebrWert) muß erhebl gemindert sein. Unerhebl Minderg ist nur bei zugesicherter Eigensch (Anm 3) bedeuts (Angleichg an § 459). Daraus, daß der Fehler inf seltener Benutzg für den Mieter sich nur gelegentl nachteil auswirkt, kann die Unerheblk nicht abgeleit w. **c) Öffentlich-rechtliche Beschränkgen** können (auch bei PachtVerh, BGH NJW **58**, 785) als rechtl Verhältn (vgl Anm a) einen Fehler darstellen, wenn sie sich auf die Beschaffenh, Benutzbark od Lage der Mietsache (nicht auf die Person des Mieters) beziehen (BGH stRspr zB NJW **77**, 1285); sie müssen grdsätzl bestehen, nicht lediglich in ferner Zukunft zu erwarten (BGH WPM **68**, 1306), auf ihre Dchsetzg darf nicht verzichtet sein (Düss OLGZ **71**, 311). Es genügt die Ungewißh über den Fortbestand, insb wenn ein RBehelf eingelegt ist (BGH MDR **71**, 294) u uU eine zeitweil Beschrkg, insb wenn es dadch für den Mieter unmögl w, den Vertr-Zweck zu erreichen (RG **146**, 60). Bsp: BauBeschrkg (BGH WPM **62**, 1380); Gebot das Gebäude abzubrechen (BGH MDR **71**, 294); dem vertrgem Gebr entgegstehder Nutzgsplan (Düss OLGZ **73**, 311); EinstellgsAnordng für GewBetr des Mieters wg Geräuschbelästig (Karlsr OLGZ **71**, 18); Wohnheim für GastArb, das den in behördl Richtlinien festgelegten MindestAnfdgen nicht mehr genügt (BGH NJW **76**, 796). **d) Äußere Einwirkungen**: Insb von Lärm, Luftverschmutzg u Geruch begründen dann keinen Fehler, wenn sie sich im Rahmen des für die Lage der Mietsache Übl halten, die idR vertragl vorausgesetzt sind, im Einzelnen umstr; vgl die ZusStellg v Rspr bei Wiethaup ZMR **75**, 257. Fehler bejaht: wenn SchallschutzVorschr vom Verm nicht beachtet w (Wiethaup aaO mwN). Großbaustelle in unmittelb Nähe eines für ErholgsUrl gemieteten Zimmers (LG Hbg NJW **73**, 2254). Auch eine Gefahrenquelle außerh der Mietsache kann einen Fehler begrden (BGH NJW **72**, 944). Schutzlosigk gg Überschwemmg nur dann, wenn sie wg Beschaffenh der Mieträume u bei nicht außergewöhnl Witter-sVerh besteht (BGH NJW **71**, 424); zB FunktionsUntüchtk eines Rückstauschiebers (BGH Betr **76**, 816). Bei einem Kfz-Einstellplatz ständ verkwidr Parken vor der Einfahrt (LG Köln MDR **76**, 44). **e) Sonstige Beispiele**: Reifenmängel eines Kfz (BGH Betr **67**, 118); Ungeziefer (SchlHOLG SchlHA **70**, 159); unzulängl Isolierg (BGH WPM **62**, 271); ungenügde Beheizg (§ 535 Anm 2 c, e; Lau ZMR **77**, 39); Ausfall des Lifts (BGH BB **61**, 1302; Weimar Betr **74**, 2293), der Zentralheizg u Warmwasserversorgg (Ffm ZMR **74**, 42). Schadh ZentrHeizgsAnl, die zu BrennstoffmehrVerbr führt (daher nicht pVV, so LG Kassel WM **74**, 235). Bei Vermietg an KonkurrUntern kommt es auf den Einzelfall an (vgl § 535 Anm 2 a u BGH **LM** Nr 3). Rutschende StockwerksVbdg in einem Parkhaus (AG Stgt VersR **74**, 988); absturzbereites Geäst (BGH NJW **75**, 645); wohnwertmindernde Feuchtk (AG Köln WM **74**, 241); Wegfall v Parkplätzen vor einem Kurhaus (LG Ffm NJW **76**, 1355); uU Einrichtg eines GewBetr im Wohnhaus (AG Hbg WM **76**, 151); Verfehlen des Zwecks für Stand auf einer mangelh organisierten Ausstellg (Köln WM **76**, 9); nicht das Fehlen eines Kinderspielplatzes bei WoVermietg (aA LG Freibg BlGBW **77**, 159).

3) Fehlen zugesicherter Eigenschaft (II) steht auch bei unerhebl Beeinträchtigg der Tauglk dem Fehler gleich, weil nur I S 1, nicht I S 2 entspr anwendb ist. Ob die fehlde Eigensch herbeigeführt w kann, ist gleichgült (Hassold NJW **74**, 1743). **a) Zusicherg** ist eine vertragl binddde Erkl, die über die bloße Angabe des Verwendgszwecks im Vertr hinausgehen muß (wie § 459 Anm 7). **b) Eigenschaft** ist jede Beschaffenh der Sache selbst u jedes tats od rechtl Verh, das für den Gebr der Mietsache von Bedeutg ist (vgl § 459 Anm 7). Fehlt eine Eigensch, die nicht zugesichert ist, kann ein Fehler (Anm 2) vorliegen. Eigensch ist zB: Größe des Grdst (II S 2); Umsatz eines früheren Pächters (RG JW **37**, 675); BrauereiFreih einer Gastwirtsch (RG **95**, 175); Tragfähigk einer Decke (BGH **LM** Nr 12/13).

4) Rechte des Mieters. a) Allgemeines: Der Mieter hat einen ErfAnspr auf den vertrgem Gebr (§§ 535, 536). W er ihm dadch nicht gewährt, daß die Mietsache Fehler aufweist od zugesicherte Eigensch fehlen, hat der Mieter die Rechte gem Anm b–d. Die Rechte aus § 537 bestehen unabhäng vom Versch des Verm. Sie sind nicht Anspr (wie beim Kauf, §§ 462, 465) sond ändern krG die VertrPfl (BGH NJW **61**, 916); unabhäng davon, ob der Mieter die Sache, wäre sie vertrgem gewesen, verwendet hätte od nicht (BGH NJW **58**, 785 m Anm v Kubisch). Keine Verjährg, da es sich nicht um Anspr handelt (vgl § 194 I); vorausbezahlter MietZ kann gem § 812 zurückgefordert w. **b) Befreiung vom Mietzins**: Nur bei völl Beseitigg der GebrFähigk, jeweils nur für deren Dauer. **c) Minderg**: Tritt ein, ohne daß der Mieter sich darauf berufen muß, und als § 465 (Hassold JuS **75**, 550; aA bis 4. Aufl). Wirkt dahin, daß die geminderte MietZ als der vereinb gilt. Berechg: §§ 472, 473 entspr; daher maßgebder Ztpkt der des VertrAbschl. Erstreckt sich nicht auf Umlagen und Zuschläge, die vom Mangel nicht betroffen sind (zB Heizg, Lift, Versicherg). **d) Sonstige Rechte**: **aa)** SchadErs nach § 538 ist neben Wandlg u Minderg mögl; jedoch können die Rechte aus § 537 daneben nur geltd gemacht w, wenn u soweit der SchadErs den Wert der Mietsache nicht umfaßt. **bb)** Anspr auf Erf, dh mangelfreie Leistg, also Beseitigg der Mängel bleibt von § 537 unberührt. **cc)** AufwendgsErs (§ 538 II) bei Verzug (§ 284) hinsichtl der Mängelbeseitigg (Anm bb). **dd)** Künd gem §§ 542–544.

5) Ausschluß der Mieterrechte. a) Kenntn od grob fahrl Unkenntn des Mangels (§ 539). Das gilt entspr, wenn der Mieter in Kenntn des nach Überg entstandenen Mangels vorbehaltlos den MietZ zahlt (§ 539 Anm 5). Die Rechte des Mieters entfallen dann aber nur für die Vergangenh, sodaß er insb einer später geltd gemachten MietPrSteigerg wg des Fehlers widerspr kann (Düss OLGZ **73**, 311). Selbst wiederholte Beanstandg dch den Mieter ist unerhebl (BGH WPM **67**, 851). Das gilt nicht, wenn der Mieter in der begründeten Erwartg zahlt, der Mangel werde in Kürze beseit w (BGH WPM **73**, 146). **b)** Verletzg der AnzPfl (§ 545). **c)** Verursachg des Mangels dch den Mieter od Versch des Mieters hinsichtl des Mangels, zB inf Änderg der Mietsache auf Verlangen des Mieters (BGH WPM **62**, 271), ferner Entstehg des Mangels im Risikobereich des Mieters; zB Sperre eines Zugangs, für dessen Aufrechterhaltg der Mieter zu sorgen hatte (BGH **38**, 295).

538

Schadensersatzpflicht des Vermieters. **I** Ist ein Mangel der im § 537 bezeichneten Art bei dem Abschluß des Vertrages vorhanden oder entsteht ein solcher Mangel später infolge eines Umstandes, den der Vermieter zu vertreten hat, oder kommt der Vermieter mit der Beseitigung eines Mangels in Verzug, so kann der Mieter unbeschadet der im § 537 bestimmten Rechte Schadensersatz wegen Nichterfüllung verlangen.

II Im Falle des Verzugs des Vermieters kann der Mieter den Mangel selbst beseitigen und Ersatz der erforderlichen Aufwendungen verlangen.

1) Allgemeines. a) Fassung: Abs I, neu gefaßt durch 2. MietRÄndG. Ztpkt des Inkrafttr: Einf 12b vor § 535. Der SchadErsAnspr kann nicht mehr, wie bisher, nur statt der Rechte aus § 537 (Minderg), sond daneben gefordert w. Mieter ist daher berecht, neben der Minderung weitergehenden Schaden od Anspr auf AufwendgsErs nach Abs II geltd zu machen, wobei selbstverständl Vorteil aus Mietminderg bei Bemessg des Schad zu berücks. Auch schließt and als bisher Erf des SchadErsAnspr Mietminderg nicht aus. **b) Rechtsnatur** des Anspr; er ist wg § 536 nicht auf Gewährleistg gerichtet sond ist ein Anspr wg NichtErf (hM: Diederichsen JZ **64**, 25 mwN). **c) Verhältnis zu anderen Vorschriften: aa)** Wg der Verweisg auf § 537 gilt § 538 erst ab Überlassg der Mietsache (vgl § 537 Anm 1 c; aA Hassold NJW **74**, 1743 für 1. u 2. Alt des I). Von da an w §§ 306, 307 dch die 1. Alt (Hassold NJW **75**, 1863), § 325 dch die 2. Alt (Hassold aaO) u § 326 dch die 3. Alt verdrängt (vgl Diederichsen JZ **64**, 25; BGH NJW **63**, 804), soweit es sich um die GebrUntauglk der Mietsache handelt. § 324 gilt wie bei § 537 (dort Anm 1 c); § 323 gilt, soweit § 538 reicht überh nicht, weil die 1. Alt anfängl Unmöglk voraussetzt, die 2. u 3. Alt Versch od Verz des Verm. **bb)** KündR aus § 542 bleibt unberührt; aber SchadErs nur für die Zt, bis zu der die Künd angemessen hätte erkl w können (RG **82**, 363). **cc)** Anspr aus pos VertrVerletzg sind allein od neben § 538 mögl bei VertrVerletzg, die nicht unmittelb die Beschaffenh der Mietsache betreffen (BGH NJW **57**, 826); zB Schutz- u FürsPfl (vgl § 535 Anm 2a, d). **d) Abdingbarkeit**: Vertragl Ausschl der Haftg, auch nach (BGH **29**, 295), auch nach der Neufassg grdsätzl zul, sow nicht gg allg RGrdsätze verstoßd, zB Haftg des gewerbsm KfzVerm für Reifenmängel, auch wenn Mieter nach den AGB Mängelfreih anerkannt hat (BGH Betr **67**, 118). Der Ausschl vertragl SchadErsAnspr erstreckt sich auch auf außervertragl, die denselben Sachverhalt betr (Ffm VersR **73**, 425). Unabdingb ist das R des Mieters zu Aufrechng u das ZbR (§ 552a). Ausdrückl Regelg in MMV 13 IV. **a) Anwendungsbereich**: auch Pacht (§ 581 II); II auch auf NutzgsVerh, insb zw Bauträger u Eigenheimbewerber (BGH **56**, 136). **f) Wegfall** des Anspr wie bei § 537, vgl dort Anm 5.

2) Vorhandensein des Mangels bei Vertragsabschluß. (I 1. Alt). Haftg beruht auf gesetzl Garantie des Verm. **a) Voraussetzungen**: Mangel muß bei VertrAbschl ledigl vorh sein; daß er damals bereits hervorgetreten war u seine schädigden Wirkgen zeigt, ist nicht erforderl; ausreich, wenn nur die Gefahrenquelle schon vorh war od die Ursache vorlag, zB wenn ein Fußbodenbelag bei Witterngswechsel regelmäß schwitzt (BGH LM Nr 19; hierzu Trenk-Hinterberger JuS **75**, 501); wenn eine Behörde verpfl war, eine erforderl Erlaubn (vgl § 537 Anm 2 c) zu widerr od zu versagen (BGH NJW **77**, 1285). Der Mangel muß bei Überlassg der Mietsache noch vorliegen, weil § 538 den § 537 voraussetzt. Verm trägt also die Gefahr aller geheimen Mängel (BGH NJW **63**, 805). Auf Kenntn vom Mangel od dessen Erkennbk kommt es nicht an (BGH **49**, 350), ebsowenig wie auf Möglk der Beseitigg (Hassold NJW **74**, 1743) u auf BewLast (BGH NJW **75**, 645). **b) Zeitpunkt**: Maßgebd ist der des formlosen Vertr, wenn er später schriftl festgelegt w (vgl BGH NJW **68**, 885). § 538 gilt entspr, wenn Miet- od Pachtsache erst nach Abschl des Vertr hergestellt w soll; Garantie bezieht sich hier auf Ztpkt der Fertigstellg u Überg der Sache (BGH NJW **53**, 1180).

3) Verschulden des Vermieters nach Vertragsschluß (I 2. Alt). Für Mängel, die nach VertrSchl auftreten, haftet Verm auf SchadErs nur dann, wenn ihn ein Versch trifft, dh bei vorsätzl od fahrl Verhalten (§§ 276, 278). BewLast: Mieter für alle Voraussetzgen außer Versch (vgl BGH NJW **64**, 33). Der Mieter ist trotz § 545 nicht ErfGeh des Verm (BGH WPM **69**, 1481). ErfGeh ist aber der Handwerker, der Rep ausführt (Soergel-Mezger 9).

4) Verzug des Vermieters mit Mängelbeseitigung (I 3. Alt). Ist SchuVerz (§ 284) des Verm. Setzt eine auf Mängelbeseitigg gerichtete Mahng voraus (§ 284 I), Anzeige gem § 545 genügt nicht. Bei vereinb Mängelbeseitigg ist auch KalTagFälligk (§ 284 II I) mögl. Fehldes Versch des Verm schließt Verz aus (§ 285). BeseitiggsPfl entfällt bei unzumutb hohen Kosten (Opfergrenze, vgl Erm-Schopp 14). Der Mangel muß behebb sein; sonst läge kein Verz vor, sond Unmöglk (Hassold NJW **74**, 1743).

5) Schadensersatzanspruch. Bei MitVersch (zB üb § 545) ist § 254 anwendb (BGH NJW 77, 1236). **a) Ersatzberechtigt** auch zum Hausstand des Mieters gehörde Angeh u Angest; vgl Einf 5 d vor § 535. Anspr der Angeh aber nur insow, als es sich um Ers der an eig Gesundh entstandenen Schäden handelt; daher kein VertrAnspr der Kinder wg Verletzg der Eltern (Soergel-Mezger 17). **b) Umfang:** Nach allg M ist jedenf der eigentl NichtErfSchad zu ersetzen. Das ist der Nachteil, der darin besteht, daß der Mieter die Leistg nur mangelhf erhält: insb der Minderwert, die Mangelbeseitigungskosten, VertrKosten u entgangener Gewinn (§ 252). Aber alles nur für die Zeit, in der Verm zur Leistg verpfl ist u am Vertr auch gg seinen Willen festgehalten w kann (BGH WPM **72**, 335). Einzelh: MehrBetr des Mietzinses für neu gemietete Wo, Kosten einstw Unterbringg (auch der Sachen), Verdienstentgang, jedoch begrenzt auf die Zeit der VertrBindg (BGH **LM** § 537 Nr 12/13). Auch für MangelfolgeSchad u sonstige Begleitschäden (hM; BGH NJW **71**, 424; Peters NJW **78**, 665), das sind alle Nachteile des Mieters, die, ohne den Sachmangel verursacht sind u über das reine ErfInteresse hinausgehen (Todt BB **71**, 680 mwN), insb Schäden an and Sachen, am Körper (auch dch Wegfall der Mithilfe des Eheg, BGH **LM** Nr 12/13), zusätzl u nutzlose Aufwendgen. Der BegleitSchad ist nach aA (Todt BB **71**, 680 mwN) nur dann zu ersetzen, wenn vertragl eine entspr Gewl übernommen w (insb aGrd von Zusicherg od bei Versch aus pos VertrVerletzg).

6) Mängelbeseitigung durch den Mieter (II). **a) Voraussetzungen:** Verzug des Verm: wie Anm 4. **b) Wirkung:** II schließt SchadErsAnspr nicht aus. Stellt keine GeschFoA dar, sond selbstd R aus dem MietVerh. Erstreckt sich auf die ganze gemietete Sache einschl Zubeh. Aber nur die Mängelbeseitig fällt unter II; für Verwendgen gilt ausschließ § 547. Der Mieter ist zur Mängelbeseitigg nicht verpfl; Unterl kann aber bei Schad für Verm MitVersch (§ 254) begrden (RG **100**, 42). Von Beseitigg des Mangels an entfällt auch der Anspr aus § 537 (Weimar MDR **58**, 78). Verj: § 558. (BGH NJW **74**, 743). Anspr aus ungerechtf Ber wg Mängelbeseitig bei fehlden Verz sind ausgeschl, weil § 538 II abschließd SondRegelg darstellt (LG Bln WM **70**, 116). **c) Inhalt und Umfang:** Es gelten die §§ 256, 257. Der ErsAnspr des II umfaßt nur die erforderl Aufwendgen, dh solche, die ggf nach fachmänn Rat geeignet u notw sind, die Sache in vertrgem Zustd zu versetzen. VorschußPfl des Verm kann aus § 242 bestehen (BGH NJW **71**, 1450). Beseit der Mieter den Mangel selbst, kann er auch Ers für aufgewendete ArbZt verlangen (Weimar ZMR **75**, 163).

539 Kenntnis des Mieters.
Kennt der Mieter bei dem Abschlusse des Vertrags den Mangel der gemieteten Sache, so stehen ihm die in den §§ 537, 538 bestimmten Rechte nicht zu. Ist dem Mieter ein Mangel der im § 537 Abs. 1 bezeichneten Art infolge grober Fahrlässigkeit unbekannt geblieben oder nimmt er eine mangelhafte Sache an, obschon er den Mangel kennt, so kann er diese Rechte nur unter den Voraussetzungen geltend machen, unter welchen dem Käufer einer mangelhaften Sache nach den §§ 460, 464 Gewähr zu leisten ist.

1) Allgemeines. § 539 enthält Ausschließgsgründe für Anspr des Mieters bei Mängeln der Mietsache. Sie beziehen sich aber nur auf vertragl Anspr aus §§ 537, 538 (einschl § 538 II, BGH MDR **76**, 571), nicht auf Anspr aus unerl Hdlg (RG **165**, 159). Dieser bleibt bestehen (BGH VersR **61**, 886). Auch ErfAnspr aus § 536 wird durch § 539 an sich nicht berührt, es sei denn, daß im Einzelfall das stillschw Einverständn des Mieters mit dem Mangel angenommen w muß. § 539 gilt auch bei Verlängerg des MietVertr dch eine Option des Mieters (BGH NJW **70**, 1740) u entspr für Künd gem § 542 (§ 543).

2) Kenntnis des Mangels bei VertrAbschl (nicht währd der MietZt) od bei VertrVerlängerg (BGH **54**, 251 [Option]) beseit Anspr des Mieters aus §§ 537, 538 auch dann, wenn Verm den Mangel argl verschwiegen hatte (BGH NJW **72**, 249), nicht aber wenn der Verm auf Verlangen des Mieters Abhilfe zugesagt h (Staud-Kiefersauer 1c). Ob für sog typ Neubaumängel Kenntn angenommen w kann, wenn der Mieter weiß, daß er eine NeubauWo mietet, ist umstr (vgl LG Hbg BlGWB **76**, 215). Abzustellen ist auf § 538 I 2; häuf ist die Tauglk unerhebl gemindert od vertrgem. KündR trotz Kenntn nur bei erhebl GesundhGefährdg, § 544. Bei Mehrh von Mietern genügt die Kenntn von einem (BGH NJW **72**, 249).

3) Grobfahrlässige Unkenntnis. Anspr des Mieters besteht nur, wenn Verm Abwesenh des Fehlers ausdr zugesichert od den Fehler argl verschwiegen hat (§ 460). Das gilt nur für Mängel gem § 537 I, also nicht für zugesicherte Eigensch; bei diesen schadet grobfahrl Unkenntn dem Mieter nicht. Grobe Fahrlk liegt nicht bereits darin, daß Mieter die Mietsache nicht auf ihre Eigng untersucht hat (BGH Betr **62**, 64).

4) Annahme mangelhafter Sache. Entspr § 464 Anm 3. **a) Ohne Vorbehalt.** Der Mieter verliert im Falle der Kenntn (Anm 2) seine Re, weil er zu erkennen gibt, daß der dch den Mangel beeinträcht Gebr vertrgem ist (BGH WPM **61**, 655) auch bei argl Verschweigen des Mangels (BGH WPM **78**, 227). **b) Mit Vorbehalt:** Entspr § 464; Anm 4: s dort. Dem Mieter verbleiben alle Re, auch das des § 542.

5) Nachträgliche Kenntnis des Mieters fällt an sich nicht unter § 539 (vgl Anm 2); setzt aber Mieter trotz Kenntn das VertrVerhältn ohne jeden Widerspr fort, bezahlt er insb den Mietzins vorbehaltlos, so ist § 539 entspr anwendb (vgl BGH WPM **67**, 515). Der Mieter darf dann nicht mehr nachträgl Abzüge vornehmen (BGH ZMR **61**, 359), behält nur den HerstellgsAnspr (BGH WPM **67**, 850). Das gilt aber nicht, wenn der Mieter in der erkennb od mitgeteilten Erwartg zahlt, daß der Mangel demnächst beseit od die Mietzahlg dch eine Versicherg ersetzt w (BGH WPM **73**, 146), ferner wenn gedroht w, zu künd od Miete zu kürzen, wenn der Verm die Mängel nicht beseit, u der Mieter noch einige Zt Miete weiter zahlt (BGH JR **75**, 108 m Anm v Haase). Auch keine entspr Anwendg des § 539, wenn der Verm die Mängelbeseitigg hinausschiebt u der Mieter nicht widerspr (RG **90**, 65).

6) Beweislast. Verm für Kenntn od grobfahrl Unkenntn bei VertrAbschl od Kenntn bei Ann (BGH WPM **62**, 1380); Mieter für argl Verschweigen, Zusicherg der Beseitigg des Mangels u Vorbeh bei Ann.

§§ 540–541a

540 *Vertraglicher Gewährleistungsausschluß.* Eine Vereinbarung, durch welche die Verpflichtung des Vermieters zur Vertretung von Mängeln der vermieteten Sache erlassen oder beschränkt wird, ist nichtig, wenn der Vermieter den Mangel arglistig verschweigt.

1) Vereinbarung: Vertr gem § 305. **Anwendbar** auf Sachmängel (§§ 537–539) u RMängel (§ 541). **Voraussetzungen**: Verschw: Verm gibt Mängel dem Mieter nicht bek, obwohl er gem § 242 sie offenb müßte. Argl ist: Verm handelt bei Abschl der Vereinbg in dem Bewußtsein, Mieter kenne den Mangel nicht (Dresd OLG **33**, 301) u würde bei Kenntn des Mangels die Vereinbg nicht abschl. **Wirkung**: Ist Vereinbg Teil des MietVertr, gilt § 139. Soweit § 537 III für WoRäume GewlAusschl nicht verbietet, ist er grdsätzl für die Sach- u RMängel zul, wenn nicht § 540 eingreift. **Beweislast** für Argl trägt der Mieter; der Verm muß Mitt des Mangels od Kenntn des Mieters beweisen.

541 *Haftung für Rechtsmängel.* Wird durch das Recht eines Dritten dem Mieter der vertragsmäßige Gebrauch der gemieteten Sache ganz oder zum Teil entzogen, so finden die Vorschriften der §§ 537, 538, des § 539 Satz 1 und des § 540 entsprechende Anwendung.

1) Voraussetzungen für RsMängelGewl. **a) Allgemein**: Das Bestehen des R eines Dr ist unbeachtl, da Verm nicht Eigtümer zu sein braucht. Erst wenn der Dr sein R geltd macht und hierdch dem Mieter der vertrgem Gebr ganz od teilw entzogen od von vornherein nicht gewährt w, liegt ein RMangel vor (BGH **LM** Nr 4). § 541 gilt auch für solche RMängel, die erst nach Überlassg der Mietsache an den Mieter entstehen (hM: BGH NJW **75**, 44; aA bis 34. Aufl). Hingg gilt § 541 nicht für Eingriffe einer Beh (vgl § 537 Anm 2 c) u nicht für Re, die sich ausschließ gg den Verm richten, zB ein von diesem mit einem Dr vereinb Konkurrenzverbot (BGH **LM** § 537 Nr 3). § 541 gilt überh nicht, wenn ein Dr ohne R die Miets in Bes hat, insb unterbliebene od verspätete Räumg nach Ablauf des MietVertr (Köln WM **77**, 70). **b) Doppelvermietg**: Der nichtbesitzde Mieter ist auf den SchadErsAnspr nach §§ 541, 538 u das KündR nach § 542 beschränkt, wenn der and Mieter rechtm besitzt; kein Anspr auf BesEinräumg nach § 536; vgl § 536 Anm 3.

2) Rechte des Mieters: §§ 537–540. Bei § 538 I muß der Verm den Mangel zu vertreten haben (BGH NJW **75**, 44); hierfür genügt § 279, wenn der HauptMietVertr wg ZahlgsVerz des HauptMieters beendet w u der Unterm daher vor Ablauf des UntermVertr zurückgeben muß (BGH WPM **75**, 897). § 539 S 2 findet keine Anwendg. Grobfahrl Unkenntn des Mangels beseit die Re des Mieters nicht (BGH **LM** § 539 Nr 1), ebsowen wie RIrrtum. Statt dessen kann der Mieter nach §§ 535, 536 VertrErf verlangen, dh Beseitigg entgegstehder Re Dr, zB HerausgabeAnspr des HauptVerm gg den Unterm wg Erlöschen des HauptmietVertr (BGH WPM **75**, 897).

541a *Maßnahmen zur Erhaltung oder Verbesserung.* I Der Mieter von Räumen hat Einwirkungen auf die Mietsache zu dulden, die zur Erhaltung der Miеträume oder des Gebäudes erforderlich sind.

II Maßnahmen zur Verbesserung der gemieteten Räume oder sonstiger Teile des Gebäudes hat der Mieter zu dulden, soweit ihm dies zugemutet werden kann. Aufwendungen, die der Mieter infolge dieser Maßnahmen machen mußte, hat der Vermieter ihm in einem den Umständen nach angemessenen Umfange zu ersetzen; auf Verlangen hat der Vermieter Vorschuß zu leisten.

1) Allgemeines. Eingef dch 2. MietRÄndG. Ztpkt des Inkrafttr: Einf 12b vor § 535. **a) Zweck**: Es soll dem Verm ermögl w, seine GewlPfl aus § 536 zu erf u das Gebäude zu verbessern u zu modernisieren. **b) Anwendungsbereich**: nur MietVerh über Räume (Einf 7 vor § 535), also nicht nur WoRäume. Umfaßt auch den Untermieter (Weimar ZMR **76**, 33). Die Maßn zur Erhaltg od Verbesserg des Gebäudes müssen sich, wenn sie nur am Grdst vorgen w, auf das Grdst beziehen. § 541a gilt nicht bei völl Umgestaltg der Mietsache od erhebl Vergrößerg, insb einer Wohng (vgl LG Kiel SchlHA **74**, 122); dann ist § 242 anwendb (BGH NJW **72**, 723). Bei öff geförderter WoModernisierg u Maßn zur nachhalt Einsparg v Heizenergie geht § 20 ModEnG als SondRegelg vor. **c) Abdingbarkeit**: ist auch zuungunsten des Mieters gegeben. Grenze: §§ 138, 157, 242, bis zur Zumutbk (Frost WM **76**, 1). Unabdingbk besteht zG des Mieters, sowt § 20 ModEnG gilt (dort IV). **d) Rechte des Mieters**: Anspr aus § 537, sow dch die Einwirkg u Maßn dessen Voraussetzg erf sind; auch nach § 20 III 2 ModEnG Anspr des Mieters gg den Verm auf Verbesserg sind nur nach §§ 157, 242 denkb (Weimar BlGBW **76**, 63). AufwendgErs gem II S 2 u § 20 III S 1 ModEnG kann auch nicht vermietete Gebäudeteile betr, auch zu errichtde, zB Aufstockg (LG Düss MDR **70**, 848 m Anm v Weimar). Weitergehde Re des Mieters bei Anwendbk des ModEnG: Wegfall der DuldgsPfl bei Härteklausel, MittPfl des Verm u KündR (§ 20 II ModEnG), RückerstattgsAnspr bei überhöhter Miete (§ 16 ModEnG). **e) Prozessuales**: Klagb Anspr auf Duldg (einschl Unterl von Hinderg), uU auf Mitwirkg (Anm 2c, 3b). Zustdgk des § 29a ZPO beachten. Einstw Vfg (§ 940 ZPO) ist mögl.

2) Erhaltungsarbeiten sind insb Ausbesserg od Erneuerg schadh Teile, SchönhRep; auch Arb vorbeugder Art u notw VorbereitgsMaßn. **a) Duldungspflicht** des Mieters ist uneingeschränkt, da Verm zur Erhaltg der Mietsache verpflt ist (§ 536). Geht sie bis zur vorübergehden Räumg; auf jeden Fall ist Zugang zur Mietsache für Plang u Ausführ der Arb zu gewähren, sow es erforderl ist. Umfaßt das Unterl jeder Hinderg. Auch diese Arb sind so auszuführen, daß unnöt Beeinträchtigg des Mieters vermieden w. **b) Abgrenzung zu Verbesserungsarbeiten** (Anm 3). Über den Umfang der ErhaltsPfl u daher auch der erforderl ErhaltsArb an der Mietsache u auch an dem Grdst vgl § 536 Anm 4a aa. Abgrenzg kann im Einzelfall zweifelh sein; vgl Roquette NJW 63, 1288. **c) Mitwirkungspflicht** des Mieters beschr sich darauf, daß der innerh der Miträume od Wegräumen od Entfernen seiner Sachen den notw Platz schafft u die Mietsache insow frei macht. Überläßt er die Arb dem Verm, besteht Anspr auf AufwendgsErs aus GoA (Hummel ZMR **70**, 66).

3) Verbesserungsarbeiten (wg Abgrenzg zu ErhaltsArb vgl Anm 2b); grdsätzl jede Veränd der Mietsache, die eine bessere Benutzg ermögl u dem Mieter mehr Komfort verschafft. Setzt einen zu verbessernden Gebäudeteil voraus. W die Mietsache so verändert, daß etwas Neues entsteht, liegt keine Verbesserg vor u § 541a ist unanwendb (BGH NJW **72**, 723). **a) Duldungspflicht:** ist im Ggsatz zu Anm 1a eingeschränkt auf Zumutbark. Mieter hat VerbessergsArb zu dulden, u zwar auch an den sonstigen, ihm nicht vermieteten Gebäudeteilen, sow diese Arb zumutb. Auch wesentl VerbessergsArb müssen, wenn zumutb, geduldet w. Bei öff geförderter od zur HeizenergieErsparn dchgeführter WoModernisierg gilt § 20 I ModEnG als Sonderregelg (Freund/Barthelmess NJW **76**, 2191). Bedeutgslos, ob dieses Arb vom Mieter gewollt od abgelehnt w; entsch allein vielm, ob sie aus obj Gründen gerechtf sind u daher dem Mieter vorübergehde Beeinträchtigg hierdch zugemutet w kann (Burkhardt BB **64**, 771), wobei auch die pers Verh des Mieters zu berücks sind (vgl LG Hbg DWW **76**, 214). Einzelfälle: Einrichtg einer ZentrHeizg (AG Münst WM **69**, 57, 111), auch wenn Wohng kurzfrist teilw geräumt w muß; Einbau von Toilette u Badezimmer (LG Brschw ZMR **62**, 10); Bau von Garagen auf dem Hof des Mietwohnhauses entspr der Zahl der Mieter (Glaser Betr **62**, 1001); Anlagen zur Einsparg v Heizenergie (§§ 4 III, 20 I ModEnG); GemeinschAntenne, Rolläden, Steckdosen; grdsätzl unerhebl ist die sich ergebde MietPrSteigerg (vgl auch Anm 4), kann aber üb § 20 II ModEnG ein KündR geben; alleinige Grenze §§ 138, 157, 242 (hierzu Frost WM **76**, 1). **b) Mitwirkungspflicht** des Mieters besteht wie nach Anm 2c (Hummel ZMR **70**, 65). **c) Aufwendungen**, die Mieter in Erf seiner DuldgsPfl machen muß, hat der Verm zu ersetzen; evtl auf Verlangen des Mieters Vorschuß des Verm; Verzinsg der Aufwendgn, § 256. Mieter kann Ers der Aufwendgn nur verlangen, wenn sie dch VerbessergsArb erforderl w u nur, sow sie den Umst nach angem sind. Ist das ModEnG anwendb, besteht Anspr auf AufwendgsErs u Vorschuß stets (§ 20 III ModEnG). Unangem Aufwendgen können, weil sie einem bill Ausgl der beidseits Interessen widerstreiten, nicht verlangt w. Auch die Kosten von SchönhRep (vgl § 536 Anm 4c), die Mieter vornehmen lassen muß, sind erstattgsfäh, auch wenn sie nach dem Vertr der Mieter tragen müßte; Abzug alt für neu kann gerechtf sein (Burkhardt BB **64**, 771).

4) Erhöhung des Mietzinses. Grdsätzl nur dch Vereinbg mögl (§ 305). Einigen sich die Part nicht, so ist ÄndKünd mögl, im GeltgsBer des MHRG jedoch dessen § 3 anwendb. Ist das ModEnG anwendb, kann der Mieter von vorneherein künd (§ 20 II S 2 ModEnG); der Verm darf die Miete nur nach Maßg des § 14 ModEnG erhöhen u muß ggf überhöhte Miete zurückzahlen (§ 16 ModEnG). Das KündR aus § 9 I MHRG bleibt unberührt (Freund/Barthelmess ZMR **77**, 33).

§ 20. Duldung der Modernisierung. *I Der Mieter hat eine Modernisierung, die nach diesem Gesetz oder anderen Rechts- oder Verwaltungsvorschriften mit Mitteln öffentlicher Haushalte gefördert wird oder eine Maßnahme nach § 4 Abs. 3 darstellt, zu dulden, es sei denn, daß deren Durchführung oder bauliche Auswirkung für den Mieter oder seine Familie eine Härte bedeuten würde, die auch unter Würdigung der berechtigten Interessen des Vermieters und anderer Mieter in dem Gebäude nicht zu rechtfertigen ist. Den Mitteln öffentlicher Haushalte stehen die in § 5 Abs. 2 Satz 2 bezeichneten Mittel der Finanzierungsinstitute gleich.*

II Der Vermieter hat dem Mieter zwei Monate vor der Durchführung der Modernisierung deren Art und Umfang schriftlich verbindlich mitzuteilen und dabei den geplanten Beginn und die voraussichtliche Dauer sowie die sich voraussichtlich ergebende Mieterhöhung anzugeben. Der Mieter ist berechtigt, bis zum Ablauf des Monats, der auf den Zugang der Mitteilung folgt, für den Ablauf des nächsten Monats zu kündigen. Hat der Mieter gekündigt, darf der Vermieter mit der Durchführung nicht vor dem Ablauf der Mietzeit beginnen.

III Aufwendungen, die der Mieter infolge der Modernisierung machen muß, hat der Vermieter in einem angemessenen Umfang zu ersetzen; auf Verlangen hat der Vermieter Vorschuß zu leisten. Die Rechte des Mieters nach § 537 des Bürgerlichen Gesetzbuches bleiben unberührt.

IV Vereinbarungen, die zum Nachteil des Mieters von diesen Vorschriften abweichen, sind für die Modernisierung unwirksam.

542 *Fristlose Kündigung wegen Nichtgewährung des Gebrauchs.* I Wird dem Mieter der vertragsmäßige Gebrauch der gemieteten Sache ganz oder zum Teil nicht rechtzeitig gewährt oder wieder entzogen, so kann der Mieter ohne Einhaltung einer Kündigungsfrist das Mietverhältnis kündigen. Die Kündigung ist erst zulässig, wenn der Vermieter eine ihm von dem Mieter bestimmte angemessene Frist hat verstreichen lassen, ohne Abhilfe zu schaffen. Der Bestimmung einer Frist bedarf es nicht, wenn die Erfüllung des Vertrags infolge des die Kündigung rechtfertigenden Umstandes für den Mieter kein Interesse hat.

II Wegen einer unerheblichen Hinderung oder Vorenthaltung des Gebrauchs ist die Kündigung nur zulässig, wenn sie durch ein besonderes Interesse des Mieters gerechtfertigt wird.

III Bestreitet der Vermieter die Zulässigkeit der erfolgten Kündigung, weil er den Gebrauch der Sache rechtzeitig gewährt oder vor dem Ablaufe der Frist die Abhilfe bewirkt habe, so trifft ihn die Beweislast.

1) Allgemeines. § 542 gewährt dem Mieter ein außerord KündR. Daneben bleibt § 554a anwendb; ebso die Anspr aus § 537, wobei dann auch ein Schad, der dch die Künd entsteht (zB Umzugskosten) od

§§ 542, 543   2. Buch. 7. Abschnitt. *Putzo*

nach Künd bzw Beendigg des MietVerh eintritt, zu ersetzen ist (Soergel-Mezger 2). **a) Anwendungsbereich:** alle Arten von Miet- u PachtVerh (§ 581 II) auf best od unbest Zeit. Erst ab Beginn des MietVerh (aA Erm-Schopp 2), weil die Voraussetzgen des I S 1 nicht eher vorliegen können, selbstverständl unabhäng von einer Überg des Mietsache. Keinesf reicht die bloße Ungewißh rechtzeit GebrGewährg aus (LG Hbg MDR **74**, 583). Ggf ist Rücktr gem § 325 mögl. Nach Beginn des MietVerh w Rücktr aus § 325 I v § 542 verdrängt (Hassold NJW **75**, 1863). **b) Abdingbarkeit:** nur bei WoRaum ausgeschl (§ 543 S 2). **c) Verhältnis zu Unmöglichkeit und Verzug:** bei anfängl Unmöglk (zZ des VertrAbschl) gilt § 306, insb wenn die Mietsachs zum VertrZweck völl untaugl ist u nicht in vertrgem Zustand versetzt w kann (Düss ZMR **70**, 173). Bei nachträgl Unmöglk gelten §§ 323–325 (RG **62**, 225), Rücktr aber nur bis zur Überlassg der Mietsache, weil dann die Künd SpezRegelg darstellt. Aus dem gleichen Grd (vgl § 538) ist § 326 nur bis zur Überlassg der Mietsache anwendb. Vgl auch Weimar MDR **69**, 449.

2) Vorenthaltung vertragsmäßigen Gebrauchs dch nicht gewähren od wieder entziehen (I S 1). **a) Vertragsgemäßer Gebrauch:** nur dieser Gebr ist geschützt, nicht der vertrwidr (RG GrundE **36**, 43). Verschulden (§§ 276, 278) des Verm ist nicht erforderl. Unerhebl ist, ob tats od rechtl Mangel od ErfWeigerg vorliegt. Auch Fehlen einer zuges Eigensch. **b) Erheblichkeit** der Behinderg des Gebr (II). Damit soll unlauterem Mißbr des KündR entggetreten w; zB, wenn für die Künd ein and BewegGrd vorliegt (BGH **LM** Nr 3). Ausn gilt aber für den Fall, daß trotz Vorliegens obj unerhebl Behinderg ein bes Interesse des Mieters die Künd rechtfert; zB wenn Mieter wg Art seiner Arb völl Ruhe ausbedungen hat (Staud-Kiefersauer 26). Bsp: ungenügde Heizg (20° Dchschnittswärme, KG JW **36**, 678). Unbenutzbk v Küchenherd, Badezimmer, Ofen (KG JW **34**, 1430). Änd der Mietsz u Störgen im Gebr, unangenehme Gerüche; Aufn v Prostituierten; Fluglärm bei FerienWo (AG Jever NJW **71**, 1086); erhebl Zugangserschwerg für Straßenkiosk inf mehrjähr Bauarbeiten (Köln NJW **72**, 1814); Garagenlärm (Hbg MDR **72**, 954); dauernde Behinderg v Ein- u Ausfahrt bei einem Kfz-Einstellplatz (LG Köln BlGBW **76**, 238); baurechtl unzul Benutzg der Mietsache LG Ffm NJW **77**, 1885).

3) Außerordentliche Kündigung hat als weitere Voraussetzg, daß Verm eine vom Mieter gesetzte angemessene Fr fruchtl hat verstreichen lassen (I S 2). Gilt auch bei Mängeln der Mietsache (BGH NJW **76**, 796). **a) Kündigung:** es gilt § 130. Schriftform bei Künd v WoRaum, der nicht nur vorübergeh überlassen worden ist, u auch nicht für solchen nach § 564a; ist nur vereinb. Wirkg v Zugang der Erkl ab (ex nunc), nicht rückw. Vgl § 564 Anm 2 u 3. **b) Länge der Frist** richtet sich nach den Umst des Einzelfalles. Genaue Best nach Tag oder Stunde ist nicht erforderl. Verlangen „unverzüglicher" Abhilfe genügt (RG **75**, 354). Zu kurze Fr verwandelt sich in eine angemessene, vom Richter zu best Fr (RG HRR **34**, 1444); Best im Urt: ZPO 255. **c) Verlust** des KündR, wenn Mieter nicht nach Kenntn des KündGrd in angem Zt künd (BGH WPM **67**, 517) od nach FrAblauf die Künd unangemessen lange verzögert (RG **82**, 363). Kein Verlust, wenn der Mangel nach FrAblauf beseit w (Soergel-Mezger 13). **d) Keine Fristsetzung** ist erforderl: wenn Verm die Abhilfe ernstl u endgült verweigert (BGH NJW **76**, 796); wenn die Beseitigg des Mangels binnen angemessener Fr unmögl erscheint (BGH WPM **67**, 517) od mit unzumutb Belastgen für den Mieter verbunden ist, zB unverhältnism Zt in Anspr nimmt (KG JW **30**, 2975); Zerstörg dch Brand; bei behördl Verboten, wenn Abhilfe nicht mögl erscheint; wenn die Erf inf des der Künd rechtfert Umst für Mieter kein Interesse mehr hat (I S 3); gilt auch für FixGesch iS v § 361. Bsp: Miete eines GeschRaumes für Weihnachtsverkauf (RGRK Anm 16).

4) Ausschluß des Kündigungsrechts: bei unerhebl Hinderg od Vorenthaltg (II, vgl Anm 2b); ferner: wenn die GebrUnmöglk auf Versch des Mieters (od MitVersch) zurückzuführen ist (RG **98**, 286); dann § 324. Vereitelg des Maßn des Verm dch Mieter (RG JW **11**, 359). Unzul RAusübg wg einer für den betr Mieter vorgen Umgestalt der Miets (BGH WPM **70**, 1248). Wg § 543 iVm § 539 bei Kenntn od grobfahrl Unkenntn des Mieters.

5) Beweislast. a) Mieter für Künd u FrSetzg, evtl bes Interesse nach II; bei Zerstörg der Miets dch den MietGebr für fehldes Versch (BGH NJW **76**, 1315). **b)** Vermieter für rechtzeit GebrGewährg od Abhilfe vor FrAblauf, ferner im Fall des II die Unerheblichk der GebrBehinderg, schließl das Versch od Kenntn des Mieters (Anm 4).

543 *Durchführung der Kündigung.* Auf das dem Mieter nach § 542 zustehende Kündigungsrecht finden die Vorschriften der §§ 539 bis 541 sowie die für die Wandelung bei dem Kaufe geltenden Vorschriften der §§ 469 bis 471 entsprechende Anwendung. Bei einem Mietverhältnis über Wohnraum ist eine Vereinbarung, durch die das Kündigungsrecht ausgeschlossen oder eingeschränkt wird, unwirksam.

1) Allgemeines. Abs I S 2 angefügt u früherer Abs II gestrichen durch 2. MietRÄndG. Abs II aF ersetzt durch umfassende Neuregelg in § 557a. Ztpkt des Inkrafttr: Einf 12b vor § 535. WoRaum: Einf 8a vor § 535.

2) Entsprechende Anwendg der §§ 539–541: Danach ist das KündR des Mieters ausgeschl, wenn Mieter **a)** den Mangel bei VertrSchl kennt, **b)** ihn infolge grober Fahrlk nicht kennt, es sei denn, daß Zusicherg od argl Verschweigen seitens des Verm vorliegt; **c)** die mangelh Sache in Kenntn des Mangels vorbehaltlos annimmt od vorbehaltlos Mietzins zahlt. Bei Mangel im Recht ist dagg eine nur grobfahrl Unkenntn dem Mieter unschädl (§ 541).

3) Entsprechende Anwendg der §§ 469–471: Betr den Fall, daß mehrere Sachen zus vermietet wurden. KündR regelm nur hins der mangelh Sache. Ausn: § 469 S 2. Wirkg: § 471. Über TeilKünd vgl § 564 Anm 3 d.

Einzelne Schuldverhältnisse. 3. Titel: Miete. Pacht §§ 544, 545

544 *Fristlose Kündigung wegen Gesundheitsgefährdung.* Ist eine Wohnung oder ein anderer zum Aufenthalte von Menschen bestimmter Raum so beschaffen, daß die Benutzung mit einer erheblichen Gefährdung der Gesundheit verbunden ist, so kann der Mieter das Mietverhältnis ohne Einhaltung einer Kündigungsfrist kündigen, auch wenn er die gefahrbringende Beschaffenheit bei dem Abschlusse des Vertrags gekannt oder auf die Geltendmachung der ihm wegen dieser Beschaffenheit zustehenden Rechte verzichtet hat.

1) Allgemeines. Dient aus öff Interesse der Volksgesundh, daher zwingd. Gibt fristlose, außerord Künd; nicht an AbhilfeFr (§ 542) od Anz (§ 545) gebunden. Schriftform des § 564a gilt; jedoch kann Berufg auf Formmangel unzul RAusübg darstellen, wenn bei mdl od schlüss erkl Künd bes Umstde vorliegen (§ 242 Anm 4c). Das KündR entfällt, wenn der Mieter den gesundhgefährdden Zust gem §§ 276, 278 herbeigeführt hat (RG **51**, 210). Außer dem KündR bestehen Re aus §§ 537, 538, 557a. Dem SchadErsAnspr (aus § 538) kann aber uU wg § 254 Versch des Mieters entggstehen, wenn er die Künd unterläßt (RGRK Anm 6).

2) Anwendungsbereich: a) Mietgegenstand: alle WoRäume (Einf 8 a vor § 535), aber auch alle für den (auch nur zeitweil) zum Aufenth von Menschen best Räume (Einf 7 a vor § 535), insb Laden, Büro, Werkstatt, Gaststätte. **b) Pacht:** § 544 gilt über § 581 II. Hier kann TeilKünd zul sein; Künd der ganzen Pachtsache nur, wenn ihre Bewirtschaftg ohne die betr Räume wesentl erschwert w würde (Celle MDR **64**, 924; bestr).

3) Erhebliche Gesundheitsgefährdg ist erforderl. Eine GesundhSchädigg muß noch nicht eingetreten sein, aber auch nicht nur vorübergehd (RG **51**, 210) naheliegen (RG **88**, 168). Maßstab ist die obj allg Wohngshygiene, nicht der bes GesundhZust des einzelnen. Versch des Verm ist unerhebl. Ist nur ein Teil der Wohng gesundhgefährdd, entfällt ein KündR, wenn dadch die Benutzbk der Wohng im ganzen nicht wesentl beeinträchtigt ist (Soergel-Mezger 4). Bsp: Dauerndes Eindringen unerträgl Gerüche (RG **88**, 168); unerträgl Lärm (BGH **29**, 289); gefährl Beschaffenh von Fußboden u Treppen (RG Gruch **60**, 664); Feuchtk u unzureichde Beheizbk (LG Mannh ZMR **77**, 155).

545 *Obhutspflicht und Mängelanzeige.* I Zeigt sich im Laufe der Miete ein Mangel der gemieteten Sache oder wird eine Vorkehrung zum Schutze der Sache gegen eine nicht vorhergesehene Gefahr erforderlich, so hat der Mieter dem Vermieter unverzüglich Anzeige zu machen. Das gleiche gilt, wenn sich ein Dritter ein Recht an der Sache anmaßt.

II Unterläßt der Mieter die Anzeige, so ist er zum Ersatze des daraus entstehenden Schadens verpflichtet; er ist, soweit der Vermieter infolge der Unterlassung der Anzeige Abhilfe zu schaffen außerstande war, nicht berechtigt, die im § 537 bestimmten Rechte geltend zu machen oder nach § 542 Abs. 1 Satz 3 ohne Bestimmung einer Frist zu kündigen oder Schadensersatz wegen Nichterfüllung zu verlangen.

1) Allgemeines zur Obhutspflicht. Sie wird vom G als selbstverständl vorausgesetzt, in MMV 13 ausdrückl geregelt. Die AnzPfl des § 545 ist Folge der ObhutsPfl. **a) Anwendungsbereich:** auch Pacht (§ 581 II); nicht beim BeherbergsVertr für solche Mängel, die der Gastwirt alsbald selbst feststellen kann (Soergel-Mezger 2; offengelassen bei BGH NJW **63**, 1449). **b) Zeitraum:** beginnt sobald die Mietsache überlassen ist (vgl KG DR **40**, 395); bis zur Rückg, ohne Rücks auf Ende des MietVerh (BGH **LM** § 556 Nr 2). **c) Umfang:** sow sich die GebrGewährg dch den Verm räuml erstreckt (vgl § 535 Anm 2 a bb). **d) Inhalt** der ObhutsPfl: allg, die Mietsache so pflegd zu behandeln, daß sie nicht beschäd u nicht mehr als vertrgem abgenutzt w (vgl § 548). Bsp: Vorsichtsmaßregeln gg Frostschäden, Abg der Schlüssel bei längeren Reisen (LG Düss NJW **60**, 2101); Aufsicht bei Waschmaschinen in Räumen ohne Fußbodenentwässerg (LG Bln WM **71**, 9). **e) Rechtsfolgen: aa)** Den Mieter trifft grdsätzl nicht die Pfl, den Mangel zu beseit; er darf jedoch nichts unterlassen, was eine weitere Beschädigg od Gefährdg der Mietsache verhindern kann. **bb)** Bei schuldh Verletzg der ObhutsPfl: SchadErs; zum Umfang vgl § 548 Anm 2c; verstärktes BesichtiggsR (§ 535 Anm 3c, cc, β); außerord Künd unter den Voraussetzgen des § 553.

2) Anzeigepflicht (I). Folgt aus der ObhutsPfl (Anm 1). **a) Anzeige.** Sie ist formlos, keine WillErkl, daher v GeschFähigk unabhäng. Sie ist an den Verm zu richten u muß ihm zugehen (entspr § 130). Unverzügl: § 121. W die Anz verspätet, steht das dem Unterl gleich (AG Köln MDR **74**, 47 m Anm v Weimar). **b) Voraussetzungen** sind (alternativ), sofern der Mieter die zugrdeliegdn Tats kennt od kennen muß (dh inf grober Fahrlk nicht kennt, vgl BGH NJW **77**, 1236). **aa)** Auftreten eines Mangels (vgl § 537 Anm 2 u 3); jeder Mangel, ohne Rücks darauf, ob die Brauchbk der Mietsache dadch beeinträchtigt w; aber nur an der Mietsache od an den mitbenutzten Teilen (zB Hof, Treppen; RG **106**, 133). **bb)** Unvorhergesehene Gefahr: Das Erfordern v SchutzMaßn muß für den Mieter erkennb sein. **cc)** Geltendmachen von Ren dch Dr: gleichgült ist die Art des Rs u ob es den Mieter berührt. **c) Entfallen** der AnzPfl: wenn der Verm auf anderer Weise (auch dch Dr) Kenntn erlangt hat (RG **103**, 372), der Mangel außerh v Macht- u Einflußbereich des Mieters liegt (BGH WPM **76**, 537) od der Mangel für den Verm sowie für den Mieter erkennb ist (zB HaustürSchad, wenn Verm im Haus wohnt), außerdem wenn die Beseitigg eines Mangels od die Abwendg der Gefahr unmögl ist. **d) Beweislast** für die TatsKenntn des Mieters u deren Ztpkt: der Verm. Rechtzeit Absendg der Anz u für TatsKenntn (einschl Ztpkt) des Verm: der Mieter.

3) Rechtsfolgen verletzter AnzPfl (II): **a) Schadensersatz:** Setzt Versch (§§ 276, 278) voraus (allgM). Kann infolge der unterlassenen Anz nicht aufgeklärt w, ob der Mieter den Mangel zu vertreten hat, w die BewLast (Anm 2d) umgekehrt (Erm-Schopp 5). Ausdrückl Regelg in MMV 13 III. **b) Rechtsverlust des Mieters:** Minderg (§ 537), SchadErs (§ 538) u KündR aus § 542 I S 3. Setzt voraus, daß der Verm gerade wg des Unterl der Anz außerstande war Abhilfe zu schaffen (BGH WPM **67**, 517), ggf für den betr ZtRaum (Soergel-Mezger 6). SchadErsAnspr des Mieters aus § 823 bleiben unberührt, jedoch begründet Verletzg der AnzPfl § 254 (RG **165**, 159).

546 Lasten der Mietsache. Die auf der vermieteten Sache ruhenden Lasten hat der Vermieter zu tragen.

1) Allgemeines. § 546 enthält eine abdingb Vorschr. Anderw Regelg bes häufig bei Pacht; über teilw Abwälzg des LastenAusgl auf den Pächter vgl BGH **6**, 240 und BB **53**, 302. Auslegg solcher Abreden: RG **115**, 209 (Rentenbankzinsen); **122**, 335; HRR **31**, 1303 (Domänenpächter), Hann (LG) HannRpfl **47**, 97 (Grdsteuer). Auslegg der Verpflichtg, „sämtl Lasten aller Art für Gebäude u Grundstücke" zu tragen, RG JW **10**, 105 (auch Kanalisationsabgaben); Gemeinde als Verm RG **119**, 304, als Verpächterin RG DWohnA **35**, 507; Straßenreiniggskosten KG JW **31**, 3467.

2) § 546 bezieht sich sowohl auf **öffentliche** wie auf **privatrechtliche Lasten,** also einers auf Grd- u Gebäudesteuer u sonstige öff Abgaben, wie die des Lastenausgleichs, anderers auf HypZinsen, Reallasten. Nicht aber auf Prämie für Feuerversichrg, Marienw LZ **19**, 821. Es kommt immer darauf an, ob die Last den Verm als Eigtümer trifft, od ob rein persönl Last vorliegt, die an sich auch den Mieter treffen kann. Daher fällt VermSteuer nicht hierunter, RG **122**, 335. Über Hauszinssteuer RG **116**, 111. Schornsteinfegergebühr ist öff Last des Grdst, VO v 28. 7. 37 idF v 12. 11. 64 (§ 9, BGBl 874). Der Pächter hat die auf sein Inventar entfallde Grdsteuer zu tragen, Kbg HRR **42**, 430; aA Hbg (AG) NJW **53**, 66.

547 Ersatz von Verwendungen. I Der Vermieter ist verpflichtet, dem Mieter die auf die Sache gemachten notwendigen Verwendungen zu ersetzen. Der Mieter eines Tieres hat jedoch die Fütterungskosten zu tragen.

II Die Verpflichtung des Vermieters zum Ersatze sonstiger Verwendungen bestimmt sich nach den Vorschriften über die Geschäftsführung ohne Auftrag.

1) Allgemeines. Abs II S 2 weggefallen u ersetzt durch § 547a nach 2. MietRÄndG. Ztpkt des Inkrafttr: Einf 12b vor § 535. Lit: Schopp ZMR **69**, 257. Anwendb ist § 547 nur, wenn die BauMaßn vom Mieter als solchem dchgeführt w, nicht, wenn er als MitEigt handelt, dann gelten §§ 744 II, 748 (BGH NJW **74**, 743). Zur Abgrenzg v Mangelbeseitigg (§ 538 II) vgl Bbg OLGZ **76**, 195.

2) Verwendungsersatz nach § 547 nur, sow es sich um Verwendungen währd der Laufzeit des MietVertr handelt, BGH WPM **63**, 381. **a) Notwendige Verwendungen:** alle Maßn, die der Erhaltg od Wiederherstellg der Mietsache als solcher dienen u subj zu diesem Zweck getroffen sind, Schopp aaO mwN. Erhaltg der Mietsache in ihrem Bestand, bei einer Wohng: Erhaltg der Bewohnbark, Berücksichtigg der Gesundh der Bewohner, der Umst des Einzelfalles u der herrschden örtl Verh. Dagg nicht Aufwendungen, die die Mietsache ledigl in einen zum vertragsgem Gebr geeigneten Zustand versetzen sollen (hierfür gilt § 538 II); auch nicht solche für die Errichtg eines Gebäudes, das wesentl Bestandt des Grdst w, da hierdurch das Grdst nicht in seinem Bestand verbessert, sond in seinem Zustand verändert w, BGH **10**, 171 u WPM **65**, 1029, aber uU der Wiederaufbau (BGH WPM **67**, 1148). Keine Verwendgen haben sich der Mieter (Pächter) baul Änderg allein in eig Interesse vorgenommen hat, BGH NJW **67**, 2255; zB für Zahnarztpraxis, Karlsr NJW **72**, 2224. ZbR: §§ 273, 556 II. Über vereinb Ausschl der Aufrechng vgl § 552a u insb Anm 2 daselbst. Verjährg: § 558; VerjBeginn berührt jedoch Entstehg des Anspr im Ztpkt der Verwendg nicht: BGH NJW **57**, 827, Celle NJW **62**, 1918. Eine Pfl zu Verwendgen obliegt dem Mieter, kann sich aber im Einzelfalle aus seiner allg ObhutsPfl ergeben, vgl § 545 Anm 1. **b) Gebrauchskosten** der Mietsache trägt der Mieter. Ebso Füttergskosten bei Tieren (S 2); anders hins Kurkosten erkrankten Tieres (Staud-Kiefersauer Anm 2).

3) Sonstige Verwendungen: Vgl Anm 2a. Hier müssen die Maßn der Verbesserg der Mietsache dienen, ohne sie in ihrem Bestand zu verändern, u subj zu diesem Zweck getroffen sein (Schopp aaO); zB Schönh-Reparaturen. Sie können nach GeschFgoA zu ersetzen sein, §§ 683–685 II verweist auch auf die Voraussetzg der GeschFgoA, so daß kein Anspr besteht, wenn der Mieter die Verwendg in der Ann macht, es sei seine eig Angelegenh (§ 687 I). Maßg ist im wesentl, ob die Verwendg dem Interesse u mutmaßl Willen des Verm entsprach; eig Interesse des Mieters genügt nicht, BGH NJW **67**, 2255. Im übr nach § 684 S 1 HerausgPfl des Verm, soweit er ungerechtf bereichert ist; BGH aaO. §§ 812ff gelten auch im übr nur subsidiär (BGH WPM **67**, 1147). Pacht: §§ 582, 586, 589.

547a Wegnahmerecht des Mieters. I Der Mieter ist berechtigt, eine Einrichtung, mit der er die Sache versehen hat, wegzunehmen.

II Der Vermieter von Räumen kann die Ausübung des Wegnahmerechts des Mieters durch Zahlung einer angemessenen Entschädigung abwenden, es sei denn, daß der Mieter ein berechtigtes Interesse an der Wegnahme hat.

III Eine Vereinbarung, durch die das Wegnahmerecht des Mieters von Wohnraum ausgeschlossen wird, ist nur wirksam, wenn ein angemessener Ausgleich vorgesehen ist.

1) Allgemeines. a) Inkrafttreten: § 547a eingefügt anstelle des weggefallenen § 547 Abs II S 2 dch 2. MietRÄndG. Ztpkt: Einf 12b vor § 535. **b) Einrichtung** ist eine Sache, die mit der Mietsache verbunden u dazu best ist, dem wirtsch Zweck der Mietsache zu dienen (BGH WPM **69**, 1114), zB Maschinen, Lichtanlagen, Badeeinrichtg, Wandschrank, Waschbecken, Sträucher im Garten; entspr Regelg in § 12 Nr 2 DEMV; zu dessen Auslegg vgl BGH WPM **69**, 1114. Heizöl im Tank eines EinFamHauses fällt nicht dar-

Einzelne Schuldverhältnisse. 3. Titel: Miete. Pacht §§ 547a–549

unter, weil es eine bewegl Sache darstellt. **c) Wegnahmepflicht:** kann sich aus bes Vereinbg od aus § 556 (Anm 1a) ergeben. **d) Verhältnis zum Wegnahmerecht des Besitzers** aus §§ 951 II, 997 I; diese sind nur beim unrechtm Bes anwendb; § 547a u die vertr Regelg der MietPart gehen vor (vgl Vorbem 1a vor § 994).

2) Wegnahmerecht (I). Der Mieter darf u muß die Sache selbst u auf eigene Kosten wegnehmen. Kein HerausgAnspr, aber nach Rückg der Mietsache ein Anspr auf Duldg der Wegn (vgl § 258 S 2; RG **109**, 129). Das WegnR erstreckt sich auch auf wesentl BestandT (RG **106**, 49; LG Mü I ZMR **62**, 198) u besteht ohne Rücks darauf, ob die Sache im Eigt des Verm od Dr steht. Der Anspr ist abtretb (§§ 413, 398); die Abtretg liegt idR in der entgeltl Veräußerg (BGH NJW **69**, 40). Nach Wegn hat der Mieter die Mietsache auf seine Kosten in den früh Zustd zu versetzen (§ 258 S 1). Das WegnR ist ausgeschl, wenn der Mieter sich dem Verm ggü zur Vorn der Einrichtg verpfl (BGH NJW **58**, 2109) u das WegnR gem Anm 3 (ggf auch stillschw) ausgeschl hat.

3) Ausschluß des Wegnahmerechts (III) dch abweichde Vereinbg im MietVertr od später (§ 305). **a) Bei Wohnraum** (Einf 8 vor § 535): Zul nur bei angem Ausgl, nicht notw in Geld. Bei Verstoß: Nichtigk gem § 134; Auswirkg auf den MietVertr: § 139. **b) Bei sonstigen Mietsachen:** Grdsätzl zul, auch entschädiggsl, wenn es nicht im Einzelfall sittenwidr ist gem § 138 (BGH NJW **67**, 1224). Bei langjähr MietVertr, in dem das WegnR entschädiggsl ausgeschl ist, kann BerAnspr (§ 812) des Mieters gegeben sein, wenn der Vertr vorzeit endet (Hbg MDR **74**, 584). Ausschl des EntschädiggAnspr dch Verfallklausel ist wie eine VertrStrafe zu behandeln (BGH WPM **68**, 799).

4) Abwendungsbefugnis (II). **a) Zeitpunkt:** Die Abwendgsbefugn ist bereits ausgeschl, wenn die Einrichtg ausgebaut ist, auch wenn sie sich noch in den Mieträumen befindet (Burkhardt BB **64**, 772). Die Ausübg des WegnR braucht nicht vorher angezeigt zu w (aA Weimar NJW **65**, 1164). Den MietPart ist vorherige Verständigg über Wegn od Entsch anzuraten. Ber Interesse: auch Affektationsinteresse. **b) Entschädigung:** Entspr ggwärt VerkWert der Einrichtg, wobei Kosten u Wertverlust dch Ausbau u Aufwendgn für Wiederherstell des früh Zustd zu berücks sind. Höhe: Einigg der Part, anderenf § 316 dch Mieter als Gl; im Proz § 287 ZPO.

548

Abnutzung durch vertragsmäßigen Gebrauch. Veränderungen oder Verschlechterungen der gemieteten Sache, die durch den vertragsmäßigen Gebrauch herbeigeführt werden, hat der Mieter nicht zu vertreten.

1) Allgemeines. a) Bedeutung. Es obliegt grdsätzl dem Verm, die Mietsache im vertragsmäß Zustd zu erhalten (§ 536). Die Abnutzg der Mietsache dch Gebr fällt dem Verm zur Last; dafür stellt der Mietzins zT einen Ausgl dar; daraus folgt wiederum, daß der Mieter für die dch den vertragsgem Gebr bewirkte Abnutzg, die jede Veränderg u Verschlechterg der Mietsache darstellt, nicht aufzukommen hat, weder dch Instandhaltg od Ausbesserg noch dch SchadErs. **b) Abdingbarkeit** ist zu bejahen (allgM). Grenze: § 138, nur ausnahmsw gegeben wie bei Freizeichngsklauseln (§ 276 Anm. 5 B b; BGH **LM** § 138 Bb Nr 1). Allg übl ist die Vereinbg, daß der Mieter die SchönhRep zu übernehmen hat (§ 536 Anm 4c). Die Klauseln „Rückg der Sache in demselben Zustd wie übernommen" begründet nicht Haftg des Mieters für Zufall, sond bedeutet, daß die Sache in dem einem vertragsgem Gebr entspr Zustd zurückzugeben ist (RGRK 5). Dasselbe gilt für die Klauseln: „erneuert", „renoviert", „bezugsfert", „in vertrgem Zust" (hierzu Herpers WM **75**, 29). Mögl ist auch HaftgsAusschl des Mieters, zB dch vertraglich vorausgesetzte od vom Verm u Mieter gemeins vorgen Versicherg gg derart Schäden (Hbg OLG **22**, 248; Brem VersR **65**, 249 [Kfz-Kasko]). **c) Beweislast:** Verm für MangelFreih bei Überg der Sache; Mieter dafür, daß die eingetretene Veränd od Verschlechterg nur auf vertragsgem Gebr zurückzuführen (Hbg MDR **66**, 846) od von ihm nicht zu vertreten ist (RG **122**, 292; BGH NJW **76**, 1315 [Brand]). Zu dieser BewBelastg des Mieters krit Hoepner ZMR **62**, 289. Sie ist wirks, wenn bei Kfz-Miete u Kasko-Versicherg die BewLast entgg § 61 VVG für grobe Fahrlk dem Mieter überbürdet w (Ffm NJW **74**, 559; aA Karlsr NJW **73**, 1796), jedenf wenn es um Fahrverhalten des Mieters geht (BGH NJW **74**, 1236; aA BGH NJW **76**, 44), nicht aber wenn als Unfallursache der schlechte Zustd des Kfz in Betr kommt (insow übereinst mit BGH NJW **76**, 44).

2) Vertragsmäßiger Gebrauch der Mietsache. **a) Voraussetzungen:** Umfang u Grenzen ergeben sich aus § 535 Anm 2a. Vertragsmäß ist auch eine (bewußte) Veränd der Mietsache od ihres Zustd, die der Mieter mit Zust des Verm vornimmt (vgl Weimar ZMR **70**, 4). **b) Rechtsfolgen:** Der Mieter haftet nicht für die Veränd od Verschlechterg; er hat weder eine Renovierngs- od Instandsetzgs- noch eine SchadErsPfl, selbst wenn die Mietsache unbrauchb w od wenn Dr, die die Sache im Rahmen des zuläss Gebr mitbenutzt haben (vgl § 549 Anm 2), sie veränd od verschlechtern.

3) Vertragswidriger Gebrauch der Mietsache. **a) Voraussetzungen:** Begr des vertragswidr Gebr: § 550 Anm 2a. Für Haftg ist Versch (§ 276) erforderl. ErfGehilfen (§ 278) sind FamAngeh, Untermieter (§ 549 Anm 4), Gäste, bei gewerbl genützten Räumen auch ArbN, Hauspersonal. **b) Rechtsfolgen** (vgl auch § 550 Anm 1 u 3). Anspr des Verm aus pos VertrVerletzg (§ 276 Anm 7) soweit der schuldh vertragswidr Gebr für einen Schad ursächl ist. Liegt eine Veränderg, keine Verschlechterg vor, darf Vorteilsanrechng (Vorbem 7 vor § 249) nicht übersehen w. **c) Einzelheiten:** Bei Kfz gehört zum Schad auch der Verlust des SchadFreihRabatts (Schwerdtner NJW **71**, 1673). Bei BeherbergsVertr sind Tod u Erkrankg des Gastes nur bei Selbstmord od Kenntn v Infektionskrankh vertrwidr Gebr (Soergel-Mezger 2).

549

Untermiete. **I** Der Mieter ist ohne die Erlaubnis des Vermieters nicht berechtigt, den Gebrauch der gemieteten Sache einem Dritten zu überlassen, insbesondere die Sache weiter zu vermieten. Verweigert der Vermieter die Erlaubnis, so kann der Mieter das

§ 549 1–3 2. Buch. 7. Abschnitt. *Putzo*

Mietverhältnis unter Einhaltung der gesetzlichen Frist kündigen, sofern nicht in der Person des Dritten ein wichtiger Grund vorliegt.

II Entsteht für den Mieter von Wohnraum nach dem Abschluß des Mietvertrages ein berechtigtes Interesse, einen Teil des Wohnraums einem Dritten zum Gebrauch zu überlassen, so kann er von dem Vermieter die Erlaubnis hierzu verlangen; dies gilt nicht, wenn in der Person des Dritten ein wichtiger Grund vorliegt, der Wohnraum übermäßig belegt würde oder sonst dem Vermieter die Überlassung nicht zugemutet werden kann. Ist dem Vermieter die Überlassung nur bei einer angemessenen Erhöhung des Mietzinses zuzumuten, so kann er die Erlaubnis davon abhängig machen, daß der Mieter sich mit einer solchen Erhöhung einverstanden erklärt. Eine zum Nachteil des Mieters abweichende Vereinbarung ist unwirksam.

III Überläßt der Mieter den Gebrauch einem Dritten, so hat er ein dem Dritten bei dem Gebrauche zur Last fallendes Verschulden zu vertreten, auch wenn der Vermieter die Erlaubnis zur Überlassung erteilt hat.

1) Allgemeines. Abs II eingefügt durch 2. RÄnMietdG. Bisheriger Abs II wurde Abs III. Ztpkt des Inkrafttr: Einf 12 b vor § 535. – **a) Abdingbarkeit** § 549 Abs II ist zG des Mieters von Wohnraum zwingd, (Abs II S 3). § 549 ist im übr und bei anderen MietVerh als solchen über Wohnraum allg abdingb (für I S 2 aA bis 34. Aufl). **b) Begriff** der Untermiete Einl 1 c vor § 535. **c) Mehrheit von Mietern.** Haben sie die gemschaftl gemietete Sache untervermietet, so gilt, da Gemsch (§ 741) vorliegt, für den Untermietzins nicht § 420 sond § 432 (BGH NJW **69**, 839). **d) Baukostenzuschuß** des Unterm an den Hauptm ist bei vorzeit, vom Hauptm zu vertr Künd anteilmäß zurückzuerstatten (BGH NJW **78**, 1483; vgl 11 a, aa vor § 535).

2) Gebrauchsüberlassung an Dritte (I) ist kein ges Verbot iS v § 134 (RG **81**, 60). **a) Begriff**: Tats (auch unentgeltl) Einräumg des ganzen MietBes od eines Teils. Bezieht sich nicht auf Pers, die einen zul, unselbstd MitGebr haben, wie Eheg (auch wenn sie es erst im Lauf der MietZt w, Hummel ZMR **75**, 291), FamMitgl, Hauspersonal, Gäste, Verlobte (umstr; vgl LG Mannh NJW **75**, 1663); jedoch besteht bei Aufn solcher Pers AnzPfl ggü Verm (Hummel aaO); vertragl Ausschl ist mögl (LG Mannh MDR **75**, 933). Zweifelh kann sein, wie weit die vollst Aufn v bisher getrennt lebden FamMitgl noch unter den vertrgem Gebr der Mietsache fällt. Änderg der RPersönlk des Mieters (zB Umwandlg einer BGB-Gesellsch in eine oHG) ist unschädl (BGH NJW **67**, 821). Hingg begründet Veräußerg des Einzelhandelsunternehmens, auch wenn Firma fortgeführt w darf, Inh- u damit Mieterwechsel, ist folgl unzul GebrÜberlassg, wenn der Verm nicht zustimmt (Roquette Betr **65**, 281). Zul GebrÜberlassg ist gegeben, wenn Mieter die Räume für den gleichen Gebr einer jur Pers überlassen hat, deren Inh u ges Vertr sie sind (BGH NJW **55**, 1066) od wenn der Mieter in gemieteten Lagerräumen gleichart Sachen einer and Pers miteinlagert (Hamm WPM **73**, 525).

b) Erlaubnis ist einseit empfangsbedürft WillErkl (§ 130), keine Einwillig iS der §§ 182ff, da die RWirksamk des UntermietVertr dch die Versagg der Erlaubn nicht berührt w (Lenk NJW **56**, 290). Sie ist forml gült u kann stillschw erteilt w (aber schriftl u vorher erforderl in MMV 10 II Nr 1), zB wo Weitervermietg ortsübl ist. Sie bezieht sich auf die tats GebrÜberlassg, nicht notw auf einen best UntermietVertr (BGH **59**, 3 = NJW **72**, 1267). Längere Duldg kann als Erlaubn ausgelegt w. Die erteilte Erlaubn kann nur bei Vorbeh od aus wicht Grd widerrufen w (Soergel-Mezger 12). Verweigerg der Erlaubn kann pos VertrVerletzg sein (RG **138**, 359), insb, wenn sie dem Vertr widerspr (RG JW **34**, 3193); ausdrückl Regelg in MMV 11. Eine vom Mieteiniggsamt gem § 29 MSchG erteilte Erlaubn wirkt auch nach Außerkrafttr des MSchG fort (Roquette ZMR **69**, 289).

c) Kündigungsrecht (I S 2). Setzt voraus, daß die Erlaubn (Anm b) verweigert w, ausdrückl, dch Nichterteil od Erteilg unter Einschränkgn, die der MietVertr nicht vorsieht (BGH **59**, 3 = NJW **72**, 1267). Außerdem, wenn bei erlaubter TeilUntervermietg nur eine weitergehde Untervermietg wirtsch angem ist, diese Erlaubn aber vom Verm verweigert w (BGH WPM **73**, 383). Es braucht nicht auf den ersten zul Termin gekündigt zu w, aber in zumutb Frist, sonst Verwirkg. KündFrist: § 565 V. Ist die Erlaubn nicht wg der Pers des Untermieters verweigert, gehrt die KündR nicht dadch verloren, daß der Unterm räumt (BGH **59**, 3). Das KündR entfällt, wenn in der Pers des Dr ein wicht Grd vorliegt. Dessen Vorliegen muß aber Verm beweisen. Der wicht Grd muß in den persönl Verhältn des Untermieters begründet sein. Rücksnahme auf die HausGemsch u auf die berecht Interessen des Verm sind maßg; ein eheähnl ZusLeben stellt für sich allein keinen wicht Grd dar u begrdet keine Unzumutbk (LG Bonn MDR **76**, 844). ZahlgsUnfgk des Untermieters allein ist nicht entsch, da Mieter für Mietzins haftet. Auf Verlangen muß Verm dem Mieter den Grd angeben (RG **74**, 176). Nachschieben von Gründen nach der Künd des Mieters nur zul, wenn Verm zur Zeit der Verweigerg die neuen Gründe in entschuldb Weise nicht gekannt hat (RG **92**, 118).

d) Unbefugte Gebrauchsüberlassg macht den Mieter für jeden Schaden haftb, der durch die Aufn des Untermieters entsteht, u zwar auch für Zufall, es sei denn, daß der Schaden auch ohne die GebrÜberlassg an den Dr eingetreten sein würde. Nur SchadErs, nicht Herausg des Untermietzins, auch nicht nach §§ 687 II, 812, kann verlangt w, BGH NJW **64**, 1853 (krit hierzu Diederichsen NJW **64**, 2296). Ferner Klage auf Unterlassg (§ 550) u KündR des Verm (§ 553). Jedoch kann auch noch nachträgl die Erteilg der Erlaubn nach Abs II erzwungen, auch noch im Räumgsprozeß eingewendet w, daß die Erlaubn hätte erteilt w müssen, Burkhardt BB **64**, 773.

3) Anspruch auf Erlaubniserteilung (II). Steht dem Mieter neben der Künd (I S 2) zur Wahl. Anspr aus II ist klagb. Daß Untervermietg von vorneherein vertragl ausgeschl war, steht nicht entgg. Vorausgesetzt w: **a) Wohnraum**. Es darf weiter nicht die Untervermietg des gesamten Wohnraums, sond nur eines Teiles hiervon begehrt w. Soll der ges Wohnraum untervermietet w, so kann sich Mieter gg die Versagg der Erlaubn nur mit Künd nach Abs I S 2 wehren; kein Anspr auf Erteil der Erlaubn. **b) Berechtigtes Inter-**

esse des Mieters an Untervermietg. Es muß erst nach Abschl des MietVertr entstanden sein; anfängl Interesse genügt nicht. Es kann auf Veränderg der wirtschl od fam Verh des Mieters, bei §§ 569a–b auch seines Nachf, beruhen, insb Verringerg der Fam (Tod, Auszug, Heirat; gesunkenes Eink. IdR wird, wenn hinreichder anderer, den veränderten Umst des Mieters entspr Wohnraum zu zumutb Bedingg zur Vfg steht, berecht Interesse des Mieters an der Untervermietg zu verneinen sein. Zur Aufn v Verlobten vgl Lenhard ZMR **78**, 68. Beweislast für berecht Interesse: Mieter. **c) Zumutbarkeit.** Die Erteilg der Erlaubn muß für Verm zumutbar sein. Daran fehlt es, wenn wicht Grd in der Pers des Untermieters vorliegen, die Erlaubn rechtf (hierü Anm 2c), od wenn Wohnraum überm belegt w würde od weil MietVerh in nächster Zeit endet (Burkhardt BB **64**, 773). Ist Erteilg der Erlaubn nur zumutb, wenn Mietzins angemessen erhöht w, so kann Verm Erlaubn hiervon abhängig machen (ausdrückl in MMV 11 II). Bejaht im Streitfall ProzGer Anspr auf Mieterhöhg, die Verm fordert, od deren Höhe in Erm gestellt is, muß Klage des Mieters auf Verurteilg der Verm zur Erteilg der Erlaubn abgewiesen w, wenn Mieter sich nicht, auch nicht hilfsw, mit der Erhöhg einverst erklärt. Beweislast für Unzumutbark: Verm.

4) Haftung des Mieters für den Untermieter (III). Nur für Versch (§ 276) des Unterm. Erstreckt sich auf alle Hdlgen im Rahmen des MietVerh (Soergel-Mezger 41). III (Folge des Grds aus § 278) gilt auch, wenn Verm die Untervermietg erlaubt hat. Auf das Versch des Mieters kommt es nicht an (RG **157**, 368).

5) Verhältnis Hauptvermieter und Untermieter. Es besteht keine unmittelb schuldrechtl Beziehg. Der Unterm ist aber in den Schutzbereich des MietVertr (vgl § 328 Anm 3b, ii) grdsätzl nicht einbezogen (BGH **70**, 327). Jedenf hat er keine Anspr gg den Verm aus § 538 (BGH aaO; einschränkd Celle NdsRpfl **75**, 95). Der Unterm kann wg eines ihm entstandenen Schad keinen ErsAnspr des HauptVerm, auch nicht aus DrSchadLiquidation (Celle NdsRpfl **75**, 95). HauptVerm hat daher gg Untermieter keinen Anspr auf Zahlg des Mietzinses, kein PfdR an dessen eingebrachten Sachen, keinen vertragl Anspr auf SchadErs im Falle der Beschädigg von Sachen des HauptVerm. Dagg hat HauptVerm bei Beendigg der Hauptmiete auch gg Untermieter unmittelb KlageR auf Räumg nach § 556 III, ferner uU die EigtKlage.

6) Verhältnis zwischen Mieter und Untermieter. Vgl Einf 1 c vor § 535. Hierauf finden alle Vorschr über die Miete Anwendg. Mieter hat für die GebrÜberlassg einzustehen. SchadErs richtet sich nach § 325 od § 326. Ist der UntermietVertr ausdr od stillschw von der ErlaubnErteilg abhäng gemacht, liegt Bedingg (§ 158) vor u UntermVertr entfällt. Kenntn des Unterm davon, daß Erlaubn des HauptVerm erforderl ist, genügt hierfür aber nicht, RGRK Anm 3. Durch Beendigg des HauptmietVertr entfällt UntermietVertr nicht ohne weiteres; jedoch kann in der Mitteilg hiervon eine Künd liegen. Berechg der Miete des Unterm bei preisgebundenem WoRaum erfolgt nach § 38 AMVO u § 31 NMV 1970. Eintritt in MietVertr bei Tod des Unterm: § 569 a.

7) Abtretung der Mietrechte und Eintritt eines neuen Mieters. Es ist zu unterscheiden: **a)** Abtretg der Re des Mieters gem § 398, insb des Anspr auf Gebrauchsüberlassg, von der rein tatsächl Gebrauchsüberlassg zu unterscheiden, ist wg § 399 (hM) u wg I S 1 nur mit Zust (Erlaubn) des Verm zul. Verweiger der Zust kann KündGrd gem I S 2 sein (RG JW **11**, 487). Anspr auf ErlaubnisErteilg gem II. Pfändg ist wg § 851 ZPO nur zul, sow abgetreten w kann. **b)** Eintritt eines neuen Mieters in den alten MietVertr anstelle des alten Mieters erfordert Vertr zw Verm u den Mietern od Vertr zw den Mietern u Zust (§ 182) des Verm (BGH WPM **67**, 797); od auch Vertr des Verm mit neuem Mieter unter Zust des alten Mieters. Der BGH spricht in WPM **70**, 195 von „dreiseit Vertr eigener Art". Der neue Mieter ist RNachf des alten. IdR gelten die Best des alten Vertr auch für u gg den neuen Mieter (BGH WPM **63**, 218). Verweigert der Verm die Zust, so besteht KündR wie bei Anm a. Der Verm kann zur Zust vertragl verpfl sein, jedoch ist Unzuverlässigk des neuen Mieters Grd, die Zust zu verweigern od von Weiterhaftg des alten Mieters für den Mietzins abhängig zu machen (KG JW **32**, 3008). **c)** Abschluß eines neuen MietVertr mit neuem Mieter anstelle eines gleichzeit aufgeh alten Vertr. Ob dies vorliegt ist Ausleggsfrage (BGH **LM** § 535 Nr 21a; vgl auch Pieper NJW **61**, 300); jedenf müssen Verm, alter u neuer Mieter mitwirken. Mängel, die Mietsache zZ des VertrAbschlusses aufweist, sind anfängl gem § 538. **d)** Eintritt von FamAngeh bei Tod des Mieters von WoRaum; es gilt § 569 a.

550 *Vertragswidriger Gebrauch.* Macht der Mieter von der gemieteten Sache einen vertragswidrigen Gebrauch und setzt er den Gebrauch ungeachtet einer Abmahnung des Vermieters fort, so kann der Vermieter auf Unterlassung klagen.

1) Allgemeines. Bei vertrwidr Gebr ist zu untersch: **a) Unterlassungsanspruch:** Grdlage ist unmittelb § 550. Der Anspr kann währd der ges Dauer des MietVerh geltd gemacht w. Ist ErfAnspr, gg den Mieter gerichtet, nicht gg Unterm (§ 549 Anm 5; aber ggf § 1004). **b) Kündigung:** Grdlage können § 543 u § 554 a ohne Abmahng sein. **c) Schadensersatzanspruch:** Grdlagen sind § 823 I od pVV (vgl § 548 Anm 3 b). Setzt Versch voraus, das bei baul Veränderg ohne Zust des Verm idR gegeben ist; der Anspr richtet sich auf Beseitigg u Wiederherstellg des früh Zust (BGH NJW **74**, 1463).

2) Voraussetzungen: a) Vertragswidriger Gebrauch. Muß nur obj vorliegen. Versch des Mieters nicht erforderl (wohl aber des Dr, § 549 III); Irrt bedeutgsl. Muß dch den Mieter od dch Dr ausgeübt w, denen der Mieter die Mietsache (auch mit Einwilligg des Verm) überlassen hat (insb Unterm). Allg ist die VertrWidrk aus VertrInhalt u -zweck zu best (vgl § 535 Anm 2 a). Was nicht vertrgem ist, ist vertrwidr, insb die Benutzg zu vertrfremdem Zweck (Esser § 69 III 2 a). Bsp: Unerlaubte Haustierhaltg; ruhestörder Lärm; Lagern od Benutzen hausgefährdder Ggstände; erhebl Geruchsbelästigg; unerl Beseitigen od Beschädigen der Mietsache; HeimArb nur, wenn mit unzumutb Belästigg, Gefährdg der Wohng od Änd ihrer Beschaffenh verbunden (LG Bln WM **74**, 258); Verstoß gg staatl FischereiO bei FischereiRPacht (RG JW **25**, 1121); Verwendg v WohngsFenstern zur Wahlwerbg (LG Essen NJW **73**, 2291 m abl Anm v Bucher;

§§ 550–552　　　　　　　　　　　　　　　　　2. Buch. 7. Abschnitt. *Putzo*

aA Hamann ZMR **74**, 323); Änd des Zwecks einer Gastwirtsch, BetrErweiterg od -umwandlg, wenn es für den Verm od Verp unzumutb ist (§ 242); BGH **LM** Nr 1 u 2); mangelh GeschFührg, wenn Miete an Umsatz od Gewinn orientiert ist (RG DR **39**, 1681); baul Veränderngen der Mietsache (Fassade, BGH NJW **74**, 1463); anordnswidr Benutzg des Lifts (Weimar Betr **74**, 2292). Nicht: Aufn v FamAngeh (insb Eheg) zu dauerndem Wohnen, soweit nicht Überbelegg entsteht (Hummel ZMR **75**, 291). Übernachtenlassen v Verlobten, Freunden, Bekannten, soweit nicht GebrÜberlassg (§ 549 I) vorliegt (LG Aachen, ZMR **73**, 330) od Aufn in die Wo zum ehelosen ZusLeben (Hamm VersR **77**, 531). **b) Abmahnung.** Entspr der Mahng (§ 284 Anm 3), daher gelten die Vorschr über RGesch entspr. Muß v Verm ausgehen, dem Mieter (nicht einem Dr) zugehen. Inhalt: Die VertrWidrk muß konkret bezeichnet (RG **77**, 117), sie zu unterl aufgefordert w. Fr od Androhg von Folgen ist nicht notw. Entbehrl ist sie nur ausnahmsw bei Argl des Mieters (BGH WPM **68**, 252) od bei endgült u ernsth ErfVerweigerg (BGH WPM **75**, 365). **c) Fortsetzung** des vertrwidr Gebr nach Zugang der Abmahng. Der Mieter muß ihn (ohne Rücks auf Versch) sof einstellen, sow Handeln notw ist (zB Entferng Dr, insb Unterm), sof in mögl u zumutb Umfang tät w. Ungeachtet, bedeutet, daß Mieter von Abmahng Kenntn haben muß.

3) Prozessuales. Liegen die Voraussetzgen (Anm 2) vor, so sind einstw Vfg (§ 935 ZPO) u Kl (§ 253 ZPO) auch ohne Wiederholgsgefahr zul u begründet. Daher keine HauptsErledigg, wenn der Mieter vor od währd des RStreits den vertrwidr Gebr einstellt.

550a *Unzulässige Vertragsstrafe.* Eine Vereinbarung, durch die sich der Vermieter von Wohnraum eine Vertragsstrafe vom Mieter versprechen läßt, ist unwirksam.

1) Inkrafttreten: gem Einf 12b vor § 535; dch 2. MietRÄndG eingefügt. **Anwendbar:** nur bei WoRaum (Einf 8a vor § 535). **Vertragsstrafe:** §§ 339ff; sie kann auch aus fingierten Gebühren für Mahng u Bearbeitg od übermäß Verzugszinsen bestehen (AG Köln WM **69**, 185). Auch eine Verfallklausel kann einer VertrStrafe gleichzusetzen sein (BGH NJW **60**, 1568), zB bei einer Mietkaution (LG Mannh WM **77**, 99). **Wirkung:** Nichtigk der VertrStrafe (§ 134); der MietVertr w davon nicht berührt.

551 *Fälligkeit des Mietzinses.* ¹ Der Mietzins ist am Ende der Mietzeit zu entrichten. Ist der Mietzins nach Zeitabschnitten bemessen, so ist er nach dem Ablaufe der einzelnen Zeitabschnitte zu entrichten.

II Der Mietzins für ein Grundstück ist, sofern er nicht nach kürzeren Zeitabschnitten bemessen ist, nach dem Ablaufe je eines Kalendervierteljahrs am ersten Werktage des folgenden Monats zu entrichten.

1) Allgemeines. a) Grundsatz: VorleistgsPfl des Verm u Fälligk des Mietzinses aE des jeweils vereinb ZtAbschnitts (I S 2), sonst aE der MietZt (I S 1). Mietzins ist Schickschuld (§ 270). **b) Abdingbarkeit** besteht ohne Einschränkg. In der Praxis w idR Vorauszahlg des Mietzinses vereinb, insb in MMV 3 u DEMV 4. **c) Verjährung:** §§ 197, 196 I Nr 5. **d) Verwirkung:** nach allg Grdsätzen (BGH **LM** § 242 [Cc] Nr 22); hierzu § 242 Anm 9.

2) Grundstücke. Mietzins ist nach Ablauf je eines Quartals zu zahlen. Wg § 193 gilt der Samstag (Sonnabend) nicht als Werktag. Bei Bemessg des Mietzinses nach kürzeren ZtAbschnitten gilt I S 2 (II; beachte § 580).

552 *Persönliche Verhinderung des Mieters.* Der Mieter wird von der Entrichtung des Mietzinses nicht dadurch befreit, daß er durch einen in seiner Person liegenden Grund an der Ausübung des ihm zustehenden Gebrauchsrechts verhindert wird. Der Vermieter muß sich jedoch den Wert der ersparten Aufwendungen sowie derjenigen Vorteile anrechnen lassen, welche er aus einer anderweitigen Verwertung des Gebrauchs erlangt. Solange der Vermieter infolge der Überlassung des Gebrauchs an einen Dritten außerstande ist, dem Mieter den Gebrauch zu gewähren, ist der Mieter zur Entrichtung des Mietzinses nicht verpflichtet.

1) Allgemeines. § 552 stellt Ausn von der allg Vorschr des § 323 dar (hM; Köhler S 32 mwN). Gilt auch, wenn die Mietsache noch nicht überlassen ist (Köhler aaO). Bes bedeuts bei befr MietVerh (vgl § 564 Anm 2; Schmidt-Futterer WM **70**, 69). Mieter schuldet den Mietzins lediglich für die GebrÜberlassg, gleichgült, ob er tatsächl Gebr machen kann od nicht. Das gilt erst recht, wenn er Gebr machen könnte, es aber willentl unterläßt; hierfür gelten auch S 2 u 3 analog (Pietzner NJW **68**, 773). Daher gilt § 552 insb, wenn der Mieter vorzeit auszieht (hierzu Schmidt-Futterer NJW **70**, 917). § 552 gilt insb auch bei Miete eines Hotelzimmers (vgl Weimar ZMR **71**, 202).

2) Mietzahlungspflicht besteht allein aGrd des Vertr (§ 535 Anm 3a) ohne Rücks darauf, ob der Mieter den Gebr ausübt. Auch unversch persönl Verhinderg befreit davon nicht (S 1), zB Tod, Krankh, WohnortÄnd (Ausn § 570), überh alles, was in seinen RisikoBer fällt, ohne Rücks darauf, ob er die Umstde beeinflussen kann, zB ZugangsVerhinderg (BGH **38**, 298), LehrgTeiln (AG Wuppert ZMR **76**, 146 m Anm v Weimar). Nicht dazu gehören die Fälle, in denen die Grde im RisikoBer des Verm od in obj Umst liegen, zB bei allg Unzugänglk (vgl Köhler aaO), allg Jagdausübgsverbot (RG **98**, 101), hier entfällt die Verpfl des Mieters zur Mietzinszahlg (§§ 323, 536, 537).

3) Verrechnungspflicht (S 2, hierzu Kürzel DWW **71**, 189 mwN). Zweck: Verm soll dch die pers Verhinderg des Mieters keinen Vorteil haben. Aber keine Verpfl des Verm zur anderweit Vermietg, Soergel-Mezger 7; dagg Hönn MDR **70**, 19. § 254 ist, weil es sich um einen ErfAnspr handelt, keinesf anwendb (Hurst ZMR **71**, 268 mwN). Immerhin darf das Verhalten des Verm nicht gg § 242 verstoßen; das gilt insb für den Fall, daß Mieter einen zumutb, die VertrBedingen uneingeschr übernehmden (LG Flensb BlGBW **77**, 78) Ersatzmieter stellt (hierzu krit Röhrmann NJW **71**, 787), der aber bei kurzem Rest der MietZt abgelehnt w darf (LG Hbg MDR **75**, 493). Erl zur Untervermietg (§ 549) w idR erteilt w müssen (Schmidt-Futterer WM **70**, 69).

4) Gebrauchsüberlassung an einen Dritten (S 3): Voraussetzg ist, daß diese GebrÜberlassg den Verm außerstande setzt, dem Mieter den Gebr zu gewähren; insb bei endgült Weitervermietg (RG **52**, 286). Gilt entspr, wenn der Verm die Sache selbst benutzt (hM), auch im Fall einer Instandsetzg (Erm-Schopp 4), die übl AusbessergsArb überschreitet (AG Düss WM **75**, 226), od eines Umbaus (AG Köln BlGBW **74**, 40). Der Mieter ist v der MietZahlg befreit u hat grdsätzl nicht die Mietdifferenz zu zahlen (Pietzner NJW **68**, 773); vgl aber § 242 Anm 4 D h MietVertr aE u § 541 a). Er darf idR nicht nach § 542 kündigen, weil die Entziehg des vertrgm Gebr der Mietsache auf in seiner Pers liegden Gründen beruht, nicht aber vom Verm zu vertreten ist. Der Mieter darf nur dann nach § 542 künd, wenn der Verm wg der Weitervermietg ihm auch dann den vertrgm Gebr der Mietsache nicht einräumen kann, sobald die persönl Verhinderg des Mieters entfällt (BGH **38**, 301). Beweislast: Verm für ErfBereitsch, Mieter für alle Tats, die ihn von der Entrichtg des Mietzinses befreien sollen (Soergel-Mezger 6).

552a *Aufrechnungs- und Zurückbehaltungsrecht.*

Der Mieter von Wohnraum kann entgegen einer vertraglichen Bestimmung gegen eine Mietzinsforderung mit einer Forderung auf Grund des § 538 aufrechnen oder wegen einer solchen Forderung ein Zurückbehaltungsrecht ausüben, wenn er seine Absicht dem Vermieter mindestens einen Monat vor der Fälligkeit des Mietzinses schriftlich angezeigt hat.

1) Allgemeines. § 552 a ist eingefügt dch das 2. MietRÄndG; Ztpkt des Inkrafttr: Einf 12 b vor § 535. **a) Zweck:** Das Verbot v Aufr u ZbR gehört zu den sog mißbilligten Klauseln des DEMV (vgl 8 d vor § 535). Die Beschrkg des Verbots auf den Anspr aus § 538 beruht darauf, daß auch der Verm schutzbedürft ist: wg der Fremdfinanzierg, die den WoBau erst ermögl, ist idR der Verm auf pktl Eingang der Miete angewiesen, um seine Verpfl abzudecken (vgl BT-Drucks IV/2195 S 4). Das würde bei langwier RStreit wg Aufr u ZbR gefährdet w. **b) Anwendungsbereich:** Nur MietVerh üb WoRaum (Einf 8 vor § 535); daher ist der Ausschl v Aufr (§ 387) u ZbR (§§ 273, 320) bei and MietVerh u bei Pacht grdsätzl unbeschr zul. **c) Analoge Anwendung** des § 552a auf and Anspr als die aus § 538 ist wg des Zwecks (Anm b) u wg des Umkehrschlusses nicht vertretb. **d) Abdingbarkeit:** § 552a ist insof zwingd als Aufrechng u ZbR bei Anspr aus § 538 nicht wirks ausgeschl w können. **e) Erweiterte Aufrechenbarkeit** zG des Mieters gewährt MMV 9 (hierzu Schmidt-Futterer NJW **76**, 921). Bei FormularVertr u AGB können Aufrechnungsverbote wg AGBG 11 Nr 3 unwirks sein.

2) Aufrechnung und Zurückbehaltung sind auch im MietVerh grdsätzl zul, soweit die allgVoraussetzgen der §§ 387 ff od der §§ 273, 320 vorliegen; insb auch für Anspr, die nicht aus dem MietVerh stammen. § 552 a beschr nur den im FormularVertr häuf Ausschl der Aufrechng (§ 387 Anm 3) u des ZbR (§ 273 Anm b, d) für die Anspr des § 538 (Anm 3 a). Für and Anspr des WoRaumMieters gilt § 552 a nicht (vgl Anm 1 c), so daß bei allen sonst Anspr aus dem MietVerh Aufr u ZbR wirks ausgeschl w können.

3) Voraussetzungen für Ausübg eines vertr verbotenen Aufr- od ZbR dch den Mieter. **a) Forderungen** aus § 538: jede darauf beruhde Fdg, näml auf SchadErs wg einer der 3 Alt des § 538 I (dort Anm 2–4) od AufwendgsErs aus § 538 II (dort Anm 6). **b) Absichtsanzeige:** Empfangsbed WillErkl (§ 130). Schriftform § 126. Frist: 1 Monat (zu berechnen gem §§ 187 I, 188 II, III) vor der idR vertr festgesetzten Fälligk (§ 551) derjen MietZRate, od der folgden, gg die aufgerechnet w soll. Verspätete AbsichtsAnz gilt für die MietZ-Rate, bei der die Anz fristgem wäre. Inhalt: Ankünd der Aufr od des ZbR, Grd u Höhe der GgFdg. Angabe der §§ ist nicht nöt.

553 *Fristlose Kündigung bei vertragswidrigem Gebrauch.*

Der Vermieter kann ohne Einhaltung einer Kündigungsfrist das Mietverhältnis kündigen, wenn der Mieter oder derjenige, welchem der Mieter den Gebrauch der gemieteten Sache überlassen hat, ungeachtet einer Abmahnung des Vermieters einen vertragswidrigen Gebrauch der Sache fortsetzt, der die Rechte des Vermieters in erheblichem Maße verletzt, insbesondere einem Dritten den ihm unbefugt überlassenen Gebrauch beläßt, oder die Sache durch Vernachlässigung der dem Mieter obliegenden Sorgfalt erheblich gefährdet.

1) Allgemeines. a) Anwendungsbereich: Miete (einschl Leas) u Pacht. **b) Abdingbarkeit:** grdsätzl zu bejahen. Bei WoRaum dch §§ 554 a, 554 b eingeschr. Soweit dies nicht entggsteht, können weitere Grde für fristl Künd vereinb w. **c) Rücktritt** aus § 326 ist nach Überlassg der Mietsache nicht mehr mögl, wenn außerord gekünd w kann (BGH **50**, 312). Bei Verletzg and Pfl dch den Mieter, insb mit Mieterleistgen, (Einf 11 vor § 535) bleibt Rücktr mögl (Larenz § 44 VI c). **d) Schadensersatz.** Anspr nur bei Versch (§§ 276, 278) des Mieters (vgl § 550 Anm 1). Umfang: auch die dch die Künd entstandene Schad, insb Mietausfall, aber nur für die Dauer vertragl Bindg (BGH **LM** § 581 Nr 12).

2) Voraussetzungen. a) Vertragsverletzung entweder dch **aa) Vertragswidrigen Gebrauch:** § 550 Anm 2 a. Jedoch muß die VertrVerletzg erhebl sein u Versch des Dr (entgg 549 III u § 550) ist nicht erfor-

§§ 553, 554   2. Buch. 7. Abschnitt. *Putzo*

derl. Nicht ausreichd: Kleinere, vereinzelte Verstöße gg die HausO; od dch **bb) Gefährdung** der Mietsache wg Vernachlässigg der Sorgf (ObhutsPfl, § 545 Anm 1). Die Gefährdg muß erhebl sein. **b) Abmahnung**: § 550 Anm 2 b. Auch bei vertrwidr Gebr eines Dr stets gg den Mieter zu richten. **c) Fortsetzung**: § 550 Anm 2 c.

3) Kündigung. Es gilt allg § 564 Anm 3. Sie ist außerord; unheilb nichtig, wenn eine der Voraussetzgen (Anm 2) fehlt. Sie muß nicht vor Beendigg des vertrwidr Gebr erfolgen (aA bis 30. Aufl), kann aber, wenn sie nicht innerh angem Fr ausgeübt w, verwirkt w (§ 242 Anm 9f).

554 *Fristlose Kündigung bei Zahlungsverzug.* I Der Vermieter kann das Mietverhältnis ohne Einhaltung einer Kündigungsfrist kündigen, wenn der Mieter

1. für zwei aufeinanderfolgende Termine mit der Entrichtung des Mietzinses oder eines nicht unerheblichen Teils des Mietzinses im Verzug ist, oder

2. in einem Zeitraum, der sich über mehr als zwei Termine erstreckt, mit der Entrichtung des Mietzinses in Höhe eines Betrages in Verzug gekommen ist, der den Mietzins für zwei Monate erreicht.

Die Kündigung ist ausgeschlossen, wenn der Vermieter vorher befriedigt wird. Sie wird unwirksam, wenn sich der Mieter von seiner Schuld durch Aufrechnung befreien konnte und unverzüglich nach der Kündigung die Aufrechnung erklärt.

II Ist Wohnraum vermietet, so gelten ergänzend die folgenden Vorschriften:

1. Im Falle des Absatzes 1 Satz 1 Nr. 1 ist der rückständige Teil des Mietzinses nur dann als nicht unerheblich anzusehen, wenn er den Mietzins für einen Monat übersteigt; dies gilt jedoch nicht, wenn der Wohnraum zu nur vorübergehendem Gebrauch vermietet ist.

2. Die Kündigung wird auch dann unwirksam, wenn bis zum Ablauf eines Monats nach Eintritt der Rechtshängigkeit des Räumungsanspruchs hinsichtlich des fälligen Mietzinses und der fälligen Entschädigung nach § 557 Abs. 1 Satz 1 der Vermieter befriedigt wird oder eine öffentliche Stelle sich zur Befriedigung verpflichtet. Dies gilt nicht, wenn der Kündigung vor nicht länger als zwei Jahren bereits eine nach Satz 1 unwirksame Kündigung vorausgegangen ist.

3. Eine zum Nachteil des Mieters abweichende Vereinbarung ist unwirksam.

1) Allgemeines. a) Anwendungsbereich: Fassg beruht auf dem 1. MietRÄndG; Abs II Nr 2 u 3 geänd dch 2. MietRÄndG; Ztpkt der Inkrafttr: Einf 12b vor § 535. Abs I gilt für alle MietVerh, Abs II nur für WoRaum. **b) Abdingbarkeit**: Abs II ist zwingd, soweit die Vereinbg den Mieter rechtl od wirtsch be nachteil. Das gilt nur bei WoRaum (8a vor § 535) u folgt unmittelb aus II Nr 3. Bei MietVerh, die nicht WoRaum betreffen, sind Abänd zuungunsten des Mieters zul u häuf. **c) Allgemeine Voraussetzungen** der außerord Kündig: zunächst § 564 Anm 3. Außerdem ist zu beachten: Abtretg der Mietzins-Fdg berührt das KündR nicht (Soergel-Mezger 9). Das KündR u dessen auch nur teilw erf Voraussetzgen gehen auf den Erwerber nur nach § 571 über. Eine vertragl vorgeschr schriftl ZahlgsAuffdg muß eindeut sein (BGH MDR **73**, 44). Bei Künd steht nicht entgg, daß ein Mietausfallbürge noch nicht in Anspr genommen ist (BGH WPM **72**, 335). **d) Erlöschen des KündR**: Verzicht kann in vorbehaltloser Ann v Teilzahlgen liegen (vgl § 266). Nimmt der Verm mehrmals verspätete Zahlg an, muß er, um die KündR nicht über § 242 zu verlieren, den Mieter vorher darauf hinweisen, daß er in Zukunft sein KündR gebr w od er muß abmahnen (BGH NJW **59**, 766 u WPM **71**, 1439). Die Abmahng kann in einer Räumgs-(Herausg)Kl oder in einer RücktrErkl liegen (BGH WPM **71**, 1439). Für Bew v Abmahng od Hinw empfiehlt sich schriftl Bestätigg des Mieters (§ 416 ZPO) od Einschreiben mit Rückschein.

2) Kündigungsgründe (I S 1 Nr 1 u 2). Sie sind alternat u setzen voraus: **a) Mietrückstand**: Das betr die MietzinsZahlg (§ 535 Anm 3a) mit Einschl der Nebenentgelte (§ 535 Anm 3c, bb). Mit Termin sind die Fällig gem § 551 II gemeint. Der Umfang des Rückstands muß betragen: **aa) Aufeinanderfolgende Termine** (I Nr 1). Ob der nicht bezahlte Teil unerhebl ist, muß im Verh zur vollen Mietzinsrate mit Rücks auf die Umst des Einzelfalles (insb Kreditwürdk des Mieters) beurt w. MindBetr bei WoRaum: II Nr 1; auch dabei sind Nebenentgelte einzurechnen (§ 535 Anm 3 c, bb). Vermietg zu vorübergehdem Gebr: wie § 556a Anm 2 b, aa. Da II Nr 1 eine SchutzVorschr für den bes schutzbedürft WoRaummieter darstellt, ist ein MietRückst v einem Monat bei and MietVerh erst recht erhebl (Both NJW **70**, 2196). Maßgebd ist immer der GesamtRückstd, nicht das Verh der Einzelrückstände zueinander (Both aaO). **bb) Mehrere Termine** (I Nr 2). Der Verzug (Anm b) muß sich über den ZtRaum von 2 Terminen erstrecken, darf dazw nicht weggefallen sein u muß in diesem ZtRaum dauernd mind 2 Monatsmieten betragen. Gleichgült ist, ob die ZahlgsTermine Monatstermine sind. **b) Verzug** gem § 284. Da die Fällig kalendermäß best w (vgl § 551 Anm 1), bedarf es keiner Mahng (§ 284 Anm 4a). Eine KarenzZt zG des Mieters besteht nicht (Mezger NJW **72**, 2071; aA LG Bln NJW **72**, 1324). Zahlgsunfähk schließt den Verz nicht aus (§§ 279, 285). Der Verz kann aber unverschuldet ausgeschl sein (§ 285), zB rechtzeit abgesandtes Geld kommt verspätet an; Mieter hält sich irrtüml ohne Fahrlässk zur Aufrechng (§ 387) od Zurückbehaltg (§§ 273, 322) für berecht (BGH **LM** § 285 Nr 1), insb auch zur Minderg gem § 537 (LG Kiel WM **75**, 169).

3) Heilung der Verzugsfolgen. a) Vor der Kündigung. Ausgeschl ist sie bei allen MietVerh, wenn der Verm vor dem Zugang der Künd (§ 130) befried w, vollständ für den gesamten Rückstd, nicht dch Teilleistg (BGH WPM **70**, 1141). Befriedigg kann auch dch ErfSurrogate, insb Aufrechng geschehen (Soergel-Mezger 10) u zwar für alle bis Ablauf der SchonFr fäll gewordenen Betr (aA offenb LG Hbg MDR **77**, 317). Bei Geldüberweisg kommt es grdsätzl auf den Ztpkt der Gutschr an (§ 270 Anm 1b). Bei Einzahlg auf Bankkonto od Post am ErfOrt genügt die Einzahlg vor dem Zugang der Künd (ErmSchopp

502

Einzelne Schuldverhältnisse. 3. Titel: Miete. Pacht §§ 554–555

11; bestr). BewLast: Mieter dafür, daß vor Künd gezahlt od nach Zahlg gekünd ist (BGH **LM** Nr. 5). **b) Nach der Kündigung** (I S 3, II Nr 2), dh nach ihrem Zugang (§ 130). Sie w unwirks, gleichbedeutd mit nichtig (vgl Überbl 4 vor § 104): **aa)** Bei allen MietVerh (I S 3) dch Bestehen einer AufrLage (§ 387) zZt der Künd u unverzügl (wie § 121) AufrErkl (§ 388). Die Aufr muß den ges Rückst decken u zul sein (LG Ffm **WM 74,** 28). **bb)** Bei WoRaumMietVerh (II Nr 2; Einf 8a vor § 535). Anwendb nur, wenn nicht innerh v 2 Jahren vor der KündErkl eine an sich gem I S 1 begründete Künd erkl w u allein dch II Nr 2 S 1 unwirks gew ist (II Nr 2 S 2); das müßte erst recht gelten, wenn die Künd wg ZahlgsVerz wirks war u der Verm dann trotzdem das MietVerh fortges hat (aA LG Mannh MDR **74,** 935 bei Neu-Abschl des MietVertr). Voraussetzgn: Befriedigg wie Anm a. Umfang: ges MietRückstd u der fäll Anspr aus § 557 I S 1, nicht der darü hinausgehde Schad (Holtgrave Betr **63,** 1033). Öff Stelle: insb die SozHilfe-Beh; sie muß sich auch innerh der SchonFr bindd verpfl (LG Hbg MDR **77,** 317), im selben Umfang wie der Mieter den Verm zu befried.

554a *Fristlose Kündigung aus wichtigem Grund.* Ein Mietverhältnis über Räume kann ohne Einhaltung einer Kündigungsfrist gekündigt werden, wenn ein Vertragsteil schuldhaft in solchem Maße seine Verpflichtungen verletzt, insbesondere den Hausfrieden so nachhaltig stört, daß dem anderen Teil die Fortsetzung des Mietverhältnisses nicht zugemutet werden kann. Eine entgegenstehende Vereinbarung ist unwirksam.

1) Allgemeines. § 554, eingefügt durch 1. MietRÄndG u im S 2 neu gefaßt durch 2. MietRÄndG; Ztpkt des Inkrafttr: Einf 12b vor § 535. Rücktr aus §§ 325, 326 ist nach Überlassg der Mietsache ausgeschl, wenn Künd mögl ist (vgl § 553 Anm 1 d). Ausgeschl ist Anwendg der Regeln wg Wegfalls der Gesch-Grdlage soweit daraus ein RücktrR abgeleit w soll (Stötter NJW **71,** 2281 mwN). Eine Künd aus diesem RGrd ist ausgeschl (aA BGH WPM **73,** 694), weil insow das allg KündR aus wicht Grd besteht (Anm 3).

2) Voraussetzungen der außerord Künd gem § 554a. Für die KündErkl gilt § 553 Anm 3. VertrVerletzgen: wg § 553 nur solche, die keinen vertrwidr Gebr der Mietsache darstellen. Gilt für Mieter u Verm. Bsp: Verstöße gg die HausO; fortwährde Belästigg der Hausinwohner; Beleidigg od Mißhandlg des Verm; Zimmerbrandstiftg in betrunkenem Zust wg angedrohter Künd (LG Mannh DWW **76,** 33). Vereitelg des VormietR dch Unterl der Mitt gem § 510 I (BGH WPM **74,** 345); nicht: Übernachtenlassen v Verlobten, Freunden od Bekannten (LG Aachen ZMR **73,** 330); gemeins Wohnen v unverheirateten Pers (Tondorf WM **74,** 229; vgl aber § 550 Anm 2 a aE). Schuldh: §§ 276, 278.

3) Verhältnis zur fristlosen Kündigg aus sonstigen Gründen. § 554a ersetzt den allg RGrds, daß ein DauerschuldVerh entspr § 626 fristlos gekündigt w kann, nicht völlig; denn er bezieht sich nur auf schuldh VertrVerletzg. Das ist für MietVerh, die nicht WoRaum betreffen, allgM (BGH **LM** § 554b Nr 1), gilt aber trotz § 554b auch für MietVerh über WoRaum (vgl § 554b Anm 1; Erm-Schopp 3; aA Pergande NJW **64,** 1928). Zwar werden in aller Regel Grde nur als wicht angesehen w können, wenn sie verschuldet sind; jedoch können auch nicht verschuldete Umst so bedeuts sein, daß dem anderen Teil nicht zugemutet w kann, am Vertr festzuhalten (vgl BGH WPM **71,** 1300 u **73,** 694), insb, wenn dadch das VertrauensVerh zw Verm u Mieter endgült zerstört w (BGH Betr **69,** 1143), auch dch Umst, die vor Beginn des VertrVerh liegen, wie Verletzg vorvertragl Pfl (BGH WPM **78,** 271); bewußtes Verschweigen der wahren RForm einer GründgsGes (Celle BB **78,** 576). Insb kann der Verm auch dann fristlos kündigen, wenn der Mieter geisteskrank gew ist u dch krankhbedingte Hdlgen den Hausfrieden wiederholt u nachhaltig stört, den Verm od und Hausbewohner fortgesetzt an höchstpersönl Rechtsgütern verletzt od gefährdet (LG Köln MDR **74,** 232; aA Weimar Betr **72,** 2452; für entspr Anwendg des § 553: LG Bielefeld ZMR **68,** 172). Fortdauernde unpünktl Zahlg kann wicht Grd sein; eine darauf gestützte fristl Künd w dch § 554 nicht ausgeschl (BGH **LM** § 554b Nr 1). Kein wicht Grd für Kind des Mieters ist die notw Einstellg od Umstellg eines GewerbeBetr in den gemieteten Räumen.

4) Sonstige Rechtsfolgen der Künd gem § 554a. **a) Schadensersatzansprüche** aus pos VertrVerletzg bei Versch sind mögl, bei beiderseit schuldh Zerrüttg des VertrauensVerh auch für den VertrGegner, der nicht kündigt, über § 254 I (BGH NJW **69,** 1845). Die Kosten für Umzug u ErsRäume gehören nur dann zum Schad, der zu ersetzen ist, wenn gerade die VertrVerletzg zur Künd berecht (BGH WPM **74,** 343). **b) Unterlassungsanspruch,** näml Anspr auf vertrgem Verhalten, steht dem Verm nach § 550 zu, dem Mieter nach § 536 (dort Anm 4b).

554b *Vereinbarung über fristlose Kündigung.* Eine Vereinbarung, nach welcher der Vermieter von Wohnraum zur Kündigung ohne Einhaltung einer Kündigungsfrist aus anderen als den im Gesetz genannten Gründen berechtigt sein soll, ist unwirksam.

1) Allgemeines. § 554b, eingefügt durch 1. MietRÄndG u neu gefaßt durch 2. MietRÄndG; Ztpkt des Inkrafttr: Einf 12b vor § 535. **Anwendungsbereich:** nur bei MietVerh über WoRaum (vgl Einf 8a vor § 535); nur für die Künd des Verm. Im übr können best Gründe als Voraussetzg einer fristlosen Künd frei vereinb w, ohne Rücks darauf, ob der vereinb Grd ein wicht Grd ist, der sowieso zur fristlosen Künd berecht (vgl § 554a Anm 3). § 554b bezieht sich nur auf vereinb, nicht auf die gesetzl KündGrde der Anm 2, 3. **Wirkung:** die dem § 554b entggstehde Vereinbg ist unwirks, führt aber nicht zur Unwirksk des ganzen Vertr. § 139 ist nicht anwendb, da § 554b, dessen Zweck auf den SozSchutz des Mieters gerichtet ist, die RFolge speziell regelt.

555 (aufgehoben)

§§ 556, 556a

556 **Rückgabe der Mietsache.** ¹ Der Mieter ist verpflichtet, die gemietete Sache nach der Beendigung des Mietverhältnisses zurückzugeben.

II Dem Mieter eines Grundstücks steht wegen seiner Ansprüche gegen den Vermieter ein Zurückbehaltungsrecht nicht zu.

III Hat der Mieter den Gebrauch der Sache einem Dritten überlassen, so kann der Vermieter die Sache nach der Beendigung des Mietverhältnisses auch von dem Dritten zurückfordern.

1) Rückgabe der Mietsache. Geschieht grdsätzl dadch, daß dem Verm der unmittelb Bes (§ 854) eingeräumt w, auch wenn der Mieter weder mittelb noch unmittelb Bes hat (BGH **56**, 308). Abtretg des HerausgAnspr gg einen Dr genügt nicht (BGH aaO); diesen Anspr hat der Verm sowieso (III). Ebsowenig genügt die Erkl ein R auf Bes od Nutzg nicht mehr in Anspr zu nehmen (Brem OLGZ **72**, 417). Bei Räumen sind alle (auch selbst angefert) Schlüssel dem Vermieter abzugeben (ausdrückl in MMV 15 I); eingebrachte Sachen fortzuschaffen. Heizöl im Tank eines EinFamHauses fällt darunter (LG Mannh WM **75**, 244). Wg § 226 kann der Verm idR die Entferng nicht verlangen. Ausgleich bei fehlender Einigg über § 812. Namensschilder zu entfernen; aber bei Gew u freiem Beruf HinwSchilder auf neue Gesch- od Praxisräume für angem Zeit zu gestatten (vgl RG **161**, 338). Für zurückbleibde Sachen trifft den Verm eine ObhutsPfl (BGH VersR **71**, 765 = WPM **71**, 943). **a) Zustand der Mietsache** muß ordnsgem sein. Daraus folgt auch die grdsätzl Pflicht des Mieters, Einrichtgen, mit denen er die Mietsache versehen hat, zu entfernen (vgl Hurst ZMR **68**, 66; ausdrückl in MMV 15 III). Daher sind, auch wenn vertragl nichts and best ist, bei Grdst vom Mieter errichtete Gebäude zu beseit (BGH WPM **66**, 765 u **72**, 389) u bei baul Veränderngen der ursprüngl Zustd wiederherzustellen (vgl § 547a). W diese Pfl v Mieter bei Abschl des Vertr übernommen u ist sie mit erhebl Kosten verbunden, kann sie HauptleistgsPfl sein (vgl BGH NJW **77**, 36). Besonderh bei LadenGesch: LG Bochum NJW **67**, 2015, LG Mannh ZMR **69**, 282. Einen bei Vermietg überlassenen Fernsprechanschluß darf der Mieter nicht auf sich für and Räume umschreiben lassen (LG Konstanz NJW **71**, 525). Abnutzg u Wertminderg dch vertragsm Gebr gehen zu Lasten des Verm, vgl § 548, auch über BewLast des Mieters, SchadErs bei Rückg in beschäd Zust wg Mietausfall aus pos VertrVerletzg (Schmidt-Futterer ZMR **68**, 161). **b) Sofortige Rückgabeverpflichtung** nach Mietbeendigg. Wird RäumgsFr gewährt (vom Verm od Gericht, §§ 721, 794a ZPO) ist Verz ausgeschl, aber MietVerh bleibt beendet; Wirkgen: K. Müller MDR **71**, 253. Mit Ablauf der RäumgsFr tritt Verzug ein (Celle MDR **67**, 1013). Für SchadErs gilt § 557 II, III. Rückg von bewegl Sachen ist Bringschuld. Mehrere Mieter schulden gem § 431. **c) Folgen der verspäteten Rückgabe**: § 557. Mieter ist auch in der Zeit nach Beendigg des MietVerh bis zur Rückg der Mietsache obhutspflichtig (vgl § 545 Anm 1, BGH NJW **67**, 1803). Über den Umfang der SchadErsPfl bei Verletzg dieser Verpfl § 548 Anm 1. **d) Mehrheit von Mietern**: kann die Rückg nur dch einen v mehreren Mietern vertrgem erfolgen, so haften die and für die Verletzg der RückgPfl als GesSchu (BGH NJW **76**, 287 [Mietwagen]). Bei unbewegl Sachen bringt der Auszug eines Mitmieters den Anspr aus § 556 mangels Rückg auch dieses Mieters nicht zum Erlöschen (aA LG Kblz ZMR **76**, 48; einschränkd Schläger ZMR **76**, 34).

2) Zurückbehaltungsrecht (II) bei Miete eines Grdst, einer Wohng od sonst Raumes (§ 580) ist untersagt. Für bewegl Sachen gelten dgg §§ 273, 274. Kein ZbR, wenn Verm zu Unrecht die Übertr der Gesch-Räume an einen Käufer des Gesch verweigert u sich dadch schaderspfl macht (RG GrundE **36**, 121). Der Anspr des Mieters aus vorsätzl unerl Hdlg des Verm kann sich dessen Berufg auf § 556 II als unzul RAusübg darstellen (RG **160**, 90). II ist als AusnVorschr eng auszulegen u gilt daher nur, wenn die Rückg aGrd eines Miet- od PachtVertr (§ 581 II) verlangt w (BGH **LM** Nr 1), nicht dagg, wenn sie ledigl aus Eigt begehrt w oder wenn MietVertr wirks angefochten ist (RG **85**, 133). II gilt aber auch hins d Anspr auf vereinb Entsch wg vorzeit Künd des Miet- od PachtVerh (RG **108**, 137). II ist abdingb (RG **139**, 17).

3) Herausgabeanspruch gegenüber einem Dritten (III). Dieser Anspr des Verm besteht neben dem Anspr, der ihm als Eigtümer gg jeden Dr zusteht. Er setzt rechtl, nicht tatsächl Beendigg des Hauptmiet-Verh voraus u entsteht erst mit der Aufforderg zur Rückg, RG **156**, 150. Dem Anspr kann ArglEinr entgegengesetzt w, wenn Verm u HauptMieter einvernehml zusarbeiten, um UntermietVerh zu beseitigen, ohne daß HauptVerm hieran ein berecht Interesse hat, Köln (LG) MDR **54**, 420, Kassel (LG) MDR **54**, 484. Der Anspr des HauptVerm besteht neben dem HerausgAnspr des Mieters; dieser entfällt, wenn Unterm Mietsache dem HauptVerm zurückgegeben od sich mit ihm über weiteren Gebr der Mietsache geeinigt hat, Celle NJW **53**, 1474. Anspr ist ein solcher aus dem MietVertr (gesetzl Erweiterg des VertrAnspr des Haupt-Verm), besteht also nicht, wenn der MietVertr rückw, zB durch Rücktr des HauptVerm, beseitigt w, RG **136**, 33. Zwischen Unterm u Verm wird durch III vertragl Beziehg nicht hergestellt, RG **156**, 153, vgl auch § 549 Anm 7. Anspr besteht auch, wenn Verm mit der GebrÜberlassg an Dr einverst war. Bei NichtErf gelten §§ 275, 280, 286. Kein ZbR des Dritten bei Grdst III gilt auch, wenn einer v mehreren Mietern den Gebr überl hat (AG Stgt ZMR **75**, 305).

4) Prozessuales. Das Urt gg den Hauptm wirkt nicht unmittelb gg Unterm (and nur, wenn der Unterm den Bes erst nach Rhängigk erlangt hat, § 325 ZPO). Verm muß daher zweckm Mieter u Unterm zugl verklagen. Außerdem ist Überweisg des HerausgAnspr gg den Unterm mögl (§ 886 ZPO).

556a **Sozialklausel.** ¹ Der Mieter kann der Kündigung eines Mietverhältnisses über Wohnraum widersprechen und vom Vermieter die Fortsetzung des Mietverhältnisses verlangen, wenn die vertragsmäßige Beendigung des Mietverhältnisses für den Mieter oder seine Familie eine Härte bedeuten würde, die auch unter Würdigung der berechtigten Interessen des Vermieters nicht zu rechtfertigen ist. Eine Härte liegt auch vor, wenn angemessener Ersatzwohnraum zu zumutbaren Bedingungen nicht beschafft werden kann. Bei der Würdigung der berechtigten Interessen des Vermieters werden nur die in dem Kündigungsschreiben nach § 564a Abs. 1 Satz 2 angegebenen Gründe berücksichtigt, soweit nicht die Gründe nachträglich entstanden sind.

II Im Falle des Absatzes 1 kann der Mieter verlangen, daß das Mietverhältnis so lange fortgesetzt wird, wie dies unter Berücksichtigung aller Umstände angemessen ist. Ist dem Vermieter nicht zuzumuten, das Mietverhältnis nach den bisher geltenden Vertragsbedingungen fortzusetzen, so kann der Mieter nur verlangen, daß es unter einer angemessenen Änderung der Bedingungen fortgesetzt wird.

III Kommt keine Einigung zustande, so wird über eine Fortsetzung des Mietverhältnisses und über deren Dauer sowie über die Bedingungen, nach denen es fortgesetzt wird, durch Urteil Bestimmung getroffen. Ist ungewiß, wann voraussichtlich die Umstände wegfallen, auf Grund deren die Beendigung des Mietverhältnisses für den Mieter oder seine Familie eine Härte bedeutet, so kann bestimmt werden, daß das Mietverhältnis auf unbestimmte Zeit fortgesetzt wird.

IV Der Mieter kann eine Fortsetzung des Mietverhältnisses nicht verlangen,
1. wenn er das Mietverhältnis gekündigt hat;
2. wenn ein Grund vorliegt, aus dem der Vermieter zur Kündigung ohne Einhaltung einer Kündigungsfrist berechtigt ist.

V Die Erklärung des Mieters, mit der er der Kündigung widerspricht und die Fortsetzung des Mietverhältnisses verlangt, bedarf der schriftlichen Form. Auf Verlangen des Vermieters soll der Mieter über die Gründe des Widerspruchs unverzüglich Auskunft erteilen.

VI Der Vermieter kann die Fortsetzung des Mietverhältnisses ablehnen, wenn der Mieter den Widerspruch nicht spätestens zwei Monate vor der Beendigung des Mietverhältnisses dem Vermieter gegenüber erklärt hat. Hat der Vermieter nicht rechtzeitig vor Ablauf der Widerspruchsfrist den in § 564a Abs. 2 bezeichneten Hinweis erteilt, so kann der Mieter den Widerspruch noch im ersten Termin des Räumungsrechtsstreits erklären.

VII Eine entgegenstehende Vereinbarung ist unwirksam.

VIII Diese Vorschriften gelten nicht für Wohnraum, der zu nur vorübergehendem Gebrauch vermietet ist, und für Mietverhältnisse der in § 565 Abs. 3 genannten Art.

1) Allgemeines. a) Fassung: § 556a ist eingef dch das AbbauG, ergänzt u geändert dch 1.-3. MietRÄndG, nunmehr idF des Art 1 Nr 1 MRVerbG (Abs I 2 u 3 angefügt, Abs VI 2 geändert). **b) Inkrafttreten:** ab 1.1.68 in allen weißen Kreisen, ab 1.1.69 in den letzten 7 schwarzen Kreisen, ab 1.1.70 in Berlin (vgl Einf 12b vor § 535). Die Änd des MRVerbG gilt seit 10.11.71. **c) Zweck:** Die SozKlausel war das Kernstück des neugeordneten soz MietR; ist inzw dch § 564b weitgehd ggstdsl geworden. § 556a ist in der nF nicht mehr eine AusnahmeVorschr (Voelskow Betr **68**, 117). Sie sieht für die Interessenabwägg (Anm 6a) die Belange von Verm u Mieter als von vornherein gleichwertig an (Folge der soz Bindg des Eigtums, Art 14 II GG). **d) Wirkung:** Mieter kann gg eine ord Künd Widerspr (Anm 5) erheben u hat Anspr auf (auch wiederholte, § 556c) Fortsetzg des (ggf geänderten, Abs II S 2) MietVerh, wenn dessen Beendigg für ihn eine ungerechtf Härte darstellen würde (Abs I). Das MietVerh w auf bestimmte, in Ausnahmefällen auf unbestimmte Zeit fortges (Abs III, vgl Anm 6). Wird das MietVerh nicht verlängert, ist bis zur Herausg die vereinb od ortsübl Miete zu zahlen (§ 557 I), SchadErs nur nach § 557 II. **e) Unabdingbarkeit:** Abs VII; § 556a ist zwingd; der Gesetzeszweck (Anm c) führt aber dazu, daß eine Vereinbg, die für den Mieter günstiger ist, wirks sein kann. Unwirks bedeutet unheilb nichtig (wie § 134).

2) Anwendungsbereich (vgl auch Anm 1b). **a) Mietverhältnisse:** auch UntermietVerh, sow nicht Abs VIII entggstht (vgl Anm b, bb), nur im Verh der VertrPart (Mieter u Unterm) nicht im Verh Unterm zu HauptVerm ggü dem Anspr aus § 556 III. § 556a gilt für unbefr (auf unbestimmte Zeit eingegangene), für befr mit Verlängergsklausel (§ 565a I, dort Anm 2c), auflösd bedingte (§ 565a II). Auch für MietVerh, die gem § 5 HausratVO begründet w. Ferner entspr aGrd v § 556b. **b) Wohnraum:** Jeder Art (Einf 8a vor § 535), für Werkwohngen mit Sonderregeln in § 565d. Nicht aber gewerbl Räume, die zu Wohnzwecken untervermiet sind (BGH **LM** § 554 Nr 1 od tats so benutzt w (LG Ffm ZMR **71**, 225). Bei MischmietVerh (Einf 9 vor § 535) ist § 556a nur anwendb, wenn die WoRäume überwiegen (Schmidt-Futterer NJW **66**, 583). Unanwendb ist § 556a nach Abs VIII: **aa)** wenn nur zu vorübergehdem Gebr überl: wie § 564b Anm 3c; **bb)** vom Verm mind überwiegd möblierter WoRaum, der nicht an eine Fam überlassen ist (§ 565 III). **c) Kündigung:** Nur bei ord Künd des Verm (§ 565). Endet das MietVerh aus and Gründen als Zeitablauf od auflösde Bedingg (§ 556b), so ist § 556a unanwendb; insb bei außerord Künd, die die Voraussetzgen der §§ 553, 554, 554a erfüllt, nicht nur wenn fristlos gekünd ist (allgM), sond auch, wenn die ges Fr eingehalten ist (Holtgrave Betr **64**, 1103; Oldbg NJW **73**, 1841 [bei § 57a ZVG]; bestr) Vgl weiter Anm 4. **d) Wiederholung:** § 556c.

3) Verhältnis zur Vertragsfreiheit. Mit Wegfall des MSch gilt auch für die Beendigg von MietVerh über WoRaum grdsätzl VertrFreih, soweit nicht zwingde ges Vorschr sie einschr, insb §§ 554b, 556a VII, 564b, 565 II S 3 u 4, 565a III. Die dem Verm grdsätzl freigestellte ord Künd gem § 565 kann, unabhäng von § 556a, wg Sittenwidrigk nichtig sein (§ 138 I) od gg Treu u Glauben verstoßen (insb wg unzul RAusübg, vgl § 242 Anm 4c), vor allem dch § 564b eingeschr sein. Vertragl Vereinbgen zw Verm u Mieter über die Fortsetzg des gekünd MietVerh gehen der gerichtl Entschdg vor (vgl Abs III).

4) Kündigung. Vgl wg Rechtsnatur § 564 Anm 3, wg Anwendungsbereich Anm 2c. **a) Form:** Schriftform gem § 564a I 1, andfalls Nichtigk (§ 125 S 1). **b) Frist:** § 565. **c) Inhalt:** Für die Angabe von Grden gilt § 564a I 2. Der Hinweis gem § 564a II kann, muß aber nicht im KündSchreiben enthalten sein. **d) Wirkung:** Die Künd löst das MietVerh auch, wenn die Voraussetzgen des Abs I erfüllt sind, gem § 565 auf, wenn der Mieter den Widerspr (Anm 5) unterläßt od der Verm geltd macht, daß die WiderspFr versäumt ist (Anm 5d).

5) Widerspruch und Fortsetzgsverlangen des Mieters ist eine einheitl u einseit empfangsbedürft Willens-Erkl (§ 130). **a) Form:** Schriftform des § 126 I, III (Abs V), andfalls Nichtigk (§ 125 S 1); deshalb muß der Mieter unterzeichnen (sind es mehrere gemeins, müssen alle), da der MietVertr nur einheitl verlängert od umgestaltet w kann. Telegraf Übermittlg genügt der Schriftform nicht (Karlsr NJW 73, 1001). **b) Vertretung:** zul, aber § 174 zu beachten. Von Schlüsselgewalt ebensowenig gedeckt wie Abschl u Künd des MietVertr (§ 1357 Anm 2b). **c) Inhalt:** es genügt der erkennb Wille, der Beendigg des MietVerh zu widersprechen. Das Wort Widerspr od ein bestimmtes Verlangen sind nicht nötig. Gründe sollten angegeben w (vgl Anm f). **d) Frist:** ist keine Ausschlußfr, sond wie eine VerjährgsFr nur auf Einr des Verm zu beachten (Hoffmann NJW 66, 486; Pergande NJW 64, 1931; aA Hiendl NJW 65, 2190). **aa) Normale Dauer** (Abs VI S 1): sie läuft ohne Rücks auf die unterschiedl KündFristen des § 565 einheitl bis 2 Monate vor Ablauf des MietVerh. Eine inf des § 1 WoRKG unwirks Künd führt nicht zur Beendigg des MietVerh, so daß die Fr nicht zu laufen beginnt (Löwe NJW 72, 1913). Spätestens an diesem Tag (Bsp: Ablauf am 31. 8., Fristende 30. 6. 24 Uhr) muß das Schreiben dem Verm zugehen (§ 130). **bb) Verlängerte Frist** (Abs VI S 2): setzt voraus, daß der Verm den Hinweis auf Widerspr (§ 564a II) nicht rechtzeit erteilt hat, dh noch vor Ablauf der Fr des Abs VI S 1 u soviele Tage vorher, daß der Mieter noch angem Zeit überlegen, seinen Widerspr abfassen u gem § 130 I fristgerecht zuleiten kann. Wird nicht, falsch od verspätet hingewiesen, so kann Widerspr bis zum Schluß des ersten Termins (§ 220 ZPO) im Räumsrechtsstreit erkl w; hier genügt Erkl zu gerichtl Protokoll (§ 126 III). **e) Wirkung:** Wirks Widerspr ist Voraussetzg für Anspr auf Fortsetzg (Anm 6a) u verhindert die Beendigg des MietVerh, wenn es dch Vertr (Anm 6e) od Urt (Anm 7c) fortges w. Bis dahin ist die Künd schwebend unwirks; wird das MietVerh nicht fortges, beendet sie es nach dem vertragsgem Ztpkt. Im Widerspr allein kann noch nicht ein Angeb zur Einigg (Arm 6e) gesehen w (aA LG Mannh DWW 76, 88). **f) Auskunft über Gründe** ist auf Verlangen des Verm eine Obliegenh (keine Pflicht) des Mieters (Abs V S 2), deren Verletzg zu ungünstiger Kosten-Entsch führen kann (§ 93b II ZPO), Angabe der Gründe im WidersprSchreiben ist wg § 93b ZPO stets zu empfehlen.

6) Anspruch auf Fortsetzung (Abs I). **a) Voraussetzung** ist, außer dem wirks, nicht notw rechtzeit Widerspr (Anm 5), daß die vertragsmäß Beendigg des MietVerh (dh die dch Zeitablauf, §§ 564 I, 556b od zu dem aus der Künd sich ergebenden Ztpkt) für den Mieter od seine Fam (Angeh die mit dem Mieter zus wohnen, kein bestimmter Grad von Verwandtsch od Schwägersch erforderl, Holtgrave AbbauG 297) eine nicht zu rechtf Härte bedeutet; dabei sind die berecht Interessen des Verm zu würd; daher **Interessenabwägung:** Hierbei sind die Interessen von Verm u Mieter gleichwertig (vgl Anm 1c) zu berücks; SondRegelg in §§ 556 b, 565 a, 565 d zu beachten. Die Interessen Dr bleiben außer Betr (BayObLG NJW 72, 685). Die Grde müssen stets dch Angabe konkreter Tats dargelegt w (LG Hbg MDR 73, 1022). **aa) Für den Mieter:** In erster Linie ist, im G dch Abs I 2 herausgestellt, das Fehlen von angem ErsWoRaum zu (wirtsch u persönl) zumutb Bedinggen zu berücksicht, insb: notf höherer Mietzins bis zum ortsübl, tragb im Rahmen des GesamtEink der Fam, einschließl Wohngeld; Lage in der zum ständ ArbPlatz, Schule u Wohng der Pers, sofern dch bes Umst erforderl (zB Pflege, Aufs von Kindern Berufstätiger). Ab Künd ist der Mieter verpfl, sich um derart ErsWohng zu bemühen (vgl Schmidt-Futterer NJW 71, 1829). Diese Bemühgen beschr sich aber auf eine angem ErsWo, deren MietPr idR nicht über 25 % des FamNetto-Eink liegen sollte. Ferner ist zu berücks: Notw Umschulg von Kindern in ungünst Ztpkt (zB vor Schulabschluß); größere Kinderzahl, vorgeschrittene Schwangersch; Erkrankg; SchwBeschEigensch; hohes Alter, aber nicht für sich allein ausreich (hierzu Schmidt-Futterer NJW 71, 731 u Karlsr NJW 70, 1746); keinesf muß sich der Mieter auf Unterbringg in einem Altersheim verweisen lassen (Karlsr aaO). Verwurzelg insb alter Leute in Haus u Wohngegend (LG Wuppertal WM 70, 133); vom Verm verlangte od geduldete erhebl Aufwendg für die Wo, insb, wenn der Mieter hierzu nicht verpfl war (Karlsr ZMR 71, 221). Gewährtes MieterDarl (Graba WM 70, 129); notw doppelter Umzug innerh kurzer Zeit; erhebl Härte für den Mieter bei Möglk der Künd anderer Mieter im selben Haus ohne relevante Härte (AG Krefeld NJW 78, 1265). **Nicht** zu berücks: lange Dauer des MietVerh, weil schon für die KündFr (§ 565) maßg u wg Mietpreisbindg oft Vorteil für Mieter darstellt; Instandsetzgsaufwendgen u ähnl MieterLeistgen, wenn sie schon abgewohnt sind (LG Düss WM 71, 98). Die notw mit Umzug verbundenen Nachteile; Einnahmequelle dch Untervermietg (BayObLG NJW 70, 1749); ob die vom Verm aufgestellten Voraussetzgen für eine Verlängerg des MietVerh (insb erhöhte Miete) eine Härte bedeuten (LG Brschw ZMR 70, 112). **bb) Für den Vermieter:** Eigenbedarf, auch für nahe Verwandte (Weimar WM 68, 427) u ArbN; Erf öff Interessen dch Gemeinde, die den WoRaum anderweit benöt (BayObLG NJW 72, 685); unverschuldete persönl Spanngen, insb Streit mit dem Mieter od einem seiner FamAngeh; wiederh unpünktl Mietzahlg; Möglichk, höheren Mietpreis zu erlangen (dann aber Forts mit and Mietpr mögl, Anm c); Verbesserg der Verhandlgsposition bei VerkVerhandlgen, die dch bestehende MietVertr beeinträcht w (Karlsr ZMR 71, 221). Öff Interessen bei städtebaul Sanierg, vorausgesetzt, daß der WoRaum beseit w soll u angem ErsWoRaum zu zumutb Bedinggen zur Vfg gestellt w (§ 26 StädteBFG). **Nicht** zu berücks, daß RäumgsFr (§ 721 ZPO) mögl ist (Stgt NJW 69, 240; Oldbg ZMR 70, 329), weil Abs I allein auf die vertragsgem Beendigg abstellt; daß Verm einem und Mieter die Wo (ohne rechtl Bindg) zugesagt hat u der widerspr Mieter selbst WoWechsel erstrebt (Karlsr NJW 70, 1746); Interesse Dr, die den WoRaum erlangen wollen (BayObLG NJW 72, 685). **cc) Ausgeschlossene Gründe:** (Abs I 3). Der Mieter (Anm aa) kann alle für ihn günst Umst im Proz bis zum Schluß der mdl Vhdlg vorbringen (§ 278 ZPO), der Verm nur solche, die er im KündSchreiben benannt hat (§ 564a I 2) od solche, die erst danach entstanden (dh tats eingetreten) sind; bei mehraktigen od zushängden Umst kommt es idR auf den abschließenden Vorgang an. BewLast für nachträgl Entstehen: Verm. Kenntn od schuldl Unkenntn der tats Umst ist unerhebl; hierin läßt der GWortlaut keine and Ausslegg zu. Erfährt der Verm solche Grde später, muß er ggf erneut künd. Die Einschränkg des I 3 gilt für den § 26 StädteBFG nicht, da insow eine SondRegelg vorliegt. **b) Dauer:** Grdsätzl ist das MietVerh auf best Zeit zu verlängern (Abs III S 1), entw dch Vertr (Anm e) od dch Urt (Anm 7). Das MietVerh darf nur für den ZtRaum verlängert w, für den (zunächst voraussichtl) die härtebegründden Umst bestehen. Da es ÜbergRegelg sein soll, ist im allg nicht um mehr als 3 Jahre zu verlängern; MindZeit nicht vorgeschrieben, aber unter 6 Monaten kaum sinnvoll. Mögl RäumgsFr (§ 721 ZPO) bleibt dabei unberücks (Anm a bb). Ausnahmsw Fortsetzg des MietVerh auf unbestimmte Zeit (nicht auf Lebenszeit des Mieters), wenn ungewiß ist, wann die Härtegründe wegfallen; insb wenn ErsatzWoRaum fehlt (Stgt NJW 69, 1070); aber nicht dann, wenn der Mieter selbst WoWechsel anstrebt (Karlsr NJW 70, 1746). Gg die zum nächsten Termin gem § 565 mögl Künd ist der Mieter dch § 556c II geschützt. **c)** **Vertragsänderg** (II S 1) dch Einigg (Anm e) oder Urt (Anm 7). Betrifft insb die Höhe der Miete. Insow gelt II als SpezVorschr dem MHRG vor (LG Mannh WM 75, 213). Unzumutb ist für den Verm ein erhebl (nicht ein nur geringfügiger) Unterschied zur ortsübl Miete. Als sonstige Ändergen sind zB mögl: Kaution od deren Höhe, Aufhebg des MietVerh für abtrennb Teile (aA Roquette 401) od für eine von mehreren Wohngen. **d)** **Ausgeschlossen** ist der Anspr (Abs IV): **aa)** Bei Künd des Mieters (Abs IV Nr 1); an sich selbstverständl (vgl Anm 2c), aber auch für den Fall gedacht, daß Künd des Miet dch der Verm zustrifft. **bb)** Wenn obj ein Grund vorliegt, der eine außerord Künd rechtf (Abs IV Nr 2; §§ 553, 554, 554a), der Verm aber ord u nicht fristlos gekünd hat. Bei außerord Künd ist § 556a sowieso unanwendb (Anm 2c). **cc)** Auf Einr (vgl Anm 5 d) des Verm, wenn der Mieter die WiderprFr versäumt hat (Abs VI). **e)** **Einigung** (Vertrag) der VertrParteien (Abs I) über Fortsetzg des MietVerh auf best Zeit oder unbest Dauer u über VertrÄndg (Anm c) geht zu einem Ztpkt der gerichtl Entsch (Anm 7) vor. Es handelt sich dabei um eine gem § 305 dch Vertr geschehde Inhaltsänderg des alten MietVertr, dessen Identität gewahrt bleibt (Roquette 394); es w also kein neuer MietVertr geschlossen.

7) **Prozessuales.** Über RäumgsAnspr (§ 556) u über FortsetzgsAnspr (§§ 556a-c) w im UrtVerf entschieden; einstw Verfügg ist für Räumg von WoRaum nur bei verbotener Eigenmacht zul (§ 940a ZPO). Zust ist sachl u örtl ausschließl das AG, in dessen Bezirk der WoRaum liegt (§ 29a ZPO, § 23 Nr 2a GVG). **a)** **Klage**: idR w Verm auf Räumg (ggf künft gem § 259 ZPO) klagen; Mieter muß, um Anspr auf Fortsetzg (Anm 6) geltd zu machen, nur Tats hierfür vortragen, Widerkl (od GgAntrag wg § 308a ZPO nicht notw, auch wenn auf unbest Zeit verlängert w soll (aA zu BTDrucks V/2317 S 2; Weimar WPM 68, 427); denn § 308a ZPO dockt seinem Zweck nach auch die unbest Dauer, ist auch da erst sinnvoll, weil der Dauer in Weniger iS des § 308 ZPO darstellen würde. Der Mieter kann stets von sich aus auf Fortsetzg des MietVerh klagen (GestaltgsKl, Pergande NJW 64, 1934; Erm-Schopp Rdnr 5); Verm kann dagg Widerkl auf Räumg erheben. Die Kl auf künft Räumg (§ 259 ZPO) ist schon vor Ablauf der WidersprFr zul (LG Bonn NJW 71, 433). **b)** **Beweislast**: Verm: für KündGründe mit Abs IV Nr 2, für seine Interessen (Anm 6a, bb). Mieter: für seine Interessen (Anm 6a, aa). **c)** **Urteil**: Maßg sind die Tats Verhältnisse zZ der letzten mdl Verhandlg. W auf Räumg erkannt u hat der Mieter nicht Widerkl erhoben, w der FortsetzgsAnspr nur in den EntschGründen verneint. W die RäumgsKl abgewiesen, so w in demselben Urt Fortsetzg des MietVerh, ggf Umfang u Ztpkt der VertrÄnderg in der UrtFormel, auch ohne Widerkl (§ 308a ZPO) ausgespr (insow GestaltgsUrt, allg M, Roquette 397). Im EntschUrt kann RäumgsFr (§ 721 ZPO) von 1 Jahr gewährt w. Wg VersäumnUrt vgl Hoffmann MDR 65, 170. **d)** **Kosten**: Speziell in § 93b ZPO geregelt; rechtzeit Angabe der Gründe (Abs V S 2), ggf sof Anerkenntn führt uU zu günst, unterlassene od verspätete Angabe zu nachteil KostenEntsch. **e)** **Rechtsmittel**: In der Haupts; Berufg, §§ 511, 308a II ZPO; bei RäumgsFr: Selbstd mit sof Beschw anfechtb (§ 721 VI ZPO); Kosten: Selbstd nur bei AnerkUrt (§§ 99 II, 93b III ZPO). BerufgsUrt u BeschwEntsch des LG ist unanfechtb (§§ 545 I, 721 VI ZPO). Bei der Berufg muß das LG aber dch VorlageBeschl einen REntscheid des OLG herbeiführen (Art III 3. MietRÄndG), wenn es bei Entsch einer Rechtsfrage aus §§ 556a-556c von einer Entsch des BGH od eines OLG abweichen will od eine grdsätzl Rechtsfrage dch REntscheid noch nicht entsch ist. Das OLG hat dem BGH vorzulegen, wenn es von einer Entsch des BGH od eines u OLG abweichen will. Ob die RFrage von grdsätzl Bedeutg ist u ob sie entscheidgserhebl sein kann, prüft das OLG vAw (BayObLG NJW 72, 685). Das LG ist in seinem BerufgsUrt an den Rechtsentscheid gebunden. **f)** **Rechtskraft**: Gestaltgswirkg des Urt (Fortsetzg u VertrÄnderg, Anm 6 b) tritt erst mit formeller Rechtskr ein, aber rückwirkd auf den best Ztpkt der VertrÄnderg. **g)** **Zwangsvollstreckung**: Bei RäumgsUrt nicht vor Ablauf der RäumgsFr (§§ 721, 751 I ZPO). VollstrSchutz: § 765 a ZPO mögl.

556b *Sozialklausel bei befristetem Mietverhältnis.* ^I Ist ein Mietverhältnis über Wohnraum auf bestimmte Zeit eingegangen, so kann der Mieter die Fortsetzung des Mietverhältnisses verlangen, wenn sie auf Grund des § 556a im Falle einer Kündigung verlangt werden könnte. Im übrigen gilt § 556a sinngemäß.

^{II} Hat der Mieter die Umstände, welche das Interesse des Vermieters an der fristgemäßen Rückgabe des Wohnraums begründen, bei Abschluß des Mietvertrages gekannt, so sind zugunsten des Mieters nur Umstände zu berücksichtigen, die nachträglich eingetreten sind.

1) Allgemeines. a) Inkrafttreten: Dch 1. MietRÄndG eingefügt; vgl Einf 12b vor § 535. **b) Zweck**: Ausdehg des Schutzes der SozKlausel (§ 556a) auf befristete MietVerh. **c) Anwendungsbereich**: Befristete MietVerh: wie § 564 Anm 2; iü wie § 556a Anm 2 a, b. Bei VerlängergsKlausel gilt § 556a unmittelb (§ 556a Anm 2a); Abs II bleibt anwendb. Auch MietVerh, die gem § 5 II HausratVO befristet begründet w sind (BayObLG NJW 73, 2295). Ablauf der Mietzeit (§ 564 I). Bei außerord Künd gilt § 556a direkt.

2) Wirkung. a) Anwendung von § 556a. Sinngem (I 2) bedeutet: Der Künd (§ 556a Anm 4) entspr der Zeitablauf (§ 564 I). Widerspr (gg den Ablauf des MietVerh) u FortsetzgsVerlangen: wie § 556a Anm 5. Anspr auf Fortsetzg: wie § 556a Anm 6. **b) Besonderheit für Interessenabwägung** (II; vgl § 556a Anm 6a). Voraussetzg: Pos Kenntn des Mieters v den Tats, die das Interesse des Verm an rechtzeit Rückg zum Ztpkt des FrAblaufs begründen (vgl die Bsp bei § 556a Anm 6a, bb). Kenntn muß zu der Zeit bestanden haben, als die Befristg vereinb w. Ausdrückl vorgesehen in MMV 4 I. Wirkg: Der Mieter ist bei seinen Grden (§ 556a Anm 6a, bb) beschränkt. Nachträgl eingetreten: bezieht sich nur auf Tats. Bei einer VerlängergsKl (vgl § 565 Anm 2c) gilt Abs II nur für die erste KündMöglk.

556c **Wiederholte Anwendung der Sozialklausel.** I Ist auf Grund der §§ 556a, 556b durch Einigung oder Urteil bestimmt worden, daß das Mietverhältnis auf bestimmte Zeit fortgesetzt wird, so kann der Mieter dessen weitere Fortsetzung nach diesen Vorschriften nur verlangen, wenn dies durch eine wesentliche Änderung der Umstände gerechtfertigt ist oder wenn Umstände nicht eingetreten sind, deren vorgesehener Eintritt für die Zeitdauer der Fortsetzung bestimmend gewesen war.

II Kündigt der Vermieter ein Mietverhältnis, dessen Fortsetzung auf unbestimmte Zeit durch Urteil bestimmt worden ist, so kann der Mieter der Kündigung widersprechen und vom Vermieter verlangen, das Mietverhältnis auf unbestimmte Zeit fortzusetzen. Haben sich Umstände, die für die Fortsetzung bestimmend gewesen waren, verändert, so kann der Mieter eine Fortsetzung des Mietverhältnisses nur nach § 556a verlangen; unerhebliche Veränderungen bleiben außer Betracht.

1) Allgemeines. a) Fassung: Eingef dch 2. MietRÄndG, neu gefaßt dch 3. MietRÄndG (Abs I geänd, Abs II neu). **b) Inkrafttreten:** Einf 12b vor § 535. **c) Zweck:** ergänzt § 556a dahin, daß die Zulässigk (auch mehrmals) wiederholter Fortsetzg des MietVerh wg veränd od unerwartet gleichgebliebener Umstände klargestellt w u die Voraussetzg hierfür geregelt w. Als Ergänzg des § 556a ist § 556c wg § 556a VII nicht zuungunsten des Mieters abdingb (Roquette 415). **d) Anwendungsbereich:** wie § 556a Anm 2; für Abs I (Anm 2), wenn dch Einigg (§ 556a Anm 6e) od dch Urt (§ 556a Anm 7c) das MietVerh fortges worden ist. Fortsetzg kann mehrmals wiederholt w (Voelskow Betr **68**, 120). **e) Einschränkung:** Umst, die wie bei § 162 gg Treu u Glauben verhindert od herbeigeführt w, bleiben unberücks (S 4 zu BTDrucks V 2317).

2) Bestimmte Dauer des fortges MietVerh (Abs I). **a) Voraussetzungen: aa)** Ablauf des MietVerh dch Eintritt des best Endtermins. **bb)** Erneuter Widerspr wie bei § 556a (dort Anm 5). **cc)** Wesentl Änderg der Umst, die für die Verlängerg od ihre Dauer bestimmd waren. Es genügt, wenn sie vorlagen, aber nicht ausdrückl berücks wurden, wie insb bei einer Einigg. Eine unwesentl Änderg reicht nicht aus. Bei der erforderl neuen Interessenabwägg (§ 556a Anm 6e) sind die gesamten neuen tats Verhältnisse (zZ der Einigg od beim Urt wie § 556a Anm 7c), also auch die Umst, die für den Verm wirken, zu berücks. **dd)** Nichteintritt best Umst (alternativ zu cc): ihr Eintritt mußte erwartet w u für die Dauer der Verlängerg bestimmd sein (zB voraussichtl Aufn in ein Altersheim). Hier w nur diese, keine und Umst berücks. **b) Wirkung:** Verlängg (ggf unter VertrÄnd, § 556a Anm 6c) grdsätzl auf best Zeit, ausnahmsw nach § 556a III S 2 auch auf unbest Dauer.

3) Unbestimmte Dauer des fortges MietVerh (Abs II). Es kann vom Verm jederzeit erneut fristgem nach § 565 künd w. War auf Grund Einigg (§ 556a Anm 6e) fortges w, so gilt für die neue Künd § 556a. Nur wenn dch Urt fortges w, gilt Abs II. Neuer Widerspr (§ 556a Anm 5) ist stets notw, im Falle des S 1 (Anm a) aber form- u fristfrei, weil nicht auf § 556a verwiesen ist. **a) Unveränderte Umstände** (S 1): unerhebl Veränderg steht gleich (S 2 letzter Halbs). Es kommt nur auf die (aber auch alle) Umst an, die für die Fortsetzg des MietVerh bestimmd waren. Mieter muß nur behaupten, daß Umst unveränd sind. Es findet keine neue Interessenabwägg statt. Fortsetzg des MietVerh stets auf unbest Zeit, wenn Verm nicht Veränderg des Umst beweist. **b) Veränderte Umstände** (S 2): nur bei erhebl Veränderg (letzter Halbs) der Umst (vgl Anm aa). Beweislast trägt Verm, auch für Umst auf Seiten des Mieters (Pergande NJW **68**, 130). Völlig neue Interessenabwägg gem § 556a Anm 6a. Fortsetzg auf best od unbest Zeit, uU mit VertrÄnd, mögl, ebenso daß Fortsetzg abgelehnt w.

557 **Ansprüche bei verspäteter Rückgabe.** I Gibt der Mieter die gemietete Sache nach der Beendigung des Mietverhältnisses nicht zurück, so kann der Vermieter für die Dauer der Vorenthaltung als Entschädigung den vereinbarten Mietzins verlangen; bei einem Mietverhältnis über Räume kann er anstelle dessen als Entschädigung den Mietzins verlangen, der für vergleichbare Räume ortsüblich ist. Die Geltendmachung eines weiteren Schadens ist nicht ausgeschlossen.

II Der Vermieter von Wohnraum kann jedoch einen weiteren Schaden nur geltend machen, wenn die Rückgabe infolge von Umständen unterblieben ist, die der Mieter zu vertreten hat; der Schaden ist nur insoweit zu ersetzen, als den Umständen nach die Billigkeit eine Schadloshaltung erfordert. Dies gilt nicht, wenn der Mieter gekündigt hat.

III Wird dem Mieter von Wohnraum nach § 721 oder § 794a der Zivilprozeßordnung eine Räumungsfrist gewährt, so ist er für die Zeit von der Beendigung des Mietverhältnisses bis zum Ablauf der Räumungsfrist zum Ersatz eines weiteren Schadens nicht verpflichtet.

IV Eine Vereinbarung, die zum Nachteil des Mieters von den Absätzen 2 oder 3 abweicht, ist unwirksam.

1) Allgemeines. a) Fassung: Abs I S 1 ist dch das 3. MietRÄndG neu gefaßt, indem der 2. Halbs angef wurde; Abs II–IV wurden dch das 2. MietRÄndG eingef. **b) Inkrafttreten:** Einf 12b vor § 535. **c) Zweck:** § 557 regelt die Anspr des Verm für die Zeit nach Beendigg des MietVerh bis die Mietsache gem § 556 I zurückgegeben w. SchadErsAnspr des Verm schränken die Abs II–IV bei Wohnraum aus soz Gründen ein, sollen aber dem Mieter nicht ungerechtf Vorteile verschaffen; hierfür Abs I S 1 Halbs 2. **d) Unabdingbarkeit** (Abs IV): bezieht sich nur auf Vereinbg gg Abs II–IV. **e) Verjährung** der Anspr aus § 557 nach § 197, also 4 Jahre (hM). Diese Fr gilt auch für den konkurrierden Anspr gem Anm 5 a u SchadErsAnspr aus Verz gem § 286 (BGH NJW **77** 1335; aA bis 36. Aufl). **f) Fälligkeit** der NutzgsEntschädigg (Anm 3): grdsätzl wie für den Mietzins (BGH NJW **74**, 556; vgl § 551).

2) Anwendungsbereich. a) Mietverhältnisse: § 557 gilt allg nur, wenn ein MietVerh (auch Untermiete) beendet ist u RückgabePfl (§ 556 I) nicht erfüllt w; daher nicht im Verh Verm zu Untermieter (Weimar ZMR 68, 3), Verm zu Eheg des Mieters (Hoffmann NJW 68, 2327), u bei Einweisg dch Obdachlosenbehörde (hM, Adler NJW 63, 717). Bei Pacht gilt § 597. **b) Wohnraum** jeder Art (auch möblierter, nur vorübergeh überlassener). Es gelten Abs I S 1, Abs II–IV; Abs II gilt nicht, wenn der Mieter gekünd hat (S 2). **c) Sonstige Räume,** insb Geschäftsräume u Garagen, Einf 7 vor § 535; es gilt nur Abs I, aber in vollem Umfang. **d) Grundstücke und bewegliche Sachen:** Es gilt nur Abs I S 1, 1. Halbs u S 2.

3) Nutzungsentschädigung (Abs I S 1). Darauf hat Verm immer Anspr, solange ihm die Mietsache vorenthalten w, ab Beendigg des MietVerh dch Zeitablauf, Künd od Aufhebg bis zur Rückgabe gem § 556 I. Es ist ein SchadErsAnspr, dessen Umfang in Abs I bes festgelegt ist. **a) Voraussetzungen:** Nicht-Erf od verspätete Erf der RückgabePfl (§ 556 I, bei Grdstücken u Räumen auch die Räumg unter Enterng der Sachen des Mieters) gg den Willen des Verm (BGH NJW 60, 909), also auch wenn RäumgsFr (§§ 721, 794a ZPO) gewährt w. Ein ZbR (§ 273) schließt den Anspr des Verm nicht aus, wenn der Mieter die Sache wie bisher weitergebraucht (BGH NJW 75, 1773 = JR 76, 21 m Anm v Haase). Fällig: wie die Miete (Erm-Schopp 3). Kein Anspr des Verm, wenn er sein PfandR gem § 561 ausübt u Sachen des Mieters in den Mieträumen läßt (Soergel-Mezger 10). Versch des Mieters ist nicht erforderl (Roquette MDR 54, 419), auch nicht Schaden des Verm. Ausgeschl ist der Anspr (rechtshindernde Einwendg), wenn die Rückg schon vor Beendigg des MietVerh unmögl gew ist; zB Untergang der Mietsache, Besitzverlust; es gelten §§ 275, 280, insb wenn die (auch teilw) Unmöglichk der Rückg auf Untervermietg beruht; hier gilt im Verh Verm-Hauptmieter § 254, da Verm gem § 556 III vorgehen kann (Erm-Schopp 2 mwN). **b) Umfang:** mind der zZ Beendigg des MietVerh vereinb, ggf gem § 537 gemind Mietzins (BGH NJW 61, 916); VertrPartner können and Höhe vereinb; jedoch bleiben Wertsichergsklauseln unberücks. Bei Räumen (Wohn-, Geschäftsraum usw) kann Verm wahlw statt vereinb Mietzins den ortsübl verlangen (Abs I S 1, Halbs 2; hierzu Weimar MDR 70, 18; Häring BlGBW 70, 221), auch wenn die Voraussetzg der Abs II u III vorliegen, also auch bei RäumgsFr (Pergande NJW 68, 132), aber nur für die Zukunft, wenn er Zahlg in Höhe der bisherigen Miete vorbehaltl angen hat (Roquette Rdnr 14). Zeitraum: grdsätzl bis zum Tag der Rückg; geschieht sie zur Unzeit bis zum Schluß der Mietzinsberechnungsperiode (Schmidt-Futterer ZMR 68, 161). Bei SozWo darf der Verm nicht mehr verlangen, als die nach dem WoBindG zul gebundene Miete (LG Mannh ZMR 71, 104). **c) Erlöschen** des Anspr: Außer nach allg Grds (insb Erfüllg, § 362) mit Rückg gem § 556 I, auch wenn die Miets veränd, insb mit Einrichtgen versehen od beschäd ist (Hbg ZMR 77, 302); ferner dch Unmöglichk der Rückg (Rechtsfolgen: §§ 275, 280) inf Untergangs der Mietsache od Besitzverlusts (RG 99, 230). BewLast trägt der Mieter (Schopp ZMR 77, 354). Aufrechnungsverbote, soweit sie zul für den Mietzins vereinb w (vgl § 552a), gelten auch für Anspr auf NutzgsEntsch (Stgt NJW 56, 914). **d) Sicherung:** VermPfR mit der Beschrkg des § 559 S 2 (BGH NJW 72, 71).

4) Weitergehender Schadensersatz setzt als AnsprGrdlage idR § 286 voraus; aber auch pos VertrVerletzg mögl (Schmidt-Futterer NJW 62, 472); daher stets Versch (§§ 276, 278) erforderl § 285: § 276 Anm 7a) § 557 betr nur den Schaden der dch Vorenthaltg der Mietsache entsteht. Wg AnsprKonkurrenz vgl Anm 5. **a) Unbeschränkt** (es gelten §§ 249–252) bei bewegl Sachen, Grdstücken u sonstigen Räumen (Anm 2c), bei Wohnraum nur, wenn der Mieter gekünd hat (Abs II S 2). Schaden: insb, daß der Verm bei and Vermietg höheren Mietzins erlangen könnte; der Mietausfall, weil der Verm wg verspäteter Rückg nicht sof einen neuen Mieter findet (KG NJW 70, 951); bei Eigenbedarf die Mehrkosten u sonstigen Aufwendgen. **b) Beschränkt** (Abs II) bei WoRaum, wenn nicht der Mieter gekünd hat (S 2) u nicht Abs III (Anm c) eingreift, aber nur bei Versch (§§ 276, 278) des Mieters (S 1, Halbs 1); das kann auch nur für einen Teil der Zeit vorliegen; im übr setzen die AnsprGrdlagen sowieso Versch voraus (vgl aber Anm 5). Unverschuldet unterbl die Rückg insb, wenn der Mieter ErsatzWoRaum nicht zu zumutb finanziellen Bedingg bekommen kann, auch bei Erkrankg, die Umzug unmögl macht; Versuch, die Fortsetzg (§ 556c) zu erlangen, ist nicht erforderl. Umfang: S 1 Halbs 2; für Billigk sind alle Umst zu berücks; wg Abs I S 1, Halbs 2 kaum noch prakt bedeuts, da nach Billigk nur selten mehr als ortsübl Mietzins zuzusprechen ist. **c) Ausgeschlossen** bei WoRaum, wenn Mieter unverschuldet nicht zurückgibt (Abs II S 1, Anm b), u bei RäumgsFr (Abs III); dann für den gesamten Zeitraum von Beendigg bis zum Ablauf der ggf verlängerten RäumgsFr; nach deren Ablauf gilt Anm b. Abs III gilt auch, wenn der Mieter gekünd hat. Bei VollstrSchutz (§ 765a ZPO) gilt Abs III nicht, sond nur Abs II (also Anm b). Abs III gilt auch nicht entspr, wenn der Verm die RäumgsFr gewährt; jedoch k dann der Verz u § 286 ausgeschl.

5) Anspruchskonkurrenz, soweit Anspr aus unterbliebener Rückg der Mietsache erwachsen (vgl Rüber NJW 68, 1611). **a) Ungerechtfertigte Bereicherung:** ist nicht ausgeschl (BGH 44, 241 für aF); auch nicht dch Abs II, III, weil kein SchadErsAnspr. Der Anspr kann im Einzelfall weiter reichen als die aus Anm 3, 4, zB bei gewinnbringer Untervermietg. **b) Eigentümer-Besitzer-Verhältnis:** Die Anwendbark der §§ 987 ff ist umstr (vgl 1d, cc vor § 987), bejaht von BGH NJW 68, 197 u WPM 74, 260 [ab RHängk über § 292 II]; Staud-Berg 6 vor § 987; Erm-Schopp 2; LG Saarbr NJW 65, 1966; Knappmann NJW 66, 252; verneint von Raiser JZ 61, 531 mwN; Roquette NJW 65, 1967. Richtig wird sein, die §§ 987 ff nicht anzuwenden, weil § 557 ggü §§ 987 ff eine auf VertrVerh beruhde Sonderregelg trifft, soweit es sich um Anspr wg verspäteter Rückg handelt. Für WoRaumMietVerh w dieses Ergebn aus Abs IV abgeleitet (Pergande 11; LG Mannh NJW 70, 1881 mwN).

557a Rückerstattung vorausbezahlter Miete.

I Ist der Mietzins für eine Zeit nach der Beendigung des Mietverhältnisses im voraus entrichtet, so hat ihn der Vermieter nach Maßgabe des § 347 oder, wenn die Beendigung wegen eines Umstandes erfolgt, den er nicht zu vertreten hat, nach den Vorschriften über die Herausgabe einer ungerechtfertigten Bereicherung zurückzuerstatten.

§§ 557a, 558

II **Bei einem Mietverhältnis über Wohnraum ist eine zum Nachteil des Mieters abweichende Vereinbarung unwirksam.**

1) Allgemeines. a) Geltung: Ist dch 2. MietRÄndG eingef. Inkrafttreten: Einf 12 b vor § 535. **b) Abdingbarkeit**: Bei MietVerh über WoRaum (Einf 8 vor § 535) ist Abs I zwingd (II), auch ggü einem künft Ersteher in der ZwVerst (BGH **53**, 35). Bei allen and MietVerh kann Abs I abbedungen w. **c) Andere Ansprüche**: Der von der Vorausentrichtg nicht erfaßte Teil des Mietzinses bleibt bis zur Beendigg des MietVerh bleibt unberührt. Ands kann dem Mieter gg den Verm ein SchadErsAnspr (insb aus § 280) zustehen, wenn eine vereinb Vorauszahlg (vgl §§ 573, 574) insb wg Veräußerg unwirks w (BGH NJW **66**, 1703). **d) Fälligkeit**: Grdsätzl bei Beendigg des MietVerh. Kann nicht hinausgeschoben w, wenn ein MieterDarl nicht od nur niedr verzinst w (BGH NJW **71**, 1658; LG Kassel WM **75**, 172).

2) Anwendungsbereich. Gilt nicht bei Pacht (Celle MDR **78**, 492). **a) Beendigung** des MietVerh gleich welcher Art (vgl § 564) insb auch vertragl Aufhebg, Künd des KonkVerw (§ 19 KO), des Erstehers in der ZwVerst (§ 57a ZVG). **b) Vorausentrichtung**: Mietvorauszahlg (Einf 11b, cc vor § 535), abwohnb BaukZusch (Einf 11 b, bb vor § 535) u MieterDarl (Einf 11 b, dd vor § 535; BGH NJW **71**, 1658), insb, wenn die Tilgg dch den Verm erfolgt, indem die Rückzahlgsraten mit der Miete verrechnet w (BGH NJW **70**, 1124); ferner für VerwendgsErsAnspr, wenn er vertrgem wie eine Mietvorauszahlg behandelt w (BGH **54**, 347). Vgl im übr Einf 11 vor § 535.

3) Rückerstattungsanspruch (zufassd Schopp ZMR **69**, 161). **a) Rechtsnatur**: stets ein vertragl Anspr, kein BereicherngsAnspr (§ 812), weil Abs I letzter HS keine RGrdVerweisg, sond eine RFolgeverweisg darstellt (BGH **54**, 347; Wunner NJW **66**, 2285). **b) Rücktrittshaftung**: gem § 347 (insb auch Verzinsg) besteht grdsätzl; sie ist strenger als die nach Anm c. **c) Bereicherungshaftung**: sie besteht nur, wenn Verm die Beendigg nicht zu vertreten hat (§§ 276, 278). Versch des Mieters beseit den Anspr nicht (BGH BB **67**, 733). **Umfang**: §§ 818, 819; entscheid ist, ob die empfangene Vorauszahlg wirtsch noch im Vermögen des Verm ist (BGH **54**, 347). Der Betr ist auf einmal, nicht in Raten zu zahlen (Ffm ZMR **70**, 181). **d) Mietnachfolger**: zahlt er bei sog Nachfolgeklausel den nicht abgewohnten Teil an den Vormieter, so kann er seiner bei vorzeit Beendigg des MietVerh den noch nicht verbrauchten Teil vom Verm fordern (BGH NJW **66**, 1705). **e) Verjährung**: nach allg Vorschr (§§ 195, 198), nicht nach § 558 (BGH **54**, 347).

558 Verjährung von Ersatzansprüchen.

I **Die Ersatzansprüche des Vermieters wegen Veränderungen oder Verschlechterungen der vermieteten Sache sowie die Ansprüche des Mieters auf Ersatz von Verwendungen oder auf Gestattung der Wegnahme einer Einrichtung verjähren in sechs Monaten.**

II **Die Verjährung der Ersatzansprüche des Vermieters beginnt mit dem Zeitpunkt, in welchem er die Sache zurückerhält, die Verjährung der Ansprüche des Mieters beginnt mit der Beendigung des Mietverhältnisses.**

III **Mit der Verjährung des Anspruchs des Vermieters auf Rückgabe der Sache verjähren auch die Ersatzansprüche des Vermieters.**

1) Allgemeines. Zur Abgrenzg v and VerjVorschr für Anspr aus dem MietR: Oske ZMR **75**, 193. **a) Zweck**: Es soll die rasche Abwicklg von NebenAnspr aus dem MietVerh ermögl w. **b) Verjährungsvorschriften** des Allg Teils (§§ 194–225) gelten auch für die Verj aller (auch nicht unter § 558 fallder) Anspr aus dem MietVerh, soweit § 558 nicht für die Dauer (I), den Beginn (II) u den Ablauf (III) Sonderregeln enthält. Auch für diese Verj, die dem § 558 unterliegt, gelten für die §§ 194 ff. Die Fristen w nach den §§ 186 ff berechnet. Hingg ist § 477 II (Unterbrechg dch BewSicherg) nicht anwendb (LG Köln MDR **69**, 315). **c) Abdingbarkeit**: Es gilt § 225; daher ist eine unmittelb FrVerlängerg, zB dch vereinb VerjBeginn best Zt nach dem Auszug (LG Karlsr NJW **76**, 1945) unzul u nichtig (Ffm NJW **71**, 1754), eine Verkürzg mögl u wirks. Der Beginn der Verj kann dch Vertr auf einen späteren Ztpkt als in II gelegt w (BGH **LM** Nr 3/4), indem die Fälligk hinausgeschoben w.

2) Anwendungsbereich. Miet-, Pacht- (§ 581 II) u LeihVerh (§ 606). **a) Personenkreis**: neben den VertrPart auch die HilfsPers des Mieters, auch wie sie in den Schutzbereich des MietVertr (§ 328 Anm 2b, 3a, ii) einbezogen sind (BGH **49**, 278), insb wenn ihnen entspr dem MietVertr der MietGebr übertr ist, ohne Rücks darauf, ob ihnen für Schäd ein FreistellgsAnspr (vgl § 611 Anm 14b) zusteht (BGH **61**, 227) u auch wenn der Mieter übereinstimmd mit dem MietVertr einem WerkUntern die Miets zur Benutzg überl h (BGH NJW **76**, 1843). **b) Anspruchsgrund**: I umfaßt die SchadErsAnspr des Verm aus vertwidr Gebr (§ 548 Anm 3), aus übernommener InstandhaltgsPfl (vgl § 536 Anm 4 c; BGH NJW **65**, 151); insb wg unterl SchönhRep; aus Verletzg der Obhuts- u AnzPfl (§ 545 Anm 1 c u 3 a), allg aus pVV (§ 276 Anm 7), insb von NebenPfl (BGH aaO), zB vertrwidr unterl BrandVers (BGH NJW **64**, 545); Anspr des Verp aus §§ 582, 583, 586, 588, Anspr des Mieters aus § 538 II (BGH NJW **74**, 743) u §§ 547, 547 a, des Pächters außerdem aus §§ 592 u 593 II. Alle mit diesem vertr Anspr konkurrierden Anspr aus demselben SachVerh, weil es sich dabei um solche handelt, die dem Ausgl der Beteil für den Fall dienen, daß eine vertr Regelg fehlt. Daher muß der Anspr aus Miet-(Pacht-) Vertr bestehen, damit § 558 auch für diese Anspr gilt (BGH Betr **74**, 624), insb aus Eigt, Auftr, Geschfg oA, unerl Hdlg (BGH **47**, 53; auch bei Leihe, Schlesw NJW **74**, 1712), unger Ber; Kfz-Halter-Haftg (BGH NJW **73**, 2059), PensionsVertr eines Gastwirts (BGH WPM **78**, 733). Ebso wenn der Anspr abgetreten ist (BGH NJW **70**, 1736). Ferner für Anspr aus GebrÜberlassg im Rahmen sich anbahnder Vertr (vgl § 276 Anm 6), zB Probefahrt eines Kfz (BGH NJW **68**, 1472), nichtiger MietVertr wg Minderjährk des Mieters (BGH **47**, 53). Entstanden sein kann der Anspr des Verm auch nach Beendigg des MietVerh, Verj erst mit Rückg beginnt (BGH NJW **70**, 1282; Mü OLGZ **68**, 135; aA RG **142**, 258 [262]). Bei Anspr des Mieters gilt § 558 nur für Anspr, die vor Beendigg des MietVerh entstanden sind (hM; BGH WPM **68**, 437), weil hier die Verj schon mit Beendigg des MietVerh beginnt u vor Anspr-

Entsteh die Verj nicht beginnen kann (vgl RG JW **36**, 2305). **c) Gegenstand**: Alle BestandT u Zubeh der gemieteten Sache, einschl des Grdst selbst, bei Pacht insb das Inv. Auch BestandT, an denen der Mieter nur MitbenutzgsR hatte (zB Treppen, Hausflur), bei HausGrdst auch solche Teile, die überh nicht Ggst des MietVertr sind (RG **75**, 116), selbst wenn die Schäd daran überwiegen (BGH NJW **73**, 2059). Unter Veränd u Verschlechterg fällt nicht das Fehlen von Zubeh und InvStücken (BGH NJW **75**, 2103; aA Herminghausen Betr **70**, 1723 mwN u 35. Aufl.) **d) Unanwendbar** ist § 558 insb auf: Anspr des Verm aus §§ 550, 556, 557; auf Ers v SchönhRep (§ 536 Anm 4c), ebenso wenn der MietNachf ihn ausführen lassen u der an den Verm abgetreten hat (aA Düss NJW **73**, 1703 m abl Anm v Samberger); Anspr des Mieters aus §§ 538, 541a, 557a (BGH **54**, 347), aus § 812 wg vorzeit Aufg eines dch Aufbauleistgen erworbenen NutzgsR (BGH NJW **68**, 888). Anspr des Verp auf Rückzahlg einer unter Vorbeh zurückgegebenen Pachtkaution (RG **142**, 258); Anspr aus §§ 744 II, 748, auch wenn der Mieter MitEigter ist (BGH NJW **74**, 743; aA Köln NJW **73**, 148); Anspr aus § 22 WHG (LG Köln NJW **73**, 1708), RückFdgAnspr aus verminderter MieterLeistg, die unter § 30 I S 2 1.BMietG fallen (BGH WPM **78**, 227).

3) Verjährungsbeginn (II). **a) Ansprüche des Vermieters** (Verp): Sobald er die Sache zurückerhält, insb freien Zutritt zu ihr erlangt, weil er eher den Zust der Sache nicht prüfen kann (BGH NJW **68**, 2241); auch dann, wenn er vorher von der Veränd od Verschlechterg erfährt (Köln VersR **60**, 860). Die tats Rückg setzt die VerjFr auch dann in Lauf, wenn das MietVerh erst später endet (Celle ZMR **69**, 283). Besteht die Mietsache aus mehreren Teilen, beginnt die Verj erst mit Rückg des letzten Teils (Düss MDR **72**, 614). **b) Ansprüche des Mieters** (Pächters): Es kommt auf die rechtl (nicht tats) Beendigg des MietVerh an; bei Veräußerg des MietGrdst also trotz § 571 mit dem Eintritt des neuen Verm, da die Anspr, die schon vorher entstanden sind, sich nur gg den Veräußerer richten (vgl § 571 Anm 5a; BGH NJW **65**, 1225), aber nicht, bevor der Mieter v der Veräußerg Kenntn erlangt. Bei vereinb Fortsetzg des MietVerh beginnt die Verj nicht (RG **128**, 191), ebsowenig bei seiner Verlängerg nach §§ 556a, 556b. Verj währd der Mietzeit ist ausgeschl, da § 558 Spezialnorm ggü § 195 ist (hM; Krämer NJW **62**, 2301; aA Celle NJW **62**, 1918).

4) Verjährungseintritt. Berechng der 6-Monats-Fr: § 187, nach dessen I für Anspr des Verm wie des Mieters, weil der Rückerhalt wie die Beendigg ein Ereign darstellen (aA bis 36. Aufl), ferner gelten §§ 188 II, 193. Wirkg: § 222. Dch Abs III w der VerjEintritt wie für NebenAnspr (§ 224) an die Verj des RückgAnspr (§ 556) gebunden. Wg der 30-Jahr-Fr (§ 195) ohne große prakt Bedeutg.

559 *Vermieterpfandrecht.* Der Vermieter eines Grundstücks hat für seine Forderungen aus dem Mietverhältnis ein Pfandrecht an den eingebrachten Sachen des Mieters. Für künftige Entschädigungsforderungen und für den Mietzins für eine spätere Zeit als das laufende und das folgende Mietjahr kann das Pfandrecht nicht geltend gemacht werden. Es erstreckt sich nicht auf die der Pfändung nicht unterworfenen Sachen.

1) Allgemeines. Wg Anwendgsbereich vgl Anm 6. Gewährt dem Verm eines Grdst (od eines Wohnraums od sonstigen Raumes in einem Gebäude, § 580) ein besitzloses ges PfandR auf das die allg Bestimmgen über rechtsgeschäftl PfdRe nach § 1257 Anwendg finden, mit Ausn der Bestimmgen, die einen unmittelb Besitz des PfdGläub voraussetzen; daher kein PfandR kr guten Glaubens. Rechtsgeschäftl PfdR kann daneben bestellt w. Verm kann daneben eingebrachte Sachen des Mieters gem § 808 ZPO pfänden. VermPfandR u PfändgsPfdR bestehen dann nebeneinander u der Verm hat die Wahl, wie er verwertet (Ffm MDR **75**, 228). Das VermPfdR geht dem WegnR des § 547a vor (Weimar ZMR **67**, 196). Über Zusammentreffen mit PfändgsPfdR Dritter vgl § 563. Strafrechtl Schutz des VermPfdR: § 289 StGB; zivilrechtl Schutz: § 823 I, § 823 Anm 6a. Lastenfreier Erwerb mögl: § 936.

2) Entstehung des Pfandrechts dch den tatsächl Vorgang der Einbringg der Sachen in den gemieteten Raum. Willensmängel hins der Entsteh des PfdR sind unbeachtl, daher keine IrrtAnf. Auch bei vom Verm gestatteten unentgeltl vorzeit Einzug des Mieters ist Ztpkt der Einbringg maßg, KG OLG **33**, 321. Dch Abtretg der Fdgen des Verm geht das PfdR ohne weiteres an den Zessionar über (§§ 401, 1250), auch ohne Eintritt ins MietVerh.

3) Eingebrachte Sachen. a) „Einbringen" erfordert ein gewolltes Hineinschaffen in die Miet räume, RG **132**, 116. Insoweit also Willensakt, ohne daß es jedoch auf den Willen der Entsteh des PfdR ankommt vgl Anm 2. Auch Sachen, die auf dem gemieteten Grdst erst erzeugt worden sind, wie zB Ziegel, sind in diesem Sinne eingebracht, RG **132**, 116. Nicht: vorübergehd eingestellte Sachen. Ein Kfz ist aber nicht vorübergehd eingestellt, wenn es regelm in (mit)vermieteter Garage (auch Einstellplatz) steht, Bronsch ZMR **70**, 1. – **b)** Unter „**Sachen**" sind auch InhPapiere zu verstehen, ebso Geld, auch indossable Papiere (str), dagg nicht bloße Legitimationspapiere, wie zB Sparbücher, auch nicht SchuldUrk, die nicht Träger des FdgsR sind, ebso nicht Sachen ohne Vermögenswert, wie Briefe, FamBilder usw.

4) Sachen des Mieters: nur diese unterliegen dem PfdR. Grdsätzl ist Allein Eigt des Mieters erforderl. Bei MitEigt unterliegt der MitEigtAnteil dem PfdR, RG **146**, 334. Dem VermPfdR unterliegen auch die Sachen des Vorerben, Ffm OLG **33**, 151, sowie jedoch, an den Mieter ein auflösd bedingtes Eigt hat; nach Eintritt der Bedingg bleibt das PfdR bestehen (str). Dem PfdR unterliegen nicht: Sachen, die einer GesHand gehören, wenn nicht alle GesHänder Mieter sind od der Mieter für sie verfügsberecht ist; dann auch nicht der Anteil (S 3; § 859 ZPO); aber Fortbestand des PfdR, wenn Vertr von einem Teil der Erben fortgesetzt w, RG JW **37**, 613. Sachen eines Dritten, auch nicht Sachen des Untermieters, da kein VertrVerh zw HauptVerm u Unterm besteht; ferner Sachen der Ehefr od der Kinder des Mieters, es sei denn, daß Ehefr den MietVertr mitabgeschl od mitunterzeichnet hat od daß die Sachen zum ehel GesGut gehören, § 1416ff; über EigtVermutg vgl § 1362; Sachen, an denen EigtVorbeh eines Dritten besteht (zB Möbel auf Abzahlg), od Sachen, die vor der Einbringg einem Dritten sicherhalber übereignet worden sind, auch nicht, wenn Mieter sie dem Verm übereignet hat, Warn **27**, 102; unschädl ist dagg eine nach Einbringg der Sachen vorgenommene Sicherüsbereignung, Ffm JW **29**, 2899. Hingg erstreckt sich das VermPfR auch auf das **AnwartschR** des Mieters zum Erwerb des Eigt an der eingebrachten Sache, also auch auf das zum Erwerb der unter EigtVorbeh auf Abzahlg erworbenen Sache; PfdR des Verm an dieser Sache entsteht sodann mit dem Eintritt der Bedingg, also der Befriedigg des VorbehVerk, BGH NJW **65**, 1475, u zwar auch dann, wenn diese Befriedigg mit Mitteln eines Dr bewirkt w, dem die Sache zur Sicherg übereignet worden ist, BGH aaO; vgl hierzu auch § 929 Anm 6 B d. – Wußte Verm bei Einbringg der Sachen nichts von dem EigtR des Dritten, so findet gleichwohl kein gutgläub Erwerb des PfdR statt (keine Anwendg von § 1207, da kein BesitzPfdR, vgl § 1257 Anm 2). Mieter kann aber durch unwahre Erkl, daß die Sachen in seinem Eigt ständen, unerl Hdlg (Betrug) begehen, uU auch der Dritte, der den vermögenslosen Mieter vorschiebt.

5) Unpfändbare Sachen (S 3) w vom VermPfandR nicht erfaßt. **a) Anwendung:** Zwingd u unverzichtb (RG **72**, 181). Vertragl ZurückbehaltsR ist als Umgehg unzul. SondVorschr für Pacht: § 585 S 2. Maßgebder Ztpkt: Geltdmachg des VermPfdR (Soergel-Mezger 19). **b) Umfang:** Darunter fallen die Sachen des § 811 ZPO (allgM) u die des § 812, weil der gleiche sozpol Zweck vorliegt (Haase JR **71**, 323 mwN; aA 30. Aufl), nicht aber die des § 865 ZPO. Auch § 803 I 2 ZPO kommt nicht in Betr (aA Haase aaO), weil es im Ggsatz zur Pfändg des GerVollz an der erforderl Bestimmth fehlt u der Mieter dch § 560 S 3 geschützt ist.

6) Umfang. a) PfdR besteht für alle Fdgen aus dem MietVerh. Nicht nur für Mietzins- u Entschädiggs-Fdgen (vgl BGH NJW **72**, 721), sond auch für Kosten der Rechtsverfolgg gg den Mieter (Räumgsprozeß, Versteigergskosten), VertrStrafen, auch für NebenFdgen (§ 547 Verpflegg, Heizg. Auch übernommene Mietzinsschulden des Vorgängers sind Verbindlichkeiten aus dem MietVerh (BGH WPM **65**, 703). Das PfdR entsteht hingg nicht für selbst neben der Miete bestehende VertrAnspr, zB RückzahlgsAnspr eines vom Verm dem Mieter für einen Umbau gewährten Darl (BGH **60**, 22), Fdg aus BierlieferngsVertr u Kosten der RVerfolgg gg Bürgen. **b) Beschränkung bei künftigen Forderungen** (S 2). **aa) Entschädigungsforderung:** Dazu gehört insb die wg Vorenthaltg (§ 557) u Mietausfall (BGH NJW **72**, 721). Hierfür darf das VermPfdR nie geltd gemacht w; sond nur für solche Fdgen, die zZ der ersten Geltdmachg des PfdR schon bestehen, insb bereits der Schad entstanden ist. **bb) Mietzinsforderung:** Nur für laufdes u folgdes Miet(nicht Kal)Jahr, insb auch wenn MietVerh auf unbest Zeit abgeschl ist. **cc) Zeitpunkt:** Maßgebd ist die erste, nicht notw gerichtl (BGH NJW **72**, 721) Geltdmachg, insb die Besitznahme (vgl BGH aaO).

7) Beweislast: Verm hat das Bestehen des gesetzl PfdR zu beweisen, also auch das Eigt des Mieters. Wg GrdGedankens des § 1006 hat aber der Mieter darzulegen, aus welchen Grden er nicht Eigtümer ist, vgl RG **146**, 334. Voraussetzgen von S 3 muß Mieter beweisen.

560 Erlöschen des Vermieterpfandrechts.
Das Pfandrecht des Vermieters erlischt mit der Entfernung der Sachen von dem Grundstück, es sei denn, daß die Entfernung ohne Wissen oder unter Widerspruch des Vermieters erfolgt. Der Vermieter kann der Entfernung nicht widersprechen, wenn sie im regelmäßigen Betriebe des Geschäfts des Mieters oder den gewöhnlichen Lebensverhältnissen entsprechend erfolgt oder wenn die zurückbleibenden Sachen zur Sicherung des Vermieters offenbar ausreichen.

1) Allgemeines. a) Bedeutung: § 560 schafft einen bes RGrd für das Erlöschen des VermPfdR u kann nicht abbedungen w. **b) Sonstige Erlöschensgründe** bestehen daneben, insb (über § 1257) nach §§ 1242, 1252, 1255, 1256, weiter dch gutgläub Erwerb (§ 936). **c) Kein Erlöschen:** insb dch Veräußerg des Grdst, Übergang des Eigt auf Dr (Ausn § 936) dch Veräußerg od RNachfolge (zB Erbfall, RG JW **37**, 613), Eintritt einer auflösden Bedingg (§ 559 Anm 4).

2) Erlöschen des PfdR setzt grdsätzl die bloße Entferng voraus (Ausn Anm 3). Sie bedeutet das rein tats Herausschaffen der Sachen aus den Mieträumen u aus dem Grdst des Verm. Umstr ist, ob die Entferng endgült sein muß (bislang hM; Soergel-Mezger 1) od vorübergehd sein kann (prakt bedeuts bei Fahrt mit Kfz); diese Auffassg, die Erlöschen u nachtr Wiederentstehen des PfdRs bejaht, dringt vor (Bronsch ZMR **70**, 1, Trenk-Hinterberger ZMR **71**, 329; Karlsr NJW **71**, 625 mit abl Anm v Schopp S 1141; Kohl NJW **71**, 1733; dagg Weimar ZMR **72**, 295). Entferng ist auch die Wegnahme dch den GVz (hM); idR w jedoch die Voraussetzgen der Anm 3 zutreffen.

3) Fortbestand des PfdR als Ausn zu Anm 2 setzt alternativ voraus (BewLast: Verm): **a) Ohne Wissen** des Verm od seines Vertreters (entspr § 166 I; dort Anm 5). Muß sich auf die Tats beziehen. Grobfahrl Unkenntn steht Wissen nicht gleich. Die Sache muß nicht notw heiml entfernt w. Jedoch besteht das PfdR nur dann weiter, wenn der Verm nicht zur Duldg verpfl ist (vgl Anm 4). **b) Widerspruch** des Verm od seines Vertreters, auch stillschw mögl; ist eine rechtsgeshäftl Handlg (Übbl 1 d vor § 105). Muß bei Entferng, kann vorher bei Pfändg geschehen; kann nicht allg voraus erkl w. Der Widerspr kann gem Anm 4 unwirks sein.

4) Duldungspflicht des Vermieters (S 2). Sie ist unabhäng v Widerspr (Anm 3 b). Das PfdR erlischt bei bestehder DuldgsPfl, auch wenn ohne Wissen des Verm entfernt w (hM; Trenk-Hinterberger JR **73**, 139; aA bis 34. Aufl u Werner JR **72**, 235 mwN). Der Verm kann der Entferng (mit der Wirkg des Erlöschens, Anm 2) nicht widerspr: **a) Regelmäßiger Geschäftsbetrieb** des Mieters. In diesem Rahmen darf der Mieter die Sachen entfernen, insb normaler WarenVerk, auch SaisonschlußVerk; nicht TotalAusVerk od tats Räumg, die den GeschBetr zum Erliegen bringt, auch dch Dr, insb Gläub (BGH NJW **63**, 147). **b) Gewöhnliche Lebensverhältnisse** des Mieters; ihnen entspr Mitnahme auf Reise, Weggabe zur Rep, GefälligkLeihe. **c) Ausreichende Sicherung** dch die zurückbleibden Sachen. Der Wert der Sachen ist am voraussichtl VerwertgsErlös zu messen. Sachen mit zweifelh EigtLage bleiben außer Betr. Offenb: ohne nähere Untersuchg für den Verm ersichtl. Da der Verm die Entferng dch den pfändden GVz nicht verhindern kann, sein PfdR aber bestehen bleibt, kann er nur Kl aus § 805 ZPO erheben (Noack JurB **75**, 1303). Der PfdgsGläub kann sich dem ggü wie der Mieter auf die ausreichde Sicherg dch verbleibde Ggstde berufen (BGH **27**, 227). Bei Mehrh von PfdsgGläub steht dem R aus S 2 dem Gläub zu, der zuerst gepfändet hat (Weimar ZMR **72**, 4; offengelassen in BGH **27**, 227 [234] mwN). Bei HerausgVollstr (§§ 883, 897 ZPO) bestehen ab Überg an den Gl keine RBehelfe mehr. Bei RäumgsVollstr muß der Gl das VermPfR zweckm währd der DchFührg geltd machen (Noack aaO).

561 Selbsthilfe.

I Der Vermieter darf die Entfernung der seinem Pfandrecht unterliegenden Sachen, soweit er ihr zu widersprechen berechtigt ist, auch ohne Anrufen des Gerichts verhindern und, wenn der Mieter auszieht, die Sachen in seinen Besitz nehmen.

II Sind die Sachen ohne Wissen oder unter Widerspruch des Vermieters entfernt worden, so kann er die Herausgabe zum Zwecke der Zurückschaffung in das Grundstück und, wenn der Mieter ausgezogen ist, die Überlassung des Besitzes verlangen. Das Pfandrecht erlischt mit dem Ablauf eines Monats, nachdem der Vermieter von der Entfernung der Sachen Kenntnis erlangt hat, wenn nicht der Vermieter diesen Anspruch vorher gerichtlich geltend gemacht hat.

1) Allgemeines. Das SelbsthilfeR des § 561 I ist weitergehd als die allg Selbsthilfe nach §§ 229 ff, da weder die Unmöglichk rechtzeitiger obrigkeitl Hilfe noch bes Gefahr vorausgesetzt w. § 231 gilt deshalb hier nicht; SchadErsPfl des Verm nur nach § 823. – Strafrechtl Schutz des VermPfR, StGB § 289. – Bei Wegnahme der Sache aGrd Pfändg durch andere Gläub ist § 561 nicht anwendb, vgl auch § 560 Anm 3. Verm ist in letzterem Falle auf die Klage aus ZPO § 805 angewiesen, die nicht an die Monatsfrist des § 561 II gebunden ist. Auch ggü KonkVerw nicht anwendb, Celle OLG **19**, 3. – Verm kann natürl an Stelle der Selbsthilfe iW der einstw Vfg vorgehen.

2) Selbsthilfe des Verm darf nur so weit ausgedehnt w, als der Verm berechtigt ist, der Entferng der Sachen zu widersprechen, dh also, soweit nicht die Voraussetzgen des § 560 S 2 vorliegen. Kein SelbsthilfeR hins der Sachen, die dem VermPfdR überh nicht unterliegen (§ 559). Verm kann zur Verhinderg der Entferng nötigenf Gewalt anwenden, zB die Haustür verschließen, Staud-Kiefersauer Anm 1, RG DJZ **05**, 555. – **Erweiterg des Selbsthilferechts,** wenn Mieter auszieht: In diesem Falle darf Verm die Sachen in Besitz nehmen. Voraussetzg ist, daß Mieter mit den unmittelb Vorbereitgn zu einem völligen Auszuge begonnen hat, LG Hbg MDR **77**, 933. VerwahrgsPfl des Verm (§§ 1215 ff), RG JW **32**, 42. Verm steht in diesem Falle dem rechtsgeschäftl PfdGläub gleich. – **Befriedigg** durch Verkauf nach den Vorschr über PfdVerkauf, §§ 1228 ff.

3) Nach Entferng der Sachen hat Verm **kein Selbsthilferecht** mehr, sond lediglich nach II den im Klagewege zu verfolgend RückschaffgsAnspr, und zwar je nachdem, ob Mieter bereits ausgezogen ist od nicht, Anspr auf Rückschaffg in das Grdst od auf Besitzüberlassg. Es soll also der vor der Entferng bestehende Zustand wieder hergestellt w.

a) Das KlageR besteht nicht nur ggü dem Mieter, sond auch **gegenüber einem Dritten,** der Besitzer der Sachen geworden ist. Einwendgn des Dritten: Erwerb der Sachen in gutem Glauben an das Nichtbestehen des VermPfdR (§ 936) od gutgl Erwerb eines vertragl PfdR. Der neue Verm ist jedoch nicht durch § 1208 geschützt, muß sich vielm das gesetzl PfdR des alten Verm vorgehen lassen.

b) Ablauf der Monatsfrist nach II S 2 bringt das PfdR u damit die KlBefugnis des Verm zum Erlöschen. Grd: Sicherh des Verkehrs. AusschlFrist; Verlängerg dch Parteivereinbg unwirks; jedoch Umdeutg (§ 140) in Bestellg eines VertrPfdR mögl. Wahrg der Frist nicht nur dch Kl, sond durch jede Art der gerichtl Geltdmachg, auch dch einstw Vfg, KG OLG **20**, 190, ebso dch Widerspr gg einstw Vfg, die die Entferng der Sachen bezweckt; nicht dagg durch KlAbweisgAntr od Pfändg der Sachen wg der MietzinsFdg, Düss OLG **17**, 5 (str). – Nach Fristablauf kann Anspr aus § 823 bestehen; Versäumg der Frist kann aber nach § 254 als MitVersch des Verm in Frage kommen, RG **119**, 265.

c) Zuständigk: AG nach GVG § 23 Nr 2a, wenn gg Mieter gerichtet.

562 Sicherheitsleistung.

Der Mieter kann die Geltendmachung des Pfandrechts des Vermieters durch Sicherheitsleistung abwenden; er kann jede einzelne Sache dadurch von dem Pfandrechte befreien, daß er in Höhe ihres Wertes Sicherheit leistet.

1) Zwingd. Prakt bedeuts, wenn über die Höhe des Anspr gestritten w. Anwendb für Mieter, Pächter u Dr, wenn sie das Eigt an eingebrachten Sachen behaupten (BGH WPM **71**, 1086), nicht nachrang PfdGl. Art: §§ 232 ff. Höhe: Betr aller Anspr für die das PfdR (§ 559) besteht od der Wert der Sachen, wenn er geringer ist. Wirkg: das PfdR darf nicht geltd gemacht w, insb nicht gem § 561.

563 Pfändung durch andere Gläubiger.

Wird eine dem Pfandrechte des Vermieters unterliegende Sache für einen anderen Gläubiger gepfändet, so kann diesem gegenüber das Pfandrecht nicht wegen des Mietzinses für eine frühere Zeit als das letzte Jahr vor der Pfändung geltend gemacht werden.

1) Allgemeines. Pfändet ein anderer Gläub des Mieters, so kann Verm der Pfändg gleichwohl nicht widersprechen (Ausn nur, wenn er die Sachen bereits in Besitz genommen hat, ZPO § 809), da er nicht Besitzer der Sachen des Mieters ist, ZPO § 805. Er hat vielm lediglich Anspr auf vorzugsw Befriedigg aus dem Erlöse der Pfandstücke, jedoch auch nur mit der Einschränkg nach § 563, vgl unten Anm 2. Die Klage auf vorzugsw Befriedigg muß zwar nicht innerh der Monatsfrist des § 561, wohl aber vor Beendigg der ZwVollstr, dh also vor Auszahlg des Versteigergserlöses an den PfändgsGläub, erhoben w. Gleichzeitiger Antr

§§ 563, 564 2. Buch. 7. Abschnitt. *Putzo*

auf Hinterleg des Versteigerserlöses ist geboten (Anordng nach ZPO § 805 IV). – Nach Auszahlg des Erlöses bleibt dem Verm nur noch die Bereicherngsklage aus §§ 812, 816 gg den PfändgsGläub, RG **119**, 269, vgl auch § 816 Anm 2; bei vorsätzl od fahrl Verletzg des PfdR SchadErsAnspr aus § 823. – Pacht landwirtschaftl Grdst: § 585 S 1.

2) Der Verm kann ggü dem PfändgsPfdGläub sein gesetzl PfdR nicht für eine früh Zeit als für das **letzte Jahr vor der Pfändg** (Tag der Pfändg maßg) geltd machen. Eine weitere Beschrkg besteht aber nicht. Er kann also zB den Mietzins für das laufde u folgde Mietjahr (vgl § 559 S 2, von der Geltdmachg des PfdR ab) sowie EntschädiggsFdgen nach § 559 geltd machen (vgl § 559 Anm 6b).

3) Im **Konkurs des Mieters** hat Verm ein AbsondersgsR nach KO § 49 Z 2. Aber keine Geltdmachg für eine früh Zeit als das letzte Jahr vor VerfEröffg. Sinn dieser Vorschr: Schutz der KonkMasse, nicht etwa anderer Absondersgsberechtigter; daher unanwendb bei einem Streit unter diesen, wenn dessen Ausgang KonkMasse nicht berührt, BGH NJW **59**, 2251. Besondere Wahrg des AbsondersgsR nach § 561 II nicht erforderl, RG LZ **14**, 1045.

564 *Ende des Mietverhältnisses.* I Das Mietverhältnis endigt mit dem Ablaufe der Zeit, für die es eingegangen ist.

II Ist die Mietzeit nicht bestimmt, so kann jeder Teil das Mietverhältnis nach den Vorschriften des § 565 kündigen.

1) Allgemeines. Das MietVerh kann enden dch Zeitablauf (nur bei best Mietzeit, Anm 2), Künd, Rücktr (vgl aber Anm 2b, § 553 Anm 1d), AufhebgsVertr (§ 305; Schmidt-Futterer MDR **71**, 13); er liegt nicht ohne weiteres in Rückg u Entgnahme der Schlüssel (LG Wuppertal MDR **72**, 694 m Anm v Gubelt). Neben diesen privrechtl BeendiggsGrden können MietVerh dch VerwAkt aus öff-rechtl Grden aufgehw bei städtebaul Sanierg (§§ 27–29 StädteBFG; hierzu Clasen NJW **73**, 678), der Bodenordng (§ 61 BBauG) u der Enteigng (§ 86 I Nr 3 BBauG); auch Verlängerg ist mögl (§ 31 StädteBFG).

2) Bestimmte Mietzeit bedeutet Festlegg der Mietzeit auf eine best KalZeit, wobei ein für best Dauer festgelegter Mietzins nicht so auszulegen ist, daß damit auch das MietVerh für diese Zt unkündb abgeschl sei (BGH NJW **76**, 1351). Best MietZt liegt aber vor bei einem zwar nicht beschr Gebr, wie zB Miete einer Maschine für Erntezeit, od bis zum Eintritt eines best Ereign. Ist ungewiß, ob das Ereign überh eintritt, so handelt es sich um ein MietVerh unter einer auflösden Bedingg, das ein MietVerh auf unbest Zt darstellt (§ 565 a Anm 3). **a) Verlängerung.** Sie erfordert grdsätzl einen Vertr (§ 305). Häuf ist best Mietzeit mit VerlängersKl auf unbest Zeit vereinb. Ferner enthalten MietVertr, die auf best Zeit geschl sind, oft die Abrede, daß sie sich auf best weitere Zeit verlängern, wenn nicht ein Teil binnen einer best Zeit vor VertrAblauf kündigt. Das bedeutet die WillErkl dahingeh, daß die Verlängerg des MietVerh abgelehnt w (RG **107**, 300); denn im alten MietVertr ist das befristete Angebot enthalten, dch VertrÄnd (§ 305) den MietVertr auf best Zt fortzusetzen. Wird die Künd bezeichnete WillErkl unterl, kommt stillschw die Verlängerg dch inhaltsgleichen MietVertr zustde. Für die Fr, innerh der diese WillErkl abzugeben ist, gilt § 193 entspr (BGH NJW **75**, 40). Wird verlängert, so w das alte MietVerh mit demselben VertrInhalt fortgesetzt, nicht etwa ein neues MietVerh begründet (BGH NJW **74**, 1081). Die Best, ob u mit welchen VertrBedingungen das MietVerh verlängert w, kann einem Dr übertr w (§ 317), jedoch nur mit best Richtlinien (BGH BB **71**, 240). Für WoRaum gilt die SoRegelg in § 565 a. **b) Vorzeitige Beendigung** des MietVerh nur: dch AufhebgsVertr (§ 305); außerord Künd (§§ 542, 544, 549, 553–554 a, 567, 569, 569 a, 569 b, 570, ferner § 19 KO, § 51 II VglO, § 57 a ZVG, § 37 III WEG, § 30 ErbbRVO); bei vereinb KündGrd nur für den Mieter (§ 554 b); vorbehaltenem Rücktr, bei WoRaum aber nur, soweit nicht § 570 a entggsteht. And privatrechtl Möglk das MietVerh vorzeit aufzulösen, bestehen, auch wenn der Mieter am Gebr verhindert ist, nicht (vgl Schmidt-Futterer WM **70**, 69). Wg Ersatzmieter: § 552 Anm 3.

3) Kündigung ist einseit empfangsbedürft WillErkl. Sie kann in einer ProzHdlg, insb einer KlErhebg gesehen w; jedoch nur unter best Voraussetzgen (ebso einschränkd LG Hbg WM **75**, 57). **a) Wirksamkeit:** ab Zugang (§ 130 Anm 2), ex nunc: bedarf nicht der Ann; kann nach Zugang nicht widerrufen od einseit zurückgenommen w (Herold BlGBW **72**, 126). **b) Angabe des Grundes** ist nicht erforderl, es sei denn, daß vereinbargsgem die Künd nur aus bestimmten Gründen zul sein soll. Das gilt für die ordentl wie für die außerordentl (fristlose) Künd. Bei Künd v MietVerh üb WoRaum gilt die SondVorschr § 564a I 2. **c) Form** ist für MietVerh über Wohnraum durch § 564a vorgeschrieben; vgl daselbst im einz. Im übr keine ges Form, aber viel vereinb. Dch Ann kann formwidr Künd rechtswirks w, wenn § 144 analog angewendet w kann. Bei Vereinb einer Künd dch eingeschr Brief genügt gewöhnl Brief, wenn der and Teil rechtzeit von der Künd Kenntn erhalten hat (§ 125 Anm 2a). Künd kann auch in schlüss Hdlgen liegen, zB im Auszug des Mieters. Verbindg mit einseit vorgen Mieterhöhg gem 5. BMG ist mögl (LG Mü I MDR **70**, 1014). **d) Teilkündigung** eines einheitl MietVertr ist, wenn sie nicht im Vertr vorbehalten ist, grdsätzl unzul. Im Fall des § 542 ist TeilKünd aGrd des § 543 iVm § 469 mögl (vgl RG **114**, 243). Bei MischmietVerh (vgl Einf 9a v § 535) kommt es auf die Auslegg der Vertr im Einzelfall an. Danach ist TeilKünd zul, wenn der betr Teil für den KündEmpf unvermindert Wert behält od erlangt (zu eng LG Mannh MDR **76**, 581). Das ist insb bei Garage zu beachten. Ausgeschl ist die TeilKünd einz VertrBest od Nebenabreden (zB Erlaubnis zum Anbringen von Schildern od Reklame). **e) Bedingte** Künd ist regelm unzul, da die Künd als GestaltgsR Klarh u Gewißh schaffen soll. Eine Bedingg (§ 158), dch die der Empf nicht in eine ungewisse Lage versetzt w, macht die Künd nicht unzul (BGH WPM **73**, 694), insb eine Bedingg, deren Eintritt vom bloßen Willen der KündEmpf abhängt (PotestativBedingg). **f) Mehrheit** von Beteiligten erfordert Künd von allen an alle (BGH NJW **72**, 136), auch bei Eheg (AG Hann ZMR **73**, 15 mwN); jedoch kann vertragl vereinb w, daß die Künd v od ggü einem genügt. Häuf ist Vollm für Abg u Empfang der Künd erteilt; auch formularmäß im MietVertr wirks. Gleiches gilt, wenn aus wicht Grd in der Pers nur einer von meh-

Einzelne Schuldverhältnisse. 3. Titel: Miete. Pacht §§ 564–564b

reren VertrPart gekünd w. Künd nur zul, wenn auch die and die VertrAuflösg gg sich gelten lassen müssen (BGH WPM **64**, 275). Kein Recht des Verm zur Künd nach § 19 KO, wenn nur einer der gemschaftl Mieter in Konk fällt (BGH **26**, 102; bestr, soweit es sich um die Vermietg einer Wohng handelt). Hingg kann der KonkVerw gem § 19 S 1 KO für den in Konk gefallenen Mitmieter ohne Rücks auf die and Mieter wirks künd (Celle Betr **74**, 1109). **g) Umdeutung** (§ 140) einer unwirks außerord Künd in Angebot zur VertrAufhebg ist mögl, auch in eine ord Künd (LG Mannh NJW **70**, 328), wenn sich ergibt, daß der Verm das MietVerh auf jeden Fall beenden will (LG Hann ZMR **71**, 377; aA LG Gießen ZMR **75**, 114).

564a *Schriftform bei Kündigung von Wohnraum.* I Die Kündigung eines Mietverhältnisses über Wohnraum bedarf der schriftlichen Form. In dem Kündigungsschreiben sollen die Gründe der Kündigung angegeben werden.

II Der Vermieter von Wohnraum soll den Mieter auf die Möglichkeit des Widerspruchs nach § 556a sowie auf die Form und die Frist des Widerspruchs rechtzeitig hinweisen.

III Diese Vorschriften gelten nicht für Wohnraum, der zu nur vorübergehendem Gebrauch vermietet ist, und für Mietverhältnisse der in § 565 Abs. 3 genannten Art.

1) Allgemeines. a) Fassung: eingef dch 1. MietRÄndG, erweitert u neu gefaßt dch 3. MietRÄndG, nunmehr geändert dch Art 1 Nr 2 MRVerbG, Abs I 2 angefügt u fr Abs III gestrichen. **b) Inkrafttreten:** Einf 12b vor § 535. Änd dch das MRVerbG am 5. 11. 71. **c) Zweck:** dient Klarstellg u Rechtssicherh, ferner Gleichstellg mit Form des Widerspr (§ 556a V) u Aufklärg des Mieters. **d) Anwendungsbereich:** für alle MietVerh (auch UntermietVerh) über WoRaum (Ausn: Abs IV; wie § 556a Anm 2b). Abs I gilt für alle ord u außerord Künd von Verm u Mieter (Ausn § 544 Anm 4); jedoch hat Abs I 2 unmittelb Bedeutg nur für die ord Künd des Verm (vgl § 556a I 3). Abs II gilt nur für die ord Künd des Verm, weil RFolgen sich nur auf ord Künd beziehen. Abs II gilt wg § 556b auch bei Beendigg des MietVerh dch ZtAblauf (Weimar WM **69**, 177; bestr) u wg § 570 bei vereinb RücktrR. **e) Abdingbarkeit:** ist zu verneinen, für Abs I 2, II u III aus § 556a VII, VI S 2 zu entnehmen, für Abs I 1 aus dem Grds, daß ges FormVorschr zwingd sind. Auch strengere Form ist wg SozCharakters des neuen MietR unzul.

2) Schriftform (Abs I 1) des § 126. Verstoß führt zur Nichtigk (§ 125), nur ausnahmsw nicht im Fall des § 125 Anm 2b. Inhalt des Schreibens: es genügt erkennb Wille, MietVerh zu best Ztpkt zu beenden. Das Wort Künd ist nicht notw. Wg KündGründe vgl Anm 4. Zum Nachweis des Zugangs (§ 130 I) ist Einschreiben mit Rückschein empfehlenswert. KlErhebg auf Räumg gem § 253 ZPO erf die Form (Weimar WM **69**, 199; LG Wiesb ZMR **72**, 81); jedoch muß darin für den bekl Mieter eindeut erkennb sein, daß neben der KlSchrift (ProzHdlg) eine mat-rechtl WillErkl (Künd) abgegeben w (LG Hbg MDR **74**, 584). Unterzeichn der zuzustellden Expl statt Beglaubig empfehlenswert. Es sind die nicht vor KlErhebg sond erst darin angegebenen, nicht nachträgl entstandenen KündGrde nach § 556 a I 3 ausgeschl (Löwe NJW **72**, 1913). Vollm ist formlos gült (§ 167 II); aber § 174 zu beachten. Zusendg eines neuen MietVertr mit and Inhalt erf die Schriftform nicht. Bei FormularVertr darf keine zusätzl Form verlangt w (AGBG 11 Nr 16).

3) Kündigungsgründe (Abs I 2). Ihre Angabe ist nicht WirksamkVoraussetzg, auch nicht bei der außerord Künd (aA Verm ohne ges Grdlage: LG Krlsr MDR **78**, 627; LG Hbg MDR **76**, 844). Bei der ord Künd eine Obliegenh („soll") des Verm. Erf er sie nicht, treten die für ihn nachteil RFolgen des § 556 a I 3 ein. Die KündGrde sind so zu bezeichnen, daß sie (insb in einem nachfolgden Proz) identifiziert w können. Eine vollst Angabe der zugrdeliegdn Tats ist nicht notw; sie können zur Ergänzg u Ausfüllg des KündGrdes nachgeschoben w (Schmidt-Futterer WM **72**, 37). Der Verm ist nicht darauf beschränkt, nur den unmittelb Anlaß der Künd als Grd anzugeben. Er kann, um den Ausschl nach § 556 a I 3 zu vermeiden, alle Umst angeben, die bei der Interessenabwägg (§ 556a Anm 6a) allein od mit and Grden seine Künd rechtf können.

4) Hinweis (Abs II) auf Widerspr, dessen Form u Frist (§ 556a Anm 5a, d). Der Hinw ist formfrei, kann, muß aber nicht im KündSchreiben enthalten sein. Er muß vollst u rechtzeitig (vgl § 556a Anm 5d, bb) geschehen; daher ist zum Nachweis des Zugangs Einschreiben mit Rückschein empfehlenswert. Der Hinw ist keine Pfl, aber Obliegenh des Verm („soll"); Unterlassg od Verspätg berührt Wirksamk der Künd nicht, führt aber zu verlängerter WidersprFr (§ 556a VI S 2).

564b *Kündigungsschutz.* I Ein Mietverhältnis über Wohnraum kann der Vermieter vorbehaltlich der Regelung in Absatz 4 nur kündigen, wenn er ein berechtigtes Interesse an der Beendigung des Mietverhältnisses hat.

II Als ein berechtigtes Interesse des Vermieters an der Beendigung des Mietverhältnisses ist es insbesondere anzusehen, wenn

1. der Mieter seine vertraglichen Verpflichtungen schuldhaft nicht unerheblich verletzt hat;
2. der Vermieter die Räume als Wohnung für sich, die zu seinem Hausstand gehörenden Personen oder seine Familienangehörigen benötigt. Ist an den vermieteten Wohnräumen nach der Überlassung an den Mieter Wohnungseigentum begründet und das Wohnungseigentum veräußert worden, so kann sich der Erwerber auf berechtigte Interessen im Sinne des Satzes 1 nicht vor Ablauf von drei Jahren seit der Veräußerung an ihn berufen;
3. der Vermieter durch die Fortsetzung des Mietverhältnisses an einer angemessenen wirtschaftlichen Verwertung des Grundstücks gehindert und dadurch erhebliche Nachteile erleiden würde. Die Möglichkeit, im Falle einer anderweitigen Vermietung als Wohnraum eine höhere

§ 564b 1–3   2. Buch. 7. Abschnitt. *Putzo*

Miete zu erzielen, bleibt dabei außer Betracht. Der Vermieter kann sich auch nicht darauf berufen, daß er die Mieträume im Zusammenhang mit einer beabsichtigten oder nach Überlassung an den Mieter erfolgten Begründung von Wohnungseigentum veräußern will.

III Als berechtigte Interessen des Vermieters werden nur die Gründe berücksichtigt, die in dem Kündigungsschreiben angegeben sind, soweit sie nicht nachträglich entstanden sind.

IV Bei einem Mietverhältnis über eine Wohnung in einem vom Vermieter selbst bewohnten Wohngebäude mit nicht mehr als zwei Wohnungen kann der Vermieter das Mietverhältnis kündigen, auch wenn die Voraussetzungen des Absatzes 1 nicht vorliegen. Die Kündigungsfrist verlängert sich in diesem Fall um drei Monate. Dies gilt entsprechend für Mietverhältnisse über Wohnraum innerhalb der vom Vermieter selbst bewohnten Wohnung, sofern der Wohnraum nicht nach Absatz 7 von der Anwendung dieser Vorschriften ausgenommen ist. In dem Kündigungsschreiben ist anzugeben, daß die Kündigung nicht auf die Voraussetzungen des Absatzes 1 gestützt wird.

V Weitergehende Schutzrechte des Mieters bleiben unberührt.

VI Eine zum Nachteil des Mieters abweichende Vereinbarung ist unwirksam.

VII Diese Vorschriften gelten nicht für Wohnraum, der zu nur vorübergehendem Gebrauch vermietet ist, und für Mietverhältnisse über Wohnraum, der Teil der vom Vermieter selbst bewohnten Wohnung ist und den der Vermieter ganz oder überwiegend mit Einrichtungsgegenständen auszustatten hat, sofern der Wohnraum nicht zum dauernden Gebrauch für eine Familie überlassen ist.

1) Allgemeines. Eingefügt dch 2. WKSchG; in Kraft seit 1. 1. 75. In Bln gilt seit 1. 1. 76 eine and Fassg des II Nr 2 S 2 (Art 2 G v 17. 11. 75, BGBl 2867). **a) Bedeutung**: § 564b ist als DauerR nunmehr die grdlegde KündSchutzVorschr zG des WoRaumMieters. **b) Kündigung**: Hierfür gilt § 564 Anm 3. § 564b stellt weitere Zulässigk- u WirksamkErfordern auf. **c) Unabdingbarkeit** (Abs VI): Abs I–V sind zwingd zG des Mieters. Das gilt auch für Vereinbgen, die vor diesem G u vor Inkrafttr des 1. WKSchG (28. 11. 71) getroffen w sind. Für MietVerh auf best Zt vgl 2. WKSchG Art 2 Anm 1c. VI hindert nicht den MietAufhebgsVertr (Weimar BlGBW **75**, 69). **d) Verhältnis zu sonstigem Mieterschutz** (Abs V): Die §§ 556a–556c (Sozialklausel) bleiben neben u unabhäng v § 564b anwendb, insb bei EinliegerWo gem Anm 3a, b (Schubert WM **75**, 1). § 564b gewährt einen stärkeren Bestandsschutz, jedoch kann § 556a inf der Interessenabwägg (dort Anm 6a) prakt bedeuts sein, wenn eine Künd nach § 564b zul ist (Löwe NJW **75**, 9 [12]). § 564b gilt nicht, soweit in Bln noch das MSchG gilt (vgl Art 5 2. WKSchG). **e) Übergangsregelung**: MietVerh, die am 1. 1. 75 bestehen, richten sich von diesem Tag an nach dem 2. WKSchG (Art 4 2. WKSchG). § 564b entspr inhaltl dem Art § 1 I–III 1. WKSchG.

2) Anwendungsbereich: a) Kündigung. Nur die ord Künd des Verm, auch die gem § 565 a I; nicht außerord Künd (BT-Drucks 7/2638 III 2; LG Hbg NJW **75**, 1843 für § 1 des 1. WKSchG), mit Ausn v solchen, die unter Einhaltg der ges Fr erfolgen können (zB § 569 I, § 1056 II); auch für Künd des Erstehers gem § 57a ZVG (Schopp ZMR **75**, 97; aA Derleder NJW **76**, 1677 für § 554 I). **b) Mietverhältnis**. Anwendb nur auf MietVerh (Einf 1b vor § 535), einschließl der Unterm (Einf 1c vor § 535) u MietVerh mit VerlängergsKlausel gem § 565a (hM; LG Gießen NJW **76**, 1455 mwN). Nicht Pacht u ähnl NutzgsVerh (Schopp ZMR **75**, 97), auch nicht Vertr über Aufn, Betreuung u Fürs (zB Altenpflege- u Resozialisiergs-Heime; BT-Drucks 7/2638 III 2). Gilt nicht für MietVerh, die vor dem 28. 11. 71 auf best Zeit eingegangen w (vgl Art 2 2. WKSchG). **c) Wohnung**: Grdsätzl für jeden WoRaum (Einf 8a vor § 535), auch Werkmiet- u DienstWohngen (Vorbem vor § 565b), in Wohnheimen (insb Alten-, Arbeiter- u Studentenwohnheime), wenn nicht die sonst im Heim erbrachten Leistgen die RaumNutzg überwiegen (Staehle NJW **78**, 1359). Grdsätzl auch möblierter WoRaum u Zimmer. Ausn: Abs IV, VII (Anm 3). Bei sog Mischmietverh (9 vor § 535) gilt § 564b, wenn der WoRaumanteil überwiegt (LG Mannh MDR **76**, 581).

3) Ausnahmen vom Kündigungsschutz (Abs IV, VII). Ein best Kreis v MietVerh ist vom KündSchutz ausgen; nur das KündVerbot des § 1 MHRG gilt auch hier (hierzu Löwe NJW **75**, 9 [12]). SozKlausel (§ 556a) bleibt anwendb. Die Grde hierfür sind verschieden: Die sich aus nahem Beieinanderwohnen ergebde unzumutb Situation bei persönl Spanngen ohne Vorliegen v KündGrden nach Abs II (EinliegerMietVerh, Anm a u b); die geringere Bindg u größere Beweglk des Mieters (überwgd vom Verm eingerichteter WoRaum, Anm c) u die geringere Schutzbedürftigk (vorübergehder Wohnzweck, Anm d). Bei den EinliegerMietVerh (Anm a, b) ist neben der mögl Künd aus berecht Interesse (Abs I) eine ord Künd mit verlängerter Fr vorgesehen (Abs IV 2; Anm 10). Für die and ungeschützten MietVerh (Anm c, d) ist der ganze § 564b unanwendb. Beweislast für das Vorliegen der tats Voraussetzgen der Anm a–d trägt der Verm, da die Abs IV u VII die Ausnahmen von Grds des Abs I darstellen. **a) Einliegerwohnung** in einem Ein- od ZweiFamHaus (Abs IV 1). Die EigtLage ist bedeutgslos. Hat der Verm des Einliegers das Haus gemietet, kann auch ein UntermietVerh vorliegen; aA Schmidt-Futterer ZMR **76**, 97. Der Verm muß selbst in einer der Wohngen wohnen. Daß er auch GeschRäume darin hat, steht nicht entgg (Schmidt-Futterer MDR **75**, 89). Das Wohngebäude muß einen gemeins Eingang aufweisen (aA Schmidt-Futterer ZMR **76**, 97) od, wenn es für die Wohngen getrennte Hauseingänge hat, freistehd sein, weil sonst der Zweck des IV wg nicht häuf Zutreffens fehlt. Einzelne WoRäume (insb im Dach- od Kellergeschoß außerh der 2 (getrennten) Wohngen stehen der Anwendg von Abs IV 1 nicht entgg, ebsowen, daß der Verm wg Besitzes einer weiteren Wohng die im Zweifamilienhaus nicht dauernd benützt. Der Begr Einliegerwohng umfaßt nicht nur solche iS des § 11 II. WoBauG (Schopp ZMR **75**, 97). **b) Einlieger in Vermieterwohnungen** (Abs IV 3): Hier handelt es sich je nachdem, ob der Verm Eigt der Wohng ist, um Miet- od UnterMietVerh. Unter Wohng des Verm ist hier auch ein Einfamilienhaus zu verstehen. Nur anwendb, soweit Abs VII (Anm c u d) nicht zutrifft; nämlich: In der v Verm bewohnten Wohng gelegene WoRäume, die leer od nicht überwgd mit vom Verm zu stellder Einrichtg vermietet sind; WoRäume in der vom Verm

516

bewohnten Wohng, die zwar vom Verm überwiegd mit Einrichtg auszustatten, aber zum dauernden Gebr einer Fam best sind. Diese Mieträume (einer od mehrere) müssen innerh der abgeschl Wohng des Verm liegen. Getrennt zugängl Räume im selben Haus, insb Dachgeschoß u Kellerzimmer, sog Hobby-Räume, liegen nur dann nicht innerh der Wohng, wenn es sich um ein Mehrfamilienhaus handelt, bei dem mehrere Wohngen abgeschl u getrennt sind. Im Einfamilienhaus liegen solche Räume stets innerh der Wohng. **c) Zum vorübergehenden Gebrauch** vermieteter Wohnraum (Abs VII 1. Alt): Er kann auch leer vermietet sein. Es muß von vornherein bei Abschl des MietVertr für eine kürzere, absehb Zeit vermietet sein, zB währd einer längeren Reise des Verm; für Gesch- od FerienAufenth; bis Fertigstell eines Neubaus; für Studenten, wenn sie ihren Wohns an einem und Ort haben u in dem erkennb od erkl Abs nur für die Zt des Studiums (od eines Teils davon) zu mieten (ebso LG Hdlbg Just 77, 59; aA LG Marbg NJW 77, 154); insb in Studentenwohnheim (vgl LG Hbg MDR 77, 669). SaisonArb; nicht für GastArb, wenn sie für unbest, nicht von vornherein begrenzte, kürzere Zeit ein ArbVerh aufnehmen (vgl LG Hann MDR 71, 762). Der ZtRaum ist auf den Einzelfall abzustellen u kann auch ein Jahr übersteigen. **d) Möblierter Wohnraum** (Abs VII 2. Alt). **aa) Grundsatz**: (Kein KündSchutz) Er muß innerh der Wohng des Verm liegen, EigtLage an der Wohng (auch EinFamHaus) u die Lage des WoRaums: wie Anm b. Die Einrichtg (Möbelierg) muß nicht vorgen sein; entscheid ist, daß die Vermietg die entspr Verpfl des Verm zur Einrichtg umfaßt; bei ScheinGesch gilt § 117. Bei der Beurteilg, ob überwiegd möbliert ist, muß Zahl u Bedeutg der zu einer gewöhnl, nicht überfüllten Einrichtg gehörenden Ggstände berücks w. Einzelne Ggstde genügen nie (Schopp ZMR 75, 98). **bb) Ausnahme** (KündSchutz besteht) bei Vermietg zu dauerndem Gebr (das ist, was nicht als vorübergeh [Anm c] eingeordnet w) einer Fam: auch kinderloses Ehepaar, ein (Groß-)Elternteil mit Kind, Geschwister mit gemeins Haush; nicht: Alleinstehde; WohnGemsch v Pers, die weder verheiratet noch verwandt sind. Der dauernde Gebr für die Fam muß vertrgem sein.

4) Kündigungsbeschränkung. Im AnwendgsBer des § 564 b kann eine ord Künd nur noch wirks erklärt w, wenn ihr ein berecht Interesse des Verm an der Beendigg des MietVerh zugrdeliegt (Abs I). Außerdem darf eine Künd nicht zum Zwecke der MietErhöhg erkl w (Art 3 § 1 2. WKSchG); diese Regelg war früher in dem inhaltl dem § 564 b weitgeh entspr Art 1 § 1 1. WKSchG als Abs IV enthalten, ist aus Grden des SachZusHangs (BT-Drucks 7/2011 B zu Nr 1) nicht in den § 564 b sond in das neue MHRG (Art 3 2. WKSchG) als § 1 S 1 aufgen worden (vgl dort).

5) Kündigungsschreiben und berechtigtes Interesse des Verm (Abs I, III). **a) Inhalt**: Es gilt § 564 a I 2. Bei dem KündSchreiben sollte § 564 a II beachtet w, weil die SozKlausel anwendb bleibt (Anm 1 d). **b) Grundlage**: Nur diejen Grde, die im KündSchreiben gem § 564 a I 2 angegeben sind (III). Alle Tats, die zu dem bezeichneten KündGrd gehören, ihn ausfüllen od mit ihm zushängen, sind zu berücks, soweit sie im Proz eingeführt w; denn § 564 a I 2 verlangt nur, daß der KündGrd im KündSchreiben identifiziert w (§ 564a Anm 3). Diese Tats müssen so umfassd angegeben w, daß der Mieter in der Lage ist, die Aussichten seiner RVerteidigg nachzuprüfen (LG Mannh MDR 76, 403 für II Nr 2). Vor Künd entstandene, dem Verm unbek gebliebene Grde sind auch bei schuldloser Unkenntn ausgeschl u können eine neue Künd rechtf. Wg nachträgl entstandener Grde vgl Anm d. **c) Zeitpunkt**: Es entspr einem allg RGrds, daß eine Künd, die dch Grde gerechtf sein muß, nur dch solche Grde gerechtf w kann, die zZ der KündErkl vorlagen, auch wenn sie dem Kündigden erst später bek geworden sind u von ihm zur Rechtfertig der Künd insb im Proz nachgeschoben w können. Das gilt grdsätzl auch für § 564 b, soweit Abs III nichts and best. Für die Beurteilg des zul KündGrd ist der Schluß der letzten mdl Verhdlg (§ 278 ZPO) maßgebd. Welche Grde u Tats zugrdegelegt w dürfen, best Abs III (vgl Anm a u c). **d) Nachträglich entstandene Gründe.** Es ist nicht erkennb, daß der GGeber von dem in Anm b angeführten Grds abweichen wollte. Keinesf könnte eine Künd dch Grde gerechtf w, die erst nach dem mit Rücks auf die KündFr (§ 565) feststehden Beendigg des MietVerh entstanden sind. Ebsowenig sollte eine mit VertrVerletzg (Abs II Nr 1) begrdete Künd dch einen Eigenbedarf (Abs II Nr 2) gerechtf w können, der zwar vor Beendigg des MietVerh, aber im Laufe der KündFr eingetreten ist u nur eine Künd zum späteren Ztpkt rechtfert könnte. Die Zulassg der nachträgl entstandenen Grde im Proz ist daher so auszulegen: Das Vorbringen nachträgl entstandener Grde im Proz stellt eine schlüss erkl (aA LG Krlsr MDR 78, 627: ausdrückl Erkl nöt) neue Künd dar, die das MietVerh dann zu dem nach der KündFr zutreffden, späteren Ztpkt auflösen kann; von § 564a I ist dann zul abzuweichen u die vorliegde KlÄnd ist zuzulassen (Löwe NJW 72, 2017 für Art 1 § 1 1. WKSchG; aA LG Krlsr aaO; kein Nachschieben v Grden mögl). **e) Sonstige Gründe**: Da II Nr 1–3 die Fälle berecht Interesses nicht abschließd aufzählt, kommen weitere Grde in Betr, vor allem die Voraussetzgen für fristlose Künd (§§ 553, 554, 554a), wenn sie nicht für eine außerord, sond als Grd für eine ord Künd verwendet w, ferner schuldl ZahlgsVerz (weil § 285 auf § 279 abstellt, vgl Anm 6 a, bb); Verwendg als Werkmiet- od DienstWo insb für einen and ArbN an Stelle eines ArbN, dessen ArbVerh beendet ist (BT-Drucks 7/2638 III 2); nicht ohne weiteres, wenn die Wohng an eine betrfremde Pers vermietet ist u erst WerkWohng w soll (LG Hann NJW 74, 1094 für Art 1 § 1 1. WKSchG). Vermietg der Wohng unter Verstoß gg das WoBindG LG Aachen MDR 73, 318 für Art 1 § 1 1. WKSchG; aA LG Köln MDR 76, 143). HausmeisterWohng, wenn der HausmeisterVertr beendet ist; in WoHeim Wegfall der dem Bewohner bekannten Voraussetzgen für Überlassg des Heimplatzes, wenn er für and Pers, die diese Voraussetzgen erf, benöt w (BT Drucks 7/2638 III 2); zB bei Studentenwohnheim Beendigg des Studiums, od Ablauf der bei Aufn vorausgesetzten, auch kürzeren Semesterzahl (sog Rotationssystem, Löwe NJW 75, 9 [11]); allg auch wenn der Benutzer eines Heimplatzes den Unterbringgszweck nicht mehr erf (Schmidt-Futterer MDR 75, 89). Austritt aus Genossensch bei GenossenschWohng (Löwe NJW 75, 9; aA für den Fall der Erbfolge eines Nichtmitglieds: LG Brem WM 75, 149). Wiederholte Störg der Nachtruhe, auch ohne Versch (LG Mannh NJW 76, 1407). **Nicht**: Umbau- u RenoviergsArb in der Wohng (vgl § 541a; AG Mannh ZMR 78, 182).

6) Schuldhafte Vertragspflichtverletzung (II Nr 1). **a) Voraussetzungen** hierfür sind: **aa) Verletzungshandlung** dch Tun od Unterl; sie muß sich auf eine der MieterPfl (§ 535 Anm 3) beziehen u vom Mieter od einem ErfGeh (§ 278) ausgehen. Für die ZahlgsPfl sind das nur diejen außer dem Mieter selbst,

§ 564 b 6–8

die die Zahlg neben ihm schulden od dafür haften, für den vertrgem Gebr u die ErhaltgsPfl auch die zum Hausstd gehörden Pers, insb FamAngeh u HausAngest, die nicht nur vorübergehd beteiligt w; für Unterm u sonst Dr gem § 549 III. **bb) Verschulden:** Vors u jede Fahrl (§ 276), auch für ErfGeh (§ 278); wie Anm aa). Da nicht (wie bei § 279) auf Vertretenmüssen sond auf Versch abgestellt ist, genügt eine schuldl Zahlgsunfähigk nicht (vgl aber Anm b, aa). Bei SchuldUnfäh (insb Geisteskranken) entfällt nicht das Erfordern des Versch (aA Schopp ZMR **75**, 97 [99]). **cc) Erheblichkeit:** sie muß sich auf die PflVerletzg (nicht auf das Versch) beziehen. Unerhebl kann sie insb sein, wenn die Re u Belange des Verm nur ganz geringfüg beeinträcht sind od ein Einzelfall ohne Wiederholgsgefahr vorliegt. Auf Zumutbk darf nicht abgestellt w (Schopp ZMR **72**, 1 für Art 1 § 1 1. WKSchG). **b) Einzelfälle. aa) Zahlungsrückstand:** Soweit der KündGrd des § 554 erf w, ist die Künd auf jeden Fall gerechtf. Ein ZahlgsVerz (auch bei Nebenentgelten, § 535 Anm 3 c, bb) in geringerem Umf als § 554 I Nr 1 u 2, aber wohl nicht geringer als eine halbe Monatsmiete u nicht kürzer als ein halber Monat, nur sofern der ZahlgsRückstd dch Vors od Fahrlk (auch darauf beruhde Unkenntn) verurs ist, nicht dch schuldl Geldmangel, der für den Verz wg §§ 279, 285 genügen w. Weil im Rahmen der Nr 1 (im Ggsatz zu § 554 u § 3 MSchG) der § 279 nicht gilt (Anm a, bb) ist eine analoge Anwendg von § 554 II Nr 2 od § 3 III MSchG gerechtf (aA ohne Grde Schmidt-Futterer II 59). Die leichteren Fälle von vereinzelter fahrl unterl Zahlg, insb aus Irrt od Unkenntn tats Umstde können aber im Einzelfall als unerhebl angesehen w, wenn innerh angem Zeit der Rückstd beglichen od von einer öff Stelle übern w. **bb) Verspätete Zahlung,** die nicht einen Grd nach Anm aa) darstellt, kann die Künd idR nur rechtf, wenn sie wiederholt u aus Absicht od Nachlässig vorgekommen ist. **cc) Vertragswidriger Gebrauch,** auch in schwächerem Maße als § 553 voraussetzt, auch ohne Abmahng, wenn Wiederholgsgefahr, Vors u eine grobe Fahrlk zugrde liegt. Es ist nicht erforderl, daß die Re des Verm in erhebl Maße beeinträcht, die Wohng od das Haus beschäd w, weil die Einschränkg „nicht unerhebl" sich auf die PflVerletzg, nicht aber auf ihre Auswirkung bezieht. **dd) Unbefugte Gebrauchsüberlassung** an Dr zu selbst Bes dch Verstoß gg § 549; im Ggs zu § 553 genügt hier bereits die Überlassg der Gebr; ein Belassen nach Abmahng ist nicht nötig, dafür jedoch ein Versch (Anm a, bb). **ee) Vernachlässigung** der Wohng od der mit ihr vermieteten Grdst- u Gebäudeteile (§ 535 Anm 2a, bb) dch Verletzg der Erhaltgs- u ObhutsPfl (§ 535 Anm 3 c, dd u § 545 Anm 1), bei möbliertem WoRaum auch der Einrichtg (Schopp ZMR **75**, 97 [99]). **ff) Belästigung,** des Verm od and Mieter kann, auch soweit die Voraussetzgn für eine fristl Künd (§ 554a) nicht erf sind, die Künd rechtf, aber nur wenn Versch (Anm a, bb) vorliegt, auch dch Verletzg der AufsPfl. Verurs dch SchuldUnfähigk (insb Kinder, Geisteskranke) kann nur zur außerord Künd bei Unzumutbark führen (§ 554a Anm 3). Bsp: Störg des Hausfriedens; Verstöße gg die HausO; Beleidiggen u and Straftaten gg Verm, und Mieter u deren Angeh od Gäste; Beeinträchtigg dch Lärm, Geruch od Schmutz; Benutzg der Wohng zur Prostitution. **c) Beweislast:** Verm für VertrVerletzg u Erheblk; für fehldes Versch je nach Gefahrenkreis (§ 282 Anm 2).

7) Eigenbedarf (II Nr 2). Welchem v mehreren Mietern der Verm kündigt steht ihm frei. **a) Voraussetzungen:** (S 1). Sie müssen nach Abschl des MietVertr entstanden sein u dürfen nach Künd (ggf bis zur Entsch) nicht wegfallen. Die Interessen des Mieters bleiben (im Ggs zu § 4 MSchG u § 556a) auch hier unberücks. Der Eigenbedarf ist als berecht Interesse nicht abschließd geregelt, so daß Bedarf für aus Interesse des Verm ein sonst Grd sein kann (vgl Anm 5 e). **aa)** Verm: bei Mehrh (zB ErbenGemsch) genügt es, wenn der Eigenbedarf für einen besteht. Auch JurP fallen darunter (aA die hM). **bb)** Hausstands- u FamAngeh: darunter ist der in § 8 II.WoBauG dargestellte PersKreis zu verstehen (Lutz DWW **72**, 383 [384]; aA Schmidt-Futterer MDR **72**, 560; AG Köln WM **73**, 150 jeweils für Art 1 § 1 1.WKSchG; LG Osnabr WM **76**, 55); ferner HausAngest (Schopp ZMR **75**, 97 [100]) u solche Pers, die der Verm schon bisher für dauernd in seinem Haush aufgen hat, nicht solche, die er nunmehr (ohne Notwendigk) aufzunehmen beabsichtigt. **cc)** Benöt muß der Verm für sich als WoInh od für einen FamAngeh (wie Anm aa) als neuen Mieter od unentgeltl NutzgsBer. Welcher Grad des Eigenbedarfs erforderl ist, muß dem Einzelfall überlassen bleiben. Keinesf muß ein Notfall vorliegen; es genügen vernünft Grde (Vogel JZ **75**, 73). IdR w genügen, daß der Verm selbst nur eine zu kleine, teuere od zum ArbPlatz wesentl ungünst gelegene Wohng hat, ganz allg eine weniger geeignete (LG Mü I ZMR **74**, 49 für Art 1 § 1 1.WKSchG), daß er die Wohng, die er inne hatte, räumen muß (sofern er nicht ohne Anlaß selbst gekünd hat) od persönl Veränd (Heirat, ArbPlWechsel, Ruhestand) beabsicht. Dieser Abs muß als innerer Vorgang hin u zeitl nicht hinreichd festgestellt w (Karlsr ZMR **77**, 25). Entspr gilt für die FamAngeh, die die Wohng erhalten sollen. Aufn von benöt PflegePers begrdet Eigenbedarf (Lutz DWW **74**, 272 mwN), nicht aber die eines ArbN (Zöll BlGBW **73**, 163 mwN für Art 1 § 1 1. WKSchG); and als wenn von vornherein eine WerkWo (Vorbem 2 vor § 565 b) vorliegt (vgl Anm 5 e). Ist Verm eine JurP, so sind deren Interessen für Eigenbedarf zu berücksich, ggf öff Interessen; zB bei gemeindeeigenen Wohngen die dch Künd mögl Beseitig eines WohgsNotstds, sowie bei SozWo die v NichtwohnBer belegt sind (Vogel JZ **75**, 73). Unabhäng ist der EigBedarf v der Vollendg des Eigt-Erwerbs (aA AG Hdlbg WM **76**, 15). Ausn: Anm b. **b) Wartezeit:** (S 2). Sie bezieht sich nur auf Nr 2, nicht auf Nr 1 u 3. Auch kürzere WarteZt als generelle Voraussetzg für die sonst Fälle des EigBedarfs nicht gerechtf (ebso Schmidt-Futterer ZMR **74**, 37 für Art 1 § 1 1. WKSchG). In Bln kann unter den Voraussetzgn der Anm aa der Verm sich auf berecht Interessen überh nicht berufen, auch nicht nach Ablauf einer WarteZt (Art 2 G v. 17. 11. 75, BGBl 2867). **aa)** Voraussetzgen: Es muß eine sog Umwandlg vorliegen, dh das WoEigt muß nach Überlassg (§ 536 Anm 3) an den betr Mieter begrdet (idR dch § 8 WEG) u vom bish Eigt (Verm) veräußert w sein. Daher fällt nicht darunter: Ersterwerb des WoEigt vor od bei Errichtg des Gebäudes, auch wenn die Wohng vorher wg Unverkäuflk vermietet w; ebsowen, wenn die Wohng nach Errichtg v Bauträger erworben w (aA Mannh WM **75**, 212); bloße Teilg (§ 8 WEG) ohne Weiterveräußerg; ferner die Fälle des § 3 WEG. **bb)** Berechng: Die WarteZt beginnt mit der Vollendg des EigtErwerbs gem § 925. Ende: § 188 II. **cc)** Wirkg: Der Verm darf unter Beachtg der Fr des § 565 zum Ablauf der WarteZt künd (aA Schmidt-Futterer ZMR **74**, 37 für Art 1 § 1 1. WKSchG). **c) Beweislast:** trägt in vollem Umfang der Verm.

8) Wirtschaftliche Verwertung (II Nr 3). **a) Voraussetzungen** (S 1). **aa)** Hinderg angemessener Verwertg: Der Begr Verwertg umfaßt insb den Verk u die Nutzg dch GebrÜberlassg (vor allem Vermietg

Einzelne Schuldverhältnisse. 3. Titel: Miete. Pacht § 564b 8–11

als gewerbl od freiberufl Räume), Begründg dingl Re (insb ErbbR). Angem hierbei sind auch die wirtsch u pers Verh des Verm zu berücks, zG des Verm auch, ob die Art der Verwertg öff Interessen entspr. Insb ist angem: wenn Geldmittel für Unterh, Altersversorgg, Herstellg neuen WoRaums od Investitionen verwendet w sollen, das Grdst nach Beseitigg abbruchreifer Gebäude neu bebaut w soll; jedoch genügt eine erteilte AbbruchGen allein noch nicht (LG Münst WM **74**, 128 für Art. 1 § 1 1.WKSchG). Hohes, dem VerkWert entspr Entgelt steht nicht entgg, ebsowen gewerbl Nutzg, jedoch ein ungerechtf Spekulationsgewinn, wobei Aufwendgen hierfür unberücks bleiben (LG Münst aaO). **bb)** Erleiden erhebl Nachteile für den Verm kann darin liegen, daß das Grdst über längere Zt keine Nutzgen (§ 100) bringt u überwiegd Kosten verurs od einen geringeren KaufPr (aA AG Lübeck DWW **77**, 21 m abl Anm v Hinzmann), wenn die Wohng nicht geräumt ist. Auch die Zinsverluste u die Vereitelg v geplanten Gesch inf der Vorenthaltg des KaufPr gehören dazu. **cc)** Kausalität: Die Fortsetzg des MietVerh muß die Verwertg verhindern u die Nachteile verurs. Diese Kausalität w aber keinesf dadch ausgeschl, daß noch mit MietVerh, die ebenf gekünd sind od w sollen, weitere Hindernisse darstellen. **b) Ausgeschlossene Gründe** (S 2 u 3). **aa)** Höhere Miete (S 2) dch neues MietVerh mit and Mieter, aber nur, wenn wieder als WoRaum vermietet w soll, so daß Vermietg zu gewerbl od freiberufl Zwecken ein zul Grd ist. Dem kann aber andseits im Einzelfall das Verbot der Zweckentfremdg entggstehen (Art 6 MRVerbG); die hierzu erforderl behördl Gen stellt eine tats Voraussetzg für das berecht Interesse des I, II Nr 3 dar (Kurtenbach Betr **71**, 2454; Löwe NJW **72**, 1913 [1916] jeweils für Art 1 § 1 1.WKSchG). Im Proz ggf Aussetzg nach § 148 ZPO. Zur Zweckentfremdg: Schubert NJW **72**, 1348. **bb)** VeräußergsAbs nach Umwandlg in WoEigt (S 3). Dadch w vermieden, daß die in Nr 2 S 2 festgelegte Einschränkg umgangen w kann, indem der Veräußerer das MietVerh beendet. Vgl iü Anm 7 b aa. **c) Beweislast**: trägt in vollem Umfang der Verm.

9) Wirkung. a) Materiell-rechtlich: Künd, die der Verm ohne berecht Interesse erkl, sind dch Abs I verboten u daher gem § 134 nichtig. Sie beenden das MietVerh nicht. Darauf kann der Mieter wg der Unabdingbk (VI) nicht von vornherein verzichten. Verbindl w die Wirksk od Nichtigk der Künd erst dch RKraft (§ 322 ZPO) od dadch, daß nach erfolgter Künd die Part des MietVerh sich dch Vertr vergleichen (§ 779). Akzeptiert der Mieter die Künd stillschw, indem er rechtzeit räumt, so endet das MietVerh auf alle Fälle, mind dadch, daß die nichtige Künd über § 140 in ein Angebot zur VertrAufhebg (§ 564 Anm 1) umgedeutet w, das der Mieter jederzeit annehmen kann (§ 151); aA für § 1 1.WKSchG LG Kiel NJW **75**, 1973 m abl Anm v Fehl. **b) Prozessual**: Erst im RStreit über Räumg, Mietzinszahlg od Feststellg (soweit nach § 256 ZPO zul) ist dch das Ger über die Wirksk der Künd zu entscheiden. **c) Praktisch**: Dem GZweck entspr w der verantwortgsbewußte Verm ord Künd nur aussprechen, wenn er das Vorliegen von Grd gem Abs I, II geprüft u bejaht hat; hierzu veranlaßt schon § 564a I 2 u das ProzKostenrisiko. Bei vorgetäuschten Kündigungsgrden sind SchadErsAnspr nur aus §§ 263 StGB, § 823 II oder § 826 mögl (Schopp Rpfleger **75**, 280 [284]; Löwe ZMR **75**, 289 mwN), zB bei anderwt Vermieter einer wg EigBedarf gekünd Wohng (LG Düss WM **76**, 70). Mit einer bloß ungerechtf Künd geschieht keine pVV u w kein SchutzG iS des § 823 II verletzt (Karlsr OLGZ **77**, 72 für Art 1 § 1. WKSchG; Schopp MDR **77**, 198; aA Sternel MDR **76**, 265 mwN; Seier ZMR **78**, 34).

10) Kündigung von Einliegerwohnraum (IV) bei MietVerh gem Anm 3a u b. **a) Grundregel**: Der Verm hat ein WahlR (BT-Drucks 7/2628 III 2): er kann mit der gewöhnl ges Fr des § 565 II künd, wenn er glaubt, ein berecht Interesse (I, II) zu haben od er kann mit der verlängerten Fr des IV 2 künd, ohne daß in diesem Fall ein berecht Interesse (I, II) vorliegen muß. **b) Verlängerte Kündigungsfrist** (IV 2): Für die Berechng ist zunächst § 565 II S 1 der Tag (3. Werktag eines KalMonats) festzustellen, an dem die ges KündFr für die erklärte od zu erklärde Künd beginnt od begonnen hat. Zum Tag des FrAblaufs (Monatsende) sind 3 Monate hinzuzurechnen. Ist die KündFr zG des Mieters vertragl verlängert, ist entspr zu verfahren. **c) Kündigungserklärung** (IV 4): Im KündSchreiben (§ 564a I) müssen bei einer Künd mit ges Fr aus berecht Interesse (I, II) die Grde hierfür angegeben w, wenn sie berücks w sollen. Angabe v Grd gem § 456a I S 3 ist unter ausdrückl Bezugn auf § 556a zu empfehlen (Korff DWW **78**, 28). Da die Künd mit verlängerter Fr (IV 2) keiner Grde bedarf, muß zur Klarstellg angegeben w, daß die Künd nicht auf I gestützt w. Hierfür muß auch genügen, wenn die Künd eindeut mit verlängerter Fr gem IV 2 od mit Bezugn darauf erkl w (Schubert WM **75**, 1); keinesf muß der GWortl des IV 4 eingehalten w. Es wird zuzulassen sein, daß der Verm primär mit Fr gem I, II kündigt, hilfsw für den Fall, daß diese Künd unwirks sein sollte) mit verlängerter Fr gem IV 2 (aA Schmidt-Futterer ZMR **76**, 97). Eine Künd zum Zwecke der MietErhöhg ist auch hier ausgeschl (§ 1 S 1 MHRG). Erf der Verm bei der KündErkl diese Voraussetzgen nicht, so ist diese Künd nach I zu behandeln, so daß III anzuwenden ist; die Künd ist dann bei fehlden berecht Interessen nichtig (Anm 9a). Ergeben sich aus der Wirksamk der Künd Zweifel, empfiehlt es sich eine neue Künd zu erkl, da eine Wiederholg zul ist. **d) Wirkung**: Dem Mieter bleibt als Verteidigg gg die Künd nur § 556a, nur in Extremfällen §§ 226, 242 (vgl Korff DWW **78**, 28).

11) Prozeßrechtliches. a) Zuständigkeit: Ausschließl das AG, in dessen Bezirk der WoRaum liegt (§ 29a ZPO). **b) Klage**: Der Verm kann nur auf Räumg klagen, auf Feststellg, daß die Künd wirks ist nur gem § 280 ZPO; Mieter auf Feststellg (§ 256 ZPO) der Nichtigk der Künd od des Fortbestds des MietVerh, auch dch WiderKl (§ 280 ZPO). KlVerbindg mit FortsetzgKl (§§ 556a–c) ist zul (§ 260 ZPO), insb auch auf Räumg gerichtete WiderKl dch den Verm. W dasselbe MietVerh mehrmals gekünd, ist Vbdg (§ 147 od § 260 ZPO) zul u idR angebracht, wenn nicht die nachfolgde Künd nur als vorgreifl RVerh in den anhäng Proz eingeführt w. Dies ist bei einer RäumgsKl des Verm die einz Möglk, da sonst eine unzul doppelte RHängigk vorläge. **c) Kosten**: Keine SondRegelg. Es verbleibt bei §§ 91 ff ZPO; von § 93b ZPO ist nur Abs III anwendb. **d) Rechtsmittel**: Es verbleibt beim gewöhnl RMittelzug (LG als BerufsGer). Ein REntsch (Art III 3. MietRÄndG; vgl § 556a Anm 7e) findet nicht statt (obwohl das sehr nahe liegt), auch nicht, wenn mit Anspr aus §§ 556a–c Vbdg od WiderKl gegeben ist. In diesen Fällen darf nur die RFrage aus der SozKlausel zum REntscheid vorgelegt w. **e) Rechtskraft**: Bei abgewiesener RäumgsKl kann der Verm die dabei geltd gemachten KündGrde bei einer neuen Kl nur unterstützd heranziehen (Schmidt-Futterer NJW **72**, 5 für Art 1 § 1 1.WKSchG).

565 Kündigungsfristen. I Bei einem Mietverhältnis über Grundstücke, Räume oder im Schiffsregister eingetragene Schiffe ist die Kündigung zulässig,
1. wenn der Mietzins nach Tagen bemessen ist, an jedem Tag für den Ablauf des folgenden Tages;
2. wenn der Mietzins nach Wochen bemessen ist, spätestens am ersten Werktag einer Woche für den Ablauf des folgenden Sonnabends;
3. wenn der Mietzins nach Monaten oder längeren Zeitabschnitten bemessen ist, spätestens am dritten Werktag eines Kalendermonats für den Ablauf des übernächsten Monats, bei einem Mietverhältnis über Geschäftsräume, gewerblich genutzte unbebaute Grundstücke oder im Schiffsregister eingetragene Schiffe jedoch nur für den Ablauf eines Kalendervierteljahres.

II Bei einem Mietverhältnis über Wohnraum ist die Kündigung spätestens am dritten Werktag eines Kalendermonats für den Ablauf des übernächsten Monats zulässig. Nach fünf, acht und zehn Jahren seit der Überlassung des Wohnraums verlängert sich die Kündigungsfrist um jeweils drei Monate. Eine Vereinbarung, nach welcher der Vermieter zur Kündigung unter Einhaltung einer kürzeren Frist berechtigt sein soll, ist nur wirksam, wenn der Wohnraum zu nur vorübergehendem Gebrauch vermietet ist. Eine Vereinbarung, nach der die Kündigung nur für den Schluß bestimmter Kalendermonate zulässig sein soll, ist unwirksam.

III Ist Wohnraum, den der Vermieter ganz oder überwiegend mit Einrichtungsgegenständen auszustatten hat, Teil der vom Vermieter selbst bewohnten Wohnung, jedoch nicht zum dauernden Gebrauch für eine Familie überlassen, so ist die Kündigung zulässig,
1. wenn der Mietzins nach Tagen bemessen ist, an jedem Tag für den Ablauf des folgenden Tages;
2. wenn der Mietzins nach Wochen bemessen ist, spätestens am ersten Werktag einer Woche für den Ablauf des folgenden Sonnabends;
3. wenn der Mietzins nach Monaten oder längeren Zeitabschnitten bemessen ist, spätestens am Fünfzehnten eines Monats für den Ablauf dieses Monats.

IV Bei einem Mietverhältnis über bewegliche Sachen ist die Kündigung zulässig,
1. wenn der Mietzins nach Tagen bemessen ist, an jedem Tag für den Ablauf des folgenden Tages;
2. wenn der Mietzins nach längeren Zeitabschnitten bemessen ist, spätestens am dritten Tag vor dem Tag, mit dessen Ablauf das Mietverhältnis endigen soll.

V Absatz 1 Nr. 3, Absatz 2 Satz 1, Absatz 3 Nr. 3, Absatz 4 Nr. 2 sind auch anzuwenden, wenn ein Mietverhältnis unter Einhaltung der gesetzlichen Frist vorzeitig gekündigt werden kann.

1) Allgemeines. Zuletzt geändert in Abs II dch das 2. WKSchG. **a) Begriffe:** KündFr ist die Fr zw Erkl der Künd u dem Ende des MietVerh. KündTermin ist der Tag, an dem das MietVerh enden soll. **b) Fristberechnung:** §§ 187–193. Maßg ist der Zugang (§§ 130–132). Die Fr sind für die VertrPart gleich. **c) Anwendbar** ist § 565 nur bei ord Künd (§ 564 Anm 3), bei außerord Künd mit ges Fr (§§ 549 I, 567, 569, 569a V, VI, 569b, 570, 1056, 2135; ErbbRVO 30, KO 19, 21; ZVG 57a) nur nach Maßg des Abs V. Nicht: bei fristl außerord Künd (§§ 542, 544, 553–554a) und bei MietVerh, die auf best Zt ohne Möglk zur ord Künd abgeschl sind (§ 564 Anm 2). **d) Abdingbarkeit.** Zwingd ist Abs II S 1, 2, 4; iü ist § 565 folgdermaßen abdingb: Es können längere, kürzere, auch ungleiche KündFr vereinb w. Bei WoRaum können kürzere KündFr für den Verm nur dann vereinb w, wenn der WoRaum zu nur vorübgehden Gebr vermietet ist (wie § 564b Anm 3c) oder unter Abs III fällt (Anm 2b, bb). Sind für beide VertrPart kürzere Fr vereinb, gilt § 134 nur für die des Verm; iü nach § 139 zu beurt. Kürzere Fr nur für Mieter in MMV 5 I. **e) Verspätete Kündigung.** Hat die KündFr nicht eingehalten, so ist die Künd zu diesem Termin nichtig, kann aber gem § 140 in eine Künd zum nächsten zul Term umgedeutet w. **f) Vereinbarte Kündigungsfristen** (vgl Anm d): 14täg Fr bedeutet iZw, daß tägl auf den Schluß des 14. dem KündTag folgdn Tag gekünd w kann, monatl KündFr, daß am letzten Tag des vorangehdn Monats zum MonatsSchl gekünd w kann (Erm-Schopp 13); die NachFr Abs I N 3 (3. Werktag) ist für vereinb längere KündFr (zB vierteljährl) entspr anzuwenden (umstr). § 193 gilt idR nicht (vgl § 193 Anm 2).

2) Kündigungsfristen (Abs I–IV). Begriff: Anm 1a. **a) Grundstücke, eingetragene Schiffe, Räume** (Abs I). **aa)** Grdst: Einf 6a vor § 535. Schiffe: nur die im SchiffsReg eingetr See- u Binnenschiffe (Vorbem 1b vor § 929a). Räume: Einf 7a vor § 535. MischmietVerh (Einf 9 vor § 535): Bei untrennb gekoppelter Vermietg einen Vorrang eines Teils gilt allein die KündFr für WoRaum (Erm-Schopp 4). **bb)** Maßg ist allein der BemessgsZtRaum (Tages-, Wochen-, Monats-, Quartals-, Jahresmiete); unerhebl sind Fällk u ZahlgsTerm. **cc)** Nr 1: Es kann auch an Sonn-, Feier- u Samstagen gekünd w, da § 193 dem nicht entggsteht. Nr 2: dasselbe gilt bei vereinb Künd für den Schluß der Woche. Nr 3: Ist der 3. Werktag ein Samstag, so kann noch am nächsten Werktag gekünd w, weil dieser Tag FrEnde iS des § 193 ist; in Samstag als 1. od 2. Werktag ist aber mitzuzählen (Erm-Schopp 5). **b) Wohnraum** (Einf 8 vor § 535). **aa)** Abs II: Umfaßt alle MietVerh üb WoRaum, die nicht unter Anm bb fallen. 3. Werktag wie Anm a, cc. Verlängerg der KündFr (S 2): Maßg für den ZtRaum der Überlassg ist deren rechtl Dauer (Beginn bis Ende des MietVerh); unerhebl ist Abschl des MietVertr u Zugang der Künd. Bei Überg v Untermiete zu Hauptmiete u bei Miete einer and Wo desselben Verm beginnt die Überlassgsdauer von neuem (sehr umstr; vgl AG Hbg MDR **70,** 240 mwN). Das Hinzumieten od die Aufg einzelner Räume einer Wohng steht nicht entgg. **bb)** Abs III: umfaßt denselben WoRaum, den § 564b VII 2. Alt betrifft; daher wie § 564b Anm 3d. Nr 1 u 2: wie Anm a, bb. Nr 3: Ist der 15. ein Sonn-, Feier- od Samstag, gilt § 193 (vgl Anm a, cc Nr 3). **c) Bewegliche Sachen:** (Abs IV). Begr: Überbl 3 vor § 90; daher auch nicht eingetr Schiffe. Nr 1: wie Anm a, cc. Nr 2: zw Künd u KündTerm (Anm 1a) müssen 2 Tage liegen.

Einzelne Schuldverhältnisse. 3. Titel: Miete. Pacht   § 565a, Vorbem v §§ 565b–e

565a *Verlängerung befristeter oder bedingter Mietverhältnisse.* I Ist ein Mietverhältnis über Wohnraum auf bestimmte Zeit eingegangen und ist vereinbart, daß es sich mangels Kündigung verlängert, so tritt die Verlängerung ein, wenn es nicht nach den Vorschriften des § 565 gekündigt wird.

II Ist ein Mietverhältnis über Wohnraum unter einer auflösenden Bedingung geschlossen, so gilt es nach Eintritt der Bedingung als auf unbestimmte Zeit verlängert. Kündigt der Vermieter nach Eintritt der Bedingung und verlangt der Mieter auf Grund des § 556a die Fortsetzung des Mietverhältnisses, so sind zu seinen Gunsten nur Umstände zu berücksichtigen, die nach Abschluß des Mietvertrages eingetreten sind.

III Eine zum Nachteil des Mieters abweichende Vereinbarung ist nur wirksam, wenn der Wohnraum zu nur vorübergehendem Gebrauch vermietet ist oder es sich um ein Mietverhältnis der in § 565 Abs. 3 genannten Art handelt.

1) **Allgemeines.** Zuletzt geänd (Abs III) dch 2. MietRÄndG, vgl Einf 12b vor § 535. **a) Zweck**: § 565a erstreckt dch die Notwendk der Künd des WoRaumMieterschutz (§§ 556a, 564b, 565 II; MHRG 1) auf befristete u auflösd bedingte MietVerh. **b) Anwendungsbereich**: nur MietVerh üb WoRaum (Einf 8a vor § 535); nur dafür w im Ggsatz zu and Miet- u PachtVerh die Künd vorgeschrieben (hM; vgl § 564 Anm 2a; aA LG Klautern NJW 75, 1325; LG Wuppert NJW 76, 2215). And Fälle von Verlängerg eines MietVerh sind: § 568; ferner dch VerwAkt (StädteBFG). **c) Abdingbarkeit**: Abs I u II sind zug des Mieters zwingd, so daß die Künd des Verm ausgeschl, die Fr für ihn auch verl w kann. Ausn nur für WoRaum, der in Abs III aufgeführt ist. Vermietg zu vorübgehden Gebr: § 564b Anm 3c. WoRaum der Art des § 565 III: dort Anm 2b, bb.

2) **Befristetes Mietverhältnis** (Abs I) ist ein MietVerh auf best Zt (vgl § 564 Anm 2). **a) Voraussetzungen**: Der MietVertr muß eine VerlängergsKl enthalten (wie § 564 Anm 2a); sie kann auch nachträgl iA VertrErgänzg vereinb w sein (§ 305). **b) Wirkung**: Das MietVerh w verlängert, u zwar so wie es vereinb ist, auf best Zt (vgl Soergel-Mezger 3) od (das gilt iZw) auf unbest Zt. Ausgeschl w diese Wirkg nur dch Künd gem Anm c. **c) Kündigung** (hierzu § 564 Anm 3). Es muß stets die Fr des § 565 II eingehalten w. Zw Künd u Ablehng der VertrVerlängerg begriffl zu untersch (vgl § 564 Anm 2b, Erm-Schopp 4) ist bei WoRaum wg § 565a müß; denn wg dessen Zweck (Anm 1a) ist diese WillErkl auf jeden Fall wie eine Künd zu behandeln. Stets gelten §§ 556a (vgl oben Anm 1c), 564a, 564b, 565 II, ebso MHRG 1, so daß die Künd nichtig ist, wenn sie wg Mieterhöhg erfolgt. Für die Interessenabwägg bei der SozKl (§ 556a) gilt § 556b II (dort Anm 1c, 2).

3) **Auflösend bedingtes Mietverhältnis** (Abs II) ist ein MietVerh auf unbest Zt, weil Eintritt einer Bedingg ungewiß ist; daher kann es stets ord gekünd w (§ 564 II). **a) Voraussetzungen**: der MietVertr muß eine auflösde Bedingg (§ 158 II) enthalten; auch nachträgl angefügt (§ 305). Die Bedingg muß eingetreten sein (vgl § 158 Anm 1). **b) Wirkung**: Das MietVerh verändert sich ab Bedinggseintritt zwingd in ein solches auf unbest Zt. Abs II S 2 beschr bei der Interessenabwägg (§ 556a Anm 6) die Grde des Mieters.

Werkwohnungen (§§ 565b–565e)

Vorbemerkung

1) **Allgemeines. a) Anwendungsbereich**: Zeitl mit Inkrafttreten des 2. MRÄndG (Einf 12b vor § 535). Nur ab Beendigg des D(Arb)Verh. Währd dessen Dauer gelten die allg Vorschr insb §§ 565, 565a (Holtgrave Betr 64, 1101; LG Kassel NJW 71, 2031). Dabei ist ein stillschw Ausschl v Künd zwar mögl, idR aber nicht anzunehmen (Papenheim BB 65, 246). Sachl alle MietVerh, die mit Rücks auf ein D(insb Arb)Verh (Einf 1b, e vor § 611) abgeschl sind (§ 565b), gleichgült, ob der DBer (ArbG) der Verm ist od nicht. Auch Wohngen, die an Angest u Arb des öff Dienstes v DHerrn aGrd privrechtl MietVerh vergeben sind (OVG Münst WM 75, 154), aber nicht die DWohngen, die im Rahmen der öffrechtl DStellg an öff Bedienstete, insb an Beamte, Richter u Soldaten zugewiesen w (öffrechtl NutzgsVerh, BGH **LM** § 71 GVG Nr 9). Die außerord Künd w dch die §§ 565b–565e nicht berührt. **b) Zweck**: Nach Beendigg des D(Arb)Verh soll dch verkürzte KündFr das MietVerh schneller gelöst w können, da der Anlaß für das MietVerh weggefallen ist u der WoRaum für einen and D(Arb)Verpfl (ArbN) frei w soll. **c) Abdingbarkeit**: Die §§ 565c bis 565e sind zuungunsten des DVerpfl (ArbN) nicht abdingb, da sie insow zwingd die §§ 556a, 565 II zugunsten des Verm abändern. **d) Verhältnis zum Sozialschutz**: Die SozKlausel (§§ 556a, 556b) gilt nach Maßg des § 565d. Das WKSchG ist uneingeschr anwendb (AG Stgt WM 74, 126); jedoch w die Verwendg der Wohng für einen and ArbN idR für das berecht Interesse (iS des § 564 b) ausreichen (vgl Schmidt-Futterer NJW 72, 5 u BB 72, 1058). **e) Mitbestimmung** des BetrR gem § 87 I Nr 9 BetrVG (für Zuweisg u Künd) ist zu beachten. Sie besteht nicht für die Höhe des Mietzinses (Giese BB 73, 198; bestr). Die WillErkl des ArbG als Verm sind grdsätzl nicht wg fehlder Zust des BetrR unwirks; Ausn: Künd (Dietz-Richardi § 87 Rdn 278). Stimmt der BetrR der Künd zu od läßt die Einiggstelle sie zu (§ 76 BetrVG), w dadch die Re des ArbN auf SozSchutz (Anm c) nicht berührt. **f) Zuständigkeit**: § 29a ZPO.

2) **Arten von Werkwohnungen.** Allg fällt darunter jeder WoRaum (Einf 8a vor § 535), der mit Rücks auf ein D(insbArb)Verh vermietet w (vgl Anm 1a), nicht notw v DBer (ArbG) selbst u an den DVerpfl (ArbN) allein, insb auch an dessen Ehefr als Mitmieterin (Erm-Schopp 5). **a) Werkmietwohnungen** (§§ 565b–565d). Es besteht neben dem D(Arb)Verh ein selbstd MietVertr, wobei Verm der DBer(ArbG) selbst ist od ein zu ihm in Beziehg stehder Dr, insb eine ihm ganz od zT gehörde WerkwohngsGesellsch od ein WoEigtümer, dem ggü ihm ein BeleggsR aGrd eines vom MietVertr zu unter-

Vorbem v §§ 565 b–e, §§ 565 b, 565 c

scheidden WerkfördergsVertr zusteht (Einf 11 b, ee vor § 535). **b) Werkdienstwohnung** (§ 565 e). Die Überlassg des WoRaums ist Bestandteil des D(Arb)Vertr u Teil der Vergütg; es liegt ein gimischter Vertr vor (§ 305 Anm 6 b, cc). IdR steht die Lage des WoRaums in enger Beziehung zur D(Arb)Leistg (zB Hausmeisterwohng). Zur Abgrenzg v Anm a vgl Schmidt-Futterer/Blanck BB 76, 1033. Da kein MietVertr vorliegt, können die MietVorschr nur entspr angewendet w. **c) Bergarbeiterwohnungen** sind WoRäume, die aus Mitteln der KohlenAbg aGrd des G v 4. 5. 57 (BGBl 418 idF v 24. 8. 65, BGBl 909) errichtet u an WohnBerecht im Kohlebergbau (§ 4; BGH MDR 71, 286) dch MietVertr (wie bei Anm a) überlassen sind, jedoch nicht an einen best Betr od ArbG gebunden (§ 5 III), sond allein an die Zugehörig zum Bergbau. Nur wenn die WohnBerechtigg (§ 4) dch Ausscheiden aus dem Bergbau erlischt, gelten die §§ 565 b–565 e entspr (§ 7 a). **d) Öffentlich geförderte Werkwohnungen,** die der ArbG zur Unterbringg seiner ArbN errichtet hat, w auflagegem 5 Jahre nach Beginn des MietVerh vom D(Arb)Verh unabhäng (§ 24 I.WoBauG; § 53 II.WoBauG). Nur innerh dieser 5 Jahre gelten die §§ 565 b–565 e (Art IV § 4 2. MietRÄndG), danach die allg Vorschr.

565 b *Werkmietwohnungen.* **Ist Wohnraum mit Rücksicht auf das Bestehen eines Dienstverhältnisses vermietet, so gelten die besonderen Vorschriften der §§ 565 c und 565 d.**

1) Voraussetzungen. Es muß sich um eine Werkmietwohng (Vorbem 2 a) im Rahmen des Anwendgsbereichs (Vorbem 1 a) handeln. Das Bestehen od der Abschl des D(Arb)Verh muß ein BewegGrd für die Begrdg od den Fortbestd des MietVerh gewesen sein, nicht notw der einzige.

2) Wirkung. § 565 b erklärt die §§ 565 c, 565 d als bes Vorschr für anwendb. Das bedeutet, daß die allg Vorschr über das MietVerh gelten, soweit die §§ 565 c, 565 d nichts Abweichdes bestimmen, näml für § 556 a u § 565 II, jeweils indem das MietVerh nach dem Ende des D(Arb)Verh leichter beendet w kann.

565 c *Kündigung von Werkmietwohnungen.* **Ist das Mietverhältnis auf unbestimmte Zeit eingegangen, so ist nach Beendigung des Dienstverhältnisses eine Kündigung des Vermieters zulässig**

1. spätestens am dritten Werktag eines Kalendermonats für den Ablauf des nächsten Monats, wenn der Wohnraum weniger als zehn Jahre überlassen war und für einen anderen zur Dienstleistung Verpflichteten dringend benötigt wird;

2. spätestens am dritten Werktag eines Kalendermonats für den Ablauf dieses Monats, wenn das Dienstverhältnis seiner Art nach die Überlassung des Wohnraums, der in unmittelbarer Beziehung oder Nähe zur Stätte der Dienstleistung steht, erfordert hat und der Wohnraum aus dem gleichen Grunde für einen anderen zur Dienstleistung Verpflichteten benötigt wird.

Im übrigen bleibt § 565 unberührt.

1) Allgemeines. a) Anwendungsbereich. Nur bei Werkmietwohngen (Vorbem 2 a) und bei auf unbest Zeit eingegangenen MietVerh. Dazu gehören auch diejenigen, die auflösd bedingt sind dch die Beendigg des D(Arb)Verh; das folgt aus § 565 a II 1 (Holtgrave Betr **64**, 1101). Ferner gilt § 565 c bei MietVerh, die auf best Zeit abgeschl sind (§ 564 I), wenn eine als erforderl vereinb Künd unterblieben ist u sich deshalb das MietVerh auf unbest Zeit verlängert (§ 565 a I). § 565 c gilt nicht, wenn das MietVerh auf best Zeit eingegangen ist u die Verlängerg nicht od nur auf eine best Zeit eintritt. In diesen Fällen ist es gleichgült, ob das ArbVerh vorher, gleichzeig od später endet; insb können MietVerh u D(Arb)Verh auf dieselbe best Zeit abgeschl w u enden dann gleichzeit. **b) Kündigung** v MietVerh u D(Arb)Verh sind zu unterscheiden. Die beiden Künd können zugleich, aber auch getrennt erkl w. Sie sind unabhäng voneinander, auch in der rechtl Beurteilg. In der Künd des D(Arb)Verh liegt nicht auch die des MietVerh (LG Itzehoe ZMR **69**, 87). Es kann schon vor Beendigg des ArbVerh das MietVerh gekünd w, aber nicht bevor dieses gekünd ist. Vorher kann nur mit der Fr des § 565 gekünd w. Stets w aber die KündFr des § 565 c von der Beendigg des ArbVerh an gerechnet, so daß bei Beendigg des ArbVerh zum 31. 8. das MietVerh im Fall der Nr 1 frühestens zum 31. 10., bei Nr 2 frühestens zum 30. 9. gekünd w kann. Unbenommen bleibt es dem DBer (ArbG) wg S 2, vor Beendigg u Künd des ArbVerh u beim Fehlen der Voraussetzgen der Nr 1 u 2 mit der Fr des § 565 zu künd. Die Künd gem § 565 c ist eine ord, keine außerord Künd. Nach Beendigg des ArbVerh ist die Künd mitbestimmgsfrei (Dietz-Richardi § 87 Rdn 273; bestr).

2) Gewöhnliche Werkwohnungen (Nr 1). a) Begriff: alle, die nicht unter Nr 2 (Anm 3) fallen, also Wohngen, deren Funktion sich darin erschöpft, daß der DVerpfl (ArbN) darin wohnt. **b) Voraussetzungen.** Die verkürzte KündFr (vgl Anm 1 b) gilt nur: **aa)** Wenn der WoRaum zZ des Zugangs der Künd noch nicht 10 Jahre lang überlassen war. Die Überlassg ist wie bei § 565 II zu beurt. Ist die Wohng länger überlassen, gelten die allg Fr des § 565. **bb)** Dringder Bedarf für einen and DVerpfl (ArbN). Hierfür genügt idR, daß dadch ein D(Arb)Verh abgeschl od aufrechterhalten w kann, das für den Betr nützl ist, u der betreffde DVerpfl (ArbN) die Wohng benötigt od verlangt. **c) Wirkung:** eine auf weniger als 2 Monate verkürzte KündFr (vgl Nr 2). Werktag ist auch der Samstag (Sonnabend). § 193 gilt nicht, weil sonst die zum Schutz (Nr 2) des KündEmpf best Fr verkürzt w (vgl § 193 Anm 2).

3) Funktionsgebundene Werkwohnung (Nr 2). a) Begriff: Wohngen, die so gelegen sind, daß sie eine unmittelb Beziehg zur D(Arb)Leistg haben. Bsp: Wohng für Verwalter, Hausmeister, BereitschD- u WachPers, abgelegene BetrStätten ohne sonst Wohngelegenh. **b) Voraussetzung:** gerade wg der gleichen Funktion muß für einen and ArbN nicht notw für den Nachf am ArbPl die Wohng benötigt w. **c) Wirkung:** eine auf weniger als 1 Monat verkürzte KündFr (vgl Nr 2). Wg Samstag wie Anm 2 c.

565d *Sozialklausel bei Werkmietwohnungen.* ¹ Bei Anwendung der §§ 556a, 556b sind auch die Belange des Dienstberechtigten zu berücksichtigen.

II Hat der Vermieter nach § 565c Satz 1 Nr. 1 gekündigt, so gilt § 556a mit der Maßgabe, daß der Vermieter die Einwilligung zur Fortsetzung des Mietverhältnisses verweigern kann, wenn der Mieter den Widerspruch nicht spätestens einen Monat vor der Beendigung des Mietverhältnisses erklärt hat.

III Die §§ 556a, 556b gelten nicht, wenn

1. der Vermieter nach § 565c Satz 1 Nr. 2 gekündigt hat;

2. der Mieter das Dienstverhältnis gelöst hat, ohne daß ihm von dem Dienstberechtigten gesetzlich begründeter Anlaß gegeben war, oder der Mieter durch sein Verhalten dem Dienstberechtigten gesetzlich begründeten Anlaß zur Auflösung des Dienstverhältnisses gegeben hat.

1) Allgemeines. a) Anwendbar ist § 565d nur für Werkmietwohngen (Vorbem 2a vor § 565b). **b) Zweck:** Einschränkg der SozKlausel (§§ 556a, 556b) zugunsten des Verm, um Werkwohngen für die ArbN des betr Untern bereitstellen zu können. **c) Wirkung:** Soweit die SozKlausel gilt (gem Anm 2), sind abgesehen v der Fr des Widerspr u der Abwägg (vgl Abs I) dieselben Voraussetzgen u Auswirkgen der §§ 556a, 556b gegeben.

2) Anwendbarkeit der Sozialklausel (I, II). a) Voraussetzungen: aa) Nur bei gewöhnl Werkmietwohngen (§ 565c Anm 2). **bb)** Bei allen ord Künd des MietVerh, soweit nicht die Voraussetzgen des III (Anm 3) vorliegen, gleichgült ob mit der Fr des § 565 od der des § 565c S 1 Nr 1 geknd w. **b) Wirkung: aa)** Die WidersprFr (§ 556a Anm 5d) ist auf einen Monat verkürzt, wenn mit der Fr des § 565c S 1 Nr 1 geknd w. **bb)** Bei der Interessenabwägg (§ 556a Anm 6a) sind neben den Belangen des Verm im selben Umfange auch die des DBer (ArbG) zu berücks; das ist insb v Bedeutg, wenn Verm u DBer (ArbG) versch Pers sind (vgl Vorbem 2 vor § 565b). Der DBer (ArbG) muß den Bedarf dch TatsVortrag darlegen, idR auch den vorgesehenen MietNachf benennen.

3) Unanwendbarkeit der Sozialklausel (III). Alternativ: a) Bei funktionsgebundenen Werkwohngen (III Nr 1; wie § 565c Anm 3). **b)** Auflösg des D(Arb)Verh (gem Vorbem 1 c, d vor § 620) dch den Mieter (III Nr 2 1. Alt.), ohne dch Künd, gleichgült ob ord (§§ 621, 622) od außerord (§ 626). Ausn: ein v DBer (ArbG) verursachter Anlaß, der für den DVerpfl (ArbN) einen wicht Grd (§ 626 Anm 6) darstellt. **c)** Auflösg des D(Arb)Verh (Vorbem 1 c, d, e, bb, β vor § 620) dch den DBer (ArbG) insb dch außerord Künd gem § 626. Der DVerpfl (ArbN) muß den Anlaß verursacht haben. Liegt der wicht Grd (§ 626 Anm 5) vor, kann auch mit den Fr der §§ 621, 622 geknd w. Nicht genügt, wenn der Anlaß nur einen Grd nach § 1 II S 1 KSchG darstellt.

565e *Werkdienstwohnungen.* Ist Wohnraum im Rahmen eines Dienstverhältnisses überlassen, so gelten für die Beendigung des Rechtsverhältnisses hinsichtlich des Wohnraums die Vorschriften über die Miete entsprechend, wenn der zur Dienstleistung Verpflichtete den Wohnraum ganz oder überwiegend mit Einrichtungsgegenständen ausgestattet hat oder in dem Wohnraum mit seiner Familie einen eigenen Hausstand führt.

1) Allgemeines: Vorbem 2 b vor § 565 b. Da ein einheitl gemischter Vertr vorliegt u idR das D(Arb)-Verh vorherrscht, endet grdsätzl mit ihm auch der Anspr des DVerpfl (ArbN) die Wohng zu benutzen. Hiervon schafft § 565 e aus SozSchutz eine Ausn. **Voraussetzungen:** mind überwiegde Ausstattg mit EinrichtgsGgstden dch den DVerpfl (ArbN), nicht notw mit solchen, die in seinem Eigt stehen, od eigener Hausstd mit Familie (auch kinderl Ehepaar). **Wirkung:** Das R des DVerpfl (ArbN) zur Benutzg der DWohng endet unabhäng v D(Arb)Verh nach MietR für WoRaum; infolgessen gilt dasselbe wie für Werkmietwohngen (§§ 565 b–565 d). Da DWohngen idR funktionsgebunden sind, gelten die entspr Regeln (vgl § 565 c Anm 1, 3; § 565 d Anm 3 a).

566 *Schriftform des Mietvertrags.* Ein Mietvertrag über ein Grundstück, der für längere Zeit als ein Jahr geschlossen wird, bedarf der schriftlichen Form. Wird die Form nicht beobachtet, so gilt der Vertrag als für unbestimmte Zeit geschlossen; die Kündigung ist jedoch nicht für eine frühere Zeit als für den Schluß des ersten Jahres zulässig.

1) Allgemeines. a) Zweck: In erster Linie soll dem späteren GrdstErwerber im Hinbl auf § 571 ermöglicht w, sich vollst über die auf ihn übergehden R u Pfl des MietVertr zu unterrichten; außerdem sollen zw den Part Unklarh u BewSchwierigk vermieden w. **b) Abdingbarkeit:** ausgeschl, § 566 ist zwingd (allgM). **c) Anwendungsbereich:** Miet- u PachtVertr (§ 581 II) über Grdst, auch für Teile eines Grdst, Wohng u Räume (§ 580), auch wenn ein schriftl VorVertr abgeschl war u sich der endgült Vertr darauf bezieht (BGH NJW **70**, 1596); für MietOptionsVertr (Einf 1 f vor § 535); für Ändergs- u VerlängergsVertr (Anm 4); für Eintritt eines weiteren Mieters (BGH NJW **75**, 1653); für Eintritt eines neuen Mieters an Stelle des bisherigen nur iF des § 549 Anm 7c (Soergel-Mezger 16). **Nicht:** für MietVorVertr (Einf 1 d vor § 535; hM, BGH WPM **64**, 1216), für VormietVertr (Einf 1 e vor § 535), für AutomatenAufstell-

Vertr (Einf 2e vor § 535; BGH **47**, 202); für Zust bei Eintritt eines neuen Mieters iF des § 549 Anm 7b (wg § 182 II); für vereinb Rückn der Künd eines der Form des § 566 entspr MietVertr, wenn er im wesentl unveränd bleibt (Mü NJW **63**, 1619); für Eintritt von FamAngeh gem § 569a; für Vertr zw Verm u Grdst-Erwerber (also nicht zw der Part des MietVertr), in dem die Verpfl begründet w, dem Mieter innerh einer mehr als einjähr Fr nicht zu künd (RG **103**, 381); aus dem gleichen Grd die Vereinbg zw Verm u einem Dr, den Mietpr für eine best Zt nicht zu erhöhen.

2) Vereinbarte Dauer. Sie muß ein Jahr überschreiten. Maßgebd ist der Beginn des MietVerh, nicht der Ztpkt des VertrAbschl. **a)** Vertr mit best MietZt (§ 564 I) sind es idR, insb auch solche, die sich nach Ablauf eines Jahres um best Zt verlängern, wenn nicht gekünd w (RG HRR **33**, 873) od die nach Ablauf eines Jahres nur zu best Terminen gekünd w können (Soergel-Mezger 3). **b)** Vertr mit unbest MietZt fallen unter § 566, wenn sie auf LebensZt einer VertrPart (BGH NJW **58**, 2062) od eines Dr geschl sind; ferner, wenn die KündFr so lang ist, daß der Vertr nicht mind jährl aufgelöst w kann (Staud-Kiefersauer 3).

3) Schriftform gem § 126 (vgl dort). Die Form des § 127 genügt nicht. **a) Notarielle Beurkundung** (§ 128) ersetzt die Schriftform (§ 126 III). Notw ist sie nur, wenn der MietVertr wesentl Bestandt eines unter § 313 fallden GrdstVeräußergsVertr ist (RG **103**, 381); Heilg ist dann mögl. **b) Anspruch auf Einhaltung der Schriftform** ist begründet, wenn die Part im Zushang mit dem mdl Abschl des MietVertr ausdr od stillschw vereinb, daß Pfl zur Einhaltg der Schriftform besteht (RG **104**, 131; BGH **LM** Nr 11). Der Zweck des § 566 (Anm 1a) w auch in diesen Fällen erfüllt. **c) Umfang:** Grdsätzl unterliegt der gesamte VertrInh der Form (BGH NJW **54**, 425). MindestInh sind die wesentl Bedinggen eines MietVerh (jedenf MietGgst, Mietpr, Dauer); sie müssen sich aus dem schriftl Vertr od aus darin in Bezug gen Urk ergeben (BGH **LM** Nr 6). Nebenabreden unterliegen dann der Schriftform, wenn sie den Inh des MietVerh gestalten u (im Einzelfall) nach dem Willen der Part wesentl Bedeutg haben; das ist gegeben bei ausnahmsw erteilter od verweigerter Erlaubn zur Untervermietg (Soergel-Mezger 13); idR bei Abreden über den Mietzins u den Umfang des GebrR. **Nicht:** einmalige Zahlg an den Verm als Entgelt für den Abschl des MietVertr (BGH **WPM 64**, 184); Kauf von Inv- od EinrichtgsGegenständen (Brsl JW **32**, 1068); überh alle Abreden, die eine einmalige Leistg betreffen, weil hier der Zweck des § 566 (Anm 1a) nicht entgsteht; Vereinbg mit Dr, soweit sie ledigl aus Anlaß des MietVertr getroffen sind od über § 328 nur Re zG der Mieter begründen. Wg nachträgl Nebenabreden: Anm 4. **d) Berufung auf Formmangel** ist idR nicht argl (BGH **WPM 70**, 1480). Unzulässige RAusüb (§ 242 Anm 4c) ist aber im Einzelfall mögl, insb gegeben: wenn der Verm (dem Zweck des § 566 entspr) sich mdl verpfl hat, dafür zu sorgen, daß ein etwaiger GrdstErwerber von der bestehden Verpfl dch Eintr einer Dienstbk erfährt (BGH **LM** Nr 15); wenn bei mdl VertrAbschl spätere Einhaltg der Schriftform vereinb w (vgl Anm b), jedoch gilt dies nicht ggü einem späteren Erwerber (BGH **LM** Nr 7).

4) Folgen des Formmangels. a) Gesetzliche Schriftform (S 1): Voraussetzg ist, daß überh ein wirks mdl Vertr geschl ist; auch iF des Eintritts eines weiteren Mieters (BGH **WPM 75**, 1653). Besonderh bei VertrÄnd: Anm 5c. Keine Nichtigk, da S 2 ggü § 125 lex specialis darstellt, sond: Vertr gilt (Fiktion) als voll wirks auf unbest Zeit geschl u kann (frühestens) zum Ablauf des 1. VertrJahres (unabhäng von KalJahr) mit der Fr des § 565 gekünd w. § 139 ist demggü unanwendb, so daß (weil S 2 zwing ist) S 2 auch dann gilt, wenn die Part einen Vertr auf 1 Jahr od auf unbest Zeit nicht geschl haben würden (BGH **LM** § 139 Nr 29). Nur bei einem (insb mit Kauf) gemischten Vertr kann sich daraus, daß die vereinb längere Dauer des MietVertr unwirks ist, die Nichtigk des ganzen gemischten Vertr ergeben (BGH aaO). **b) Vereinbarte Schriftform** w dch § 566 nicht ausgeschl u führt über § 125 S 2 iZw zur Nichtigk. Nur wenn der MietVertr trotzdem wirks ist (vgl § 125 Anm 2a) greifen die RFolgen des § 566 ein. Das kommt aber nur in Betr, wenn der Vertr trotz § 154 II als geschl anzusehen ist (BGH BB **66**, 1081).

5) Änderungen und Verlängerungen des ursprüngl Vertr (insb Nachträge u Zusätze). Darunter fällt nicht die Aufhebg (§ 305) des ges MietVertr (allgM), wohl aber: Aufhebg od Beschrkg, Begründg od Erweiter von Pfl u Rechten od des sonst VertrInh. Keine Änd ist der Eintritt eines neuen Mieters gem § 549 Anm 7 b u d. **a) Formzwang:** Ergreift grdsätzl jede Änd u jede Verlängerung des MietVertr; wenn der Vertr (unter Einschluß der Änd) noch länger als ein Jahr laufen soll (hM), nicht aber eine solche Änd, die ihrerseits nur für einen kürzeren Zeitraum gilt (K. Müller JR **70**, 86). Der Formzwang ergreift auch die Aufhebg u Beschrkg von Rechten od Pfl aus dem MietVertr (hM; aA K. Müller aaO). Formfrei sind ausnahmsw solche Änd, die unwesentl Nebenabreden darstellen (BGH WPM **63**, 173; wie Anm 3 c); vgl auch Schlesw ZMR **71**, 377). **b) Einhaltung der Schriftform:** Wie Anm 3, insb gilt § 126. Wird der VertrText nicht völl neu gefaßt, ist zusätzl notw, daß ein unmittelb räuml Zushang (feste Verbindg) mit der ursprüngl VertrUrk hergestellt w (hM; aA K. Müller aaO), indem entw die Änd auf die ursprüngl Urk gesetzt od die neue Urk im Augenblick der Erf der Schriftform (BGH **50**, 42 u WPM **70**, 1480 nach dem übereinstimmden Willen der Part) so mit der alten verbunden w, daß sie nur unter teilw Substanzverletzg entfernt w kann (BGH **40**, 255; vgl hierzu Ganschezian-Finck ZMR **73**, 129); dann genügt auch die Bezugn auf eine nicht unterzeichnete Urk über die Änd (BGH aaO). Die räuml Verbindg ist nicht notw, wenn die neue Urk selbst die wesentl Bestandt eines MietVertr enthält u auf die (formgerechte) ursprüngl Urk Bezug gen w (BGH **42**, 333), bei einem VerlängergsVertr, insb auch dann, wenn ohne Bezeichng des MietObj die Verlängerg vereinb u die sonst wesentl Bestandteile des MietVertr aufgeführt sind (BGH **52**, 25). **c) Folgen des Formmangels.** Grdsätzl ist der ganze (ursprüngl formgerechte) Vertr als auf unbest Zeit geschl anzusehen (hM); jedoch ergreift die Formmangel eines neuen VerlängergsVertr idR nur den ursprüngl Vertr (BGH **50**, 39). Im Einzelfall kann das zu unangem Ergebnissen führen, insb dann, wenn die wirtsch Bedeutg der Abänd gering ist. Dem kann dch die von K. Müller aaO vertretene analoge Anwendg des § 139 begegnet w; danach kann Unwirksamk nur für den ÄndVertr in Betr kommen, iü immer nur die RFolgen des § 566 S 2, entweder für den ganzen od nur für den AbändVertr.

Einzelne Schuldverhältnisse. 3. Titel: Miete. Pacht §§ 567–569

567 *Vertrag über mehr als 30 Jahre.* Wird ein Mietvertrag für eine längere Zeit als dreißig Jahre geschlossen, so kann nach dreißig Jahren jeder Teil das Mietverhältnis unter Einhaltung der gesetzlichen Frist kündigen. Die Kündigung ist unzulässig, wenn der Vertrag für die Lebenszeit des Vermieters oder des Mieters geschlossen ist.

1) **Allgemeines. a) Anwendungsbereich**: gilt für Pacht (§ 581 II); auch für VorVertr (Erm-Schopp 1) entspr auch für miet- od pachtähnl Verh (RG 121, 11); aber nicht beim KausalVerh für eine GrdDienstbk (BGH WPM **74**, 1232). **b) Abdingbarkeit**: § 567 ist zwingd, weil Erbmiete u Erbpacht ausgeschl w sollen (BGH **LM** § 581 Nr 2). **c) Lebenszeitverträge**: S 2 ist nur für natürl Pers anwendb. Die Künd ist auch nach 30jähr VertrDauer ausgeschl.

2) **Voraussetzungen und Wirkung. a)** Der Vertr muß von vorneherein auf mehr als 30 Jahre abgeschl sein. Mehr als 30jähr VertrDauer liegt auch vor, wenn der Vertr für 30 Jahre, aber mit OptionsR geschl ist (RG **130**, 143), ebso, wenn Vertr auf unbest Zt mit Ausschl der Künd geschl ist (Erm-Schopp 2) od wenn die Künd nur bei Erf v Verpfl zul ist, die übermäß wirtsch Erschwer darstellen (RG **73**, 341). Greifen mehrere aufeinanderfolge MietVertr so ineinander, daß insges die Dauer 30 Jahre übersteigt, darf nicht zusgerechnet w, wenn zum Abschl des spät Vertr kein Zwang bestand (RG **165**, 22). **b)** Der Vertr ist wirks (RG **130**, 143). Es besteht nur das KündR mit der Fr des § 565. Die Künd stellt nur in AusnFällen unzul RAusübg dar (vgl § 242 Anm 4c; BGH **LM** § 581 Nr 31).

568 *Stillschweigende Verlängerung.* Wird nach dem Ablaufe der Mietzeit der Gebrauch der Sache von dem Mieter fortgesetzt, so gilt das Mietverhältnis als auf unbestimmte Zeit verlängert, sofern nicht der Vermieter oder der Mieter seinen entgegenstehenden Willen binnen einer Frist von zwei Wochen dem anderen Teile gegenüber erklärt. Die Frist beginnt für den Mieter mit der Fortsetzung des Gebrauchs, für den Vermieter mit dem Zeitpunkt, in welchem er von der Fortsetzung Kenntnis erlangt.

1) **Allgemeines. a) Zweck**: Dient nicht dem Bestandsschutz (aA LG Bochum ZMR **71**, 56 m abl Anm v Schopp), sond soll (statt vertrlosen Zust) Anwendbk des MietR gewährleisten, wenn der Gebr fortgesetzt w. **b) Anwendungsbereich**: Auch Pacht (§ 581 II). Für jede Art der Beendigg des MietVerh (§ 564 Anm 1), insb auch bei außerord Künd (LG Hbg MDR **65**, 749 u WM **75**, 57 mwN); RäumgsVgl (bestr) u MietAufhebgsVertr (LG Mannh Justiz **74**, 333). Für alle Arten von MietVerh. Nicht anwendb, wenn ein VertrTeil geschunfäh ist, weil wg Anm 2b WillErkl notw ist (hM; Larenz § 44 VI). **c) Abgrenzung**: Von § 568 ist zu unterscheiden: **aa)** Verlängerungsklausel bei MietVerh über WoRaum (§ 565 a I). **bb)** Verlängerg des MietVerh dch Vertr (§ 305). **cc)** Gewährg einer RäumgsFr dch den Verm (Soergel-Mezger 7). **d) Abdingbarkeit**: § 568 ist nicht zwingd (BGH ZMR **66**, 241), auch in der Weise, daß die Anwendg des § 568 ganz ausgeschl bleibt (aA Schroers WM **74**, 65). **e) Verhältnis zur Sozialklausel**: Hat Mieter der Künd nicht nach § 556 a widersprochen, so gilt das MietVerh als auf unbest Zeit verlängert, wenn Verm nicht nach § 568 widerspricht. Das WiderspR des Mieters nach § 556 a ist dann ggstandslos. Der Anspr auf gerichtliche Feststellg der zeitl Dauer des MietVerh (§ 556 c II) entfällt. Bei erneuter Künd ist § 556 a anwendb. **f) Beweislast**: Wer sich auf Verlängerg beruft, muß GebrFortsetzg bew. Wer Verlängerg trotz GebrFortsetzg bestreitet, muß rechtzeit Widerspr bew. Verspätg des Widerspr wg Kenntn des Verm muß Mieter bew.

2) **Voraussetzungen. a) Fortsetzung des Gebrauchs**: nur dch den Mieter, nicht dch Dr. Nur tats Behalten, nicht Gebr ist entscheid. Keine WillErkl, rein tats Vorgang. Kenntn vom Ende der MietVertr ist bedeutgsl. **b) Unterlassung** der Erkl enttggstehenden Willens. WillErkl des Verm od Mieters. Empfangsbedürft (§ 130). Kann schon vor Ablauf der MietZt abgegeben w (BGH ZMR **66**, 241; LG Mannh DWW **76**, 88; aA Schroers WM **74**, 65; Haase JR **72**, 58 mwN), weil „nach dem Ablaufe" sich auf den Gebr der Sache bezieht u jede fristgebundene Erkl auch vor FrBeginn abgegeben w kann. Wiederholg unnöt (BGH MDR **69**, 658), insb wenn RäumgsUrt ergangen u RäumgsFr abgelaufen ist (bestr). Die Erkl des Verm liegt insb im (formlosen) Räumgsverlangen od RäumgsKl (LG Wuppert ZMR **68**, 168), auch in der Erkl das MietVerh nicht zu vom Mieter gewünschten Bedingungen fortsetzen zu wollen (Soergel-Mezger 3), aber nicht in einer fristlosen außerord Künd (LG Hbg WM **75**, 57). Ebensowen genügt die bloße Fdg höheren Mietzinses. **c) Frist**: Berechng §§ 187, 188, 193. Beginn: nicht vor Ende der MietZt; für Mieter, wenn er gekünd hat, mit dem Termin, zu dem er gekünd hat; bei gerichtl RäumgsFr erst mit ihrem Ablauf (Ganschezian-Finck NJW **71**, 2051). Bei Kl gelten § 270 III ZPO nF (LG Dortm ZMR **66**, 108; aA LG Hbg WM **75**, 57 zu § 496 ZPO aF), weil diese Vorschr für fristwahrde WillErkl gilt.

3) **Wirkung.** Fiktion der Verlängerg des (alten) MietVerh auf unbest Zt; ohne Rücks auf PartWille. Daher keine Anf (hM). Da das alte MietVerh fortbesteht, gilt der vereinb Inhalt des MietVertr weiter, mit Ausn der Punkte, die der Fortsetzg auf unbest Zt enttggstehen. Insb gelten die gesetzl KündFr (Soergel-Mezger 4 mwN).

569 *Kündigung bei Tod des Mieters.* I Stirbt der Mieter, so ist sowohl der Erbe als der Vermieter berechtigt, das Mietverhältnis unter Einhaltung der gesetzlichen Frist zu kündigen. Die Kündigung kann nur für den ersten Termin erfolgen, für den sie zulässig ist.

II Die Vorschriften des Absatzes 1 gelten nicht, wenn die Voraussetzungen für eine Fortsetzung des Mietverhältnisses nach den §§ 569a oder 569b gegeben sind.

§§ 569, 569a 2. Buch. 7. Abschnitt. *Putzo*

1) Im Falle des Todes des Mieters steht dem Verm u den Erben des Mieters das Recht der **vorzeitigen Künd** zu. Abw Parteivereinbgen sind mögl, RG **74**, 37; vgl aber Anm 3. TodesErkl steht dem Tode gleich, nicht aber Verschollenh. Die Vorschr gilt aber nur für natürl, nicht für jur Personen. Verm kann Wirksamk der Künd nicht von einem Ausweis über Erbeneigensch abhäng machen, KG JW **18**, 517. Stirbt einer von mehreren Mietern, so kann wg der Unteilbark des MietVerh den Erben des einen Mieters das KündR nicht gewährt w, so hM; aA RGRK Anm 5 im Anschl an RG **90**, 328. Sonderregelg für **Ehegatten** nach § 569 b; vgl Anm 3. Tod eines Arztes bei Mieträumen für Klinik, die von mehreren Ärzten gemeinschaftl gemietet sind, KG JW **32**, 3362. – Bei mehreren Miterben muß die Künd von allen und an alle erfolgen. Ist TestVollstrecker od NachlVerw vorhanden, so steht diesem das KündR zu, RG **74**, 35. – § 569 gilt auch für den Erben, der die Firma des Mieters fortführt, RG **130**, 52. – Beendigg des Miet-(Pacht-)Verhältn bei Auflösg eines Vereins: RG HRR **42**, 257. Über strukturelle Ändergen der RForm des Mieters vgl § 549 Anm 2.

2) KündFrist bestimmt sich nach § 565 V. Nach I, 2 kann aber die Künd nur für den 1. Termin erfolgen, für den sie zul ist. Dabei ist nicht abstr Berechng, sond tatsächl Möglichk der Künd (unter Berücksichtigg der gesetzl KündFristen) maßg (Kenntn vom Tod u von Erbeneigensch). 1. Termin ist also derj, zu dem die Künd ohne Versch des KündBerecht hätte vorgenommen w können, RG **103**, 274.

3) Sonderregelg für das Mietverhältn über Wohnraum, Abs II. Der Erbe tritt in das MietVerh nur dann ein, wenn nicht die Sonderrechtsnachfolge des Eheg u der sonst FamAngeh nach §§ 569 a, 569 b eingreift, Abs II, eingefügt durch 2. MietRÄndG; Ztpkt des Inkrafttr: Einf 12b vor § 535.

569a *Eintritt von Familienangehörigen in das Mietverhältnis.* **I** In ein Mietverhältnis über Wohnraum, in dem der Mieter mit seinem Ehegatten den gemeinsamen Hausstand führt, tritt mit dem Tode des Mieters der Ehegatte ein. Erklärt der Ehegatte binnen eines Monats, nachdem er von dem Tode des Mieters Kenntnis erlangt hat, dem Vermieter gegenüber, daß er das Mietverhältnis nicht fortsetzen will, so gilt sein Eintritt in das Mietverhältnis als nicht erfolgt; § 206 gilt entsprechend.

II Wird in dem Wohnraum ein gemeinsamer Hausstand mit einem oder mehreren anderen Familienangehörigen geführt, so treten diese mit dem Tode des Mieters in das Mietverhältnis ein. Das gleiche gilt, wenn der Mieter einen gemeinsamen Hausstand mit seinem Ehegatten und einem oder mehreren anderen Familienangehörigen geführt hat und der Ehegatte in das Mietverhältnis nicht eintritt. Absatz 1 Satz 2 gilt entsprechend. Sind mehrere Familienangehörige kann jeder die Erklärung für sich abgeben. Sind mehrere Familienangehörige in das Mietverhältnis eingetreten, so können sie die Rechte aus dem Mietverhältnis nur gemeinsam ausüben. Für die Verpflichtungen aus dem Mietverhältnis haften sie als Gesamtschuldner.

III Der Ehegatte oder die Familienangehörigen haften, wenn sie in das Mietverhältnis eingetreten sind, neben dem Erben für die bis zum Tode des Mieters entstandenen Verbindlichkeiten als Gesamtschuldner; im Verhältnis zu dem Ehegatten oder den Familienangehörigen haftet der Erbe allein.

IV Hat der Mieter den Mietzins für einen nach seinem Tode liegenden Zeitraum im voraus entrichtet und treten sein Ehegatte oder Familienangehörige in das Mietverhältnis ein, so sind sie verpflichtet, dem Erben dasjenige herauszugeben, was sie infolge der Vorausentrichtung des Mietzinses ersparen oder erlangen.

V Der Vermieter kann das Mietverhältnis unter Einhaltung der gesetzlichen Frist kündigen, wenn in der Person des Ehegatten oder Familienangehörigen, der in das Mietverhältnis eingetreten ist, ein wichtiger Grund vorliegt; die Kündigung kann nur für den ersten Termin erfolgen, für den sie zulässig ist. § 556a ist entsprechend anzuwenden.

VI Treten in ein Mietverhältnis über Wohnraum der Ehegatte oder andere Familienangehörige nicht ein, so wird es mit dem Erben fortgesetzt. Sowohl der Erbe als der Vermieter sind berechtigt, das Mietverhältnis unter Einhaltung der gesetzlichen Frist zu kündigen; die Kündigung kann nur für den ersten Termin erfolgen, für den sie zulässig ist.

VII Eine von den Absätzen 1, 2 oder 5 abweichende Vereinbarung ist unwirksam.

1) Allgemeines. § 569a, eingefügt durch das 2. MietRÄndG. Ztpkt des Inkrafttr: Einf 12b vor § 535. – Sonderregelg für MietVerh über Wohnraum. Gilt nicht, wenn dem einem PachtVerh auch WoRaum überlassen ist. Unter bestimmten Voraussetzgen Eintritt des Eheg od anderer FamAngeh in das MietVerh kr G, aber mit der Möglichk, diese RFolge durch fristgem Erkl auszuschließen; bei mehreren FamAngeh kann jeder diese Erkl abgeben. Mehrere Eintretende können die Rechte aus dem MietVertr nur gemeins ausüben; Haftg als GesamtSchu.

2) Sonderrechtsnachfolge des Ehegatten und der Familienangehörigen, unabhäng davon, ob sie Erben des Mieters sind. Eheg, der nicht VertrPart ist, u andere FamAngeh, die mit dem Verstorbenen Mieter einen gemeins Haushalt geführt haben, gehen den Erben vor, wobei wiederum der Eheg vor den sonstigen FamAngeh rangiert. Die FamAngeh werden VertrPart, wenn der Eheg nach Abs I erkl, er wolle das MietVerh nicht fortsetzen. Der Erbe führt das MietVerh fort, wenn auch die FamAngeh eine entspr Erkl nach Abs II abgeben od eintrittsberecht Personen überh nicht vorhanden sind; Abs VI.

3) Familienangehörige. Auch Verschwägerte sowie Eltern u Geschwister des Eheg, wie auch nicht ehel Kinder u Pflegekinder, nicht jedoch Verlobte.

Einzelne Schuldverhältnisse. 3. Titel: Miete. Pacht §§ 569a–570

4) Voraussetzg für den Eintritt in das MietVerh über den Wohnraum ist, daß der Mieter in diesem einen **gemeins Hausstand** mit seinem Eheg bzw seinen anderen FamAngeh geführt hat. Diese Personen müssen danach in häusl Gemsch mit dem Mieter gelebt, dh in seiner Wohng gewohnt u an seinem Hausstand teilgenommen haben.

5) Erklärgsfrist, Abs I (AusschlFrist). Monatsfrist läuft seit Kenntn von dem Tode des Mieters; Ablaufhemmg nach § 206. Innerh dieser Frist Zugang (§ 130) der unmißverständl Erkl über die Nichtfortsetzg des MietVerh. Monatsfrist beginnt auch für FamAngeh, die nach Ablehng des Eheg in den MietVertr eintreten, bereits mit Kenntn vom Tode des Mieters (Abs II S 3). Ratsam daher, soweit MietVerh nicht fortgesetzt w soll, vorsorgl NichteintrittsErkl; Burkhardt BB **64,** 776. Verspätete Erkl unbeachtl mit der Folge, daß Erklärender weiter Part des MietVerh ist.

6) KündiggsR des Vermieters, Abs V. Verm kann sich gg den Eintr des Eheg oder anderer FamAngeh nur mit Künd wehren. Erforderl: wicht Grd in der Person des Eintretenden; hierzu § 549 Anm 2c. Künd mit gesetzl Frist nur auf den ersten zul Termin, § 565 Abs V. Sozialschutz gg die Künd nach § 556a.

7) Fortsetzg des Mietverh mit den Erben, Abs VI; vgl Anm 2. Beide Teile können unter Einhaltg der gesetzl Frist auf den ersten zul Termin kündigen. Über den Lauf der Frist in diesen Fällen vgl § 569 Anm 2. Kein WidersprR des Erben nach § 556a, da Bestandsschutz für ihn, der keinen gemeins Hausstand mit dem Erbl geführt hat, nicht in Betr kommt.

8) Abs III und IV.
a) **Gesamtschuldn Haftg** des Eheg od der FamAngeh, die in das MietVerh eingetreten sind, neben dem Erben für die bis zum Tode des Mieters entstandenen Verbindlichkeiten, u zwar für alle, nicht bloß für die auf Zahlg des Mietzinses. So nunmehr ausdr Abs III; aA BGH **36,** 265 zu § 19 MSchG. Im InnenVerh haftet Erbe, abw von § 426, allein.
b) **Vorausbezahlter Mietzins,** Abs IV. Was der in das MietVerh Eintretende dadurch erspart, daß der Mietzins für die Zeit nach dem Tode des Mieters vorausbezahlt worden ist, hat er dem Erben herauszugeben. Hierzu gehört auch der noch nicht abgewohnte BaukZusch, § 557a Anm 3.

9) Abs I, II und V zwingd, u zwar nicht nur zG des Mieters. Daher jede vertragl Änderg ausgeschl, folgl auch KündR des Verm nach Abs V unabdingb. KündR des Erben u des Verm nach Abs VI kann abbedungen w. Nicht zwingd weiter Abs III u IV.

569b *Gemeinsamer Mietvertrag von Ehegatten.* **Ein Mietverhältnis über Wohnraum, den Eheleute gemeinschaftlich gemietet haben und in dem sie den gemeinsamen Hausstand führen, wird beim Tode eines Ehegatten mit dem überlebenden Ehegatten fortgesetzt. § 569a Abs. 3, 4 gilt entsprechend. Der überlebende Ehegatte kann das Mietverhältnis unter Einhaltung der gesetzlichen Frist kündigen; die Kündigung kann nur für den ersten Termin erfolgen, für den sie zulässig ist.**

1) Allgemeines. Eingefügt durch das 2. MietRÄndG. Ztpkt des Inkrafttr: Einf 12b vor § 535. – Das MietVerh w von dem überlebenden Eheg als der nunmehr alleinigen VertrPart fortgesetzt. Keine SonderRNachf, daher kein KündR des Verm. Eheg kann unter Wahrg der gesetzl Frist (§ 565 V) auf den ersten zul Termin kündigen. Bei PachtVerh: wie § 569a Anm 1.

2) Entspr Anwendg des § 569a Abs III u IV. Der überlebende Eheg haftet für die alten Verbindlichkeiten aus dem MietVerh schon als VertrPart. Er kann Freistellg von den Erben (vgl § 569a Anm 8a) nur insow verlangen, als auch der verstorbene Eheg freihaltgspflichtig war. Anderers kann Erbe Erstattg des vorausbezahlten Mietzinses (vgl § 569a Anm 8b) nur verlangen, soweit es sich um Zahlg von Beträgen aus dem Verm des Erbl handelt, Burkhardt BB **64,** 776.

3) § 569b kann abbedungen w.

570 *Versetzung des Mieters.* **Militärpersonen, Beamte, Geistliche und Lehrer an öffentlichen Unterrichtsanstalten können im Falle der Versetzung nach einem anderen Orte das Mietverhältnis in Ansehung der Räume, welche sie für sich oder ihre Familie an dem bisherigen Garnison- oder Wohnorte gemietet haben, unter Einhaltung der gesetzlichen Frist kündigen. Die Kündigung kann nur für den ersten Termin erfolgen, für den sie zulässig ist.**

1) Das außerordentliche KündRecht nach § 570 gilt nicht nur für Wohnraum, sond auch für sonstige Räume, zB Stallgn, Garagen. Zur „Familie" iS dieser Vorschr wird man auch Hausgehilfen zählen müssen, dagg nicht Verwandte, die einen selbständ Hausstand führen. – **a)** § 570, der im Hinbl auf das öff Interesse an der schnellen Versetzbark beamteter Personen u der Ersparg von Aufwendgen erlassen worden ist, enthält **zwingendes Recht.** Verzicht auf das KündR ist daher unwirks, so auch RGRK Anm 5. – **b)** Das KündR ist auch dann gegeben, wenn **Ehegatte Mitmieter** ist; beide Ehegatten können also kündigen. – **c)** Nicht erforderl ist, daß Mieter bereits zZ des VertrAbschl zu dem bevorzugten PersKreis gehörte; **nachträgl Eintritt in das BeamtenVerh genügt,** RGRK Anm 1. **d) KündFrist** § 565 V. – **e)** § 570 gilt **nicht** für PachtVerh, § 596 III.

2) Personenkreis. Maßg ist der staatsrechtl Begriff des Beamten, nicht der wesentl weitergehde für die Staatshaftg nach § 839, Art 34 GG. Lehrer: auch Hochschullehrer, Privatdozenten, soweit sie nicht schon unter den Beamtenbegriff fallen. Entspr Anwendg auf and Pers ist ausgeschl.

527

§§ 570–571 2. Buch. 7. Abschnitt. *Putzo*

3) Versetzg nach einem anderen Ort: **a)** § 570 gilt auch, wenn Versetzg auf Antr des Beamten od wenn es sich um erstmalige Berufg ins BeamtenVerh handelt, so auch Staud-Kiefersauer § 570 Anm 6. Kein Unterschied, ob Beamter in derselben Laufbahn bleibt od seinen Dienstherrn wechselt, zB Übergang vom Dienst in einem dtschen Lande in den des Bundes, eines anderen dtschen Landes od einer Gemeinde. Nicht anwendb bei Übertritt in den Dienst eines ausl Staates, Versetzg in den Ruhestand, vorübergehende Abkommandierg, Kbg JW **16**, 977. – **b)** Voraussetzg ist, daß die Versetzg nicht nur bevorsteht, sond bereits amtl angeordnet u dem Mieter mitgeteilt ist, Hbg OLG **36**, 114. Künd bleibt wirks, selbst wenn die Versetzg vor dem Umzuge zurückgenommen w.

570a *Vereinbartes Rücktrittsrecht.* **Bei einem Mietverhältnis über Wohnraum gelten, wenn der Wohnraum an den Mieter überlassen ist, für ein vereinbartes Rücktrittsrecht die Vorschriften dieses Titels über die Kündigung und ihre Folgen entsprechend.**

1) Allgemeines. Eingef dch das 1. MietRÄndG; Ztpkt des Inkrafttr: Einf 12b vor § 535. **a) Zweck:** soll verhindern, daß die zwingden, zum Schutz des Mieters erlassenen KündVorschr umgangen w. **b) Anwendungsbereich:** WoRaum: Einf 8a vor § 535. Vereinb RücktrR: nur der allg vorbehaltene (§ 346) od an vertragl festgelegte Voraussetzungen gebundene Rücktr; nicht der gesetzl (zB des § 326). Überlassen bedeutet Übertr des unmittelb Bes (§ 854). **c) Wirkung:** entspr Anwendg aller Vorschr über Künd u ihre Folgen, insb §§ 554a, 554b, 556a, 564a, 565.

571 *Kauf bricht nicht Miete.* **I Wird das vermietete Grundstück nach der Überlassung an den Mieter von dem Vermieter an einen Dritten veräußert, so tritt der Erwerber an Stelle des Vermieters in die sich während der Dauer seines Eigentums aus dem Mietverhältnis ergebenden Rechte und Verpflichtungen ein.**

II Erfüllt der Erwerber die Verpflichtungen nicht, so haftet der Vermieter für den von dem Erwerber zu ersetzenden Schaden wie ein Bürge, der auf die Einrede der Vorausklage verzichtet hat. Erlangt der Mieter von dem Übergange des Eigentums durch Mitteilung des Vermieters Kenntnis, so wird der Vermieter von der Haftung befreit, wenn nicht der Mieter das Mietverhältnis für den ersten Termin kündigt, für den die Kündigung zulässig ist.

1) Allgemeines. a) Bedeutung. Dchbricht den allg Grds, daß Re u Pfl nur zw den am SchuldVerh beteiligten Pers entstehen. Bezweckt Schutz des Mieters. **b) Anwendungsbereich.** Nur Miete u Pacht, entspr auf Jagdpacht (§ 14 BJagdG) u Fischereipacht; nicht auf VorVertr u and SchuldVerh (BGH NJW **64**, 766 [Leihe] u WPM **76**, 510 [Pfl zur Einräug eines Dauerwohn R]), auch nicht für Vertr zw VorEigtümer u dingl Berecht (BGH WPM **65**, 649), insb nicht bei kaufw bestelltem WohngsR (Haegele Rpfleger **73**, 349 [352]). Nur für Grdst (wie Einf 6a vor § 535), daher auch Teile, Außenwandflächen (bedeuts für Warenautomaten, Mü NJW **72**, 1995) u Reklameflächen (BGH Betr **75**, 1986; Hamm MDR **76**, 143), über § 580 für Wohngen u. Räume. Gilt nicht für bewegl Sachen; bei diesen nur Zurückbehaltungsrecht gem § 986 II mögl. **c) Entsprechende Anwendung** auf Vermieter dch ErbbauBerecht (§ 11 ErbbRVO); aber nur im Verh zum Mieter, nicht im Verh ErbBer zum Erwerber des Grdst, BGH NJW **72**, 198); auf den Nießbraucher (§ 1056) u den Vorerben (§ 2135), wenn diese Pers über die Dauer ihres Rechts hinaus vermietet od verpachtet haben (RG **81**, 149). Über MietVertr nach AuflVormkg vgl § 883 Anm 5. **d) Abdingbark** zu bejahen, aber abw Vereinbg zw Verm u Erwerber gg Mieter nur gült, wenn er zustimmt. Stillschw Ausschl von § 571 bei Vermietg von möbl Räumen dch GrdstEigtümer (KG JW **25**, 2266).

2) Veräußerung des Grundstücks. Sie muß dch den Verm (od dessen RNachf) an einen Dr erfolgen u das ganze Grdst umfassen, auch wenn das Grdst geteilt u an versch Erwerber veräußert w (BGH NJW **73**, 455); es bleibt dann bei einem einheitl MietVertr mit mehreren Beteil. Es genügen nicht: Veräußerg einzelner Re – auch dch MietR schmälern (Soergel-Mezger 14); von TeilEigt (LG Hann WM **70**, 131); Veräußerg dch MitEigtergemsch, wenn nur einer der MitEigter Verm ist (BGH NJW **74**, 1551). **a) Nur freiwillige** Veräußersgesch, insb Kauf, Tausch, Schenkg, Vermächtn, Einbringen in eine Gesellsch. EigtÜbergang ist notw, also Auflass u Eintr (§ 925; BGH **LM** Nr 4). Auf Enteign ist § 571 unanwendb; ebso bei öff-rechtl vorläuf BesEinweisg (Bambg NJW **70**, 2109). **b) Zwangsversteigerung.** Maßg ZVG 9 Nr 2, 21, 57, 57a bis 57d. Entspr Anwendg des § 571 nach Maßg dieser Vorschriften; auch entspr Anwendg auf den Ersteher eines ErbbauR (BGH WPM **60**, 1125). KündR des Erstehers nach ZVG 57a, soweit nicht nach ZVG 57c eingeschr. Der Mieter hat SchadErsAnspr (§ 325) ggü Verm, wenn er inf Künd des Erstehers nach ZVG 57a räumen muß (RG **63**, 66; KG JW **36**, 330). Bei ZwVerst zwecks Aufhebg einer Gemsch gilt ZVG 183. **c) Konkurs.** Veräußerg dch den KonkVerw ebenfalls eine ZwVerst (§ 21 IV KO; BGH WPM **62**, 901). SchadErsAnspr des Mieters nach KO 19 S 3, 26 (KonkFdg, RG **67**, 376).

3) Überlassung des Grundstücks an den Mieter ist weitere Voraussetzg des § 571. **a) Begriff**: wie § 536 Anm 3. Nicht notw ist, daß der Mieter die BesErlangg dch Handlgen kenntl macht, zB Einzäung, Schilder (BGH NJW **76**, 105). BesÜberg auf Dr od vorübgehdes Verlassen des Grdst steht der Anwendg des § 571 nicht entg, wohl aber völl BesAufg od Rückg an den Verm. Die Duldg einer Wasserleitg genügt nicht (Düss MDR **76**, 142). **b) Zeitpunkt:** Die Veräußerg muß nach Überlassg erfolgt sein; bei Veräußerg vor Überlassg des vermieteten Grdst gilt § 578. **c) Bestand** des MietVertr zZ der Überlassg. Es ist jedoch gleichgült, ob der MietZtRaum erst nach dem GrdstErwerb beginnt, zB bei VerlängersVertr (BGH **42**, 333). Ist der MietVertr nichtig od v allein aufrecht Veräußerer wirks angefochten, bleibt Eintritt ausgeschl (Roquette NJW **62**, 1551). Ebso, wenn Vertr zwischen u KündFr von dem EigtErwerb abgelaufen ist. Re aus dem MietVertr hat hier nur der Veräußerer; der Erwerber ist auf solche nach seinem Eigt beschr, ausgen die aus § 557 (Roquette aaO) u aus Verletzg der ObhutsPfl (vgl BGH **LM** § 556 Nr 2 u § 545 Anm 1).

Einzelne Schuldverhältnisse. 3. Titel: Miete. Pacht §§ 571–573

4) Rechtsverhältnis zwischen Erwerber und Mieter. Erwerber tritt an Stelle des Verm in die sich aus dem MietVerh ergebden Re u Pfl ein, u zwar in alle, die zw dem veräußernden Verm u dem Mieter bestehen, die im MietVertr zGDr (§ 328) begründet sind, zB ein BeleggsR des ArbG aGrd WerkfördergsVertr (BGH **48**, 244). Eintritt kr G, unmittelb im Anschl an den dingl VeräußergsAkt, u zwar kr selbstd R, nicht als RNachf des Verm (BGH NJW **62**, 1390); ohne Rücks auf Kenntn (ErmSchopp 13). Mehrere Erwerber treten in ihrer Gesamth an die Stelle des Verm (BGH NJW **73**, 455). Das gilt auch bei Veräußerg eines realen GrdstTeiles, soweit sich das MietVerh darauf bezieht, sodaß es ein einheitl MietVerh bleibt (RG **124**, 195). Der Erwerber tritt aber nicht in solche Re u Pfl ein, die nicht unmittelb im MietVerh begrdet sind, insb nicht in solche, die sich nicht auf den MietGgst, seine Überlassg u Rückgewähr sowie die GgLeistg beziehen. Vereinb Veräußerer u Mieter Abfindg des letzteren für vorzeit Beendigg des Vertr, so geht diese Verpflichtg als unmittelb im Vertr begründet nur dann auf den Erwerber über, wenn sie sich aus dem alten Vertr ergibt; w sie erst im MietaufhebgsVertr vereinb, so entspringt sie nicht aus dem MietVertr, bindet daher den Erwerber nicht (BGH **LM** Nr 4). **a) Rechte.** Eintritt auch in KündRe. Anspr auf Miete soweit sie seit dem EigtErwerb fäll geworden ist; auch dann, wenn die erst nach Veräußerg fäll werdde Miete zT auf die Zt vor der Veräußerg entfällt. Sonstige Rückstände aus der Zt des Vorbesitzers kann Erwerber nur verlangen, wenn sie ihm abgetreten sind. Über VorausVfgen §§ 573, 574. SchadErsAnspr aus der Zt des Vorbesitzers gehen nicht über. Dem Erwerber können nur bei nicht ordngsgem Zust der Mietsache SchadErsAnspr wg Verletzg des § 556 zustehen. Die ges PfandRe des Veräußerers u Erwerbers wg MietRückstd sind gleichrang. Unkenntn des Mieters v Veräußerg steht dem RsÜberg nicht entgg (vgl aber § 574). **b) Pflichten.** Alle gesetzl u vertragl des Verm. Erwerber muß auch Verpflichtg gg sich gelten lassen, die sich aus der Zusicherg einer nicht vorhandenen Eigensch des Grdst ergeben, ferner Pfl aus Option (Einf 1 f vor § 535; RG **103**, 349); zum Abschl eines MietVertr mit vom Mieter benannten Nachf (Söllner zu BGH JZ **68**, 182); aus VormietR (BGH **55**, 71 für Pacht); Rückzahlg des AufbauDarl u des BaukZusch (hierzu § 574 Anm 2a). Eintritt auch in mdl Nebenabreden, soweit sie gült sind u Haftg f Mängel (BGH **49**, 350 für § 538). Auf die Kenntn des Erwerbers kommt es nicht an. Der Erwerber muß die Einr, Verm habe die Wahrg der Schriftform des § 566 argl vereitelt, nicht gg sich gelten lassen (BGH NJW **62**, 1390).

5) Haftg des bisherigen Vermieters. Dieser scheidet, nachdem das Eigt auf den Erwerber übergegangen ist, aus dem MietVerh aus. Seine Haftg dauert aber fort **a)** hins **der aus seiner Besitzzeit herrührenden Anspr des Mieters,** zB SchadErsVerpflichtg, RG **63**, 66, VerwendgsErs (§ 547), BGH NJW **65**, 1225; über Beginn der Verj dieser Anspr § 558 Anm 2; **b)** hins der **VermVerpflichtg nach der Veräußerg,** wenn Erwerber diese nicht erfüllt. Hier haftet der bish Verm wie ein Bürge, der auf die Vorausklage verzichtet hat (II S 1), aber nur für VertrVerpflichtg (einschließGeldleistg, BGH NJW **69**, 417) des Erwerbers, nicht für dessen unerl Hdlgen. Haftg auf SchadErs, nicht auf unmittelb Erf der VermPflichten, RG **102**, 177; **c) unmittelb aus § 325,** wenn Erwerber aGrd des Vorschr seine VertrPfl einschränken kann, zB bei vorzeit Künd des Erstehers (ZVG §§ 57a–d) vgl oben Anm 2 B a. Haftg der Verm aber verneint bei Künd des Siedlgsunternehmens (Erwerbers) aus § 7 G v 4. 1. 35, RG **159**, 151.
Haftungsbefreiung: Verm kann die Fortdauer der Haftg aus b) beseitigen, indem er dem Mieter vom EigtÜbergang Mitteilg macht. Jede Mitteilg über dessen tatsächl Veränderg ist ausreichd, BGH **45**, 11 (Anm v Mattern **LM** Nr 10). Kündigt der Mieter daraufhin das MietVerh zu dem ersten zul Termin, so haftet Verm weiter bis zum Ende der KündFrist (seine Haftg nach a) bleibt aber bestehen). Kündigt Mieter dagg nicht, so wird Verm von dem Ztpkt ab frei, für den die Künd erstmalig zul gewesen sein würde, RGRK Anm 10, Staud-Kiefersauer § 571 Anm 46 (nach anderer Auffassung: von dem Tage ab, an welchem die KündMöglichk versäumt worden ist. Das gilt für Anspr, die der Mieter gerade durch die Künd verlieren würde, BGH NJW **69**, 417 = JZ **69**, 633 m Anm v Söllner.

572 *Sicherheitsleistung des Mieters.* Hat der Mieter des veräußerten Grundstücks dem Vermieter für die Erfüllung seiner Verpflichtungen Sicherheit geleistet, so tritt der Erwerber in die dadurch begründeten Rechte ein. Zur Rückgewähr der Sicherheit ist er nur verpflichtet, wenn sie ihm ausgehändigt wird oder wenn er dem Vermieter gegenüber die Verpflichtung zur Rückgewähr übernimmt.

1) a) Anwendbar auf alle Formen der Sicherh, insb auf die Kaution (Einf 11 b, hh vor § 535; Hbg MDR **70**, 1015; LG Stg NJW **77**, 1885). Jagdpacht: § 14 BJagdG. **b) Pflicht zur Rückgewähr** (S 2): besteht zum vertragl best Ztpkt, iZw mit Beendigg des MietVerh (§ 564 Anm 1). Behält der Verm die Sicherh, richtet sich der RückgewährAnspr nur gg ihn. Einer Aushändigg gleich stehen und Formen der Übertr, insb Überweisg u Aufrechng (Stückmann ZMR **72**, 328). **c) Pflicht zur Herausgabe** der Sicherh an den Erwerber; Anspr darauf hat neben dem Erwerber auch der Mieter (hM). Der Erwerber kann keine neue Sicherh verlangen, wenn der Verm die HerausgPfl nicht erf. Nach Aushändigg (Anm b) an den Erwerber haftet der Veräußerer wg Eintritt des Erwerbers (S 1) nicht mehr (bestr; aA Stückmann aaO mwN).

573 *Vorausverfügung über den Mietzins.* Hat der Vermieter vor dem Übergang des Eigentums über den Mietzins, der auf die Zeit der Berechtigung des Erwerbers entfällt, verfügt, so ist die Verfügung insoweit wirksam, als sie sich auf den Mietzins für den zur Zeit des Übergangs des Eigentums laufenden Kalendermonat bezieht; geht das Eigentum nach dem fünfzehnten Tage des Monats über, so ist die Verfügung auch insoweit wirksam, als sie sich auf den Mietzins für den folgenden Kalendermonat bezieht. Eine Verfügung über den Mietzins für eine spätere Zeit muß der Erwerber gegen sich gelten lassen, wenn er sie zur Zeit des Überganges des Eigentums kennt.

§§ 573, 574 — 2. Buch. 7. Abschnitt. *Putzo*

1) Allgemeines. a) Fassg des S 1 beruht auf dem G v 5. 3. 53 zur Wiederherstellg der GEinh auf dem Gebiet des bürgerl R. Entspr Regelg in dem G v 9. 3. 34 über die Pfändg von Miet- u PachtzinsFdgen wg Anspr aus öff GrdstLasten; nicht anwendb ggü den nach § 113 LAG vorgehenden Rechten, § 115 LAG. – § 573 entspr anwendb auf Jagdpacht, § 14 BJagdG.

b) Bedeutg der Vorschr. Ohne §§ 573–575 müßte nach § 571 der Mietzins vom Tage des EigtÜberganges ab dem Erwerber allein zustehen. Alle VorausVfgen des Veräußerers, die über den Ztpkt der Veräußerg hinausgreifen, würden notwendig entspr unwirks sein. Da aber VorausVfgen des Verm häufig eine wirtschaftl Notwendigk entspr, hat das G teils im Interesse des Verm, teils auch zum Schutze des Mieters **Ausnahmen von dem Grundsatz des § 571** angeordnet, und zwar in § 573 hins der VorausVfg zG eines Dritten, in § 574 hins von RGesch zw Mieter u Verm über die MietzinsFdg und ferner in § 575 hins Aufrechngsbefugn des Mieters ggü dem Erwerber. – Vereinbargen der Beteiligten über weitergehende Wirksamk von Vfgen über den Mietzins bleiben daneben selbstverständl gültig. §§ 573, 574 erstrecken sich nicht auf solche VorausVfgen u Vorauszahlgen, die in Übereinstimmg mit dem MietVertr, auch mit einer späteren Ergänzg (BGH **37,** 352) stehen. Nach RG **144,** 194 muß der Erwerber daher auch die vereinb einmalige Vorauszahlg des Mietzinses für die ganze Mietzeit gg sich gelten lassen; einschränkd BGH aaO u erneut NJW **67,** 555: ist der Mietzins im MietVertr nach periodischen Zeitabschnitten bemessen, so braucht der Erwerber die weitere Vereinbg über eine Vorauszahlg für die Zeit nach dem EigtÜbergang nur in den Grenzen der §§ 573, 574 gg sich gelten zu lassen. Über die auch insow gebotene Sonderbehandlg der nicht abgewohnten BauKZuschüsse vgl § 574 Anm 2a.

2) Vfg über den Mietzins: Abtretg, Verpfändg, auch Vfg iS von § 1124, aber auch Pfändg durch einen Gläub des Verm, RG **76,** 118. Durch Veräußerg des Grdst an den Mieter w aber die Pfändg (ebso eine Abtretg) wirkgslos, Mü OLG **33,** 318. Ferner gehören hierher RGeschäfte mit dem Mieter, die eine Vfg darstellen, wie Zahlg, Aufrechng, Stundg, Erlaß, Senkg des Mietzinses, vgl KG JW **36,** 1465; DR **42,** 1094; nicht dagg Bestellg eines Nießbrauchs, RG **81,** 149 (vgl §§ 577, 578). § 573 bezieht sich aber nur auf Vfgen, die vor dem EigtÜbergang getroffen sind. Nachträgl Vfgen sind unwirks, soweit nicht § 574 eingreift. Hins der vor der Veräußerg getroffenen Vfgen ist zu **unterscheiden**: **a)** diese Vfgen sind, auch wenn Erwerber sie zZ des EigtÜbergangs **nicht gekannt** hat, gleichwol insow dem Erwerber u Mieter ggü wirks, als sie sich auf den Mietzins für den zur Zeit des EigtErwerbs laufenden KalMonat beziehen. Bei EigtÜbergang nach dem 15. des Monats sind sie auch wirks, insow sie sich auf den folgenden KalMonat beziehen. Nur KalMonat, nicht Mietmonat ist maßg. – **b)** hat der Erwerber zZ des EigtÜberganges die Vfg **gekannt**, so ist sie ohne jede Einschränkg wirks (S 2). Für die Kenntn ist aber der Drittberechtigte od der Mieter beweispflichtig. – Ausgleich zw Erwerber u Verm bestimmt sich nach dem zw diesen bestehenden RVerh; dazu Brschw OLG **17,** 17.

3) Im Falle des **Konkurses** gilt hins der Wirksamk von MietzinsVfgen des GemeinSchu ggü der KonkMasse KO § 21 II; aber AnfMöglichk nach KO §§ 29 ff. Für Vfgen des KonkVerw vor Veräußerg des Grdst gilt § 573 S 1, dagg nicht § 573 S 2 (KO § 21 IV, ZVG § 57), BGH WPM **62,** 903. Für **Zwangsversteigerg**en u Zwangsverwaltgen gelten hins der Wirksamk von MietzinsVfgen ggü dem Ersteher § 573 Satz 1, §§ 57, 57b ZVG. – Keine Anwendg des § 57b ZVG auf ZwVerst zum Zwecke der Aufhebg einer Gemsch, ZVG § 183. Vgl über BauKZusch § 574 Anm 2a u Einf 11 vor § 535.

574 *Rechtsgeschäfte über Entrichtung des Mietzinses.* **Ein Rechtsgeschäft, das zwischen dem Mieter und dem Vermieter in Ansehung der Mietzinsforderung vorgenommen wird, insbesondere die Entrichtung des Mietzinses, ist dem Erwerber gegenüber wirksam, soweit es sich nicht auf den Mietzins für eine spätere Zeit als den Kalendermonat bezieht, in welchem der Mieter von dem Übergang des Eigentums Kenntnis erlangt; erlangt der Mieter nach dem fünfzehnten Tage des Monats die Kenntnis, so ist das Rechtsgeschäft auch insoweit wirksam, als es sich auf den Mietzins für den folgenden Kalendermonat bezieht. Ein Rechtsgeschäft, das nach dem Übergange des Eigentums vorgenommen wird, ist jedoch unwirksam, wenn der Mieter bei der Vornahme des Rechtsgeschäfts von dem Übergange des Eigentums Kenntnis hat.**

1) Allgemeines. Satz 1 neu gefaßt durch das G v 5. 3. 53 zur Wiederherstellg der GEinh auf dem Gebiet des bürgerl R. Über die allg Bedeutg von § 574 vgl § 573 Anm 1b. – Über entspr Anwendg auf Jagdpacht vgl § 14 BJagdG.

2) Rechtsgeschäfte zwischen Vermieter und Mieter über den Mietzins. Diese müssen ihre Grdlage im MietVertr, u nicht etwa in and RVerhältnissen (etwa DarlVertr) haben, BGH NJW **67,** 555, jedoch ausreichd, daß sie im Hinblick auf einen späteren MietVertr geschl w, BGH aaO. Hierher gehören: Erlaß, Stundg, Vorauszahlg (BGH NJW **66,** 1704), Schuldumwandlg, Ann an Zahlgs Statt. **a)** Für die Wirksamk eines solchen RGeschäfts ist (anders als bei § 573) nicht der Ztpkt des EigtÜberganges, sond der Ztpkt maßg, in dem Mieter vom EigtÜbergang Kenntn erlangt. Die fragl RGesch sind – gleichgültig, ob sie vor oder nach dem EigtÜbergang vorgenommen sind – dem Erwerber ggü wirks, soweit sie sich nicht auf den Mietzins für eine spätere Zeit als den KalMonat der KenntnErlangg beziehen; bei KenntnErlangg nach dem 15. des Monats ist das RGesch auch wirks, insow es den Mietzins für den folgenden KalMonat betrifft. Bis zur KenntnErlangg ist Mieter also hins des fälligen Mietzinses gg Gefahr der Doppelzahlg geschützt. Im übr trägt Mieter die Gefahr, daß der Erwerber die Vereinbg zw ihm u dem alten Verm nicht gg sich gelten zu lassen braucht; widerspricht Erwerber der Verrechng eines bestimmten Mietzinsvorschusses auf die Mietzinsfdgen, die nicht von § 574 erfaßt w, so kann sich daher Mieter nur an den alten Verm halten; BGH NJW **66,** 1704. – Keine Anwendg, wenn schon nach dem MietVertr die Miete für eine bestimmte Zeit

530

vorauszuzahlen war, vgl § 573 Anm 1b; ebso, wenn der MietVertr die Tilgg des **Baukostenzuschusses** regelt, BGH WPM **60**, 1125. Auch eine spätere Vereinbg über eine Zuschußleistg des Mieters gehört hierher, BGH **37**, 352. Es muß sich jedoch um einen echten BauKZusch handeln, also um einen Zusch des Mieters, der für den Aufbau od Ausbau des Mietraums verwendet wurde, BGH stRspr (vgl NJW **67**, 555 u Einf 11b vor § 535). BewLast hierfür trifft Mieter, BGH WPM **60**, 1127. Auch der, das MietGrdst in der ZwVerst ersteht, muß einen solchen BauKZusch gg sich gelten lassen; macht er von seinem KündR nach § 57a ZVG Gebr, so ist er verpflichtet, den noch nicht verbrauchten Teil eines solchen zurückzuzahlen, BGH **37**, 349; vgl § 557a. Eine solche Verpflichtg kann auch bei sog verlorenen BauKZusch bestehen, BGH NJW **64**, 38, kann bei WoRaum nicht abbedungen w (BGH **53**, 35; § 557a Anm 1b).

b) RechtsGesch, die nach dem **EigtÜbergang** vorgenommen w, sind unwirks, wenn der Mieter bei der Vornahme vom EigtÜbergang Kenntn hatte. Hatte er die Kenntn nicht, so tritt die beschr Wirksamk nach a ein. – BewLast für Kenntn trifft Erwerber.

575 *Aufrechnungsbefugnis.* Soweit die Entrichtung des Mietzinses an den Vermieter nach § 574 dem Erwerber gegenüber wirksam ist, kann der Mieter gegen die Mietzinsforderung des Erwerbers eine ihm gegen den Vermieter zustehende Forderung aufrechnen. Die Aufrechnung ist ausgeschlossen, wenn der Mieter die Gegenforderung erworben hat, nachdem er von dem Übergange des Eigentums Kenntnis erlangt hat, oder wenn die Gegenforderung erst nach der Erlangung der Kenntnis und später als der Mietzins fällig geworden ist.

1) Dem Mieter wird hierdurch in gewissen Grenzen gestattet, ggü der MietzinsFdg des Erwerbers mit einer Fdg **aufzurechnen**, die ihm gegen den Erwerber, sond gg den Verm (Vorbesitzer) zusteht. Aufrechng ist nicht zu verwechseln mit Mietzinskürzg nach §§ 537, 538. Nach S 1 ist die Aufrechng bis zu dem Betrage zul, über den nach § 574 S 1 der Erwerber ein RGesch zw Verm u Mieter über die MietzinsFdg gg sich gelten lassen muß.

2) Ausgeschlossen ist nach S 2 die Aufrechng, **a)** wenn Mieter die GgFdg erst erworben hat, nachdem er den EigtErwerb erfahren hatte; **b)** wenn die GgFdg erst nach der Erlangg der Kenntn und später als der Mietzins fällig geworden ist. Entspr Vorschr in § 406. – Nicht erforderlich ist, daß die GgFdg aus dem MietVerh herrührt. – Für ZwVerst vgl ZVG § 57b. – Für Jagdpacht vgl § 14 BJagdG.

576 *Anzeige des Eigentumsübergangs.* I Zeigt der Vermieter dem Mieter an, daß er das Eigentum an dem vermieteten Grundstück auf einen Dritten übertragen habe, so muß er in Ansehung der Mietzinsforderung die angezeigte Übertragung dem Mieter gegenüber gegen sich gelten lassen, auch wenn sie nicht erfolgt oder nicht wirksam ist.

II Die Anzeige kann nur mit Zustimmung desjenigen zurückgenommen werden, welcher als der neue Eigentümer bezeichnet worden ist.

1) Allgemeines. Die Vorschr dient dem Schutz des Mieters für den Fall, daß Verm ihm die Veräußerg angezeigt hat, diese aber tatsächl nicht vollzogen od jedenf nicht wirks ist. Entspr Vorschr in § 409. Die Anzeige ist einseit, empfangsbedürft Erkl; formlos gültig. Mieter wird selbst dann befreit, wenn er die wahre Sachlage kennt. – Vielf wird angenommen, daß der Mieter in gleicher Weise geschützt w, wenn ihm die Veräußerg zwar nicht angezeigt ist, er aber im Vertrauen auf den öff Glauben des Grdbuchs an den eingetr Eigtümer zahlt (Staud-Kiefersauer Anm 7; aM RGRK Anm 2). Entspr anwendb auf Jagdpacht, § 14 BJagdG.

577 *Belastung des Mietgrundstücks.* Wird das vermietete Grundstück nach der Überlassung an den Mieter von dem Vermieter mit dem Rechte eines Dritten belastet, so finden die Vorschriften der §§ 571 bis 576 entsprechende Anwendung, wenn durch die Ausübung des Rechtes dem Mieter der vertragsmäßige Gebrauch entzogen wird. Hat die Ausübung des Rechtes nur eine Beschränkung des Mieters in dem vertragsmäßigen Gebrauche zur Folge, so ist der Dritte dem Mieter gegenüber verpflichtet, die Ausübung zu unterlassen, soweit sie den vertragsmäßigen Gebrauch beeinträchtigten würde.

1) Allgemeines. § 577 gewährt dem Mieter einen unmittelb gesetzl Schutz gg den Dritten. Daneben kann er aus dem MietVertr vom Verm Beseitigg der Störg verlangen od die sonstigen vertragl Rechte gg Verm geltd machen. § 577 gilt nur, wenn das Grdst dem Mieter bereits überlassen war, sonst § 578.

2) Rechte Dritter: zB ErbbR, Nießbr, dingl WohnR (BGH NJW **72**, 1416). Für Hyp, GrdSch u RentenSch gelten §§ 1123 ff. Der Dr darf den Mieter aGrd seines Rechts nicht verdrängen, sond tritt in gleicher Weise in das MietVerh ein wie ein Erwerber bei rechtsgeschäftl Veräußerg, hat also die gleichen Rechte u Pflichten wie der Verm. Demgem erlangt er einer von der Zeit seines Rechtserwerbes ab den Anspr auf den Mietzins (mit den Beschrkgen der §§ 573, 574), muß aber anderers dem Mieter den vertragsgem Gebr gewähren. Über Nießbrauch RG **94**, 279. Nießbraucher kann das MietVerh auch durch Vereinbg mit Mieter ändern, aber nur für die Dauer seines Rechts, Celle OLG **33**, 320. Über Jagdpacht vgl § 14 BJagdG.

3) Bei nur **teilweiser Beschränkg des Mieters** durch die Ausübg des Rechts gilt S 2: Der Dr tritt dann nicht in das MietVerh ein, ist aber dem Mieter ggü verpflichtet, die Ausübg seines Rechts insow zu unter-

§§ 577–580a   2. Buch. 7. Abschnitt. *Putzo*

lassen, als sie den vertragsgem Gebr der Mietsache beeinträchtigen würde. Der Dr erlangt also nicht den Anspr auf Mietzins, sond hat nur einen Teil der VermPflichten. Beisp: Einräumg einer GrdDbk od beschr persönl Dienstb, §§ 1018, 1090.

578 *Veräußerung vor Überlassung.* **Hat vor der Überlassung des vermieteten Grundstücks an den Mieter der Vermieter das Grundstück an einen Dritten veräußert oder mit einem Rechte belastet, durch dessen Ausübung der vertragsmäßige Gebrauch dem Mieter entzogen oder beschränkt wird, so gilt das gleiche wie in den Fällen des § 571 Abs. 1 und des § 577, wenn der Erwerber dem Vermieter gegenüber die Erfüllung der sich aus dem Mietverhältnis ergebenden Verpflichtungen übernommen hat.**

1) Allgemeines. Währd § 571 davon ausgeht, daß das Grdst dem Mieter bereits überlassen war, regelt § 578 den Fall, daß **vor der Überlassg** des Grdst an den Mieter eine Veräußerg des Grdst od dessen Belastg mit einem Rechte stattfindet. Für diesen Fall gilt für die Regel der Satz „Kauf bricht Miete". Der Erwerber tritt demgem in den MietVertr nicht ein u ist nicht verpflichtet, dem Mieter den Gebr zu überlassen, hat anderers aber auch keinen Anspr gg Mieter aus VertrErf. Nur durch neuen MietVertr, der allerdings auch in der stillschw GebrÜberlassg liegen kann, wird SchuldVerh zw Erwerber u Mieter begründet. Mieter ist auf einen SchadErsAnspr gegen seinen Verm nach §§ 325, 538 angewiesen. Iü setzt § 578 dasselbe voraus wie § 571, insb daß der veräußernde Eigter auch der Verm ist (BGH NJW **74**, 1551). § 578 gilt auch für ZwVerst u für Pacht von Eigenjagdbezirken, § 14 BJagdG.

2) Eine **Ausnahme** von dieser Regel gilt nach § 578, wenn Erwerber dem Verm ggü die Erf der sich aus dem MietVerh ergebenden Verpflichtgen ausdr übernommen hat. Unter dieser Voraussetzg treten, ohne daß Abtretg der VermRechte u SchuldÜbern erforderl wären, die allg RFolgen des § 571-577 ein, u zwar auch dann, wenn die Verpfl ggü dem Mieter erst nach Ausübg eines diesem vertragl gewährten GestaltgsR entsteht, BGH **LM** Nr 1. – Bedeutslos, ob der Erwerber die Verpfl vor od nach dem EigtÜbergang (Belastg) übernommen hat, Staud-Kiefersauer Anm 12 (die früher hier vertretene Auffassg w aufgegeben).

579 *Weiterveräußerung.* **Wird das vermietete Grundstück von dem Erwerber weiterveräußert oder belastet, so finden die Vorschriften des § 571 Abs. 1 und der §§ 572 bis 578 entsprechende Anwendung. Erfüllt der neue Erwerber die sich aus dem Mietverhältnis ergebenden Verpflichtungen nicht, so haftet der Vermieter dem Mieter nach § 571 Abs. 2.**

1) S 1 bestimmt für die Weiterveräußerg od Weiterbelastg des Grdst die entspr Anwendg der sich aus §§ 571-578 ergebenden Grdsätze. Jeder nachfolgende Erwerber tritt also für die Dauer seines Eigtums kr G in die sich aus dem MietVerh ergebenden Rechte u Pflichten ein.

2) S 2 bringt demggü eine wichtige **Abweichg**: Danach trifft die bürgschaftsähnl Haftg nach § 571 II nur den ersten Verm, nicht die Zwischenerwerber. Vgl im übr § 571 Anm 5. Entspr anwendb auf Jagdpacht, § 14 BJagdG.

580 *Raummiete.* **Die Vorschriften über die Miete von Grundstücken gelten, soweit nicht ein anderes bestimmt ist, auch für die Miete von Wohnräumen und anderen Räumen.**

1) Allgemeines. Fassg beruht auf dem 1. MietRÄndG: Ztpkt des Inkrafttr: Einf 12b vor § 535. Begr des Grdst: Einf 6a vor § 535, des WoRaums: Einf 8a vor § 535, der and Räume: Einf 7a vor § 535.

580a *Schiffsmiete.* **I Die Vorschriften der §§ 571, 572, 576 bis 579 gelten im Fall der Veräußerung oder Belastung eines im Schiffsregister eingetragenen Schiffs sinngemäß.**

II Eine Verfügung, die der Vermieter vor dem Übergang des Eigentums über den auf die Zeit der Berechtigung des Erwerbers entfallenden Mietzins getroffen hat, ist dem Erwerber gegenüber wirksam. Das gleiche gilt von einem Rechtsgeschäft, das zwischen dem Mieter und dem Vermieter über die Mietzinsforderung vorgenommen wird, insbesondere von der Entrichtung des Mietzinses; ein Rechtsgeschäft, das nach dem Übergang des Eigentums vorgenommen wird, ist jedoch unwirksam, wenn der Mieter bei der Vornahme des Rechtsgeschäfts von dem Übergang des Eigentums Kenntnis hat. § 575 gilt sinngemäß.

1) Schiffsmiete. Eingefügt durch VO zur Durchf des G über Rechte an eingetragenen Schiffen u Schiffsbauwerken v 21. 12. 40. Gilt nur für eingetragene Schiffe, VorausVfg über Mietzins ohne zeitl Beschrkg zul; einzige Grenze ist Kenntn des Mieters von Veräußerg (Belastg); spätere Rechtsgeschäfte zw Mieter u Verm sind dann unwirks. Gemeint sind RGesch, die sich auf den Mietzins beziehen, der auf die Zeit der Berechtigg des Erwerbers entfällt. Sinngem Anwendg des § 575: Der Mieter kann mit einer gg den Verm bestehden Fdg ggü dem Erwerber aufrechnen, jedoch mit der Beschrkg des § 575 S 2.

2) Entspr anwendb auf **Luftfahrzeuge,** die in die Luftfahrzeugrolle eingetr sind, § 98 LuftfzRG.

II. Pacht

Einführung

1) Rechtsnatur und Abgrenzung. Der PachtVertr ist ein schuldrechtl ggs Vertr; er verpfl den Verp, die Nutzg (vgl §§ 581 I, 100) des PachtGgst (Sache od Recht) in best Umfang zu gewähren. Pacht ist ein DauerSchuldVerh. Unterscheid v and Vertr: **a) Miete:** Einf 2 a vor § 535. **b) Kauf:** bei verbrauchb Sachen (zB Wasser, Gas) u Lieferg v Strom regelm Kauf (§ 433 Anm 1 a). Pacht liegt idR vor: wenn ein Recht zur Nutzg verbrauchb Sachen VertrGgst ist, zB WassernutzgsR; Überlassg eines Grdst zur Gewinng von Bodenbestandt, zB Sand (BGH WPM **73**, 386), Tonlager (Warn **09**, 137), Kies (BGH LM § 581 Nr 2), Kalivorkommen (BGH NJW **66**, 105), Erde (Warn **37**, 97). Über Anwendbark der kaufrechtl Vorschr bei Überlassg des Inventars zu Eigt des Pächters vgl § 586 Anm 1. **c) Werkvertrag:** Maßgebd ist, ob ein best Erfolg, insb die Herstellg eines Werks eigenverantwortl geschuldet w, od ob nur eine produktionsfäh Einrichtg einem and auf dessen Produktionsrisiko hin überlassen w. WerkVertr ist zB ein Vertr über Herstellg u Auswertg eines Werbefilms (BGH MDR **66**, 496). **d) Dienstvertrag** (insb ArbVertr): Maßgebd ist, ob im Rahmen des für eine Tätigk einer Pers überlassenen Ggst (zB Toilette, Buffet, Softeismaschine), diese Pers der Aufs u Weisg untersteht (dann D- od ArbVertr) od in der BetrGestaltg unabhäng ist (dann Pacht-Verh; Erm-Schopp 11). **e) Gesellschaft:** Bei Förderg eines gemeins Zwecks liegt Gesellsch vor (§ 705 Anm 4), ebso, wenn eine Verlustbeteilig vereinb ist. Pacht liegt vor, wenn überlassene Ggst ohne Einfluß des Verp vom Pächter benutzt u bewirtsch w. Gewinnbeteiligg schließt Pacht nicht aus (allgM; Erm-Schopp 13 mwN). **f) Lizenzvertrag** ist ein Vertr, dch den ein gewerbl SchutzR (insb Patent, GebrMuster) einem and (auch beschränkt) zur Benutzg überlassen w (vgl § 9 PatG; § 13 GebrMG); idR ein Vertr eig Art (§ 305 Anm 5), je nach Ausgestaltg PachtVertr mögl, idR aber mit gesellsch- u kaufrechtl Elementen versehen (vgl BGH WPM **61**, 426 u NJW **70**, 1503). Auch beim LizenzVertr ist zw Verpfl- u ErfGesch zu untersch (Lichtenstein NJW **65**, 1839; Lüdecke NJW **66**, 815). Für Gewl sind idR §§ 537, 538 entspr anwendb (BGH NJW **70**, 1503). **g) Know-how-Vertrag** entspr dem LizenzVertr (Anm f) für Ggstde, insb Fertiggs- u VertriebsVerf, die nicht schutzrechtsfäh sind. Die entgeltl Überlassg des know-how ist grdsätzl als PachtVertr anzusehen (Pfaff BB **74**, 565 mwN). **h) Vorpacht und Pachtvorvertrag:** wie VormietVertr u MietVorvertr; vgl Einf 1 d, e vor § 535; RG **125**, 123. **i) Mischverträge** (vgl § 305 Anm 6) mit Elementen des PachtVertr sind: **Bühnenaufführungsvertrag:** aus Pacht, Werk- u VerlagsVertr sowie Gesellsch zusgesetzt (BGH **13**, 115). **Filmverwertungsvertrag:** zw Hersteller u Verleiher ist LizenzVertr mit Kauf (eines Rechts) od Gesellsch verbunden (RG **161**, 324; BGH **2**, 331). Gewl für RMängel nach KaufR (§ 445), für Sachmängel (Beschaffenh des Films) nach PachtR (§§ 537ff). **Filmverleihvertrag:** 3a vor § 535. **Franchising-Vertrag** ist ein Vertr, dch den eine Marke (insb Warenzeichen) iVm Lizenzen od know-how (Anm f, g) zur Benutzg einer and Pers überlassen w. Begrdet ein DauerSchuldVerh aus Pacht, D-Werk-Kauf- u GesellschVertr; gemischter Vertr (vgl § 305 Anm 6). **Heuerlingsvertrag:** verbundener Vertr aus Landpacht u ArbVerh (vgl § 1 IV LandPG).

2) Besonders geregelte Pachtverhältnisse. a) Landpacht. Für diese gelten, sow das betr G keine SondVorschr enthält das LPachtG mit AusfG der Länder (§§ 581 ff). Gilt nur für LandpachtVertr, das sind Vertr, dch die das Grdst zur landwirtschaftl Nutzg gg Entgelt verpachtet w. Bodennutzg zu and als landwirtschaftl Zwecken (zB Steinbruch) gehört nicht hierher. Maßg ist nicht die Bezeichg der VertrPartner, sond der mat Inhalt des Vertr (Celle RdL **54**, 47). Für den Vertr besteht AnzPfl bei der LandwirtschBeh. Auf deren Beanstandg ist der (v Anfang an wirks) Vertr aufzuheben od abzuänd (§§ 3–5 LPachtG). Künd-Schutz u Verlängerg des Vertr dch das Gericht (§ 8 LPachtG). Für das Verf gilt das LwVG.

b) Kleingartenpacht. Zusfassg u Quellenangaben: Wiethaup ZMR **70**, 194. **aa) Anwendgsbereich:** Grdstücke, die zum Zwecke nichtgewerbsmäß gärtnerischer Nutzg zur Selbstversorgg (BGH **32**, 8) verpachtet sind (§ 1 Kleingarten- und KleinpachtlandO v 31.7.19 = KGO); Kleingärten mit Wohnlauben (§ 1 KGOErgG v 26.6.35), auch wenn der Nutzgswert des Gebäudes höher ist als der des Gartens (BGH **44**, 341); Grdstücke bis zu 1/2 ha Größe, die zur landwirtsch Nutzg verpachtet sind, nach Grd von LandesG (§ 8 KGO); sog Grabeland kann darunterfallen (vgl BGH **32**, 8; Wiethaup aaO). Auch auf PachtVertr mit Befugn zur Weiterverpachtg an Kleingärtner (vgl § 5 KGO; Brschw RdL **53**, 330); ferner auf LeihVertr bzgl der Künd (§ 4 KündSchutzVO). **bb) Pachtzins:** Höchstpreis ist der dch die zust Beh festgesetzte Preis (§ 1 KGO); auch zusätzl Entgelt für Benutzg zu Wohnzwecken (§ 2 KGO ErgG). Ist ein niedrigerer Zins vereinb, kann der Verp dch einseit Erkl den Pachtzins bis zur Höhe des behördl festgesetzten Pachtzinses erhöhen (§ 1 G v 28.7.69, BGBl 1013). Bei überhöhtem Preis ist der Vertr nicht nichtig, sond es ist der behördl Höchstpreis zu entrichten. Die Vereinbg eines angem Pachtzinses bedeutet idR den gem § 1 KGO festzusetzden Pr, insb dann, wenn eine Festsetzg nicht getroffen ist (BGH WPM **73**, 1273). **cc) Kündigung** dch den Verp ist grdsätzl ausgeschl (§ 1 I KündSchutzVO v 15.12.44); zuläss mit 3-MonatsFr zum 31.10. (§ 2 KündSchutzVO) u nur mit behördl Gen in best Fällen (§ 1 II KündSchutzVO; § 2 G v 28.7.69), insb bei ZahlsVerz, PflVerletzg, überwiegden Interesse an and Nutzg. In dem letztgenannten Fall ist Entsch des Pächters vorgesehen (§ 3 KündSchutzVO, § 3 G v 28.7. 69), aber nicht, wenn einer solchen Künd eine fristl wg ZahlgsVerzug nachfolgt (BGH MDR **71**, 567); bei Wohngebäuden vgl BGH **44**, 341. Ob KündSchutz für Grabeland besteht, ist bestr (vgl § 4 KündSchutzVO u BGH **32**, 8). **dd) Zwangspacht:** zul, wenn im Bebauungsplan Flächen für Dauerkleingärten festgesetzt sind u zw Eigtümer u Nutzgswilligen keine Einigg zustandekommt (§ 4 G v 28.7.69). **ee) Verfahren:** α) Der VerwRWeg ist zul gg die Entsch der VerwBehörden über die Preisfestsetzg (§§ 1, 3 KGO) u für Erteilg und Versagg der behördl Gen zur Künd; jedoch fehlt der Kl des Pächters das RSchutzBedürfn (BVerwG NJW **57**, 1530 u 1533). β) Der ord RWeg ist zul für Klagen auf Zahlg des Pachtzinses, auf Räumg u Entsch (BVerwG MDR **65**, 323). Das Ger ist an die behördl Gen der Künd nicht gebunden u prüft die ges Voraussetzg der Künd (BGH NJW **59**, 43; KG MDR **66**, 1006).

c) Jagdpacht. Für sie gelten §§ 11–14 BJagdG mit AusfG der Länder. Ggst des PachtVertr ist das Jagdausübgs R. Schriftform für den Vertr (auch den VorVertr, BGH NJW 73, 1839) u AnzPfl bei der zust Beh. Kein KündSchutz. Das LandPachtG ist nur in § 5 anwendb, wenn der JagdpachtVertr behördl beanstandet w.

d) Fischereipacht. Es gelten landesrechtl Vorschr, idR die FischereiG der Länder (vgl EG Art 69). Das LPachtG gilt nicht (Celle NdsRpfl 62, 149). PachtGgst ist das FischereiR, nicht das Gewässer.

e) Apothekenpacht. Ggst des PachtVertr ist die Apotheke als Untern (Hoffmann, ApG 1961, § 9 RdNr 13). Die Verpachtg ist grdsätzl verboten, NichtigkFolge (§ 12 ApG). Verpachtg ist ausnahmsw zul, insb wenn der Verp die Apotheke aus einem in seiner Pers liegden wicht Grd nicht selbst betreiben kann od wenn nach dem Tode des Apothekers erbberecht Kinder unter 23 Jahren vorhanden sind od der erbberecht Eheg des Apothekers bis zu seiner Wiederverheiratg verpachtet (§ 9 ApG), ferner bei dingl ApothekenBetrR (§ 27 ApG). Die Verpachtg von Apotheken, die Gebietskörpersch gehören, ist frei (§ 26 I ApG). Verpachtgsverbot w häuf dadch zu umgehen versucht, daß die Räume u Einrichtg vermietet w; liegt in Wirklichk Pacht vor, ist die Bezeichg des Vertr bedeutglos (Karlsr NJW 70, 1977 m Anm v Pieck). Übergangsregelg für am 1. 5. 60 bestehde PachtVertr: § 28 ApG.

581 *Vertragliche Hauptpflichten; Anwendbarkeit des Mietrechts.* I Durch den Pachtvertrag wird der Verpächter verpflichtet, dem Pächter den Gebrauch des verpachteten Gegenstandes und den Genuß der Früchte, soweit sie nach den Regeln einer ordnungsmäßigen Wirtschaft als Ertrag anzusehen sind, während der Pachtzeit zu gewähren. Der Pächter ist verpflichtet, dem Verpächter den vereinbarten Pachtzins zu entrichten.

II Auf die Pacht finden, soweit sich nicht aus den §§ 582 bis 597 ein anderes ergibt, die Vorschriften über die Miete entsprechende Anwendung.

1) Allgemeines. Über die RNatur des PachtVertr im allg u die Abgrenzg ggü ähnl RVerh vgl Einf 1 vor § 581. **a) Gegenstand** des PachtVertr können nicht nur Sachen, sond auch Rechte sowie Sach- u RGesamth (insb gewerbl Untern) sein, auch Teile v diesen. Erforderl ist, daß Sache od R noch bestehen u geeignet sind, GebrVorteile u Früchte (vgl §§ 99, 100) herzugeben. Bsp: Fabriken; EinzelhandelsGesch; Ausschank in einer Markthalle (BGH **LM** Nr 31); Anzeigenteil einer Zeitschr, eines Theaterprogramms; Bahnhofsbuchhandlg (BGH **LM** Nr 11); Garderoben (RG 97, 166); zahlenmäß geregelter Abschuß jagdb Tiere (Düss MDR 75, 228). Bei Verpachtg v Untern ist die Abgrenzg ob (echte) UnternPacht (mit Firma, know-how, Kundenstamm) od lediql Raum- u EinrichtgsPacht vorliegt. Hier ist Parteiwille u VertrInhalt im Einzelfall zu ermitteln; der überwiegde Teil gibt den Ausschlag (BGH NJW 53, 1391 = **LM** § 36 MSchuG Nr 3; abw v RG 168, 44) u best den Inhalt u Umfang der Re u Pfl. **b) Vertragsparteien. aa)** Mehrheit v Verp od Pächtern wie bei Miete (vgl § 535 Anm 1d). **bb)** Wechsel, insb Eintr in einen PachtVertr, wie bei Miete (vgl § 535 Anm 4e); hierzu BGH MDR 58, 90 m Anm v Bettermann. **c) Abdingbarkeit** der Pfl aus § 581 ist nur in der Weise eingeschr, als der Fruchtbezug nicht ganz ausgeschl w kann, da er für die Pacht wesensnotw ist (Erm-Schopp 18). Beschrkgen v Gebr u Fruchtbezug nach Art u Umfang sind aber zul u häuf. **d) Pachtkaution:** Hierfür gelten die Grdsätze der Mietkaution entspr (Einf 11 b, hh vor § 535).

2) Pflichten des Verpächters. a) Gebrauchsgewährung wie bei der Miete, vgl §§ 535, 536. Steht selbstd neben der Gewähr der Früchte (Anm b). Dazu gehört die Abwendg v Beeinträchtigg des Gebr u der Fruchtziehg, zB dch Umzäung (Celle OLG 24, 358), Zufahrtswege (Warn 20, 106), Erf der bau- u feuerpolizeil Vorschr (Erm-Schopp 27). Nicht: Modernisierg der Pachtsache. **b) Fruchtgenuß.** Begr der Früchte: § 99, also nur bestimmgsgem Erzeugn u Ausbeute, dch die Einschränkg „soweit . . ." nicht solche, die die Substanz der Sache mindern (zB Windbruch) od auf Raubbau beruhen. EigtErwerb nach §§ 956, 957. **c) Nebenpflichten:** je nach VertrInhalt grdsätzl entspr der Miete (vgl § 535 Anm 2 b), ferner zB Beitrag zur Wirtschlk einer preisgebundenen Werkskantine (BGH WPM 77, 591).

3) Pflichten des Pächters: a) Pachtzins. Entspr dem Mietzins vgl § 535 Anm 3a. Er kann in einer einmal Zahlg u Übern best Leistgen (Bbg OLGZ 76, 195), auch in einem Bruchteil od Prozentsatz des Umsatzes (sog Umsatzpacht) od Ertrages bestehen (partiarisches PachtVerh), daher zum Teil od vollk wegfallen. Ob bei Umsatzpacht die MWSt zum Umsatz gehört, hängt vom Inhalt des Vertr ab; ist nichts best, sind die Bruttoeinnahmen einschl MWSt zugrdzulegen (vgl Celle BB 74, 157). Ist der PachtPr dch Wertsichg-Klausel nach WarenPr zu berechnen, bleibt die Erhöhg des VerbraucherPr dch die Einf der MWSt außer Betr (BGH BB 72, 334). Bei BetrFerien ist Pachtzinsausfall zu ersetzen (Hamm BB 74, 1609). Bei garantierter Mindestpacht ist Verstoß gg § 138 I mögl. Beschrkg bei Naturalpacht dch § 6 III LPachtG; bei Verstoß dagg vgl BGH 36, 65. Herabsetzg des PachtPr bei Mängeln des PachtGgst: § 537; das setzt voraus, daß die Nutzgen (§ 100) beeinträcht w. Sind allein die Früchte dch zufäll Ereign betroffen (zB Frost, Hagel), gilt § 537 nicht; dieses Risiko trägt der Pächter (Prot II 238ff). WertsichergsKlauseln: § 245 Anm 5, § 535 Anm 3 a. **b) Obhutspflicht:** § 545 Anm 1 entspr. Besteht auch für das Inv (§ 586). **c) Benutzungspflicht:** Besteht grdsätzl nicht (RG 136, 433); kann aber vereinb sein, auch stillschw; besteht dann, wenn Pachtzins nach dem Ertrag bemessen w (OGH MDR 49, 281) od die Benutzg notw ist, um Wert u GebrFähigk des PachtGgst zu erhalten, insb bei landwirtsch Grdst (vgl §§ 583, 591), mögl auch bei EinzelhandelsGesch (vgl Celle ZMR 73, 109). **d) Treuepflicht** kann sich aus dem bes VertrauensVerh zw Verp u Pächter ergeben. Verstoß hiergg: wenn der Pächter die ZwVerst dch Dr fördert (RG JW 38, 665); der Pächter den gepachteten Betr aufgibt u (insb in kurzer Entferng) ein KonkurrenzUntern eröffnet od übernimmt (BGH **LM** Nr 8 [Apotheke]). **e) Sonstige Nebenpflichten:** entspr der Miete, vgl § 535 Anm 3c.

4) Anwendung der Mietvorschriften (II); entspr, also mit den aus dem Wesen des PachtVertr sich ergebden Ändergen. SonderVorschr: §§ 582–597. Es gelten insb: die Vorschr über MängelGewl (§§ 537 ff), auch bei einem LizenzVertr (BGH NJW 70, 1503 für § 538); für Künd (vor allem §§ 564 II, 565, 553–554 a,

Einzelne Schuldverhältnisse. 3. Titel: Miete. Pacht §§ 581–585

567); wg § 596 sind Künd nach §§ 549 I, 569, 570 beschr od ausgeschl. § 565 ist dch die KündFr des § 595 abgeänd. Lasten des PachtGgst: § 546; w häuf abbedungen. Unterverpachtet: ist nur mit Zust des Verp zul; kein Anspr des Pächters auf Gestattg der Unterpacht (vgl § 596 I), wenn es im PachtVertr nicht eingeräumt ist. Schriftform: § 566; aber nur bei Grdst, nicht bei Rechten, gewerbl Betr. PfandR: §§ 559–563; erweitert dch § 585 für landw Grdst. Übergang bei Veräußerg: §§ 571–579 gelten für Grdst- u Raumpacht, auch für Pacht v JagdR (§ 14 BJagdG) u FischereiR (KG OLG **38**, 93); nicht für Pacht v Rechten (vgl BGH MDR **69**, 233) u Untern (RG **97**, 166). Rückg: § 556 gilt. SondVorschr für Inv (§§ 586–588) u landw Grdst (§§ 591–594); § 557 w dch § 597 ersetzt.

5) Zwangsvollstreckung. a) Gläubiger des Verpächters: Der Pfändg v Früchten vor ihrer Trenng (§ 810 ZPO) kann Pächter nur widerspr, wenn sie sich in seinem Gewahrs befinden § 809 ZPO. Nach der Trenng ist Pächter nach § 956 Eigtümer der Früchte geworden u kann dann der Pfändg in jedem Falle widersprechen (§ 771 ZPO). Diese unterliegen auch nicht der Beschlagn bei ZwVerst u -verwaltg, (§ 1120; § 20 II ZVG). Nach § 21 III ZVG wird das FruchtbezugsR des Pächters dch die Beschlagn nicht berührt (auch nicht hins der ungetrennten Früchte). Der PachtVertr ist nach § 152 II ZVG auch dem ZwVerwalter ggü wirks. Ggü dem Ersteher kann Pächter sich auf §§ 571–575 (nicht aber § 573 S 2) berufen (§§ 57, 57 a ZVG). **b) Gläubiger des Pächters:** Verp kann der ZwVollstr in die getrennten Früchte nicht widersprechen, hat aber ein Recht auf vorzugsw Befriedigg nach § 805 ZPO (vgl § 585 Anm 3). Pfändg v ungetrennten Früchten kann Verp nicht als Eigtümer widersprechen (§ 956 Anm 2 aE). Pfändg der Fdg des landwirtschaftl Pächters aus dem Verkauf von landwirtschaftl Erzeugn ist auf Antr aufzuheben, soweit die Einkünfte zum Unterh od zur Aufrechterhaltg einer geordneten WirtschFührg unentbehrl sind (§ 851 a ZPO). ZwVollstr in das PachtR selbst dch Pfändg gem § 857 ZPO ist nach § 851 ZPO grdsätzl unzul, es sei denn, daß der Verp die Überl an den Dr gestattet hat (vgl § 596 Anm 1). Bei ZwVollstr in den PachtGgst hat Verp WidersprKl (§ 771 ZPO).

582 *Ausbesserungspflicht des Pächters.* **Der Pächter eines landwirtschaftlichen Grundstücks hat die gewöhnlichen Ausbesserungen, insbesondere die der Wohn- und Wirtschaftsgebäude, der Wege, Gräben und Einfriedigungen, auf seine Kosten zu bewirken.**

1) Anwendungsbereich. a) Landwirtschaftliche Grundstücke: Sie müssen im wesentl einem landwirtsch Betr dienen: Ackerbau, Viehzucht, Fortwirtsch, Wein-, Obst- u Gartenbau. Daß ein Nebengewerbe betrieben w (zB Gaststätte), steht nicht entgg. **b) Verhältnis zu § 536:** § 582 ist eine abändernde SondVorschr. Für außergewöhnl Ausbesserg u für u als landwirtsch Grdst verbleibt es bei § 536.

2) Umfang. Der Pächter hat die Ausbesserg von sich aus zu veranlassen u die Kosten hierfür zu tragen. Das Material darf er dem PachtGgst nicht ohne Entgelt entnehmen. Gewöhnl sind die Ausbesserg, die dch übl Gebr u Abnutzg verurs w.

583 *Änderungen in der wirtschaftlichen Bestimmung.* **Der Pächter eines landwirtschaftlichen Grundstücks darf nicht ohne die Erlaubnis des Verpächters Änderungen in der wirtschaftlichen Bestimmung des Grundstücks vornehmen, die auf die Art der Bewirtschaftung über die Pachtzeit hinaus von Einfluß sind.**

1) Anwendungsbereich: wie § 582 Anm 1 a. **Wirtschaftliche Bestimmung:** Maßgebd ist, was im PachtVertr ausdr od stillschw vorausgesetzt w. Eine Änd, die über die PachtZt hinaus wirkt, ist zB Abholzg v Wald zur Herstellg v Acker, nicht: Acker in Wiese u umgekehrt. **Erlaubnis:** wie § 549 Anm 2 b. RFolgen bei Verletzg: UnterlKl (§ 550); SchadErs wg pVV (§ 276 Anm 7); Künd (§ 553).

584 *Fälligkeit des Pachtzinses.* **Ist bei der Pacht eines landwirtschaftlichen Grundstücks der Pachtzins nach Jahren bemessen, so ist er nach dem Ablaufe je eines Pachtjahrs am ersten Werktage des folgenden Jahres zu entrichten.**

1) Anwendbar wie § 582 Anm 1 a. **Abdingb.** § 551 I gilt; § 584 geht als SondVorschr nur dem § 551 III vor. **Pachtjahr:** ist das im Vertr festgelegte; ist darin nichts best, beginnt das Pachtjahr mit dem Beginn des PachtVerh.

585 *Verpächterpfandrecht.* **Das Pfandrecht des Verpächters eines landwirtschaftlichen Grundstücks kann für den gesamten Pachtzins geltend gemacht werden und unterliegt nicht der im § 563 bestimmten Beschränkung. Es erstreckt sich auf die Früchte des Grundstücks sowie auf die nach § 811 Nr. 4 der Zivilprozeßordnung der Pfändung nicht unterworfenen Sachen.**

1) Allgemeines. a) Anwendungsbereich: wie § 582 Anm 1 a. Bei allen sonst PachtGgstden gilt § 585 nicht. **b) Wirkung:** § 585 erweitert das VerpPfdR, indem er §§ 559, 563 abändert. §§ 560–562 bleiben anwendb, § 559 S 2 nur hinsichtl der EntschädiggsFdg (vgl Anm 2). **c) Verhältnis zu anderen Pfandrechten:** Das Prioritätsprinzip (Einf 2 vor § 1204) ist abgeänd im Verh zu: **aa) Früchtepfandrecht** der Düngemittel- u Saatgutlieferanten (Einf 7 e vor § 1204); dieses PfandR geht dem VerpPfdR stets im Rang vor, erstreckt sich aber nur auf die sog VerkFrüchte, nicht auf die WirtschFrüchte (§ 98 Nr 2; § 811 Nr 4 ZPO). **bb) Pächterkreditpfandrecht** v zugelassenen Pachtkreditinstituten (Einf 7 d vor § 1204). Es kann nur am Inv, das dem Pächter gehört (od an AnwartschR, BGH **41**, 6 [13]), bestehen; daher auch an den

§§ 585–588 2. Buch. 7. Abschnitt. *Putzo*

WirtschFrüchten (§ 98 Nr 2), nicht an den VerkFrüchten; daher ist eine Konkurrenz mit dem Früchte-PfandR gem Anm das ausgeschl. Das RangVerh zum VerpPfandR regeln ausschließl § 4 III u § 11 PachtKrG. **d) Übergang** des VerpPfandR auf Dr erfolgt gem § 1250, insb bei Abtretg der gesicherten Fdg (§ 398) u Ablösg (§§ 1249, 268; vgl hierzu Celle NJW **68**, 1139, 1936 m Anm v Bronsch).

2) Gesicherte Forderungen. Der ges Pachtzins (§ 581 Anm 3 a), der rückständ wie der künft, noch nicht fäll, da die Beschrkg des § 559 S 2 u § 563 dch § 585 aufgeh w. Für die and Fdg des Verp aus dem PachtVerh, insb für SchadErsFdg (zB aus § 586) auch solche wg vorzeit Beendigg des PachtVerh (RG **142**, 201) gilt § 585 nicht, es verbleibt bei den Regeln der §§ 559–563 für künft Fdg, insb bei der Beschrkg des § 559 S 2.

3) Pfandgegenstände. Das VerpPfdR erstreckt sich auf: **a) Eingebrachte Sachen** des Pächters (§ 559 S 1), insb dem Pächter gehörde InvStücke, ferner auf das AnwartschR (vgl § 559 Anm 3). Wg § 559 S 3 auch die unter § 811 Nr 4 ZPO fallden InvStücke dem VerpPfdR. **b) Früchte** (§ 99). Dazu gehört auch der Unterpachtzins (§ 99 III). § 585 umfaßt auch (entgg § 93) die ungetrennten Früchte, schon vor dem Ztpkt des § 810 ZPO, so daß das VerpPfdR dem eines PfändgsGläub im Rang vorgeht (hM; Erm-Schopp 4 mwN). § 585 unterwirft auch die sog WirtschFrüchte (§ 98 Nr 2, § 811 Nr 4 ZPO) dem VerpPfdR.

586 *Erhaltung des Inventars.* **I** Wird ein Grundstück samt Inventar verpachtet, so liegt dem Pächter die Erhaltung der einzelnen Inventarstücke ob.

II Der Verpächter ist verpflichtet, Inventarstücke, die infolge eines von dem Pächter nicht zu vertretenden Umstandes in Abgang kommen, zu ergänzen. Der Pächter hat jedoch den gewöhnlichen Abgang der zu dem Inventar gehörenden Tiere aus den Jungen insoweit zu ersetzen, als dies einer ordnungsmäßigen Wirtschaft entspricht.

1) Allgemeines. a) Anwendungsbereich: alle Grdst (Übbl 1 vor § 873), nicht nur landw, insb gewerbl genutzte Grdst; auch entspr anwendb, wenn das Grdst im Rahmen eines Untern (vgl § 581 Anm 1 a) verp w (Erm-Schopp 1 vor § 586). Stets muß das Inv (Anm b) mitverp sein, sodaß § 586 unanwendb ist, wenn das Inv zum Schätzwert übernommen (dann § 587–589) od gekauft w (dann Anm d). **b) Inventar** ist die Gesamth der bewegl Sachen, die in einem entspr räuml Verh zum Grdst stehen u dazu best sind, das Grdst einem wirtschaftl Zweck dch Gebr zu nutzen. Umfaßt das Zubeh u darühinaus je nach Verk-Auffassg weitere Sachen. Für die InvEigensch ist die EigtLage an der betr Sache bedeutgslos (Schlesw SchlHA **74**, 111). Nicht Inv ist der FernsprechAnschl (LG Konstanz NJW **71**, 515). Ein InvVerzeichn ist lediglich BewUrk (Erm-Schopp 5). **c) Abdingbarkeit** besteht uneingeschr; insb kann der Verp die ErhaltgsPfl (Anm 2) übern. **d) Kauf** des Inv liegt vor, wenn vereinb ist, daß das Inv in das Eigt des Pächters übergehen soll, entw endgültig od mit WiederkaufsR (§§ 497–503; vgl RG **152**, 100).

2) Erhaltungspflicht (I, II). a) Verpächter: wg §§ 581 II, 536 hat grdsätzl der Verp des Inv in seinem GesamtBestd zu erhalten; daher die Pfl bei zufäll Untergang od Verlust das InvStück zu ersetzen (II S 1), ausgen der TierBestd (II S 2). **b) Pächter:** I ändert den Grds der §§ 581 II, 536 ab; den Pächter trifft die ErhaltgsPfl: Unterhaltg, insb Fütterg, Instandhaltg u Ausbesserg, auch infolge v gewöhnl Verschleiß (Soergel-Mezger 6; aA Loos NJW **63**, 990). Ergänzg dch Neuanschaffg (mit der Folge, daß das InvStück in das Eigt des Verpächters übergeht, § 930) trifft den Pächter nur bei verschuldetem (§§ 276, 278) Abgang eines InvStücks. Es besteht keine VersichergsPfl des Pächters.

587 *Übernahme zum Schätzungswert.* Übernimmt der Pächter eines Grundstücks das Inventar zum Schätzungswerte mit der Verpflichtung, es bei der Beendigung der Pacht zum Schätzungswerte zurückzugewähren, so gelten die Vorschriften der §§ 588, 589.

1) Anwendbar: wie § 586 Anm 1 a. Weitere Voraussetzgen sind: Übern des Inv pachtweise (nicht zu Eigt wie bei § 586 Anm 1 d) zu einem Schätzwert u zugleich Verpfl der Rückg (§ 581) zum Schätzwert; daher nicht, wenn am Ende der PachtZt Geld bezahlt u das Inv v Pächter behalten w kann (dann Kauf, § 586 Anm 1 d). **Schätzung:** Entweder dch Vereinbg od Bestimmg gem §§ 315–317; vgl auch Loos NJW **63**, 992. **Wirkg:** ergibt sich aus §§ 588, 589.

588 *Gefahrtragung und Erhaltungspflicht.* **I** Der Pächter trägt die Gefahr des zufälligen Unterganges und einer zufälligen Verschlechterung des Inventars. Er kann über die einzelnen Stücke innerhalb der Grenzen einer ordnungsmäßigen Wirtschaft verfügen.

II Der Pächter hat das Inventar nach den Regeln einer ordnungsmäßigen Wirtschaft in dem Zustande zu erhalten, in welchem es ihm übergeben wird. Die von ihm angeschafften Stücke werden mit der Einverleibung in das Inventar Eigentum des Verpächters.

1) Allgemeines. a) Anwendbar nur soweit § 587 zutrifft. **b) Abdingbarkeit** ist zu bejahen. **c) Zweck:** § 588 erweitert die Re u Pfl des Pächters ggü dem allg Regelg des § 586. **d) Verfügungsrecht** des Pächters (I S 2) nur über einzelne InvStücke: wie § 185 Anm 1 a. Die VfgBefugn des I S 2 ist nur v Verp abgeleitet u darf nicht weiter gehen als dessen VfgBefugn ggü Dr. Sie entspr der Einwilligg des § 185 I; vgl auch Celle MDR **65**, 831.

2) Pächterpflichten (neben der Rückgewähr, § 589). **a) Gefahrtragung** (I S 1): abweichd v § 586 II S 1 gehen (bis zur Rückg, § 589) zufäll, dh vom Pächter nicht verschuldete (§§ 276, 278) Verluste u Verschlechtergen v InvStücken zu Lasten des Pächters. Er muß den ungeminderten Pachtzins zahlen. **b) Erhaltungspflicht** (II S 1): Über § 586 Anm 2 b hinaus trifft den Pächter währd der PachtZt auch die sonst dem Verp obliegde Pfl, das Inv zu ergänzen u InvStücke zu ersetzen, wenn sie untergehen, zerstört od verloren w. Darunter fällt auch die Ergänzg u Erweiterg des Inv, nach den Regeln einer ordngsgem Wirtsch; dazu gehört die notw Anpassg an den techn Fortschritt. **c) Verletzung** dieser Pfl: über § 581 II UnterlAnspr (§ 550) u Künd (§ 553); SchadErs (§ 276 Anm 7).

3) Eigentumslage. Das ges Inv bleibt od w Eigt des Verp, auch wenn eine Neuanschaffg nicht den Regeln einer ordngsgem Wirtsch entspr (vgl § 589 II), vorausgesetzt, daß das Eigt nicht Dr zusteht (insb bei EigtVorbeh od SicherngsEigt); denn § 588 regelt nur das Verh Verp–Pächter. EigtErwerb gem II S 2 Kr G dch Realakt (Übbl 1 e vor § 104), indem es der Pächter dem Inv (insb räuml) einverleibt w; daher gutgl Erwerb ausgeschl. Angeschafft: jede Art v EigtErwerb. Für II S 2 steht dem Eigt die Anwartsch darauf gleich, sodaß der Verp das AnwartschR erwirbt.

589 *Rückgewähr des Inventars.* ¹ Der Pächter hat das bei der Beendigung der Pacht vorhandene Inventar dem Verpächter zurückzugewähren.

II Der Verpächter kann die Übernahme derjenigen von dem Pächter angeschafften Inventarstücke ablehnen, welche nach den Regeln einer ordnungsmäßigen Wirtschaft für das Grundstück überflüssig oder zu wertvoll sind; mit der Ablehnung geht das Eigentum an den abgelehnten Stücken auf den Pächter über.

III Ist der Gesamtschätzungswert der übernommenen Stücke höher oder niedriger als der Gesamtschätzungswert der zurückzugewährenden Stücke, so hat im ersteren Falle der Pächter dem Verpächter, im letzteren Falle der Verpächter dem Pächter den Mehrbetrag zu ersetzen.

1) Allgemeines: wie § 588 Anm 1 a, b. **a) Rückgewährpflicht** (I): entspr der Rückg (§ 556 Anm 1). Sie umfaßt das gesamte Inv (§ 586 Anm 1 b), auch solche Stücke, die dem AblehngsR (Anm 2) unterliegen. **b) Ablehnungsrecht** (II): GestaltgsR, das dch empfbed WillErkl (§ 130) ausgeübt w. Die Voraussetzg (überflüss od zu wertvoll) sind nicht, persönl Maßstäben zu beurt. BewLast: Verp. RFolge der Ablehng: EigtÜbergang auf Pächter mit Zugang der AblehngsErkl; zugleich scheidet es aus Inv.

2) Wertausgleich (III): **a)** Vertragl Abänderg geht vor (Staud-Kiefersauer 7). **b)** Die Schätzwerte zZ der Übern u der Rückg des Inv sind ggüzustellen. Wird in Geld geschätzt, so ist dabei die Veränderg der Kaufkraft zu berücks (RG **104**, 394; BGH **LM** Nr 1). Übl ist Schätzg nach einem Punktsystem u Anwendg der von den LandwirtschKammern ausgearbeiteten SchätzgO für das landwirtsch Pachtwesen. Die Schätzwerte sind Verrechnungsposten, bei denen vereinbgsgem gezahlte Zinsen vom Schätzwert zu berücks sind (BGH **LM** Nr 1). **c)** Die Differenz ist in Geld auszugleichen. PfandR für Fdg des Pächters: § 590. **d)** Bei Veräußerg des Grdst gilt § 571 (BGH NJW **65**, 2198).

590 *Pächterpfandrecht.* Dem Pächter eines Grundstücks steht für die Forderungen gegen den Verpächter, die sich auf das mitgepachtete Inventar beziehen, ein Pfandrecht an den in seinen Besitz gelangten Inventarstücken zu. Auf das Pfandrecht findet die Vorschrift des § 562 Anwendung.

1) Anwendb wie § 586 Anm 1 a. Gesicherte Fdg: § 586 II S 1; § 589 III; Rückg der Kaution für Inv (§ 581 Anm 1 d); PfandR: an allen InvStücken, deren Bes (§ 854) der Pächter erlangt, auch wenn sie im Eigt Dr stehen (allg M). Anwendg der PfdRVorschr: § 1257. Abwendg dch Sicherh: § 562. ZbR (§ 273) nur am Inv (nicht am Grdst, §§ 581 II, 556 II) auch aGrd des PfdRs.

591 *Rückgewähr eines landwirtschaftlichen Grundstücks.* Der Pächter eines landwirtschaftlichen Grundstücks ist verpflichtet, das Grundstück nach der Beendigung der Pacht in dem Zustande zurückzugewähren, der sich bei einer während der Pachtzeit bis zur Rückgewähr fortgesetzten ordnungsmäßigen Bewirtschaftung ergibt. Dies gilt insbesondere auch für die Bestellung.

1) Anwendb: wie § 582 Anm 1 a. Entspr bei Nießbr (§ 1055 II) u NachErbf (§ 2130). Rechtsfolgen: Der Pächter ist währd der PachtZt zur ordngem Bewirtschaftg verpfl. Bestellg (S 2) bedeutet Bodenbearbeitg, Saat u Pflanzg. Nur sow Anpflanzgen u sonst GrdstEinrichtgen über das gewöhnl Maß ordngsgem Bewirtschaftg hinausgehen gelten §§ 547, 547 a I, 581 II. Ungetrennte Früchte sind mit herauszugeben. Bei Veränd od Verschlechterg trotz ordngsgem Bewirtschaftg gelten §§ 548, 581 II. Für Verbesserngen hat der Pächter keinen Anspr. Bei schuldh Verletzg der Pfl aus § 591, also Rückg in nicht ordngsgem Zustd: SchadErs aus § 280 od pVV (§ 276 Anm 7); aber kein Anspr darauf vor Ablauf der PachtZt (Düss NJW **77**, 586).

592 *Feldbestellungskosten.* Endigt die Pacht eines landwirtschaftlichen Grundstücks im Laufe eines Pachtjahrs, so hat der Verpächter die Kosten, die der Pächter auf die noch nicht getrennten, jedoch nach den Regeln einer ordnungsmäßigen Wirtschaft vor dem Ende des Pachtjahrs zu trennenden Früchte verwendet hat, insoweit zu ersetzen, als sie einer ordnungsmäßigen Wirtschaft entsprechen und den Wert dieser Früchte nicht übersteigen.

1) Anwendb: wie § 582 Anm 1 a. Pachtjahr: § 584 Anm 1. Gilt auch bei außerord Künd. Voraussetzg: Regeln ordngsgem Wirtsch sind obj, nicht persönl zu best. § 592 ist abdingbar. Rechtsfolgen: ErsAnspr in Geld, fäll bei Ernte der betr Früchte (Begr § 99). Nur die Sachauslagen (Erm-Schopp 3).

593 Zurücklassung von Erzeugnissen bei Landgut.
I Der Pächter eines Landguts hat von den bei der Beendigung der Pacht vorhandenen landwirtschaftlichen Erzeugnissen ohne Rücksicht darauf, ob er bei dem Antritte der Pacht solche Erzeugnisse übernommen hat, so viel zurückzulassen, als zur Fortführung der Wirtschaft bis zu der Zeit erforderlich ist, zu welcher gleiche oder ähnliche Erzeugnisse voraussichtlich gewonnen werden.

II Soweit der Pächter landwirtschaftliche Erzeugnisse in größerer Menge oder besserer Beschaffenheit zurückzulassen verpflichtet ist, als er bei dem Antritte der Pacht übernommen hat, kann er von dem Verpächter Ersatz des Wertes verlangen.

III Den vorhandenen auf dem Gute gewonnenen Dünger hat der Pächter zurückzulassen, ohne daß er Ersatz des Wertes verlangen kann.

1) Landgut ist ein zum selbstd Betr einer Landwirtsch (vgl § 582 Anm 1 a) eingerichtetes u dazu best Grdst od Mehrh v Grdst (zum Begr: Becker AgrR **75**, 57 [60]). **Rücklassungspflicht** (I) bezieht sich nur auf die bei Beendigg des PachtVerh (üb § 581 II entspr § 564 Anm 1–3) tats noch vorhandenen Erzeug. EigtÜberg: §§ 929ff. Den Überschuß an Erzeug darf der Pächter mitnehmen od veräußern. BewLast: Verp. **Wertersatz** (II) in Geld. Pachtantritt ist bei Pachtverlängerg der Beginn der ersten Pachtperiode (BGH **9**, 104). Maßgebd ist der Wert zZ der Rücklassg. ZbR an den Erzeugn gem § 273. BewLast: Pächter. **Dünger** (III): nur der natürl; nicht Stroh; Veräußerg dch den Pächter ist auch im Rahmen des § 591 unzul (Wunner RdL **66**, 113; aA Schlesw NJW **66**, 551 m abl Anm v Wunner).

594 Übernahme eines Landguts zum Schätzungswert.
I Übernimmt der Pächter eines Landguts das Gut auf Grund einer Schätzung des wirtschaftlichen Zustandes mit der Bestimmung, daß nach der Beendigung der Pacht die Rückgewähr gleichfalls auf Grund einer solchen Schätzung zu erfolgen hat, so finden auf die Rückgewähr des Gutes die Vorschriften des § 589 Abs. 2, 3 entsprechende Anwendung.

II Das gleiche gilt, wenn der Pächter Vorräte auf Grund einer Schätzung mit einer solchen Bestimmung übernimmt, für die Rückgewähr der Vorräte, die er zurückzulassen verpflichtet ist.

1) Landgut: § 593 Anm 1. Die Schätzg muß sich auf das ges Landgut beziehen.

595 Kündigungsfrist.
I Ist bei der Pacht eines Grundstücks oder eines Rechtes die Pachtzeit nicht bestimmt, so ist die Kündigung nur für den Schluß eines Pachtjahrs zulässig; sie hat spätestens am ersten Werktage des halben Jahres zu erfolgen, mit dessen Ablaufe die Pacht endigen soll.

II Diese Vorschriften gelten bei der Pacht eines Grundstücks oder eines Rechtes auch für die Fälle, in denen das Pachtverhältnis unter Einhaltung der gesetzlichen Frist vorzeitig gekündigt werden kann.

1) Anwendungsbereich: Pacht v Grdst (wie § 586 Anm 1 a) u Räumen (Einf 7 a vor § 535; BGH **LM** Nr 2) u R an einem Grdst, nicht an bewegl Sachen (Erm-Schopp 1). Ist mit dem Grdst einheitl auch WoRaum (Pächterwohng) mitverp, gilt auch für den WoRaum PachtR u 595 (Soergel-Mezger 6). Nur für unbest Dauer des PachtVerh unter Einschl v § 566 S 2 (Abs I) u bei außerord Künd mit gesetzl Fr insb gem §§ 567, 569; KO 19; ZVG 57a (Abs II); nicht bei außerord, fristl Künd. **Abdingbarkeit** ist zu bejahen. **Kündigungsfrist** (I): Pachtjahr wie § 584 Anm 1. FrBerechng: §§ 189 I, 188; Samstag (Sonnabend) ist kein Werktag (§ 193). **Kündigungsschutz** bei LandpachtVertr dch § 8 LandPG, nicht für außerord Künd (§ 9 LandPG); bei Kleingärten: Einf 2b vor § 581.

596 Unterpacht; Kündigung bei Tod oder Versetzung.
I Dem Pächter steht das im § 549 Abs. 1 bestimmte Kündigungsrecht nicht zu.

II Der Verpächter ist nicht berechtigt, das Pachtverhältnis nach § 569 zu kündigen.

III Eine Kündigung des Pachtverhältnisses nach § 570 findet nicht statt.

1) Allgemeines: § 596 ist abdingb; schließt das R zu außerord Künd in best Fällen aus; eine trotzdem erkl Künd ist wirkgslos. **Unterpacht** (I): Aus dem Ausschl des KündR folgt, daß der Pächter keinen Anspr auf die Erlaubn gem § 549 I S 1 hat (allgM; vgl § 581 Anm 4). **Tod des Pächters** (II): Das KündR der Erben des Pächters (§§ 581 II, 569 I) bleibt erhalten. **Versetzung** (III): Grd für den Ausschl des KündR ist, daß der gesetzgeber Zweck des § 570 bei Pacht nicht zutrifft. Es empfiehlt sich für den Pächter, sich ein KündR für den Fall der Versetzg vertragl vorzubeh.

597 Verspätete Rückgabe.
Gibt der Pächter den gepachteten Gegenstand nach der Beendigung der Pacht nicht zurück, so kann der Verpächter für die Dauer der Vorenthaltung als Entschädigung den vereinbarten Pachtzins nach dem Verhältnisse verlangen, in welchem die Nutzungen, die der Pächter während dieser Zeit gezogen hat oder hätte ziehen können, zu den Nutzungen des ganzen Pachtjahrs stehen. Die Geltendmachung eines weiteren Schadens ist nicht ausgeschlossen.

1) Allgemeines. SondRegelg ggü § 557. **a) Anwendungsbereich:** PachtVerh jeder Art, auch Pacht eines Rs, soweit eine Rückg in Betr kommt. Nicht: wenn PachtVertr gem § 568 verlängert w; wenn der Pächter künd u der Verp Fortsetzg des PachtVerh fordert (vgl BGH NJW **60**, 909). **b) Verhältnis zu anderen Ansprüchen** (S 2): SchadErs wg Vorenthaltg der Pachtsache kann der Verp neben der Entsch aus § 597 verlangen (S 2). AnsprGrdlagen ist § 557 Anm 4; hierzu KG NJW **70**, 951. Ebsowenig sind Anspr aus ungerechtf Ber ausgeschl (BGH NJW **68**, 197; dagg Rüber NJW **68**, 1613).

2) Voraussetzungen. a) Beendigg des PachtVerh; vgl §§ 581 II, 564. **b)** Vorenthaltg des PachtGgst gg den Willen des Verp (BGH NJW **71**, 432), dh unterbliebene rechtzeit Rückg gem § 556. Das muß dch den Pächter verurs sein, insb wenn er od sein Unterp den Bes behält. Unabhäng v Versch (§§ 276, 278) u davon, ob Nutzgen (§ 100) gezogen w.

3) Entschädigung. Die Höhe ist nach S 1 zu berechnen; im Proz § 287 ZPO; Nutzgen: § 100. Grd: unterschiedl Wert der Nutzgen währd eines Jahres. Fälligk: vgl Celle MDR **66**, 761. Verj: § 197 (BGH NJW **71**, 432).

Vierter Titel. Leihe

Einführung

1) Leihe ist unentgeltl Überlassg einer Sache zum Gebrauch. Über den Begriff im einzelnen § 598 Anm 1.

2) Abgrenzg ggü ähnl VertrVerh: **a) von der Miete** unterscheidet sich die Leihe dadurch, daß sie notw unentgeltl ist (vgl Einf 2b vor § 535); **b) vom Darlehen** dadurch, daß nach GebrÜberlassg dieselbe Sache zurückzugeben ist, nicht Sachen gleicher Art, Güte u Menge; **c)** unentgeltl GebrÜberlassg kann auch **Schenkg** sein; **d)** das **precarium** des röm Rechts (unentgeltl GebrÜberlassg mit jederzeitigem WiderrufsR) ist im BGB nicht bes geregelt. Meist liegt eine Unterart der Leihe vor. Häufig handelt es sich aber auch um reine Gefällig, denen nach dem Willen der Beteiligten ein rechtsgeschäftl Charakter überh fehlt. Dann nur Haftg nach außervertragl RSätzen (Einl 2 vor § 241); aber nicht schärfer als nach § 599.

598 Begriff. Durch den Leihvertrag wird der Verleiher einer Sache verpflichtet, dem Entleiher den Gebrauch der Sache unentgeltlich zu gestatten.

1) Begriff. Leihe ist **unvollkommen zweiseit Vertrag.** Zunächst besteht nur einseit Verpflichtg des Verleihers zur GebrÜberlassg. Pflichten des Entleihers erst nach der Überlassg: §§ 601, 603, 604, die aber keine GgLeistg für die GebrÜberlassg darstellen. Daher gelten die Vorschr über ggs Verträge (§§ 320ff) nicht. Wohl aber ZbR des Entl nach § 273 hins seiner GgAnspr, RG **65**, 276. — Mit RGRK Vorbem 5 u Staud-Riedel Vorbem 2 wird man die Leihe **nicht** als **Realvertrag**, zu dessen Entstehg die Überlassg der Sache erforderl ist, sond als KonsensualVertr, der bereits durch die Abrede der Parteien über die unentgeltl GebrÜberlassg zustande kommt, aufzufassen haben; bestr. — Wesentl ist für den LeihVertr das Merkmal der **Unentgeltlichk**, durch das er sich vor allem von der Miete unterscheidet. Über die Abgrenzg ggü sonstigen VertrVerh Einf 2. — Im Sprachgebrauch des tägl Lebens wird häufig von „Leihe" gespr, obwohl es sich in Wirklichk entgeltl Vertr vorliegt, zB bei Leihbücherei, die richtiger als Mietbücherei zu bezeichnen ist, Leihwäsche, Maskenverleih u dgl. Im Effektenterminhandel bedeutet das Wort „Leihe" die Abrede, daß die hingegebenen Wertpapiere „effektiv" zurückzugeben sind, RG **153**, 384 (Verpflichtg zur Rückzahlg in ausl Währg bei Gebr des Ausdrucks „leihweise"); entspr bei Geldsorten.

2) Gegenstand der Leihe sind bewegl u unbewegl Sachen (§ 90), zB Benutzg eines AnschlGleises, Brsl OLG **20**, 209, unentgeltl Gestattg der Errichtg u Unterhaltg einer Hochspannsgsleitg seitens des Grdst-Eigtümers, RG HRR **33**, 1000, Einräumg des Rechts auf Benutzg der öff Straßen für elektr Fernleitgen, Warn **34**, 152, auch Leihe eines HypBriefs, RG **91**, 155. Über Verpackgsleihe § 433 Anm 3 C. Leiheähnl Verh liegt bei Überlassg von Mustern vor, RG **83**, 37 (unbefugte Veröff der Muster macht schadenersatzpflichtig). Schließfach auf der Güterabfertigsstelle ist weder Leihe noch MietVertr, sond Vertr eigener Art, RG **103**, 146. Verbrauchb Sachen können nicht Ggst eines LeihVertr sein, wenn Verbrauch od Veräußerg gestattet sind. — Auf unentgeltl Gebr von Fdgen u Rechten finden die Vorschr über die Leihe nur entspr Anwendg, Kuhlenbeck JW **04**, 228.

3) Gebrauch der Sache, dh vertragsgem Gebr, nicht Verbrauch. Auch nicht Fruchtziehg, falls nicht bes vereinb (dann aber meistens gemischter Vertr). Mögl auch LeihVertr mit Gestattg der Verpfändg der geliehenen Sache. Keine Pfl des Entl aus Gebr; jedoch kann eine solche Pfl als vereinb gelten, wenn Gebr zur SchadAbwendg erforderl ist, zB bei Reitpferd, Soergel-Mezger 5.

4) Gestattg des Gebrauchs, nicht „Gewährg" (anders bei der Miete). Daraus folgt, daß den Verl **keine InstandhaltgsPfl** trifft. Verl ist daher nur verpflichtet, bei Beginn der Leihe den Besitz zu überlassen u den Entl währd der VertrZeit nicht im Besitz zu stören. Entleiher wird unmittelb, Verl mittelb Besitzer. Nicht erforderl ist, daß Verl Eigtümer der Sache ist.

599 Haftung des Verleihers. Der Verleiher hat nur Vorsatz und grobe Fahrlässigkeit zu vertreten.

1) Allgemeines. Ausn von § 276. Entspr: § 521. Gilt auch hins der Haftg des Verl für Vertreter u Gehilfen (§ 278), u für culpa in contrahendo (aA fr Aufl). — Entl haftet dagg nach § 276 für jedes Versch, RG

§§ 599–604   2. Buch. 7. Abschnitt. *Putzo*

LZ **18**, 496, aber nicht für Zufall, aA Aachen (LG) NJW **52**, 426. Verl trägt also die Gefahr der unverschuldeten Vernichtg, Beschädigg od Entwendg der Sache. – Über entspr Anwendg von § 599 auf andere unentgeltl GefälligkVertr RG **65**, 17 u LZ **18**, 496. Über Haftg aus GefälligkFahrt Einf 2 vor § 241.

600 *Mängelhaftung.* **Verschweigt der Verleiher arglistig einen Mangel im Rechte oder einen Fehler der verliehenen Sache, so ist er verpflichtet, dem Entleiher den daraus entstehenden Schaden zu ersetzen.**

1) Allgemeines. Haftg des Verl für Rechts- u Sachmängel ist ähnl beschr wie bei der Schenkg §§ 523, 524. Nur Vertrauensschaden, nicht ErfInteresse ist zu ersetzen. ZbR des Entl, RG **65**, 277. – Daneben Haftg aus unerl Hdlg (§ 823), auch wenn keine Argl, aber mind grobe Fahrlk (§ 599) vorliegt.

601 *Erhaltungskosten.* ᴵ **Der Entleiher hat die gewöhnlichen Kosten der Erhaltung der geliehenen Sache, bei der Leihe eines Tieres inbesondere die Fütterungskosten, zu tragen.**
ᴵᴵ **Die Verpflichtung des Verleihers zum Ersatz anderer Verwendungen bestimmt sich nach den Vorschriften über die Geschäftsführung ohne Auftrag. Der Entleiher ist berechtigt, eine Einrichtung, mit der er die Sache versehen hat, wegzunehmen.**

1) Unterhaltskosten: Anders als bei der Miete hat nicht der Verl, sond der Entl die Unterhaltskosten der geliehenen Sache zu tragen; daher auch ErhaltgsPfl des Entl.

2) Sonstige Verwendgen liegen dem Entl nicht ob. Soweit er sie vorgenommen hat, besteht ErsPfl des Ver nur nach II. ZbR des Entl, RG **65**, 277. Aber nach Treu u Gl AnzPfl des Entl hins der Notwendigk von Verwendgen. – Über WegnahmeR § 547a. – Verjährg: § 606.

602 *Abnutzung der Sache.* **Veränderungen oder Verschlechterungen der geliehenen Sache, die durch den vertragsmäßigen Gebrauch herbeigeführt werden, hat der Entleiher nicht zu vertreten.**

1) § 602 entspr dem § 548, vgl dort. Völlige Zerstörg der Sache wird durch § 602 nicht gedeckt, RG **159**, 65; auch SchadErsPfl des Entl bei schuldh Verschlechterg der Sache. ObhutsPfl wie bei der Miete, RG JW **10**, 706. Über Verpflichtg zum Gebr § 603 Anm 1. Verj des SchadErsAnspr des Verl: § 606.

2) Beweislast: Entl muß beweisen, daß der (vom Verl zu beweisende) Schaden durch den vertragsm Gebr entstanden ist.

603 *Vertragsmäßiger Gebrauch.* **Der Entleiher darf von der geliehenen Sache keinen anderen als den vertragsmäßigen Gebrauch machen. Er ist ohne die Erlaubnis des Verleihers nicht berechtigt, den Gebrauch der Sache einem Dritten zu überlassen.**

1) Vertragsmäßiger Gebrauch (S 1) ist aus der Vereinbg sowie Art u ZweckBest der geliehenen Sache zu entnehmen. Re des Verl: **a)** Außerord Künd (§ 605). **b)** UnterlAnspr entspr § 550. **c)** SchadErsAnspr wie § 550 Anm 1.

2) Gebrauchsüberlassg an Dritte. Vgl § 549 I 1 u dort Anm 2. Bei erlaubter GebrÜberlassg an Dritten haftet Entl nach § 278 für Versch des Dritten (Stgt NJW **53**, 1512). Bei unerl GebrÜberlassg haftet Entl ebenf für Versch des Dritten, aber auch für Zufall es sei denn, daß der Schaden auch ohne die unbefugte GebrÜberlassg eingetreten wäre (vgl § 602).

604 *Rückgabepflicht.* ᴵ **Der Entleiher ist verpflichtet, die geliehene Sache nach dem Ablaufe der für die Leihe bestimmten Zeit zurückzugeben.**
ᴵᴵ **Ist eine Zeit nicht bestimmt, so ist die Sache zurückzugeben, nachdem der Entleiher den sich aus dem Zwecke der Leihe ergebenden Gebrauch gemacht hat. Der Verleiher kann die Sache schon vorher zurückfordern, wenn so viel Zeit verstrichen ist, daß der Entleiher den Gebrauch hätte machen können.**
ᴵᴵᴵ **Ist die Dauer der Leihe weder bestimmt noch aus dem Zwecke zu entnehmen, so kann der Verleiher die Sache jederzeit zurückfordern.**
ᴵⱽ **Überläßt der Entleiher den Gebrauch der Sache einem Dritten, so kann der Verleiher sie nach der Beendigung der Leihe auch von dem Dritten zurückfordern.**

1) Rückgabepflicht. Entspr § 556, vgl dort Anm 1. Die Sache ist nach Beendigg der Leihe in dem Zustand zurückzugeben, der dem vertragsm Gebr (§ 602) entspricht. Zubehör, Zuwachs u Früchte sind mit herauszugeben, sofern nichts anderes vereinb ist. Rückgabe ist Bringschuld. ErfOrt ist Wohns des Gläub; Kosten der Versendg fallen dem Entl zur Last. Entl ist aber berechtigt, die Sache schon vorher zurückzugeben, es sei denn, daß dadurch erhebl Interessen des Verl beeinträchtigt w, RGRK Anm 1. Über ZbR des Entl wg seiner Anspr § 598 Anm 1. Mehrere Entl haften als GesamtSchu, § 431.

2) Beendigg der Leihe tritt ein: **a)** bei bestimmter Zeitdauer mit deren Ablauf, **b)** bei Fehlen einer Bestimmg über die Dauer in dem Ztpkt, in dem der nach dem Zweck des LeihVertr beabsichtigte Gebr gemacht ist, Warn **34**, 152, **c)** durch Rückfdg des Verl, wenn 1. der vertragsm Gebr nach der Dauer der verstrichenen Zeit hätte gemacht w können (objektives Merkmal), 2. die Dauer weder bestimmt noch aus dem Zweck zu entnehmen ist; dann jederzeitige Rückfdg, u zwar auch zu einer dem Entl ungelegenen Zeit; **d)** durch außerordentl Künd, § 605.

3) HerausgAnspruch gegen Dritten (IV): vgl § 556 III. Unerhebl ist, ob die GebrÜberlassg an den Dritten erlaubt od unerlaubt war (§ 603). Der HerausgAnspr aus § 604 besteht neben dem Anspr des Verl aus Eigt od anderen dingl Rechten.

605 *Kündigungsrecht*. Der Verleiher kann die Leihe kündigen:
1. wenn er infolge eines nicht vorhergesehenen Umstandes der verliehenen Sache bedarf;
2. wenn der Entleiher einen vertragswidrigen Gebrauch von der Sache macht, insbesondere unbefugt den Gebrauch einem Dritten überläßt, oder die Sache durch Vernachlässigung der ihm obliegenden Sorgfalt erheblich gefährdet;
3. wenn der Entleiher stirbt.

1) Außerordentl KündRecht des Verl, u zwar ohne KündFrist. Entl hat kein entspr KündR; er ist regelm berechtigt, die Sache vor Ablauf der Leihzeit zurückzugeben, § 604 Anm 1. – **Ziffer 1:** unerhebl ist, ob der bes Umstand voraussehb war. Wirkl Bedürfn, wenn auch nicht notw ein dringendes, ist erforderl; bloße Laune genügt nicht. Ebenso nicht, wenn das Bedürfn zu früherer Zeit einmal vorhanden gewesen od zu späterer Zeit eintreten wird. Künd u Bedürfn müssen zeitl zusfallen, Warn **20**, 40. – Kein SchadErsAnspr des Entl bei Künd, wenn die Voraussetzgen von Ziff 1 gegeben sind. Ziff 1 gilt auch für Vorvertr. – **Ziffer 2:** § 553. Vorherige Abmahng ist (anders als bei der Miete) nicht erforderl. – **Ziffer 3:** Kein KündR der Erben des Verl, wenn Verl stirbt; doch kann hier möglicherw Ziff 1 eingreifen, RGRK Anm 4.

606 *Verjährung*. Die Ersatzansprüche des Verleihers wegen Veränderungen oder Verschlechterungen der verliehenen Sache sowie die Ansprüche des Entleihers auf Ersatz von Verwendungen oder auf Gestattung der Wegnahme einer Einrichtung verjähren in sechs Monaten. Die Vorschriften des § 558 Abs. 2, 3 finden entsprechende Anwendung.

1) Anwendungsbereich: wie § 558 Anm 2 (vgl BGH **47**, 55 u NJW **68**, 694). Allg VerjFr (§ 195) für RückgAnspr (§ 604) u Anspr aus §§ 599, 600. Beginn für Anspr des Verl mit Rückg der Sache, für die des Entl mit Beendigg des LeihVerh (§ 604 Anm 2).

Fünfter Titel. Darlehen

Einführung

Aus dem Schrifttum: Genzner: Zur Lehre vom verzinsl Darl, AcP **137**, 194; Lübbert: Der KreditVertr JhJ **52**, 313; Kohler: Das VereinbDarl, ArchBürgR **33**, 1; v Lübtow: Die Entwicklg des DarlBegr im römischen u im geltden R, 1965; Stauder: Der bankgeschäftl KrediteröffngsVertr, 1968.

1) Grundlagen. a) Begriff. Darl ist der schuldrechtl Vertr, der die Übertr vertretb Sachen od ihres Wertes in den Verm des DarlN sowie die Abrede umfaßt, Sachen gleicher Art, Güte u Menge zurückzuerstatten. **b) Rechtsnatur.** Es ist noch umstr, ob das Darl nur dch die Übertr der Sachen (Geld od and vertretb Sachen, § 91) zustde kommt (einseit nur zur Rückzahlg verpfl Realvertrag, gemeinrechtl u aus § 607 I abgeleitet; RG **86**, 324; BGH LM § 607 Nr 11 u NJW **75**, 443; Enn-Lehmann § 142 I; Fikentscher § 77 I) od dch zweiseit (auch zur Übertr verpfl Vertr schon v der Einigg an zustde kommt (Konsensualvertrag; Larenz § 47 I; Esser § 86 I; Haase JR **75**, 317; im Schrifttt hM geworden). Die Rspr, insb die ältere, geht von der RealVertrTheorie aus. Der Theorienstr hat bei richt Handhabg wenig prakt Bedeutg (vgl Neumann-Duesberg NJW **70**, 1403). Vorzuziehen ist die Konsensualtheorie: sie erspart die umständl Konstruktion eines VorVertr u entspr besser der Praxis des modernen KreditVerk. Das Darl ist in DauerschuldVerh (Larenz § 47 I; aA Esser § 86 I 2). Ist es entgeltl (mit Zins), liegt ein ggs Vertr vor (§§ 320ff); ist es zinslos, ledigl ein zweiseit verpfl Vertr. Im GgseitigkVerh stehen die Verschaffg u Belassg des Kapitals (Geldsumme od best Zahl vertretb Sachen) einers, Zinszahlg, Bestellg vereinb Sicherh, Übern sonstiger Pfl (zB Bierbezug) ands (also nicht die Rückerstattg, insb Tilggsrate). Immer liegt ggs Vertr vor, wenn eine Bank Darl gewährt (BGH WPM **62**, 1265) od wenn als Sicherh eine Sache belastet, insb eine Hyp bestellt w, weil dann ein kaufähnl Vertr (§ 445) vorliegt (Ffm NJW **69**, 327 m abl Anm v Schütz). **c) Auszahlungsanspruch.** Aus dem DarlVertr kann unmittelb auf Übereign (insb Auszahlg) des Kapitals geklagt w; das aber auch nach der RealVertrTheorie bei Abschl eines Vorvertr, sog DarlVerspr (Neumann-Duesberg NJW **70**, 1403; BGH NJW **75**, 443). **d) Vorvertrag** über ein Darl ist auch nach der KonsensualVertrTheorie mögl, insb veranlaßt, wenn die VertrBedingg im einz noch festgelegt w sollen. Nach der RealVertrTheorie gibt der VorVertr bereits den AuszahlgsAnspr (Anm c; gg VorVertr u für §§ 315 III 2, 319 I 2: K. Schmidt JuS **76**, 709).

2) Zweck. Die Sachübereigng (od bargeldlose Zahlg) beim Darl geht wirtsch auf Übereign (RG [GZS] **161**, 52) u zeitl, also vorübergehender Nutzg, gg od ohne Entgelt. Insof ist das Darl wirtsch ähnl den

GebrÜberlassgsVertr (Miete u Leihe). Demgem ist dem DarlG bei Wucher (§ 138 II) die RückFdg der DarlSumme nicht endgült verschlossen, § 817 Anm 3f. Darl u DarlVorvertr gehören wirtsch zu den KreditGesch, dh den Gesch, die eine Vorleistg eines der VertrPart zum Inhalt od zur Folge haben. Zur Behandlg im Konk: K. Schmidt JZ **76**, 756.

3) Arten. In der Praxis haben sich versch typ Arten von GeldDarl mit folgden Bezeichngen herausgebildet: **a) Personalkredit.** Darl, das allein dch die Pers des DarlN, Bürgen od MitSchu gesichert ist. Hierfür gelten keine gesetzl SondBest. **b) Bodenkredit.** Darl, die dch Hyp, Grd- od Rentenschulden gesichert sind. Hierfür gelten die §§ 1113–1203 (vgl Übbl Anm b) 1113), mit bes, auf das schuldrechtl Darl bezogenen Vorschr. **c) Lombardkredit.** Darl, die dch PfandR od Sichersübereign bewegl Sachen, insb auch Wertpapiere gesichert sind. Wenn ein PfandR bestellt ist, gelten die §§ 1204–1296, mit versch Vorschr, die sich auf die gesicherte (Darl)Fdg beziehen; bei SichersÜbereign, die von Rspr u Schriftt erarbeiteten Regeln (§ 930 Anm 4). **d) Pachtkredit.** Darl, die dch PfandR an landw Inv gesichert sind. Es gilt das PachtKrG (Einf 7d v § 1204). **e) Abzahlungskredit.** Darl, die im Rahmen einer TeilzahlgsFinanzierg in unmittelb Beziehg zu einem AbzKauf gewährt w u verschartig gesichert w (EigtVorbeh, Wechsel, Gehaltsabtretg). Sow dadch das AbzG umgangen w kann, unterliegt auch der DarlVertr der entspr Anwendg des AbzG mit versch Auswirkgen (Anm zu § 6 AbzG). **f) Mieterdarlehen.** Einf 11b, dd vor § 535. **g) Baudarlehen.** Darl, deren Zweck vertragsgem auf die Verwendg zum Neubau, Ausbau od Umbau eines Gebäudes gerichtet ist. Es gilt das BauFdgG. Der BauDarlVertr begründet ein ggs VertrauensVerh. Die ausbezahlten DarlBetr, insb Raten, dürfen nicht für and Zwecke als für den Bau verwendet w. Grd: Sicherg des gewährten Bodenkredits (Anm b) u der BauwerkUntern (§ 648). Dah ist Abtretg des Anspr auf Auszahlg des Darl nur zul, wenn die Verwendg der Gelder für den Bau gewährleistet ist od alle Betroffenen (DarlG u BauUntern) zustimmen. Entspr eingeschränkt ist wg § 851 die Pfändg. Abtretg von Hyp u Veräußerg des Grdst währd des Baus ist nur zul, wenn der jeweil VertrPartner zustimmt (Soergel-Lippisch 39). Wg der ZweckBest kann gg den AuszahlgsAnspr auch nicht aufgerechnet w (vgl § 607 Anm 1e). All das ist nicht abdingb. **h) Bauspardarlehen:** Grdsätzl wie Anm g zu behandeln. Die FormularVertr der Bausparkassen enthalten dchweg zul VertrBedinggen. Die §§ 320ff gelten, sow nicht zul abbedungen. Der ZwKredit vor Zuteilg ist echtes Darl, das unabhäng v der Zuteilg gewährt w (BGH WPM **76**, 682). Anspr auf BausparDarl besteht nur in Höhe der Differenz zw angespartem Betr u Bausparsumme (BGH aaO). **i) Brauereidarlehen:** Darl, die einer Brauerei von einem Gastwirt iVm einer BierbezugsVerpfl gewährt. DarlVertr (§ 607) u BierbezugsVertr (§ 433 in Sukzessivlieferg) sind rechtl teils nach Darl, teils nach Kauf zu behandeln (§ 305 Anm 6). Diese rechtl unbedenkl Verbindg (Nürnb NJW **55**, 386) führt nicht dazu, daß vorzeit Rückzahlg des Darl die BierbezugsVerpfl erlöschen läßt (aA Düss MDR **71**, 840) Rückzahlg des Darl dch Verrechng mit best Anteil an Bezahlg der Bierlieferg ist übl u zul. Der BierbezugsVertr kann wg sittenwidr Bindg, insb bei unbegrenzter Dauer nichtig sein (§ 138 Anm 5a bb Knebelgsvertr), der DarlVertr dann gdf nur über § 139. 20jähr Dauer ist idR die äußerste Grenze (BGH MDR **73**, 43). Der Anspr auf das Darl steht mit der BierbezugsVerpfl im GgseitigkVerh (vgl Einf 1c, cc vor § 320); §§ 320 ff anwendb. Nach Gewährg des Darl w bei Unmögl od Verz des zum Bierbezug verpfl DarlN statt Rücktr (§§ 325, 326) fristlose Künd des Darl zuzulassen sein. IÜ kann KündR grdsätzl frei bewirkt w, s § 138 aber unzul bei geringfüg VertrVerl unter Aufrechterhaltg der BierbezugsVerpfl (vgl RG JW **35**, 3217). Übertr der Pfl an Erwerber (insb Käufer, neuer Pächter) der Gaststätte erfordert wg §§ 414, 415 Zust des DarlG. **j) Beteiligungsdarlehen** (partiarisches Darl) ist ein Darl, für das DarlG keine festen Zinsen sond einen Gewinnanteil an dem Gesch erhält, dem das Darl dient. Wg Abgrenzg zur Gesellsch: Anm 4a, bb. Das BeteiligssDarl ist ein ggs Vertr wie das entgeltl Darl (Anm 1). Der DarlN ist zur Rechnslegg gem § 259 verpfl (vgl BGH **10**, 385). Die Gewinnbeteiligg erstreckt sich iZw nicht auf den Gewinn, der dch Verk des Untern erzielt w. **k) Krediteröffnungsvertrag** stellt nach der KonsensualVertrTheorie den DarlVertr selbst od den RahmenVertr dar, nach der RealVertrTheorie einen VorVertr in der Form eines KonsensualVertr. Unterliegt der VertrFreih mit den allg Grenzen; idR gelten die AGB der betr Bank. **l) Akzeptkredit** liegt vor, wenn eine Bank einen Wechsel akzeptiert (Art 25 WG), um ihrem Kunden Kredit in der Weise zu verschaffen, daß er den Wechsel von einem Dr diskontieren läßt. Kann im Einzelfall Darl od GeschBesorggsVertr sein (BGH **19**, 282). Der DarlVertr, der dem Wechsel zugrdeliegt, besteht unabhäng von der wechselm Haftg (KG BB **54**, 671, vgl auch Lehmann BB **55**, 937). Erf des DarlAnspr (§ 607 Anm 1c) dch die Bank geschieht hier dch Begebg des Wechsels (§ 364 II BGB). **m) Remburskredit** liegt vor, wenn eine inländ Bank ihrem Kunden einen Valutakredit bei einer ausländ Bank verschafft. Vgl hierzu BGH **LM** § 675 Nr 25. **n) Arbeitgeberdarlehen** sind Darl, die ein ArbG od ein Dr (zB Unterstützgsverein, BAG **AP** § 607 Nr 1) mit Rücks auf ein ArbVerh dem ArbN od einem Dr (zB dessen Eheg) gewährt. Die Rückerstattg geschieht idR in Raten dch Verrechng mit dem Lohn. Zweck: BetrBindg, zusätzl Vergüt u (od) Altersvorsorge. Vereinb Künd od ZeitBest zur Rückzahlg mit Beendigg des ArbVerh ist bei unzul langer BetrBindg (vgl § 611 Anm 7e, cc) unwirks. Fehlen derart Rückzahlgsvereinbg, ist Künd wg Wegfalls der GeschGrdlage (§ 242 Anm 6) inf Beendigg des ArbVerh idR nicht begründet (vgl BAG AP § 607 Nr 2, LAG BaWü Betr **69**, 1850), aber zu bejahen, wenn der ArbN eine außerord Künd verschuldet. **o) Bank- und Sparkasseneinlagen:** Fallen grdsätzl unter § 700 (unregelm Verwahrg), so daß die DarlVorschr gelten. Hier sind idR die dch Vereinbg vorgehden Regeln der AGB v Banken (neugefaßt ab 1. 1. 76) zu beachten. Echte Darl sind die sog aufgen Gelder, insb Fest-, Künd- od Termingelder. Gläub des Anspr gg die Bank od Spark ist, wer nach dem erkennb Willen des Einzahldn Gläub der Bank w soll, idR der im Vertr mit der Bank bezeichnete KontoInh (vgl Canaris NJW **73**, 825 mwN). Es kommt nicht darauf an, von wem das eingezahlte Geld stammt. Steht das Geld im Verh zum KontoInh einem Dr zu, berührt das ledigl die RBeziehgen (zB Treuhand, GeschBesorgg) zw diesen. Bes Kontoarten sind (vgl Canaris aaO): GemeinschKonto: mehrere KontoInh, die jeweils allein (sog Oder-Konto, Nr 2 III AGB) od nur gemeins verfüggsberecht sind. Handelt es sich dabei um ein Unterkonto, bedeutet Einräumg der Mitzeichngsbefugn noch nicht ohne weiteres MitgläubigerStellg (BGH NJW **73**, 1754). Fremdkonto (Anderkonto): Verfüggsberecht ist eine and Pers als der KontoInh. Sonderkonto: Setzt best Verwendgszweck voraus (zB für SonderVerm); kann Eigen- od Fremdkonto sein. Sperrkonto: Hierüber darf nur bei Erf best Voraussetzgen verfügt w, insb Zust eines Dr. Treuhandkonto: VfgsBefugn des KontoInh; jedoch gehört das Konto in das Verm eines Dr (zB KonkVerwKonto). **p) Öffentliche Darlehen.** Darunter sind Darl zu verstehen, die aus öff Mitteln, insb aGrd von staatl Kreditprogrammen gewährt w (zB LAG- u WoBauDarl). Hierzu haben Schrifft u Rspr die Zwei-Stufen-Theorie entwickelt, die die hM darstellt (BVerwG **1**, 308; BGH **40**, 206; **52**, 155). Sie gilt auch dann, wenn das Darl nicht unter Einschaltg einer Bank, sond unmittelbar dch die öff Hand gewährt w. Die 1. Stufe (DarlBewilligg u -bereitstellg) endet mit dem Bewilliggsbescheid, dch den der öff-rechtl Anspr auf Abschl eines bürgl-rechtl DarlVertr begründet w (Hamm WPM **66**, 868 mwN). Die 2. Stufe beginnt mit Abschl des DarlVertr, auf den dann nur noch zivilrechtl eingewirkt w kann (BGH **40**, 206 u WPM **68**, 916; aA BVerwG stRspr zB **13**, 47; paralleler Fortbestand der öff-rechtl Beziehgen mit der Möglk unmittelb Einwirkg auf das Darl). Wenn die DarlSchuld privrechtl erloschen ist, kann der DarlN auch öff-rechtl daraus keinesf mehr in Anspr gen w (BVerwG **18**, 46). Für die Künd des Darl ist nicht Voraussetzg, daß die öff-rechtl DarlBewilligg zurückgenommen w (BGH BB **73**, 258); aber uU muß Gelegenh zur begünstigten Ablösg gewährt w (BGH WPM **77**, 1281). **q) Unfallhilfekredit.** Darl einer Bank, die einem Unfallgeschäd in ZusArb mit einem Unfallhelfer (vgl § 675 Anm 3a) gewährt w, sind wg Verstoß gg das RBerG nichtig (§ 134), gleich, ob die SchadErsFdg abgetreten (BGH NJW **77**, 38) od lediglich eingezogen w (BGH NJW **77**, 431).

4) Abgrenzung zu anderen Rechtsgeschäften. a) Gesellschaft. Vgl auch § 705 Anm 10. **aa)** GesellschDarl: gewährt v Gesellschafter einer EinmannGmbH, oHG, KG, einer stillen od sonst Ges Endgtl, so kann dieser bei Mißbr als Einlage behandelt w (vgl RG JW **39**, 355). **bb)** Partiarisches VRerh: ob Gesellsch (§§ 705ff) od ein BeteiliggsDarl (Anm 3j) vorliegt, ist im Einzelfall schwier zu entscheiden, da Grenzen fließd. Es hängt zutreffd (nach Larenz § 56 I) davon ab: Gesellsch, wenn die VertrPart für den gemeins Zweck gemeins verantwortl auf gemeins Rechng tät w (wobei die KapHing des einen genügen kann). Darl, wenn die Mitwirkg des einen sich in der KapHing erschöpft u KontrollR, auch MitspracheR eingeräumt sind. Bei Ausschl von Risiko u Verlustbeteiligg, der Höhe nach festgelegter, vom Gewinn nicht allein abhäng, Entsch für die KapHing ist Darl anzunehmen (BGH LM § 335 HGB Nr 8). Auf den Wortlaut des Vertr kommt es dann nicht an (BGH aaO). **b) Kauf. aa)** Entgeltl Darl, bei denen Sicherh bestellt w, ist idR kaufähnl (vgl § 445; vgl Anm 1); bei denen die §§ 433–440 anwendb sind. **bb)** Wechseldiskontierg ist grdsätzl Kauf einer WechselFdg (hM; RG **142**, 23; BGH **19**, 282 [292]; aA Darl od KreditGesch eigener Art, Helm WPM **68**, 930). Ausnw kann Darl vorliegen, wenn die Bank den Wechsel für Rechng des Kunden diskontiert u aus eigenen Mitteln sof Gutschr erteilt. Stets liegt Darl vor, wenn der Wechsel nur zur Sicherg eines Kredits dient (Sicherge-, Depot- od Kautionswechsel). **cc)** Erwerb von InhSchVerschreibg (§ 793), auch bei der Emission ist Kauf eines R (auch wenn dadch von dem Schu wirtsch Kredit aufgen w). Davon zu unterscheiden sind die Darl, die dadch gewährt w, daß WertP zur Verwertg übertr w, um die DarlValuta zu gewähren (RG **127**, 86) od wenn vereinb ist, daß WertP gem § 607 I zurückzuerstatten sind (echtes WertPDarl). **dd)** PensionsGesch liegt vor, wenn VermGgst (insb WertP) gg Zahlg eines best Betr auf einen and mit der Pfl übertr w, daß sie zu einem best od bestimmb Ztpkt zu einem im voraus vereinb Betr zurückerworben w müssen. Kein Darl sond Kauf mit RückkaufVerpfl (Soergel-Lippisch 33). **c) Leihe:** Da beim Darl lediglich gleiche, bei Leihe dieselben Sachen zurückzuerstatten sind, ist Abgrenzg im Einzelfall bei wiederverwendb VerpackgsMat, insb von Bierflaschen u -kästen zweifelh. Bei EinhFlaschen ist idR Darl anzunehmen (BGH NJW **56**, 298 mwN), bei Kästen mit Brauereibezeichng Leihe (aA Celle BB **67**, 778: Darl). **d) Verwahrung:** Berührt das Darl nur in Form des unregelm VerwVertr sog SummenVerw (§ 700), insb für Bank-, Postscheck- u SparkEinlagen u WertPDepot. Es gilt (subsidiär zu den AGB) weitgehd DarlR. **e) Erfüllung** (§§ 362ff): Vorschüsse auf noch nicht fäll Anspr sind idR Vorausleistgen (§ 362 Anm 1). Trotz Bezeichng als Vorschuß kann ausnw Darl vorliegen, wenn später Verrechng mit u künft ungewissen Leistgen vonvorneherein vereinb w.

607 *Vertragsabschluß; Rückerstattungspflicht.* **I** Wer Geld oder andere vertretbare Sachen als Darlehen empfangen hat, ist verpflichtet, dem Darleiher das Empfangene in Sachen von gleicher Art, Güte und Menge zurückzuerstatten.

II Wer Geld oder andere vertretbare Sachen aus einem anderen Grunde schuldet, kann mit dem Gläubiger vereinbaren, daß das Geld oder die Sachen als Darlehen geschuldet werden sollen.

1) Darlehensvertrag. Begr u RNatur: Vorbem 1. **a) Abschluß.** Nach der KonsensualVertrTheorie kommt der DarlVertr ausnlos dch übereinstimmde WillErkl gem §§ 145ff zustande. Der Vertr hat notw folgden Inh: (1) Pfl des DarlG, das Kap (Geld od and vertretb Sachen, § 91) dem DarlN zu verschaffen u für best od unbest Zeit zu belassen; (2) Pfl des DarlN, das empfangene Kap zurückzuerstatten, nicht notw dieselben (wie bei Leihe, § 598), sond and, gleiche Sachen, insb Geld. Weiterer VertrInh (insb Zinsen, Fälligk, Sicherh) sind übl, aber nicht notw; jedoch kann im Einzelfall § 154 I einem VertrAbschl entgegenstehen. Hing u Empfang sind lediglich Erf des Darl, nach der RealVertrTheorie aber VertrAbschlTatbestd; danach muß nur noch die rechtsgesch Abrede hinzukommen, daß das Empfangene zurückzuerstatten ist, dh als Darl geschuldet w. Das DarlVerspr (vgl § 610) ist nach der RealVertrTheorie nur ein VorVertr (dagg u für eine Anwendg der §§ 315 III 2, 319 I 2: K. Schmidt JuS **76**, 709). Scheitert der Abschl od die Erf des DarlVertr, insb weil der DarlN das Darl nicht abnimmt, stehen dem DarlG Anspr auf SchadErs zu, insb vereinb BereitstellgsProv (Zinsen) u SchadPauschale (BGH WPM **78**, 422); er kann aber nicht Abnahme eines dch sog Aufrechngsvalutierg verminderten TeilDarl verlangen (BGH NJW **78**, 883). **b) Gegenstand** eines Darl können nur vertretb Sachen (§ 91), insb Geld (jeder Währg) u börsenfäh WertP sein. W eine unvertretb Sache als Darl gegeben, od ein R abgetreten, so kann, insb bei vorgesehener Verwertg des Ggst, nur ein VereinbgDarl (Anm 2) in Betr kommen, bei dem der Erlös od eine and best

§§ 607, 608 2. Buch. 7. Abschnitt. *Putzo*

Summe als Darl geschuldet w soll (dem gemeinrechtl contractus mohatrae entspr). Das ist von dem Fall (Anm c) zu unterscheiden, daß zur Erf eines in Geld vereinb Darl Sachen od R übertr w. **c) Erfüllung.** Kommt nach der RealVertrTheorie (da einseit verpfl Vertr) nur dch den DarlN in Betr (Rückerstattg, Anm 3; Zinszahlg, § 608). Nach der KonsensualVertrTheorie hat der DarlG seine Pfl zur KapVerschaffg (Anm a) zu erf u darf nur, wenn eine Sicherh vereinb ist, aus § 320 od § 273 zurückhalten, solange der DarlN die Sicherh nicht bestellt (Larenz § 47 I aE). Hing u Empfang bedeuten Übereign (§§ 929ff) und gleichbedeutet bei Geld bargeldlose Zahlg; auch dch Dr u an Dr (§ 362 II; Stgt NJW **75**, 262); aber nur, soweit der DarlN hierzu die erforderl Weisg od Zust erteilt (vgl BGH NJW **77**, 38 [Unfallhilfegesellsch] u WPM **78**, 878 [DarlVermittler]). W unvertretb Sachen od R übertr, um das in Geld vereinb Darl zu erf (insb Wechsel, Scheck) kann § 364 anzuwenden sein od ein Auftr (§ 662) zur Verwertg des Ggst mit AufrechnsgVertr (ErfAnspr aus Darl u Anspr aus § 667) vorliegen. Die Gefahr des DarlG auf den DarlN mit der Übertr des Kap über. Gewl für Sachmängel: § 493. **d) Abtretung und Pfändung.** Der Anspr aus dem VorVertr ist nicht abtretb (allg M); hingg kann der Anspr auf Erf, insb auf Zahlg des Kap grdsätzl abgetr w (hM; Larenz § 47 II; Soergel-Lippisch § 610, 1). Vereinbg der Unabtretbk ist aber häuf. Auch bei Abtr u Auszahlg an den Zessionar bleibt der Zedent DarlN u Schu des RückerstattgsAnspr. Wegen dieses Anspr abtretb ist, kann er grdsätzl auch gepfändet w (§ 851 ZPO). Iü kann nur aus § 399 im Einzelfall gefolgert w, daß die Fdg auf Erf des DarlVertr nicht abtretb ist; bei BauDarl ist Abtretg u Pfändg dch das BauFdgG weitgehd ausgeschl (Einf 3g). **e) Aufrechnung.** Nach der KonsensualVertrTheorie bestehen keine Bedenken wg der notw Gleichartigk der Fdgen. Aufrechng dch den DarlG ist stets zul, die dch den DarlG aber idR wg des VertrZwecks u § 157 ausgeschl, insb bei BauDarl (Einf 3g). **f) Rücktritt** beider VertrPart vom DarlVertr ist jedenf nach der KonsensualVertrTheorie bis zur Erf dch den DarlG (Anm c) mögl; von da an nur Künd (Larenz § 47 I). Rücktr muß entw vorbeh (§ 346) od ges begründet sein (§§ 325, 326; ferner § 242 Anm 5 f, 6). Rücktr ist vom Widerruf (§ 610) zu untersch.

2) Umwandlung in Darlehen (II); sog VereinbgsDarl. Es erfordert einen Vertr (§ 305). Dieser ist unstr kein RealVertr. Voraussetzg für Schuldabändergu kausale Schuldumschaffg ist, daß die alte Schuld (zB §§ 433 II, 667, 812) besteht u gült ist (BGH **28**, 164), daher muß sie insb formgült sein. Auch gleichzeit begründete u künft Fdgen können in allen Fällen umgewandelt w (RG **152**, 159 [165]); jedoch wirkt das Darl erst ab Entstehg der Fdg. Part können auch vereinb, daß eine und Verpfl, also auch eine solche auf Lieferg einer unvertretb Sache in ein Darl umgewandelt w, BGH WPM **63**, 699. Drei Möglichk der Umwandlg (Ausleggsfrage; iZw ist Schuldabänderg (Anm a) anzunehmen: **a) Schuldabänderung.** Die frühere Schuld bleibt bestehen u w nur inhaltl abgeänd (§ 305 Anm 2), indem jetzt in allem od im einz (Verzinsg, Tilgg, Verj usw) DarlGrdsätze gelten. Pfänder u Bürgen haften weiter, soweit die Schuld nicht erweitert w; Einwdgen aus dem alten SchuldVerh bleiben, soweit nicht die Abänderg entggsteht (RG **120**, 340), zB fallen verzögernde Einr weg. **b) Kausale Schuldumschaffung** (§ 305 Anm 4). Beiderseit Ersetzgswille ist notw, da der Vertr sich darauf richtet; § 364 II gilt dann nicht (RG **119**, 21). Die frühere Schuld erlischt, mit ihr die SichergsR, insb PfdR u Bürgsch. Einwdgen aus dem alten SchuldVerh entfallen, weil es erlischt (RG **134**, 153). **c) Abstrakte Schuldumschaffung** dch Schuldanerkenntn od -Verspr (§§ 780, 781). Daher Schriftform, wenn nicht § 782 od § 350 HGB eingreift. Die Ersetzrabrede bleibt (formfrei) außerh der neuen Vereinbg. Besteht die alte Schuld nicht, ist der Gläub um das neugeschaffene R ungerechtf bereichert; ggf Anf (§§ 119 II, 123). Die Einwdgen aus dem alten SchuldVerh entfallen.

3) Rückerstattungsanspruch. Grdlage: Abs I. Pfl des DarlN steht nie im GgseitigkVerh zum Anspr auf Übertr des Kap. **a) Voraussetzungen:** Gültigk des DarlVertr u Empfang des Darl, dh Erf des KapVerschaffgsAnspr (Anm 1 c). Ist der DarlVertr nichtig, besteht nur ein RückerstattgsAnspr aus ungerechtf Ber. **b) Umfang:** Sachen gleicher Zahl (ggf Gewicht), Art u Güte sind zurückzuerstatten, ohne Rücks darauf, ob der Pr sich geänd hat. Bei Geld hat es in derselben Währg zu geschehen, wie das Darl vertragsgem gewährt wurde, ohne Rücks auf Auf- od Abwertg. Abweichde vertragl Regelg ist zul. Iü gilt § 244. Vorteilsausgleich gilt nicht (hM; vgl Vorbem 7f vor § 249). Wegfall der GeschGrdlage ist mögl (§ 242 Anm 6c, gg). **c) Wertsicherung:** Das Risiko der Geldentwertg geht zu Lasten des Gläub. Daher sind Wertsichergsklauseln (§ 245 Anm 5) häuf. **d) Teilzahlungskredite:** zur richtigen Berechng der Restforderg gg säum DarlSchu Bachmann NJW **78**, 865.

4) Beweislast. Bestreitet Schu Empfang als Darl u behauptet er zB Schenkg, so hat Gläub die darlehensw Hing zu beweisen. Bei der BewFührg w aber der Lebenserfahr uU dem Gläub zustatten kommen (AG Stgt MDR **69**, 573). Bei DarlSchuldschein (Begr § 371 Anm 1) beweist, wobei GgBew zul ist. Schuldschein mit Verpfl zu monatl Zinszahlg aus best Betr beweist noch nicht, daß der Betr als Darl gegeben w (BGH WPM **76**, 974). Beweist der Schu, daß entgg dem auf Empfang eines BarDarl lautden DarlSchuldschein kein BarDarl gegeben w ist, hat er wg II, wenn der Gläub VereinbgDarl behauptet, ferner zu beweisen, daß auch kein solches abgeschl w ist (RG **57**, 320). Gelingt ihm dies, steht also zB fest, daß er den Schein nur in Erwartg des DarlEmpfangs gegeben hat (vgl RG **127**, 169 [172]), so hat der Gläub nachträgl Hing zu bew, wobei seiner BewFührg zustatten kommen kann, daß Schu ihm den Schein längere Zeit hindch widerspruchslos belassen hat. Bestät der Schu schriftl den Empfang des Darl u die Pfl, den DarlBetr zurückzuzahlen, hat er volle BewLast, daß diese Pfl (auch aus II) nicht entstanden ist (BGH WPM **78**, 13). VereinbgDarl: BewLast für die alte Schuld hat der Gläub. Die Umwandlg (Anm 2a–c) hat der Behauptde zu bew. Unwirksamk des VereinbgDarl wg Unwirks alter Schuld, hat Schu zu beweisen. BewLast für abstr Schuldumschaffg (Anm 2c) hat stets der Gläub.

608 *Darlehenszinsen.* **Sind für ein Darlehen Zinsen bedungen, so sind sie, sofern nicht ein anderes bestimmt ist, nach dem Ablaufe je eines Jahres und, wenn das Darlehen vor dem Ablauf eines Jahres zurückzuerstatten ist, bei der Rückerstattung zu entrichten.**

1) Zinsanspruch. Nach bürgerl R ist das Darl nur zu verzinsen, wenn dies (auch stillschw) vereinb w. Nur bei HandelsGesch besteht ZinsPfl ohne Vereinbg (§§ 353, 354 HGB). Zum ZinsBegr: § 246 Anm 1.

Einzelne Schuldverhältnisse. 5. Titel: Darlehen §§ 608, 609

Einmalige Vergütgen (zB VermittlgsProv u RestschuldVersPräm [Scholz in Anm zu KG BB **74**, 1605]), Bearbeitgsgebühr, Disagio, Tilggsstreckg) fallen nicht darunter; ebensowen BereitstellgsProv (vor Auszahlg), auch wenn sie als Zinsen bezeichnet w (BGH WPM **78**, 422); wohl aber eine je nach der LaufZt des Darl monatl anfallde als Kreditgebühr bezeichnete Vergüt (Hamm NJW **73**, 1002; KG WPM **75**, 128). Die ZinsPfl ist nicht NebenPfl, sond steht beim entgeltl Darl im GgseitkVerh der §§ 320ff (vgl Einf 1b vor § 607). W bei Auszahlg des Darl nicht die volle Valuta ausbezahlt, sond ein Abschlag (Disagio, Damnum) vorgen, s w der Abschlag idR als DarlNebenkosten angesehen, nicht als vorausbezahlter, zusätzl Zins (Soergel-Lippisch 8 mwN. Ist das Darl nichtig (insb wg § 138) besteht kein ZinsAnspr.

2) Zinshöhe. Kann grdsätzl frei vereinb w. Grenze: Sittenwidrk u Wucher (vgl § 138 Anm 4a). Amtl Zinssätze der KreditWirtsch sind seit 1. 4. 67 aufgeh u seitdem wieder frei (VO v 21. 3. 67, BGBl 352). Ist die Höhe der Zinsen nicht vereinb, gelten die ges Zinssätze (4% gem § 246, 5% gem § 352 HGB). Zins kann auch dch feste Summen ausgedrückt, statt Zins Gewinnanteil vereinb sein (Einf 3j vor § 607). Zinsherabsetzg dch einseit Verlangen des DarlN wg bes Umst ist mögl (§ 246 Anm 3b). Bei Zins über 6% KündR gem § 247.

3) Fälligkeit. Gem Wortlaut des § 608 nachträgl. Sonderregelg zu § 271. § 608 ist abdingb. Folgen unpünktl Zinszahlg.: Künd anstelle von Rücktr unter den Voraussetzgen des § 326. Wiederholtes Dulden unpünktl Zahlg verpfl DarlG zu bes Mitteilg, daß er in Zukunft pünktl Zahlg verlangt (RG JW **12**, 385).

609 Fälligkeit der Rückerstattung.
I Ist für die Rückerstattung eines Darlehens eine Zeit nicht bestimmt, so hängt die Fälligkeit davon ab, daß der Gläubiger oder der Schuldner kündigt.

II Die Kündigungsfrist beträgt bei Darlehen von mehr als dreihundert Deutsche Mark drei Monate, bei Darlehen von geringerem Betrag einen Monat.

III Sind Zinsen nicht bedungen, so ist der Schuldner auch ohne Kündigung zur Rückerstattung berechtigt.

1) Allgemeines. a) Bedeutung: § 609 regelt die Fälligk des RückerstattgsAnspr (§ 607 Anm 3). Mit dieser Fälligk trifft die Beendigg des DarlVertr als DauerSchVerh zus. Von da an tritt das AbwicklgsVerh ein (Einf 3a vor § 346), das bis zur vollst Erf des Rückerstattgsanspr andauert. **b) Anwendungsbereich:** § 609 gilt grdsätzl für alle Arten von Darl (Einf 3 vor § 607); jedoch ist im Einzelfall dch Vertr (vgl Anm c) die Künd vielf and geregelt. **c) Abdingbarkeit** dch Vertr ist grdsätzl zu bejahen. Eingeschränkt lediglich dch § 138. Vielf w die Auffassg vertr, daß für den DarlN die Künd nicht dauernd ausgeschl w dürfe (zB Esser § 86 II 4; Soergel-Lippisch 7); das ist unnöt, wenn eine außerord Künd aus wicht Grd (wie bei jedem DauerschuldVerh) auch ohne bes ges Regelg, bejaht w (vgl Anm 4). **d) Beendigungsgründe:** Der DarlVertr endet dch Zeitablauf (Anm 2), Künd (Anm 3, 4), Rücktr (§ 607 Anm 1f), Widerruf (§ 610), Rückerstattg ohne Künd (§ 609 III), AufhebgsVertr (§ 305), Eintr einer Bedingg (§ 158) u Anfechtg (§ 610 Anm 2b). Die BeendiggsGrde bestehen unabhäng voneinander, haben aber jeweils versch Voraussetzgen. **e) Kündigung:** Steht grdsätzl DarlG und DarlN zu (Abs I). Sie ist einseit empfangsbedürft WillErkl (§ 130). Nicht widerrufl, ges formfrei, bedinggsfeindl (da GestaltgsR). Das Wort Künd ist nicht nöt (§ 133). Ebsowenig Angabe des Ztpkts (BGH BB **65**, 104); iZw ist es der nächstzul Termin. Künd liegt insb in Kl auf Rückzahlg (RG JW **08**, 270), ZwVollstr (BGH WPM **65**, 767), Aufrechng mit der RückerstattgsFdg ggü dem DarlN. Nicht genügt Zustellg der VollstrKlausel, Geldmachen eines ZbR, Anmeldg im Konk. **f) Beweislast:** Der DarlG, der Rückerstattg verlangt, muß Beendigg (Anm d) beweisen, der DarlN die Tats, die zur Unwirksk der Künd führen, ferner die Stundg (§ 271).

2) Zeitbestimmung. Ggsatz ist der auf unbest Zeit geschl DarlVertr. Jedoch ist auch beim zeitl best Darl Künd unter den gegebenen Voraussetzgen zul, ord Künd idR aber ausgeschl; ZeitBest geschieht ausdrückl dch Laufzeitdauer oder RückzahlgsTermin, der auch zeitl ungewiß sein kann (zB Beendigg eines ArbVerh). Eine TilggsAbrede legt das Mindestmaß der Tilgg fest, im Einzelfall ist dch Auslegg (§ 157) mögl, daß auch die Zeit zur Rückerstattg best ist (vgl BGH WPM **70**, 402). ZeitBest ist auch stillschw mögl insb bei best Zweck des Darl, das auch aus bes Umst ersichtl sein kann, zB Aufbau eines Gesch, Überbrückg vorübergehender Zahlgsunfähigk, Existenzsicherg nur für die Dauer der Ehe bei Darl an Schwiegersohn (BGH WPM **73**, 410). Ist Rückzahlg in das Belieben des Schu gestellt, so gilt § 315 (§ 271 Anm 1e). W bei Ablauf des BeendiggsTermins die Rückerstattg nicht verlangt, so verlängert sich deshalb das Darl nicht in eines auf unbest Zeit, aber es können für die Zeit darauf VertrZinsen nur bis AnnVerz verlangt w (§ 301 Anm 1). Vorzeit Rückzahlg (jederzeit) dch den DarlN gem § 271 II iZw nur bei unverzinsl Darl (Abs III).

3) Ordentliche Kündigung. a) Voraussetzungen: KündErkl: Anm 1e. Grdsätzl nur bei Darl mit unbest Dauer (Abs I). Jedoch kann (auch stillschw) vereinb sein, daß auch bei best Dauer (Anm 2) die ord Künd zul ist. Ands kann die ord Künd auch bei unbest Dauer, mind für einen gewissen Zeitraum, ausgeschl w, zB auf Lebenszeit des DarlG. **b) Frist** (II). Es gilt primär die vertragl Regelg. Es kann fristl Künd vereinb sein. Bei unverzinsl KleinDarl, die aus Gefällig od Freundsch gewährt w, ist das idR über § 157 anzunehmen. Ges Regelg: wg III gilt Fr für den DarlN bei unverzinsl Darl nicht, weil Künd in diesem Fall unnöt ist. 300 DM-Grenze, wg Geldentwertg an sich überholt, gilt unverändert.

4) Außerordentliche Kündigung ist, da auch das Darl ein DauerSchVerh ist, in entspr Anwendg von §§ 626, 554a, aus wicht Grd zul (Larenz § 47 III; BGH WPM **78**, 234; bestr; aA Esser § 86 II 4, Gernhuber JZ **59**, 314). **a) Voraussetzungen:** KündErkl: Anm 1e. Vorher Abmahng ist grdsätzl nicht erforderl (BGH aaO). Wicht Grde können sein: Verzug bei Zins u Tilggsraten, Gefährdg der Sicherh, schuldh Zerrüttg eines bei VertrAbschl vorhandenen VertrauensVerh, bei GefälligDarl dringender Eigenbedarf; falsche Darstellg wesentl Tats nach VertrAbschl u vor Auszahlg (Karlsr BB **72**, 287). Dieses R zur außerord Künd, das Unzumutbk der Weitergewährg des Darl voraussetzt, kann vertragl nicht ausgeschl w. R zur außerord

Künd kann unabhäng davon für best Grde vereinb w (Soergel-Lippisch 9). R zur außerord Künd dch DarlN besteht bei Zins über 6% gem § 247. **b) Frist**: Die Künd muß nicht innerh einer dem § 626 II entspr Fr ab Kenntn des KündGrdes erkl w, unterliegt aber der Verwirkg (§ 242 Anm 9). Die Künd kann iZw fristl geschehen, aber auch vom Kündigden mit Angabe eines belieb Termins zur Rückzahlg versehen w. Ges Fr besteht nach § 247.

610 Widerruf eines Darlehensversprechens.
Wer die Hingabe eines Darlehens verspricht, kann im Zweifel das Versprechen widerrufen, wenn in den Vermögensverhältnissen des anderen Teiles eine wesentliche Verschlechterung eintritt, durch die der Anspruch auf die Rückerstattung gefährdet wird.

1) Allgemeines. a) Begriff. DarlVerspr ist nach der KonsensualVertrTheorie (vgl Vorbem 1a vor § 607) der Abschl des DarlVertr, nach der RealVertrTheorie der VorVertr eines DarlVertr. **b) Zweck.** Schutz des DarlG. Anwendgsfall der clausula rebus sic stantibus. Daneben bleibt § 242 anwendb. Das ist wg Wegfall der GeschGrdlage im Einzelfall zu bejahen, wenn zB nur eine schlechte Sicherh gestellt w kann (BGH WPM **64**, 62). Soweit das betr Darl ggs Vertr ist (Vorbem 1a vor § 607), gilt § 321 neben § 610, so daß DarlG zw Auflösg des Vertr dch den Widerruf u der Einr des § 321 die Wahl hat. **c) Anwendungsbereich**: Alle DarlVertr, entspr auch Kreditzusagen, die sich nicht in einer DarlGewährg erschöpfen, zB wenn eine Bank sich verpfl, Wechsel od Scheck einzulösen, insb wenn eine Scheckkarte erteilt ist. § 610 gilt auch wenn die Verlängerg eines Darl zugesagt ist; ferner, wenn sich die bei Abschl des DarlVertr bekannt schlechten VermVerh noch weiter verschlechtern.

2) Widerruf. a) Rechtsnatur ist einseit empfangsbedürft WillErkl u beseit den DarlVertr. Von Künd (§ 609) u Rücktr (§ 607 Anm 1f) zu unterscheiden, der insb bei ggs Vertr (vgl Vorbem 1a vor § 607) aus §§ 325, 326 begründet sein kann, wenn die bedungene Sicherh nicht gestellt w. **b) Voraussetzungen:** Allein die wesentl Verschlechterg der VermVerh des DarlN. Grdsätzl wie § 321 Anm 2b. Die Verschlechterg muß nach VertrAbschl eintreten. Lag sie schon vor, ist Anf (§§ 119 II, 123) im Einzelfall mögl. Die Verschlechterg darf nicht allein darauf beruhen, daß das Darl, um das es geht, nicht gewährt w. **c) Wirkung.** Der Widerruf beseit die zum Vertr notw WillErkl des DarlG u damit den DarlVertr.

Sechster Titel. Dienstvertrag

Einführung

Übersicht

1) **Grundbegriffe**
   a) Dienstvertrag
   b) Dienstverhältnis
   c) Arbeitsrecht
   d) Arbeitsvertrag
   e) Arbeitsverhältnis
   f) Arbeitgeber
   g) Arbeitnehmer
   h) Angestellte
   i) Arbeiter
   j) Betrieb
   k) Unternehmen
2) **Dienstverträge und ihre Abgrenzung**
   a) Dienstverträge
   b) Geschäftsbesorgungsvertrag
   c) Dienstverschaffungsvertrag
   d) Sonstiges
3) **Allgemeines zu Dienstverhältnissen**
   a) Entstehung
   b) Inhalt
   c) Beendigung
4) **Arbeitsverhältnisse**
   a) Besondere Erscheinungsformen
      aa) Faktisches Arbeitsverhältnis
      bb) Mittelbares Arbeitsverhältnis
      cc) Gruppenarbeitsverhältnis
      dd) Doppelarbeitsverhältnis
      ee) Leiharbeitsverhältnis
      ff) Kettenarbeitsverhältnis
      gg) Probearbeitsverhältnis
      hh) Aushilfsarbeitsverhältnis
   b) Arbeitnehmergruppen

5) **Ausbildungsverhältnisse**
   a) Lehrverhältnis
   b) Anlernverhältnis
   c) Volontärverhältnis
   d) Praktikantenverhältnis
   e) Fortbildungsverhältnis
6) **Arbeitsbedingungen**
   a) Zwingende gesetzliche Vorschriften
   b) Tarifverträge
   c) Betriebsvereinbarungen und Dienstvereinbarungen
   d) Einzelarbeitsvertrag
   e) Nachgiebige gesetzliche Vorschriften
   f) Direktionsrecht
7) **Ruhestandsverhältnisse**
   a) Rechtsgrund
   b) Höhe
   c) Anwartschaft
   d) Entstehung
   e) Beseitigung
   f) Änderung
   g) Hinterbliebenenversorgung
   h) Verjährung
8) **Arbeitnehmerschutzrecht**
   a) Betriebsschutz
   b) Arbeitszeitschutz
   c) Frauen- und Mutterschutz
   d) Jugendschutz
   e) Heimarbeiterschutz
   f) Schwerbehindertenschutz
   g) Arbeitsplatzschutz
   h) Kündigungsschutz

1) Grundbegriffe. a) Dienstvertrag ist ein schuldrechtl ggs Vertr, dch den der eine Teil zur Leistg der versprochenen Dienste (DVerpfl), der and Teil zur Leistg der vereinb Vergütg verpfl w (DBer).

Einzelne Schuldverhältnisse. 6. Titel: Dienstvertrag **Einf v § 611** 1

b) Dienstverhältnis ist das DauerSchuldVerh zw dem DBer u dem DVerpfl, das dch einen DienstVertr (§ 611 BGB) begründet w. Daher fallen die öffrechtl geregelten DVerh der Beamten, Richter u Soldaten nicht darunter.

c) Arbeitsrecht ist das SonderR der ArbN. Es ist seit dem späten 19. Jhdt entstanden, seit 1918 rasch u stark entwickelt, im geltenden R in zahlr G verstreut geregelt. Das ArbR w aufgeteilt in das (grdlegd in den §§ 611–630, ferner insb im HGB, GewO, SeemannsG, KSchG usw geregelte) ArbVertrR, das ArbSchutzR (vgl Anm 8), das Berufsverbands- u TarifVertrR (insb im TVG geregelt), das BetrVerfassgsR (insb im BetrVG geregelt) u das VerfahrensR der ArbGerichtsbk (vgl Anm 9). Das ges ArbR gehört zum Teil dem priv R, zT dem öff R an. Sein Zweck ist darauf gerichtet, den ArbN zu schützen u zugleich einen gerechten Ausgleich der Interessen von ArbG u ArbN herbeizuführen.

d) Arbeitsvertrag ist ein DienstVertr, der zw ArbN u ArbG abgeschlossen ist. Der ArbVertr ist daher ein schuldrechtl ggs Vertr u begründet das ArbVerh (Anm e), Inhalt grdsätzl frei (§ 105 GewO).

e) Arbeitsverhältnis ist das DauerSchuldVerh zw ArbN u ArbG, das über den schuldrechtl Inhalt hinaus ein persrechtl GemeinschVerh darstellt (hM; hierzu krit Ballerstedt RdA **76**, 5 [9]). Daß das ArbVerh ein GemeinschVerh darstelle (hierzu Wiedemann: Das ArbVerh als Austausch- u GemeinschVerh, 1966), w zunehmd bestr; es w auf die Entgeltlk (Ggseitigk ohne persrechtl Bindg u Fürs) abgestellt (Schwerdtner: Fürs Theorie u EntgTheorie im R der ArbBedinggen, 1969 mwN S 16 ff; E. Wolf, Das ArbVerh. Persrechtl GemschVerh od SchVerh, 1970). Das ArbVerh ist eine bes Art des DienstVerh; das wesentl Unterscheidsmerkmal ist, daß der DienstVerpfl ArbN ist, also abhäng Arb zu leisten hat. Begründet w das ArbVerh nach hM dch ArbVertr (VertrTheorie, Hueck), nach der früher von Nikisch vertretenen Eingliedergstheorie auch ohne ArbVertr bereits dadch, daß der ArbG den ArbN eingestellt u dieser seine ArbKraft zur Verfügg gestellt hat. Fehlde Zust v Betr- od PersRat steht der Begrdg eines ArbVerh nicht entgg (BAG BB **76**, 271). Das ArbVerh beginnt mit dem Tag, an dem der ArbN vertrgem die Arb aufzunehmen hat. Das ArbVerh kann als Ganzes dch dreiseit Vertr auf einen and ArbG unter Wahrg der Identität des ArbVertr übertr w (BAG NJW **73**, 822). Übergang eines ArbVerh krG: § 613a. Begrdg eines ArbVerh dch einseit Erkl: § 78a BetrVG.

f) Arbeitgeber ist, wer einen and in einem ArbVerh als ArbN beschäftigt. ArbG kann eine natürl od u r P sein, für die ihre ges Vertreter die ArbGFunktion ausüben. Unerhebl ist die Art der Arb u ob der ArbG ein Gewerbe betreibt.

g) Arbeitnehmer ist, wer in einem ArbVerh steht u eine vom ArbG abhäng, weisgsgebundene Tätigk ausübt (zum Begr Ballerstedt RdA **76**, 5 [7]). Maßgebd für die Abgrenzg zu den (ebenf priv-rechtl) DVerpfl ist der Grad dieser Abhängigk (vgl auch Anm 2a). **Nicht** ArbN sind die in Anm 2a genannten Pers, öff Bedienstete (Anm 2h), Pers, die als selbstd Unternehmer (zB Handelsvertreter), Gesellschafter, Vereinsmitglieder, ges Vertreter jP tätig sind, insb Vorstdsmitglieder u GeschFührer von AG u GmbH (zB BGH **49**, 30), jedoch schließt die Kommanditistenstellg die ArbNEigensch nicht aus (Tillmann Betr **70**, 2157 [2161]); Tankstellenverwalter (LAG Ffm BB **76**, 1178), DRK-Schwestern (BAG **AP** Nr 1 zu § 5 ArbGG u Betr **75**, 2380), OrdensAngeh (LAG Hamm Betr **72**, 295), SozHilfeEmpf (§ 19 BSHG), Gefangene (BAG NJW **69**, 1824), jedenf bis die §§ 37, 39 StVollzG am 1. 1. 80 in Kr treten. **Arbeitnehmer** sind Arbeiter, Angestellte, Hausgehilfen, Auszubildde (allgM), nebenberufl Aushilfskräfte an öff Schulen (BAG **AP** Lehrer Nr 10), Fußballizenzspieler (BAG **AP** § 138 Nr 29; Buchner NJW **76**, 2242), Zeitgsboten (LAG Hamm Betr **78**, 798); ArbVerpflichtete (§ 10 ArbSichG), FamAngeh, wenn mit ihnen ein ArbVertr mit allen Merkmalen abgeschl ist (zu den Anfdgen vgl Fenn Betr **74**, 1062 u 1112). Auf die Bezeichng im Vertr kommt es nicht entsch an, sond auf die tats Gestaltg des DVerh, insb auf den Grad persönl Abhängk (BAG BB **78**, 760 u 761 für freie MitArb). ArbN gleichgestellt sind die **arbeitnehmerähnlichen Personen** (vgl § 5 ArbGG, § 12a TVG; Herschel Betr **77**, 1185), die nicht pers weisgsgebunden, sond selbstd als DVerpfl arb, aber vom DBer wirtsch abhäng u einem ArbN verglb schutzbedürftig sind. Dabei ist nicht auf die GesamtTätigk, sond auf das betr jeweil BeschäftiggVerh abzustellen (BAG NJW **73**, 1994). HeimArb (vgl §§ 1 ff HeimArbG idF v 29. 10. 74 u 1. RVO v 30. 1. 76, BGBl 222); Hausgewerbetreibde, HandelsVertr die unter § 92a HGB fallen u derzeit (vgl VO v 18. 12. 75, BGBl 3153) weniger als 1500 DM mtl verdienen (Art 3 G v 6. 8. 53, BGBl 771), uU freie MitArb (BAG NJW **67**, 1982; Beuthien RdA **78**, 2), aber nicht, wenn sie sich die ArbZt frei einteilen können u nur Weisgen unterliegen, die sich auf das ArbProdukt beziehen (vgl BAG Betr **78**, 596); Heimdienstfahrer einer Brauerei (LAG BaWü BB **70**, 80), auch familiäre BeschäftiggVerh (BGH NJW **77**, 853). Nicht: Kurzfrist DLeistg außerh des unternehmer Zwecks, zB Auftritt bei BetrFeier (BAG Betr **75**, 844).

h) Angestellte sind ArbN, die vorwiegd geist Arb leisten. Für das BGB w der in §§ 2, 3 AngestVersG umschriebene Begr verwendet (vgl § 616 II S 1). Eine brauchb Unterscheidg zum Arbeiter gibt oft auch die Form der ArbVergütg. Monatsgehalt für Angest, Stunden- od Wochenlohn für Arb. Die Abgrenzg ist fließd u oft schwierig.

i) Arbeiter sind ArbN, die nicht Angest sind. Einer dieser beiden Kategorien (einschl der Auszubildden) muß jeder ArbN angehören. Sog HausAngest sind trotz Monatsgehalt Arbeiter.

j) Betrieb ist eine organisator Einh, innerh der ein Untern allein od in Gemeinsch mit seinen MitArb dch sachl u immaterielle Mittel best arbtechn Zwecke fortges verfolgt; hierzu ausführl Neumann-Duesberg ArbRBlattei D Betr I. Betr kann danach sein: ein einzelnes Büro, eine Kanzlei, ein Bauernhof, eine Werkstatt, eine Apotheke (BAG **AP** Nr 2 zu § 21 KSchG). Es gibt NebenBetr u BertrTeile (vgl § 4 BetrVG), die für sich allein keinen Betr darstellen können. Ein Betr kann auch mehreren Untern gehören (BAG **AP** Nr 1 zu § 21 KSchG). Kein Betr ist der Haush.

k) Unternehmen ist die organisator Einh, die best w dch den wirtsch od ideellen Zweck, dem ein Betr od mehrere organisator verbundene Betr desselben Untern dienen. Dieser Begr ist weiter als der des Betr, deckt sich aber im Einzelfall oft miteinander. Ein Untern kann mehrere Betr umfassen.

Einf v § 611 2   2. Buch. 7. Abschnitt. *Putzo*

2) Dienstverträge und ihre Abgrenzung. a) Dienstverträge (Begr Anm 1 a) liegen, da unselbstd abhäng DLeistg unter die ArbVertr (Anm 1 d) fallen, insb dann vor, wenn die Dienste in wirtsch u soz Selbstdk u Unabhängk geleistet w. Das trifft insb zu, wenn der DVerpfl selbst Untern ist, od einen freien Beruf ausübt. Oft kann dabei ein WerkVertr (Anm d) vorliegen od ein GeschBesorggsVertr (vgl Anm b); dabei ist auf die Umst des Einzelfalls abzustellen. Bsp: Kommissionär, Spediteur, Stellen eines Kfz mit Fahrer zur Güterbeförderg nach Weisg des Auftragg (BGH BB **75**, 857); WirtschPrüfer, Steuerberater u -bevollmächt (BGH **54**, 106); Dolmetscher; LehrgangsUntern (Hbg MDR **71**, 216); Kinderinternat (Köln MDR **77**, 313); Sprachkurs (Nbg BB **72**, 61); Verwaltg v EigtWo (Clasen BlGBW **72**, 110). Bücherrevisor, Sachverst, selbst PrivLehrer; SchiedsRi (bestr; aA: Vertr bes Art); Lotse (jedenf der Rheinlotse, BGH VersR NJW **73**, 101); iü ist ArbVerh im Einzelfall mögl, BGH aaO mwN). Stets liegt DVertr vor bei gesetzl Vertr einer jP, zB Vorstd einer AG, GeschF einer GmbH. Prakt bes bedeuts: **aa) Architekt:** DVertr mit dem Bauherrn nur, soweit Bauleitg od BauAufs übertr ist. Für Entwurf, Plang u sonst Architektenleistgen liegt stets WerkVertr vor; vgl weiter Einf 5 vor § 631. **bb) Arzt:** IdR, DVertr mit dem Patienten (hM); auch vertr Grdlage für honorarfreier Behandlg eines Kollegen (BGH NJW **77**, 2120); uU als Vertr zG Dr (§ 328; RG **152**, 175); kein GeschBesorggsVertr (§ 675); auch zahnärztl, insb zahnprothet Behandlg ist grdsätzl DVertr (aA Jakobs NJW **75**, 1437: grdsätzl WerkVertr) nur für Anfertigg der Prothese richtet sich Gewl nach WerkVertr (BGH NJW **75**, 305; bestr; aA 34. Aufl). Im Einzelfall, insb bei Operation WerkVertr (bestr; aA Düss NJW **75**, 595 [Sterilisation]). Im Verh zum Krankenhaus ArbVertr, bei Chefarzt DVertr mögl (BAG NJW **61**, 2085); bei Belegarzt kein DVertr (BGH NJW **72**, 1128). Verh von Kassenarzt zu kassenärztl Vereinigg ist öffrechtl (BGH NJW **64**, 2208); kein direkter Anspr des Arztes gg die Krankenkasse, aber DVertr mit dem Kassenpatienten (vgl § 368 d RVO). **cc) Krankenhaus:** Es haben sich 3 Formen herausgebildet (Uhlenbruck NJW **73**, 1399): Totaler KrankenhausAufnVertr (Vertr des Patienten mit dem Krankenhausträger, gemischter Vertr, vorherrsch DVertr, ärztl Behandlg eingeschl); aufgespaltener KrankenhausAufnVertr (DVertr des Patienten mit Krankenhausträger u behandelndem Arzt, BGH **5**, 321; typ für Belegarzt); totaler KrankenhausAufnVertr mit ArztzusatzVertr (wie 1. Alt; zusätzl Vertr des Patienten mit einem Arzt über zusätzl Behandlg). Dies gilt nicht nur für Privat-, sond auch für Kassenpatienten (vgl BGH NJW **56**, 1106). Im (weitreichenden) GeltgsBer des KrankenhausG (v 29. 6. 72, BGBl 1009) u der BPflegesatzVO (BGBl **73** I, 322; in Kr ab 1. 1. 74) ist der totale KrankenhausAufnVertr der Regelfall; daneben bleiben ArztzusatzVertr bei sog LiquidationsR der (auch angestellten) Ärzte des Krankenhauses mögl u zul (Uhlenbruck aaO). Als NebenPfl besteht Verwahrgs- u SicherkgsPfl für WertGgstde des Patienten (Karlsr NJW **75**, 597). Bei sog geschl Anst für Geistes- u Gemütskranke liegt idR kein DVertr, sond öffrechtl Vertr vor (BGH **38**, 51). **dd) Künstler:** Ob DVertr, ArbVertr od WerkVertr vorliegt, hängt vom Einzelfall ab. Abgrenzg zw D- u WerkVertr: Einf 5 (Kunstaufführg) vor § 631. ArbVertr: beim Bühnenengagement, uU bei Artisten (BAG AP § 2 BUrlG Nr 1), bei Orchestermusikern, ggf GruppenArbVerh (vgl Anm 4 a, cc), bei Filmschauspieler u -regisseur. **ee) Rechtsanwalt** (entspr RBeistand, BGH **34**, 63). Es kommt auf den Einzelfall an. DVertr liegt vor, wenn DauerberatgsVertr abgeschl ist; GeschBesorggsVertr (§ 675) in allen und Fällen; als DVertr beim sog Mandat, dh ProzFührg od Besorgg einer sonst RAngelegenh (BGH LM § 657 Nr 28), auch bei ArmenAnw (RG **141**, 349); als WerkVertr bei Gutachtenerstattg od RAuskunft üb Einzelfrage. Bei Anwaltssozietät (Gesellsch § 705) sind iZw alle RAe VertrPart (BGH **56**, 355; umstr), auch, wenn nach außen nicht erkennb, keine echte Sozietät besteht (BGH **70**, 247). Ist auswn nur ein RA VertrPart, so ist aber berecht, jeden Sozius als Vertr od Substituten heranzuziehen, für die er nach § 278 haftet. Für GebührenFdg gilt actio pro socio (BGH NJW **63**, 1301). Für GesSchuld: K. Müller NJW **69**, 903 u 1416; Hamm NJW **70**, 1791; dagg H. Arndt NJW **69**, 1200. Wg Haftg vgl § 276 Anm 4 c. **ff) Fernunterricht.** Zur Abgrenzg v Direktunterricht (ebenf DVertr) u Einzelproblematik s Dörner BB **77**, 1739. VertrInh ist großenteils zwingd ges geregelt dch das FernUSG (hierzu Dörner aaO u Bartl NJW **76**, 1993). Die §§ 611 ff gelten ledigl subsidiär. Schriftform für den Vertr (FernUSG 3). Schriftl WiderrR für 2 Wochen (FernUSG 4 I). Ord Künd 6 Wochen zum 1. Halbjahresschluß (FernUSG 5). Außerord Künd nach § 626; §§ 627, 628 gelten. Für Rücktr v angekoppeltem Vertr üb Lieferg v Lehrmaterial (Kauf, auch Miete mögl) gilt FernUSG 6.

b) Geschäftsbesorgungsvertrag (§ 675). Liegt ihm ein DVertr zugrunde, so handelt es sich um eine bes Art des DVertr, bei dem über § 675 weitgeh AuftrR (§§ 662 ff) angewendet w. Wesentl Unterschied zum reinen DVertr ist, daß Ggst des DVertr eine ursprüngl dem DBer obliegde selbst wirtsch Tätigk insb die Wahrnehmg best VermInteressen ist (hM; vgl Larenz § 56 V). Bsp: ProzVertretg (vgl Anm a, ee), VermVerw, Ausführg von BankGesch, Baubetreuung, vgl weiter § 675 Anm 2 b.

c) Dienstverschaffungsvertrag liegt vor, wenn sich jemand verpfl, einem und die De eines Dr zu verschaffen. Ist ein schuldrechtl Vertr eigener Art, bei Vereinbg eines Entgelts ggs Vertr. Der Verpfl hat idR einen Anspr auf DLeistg gg den Dr, dessen DLeistg er dann seinem VertrPartner überläßt (vgl aber § 613 S 2). Dadch entsteht keine VertrBeziehg zw dem u dem Dr, der auch nicht ErfGeh ist (Larenz § 42 I) sond nur rechtl Beziehgen aGrd des LeihArbVerh (Anm 4 a, ee). Der sog Verleiher haftet nicht für die ordngsgem DLeistg des LeihArbN, sond nur für seine Auswahl (BGH NJW **71**, 1129); er darf nur solche ArbKräfte zur Vfg stellen, die für die vertr vorausgesetzte DLeistg taugl u geeignet sind (vgl BGH NJW **75**, 1695 m Anm v Händel). Bei Verletzg dieser Pfl liegt pVV (§ 276 Anm 7) vor (Celle NdsRpfl **73**, 126). Ges Regelg besteht nur für die gewerbsmäß ArbNÜberlassg (also nicht die gelegentl, Ramm Betr **73**, 1170); Schriftform für den Vertr (§ 12 AÜG; NichtigkFolge des § 125). Zul Höchstdauer der Überlassg: 3 Monate (§ 1 II AÜG). Der Vertr ist bei ArbNÜberlassg unwirks (hierzu Ramm Betr **73**, 1170), wenn dem Verpfl die erforderl behördl Erl gem § 1 AÜG fehlt (§ 9 Nr 1 AÜG); das führt zu einem fingierten ArbVerh zw ArbN u Entleiher (§ 10 AÜG). Der Vertr ist nichtig (§ 134), wenn dem überlassenen nichtdtschen ArbN die nach § 19 I AFG erforderl ArbeitsErl fehlt (§ 15 AÜG).

d) Sonstiges: aa) Werkvertrag. Hierzu Einf 4 a vor § 631. **bb) Auftrag** ist im Ggsatz zum DVertr immer unentgeltl. Ist Entgelt vereinb, liegt oft ein GeschBesorggsVertr vor (vgl Anm b). **cc) Entgeltliche**

Verwahrung (§ 689) ist eine gesetzl bes ausgestaltete Form der DLeistg. Die §§ 611 ff gelten nicht. **dd) Schenkung** liegt vor, wenn unentgeltl Dienste geleistet w, sofern es sich nicht um ein vertrloses Gefälligk-Verh (Einl 2 vor § 241) od um Auftrag (Anm bb) handelt. **ee) Öffentlich-rechtliche Dienstverhältnisse** stellen kein DVerh des BGB dar. Die §§ 611 ff sind nicht anzuwenden. Öffrechtl DVerh sind die der Beamten, Richter u Soldaten, für die die Beamten- u RichterG, sowie das SoldatenG gelten; ferner der Notarassessor (§ 7 BNotO). Angest u Arb des öff Dienstes unterliegen hingg dem ArbR (BAG **6**, 145). Dem öff Recht unterliegt auch das Verh zum Notar bei dessen Tätigk im Rahmen des § 1 BNotO, u zum Gerichtsvollzieher bei Vollstreckgs-, Beurkundgs- u Zustellaufträgen.

3) Allgemeines zu Dienstverhältnissen. a) Entstehung dch Abschl eines DVertr (näher § 611 Anm 2). **b) Inhalt:** Es gilt zwar im Grds VertrFreih, jedoch sind zahlr ges Vorschr zwingd. Wesensnotw sind die im GgskVerh stehde DLeistgs- u VergütgsPfl (§ 611), ferner die ggü dem ArbVerh zT eingeschränkte Fürsorge- u TreuePfl (vgl § 611 Anm 4, 8) u and NebenPfl (zB §§ 629, 630). **c) Beendigung:** Vgl die BeendiggsGrde Vorbem 1 vor § 620.

4) Arbeitsverhältnisse. Begr: Anm 1 e. Da das ArbVerh ein bes ausgestaltetes DVerh ist, gilt grdsätzl Anm 3, auch der allg VerschBegr (hierzu Becker-Schaffner Betr **70**, 2445).

a) Besondere Erscheinungsformen des ArbVerh, abweichd vom Normalfall (Anm 1 e). **aa) Faktisches Arbeitsverhältnis.** Lit: Canaris BB **67**, 165; Beuthien RdA **69**, 161. Vgl weiter Einf 5 vor § 145, insb c, bb; § 611 Anm 2. Es liegt vor, wenn ein ArbN ohne od ohne wirks ArbVertr Arb leistet; das kommt insb vor, wenn der ArbVertr nichtig ist, die Nichtigk noch nicht die Konsequenz gezogen w, nach Erkennen der Nichtigk des ArbVertr die ArbLeistg sof zu beenden. Währd der Dauer des fakt ArbVerh richten sich Rechte u Pfl von ArbG u ArbN grdsätzl nach den Vorschr, die für ein wirks ArbVerh gelten (hM; stRspr des BAG; dagg E. Wolf JZ **71**, 273). Es besteht Anspr auf den angem od übl Lohn (Canaris aaO), aber keine Pfl zur weiteren ArbLeistg; es genügt statt einer Künd eine einf form- u fristlose BeendiggsErkl (BAG **AP** § 611 Fakt ArbVerh Nr 1), insb bei ArbVerh mit ausländ ArbN ohne ArbErlaubn des § 19 AFG (LAG Hamm Betr **72**, 293), auch bei Schwangersch (LAG Hamm Betr **72**, 2271). Ist die ArbLeistg ihrer Art nach ges- od sittenwidr, greift völl Nichtigk dch (BAG NJW **76**, 1958).

bb) Mittelbares Arbeitsverhältnis liegt vor, wenn ein ArbN in einem ArbVerh zu einem and, sog Mittelsmann steht, der seiners ArbN des sog HauptArbG ist und der ArbN die Dienste unmittelb für den HauptArbG mit dessen Wissen leistet (Bsp: Musiker–Kapellmeister–GaststättenUntern; Heimarbeiter–Zwischenmeister–Konfektionsfirma); weiter beim DienstverschaffgsVertr (Anm 2 c). Das mittelb ArbVerh ist vom Bestand des unmittelb ArbVerh (zw ArbN u Mittelsmann) abhäng u endet mit ihm (BAG **4**, 93 = NJW **57**, 1165). LohnAnspr besteht nur gg den Mittelsmann, wenn nicht ein bes VerpflichtgsGrd des HauptArbG vorliegt (BAG **6**, 232). Für Sicherh der ArbStelle, der ArbGeräte usw (vgl § 618) haftet der HauptArbG unmittelb (RG **164**, 399, wo § 328 angewendet w). HauptArbG kann auch Erfüllungsgehilfe (§ 278) des Mittelsmannes sein. Eine KündSchKlage ist grdsätzl gg den Mittelsmann zu richten (vgl BAG **4**, 93 = NJW **57**, 1165).

cc) Gruppenarbeitsverhältnis (Übbl bei Rüthers ZfA **77**, 1) liegt vor, wenn mehrere ArbN zwecks gemeins Ausführg von Arb u gesonderter Entlohng bei demselben ArbG zum selben ZtRaum in einem ArbVerh stehen. Es liegt eine Mehrh von unmittelb ArbVerh vor, die untereinander nur dch die aus der gemeins Arb errechneten Entlohng zushängen. α) **Eigengruppe** ist der vorherige ZusSchl von ArbN zum Zweck des gemeins VertrAbschl mit einem ArbG (zB Akkordkolonne, Ehepaar als Heimleiter, BAG **AP** GruppenArbVerh Nr 1); RForm: Gesellsch od nichtrechtsfäh Verein (BAG **AP** § 611 Akkordkolonne Nr 2). Eine Künd ist grdsätzl nur für alle ArbVerh gemeins zul, wobei als Grd der für eine Pers genügt (BAG **AP** GruppenArbVerh Nr 1). Grdsatz für die Haftg ist, daß das einzelne GruppenMitgl für dch SchlechtLeistg verurs Schäd haftet, wenn es selbst die VertrPfl verletzt hat (BAG BB **74**, 1208). Jedes GruppenMitgl hat die Pfl, Mängel zu beseit, die die GruppenArbErgebn gefährden, u Gefahren abzuwenden (BAG aaO). BewLast: ArbG für SchadVerursachg dch SchlechtLeistg der Gruppe. GruppenMitgl für fehlde Verursachg dch seine Pers u fehldes Versch analog § 282 (BAG aaO). β) **Betriebsgruppe** ist ZusFassg von mehreren ArbN dch den ArbG zu gemeinschbedingter Arb (zB die Akkordgruppe). Abgesehen von der Entlohngshöhe sind die einzelnen ArbVerh voneinander grdsätzl unabhäng (BAG aaO); daher besteht bei VertrVerletzg grdsätzl nur eine Haftg als Teilschuldner (Rüthers ZfA **77**, 1 [25]).

dd) Doppelarbeitsverhältnis liegt vor, wenn ein ArbN in zwei zeitl nicht kollidierden ArbVerh bei versch ArbG steht. Ist grdsätzl zul, auch als sog Nebentätigk (vgl Böhner Betr **69**, 483), soweit nicht Wettbewerbsverbote (Anm 4 c) entgegenstehen. Auch wenn Nebentätigk gem ArbVertr der Gen des ArbG bedarf, ist diese nur dann, wenn die vertr geschuldete ArbLeistg dadch beeinträcht w kann (BAG Betr **77**, 545). Ist das DoppelArbVerh inf zeitl Kollision vertrwidr (hierzu Neumann-Duesberg Betr **71**, 382), so ist das spätere ArbVerh nicht wg §§ 138, 306 nichtig. Es liegt am ArbN, welches er erfüllt, da ein Urt auf ArbLeistg nicht vollstreckt w kann (§ 888 II ZPO). Die RFolgen sind die des ArbVertrBruchs (§ 611 Anm 1 e). Außerord Künd (§ 626) können nur der alte ArbG; der neue ArbG kann ggf anfechten (§§ 119, 123). SchadErs des alten gg den neuen ArbG aus § 125 GewO od § 826 (bei Verleitg zum VertrBruch), bei Wiederholgsgefahr UnterlKl. Das zweite ArbVerh ist nichtig, wenn gesetzl HöchstArbZeit erhebl überschritten w (BAG **8**, 47).

ee) Leiharbeitsverhältnis liegt vor, wenn ein ArbG einen ArbN für eine begrenzte Zeit einem and ArbG zum Zweck der ArbLeistg überläßt. Das geschieht idR aGrd eines DVerschaffgsVertr (Anm 2 c) u erfordert die Zust des ArbN (§ 613 S 2). Das ArbVerh besteht stets zum (verleihdn) ArbG, auch bei Nichtigk des Vertr (BAG NJW **72**, 973; aber Ausn dch § 10 I AÜG), insb für LohnAnspr u Künd. Den sog Entleiher trifft aber (zusätzl) die FürsPfl (BAG **AP** §§ 898, 899 RVO Nr 14) u die Pfl aus dem ArbSchutzR. Die gewerbl ArbNÜberlassg (sog ZeitArb) ist dch das AÜG geregelt (hierzu krit Ramm Betr **73**, 1170), seit 11. 10. 72 in Kr. Der ArbG (Verleiher) hat den Inhalt des ArbVertr in eine von ihm zu unterzeichde Urk aufzunehmen (§ 11 I AÜG), unterbleibt dies, w die Wirksk des ArbVertr nicht berührt. Befristg des

Einf v § 611 4, 5   2. Buch. 7. Abschnitt. *Putzo*

ArbVerh ist grdsätzl unwirks (§ 9 Nr 2 AÜG). Das ArbVerh zw ArbG (Verleiher) u dem LeihArbN entspr den allg Regeln mit SondVorschr in §§ 9–11, 13 AÜG.

ff) Kettenarbeitsverhältnis liegt vor, wenn zw demselben ArbG u ArbN mehrere zeitl befr ArbVertr nacheinander u anschließd abgeschl w. Zur Wirksamk: § 620 Anm 1a, bb.

gg) Probearbeitsverhältnis ist ein echtes, vollwirks ArbVerh, das aber wg der vereinb Erprobg des ArbN leichter lösb ist. Das ProbeArbVerh kommt in 3 Formen vor: als befr ArbVerh (§ 620 Anm 1); als ArbVerh mit unbestimmter Dauer, bei dem die Probezeit die Mindestzeit darstellt, innerh der nicht od gekünd w kann; als ArbVerh mit unbest Dauer, bei dem die ord Künd erleichtert ist; diese Form liegt iZw vor (BAG **6**, 228 = NJW **59**, 454), bedeutet iZw, daß mit der einzelvertragl mögl kürzesten Fr (§ 622 I 2 u II 1) gekünd w kann (BAG NJW **71**, 2190), auf jeden Fall mit dieser Fr auch zum Ende der Probezeit. Die Künd kann vor DAntritt (LAG BaWü BB **77**, 396) u bis zum Ablauf der ProbeZt erkl w, auch wenn sie erst nach Ablauf der ProbeZt wirks w (BAG NJW **66**, 1478 für BAT). Keine Pfl zur Angabe des Künd-Grd (aA Moritz BB **78**, 866). Bei der Vereinbg, ob eine u in welcher Form eine Probezeit abzuleisten ist, sind die VertrPartner frei, soweit nicht ein TarVertr od wg der KündFr § 15 SchwBehG entggstehen; Anz an HauptFürsStelle bei Abschl eines ProbeArbVerh ist vorgeschrieben (§ 17 III S 2 SchwBehG). W das unterl ist, ist die Vereinbg der ProbeZt deshalb nicht unwirks (LAG Düss Betr **78**, 1698). Ges Regelg für Probezeit bei AusbildgsVerh: § 13 BerBG.

hh) Aushilfsarbeitsverhältnis ist echtes vollwirks ArbVerh, das im ArbVertr ausdrückl od stillschw erkennb zur vorübergehd Aushilfe abgeschl w, auf best od unbest Zeit (vgl § 622 IV). Mögl auch Mischform mit ProbeArbVerh (BAG AP § 620 Befr ArbVertr Nr 22). Zur Künd vgl Gumpert BB **69**, 1278.

b) Arbeitnehmergruppen. Je nachdem, welcher Gruppe der ArbN angehört, unterliegt das ArbVerh einer ges Spezialregelg, neben der die § 611 ff nur subsidiär gelten. **aa) Gewerbliche Arbeiter** sind alle Arb (Anm 1 i), die in einem GewerbeBetr (iS der GewO) ihres ArbG tät sind; Fabrikarbeiter, Handwerkergehilfen, Bauarbeiter, Raumpflegepersonal, auch alle bei einem Kaufmann tät Arbeiter (vgl § 83 HGB). Für diese ArbN gelten die §§ 121, 124b, 125, 133c–139aa, 139g–139m GewO.

bb) Gewerbliche technische Angestellte sind alle Angest (Anm 1 h), die in einem GewerbeBetr ihres ArbG tät sind u nicht kaufm Angest (vgl cc) sind (§ 133 c GewO); zB Bauingenieur, Techniker, Zeichner, Aufsichtspersonal, Schreibkräfte. Für diese ArbN gelten die §§ 133c–133f GewO.

cc) Kaufmännische Angestellte sind Angest (Anm 1 h), deren ArbG Kaufmann iS des HGB ist u die kaufm Dienste leisten, zB Verkäufer, Einkäufer, Buchhalter, Kassierer, Korrespondenten; im Einzelfall auch ein Verkaufsfahrer; vgl Reimann Betr **70**, 929. Für diese ArbN gelten die §§ 59–75h HGB. Angest eines Kaufmanns, die nicht kaufm Dienste leisten, fallen unter bb).

dd) Bergleute und Bergwerksangestellte. Für diese gelten die landesrechtl BergG, ergänzd die Vorschr der GewO (§ 80 AllgBergG), für Bergleute die unter aa), für BergwerksAngest die unter bb).

ee) Schiffsbesatzung. Es ist zu unterscheiden: Für alle ArbN der Binnenschiffahrt gilt das BinnSchG, für den Schiffsführer gelten §§ 7, 20 BinnSchG, subsidiär GewO gem Anm bb; für die übr Besatzg (Schiffsmannsch) die §§ 21–25 BinnSchG, subsidiär die GewO gem Anm aa. SondRegeln für Rheinschiffer im Abk v 21. 5. 54 (BGBl 57 II 217). Seeschiffahrt: es gilt das SeemG für Kapitäne, Schiffsoffiziere, sonst Angest u Schiffsleute. Das ArbVerh heißt HeuerVerh. Ergänzd gilt die GewO gem Anm aa u bb.

ff) Land- und forstwirtschaftliche Arbeitnehmer; für Arbeiter u Angest gilt nach Aufhebg der vorl LandArbO nur das BGB, nicht die GewO.

gg) Hausangestellte (-gehilfen) sind ArbN, die sozverspfl in priv Haushaltgen hauswirtsch Arb gg Entgelt verrichten. Darunter fällt auch die Beaufsichtg von Kindern; nicht: wenn überw im Gewerbe od Land- u Forstwirtsch des ArbG gearbeitet w; die stundenw Beschäftigg von Haushaltshilfen (Putz- od Aufwartefrauen). Es gilt grdsätzl BGB. Da der Haush kein Betr ist, gelten die betrbezogenen G (insb KSchG) nicht.

hh) Arbeitnehmer im öffentlichen Dienst; Angest u Arb des Bundes, der Länder, Gemeinden u sonst jP des öff R werden aGrd privatrechtl ArbVertr beschäftigt. Als grdsätzl Regelg für den ArbVertr gilt ledigl das BGB; es gehen jedoch die Regeln der zahlr umfassden TarVertr vor, insb der BAT (Bundes-AngestTV) u die MantelTV für die Arb des Bundes u der Länder.

ii) Arbeitnehmer der ausländischen Streitkräfte: Für die zivilen ArbN galt Art 44 TruppenVertr (BGBl 55 II 321); seit 1. 7. 63 gilt Art 56 des ZusatzAbk zum NTS (BGBl 61 II 1218). Es gilt deutsches ArbR (Art IX Abs 4 NTS), stellt aber nicht deutschen öff Dienst dar (Art 56 I f ZusatzAbk).

jj) Sonstige Arbeitnehmer: Das sind alle, die nicht in eine der Gruppen aa–hh einzuordnen sind, insb die Angest u Arb, deren ArbG im freien Beruf sind, zB Ärzte, Zahnärzte, Rechtsanwälte, Steuerberater (soweit nicht als Gewerbe betrieben, BAG AP Nr 18 zu § 74 HGB), od kein Gewerbe betreiben (zB Vereine, Stiftgen, TheaterBetr, PflegeAnst, ferner NotariatsAngest, Redakteure, Reporter, Apothekengehilfen (§ 154 Nr 1 GewO), SpielbankAngest. Es gilt das BGB, soweit nicht TV od einzelvertragl Vereinbgen vorgehen.

kk) Ausländische Arbeitnehmer. Für sie gilt in der BRep voll das dtsche ArbR. Zu prakt bedeuts Einzelh vgl Brill BB **76**, 1276.

5) Ausbildungsverhältnisse sind in den §§ 3–19 BerBG ges geregelt. Das G gilt aber nicht für öff-rechtl DVerh u für die Seeschiffahrt (§ 2 II BerBG). AusbildgsVerh sind bes ausgestaltete ArbVerh (vgl § 3 II BerBG); die Auszubildden sind ArbN. Das BerBG regelt die Begründg, den Beginn u die Beendigg des AusbildgsVerh, die Pfl der VertrPart, die Vergütg u die RFolgen der Weiterbeschäftigg. Die Vorschr sind zG des Auszubildden zwingd (§ 18 BerBG). Die Zulässigk ord Künd kann nicht wirks vereinb w (BAG stRspr seit **4**, 274 [284]). Das gilt auch für ähnl, nicht arbrechtl AusbildgsVerh (zB Flugzeugführer, BAG NJW **73**, 166). Subsidiär sind die für das ArbVerh geltden Regeln anzuwenden (§ 3 II BerBG). Ein AusbildgsVerh w nicht begründet dch berufl Fortbildg od Umschulg (vgl § 1 II–IV BerBG). AusbildgsVerh sind: **a) Lehrverhältnis** ist der Regelfall des AusbildgsVerh. Es ist auf das Erlernen eines Ausbildgsberufs in einem geordneten Ausbildgsgang gerichtet (vgl § 1 II BerBG). **b) Anlernverhältnis.** Es ist ausschließl auf das Erlernen best beruffl Tätigk gerichtet. Nur wenn zu diesem Zweck nicht ein ArbVerh vereinb ist, gelten die §§ 3–18 BerBG nach Maßg des § 19 BerBG. Anlernen im Rahmen eines ArbVerh fällt also nicht darunter. **c) Volontärverhältnis.** Es ist darauf gerichtet, berufl Kenntn u Erfahrgen zu erwerben od zu erweitern. Die §§ 3–18 gelten nach Maßg des § 19 BerBG. Zusfassde Darstellg E. Schmidt BB **71**, 622. **d) Praktikantenverhältnis.** Es dient der Vorbereitg auf ein Hoch- od Fachschulstudium. Sonst wie Anm c); zusfassde Darstellg E. Schmidt BB **71**, 313. **e) Fortbildungsverhältnis** (E. Schmidt BB **71**, 440). Es ist auf Erhaltg u Erweiterg der Kenntn u Fähigk, sowie auf ihre Anpassg an die techn Entwicklg gerichtet od soll berufl Aufstieg ermögl (§ 1 III BerBG). Es w dch einen FortbildgsVertr begründet u setzt ein bestehdes ArbVerh voraus. Inhalt: Pfl des ArbG, den ArbN zu schulen od schulen zu lassen, Übern der Kosten, ggf (nach Vereinbg) Zahlg eines UnterhBetr; daneben FürsPfl; keine VergütgsPfl (BAG **AP** Art 12 GG Nr 25). Pfl des ArbN ist die vereinb Fortbildg seiner berufl Fähigk, daneben ggf Ausführg prakt Arb; TreuePfl. Wirkg auf ArbVerh: Es besteht weiter; jedoch ruhen Arb- u VergütgsPfl. Rückzahlgsklauseln: sind zul, wenn sie Bindg des ArbN bis zu 5 Jahren (§ 624) vorsehen (BAG **AP** Art 12 GG Nr 29). Hierfür ist die Höhe der Aufwendgen des ArbG maßgebd (vgl E. Schmidt aaO).

6) Arbeitsbedingungen. (Lit: Richardi, Kollektivgewalt u Individualwille bei der Gestaltg des ArbVerh 1968; Adomeit: Rechtsquellenfragen im ArbR, 1969). Darunter versteht man den Umfang u Inhalt der Rechte u Pfl der ArbN aus dem einzelnen ArbVerh zB Lohnhöhe, ArbZeit, Urlaub. Sie werden grdsätzl im ArbVertr frei vereinb (VertrFreih, vgl zB § 105 GewO). Die VertrFreih ist aber stark eingeschränkt. Die ArbBedinggen w in best Rangfolge gestaltet, nämlich dch:

a) Zwingende gesetzliche Vorschriften: Dh Gesetz im materiellen Sinne, also auch RechtsVO. Verstoß bewirkt Nichtigk (§ 134), nach § 139 entweder des betroffenen Teils od des ganzen Vertr (dann ggf faktisches ArbVerh, vgl Anm 4 a, aa). Vorrang hat das VerfassgR, soweit die umstr Drittwirkg der GrdR bejaht w, prakt bedeuts bei Art 3 GG, der im ArbR nur bei gesamtheitl zustandegekommenen ArbBedinggen bindet, insb für die Lohngleichh von Mann u Frau (BAG stRspr seit **1**, 258 = NJW **55**, 684), in TV, BetrVereinbgen (BAG **11**, 338) u ähnl allg Regelgen von ArbBedinggen (BAG **14**, 61), aber nicht im EinzelArbVertr (vgl § 611 Anm 9). Zwingde ges Vorschr im BGB sind zB §§ 617, 618, 629, weitgehd das BUrlG (vgl § 13), §§ 115, 115a GewO, zahlr Vorschr des ArbSchutzR (vgl Anm 8). Zwingd sind ferner RVO über MindArbBedinggen vom BMA, wenn sie aGrd des G über MindArbBedinggen v 11. 1. 52 erlassen w (bis jetzt noch nicht geschehen).

b) Tarifverträge sind priv-rechtl Vertr zw tariffäh Parteien (Gewerksch, einzelne ArbG u Vereiniggen von ArbG, ferner Spitzenorganisationen, § 2 TVG). TV haben schuldrechtl u normativen Teil (§ 1 TVG). Schriftform (§ 1 II TVG), aber nicht für den VorVertr (BAG NJW **77**, 318). Der Abschl von TV kann dch Schlichtg gefördert w, entw dch SchlichtgsBeh (ges Grdlage KRG Nr 35) od freiw, dch TV vereinb Schlichtg.

aa) Geltungsbereich: Nur im GeltgsBereich besteht die sog TarGebundenh (§ 3 TVG), kann ein TV für allgverbindl erkl w (§ 5 TVG). Man hat folgde Geltgsbereiche zu beachten: α) Räuml: Bund, Land, Bezirk, Ort od einzelner Betrieb; β) zeitl: iZw vom Abschl an auf unbest Zeit, aber idR auf best Zeit im Vertr festgelegt; Rückwirkg kann vereinb w u gilt auch für inzw ausgeschiedene ArbN (BAG **AP** Nr 2 zu § 1 TVG Rückwirkg), wenn zZ des Abschlusses des TV noch TarGebundenh besteht (BAG **AP** Nr 6). Nachwirkg besteht aGrd § 4 TVG; γ) persönl: nur für Mitglieder der TVParteien, wenn nicht allgverbindl gem § 5 TVG; δ) betriebl: Zugehörigk des Betr zu dem WirtschZweig, für den der TV abgeschl ist; wg Anm γ prakt bedeuts, wenn der TV für allgverbindl erkl ist. Es gilt der Grds der TarEinh, dh daß für einen Betr nur ein TV gilt. Maßgebd ist die überwiegde, speziellere BetrTätigk (hierzu Konzen RdA **78**, 146 mwN). ε) fachl: für die jeweils im TV best ArbNGruppen, zB Elektriker, Facharbeiter, Hilfsarbeiter.

bb) Normativer Teil aGrd der vom GGeber den TVParteien eingeräumten Autonomie können im TV RNormen über den Abschl, Inhalt u Beendigg von ArbVerh erlassen, ferner betriebl u betriebsverfassgsrechtl Fragen geordnet w (§ 1 I TVG; § 3 BetrVG). Das ist wie ein G auszulegen, daher gelten insb die §§ 186ff (BAG **AP** Nr 1 zu § 186). Es wirkt im GeltgsBereich unmittelb auf die ArbVerh in der Weise ein, daß die ArbBedinggen des einzelnen ArbVerh ohne weiteres so gestaltet w, wie es im normativen Teil des TV vereinb w (§ 4 I TVG). Die Wirkg ist zwingd, Rechte daraus können nicht verwirkt w (§ 4 IV S 2 TVG); AusschlFr sind nur im TV zul (§ 4 IV S 3 TVG); ein Verzicht des ArbN nur mit Billigg der TVParteien (§ 4 IV S 1 TVG). Abweichgen vom normativen Teil sind nur bei ausdrückl Gestattg im TV od zG des ArbN zul. Diese Wirkg u die Nachwirkg (§ 4 V TVG) erfaßt nur die im Geltgsbereich des TV abgeschl ArbVerh (BAG NJW **58**, 1843). Im TV darf zw Mitgliedern der vertrschließden Gewerksch u nichtorganisierten ArbN nicht differenziert w; dieses Verbot sog Differenziergsklauseln w mit dem Fehlen der TarMacht u mit der Koalitionsfreih begründet (BAG [GS] NJW **68**, 1903).

cc) Schuldrechtlicher Teil: Umfaßt die Pfl der TarVertrParteien, näml die sog Selbstpflichten (vor allem die FriedensPfl) u die Einwirkgspflichten (auf ein best Verhalten der Mitgl hinzuwirken); in diesem Teil ist der TV ein Vertr zGDr, näml der Mitgl der TVParteien (BAG **6**, 321 u **AP** Nr 4 zu § 1 TVG FriedensPfl). Die Mitgl der TVParteien treffen diese Pfl aber nicht. Über Umfang der FriedensPfl vgl BAG **6**, 321 = NJW **59**, 356). RFolgen schuldh Verletzg der Pfl sind SchadErsAnspr aus pos VertrVerletzg analog §§ 280, 325; zB wg Ausrufg eines rechtswidr Streiks (LAG Düss BB **76**, 86; vgl hierzu Vorbem 1 a, ee, d vor § 620). Aber auch R zur fristlosen Künd des TV an Stelle des Rücktr aus § 326 (BAG **AP** Nr 4 zu § 1 TVG FriedensPfl).

dd) Tarifordnungen, auf Grd des ArbOG v 20. 1. 34 erlassen, regelten die ArbBedinggen u wurden seit 1947 dch die TV abgelöst. Die restl TOen sind mit Wirkg vom 1. 1. 71 dch VO vom 17. 4. 68 (BABl 321) mit Ausn der TOen für Theater- u Kulturorchester aufgeh.

Einf v § 611 6, 7   2. Buch. 7. Abschnitt. *Putzo*

c) Betriebsvereinbarungen und Dienstvereinbarungen. aa) Betriebsvereinbarung: ist ein privatrechtl Vertr (hM, VertrTheorie) zw ArbG u BetrRat, der ihre Pfl, Angelegenh des Betr u der BetrVerf zum Ggst haben u sich auf die ArbVerh beziehen kann. Nach der Satzgstheorie ist die BetrVereinbg eine autonome Satzg, die dch gleichlautd aufeinander bezogene Beschlüsse von ArbG u BetrRat zustandekommt (§ 77 I, II BetrVG). Für das ArbVertrR bedeuts ist die BetrVereinbg, wenn u soweit sie einen (dem TV entspr, vgl Anm b, bb) normativen Teil hat. Insow w die ArbBedinggen dch die BetrVereinbg unmittelb u zwingd gestaltet (§ 77 IV BetrVG) im Nachrang ggü zwingd ges Vorschr u TV (§ 77 III BetrVG). Daher ist eine BetrVereinbg nichtig (§ 134), wenn sie ArbBedinggen regelt, die üblw dch TV geregelt w u BetrVereinbg nicht ausdrückl im TV zugel w (§ 77 III BetrVG). Deshalb dürfen Löhne u Lohnzuschläge idR nicht dch BetrVereinbg geregelt w (vgl BAG **5**, 226), ebensowenig die Länge der wöchentl ArbZeit, wohl aber tägl Beginn u Ende der ArbZeit u Einf von KurzArb (§ 611 Anm 3c), Akkordsätze, EntlohnsGrdsätze usw (vgl § 87 I BetrVG), insb AbschlProvisionen (BAG NJW **77**, 1654). Die BetrVereinbg wirkt nur für u gg die ArbN des Betr, nicht auf die ausgeschiedenen u in Ruhestand getretenen (BAG [GS] **3**, 1 = NJW **65**, 1086). Hingg hat die BetrVereinbg Nachwirkg im Umfang des § 77 VI BetrVG. Nichtige BetrVereinbg können ArbBedinggen nur fakt gestalten (entspr Anm 4a, aa; Stadler BB **71**, 709).

bb) Dienstvereinbarung ist ein öffrechtl Vertr (hM VertrTheorie) zw der DStelle u dem PersRat über best gesetzl zugel soz Angelegenh (§ 73 PersVG). DVereinbg entspr für den öff Dienst der BetrVereinbg. Für den öff Dienst des Bundes gilt das PersVG unmittelb (§ 1 PersVG), für den der Länder, Gemeinden u nicht dem Bund unterstehden jP des öff R gelten die im wesentl gleichlautden PersVG der Länder. DVereinbgen haben bei Angelegenh der §§ 75, 76 PersVG, wie eine BetrVereinbg zwingde normative Wirkg auf die ArbVerh der Angest u Arbeiter, wobei im Ggsatz zur BetrVereinbg eine Nachwirkg bejaht w (Nikisch III § 108, 5)

d) Einzelarbeitsvertrag. Soweit nicht zwingd mit normativer Wirkg geregelt (Anm a–c) können die ArbBedinggen frei dch den ArbVertr (Anm 1d) best w. **aa) Vertragliche Regelung**: Zum Abschl: § 611 Anm 1b. Die ausdrückl mündl od schriftl Vereinbg w nach § 133 u § 157 mit Rücks auf die VerkSitte sowie nach Treu u Glauben ausgelegt. Danach können auch Lücken geschl w. **bb) Betriebliche Übung**: Stillschweigd w Ggstand des ArbVertr der Inhalt einer betriebl Übg (BAG **AP** § 242 Betriebl Übg Nr 5, 8). Hier handelt es sich um die über einen längeren Zeitraum zw ArbG u den ArbN des Betr ohne ausdrückl wissentl (BAG **AP** aaO Nr 10) vorgenommene tatsächl Gestaltg von ArbBedinggen (vgl BAG **5**, 44), zB von Ruhegehalt, Gratifikation, Jubiläumsgabe; für Freizeitgewähr einschränkd BAG NJW **71**, 163; für Übertr tarifl Erhöhgen u sonst tarifl Leistgen verneind BAG Betr **72**, 1168. Erforderl ist stets, daß von Seiten des ArbN die Ann gerechtf ist, der ArbG wolle sich rechtl dahin binden, sich in Zukunft wie bisher zu verhalten (BAG aaO). Es genügt, daß der ArbN unter Geltg dieser betriebl Übg gearbeitet hat; er muß nicht schon v ihr betroffen sein (BAG **AP** aaO Nr 10). **cc) Bezugnahme auf Tarifvertrag** kann auch zw Nichttarifgebundenen (Anm b, aa) vertragl vereinb w. Soweit Bezug reicht, richtet sich der ArbVertr nach dem normativen Teil des TV (Anm b, bb), nicht weiter (LAG Hamm Betr **75**, 1515). Zweifelh ist, ob u inwieweit in diesen Fällen TarGebundenh entsteht (hierzu v. Hoynningen-Huene RdA **74**, 138 [146]).

e) Nachgiebige gesetzliche Vorschriften gestalten die ArbBedinggen nur, soweit sie nicht schon dch Anm b–d festgesetzt sind.

f) Direktionsrecht des ArbG (§ 611 Anm 5); dadch gestaltet der ArbG die ArbBedinggen nur, sow sie nicht gem der Anm a–e best sind; daher keine Änd der Vergütg mögl (LAG Düss Betr **73**, 875).

7) Ruhestandsverhältnis ist das DauerSchuldVerh, das an die Stelle eines ArbVerh od DVerh tritt nachdem es wg ArbUnfähigk od Erreichen einer Altersgrenze beendet worden ist. Es stellt kein ArbVerh dar u ist vom Ruhen des ArbVerh (Vorbem 1 vor § 620) zu unterscheiden. Inhalt: Pfl des ArbG od DBer, das Ruhegehalt od die HinterbliebenenVersorgg zu zahlen (alleinige HauptPfl), daneben FürsorgePfl. Demggü TreuePfl des ArbN od DVerpfl, die sich darauf beschränkt, alles zu unterlassen, was den ArbG schädigt, zB unmittelb Wettbewerb (BAG NJW **66**, 1985; aA Bohn Betr **67**, 641; Verrat von BetrGeheimnissen (zum Umfang der SchweigePfl vgl LAG Ffm BB **67**, 1168); Pfl RentenAntr zu stellen, wenn die Rente auf das Ruhegehalt anrechenb ist (BAG Betr **70**, 2326). Wesentl u prakt bedeuts ist in diesem Rahmen die betr AltersVersorgg (Ruhegehalt, Pension) od entspr Naturalleistgen. Es besteht InsolvenzSicherg (§§ 7–15 BetrAVG); außerdem sind die Fdgen im Konk bevorrechtigt (§§ 59 I Nr 3 d, 61 Nr 1 KO; BAG NJW **70**, 964).

a) Rechtsgrund: Ist für das Entstehen des Anspr stets erforderl. Aus der FürsorgePfl allein erwächst kein Anspr auf Ruhegeld (BGH **16**, 50). Es kommen in Betr: Ruhegeldabrede ist die vertragl Begründg eines RuhegeldAnspr, formfrei, da keine Schenkg u kein Leibrentenversprechen (allg M), auch nach Beendigg des ArbVerh mögl (BAG **8**, 38). Kann im EinzelArbVertr (od im DVertr, insb bei VorstdsMitgl u GeschFührern) vereinb w, kann auch dch TV od BetrVereinbg od einseit bekanntgegebene Ruhegeld0 (BAG **14**, 126) VertrInhalt w (vgl Anm 6b, c); auch wirks, wenn Umfang u Voraussetzg noch nicht näher best w (BAG **AP** Nr 110 zu § 242 Ruhegehalt). Stillschweigd kann eine Ruhegeldabrede daraus folgen, daß es betriebl Übg ist (vgl Anm 6d), Ruhegeld zu zahlen (BAG stRspr, zB NJW **71**, 1422) od wenn über einen längeren Zeitraum vorbehaltlos dem ausscheidenden ArbN Ruhegeld gezahlt w (BGH **16**, 50 für VorstdsMitgl). Unabhäng davon kann aus dem Grds der Gleichbehandlg (§ 611 Anm 9) ein Anspr auf Ruhegeld erwachsen, wenn einzelne ArbN willkürl vom RuhegeldAnspr ausgenommen w, der and ArbN in gleicher Stellg u Lage gewährt w (hM); dabei aber keine Gleichbehandlg zw ArbN u Vorstd od GeschFührern (BGH WPM **69**, 686). Verpfl ist (ohne Beschrkg auf das GeschVerm, BAG BB **72**, 1409) grdsätzl der ArbG od DBer. Bei BetrÜbern vgl § 613a Anm 1 c. Von vornherein richtet sich der RuhegeldAnspr nicht gg den ArbG unter folgdn Voraussetzgen: voller od teilw Anspr aus einem LebensVersVertr (sog DirektVers, § 1 II BetrAVG); RAnspr gg eine rechtsfäh VersorggsEinrichtg (sog Pensionskasse, § 1 III BetrAVG); Versorgg dch rechtsfäh VersorggsEinrichtg ohne RAnspr (sog Unterstützungskasse, § 1 IV BetrAVG). Es besteht dann ein Anspr nur gg diese (BAG **AP** Nr 16 zu § 242 Ruhegehalt), wenn dem ArbN das bekannt war (BAG BB **69**, 837). Unmittelb Haftg des ArbG nur unter bes Umst (vgl BAG NJW **69**, 2165 u **AP** § 242 Ruhegehalt-Unterstützgskassen Nr 3). Der ArbG muß die Zahlg des Ruhegeldes entw dch die VersorggsEinrichtg od aus sonst Mitteln sicherstellen (BAG WPM **74**, 265).

b) Höhe: richtet sich nach ausdrückl Vereinbg, betriebl Übg od Grds der Gleichbehandlg. Regelm gewährte Lohnzuschläge sind zu berücks (BAG **AP** § 242 Ruhegehalt Nr 135); vgl auch Anm f.

c) Anwartschaft auf Ruhegeld setzt einen RGrd (Anm a) voraus u besteht in der Zeit bis zur Entstehg des RuhegeldAnspr (Anm d). Für ArbN deren ArbVerh am 22. 12. 74 noch nicht beendet war, ist die Unverfallbk v Anwartsch dch §§ 1–4 BetrAVG (zwingd) geregelt (Übbl bei Streckel NJW **75**, 365). Die 20jähr Fr (BAG **24**, 177) muß voll erf sein (BAG BB **75**, 1437). Eine Anwartsch kann üb diese Voraussetzg hinaus für den ArbN günst geregelt w. Abfindg ist mögl (§ 3 BetrAVG), auch Übertr auf den neuen ArbG (§ 4 BetrAVG). W gekünd, um die Anwartsch zu vereiteln, ist § 162 anwendb. Keine Rückwirkg: §§ 32 S 1, 26 BetrAVG (BAG BB **75**, 789).

d) Entstehung: je nach RGrd (Anm a) entsteht der RuhegeldAnspr nur ausnahmsw schon mit Abschl des ArbVertr. Meist müssen best Voraussetzgen vorliegen, insb eine gewisse Dauer der BetrZugehörigk u Fortbestand des ArbVerh bis zum Eintritt des Ruhestandes (Alter od ArbUnfähigk). Meistens ist damit auch die Fälligk (§ 271) des RuhegehaltsAnspr verbunden. Wirks Angebot ist auch ohne Festlegg v VersorggsBedingg mögl (BAG BB **75**, 1114). W best Voraussetzgen vereinb, so ist Bestand des DVerh bei Eintritt dieser Voraussetzgen iZw notw (BGH NJW **68**, 2373 für DVerh).

e) Beseitigung des RuhegeldAnspr (od der Anwartsch, Anm b) ist nur unter best Voraussetzgen mögl: **aa) Widerruf:** Ihn kann sich der ArbG allg od unter best Voraussetzgen (vgl BAG NJW **78**, 1069) vorbehalten, weil er von selbst nicht zur Gewährg von Ruhegeld verpfl ist (allgM). Der WiderrufsVorbeh liegt im vereinb Ausschl eines RAnspr (BAG **AP** Nr 86 zu § 242 Ruhegehalt). Beim allg Vorbeh u Gewährg aGrd allg RuhegeldO ist unter Anwendg von § 315 zu prüfen, ob Widerruf nach bill Erm vorzunehmen ist od im freien Belieben des ArbG steht; Widerruf im freien Belieben (Vereinbg vom ArbG zu beweisen) ist nur zul, bis zum unmittelb bevorstehden Eintritt des Ruhestands (BAG **3**, 327 = NJW **57**, 648); ist auch insow an gute Sitten, Verbot von RMißbr u Willkür gebunden, gerichtl nachprüfb u setzt daher wicht Gründe voraus. Darleggs- u BewLast hierfür trägt der ArbG (BAG WPM **74**, 265). Bei Widerruf nach bill Erm sind auch die Interessen des ArbN mit abzuwägen (BAG aaO; hierzu auch BAG **AP** Nr 97 zu § 242 Ruhegehalt). Überh unterliegt der Widerruf dem Grds der Gleichbehandlg. Dasselbe gilt für die an Stelle des ArbG tretden rechtsfäh VersorggsEinrichtgen (vgl Anm a aE). Sie dürfen auch bei Ausschl des RAnspr nie willkür einem einz ggü das Ruhegeld widerrufen (BAG NJW **70**, 1145). Der WiderrufsVorbeh w auch dch jahrelange Nichtausübg nicht unwirks (BAG **AP** Nr 54 zu § 242 Ruhegehalt). Auch der spezielle (an best Voraussetzgen gebundene) WiderrufsVorbeh darf nur im Rahmen der Billigk ausgeübt w (BAG BB **77**, 1353 bei BetrSanierg), kann aber auch die RuheGAnwartsch ergreifen (BAG NJW **78**, 1069). **bb) Anfechtung** ist ab Beginn des RuhestandsVerh ausgeschlossen, jedenf soweit sie auf § 119 II gestützt w (BAG NJW **68**, 1444); zweifelh für § 123, dessen Voraussetzgen aber Grd zur Künd (Anm cc) geben. **cc) Kündigung:** Hier ist zu unterscheiden: α) Künd des ArbVerh od DVerh (also vor Eintritt des Ruhestandes) beseitigt nicht die Anwartsch (Anm b; § 1 BetrAVG; mögl auch bei Künd der ArbN, vgl BAG BB **76**, 793); ist recht nicht die entstandene RentenAnwartsch, ausnahmsw nur bei außerord Künd wg schwerer PflVerletzg des ArbN soweit die verletzte Pfl im GgseitkVerh zum Ruhegeld steht (hierzu Hölters Betr **75**, 2179). β) Künd des RuhestandsVerh. Es ist umstr, ob es sich um Künd, Verwirkg, Widerruf od LeistgsVerweigersR wg unzul RAusübg handelt (vgl BAG NJW **68**, 1444, das Entziehg als OberBegr verwendet). Da ein DauerschuldVerh vorliegt, ist, sofern das Ruhegeld als Fürs gewährt w, eine Künd zul, aber nur eine entspr § 626, wobei an die wicht Grd bes strenge Anfordergen zu stellen sind, idR nur schwere TreuePflVerletzgen des ArbN (BAG NJW **68**, 1444), zB hauptberufl Wettbewerb (BAG **AP** Nr 100 zu § 242 Ruhegehalt); kann vor (vgl aber BAG **AP** § 242 Ruhegeh Nr 141) od währd des RuhestandsVerh (aber nicht gg Dr, BGH NJW **68**, 2373) begangen sein. Die Künd beendet das RuhestandsVerh völl. Der Unterschied zum Widerruf liegt darin, daß für die Künd kein Vorbeh erforderl ist. Gg Zulässigk jeder Entziehg des Ruhegelds: Grunsky JuS **70**, 16. Ist das Ruhegeld als (bereits verdientes) reines Entgelt anzusehen, so ist Entziehg nur bei RMißbr des früheren DVerpfl zul (BGH NJW **71**, 1127). **dd) Verwirkung** des RuhegeldAnspr bei schwerer Verfehlg gg den RuhegeldVerpfl (BAG NJW **56**, 158); dann ist der RuhegeldAnspr vom Ztpkt dieser Verfehlg an ohne weiteres ausgeschl. Das Verh zur Künd (Anm cc, β) ist nur dann sinnvoll, wenn für eine Verwirkg eine so schwere PflVerletzg verlangt w, die über das für eine Künd erforderl Maß noch hinausgeht. **ee) Abfindung** des RuhegeldAnspr ist mögl (§ 305) u führt zu einem auf die TreuePfl beschränkten RuhestandsVerh. RFolgen bei Verletzg der TreuePfl: SchadErs- u UnterlAnspr, uU Anfechtg wg Irrt über pers Eigenschaft (vgl RG **162**, 77). **ff) Verzicht** (auch auf Anwartsch) liegt idR nicht in einer Ausgleichsquittg (BAG BB **74**, 280). **gg) Betriebsübergang** (vgl § 613a Anm 1): Ohne Vertr kann das Ruhegeld nur vom Veräußerer des Betr gefordert w (vgl Heckelmann ZfA **73**, 425 [474]). **hh) Wiederaufnahme der Erwerbstätigkeit** nach vorzeit RuhestdEintritt: § 6 BetrAVG.

f) Anpassung (auch schon vor der Entstehg, Anm d) erfordert grdsätzl einen Vertr (§ 305) od vertragl Vorbeh. Die Änd ist insb dch TV u BetrVereinbg mögl (Anm 6c, aa), auch zuungunsten von aktiven ArbN (BAG NJW **70**, 1621); vgl weiter Anm aa). Zur Änd von RuhegeldAnspr, die dch TV od BetrVereinbg begrdet sind: Schwerdtner ZfA **75**, 171. Ohne Vertr ist in folgden Fällen eine Änderg mögl: **aa) Kürzung** des Ruhegelds: α) Wenn Widerruf od Kürzg vorbehalten nach den GrdSätzen der Anm e, aa; zB gerechtf dch wirtsch Notlage des Betr u Gefährdg der ArbPlätze (BAG WPM **74**, 265). β) Bei sog Begrenzgsklausel (zB auf 75% des Endverdienstes) ist das Auszehrgsverbot des § 5 BetrAVG zu beachten. γ) Wg Wegfall des GeschGrdlage (§ 242), bei wirtsch Gefährdg des Untern unter best Voraussetzgen (BAG stRspr, zuletzt NJW **72**, 733 u BB **75**, 1114); jedoch nicht im Konk, da dann eine Rettg des Untern ausgeschl ist (BAG BB **72**, 1409). Es ist auch Stundg, zeitweil Wegfall mögl; jedoch auch Kürzg nur für diese Zeit; bei Besserg leben die Anspr (nicht rückwirkd) wieder auf. Es gilt der Grds der Gleichbehandlg (BAG **2**, 18). Wg Erhöhg and VersorggsLeistgen dürfen RuheGAnspr des ArbN nicht gekürzt w (mit Ausn gem § 5 II S 1 BetrAVG); das gilt nicht, wenn ausdrückl etwas und vereinb ist od worüber die Versorgg dch eine Pensionskasse gewährt w (BAG **16**, 164). δ) Dch eine BetrVereinbg nur mit Wirkg für die aktiven ArbN mit gerichtl BilligkKontrolle (BAG NJW **70**, 1621), weil für die ausgeschiedenen ArbN insow keine Wirkg eintritt (BAG GS **3**, 1 = NJW **56**, 1086); das gilt auch für ArbN, die kurz vorher ausscheiden (BAG **AP** Nr 86 zu § 242 Ruhegehalt). **bb) Erhöhung:** Der ArbG ist verpfl, alle 3 Jahre eine Anpassg zu prüfen, erstmals am 1. 1. 75 od unverzügl danach für die Renten (nicht die Anwartsch, BAG NJW **77**, 2370), die an diesem Tag 3 Jahre od länger liefen (BAG NJW **76**, 1861). Er muß darü nach bill Ermessen ents'ch (§ 16 BetrAVG), dh eine entspr VertrÄnd (§ 305) anbieten, wobei das Ausmaß der Teuerg Ansatzpkt ist(BAG NJW **77**, 828), zZ muß der Kaufkraftverlust der BetrRenten zur Hälfte ausgeglichen w (BAG NJW **77**, 2370). Unterbleibt sie, so trifft das ArbGer die Entsch (BAG NJW **77**, 828). Die AnpassgsAnspr sonst ArbN sind beim ErhöhgsAnspr eines einz ArbN zu berücks (BAG BB **77**, 146). Die Dynamisierg der SozVersRenten bleibt dabei außer Betr (BAG NJW **77**, 2370); jedoch kann eine Anpassg unter Berücks der Verteuerg erfolgen, wenn das Eink im Vergl zu aktiven ArbN überhöht ist (sog Obergrenze BAG aaO). Anspr auf Erhöhg kann aus § 242 wg Wegfall der GeschGrdlage bestehen, zB wenn eine Anrechng der SozVersRente vorgesehen ist u deren Erhöhg das Ruhegeld aufzehren w (BAG **15**, 249 jetzt § 5 I BetrAVG), od wenn sich die Verhältnisse, insb dch Kaufkraftentwertg ganz grdlegd geänd haben, insb 40%ige Verteuerg der Lebenshaltungskosten seit der letzten Absprache (BAG NJW **73**, 959 mwN; für DVerh ebso: BGH NJW **73**, 1599; Celle **AP** § 242 Ruhegehalt-Geldentwertg Nr 3). Es findet keine automat Anpassg statt (BAG aaO). Maßstab der Erhöhg ist das Ausmaß der Geldentwertg, nicht die allg Einkommensentwicklg od die Erhöhg der SozVersRenten (BAG aaO). Gewährt der ArbG die Erhöhg nur für solche ArbN, die nach einem Stichtag in Ruhestd traten, so unterliegt diese Best dem Grds der Gleichbehandlg (§ 611 Anm 9; BAG NJW **75**, 78). Bei BetrVereinbg gilt Anm aa, δ. Wg Wertsicherungsklauseln vgl § 245 Anm 5.

g) Hinterbliebenenversorgung (Witwen- od Waisengeld) erfordert stets eine bes Vereinbg (BAG NJW **67**, 173) nach den Grds Anm a, auch dem Hinterbliebenen ggü unmittelb, also nach Beendigg des ArbVerh mögl (BAG **AP** Nr 102 zu § 242 Ruhegehalt). Mit Ruhegeldabrede zG der Ehefrau ist nicht ohne weiteres die geschiedene gemeint (BAG NJW **67**, 173), wohl aber die später (BAG **2**, 101) auch noch nach Eintritt des Ruhestands geheiratete (BGH BB **57**, 413). Ist der Widerruf dch Vereinbg mit der Witwe vorbehalten, so gelten die unter Anm e, aa dargelegten Einschränkgn für den Entzug nicht (BAG NJW **63**, 222). Es ist zul, eine Witwenrente für eine um 25 Jahre jüngere Ehefr in der Abrede (Anm a) auszuschl (BAG NJW **72**, 2327).

h) Verjährung: Für die Raten 2 Jahre (§ 196 I Nr 8, BAG stRspr NJW **71**, 1422), für den Anspr auf Ruhegeldabrede (vgl Anm a) 30 Jahre (BAG aaO).

8) Arbeitnehmerschutzrecht iwS sind die RNormen, die den Schutz der ArbN bezwecken. Das geschieht auf zweierlei Weise: es w dch zwingde ges Vorschr die ArbBedinggn in best Weise gestaltet (vgl Anm 6a); es w ArbG u ArbN best öffrechtl Pfl auferlegt (ArbNSchutzR ieS). Die Vorschr sind zwingd, insb unverzichtb; ihre Verletzg führt zur Nichtigk (§ 134), begründet über § 823 II SchadErsPfl, kann ferner Straftat od Ordngswidrigk sein. Nach dem Zweck u Geltgsbereich unterscheidet man: **a) Betriebsschutz:** Es gelten zahlr zT verstreute Vorschr, zB §§ 120a–120f GewO; G über die Mindestanfordergn für Unterkünfte von ArbN v 23. 7. 73 (BGBl 905); StrahlenSchutzVO v 24. 6. 60 idF vom 15. 10. 65 (BGBl 1654); G üb BetrÄrzte u SicherhFachkräfte v 12. 12. 73 (BGBl 1885); die ArbStättVO v 20. 3. 75 (BGBl 729), die ArbStättVO idF v 8. 9. 75 (BGBl 2493). Teile des AllgBergG, des SeemannsG, ferner die aGrd der §§ 708, 709 RVO von den Berufsgenossensch erlassenen UnfallverhütgsVorschr.

b) Arbeitszeitschutz: insb die Festsetzg der Höchstdauer dch die AZO mit AVOen, das LadenschlG v 28. 11. 56 (BGBl 875), §§ 105a–105j GewO über Arb an Sonn- u Feiertagen.

c) Frauen- und Mutterschutz: dch Verbot best Arb (§ 16 AZO) u weitergehder Schutz bei der ArbZeit in der AZO, Übersicht u Zusfassg bei Zmarzlik Betr **75**, 1700. Für werdde u stillde Mütter gilt das MutterSchG mit Beschäftiggsverbot (§§ 3, 4, 6), Verbot von Mehr-, Nacht- u SonntagsArb (§ 8) bei Lohnfortzahlg (§ 11). Wg KündSchutz vgl Vorbem 3c vor § 620.

d) Jugendschutz: im JArbSchG dch Verbot der KinderArb (§§ 5–6), begrenzte ArbZeit (§§ 8–18), verlängerten Url (§ 19), Beschäftiggsverbote u -beschränkgn (§§ 22–27 ff) u erhöhte FürsPfl (§§ 28–31) mit GesundhSchutz (§§ 32–46). SondRegelg im SeemannsG.

e) Heimarbeiterschutz. Es gilt das HeimArbG v 14. 3. 51 idF des G v 29. 10. 74 mit ArbZeitschutz (§§ 10, 11), Gefahrenschutz (§§ 7 ff), Entgeltregelg (§§ 17 ff) u Entgeltschutz (§§ 23 ff) sowie KündSchutz (§§ 29, 29a). Bei der DchFührg nehmen die HeimArbAusschüsse (1. RVO zur DchFührg v 30. 1. 76, BGBl 222) wesentl Aufgaben als SelbstVerwKörper wahr.

f) Schwerbehindertenschutz: Schwerbehinderte u Gleichgestellte (§§ 1, 2 SchwBG) müssen unter bes Voraussetzgn vom ArbG in best Zahl eingestellt u beschäft w (§§ 4 ff SchwBG), haben Anspr auf fördernde u angem Beschäftigg (§ 11 SchwBG), genießen KündSch (§§ 12 ff SchwBG), sind nicht zu MehrArb verpfl (§ 43 SchwBG) u erhalten ZusatzUrl (§ 44 SchwBG). Renten dürfen auf das ArbEntgelt nicht angerechnet w (§ 42 SchwBG).

g) Arbeitsplatzschutz ist vorgesehen bei Wehrdienst, Eigngsübg u ArbVerpfl im Notstand (Spanngszeiten u Verteidiggsfall). W dach bewirkt, daß das ArbVerh währd dieses Zeitraums ruht, ol unter KündSch fortbesteht u dem ArbN best Rechte aus dem ArbVerh gewahrt bleiben (§§ 1–6 ArbPlSchG; §§ 1–2, 4, 6 ff EignÜbgG; § 15 ArbSichG). Gilt auch für EWG-Gastarbeiter (GerHof EG BB **69**, 1313).

h) Kündigungsschutz: Darstellg in Vorbem 3 vor § 620.

Einzelne Schuldverhältnisse. 6. Titel: Dienstvertrag **§ 611** 1

611 *Vertragspflichten.* I Durch den Dienstvertrag wird derjenige, welcher Dienste zusagt, zur Leistung der versprochenen Dienste, der andere Teil zur Gewährung der vereinbarten Vergütung verpflichtet.
II Gegenstand des Dienstvertrags können Dienste jeder Art sein.

Übersicht

1) Allgemeines
   a) Begriffe
   b) Abschluß
   c) Änderung
   d) Gegenseitigkeit
   e) Vertragsverletzungen
   f) Zwangsvollstreckung
2) Mängel des Vertrags
   a) Dienstvertrag
   b) Arbeitsvertrag
3) Dienstleistungs(Arbeits)pflicht
   a) Art
   b) Umfang
   c) Zeit
   d) Ort
   e) Verletzung
4) Treuepflicht
   a) Interessenwahrung
   b) Verschwiegenheit
   c) Wettbewerbsverbot
   d) Sonstiges
5) Direktionsrecht
6) Vergütung
   a) Rechtsgrund
   b) Höhe
   c) Lohnform
   d) Lohnzuschläge
   e) Feiertagslohn
   f) Öffentlich-rechtliche Lohnabzüge
   g) Lohnrückzahlung
   h) Verzicht
   i) Verwirkung
   j) Verjährung
   k) Ausschlußfrist
   l) Abtretung
   m) Aufrechnung
7) Sonstige Vergütung
   a) Prämie
   b) Gewinnbeteiligung
   c) Provision
   d) Vermögenswirksame Leistungen
   e) Gratifikation

   f) Darlehen
   g) Zuschüsse
   h) Aus- und Fortbildungskosten
8) Fürsorgepflicht
   a) Dauer
   b) Schutzpflichten
   c) Sorgfaltspflichten
   d) Auskunftspflichten
   e) Sonstiges
9) Gleichbehandlungspflicht
   a) Rechtsgrundlage
   b) Anwendungsbereich
   c) Voraussetzungen
   d) Inhalt
   e) Wirkung
10) Beschäftigungspflicht
11) Aufwendungsersatz
12) Urlaub
   a) Rechtsgrund
   b) Voraussetzungen
   c) Dauer
   d) Teilurlaub
   e) Anrechnung
   f) Arbeitsplatzwechsel
   g) Zeitpunkt
   h) Erwerbstätigkeit
   i) Urlaubsentgelt
   j) Urlaubsabgeltung
   k) Erlöschen
13) Arbeitnehmererfindungen und technische Verbesserungsvorschläge
   a) Anwendungsbereich
   b) Diensterfindung
   c) Freigewordene Diensterfindungen
   d) Freie Erfindungen
   e) Technische Verbesserungsvorschläge
   f) Höhe der Vergütung
   g) Verfahren
14) Haftungsmaß und innerbetrieblicher Schadensausgleich
   a) Bei Arbeitsunfällen
   b) Bei gefahrgeneigter Arbeit
   c) Bei nicht gefahrgeneigter Arbeit
15) Besonderheiten bei Dienstverträgen

1) Allgemeines. a) Begriffe: DVertr, DVerh, ArbVertr u ArbVerh vgl Einf 1 a, b, d, e vor § 611; zu Abs II u Abgrenzg vgl Einf 2, 3 vor § 611.

b) Abschluß von DVertr u ArbVertr: **aa) Form:** Grdsätzl formfrei, auch stillschw Abschl. Schriftform: zwingd in FernUSG 3 u BerBG 4; ferner nach RVO 354, 692 für Angest der Krankenkassen u Berufsgenossensch. Gewillkürte Schriftform (§ 127) ist häuf in TV (hierzu Scheuer BB **69**, 182) vor allem im öffD, auch vielf dch EinzelVertr in der Weise mögl, daß die Part vereinb, der ArbVertr solle schriftl abgeschlossen w. Oft zweifelh, ob echte (konstitutive) Form od Beweismittel (dann gilt § 127 nicht) gewollt ist. Verletzgsfolgen: BerufsausbildgsVertr ist trotz Verletzg der FormVorschr wirks (BAG **AP** § 15 BerBG Nr 1); im übr tritt über § 125 Nichtigk des Vertr ein, ggf ein fakt ArbVerh (Einf 4 a, aa vor § 611). **bb) Arbeitspapiere** (Lohnsteuer- u Versicherungskarten): Ihrer Überg u Entgegn kommt nur insof Bedeutg zu, als darin stillschw Abschl eines ArbVertr (vgl Anm aa) gesehen w kann. **cc) Persönliche Voraussetzungen:** Abschl dch Bevollm ist mögl. Ges Vertr nur ist GeschUnfähigs nöt. Für Mje als ArbG gilt § 112, als ArbN § 113 I 1 (ZuStellg bei Brill BB **75**, 284). Sow §§ 112, 113 nicht erfüllt sind, ist zu einem D- od ArbVertr die Zust des ges Vertr notw. Öffentl AbschlVerbote sind zu beachten, vor allem (mit Rechtsfolge des § 134) die Beschäftiggsverbote bei Frauen (insb werddn u stilldn Müttern) u Jugendl (vgl Einf 8 c, d vor § 611); ferner (ohne Wirkg des § 134) GesundhVorschr des BSeuchG (BAG **AP** § 18 BSeuchG Nr 1). Gastarbeiter bedürfen der Erlaubn gem § 19 AFG (hierzu VO v 2. 3. 71 idF der 2. ÄndVO v 22. 2. 74, BGBl 365); ohne sie abgeschl ArbVertr sind zunächst schwebd unwirks (BAG NJW **69**, 2111; aA Heldmann BB **75**, 1306: Unmöglk der Leistg). Läuft die ArbErl ab, tritt nachträgl rechtl Unmöglk gem §§ 275, 323ff ein u das (nicht etwa nichtig werdde) ArbVerh kann ord od außerord gekünd w (BAG NJW **77**, 1023). Dasselbe gilt, wenn

555

ein unbefristetes ArbVerh ohne ArbErlaubn längere Zt hindch besteht (BAG NJW 77, 1608). **dd) Vertragsschlußverschulden** (§ 276 Anm 6): § 278 gilt auch ohne AbschlVollm (BAG Betr 74, 2060). Es besteht OffenbPfl zu wahrheitsgem Antwort auf zul Fragen des ArbG (Übersicht bei Hofmann ZfA 75, 1); insb nach früh ArbVerh (vgl BAG BB 70, 883), Schwangersch (BAG BB 61, 1237), Vorstrafen, aber nur sow sie für das ArbVerh konkret wesentl sind (BAG **AP** § 1 KSchG Verhaltensbedingte Künd Nr 7; vgl Götz BB 71, 1325), Krankh (vgl Schmid BB 69, 631). Der ArbN braucht von sich aus frühere Krankh nicht zu offenb (LAG Hamm Betr 73, 1306). Auf allg Frage muß der GesundhZust mit Rücks auf ggwrt Einsatzbereitsch dargelegt w (LAG Bln Betr 74, 99); SchwBehEigsch nur, wenn sie für die ArbLeistg erhebl sein kann (BAG Betr 76, 1240); InfektionsKrankh sind stets anzugeben. Der ArbG hat auf Frage Ausk über tats Verh des Betr zu geben, soweit sie die ArbLeistg u die Pers des ArbN betr; außerdem zu offenb, daß Zweifel an der ZahlgsFähig für ArbEntgelte bestehen (BAG NJW 75, 708), bei SorgfPfl bei ZwBescheiden währd des EinstellgsVerf (Gola/Hümmerich BB 76, 795). RFolgen bei wahrhwidr Ausk: § 123, auch § 626 (aber nicht bei Schwangersch, § 9 MuSchG), VertrauensSchad (§ 276 Anm 6). **ee) Zustimmungserfordernis** des BetrR bei mehr als 20 ArbN (§ 99 BetrVG) bezieht sich auf die Einstellg (Abschl des ArbVertr od tats Eingliederg). Solange die Zust fehlt, ist der ArbVertr schwebd unwirks. Wird sie nicht eingeholt od verweigert u nicht dch das ArbGer ersetzt, ist der ArbVertr nichtig; in diesen Fällen können nur die RFolgen eines fakt ArbVerh bestehen (Anm 2b). Der ArbG kann das ArbVerh aber dann nicht einseit fr- u formlos lösen, wenn er den BetrR nicht od nicht ordngem beteil hat, insb trotz ZustVerweigerg den ArbN endgült einstellt; dies fordert der soz BestdsSchutz des ArbVerh (Richardi Betr 73, 378 [428]). Ein voll wirks ArbVerh, auch ohne erteilte od ersetzte Zust des BetrR (Matthes Betr 74, 2007), entsteht dch eine vorläuf Einstellg gem § 100 BetrVG; es ist auflösd bedingt dch die rechtskräft ZustVerweigerg (Matthes aaO). Einstellg w nach 6 Monaten endgült, wenn der BetrR das ArbGer nicht anruft (Richardi aaO). Auch ein Beschl nach § 100 BetrVG berührt die Wirksk des ArbVerh nicht (Matthes aaO). SchadErsAnspr des ArbN bei Verst des ArbG, insb bei unterbliebener Aufklärg gem § 100 I 3 BetrVG.

c) Änderung des DVertr oder ArbVertr erfordert neuen Vertr (§ 305). Es gilt Anm b. Stillschw Vertr-Schluß liegt idR im widerspruchslosen Weiterarbeiten nachdem ArbG ohne ÄndergsKünd VertrÄnderg vorgeschlagen hat, sofern die Änderg sich unmittelb auswirkt (BAG **AP** Nr 2 zu § 305). Änd bei ArbVertr häuf dch TV u BetrVereinbg (vgl Einf 6b, bb u c vor § 611). Die Einh des ArbVerh bleibt davon unberührt (BAG Betr 76, 488).

d) Gegenseitigkeit. Der DVertr ist ggs Vertr, der auf Austausch von DLeistg u Vergütg gerichtet ist. Das gilt unbeschadet seines personenrechtl Charakters auch für den ArbVertr (vgl Einf 1e). Daher gelten grdsätzl die §§ 320–327, insb die §§ 323 ff (Neumann-Duesberg Betr 69, 261); jedoch besteht an Stelle des Rücktr (§§ 326, 327) das Recht zur außerord Künd (§§ 626–628). Zu § 323 bilden die §§ 615–617 eine Ausnahmeregelg. Beim ArbVerh kann im Einzelfall ausnahmsw der Anwendg der §§ 320 ff die Treue- od FürsorgePfl enggstehen.

e) Vertragsverletzungen. aa) Begriff: Verletzg irgendeiner VertrPfl; der DLeistgs(Arb)Pfl (vgl Anm 3e) insb dch die rechtsw Beendigg der ArbLeistg vor dem Ende des ArbVerh, sog ArbVertrBruch (hierzu Herget Betr 69, 2340); Nichtzahlg der Vergütg (Anm 6, 7); Verstöße gg Treue- u FürsPfl (Anm 4, 8); der Gleichbehandlgs- u BeschäftiggsPfl (Anm 9, 10). Allg RechtfertiggsGrde (zB § 904) schließen eine VertrVerletzg aus (Konzen BB 70, 1310). **bb) Anspruchsgrundlagen:** Es besteht zunächst der Erfüllgs-Anspr, ggf im Vollstr (§ 241 Anm 4). Bei ArbVertrBruch folgt der SchadErsAnspr aus Verzug (iErg ebso BAG NJW 61, 1837). SchadErsAnspr bestehen bei Versch (§ 276): aus §§ 280, 325 weg Unmöglichk, aus §§ 286, 326 bei Verzug, aus § 628 II nach Künd, aus pos VerurVerletzg bei SchlechtErf (vgl Anm 3e). Daneben, auch bei unberecht Entlassg, besteht wahlw der (prakt kaum bedeuts) Anspr aus § 124b GewO bei gewerbl Angest (§ 133e GewO) u Arbeitern in Betr mit weniger als 20 Arbeitern (§ 134 I GewO). Ein Anspr auf Unterl v ArbLeistg bei einem und ArbG od in selbstst Stellg besteht grdsätzl nicht, ausnahmsw bei bes vertragl Abrede od Wettbew bei bestehdem ArbVerh (hM; LAG Hamm Betr 72, 1074 mwN; ArbG Göttingen Betr 74, 631). **cc) Allgemeine Rechtsfolgen:** Außerord Künd (§ 626) kann begründet, eine od Künd soz gerecht sein (§ 1 KSchG). VertrStrafe (§ 339) ist grdsätzl zul (LAG Düss Betr 73, 85; Beuthien BB 73, 92). Ein LeistgVR von der DBer od ArbG aus § 320 nur bei NichtErf der ArbPfl, nicht (auch nicht teilw) bei Minderleistg v SchlechtErf (allgM); aber ausnahmsw mögl, wenn der VergütgsAnspr insow nicht entstanden ist, wie zB bei Akkordlohn. Bei NichtZahlg des Lohns hat der ArbN mit seiner ArbLeistg ein ZurückbehaltgsR aus § 273 (hM); vgl auch Anm 3e u § 614. **dd) Schadensersatz:** §§ 249 ff; insb gilt: Fälligk des Anspr tritt mit der VertrVerletzg ein, auch bei SchlechtLeistg (BAG NJW 71, 579); AusschlußFr dch TV ist zul (BAG aaO). Bei ArbVertrBruch gelten §§ 124b, 125 GewO für Gewerbehilfen als SondRegelg. Allg: Dem bloßen Ausfall der ArbLeistg entspr die ersparte GgLeistg des ArbG, so daß nur Mehrkosten für die ErsKr Schad sind: Höhere Vergütg, Spesen, Überstd-Zuschläge (Knobbe-Keuk VersR 76, 401 [410]). Minderg des UnternGewinns ist im Einzelfall zu ers, wenn feststellb. Der Schad besteht auch, wenn der ArbG die ausgefallene ArbKraft dch eig ArbLeistg ersetzt (vgl BAG MDR 68, 80; zur Berechng Knobbe-Keuk aaO). Pauschalierg u VertrStrafe sind zul (hierzu Beuthien BB 73, 92). Kosten v Stellenanzeigen sind idR zu ersetzen (BAG NJW 70, 1469 = **AP** § 276 Vertr Nr 3 m abl Anm v Medicus); jedenf dann, wenn nicht feststellb, daß der ArbN v sich aus zum nächsten Termin ord gekünd hätte (BAG NJW 76, 644). **ee) Beweislast:** Grdsätzl trägt sie der AnsprSteller für die obj Voraussetzgen des Anspr (PflVerletzg, Ursächlk, Schaden). Für das Versch (§ 276) trägt sie in entspr Anwendg des § 282 der in Anspr Genommene, wenn die SchadUrs in seinen Gefahrenbereich fällt (BAG **AP** § 282 Nr 7; BGH **AP** § 282 Nr 6; bestr). Bei gefahrgeneigter Arb: Anm 14b, cc.

f) Zwangsvollstreckung: Für das ArbEinkommen besteht PfändgsSchutz (§§ 850 ff ZPO). Der Anspr auf DLeistg (ArbLeistg) kann nicht vollstreckt w (§ 888 II ZPO). Aus diesem Grde ist bei ArbVertrBruch eine einstw Vfg auf Rückkehr zum ArbPlatz u auf Untersagg der DLeistg bei einem Konkurrenzunternehmen unzuläss (sehr bestr, vgl Wenzel Betr 66, 2024 mwN).

2) Mängel des Vertrags. Nichtig ist insb mögl über §§ 105, 125, 134, 138, 142; auch bei sog Schwarz-Arb (G idF v 31. 5. 74, BGBl 1252), wenn deren gesetzl Merkmale erf sind (Karlsr NJW 77, 2076). Ob § 306 zur Nichtigk führt, ist bestr (vgl für höchstpers DLeistg Neumann-Duesberg BB 70, 1462). Zum rechtswidr ArbVertr: Sack RdA 75, 171.

a) Dienstvertrag. Ist er nichtig, so bestehen keinerlei Pfl aus dem DVerh; es bestehen Anspr nur aus §§ 812 ff, uU aus § 823. Bei DVerh, denen eine Anstellg zugrundeliegt (insb VorstdsMitgl einer AG, Gesch-Führer einer GmbH) w ein fakt DVerh entspr den für ArbVerh entwickelten Grdsätzen (Einf 4a, aa vor § 611) anerkannt (BGH 41, 282), iF des § 134 jedenf solange dem DVerpfl die GWidrigk nicht bek ist, weil das im Rahmen des Schutzzwecks liegt (BGH 53, 158).

b) Arbeitsvertrag. Hier gelten die Grdsätze: **aa) Vor Beginn** der ArbLeistg w Nichtigk u Rückwirkg der Anfechtg (§ 142) uneingeschränkt nach allg Regeln zugelassen; im Einzelfall kann Anf wg § 242 ausgeschl sein (zB wg ZtAblauf, BAG NJW 70, 1565). Nur Teilnichtigk (ohne Rücks auf § 139) w für einzelne Abreden angenommen: Bei Lohnwucher; es gilt § 612 II (BGH MDR 60, 612). Bei Verstößen gg Best des ArbSchutzR (Einf 7 vor § 611) od and Vorschr, die zG des ArbN erlassen sind; es gilt die jew ges Regelg (BGH 40, 235 für § 89 HGB). Bei tarifw Abreden (§ 4 III TVG); es gilt die tarifl Regelg (BAG 8, 245). Bei einem voll nichtigen Vertr besteht insb keine Pfl, die Arb aufzunehmen u Lohn zu zahlen.

bb) Nach Beginn der ArbLeistg ist die Anfechtg der den ArbVertr billden WillErkl (§§ 119, 123) mit Wirkg ex tunc ausgeschlossen (hM), auch für die argl Täuschg (bestr, vgl Hueck-Nipperdey I § 32 III 1 b), wobei unbill Ergebnisse dch Einrede der Argl (§ 242) vermieden w können. Liegen die Voraussetzgen der §§ 119, 123 vor, so wird eine (von Künd zu unterscheidde) Anfechtg mit ex-nunc-Wirkg zugelassen (hM, BAG 5, 159 = NJW 58, 516). Die Vereinbg einzelner ArbBedinggen kann bei Fortbestand des ArbVertr rückwirkd angefochten w (BAG NJW 70, 1941). Die Nichtigk des ArbVertr, insb auch die eines rechtswidr (§§ 134, 138), führt zu einem fakt ArbVerh (Einf 4 a, aa vor § 611); die Nichtigk kann nicht für die Vergangenh geltd gemacht w, sond das ArbVerh w mit allen Rechten u Pfl wie ein fehlerfreies behandelt (hM; BAG 5, 58), kann aber für die Zukunft dch formlose Erkl fristlos beendet w (BAG NJW 62, 555). Ausn v Bestehen eines fakt ArbVerh u damit Nichtigk ex tunc wird zugelassen: wenn die ArbLeistg selbst sittenw od strafb ist (das trifft bei einer Striptease-Tänzerin nicht zu, BAG BB 73, 291). Für eine differenzierte Lösg in diesen Fällen: Sack RdA 75, 171. Bei einem ScheinGesch (§ 117) besteht auch kein fakt Arb-Verh; es gilt § 817. Ist der ArbG nicht voll geschäftsfäh, so hat der ArbN nur BereichergsAnspr (bestr). Bei Nichtigk einzelner Abreden gilt Anm aa entspr.

3) Dienstleistungs(Arbeits)pflicht ist die im GgskVerh stehde HauptPfl des DVerpfl od ArbN; iZw persönl zu leisten u nicht übertragb (§ 613). Der Inhalt der DLeistgsPfl richtet sich nach den zwingden ges Vorschr, dem DVertr u den nachgieb ges Vorschr. Der Inhalt der ArbPfl wird dch die sog ArbBedinggen nach den in Einf 6 vor § 611 dargestellten Grdsätzen gestaltet. Das gilt insb für Art, Umfang, Zeit u Ort der ArbLeistg. Im übr ist der wesentl Unterschied zw DLeistgs- u ArbPfl der, daß der DVerpfl bei der Ausführg der Dienste nicht weisgebunden ist sond ihre Art u Weise, insb Zeit u Ort im Rahmen der VertrPfl frei best. Für das ArbVerh gilt (dabei Einf 6 vor § 611 beachten): **a) Art:** Welche Arb der ArbN zu verrichten hat, best sich, soweit nicht vertragl genau festgelegt, nach der VerkSitte, welche Arb ArbN in vergleichb Stellg üblw verrichten. Stillschw Vereinbg ist bei Fall zu Fall mögl ihr wdspruchslose Verrichtg. UnterrichtsPfl des ArbG vor BeschäftiggsBeginn: § 81 BetrVG. Versetzen an einen and Arb-Platz bedarf grdsätzl einer Änderg des ArbVertr (vgl Anm d), soweit nicht das DirektionsR (Anm 5) eingreift. Wenn eine Versetzg (§ 95 III BetrVG) eine Ein- od Umgruppierg vorliegt, sind §§ 99, 100 BetrVG zu beachten.

b) Umfang: Wieviel Arb der ArbN innerh der ArbZeit (Anm c) zu verrichten hat, regelt sich wie Anm a. Der ArbN schuldet diejen ArbLeistg, die er bei angem (dh auf Dauer ohne GesundhGefahr mögl) Anspang seiner Fähigk u Kräfte erbringen kann (Rüthers ZfA 73, 399). Die ArbLeistg muß bei den ArbN am gleichen ArbPlatz nicht notw gleich sein, da die LeistgsKapazität individuell verschieden ist. Keinesf darf die angemessene ArbLeistg bewußt zurückgehalten w (BAG **AP** § 123 GewO Nr 27). Das gilt auch für AkkordArb, bei der die ArbLeistg nicht etwa im Belieben des ArbN steht (Hueck-Nipperdey I § 33 IV).

c) Zeit. ArbZt ist der Ztraum der vertragl ArbLeistg. **aa) Grundsätze:** Die ArbZt ist weitgehd dch die AZO, TV u BetrVereinbg festgelegt u unterliegt der MitBest (§ 87 I Nr 2 u 3 BetrVG). Im übr bedarf die Best der Dauer wöchentl u tägl ArbZt einer vertragl Vereinbg; nur Anfang u Ende der tägl ArbZt, auch die Pausen können in mitbestimmgsfreien Betr dem DirektionsR unterliegen. Die festgelegte ArbZt ist grdsätzl eine Fixschuld; sie kann nicht nachgeholt w, wenn sie versäumt w (hM; Beuthien RdA 72, 20). Zur gleitden ArbZt (begrenzte Wahl v Beginn, Pause u Ende dch ArbN) vgl Schmidt Betr 71, 49. Zur ArbZt gehört bei Beschäftigg außerh des Betr der Weg vom Betr zur ArbStelle (BAG 5, 86), ggf der Mehraufwand an Zeit, aber nicht der Weg von der Wohng zum Betr, ferner idR die ArbBereitsch, BereitschDienst, nicht die Rufbereitsch (Aufenth zu Hause). Pfl, Dauer u Anrechng richtet sich nach dem ArbVertr (aA zT Meisel Betr 70, 1498) **bb) Mehrarbeit:** Über- u MehrArb bedarf grdsätzl einer Vereinbg (auch im TV u) unterliegt der MitBest (§ 87 I Nr 3 BetrVG); sonst sind ArbN nur nach den §§ 14, 14 a AZO zu Über- u MehrArb verpfl, SchwerBeh überh nicht (§ 43 SchwBG). MehrArb ist gesondert zu vergüten, auch wenn sie in hochbezahlten, ltd Angest (BAG NJW 67, 1631). Auch üb längere Zt geleistet veränd sie nicht die regelm ArbZt (BAG Betr 78, 403). **cc) Kurzarbeit** (Böhm BB 74, 281; v Stebut RdA 74, 333) ist die Herabsetzg der im Betr übl ArbZt, insb wg AuftrMangel. Setzt eine Änd des ArbVertr (Anm 1c), daher grdsätzl einen Vertr voraus (BAG **AP** § 615 KurzArb Nr 2); entw EinzelArbVertr, TV (Einf 6b, bb) od BetrVereinbg unter MitBest gem § 87 I Nr 3 BetrVG (Einf 6c, aa). Unabhäng davon kann der ArbG KurzArb einseit über eine ÄndKünd od über § 19 KSchG mit Genehmigg des LArbAmts einführen, aber auch dann nicht ohne MitBest gem § 87 I Nr 3 BetrVG (v. Stebut aaO [345]). § 9 MuSchG steht der Einf von KurzArb nur bei ÄndKünd entgg (BAG **AP** aaO Nr 3).

d) Ort: Wenn keine bes Vereinbg vorliegt, ist die Arb im Betr des ArbG zu leisten; aus der Art der Arb kann sich eine stillschw and Vereinbg ergeben (zB bei Bauarbeitern, Außenmonteuren, VerkFahrern);

nur unter bes Voraussetzgen besteht die Pfl eine Entsendg ins Ausland zu befolgen (vgl LAG Hamm Betr **74**, 877). Versetzg (vgl § 95 III BetrVG; hierzu Richardi Betr **74**, 1285) des ArbN innerh des Betr, in einen and Betr u Verlegg des Betr am selben Ort bei gleicher Art der Arb erfordert keine Änd des Arb-Vertr; sie unterliegt der MitBest gem §§ 99, 100 u § 111 BetrVG od dem DirektionsR (Anm 5), ist auch dch sog Umsetzklauseln häuf vertr vorgesehen (Stege Betr **75**, 1506). Darühinaus erfordern Versetzg od Betr-Verlegg an einen and Ort ÄndVertr od ÄndKünd u neuen VertrAbschl; bis dahin ist der ArbN nicht verpfl, an dem and Ort Arb zu leisten; es gilt ggf § 325, weil die ArbLeistg am vereinb Ort unmögl ist.

e) Verletzung der ArbPfl od DPfl kann dadch geschehen, daß der ArbN od DVerpfl überh od teilw nicht leistet (Unmöglk od Verz) oder schlecht leistet (pos VertrVerletzg). Voraussetzg u RFolgen: Anm 1e. Bei versäumter ArbZt besteht grdsätzl keine Pfl die Arb nachzuholen (Beuthien RdA **72**, 20). And Vereinbg ist aber zul. Ungerechtf Fehlzeiten begründen entspr LohnKürzg (zum Nachw vgl LAG Hamm Betr **70**, 161). Keine VertrVerletzg ist die Teiln an einem rechtm (legitimen, gewerkschl) Streik (BAG **1**, 291 = NJW **55**, 882); begr keine SchadErsPfl, aber den Verlust des VergütgsAnspr (vgl § 323 I). Die Teiln an einem sog wilden Streik ist, gleichgült welches Ziel verfolgt w, nie rechtm u führt zur VertrVerletzg (Weitnauer Betr **70**, 1639; einschränkd Rüthers JZ **70**, 625). Die Abgrenzg des wilden Streiks von der (rechtm) gemeins Leistgsverweiger (aus §§ 273, 320) liegt darin, daß der Streik organisiert ist u der Anschluß and ArbN offen-gehalten w; vgl hierzu Moll RdA **76**, 100. Einzelfälle: Verweiger einer (auch nur im Rahmen des Direk-tionsR, Anm 5) zugewiesenen Arb, aber nicht die von direkter StreikArb, dh Arb, die sonst von einem streikden ArbN ausgeführt wird (BAG **AP** Nr 7 zu Art 9 GG ArbKampf). Schlechtleistg ist insb mögl dch Verursachen fehlerh ArbProdukte. Verlust v Geld od Sachen des ArbG u Beschädigg von ArbGerät od fremden Sachen (sog MankoHaftg, hierzu Reinecke ZfA **76**, 215); hierbei ist aber die HaftgsBeschrkg (Anm 14c) zu beachten; ferner dch zu langs od zu geringe Arb (Minderleistg), auch beim Leistgslohn (Akkord u Prämie) mögl u erhebl (Knevels Betr **70**, 1388). Rauchen am ArbPl kann im Einzelf SchlechtErf sein (Mummenhoff RdA **76**, 364). Ob bei Minderleistg SchlechtErf od teilw NichtErf vorliegt, ist zwei-felh (vgl BAG NJW **71**, 111). MitVersch (§ 254) des ArbG ggf zu beachten. BewLast: trägt grdsätzl der ArbG (vgl Anm 1e, ee).

f) Freistellung v der ArbPfl geschieht idR dch Url (Anm 12). Erfordert grdsätzl das Einverständn des ArbG. Es ist nicht notw, wenn unmittelb krG ArbBefreig eintritt, wobei den ArbN idR eine MittPfl ggü dem ArbG trifft. Darunter fallen BetrVG 7, 20, 37, 38, 43; RVO 185c (hierzu Ammermüller Betr **74**, 187); SchwBehG 23 IV; ArbPlSchG 14; MuSchG 7, I, 16. Darühinausgehde vertr Regelgn, auch dch BetrVereinbg sind jederzt mögl. Lohnfortzahlg richtet sich nach den ges od vertr Regeln (zusfassd Dütz Betr **76**, 1428 u 1480).

4) Treuepflicht ist NebenPfl des DVerpfl u ArbN; beruht auf § 242, gehört insow zu jedem Schuld-Verh, hat aber im ArbVertrR eine bes starke Ausprägg, weil das ArbVerh ein persrechtl GemeinschVerh darstellt (vgl Einf 1 e vor § 611). Die gleichen Grdsätze gelten auch für solche DVertr, die ein AnstellgsVerh begründen, insb bei VorstdsMitgl u GeschFührern. Die TreuePfl ist umso stärker, je enger das ggs Ver-trauensVerh gestaltet ist, bes bei Aufn in den häusl Gemeinsch u wenn dem ArbN bes Vertrauensaufgaben übertr sind (zB Prokuristen, HandlgsBevollm). Verletzg der TreuePfl führt bei Versch (§ 276) zu Schad-ErsAnspr (Anm 1e; aber § 254 zu beachten, BAG Betr **70**, 1598) u begründet auch ohne Versch einen Unterl-Anspr; sie kann außerord Künd (§ 626), erst recht die ord Künd im Falle des § 1 KSchG rechtf. Im einzelnen besteht die TreuePfl des ArbN in folgden EinzelPfl:

a) Interessenwahrung: Der ArbN muß die Interessen des ArbG u des Betr in dem ihm zumutb Umfang wahren, zB schädigde Handlgen unterl (vgl § 9 Nr 6 BerBG), Sachen des ArbG (insb ArbGeräte, Waren) vor Verlust u Beschädigg schützen, vor drohden Schäden warnen, im Notstand (§ 904) Schad abwenden (Konzen BB **70**, 1310), wesentl Vorkommnisse des Betr dem ArbG melden, insb wenn dch Wiederholgs-gefahr weiterer Schaden droht (BAG NJW **70**, 1861), bei Streik NotdienstArb zur Sicherg der BetrEin-richtgen verrichten (LAG Ffm **AP** Art 9 GG ArbKampf Nr 40 mwN; aA Leinemann Betr **71**, 2309); bei Stellenvakanz die anfallden Arb in gewissem Umfang mitübernehmen (BAG NJW **73**, 293; Vergütg vgl § 612 Anm 3b, aa); den sog BetrFrieden wahren, um Störgen des ArbAblaufs zu vermeiden (hierzu krit W. Blomeyer ZfA **72**, 85); uU Rauchen am ArbPl zu unterl (Mummenhoff RdA **76**, 364). Der ArbN muß aber nicht seine eigenen schutzwürd Interessen hinter die des ArbG stellen.

b) Verschwiegenheit: allg hat der ArbN über geschäftl u persönl Belange des ArbG zu schweigen, soweit dadch die Interessen des ArbG beeinträcht w können (vgl Anm a). Darüber hinaus ist in § 17 UWG der Verrat von Gesch- u BetrGeheimnissen unter Strafe gestellt. Bei DVerpfl u ArbN v WirtschPrüfern ist VerschwiegenhPfl vorgeschrieben in § 50 WirtschPrO. Der ArbG muß uU den ArbN von der Verschwie-genhPfl entbinden (BAG **AP** Nr 1, 3 zu § 611 SchweigePfl). Für AusbildgsVerh gilt § 9 Nr 6 BerGB.

c) Wettbewerbsverbote (zusfassd Hohn Betr **71**, 94). **aa) Bei bestehendem Arbeitsverhältnis**: Ges geregelt für kaufm u gewerbl Angest (§§ 60, 61 HGB; § 133f GewO). Für sonst ArbN (entspr für freie MitArb, BGH MDR **69**, 471) ergibt es sich aus § 242 ohne bes Vereinbg, daß der ArbN seinem ArbG nicht unmittelb Konkurrenz macht: er darf nicht ohne Zust des ArbG in dessen MarktBer in eigenem Namen u Interesse Dr Leistgen anbieten (BAG NJW **77**, 646), auch nicht zT dch selbst verrechnete zu-sätzl Arbeiten. § 61 HGB gilt aber keinesf entspr. Unabhäng von der TreuePfl können WettbewVerbote (auch für unselbstd Tätigk) ausdrückl vereinb w. Vorbereitgen für den Aufbau einer selbstd Existenz darf der ArbN auch währd des ArbVerh treffen (BGH **AP** Nr 3 zu § 611 TreuePfl; LAG Düss **AP** Nr 2 zu § 133c GewO), aber nicht währd seines ArbVerh Gesch mit (auch nur mögl) Kunden des ArbG vorbereiten (BAG **AP** § 60 HGB Nr 5) u bereits Abwerbg and ArbN od HandelsVertr seines ArbG betreiben (LAG BaWü BB **69**, 759); jedoch erfordert die Abwerbg eine nachhalt Einwirkg nicht nur eine bloße Anfrage (LAG BaWü Betr **70**, 2325). Das WettbewVerbot dauert solange das ArbVerh rechtl besteht, ohne Rücks auf tats Beschäftigg (BAG **AP** TreuePfl Nr 7). Bei Verletzg kann ein UnterlAnspr (hM; ArbG Göttingen Betr **74**, 632 mwN) od SchadErsAnspr bestehen (hierzu Menkens Betr **70**, 1592), ferner verhaltensbedingte

Einzelne Schuldverhältnisse. 6. Titel: Dienstvertrag § 611 4–6

Künd u AuskPfl (BAG NJW **77**, 646); StufenKl mögl (§ 254 ZPO). **bb) Nach beendetem Arbeitsverhältnis**: währd einer ProbeZt mögl (BAG BB **71**, 1196). Beschr WettbewVerbote (zB Mandantenschutzklausel) sind entspr zu behandeln (BAG Betr **71**, 1920). Ges geregelt in den §§ 74ff HGB u § 133f GewO; nur in diesem Umf zul. Wettbewerb steht jedem ArbN in den Grenzen der §§ 823, 826, UWG 1 frei (BGH WPM **77**, 618). WettbewerbsVerb erfordern bes Vereinbg, die auch für alle ArbVerh entspr, insb bzgl Höchstdauer (2 Jahre) u KarenzEntsch (BAG stRspr, zB NJW **71**, 74). Aus and Grden als den der §§ 74ff HGB kann auch § 138 erf sein (BAG **AP** § 74 HGB Nr 22). Verwertg von erworbenen Kenntn ist zul, nur im Rahmen der §§ 17 UWG, § 823 II verboten (LAG Ffm Betr **70**, 885).

d) Sonstiges. aa) Der ArbN darf sich nicht bestechen lassen, sog Schmiergeldverbot; diese Pfl wirkt weiter als die Strafbk über § 12 UWG. Der ArbN darf auch nicht Prov v Dr für Gesch enggnehmen, die diese mit dem ArbG abschließen (BAG **AP** § 687 Nr 5). **bb)** Außerdienstl Verhalten hat der ArbN so einzurichten, daß er seine Pfl aus dem ArbVerh erfüllen kann, zB darf ein Kraftfahrer auch nicht außerhalb der Arb unter Alkoholeinwirkg fahren u seine Fahrerlaubn gefährden. **cc)** ÜberwachgsPfl: Es obliegt leitden Angest (aus ihn Stellg auch einf Angest, BAG NJW **70**, 1861) and ArbN zu überwachen u zu kontrollieren, auch wenn sie dazu nicht ausdrückl vertragl verpfl sind (BAG **6**, 82). **dd)** Ausk-(Offenbargs-)Pfl nur in bes, Fällen (vgl LAG Hamm BB **69**, 797). **ee)** Meldg einer Erkrankg hat unverzügl zu erfolgen (Lepke Betr **70**, 489 [494] mwN).

5) Direktionsrecht. a) Begriff: DirektionsR ist das WeisgsR des ArbG, dch das er einseit die ArbBedinggen, insb die Art der ArbLeistg u das Verhalten im Betr best. **b) Wirkung**: Der ArbN hat den Weisgen des ArbG Folge zu leisten, soweit dessen DirektionsR reicht (insb § 121 GewO; § 9 BerBG). Das folgt aus der DLeistgsPfl des ArbN (vgl Zöllner Betr **69**, 40); daraus w noch vielf eine selbstd GehorsPfl abgeleitet. Wg RFolgen bei Verletzg dieser Pfl vgl Anm 1e. **c) Umfang**: Der betroffene ArbN hat ein AnhörgsR (§ 82 BetrVG). Das DirektionsR besteht nur, sow die ArbBedinggen nicht gem Einf § 611 Anm 6a–e gestaltet sind, kann aber dch TV, BetrVereinbg od ArbVertr erweitert w (BAG **AP** Nr 2 u 20 zu § 611 DirektionsR). Dch die MitBest ist es betrverfrechtl weitgeh beschränkt, insb dch §§ 75, 87, 99, 111 BetrVG. Für die Ausübg gilt § 315. Die Grenzen des DirektionsR ergeben sich aus den ArbSchutzVorschr (Einf 8), im Rahmen des ArbVertr aus §§ 157, 242 (BAG BB **62**, 297), aus dem gesetzl Bestandsschutz (LAG Hbg Betr **69**, 2187), aus dem PersönlkR des ArbN, zB Kleidg, Haarschnitt, außerdienstl Verhalten (Schwenk NJW **68**, 822) u aus dem R des ArbN gem §§ 675, 665 von Weisg abzuweichen (vgl BAG NJW **67**, 414). Für Redakteure vgl Schwerdtner BB **71**, 833. **d) Einzelheiten**: Zuweisg des ArbPlatzes; die (Um)Versetzg auf einen and ArbPlatz bei gleicher, nicht bei geringerer Entlohng (BAG **AP** Nr 2 zu § 611 DirektionsR; vgl aber Anm 3d; ferner Meisel BB **74**, 559); bei geringwertigerer Arb auch bei gleicher Entlohng nur in Not- od AusnFällen (BAG **AP** Nr 18, 19 zu § 611 DirektionsR); bei LeistgsLohn auch wenn zunächst der Lohn gemindert w (LAG Düss BB **70**, 1176). Bestellg (u deren Widerruf) in eine best ArbPosition (zB Vorhandwerker, BAG BB **70**, 1048), auch nur probew (BAG **AP** DirektionsR Nr 23). Die Einteilg zu Aufräumarbeiten; die Festlegg des UrlZtpkts (vgl Anm 12 g), die Versetzg an einen and Dienstort nur, wenn im TV od ArbVertr die Versetzg vorgesehen ist (BAG **8**, 338; vgl auch Anm 3 d); unterschiedl Anfordergen an die ArbLeistg, insb an ltde Angest sind zul (BAG NJW **67**, 1631); Zuteilg von Unterkünften (Franke BB **67**, 963); Unterbrechg priv Telefongespräche v ArbN zG dienstl Telefonate (vgl BAG NJW **73**, 1247 = JZ **75**, 258 m Anm v Fenn); gerechtf Rauchverbote (Fuchs BB **77**, 299; vgl auch Anm 3c u 4a).

6) Vergütung (insb Lohn u Gehalt). Die Zahlg der Vergütg ist die HauptPfl des DBer od ArbG aus dem DVertr od ArbVertr u steht zur DLeistg (Arb)Pfl im GgseitigkVerh (Anm 1d). Die Vergütg im ArbVerh besteht in erster Linie aus dem Lohn (Gehalt); daneben bestehen bes Arten der Vergütg (Anm 7). Für AusbildgsVerh gilt § 10 BerBG. Die Vergütg gehört zu den ArbBedinggen, unterliegt daher der in Einf 6 vor § 611 dargelegten Gestaltg, Ztpkt, Ort u Art der Auszahlg gehört zu den ArbBedinggen (Einf 6) u unterliegt der MitBest (§ 87 I Nr 4 BetrVG). Ist dch TV bargeldl Zahlg vereinb, trägt der ArbN die Kosten für das von ihm einzurichtde Konto (BAG BB **77**, 443). Für die Fälligk gilt grdsätzl § 614. Einbehalt zur Sicherg ist nur im Rahmen des § 119a GewO) zul.

a) Rechtsgrund der VergütgsPfl ist der DVertr od ArbVertr. Der Anspr entsteht auf Grd des Vertr u setzt nicht voraus, daß die Dienste geleistet w; werden sie nicht geleistet, gelten §§ 320–326, 615, 616). Soweit in einem Betr regelm u von vorneherein feststeh aus best Gründen Arb ausfällt, besteht auch kein LohnAnspr, wenn nichts and vereinb ist (BAG **1**, 241).

b) Höhe. aa) Grundsätze. Die Lohnhöhe richtet sich nach der Vereinbg im DVertr od ArbVertr. Soweit ein TV gilt, w die Lohnhöhe dadch best (Einf 6b). Fehlt eine Vereinbg, gilt § 612. Der vereinb u verdiente Lohn, auf den der ArbN Anspr hat, ist iZw der Bruttolohn (BGH **AP** § 611 LohnAnspr Nr 13); Lohnabzüge (Anm f) sind vom ArbG vorzunehmen, bei Vollstreckg ggf über § 775 Nr 4, 5 ZPO zu berücks. W Nettolohn vereinb (vgl Matthes, Betr **69**, 1339), so ist der ArbG verpfl, Steuern selbst zu zahlen u abzuführen, ohne die SozBeitr. Änd der Steuer u Beiträge ist grdsätzl unerhebl (aA BAG **AP** Nettolohn Nr 1 m abl Anm v Putzo). Im öff Dienst (Einf 4b, hh vor § 611) darf ArbG wg Art 3 GG Männer u Frauen bei gleicher Arb nicht unterschiedl entlohnen; daran sind auch die TVPart gebunden (Einf 6a vor § 611); jedoch besteht im EinzelArbVertr diese Bindg nicht. **bb) Erhöhung** des TarLohns beeinflußt den dch EinzelArbVertr vereinb übertarifl Lohn nur in folgder Weise: der Lohn erhöht sich nur, soweit der neue TarLohn den bisherigen übertarifl Lohn überschreitet od wenn im EinzelVertr vereinb ist, daß ein best Zuschlag zum jew TarLohn zu zahlen ist. In jedem Fall ist der neue TarLohn der Mindestlohn im Rahmen des übertarifl Lohns. In der Praxis w jedoch stillschw (dch Änd des EinzelArbVertr) die Erhöhg dch TV auf den übertarifl Lohn übertragen (hierzu Wiedemann GedächtnisSchr für R. Dietz 361); er w dadch nicht TarLohn. **cc) Effektivklauseln**: Dch TV können die übertarifl Löhne u LohnBestdteile nicht zum TarLohn w. Eine Effektivgarantieklausel, dh eine Vereinbg, daß die bisher gezahlten übertarifl LohnBestdteile zu TarLöhnen w, ist unwirks (hM), ebso eine begrenzte Effektivklausel, dh eine Vereinbg, daß die bisherigen übertarifl LohnBestdteile unvermindert über den neuen TarLohn hinaus gezahlt w (BAG NJW **68**, 1396 = **AP** § 4 TVG

Effektivklausel Nr 7 m Anm v G. Hueck; bestr, hierzu Wiedemann aaO mit Differenzierungen). Negat Effektivklauseln (AnrechngsKlauseln), dh eine Vereinbg im TV, wonach übertarifl LohnBestdteile, die in EinzelArbVertr vereinb sind, in die TarLohnErhöhg eingerechnet (von ihr aufgesaugt) w, sind wg Verstoß gg das GünstigkPrinzip des § 4 III TVG nichtig (BAG **AP** 4 TVG Effektivklausel Nr 8 m Anm v Wiedemann). **dd) Kürzung**: Nur dch Vertr für übertarifl LohnBestdteile mögl (§ 305). Sie können aber unter einseit WiderrVorbeh gestellt w, wobei der Widerr wg § 315 nur nach bill Erm ausgeübt w darf (BAG BB **73**, 292).

c) Lohnformen. Ihre Einführg u Änd unterliegt mit Vorrang des TV der MitBest (§ 87 I Nr 10 BetrVG). **aa) Geldlohn** ist der Regelfall (vgl § 115 I GewO). **bb) Naturallohn** ist jeder Lohn, der nicht Geldlohn ist, zB Bezug von Waren, Kost, Schlafstelle, Überlassen eines Autos. Eine Wohng ist nur dann Naturallohn, wenn sie im DVertr od ArbVertr ohne bes Entgelt überlassen wird; bei bes berechneter Miete handelt es sich um eine Werkwohng (§§ 565b–e). Naturallohn ist bei gewerbl Arb nur eingeschränkt zul (§§ 115–118 GewO), ebso bei AusbildgsVerh (§ 10 II BerBG). Unter dieses sog Truck-Verbot fällt nicht Lohnabzug für eine Werkwohng (BAG Betr **74**, 1965) u DarlGewährg zum Kauf bei einem Verk, der mit dem ArbG nicht ident od an dem der ArbG nicht beteil ist (BGH NJW **75**, 1515); jedoch der Verk v Waren auf Kred (zB Kfz, BAG NJW **74**, 1887). **cc) Zeitlohn** ist der allein nach ZtAbschn berechnete Lohn. Er kann nach AkkordGrdsätzen bemessen w, wenn Erfolg u Intensität der Arb erhebl über das bei Zeitlohn übl Maß hinausgeht. **dd) Akkordlohn** (wg Unterschied zum Prämienlohn vgl Gaul BB **61**, 1385) liegt vor, wenn der Lohn nach dem erzielten ArbErgebn bemessen w. Geld- u ZeitAkk sind nur unterschiedl Berechngsarten, AkkLohn bedarf bes Vereinbg, ebso der Übergang zum od vom Zeitlohn (§ 305). Die AkkSätze w im ArbVertr, TV od dch BetrVereinbg mit zwingend MitBest (§ 87 I Nr 11 BetrVG; vgl Einf 6 c v § 611) festgesetzt; wenn nicht dadch, dann dch der ArbG (es gilt § 315). Änd erfordert wiederum grdsätzl einen Vertr, wenn nicht vereinb ist, daß der ArbG weiterhin einseit festzusetzen hat. Eine Änd des tarifl Zeitlohns kann auch den AkkSatz ändern, indem der Geldfaktor beim ZeitAkk sich ändert, jedoch nicht automat in jedem Fall (BAG stRspr, zB **6**, 174), aber dann, wenn der Geldfaktor auf den tarifl Zeitlohn aufgeba ut ist (BAG **1**, 147) u wenn im ArbVertr best ist, daß der tarifl Zeitlohn den Geldfaktor best (BAG **6**, 174). Der tarifl Lohn des AkkArbeiters ist auch der aGrd seiner bes Leistgsfähigk über den AkkRichtsatz hinaus verdiente Lohn (BAG **6**, 204 u 215). Ein garantierter Mindestverdienst (sog Verdienstsichergsklausel) ist mögl; im übr kann der bei schlechtest ArbErgebn erzielte AkkLohn unter dem AkkRichtsatz od dem tarifl Zeitlohn liegen; bei verschuldetem Mißlingen der Arb kann bei entspr vertragl Regelg der LohnAnspr insow ausgeschlossen sein (BAG **AP** Nr 13 zu § 611 AkkLohn). Hat dies od die Unmöglk der ArbLeistg nicht der ArbN zu vertreten, so gelten §§ 323, 615 od § 324.

d) Lohnzuschläge sind Teile des Lohns, die aus bes Grd gezahlt w: Nacht-, Sonntags-, Feiertags-, ÜberArb-, MehrArbZuschläge, Gefahren-, Schmutz-, Erschwern-, LeistgsZulagen, Trenngsentschädiggen, Auslösen, Kinderzulagen, Treuezuschlag. Diese Lohnzuschläge müssen nach Grd u Höhe grdsätzl vertragl vereinb sein; insb dch TV u BetrVereinbg (§ 87 I Nr 10 BetrVG); bei MehrArb besteht Anspr gem § 15 AZO u § 10 III BerBG auch ohne bes Vereinbg (aber nicht bei leitden Angest, BAG NJW **67**, 413); ebso für den Feiertagszuschlag in Berlin (G v 22. 7. 50, GVBl S 301). Im übr gilt § 612 II. Lohnzuschläge können auch unter den Vorbeh eines Widerrufs (TeilKünd) gestellt w (BAG **AP** Nr 1 zu § 620 TeilKünd); aber nur für die Zukunft, nicht rückwirkd (BAG MDR **73**, 81) u sow sie übertarifl sind (BAG BB **73**, 292). Kürzg nur nach bill Erm gem § 315 (BAG NJW **71**, 1149); dabei ist kein Unterschied zw VollZt- u TeilZt-Arb zul (LAG Düss Betr **72**, 242). Widerr einer vorbehaltl LeistgsZulage ist unzul; nur iW einer Änderg des ArbVertr mögl (BAG BB **76**, 1515). Einzeln.: NachtArb dauert iZw von 20–6 Uhr (vgl § 19 I AZO), in TV vielf von 22–6 Uhr. Die Zuschläge für Nacht-, Sonntags-, Feiertags-, Über- u MehrArb sind auch bei AkkLohn zu zahlen, aber nicht wenn ArbN von sich aus länger arbeitet. MehrArb kann auch pauschal abgegolten w (BAG BB **62**, 221). RückzahlgsVorbeh sind grdsätzl nicht zul (LAG Düss NJW **67**, 846 mit abl Anm v Koenig). Eine mit der bisher Stelle verbundene Zulage kann nicht dch Versetzg im Rahmen des DirektionsR (Anm 5) beseit w (LAG Düss Betr **73**, 875).

e) Feiertagslohn. Nach dem G v 2. 8. 51 (BGBl 479 idF v Art 20 des G v 18. 12. 75, BGBl 3091) hat der ArbG den ArbVerdienst zu zahlen, den der ArbN erhalten hätte, wenn die Arb an einem ges Feiertag, der nicht zugleich Sonntag ist, nicht ausgefallen wäre (§ 1 I; Lohnausfallprinzip). Für ArbN des Bundes gilt außerdem der Erl v 2. 11. 51 (MinBlFin 442). Pauschale Abgeltg dch Lohnzuschlag ist zul (BAG BB **74**, 136; aA **33**. Aufl). **aa) Anwendungsbereich**: Feiertagslohn hat prakt Bedeutg nur für ArbVerh, in denen nichtpauschale Bezüge für Woche od Monat bezahlt w (vgl BAG **AP** § 1 Nr 19), gilt aber grdsätzl für alle ArbN, insb für ProvisionsAngest im AußenD (BAG **AP** § 1 Nr 27) u im InnenD (BAG Betr **75**, 1948; aA LAG Düss BB **74**, 1301 u 35. Aufl). Für sog Ein-Tag-ArbVerh gilt das G nicht (BAG Betr **67**, 1327), wohl aber, wenn regelmäß in der Woche an 4 Wochentagen gearb w (BAG **8**, 76). **bb) Voraussetzungen.** Der Feiertag muß die Ursache des ArbAusfalls sein (BAG **1**, 241, **8**, 80). Der Anspr besteht auch, wenn der Feiertag auf einen Sonntag fällt (§ 1 nF, dch den § 1 I 2 aF wegfiel), außerdem, wenn die an einem Feiertag ausgefallene Arb an einem sonst arbeitsfreien Wochentag nachgeholt w (BAG **AP** § 1 Nr 20), wenn der Feiertag in den Url fällt (BAG **14**, 190), ferner bei KurzArb (§ 1 I 2 nF) u währd des KrankhFalls (§ 1 II nF), nicht aber bei Verschiebg einer Schicht (BAG **AP** § 1 Nr 26). **cc) Ausschluß**: Der Anspr ist ausgeschl (rechtshindernde Einwdg), wenn der ArbN am letzten ArbTag vor u am ersten nach dem Feiertag unentschuldigt fehlt (§ 1 II). An diesen Tagen darf der ArbN nicht mehr als die Hälfte der ArbZeit unentschuldigt fehlen (BAG **9**, 100 u NJW **67**, 594). Unentschuldigt bedeutet: obj vertrverletzd u subj schuldh (BAG aaO); für Teiln an gewerksch Veranstaltg verneint v ArbG Aachen BB **76**, 316. **dd) Höhe**: Es ist der Lohn zu zahlen, der für geleistete Arb zu zahlen gewesen wäre; daher auch der AkkLohn (BAG **10**, 29), Provision (BAG **AP** § 1 Nr 27) u der Lohn für die ganze wg Feiertags ausgefallene Schicht (BAG **12**, 216). Bei wechselnder Höhe (zB Akkord) ist auf den Dchschnitt eines angem ZtRaums (etwa 1 Monat) vor dem Feiertag abzustellen (LAG Brem Betr **71**, 778). Nicht aber w bezahlte MehrArb zugrde gelegt, die zum Ausgl des Feiertags vorher geleistet wurde (BAG **10**, 35).

Einzelne Schuldverhältnisse. 6. Titel: Dienstvertrag **§ 611** 6, 7

f) Öffentlich-rechtliche Lohnabzüge umfassen die Lohnsteuer u den ArbNAnteil der SozVersBeitr (vgl Anm b, aa). Die darauf bezogenen Unterlagen u Urk müssen v ArbG richt u vollst geführt w; darauf hat der ArbN Anspr (zB Lohnnachweiskarte, LAG Düss Betr **75**, 1405). Kommt der ArbG dieser Pfl nicht nach, hat der ArbN auch insow den LohnzahlgsAnspr (ArbG Wetzlar NJW **77**, 125). **aa) Lohnsteuer** wird stets vom Bruttolohn abgezogen u vom ArbG abgeführt. Behält der ArbG zu wenig Lohnsteuer ein u muß er dem FinAmt desh Lohnsteuer nachbezahlen, so kann er entspr § 670 vom ArbN diese Aufwendgen verlangen (BAG stRspr zB **9**, 169; BGH BB **74**, 1531). Der Anspr ist aus dem ArbVerh begrdet u unterliegt daher tarifl AusschlFr (Anm k; BGH BB **74**, 1531). Zur richt Lohnsteuerberechng ist der ArbG aGrd der FürsPfl verpfl; schuldh Verletzg kann SchadErsAnspr des ArbN begründen (BAG stRspr, aaO); kann aber idR nur auf unterlassene Inanspruchn von Steuervergünstiggen gerichtet sein. **bb) Sozialversicherungsbeiträge** werden, sow nicht best Ausn vorliegen, dch den ArbG vom Lohn einbehalten u abgeführt. Die ArbNAnteile dürfen nur vom Lohn abgezogen werden, sodaß für Beitr, deren Abzug vom Lohn der ArbG unterlassen hat, dem ArbG kein ErstattgsAnspr gg den ArbN zusteht (BAG NJW **78**, 1766).

g) Lohnrückzahlung. Zahlt der ArbG versehentl zuviel Lohn, so besteht Anspr auf Rückzahlg grdsätzl nur über § 812 (Hueck-Nipp I § 40 VII); jedoch kann im ArbVertr (insb dch TV) ein vertragl Rückzahlgs-Anspr vereinb w; dann ist § 818 (Wegfall der Bereicherg) ausgeschl (BAG **15**, 270); ebso ist ausgeschl ein an sich mögl SchadErsAnspr wg Verletzg der FürsPfl, den Lohn richt zu berechnen (BAG aaO). VerjFr für LohnrückzahlgsAnspr 30 Jahre (BAG JZ **73**, 27).

h) Verzicht auf LohnAnspr (ErlVertr, § 397) ist grdsätzl zul, soweit es sich nicht um TarLohn handelt. Verzicht auf TarLohn (bei untertarifl Bezahlg) ist nur wirks für die zurückliegde Zeit in einem von den Part des TV gebilligten Vergl (§ 4 IV TVG), sonst nichtig (§ 134), auch wenn er nur teilw erfolgt (BAG **AP** § 1 TVG Auslegg Nr 114); insb der Verzicht für die Zukunft.

i) Verwirkung: wg allg Voraussetzgen u RFolgen insb für Lohn: § 242 Anm 9, bes dort Anm f ArbR.

j) Verjährung: Für allg DVertr gilt § 196 Nr 7; für ArbN § 196 Nr 8, 9; für VorstdsMitgl einer AG u GeschF einer GmbH § 197; wg der Einzelh vgl die Anm dort.

k) Ausschlußfrist. Ihre Versäumg bringt im Ggsatz zur Verjährg den LohnAnspr zum Erlöschen (Übbl 4a vor § 194, BAG NJW **68**, 813); daher kann nach Ablauf der Fr auch nicht aufgerechnet w (BAG JZ **74**, 29). Kann für TarLohn nur in TV wirks vereinb w (§ 4 IV S 3 TVG), im übr in ArbVertr (auch dch Bezugnahme auf TV, BAG BB **71**, 824) u BetrVereinbg. Die Fr (oft vorherige schriftl Geltdmachg des Anspr vorgeschrieben) w stets dch KlageSchrift gewahrt (BAG **9**, 296), iü ist zur Geltdmachg wenigstens Mitt an den Schu erforderl, in welcher ungefähren Höhe u aus welchem Grd der Anspr erhoben w (vgl BAG **AP** § 4 TVG AusschlFr Nr 49 m abl Anm v E. Wolf). KündSchKl reicht nicht aus, wenn die Fr auf gerichtl Geltdmachg abstellt (BAG NJW **78**, 1942), kann aber genügen, wenn innerh der Fr nur schriftl geltd zu machen ist u der Anspr der v KündSchKl abhängt (BAG NJW **78**, 74). Es ist unerhebl, ob der ArbN die Fr gekannt hat od nicht. Sie beginnt nicht vor Fälligk des Anspr (BAG **AP** § 4 TVG AusschlFr Nr 41).

l) Abtretung des VergütgsAnspr ist nur mögl, soweit er gepfändet w kann (§ 400). ArbEinkommen ist nach den §§ 850a–i ZPO zu einem best Teil unpfändb. Auch VorausAbtr künft LohnAnspr, insb zur Sicherg, ist zul (BGH BB **76**, 227). Stets muß der die Höhe der abgetr Fdg best od bestimmb sein (BGH NJW **65**, 2197; BAG **AP** § 398 Nr 3). Diese Abtr geht späterer Pfändg vor (Börker NJW **70**, 1104).

m) Aufrechnung gg Lohn u Gehalt ist im gleichen Umfang wie Anm 1 ausgeschlossen (§ 394). Über Ausnahmen vgl dort Anm 1.

n) Teilvergütung: Ist nur für einen Teil des VergütgsZtraums der Anspr entstanden, ist bei Wochenlohn nach ArbTagen zu teilen, bei Monatsgehalt idR nach Dreißigstel (vgl BAG BB **75**, 702).

7) Sonstige Vergütung. Neben Lohn u Gehalt w häuf weitere bes Vergütgen vereinb, die zur Vergütg iS des § 611 gehören u ArbEink darstellen. Sie w häuf SonderVergütg genannt. Es gelten dafür grdsätzl alle unter Anm 6 dargestellten Regeln, insb über RGrd, Höhe, Fällig, Abzüge, Rückzahlg, Verzicht, Verwirkg, Verjährg, AusschlFr, Abtretg u Aufrechng. W diese Vergütgen nach Voraussetzgen u Höhe vom ArbG einseit best, muß er nach bill Erm verfahren (BAG NJW **71**, 1149), insb den GleichbehandlgsGrds (Anm 9) beachten. Zur Billigk: v. Hoyningen-Huene, Die Billigk im ArbR, 1978, S 201 ff.

a) Prämie ist ein zusätzl zu Lohn od Gehalt gewährtes Entgelt für einen bes vom ArbN od DVerpfl beeinflußb Erfolg, zB best ArbErgebnisse, Anwesenh, VerkMenge, Ersparn, Sieg (Berufssport); BetrZugehörigk (Treueprämie). MitBest gem § 87 Nr 11 BetrVG. Eine Prämie setzt stets den Eintritt dieses Erfolges voraus u gehört nicht zum gewöhnl ArbEntgelt (BAG **14**, 38). Auf eine TarLohnerhöhg werden Prämien nicht angerechnet (BAG **3**, 132). Ob die Prämie neben dem TarLohn zu zahlen ist, hängt von den getroffenen Vereinbgen ab (BAG **18**, 23). Prämien können auch freiw gezahlt w. Dabei u im übertarifl Bereich gilt der Grds der Gleichbehandlg (Anm 9; BAG **AP** § 242 Gleichbehandlg Nr 33). AnwesenhPrämien (im graph Gew Antrittsgebühr) dürfen in den Voraussetzgen grdsätzl frei vereinb w (früher hM; stark einschränkd Fenn/Bepler RdA **73**, 218 mwN). Da die AnwesenhPrämie zum ArbEntgelt gerechnet w (nicht aber abgetr Fdg einmal im Jahr errechnete u ausgezahlte, BAG BB **73**, 141), muß sie (meist zweckwidr) währd solcher Fehlzeiten bezahlt w, bei denen dch G zwingd Fortzahlg des Entgelts trotz Nichtleistg der Arb vorgeschrieben ist: Krankh (§ 616 I 2; § 2 I LohnFG, § 63 I HGB, § 133c GewO, § 12 I Nr 2b BerBG; Fenn/Bepler aaO 223; aA Meisel Betr **72**, 43), Mutterschutz (BAG **AP** AnwesenhPrämie Nr 2) sowie für die Dauer des gesetzl MindUrl u HausArbTages (Fenn/Bepler aaO 225). Das gilt auch für InkassoPrämien (BAG Betr **78**, 942) u folgerichtig für VerkPrämien.

b) Gewinnbeteiligung (Tantieme, von der Erfolgsbeteiligg mit ProvCharakter zu unterscheiden, Anm c, BAG Betr **73**, 1177) ist bei VorstdsMitgl u GeschFührern übl, kommt auch bei ltd Angest vor, u ist bei jedem ArbN mögl. Inhalt je nach vertragl Vereinbg; iZw ist die Gewinnbeteiligg vom JahresGeschReingewinn zu zahlen, u zwar zu einem entspr Teil auch dann, wenn der DVerpfl od ArbN im Laufe des GeschJahres ausscheidet (BAG **5**, 317). Der Gewinn ist der, den die Handelsbilanz ausweist, wobei ungerechtfertigte u argl Abschreibgen u Rückstellgen für die Errechng der Gewinnbeteiligg unberücks bleiben. Auf die Bilanz u ihre wesentl GrdLagen besteht ein Ausk- u NachprüfgsAnspr (BAG **AP** Nr 1 zu § 242 AuskPfl); Einsichtnahme am besten wahlw pers od dch eine zur Berufsverschwiegenh verpfl Pers (LAG Brem Betr **71**, 2265). Ges Regelg für Berechng besteht bei VorstdsMitgl u AufsR einer AG (§§ 86, 113 III AktG). § 86 AktG kann für Angest analog angewendet w. Zur Berechng bei EinzelUntern vgl BAG **AP** LohnAnspr Nr 14. Bei Vereinbg v Fall zu Fall gelten §§ 315 ff (BGH WPM **75**, 761). Bei DVertr ist auch eine (begrenzte) Verlustbeteiligg zul (BGH Betr **74**, 252).

c) Provision ist die Vergütg, die in einem best Prozentsatz des Werts eines abgeschlossenen od vermittelten Gesch bemessen w (auch Erfolgsbeteiligg genannt). Kommt als Zulage zum Gehalt od mit vereinb Garantiefixum insb bei kaufm Angest vor, die im Verk tät, aber nicht HandelsVertr sind. Für den ProvAnspr gilt HandelsVertrR (§ 65 HGB), bei Krankh od ähnl DVerhinderg aber § 63 HGB (BAG **6**, 23). Ein AusglAnspr (§ 89b HGB) besteht nicht (BAG aaO). Die VertrBedingungen können frei geregelt w (auch dch BetrVereinbg, vgl BAG NJW **77**, 1654), sow nicht die Vorschr, auf die § 65 HGB verweist, unabdingb sind (BAG **AP** Nr 2 zu § 65 HGB). Eine Prov darf auch als Zulage zum Gehalt nicht v einer best Dauer der BetrZugehörigk abhäng gemacht w, da sonst eine unzul KündErschwerg vorliegt (BAG Betr **73**, 1177).

d) Vermögenswirksame Leistungen zur VermBildg der ArbN nach dem 2. VermBildG v 1.7.65 (BGBl 585), idF v 1. 10. 69 (BGBl 1853) u dem 3. VermBildG idF v 15. 1. 75 (BGBl 257). Auch die Leistgen die der ArbG für den ArbN erbringt, sind Teil der Vergütg. Freiw BetrVereinbg dch § 88 Nr 3 BetrVG vorgesehen. Zur Rückfdg bei prämienschädl Vfg des ArbN: BAG Betr **75**, 1800.

e) Gratifikation ist eine Vergütg, die aus bes Anlaß zusätzl zu den sonstigen Bezügen gewährt w. Die Bezeichngen hierfür sind je nach Anlaß unterschiedl: Weihnachts- u UrlGeld, Abschl- u Treueprämie, Jubiläumsgabe, Heirats- u Geburtsbeihilfe, Bonus (vgl BAG Betr **74**, 1341); Vereinbg eines 13. Monatsgehalts idR nur dann, wenn dabei ausdrückl als Weihnachtsgratifikation bezeichnet (BAG BB **72**, 317) wird dann auch mit allen Konsequenzen als anteil Vergütg behandelt (LAG Düss Betr **75**, 1802). Auch die Erfolgsbeteiligg od JahresAbschlVergütg ist Gratifikation nicht Tantieme (BAG BB **74**, 695; aA v Blumenthal BB **73**, 1493); ebso eine als Darl bezeichnete Zahlg, die nur zurückzugewähren ist, wenn der ArbN vor Ablauf einer best Zt künd (ArbG Bln BB **75**, 1304 [Treueprämie]). Die Gratifikation ist auch bei freiw Zahlg keine Schenkg, sond stets Entgelt (BAG **1**, 36), auch bei Pensionären (BAG **14**, 174). Ist daher auch iF des § 615 zu zahlen (BAG NJW **63**, 1123). Unpfändbk: § 850a Nr 2, 4, 5 ZPO. **aa) Rechtsgrund.** Es ist stets von vorneherein zu unterscheiden, ob die Gratifikation freiw (ohne RAnspr) od vertragl verpflichtet bezahlt wird. α) Freiw Zahlg: liegt vor, wenn der ArbG zu der geleisteten Gratifikation überh nicht od nicht in dieser Höhe verpfl ist. Der Vorbeh der Freiwilligk hindert dann die Entstehg eines RAnspr für die Zukunft (BAG NJW **56**, 1853 u BB **75**, 1531); jedoch kann aus der verbindl Ankündigg, es werde in dem betreffden Jahr unter Vorbeh der Freiwilligk eine Gratifikation bezahlt, in dem best Jahr ein RAnspr entstehen (BAG **11**, 338, **15**, 300). Außerdem kann aus dem Grds der Gleichbehandlg entstehen, wenn and vergleichb ArbN Gratifikation (freiw oder aus Verpfl) erhalten (vgl Anm 9) β) Verpfl zur Gratifikationszahlg kann beruhen: auf DVertr od ArbVertr (insb über TV u BetrVereinbg), aus dem Grds der Gleichbehandlg (Anm 9) od auf Grd einer BetrÜbg (od stillschw Vereinbg), näml mind 3malige Zahlg ohne den Vorbeh der Freiwilligk (BAG stRspr zB BB **14**, 174), auch in öff Dienst (BAG **4**, 144). Es besteht keine Verpfl zur Gratifikation aus GewohnhR oder aus der FürsPfl (allg M).

bb) Höhe: Bei freiw Gratifikation best die Höhe der ArbG, der dabei den Grds der Gleichbehandlg befolgen muß. Bei Verpfl ist die Vereinbg (Anm aa, β) für die Höhe maßg. Sie kann sich aus stillschw Vereinbg u aus BetrÜbg ergeben. Fehlt es auch daran, best der ArbG die Höhe gem § 315 unter Beachtg des GleichbehandlgsGrds. Ist die ganze Wochen- od MonatsVergütg od ein Teil zu zahlen, so ist die zZ des betr Ereignisses für die NormalArbZeit zu zahlende Vergütg maßg (BAG **AP** Nr 53 zu § 611 Gratifikation). Sonstige Vergütgen (zB FahrtkostenErs LAG Hamm Betr **72**, 828) bleiben unberücksicht. Eine Kürzg der Gratifikation dch den ArbG ist mögl: bei unzumutb Belastg (BAG NJW **62**, 173), zum Zweck des Erhaltg von ArbPlätzen u im Konk des ArbG zur Zahlg des Lohns an and ArbN (BAG NJW **65**, 1347), im RuhestandsVerh (Einf **7**) nach billigem Erm des ArbG (BAG **4**, 174).

cc) Erlöschen des GratifikationsAnspr tritt (außer nach den §§ 362, 364, 397) insb ein: α) Bei Beendigg des ArbVerh vor dem maßg Ztpkt (BAG **AP** Nr 8 zu § 611 Gratifikation), auch kein Anspr auf einen Teil der Gratifikation. β) Ausfall der vereinb aufschiebden Bedingg; eine solche ist aber idR nicht die günst wirtsch Lage des ArbG (BAG **4**, 13). γ) Dch eine ÄndKünd des ArbVerh, mit der bei Neuabschluß des ArbVerh der GratifikationsAnspr ausgenommen w. Dch Verstöße des ArbN gg die TreuePfl (Anm 4), die zur Verwirkg (§ 242 Anm 9) des Anspr führen können. In AusnFällen aus den Gründen, die zur Kürzg (Anm bb aE) berecht.

dd) Gleichbehandlungsgrundsatz (Anm 9) ist bei Gratifikationen uneingeschränkt anwendb (allgM) u hat hier folgde prakt Auswirkg: Der ArbN, der unter Verstoß gg den GleichbehandlgsGrdsatz von einer Gratifikation dch den ArbG ausgenommen w, hat Anspr auf die in der Höhe, wie sie den and ArbN in gleicher Stellg bezahlt w. Der ArbG verstößt nicht gg den GleichbehandlgsGrds, wenn er ArbN in gekünd Stellg von der freiw gewährten Gratifikation ausnimmt (BAG stRspr, zB NJW **60**, 1973 mwN); jedenf, wenn der ArbN gekünd hat (BAG BB **74**, 695), selbst wenn dies aGrd § 10 I MuSchG geschehen ist (LAG Hamm BB **76**, 1272), auch dann nicht, wenn der ArbG gekünd hat (BAG **17**, 142); aber iZw nicht bei betriebsbedingter Künd (BAG NJW **72**, 1774), auch wenn der Ausschl v der Gratifikation für den Fall einer Künd ausdrückl vereinb ist, sogar dch BetrVereinbg (BAG NJW **75**, 278). Bei Kürzg od Nichtzahlg der Gratifikation darf der ArbG seine Angest u Arb nicht ungleich behandeln (ArbG Hann Betr **75**, 987). Das alles gilt aber nicht, wenn eine Verpfl vorliegt (Anm aa, β) u darin nichts über Wegfall od Kürzg der Gratifikation im Falle der Künd vereinb ist. Hier kann sich der ArbG nicht darauf berufen, er kürze die Gratifikation, weil sie auch eine Treueprämie (LAG Ffm NJW **76**, 79) od Ansporn für künft Arb darstelle. Bei einer dch TV vereinb Gratifikation ist der ArbG nicht verpfl, auch den Nichttarifgebundenen Gratifikationen zu zahlen.

ee) Rückzahlungsklauseln (Lit: W. Blomeyer-H. Buchner, RückzahlgsKlauseln im ArbR, 1969) w bei Gratifikationen häuf in der Weise vereinb, daß sich der ArbN unter der Bedingg (§ 158 I) verpfl, die Gratifikation zurückzuzahlen, wenn er innerh eines best Zeitraums das ArbVerh auflöst. Das kommt insb bei freiw Gratifikation vor, ist aber auch bei einer aGrd RAnspr gezahlten mögl, insb über einen TV. Die Sond-Vergütgen stehen nicht ohne weiteres unter dem RückzahlgsVorbeh; er bedarf bes Vereinbg u liegt noch nicht in der Einschränkg, solange es die betriebl Belange zulassen (BAG WPM **74**, 1237). Rückzahlgs-klauseln setzen iZw Künd dch den ArbN voraus; auch eine Künd gem § 10 MuSchG bewirkt RückzahlgsPfl (LAG Hamm NJW **76**, 2182). Einverständl Aufhebg genügt nicht (LAG Bln Betr **68**, 853), auch nicht, wenn im gerichtl Vgl vereinb (LAG Düss BB **75**, 562); ebsowenig eine betrbedingte Künd dch den ArbG (LAG Hamm Betr **71**, 2484). Ohne Rückzahlgsklausel ist der ArbN, der vorz ausscheidet, nicht zur Rückzahlg verpfl. Rückzahlgsklauseln sind wg VertrFreih grdsätzl zul (BAG stRspr seit **9**, 250), dürfen aber nicht für eine unangemessen lange Zeit vereinb w u müssen für den ArbN zumutb u überschaub sein (grdsätzl, zT eingeschr, Zust im Schriftt, vgl Thiele RdA **70**, 265). Verstöße führen nur zur Teilnichtigk der Rück-zahlgsklausel, nicht der Gratifikationszahlg, auch nicht über § 139 (BAG **13**, 204; **15**, 17). Für Rückführg auf zul Bindg: Horschitz BB **69**, 1354. Mehrere Gratifikationen w nicht zusgerechnet (BAG BB **69**, 583). Staffelg der Rückzahlg ist zul (BAG **AP** Gratifikation Nr 69). Es liegt auch dann eine RückzahlgsPfl vor, wenn vereinb ist, daß für den Fall des Ausscheidens die Gratifikation als Vorschuß behandelt w soll (ArbG Bochum Betr **71**, 1272). Der Ausfall einer Anwartsch auf eine Gratifikation steht der RückzahlgsPfl nicht gleich (BAG aaO). Es ist von der tats gezahlten ggf gekürzten Gratifikation auszugehen (BAG **AP** Gratifikation Nr 70), soweit es sich auf Monatsverdienste ankommt, vom Bruttoentgelt im Auszahlungsmonat (BAG NJW **74**, 1671). Grdsätzl ist der BruttoBetr zurückzuzahlen (Matthes Betr **73**, 331). Das BAG hat Grdsätze aufgestellt (hierzu krit v Arnim RdA **70**, 257). Sie gelten bei Rückzahlungsklauseln, die in TV vereinb sind, nicht (BAG **AP** Gratifikation Nr 54, 57); wohl aber solchen dch BetrVereinbg (BAG **AP** Gratifikation Nr 68), wobei der TV Vorrang hat, wenn die BetrVereinbg zusätzl abgeschl ist (BAG aaO). Der maßgebde ZtRaum errechnet sich v Tag der AusZahlg an (LAG Brem BB **75**, 928) u bis zum Tag der vertrgem Be-endigg des ArbVerh. α) Bei Gratifikation bis 100 DM (im Einzelfall bis etwa 25% darü; vgl BAG **AP** Grati-fikation Nr 31–33) kann damit keine Rückzahlgsklausel verbunden w (BAG **13**, 129). Dieser Betr von 100 DM verbleibt dem ArbN aber bei höherer Gratifikation nicht als SockelBetr (BAG **16**, 107). β) Gratifikation bis zu einem Monatsverdienst: Bindg des ArbN bis zum 31. 3. des folgden Jahres bei auch schon im Nov ausbezahlter Weihnachtsgratifikation (BAG NJW **73**, 1247), bei and Gratifikationen entspr ein Vier-teljahr (BAG aaO), so daß Angest gem § 622 I zum 31. 3. künd kann ohne die Gratifikation zu verlieren. γ) Gratifikation von einem Monatsverdienst: bei nur einer KündMöglk bis 31. 3. (insb kaufm u gewerbl Angest) ist Auslassen dieser zumutb (BAG **13**, 129), bei mehreren KündMöglkeiten (zB gewerbl Arb) das Auslassen aller bis einschl 31. 3. (BAG aaO). δ) Gratifikation von mehr als einem Monatsverdienst: keine Bindg über den 30. 6. hinaus (BAG **13**, 204). ε) Bei 2 Monatsverdiensten ist bei Staffelg bis zu $1/2$ Monats-verdienst Bindg bis 30. 9. zul (BAG **AP** Gratifikation Nr 69).

ff) Auszahlungsbedingungen, aufschiebd od auflösd für die Gewährg von Gratifikationen entspr in-sofern den Rückzahlungsklauseln (Anm ee) als eine BetrBindg herbeigeführt w; jedoch sind längere Fr angem, weil eine Rückzahlg den ArbN idR stärker beeinflußt. Die Regeln für Rückzahlgsklauseln sind daher nicht ohne weiteres auf diese Fälle übertragb (vgl BAG **AP** Gratifikation Nr 64, 69).

f) Darlehen: Einf 3n vor § 607.

g) Zuschüsse aus soz Anlaß (insb bei Umzug, Krankh, Notfall) stellen keine Gratifikation dar; eine Rückzahlg im Zushang mit einer Bindg an den Betr (Anm e, ee) ist nicht ausgeschl (vgl LAG Düss MDR **73**, 1054; LAG SchlH BB **73**, 383), bei Umzugskosten u einem Monatsverdienst BetrBindg bis zu 3 Jahren zul (BAG BB **75**, 702). Das gilt nicht für Umzugskosten, wenn sie als Aufwendg zu ersetzen sind (BAG BB **73**, 983; vgl Anm 11).

h) Aus- und Fortbildungskosten, die der ArbG für den ArbN aufwendet, können als geldwerte Leistg des ArbG langfrist BetrBindg od Rückzahlg bei Ausscheiden rechtfert (BAG NJW **77**, 973).

8) Fürsorgepflicht des DBer u ArbG entspr der TreuePfl des DVerpfl u ArbN, hat ihre allg ges Grdlage in § 242; für AusbildgsVerh gilt bes § 6 I Nr 5, II BerBG. Sie wirkt sich auf zweierlei Weise aus: sie beinflußt Umfang, Art u Weise der Pfl aus dem DVerh u ArbVerh u sie begründet EinzelPfl zum Tun od Unterlassen. Die FürsPfl w begrenzt dch das R des DBer u ArbG seine gerechtf Interessen mit den ge-setzl zul Mitteln zu wahren. Diese Abgrenzg ist im Einzelfall vorzunehmen. Rspr u Schriftt haben im wesentl folgde Grdsätze entwickelt: **a) Dauer:** Die FürsPfl entsteht (in schwächerem Umfang) schon mit dem Eintritt in VertrVerhandlgen u beeinflußt Anspr aus cic. Der ArbG muß insb den ArbN über die zu erwartden Verh, soweit sie die erkennb Interessen des ArbN berühren, aufklären (BAG **2**, 217, **5**, 182, **8**, 132); er darf nicht unerfüllb Hoffngen auf einen VertrAbschl erwecken (LAG Ba-Wü BB **57**, 510). SchadErsAnspr geht nur auf das negat Interesse (Vertrauensschaden). Die FürsPfl wirkt auch, währd das ArbVerh ruht (BAG **7**, 207) u bei Beendigg des ArbVerh (bes Auswirkg vgl bei den Anm vor u zu §§ 620 ff). Nach Beendigg besteht die FürsPfl (stark abgeschwächt BAG **3**, 139) weiter, insb im Ruhestands-Verh (Einf 7) aber auch unabhäng davon (BAG Betr **73**, 622; vgl Anm e). Sie kann ausnahmsw einen Anspr auf Wiedereinstellg begründen (BGH NJW **56**, 1513; BAG **3**, 332), aber nicht die Übern aus dem Aus-bildgs- in das ArbVerh (BAG Betr **74**, 344) od nach einem Fortbildungskurs (BAG BB **78**, 257).

b) Schutzpflichten: aa) Für Leben u Gesundh ges geregelt in den §§ 617, 618; vgl dort auch wg der sonstigen hierzu geltden Vorschr; wg Schutzkleidg Brill Betr **75**, 1076. **bb)** Für das ArbNSchutzR (Einf 8) ist der ArbG neben seiner öffrechtl Pfl aus der FürsPfl auch vertragl verpfl, die Bestimmgen zu befolgen, so-weit ihr Zweck auf den individuellen Schutz des ArbN gerichtet ist. **cc)** Schutz gg Dritte bei Angriffen, die sich auf das ArbVerh beziehen, zB zumutb Widerstand gg eine sog DruckKünd (BAG **9**, 53). **dd)** Eigt des ArbN (zusfassd Monjau Betr **72**, 1435). Der ArbG hat dafür zu sorgen, daß die Ggst des ArbN, die er berechtigterw zur Arb mitbringt (persönl unentbehrl u arbeitsdienl Sachen, zB Kleidg, Geräte, Fahrzeuge), so aufbewahrt w können, um vor Verlust u Beschädigg sichergestellt zu sein (allgM). Ges Sonderregel für LandArb in § 15 Vorl LArbO; für BauArb §§ 4, 6 VO vom 21. 2. 59 idF v 1. 8. 68 (BGBl 901); auch in §§ 41, 52 SeemG. Der ArbG muß aber nur solche AufbewahrsMöglk bereitstellen, die ihm zugemutet w können (BAG **17**, 229). Er ist nicht verpfl, für die eingebrachten Sachen eine Vers abzuschließen (hM; aA zT Becker-Schaffner VersR **72**, 322). Daß er Parkplätze bereitstellen muß, kann nur bei Vorliegen bes Umst bejaht w (BAG **9**, 31); wenn er sie zur Verfügg stellt, muß er sie verkehrssicher anlegen (BAG **AP** Nr 58 zu § 611 FürsPfl), aber nur soweit erforderl u zumutb (BAG NJW **66**, 1534). Der ArbG haftet für jedes Versch (§ 276), aber nur subsidiär, also nicht, wenn Schädiger mit Erfolg in Anspr genommen w kann (BAG aaO). Keine Haftg ohne Vers für Schäd, die dch Dr verurs w u denen der ArbN im Verk allg ausgesetzt ist, auch wenn für eine Unterstell Entgelt bezahlt w (BAG JZ **75**, 675). Vorheriger HaftgsAusschl ist zul, aber nicht für jede Fahrl (BAG **7**, 280) u nur vertragl (LAG Hbg Betr **68**, 761). ee) Haftpflicht: Bei Kfz, mit dessen Führg der ArbG den ArbN betraut, hat der ArbG für ausr HaftpflVers zu sorgen (BAG NJW **66**, 2233 mwN); uU auch für InsassenVers (BGH **LM** Nr 30).

c) **Sorgfaltspflichten**: Der ArbG ist verpfl, den Lohn u die Lohnsteuer richt zu berechnen (vgl Anm 6f, g); er hat auch aGrd der FürsPfl bei der SozVers alles rechtzeit zu tun, was erforderl ist, dem ArbN alle ihm zustehenden Rechte u Vergünstiggen zu erwerben u zu erhalten, insb die Beitr abzuführen den ArbN anzumelden u das ArbEntgelt richt einzutr (BAG NJW **70**, 1654). Das gilt auch bei freiw WeiterVers u bei Zusatzversorgg (BAG **AP** Nr 6 zu 198 u Nr 76 zu § 611 FürsPfl). Bescheiniggen, Beurteilgen uä, die der ArbG erstellt, dürfen keinen unzutreffden, den ArbN benachteiligenden Inh haben (BAG **7**, 267 u **AP** Nr 56 zu § 611 FürsPfl); jedoch kein Anspr auf Erteilg v Bescheinigg mit best Inhalt (LAG Hamm Betr **76**, 923).

d) **Auskunftspflichten**: Ggü dem ArbG hat der ArbN einen AuskAnspr über die Berechng des Lohns bei entschuldb Ungewißh (BAG Betr **72**, 1780) u über Grdlagen seiner sonstigen Anspr. Dr ggü kann der ArbG über die ZeugnErteilg (§ 630) hinaus zur Ausk über den ArbN verpfl sein, wenn der ArbN es aus berecht Interessen verlangt. Die erteilte Ausk muß wahrhgem sein; ihr Inhalt muß dem ArbN auf Verlangen bekannt gemacht w (BGH NJW **59**, 2011). Einsichtgewährg in PersAkten: im öff Dienst stets; bei priv ArbG gem § 83 BetrVG, darühinaus in AusnFällen aus der FürsPfl (BAG **AP** FürsPfl Nr 78).

e) **Sonstiges**: AGrd der FürsPfl kann im Einzelfall bei der Ausübg des DirektionsR (Anm 5) der ArbG gehalten sein, eine Versetzg vorzunehmen (BAG **7**, 321 u **AP** Nr 10 zu § 615) od zu unterlassen (BAG **8**, 338), wenn bes, von ArbN nicht verschuldete Gründe in seiner Pers vorliegen; aber kein Anspr auf Beförderg (BAG BB **69**, 580). PersAkten dürfen keine unzutreffe. nachteilige Schriftstücke enthalten (vgl BAG NJW **72**, 2016 u LAG Hamm NJW **70**, 1895). Das Suchen eines and ArbPlatzes darf auch nach Beendigg des ArbVerh nicht unnöt erschwert w (BAG Betr **73**, 622). Auf der FürsPfl können ferner beruhen die BeschäftiggsPfl (Anm 10), die Gewährg von Url (Anm 12), Ruhegehalt (Einf 7); der GleichbehandlgsGrds (Anm 9) u die HaftgsBeschrkg (Anm 14b) folgen ebenf aus der FürsPfl.

9) **Gleichbehandlungspflicht.** Es ist zu unterscheiden (vgl auch BAG **3**, 180): Der GleichhSatz des Art 3 GG, die betriebsverfassgsrechtl GleichbehandlgsPfl (§ 75 BetrVG), die EWG-Gleichbehandlg (aGrd des Art 48 EWG-Vertr verordnet) u der arbeitsvertragsrechtl GleichbehandlgsGrds = Gbg (ohne bes ges Grdlage, von Rspr u Schriftt entwickelt). **Art 3 GG** hat prakt Bedeutg im ArbR, insb für die Lohngleichh von Mann u Frau; daran sind die TVParteien unmittelb gebunden (BAG stRspr zuletzt NJW **77**, 1742), ebso alle Beteiligten, die ArbBedinggen gesamtheitl regeln (BAG **14**, 61); insb auch in BetrVereinbg (BAG **11**, 338; aber unnöt wg § 75 BetrVG). Im üb besteht für den ArbG keine Bindg an Art 3 GG, insb nicht im EinzelArbVertr u auch nicht für den ArbG im öff Dienst, weil es sich um privatrechtl Beziehgen handelt. – **§ 75 BetrVG** bindet bei allen dem BetrVerfassgsR unterliegdenden Vorgängen (insb bei Vereinbg) den ArbG u den BetrRat; sie dürfen ArbN wg der in § 75 BetrVG aufgeführten Merkmale nicht ungleich behandeln. Auswirkgen auf den ArbVertr hat § 75 BetrVG insofern, als bei Festlegg von ArbBedinggen in BetrVereinbg (vgl Einf 6c) über deren normative Wirkg der Inh des ArbVertr gestaltet w. – **EWG-Recht** schreibt für ausländ ArbN Gleichbehandlg mit Inländern vor (Art 9 EWG-VO Nr 38/64, Art 7 EWG-VO Nr 1612/68; hierzu Winkel NJW **75**, 1057 [1059]): Anrechng der WehrDZt (EuGH **AP** Art 177 EWG-Vertr Nr 2; BAG aaO Nr 3); dch Art 119 EWG-Vertr: gleiches ArbEntg für Mann u Frau (EuGH BB **76**, 841). – Der **arbeitsrechtliche Gleichbehandlungsgrundsatz** ist von Art 3 GG u § 75 BetrVG unabhäng; er wird im folgden dargestellt: a) **Rechtsgrundlage**: Ist umstr; der Gbg wird aus der FürsPfl (wohl hM), aus dem Wesen des Normenvollzugs od aus dem sog Schutzprinzip abgeleitet (vgl Buchner RdA **70**, 225).

b) **Anwendungsbereich**: Der Gbg gilt für alle freiw soz Leistgen des ArbG, insb für Gratifikationen u für das Ruhegeld (vgl Anm 7e, dd; allg M), für die Ausübg des DirektionsR (zB Torkontrolle, LAG Mannh **AP** Nr 1 zu § 242 Gleichbehandlg). Darunter fällt auch die Auffdg des ArbG an wild streikde ArbN, die Arb wieder aufzunehmen (K. Schmidt BB **73**, 432). Er gilt nicht für die Einstellg u für Wiedereinstellg (Hueck-Nipperdey I § 48a V, VII; LAG Bln Betr **73**, 2097; idR nicht für Beförderg u bes Einstufg (BAG **AP** SchweigePfl Nr 3), nach hM u Rspr nicht für die Künd (LAG Hamm Betr **68**, 446 mwN, Böhm Betr **77**, 2448; aA Buchner RdA **70**, 225). Der Gbg wird v BAG verfehlt (vgl LAG Düss Betr **77**, 2457) auch auf den Lohn u die sonstige Vergütg angewendet, ohne ausreichde Rfertigg, insb auch auf übertarifl Lohnzuschläge (BAG **13**, 103), bei allg Lohn- u Gehaltserhöhgen dch den ArbG (BAG Betr **73**, 432), auch bei rückwirkden (BAG BB **76**, 744), bei Lohnnachzahlgen (BAG WPM **74**, 444), Haushaltszulagen (BAG NJW **77**, 1742).

c) **Voraussetzungen** für die Anwendg des Gbg sind: **aa)** Das Bestehen eines ArbVerh od RuhestandsVerh (Einf 7); keine Geltg des Gbg bis zum Abschl des ArbVertr im Rahmen der VertrVerhandlgen. **bb)** Zugehörigk zum gleichen Betr; denn der Gbg gilt nur innerhalb eines Betr, nur ganz ausnahmsw innerh des Unternehmens (BAG MDR **66**, 876; offengelassen von BAG **5**, 343). Die Voraussetzg ist erf, soweit das ArbVerh nach § 613a übergegangen ist (LAG Düss BB **76**, 1370).

d) Inhalt: Der Gbg ist nicht zwingd; der ArbN kann sich mit ungleicher Behandlg einverstanden erkl, insb dch (auch abändernde) Vereinbg im ArbVertr (BAG **13**, 103). Daher geht die getroffene vertragl Vereinbg stets vor (zB beim Lohn) u schließt die RFolgen des Gbg (Anm e) aus. Der Gbg bedeutet, daß der ArbG nicht einzelne ArbN willkürl schlechter behandeln darf, als solche in vergleichb Stellg; er darf aber einzelne ArbN besser stellen u darf sachgem Unterscheidgn (vgl BAG **5**, 343), insb nach best Merkmalen treffen: zB ArbN in gekünd Stellg (BAG stRspr zuletzt Betr **74**, 1341) od streikde ArbN währd des Streiks von der Gratifikation ausnehmen (BAG **AP** Nr 7 zu § 611 Gratifikation); Verheirateten höhere Gratifikation als Ledigen zahlen, aber für Nachw bei Ledigen nicht höhere Anfdgen stellen als bei Verheirateten (BAG BB **77**, 1098). Lohnzuschläge nur an ArbN mit best Alter oder best Dauer der BetrZugehörigk zahlen od abstufen; Gratifikationen nach Anwesenh im Betr staffeln (BAG NJW **67**, 1530), Tantiemen nach Beteiligg am GeschErfolg (BAG BB **71**, 523), Erreichen eines best Stichtags im ArbVerh u Meldg v FehlZten (BAG BB **72**, 1232), GastArbN, die nicht EWG-Staaten angehören, die WehrDZt nicht anrechnen (LAG Ffm BB **74**, 789); männl ggü weibl ArbN nur, wenn für alle männl ArbN aus and Grd eine gerechtf Unterscheidg besteht (BAG Betr **75**, 551). Nicht: ausgeschiedne ArbN v rückwirkder Lohnerhöhg ausnehmen (BAG BB **76**, 744).

e) Wirkung: Verletzt der ArbG den Gbg, so hat der ArbN daraus unmittelb Anspr auf dasjenige, was ihm unter Verletzg des Gbg vorenthalten wurde. Das ist Anspr auf Erf, nicht auf SchadErs.

10) Beschäftigungspflicht. a) Begriff: Darunter ist hier der priv-rechtl auf dem ArbVertr beruhde Anspr des ArbN zu verstehen, die im ArbVertr vereinb Arb (Tätigk) zu verrichten. Öff-rechtl Beschäftiggs-Pfl (zB §§ 4ff SchwBG) fallen nicht darunter. **b) Grundsatz:** Der ArbG ist verpfl, den ArbN währd des ArbVerh so zu beschäft (arb zu lassen), wie es im ArbVertr vereinb ist (Fabricius ZfA **72**, 35 [39] mwN, einschränkd Lepke Betr **75**, 498). Diese Pfl w aus unterschiedl Grden abgeleitet (vgl Fabricius aaO). Prakt bedeuts bei ArbN, die dch ihre Beschäftigg Leistgsfähigk, Geltg, Publizität uä erhalten, zB Berufssportler, Artisten, Künstler; bei derart Berufen w auch bei einem DVertr (Einf 2a) eine BeschäftiggsPfl zu bejahen sein. **c) Ausnahmen:** Die Beschäftigg kann vom ArbG dch Einrede (unter Fortzahlg des Entgelts, vgl § 615) verweigert w, wenn ein bs schutzwürd Interesse des ArbG besteht (BAG **2**, 221), zB bei Auftr-Mangel, schädl Einflüssen auf and ArbN od auf das ArbErgebn, vorübergehd od bis zur Beendigg des ArbVerh; vertr Ausschl der BeschäftiggsPfl ist zul (§ 305). **d) Nach Kündigung:** IdR besteht bis zur Beendigg des ArbVerh keine BeschäftiggsPfl (aA BAG NJW **77**, 215; Freistell nur bei überwiegen schutzwürd Interessen des ArbG); insb nicht währd des KündSchProz (LAG Hamm BB **70**, 757; LAG BaWü BB **75**, 517), jedoch bei LohnRisiko des ArbG (§ 615). Bei Fortzahlg der vollen Bezüge muß für die Freistellg v der Arb kein bes Grd vorliegen (abw LAG Hamm Betr **75**, 1131). Erst recht besteht keine BeschäftiggsPfl über den Ztpkt hinaus, zu dem die Künd, um deren Wirksk prozessiert w, wirken w (BAG BB **77**, 1504 will auch davon Ausn zulassen). Eine ges WeiterbeschäftiggsPfl besteht jedoch (für verhaltensbedingte Künd zu verneinen, Boewer Betr **78**, 251), wenn der BetrR einer ord Künd widersprt, der ArbN KündSchKl erhebt u Weiterbeschäftigg verlangt (§ 102 V BetrVG). In diesen Fällen besteht, solange der ArbN weiterbeschäft w, ein ges ArbVerh mit allen Ren u Pfl bis zum rechtskräft Abschl des KündSchProz (H. Weber BB **74**, 699) mit vollstrfäh Anspr auf Weiterbeschäftigg unabhäng v einer allg BeschäftiggsPfl (Böhm BB **74**, 1641; aA Lepke Betr **75**, 498); dies gilt aber nur, wenn das ArbVerh dem KSchG unterfällt, der ArbN innerh der 3-WoFr KündSchuKl erhebt (LAG Hamm BB **76**, 1462) u der Widerspr ordngsgem ist (LAG Düss BB **78**, 810). Der ArbN darf keinesf auf § 615 verwiesen w (LAG Bln BB **76**, 1273), Dchsetzg mit einstw Vfg (ZPO 940) nur ausnahmsw (LAG Ffm NJW **77**, 269; aA Moritz Betr **78**, 1345: stets). Der Anspr besteht nicht, wenn der BetrR einen Widerspr unterlassen hat (Richardi § 102 Rdn 97; aA Braasch BB **76**, 319; Kempff Betr **76**, 2111: Interessenabwägg) od der Widerspr mangels Konkretisierg unwirks ist (LAG Düss BB **76**, 1402; bestr).

11) Aufwendungsersatz. § 670 ist bei Besorgg einzelner Gesch im Rahmen des DVerh od ArbVerh anwendb, sofern es sich um Gesch handelt, die nicht voll von den VertrPfl erfaßt w (vgl BAG NJW **67**, 414). **a)** Anspr des ArbG od DBer kann sich insb aus der Abführg der Lohnsteuer ergeben (vgl Anm 6 f), ebso aus zu hoch ausbezahlter Berlin-Zulage (vgl BAG NJW **77**, 862). **b)** Anspr des DVerpfl od ArbN: es muß sich um Aufwendgen handeln, die dch Vergütg nicht abgegolten sind u die nach dem Vertr den ArbN od DVerpfl nicht treffen sollen (BAG NJW **63**, 1221), zB Fahrkosten im Interesse des ArbG, auch bei Teiln an betriebnahen Fortbildgskurs (LAG Nürnb BB **71**, 1459), ungewöhnl Schaden an Sachen des ArbN bei Ausführg bes gefährl Arb (BAG [GS] **12**, 15 u NJW **62**, 835; für Gefährdungshaftg: Köbler NJW **69**, 1413; für AufopfergsAnspr: Becker-Schaffner VersR **70**, 100); Umzugskosten bei Versetzg (BAG BB **73**, 983). Kein Anspr auf Ers des Parkplatzgeldes für die Fahrt zur ArbStelle (BAG **AP** Nr 36 zu § 611 FürsPfl) u für bei Dienstfahrt erlittenen UnfallSchad am eig Kfz (LAG Düss VersR **77**, 923); BewLast: DVerpfl od ArbN.

12) Urlaub. Darunter ist allg die einem ArbN (DVerpfl) für eine best Zt gewährte Befreig von der Arb-(D-)Leistg zu verstehen. Man hat zu unterscheiden: ErholgsUrl, das ist der ohne bes Anlaß im Laufe des sog UrlJahres (iZw nach BUrlG des Kalenderjahres) unter Fortzahlg der Bezüge (UrlEntgelt) gewährte Url; SondUrl, das ist der aus bes Anlaß (zB fam Ereign, Berufsfortbildg, Leistgssport) mit od ohne Fortzahlg der Bezüge gewährte Url (hierzu Kube BB **75**, 747 [751]). Gewährt w der Url dch Freistellg von der Arb od DLeistg; dies setzt eine WillErkl des DBer od ArbG voraus, die der Anf unterliegen kann; nach Antritt des Url aber nur mit ex-nunc-Wirkg, nach Beendigg des Url überh nicht mehr (BAG NJW **60**, 1734). Der Anspr auf Url ist nicht abtretb u nicht vererbl (allg M). Er kann auch iW einstw Vfg dchgesetzt w (Boewer Betr **70**, 632).

a) Rechtsgrund. aa) Gesetzlicher Urlaub: ArbN, einschl die zur Berufsausbildg Beschäftigten u arbeitnehmerähnl Pers (hierzu Seidel BB **70**, 971; BAG NJW **73**, 1994) über 18 Jahre haben Anspr auf

ErholgsUrl (MindestUrl) nach dem BUrlG, 18 Werktage (alle Kalendertage außer Sonn- u Feiertagen). Jugendl (§ 1 JArbSchG) erhalten mind 24 Werktage, im Bergbau unter Tage 28 Werktage (§ 19 JArbSchG). Die Schiffsbesatzg hat Anspr auf angemessenen Url (§ 54 SeemG), mind den nach § 3 BUrlG. SchwerBeh haben Anspr auf einen zusätzl ErholgsUrl (ZusatzUrl) von 6 Werktagen (§ 44 SchwBG). Der UrlAnspr ist unabdingb (§ 13 I BUrlG). **bb) Vertraglicher Urlaub:** Für ArbN, die nach BUrlG Anspr auf MindUrl haben, besteht ein weitergehder Anspr auf ErholgsUrl nur, wenn es dch EinzelAbr, Vertr, TV od BetrVereinbg vertragl festgelegt ist; soweit dch die FürsPfl Anspr auf ErholgsUrl besteht, ist dies dch das BUrlG konkretisiert (hM). Anspr auf unbezahlten SonderUrl kann aGrd der FürsPfl aber bestehen, insb wenn dem ArbN die ArbLeistg aus dringdn persönl Gründen nicht zugemutet w kann (zB Tod od schwere Erkrankg naher Angehöriger). DVerpfl, die nicht unter das BUrlG fallen, haben Anspr auf bezahlten ErholgsUrl aGrd der FürsPfl des DBer, jedenf dann, wenn ihre DLeistgsPfl fortlaufd besteht u ihre ArbKraft weitgehd in Anspr nimmt. Die jew vertragl Vereinbg geht aber vor.

b) Voraussetzgen des UrlAnspr. Maßgebd sind jeweils die Verh u Ereign im Laufe des Url (Kal)jahres (BAG **AP** § 13 BUrlG Nr 11). **aa) Arbeitsverhältnis:** Nur währd des Zeitraums, in dem das ArbVerh od DVerh besteht, kann Url gewährt w, auch noch in der KündFr (BAG Betr **74**, 1023). Danach ist nur noch Abgeltg mögl (Anm j). Es ist nicht erforderl, daß das ArbVerh die volle ArbKraft od normale ArbZeit des ArbN umfaßt (BAG NJW **66**, 367). Bei zul DoppelArbVerh (Einf 4a, dd vor § 611) besteht der UrlAnspr in jedem der beiden ArbVerh (BAG **8**, 47). **bb) Wartezeit:** Beim ges MindUrl 6 Monate ab Beginn des ArbVerh (§ 4 BUrlG); kann nur dch TV verlängert w (§ 13 I BUrlG); im übr ist Verkürzg dch TV, BetrVereinbg u ArbVertr mögl; bei DVerpfl freie vertragl Gestaltg. Die Wartezeit ist von Fehlzeiten u KalJahr unabhäng. Fristberechng ist § 188 II. Die Wartezeit ist auch erf, wenn das ArbVerh zugleich mit ihr endet (BAG **AP** Nr 1 zu § 4 BUrlG). Bei fortbestehdem ArbVerh entsteht mit Ablauf der Wartezeit der volle UrlAnspr. **cc) Arbeitsleistung** ist grdsätzl nicht Voraussetzg des UrlAnspr. Nach stRspr des BAG steht dem UrlAnspr aber der Einwand des RMißbr entgg, wenn der ArbN im UrlJahr nicht (BAG Betr **74**, 1071) od weniger als die UrlDauer gearbeitet hat (BAG NJW **62**, 2268, **AP** Nr 2 zu § 3 BUrlG RMißbr u BB **71**, 744; aA Giese BB **75**, 1347: ein der ArbLeistg entspr Teil des Url entsteht als UrlAnspr); das ist auch bei Mutterschutz mögl (BAG BB **67**, 417). Kein RsMißbr u Anspr auf vollen JahresUrl, wenn bei 9monat ArbVerh nur 2 Monate gearbeitet w (LAG Düss Betr **73**, 1807).

c) Dauer: Die MindDauer bei ArbN ergibt sich aus § 3 BUrlG, für Jugendl aus § 19 JArbSchG (vgl Anm a, aa). Kann auch dch TV nicht verkürzt w (§ 13 I BUrlG), im übr geht die vertragl Regelg vor; jedoch unterliegt nur der ges MindUrl den zwingdn Best des BUrlG (BAG **AP** Nr 1 zu § 9 BUrlG). ZusatzUrl (insb für Schwerbesch, vgl Anm a, aa) ist zu dem Url hinzuzurechnen, den er im normaler (nichtschwerbesch) ArbN unter den gleichen Voraussetzgen erhält (BAG **2**, 317). Bei 5-Tage-Woche: auch der arbeitsfreie Samstag ist als Werktag in den MindUrl einzurechnen (§ 3 II BUrlG); jedoch kann im Vertr (insb TV) eine and Berechng (nach ArbTagen) zugrdegelegt w (BAG **AP** Nr 3 zu § 3 BUrlG). Vereinb ZusatzUrl, der beständ erhalten bleiben soll, führt zur Aufstockg des bish Url (Neumann Betr **69**, 441).

d) Teilurlaub (von UrlTeilg zu untersch, vgl Anm g). Grdsätzl besteht der UrlAnspr für das Url-(Kalender)jahr auf die volle UrlDauer, aber nur wenn das ArbVerh über das volle Jahr besteht. Besteht das ArbVerh nur für einen Teil des Jahres (auch bei GrdWehrD, § 4 I ArbPlSchG), hat der ArbN Anspruch auf TeilUrl nach dem sog Zwölftelprinzip (§ 5 BUrlG), wobei Bruchteile, die mind einen halben UrlTag ergeben, auf ganze Tage aufzurunden sind (§ 5 II BUrlG, sog Ganztagsprinzip), währd Bruchteile von UrlTagen, die nicht einen halben Tag erreichen, unberücks bleiben (BAG NJW **69**, 1048; aA Thies Betr **70**, 1880); jedoch ist für diese Bruchteile UrlAbgeltg mögl (vgl Anm j). Diese Vorschr kann auf den nicht dem BUrlG unterliegdn UrlAnspr entspr angewendet w. Abweichde vertragl Regelg ist zul, sow für den ArbN günstiger; ungünstiger nur dch TV (§ 13 I BUrlG; BAG **17**, 289). Der TeilUrlAnspr entsteht unabhängig davon, ob gg den früheren ArbG schon ein voller UrlAnspr erworben war (BAG **18**, 153); jedoch ist § 6 BUrlG anzuwenden, sow Url gewährt wurde. Bei der Zwölftelg liegt ein voller Monat auch dann vor, wenn nur noch ein Sonn- od Feiertag fehlt (BAG **18**, 167). Anspr auf Übertr des TeilUrl besteht nach § 7 III S 3 BUrlG. AusschlFr dch TV sind zul (BAG BB **71**, 309).

e) Anrechnung des MindUrl. **aa)** Auf Kur u SchongsZt dch § 10 BUrlG für alle ArbN (auch für Angest, BAG NJW **71**, 1231) grdsätzl verboten; ob dch TV vgl (§ 13 I BUrlG) eine Anrechng vereinb w kann, ist zweifelh (vgl Westphal BB **71**, 134). **bb)** Bei Erkrankg währd des Url ist eine Anrechnung verboten (§ 9 BUrlG), weil für die Zt der Erkrankg der UrlAnspr nicht erf w. Dies gilt ohne Vereinbg entspr auch außerh des BUrlG, so daß eine Erkrankg währd des über den ges MindestUrl hinausgehden MehrUrl diesen unterbricht (BAG BB **73**, 89), ebso bei unbezahltem SondUrl (BAG Betr **74**, 2114). Andere Ereignisse, die in den Url fallen u die den SondUrl veranlassen würden, sind ohne Einfluß u stehen einer Erkrankg nicht gleich (BAG **AP** Nr 91 zu § 611 UrlR). ArbN, die an einem BetrAusflug nicht teilnehmen, darf der ausfallde ArbTag nicht auf den Url angerechnet w (BAG BB **71**, 220). Keine Anrechng v BetrRuhetagen aus best Anlaß (zB 24. 12., LAG BaWü Betr **70**, 2328). Soll bei Zwangsbeurlaubg (vgl Anm 10) diese Zeit angerechnet w, so ist dies nur zul von dem Ztpkt an, zu dem der ArbG gleichzeit die Anrechng erkl (vgl auch Anm g; LAG Bln Betr **70**, 2327).

f) Arbeitsplatzwechsel. aa) Ist der Url vom früheren ArbG schon voll für das ganze Jahr gewährt, so kann vom neuen ArbG kein (weiterer) TeilUrl (Anm d) verlangt w (§ 6 I BUrlG); ist im neuen ArbVerh der UrlAnspr höher, kann Url für die überschießden Tage nur aus der entspr Dauer des neuen ArbVerh verlangt w (BAG NJW **70**, 678). Der frühere ArbG kann das UrlEntgelt (Anm i) nicht aus § 812 zurückfordern (§ 5 III BUrlG). **bb)** Hat der ArbN beim früheren ArbG noch nicht (vollen) Url erhalten, steht ihm für den TeilUrl (Anm d) UrlAbgeltg zu (Anm i). Der frühere ArbG kann aber die UrlAbgeltg verweigern, soweit der ArbN von seinem neuen ArbG Url verlangen kann (BAG stRspr, zuletzt NJW **71**, 534). Maßgebder Ztpkt: Geltdmachg des AbgeltgsAnspr (BAG aaO). **cc)** Der ArbG ist in jedem Fall verpfl, den abgegoltenen od gewährten Url bei Ausscheiden zu bescheinigen (§ 6 II ArbGG).

g) **Zeitpunkt:** Es gilt zunächst das, was die Partner des DVertr od ArbVertr über den Ztpkt des Url vereinb haben, zB dch normative Wirkg der BetrVereinbg bei einem UrlPlan (§ 87 I Nr 5 BetrVG) od BetrFerien; jedoch keine Bindg für MuSchBerecht (LAG Düss Betr **74**, 1872). Besteht keine Vereinbg, so best beim DVerh der DVerpfl (§§ 316, 315), beim ArbVerh kraft des DirektionsR (aber MitBest, § 87 I Nr 5 BetrVG) der ArbG (BAG NJW **62**, 268). Das hat nach bill Erm zu erfolgen (§ 315; BAG **AP** § 7 BUrlG Nr 5) sow BUrlG gilt, nach den Grds des § 7. Grdsätzl kann der Url dch den ArbG in die KündFr festgelegt w (vgl BAG Betr **74**, 1023). Vor Beginn des UrlJahres kann (im Vorgriff) Url nicht wirks (mit Erf des UrlAnspr) gewährt w (BAG **AP** § 9 UrlG Nr 3 u BB **74**, 509). Wg Eintr in UrlListe vgl LAG Düss Betr **70**, 1136. Einstw Vfg ist mögl (LAG Hamm Betr **70**, 1396). Grdsätzl ist der Url zushängd zu gewähren; (BAG **AP** Nr 1 zu § 7 BUrlG), jedoch ist UrlTeilg als Ausn mögl nach § 7 II BUrlG (zwingd § 13 I BUrlG). Es muß jedoch einer der UrlTeile mind 12 aufeinanderfolge Werktage umfassen (§ 7 II 2 BUrlG); das ist abdingb (§ 13 I 3 BUrlG). Soweit das BUrlG nicht gilt, insb für den über den MindUrl hinausreichden Url findet UrlTeilg dch Vereinbg od einseit im Rahmen des § 315 statt. Übertr des Url auf das nächste Url-(Kalender)jahr ist im Bereich des BUrlG nur nach § 7 III mögl, im übr dch Vereinbg, nicht über § 315. § 7 III ist zwingd wg § 13 I BUrlG, aber Abänderg dch TV zul (BAG Betr **73**, 1856). Die FürsPfl gebietet, dabei eine übermäß Verschieb des Url u Gefährdg des UrlZwecks (Erholg) zu vermeiden. Bei Erkrankg vor festgelegtem UrlAntritt muß der UrlBeginn neu festgesetzt w (LAG BaWü BB **74**, 1300). Ein nicht übertragener Url verfällt; ebso ein übertragener, der nicht gem § 7 III BUrlG genommen wurde. Ausn: Wenn der Url wg langdauernder Erkrankg nicht gen w (BAG NJW **70**, 679).

h) **Erwerbstätigkeit** währd des Url ist dem ArbN nach § 8 BUrlG verboten. Auch für Url, der nicht unter den ges MindUrl fällt, wird man ein solches Verbot aus der TreuePfl (Anm 4) ableiten können. Verstöße können außerord Künd (§ 626) u einen UnterlAnspr begrden; führen auch dazu, daß UrlEntgelt u UrlAbgeltg in entspr Umfang entfallen (BAG NJW **73**, 1995; gg einen RückzahlgsAnspr: Coester Betr **73**, 1124).

i) **Urlaubsentgelt** ist die währd des Url fortbezahlte Vergütg; vom UrlGeld (Gratifikation, Anm 7 e) u von der UrlAbgeltg zu unterscheiden. Ist Vergütg u hat § 611 als AnsprGrdlage. Bemessg: nach § 11 BUrlG der dchschnittl ArbVerdienst der letzten 13 Wochen vor UrlBeginn; eine Erhöhg der Vergütg währd des BerechngsZeitraums od des Url, die nicht nur vorübergehd ist, w berücks. Kürzg wg ArbAusfall, KurzArb od unverschuldeter Versäumn (insb Krankh), SonderUrl aus pers Grden (BAG **AP** § 11 BUrlG TeilZtUrl Nr 1) bleiben außer Betr; Umsatz- u Gewinnbeteiligg wird hinzugerechnet (BAG **AP** Nr 3 zu § 11 BUrlG), ebsowenig FremdProv (BAG BB **70**, 581) u Prämien (Anm 7a; and aber LeistgsPrämien v Berufssportlern, wenn Leistgslohn vorliegt, BAG **AP** § 11 UrlG Nr 10). Auch bei arbnehmerähnl Pers kann ein v Regelfall abw BerechngsZtRaum zugrdegelegt w (BAG BB **75**, 1578). Bei 5-Tage-Woche ist UrlEnteltgage der Wochenverdienst zu fünfteln (BAG **AP** Nr 1 zu § 7 BUrlG Abgeltg). Fälligk: Vor UrlAntritt (§ 11 II BUrlG). Diese Grdsätze sind auf Url, der nicht unter das BUrlG fällt entspr anzuwenden. Das UrlEntgelt ist wie normaler ArbLohn pfändb u fällt nicht unter § 850a Nr 2 ZPO (Faecks NJW **72**, 1448 mwN; bestr). Überzahltes UrlEntgelt kann grdsätzl nicht zurückgefordert w (Kube BB **75**, 747 [750]). Der Anspr auf UrlEntgelt kann an den ArbG (für Regreß) abgetreten w, soweit dieser für die Zt unfallbedingter ArbUnfähigk bezahlten Url gewährt (BGH **59**, 109 = JR **73**, 239 m Anm v Gitter).

j) **Urlaubsabgeltung:** Ist die Leistg von Geld od geldwerten Ggständen an Stelle eines vom ArbN od DVerpfl nicht genommenen Url; ist vom UrlEntgelt (Anm i) u vom UrlGeld (Gratifikation, Anm 7 e) zu unterscheiden. Ist nicht ArbVergütg des § 611 sond WertErs gem §§ 812, 818 II; setzt UrlAnspr voraus (BAG **3**, 60). Bemessg: wie UrlEntgelt (Anm i); es gilt das Ganztagsprinzip des § 5 II BUrlG (BAG Betr **69**, 354). UrlAbgeltg ist im Bereich des ges MindUrl grdsätzl verboten, ausnahmsw nur dann zul, wenn er weniger als einen halben Tag ausmacht (BAG **AP** § 5 BUrlG Nr 8) od Url wg Beendigg des ArbVerh nicht mehr gewährt w kann (§ 7 IV BUrlG). Verbotene UrlAbgeltg liegt auch vor, wenn ein dem UrlEntgelt (Anm i) entspr Betr zusätzl bezahlt w ohne Rücks darauf, ob der Url später genommen w, hierfür aber dann ein Abzug in des UrlEntgelts erfolgt (LAG Hbg BB **74**, 558). Auch dch TV können keine weiteren Fälle zul UrlAbgeltg geschaffen w (BAG **AP** § 7 BUrlG Abgeltg Nr 9). Das gilt auch für arbeitnehmerähnl Pers (BAG NJW **69**, 1981) u für OrganMitgl (BGH NJW **63**, 535). Der Anspr geht auf Geld. Er ist dch Aufhebg des § 7 IV 2 seit 1. 11. 74 nicht mehr wg ArbVertrVerletzgen ausgeschl; jedoch kann in krassen AusnFällen ein RMißbr in der Geltdmachg liegen (BAG Betr **78**, 847). Bei DVerh kann UrlAbgeltgsAnspr auch ohne bes Abrede entstehen (BGH WPM **75**, 761). Außerh der Geltg des BUrlG wird man UrlAbgeltg insow zulassen müssen, als der MindUrl gewahrt bleibt. Bei unzuläss UrlAbgeltg bleibt der UrlAnspr bestehen, bis er aus and Gründen erlischt (vgl Anm k). Der UrlAbgeltgsAnspr besteht nicht, wenn der ArbN im UrlJahr nicht in nennenswertem Umfang gearb hat, weil sonst der ArbG nicht bereichert ist; nach BAG (stRspr **AP** § 611 UrlR Nr 87, 88) w dieses Ergebn mit RMißbr begründet, wo die ges Umstände des Einzelfalls abzuwägen sind; auch bei Freistellg währd der KündFr angewendet (BAG Betr **69**, 355). Da der UrlAbgeltgsAnspr kein unabtretb UrlAnspr ist, ihn nur voraussetzt, ist er abtretb u pfändb, § 850a Nr 2 ZPO nicht zutrifft; er ist jedenf dann vererbl, nicht er zuläss vom ArbN geltd gemacht ist (alles sehr bestr; vgl Faecks NJW **72**, 1448 mwN). Meist w Unübertragbk daraus gefolgert, daß UrlAbgeltg an Stelle des UrlAnspr tritt. Der ArbN kann auf dem dem BUrlG unterliegden UrlAbgeltgs-Anspr wg § 13 I BUrlG nicht in einem außergerichtl GesVgl verzichten (BAG NJW **67**, 2376), wohl aber in einem ProzVgl (LAG Hbg BB **77**, 546) u mit ihm aufrechnen (aA Sielck Betr **69**, 396).

k) **Erlöschen** des UrlAnspr: IdR nur dch Erf (§ 362 I). Ausnahmen: Dch Beendigg des ArbVerh (dann UrlAbgeltgsAnspr, Anm j), dch Verzicht (§ 397), der auch stillschw mögl ist; er ist aber nur zul, wenn es sich nicht um den gesetzl MindUrl handelt (vgl § 13 I BUrlG); dch Verfallenlassen des Url, wenn er nach Übertragg nicht im Laufe der ersten 3 Monate des folgden Jahres genommen w (§ 7 III S 3 BUrlG), sonst grdsätzl mit Ablauf des Kalenderjahres, wenn er vorher nicht geltd gemacht w (BAG NJW **69**, 1981). Auch Verwirkg (§ 242 Anm 9) ist ausnahmsw mögl (BAG BB **70**, 581). Wg unterbliebener ArbLeistg vgl Anm b, cc. IdR kein Erlöschen dch VertrVerletzg des ArbN (BAG NJW **70**, 911).

13) Arbeitnehmererfindungen und technische Verbesserungsvorschläge. RFolgen sind im ArbEG geregelt. Das Arb- od DErgebn steht grdsätzl dem ArbG oder DBer zu (vgl § 950 Anm 3 a, aa), eine patentod gebrauchsmusterfäh Erfindg dem jew Erfinder. Das ArbEG schafft einen Ausgleich zw den Interessen des ArbG u des ArbN. Das G ist zT unabdingb (§§ 22, 23). Für den öff Dienst sind die §§ 40–42 zu beachten.

a) Anwendungsbereich: Nur bei ArbN, Beamten u Soldaten, nicht bei Gesellschaftern (vgl hierzu Schramm BB **61**, 105).

b) Diensterfindungen sind patent- od gebrauchsmusterfäh Erfindgen, die aus der dem ArbN im Betr obliegden Tätigk entstanden sind od maßgebl auf Erfahrgen od Arbeiten des Betr beruhen (§ 4 II). Dabei kommt es auf die rechtl Dauer des ArbVerh, nicht auf tats Beschäftig an (BGH **AP** § 4 ArbNEG Nr 1). Sie sind gebunden: Der ArbN muß sie melden (§ 5); dem ArbG steht es frei, sie in Anspr zu nehmen (§ 6). Nimmt er sie unbeschränkt in Anspr, gehen die Re aus der DErfindg auf ihn über (§ 7 I); bei beschr Inanspruchn entsteht nur ein BenutzgsR (§ 7 II). Pfl zur SchutzRAnmeldg trifft den ArbG (§§ 13 ff). Vergütgs-Anspr des ArbN besteht bei unbeschränkter Inanspruchn immer (§ 9), bei beschr nur, wenn der ArbG die Erfindg benutzt (§ 10); aber nur bei schutzrechtsfäh Erfindg (vgl § 10 II).

c) Freigewordene Diensterfindungen setzen schriftl Freigabe od beschr Inanspruchn dch den ArbG, od Unterlassen der Inanspruchn innerh 4 Monaten nach Meldg voraus (§ 8). Der ArbN kann frei über seine Erfindg verfügen.

d) Freie Erfindgen: Währd der Dauer des ArbVerh muß der ArbN eine Erfindg, die nicht DErfindg ist (Anm b), dem ArbG mitteilen (§ 18) u vor anderwit Verwertg dem ArbG zur nichtausschließl Benutzg zu angemessenen Bedingen anbieten (§ 19). Das VorR des ArbG erlischt bei NichtAnn innerh von 3 Monaten (§ 19 II). Zur Abgrenzg von der DErfindg vgl Schopp Rpfleger **71**, 203.

e) Technische Verbesserungsvorschläge (Begr u Abgrenzg zu DErfindg: Troidt BB **74**, 470). Anspr auf Vergütg (Anm f) hat ArbN nur, wenn der VerbessergsVorschlag techn Art ist, eine ähnl Vorzugsstell wie ein gewerbl SchutzR gewährt u vom ArbG verwertet w. Ob sie der ArbG verwertet, steht in seinem freien Erm (BAG NJW **65**, 1876). Für die Vorzugsstell genügt die tatsächl Möglichk der alleinigen Benutzg (BGH NJW **69**, 463). Ferner: § 87 I Nr 12 BetrVG.

f) Höhe der Vergütung: Sie muß angemessen sein. Grdsätze für die Bemessg: § 9 II; nicht maßgebd ist die Höhe der schöpferischen Leistg. Feststellg grdsätzl dch Vereinbg, sonst dch Festsetzg (§ 12), die unwirks sein können, wenn sie unbill sind. Nachträgl Änd der Verh w nach § 12 VI behandelt, auch ggü bereits festgesetzter Vergütg (BGH NJW **75**, 390). Über das Verh zu § 779 u GeschGrdlage: BGH NJW **73**, 1685. Verj: 30 Jahre (BGH MDR **78**, 47). Richtlinien für den priv Dienst: BArbM v 20. 7. 59 (BAnz Nr 156), für Beamte u Soldaten: BArbM v 1. 12. 60 (BAnz Nr 237). Zur Bemessg vgl Schade BB **60**, 449.

g) Verfahren: Vor KlageerhebG Verfahren der Schiedsstelle (§ 37). Für RStreit über Erfindgen ist die Patentstreitkammer des LG zust (§ 39 I). Die allg Zustdgk (§ 2 I Nr 2 ArbGG) besteht aber für Anspr aus festgestellter od festgesetzter Vergütg (§ 39 II) u bei techn Verbessergsvorschlägen (BAG **AP** Nr 1 zu § 20). Wg Praxis der Schiedsstelle vgl Schade BB **62**, 260.

14) Haftungsmaß und innerbetrieblicher Schadensausgleich. AGrd des DVerh u ArbVerh haften die VertrPart grdsätzl u jede Fahrlk (§ 276) mit den allg RFolgen, insb SchadErs (vgl Anm 1 e). Für ArbVerh bestehen aber von diesem Grds wichtige Ausn:

a) Bei Arbeitsunfällen. Hier haftet der ArbG für **Personenschäden** des ArbN nur für Vors, sow für den ArbUnf die UnfVers der RVO eingreift (§ 636 RVO); ebenso ist die Haftg beschr bei PersSchäden, die ein ArbN bei einem and ArbN desselben Betr dch eine betriebl Tätigk verurs (§ 637 RVO). Für **Sachschäden**, die der ArbN erleidet, gilt das nicht, sond: es wird für jedes Verschulden (§§ 276, 278) gehaftet; verurs ein ArbN den Sachschaden, kann er ggf gefahrgeneigter Arb Freistellg dch den ArbG verlangen, wenn er weder vorsätzl noch grob fahrl gehandelt hat (vgl Anm b, dd γ). Bei schuldlosem Verhalten des ArbG ist nur ein Anspr auf AufwendgsErs mögl (Anm 11).

aa) Begriff des ArbUnf ist in den §§ 548–552 RVO legal definiert; prakt umfaßt er jede Tätigk, die mit dem ArbVerh zushängt, insb auch den Weg nach u von dem ArbOrt (§ 550 RVO) u Berufskrankh (§ 551 RVO). Ob ein ArbUnf vorliegt, ist im Streitfall allein u bindd nach den Verf der RVO. dch den SozG festzustellen (§ 638 RVO); bis zu dessen Entsch ist ein Verf des ord Ger od des ArbG auszusetzen (§ 638 II RVO).

bb) Voraussetzungen der HaftgsBeschrkg: α) Des ArbG: Er darf nicht vorsätzl gehandelt haben. Es darf sich nicht um eine Teiln am allg Verk handeln (§ 636 RVO; Faecks NJW **73**, 1021). Der ArbN muß im Unternehmen (Einf 1 k) des ArbG tät sein; es genügt ein mittelb ArbVerh od Eingliederg in den Betr in der Art eines eigenen ArbN, zB bei einem zur Verfügg gestellten Montagetrupp (BGH **AP** Nr 45 zu §§ 898, 899 RVO); vorübergehde Eingliederg ohne Kenntn des Untern kann genügen (BGH NJW **66**, 452). Nicht genügen ReparaturArb im Dienst eines and Untern (Ilgenfritz NJW **63**, 1046). β) Des ArbN: Er muß in demselben Betr (Einf Anm 1 j), nicht nur im gleichen Unternehmen (Einf Anm 1 k) tät sein (Ilgenfritz aaO, Klein BB **64**, 644 [647]); verletzder u verletzter ArbN müssen denselben ArbG haben od in denselben Betr eingegliedert sein (BAG **AP** § 637 RVO Nr 5 u Betr **74**, 1119); vgl § 637 RVO; dagg K. Hartmann BB **71**, 49: Erweiterg auf tats Zuswirken an derselben ArbStelle (ähnl Migsch VersR **72**, 110). Es muß eine betriebl Tätigk vorliegen; der ArbUnf muß betriebsbezogen sein, dh dch eine Tätigk verurs, die vom Betr oder für den Betr übertr war od im BetrInteresse ausgeführt w (BAG NJW **67**, 220); das ist nicht gegeben bei Unf auf dem Weg von u zur Arb, wohl aber bei Fahrt mit firmeneignem Kfz zur auswärt ArbStelle (BGH BB **68**, 333), auch mit priv Kfz zwecks Wahrnehmg dienstl Aufgaben od Befugn (Köln OLGZ **70**, 150). Bei Fahrt mit Kfz des ArbG od des Betr besteht eine Vermutg für betriebl Tätigk (BAG NJW **70**, 442); insb gegeben, wenn ein BetrAngeh einen ArbN damit nach Hause bringt u der ArbG hierzu verpfl ist (BGH Betr **76**, 683).

cc) **Wirkung.** α) Anspr des ArbN, seiner Angeh u Hinterbliebenen aus and RGründen (insb Vertr oder unerlaubter Handlg) gg den ArbG od den betriebsangeh and ArbN sind ausgeschlossen (§§ 636, 637 RVO), auch der Anspr auf SchmerzG (BAG **AP** § 636 RVO Nr 3). β) Rückgr des SozVersTrägers wg seiner Aufwendgen nach § 640 RVO, also nur bei Vors od grober Fahrlässigk. Kein AnsprÜberg nach § 1542 RVO, soweit die Haftg beschr ist. γ) Soweit ein ArbN haftet, kann er von seinem ArbG Freistellg nur unter den Voraussetzgen gefahrgeneigter Arb u im dafür geltden Umfang (Anm b, dd γ) verlangen; das gilt auch ggü dem RückgrAnspr (Anm β), weil ein RückgrAnspr gg den ArbN in diesen Fällen unbill erschein u dch § 640 II RVO ausgeschl ist (Schiffauer NJW **74**, 983).

b) Bei gefahrgeneigter Arbeit, auch schadensgeneigte od gefahrtragde Arb genannt. Von Rspr u Schrifft entwickelte Regelg, die eine unbill Haftg des ArbN für von ihm verurs Sach- u PersSchäden vermeidet, indem der ArbN nicht für jede Fahrlk (entgg § 276) haften muß. Abgeleitet aus der FürsPfl od (besser) aus der RisikoVerteilg (umstr; vgl Canaris RdA **66**, 41; BAG **AP** Haftg des ArbN Nr 61). Die Grdsätze sind nicht zwingd; abweichde vertragl Vereinbg ist zul (LAG Düss BB **66**, 80), aber begrenzt dch §§ 138, 242.

aa) Begriff: Gefahrgeneigte Arb liegt vor, wenn die von ArbN zu leistde Arb ihrer Art nach eine bes große Wahrscheinlichk in sich birgt, daß Versehen unterlaufen u dadch Schäden verurs w, die zum ArbEink des ArbN in unangemessenem Verh stehen. Es ist dabei auf die Umst des Einzelfalles abzustellen, auch auf den konkreten Anlaß, aus dem der Schad entstanden ist (BAG **AP** Haftg des ArbN Nr 56); gerade dieser konkrete Sachverhalt, der zu dem Schad geführt hat, muß gefahrgeneigt sein (BAG **7**, 118 = NJW **59**, 1003). So kann eine sonst nicht gefahrgeneigte Arb in einer best Situation (zB dch Überlastg) gefahrgeneigt sein (BAG NJW **70**, 1206). Auch FehlEntsch des ArbN, insb bei eingetretenem Schad, ist aus der Gefahrensituation heraus zu würd (Anm **AP** Haftg des ArbN Nr 50). Die Aufg, für gefahrgeneigte Arb Weisg zu erteilen, ist nicht schon deshalb selbst gefahrgeneigte Arb (BAG **AP** aaO Nr 66). Bsp: Führen von Kfz ist nicht stets gefahrgeneigte Arb, aber, insb bei Lkw, in aller Regel (BAG NJW **67**, 269), ausnahmsw nicht bei ganz einf VerkSituation (BAG **AP** Haftg des ArbN Nr 22 u 26); Raupenfahrer (BAG **AP** Haftg des ArbN Nr 50); Kranführer (LAG Düss BB **56**, 817); Sattelschlepper (BAG Betr **73**, 1026); Überwachg einer Baustelle (BAG NJW **77**, 598); im Bereich der sog Mankohaftg jedenf zT; vgl Reinecke ZfA **76**, 215 mwN; wg Bürotätigk BGH NJW **70**, 34; wg Klinikarzt BAG NJW **69**, 2299. Geldtransport ist keine gefahrgeneigte Arb (vgl jedoch Lepke Betr **68**, 527), aber bei Organisationsmangel des ArbG ist § 254 mögl (LAG BaWü NJW **73**, 1996).

bb) Anwendungsbereich: Nur bei ArbVerh einschließl der AusbildgsVerh (BAG **AP** Haftg des ArbN Nr 59) u LeihArbVerh (ggü dem entleihdn ArbG, BGH NJW **73**, 2020 = JR **74**, 105 m Anm v Heinze). Grdsätzl nur im Rahmen der übertr Arb; bei eigenmächt Übern einer Arb ohne ausreichde Vorkenntn nur, wenn der ArbN unverschuldet eine akute Notlage annimmt (BAG NJW **76**, 1229). Bei Schäd, die der ArbN dem ArbG oder einem Dr zufügt. Gilt auch für Anspr aus unerl Hdlg (BAG NJW **67**, 269). Zweifelh bei ltd Angest, vgl Monjau Betr **69**, 84; bejahd: Becker-Schaffner VersR **71**, 21, BAG NJW **71**, 598 bei Tätigk, die für ltd Angest nicht charakterist sind; verneind BGH WPM **69**, 621 u NJW **70**, 34 (Justitiar). Für Anwendg auf alle ArbN: Boergen MDR **71**, 178. Nicht: Bei selbstd DVerh (BGH NJW **63**, 1100 m abl Anm v Isele; dagg auch Becker-Schaffner NJW **69**, 1235 u VersR **71**, 195); bei sog SchwarzArb (Celle NdsRpfl **73**, 48), wenn ein ArbN Schäden unter Überschreitg seiner ArbPfl verurs, zB bei einer HaftPflVers u Schwarzfahrt. Für Schäden, die dem ArbN selbst entstehen, ist nur ein ErsAnspr über § 670 mögl (vgl Anm 11 b).

cc) Beweislast: Trägt grdsätzl der ArbG; § 282 gilt nicht (BAG NJW **67**, 269). Für subj Umstände derjen, der sich darauf beruft (BAG **AP** Haftg des ArbN Nr 70). Grdsätzl kein AnscheinsBew für Abgrenzg zw einf u grober Fahrlk (BAG NJW **73**, 2020).

dd) Haftungsbeschränkung. Ausschl des SchadErsAnspr: Nach stRspr des BAG haftet der ArbN für Vors u grobe Fahrlk voll, für leichte Fahrlk grdsätzl nicht; im Bereich zw leichter u grober Fahrlk findet eine quotenmäß Verteilg des Schadens statt (BAG NJW **59**, 1796; BAG **AP** Nr 33 zu § 611 Haftg des ArbN). Bei geringer Schuld des ArbN hat aber ArbG in aller Regel den Schaden allein zu tragen. Subj Umstde (Jugendlk, Übermüdg, Unerfahrenh) sind zu berücks. Auch § 254 kann zu Alleinhaftg des ArbG führen, wenn er od sein ErfGehilfe (BAG **AP** Haftg des ArbN Nr 55) den Schad überwiegd verurs haben. Im übr sind die ges Umstände des SchadAnlaß u -folgen nach Billigk u Zumutbk ggeinander abzuwägen, auch das BetrRisiko zu berücks (BAG aaO u Nr 58). Bei mittlerer Schuld führt § 254 zu weiterer Quotelg (BAG NJW **71**, 957). Bei AusbildgsVerh ist bes zu beachten, daß die Einweisgs- u BeaufsichtiggsPfl erf w (BAG **AP** Haftg des ArbN Nr 58). Besteht zG des ArbN eine HaftPflVers, so ist zu differenzieren (vgl Hirschberg VersR **73**, 786); im Fall des § 67 VVG kann HaftgsBeschrkg ausgeschl sein (BGH NJW **72**, 440). Fahrlehrer haften höchstens bis zur übl SelbstBeteiligg bei VollkaskoVers (ArbG Münster Betr **73**, 2200).

ee) Freistellungsanspruch des ArbN gg den ArbG, wenn er einem betriebsfremden Dr Schad zugefügt hat, einschl SchmerzGAnspr (BAG NJW **63**, 1941); besteht auch gg den RegreßAnspr eines Versicherers (Düss NJW **68**, 252) u wenn der ArbN vermögenslos ist od der ArbG für ihn eine HaftPflVers abgeschl h (BGH MDR **76**, 646). Der Anspr des Verletzten gg den ArbN w dadch nicht berührt (BGH **41**, 203). Bei ArbKollegen, die der ArbN schädigt, besteht wie bei Anm ee ein FreistellgsAnspr wg Sachschäden (vgl Anm a); bei Körperschäden ist dies aber wg der HaftgsBeschrkgen bei ArbUnf (Anm a) nur ausnahmsw mögl (BAG **AP** Haftg des ArbN Nr 37).

ff) Sonstige Wirkungen: Der Anspr des ArbG gg einen Zweitschädiger (§ 840) ist um den Anteil gemindert, für den ein RegreßAnspr (§ 426) gg den ArbN besteht (Karlsr OLGZ **69**, 157). Hat bei mehreren Beteiligten der ArbG als Halter eines Kfz einen AusgleichsAnspr gg einen Dr (§ 17 StVG), so w der Anspr gg den ArbN entspr gemindert (LAG Bln BB **71**, 1412).

c) Bei nicht gefahrgeneigter Arbeit. aa) Schädigung des Arbeitgebers. Der ArbN haftet bei VertrVerletzg grdsätzl für Vors u jede Fahrlk (vgl Anm 1 e u 3 e), wobei ggf § 254 zu beachten ist. Haftg ohne Versch (§ 276) u ohne Verursachg nur aGrd bes Vereinbg od bes Umst, insb für Kassenfehlbestand (sog

Mankohaftg); hierfür gilt: Die Vereinbg, daß ohne weiteres für das Manko gehaftet w (Mankoabrede) setzt einen angem wirtsch Ausgl (Mankogeld) voraus, um wirks zu sein (BAG **AP** Haftg des ArbN Nr 54). Ohne Vereinbg haftet der ArbN nur, wenn er allein VfgsMacht u ausschließl Zugang zur Kasse hat (BAG aaO). § 254 ist auch bei MankoHaftg anwendb, entfällt aber bei absichtl od strafb Handeln des ArbN (BAG **BB 71**, 705). Die MankoHaftg geht nur auf den EinstandsPr (LAG Düss Betr **74**, 2115). BewLast: Grdsätzl der ArbG (vgl Anm 1 e, ee), der ArbN ausnw bei zumutb Überwachgsmöglk (BAG NJW **74**, 1155). Prima-facies-Bew mögl, wenn nachgewiesen ist, daß dem ArbN Geld u Ware in best Menge übergeben w (LAG Düss Betr **74**, 2115). **bb) Schädigung Dritter:** W der ArbN dadch schadersfl, so hat er gg den ArbG einen teilw FreistellgsAnspr, wenn der ArbG od sein ErfGeh den Schad mitverschuldet hat (BAG NJW **69**, 2299).

15) Besonderheiten bei Dienstverträgen: Der Patient eines Arztes (Einf 2a, bb) hat Anspr auf Herausg u Einsicht in die v Arzt erstellten u eingeholten Krankenunterlagen nur in best Umfang u unter best Voraussetzgen (hierzu Daniels NJW **76**, 345; vgl § 810 Anm 3).

612 *Vergütung.* ^{I} Eine Vergütung gilt als stillschweigend vereinbart, wenn die Dienstleistung den Umständen nach nur gegen eine Vergütung zu erwarten ist.
^{II} Ist die Höhe der Vergütung nicht bestimmt, so ist bei dem Bestehen einer Taxe die taxmäßige Vergütung, in Ermangelung einer Taxe die übliche Vergütung als vereinbart anzusehen.

1) Allgemeines. a) Zweck: I soll bei DLeistgen D(Arb)Verh von unentgeltl Auftr u GefälligkVerh abgrenzen. **b) Anwendungsbereich:** Alle D(Arb)Verh, einschließl GeschBesorggsVertr (§ 675), auch bei Nichtigk des Vertr (BAG **AP** § 138 Nr 2) od wenn nur die VergütgsVereinbg ungült ist (BAG **AP** Nr 20), ferner entspr bei Verrichtg höherwert Arb dch Vertretg für einen vakanten ArbPlatz (BAG Betr **78**, 1131). II gilt für alle Arten v Vergütg (vgl § 611 Anm 6, 7). Für AusbildgsVerh (Einf 5 vor § 611) gilt § 10 BerBG. **c) Mehrwertsteuer:** Soweit ihr die Vergütg unterliegt, ist sie zusätzl zum Entgelt (Anm 3) zu zahlen. Ob sie ohne bes Vereinbg in der vertragl festgelegten Vergütg enthalten ist, dürfte eher zu bejahen sein als bei Kauf- u WerkVertr (vgl § 157 Anm 5 b). In dem nach der GebO für Arch berechneten HöchstPr ist die MWSt jedenf enthalten (BGH NJW **73**, 755).

2) Vergütungspflicht (I). a) Voraussetzungen: Es muß obj von seiten dessen, für den die De geleistet w, ohne Rücks auf dessen pers Meing (BAG **AP** Nr 13) die Entgeltlk zu erwarten sein. VerkSitte, Stellg der Beteil zueinander, Umfang u Dauer der De sind maßgebl. Sow die De in den Rahmen des vom DLeistden ausgeübten Hauptberufs gehören, w idR Entgeltlk zu bejahen sein. Bei DLeistg für Verwandte, Freunde u im eheähnl Verh ist ein Indiz für Unentgeltlk, wenn die Vergütg erst später, insb nach Zerwürfnis verlangt w; aus der DLeistg allein folgt noch kein VergütgsAnspr (BAG NJW **74**, 380). Sonderfall: Länger dauernde unentgeltl (od erhebl unterbezahlte) DLeistg in Erwartg künft Zuwendgen (insb Erbeinsetzg), Heirat od Adoption, die dann nicht eintreten (sog zweckverfehlte DLeistg). Hier w v der Rspr § 612 I idR bejaht, auch wenn von Empfängern der De keine sichere Aussicht auf die Zuwendg eröffnet wurde (BAG **AP** Nr 23) od wenn die Zuwendg wg Testierverbots mißlingt (BAG **AP** Nr 27). Bsp: unentgeltl Arb für den Vater des Verlobten in Erwartg, daß dessen Betr übernommen w kann (BAG **AP** Nr 13); unterbezahlte Arb im Betr des Onkels in Erwartg von Erbeinsetzg (BAG **AP** Nr 23); DLeistg in Erwartg zukünft Vermögenszuwendg unter Lebenden (BGH WPM **70**, 90). **b) Wirkung:** Die Vereinbg, daß eine Vergütg zu zahlen ist, wird unwiderlegb vermutet. Die Höhe richtet sich nach Anm 3. Die Fälligk folgt den allg Regeln (vgl § 614). Bei Erwartg v Erbeinsetzg od Vermächtn ist Stundg bis zum Tod des DBer anzunehmen (BAG **AP** Nr 15 u 27); die Zusage ist frei widerrufl (BAG NJW **78**, 444). **c) Beweislast:** Der DLeistde für die Umstde des I, der DBer für die Vereinbg v Unentgeltlk.

3) Höhe (II). Sie w in dieser Reihenfolge best: Ausdrückl od stillschw Vereinbg (§ 611 Anm 6 b), taxmäß Vergütg (Anm a), übl Vergütg (Anm b), Best dch den DVerpfl (§§ 315 I, 316); ist diese Best unbill, dch Urt (§ 315 III), BewLast trägt derjen, der sich auf II als die für ihn günst Vorschr beruft. **a) Taxen:** Das sind nur nach B- od LandesR zugelassene u festgelegte Gebühren (Vergütgssätze), die Höchst- od Mindestsätze darstellen, insb die BRAGebO (bestr), die GebO für Ärzte u Zahnärzte zB die auf §§ 76–78 GewO beruhen, dch KommunalBeh festgesetzten Taxen (insb PersBeförderg, Schornsteinfeger). Alle Taxen sind insof dispositiv, als eine and Vergütg (vorher od nachher) vereinb w kann; jedoch ist die übl Vergütg u die einseit Best (§§ 315, 316) ausgeschl, so daß es bei der Taxe verbleibt, wenn keine Einigg zustande kommt. **b) Übliche Vergütung** ist die für gleiche od ähnl DLeistg an dem betreffden Ort mit Rücks auf die pers Verh gewöhnl gewährte Vergütg. **aa) ArbN:** Es ist fast allg übl, daß auch bei nichttarifgebundenen ArbN der entspr TarLohn (auch mit im Betr gewährten Zuschlägen) bezahlt w (LAG Düss Betr **78**, 165). Dem entspr auch die vielfach kritisierte hM. W auf Veranlassg des ArbG (auch nur vorübergehd) höherwert Dienste geleistet, so besteht Anspr auf die Vergütg für die entspr höhere TarGruppe (vgl BAG NJW **73**, 294). **bb) Selbständige:** GebO v Verbänden u priv erstellte (zB AllGO für wirtschprüfde, wirtsch- u steuerberate Berufe, BGH NJW **70**, 699 mwN) können nicht ohne weiteres als übl Vergütg angesehen w; idR w eine allg Verkehrsgeltg bei den beteil Kreisen verlangt u festgestellt w müssen (vgl § 632 Anm 3b). Vergütg für RBeistde bei außergerichtl Tätigk kann frei vereinb w, ohne Bindg an die Art IX § 9 KostÄndG (BGBl **57**, 861) best Sätze für gerichtl Tätigk (Wallner VersR **75**, 888; Kblz Büro **77**, 1371; bestr). **c) Einseitige Bestimmung** (§§ 315, 316) dch den DVerpfl ist auch dann vorzunehmen, wenn eine übl Vergütg nicht nur fehlt, sond einen Spielraum läßt.

613 *Persönliche Pflicht und Berechtigung.* Der zur Dienstleistung Verpflichtete hat die Dienste im Zweifel in Person zu leisten. Der Anspruch auf die Dienste ist im Zweifel nicht übertragbar.

1) Dienstleistungspflicht. S 1 ist Ausleggsregel; daher abdingb. **a)** Pers DLeistgsPfl: insb bei sog höchstpers, bei denen es auf die bes Fähk der betr Pers ankommt (vgl Neumann-Duesberg BB 70, 1462). Bei ArbVerh darf der ArbN auch nicht vorübergehd seine Arb dch betriebsfremde Pers leisten lassen (LAG Düss NJW 67, 2177). Bei DVertr dürfen HilfsPers herangezogen w (Umfang: § 157). RFolgen: bei Tod des DVerpfl, insb des ArbN endet das DVerh (Vorbem 1b, bb vor § 620); die Pfl geht nicht auf den Erben über. Anfängl Unmögl: Anwendbk der §§ 306, 307 ist umstr (vgl Neumann-Duesberg aaO). Vertrwidr Übertr auf Dr: §§ 325, 326. **b)** DLeistg dch Dr: Zulk muß vereinb sein od sich aus den Umst ergeben. Bsp: Mandat an AnwSozietät (BGH NJW 63, 1301); Hausmeisterehepaar (AG Ffm MDR 60, 676).
2) Dienstleistungsanspruch. S 2 ist Ausleggsregel; daher abdingb. **a)** Unübertragbk: Ausn v § 398; hindert nicht, daß die De ganz od zT zG eines Dr geleistet w. Vererblk ist nicht ausgeschl. Wg Beendigg des DVerh inf Tod des DBer vgl Vorbem 1b, bb vor § 620. **b)** Übertragbk muß vereinb sein od sich aus den Umst ergeben. Das ist insb bei sog ZeitArbUntern gegeben (vgl Einf 4a, ee vor § 611). Mit Zust des DVerpfl kann der Anspr jederzeit übertragb w. Bei ArbGWechsel: § 613a.

613a *Betriebsübergang.*
I Geht ein Betrieb oder Betriebsteil durch Rechtsgeschäft auf einen anderen Inhaber über, so tritt dieser in die Rechte und Pflichten aus den im Zeitpunkt des Übergangs bestehenden Arbeitsverhältnissen ein.
II Der bisherige Arbeitgeber haftet neben dem neuen Inhaber für Verpflichtungen nach Absatz 1, soweit sie vor dem Zeitpunkt des Übergangs entstanden sind und vor Ablauf von einem Jahr nach diesem Zeitpunkt fällig werden, als Gesamtschuldner. Werden solche Verpflichtungen nach dem Zeitpunkt des Übergangs fällig, so haftet der bisherige Arbeitgeber für sie jedoch nur in dem Umfang, der dem im Zeitpunkt des Übergangs abgelaufenen Teil ihres Bemessungszeitraums entspricht.
III Absatz 2 gilt nicht, wenn eine juristische Person durch Verschmelzung oder Umwandlung erlischt; § 8 des Umwandlungsgesetzes in der Fassung der Bekanntmachung vom 6. November 1969 (Bundesgesetzbl. I S. 2081) bleibt unberührt.

1) Allgemeines. a) Inkrafttreten: Seit 19. 1. 72, eingefügt dch § 122 BetrVG; aber unabhängig vom Geltgsbereich des BetrVG; daher auch anwendb bei Veräußerg an od v jur Pers d öff R (LAG Bln BB 78, 153). **b) Zweck:** Schutz der ArbN dch Sicherg der ArbPlätze, sowie der Funktion u Kontinuität des Betr. Unabhängig v der Möglk dch dreiseit Vertr ArbVerh zu übertr (vgl Einf 1e vor § 611). **c) Anwendungsbereich:** Nur bei ArbVerh (Einf 1e vor § 611), einschließl der gekünd, solange die KündFr läuft (BAG BB 78, 914); auch die von ltd Angest (BAG aaO); nicht RuhestandsVerh (BAG NJW 77, 1791; vgl auch Paulsdorff KTS 77, 212; aA Säcker/Joost Betr 78, 1030) u das DVerh des GmbH-GeschFührers (Celle Betr 77, 1840). Abs III beschränkt die Anwendbk des Abs II für Fälle, in denen das Verm des bisher ArbG sowieso auf den neuen ArbG voll übergeht; bei § 8 UmwG bleiben die Verm noch getrennt. Bei Erbfolge gilt § 613a nicht (dieselben RFolgen wie bei Abs I treten dch § 1922 ein). Bei Veräußerg im Konk u LiquidationsVgl gilt § 613a nur für Pfl des ArbG aus dem BetrVG, nicht für bestehde, insb rückständ Verbindlk (sehr umstr); offengelassen v BAG BB 77, 897; wie jetzt wieder hier: Riedel NJW 75, 765; Grub KTS 78, 129 mwN; LAG BaWü Betr 77, 826; aA das hierin rein arbrechtl orientierte Schriftt: zB Hess Betr 76, 1154). § 613a gilt nicht bei Ausscheiden eines Gesellschafters des ArbG (BAG NJW 78, 391), der nach § 128 HGB weiter haftet. **d) Abdingbarkeit:** Wg des Schutzzweckes (Anm a) ist § 613a zwingd (BAG NJW 76, 535); vor dem BetrÜbergang können die Wirkgen der Abs I u II nicht dch Vertr von dem bisher ArbG ausgeschl w. Aufhebg des ArbVertr u Änd seines Inhalts dch Vertr (§ 305) des neuen ArbG u des ArbN ist auch vor dem BetrÜbergang zul, insb auch in Lohnerlaß (BAG NJW 77, 1168). **e) Kündigung** des ArbVerh dch den bisher od den neuen ArbG bleibt unter den allg Voraussetzgen (insb KSchG) mögl, dch § 613a nicht ausgeschl aber vom Zweck her eingeschr (hierzu Neumann-Duesberg NJW 72, 665). Für einen AusglAnspr in Geld aus Aufopferg (vgl § 906 Anm 5) tritt Neumann-Duesberg ein (BB 72, 620).

2) Voraussetzungen (Abs I). **a) Betrieb** (vgl Anm 1a) od BetrTeil v gewisser Eigenständigk (Hasford BB 78, 528), insb BetrAbt (BAG BB 74, 468), auch NebenBetr (Einf 1j vor § 611; vgl Neumann-Duesberg NJW 73, 268), gleichgült welcher Größe; denkb auch bei einem einz ArbN. Auch die Übertr der BetrEinrichtg (BetrMittel) u Entferng vom bisher BetrGrdst, kann den Betr darstellen, wenn er auf einem and Grdst fortgeführt w kann (BAG NJW 76, 535; abw Hess Betr 76, 1154: nicht ohne ArbN). StilleggsAbs steht nicht entgg (BAG aaO). Übnahme einzelner Maschinen u Teile der ArbNsch ohne organisator Zufassg genügt nicht (LAG BaWü 11 Sa 24/77). Ebsowen der Erwerb des AnlageVerm (LAG SchlH Betr 78, 1406). Es fallen auch die TendenzBetr (§ 118 I BetrVG) darunter (Neumann-Duesberg aaO). **b) Übergang** auf and Inh (auch v od auf jurP öffR, LAG Hamm BB 77, 296) ist jeder Wechsel des BetrInh auch dch Umwandlg (§ 1 UmwG; §§ 362ff AktG) u Verschmelzg (§§ 339ff AktG), auch innerh eines Konzerns. Übergang ist noch nicht das VerpflGesch (vgl Anm c), sond erst die End dch Übertr der Sachen u Re, die den Betr darstellen. **c) Rechtsgeschäft:** Es muß dem Übergang zugrdeliegen. Als RGrd kommt Kauf, Pacht (BAG Betr 75, 1993), Schenkg, Umwandlg- od VerschmelzgsBeschl in Betr, wobei es auf die Motive des Erwerbers (auch StilleggsAbsicht) nicht ankommt (BAG Betr 78, 1453). Ohne RGesch über den Betr zw früh u jetzt ArbG ist § 613a unanwendb (Bsp bei LAG Hamm BB 75, 282 u LAG BaWü BB 77, 1607). Für Übergang des BetrGrdst bei ZwVerst u ZwVerw gilt § 613a nicht (Richardi RdA 78, 56). Auf Vereinbg der VertrPart, die den § 613a ausschließen sollen, kommt es wg Anm 1d nicht an (BAG NJW 76, 535). **d) Bestehende Arbeitsverhältnisse** aller Art, auch fakt (Einf 4a, aa vor § 611). Auch gekünd, wenn sie inf der Fr noch nicht beendet sind. **e) Zustimmung** des ArbN ist grdsätzl nicht nöt; jedoch hindert ein Widerspr des ArbN den Überg seines ArbVerh gem Anm 3 (BAG BB 77, 1549; aA bei Überg des ges Betr LAG Bln BB 78, 153 mwN u Ziege BB 78, 203). Fortsetzg des ArbVerh mit neuem ArbG u Schweigen innerh angemessener ÜberleggsFr gelten als Zust (BAG BB 78, 812). Das gilt erst recht bei Überg eines BetrTeils; der ArbN riskiert aber eine betrbedingte Künd des bisher ArbG (§ 1 KSchG; BAG NJW 75, 1378; dagg Hess BB 77, 501).

3) Wirkung. Das ArbVerh besteht fort; hierauf abzielde rechtsgesch Erkl der Beteil sind unnöt. § 412 gilt. Der Übergang der Re u Pfl bezieht sich aber nur auf solche aus dem ArbVerh, nicht auf die Tarifbindg (Mösenfechtel/Schmitz RdA **76**, 108); diese kann auch nicht nur aGrd des § 25 HGB übergehen. Nicht dazu gehören die rückständ SozBeitr (BayObLG BB **74**, 1582) u Lohnsteuer. Auch an selbstd Versorggseinrichtgen des bisher ArbG erwirbt der neue ArbG keine Re (BAG BB **77**, 1251). **a) Neuer Arbeitgeber** (I). Diese RStell erlangt der neue BetrInh mit dem Übergang (Anm 2b). Er tritt im ArbVerh anstelle des bisher ArbG, w Schu aller bisher entstandenen Pfl, zB rückständ Lohn (BAG NJW **77**, 1168), VersorggsAnwartsch (BAG BB **77**, 1251) u Inh aller auf dem ArbVerh beruhden Re ggü dem ArbN, insb auch für den Anspr auf ArbLeistg (Ausn von § 613) u als DrSchu der Lohnpfänd (LAG Hamm BB **76**, 364); jedoch kann ein Verzicht des ArbN auf freiw begrdete betriebl SozLeistgen wirks sein (vgl BAG BB **77**, 897). **b) Bisheriger Arbeitgeber** (II). Er verliert alle Re aus dem ArbVerh. Für die bis zum Übergang (Anm 2 b) entstandenen Pfl haftet er dem ArbN weiter, ggf anteil (LAG Düss Betr **77**, 502). GesSchuld gem §§ 421ff. Für Fälligk (wicht wg S 1) sind §§ 614, 271 zu beachten. Im Verh zum neuen BetrInh richtet sich die AusglPfl (§ 426) nach dem Vertr zw ihnen (Anm 2c); iZw hat der bisher ArbG bis zum Überg, ggf anteil, alle entstandenen u fäll Verbindlk zu tragen. **c) Arbeitnehmer.** Seine ArbPfl besteht ggü dem neuen ArbG (Ausn von § 613). Die BetrZugehörigk als Voraussetzg für die verlängerten KündFr (§ 622 II, § 1 AngKüSchG), für KündSchutz (§ 1 I KSchG), RuhegeldAnwartsch (Einf 7c vor § 611) u Gratifikation (§ 611 Anm 7e, aa) w dch den Betr-Übergang nicht unterbrochen. Bei ÜbNahme von 2 Betr gilt der Grds der Gleichbehandlg auch in seinem AnwendgsBereich (§ 611 Anm 9) nicht (BAG BB **77**, 145). **d) Prozessuales:** Bei Anspr, für die § 613a anwendb ist, gelten ZPO 265, 325, 727 (BAG BB **77**, 395).

614 *Fälligkeit der Vergütung.* **Die Vergütung ist nach der Leistung der Dienste zu entrichten. Ist die Vergütung nach Zeitabschnitten bemessen, so ist sie nach dem Ablaufe der einzelnen Zeitabschnitte zu entrichten.**

1) Allgemeines. § 614 ist Sonderregel ggü § 271. Prakt geringe Bedeutg, da SonderVorschr (§§ 64, 87 c HGB, § 11 BerBG) bestehen u im ArbR § 614 dch TV u BetrVereinbg (§ 87 I Nr 4 BetrVG) häuf abbedungen ist.

2) Wirkung: a) VorleistgsPfl des DVerpfl; daher hat er ein ZbR aus § 273 nur, wenn die fäll gew Vergütg nicht bezahlt ist od der DBer and Pfl nicht erf (vgl § 611 Anm 1 e). **b)** Vorschüsse u AbschlagsZahlg erfordern gesetzl ausdrückl od stillschw Vereinbg, idR anzunehmen bei AufwandsEntsch u Spesen (LAG BaWü BB **69**, 875), aus FürsPfl (§ 611 Anm 8) bei Notfällen (hM), Abschlag u Vorschuß mindern ohne Aufrechng od sonst Erkl als vorzeit Erf (vgl § 362 Anm 1) die Vergütg. Die Beendigg des ArbVerh rückt die spätere Fälligk einer Vergütg, insb einer sonst Vergütg (zB Treueprämie) nicht auf diesen Ztpkt vor (BAG BB **73**, 144).

615 *Vergütung bei Annahmeverzug.* **Kommt der Dienstberechtigte mit der Annahme der Dienste in Verzug, so kann der Verpflichtete für die infolge des Verzugs nicht geleisteten Dienste die vereinbarte Vergütung verlangen, ohne zur Nachleistung verpflichtet zu sein. Er muß sich jedoch den Wert desjenigen anrechnen lassen, was er infolge des Unterbleibens der Dienstleistung erspart oder durch anderweitige Verwendung seiner Dienste erwirbt oder zu erwerben böswillig unterläßt.**

1) Allgemeines. a) Grundgedanke: Der DVerpfl ist idR für seinen LebensUnterh auf die Vergütg angewiesen. Er kann seine ArbKraft über die er dch das DVerh disponiert hat, nicht ohne weiteres anderweit verwerten u ohne Schädigg nachholen. **b) Anwendungsbereich:** Alle DVerh, nicht nur ArbVerh, auch kurzzeit u vorübergehde (zB Unterricht, Tagesaushilfen), auch wenn sie noch nicht angetreten sind. Zeitl nur bis zu ihrer Beendigg. Nicht: währd des Ruhens v ArbVerh (Vorbem 1 vor § 620). **c) Rechtsnatur:** § 615 gibt keinen selbstd Anspr sond bewirkt, daß (abw v Grdsatz „Lohn nur für geleistete Dienste", vgl § 614) der VergütgsAnspr (§ 611) dem DVerpfl erhalten bleibt. Er ist daher ein ErfAnspr, kein SchadErsAnspr (BGH NJW **67**, 250. Daraus folgt: Fälligk wie bei tats DLeistg (BAG **AP** Nr 23), ebso der Umfang, sodaß insb der vermutl Akkordlohn, Prov, Gratifikation u Zulagen zu zahlen sind (BAG **AP** Nr 23; Hoppe BB **67**, 1491). **d) Verhältnis zu §§ 323–325** (vgl Neumann-Duesberg JuS **70**, 68). Soweit § 615 erf ist, kann § 323 nicht angewendet w u tritt nur ein, wenn kein AnnVerzug vorliegt. Wenn die DLeistg inf Versch des DBer unmögl w, gilt § 324 u es treten die gleichen RFolgen wie bei § 615 ein (§ 324 I). Für §§ 323–325 ist allg zu beachten: Eine DLeistg w dadch, daß sie für einen best ZtRaum nicht erbracht w, nur unter der Voraussetzg unmögl, daß sie nicht nachgeholt w kann. Ist sie nachholb, so tritt Befreiung v der DLeistg nur über § 615 ein, da §§ 323, 324 Unmöglk voraussetzen. Mit ihrem Eintritt endet auch der Ann-Verzug (BAG **AP** Nr 20). Es gelten dann je nachdem, ob Versch vorliegt oder nicht, § 325 (bei Versch des DVerpfl), § 324 (bei Versch des DBer) oder § 323 (fehldes Versch; hierzu Anm 4). **f) Abdingbarkeit:** Ist für S 1 wie für S 2 zu bejahen (hM; BAG NJW **64**, 1243); muß (jedenf für S 2) zweifelsfrei vereinb sein (BAG aaO). Die Klausel, „bezahlt w nur die Zt der geleisteten Arb" bezieht sich nur auf ArbVersäumn des § 616 u ist für § 615 bedeutgslos (BAG **AP** BetrRisiko Nr 14); S 1 ist aber im ArbVerh des LeihArb unanwendb (§ 11 IV AÜG). BewLast für abw Vereinbg trägt derjen, der sich darauf beruft (vgl BAG NJW **64**, 1243).

2) Voraussetzungen für die Erhaltg des VergütgsAnspr: **a) Möglichkeit** der DLeistg ist ungeschriebene Voraussetzg des S 1, weil bei Unmöglk (zB bei Stromsperre, Ausfall v Maschinen) die §§ 323–325 anzuwenden sind (vgl Anm 1 d). Außerdem tritt wg § 297 kein AnnVerzug ein. **b) Unterbleiben** der DLeistg für einen best ZtRaum, u zwar nur völl Unterbleiben. W die De im Rahmen der zeitl laufden DLeistg nur zT erbracht (zB Fahren ohne EntladeArb) kommt nur SchlechtErf in Betr (§ 611 Anm 3 e). **c) Annahme-**

verzug. Hier sind die §§ 293 ff anzuwenden. Für D(Arb)Verh sind hierfür typisch: **aa) Angebot** der DLeistg dch den DVerpfl. α) **Tatsächlich** (§ 294). Er muß sich rechtzeit zum Ort der DLeistg (§ 611 Anm 3 d) begeben u versuchen, mit der Arb zu beginnen. Dieses Angebot braucht nicht wiederholt zu werden (BAG **AP** Nr 20), jedenf solange nicht der DBer dazu übergeht, zur ArbLeistg aufzufordern. Stets muß bei andauerndem DVerh auch das LeistgsAngebot fortbestehen (BAG aaO) am besten gem Anm β dch eine entspr Erkl. β) **Wörtlich** (§ 295). Diese Erkl muß gem § 130 dem DBer zugehen, auch stillschw mögl, muß den ernsten Willen des DVerpfl zur DLeistg erkennen lassen (vgl BAG [GS] **3**, 66). Diese sog LeistgsBereitsch muß tats bestehen (BAG NJW **75**, 1336) u kann idR nur für ZtRäume festgestellt w, die vor dem Vhdlgs-Schl (§ 278 ZPO) liegen (BAG aaO). Auch die LeistgsFähk (§ 297) muß gegeben sein (BAG BB **74**, 277). In AusnFällen kann schon in der bisher ArbLeistg dieses Angebot gesehen w (vgl BAG **AP** BetrRisiko Nr 13), zB bei einseit unberecht eingeführter KurzArb (BAG NJW **69**, 1734), bei endgült Ablehng der Weiterbeschäftigg dch Hausverbot (BAG NJW **78**, 72), aber noch nicht bei einer bloß unberecht Künd (BAG NJW **61**, 381). Es kann uU § 324 erf sein (Nikisch RdA **67**, 241). IdR ist ein Widerspr des DVerpfl (ArbN) gg die Künd erforderl (BGH NJW **67**, 250), insb KündSchKl (BAG NJW **63**, 1517), wobei ein Auflösgsantr gem § 9 KSchG, wenn er nicht zurückgenommen w, nicht schadet (BAG NJW **22**). Hingg macht ein Hinw auf ArbUnfähigk das Angebot unwirks (BAG **AP** Nr 26; vgl Anm a). Bei vorangegangener Krankmeldg muß der ArbN im KündSchProz bei Ende der Erkrankg die Leistg anbieten (BAG NJW **75**, 1335). Das wörtl Angebot genügt nur (vgl § 295), wenn der DBer vorher dem DVerpfl erkl hat, er werde die De nicht annehmen (zB den Betr zu betreten) od, wenn Mitwirkgshdlg des DBer erforderl ist (zB Bereitstellg v ArbPlatz, -gerät u -material). Das Angebot (u der AnnVerzug) entfällt nicht dadch, daß der DVerpfl ein anderes D(Arb)Verh eingeht (das ergibt indirekt II). **bb) Nichtannahme** dch den DBer (§ 293), ausdrückl od stillschw, ohne Rücks auf Versch (§ 276), insb dch fristlose Künd, Abberufg v VorstdsMitgl einer AG od GeschF einer GmbH (hierzu Peltzer BB **76**, 1249), Einf v KurzArb u BetrUrl, Zutrittsverweigerg zur ArbStelle, Beurlaubg des DVerpfl. Der AnnVerzug entfällt von dem Ztpkt an, zu dem sich der DBer zur Weiterbeschäftigg bereit erkl (BAG **AP** Nr 23), zB die Künd zurücknimmt (Soergel-Wlotzke-Volze 11; bestr.) **d) Ursächlichkeit** (wie Vorbem 5a, bb vor § 249) des AnnVerzugs (Anm c) u für das Unterbleiben (Anm b).

3) Rechtsfolgen. Der DVerpfl behält den VergütgsAnspr (S 1) in Art u Umfang wie unter Anm 1 c dargestellt. Daneben kann er Mehraufwendgn gem § 304 verlangen. Dieser Anspr kann nicht dch MitverursachG (§ 254) herabgesetzt w, weil der Anspr nicht auf SchadErs gerichtet ist (BAG NJW **67**, 250). Der Anspr ist aber in seiner Entstehg dch die **Anrechnung** (S 2) entspr § 324 I 2, beschr, erfordert keine bes Erkl u ist keine Aufrechng, Behauptgs- u BewLast trägt der DBer. Anzurechnen ist: **a) Ersparnis**, soweit sie auf dem Unterbleiben der DLeistg beruht, zB Fahrtkosten. **b) Anderweitiger Erwerb**: Die tats erzielte GesVergütg (Anrechng jeweils brutto, Soergel-Wlotzke-Volze 19); auch noch nicht fäll u aufschieb bedingte ProvFdg (LAG Düss Betr **70**, 1277). Nur derjen Erwerb, der dch die unterbliebene DLeistg (auch inf v Beurlaubg, BAG **AP** Nr 25) u dch ArbKraft ermögl w, daher nicht: der auch sonst mögl Nebenverdienst (BAG NJW **58**, 1060), die Verwertg der ArbKraft im eig Haush (LAG Düss BB **56**, 305); Verdienst aus GelegenhGesch. Anzurechnen ist auf den ges ZtRaum des AnnVerzugs, nicht nur auf den entspr des anderweit Erwerbs (RG **58**, 402). Pfl zur Ausk entspr § 74c II HGB, wobei der ArbG bis zur Erf die Einr des § 320 I S 1 hat (BAG NJW **74**, 1348). Bei unzureichder Ausk gilt § 260 II entspr (BAG aaO). **c) Böswillig unterlassener Erwerb**: Böswill bedeutet, daß der DVerpfl eine zumutb ArbMöglk kennt u vorsätzl ausläßt (BAG **AP** Böswilligk Nr 1, 2); das w währd der Dauer eines KündSchProz idR zu verneinen sein, sow es sich um DauerArbVertr handelt (vgl Gumpert BB **64**, 1300). Bes Anstrengen eine and Arb zu finden, müssen nicht unternommen w, um Böswilligk auszuschließen (LAG Düss **AP** Nr 1). Hdlg des ArbN, die der Sicherg vertragl Re dienen, sind nicht böswill, zB die Künd eines neuen ArbVerh trotz Ablehng des DLeistgsAngebots dch den bisher ArbG (BAG BB **74**, 277).

4) Beiderseits unverschuldete Unmöglichkeit der DLeistg fällt nicht unter § 615 (vgl Anm 1 d) sond unter § 323, führt zum Verlust des VergütgsAnspr u deshalb beim DVertr zu unangem Ergebn, wenn die Unmöglk auf einer BetrStörg beruht. Zur Lösg dieses Problems haben RG u RAG seit 1923 (RG **106**, 272) die **Sphärentheorie** entwickelt. Die daraus abgeleiteten Grdsätze sind hM geblieben, insb v BAG mit Abwandlgn übernommen w (insb BAG **3**, 346 = NJW **57**, 687): Das **Betriebsrisiko**, zu dem das Unternu Lohnrisiko gehört, trägt grdsätzl der DBer (ArbG); er bleibt damit zur Zahlg der Vergütg auch ohne DLeistg verpfl, insb bei AuftrMangel, Ausfall v Betr- u Hilfsstoffen (Strom, Heizg, ArbMaterial, Maschinen), Brand (BAG NJW **73**, 342), Explosionen, Wetterstörgen, behördl Verboten (BAG **AP** BetrRisiko Nr 15). In diesen Fällen kann nur ausnw die LohnzahlgsPfl ganz od zT entfallen, wenn anfalls der Bestand des Betr gefährdet wäre (hM; Soergel-Wlotzke-Volze 34 mwN). Die VergütgsPfl entfällt grdsätzl, wenn die BetrStörg auf die Sphäre der ArbN zurückzuführen ist, insb wenn sie auf dem Streik and ArbN, des selben Betr (Teilstreik) od irgend eines and Betr beruht; jedoch muß der vom Streik unmittelb betroffene Betr sich in einer dem bekämpften Betr vglb Situation befinden (BAG NJW **76**, 990). Für eine rein kampforientierte RisikoVerteilg: H. D. Schmid JuS **77**, 92. Dasselbe gilt bei wildem Streik (BAG **AP** BetrRisiko Nr 2), ebso bei BetrStörg inf mittelb Auswirkg (Ausfall notw Zulieferg dch Streik im ZulieferBetr). Abzustellen ist darauf, wer den ArbKampf beginnt, so daß die Abwehraussperrg auch in die Sphäre der ArbN fällt (Ballerstedt AuR **66**, 225), währd die AngriffsAussperrg das BetrRisiko beim ArbG beläßt (BAG NJW **57**, 687). Diese Regeln gelten nicht bei LeihArbVerh (Einf 4a, dd vor § 611), wenn der Betr des Entleihers streikbetroffen ist, im ArbVerh, das zum Verleiher besteht; dieser trägt das volle Lohnrisiko solange nicht alle vertragl vorgesehenen Beschäftiggsmöglk wegfallen (BAG NJW **73**, 1296 m Anm v Becker NJW **73**, 1629).

616 *Vergütungspflicht trotz vorübergehender Dienstverhinderung.* [I] Der zur Dienstleistung Verpflichtete wird des Anspruchs auf die Vergütung nicht dadurch verlustig, daß er für eine verhältnismäßig nicht erhebliche Zeit durch einen in seiner Person

§ 616 1, 2   2. Buch. 7. Abschnitt. *Putzo*

liegenden Grund ohne sein Verschulden an der Dienstleistung verhindert wird. Er muß sich jedoch den Betrag anrechnen lassen, welcher ihm für die Zeit der Verhinderung aus einer auf Grund gesetzlicher Verpflichtung bestehenden Kranken- oder Unfallversicherung zukommt.

II Der Anspruch eines Angestellten (§§ 2 und 3 des Angestelltenversicherungsgesetzes) auf Vergütung kann für den Krankheitsfall sowie für die Fälle der Sterilisation und des Abbruchs der Schwangerschaft durch einen Arzt nicht durch Vertrag ausgeschlossen oder beschränkt werden. Hierbei gilt als verhältnismäßig nicht erheblich eine Zeit von sechs Wochen, wenn nicht durch Tarifvertrag eine andere Dauer bestimmt ist. Eine nicht rechtswidrige Sterilisation und ein nicht rechtswidriger Abbruch der Schwangerschaft durch einen Arzt gelten als unverschuldete Verhinderung an der Dienstleistung. Der Angestellte behält diesen Anspruch auch dann, wenn der Arbeitgeber das Arbeitsverhältnis aus Anlaß des Krankheitsfalls kündigt. Das gleiche gilt, wenn der Angestellte das Arbeitsverhältnis aus einem vom Arbeitgeber zu vertretenden Grunde kündigt, der den Angestellten zur Kündigung aus wichtigem Grund ohne Einhaltung einer Kündigungsfrist berechtigt.

III Ist der zur Dienstleistung Verpflichtete Arbeiter im Sinne des Lohnfortzahlungsgesetzes, so bestimmen sich seine Ansprüche nur nach dem Lohnfortzahlungsgesetz, wenn er durch Arbeitsunfähigkeit infolge Krankheit, infolge Sterilisation oder Abbruchs der Schwangerschaft durch einen Arzt oder durch eine Kur im Sinne des § 7 des Lohnfortzahlungsgesetzes an der Dienstleistung verhindert ist.

1) Allgemeines. a) Fassung. II S 4 u 5 sind eingefügt dch G v 14. 8. 69, in Kr seit 1. 9. 69; III dch G v 27. 7. 69, in Kr seit 1. 1. 70. II S 3 eingef dch § 7 G v 28. 8. 75 (in Kr ab 1. 12. 75), zugleich II S 1 u III geänd. **b) Anwendungsbereich: aa)** I gilt für alle, nicht nur dauernde DVerh, insb ArbVerh (vgl Einf 1 b, v or § 611); jedoch gehen als SondVorschr vor: für kaufm Angest § 63 HGB, wobei § 616 bleibt, soweit eine Verhinderg (Anm 2) vorliegt, die kein Unglück (engerer Begr) darstellt. Für gewerbl techn Angest § 133c GewO, wenn sie an der ArbLeistg dch unverschuldet Unglück, insb Krank verhindert sind (vgl Anm 4 a, b); für Arbeiter das LohnFG, wenn sie inf Krankh arbunfäh od dch eine Kur an der Arb verhindert sind (Abs III, Anm 4 d); für die Schiffsbesatzg gelten §§ 48, 52a, 78 II 3 SeemG; für Auszubildde gilt § 12 BerBG. **bb)** II gilt nur für Angest (Einf 1 h v or § 611). Für Arbeiter best § 9 LohnFG entspr. Für DVerpfl, nicht ArbN sind, gilt II gilt nicht, auch nicht entspr. **c) Verhältnis zu §§ 323–325.** Diese Vorschr gelten bei Unmöglk der DLeistg grdsätzl (BGH 10, 187), auch für ArbVerh. **aa)** Von § 323 (beiders nicht zu vertretde Unmöglk) bildet § 616 eine Ausn (BAG NJW 65, 1397); soweit § 616 gilt, ist § 323 nicht anwendb. **bb)** § 324 (vom DBer od ArbG zu vertretde Unmöglk) w von § 616 nicht berührt u führt dazu, daß der DVerpfl den Anspr auf die Vergütg behält (BAG NJW 69, 766; Neumann-Duesberg Betr 69, 305), insb wenn die ArbUnfähigk vom ArbG schuldh verursacht ist. **cc)** § 325 (vom DVerpfl od ArbN zu vertretde Unmöglk) w von § 616 nicht berührt. Das Verschm muß sich auf die VertrPfl beziehen (vgl Anm 2 a, cc). Liegt insb vor, wenn der ArbN seine ArbUnfähigk schuldh herbeiführt (zB Trunkenh währd der ArbZt). RFolgen: § 325 Anm 2; jedoch nach Bestehen des ArbVerh kein Rücktr sond Künd. **d) Abdingbarkeit:** I ist abdingb, dch EinzelVertr (BAG [GS] 8, 285 [292]) u TV (BAG 9, 179), auch für den Fall des § 629 (BAG 4, 189). II ist zwingd; das entspr der Regelg für Arbeiter in § 9 LohnFG. Verzicht auf bereits enstandenen Anspr ist aber zuläss (Lepke BB 71, 1509). **e) Sonstige Sondervorschriften.** ArbN behalten Anspr auf das ArbEntgelt bei Wehrübgen gem § 11 ArbPlSchG, bei Musterg uä gem § 14 ArbPlSchG u bei Luftschutzausbildg gem § 13 G v. 9. 10. 57 (BGBl 1696). **f) Anzeigepflicht** des DVerpfl: Für Arbeiter § 3 LohnFG (Anm 4e, dd); für sonst ArbN grdsätzl dasselbe (wohl wg § 242), bei ltd Angest unverzügl Mitt u Information für seinen AufgabenBer (BAG Betr 76, 1067).

2) Verhinderung ohne Krankheit. Anwendgsbereich (Anm 1b) beachten: SondVorschr für kaufm u gewerbl Angest bei unverschuldetem Unglück, SchwangerschAbbruch u Sterilisation (§§ 63 HGB, § 133 c GewO); für Auszubildende, insb Lehrl gilt § 12 BerBG. **a) Voraussetzgen:** Behauptgs- u BewLast trägt grdsätzl (vgl aber Anm cc) der DVerpfl od ArbN, da § 616 ggü § 323 eine rechtserhaltde Einwendg darstellt. **aa) Verhinderungsgrund:** Er muß in seiner Pers liegen, sich speziell auf ihn beziehen, nicht auf einen größeren PersKreis. Die DLeistg muß dem DVerpfl od ArbN unzumutb sein (BAG 9, 179), dazu gehört stets Sterilisation u rechtm SchwangerschAbbruch (II 3). Bsp: schwere Erkrankg od Tod eines nahen Angeh, notw Pflege eines erkrankten Kindes bis zu 5 Tagen (BAG BB 78, 1214 für § 63 HGB), Eheschließg, Niederkunft der Ehefr, Teiln an seltener Familienfeier (BAG NJW 74, 663); Autopanne od -unfall; Kur ohne ArbUnfähigk (BAG NJW 61, 985); uU Umzug (vgl BAG 9, 179); nicht: Teilnahme an Sportveranstaltg; Beschäftiggsverbot (gem § 8 MuSchG) wg Schwangersch (BAG 9, 300); Freistellg gem § 629 (BAG AP Nr 41). **bb) Verhinderungsdauer:** nur eine verhmäß, nicht erhebl Zeit. Maßg ist das Verh von VerhindergsZt zur ges, auch voraussichtl Dauer des DVerh. Auch bei dauerndem ArbVerh w idR nur wenige Tage von I S 1 gedeckt sein (BAG VersR 77, 115). **cc) Schuldlosigkeit:** in bezug auf den VerhindergsGrd. Dabei ist nicht nur auf vertragl PflVerletzg abzustellen (hM), sond auf das Versch gg sich selbst. Nur eine leichtsinn, unverantwortl Selbstgefährdg (Larenz § 48 II b) od ein grober Verstoß gg das von einem verständ Menschen im eigenen Interesse zu erwartde Verhalten (BAG AP § 63 HGB Nr 28) ist verschuldet. Der Umstd, daß die Verhinderg ihre Ursache in einer and vom ArbN ausgeübten erwerbsorientierten Tätigk hat, begrdet für sich allein kein Versch (Zeuner AuR 75, 300 wonurstr; umstr). Vgl auch Anm 3a, cc. Sterilisation u rechtm SchwangerschAbbruch sind stets unverschuldet (II 3). Behauptgs- u BewLast für Versch des ArbN trägt der ArbG (hM; BAG AP § 1 LohnFG Nr 9 m abl Anm v Birk). **b) Wirkung.** Der VergütgsAnspr (§ 611 Anm 6, 7) bleibt entgg § 323 bestehen. Dazu gehört auch UmsatzProv (BAG AP § 63 HGB Nr 13). Bei längerer Verhinderg besteht auch kein Anspr auf Vergüt für verhältnism unerhebl Zeit (hM; BAG [GS] 8, 314 = NJW 60, 741); aber Ausn in II, § 63 HGB, § 133c GewO. Der Anspr endet mit dem DVerh od ArbVerh (vgl Anm 3b).

Einzelne Schuldverhältnisse. 6. Titel: Dienstvertrag §616 3, 4

3) Verhinderung infolge Krankheit. § 616 gilt nur für DVerpfl, die nicht ArbN sind, u Angest, die nicht kaufm Angest, gewerbl techn Angest od Schiffsbesatzg sind (vgl Anm 1b, 4). **a) Voraussetzungen.** Abweichd von Anm 2a trifft die Behauptgs- u BewLast dafür, daß die Krankh auf Versch des DVerpfl od Angest beruht, den DBer od ArbG (hM; dagg Lepke u Schneck Betr **72**, 922 u 926). Von rechtzeitg Mitt der Erkrankg ist der Anspr nicht abhäng (vgl § 611 Anm 4, ee). **aa) Krankheit:** Auch die Folgen eines Unfalls, aber nicht, wenn er währd uner! Entferng v ArbPl geschieht (LAG Mü Betr **74**, 1968 für LohnFG 1). Ein Geburtsfehler (BAG BB **76**, 933 für § 1 LohnFG). Die Krankh muß ArbUnfähig herbeiführen. Nachw wie Anm 4e, dd. Dchführg einer Kur bei bestehder ArbFähigk fällt unter Anm 2 (vgl dort a, aa). ArbUnfähigk liegt vor, wenn die Arb unmögl od unzumutb ist, insb wg Heilbehandlg (Marienhagen BB **63**, 351). **bb) Dauer:** Bei DVerpfl gilt Anm 2a, bb. Bei Angest ist dch II S 2 der ZtRaum auf 6 Wochen erstreckt. Diese Fr beginnt mit dem Tag, der auf denjenigen folgt, an dem die ArbLeistg inf der Krankh aufgehört hat (BAG NJW **68**, 270 für § 133c GewO); das gilt auch, wenn die Erkrankg währd des (vor-angegangenen) Tags in der ArbZt eingetreten ist (BAG **AP** § 1 LohnFG Nr 3). Neue Erkrankg vor WiederAufn der Arb w mit der ersten Erkrankg zusgerechnet (BAG aaO). W die Arb nach der Erkrankg angetreten, gelten für eine neue Erkrankg neue 6 Wochen voll. Beruht aber die erneute ArbUnfähigk auf demselben GrdLeiden, so setzt der Anspr auf 6wöch Gehaltsfortzahlg voraus, daß der Angest in der ZwZt mind 6 Monate voll gearb hat (BAG stRspr zuletzt BB **73**, 564 für § 63 HGB). Aus § 1 I S 2 LohnFG w man folgern müssen, daß innerhalb dieser 6 Monate eine and Erkrankg nicht entggsteht; denn Angest sollen nicht schlechter als Arb gestellt w. Bei ArbPlatzWechsel wie Anm 4e, bb. Im übr ist § 1 I S 2 LohnFG auf Angest nicht entspr anwendb. Bei Erkrankg vor od zu Beginn des ArbVerh laufen die 6 Wochen ab Beginn des ArbVerh; bei ArbPlatzwechsel aber nur insges 6 Wochen (Bürger u Stübing BB **68**, 210 mwN). **cc) Schuldlosigkeit:** wie Anm 2a cc; insb auch zur BewLast. Versch ist insb gegeben bei grobem Verstoß gg UnfallverhütgsVorschr; bei VerkUnfall inf grob verkehrswidr Verhaltens (BAG **AP** § 63 HGB Nr 28 u § 1 LohnFG Nr 8), wofür geringfüg GeschwindkÜberschreitg nicht genügt (LAG Mannh NJW **75**, 992 für § 1 LFZG). Alkohol-, Rauschgift- u DrogenMißbr (Giese BB **72**, 360), wobei auf den ZtPkt des Beginns abzustellen ist (BAG NJW **73**, 1430); Selbstmordversuch ohne Rücks auf Zurechngsfähig zZ der Tat (für § 1 I 1 LohnFG: BAG NJW **73**, 1520 = JZ **74**, 229 m Anm v Hanau; aA E. Schneider MDR **75**, 111; Zeuner AuR **75**, 300 [306]). Ein Sportunfall ist grdsätzl unversch, wenn es sich um eine nicht bes gefährl Sportart handelt, die die Leistgsfähigk des einzelnen nicht wesentl übersteigt (BAG NJW **58**, 1204; Bes gefährl Sportarten: Moto-cross-Rennen (BAG **AP** § 1 LohnFG Nr 18); nicht Fußball (BAG NJW **76**, 1367 für § 1 LohnFG), Amateur-Boxen (BAG JZ **77**, 274), Skilaufen; jedoch können Unfälle im Einzelfall versch sein (vgl Kleppe BB **69**, 47). Als verschuldet ist auch ein Unfall bei so SchwarzArb anzusehen (ArbG Nürnb BB **73**, 1489). **b) Wirkung:** Der VergütgsAnspr bleibt bei DVerpfl wie bei Anm 2b bestehen, bei Angest bis zur Dauer von 6 Wochen (vgl Anm a, bb), aber grdsätzl nur solange das DVerh od ArbVerh dauert, weil der VergütgsAnspr dies voraussetzt. Daher endet mit dem Ende des DVerh od ArbVerh auch der FortzahlgsAnspr. Ausnahmen hiervon in II S 2 u 4 für Angest, wenn der ArbG das ArbVerh wg derjenigen (nicht einer and) Erkrankg künd, die die laufde ArbUnfähigk begründet, od bei Künd des Angest aus § 626 wg eines vom ArbG gem §§ 276, 278 zu vertretden wicht Grdes. Anrechng (I S 2) ist wg § 189 RVO prakt bedeutgslos, weil Anspr auf Kranken- u Hausgeld ruht, solange das ArbEntgelt fortbezahlt w. Der Anspruch ist wg § 242 ausgeschlossen bei Sportunfall, wenn der Sport gg Entgelt ausgeübt w (BAG NJW **58**, 1204).

4) Sondervorschriften für Arbeitnehmer bei ArbVerhinderg inf einer Erkrankg od einer Kur. **a) Kaufmännische Angestellte.** Es gilt § 63 HGB, damit im Wesentl das Gleiche wie für Angest nach Anm 3 (vgl Anm 1b, aa). **b) Gewerbliche technische Angestellte.** Es gilt § 133c GewO, der inhaltl weitgehd dem § 63 HGB entspr u damit der Regelg für Angest nach Anm 3. **c) Schiffsbesatzung.** Es gelten §§ 48, 52a SeemG mit Anspr auf Heuer mind bis zum Verlassen des Schiffs, für den Kapitän § 78 II SeemG. **d) Auszubildende**, insb Lehrl: Es gilt § 12 I Nr 2b BerBG, das Gleiche wie Anm 3. **e) Arbeiter.** Es gilt ausschließl (Abs III) das LohnFG, seit 1. 1. 70 anstelle des ArbKrankhG; es stellt die Arb den Angest weitgehd gleich. Das LohnFG ist zwingd (§ 9). **aa) Anwendungsbereich:** Arb (Einf 1i vor § 611) einschl der zur Berufsausbildg Beschäftigten (vgl § 1 III u die bedeuts Ausn in § 1 IV LohnFG). Auch wenn sie Nebenerwerbslandwirte sind (BAG **AP** § 1 LohnFG Nr 17 u [einschränkd] Nr 19). Grdsätzl kommt es nicht darauf an, bei welcher Gelegenh die ArbN die Krankh zuzieht od den Unfall erleidet (BAG NJW **76**, 823 für MitArb in Gastwirtsch der Ehefr). Nicht: für ArbVerh mit best Dauer bis zu 4 Wochen, regelm ArbZt bis zu 10 Stunden wöchentl u 45 Stunden mtl; bei Anspr auf MuSchGeld (§ 1 LohnFG). Für HeimArb u Hausgewerbetreibde gilt § 8 LohnFG. **bb) Voraussetzungen:** ArbUnfähigk inf unverschuldeter Krankh (wie Anm 3a, aa, cc; auch zur BewLast, vgl Heckelmann ZfA **73**, 425 [481] mwN) od Bewilligg einer Kur (§ 7 LohnFG) als gezielte therapeut Maßn (BAG Betr **74**, 682), nicht währd eines SondUrl (BAG Betr **78**, 499). Nach Beginn des ArbVerh u tats Aufn der Arb (vgl § 1 I S 1 LohnFG). Dauer: bis zu 6 Wochen (§ 1 I LohnFG). Bei neuer verschiedenartiger Erkrankg gilt das Gleiche wie für Angest (vgl Anm 3a, bb). Der Fall, daß die neue Arbeitsunfähigk auf demselben Krankh beruht, ist anders als bei Angest (vgl Anm 3a, bb) in § 1 I S 2 LohnFG bes geregelt: bei wiederholter ArbUnfähigk innerh von 12 Monaten nur insges 6 Wochen, aber neuer Anspr bis zu 6 Wochen, wenn seit der ersten Erkrankg 6 Monate lang keine ArbUnfähigk wg derselben Krankh bestand. Hierbei ist auf den Ztpkt der ersten ArbUnfähigk abzustellen (BAG NJW **74**, 111). Das gilt auch, wenn an eine (zweite) krankhbedingte ArbUnfähigk nahtlos eine sog Fortsetzgs-Krankh anschließt (BAG BB **77**, 1605). Bei ArbPlWechsel kommt es nur auf die laufde ArbVerh an (BAG **AP** § 1 LohnFG Nr 11). **cc) Höhe** des fortzuzahlden ArbEntgelts (§ 2 LohnFG), dch TV abdingb (§ 2 III LohnFG). Es ist der aufrechterhaltene LohnAnspr, so daß das KrankhEntgelt dessen rechtl Bestand folgt (BAG **AP** § 6 LohnFG Nr 1). Zugrundezulegen ist die für den betr ArbN maßg regelm ArbZt, bei Kurz-Arb die verkürzte ArbZt, bei Akkord- u Prämienlohn der erzielte Dchschnittsverdienst bei regelmäß geleisteter MehrArb auch dieses Entgelt (BAG BB **78**, 1011), ferner idR Nahauslösgen (BAG Betr **75**, 311) u Nachtzuschläge (BAG BB **78**, 1166); jedoch hat der ArbN keinen Anspr auf Ausgleich eines infolge der

NichtArb abgesunkenen Nettolohns (BAG aaO). Abzuziehen sind Lohnzuschläge, die wie zB Schmutzzulagen, an Umst geknüpft sind, die nur bei tatsächl ArbLeistg entstehen. Von den nach § 4 übergehen Anspr sind häusl Ersparn stationär Behandelter abzusetzen (Saarbr VersR **76**, 270). **dd) Anzeige- und Nachweispflicht** des ArbN (§ 3 I LohnFG); am 3. Kalendertag nach ihrem Beginn dch ärztl Bescheinigg nachzuweisen. Das Arztattest muß keine Diagnose enthalten, begrdet aber keine ges Vermutg für die ArbUnfähigk sond ist nur gem ZPO 286 zu würd (BAG NJW **77**, 350; vgl auch Barwasser Betr **76**, 1332). Schuldh Verletzg der NachwPfl begründet LeistgsVR (§ 5 LohnFG); aber nur bis zur nachträgl Vorlage (BAG **AP** § 3 LohnFG Nr 1). Bei Aufenth im Ausl gilt § 3 II LohnFG; bei Bewilligg einer Kur § 7 II LohnFG; LeistgsVR bis zur Vorlage der Kurbescheinigg (BAG **AP** § 7 LohnFG Nr 1). **ee) Wirkung**: Anspr auf Fortzahlg wie Anm 3b, auch nur bis zum Ende des ArbVerh (§ 6 II LohnFG), das auch dch vertr Aufhebg herbeigeführt w kann (LAG Ffm NJW **74**, 1719); and bei Künd gem § 6 I LohnFG (BewLast für Kenntn hat der ArbN, LAG Bln BB **77**, 295), dch die der ArbG, auch wenn sie wirks ist, sich der LohnZahlgsPfl entziehen kann (vgl BAG **AP** § 6 LohnFG Nr 2). Die 6-Wochen-Fr läuft bei Bauarbeitern auch an Schlechtwettertagen weiter (BAG **AP** § 1 LohnFG Nr 5); ebso bei and Ausfall v ArbTagen (BAG **AP** § 1 LohnFG Nr 13). FdgsÜberg auf den ArbG, wenn der ArbN einen ges Anspr auf SchadErs (zB aus § 823 od § 7 StVG) wg des Verdienstausfalls wg dem die ArbUnfähigk entstehen würde. Aber nur sow der ArbG das ArbEntgelt fortgezahlt u die auf ihn entfallen Beitr abgeführt hat (§ 4 LohnFG), ohne Rücks darauf, ob der ArbN seine ArbUnfähk versch h (LAG Düss NJW **76**, 1850). Kein FdgsÜbergang bei Schädigg dch FamAngeh, die mit dem ArbN in häusl Gemsch leben (BGH NJW **76**, 1208). Ein Verzicht des ArbN nach Beendigg des ArbVerh ist wirks (BGH NJW **77**, 1213), auch in Ausgleichsquittg (LAG Bln BB **77**, 1048). ErstattgsAnspr des ArbG, der idR nicht mehr als 20 ArbN beschäftigt, nach §§ 10ff LohnFG.

5) Verhältnis von Lohnfortzahlung zum Schadensersatzanspruch. Ist die ArbUnfähigk dch einen Dr verurs u hat der DVerpfl daraus einen SchadErsAnspr wg Verdienstausfall (insb aus § 823 od § 7 StVG), so gilt folgendes: **a)** Der Schädiger kann sich nicht darauf berufen, es sei dem DVerpfl wg des Anspr auf Fortzahlg der Vergütg kein Schaden entstanden (vgl Vorbem 7 c, ee vor § 249). **b)** Umfang des Anspr: Bruttogehalt zuzügl ArbGAnteile an SozVersBeitr (BGH **43**, 378). **c)** Übergang des Anspr auf den DBer od ArbG inf der Fortzahlg: Bei Arb kr G dch § 4 LohnFG, bei Angest u DVerpfl nur aGrd einer Abtretg (§ 398), zu der sie in entspr Anwendg des § 255 verpfl sind. Mind müssen sie den Anspr gg den Dr selbst geltd machen, beitreiben u sich anrechnen lassen (BGH **7**, 30 [49] u NJW **54**, 1153). Bei Angest hält Neumann-Duesberg (BB **70**, 493) eine analoge Anwendg des § 4 LohnFG für geboten. Keine AbtretgsPfl, sow einem HandelsVertr BezirksProv u Ausgleich (§§ 87, 89b HGB) zusteht (BGH **AP** § 87 HGB Nr 1). Sow der Anspr auf SozVersTräger übergeht (vgl § 843 Anm 4 A e), kann der ArbG nur hinsichtl des verbleibden Teils den Anspr geltd machen (BGH NJW **65**, 1592). Quotenvorrecht der SozVersTräger: Vorbem 7c, cc vor § 249.

617 *Pflicht zur Krankenfürsorge.* ^I Ist bei einem dauernden Dienstverhältnisse, welches die Erwerbstätigkeit des Verpflichteten vollständig oder hauptsächlich in Anspruch nimmt, der Verpflichtete in die häusliche Gemeinschaft aufgenommen, so hat der Dienstberechtigte ihm im Falle der Erkrankung die erforderliche Verpflegung und ärztliche Behandlung bis zur Dauer von sechs Wochen, jedoch nicht über die Beendigung des Dienstverhältnisses hinaus, zu gewähren, sofern nicht die Erkrankung von dem Verpflichteten vorsätzlich oder durch grobe Fahrlässigkeit herbeigeführt worden ist. Die Verpflegung und ärztliche Behandlung kann durch Aufnahme des Verpflichteten in eine Krankenanstalt gewährt werden. Die Kosten können auf die für die Zeit der Erkrankung geschuldete Vergütung angerechnet werden. Wird das Dienstverhältnis wegen der Erkrankung von dem Dienstberechtigten nach § 626 gekündigt, so bleibt die dadurch herbeigeführte Beendigung des Dienstverhältnisses außer Betracht.

^{II} Die Verpflichtung des Dienstberechtigten tritt nicht ein, wenn für die Verpflegung und ärztliche Behandlung durch die Versicherung oder durch eine Einrichtung der öffentlichen Krankenpflege Vorsorge getroffen ist.

1) Allgemeines. § 617 konkretisiert ges die FürsPfl (§ 611 Anm 8). AnwendgsBer: Alle DVerh; nicht nur ArbVerh, sofern sie gem Vertr od nach den Umstden auf Dauer angelegt sind. SondVorschr: für Seeleute §§ 42–52 SeemG, für Jugdl § 42 JArbSchG. § 617 ist zwingd (vgl § 619).

2) Voraussetzungen. a) Häusl Gemsch: muß nicht die pers des DBer (ArbG) sein. Aufn in einen v ArbG eingerichteten gemsch Haush für ArbN (insb Wohnheim) genügt (BAG **AP** § 618 Nr 1), aber nur wenn der ArbN einer HausO unterworfen u gezwungen ist, in diesem Haush zu wohnen (vgl Höhne BB **56**, 692). **b)** Erkrankg: § 616 Anm 3a, aa. Vors: § 276. Grobe Fahrlk: § 277; vgl auch § 616 Anm 3a, cc.

3) Wirkung. Der Anspr entsteht nicht, wenn u soweit Abs II zutrifft (auch priv KrankenVers). Iü gilt: **a)** Pfl zur Krankenpflege u Auftr an Arzt mit ErsetzgsBefugn des I S 2. **b)** Dauer: kürzer als 6 Wochen nur, wenn das ArbVerh vorher aus and Grden als § 626 endet (I S 4). **c)** Kosten: Trägt der DBer (ArbG). Anrechngsbefugn nur auf die Vergütg, die währd der Dauer des DVerh (ArbVerh) geschuldet w (I S 3).

618 *Pflicht zu Schutzmaßnahmen.* ^I Der Dienstberechtigte hat Räume, Vorrichtungen oder Gerätschaften, die er zur Verrichtung der Dienste zu beschaffen hat, so einzurichten und zu unterhalten und Dienstleistungen, die unter seiner Anordnung oder seiner Leitung vorzunehmen sind, so zu regeln, daß der Verpflichtete gegen Gefahr für Leben und Gesundheit soweit geschützt ist, als die Natur der Dienstleistung es gestattet.

^{II} Ist der Verpflichtete in die häusliche Gemeinschaft aufgenommen, so hat der Dienstberechtigte in Ansehung des Wohn- und Schlafraums, der Verpflegung sowie der Arbeits- und Er-

holungszeit diejenigen Einrichtungen und Anordnungen zu treffen, welche mit Rücksicht auf die Gesundheit, die Sittlichkeit und die Religion des Verpflichteten erforderlich sind.

III Erfüllt der Dienstberechtigte die ihm in Ansehung des Lebens und der Gesundheit des Verpflichteten obliegenden Verpflichtungen nicht, so finden auf seine Verpflichtung zum Schadensersatze die für unerlaubten Handlungen geltenden Vorschriften der §§ 842 bis 846 entsprechende Anwendung.

1) Allgemeines. Wie § 617 ges konkretisierte FürsPfl (§ 611 Anm 8). **a) Anwendungsbereich**: Alle DVerh insb ArbVerh, auch wenn sie nur kurzzeit u vorübergeh sind (zB LotsenVertr, BGH VersR **74**, 565), Abs I u III entspr auf Vertr, die Tätigk des Verpfl unter ähnl Verh verlangen, zB WerkVertr (BGH **5**, 62), Auftr (BGH **16**, 265), unter Einschl der zugezogenen ErfGehilfen (vgl BGH **33**, 247). SondVorschr: § 80 SeemG; §§ 120 a, 120 b GewO (hierzu die ArbStättVO v 20. 3. 75, BGBl 729); § 62 HGB; §§ 40, 41 JArbSchG; § 12 HeimArbG. Nicht: auf BeamtenVerh. **b) Abdingbarkeit**: § 618 ist zwingd (§ 619), auch bei Auftr od WerkVertr, soweit es sich um den Schutz abhäng ArbN handelt (BGH **26**, 365), nicht für den WerkUntern u dessen SubUntern (BGH **56**, 269).

2) Inhalt der Pflicht. Neben der priv-rechtl Pfl des § 618 bestehen zahlreiche öff-rechtl ArbSchutzVorschr. **a) Arbeitsplatzgestaltung** (I Hs 1) umfaßt nicht nur den ArbRaum selbst, sond alle Räume u Flächen des BetrGeländes, die der ArbN im ZusHang mit seiner ArbLeistg aufsucht, soweit ihm der Zutritt nicht untersagt ist, auch Treppen u Zugänge (hM, vgl Neumann-Duesberg, VersR **68**, 1); gilt auch für ArbPlätze im Freien, zB Baustellen, Gärten (BGH **26**, 371). Gerätschaften, Vorrichtgen: Maschinen, Werkzeuge, Kraftfahrzeuge, das zu verarbeitde Material. Unterhaltg: auch ausreichde Heizg (Weimar JR **74**, 101), Beleuchtg (BGH VersR **74**, 565). § 618 gibt keinen Anspr auf tabakrauchfreien ArbPlatz (LAG BaWü **78**, 213), aus BeamtenR aber gegeben v VerwG Köln Betr **78**, 1599. **b) Arbeitsregelung** (I Hs 2). Gilt auch bei Arbeit in fremdem Betr, wenn der ArbG sie in eigener Regie ausführt. Verlangt insb Einhaltg v Unfall-VerhütgsVorschr, Vermeiden gesundhschädigender Überanstrengg (BAG AP Nr 15), Verwendg u Bereitstellg v Schutzkleidg (Brill Betr **75**, 1076), einschl der Kosten (LAG Düss BB **78**, 611); Vermeiden v Ansteckungsgefahr. **c) Häusliche Gemeinschaft** (II) wie § 617 Anm 2a. Begrdet FürsPfl auch außerhalb der DLeistg. Erstreckt sich auch auf die Zugänge zu den Räumen. Gilt nur für die ausdrückl genannten RGüter. EigtSchutz: § 611 Anm 8b, dd.

3) Rechtsfolgen. Eine Verletzg der Pfl (Anm 2) gibt dem DVerpfl folgde Re: **a) Erfüllungsanspruch** auf Tun od Unterl jedfalls dann, wenn er bets beschäft w (allg M). **b) Leistungsverweigerung** über § 273 (nicht § 320), da keine GgseitigkPfl. Das ZbR führt zu AnnVerzug (vgl § 295) u belässt dem DVerpfl den VergütgsAnspr (§ 615). **c) Schadensersatzanspruch** wg NichtErf beruht auf pos VertrVerl (§ 276 Anm 7) u w in III, der den Umfang regelt, dem RGrd nach vorausgesetzt. Ist trotz Verweis auf §§ 842ff ein vertragl Anspr. Setzt stets Versch (§ 276), ggf von ErfGeh (§ 278) voraus. Bei fehldem Versch kann Anspr aus § 670 gegeben sein (§ 611 Anm 11). AnsprUmfang: §§ 842–846. SchmerzG (§ 847) nur, wenn zugleich unerl Hdlg vorliegt (hM). BewLast: DVerpfl für ordngswidr Zust, DBer für fehldes Versch (§ 282 Anm 2d) u für Umstde, die den ordngswidr Zustd als Ursache od Mitursache ausschließen (BAG AP Nr 1, BGH **27**, 79).

4) Haftungsausschluß bei ArbUnfällen tritt ein, soweit die UnfallVers der RVO eingreift. Hierzu: § 611 Anm 14a. Das gilt insb auch für den auf § 618 beruhden SchadErsAnspr (Anm 3c).

619 *Unabdingbarkeit der Fürsorgepflichten.* Die dem Dienstberechtigten nach den §§ 617, 618 obliegenden Verpflichtungen können nicht im voraus durch Vertrag aufgehoben oder beschränkt werden.

1) Gilt nur für §§ 617, 618, nicht für and FürsPfl (§ 611 Anm 8; vgl BAG NJW **59**, 1294). Nach Eintritt der PflVerletzg od des Schad kann auch bei fortbestehden DVerh auf Erf od SchadErs verzichtet w (§ 397). Grenze: § 138.

Beendigung des Dienstverhältnisses (§§ 620–628)

Vorbemerkungen

1) Beendigung des Dienstverhältnisses bedeutet das Ende des DauerschuldVerh mit den HauptPfl (DLeistg u Vergütg). Davon zu unterscheiden ist das Ruhen des DVerh, insb eines ArbVerh bei WehrD (§ 1 ArbPlSchuG), ziv ErsD (§ 78 ZErsDG), EigngsÜbg (§ 1 EignÜbgG), ArbVerpflichtg (§ 15 ArbSichG), ferner (ohne ges Regelg) beim rechtm Streik (Anm e, aa, β), bei den suspendierden Ausspert (Anm e, bb, β) u währd der AnhörgsPfl vor außerord Künd (§ 626 Anm 2d aE), sowie bei SchlechtwettergeldZahlg (Waldeyer Betr **72**, 679; aA BAG Betr **71**, 2266) u Abordng eines ArbN zu einer Arge, an der sein ArbG beteil ist (BAG **AP** § 1 LohnFG Nr 10). Als BeendiggsGrde kommen in Betr:

a) Zeitablauf beendet das DVerh nur, wenn es auf best Zeit abgeschl ist (§ 620 I).
b) Eintritt von Ereignissen. aa) Zweckerreichung: § 620 Anm 1b. **bb) Tod** des DVerpfl (ArbN) beendet (§ 613 S 1), der des DBer od ArbG grdsätzl nicht, ausnahmsw dann, wenn die Voraussetzgen des § 620 Anm 1b vorliegen (zB Krankenpflege). **cc) Unmöglichkeit** der DLeistg beendet das DVerh nicht (bestr). RFolgen: §§ 275, 323–325, 626. **dd) Wegfall der Geschäftsgrundlage** (§ 242 Anm 6c, gg) beendet das DVerh nur in AusnFällen (BAG **AP** § 242 GeschGrdlage Nr 5, 6); grdsätzl Künd notw. Das gilt insb bei Veräußerg des Betr (vgl § 611 Anm 1b, aa, § 613). **ee) Konkurs** des DBer führt nur bei Geschäfts-BesorggsVertr (§ 675) zur Beendigg des DVertr (§ 23 II KO). Nur KündR (§ 22 KO). **ff) Auflösende Bedingung** (§ 158 II, vgl § 620 Anm 1 c, aa) des ArbVertr (zu untersch v auflösd bedingtem AufhebgsVertr; Anm c), zB NichtAufn der Arb nach einem best Ztpkt. Eine solche Bedingg ist unwirks, wenn sie den ges

Vorbem v § 620 1 2. Buch. 7. Abschnitt. *Putzo*

Bestds- u KündSchutz vereitelt (BAG NJW **75**, 1531); das ist idR der Fall. **gg) Sonstiges.** Verbleiben als Freiwill in den Streitkräften (§ 3 EigngsÜbgG). Erreichen einer Altersgrenze (vgl BAG NJW **71**, 1629). Dch rechtsgestalde Entscheid des ArbGer über verweigerte Zust des BetrR (§ 100 III BetrVG). Der Ablauf einer befristeten ArbErlaubn (§ 19 AFG) beendet das ArbVerh nicht; Künd ist erforderl (ArbG Mannh BB **75**, 1538).

c) Aufhebungsvertrag (§ 305) **aa) Allgemeines.** Jederzeit, auch stillschw mögl; forml, wenn nicht Form vereinb (§ 125 S 2). KündBeschrkgen grdsätzl bedeutgsl (Hueck-Nipp § 55 I 2); daher auch bei ges KündSchutz mögl (Waechter BB **72**, 628); jedoch ZustBedürftk bei SchwBeh (SchwBG 19). Keine MitBest dch BetrR (vgl §§ 99, 102 BetrVG). Auflösd bedingter AufhebgsVertr mit ausländ ArbN liegt in der Vereinbg, daß er nach UrlEnde nicht rechtzeit an den ArbPl zurückkehrt (LAG Mannh NJW **74**, 1919). Eine solche Vereinbg ist unwirks, wenn dadch der ges Bestds- u KündSchutz vereitelt w (BAG NJW **75**, 1531), näml das KSchG u § 626 umgangen w. **bb) Einzelheiten.** Liegt nicht in widersprloser Entggn einer Künd. Auch nicht im Wechsel des BetrInh dch RNachf (vgl LAG Hamm Betr **70**, 921). Unwirks Künd kann in Angebot zum AufhebgsVertr umgedeutet w (§ 140; LAG Hamm BB **69**, 582; eingeschränkt LAG BaWü BB **75**, 1255); jedoch gilt dies nicht bei Erkl einer wirks Künd, weil dann § 140 unanwendb ist (aA LAG Bln BB **75**, 1388). Verlangen v ArbPapieren u Zeugn kann Ann bedeuten (Soergel-Wlotzke-Volze 9). Herbeiführen eines AufhebgsVertr dch Drohg mit obj erwägenswerter Künd ist rechtm (BAG NJW **70**, 775; hierzu Deubner JuS **71**, 71). Rückwirkg kann nach Beginn des ArbVerh nicht wirks vereinb w. Auch Rückwirkg auf einen Ztpkt vor Künd ist ausgeschl (LAG Nds Betr **76**, 1385). Aufhebgs-Vertr ist mögl über BetrVereinbg für Erreichen einer Altersgrenze (BAG NJW **71**, 1629). Abberufg von VorstdsMitgl einer AG od GeschF einer GmbH beendet nicht den DVertr (hierzu Peltzer BB **76**, 1249).

d) Gestaltungsrechte: aa) Kündigung: Anm 2. **bb) Anfechtung** der WillErkl (§§ 119, 123), die zum Abschl des DVertr geführt haben. Hierzu § 611 Anm 2. **cc) Rücktritt** vom D(Arb)Vertr kann bis zum Beginn des D(Arb)Verh vorbeh w (§ 346), bis dahin ist auch das ges RücktrR des § 325 mögl. Anwendg des § 326 ist stets ausgeschl (vgl § 326 Anm 1). Nach Beginn des DVerh ist Rücktr stets ausgeschl u dch KündRecht ersetzt. **dd) Beendigungserklärung** eines arbnähnl DauerRVerh (insb freie MitArb); von seiten des BeschäftiggsG mit 2wöch AnkündiggsFr mögl (BAG stRspr **AP** § 611 Abhängk Nr 8). **ee) Verweigerung** der Weiterbeschäftigung dch unwirks gekünd ArbN (§§ 12, 16 KSchG).

e) Arbeitskampf (Lit: Seiter, StreikR u AussperrgsR, 1975). Beendet das ArbVerh grdsätzl nicht. Ausn: im ArbKampf erkl Künd u lösde Aussperrg. **aa) Streik:** ist die gemeins u planmäß dchgeführte, auf ein best Ziel gerichtete, vorübergehende ArbEinstellg einer verhmäß großen Zahl von ArbN, auch in Form kurzer Warnstreiks (BAG NJW **77**, 1079). Zur Abgrenzg von kollektiv ausgeübtem (auch vermeintl) ZurückbehaltgsR vgl § 611 Anm 3e. Ein StreikR haben nur ArbN, auch im öff D, aber nicht Auszubildde (Einf 5 vor § 611); hM: Hromodka Betr **72**, 870; Demme RdA **73**, 369; aA Kehrmann AuR **72**, 225). α) **Rechtswidrig** ist ein Streik nur dann (nach Nipperdey), wenn er tarifwidr (Verstoß gg FriedensPfl), tarifverfwidr (§ 74 II BetrVG), amtswidr (von Beamten, Köln NJW **76**, 295, Richtern u Soldaten) od aus und Grd verwerfl ist, zB als streikähnl Aktion auch sittenwidr (BGH NJW NJW **78**, 816, Bummelstreik). Er ist dann nicht widerrechtl (sozialinadäquat) wenn er: (1) von tariffäh Part dchgeführt w (sonst liegt sog wilder Streik vor; hierzu krit Säcker BB **71**, 963), auch bei sog ad-hoc-Koalitionen durchgeführt (BAG Betr **78**, 1403). (2) Auf zul Kampfziel gerichtet ist; das ist nur das, was in TV geregelt w kann u darf (BAG Betr **72**, 143), zB ein nach GewerkschZugehörigk differenziertes UrlGeld (LAG Düss Betr **76**, 204); nicht: zur Dchsetzg betrverfassgsrechtl Streitfragen (BAG NJW **77**, 918). (3) Verhältnismäß Mittel [ultima ratio] darstellt: setzt insb voraus, daß die VerhandlgsMöglk vorher ausgeschöpft u mildere Kampfmittel nicht angem sind. Die Länge des Streiks allein macht ihn nicht rechtswidr (BAG aaO). (4) Fair geführt w, insb ohne Gewaltanwendg; nur insow hiergg verstoßen w, ist der Streik im Bereich dieser Maßn rechtsw. (5) Nur Abwehr eines sozialinadäquaten Angriffs darstellt. (Das alles entspr der hM u Rspr des BAG). RFolgen: Der ArbN der sich an einem rechtsw Streik beteiligt (bei oben 4 nur an den betr Maßn), verletzt den Arb-Vertr, ist schaderspfl (vgl § 611 Anm 3e), begeht uU eine unerl Hdlg (§ 823 I) u gibt wicht Grd zur außerord Künd (§ 626 Anm 5b). Das gilt auch dann, wenn der ArbN sich aus Solidarität am Streik beteil (BAG **AP** Art 9 GG ArbKampf Nr 41). RFolgen für die Gewerksch wg Verletzg ihrer Pfl aus dem TarifVertr: Einf 6b cc vor § 611. β) **Rechtmäßig** ist jeder nicht unter α fallde Streik. Die Teilen ist keine Verletzg des ArbVertr, suspendiert das ArbVerh (vgl Anm 1), berecht nicht zur außerord Künd (§ 626), erfordert keine ord Künd gem § 1 KSchG (alles hM seit BAG [GS] **1**, 291 = NJW **55**, 882). Die Rechtmäßk w vermutet, wenn eine Gewerksch den Streik um Arb- od WirtschBedinggen führt (BAG NJW **73**, 1994 = SAE **75**, 177 m Anm v Richardi). **bb) Aussperrung** ist die auf ein best Ziel gerichtete planmäß Ausschließg einer verhmäß größeren Zahl von ArbN. Sie ist eine empfbed WillErkl, keine Künd (daher stets von ihr zu unterscheiden), zul Mittel des ArbKampfs gg streikde u nichtstreikde ArbN (hM; BAG [GS] aaO u **AP** Art 9 GG Nr 43; das Verbot in Art 29 V *Hess* Verf ist nichtig, vgl Jürging Betr **66**, 190) u nur aus gleichem Grd wie ein Streik rechtsw (vgl Anm aa, α). Nur die rechtsw Aussperrg ist Verletzg des Arb-Vertr. Umstr ist, ob die Aussperrg das ArbVerh auflösen so BAG [GS] **1**, 291 = NJW **55**, 882) od es nur suspendieren kann (vgl hierzu Nipperdey-Säcker BB **69**, 321; Rüthers Betr **69**, 967, Beuthien JZ **69**, 629). Das BAG ([GS] **AP** Art 9 GG Nr 43) hat (1971) die Aussperrg grdsätzl nur noch suspendierd zugel, die lösde Aussperrg an best (engere) Voraussetzgen geknüpft. Danach gilt: a) **Suspendierende** Aussperrg ist im ArbKampf zul u entspr den allg Voraussetzgen rechtm (vgl Anm aa, α). Wirkg: das ArbVerh besteht weiter; die HauptPfl (Arb u Vergütg) entfallen für den best Zeitraum; nach Beendigg ist eine Wiedereinstellg überflüss. W die Aussperrg vom ArbG erkl, so ist sie iZw suspendierd. Der ArbG kann von der suspendierden zur lösden Aussperrg übergehen. β) **Lösende** Aussperrg (wenn gewollt, als solche ausdrückl zu erkl, um Zw auszuschließen) beendet das ArbVerh mit Verlust der betriebl AnwartschRe, ohne Rücks auf den allg KündSchutz. Auch (statt Künd) bei rechtsw Streiks u vorausgegangener suspendierder Aussperrg mögl. Stets unzul bei Betr- u PersRat (verfassgsgem, BVerfG NJW **75**, 968), ArbNAufsRat, SchwerBehind u MuSchBerecht; bei and ArbN nur zul, wenn die VerhMäßk gewahrt ist. Das trifft insb zu: bei nicht nur geringfüg, eindeut rechtsw Streik; bei bes intensiven, insb

Einzelne Schuldverhältnisse. 6. Titel: Dienstvertrag **Vorbem v § 620 1, 2**

längerdauernden Streiks; endgült Wegfall des (inf Streiks) eingesparten ArbPlatzes. Wiedereinstellg ausgesperrter ArbN: dazu ist der ArbG auch ohne bes Vereinbg grdsätzl verpfl, ausnahmsw nicht: wenn der ArbPlatz endgült weggefallen od anderweit besetzt ist; wenn bei rechtsw Streik der ArbN die RWidrk erkannt hat od erkennen mußte. **cc) Kündigung:** Eine außerord Künd ist nur bei rechtswidr Streik zul (Anm a, α aE). Sie kann sog KampfKünd sein, steht unter AnhörgsPfl (§ 102 BetrVG; BAG Betr **78**, 1403) u beendet das ArbVerh. Einen Anspr auf Wiedereinstellg haben stets SchwBeh (§ 18 VII SchwBG), und ArbN nur aGrd bes Vereinbg.

 2) Kündigung. a) Allgemeines. aa) Begriff: Künd ist einseit, empfangsbedürft unwiderrufl WillErkl. Ges Grdlagen: §§ 620 II, 621, 622, 626, 627. Verh zum Rücktr: Einf 3a vor § 346. Wg KündFr vgl § 621 Anm 2c. **bb) Zeitpunkt:** Die Künd kann schon vor Beginn des ArbVerh erkl, eine außerord Künd auch schon wirks w (allg M), auch wenn eine ProbeZt vereinb ist (LAG BaWü Betr **77**, 918). **cc) Form:** keine ges Form (BAG NJW **57**, 438). Ausn: Schriftf in SeemannsG 62, BerBG 15 III, FernUSG 5 II. Bei vereinb Form, insb in TV gilt § 125 S 2 (vgl dort insb Anm 2a). Davon befreit § 22 KO nicht (BAG Betr **78**, 638). **dd) Zugang:** § 130; bei Fr am betr Tag bis 24 Uhr (BAG BB **69**, 1135), auch bei Aushändigg an den ZimmerVerm (BAG Betr **76**, 696); nicht ohne weiteres mit Zugang an den ProzBev (LAG Stgt Betr **67**, 1424). Wurde der Zugang der Künd dch das Verhalten des KündEmpf verzögert, kann § 242 einer Berücksichtigg der Verspätg enttggstehen (BAG Betr **77**, 1194). **ee) Inhalt:** Wille das DVerh zu best od bestimmb Ztpkt zu beenden muß erkennb sein (vgl § 133). Das Wort Künd ist entbehrl (BAG **AP** § 620 KündErkl Nr 1). **ff) Bedingung** ist grdsätzl unzul; zul nur solche, deren Eintritt ausschließl vom Willen des KündEmpf abhängt; das trifft für die bedingte ÄndKünd zu (vgl Anm ll). **gg) Teilkündigung:** Die Künd eines Teils od einzelner Abreden des ArbVerh; sie ist nur bei vertragl Vereinbg zul (G. Hueck RdA **68**, 201) od bei Vorbeh (Gumpert BB **69**, 409). **hh) Begründung:** Die ord Künd braucht nicht begründet zu w (BAG NJW **59**, 1844). Angabe der Grde ist auf Verlangen des ArbN bei § 1 III KSchG notw. Ist Begr im TV vorgeschrieben, so ist Künd ohne Begr nichtig (LAG Brem **AP** § 125 Nr 1). Bei außerord Künd vgl § 626 Anm 3c. Nachschieben von KündGrund, bei ord Künd für § 1 KSchG, bei außerord Künd für § 626, ist grdsätzl, insb noch im RStreit zul, grdsätzl bis zum Schluß der mdl Vhdlg (ZPO 296a). Die Grde müssen aber zZ der Künd schon vorgelegen haben, nicht notw dem Kündigden damals bekannt gewesen sein (BGH **40**, 13); sie dürfen nicht ausgeschl sein (vgl § 626 Anm 2c) u müssen obj zZ der Künd diese rechtf (vgl BAG BB **67**, 299). Für den GeltgsBer des BetrVG 102 vgl Anm d, dd u § 626 Anm 2d. Nach der Künd entstandene Grde können neue Künd rechtf; diese kann im Nachschieben dch schlüss Verhalten erkl sein (BGH NJW **61**, 307). **ii) Frist und Termin:** Die Künd kann fristlos sein od das DVerh nach Ablauf einer best Fr od zu einem best Termin beenden (§§ 621, 622). **jj) Rücknahme** der KündErkl ist nach Zugang (§ 130) bis zur Beendigg des DVerh (Künd-Termin) nach dem Vertr (§ 305) mit dem KündEmpf mögl, danach nur dch NeuAbschl des DVerh (Hueck-Nipp § 56 II 4). Die Rückn einer unwirks KündErkl soll ohne Zust des KündEmpfängers zul sein (LAG Düss Betr **75**, 1081). **kk) Zustimmung:** des BetrR als WirksErfordern kann v ArbG u BetrR vereinb w (§ 102 VI BetrVG; Halberstadt BB **73**, 1442). Gilt auch für außerordentl Künd, wenn vereinb w, daß der Zust dch die Einiggsstelle ersetzt w k kann (Dietz-Richardi § 102 RdNr 129). **ll) Änderungskündigung** (hierzu Wenzel MDR **77**, 805) kommt in 2 Formen vor: (1) Künd w unter der zul aufschiebdn Bedingg (Anm ff) erkl, daß der KündEmpf die vorgeschlagene Änd des ArbVertr ablehnt. (2) Unbedingte Künd verbunden mit dem Angebot ein neues ArbVerh mit dem vorgeschlagenen Inhalt abzuschl (vgl E. Schmidt NJW **71**, 684). Die ÄndKünd unterliegt dem KündSchutz (Anm 3), der AnhörgsPfl (Anm d, dd; Dietz-Richardi § 102, RdNr 11) u der Mitbest (vgl Richardi Betr **74**, 1335); auch als außerord Künd denkb (Wenzel aaO).
b) Ordentliche Kündigung kommt nur in Betr bei DVerh, die auf unbest Zeit eingegangen sind. **aa) Begriff:** Ord Künd bedeutet Wahrnehmg einer vertragl od ges, bei regelm Verlauf des DVerh vorgesehenen Beendiggsmöglichk. Sie ist idR befristete Künd. Ges Regelg der ord Künd: §§ 620 II, 621, 622; § 62ff SeemannsG. **bb) Verbot:** Ausgeschl ist aGrd § 15 KSchG die ord Künd des Mitgl v (See)BetrR, Personal-, Jugend- od Bordvertretg, des BetrRWahlVorstd u v Wahlbewerbern (aber nicht v Wahlbewerbern zum WahlVorstd, LAG Mannh NJW **75**, 232) sowie Vertrauensmänner der SchwBeh (§ 23 III, 24 VI SchwBG). Für ErsMitgl nur, wenn sie nachgerückt sind od währd der VertretgsDauer (LAG Hbg Betr **78**, 114). § 15 KSchG gilt nicht für ArbNVertr im AufsR (BAG Betr **74**, 1057). In diesen Fällen ist nur außerord Künd (Anm c) zul (§ 15 KSchG). Entspr gilt bei Mitgl v BetrR u WahlVorstd, die HeimArb sind (§ 29a HeimArbG). **cc) Kündigungsbeschränkungen** dch Vertr sind grdsätzl zul (insb auch dch tarifl BenachteilVerbot nach Abschl eines Streiks, vgl BAG BB **72**, 267), auf Seiten des ArbN aber nur, wenn sie im Einzelfall nach § 242 ihm zuzumuten sind u einem begründeten, zu billigden Interesse des ArbG entspr (BAG **AP** Art 12 GG Nr 25). Das gilt insb für Rückzahlg von Ausbildgskosten, die der ArbG für den ArbN getragen hat (BAG aaO u Nr 26 sowie BB **73**, 292), vom ArbG freiw übernommene Umzugskosten (vgl § 611 Anm 7g). Ferner für Rückzahlg v Gratifikationen (vgl § 611 Anm 7c, eu) u VertrStrafe, sowie Verfall einer Kaution (idR unzul; BAG **AP** § 622 Nr 9), Fälligk eines ArbGebDarl (Einf 3 n vor § 607); Auszahlg v Treueprämien (BAG MDR **73**, 81).
c) Außerordentliche Kündigung ist sowohl bei DVerh auf bestimmte als auch auf unbestimmte Zeit mögl. Sie ist nur zul, wenn die bes gesetzl ausgesprochenen (od vereinb) Voraussetzgen (KündGründe) vorliegen, BAG **AP** § 626 Nr 43. Sie ist meistens fristlose Künd, kann aber befristet sein (sog soz AuslaufFr). Gesetzl Fälle: §§ 624, 627 u insb § 626 (Künd aus wichtigem Grund), ferner §§ 64ff SeemannsG. Auch eine ÄndKünd ist als außerord Künd mögl (BAG NJW **73**, 1819).
d) Unwirksamkeit einer ord od außerord Künd kann in den Fällen der §§ 105, 111, 125, 134, 138, 142, 242 gegeben sein. Abgesehen von den Fällen des KündSchutzes (Anm 3) kann die Unwirks insb folgen aus: **aa) Verbotswidrigkeit** (§ 134) bewirkt Nichtigk. Gilt insb für alle Künd ggü Müttern (Anm 3c), ord Künd ggü BetrRMitgl usw (Anm 2b), SchwerBeh (vgl Anm 4b) u Einberufenen (Anm 4f). Das BAG zählt auch das BenachteiligsVerbot des Art 3 GG dazu (BAG NJW **73**, 77), läßt dies aber für Art 5 II GG offen, weil das R der freien MeingsÄußerg dch den ArbVertr in gewissem Umfang beschr ist (BAG aaO).

Vorbem v § 620 2, 3

bb) Sittenwidrigkeit (§ 138) bewirkt Nichtigk. Sie kann von allen ArbN, auch den unter das KSchG fallden geltd gemacht w, auch unabhäng von den Vorschr des KSchG (vgl § 13 II KSchG). Für die Sittenwidrigkeit gelten die allg Grds des § 138 (vgl dort), insb muß die Künd auf einem verwerfl Motiv beruhen (BAG **AP** § 138 Nr 22). Die Sittenwidrigk kann nicht auf solche Umst gestützt w, die sich auf die in § 1 KSchG normierte SozWidrigk beziehen; denn insow ist die KSchG eine Spezialregelg u bei ArbN, die nicht dem KSchG unterliegen, soll nach dem Willen des GGebers die Künd wg SozWidrigk nicht unwirks sein (dagg krit Schwerdtner in Anm zu BAG JZ **73**, 375). Eine Künd verstößt auch nie gg § 138, wenn sie auf Tats gestützt w die an sich geeignet sind, eine Künd gem § 626 zu begrdn, es sei denn, daß damit ein verwerfl Grd verdeckt w soll (BAG JZ **75**, 738 m Anm Säcker). **cc) Verstoß gegen Treu und Glauben** (§ 242) führt ohne weiteres zur Unwirks der Künd (hM, zB LAG Düss BB **78**, 1266 mwN). Das Verh zum KSchG entspr dem in Anm aa; denn der RGrds des § 242 ist dch § 1 KSchG konkretisiert (BAG **8**, 132; NJW **73**, 77). Das BAG ist nunmehr der gleichen Ansicht, verneint auch ausdrückl die Geltg der 3-Wochen-Fr des § 4 KSchG (BAG NJW **72**, 1878). Insb w die Anwendg des § 242 für die Fälle der sog ungehör Künd für mögl gehalten von Siebert BB **60**, 1029 u Röhsler Betr **69**, 1157, insb bei widersprüchl Verhalten (§ 242 Anm 4c, ee; BAG NJW **72**, 1878), Verwirkg (§ 242 Anm 9), Künd zur Unzeit od in verletzder Form. **dd) Anhörung des Betriebsrats** (im öff D des PersR) vor jeder Künd (auch ÄndKünd, LAG Düss Betr **74**, 1967) ist dch § 102 I BetrVG zwingd vorgeschrieben, aber entbehrl, wenn die Künd auf einem Verlangen des BetrR gem § 104 BetrVG beruht (Dietz-Richardi § 102 RdNr 14). Sie entfällt nicht in sog Eilfällen, zB bei BetrStillegg (BAG NJW **77**, 2122; aA 36. Aufl mwN). Sie gilt auch für ausl ArbN (BAG NJW **78**, 1124), aber nicht bei der KampfKünd (vgl Vorbem 1e, cc). Es kommt darauf an, ob die obj AnhörgsPfl bestand, nicht auf eine auch übereinstimmde Ansicht v ArbG u BetrR (zB für ltd Angest, LAG Hamm Betr **74**, 2063). Die Anhörg setzt voraus: Angabe des ArbN, dem gekünd w soll, Art der Künd (insb ord, außerord Künd, ÄndKünd), ggf KündTermin u KündGrd (LAG Betr **74**, 1294), näml die Tats, die den KündWillen best (nicht notw aller, LAG Düss Betr **77**, 123) u solche, üb die der BetrR Aufschl verlangt (LAG Mü Betr **76**, 1439). Auffdg zur Stellgn ist nicht notw (BAG aaO) ebsowenig Angabe der Grde für die soz Auswahl (LAG BaWü BB **76**, 1662; aA im BB **77**, 294). Diese Mitt u Erkl sind dem BetrVorsitzden od einem stellv Stell-Vertr ggü abzugeben (BAG aaO). Anhörg des BetrRVorsitzden allein genügt nicht; das Gremium muß Gelegenh zur Stellgnahme haben (BAG aaO); eine mdl genügt (LAG Hamm Betr **76**, 680). Unterbleibt sie (auch ohne Versch des ArbG) od w die Anhörg nach Abgabe der KündErkl vorgen (nachgeholt), so ist die Künd stets unwirks (§ 102 I 3 BetrVG; BAG Betr **76**, 227). Vor Beendigg des AnhörgsVerf darf nicht gekünd w (BAG NJW **76**, 1470). Schweigt der BetrR auf die Mitt des ArbG gem § 102 I BetrVG, so kann der ArbG wirks erst nach Ablauf der Fr des § 102 II künd (BAG aaO); er muß andererseits innerh eines angem ZtRaums die Künd aussprechen, bei wesentl Änd, insb neuen KündGrd, eine erneute Anhörg dchführen (BAG NJW **78**, 603), daher ist eine vorsorgl ausgespr ord Künd unwirks, wenn nur zu einer außerord Künd angehört w (BAG Betr **78**, 1454). Widerspr des BetrR: § 611 Anm 10d. Ausgesprochen ist die schriftl Künd mit Absendg (BAG BB **76**, 694). Die KlFr des § 4 KSchG gilt nicht (§ 13 III KSchG; BAG Betr **74**, 1294; aA Freese BB **73**, 665). Überh bewirken Fehler des ArbG beim AnhörgsVerf die Unwirksk der Künd (BAG **AP** BetrVG § 102 Nr 2). W ein ArbN irrtüml als ltd Angest angesehen, so ersetzt die Information (§ 105 BetrVG) nicht die Anhörg. Nachträgl Zust des BetrR bewirkt keine Heilg (BAG aaO). BewLast für Anhörg des BetrR trägt der ArbG (LAG Hamm Betr **72**, 2408; aA LAG Düss Betr **74**, 831). Nachschieben v KündGrden (Anm a, hh) ist jedenf für solche Grde zul, die der ArbG zZ der Anhörg noch nicht kannte (Dietz-Richardi § 102 RdNr 55 mwN; aA LAG Hamm BB **78**, 202). Erneute Künd auch mit denselben Grden bleibt mögl. Der ArbG braucht nicht nachzuprüfen, ob der Stellgn des BetrR ein ordngsgem Beschl zugrdeliegt (LAG SchlH Betr **73**, 1606; LAG Hamm Betr **74**, 1343). Mängel beim AnhörgsVerf, die im Ber des BetrR vorkommen, berühren die Wirks der Künd nicht, ohne Rücks auf Kenntn des ArbG (BAG NJW **76**, 1519). Unerhebl ist auch, wenn der ArbG vor der Anhörg seinen KündWillen bereits abschließd gebildet hat (offengelassen in BAG Betr **74**, 1294). Üb Anhörg in Betr mit ersatzmannlosem BetrObmann: Barwasser Betr **76**, 914. **dd) Beteiligung des Personalrats** bei ArbVerh im öffD ist dch § 79 PersVG vorgeschrieben; eine entspr Regelg ist den Ländern für deren PersVGe auferlegt (§ 104 PersVG). W eine Künd ohne die vorgeschriebene Beteiligg des PersR erkl, ist sie unwirks (§§ 79 IV, 108 II PersVG).

3) Kündigungsschutz bei Arbeitsverhältnissen. Beschr grdsätzl nur die ord, nicht die außerord Künd des ArbG, auch die ÄndKünd (vgl § 2 KSchG), weil auch sie zur Auflösg des ArbVerh führt, wenn der ArbN die ÄndArbBedingg nicht zust (vgl hierzu Adomeit Betr **69**, 2179). Gilt nicht für die Beendigg dch ZtAblauf (§ 620 I); bei befristeten ArbVerh (für § 9 MuSchG: BAG **AP** § 620 Befr ArbVertr Nr 20). Über den ges KündSch hinaus sind vertragl KündBeschrkgen zul (§ 622 Anm 4; Gift RdA **69**, 72). Alle gesetzl KündSchutzVorschr sind zwingd; ein im voraus erkl Verzicht ist nichtig (Waechter BB **72**, 628 mwN; vgl aber Anm a, gg). Hingg kann dch Vertr die Anwendbk des KSchG für solche ArbN vereinb w, die (noch) nicht KündSchutz genießen, zB dem Betr noch nicht 6 Monate angehören (BAG BB **72**, 1370). **a) Allgemeiner Kündigungsschutz** dch das KSchG. **aa) Anwendgsbereich:** Allg für die ord Künd, auch die ÄndKünd (§ 2; Kunze BB **71**, 918, E. Schmidt NJW **71**, 684; Richardi ZfA **71**, 92); für die außerord Künd nur bezügl der KlFrist, die Auflösg u die Abfindg (§ 13 I). Nur bei Betr, in denen (zZ des KündZugangs, BAG BB **77**, 296) idR mehr als 5 ArbN ausschl der Auszubildden beschäftigt w (§ 23 I S 2). Auch für ArbVerh, nicht für AusbildgsVerh (Hurlebaus BB **75**, 1533; aA die hM in 35. Aufl), auch bei ltd Angest (zB Gesch- u BetrLeiter, vgl § 14 II), aber nicht für OrganMitgl insb VorstdsMitgl, GeschFührer einer GmbH, geschführde Gesellsch (§ 14 I). Nicht für Aussperr u Künd aus Anlaß eines ArbKampfs (§ 25). **bb) Voraussetzung:** zZ des Zugangs (§ 130 BGB) der Künd muß das ArbVerh länger als 6 Monate (für Schiffsbesatzg vgl § 24 II) bestanden haben, ohne Rücks darauf, wie lange der ArbN tatsächl gearb hat, auch frühere ArbVerh mit demselben ArbG sind bei sachl Zushang einzurechnen (BAG NJW **77**, 1309 u 1311). Es ist zul, den Eintritt des ges KündSchutzes schon eher, auch ab Beginn des ArbVerh zu vereinb (BAG NJW **67**, 1152). Der KündSch besteht auch für ArbN, die älter als 65 Jahre sind (BAG

Betr **69**, 2283). Die ursprüngl Altersgrenze des § 1 I ist seit dem 9. 7. 76 weggefallen (G v 5. 7. 76, BGBl 1769). **cc) Wirkung:** α) Unwirksk der Künd (auch der ÄndKünd, § 8), wenn sie soz ungerechtf ist (§ 1 I). Soz gerechtf ist sie nur, wenn sie dch Grde in der Pers od im Verhalten des ArbN od dch dringde betriebl Erfordernisse bedingt ist (§ 1 II). Außerdem ist die Künd soz ungerechtf, wenn bei Vorliegen best Voraussetzgen der BetrR gem § 102 III BetrVG der Künd widerspr hat (§ 1 II) od wenn die Auswahl des gekünd ArbN unsoz war (§ 1 III). β) Auflösg des ArbVerh dch GestaltgsUrt auf Antr des ArbN od ArbG (§ 9), wenn die Künd gem Anm α wg SozWidrigk das ArbVerh nicht aufgelöst hat. Bei außerord Künd (§ 13 I S 3) hat der ArbN diese AntrBefugn, wenn der wicht Grd fehlte u der Fortbestand des ArbVerh für den ArbN unzumutb ist (§ 626). Der ArbG hat bei außerord Künd keine AntrBefugn (§ 13 I S 3). γ) Abfindg hat der ArbG in angemessener Höhe (bis zu 18 Monatsverdiensten, § 10) zu zahlen, wenn das ArbVerh gem Anm β aufgelöst w; Abfindg auch bei sittenw Künd mögl (§ 13 II). δ) Heilg unwirks ord od außerord Künd tritt ein, wenn die KlFrist (Anm dd) versäumt w (§§ 7, 13 I S 2). **dd) Klagefrist** von 3 Wochen ab Zugang der Künd (§ 4, für Schiffsbesatzg vgl § 24 III S 1) gilt auch für außerord Künd (§ 13 I S 2), bei befr ArbVerh nur für die außerord Künd (BAG NJW **72**, 1878); nur für ArbN, die die Voraussetzgen (Anm bb) erfüllen (BAG stRspr seit NJW **55**, 1069; zuletzt Betr **73**, 481; bestr). Zulassg verspäteter Klagen ist uU mögl (§ 5), auch kann die Fr unter best Voraussetzgen verlängert sein (§ 6). **ee) Verfahren:** Die sog KündSchKl ist eine FeststellgKl mit dem aus § 4 zu entnehmden KlAntr. StreitGst ist, daß das ArbVerh dch die im KlAntr bezeichnete Künd zu dem darin best Ztpkt nicht aufgelöst ist (BAG **7**, 51 = NJW **59**, 1387), nach aA der Bestand des ArbVerh zZ der letzten mdl Vhdlg (LAG Stgt BB **67**, 1423). Daraus ist der Umfang der mat RKraft abzuleiten (vgl BAG Betr **77**, 961). Verbindg von KündSch- u ÄndSchKl (§ 2) ist zul (Richardi ZfA **71**, 106). **ff) Anzeigepflichtige Entlassungen** (§ 17) sog Massenentlassg. Der ArbG hat sie, sobald er sie beabsicht, dem BetrR schriftl mit Grd mitzuteilen u vor der Entlassg (Ausscheiden aus dem Betr, das auf eine Künd des ArbG zurückgeht, vgl BAG NJW **74**, 1263), nicht notw, aber zweckm vorsorgl vor der Künd dem ArbAmt zus mit der StellgN des BetrR schriftl anzuzeigen. Bei ÄndKünd ist das erst erforderl, bevor die Künd inf NichtAnn der neuen ArbBedinggen die Entlassgen in entspr Zahl bewirkt (BAG **AP** § 15 KSchG aF Nr 9). Verstoß gg § 17 führt zur Unwirksk der Künd nur, wenn der ArbN sich dem ArbG ggü darauf beruft (BAG stRspr; zuletzt NJW **74**, 1263) Allg KündSch (§ 1) bleibt auch bei Zust gem § 18 unberührt (BAG **6**, 1). Die §§ 17–22 gelten grdsätzl auch für Betr der StationiergsStreitkr (BAG **AP** § 15 KSchG aF Nr 11). **gg) Verzicht** auf KündSch ist nur nach Künd zul. Kann in Erteilg einer Ausgleichsquittg liegen (BAG BB **78**, 1264), die auch bei Beginn des KündSchProz erkl, aber angefochten u kondiziert w kann (BAG BB **77**, 1400).

b) Schwerbehinderte. Geregelt dch SchwBG (neu bekgemacht am 29. 4. 74 [BGBl 1005]). **aa) Voraussetzungen:** mind 50% Minderg der Erwerbsfähigk dch körperl, geist od seel Behinderg (§ 1). Die SchwBehEigensch muß im Ztpkt der Künd dch Bescheid festgestellt od vom ArbN beantragt sein (BAG NJW **77**, 1701 u NJW **78**, 1397; aA die fr hM). Liegt sie nur obj vor u w sie nach Künd behördl festgestellt, so ist sie im Rahmen des § 1 KSchG u des § 626 zu berücks (BAG aaO), ebso, wenn das ZustVerf der Hauptfürs-Stelle nicht mehr erforderl ist (BAG NJW **78**, 1397). Ferner können sich das ArbAmt und Pers SchwBeh gleichgestellt w (§ 2). Dauer des Schutzes: § 25. Gilt für nicht in der BRep wohnde ArbN aus den EWG-Staaten (EuGH Betr **73**, 1180) u and Ländern (vgl § 1). **bb) Wirkung:** Der KündSchutz besteht ohne Rücks darauf, ob dem ArbG die SchwBehEigsch bekannt war od ist (BAG NJW **78**, 1397) u ob er verpfl war SchwerBeh zu beschäft (BAG **AP** § 14 SchwBG Nr 4). Es kommt darauf an, daß der ArbN zZ der Künd die SchwerBehEigsch hatte, der Bescheid ergangen od Antr darauf gestellt war (BAG NJW **78**, 1397); jedoch muß der ArbN dies dem ArbG innerh angemessener Fr mitteilen (BAG aaO). Unterläßt er dies, ist die Künd nicht wg fehler Zust der HauptFürsStelle unwirks (BAG aaO). **cc) Zustimmung** der HauptFürsStelle zur Künd ist notw; u zwar vorher Zust (§ 12), ausnw nicht bei Probe- u AushilfsArbVerh sowie zu vorübergehenden Zwecken bis zu 6 Monaten (§ 17 III). Problemat bei ltd Angest (vgl Nickning Betr **76**, 2256). Auch die außerord Künd bedarf der Zust, die jedoch erteilt w soll, wenn sie nicht im ZusHang mit der Behinderg steht (§ 18), schriftl sowie innerh v 10 Tagen (vgl Rewolle BB **77**, 202). Die Zust zu ihr enthält nicht die zur ord Künd (LAG Ffm NJW **78**, 444). Die Zust muß v ArbG beantragt w (§ 14). Erteilg u Verweigerg w im VerwRWeg nachgeprüft, Künd ohne Zust ist nichtig. Keine aufschiebde Wirkg bei Widerspr gg Erteilg der Zust; die Künd ist zul u wirks, wenn die Zust unanfechtb w (Zanker BB **76**, 1181; aA Rewolle Betr **75**, 1122; Otto Betr **75**, 1554). Der ArbG darf den SchwBeh nicht bis zum Eingang der Zust unbezahlt freistellen (BAG NJW **77**, 1701). **dd) Kündigungsfrist** beträgt mind 4 Wochen ab Erteilg der Zust (§ 13). Vor diesem Ztpkt beginnen auch die längeren ges u vertragl KündFr nicht zu laufen (BAG **AP** § 14 SchwBG Nr 9). Der ArbG kann die ord Künd nur innerh eines Monats ab Zustellg der Zust erkl (§ 15 III), die außerord nur unverzügl nach Erteilg der Zust (§ 18 VI).

c) Mütter. Geregelt dch MuSchG. **aa) Anwendungsbereich:** ArbN, einschl unverheirateter Auszubildder (BVerwG NJW **71**, 1328) u HeimArb (§§ 1, 9 IV), auch für außerord Künd ferner bei ProbeArbVerh (hM). Nicht: Für Beendigg dch ZtAblauf bei befristeten ArbVertr (BAG **8**, 260; vgl aber Einf 4 a, ff vor § 611), Künd der ArbN u AufhebgsVertr. **bb) Voraussetzungen:** α) Schwangersch (die gesamte Zt) bis zu 4 Monate nach Entbindg (§ 9 I); bei HaushAngest nur bis zum Ablauf des 5. Monats der Schwangersch (§ 9 I S 2). Die Schwangersch endet bei einer Fehlgeburt (od Abbruch), unmittelb auch der Mutterschutz (BAG NJW **73**, 1431 = JZ **74**, 187 m Anm v Richardi). β) Kenntn des ArbG v Schwangersch od Mitt (auch dch Dr; bestr) innerh einer AusschlußFr von 2 Wochen, die mit KündZugang, ohne Rücks auf Kenntn der Schwangersch beginnt (BAG NJW **69**, 679). Die MittPfl w dch widersprüchl Erkl nicht erf (LAG Hamm BB **75**, 282). **cc) Wirkung.** Liegen die Voraussetzgen (Anm b) vor, ist die Künd nichtig (§ 134). Eine Verletzg der NachwPfl (§ 5 I) beseit den KündSch nicht, kann aber zu einer Verwirkg führen (BAG NJW **75**, 229). In AusnFällen kann die Künd behördl zugelassen w (§ 9 III); im VerwRWeg nachprüfb (BVerwG NJW **60**, 1028). Anspr auf Vergütg bei Künd aus § 626, die nur wg MuSchG unwirks ist, kann inf RMißbr ausgeschl sein (LAG BaWü Betr **75**, 2330). **dd) Umgehung** des § 9 I führt zur Nichtigk (§ 134) der betr Vereinbg, insb die Bedingg, daß das ArbVerh bei Eintritt v Schwangersch zu einem dem § 9 I zuwiderlaufden Ztpkt ende (BAG **AP** Art 6 GG Nr 3). Anf (§§ 119, 123) im Rahmen v § 611 Anm 2b

Vorbem v § 620, § 620 2. Buch. 7. Abschnitt. *Putzo*

ist zul, idR nur begrdet, wenn auf zul Frage falsch geantwortet w (BAG stRspr, zB NJW 62, 74); in eine solche Anf kann eine nichtige Künd nicht umgedeutet w (BAG NJW 76, 592).

d) Ältere Angestellte dch das AngKSchG, nicht anwendb auf DVerh (BGH 12, 1). **aa) Voraussetzungen:** AngestEigsch iS des AVG, ohne Rücks auf VersPfl (BAG **AP** § 1 AngKSchG Nr 1). Vollendg des 30. Lebensjahrs, BeschäftiggsDauer v mind 5 Jahren beim selben ArbG od RVorgänger zZt des KündZugangs, mit innerem Zushang v BeschäftiggsAbschn (LAG Düss BB 78, 205). Beschäftigg von regelm mind 2 Angest (ohne Einrechng v and ArbN u Auszubildnen). **bb) Wirkung:** Nur Verlängerg v KündFr bis auf 6 Monate zum Quartalsende als ges Fr. Kein Einfl auf außerord Künd u auf KündFr des Angest.

e) Bergleute, wenn sie Inh eines Bergmannsversorggscheins sind. Es ist ord Künd nur mit behördl Zust zuläss (§ 11 BergmVersorggsScheinG NRW u Saar).

f) Einberufene. aa) Wehrdienst. (§ 2 ArbPlSchG) Schutz für ArbN u Auszubildde ab Zustellg des Einberufsbescheids u währd einer WehrÜbg. Bei Verstoß: § 134. Künd aus § 626 bleibt stets zul. **bb) Freiwillige** währd der viermonat Eignsübg (§ 2 EignÜbgG). **cc) Luftschutz:** Künd aus damit zushängden Grd unzul (§ 13 G v 9. 10. 57). **dd) Ersatzdienst:** Es gilt Anm aa entspr (§ 78 Nr 1 ZivDG). **ee) Arbeitsverpflichtete:** Es gilt § 2 ArbPlSchutzG entspr (§ 15 ArbSichG). **ff) Heimkehrer** nur innerh 3 Jahren nach Heimkehr (§ 8 HeimkG). **gg) Bundesgrenzschutz:** Es gilt Anm aa entspr (§ 59 I, G v 18. 8. 72, BGBl 1834).

g) Heimarbeiter u Hausgewerbetreibde mit nicht mehr als 2 fremden Hilfskräften. KündFr mit Entgeltsgarantie v einem Tag (bei Beschäftigg bis zu 4 Wochen), sonst v 2 Wochen (§ 29 I HeimarbG). Das Künd des AuftragsG od ZwMeisters gelten bei Bestd des BeschäftiggsVerh v 5, 10 od 20 Jahren, wenn der HeimArb mind überwiegd v einem ZwMeister od AuftrG beschäft w, verlängerte KündFr (§ 29 III HeimarbG). Hierzu K. Schmidt NJW 76, 930. Das KSchG gilt für sie nicht, weil sie nicht ArbN iS dieses G sind; jedoch die AnhörgsPfl (Anm 2d, dd); K. Schmidt aaO u KündSchutz des § 15 KSchG für BetrFunktionäre (§ 29a HeimarbG).

h) Arbeitnehmerähnliche Personen: als sog SchonFr od AuslaufFr ausgestaltet, wenn freien Mitarbeitern tägl Einzelaufträge erteilt w (BAG NJW 67, 1922) insb v RundfunkAnst (BAG BB 71, 568).

620 *Ende des Dienstverhältnisses.* I Das Dienstverhältnis endigt mit dem Ablaufe der Zeit, für die es eingegangen ist.

II Ist die Dauer des Dienstverhältnisses weder bestimmt noch aus der Beschaffenheit oder dem Zwecke der Dienste zu entnehmen, so kann jeder Teil das Dienstverhältnis nach Maßgabe der §§ 621, 622 kündigen.

1) Dienstverhältnisse auf bestimmte Dauer. a) Befristung (Abs I). **aa) Zulässigkeit:** (vgl Koch BB 78, 1218). Grdsätzl bei allen D- u ArbVerh (Säcker RdA 76, 91; bei ArbVerh aA Linder Betr 75, 2082), auch bei solchen mit SchwBeh (BAG **AP** Befr ArbVertr Nr 25). Ist insb bei Aushilfe u Erprobg angebracht. Es kann auf ein Ereign, dessen EintrittsZtpkt ungewiß ist, abgestell w. **bb) Wirksamkeit** zu verneinn, wenn die Befristg eines ArbVerh nicht dch besondere Gründe des Einzelfalls gerecht ist (Theorie der obj GesUmgehg, vgl Säcker aaO 95). Das trifft zu, wenn ein verständ ArbG ein ArbVerh auf unbest Zt begründet haben würde (BAG stRspr [GS] NJW 61, 798, **AP** Befr ArbVertr Nr 35). Das ist rein obj zu beurt, Abs den KündSch zu umgehen ist nicht erforderl (BAG **AP** Befr ArbVertr Nr 25). Dauer der Befristg ist dabei zu beachten (BAG NJW 64, 567). Gerechtf Grd ist idR gegeben, wenn in TV Befristg vorgesehen ist (BAG **AP** Befr ArbVertr Nr 32). BewLast: ArbN (BAG **AP** Befr ArbVertr Nr 16, 20; umstr; aA Kempff Betr 76, 1576 mwN: BewL des ArbG). Die Befristg kann auch gerechtf sein, wenn sie auf Wunsch des ArbN bei unbeeinträcht EntschFreih erfolgt u dies im ArbLeben übl ist, auch die Auffassg verantwortgsbewußter ArbG entspr (Befristg auf Vollendg des 65. Lebensjahres im öff Dienst, BAG BB 71, 1399); Erprobg (4a, gg vor § 611), auch einer Schwangeren (LAG Hann NJW 78, 605); idR nicht üb 6 Monate (BAG BB 78, 1265). Bei Nebentätigk (ArbG Ffm NJW 78, 725), zB zur Förderg prakt Ausbildg des wissensch Nachwuchses (BAG JZ 77, 235). Die Befristg muß nicht in einem best Anfangs- u Endtermin iS des § 163 bestehen; vereinb w kann insb in ZtAbschn, zB 2 Monate, auch „ca 3 Wochen" (aA LAG Ffm BB 75, 1639). Unwirks der Befristg führt nur zur Nichtigk der Befristgabrede (Koch BB 78, 1218). Zur Befristg als zul Regelfall bei Bühnenengagement vgl Rehbinder RdA 71, 211; Falkenberg Betr 72, 2478. Ausgeschl ist die Anwendg dieser Grdsätze auf die DVertr der Chefärzte v Kliniken, weil ein DVerh, kein ArbVerh vorliegt (zur ProbeZt bis zu 5 Jahren vgl J. Bielefeld NJW 76, 1139). **cc) Wirkung:** Das ArbVerh endet mit ZtAblauf von selbst. Ord Künd ist nicht notw u nur mögl, wenn sie (ausdrückl) vereinb ist (Gumpert BB 69, 1278); auch bei ProbeArbVerh mögl (LAG Bln BB 77, 997). Außerord Künd ist nie ausgeschl. Aus dem Inhalt der KündErkl muß hervorgehen, daß außerord gekünd w (vgl § 626 Anm 3a); der Umstand, daß die ord Künd ausgeschl ist, genügt für sich allein nicht (LAG Düss Betr 73, 2456). Für diese zul Künd kann KündSch eingreifen. Der ArbG kann sich auf die Befristg nicht berufen, wenn es um KündSch geht u das regelm ArbEntgelt entzogen würde. Keinesf darf sich der ArbN über die Befristg hinwegsetzen, indem er das ArbVerh vorzeitig löst (BAG BB 66, 162). **b) Sonstige Fälle** liegen vor, wenn sich die Dauer des D- od ArbVerh aus Beschaffenh od Zweck der Dienste (Arb) ergibt, insb bei DLeistg für best Aufgabel, zB Baustelle, Aushilfe für WeihnachtsGesch, für die Dauer der Erkrankg eines best Angest; Verträge mit Künstlern (BAG [GS] NJW 61, 798). Stets muß jedoch die Zweckerreichg eindeut in Erscheig treten (LAG Düss BB 58, 665). Bei echtem SaisonBetr haben die bei Ende der Saison entlassenen ArbN keinen Anspr auf Wiederbeschäftigg in der nächsten Saison (LAG Kiel BB 50, 869; vgl auch BAG [GS] NJW 61, 798). Für AusbildgsVerh gilt § 14 I, II BerBG. **c) Bedingung:** Eintritt einer auflösden Bedingg (§ 158 II) beendet das ArbVerh ohne weiteres (Vorbem 1 b ff vor § 620), fällt nicht unter I, weil der Eintritt ungewiß ist.

2) Dienstverhältnisse auf unbestimmte Dauer (Abs II) sind alle, die nicht unter Anm 1 fallen. Sie enden außer in den Fällen Vorbem 1 nur dch Künd, ord gem §§ 621, 622, außerord gem §§ 624, 626, 627.

Einzelne Schuldverhältnisse. 6. Titel: Dienstvertrag §§ 621, 622

621 *Ordentliche Kündigung von Dienstverhältnissen.* Bei einem Dienstverhältnis, das kein Arbeitsverhältnis im Sinne des § 622 ist, ist die Kündigung zulässig,
1. wenn die Vergütung nach Tagen bemessen ist, an jedem Tag für den Ablauf des folgenden Tages;
2. wenn die Vergütung nach Wochen bemessen ist, spätestens am ersten Werktag einer Woche für den Ablauf des folgenden Sonnabends;
3. wenn die Vergütung nach Monaten bemessen ist, spätestens am fünfzehnten eines Monats für den Schluß des Kalendermonats;
4. wenn die Vergütung nach Vierteljahren oder längeren Zeitabschnitten bemessen ist, unter Einhaltung einer Kündigungsfrist von sechs Wochen für den Schluß eines Kalendervierteljahres;
5. wenn die Vergütung nicht nach Zeitabschnitten bemessen ist, jederzeit; bei einem die Erwerbstätigkeit des Verpflichteten vollständig oder hauptsächlich in Anspruch nehmenden Dienstverhältnis ist jedoch eine Kündigungsfrist von zwei Wochen einzuhalten.

1) Allgemeines. a) Fassung: Neu dch G v 14. 8. 69, in Kr seit 1. 9. 69. **b) Anwendungsbereich:** Nur DVerh (vgl Einf 1 b, 2 vor § 611), zB GeschF einer GmbH (Düss BB **76**, 901; aA Miller BB **77**, 723); nicht ArbVerh, für die § 622 u nicht für HeimArb, für die § 29 HeimArbG gilt. SondVorschr für Handels-Vertr: § 89 HGB. **c) Abdingbarkeit:** § 621 ist nicht zwing (BGH NJW **64**, 350). **d) Einordnung** unter Nr 1–5 hängt allein von der Bemessg der Vergütg ab, nicht davon, wann u wie sie gezahlt w. **e) Kündigung:** Nur ord Künd (vgl Vorbem 2 vor § 620). Maßg ist der Zugang (§§ 130–132). Außerord Künd. §§ 624, 626, 627. Kein KündSch, da dieser nur für ArbVerh gilt. SoRegeln für FernUnterrVertr in § 5 FernUSG.

2) Besonderheiten. a) Nr 1: Bei Künd an Sonn-, Feier- od Samstag vgl § 193 Anm 3. **b) Nr 3:** Es gilt § 193, so daß zB noch am 19. 4. gekünd w kann, wenn der Karfreitag auf den 15. 4. fällt. **c) Nr 4:** Berechnung der Fr erfolgt gem §§ 187 I, 188 II. Bsp: Künd zum 31. 12. muß am 19. 11. zugehen; § 193 gilt nicht (BAG NJW **70**, 1470 für ArbVerh unter Aufgabe früherer Rspr; ebso für § 89 HGB: BGH **59**, 265). Wird die Künd vor Beginn des ArbVerh erkl, so beginnt u läuft die KündFr auch schon vor Beginn des ArbVerh (Schmidt NJW **75**, 678 mwN; umstr; BAG Betr **74**, 1070 stellt auf die Interessenlage im Einzelfall ab; ebso LAG BaWü Betr **76**, 105). **d) Nr 5:** Gilt zB bei Provision, Stückvergütg, Gewinnbeteiligg. Berechng der 2-Wochen-Fr: wie Anm c.

622 *Ordentliche Kündigung von Arbeitsverhältnissen.* ^I Das Arbeitsverhältnis eines Angestellten kann unter Einhaltung einer Kündigungsfrist von sechs Wochen zum Schluß eines Kalendervierteljahres gekündigt werden. Eine kürzere Kündigungsfrist kann einzelvertraglich nur vereinbart werden, wenn sie einen Monat nicht unterschreitet und die Kündigung nur für den Schluß eines Kalendermonats zugelassen wird.

^{II} Das Arbeitsverhältnis eines Arbeiters kann unter Einhaltung einer Kündigungsfrist von zwei Wochen gekündigt werden. Hat das Arbeitsverhältnis in demselben Betrieb oder Unternehmen fünf Jahre bestanden, so erhöht sich die Kündigungsfrist auf einen Monat zum Monatsende, hat es zehn Jahre bestanden, so erhöht sich die Kündigungsfrist auf zwei Monate zum Monatsende, hat es zwanzig Jahre bestanden, so erhöht sich die Kündigungsfrist auf drei Monate zum Ende eines Kalendervierteljahres; bei der Berechnung der Beschäftigungsdauer werden Zeiten, die vor der Vollendung des fünfunddreißigsten Lebensjahres liegen, nicht berücksichtigt.

^{III} Kürzere als die in den Absätzen 1 und 2 genannten Kündigungsfristen können durch Tarifvertrag vereinbart werden. Im Geltungsbereich eines solchen Tarifvertrages gelten die abweichenden tarifvertraglichen Bestimmungen zwischen nicht tarifgebundenen Arbeitgebern und Arbeitnehmern, wenn ihre Anwendung zwischen ihnen vereinbart ist.

^{IV} Ist ein Arbeitnehmer zur vorübergehenden Aushilfe eingestellt, so können kürzere als die in Absatz 1 und Absatz 2 Satz 1 genannten Kündigungsfristen auch einzelvertraglich vereinbart werden; dies gilt nicht, wenn das Arbeitsverhältnis über die Zeit von drei Monaten hinaus fortgesetzt wird.

^V Für die Kündigung des Arbeitsverhältnisses durch den Arbeitnehmer darf einzelvertraglich keine längere Frist vereinbart werden als für die Kündigung durch den Arbeitgeber.

1) Allgemeines. a) Fassung: Neu dch G v 14. 8. 69, in Kr seit 1. 9. 69. **b) Anwendungsbereich:** Für Künd des ArbG u des ArbN, auch für die verlängerten Fr des II (wg § 620 II; LAG Düss BB **71**, 222 mwN; aA BAG NJW **72**, 1070 mwN: nur vom ArbG einzuhalten). Nur für ArbVerh (auch ProbeArbVerh), nicht für AusbildgsVerh (Einf 5 vor § 611); für diese gilt § 15 BerBG. Für ArbN aller Gruppen (vgl Einf 4 b vor § 611) mit Ausn der Schiffsbesatzg, für die §§ 62–68, 78 I SeemG gelten. I gilt nur für Angest, II nur für Arb, III–V gelten für beide. IV ist unanwendb bei LeihArbN (§ 11 IV 1 AÜG). Für HeimArb gilt ausschl § 29 HeimArbG. **c) Kündigung:** nur die ord Künd, vgl Vorbem 2 vor § 620. Für außerord Künd gelten §§ 626, 627. **d) Fristberechnung:** grdsätzl wie § 621 Anm 2 c. Maßgebd ist immer der Zugang der Künd (§ 130), auch wenn für FrBeginn die Abgabe der KündErkl vereinb ist (BAG BB **77**, 396). **e) Kündigungsschutz:** Vorbem 3 vor § 620.

2) Kündigungsfristen für Angestellte (Einf 1 h vor § 611): wie § 616 II S 1. **a) Dauer:** 6 Wochen zum Quartalsende (I S 1). Verlängerte KündFr kr G nur bei Angest, für die das AngKSchG (Vorbem 3 d vor § 620) gilt. Dieses G ist ausdrückl aufrechterh w (Art 6 IV G v 14. 8. 69, BGBl 1106); daher ist eine dem II entspr

Regelg für Angest unterblieben, II keinesf entspr anwendb. **b) Abdingbarkeit:** Die Fr des AngKSchG sind unabdingb. Die Fr des I S 1 ist nur in folgdem Umfang abdingb: **aa)** Dch EinzelVertr: Abkürzg nur nach I S 2 u bei AushilfsArbVerh (Einf 4 a, hh vor § 611) mögl (IV); dann darf die KündFr für ArbN nicht länger sein (V). Auch für den ArbN darf sie nicht unter die MindestFr abgekürzt w (LAG Düss Betr **72**, 1169). Verlängerg der KündFr ist ohne Begrenzg zul, aber dabei V u § 624 zu beachten. Eine Verlängerg der KündFr bleibt auch bei Wegfall der BeschäftiggsMöglk grdsätzl wirks (LAG Bln BB **75**, 839). Bei einem AushilfsArbVerh ist noch kürzere Fr als in I S 2 mögl, bis zur Fristlosigk, nicht notw zum Monatsende als KündTermin (Hartmann BB **70**, 716; bestr). Das gilt auch für freie MitArb v Fernseh- u RundfunkAnst, wenn sie ArbN gleichgestellt sind, für den Ztpkt der Beendigg eines Auftr (BAG BB **78**, 661). Dauert es länger als 3 Monate, so gilt kr G die Fr des I S 1, wenn nicht für diesen Fall eine dem I S 2 entspr Fr vereinb w. Bei Verstoß ist nur die vereinb KündFr nichtig (§ 134); es gilt dann idR die ges MindestFr. **bb)** Dch TV ist weitere Verkürzg der Fr mögl (III S 1), bis zur Fristlosigk; auch Änd der KündTermine. InfTarÖffngsklausel (III S 2) können auch Nichttarifgebundene (Einf 6 b, aa vor § 611) dch EinzelVertr (auch betriebl Übg, vgl 6 d vor § 611; LAG Düss Betr **74**, 587) od BetrVereinbg die im TV vereinb Abkürzg übernehmen; aber nur mit der ganzen dch den TV festgelegten KündRegelg, nicht allein die Fr (Richardi ZfA **71**, 84; v. Hoyningen-Huene RdA **74**, 138 [142]; LAG Düss aaO). Das geschieht dch Bezug auf den TV, wörtl Wiederg des betr TV-Teils od dch eine individuelle Regelg, die für den ArbN günst ist als die des TV, da im Geltgsbereich des TV, der eine Fr abkürzt, die Fr dispositiv w (H. Dietz Betr **74**, 1770). Der Vorrang des TV gilt auch für dessen Nachwirkg gem § 4 TVG (Stahlhacke Betr **69**, 1651, aA Herschel BB **70**, 5). Eine Verlängerg ist ohne die Beschrkg des V allg zul (Richardi ZfA **71**, 91 mwN).

3) Kündigungsfristen für Arbeiter (Einf 1 i vor § 611). **a) Dauer:** grdsätzl 2 Wochen (II S 1). Verlängerte Fr (II S 2): Für die Beschäftiggsdauer kommt es allein auf das rechtl Bestehen des ArbVerh (vgl Einf 1 e vor § 611), nicht auf die tatsächl ArbLeistg an; die Zeit, für die das ArbVerh ruht (vgl Vorbem 1 vor § 620) ist einzurechnen (§ 6 II ArbPlSchG; § 78 ZErsDG, § 6 I EignÜbgG, § 15 ArbSichG). Begr „Betr" u „Untern": Einf 1 j, k vor § 611. Nicht erforderl, bei demselben ArbG, so daß RNachf auf ArbGSeite die Beschäftiggsdauer nicht berührt. Bei Rückkehr des ArbN kommt es auf den inneren ZusHang mit dem alten ArbVerh an (Wenzel MDR **69**, 886). Auch entspr Vereinbg mögl. KündZtpkt: es gelten §§ 187 I, 188 II, III, so daß spätestens am letzten Tag des betr Monats gekünd w muß; ggf § 193. **b) Abdingbarkeit: aa)** Dch EinzelVertr ist eine Verlängerg der Fr ohne best Begrenzg zul, aber dabei sind Abs V u § 624 zu beachten. Eine Verkürzg der Fr ist nur zul bei AushilfsArbVerh (Einf 4 a vor § 611); dauert es länger als 3 Monate, so gilt unabdingb die Fr des II S 1. Iü kann die Fr nicht verkürzt w (Richardi ZfA **71**, 82). **bb)** Dch TV (III), wie Anm 2 b, bb. Auch die verlängerten Fr des II S 2 können bis zur Fristlosigk abgekürzt u auch die Termine geändert w (Richardi ZfA **71**, 86). Der Vorrang des TV besteht auch für TVe, die aus der Zeit vor dem 1. 9. 69 stammen, bei diesen nach hM aber nicht für die verlängerten Fr des II S 2 (BAG NJW **72**, 503 = AP Nr 10 m Anm v Wiedemann; aA Lohmann BB **69**, 1270). Im Rahmen des III 2 genügt die allg ergänzde Bezug auf den TV (LAG Hbg BB **70**, 1178).

4) Ausschluß ordentlicher Kündigung. a) Dch G bei Mitgl v BetrR, Jugend- u BordVertretg, WahlVorstd u Wahlkandidaten (§ 15 KSchG) sowie PersonalratsMitgl (§ 95 PersVertrG). **b)** Dch Vertr ist Ausschl ord Künd grdsätzl mögl. Bei Anstellg auf Lebenszeit liegt D- od ArbVerh auf best Dauer vor; es gelten §§ 620 I, 624, so daß nur aus wicht Grd außerord gekünd w kann (BGH WPM **73**, 782); jedoch kann auch dabei der DBer gehalten sein, eine angemessene Fr einzuhalten (BGH WPM **75**, 761; vgl § 626 Anm 5 n). Bei D- od ArbVerh auf unbest Dauer (§ 620 II) kann vereinb w, daß der DBer od ArbG auf ord Künd von vornherein (auch für begrenzte Zeit, LAG BaWü BB **70**, 1096) verzichtet u nur aus § 626 od aus best vereinb Grden künd darf. Das trifft zu, wenn vereinb ist (insb bei Abschl des ArbVerh), daß eine Dauer- od Lebensstellg eingeräumt w. Auch stillschw Vereinbg ist mögl (BAG AP § 66 HGB Nr 3). Wg KündBeschrkgen des ArbN vgl Vorbem 2 b vor § 620.

623 (aufgehoben)

624 *Kündigungsfrist bei Verträgen über mehr als 5 Jahre.* Ist das Dienstverhältnis für die Lebenszeit einer Person oder für längere Zeit als fünf Jahre eingegangen, so kann es von dem Verpflichteten nach dem Ablaufe von fünf Jahren gekündigt werden. Die Kündigungsfrist beträgt sechs Monate.

1) Allgemeines. Ist außerord Künd. **a) Zweck:** Schutz des DVerpfl, insb ArbN vor übermäß Beschränkg seiner pers Freih. **b) Abdingbarkeit:** S 1 ist zwingd (allgM). S 2 ist nur insow abdingb, als die KündFr kürzer sein darf. **c) Anwendungsbereich.** Alle auf best Zeit (§ 620 I) abgeschl DVerh, auch für ArbVerh (Ballerstedt JZ **70**, 371, aA Duden NJW **62**, 1326; Würdinger NJW **63**, 1550). Auch für Handelsvertreter, da die SondRegelg der §§ 89ff HGB den Zweck des § 624 nicht berührt (Rittner NJW **64**, 2255); jedoch muß im konkreten VertrVerh das dienstvertragl Element vorherrschen (Hamm Betr **78**, 1445). Bei gemischten Vertr (Überbl 5 vor § 433) kann § 624 nur dann angewendet w, wenn im Einzelfall die pers DLeistg vorherrscht, insb wenn das VertrVerh mehr personenbezogen, weniger unternehmensbezogen ist (Rittner aaO; Brüggemann ZHR **131**, 27). Aus ähnl Grden hat der BGH NJW **69**, 1662 die Anwendg auf TankstellenstationärVertr (TankstellenInh stellt Grdst zur Vfg) verneint.

2) a) Voraussetzgen. Das DVerh muß für länger als 5 Jahre od auf LebensZt (des DBer, DVerpfl od Dr) fest abgeschl sein (vgl § 620 Anm 1). Es genügt, wenn das DVerh mit einem Ereign enden soll, das nach 5 Jahren noch nicht eingetreten ist. Erforderl ist, daß von vorneherein auf länger als 5 Jahre abgeschl ist; das ist nicht erf, wenn ein nachfolgder 5-JahresVertr für den Fall abgeschl ist, daß zum Ablauf des ersten 5-JahresVertr nicht gekünd w (BAG Betr **71**, 55). **b) Wirkung:** Keine Nichtigk des Vertr, weil § 624 den

Einzelne Schuldverhältnisse. 6. Titel: Dienstvertrag §§ 624–626

Abschl solcher Vertr nicht verbietet (§ 134), sond nur außerord Künd zuläßt. § 138 kann nur aus and Grd erf sein. Verlängerg des DVerh ist zul, aber auch kürzere Zeit vor Ablauf (RG **80**, 277). Ablauf von 5 Jahren: maßgebd ist Dauer des DVerh, nicht der Ztpkt des VertrAbschl. Die Künd kann nicht zum Ablauf, sond erst nach Ablauf der 5 Jahre erkl w. **c) Kündigungsfrist** (S 2). Die Anwendg der langen KündFr ist auch bei ArbVerh unbedenkl (BAG Betr **70**, 497). Da § 622 nur für ord Künd gilt, muß trotz § 622 II nicht zum Quartalsende gekünd w.

625 *Stillschweigende Verlängerung.* **Wird das Dienstverhältnis nach dem Ablaufe der Dienstzeit von dem Verpflichteten mit Wissen des anderen Teiles fortgesetzt, so gilt es als auf unbestimmte Zeit verlängert, sofern nicht der andere Teil unverzüglich widerspricht.**

1) Allgemeines. a) Anwendgsbereich: Jede Beendigg des D(Arb)Verh mit Ausn der Zweckerreichg (Vorbem 1 vor § 620), auch bei ProbeArbVerh (LAG Düss BB **66**, 741). SonderVorschr: § 17 BerBG. **b)** Abdingbk ist zu bejahen (BGH NJW **64**, 350), insb dch Vereinbg vor Ablauf des D(Arb)Verh über Verlängerg auf best Zt (RG **140**, 314) od Ausschluß der Verlängerg.

2) Voraussetzungen. a) Fortsetzung des DVerh dch bewußte Fortführg der bisher De, auch an einem und ArbPlatz für denselben ArbG (BAG AP § 242 Ruhegehalt Nr 117). **b) Wissen** des DBer, daß die De tats weiter geleistet w. Falsche rechtl Beurteilg, insb in Bezug auf den Ablauf des D(Arb)Verh ist unerhebl. **c) Widerspruch** (einseit, empfangsbed WillErkl, § 130) schließt die Wirkg (Anm 3) nur aus, wenn er kurz vor (BAG st Rspr zB AP § 620 Befr ArbVertr Nr 22) od unverzügl (§ 121) nach Ablauf des DVerh erkl w.

3) Wirkung. Das D(Arb)Verh w aGrd einer Fiktion (daher Anf ausgeschl) verlängert, stets auf unbest Zt, mit dem alten VertrInhalt, aber den ges KündFr.

626 *Außerordentliche Kündigung.* **I Das Dienstverhältnis kann von jedem Vertragsteil aus wichtigem Grund ohne Einhaltung einer Kündigungsfrist gekündigt werden, wenn Tatsachen vorliegen, auf Grund derer dem Kündigenden unter Berücksichtigung aller Umstände des Einzelfalles und unter Abwägung der Interessen beider Vertragsteile die Fortsetzung des Dienstverhältnisses bis zum Ablauf der Kündigungsfrist oder bis zu der vereinbarten Beendigung des Dienstverhältnisses nicht zugemutet werden kann.**

II Die Kündigung kann nur innerhalb von zwei Wochen erfolgen. Die Frist beginnt mit dem Zeitpunkt, in dem der Kündigungsberechtigte von den für die Kündigung maßgebenden Tatsachen Kenntnis erlangt. Der Kündigende muß dem anderen Teil auf Verlangen den Kündigungsgrund unverzüglich schriftlich mitteilen.

1) Allgemeines: a) Fassung: Neu dch G v 14. 8. 69, in Kr seit 1. 9. 69. **b) Anwendungsbereich:** Alle DVerh u ArbVerh auf best u unbest Zeit; aber nicht für die Schiffsbesatzg (§§ 64–68, 78 I SeemG), HandelsVertr (§ 89a HGB), AusbildgsVerh (Einf 5 vor § 611), für die § 15 BerBG gilt. § 626 ist entspr anwendb für HeimArbVerh (§ 29 IV HeimArbG). RuhestandsVerh (Einf 7 e, cc, β) vor § 611), nur beschr anwendb auf das DVerh des WohnEigtVerw (vgl § 26 WEG; Ffm MDR **75**, 319). Ferner ist der in § 626 u § 723 I S 1, III enthaltene RGrds auf DauerschuldVerh, insb solche die pers ZusArb erfordern, entspr anwendb (BGH NJW **72**, 1128), zB HeimpflegeVertr (Hbg MDR **73**, 758), auch auf Miete (vgl § 554 a Anm 3). § 626 gilt für alle außerord Künd, auch wenn sie aus vereinb Grden u wirks w (Vorbem 2 vor § 620). **c) Abdingbarkeit:** § 626 ist zwingd (allgM); auch Abs II ist nicht abdingb (BAG AP AusschlußFr Nr 1), auch nicht dch TarVertr (BAG BB **78**, 1166). Das R zur Künd aus § 626 darf nicht beseit od beschr w, weil § 626 die Unzumutbk der Fortsetzg des DVerh voraussetzt. Eine unzul Beschrkg liegt vor, wenn die Wirksk der Künd an die Zust des BetrRats geknüpft w (BAG **6**, 109) od ZahlgsPfl für den Fall vereinb w, daß der BetrRat nicht zust (BAG **AP** KündErschwerg Nr 1). Das BAG (NJW **63**, 2341) hält eine zumutb Beschrkg für wirks, auch in der Weise, daß überh nur der ArbG zur außerord Künd berecht ist (BAG BB **76**, 228). Bei ArbVerh ist es unzul, dch EinzelVertr (wohl aber dch TV wg des Vorbeh in § 622, aA LAG Düss Betr **71**, 150) best Grds als wicht über das ges Maß des § 626 hinaus u als Voraussetzg einer fristl Künd zu vereinb, weil sonst der zwinge Schutz des KSchG u die weitgehd zwingd Fr des § 622 für ord Künd umgangen w könnten (Esser § 78 III 4 a; BAG BB **74**, 463 = NJW **74**, 1155 mwN). Bei sonstigen DVerh ist es zul, insb desh, weil § 621 abdingb ist. **d) Verhältnis zu §§ 325, 326;** Rücktr ist dch § 626 als SondRegelg ausgeschl; denn Künd kann auch vor Beginn des DVerh erkl u wirks w (Vorbem 2 vor § 620). Für SchadErsAnspr gilt § 628 II, der ebenf den §§ 325, 326 vorgeht. **e) Verhältnis zum Kündigungsschutz:** Künd aus § 626 w nur dch § 9 MuSchG ausgeschl u dch ZustErfordern des § 17 SchwBG beschr; iü bleibt R zur fristl Künd unberührt, vgl § 2 III ArbPlSchG; § 2 I EignÜbgG, § 15 I ArbSichG, § 78 Nr 1 ZivDG; auch bei Mitgl v BetrR, Personal-, Jugend- u Bordvertretg. Wahlvorstd u Wahlbewerbern (jedoch ist Zust des BetrR oder PersonalVertretg notw; § 103 BetrVG); vgl § 15 KSchG. Entspr gilt für Vertrauensmänner der SchwBeh (§§ 23 III, 24 VI SchwBG). Auch soweit für das ArbVerh das KSchG gilt (vgl Vorbem 3 a vor § 620), w das KündR aus § 626 nicht eingeschränkt, weil die soz Rfertigg (§ 1 KSchG) nur für ord Künd vorliegen muß. Über § 13 I KSchG ist ledigl die 3-Wochen-Fr (auch bei befr ArbVerh, BAG NJW **72**, 1878) sowie die Auflösg u Abfindg anzuwenden, aber nur soweit auf den betr ArbN das KSchG anzuwenden ist. Bei ArbN, die keinen KündSchutz gem KSchG genießen, gilt die 3-Wochen-Fr nicht (BAG stRspr seit **1**, 272; zuletzt BB **73**, 1396; bestr). **f) Schadensersatzpflicht** des Kündigden bei unwirks außerord Künd wg VertrVerletzg besteht nur bei Versch (§§ 276, 278; BAG AP § 9 KSchG Nr 2); dieses ist nur zu bejahen, wenn der Kündigde die Unwirksk der Künd od ggf ihre ungehör BegleitUmstde kannte od kennen müssen (BAG BB **74**, 1640). Auch Schaden (§§ 249 ff) muß konkret vorliegen. **g) Behauptungs- und Beweislast** für die Tats, die den wicht Grd darstellen, trägt derjen, der gekünd hat u sich auf die Wirksamk der Künd beruft, auch dann, wenn es sich um die Einwendg gg einen Anspr (zB aus ArbVertrBruch) handelt (BAG JZ **73**, 58). Der ArbG muß auch, wenn er wg vorgetäuschter ArbUnfähigk künd, beweisen, daß die ArbUnfähigkBescheinigg zu Unrecht erteilt w (LAG Hamm Betr **75**, 841). Wer gekünd hat, trägt die Behauptgs- u BewLast dafür, daß er erst innerh der Fr des Abs II Kenntn erlangt hat (BAG JZ **73**, 58 u BB **75**, 1017; aA Schleifenbaum BB **72**, 879). **h) Sondervorschriften**: Das FernUSG läßt § 626 unberührt (§ 5 II S 2) u gibt in § 7 ein bes R zur außerord Künd.

2) Voraussetzungen der Kündigung. Nur eine Künd, die die Voraussetzgen a) b) u d) erfüllt u der c) nicht entggsteht, beendet das ArbVerh. Heilg einer unwirks Künd ist über §§ 13 I, 4, 7 KSchG mögl, vgl aber Anm d. **a) Wirksame Kündigungserklärung**: Anm 3. **b) Wichtiger Grund** (Anm 4–6). Fehlt er, so ist die Künd unwirks, wenn sie nicht im Anwendungsbereich des KSchG dch Versäum der 3-Wochen-Fr geheilt w (vgl Vorbem 3 a vor § 620). **c) Erlöschen des Kündigungsrechts**: Kann außer dch FrAblauf (Anm 3 b) eintreten: dch Verzicht auf das KündR; das ist einseit mögl, da es sich um ein GestaltsR handelt (§ 397 Anm 1a). Verwirkg (§ 242 Anm 9) dch Zeitablauf scheidet wg II S 1 u 2 aus. **d) Anhörung des Betriebsrats** (im öff D des PersR) der Künd unter Mitt der KündGrde ist vorgeschrieben (§ 102 I BetrVG; § 79 III PersVG), nur entbehrl, wenn der BetrR funktionsunfäh ist (zB BetrUrl, ArbKampf; Meisel Betr **74**, 138 mwN; bestr; zum Fall der Verhinderg des ersatzmannlosen BetrObmanns: Barwasser Betr **76**, 914) od die Künd auf einem Verlangen des BetrR gem § 104 BetrVG beruht (Dietz-Richardi § 102 Rdn 14). Bei ltd Angest (§ 5 III BetrVG) gilt nur § 105 BetrVG, jedoch bei leitenden Angest in der ProbeZt, and bei eingeschränkten Rechten (BAG Betr **76**, 1064). Zur wirks Anhörg ist notw: Mitt, daß außerord Künd beabsicht ist, Angabe best Tats, die im wesentl den KündGrd darstellen; KenntnN v der Äußerg, die der BetrR aGrd der Anhörg abgibt. Angabe der KündErkl erst nach Kenntn v der StellgN des BetrR od nach Ablauf der 3-Tage-Fr des § 102 IIBetrVG, wobei die Zust als erteilt gilt, wenn der BetrR innerh der 3 Tage sich nicht äußert (Dietz-Richardi § 102 RdNr 48. Sind diese Voraussetzgen nicht erf, ist die Künd (unwirks, BAG NJW **76**, 1766); keine Heilg dch nachträgl Zust des BetrR (Etzel Betr **73**, 1017 mwN; bestr). Hingg hindert ein Widerspr des BetrR die Künd nicht; auch ist die fehlde Anhörg ohne Einfluß auf das Vorliegen eines wicht Grdes (BAG NJW **77**, 1413). Das Nachschieben v KündGrden (Vorbem 2 a, hh vor § 620) bleibt zul, jedoch ist der BetrR zu diesen Grden noch anzuhören (BAG BB **75**, 1014; Etzel aaO; aA Meisel Betr **74**, 138; Kaup Betr **74**, 2302 [falls der ArbG sie noch nicht kannte] u 34. Aufl]. Nicht genügt die Anhörg zu einer beabsicht ord Künd, wenn danach außerord gekünd w (BAG NJW **76**, 2367). Ein WiderspR des BetrR besteht nicht (and bei ord Künd, § 102 II, III BetrVG). Soweit dch die AnhörgsPfl des R des ArbG zur fristl Künd zeitl hinausgeschoben w, steht dem ArbG das R zu, die Weiterbeschäftig des ArbN bis zur Künd einzustellen u damit das ArbVerh zu suspendieren (wie Vorbem 1 vor § 620; Dietz-Richardi § 102 Rdnr 52). Fehler des BetrRBeschl machen die Anhörg nur unwirks, wenn es für den ArbG offenkund war (Eich Betr **75**, 1603). **e) Zustimmung des Betriebsrats** (ggf des PersR) ist notw bei Mitgl (auch amtierde ErsMitgl, BAG NJW **78**, 909) v BetrR, Personal-, Jugend- u Bordvertretg, sowie Vertrauensleuten der SchwBeh (§ 23 III SchwBG), ferner Wahl-Vorstd u Wahlbewerbern (§ 103 BetrVG) ab Bestellg eines Wahlvorstds u Vorliegen des Wahlvorschlags (BAG Betr **76**, 1335); bei den Letztgenannten auch im (noch) betriebsratlosen Betr (BAG NJW **77**, 267), so daß die Zust des ArbGer eingeholt w muß, auch bei ÄndKünd (BAG aaO). Der KündSchutz gilt nicht für einen aus nichtiger Wahl hervorgegangenen BetrR (BAG NJW **76**, 2230). Die Zust ist auch erforderl, wenn allen Mitgl des BetrR gekünd w soll (BAG NJW **76**, 2180). Die Künd darf erst nach endgült Erteil der Zust ausgespr w (BAG NJW **78**, 661); ist WirkskVoraussetzg der Künd (BAG NJW **76**, 1766; aA Dietz-Richardi § 103 Rdnr 17). Die Künd ist ohne vorher Zust unheilb nichtig (BAG NJW **76**, 1368). Schweigt der BetrR auf die Auffdg des ArbG, die Zust zu erteilen, gilt sie nach 3 Tagen als verweigert (LAG Ffm BB **76**, 1959). Währd des ArbKampfes (1 e vor § 620) muß der ArbG den BetrR nicht zur Zust auffordern (BAG NJW **78**, 2054); denn sie kann in allen Fällen dch das ArbGer ersetzt w. Sie muß ersetzt w, wenn die Voraussetzgen des § 626 (wicht Grd) vorliegen (BAG Betr **75**, 1321). Auch im ZustVerf können Grde nachgeschoben w, wenn der ArbG zuvor umsonst versucht hat die Zust des BetrR zu erlangen (BAG aaO). Eine vor RKraft des zustimmgsetzden Beschlusses ausgesprochene Künd ist nichtig (BAG NJW **78**, 72). Die Ersetzg der Zust muß auch eingeholt w, wenn der BetrR nicht funktionsfäh ist (LAG Düss Betr **75**, 745). Mit der ZustErsetzg ist für den nachfolgden KündSchutzProz im Grdsatz die Künd gerechtfert (BAG BB **75**, 1014). **f) Anhörung des Arbeitnehmers** vor der Künd ist nicht WirkskVoraussetzg der Künd, auch wenn sie aus FürsPfl (§ 611 Anm 8) geboten sein kann, insb bei Verdachts-Künd (BAG Betr **72**, 1539). Anhörg des ArbN dch den BetrR ist uU geboten (§ 102 II 4 BetrVG).

3) Kündigungserklärung. Sie ist nöt; das bloße Vorliegen eines wicht Grds genügt nicht (BGH NJW **61**, 307). Allg zur KündErkl: Vorbem 2 vor § 620. Sie ist grdsätzl formlos. Ausn: bei AusbildgsVerh dch § 15 III BerBG; ferner, wenn, insb dch TV, rechtsgeschäftl Schriftform vereinb ist (§ 127). Insb ist zu beachten: **a) Inhalt**: Die Künd muß als außerord erkl w. Aus der Erkl muß hervorgehen, daß aus wicht Grd ohne Bindg an die Fr der §§ 621, 622 gekünd w. Das geschieht dch Angabe des wicht Grdes, dch ausdrückl od stillschw Bezug auf einen wicht Grd, dch Angabe des Ztpkt, dch den bewußt von der Fr der §§ 621, 622 abgewichen w, insb dch fristl Künd. Das alles ist unabhäng davon zu würd, ob ein wicht Grd wirkl vorliegt (BAG **1**, 237). **b) Erklärungsfrist** (II S 1 u 2). **aa) Anwendbar** bei allen außerord Künd, auch in den Fällen des § 15 KSchG (hM; BAG NJW **78**, 661 mwN) trotz des Erfordern vorher Zust. Bei SchwBeh gilt sie grdsätzl, doch kann sie bei ZustErteilg nach FrAblauf noch unverzügl danach erkl w (§ 18 VI SchwBG). **bb) Ausschlußfrist**: keine Wiedereinsetzg. FrVersäum führt zur Unwirks der Künd. **cc) Beginn**. Es ist pos u sichere Kenntn der Tats nöt, die den wicht Grd ausmachen. Nicht nöt ist Kenntn aller mit dem KündGrd zushängder tats Umst. Daher w die Fr dch ein Geständn des KündGrd in Lauf gesetzt u dch weitere Ermittlgen nicht gehindert (BAG NJW **76**, 797). Unerhebl ist die Beurteilg u rechtl Schlußfolgerg des Kündigden (BAG JZ **73**, 60). Es kommt auf die Kenntn derjen Pers an, der im konkreten Fall das R zur Künd zusteht (BAG NJW **72**, 463), zB einem Prokuristen (BAG WPM **76**, 598); die eines AufsMitgl genügt bei Künd eines VorstdsMitgl idR nicht (BAG NJW **78**, 723), insb nicht bei einer Genossensch (BAG BB **78**,

1168). Kennenmüssen genügt keinesf (LAG Düss Betr **71**, 150). Presseveröffentlichg genügt für Kenntn idR nicht (LAG Düss Betr **72**, 1539). Bei VerdachtKünd (Anm 5f) vgl BAG NJW **72**, 1486; besser gelöst dch Grunsky ZfA **77**, 167 [184]. Bei strafb Hdlgen (Anm 5e) kann uU bis zur RKraft des StrafUrt zugewartet w (BAG NJW **76**, 1766). Bei echtem DauerTatbestd (zB eigenmächt Fernbleiben) beginnt die Fr nicht vor Beendigg dieses Zustds (LAG Düss Betr **71**, 2319). Bei Dauerzuständen u zusaßb Gesamtverhalten genügt es, wenn ein dazugehörder Vorfall in die 2-Wochen-Fr fällt (BAG JZ **73**, 60; BGH WPM **75**, 793); bei zunächst versäumter Fr u desh unwirks Künd, kann die spätere Künd auch das Gesamtverhalten mit gestützt w, wenn es fortgesetzt w u ein Zushang besteht (BGH WPM **76**, 379). Bei ÄndKünd aus betriebl Grd beginnt die Fr erst, wenn feststeht, welchen ArbN gekünd w muß (BAG Betr **76**, 1066). Das ZustErfordern des § 103 BetrVG (od nach PersVG) hindert den FrBeginn nicht (BAG NJW **78**, 661). **dd) Dauer.** Die 3täg Anhörgs-Fr des § 102 II BetrVG verlängert od hemmt die 2-Wochen-Fr nicht (hM; BAG aaO). Bei ZustErfordern (§ 103 BetrVG od PersVG) muß daher die ArbG rechtzeit die Zust des BetrR (od PersR) einholen, bei ausdrückl od wg FrAblauf (§ 102 BetrVG) vermuteter ZustVerweigerg innerh der Fr die Zust beim ArbG beantragen (hM; BAG aaO). Notw Ermittlgen u eine Anhörg des ArbN dem gekünd w soll, können den FrLauf hemmen (BAG NJW **73**, 214), so daß bei einer innerh einer Woche dchgeführten, wiederholten Anhörg die Fr erst mit dieser beginnt (BAG aaO). Ist eine BedenkZt eingeräumt, kann der FrVersäumg § 242 entggstehen (BGH NJW **75**, 1698). Nach Erteilg der Zust ist die Künd des ArbG unverzügl auszusprechen (BAG BB **75**, 1014). **ee) Versäumung** der Fr steht dem Fehlen eines wicht Grdes gleich; daher kein „and Grd" (§ 7 KSchG) u Heilg über §§ 13 I, 4, 7 KSchG mögl, wenn die KlageFr versäumt w (BAG NJW **72**, 1878; LAG Hamm NJW **70**, 2229; aA: Nichtigk aus § 134: Güntner BB **73**, 1496). Gewahrt w die Fr dch Zugang gem § 130 (BAG Betr **78**, 1405). Wird aus mehreren Grden gekünd, genügt, daß für einen der Grde die Fr gewahrt ist; die versäumten KündGrde können zur Rechtfertigg der Künd herangezogen u nachgeschoben w, sofern sie dem Kündigden innerh 2 Wochen vor der Künd bekannt geworden sind (BAG **AP** Nr 65). Behaupts- u BewLast: Anm 19. **c) Angabe des Grundes** ist nicht zur Wirksk der Künd notw (vgl Anm a; BAG **AP** Nr 65). Bei AusbildgsVerh führt aber Nichtangabe des Grdes im KündSchreiben wg § 15 III BerBG zur Nichtigk der Künd gem § 125 S 1 (BAG **AP** § 15 BerBG Nr 1). Ist dch Vertr die schriftl Angabe der Grde bei der Künd vorgeschrieben, gilt § 125 S 2. Pfl zur schriftl Mitteilg des KündGrdes (dh die konkr Tats) gem II S 3; unverzügl: ohne schuldh Zögern (§ 121 I). Schriftl bedeutet nicht ges Schriftform. II S 3 begründet klagb schuldrechtl Anspr; bei Verletzg nur SchadErs (§ 280), nicht Unwirksk der Künd (BAG Betr **73**, 481). SchadErs kann auf ProzKostenErs gerichtet sein, nicht auf Wiederherstellg des ArbVerh (aA Monjau BB **69**, 1042). Analoge Anwendg von § 93 b ZPO ist nicht mögl (aA Knütel, NJW **70**, 121). Das Nachschieben v Grden (vgl Vorbem 2 a, hh vor § 620) w dadch nicht ausgeschl, so daß der nachgeschobene KündGrd nicht vorher schriftl mitgeteilt sein muß (BAG Betr **73**, 481). **d) Kündigungsfrist:** Fristlos zul, aber nicht vorgeschrieben. Es kann daher auf Grd des § 626 auch außerord aus erkennb wicht Grd unter Einhaltg der Fr der §§ 621, 622 od einer beliebigen Fr (sog soz AuslaufFr) gekünd w (BAG **AP** Nr 31; BAG WPM **75**, 761); darauf besteht aber kein Anspr (BAG **4**, 313). Bei fristl Künd endet das DVerh od ArbVerh mit Zugang der Künd (§§ 130-132); daran ändert § 117 AFG nichts (LAG BaWü Betr **75**, 2328). **e) Umdeutung** einer unwirks außerord Künd in eine ord (§§ 621, 622) ist zul; sie hängt an den Voraussetzgen des § 140 u erfordert den Vortrag, daß für den Fall der Unwirksk eine ord Künd ausgespr w wäre (BAG Betr **76**, 634). Sie ist nicht mehr mögl, wenn über die außerord Künd schon rechtskr entsch ist (BAG **AP** § 11 aF KSchG Nr 12). Im Rahmen der Mitbest ist wg § 102 II, III BetrVG eine Umdeutg grdsätzl nur mögl, wenn von vorneherein vorsorgl eine Anhörg für den Fall der Umdeutg zur ord Künd stattgefunden hat (hierzu Meisel Betr **74**, 138 [142]; LAG Düss BB **75**, 516). Die Anhörg kann unterbleiben bei einer verhaltensbedingten Künd, wenn der BetrR keine WiderspGrde gem § 102 III BetrVG hat (LAG Düss Betr **77**, 121). Es genügt auch nicht, daß zu einer ord Künd angehört w, wenn danach außerord gekünd w (BAG NJW **76**, 2367). Hat der BetrR der außerord Künd nicht widerspr, so erfordert Umdeutg in eine ord Künd keine neue Anhörg (LAG Hamm Betr **75**, 1898; LAG Düss BB **75**, 1128; abl Ebert BB **76**, 1132). Für jede Umdeutg ist der mutmaßl Wille des Kündigden für den Fall zu erforschen, daß er die Unwirksk seiner Künd gekannt hätte. Danach ist zu unterscheiden: Erweisen sich die vom Kündigenden für den wicht Grd angenommenen Tats als wahr, reichen sie aber aus rechtl Grden nicht aus, so w Lösg des ArbVerh idR auf alle Fälle gewollt, Umdeutg zu bejahen sein. Das gleiche w anzunehmen sein, wenn die Tats einen wicht Grd darstellen sollten, aber nicht bewiesen sind. Erweisen sich die angenommenen Tats als unwahr (zB eine strafb Handlg, ein Pflichtenverstoß), so w idR Umdeutg zu verneinen sein. Ist der Wille, das ArbVerh auf jeden Fall zu lösen, in der Künd selbst zum Ausdr gekommen, so ist Umdeutg zu bejahen. Die Umdeutg einer unwirks ord Künd in eine (entspr befristete) außerord ist mögl (BGH WPM **73**, 782 [Ausleg statt Umdeutg]); aber nur ausnw u nur unter bes Umstden (BAG Betr **75**, 214). Mögl ist auch Umdeutg in das Angebot eines AufhebgsVetr (BAG BB **72**, 1095).

4) Begriff des wichtigen Grundes. Der RsBegr unterliegt weitestgehend der Nachprüfg dch das RevGer (vgl BAG JZ **75**, 737 m Anm v Säcker). Es sind folge Grds zu beachten: **a) Vorliegen von Tatsachen:** Bedeutet, daß alle tats Umst, die den wicht Grd ausfüllen, unbestr od bewiesen sein müssen. Auch Tats, die vor Beginn des DVerh liegen, sind geeignet (BAG **AP** Nr 65). BewLast: der Kündigde. Maßg Ztpkt: Stand der Tats zZ der Abgabe der KündErkl. **b) Berücksichtigung aller Umstände des Einzelfalls:** Damit sind alle tats Umst gemeint, die für den wicht Grd bedeuts sein können; zB die bish Dauer des DVerh, Leistg u Führg des DVerpfl, frühere Verfehlgen, voraussichtl künft Verhalten u WiederhGefahr von VertrVerletzgen, Höhe des Entgelts, Auswirkg auf and bestehde DVerh desselben DBer, Grad der wirtsch Abhängigk, Vorliegen eines ProbeArbVerh (LAG Bln Betr **75**, 2328). **c) Interessenabwägung:** zw den beiden VertrTeilen. Interessen Dr kommen nur ausnw in Betr. Insb ist dabei zu berücks: auf Seiten des DBer, die Möglsich rechtzeit eine gleichwert ErsKraft zu beschaffen, auf Seiten des DVerpfl das allg Interesse an der Erhaltg des ArbPlatzes, der Verdienstausfall bis zur Aufn eines neuen DVerh u die Aussicht einen neuen gleichwert ArbPlatz zu finden. Auf beiden Seiten ist abzuwägen, inwieweit die tats Umst, die den wicht

Grd ausmachen, verschuldet sind, insb auch verurs w (BAG JZ **75**, 737 m Anm v Säcker). **d) Unzumutbarkeit**: Sie muß daran gemessen w, ob die Fortsetzg des DVerh bis zu dem Ztpkt, zu dem der ord gekünd w kann (§§ 621, 622), oder bis zum ZtAblauf (§ 620 I) dem Kündigden zugemutet w kann. Hier ist auf die subj Lage u Einstellg des Kündigden Rücks zu nehmen, insb inwieweit sein Vertrauen in eine ordngsgem restl VertrErfüllg dch den and Teil verloren gegangen od erschüttert ist u ob bei notw pers Kontakt noch ein gedeihl ZusArbeiten zu erwarten ist, auch ob dch mildere Maßn dies für die Zukunft wiederhergestellt w kann (BAG aaO). Maßstab kann sein, ob der DBer bei gleicher Sachlage auch ArbN nicht kündigt (vgl BAG **2**, 138). Ist das ArbVerh überh nicht od für längere Zt nicht ord kündb u liegt kein wicht Grd, sond nur ein Grd vor, der es dem Kündigden unzumutb macht, das ArbVerh bis zum vereinb Ende fortzusetzen, wird im Schrifft eine Künd aus „minder wicht Grd" mit ges Fr für zul gehalten (Larenz § 48 III d mwN). Liegt eine ÄndKünd vor, so ist nicht auf die Beendigg des ArbVerh, sond auf die ArbBedinggen abzustellen, die der ArbG für die Fortsetzg des ArbVerh anbietet (BAG NJW **73**, 1819). **e) Verschulden**: Ist nicht Voraussetzg. Auch beiders unversch Tats können einen wicht Grd darstellen. Versch ist aber bei der Interessenabwägg (Anm c) zu berücks.

5) Wichtige Gründe für Kündigung des Dienstberechtigten, insb des ArbG: Lit: König RdA **69**, 8. **a) Vertragsschlußverschulden**: Vorzeigen falscher oder verfälschter Zeugnisse; IrrtErregg über Bestehen eines and gleichzeitig verpflichtden, insb kollidierden DVerh od ArbVerh, falsche Ausk bei zul Fragen über Vorstrafen best Art (wenn sie für das ArbVerh im Einzelfall wesentl sind (BAG BB **70**, 803 m Anm v Gumpert), nach früh ArbVerh, wenn dieser Umst zZ der Künd noch bedeuts ist (BAG NJW (**1565**). Vgl auch § 611 Anm 1 b, dd. **b) Arbeitspflichtverletzungen**: Dch Verweiger od Schlechterfüllg der Arb od DLeistg (§ 611 Anm 3); sofern sie nicht auf einem rechtm Streik beruhen. Die Verweiger muß idR beharrl (LAG Düss Betr **71**, 1363) u vorsätzl sein (vgl aber BAG Betr **66**, 155). Abmahnung und Wiederholg der ArbPfl-Verletzg ist grdsätzl nicht notw, führt aber erst recht zur Bejah des wicht Grdes. Unterläßt der ArbN die Arb, ist idR Aufffdg, die ArbPfl zu erf, notw, aber nicht, wenn der ArbN sie erkennb verweigert (BAG NJW **70**, 486 noch für § 123 GewO). Bei wildem Streik w eine wiederholte Aufffdg zur WiederAufn der Arb für erforderl gehalten (BAG AP Art 9 GG ArbKampf Nr 41). Bsp: Eigenmächt UrlAntritt (LAG Düss Betr **71**, 2319); unbefugtes, auch vorzeitiges Verlassen des ArbPlatzes (LAG Hamm BB **73**, 141). Ungerechtf entschuldigtes Fernbleiben, insb wg vorgetäuschter Krankh (zB bei Krankmeldg nachdem sie angedroht war, ArbG Kiel Betr **75**, 841) od wg Ausübg einer nicht genehmigten Nebentätigk (BAG BB **71**, 397); bewußtes Zurückhalten der ArbKraft, auch beim Prämien- u Akkordlohn (BAG AP § 123 GewO Nr 27); ArbUnfähigk dch Trunkenh währd der ArbZt; Teiln an rechtsw Streik (BAG NJW **70**, 486; eingeschränkd bei betrbezogenem Streik: Rüthers JZ **70**, 625); auch einzelnen ArbN, die an wildem Streik teilgen haben (aA Kittner BB **74**, 1488); auf jeden Fall dann, wenn der ArbG vor Künd dch ArbAufforderg abmahnt (K. Schmidt BB **73**, 432). Regelmäß verspäteter DAntritt (LAG Düss Betr **75**, 156). Ablehng der ArbLeistg nach Aufforderg weisgsbefugter und ArbN (LAG Bln Betr **77**, 2384); provozierde parteipolit Betätigg im Betr (BAG NJW **78**, 1872 u 1874). Fehlbestände im VerantwortgsBer einer Verkäuferin, wenn die Verursachg feststeht (BAG BB **74**, 463). Weigerg eines öff Bediensteten entgg BAT 8 II dienstl Anordngen zu befolgen (BAG JZ **75**, 738 m Anm v Säcker). Nicht auf Vors, sond auf Unfähigk beruhde Schlechtleistg ist wicht Grd nur ausnw, etwa bei ProbeArbVerh (LAG Mü Betr **75**, 1756), ferner altersbedingte Unfähigk zur Erf eines Beratgs- u RepräsentationsVertr (BGH WPM **76**, 53). **c) Treuepflichtverletzungen**: Vgl § 611 Anm 4; sie müssen idR vorsätzl sein. Bsp: VollmMißbr (BAG AP Nr 53); Ausführg eines dem ArbG angetragenen Gesch auf eigene Rechng (BGH WPM **67**, 679); Verstoß gg Wettbewerbsverbot (vgl § 611 Anm 4c; BAG AP § 60 HGB Nr 4), wobei idR im Falle des § 60 I HGB die Konkurrenztätigk bereits aufgenommen (nicht nur vorbereitet) sein muß (BAG BB **73**, 144); Ann finanziellen SondZuwendgen für die Vermittlg eines den ArbG betreffden Gesch dch Dr, sog Schmiergelder; ohne Rücks darauf, ob der ArbG dadch geschäd w od nicht (BAG AP Nr 65). Verrat (auch Verdacht auf zukünft) von BetrGeheimn (LAG Mü BB **69**, 315); verbotene Nebentätigk; kreditschädigde Äußerg ggü AuftrGeber des DBer od ArbG; unerl priv Telefongespräche im Betr (LAG Düss BB **63**, 732); Handlg, die Heilg beinträcht, währd der ArbZt (LAG Düss Betr **70**, 936); verbotswidr priv Benutzg eines BetrKfz (LAG BaWü **70**, 534); Veröff eines betrschädigden ZeitgsArtikel, bei berecht Interessen aber nur, wenn unwahre Behauptg aufgestellt w (LAG Saarl Betr **70**, 499); Verletzg der SchweigePfl als ArbNVertr im AufsR (BAG Betr **74**, 1067). Mißbräuchl Verschaffg u Verwendg einer ArbUnfähigkBescheinig (LAG Wupp Betr **77**, 121). Wenn der ArbN und ArbN seines ArbG abwirbt, nicht ohne weiteres (LAG BaWü Betr **70**, 2325). Mitstempeln einer Stechkarte (LAG Düss Betr **77**, 501). **d) Sonstige Pflichtverletzungen**: Dch vorsätzl Nichtbefolgen berecht Weisgen (vgl § 611 Anm 5). Bsp: Fortlaufde Verstöße gg die BetrO (BAG Betr **72**, 1124); Versuch eines dienstvertragl gebundenen NachUntern, den betr Kunden für sich abzuwerben (BGH WPM **76**, 324); Betätigen der Stechuhr für abwesen ArbKollegen (LAG Düss NJW **78**, 774); Ablehng zu einer Rückspr zu erscheinen (BAG BB **63**, 1298); Widerst eines Hochschullehrers gg die HochschulVerw dch ArbBehinderg (BAG BB **78**, 1216). **e) Strafbare Handlungen**: Ihre Begehg muß unstreit od bewiesen sein (vgl aber f); Verurteilg im StrafVerf ist nicht Voraussetzg. VermDelikte, insb Diebstahl, Betrug, Untreue, Sachbeschädig, wenn gg den DBer gerichtet, immer wicht Grd (wenn nicht ausgesprochener Bagatellfall, zB LAG Hamm Betr **77**, 2002); auch bei glaubh Abs, den Schad wieder zu beseit (LAG Düss Betr **76**, 680); sonst nur dann, wenn die im D- od ArbVertr übertragene Tätigk die Zuverlässigk des DVerpfl voraussetzt, insb bei Vertrauensstellgen (LAG Nds BB **78**, 1011). Straftaten gg Leben, Gesundh u Freih (zur Nötigg vgl Säcker in Anm zu BAG JZ **75**, 737) sind wenn vorsätzl begangen u gg den DBer gerichtet, immer wicht Grd; sonst idR nicht, wohl aber dann, wenn desh angenommen w muß, daß Gefahr für Leib u Leben der MitArb besteht (BAG Betr **77**, 1322); Schlägerei im Betr (LAG Ffm NJW **78**, 444). Ebso bei SittlichkDelikten. TrunkenhDelikte sind bei einem Berufskraftfahrer auch dann wicht Grd, wenn es sich um eine Privatfahrt handelt (BAG NJW **64**, 74). **f) Verdacht schwerer Verfehlungen** genügt, wenn dadch das Vertrauens-Verh erschüttert (BAG stRspr: vgl NJW **72**, 1486; aA LAG Brem BB **76**, 1560); es kommt auch hier (wie bei Anm e) auf die Art der strafb Handlg an (BAG NJW **61**, 1133). Gg den Verdacht als materiellen Künd-

Grd, für Einordng als BewLastProblem u BewLastEntsch gg den ArbN: Grunsky ZfA **77**, 167. Für Begrenzg auf Vertrauensstellgen: Moritz NJW **78**, 402. W der Verdacht später ausgeräumt, kann Anspr auf Wiedereinstellg (vgl § 611 Anm 8a, aE) bestehen (BGH NJW **56**, 1513; BAG **16**, 72). **g) Ehrverletzungen:** Strafb Beleidigg (insb Formalbeleidigg), üble Nachrede u Verleumdg gg den DBer, seine Angeh, seine Vertr (zB Prokuristen) u ltd Angest sind stets wicht Grde, und Ehrverletzg sind es idR (für sog Götz-Zitat verneint vom LAG Düss Betr **72**, 51). Richtet sich die Handlg geg and Pers, insb ArbKollegen, so ist wicht Grd zu bejahen, wenn der BetrFriede gestört w (vgl BAG NJW **78**, 1874). **h) Krankheit:** Bei allg DVerh kann wicht Grd auch schon in einer kürzeren Erkrankg des DVerpfl gesehen w, wenn der VertrZweck dadch gefährdet w. Bei ArbVerh (zufassd DLepke Betr **70**, 489) w kürzere Erkrankg nur ausnahmsw dann ein wicht Grd sein, wenn sie ansteckd ist. Längere Erkrankg (über 6 Wochen) od häuf w wg FürsPfl des ArbG für außerord Künd nur dann genügen, wenn ord Künd ganz ausgeschlossen ist, ungewöhnl lange vertragl KündFr vereinb ist od der ArbPlatz dringd besetzt w muß; unheilb Krankh, die zu dauernder ArbUnfähigk führt, ist idR wicht Grd (LAG SchlH Betr **69**, 2091). Pfl des ArbG, vorher Ausk einzuholen, besteht (LAG BaWü Betr **75**, 309). Bei SchwBeh ist stets § 18 SchwBG zu beachten. Bei vorgetäuschter Erkrankg od Verwirklichg angedrohter Krankmeldg: Anm b. Verletzg der Anz- u NachwPfl (§ 3 LFZG) nur bei schwerwiegdem Verstoß u Versch (LAG Hamm Betr **71**, 872). **i) Tod** des DBer kann ausnahmsw wicht Grd sein, wenn die DLeistg (zB wg BetrEinstellg) nicht mehr angenommen w kann u die Fortzahlg der Vergüt für die Erben unzumutbar ist; Bsp in BAG NJW **58**, 1013. **j) Heirat** des DVerpfl reicht allein niemals aus: dieser Grd kann auch nicht als wicht vereinb w; daher sind sog Zölibatsklauseln auch als auflösde Bedingg nichtig (BAG NJW **57**, 1688). **k) Druckkündigung:** Wird die fristlose Entlassg von Dr verlangt (zB von and ArbN, BetrRat, Gewerksch), insb unter Androhg von Künd od Streik, so kann ausnahmsw ein wicht Grd vorliegen, wenn für den DBer kein and Ausweg gegeben ist, um einen unzumutb eigenen Schaden abzuwenden; auch wenn die Fdg auf Entlassg ungerechtf ist (BAG **AP** DruckKünd Nr 1). Im allg darf der DBer wg der FürsPfl (vgl § 611 Anm 8 b, cc) einem ungerechtf Druck nicht nachgeben (BAG **9**, 53 = NJW **60**, 1269) u muß versuchen, ihn abzuwenden (BAG BB **77**, 1150). Die Künd muß das prakt einz im Endeff kommde Mittel sein, den dch Druck drohden Schad abzuwenden (BAG **AP** DruckKünd Nr 10). Das KündVerlangen des BetrR (§ 104 BetrVG) stellt für sich keinen KündGrd dar. **l) Verletzung von Betriebsratspflichten** kann für sich allein keine außerord Künd begründen, sond nur RFolgen aus dem BetrVG, ggf Amtsenthebg gem § 23 BetrVG unter Fortbestd des ArbVerh (BAG NJW **70**, 872 mwN; Weber NJW **73**, 787). BetrRMitgl stehen für § 626 grdsätzl gewöhnl ArbN gleich (hM, aA Bieback RdA **78**, 82). Bei einer ArbVertrVerletzg, die auf einem Verhalten beruht, das der BetrRatstätigk entspringt, ist aber für die Berechtig zur außerord Künd ein strengerer Maßstab als bei gewöhnl ArbN anzulegen (BAG stRspr, **AP** § 13 KSchG Nr 16 u 19, hierzu krit Weber aaO; Säcker RdA **65**, 373). Entspr gilt für Mitgl des PersRats, die im ArbVerh stehen (vgl §§ 46, 100 PersVertrG) u JugVertr (BAG Betr **76**, 579). KündGrd ist zu bejahen, wenn ArbN, die nicht demonstrationswill sind, aufgefordert w, ArbPlatz zwecks Demonstration zu verlassen (BAG NJW **70**, 827); bewußt falsche, betrschädigde Information der Presse (BAG aaO); Lügen ggü dem ArbG od seinen Vertretern bei bedeuts Fragen (BAG aaO). **m) Politische Gründe** (entspr religiöse od weltanschaul): Polit Gesinng, gleich welcher Art, ist kein wicht Grd. Polit Belastg aus der NS-Zeit war wicht Grd, wenn ein Beschäftiggsverbot verhängt war (BGH WPM **65**, 973), ist es aber jetzt keinesf mehr. Polit Betätigg kann wicht Grd nur dann sein, wenn sie den BetrFrieden stört od gefährdet (BAG **AP** Nr 58) od die ArbLeistg and ArbN erhebl beeinträchtigt, nicht notw im Betr u währd der ArbZt. Welcher polit Richtg das dient, müßte gleichgült sein (vgl hierzu König RdA **69**, 8). Bsp: Wiederholte parteipolit Agitation (BAG **1**, 185); Propagandaabstimmg (BAG NJW **56**, 398). **n) Betriebseinstellg und -umstellung:** Ist grdsätzl kein wicht Grd, weil das BetrRisiko der DBer trägt. Das gilt auch bei einer BetrStockg dch Brand, auch wenn der Fortbestd des Betr gefährdet ist (BAG NJW **73**, 342) od bei KonkGefahr (LAG BaWü BB **77**, 296). In AusnFällen, insb wenn die ord Künd vertragl ausgeschlossen ist, kann BetrEinstellg einen wicht Grd darstellen (BAG NJW **58**, 316; BGH WPM **75**, 761 für DVerh), auch bei Einberufenen (ArbG Bochum Betr **72**, 441; vgl Vorbem 3 f aa vor § 620). Man w dann aber eine KündFr verlangen müssen, um diese ArbN nicht schlechter zu stellen als solche ArbN, bei denen die ord Künd nicht vertragl ausgeschl ist (BGH aaO; vgl auch Anm 4d aE). **o) Sonstiges:** Bei Lehrgängen, die auf einen Beruf vorbereiten sollen, ist Aufgabe des Berufsziels wicht Grd (Hbg MDR **71**, 216 [EDV-Programmierer]). Schuldh Verurs v zahlr Lohnpfändgen innerh kurzer Zt (Brill Betr **76**, 1816; Ablauf der ArbErlaubn eines GastArb gem § 19 I AFG (BAG BB **77**, 596).

6) Wichtige Gründe für Kündigung des Dienstverpflichteten, insb des ArbN. **a) Zahlungsverzug:** Zahlt der DBer die fäll Vergüt nicht od wiederholt nur unter Verzug (§ 284), so ist stets ein wichtGrd gegeben. **b) Fürsorgepflichtverletzungen:** Insb die aus §§ 617, 618, jedenf soweit sie vorsätzl u grob fahrl geschehen; ferner ständ u erhebl Überschreitg der gesetzl HöchstArbZt (BAG **AP** Nr 62). **c) Arbeitsunfähigkeit:** Dauernde, nicht nur vorübergehde, ist für ArbVerh auch nach Aufhebg von § 124 Nr 1 GewO u § 71 Nr 1 HGB als wicht Grd anzusehen; jedoch entspr die Künd wg § 616 u wg des LohnFG nicht dem Interesse der ArbN. Bei allg DVerh, insb bei vorübergehdn, ist dieser KündGrd auch prakt bedeuts. Ist die ArbFähk des ArbN zeitl od der Art nach beschr, ist dem ArbG Gelegenh zu geben, einen ArbPlatzwechsel herbeizuführen (BAG BB **73**, 759). **d) Gefährdung der Gesundheit,** erst recht des Lebens dch die ArbLeistg, ist wicht Grd, wenn die Gefährdg bei Abschl des D- od ArbVertr nicht zu erkennen war. Führt die Fortsetzg der Arb mit überwiegder Wahrscheinlk zu einer GesundhSchädigg, kann ohne diese Einschränkg fristlos gekündigt w. **e) Straftaten** des DBer, wenn sie gg den DVerpfl od ArbN gerichtet sind, stellen stets wicht Grd dar; bei and Delikten kommt es auf den Einzelfall an. **f) Ehrverletzungen:** Insb Beleidigg, sexuelle Ansinnen, bewußte Kränkg, vor allem in Ggwart von and Pers, sind idR wicht Grd; auch eine wg unbegrdeten Verdachts verfügte kränkde Suspendierg (BAG WPM **73**, 246). **g) Abschluß eines anderen Dienstverhältnisses,** insb ArbVerh, dch den DVerpfl ist kein wicht Grd, auch wenn das neue DVerh vorteilhafter ist u bes Chancen bietet (BAG **AP** Nr 59).

§§ 626–628   2. Buch. 7. Abschnitt. *Putzo*

Ggf muß er die RFolgen des VertrBruchs auf sich nehmen (vgl § 611 Anm 1e), die Einwilligg des DBer od ArbG einholen od darauf klagen. **h) Sonstiges:** Verletzg der BeschäftiggsPfl (§ 611 Anm 10) dch unberecht Suspendierg (BAG BB **72**, 1191); bevorstehender Konk des ArbG (Stückemann BB **77**, 1711).

627 *Außerordentliche Kündigung bei Vertrauensstellung.* I Bei einem Dienstverhältnis, das kein Arbeitsverhältnis im Sinne des § 622 ist, ist die Kündigung auch ohne die im § 626 bezeichnete Voraussetzung zulässig, wenn der zur Dienstleistung Verpflichtete, ohne in einem dauernden Dienstverhältnis mit festen Bezügen zu stehen, Dienste höherer Art zu leisten hat, die auf Grund besonderen Vertrauens übertragen zu werden pflegen.

II Der Verpflichtete darf nur in der Art kündigen, daß sich der Dienstberechtigte die Dienste anderweit beschaffen kann, es sei denn, daß ein wichtiger Grund für die unzeitige Kündigung vorliegt. Kündigt er ohne solchen Grund zur Unzeit, so hat er dem Dienstberechtigten den daraus entstehenden Schaden zu ersetzen.

1) Allgemeines: a) Fassung: I neu gefaßt dch G v 14. 8. 69, in Kr seit 1. 9. 69. **b) Anwendungsbereich:** Nur DVerh, nicht ArbVerh (vgl Einf 2 a vor § 611), aber nur DVerh, bei denen folge Voraussetzgen vorliegen: **aa)** Kein dauerndes DVerh mit festen Bezügen; diese dürfen kein regelm Eink darstellen. Der Begr des dauernden DVerh erfordert nicht, daß der DVerpfl den überwiegdn Teil seiner ArbKraft schuldet od wirtsch vom DBer abhäng ist (BGH **47**, 303); es kann auch einjähr DVerh sein (BGH aaO). **bb)** Dienste höherer Art; sie müssen üblw aGrd bes Vertrauens übertragen w. Das ist idR der Fall bei: Arzt, Rechtsanwalt u -beistand, Steuerberater u -bevollm, WirtschPrüfer u -berater (BGH aaO), Kommissionär (RG **110**, 123), Privatlehrer, Architekt (vgl aber Einf 2a, aa vor § 611), Werbeberater, Schiedsrichter (vgl ThP 3 vor § 1025), Ausbildg zum Fahrlehrer (Schlesw MDR **77**, 753). **c) Abdingbarkeit:** Ist zu bejahen, da § 626 anwendb bleibt; Erkl muß eindeut, kann aber stillschw sein (RG **105**, 417).

2) Wirkung. a) Kündigung: Sie ist außerord (vgl Vorbem 2 vor § 620) fristlos mögl, aber befristet zul; beiderseit. Die KündMöglk aus § 626 w dch § 627 nicht berührt. Grdsätzl darf jederzeit gekünd w; für die Künd des DBer gilt das uneingeschränkt; für den DVerpfl gilt das Verbot der Künd zur Unzeit (II S 1): dabei ist darauf abzustellen, ob sich der DBer die Dienste nach Zugang der Künd, sobald u soweit er sie benötigt, beschaffen kann, nicht notw in gleicher Güte u zu gleichen Bedinggen. **b) Rechtsfolgen der Kündigung zur Unzeit:** Auch bei Verstoß g I S 1 keine Unwirks der Künd. Wicht Grd: Es genügt ein rechtfertigder Grd; Unzumutbk der Fortsetzg des DVerh ist nicht erforderl, weil dann Künd aus § 626 begründet wäre. SchadErsAnspr: II S 2; Umfang: §§ 249 ff.

628 *Teilvergütung und Schadensersatz bei außerordentlicher Kündigung.* I Wird nach dem Beginne der Dienstleistung das Dienstverhältnis auf Grund des § 626 oder des § 627 gekündigt, so kann der Verpflichtete einen seinen bisherigen Leistungen entsprechenden Teil der Vergütung verlangen. Kündigt er, ohne durch vertragswidriges Verhalten des anderen Teiles dazu veranlaßt zu sein, oder veranlaßt er durch sein vertragswidriges Verhalten die Kündigung des anderen Teiles, so steht ihm ein Anspruch auf die Vergütung insoweit nicht zu, als seine bisherigen Leistungen infolge der Kündigung für den anderen Teil kein Interesse haben. Ist die Vergütung für eine spätere Zeit im voraus entrichtet, so hat der Verpflichtete sie nach Maßgabe des § 347 oder, wenn die Kündigung wegen eines Umstandes erfolgt, den er nicht zu vertreten hat, nach den Vorschriften über die Herausgabe einer ungerechtfertigten Bereicherung zurückzuerstatten.

II Wird die Kündigung durch vertragswidriges Verhalten des anderen Teiles veranlaßt, so ist dieser zum Ersatze des durch die Aufhebung des Dienstverhältnisses entstehenden Schadens verpflichtet.

1) Allgemeines. a) Anwendungsbereich: Alle D(Arb)Verh, aber nicht bei AusbildgsVerh (§ 16 BerBG), HandelsVertr (§ 89a II HGB) u bei Seeleuten (für I §§ 66, 70 SeemG). Besondrh bei RA: Pabst MDR **78**, 449. Nur bei wirks außerord Künd gem §§ 626, 627, nicht bei ord Künd (aA LAG Düss Betr **72**, 1879). Abs II nicht bei AufhebgsVertr (aA BAG NJW **71**, 2092), weil Wortlaut des II enggsteht u die Part im Vertr die RFolgen regeln können. Abs II w analog bei DauerSchuVerh angewendet (§ 276 Anm 7 d, cc). **b) Abdingbarkeit** ist zu bejahen; insb könnte statt I RFolgen gem § 649 vereinb w (BGH **LM** § 611 Nr 3). Grenze: § 242 (BGH NJW **70**, 1596 für die AllGO).

2) Vergütung (I). a) TeilVergütg (S 1) ist bei Zt- wie LeistgsLohn quantitativ zu bemessen. **b) Beschränkg** (S 2) setzt alternativ voraus, daß der Anlaß der Künd des DPfl nicht ein schuldh (§§ 276, 278) vertrwidr Verhalten (Handeln od Unterl) des DBer (ArbG) war od dessen Künd dch den DPfl schuldh vertrwidr veranlaßt w (bei Sachverst entspr anwendb, wenn er Unverwertbk seines Gutachtens verschuldet, LG Bielef MDR **75**, 238). Bei völl Wertlosigk kann der Anspr ganz entfallen. § 287 II ZPO gilt. **c) Vorauszahlg** (S 3): Zu vertreten: § 276. Auch § 818 ist anzuwenden.

3) Schadensersatz (II). a) Voraussetzungen: Schuldh (§§ 276, 278; allgM) vertrwidr Verhalten des KündEmpf muß (nicht notw der einz) Anlaß der Künd sein (Kblz MDR **76**, 44). Der Anspr kann dem DBer wie dem DVerpfl zustehen; er entfällt, wenn auch der KündEmpf aus wicht, vom and Teil u nicht dem Grd nach dch den DVerpfl hätte künd können (BGH **44**, 271; BAG NJW **66**, 1835). **b) Ursächlichkeit:** Da nur der dch die Beendigg des D(Arb)Verh entstandene Schad zu ersetzen ist, muß (arg § 249) darauf abgestellt w, wie der AnsprBerecht bei Fortbestd des DVertr gestanden wäre (BAG **AP** Nr 2 für ArbUnfähigk); aber nur bis zu dem Ztpkt, zu dem das ArbVerh hätte gekünd w können (umstr; vgl Hadding SAE **76**, 219). **c) Umfang:** §§ 249, 252; hierfür ist das volle ErfInteresse mit allen Haupt- u NebenPfl maßg. Für den DBer (ArbG):

Einzelne Schuldverhältnisse. 7. Titel: Werkvertrag §§ 628–630, Einf v § 631

Kosten für ErsKraft unter Abzug ersparter Vergütg (BAG **AP** § 60 HGB Nr 4). MehrAufw für Fortsetzg der unterbrochenen Arb (LAG Bln **BB 74**, 278), vorzeit Verlust des Konkurrenzschutzes aus § 60 HGB (BAG **NJW 75**, 1487 = SAE **76**, 215 m Anm v Hadding. Für den DPfl (ArbN): Die entgangene Vergütg, einschl aller bes Zuwendungen, zB Tantieme. Auch Schäden können aber in die FolgeZt reichen. Der AbfindsAnspr aus §§ 9, 10 KSchG darf nicht eingerechnet w, weil die Voraussetzgen für seine Entstehg noch ungewiß sind (aA Roeper Betr **70**, 1489). Stets ist § 254 anwendb (BGH **NJW 67**, 248), so daß schuldh unterlassener Erwerb auch ohne Böswilligk (and § 615) anzurechnen ist. **d) Durchsetzung**: Für Darlegg v Bew gilt § 287 ZPO (BAG **NJW 72**, 1437). Im Konk des ArbG: Hornung Rpfleger **76**, 386.

629 *Freizeit zur Stellungssuche.* Nach der Kündigung eines dauernden Dienstverhältnisses hat der Dienstberechtigte dem Verpflichteten auf Verlangen angemessene Zeit zum Aufsuchen eines anderen Dienstverhältnisses zu gewähren.

1) Allgemeines. Konkretisiert FürsPfl; ist nicht abdingb (allgM). Anwendb: wie § 617 Anm 1; bei jeder Künd; entspr bei DVerh auf best Zt (§ 620 Anm 1).

2) Wirkung. a) Anspr auf DBefreiung: angem nach Häufigk, Länge u Ztpkt; Gew u Stellg ist zu berücksicht. **b)** VergütgsPfl besteht fort (§ 616); das kann aber abbedungen w (BAG **AP** Nr 1). **c)** RFolgen bei Verweigerg: Kl; bei Eilbedürftk eVfg auf FreiZtgewährg, aber nicht eigenmächt Verlassen und Fernbleiben (Vogt Betr **68**, 246; sehr bestr, aA mit § 320 begrdet). SchadErs aus pos VertrVerletzg (§ 276 Anm 7), Künd aus § 626 u SchadErs aus § 628 II. **d)** W FreiZt insb Url zur StellgsSuche verwendet, besteht kein Anspr auf UrlAbgeltg (LAG Düss Betr **73**, 676, vgl § 611 Anm 12j).

630 *Zeugniserteilung.* Bei der Beendigung eines dauernden Dienstverhältnisses kann der Verpflichtete von dem anderen Teile ein schriftliches Zeugnis über das Dienstverhältnis und dessen Dauer fordern. Das Zeugnis ist auf Verlangen auf die Leistungen und die Führung im Dienste zu erstrecken.

1) Allgemeines. Lit: Schlessmann: Das ArbZeugn, 6. Aufl 1977. § 630 ist insofern zwingd, als nicht vor Beendigg des DVerh auf ZeugnErteilg verzichtet w kann (offengelassen v BAG **NJW 75**, 407 mwN). Ausgleichsklauseln enthalten idR keinen Verzicht auf ein qualifiziertes Zeugn (BAG aaO). Ablauf tarif AusschlFr schließt den Anspr aus (LAG Hamm **BB 77**, 1704). Dauerndes DVerh: § 617 Anm 1. § 630 gilt grdsätzl für alle DVerh, auch für GeschFührer einer GmbH, auch wenn sie Gesellsch ist (BGH **49**, 30), nicht für HandelsVertr (Celle **BB 67**, 775). Sond Vorschr in § 73 HGB, § 113 GewO, § 19 SeemG, § 8 BerBG. Kein Zeugn ist die ArbBescheinigg (§ 133 AFG).

2) Zeitpunkt. Bereits ab Künd. Ohne Künd Anspr auf vorläuf sog Zwischenzeugn, wenn es der Suche eines neuen ArbPlatzes dienen soll, aus FürsPfl des ArbG (Ludwig Betr **67**, 2163 mwN). Auch nach Beendigg des D(Arb)Verh kann das Zeugn verlangt w.

3) Inhalt des Zeugnisses. Das Zeugn hat stets Art u Dauer des DVerh anzugeben; die Art der Tätigk ist vollständ u richt zu bezeichnen (BAG Betr **76**, 2211). Nur auf Verlangen auch über Leistg u Führg, nicht auf nur eines von beiden. Das Zeugn muß auch bei gemischter Tätigk einheitl sein (LAG Ffm **AP** Nr 5). Das Zeugn muß obj richt sein u darf keine Auslassgen enthalten, wo eine pos Hervorhebg vom Leser erwartet w (BAG **AP** Nr 6). Bei der Formulierg von WertUrt ist der ArbG insb in der Wahl der Worte, die nicht einem vorher erteilten ZwZeugn widerspr müssen (LAG Düss **BB 76**, 1562), frei (BAG Betr **76**, 2211). Eine verständ Beurteil ist zu Grde zu legen (BGH **AP** § 826 Nr 10). Bemerkg über KündGrd od Trenng im Streit sind nur aus sachl Grden zul; sie müssen mit Führg u Leistg zushängen. Tätigk als BetrR nur auf Verlangen des ArbN zu erwähnen (LAG Ffm Betr **78**, 167); zweifelh ob auch im Fall völl Freistellg v der Arb (LAG Hamm Betr **76**, 1112). ArbG ist beweisbelastet mit den der Bewertg zugrunde liegden Tatsachen (BAG **AP** § 73 HGB Nr 1). Im Proz muß die KlageAntr die konkrete Abänderg bezeichnen (LAG Düss Betr **73**, 1853). Gerichte sind uU befugt, Zeugn selbst neu zu formulieren (BAG aaO). Unterschr des DBer (ArbG) od seines Vertreters ist notw.

4) Sonstiges. a) Schadensersatz: aa) Ggü DPfl (ArbN) wg schuldh SchlechtErf (§ 276) od SchuVerz (§ 286) ist mögl (allg M). BewLast auch für Ursächlk des Schad trägt der DPfl (BAG **NJW 68**, 1350). **bb)** Ggü neuen DBer bei Schönfärberei ist mögl (BAG **NJW 70**, 2291; Weimar JR **69**, 257; vgl § 826 Anm 8 c, c). **b) Auskunft** über den DPfl (ArbN) an Dr, insb and ArbG muß der DBer auf Verlangen des (auch früheren) ArbN erteilen (BAG **NJW 58**, 1061). Er darf es auch ohne den Willen des ArbN, wenn der Dr ein berecht Interesse daran hat (BAG aaO). Auf Verlangen ist dem ArbN der Inhalt der Auskunft bekannt zu geben (BAG **NJW 59**, 2011). Haftg des ArbG: wie Anm a. **c) Bindung:** Der ArbG ist an vorbehaltlose Beurteilg des ArbN diesem ggü daran gebunden (BAG **NJW 72**, 1214); nicht aber an best Formulierg des ZwZeugn (LAG Düss Betr **76**, 2310).

Siebenter Titel. Werkvertrag

Einführung

1) Begriff u Wesen. WkVertr ist entgeltl, ggs Vertr (vgl Einf vor § 320). Der Untern (Herst) verpfl sich zur Herstellg des versprochenen individuellen Wks, dh zur Herbeiführg eines best ArbErgebn (Erfolges) für den Best (Kunden) im Austausch gg die Leistg einer Vergütg (§ 631). Ggst der LeistgsPfl des Untern ist also eine entgeltl WertSchöpfg (Soergel-Ballerstedt Rdz 14 vor § 631) dadch, daß er dch seine ArbLeistg für den Best das vereinb Wk schafft. Dies kann ein körperl ArbProdukt (SachWk nach Heck) sein, zB Herstellg einer Sache aus Stoffen des Best bzw ihre Veränderg, od die Herbeiführg eines unkörperl ArbErgebn (LeistgsWk nach F. Beyerle), zB Erstattg eines Gutachtens, Vorn einer Operation. Die Regeln des BGB sind vorwiegd auf die erstere Gruppe abgestellt, gelten aber auch für die letztere. Wenn in diesem ZusHang häuf von der geschuldeten Herbeiführg eines best Erfolges als Wesensmerkmal des WkVertr die Rede ist, so ist darunter regelm nur das unmittelb dch die Tätigk des Untern herbeizuführde Ergebn, nicht auch der nach dem wirtsch Erfolg zu verstehen, nicht seine Vermietbk, fachgerechte Operation, nicht Heilg, Lieferg des Drehbuchstoffes, nicht dessen Eigng zur Verfilmg, KG JW **35**, 2209. Kennzeichnd für den WkVertr ist die wirtsch Selbständigk des Herst, mag er auch im Einzelfall an gewisse Weisgen gebunden sein (§ 645). Er übt seine Tätigk in eig Verantwortg u unter Einsatz eig ArbMittel od Fachkenntn aus, er trägt das UnternRisiko für das Gelingen des geschuldeten ArbErgebn (§§ 633, 640).

2) Sondermaterien sind entspr der wirtsch sehr unterschiedl Zielsetzg bei TätigkVertr u weil die Regeln des BGB, zB über Abn u Gewl vielf nicht passen, in zahlr and G od in AGB geregelt. So für Befördergs-Leistgn, Fracht, Spedition HGB 407, 425, 556, 664 ff, BinnSchG 26 ff, PostG, TelO, EVO, GüKG, Güterfern-VerkG, PersBefG, HaftPflG, LuftVG; ADSp; ferner VerlG. Insow gelten die Regeln des WkVertr nur subsidiär (Larenz SchuldR II § 49 I).

3) Der **Bauvertrag. a) Schrifttum:** Fikentscher, Die GeschGrdlage als Frage des VertrRisikos, insbes 3. Kap; Ganten, PflVerl u SchadRisiko im priv BauR; Herding-Schmalzl, Vertragsgestaltg und Haftg im Bauwesen; Locher, Das priv BauR, 1976; Schmalzl, Die Haftg des Arch u des BauUntern; ders, Die GewlAnsprüche des Bauherrn gg den BauUntern NJW **65**, 129; Schmidt, Die Rspr des BGH zum Bau-, Arch- u StatikerR, WPM **72**, Sonderbeilage Nr 4; Werner/Pastor, Der BauProz, 2. Aufl 1977; Wussow, Haftg u Versicherg bei der BauAusführg; Kommentar zur Verdingsordng für Bauleistgen (VOB) von Hereth-Ludwig-Naschold, Ingenstau-Korbion u Heiermann-Riedl-Schwab.

b) Der BauVertr **ist Werkvertrag.** Er spielt in der Praxis eine sehr wicht Rolle, ist gerichtet auf die Herstellg eines körperl ArbErgebn (vgl Einf 1) u regelt die RBeziehg zw Bauherrn u BauUntern, gleichgült ob es sich dabei um die Herstellg eines Rohbaus, eines fert Neubaus, einzelner Teile davon od um die Erbringg von EinzelLeistgn (Installation, MalerArb), um Anbauten od um RenoviergsArb dch BauUntern od Handwerker handelt. WkVertr auch dann, wenn BauUntern alle Stoffe liefert (§ 651 Anm 1) od die Vergütg in bes Weise vereinb ist (§ 632 Anm 1). Typ für die Errichtg eines BauWks ist das ZusWirken des einzelnen BauUntern mit dem Bauherrn, Arch od Statiker u and am Bau beteiligten BauUntern u Handwerkern. Daraus folgt die Notwendigk, die vertragl Pfl der einz zu konkretisieren sowie sie u GefahrTragg u Verantwortlk der versch Beteil gegeinand abzugrenzen. Einzelh vgl §§ 631, 633ff, 642, 644, 645. Sicherg des BauUntern für seinen VergütgsAnspr vgl § 648. Abgrenzg des BauVertr vom BauBetreuungsVertr u vom Hauskauf vgl § 675 Anm 2c. Der BauVertr ist **WkLiefergsVertr**, wenn das zu errichtde Gebäude nur ScheinbestandTl (§ 95) eines fremden, dem Best nicht gehör Grdst w soll (BGH NJW **76**, 1539).

c) Die **Verdinggsordng für Bauleistgen (VOB)** ist in BauVertr häuf zur näheren inhaltl Ausgestaltg im einz zum VertrBestandt gemacht. Sie enth in Teil A das Verf bei der Vergabe von BauLeistgen, in Teil B die Allg VertrBdggn für die Ausführg von BauLeistgen, in Teil C die Allg Techn Vorschr für die Ausführg von BauLeistgen.

Teil A ist rechtl wenig bedeuts, denn er enth lediql die Grds für die Maßn vor Abschl des BauVertr. Wicht ist Teil B, denn er enth die eigentl inhaltl Regelg der RBeziehgn zw Bauherrn u Untern. Teil C w VertrBestandt, falls Teil B dem Vertr zugrdeliegt (§ 1 Nr 1 S 2 VOB/B); er ist für die Frage der fachgerechten Herstellg u damit für GewlAnspr bedeuts, weil die Nichtbeachtg der nach DIN-Nrn geordneten Vorschr für die techn Ausführg idR den Schluß auf nichtvertrgem od den anerkannten Regeln der Baukunst nicht entspr Herstellg zuläßt. Zweck der VOB ist es, die Belange von Bauherrn u Untern im Hinbl auf die Eigenart des BauVertr gerecht auszugleichen, BGH NJW **59**, 142, u zw ihnen klare RVerh zu schaffen, BGH NJW **66**, 39. Ihrer **Rechtsnatur** nach ist die VOB keine RNorm, auch nicht Niederschlag einer VerkSitte od eines Handelsbrauchs, sie ist vielm einem TypenVertr od AGB (vgl §§ 1, 2 AGBG) vergleichb, w also VertrBestandt nur dch zumind konkludente Vereinbg, BGH **LM** § 13 VOB Nr 1. Revisibilität vgl § 157 Anm 6. Die beiderseit R u Pfl nach dem WkVertrVorschr des BGB w dch die VOB/B vielf präzisiert, abgewandelt od abw ausgestaltet. Hinw darauf finden sich in den Anm zu den folgden Paragraphen.

4) Die **Abgrenzg zu verwandten Verträgen** ist häuf schwier. Richtschnur sind die Kriterien oben Anm 1, ferner der wirtsch Zweck der ArbLeistg u der Wille der VertrPart, wie er in der Ausgestaltg ihrer Rechte u Pfl zum Ausdr kommt (Staud-Nipperdey Vorbem 142 vor § 611, BGH **LM** § 611 Nr 3).

a) Mit dem **DienstVertr** (§ 611) h der WkVertr gemeins, daß beide eine entgeltl ArbLeistg zum Inhalt h. Desh ist bei freiberufl Tätigk hier die Abgrenzg im Einzelfall bes zweifelh. Nach der Dogmatik des BGB ist das entscheide u meist auch prakt brauchb Abgrenzgskriterium, daß beim DVertr das bloße Wirken, die ArbLeistg als solche (zB Beratg dch RA, Tätigk als GeschF), beim WkVertr dagg die Herbeiführg des vereinb, ggständl faßb (Esser SchuldR II § 76 II 2) ArbErgebn iS der Anm oben 1 geschuldet w. And Abgrenzgskriterien wie GrdLage für die Berechng der Vergütg, Dauer, Spezies- od GattgsArb, sind unsicher, insb kann auch beim DVertr der DVerpfl selbstd sein u bes Fachkenntn nöt h (RA, Arzt).

b) Beim **KaufVertr** (§ 433) ist im GgSatz zum WkVertr die Herstellg (Fertigg) des Ggst nicht VertrInhalt. Der Kauf ist auf Übereign des fert Ggst gerichtet, es fehlt, and als beim WkVertr, die Wertschöpfg für den Best.

c) Der **WkliefergsVertr** (§ 651) unterscheidet sich vom WkVertr lediql dadch, daß der Ggst aus Stoffen des Untern od aus von ihm zu beschaffden Stoffen herzustellen u zu übereignen ist; vgl näher § 651 Anm 1.

Einzelne Schuldverhältnisse. 7. Titel: Werkvertrag   **Einf v § 631** 4, 5

d) Beim **MietVertr** (§ 535) ist die Sache nicht herzustellen, sond zum Gebr zu überlassen.
e) Der **Auftrag** (§ 662) unterscheidet sich vom WkVertr dch die Unentgeltlk.
f) Der **GeschäftsbesorggsVertr** (§ 675) ist je nach dem Ggst der Tätigk D – od WkVertr, folgt aber weitgehd den Regeln des AuftrR.
g) Abgrenzg zum **MaklerVertr** vgl Einf 3b vor § 652.
h) Der **DienstverschaffgsVertr** (Einf 2c vor § 611) unterscheidet sich vom WkVertr dadch, daß er nicht unmittelb auf die Herstellg einer Sache gerichtet ist.
i) Der **GarantieVertr** (Einf 3c vor § 765) ist mit dem WkVertr insofern verwandt, als der Garant für einen best Erfolg einzustehen h. Er unterscheidet sich vom WkVertr dadch, daß der Garant keine Tätigk zu entfalten, kein Wk herzustellen h.
k) Der **VerlagsVertr** ist ein im VerlG geregelter eigenständ Vertr, gekennzeichnet dch die zusätzl Verpfl des Verlegers zur Vervielfältigg u Verbreitg des Wks. WkVertr ist der BestellVertr nach § 47 VerlG.

5) Beispiele für Werkvertrag, Grenzfälle, gemischte Verträge (alphabetisch). **AnzeigenVertr** ist WkVertr, Haak JW **33**, 2807. Geschuldet ist die Veröffentlichg der bestellten Anzeige nach Wortlaut, Schriftbild u sonst Ausgestaltg in der jeweil AuflHöhe. Mitwirkg der Best bei der Satzkorrektur. Pfl zur Nachbesserg auch in Form von Berichtigg od fehlerfreier Wiederholg, Staud-Riedel § 631 RdNr 3. Ebso ist AnnoncenexpeditionsVertr WkVertr, Düss MDR **72**, 688 (s auch „Werbg"). **Architekten-Vertr** ist idR WkVertr; krit dazu Ganten (s oben Anm 3) S 94 ff. Geschuldet ist das im Bauplan verkörperte geist Wk, BGH **31**, 224, also üblicherw die Planung, techn u geschäftl Oberleitg u örtl BauAufs, BGH **41**, 318, letztl also ein mangelfreies BauWk, BGH **45**, 373. WkVertr auch, wenn der Arch nicht Vorentwurf, Entwurf u Bauvorlagen, sond nur die sonst ArchLeistgn übertr sind, BGH **62**, 204; differenzierd Köln MDR **75**, 53 (WkVertr, wenn Arch die Ausführg maßgebd beeinflußt; wohl ein unbrauchb Kriterium). Dabei steht der Arch zum BauUntern nicht in einem GesSchuldVerh, BGH **43**, 227. **Literatur zur Arch-Haftg:** Schmalzl, Die Haftg des Arch u BauUntern, 1969; Bindhardt-Ruhkopf, Die Haftg der Arch, 1974; Neuenfeld BauR **74**, 17; Ganten BauR **74**, 78; Hartmann BauR **74**, 168. Arch haftet für Plangs- u Organisationsfehler, Celle MDR **69**, 391; PlangsArb muß er grdsätzl zurückstellen, solange Erteilg der BauGen u Finanzierg nicht gesichert. Führt er sie voreil aus u erweisen sie sich dann als unverwertb, so fällt ihm pVV zur Last, wodch sein VergütgsAnspr entfällt, Düss VersR **73**, 1150. Pfl des Arch, bei der Plang eine Konstruktion zu wählen, die den verfolgten Zweck erreicht. Dazu gehört auch Prüfg des Materials auf Brauchbark. Bei neuen Baustoffen darf er sich mangels eig SachKenntn mit Äußergen v Pers od Instituten begnügen, die er nach ihrer Qualifikation für sachverständ halten darf (BGH BB **76**, 17). Arch haftet für mangelh Beratg, zB hins GrdWasserstand, Düss MDR **69**, 392, hins Beseitig gefahrdrohden Zust, BGH BB **71**, 415, hins fehlerh Kostenschätzg, BGH WPM **71**, 1371. Der Arch muß von sich aus nicht erörtern, ob der Bauherr steuerl Vort in Anspr nehmen will. Weiß er aber, daß der Bauherr dies will, so muß er seine Plang darauf einrichten. Muß sich dem Arch nach den Umst der Erkenntn aufdrängen, daß der Bauherr steuerl Vergünstiggen erstrebt, so muß er dessen Wünsche klären u sich danach richten, BGH **60**, 1 (Wohnflächenhöchstgrenze für GrdErwerbSteuerFreih). Pfl des Arch zur obj Klärg v MängelUrs, selbst wenn dazu eig Plangs- od AufsFehler gehören (BGH **71**, 144), zur Beratg des Bauherrn über das Vorgehen gg den BauUntern bei Mängeln, BGH NJW **73**, 1457. Der Arch haftet ferner für Mängel des BauWks insow, als sie dch obj mangelh Erf der ArchAufg verurs sind. Das ist der Fall, wenn sie auf fehlerh Plang beruhen, den wie die geplante Ausf notw zu einem Mangel des BauWk führen muß, BGH **48**, 310 u NJW **71**, 92, od wenn sie dch fehlerh Erf der BauAufs verurs sind, BGH VersR **74**, 261. Die Verantwortg für PlangsFehler kann der Arch nicht dadch abwälzen, daß er dem BauUntern zusätzl eine Nachprüfg seiner AusführgsZeichnungen überträgt, BGH WPM **71**, 101. Das ist außerdem bei ihm ungenügder Überwachg der BauUntern im Rahmen der Bauleitg, BGH WPM **71**, 680 od der örtl BauAufs, BGH VersR **71**, 818 (unzureiche Beton-ZusSetzg). Das Ausmaß der ÜberwachgsPfl bei der örtl BauAufs richtet sich nach dem EinzFall, Bedeutg u Schwierigk des jeweil BauAbschn, Zuverlässigk des BauUntern u seiner Leute (BGH NJW **78**, 322). HinwPfl des Arch, daß vom Bauherrn gewünschte PlanÄnderg eine zusätzl Gebühr des Arch auslöst, Hamm MDR **70**, 761. HöhenEinmessg des Gebäudes dch bauleitdn Arch ist WkVertr, BGH NJW **73**, 1458. Verh der Haftg von Arch, Statiker u BauUntern vgl Vorbem 3e vor § 633. Der ArchVertr ist DVertr, wenn dem Arch ledigl die örtl Bauleitg übertr ist, BGH Rspr BauZ 3.01 Bl 311. DeliktHaftg bei Verletzg v VerkSicherhPfl vgl § 823 Anm 14. Unwirksamk der Kopplg einer Verpfl, best Arch- od IngDienste in Anspr zu nehmen, mit GrdstErwerb vgl § 631 Anm 1b. Die Reichweite einer dem Arch erteilten Vollm ist im EinzFall dch Ausleg zu ermitteln (BGH NJW **78**, 995). **ArztVertr** ist idR DVertr, vgl Einf 2a bb vor § 611. – Vertr mit **Bank** ist idR GeschBesVertr, vgl § 675 Anm 3b, AkkreditivAuftr vgl Einf 4 vor § 783. – **AuskunfteiVertr** ist WkVertr, wenn auch Beschaffg best Informationen, RG **115**, 122, DVertr, wenn anhaltde Beratg gerichtet, vgl § 676 Anm 3. – **Auswertg** von Bühnenstücken und Filmen vgl § 581 Anm 1a. Herstellg u Auswertg eines Werbefilms ist gemischter Vertr, die Pfl zur Überlassg des Filmstreifens folgt aus § 651 I 2 Halbs 2, BGH MDR **66**, 496. – **BauVertr** ist WkVertr, vgl Einf 3; ebso Abbruch u EnttrümmergsVertr, ggf gemischter Wk- u KaufVertr, Celle VersR **53**, 309, Meyer JR **54**, 1. Zusätzl Beschaffg einer ZwFinanzierg ist GeschBes Vertr (BGH BB **77**, 868). – **Baubetreuungs-, BauträgerVertr** vgl § 675 Anm 3c, GewL vgl § 633 Anm 1. – **BefördergsVertr** (Pers u Güter) ist WkVertr; auch Luftbeförderg, BGH **62**, 71; s auch CharterVertr. SonderVorschr vgl Einf 2. Zustandekommen auch dch konkludentes Handeln, zB Einsteigen in Straßenbahn an Haltestelle; daß Fahrgast in das Innere des öff VerkMittels gelangt, ist nicht erforderl, Hamm NJW **48**, 222. Jedoch kein VertrSchluß, wenn Fahrgast die Aufforderg zum Verlassen des Trittbretts nicht befolgt, auch keine Haftg aus c. i. c., OGHBrZ NJW **49**, 669. Bei PersBeförderg mit Binnenschiff ist auch Anlandbringen der Fahrgäste HauptPfl, BGH NJW **59**, 1366. Pfl zur Bewachg der Schute ist NebenPfl beim FrachtVertr, Hamb MDR **67**, 771. Im Einzelfall kann TransportVertr DVertr sein, zB wenn bei Überführg eines Kfz auf eig Achse die Tätigk des Kraftfahrers wesentl VertrInh ist, BGH BB **63**, 432. Bloße Zur-Verfügg-Stellg eines Kfz mit Bedieng zum Zwecke

Einf v § 631 5   2. Buch. 7. Abschnitt. *Thomas*

des Transports ist Leihe mit Dienstverschaffg, BGH VersR **70**, 934. – **BerggsVertr** (HGB 740 ff) ist iZw DVertr, da der Berger idR für den Erfolg nicht einstehen will, RG HRR **37**, 551. Daß vertragl Vergütgs-Anspr nur entsteht, wenn Bergg erfolgreich (Wüstendörfer Neuzeitl SeefrachtR § 30 II 2 c), ist damit kaum vereinb. – Beim **CharterVertr** kommt es auf den Inhalt an. Schiff: Miete, wenn es sich um eine Überlassg auf Zeit handelt (bare-boat-charter); über den Ausrüster vgl HGB 510. Charter mit Employment-Klausel (Überlassg des Schiffs mit Besatzg) ist Raumfracht, Würdinger MDR **57**, 257; der Charterer ist nicht Ausrüster, BGH **22**, 197. Flugzeug: Kann WkVertr sein, zB SammelBeförderungsVertr, „Gruppenflüge" od Miete, zB „dry lease", Miete von Luftfahrzeug ohne Besatzg od eigentl CharterVertr mit Dreiecksverh zw Vercharterer, Charterer u Fluggast, vgl Schwenk BB **70**, 282. Für die rechtl Beurteilg gelten die gleichen Grdsätze wie beim Reisebüro (s unten), BGH NJW **74**, 1046: Der LuftBeförderungsVertr (s oben) kann zum Inhalt h, daß der Charterer die Beförderg im eig Namen übernimmt u sich des Vercharterers (FlugUntern) als ErfGeh bedient od daß der Charterer den BeförderungsVertr zw Fluggast u Vercharterer vermittelt od als dessen Vertreter abschließt. – **DeckVertr** (Decken eines Tieres) ist WkVertr, Breslau OLGZ **18**, 96. – **DreschVertr** ist WkVertr, wenn MaschBesitzer verpfl ist, das Getreide auszudreschen, Schlesw SchlHA **55**, 58; sonst Miete, ev mit Dienstverschaffg (Einf 3 vor § 535). – **Elektronische Datenverarbeitg.** Herstellg eines taugl Programms ist WkVertr, BGH WPM **71**, 615. – **Fahrzeugkauf mit Fahrlehrerverpflichtg** ist Kauf mit untergeordneter WkLeistg. **Fahrzeugkauf mit Inzahlungnahme** des Altwagens ist entw Kauf mit ErsetzgsBefugn des Käufers od Kauf mit Stundg des KaufPr u AgenturVertr über Veräußerg des Altwagens (BGH NJW **78**, 1482). – Vertr mit **Friseur** über Wasserwelle ist WkVertr, offen gelassen in RG **148**, 148. – Vertr über laufde **Gebäudereinigung**, die pers u in Abwesenh des AuftrGebers zu erbringen ist, ist WkVertr, Hbg MDR **72**, 866. – **Gutachten**: PrivBestellg od solche dch SchiedsG ist WkVertr, BGH **42**, 313 u **67**, 1, BGH Betr **74**, 822. Haftg nach VertrGrdsätzen auch ggü Dr kommt für öffentl bestellte u vereidigte Sachverständ in Betracht, wenn das Gutachten eine erhebl Bedeutg für denjen besitzt, der darauf vertraut u seine VermDispositionen auf das Gutachten gründet u wenn dem Gutachter dies klar war (Ffm WPM **75**, 993). Vgl auch § 839 Anm 8 d. – **Hufbeschlag** ist WkVertr, BGH NJW **68**, 1932. – **IngenieurVertr.** Projektierg von Sanitär-, Heizgs-, ElektroArb für BauVorh ist WkVertr, Mü NJW **74**, 2238. – Vertr mit **Krankenhaus** vgl Einf 2 a cc vor § 611. – **Kunstaufführg** (Konzert, Theater, Schaustellg): Vertr zw dem Inh der urheberrechtl AuffhrgsR u dem Untern der Aufführg ist urheberrechtl NutzgsVertr mit Elementen aus Pacht-, Ges-, Wk u VerlVertr, BGH **13**, 115. GastspielVertr zw Untern der Aufführg (Konzertagentur) u Künstler od Ensemble ist idR WkVertr, näml, wenn eine best künstler WertSchöpfg geschuldet w (aA Staud-Riedel Vorbem 7 vor § 631: DVertr). Vertr zw Untern u Besucher, auch Abonnent, ist WkVertr mit mietrechtl Einschlag hins des Zuschauerplatzes, RG **133**, 388. AnstellgsVertr mit dem Künstler vgl Einf 2 a dd § 611. – **Löschg** einer Schiffsladg ist WkVertr, RG SeuffA **84**, 163. – **Maschinenkauf mit MontageVerpflichtg** ist entw Kauf mit untergeordneter WkLeistg od, wenn für die Montage spezielle techn Kenntn erforderl sind, kombinierter Kauf- u WkVertr, Stgt BB **71**, 239. – Die Tätigk der **Post** w nach hM als Ausübg hoheitl Gewalt angesehen, vgl § 839 Anm 2 A a dd. Fernsprech-, Rundfunk- u Fernsehteilnehmer vgl § 535 Anm 1 b. – Vertr mit **Rechtsanwalt** vgl Einf 2 a ee vor § 611. – Bei Vertr mit **Reisebüro** ist darauf abzustellen, wie der Reiseinteressent die Erkl u das Verhalten des Reiseanbieters verstehen u werten darf u demnach zu unterscheiden (BGH **61**, 276): Beim Verk einz Fahr-, Schiff- od Flugkarten handeln Reisebüros erkennb nur als Verkstellen od Vertreter od Vermittler. Das Gleiche gilt regelm, wenn ein Reisebüro die Bestellg einer Reise erkennb für einen od Reiseveranstalter annimmt, die von diesem zugestellt u nach dem von diesem herausgegebenen Prospekt angeboten wurde. Dagg handelt es sich um einen WkVertr bei Abschl zw dem Kunden u dem Reiseveranstalter (Pauschalreise), der die Organisation der GesReise dch ZusStellg mehrerer ReisedienstLeistgen (Transport, Unterkunft) gegen Gst h, die er in eig Namen gg Zahlg eines Gesamt-(Pauschal)Pr anbietet, BGH **60**, 14, Nürnb NJW **73**, 1044, Hamm Betr **73**, 2296, Arndt, Der ReiseVeranstaltgsVertr, 1973. Dies auch dann, wenn in den AGB nur von Vermittlg die Rede ist, KG MDR **71**, 1007. Vermitteln bedeutet in diesem Zushang Herbeiführg des VermittlgsErfolges dch tatsächl Verschaffg der einz Leistgen, wobei die eingeschalteten Untern (Beförderg, Unterkunft etc) ErfGeh des Reiseveranstalters sind, Köln NJW **72**, 1815, eingehd Bartl NJW **72**, 505 u NJW **78**, 729. Das Gleiche gilt für einen ReiseUntern, der einen Vertr auf Urlaub in einer FerienWohng, zumal im Ausland, in im wesentl gleicher Aufmachg wie eine Pauschalreise anbietet u abwickelt, BGH **61**, 276. – Zur RNatur des ReiseveranstaltgsVertr, Folgen des Rücktr des Reisden u Haftg des Reiseveranstalters Peter JZ **76**, 632. SchadErs bei Beeinträchtigg v Url vgl Larf 2 b dd vor § 249. – **Rennen**: Vertr zw Veranstalter u Besucher ist WkVertr, RG **127**, 313, Rennteilnehmer ist ErfGehilfe des Veranstalters. – **SchiedsrichterVertr** vgl § 675 Anm 3a. – **SchleppVertr** ist idR WkVertr, BGH NJW **58**, 1629. Er kann dch PartVereinbg auch dem DVertr unterstellt w od, wenn dem Schlepper ein unbemanntes, nicht manövrierfäh Schiff übergeben w, FrachtVertr sein, BGH NJW **56**, 1065. – **Schornsteinfeger.** WkVertr, BGH NJW **54**, 404, außer den hoheitl Aufgaben der Bezirksschornsteinfegermeister, vgl § 839 Anm 15. – Vertr des Bauherrn mit **Statiker** ist WkVertr, BGH **48**, 257, Schmalzl MDR **71**, 349; ebso Vertr des Arch im eig Namen mit Statiker, BGH **58**, 85. Für seine Berechngen ist er grdsätzl allein verantwortl, BGH VersR **67**, 1150. Statikfehler ist Mangel des BauWk iS des § 635, Stgt MDR **69**, 49. Konkurrenz der Haftg v Arch, Statiker u BauUntern vgl Vorbem 3e vor § 633. – **Steuerbevollmächtigter u Steuerberater.** Regelm GeschBesVertr mit DVertrCharakter, BGH **54**, 106, Düss NJW **77**, 1201, Wais NJW **68**, 2200, Kühn Komm zu AO § 107a Anh; so insb bei Dauerberatg, Wahrnehmg aller steuerl Belange. Sind konkrete Einzelleistgen VertrInhalt, handelt es sich um WkVertr, zB Ausk üb best Frage, Erstattg eines Gutachtens, so auch KG NJW **77**, 110 (aA Martens NJW **77**, 767, Widmann ebda) auch bei isolierter Anfertigg einer JahresSteuerErkl. – **Sportveranstaltg.** Teiln gg Entgelt als Zuschauer ist WkVertr. – **Strom- od Wärmelieferg** ist KaufVertr, vgl § 433 Anm 1 a. – **Transport** s BeförderungsVertr. – **VerlagsVertr** ist kein WkVertr, vgl Einf 4 k. – Vertr mit **Vermessungsingenieur** zur Einmessg u Absteckg eines Hauses auf BauGrdst ist WkVertr, BGH **58**, 225. – **Viehmast-Vertr** ist idR WkVertr, BGH MDR **72**, 232. – **Wartung** (Inspektion) eines Kfz: WkVertr. Der Wagen ist für die nächste Zt gebr- u fahrbereit zu machen; dazu gehört im Herbst auch Kontrolle u Nachfüllen des

Frostschutzmittels, Ffm DAR **73**, 296, Pfl zur Diebstahlsicherg des Kfz im Wkstatthof, Köln VersR **73**, 1074. – Computer-WartgsVertr ist WkVertr. Geschuldeter Erfolg ist die Erhaltg des möglichst wen störanfäll Zust, Stgt BB **77**, 118. – **Werbg**: Zusfassd mit Nachw Möhring u Illert BB **74**, 65. AbgrenzgsKriterium zw Wk- u DVertr ist, ob ein best ArbErfolg, ein individualisierb Wk (meist Werbemittel) od eine ArbLeistg, eine vielfält Tätigk geschuldet w, BGH WPM **72**, 947. Dabei ist monatl Pauschalhonorar ein Indiz für gesch Tätigk als solche, also DVertr mit GeschBesCharakter, zB Vertr mit Werbeagentur, gerichtet auf WerbgsMittlg (Ffm BB **78**, 681), Bindg der Vergütg an best ArbErgebn für WkVertr. WkVertr bei Aushändigg von Plakaten in od an öff VerkMitteln, ebso Annoncenexpedition, Düss MDR **72**, 688, Lichtreklame, KG LZ **17**, 692, Vorführg von Werbefilmen od Diapositiven im Kino, LG Mü I NJW **65**, 1533, RPacht- u MietVertr bei Aufstell von Plakatsäulen od Anschlag daran, BGH **LM** § 36 MSchG Nr 1. MietVertr bei Benutzg von Gebäudeflächen dch Anschlag od Beschriftg. Anzeigen s oben. – **WirtschPrüfer** wie SteuerBevollm. – Vertr mit **Zahnarzt** ist auf Heilbehandlg gerichtet u desh idR DVertr, auch bei Einsetzg einer Zahnprothese. Soweit es sich um eine techn Anfertigg handelt, ist GewlR nach WkVertr, BGH **63**, 306, abl Barnikel NJW **75**, 592, u Jakobs NJW **75**, 1437, die WkVertr bejahen.

631 *Begriff.*
I Durch den Werkvertrag wird der Unternehmer zur Herstellung des versprochenen Werkes, der Besteller zur Entrichtung der vereinbarten Vergütung verpflichtet.
II Gegenstand des Werkvertrags kann sowohl die Herstellung oder Veränderung einer Sache als ein anderer durch Arbeit oder Dienstleistung herbeizuführender Erfolg sein.

1) Allgemeines. a) Begr des WkVertr, Sondermaterien, Bsp u Abgrenzg zu verwandten Vertr vgl Einf.
b) Für den **Abschluß** gelten die allg Regeln über Vertr (§§ 104ff, Einf vor § 145, §§ 148 Anm 1–5, 154 Anm 1). Auch § 306 BGB gilt, doch w ein Vertr, der auf die anfängl obj unmögl Herstellg eines Wk gerichtet ist, prakt kaum vorkommen. Ist der Vertr zur Übereigng eines erst herzustellenden Wk gerichtet verpfl (Kaufanwärter-Vertr, § 675 Anm 2 c bb), bedarf er der WkVertr der Form des § 313, BGH JZ **71**, 556. Unwirks ist eine Vereinbg, in der sich der Erwerber eines Grdst im Zushang mit dem Erwerb verpfl, bei Plang u Ausführg eines BauWks auf dem Grdst die Leistgn eines best Ing od Arch in Anspr zu nehmen (**KopplgsVerbot**); die Verpfl zum GrdstErwerb ist nicht allein wg der Kopplg unwirks, § 3 G zur Regelg von Ing- u Arch-Leistgn (BGBl **71**, 1749), kann aber aus Grd wg § 139 unwirks sein (BGH **71**, 33). Eine solche Kopplg besteht schon dann, wenn der Veräußerer den Verk des Grdst, sogar dch bloßes Abwarten davon abhäng macht, daß der Erwerber einem best Arch den Auftrag zusagt. Gleichgült ist, von wem die Initiative zu dem GrdstErwerb mit ArchBindg ausgeht (Hamm Betr **73**, 2514) u ob der Vertr gleichzeit od nacheinand abgeschlossen w. Das KopplgsVerbot gilt auch dann, wenn der Arch od Ing ein eig Grdst mit Bindg des Erwerbers veräußert (BGH **70**, 55) od wenn der Käufer sich im Zushang mit dem GrdstErwerb verpfl, ein Gbde nach Plänen zu errichten, die der Verk bereits vor dem GrdstVerkauf für sich hatte erstellen lassen (BGH **71**, 33). In der Verpfl des Erwerbers zur Zahlg eines Abstandsgeldes an den bereits vorher vom Verk beauftr Arch kann eine nichtige Umgehg des BindgsVerbots liegen (BGH **70**, 262). IF der später beabsichtigten Kopplg ist der zunächst allein geschlossene ArchVertr nichtig, auch wenn es später zum GrdstErwerb nicht mehr kommt (Düss BB **75**, 1552). Unwirks ist auch ein ArchVorVertr, der mit dem Nachw eines BauGrdst an Erwerbsinteressenten gekoppelt ist. Ein ZusWirken zw Veräußerer u Arch ist zur Unwirksamk nicht erforderl (BGH **64**, 173). § 3 des genannten G gilt entspr für eine Vereinbg, in der sich der Erwerber eines Grdst im ZusHang mit dem Erwerb verpfl, für die Errichtg eines BauWk darauf zusätzl BaubetreuungsLeistgn (§ 675 Anm 3c) eines best Arch od Ing od dessen Dienste als Generalübernehmer in Anspr zu nehmen (BGH **70**, 55). Er gilt dagg nicht entspr für einen Vertrag des Erwerbers mit einem Baubetreuungsunternehmen, das sich mit Erschließg von Bauland, Veräußerg des Grdst u Baubetreuung befaßt, BGH **63**, 302. Die Ausgestaltg des Vertr ist einz idR der PartVereinbg zugängl, auch der **Vereinbg von AGB**. Für die letztgenannten gilt in seinem zeitl u persönl AnwendgsBereich das AGBG (vgl dort Einf 3 vor § 1). Von seinen Bestimmgn sind für die Frage, was VertrInhalt w, die §§ 3, 4, für AusleggsZweifel die §§ 4, 5 u für die Wirksamk einzelner Klauseln die §§ 9 ff von Bedeutg. Von spezieller Bedeutg gerade für den WkVertr, hier insb für Vereinbgen über die GewL sind Nrn 1–4, 10, 11 u 15. Ob WkVertr über verbotene **SchwarzArb** nichtig ist, ist str. Für Nichtigk Schmidt MDR **66**, 463, Wittmann BB **64**, 904. Kblz Betr **75**, 2125 verneint Vergütgs- u BerAnspr des AuftrNehmers, Stgt Just **77**, 13, Karlsr NJW **77**, 2076 verneinen GewlAnspr des Bauherrn gg den Untern, der am Verstoß gg § 2 SchwarzArbG beteil ist. Mit den besseren Argumenten läßt Celle VersR **73**, 1122 zwar keinen Anspr des AuftrG auf Ausf der SchwarzArb zu, wohl aber SchadErsAnspr wg SchlechtErf. Benöhr NJW **75**, 1970, unterscheidet, ob nur eine od beide Part gg das Ges verstoßen h u will bei Nichtigk SchadErs wg Verl v SchutzPfl zulassen. Auch Abschl dch konkludentes Handeln ist denkb, Hamm NJW **48**, 222, OGHBrZ NJW **49**, 669 (Einsteigen in StrBahn, Mitfahren auf Trittbrett). Ebso ist Abschl zG Dr mögl (§ 328), zB BauVertr auch zG der Familie des Best, BGH **LM** § 254 E Nr 2. Auch die Grds der Rspr über die Schutzwirkg zG Dr (§ 328 Anm 2b, 3 mm) gelten für den WkVertr, zB zG der Arbeiter des Untern, BGH VersR **70**, 831, uU auch zG eines SubUntern, BGH **56**, 269. Für die Vergütg enthält § 632 eine ErgRegel.
c) Für die **Abwicklg (Durchführg)** gelten ebenf die allg Regeln, etwa Auslegg § 157, Verjährg § 196, Tr u Gl § 242, LeistgsOrt u -Zeit §§ 269–271, jedoch ist der Anspr des Bauherrn auf Herstellg des Wk nicht fäll, solange die BauGen nicht erteilt ist, BGH BB **74**, 857, GehHaftg § 278, Anfechtg §§ 119 ff. § 618 ist hilfsw anwendb, BGH **5**, 62; ggü abhäng ArbN dann auch zwinge Haftg nach § 619, BGH **26**, 365 [372]. WkBeauftragg ist Vertrauenssache, es besteht in bes Maße ein TreueVerhältn zw Best u Untern. Verfrechtl SonderVorschr in ZPO § 709 Nr 3, KO §§ 17, 23, 26, 27, 49 Nr 2, 4, VerglO §§ 50 ff.
d) Mehrere Unternehmer. aa) Der **General- od Hauptunternehmer** verpfl sich im WkVertr mit dem Best zur Erstellg des GesWk. Er ist befugt, im eig Namen u auf eig Rechng einen Tl der erforderl

§ 631 1–3 2. Buch. 7. Abschnitt. *Thomas*

WkLeistgen an **Nach-** od **SubUntern** zu vergeben. Der **Generalübernehmer** unterscheidet sich dadch, daß er selbst überh keine eig WkLeist erbringt, meist dafür auch gar keinen eingerichteten Betr unterhält, sond alle WkLeistgen dch NachUntern erbringen läßt (BGH NJW 78, 1054). bb) **Außenverhältnis**. In einem VertrVerhältn zum Best stehen nur der GeneralUntern, Generalübernehmer, denen das GesWk bzw die Nebenunternehmer, denen vom Best persönl od in befugter Vertretg entw abgrenzb Tle des GesWk od ein konstrukt einheitl Wk geschaftl zu unteilb Leistg (ArbGemsch) in Auftr gegeben w sind; nicht dagg Nach- od Subunternehmer, deren sich der GeneralUntern od -Übernehmer als ErfGeh dch Weitervergabe von Auftr im eig Namen bedient, u zwar auch dann nicht, wenn Haupt- u NachUntern aus steuerl Grden vereinb, daß der letztgenannte unmittelb mit dem Best abrechnet, BGH WPM 74, 197. cc) **Innenverhältnis**. Zw Haupt- u SubUntern besteht ein WkVertr. NebenUntern, die auf Grd gesonderter Vertr an der Herstellg eines Wks mit voneinander abgrenzb Arb beteiligt sind, die unterschiedb, zeitl einander nachgeordnete Abschn des GesWks betreffen, stehen zueinander mangels and Vereinbg auch dann nicht in vertragl Beziehg, wenn erst das GesWk nach vollständ Fertigstellg abgen w soll, BGH NJW 70, 38. And. wenn sich mehrere Untern gemeinschaftl zu unteilb Leistgen für die Herstellg eines konstruktiv einheitl Wks verpfl, BGH NJW 52, 217. Zw den Beteil einer solchen ArbGemsch besteht eine BGB-Ges. Sie erfordert die Abg eines gemschaftl Angebots u eine Vereinbg über die internen RBeziehgen, BGH WPM 74, 754; vgl § 705 Anm 9c.

2) Vertragspflichten des Unternehmers. a) Hauptpflichten. Vertrgem, mangelfreie, rechtzeit Herstellg des Wks (§§ 631, 633 I, 636). Der Untern h dafür einzustehen, daß er die anerkannten Regeln seiner Kunst, seines Faches, seines Handwerks beherrscht. Insb sind entspr dem Wesen des WkVertr (Einf 1) das Vorhandensein der zugesicherten Eigensch u die Mangelfreih, and als beim Dienst- od KaufVertr, Inhalt der LeistgsPfl (§ 633 Anm 1). Je nach der Art des Wks u den getroffenen Vereinbgen kann die Herstellg in selbstd TeilAbschn, BGH **1**, 234 od dch den Herst pers (zB Kunstwerk, Operation) geschuldet sein. Bei künstler Leistgen hat der Herst eine gewisse GestaltgsFreih, die seiner künstler Eigenart entspr u ihm erlaubt, in seinem Wk seiner individuellen Schöpferkraft u seinem Schöpferwillen Ausdruck zu verleihen, BGH **19**, 382. Diese GestaltgsFreih geht bei einem Portrait aber nicht so weit, daß die Dargestellten nicht mehr erkenn- u identifizierb sind, Karlsr Just 74, 123. Je nach Art des Wks ist der Herst auch zur Bes- u EigtÜbertr verpfl, insb § 651. VorleistgsPfl § 641. Haftg für Gehilfen gem § 278. ErfGehilfen sind nur die mit der Herstellg selbst befaßten Pers; wer darunter fällt, bestimmt sich nach dem Inhalt des Vertr u der VerkSitte. So ist der Lieferant von Rohstoffen od einzubauden Fert- od Einz- od ErsTeilen grdsätzl nicht ErfGeh des Untern, denn er liefert in Erf seiner eig Verpfl ggü dem Untern, nicht in Erf von dessen HerstellgsVerpfl ggü dem Best (BGH NJW 78, 1157). Ebso ist beim WkLiefergsVertr über vertretb Sachen der Bearbeiter, dem der Untern eine VorArb übertr hatte, nicht ErfGeh des Untern, BGH **48**, 118. Allerd muß der Untern als Fachmann solche VorArb auf etw Mangelhaftigk überprüfen, BGH **LM** § 633 Nr 3; vgl auch § 278 Anm 3, 4a aa, § 823 Anm 16 D c dd. Der Herst kann, auch stillschw, den ErfGeh zur Heranziehg weiterer ErfGeh ermächtigen, BGH NJW 53, 217.

b) Die **Nebenpflichten** ergeben sich aus dem VertrZweck u den TreuePfl gem § 242. Allg AufklärgsPfl über Umst, die der Best nicht kennt, deren Kenntn aber für seine WillBildg u Entschlüsse von Bedeutg ist, Köln Betr 74, 377, insb über die Schaffg eines erhebl Gefahrenzustandes, Mü Betr 74, 1227. Erteilg von sachkund Rat, auch als vertragl Nachwirkg kurz nach Abn des Wk, BGH BB 71, 415; Aufklärg ggü unsachgem Anweisgen des Best (§ 645), BGH VersR 64, 267; Hinw dch BauUntern auf erkannten Planfehler des Arch, der mit Sicherh zu einem Mangel des BauWk führt, BGH NJW 73, 518; Fürs für die Sicherh des Best entspr § 618, BGH **5**, 62; ordngem Aufbewahrg der in seinen Gewahrs gelangten u seiner unmittelb Einwirkg unterliegenden Sachen des Best, BGH VersR 66, 1154; dazu gehört auf Kfz-Werkstatthof Abziehen des Zündschlüssels (Köln Betr 73, 615), nachts außerdem Verriegeln der Fenster u Türen an den Kfz, die in der verschlossenen Werkstatt abgestellt sind (Düss NJW 75, 1034); diese ObhutsPfl besteht auch schon vor Abschl des WkVertr u selbst wenn es zum Abschl nicht für Sachen, die zu einer Prüfg od Untersuchg für eine beabsicht Reparatur dem Untern übergeben sind (BGH NJW 77, 376); Sicherg der Geräte, um Schad dch sie für das Eigt des Best zu verhüten; Überprüfg der vom Bauherrn gelieferten Baustoffe auf ihre Tauglichk u Hinw auf Bedenken, BGH VersR 61, 405; Überprüfg von VorArb and Untern, ob sie für seine Zwecke brauchb sind, BGH WPM 72, 76; Überprüfg der Arb, ob sie geeignet ist, die nach den anerkannten Regeln der Technik ausgeführte, darauf aufgebaute WkLeist eines and (späteren) NebenUntern zu tragen, BGH Rspr Bau Z 2.222 Bl 20; Überprüfg von Anweisgen des Arch, sow dieser nicht über die handwerkl SpezialKenntn verfügt, BGH NJW 56, 787; KoordiniergsPfl des Arch (BGH Betr 77, 624); Beachtg der erforderl Sorgf bei Ausf gefährl Arb, wobei BrandVerhütgsVorschr nicht nach Gutdünken dch and Vorkehrgen ersetzb sind (BGH VersR 76, 166); Ausk u Rechngslegg nur, wenn vereinb od wenn im Rahmen des WkVertr eine GeschBesorgg zu erledigen ist, BGH **41**, 318 mit zust Anm Rietschel **LM** § 666 Nr 6/7. Pfl des Arch vgl Einf 5 vor § 631.

c) HaftgsAusschluß od -Beschränkg für Haupt- u NebenPfl ist in den Grenzen des § 138 mögl, RG **103**, 83.

3) Pflichten des Bestellers. a) Hauptpflichten. Vergütg (§§ 631, 632). Vereinbg im BauVertr, daß Abtretg des VergütgsAnspr ausgeschl, ist grdsätzl nicht sittenwidr, BGH **51**, 113; eine derart od die Abtretbark beschränkde Vereinbg muß auch der KonkVerw sich gelten lassen, BGH **56**, 228. Abtretg ohne die im Vertr dafür erforderl gemachte Zustimmg ist auch Dr ggü unwirks, BGH **40**, 156. Abn (§ 640). Handwerkersicherg (§§ 647, 648).

b) Nebenpflichten. Auch hier ist § 242 Maßstab. Mitwirkg dch rechtzeit Abruf der bestellten WkLeistg, BGH NJW 72, 99, sonst iS einer Obliegenh, sow erforderl (§§ 642, 643). Der Bauherr muß zuverläss Pläne u Unterlagen zur Verfügg stellen u die zur reibgslosen Ausführg des Baus notw Entscheidgen treffen (KoordiniergsPfl), der Arch ist dabei sein ErfGehilfe. Eine ÜberwachgsPfl ggü dem BauUntern hat der

Bauherr grdsätzl nicht, BGH NJW **73**, 518; desh ist der Arch insow auch nicht sein ErfGeh, BGH NJW **72**, 447 u WPM **74**, 200, Pfl, die Leistg zu gestatten, wenn vereinb oder wenn sie sich aus den Umst ergibt; Fürs für die Sicherg des Untern, falls ohne Best gearb w, analog § 618, BGH **5**, 62 u Fürs für die Gerätsch des Untern, soweit erforderl u zumutb, Brschw VersR **68**, 204, Celle VersR **77**, 671; diese FürsPfl kann vertragl abbedungen w, wenn sie den Untern od dessen SubUntern schützen soll, BGH **56**, 269. Der Best einer mit Gefahr verbundenen Arb h alle zumutb u mögl Vorkehrgen zu treffen, um den Untern bei Erf der ihm auferlegten VertrPfl vor Schad zu bewahren, BGH VersR **75**, 41. Bei Unfall des Untern sind §§ 842 bis 846 anwendb; er übernimmt idR nicht schon dch den VertrAbschl die Gefahr seiner Verletzg, BGH NJW **68**, 1932 (Hufbeschlag). Im Verh zum Arch kann der Statiker ErfGeh des Bauherrn sein. Düss BauR **74**. 357.

c) Bei **Verletzung** treten die RFolgen des allg SchuldR ein (SchadErs aus pVV, BGH VersR **75**, 41). Mögl ist auch Vereinbg einer VertrStrafe od pauschalierter SchadErs, Nürnb MDR **72**, 418.

4) Die **VOB/B** enthält detaillierte Bestimmgen über VertrInhalt, -Bestandteile, -Ausführg u die beiderseit R u Pfl. **§ 1** bestimmt Art u Umfang der Leistg sowie die VertrUnterlagen. **§ 2** befaßt sich mit der Vergütg; vgl § 636 Anm 5. **§ 3** handelt von den Ausführgsunterlagen, **§ 4** von der Ausführg selbst, den beiderseit R u Pfl dabei. Wicht **Nebenpflichten des Unternehmers** nennt § 3 Nr 3 (Überprüf der übergebenen Unterlagen), **§ 4 Nr 1 Abs IV** (Hinw auf Bedenken gg unber u unzweckmäß Anordngen des Best), **§ 4 Nr 3** (Hinw auf Bedenken gg die Art der Ausführg, Güte der vom Best gelieferten Stoffe od gg Leistgen and Untern), **§ 4 Nr 5** (SchutzPfl des Untern währd der Ausführg), **§ 4 Nr 8** (Übertr von Arb an and Untern. **§ 6** regelt die beiderseit R u Pfl iF der Behinderg od Unterbrechg der Ausführg; vgl auch § 636 Anm 3. **§ 10** Haftg der VertrPartner untereinand, Ausgl im InnenVerh bei Haftg ggü Dr. **§ 11** Vorschr, falls VertrStrafe vereinb ist. **§ 17** Vorschr, falls SicherhLeistg des Untern für vertrgem DchFührg der Leistg vereinb ist.

632 *Vergütung.* ^I Eine Vergütung gilt als stillschweigend vereinbart, wenn die Herstellung des Werkes den Umständen nach nur gegen eine Vergütung zu erwarten ist.

^{II} Ist die Höhe der Vergütung nicht bestimmt, so ist bei dem Bestehen einer Taxe die taxmäßige Vergütung, in Ermangelung einer Taxe die übliche Vergütung als vereinbart anzusehen.

1) Die **vereinbarte Vergütg** besteht regelm in einer Geldleistg. Sie kann – im BauVertr die Regel – als EinhPr vereinb sein, dh zu berechnen nach vereinb Maßstäben (Aufmaß, Material-, Zeitaufwand). Das Risiko einer Erhöhg der Massen bei der Ausf ggü dem Angebot trägt in diesem Fall der Best. Oder die Vergütg kann als PauschalPr vereinb w, dh der LeistgsUmfang w pauschaliert, MassenÄndergen, die sich währd der Ausf ergeben, h keinen Einfluß auf die Vergütg, das Risiko einer Massenmehrg trägt der AuftrNehmer. Ist kein Vorbeh für MaterialPr- u Lohnerhöhgen gemacht, spricht man von FestPrVereinbg. Einzeln vgl Heiermann BB **75**, 991. Selbst die Verpfl zur Übereign einer Sache od Abtretg eines R od Beteiligg am Gewinn aus der Verwertg des Wk als GgLeistg stehen der Ann eines WkVertr nicht entgg, RG SeuffA **74**, 170. Bei wesentl Ändergen des LeistgsInhalts eines PauschalVertr nach oben od unten ist mangels vertragl Absprachen der PauschalPr an die tats ausgef Leistgen anzupassen, BGH NJW **74**, 1864. Die bish Inflationsraten erfordern eine Anpassg wg PrErhöhgen zw Abschl u Fertigstellg nicht, Düss BauR **74**, 348. FestPrVereinbg kann als selbstd GarantieVerspr ausgelegt w, BGH BauR **74**, 347. Kostenanschlag § 650. Fälligk § 641. Bei **Kalkulationsirrtum** unterscheidet die hM zw unbeachtl internem u ggf beachtl externem Irrt (vgl Wieser NJW **72**, 708, Peters NJW **77**, 552 u § 119 Anm 3b). KalkulationsIrrt wg Lohn- u Preiserhöhgen berecht den Untern nur bei Erkennbark, sonst nur ausnahmsw nach § 242, eine höhere als die vereinb Vergütg zu verlangen, RG **150**, 91 u dies nur dann, wenn er den Best unverzügl benachr h, RG **107**, 106. Beruht die vereinb Vergütg auf einem beiderseit KalkulationsIrrt bei der Berechng der Massen od Flächen, weicht also die tats ArbLeistg des Untern erhebl von der zur GeschGrdlage gemachten Berechng (Kostenanschlag) ab, so kann das Festhalten an der VergütgsVereinbg unzuläss RAusübg u eine Anpassg des Vertr an die veränderten Verh nach Treu u Glauben geboten sein, BGH VersR **65**, 803. Ebso wenn eine im LeistgsVerz vorgesehene u auch erbrachte Leistg inf eines Rechenfehlers bei der Massenberechng nicht berücksichtigt ist, Köln MDR **59**, 660. Hat die Part Abrechng nach Aufmaß vereinb, so ist gemeins festgestelltes Aufmaß für den tatsächl Umfang der geleisteten Arb verbindl, Köln MDR **68**, 148, es muß aber kein Anerk des Anspr sein, BGH Rspr Bau Z **2.**412 Bl 21. Verpfl des Untern, an Erstellg eines gemeins Aufmaßes mitzuwirken, kann sich aus Tr u Gl auch ergeben, wenn VOB nicht vereinb ist, Köln NJW **73**, 2111. Für ein and als das bestellte Werk kann der Untern VergütgsAnspr nur, wenn er beweist, daß Vergütg auch für diesen Fall als vereinb gelten sollte. **Mehrwertsteuer** vgl § 157 Anm 5 b. Im vereinb EinhPr (§ 5 Nr. 1 a, b VOB/A) u PauschalPr ist die MWSt iZw enthalten, Karlsr NJW **72**, 451. Nicht enthalten ist sie im Honorar nach der HOAI (§ 9). Arch u Statiker sind idR an ihre **Schlußrechnung**, die sie in Kenntn der Umst erstellt h, gebunden u mit NachFdgen ausgeschl (BGH BauR **78**, 64 u 65).

2) Bei **Fehlen einer VergütgsVereinbarg** überhaupt enthält **I** zur Vermeidg der Dissensfolgen die Vermutg einer stillschw Einigg über die Entgeltlichk. Dabei kommt es nicht auf einen entspr Willen des Best an, sond auf die obj Beurteilg, BGH Rspr Bau Z 3.00 Bl 189. Für **Vorarbeiten** (Entwurf, Modell, Voranschlag) ist bei Unterbleiben der Gesamtausführg eine Vergütg nur zu leisten, wenn sie als Einzelleistg in Auftr gegeben worden sind od sonst nach §§ 157, 242 die Vergütg dem geäußerten PartWillen entspr; für Auftr zur Vorplang, Entwurfsplang gilt mangels auf Vereinbg HOAI § 19, BGH BB **67**, 263 (für frühere GOA). Vergütg für Vorentwurf bei noch nicht erworbenem Bauplatz, wenn er zur Vorbereitg des BauVorh erforderl war u vom AuftrG tats verwertet wurde, Saarbr NJW **67**, 2359. Dem Arch, der mit der Fertigg v VorEntw, Entw u Bauvorlagen beauftr war, steht neben der Vergütg dafür nach HOAI eine weitere Vergütg für die Verwendg seiner Arb bei der Ausf des BauWk dch den AuftrG nicht zu (BGH **64**, 145). Vergütg für Ausfallmuster, das vom Abnehmer nicht gebilligt w, Karlsr Betr **71**, 2009. Vergütg des Arch für Mitwirkg bei Finanzierg, BGH NJW **69**, 1855. Solche VorArb fallen häuf im Rahmen einer Auffdg zur

§ 632, Vorbem v § 633

Abg eines Angebots an. Handelt es sich ledigl um die Ausfüll eines Angebotsblanketts, ist nach den Umst eine Vergütg nicht zu erwarten. Handelt es sich um ein spezialisiertes Angebot, das bes Aufw erfordert (Entw, Pläne, Zeichngen, Berechngen), so h es der Untern in der Hand, entw eine VergütgsVereinbg herbeizuführen od kein Angebot abzugeben. Daß über § 20 VOB/A hinaus der Best solche VorArb im Rahmen eines Angebots nur gg Vergütg erwarten könne (so Sturhan BB **74**, 1552 mwN, Honig BB **75**, 447), ist nicht anzunehmen (so auch Hamm BB **75**, 112), jedenf dann nicht, wenn der Adressat diese Unterlagen nicht verwendet. Es bleibt vielm bei dem Grds, daß VorArb als solche im Rahmen eines spezialisierten Angebots nicht zu vergüten sind; Einzelh vgl Einfeld BB **67**, 147. Kein VergütgsAnspr, sow er nur inf Verletzg einer vertragl NebenPfl entstehen würde, Köln Betr **74**, 377 (unterbliebene Aufklärg über Versteuerg wg Vergabe des Auftr als FremdArb).

3) Bei Fehlen einer Vereinbarg nur über die Höhe gibt **II** eine Ausleggsregel, nach der sich die Höhe in folgder Reihenfolge bestimmt: **a) Taxe** ist ein behördl festgesetzter Preis. Vgl § 612 Anm 2 a. Bei tarifwidr Vereinbg im GüterkraftVerk gilt der Tarif, § 22 GüKG; vgl auch BGH **LM** GüterfernVerkG Nr 4.

b) Üblichkeit bedeutet allg VerkGeltg bei den beteil Kreisen, BGH BB **69**, 1413; sie braucht den konkret Beteil nicht bekannt zu sein. Maßgebd Ztpkt ist der VertrSchluß. Die Gebührensätze der HOAI sind für Arch u Ing übl, BGH NJW **69**, 1885, Schmalzl MDR **72**, 666. Bsp vgl § 612 Anm 2b. Die allg GebO für die wirtschaftprüfden, wirtsch- u steuerberatenden Berufe (Allgo) ist keine übl Vergütg, BGH NJW **70**, 699. Daß der Handwerker dch die RechngsErteilg rgestaltd die Konkretisierg auf einen best Betr iR der übl Spanne nach § 316 BGB treffen könne (so Peters NJW **77**, 552), stimmt nicht, weil iF der Üblichk die Höhe der Vergütg best, näml dch Sachverständ bestimmb ist.

c) Bestimmg dch den Unternehmer nach §§ 315, 316, wenn weder Taxe noch übl Vergütg feststellb, BGH NJW **66**, 539 (Gutachten dch Steuerberater), zB Best des Gebührensatzes bei einer Rahmengebühr dch den RA nach § 12 BRAGO.

4) Beweislast. Verlangt Untern die (bestr) vereinb Vergütg, muß er die Vereinbg bew. Verlangt Untern die übl Vergütg, h er zu bew, daß die vom Best behauptete bestimmte Vergütg (Anm 1) nicht vereinb ist, BGH Betr **54**, 104, Saarbr OLGZ **66**, 14; gilt auch ggü behauptet FestPrVereinbg im ArchVertr, Köln BB **73**, 1095. An diese NegativBewFührg dürfen keine unerfüllb Anfdgen gestellt w; der AGeber h die Vereinbg nach Ort, Zeit, Höhe substantiiert darzulegen, der Untern h dann die Unrichtigk dieser Darlegg z bew (BGH Rspr Bau **Z** 8.41 Bl 16). W jedoch die Höhe der Vergütg dch Handelsbrauch bestimmt, so hat Best abw Vereinbg zu bew, BGH BB **57**, 799. Der Best h ferner die behauptete Unentgeltlichk als Ausn von der Regel des Abs 1 zu bew (Rosenberg, Die Beweislast § 20 III 2b). Nach VertrAbschl getroffene ändernde od ZusatzVereinbg, h der zu bew, der sich darauf beruft, Karlsr MDR **63**, 924. Krit zur BewLastVerteilg Mettenheim NJW **71**, 20.

5) Sondervorschriften der VOB/B enthält deren **§ 2**. Nr 1 beschreibt die dch die Vergütg **abgegoltenen Leistgn** des Untern. Nach Nr 2 ist die Vergütg **zu berechnen** mit den vertragl EinhPreisen u den tatsächl ausgeführten Leistgn, Nr 3 regelt den Einfluß von **Überschreitgn** u Unterschreitgn der Mengenansätze, Nr 4 die Herabsetzg iF von **Eigenleistgn** des Best, Nr 5 die Einwirkg von **Leistgs- od Planändergn** od Anordngen des Best. Nr 6 Bemessg der Vergütg für **Mehrleistgn** außerh des Vertr. Nr 7 regelt die Vergütg bei einer Pauschalsumme auch iF der Abweichg der erbrachten Leistg von der vorgesehenen. Nr 8 regelt die Folgen von **auftragslosen Leistgn** des Untern u von eigenmächt **VertrAbweichgen.** Nr 9 Berechng zusätzl Unterlagen. Nr 10 **Stundenlohnarbeiten**, auch § 15. **Rechnungsstellg** §§ 14, 15.

Vorbemerkungen vor §§ 633ff

Verweigerte, verspätete und mangelhafte Leistung des Unternehmers

1) Verweigert Untern die Erf des Vertr endgült u ernsth, kann Best SchadErs wg NichtErf ohne den Nachw verlangen, daß die Erf für ihn kein Interesse mehr h; gilt auch für VOB/B § 8 Nr 3, BGH MDR **69**, 385. Bei **verspäteter Herstellg** ergeben sich die R aus § 636.

2) Rechtsmängel können vorkommen bei den vom Untern zu beschaffden Zutaten, bei urh-, patent- od wettbewerbl Leistgen u im Rahmen des § 651. Die Folgen sind im WkVertrR nicht geregelt. Für die R des Best gelten die §§ 434ff beim WkLiefergsVertr kraft Verweisg in § 651 direkt, sonst entspr.

3) Werkvertragl Rechte des Bestellers bei Sachmängeln (Begr vgl § 633 Anm 1). **a) Bis zur Abnahme** (§ 640) h Best in erster Linie den **ErfüllgsAnspruch**, gerichtet auf Herstellg des versprochenen (§ 631), dh mangelfreien Wk. Er kann desh - auch wenn ein vertragl AufrVerbot besteht, BGH Warn **71**, 301 - die Abn des mangelh Wk u Zahlg verweigern u Herstellg eines einwandfreien Wk verlangen, er ist nicht etwa auf die Nachbessergs- u GewlAnspr beschr. Vgl auch §§ 644, 645 Anm 3. Die Herstellg eines mangelfreien Wk kann in solchem Fall nach Wahl des Untern dch NeuHerstellg od dch Beseitigg der Mängel am hergest Wk geschehen, wenn letztere mögl u gleichwert ist (Larenz II § 53 II a). Ist sie das nicht, so h der Best bis zur Abn den urspr ErfAnspr auf NeuHerstellg, außer diese ist dem Untern unzumutb (analog § 633 II 2) od der Best h bereits eine Fr mit AblAndrohg gem § 634 I 1 gesetzt, was bereits vor Abn mögl ist. Die erstgenannte Einschränkg des NeuHerstellgsAnspr ergibt sich daraus, daß er als ErfAnspr die gleiche RNatur h wie der NachbessergsAnspr (vgl unten 3 b) u desh unter den gleichen Voraussetzgen entfallen muß wie dieser. Die zweitgenannte Einschränkg folgt daraus, daß sich mit Setzg der Frist der ErfAnspr auf das hergest Wk konzentriert (vgl unten 3 b) u damit der urspr allg ErfAnspr erlischt. - Gleiches gilt für den Fall der Herstellg eines and als des vereinb Wk (aliud), RG **107**, 339.

b) Nach der Abnahme kann der Best grdsätzl zunächst nur **Nachbesserg** (§ 633) verlangen. Gleiches gilt, falls er bereits vorher eine Fr zur Mangelbeseitigg mit AblAndrohg gesetzt h (§ 634 I 1). Der NachbessergsAnspr ist noch kein GewlAnspr, sond ein modifizierter ErfAnspr (so auch BGH NJW **76**, 143).

Währd der urspr ErfAnspr allg auf Herstellg des fehlerfreien Wk geht, konkretisiert u beschr er sich von der Abn oder Fristsetzg nach § 634 I 1 an auf das hergest u bereits als Erf angenommene Wk, also auf Beseitigg der Mängel, BGH **26**, 337 u NJW **63**, 805. Ein Anspr auf Neuherstellg (oben 3a) ist damit jedenf ausgeschl (aA Fikentscher § 80 II 1 a; Ganten BauR **71**, 161), der Untern darf aber seiners statt der Nachbesserg neu herstellen, RG **107**, 339. Der NachbessergsAnspr entfällt ausnahmsw, wenn die Mangelbeseitigg dem Untern nicht zumutb ist (§ 633 II 2). Kommt er mit ihr in Verz (§ 633 III) od ist sie dem Best nicht zuzumuten (§ 634 Anm 2c), so kann dieser den Mangel auf Kosten des Herst selbst beseitigen lassen.

c) Gewährleistgsansprüche setzen grdsätzl eine Fristsetzg mit AblAndrohg voraus, § 634 I 1. Erst nach ergebnislosem Ablauf kann ohne Rücks auf ein Versch des Untern der Best Minderg od Wandlg (§ 634) od, falls der Untern den Mangel zu vertreten h, SchadErs (§ 635) verlangen. Über das Verh dieser Anspr zueinand vgl § 634 Anm 4.

d) Die Übernahme der Garantie (Gewähr) kann versch Bedeutg h, die im Einzelfall dch Auslegg zu ermitteln ist, BGH WPM **73**, 1322: **aa)** So kann es sich ledigl um die Zusicherg einer Eigensch od des Nichtvorhandseins eines Fehlers handeln. Dann gilt die RLage gem §§ 633 ff. **bb)** Darüberhinaus kann sich der Untern verpfl, für einen best Erfolg im Rahmen des WkVertr einzustehen (unselbstd Garantie), BGH NJW **69**, 787. So kann die Verpfl dahin gehen, daß das Wk die zugesicherten Eigensch unbdgt h od unbdgt frei von Fehlern ist; dann gelten §§ 633 ff und der Untern h für das Fehlen zugesicherter Eigensch od für Mängel auch dann gem § 635 einzustehen h, wenn dies nicht auf einem von ihm zu vertretenden Umst beruht. Eimer NJW **73**, 590 will jede Zusicherg einer Eigensch in Anlehng an diesen Begr im KaufR als eine unselbstd Garantie auffassen. Ihm ist jedenf sow rechtzugeben, als es ein praktikables AbgrenzgsKriterium zw bloßer Zusicherg (vorstehd aa) u unselbstd Garantie u damit zw SchadErsPfl nur bei od schon ohne Versch nicht gibt. **cc)** Die Garantie kann darüberhinaus in der Übern der Gefahr eines weiteren Schadens bestehen (selbstd GarantieVerspr). Die Verpfl kann dahin gehen, daß der Untern die Gewähr für einen weiteren, über die vertrgem Herst hinausgehden Erfolg übernimmt, etwa für eine best Leistgsfähigk der gelieferten Maschine, für die Belastgsfähigk der verwendeten Materials od für einen best Mieterreag eines bestimmten Hauses, BGH WPM **73**, 411. Das h mit GewlR nach WkVertr nichts mehr zu tun, die §§ 633ff gelten dafür nicht, insb auch nicht § 638, RG **165**, 41. Die Rspr ist mit der Auslegg der Garantie in diesem Sinne zurückhaltd, weil sie selten dem erkennb Willen des Herst entspr. Ggf ist die Haftg des Herst nicht dadch ausgeschl, daß der Schad nach DazwTreten der GarantieÜbern eingetreten sein würde, denn ursächl ZusHang zw Schad u UnternTätigk ist nicht erforderl. Veränderg der WirtschLage befreit Untern nicht von der Haftg, allenf kann, wenn ihm die Erf der Garantie unzumutb Opfer auferlegt, Best hieran angemessen beteil w, RG **107**, 140. – Zum Gewähr- u GarantieVertr allg vgl Einf 3c vor § 765; über Verj u Garantiefristen vgl § 638 Anm 1 u § 477 Anm 4. – Garantierte Kostenanschläge vgl § 650 Anm 1.

e) Konkurrenz von GewlAnspr gg Arch, Statiker u BauUntern. aa) Außenverhältnis. Kein vertragl übernommenen Leistgen, da diese nicht ident, BGH (GrZS) **43**, 230. GesSchuldVerh jedoch im Hinbl auf ihre planmäß rechtl ZweckGemsch, näml sow sie wg WkMangels SchadErs in Geld schulden, BGH aaO. Das gilt nach BGH **51**, 275 auch dann, wenn Arch u BauUntern wechselseit dem Best zu Nachbesserg, Wandlg, Minderg od SchadErs verpfl sind u die Leistg des einen dem and zugute kommen kann. Ebso sind Arch u Statiker GesSchu, soweit sie wg BauWkMangels aus § 635 auf SchadErs in Geld haften, BGH VersR **71**, 667. Soweit der Statiker aGrd seiner Spezialkenntn Aufgaben eigenverantwortl ausführt, ist aber der Arch nicht zur Nachprüfg verpfl, BGH LM § 635 Nr 21. AufsPfl über den vom Bauherrn beauftr Statiker hins dessen eigentl Leistgen auch dann nicht, wenn der Arch Oberleitg u örtl BauAufs h, BGH WPM **70**, 129. Der Arch h jedoch die Leistg der vom Statiker gefertigten Unterlagen zu überwachen; er verl diese Pfl, wenn er duldet, daß der Statiker von seinem Plan abweicht, ohne die Gen der BauAufsBeh einzuholen. Ebso Pfl des Arch, die stat Berechngen einzusehen, ob Statiker von den tats gegebenen Verh ausgegangen ist, BGH VersR **71**, 667. Der BauUntern kann dem Bauherrn ggf MitVersch von Arch u Statiker, als seinen ErfGeh geltd machen, ebso der Arch dem Bauherrn ggf Versch des Statikers, vgl § 635 Anm 3 c. **bb) Ausgleich im Innenverhältnis** zw Arch, Statiker u BauUntern richtet sich nach §§ 426, 254, sow sie im Außenverhältn dem Bauherrn als GesSchu haften, BGH (GrZS) **43**, 230, hierzu Rietschel LM § 426 Nr 24, Schmalzl NJW **67**, 11, eingeh Wussow NJW **74**, 9. Bei PlangsFehlern kann Arch im InnenVerh zu BauUntern voll ausgleichspflicht sein, bei fehlerh BauAufs kann BauUntern, der das Wk mangelh erstellt h, dem Arch überwiegd ausgleichspflicht sein, BGH **58**, 216. Ausgleich zw Arch u Statiker bei Duldg einer fehlerh Abweichg des Statikers vom Plan des Arch unter Berücksichtigg der beiderseit schuldh Verurs, Karls MDR **71**, 45. Sow alle BauBeteil den Bauherrn befriedigt u damit zugl die Verpfl eines and BauBeteil erfüllt h, kommt ein Ausgl nach § 812 in Betr (BGH **70**, 389). **cc)** Über die Auslegg der **Subsidiaritätsklausel** in § 11 III ArchMusterVertr BGH **LM** ArchitektenVertr Nr 2 (wirks HaftgsBeschrkg bei fehlerh öff BauAufs u bei fehlerh techn Oberleitg; keine HaftgsBeschrkg, wenn mit Sicherh feststeht, daß Anspr gg Bauhandwerker nicht realisierb).

f) Mehrere Unternehmer. Sind an der Herstellg des Wk mehrere Untern mit voneinand abgrenzb TlArb beteil (vgl § 631 Anm 1d) u liegen die mögl SchadUrs in den Arb- od Gefahrenbereichen mehrerer, kommt weder eine entspr Anwendg des § 830 I 2, noch eine gesschuldn Haftg aus ZweckGemsch in Betr. Vielm muß der Best demjen Untern, den er in Anspr nimmt, nachweisen, daß seine Leistg vertrwidr fehlerh u mind für den Schad mitursächl ist (BGH BauR **75**, 130).

g) Vertragl Einschränkg od Ausschluß der Gewl vgl § 637.

h) ProzFührgsBefugnis. H der Bauherr seine Nachbessergs- u GewLAnspr gg die BauBeteil an die Erwerber des Grdst abgetreten, so ist er bei entspr, auch konkludenter Vereinbg auch ohne RückAbtretg im Hinbl auf sein rechtl Interesse ermächtigt, diese Anspr gg die BauBeteil im eig Namen geltd zu machen (BGH **70**, 389).

i) AnsprBerechtigt zur GeltdMachg aller R bei Sachmängeln ist der Best bzw sein RNachf. ZbR des Best wg NachbessergsAnspr bei Abtretg der GewLAnspr vgl unten 4a aE. H der Bauträger seine Nachbessergs- u GewLAnspr gg die von ihm beauftr BauUntern an den GrdstErwerber abgetreten, so kann er sie mit Ermächtigg des Erwerbers auch ohne Rückabtretg im eig Namen aGrd ProzFBefugn gg den BauUntern einklagen (BGH NJW **78**, 1375).

j) Entspr anwendbar ist § 633, falls in einem KaufVertr od in einem WkLiefergsVertr über vertretb Sachen die GewLAnspr des Käufers auf Nachbesserg beschr sind (BGH NJW **71**, 1793). Der Ausschl des Ers unmittelb od mittelb Schäd umfaßt idR nicht den Schad, der dch eine schuldh Verl der NachbessergsPfl entstanden ist (BGH Betr **75**, 2426).

4) Verhältnis der werkvertragl Rechte des Bestellers zu solchen nach den allg Vorschriften.
Kriterium für die Abgrenzg ist, daß es sich bei der Nachbesserg um einen modifizierten ErfAnspr (oben 3b), bei Minderg, Wandlg u SchadErs um GewlAnspr wg bestehder Mängel als solcher handelt.

a) Die Einrede des nichterfüllten Vertrages (§ 320) kann der Best uneingeschr, auch bei Geringfügigk des Mangels (§ 320 II) erheben, solange noch die urspr ErfAnspr besteht, also regelm bis zur Abn (oben 3a). Sie führt in diesem Falle zur KlAbweisg, weil der Untern mit der Herstellg vorleistgspfl ist, der VergütgsAnspr vor Abn nicht fäll ist (§ 641 Anm 1b, § 320 Anm 4b). H sich der ErfAnspr inf Abn od Fristsetzg nach § 634 I 1 auf die Nachbesserg konzentriert (oben 3b), kann Best die Einr nur noch insow erheben, als er damit Beseitigg des Mangels erstrebt. Er kann also bei Geringfügigk des Mangels (§ 320 II) od bei einz Mängeln im Rahmen eines großen Wk die Vergüt nicht voll zurückhalten, Hbg OLG **34**, 45. Das ZbR kann grdsätzl nur dem letztrang Tl einer WkLohnFdg entgegesetzt w, iF einer TlWkLohnFdg gibt aber § 320 II dem Ger einen ErmSpielraum, BGH NJW **71**, 1800. Das ZbR entfällt, wenn der Anspr auf Nachbesserg nicht besteht (zB wg § 633 II 3, § 640 II) od verj ist (§ 638), außer bei rechtzeit MängelAnz (§ 639); gilt auch für VOB § 13 Nr 5, BGH BB **70**, 1027. Die berecht Erhebg der Einr führt in diesem Fall, also regelm ab Abn, gem § 322 I zur Verurteilg auf Zahlg Zug um Zug gg Behebg der best zu bezeichnden Mängel, BGH **26**, 337, Nürnb OLG **65**, 12. Daß sich die Prüfg der Frage, ob die Mängel ordngsgem beseit sind, damit in das ZwVollstrVerf verlagert, ist bedauerl u unpraktikabel. Schneider Betr **69**, 115 meint desh u weil der Untern auch hins der Nachbesserg vorleistgspfl sei (§ 322 II), die Kl könne abgewiesen w. Dem ist jed entggzuhalten, daß zwar vor der Abn des Wk der VergütgsAnspr nicht fäll ist, daß er aber mit der Abn auch des mangelh Wk fäll w u damit die VorleistgsPfl hins des allg ErfAnspr auf Herstellg des Wk endet; ebso BGH **61**, 42 (auch für VOB) mit Anm Fenge JR **74**, 68. Das ZbR kann der Best auch noch nach Abtretg der GewLAnspr geltd machen, denn der NachbessergsAnspr ist kein GewlAnspr, BGH **55**, 354, abl Ludewig NJW **72**, 516, zust Brych NJW **72**, 896; erneut BGH WPM **78**, 951. Solange der Bauträger, der seine GewLAnspr gg BauHandw an den Erwerber des Hauses abgetreten h, wg Mängeln einen Tl der Vergütg an den Handw zurückhält, darf auch der betr Erwerber einen entspr Tl der dem Bauträger geschuldeten Vergütg zurückhalten (BGH **70**, 193).

b) Nachfolgende Unmöglichk. aa) Bezieht sie sich auf die **Herstellg**, so gelten die Ausführgen in §§ 644, 645 Anm 1 bis 4. **bb)** Bezieht sie sich auf die **Mängelbeseitigg nach Abnahme**, so sind die allg Vorschr (zB RücktR § 325) dch §§ 633 ff grdsätzl ausgeschl, BGH WPM **74**, 195, wie beim Kauf, vgl Vorbem 2a vor § 459. Kritik an dieser Auffassg Jakobs JuS **74**, 342. **cc) Schäden**, die **bis zur Mangelbeseitig** bzw FrAblauf u für die Vergangenh nicht mehr behebb sind (zB verminderte Mieteinnahmen), sind nach § 635 zu ersetzen (BGH WPM **78**, 1009; aA Düss OLGZ **78**, 202: teilw nachträgl Unmöglkt).

c) Verzug. Mit der Herstellg vgl § 636 I 2 u dort Anm 2; mit der Mangelbeseitigg vgl § 633 III u dort Anm 4.

d) Für Verschulden bei Vertragsschluß (c.i.c.) gelten sinngemäß die Ausführgen zum KaufR in Vorbem 2c vor § 459 (BGH Betr **76**, 958; aA Karlsr BB **75**, 1316 mit abl Anm v Westphalen, Littbarski MDR **78**, 3). Auch fahrl Angaben des Untern über Eigensch des Wk begründen demnach keinen SchadErsAnspr aus c. i. c. (BGH WPM **76**, 791).

e) Ansprüche aus pos Vertragsverletzg (§ 276 Anm 7) können uneingeschränkt geltd gemacht w, sow sie überh nicht mit Mängeln zushängen, so wenn der Herst eine NebenPfl (§ 631 Anm 2b) schuldh verl h, ohne daß dies zu einem Mangel führt, zB die Verl der KoordiniergsPfl des Arch führt zu VerzögergsSchäd (BGH Betr **77**, 624). Sow es um Schäd geht, die mit Mängeln zushängen, ist die Abgrenzg der Anspr aus pos VertrVerletzg ggü solchen aus §§ 633 ff häuf schwier, dabei aber prakt bes bedeuts, weil für Anspr aus pos VertrVerletzg die kurzen VerjFristen des § 638 nicht gelten (vgl dort Anm 1), weil sie – und als SchadErsAnspr aus § 635 – ohne die Voraussetzg des § 634 I 1 wahlw neben Minderg od Wandlg u noch nach deren DchFührg erhoben w können, Larenz II § 53 II b, u weil sie – und als GewlAnspr – unter den Schutz der allg HaftPfl- u BauwesenVers fallen, BGH **46**, 238. Die dem BGH folgde hM stellt so darauf ab, ob der Schad unmittelb dch den Mangel des Wk verurs ist, eng mit ihm zushängt, weil es unbrauchb, wertl od minderwert ist einschl der dem Best entgangenen Gewinns: dann nur §§ 633 ff. Für die Feststellg des engen Zushangs bedarf es näherer Begründg u Wertg aus der Eigenart des Sachverhalts im EinzFall, BGH **58**, 85 [92], zust Schlechtriem NJW **72**, 1554. Dabei ist der enge Zushang zw Mangel u Schad nicht jugend kausal, sond am LeistgsObj orientiert, lokal zu ermitteln. Nur wo eine nach Güter- u InteressenAbwägg wertende Verteilg des VersRisikos das nöt macht, sind nächste FolgeSchäd in den SchadBegr des § 635 einzubeziehen (BGH **67**, 1). Dagg bestehen SchadErsAnspr wg pos Vertr Verl dann, wenn es sich um einen mittelb, entfernteren FolgeSchad außer entgangenem Gewinn handelt, der außerh der WkLeistg, insb vom Verm des Best entstanden ist u unmittelb mit dem Mangel zushängt, BGH **37**, 341 u Betr **70**, 250. Ähnl Larenz II § 53 II b, der darauf abstellt, ob ein and RGut wie Gesundh, Eigt u der dadch weiter bdgt VermVerlusten verl ist. Staud-Riedel § 635 RdNr 6, 8 läßt entscheid sein, ob es sich um einen Schad handelt, der nicht aus dem Mangel allein, sond aus dem Hinzukommen eines weiteren selbstd Ereign erwächst. Grimm NJW **68**, 14 stellt auf den Ort des SchadEintr ab, näml ob er sich am Wk selbst od an and Verm des Best manifestiert. Todt, BB **71**, 680, versucht es mit der Typenkatalog. Esser II § 80 3b u Laufs/Schwenger NJW **70**, 1817 wollen SchadErs wg pos VertrVerl nur die Schäd zulassen, die mit Mängeln überh nichts zu tun h, sonst § 635. Schubert JR **75**, 179 stellt auf die Funktionstauglichk ab u ordnet demnach Schäd, die sich im Funktionsbereich des Wk auswirken, unter § 635 ein, Schäd außerh des Funktionsbereichs unter pVV. Peters NJW **78**, 665 stellt darauf ab, ob der Ers des Schad nur gerechtfertigt ist, wenn der Best den vollen WkLohn leisten muß (dann § 635) od auch dann noch, wenn er keine Vergütg zu leisten hätte (dann pVV). ZusFassg des MeingsStandes u Kritik an der Rspr des BGH vgl Finger NJW **73**, 81. **Beispiele:** Verletzg eines Friseurkunden RG **148**, 148; Erstattg von Reklamegebühren, weil Reklamefläche wg Mangelhaftigk gelieferter Reklamefiguren nicht genutzt w konnte, BGH **35**, 130; unricht RAusk über konkrete Frage, BGH NJW **65**, 106. Mangelnde Bewohnbark eines Hauses, desh Mietwohng: nur § 635, BGH **46**, 238; ebso Kosten eines PrivGutachtens über Mängel, BGH **54**, 352; Schäd, die dch fehlerh stat Berechng verurs sind, BGH NJW **72**, 625; Minderwert des bebauten Grdst wg fehlerh Einmessg u Absteckg des Hauses im Grdst wg VermessgsIng, BGH NJW **72**, 901; FeuchtigkSchad an einer SendeAnl aGrd fehlerh Verpackg: § 635 (Kln VersR **77**, 139). Auslaufen von Flüssigk wg unsorgfält Verschließens von Füllflaschen, Köln Betr **74**, 185. BrandSchad an Fabrikgebäude wg fehlerh ÖlfeuergsAnl ist dagg FolgeSchad aus pos VertrVerl, BGH **58**, 305; Nachteile wg fehlerh GrdstBewertg sind MängelfolgeSchad, nicht § 635 (BGH **67**, 1).

SchadErsAnspr aus pVV bei mißlungener Nachbesserg vgl § 633 Anm 4.

f) Für **Anfechtg u Wegfall der GeschGrundlage** gelten sinngem die Ausführgen zum KaufR in Vorbem 2 d, e, g vor § 459.

g) Anspr aus **GoA u ungerechtf Bereicherg** im Zushang mit Mängeln sind dch die SonderVorschr der §§ 633 ff ausgeschl, BGH NJW **63**, 806 (Erspan bei den Herstellgskosten wg schlechterer Ausführg des Wk); BGH WPM **78**, 953 (Kosten der MangelBeseitigg dch Dr ohne die Voraussetzgen der §§ 633 ff). Gilt auch iF § 13 Nr 5 VOB/B, BGH NJW **66**, 39 u WPM **78**, 953.

h) Anspr wg **unerlaubter Handlg** w dch §§ 633 ff nicht ausgeschl. Die fehlerh Ausführg des WK ist jedenf dann zugl EigtVerletzg (§ 823 I), wenn sich der Mangel auf die schon vorh, bis dahin unversehrten Teile des zu behandelnden Ggst ausgewirkt h u diese dadch beschäd w sind, BGH MDR **72**, 316. Auch VOB § 13 Nr 7 II schließt SchadErsAnspr wg Beschädigg von Sachen des Best, die nicht in das vom Untern herzustellde Wk einbezogen sind, nicht aus, BGH NJW **73**, 1752. Die Errichtg eines mangelh BauWk ohne Veränderg bereits vorh Substanz ist keine Beeinträchtigg des Eigt des Best, BGH **39**, 366, Mü NJW **77**, 438; aA Freund u Barthelmess NJW **75**, 281 u NJW **77**, 438 mwN: EigtVerl, wenn dch den Mangel der Wert od die Nutzbark des BauWk beeinträchtigt w. In § 823 II u § 330 StGB kein SchutzG, dessen Schutzzweck auch auf das Verm des Best gerichtet wäre, BGH aaO u NJW **65**, 534.

5) IF v **GemeinschEigentum** ist die GeltdMachg v GewlAnspr unklar. Übers bei Gross BauR **75**, 12 u Übbl 2 E d bb vor § 1 WEG. BayObLG NJW **73**, 1086 hält MehrhBeschl der WohngsEigtümer für erforderl. In diesem Falle kann der dch MehrhBeschl ermächtigte Verwalter die Anspr im eig Namen erheben (BGH Rspr Bau **Z 2.10 Bl 35**). Mü NJW **73**, 2077 hält den einz WohngsEigtümer für MängelAnspr in Bezug auf das GemschEigt für berecht, solange nicht ein u lautder Beschl der Gemsch vorliegt; ähnl für die GeltdMachg schuldr Anspr gg den Veräußerer, BGH NJW **74**, 1552; ebso für NachbessergsVerlangen Riedler Betr **76**, 853. Sow der einz WohngsEigtümer MängelBeseitigg verlangen kann, steht ihm auch Anspr auf Vorschuß (§ 633 Anm 4) zu (BGH NJW **78**, 372).

6) Auf **Sonderregeln der VOB/B** für Nachbessergs- u GewlAnspr ist jew in der letzten Anm der folgden Paragraphen hingewiesen.

633 *Nachbesserung; Mängelbeseitigung.* I Der Unternehmer ist verpflichtet, das Werk so herzustellen, daß es die zugesicherten Eigenschaften hat und nicht mit Fehlern behaftet ist, die den Wert oder die Tauglichkeit zu dem gewöhnlichen oder dem nach dem Vertrage vorausgesetzten Gebrauch aufheben oder mindern.

II Ist das Werk nicht von dieser Beschaffenheit, so kann der Besteller die Beseitigung des Mangels verlangen. § 476a gilt entsprechend. Der Unternehmer ist berechtigt, die Beseitigung zu verweigern, wenn sie einen unverhältnismäßigen Aufwand erfordert.

III Ist der Unternehmer mit der Beseitigung des Mangels im Verzuge, so kann der Besteller den Mangel selbst beseitigen und Ersatz der erforderlichen Aufwendungen verlangen.

Vorbem. Abs 2 S 2 neu eingefügt mit Wirk v 1. 4. 77 dch AGBG v 9. 12. 76 (BGBl 3317).

1) Ein **Sachmangel** besteht, wenn das Wk entw nicht die zugesicherten Eigensch h od mit einem Fehler behaftet ist, der den Wert od die Gebrauchsfähigk herabsetzt. Abs I präzisiert den § 631 („Herstellg des versprochenen Wk"). Die FehlerFreih u das Vorhandensein der zugesicherten Eigensch gehört zum Inhalt der LeistgsPfl des Herst. Für die Begr Eigensch u Zusicherg gilt das in § 459 Anm 4, 5, für den Fehler, der den Wert od die Tauglickh aufhebt od mindert, gilt das in § 459 Anm 1, 3, 5 Gesagte. Darunter fällt auch merkantiler Minderwert, BGH **55**, 198; vgl auch § 631 Anm 2 b. Der Fehler muß sich nicht auf eine Sache beziehen, die §§ 633 ff gelten ebso für unkörperl Wk (vgl Einf 1 vor § 631), zB ReiseVeranstaltg, BGH **60**, 14, Unterlassene LärmschutzMaßn bei BauPlang (BGH Betr **75**, 1263); vgl § 634 Anm 3 b, § 635 Anm 3 b. Wg der GestaltgsFreih bei künstler Wk vgl § 631 Anm 2 a. Baumängel, die auf mangelh Erf der ArchPfl beruhen, sind zugl Fehler des ArchWk, BGH **42**, 16 u VersR **74**, 261. Insow schuldet Arch Nachbesserg zwar nicht dch konkr Beseitigg der Baumängel, wohl aber dch Mitwirkg bei ihrer Beseitigg dch Beratg des Bauherrn, Plang u Überwachg der BauUntern bei den NachbessergsArb; eingeh mit Nachw Kaiser NJW **73**, 1910. Ebso beim Statiker. Vgl dazu auch Einf 5 vor § 631. Ist der Vertr auf Erwerb eines Grdst mit einem darauf v Unt zu errichtden Haus gerichtet, so sind die Rechte des Erwerbers wg Sachmängeln des BauWk nach WkVertrR zu beurt, BGH NJW **73**, 1235, zust Weitnauer JZ **73**, 736; dies auch, wenn das BauWk bei Abschl des ErwerbsVertr bereits ganz (BGH **68**, 372) od teilw errichtet war (BGH **63**, 96), wobei es keinen Unterschied macht, in welchem Umfang das Gbde od

§ 633 1–6   2. Buch. 7. Abschnitt. *Thomas*

die EigtWohng noch nicht fert gestellt war (BGH **65**, 359). Es spielt keine Rolle, daß der Mangel in der Zeit zw Herstellg u Abn des Wk entstanden ist (BGH VersR **74**, 261).

2) Der NachbessergsAnspruch (vgl auch Vorbem 3, 4) kann schon vor Ablieferg des Wk geltd gemacht w (§ 634 I 2). Er setzt lediglich einen obj Mangel voraus, gleichgültig, worauf er beruht, etwa Herstellgsfehler, Material, Vorleistg od Zulieferg eines Dr, Anweisgen des Best. Unerhebl ist, ob der Untern Fachmann ist, BGH WPM **74**, 311, ob der Fehler für den Untern bei Ausf der Arb erkennb war u ob ihn daran ein Versch trifft, BGH WPM **72**, 296. Die Erheblichk des Fehlers spielt, anders als in § 459 I 2, keine Rolle. Das NachbessergsVerlangen muß den Untern erkennen lassen, um was für einen Mangel es sich konkret handelt u daß Abhilfe von ihm erwartet w (BGH WPM **78**, 953). Abs II S 2 stellt dch die Verweisg auf § 476a (vgl dort) klar, daß der Untern die mit der Nachbesserg verbundenen Kosten zu tragen h. Zu ihnen gehört nicht ein mit der Nachbesserg notw verbundener Gewinnentgang; Ers insow nur nach § 635 (BGH NJW **78**, 1626). Sow die Mangelbeseitigg das sonst Eigt des Best beschädigt, gehört zur NachbessergsPfl des Untern auch die Behebg dieser Schäd, es handelt sich insow um Erf, nicht um SchadErsAnspr des Best, die Voraussetzgen des § 635 brauchen insow nicht gegeben zu sein, BGH NJW **63**, 805, 811. Ebso h der BauUntern dem Bauherrn die ArchVergütg zu ersetzen, die dieser für die Bauleitg während der MangelbeseitiggsArb etwa zu zahlen h, vgl Ehe BB **72**, 1387. Gewinnentgang vor u während der Mangelbeseitiggsarbeit ist nicht nach § 633, sond nach § 635 zu ersetzen (BGH WPM **78**, 1009). Bei Mängeln des GemschEigt vgl Vorbem 5 vor § 633. Die NachbessergsPfl endet nicht dch ProduktionsÄnderg beim Untern; bei Unvermögen des Untern zur Nachbesserg muß er entw einen Dr beauftragen od er kann seinen restl WkLohnAnspr nicht mehr geltd machen wg ZbR des Best, Kln BB **71**, 373. Zur Verurt des Untern auf MangelbeseitiggSarbeit ist notw u genügd die genaue Bezeichg des Mangels, BGH **61**, 42. – Schuldh Verl des NachbessergsAnspr dch Untern führt zu SchadErsAnspr des Best, DchSetzg wie § 635 Anm 3.

3) Kein NachbessergsAnspruch besteht, wenn die Beseitigg des Mangels obj unmögl ist, wie zB hins der PlangsFehler der Arch nach Errichtg des Baus (BGH **43**, 227 [232]), außer der PlangsFehler führt zur rechtl Unmöglk der Nutzg u kann dch Dispens behoben w (Hamm MDR **78**, 226). Ferner iF der Unzumutbark (II 3), näml wenn der Aufwand des Untern zur Mangelbeseitigg in einem obj MißVerh zum Vorteil für den Best steht, Kln Rspr Bau **Z 2.414.2 Bl 5**; außerd iF des § 640 Abs 2. Unter den Voraussetzgen des § 635 (dort Anm 3a) verbleibt dem Best aber der Anspr auf Ers der Aufw, die er dadch gehabt h, daß er den Mangel selbst beseitigen ließ, BGH **59**, 365. Im EinzFall kann die Berufg auf II 3 treuwidr sein, Hbg MDR **74**, 489. Endl kein NachbessergsAnspr, wenn die Mangelbehebg der NeuHerstellg gleichkommen würde, BGH **42**, 232 (zur VOB). Der NachbessergsAnspr erlischt nach ergebnisl Ablauf einer gem § 634 I 1 gesetzten Fr.

4) SelbstbeseitiggsRecht u AufwendgsErsatz (III). Kommt Untern mit der Beseitigg in Verz (Versch Voraussetzg, also and als bei Vollziehg von Wandlg od Minderg) od braucht Best wg Unzuverlässigk des Untern nicht mehr das Vertrauen zu h, er w die erforderl Nachbesserg ordngsgem ausführen, so kann Best Mangel selbst beseitigen lassen u Erstattg der dazu obj erforderl Aufwendgen verlangen (III), BGH **46**, 242, Düss BauR **74**, 61. Dazu gehören, and als beim Auftr, auch eig ArbLeistgen des Best, auch unter Heranziehg seiner FamilienAngehör zur Mangelbeseitigg. Ihr Wert ist nach § 287 ZPO zu schätzen, Anhaltspkt ist der Lohn, der einem in beruf abhäng Stellg Tätigen zu zahlen wäre, BGH **59**, 328 (auch für § 13 Nr 5 VOB/B). Ein RücktrR des Best nach allg Vorschr (§ 326) besteht nach der Abn daneben nicht, BGH WPM **74**, 195. Ein SchadErsAnspr iF verzögerter Nachbesserg ergibt sich bei vertragl Ausschl der Re nach §§ 634, 635 aus § 286, iF mißlungener Nachbesserg aus pVV, BGH aaO; im letzten Fall ist Abs III entspr anwendb (BGH NJW **76**, 234). – Der Best h Anspr auf **Vorschuß** mit späterer Pfl zur Abrechng, jedenf solange nicht feststeht, daß Best den Mangel gar nicht beseitigen lassen will (BGH **68**, 372; BGH **47**, 272) für den gleich zu beurteilen § 13 Nr 5 VOB mit zust Anm Rietschel **LM** VOB § 13 Nr 12; zu Unrecht aA Wussow NJW **67**, 953 [956], Düss NJW **68**, 2061). Mit dem Anspr auf Vorschuß kann Best gg WkLohnAnspr aufrechnen, BGH **54**, 244; bei WohngsEigtümern hins des GemschEigt vgl Vorbem 5 vor § 633. Läßt Best ohne die Voraussetzgen des Abs III die Nachbesserg anderseit vornehmen, so h er keinen AufwErsAnspr, auch nicht aus GoA od ungerechtf Ber, BGH WPM **78**, 953. Der Best muß aber den Untern nicht in Verz setzen, er kann auch nach § 634 vorgehen. Nach ergebnisl Ablauf einer gem § 634 I 1 gesetzten Fr erlöschen die R aus III. Die Pfl zur Zahlg v Verzugs- u ProzZinsen neben dem Vorschuß w unterschiedl beurt (Düss BauR **71**, 57 u Kln BauR **73**, 248 ja; Mü RsprBau **Z 1.31 Nr 1** nein).

5) Beweislast. Vgl Neumann-Duesberg BlGBW **67**, 125. Die Zusicherg einer Eigensch h der Best zu bew. Bis zur Abn h Untern FehlerFreih u VorsSein einer zugesicherten Eigensch, von der Abn an h Best den Mangel u das Fehlen einer zugesicherten Eigensch zu bew. Die Voraussetzgen des Verz u die Aufwendgen (Anm 4) h der Best zu bew. Grenzen für die Wirksamk von BewLastVereinbgen vgl § 11 Nr 15 AGBG.

6) Sondervorschriften der VOB/B regeln die Mängelhaftg des Untern teilw abw von §§ 633ff. **Während der Ausführg** kann Best nach **§ 4 Nr 7** die Ersetzg mangelh dch mangelfreie Leistgen verlangen. H der Untern den Mangel zu vertreten, kann Best den daraus entstehen Schad ersetzt verlangen (S 2). Dafür gilt die Beschrkg hins des Umfangs der ErsPfl § 6 Nr 6, früher Nr 5 Abs II (vgl § 635 Anm 3) nicht, sond § 249, BGH **48**, 78, allerd kann nicht SchadErs wg NichtErf der ganzen Vertr verlangt w, BGH **50**, 160. Gem § 4 Nr 7 S 3 iVm § 8 Nr 3 kann der Best nach Ablauf einer NachFr zur Mangelbeseitigg mit KündAndrohg dem Untern den Auftr entziehen mit den weiteren in § 8 Nr 3 genannten Konsequenzen. **Nach der Abnahme** gilt § 13. Nr 1 statuiert die ErfPfl des Untern wie § 633 I mit dem Zusatz, daß die Leistg des Untern den anerkannten Regeln der Technik entsprechen muß. Nr 2 enthält Regeln für den Fall der Leistg nach Probe. Nach **Nr 3** w der **Unternehmer von der Gewährleistg frei** für Mängel, die zurückzuführen sind auf die LeistgsBeschreibg, Anordngen des Best, von diesem gelieferte od vorgeschriebene Stoffe od Bauteile, die Beschaffenh der Vorleistg eines andern Untern außer iF unterlassenen Hinw auf Bedenken gem § 4 Nr 3 (vgl § 631 Anm 3). **Nr 5 Abs I** gibt einen **NachbessergsAnspruch** wie § 633 II 1 auf schriftl Verlangen. **II** gibt dem Best ein **SelbstbeseitiggsRecht** wie § 633 III, aber erst nach Setzg einer angem Fr zur Mangelbeseitigg, Verz ist nicht erforderl. Wg AufwErs, Vorschuß u Aufrechng vgl vor-

Einzelne Schuldverhältnisse. 7. Titel: Werkvertrag §§ 633, 634

stehd Anm 4. **Kein NachbessergsRecht** besteht nach **Nr 6,** wenn die Mangelbeseitigg unmögl od unzumutb ist (wie § 633 II 2). In diesem Falle MindergsR des Best. Vgl auch § 634 Anm 6 u § 635 Anm 5. § 17 enthält Vorschr über eine vereinb **SicherhLeistg** des Untern für die Erf der GewlPfl.

634 *Gewährleistung: Wandlung, Minderung.* I Zur Beseitigung eines Mangels der im § 633 bezeichneten Art kann der Besteller dem Unternehmer eine angemessene Frist mit der Erklärung bestimmen, daß er die Beseitigung des Mangels nach dem Ablaufe der Frist ablehne. Zeigt sich schon vor der Ablieferung des Werkes ein Mangel, so kann der Besteller die Frist sofort bestimmen; die Frist muß so bemessen werden, daß sie nicht vor der für die Ablieferung bestimmten Frist abläuft. Nach dem Ablaufe der Frist kann der Besteller Rückgängigmachung des Vertrags (Wandelung) oder Herabsetzung der Vergütung (Minderung) verlangen, wenn nicht der Mangel rechtzeitig beseitigt worden ist; der Anspruch auf Beseitigung des Mangels ist ausgeschlossen.

II Der Bestimmung einer Frist bedarf es nicht, wenn die Beseitigung des Mangels unmöglich ist oder von dem Unternehmer verweigert wird oder wenn die sofortige Geltendmachung des Anspruchs auf Wandelung oder auf Minderung durch ein besonderes Interesse des Bestellers gerechtfertigt wird.

III Die Wandelung ist ausgeschlossen, wenn der Mangel den Wert oder die Tauglichkeit des Werkes nur unerheblich mindert.

IV Auf die Wandelung und die Minderung finden die für den Kauf geltenden Vorschriften der §§ 465 bis 467, 469 bis 475 entsprechende Anwendung.

1) Allgemeines zu den GewlAnspr, ihrem Verh zum ErfAnspr, zum NachbessergsAnspr u zu außerwkvertragl R vgl Vorbem 3, 4. Vertragl Einschränkg od Ausschl von GewlAnspr vgl § 637.

2) Voraussetzgen für Wandelg u Minderg. a) Ein **Werkvertrag** muß wirks zust gek sein u noch bestehen. Das Wk muß mit einem **Mangel** (§ 633 Anm 1) behaftet sein.

b) Fristsetzg zur Mangelbeseitigg mit **AblehngsAndrohg.** I 1 ist dem § 326 I 1 nachgebildet, die dort Ausführgen in Anm 5 gelten sinngem. Die Fr w idR bei od nach Abn (§ 640), sie kann aber auch schon bei Abliefg erfhalber, RG 165, 45 od vorher (I 2) gesetzt w. Verz des Untern mit der Nachbesserg ist nicht Voraussetzg für die Wirksamk der FrSetzg, iF des Verz kann der Best auch nach § 633 III vorgehen. Wiederholte Nachbesserg u damit wiederholte FrSetzg wg des näml Mangels ist dem Best nur ausnahmsw zuzumuten; zu weitgeh Hamm MDR **60,** 224. Wurde die erste Änderg aGrd eines neuen Vertr gg Vergütg vorgenommen, so handelt es sich insow nicht um einen ersten NachbessergsVersuch, sond um ErstErf.

c) Die Fristsetzg ist entbehrl (II), wenn kein Anspr auf Mangelbeseitigg besteht. Das sind die Fälle des § 633 Anm 3, wozu genügt, daß die Mangelbeseitigg innerh der angem Fr unmögl ist, KG JW **16,** 1295. Ferner, wenn der Untern die Beseitigg verweigert, unzumutb Bdggen stellt, das VorhSein von Mängeln od seine GewlPfl schlechthin bestreitet, BGH Betr **69,** 346; nach Köln Rspr Bau **Z 2.**414.2 Bl 1 soll das Bestreiten v Mängeln allein nicht eine Verweigerg der Beseitigg sein. Endl wenn sof GeltdMachg von Wandelg od Minderg im bes Interesse des Best gerechtf ist, etwa weil sein Vertrauen auf ordngsgem DchFührg der Nachbesserg erschüttert ist, BGH **46,** 242 (auch zu VOB/B § 13 Nr 5). Zur MängelAnz bleibt Best aber auch hier verpfl. Erneute Auffdg zur Mangelbeseitigg mit FrSetzg nach der Abn ist nicht erforderl, wenn der Untern bereits vor der Abn die Mangelbeseitigg endgült verweigert h (BGH WPM **78,** 821). An die Stelle der FrSetzg nach Abs I tritt die Bek des Best an den Untern, daß er nicht NachBesserg, sond Gewl verlange (BGH NJW **76,** 143).

d) Ergebnisloser Fristablauf (I 3). War die gesetzte Fr zu kurz bemessen, gilt die angem. Mit FrAblauf erlischt der NachbessergsAnspr u das R zur Selbstbeseitigg des Mangels nach § 633 III, iF des Abs II, wenn dessen Voraussetzgen vorliegen, mit der GeltdMachg eines GewlAnspr dch den Best (BGH NJW **76,** 143) bzw mit der Verweigerg der Nachbesserg dch den Untern. Best bleibt aber gehalten, einen Schad abzuwenden od zu mindern, RG HRR **30,** 287.

e) Der Anspruch darf nicht ausgeschlossen sein nach Abs III (unerhebl Wert- od TauglichkMinderg) od § 640 II (vorbehaltl Abn trotz Kenntn des Mangels). Abs III gilt nicht, wenn eine zugesicherte Eigensch fehlt.

3) Vollziehg von Wandelg u Minderg geschieht nach kaufrechtl Vorschr. **a) Wandelg,** Anm zu §§ 465–467, 469–471, 473, 475. Auch bei BauWken mögl (vgl aber wg VOB Anm 6), aber nicht häuf, da die Rückgewähr (§§ 467, 346) Schwierigk macht. Best kann zwar dann den fert Teil behalten, hat aber dafür dem Untern eine dem Wert entspr Vergütg zu entrichten, womit zugleich der WkLohnAnspr abgegolten ist; vgl hierzu auch Schlosser JZ **66,** 430. Zweckmäß ist es für Best meist – u daher kann verständ VertrAuslegg zum Ausschl der Wandlg in diesen Fällen führen, Kblz NJW **62,** 741 – die WkLohnFdg iW der Minderg entspr zu kürzen od SchadErs iF des § 635 zu verlangen. Nachträgl Untergang des Wk schließt Wandelg nicht aus, wohl aber vom Best verschuldete Unmöglichk der Rückgewähr, zB bei Weiterveräußerg. Der WandelgsAnspr kann dch sachl nicht motivierten fortgesetzten Gebr des Wk verwirkt w, hierü § 467 Anm 2d, jedoch nicht, wenn bes Umst die GebrFortsetzg rechtfertigen, RG DJZ **30,** 1522. Entferng des mißlungenen Wk kann nicht mit Wandlg, wohl aber als SchadErs wg NichtErf (§ 635) verlangt w (Hamm NJW **78,** 1060).

b) Minderg, Anm zu §§ 472–475. Berechng des Minderpreises: § 472 Anm 2. Beim BauVertr ist für die Berechng des Minderwerts nicht der Ztpkt der VertrAbschl, sond der Feststellg (od nach VOB) der Abn maßgebd, BGH **58,** 181. Auf diesen Ztpkt ergibt sich der geminderte Lohn aus der Formel Mangelfreier Wert: mangelh Wert = vereinb (übl) WkLohn : x. Kann wirtsch der Wandelg entspr, wenn Wk-Lohn wg vollständ Wertlosigk des Wk voll herauszugeben ist, BGH **42,** 232. Ebso kann bei fehlgeschlage-

§§ 634, 635

nem PauschalUrl (vgl Einf 5 v § 631 „Reisebüro") die Minderg den GesPr der Reise abzügl eingesparter eig VerpfleggsKosten erreichen, Hamm NJW **75,** 123; vgl auch Einf 2 b dd vor § 249. Keine Minderg des Arch-Honorars, wenn unvollständ Einzelleistgen des Arch nicht zu einem Mangel der Arch- od BauWk geführt h, BGH **45,** 372. – Die Minderg betr die ganze WkLohnFdg. Der MindergsBetr ist desh, and als iF der Aufrechng, nicht von einem eingekl TlBetr, sond von dem letztrang Tl der WkLohnFdg abzurechnen, BGH NJW **71,** 1800. Ist jedoch die WkLohnFdg teilw abgetreten, kann Best die Minderg ggü der TlFdg im Verh ihrer Höhe einwenden, BGH **46,** 242.

4) Verhältn der GewährleistgsAnspr zueinander. Der Anspr auf Nachbesserg ist noch kein Gewl-Anspr, vgl Vorbem 3b vor § 633. Zw ihm u den letztgenannten besteht kein WahlR für den Best (Hamm MDR **77,** 842). Mögl ist, primär Gewl, zB SchadErsAnspr geltd zu machen u hilfsw für den Fall, daß die Voraussetzgen dafür (zB § 634 II) nicht vorliegen, Nachbesserg zu verlangen (BGH NJW **76,** 143). Zw Wandelg, Minderg u, falls die weitere Voraussetzgen des § 635 vorliegt, SchadErs h Best die Wahl, ob iF Wandelg bzw Minderg vollzogen, SchadErsAnspr anerkannt od einer der drei GewLAnspr rechtskr zugesprochen ist. Vgl im einz § 462 Anm 2, § 463 Anm 1. Krit Analyse der Rspr zur Alternativität vom Wandlg, Minderg u SchadErs, Jakobus JuS **74,** 341. Nach der Auffassg v Peters JZ **77,** 458 brauchen für den SchadErsAnspr die Voraussetzgen des § 634 nicht vorzuliegen, der SchadErsAnspr soll sogar bereits währd des Nachbesserngs-Stadiums gegeben sein. Das ist richt für diejen Schäd, die dch Nachbesserg nicht mehr behebb sind, zB Gewinnentgang währd der Nachbesserg (BGH WPM **78,** 1009). Außerdem kann der Best noch zum SchadErs übergehen, wenn die WkLohnKl des Untern auf die WandelgsEinr des Best rechtskr abgewiesen ist, die Wandelg aber nicht in Natur, sond nur dch einen Ausgl der beiderseit Leistgen vollzogen w kann, RG **147,** 390. Entspr Regelg beim Kauf vgl § 465 Anm 3 u BGH **29,** 148. Mögl ist auch, wg versch Mängeln unterschiedl GewLAnspr geltd zu machen, BGH BauR **74,** 203; ebso SchadErsAnspr neben der Nachbesserg für solche Schäd, die der Nachbesserg nicht zugängl sind, zB Gewinnentgang (BGH NJW **78,** 1626).

5) Beweislast. Für den Mangel vgl § 633 Anm 5. Für FrSetzg mit AblehngsAndrohg od für die Entbehrlichk der FrSetzg h Best BewLast. Für Unerheblichk des Mangels (Abs III) u eine fristgerechte Behebg: Untern. WirksamkGrenzen für BewLastVereinbgen in AGB vgl § 11 Nr 15 AGBG.

6) Sondervorschriften der VOB/B. Minderg kann Best verlangen, wenn ein NachbesserngsAnspr nicht besteht (vgl § 633 Anm 6), **§ 13 Nr 6.** Sie kann bei völl Wertlosigk des Wk den VergütgsAnspr bis auf null herabsetzen u damit prakt dem Ergebn der Wandlg gleichkommen. **Ausschluß** der GewL für Mängel, die auf der LeistgsBeschreibg, auf Anordngen des AuftrG, auf v diesem verlangten od vorgeschr Stoffen od BauTl od auf der Beschaffenh der Vorleistgen eines Untern beruhen, **§ 13 Nr 3.** Sind sie sowohl darauf wie auch auf fehlerh Arb des Untern zurückzuführen, dann Begrenzg der GewL entspr §§ 242, 254, Saarbr OLG **71,** 164. **Wandlg** gibt es bei den der VOB unterstehden BauVertr nicht, vgl Ingenstau-Korbion § 13 RdNr 96; offengelassen BGH **42,** 232.

635 *Schadensersatz wegen Nichterfüllung.* Beruht der Mangel des Werkes auf einem Umstande, den der Unternehmer zu vertreten hat, so kann der Besteller statt der Wandelung oder der Minderung Schadensersatz wegen Nichterfüllung verlangen.

1) Allgemeines zu den GewLAnspr, ihrem Verh zum ErfAnspr u zu außerwkvertragl Anspr vgl Vorbem 3, 4 vor § 633, Verh der GewLAnspr zueinand vgl § 634 Anm 4. Vertragl Einschränkg od Ausschl von SchadErsAnspr vgl § 637. Mehrere Untern vgl § 631 Anm 1 d, Konkurrenz von GewLAnspr gg Arch, Statiker u BauUntern vgl Vorbem 3 e vor § 633.

2) Voraussetzgen des Schadenersatzanspruchs. a) Da der SchadErsAnspr „statt der Wandelg od Minderg" verlangt w kann, müssen die sämtl Voraussetzgen für die beiden letztgenannten auch für den SchadErsAnspr erf sein; vgl dazu § 634 Anm 2, 4. Neben der Nachbesserg kann Ers derjen Schäd verlangt w, die dch die Mangelbeseitigg nicht mehr behebb sind, zB Gewinnentgang bis zur u währd der Nachbesserg (BGH WPM **78,** 1009). And als Wandelg kann SchadErs auch bei nur unerhebl Wert- od TauglichkMinderg (§ 634 III) gefordert w. Grenze jedoch auch hier Treu u Glauben, BGH **27,** 215.

b) Verschulden des Untern im Hinbl auf den Mangel. Über die Pfl des Untern u seine Haftg für Geh vgl § 631 Anm 2.

c) Dch den Mangel muß ein **Schaden verursacht** sein; vgl Vorbem 5 vor § 249. Er kann auch darin bestehen, daß der Best, dem kein NachbessergsAnspr zusteht (§ 633 Anm 3), den Mangel auf eig Kosten beseitigen läßt (BGH **59,** 365); allerd muß er den AuftrG beim Nachbesserg des Untern hinnehmen, wenn dieser sie in rechter Weise anbietet (Kln RsprBau Z 2. 414.1 Bl 17). Der Untern kann dem Anspr des Best auf SchadErs nicht entgghalten, daß dessen Abnehmer keine MängelAnspr geltd macht. § 635 umfaßt auch Anspr wg und, der Nachbesserg nicht zugängl Schäd, zB Gewinnentgang währd der Nachbesserg (BGH NJW **78,** 1626). Über die häuf schwier Abgrenzg zw Mangel- u MangelfolgeSchad vgl Vorbem 4 e vor § 633.

d) Das Wk muß **abgenommen** (§ 640), mind ausgeführt (§ 646) sein; Schäd währd der Ausführg sind nach den Regeln der pos VertrVerletzg zu ersetzen, BGH NJW **69,** 838; nach Peters JZ **77,** 458 ausnahmsw auch nach § 635. Nicht erforderl ist Vorbeh bei Abn (§ 640 II), BGH **61,** 369, auch nicht bei BauWk (VOB §§ 12, 13).

3) Wirkg u Inhalt. a) Konzentration auf Schadensersatz. Das Verlangen nach SchadErs hebt das VertrVerh nicht auf, sond konzentriert es auf SchadErsLeistg. Best kann wie bei § 463 wählen, ob er das Wk behalten u den dch seine Mangelhaftigk verurs Schad verlangen od ob er das Wk zurückweisen u den dch NichtErf des ganzen Vertr verurs Schad ersetzt verlangen will. Im letzteren Fall ist kein Nachw erforderl, sein Interesse an der Leistg entfallen ist, BGH **27,** 215 u BB **63,** 995 (auch für den SchadErsAnspr aus VOB/B Nr 7 II). Der in der Mangelhaftigk liegde Schad kann nach der Wertminderg od nach dem Aufw bemessen w, die der Best zu seiner Beseitigung machen müßte; auf diesen ZahlgsAnspr ist der RGedanke des § 251 II nur ausnahmsw entspr anwendb, wenn es für den Untern unzumutb wäre, die vom Best in nicht sinnvoller Weise gemachten unverhältnismäß Aufw tragen zu müssen, BGH **59**, 365. – Untern h nicht nur für die unmittelb techn Mängel einzustehen, sond auch den hierdch verurs allg Minderwert des Wk ohne Rücks auf VerkAbsicht des Best zu erstatten, BGH Betr **61**, 1515. Bei mehreren nacheinand auftretden Mängeln gilt § 475 (§ 634 IV). – Durchzusetzen ist der Anspr je nach Lage des Falles dch Zahlgs-Verlangen, Befreiung von der VergütgsFdg des Untern bei voller Zurückweisg des Wk od v der restl VergütgsFdg für ein unbrauchb Wk (BGH **70**, 240) od Aufrechng gg die VergütgsFdg bei teilw Behalten u teilw Zurückweisg iF eines teilb Wk, Düss BauR **74**, 203. – Dch Weiterbenutzg des Wk kann der SchadErsAnspr wie der WandelgsAnspr verwirkt w, vgl § 634 Anm 3a.

b) Der SchadErsAnspr wg NichtErf des ganzen Vertr ist idR abw von § 249 auf **Entschädigg in Geld** gerichtet, BGH NJW **73**, 1457. Beschränkt sich Best darauf, den in der Mangelhaftigk des Wk liegden Schaden ersetzt zu verlangen, so w auch hier regelm nur GeldErs gefordert werden können, weil das Verlangen nach Naturalrestitution dem auf Erf od Nachbesserg gleichkommen würde, die nunmehr ausgeschl sind (vgl Vorbem 3a, b vor § 633; ebso Kln NJW **78**, 429). Auch der Arch schuldet nicht Beseitigg der Baumängel, sond SchadErs in Geld (BGH NJW **78**, 1853 unter Aufg früher Rspr). Ledigl in AusnFällen kann es geboten sein, daß der Arch unter dem Gesichtspkt der SchadMindergsPfl des Best die Möglk erhält, selbst dafür zu sorgen, daß die von ihm versch Mängel des BauWk behoben w, statt den dafür anderweit nöt (höheren) GeldBetr zu zahlen (BGH aaO). Der Erfolg der BehebgsMaßn muß allerd außer Zw stehen, BGH RsprBau **Z 3.00** Bl. 216. Peters JZ **77**, 458 bejaht, falls der Best nicht nach der Differenztheorie abrechnet, Anspr auf Naturalrestitution, weil § 634 nicht Voraussetzg für den SchadErsAnspr sei. Als NaturalHerstellg kann der Best als SchadErs wg NichtErf vom Untern die Beseitigg des in seinen Bes gelangten mißlungenen Wk verlangen (Hamm NJW **78**, 1060). Ersetzb sind auch die Kosten für ein Gutachten, das die Mängel u Möglichk ihrer Beseitigg klären soll, Ffm MDR **70**, 924. Ist der Schad inf der Mängel abgeschl od ohne größere Ermittlgen festzustellen, kann Best auf Zahlg auch schon vor Beseitigg des Schaden klagen, anderenf auf Feststellg; näher Wussow NJW **69**, 481. Wg des ZahlgsAnspr vor Behebg der Mängel besteht kein Anspr auf Vorschuß. Ob der Best mit dem Geld die Mängel wirkl behebt, ist seine Sache u berührt den Untern nicht, BGH **61**, 28. Desh kann der Best auch nach Veräußerg der mangelh Sache noch den Betr für die Behebg der Mängel verlangen (BGH NJW **77**, 1819) u nicht etwa nur in der Höhe des Wertminderg (bestr, vgl Ffm VersR **77**, 76). SchadErs bei Beeinträchtigg v **Urlaub** vgl Einf 2b dd vor § 249. Eine Beschrkg des SchadErsAnspr auf die Höhe des bezahlten ReisePr ist auch in AGB zuläss (Hamm NJW **75**, 1364).

c) Mitverschulden des Best od seines ErfGeh ist nach §§ 254, 278 zu berücks, zB Übertr schwier Arb (Flachdach) ohne ArchPlan an einen Nichtfachmann, BGH WPM **74**, 311. Der BauUntern kann entgghalten Versch des Arch bei falscher Plang u Koordinierg, BGH NJW **72**, 447, des Statikers bei fehlerh Gründg, BGH RsprBau **Z 3.00** Bl 197. Der Arch kann dem BauUntern Versch des Statikers entgghalten, sofern der Bauherr dem Arch nach dem VertrInhalt eine Statik zu Vfg zu stellen h, u die Erstellg des BauWk eine spezif StatikerLeistg erfordert, Düss NJW **74**, 704. Zur Eigenschaft des Arch als ErfGeh vgl § 631 Anm 3 b. Ein Bauherr, der Mietausfall wg Mängeln geltd machen will, muß sich um baldmögl Beseitigg der Mängel u Vermietbk bemühen, außer es bleibt ohne Schuld des Bauherrn ungeklärt, welche Maßn zur MängelBeseitigg erforderl sind, BGH WPM **74**, 200.

4) Beweislast. Vgl zunächst § 634 Anm 5. Obj PflVerletzg des Untern u ihre Ursächlichk für den entstandenen Schad muß Best bew, BGH **42**, 16. Demgzfol hat gem den Grds der BewLastVerteilg nach GefahrenbereichEn der Untern sein fehldes Versch zu bew, BGH **48**, 310 u VersR **74**, 261. Ebso h bei posit VertrVerletzg Best deren obj Tatbest u seine Ursächlichk für den Schad, dagg analog § 282 der Untern seine Schuldlosigk zu bew, jedenf wenn die SchadUrs, wie meist, in seinem Gefahrenbereich liegt, BGH **27**, 236. Zu beachten sind auch die Regeln des AnscheinsBew.

5) Sondervorschriften der VOB/B. § 4 Nr 7 gibt dem Best SchadErsAnspr bei verschuldetem Mangel schon währd der BauAusführg, **§ 8 Nr 3 Abs II** bei Künd in den in Abs I genannten Fällen, BGH **50**, 160. Im übr ist die Regelg des § 635 in **§ 13 Nr 7** abgewandelt. Der SchadErsAnspr des Best setzt einen wesentl (Erschwerg ggü § 635), vom Untern zu vertretden Mangel voraus, der die GebrFähigk erhebl (Erschwerg ggü § 635) beeinträchtigt. Zur GebrFähigk gehört auch Beleihbark u Verkäuflichk, BGH NJW **71**, 615, merkantiler Minderwert, BGH **55**, 198. Zu ersetzen ist der Schad an dem BauWk, darühinausgehder Schad nur bei Vorliegen der weiteren Voraussetzgen des § 13 Nr 7 Abs II; vgl hierzu Schmalzl NJW **65**, 129 [135] u Wussow NJW **67**, 951 [957]. SchadErsAnspr aus uH wg Beschädigg von Sachen des Best, die nicht in das von Untern zu erstellde Wk einbezogen sind, bestehen daneben, BGH BB **73**, 1094. – Die HaftgsBeschrkg in § 12 Nr 1 MusterArchVertrag bezieht sich nur auf SchadErsAnspr aus § 635, nicht auf solche aus pos VertrVerletzg, KG MDR **70**, 844.

636 *Verspätete Herstellung.*

^I Wird das Werk ganz oder zum Teil nicht rechtzeitig hergestellt, so finden die für die Wandelung geltenden Vorschriften des § 634 Abs. 1 bis 3 entsprechende Anwendung; an die Stelle des Anspruchs auf Wandelung tritt das Recht des Bestellers, nach § 327 von dem Vertrage zurückzutreten. Die im Falle des Verzugs des Unternehmers dem Besteller zustehenden Rechte bleiben unberührt.

^{II} Bestreitet der Unternehmer die Zulässigkeit des erklärten Rücktritts, weil er das Werk rechtzeitig hergestellt habe, so trifft ihn die Beweislast.

1) Nicht rechtzeitig hergestellt ist das Wk, wenn vertragl vereinb Termine od Fristen überschritten sind, andernf die angemessene Fr. Der Grd ist unerhebl, Versch des Untern nicht erforderl. Jedoch kann die Ausnutzg kurzer, zB dch Materialverknappg od Kriegsereign bdgter FrÜberschreitg gg § 242 verstoßen, RG DR **42**, 382. Der Rücktr ist auch schon vor Ablauf der HerstellgsFr zuläss, wenn die nicht rechtzeit Herstellg sicher feststeht. Das RücktrR entfällt bei nur unerhebl Verzöger (§ 634 III), wenn Best die Verzöger zu vertreten h, KG OLG **17**, 422, RG Recht **08**, Nr 51. Grdsätzl ist FrSetzg mit AblehngsAndrohg nöt (§ 634 I 1; vgl sinngem dort Anm 2b bis d). Auf § 634 IV ist nicht verwiesen. Rücktr aus § 361 bei FixGesch bleibt unberührt. Best muß nicht zurücktreten, er kann auch auf Erf bestehen. – Ob sich das

§§ 636, 637   2. Buch. 7. Abschnitt. *Thomas*

RücktrR bei **teilweiser Verzögerg** auf das ganze Wk od nur auf die betr Teile bezieht, ist entspr der RLage bei TeilVerz zu entsch, BGH Betr **73**, 568, vgl § 326 Anm 3a. Ist das TeilWk wertlos, kann Untern iF seines Verz bei Rückgewähr seine Aufwendgen nicht abziehen; es handelt sich um Ab-, nicht um Aufrechng, der Teillohn ist nur RechngsPosten, RG **83**, 279. Haftet der Untern für die Rückgewähr der empfangenen Teilvergütg nur nach BerGrds (§ 327 I, 2), kann er seine Aufwendgen abziehen, sow zw ihnen u der Zahlg des Best ein ursächl Zushang besteht, BGH WPM **70**, 1421. **Anderweit Vereinbg**, auch Pauschalierg u Schematisierg der ggs Anspr bei vorzeit Beendigg des Vertr zur Einsparg umfangreicher AbrechngsArb ist wirks, soweit sie die Interessen beider Seiten ausr berücks, zB Vergütg nur für bei VertrBeendigg bereits erbrachte u abgerechnete WkLeistgen einers, Ausschl v SchadErsAnspr des Best wg NichtErf andrers (BGH WPM **77**, 1171). – **Beweislast** vgl II.

2) Bei **Verzug** des Untern mit der Herstell bleiben dem Best die R nach allg Vorschr (I 2). Voraussetzgen des Verz vgl § 284 u die Anm daselbst. Die Mahng kann entbehrl sein, wenn sich aus dem Umst des Einzelfalles ergibt, daß das Zeitmoment nach dem erkennb PartWillen entscheid ist, § 284 Anm 4c, BGH NJW **63**, 1823.

3) **Sondervorschriften der VOB/B. § 5** enthält Bestimmgen über die AusfühgsFr, **Nr 4** gibt dem Best das R auf FrSetzg mit KündAndrohg, wenn der Untern den Beginn der Ausführg verzögert od mit der Vollendg gerät; die weiteren R nach der Künd ergeben sich aus § 8 Nr 3. Für den Fall der Verhinderg od Unterbrechg der Arb u dadch eintretder Verzögerg enthält **§ 6** eine Spezialregelg für die R beider VertrSeiten; **Nr 6** beschr jedenf iF der FahrIk den SchadErsAnspr in diesen Fällen auf den unmittelb Schad, also ohne Gewinnentgang, wobei auch der SchuVerz ein „hindernder Umst" iS dieser Vorschr ist, BGH **48**, 78, Säcker NJW **67**, 1403.

637 *Vertraglicher Ausschluß der Haftung.* Eine Vereinbarung, durch welche die Verpflichtung des Unternehmers, einen Mangel des Werkes zu vertreten, erlassen oder beschränkt wird, ist nichtig, wenn der Unternehmer den Mangel arglistig verschweigt.

1) **Haftgsausschluß. a) Grundsatz.** Die Haftg für WkMängel kann vertragl anderweit vereinb w, da §§ 633 ff abdingb sind. Die Grenzen liegen in § 637, § 138 u im Rahmen seines AnwBereichs im AGBG (vgl dort Einf 3 d vor § 1). Von seinen Best sind für Klauseln über Nachbessergs- u GewlAnspr § 11 Nr 10, über SchadErs bei Fehlen einer zugesicherten Eigsch § 11 Nr 11 u für Klauseln über die BewLast § 11 Nr 15 von bes Bedeutg (vgl dort Anm 11, 12 u 16). Soweit bei Verwendg von AGB das AGBG zeitl od persönl nicht anwendb ist, gelten die von der Rspr entwickelten Grds über die Inhaltskontrolle von AGB u FormularVertr. Sie dürfen den Best nicht rechtlos stellen. Unwirks ist ein vollständ, auch das NachbessergsR versagder Ausschl, Schmidt-Salzer NJW **69**, 718 [723]. Wollen AGB u FormularVertr mit Tr u Gl übereinstimmen, so muß dem Best mind ein vom Versch unabhäng NachbessergsAnspr, BGH **62**, 323, u ein RücktrR od SchadErsAnspr iF verzögerter, unterlassener, unmögl od mißlungener Nachbesserg verbleiben (BGH **62**, 83, WPM **74**, 843 u BB **78**, 325). Ob eine unwirks Klausel bei der Inhaltskontrolle dch ergänzde Ausleg einen mit § 242 in Einklang zu bringend Inhalt bekommen kann, hängt davon ab, ob bei versch rechtl Gestaltgsmöglichken feststellb ist, welche die Part gewählt h würden. Wenn nicht, tritt an die Stelle der weggefallenen die gesetzl Regelg, BGH **62**, 83 [89]. Im üb gelten grdsätzl die Ausführgen in Vorbem 4 vor § 459 u zu § 476. Auch für MangelfolgeSchäd (vgl BGH WPM **74**, 229) u für das Fehlen zugesicherter Eigensch kann die Haftg in AGB im allg ausgeschl w, BGH NJW **74**, 272. Ebso ist es grdsätzl mögl, auch in AGB, Anspr auszuschließen, wenn sie nicht innerh einer best Fr geltd gemacht sind (Mü VersR **75**, 1108: 3 Wo nach Reiserückkehr ggü Reiseveranstalter). Unwirks ist ein solcher Ausschl in AGB, wenn er das, was der Untern individuell versprochen h, prakt bedeutgl machen würde (BGH **65**, 107, Ausschl der Haftg für Fehlen zugesicherter Eigensch; krit dazu Thamm NJW **76**, 225). **b) Einzelheiten:** Nach BGH **22**, 90 leben die allg GewlAnspr des Käufers wieder auf, wenn die vereinb Beschrkg des Käufers auf die Nachbesserg nicht realisierb ist. Entspr gilt nicht beim WkVertr, da hier der Best bereits kraft G zunächst auf den NachbessergsAnspr verwiesen ist (§ 633 II, Vorbem 3b vor § 633). Der Best kann daher, wenn er vertragl nur die Nachbesserg verlangen kann, auch dann nicht auf die GewlAnspr Wandelg, Minderg u SchadErs zurückgreifen, wenn die Nachbesserg mißlungen ist. Er ist beschr auf die SchadErsAnspr aus schuldh Verletzg der NachbessergsPfl od aus pos VertrVerletzg. Ausn nur dann, wenn sich das Verhalten des Untern als unzuläss RAusübg darstellt. Vgl zu Vorstehdem BGH **LM** § 635 Nr 4, Schmidt-Salzer NJW **69**, 718. Beschränkg auf Nachbesserg u Ausschl v Anspr auf SchadErs umfaßt idR nicht den Schad, der dch schuldh Verl der NachbessergsPfl entstanden ist (BGH NJW **76**, 234). Der Ausschl auch des SchadErsAnspr aus Verletzg der NachbessergsPfl ist nach BGH **48**, 264 wirks, wenn dafür ein RücktrR gegeben ist; das ist eine bedenkl Rechtlosstellg des Best. Ist die GewlPfl des Veräußerers eines Grdst mit darauf zu errichtdem Haus od einer zu errichtden EigtWohng formulärmäß ausgeschl u sind dem Erwerber die GewlAnspr gg die Bauunternehmer abgetreten, so ist diese dahin auszulegen, daß die EigHaftg des Veräußerers nicht ausgeschl, sow Mängel in seinem eig Verantwortgs-Bereich liegen od sow sich der AuftrG aus den abgetretenen Anspr tats nicht schadl halten kann, BGH **70**, 389 u NJW **74**, 1135 mit Anm Schmidt BB **74**, 761, in der Verfasser mit beachtl Grden den Ausschl der EigHaftg dch ein Bauträger als mit dem Wesen seiner Funktion unvereinb u desh für unwirks hält. KG NJW **77**, 854 hält dies nicht für eine Frage der Ausleg, sond der Inhaltskontrolle, hält den Ausschl für unwirks u läßt die ges GewlVorschr eingreifen; soweit AGBG anwendb, vgl dort § 11 Nr 10a. Im Ggs zu FormularVertr entfällt die Wirkg der Freizeichng in IndividualVertr nicht ow, wenn der Versuch der SchadlHaltg aus abgetretenen GewlAnspr fehlschlägt (BGH BauR **76**, 432). Der Bauträger kann sich auf den HaftgsAusschl dann nicht berufen, wenn er es versäumt h, in den Vertr mit den Untern die Interessen der Erwerber angem zu berücksichtigen, insb eine SicherhLeistg zu vereinb, Köln MDR **74**, 931. – H Untern nur einen od mehrere Mängel argl verschwiegen, so bleibt der HaftgsAusschl hins der and Mängel wirks, RG **62**, 122. Die Vereinbg, daß Vertr nur aus wicht Grd fristl gekünd w kann, schließt Wandelg, nicht Minderg aus, BGH

Betr **72**, 431. Das ZbR wg WkMangels kann individualvertragl wirks ausgeschl w. Jed kann sich der Untern darauf nicht berufen, wenn der GgAnspr des Best unbestr od bewiesen ist u das ZbR der Höhe nach in einem angem Verh zum Gewicht des Mangels steht, dessen Beseitigg mögl, zumutb u gefordert ist (BGH WPM **78**, 790). **c) Deliktshaftung** ist bei der gebotenen engen Ausleg vertragl HaftgsBeschrkg grdsätzl nicht beschr od ausgeschl. So haftet der Arch bei vertragl Beschrkg der Haftg auf Ers des unmittelb Schad am BauWk aus uH für die Beschädigg v Sachen des Bauherrn, die im Gebäude lagern (BGH BB **75**, 855).

2) Die **VOB/B** enthält SonderVorschr in **§ 13 Nr 3**; vgl § 634 Anm 6. Die **Allgem Vertragsbestimmungen zum Architektenvertrag** schließen in § 7 S 2 ErsAnspr für FolgeSchäd v Baumängeln aus, die auf fehlerh Leistg des Arch beruhen, nicht aber SchadErsAnspr wg Verl von Pfl, die nicht zu Mängeln am BauWk geführt h, zB v NebenPfl, der KoordiniergsPfl (BGH BB **77**, 516).

638 *Kurze Verjährung.* ¹ Der Anspruch des Bestellers auf Beseitigung eines Mangels des Werkes sowie die wegen des Mangels dem Besteller zustehenden Ansprüche auf Wandelung, Minderung oder Schadensersatz verjähren, sofern nicht der Unternehmer den Mangel arglistig verschwiegen hat, in sechs Monaten, bei Arbeiten an einem Grundstück in einem Jahre, bei Bauwerken in fünf Jahren. Die Verjährung beginnt mit der Abnahme des Werkes.

ᴵᴵ Die Verjährungsfrist kann durch Vertrag verlängert werden.

1) Die kurze Verjährgsfrist beginnt mit Abn (§ 640), ersatzw mit Vollendg des Wk (§ 646), hilfsw mit endgült Verweigerg der Abn, BGH WPM **74**, 200. Die Abn des ArchWk fällt nicht ow mit Abn des BauWk zus, sond setzt grdsätzl Vollendg des ArchWk voraus. Dazu gehört idR auch Prüfg aller Rechngn, uU sogar Mitwirkg bei Mangelbeseitigg, BGH VersR **78**, 565. **a)** Sie gilt für alle Anspr des Best nach §§ 633–635, also für den Anspr auf Nachbesserg einschl des AufwendgsErsAnspr aus § 633 III, BGH **19**, 319 u für die GewlAnspr auf Wandelg, Minderg u SchadErs. Ebso für den SchadErsAnspr aus c. i. c., sow er sich mit dem Anspr aus § 635 deckt, BGH NJW **69**, 1710. Gilt auch, wenn Best Ersetzg mangelh Teile des gesamtWk verlangt, RG **95**, 329. Es macht keinen Unterschied, ob der Vertr die Herstellg eines körperl od unkörperl Wk (vgl Einf 1 vor § 631) zum Inhalt h.

b) Sie gilt nicht für das RücktrR nach § 636. Ferner nicht, wenn Untern den Mangel od das Fehlen einer zugesicherten Eigensch bei Abn (§ 640), ersatzw bei Vollendg des Wk (§ 646) argl verschwiegen h; dann gelten §§ 195, 852. Inwiew sich der Untern argl Verschweigen dch seine Leute zurechnen lassen muß, hängt davon ab, ob sie seine ErfGeh bei der OffenbargsPfl sind, vgl § 278 Anm 4 b. Das ist jedenf, wer bei der Abn des Wk mitwirkt, zB der Bauleiter; ein untergeordneter Prüfer dann, wenn der Mangel schwier u nur kurzfrist in seinem ArbAbschn feststellb ist, BGH **62**, 63. Außerd h der HauptUntern, der die WkLeistg einem SubUntern zur eigverantwortl Ausf überläßt, ohne diese selbst zu überwachen u zu prüfen, des Best ggü die argl Verschweigen dch den SubUntern gem § 278 zu vertreten (BGH **66**, 43). Die kurze VerjFr gilt ferner nicht für SchadErsAnspr wg MangelfolgeSchäd aGrd pos VertrVerletzg (vgl Vorbem 4e vor § 633), BGH **46**, 238, NJW **72**, 1195 u **76**, 1502; dafür gilt § 195; aA Ganten VersR **70**, 1080 u VersR **72**, 540, Todt BB **71**, 680, Laufs/Schwenger NJW **70**, 1817, Schmitz NJW **73**, 2081, Düss NJW **72**, 58: RegelVerj nach § 195 nur für solche SchadErsAnspr aus pos VertrVerletzg, die mit Mängeln nichts zu tun h, sond auf der Verletzg von NebenPfl beruhen; dafür gilt § 638 keinesf, BGH Betr **74**, 232; zur VOB vgl unten Anm 4c. Jakobs JuS **75**, 76 will § 638 auf alle SchadErsAnspr anwenden, die dem Best wg des Mangels zustehen, also ohne Unterscheid nach der AnsprGrdlage, will aber bei dieser Anwendg nach der Art des Mangels differenzieren. Nicht für Anspr aus selbstd GarantieÜbern (vgl Vorbem 3d cc § 633); auch dafür gilt mangels and Vereinbg § 195. Schließl nicht für Anspr aGrd vollzogener Wandelg, da nur der Anspr auf, nicht aber der aus Wandelg der kurzen Verj unterliegt, BGH NJW **58**, 418; ebso u aus den gleichen Grden bei Anspr aGrd eines Vergl über Mängelhaftg, RG **90**, 169.

c) Sie kann dch Vertr **verkürzt** od **verlängert** w, letzteres ist Ausn zu § 225. Geschieht häuf bei unselbstd Garantie (vgl Vorbem 3 d aa, bb vor § 633), deren Übern für die best Fr versch Bedeutg h kann; vgl § 477 Anm 4 u Schlesw SchlHA **65**, 276.

d) Sie w **gehemmt** u **unterbrochen** nach den allg Vorschr (§§ 202ff), zusätzl nach § 639 iVm § 477 II, III u nach § 639 II. Vgl die Anm dort u § 477 Anm 3.

e) Unabhäng von § 638 gilt **§ 852**, falls wg des Mangels neben dem SchadErsAnspr aus § 635 auch ein solcher aus §§ 823ff besteht, BGH **55**, 392 u WPM **77**, 763; vgl Schlechtriem NJW **74**, 1554; grdsätzl dazu Ganten BauR **73**, 148.

2) Die Dauer der Frist ist unterschiedl je nach dem Ggst der WkLeistg.

a) Bei **bewegl Gegenständen** beträgt sie 6 Monate. Darunter fallen alle SachWk, sow sie nicht Grdstücke od BauWk betreffen u die unkörperl Wk (Einf 1 vor § 631), zB ReiseVeranstaltg, Nürnb NJW **73**, 1044, FrBeginn mit Beendigg der Reise, BGH NJW **74**, 1188; MangelfolgeSchäd aus fehlerh Gutachten unterliegen nach hM der VerjVorschr die pVV, aA Schubert BB **75**, 585.

b) Bei **Grundstücken** ein Jahr. Arb an der Grdst ist tats (zB Ausschachtg, Aufschüttg, Drainage, Sprengg), Grdst aber auch als RBegr zu verstehen. Darunter fallen also in Abgrenzg zu vorstehd a als Unterfall auch Arb an Gebäuden, die wesentl Bestandt eines Grdst sind, BGH NJW **70**, 942. Bsp: Erneuerg eines Fensteranstrichs, Umbau einer BeleuchtgsAnl in Hühnerställen unter weitgehder Verwendg bisheriger Tle (BGH NJW **77**, 2361).

c) Bei **Bauwerken** 5 Jahre. Der Begr ist weiter als Gebäude, umfaßt Neu-, Auf-, Um-, An-, Einbau-, Hoch- u Tiefbau, anderrs muß die Arb nicht gebäude-, sie muß aber grdstbezogen sein (Craushaar NJW **75**, 993). BauWk ist demnach eine unbewegl dch Verwendg v Arb u Material iVm dem Erdboden hergest Sache (BGH **57**, 60). Der Grd für die längere Fr liegt darin, daß Mängel hier oft später u schwerer erkennb

§§ 638, 639

u für die Substanz bes nachteil sind. Bsp für nicht gebäudebezogene Arb: Splittdecke auf Tankstellengebäude (BGH **LM** Nr 7), Rohrbrunnen (BGH **57**, 60), GleisAnl der BBahn (BGH MDR **72**, 410), Kanalisation (RG JW **10**, 148). Bsp für gebäudebezogene Arb bei BauWk: Ausschachtg der Baugrube (BGH **68**, 208); Einbau von elektr Anlagen (BGH BB **78**, 683), ZentralHeizgen, Aufzügen. Der Untern braucht den Einbau nicht selbst vorzunehmen, nach BGH NJW **68**, 1087 sind auch Liefergen von FertBauteilen Arb a einem BauWk, wenn der Untern stat Berechngen anstellt u individuellen VerleggsPlan mitliefert. Auch Herstellg einz Teile genügt, ohne daß es darauf ankommt, ob sie einen äußerl hervortretenden, körperl abgesetzten Teil des BauWk darstellen (BGH **19**, 319). Ebso Erneuergs- u UmbauArb an einem bereits errichteten BauWk, wenn sie für Konstruktion, Bestand, Erhaltg od Benutzbark des Gebäudes von wesentl Bedeutg sind u wenn die eingebauten Tle mit dem Gebäude fest verbunden w, BGH aaO (Dachreparatur), **53**, 43 mit Anm Rietschel **LM** Nr 13 (Spezial-Fußbodenbelag), BGH NJW **74**, 136 (Einbau einer Klimaanlage), Hamm NJW **76**, 1269 (Einbau einer AlarmAnl in Kaufhaus), BGH NJW **77**, 2361 (Umbau eines Hühnerstalls, Einbau serienmäß hergestellter Legebatterien), BGH NJW **78**, 1522 (Erneuerg der Elektroinstallation einer WkStätte). Craushaar NJW **75**, 993 will dagg nicht auf die feste Verbindg abstellen, sondern darauf, ob die Arb typischerw mit dem Risiko bauspezif Späterkennbark verbunden sind; eine wenig praktikable Unterscheidg. Gilt für Mängel des BauWk auch, wenn der Vertr auf Erwerb eines Grdst mit einem vom Verk darauf zu errichtden Haus gerichtet ist (BGH NJW **73**, 1235), auch wenn es bei VertrAbschl teilw bereits errichtet ist (BGH Betr **74**, 2396). Teilleistg eines BauWk sind aber nicht nur die materiellen Bestandteile der Gesamtleistg, sond auch die hierfür erforderl **geistige Arbeit des Architekten** (BGH **32**, 206 mit Anm Rietschel **LM** Nr 2). Anspr gg Arch verjähren daher, falls es sich nicht ausnahmsw um einen DVertr handelt (Einf 5 vor § 631), in 5 Jahren (BGH **37**, 344, PlangsFehler). Die Fr beginnt, wenn der Arch alles getan h, was ihm nach dem Vertr obliegt. Dazu gehört vielf auch die Prüfg u Feststellg der Rechngen. Das gilt auch, wenn sich die FertStellg des BauWk wider Erwarten auf Jahre hinzieht (Stgt VersR **77**, 89). Die Fr beginnt auch mit Künd dch Arch od Bauherrn (BGH NJW **71**, 1840). Auch Anspr des Bauherrn bzw des Arch gg **Statiker** wg eines Fehlers, der zu einem Mangel des BauWk geführt h, verjährt hiernach in 5 Jahren (BGH **48**, 257, **58**, 85). Ebso Anspr des Bauherrn bzw Arch gg den **Ingenieur**, der die Projektierg von Sanitär-, Heizgs- u ElektroArb erstellt h (Mü NJW **74**, 2238; zustimmd Ganten NJW **75**, 391) sowie Anspr gg den **Vermessgsingenieur** wg falscher Einmessg u Absteckg des Hauses auf dem Grdst (BGH **58**, 225). Die bloße Plang dch Arch u die Berechng dch Statiker können vor Vollendg des BauWk abgen w (§ 640 Anm 1a), FrBeginn mit dieser Abn (BGH Betr **74**, 40).

3) **Ansprüche des Unternehmers** verjähren nach §§ 196 I Nr 1, 7, II, 201; auch die eines BauUntern, der nicht selbst Kaufm od Handwerker ist, BGH **39**, 255; auch die des Arch, BGH **59**, 163, u die eines gewerbsm Baubetreuers, Nürnb MDR **73**, 48, Kln Rspr Bau **Z** 7.25 Bl 1.

4) **Beweislast** beim Untern für die Voraussetzgen der Verj, beim Best wg des AusnCharakters für argl Verschweigen (BGH WPM **75**, 525), für vereinb Verlängerg.

5) **Sonderregelungen** gehen dem § 638 vor. Solche sind enthalten a) in § 12 **Musterarchitektenvertrag** (2 Jahre), der für Anspr aus pos VertrVerl gilt, nicht aber für Beratg vor VertrAbschl, die zu diesem erst führte, BGH Betr **71**, 1619. § 22 **Mustervertrag zur GebO für Ingenieure** (2 Jahre).

b) für handelsrechtl **Beförderungsverträge** in §§ 414, 439 HGB, 94 EVO, 40 KVO (1 Jahr), 64 ADSp (6 Monate).

c) In der **VOB/B** beträgt die VerjFr nach **§ 13 Nr 4** für BauWk u Holzerkrankgen 2 Jahre (Zweifel an der Wirksamk Hippel NJW **70**, 1835), für Arb an einem Grdst 1 Jahr, beginnend mit der Abn (vgl § 640 Anm 4), für in sich abgeschl Teile der Leistg mit der TeilAbn gem § 12 Nr 2a. Nr 4 gilt auch, wenn der AuftrNehmer verbotswidr die Leistg einem and Untern übertr u dieser mangelh geleistet h, BGH **59**, 323, Nr 4 gilt nicht bei argl Verschweigen eines Mangels, dann 30 Jahre, BGH WPM **70**, 964. Bei fristgerechter Rüge beginnt gem § 13 Nr 5 Abs 1 S 3 VOB/B 1973 nach Abn der MangelbeseitiggsLeistg für diese die Fr neu, nicht wenn u vereinb. Der Neugewinn der Fr gilt auch, wenn sie von § 13 Nr 4 vertragl länger vereinb ist (BGH **58**, 7), u zwar beginnt die RegelFr der Nr 4 erneut, auch wenn vertragl eine längere vereinb war (BGH **66**, 142 u WPM **77**, 823). – Nr 4 gilt auch für die **Schadensersatzansprüche nach § 13 Nr 7**, sow es sich um Wk-Mängel handelt, nach Abn auch für Mängel, die bereits bei BauAusf erkannt wurden (§ 4 Nr 7), BGH **54**, 352. Gilt auch für MangelfolgeSchäd gem § 13 Nr 7 Abs 2, BGH NJW **72**, 1280. SchadErsAnspr vor Abn (§ 4 Nr 7 S 2) verj in 30 Jahren, BGH MDR **72**, 410. Für SchadErsAnspr aus pos VertrVerletzg, die mit WkMängeln nichts zu tun h, gilt, wie oben Anm 1b auch im Bereich der VOB die 30jähr VerjFr, denn die VOB befaßt sich in § 13 nur mit WkMängeln, nicht mit der allg VertrHaftg des Untern; für eine zu § 638 unterschiedl Beurteilg besteht kein rechtfertiger Grd. So im Ergebn auch BGH für Schäd, die nicht MangelfolgeSchäd sind, auch BGH VersR **66**, 1154. Für ErsAnspr, die außer aus § 13 Nr 7 VOB auch aus §§ 823 ff begründet sind, gilt insow die VerjFr des § 852, BGH **61**, 203, abl Finger NJW **73**, 2104. Für den **Anspruch des Unternehmers auf Schlußzahlg** beginnt die VerjFr mit dem Ende des Jahres zu laufen (§ 201), in das der nach § 16 Nr 3 (vgl § 641 Anm 3) zu bestimmde Fälligk-Ztpkt fällt, BGH NJW **68**, 1962, auch wenn die SchlußRechng verspätet eingereicht wurde, BGH NJW **71**, 1455, BauR **77**, 354.

639 *Unterbrechung und Hemmung der Verjährung.* I Auf die Verjährung der im § 638 bezeichneten Ansprüche des Bestellers finden die für die Verjährung der Ansprüche des Käufers geltenden Vorschriften des § 477 Abs. 2, 3 und der §§ 478, 479 entsprechende Anwendung.

II Unterzieht sich der Unternehmer im Einverständnisse mit dem Besteller der Prüfung des Vorhandenseins des Mangels oder der Beseitigung des Mangels, so ist die Verjährung so lange

Einzelne Schuldverhältnisse. 7. Titel: Werkvertrag §§ 639, 640

gehemmt, bis der Unternehmer das Ergebnis der Prüfung dem Besteller mitteilt oder ihm gegenüber den Mangel für beseitigt erklärt oder die Fortsetzung der Beseitigung verweigert.

1) Die Verweisg auf das Kaufrecht (I) ergänzt die Regelg des § 638 u **bedeutet: a)** Unterbrechg der **Verjährg** dch **BeweissichergsVerfahren** wie in § 477 II. Vgl dort. Mit der Beendigg des Verf beginnt die VerjFr neu zu laufen, § 212 gilt nicht, BGH **53**, 43. Ein BewAntr in einem laufden Proz steht dem BewSichergsAntr nicht gleich, BGH **59**, 323.

b) Unterbrechg od Hemmg für einen der GewlAnsprüche (Wandelg, Minderg, SchadErs, §§ 634, 635) h Unterbrechg od Hemmg auch für die and GewlAnspr zur Folge (§ 477 III, vgl dort). Das gilt entspr bei Unterbrechg od Hemmg des MängelbeseitiggsAnspr (§ 633 II), BGH **39**, 189, 287 [293] u des AufwendgsErsAnspr für die Mängelbeseitigg (§ 633 III), BGH **58**, 30, ohne daß es darauf ankommt, ob die Mängel i W der Nachbesserg beseitigt w können, BGH **66**, 367. Dabei unterbricht die Kl auf Ers der vom Best für eine erfolgreiche MängelBeseitigg aufgewendeten Kosten nicht, über den eingeklagten Betr hinaus, die Verj eines Anspr auf Ers v Aufw für weitere Maßn zur Beseitigg desselben Mangels (BGH **66**, 142). Dagg unterbricht die Kl des Best auf Zahlg eines best Betr als Vorschuß zur Behebg eines Mangels (vgl § 633 Anm 4) auch die Verj des späteren mit zweifl Kostensteigergn begründeten Anspr auf Zahlg eines höheren Vorschusses zur Behebg desselben Mangels (BGH **66**, 138).

c) Bei rechtzeitiger Anzeige, gleichgült ob vor od nach Beginn der VerjFr, BGH **LM** Nr 2, rechtzeitg Antr auf BewSichergsVerf od Streitverkünd bleibt die Einr v des Wandelg od Minderg erhalten (§ 478; vgl dort). Unter den gleichen Voraussetzgn u bei argl Verschweigen des Mangels kann mit einem verj SchadErsAnspr aus § 635 noch aufgerechnet w (§ 479; vgl dort), auch wenn dieser Anspr erst nach Ablauf der VerjFr entstanden ist, BGH **50**, 21. Schriftl NachbessergsVerlangen (§ 13 Nr 5 VOB) unterbricht Verj des Nachbessergs- u der GewlAnspr, BGH Betr **72**, 1766, auch wenn im EinzFall Mängelbeseitigg nicht in Betr kommt od nicht zum Erfolg führen kann, BGH NJW **74**, 1188.

2) Prüfung des Mangels (II). Gleichgült ist, ob der Untern die Mängel „ohne Anerkenng einer RPfl" untersucht (BGH WPM **77**, 823) u ob der Mangel behebb ist (BGH **66**, 367 für PauschalreiseVertr). Die ggteil Meing (Kln MDR **76**, 314) übersieht, daß das Ges selbst v Prüfg od Beseitigg spricht. Solange Untern sein Wk im Einverständn mit dem Best auf gerügte Mängel untersucht od daran Mängel zu beseitigen versucht, BGH **48**, 108, ist Verj mit der Wirkg des § 205 gehemmt (II); daher nicht, wenn Arch den Bauherrn bei der Geltmachg von Anspr gg BauUntern unterstützt, BGH NJW **64**, 647. Einverständn ist jedes Verhalten des Best, aus dem zu entnehmen ist, daß er die Prüfg billigt; erfährt er von der Prüfg erst später, so wirkt das Einverständn auf ihren Beginn zurück (Oldbg BB **77**, 1375). Die Hemmg der Verj ist beendet, wenn der Untern dem Best nach Beendigg seiner NachbessergsArb das Erg seiner Bemühgen mitteilt, die Mängel als beseitigt erklärt od weitere MängelBeseitigg ablehnt (BGH WPM **77**, 823). Bei mehrf Prüfgn mag zweifelh sein, wann die Voraussetzgn nach Abs II gegben, die Hemmg also behoben ist; Sache des Tatrichters ist es nach BGH NJW **63**, 811, zu entsch, ob auch mehrf Prüfgn als einheitl Prüfg zu bewerten sein; vgl auch RG **128**, 214. Vereinbaren die Part die Einholg eines Schiedsgutachtens über die gerügten Mängel, ist die Verj gehemmt, bis das Gutachten den VertrParteien vorliegt od sie die SchiedsgutachtenVereinbg einvernehml aufheben (Hamm NJW **76**, 717). – Die Verj w auch dann gehemmt, wenn der Untern nur das Wk eines Dr prüfen will, die Prüfg aber obj auch das eig Wk betrifft u er damit rechnen muß, daß der Best von den Erg der Prüfg des eig Wk erwartet (BGH Rspr Bau Nr 2). § 639 gilt auch für WkVertr über Lieferg einer vertretb Sache, falls Lieferant im Einverständn mit Best die Nachbesserg versucht, BGH **LM** Nr 1. FrSetzg (§ 634) hemmt nicht. Anerkenng des NachbessergsAnspr unterbricht auch hier VerjFr, BGH BB **56**, 1165, jedoch ist nicht jede Nachbesserg auf Verlangen des Best ow Anerk iS des § 208 (BGH WPM **78**, 36). – Abs II gilt entspr für den AufwErsAnspr nach § 633 III, seine Verj ist also gehemmt, solange der Best berecht den Mangel selbst od dch einen and Untern beseitigt od zu beseitigen versucht (Kaiser NJW **73**, 176).

3) VOB/B. Beide Abs des § 639 u die in Anm 1b dargelegten Grds gelten auch für BauVertr, die der VOB unterstellt sind, weil auch im Hinblick auf die Sonderregelg der Verj dortselbst (vgl § 638 Anm 5c) für eine unterschiedl Behandlg kein Grd ersichtl ist. Ebso unterbricht das schriftl NachbessergsVerlangen gem § 13 Nr 5 die Verj des Nachbessergs- u der GewlAnspr, Mü NJW **72**, 63, BGH **53**, 122, **59**, 202, ohne Rücksicht darauf, ob im EinzFall Mängelbeseitigg in Betracht kommt u zum Erfolg führen kann, BGH **62**, 293. W die gem § 13 Nr 5 erneut in Lauf gesetzte VerjFr dch Anerk unterbrochen, so w sie dch nochmal schriftl Auffdg zur MängelBeseitigg nicht weiter verlängert (BGH NJW **78**, 537).

640 **Abnahme.** I Der Besteller ist verpflichtet, das vertragsmäßig hergestellte Werk abzunehmen, sofern nicht nach der Beschaffenheit des Werkes die Abnahme ausgeschlossen ist.

II Nimmt der Besteller ein mangelhaftes Werk ab, obschon er den Mangel kennt, so stehen ihm die in den §§ 633, 634 bestimmten Ansprüche nur zu, wenn er sich seine Rechte wegen des Mangels bei der Abnahme vorbehält.

1) Die Abnahme ist eine HauptPfl des Best (§ 631 Anm 3a). Bei Verz od NichtErf gelten § 644 I 2 u die allg Vorschr, insb § 326. Berecht Verweigerg der Abn vgl Vorbem 3a vor § 633. Bei Streit Kl auf Abn uVergütg. ZwVollstr der Abn nach ZPO § 888.

a) Begriff. Sie betrifft keine Ware wie beim Kauf, sond „das vertragsm hergestellte Wk". Unter Abn ist desh idR zu verstehen die körperl Hinnahme i W der BesÜbertr verbunden mit der Erkl, daß der Best die Leistg als vertragsm anerkennt u zwar nicht als Erf schlechthin, wohl aber als der Hauptsache nach vertragsm Leistg, BGH **48**, 257 [262], Esser § 79 II 2a, Enn-Lehmann § 152 I 1. Diese Anerkennung kann auch dch schlüss Hdlg geschehen, zB dch Ingebrauchn des im wesentl funktionstücht Wk; sie muß aber dem Untern ggü zum Ausdruck kommen; beim Best intern gebliebene Vorgänge, aus denen obj auf Billigg des Wk geschl w kann, genügen nicht, BGH NJW **74**, 95. Der Abn dch schlüss Hdlg steht nicht entgg, daß im Vertr förml Abn vorgesehen ist, wenn es die Part im EinzFall bei förml Abn bewenden lassen wollten; dabei ist unerhebl, ob die Part die Vereinbg über die förml Abn vergessen hatten (BGH WPM **77**, 825). Ist die körperl Hinnahme nach der Beschaffenh des Wk ausgeschl, zB Arbeiten am Grdst od Haus des Best, nichtkörperl Leistgen des Arch, BGH **37**, 341 [345] od des Statikers, BGH **48**, 257 [263], so besteht die Abn nur in der vorstehd erwähnten Anerkenng. Ist auch sie nach der Beschaffenh des unkörperl Wk ausgeschl (zB TheaterAufführg, PersBeförderg), greift § 646 ergänzd ein. Da ArchVertr idR WkVertr ist (Einf 5 vor § 631), kann sein Wk schon vor der SchlußAbrechng mit der tatsächl Abn des BauWk teilw abgen w u insow bereits die Verj beginnen; für eine solche TeilAbn besteht keine Vermutg, BewLast h Arch, BGH NJW **64**, 647. Eine voll Abn des ArchWk liegt nicht sw in der Abn od im Bezug des Wk, Hamm MDR **74**, 313. Handelt es sich um einen WkLiefergsVertr auf Herstellg u Übereign eines BauWk (nur ScheinbestandTl eines dem Best nicht gehör Grdst), so kann die Abn (Überg od EigtVerschaffg) schlüss, je nach den getroffenen Vereinbgen schon im sukzessiven Einbau der Materialien liegen, jedenf dann, wenn sich die VertrPartner bewußt sind, Bes- u EigtÜbergang geblieben bleiben (BGH NJW **76**, 1539).

b) Wirkung: Der urspr allg ErfAnspr erlischt u konkretisiert sich auf Nachbesserg (vgl Vorbem 3 a, b vor § 633). Beginn der VerjFr (§ 638), Gefahrübergang (§§ 644, 645), Fälligkeit (§ 641), BewBelastg des Best (§ 633 Anm 5), möglicherw Rügeverzicht (II).

2) Vorbehaltslose Abnahme trotz Mangelkenntn (II) führt zum Verlust der Anspr aus §§ 633, 634 u der Einr des nichterf Vertr. Erhalten bleibt der SchadErsAnspr in Geld aus § 635, BGH **61**, 369, es sei denn, daß auch hierauf verzichtet wurde, BGH WPM **69**, 96. Fortges Gebr kann Verz sein, wenn nicht im Interesse des Untern u nach § 254 II geboten, RG Gruch **57**, 964; vgl auch §§ 635, 634 je Anm 3 a aE. Die Kenntn muß sich auf den Mangel u darauf erstrecken, daß dch ihn der Wert od die Tauglichk des Wk gemindert ist, RG **149**, 401. Kennenmüssen steht der Kenntn nicht gleich. Die Kenntn h der Untern, einen Vorbeh bei Abn h der Best zu bew.

3) Die Abn ist in § 12 VOB/B im einz geregelt. **Nr 1** bestimmt eine **Frist** von 12 WkTagen zur Abn ab Verlangen des Untern nach Vollendg. Nach **Nr 2 a** ist Best zur Abn in sich geschlossener, nach **Nr 2 b** solcher **TeilLeistgen** verpfl, die dch die weitere Ausführg der Prüfg u Feststellg entzogen w. Dabei ist Nr 2 b ledigl eine techn Abn ohne die übr Wirkgen gem Anm 1 b, BGH **50**, 260. **Nr 3** gibt dem Best das R zur **Abnahmeverweigerg** nur wg wesentl (Verschärfg ggü BGB) Mängel. Nach **Nr 4** h auf Verlangen eines VertrTeils die Abn förml stattzufinden, auch unter Hinzuzieh von Sachverst. Schriftl Niederlegg des AbnBefundes, Notwendigk der Aufn von Vorbeh wg bekannter Mängel, VertrStrafen u Einwendgen des Untern. Voraussetzgen für die förml Abn in Abwesenh des Best. **Nr 5** stellt eine prakt bedeuts **Abnahmefiktion** auf, falls keine förml Abn verlangt wurde, mit Ablauf von 12 Werktagen nach schriftl Mitteilg der FertStellg. Außerdem, wenn der Best das Wk in Benutzg genommen h, mit Ablauf von 6 Werktagen. Fristen für die Vorbeh wg bekannter Mängel u VertrStrafen für diese Fälle. **Nr 6** regelt den **Gefahrübergang** mit der Abn wie § 640. **Vorbehaltslose Abnahme** h auch bei BauVertr nach VOB die Wirkgen des § 640 II, Düss BauR **74**, 346.

641 Fälligkeit der Vergütung.

I Die Vergütung ist bei der Abnahme des Werkes zu entrichten. Ist das Werk in Teilen abzunehmen und die Vergütung für die einzelnen Teile bestimmt, so ist die Vergütung für jeden Teil bei dessen Abnahme zu entrichten.

II Eine in Geld festgesetzte Vergütung hat der Besteller von der Abnahme des Werkes an zu verzinsen, sofern nicht die Vergütung gestundet ist.

1) Die Fälligkeit der Vergütg (§ 632) regelt sich **a)** in erster Linie nach der getroffenen **Vereinbarg**. Sie kann bis zur Nachbesserg hinausgeschoben sein, zB dch die Klausel: „Zahlg nach tadelloser Inbetriebsetzg". Häuf w für einen best Restprozentsatz die Fälligk der Vergütg hinausgeschoben dch Vereinbg eines zeitl befristeten Garantieeinbehalts im Hinblick auf etw Mängel. Weiter kann vereinb sein, daß der Untern berecht ist, den Einbehalt dch Stellg einer GewlBürgsch einer Bank abzulösen. Mit ihr w die RestVergütg fäll. Ist die Bank verpfl, auf bloße Anfdg des Best, also ungeprüft auf die Behauptg nicht beseitigter Mängel zu zahlen, so handelt es sich mangels Akzessorietät nicht um Bürgsch; Düss BauR **78**, 228 nimmt angen Anw (§§ 783, 784) an. Abreden wie „nach Abn" od „nach Vollendg" haben die gleiche Bedeutg wie „bei Abn" in I.

b) Ist keine Vereinbg getroffen, gilt **Abs I**. Danach bezieht sich die VorleistgsPfl des Untern auf die Herstellg. Sein VergütgsAnspr w fäll Zug um Zug gg Abn des Werks, zu der der Best iF vertrgem, mangelfreier Herstellg gem § 640 I verpfl ist. Weitere Voraussetzg für die Fälligk ist, daß die Höhe der Vergütg feststeht. Ist dazu noch eine Abrechng nöt, zB eine SchlußRechng über die übl Vergütg (§ 632 II), tritt Fälligk erst mit ihrem Vorliegen beim Best ein, ggf nach Ablauf einer angem PrüfgsFr (Bartmann BauR **77**,16, Peters NJW **77**, 552). Bei berecht Ablehng der Abn wg Mangels w die Vergütg auch nicht teilw fäll, Karlsr MDR **67**, 669, die Kl auf Vergütg ist abzuweisen, Nürnb OLGZ **67**, 405. Vor FertStellg des Wk kann Untern die Vergütg verlangen, wenn Best die Erf des Vertr grdlos u endgült verweigert, er ist nicht auf die R aus §§ 642, 643, 645 beschr, BGH **50**, 175. Ist eine Abn nach der Beschaffenh des Wk ausgeschl, w die Vergütg, wenn sie der Höhe nach feststeht, mit seiner Vollendg fäll, § 646.

c) Abschlagszahlgen kann der Untern nur bei entspr Vereinbg od bestehder VerkSitte verlangen. Sie sind iZw Vorschüsse, also aGrd der SchlußRechng auszugleiche AkontoZahlgen, nicht TeilZahlgen (Soergel-Ballerstedt § 641 Anm 3); um solche handelt es sich bei fest vereinb RatenZahlgen auf einen PauschalPr (BGH Rspr Bau **Z** 2.330.1).

d) Für die **Teilabnahme** enth iF vereinb TeilVergütg I S 2 eine Ausn von der Regel des S 1. Wer sich auf sie beruft, hat ihre Voraussetzgen zu beweisen.

Einzelne Schuldverhältnisse. 7. Titel: Werkvertrag §§ 641–643

2) Eine **Zinspflicht** begr II ab Abn, auch für den Fall der TeilVergüt nach I S 2, aber nicht, wenn mangels betragsmäß Bestimmth die Vergüt noch nicht mit Abn fäll ist (vorstehd Anm 1b). Gilt nicht für Abschlagszahlgen. Zinssatz wie § 288 bzw HGB 352. Stundg vgl § 271 Anm 2 g. Steht dem VergütsAnspr ein ZbR des Best entgg, w weder Fälligk- noch ProzZinsen gesch, Düss NJW **71**, 2310.

3) **Sonderregeln nach VOB/B.** Nach **§ 16 Nr 1** h der Untern Anspr auf **Abschlagszahlgen** entspr den tatsächl erbrachten Leistgen aGrd prüfgsfäh Aufstellgn. Fälligk 6 bis 12 Tage nach Einreichg der Aufstellg. Abschlagszahlg gilt nicht als TeilAbn. Nr 2 enthält Regeln für den Fall vereinb Vorauszahlgen. Mit Erteilg der SchlußRechng erlischt der Anspr auf vereinb AbschlagsZahlgen (Celle OLGZ **75**, 320). Nach **Nr 3** ist die **Schlußzahlg** alsbald nach Prüfg u Feststellg der Schlußrechng, spätestens 2 Mo nach deren Zugang fäll; bei Verzögerg ihrer Prüfg Abschlagszahlgen in Höhe des unbestr Betrages. Weitere FälligkVoraussetzg ist auch hier Abn wie in § 641 (Hamm NJW **78**, 649; aA Schmalzl MDR **78**, 619 mwN). VerjBeginn auch bei verspäteter RechngStellg erst nach ihrer Einreichg, AuftrG kann von sich aus dch Aufstellg der Schlußrechng nach § 14 Nr 3, 4 Fälligk u damit VerjBeginn herbeiführen, BGH NJW **71**, 1455, BauR **77**, 354. Zahlt der Bauherr weniger als den SchlußRechngsBetr, so muß der BauUntern, wenn er die Schlußrechng schon erstellt h (BGH NJW **75**, 1833), innerh von 12 WkTagen ab Zahlsgang (Nr 3 II S 4) Vorbeh der NachFdg machen; BewLast beim Untern, BGH NJW **72**, 2267; das auf die MehrFdg Geleistete kann der AGeber nicht zurückfordern, BGH **62**, 15. III **Zinsanspruch** des Untern bei Ausbleiben fäll Zahlgen erst nach Ablauf einer gesetzten angem NachFr; gilt abschließd für alle Zinsen aus BauFdgen, § 641 II gilt daneben nicht, BGH NJW **64**, 1223. **Nr 4** Zahlg abgen **TeilLeistgen** ohne Rücks auf Vollendg der übr Leistgn. **Nr 5** Regelg für **Skontoabzüge**. **Nr 6** regelt die Voraussetzgen für das R des Best zu **Zahlgen an Gläubiger** des Untern. – Wg KündgR des Untern bei ZahlgsVerz des Best vgl § 643 Anm 3.

642 *Mitwirkung des Bestellers.* I Ist bei der Herstellung des Werkes eine Handlung des Bestellers erforderlich, so kann der Unternehmer, wenn der Besteller durch das Unterlassen der Handlung in Verzug der Annahme kommt, eine angemessene Entschädigung verlangen.

II Die Höhe der Entschädigung bestimmt sich einerseits nach der Dauer des Verzugs und der Höhe der vereinbarten Vergütung, andererseits nach demjenigen, was der Unternehmer infolge des Verzugs an Aufwendungen erspart oder durch anderweitige Verwendung seiner Arbeitskraft erwerben kann.

1) **Mitwirkg** des Best kann nach der Beschaffenh des herzustelldn Wk erforderl sein, zB Lieferg des Stoffes, Bereitstellen von Raum, persönl Erscheinen (Operation, Anprobe, Porträt). Sie ist keine SchuVerpfl des Best, sond eine Obliegenh (vgl Vorbem 4 vor § 241), BGH **11**, 80 [83], **50**, 175. Ihre Unterlassg führt zu Annahme (Gl)-Verz nach §§ 293ff, der Versch nicht vorausssetzt u nicht dch subj Unvermögen, wohl aber dch obj Unmöglichk vor VerzEintritt ausgeschl w, RG **100**, 46. (Bsp: Tod des zu operiendn Kranken; hier gilt nicht § 642, sond § 645 I entspr, Köhler S 44). Da die Mitwirkg des Best im weiteren Sinne VertrPfl ist, kann ihre Verweigerg, wenn sie den VertrZweck gefährdet, schuldh LeistgsStörg sein, die für den Untern Anspr aus pos VertrVerletzg auslöst, die dch §§ 642ff nicht ausgeschl sind, BGH **11**, 80 [83]. Lehnt der Best grdlos u endgült die Erf des Vertr ab, so ist der Untern nicht auf die R aus §§ 642ff beschr, sond kann bei FertStellg des Wk ohne Rücks auf die VorleistgsPfl hins der Herstellg auch Erf, dh volle Vergüt verlangen, BGH **50**, 175. – Der rechtzeit Abruf der bestellten WkLeistg dürfte keine Mitwirkg „bei", sond „zur" Herstellg sein, §§ 642, 643 sind allenf analog anwendb (offen gelassen BGH Betr **71**, 2150).

2) **Der Entschädiggsanspruch** geht über den AufwendgsErs nach § 304 hinaus u soll den Untern dafür entschädigen, daß er ArbKraft u Kapital bereithält u daß seine zeitl Disposition durchkreuzt w. Zusätzl Anspr, der der R nach all die Vorschr nicht einschränkt. Der Anspr besteht neben dem auf Vergütg, wenn das Wk doch noch hergestellt w, RG **100**, 46 u für die VerzZeit vor Künd neben den Anspr auf TeilVergüt für das bisher Geleistete (§ 645 I 2), auf weitergehen SchadErs (§ 645 II) od auf volle Vergütg, falls der Best kündigt (§ 619). – Verj nach § 196 I Nr 1; ähnl Jochem BauR **76**, 392: § 196 I Nr7, beginnt mit Schluß des Jahres, in das die Beendigg des AnnVerz fällt.

3) **Die VOB/B** regelt in § 4 eingeh die Ausführg des Baus u grenzt die beiderseit Zuständigk ab. **§ 4 Nr 1 III, IV** gibt dem Best das R zu Anordngen u verpfl den Untern, auf Bedenken gg deren Berechtigg od Zweckmäßigk hinzuweisen. Wg EntschAnspr u KündR des Untern bei unterlassener Mitwirkg vgl § 643 Anm 3.

643 *Fristsetzung zur Mitwirkung; Kündigungsandrohung.* Der Unternehmer ist im Falle des § 642 berechtigt, dem Besteller zur Nachholung der Handlung eine angemessene Frist mit der Erklärung zu bestimmen, daß er den Vertrag kündige, wenn die Handlung nicht bis zum Ablaufe der Frist vorgenommen werde. Der Vertrag gilt als aufgehoben, wenn nicht die Nachholung bis zum Ablaufe der Frist erfolgt.

1) **Allgemeines.** Das G gewährt dem Untern nicht allg das R zur fristl Künd des Vertr aus wicht Grd; and im DVertrR (§ 626). Jedoch kann wg pos VertrVerletzg seitens des Best fristl Künd gerechtf sein, wenn das VertrVerh so gestört ist, daß dem Untern dessen Fortsetzg nicht mehr zugemutet w kann; liegt die pos VertrVerletzg in der Verweigerg der Mitwirkg, so ist FrSetzg nach § 642 erforderl, BGH BB **63**, 160. Der Abruf der bestellten WkLeistg ist als NebenVerpfl einklagb. Bei Vorliegen der Voraussetzgen kann der

§§ 643–645 2. Buch. 7. Abschnitt. *Thomas*

Untern, wenn der Best mit dem Abruf in Verz gerät, den Ers des daraus entstandenen Schad nach § 286 verlangen (BGH BauR **76**, 207).

2) Fristsetzung u Kündigg. Die Vorschr ergänzt § 642. Die FrSetzg erübrigt sich, wenn die Mitwirkg nach VerzEintritt (wenn vorher: § 642 Anm 1) unmögl w, RG **94**, 29. Die Erkl muß eine angem Fr setzen u erkennen lassen, daß bei Untätigbleiben des Best die Aufhebg des Vertr für die Zukunft nur noch vom Ablauf der Fr abhängt. Die FrSetzg kann zurückgen w. TeilVergütg kann ergebnisl FrAblauf wg § 645 I 2; sie kann der Untern neben der Entschädigg nach § 642 für die VerzZeit bis zur Künd beanspruchen.

3) Sondervorschriften der VOB/B. § 9 Nr 1, 2 gibt dem Untern nach Ablauf einer gesetzten angem Fr unter KündAndrohg ein KündgR, wenn der Best eine ihm obliegende Handlg (vgl § 642) unterläßt u dadch den Untern außerstande setzt, die Leistg auszuführen od wenn der Best eine fäll Zahlg nicht leistet od sonst in SchuVerz gerät. **Nr 3** sieht wie § 645 I 2 einen VergütsAnspr des Untern für die bisher Leistgen vor u verweist wg des zusätzl EntschAnspr auf § 642.

644 Gefahrtragung. I Der Unternehmer trägt die Gefahr bis zur Abnahme des Werkes. Kommt der Besteller in Verzug der Annahme, so geht die Gefahr auf ihn über. Für den zufälligen Untergang und eine zufällige Verschlechterung des von dem Besteller gelieferten Stoffes ist der Unternehmer nicht verantwortlich.

II Versendet der Unternehmer das Werk auf Verlangen des Bestellers nach einem anderen Orte als dem Erfüllungsorte, so finden die für den Kauf geltenden Vorschriften des § 447 entsprechende Anwendung.

645 Haftung des Bestellers. I Ist das Werk vor der Abnahme infolge eines Mangels des von dem Besteller gelieferten Stoffes oder infolge einer von dem Besteller für die Ausführung erteilten Anweisung untergegangen, verschlechtert oder unausführbar geworden, ohne daß ein Umstand mitgewirkt hat, den der Unternehmer zu vertreten hat, so kann der Unternehmer einen der geleisteten Arbeit entsprechenden Teil der Vergütung und Ersatz der in der Vergütung nicht inbegriffenen Auslagen verlangen. Das gleiche gilt, wenn der Vertrag in Gemäßheit des § 643 aufgehoben wird.

II Eine weitergehende Haftung des Bestellers wegen Verschuldens bleibt unberührt.

1) Allgemeines, Abgrenzg. Eine **Leistungsstörg** kann dadch eintreten, daß der für die Herstellg des Wk vorgesehene Stoff od daß das begonnene, teilw od ganz fertgestellte Wk untergeht, verschlechtert od sonst unausführb w. Es ist **zu unterscheiden** zw der **Leistgsgefahr,** dh ob der Untern zur (Neu)Herstellg verpfl bleibt, u der **Vergütgsgefahr,** dh ob der Untern eine Vergütg verlangen kann od nicht. Nur auf letztgen sind §§ 644, 645 anwendb.

2) Leistungsgefahr.
a) Nachträgl Unmöglichkeit od Unvermögen befreien den Untern von der Verpfl zur Herstellg nach § 275, wenn er die Leistgsstörg nicht zu vertr h. Bei Gattgsschuld gilt § 279.

b) Bleibt (Neu)Herstellg möglich (Bsp: Das begonnene Porträt verbrennt beim Maler), so bleibt der Untern gem § 631 I zur (Neu)Herstellg verpfl. Dies ist Folge der Erfolgsbezogenh des WkVertr. Der Untern w jedoch von seiner HerstellgsPfl frei, wenn das Wk bereits abgen (§ 640), ersatzw vollendet (§ 646) war, wenn der Best in AnnVerz (§§ 293ff) geraten war od das Wk vor Verlangen des Best versendet worden war, weil da der Best die VergütgsGefahr trägt, die bei ihm mit der LeistgsGefahr notw zusfällt (Soergel-Ballerstedt Vorbem 6 vor § 631), endl wenn Neuherstellg unzumutb (§ 633 II 2 analog, vgl Vorbem 3a vor § 633).

3) Vergütungsgefahr. Es gelten grds die §§ 323ff, denen aber die §§ 644, 645 vorgehen. Sie regeln die Frage, inwiew der Untern für die bisher vergebl geleistete Arb Vergütg fordern kann.

a) Grdsätzl trägt der **Unternehmer** die **Vergütgsgefahr** bis zur Abn (§ 640), ersatzw bis zur Vollendg (§ 646), dh er h keinen VergütgsAnspr für bisher Arb u Aufwendgen, wenn der Stoff od das Wk verschlechtert w od untergeht, **§ 644 I 1.** Auch das ist Folge des UnternRisikos u der Erfolgsbezogenh des WkVertr (Einf 1 vor § 631). Die Regelg ist die gleiche wie iF der nachfolgden Unmöglichk in § 323 I 1. Bei zufäll Verschlechterg od Untergang des Stoffes des Best beim Untern (Bsp: Zugeschnittener Stoff wird beim Schneider gestohlen), besteht also kein VergütgsAnspr für die geleistete Arb, ands aber auch keine Pfl des Untern zum SchadErs od zur Neubeschaffg des Stoffes (§ 644 I 3). Ihn trifft aber der EntlastgsBew §§ 282, 278, RG **101**, 152. Zu versichern braucht er ihn außer bei Vereinbg nicht. H der Untern die Verschlechterg od den Untergang zu vertr, so haftet er dem Best auf SchadErs wg pos VertrVerletzg. H bei teilw Untergang der WkTeil für den Best einen Wert, so muß er dafür die teilw Vergütg zahlen wie iF der teilw Unmöglichk in § 323 I 2.

b) Der **Besteller** trägt die **Vergütgsgefahr** in folgenden Fällen: **aa) Ab Abnahme** (§ 640), ersatzw Vollendg (§ 646). Beruhen Verschlechterg od Untergang auf einem Mangel des Wk, gelten §§ 633ff.

bb) Vor der Abnahme, ersatzw Vollendg, wenn sich der Best in AnnahmeVerz (§§ 293ff) befindet, **§ 644 I 2**; Ausn: § 287 S 2 nach § 300 I zu vertretdes Versch des Untern. Ferner bei **Versendg,** sow das Wk bei Ausliefg zum Transport vertragsgem war, **§ 644 II**; vgl § 447 u die Anm dort.

cc) In den Fällen des § 645 I. Sie liegen nicht vor, wenn die Verschlechterg od der Untergang des Wk vor Abn vom Untern zu vertr sind. Ein solches Versch kann liegen in der Verletzg von NebenPfl (vgl

§ 631 Anm 2 b), insb in der Hinzufügg mangelh Zutaten, KG OLG **40**, 328, in der unterlassenen Prüfg des vom Best gelieferten Stoffes, unterlassenem Hinw auf Bedenken gg seine Eigng, in der blinden Befolgg laieнh Anweisgn des Best.

Ansonsten gilt Abs I nicht nur für den Fall, daß die Herstellg nachholb ist, sond auch wenn das Leistgs-Hindern die (Neu)Herstellg unmögl macht (Köhler, Unmöglkt u GeschGrdlage, 1971, S 35, BGH **60**, 14), zB die begonnene Rep einer Maschine erweist sich wg MatBrüchigk als undchführb.

§ 645 I regelt unmittelb nur den Fall, daß LeistgsHindern auf **Mangel** (wie in § 459 I) des vom Best gelieferten Stoffes od auf AusfAnweisg des Best beruht. Der Begr „**Stoff**" umfaßt alle Gegenstände, aus denen od mit deren Hilfe das Wk herzustellen ist (BGH aaO). Um eine **Anweisung** handelt es sich, wenn der Best für eine v ihm gewünschte Modalität der Ausf das Risiko **übernimmt**, auch indem er trotz Bedenken des Untern auf seinem Wunsch beharrt. IÜ sind idR Angaben des Best vor u bei VertrAbschl keine AusfAnw, die das Risiko auf ihn verlagern; eingehd Nicklisch, Festschr für Bosch 1976, S 731.

§ 645 I ist jedoch analog anzuwenden, wenn Unmöglichk der Herstellg auf zufäll **Untergang** des Stoffes beruht (Bsp: Einsturz der zu restaurierden Kirche), sofern Stoff (noch) nicht in die Sphäre des Untern übergegangen ist (Sphärengedanke, Köhler S 38 ff). Bei Untergang erst nach Lieferg des Stoffes, also in der Sphäre des Untern, gelten § 644 I 1 u 3. Analoge Anwendg des § 645 I ferner im Falle der zufäll **Zweckerreichg** (Bsp: Abzuschleppdes Auto w noch vor Eintreffen des AbschleppUntern vom Fahrer weggefahren, Köhler S 77; vgl aber § 275 Anm 1 d aa); ferner im Falle, daß Wk an od mit Hilfe einer **Person** herzustellen ist, diese aber dazu untaugl ist, zB eine gebuchte Pauschalreise w unausführb, weil nach Vertr Schluß verschärfte GesundhBestimmgen in Kraft treten, BGH **60**, 14, zust Medicus JZ **73**, 369.

dd) Ob sich der in § 645 I enthaltene Sphärengedanke zu einer allg **Sphärentheorie** ausdehnen läßt, wonach dem Best vor Abn alle LeistgsHindern aus seinem Gefahrenbereich zur Last fallen, ist str. Eine solch weitgehde Risikoverlagerg auf den Best ist jedoch abzulehnen, da auch der Best für zufäll Untergang seines Stoffes in der Sphäre des Untern keinen Ers erhält, iü die §§ 644, 645 dispositiv sind, so daß sich der Untern von best Risiken freizeichnen kann. Auch der BGH hat bisch die Sphärentheorie nicht übernommen, ist vielm nur zu einer entspr Anwendg des § 645 I in des gelagerten EinzFällen bereit, zB wenn Best das Wk in einen Zustand od in eine Lage verbracht h, die eine Gefährdg des Wk mit sich brachte u ursächl für seinen Untergang war (Niederbrennen einer noch nicht übergebenen Scheune dch Heu des Bauherrn), BGH **40**, 71, Anm Rietschel **LM** Nr 1; ebso Kln OLGZ **75**, 323 (Abbruch- u MaurerArb des Untern w wertl, weil das BauWk dch SchweißArb des Untern nicht vor Abn, sondern der Best in Auftr gegeben h, in Brand gesetzt w). H Untern das Wk hergestellt u sein Eigt dch Verbindg verloren u w dieses Wk vor der Abn von einem Dr beschädigt, so h Untern keinen unmittelb Anspr gg Schädiger, wohl aber kann Best den Schaden des Untern liquidieren („GefahrEntlastg", vgl Vorbem 6 b cc vor § 249); außerdem kann Untern vom Best insow Abtretg verlangen; RGrdlage hierfür ist entw eine vertragl NebenPfl des Best od § 281; erneute WkLeistg kann Untern von der Abtretg abhängig machen od diese nach der zweiten WkLeistg (die gem § 631 voll zu vergüten ist) verlangen, BGH NJW **70**, 38 [41].

ee) Beruhen Verschlechterg od Untergang auf einem **Verschulden des Bestellers, § 645 II**, bleiben weitergehde ErsAnspr (§ 324 I bei Unmöglk, sonst pos VertrVerl) unberührt.

4) Die **Höhe der Vergütg** richtet sich iF des § 644 nach § 632, also volle Vergütg. Für den Fall des § 645 I u seiner entspr Anwendg (Anm 4 b ee) ist eine SonderRegelg getroffen. Sie umfaßt die tatsächl Auslagen des Untern u die, eigentl Vergütg anteilig. Wg der Berechng vgl Dochnahl JhJ **48**, 308. Das voll geleistete Wk verhält sich zu der dafür zu zahlden Vergütg wie der geleistete Teil zu der zu zahlenden Teilvergütg. Verh zu der Entsch gem § 642 vgl dort Anm 2.

5) Sonderregelungen. a) HGB 630, BinnenSchG 64, 69, 71, VerlG 33.

b) VOB/B § 7 Nr 1 regelt die Verteilg der VergütgsGefahr teilw für den Untern günstiger. Bei Beschädigg od Zerstörg der Bauleistg vor Abn dch vom Untern nicht zu vertretde unabwendb Umstände Anspr auf Vergütg für die ausgeführten Teile der Leistg, BGH **61**, 144; im übr besteht keine ggseit ErsPfl. § 12 Nr 6 wiederholt die Regel des § 644, daß mit der Abn die VergütgsGefahr auf den Best übergeht, falls sie nicht schon vorher gem § 7 übergegangen war.

646
Vollendung statt Abnahme. Ist nach der Beschaffenheit des Werkes die Abnahme ausgeschlossen, so tritt in den Fällen der §§ 638, 641, 644, 645 an die Stelle der Abnahme die Vollendung des Werkes.

1) Der **Ausschluß der Abnahme** ergibt sich aus der Beschaffenh des Wk. Über den Begr der Abn vgl § 640 Anm 1 a, dort auch Bsp für nichtabnfäh Wk.

2) An ihre Stelle tritt die **Vollendg** des Wk, also seine vollständ FertStellg. MangelFreih gehört nicht dazu. Die Wirkg der Vollendg ist die gleiche wie bei der Abn, vgl § 640 Anm 1 b. Da die AbnFähigk nur dann verneint w kann, wenn auch eine Anerkennung als im wesentl vertrgem Leistg nicht in Frage kommt, ist ein RügeVerz gem § 640 II kaum denkb.

647
Unternehmerpfandrecht. Der Unternehmer hat für seine Forderungen aus dem Vertrag ein Pfandrecht an den von ihm hergestellten oder ausgebesserten beweglichen Sachen des Bestellers, wenn sie bei der Herstellung oder zum Zwecke der Ausbesserung in seinen Besitz gelangt sind.

1) Allgemeines. Die §§ 647, 648 dienen der Sicherg des Untern für seine GeldFdgen aGrd des WkVertr. Sie ist ein Ausgl dafür, daß der Untern das Risiko für das Gelingen des Wk trägt (Einf 1 vor § 631) u desh mit der Herstellg vorleistgspfl ist (§ 641 Anm 1b). Vertragl kann ein PfdR des Untern dch IndividualVereinbg innerh der allg WirkskGrenzen, in AGB für Fdgen des Untern aus demselben RVerhältn innerh des GeltgsBereichs des AGB unter Beachtg v dessen Vorschr, außerh seines GeltgsBereichs im Rahmen der InhKontrolle wirks vereinb w (BGH BB **77**, 1417).

2) Unternehmerpfandrecht. a) Es besteht **für alle vertraglichen Fordergen.** Das ist in erster Linie der VergütgsAnspr aus §§ 631, 649, aber auch der EntschädigungsAnspr aus § 642, der AufwendgsErsAnspr aus § 645 I, der SchadErsAnspr aus § 645 II, wg Verz od pos VertrVerletzg. Nicht für Anspr aus WkLiefergsVertr (§ 651 I 2) u für außervertragl Anspr.

b) Es ergreift die **beweglichen Sachen** des Best, an denen der Untern zum Zwecke der Herstellg od Bearbeitg Bes erlangt h. Der Untern, der ein Kfz repariert, h ein ges PfdR auch am übergebenen KfzBrief (Kln MDR **77**, 51; vgl auch § 952 Anm 2c). Ob ein **gutgläubiger Erwerb** des PfandR an Sachen mögl ist, die Dritten gehören u die der Best dem Untern übergeben h, ist str. Vgl dazu die MeingsZusStellg in § 1257 Anm 2a, verneind ferner Soergel-Ballerstedt § 647 Rdnr 4. Die besseren Argumente stehen auf der Seite derer, die den gutgl Erwerb ablehnen, zB BGH Betr **77**, 2441. Das UnternPfandR entsteht kraft G u das BGB kennt GutglSchutz auch sonst nur bei rechtsgesch, nicht bei Erwerb kraft G. Der Wortlaut d § 1257 erklärt die Vorschr über das VertrPfandR u damit auch den § 1207 erst auf ein kraft G bereits entstandenes PfandR für anwendb, nicht aber auf seine Entstehg, ohne einen Unterschied zw besitzl u besgebundenen PfandR zu machen. Dem Umstand der BesÜberg zum Zweck der Herstellg od Bearbeitg kommt nicht die gleiche LegitimationsWirkg zu wie iF der BesÜberg zur Verpfändg, denn der letztgen ist eine Verfügg über das Eigt, so daß der Schutz dessen, der aGrd des Bes an eben dieses Eigt des Verfügden glaubt, eher gerechtf ist als bei der BesÜberg zur Bearbeitg ohne Verfügg über das Eigt. Folgericht entsteht das PfandR auch dann nicht, wenn der Eigtümer dem ReparaturAuftr des Best zustimmt, BGH **34**, 122, Köln NJW **68**, 304, weil die BesÜberg zur Reparatur keine nach § 185 genehmiggsfäh Verfügg über das Eigt darstellt u weil der entspr Anwendg des § 185 entgegensteht, daß auch bei dieser REarten kraft G eine Verfügg gerade nicht erforderl ist; ähnl Fikentscher § 80 II 5a. Die vorwieg wirtsch Argumentation der GgMeing zum Schutze des Untern mag rpolit berecht sein, rechtf es aber nicht, diese Frage gg den Wortlaut u Zweck der §§ 1257, 1207 u gg die Systematik des BGB im Zusammenhang mit der Verfügg NichtBerecht u gutgl Erwerb zu entscheiden. — Übergibt der Untern eine unter EigtVorbeh gekaufte Sache, entsteht das UnternPfandR am **Eigentumsanwartschaftsrecht** des Best (vgl § 929 Anm 6 B d); so für das VermieterPfandR BGH NJW **65**, 1475. Diese erlischt allerd mit Erlöschen des AnwR bei Rücktr des VorbehVerk.

c) Für Verwertg u **Erlöschen** des PfandR gelten die Regeln über das VertrPfandR. Vgl § 1257 Anm 2 d, e.

3) Zurückbehaltrecht u Verwendgsersatzanspruch des Untern h mangels Entstehg eines ges PfandR Bedeutg, wenn die ihm übergebene Sache nicht dem Best gehört. **a) Gegenüber dem Besteller** h der Untern den VergütgsAnspr aus § 631, fäll bei Abn (§ 641). Bezahlt der Best da nicht, h Untern ZbR gem § 273.

b) Gegenüber dem Eigentümer. aa) Solange der Best ggü dem Eigtümer **zum Besitz berechtigt** ist, braucht auch der Untern die Sache nicht herauszugeben (§ 986 I 1), h anderers mangels einer Vindikationslage aber auch keinen VerwendgsErsAnspr nach § 994, BGH **27**, 317.

bb) Unrechtmäßiger Besitzer w der Untern, sobald das BesR des Best ggü dem Eigtümer endet, zB bei Rücktr d VorbehVerk. Der Untern h desh gg den Eigtümer den Anspr aus § 994 u damit das ZbR aus § 1000 u zwar auch für diejen Verwendgen, die er auf die Sache in einer Zeit gemacht h, in der er noch zum Bes berecht war, BGH **34**, 122 [132], Köln NJW **68**, 304, Larenz II § 53 III e; vgl auch Vorbem 1 c bb vor § 994.

4) Sondervorschriften der VOB/B gibt es zu den SichergsR des Untern nicht. Dagg enthält § 17 detaillierte Regeln für den Fall, daß eine SicherhLeistg des Untern für die DchFührg der übertr Leistgen u für die Erf der Gewl vereinb ist.

648 Sicherungshypothek des Bauunternehmers. I **Der Unternehmer eines Bauwerkes oder eines einzelnen Teiles eines Bauwerkes kann für seine Forderungen aus dem Vertrage die Einräumung einer Sicherungshypothek an dem Baugrundstücke des Bestellers verlangen. Ist das Werk noch nicht vollendet, so kann er die Einräumung der Sicherungshypothek für einen der geleisteten Arbeit entsprechenden Teil der Vergütung und für die in der Vergütung nicht inbegriffenen Auslagen verlangen.**

II **Der Inhaber einer Schiffswerft kann für seine Forderungen aus dem Bau oder der Ausbesserung eines Schiffs die Einräumung einer Schiffshypothek an dem Schiffsbauwerk oder dem Schiff des Bestellers verlangen; Absatz 1 Satz 2 gilt sinngemäß. § 647 findet keine Anwendung.**

1) Allgemeines. Vgl zunächst § 647 Anm 1. Das G gewährt keine Hyp, sond nur den schuldrechtl Anspr auf ihre Bestellg u zwar erst nach Baubeginn u im Umfang der geleisteten Arb. Eine umständl Angelegenh u im Hinbl auf vorrang Hyp wenig Sicherh für den Untern. Der Anspr ist dch IndividualVereinbg abdingb, Ausschl in AGB ohne Einräumg einer adäq Sicherh wg mißbräuchl Verfolgg einseit Interessen auf Kosten des BauUntern unwirks (Mü BB **76**, 1001; abl Kapellmann BauR **76**, 323).

2) Sichergshypothek. a) Der **Bauwerkunternehmer** kann ihre Einräumg verlangen. BauWk vgl § 638 Anm 2 c. Für das Merkmal Untern ist nicht entscheid die techn od wirtschaftl Beteiligg an der BauAusführg, sond die rechtl Beziehg zum Best, BGH LM Nr 1. Darunter fallen also alle, die wkvertragl dem Best ggü zur Herstellg od Arb am Bau od eines Teils davon verpfl sind, nicht dagg SubUntern od bloße Lieferanten. Voraussetzg für den Anspr ist die mind teilw Vollendg (vgl I 2) des konkret geschuldeten Wk, das häuf nicht mit dem ganzen BauWk ident ist, zB Einbau der Installationen. BauWkUntern ist auch der

Architekt, der, wie regelm (Einf 5 vor § 631), im Rahmen eines WkVertr mit dem Best tät w, BGH **51,** 190; Voraussetzg ist auch hier, daß die WkLeistg des Arch in eine so enge Beziehg zu dem Grdst getreten ist, daß sich hierdch dessen Wert vergrößert h, Düss NJW **72,** 1863; desh kein Anspr auf SichergsHyp, sow der ArchVergütg für Neben-Dienstleistgen verlangen kann, zB für nicht ausgeführten zweiten Entw, FinanzBeratg, GeldBeschaffg, Mü NJW **73,** 289. Vor Baubeginn u für den nur planden Arch besteht also kein Anspr (ebso Barnikel Betr **77,** 1084; aA LG Traunstein NJW **71,** 1460). Ebso, wenn es sich ausnahmsw um DVertr handelt. Gleiches w für den Baubetreuer (§ 675 Anm 2c) gelten, falls er aGrd WkVertr das BauWk zu erstellen u nicht ledigl aGrd GeschBesVertr zu vergüten ist u seine kaufm finanziell Tätigk auszuüben h, Stgt BB **62,** 543. Daß der **Statiker** keinen Anspr auf SichergsHyp habe, weil er nicht in unmittelb Beziehg zum BauWk steht – so Mü OLGZ **65,** 143 – ist dann unzutreffd, wenn zw Statiker u Bauherrn direkt ein WkVertr besteht; auch kaum vereinb mit der AbnFähigk des StatikerWk, BGH **48,** 257.

b) Pfandgegenstand ist das **Baugrundstück des Bestellers,** nicht dessen andere u nicht fremde Grdst, u zwar das ganze Grdst, wie es zu Beginn der AuftrArb im GB ausgewiesen ist, nicht nur der zu bebauende Teil (Kln JMBl NRW **76,** 211). Die erforderl Identität zw Best u GrdstEigtümer ist dabei nicht formaljur, sond wirtsch zu beurteilen. So schuldet, wenn eine oHG Best ist, der einz Gter die Einräumg der Hyp auf seinem Grdst, Mü OLGZ **34,** 47; ebso besteht Identität, wenn der Best (GmbH) zugl MitEigtümer des Grdst im Rahmen einer BGB-Ges u alleiniger Komplementär der beiden and MitEigtümer (KG) ist, Mü NJW **75,** 220. Darüberhinaus w man eine enge wirtsch Verflechtg zw Best u GrdstEigtümer (vgl ähnl § 652 Anm 4 A) genügen lassen müssen; so zutr LG Kln BB **73,** 1375, Rathjen Betr **77,** 987, KG NJW **78,** 325 (Best sind auch die Gter einer auftragerteilden GmbH, die gleichzeit Eigtümer des BauGrdst sind u von denen wenigstens einer alleiniger GeschF der GmbH ist); dementgg stellen Br NJW **75,** 1320, Hamm MDR **77,** 843 auf die formaljur Identität ab, grdsätzl zustimmd Wilhelm NJW **75,** 2322. Trotz fehlder Identität hält LG Düss BB **75,** 901 darüberhinaus den Kommanditisten u allein GeschF der Komplementär-GmbH (GrdstEigtümer) einer GmbH & Co. KG (Best) für verpfl zur Einräumg einer SichgHyp, wenn im EinzFall bei RMißbr Tr u Gl den Dchgriff erfordern (vgl § 242 Anm 4d „GesR"). Düss Rspr Bau **Z. 2.321** Bl 54 gibt Anspr auf SichgHyp ausnahmsw gg Eigtümer, der nicht Best ist, gem § 242 nach RScheinsGds. Falls der Baubetreuer (§ 675 Anm 3c) die Vertr im eig Namen schließt u nicht GrdstEigtümer ist, erwerben die BauWkUntern keinen Anspr auf Sicherg; vgl eingehd Lüdtke-Handjery Betr **72,** 2193. Ist das BauWk zT auch auf fremdem Grd errichtet, so ist die Hyp auf dem Grdst des Best in voller Höhe einzuräumen, falls die Vergütg für das BauWk einheitl zu berechnen ist, Nürnb NJW **51,** 155. Mit der Veräußerg des Grdst erlischt der SichergsAnspr, wenn keine Vormerkg eingetr war (Düss BauR **77,** 361). Mit Abtretg, Verpfändg, Pfändg der UnternFdg geht der Anspr auf Einräumg bzw die bestellte Hyp über, § 401. PfandGgst kann auch ein **Erbbaurecht** des Best sein. Eine Vereinbg zw Eigtümer u ErbbauBerecht (Best) nach § 5 II ErbbRVO steht der Eintr einer Vormerkg aGrd einstw Vfg nicht entgg, Köln NJW **68,** 505. Bildet der Eigtümer später **Wohnungseigentum,** so kann der BauUntern hins der im Eigt des Best verbliebenen EigtWohngen eine GesHyp in voller Höhe seiner Fdg verlangen, nicht nur Hypen in Höhe des Betr, der dem auf die einz Wohng entfallden LeistgsAnt entspricht, Mü NJW **75,** 220, Düss BauR **75,** 62, Köln Rspr Bau **Z. 2.321** Bl 37, Ffm NJW **75,** 785; aA Ffm NJW **74,** 62 mit zust Anm Schmalzl aaO. Ebso kann der Untern Eintr einer GesHyp verlangen, wenn der Best nach Entstehg des SichgAnspr das Grdst in mehrere selbstd, in seinem Eigt verbleibde Grdst aufteilt (Kln JMBl NRW **76,** 211).

c) Alle vertragl Forderungen des Untern gg Best können gesichert w, vgl § 647 Anm 2a; auch die Kosten der Erwirkg der Hyp. Auf welche sicherb Fdgen sich die Hyp bzw Vormkg im EinzFall erstreckt, beurt sich nach der bei der Eintr in Bezug gen EintrBewilligg bzw einstw Vfg, BGH NJW **74,** 1761. Die Fdg muß noch nicht fäll sein.

3) Durchführg. Entw dingl Einigg (§ 873) od ihr Ers dch ein rechtskr Urt (ZPO 894) u Eintr. Vertragl Ausschl steht bei Argl od VermVerschlechterg nicht entgg (§§ 157, 242, 321). – Ges SichergsHyp (§§ 1184, 1185) in Höhe der wirkl Fdg. ZPO 866 III gilt nicht, weil es sich nicht um ZwVollstr wg GeldFdg, sond um Anspr auf Abgabe einer WillErkl handelt, Th-P § 866 Anm 2b. Wg der GeldFdg ist bei Gefährdg ArrestAntr mögl. Löschg der Hyp Zug um Zug gg Zahlg. – Sicherg des Anspr auf Bestellg der Hyp dch **Vormerkung** aGrd Bewilligg od einstw Vfg (§ 885 I); im letzten Fall müssen zur Eintr sowohl die Eintr-Voraussetzgen der GBO wie die VollziehgsErfordern der ZPO vorliegen (Düss Rpfleger **78,** 216). Umschreibg der Vormerkg in Hyp nur a Grd Bewilligg od eines sie ersetzden Urt. HauptsacheKl iS des § 926 ZPO ist nur die auf Einräumg der Hyp, nicht die ZahlgsKl. Die Höhe der Fdg kann im einstw VfgsVerf glaubh gemacht w dch prüfgsfäh SchlußRechng mit den dazugehör Vertr- u AbrechngsUnterlagen sowie eidesst Vers ihrer Richtigk. Inwieweit dies dadch entkräftet w, daß der Bauherr eine GgRechng unter eidesst Vers ihrer Richtigk vorlegt, ist Frage der BewWürdigg (Kln JMBl NRW **75,** 264). Inwieweit sich Mängel des Wk auf die Höhe der Hyp od Vormkg auswirken, ist bestr. Vgl dazu die ZusStellg BGH **68,** 180. Nach Ans des BGH aaO kann der Untern die Eintr einer Hyp od Vormkg, egal ob vor od nach Abn des Wk, nicht verlangen, soweit u solange das Wk mangelh ist. Bei Erlaß h der Bauherr die Kosten des einstw VfgsVerf zu tragen, ohne daß er die EintrBewilligg vorher abgelehnt h od in Verz damit gek sein müßte (Celle BauR **76,** 365; aA Hamm NJW **76,** 1459).

4) Sondervorschriften. a) Das **G zur Sicherg von Bauforderg**en v 1. 6. 09 (RGBl 449) ist neben § 648 anwendb, h aber keine prakt Bedeutg, weil die dazu nöt DVO noch nicht erlassen, insb die sog Bauschöffenämter nicht errichtet wurden.

b) Zur **VOB/B** vgl § 647 Anm 4.

649 *Kündigungsrecht des Bestellers.* **Der Besteller kann bis zur Vollendung des Werkes jederzeit den Vertrag kündigen. Kündigt der Besteller, so ist der Unternehmer berechtigt, die vereinbarte Vergütung zu verlangen; er muß sich jedoch dasjenige an-**

rechnen lassen, was er infolge der Aufhebung des Vertrags an Aufwendungen erspart oder durch anderweitige Verwendung seiner Arbeitskraft erwirbt oder zu erwerben böswillig unterläßt.

1) Das **Kündiggsrecht** des Best besteht bis zur Vollendg des Wk (§ 646) jederzeit, ohne FrSetzg u ohne Angabe von Grden. Es folgt aus dem Wesen des WkVertr (Einf 1 vor § 631), da an der Herstellg des Wk idR nur der Best ein Interesse h, währd es dem Untern nur um die Vergütg geht. Die Künd schädigt ihn nicht, denn der Reinertrag bleibt ihm. Sie hebt den Vertr für die Zukunft auf. Umdeutg des Rücktr in Künd u umgekehrt ist wg der verschiedenen RFolgen regelm nicht angängig, BGH BB **65**, 1083, wo sogar Umdeutg des Rücktr in gleich ex tunc wirkde Anfechtg verneint w. Entspr Anwendg bei § 675, RG **107**, 136 [139] (AuszahlgsGesch). KündiggsErkl kann auch darin liegen, daß Best nach vorher Ankündg die ausstehdn Leistgn selbst ausführt, BGH WPM **72**, 1025. Abdingb, BGH Betr **74**, 870. Diese Vereinbg kann auch konkludent getroffen w, zB wenn sich aus dem VertrZweck ergibt, daß auch der Untern ein R auf seine DchFührg h, Celle MDR **61**, 318. § 649 ist bei Vereinbg auch auf DVertr anwendb, BGH **LM** § 611 Nr 3.

2) Der **Vergütgsanspruch** (§ 632) bleibt dem Untern auch sow er seine Leistgen noch nicht erbracht h. Er ist aber zu kürzen (Anrechng, nicht Aufrechng) um die inf der VertrAufhebg eingesparten Aufwendgen, die dch anderweit Einsatz der ArbKraft erzielten od böswill nicht erzielten Erlöse; Darleggs- u BewLast beim Best, jedoch ist eingeher Vortrag über die KalkulationsGrdl des Untern nicht zu erwarten (BGH WPM **75**, 1307; iF teilw Abtretg vorweg von der Vergütg abzusetzen. BerechngsMethode u -Bsp, auch bei VerlustGesch des Untern u Anlg von Geldern NJW **75**, 189. S 2 Halbs 2 ist entspr anwendb, wenn der Untern das Ergebn seiner Arb anderweit ausnutzt, zB Verk des teilw fertiggestellten Wk, BGH NJW **69**, 237. Sow das Wk hergestellt, ist es dem Best zu überlassen. Auf das bereits angeschaffte, aber nicht verwendete Material h er keinen Anspr, RG **104**, 93, der Untern kann es ihm aber zur Verfügg stellen. – **Kein Vergütgsanspruch** für noch nicht erbrachte Leistgen, wenn Best künd, weil Untern aus einem wicht Grd dafür gegeben h, zB weil er den VertrZweck gröbl gefährdet, BGH **45**, 372 [375] (Architekt), etwa dch grobe Mängel der bisher erbrachten TlLeistgen (BGH NJW **75**, 825), dch groben Vertrauensbruch, zB wenn Arch von den Handwerkern, die er im Namen des AuftrG beauftragt, „Provision" annimmt (BGH NJW **77**, 1915). Dabei kommt es nur auf die obj KündLage im Ztpkt der Künd an, nicht darauf, ob der Best den wicht Grd schon kannte. Gleiches gilt iF einvernehml VertrAufhebg, wenn dabei keine anderweit Vereinbg über die Vergütg getroffen wurde (BGH NJW **76**, 518).

3) Um ein **Dauerschuldverhältnis** (Einl 5 vor § 241) w es sich bei WkVertr nur selten, eher bei Sukzessiv-WkLiefergsVertr handeln. W es aus wicht Grd gekünd (§ 242 Anm 4f), so gilt S 2 nicht, vielmehr w beide VertrPartner von ihrer LeistgsPfl für die Zukunft befreit, BGH BB **62**, 497. IF ord Künd gilt § 621 entspr, Hbg MDR **72**, 866. Da Best jederzeit kündigen darf u § 649 den Untern so stellt, als ob erf wäre, h er daneben od darühinaus keinen SchadErsAnspr nach allg Vorschr, Düss BauR **73**, 114.

4) **Verhältnis zu anderen Rechten.** Bis zur Künd stehen beiden VertrSeiten die allg R (etwa §§ 119, 280, 323 ff) zu, dem Untern auch die R aus §§ 642 ff zu; vgl §§ 642, 643 je Anm 2, §§ 644, 645 Anm 1 bis 5.

5) **Sonderregelungen. a) in allg Geschäftsbedingungen,** die entgg S 2 stets Anspr auf volle Vergütg ohne Rücks auf die tatsächl erbrachten Leistgn gewähren, sind nichtig, BGH BB **70**, 986 für § 17 I der Allg GebO für die wirtschprüfden sowie wirtsch- u steuerberatden Berufe (Allgo), BGH NJW **73**, 1190 für § 18 I GOI.

b) Die **VOB/B** enthält in **§ 8 Nr 1** grdsätzl eine mit § 649 übereinstimmde Regelg, die Künd bedarf aber der Schriftform (Nr 5). Darüberhinaus gibt **§ 8 Nr 2 bis 4** ein KündR dem Best für Fälle mit darauf abgestellter Regelg der Vergütg u weitergehder beiderseit R. – **§ 9** sieht ein KündR des Untern nach FrSetzg vor, falls der Best Mitwirkgshandlgen unterläßt od fäll Zahlgen nicht leistet (vgl § 643 Anm 3).

650 Kostenanschlag.

I Ist dem Vertrag ein Kostenanschlag zugrunde gelegt worden, ohne daß der Unternehmer die Gewähr für die Richtigkeit des Anschlags übernommen hat, und ergibt sich, daß das Werk nicht ohne eine wesentliche Überschreitung des Anschlags ausführbar ist, so steht dem Unternehmer, wenn der Besteller den Vertrag aus diesem Grunde kündigt, nur der im § 645 Abs. 1 bestimmte Anspruch zu.

II Ist eine solche Überschreitung des Anschlags zu erwarten, so hat der Unternehmer dem Besteller unverzüglich Anzeige zu machen.

1) Der **Kostenanschlag** (eingehend: Rentner, Gruch **56**, 492) kann versch Bedeutg h. Das G geht davon aus, daß er lediglich eine unverbindl fachmänn Berechng der voraussichtl Kosten u damit für beide Seiten bloß GeschGrdlage, nicht VertrBestandt ist. **Garantiert** der Untern die Preisansätze des Voranschlags, so w er VertrBestandTl, der Untern kann dann nur die Anschlagsumme verlangen, § 650 gilt in diesem Fall nicht, Hbg HRR **41**, 585. KalkulationsIrrt bei vereinb Höhe der Vergütg vgl § 632 Anm 1.

2) Das **Kündiggsrecht** des Best ist die Folge einer wesentl Überschreitg des Voranschlags u der darin liegdn Veränderg der GeschGrdlage (vgl Anm 1). SonderRegelg zu § 649 zug des Best, weil die wesentl Überschreitg des Kostenanschlags für das eig Wk aus dem Risikobereich des Untern stammt. Desh nicht entspr anwendb gg den Arch, wenn die zur Grdlage des ArchVertr gemachte Bausumme wesentl überschritten w, BGH **59**, 339. Maßg ist, ob der veranschlagte EndPr überschritten ist, EinzPositionen sind ohne Belang (Honig BB **75**, 447). Wann die Überschreitg wesentl ist, läßt sich nicht mit einer in allen Fällen gült Prozentzahl sagen, es kommt auf den EinzFall an. Daß 27,7% noch innerh der Toleranzgrenze liegen können (so BGH Rspr Bau **Z 3.01** Bl 70), ist nicht zu billigen. Als Richtschnur sollten je nach Lage des Falles 15 bis

Einzelne Schuldverhältnisse. 7. Titel: Werkvertrag §§ 650, 651

20, in bes AusnFällen bis maximal 25% gelten. Das KündR besteht nur bis zur Abn (§ 640). Anspr des Untern nur nach § 645 I. Statt der Künd kann der Best bei schuldh Überschreitg SchadErs wg pos VertrVerletzg verlangen.

3) Die **Anzeigepflicht** (II) soll den Best vor Übervorteilg schützen u die Ausübg seines KündR sichern. Unterlassg der Anz ist schuldh VertrVerletzg, die den Untern zum SchadErs verpfl. Zu ersetzen ist das negat Interesse. Der Best ist also so zu stellen, wie er bei rechtzeit Anz u daraufhin ausgesprochener Künd stehen würde, dh der Untern h nur die Anspr aus I mit § 645 I, bezogen auf den fiktiven Ztpkt der Künd u muß etwaige weitere Schäd des Best wg der unterlassenen Anz ersetzen. Diese Folgen entfallen, wenn der Best die Überschreitg des Voranschlags kannte od wenn sie auf seinen Weisgen od Wünschen beruht; § 254 ist anwendb.

651 *Werklieferungsvertrag.* I Verpflichtet sich der Unternehmer, das Werk aus einem von ihm zu beschaffenden Stoffe herzustellen, so hat er dem Besteller die hergestellte Sache zu übergeben und das Eigentum an der Sache zu verschaffen. Auf einen solchen Vertrag finden die Vorschriften über den Kauf Anwendung; ist eine nicht vertretbare Sache herzustellen, so treten an die Stelle des § 433, des § 446 Abs. 1 Satz 1 und der §§ 447, 459, 460, 462 bis 464, 477 bis 479 die Vorschriften über den Werkvertrag mit Ausnahme der §§ 647, 648.
II Verpflichtet sich der Unternehmer nur zur Beschaffung von Zutaten oder sonstigen Nebensachen, so finden ausschließlich die Vorschriften über den Werkvertrag Anwendung.

1) Begriff, Abgrenzg. Allg vgl Einf 1, 4 vor § 631. **a)** Der WkLiefergsVertr h zum Inhalt die Herstellg aus Stoffen des Untern u Übereign des fert Wk an den Best, BGH Betr **69**, 346. Er h mit dem WkVertr gemeins die Herstellg eines körperl ArbErfolges für den Best. Er unterscheidet sich vom reinen **Werkvertrag** dadch, daß der Untern die Stoffe zur Herstellg u das Wk dem Best zu übergeben u zu übereignen h; letzteres h er mit dem KaufVertr gemeins. Beim WkVertr steht die Schöpfg des Wertes gerade für den Best, beim WkLiefergsVertr die mit dem Warenumsatz verbundene Übertr v Eigt u Bes im VorderGrd (BGH WPM **77**, 79). Handelt es sich lediglich um die Beschaffg der fert Sache, sei es auch mit kleineren Änderungen (zB Konfektionskleidg), ist also die Herstellg nicht VertrGgst, liegt reiner **Kaufvertrag** vor. Ist dagg die Herstellg VertrInhalt u beschafft der Untern lediglich Zutaten od Nebensachen, so handelt es sich um reinen WkVertr (Abs II); das ist immer dann der Fall, wenn die StoffLieferg ggü der ArbLeistg u sonst Aufwendgen an Bedeutg zurücktritt, zB Operation, Gutachten, Porträt u vor allem beim BauVertr (Einf 3 vor § 631), weil da das Grdst des Best Hauptsache ist, BayObLG **33**, 199; vgl auch BauBetreuungsVertr § 675 Anm 3 c.

b) Das G unterscheidet **zwei Typen**: WkLiefergsVertr über **vertretbare Sachen**, sog LiefergsKauf (Anm 2) u über **nicht vertretbare Sachen**, eigentl WkLiefergsVertr (Anm 3). Beim ersteren überwiegt beim Best das Interesse an der Beschaffg des fert Produkts, beim Herst das Interesse am Absatz; er steht den UmsatzGesch, insb dem Kauf näher, wobei der Verk zugl Herst ist. Beim letzteren überwiegt das beiders Interesse an der ArbLeistg u Herbeiführg des Erfolges, das HerstellgsInteresse (Esser II § 81, 1), er steht dem WkVertr näher.

2) Bei vertretbaren Sachen (§ 91) gilt ausschließl KaufR. Da es sich meist um beschr GattgsSchuld handelt (Serienware aus der Produktion des Verk), gilt insb auch § 480. Dem Untern steht es frei, die Sache für den Rest neu herzustellen od eine von ihm bereits hergestellte zu liefern, zB nach Katalog. And als beim eigentl WkLiefergsVertr besteht keine Verpfl – wohl aber das R – zur Neuherstellg, denn sie ist ersetzb dch Lieferg einer bereits hergestellten Sache, ZwVollstr nach ZPO 883 I, 884. §§ 633 ff gelten nicht, außer die GewLAnspr des Best sind vertragl auf Nachbesserg beschr, BGH Betr **71**, 1467. Versucht der Lieferant im Einverständn des Best die Nachbesserg, so gilt § 639 entspr, BGH LM § 639 Nr 1. Wg der Haftg des WkLieferers vertretb Sachen für Vorlieferanten vgl § 631 Anm 2a. Hins der OffenbargsPfl wg Mängeln ist nicht jede im Betr des WkLieferers tät Pers sein ErfGeh, BGH Betr **68**, 1119 (von HilfsPers verursachter, aber verheimlichter Mangel). – Aus dem WkVertrR können ledigl die §§ 642, 643, 645 bei Mitwirkg, Zutaten, Anweisgen des Best entspr anwendb sein, wodch der Unterschied zum reinen KaufVertr ersichtl w.

3) Nicht vertretbare Sachen (eigentl WkLiefergsVertr) sind solche, die dch die Art ihrer Herstellg den BestWünschen angepaßt u für den Untern schwer od garnicht anderweit absetzb sind, zB Reiseprospekte (BGH NJW **66**, 2307), Maßanzug, Werbefilm (BGH MDR **66**, 496), Bauarbeiten (vgl Anm 1 a), Errichtg einer EigtWohng mit Mitteln des Best, Celle OLG **71**, 401. ZwVollstr nach ZPO 887, 888 auf Herstellg u Übereign. Es gelten primär die Vorschr über den Kauf, sie sind aber teilw ersetzt dch die über den WkVertr.

Im einzelnen:

a) Nach Kaufrecht h Untern das Wk zu übertr u zu übereignen u für RMängel zu haften. Anwendb sind §§ 434, 435, 436, 439, 440, 442, 443, 444, 446 I 2, II, 447 über § 644 II, §§ 448 I, 449 mit §§ 313, 450, 452–455, 465–467, 469–476 über § 634 IV, §§ 477 II, III, 478, 479 über § 639 I, §§ 480 494–496, 497–515. Im HandelsVerk gelten HGB 377, 381 II.

b) Nach Werkvertragsrecht richtet sich die Herstellgs- u AbnPfl (RG DR **44**, 33), Vergütg, Haftg für WkMängel (BGH MDR **66**, 496), Verzögerg, Gefahrübergang (bei beweglich Sachen), Rücktr, Künd; es gelten also: §§ 633–635, 637–639, 640 II, 636, 642–643, ferner §§ 631 I, 632, 641 mit 452, 640 I, 644–645 mit 646 II, 649–650.

c) Unanwendbar: §§ 433 II, 446 I 1, 459, 460, 462–464, 477 I, sowie §§ 647–648; kein PfdR, da Untern bis zur Überg Eigtümer; wird auf BestGrdst gebaut, liegt § 651 ohnehin nicht vor, Anm 1a; § 646 kaum prakt, da für Übermittlg stets Abn (Überg, Übereignung) erforderl.

Achter Titel. Mäklervertrag

Schrifttum. Burghart, Die Treupflicht des Grundstücksmaklers, AcP **140** (1935), 81ff; Dyckerhoff-Rinke, Das Recht des Immobilienmaklers, 7. Aufl 1973; Glaser-Warncke, Das Maklerrecht in der Praxis, 3. Aufl 1967; Haberkorn, Nebenpflichten des Handelsmaklers, MDR **60**, 93f; Knieper, Der Maklervertrag im System des BGB, NJW **70**, 1293; Kohler, Die Ersatzansprüche des Grundstücksmaklers bei nichtigen Kaufverträgen, NJW **57**, 327ff; Krause, Studien zum Recht des Grundstücksmaklers in Festschrift für Molitor (1962) 383ff; Mormann, Die Rspr des BGH zum Maklerrecht des BGB, WPM **68**, 954 u **71**, 1066; Pikart, Maklervertrag und Kommissionsgeschäft in der neueren höchstrichterlichen Rechtsprechung, WPM **56**, 110ff; Reichel, Die Mäklerprovision (1913); Rust, Der „Alleinauftrag" des Immobilienmaklers, MDR **57**, 20ff; ders, Der Maklerlohn bei unvollkommenem Hauptvertrag, MDR **59**, 449ff; Schmidt-Salzer, Der Vertragsabschluß im Maklerrecht, MDR **69**, 182; Probleme des Maklerrechts, Betr **69**, 1091 u 1137; Schwerdtner, Maklerrecht, NJW-Schriftenreihe Heft 18, 1975; Warncke, Der Begriff des Alleinauftrags in der Rechtsprechung, MDR **61**, 725ff; Werner, Der Immobilienmakler in der Rechtsprechung, JurA **70**, 353.

Einführung

Übersicht

1) **Allgemeines**
2) **Anwendungsbereich der §§ 652 ff**
   a) Zivilmakler und andere Vermittler
   b) Vermittlungsverbote
3) **Rechtsnatur des Maklervertrags**
   a) Wesen
   b) Abgrenzung zu anderen Schuldverhältnissen
   c) Stellung zur Gegenpartei
4) **Maklerrecht als dispositives Recht**
   a) Gebot der Klarheit und Eindeutigkeit von AGB
   b) Verbot unangemessener Klauseln
   c), d) Teilnichtigkeit und Revisibilität
5) **Zusammenarbeit mehrerer Makler**
   a) Untermaklervertrag
   b) Gemeinschaftsgeschäft
   c) Zubringergeschäft
6) **Wohnungsvermittlung**

1) Allgemeines. Die MTätigk erfüllt eine wicht volkswirtschaftl Funktion. Der Wert der jährl vermittelten Objekte beträgt Milliarden (Krause, Festschr f Molitor, S. 383). MProz spielen daher in der Praxis eine große Rolle. Dem w die außerord knappe u dürft gesetzl Regelg nicht gerecht. Das BGB bringt nur wenige Sätze über Entstehg (§ 652) u Höhe (§ 653) des Anspr auf MLohn u über die Zulässigk von Doppeltätigk (§ 654); § 655 ist, soweit er die Vermittlg von ArbVertr betrifft, gegenstandslos, § 656 stellt eine wenig bedeuts SpezialVorschr dar. Die Unzulänglichk der gesetzl Regelg h zu einer umfangreichen Kasuistik geführt. Große Bedeutg kommt AGB zu. Daneben sind bes Gebräuche sowie die VerkSitte (§§ 157, 242) gebührd zu berücksicht. Das G behandelt den M hart u schützt den AuftrG vor ungerechtf MAnspr. „Maklers Müh ist oft umsonst". Hiergg versucht sich der M dch geschickte Klauseln in Einz-, Formular-Vertr u AGB zu sichern. Für die Wirksamk vertragl Vereinbgen setzt für die beiden letztgenannten in seinem zeitl u pers AnwendgsBereich das AGBG (vgl dort Einf 3 d vor § 1) Grenzen. Außerh seines Wirkgs-Bereichs gelten die vor Inkrafttr des AGBG von der Rspr entwickelten Grds über die Inhaltskontrolle (vgl unten Anm 4). – Für die meisten VermittlgsTätigen bedarf der gewerbsm M gem § 34c GewO idF vom 1. 1. 78, BGBl S 97 einer Erlaubn. Abs III ermächtigt den BMin für Wirtsch, dch RechtsVO Vorschr zum Schutz der Allgemeinh u der AuftrG bei der Ausübg des MGewerbes zu erlassen. In der VO über die Pfl der M, Darl- u AnlageVermittler, Bauträger u Baubetreuer (M- u BauträgerVO – MaBV –, BGBl 75, 1351) sind für Grdst-M, Darl- u VermAnlage-Vermittler, Bauträger u Baubetreuer die Verpfl zur Sicherh-Leistg u Vers, ZweckBindg der anvertrauten Verm, getrennte VermVerw, Ausk- u RechngsLeggsPfl, Aufbewahrgspfl für die GeschUnterlagen, Anlegg einer InseratenSammlg vorgeschrieben; Einzelh vgl Glaser JR **75**, 274, Schmidt BB **75**, 995. Unterlassene SicherhLeistg dch Untern ist pos VertrVerl (Br BB **77**, 316). Wer gewerbsm im eig Namen u für eig Rechng auf dem Grdst seines AuftrG für diesen einen Bau errichtet, ist weder Bauherr (Bauträger) noch Baubetreuer iS von § 34c I 1 Nr 2 GewO, § 3 MaBV (BGH NJW **78**, 1054). Zivrechtl ist ein Verstoß gg OrdngsVorschr der VO für die Wirksamk des Vertr ohne Bedeutg (Hepp NJW **77**, 617).

2) Anwendgsbereich der §§ 652ff.

a) Zivilmakler u andere Vermittler. Die §§ 652ff regeln nur die Vertr der **Zivilmakler**, auf die der **Handelsmakler** (§§ 93ff HGB) finden sie nur subsidiär Anwendg. Unterschied liegt in der Art der zu vermittelnden Gesch. Beim ZivM sind es solche bürgerlichtl Art, vor allem Gesch des GrdstVerk, ferner Hyp-Gesch, DarlVertr, GeschVerkäufe, Miet- u PachtVertr, Eheschließgen, wie mit Einschränkg auch DVertr (zu den letzten unten b u § 655 Anm 1), beim HandelsM bestimmte HandelsGesch (§ 93 I HGB). KursM: §§ 30ff BörsenG. HandelsM ist nur der gewerbsm Vermittler (§ 93 HGB) u stets Kaufm (§ 1 II Nr 7 HGB). Auch der ZivM kann aber Kaufm sein (§ 2 HGB). Wicht für § 354 HGB, dazu unten 3b u § 652 Anm 2 B c). Auf andere Vermittler (Kommissionär, § 383ff HGB; HandelsVertr, § 84ff HGB; VersVertr, § 92 HGB) st MRecht nicht anwendb, ebso umgekehrt.

b) Vermittlgsverbote. Der ArbBereich des M ist dch Vermittlgsverbote eingeschränkt. Auf dem Gebiet der **Arbeits- u Stellenvermittlg** ist er grdsätzl ausgeschaltet, §§ 4, 13 AFG (Ausn: § 655 Anm 1). Ein MVertr unter Verstoß gg dieses Verbot, auch mit dem künft ArbGeber des zu Vermittelnden od in seinem Interesse mit einem Dr, ist nichtig (BGH WPM **78**, 951). **Notaren** ist die Vermittlg von Darl u GrdstGesch verboten, § 14 IV BNotO. Dagg kann der **Rechtsanwalt** auch als M tät w. Für die rechtl Einordng als RA-Dienst- od als MVertr entscheidet weder die Bezeichng noch die Vorstellg, sond allein die Vereinbg über den Inhalt der übertragenen Aufg; ist sie in nicht unwesentl Umfang rberatder Art, so handelt es sich um einen RA-DVertr (BGH WPM 77, 551). Die gewerbsm Vermittlg von **Adoptionen** ist untersagt (Einf 2 vor § 1741). Die Vermittlg von **Laderaum u Ladegut** ist nur solchen Pers gestattet, bei denen derart Tätigk im Rahmen ihres Gewerbes übl ist; ferner Beschrkgen hins des VergütgsAnspr in § 32 GüKG idF BGBl **69**, 557.

Die zivrechtl **Gültigkeit** des MVertr wird dch das Bestehen eines **behördl Verbots** der Vermittlgstätigk nicht berührt, Köln MDR **55**, 414. Ebso kommt es auf **Wettbewerbswidrigkeit** (Abjagen von Kunden; Lockvogelangebote) nicht an (dazu Düss BB **66**, 1366 u Glaser-Warncke 230 ff, 265 ff). Verstößt der MVertr aber gg ein **gesetzl Verbot**, so ist die Folge regelm Nichtigk (§ 134 Anm 2 a), etwa MVertr über verbotene ArbVermittlg, BGH Betr **73**, 1744, Vermittlg eines Fotomodells, Düss NJW **76**, 1638. Ist jedoch dem Vermittler gem § 54 des früheren AVAVG ein Auftr erteilt u überschreitet er ledigl dessen Grenzen (zB Bühnenvermittlg statt Filmvermittlg), so tritt keine Nichtigk ein, BGH **46**, 24. Grdsätzl Nichtigk auch bei Verstoß gg RBerMG (so für GeschBesVertr BGH **37**, 258). Jedoch dürfen GrdstM ihre Kunden in GBAngelegenh beraten, GaststättenM dürfen Antr auf SchankErlaubn stellen, ferner dürfen VersM den VersN bei der Geltdmachg von SchadErsAnspr gg den Schädiger beraten od vertreten, BGH Warn **67** Nr 108. Wenn ein Beamter ohne Gen seiner vorgesetzten DienstBeh als GelegenhM tät w, ist der MVertr nicht wg Verstoßes gg ein ges Verbot nichtig (Schlesw SchlHA **74**, 205).

Bei der **Wohnungsvermittlung** ist unwirks die Koppelg mit einer Verpfl zum Bezug von Waren, Dienst- od WkLeistgen, der MVertr selbst bleibt wirks, § 3 III WoVermG (abgedruckt Einf 6). Dabei ist es gleichgült, von wem die Initiative zu dem MVertr mit KoppelgsGesch ausgeht, Hamm Betr **73**, 2514.

3) Rechtsnatur des Maklervertrags

a) Wesen. Nach dem „gesetzl Leitbild des MaklerVertr" (BGH NJW **66**, 1405; **67**, 1225) verpfl sich der AuftrG unter der Voraussetzg des Zustandekommens eines Vertr, dem Makler für den Nachw der Abschl-Gelegenh od für die VertrVermittlg eine Vergütg zu bezahlen. Der MVertr ist damit ein **Vertrag eigener Art**. Er ist ein ggs Vertr iS der §§ 320ff, RG JW **11**, 758, sond **einseitiger Natur** (Staud-Riedel Vorbem 3a vor § 652; Enn-Lehmann § 157 I 1a), denn HauptleistgsPfl stehen sich zu keinem Ztpkt ggü. Einers ist der M zur Entfaltg von MTätigk nicht verpfl (vgl aber unten b u § 652 Anm 10 B c). Umgekehrt wird der AuftrG dch die Einschaltg des M in seiner **Entschließgs- und Abschlußfreiheit** nicht beschr. Er bleibt Herr des Gesch u kann den Auftr jederzeit widerrufen, kündigen; er kann auch die Dienste weiterer M in Anspr nehmen u sich selbst um den Abschl bemühen (BGH NJW **61**, 307). Er braucht keine Rücks darauf zu nehmen, daß der M nur beim Zustandekommen des Gesch Lohn verdient, BGH NJW **66**, 1404, **67**, 198 u 1225, u kann auch Angebote, die seinem Auftr genau entsprechen, u sogar noch günstigere Angebote ablehnen, BGH NJW **67**, 1225. Er h ggü dem M keine Pfl, einen formungült GrdstKauf zur Wirks zu bringen (BGH WPM **77**, 1049). Auch ein VorVertr bindet nur seine Partner, nicht einen von ihnen ggü dem M auf Abschl des HauptVertr, BGH NJW **75**, 647. Eine ProvPfl besteht nur dann, wenn die MTätigk **erfolgreich** war, dh zum VertrSchluß geführt h. Die MProv ist damit nicht so sehr eine Vergütg für die Mühewaltg des M, sond ein Entgelt dafür, daß der M dem AuftrG die Möglichk zum Abschl eines Vertr verschafft h, Warn **43** Nr 46, BGH NJW **67**, 1365. – Anders versteht der MVertr als echter Vertr ein **besonderes Treueverhältnis** zw AuftrG u M, das für beide VertrT zu einer Reihe von NebenPfl führt, deren Verletzg schaderspfl macht, § 654 Anm 2 (Makler) u Anm 5 (AuftrG). Dch diese NebenPfl wird der MVertr aber nicht zu einem gegenseit Vertr, Enn-Lehmann § 158 I 1.

b) Abgrenzung zu anderen Verträgen. Der MVertr unterscheidet sich vom **Auftrag** (§§ 662ff) dch seine Entgeltlichk; ferner kann der Beauftr Ers seiner Aufwendgen verlangen (§ 670), der Makler dagg nicht (§ 652 II). Der Auftr setzt die Besorgg eines Gesch für einen and voraus. Solange es nicht zum Vertr-Schluß kommt, ist aber die MTätigk nicht für den AuftrG besorgt u der M nur für sich selbst tät gew (Brem OLGZ **65**, 20). Deshalb keine Anwendg von § 354 HGB bei erfolgloser Tätigk (§ 652 Anm 2 B c). Im Gg-Satz zum **Dienstvertrag** (§§ 611ff) wird dch den MVertr eine Pfl zum Tätigw nicht begründet. Selbst eine entspr vertragl Vereinbg (dann sog MDienstVertr, Enn-Lehmann § 157 I 1b) ändert nichts daran, daß eine VergütsPfl nur beim Zustandekommen des Gesch (Erfolgsfall) besteht, denn der Vertr bleibt in seinem Kern erfolgsbezogen (so auch LG Hbg BB **78**, 172; aA anscheind Schwerdtner Rdn 8). Da kein DVertr über eine GeschBesorgg, auch keine entspr Anwendg von § 87a III HGB (§ 652 Anm 9 B a). Nur bei vertragl Abbedingg des Erfolgs nimmt der MVertr den Charakter eines DVertr an, Karlsr NJW **58**, 1495. Das Versprg, ledigl für die Entfaltg einer Tätigk für den Erwerb einer EigtWohng u ohne Rücks auf Vermittlgs- od NachwTätigk eine Vergütg („Bearbeitgsgebühr") zu zahlen, ist nicht Inhalt eines MVertr, sond kann DVertr od SchuldVerspr sein (BGH WPM **77**, 415). Der **Handelsvertreter** ist im Ggsatz zum MVertr verpfl, sich ständ um Vermittlg u Abschl von Gesch zu bemühen, BGH BB **72**, 11. Im GgSatz zum **Werkvertrag** verpfl sich der M nicht, einen bestimmten Erfolg (AbschlGelegenh zu bestimmten Bdggen) herbeizuführen u für ihn einzustehen; ist dies gewollt, so liegt ein auf eine GeschBesorgg gerichteter WerkVertr (irreführd-MWerkVertr; so Enn-Lehmann § 157 I 1 c) vor. So ist der VersM verpfl, zur Vermittlg eines VersVertr zu seinem AuftrG u Versicherungen unverzügl tät zu w, BGH WPM **71**, 966. Auch kann es Fälle geben, in denen der M verpfl ist, auf die VertrGestaltg Einfluß zu nehmen, BGH VersR **70**, 136. Verpflichtet sich der Käufer ggü dem Verk zur Zahlg einer **Verkaufsgebühr** an den vom Verk eingeschalteten alleinbeauftragten M, so kann darin ein Vertr zGDr liegen, der den Käufer zur Zahlg verpflichtet, ohne daß ihm der M Dienste erbracht h (BGH NJW **77**, 582).

c) Stellung zur Gegenpartei. Im Verhältn zum VertrPartner seines AuftrG ist der M **Dritter**, dh es besteht grdsätzl keine VertrBeziehung. Zur Zulässigk von DoppelAuftr § 654 Anm 4, zum stillschw Vertr-Schluß mit dem „Interessenten" § 652 Anm 2 A a. Jedoch kommt eine Haftg des M aGrd unerl Hdlg (§ 826) in Frage, so bei bewußt falschen Auskünften u argl Verschweigen (zB Schwamm RG **63**, 146). Weitergehde Haftg für Auskünfte bei stillschw GarantieÜbern mögl, RG JW **17**, 101. Als bloßer Vermittler h der M **keine Vertretungsmacht** (RG **104**, 368 – and HGB § 84) u ist „Dritter" iS des § 123 II (§ 123 Anm 1 d). Erkl des M binden daher den AuftrG grdsätzl nicht, sind ihm aber analog §§ 278, 831 zuzurechnen, falls sie von ihm veranlaßt sind od der AuftrG dem M freie Hand (zB die Auswahl des Kunden) überlassen hatte, RG **63**, 152.

4) Maklerrecht als dispositives Recht.

Als dispos R unterliegen die §§ 652ff innerh der Grenzen des redl Verk u der guten Sitten der abweichen PartVereinbg; vgl § 652 Anm 9 u 10; sittenw Vertr § 652 Anm 2 b. Dies gilt uneingeschränkt für die von den VertrPart ausgehandelten abändernden **Einzelvereinbargen** (BGH WPM **70**, 392 – nur individuell ausgehandelte Abweichgen vom „gesetzl Bild des M" sind gült). Für die Vereinbg von **AGB** gilt in seinem AnwendgsBereich (vgl dort Einf 3d vor § 1) das AGBG. Von seinen Best sind für die Frage, was VertrInhalt w, die §§ 3, 4, für AusleggsZweifel die §§ 4, 5 von Bedeutg. Für die Wirksamk einz Klauseln sind gerade in Makler-AGB neben der Generalklausel in § 9 erfahrgsgem von bes Bedeutg § 10 Nr 5 u 6 im Zushang mit VorkenntnKlauseln, § 10 Nr 7 im Zushang mit dem Nichtzustandekommen des vermittelten Gesch, § 11 Nr 5, 6 im letztgenannten Zushang und § 11 Nr 15 im Zushang mit der kausalen Tätigk des Maklers als Voraussetzg für die Entsteh des VergütgsAnspr. Soweit das AGBG nicht anwendb ist, unterliegen die AGB u – ihnen gleichwert, Schmidt-Salzer NJW **67**, 373, Düss NJW **72**, 1816 – **Formularverträge** sowohl in formeller (a) als materieller (b) Hins strengen WirkskAnfordergen. Allg zur Inhaltskontrolle von AGB außerh des AGBG 35. Aufl Einf 6 vor § 145; Staud-Weber Einl N 373 vor § 241; Weber NJW **68**, 1 u WPM **68**, Sonderbeil N 2, 30 ff. Sow das AGBG nicht einschläg ist, gelten bei Prüfg der Wirksamk folgde Grdsätze der Rspr.

a) Klarheit und Eindeutigkeit. VertrKlauseln in AGB, dch die dispos MRecht zG des M abgeändert w soll, müssen so klar abgefaßt sein, daß sie auch dem unkund AuftrG verständl sind. Jeder **Zweifel** geht zum Nachteil des M, KG NJW **56**, 1758, **65**, 1277, Düss Betr **68**, 2210. „Geschickte Klauseln" genügen daher nicht. Insb müssen die vom AuftrGeber zu übernehmden Verpfl nach Entsteh u Höhe eindeut, unmißverständl u offen klargestellt, sie dürfen nicht mehr od weniger verschleiert gefaßt u ausleggsbedürft sein, Düss NJW **72**, 1816.

b) Angemessenheit. Der M darf bei der Abfassg von AGB (FormularVertr) nicht lediglseine eig Interessen verfolgen; er ist nach Tr u Gl verpfl, auch die seines künft AuftrG angem zu berücksicht (sonst Mißbr von VertrFreih). AGB dürfen daher **unangemessene,** dh den M einseit begünstigde, u **überraschende Klauseln** nicht enthalten, BGH NJW **65**, 246, **67**, 1225; VersR **68**, 254. Mit der Umwandlg des MVertr in einen DVertr (vgl oben 3b) dch AGB braucht der AuftrG nicht zu rechnen. Unwirks sind Fangklauseln, dch die Vergütg für wertlose Dienste versprochen, Mü OLGZ **65**, 17, od dch die Mithaftg des Vertr des AuftrG begründet w, Karlsr OLG **69**, 146, ferner alle Klauseln, dch die Prov unabh von Erfolg od von ursächl MLeistg versprochen w, BGH NJW **65**, 246, **67**, 1225, Betr **71**, 866, überh alle vom ges Leitbild des MVertr abw, den M begünstigden Bdggen, Düss NJW **72**, 1816; dazu gehört auch Auslösg der Vergütgs-Pfl dch Abschl eines VorVertr, Leistg einer Anzahlg, Einräumg eines VorkaufsR, BGH NJW **75**, 647. Unbedenkl sind dagg Klauseln, mit denen argl u treuw Verhalten des AuftrG begegnet u verhindert w soll, daß der M um die verdiente Prov geprellt w, BGH NJW **67**, 504. Wg Rückfrage- u VorkenntnKlauseln vgl § 652 Anm 9 A a, wg AlleinAuftr § 652 Anm 10 F a, b. Keineswegs kann jede VertrVerletzg des AuftrG mit einem vollen ProvAnspr des M geahndet w (idR nur VertrStrafe mögl: BGH NJW **68**, 149). Klausel, wonach Reugeld in Höhe der Hälfte der Prov bei NichtAbschl zu zahlen, ist nichtig, denn die Wankelmütigk des AuftrG u NichtAbschl des Gesch stellen überh keine VertrVerletzg dar (oben 3a u § 652 Anm 10 B d sowie Mü Betr **67**, 504, Schmidt-Salzer Betr **69**, 1137).

c) Teilnichtigkeit. Die Nichtig einzelner Klauseln in AGB läßt im Zw die Gültigk des MVertr bestehen; an ihre Stelle tritt die gesetzl Regelg; § 139 gilt insow nicht BGH **22**, 90; eingehd Naendrup: Die Teilnichtig im Recht der AGB (1966).

d) Hinweis auf Abweichung. Enthalten AGB od FormularVertr den M begünstigde, vom ges Leitbild des MVertr abw Bdggen, so können sie allenf dadch wirks Ggst der Vereinbg w, daß der M den AuftrGeber unmißverständl auf diese Bdggen, ihre Abw vom ges geregelten MVertr u auf die Verpfl des AuftrGebers hinweist u sie erläutert u daß der AuftrGeber sie nachfolgd billigt, BGH WPM **70**, 392, Düss NJW **72**, 1816.

e) Revisibilität. Typische Klauseln, die im ges BGebiet in ähnl Form vorkommen, kann das RevGer selbst auslegen (BGH st, zB NJW **61**, 307, **64**, 1468, **68**, 149; eingehd hierzu StJ-Grunsky § 549 Anm III B 4d).

5) Zusammenarbeit mehrerer Makler.

Pers Tätigk des M w in § 652 nicht vorausgesetzt. Der M kann sich zur Dchführg des Auftr der MitArb von Hilfskräften bedienen. M kann auch **jur Person** od **OHG** sein. Kommt es auf die Kenntn bestimmter Umst an, so ist bei der M-OHG die Kenntn des Gters maßgebd, der den Auftr bearbeitet. Diesem kann das Wissen u Gter, die ihm unverschuldet keine Mitteilg machen, nicht zugerechnet w, BGH JZ **68**, 69. Bei der ZusArb mehrerer M kommen folgde Formen in Frage:

a) Untermaklervertrag. Er ist ein ges nicht geregelter HilfsVertr zum MVertr, dch den ein HauptM sich mit einem UnterM zur gemschaftl Dchführg einzelner MGesch verbindet mit der Abrede, den UnterM an den aus den einzelnen Gesch anfallden Prov zu beteiligen (partiar RechtsVerh bes Art, BGH BB **66**, 1367). In vertragl Beziehgen zum AuftrG steht allein der HauptM, Hbg MDR **64**, 595. Der UnterM ist Gehilfe des HauptM, RG **148**, 356. Dieser haftet für ihn nach § 278, Mü JR **61**, 95. Der HauptM bleibt der Bestimmde; er kann ohne Rücks darauf, ob der UnterM zu seiner Prov kommt, seine Entschließgen frei treffen (BGH BB **68**, 729) u kann sogar eine Minderung seines MLohns nach dem AuftrGeber hinnehmen, wenn der UnterM einen Teil davon zu verlangen hätte. Grenze: Arglist, Hbg BB **54**, 173. TreuPfl des UnterM: § 654 Anm 6 aE.

b) Ein Gemeinschaftsgeschäft liegt vor, wenn zwei (od mehrere) M vereinbgsgem in der Weise gleichberecht zusammenarbeiten, daß sie Mitteilgen über konkrete GeschMöglichk zum Zweck der Herbeiführg von VertrAbschl mit der Aufforderg, einen Interessenten beizubringen, ggs austauschen. Das Angebot muß mind so ausführl sein, daß der zweite M beurt kann, ob sich seine Ann lohnt; bloße KenntnGabe vom Obj genügt nicht, Hbg MDR **73**, 225. Beim GemschGesch steht jedem M die Prov seines AuftrG zu. Fällt nur eine Gebühr an, so ist diese gleichm zu teilen, BGH BB **63**, 835; s ferner Glaser-Warncke S 267 ff.

c) Beim **Zubringergeschäft** fehlt es an einer ZusArbVereinbg iS von b; es beschr sich auf die gelegentl Mitteilg einzelner VertrMöglichk (Schlepperdienste, Dyckerhoff-Rinke S 147). Der idR nicht gewerbsm tät ZubringerM hat nur Anspr auf einen geringeren Anteil an der Prov, BGH BB **63**, 835. HauptM ist dem Zubringer nicht zum Tätigw verpfl, BGH BB **68**, 729.

6) **Sonderbestimmungen über Maklerverträge**, die den **Nachweis** od die **Vermittlung von Wohnräumen** zum Ggstd h, enthält das G zur Verbesserg des MietR u zur Begrenzg des Mietanstiegs sowie zur Regelg von Ing- u ArchLeistgn v 4. 11. 1971 (BGBl S 1745) in seinem Art 9, **Gesetz zur Regelg der WohngsVermittlg** (WoVermG, auszugsweise):

§ 1. (1) *Wohnungsvermittler im Sinne dieses Gesetzes ist, wer den Abschluß von Mietverträgen über Wohnräume vermittelt oder die Gelegenheit zum Abschluß von Mietverträgen über Wohnräume nachweist.*

(2) *Zu den Wohnräumen im Sinne dieses Gesetzes gehören auch solche Geschäftsräume, die wegen ihres räumlichen oder wirtschaftlichen Zusammenhangs mit Wohnräumen mit diesen zusammen vermietet werden.*

(3) *Die Vorschriften dieses Gesetzes gelten nicht für die Vermittlung oder den Nachweis der Gelegenheit zum Abschluß von Mietverträgen über Wohnräume im Fremdenverkehr.*

§ 2. (1) *Ein Anspruch auf Entgelt für die Vermittlung oder den Nachweis der Gelegenheit zum Abschluß von Mietverträgen über Wohnräume steht dem Wohnungsvermittler nur zu, wenn infolge seiner Vermittlung oder infolge seines Nachweises ein Mietvertrag zustande kommt.*

(2) *Ein Anspruch nach Absatz 1 steht dem Wohnungsvermittler nicht zu, wenn*
1. *durch den Mietvertrag ein Mietverhältnis über dieselben Wohnräume fortgesetzt, verlängert oder erneuert wird,*
2. *der Mietvertrag über Wohnräume abgeschlossen wird, deren Eigentümer, Verwalter oder Vermieter der Wohnungsvermittler ist, oder*
3. *der Mietvertrag über Wohnräume abgeschlossen wird, deren Eigentümer, Verwalter oder Vermieter eine juristische Person ist, an der der Wohnungsvermittler rechtlich oder wirtschaftlich beteiligt ist. Das gleiche gilt, wenn eine natürliche oder juristische Person Eigentümer, Verwalter oder Vermieter von Wohnräumen ist und ihrerseits an einer juristischen Person, die sich als Wohnungsvermittler betätigt, rechtlich oder wirtschaftlich beteiligt ist.*

(3) *Ein Anspruch nach Absatz 1 steht dem Wohnungsvermittler gegenüber dem Wohnungssuchenden nicht zu, wenn der Mietvertrag über öffentlich geförderte Wohnungen oder über sonstige preisgebundene Wohnungen abgeschlossen wird, die nach dem 20. Juni 1948 bezugsfertig geworden sind oder bezugsfertig werden. Das gleiche gilt für die Vermittlung einzelner Wohnräume der in Satz 1 genannten Wohnungen.*

(4) *Vorschüsse dürfen nicht gefordert, vereinbart oder angenommen werden.*

(5) *Eine abweichende Vereinbarung ist unwirksam.*

§ 3. (1) *Das Entgelt nach § 2 Abs. 1 ist in einem Bruchteil oder Vielfachen der Monatsmiete anzugeben.*

(2) *Außer dem Entgelt nach § 2 Abs. 1 dürfen für Tätigkeiten, die mit der Vermittlung oder dem Nachweis der Gelegenheit zum Abschluß von Mietverträgen über Wohnräume zusammenhängen, sowie für etwaige Nebenleistungen keine Vergütungen irgendwelcher Art, insbesondere keine Einschreibgebühren, Schreibgebühren oder Auslagenerstattungen, vereinbart oder angenommen werden. Dies gilt nicht, soweit die nachgewiesenen Auslagen eine Monatsmiete übersteigen. Es kann jedoch vereinbart werden, daß bei Nichtzustandekommen eines Mietvertrages die in Erfüllung des Auftrages nachweisbar entstandenen Auslagen zu erstatten sind.*

(3) *Eine Vereinbarung, durch die der Auftraggeber sich im Zusammenhang mit dem Auftrag verpflichtet, Waren zu beziehen oder Dienst- oder Werkleistungen in Anspruch zu nehmen, ist unwirksam. Die Wirksamkeit des Vermittlungsvertrags bleibt unberührt. Satz 1 gilt nicht, wenn die Verpflichtung die Übernahme von Einrichtungs- oder Ausstattungsgegenständen des bisherigen Inhabers der Wohnräume zum Gegenstand hat.*

§ 4. *Der Wohnungsvermittler und der Auftraggeber können vereinbaren, daß bei Nichterfüllung von vertraglichen Verpflichtungen eine Vertragsstrafe zu zahlen ist. Die Vertragsstrafe darf 10 v. H. des gemäß § 2 Abs. 1 vereinbarten Entgelts, höchstens jedoch fünfzig Deutsche Mark nicht übersteigen.*

§ 5. *Soweit an den Wohnungsvermittler ein ihm nach diesem Gesetz nicht zustehendes Entgelt, eine Vergütung anderer Art, eine Auslagenerstattung, ein Vorschuß oder eine Vertragsstrafe, mit Ausnahme der in § 4 genannten Vertragsstrafe, geleistet worden ist, kann die Leistung nach den allgemeinen Vorschriften des bürgerlichen Rechts zurückgefordert werden; die Vorschrift des § 817 Abs.* 2 des Bürgerlichen Gesetzbuchs ist nicht anzuwenden. Der Anspruch verjährt in einem Jahr von der Leistung an.* * *richtig: Satz*

§ 6. (1) *Der Wohnungsvermittler darf Wohnräume nur anbieten, wenn er dazu einen Auftrag von dem Vermieter oder einem anderen Berechtigten hat.*

(2) *Der Wohnungsvermittler darf öffentlich, insbesondere in Zeitungsanzeigen, auf Aushängetafeln und dergleichen, nur unter Angabe seines Namens und der Bezeichnung als Wohnungsvermittler Wohnräume anbieten oder suchen; bietet er Wohnräume an, so hat er auch den Mietpreis der Wohnräume anzugeben und darauf hinzuweisen, ob Nebenleistungen besonders zu vergüten sind.*

§ 7. *Die Vorschriften des § 3 Abs. 1 und des § 6 gelten nur, soweit der Wohnungsvermittler die in § 1 Abs. 1 bezeichnete Tätigkeit gewerbsmäßig ausübt.*

Das Ges bezweckt nach der Begründg des RegEntw (BT-Drucksache VI 1549), Mißstände bei der WohngsVermittlg zu beseitigen, die WohngsSuchenden vor wirtschaftl ungerecht Belastgen zu schützen, unlautere GeschMethoden sowie mißlieb VertrGestaltgen zu verhindern.

Einf v § 652, § 652 2. Buch. 7. Abschnitt. *Thomas*

§ 1 regelt den **Anwendungsbereich** des Ges, der Wortlaut ist an § 652 angelehnt. Es gilt nur für die Vermittlg od den Nachw der Gelegenh zum Abschl von MietVertr (nicht and Vertr wie Kauf) über Wohnräume, das sind Wohngen od Einzelräume, möbliert od unmöbliert, ausgen Wohnräume im FremdenVerk. Die BegrDefinition dafür findet sich in § 4 des Ges über ... sowie die Statistik des FremdenVerk (BGBl 60 S 6).

§§ 2 bis 5 sind bei den einschläg Anm zu §§ 652, 653 eingearbeitet u erläutert unter dem Stichwort WohngsVermittlg.

§ 6 enthält für gewerbsmäß (§ 7) Wohngsmakler eine OrdngsVorschr. Verstoß führt nicht zur Nichtig des MVertr (Karlsr NJW **76**, 1408), wohl aber zu Geldbuße (§ 8).

Inkrafttreten: 5. 11. 1971.

652 Begriff. I Wer für den Nachweis der Gelegenheit zum Abschluß eines Vertrags oder für die Vermittelung eines Vertrags einen Mäklerlohn verspricht, ist zur Entrichtung des Lohnes nur verpflichtet, wenn der Vertrag infolge des Nachweises oder infolge der Vermittelung des Mäklers zustande kommt. Wird der Vertrag unter einer aufschiebenden Bedingung geschlossen, so kann der Mäklerlohn erst verlangt werden, wenn die Bedingung eintritt.

II Aufwendungen sind dem Mäkler nur zu ersetzen, wenn es vereinbart ist. Dies gilt auch dann, wenn ein Vertrag nicht zustande kommt.

Übersicht

1) Voraussetzungen für die Entstehung des Vergütungsanspruchs
2) Rechtsgültiges Zustandekommen und Bestand des Maklervertrags
   A) Vertragsabschluß
   B) Wirksamkeit
   C) Dauer
3) Die Leistung des Maklers
   a) Nachweistätigkeit
   b) Vermittlung
4) Rechtsgültiges Zustandekommen des gewünschten Vertrags mit dem Dritten
   A) Dritter
   B) Zustandekommen
   C) Wirksamkeit
   D) Identität
   E) Zeitpunkt†

5) Kausalzusammenhang zwischen Maklerleistung und Vertragsschluß
6) Kenntnis von der Maklertätigkeit
7) Höhe, Berechnung, Herabsetzung, Fälligkeit und Verjährung des Provisionsanspruchs
8) Aufwendungen
9) Abweichende Vereinbarungen
   A) zu Gunsten des Maklers
   B) zu Gunsten des Auftraggebers
10) Forts. Alleinauftrag
    A)–C) Zweck, Inhalt, Zustandekommen
    D) Provisionsanspruch
    E) Schadensersatzanspruch
    F) Erweitertes Provisionsversprechen, pauschalierter Schadensersatz, Vertragsstrafe, Reugeld.

1) Voraussetzgen für die Entstehg des Vergütgsanspruchs. Der Anspr des M auf Vergütg (MLohn, Prov, Courtage, Gebühr) entsteht nach § 652 nur dann, wenn folgde Voraussetzgen vorliegen: Zustandekommen eines gült MVertr (Anm 2), die Erbringg der MLeistg (Anm 3), das rechtsgült Zustandekommen des gewünschten Vertr (Anm 4) aGrd (ursächl ZusHang, Anm 5) der dem AuftrG bekannten (Anm 6) MTätigk. Fehlt es an den Merkmalen der Anm 3–6, so können bei schuldh VertrVerletzg des AuftrG SchadErsAnspr des M in Frage kommen (§ 654 Anm 5), beim Fehlen eines gült MVertr (Anm 2) uU sonst Anspr (Anm 2 B c). Jedes der Erforderns der Anm 3–6 kann dch PartVereinbg abbedungen w. Soweit dies nicht iW der Einzelvereinbg geschieht, sond dch Verwendg von AGB, bestehen jedoch gewisse Schranken (Einf 4 vor § 652). Die Abweichgen können sich auf die einzelnen Merkmale beschränken (Anm 9), es kann aber auch ein abw VertrTyp vereinb w (AlleinAuftr), der dch bes Vereinbgen näher ausgestaltet w kann (Anm 10). Auch der SchadErsAnspr des M unterliegt abweicher Vereinbg (vgl zB Anm 10 F).

2) Rechtsgültiges Zustandekommen u Bestand des Maklervertrags.

A) Vertragsabschluß. a) Der MVertr kann dch ausdr od **stillschweigende Erklärgen** geschlossen w, §§ 145 ff, 151. Für letztere ist ein Verhalten erforderl, das den auf Abschl eines MVertr gerichteten Willen eindeut erkennen läßt; an diese Voraussetzg sind strenge Anfordergen zu stellen (Schlesw SchlHA **68**, 119). Keinen entspr Antr stellt die ZeitgsAnz des M dar, denn sie ist notw unbestimmt u dient lediglich der Interessentensuche, Hbg MDR **62**, 569, Br OLGZ **65**, 20; der Leser kann davon ausgehen, daß der M vom Verk beauftr ist u auch bezahlt w, Ffm MDR **75**, 1019. Kein Antr liegt auch in der unverbindl Nachfrage des Interessenten beim M, KG NJW **58**, 63, **61**, 511, Wiedemann JR **68**, 27, Glaser MDR **71**, 193. Als schlüss Erkl können aber die Erbringg der MLeistg (zB Bekanntg des Objekts u VertrPartners) u deren Entgegennahme u Ausnutzg dch den Interessenten in Frage kommen. Keineswegs führt aber jedes Sichgefallenlassen von MDiensten zum Abschl eines MVertr, BGH JR **53**, 424. Erforderlich ist vielmehr, daß jemand **Maklerdienste entggnimmt**, obwohl er weiß od wissen muß, daß der M hierfür von ihm eine Vergütg verlangt, wenn es zum VertrSchluß kommt, BGH NJW **58**, 298, BB **60**, 918. Kein stillschw MVertr mit gewerbsmäß M (hier: Vermittlg eines Hauses) liegt im Regelfall zw einem Arch u einem Grdst u Hausinteressenten (vgl zB BGH NJW **70**, 700. Sache des M ist es, klare Verhältn zu schaffen; jede Unklarh über einen stillschw VertrSchl geht zu seinen Lasten, BGH LM Nr 6 u 8a, NJW **67**, 199. Steht der Makler bereits mit einem AuftrG in einem VertrVerh (erster MVertr), so erfolgt die Entfaltg von MDiensten im Rahmen dieses Auftr u stellt nicht ohne weiteres ein schlüss erkl Angebot zum Abschl eines zweiten MVertr mit dem Interessenten dar (dazu eingehd Krause, Festschr f Molitor, 393 ff). Will der M auch für diesen Interessenten als zweiten AuftrG tät w, so muß er dies ihm ggü vor der Entfaltg der MTätigk od spätestens gleichzeit klar u deutl, wenn auch nicht notw ausdrückl, zu erkennen geben, BGH WPM **71**, 904. Hieraus ergibt sich im **einzelnen**: Ein **Maklervertrag kommt nicht zustande** dadch, daß sich auf ein Inserat des VerkM ein Interessent meldet, BGH WPM **71**, 1098; nicht dadch, daß der M die Anfrage des Kaufinteressenten vorbehaltlos beantwortet u ihm das Kaufobjekt bekannt gibt, BGH NJW **58**, 298, Düss JR **68**, 26; nicht dadch, daß der M den Kaufinteressenten laufd unaufgefordert Objektbeschreibgn zusendet u dieser sie stillschw entggnimmt, BGH LM Nr 6, KG NJW **61**, 511. **Vertragsschluß** ist aber **zu bejahen,** wenn der Arch die Fremdmittel für das BauVorh des AuftrG beschafft, BGH BB **69**, 935; wenn der M das Grdst vertraul unter Hinw auf die Käufermaklergebühr anbietet u sich der Interessent daraufhin die Objektangaben machen läßt, BGH NJW **67**, 1365. Bei Übersendg der angeforderten Objektbeschreibg (Exposé) dch den M genügt der gleichzeit Hinw auf die Verpflichtg des Interessenten zur ProvZahlg, KG NJW **60**, 1865. Die bloße **Beifügg der Geschäftsbedinggn** reicht nicht aus für ein wirks VertrAngebot des M, da die GeschBdgg nur im Falle des Zustandekommens eines MVertr von Bedeutg, Br OLG **65**, 20. Verneind auch KG NJW **61**, 511, wenn sich nicht eindeut ergibt, daß auch KäuferProv verlangt w. – Entspr Grdsätze gelten, wenn der M vom Käufer beauftr ist, für den Anspr gg den Verkäufer, BGH BB **60**, 918.

b) Ob **Nachweis- oder Vermittlgsmaklervertrag** (vgl unten Anm 3) geschlossen, ist ggf dch Auslegg zu ermitteln. Zw dem vom Verkäufer beauftr gewerbsm GrdstM u Kaufinteressent kommt im Zw NachweisMVertr zustande, BGH NJW **67**, 1365. Bei der Würdigg entfalteter Vermittlgstätigk (Einwirkg auf den VertrGegner) nach erbrachtem Nachw ist zu berücksicht, daß der NachwM am Zustandekommen des VertrSchl ein eigenes Interesse h (BGH aaO). c) Wg **stillschweigender Änderg** des MVertr vgl unten Anm 4 D c.

B) Wirksamkeit. a) Der MVertr bedarf zu seiner Wirksk grdsätzl keiner **Form**, denn eine Verpfl zum GrdstVerk od -Kauf an den vom M benannten VertrPartner wird für den GrdstEigtümer nicht begründet (Einf 3a vor § 652). Verpfl sich der AuftrG, ein Grdst zu festgelegten Bdggen an jeden vom M zugeführten Interessenten zu verkaufen, bedarf der MVertr, falls man ihn im Hinbl auf die AbschlFreih (Einf 3a, 4b) überh für wirks hält, der Form des § 313, andernf ist er nichtig, BGH NJW **70**, 1915; ebso ein VertrStrafVerspr für den Fall des NichtVerk, BGH NJW **71**, 557, abl Schwerdtner JR **71**, 199. Auch eine mit dem GrdstKäufer als AuftrG vereinb „AnkaufsVerpfl mit ProvSicherg" (Glaser-Warncke S 130) bedarf seit 1. 7. 73 der Form des § 313; and vor dem 1. 7. 73, weil darin eine reine, früher nicht formbedürft (BGH **57**, 394) ErwerbsVerpfl liegt. Sie kann aber unter dem GesichtsPkt der AbschlFreih unwirks sein. Formnichtig (§§ 125, 313) ist ein ProvVerspr, das in einer zw GrdstKäufer u Verk getroffenen Vereinbg, in der sie sich zum Abschl verpfl, enthalten ist, Ffm NJW **60**, 485; dagg Goldmann aaO 1302 u Zunft 1814. Schriftform ist erforderl für MVertr mit Gemeinde, BGH MDR **66**, 753 für *hess* GemO.

b) Unwirksk des MVertr kann sich ferner aus seinem Inhalt (§§ 134, 138) od aus seinem Zustandekommen (§§ 119, 123, 142) ergeben. Verstoß gg **gesetzl Verbote**: Einf 2 b vor § 652. Über § 139 kann der MVertr nichtig sein, wenn eine Vereinbg gg das RBerG verstößt. Dies ist nicht der Fall, wenn der mit der Vermittlg eines Vertr beauftr M im Rahmen dieser Tätigk Interessenten einen von ihm ausgearbeiteten VertrEntw zur Verfügg stellt, BGH BB **74**, 815. Wg **Wuchers** kann MVertr nichtig sein bei MißVerh zw der Vergütg u dem Wert, den das Zustandekommen des Vertr für den AuftrG h, RG **90**, 402, Mormann WPM **68**, 954. **Sittenwidrig,** wenn sich der M bereits für die Zuführg eines and M Prov verspr läßt, Nürnb OLGZ **65**, 6, od bei Schmiergeld Verspr an Angestellte für den Fall des Zustandekommens des HauptVertr, BGH **LM** Nr 2 zu § 654 u allg § 138 Anm 5 a cc, ferner § 654 Anm 3 b. Unbefristeter AlleinAuftr ist sittenw Knebelg, Hamm NJW **66**, 887 u unten Anm 10 B b. Die Verwendg **täuschender Begriffe** im MVertr kann die Anfechtg gem § 123 begründen, Ffm NJW **60**, 485.

c) Sind MDienste aGrd unwirks od nicht zustandegekommenen MVertr geleistet, kann Haftg des AuftrG aus §§ 812, 818 II, § 354 HGB in Frage kommen, RG **122**, 232, BGH NJW **64**, 2343. MLeistg ggü einem zweiten AuftrG ist aber ohne VertrSchl nicht gegeben (Anm 2 A a). Beim **Bereichergsanspruch** wird der Wert des Erlangten (§ 818 II) der übl Prov (§ 653 II) entsprechen, Rust MDR **59**, 449. § 817: § 653 Anm 2 aE. Einen VergütgsAnspr gem **§ 354 HGB** hat der M als Kaufm nur dann, wenn bei Wirksk des Vertr der Anspr auf MProv entstanden wäre, also nur bei erfolgreicher Tätigk, BGH MDR **66**, 753, NJW **67**, 199 u Einf 3 b vor § 652.

C) Dauer. Der MVertr ist von unbestimmter Dauer. Rechtsgeschäftl VertrBeendigg ist mögl entweder zweiseit (AufhebgsVereinbg) od einseit dch Künd (Widerruf) od Anfechtg (§§ 119, 123). Ferner endet MVertr dch den Tod des M, BGH NJW **65**, 964; stirbt der AuftrG, so können seine Erben kündigen. Konk des M beendigt den MVertr nicht (M bleibt handlgsfäh), wohl aber der des AuftrG, § 23 II KO. Der AuftrG kann den MVertr grdsätzl **jederzeit** kündigen (widerrufen; Einf 3a vor § 652), der M gem § 626. Die Beendigg des MVertr hat ledigl für künft MDienste Bedeutg. Hat der M bereits währd der VertrDauer seine Leistg erbracht, so kann sich der AuftrG dch eine Kündg der VergütgsPfl bei Inanspruchn nicht entziehen (Anm 4 E). Jedenf wäre ein AuftrWiderruf ledigl zu dem Zweck, den M um seine Prov zu bringen, treuwidr, LG Aachen NJW **51**, 657. – Bei VertrSchl nach KonkEröffng fällt der ProvAnspr in die Masse, Erm-Wagner § 652 Anm 6.

3) Die Leistg des Maklers. Der Makler ist entweder Nachw- od VermittlgsM. Zur Auslegg stillschw geschl Vertr vgl oben Anm 2 A b. Die Leistg des M muß daher – je nach dem geschl Vertr – in Nachwod Vermittlgstätigk bestehen. Eine sonst Tätigk, mag sie auch nützl sein u den VertrSchl gefördert h (zB sachkund Beratg des AuftrG, Beschaffg von Unterlagen u dgl) bringt den ProvAnspr nicht zur Entstehg (vgl unten b).

a) Der **Nachweis** besteht darin, daß der M dem AuftrG einen bish unbekannten Interessenten für das angestrebte Gesch benennt, ihm Obj u künft VertrPartner bekanntgibt, Ffm MDR **75**, 315. Inhalt muß der

Nachw hinsichtl der Pers des Interessenten u des Objekts (zB Lage u grdbuchmäß Bezeichng des Grdst, Hbg AIZ **74**, 4) so hinreichend bestimmt sein, daß es dem AuftrG möglich ist, von sich aus die VertrVerh aufzunehmen. Dazu ist idR Angabe v Name u Anschr des Interessenten nöt (Ffm MDR **76**, 664). Der Hinw auf eine bloße Ermittlmöglichk genügt nicht, die Übermittlg eines ins einzelne gehden Angebots ist anderes nicht erforderl (Reichel 141 ff). Um bloße ErmittlgsMöglichk, nicht um Nachw handelt es sich, wenn der M dem AGeber eine Liste mit einer Vielzahl von allg Interessenten zusendet, an Hand deren der AGeber erst die konkr Interessenten für sein Obj ermitteln müßte, Mü BB **73**, 1551. Vorkenntn vgl Anm 5, 9 A a.

Indirekter Nachweis (M führt anderen M zu, der dann vermittelt) genügt nicht. Prov ist in diesem Fall nur dann zu zahlen, wenn sie nach den Umst od VertrInhalt als vereinb galt od wenn der erste M tatsächl ebenf den Abschl hätte herbeiführen können, Mü DJ **38**, 343.

b) **Vermittlg** iS des § 652 ist Herbeiführg der VertrBereitsch des VertrGegners. Mit dem AGeber ist eine weitere Verh als die zur Begründg des MVertr nicht erforderl, ebso reicht die gleichzeit Verh mit beiden VertrTlen od eine Mitwirkg beim VertrAbschl zw ihnen, BGH WPM **74**, 257. Verh des M mit seinem AuftrG sind weder notw noch ausreichd (bedenkl daher Düss JR **68**, 25 m abl Anm Wiedemann), erforderl vielm, daß er Verbindg zum Dr aufnimmt u auf diesen einwirkt, einen Vertr mit dem AuftrG zu schließen (BGH MDR **68**, 405). Vermitteln heißt also verhandeln mit dem VertrPartner des AuftrG. Dazu genügt nicht, daß der Notar abschließt, der in amtl Eigensch v der AbschlMöglk erfährt (BGH NJW **76**, 1844). Es ist kein Vermitteln, wenn ein Hausverwalter in Vollm des Eigtümers (LG Hbg MDR **74**, 490, LG Aurich NJW **75**, 544) od wenn der zum Abschl bevollm M ohne weitere Tätigk einen Miet-Vertr abschließt (LG Mü I BB **74**, 1319). Es trifft zwar zu, daß der Verwalter einer WohngsEigtAnl als solcher nicht Verwalter der einz EigtWohng iS des § 2 II Nr 2 WoVermG (abgedr Einf 6) ist (LG Mü I NJW **74**, 2287); schließt er aber mit Vollm eines WohngsEigtümers einen MietVertr ab, so besteht die näml Interessenlage wie iF des § 2 II Nr 2 WoVermG (Hoyningen-Huene NJW **74**, 2287; aA Mü MDR **75**, 931). Auch der HandelsVertr einer Part kann bei Vermittlg od Abschl eines Gesch nicht zugl eine MLeistg für den Kunden erbringen, weil er rechtl nicht in der Lage ist, dessen Interessen gg den Untern zu wahren, BGH NJW **74**, 137. Ebso kann eine M-KG dem Käufer keine MDienste leisten, wenn ihr pers haftder Gter zugl GeschF der verkaufden GmbH ist (BGH Betr **75**, 2319); vgl auch Anm 4 A.

4) Rechtsgültiges Zustandekommen des gewünschten Vertrags mit dem Dritten. Die Gefahr des Nichtzustandekommens od der Unvollkommenh des HauptVertr trägt der M. Der gewünschte HauptVertr kann jedoch schuldr mögl sein, auch ein GeschBes- od BauBetrVertr (BGH BB **77**, 1672). **Literatur:** Rust MDR **59**, 449 (maklerfreundl); Kohler NJW **57**, 327; Hans BlGBW **69**, 81; Brutschke JR **76**, 490.

A) Der Vertr muß **zw AuftrGeber u einem Dritten** zustandegek sein. Diesem Erfordern genügt nicht der sog Selbsteintritt des M, sei es offen od unter dem GesichtsPkt wirtschaftl Beteiligg od der Interessenkollision. Die nachträgl Vereinbg einer Prov für ein EigenGesch ist nur wirks, wenn der AuftrG weiß, daß er ohne sie nicht zur Zahlg einer Prov verpflichtet ist (BGH WPM **77**, 317). Deshalb keine Vergütg, wenn der M selbst (BGH WPM **76**, 1158; dies grdsätzl auch dann, wenn sich der M die Leistg v einem Dr besorgt) od wenn derjen Gter, der für die M-Gesellsch aufgetreten ist, den Vertr mit dem AuftrG abschließt (KG NJW **68**, 1782); ebso wenn die vom Käufer beauftragte M-Firma inf ihrer beherrschden Beteiligg die Hdlgen der VerkFirma ausschlaggeb best (BGH NJW **71**, 1839); ebso kein Anspr auf M-Vergütg vom Käufer, wenn eine natürl Pers die Tätigk sowohl der M- wie der VerkFirma entscheidd steuern u beeinflussen kann (Stgt NJW **73**, 1975, Hbg MDR **74**, 228 [Identität der GeschF v Wohngsbau- u M-GmbH]), BGH WPM **78**, 711 (Identität v Verk u GeschF der M-Firma, kein M-VergütgsAnspr des Bau-Betr gg den Käufer einer Wohng, den der Eigtümer nur mit Zust des BauBetr verk darf); wenn der AuftrG den KaufVertr mit einer KG abschließt, in deren pers haftder Gterin (GmbH) der M GeschF ist (Ffm NJW **75**, 543). Wenn der M GeschF der verkaufden GmbH ist, kann er dem Käufer keine MDienste leisten; eine VergütgsVereinbg ist nur wirks, wenn der M seine Beziehg zur GmbH vorher klar u eindeut aufgedeckt h (BGH NJW **75**, 1215 u WPM **76**, 1158); wenn eine OberGesellsch (KG) den beherrschden Einfluß sowohl auf die M-Firma (GmbH) wie auf die VerkFirma (weitere GmbH, VertrPartner des AGebers) ausübt (BGH NJW **74**, 1130); wenn der mit 75% beteil Gter u GeschF der M-KG, die einen TrHd-Vertr vermitteln soll, gleichzeit MehrhAktionär u AufsRatVors der TrHd-AG ist (BGH WPM **78**, 708); od wenn sonst der M an dem vermittelten Gesch auf Seiten des VertrPartners des AGebers in einem wirtsch erhebl Maße mitbeteil (BGH NJW **73**, 1649) od wenn er an einer Gesellsch – außer ganz unbedeutd – beteil ist, die VertrGegner seines AGebers ist (BGH Betr **76**, 2203). Eine solche Beteiligg soll nicht bestehen, wenn die Ehefr eine ihrem Ehem (Arch) gehörde Wohng zur Miete vermittelt (LG Ffm NJW **73**, 1502) od wenn ein Eheg fremdes GrdBes verwaltet u der auf Wohngen daraus vermittelt (Hbg Betr **76**, 1527). Eine zu formale Betrachtsweise; analoge Anw des § 2 II Nr 2, 3 WoVermG (abgedr Einf 6) liegt nahe; ebso LG Ffm NJW **74**, 862, Benöhr NJW **73**, 1977, Hoyningen-Huene BB **74**, 258. Abzulehnen auch Mü NJW **74**, 1875, wonach eine 25%ige Beteiligg der MFirma an der VerkFirma bei enger personeller, räuml u funktioneller Verflechtg der Bejahg der MTätigk nicht im Wege stehen soll; wie hier Benöhr, aaO 1876 u BGH Betr **76**, 2203. Nicht steht dem VergütgsAnspr des M entgg, daß er mit seinem AuftrG (Ggs: mit dessen VertrGegner) wirtsch verflochten ist (BGH WPM **76**, 1334).

B) Der vermittelte (nachgew) Vertr muß **zustandegekommen** (I 1), dh der schuldrechtl Vertr abgeschl sein, ggf in der erforderl Form. Deshalb keine VergütgsPfl vor not Ann, mag auch das Grdst bereits überlassen sein, KG HuW **56**, 129 od bei Abschl lediql eines VorVertr od bloßer Leistg einer Anzahlg, BGH NJW **75**, 647 od Abschl eines not KaufanwartschVertr über ein Grdst (BGH WPM **76**, 28). Bei Real-Vertr muß auch der erforderl Realakt hinzukommen. Bei der DarlVermittlg kommt es daher darauf an, ob man den DarlVertr als Real- od KonsensualVertr ansieht (vgl Einf 1 vor § 607 aE); nur ersterenf ist daher erforderl, daß das Darl ausbezahlt ist, so Köln Betr **60**, 352, Karlsr Just **69**, 164; da der KreditVertr nach hM als KonsensualDarl aufzufassen ist, läßt BGH Betr **69**, 1598, ähnl Düss WPM **70**, 1273 mit R-Vertr über Auszahlg eines Darl mit genau ausgehandelten Bedinggen in der Weise genügen, daß der DarlNehmer klagb Anspr auf Auszahlg gg Erbringg der von ihm vertragl ausbedungenen Nachw u Leistgen h. Die Klausel „zahlb, wenn die Bank den Kredit zur Verfügg gestellt h", setzt Einigk über die Konditionen voraus, so daß dem Abruf der Gelder nichts mehr im Wege steht, Ffm NJW **70**, 199. NebenPfl des FinanzM vgl § 654 Anm 2, 3. – Ohne Bedeutg für den ProvAnspr ist dagg grdsätzl das Zustandekommen des ErfGesch; auf die **Ausführg** des zustande gekommenen Vertr kommt es daher nicht an, zB die Part heben den Vertr auf od beantragen die erforderl behördl Gen nicht (BGH Betr **76**, 2252); vgl aber wg AuflassgsGen unten C b. Abw Vereinbgen: Anm 9 B a.

C) Der Vertr muß **gültig** zustandegekommen u darf nicht nachträgl wg einer im VertrSchl selbst liegden **Unvollkommenheit** wieder **beseitigt** worden sein.

a) Bei **Formnichtigkeit** (§ 125) kommt es nicht darauf an, ob der AuftrG den Grd hierfür selbst veranlaßt h (Bsp: Unterverbriefg des Kaufpr); in diesem Fall auch kein SchadErsAnspr (BGH WPM **77**, 1049); aA Rust MDR **59**, 449 [volle Prov] u Kohler NJW **57**, 327 [SchadErs]. Jedoch entsteht der ProvAnspr bei nachträgl Heilg des Formmangels, § 313 S 2. AuftrGeb kann sich ggü MLohnAnspr auf FormNichtigk berufen, selbst wenn der and Teil zur DchFührg des formnicht Vertr bereit ist, Celle OLGZ **69**, 417.

b) Beim **genehmiggsbedürftigen Vertrag** ist für den ProvAnspr die Erteilg der Gen für den Verpfl-Vertr erforderl, § 184; w sie versagt, erhält der M keinen Lohn, BGH **60**, 385 für vormschgerichtl Gen; BGH WPM **70**, 905 allg u für RücktrVorbeh, falls das Grdst nicht bebauungsfäh ist. Ebso kein Vergütgs-Anspr, wenn die für die Aufl vorgeschriebene Gen nach dem BBauG versagt w (BGH WPM **77**, 21). Negativattest, auch wenn zu Unrecht erteilt, steht der Erteilg der Gen gleich; trotzdem kein VergütgsAnspr, wenn die Vergütg für den Nachw v Bauland versprochen wurde u das Grdst tats nicht bebaub ist (BGH aaO).

c) Ferner kein ProvAnspr bei wirks **Anfechtung** (§§ 119, 123, 142) u zwar nicht nur bei Irrt (Getäuschtw) des AuftrG, sond auch dann, wenn der VertrGegner wg argl Täuschg dch AuftrG wirks angefochten h (BGH Betr **76**, 2252), denn bei ordnggem Verhalten des AuftrG wäre dann Vertr zustande gek.

d) Bei **aufschiebender Wirkung** entsteht LohnAnspr erst mit BdgssEintritt **(I 2)**; zu seiner Herbeiführg ist AuftrG wg der AbschlFreih nicht verpfl, BGH WPM **71**, 905. Bei VertrSchluß unter **auflösender Bedingg** gilt Umkehrschluß aus I 2 (Mot II 513), dh Prov fällt sofort an. Verliert der HauptVertr inf Eintritts der auflösden Bdgg seine Wirksamk, so berührt das den VergütgsAnspr des M grdsätzl nicht; and nur, wenn im MVertr vereinb od wenn es dem AuftrGeber erkennb gerade auf den unbdgten VertrAbschl ankam (BGH WPM **77**, 21).

e) Bei vertragl vereinbarter **Wiederaufhebg** des abgeschl Gesch bleibt der LohnAnspr erhalten (BGH Betr **76**, 2252), ebso bei Ausübg eines **gesetzlichen Rücktrittsrechts**, BGH NJW **74**, 694, od Erkl der **Wandlg**, Hbg OLG **39**, 208, od **Minderg** – außer bei anderweit Vereinbg im MVertr (BGH WPM **77**, 21) –, denn in diesen Fällen erfolgt die Rückgängigmachg bzw Preisherabsetzg nicht wg einer Unvollkommenh des VertrSchl, sond aGrd and Umst (zB Verzug). Dagg kein LohnAnspr, wenn auch die nicht zum Zuge kommden Anfechtgsvoraussetzgen gem § 119 II vorliegen, Brschw NJW **54**, 1083. Bei Ausübg eines **vertraglichen Rücktrittsrechts** ist Bestehenbleiben od Wegfall des VergütsAnspr AusleggsFrage, BGH Betr **73**, 226. Entscheid dafür ist, ob nach BewegGrd, Zweck u Inhalt der RücktrKlausel der HauptVertr iS einer anfängl Unvollkommenh in der Schwebe bleiben – Hauptfall: Unsicherh, deren Behebg außerh der Macht der VertrPartner liegt – od ob er sofort voll wirks w soll, Hbg MDR **73**, 1018. Demnach ist ein ledigl dem ges RücktrR nachgebildetes vertragl dem ges gleichzustellen, währd iF der Vereinbg eines vertragl RücktrR ohne weitere Voraussetzgen innerh best Fr der ProvLohnAnspr des M erst nach ungenutztem Ablauf der Fr entsteht od vorher, sobald feststeht, daß das RücktrR nicht mehr ausgeübt w, BGH NJW **74**, 694; ebso bei RücktrR für den Fall der Nichtbebaubark, wenn es einer aufschiebden Bdgg gleichsteht (BGH WPM **77**, 21).

f) Wird **Vorkaufsrecht** ausgeübt, so entfällt ProvPfl des Erstkäufers, da ihm wirtschaftl Vorteil nicht zufließt, RG **157**, 243; ob dann Zweitkäufer provpfl ist, hängt von der Ausleg des KaufVertr ab, insb davon, ob Erstkäufer sein ZahlgsVerspr dem Verkäufer als VersprEmpf zG des M abgegeben h, BGH **LM** § 505 Nr 4. ProvPfl des Verk bleibt, wenn VorkaufsR ausgeübt w, sofern er M beauftr hatte.

D) Der nach dem MAuftr **beabsichtigte** Vertr muß zustandegekommen sein, dh das **geschlossene** Gesch darf von dem beabsicht in inhaltl u pers Hins **nicht wesentlich abweichen.**

a) Die **inhaltl Identität** der beiden Gesch ist nach wirtsch Gesichtspunkten zu beurt. Dafür ist maßg das von den Part vertragl festgelegte wirtsch Erg od Ziel, das angestrebt u das verwirklicht w ist, unerhebl Abweichgen schaden nicht (BGH WPM **78**, 983). Keine wirtsch Gleichwertigk bei Tausch statt Kauf, Verpachtg statt Verkauf, Erwerb eines GrdstHälfteAnt statt des AlleinEigt, BGH WPM **73**, 814, ZwKredit statt Hyp, Vermittlg nur des Darl, wenn Auftr auf Beschaffg einer erstrang DarlHyp lautet u M den Rang-Rücktr der bestehden ersten Hyp nicht erreicht (Schlesw SchlHA **69**, 63), auch nicht bei lästigerer od ungünstigerer Ausgestaltg der beabsicht Gesch (Parzellen- statt Gesamtverkauf, KG HRR **32**, 115; KaufprDeckg mit eig Wechseln des Käufers statt mit Kundenwechseln, RG **115**, 270), od bei Abschl unter wesentl anderen als den vorgesehenen Bdggen, Hamm NJW **59**, 2167. Dagg iF NachwMVertr Gleichh des wirtsch Erfolgs zu bej bei Erwerb in der ZwVollstr anstelle von Kauf, BGH WPM **69**, 884, Wiedemann JR **68**, 28; beim VermittlgsMVertr fehlt es dagg in diesem Fall an entspr MTätigk (Anm 3b). – Wird geringerer Pr erzielt, so richtet sich die Prov nach diesem.

b) Zw welchen **Parteien** es zum VertrSchl gekommen sein muß, ist dem MVertr zu entnehmen. So kann Auftr auf Vermittlg (Nachw) eines Vertr zw Dritten gehen, RG Recht **12** Nr 3074, **172**, 187. Außerdem können personelle Abweichgen unerhebl sein, zB Eheg od naher Angeh des AuftrG schließt ab. Jedoch ist Prov regelm nicht verdient, wenn das Gesch mit einer and als der vom M nachgew Pers zustandekommt, Hamm NJW **59**, 2167. Davon kann es unter bes Umst Ausn geben, zB wenn der mit dem Einz-

§ 652 4–7　　　　　　　　　　　　　　　　　　　　　　　2. Buch. 7. Abschnitt. *Thomas*

RechtsNachf des Verk abgeschlossene Vertr nicht wesentl von den ursprüngl Bdggen abweicht, dafür vereinbgsgem keine MVergüt zu zahlen ist u die Pers des Verk nicht von wesentl Bedeutg ist (BGH WPM 76, 28). Zum indirekten Nachw vgl Anm 3 a. Kommt das Gesch anstelle des AuftrG mit einem Dr, der dch ihn von der AbschlMöglichk erfahren h, zustande, so kann ProvPfl unter dem Gesichtspunkt der verbotenen Weitergabe stehen (§ 654 Anm 5).

c) Prov trotz erhebl Abweich kann aber bei **nachträgl Änderg** des MVertr geschuldet sein. Eine solche kommt in Frage, wenn sich der AuftrG nach dem Scheitern der zunächst nachgew Gelegenh eine weitere Tätigk des M ausdr od stillschw gefallen läßt u diese zum Abschl eines andersart Gesch führt (RG Warn **18** Nr 32; Düss JR **68**, 25).

E) Der Vertr muß **überhaupt** zustandekommen, dh eine **zeitliche Begrenzg für den Abschluß besteht nicht.** Das Zustandekommen des HauptVertr ist die RBdgg, von deren Eintritt die Entstehg des ProvAnspr abhängt (I 1: „wenn"). Im Ztpkt des BdggsEintritts braucht aber der MVertr nicht mehr zu bestehen. Für den ProvAnspr ist nicht erforderl, daß der Erfolg der MTätigk (Zustandekommen des Vertr) währd der VertrDauer eintritt, BGH NJW **66**, 2008. Ist die MLeistg vor VertrBeendigg erbracht, so ist der AuftrG provpfl, wenn er sich den Nachw nach AuftrEnde zunutze macht, BGH WPM **69**, 884, ferner, wenn er das vom M vermittelte Gesch erst nach Künd (Widerruf) des MVertr, Karlsr MDR **63**, 411, od nach dem Tode des M abschließt, BGH NJW **65**, 964. Der AuftrG kann dem M seinen LohnAnspr nicht dadch entziehen, daß er den Abschl des Vertr mit dem Dr bis nach Ablauf der VertrZeit hinauszieht. BGH NJW **66**, 2008.

5) Kausalzusammenhang zwischen Maklerleistg u Vertragsschluß. Die vom M entfaltete Vermittlgs- od NachwTätigk (Anm 3) muß für den VertrSchl (Anm 4) **ursächlich** gew sein (I 1: „infolge") Das ist der Fall, wenn aGrd des MVertr dem AuftrG ein Angebot zugegangen ist u er einen dementspr Vertr abgeschl h, BGH NJW **71**, 1133. Nicht darzutun braucht der M, daß seine Tätigk die alleinige od hauptsächl Ursache des späteren Abschl ist; **Mitverursachg genügt,** die MLeistg muß nicht einz od HauptUrs für VertrAbschl sein, BGH WPM **74**, 257; so, wenn abgebrochene DirektVerh der Part auf Veranlassg des M wiederaufgenommen u zum Erfolg geführt w, BGH BB **55**, 490; wenn der VermittlgsM die AbschlBereitsch des VertrPartners irgendwie gefördert, dh der M beim VertrPartner des AGebers ein nicht völl unbedeutes Motiv für den Abschl gesetzt h, BGH WPM **74**, 257; wenn Tätigk des zweiten beauftr M auf der des ersten aufbaut od Tätigk des ersten M bei Beauftragg noch nicht beendet war, Hamm AIZ **72**, 8. Bei Nachw versch nacheinand zu unterschiedl Bdggen hält Kln AIZ **75**, 29 das günstigste Angebot für alleinursächl. Die Ursächlichk entfällt nicht schon deshalb, weil die vom M vermittelten Verh zunächst gescheitert sind u später unter Ausschaltg des M erfolgreich zu Ende geführt wurden, wenn der VertrAbschl auf der vom ersten M angebahnten u fortwirkden Grdlage zustkommt, BGH WPM **74**, 257. Die Tätigk eines NachwM für den Käufer ist auch dann ursächl, wenn er eine vermittelnde Tätigk nicht entfalten kann, weil der Verk dafür einem and M einen AlleinAuftr erteilt h u der Käufer zum VertrAbschl deshalb dessen Dienste beanspruchen muß (BGH NJW **77**, 41). Nichtzuziehg des M zum VertrAbschl ist unschädl, Hamm MDR **57**, 36. Eine **Unterbrechg** des KausalZushangs kommt nur bei völl neuen Verh, die unabhäng von der Tätigk des M aufgenommen wurden, in Frage (strenge Anforderen: BGH MDR **60**, 283). Wg neuer Verh aGrd verbotener Weitergabe vgl § 654 Anm 5. **Einzelfälle:** Keine Ursächlk, wenn ein bereits sogleich ausgeschiedenes Angebot keine Nachwirkgen hatte, Düss MDR **59**, 1010; bei Abschl eines MietVertr über eine dem AuftrG gelegentl der Besichtigg einer nachgewiesenen Wohng bekannt gew and freie Wohng, die dem M nicht bekannt war, LG Heidelbg MDR **65**, 132. – **Beweislast**: M für Zugang des Angebots u seine Tätigk sowie dementspr VertrSchluß. AuftrG, daß ihm das Obj bereits bekannt war. M, daß seine Tätigk gleichwohl mitursächl war, BGH NJW **71**, 1133, wofür nach Sachlage eine tatsächl Vermutg bestehen kann, die der AGeber zu widerlegen h (BGH WPM **78**, 885: Abschl 2 Tage nach Zugang des zweiten, erhebl günstigeren M-Angebots). – Was den Bew über den tatsächl VertrInhalt angeht, so hat der M gg den AuftrG einen Anspr auf **Auskunft u Rechnungslegg,** RG **53**, 255. Verbindg von Ausk- u ProvAnspr in StufenKl mögl, § 254 ZPO. Einen Anspr auf **Vorlegg** des Vertr hat der M nicht, weil die Voraussetzgen des § 810 nicht vorliegen, vgl § 810 Anm 4 (str; aA Reichel 266).

6) Kenntnis von der Maklertätigkeit. Der AuftrG muß von der entfalteten MTätigk vor od spätestens bei Abschl des HauptVertr Kenntn erlangt h, damit die ProvFdg bei der PrGestaltg berücksicht w kann. Jedoch steht selbstverschuldete Unkenntn der Kenntn gleich (zB Unterl einer gebotenen Rückfrage beim M: Mü NJW **68**, 894). Eine Verpfl, vom M angebotene Objekte sorgfält zu prüfen u zur Kenntn zu nehmen, besteht für den AuftrG nicht. Der Zugang eines Objektangebots ist ein Indiz für die KenntnErlangg dch den AuftrG, jedoch bei Hinzutreten weiterer Umst, zB längerer ZtAblauf, kein Bew dafür, KG AIZ **70**, 374.

7) Provisionsanspruch. Er kann zG des M als Dr gg den Käufer auch im Vertr zw Verk u Käufer begründet w u sich je nach Auslegg gg den VorkaufsBerecht nach Ausübg seines VorkaufsR erstrecken (Mü BB **77**, 1627). **a)** Maßg für die **Höhe** ist die Vereinbg, andernf § 653. Sie w regelm nach dem Kaufpr berechnet; hierzu gehören auch solche Leistgen des Käufers, die als Teil des Kaufpr zu gelten h, nicht jedoch Steuern u sonst öffentl Abgaben (zB Anliegerbeiträge: BGH NJW **65**, 1755). Gelingt dem Verk eine Erhöhg des vom VermittlgsM niedriger ausgehandelten KaufPr, so errechnet sich die %uale Vergütg des M aus dem letzten KaufPr (Nürnb OLG **77**, 219). Wirks auch Vereinbg, daß die Prov in dem Teil des Kaufpr besteht, der einen best Betr übersteigt, BGH NJW **69**, 1628. Bei der Vermittlg des Kaufs eines ErbbauR richtet sich die MProv ledigl nach dem dem ErbbauBerecht gezahlten Kaufpr; außer Betr bleibt der vom Erwerber ab dem GrdstEigtümer zu zahlde jährl Erbbauzins, LG Mü I AIZ **67**, 279; für Vermittlg eines ErbbauRVertr ist der Erbbauzinswert analog § 24 KostO maßg, Nürnb bei Glaser-Warncke S 210; bei der ZwFinanzierg eines BausparVertr nur die ZwKreditsumme, nicht hinzuzurechnen ist die VertrSumme des BausparVertr, LG Düss BB **61**, 464. Die Herabsetzg eines unverhältnism hoch vereinb Lohns dch UrtSpruch ist grdsätzl nicht mögl; unbedeute Ausnahme: § 655. Zur Verwirkg eines RückzahlgsAnspr vgl BGH WPM **76**, 1194.

b) Ist die Vereinbg wg **Wuchers** nichtig (Anm 2 B b), so ist Aufrechterhaltg des MVertr mit übl Lohn nicht mögl (§ 138 Anm 4b). Einem BerAnspr (Anm 2 B c) w idR § 817 entgegenstehen. – Bei Vereinbg eines Lohnes, die gg Verbot der **Preistreiberei** verstößt (§ 2a WiStG), gilt der angem Lohn (§ 653 Anm 3 c) als vereinb, LG Hbg NJW **71**, 1411.

c) Das Ges zur Regelg der **Wohnungsvermittlung** (auszugsw abgedr Einf 6) enthält SonderVorschr. Sie dienen dem Schutz der WohngsSuchden u sollen Mißstände dch GeschPraktiken unseriöser M beseitigen. Krit Würdigg: Hoyningen-Huene BB **73**, 920. § 2 I macht den **Provisionsanspruch** in jedem Fall vom Erfolg inf ursächl MTätigk abhäng. § 2 II versagt den ProvAnspr ganz in Fällen, in denen wirtschaftl gesehen eine echte MTätigk überh nicht vorliegt, näml wenn dch die Tätigk des M ledigl das bisher Miet-Verh fortgesetzt, verlängert od erneuert w od wenn Eigtümer, Verwalter bzw Vermieter einers und Makler andrers persgleich od wirtschaftl bzw rechtl eng verflochten sind. § 2 III versagt den ProvAnspr, wenn es sich um öffentl geförderten od sonst preisgebundenen Wohnraum handelt. Hier ist die Tätigk des M überflüss u unerwünscht, weil der Wohngsuchde bei den öffentl Dienststellen, die solche Wohnräume (1. u. 2. WoBauG) verteilen, die Nachweise bekommen kann. Nach Beendigg der Eigensch einer Wohng als öff gefördert (§§ 15ff WoBindG) gilt § 2 III nicht mehr. – § 2 IV verbietet die Vereinbg u Annahme von Vorschüssen. – Jede Vereinbg entgg der vorstehd aufgeführten Beschrkgn ist unwirks. – Die **Höhe** der Vergütg ist von gewerbsmäß M (§ 7) in einem BruchTl od Vielfachen der Monatsmiete anzugeben, § 3 I. Verstoß führt nicht zur Nichtigk, wohl aber zu Geldbuße (§ 8 I Nr 1, II). Ein Höchstsatz besteht nicht, es gelten die allg Regeln, insb § 138. – Da das Entgelt erfolgsbed u auf der Grdlage der Monatsmiete zu berechnen ist, kann jedwede **Nebenvergütung** nur in den engen Grenzen des § 3 I zulässig w, insbes im Erfolgsfall nur AuslagenErs, sow sie eine Monatsmiete übersteigen, bei NichtzustKommen des MietVertr nur Ers der nachgewiesenen ursächl Auslagen. – Entgelte u Vergütgen and Art, die dem M nach dem Ges zur Regelg der WohngsVermittlg nicht zustehen, kann der AGeber nach den allg Vorschr zurückverlangen, wohl auch § 817 S 2 nicht gilt (§ 5). VerjFr für den RückfdgsAnspr ein Jahr ab Leistg.

d) Fällig ist der ProvAnspr mit seiner Entstehg, also erst mit Vollwirksamw des HauptVertr (§§ 158, 184 usw, vgl Anm 4 C). Abweichde Vereinbgn sind häuf, dazu Anm 9 A d u 9 B a. Ist der M, der eine für das ZustKommen des Gesch ursächl Tätigk entfaltet h, vor dem endgült GeschAbschl gestorben, so geht die Anw auf den ProvAnspr auf die Erben über. Bei Eintritt des Erfolges können sie die Prov verlangen (BGH WPM **76**, 503). **Verjährg**: § 196 I Nr 1, 7, II, sonst § 195. **Mehrwertsteuer**: § 157 Anm 5 b.

e) Im **Konkurs- und Vergleichsverfahren** ist die Frage, ob die VergütgsFdg des M aktiv od passiv zur Masse gehört, danach zu entsch, ob der M das Ergebn seiner Tätigk dem AGeber noch vor der Eröffng des Verf mitgeteilt h (BGH BB **74**, 1456).

8) Aufwendgen (II). Der M h keinen Anspr auf Ers seiner Aufwendgen u zwar weder neben der MGebühr (Mot II 514), noch wenn diese nicht zur Entstehg kommt (II 2). Seine Auslagen u Unkosten kann der M nur aGrd bes Vereinbg verlangen, die auch für den Fall erfolgloser Tätigk getroffen werden kann. Beschrkgn bei WohngsVermittlg vgl vorstehd Anm 7c. Pauschalierte Spesenklauseln in MVertr **(Reuegeld)** sind häuf als **Vertragsstrafe** zu werten, Mü Betr **67**, 504 u kann gem § 343 herabsetzb, sofern man sie überh als wirks ansieht. S auch Anm 10 F u Einf 4 b vor § 652. – Beim AlleinAuftr vgl unten G.

9) Abweichende Vereinbargen (Allgemeines). Die Part des MVertr können den ProvAnspr abw von § 652 regeln. Mögl ist sowohl eine vertragl Abänderg zG des M, indem ges Merkmale (ursächl MTätigk; Zustandekommen des Gesch) abbedungen w (A), wie auch eine zG des AuftrG, indem zusätzl Erfordernisse geschaffen w (B). Die vertragl Regelg kann sich auch auf NebenAnspr (zB SchadErsAnspr) u auf die RStellg der Part überh beziehen. Insow h sich ein bes, von der ges Regelg abweichder, selbst VertrTyp herausgebildet (AlleinAuftr; Anm 10). Dabei setzen in seinem AnwendgsBereich das AGBG (vgl dort Einf 3 d vor § 1) u wo es nicht einschläg ist, die Rspr der Wirksamk abw Vereinbgn in AGB u FormularVertr Grenzen; vgl dazu Einf 4 vor § 652.

A) Abweichende Vereinbargen zugunsten des Maklers. Vgl allg Vorbem 4.

a) Provision unabhängig von ursächlich gewordener Maklerleistg. Kann wirks überh nicht bei WohngsVermittlg (s unten b), sonst nur in IndividualVereinbg, nicht in AGB (§ 9 II Nr 1 AGBG) od FormularVertr vereinb w. **Vorkenntnisklausel,** dh eine vertragl Pfl des AuftrG zu Anz od Widerspr innerh best Fr, andernf das Obj als bisher unbek gilt od anerk w, kann (AusleggsFrage) die Wirkg einer Ursächlich-Fiktion desh nur in einer IndividualVereinbg h (BGH Betr **76**, 1711). In AGB od FormularVertr ist solche VorkenntnKlausel ledigl eine Vereinbg über die BewLast, wie sie für den gesetzl Typus des MVertr ohnedies besteht (Anm 5), BGH NJW **71**, 1133. Werner NJW **71**, 1924 sieht darin eine widerlegb BewVermutg für fehlde Vorkenntn des AuftrG u für vorh Mitursächlk der MTätigk. Dem schriftl Mitteilg des AuftrG steht es gleich, wenn der M die Vorkenntn von dritter Seite erfährt, Köln MDR **70**, 844. Unterlassg der Mitteilgspfl kann zu Anspr des M auf Ers weiterer Unkosten aus pos VertrVerletzg führen.

Auch kann dem AuftrG die vertragl Pfl zur Rückfrage auferlegt w, wenn er mit einem Interessenten währd der Laufzeit des MVertr ohne Mitwirkg des M abschließen will **(Rückfrageklausel).** Die Folgen unterl Rückfrage beurteilen sich nach der VorkenntnKlausel (weitergeh Karlsr OLGZ **67**, 134). Zum Ausschl der Ursächlichk vgl auch Anm 10 F.

b) Provision unabhängig vom Erfolg. Entspr Abreden sind zwar mögl, müssen aber, da mit dem Wesen des MVertr unvereinb, eindeut u klar iW der Einzelvereinbg getroffen sein, BGH Betr **76**, 189. Aufn von Klauseln in AGB genügt im AnwendgsBereich des AGBG (vgl dort Einf 3 d vor § 1) wg Verstoßes gg § 9 II Nr 1 nicht, außerh des AnwendgsBereichs des AGBG nur bei ausdrückl Hinw u Erläuterg der Klausel dch den M, BGH WPM **70**, 392. Bei Doppeltätigk (unten f, § 654 Anm 4) ist die Abbedgg des Erfolges als Voraussetzg für Prov von einer Seite unwirks, BGH **61**, 17. Versch Abstufgen kommen vor. So kann das Erfordern der **Wirksamkeit** des HauptVertr abbedungen w, zB Lohn trotz wirks Anfechtg des

HauptVertr (Karlsr NJW **58**, 1495) od trotz verweigerter vormschgerichtl Gen (BGH NJW **73**, 1276) od BodenVerkGen (Hbg MDR **75**, 663); regelm aber nicht der Fall bei der Klausel: „MProv zahlb bei not KaufAbschl", die ledigl eine Vorverlegg der Fälligk betrifft (KG NJW **61**, 512, abl Warncke ebda); ferner IndividualVereinbg mögl, daß bereits der Abschl eines **Vorvertrages** genügen soll; in AGB kann eine solche Vereinbg wirks nicht getroffen w, BGH NJW **75**, 647. Bei § 313 (GrdstVorvertr) ggf aber auch Nichtigk des ProvVerspr (Anm 2 B a). Desh ist Karlsr OLGZ **69**, 327 nicht zu folgen, wonach Vereinbg wirks sein soll, daß GrdstM die Prov auch erhält, wenn AuftrG mitteilt, er sei mit seinem VertrPartner einig gew u M solle die Bearbeitg einstellen. Vorvertr ist auch bei KreditVertr mögl, meist aber KonsensualDarl, vgl oben Anm 4 B. Bei völl Abdingg des Erfolgs handelt es sich um LohnVerspr für DLeistg od DBereitsch. Klauseln sind häuf unwirks, so bei Entgelt für Nachw keines od mehrerer KapitalAnlInteressenten, BGH NJW **65**, 246, Nürnb OLGZ **65**, 6, Mü OLGZ **65**, 17. Bei der **Wohnungsvermittlung** kann der Erfolg, dh Abschl eines MietVertr über Wohnraum als Voraussetzg für ProvAnspr wirks nicht abbedungen, das Geleistete zurückgefordert w, §§ 2 I, V, 5 WoVermG (abgedruckt Einf 6).

c) Provision für Folgegeschäfte. Ges Anspr auf MLohn besteht nur für den ErstAbschl. Bei Abschl weiterer Gesch, die sich aus dem vom M vermittelten GeschAbschl ergeben, kann Prov nur bei entspr Vereinbg verlangt w. Sie kann, vor allem wenn sie in AGB od FormularLohnVertr enthalten ist, nach §§ 3, 9 II Nr 1 AGBG, außerh seines AnwendgsBereichs (vgl dort Einf 3d vor § 1) nach den Grds in Einf 4 nichtig sein, zB die Vereinbg in einem MVertr über ein Mietobjekt, daß eine „Differenzgebühr" zu zahlen ist, falls der Mieter das Obj innerh von 5 Jhrn ohne weiteres Zutun des M kauft, BGH **60**, 243. Über den nicht eindeut Begr **Kundenschutz** Dyckerhoff-Rinke S 115, 134, über Kundenschutz allg BGH **LM** § 157 (Gh) Nr 2, über den Umfang solcher Vereinbgen Peterek BB **66**, 351, u über den Umfang der AuskPfl BGH **LM** § 242 Nr 17.

d) Vorverlegung der Fälligkeit des ProvAnspr ist zuläss, KG NJW **61**, 512 u oben b.

e) Provision bei Weitergabe der AbschlMöglk kann vereinb w. Erleichtert den in diesem Fall an sich bestehden ges SchadErsAnspr, § 654 Anm 5.

f) Freizeichnungsklauseln des Maklers. Der M unterliegt bei **Doppeltätigkeit** gewissen Beschrkgen (§ 654 Anm 4). Häuf läßt er sich dch entspr Klausel Tätigk für den and Teil ausdr gestatten. Die Rspr schränkt die Bedeutg dieser Klausel stark ein. Sie enth keine Einwillg in eine TreuPflVerletzg des M, BGH NJW **64**, 1467. Der VertrauensM (Anm 10 B b) kann sich nur nach bes Aufklärg des AuftrG auf die Klausel berufen, BGH Warn **67** Nr 40.

g) Allein- und Festauftrag vgl Anm 10.

B) Abweichende Vereinbargen zu Gunsten des Auftraggebers.

a) Hinausschieben der Provisionszahlung. Zur Entstehg des ProvAnspr genügt der Abschl des schuldrechtl Vertr (Anm 4 B). Abw davon können die Part den LohnAnspr an die **Ausführg** des HauptVertr knüpfen (Bsp: Prov zahlb nach Aufl u Eintr; nach Baubeginn od -Dchführg u dgl). Dann ist Ausleggsfrage, ob nur die **Fälligkeit** der ProvAnspr hinausgeschoben od eine zusätzl **Bedingung** für seine Entstehg begründet w soll, BGH NJW **66**, 1404. Im Zw ist FälligkAbrede anzunehmen. Dann w ProvAnspr spätestens fäll, wenn AuftrG das Gesch nach angem Fr noch nicht ausgeführt h, § 242. Bei echter EntstehgsBedgg gilt nur § 162, daggn ist § 87a III HGB nicht entspr anwendb (BGH NJW **66**, 1404, str; aA 27. Aufl Anm 3a aE m weiteren Nachw). Das Risiko der Nichtausführg trägt dann der M. Der AbschlFreih des AuftrG (Einf 3a vor § 652) entspricht seine AusfFreih. In KreditvermittlgsVertr kann die Klausel „Prov fällig bei **Auszahlg der Valuta**" in Verbindg mit einer Vorverlegg der Entsteh des LohnAnspr bei Abschl des DarlVorvertr (vgl oben A b) die Bedeutg einer StundgsAbrede h, BGH WPM **62**, 1264.

b) Abwälzg der Provisionszahlg. Die ProvZahlgsPfl obliegt dem AuftrG. Häuf findet sich in MAuftr von GrdstVerk die Klausel: „**Provision trägt Käufer**". Inhalt nicht eindeut. Wg mögl Ausleggn vgl BGH MDR **67**, 836. Eine Haftg des AuftrG aus einer derart ihn begünstigdn Klausel kommt nur dann in Frage, wenn überh die Voraussetzgn für einen ProvAnspr vorliegen (BGH aaO) u die Prov vom Käufer nicht zu erlangen ist, Hamb MDR **69**, 665. Vereinbgen über die MProv zw den VertrPart des HauptVertr können grdsätzl ohne den M aufgeh u geändert w, Hamm NJW **60**, 1864. Sie sind regelm kein Vertr zG des M (Krause, Festschr f Molitor, 393).

10) Fortsetzg. Alleinauftrag. Lit.: Rust MDR **57**, 205; Warncke MDR **61**, 725 (beide maklerfreundl).

A) Der AlleinAuftr hat den **Zweck,** den M vor der Gefahr zu schützen, trotz umfangreicher Aufwendgn u Bemühgn keine Vergütg zu erlangen, BGH NJW **67**, 198. Sein **Wesen** besteht in einer Einschränkg der EntschließgsFreih des AuftrG u einer Erhöhg des PflKreises des M. Da dieser zum Tätigw verpfl ist, liegt MaklerDVertr vor, Rust MDR **57**, 206, der aber kein ggs Vertr ist, Warncke MDR **61**, 725 u Einf 3 b vor § 652.

B) Inhalt. Dch den AlleinAuftr w versch Rechte des AuftrG, die ihm nach dem ges VertrTyp zustehen (Einf 3a vor § 652) eingeschränkt od ausgeschlossen.

a) Der AuftrG verzichtet auf sein Recht, die Dienste mehrerer M zugl in Anspr zu nehmen, **Verbot der Beauftragg eines weiteren Maklers.** Daggn bleibt im Zw – die Umst können im EinzFall etwas ergeben – das R des AuftrG, sich selbst um den Abschl zu bemühen, unberührt, **kein Verbot von** sog **Eigengeschäften** od **Direktabschlüssen,** BGH NJW **61**, 307, Celle BB **68**, 149, Karlsr JR **54**, 341; aA zu Unr Rust MDR **57**, 206 u Warncke MDR **61**, 727. Sollen auch EigGesch ausgeschl w, so bedarf es einer bes, eindeut Vereinbg, die gleichermaßen erfahrenen u gewandten GeschLeuten individuell abgehandelt wirks, BGH WPM **74**, 257, nicht aber wirks in AGB enthalten sein kann, BGH **60**, 377. Gleiches gilt, wenn statt AlleinAuftr die Bezeichnung AlleinVerkR verwendet w (BGH WPM **76**, 533). An dieser rechtl Beurteilg ändert sich auch nichts dch eine Kombination von Allein- u FestAuftr, Düss MDR **73**, 582.

b) Der AuftrG verzichtet ferner meist auf sein Recht, den MVertr jederzeit zu widerrufen (**Ausschluß des Widerrufsrechts** – deshalb: „**Festanhandgabe**", Festauftrag; RG 172, 188, BGH NJW 64, 1468). Regelm ist das WiderrufsR des AuftrG auf eine im AlleinAuftr genau bestimmte Fr ausgeschlossen; bei Fehlen von Vereinbg gilt angem Fr. Nach Ablauf der BindgsFr besteht KündMöglk. Je länger die Fr, desto stärker die Bindg des AuftrG an den M, dieser w bei langer Fr (zB 15 Monate) zum **Vertrauensmakler**, BGH NJW 64, 1467. Widerruf entgg der Zusage ist dem M ggü wirkglos, BGH NJW 67, 1225. Er kann seine Tätigk fortsetzen. Eine zeitl unbegrenzte Bindg ist unwirks, führt aber nicht zur Nichtigk des MVertr, sond zur Bindg für angem Zeit, zB 5 Jhre, BGH WPM 74, 257. Ausnahmsw besteht ein WiderrufsR des AuftrG vor Ablauf der BindgsFr bei wicht Grd, § 626, zB bei Untätigk des M, BGH NJW 69, 1626, uU auch bei Zufuhrg eines unseriösen Interessenten, BGH WPM 70, 1457. Stillschw Beendigg des AlleinAuftr ist anzunehmen, wenn der M seine Tätigk endgült eingestellt h; den AuftrG am AlleinAuftr festhalten, wäre dann RMißbr dch den M, BGH NJW 66, 1405 u WPM 77, 871.

c) Auf Seiten des M begründet der AlleinAuftr eine Vermehrg u Steigerg seiner Pfl, vor allem die **Pflicht, im Interesse des Auftraggebers tätig zu werden** (allgM; so jetzt auch BGH NJW 66, 1406, 67, 199, Mü MDR 67, 212). Der M h deshalb alles in seinen Kräften Stehde zu tun, um einen seinem AuftrG vorteilh Abschl zu erreichen, vor allem einen möglichst günst Kaufvr zu erzielen; in diesem Rahmen trifft ihn auch die Pfl zu sachkund Beratg des AGebers, BGH WPM 73, 1382. Er darf sein TätW nicht davon abhäng machen, daß auch der nicht von ihm beigebrachte Interessent sich zu einer ProvZahlg verpfl, BGH AIZ 69, 220.

d) Alle übr Merkmale des MVertr bleiben dagg grdsätzl unberührt. Das gilt vor allem für die **Abschlußfreiheit** des AuftrG, Celle OLGZ 69, 325, BGH WPM 72, 444 (vgl Vorbem 3a, 4b) u das **Zustandekommen des Hauptvertrags** (vgl dazu unten D). Mit dem Verzicht auf sein WiderrufsR hat der AuftrG noch keine Verpfl zum Abschl übernommen. Es steht ihm auch beim AlleinAuftr völl frei, ob er das vermittelte (nachgew) Gesch abschl will od nicht, BGH NJW 67, 1225 u WPM 70, 1457, die Vereinbg einer Prov auch für den Fall, daß der AGeber nicht abschließt, kann, wenn man sie überh für wirks hält, nicht in AGB od FormularVertr getroffen w, Stgt BB 71, 1341.

e) Im Vertr kann der M im EinzFall über den eigentl MVertr hinaus **weitergehende Verpflichtungen** übernehmen, zB Beratg u Mithilfe bei Plang, Kalkulation, Finanzierg eines BauVorh auf dem vermittelten Grdst, BGH WPM 73, 1382. Insow handelt es sich um GeschBesVertr mit DVertrCharakter (BGH aaO spricht insow unsauber von M-DVertr). Er kann bei Nichtentsteh eines VergütgsAnspr zu einem Anspr auf AufwErs führen, Hamm AIZ 74, 59.

f) **Zustandekommen**. In aller Regel dch ausdr Vereinbg, aber auch **stillschweigender Abschluß**; jedoch müssen deutl Anhaltspunkte für entspr Willen vorliegen. Nicht ausreichd der Auftr, ein bestimmtes Gesch mit einem bestimmten Interessenten zu fördern, auch nicht bei VerschwiegenhAbrede, BGH NJW 67, 198.

D) Provisionsanspruch. Für die Entstehg des ProvAnspr beim AlleinAuftr müssen – beim Fehlen von Vereinbgen – sämtl Merkmale der Anm 2-6 vorliegen, der Makler muß ursächl gew MTätigk für das zustande gekommene VertrSchl geleistet h. Die AlleinAuftrKlausel als solche bedeutet noch keine Abbedingg der **Ursächlichkeit**. Jedoch sind dahingehde Klauseln in Verbindg mit AlleinAuftr häuf, RG 172, 189. Ebso gehört das **Zustandekommen** des HauptGesch auch zum Wesen des AlleinAuftr, BGH NJW 67, 1225; dabei währd der Laufzeit des AlleinAuftr aber, wie auch sonst (Anm 4 E), nicht erforderl, BGH NJW 66, 2008, Hamm MDR 59, 841. Nicht ausreichd zur Begr eines ProvAnspr ist die **Verletzg** der AlleinAuftrKlausel dch den AuftrG, zB Abschl währd der Laufzeit unter Zuziehg eines and u Ausschaltg des ersten M; vorzeit Widerruf; dch AGB (§§ 3, 9 II Nr 1 AGBG) kann auch ein ausdr ProvAnspr für den Fall der Verletzg der Zuziehgs- od HinwPfl nicht begründet w, BGH NJW 73, 1194. Bei Fehlen bes IndividualVereinbgen kommen insow nur SchadErsAnspr in Frage, sow dafür nach allg Regeln die Voraussetzgen erf sind.

E) Anspruch auf Schadensersatz. Verl der AuftrG seine VertrPfl (oben B a u b), so macht er sich dem M ggü nach allg Grds (pos VertrVerletzg) schaderspfl. Der Schad des M besteht regelm in der entgangenen VerdienstMöglk, § 252 (Prov, auch die von Seiten des VertrGegners). Bewpfl ist der M. Erforderl ist ein schuldh vertrwidr Abschl des AuftrG, ferner der Nachw, daß der M innerh der Fr einen zum Ankauf unter den vertragsm Bdgen bereiten u fäh Käufer gestellt hätte, BGH NJW 66, 2008, 67, 1225; verlangt der M SchadErs in Höhe beider Prov, h er außerdem zu beweisen, daß auch dieser Käufer ihm Prov bezahlt hätte, BGH AIZ 69, 220. NichtAbschl des Gesch ist keine VertrVerletzg (vgl oben B d). Die mit dem SchadErsAnspr verbundene BewSchwierigk wird häuf dch bes Klauseln beseit (unten F). Kein Anspr des M, wenn dieser den AuftrG über Bedeutg des AlleinAuftr unzutr aufgeklärt h u dies für Abschl des MVertr ursächl war, BGH BB 69, 813. Die Berufg auf SchadErsAnspr kann mißbräuchl sein, wenn der AuftrG auch ohne formalen Widerruf des AlleinAuftr seine Bindg daran als überholt ansehen konnte, zB wg 8 monat Untätigk des M (BGH WPM 77, 871).

F) Erweitertes Provisionsversprechen, pauschalierter Schadensersatzanspruch, Vertragsstrafe, Reugeld. In AlleinAuftr finden sich häuf Klauseln, die den M gg VertrVerletzgen dch AuftrG schützen sollen. IdR verpfl sich der AuftrG bei näher bezeichneter VerletzgsHdlgen ohne Nachw eines Schadens zur Zahlg der vollen Vergütg („GesamtProv", dh Prov beider Teile des HauptVertr). Dch Auslegg ist jew zu ermitteln, ob es sich um ein **erweitertes Provisionsversprechen** (ProvPfl auch für vom M nicht verursachtes Gesch; kein Versch- u SchadNachw), einen **pauschalierten Schadensersatzanspruch** (kein SchadNachw seitens des M; zur Abgrenzg vgl § 276 Anm 5 A b) od um das Verspr einer herabsetzb **Vertragsstrafe** gem § 343 handelt, BGH 49, 84, NJW 64, 1467. Derart Klauseln sind in IndividualVereinbgen solange unbedenkl, als die ZahlgsPfl an einen – vertrwidr – zustandegekommenen HauptVertr anknüpft; insow handelt es sich noch um eine nähere Ausgestaltg der ges Regelg. Im AnwendgsBereich des AGBG (vgl dort Einf 3 d vor § 1) gilt für pauschalierten SchadErs § 11 Nr 5, für VertrStrafe § 11 Nr 6. Außerh seines AnwendgsBereichs bedeuten Klauseln in AGB, die in die AbschlFreih des AuftrG eingreifen od ZahlgsPfl unabhäng vom Zustandekommen eines Vertr od Reugeld bei DirektAbschl iF eines AlleinAuftr vorsehen, eine Änderg des ges VertrTyps u sind idR unangem u damit nichtig (Einf 4 b vor § 652, Düss Betr 68, 2210, Hbg MDR 74, 580, BGH Betr 77, 158). So auch Vereinbg einer VertrStrafe bei AlleinAuftr schon für den Fall, daß AuftrG den Vertr währd der Laufzeit künd u Abschl mit jedem beigebrachten Interessenten ablehnt, weil er nicht mehr verkaufen will, BGH Betr 70, 1825. Die Vereinbg eines pauschalierten SchadErs in AGB außerh des AnwBereichs des AGBG ist wirks, solange sie sich an einem Durchschnittsschad orientiert, den die in Rede stehde VertrVerl nach der Schätz eines redl Beobachters normalerweise zur Folge h kann; die Darleggs- u BewLast dafür trägt der Klauselverwender (BGH 67, 312). – Bei der **Wohnungsvermittlung** darf die VertrStrafe die Grenze des § 4 Ges zur Regelg der WohngsVermittlg (abgedr Einf 6) nicht überschreiten, eine überhöhte Strafe kann zurückgefordert w (§ 5).

Einzelfälle: a) Verweisgs- od **HinzuziehgsKlauseln.** Sie h den Zweck, die Mitwirkg des alleinbeauftr M am VertrSchl dadch sicherzustellen, daß sich der AuftrG verpfl, sämtl Interessenten, auch „eigene", an ihn zu verweisen (vgl oben B a). Sie sind für den AlleinAuftr typisch u im allg unbedenkl, BGH NJW 66, 1405, Hamm MDR 59, 841. Im Zw liegt **erweitertes Provisionsversprechen** vor. So BGH 49, 84, NJW 66, 2008; dagg v Brunn NJW 67, 712 u Zugehör NJW 67, 1895: pauschalierter SchadErsAnspr; krit auch Weber WPM 68, Sonderbeil Nr 2, 32. S auch unten c. Wegen Klausel mit ausdr SchadErsPfl vgl Karlsr JR 54, 341. Mü JR 61, 95 nimmt VertrStrafe an, die aber dann, wenn sie Prov bei erfolgreicher Tätigk entspricht, regelm überhöht ist, Riedel JR 61, 97.

b) Widerrufsklauseln. Sie verfolgen den gleichen Zweck wie oben a). M soll vor Ausschaltg währd der Laufzeit des AlleinAuftr geschützt w (vgl oben B b). Unklar sind Klauseln, wonach ProvPfl schon bei vorzeit Widerruf (Künd, Zurückziehg) des Auftr bestehen soll; sie sind dahin zu ergänzen, daß ProvPfl nur besteht, wenn der Widerruf zu einem vertrwidr Abschl geführt hat, sonst kein Anspr aus der Widerrufsklausel, KG NJW 56, 1758, 65, 1277, BGH NJW 67, 1225. Mü NJW 69, 1630 legt derart Klausel iZw als vereinb Rücktr gg Reuegeld (§ 359) aus.

c) Sonstige Verletzgsklauseln, die über a) u b) hinausgehen (zB ProvPfl bei „Verstoß gg Vertr od AGB", bei „Behinderg der Verkaufsbemühgen des M" u dgl) sind nicht für den AlleinAuftr typ u können auch in and MVertr vorkommen. Soweit gült (HauptVertr muß zustandekommen), handelt es sich im Zw um VertrStrafVerspr, BGH 49, 84.

d) Nichtabschlußklausel. Bei NichtAbschl des AuftrG kann sich der M auch beim AlleinAuftr einen ProvAnspr nicht sichern (vgl oben B d). Klauseln, in denen sich der AuftrG verpfl, bei NichtAbschl mit Kaufwilligen die GesamtProv zu zahlen, beseitigen die AbschlFreih u sind idR unwirks, BGH NJW 67, 1225. Auch die Vereinbg von **Reuegeld** für diesen Fall ist unwirks. Keinesf darf es der Prov gleichkommen u ist jedenf auch dann verdient, wenn der AuftrG aus Gründen, die er nicht zu vertreten h, vom Kaufvertr absieht, Mü Betr 67, 504. Die Vereinbg eines Reuegelds, auch wenn es als AufwErs (BGH WPM 73, 816) od Unkostenpauschale (Stgt WRP 77, 54) bezeichnet ist, für den Fall, daß der AuftrG sein Grdst nicht an einen nachgewiesenen Interessenten verkauft od es nicht kauft, bedarf, wenn man sie überh für wirks hält, der Form des § 313, weil damit ein mittelb Zwang zum Abschl eines not GrdstVeräußergsVertr ausgeübt w, BGH NJW 71, 93, 557, abl Schwerdtner JR 71, 199.

G) Für Aufwendungen gilt auch beim AlleinAuftr Abs II. Er steht jedoch einem ErstattgsAnspr des M iF des DirektAbschl dch den AGeber (oben Ba) insow nicht entgg, als der M Aufw hatte zur Erf konkr LeistgsVerpfl, die üblicherw nicht in den Rahmen eines MVertr fallen, Hamm NJW 73, 1976. Außerdem kann die Erstattg der in Erf des Auftr entstandenen ergebnisl konkr Aufw (zB Annoncen) vereinb w, Hbg MDR 74, 580, ähnl BGH BB 73, 1141; nicht wirks jedoch die Vereinbg eines pauschalierten Aufw- od SchadErs, Hbg aaO.

653 **Mäklerlohn.** I Ein Mäklerlohn gilt als stillschweigend vereinbart, wenn die dem Mäkler übertragene Leistung den Umständen nach nur gegen eine Vergütung zu erwarten ist.

II Ist die Höhe der Vergütung nicht bestimmt, so ist bei dem Bestehen einer Taxe der taxmäßige Lohn, in Ermangelung einer Taxe der übliche Lohn als vereinbart anzusehen.

1) In erster Linie gilt die **vereinbarte Vergütung.** Vgl dazu § 652 Anm 7.

2) Bei Fehlen einer Vergütungsvereinbarung überhaupt enthält Abs I zur Vermeidg der Dissensfolgen die Vermutg einer stillschw Einigg über die Entgeltlichk. Dabei kommt es nicht auf einen entspr Willen des AGebers an, sond auf die obj Beurteilg. Voraussetzg ist aber, daß der M eine vertragl Leistg erbracht h („übertragene Leistg"). Leistg ohne Auftr w noch § 653 nicht gegeben, ggf kommt § 812 in Frage (§ 652 Anm 2 B c). Notw ist also Abschl eines MVertr (§ 652 Anm 2 A). Die BewLast für die tats Voraussetzgen der Vermutg trifft den M, BGH NJW 65, 1226. W er für Mehrere tät, muß er klarstellen, wer sein AGeber ist.

3) Bei Fehlen einer Vereinbarung nur über die Höhe gibt Abs II eine AusleggsRegel. Sie gilt, wenn zwar eine Vergütg (ausdr od stillschw, Abs I), nicht aber ihre Höhe vereinb ist. Sie ist in folgender Reihenfolge zu bemessen:

a) Taxe ist ein behördl festgesetzter Pr, vgl § 612 Anm 2a. Taxen bestehen nicht.

b) Üblichkeit bedeutet allg VerkGeltg bei den beteil Kreisen, BGH BB 69, 1413. Sie braucht den konkret Beteil nicht bekannt zu sein. Maßg Ztpkt ist der VertrSchluß. Die übl Prov ist nach Gegend u Art der Tätigk versch. Maßstab können sein die Gebührensätze der MVerbände, Ffm BB 55, 490, die bei den IHK

Einzelne Schuldverhältnisse. 8. Titel: Mäklervertrag §§ 653, 654

zu erfahren sind. Die Prov des **Gelegenheitsmaklers** ist regelm niedriger als die des hauptberufl tät M (Glaser-Warncke S 213 m Nachw). – Bei Feststellg der Höhe kann die vom and Tl bezahlte Prov berücksichtigt w.

c) **Angemessene Provision** w geschuldet, wenn eine übl nicht feststellb ist. §§ 315, 316 gelten nicht, BGH WPM **69**, 994.

d) **Beweislast** für Taxe od Üblichk, auch Angemessenh h der M. Ebso daß eine vom AGeber behauptete niedrigere Vereinbg nicht getroffen wurde, Br BB **69**, 109.

654 *Verwirkung des Lohnanspruchs.* **Der Anspruch auf den Mäklerlohn und den Ersatz von Aufwendungen ist ausgeschlossen, wenn der Mäkler dem Inhalte des Vertrags zuwider auch für den anderen Teil tätig gewesen ist.**

Übersicht

1) Einwendungen gegen den Provisionsanspruch
2) Schadensersatzpflicht des Maklers
3) Verwirkung des Provisionsanspruchs im allgemeinen
4) Fortsetzung. Verwirkung bei Doppeltätigkeit
5) Treupflicht des Auftraggebers
6) Entsprechende Anwendung des § 654

1) Einwendgen gegen den Provisionsanspruch. Trotz Vorliegens sämtl Merkmale des § 652 kann ausnahmsw ein ProvAnspr wg **Treupflichtverletzung dch den Makler** entfallen.

a) **Verwirkg.** Sie setzt ein schweres Versch des M voraus (Anm 3), nicht aber den Eintritt eines Schad, (BGH **36**, 326). IF der Verwirkg entsteht der LohnAnspr als solcher nicht od erlischt, vAw ro zu berücksicht. Dabei betrifft § 654 nicht nur den Fall der Doppeltätigk, sond die Verwirkg des LohnAnspr beim Einz- wie bei DoppelM iF einer jeden schwerwiegden VertrVerl (BGH WPM **78**, 245).

b) **Positive Vertragsverletzg.** Für sie genügt jedes Versch, sie muß aber zu einem Schad für den AuftrG geführt h. Sie berührt den Bestand des LohnAnspr als solchen nicht, führt aber zu einem SchadErsAnspr des AuftrG (Anm 2) u begr ein LeistgVR (§ 273), Einr des nichterf Vertr, Soergel-Mormann § 652 Anm 14) u die Mögl k der Aufrechng (§ 387). Zur Abgrenzg zw a und b vgl BGH **36**, 323 u Anm Rietschel **LM** Nr 1.

2) Die Schadensersatzpflicht des Maklers.

a) **Allgemeines.** Trifft den M ein Versch, das für den Abschl des MVertr ursächl ist, kann AuftrG Freistellg von der Verpfl verlangen, zB unzutr Belehrg auf Frage über Bedeutg eines AlleinAuftr, BGH NJW **69**, 1625. Zw dem M u dem AuftrG besteht ein bes TreueVerh mit dem Inhalt, daß der M verpfl ist, im Rahmen des Zumutb das Interesse des AuftrG zu wahren, BGH JZ **68**, 69. Hieraus erwachsen dem M NebenPfl, die auf **Mitteilg** u **Offenbarg** bestimmter Umst, auf **Aufklärg**, **Beratg** u ggf **Warng** des AuftrG, uU sogar auf die Vornahme von **Prüfgen** u **Erkundiggen** gerichtet sein können. Diese TreuPfl ist umso strenger, je enger das VertrauensVerh ist. Sie hängt auch von der wirtsch Bedeutg des Gesch u der (Un-)Erfahrenh des AuftrG ab, Köln MDR **59**, 210.

b) **Grundsätzlich** gilt folgendes, doch sind stets die Umst des Einzelfalls zu berücksichtigen. Wird der M tät, so h er bei der Ausführg des Auftr alles zu **unterlassen**, was die AuftrGInteressen gefährden könnte (Verbot unwahrer Mitteilgen, der Unterdrückg des wahren Sachverh). Alle ihm **bekannten Umstände**, die sich auf den GeschAbschl beziehen u für die Willensentschließg des AuftrG wesentl sein können, hat er ihm **mitzuteilen**, BGH JZ **68**, 69, WPM **70**, 1270. Das gilt grdsätzl bei Tats, die sich auf die Bdggen des konkreten Gesch u den VertrPartner beziehen auch dann, wenn dadch der GeschAbschl in Frage gestellt w. Wenn der M einen über den Kaufpr hinausgehden **Übererlös** als Prov vereinb, muß er dessen Höhe dem AuftrGeb mitteilen, BGH MDR **70**, 28. Darf M wg VerschwiegenhPfl seinen AuftrG über bedenkl FinLage des VertrPartners nicht aufklären, so muß er von MTätigk absehen, BGH WPM **69**, 880. Inwieweit der M darü hinaus wg häufig (zB Änderg der Gesetzgebg) **aufklärgspflichtig** ist, bestimmt sich nach § 242 (BGH **LM** § 652 Nr 12). Zu **eigenen Nachforschgen** ist er jedoch nur dann verpfl, wenn dies notwendig war od sich aus der Verkehrssitte ergibt. Ebso obliegt ihm grdsätzl **keine Erkundiggspflicht**. Eine **Prüfgpflicht** kann bei entspr Ankündigg bestehen („geprüfte Objekte"), od wenn er sich erhaltene Mitteilgen zu eig macht, er sich also für deren Richtigk pers einsetzt, BGH BB **56**, 733. Doch w er nicht als Sachverst tät. Für allg Anpreisgen haftet er nicht. Gibt der M eine für den KaufAbschl wesentl **Auskunft**, so muß sie richt sein od der M muß deutl machen, daß er für die Richtigk nicht einsteht (BGH AIZ **75**, 257, Annuitätenzuschlag). – Versch seiner **Gehilfen** muß sich der M wie eig anrechnen lassen, § 278, der AuftrG sich aber sein eig **Mitverschulden**, § 254, BGH **36**, 328.

c) **Einzelfälle:** Sind dem M Zweifel an der **Leistgsfähigk des Vertragsgegners** od der **Güte der Ware** zugetragen worden, so braucht er idR zwar nicht nachzugehen, muß sie aber dem AuftrG mitteilen, BGH BB **56**, 733. Über die ihm bekannten wirtsch Verhältnisse des VertrGegners hat der M seinen AuftrG auch dann aufzuklären, wenn er zugl von jenem mit der Vermittlg des Gesch beauftr ist, BGH Warn **67**, Nr 40. Vermittelt der M **noch nicht gebaute Räume,** so trifft ihn eine ErkundiggsPfl bzgl des Eigt u der Finanzierg des Bauvorhabens, Mü NJW **56**, 1760. Versichert der M dem AuftrGeber, daß alle Voraussetzgen für den Baubeginn vorliegen u das Haus zu einem best Termin fertgestellt w u war diese Ausk für den AuftrGeber mitbestimmd, währd in Wahrh eine BauGen noch nicht vorlag u das Haus erst erhebl später (dort 17 Mon) fert gestellt w, so liegt darin eine schuldh falsche Aufklärg, Köln AIZ **72**, 398. Keine Pfl des M, eine ihm vom Verk mitgeteilte **Wohnfläche** eines Hauses bei Weitergabe an den Kaufinteressenten nachzurechnen, Köln Betr **71**, 1713. Auf **fehlde Sicherg** des RestKaufPr muß – sehr weitgehd – nach Düss VersR **77**, 1108 der M selbst dann hinweisen, wenn er zum Abschl des KaufVertr nicht zugezogen ist. Ein M, der Objekte zur **Geldanlage** nachweist od vermittelt, h umfassde Beratgs- u AufklärgsPfl, um den AuftrG vor Schad zu bewahren (BGH WPM **77**, 334). Der **Kreditmakler** muß die auftrgebde Bank darauf hinweisen, daß die Anlage, zu deren Bezahlg der Kredit gewährt w soll, noch nicht fertgestellt ist, daß er den Kredit entgg dem Antr nicht an den Verk, sond an den Käufer ausbezahlt, daß dieser in einen finanziellen Engpaß geraten ist u den Kredit desh als GeschKredit verwenden will; die Sicherh für den Kredit h der FinanzM nicht zu prüfen, BGH WPM **70**, 1270. Bei der Vermittlg von AnlageDarl kann der M verpfl sein, über die **Kreditwürdigkeit** des DarlN Auskünfte u Erkundigen einzuziehen, Köln MDR **59**, 210. Bei der Vermittlg eines archgebundenen BauGrdst muß er den AuftrG über die **Unzuverlässigkeit** des bauleitden Arch aufklären, BGH JZ **68**, 69, bei der Vermittlg von Eigt- Wohngen kann ihn die Pfl treffen, sich über einschläg **Steuern** (GrdErwerbssteuerfreih) u die Praxis der Finanzämter zu erkundigen, Mü NJW **61**, 1534. Übernimmt der M zusätzl Aufgaben, so schuldet er entspr Sorgfalt. Bei der Vermittlg von **AbzKredit** u Übern der Weiterleitg des Kredits an den Verk ist er dem KreditN (AuftrG) dafür verantwortl, daß die Kreditvaluta nicht vor Lieferg der Kaufsache an den AbzVerk ausbezahlt w, BGH LM § 652 Nr 10 u AbzG § 6 Anh. Ebso Haftg des FinanzM, der ggü der kreditierden Bank wahrwidr die Richtigk der Angaben des DarlNehmers im KreditAntr bestätigt (Bambg OLGZ **76**, 447). Wg der maßg Kenntn bei **OHG** vgl Einf 5 vor § 652.

3) Die Verwirkg des Provisionsanspruchs.
a) Allgemeines. Vgl zunächst Anm 1. Verwirkg tritt nicht schon mit jeder schuldh VertrVerletzg ein, BGH WPM **73**, 1382. Voraussetzg ist vielm eine **schwerwiegende Vertragsverletzg**. Der M muß vorsätzl od grobfahrl den Interessen des AuftrG in so schwerwiegder Weise zuwidergehandelt h, daß er eines Lohnes unwürd erscheint, BGH **36**, 323, BB **76**, 953. Bei zugezogenen Hilfskräften gilt § 278, Mü JR **61**, 95, dagg ist § 254 auf die Verwirkg nicht anwendb, BGH **36**, 326.
b) Einzelfälle: Keine Verwirkg bei bloß fahrl Verstoß gg die dem M obliegde **Mitteilgspflicht**, zB bei Nichtaufklärg über die Modalitäten einer Honorarvereinbg mit der GegenPart, BGH **36**, 323. Jedoch verliert der M seinen ProvAnspr, wenn er schuldh seinem AuftrG früheren **Hausschwamm** nicht mitteilt, RG JW **10**, 284; ebso, wenn er grob leichtfert seinem AuftrG den Mangel jeder **Kreditwürdigkeit** der Gegenseite verschweigt, BGH Betr **67**, 505; ferner, wenn er dch unricht Angaben den AuftrG zur **Übernahme der Provision** des and T bestimmt, Düss Betr **63**, 548. Auch verliert der M seinen Anspr, der einen Angest des AuftrG zur **bestechen** versucht (ProvTeilg bei Abschl BGH LM Nr 2). ProvAnspr, der nach bes VertrBdggen verdient wäre, entfällt bei eigenem vertragsuntreuem Verhalten des M. Bedient sich der M im Rahmen eines GemschGesch eines and Maklers, so verliert er den ProvAnspr, wenn dieser, um die Prov allein zu erhalten, seine eig Kunden bevorzugt u den AuftrG **benachteiligt**, Mü JR **61**, 95. Ein Fall des RMißbr liegt vor, wenn der Prov fordernde VertrauensM den AuftrG an einen Vertr festhält, obwohl er seine eig Tätigk längst eingestellt hatte, BGH NJW **66**, 1406 u § 652 Anm 10 B b aE. Verwirkg, wenn M dem AuftrG gewisse SonderVereinbgen verheimlicht, die er als dessen Vertreter bei Abschl des KaufVertr mit dem Erwerber getroffen h, BGH NJW **69**, 1628. Verwirkg wenn ein ErfGeh des M versucht, den bereits vereinb not VertrAbschl zu hintertreiben (BGH WPM **78**, 245).

4) Fortsetzg. Verwirkg bei treuwidriger Doppeltätigkeit. Vertrwidr Tätigw für den and Teil ist eine so schwere Verletzg der maklerrechtl TreuPfl, daß es für die Verwirkg des LohnAnspr im allg der erschweren subj Voraussetzgen (Vors, grobe Fahrlk; Anm 3a) nicht bedarf, BGH **48**, 350. Grdsätzl ist dem M Doppeltätigk erlaubt, Glaser MDR **71**, 271. Übl ist sie zB bei GrdstM, Köln Betr **71**, 1713, u bei Versteigergen von Sammlgen. Der M kann dann von beiden Teilen volle Prov fordern. Unzuläss (Folge: § 654) ist Doppeltätigk nur dann, wenn sie zu **vertragswidrigen Interessenkollisionen** führt. Dies ist aber idR nicht der Fall, wenn der M für den einen Teil VermittlgsM, für den and NachwM ist. Entscheid hierfür ist die entfaltete Tätigk, nicht der geschlossene Vertr, BGH NJW **64**, 1476. Der M, der für den Verk als VermittlgsM u für den Käufer als NachwM tät ist, braucht dem Käufer, der diese Doppeltätigk kennt, nicht mitzuteilen, daß er sich vom Verk einen hinaus erzielten Überlös als Prov h versprechen lassen, BGH NJW **70**, 1075. Beim **beiderseitigen Vermittlgsauftrag** ist Interessenwiderstreit naheliegend, Doppeltätigk aber nicht notw vertrwidrig, insb dann nicht, wenn vertragl (ausdr od stillschw) gestattet. Zur Bedeutg dahingehender Klauseln vgl § 652 Anm 9 A f. Die Doppeltätigk führt aber dann für den M zu zusätzl Pfl. Er muß sich als „ehrl Makler" **strenger Unparteilichkeit** befleißigen, BGH **48**, 344, u zwar auch bei der Ausgestaltg des Vertr mit dem jeweil AuftrG. Unwirks ist desh die Kombination von Doppeltätigk u erfolgsunabh Prov von einer Seite, die Vereinbg einer vom ZustKommen des KaufVertr unabh Provision nur mit dem Kaufinteressenten, BGH **61**, 17. Seiner AufklärgsPfl muß er gleichm ggü beiden Part nachkommen u jed Part von den Verhältn der and soviel mitteilen wie nöt ist, um sie vor Schaden zu bewahren, BGH Warn **67** Nr 40; dazu gehört idR, daß der M auch bei vertragl Gestattg den DoppelAuftr beiden Seiten **offenlegt**. In die **Preisverhandlgen** der Part darf der M ohne entspr Erlaubn eingreifen. Er verwirkt die Prov, wenn er dem Käufer erklärt, der vom Verk geforderte Pr sei zu hoch, BGH **48**, 344. Ein unerl Entggkommen liegt aber nicht schon darin, daß der M dem Kaufinteressenten auch noch and Kaufobjekte vorschlägt (Enn-Lehmann § 158 I 1). **„Parteiverrat"** aber, wenn der mit der Erzielg eines möglichst hohen Pr beauftr M sich dem Gegner ggü verpfl, ihm das Obj so günst wie mögl zu verschaffen, es ihm wieder abzukaufen, oder wenn er sich insgeheim beim Gegner am Gesch beteiligt, oder seinen AuftrG veranlaßt, den Pr zu senken, obwohl der Gegner zu jedem Pr erwerben wollte. Hier wirkt der M nicht nur die Prov, sond macht sich auch schadersrpfl; ebso, wenn der M aus Tätigk für die GegenPart vertragserhebl Umstände erfahren h, hierüber zur Verschwiegenh verpfl ist u dennoch den Vertr vermittelt – BGH MDR **70**, 28. Der **Vertrauensmakler** (§ 652 Anm 10 B b) ist zur ausschließl Interessenwahrnehmg für seinen AuftrG verpfl u handelt deshalb idR treuwidr, wenn er auch für den and Teil als VermittlgsM tät w, BGH NJW **64**, 1467; nicht treuwidr ist aber, wenn er für dies als NachwM tät w, Ffm MDR **73**, 407. Bei vertragl Gestattg muß er dem AuftrG ggü unmißverständl zum Ausdruck bringen, daß er auch für die and Seite tät w, BGH aaO 1469. – Hat der M den vereinb od übl

Lohn verwirkt, so kann ihm auch nicht ganz od teilw WertErs für geleistete Dienste nach § 812 zugesprochen w. Das verbietet der Zweck des § 654. Köln NJW **71**, 1943 widerspricht dieser Auffassg entgg Werner aaO nicht, denn das Ger verneint dort die Anwendbark des § 654.

5) Die Treupflicht des Auftraggebers. Er schuldet dem M in gleicher Weise Sorgf, Wahrg der Vertraulichk, Aufklärg u dgl. Auch darf er den M nicht um seine Prov prellen. Bei Verstoß gg seine TreuPfl ist der AuftrG dem M aus pos VertrVerletzg schadersfl, Kohler NJW **57**, 327. Doch begründet das treuwidr Verhalten des AuftrG als solches keinen ProvAnspr; es gibt zu Lasten des AuftrG kein Gegenstück zu § 654, BGH MDR **68**, 405.

Einzelfälle: Der AuftrG muß die Mitteilgen des M, die ja dessen GeschKapital darstellen, **vertraulich** behandeln, wenn er sie nicht auszunutzen gedenkt. Bei einer Übertragg der AbschlMöglk an einen Dr macht er sich schaders-, bei eig wirtsch Interesse am Zustandekommen des Gesch mit dem Dr sogar provpfl, BGH MDR **60**, 283, Stgt MDR **64**, 758 – **Verbot der Weitergabe.** Ferner kann die Verpfl bestehen, sich beim M zu vergewissern, ob ein Kaufinteressent, der dies abgeleugnet, von ihm zugeführt wurde, Mü NJW **68**, 894 – **Rückfragepflicht.** Folge bei Verstoß: § 652 Anm 6. Gibt der AGeber die Verwirklichg des beabsicht Gesch auf, so muß er dem M dch Unterrichtg weitere unnöt Kosten ersparen, BGH WPM **72**, 444. Dagg ist die **Beauftragg mehrerer Makler**, außer beim AlleinAuftr, keine VertrVerletzg, BGH aaO. Hat der AGeber mehrere M beauftr, so muß er allen die VermittlgsMöglk geben. Dagg muß er darauf achten, ob eine ihm **bekannte Vertragsmöglichkeit** schon von einem u beauftrt M nachgewiesen war. Doch kann es dem AuftrG nicht verübelt w, wenn er sich von einem M trennt, der ihn mit zahllosen Angeboten überschüttet. – Verpfl des AuftrG zu **Auskunft u Rechnungslegg**: § 652 Anm 5 aE.

6) Bei **entsprechender Anwendg** des § 654 auf and RVerh ist Zurückhaltg geboten. Der RAnw verwirkt seinen GebührenAnspr nicht schon dadch, daß er pflwidr handelt, BGH NJW **63**, 1301, str; aA RG **113**, 269, wohl aber bei Parteiverrat (vom BGH aaO dahingestellt). Notare h zwar keinen Anspr auf Gebühren, die bei richt SachBehdlg nicht entstanden wären, insow besteht aber Sonderregelg, §§ 16 I, 141 KostO. Auch keine entspr Anwendg des § 654 auf den BeteiligssAnspr des UnterM gg den HauptM, BGH BB **66**. 1367.

655 *Herabsetzung des Mäklerlohns.* **Ist für den Nachweis der Gelegenheit zum Abschluß eines Dienstvertrages oder für die Vermittelung eines solchen Vertrags ein unverhältnismäßig hoher Mäklerlohn vereinbart worden, so kann er auf Antrag des Schuldners durch Urteil auf den angemessenen Betrag herabgesetzt werden. Nach der Entrichtung des Lohnes ist die Herabsetzung ausgeschlossen.**

1) Kaum noch praktisch. Wg des Vermittlgsmonopols der BAnst ist der M regelm bei ArbVertr ausgeschlossen. Gilt auch für das ArbVerh leitder Angest u von Führgskräften, BVerfG NJW **67**, 971. Nicht erfaßt davon ist der Bühnen- u ArtistenNachw sowie der Nachw auf dem Gebiete des Films, soweit er DVertr betrifft (Staud-Riedel Anm 2). Vermittlg sog ArbNÜberlassgsVertr vgl Einf 2c vor § 611. Überh keine vermittlgstät ist die Veröffentlichg des Stellenmarkts in der Presse, denn die Anzeigen dienen der Selbstsuche. Einschränkung bei Veröffentlichg von Stellenangeboten, auch von ausl, verstößen gg die Pressefreih, BVerfG NJW **67**, 976. Folgen von Verstoß gg Vermittlgsverbot: Einf 2b vor § 652. Keine entspr Anwendg des § 655, da SchutzVorschr zG des späteren DVerpfl, RG Warn **43** Nr 46.

656 *Heiratsvermittlung.* I **Durch das Versprechen eines Lohnes für den Nachweis der Gelegenheit zur Eingehung einer Ehe oder für die Vermittelung des Zustandekommens einer Ehe wird eine Verbindlichkeit nicht begründet. Das auf Grund des Versprechens Geleistete kann nicht deshalb zurückgefordert werden, weil eine Verbindlichkeit nicht bestanden hat.**
II **Diese Vorschriften gelten auch für eine Vereinbarung, durch die der andere Teil zum Zwecke der Erfüllung des Versprechens dem Mäkler gegenüber eine Verbindlichkeit eingeht, insbesondere für ein Schuldanerkenntnis.**

1) Der **Ehemaklervertrag** ist seinem Inhalt nach ein Unterfall des MVertr, gerichtet auf den Nachw od die Vermittlg eines Ehepartners gg Vergütg. Auch der EheM ist zum TätWerden nicht verpfl, der AuftrG h desh keinen SchadErsAnspr wg NichtErf, BGH **25**, 124. Die entgeltl Heiratsvermittlg ist zwar unerwünscht, aber nicht ohne weiteres sittenwidr. Unbeschadet der Vorschr über die VergütgsVereinbg ist der Vertr rechtswirks mit der Folge, daß der EheM dem AuftrG auf SchadErs wg c.i.c od pos VertrVerletzg haftet, BGH **25**, 124 (Zuführg eines verschuldeten u vorbestraften Partners) u daß der M seinen Schad wg schuldh Verletzg von NebenVertr mit Dr ersetzt verlangen kann, BGH NJW **64**, 546 (Schädigg dch Filialleiter). Ebso besteht ein VergütgsRückfdgsAnspr bei Untätigk des EheM (§ 812 I 2 2. Alternative) u bei Nichtigk, zB wg erfolgreicher Anfechtg. Zusfassd zur zivilrechtl Problematik u teilw aA Gilles JZ **72**, 377.

2) Die **VergütgsVereinbg** begründet keine Verbindlichk, **Abs I S 2**. Sie schafft also entw eine bloße Naturalobligation, die erf, aber nicht eingeklagt w kann od sie schafft überh keinen Anspr, w aber rechtl als ErwGrd anerkannt, der den EheM berecht, die erf Leistg zu behalten (Nachw bei Soergel-Mormann § 656 RdNr 3). Das Gleiche gilt für den Anspr des EheM auf **Aufwendgsersatz**, AG Hann NdsRpfl **67**, 254, aA Meckling NJW **61**, 858. Ebso muß nach **Abs II** der AuftrG eine Verbindlichk nicht erf, die zum Zwecke der Erf der LohnVerspr eingegangen ist, zB Einlösg eines Akzepts ggü dem M od Umwandlg des VergütgsAnspr in ein ratenw rückzahlb Darl. – Nach **Abs I S 2** kann der EheM das zur Erf der LohnVereinbg Geleistete behalten. Dabei spielt weder der Ggst der Leistg noch ihre Bezeichnung („Gebühr", Beitr") eine Rolle. Auch Anzahlgen u Vorschüsse gehören dazu. Nicht ausgeschl ist die Rückfdg aus and Grd, zB Nichtigk des Vertr wg GeschUnfgk od berecht erkl Anfechtg od wg § 812 I S 2 2. Alternative, wenn der AuftrG in Erwartg der Leistg des M bereits erf h u der M überh nicht tät w (Erdsieck NJW **62**, 2240). Gleiches gilt gem **Abs II** für die erf Verbindlichk, die der AuftrG zum Zwecke der Erf seines LohnVerspr eingegangen ist, zB an den M eingelöster Wechsel. – § 656 ist mit dem GG vereinb, BVerfG NJW **66**, 1211.

3) Der **finanzierte Ehemaklervertrag** spielt in der Praxis eine erhebl Rolle u ist in seiner rechtl Beurteilg umstr.

a) Ein **Darlehensvertrag** ist **nicht** allein desh **sittenwidrig,** weil das Darl der Erf eines LohnVerspr dient. Hier gilt das Gleiche wie für ein zu Spielzwecken gegebenes Darl, vgl § 762 Anm 4. Auch die Tats der Koppelg des Darl- mit dem MVertr macht jenen nicht ohne weiteres sittenwidr, sond nur bei Verstoß gg § 56 I Nr 6 GewO, wenn die entscheidden DarlVerh anläßl eines VertrBesuchs in der Wohng des DarlN geführt w sind, LG Bln NJW **71**, 2175, außer der DarlN wurde dabei über die Nichteinklagbark des Lohn-Anspr aufgeklärt, LG Kempten JR **72**, 247. Gg Nichtigk LG Konstanz NJW **72**, 1922, LG Darmst MDR **74**, 932.

b) Die **entspr Anwendbarkeit des Abs II** w teilw bejaht, so LG Schweinfurt NJW **71**, 2176, LG Fulda NJW **71**, 2229, LG Mü I NJW **72**, 2129 u NJW **73**, 1285, LG Düss NJW **74**, 1562, Scheidle NJW **70**, 201, Höbold NJW **70**, 1869. Danach soll die RückzahlgsPfl nur eine Naturobligation sein. Ihre klagew DchSetzg soll in analoger Anwendg des II od weil die Koppelg des Darl- mit dem MVertr der Umgehg dieser Vorschr dient, jedenf dann nicht mögl sein bei bes enger ZusArb zw EheM u FinanziergsBank (LG Bielefeld MDR **77**, 404), so wenn die kreditierde Bank aGrd ständ GeschVerbindg mit dem EheM dessen Vertr dch Darl an den AuftrG finanziert, insb wenn der EheM DarlVertrFormulare der Bank verwendet u wenn der Vertr des EheM zugl als Bevollm der Bank auftritt. Nach and Auffassg ist II nicht entspr anwendb, so W. Thomas NJW **70**, 741, Amtrup NJW **71**, 84, Schmid-Salzer JR **72**, 51, Gilles JZ **72**, 377, LG Kempten JR **72**, 247, LG Konstanz NJW **72**, 1992, Schlesw NJW **74**, 648, Hbg MDR **77**, 403. Zusfassd zum Meings-Stand, Berg JuS **73**, 548. Der zweitgenannten Auffassg ist zuzustimmen, weil Darl- u EheMVertr rechtl zwei selbstd Vertr sind, der Darl-RückzahlgsAnspr nicht dadch zur Naturalobligation w, daß die Hingabe des Darl der Erf einer bloßen Naturobligation dient, ferner weil der Erf der LohnVereinbg gesetzl sanktioniert ist (I, 2), auch wenn sie mit Hilfe eines Darl geschieht u endl weil der Abschl des DarlVertr mit einem Dr der Eingeh einer Verbindlichk „ggü dem M" nicht gleichgesetzt w kann; Abs I 2, II wollen unerwünschte EheMProz, auch wg ihres Eingr in die Intimsphäre der Eheg (BVerfG NJW **66**, 1211) vermeiden, nicht aber DarlProz mit Dr, in denen der Zweck des Darl nicht zu den klagebegründeten TatsBehauptgen gehört. Das kann nicht damit abgetan w (so Berg aaO), daß der Bekl sich genötigt sehe, die Hintergründe des Darl aufzudecken. Auch der Wortlaut des II steht entgg Berg der hier vertr Auffassg nicht entgg, denn das Darl ist – and als SchuldAnerk u Wechsel – keine Verbindlk „ggü dem M".

c) Andere Einwendgen, die ihren Grd in der Koppelg des Darl- mit dem EheMVertr h, können dem DarlRückzahlgsAnspr im sinngem Anwendg der Rspr des BGH zum finanzierten AbzahlgsKauf (vgl AbzG Anh zu § 6, BGH **47**, 207, 233) entgegehalten w, Amtrup NJW **71**, 84. Das mit dem M zusarbeitde Bankinstitut muß den DarlNehmer/AuftrG über die Gefahren aufklären, die sich aus der Aufspaltg des Gesch in zwei rechtl selbstd Vertr ergeben; ebso Hbg MDR **77**, 403, Meyer MDR **71**, 267, abl Schmid-Salzer JR **72**, 51. Dazu gehört der Hinw, daß der DarlVertr rechtl selbstd ist, daß mit seinem Abschl ein rechtsverbindl Fdg des Kreditgebers entsteht, der Einr aus dem MVertr (Anfechtg, Kündig, SchlechtErf) nur in recht begrenztem Umfang entgegesetzt w können u daß mit Abschl eines gesonderten DarlVertr die R des AuftrG aus § 656 I 2, II verloren gehen; so auch Schlesw NJW **74**, 648. Sow sich der Kreditgeber bei Abschl des DarlVertr des EheM od eines seiner MitArb als ErfGeh bedient, haftet er dem DarlNehmer auf SchadErs wg Verletzg dieser AufklärgsPfl. Das aufrechenb Interesse des DarlNehmers entspr der Höhe der DarlFdg.

Neunter Titel. Auslobung

657 **Begriff.** Wer durch öffentliche Bekanntmachung eine Belohnung für die Vornahme einer Handlung, insbesondere für die Herbeiführung eines Erfolges, aussetzt, ist verpflichtet, die Belohnung demjenigen zu entrichten, welcher die Handlung vorgenommen hat, auch wenn dieser nicht mit Rücksicht auf die Auslobung gehandelt hat.

1) Begriff, Abgrenzung.

a) Die Ausl ist eine **einseitige rechtsgeschäftliche Willenserklärung** (vgl Einf 3 vor § 305) u zwar eine schuldrechtl Verpfl, zu deren Entstehg weder ihre Ann noch nur ihr Zugang erforderl ist. Sie ist ein Verspr im Wege öff Bek (Anm 2). Versprochen w eine Belohng (Anm 3) für die Vornahme einer Handlg (Anm 4). Es gelten die allg Vorschr über WillErkl (§§ 104ff). Im EinzFall kann die Ernstlichk fehlen (§ 118), etwa wenn bei Prahlerei od marktschreier Reklame nach den Umst für jeden verständ Menschen klar ist, daß es sich nur um einen Scherz handelt; meist w allerd der Auslobde mit LeichtgläUb rechnen. Ein strenger Maßstab ist anzulegen bei der Prüfg, ob ein WettbewZwecken dienendes PrAusschreiben sittenw ist, Düss GRUR **51**, 463; hier auch § 826 Anm 8 u dd. Zur Widerruflichk SonderVorschr in § 658. Eine Art der Ausl ist das PrAusschr, § 661. Die Ausl kann einem eigennütz od einem selbstl Zweck dienen. Auslobder kann eine JP, ebso kann eine JP Bewerber sein. Bei Tod des Auslobden geht die Verpfl auf die Erben über.

b) Abgrenzung. Mit Auftr-, D- und WkVertr h die Ausl gemeins, daß sie zu einer Tätigk veranlassen soll, vorwiegd zur Herbeiführg eines Erfolges. Sie unterscheidet sich von ihnen dch ihre Einseitigk, es gibt keinen VertrPartner, der zu irgdetwas verpfl wäre. Das SchenkgsVerspr ist im GgSatz zur Ausl ein VertrAngebot, das der Ann bedarf, nicht öff abgegeben w (vgl Anm 2) u in aller Regel nicht zu einer best

Tätigk veranlassen will. Die Ausl ist von Spiel u Wette rechtl abzugrenzen dch deren VertrCharakter, tats h der Wettde kein Interesse an der Vornahme einer Handlg, sond will dch die Wette nur die Richtigk einer von ihm aufgestellten TatsBehauptg unterstreichen.

2) Öffentliche Bekanntmachung bedeutet Kundgabe nicht unbdgt ggü jedermann, wohl aber ggü einem individuell unbest PersKreis, zB in der Presse, auf Anschlagsäulen, dch Postwurfsendg an Angeh einer Berufsgruppe, so daß ungewiß ist wieviele Pers die Möglichk der KenntnNahme h. Bei Bek-Gabe an einen individuell abgegrenzten Kreis handelt es sich um einen annbedürft VertrAntr, für eine best Handlg einen best Lohn zu zahlen; auf die vertragl Beziehgen ist § 661 entspr anwendb, BGH **17**, 366.

3) Belohnung bedeutet die Zusage irgdeines Vort. Er muß nicht vermrechtl Art sein.

4) Belohnt wird die Vornahme einer Handlg, auch Unterlassg, meist Herbeiführg eines Erfolges, an dem der Auslobde interessiert ist. Sie ist kein RGesch, sond Realakt, Eintritt der Bdgg, von dem der Anspr auf Belohng abhäng gemacht ist. Die Belohng kann also auch ein GeschUnfäh verdienen.

a) Herbeiführung eines Erfolges, zB Aufdeckg einer strafb Handlg, Wiedererlangg einer verlorenen Sache, Erbringg einer wissenschaftl, künstler, sportl Leistg. Zu Reklame- od ähnl Zwecken, ferner zur Bekräftigg einer These verspricht der Auslobde die Belohng mitunter für den Fall der Widerleg seiner Behauptg od These in dem Wunsch od der Erwartg, daß dieser Versuch mißlingt. Auch dabei handelt es sich, gemessen am ErklInhalt, wie ihn die angesprochene Öfftk auffassen darf, nicht um ein Wettangebot, weil der Anbietde nichts verdienen will, sond um eine wirks Ausl, selbst wenn der Auslobde von der Unmöglk der Widerleg überzeugt ist, Larenz SchR II § 55, Soergel-Mormann Rdz 4, Erman-Hauß Rdz 5.

b) Vornahme einer Handlung ist auf Tätigk als solche, nicht auf einen best Erfolg gerichtet, zB 10jähr Dienste bei demselben DHerrn, falls nicht individuell vertragl vereinb (vgl § 611 Anm 7 a, e). Die Handlg kann auch in einem Unterlassen bestehen.

5) Ob der Handelnde die **Bedingung erfüllt,** also die Belohng verdient h, ist im Streitfall dch das Ger zu entscheiden (anders § 661). Bei mehrf Vornahme u der Mitwirkg Mehrerer enthalten §§ 659, 660 ergänzde Regeln. Kenntn von der Ausl braucht der Handelnde bei Vornahme der Handlg nicht zu h (letzter Halbs). Ob auch eine Handlg vor Bek der Ausl die Bdgg erf ist, ist AusleggsFrage.

658 *Widerruf.* I **Die Auslobung kann bis zur Vornahme der Handlung widerrufen werden. Der Widerruf ist nur wirksam, wenn er in derselben Weise wie die Auslobung bekannt gemacht wird oder wenn er durch besondere Mitteilung erfolgt.**

II **Auf die Widerruflichkeit kann in der Auslobung verzichtet werden; ein Verzicht liegt im Zweifel in der Bestimmung einer Frist für die Vornahme der Handlung.**

1) Freie Widerruflichkeit der Ausl bis zur Vornahme der Handlg folgt aus der Einseitigk der VerpflErkl. Der Widerruf ist rgeschäftl WillErkl (§§ 104 ff), vorzunehmen entw dch nicht empfbedürft öff Bek der gleichen Art, in der die Ausl erfolgte, od dch empfbedürft bes Mitt an diejen, denen gegenüber widerrufen w soll. Mögl auch dch den Erben. Bei wirks Widerruf kein Aufwendgs- od SchadErsAnspr des Bewerbers für VorbereitgsHandlgen. Widerruf entgg Verzicht (Abs II) od nach Vornahme der Handlg ist unwirks. Anfechtg wg Irrtums, Täuschg, Drohg nach allg Regeln bleibt mögl, zu erkl in den Formen des Widerrufs.

2) Verzicht auf Widerruf (II) ist ebenf rgeschäftl WillErkl (§§ 104 ff), zu erkl in der Ausl od best Bewerbern ggü dch Zugang. In einer FrBestimmg für die Vornahme der Handlg, notw iF des PrAusschr (§ 661 I), liegt iZw der Verzicht auf Widerruf.

659 *Mehrfache Vornahme.* I **Ist die Handlung, für welche die Belohnung ausgesetzt ist, mehrmals vorgenommen worden, so gebührt die Belohnung demjenigen, welcher die Handlung zuerst vorgenommen hat.**

II **Ist die Handlung von mehreren gleichzeitig vorgenommen worden, so gebührt jedem ein gleicher Teil der Belohnung. Läßt sich die Belohnung wegen ihrer Beschaffenheit nicht teilen oder soll nach dem Inhalte der Auslobung nur einer die Belohnung erhalten, so entscheidet das Los.**

1) Regelt den Fall, daß Mehrere u zwar jeder für sich allein die ganze Handlg vornehmen, den ganzen Erfolg herbeiführen (anders § 660). Ist nach dem ErklInhalt der Ausl anzunehmen, daß die Belohng nur einmal bezahlt w soll, gebührt sie bei zeitl Nacheinand der Vornahme demjen, der sie zuerst vorgenommen h, **Prioritätsgrundsatz** (I). Bei gleichzeit Vornahme gilt nach Abs II bei Teilbark der Belohng der **Teilungsgrundsatz**, sonst entsch das Los. Der Auslobde kann eine anderwt Regelg in der Ausl treffen, zB Bestimmg dch ihn selbst nach § 315, RG **167**, 225 [235]. SonderVorschr für PrAusschr in § 661. Bei Streit: Kl des vermeintl Berecht gg den Auslobden, HinterleggsR nach § 372. Verzichtet ein Berecht, so treten and nicht an seine Stelle.

660 *Mitwirkung mehrerer.* I **Haben mehrere zu dem Erfolge mitgewirkt, für den die Belohnung ausgesetzt ist, so hat der Auslobende die Belohnung unter Berücksichtigung des Anteils eines jeden an dem Erfolge nach billigem Ermessen unter sie zu verteilen. Die Verteilung ist nicht verbindlich, wenn sie offenbar unbillig ist; sie erfolgt in einem solchen Falle durch Urteil.**

II Wird die Verteilung des Auslobenden von einem der Beteiligten nicht als verbindlich anerkannt, so ist der Auslobende berechtigt, die Erfüllung zu verweigern, bis die Beteiligten den Streit über ihre Berechtigung unter sich ausgetragen haben; jeder von ihnen kann verlangen, daß die Belohnung für alle hinterlegt wird.

III Die Vorschrift des § 659 Abs. 2 Satz 2 findet Anwendung.

1) Regelt den Fall, daß zu der Herbeiführ des Erfolges Mehrere, gewollt od ungewollt, jeder zu einem Teil (anders § 659) mitgewirkt h. Es gilt der **Teilungsgrundsatz**. Über offenb Unbilligk § 319 Anm 2. Bei Unteilbark entsch das Los.

2) Streit der Beteiligten ist unter diesen ohne den Auslobden auszutragen. Er darf (§ 372) u muß auf Verlangen eines Beteil die Belohng für alle hinterlegen.

661 *Preisausschreiben.* **I** Eine Auslobung, die eine Preisbewerbung zum Gegenstande hat, ist nur gültig, wenn in der Bekanntmachung eine Frist für die Bewerbung bestimmt wird.

II Die Entscheidung darüber, ob eine innerhalb der Frist erfolgte Bewerbung der Auslobung entspricht oder welche von mehreren Bewerbungen den Vorzug verdient, ist durch die in der Auslobung bezeichnete Person, in Ermangelung einer solchen durch den Auslobenden zu treffen. Die Entscheidung ist für die Beteiligten verbindlich.

III Bei Bewerbungen von gleicher Würdigkeit finden auf die Zuerteilung des Preises die Vorschriften des § 659 Abs. 2 Anwendung.

IV Die Übertragung des Eigentums an dem Werke kann der Auslobende nur verlangen, wenn er in der Auslobung bestimmt hat, daß die Übertragung erfolgen soll.

1) Preisausschreiben ist eine Art der Ausl, gekennzeichnet dadch, daß nicht bereits die Leistg den Anspr auf die ausgesetzte Belohng begründet, sond daß erst ein od mehrere PrRichter entsch, ob eine Leistg der Ausl entspricht u welcher Bewerber den Pr erhalten soll. Mögl ist, daß keine Lösg die gestellte Aufgabe erf. Je nach den AuslBdggen genügt zur Verwirklich nicht erst die Erf der Aufgabe in jeder Hins, sond schon, daß die angebotene Lösg den Vorstellgen des Auslobers so nahe kommt, daß er od das PrGer sie für preiswürd hält (LG Dortm BauR **75**, 143). Vielf läßt die gestellte Aufgabe mehrere Lösgen zu u es beteiligen sich Mehrere um den ausgesetzten Pr. Die zur Wirksamk notw, auch nachträgl zulässFrBestimmg h ihren Grd darin, Verzögergen dch den Auslobden u die PrRichter zu vermeiden u h Unwiderruflichk zur Folge (§ 658 II). Anfechtg bleibt mögl. – Die Pfl zur Übertr des Eigt an dem prämierten Wk (IV) kann sich auch aus der Sachlage ergeben. Sie umfaßt auch die Pfl zur Übertr des UrhR. Ohne das prämierten Bewerber h keine ErsAnspr. **Beispiele**: PrAusschr für wissenschaftl, künstler, sportl (BGH **LM** Nr 2) usw Leistgen, Arch Wettbew (BGH BlGBW **68**, 37), auch ReklameAusschr in Zeitgen, selbst bei ganz leichten Lösgen (str, ob dann nicht Spiel, § 762, od, bei WarenPr, genehmiggsbedürft Ausspiel, § 763, vorliegt); Pr Ausschreibg als unlautere Werbg vgl § 826 Anm 8 u dd.

2) Entscheidung durch Preisrichter, anders §§ 659, 660.

a) Der **Preisrichter** ist in der Ausl zu bestimmen, bei fehlder Bestimmg der Auslobde selbst. Auch eine PersMehrh kann als PrGer eingesetzt w. Die Stellg des PrRichters ist der des Schiedsrichters ähnl, BGH **17**, 366. Ggf entsch also StimmenMehrh. HaftgsBeschrkg wie bei Staatsrichtern (§ 276 Anm 4 c, Th-P Vorbem 3 vor § 1025).

b) Die **Entscheidung** ist für die Beteil **bindend.** §§ 317 bis 319 gelten also nicht. Die Entsch über die Zuerkeng des Pr ist gerichtl auf ihre sachl Richtigk nicht überprüfb, BGH MDR **66**, 572 (Disqualifizierg bei Galopprennen), RG **143**, 262 (Der Auslobde darf nicht verbreiten, der Pr sei zu Unrecht zuerkannt). Grobe VerfFehler können geltd gemacht w, als Rahmen der Nachprüfg kann § 1041 ZPO verwendet w, BGH **17**, 366. Anfechtg (§§ 119 ff) bleibt mögl.

3) Weitere Rechtsbeziehungen. Enthalten die AusschreibgsBdggen zu einem ArchWettbew die Formulierg, der Auslober sei gewillt, einem der PrTräger die weitere Bearbeitg zu übertr, so ist das so auszulegen, daß der Auslober verpfl ist, einem PrTräger den Auftr zu erteilen (BGH Rspr Bau Z. 300 Bl 117).

Zehnter Titel. Auftrag

Einführung

1) Begriff, Wesen.

a) Auftr (richtiger: AVertr) ist ein **unvollkommen zweiseitiger,** kein ggs **Vertrag**; vgl Einf 1 § 320. Notw entstehen nur Pfl des Beauftr, solche des AGebers nur uU u nicht als GgLeistg. Der Beauftr verpfl sich ggü dem AGeber vertragl (§ 662 Anm 2), für diesen unentgeltl (§ 662 Anm 4) ein Gesch zu besorgen (§ 662 Anm 3). Wg der Unentgeltlichk ist der A **Gefälligkeitsvertrag,** dh gerichtet auf fremdnütz Handeln wie Leihe, unentgeltl Verwahrg, zinsl Darl u ähnl, nicht typisierte Vertr. Die Tätigk des Beauftr im Interesse des AGebers setzt regelm ein bes VertrauensVerh zw beiden voraus.

b) Sprachgebrauch. Das BGB verwendet vereinzelt (§§ 662, 663) das Wort A iS des VertrAngebots von seiten des AGebers. Der allg SprachGebr verwendet den Begr A in einem viel weiteren Sinn als §§ 662 ff, näml als Antr auf Abschl und Verträge, zB eines D-, Wk-, Makler-, KommissionsVertr. Auch die Bestellg im Rahmen eines Kauf- od Wk-LiefergsVertr w vielf A genannt, ferner die Anweisg (§ 783). Man spricht auch von Auftr bei Erteilg einseit Weisgen im Rahmen eines besthden Vertr od sonst RVerh, zB zur Ausführg best Tätigken innerh eines DVertr; der Bankkunde erteilt einen ÜberweisgsA innerh des GeschBesVertr; Eltern erteilen ihren Kindern einen A zu einer Besorgg. Die ZPO spricht in §§ 166, 753 vom A der Part bzw des Gläub an den GVz. §§ 60, 70 BörsenG sprechen von A. All dies sind rechtl keine A iS der §§ 662 ff.

2) Abgrenzung.

a) Mit dem **bloßen Gefälligkeitsverhältnis** h der A als GefälligkVertr gemeins die Fremdnützigk u die Unentgeltlichk. Er unterscheidet sich von ihm dch den RBindgsWillen, der bei bloß gesellschaftl, konventionellen od FreundschZusagen u bei den bloßen Gefälligken des tägl Lebens fehlt. Daß von Bitte od Gefällig die Rede ist, spricht nicht notw gg das Vorliegen eines RBindgsWillens. Ob er besteht, ist nach den Umst des EinzFalles zu beurteilen, BGH **21**, 102; Einzelnen u Beisp vgl Einl 2 vor § 241. Bei Übern einer polit Tätigk ist ein RBindgsWille in aller Regel zu verneinen, BGH **56**, 204. Stehen, für den ANehmer erkennb, wirtsch Interessen des AGebers auf dem Spiel, so läßt dies regelm auf rechtl BindgsWillen schließen, Larenz SchR II § 56 I, Esser SchR II § 81 I 2.

b) Andere Gefälligkeitsverträge h mit dem A ebfalls Fremdnützigk u Unentgeltlichk gemeins, jedoch ist im Ggsatz zu ihnen (vgl §§ 521, 599, 690) das HaftgsMaß des Gefälligen nicht gemindert, BGH BB **64**, 100. **Leihe** erschöpft sich in unentgeltl GebrÜberlassg, **Verwahrung** in Raumgewähr u Übernahme der Obhut über bewegl Sachen. Der A h Besorgg eines Gesch für einen und zum Inhalt, er verlangt also darüberhinaus eine Tätigk, § 662 Anm 3. Ebsowen wie die gen Verträge ist der A **Schenkung.** Dafür fehlt es an der Verpfl zur VermMinderg, denn die unentgeltl zugewendete ArbKraft des Beauftr gehört als solche nicht zum Verm.

c) Von **entgeltlichen Verträgen**, die eine GeschBes zum Ggst h, unterscheidet sich der A dch seine Unentgeltlichk. W für die GeschBes eine Vergütg vereinb, so handelt es sich um einen **Geschäftsbesorgungsvertrag** je nach dem Inhalt mit **Dienst- oder Werkvertragscharakter,** für den § 675 weitgehd auf das AuftrR verweist. Je nach der Art des zu besorgden Gesch kann es sich um einen **speziellen Vertragstyp** handeln, zB Kommissions-, Speditions-, HandelsvertrVertr. Unterschied zum **Maklervertrag** vgl Einf 3b vor § 652.

3) Auftrag und Vollmacht. Die dch einseit, empfbedürft WillErkl zu erteilde rgeschäftl Vollm (§§ 164 ff) ist von dem ihr zugrde liegden RVerh, das vielf A od GeschBes ist, streng zu unterscheiden. Der A betrifft den InnenVerh zw AGeber u ANehmer, er verpfl den Beauftr schuldr zu einer Tätigk. Die Vollm betrifft das AußenVerh zu einem Dr, sie berecht den Beauftr zum Handeln im Namen des AGebers. Die Bevollmächtig enthält, falls ihr kein spezielleres RVerh zugrde liegt, regelm bei Unentgeltlichk einen A, bei Entgeltlichk einen GeschBesVertr. Dagg ist mit dem Abschl eines AVertr nicht ow die Erteilg einer Vollm verbunden. H der Beauftr namens des AGebers, auch für den, den es angeht (§ 164 Anm 1a) gehandelt, so erwirbt dieser, falls Vollm besteht, unmittelb u w Dr ggü unmittelb verpfl; fehlt sie, so gelten §§ 177 ff. H der Beauftr im eig Namen, wenngleich für Rechng des AGebers gehandelt, so erwirbt er selbst u verpfl sich Dr ggü selbst, § 667 Anm 3c.

4) Entsprechende Anwendung der od einz AVorschr sieht das G in zahlr Fällen vor. Der Schwerpkt in der Praxis liegt bei § 675. Im ähnl gelagerten ges SchuldVerh der GoA verweisen §§ 681 S 2, 683 S 1 auf AuftrR. Ferner überträgt das BGB verschiedentl einem ges Vertr (Vormd, Pfleger), dem Organ einer JP od einer Gesellsch (Vorstand, Liquidator eines eingetr Vereins, Geschführder Gter) od einer amtl bestellten Pers (TestVollstr) die Pfl, Gesch für einen und zu besorgen, insb dessen VermInteressen wahrzunehmen. Die R u Pfl sind in diesen Fällen häufig dch Verweisg auf §§ 662 ff geregelt, zB §§ 27 III, 48 II, 712 II, 713, 1691 I, 1835 I, 1915 I, 2218 I. In and Fällen dieser Art (Eltern, Vorstand einer AG, KonkVerw) enthalten die ges Best gleiche od ähnl Regelgen. – Ein aufträhnl RVerh besteht, wenn ein Eheg dem and sein Verm zur Verw überläßt, § 1413 Anm 3.

5) Öffentliches Recht. Ersuchen von PrivPers an Beh, Ersuchen vorgesetzter an nachgeordnete Beh u AOen von PrivPers (§ 670 Anm 3c) sind keine A. Auch bei der AVerw handelt es sich nicht um ein bürgerrechtl AVerh, sond um ein ör ZuordngsVerh eig Art, BVerwG **12**, 253. – Der Zustellgs- bzw VollstrA der Part bzw des Gläub (§§ 166, 753 ZPO) ist kein bürgerlichtl A, sond ein Antr, der ein öff RVerh begründet (Th-P § 753 Anm 3b). – Bei HilfeLeistg aGrd ör Pfl od im öff Interesse sind AVorschr über § 683 S 2 anwendb; vgl § 670 Anm 3d. – Das VerwR kennt AuftrVerh, die auf einer Vereinbg zw der Verw u nichtstaatl Stellen, insb Bürgern beruhen, also ör AVerhältnisse. Sow nicht das öff R eine Regelg enthält od in der Vereinbg eine solche getroffen ist, können die §§ 662 ff bei gleicher od ähnl Interessenlage entspr herangezogen w, Schack JZ **66**, 640, Klein DVBl **68**, 129.

662

Begriff. Durch die Annahme eines Auftrags verpflichtet sich der Beauftragte, ein ihm von dem Auftraggeber übertragenes Geschäft für diesen unentgeltlich zu besorgen.

1) Allgemeines. Begr u Wesen, Abgrenzg zu GefälligkVerh u zu and Vertr, A u Vollm, entspr Anwendg der AVorschr u ihre Anwendbark im öff R vgl Einf. SondRegel für A iF des Konkurses in § 23 II KO.

§ 662 2–5

2) Auftragsvertrag.

a) Abschluß. Er folgt den allg Regeln über Verträge (§§ 104 ff, Einf vor § 145, §§ 148 Anm 1–5, 154 Anm 1). Das VertrAngebot kann vom AGeber (meist) od vom ANehmer ausgehen. Die Ann kann konkludent erklärt w, zB dch Beginn der Ausführg. Der Vertr ist formfrei, auch wenn er auf die Beschaffg eines Grdst gerichtet ist. Ebso grdsätzl, wenn er auf GrdstVeräußerg gerichtet ist; führt er nach den getroffenen Vereinbgen bereits zu einer rechtl od tats Gebundenh des AGebers, so bedarf er der not Form, § 313 Anm 6 für die – mit dem A verbundene – AbschlVollm u § 675 Anm 3 c bb für den BauträgerVertr. Unwiderrufl Auftr zur Verw des späteren Nachl bedarf der Form der letztw Verfg, RG **139**, 41. Die allg NichtigkGrde gelten, zB Auftr zu einem ges verbotenen RGesch, BGH **37**, 258 (GeschBesVertr mit nicht zugelassenem RBerater). Bei Nichtigk des AVertr regeln sich die RBeziehgen der Beteil nach §§ 677 ff, vgl § 677 Anm 3. SpezialVorschr für die Erteilg von Rat u Empfehlg in § 676.

b) In seinem **Inhalt** kann der Auftr gerichtet sein auf die Besorgg eines best EinzGesch, auf die Erledigg aller Maßn in einer best Angelegenh, auf einen sachl abgegrenzten Kreis von Angelegenh des AGebers. Das BGB kennt keinen typ Verwalter- od TreuhänderVertr, BGH BB **69**, 1154.

c) Für die **Vertragsabwicklung** gelten ebenf die allg Regeln, etwa Ausslegg § 157, Verj § 195, Tr u Gl § 242, Anfechtg §§ 119 ff, Haftg für Geh §§ 664, 278. Mehrere Beauftr stehen untereinand mangels and Vereinbg nicht in einem VertrVerh. Für die **Beendigung** gelten neben den allg Regeln die bes Vorschr in §§ 671–674.

3) Besorgung eines Geschäfts für den AGeber bedeutet Tätigk in fremdem Interesse. Dieses in § 662 enthaltene Merkmal deckt sich mit der GoA, §§ 677 ff, ist aber nach herrschder Auffasssg, was die Art der Tätigk betrifft, weiter als in § 675 (vgl dort Anm 2a); aA Esser SchR II § 82 I 1, 2 c.

a) Auf eine Tätigkeit muß die Verpfl des Beauftr gerichtet sein. Bloßes Unterl, Gewährenlassen, Dulden genügt nicht, zB Mitwohnen- u Einstellenlassen, Mitfahrenlassen. Es liegt dann ein and GefälligkVertr vor (Einf 1 a) od es handelt sich ledigl um ein GefälligkVerh (Einf 2a). Keine Tätigk ist auch das bloße Geben (vgl § 677 Anm 2a). Tätigk ist in weitem Sinne zu verstehen. Darunter fallen die Vornahme von RGeschen, rechtsähnl u tats Handlgen gleich welcher Art, ausgen ledigl rein mechan Handreichgen, Soergel-Mühl Rdz 10, Larenz SchR II § 56 I.

b) In fremdem Interesse liegt die Tätigk des Beauftr, wenn sie „an sich der Sorge eines and", wenn auch nicht notw seiner pers Vornahme obliegen würde, also die Interessen des AGebers fördert; sie müssen nicht wirtsch Natur sein, BGH **56**, 204. Daß der Beauftr mit der GeschBes zugl eig Interessen mitverfolgt, steht nicht entgg, BGH **16**, 265, zB bei Maßn des SicherngsZessionars ggü dem Schu (vgl § 398 Anm 6).

4) Unentgeltlich besorgt der Beauftr das Gesch. Zum Begr vgl § 516 Anm 4. Er bekommt für seine Tätigk im Interesse des AGebers, für die ArbLeistg u den ZeitAufw, die damit verbunden sind, als solche keine Vergütg. Vereinb AufwErs stellt die Unentgeltlichk nicht in Frage, § 670. Eine Zuwendg des AGebers an den Beauftr nach VertrAbschl ist im allg (AusleggsFrage) nicht als Schenkg gedacht, sond als nachträgl vereinb Vergütg für die GeschBes, RG **74**, 139. Sie beseitigt also die Unentgeltlichk; vgl auch § 759 Anm 2 c. Die BewLast für die Unentgeltlk trägt der dienstberecht AGeber, wenn nach den Umst die DLeistg (§ 612 I) nur geg Entgelt zu erwarten ist (BGH MDR **75**, 739).

5) Vertragspflichten

a) des Beauftragten. Seine HauptPfl ist die Besorgg des übertragenen Gesch. Dabei muß er mit der im Verk erforderl Sorgf das Interesse des AGebers wahrnehmen. IF des § 663 vorvertragl Pfl, die Ablehng des A anzuzeigen. Wg des pers VertrauensVerh ist weder der Anspr auf Ausführg des A noch diese selbst übertragb (§ 664). Trotz einer gewissen Selbständigk u EigVerantwortlichk bei der Ausführg muß der Beauftr Weisgen des AGebers befolgen u h iF der Abweichg Anz zu machen (§ 665). Währd der Ausführg muß er Ausk erteilen, nach Ausführg Rechng legen (§ 666) u das Erlangte herausgeben (§ 667). VerzinsgsPfl in § 668. Bes VorsorgePfl bei u nach Beendigg des A enthalten §§ 671 II, 672 u 673 je S 2. – Neben diesen im Ges ausdr erwähnten Pfl bestehen aGrd des dem A eigtüml, häuf persbezogenen VertrauensVerh weitere Pfl, die sich im EinzFall aus dem Inhalt des A u den näheren Umst ergeben. So kann eine Pfl des Beauftr zur **Prüfung, Belehrung,** ggf **Warnung** des AGebers bestehen, insb wenn der Beauftr sachverständ ist. Es besteht im Rahmen des GiroVertr grdsätzl die Pfl der Bank, den Kunden auf rechtl Bedenken aufmerks zu machen, die sie ggü dem erteilten A h od bei Anwendg der erforderl Sorgf eines ord Kaufmanns haben müßt, BGH **23**, 222 (BelehrgPfl der Bank über DevisenVorschr); BGH **33**, 293 (BelehrgsPfl der Bank beim finanzierten AbzKauf); BGH NJW **64**, 2058 (BelehrgsPfl der Bank über QuellensteuerBefreig beim Abschl steuerbegünstigten SparVertr); BGH WPM **67**, 72 (Steuerberater h AGeber auch ungefragt über die Möglichk von SteuerErsparn zu belehren). WarnPfl u Pfl zur Abweichg von Weisgen, § 665 Anm 4. – An übergebenen Sachen (vgl § 667) h der Beauftr eine Pfl zur **Verwahrung** u **Obhut**. – Bei A in der streng priv od Intimsphäre (vgl § 823 Anm 15 B) kann sich aus seiner weitgehde Pfl zur **Diskretion**, BGH **27**, 241 (ÜberweisgsA an Bank). – Bei TrHdVertr kann der TrHänder zu **Sicherungsmaßnahmen** verpfl sein, sow der TrGeb hierzu außerstande ist, BGH **32**, 67. – Ein **Recht auf Ausführung** h der Beauftr idR nicht, weil es sich um einen GefälligkVertr allein im Interesse des AuftrG handelt (Einf 1).

b) des Auftraggebers. Für ihn müssen, da der A ein unvollk zweiseit Vertr ist (Einf 1a), nicht notw Pfl entstehen. Insb schuldet er keine Vergütg. Er muß dem Beauftr seine Aufw ersetzen (§ 670), auf Verlangen auch bevorschussen (§ 669). FürsPfl für Leben u Gesundh des Beauftr; falls die übernommene Tätigk bei Entgelt dienstvertragl Art wäre, sind §§ 618, 619 analog anwendb, BGH **16**, 265. Ers von Zufallschäd bei Ausführg des Auftr vgl § 670 Anm 3 b.

c) Pflichtverletzung, Haftungsmaß. Eine nicht vereinbgem GeschBes kann der AGeber im allg zurückweisen, vgl § 665 Anm 3 c. Ein beiderseit ZbR regelt sich nach § 273. Der Beauftr haftet bei Nicht- od

Einzelne Schuldverhältnisse. 10. Titel: Auftrag §§ 662–664

SchlechtAusführg des A u bei Verletzg and Pfl nach § 276 für Vors u (auch leichte) Fahrlk. Das HaftgsMaß ist nicht etwa wie in §§ 521, 599, 690 gemindert, BGH BB **64**, 100, BGH **30**, 40 [47], außer es ist Abweichdes vereinb. Das w man bei einem Auftr zur Abwendg einer dringden Gefahr entspr § 680 annehmen können, Erm-Hauss Rdz 12 vor § 662. – Ebso haftet der AGeber nach § 276. – Für die GehHaftg gelten §§ 664, 278, für MitVersch des geschäd VertrPartners § 254.

6) Beispiele. In § 675 Anm 3 sind Beisp für GeschBesVertr aufgeführt. Sow in solchen VertrVerh keine Vergütg vereinb ist, handelt es sich um A, denn Tätigken, die unter den engeren Begr der GeschBes in § 675 fallen, fallen jedenf auch unter den weiteren in § 662 (vgl Anm 3a). Ferner spezielle u solche GeschBesVertr, die auf eine nichtwirtsch Tätigk gerichtet sind, also nicht unter § 675 fallen, wie Tätigk des Arztes, Maklers, Kommissionärs, des Erziehers, Vorlesers, Handwerkers, sow im EinzFall (selten) keine Vergütg vereinb ist. Verh zw HauptSchu u Bü od and SichergsGeber, RG **59**, 10, 207, BGH **LM** § 516 Nr 2 (Bestellg einer Hyp für fremde Schuld); GefälligkAkzept, EinlösgsPfl des Ausstellers ggü dem Akzeptanten, **RG 120**, 205, v Caemmerer NJW **55**, 41 [46]; InzahlgNahme von Kundenwechseln, Soergel NJW **64**, 1943; KreditA § 778. Elemente des AuftrVertr enthält der FluchthelferVertr; zur Wirksk, Fälligk der Vergütg u ihrer Rückzahlg bei Mißlingen vgl BGH **69**, 295 u 302.

663 *Anzeigepflicht bei Ablehnung.* Wer zur Besorgung gewisser Geschäfte öffentlich bestellt ist oder sich öffentlich erboten hat, ist, wenn er einen auf solche Geschäfte gerichteten Auftrag nicht annimmt, verpflichtet, die Ablehnung dem Auftraggeber unverzüglich anzuzeigen. Das gleiche gilt, wenn sich jemand dem Auftraggeber gegenüber zur Besorgung gewisser Geschäfte erboten hat.

1) Anwendungsgebiet. Rechtsfolgen. Die Bedeutg der Vorschr für den A selbst ist gering, sie h dagg – über § 675 – wesentl Bedeutg für entgeltl GeschBesVertr. Grdsätzl begründet ein A od Antr auf GeschBes weder die Pfl zur Ablehng noch die zur Ann, es besteht also insb kein Kontrahierszwang (Einf 3b vor § 145); ein solcher besteht auch für Kaufleute in den Fällen des § 362 HGB nicht, doch gilt hier iF bestehder GeschVerbindg od wenn der Kaufmann sich zur GeschBes ggü dem Antragden erboten h, das Schweigen (die nicht unverzügl Ablehng) auf einen BesorggsAntr als Ann (Fiktion). § 663 geht nicht so weit wie § 362 HGB, begründet aber für die dch ihn geregelten Sonderfälle die Pfl zu unverzügl Erkl der Ablehng. Folge schuldh Verabsäumg: SchadErsPfl, allerd nicht Ers des ErfSchad wie in § 362 HGB, sond des **Vertrauensschadens**, RG **104**, 265; das ist der Schad, der dem AGeber dch die unterbliebene od verspätete AblehngsErkl entsteht (§ 663 ist einer der gesetzl geregelten Fälle der culpa in contrahendo § 276 Anm 6). – Wenn auch beim A weder allg noch in den Sonderfällen des § 663 das Schweigen auf den Anrt des AGebers als Ann gilt, so kann doch uU auch in den Fällen des § 663 die Ann konkludent erklärt w, § 662 Anm 2a. Die NichtAusf begründet dann die Haftg auf das ErfInteresse.

2) Voraussetzungen der Anzeigepflicht:

a) Öffentliche Bestellung bedeutet hier, wie aus der Gleichstellg mit dem öff Erbieten zu schließen ist, Bestellg im Wege der öff Erkl, also nicht notw dch eine ör Stelle (Beh usw), so daß zB die von einem privrechtl Gebirgsverein bestellte AuskPers hierher gehört. Geht die Bestellg von einer ör Stelle aus, so w der Bestellte meist Beamter (so zB GVz), od doch Amtsträger (so Notar) sein, so daß § 663 wg Fehlens eines abzuschließden privrechtl Vertr überh entfällt, vielm Haftg aus § 839 (für Notare § 19 BNotO) eintritt. – Ör ErlaubnErteilg ist nicht öff Bestellg.

b) Öffentliches Sicherbieten. Öff: zB dch Schild am Haus, öff GeschLokal, ZeitgsAnz. Das Sicherbieten ist Aufforderg zur AErteilg, nicht schon VertrAntr. Hierher gehören ua: der Bankier, wenn er sich zu unentgeltl Wertpapieraustausch bereit erkl, ferner (über § 675): Mäkler des BGB, Rechtsberater, Patentanwälte, Taxatoren, Versteigerer, Banken; dagg bei Erbieten gg Entgelt nicht Ärzte, Hebammen, da sie iS des § 675 nicht „Geschäfte besorgen", § 675 Anm 2a, str. Für RechtsAnw gilt die entspr Vorschr des § 44 BRAO. – Für Handelsmäkler, Spediteure, Kommissionäre gilt § 362 HGB, wenn die Voraussetzgn von dessen Abs I vorliegen. Fehlen sie, gilt § 663.

c) Erbieten gegenüber dem Auftraggeber, also individuell, nicht öff.

664 *Übertragung, Haftung für Gehilfen.* I Der Beauftragte darf im Zweifel die Ausführung des Auftrags nicht einem Dritten übertragen. Ist die Übertragung gestattet, so hat er nur ein ihm bei der Übertragung zur Last fallendes Verschulden zu vertreten. Für das Verschulden eines Gehilfen ist er nach § 278 verantwortlich.

II Der Anspruch auf Ausführung des Auftrags ist im Zweifel nicht übertragbar.

1) Übertragung der Ausführung (Substitution) bedeutet, daß der Beauftr die ihm obliegde GeschBes für den AGeber vollständ auf einen Dr überträgt u selbst aus jeder Tätigk ausscheidet. Der Dr unterstützt dann nicht lediglich den Beauftr in allen od einz Verrichtgen (Abgrenzg zur Gehilfensch, Anm 2), sond tritt an seine Stelle. Dabei kann der Beauftr die Ausf des A mit Vollm des AGebers in dessen Namen weitergeben; dann ist der AGeber unmittelb ggü dem Substituten berecht u verpfl. Der Beauftr kann auch im eig Namen den A weitergeben, RG **161**, 68 [73]; dann ist er selbst ggü dem Substituten berecht u verpfl, kann dabei auch den Schad des AGebers geltd machen (DrSchadLiquidation, Vorbem 6b aa vor § 249). Den ErsAnspr gg den Substituten h er gem § 667 an den AGeber abzutreten. – Von den Funktionen, die der Beauftr selbst zu erfüllen hat, sind die zu unterscheiden, die er nur zu veranlassen hat, RG **142**, 187, zB ein mit Verw Beauftr läßt dch Handwerker Reparaturen ausführen: hier Haftg nur für eig Versch bei Auswahl, Weisg, ggf bei Überwachg. Das ist weder VollÜbertr noch Gehilfensch.

§§ 664, 665

a) Verbot der Vollübertragung ist nach der AusleggsVorschr in I 1 die Regel. Die Verpfl zur persönl Ausf ergibt sich aus dem bes VertrauensVerh zw den Beteil, das dem A meist zGrde liegt. – **Haftung:** Überträgt der Beauftr ohne Gestattg, so h er dem AGeber jeden aus der Weitergabe adäquat verursSchad zu ersetzen, ohne daß es auf dessen Vorhersehbark od auf ein Versch des Substituten ankommt.

b) Gestattung der Vollübertragung (I 2) kann sich bei VertrAusleggr unter Berücksichtigg der VerkSitte (§ 157) ergeben, RG **109**, 299, zB wenn für die Art der Tätigk das persönl VertrauensVerh keine entscheidde Rolle spielt. Ist die Übertr nicht gestattet, kann sich die Berechtigg zur Übertr aus Behinderg des Beauftr u Eilbedürftigk aus § 665 ergeben. Die BewLast für die Gestattg trägt der Beauftr. – **Haftung:** Der Beauftr haftet in diesen Fällen nur für eig Versch bei der Übertr, dh bei Auswahl u Einweisg des Substituten. Eine Pfl zu seiner Überwachg besteht regelm nicht, kann sich aber im EinzFall aus der getroffenen Vereinbg ergeben, RG **161**, 68 [72] (sehr weitgehd). I 2 gilt auch, wenn der Beauftr den Substituten im eig Namen weiterbeauftr, RG aaO. Für ein Versch des Substituten haftet der Beauftr nicht. – Kein Fall der Gestattg ist die amtl Bestellg eines Vertr für einen RA nach § 53 BRAO, hierfür gilt § 278, RG **163**, 377.

2) Zuziehung von Gehilfen (I 3) geschieht zur Unterstützg des tät bleibden Beauftr u ist zu unterscheiden von der VollÜbertr (Anm 1). Sie ist regelm gestattet, sow sich nicht ausdrückl od bei interessengerechter Auslegg aus dem Vertr das GgTeil ergibt, zB wenn die erforderl strenge Diskretion nicht gewahrt w könnte (vgl § 662 Anm 5a). War die Zuziehg nicht gestattet, so kann sich die Berechtigg dazu aus § 665 ergeben. Keine Gehilfensch liegt vor iF der Anm 1 aE. – **Haftung:** Bei gestatteter Zuziehg gilt § 278; ist die Haftg des Beauftr selbst vertragl gemildert, gilt dasselbe auch für die HilfsPers, § 278 Anm 6. In der nicht gestatteten Zuziehg liegt ein eig Versch, das für alle Schäd haftb macht, die der Gehilfe adäquat verurs. Vgl auch § 278 Anm 7a bis c.

3) Der Anspruch auf Ausführung des A ist grdsätzl **unübertragbar** (II). Auch diese AusleggsRegel ist eine Folge des dem A meist eig persönl VertrauensVerh. Das Ggteil kann sich aus der VertrAuslegg ergeben. Da nicht übertragb, ist der Anspr des AGebers nicht pfändb u verpfändb, er kann nicht Ggst eines Nießbr sein u er fällt nicht in die KonkMasse. A u GeschBesVertr erlöschen bei KonkEröffng, § 23 KO. Inf der AAusf bereits entstandene Anspr sind übertragb, zB §§ 666, 667.

4) Entsprechende Anwendung auf den VereinsVorstd u -Liquidator, §§ 27 III, 48 II, den geschführden Gter, § 713, den TestVollstr, § 2218 I. Für den GeschBesVertr ist in § 675 der § 664 nicht genannt. Das schließt aber seine entsprechde Anwendbark, wo es um einen persönl VertrauensVertr ankommt, nicht schlechth aus, BGH NJW **52**, 257, Soergel-Mühl Rdz 4, Larenz SchR II § 56 V; aA RG **161**, 68, Erm-Hauß Rdz 7. Für den DVertr enthält § 613 die gleiche Regelg wie § 664 I 1 u II. Für den WkVertr mit enger persönl Bindg ergibt sich aus § 399 die gleiche Konsequenz wie aus II. Bei GoA gilt § 664 nicht (BGH NJW **77**, 529). – Amtl bestellter RA-Vertr vgl Anm 1 b.

665 *Abweichung von Weisungen.* **Der Beauftragte ist berechtigt, von den Weisungen des Auftraggebers abzuweichen, wenn er den Umständen nach annehmen darf, daß der Auftraggeber bei Kenntnis der Sachlage die Abweichung billigen würde. Der Beauftragte hat vor der Abweichung dem Auftraggeber Anzeige zu machen und dessen Entschließung abzuwarten, wenn nicht mit dem Aufschube Gefahr verbunden ist.**

1) Bedeutung, Anwendungsbereich. Die Vorschr regelt das SpanngsVerh zw der Selbständigk, die der Beauftr zur Ausf des A benötigt u dem Umst, daß der AGeber, weil es um seine Interessen geht, Herr des Gesch auch währd der Ausf bleiben muß. Sie verlangt vom Beauftr denkden, nicht blinden Gehors, indem sie davon ausgeht, daß er an Weisgen des AGebers grdsätzl gebunden ist (Anm 2), unter gewissen Voraussetzgen aber davon abweichen darf (Anm 3) od sogar muß (Anm 4). § 665 gilt kraft Verweis auch für den GeschBesVertr (§ 675), den VereinsVorstd u -Liquidator (§§ 27 III, 48 II) u den geschführden Gter (§ 713).

2) Die Weisung ist nicht selbst A (Einf 1b) iS eines annahmebedürft Angebots auf Abschl eines AVertr, sond einseit Erkl des AGebers, dch die er einz Pfl des Beauftr bei Ausf des A konkretisiert, zB ÜberweisgsA im Rahmen eines GiroVertr, BGH **10**, 319. Sie kann auch nachträgl erteilt w. Sie ist für den Beauftr **bindend**. Dabei ist allerd eine Weisg nicht nach dem Buchstaben aufzufassen, sond ggf nach dem vermutl Willen des AGebers und der VerkSitte auszulegen. Bei Zweifel ist Rückfrage erforderl. So kann ein A zur Aufbewahrg einer größeren Geldsumme auch dch Bankeinzahlg erfüllt w (uU sogar zu erf sein), RG **56**, 150. Für ÜberweisgsA ist idR nicht die KontoNr, sond der Name des Empf maßg, BGH WPM **78**, 367. Anders, wenn der Empf mehrere Konten, darunter das angegebene Sperrkonto h; Gutschr auf einem freien Konto ist dann keine Ausf des Auftr, BGH WPM **74**, 274. Ebenso die Gutschr eines treuhänder von einer and Bank empfangenen DarlBetr auf dem Girokonto eines Kunden, wenn die Bank das dadch entstandene Guthaben ohne Einverständn des Kunden im Rahmen des Kontokorrents mit dem Schuldsaldo verrechnet, BGH NJW **74**, 1082. Im Akkreditiv- u ÜberweisgsVerk muß sich die Bank streng inner der Grenzen des formalen u präzisen A halten od, wenn sie das nicht will, seine Ausf ablehnen, BGH NJW **71**, 558; ebso bei Weisgen innerh eines Auftr zum Einkauf von Wertpapieren (BGH WPM **76**, 630). Abweichgen sind nur zuläss, wenn einwandfrei unerhebl u unschädl, BGH **LM** Nr 3. Im mehrgliedr GiroVerk (§ 675 Anm 3 b) steht AGeber nur zu seiner, nicht jedoch zu der Bank des Empf od zu den zwgeschalteten Banken in vertragl Beziehgen; er ist daher diesen ggü auch nicht weisgsberecht. So zutr BGH WPM **58**, 1078; ohne Angabe einer Begründg aA BGH WPM **57**, 1055, abl Nebelung NJW **58**, 44. – Fühlt sich der Beauftr dch die Weisg beschwert od hält er sie für unzweckmäß, so kann er den A in den Schranken des § 671 jederzeit kündigen. – Für den AGeber ist die Weisg frei **widerrufbar,** denn er bleibt Herr des Gesch.

Einzelne Schuldverhältnisse. 10. Titel: Auftrag   **§ 665** 2–4

Der Widerruf wirkt für die Zukunft, BGH **17**, 317 [326], ist also nach Ausf des A wirkgslos. Das gilt auch für die **Überweisungsauftrag im Giroverkehr**: Ist die Gutschrift auf dem Konto des Empf vollzogen u damit eine LeistgsPfl der EmpfBank ggü dem Empf begründet, kann der ÜberweisgsA (= Weisg) nicht mehr widerrufen w, RG **107**, 136. Ist die Gutschrift bei der EmpfBank auf ein Konto „pro diverse" erfolgt, zB weil der Empf dort kein Konto besitzt, so kommt es darauf an, ob im EinzFall damit bereits der Begünstigte einen AuszahlgsAnspr gg die EmpfBank erworben h. Lassen die Umst nicht erkennen, daß die Bank zur jederzeit Auszahlg bereit ist, so ist die Weisg noch nicht vollzogen u widerrufb, BGH **27**, 241, krit Nebelung NJW **59**, 1058, Maser NJW **59**, 1955, Wunschel NJW **59**, 2195. W dagg die Buchg auf Konto „pro diverse" für einen best Begünstigten vorgen, so kann dies die Bedeutg einer Gutschrift für diesen h, die Überweisg ist dann nicht mehr widerrufb, BGH MDR **59**, 188. Bei der mehrgliedr Überweisg im GiroVerk (vgl § 675 Anm 3b) kann der Überweisde den ÜberweisgsAuftr nur ggü seiner kontoführden, nicht ggü der EmpfBank wirks widerrufen (LG Fbg NJW **76**, 333). Der ÜberweisgsAuftr ist ggü der Bank auch dann frei widerrufb, wenn der AuftrG das unterzeichnete Formular seinem Gl zur Einreichg bei der Bank des AuftrG ausgehänd h (Nürnb MDR **77**, 1016). Auch der **AbbuchgsAuftrag** (vgl § 270 Anm 1b) ist, wie der ÜberwAuftr, eine ihrer General-)Weisg iS des § 665 im Rahmen des GiroVertr zw dem Schu u seiner Bank. Kraft dieser Weisg ist die Bank berecht, bei ihr eingehde Lastschriften des im AbbuchgsAuftr bezeichneten Gl zu Lasten des Kontos des Schu einzulösen. Mit der Einlösg erlangt der Gl einen Anspr gg seine Bank auf Auszahlg des LastschrBetr. Damit ist der Auftr ausgeführt u ein Widerruf des Schu nach der Lastschr auf seinem Konto ausgeschl (BGH WPM **78**, 819). Beim **EinzugsermächtigsVerfahren** räumt der Schu dem Gl schriftl die Ermächtigg ein, die zu leistde Zahlg mittels Lastschr bei der SchuBank einzuziehen. Hier muß die einlöse SchuBank grdsätzl den Widerspr ihres Kunden gg die Lastschr beachten (BGH aaO) ohne Rücks darauf, ob der Kunde im Verh zum ZahlgsEmpf widerspr berecht ist. Ist dem ZahlgsEmpf der abgebuchte Betr bereits gutgeschrieben, darf die einlöse Bank nach Widerspr ihres Kunden, der zugl einen AbbuchgsAuftr erteilt hatte, nicht die Rückbelastg veranlassen. Tut sie dies doch, kann sie sich ggü dem ZahlgsEmpf schaderspflicht machen, wenn man ihn als Dr mit Schutzwirkg aus dem LastschrAbkommen der beteil Kreditinstitute ansieht (so Düss NJW **77**, 1403). Eine allg SchutzPfl der GlBank ggü dem Schu zur Prüfg, ob die EinzugsErmächtigg wirkl erteilt wurde, besteht nicht (BGH **69**, 186). Wg Anspr aus ungerechtf Ber vgl § 675 Anm 5 B b cc. Liegt eine wirks EinzugsErmächtigg nicht vor, so ist die ÜberweisgsBank ihrem Kunden, von dessen Konto sie Beträge abgebucht h, wg schuldh Verl des GiroVertr (fehlde Weisg) schaderspfl u h ihrers in Höhe des geleisteten SchadErs RegreßAnspr gg die EmpfBank (Düss WPM **78**, 769). **Scheckwiderruf** ist erst nach Ablauf der VorleggsFr wirks (Art 32 I ScheckG), eine Vereinbg zw bezogener Bank u Scheckaussteller, den Widerruf bereits vor Ablauf der VorleggsFr zu beachten, ist wirks, BGH **35**, 217.

3) Abweichung von erteilter Weisg kann veranlaßt sein, wenn der AGeber irrige Vorstellgen über die Umst hatte od wenn sie sich später geändert h.

a) Zur Abweichung berechtigt ist der Beauftr: **aa)** ohne weiteres, wenn die Voraussetzg in S 1 (nach den Umst begründete subj Ann der Billigg) erf ist. BewLast beim Beauftr, KG OLGZ **73**, 18. Außer bei Gefahr bei Aufschub muß der Beauftr gem S 2 Anz machen u die Entschließg abwarten. Auch bei Gefahr darf er nur abweichen, wenn mit Billigg gerechnet w kann (BGH VersR **77**, 421). Eine Gefahr ist im ZivProz, den RA führt, regelm zu verneinen, BGH LM § 675 Nr 28 (BerufsgsZurücknahme im ProzVergl ohne Rückfrage). **bb)** Ohne die vorstehd genannten Voraussetzgen nach Anz u Abwarten einer angem Fr (§ 147 II). Nach ihrem Ablauf darf der Beauftr im allg abweichen (str).

b) Pflichten. Bei jeder Abweichg muß sich der Beauftr von dem vermuteten Willen od, wenn dieser nicht zu ermitteln ist, vom erkennb Interesse des AGebers leiten lassen. BewLast beim Beauftr, RG **90**, 129. Außerdem Pfl zur nachträgl Benachrichtigg, § 666. Andernf SchadErs, RG **114**, 375.

c) Bei unberechtigter Abweichung: SchadErs nach §§ 276, 249 ff, BGH BB **56**, 771 (Architekt, Abweichg von BauGen), BGH WPM **76**, 380 (abredewidr Veräußerg eines nur als Sicherh gegebenen Depotwechsels); vgl HGB § 385. Der AGeber braucht das abweichg ausgeführte Gesch nicht als Erf des A gelten zu lassen, falls nicht Tr u Glauben anderes gebieten, od der Beauftr bereit ist, die Nachteile von sich aus auszugleichen (vgl § 386 II HGB), od der AGeber sich die Vorteile aneignen will, RG **57**, 392, od sich nachträgl die Erf des A zu eigen macht, BGH VersR **68**, 792; der AGeber kann sodann Herausg des Erhaltenen nach § 667 verlangen, BGH WPM **76**, 904. Der AGeber verstößt gg Tr u Glauben, wenn er die weisgswidr Ausf nicht gg sich gelten lassen will, obwohl die Abw sein Interesse überh nicht verl h, insb der von ihm angestrebte RErfolg i Erg voll eingetreten ist. Einen solchen Verstoß gg Tr u Glauben h der ANehmer darzutun, nicht umgekehrt der AGeber, daß seine Weisg vernünft u zweckmäß war u desh ihre Nichtbeachtg gg sein Interesse (BGH WPM **76**, 630). BewLast für weisgswidr VerglAbschl dch RA beim AGeber, KG OLGZ **73**, 18.

4) Ob eine **Pflicht zur Abweichung**, zumindest eine **Warnpflicht** vor Ausf der Weisg besteht, beurteilt sich nach den Umst des EinzFalles. Der sachverständ Beauftr h ggü unverständ Weisgen des nicht sachverständ AGebers die Pfl, auf Bedenken hinzuweisen. Die **Bank** h die Pfl, ihren Kunden auf rechtl Bedenken im ÜberweisgsVerk hinzuweisen, vgl § 662 Anm 5a. Die Girobank, die einen ÜberweisgsAuftr erhalten h, darf der endbeauftr Bank des ZahlgsEmpf, wenn sie erkennt, daß deren Zusbruch bevorsteht, daher der Erfolg der Überweisg nicht mehr erreicht w kann, keine Gutschrift mehr erteilen, BGH NJW **63**, 1872 (Haftg dem Empf ggü aus § 826 bejaht, vgl dort Anm 8i cc). Ob die Bank verpfl ist, den AGeber auf Bedenken hinzuweisen, wenn ÜberweisgsEmpf inzw in Konk gefallen ist, richtet sich nach den Umst des EinzFalles, verneint von RG **54**, 329. Auf jeden Fall sind hier wie auch in and Fällen die Anfdgen an die Belehrgs- u AufklärgsPfl der Bank nicht zu überspannen. Insb w der Bank eine PrüfgsPfl hins der erteilten Weisg schon desh nicht zuzumuten sein, weil ihr die Beziehgen zw ihrem AGeber u dem Dr im allg unbekannt sind, BGH WPM **60**, 1321. Eine RPfl der Bank, ihren Kunden vor risikobehafteten Gesch zu warnen, ist im allg zu verneinen, BGH WPM **61**, 510. Die Angabe des VerwendgsZweckes auf der Überweisg ist im GiroVerk für die Bank des Empf idR unbeachtl u ledigl als weitergeleitete Mitteilg des

Zahlden an den ZahlgsEmpf zu betrachten. Diese Weiterleitg ist eine NebenVerpfl der Bank, aus deren NichtErf SchadErsAnspr wg pos FdgsVerletzg entstehen können (BGH WPM 76, 904). Demgüü meint BGH WPM 62, 460, im Einzelfall könne es sich bei der Ausfüllg der Spalte „VerwendgsZweck" um mehr als um eine Angabe für den Empf handeln. Sei dies für die gutschreibde EmpfBank aus außerh des Giro-ÜberweisgsVerk liegden Umst erkennb, so müsse sie solche Angaben beachten. Krit zu dieser recht weitgehen Auffassg Schütz WPM 63, 634.

666 *Auskunfts- und Rechenschaftspflicht.* **Der Beauftragte ist verpflichtet, dem Auftraggeber die erforderlichen Nachrichten zu geben, auf Verlangen über den Stand des Geschäfts Auskunft zu erteilen und nach der Ausführung des Auftrags Rechenschaft abzulegen.**

1) Allgemeines. Die drei InformationsPfl des Beauftr erklären sich daraus, daß er seine Tätigk im Interesse des AGebers ausübt (§ 662 Anm 3) u dieser Herr der Gesch bleibt (§ 665 Anm 1). Da die InformationsAnspr der Vorbereitg u Erf der HerausgAnspr aus § 667 dienen, sind sie **nicht selbständig übertragbar**, sond nur zus mit der Abtretg des HauptAnspr (vgl §§ 259–261 Anm 4c). Gleiches gilt für Verpfändg u Pfändg. Es handelt sich um VorleistgsPfl des Beauftr, also **kein Zurückbehaltungsrecht** wg eig GgAnspr (§ 273 Anm 5c). Die Pfl bestehen auch dann, wenn sich der Beauftr dch ihre Erf einer bei Ausf des Auftr begangenen strafb Handlg bezichtigen müßte, BGH 41, 318 [322]. Für **mehrere Auftraggeber** gilt § 432; aA Soergel-Mühl Rdz 5 mwN. **Entsprechend anwendbar** ist § 666 beim GeschBesVertr § 675, bei GoA § 681 S 2 u unerlaubter EigGeschFührg § 687 II, auf den VereinsVorstd u -Liquidator §§ 27 III, 48 II, auf den geschführden Gter § 713, auf den TestVollstr § 2218. Ähnl Best finden sich in zahlr and ges Vorschr, zB § 1698, § 394 II HGB. Weitere Fälle der Pfl zur RechenschLegg vgl §§ 259–261 Anm 3. Bei schuldh **Verletzung** der InformationsPfl ist der Beauftr schadersepfl. § 666 ist **dispositiv**, die Pfl können also vertragl and gestaltet od abbedungen w. Dies kann auch konkludent geschehen, zB für die Vergangenh dadch, daß währd jahrelanger Verw keine Rechensch verlangt wurde. Der Verzicht auf sie ist unwirks, wenn er gg Tr u Glauben verstößt od wenn sich nachträgl begr Zweifel an der Zuverlässigk des Beauftr ergeben, BGH LM § 242 Be Nr 19, Stgt NJW 68, 2338, Locher NJW 68, 2324.

2) Die drei Informationspflichten.

a) Die **Benachrichtigungspflicht** besteht auch ohne Verlangen u schon vor Ausf des A. Welche Nachrichten über Ausf u AusfHindern für die ordgsgem Abwicklg des A erforderl sind, richtet sich nach den Umst des EinzFalles. Die BenachrichtiggsPfl steht in engem Zushang mit dem WeisgsR des AGebers (§ 665) u kann sich zur WarnPfl steigern (vgl § 665 Anm 4).

b) Die **Auskunftspflicht** besteht nur auf Verlangen. Sie erstreckt sich, ohne daß eine klare Abgrenzg immer mögl u notw ist, auf den Stand des Gesch in seinem Zushang als Ganzes, währd die BenachrichtiggsPfl mehr die jeweil EinzInformation zum Inhalt h. Ggst der Ausk vgl §§ 259–261 Anm 4 a. Sonderfall der AuskPfl in § 260. Über Anspr auf AuskErteilg ohne spez AnsprGrdlage vgl §§ 259–262 Anm 2 d.

c) Die **Rechenschaftspflicht** besteht nur auf Verlangen. Inhalt vgl §§ 259–261 Anm 4 b. Pfl zur Abg der eidesstattl Vers § 259 II, vgl dort Anm 4 c. Belege sind hier, über § 259 hinausgehd, herauszugeben, § 667. Die Rechensch ist idR nach Ausf des A abzulegen, ebso aber auch nach vorzeit Beendigg des A ohne seine vollständ Ausf, RG 56, 116, bei Führg einer laufden Verw in period ZtAbständen, zB bei treuhänder Führg eines Unternehmens am Ende eines GeschJhres (BGH WPM 76, 868). Sow über Perioden od Gesch schon abgerechnet ist, braucht nach Beendigg des A Rechensch nur noch über die bisher nicht abgerechneten Perioden bzw Gesch gegeben zu w, RG Gruch 49, 832. Der Anspr auf Rechensch hindert den AGeber nicht, eine eig Rechng aufzumachen. In jed Falle trifft den Beauftr die Darleggs- u BewLast für die Richtigk seiner Rechng, insb für den Verbleib der Einnahmen u daß er über nicht mehr vorh VermWerte nach Weisgen od im Interesse des AGebers verfügt h, RG 90, 129.

667 *Herausgabepflicht des Beauftragten.* **Der Beauftragte ist verpflichtet, dem Auftraggeber alles, was er zur Ausführung des Auftrags erhält und was er aus der Geschäftsbesorgung erlangt, herauszugeben.**

1) Allgemeines. Der HerausgAnspr ist schuldr Natur, er setzt Wirksamk des AVertr voraus. Andernf gelten ggf §§ 812 ff. Nicht zwingd. Übertragb. Zur Vorbereitg seiner Dchsetzg dienen die InformationsAnspr nach § 666, RechngsLegg ist aber nicht Voraussetzg für den HerausgAnspr. **Entsprechend anwendbar** auf GeschBesVertr § 675, GoA § 681 S 2, VereinsVorstd u -Liquidator §§ 27 III, 48 II, geschführd Gter § 713, TestVollstr § 2218 I, Pfleger, RG 164, 98.

2) Zur Ausführung erhalten kann der Beauftr Ggste vom AGeber od auf dessen Veranlassg von Dr, zB Material, Geräte, Urk. Für die VollmUrk gilt § 175. Ob übergebenes Geld in das Eigt des Beauftr übergegangen ist, beurt sich im EinzFall nach sachenr Grds, RG 101, 307. Die EigtLage spielt für den HerausgAnspr keine Rolle, sein Eigt kann der AGeber auch nach § 985 zurückverlangen, jedoch h der Beauftr an den zur Ausf benötigten Ggst bis zur Beendigg des AVertr ein R zum Bes. Die vertrgm Verwendg kann im Verbrauch liegen. Die Gefahr zufäll Untergangs trägt der AGeber, BGH WPM 69, 26. RückFdg erhaltenen Vorschusses vgl § 669 Anm 3.

3) Aus der Geschäftsbesorgung erlangt.

a) Dazu gehören alle Sachen u Rechte, die der Beauftr von Dr inf der GeschBes, nicht nur gelegentl u ohne jeden inneren Zushang mit ihr erhalten h. Auch Zubehör, Akten, die sich der Beauftr über die GeschFg angelegt h, RG 105, 393, Handakten des RA gem § 50 I BRAO, gezogene Nutzgen, ferner Vorteile wie Provisionen, SonderVergütgen, Schmiergelder, die der Beauftr von dr Seite aus irgdeinem Grd in innerem Zushang mit dem A erhalten h, wenn die Besorgn besteht, der Beauftr könnte dadch veranlaßt sein, die Interessen des GeschHerrn nicht in jeder Richtg gewissenh zu wahren, RG 164, 98, BGH 39, 1. Dabei spielt es keine Rolle, daß der Zuwendde den Vorteil nur dem Beauftr, nicht dem AGeber zukommen lassen wollte, BGH **39**, 1, **38**, 171 [175], u ob dem AGeber ein Schad entstanden ist, BGH BB **66**, 99. Wie hier Soergel-Mühl Rdz 5, Erm-Hauß Rdz 4, aA Staud-Nipperdey Rdz 7. BAG **11**, 208 kommt über § 687 II zum gleichen Erg wie hier. Nach BGH **39**, 1, BAG **11**, 208 soll die HerausgPfl entfallen, wenn das BestechsGeld gem §§ 12 III UWG, 335 StGB für dem Staat verfallen erklärt w; aA mit beachtl Grden Soergel-Mühl Rdz 5, Dilcher JZ **63**, 510, Kraft JuS **63**, 473. Erlangt ist auch ein SchadErsAnspr des Beauftr gg Unterbeauftr od Gehilfen (§ 664), zB des Spediteurs gg den Unterspediteur, RG **109**, 288 [292], BGH Betr **58**, 133.

b) Dazu gehören nicht Ggst, die außerh eines GeschBesVertr erlangt sind, zB die RöntgenAufn, die der Arzt vom Patienten macht, BGH NJW **63**, 389, abl Pentz NJW **63**, 1670, zust Steindorff JZ **63**, 369; hier könnte aber an entsprechde Anwendg gedacht w, Kleinewefers VersR **63**, 297. Ferner nicht, was der Beauftr bei ordngsgem Ausf hätte erlangen od an Nutzgen ziehen müssen, aber nicht erlangt bzw gezogen h.

c) Die Rechtsverhältnisse an dem Erlangten (Eigt, RTrägersch, GlStellg) beurt sich nach den allg Regeln. Es gibt im AuftrR keinen ges RÜbergang auf den AGeber. And SurrogationsVorschr, zB § 1370 können im EinzFall einschläg sein. IdR kommt es darauf an, ob der Beauftr Vollm des AGebers besaß u in dessen Namen od für den, den es angeht, aufgetreten ist (vgl Einf 3 vor § 662). Bei Auftreten im eig Namen ist von Bedeutg, ob zw ihm u dem AGeber ein – ev vorweggenommenes – BesMittlgsVerh (§ 930) besteht, ob er ein In-sich-Gesch (§ 181) abgeschl h. Ohne RÜbergang besteht kein AussondergsR des AGebers im Konk des Beauftr. Weitergehde SonderVorschr in § 392 II HGB für das KommissionsVerh.

4) Herausgabeanspruch.
a) Umfang. Das zur Ausf Erhaltene (Anm 2), sow nicht ordngsgem verbraucht u das aus der GeschBes Erlangte (Anm 3) ohne Rücks auf die EigtVerh, sow nicht der Beauftr das Erlangte zur ordngsgem Ausf des Auftr wieder verbraucht h.

b) Inhalt. Ist der Beauftr ledigl Besitzer, so ist der Bes zu übertr. Ist er RTräger (vgl Anm 3 c), so ist das Recht nach den dafür geltden Vorschr zu übertr, bewegl Sachen sind also zu übereignen, Grdst aufzulassen; wg der FormBedürftigk des A insow vgl § 313 Anm 5, § 675 Anm 3 c. Fdgen sind zu zedieren, auch SchadErsAnspr gg den UnterBeauftr (§ 664), BGH Betr **58**, 133. Der TrHänder h das übertr R zurückzuübertr, BGH **11**, 37, ihm SichergsZessionar den Überlös herauszugeben, RG **59**, 190. Ist Geld herauszugeben, so trägt der AGeber die VersendgsGefahr, § 270 I gilt nicht, BGH **28**, 123.

c) Zeitpunkt. Maßgebd ist in erster Linie die getroffene Vereinbg, insb bei Auftr von längerer Dauer. Sonst nach Erf od bei Beendigg; auch schon vorher bei Besorgn, der Beauftr könne im Hinbl auf eig Vort bei weiterer Ausf des Auftr veranlaßt w, die Interessen des AuftrG außer Acht zu lassen (BGH WPM **78**, 115).

d) Einwendungen. Der Beauftr w von der HerausgPfl frei nach allg Regeln, zB dch **Erfüllung,** wenn er weisgsgem die Sache an einen Dr herausgegeben h (§ 362 II), BGH **LM** Nr. 17 od iF unversch **Unmöglichkeit,** etwa weil der Verbrauch der Sache zur weiteren ordngsgem Ausf des A erforderl war. Die Gefahr zufäll Untergangs trägt der Beauftr insow, BGH WPM **69**, 26. **Aufrechnung** ist bei Gleichartigk der beiders Anspr grdsätzl zuläss. Der Anspr des AGebers auf Herausg einer Geldsumme u der ZahlgsAnspr des Beauftr auf AufwErs sind gleichart, Celle OLGZ **70**, 5 [8], BGH WPM **72**, 53 iF engen wirtsch Zushangs; bestr, vgl § 387 Anm 5. Im EinzFall kann, insb bei TrHandVerh die Aufr des Beauftr mit AufwErsAnspr wg Verstoßes gg Tr u Glauben unzuläss sein, BGH **14**, 342 [347]. Ein **Wegfall der Geschäftsgrundlage** für den AuftrVertr führt idR nicht dazu, daß der Beauftr von der Verpfl zur Herausg frei w, BGH **LM** § 242 [Bb] Nr 13. Für die **Verjährung** gilt § 195, auch wenn zugl ein Anspr aus unerl Hdlg besteht, RG **96**, 53. Wg der beiders Anspr aus dem AVerh besteht grdsätzl ein **Zurückbehaltungsrecht** nach § 273. Mit Anspr außerh des AVerh kann der Beauftr gg den Anspr auf Herausg des aus der GeschBes Erlangten nur aufrechnen, wenn die GeschBes Teil eines weitergehden einheitl VertrVerh ist, aus dem für beide Teile Rechte u Pfl entspringen, BGH **LM** § 313 Nr 15. Im EinzFall kann sich aus der Eigenart eines TrHandVerh ergeben, daß der Beauftr gg den HerausgAnspr des AGebers kein ZbR geltd machen kann (BGH WPM **68**, 1325 [1328], Düss NJW **77**, 1201).

e) Beweislast. Den Abschl des AVertr u die Hingabe von Ggst od Geld zu seiner Ausf h der AGeber zu beweisen. Der Beauftr h die Verwendg des Erhaltenen zur Ausf des Auftr u seinen Verbleib zu beweisen. Der AGeber muß beweisen, daß der Beauftr aus der GeschBes etwas erlangt h. Dabei hilft ihm der AuskAnspr nach § 666. Der Beauftr muß den Verbleib des Erlangten, insb Verbrauch, Unmöglichk der Herausg u sein NichtVersch daran beweisen (Celle WPM **74**, 735), ebso seine Aufw.

5) Girovertrag vgl § 675 Anm 3 b.

668 *Verzinsung des verwendeten Geldes.* Verwendet der Beauftragte Geld für sich, das er dem Auftraggeber herauszugeben oder für ihn zu verwenden hat, so ist er verpflichtet, es von der Zeit der Verwendung an zu verzinsen.

1) Voraussetzung für die Pfl zur Verzinsg ist, daß der Beauftr Geld – nicht bei and Ggsten –, das er an den AGeber herauszugeben h, für sich verwendet. Nicht genügt, daß er ledigl die Herausg od Verwendg für den AGeber verzögert. Die ZinsPfl ist eine Mindestfolge, ähnl beim Verwahrer § 698 u beim Vormd § 1834. Die VerzinsgsPfl tritt auch ein, wenn dem Beauftr die EigVerwendg gestattet ist – dann liegt ev ein DarlVertr vor –, sie setzt kein Versch u keinen Verz voraus, auch nicht den Eintritt eines Schad beim AGeber. Sie beginnt mit dem Gebr des Geldes zu eig Zwecken, iF der Vermischg mit eig Geld des Beauftr mit dem Gebrauch des vermischten Geldes. – **Höhe** der Zinsen: § 246, § 352 HGB. – **Entsprechende Anwendung** wie § 667 Anm 1.

2) Weitergehende Ansprüche des AGebers wg schuldh VertrVerletzg od unerl Handlg (zB § 823 II iVm §§ 246, 266 StGB) sind nicht ausgeschl u w vielf gegeben sein.

669 *Vorschußpflicht.* Für die zur Ausführung des Auftrags erforderlichen Aufwendungen hat der Auftraggeber dem Beauftragten auf Verlangen Vorschuß zu leisten.

§§ 669, 670

1) Der Anspruch auf Vorschuß entsteht nur auf Verlangen u geht stets auf Geldzahlg. Seine Höhe bemißt sich, and als in § 670, nach den obj zur Ausf des A erforderl Aufw (§ 670 Anm 2). Ohne Vorschuß kann der Beauftr die Ausf verweigern, eine Pfl, die erforderl Aufw aus eig Mitteln zu verauslagen, trifft den Beauftr nicht, RG 82, 400. Einklagb ist der Anspr idR nach überwiegder Auffassung nicht, weil der Beauftr auf die Ausf keinen Anspr h, vgl § 662 Anm 5 a aE. And kann es bei entgeltl GeschBes liegen; wie hier Soergel-Mühl § 669 Rdz 3. ErmzHauß Rdz 1. – **Entsprechende Anwendung** auf GeschBesVertr § 675, VereinsVorstd u -Liquioator §§ 27 III, 48 II, geschführden Gter § 713, Beistand § 1691, Vormd u GgVormd u Pfleger § 1835 I u Pfleger § 1915.

2) Kein Anspruch auf Vorschuß besteht, wenn er vertragl ausgeschl od wenn vereinb ist, daß der Beauftr die Aufw zunächst aus eig Mitteln zu bestreiten h. Der Ausschl kann sich auch aus der Natur des A ergeben, zB beim KreditA (vgl § 778 Anm 1 c) od bei A zur BürgschÜbern, für den § 775 eine die §§ 669 bis 671 ändernde SpezialRegelg enth.

3) Rückforderung des Vorschußes ist nach § 667 berecht, wenn er nicht bestimmgsgem verwendet w od wurde. Im Streitfall muß der AGeber die Hingabe des Vorschusses beweisen, der Beauftr die vertragsgem Verwendg (§ 667 Anm 4 d).

670 *Ersatz von Aufwendungen.* **Macht der Beauftragte zum Zwecke der Ausführung des Auftrags Aufwendungen, die er den Umständen nach für erforderlich halten darf, so ist der Auftraggeber zum Ersatze verpflichtet.**

1) Allgemeines. § 670 gibt einen WertErs-, keinen SchadErsAnspr. Pfl zur Verzinsg nach § 256, Anspr auf Vorschuß nach § 669. Entspr anwendb bei GeschBes, § 675, dort Anm 4 b, GoA § 683, auf VereinsVorstd -Liquidator und Stiftg §§ 27 III, 48 II, 86, auf den Verk iF des § 450 II, Mieter § 547 II, Entleiher § 601 II, geschführden Gter § 713, PfandGl § 1216, Beistand § 1691, Vormd u GgVormd § 1835 I, Pfleger § 1915, Erben §§ 1959 I, 1978. Die Aufforderg des Untern an einen ArbSuchden zur Vorstellg kann als A aufgefaßt w; die Fahrtkosten sind dann gem § 670 zu ersetzen, Hohn BB **58**, 844; aA Soergel-Mühl Rdn 1. SonderRegelgen für A zur BürgschÜbern in § 775 (dort Anm 1), für RA in §§ 25–30 RAGebO, HandelsVertr, OHG-Gter, Kommissionär §§ 87 d, 110, 396 II HGB. Über Ers der Aufw im Rahmen eines D- od ArbVertr vgl § 611 Anm 11.

2) Ersatz von Aufwendungen.
a) Aufwendungen sind VermOpfer (vgl § 256 Anm 1), die der Beauftr zum Zwecke der Ausf des A freiwill od auf Weisg des AuftrG (RG **95**, 51) macht, ferner solche, die sich als notw Folge der Ausf ergeben, BGH **8**, 222 [229], zB Steuern, Kosten eines RStreits. Auch die Eingeh einer Verbindlichk zur Ausf des A ist Aufw; BefreigsAnspr nach § 257. Als Aufw w ferner gewisse Schäd angesehen, die der Beauftr bei Ausf des Auftr erleidet, vgl Anm 3.

b) Keine Aufwendung ist die eig ArbKraft u Tätigk, die der Beauftr zur Ausf des A verwendet, der dadch vielleicht entgangene Verdienst u die normale Abnützg von Sachen des Beauftr inf der Ausf. Dies folgt aus der Unentgeltlichk des A. Daran ändert sich bei vereinb Unentgeltlichk auch dadch nichts, daß die zur Ausf zu entwickelnde Tätigk zu dem Beruf od Gewerbe des Beauftr gehört. Aufw ist eine solche Tätigk nur, wenn sie zur Ausf des A zunächst nicht erforderl erschien, sond erst später notw wurde. Ist Unentgeltlk nicht vereinb, so handelt es sich, wenn berufl od gewerbl Tätigk zur Ausf der GeschBes erforderl ist, idR um entgeltl D- od WkVertr (vgl §§ 612, 632), evtl mit GeschBesCharakter (§ 675). Weitergehder AufwBegr § 633 Anm 4, § 683 Anm 4.

c) Umfang des Ersatzes. Weiter als beim Vorschuß (§ 669 Anm 1), die Aufw, die der Beauftr zur Ausf nach den Umst für erforderl halten durfte. Also nicht alle, aber auch nicht nur die erfolgreichen Aufw (Soergel-Mühl Rdn 4). Maßgebd ist ein obj Maßstab mit subj Einschlag: Der Beauftr h nach seinem verständ Ermessen aGrd sorgfält Prüfg bei Berücksichtigg aller Umst über die Notwkt der Aufw zu entscheiden, RG **149**, 205. Dabei h er sich am Interesse des AuftrG u daran zu orientieren, ob u inwieweit die Aufw angemessen sind u in einem vernünft Verh zur Bedeutg des Gesch u zum angestrebten Erfolg stehen. Abzustellen ist auf den Ztpkt, in dem der Beauftr seine Disposition getroffen h. Ob der A erfolgreich ausgeführt wurde, ist für den ErsAnspr ohne Bedeutg. Der Anspr kann sich mindern um den Vorteil, den der Beauftr dch die Aufw erlangt h, zB der Anspr auf Freistellg von einer Hyp, um den dch sie verringerten LastenAusglBetr, BGH **LM § 516 Nr 2**.

d) Kein Ersatz für Aufw, die die ROrdng mißbilligt (§§ 134, 138). So für BestechgsGelder, selbst wenn der AuftrG dem Beauftr Weisg dazu erteilt h; für Schmiergelder, selbst wenn sie im EinzFall einen günstigeren Abschl herbeigeführt h, BGH NJW **65**, 293; für Aufw, die in einer vom Ges verbotenen Tätigk bestehen (BGH NJW **78**, 551). UU kann bei AuslandsBeteilig je nach dem Landessitte eine and Beurt angebracht sein (Esser SchuR II § 82 III 3 c). Ferner keine Erstattg, wenn die Aufw darauf zurückzuführen ist, daß der Beauftr mit der GeschBes ein eig Gesch verbunden h, BGH NJW **60**, 1568. Ebso keine Erstattg einer steuerl Belastg des Beauftr, die mit der Ausf des Auftr nicht in untrennb Zushang steht (BGH WPM **78**, 115).

e) Einwendungen. Nicht anwendb, weil es sich nicht um einen SchadErsAnspr handelt, ist § 254, BGH **8**, 222 [235]. Sow gleichart, können AuftrG u Beauftr mit ihren Fdgen aus § 667 bzw § 670 aufrechnen u ein ZbR geltd machen, vgl auch § 667 Anm 4 c, aber auch § 666 Anm 1. Der AufwErsAnspr verj bei entgeltl GeschBesVertr wie der VergütgsAnspr (BGH WPM **77**, 533).

f) Beweislast. Der Beauftr h die Aufw zu beweisen, ferner die Tats, aGrd deren er sie für erforderl hielt. Vorschuß vgl § 669 Anm 3.

g) Entsprechend anwendbar auf Anspr des ArbN auf Ers der Umzugskosten bei Versetzg an entfernten Ort aus dienstl Grden, BAG MDR **73**, 792.

3) Ersatz von Schäden. In erster Linie ist eine etwa getroffene vertragl Vereinbg maßgebl. Sonst gilt folgdes:

a) Trifft den AuftrG ein **Verschulden** an der Entstehg des Schad, den der Beauftr bei Ausf des A erleidet, so haftet er nach allg Vorschr. Versch ist auch der unterbliebene Hinw auf eine dem AuftrG bekannte Gefahr. Für Versch seiner ErfGeh gilt § 278, bei MitVersch des Beauftr § 254. Würde es sich bei dem Auftr iF der Entgeltlichk um einen DVertr handeln, sind §§ 618, 619 analog anzuwenden, vgl § 662 Anm 5 b.

b) Der Ers von **Zufallschäden** des Beauftr ist ges nicht geregelt. Im Erg herrscht weitgehd Übereinstimmg, daß die Ablehng von ErsAnspr in vielen Fällen unbefriedigd wäre. Die rechtl Konstruktion des ErsAnspr ist unterschiedl. **aa)** Die ältere Rspr u Lehre (ZusStellg bei Erm-Mühl § 670 Rdn 7) nahm einen stillschweigd geschl **Garantievertrag** an, wobei sie iW ergänzbar Auslegg als VertrInhalt eine Vereinbg fest, wonach der AuftrG das Risiko der GeschBes zu tragen habe. Diese Lösg tut dem PartWill vielf Gewalt an, führt kaum zu einer praktikablen Abgrenzg der ersatzfäh Schäd u versagt bei der GoA. **bb)** Die herrschde Meing mit BGH **38**, 270 [277] (zur GoA) dehnt den AufwBegr aus u wendet **§ 670** unmittelb od entspr an. Dabei w der freiwill Erbringg eines VermOpfers (vgl oben 2 a) der Fall gleichgestellt, daß der Beauftr ein mit der Ausf des A verbundenes SchadRisiko freiwill auf sich nimmt. Das ist dann der Fall, wenn mit der Ausf des A seiner Natur nach od aGrd bes Umst eine beiden Beteil erkennb Gefahr für den Beauftr verbunden ist. Verwirklicht sich diese Gefahr bei Ausf des A, so h der Beauftr Anspr auf Ers des daraus entstandenen Schad, der dem Aufw gleichgestellt ist. Unter dieser Voraussetzg w auch den Angeh ein ErsAnspr entspr §§ 844, 845 zugebilligt, RG **167**, 85 [89]. Dies und die Anw der §§ 254, 846 ist method unsauber, weil es sich bei dieser Konstruktion nicht um einen SchadErs-, sond um AufwErsAnspr handelt, außerdem weil es an der Freiwilligk fehlt, wenn dem Beauftr die Gefährlichk nicht bewußt geworden ist. **cc)** Eine neuere Meing, so Canaris RdA **66**, 41, Larenz SchuR II § 56 III, Genius AcP **173**, 481 [512 ff], LAG Düss VersR **77**, 923, wendet den **Grundsatz der Risikozurechnung** bei schadgeneigter Tätigk in fremdem Interesse an, wie er sich im DVertrR (§ 611 Anm 14b) entwickelt h u auch in § 110 I HGB zum Ausdruck kommt. Danach h der AuftrG das spezif SchadRisiko zu tragen, also dem Beauftr den Schad zu ersetzen, den er bei der Ausf des Auftr dch Verwirklichg einer damit verbundenen eigtüml, erhöhten Gefahr erleidet, zB Brandwunden, KleiderSchad bei LöschArb. Nicht genügd ist das allg Lebensrisiko, zB Verletzg bei einem VerkUnfall in Ausf des A, UnfallSchad im PrivWagen des ArbN währd einer DFahrt, für die er Km-Geld bekommt (LAG Stgt NJW **78**, 1654). Da es sich bei dieser Konstruktion um SchadErsAnspr handelt, sind §§ 254, 844–846 unbedenkl anwendb. **dd)** Für den **Umfang der Ersatzpflicht** gelten die allg Regeln. Da dieser Anspr stark von BilligkErwägen beeinflußt ist, scheint in bes gelagerten Fällen eine vorsicht Modifizierung des Alles- od-Nichts-Grds in §§ 249ff zG einer angem Entschädig nach AufopfergsGrds vertretb, vgl Erm-Hauß § 670 Rdn 14. Kein Anspr auf Ers immateriellen Schad in Geld, BGH **52**, 115. **ee)** SchadErs bei **Geschäftsführung ohne Auftrag** vgl § 677 Anm 2a, e, § 683 Anm 4.

c) Öffentliches Recht. Das RG h die Zuziehg eines Dr von HilfeLeistg dch einen Beamten in amtl Tätigk verschiedentl (zB RG **94**, 169, **98**, 195) unter priv AuftrR eingeordnet u § 670 angewendet. Dies entspricht nicht mehr heut RAuffassg. Die Heranziehg von PrivPers zu **Dienstleistungen auf Grund gesetzlicher Vorschriften**, zB Verwaltg der UmstellgsGrdSch dch Bankinstitute, BGH **43**, 269, u dch **Verwaltungsakte**, zB zu NothilfeLeistgen gem § 330 c StGB begründet ör Beziehgen. § 670 ist nicht anwendb. Bei polizeil NotstandsAnordnungen kommt ein EntschädiggsAnspr nach den Polizeigesetzen der Länder in Betracht. Bei Rettg aus Lebensgefahr und sonst HilfeLeistg, iF der HilfeLeistg bei AmtsHandlg, bei persönl Einsatz zu vorläuf Festnahme gewährt § 539 Ziff 9 a–c RVO UnfVersSchutz, vgl § 683 Anm 4. Iü kann Grdlage einer Entschädig nicht beeinflußt sein, vgl § 903 Anm 4. Verletzt der Amtsträger bei der Zuziehg einer PrivPers seine AmtsPfl, so besteht ein Anspr nach § 839, Art 34 GG.

d) Bei Hilfeleistg (GeschFührg) ohne Auftr ist § 670 anzuwenden, § 683; vgl auch § 677 Anm 2 e. Danach sind Schäd des GeschF, die inf der Gefährlichk der GeschFührg eingetreten sind, zu ersetzen. Eine typ Gefährlichk kann sich auch aus der zur GefahrAbwendg erforderl Eile ergeben, BGH Betr **72**, 721. Das Bestehen einer öffentl Pfl, zB aus StGB § 330c, schließt Anspr gg den GeschHerrn nach §§ 683, 670 nicht aus, § 677 Anm 2 a und e; auch hier können Anspr aus § 539 I Ziff 9 a, c RVO u § 75 Einl prALR in Frage kommen; hierzu auch § 903 Anm 4. Über SchadErsAnspr aus § 823 gg den, der für das Hilfeleistg auslösende Ereign verantwortl ist, vgl Einf 6 vor § 823. Anspr des GeschFührers aus UnfallVers (§ 683 Anm 4) schließt Anspr aus § 670 nicht aus, BGH **52**, 115. Kein Anspr auf SchmerzG.

671 Widerruf; Kündigung.

I Der Auftrag kann von dem Auftraggeber jederzeit widerrufen, von dem Beauftragten jederzeit gekündigt werden.

II Der Beauftragte darf nur in der Art kündigen, daß der Auftraggeber für die Besorgung des Geschäfts anderweit Fürsorge treffen kann, es sei denn, daß ein wichtiger Grund für die unzeitige Kündigung vorliegt. Kündigt er ohne solchen Grund zur Unzeit, so hat er dem Auftraggeber den daraus entstehenden Schaden zu ersetzen.

III Liegt ein wichtiger Grund vor, so ist der Beauftragte zur Kündigung auch dann berechtigt, wenn er auf das Kündigungsrecht verzichtet hat.

1) Die **Beendigung durch einseitiges Rechtsgeschäft** nennt das G von seiten des AuftrG Widerruf, von seiten des Beauftr Kündigg. Es handelt sich um rgestaltde WillErkl, die mit Zugang das VertrVerh für die Zukunft aufheben, bereits entstandene Anspr aber unberührt lassen. Zur Kündigg vgl Vorbem 2 vor § 620. Der Auftr ist einseit jederzeit lösb, weil er beim AuftrG ein bes Vertrauen voraussetzt, für den Beauftr unentgeltl u fremdnütz ist. Das R kann auch dch schlüss Handlg ausgeübt w. Die Wirksamk kann von einer Bedingg abhäng sein, weil der VertrPartner eine ihm läst Ungewißh seinerseits dch einseit VertrAufhebg beenden kann. Bei mehreren AuftrG od Beauftr kann jeder widerrufen bzw kündigen, es sei denn, daß sich aus der getroffenen Vereinbg od aus dem Umst des Falles (Unteilbark des Auftr, GemeinschVerh) etwas and ergibt, BGH BB **64**, 699. Die einseit Beendigg ist nicht mehr mögl, wenn der AVertr bereits aus and Gründen beendet ist, zB dch vollständ Ausf, BGH WPM **62**, 461. – **Entsprechend anwendbar** ist Abs II, nicht aber I auf den GeschBesVertr § 675; Abs II, III für den geschführden Gter § 712 II. Ähnl Regelg beim VereinsVorstd u -Liquidator §§ 27 II, 48 II.

2) Widerruf (Abs I) dch AuftrG ist jederzeit mögl. Verz auf das WiderrufsR ist unwirks, wenn der A ausschließl den Interessen des AuftrG dient, weil er sich sonst ganz dem Beauftr ausliefern würde. Dagg kann auf das WiderrufsR wirks verzichtet w, wenn der A auch im Interesse des Beauftr erteilt u sein Interesse dem des AuftrG mind gleichwert ist, BGH WPM **71**, 956. In diesem Fall w es sich allerd meist nicht um A, sond um ein and KausalVerh handeln. W jemand mit der Verw eines künft Nachl ganz od teilw betraut u auf Widerruf auch für die Erben verzichtet, so handelt es sich in Wahrh um die AO einer TestVollstrg, die der Form der letztw Vfg bedarf, andernf ist die Übertr der Verw nichtig, RG **139**, 41. Der Widerruf h keine dingl Wirkg, sond löst die schuldr Anspr aus §§ 667, 670 aus. In diesem Fall w ein A ein R trhd übertr ist, beendet der Widerruf nicht die RÜbertr, sond führt zum schuldr Anspr auf RückÜbertr u nicht einmal dazu, falls das R zur Sicherg übertr war u die SichergsAbrede noch entgg steht; vgl auch § 398 Anm 6, 7.

3) Kündigung (Abs II, III) dch Beauftr ist jederzeit mögl, muß aber dem AuftrG die Möglichk anderweit Fürs lassen, außer der Beauftr h einen wicht Grd für die Kündigg zur Unzeit. Auch wenn es diesen nicht h, ist die Kündigung zur Unzeit wirks, verpfl aber zum SchadErs. Wicht Grd vgl § 626 Anm 6 sinngem. Auf das KündiggsR kann in den Grenzen des Abs III wirks verzichtet w, also nicht bei wicht Grd.

4) Andere Bedingungsgründe.
a) Nach **allgemeinen Regeln,** zB Zeitablauf, falls für die Ausf des A eine Zeit vereinb wurde; Erf; sonstige ZweckErreichg, BGH **41**, 23 (Amt des TestVollstr endet mit Erledigg seiner Aufgaben). Unmöglichk der Ausf § 275; Aufhebgsvertr; Eintritt auflösder Bedingg.
b) Aus den **besonderen Gründen** der §§ 672–674 u bei Konk des AuftrG, außer wenn sich der Auftr nicht auf das zur KonkMasse gehör Verm bezieht, §§ 23 I, 27 KO. KonkEröffng über das Verm des Beauftr sowie Eröffng des VerglVerf beenden den A nicht.
c) Vollmacht erlischt mit dem zGrde liegden A, § 168 S 1.

672 *Tod oder Geschäftsunfähigkeit des Auftraggebers.* Der Auftrag erlischt im Zweifel nicht durch den Tod oder den Eintritt der Geschäftsunfähigkeit des Auftraggebers. Erlischt der Auftrag, so hat der Beauftragte, wenn mit dem Aufschube Gefahr verbunden ist, die Besorgung des übertragenen Geschäfts fortzusetzen, bis der Erbe oder der gesetzliche Vertreter des Auftraggebers anderweit Fürsorge treffen kann; der Auftrag gilt insoweit als fortbestehend.

1) Nach der **Auslegungsregel** in **Satz 1** erlischt der A nicht mit dem Tod od der GeschUnfähigk des AuftrG. Anders beim Tod des Beauftr § 673. Die AusleggsRegel ist widerlegb, Erlöschen mit dem Tod kann sich aus den Umst ergeben. Auch Auftr unter Lebden, die erst nach dem Tode auszuführen sind, sind mögl, die Erben haben aber bis zur Ausf des Auftr dch den Beauftr ein nicht abdingb WiderrufsR (BGH NJW **75**, 382), vgl § 671 Anm 2. § 672 gilt nach § 168 auch für die mit dem A verknüpfte Vollm, diese gilt also weiter für die rgesch Vertretg der Erben. Soweit sich der Beauftr im Rahmen des A u der Vollm hält, braucht er bis zum Widerruf dch die Erben zu RGesch nach dem Erbfall keine Zustimmg der Erben u muß sich nicht vergewissern, ob sie mit dem beabsicht Gesch einverst sind; die Schranke sind §§ 138, 242, BGH NJW **69**, 1245. Auch für den GrdbuchVerk genügt idR die Vermutg des § 672 S 1, falls der Auftr- od GeschBesVertr gem § 29 GBO nachgewiesen ist. Wenn keine entggstehden Umst bekannt sind, geht also das GBAmt vom Fortbestehen der Vollm für die Erben aus, auch wenn die VollmUrk dies nicht ausdrückl erwähnt; bestr, wie hier KG DNotZ **72**, 18, Horber GBO § 19 Anm 5 Ef. – Geht A auf Übermittlg einer schenkw zuzuwendden Leistg, so ist, falls die Vollziehg vor dem Tode noch nicht erfolgt ist, die RLage nach den Regeln der Schenkg vTw, § 2301, zu beurt, RG **88**, 223.

2) Eine **Notbesorgungspflicht (Satz 2)** trifft den Beauftr, falls der A entgg der AusleggsRegel in S 1 erloschen ist. Gilt auch, wenn mit der Ausf noch nicht begonnen. Der AVertr w als fortbestehd fingiert, bis der Erbe bzw ges Vertr des AuftrG selbst Fürs treffen kann. Schuldh Verletzg der NotbesorggsPfl führt zu SchadErsPfl. Weiß der Beauftr vom Erlöschen nichts, gilt § 674.

3) Entsprechende Anwendung iF des § 675 u bei Auflösg einer JP, RG **81**, 153. Auch Beschrkg der GeschFähigk sowie Wegfall des ges Vertr führen iZw nicht zum Erlöschen, BayObLG NJW **59**, 2119. S 2 gilt entspr bei Konk des AuftrG.

673 *Tod des Beauftragten.* Der Auftrag erlischt im Zweifel durch den Tod des Beauftragten. Erlischt der Auftrag, so hat der Erbe des Beauftragten dem Auftraggeber unverzüglich anzuzeigen und, wenn mit dem Aufschube Gefahr verbunden ist, die Besorgung des übertragenen Geschäfts fortzusetzen, bis der Auftraggeber anderweit Fürsorge treffen kann; der Auftrag gilt insoweit als fortbestehend.

1) Die **Auslegungsregel (Satz 1)** läßt, umgekehrt wie in § 672, den A beim Tod des Beauftr iZw erlöschen, eine Folge des regelm bestehden pers VertrauensVerh. Gilt nicht, wenn der Beauftr geschunfäh w; ist der AVertr auf rgeschäftl Handeln gerichtet, so erlischt er wg Eintritts der Unmöglichk, §§ 275, 105; ist er ledigl auf tats Leistgen gerichtet, so ist es eine Frage der Auslegg, ob er fortbestehen soll. Wird der Beauftr beschränkt geschäfh, so berührt dies idR den A nicht, eine erteilte Vollm bleibt bestehen, § 165. Auch Konk des Beauftr ist auf den A ohne Einfluß.

2) Eine **Anzeige- und Notbesorgungspflicht (Satz 2),** ähnl § 672, trifft iF des Erlöschens die Erben des Beauftr. Gilt auch, wenn mit der Ausf noch nicht begonnen. Der AVertr w, bis der AuftrG selbst Fürs treffen kann, als fortbestehd fingiert. Schuldh Verletzg führt zur SchadErsPfl. Erlischt der A entgg der Regel nicht, sind die Erben gem § 666 anzeigepfl.

3) Entsprechende Anwendung beim GeschBesVertr § 675. Ferner bei Erlöschen einer JP. IF einer Fusion w allerd, jedenf wenn für den A ein pers VertrauensVerh nicht von Bedeutg ist, Übern des

Einzelne Schuldverhältnisse. 10. Titel: Auftrag §§ 673–675

A dch die übernehmde Gesellsch anzunehmen sein, RG **150**, 289 für Verschmelzg zweier AG ohne Liquidation. S 2 gilt entspr für die Erben des TestVollstr, § 2218 I.

674 *Fiktion des Fortbestehens.* Erlischt der Auftrag in anderer Weise als durch Widerruf, so gilt er zugunsten des Beauftragten gleichwohl als fortbestehend, bis der Beauftragte von dem Erlöschen Kenntnis erlangt oder das Erlöschen kennen muß.

1) Dem **Schutz des Beauftragten,** der ohne Fahrlk (§ 122 II) vom Erlöschen des A keine Kenntn h, dient die Vorschr. Er w erreicht dch die Fiktion, daß der AVertr als fortbestehd gilt, u zwar nur zu seinen Gunsten. Der AuftrG od seine RNachf können aus der Vorschr keine R herleiten, etwa SchadErsAnspr wg NichtAusf des A. Gilt für alle ErlöschensGrde außer Widerruf (Anm 2); auch der Umst, daß mit der Konk-Eröffng nicht nur der Auftr, sond auch die HandelsGesellsch, die ihn erteilt h, erlischt, steht der Fiktion des Fortbestehens zG des Beauftr nicht entgg (BGH **63**, 87). Für die Ausf gelten die Vorschr des AuftrR, von der Kenntn des Erlöschens an also auch Anz- u NotBesPfl gem §§ 672, 673. Für Vollm vgl §§ 168 S 1, 169. Die BewLast für Kenntn od Fahrlk bei Unkenntn liegt beim AuftrG.

2) Kein Schutz des Beauftragten bei Erlöschen dch Widerruf (§ 671 I), weil er idR erst mit Zugang an den Beauftr wirks w. Ist der Widerruf ausnahmsw trotz Unkenntn des Beauftr wirks (zB § 132), so gilt § 674 nicht, es gelten §§ 677 ff. Ferner kein Schutz, wenn der Beauftr inf Fahrlk vom Erlöschen keine Kenntn erlangt.

3) Entsprechende Anwendung beim GeschBesVertr § 675, also auch auf RAVertr, Saarbr NJW **66**, 2066, Nürnb NJW **64**, 304 (bestr), auf den TestVollstr § 2218 I – aber nicht, wenn seine Ernenng von Anfang an ggstdslos ist, BGH **41**, 23 – u auf den KonkVerw §§ 23 I S 2, 27 KO. Ähnl Regeln in §§ 729, 1698a, 1893.

675 *Entgeltliche Geschäftsbesorgung.* Auf einen Dienstvertrag oder einen Werkvertrag, der eine Geschäftsbesorgung zum Gegenstande hat, finden die Vorschriften der §§ 663, 665 bis 670, 672 bis 674 und, wenn dem Verpflichteten das Recht zusteht, ohne Einhaltung einer Kündigungsfrist zu kündigen, auch die Vorschriften des § 671 Abs. 2 entsprechende Anwendung.

1) Allgemeines. Die Bestimmg gehört nicht eigentl in das AuftrR, denn sie betrifft im Ggsatz zu ihm bestimmte D- od WkVertr, also entgeltl ggs Vertr. Diese stellt sie, sow sie eine GeschBes zum Ggst h, weitgehd unter AuftrR, weil die Anwendg seiner Bestimmgen auf der selbstd Wahrnehmg fremder VermInteressen gerechtfertigt ist. Für VertrAbschl u -Abwicklg gilt sinngem § 662 Anm 2 a, c.

2) Anwendungsgebiet, Geschäftsbesorgung bedeutet, insow übereinstimmd mit § 662, Tätigk in fremdem Interesse. Der Begr ist aber hier nach herrschder Auffassg, was die Art der Tätigk betrifft, enger als beim AVertr.

a) Eine **selbständige Tätigkeit wirtschaftlicher Art,** die im Rahmen eines D- od WkVertr zu leisten ist, verlangt die herrschde Auffassg, BGH **45**, 223 [228]. Bloßes Unterlassen, Gewährenlassen, Dulden genügt (wie § 662 Anm 3a) nicht. Die Tätigk ist hier zumeist auf rgeschäftl Handeln gerichtet, es fallen aber auch rähnl u tats Handlgen darunter. Die Tätigk muß, enger als beim A, eine selbstd sein, also Raum für eigverantwortl Überlegg u WillBildg des GeschBesorgers lassen u sie muß wirtsch Art sein, also Beziehg zum Verm h. – **Gegensätze** u deshalb nicht unter § 675 einzuordnen sind unselbstd Tätigkn wie Hausmädchen, Gesellen, FabrikArb. Ferner Tätigkn, die keine Beziehg zum Verm h, wie Arzt, Erzieher, Vorleser. Ggst eines A od einer GoA können diese Tätigkn dagg sein (§ 662 Anm 3, 7).

b) In fremdem Interesse w die Tätigk ausgeübt, dh sie ist gerichtet auf solche Gesch, für die ursprüngl der GeschHerr selbst in Wahrnehmg seiner VermInteressen zu sorgen hatte, die ihm aber dch einen ad abgen w. An solcher Wahrnehmg bereits bestehder Obliegenhn des GeschHerrn fehlt es, wenn der Aufgabenkreis erst mit Hilfe des VertrPartners geschaffen w, BGH **45**, 223 [229]. – **Gegensatz** u deshalb nicht unter § 675 einzuordnen ist die Führg eig Gesch, zB Überprüfg u Einziehg angekaufter, diskontierter Wechsel dch die Bank, Nürnb BB **69**, 932. Ferner Tätigkn, die an einen and, nicht für ihn, geleistet w, wie die selbstden Handwerker, BauUntern, planden Arch.

c) Eine **abweichende Auffassung** im Schrifttum (Staud-Nipperdey Rdn 16, 17) engt den Begr Gesch-Bes in § 675 ggü § 662 nicht in der oben beschriebenen Weise ein, läßt unter § 675 alle D- u WkVertr fallen u wendet die dort angezogenen Bestimmgen immer dann entspr an, wenn sie nach der Art der Bes passen u zu angem Erg führen. Letzteres tut auch die arbgerichtl Rspr, zB BAG NJW **67**, 414 für §§ 670, 665, BAG GrS NJW **62**, 411 [414]. – Esser SchuR II § 82 I 2c sieht als AbgrenzgsKriterium der GeschBes in §§ 662 u 675 ggü unentgeltl LeistgsVertr sowie D- u WkVertr allein die spezif TreuPfl des Schu im Hinblick auf die Wahrnehmg der Interessen des GeschHerrn. Bei A u GeschBes sei die TreuPfl des Gesch-Besorgers seine HauptPfl, währd sie bei allen and Vertr, so auch bei D- u WkVertr ohne GeschBesCharakter ledigl neben einer and HauptPfl bestehe. – Im prakt Erg ist zu der herrschden Auffassg wohl kein nennenswerter Untersch, denn in den Bsp für die Anwendbark od NichtAnwendbark des § 675 besteht weitgehd Einigk.

3) Beispiele.

a) Allgemein (alphabet): **Im AbrechngsVerfahren der Bundesbank** bestehen grdsätzl keine Schutz-Pfl ggü den beteil Kreditinstituten, BGH NJW **78**, 1852. – **Anlageempfehlg** in period erscheinen Börsendienst ist gemischter Vertr (Kauf- u Beratg), BGH NJW **78**, 997. – **Anlagenvertrag,** zB A zu Kapitalanlagen gg Entgelt, Industrieanlagen (Soergel-Ballerstedt Rdn 62 vor § 631). – **Annoncenexpedition,** Stgt BB **54**, 300, Düss MDR **72**, 688; vgl Einf 5 vor § 631. – **Architekt,** idR WkVertr, vgl Einf 5 vor § 631; sow Verh mit Dr zu führen sind, GeschBes, BGH **41**, 318. – **Aufsichtsrat** einer AG od GmbH, RG **146**, 145 [152]. – **Auskunfterteilung** vgl § 676. – **Chartervertrag** vgl Einf 5 vor § 631. – **Factoringvertrag** vgl § 305 Anm

647

§ 675 3a, b

5a. – **Geschäftsführer,** falls mit der selbstd Führg eines GeschBetr beauftragt; auch gerichtl bestellter Gesch-F einer GmbH (GeschBes-DienstVertr mit dieser), BayObLG BB **75,** 1037. – **Gerichtsvollzieher,** keine GeschBes, sond ör Verh, vgl § 839 Anm 15. – **Handelsvertreter,** spezielle Regelgen im HGB §§ 84ff. – **Handlungsagent,** RG **87,** 440. – **Kommissionär,** spezielle Regelgen im HGB §§ 383ff; Effektenkommissionär, BGH **8,** 222. – **Makler,** falls er sich verpfl, einen best Erfolg herbeizuführen, vgl Einf 3b vor § 652. – **Notar,** keine GeschBes, sond ör Verh, vgl § 839 Anm 15. – **Patentanwalt,** der bei Erlangg u Herbeiführg von WzSchutz mitzuwirken h, BGH **52,** 359 u bei Erlangg u Überwachg von Patentschutz, RG **69,** 26. – **Postanweisung, Postscheck,** vgl § 839 Anm 2 A a dd, 15 „Post". – **Rechtsanwalt,** vgl Einf 2a ee vor § 611; zu den SorgfPfl § 276 Anm 4c. Der Vertr mit dem RA kann im EinzFall SchutzWirkg für Dr h (BGH NJW **77,** 2073). Der wg Trunks od Geistesschwäche Entmünd kann den Vertr zur DchFührg des AnfProz nach § 684 ZPO selbst wirks schließen, Nürnb NJW **71,** 1274, Hbg NJW **71,** 199. – **Rechtsberater,** BGH **34,** 64. Bei Verstoß gg RBerG ist der GeschBesVertr nichtig, BGH **37,** 258. – **Reisebüro,** Pauschalreise, vgl Einf 5 vor § 631. – **Sachwalter** nach Bestätigg eines Vergl u Aufhebg des VerglVerf w aGrd GeschBesVertr mit dem Schu tät. Da es sich zugl um Vertr zGDr handelt, h die VerglGläub Anspr auf Ausk, BGH **62,** 1. – **Schiedsgutachtervertrag,** RNatur wie Schiedsrichtervertr, BGH **43,** 374; Einzelnen vgl Th-P Einf 2 vor § 1025 ZPO; zur Haftg vgl § 839 Anm 8a. – Der **Schiedsrichtervertrag,** also zw den Part u den Schiedsrichtern w teilw als Vertr eig Art (BGH **LM** § 1025 ZPO Nr 5), teilw als DVertr (Rosenberg-Schwab § 175 III 2) od diesem ähnl (Wieczorek § 1025 Anm C IIIb 1) eingeordnet; iF der Unentgeltlk Auftr. Er kommt stets zw allen Part u jedem Schiedsrichter zust, gleichgült welche Part ihn ernannt h, u zwar auf seiten des Schiedsrichters mit der (auch konkludenten) Ann, auf seiten der Part, die ihn nicht ernannt h, mit Zugang der ErnenngsAnz (§ 1030 ZPO). Seine Wirksamk ist unabhäng von der der Schiedsklausel. Ob ein Verstoß gg § 40 I 2 DRiG ihn unwirks macht, ist str, offen gelassen BGH **55,** 313, bej Breetzke NJW **71,** 1458, Habscheid KTS **72,** 209. Die Haftg des Schiedsrichters bestimmt sich nach allg schuldr Grds, für die Fällg des Schiedsspruchs aber nach § 839 II, der ow als stillschweig vereinb gilt, BGH NJW **54,** 1763. Der Schiedsrichter h mit Beendigg des Verf Anspr auf die vereinb, sonst auf übl Vergütg u auf AuslagenErs (§§ 612, 670) gg beide Part als GesSchu, § 427, ebso iZw Anspr auf Vorschuß. Im InnenVerh sind die Part je zur Hälfte verpfl. Wg Vergütg u Vorschuß vgl Th-P Vorbem 3 vor § 1025. Der VergütgsAnspr ist unabhäng von der RBeständigk des Schiedsspruchs u gef dch Kl gg die Part geltd zu machen; Schiedsrichter selbst können die Vergütg nicht festsetzen, auch wenn dies in die Form der StrWertFestsetzg gekleidet ist (Baumb-Schwab Kap 35 V D, Celle BB **63,** 1241). Der SchiedsrichterVertr endet mit jederzeit zuläss Kündigg dch beide Part od den Schiedsrichter, §§ 626, 627, 671. RG **101,** 393 will für Schiedsrichter nur Kündigg aus wicht Grd zulassen. Er endet auch mit erfolgr Ablehng u mit Erlöschen des SchiedsVertr (§§ 1032, 1033 ZPO). – **Spediteur,** spezielle Regelgen in §§ 407 ff HGB. – **Steuerberater, Steuerbevollmächtigter,** vgl Einf 5 vor § 631. – Vertr zw **Transferagent** (Remissier) einer ausländ Bank u Eigtümer der ihm anvertrauten Wertpapiere, BGH WPM **75,** 356. – **Treuhandvertrag.** Einen eig VertrTyp kennt das BGB nicht, der EinzFall bestimmt die RBeziehges zw TrGeber u TrNehmer, bei Entgeltlich GeschBes, bei Unentgeltlich Auftr, BGH WPM **69,** 935. Im einz vgl Einf 3 g vor § 104, Einf 3 vor § 164; Abgrenzg zum ScheinGesch § 117 Anm 1, Form § 313 Anm 5; im SachenR Einf 7 vor § 929. TrHänder ist auch der mit Abwicklg eines LiquidationsVergl Beauftr, BGH NJW **66,** 1116 od wer fremde Interessen in der ZwVerst wahrzunehmen h RG **57,** 392. Der TrHänder, dem ein Unternehmen übertr ist, ist nach Widerruf zur WeiterFührg des Unternehmens für Rechng des TrGebers nur noch verpfl, soweit er wg seiner GgAnspr ein ZbR geltd macht. Nach Beendigg des TrHdVerhältn h er Anspr gg TrGeber auf Abn des Gesch u Befreiung v den GeschVerbindlken (BGH WPM **77,** 363). – **Unfallhelferring** ist nichtiger GeschBesVertr, BGH **61,** 318. Die Nichtigk erstreckt sich auf das ganze Unfallhilfesystem, also auf alle im Rahmen der wirtsch Entlastg des SchadAbwicklg geschl Vertr, wie DarlVertr mit der Bank (BGH NJW **77,** 38), BürgschVertr des MietwagenUntern mit der Bank zur DarlSicherg (Ffm WPM **78,** 680); dies auch dann, wenn die kreditgebde Bank dem Geschäd die Auswahl unter mehreren RA überläßt (BGH NJW **78,** 2100). – **Vertragshändlervertrag** w als RahmenVertr mit vorwiegd handelsvertreterrechtl Elementen od als GeschBesVertr, aber auf eig Rechng angesehen, vgl Ulmer, Der VertrHändler (1969) §§ 13, 18. – **Verwalter** eines Gutes, Hauses, BGH WPM **65,** 1181, Verm, BGH WPM **62,** 675 (Effektenberater u -Verw). – **Werbemittler** s Annoncenexpedition. – **Wirtschaftsprüfer** wie Steuer-Bevollm.

b) Im Besonderen: Bankvertrag. Lit: Canaris, BankVertrR, 1975. Er ist ein auf GeschBes gericht DVertr, der sehr vielfält Tätigken der Bank im Interesse ihrer Kunden zu Ggst h kann. So (alphabet): **Akkreditivauftrag,** BGH **LM** § 780 Nr 2, § 665 Nr 3. – **Akzept- u Avalkredit.** Der Vertr über die Gewährg kann je nach dem Inhalt der Vereinbg Darl od GeschBes sein. Letztere ist anzunehmen, wenn die Bank Wechsel für Rechng des Kunden gg Provision akzeptiert u ihm so zum Verk des Wechsels (Diskontierg) behilfl ist; Darl ist anzunehmen, wenn die Bank eig Mittel aufwendet od zugunsten des Kunden zur Vfg stellt mit der Vereinbg, dadch Gl des Kunden zu w, BGH **19,** 282 [291]. – **Aufklärgspflicht** der Bank, wenn sie einen Kunden (Kommanditist einer MassenKG) auch in ihrem eig Interesse auffordert, einem and Kunden (KG) zu dessen Sanierg ein von ihr finanziertes Darl zu gewähren (BGH WPM **78,** 896). Sonst keine Pfl der Bank zur Warng des Kunden vor gefährl KreditGesch. Keine Pfl der Bank, einen Kunden über die VermVerh eines and Kunden zu unterrichten, nach den Umst des EinzFalles allerd Pfl, auf bestehde Bedenken hinzuweisen, BGH WPM **69,** 560 u 654. – **Auskunft** vgl § 676. – **Depotvertrag;** Pfl des Kunden zur Anzeige einer FalschBuchg, Ffm WPM **72,** 436. Der AbbuchgsAuftr, auch iR einer **Einzugsermächtigg,** ist wie der ÜberweisgsAuftr eine Weisg des Kunden an die Bank iR des GiroVertr; vgl § 665 Anm 2. Er begründet keine VertrBeziehg zw dem Gl u der Bank des Schu. VertrPartner des Empf (Gl) ist nur dessen eig Bank, nur zw dem Schu u seiner Bank, die die Lastschrift ausführt (abbucht), besteht ein GiroVertr; etwa dazwliegde Banken stehen jeweils untereinand in eig Namen im Verh AuftrG/AuftrN. Denkb ist ein SchadErsAnspr des Gl gg die Bank des Schu wg Liegenlassens nicht eingelöster Lastschriften ohne Verständigg des Gl aus SchutzPflVerl od aus § 826 (BGH **69,** 82). Eine allg SchutzPfl der GlBank ggü dem Schu zur Prüfg, ob die EinzugsErmächtigg wirkl erteilt ist, besteht nicht

(BGH **69**, 186). Denkb sind Anspr aus ungerechtf Ber im jeweil LeistgsVerh, vgl § 812 Anm 5 B b cc. Fehlde EinzugsErmächtigg vgl § 665 Anm 2. – **Girovertrag.** Zu unterscheiden ist zw ihm u dem einz ÜberweisgsAuftr, der Weisg iS des § 665 ist, BGH **10**, 319; vgl § 665 Anm 2. Der Kunde hat einen Anspr darauf, daß die für ihn bei der Bank eingehden Gelder seinem Konto gutgebracht w; umgekehrt daß die Bank Buchgen, die ihm ggü unwirks Auszahlgen betreffen, unterläßt u rückgäng macht (KG BB **77**, 772). Das ist der **Anspr auf Gutschrift.** Er entsteht auch, wenn die kontoführde Bank im Betr für einen Kunden auf einem Nostrokonto gutgeschrieben w, das sie bei einer and Bank dazu unterhält, daß ihre Girokunden sich dieses Kontos zu Einzahlgen u Überweisgen bedienen u zwar auch dann, wenn die and Bank zusbricht, bevor die kontoführde Bank noch v der Gutschr Kenntn erlangt (LG Ffm NJW **76**, 332, steckengebliebene Überweisg). Der Anspr auf Zahlg, also der **aus der Gutschrift**, entsteht erst mit der Gutschrift auf dem Girokonto; so auch BGH BB **60**, 343. Besteht kein Girokonto des Empf, so wird ein ZahlsAnspr gg die Bank nur begründet, wenn die Umst, die der Buchg zGrde liegen, einen VerpflWillen der Bank erkennen lassen, BGH **27**, 241. Aus der Buchg allein als rein banktechn Vorgang w allerd solche Umst nicht entnommen w können. Vgl zur Kritik dieses Urt auch Wunschel NJW **58**, 1765. Kann der ÜberweisgsA nicht durch Gutschrift auf dem Konto des Empf ausgeführt w, so hat der AGeber einen Anspr auf Heraus des GgWertes (bei Bareinzahlg des BarBetr, bei Überweisg dch Wiedergutschrift); das folgt aus § 667. Im mehrgliedr Überweisgsverkehr steht dieser Anspr gg die endbeauftragte Bank nur ihrem AGeber, dh der sie beauftragden ZwBank, zu, nicht dem ersten AGeber, BGH WPM **61**, 78, ebso das Recht zum Widerruf des ÜberweisgsAuftr (LG Fbg NJW **76**, 333). Grund: nur zur Gutschrift w von der kontoführden Bank auf dem Konto der and Bank vorgenommen; wer Kontoführer ist, ist zw den beteil Banken im Einzelfall festgelegt (,,Loro"-, ,,Nostro"-Konto), nur die Buchgen hierauf sind konstitutiv, die GgBuchg der anden Bank dient nur Bewu Kontrollzwecken. – VerschwiegenhPfl der Bank BGH **27**, 241. – Eine Geldschuld ist getilgt mit Gutschrift auf Konto des Gläub, BGH **6**, 121. Über die Frage der Rechtzeitigk der Leistg § 270 Anm 2c; über die, wann Gläub Überweisg auf Konto als Erf gelten lassen muß, BGH NJW **53**, 897 u § 362 Anm 3. Eine irrtüml Gutschrift auf einem Girokonto kann die Bank nicht mehr stornieren, wenn sie in ein SaldoAnerk eingegangen ist; dann nur noch Anspr der Bank aus §§ 812, 821 (BGH Betr **78**, 1876). – Das in die **Kreditabwicklung** (Bausparkredit) eingeschaltete Kreditinstitut macht sich schaderspfl, wenn es versäumt, den Kredit zur Einplang in staatl ZinsverbilliggsMittel anzumelden (BGH WPM **76**, 79). Der **Überweisgsauftrag** des Girokunden ist Weisg, vgl § 665 Anm 2, 4. Der ÜberweisgsA des Nichtkunden unter Einzahlg eines Betr ist Angebot eines EinzGeschBesVertr. Über die steckengebliebenen Überweisgen der letzten Kriegsmonate u die sich hieraus, insb im mehrgliedr Bankverkehr u im Filialnetz der Großbanken ergebden Anspr vgl im einz die 20. Aufl. – Zur Postscheckübeweisg u ihrer sachwidr Behandlg BGH NJW **61**, 1715, über die Rechtzeitigk einer solchen Überweisg BGH NJW **64**, 499. Pfl des Kunden zur Anz einer FalschBuchg, Ffm WPM **72**, 436. – **Inkassoauftrag**, BGH **LM** § 667 Nr 17 (Einziehg von GeldFdg). – **Kontokorrentvertrag** BGH Betr **57**, 162 (Pfl zum Hinw auf rechtl Bedenken gg erteilte Weisg). – **Rembours (Valuta)kredit**, BGH **LM** Nr 25. – **Scheck.** Der SchekVertr, meist gekoppelt mit GiroVertr verpfl die Bank zur Einlösg von auf sie gezogenen Kundenschecks, sow sie dch Guthaben od Kredit gedeckt sind; zum Widerruf vgl § 665 Anm 2 aE. Pfl der Bank zur sorgfält Prüfg der Echth vorgelegter Schecks, Karlsr WPM **75**, 460. ScheckinkassoAuftr, BGH **26**, 1. Üblicherw wird das Konto des AGebers in Höhe des Scheckbetrages Ev (Eing vorbeh) erkannt. Diese Gutschrift ist Vorschuß, daher durch eine Rückbelastg stornierb, wenn Scheck nicht eingelöst w. Über einen steckengebliebenen EinziehgsAuftr BGH **26**, 1. – Über Haftg wg verzögerl Behandlg des A BGH **22**, 204. – Wird ein Scheck seitens der anderen als der bezogenen Filiale hereingenommen, ist er nicht zur Einzlg, der Bank MDR **51**, 347, Celle BB **55**, 1112. Sichert die Bank einem ScheckInh, der nicht ihr Kunde ist, Einlösg aus Eingängen auf dem Konto des Ausstellers ihres Kunden zu, so kann darin der Abschl eines GeschBesVertr liegen, Mü BB **53**, 902. Zahlt die Inkassobank den ScheckBetr aus, so regelt sich, falls der Scheck nicht gedeckt ist, ihr ErstattgsAnspr gg den Aussteller auch dann nach § 670, nicht des Einreicher nicht ihr Kunde ist (Ffm WPM **78**, 1025). Scheckkarte u Scheckgarantie vgl Einf 3c vor § 765. – **Wechseleinlösg**, sow dch Guthaben od Kredit des Kunden gedeckt. Grdsätzl keine Pfl der diskontierden Bank, den Diskontnehmer über die VermVerh der übr WechselBeteil aufzuklären. Erweckt jedoch inf unübl Vereinbgen mit dem Akzeptanten die Bank dch die Ann des Wechsels zu Diskont den Anschein, der Akzeptant sei kreditwürd u weiß sie, daß er den Wechsel nicht w einlösen können, so muß sie gem § 242 entw die Diskontierg ablehnen od den Diskontnehmer auf die Sachlage u seine RückZahlgsPfl beim Rückgr hinweisen (BGH WPM **77**, 638).

c) Im Besonderen: Baubetreuungs-, Bauträgervertrag. Lit: Locher, BaubetreuungsR unter Einschluß des R der Bauträgersch, 1973; Reithmann-Brych-Manhart, Der Kauf vom Bauträger, 2. Aufl 1977; Brych, Der Erwerb von Wohnraum u die Gewl NJW **73**, 1583; ders, Vertr mit Bauträgern, NJW **74**, 1973; Koeble, Die RNatur der Vertr mit Bauträgern, NJW **74**, 721; Pfeiffer, VertretgsProbleme bei Vertr mit Bauträgern, NJW **74**, 1449. Dch ihn überträgt der Bauinteressent einem sachkund Baubetreuer die planerische, meist organisator, wirtsch u finanzielle Gestaltg, Dchführg, Beaufsichtigg (BGH **70**, 187) u Abrechng des Baugeschehens (vgl Locher NJW **67**, 326). Der Vertr kann im EinzFall wg Verstoßes gg das RBerG nichtig sein (BGH **70**, 12). Sow sich der BauBetr eines Arch bedient, ist dieser sein ErfGeh (BGH WPM **78**, 239). Der Betreuer errichtet auf Rechng des Bauherrn nach gebilligten Plänen den Bau, rechnet mit ihm ab u erhält seine Vergütg. Vielf verpfl er sich auch zur schlüsselfert Übergabe gg FestPr od er garantiert einen solchen; BewLast hierfür beim Bauherrn (BGH WPM **69**, 1139). Er h vielf, aber nicht notw Vollm des Bauherrn u tritt in seinem Namen auf u handelt im Namen für fremde Rechng. Wirtschaftl HinterGrd für den Abschl sind vielf steuerl Überleggen. Daraus kann sich eine Kollision zw dem Interesse des AuftrG auf Ausk u dem des Betreuers auf Geheimhaltg seiner Gewinnspanne ergeben. Vorrang verdient der Schutz des AuftrG, Hepp NJW **71**, 11. Die vertragl Ausgestaltg ist im einz sehr vielgestalt, die rechtl Einordng ist derart Verträge ist schwier u im Einzelfall oft zweifelh. Für die zivilrechtl Einordng kommt es nicht auf die Bezeichng des Vertr im EinzFall, nicht entsch auf steuerrechtl Überleggen an. So kann das Auftreten des

Bauträgers ggü dem BauUntern als Vertr, insb bei einer Vielzahl noch unbekannter Bauherren (WohngsEigtümer), die zudem noch nichtEigtümer des BauGrdst sind, in erster Linie steuerrechtl Grde h. Da die SteuerVort nur erreicht w können, wenn der AuftrG wirkl Bauherr ist, ist die dem Baubetreuer erteilte Vollm z Vergabe v AusfArb auch zivrechtl wirks (BGH **67**, 345; aA Pfeiffer NJW **74**, 1449); eine FestPrVereinbg steht solcher VollmErteilg nicht entgg, wenn sie als PrGarantie des Inhalts aufgefaßt w kann, daß der Baubetreuer den AuftrG v weitergehen HandwFdgen freizustellen h (BGH aaO). Die maßg Gesichtspkte für die zivrechtl Abgrenzg sind in erster Linie, in wessen Rechng u auf wessen Risiko das BauWk errichtet w, ferner in wessen Eigt das zu bebaude Grdst steht u schließl, ob auch eine Herstellgs- od ledigl eine ÜbereignungsPfl besteht. **aa)** Beim **BauBetrVertr im engeren Sinn** verpfl sich der Beauftr, auf einem Grdst des Bauherrrn für dessen Rechng ein Bauwerk zu errichten. Es handelt sich um GeschBesVertr entweder mit WkVertrCharakter (BGH WPM **69**, 1139), wenn er verantwortl Plang u Abwicklg des ganzen Baus, also ein best Erfolg geschuldet w, od mit DienstVertrCharakter, wenn ledigl organisator u wirtsch Betreuung ohne Plang u techn Leitg geschuldet w (Hamm NJW **69**, 1438). Ob doch Verträge mit Dr, die der Betreuer zur Errichtg des Baus abschl, er selbst od der Bauherr verpfl w, hängt davon ab, ob er Vollm h u in eig od fremdem Namen abschl; dafür sind mangels ausdr Erkl die Umst maßg (Düss Betr **78**, 583). Ebso ist es AusleggsFrage, ob die erteilte Vollm zur Beschaffg der Finanzierg für die Bestellg eines GrdPfdR ausreicht (BGH WPM **77**, 78) u ob sie den in Vorlage gegangenen Baubetreuer ermächtigt, für sich selbst eine GrdSch zu bestellen (BGH Betr **77**, 398). Verpfl sich in diesem Fall (Grdst gehört dem AuftrG) der Baubetreuer zur Errichtg des BauWk (selbst od doch Dr) zu einem FestPr, in dem seine Vergütg enth ist, so handelt es sich um Wk- od WkLiefergsVertr über unvertretb Sache, nicht um GeschBesVertr (BGH NJW **75**, 869). Anspr auf BauwerksicherungsHyp vgl § 648 Anm 2a. Errichtet der BauBetr eine WohnAnl auf einem Grdst, das im MitEigt künft WohngsEigtümer steht, so kann jeder einz Bauherr Abrechng der ihn treffden anteil Baukosten u der von ihm erbrachten Leistgen u Auszahlg seines sich daraus ergebden Guth verlangen (BGH WPM **78**, 758, AusleggsFrage). **bb)** Beim **BauBetrVertr im weiteren Sinn (Träger-Bau-Vertr)** steht das Grdst im Unterschied zu aa im Eigt des Bauträgers. Es ist zu unterscheiden: Baut der Beauftr (Bauträger) auf seinem Grdst für Rechng des Bauherrn u verpfl sich zur Übereign, so handelt es sich um GeschBesVertr eig Art (BGH Betr **68**, 305), vorwiegd mit WkVertrCharakter; im einzelnen str, vgl Locher aaO, Brych aaO. Die Verpfl zur Übereign folgt nicht aus § 667, sond bedarf der Form des § 313 (BGH WPM **69**, 917, LM § 313 Nr 48, Mattern WPM **72**, 671). Errichtet dagg – in der Praxis häufiger, sog Kaufeigenheim – der Bauträger auf seinem Grdst den Bau für eigene Rechng (Vorratsbau), so handelt es sich bei der Weiterveräußerg, wenn das BauWk noch nicht errichtet ist, je nach Fallgestaltg um Wk- od WkLiefergsVertr über eine unvertretb Sache (ähnl NJW **73**, 1235), wenn das BauWk schon errichtet (BGH LM § 313 Nr 24) u ein FestPr vereinb ist (Hamm NJW **69**, 1438) um einen KaufVertr. Besorgt der Bauträger zusätzl gg gesonderte Vergütg die ZwFinanzierg, so besteht insofern zusätzl ein GeschBesVertr (BGH NJW **78**, 39). Auch der Vorvertrag **(Kaufanwärtervertrag)** bedarf der Form des § 313, gleichgült ob der HauptVertr als Kauf- od WerkLiefergsVertr über eine nicht vertretb Sache ausgestaltet w (BGH JZ **71**, 556). Im ZwStadium der Nutzg bis zur EigtÜbertr ist iF ursprüngl vorhand Mängel § 538 entspr anwendb (BGH NJW **71**, 1450). Zum BewerberVertr vgl eingeh Mattern WPM **72**, 670. **cc)** Beim **BauBetrVertr im weiteren Sinn (Betreuer-Bauherrn-Vertrag)** steht das Grdst im Unterschied zu aa u bb im Eigt eines Dr. Es ist ebenf zu unterscheiden: Verpfl sich der Betreuer, für Rechng des Bauherrn auf einem von dritter Seite erst zu erwerbden, möglicherw erst zu erschließden Grdste ein Haus zu errichten, so handelt es sich um GeschBesVertr (BGH WPM **69**, 96) mit WkVertrCharakter. Für Vertretg gelten die Ausführgen oben aa. Falls der Beauftr das Grdst in verdeckter Stellvertretg (Treuhand) selbst erwirbt, folgt die Pfl zur Auflassg aus § 667 (BGH LM § 313 Nr 40). Da aber der GeschBesVertr (konkludent) zwar vom AuftrGeber regelmäß bereits eine (bedgte) ErwerbsPfl begründet, weil die GeschäftsFreih des AuftrGebers über Erwerb od Nichterwerb des Grdst prakt aufgeh ist, bedarf der Vertr desh der Form des § 313 (dort Anm 5 a, b). Der Betreuer ist dem AuftrG zur Rechnsglegg verpfl, wenn das BauVorh im wesentl abgeschlossen u er dazu in der Lage ist (BGH LM § 666 Nr 8). Verzögert sich die Endabrechng u der bereits gezahlte Preis bereits bezahlt, so schuldet der Baubetreuer uU die Auflassg aus § 242 schon gg SicherhLeistg (BGH WPM **68**, 1012 u 1014). Erschließt u/od bebaut der Bauträger das im Eigt eines Dr stehde Grdst auf eigene Rechng, so gelten die Ausf oben bb. Auch Hamm NJW **69**, 1438 nimmt bei Vereinbg eines FestPr KaufVertr an. **dd)** Der **Träger-Siedler-Vertrag** ist GeschBesVertr eig Art mit überwiegd WkVertrCharakter (BGH Rspr Bau **Z** 7.21 Bl 2) unter Zugrundelegg öffrechtl KleinsiedlgsBestimmgen; die Begründg der Kaufanwartsch des Siedlers, das ist die Pfl des Siedlgsträgers zum Abschl eines KaufVertr, bedarf als VorVertr grdsätzl der Form des § 313 (BGH **16**, 334 u **20**, 172). **ee)** Grdsätzl besteht **kein KoppelgsVerbot** zw der Verpfl zum GrdstErwerb u derjen zur InAnsprNahme eines best Baubetreuers, vgl § 631 Anm 1 b. **ff)** Berufspflichten für Bauträger u Baubetreuer zum Schutze ihrer VertrPartner vgl Einf 1 vor § 652 aE. **gg)** Gewährleistg vgl § 633 Anm 1.

4) Entsprechende Anwendung von Auftragsvorschriften.
a) Für die **Vergütung** des GeschBesorgers gelten, da der Auftr unentgeltl ist, primär die getroffenen Vereinbgen, sonst entw §§ 612 od 632, für spez geregelte GeschBesVerh (vgl Einf 2c vor § 662) dort enthaltene SpezRegeln. Die BewLast für die Unentgeltlk trägt der dienstberecht GeschHerr, wenn nach den Umst des Falles die DLeistg nur gg Entgelt zu erwarten ist (BGH MDR **75**, 739).
b) Im übrigen gelten primär etwa getroffene vertragl EinzVereinbgen, sekundär SpezVorschr für bes geregelte GeschBesVerh (vgl vorsteh a), sonst der größte Teil des AuftrR, das insow den Bestimmgen über D- od WkVertr vorgeht; diese gelten, sow das AuftrR keine Regel enthält. Zur Anwendbark des in § 675 nicht genannten § 664 vgl dort Anm 4. § 670 gilt nur, sow AufwErs nicht schon in der Vergütg enthalten ist.
c) Im Konkurs w der GeschBesVertr dem A gleich behandelt, §§ 23 II, 27 KO.
d) Nicht anwendbar ist § 671 (Widerruf u Kündigg jederzeit) mit der für seinen Abs II in § 675 gemachten Ausn. Für die Kündigg gelten die einschläg Bestimmgen des D- bzw WkVertr.

676 Keine Haftung für Rat oder Empfehlung. Wer einem anderen einen Rat oder eine Empfehlung erteilt, ist, unbeschadet der sich aus einem Vertragsverhältnis oder einer unerlaubten Handlung ergebenden Verantwortlichkeit, zum Ersatze des aus der Befolgung des Rates oder der Empfehlung entstehenden Schadens nicht verpflichtet.

Lit: Musielak, Haftg für Rat, Ausk u Gutachten, 1974.

1) Regel: Keine Haftung. Die Vorschr stellt klar, daß die Erteilg von Rat od Empfehlg, wozu als Minderes auch die Erteilg einer Auskunft zu zählen ist, RG **148**, 286 [293], von den – allerdings erhebl – Ausn (Anm 2–6) abgesehen, keine Haftg erzeugt, also reine gesellschaftl Gefälligk ohne RBindg darstellt, Einl 2 vor § 241. Die Erteilg einer Ausk ist weder WillErkl noch RGesch, RG **157**, 228 [233]. Die Raterteilg ist also insb nicht ow ein „Geschäft", das der Erteilde für den Empf als den AGeber besorgt (§ 662), wie auch umgekehrt dem Empf dch den Rat nicht etwa ein „Auftrag" zur Ausf des Rates erteilt w, da die Ausf ausschl eine eig Angelegenh des Beauftr betrifft; vgl Ffm NJW **65**, 1334 (Winkzeichen im Kfz-Verk, daß weitergefahren w kann). – Ebsowen wie aus der Raterteilg selbst gehaftet w, besteht ow eine Verpfl, nach Erteilg des Rats Änderung der Sachlage mitzuteilen; uU jedoch Haftg aus § 826, unten Anm 6; and jedoch in den Fällen Anm 3, 4; vgl Anm 3c. – Zur Rspr des BGH auch Pikard WPM **66**, 698.

2) Ausnahme: Haftung kann sich ergeben: aus speziellem Rat- od AuskErteilgsVertr (Anm 3), aus einem and Vertr (Anm 4), aus vertragsähnl Verh (Anm 5), aus unerl Hdlg (Anm 6) od sonst aus dem G, so § 1689 (Beistandsch), § 1910 (GebrechlichkPflegsch). Eine Pfl zum Ers der aus der Befolgg eines Rats entstehdn Schad kann sich aus einem unmittelb auf solchen Ers gerichteten GewährVertr, Einf 3c vor § 765, ergeben. Zu ersetzen ist der Schad, der dch die Befolgg des unricht od unvollständ Rates bzw der Ausk adäquat verurs worden ist; näher vgl Anm 3. Dort auch zu § 254. Bei Fehlern von Geh ist entw § 278 od § 831 anwendb.

3) Spezieller Rat- od Auskunftserteilungsvertrag.
a) Rechtsnatur, Inhalt. Der Vertr ist gerichtet auf Beratg od AuskErteilg als HauptLeistg. IF der Unentgeltlichk handelt es sich um A, bei Entgeltlichk um DVertr, meist mit GeschBesCharakter, wenn die BeratgsTätigk als solche geschuldet w, um WkVertr, wenn eine einz Erteilg von Rat od Ausk VertrGgst ist. Rat u Ausk sind gewissenh u vollst zu erteilen. Jedoch begründet der AuskVertr allein nicht ow Ermittlgs- u BeratgsPfl, BGH WPM **64**, 118. Fehlen hinreiche ErkenntnQuellen, so muß das bei der Erteilg gesagt w, BGH WPM **62**, 932. Ist der Beratede für die Erteilg der Ausk auf Information dch Dr angewiesen, so ist für seine NachforschgsPfl über die Verläßlichk dieser Information darauf abzustellen, wieweit im konkr Fall das schutzwürd Vertrauen des Beratenen auf die Richtigk der Information reicht u welche Nachforschgen er daher redlicherw von dem Berater verlangen kann, BGH Betr **74**, 2392.

b) Konkludenter Abschluß ist mögl, auch ohne daß sonst vertragl Beziehgn zw den Parteien bestehen (unten Anm 4), BGH WPM **65**, 287. Jedoch ist aus der Tats der RatErteilg allein ein solcher geschäftl Wille, wie die Regel des § 676 ergibt, noch nicht ow zu entnehmen. Vereinbg einer Vergütg für die Ausk dürfte idR Indiz für rgeschäftl Willen sein. Daß die Ausk „aus Gefälligk" unentgeltl erbeten u gegeben w, steht, wenn die folgdn Voraussetzg erf sind, der Anm rgeschl BindgsWill nicht ow entgg, BGH WPM **74**, 685. Konkludenter VertrAbschl ist anzunehmen (BGH Warn **75**, 238), wenn die Ausk für den Empf erkennb von erhebl Bedeutg ist u er sie zur Grdlage wesentl Entschlüsse machen will, insb, wenn AuskGeber für die Erteilg der Ausk bes sachkund od selbst wirtsch interessiert ist. Weiter, insb auf and Pers mit den Empf, kann die Ann eines konkludenten VertrAbschl grdsätzl nicht ausgedehnt w, BGH **12**, 105 u WPM **58**, 1080. Ausnahmsw kommt vertragl Haftg ggü dem auf die Ausk Vertrauenden dann in Betr, wenn sie einem and erteilt aber für jenen bestimmt war u der AuskGeber pos gewußt h, daß sie für weitere Kreise in der oben genannten Weise bedeuts u uU als Grdl entscheidder VermDispositionen dienen werde (BGH BB **76**, 855; Ausk v Bank zu Bank, die die EmpfBank an einen Kunden weitergibt). Fehlen diese Voraussetzgen u kann auch nicht von einer Ausk „an alle, die es angeht" gesprochen w, so scheidet Vertr- od vertragsähnl Haftg aus, BGH NJW **73**, 321 (keine Haftg eines WirtschPrüfers für JahresAbschl eines Kaufm ggü dessen Kreditgebern. Zusfassd über die Haftg der Bank für unricht KreditAusk, Musielak VersR **77**, 973. Daher regelm keine vertragl Beziehgn zw dem Gutachter einer ProzPart u deren Gegner, BGH WPM **62**, 933. Angaben in Prospekten über VermAnl können als Ausk an alle, die es angeht, angesehen w, Wunderlich MDR **75**, 102. Der Ann eines konkludenten AuskVertr mit einer Bank steht unter ob Voraussetzgn nicht entgg, daß die Ausk einem Nichtkundigen erteilt w. Die Bank kann sich auf fehlde Zustdk ihres Angest nicht berufen, wenn er mit ihrem Wissen Tätigken ausübt, die die Erteilg von Ausk umfassen, BGH WPM **73**, 635. Vorstehde Grds gelten auch für die SelbstAusk, Mü Betr **74**, 866. Bestehen zw den Beteil bereits anderwit vorvertragl Beziehgn, so tritt der AuskVertr als AnsprGrdlage neben eine mögl Haftg aus c.i.c. (BGH Betr **74**, 2392).

c) Haftung. Verurs ist der Schad, der dch die Befolgg der unricht od unvollständ Ausk usw entstanden ist. Für Versch gilt § 276. Haftg für Dr nach § 278. Dabei genügt Kenntn der Unrichtigk der Ausk, der Vors braucht sich nicht auf die Schädigg zu erstrecken, BGH WPM **70**, 633; vgl dagg Anm 6. Der Empf der Ausk ist so zu stellen, als ob er keine od eine richt Ausk erhalten hätte, BGH Betr **66**, 2021 (zu § 826). H der AuskGeber die Ausk schuldh wahrheitswidr erteilt, trägt er das Risiko der Unaufklärbark, wenn sich nicht mehr feststellen läßt, ob der Empf auf wahrheitsgem Ausk v Vertr Abstand gen hätte (BGH WPM **77**, 756). Die Haftg kann bis zur Grenze des Vors, § 276 II, beschr od ausgeschl w; „ohne obligo", „ohne Verbindlichk" kann solchen Ausschl bedeuten. Ist die Freizeichng in AGB enthalten, so gelten im Rahmen seines AnwendgsBereichs das AGBG (vgl dort Einf 3d vor § 1), insb § 11 Nr 7, außerh seines AnwendgsBereichs die Grds der Rspr über die Inhaltskontrolle, vgl 35. Aufl Einf 6 vor § 145. Banken können sich auf die Freizeichng in Ziff 10 AGB auch dann berufen, wenn sie bei Erteilg der Ausk eig wirtsch Interessen verfolgen, BGH **13**, 198, BGH BB **70**, 984 (FreizeichnsKlausel auch ggü Nichtkunden gilt, wenn außerh der AGB ausdrückl wiederholt). Einer FreizeichngsKlausel kann im EinzFall die Einr des RMißbr entggstehen (BGH WPM **71**, 206), zB bei vorsätzl falsch erteilter Ausk im wirtsch Interesse der Bank, BGH

WPM **74**, 272. Die Freizeichng ist unwirks, falls verfassgsm Organ od leitder Angest od ein Angest, dessen Handeln aGrd seiner Stellg in dem Untern dem eines ges Vertr gleichsteht (BGH WPM **74**, 685) vorsätzl od grob fahrl handelt, BGH WPM **73**, 164. Zusfassd zur HaftgsBeschrkg dch AGB, Dirichs WPM **78**, 626. Bei der AuskErteilg können vertragl SchutzWirkgen für Dr (vgl § 328 Anm 3a hh) bestehen (Musielak VersR **77**, 973). War der Rat bei Erteilg unricht, so besteht **Verpflichtg zur Richtigstellg**, sobald die Unrichtigk erkannt w, BGH WPM **62**, 932. W die Ausk nach Erteilg wg Veränderg der Umst unricht, so besteht nur ausnahmsw unter ganz bes Umst eine BenachrichtiggsPfl, BGH **61**, 176. – Für **Mitverschulden** des Anfragden an der falschen Ausk od ihrer unterbliebenen Berichtigg, wenn Anlaß zur Rückfr bestand, gilt § 254. Kein Versch, wenn – auch inf mangelnder Sorgf – auf Ausk vertraut w, BGH WPM **65**, 287.

d) Beispiele. Vorstehe Grds sind nicht beschr auf best Berufe, BGH WPM **64**, 118. Erkl des RA über Kreditwürdigk seines Mandanten ggü dessen Gl sind Ausk nur, wenn ausnahmsw konkr festgestellte Umst für VerpflWillen des RA sprechen (BGH NJW **72**, 678 u WPM **78**, 576); PatentAnw; Arzt im Verh zur LebensVers, Karlsr VersR **72**, 203; AuskBüro im Verh zum Anfragden (WkVertr); Aussteller einer Urk; Bei Anfrage, ob die Urk in Ordng sei, braucht er nicht, antwortet er aber, so h er die Pfl zur Gewissenhaftigk, RG **101**, 297 [301] (hierzu auch Anm 6); WirtschTrHänder, BGH **7**, 371; Steuerberater (stillschw BeratgsVertr über Erwerb von WertP), BGH WPM **60**, 1353; ggü VerhPartner des Mandanten, wenn zur Ausk über Kreditwürdigk zugezogen, BGH NJW **62**, 1500; bei Beratg über Fragen nach EStG, BGH WPM **62**, 932; beratder Volkswirt, BGH WPM **65**, 287 (unricht Status); Reisebüro, LG Köln NJW **59**, 818 (Ausk an Kunden über PaßVorschr); Bank (auch Anm 4, 5). Herausgeber eines period erscheinden Börsendienstes mit AnlageEmpfehlg im Verh zum Abonnenten, BGH **70**, 356. Über Schiedsrichter u Schiedsgutachter § 675 Anm 3a. - **Keine Haftung** der Vers außerh des VersVerh für Ausk eines VersAgenten an Dr, der weder versichert ist, noch sich versichern will, BGH NJW **68**, 299. Notar vgl § 839 Anm 15.

4) Die Beratgs-, AuskPfl kann Nebenverpflichtung im Rahmen eines anderen Vertrages sein. Ebso kann sich aus solchem Vertr, wenn die Beratg nebenher freiw übernommen w, die Pfl zur Gewissenhaftigk bei der Beratg ergeben. Die Haftg richtet sich hier in erster Linie nach dem Vertr, im übr gilt das in Anm 3 Gesagte. **Beispiele**: RA als ProzBevollm; Beratg dch Verk unabhäng von der Zusicherg von Eigensch, BGH Betr **71**, 38; dch Arch od sachkund Untern beim WkVertr, vgl § 631 Anm 2b; dch Makler, vgl § 654 Anm 2; der Bank als NebenVerpfl, insb beim WertPGesch (Kauf od Kommission), bei der Empfehlg, einem ihrer Kunden Kredit zu gewähren, BGH **13**, 198; Autohändler bei unricht Ausk über die wirtsch Verh des Kunden ggü der kreditierden Bank (Bambg OLGZ **76**, 447); bei der unricht Ausk, ein Scheck gehe in Ordng, BGH **49**, 167; Pfl zur Mitteilg von Bedenken, insb bei AnlBeratg, BGH NJW **73**, 456; vgl auch § 665 Anm 4 u § 675 Anm 3 b.

5) Auch wenn ein VertrVerh auf od mit Rat- od AuskErteilg (Anm 3, 4) nicht, auch nicht stillschw abgeschl anzunehmen ist, besteht, falls Rat, insb Ausk gegeben w, eine Verpfl zu gewissenh Erteilg dann, wenn zw Erteildem u Empf eine **dauernde**, od doch auf die Dauer angelegte **Geschäftsverbindung** besteht, aus der sich ein **Vertrauensverhältnis** ergibt, BGH BB **56**, 770, WPM **70**, 632 (BankAusk an einen Kund über einen Dr), BGH WPM **69**, 247 (Ausk unter Lieferanten über Kunden), Stgt WPM **69**, 278 (Scheck-Ausk unter Banken). Die AuskErteilg muß jedoch in einem inneren Zushang zu der GeschVerbindg stehen. Die Bedeutg der Ausk kann mehr in dem liegen, was sie nicht sagt; jedoch darf kein täuschdes Bild entstehen, RG **139**, 103 [106]. Ist der, über den die Ausk eingeholt w, selbst Kunde der Bank, so bedarf die Bank zur AuskErteilg seiner Einwilligg, sonst Verletzg des BankGeheimn, BGH **27**, 241. Auch Kollision eig Interessen mit denen des Anfragden entbindet die Bank nicht von der Pfl zur wahrheitsgem Ausk, RG **139**, 103 [106]. Daß bei der Ausk an Nichtkunden die Bank grdsätzl nur nach Anm 6 haftet – so Gaede NJW **72**, 926 –, trifft wie sonst zu, wenn weder ein konkludenter AuskVertr noch dauernde GeschVerbindg zu bejahen ist.

6) Sind die Voraussetzgen der Anm 3–5 nicht gegeben, so haftet Ratgeber nur, wenn eine **unerlaubte Hdlg** vorliegt, insb § 826, BGH WPM **57**, 545, vor allem bei wissentl falscher Rat- od AuskErteilg, BGH Betr **66**, 2020, § 823 II iVm StGB § 263, BörsenG § 95; zum Vors vgl § 826 Anm 3a; aber auch bei nicht wissentl falscher, aber leichtfert Raterteilg, BGH WPM **62**, 935 (§ 826 Anm 8c), auch Nichtbeantwortg der Anfrage, ob Unterschr des Namensträgers gefälscht ist (§ 826 Anm 8t). Haftg aus § 839 (vgl dort Anm 4g), wenn die unricht Ausk in Ausübg hoheitl Gewalt erteilt w ist. Für Angest Haftg nach § 831. Jur Personen haften für Vertreter nach § 31; ebso handelsrechtl PersGesellsch, BGH WPM **74**, 153.

Elfter Titel. Geschäftsführung ohne Auftrag

677 *Pflichten des Geschäftsführers.* **Wer ein Geschäft für einen anderen besorgt, ohne von ihm beauftragt oder ihm gegenüber sonst dazu berechtigt zu sein, hat das Geschäft so zu führen, wie das Interesse des Geschäftsherrn mit Rücksicht auf dessen wirklichen oder mutmaßlichen Willen es erfordert.**

Literatur: Wollschläger, Die GeschFg ohne Auftr, Theorie u Rspr, NJW **77**, 1187 (Fremdh eines Gesch zu best nach der normativ zu bestimmden Zustdgk, nicht nach GeschFgsWille. Dafür 2 EinordngsMöglkten: „VertretgsVerh" (treuhänder verwaltdes Handeln) u „TätigkVerh" (einem Dienst od ArbVerh vergleichb).

1) Allgemeines.
a) Begriff: GeschFg oA liegt vor, wenn jemand ein „Geschäft für einen anderen besorgt" (Anm 2), ohne von ihm beauftragt od ihm ggü sonstwie dazu berecht zu sein (Anm 3). Die Bezeichng GeschFg „oA" ist daher ungenau, Anm 3.

b) Die GeschBesorgg erzeugt ein **GefälligkSchuldverhältn** (Einf 2a vor § 662) unter den Beteiligten (das hier nicht auf Vertr beruht, c). Hdlgen allein der Kameradsch od des gesellschaftl Lebens schaffen jedoch noch nicht das SchuldVerh der GeschFg oA, Einl 2 vor § 241, § 676 Anm 1; vgl auch § 685.

c) EntstehgsGrd des SchuldVerh der GeschFg oA ist die bloße **Tatsache** der Führg fremder Geschäfte ohne Auftr. Aus ihr, dem bloßen Zustande der GeschFührg, Einf 6 vor § 305, ergeben sich die Folgen der §§ 677 ff, gleichgültig, ob der Wille des GeschF, Anm 2b, auf ihre Herbeiführg gerichtet war. Dieser Wille ist also **kein rechtsgeschäftl**, wird aber als geschäftsähnl angesehen; Übbl 1d v or § 104, § 682.

d) Die ungebetene Wahrnehmg fremder Interessen erfordert eine Regelg nach zwei Richtgen: Als Äußerg des GemeinschSinnes nötigt sie zu einer Sicherg des GeschF: geschehen durch die §§ 683–686, insb durch die Verpflichtg des GeschHerrn zum **Aufwendgsersatz**. Dagg wird der GeschHerr vor unerwünschten Eingriffen, soweit sie aufdringl od gar eigennützig sind, durch die §§ 677, 678–681 geschützt, die den GeschF in solchen Fällen zum **SchadErs** verpflichten.

e) In einer Anzahl von Fällen erklärt das G die §§ 677 ff für entspr anwendb, so in den §§ 450, 547, 601, 994, 1007, 1049, 1216, 1959, 1978, 1991, 2125. Dadurch wird der Streit vermieden, ob die fragl Hdlg schon an sich als – wenn auch nur eventuelle – GeschBesorgg für einen andern anzusehen wäre.

f) Soweit das Gesetz Sonderfälle regelt, sind Anspr aus GoA ausgeschl. Sonderregelg: §§ 965 ff über das Finden verlorener Sachen, StrandO v 17. 5. 74 über Bergg u Hilfeleistg, § 89 ZPO über GeschFg im Prozeß; Anspr der Träger der Sozialhilfe gg UnterhPflichtige auf Ersatz von Aufwendgen nach §§ 90, 91 BSHG (zur früh geltenden FürsPflVO BGH **33**, 243); Einf 1e vor § 812. §§ 740 ff HGB schließen AufwErsAnspr des Lebensretters aus Seenot nicht aus (Hbg MDR **75**, 316).

g) Für **öffentlrechtl GoA** sind 3 Fälle denkb, näml GeschFührg eines Trägers öff Gewalt für einen and, nicht ausgeschl dadch, daß eine gesetzl Regelg die and Beh od Körpersch ausschl zust ist (OVG Münst NJW **76**, 1956), ferner eines Privaten für den Träger öff Gewalt (zB Plang u Ausf von ErschließgsAnl, VGH Mannh NJW **77**, 1843) u schließl umgekehrt (Freund JZ **75**, 513).

Voraussetzungen der Geschäftsführung oA: Anm 2, 3: (zusfassd Berg JuS **75**, 681).

2) Geschäftsbesorgg für einen anderen.

a) Der Kreis der „**Geschäfte**" ist weit zu ziehen, ebso wie zu § 662, dort Anm 3, anders als in § 675. Er umfaßt insb auch rein tatsächl Hdlgen, BGH **38**, 275, **43**, 188 (Anhalten eines Kfz, um auf dessen verkehrsgefährl Zustand aufmerks zu machen), BGH NJW **66**, 1360 (Abwehr rechtswidr Einwirkg – Störg – auf fremdes Eigentum), BGH GRUR **70**, 189 (vorprozessuale Abmahng eines WettbewVerstoßes dch einen Verein zur Bekämpfg unlauteren Wettbew). Auch der Arzt, der „an" einen bewußtlosen Kranken leistet, dh an ihm eine Behandlg vornimmt, besorgt dessen Gesch, desgl der, der einen Verletzten aufsucht, um ihn in ärztl Behandlg zu bringen, BGH **33**, 251. Keine „Tätigk", also keine GeschBesorgg, ist das bloße Geben, daher hat der Apotheker, der bei Unfall sich darauf beschränkt, Verbandsmittel und Arznei zur Vfg zu stellen, keine Anspr aus GeschFg oA, sond nur aus ungerechtf Bereicherg, RGRK vor § 677 Anm 3. Um GoA handelt es sich auch, wenn der GeschF in Erf seiner öffrechtl Verpfl handelt, falls er damit zugl ein Gesch des GeschHerrn auf der Ebene des PrivatR mitbesorgt, BGH **63**, 167 (Feuerwehr birgt umgestürzten Öltankwagen), BGH NJW **76**, 748 (Wasserpolizei birgt verlorengegangenes Schiffsgerät). So beim Arzt, der mit der Behandlg des Kranken auch ein Gesch des Trägers der Sozialhilfe führt, RG **150**, 82, od bei der Betreuung einer verletzten Pers, die gg Krankh pflichtversichert ist, BGH **33**, 251. Der ord RWeg ist auch hier für das angefürten PrivPers gegeben, BGH aaO. Auch wenn eine Pers des öff Rechts für eine and PrivPers tät w (Feuerwehr löscht Brand), liegt GoA vor, BGH **40**, 28; ebso kann es bei entspr WillRichtg vorliegen, wenn ein Polizist einen Selbstmörder retten will, JuS **70**, 561. Desgl, wenn Versicherg- od Versorggsträger, UnterhBerecht eines vermeintl Verschollenen Leistgen gewährt, BGH NJW **63**, 2315; über RückzahlgsAnspr gg den UnterhPflichtigen § 683 Anm 4. Ferner, wenn eine Pers des öff R für eine and Pers des öff Rechts handelt, falls nicht etwa eine gesetzl Regelg dem entggsteht, RG **159**, 141; hier kann jedoch der ord RWeg im Hinblick auf die öffrechtl Natur beider Teile verschlossen sein, BSozG NJW **58**, 886. Der GeschF braucht nicht in eig Pers tät zu w, er kann sich seiner Leute od sonst Dr bedienen (BGH **67**, 368). Keine GoA (ZivRWeg unzuläss), wenn eine Beh im Wege öffrechtl ErsVorn eine Maßn trifft, BGH NJW **75**, 47.

b) Die Besorgg muß **für einen anderen**, also **in dessen Interesse** (für dessen Rechng) erfolgen, § 662 Anm 3. Das ausgeführte Gesch muß zum RKreis des and gehören, eine bloß mittelb Beziehg dazu reicht nicht aus, BGH **54**, 157 (kein Anspr der Behörde, die Schäd inf eines Kfz-Unfalls – hier ausgelaufenes Öl beseitigt h, gg die HaftPflVers des Kfz-Halters), BGH **55**, 207 (Herbeiholg erster Hilfe für verl ArbKollegen ist kein Gesch der Berufsgenossensch), BGH **61**, 359 (Kein Anspr dessen, der gem § 123 III BBauG einer Gemeinde ggü die Erschließg von Baugelände übernommen h, gg Eigtümer eines zum ErschließgsGebiet gehör Grdst auf anteil Ers der ErschließgsKosten). Nöt ist das Bewußtsein, für einen and zu handeln u ein darauf gerichteter Wille, BGH LM Nr 2 u LM § 683 Nr 3; ein solcher ist anzunehmen bei Bezahlg fremder Schuld, BGH BB **69**, 194. Unbeachtl, daß der GeschF daneben auch eigene Belange, vielleicht sogar vornehml, wahrnimmt, BGH **40**, 30 (Anm v Rietschel LM § 683 Nr 15). Umstr ist, ob eine solche willentl Besorgg eines fremden Gesch anzunehmen ist, wenn Kraftfahrer seinen Wagen in einer obj Gefahrenlage (Ffm MDR **76**, 1021) zu Bruch fährt, um Verletzg eines VerkTeilnehmers zu verhüten. Hat dieser Fahrer den Entlastgsbeweis nach § 7 II StVG geführt, so w wird nach BGH **30**, 40, so w Wille u § 683 zu bejahen u ihm ein angemessener Aufwendgsersatz (hierü § 683 Anm 3) zuzubilligen sein; hierzu eingeh Canaris JZ **63**, 655 ff. – Als GeschHerren kommen bei derart VerkUnfällen, die ihre Kinder verursachen, je nach deren Alter auch die perssorgeberecht Eltern in Betr, Stielow NJW **57**, 489, Oldbg VRS **43**, 312. Über die BewLast BGH NJW **57**, 869.

Zu unterscheiden sind die gegenständl – **objektiv fremden** – Gesch, die schon ihrer Natur nach einen Eingriff in einen dem Eingreifenden fremden Interessenkreis darstellen, von den ihrer äußeren Natur nach **objektiv eigenen** (zB Erdarbeiten auf eig Grdst des GeschF) u den **neutralen**, zB Ankauf einer Sache.

Bei den objektiv fremden ergeben sich Bewußtsein u Abs der GeschFg im Interesse eines anderen im allg schon aus der Vornahme, es besteht eine tatsächl Vermutg dafür (BGH **40**, 28); Gleiches gilt für den Willen, ein fremdes Gesch mitzubesorgen, wenn es sich um ein auch fremdes Gesch handelt (BGH **65**, 354). Die beiden anderen (objektiv eigene u neutrale Gesch) erhalten ihren Fremdcharakter erst durch das Vorhandensein der **Geschäftsführgsabsicht – subjektiv fremde** Gesch, RG **130**, 311. Für das Vorliegen der Abs besteht bei ihnen keine tatsächl Vermutg, die Abs muß daher irgendwie äußerl hervortreten; fehlt es hieran, so entfällt GoA. Beweispflichtig GeschF, BGH **40**, 28. Nimmt GeschF neben eig privrechtl od öffrechtl Interessen erkennb auch fremde wahr, so ist damit der GeschFührerwille hinreichd bekundet, BGH **40**, 28 (Feuerwehr, die Waldbrand, ausgelöst durch Funkenflug vorbeifahrender Lokomotive, löscht), Düss VersR **73**, 64 (Feuerwehr birgt umgestürzten Tankwagen), BGH **65**, 354 (StrBauBeh läßt verkgefährdde Verschmutzg beseitigen, die v Bimsgrube herrührt).

Ist bei Führg eines objektiv fremden Gesch der GeschF sich ausnahmsw **nicht bewußt,** daß er das Gesch eines anderen führt, glaubt er also, ein eigenes zu führen, so liegt keine GoA vor, § 687 I; ist er sich der Fremdh zwar bewußt, hat er aber trotzdem nicht die Abs, ein fremdes Gesch zu führen, so liegt ebenf GoA nicht vor, der GeschHerr hat aber kr der Ausdehngsvorschr des § 687 II gleichwohl das Recht, die Anspr aus der GoA geltd zu machen. Umgekehrt wird ein objektiv eigenes, lediglich den GeschF angehendes Gesch, zB Einkassieren eigener Fdgen, lediglich durch die irrige Ann, es sei ein fremdes, u die Abs, es als fremdes zu führen, nicht zu einem subjektiv fremden.

Wer GeschHerr ist, braucht dem GeschF nicht bekannt zu sein, er kann handeln für den, den es obj angeht, wenn er nur fremde Gesch führen will; auch ein Irrt über die Pers des GeschHerrn berecht u verpflichtet (nur) den wirkl, § 686. Häufig w der GeschF die Gesch mehrerer Personen führen, so zB bei Unfällen des Verletzten, des für den Unfall Verantwortlichen, des dem Verletzten UnterhPflichtigen (Krankenhaus, Köln NJW **65**, 350), die Gesch von Krankenkassen, Träger der Sozialhilfe usw. Daher führt der Arzt, der eine bewußtlose Ehefr betreut, auch die Gesch des unterhaltpflichtigen Mannes u der Krankenkasse, BGH **33**, 251. Birgt der Kapitän eines Schiffs ein in Seenot befindl BesatzgsMitgl eines and Schiffs, so ist auch dessen Reeder, neben dem Geretteten, GeschHerr (BGH **67**, 368). Erschließg von Baugelände (§ 123 III BBauG) ist Aufg nur der Gemeinde, nicht auch der begünst Nachb, BGH **61**, 359.

c) Unerhebl ist, **in welchem Namen,** ob im eigenen od in dem des GeschHerrn, der GeschF das Gesch abgeschl hat. Auch das obj fremde Gesch wird nicht etwa durch Abschl im eig Namen zum eigenen, RG **138**, 49. – Bei Abschl im fremden Namen gelten für das Verh des GeschF zum Dr die §§ 177 ff. – Bei subj fremdem Gesch ist der Abschl in fremdem Namen eine Äußerg der GeschFgsAbsicht, doch kann diese auch beim Abschl im eig Namen erkennb w, zB durch Anzeige.

d) Die Ann, daß Führg eines fremden Gesch vorliegt, wird nicht dadurch ausgeschl, daß der GeschF durch die Führg **zugleich eigene Interessen wahrnimmt,** BGH NJW **63**, 2068, oben b. – Anders, soweit das Gesch nur im eig Interesse liegt, BGH aaO.

e) Die Ann einer GeschFg oA ist auch dadurch nicht ausgeschl, daß der GeschF **einem Dritten,** sei es priv- od öffrechtl, **LM** Nr 2, **zur Besorgg verpflichtet** ist od das jedenf annimmt. Er muß dann aber nicht nur in Erf dieser Pfl, sondern **auch** im Hinblick auf den GeschHerrn gehandelt haben, BGH **40**, 31 (Feuerwehr), BGH **65**, 384 (Bergg verloren gegangenen Geräts in WasserStr), § 670 Anm 3d, sonst keine GeschFdg. Lehre u Rspr (vgl Schubert NJW **78**, 687) verneinen teilw GoA in diesen Fällen der Verpfl zur Besorgg aGrd AmtsPfl od privrechtl ggü einem Dr. GoA auch für den vom Wirt zur Behandlg des bewußtlosen Gastes gerufenen Arzt, falls der Wirt nicht bloß eine unverbindl Aufforderg an den Arzt richtet, sond ihn, sei es im eig Namen, sei es als vollmachtloser Stellvertreter des Gastes (§ 179 I, aber auch dort II, 1) beauftragt hat. Was vorliegt, ist aus den Umst unter Abwägg der Interessen festzustellen (der den Arzt beauftragende Wirt hat außerdem Anspr aus GeschFg oA gg den Gast, oben b Abs 4). Das Gesagte gilt ferner für den unterhaltspfl Vater, der Aufwendgen für das Kind macht, neben dem ersatzpflichtigen Schädiger des Kindes, RG **82**, 214. Läßt sich die Ehefr ärztl behandeln, so w sie im Rahmen ihrer Schlüsselgewalt (§ 1357) tätig, HonorarAnspr des Arztes richtet sich daher allein gg den Ehem, BGH **47**, 75. Über vertragl Anspr der Ehefr u des ärztl behandelten Kindes aus Behandlgsschäden nach § 328 vgl dort.

3) Negativ setzen die §§ 677 ff voraus, daß der GeschF nicht vom GeschHerrn **beauftragt oder** ihm ggü **sonst,** zB kraft Dienst- od WkVertr, familienrechtl, Amts- od Organ-Stellg, zur GeschFg **berechtigt** ist. Das gilt auch dann, wenn der „GeschF" aGrd eines sog **faktischen VertrVerh** (hierü Übbl 1 e vor § 104) tätig w, da auch hier vertragl Beziehgen zw ihm u dem and Teil („GeschHerrn") begründet w; gg Dorn NJW **64**, 799, der insow Strukturgleichh zw einem solchen VertrVerh u GoA annimmt, mit Recht Erman NJW **65**, 421. – Die Berechtig einer Gemeinde zur Beseitigg umweltgefährdden Abfalls von einer gemeindl Müllkippe kann sich aus einem mit dem Benutzer bestehenden privrechtl BenutzgsVerh ergeben (BGH **63**, 119). – Nimmt der GeschF irrig eine auf vertragl Grdlage beruhende Berechtigg an, so ist sein Handeln GoA, da immerhin bewußte u beabsichtigte Führg fremder Gesch vorliegt, zB bei Nichtigk des zugrunde liegenden Auftrags, BGH BB **68**, 147. Glaubt er dagg irrig, dazu verpflichtet zu sein, so hat er in Erf dieser angebl eig Pfl gehandelt, nicht aber, um ein fremdes Gesch zu besorgen, so daß die §§ 677ff unanwendb sind, RGRK Anm 3; aA BGH **37**, 263. Über Handeln auch in der Erf einer Verpflichtg ggü einem Dritten oben Anm 2e.

4) Rechtsfolgen der GeschFg oA.

a) § 677 spricht **Folgen,** u zwar Verpflichtgen, aber nur **hinsichtl des GeschFührers,** nicht des GeschHerrn, aus. Nur Verpflichtgen des ersteren treten danach notwendig ein. Die GoA stellt also, ebso wie der Auftr, ein unvollk zweiseit Schuldverh dar, § 662 Anm 2, Einf 1 vor § 320. Mögl ist auch die Entstehg von Verpflichtgen des GeschHerrn, darüber §§ 683–685.

b) Die **Verpflichtgen des GeschFührers aus § 677** treten bei jeder GoA ein, gleichgültig, ob die Übern obj dem Interesse u dem Willen des GeschHerrn entspr. Inhalt u Umfang der Verpflichtg w aber durch die §§ 678–682, 686 beeinflußt.

Einzelne Schuldverhältnisse. 11. Titel: Geschäftsführung ohne Auftrag §§ 677–679

c) Inhalt der Pfl aus § 677 ist die GeschFg nach dem (objektiven) **Interesse** (§ 683 Anm 2) des Gesch-Herrn „mit Rücksicht" auf seinen wirkl od mutmaßl Willen (vgl zum Willen § 683 Anm 3); bei schuldh Verabsäumg (§§ 276, 278): Pfl zum SchadErs. Maßg ist danach in erster Linie das (objektive, RG **149**, 207) Interesse, nicht der Wille. Stehen beide im Widerspr, so hat der GeschF, wenn er sich im Interesse des GeschHerrn nicht der (weiteren) GeschFg enthalten darf (unten e), dem – wahren – Interesse, nicht dem Willen, zu folgen. – Herabsetzg des Maßes auch bei AusführgsVersch (nicht nur des ÜbernahmeVersch, unten d) bei dringender Gefahr durch § 680, völlige Nichtberücksichtigg des Willens auch bei der Ausführg im Falle des § 679. – Pflichtenspezialisierg durch § 681.

d) Die Regel des § 677, insb c, gilt aber uneingeschr **nur für die Ausführg** (Durchführg) des übernommenen Gesch. Für die Frage, ob die **Übernahme** (das ist das Erkennbarmachen der GeschFgsAbs) überh zul ist, wird durch die Sonderregelg der §§ 678–680 dem Willen des GeschHerrn eine größere Bedeutg eingeräumt: der Wille wird hier, falls dem GeschF die Willenswidrigk der Übern bekannt od doch erkennb (Fahrlk) war, dem Interesse übergeordnet (§ 678), anders nur bei Pflichtwidrigk des Willens, § 679, sowie mit der Einschrkg des § 680, wonach das Maß des Versch bei Erkenntn des Willens uU herabgesetzt w, vgl auch oben c. – Verstößt der GeschF durch die Übern gg § 678 (u wird er auch durch die §§ 679, 680 nicht gedeckt), so hat das die Wirkg, daß der GeschF SchadErs zu leisten, also nach § 249 ff den Zustand herzustellen hat, der ohne sein Eingreifen bestehen würde. Dabei ist gleichgültig, ob er sonst – nach § 677 – sorgsam (schuldlos) gehandelt hat, also Haftg auch für Zufallsschaden, RG **158**, 313, falls dieser adäquat kausal eingetreten ist: der Grd seiner ErsVerpflichtg ist sein ÜbernahmeVersch, RG **101**, 19.

e) **Eine Verpflichtg zur Weiterführg** eines begonnenen Gesch besteht nicht, anders, wenn die Nichtfortsetzg eine schuldh Schädigg (§ 677) wäre, RG **63**, 280.

f) Bei Tod des GeschF endet die GeschFg, jedoch werden die Erben nach § 673 verpflichtet sein.

g) Die §§ 677 ff besagen ausdr nichts darü, ob Eingriffe aus GoA, soweit sie sich obj in den durch die §§ 677–682, vgl auch § 683 S 1, gezogenen Grenzen halten, schon durch die Tats ihrer Regelg durch die §§ 677–682 ihrer sonst vorhandenen **Rechtswidrigk entkleidet** w. Das ist jedoch mit RG **149**, 206 zu bejahen; ua von Bedeutung bei Operation des bewußtlosen Kranken.

5) Die **Verjährg** der Anspr des GeschHerrn u der Anspr des GeschF ist die gewöhnl, § 195, für die letzteren Anspr auch dann, wenn für das geführte Gesch an sich eine kürzere Verj läuft, RG **69**, 429, BGH MDR **67**, 664 (Aufwendg für Tilgg einer kurzfristig verjährenden Schuld). Anders bei GeschFg oA durch Lieferg en nach § 196, da § 196 Lieferg aGrd Vertr nicht voraussetzt, BAG AP § 196, Nr 1, u auch, wenn es sich um Anspr auf wiederkehrende Leistgen handelt, § 197, BGH NJW **63**, 2315, MDR **67**, 665.

678 *Geschäftsführung gegen den Willen des Geschäftsherrn.* **Steht die Übernahme der Geschäftsführung mit dem wirklichen oder dem mutmaßlichen Willen des Geschäftsherrn in Widerspruch und mußte der Geschäftsführer dies erkennen, so ist er dem Geschäftsherrn zum Ersatze des aus der Geschäftsführung entstehenden Schadens auch dann verpflichtet, wenn ihm ein sonstiges Verschulden nicht zur Last fällt.**

1) Über Inhalt u Zushang der Bestimmg § 677 Anm 4d, auch c. Danach ist § 678 eine Einschränkg der Regel § 677. BewLast für Halbs 1: der GeschHerr. § 678 entfällt bei Gen. Einschränkg durch § 679, auch durch § 680.

679 *Unbeachtlichkeit des entgegenstehenden Willens des Geschäftsherrn.* **Ein der Geschäftsführung entgegenstehender Wille des Geschäftsherrn kommt nicht in Betracht, wenn ohne die Geschäftsführung eine Pflicht des Geschäftsherrn, deren Erfüllung im öffentlichen Interesse liegt, oder eine gesetzliche Unterhaltspflicht des Geschäftsherrn nicht rechtzeitig erfüllt werden würde.**

1) **Allgemeines.** § 679 schafft eine Ausn von dem Grds des § 678, RG **149**, 207, § 677 Anm 4d (auch c). Ist § 679 gegeben, so gilt für die Übern wieder die allg Regel des § 677, vgl ebda, jedoch ist für Übern u Ausführg der Wille des GeschHerrn, soweit § 679 reicht, auszuschalten. – Interessengemäß müssen Übern u GeschFg stets sein.

2) **Voraussetzgen.**

a) Es muß eine **Pflicht des GeschHerrn** bestehen, sei sie öffrechtl od privrechtl, RG JW **38**, 1964. Die Pfl braucht aber keine RechtsPfl zu sein, eine **sittl Pflicht** muß genügen, Larenz II § 57 Ia (über die Gg-Meing Düss NJW **61**, 608), daher die Rettg des Selbstmörders trotz seines entgegenwirkenden Willens GoA, die dem Retter die Ansprüche aus § 683 gibt (hM, auch RGRK Anm 2). Käufer von Lebensmitteln, der die Ware beanstandet, hat das Recht, sie bei Verderbensgefahr auch gg den Willen des Verk als GoA für diesen versteigern zu lassen, HGB § 379 II. Beseitigg der Einsturzgefahr bei kriegsbeschädigten Gebäude, BGH **16**, 12. – Über den RWeg für Anspr aus § 683, I, II, 679 vgl § 677 Anm 2a.

b) Hinzutreten zu a muß, daß die Erfüllg (der Pfl zu a) **im öffentl Interesse** liegt, zB Bezahlg von Steuern, Beerdiggskosten, Wegschaffg Verunglückter von der Straße, Wiederherstellg von Kirchen, RG **102**, 10, Erfüllg von VerkSichgPfl, BGH NJW **69**, 1205 (Bergg verlorenen Ankers). Bei sittl Pfl, vgl a, muß deren Erf wenigstens im GemeinschInteresse liegen. – Über den Wortlaut hinaus muß die konkr priv GeschFg selbst, di das Eingreifen des GeschF zumindest auch im öff Interesse liegen, was im ErmessensMaßn der Beh selten der Fall sein w (BGH NJW **78**, 1258, Nachb errichtet SchutzAnl gg Beeinträchtigg dch Str).

c) **Bei gesetzl Unterhaltspflicht** des GeschHerrn braucht b nicht bes festgestellt zu w, da ohne weiteres gegeben. Auch Verschaffg ärztl Hilfe gehört zum Unterh, daher Anspr des Arztes gg die Eltern des

655

§§ 679–683   2. Buch. 7. Abschnitt. *Thomas*

behandelten Kindes aus GoA, ebso gg Ehem der behandelten Ehefr, selbst wenn deren Wille der Übern entggstand; uU sogar vertragl Anspr, wenn BehandlgsVertr von der Ehefr im Rahmen ihrer Schlüsselgewalt geschl wurde, § 677 Anm 2e.

d) **Nicht rechtzeitig erfüllt** bedeutet, daß der GeschHerr seine Pfl trotz Fälligk nicht erf (BGH NJW **78**, 1258).

680 *Geschäftsführung zur Gefahrenabwehr.* **Bezweckt die Geschäftsführung die Abwendung einer dem Geschäftsherrn drohenden dringenden Gefahr, so hat der Geschäftsführer nur Vorsatz und grobe Fahrlässigkeit zu vertreten.**

1) § 680 mindert die Haftg sowohl für das Versch bei Übern der GeschFg (§ 678: hins der Erkenntn des entggstehenden Willens des GeschHerrn) als auch hins der Ausführg (§ 677, § 677 Anm 4 c, d. – Es genügt, daß die Gefahr zwar nicht besteht, GeschF aber ohne grobe Fahrl (sonst Haftg nach §§ 680, 677) von ihrem Bestehen überzeugt ist („bezweckt"). Dietrich JZ **74**, 535 mit Nachw nimmt den entgg an, der Irrt des Helfers über die Gefahrenlage müsse unverschuldet sein. Gleichgült ist, ob ein Erfolg erreicht w, BGH **43**, 192. Dem Wortlaut nach muß eine Gefahr (für Pers oder Verm) des GeschHerrn selbst bestehen; genügd auch Gefahr für seinen Angehör. Entspr Anwendg bei Wahrg öff Interessen geboten. Jedoch nicht, sow sonstige drohde Gefahren abgewedr w sollen, RG **101**, 19. Auch eine Gemeinde haftet nach § 680 für Schäd, die die von ihr unterhaltene Feuerwehr grobfahrl einem Dr zufügt, dessen Gesch sie bei ihrem Einsatz mitbesorgt; die Haftg ist nicht nach § 839 I 2 beschr, BGH **40**, 28 (Waldbrandbekämpfg), BGH **63**, 167 (Bergg eines umgestürzten Öltankwagens). – Ist die Haftg aus §§ 677 ff wg § 680 beschränkt, so ist sie es ggü dem geschäd GeschHerrn auch für Anspr aus § 823, BGH NJW **72**, 475 (Führen eines Kfz dch Angetrunkenen, um zu verhindern, daß der wesentl stärker angetrunkene Eigtümer steuert), zust Batsch NJW **72**, 818.

2) Die Vorschr bezieht sich nicht nur auf Schäd, die dem GeschHerrn dch den GeschF zugefügt w, sond will diesem das Risiko eig Verluste infolge spontaner HilfeLeistg abnehmen. Der GeschF hat also in allen Fällen, in denen die GeschFg die Abwendg drohder dringder Gefahr vom GeschHerrn bezweckt, nur Vors u grobe Fahrlk zu vertreten. H er seinen eig Schad fahrl mitverurs, so steht dies seinem ErsAnspr gg den GeschHerrn nicht entgg, BGH Betr **72**, 721.

681 *Nebenpflichten des Geschäftsführers.* **Der Geschäftsführer hat die Übernahme der Geschäftsführung, sobald es tunlich ist, dem Geschäftsherrn anzuzeigen und, wenn nicht mit dem Aufschube Gefahr verbunden ist, dessen Entschließung abzuwarten. Im übrigen finden auf die Verpflichtungen des Geschäftsführers die für einen Beauftragten geltenden Vorschriften der §§ 666 bis 668 entsprechende Anwendung.**

1) **Allgemeines.** § 681 konkretisiert durch Feststellg der NebenPfl die HauptPfl des § 677. Die Anz läßt regelm den Schluß auf das VorhSein des FremdGeschFgWillens bei Übern des Gesch zu, ihre Unterl nicht ow den Schluß, daß nur ein eig Gesch besorgt w wollte (BGH **65**, 354).

2) **Satz 1. AnzeigePfl**, entspr § 665 S 2. Grund: den wirkl Willen festzustellen, von Bedeutg für § 680 u auch für die Ausführg, § 677, vgl RG **63**, 280. Bei schuldh Nichtanzeige SchadErs.

3) **Satz 2.** § 667: nur Herausg des Erlangten kommt in Frage; Voraussetzg ist, daß der GeschHerr genehmigt od doch jedenf nicht SchadErs nach §§ 678 ff verlangt.

682 *Fehlende Geschäftsfähigkeit des Geschäftsführers.* **Ist der Geschäftsführer geschäftsunfähig oder in der Geschäftsfähigkeit beschränkt, so ist er nur nach den Vorschriften über den Schadensersatz wegen unerlaubter Handlungen und über die Herausgabe einer ungerechtfertigten Bereicherung verantwortlich.**

1) Die GoA ist kein RGesch, § 677 Anm 1 c, wird aber hins der GeschFgk einem solchen gleichgestellt. Ist daher der GeschF nicht voll geschäftsfäh, so kommen beiderseits Verpflichtungen u Anspr aus der GeschFg nicht in Frage, falls nicht, so hM, der gesetzl Vertreter des geschäftsbeschr GeschF genehmigt, Aachen (LG) NJW **63**, 1253 (krit hierzu ua Canaris NJW **64**, 1988). Es kommen Anspr des GeschHerrn aus unerl Hdlg nur in Frage, wenn das Handeln einen Tatbestd der §§ 823 ff verwirklicht u außerdem einer der Fälle der §§ 827, 828 oder 829 eingreift. Stets haftet der „GeschFührer" aus § 812 ff (währd bei vollwirks GeschFg, da sie einen RGrd abgibt, § 677 Anm 4 g, § 812 ff ausscheidet). **GeschFähigk des GeschHerrn** ist unerhebl, kommt es auf seinen Willen an, so gilt der seines gesetzl Vertreters.

683 *Ersatz von Aufwendungen.* **Entspricht die Übernahme der Geschäftsführung dem Interesse und dem wirklichen oder dem mutmaßlichen Willen des Geschäftsherrn, so kann der Geschäftsführer wie ein Beauftragter Ersatz seiner Aufwendungen verlangen. In den Fällen des § 679 steht dieser Anspruch dem Geschäftsführer zu, auch wenn die Übernahme der Geschäftsführung mit dem Willen des Geschäftsherrn in Widerspruch steht.**

1) **Allgemeines.** Grund: § 677 Anm 1 d. – § 683 **setzt voraus,** daß **Interesse und Wille des GeschHerrn** obj gewahrt sind, Anm 2 und 3. Das allein jedoch nicht ausreicht. Auch die **Übernahme** muß dem Interesse u dem Willen des GeschHerrn entspr, wenn die Folgen des § 683 eintreten sollen, BGH **LM** Nr 17. Entspricht sie zwar beidem, hält sich aber die **Ausführg** nicht in dem Pflichtrahmen des § 677 (der übrigens

656

Einzelne Schuldverhältnisse. 11. Titel: Geschäftsführung ohne Auftrag §§ 683, 684

dem Willen des GeschHerrn etwas geringere Bedeutg zuweist, § 677 Anm 4, c, d), so ist der GeschF bei Versch schadenersatzpflichtig, sein Anspr auf AufwendgsErs aus § 683 bleibt ihm aber an sich, falls die Aufwendgen sich in zul Grenzen (Anm 4) gehalten haben. Ob die **Übernahme** dem Interesse u dem Willen des GeschHerrn obj entspricht, ist für das konkrete übernommene Gesch, für bestimmte nach Art u Umfang geplante Maßn festzustellen; das kann in aller Regel nur angenommen w, „wenn es dringend geboten erscheint, von dem normalen Weg der Selbsterledigg des Geschäfts od dessen Besorgg durch einen Beauftragten abzuweichen", BGH **LM** Nr 17. Für die Mittel der **Durchführg**, die Aufwendgen, gilt hingg das vernünftige Erm des GeschF (§ 670 Anm 2); hieran fehlt es, wenn der GeschF im Rahmen eines verbotenen u damit nichtigen Gesch tätig w, BGH **37**, 263. — Entfällt § 683, so gilt § 684. — Ausn in § 685.

2) **Interesse.** Es liegt vor, wenn die **Übernahme** dem GeschHerrn **objektiv nützl** ist. Die Nützlichk ist an Hand der konkreten Sachlage festzustellen. Irrige, auch schuldlos irrige Überzeugg des GeschF genügt nicht. Das Interesse braucht nicht notw ein vermögensrechtl zu sein, BGH NJW **61**, 359 (BGH **33**, 251). Schuldbezahlg ist daher zwar i, nicht aber a dann nützl, wenn eine aufrechenb GgFdg bestand. Abmahng des Störers dch Verein zur Bekämpfg unlaut Wettbew liegt auch im Int des Störers, desh Ers der vorproz AbmahngsKosten, falls der Verwarner einen StörZust geschaffen hatte (BGH NJW **70**, 243 [245], Ffm WRP **78**, 461). Darüber, daß ein daneben bestehendes Eigeninteresse des GeschF nicht entggsteht § 677 Anm 2d. Ausgleich hier jedoch nicht voll, sond entspr § 426 unter Berücksichtigg des InnenVerh, der Interessenlage, BGH NJW **63**, 2068; vgl auch Anm 4. — **Nützl Erfolg** ist nicht Voraussetzg.

3) Zum Interesse muß der **Übernahmewille des GeschHerrn** hinzutreten, anders nur (S 2) im Falle des § 679. In erster Linie ist der wirkl, geäußerte Wille, sei er selbst interessewidrig, maßg (BGH WPM **77**, 1122), falls er feststellb ist. Wenn nicht, gilt er **mutmaßl**, das ist der, der bei obj Beurteilg aller Umst durch den GeschHerrn geäußert worden sein würde, wenn es zu solcher Äußerg gekommen wäre, Stgt NJW **47/48**, 227. Mutmaßt der GeschF irrig, selbst schuldlos, einen anderen Willen des GeschHerrn, so nützt ihm das nichts. — Bestehen andere Anhaltspunkte für den mutmaßl Willen nicht, so wird der dem Interesse (Anm 2) entspr Wille als mutmaßl zu gelten haben, BGH **47**, 370, BB **69**, 194 (Bezahlg fremder Schuld).

4) **Rechtsfolge.** — **Aufwendgsersatz.** Liegen die Voraussetzgen der Anm 2 und 3 vor, so hat der GeschF Anspr aus § 670, vgl dort, es sei denn, daß solcher Anspr gesetzl ausgeschl, BGH **40**, 32; Verh zu §§ 1607, 1613, vgl § 1613 Anm 1a. Anspr „wie ein Beauftragter", daher Haftg mehrerer GeschHerrn als GesSchu (§ 427), BGH BB **66**, 1413. RückzahlgsAnspr des Vers- od Versorggträgers gg gem vermeintl Verschollenen, wenn dessen UnterhBerechtigten Leistgen erbracht worden sind; vgl Selb NJW **63**, 2056 u BGH NJW **63**, 2315. Über **Ersatz von Schäden** § 670 Anm 3b; bei Lebensrettg Ers auch fur Opfer an Gesundh u Leben, wenn sie sich aus der mit der GeschFg verbundenen Gefahr ergeben, BGH **38**, 277. Hat der GeschF selbst die Gefahrenlage mitverursacht, wie etwa der KfzFahrer, der um Verletzg der VerkTeilnehmers zu verhindern, seinen Wagen zu Bruch fährt u sich dabei verletzt, so ist iF seiner Entlastg nach § 7 II StVG nicht voller AufwendgsErs, sond nur eine angemessene Entschädigg zu gewähren, die unter Berücksichtigg der Umst des Einzelfalles zu bemessen ist; BGH aaO; vgl dazu u zur Pers des GeschHerrn § 677 Anm 2b. — Dietrich JZ **74**, 535 will dem GeschF SchadErsAnspr nicht nur bei Hilfe in wirkl bestehder Gefahrenlage geben, sond auch dann, wenn er unversch eine solche annimmt. — Anspr des Verletzten nach RVO § 539 I Nr 9a (Rettg aus Lebensgefahr, sonstige Hilfeleistg), Nr 9b (Hilfeleistg bei Amtshandlg), Nr 9c (persönl Einsatz bei vorl Festnahme usw, hierzu BSozG **AP** § 537 RVO Nr 9, 10, BGH **52**, 115); VersTräger ist das Land, § 655 RVO. **Maß der Aufwendg**: das subj vernünft Erm des GeschF, der aber auch hierbei, da die Aufwendg ein Teil der Ausführg ist, nach § 677 der Interesse des GeschHerrn unter Berücksichtigg dessen Willens nicht schuldh entgghandeln darf. Kein Ersatz ist zu leisten für die GeschF-Tätigk als solche; fällt jedoch das Gesch in den Kreis der berufl od gewerbl Tätigk des GeschF, so hat er weitergeh als im Falle des § 670 (dort Anm 2) Anspr auf die übl Vergütg, Celle SeuffA **61**, 55; vgl auch § 1835 II. Die Ansprüche des Verletzten nach § 539 RVO verdrängen nicht die aus GoA, sie sind für diese nur der Höhe nach bedeuts, weil sie näml, soweit sie sich mit denen aus der UnfallVers decken, auf deren Träger nach § 1542 RVO übergehen, BGH **38**, 281. — Zur Verj vgl § 677 Anm 5.

684 *Herausgabe der Bereicherung.* **Liegen die Voraussetzungen des § 683 nicht vor, so ist der Geschäftsherr verpflichtet, dem Geschäftsführer alles, was er durch die Geschäftsführung erlangt, nach den Vorschriften über die Herausgabe einer ungerechtfertigten Bereicherung herauszugeben. Genehmigt der Geschäftsherr die Geschäftsführung, so steht dem Geschäftsführer der im § 683 bestimmte Anspruch zu.**

1) **Bei Genehmigg** gilt die Regelg des § 683, auch wenn dessen Voraussetzgen nicht gegeben sind. Genehmigg ist nicht zugangsbedürft WillErkl, kann bei stillschw mögl. Sie kann beschr erteilt w, vgl RGRK Anm 2. Genehmigg macht die GeschFg nicht nachträgl zum AuftrVerh. Kein Anspr des GeschF auf Gen, BGH **LM** § 177 Nr 1, vgl dazu Blomeyer MDR **51**, 543. Bertzel AcP **158**, 107ff lehnt diese der hM entspr Entsch ab u meint (S 141), daß der GeschF als Inh einer absoluten RStellg, vergleichb der des Vormundes u Pflegers, den GeschHerrn unmittelb verpflichte; vgl derselbe auch NJW **62**, 2280 zu § 2038 I. Dem kann, da die gesetzl Regelg der GoA den GeschHerrn nur hins des Ersatzes der Aufwendgen, nicht aber aus den vom GeschF getätigten Geschäften — unter Fiktion einer gesetzl Vertretgsmacht — verpflichtet, nicht beigetreten w.

2) **Liegt weder § 683 noch Genehmigg vor,** so hat der GeschF keine Anspr aus der GoA. Die RFolgen (nicht auch die Voraussetzgen, BGH WPM **76**, 1056 [1060]) regeln sich vielm nach dem Recht der §§ 812 ff (das sonst in den Fällen des § 683 u des § 684 S 2 nicht in Betr kommt, da ein „rechtl Grund" gegeben ist), BGH **37**, 264; über den HerausgAnspr nach § 812 vgl Anm 7 daselbst. Über den Fall des § 685 vgl dort. Anspr aus § 684 kann abbedungen w, BGH NJW **59**, 2163.

§§ 685–687 2. Buch. 7. Abschnitt. *Thomas*

685 *Schenkungsabsicht.* I Dem Geschäftsführer steht ein Anspruch nicht zu, wenn er nicht die Absicht hatte, von dem Geschäftsherrn Ersatz zu verlangen.

II Gewähren Eltern oder Voreltern ihren Abkömmlingen oder diese jenen Unterhalt, so ist im Zweifel anzunehmen, daß die Absicht fehlt, von dem Empfänger Ersatz zu verlangen.

1) I. Seine Voraussetzgen liegen nur vor, wenn das Fehlen solcher Abs festzustellen ist; BewLast GeschHerr, Warn **12** Nr 104. Hat GeschF in freigebiger Abs gehandelt, so liegt Gefälligk- od Schenkgsanerbieten vor. Lehnt GeschHerr das Anerbieten ab, so hat er die Bereicherg nach §§ 812ff herauszugeben, § 685 steht dem nicht entgg. – BGH **38**, 304 verneint ErsAnspr des Sohnes, der seinen Vater gg die körperl Mißhandlg durch einen andern Sohn geschützt hat u hierbei verletzt worden ist (keine Verallgemeinerg dahin, daß bei Verwandtenhilfe stets ErsAbs fehlt).

2) II. Entgg der Regelg in I besteht hier sogar eine gesetzl Vermutg für das Ggteil, also für die freigebige Abs II kommt nicht erst in Frage, wenn eine UnterhPfl besteht. II gilt nur für die genannten Verwandten, nicht andere, RG **74**, 139. Die Vermutg gilt nur dem Empf, nicht anderen UnterhPflichtigen ggü, zB dem nichtehel Vater, wenn die Mutter Unterh gewährt; hier vielm sogar gesetzl FdgsÜbergang, § 1615b.

686 *Irrtum über Person des Geschäftsherrn.* Ist der Geschäftsführer über die Person des Geschäftsherrn im Irrtume, so wird der wirkliche Geschäftsherr aus der Geschäftsführung berechtigt und verpflichtet.

1) Vgl § 677 Anm 2b Abs 3. Auch bei nur subj fremden Gesch denkb. – Über irrige Ann, dem GeschHerrn ggü zur GeschFg berechtigt od ihm dazu verpflichtet zu sein (die Folgen sind verschieden), § 677 Anm 3, über die irrige Ann, (auch) einem Dritten dazu verpflichtet zu sein, § 677 Anm 2e.

687 *Vermeintliche Geschäftsführung; unechte Geschäftsführung.* I Die Vorschriften der §§ 677 bis 686 finden keine Anwendung, wenn jemand ein fremdes Geschäft in der Meinung besorgt, daß es sein eigenes sei.

II Behandelt jemand ein fremdes Geschäft als sein eigenes, obwohl er weiß, daß er nicht dazu berechtigt ist, so kann der Geschäftsherr die sich aus den §§ 677, 678, 681, 682 ergebenden Ansprüche geltend machen. Macht er sie geltend, so ist er dem Geschäftsführer nach § 684 Satz 1 verpflichtet.

1) I. Irrtümliche Eigengeschäftsführg. Nach § 677 Anm 2b setzen die Vorschriften über GoA **Bewußtsein u Absicht** voraus, ein fremdes Gesch zu führen. Fehlt schon das Bewußtsein (dazu kann es nur bei obj fremden Gesch kommen), so kann von Führg fremder Gesch oA nicht die Rede sein. I spricht das zur Verdeutlichg ausdrückl aus. Gleichgültig ist dabei, ob der Irrt des GeschF auf Fahrlk beruht (vgl aber Anm 2c). §§ 677 ff danach unanwendb. Mögl ist dagg Haftg eines od beider Teile aus anderen RGründen, so des GeschF aus unerl Hdlg od beider Teile aus ungerechtf Bereicherg, §§ 946ff, 985ff, sowie des GeschHerrn aus §§ 994ff. – Auch eine Gen ändert nichts, da eine Geschfg eben nicht vorlag, RG **105**, 92. – Über die Wirkg des Irrt über andere Umst § 677 Anm 2e und 3.

2) II. Unerlaubte Eigengeschäftsführg.

a) Allgemeines. Rechtsfolgen. Da nach § 677 Anm 2b **Bewußtsein u Absicht,** ein fremdes Gesch zu führen, für die Vorschriften über GoA vorausgesetzt w, liegt GoA nicht vor, wenn der GeschF zwar das Bewußtsein, ein fremdes Gesch zu führen, nicht aber die Abs dazu hat, sond es trotz dieses Bewußtseins als eigenes behandelt. Gleichwohl werden dem andern durch die AusdehngsVorschr des § 687 II zur Verstärkg seiner RStellg auf Verlangen die Anspr eines GeschHerrn aus GoA gegeben (sog unechte GoA). Von diesen ist hier insb von Bedeutg der Anspr auf RechenschAblegg u der auf Herausg des Erlangten, §§ 681, 666, 667; BGH NJW **57**, 1026. Beide Anspr ergeben sich auch aus anderen Haftgsgründen, dann zumeist gegeben sein werden, nicht ohne weiteres, insb nicht aus dem SchadErsAnspr aus § 823ff, u nicht immer aus dem BereichergsAnspr der §§ 812ff, 816, 819. Zum „Erlangten" (§ 667) gehört auch das Schmiergeld (§ 667 Anm 2); desgl der beim Verk der Sache durch den GeschF erzielte Kaufpr, auch wenn er zT auf wertsteigernden Aufwendgen beruht. GeschF kann diese aber ersetzt verlangen, soweit GeschHerr aus dem erzielten Kosten um sie bereichert ist, II Satz 2, § 684 S 1, RG **138**, 50. Andere als die Anspr aus § 684 S 1 hat GeschF nicht; diese aber auch nur dann, wenn GeschHerr seiner Anspr aus §§ 677, 678, 681, 682 geltd macht; BGH **39**, 188. – Anspr auf SchadErs aus §§ 677, 678 gg den GeschF hat der andere hier ohne die Beschrkgen der §§ 679, 680.

b) Voraussetzgen. Vgl schon a. Das Bewußtsein, ein fremdes Gesch zu führen, kann nur bei obj fremden Gesch (§ 677 Anm 2b) gegeben sein, subj fremde kommen daher für die Anwendg von II nicht in Frage, RG **137**, 212. Daß GeschF das obj fremde Gesch im eig Namen abschließt, steht Anwendg von II nicht entgg, es wird dadurch nicht zum eigenen, vgl RG **105**, 409 für Vermietg, RG **138**, 49 für Verk fremder Sachen. Kenntn der Anfechtbark steht nach § 142 II Kenntn der Nichtberechtigg des GeschF u damit der Fremdh des Gesch gleich, RG ebda. Gleichgültig ist auch, ob GeschHerr das Gesch überh für sich vorgenommen hätte, RG ebda. Nötig ist Bewußtsein; fahrl Unkenntn steht nicht gleich, vgl aber unten c.

c) § 687 II ist auch gegeben bei wissentl **Ausbeutg eines fremden geistigen Eigentums oder Erfinderrechtes.** Diese verpflichten nach §§ 823 ff (vgl § 823 Anm 12 b) od den Spezialgesetzen zum SchadErs, für den es eine dreifache Berechnungsmethode gibt (vgl Däubler JuS **69**, 49; Schmidt-Salzer JR **69**, 81): konkret wie stets, Zahlg einer Lizenzgebühr, Herausg des Reingewinns. Auch BGH **20**, 353 hat anerkannt, daß zum SchadErs in diesen Fällen auch die Anspr nach §§ 687 II, 681, 666, 667 auf RechenschAblegg u auf Herausg des „Erlangten", also auch des Gewinnes u auch der hypothet Lizenzgebühr, gehören, u zwar auch dann, wenn der Verletzte nicht wissentl, aber in sonst schuldh u nach den Bestimmgen der betreffden Gesetze zu SchadErs verpflichtder Weise gehandelt hat. Über den Umfang der Pfl zur Rechngslegg u zur Abg der Vers an Eides statt nach § 259 II, BGH BB **62**, 429.

Diese Grdsätze des SchadensR sind nunmehr hinsichtl der Verletzg der nach dem UrheberRG v 9. 9. 65, BGBl 1273, geschützten Rechte gesetzl anerk, § 97. Anspr auf Beseitigg der widerrechtl Beeinträchtigg dieser Rechte u auf Unterlassg bei Wiederholgsgefahr (vgl Einf 8, 9 vor § 823), ohne Rücks auf Verschulden des Verletzers. SchadErs bei schuldh Verletzg, an dessen Stelle kann Herausgabe des Gewinns u Rechngslegg hierü verlangt w; Urheber u Verfasser von wissenschaftl Ausgaben (§ 70), Lichtbildner (§ 72) u ausübende Künstler (§ 73) können bei Verschulden des Verletzers auch Nichtvermögensschaden – billige Geldentschädigg – beanspr (nicht übertragb, es sei denn, daß vertragl anerk od rechtshäng geworden). – Dieselben Grdsätze in bezug auf Ersatz des Vermögenschadens (nicht SchmerzG) höchstrichterl anerkannt für das Patent-, Gebrauchsmuster- u GeschmacksmusterR. Entspr gilt bei Verletzg von WarenzeichenR; auch hier kann der Verletzte RechenschAblegg (RG **108**, 7), Herausgabe des Gewinns (BGH **34**, 320) u auch die übl Lizenzgebühr (BGH **44**, 372 [Anm v Pehle **LM** § 24 WZG Nr 58] gg RG **58**, 323) fordern. – Keine Ausweitg der vorgenannten Grdsätze auf das SchadR in and Fällen, vgl Däubler, Schmid-Salzer aaO. Daher auch kein Anspr aus § 687 II bei Verletzg einer Alleinverkaufsabrede, vgl BGH NJW **66**, 1119. Auch kein Anspr auf Herausg des aus unberecht Untervermietg (§ 549) gezogenen Mietzinses, BGH NJW **64**, 1853 (Anm von Diederichsen NJW **64**, 2296). – Vgl auch Einf 6b vor § 812 u über die Anspr aus unerl Hdlg, insb im WettbewR, § 826 Anm 5c (AuskunftsAnspr) u § 826 Anm 8 u.

Zwölfter Titel. Verwahrung

Einführung

1) Wesen. Begriff: § 688. Personen: Hinterleger u Verwahrer. Der VerwVertr ist wie das Darl (Einf 1 vor § 607) nach neuerer, bestr Auffassg KonsensualVertr, Larenz II § 58, BGH **46**, 48 für den LagerVertr. Nach aA („übergebene Sache") RealVertr, dh er kommt durch Übergabe (Verschaffg unmittelb Besitzes, auch im Wege des § 854 II) u Einigg (auch durch schlüss Hdlg) über Aufbewahrg u Rückg zustande, Staud-Nipperdey Vorbem 6 vor § 688 und 29. Aufl. – Formfrei. – Mögl auch ein Vorvertr (pactum de deponendo), der aber meist einen Anspr nur für den Hinterleger begründet. – Der VerwVertr kann entgeltl oder unentgeltl sein, Ausleggsfrage, § 689, Brschw MDR **48**, 112. Der unentgeltl Vertr begründet stets Verpflichtg des Verwahrers, dagg nur uU auch solche des Hinterlegers, §§ 693, 694, er ist also unvoll zweiseit Vertr, Einf 1b vor § 320, er ist ein GefälligkVertr, § 662 Anm 4a. Im EinzFall kann es sich auch um reines GefälligkVerh ohne RBindg (vgl Einl 2 vor § 241) handeln, zB Köln OLGZ **72**, 213. Der VerwVertr ist entgeltl Vertr, wenn das Entgelt GgLeistg u nicht nur Zusage der Erstattg von Aufwendgen ist; er ist, wenn entgeltl, ggs Vertr, der mit der Einigg zustandekommt u mit der Übergg in Vollz gesetzt w. Das Entgelt ist die GgLeistg für die Aufbewahrg u die damit verbundene Mühewaltg.

2) Inhalt des VerwVertr ist Gewährg von Raum u Übern der Obhut. Verw ist mögl nur an **bewegl Sachen**, bei Grdst liegt DienstVertr od Auftr vor. Bei bloßer Raumgewährg liegt nur Raummiete od Raumleihe vor, BGH **3**, 200; StahlschrankVertr ist daher Miete, RG **141**, 101. Bloßes Dulden des Ein- od Abstellens ist nicht Verw, sond ein GefälligkVertr nicht geregelter Art, § 662 Anm 4a. Der Verwahrer hat kein Recht, die hinterlegte Sache zu gebrauchen; wird es ausbedungen, so liegt, falls nicht bloß Nebenabrede, Miete od Leihe vor. UU trifft ihn aber – als Nebenverpflichtg – eine GebrPfl, falls zur Erhaltg der Sache (zB Bewegen des Pferdes) nötig; auch andere NebenPfl (Wertpapierkontrolle, RG DJ **36**, 1475) sind mögl. Der VerwahrgsVertr erstreckt sich auf die dem Verwahrer in Obhut gegebene Sache in ihrer tatsächl Gesamth, also auch auf den Inhalt eines K z einschl des Kofferraums, BGH NJW **69**, 789, aA Berg NJW **69**, 1172. – Umgekehrt findet sich eine VerwPfl häuf als **NebenVerpfl** oder RFolge **eines anderen Vertrages,** so beim Kauf, beim Auftr, Leih-, Dienst-, Werk-, GeschBesorggs-, beim Kommissions-, HGB §§ 388 ff, Speditions-, HGB § 407 II, FrachtVertr, HGB §§ 429ff; hierzu § 611 Anm 8b dd u § 631 Anm 2b; vgl ferner HGB §§ 362 II, 379 I; bei AnnVerzug des Gläub nach § 304; wenn Anwalt Urk treuhänderisch vom Gegner entgg nimmt (TrHdVertr), Warn **33** Nr 38, oder Beh Sachen in öffrechtl Verw nimmt, BGH NJW **52**, 658. Es gilt dann das Recht des betr Vertr, die §§ 688 ff können nur uU ergänzd herangezogen w, § 690 (geringeres Haftgmaß) wird grdsätzl auszuscheiden haben. UU wird aber in solchen Fällen keine Verwahrgs-Pfl nebenher übernommen, sond nur Gelegenh zum Abstellen der Sachen (vgl oben), insb zum Ablegen von Überkleidg, geboten, so vom Arzt, Weimar VersNehmer **53**, 90, Anwalt, Schankwirt, RG **104**, 45, **105**, 302, ggü den Klienten, Gästen usw, selbst dann, wenn ein bes Raum zur Vfg gestellt w, RG **109**, 262. Doch kann auch eine Pfl zur Aufbewahrg der Überkleider als Nebenverpflichtg bestehen, so aGrd der Vereinsmitgliedschaft beim Besuch der Vereinsräume, RG **103**, 265, beim Theaterbesuch auch ohne bes Entgelt aus dem durch Verk der Theaterkarten geschl Vertr, Warn **20** Nr 77, vor allem dann, wenn Notwendigk od Zwang zum Ablegen der Kleider usw besteht, vgl bei abhängigen Dienstverpflichteten § 611 Anm 8b dd, bei Badeanstaltsbesuchern, RG LZ **23**, 600, bei Besuchern von Gaststätten mit Zwang zum Ablegen außerh der Gaststube, RG JW **24**, 1870, Köln (LG) MDR **63**, 135. – Vorsorge des Aufbewahrers gg Fälschg von Kleidermarken, RG **113**, 425. – Beschränkg u selbstand Ausschluß der Haftg, vgl aber § 276 II, ist mögl (VertrFreih), muß aber deutl, zB durch augenfällige Aushänge, geschehen, Aufdruck auf den Kleidermarken reicht nicht aus, RG **113**, 425; bei Überraschg u dadurch bewirkter Zwangslage kann Beschränkg od Ausschl nach § 138 nichtig sein, od es können jedenf nach § 242 Rechte daraus nicht hergeleitet w. Auch Verpachtg der Ablage muß bekanntgemacht w, um den Gastwirt von der og Haftg freizustellen, RG JW **24**, 95. – Als Verwahrer haftet die Eisenbahn für Reise- u Handgepäck, das in Aufbewahrungsstellen von Bahnhöfen verwahrt w, HGB §§ 454, 456, 458, 459, EVO § 36; vgl hierü Hoffmann-Walldorf, Die Bundesbahn **52**, 524.

Einf v § 688, §§ 688–692 2. Buch. 7. Abschnitt. *Thomas*

3) Arten der Verwahrg (die §§ 688 ff gelten, soweit die Sonderregelgen nicht entggstehen) sind u a :

a) Sequestration (GemeinschVerwahrg): Hingabe einer Sache an einen Verwahrer zur gemeinschaftl Verw für mehrere, mit Abrede über Rückg an alle od einen, vgl §§ 432, 1217, 1281, 2039, FGG § 165. Die §§ 688 ff gelten nur bei bewegl Sachen, u soweit dem Sequester nicht andere Befugn übertr sind. Für Grdst: Auftr od DienstVertr ZPO §§ 848, 855.

b) Lagergeschäft, HGB §§ 416–424 und das OrderlagerGesch, VO v 16. 12. 31.

c) Vertr über **Verwahrg von Wertpapieren** nach DepotG v 4. 2. 37, durch einen „Verwahrer", dh einen „Kaufmann, dem Wertpapiere im Betr seines Handelsgesch unverschlossen zur Verw anvertraut werden" (meist Bank; auch Minderkaufmann), § 1. Das G kennt die SonderVerw als Grdform, ferner die DrittVerw, die SammelVerw (hier entsteht Miteigentum der mehreren Eigtümer, u zwar mit Ztpkt des Eingangs beim Sammelverwahrer), die TauschVerw. Für die zwei letztgenannten VerwArten ist grdsätzl Form: ausdrückl Einzelermächtigg nötig – Das G gilt nicht für verschlossen übergebene WertP sowie für die unregelm Verw von Wertpapieren (§ 700, dort Anm 4), die aber auch der Form bedarf, § 15.

4) Verwahrg im eigentl Sinn ist **nicht**:

a) Die **unregelmäßige (Summen-)Verwahrg** des § 700, vgl dort.

b) Das aGrd einer **Hinterlegg** entstehende öffrechtl VerwVerh. Die §§ 688 ff gelten hier uU als R-Gedanken auch des öff Rechts. Über die Zulässigk des RWeges vgl näher Einf 3a vor § 372. Vgl auch § 700 Anm 5.

c) Für die **öffentlichrechtl Verwahrung**, zB bei Beschlagnahme, RG **166**, 222, Überreich zur Akte, RG JW **34**, 2842, gelten die §§ 688 ff rähnl, und zwar auch dann, wenn die Beh zur Veräußer der verwahrten Sachen befugt ist, BGH NJW **52**, 658 (**LM** § 688 Nr 4); nur nicht subsidiäre Haftg an § 839, BGH NJW **52**, 931. Nicht jede behördl Beschlag od öffrechtl Verstrickg, sond nur solche, die mit einer Besitzergreifg durch die Beh unter Ausschluß des Berecht von eig Obhuts-, Sichergs- u FürsorgeMaßn verbunden ist, begründet öffrechtl Verw, BGH WPM **75**, 81. Keine öffrechtl Verw an Rechtsinbegriff (Gesch-Vermögen), BGH aaO, auch nicht an Forderngen u Bankguthaben, BGH WPM **62**, 1033. Anspr aus öffrechtl Verw gehören vor die Zivilgerichte, § 40 II VwGO; so auch schon früher kr Überlieferg, RG **166**, 222, BGH **4**, 192.

d) Die „**besondere amtl Verwahrg**" der Testamente usw Einf 2b vor § 372.

688 *Begriff.* Durch den Verwahrungsvertrag wird der Verwahrer verpflichtet, eine ihm von dem Hinterleger übergebene bewegliche Sache aufzubewahren.

1) Einf 1 u 2 vor § 688.

689 *Vergütung.* Eine Vergütung für die Aufbewahrung gilt als stillschweigend vereinbart, wenn die Aufbewahrung den Umständen nach nur gegen eine Vergütung zu erwarten ist.

1) Einf 1 vor § 688. Über die Höhe der Vergütg entscheidet Taxe od Üblichk, die §§ 612, 632 gelten entspr; bei Fehlen gilt § 316. Für die Sequestration (Einf 3a) vgl FGG § 165. Vgl auch HGB §§ 354, 420 (Lagergeld) u hierzu Hbg MDR **47**, 227.

690 *Haftung bei unentgeltlicher Verwahrung.* Wird die Aufbewahrung unentgeltlich übernommen, so hat der Verwahrer nur für diejenige Sorgfalt einzustehen, welche er in eigenen Angelegenheiten anzuwenden pflegt.

1) Einf 1 vor § 688. Es gilt § 277. Unentgeltl Verw liegt nicht vor, wenn ein Entgelt als mittelb ausbedungen zu gelten hat, ferner nicht, wenn Verw eine, wenn auch nicht mit bes Entgelt bedachte, Nebenverpflichtg eines anderen entgeltl Vertr ist, ebso nicht in den Fällen öffrechtl Verw, BGH **4**, 192, vgl auch Einf 4.

691 *Hinterlegung bei Dritten.* Der Verwahrer ist im Zweifel nicht berechtigt, die hinterlegte Sache bei einem Dritten zu hinterlegen. Ist die Hinterlegung bei einem Dritten gestattet, so hat der Verwahrer nur ein ihm bei dieser Hinterlegung zur Last fallendes Verschulden zu vertreten. Für das Verschulden eines Gehilfen ist er nach § 278 verantwortlich.

1) Grund: Das VertrauensVerh. – Vgl ebso beim Auftr, § 664. – „Drittverwahrg" ist dagg gestattet nach § 3 DepotG (mit abw Regelg), vgl auch dort § 5 (SammelVerw). – Auch bei Gestattg wird Anzeige nötig sein, da VerwÄnderg, § 692. Zwischen dem Hinterleger u dem Drittverwahrer entsteht kein VerwVerh, jedoch wird dem Hinterleger der vertragl HerausgAnspr, entspr §§ 556 III, 604 IV, auch ggü dem Dr zu geben sein. – Über die Folgen der befugten u der unbefugten Weitergabe an den Dr u der Gehilfenheranziehg (RG **101**, 348) § 664 Anm 1, 2, § 278 Anm 7.

692 *Änderung der Aufbewahrung.* Der Verwahrer ist berechtigt, die vereinbarte Art der Aufbewahrung zu ändern, wenn er den Umständen nach annehmen darf, daß der Hinterleger bei Kenntnis der Sachlage die Änderung billigen würde. Der Verwahrer hat vor der Änderung dem Hinterleger Anzeige zu machen und dessen Entschließung abzuwarten, wenn nicht mit dem Aufschube Gefahr verbunden ist.

1) Bei unberechtigter Änderg SchadErs. An einseit Weisgen des Hinterlegers ist Verwahrer nicht gebunden, anders beim Auftr, § 665. – UU besteht Pfl zu Änderg.

693 *Ersatz von Aufwendungen.* Macht der Verwahrer zum Zwecke der Aufbewahrung Aufwendungen, die er den Umständen nach für erforderlich halten darf, so ist der Hinterleger zum Ersatze verpflichtet.

1) Subjektiver Maßstab, wie beim Auftr, § 670. § 693 gilt nicht für Aufwendgen, die Verwahrer schon nach dem Inhalt des VerwVertr zu übernehmen verpflichtet ist, insb im allg für die Raumgewähr. Verwahrer hat ein ZbR (§ 273); macht er es geltd, so kann für die Folgezeit nicht das vereinb Entgelt gefordert w, es bestehen nur Anspr nach §§ 987 ff, Celle NJW 67, 1967, uU ein AufrechngsR, aber kein gesetzl PfdR (anders Lagerhalter HGB § 421).

694 *Schadensersatzpflicht des Hinterlegers.* Der Hinterleger hat den durch die Beschaffenheit der hinterlegten Sache dem Verwahrer entstehenden Schaden zu ersetzen, es sei denn, daß er die gefahrdrohende Beschaffenheit der Sache bei der Hinterlegung weder kennt noch kennen muß oder daß er sie dem Verwahrer angezeigt oder dieser sie ohne Anzeige gekannt hat.

1) Anspr ist ein solcher aus culpa in contrahendo, RG 107, 362; falls Verstoß erst nach VertrSchl, ein echter VertrAnspr. Hinterleger haftet nur bei Versch, doch besteht gg ihn eine Schuldvermutg. Er kann sich durch Bew seiner Schuldlosigk, der AnzErstattg, od der Kenntn des Verwahrers befreien; fahrl Unkenntn des Verwahrers befreit den Hinterleger nicht; Verwahrer braucht sich also um Beschaffenh nicht zu kümmern; im übr gilt § 254.

695 *Rückforderungsrecht des Hinterlegers.* Der Hinterleger kann die hinterlegte Sache jederzeit zurückfordern, auch wenn für die Aufbewahrung eine Zeit bestimmt ist.

1) § 695 folgt aus dem Wesen des VerwVertr, bei Abdingg liegt daher kein VerwVertr vor, str (nach RGRK Anm 1 ist Abdingg dann nichtig). – Nicht zu unangemessener Zeit, uU angemessener RückgFrist, § 242. VertrEnde erst mit Rückg. Im Konkurse hat Hinterleger ein AussondergsR, KO § 43. – Über GgRechte § 693 Anm 1. – Eigt eines Dritten entbindet nicht von der Rückg, RG JW 25, 472, eigenes Eigt des Verw nur, wenn er sofort Rückg fordern dürfte, § 242. – BewLast des Verw, wenn zur Heraus außerstande, BGH NJW 52, 1170, od VerwGut beschädigt. BGH 3, 162.

696 *Rücknahmeanspruch des Verwahrers.* Der Verwahrer kann, wenn eine Zeit für die Aufbewahrung nicht bestimmt ist, jederzeit die Rücknahme der hinterlegten Sache verlangen. Ist eine Zeit bestimmt, so kann er die vorzeitige Rücknahme nur verlangen, wenn ein wichtiger Grund vorliegt.

1) § 696 ist, anders als § 695, abdingb. Zeitbestimmg kann sich auch aus VertrZweck ergeben. – Nicht zu unangemessener Zeit, § 695 Anm 1. – Nichtrücknahme ist Ann- u Leistgsverzug, daher uU SchadErsPfl, § 286, od BereichergsAnspr bis zur Höhe des Wertes der verwahrten Sache, Karlsr MDR 69, 219; bei entgeltl Verw gilt, falls ggs Vertr (Einf 1 vor § 688), § 326. – Für Lagerhalter gilt Besonderes, HGB § 422.

697 *Rückgabeort.* Die Rückgabe der hinterlegten Sache hat an dem Orte zu erfolgen, an welchem die Sache aufzubewahren war; der Verwahrer ist nicht verpflichtet, die Sache dem Hinterleger zu bringen.

1) RückgOrt ist der vertragl VerwOrt. RückgPfl ist daher Holschuld, für Geldschulden (§ 700 I 3) gilt daher § 270 nicht. Über GgRechte: § 693 Anm 1, § 695 Anm 1.

698 *Verzinsung des verwendeten Geldes.* Verwendet der Verwahrer hinterlegtes Geld für sich, so ist er verpflichtet, es von der Zeit der Verwendung an zu verzinsen.

1) Grund: Verw hat kein GebrR, Einf 2 vor § 688. Bei gestatteter Geldverwendg gilt § 700 I 2.

699 *Fälligkeit der Vergütung.* I Der Hinterleger hat die vereinbarte Vergütung bei der Beendigung der Aufbewahrung zu entrichten. Ist die Vergütung nach Zeitabschnitten bemessen, so ist sie nach dem Ablaufe der einzelnen Zeitabschnitte zu entrichten.

II Endigt die Aufbewahrung vor dem Ablaufe der für sie bestimmten Zeit, so kann der Verwahrer einen seinen bisherigen Leistungen entsprechenden Teil der Vergütung verlangen, sofern nicht aus der Vereinbarung über die Vergütung sich ein anderes ergibt.

1) Über Sichergsrechte § 693 Anm 1.

700 *Unregelmäßiger Verwahrungsvertrag.* ¹ Werden vertretbare Sachen in der Art hinterlegt, daß das Eigentum auf den Verwahrer übergehen und dieser verpflichtet sein soll, Sachen von gleicher Art, Güte und Menge zurückzugewähren, so finden die Vorschriften über das Darlehen Anwendung. Gestattet der Hinterleger dem Verwahrer, hinterlegte vertretbare Sachen zu verbrauchen, so finden die Vorschriften über das Darlehen von dem Zeitpunkt an Anwendung, in welchem der Verwahrer sich die Sachen aneignet. In beiden Fällen bestimmen sich jedoch Zeit und Ort der Rückgabe im Zweifel nach den Vorschriften über den Verwahrungsvertrag.

II Bei der Hinterlegung von Wertpapieren ist eine Vereinbarung der im Absatz 1 bezeichneten Art nur gültig, wenn sie ausdrücklich getroffen wird.

1) Wesen. Der unregelm (uneigentl) VerwVertr ist weder Darl noch Verw, sond begründet ein SchuldVerh bes Art, das sich von dem durch den Übergang des Eigt auf den Verwahrer, vom Darl dadurch unterscheidet, daß es nicht überwiegd dem Interesse des Empf, sond dem des Hinterlegers dient; daher meist niedrigerer Zinsfuß als beim Darl. – Mögl nur an vertretb Sachen. – **Hauptfälle**: PostscheckVertr, ferner Einlegg von Geld bei Bank (DepositenVertr, tägl Gelder); vgl auch Einf 3 o vor § 607.

2) Abschluß: wie beim VerwVertr, Einf 1 vor § 688, jedoch unter Übereign der Sachen, mit Abrede der Rückerstattg von Sachen gleicher Art usw, I, 1. Auch hier KonsensualVertr. Aus der Anwendg der DarlVorschr (I, 1, 2) folgert RG **67**, 264 die Möglichk auch der Begründg eines unregelm VerwVertr durch Schuldumwandlg usw nach § 607 II, vgl dort Anm 2. Nach I, 2 ist Begr auch mögl durch bei od nach VertrSchl – auch einseit – erkl Verbrauchsgestattg u daraufhin vorgenommene „Aneignng" des Verwahrers, die als nach § 151 nicht erklärgsbedürft Ann des in der „Gestattg" liegenden VertrAngebots aufzufassen sein dürfte. Umwandlg des VerwVerh in die unregelm Verw u dingl Wirkg des EigtÜbergangs treten dann vom Ztpkt der Aneign ab ein, bis dahin hat Hinterleger also noch das AussondergsR des § 43 KO.

3) Rechtswirkg. Es gelten die DarlVorschr, abgesehen von Zeit u Ort der Rückg; hierfür gilt iZw VerwahrgsR (§§ 695–697). Insbes also Recht jederzeitiger RückFdg des Hinterlegers, § 695, jedoch hier anders als nach § 695, Abdingg mögl („iZw"). – § 694 gilt danach nicht. – Aufrechngs- u ZbR des Verwahrers bestehen.

4) II. Für die unregelm Verw von **Wertpapieren** gilt I nur bei ausdrückl Abrede. Weitergehende Formvorschr bestehen hierfür, soweit DepotG in Frage kommt, Einf 3c vor § 688.

5) Für die Hinterlegg von Geld bei den **HinterleggsStellen** gilt § 700 nicht, Einf 3a, b, insb c vor § 372. Nach § 7 HintO geht das hinterlegte Geld in das Eigt des Staates über. Der Hinterleger kann hieraus jedoch nicht das Recht herleiten, besser gestellt zu w, als wenn das verwahrte Geld getrennt aufbewahrt worden wäre, RG **112**, 221 (Aufwertg); über die Behandlg nach dem UmstG vgl die 20. Aufl.

Dreizehnter Titel. Einbringung von Sachen bei Gastwirten

Einführung

Neue Literatur: Werner, Die Haftg des Herbergswirts, JurA **71** Heft 6, S 61.

1) Neufassg der §§ 701–703 nach dem G v 24. 3. 66, BGBl 181. – **a)** Es besteht **Erfolgshaftg** des Gastw für Schäden an eingebrachten Sachen des Gastes ohne Rücks darauf, ob ihn od seine Leute insow ein Versch trifft, mit der Einschränkg, daß Fahrzeuge u die in diesen belassenen Sachen nicht zu den eingebrachten Sachen gehören (§ 701 IV). Soweit Gastw für reinen Erfolg, also ohne Versch, einzustehen hat, handelt es sich um einen Fall der gesetzl Haftg für **Betriebsgefahr**, BGH **32**, 149. – Das **Haftgssystem** ist so gestaltet, daß der Gastwirt der Höhe nach beschr, aber unabdingb haftet.

b) Das G beruht auf dem von der BRep ratifizierten Übk v 17. 12. 62 über die Haftg der Gastw für die von ihren Gästen eingebrachten Sachen (Text des Übk: BGBl II **66**, 270); iKr getr 15. 2. 67, BGBl **67** II, 1210. Das Übk geht zurück auf Vorarbeiten des Internat Instituts zur Vereinheitlichg des PrivR in Rom; es erstrebt Erleichterg des internat ReiseVerk u Mindestschutz des Reisenden hinsichtl seiner in Hotels u sonstige BeherbergsBetr eingebr Sachen. Es ist ein RahmenAbk; die ratifizierenden Staaten sind verpflichtet, die materiellen Vorschriften seiner Anlage in ihr nationales R zu übernehmen. Besserstellg der Gäste hierbei zul (Art 1 II); hiervon hat die BRep bei Festsetzg der Höchstbeträge (§ 702 I) Gebrauch gemacht.

2) Beherberggsvertrag. Die im wesentl als Erfolgshaftg ausgestaltete Haftg des Gastw für eingebr Sachen tritt meist (aber nicht notw, § 701 Anm 3a) innerhalb eines bestehenden SchuldVerh (§ 276 Anm 10a), des sog BeherberggsVertr (BGH NJW **63**, 1449, Brschw NJW **76**, 570) ein, währd der sog **Gastaufnahmevertrag** der Vertr des Schank- oder Speisewirts ist. Wg seiner VerwahrgsPfl u Haftg für abgelegte Kleidstücke vgl Einf 2 vor § 688. Der BeherbergsVertr ist ein im BGB, abgesehen von der Regelg der Einbringg von Sachen, §§ 701ff, nicht bes geregelter gemischter Vertr (§ 305 Anm 6, Einf 3b vor § 535). Wesentl Bestandt ist Zimmermiete; daher besteht insb SchadHaftg ohne Versch gem §§ 537, 538 (BGH aaO = NJW **75**, 645), doch gelten auch die Vorschr über Dienst-, WkVertr, uU Kauf, da nicht nur Miete, sond „Beherbergg" (Beleuchtg, Heizg usw, ggf auch Beköstigg) gewährt w. Über Umkehrg der BewLast bei VerschHaftg aus BeherbergsVertr Vorbem 8b vor § 249. Grund der verschärften Haftg aus §§ 701ff ist der vom Wirt zur eig Nutzen geführte Betrieb, der dem Gast wg der häufigen Personenwechsels Gefahr bringt, daneben auch der BewNotstand des Gastes. Verjährg der GastAnspr nach § 195 (über Verwirkg der ErsatzAnspr nach §§ 701ff vgl § 703), der WirtsAnspr nach § 558 (BGH WPM **78**, 733) od, sow sie nicht darunter

Einzelne Schuldverhältnisse. 13. Titel: Einbringung **Einf v § 701, § 701**

fallen, nach § 196 I Ziff 4. – Zuständigk für beide AnsprArten: AmtsG, GVG § 23 Ziff 2 b. – §§ 701 ff gelten nur für Sach-, nicht für PersSchäden, zB durch Benutzg der Räume; für diese wird aus dem Beherberggs-Vertr (auch wenn Schaden bereits bei Anbahng erlitten, § 276 Anm 6 b aE) u aus unerl Hdlg gehaftet, RG **169**, 87. – §§ 701 ff gelten nur für Gast-, nicht für Schankwirte, RG **104**, 46, nicht für Verfrachter. Für letztere HGB §§ 606, 425, 429. – Über die Haftg der Eisenbahnen, HGB §§ 454, 456, 458 iVm EVO, der Bundespost PostG § 6, § 278 Anm 5 u § 276 Anm 10 a. – Über Haftg der Erben bei Tod des Gastes für Schäden dadurch § 548 Anm 2.

701 *Haftung des Gastwirtes.* I Ein Gastwirt, der gewerbsmäßig Fremde zur Beherbergung aufnimmt, hat den Schaden zu ersetzen, der durch den Verlust, die Zerstörung oder die Beschädigung von Sachen entsteht, die ein im Betrieb dieses Gewerbes aufgenommener Gast eingebracht hat.

II Als eingebracht gelten

1. Sachen, welche in der Zeit, in der der Gast zur Beherbergung aufgenommen ist, in die Gastwirtschaft oder an einen von dem Gastwirt oder dessen Leuten angewiesenen oder von dem Gastwirt allgemein hierzu bestimmten Ort außerhalb der Gastwirtschaft gebracht oder sonst außerhalb der Gastwirtschaft von dem Gastwirt oder dessen Leuten in Obhut genommen sind;
2. Sachen, welche innerhalb einer angemessenen Frist vor oder nach der Zeit, in der der Gast zur Beherbergung aufgenommen war, von dem Gastwirt oder seinen Leuten in Obhut genommen sind.

Im Falle einer Anweisung oder einer Übernahme der Obhut durch Leute des Gastwirts gilt dies jedoch nur, wenn sie dazu bestellt oder nach den Umständen als dazu bestellt anzusehen waren.

III Die Ersatzpflicht tritt nicht ein, wenn der Verlust, die Zerstörung oder die Beschädigung von dem Gast, einem Begleiter des Gastes oder einer Person, die der Gast bei sich aufgenommen hat, oder durch die Beschaffenheit der Sachen oder durch höhere Gewalt verursacht wird.

IV Die Ersatzpflicht erstreckt sich nicht auf Fahrzeuge, auf Sachen, die in einem Fahrzeug belassen worden sind, und auf lebende Tiere.

1) Allgemeines. Vgl zunächst Einf vor § 701. **Abs I** enthält den Grds der GefährdgsHaftg u stellt klar, daß Gast Anspr auch dann hat, wenn er nicht Eigtümer der eingebr Sache ist (BTDrucks V/147). – **Abs II** definiert den Begr der eingebrachten Sache u den Haftgszeitraum. – **Abs III** schließt die Haftg unter best Voraussetzgen allg, **Abs IV** speziell für Kfz mit Inhalt u für lebde Tiere aus.

2) Gastwirt, I. Es haftet nur der Gastw, der gewerbsm Fremde zur Beherbergg aufnimmt, nicht der Schank- od Speisewirt; vgl Einf 2 vor § 701. Dazu gehören auch die Inhaber (od Pächter) von FamPensionen, wenn wa Gäste auch zu kürzerem Aufenthalt aufnehmen, Verpfleggsgewährg ist unerhebl, RG **103**, 9; nicht dagg die Zimmervermieterin, da sie nicht „beherbergt", sond nur vermietet (zum Gebr überläßt), Warn **20** Nr 198. Nicht nach §§ 701 ff haften die Personenschiffahrts- u SchlafwagenGesellsch, da Beherbergg nur Nebenleistg der Beförderg, auch wenn sie letzteren der BefördergsVertr mit einem anderen (der Bahn) geschl sein; hierü Hoffmann-Walldorf, Die Bundesbahn **52**, 524 u Voggenberger JurBl (Wien) **55**, Heft 9/10 (aA hins der Haftg der SchlafwagenGesellsch); nicht die Sanatorien, RG **112**, 59, da nur Nebenleistg des ArztVertr, nicht die Hütten der Alpenvereinssektionen, soweit nicht gewerbsm betrieben (bei Verpachtg haftet Pächter nach §§ 701 ff); regelmäß nicht der Inhaber eines Campingplatzes, Kblz NJW **66**, 2017.

3) Gastaufnahme, I. a) Der Gast muß im Betr des Wirts **aufgenommen** sein. Aufn ist einseitiger tatsächl Akt des Wirtes, von Gültigk des BeherberggsVertr unabhäng. GeschFgk beiders daher unnötig. Aufgen ist auch der nicht zahlende Gast, zB der Reiseleiter, ebenso der unselbständ Begleiter od Diener, nicht aber der PrivBesuch des Wirtes, selbst wenn ihm ein Gastzimmer zugewiesen ist, auch nicht die Wirtsangestellten od dort arbeitende Handwerker, desgl nicht Besucher des Gastes. – Ist dem Gast nur eine Unterkunft angeboten, ist es jedoch nicht zu einer eigtl Aufn gekommen, so haftet der Gastw nur nach den Grdsätzen des Versch bei VertrSchl (Einf 4 vor § 145), BTDrucks V/147.

b) Der Gast muß zur **Beherbergg** aufgen sein, sei es auch nur tagsüber; bloßes Einkehren zu Mahlzeiten genügt nicht. Auch Aufn zu längerem Aufenth fällt unter § 701, RG **103**, 10.

4) Eingebrachte Sachen. Abs II enthält BegrBestimmg. Unterschieden w einmal **zeitlich** zw dem Schaden währd u dem vor od nach der Beherbergg (Ziff 1 u 2) u zum and **örtlich** zw dem Schaden in u dem außerh der Gaststätte (Ziff 1). Die Verantwortlichk für die Leute des Gastw für alle Fälle näher geregelt.

a) Schaden an Sachen während der Beherberggszeit, Ziff 1. Diese beginnt, wenn der Gast in das Hotel aufgen w, sie endet, wenn er es verläßt. Für die Zeit vorher u nachher w nur unter den Voraussetzgen der Ziff 2 (vgl unten b) gehaftet.

aa) Sachen, **die in die Gastwirtschaft** gebracht w. Dazu gehören auch solche, die der Gast bei sich führt (Leibesgut): Kleider, Uhr, Brieftasche, Schmuck, Kblz VersR **53**, 484; ebenf die im FrühstZimmer abgelegte Oberbekleidg, RG **105**, 203; auch die auf dem Gartentisch abgelegten Sachen, jedoch w hierbei die ErsPfl häufig nach Abs III ausgeschl sein.

bb) Gehaftet w auch für Sachen, die an einen Ort **außerh der Gastwirtschaft** gebracht w, wenn dieser von dem Gastw od seinen Leuten **angewiesen** worden ist; zB Kofferabstellplätze in Nebengebäuden od Schuppen. Entspr gilt, ohne daß es insow einer besonderen Anweisg bedarf, von Orten, die der Gastw hierzu allg bestimmt hat; diese Bestimmg muß also irgendwie (zB durch Anschlag) ersichtl sein. – Gehaftet

§§ 701, 702   2. Buch. 7. Abschnitt. *Thomas*

w ferner für Sachen, die der Gastw od seine Leute **in Obhut genommen** haben; insow ist zum mind stillschw Einigg hierü erforderl.

b) Schaden an Sachen vor od nach der Beherberggszeit, Ziff 2. Über diesen Zeitraum vgl vorstehd a; nur angemessene Ausweitg dieser Zeit. Voraussetzg wohl auch, daß die Sachen **in Obhut** genommen worden sind. – Beisp: Übern des vorausgesandten Gepäcks od des Gepäcks am Bahnhof, RG **1**, 84, Empfangn des Gepäckscheins, Hbg OLG **40**, 304, od des hierauf ausgehändigten Gepäcks, Düss JW **31**, 1977, Transport des Gepäcks zum u dessen Aushändigg am Parkpl od Bahnhof. Gepäck, das versehentl zurückgelassen ist, ist nicht ohne weiteres in Obhut gen, daher hierfür Haftg nur nach allg Grdsätzen (unerl Hdlg, GeschF oA); vgl Warn **21** Nr 144.

Zu a und b. Leute des Gastw sind zur Anweisg eines Ortes außerh der Gastwirtsch (Ziff 1) od zur Übern in Obhut (Ziff 1 u 2) nur befugt, wenn sie hierzu bestellt od als den Umständen nach als hierzu bestellt anzusehen sind.

aa) Zu den Leuten gehören FamAngeh, Angest u Arbeiter des Gastw, die im Zushg mit dem GastwBetr tätig w. wenn auch nicht gerade in Erfüllg des BeherberggsVertr, u vielleicht auch nur vorübergehd (Aushilfsarbeiter) tätig w. Begr also weiter als der des ErfGeh (§ 278); vgl auch §§ 431, 607 I HGB.

bb) Die Leute müssen vom Gastw bestellt od als den Umständen nach als bestellt anzusehen sein. Beisp: Hausknecht od Fahrer am Bahnh od Parkpl hinsichtl der in Obhutn des Gepäcks, RG **1**, 84, od der des Gepäckscheins; Hauspersonal hinsichtl der Anweisg von Abstellplätzen außerh des Hauses. Einzelfall entscheidet, ob Bestellg den Umst nach anzunehmen.

5) Haftgsausschluß, III. Gastw haftet nicht, wenn der Schad **durch den Gast**, seinen Begleiter usw allein **verursacht** worden ist; Versch unerhebl. Bei schuldh Mitverursachg od Unterlassg der Abwendg durch den Gast gilt § 254, vgl daselbst Anm 1, 2 u BGH **32**, 150; im übr vgl über mitwirkdes Versch des Gastes bei der beschr Haftg § 702 Anm 4. – **Die Beschaffenh** eingebr Sachen führt zum HafgsAusschl, auch wenn durch sie andere eingebr Sachen des Gastes beschädigt worden sind. – Über **höhere Gewalt** vgl § 203 Anm 1 u RG **75**, 390: äußeres, betriebsfremdes Ereign (daher regelm nicht Diebstähle, RG aaO; Kblz VersR **55**, 439; nach RG LZ **20**, 647 auch nicht Brandschäden im Gebäudeinnern), das bei aller Vorsicht nicht voraussehb u abwendb war.

6) Keine Haftg für Fahrzeuge usw, IV, nach §§ 701 ff, auch soweit in Hotelgarage od fremder Sammelgarage untergebr. Ausschl bezieht sich auf alle Fahrzeuge, auch auf Fuhrwerke, Motorräder, Fahrräder, mitgeführte Boote (LG Bückeburg NJW **70**, 1853), nicht jedoch auf Kinderwagen u Krankenfahrstühle, Weimar NJW **66**, 1156. Grd für HaftgsAusschl: Haftg besteht auch in vergleichb Fällen nicht; Gast kann sich gg diese Risiken versichern; BTDrucks V/147. – Entspr gilt für die **in diesen Fahrzeugen belassenen Sachen**, auch für außen aufgeschnallte, BTDruckS V/147. – Auch für **lebende Tiere** haftet der Gastw nicht, gleichviel ob sie in Obhut genommen od am dritten Ort untergebracht worden sind. – Der HaftAusschl bezieht sich nur auf die Haftg für eingebr Sachen nach §§ 701 ff. Haftg aus unerl Hdlg od aGrd eines im Rahmen des BeherberggsVertr geschl Miet- od VerwahrgsVertr w hierdch nicht berührt, zB Haftg für Diebstahl bei entgeltl Einstellg des Kfz in Garage, auch für Diebstahl aus dem Kofferraum gem §§ 688, 282, 254 (BGH NJW **69**, 789); Haftg für Beschädigg des auf dem zugewiesenen Hotelparkplatz abgestellten Pkw des Gastes inf mangelh Zustands der Abstellfläche nach § 538, auch wenn ein bes Entgelt dafür nicht berechnet w (BGH **63**, 333; abbrechder Ast beschädigt Pkw; diese Haftg ist dch ein Schild „Parken auf eig Gefahr" nicht ausgeschl).

7) Umfang der Haftg u Freizeichng vgl §§ 702, 702a.

8) Für Hdlgen des **Bedienungspersonals** haftet der Gastw nach § 278. Mangelh Bedieng, zu messen am Rang des Hotels, BGH NJW **69**, 789, kann ein wicht Grd zur fristlosen Künd (§ 626) des GastaufnVertr sein (AG Garmisch NJW **69**, 608).

9) Beweislast. Der Gast muß das Einbringen u den Verlust währd der EinbringsZeit bew, KG VersR **71**, 571.

702 *Beschränkung der Haftung; Wertsachen.* ^I Der Gastwirt haftet auf Grund des § 701 nur bis zu einem Betrage, der dem Hundertfachen des Beherbergungspreises für einen Tag entspricht, jedoch mindestens bis zu dem Betrage von eintausend Deutsche Mark und höchstens bis zu dem Betrage von sechstausend Deutsche Mark; für Geld, Wertpapiere und Kostbarkeiten tritt an die Stelle von sechstausend Deutsche Mark der Betrag von eintausendfünfhundert Deutsche Mark.

^{II} Die Haftung des Gastwirts ist unbeschränkt,

1. wenn der Verlust, die Zerstörung oder die Beschädigung von ihm oder seinen Leuten verschuldet ist;
2. wenn es sich um eingebrachte Sachen handelt, die er zur Aufbewahrung übernommen oder deren Übernahme zur Aufbewahrung er entgegen der Vorschrift des Absatzes 3 abgelehnt hat.

^{III} Der Gastwirt ist verpflichtet, Geld, Wertpapiere, Kostbarkeiten und andere Wertsachen zur Aufbewahrung zu übernehmen, es sei denn, daß sie im Hinblick auf die Größe oder den Rang der Gastwirtschaft von übermäßigem Wert oder Umfang oder daß sie gefährlich sind. Er kann verlangen, daß sie in einem verschlossenen oder versiegelten Behältnis übergeben werden.

1) Allgemeines. Vgl zunächst Einf vor § 701. **Abs I**: Grdsatz der summenmäß beschr Haftg für eingebr Sachen; sie ist **zwingd**, § 702 a. – **Abs II**: Ausn von diesem Grdsatz bei VerschHaftg (Ziff 1) od bei Schäden an zur Aufbewahrg übern od zu Unrecht nicht übern Sachen (Ziff 2); diese Haftg ist zT zwingd § 702 a. – **Abs III**: AufbewahrgsPfl.

2) Summenmäßig beschränkte Haftg, I. Für eingebr Sachen haftet Gastw nur summenmäß beschr. Beschränkg errechnet sich aus Kombination des tägl BeherberggsPr mit Mindest- u Höchstsätzen.

a) Regelfall. Der volle Schad w begrenzt dch das Hundertfache des tägl BeherberggsPr; maßgebd der NettoPr ohne Zuschläge für Bedieng, Heizg, Frühst usw. Hierdch w der Rang des Hotels u die Art des dem Gast zur Verfügg gestellten Zimmers gewertet. Dieser Betrag w weiter begrenzt nach oben auf DM 6000 u nach unten auf 1000 DM. Gehaftet w also ohne Rücks auf den BeherberggsPr für Schäden bis zu DM 1000 u auch bei BeherberggsPr über 60 DM nicht über 6000 DM.

b) Für Geld, Wertpapiere u Kostbarkeiten gilt statt des HöchstBetr von 6000 DM der von 1500 DM. Daher w auch hier ohne Rücks auf den BeherberggsPr bis 1500 DM gehaftet; jedoch auch bei BeherberggsPr über 15 DM keine Haftg über 1500 DM. – **Begriff**: Geld, Wertpapiere u Kostbarkeiten, vgl § 372 Anm 1 u § 1818 Anm 2b. Zu den Kostbarkeiten gehören im allg nicht Pelze, RG **105**, 204; für diese kann jedoch der Gastw unbeschr haften, wenn er sie zur Aufbewahrg übern hat, II Ziff 2, § 702a.

c) Beherbergung Mehrerer. Belegen zwei od mehrere Pers ein Doppel- od Mehrbettzimmer, so erhält der Gastwirt den BeherberggsPr für jede einz Pers (jedes Bett), nicht für das Zimmer. Er haftet desh jeder Pers bis zum 100-fachen des auf sie treffden tägl Beherberggs-(Betten)Pr, mind jed bis 1000 DM u höchstens bis zu den in Abs I genannten HöchstBetr. Dabei spielt es keine Rolle, ob die Aufn einheitl od getrennt erfolgte u ob jeder Gast od einer – zB der Ehemann – den BeherberggsVertr geschl h, BGH **63**, 65. Gleiches w für die geschl Aufn einer PersGruppe (ReiseGesellsch, Sportmannsch) zu einem Ges- (Pauschal)Pr zu gelten h, wobei sich der BeherberggsPr für den Einz aus der Dividierg des GesPr dch die Anzahl der Teiln ergibt.

3) Unbeschränkte Haftg, II, wenn

a) der Schad von dem Gastw od seinen Leuten verschuldet ist, Ziff 1. Über den Begr „Leute" vgl § 701 Anm 4 „Zu a und b"; auch leichte Fahrlk genügt. Beisp: mangelhaftes Zimmerschloß, RG **75**, 386;

b) der Schad eintritt an zur **Aufbewahrg** übern eingebr Sachen od an solchen, deren **Aufbewahrg zu Unrecht abgelehnt worden** ist, Ziff 2 iVm III.

aa) Aufbewahrg eingebr Sachen dch den Gastw selbst od den dazu bestellten Vertreter (Chefportier, nicht jedoch Nachtportier bzgl größerer GeldBetr, RG **99**, 71) ist mehr als Übern der Obhut, wie § 701 II Ziff 1, 702 II Ziff 2 zeigen. Sie ist echte Nebenabrede mit Einigg der Parteien wie beim VerwahrgsVertr (§ 688). Auch eingebr Sachen, die nicht zu den Wertsachen nach III gehören, können, wenn sich der Gastw hierzu bereit findet, zur Aufbewahrg übern w. Für Fahrzeuge w nicht wie für eingebr Sachen nach §§ 701 ff gehaftet, § 701 IV; über Haftg für sie nach Vorschriften vgl § 701 Anm 6.

bb) Ablehng der Aufbewahrg von eingebr Wertsachen begründet Pfl zum Ers vollen Schad, wenn Gastw zu deren Aufbewahrg nach III verpflichtet. Begr der Wertsachen weiter als der der Kostbarkeiten; vgl Anm 2b u BTDrucks V/146 Denkschr zu Art 2 der Anl des Übk. Verpfl ist nach den Umst des Einzelfalles, insbes im Hinbl auf Größe u Rang der Gastwirtsch zu beurteilen. Lehnt Gastw zu Recht, weil AufbewahrgsPfl fehlt, Aufbewahrg der eingebr Sache ab, so haftet er nur im Rahmen des Abs I, also bei Geld, Wertpapieren u Kostbarkeiten nach I, 2. Halbs u bei and Wertsachen nach I, 1. Halbs.

4) Mitverschulden des Gastes. Über die alleinige Verursachg des Schad durch den Gast vgl § 701 III u Anm 5, daselbst auch über das nach § 254 zu berücks MitVersch des Gastes. – Soweit für den SchadErs die Begrenz nach I zu beachten ist, ist der Schad zunächst entspr § 254 zu teilen, der auf den Gastw fallende Teil ist sodann auf den HöchstBetr des Abs I zurückzuführen, BGH **32**, 149 (zu § 702 aF; Anm von Kreft LM Nr 1).

702a *Erlaß der Haftung.*

I Die Haftung des Gastwirts kann im voraus nur erlassen werden, soweit sie den nach § 702 Abs. 1 maßgeblichen Höchstbetrag übersteigt. Auch insoweit kann sie nicht erlassen werden für den Fall, daß der Verlust, die Zerstörung oder die Beschädigung von dem Gastwirt oder von Leuten des Gastwirts vorsätzlich oder grob fahrlässig verursacht wird oder daß es sich um Sachen handelt, deren Übernahme zur Aufbewahrung der Gastwirt entgegen der Vorschrift des § 702 Abs. 3 abgelehnt hat.

II Der Erlaß ist nur wirksam, wenn die Erklärung des Gastes schriftlich erteilt ist und wenn sie keine anderen Bestimmungen enthält.

1) Allgemeines. Vgl zunächst Einf vor § 701. **Abs I.** Die Haftg des Gastw kann im voraus nur in bestimmten Fällen beschränkt w. Anlehng der Fassg an § 276 II. **Abs II,** Form dieses Erlasses.

2) Summenmäßig begrenzte Haftg (§ 702 I) ist zwingd, I S 1, u zwar ohne Rücks darauf, ob der Schad ohne weiteres unter § 702 I fällt, od der Gastw für ihn nach § 702 II an sich unbeschr haftet. Auch in letzterem Fall ist er zumindest im Rahmen der Haftungsgrenzen des § 702 I zu ersetzen.

3) Haftg auch über die summenmäßige Begrenzg hinaus (§ 702 II), also der Höhe nach unbeschr. ist **zwingd,** I S 2:

a) im Fall des § 702 II Ziff 1 (Versch des Gastw od seiner Leute), wenn SachSchad durch diese vorsätzl od grob fahrl verurs w,

b) im Fall des § 702 II Ziff 2, wenn Gastw entgg seiner Verpfl (§ 702 III) Aufbewahrg der Sache abgelehnt hat.

4) Freizeichnung des Gastw ist danach **nur zulässig,** soweit es sich um den Ersatz des über die summenmäß Begrenz hinausgehden Schad (§ 702 I) handelt u auch nur für die Schäden, die:

a) auf nur **leichter Fahrlk** des Gastw od seiner Leute beruhen (§ 702 II Ziff 1) od

b) die zur Aufbewahrg übern Sachen erleiden (§ 702 II Ziff 2). Auch hier jedoch keine Freizeichng von Vorsatz od grober Fahrlk des Gastw od seiner Leute.

5) Form der Freizeichng, II. Schriftl, § 126. Erklärg muß sich auf den Erlaß der Haftg beschränken. Formverstoß: Nichtigk, § 125.

703 *Erlöschen des Schadensersatzanspruchs.* Der dem Gast auf Grund der §§ 701, 702 zustehende Anspruch erlischt, wenn nicht der Gast unverzüglich, nachdem er von dem Verlust, der Zerstörung oder der Beschädigung Kenntnis erlangt hat, dem Gastwirt Anzeige macht. Dies gilt nicht, wenn die Sachen von dem Gastwirt zur Aufbewahrung übernommen waren oder wenn der Verlust, die Zerstörung oder die Beschädigung von ihm oder seinen Leuten verschuldet ist.

1) Die SchadAnzeige, Satz 1 soll dem Gastw ermöglichen, Ermittlgen nach SchadGrd u -Höhe aufzunehmen. Gast muß dem Gastw Schad unverzügl nach KenntnErlangg anzeigen. Die Anzeige muß konkrete Angaben über den Schad enthalten, da andernf Nachprüfg unmögl. Empfangsbedürft WillErkl, § 130; Absendg allein genügt also nicht. Unverzüglichk: hierü § 121 Anm 3.

2) Ausschluß der Verwirkg, Satz 2, wenn Schad eingetreten ist:
a) an vom Gastw **zur Aufbewahrg** übern Sachen; vgl § 702 II Ziff 2 u daselbst Anm 3b aa;
b) **infolge Verschuldens** des Gastw od seiner Leute; vgl § 702 II Ziff 1 u daselbst Anm 3a; über „Leute" vgl § 701 Anm 4 „Zu a und b". Anders als beim zul HaftgsAusschl (§ 702a I, 2) schließt auch schon leichte Fahrlk Verwirkg aus.

704 *Pfandrecht des Gastwirtes.* Der Gastwirt hat für seine Forderungen für Wohnung und andere dem Gaste zur Befriedigung seiner Bedürfnisse gewährte Leistungen, mit Einschluß der Auslagen, ein Pfandrecht an den eingebrachten Sachen des Gastes. Die für das Pfandrecht des Vermieters geltenden Vorschriften des § 559 Satz 3 und der §§ 560 bis 563 finden entsprechende Anwendung.

1) Allgemeines. Vgl zunächst Einf 1–3 vor § 701. § 704 ist dch das G v 24. 3. 66 unberührt geblieben.

2) Gesetzliches Pfandrecht. Es steht zu nur dem Gastwirt iS des § 701. Ein VermieterPfdR besteht daneben nicht. Das PfdR besteht nur an Sachen, auch wenn sie Dritten, gehören. Es besteht für die Fdgen aus dem BeherbergsVertr (Einf 2 vor § 701), bei dessen Ungültigk auch wohl für die Fdg aus Bereicherg. An Sachen, die aufgenommenen unselbständ Begleitern od Dienern gehören, besteht PfdR nur, soweit der Wirt Fdgen gg sie hat, also grdsätzl nicht, wenn BeherbergsVertr gültig mit dem Hauptgast gschl. — Der Kreis der Fdgen überschreitet § 559 S 1 (dort Fdgen für Beköstigg usw nur, soweit diese nebensächl ist). Fdg aus Beschädigg usw fällt darunter. — Für schuldh Raumbeschädigg durch eine Begleitperson haftet auch der Hauptgast, daher PfdR an Sachen beider. — Das PfdR besteht nicht an den nicht der Pfändg unterworfenen Sachen, S 2 u § 559 S 3. — Zu § 560 S 2: Mitnahme des ganzen Gepäcks bei Abreise entspricht zwar den „gewöhnl Lebensverhältn", hindert aber den Widerspr des Wirtes nicht.

Vierzehnter Titel. Gesellschaft

Lit: Außer den Lehrbüchern Fischer, Die Gesellsch bürgerl Rechts, 1977.

705 *Begriff.* Durch den Gesellschaftsvertrag verpflichten sich die Gesellschafter gegenseitig, die Erreichung eines gemeinsamen Zweckes in der durch den Vertrag bestimmten Weise zu fördern, insbesondere die vereinbarten Beiträge zu leisten.

Übersicht:

1) Rechtsformen der Gemeinschaftsinteressen-Verwirklichung
2) Gesellschaft, Begriff
   Voraussetzungen
3) Vertrag
   a) Abschluß
   b) Abänderung
   c) Gegenseitiger Vertrag
   d) Abschlußmängel
4) Zweck
   Wirkungen
5) Gesamthandvermögen

6) Verwaltungsregelung
7) Schuldrechtliche Beziehungen
   a) Ansprüche der Gesamthand
   b) Verpflichtungen der Gesamthand
   c) Verwaltungsrechte der einzelnen Gesellschafter
   d) Einzelansprüche eines Gesellschafters gegen einen anderen Gesellschafter
8) Außen- und Innengesellschaft
9) Anwendungsgebiet
   a) Subsidäre Geltung
   b) Geltung im Wirtschaftsleben, Konsortien, Kartelle
   c) Die Arbeitsgemeinschaft in der Bauwirtschaft
10) Gesellschaftsähnliche Verträge

1) Rechtsformen der Verwirklichg von Gemeinschaftsinteressen.

a) Mehrere können im RVerkehr Leistgen austauschen, insb ggseitig durch Abschl eines ggs Vertrages. Sie können sich aber auch zur Verfolgg gemeins Interessen zusammentun od durch andere Umst zu einer InteressenGemsch verbd w. Das BGB regelt die Beziehgn mehrerer in einer InteressenGemsch Stehender, soweit diese Gemsch, wie meist, zu gemschaftl Berechtigg geführt hat, durch die §§ 741 ff („BruchteilsGemsch"). Die §§ 741 ff gelten grdsätzl, soweit nichts anderes bestimmt ist, und gleichgült, welcher

Einzelne Schuldverhältnisse. 14. Titel: Gesellschaft **§ 705** 1–3

EntstehgsGrd vorliegt; BruchteilsGemsch können also auch vertragl entstehen (selten), vgl Übbl 1 c aa vor § 420. Tatsächl treten indessen die §§ 741 ff weit zurück ggü den Sonderregelgn der drei GesHandsGemschaften im BGB; des vertragl ZusSchlusses zur ZweckGemsch (der G), §§ 705 ff, der ehel GütGemsch, §§ 1415 ff, u der ErbenGemsch, §§ 2032 ff. Auch die §§ 1008 ff, die einzelne Regeln für die BruchteilsGemsch mehrerer Eigtümer, das „Miteigentum", geben, gehen §§ 741 ff vor.

b) Gesellsch u nichtrechtsfäh Verein. G des BGB schafft zwar zw den Gtern eine enge, durch die Bildg des GesHandvermögens (Anm 5) über den Rahmen des SchuldR hinausgehende Verbindg, schließt die VertrGenossen aber nicht zu einer bes RPerson zus. Die zur GesHand gehörden R u Pfl stehen den GesHändern (Gtern) in ihrer Verbundenh zu (Blomeyer JR 71, 397, hM). Dadch Unterschied von der rechtsfäh Körpersch, insb dem rechtsfäh Verein des BGB, §§ 21 ff, u den KapitalG des HandelsR. Die G unterscheidet sich aber ferner auch von der nichtrechtsfäh Körpersch des BGB, dem nichtrechtsfäh Verein, § 54. Dieser ist eine G, RG 143, 213, sond körperschaftl Natur, obwohl auf ihn – kr der pos (nicht glückl) Gesetzesbestimmg – die §§ 705 ff grdsätzl anzuwenden sind. Demzufolge mußte die Praxis zahlr Abwandlgen inf der grdsätzl Verschiedenh des nichtrechtsfäh Vereins von der G zulassen. Der nichtrechtsfäh Verein unterscheidet sich von der G insb durch den Dauerzweck, die körperschaftl Organisation, niedergelegt in der „Satzung", durch den Gesamtnamen u durch seine Einrichtg auf wechselnden MitglBestand, RG aaO. Doch ist die Grenze flüssig.

2) Gesellschaft. Begriff: § 705. Er erfordert einen **Vertrag** (Anm 3). VertrInhalt muß sein die Verpflichtg, einen gemeins **Zweck** durch ZusWirken zu erreichen (Anm 4). Darin unterscheidet sich die G von der BruchTlGemsch (§§ 741 ff), die bloße InteressenGemsch ist u häuf auch ohne Vertr entsteht. Wird ein auf die Erreichg eines gemeins Zweckes gerichteter Vertr geschl, so liegt eine G des BGB vor, soweit nicht Sonderregeln, zB HGB §§ 105, 161 ff, eingreifen od ein körperschaftl Charakter (Anm 1 b) gegeben ist. Über die Organisation braucht der Vertr nichts zu enthalten, es greift dann die gesetzl Regelg der §§ 709 bis 715 ein.

3) Vertrag.

a) Abschluß: durch einander entspr WillErklärgen mehrerer. Ggsatz: Entstehg kr G, so meist Gemsch des § 741. Die GGründg ist echte Einigg, nicht „Gesamtakt" (wie die Künd durch mehrere Mieter: bei ihr liegen gleichgerichtete Erklärgen vor). Die GGründg ist aber nicht, wie man aus § 705 entnehmen könnte, (bloßer) Vertr des SchuldR. Sie fällt vielm auch in das Pers- u GemschR. Die in erster Linie auf den schuldbegründenden Vertr zugeschnittenen §§ 145 ff, vgl Einf 4 vor § 305, passen daher auf den GVertr, jedenf den von mehr als zwei Gtern, nicht ohne weiteres; hierzu auch unten d. – Auch jur Personen können VertrGenossen sein, RG 163, 149, ebso nichtrechtsfäh PersVereinigg. So kann eine BGB-G Mitgl in einer and, nicht aber – aus handelsregisterrechtl Grden – in einer OHG sein (Hohner NJW 75, 718). Beteil sich an einer G des BGB eine and G des BGB od eine OHG, so sind die Mitgl der letzteren auch Gter der ersteren, jedoch nicht einz, sond nur in ihrer Verbundenh als gesamthänd RTräger. Der TrHänder, der für einen And Gter w, ist allein Gter, BGH WPM 62, 1354 u verliert diese Stellg erst mit seinem Ausscheiden od Übertr seiner Beteiligg auf den TrGeber, BGH BB 71, 368. Über Nichtigk des TrHdVertr bei übermäß Bindg des Treugebers nach § 138 vgl BGH 44, 158. – **Abschlußform:** grdsätzl formfrei, BGH WPM 62, 486, anders in den Fällen des §§ 311, 313 (BGH WPM 78, 752); vgl insb § 313 Anm 4 a u Petzoldt, BeurkZwang im GRecht BB 75, 905; formfrei, wenn Grdst nur zur Benutzg überlassen (§ 706 Anm 1 d), BGH WPM 65, 744, vgl auch BGH WPM 67, 610; anders auch in den Fällen des § 518, BGH WPM 67, 685 (unentgeltl Beteiligg an einer InnenG). **Vormundschaftsgerichtl Genehmigung** ist nöt gem § 1822 Nr 3, vgl dort Anm 4 b. Über **Vorvertrag** Einf vor § 305 u RG 165, 266. – Über **Abschlußmängel** u ihre Folgen unten d.

b) Die **Abänderg** des GVertr bedarf ebenf der Einigg aller, also der Einstimmigk. Sieht der GVertr allgem Entscheid durch „Stimmenmehrheit", vgl Vorbem 5 b vor § 709, vor, so bezieht sich eine derartige allg VertrBestimmg nur auf Akte im Rahmen der GeschFg, BGH 8, 41; jedoch ist auch hier stets zu prüfen, ob der GVertr auch die beabsichtigte konkrete Maßregel der MehrEntsch überlassen will, BGH WPM 70, 707. Das ist in aller Regel zu verneinen, wenn es sich handelt um Ändergn von **Bestand** od **Organisation** der G, also der sog **GGrundlagen**, BGH WPM 61, 301. Zu diesen gehören insb Zweck, Mitgliedsch, BGH WPM 61, 301, § 717 Anm 1 a, § 736 Anm 1–3, Ausschluß, § 737 (anders Kündigg, § 723; einseitig mögl), Gewinnverteilg, § 722 II, GeschFg u Vertretg (vgl aber dazu Vorbem 3 a Abs 2 vor § 709), auch Übertr des ganzen GVermögens an einen Dritten, RG 162, 372, Vereinbg der Auflösg, Auseinandersetzg; Erhöhg der Beiträge, BGH 8, 41. Doch können auch Abändergen der Grdlagen durch GVertr der Entscheidg der Mehrh od der eines GOrgans mit unmittelb, nicht bloß verpflichtend Wirkg übertr w, jedoch muß aus dem GVertr der Wille ersichtl sein, daß gerade für die in Frage stehe Abänderg, insb für die Erhöhg der BeitrPfl bis zu einer best Höchstgrenze, das Prinzip der Einstimmigk nicht gelten solle (BGH WPM 76, 1053). Dieser BestimmthGrds gilt nicht für PublikumsG. Hier sind vertr-ändernde MehrBeschl auch dann zul, wenn der GVertr das vorsieht, ohne die BeschlGgst näher zu bezeichnen (BGH 71, 53). Grdsätzl zulässig ist auch eine Vereinbg, daß verzichtb GterRechte ohne wicht Grd nach freiem Erm der GterMehrh entzogen w können, BGH NJW 73, 651 mit Anm Schneider NJW 73, 750, bei wicht Grd auch der Ausschl eines Gters, § 737 Anm 1. Verpflichtg von einer Abänderg zuzustimmen, nur ausnahmsw, BGH BB 54, 456; so wg Fortfalls od Änderg der GeschGrdlage für den Eintr eines Gters, die unter zumutb Aufrechterhaltg des GVertr eine Anpassg an die veränderten Umst rechtfert od erfordert, Br NJW 72, 1952 für KG (Änderg vereinb NachfKlausel nach Ehescheidg). Ungünst wirtsch Folgen iF einer Liquidation der G reichen nicht aus als Grd für eine Verpfl zur Zust zu einer Änd des GVertr; ebso wenn der Umst, die nach der Meing der Mehrh eine solche Änd erfordern, bei VertrSchluß bereits vorhersehb waren od gar im Vertr berücksicht sind, BGH Betr 73, 1545.

c) Gegenseitiger Vertrag. Nach stRspr ist der GVertr ggs Vertr iS der §§ 320 ff, obwohl nicht auf Austausch, sond auf Vereinigg von Leistgen gerichtet, näher Einf 1c bb vor § 320. Jedoch können §§ 320 ff, insb auf die mehr als zweigliedrige G nur mit großen Einschränkgn angewendet w. Das **LeistgsverweigergsR nach § 320** wg Nichtleistg eines anderen Gters w nur in der ZweimannG od bei Säumn aller Mit-

§ 705 3, 4

Gter anerkannt w können; bei der mehrgliedrigen G würde es prakt zu einer Lähmg der G überh führen, wenn alle Gter im Hinbl auf die Säumn des einen Gters ihre Leistg verweigern könnten, BGH **LM** § 105 HGB Nr 11. Über das LeistgVR des Gters, wenn er argl getäuscht worden ist, § 706 Anm 1 b. Die **§§ 323, 324** w, mit Abweichgen im einz, für anwendb gehalten, RG **158**, 326 (aA bzgl § 323 RGRK Anm 9); vgl auch § 723 Anm 1 b; fristlose Künd aus § 723 I dürfte aber ausreichen, falls nicht sogar, so im allg bei der ZweimannG, § 726 eingreift. Das **RücktrittsR aus §§ 325, 326** wurde auch vom RG (RG **158**, 326) versagt, sobald die G ihre „Tätigkeit bereits begonnen", soweit sie „nach außen" bereits hervorgetreten ist; es ist durch das Recht zur fristlosen Künd aus § 723 I ersetzt, da eine Rückaufrollg des GVerh zur Verwirrg führen würde, so auch BGH WPM **67**, 420. Dasselbe gilt für den **Wegfall der Geschäftsgrundlage,** BGH NJW **67**, 1082. Vgl auch unten d. Aus demselben Grunde kommt der **SchadErsAnspr wg NichtErfüllg** des ganzen Vertr nach **§§ 325, 326** nicht in Frage; er wird durch den allg SchadErsAnspr wg schuldh Herbeiführg der Auflösg durch Veranlassg der Künd ersetzt, RG **89**, 400, vgl auch RG **123**, 23 (vgl ferner § 628 II u dort Anm 3)

d) **Abschlußmängel.** Abschl kann, zB wg Verstoßes gg §§ 134, 138, RG DR **43**, 806, BGH WPM **65**, 794, od auch gg § 306 od § 310, ferner wg WillMängeln eines der VertrGenossen (Schein, RG **142**, 104, Mangel der GeschFgk, BGH **17**, 160, Irrt, argl Täuschg, versteckten Einiggsmangels, BGH **3**, 285, nicht jedoch offenen Einiggsmangels, wenn G nach dem Willen aller Gter in Vollzug gesetzt w [die Ausleggsregel des § 154 S 1 gilt hier nicht], BGH NJW **60**, 430) nichtig od wirks angefochten sein. Nach §§ 134, 138 nichtig ist der GVertr idR nur, wenn der vertrmäß verfolgte GZweck selbst verboten od sittenwidr ist. Eine einz verbotene od sittenwidr Betätigg, zB Hinterziehg v GrdErwerbsteuer berührt die Wirksamk des GVertr als solchen nicht (BGH WPM **76**, 1026). Sind einz Teile des gesvertragl Vereinbgen nichtig, zB sog sittenwidr Übervorteilg od Knebelg eines Gters od wg Verstoßes gg § 313, so hängt es v EinzFall ab, ob sich dies nach § 139 auf den GVertr auswirkt od ob zB der Vertr unter den Nichtbetroffenen fortbesteht (BGH WPM **62**, 463). Wirkt sich der nichtige Teil auf den ganzen Vertr aus, so führt dies wie bei and AbschlMängeln nicht zur Nichtigk, sond gibt dem Betroffenen das R zur außerordentl Künd (s unten). Ist im Vertr vereinb, bei TeilNichtigk einz Vereinbgen bleibe der Vertr bestehen, die ungült Teile seien abzuändern od umzudeuten, so steht dies einer Künd aus wicht Grd wg Nichtigk des ganzen Vertr nicht entgg, wenn die Auslegg ergibt, daß sich die den § 139 ausschließde Vereinbg nicht auf einen schwerwiegden Sittenverstoß in einem wesentl Teil des GVertr bezieht (BGH WPM **76**, 1026). Auch kann die GeschGrdlage gefehlt haben, § 242 Anm 6 c, b. § 181 ist auf den Abschl des GVertr u auf seine Änderg anwendb, BGH NJW **61**, 724; zur Anwendbk iü vgl § 181 Anm 1. Ist GVertr nichtig, so besteht zw den Beteiligten **(InnenVerh)** eine **fehlerhafte Gesellschaft** (früher als fakt G bezeichnet) als ein echtes internes Verpflichtsverhältn, wenn G zur Ausführg in gebracht worden ist, BGH WPM **61**, 426. Das gilt auch, wenn die TeilNichtigk einz Vereinbgen über § 139 zur Nichtigk des ganzen Vertr führt (BGH WPM **76**, 1026). Die Gter sind, wie bei einem gültigen GVertr, schuldrechtl einander verbunden, auch verpflichtet, einander die Treue zu halten, BGH **17**, 167. Für die Gter untereinander bleibt der fehlerh GVertr maßgebd außer den nichtigen Klauseln, an deren Stelle eine den gegebenen Verh entspr angem Regelg tritt (BGH WPM **76**, 1026). Anspr aus Versch bei VertrSchl daher mögl; § 307 unanwendb, BGH WPM **61**, 426. Gter kann nach § 723 kündigen, u zwar w die Mangelhaftigk des Vertr in aller Regel als wicht Grd hierfür ausreichen, BGH **3**, 285, WPM **67**, 420. Diese Grds gelten nicht, dh keine rechtl Anerkenng der fehlerh G, wenn gewicht Interessen der Allgemeinh od best, bes schutzwürd Pers entggstehen. Das ist regelm der Fall, wenn der GVertr wg § 134 nichtig ist, zB wg Verstoßes gg den RBerG, BGH **62**, 234 od sittl verwerfl Zwecke verfolgt, BGH NJW **67**, 39; hier bestehen, wenn überh (§§ 817, 134, 138), nur außervertragl Anspr zw den Beteil. Auch der ges Schutz des Mj steht seiner Einbeziehg in eine fehlerh G entgg; vertragl Anspr der Beteil od Dr, mit denen die G kontrahiert h, gg ihn sind daher ausgeschl, BGH **17**, 167. Ebso sind die Grds der fehlerh G nicht zu anwendb auf nichtige od anfechtb Änderegn des GVertrs, BGH **62**, 20. Fehlerh Ausscheiden eines Gters vgl § 736 Anm 1. – Von einer fakt od fehlerh G kann nicht gesprochen w, wenn es überh an einem – wenn auch nichtigen oder vernichtb – VertrSchl fehlt; dann besteht nur eine tatsächl Gemsch zw den Beteiligten, die nach GemschR zu beenden ist; BGH **11**, 190. – Die Gter der in Vollzug gesetzten fehlerh G haften Dritten **(Außenverhältn)** nach GRecht, BGH WPM **44**, 235 (oHG) mit Anm v Fischer **LM** § 130 HGB Nr 2. – Die Grdsätze über die fehlerh G sind im allg auch auf die in Vollz gesetzte **Innengesellsch**, also auch auf eine stille G (§ 342 HGB) anwendb ohne Rücks darauf, wie der EinzFall gestaltet ist u ob die Abweichg v den bürgerrechtl Regeln jew mehr od weniger dringl geboten erscheint (BGH **55**, 5 u WPM **77**, 196). So zB wenn es sich nicht um die verhältnmäß lockere Bindg zw den Partnern einer typ stillen G, sond um ein auf akt ZusArb gerichtetes GVerh handelt (BGH WPM **76**, 1030). Lit: Steckhan, Die InnenG, 1966.

e) Die Klagbark für gesellschrechtl Streitigk kann im GVertr von einem vorher SchlichtgsVersuch dch den Beirat abhäng gemacht w. Eine vorher erhobene Kl ist grdsätzl zZt unzul. Das gilt auch für MassenG u nach Ausscheiden des klagden Gters (BGH WPM **77**, 997).

4) Zweck.

a) Zweckarten. Der Zweck der G kann dauernd od vorübergehend sein. Er braucht nicht auf dem Gebiete der VermInteressen zu liegen, muß aber irgendwie durch vermögenswerte Leistgen gefördert w sollen. Er braucht nicht ein eigennütziger der Gter zu sein, auch Förderg der Interessen anderer mögl. Ist der Zweck eigennützig, so kann er auf Erwerb, u zwar auf gemeins GewerbeBetr, aber auch auf Förderg eines gemschaftl Einzelinteresses gehen (GelegenhG). Fälle: Anm 9 b. Nicht ausreichd ist als Zweck die bloße gleichartl Beteiligg Mehrerer an einem Ggst ohne verabredete Förderg eines weiteren Zwecks; dann handelt es sich um bloße InteressenGemsch (§§ 741 ff). Die bloße Erhaltg u Verwaltg eines gemeinschaftl Ggst (zB Grdst) kann nach den Umst als Zweck für eine BGB-G ausreichen, jedenf wenn damit eine Nutzg verbunden ist; mißverständl Düss BB **73**, 1325, dazu abl Petzold aaO 1332.

b) Der Zweck muß **ein gemeinsamer** sein derart, daß jeder Gter dessen Förderg von dem andern beanspr kann, BGH WPM **65**, 795. Keine G, sond Schenkg od GewährVertr, ist daher die „societas leonina", die nur den Vorteil einzelner bezweckt, § 722 Anm 1 a. Ebso keine G, wenn der Vertr zwar best, teils wechselseit Verpfl der Part zu aufeinand abgestimmten Leistgen begründet, dabei aber jeder seine eig Zwecke verfolgt (BGH WPM **76**, 1307, Eier-PartnerschVertr). Nicht G, wenn auch gesellschaftsähnl, ist danach der sog partiarische Vertr, Anm 10.

c) Der Zweck muß durch **Zusammenwirken aller Gesellschafter,** regelm durch „Beiträge", erreicht w sollen, § 705, vgl zu § 706.

d) Nichtig ist der GVertr, wenn der GZweck gg ein ges Verbot od die guten Sitten verstößt, vgl oben Anm 3 d.

Wirkgen des Vertragsschlusses: (Anm 5–7).

5) Außer den schuldrechtl **Wirkgen** hat VertrSchl im Regelfalle, § 718, die Folge, daß die für den G-Zweck best VermGgst, wenn sie in Erf der BeitrVerpfl auf „die G" übertr w, **Gesamthandvermögen** aller Gter – GVerm – w. „Die G" bedeutet dabei nichts and als die Gter in ihrer gesamthänd Verbundenh. Eig RPersönlichk erlangt die G nicht, sie ist also auch nicht wechselrechtsfäh; desh keine Haftg der G od der übr Gter für einen Wechsel, den ein Gter für eine mangels Eintr nicht existente KG – in Wahrh BGB-G – akzeptiert h, BGH **59**, 179. And dagg, wenn die Gter dem Auftreten als KG vor der Eintr zugestimmt h. Dann haften sie kr RScheins einem gutgl Gl bis zur Höhe der vereinb Einlage, der zeichnde Gter haftet nicht zusätzl nach § 179, BGH WPM **73**, 896. Schmidt JuS **73**, 83 will unter Hinw auf die Identität der Mit-Untern – BGB-G mit der dch spätere Eintr entstehenden KG samtverbindl WechselVerpfl aller Gter annehmen. Die gesamthänderische Berechtigg tritt nach RG **76**, 277, stRspr, hM, bereits bei dem VertrSchl entstehdn Fdgen auf die Beitragsleistg ein: die Fdgen sind bereits GVerm, dasselbe gilt für andere später den Gtern aus irgendeinem Anlaß gg Dritte od einen der Gter erwachsende Fdgen. – Der einz Gter kann über einen Ggst des GVerm nicht allein verfügen, Übbl 1 c, bb vor § 420. Vgl näher §§ 718, 719. – Den Normaltyp der G des BGB mit GesHandVerm u gemschaftl Vertretg bezeichnet man als **GesamthandaußenG**; über atyp GFormen sh Anm 8.

6) Es tritt eine Regelg der **Verwaltg** der G, insb des GVerm, ein, u zwar nach innen **(Geschäftsführung),** §§ 709 ff, u nach außen **(Vertretung),** §§ 714, 715.

7) Es entstehen **schuldrechtl Beziehgen zw den Gesellschaftern,** wobei die Tats, daß die Rechte u Verpflichtgen der Gter gesamthänderisch gebunden sind, von entscheidender Bedeutg ist. Die Beziehgen sind als Vertrauensbeziehgen bes beherrscht von den Gedanken der gesellschaftl **Treue**, § 242, RG **142**, 216; daher zB Stimmrechtsaltg bei Interessenkollision (Vorbem 5c vor § 709), RG **136**, 245; so ist die Hintergehg der MitGter in gewinnsüchtiger Abs KündGrd, BGH MDR **60**, 204, die heiml eigennütz Anfertigg von Abschriften verboten, RG **107**, 171. Pfl zur Verschwiegenh, zur Zust zu Geschäften, wenn Versagg treuwidr wäre, Vorbem 3b vor § 709. Ein Konkurrenzverbot, wie in HGB § 112, besteht nicht. Auch bei MassenG kann der GVertr vorsehen, daß bei Streitigk aus dem Vertr der RWeg erst beschritten w darf, nachdem der Beirat der G einen SchlichtgsVersuch unternommen h (BGH NJW **77**, 2263). Die TreuPfl überdauert auch das GVerh, daher ist auch der ausgeschiedene Gter verpflichtet, alles zu unterlassen, was den GZweck beeinträchtigen könnte, BGH NJW **60**, 718; vgl auch § 738 Anm 2. – Es gilt ferner der Grds der **gleichmäßigen Behandlg** der Gter, vgl §§ 706 I, 722, 734, der auch bei Geltg des MehrhGrdsatzes, § 709 II, Bedeutg gewinnt, RG **151**, 326. – **Vier schuldrechtl Beziehgsgruppen** sind zu unterscheiden:

a) Ansprüche der „Gesamthand der Gesellschafter" ggüber einzelnen Gesellschaftern. Die Anspr bedeuten Einzelverpflichtg der Gter. Insbes: Anspr auf Leistg der Beiträge, §§ 705–707, RG **76**, 279, auf Nachschuß bei GEnde, § 735, auf Rückzahlg zuviel entnommenen Gewinns. Anspr gg einen Gter aus dessen GeschFg, so Anspr auf RechngsLegg u Herausg nach Beendigg der GeschFg, §§ 713, 666, 667, SchadErsAnspr aus VertrVerletzg, zB unbefugter Verweigerg der Mitwirkg bei ihr od sonstiger schuldh Schädigg, Vorbem 3b vor § 709, § 713 Anm 2e. Anspr gehören zum GesHandVerm. Dargestellt wird die fordernde GesHand in solchen Fällen durch die ZusFassg der übrigen, vgl Vorbem 5c vor § 709, bei der ZweimanG also durch den anderen Gter; die gesamthänderische Gebundenh des Anspr zeigt sich aber darin, daß der verpflichtete Gter in das GVerm (die GKasse) zu leisten hat, an dem auch er Anteil hat, BGH NJW **60**, 433. Von Bedeutg für den KlageAntr, insb bei der ZweimannG. Verpfl ist der einz Gter, bei ZahlgsAnspr der Erbe, BGH Betr **74**, 1519.

Nicht hierher gehören Anspr der GterGesHand **gegen Dritte**, od Anspr **gegen einzelne Gesellschafter** aus einem **Drittverhältnis** (Kauf, Darl, unerl Hdlg usw). Über deren Geltdmachg durch die GesHand od einen Gter § 709 Anm 1.

Anspr der GterGesHand **gg einen Gesellschafter**: Aus § 705, ebso aus § 717, könnte gefolgert w, daß die Anspr der GesHand, insb der BeitragsAnspr, auch Inhalt von Verpflichtgen der einzelnen Gter ggeinander sein, danach auch von jedem Gter gg den verpflichteten Gtern erhoben w könnten. Dem steht jedoch – zweifelh u sehr str – im Regelfall der GesHandaußenG die gesamthänderische vermrechtl Verbindg der Gter entgg, die die Erhebg solcher Anspr als Verwaltg dieses Vermögens der GeschFg „der Gesellschaft" (§ 709) zuweist. Das Interesse der GesHand fordert indessen, u zwar ohne Rücks darauf, ob die GeschFg allen Gtern gemschaftl zusteht (§ 709 I), od aber anders geregelt ist (Vorbem 1 vor § 709), daß jeder Gter berechtigt ist, auch allein – im eig Namen –, aber gesellschaftl gebunden (auf Leistg an die G) zu klagen; BGH NJW **60**, 433, BGH Warn **73**, 217 u das Schriftt, vgl Soergel-Schultze-v. Lasaulx Anm 56, 57, teilw aA Hadding JZ **75**, 159, ders actio pro socio (1966) mit Besprechg Diederichsen ZHW **69**, 290; vgl auch § 709 Anm 1b und Übbl 1c bb vor § 420.

b) Verpflichtgen der „Gesellschaft" („Sozialverpflicht", RG **120**, 137) **ggüber einzelnen Gesellschaftern.** Sie bedeuten EinzelAnspr der letzteren. So: Anspr auf Feststellg u Auszahlg des Gewinnanteils, § 721; auf Aufwendgsersatz od vereinb Sondervergütg bei GeschFg, §§ 713, 670, 675, RG **126**, 189; auf Auseinandersetzg u Zahlg des Auseinandersetzgsguthabens, §§ 733, 734; auf Abfindg, § 738; SchadErsAnspr des einzelnen wg ihm ggü begangener Verletzgen des GVertr durch die GesHand, insb durch die geschführenden Gter, zB durch schuldh Herbeiführg eines Unfalls, RG **143**, 213, durch Beschädigg nur zum Gebr eingebrachter Sachen. Über Geltdmachg gg die G (Befriedigg aus dem GVerm), ggf gg die einz Gter pers, u Beschrkgen dabei vgl § 718 Anm 4c u § 713 Anm 2g. ZusSchluß mehrerer Grdst-Eigtümer zu einer Interessentensch ggü einem Erdölbohrunternehmen ist Gesellsch. Steht der Anspr auf anteil Förderzins dem einz Eigtümer zu, so kann er die Zahlg seines Anteils gg den geschführden Gter aus der GesellschKasse geltd machen, BGH WPM **70**, 1223. – Diese Anspr sind, als individuelle, zT übertragb, vgl § 717.

Entspr oben a gehören nicht hierher Verpflichtgen der GesHand **gegenüber Dritten,** ferner solche ggü **einem Gesellschafter** aus einem von ihm mit der G eingegangenen **Drittverhältn.** Über beide § 718 Anm 4b.

c) **Verwaltgsrechte** der einz Gter ggü der GesHand: auf Mitwirkg in der G bei der GeschFg, auch bei Erteilg der GeschFgsBefugn u ihrer Entziehg, §§ 709, 710, 711, 712, insb das StimmR bei BeschlFassg, vgl § 709, das Recht zur Vertretg, § 714, zur Künd, § 723, auf Mitwirkg bei der Auseinandersetzg, §§ 730 ff, auf Unterrichtg u Nachprüfg, § 716. Auch das oben zu a Abs 3 genannte Recht des Gters, uU Ansprüche der G gg einen MitGter auf die Leistg an die Gemsch zu erheben, kann hierher gerechnet w. Stets unübertragb, vgl zu § 717, da sozialrechtl Inhalts. Daher auch nicht beschränkb dch NachlVerwaltg; denn diese erfaßt nur die rein vermögensrechtl Anspr, wie die auf Gewinn u Abfindgsguthaben, BGH **47**, 293. Zuläss u unentzieh jedoch Ausübg derVerwR dch den gesetzl Vertreter des Gters od seinen Gebrechlichk-Pfleger, BGH **44**, 101 (Anm v Fischer **LM** § 118 HGB Nr 1). – Die übr Gter sind verpflichtet, die Ausübg der Rechte zu dulden. – Sind die Rechte gleichzeitig Pfl der Gter, zB zur GeschFg, gilt insoweit das zu a Gesagte.

d) Mögl sind ferner **Einzelansprüche eines Gesellschafters gg einen anderen Gesellschafter** wg Verletzg des GVertr durch diesen, so, wenn nicht die G, sond unmittelb der einzelne durch den betreffenden Gter geschädigt ist, zB bei Beschädigg einer nur zur Benutzg eingebrachten Sache od bei anderer Schädigg durch einen nicht geschführenden Gter, BGH NJW **62**, 859, WPM **67**, 276. Diese Anspr haben mit dem gesamthänderisch gebundenen GVermögen nichts zu tun, sie können daher jederzeit eingeklagt w ohne Rücks darauf, ob die G noch besteht od bereits aufgelöst ist, BGH WPM **67**, 276. – Über die Möglichk ihrer Einbeziehg in die Auseinandersetzg § 733 Anm 1c. Meist wird aber durch die Hdlg die G (das GVerm) selbst geschädigt sein, dann liegt a vor, vgl RG **123**, 26.

8) Außen- u Innengesellschaft. Die §§ 705 ff sind, abgesehen von §§ 712 I, II, 716 II, 719 I, 723 III, 724 S 1, 725 I, 728, **abdingbar.** Daher sind sog **atypische Gesellschaftsverträge** mögl, RG **142**, 18. Insb sind die Leistg von Beiträgen, die Bildg eines GesHandVermögens, § 718, ferner die GeschFührg für die G und die Vertretg der G keine notw Erfordern, BGH WPM **62**, 1086. Von einer InnenG w dann gesprochen, wenn zwar die Partner sich vertragl zur Erreichg eines gemeins Zweckes verpflichtet haben, also der Inh eines GVertr gegeben sind, jedoch nach außen nur ein Partner als der Inh des Unternehmens in Erscheing tritt, dh allein von ihm od in seinem Namen die Geschäfte abgeschl w, zB Tipp-Gemsch, BayObLG NJW **71**, 1664. Der InnenGter ist nicht dingl MitBerecht am Verm des GVertrPartners, h aber einen schuldr Anspr gg ihn, im Rahmen des rechtl Mögl so gestellt zu w, als ob er gesamthänder an dem zum Gut der InnenG gehörden Verm des VertrPartners beteil wäre, BGH WPM **73**, 296. Gleichgült ist, ob die interne Bindg der Partner bekannt od verborgen ist, gleichgült auch, ob der „stille" Partner mit GeschFührgs- u VertretgsMacht ausgestattet ist; entscheid allein ist, daß er auch bei solcher Ausgestaltg des Untern nicht im Namen der G, sond allein im Namen des „tätigen" Gters auftreten u diesen allein verpflichten kann, BGH WPM **61**, 574. Die Parteien sind in der Ausgestaltg ihres Verh weitgehd frei, BGH aaO, **8**, 160. Besteht GVerh zw den Parteien, so w nicht AußenG vermutet; wer diese behauptet, hat sie daher zu beweisen, BGH WPM **66**, 32. Treten der Tät u der Stille bei einem RGesch mit einem Dr auf, das den Kern des GZweckes betrifft, gemeins auf, so w die Auslegg idR ergeben, daß sie in forml Abänderg des stillen GVertr für alle Gter auftreten (AußenG) u alle verpfl w, Köln Betr **73**, 1065. KontrollR des Gters, Verpflichtg zur Mitarbeit u Anteil am Gewinn u Verlust sind regelm auch bei der InnenG gegeben, BGH **12**, 315, WPM **66**, 32. Darü, ob § 313 für die InnenG gilt, § 313 Anm 4 a. Daß auch für die Auseinandersetzg der Gter einer aufgelösten InnenG im allg die §§ 730 ff gelten sollen, das GVerm also in aller Regel zu versilbern u nach Begleichg der Verbindlichkeiten die Gtern nach dem Verh ihrer Beteiligg auszuzahlen sei, BGH WPM **65**, 794, ist im Hinbl auf das Fehlen von GesHandsBerechtigg u auf § 340 HGB abzulehnen; so auch BGH WPM **68**, 278 für stille G. Jedenf kann der GVertr etwas anderes vorsehen. Eine verständ Auslegg dieses Vertr kann ergeben, daß eine Abwicklg in der Weise gewollt ist, daß dem ausscheidden Gter, der nicht dingl Berechtigter an den der G dienenden VermWerten ist, nur ein AbfindgsAnspr auf eine Geldzahlg in Höhe des Wertes seiner Beteiligg zusteht, so BGH WPM **60**, 1121 bei einer GrdstInnenG, u BGH WPW **73**, 296 bei einer InnenG zw Ehegatten. Auseinandersetzg sodann wie bei der stillen G (§ 340 HGB).

Auch die vermögensrechtl Beziehgen zw **Eheleuten** od and **Familienmitgliedern** können gesellschr Natur (InnenG) sein (vgl auch § 1356 Anm 4d), näml wenn konkret festgestellt w kann, daß die Beteil abredegem dch beidersei Leistgen einen über den typ Rahmen der ehel Lebens- bzw FamilienGemsch hinausgehden Zweck verfolgen (BGH NJW **74**, 2278), daß eine schuldr Sonderverbindg besteht, die über das hinausgeht, wozu die Eheg nach familienr Regeln verpfl sind. Lediglich die Errichtg eines FamWohnheims (BGH NJW **74**, 1554) od die ZusArb von Mutter u Sohn im gemeins errichteten Haus (BGH Betr **72**, 2459) od GeldZuwendgen u Mithilfe einer Ehefr zur Errichtg einer Arztpraxis des Ehem (BGH NJW **74**, 2045) reichen dazu nicht aus. Die Beteil brauchen sich dessen nicht bewußt zu sein, daß ihre Beziehgen rechtl als InnenG beurt w, BGH Betr **72**, 2201. Unter Eheg kann G bejaht w, wenn einer von ihnen in dem Gesch-Betr des and tät ist od in sonst Weise seinen Beitr leistet, nach BGH **47**, 163 sogar dann, wenn ein Eheg in Erfüllg der ihm nach § 1360 oblieg den Verpfl VermWerte für die Gründg eines Untern hergibt u der erstrebte Erfolg nicht über die Sicherg des FamUnterh od die Schaffg einer FamHeimstätte (BGH MDR **69**, 128) hinausgeht. Bei gegebenen Voraussetzgen kann InnenG bei jedem Güterstd angen w, der AusglAnspr beim ges Güterstd steht nicht entgg, auch Gütertrenng schließt die Begründg einer EhegattenInnenG nicht aus, BGH WPM **73**, 1242. Fehlen die Voraussetzgen für die Ann einer InnenG, so kann es sich je nach dem Inhalt der Vereinbgen um ein AuftrVerh handeln, BGH WPM **72**, 661, zB wenn ein Eheg dem and Mittel zum Erwerb eines EigHeimes zur Vfg stellt u dieser als AlleinEigtümer eingetr w oder wenn er ihm Mittel zur Einzahlg auf ein Sparkonto auf seinen Namen aushändigt. – Zusfassde Übersicht über die Rspr des BGH zur Ehegem-InnenG vgl Maiberg Betr **75**, 385, Henrich FamRZ **75**, 533. – Mitarbeit im Gesch des Verlobten beruht in aller Regel nicht auf einem GVertr, BGH BB **58**, 5. BerAnspr bei Lösg der Verlobg vgl § 812 Anm 6 A da u bb, § 818 Anm 5c DLeistg. Dagg können Verlobte zumindest bis zur Ehe eine G zur Unterhaltg einer Familienheimstatt gründen, Düss DNotZ **74**, 169. – Sonderfälle der InnenG (Literatur: Böttcher u Zartmann, Stille Gesellschaft und Unterbeteiligung, 1968) sind **a)** die **Unterbeteiligg**. Lit. Paulick, Die Unterbeteiligg in gesellschrechtl u in steuerrechtl Sicht, ZRG **74**, 253. Sie bezieht sich – Abgrenzung zur stillen G – nicht auf einen GewerbeBetr, man versteht darunter die Innenbeteiligg an dem Anteil, den ein Gter an einer Kapital- od handelsrechtl PersGesellsch besitzt od am „Anteil" eines stillen Gters, RG **128**, 176. RBeziehungen des Unterbeteiligten bestehen nur zum Gter, nicht zur G, Hamm Betr **74**, 424. Anspr des Unterbeteiligten gg Gter analog § 338 I HGB auf Information über Stand u Ertägn des HauptGAnteils; auf Vorlage der Bilanzen der HauptG nur, wenn diese ihrem Gter die Bekanntg gestattet u der UnterbeteiligsVertr ein entspr R einräumt, BGH **50**, 316. **b)** die **stille G**, HGB §§ 335 ff, BGH NJW **60**, 1851. Der stille Gter kann in der Auseinandersetzg sein Guthaben verlangen, § 340 HGB. Die Gter können aber auch vereinb, daß der stille Gter schuldrechtl so zu behandeln ist, als ob er gesamthänderisch am GVerm beteiligt wäre (atyp stille G), BGH **7**, 177. Über A-Meta-Geschäft Anm 9b bb. – Eine OHG als InnenG ist unmögl. Über InnenG als fakt G Anm 3d. Über den TrHänder als Gter Anm 3a.

9) Anwendgsgebiet.
a) §§ 705 ff gelten **hilfsweise** für die OHG, HGB § 105 II, die KG, § 161 II, die stille G, §§ 335 ff.
b) Im Bereich des **täglichen Lebens** gibt es vielf Gesellschaften, ohne daß das den Teilhabern immer bewußt w, stets ohne aber zur G vermrechtl Beziehgen der Beteiligten nötig. Die G des BGB hat **im Wirtschaftsleben** steigende Bedeutg erlangt.
aa) Sie ist gegeben (nicht zu verwechseln mit bloßer BüroGemsch) bei einer **Rechtsanwaltssozietät**, BGH NJW **63**, 1302, idR auch, wenn einer der RÄe beauftr w, BGH NJW **71**, 1801. Zur Haftg vgl § 425 Anm 1 c; die dort Grds gelten auch, wenn die RA nur nach außen hin den Anschein einer Sozietät erweckt h (BGH **70**, 247). Vergütg, die ein Sozius vor dem ZusSchluß erarbeitet hat, steht ihm erst nachher eingehen, stehen der G nur bei bes Vereinbg zu, BGH Warn **71**, 208. Auch bei **Arztsozietät** (GemschPraxis, ZusSchluß zur gemeins Ausübg des Berufs im Ggs zur PraxisGemsch als bloßem ZusSchluß zur Benutzg v Praxisräumen u ihrer Einrichtg) dürfte der Vertr des Patienten mit allen beteil Ärzten u demgem deren samtverbindl VertrHaftg zu bej sein: so Henke NJW **74**, 2035. Gemeinschaftl **Gewerbebetrieb durch Minderkaufleute**, sowie durch Gewerbetreibde, deren Verbindg erst dch die Eintr zum Handelsgewerbe wird, HGB §§ 4 II, 3 II, zB durch GrdstMäkler od Eröffng eines nicht unter HGB § 1 fallden GeschBetr im Namen einer GmbH u Co KG vor Eintr der Komplementär-GmbH u der KG (BGH **69**, 95), umgekehrt dann, wenn die eingetragene OHG, ohne sich aufzulösen, nur mehr ein Kleingewerbe betreibt od das Handelsgewerbe – nicht nur – übergeh – aufgibt (zB durch Verpachtg), sie wandelt sich von selbst in eine G des BGB, BGH NJW **67**, 821, wie sich andererseits BGB-Gesellsch dch Aufn eines vollkaufm Betr od nach WiederÜbern des verpachteten Betr in eine HandelsG verwandelt, ohne daß Identität hierdch berührt w. BGH aaO. Die BGB-G bei gemschaftl GewerbeBetr dch Nicht- oder Minderkaufleute verwirklicht einen bes Typus der MitUntern-BGB-G, auf die mit einiger Vorsicht auch Grds der R der HandelsG anwendb sind; so Schmidt Betr **71**, 2346, JuS **73**, 83, im Erg auch BGH **32**, 307. W sie dch entspr Gestaltg der GeschFgs- u VertrtsVerh der KG angenähert, entsteht eine atyp Form, die Schmidt „KG bürgerl R" nennt, Betr **73**, 653 u 703; vgl auch § 714 Anm 3c u Vorbem 1 f vor § 709. Unter dem GesPkt des Vertrauensschutzes müssen sich die Gter nach den Grds der Haftg für gesetzten RSchein wie Teilh einer bereits bestehenden HandelsG behandeln lassen, BGH WPM **73**, 896. – W im Namen einer GmbH u Co KG ein unter § 1 HGB fallder **vollkaufmännischer Gewerbebetrieb** eröffnet, bevor GmbH u KG eingetr sind, so besteht schon vor Eintr der GmbH eine PersG des HandelsR (BGH NJW **78**, 636). – Die **KapitalG in Gründg** w von der neueren Rspr nicht mehr als G bürgerl R od nichtrechtsfäh Verein angesehen, vielm dem Recht der zu gründden G mit Ausn der Vorschr über die RFgk unterstellt, BGH **20**, 285 (Genossensch); BGH NJW **63**, 859 (GmbH); Vertretg der aufgelösten GründerG nach § 730; abw BAG NJW **63**, 680); BGH WPM **65**, 246 (GmbH-GründerG, die werbd tät geworden ist, als OHG, Auseinandersetzg nach §§ 738 ff); Hbg BB **73**, 1505 (VorGmbH, die im RVerk als werbde GmbH auftritt, ist pass prozfäh. Über die Haftg dessen, der im Namen der in Gründg befindl G handelt: § 41 I 2 AktG, § 11 II GmbHG u entspr für die Genossensch, vgl hierzu Riedel u Rage NJW **66**, 1004; ebso für GmbH u Co KG, BGH NJW **72**, 1660. Bei Gesch, die der GeschF vor Eintr der künft GmbH in deren Namen abschließt, ergibt, insb wenn es sich um die Fortführg des übernommenen GewBetr handelt, die Auslegg iZw, daß sie auch der Gter der VorG bis zur Höhe ihrer Einlagen verpfl, sow die Gründer den GeschF ausdr od konkludent zu solchen Gesch ermächtigt h (BGH BB **78**, 1132). Haftg des Gters der Grdgs-G, der nicht unter § 11 II fällt, BGH JZ **77**, 56 mit Anm Sandberger.
bb) Sie liegt meist vor bei den früher sog **GelegenhGesellschaften** (G für Einzelzwecke), so bei A-Meta-Geschäft (Vereinbg der Gewinnteilg bei einem od mehreren Geschäften, die nach außen von jedem einzelnen allein geschl w), BGH Betr **64**, 67. Desgl **Konsortien**, insb die Bankkonsortien (Begebgs-, RG **56**, 209, 299, Kursregulierungskonsortien, Unterbeteiligg an einem Kreditkonsortium, BGH LM Nr 14), die Bindgs-(Sperr-, Stimmrechts-)Konsortien von Gtern rechtsfäh KapitalG, RG **133**, 93, od PersonalG, BGH NJW **51**, 268, uU die Abmachgen zw Gtern einer GmbH, RG **151**, 325, die **Gewinn- u die Interessengemeinschaften**, BFH WPM **64**, 800 (Schiffahrtspool), HoldingG. Ferner **Konzerne**. Das ist iwS der ZusSchluss mehrerer rechtl selbstd kaufm Unternehmen aGrd eines UnternehmensVertr; ieS der ZusSchluss unter einheitl Leitg u zwar als Unterordngs- (§ 18 I AktG), Gleichordngs- (§ 18 II AktG) Konzern od in der Form der verbundenen Unternehmen (§ 16 AktG). Auch **Kartelle**, Verbindgen des PrivR, die die Marktverhältnisse durch Beschränkg des Wettbewerbs zu beeinflussen suchen, sind vielf G. Sie können jedoch auch als rechtsfäh od nichtrechtsfäh Verein, als Nebenleistgs-GmbH nach GmbHG § 5 IV od als DoppelG (bürgerlrechtl G mit zB einer GmbH als Ausführgsorgan), RG **151**, 321, auftreten. Zu Begründg u Funktion

des gemeins Zwecks im Gesellsch- u KartellR vgl Fikentscher, Festschr für Westermann, S 87 ff. Zu beachten insow das **G gg Wettbewerbsbeschränkgen** (GWB). Es garantiert die Freih des Wettbew; daher keine Freih der WirtschUnternehmen, den Markt autonom durch Beschrkg des Wettbew (Absprachen über Konditionen, Preise usw) zu regeln. Dieser Grds erleidet zahlr Ausnahmen, die zT der Anz an die Kartellbehörde, zT der Erlaubn dieser Beh u der Eintr in das Kartellregister bedürfen. Vgl auch § 826 Anm 8 j.

Das GRecht des BGB ist in den Fällen bb zumeist, zT weitgehd, vertragl abgewandelt, insb vielf Ausschl eines GesHandvermögens, u einer gemeinschaftl Vertretg. Wesen der „Kartellquote" (= Beteiligungsquote, Beteiliggsziffer): Berechnungsmaßstab für gewisse GPflichten u insb -Rechte, RG **169**, 234.

c) Die **Arbeitsgemeinschaft in der Bauwirtschaft (Arge)** zählt zu den bedeutsamsten Kooperationsformen. Vom Bauvolumen w jährl etwa 6–8 Milliarden DM in Argen abgewickelt. Die Arge als BGB-G ist ein vorübergehder ZusSchluß von selbstd Untern zur gemeins Ausf eines best BauAuftr, eine GelegenhG mit GesHdVerm. Häuf Abwandlgen der typ Arge sind die Los-Arge (der einheitl erteilte Auftr w von der Arge in einz LeistgsTle/Lose aufgeteilt, diese w an die ArgeGter dch selbstd NachUnternVertr vergeben) u die BeihilfeGemsch (InnenG ohne GesHdVerm). Motiv für die erhebl Verbreitg der Arge ist für den AuftrG die Beteiligg mehrerer Untern an einem einz BauVorh, wodch sich das Risiko des Ausfalls eines Untern verringert, ferner der Möglk, bei mehreren AuftrN mehrere GgGesch zu machen; für die öff Hand breitere Streuung zur Konjunkturbelebg, insb Teiln kleinerer, örtl Untern. Auf Seiten der AuftrN steht im Vordergrd, einseit SchwerPkte zu vermeiden, um gleichzeit an versch Orten tät sein zu können; ZusFührg von BetrKapazitäten, um vorh Lücken zu füllen od um bessere Risikostreuung bei techn schwier Aufg od in Zten kaum auskömml Pr zu erreichen. In langjähr Übg aGrd zentraler NeuFassngen bes MusterVertr h sich eine weitverbreitete Typisierg in Abwandlg der §§ 705 ff entwickelt.

aa) Die Arge h als **Organe** (nicht im RSinn, sond als Ausdr der körperschaftl Struktur) „AufsStelle", „techn u kaufm GeschFg" u „BauLeitg". Die **AufsStelle** ist die GterVers, die trotz gesvertragl eingesetzter GeschFg nicht nur deren gesvertragl Grdl entsch, sond auch laufde GeschFgMaßn in KompetenzAbstufg zu den GeschF. Unabh von der BeteiliggsQuote w idR nach Köpfen abgestimmt; grdsätzl Einstimmigk-Erfordern, aber zahlr Ausn für MehrEntsch. Die Aufteilg in **techn u kaufm GeschFg** ist nicht nur Gesch-Verteilg, sond rechtl Beschrkg der GeschFgsBefugn auf einen techn u einen kaufm Sachbereich. Wg des Ausschl vom Sachgebiet des MitGeschF besteht kein WidersprR nach § 711. § 710 ist dch die vorrang GeschFgsKompetenz der AufsStelle modifiziert. Die VertretgsBefugn des kaufm GeschF deckt sich mit seiner GeschFgsBefugn; in Abwandlg von § 714 h der techn GeschF dagg idR umfassde VertrMacht. Die **Bauleitung** besteht aus Bauleiter u BauKaufm. Beide h keine GeschFStellg, sie wirken als weisgsabhäng VollmN der AufsStelle u der GeschF.

bb) Die **Beiträge** können bestehen in Geldmitteln, Gestellg von Bürgsch, Personal, Stoffen u Geräten, Leistg zugehör Transportkosten. Im ArgeVertr w idR die BeitrPfl nur dem BeteiliggsVerh, nicht der Höhe nach festgelegt. Diese ergibt sich aus dem GZweck, sodaß es sich bei der EinFdg von Beitr um eine Konkretisierg der urspr BeitrPfl handelt; § 707 ist dadch ausgeschl.

cc) Für die **Haftung** w § 708 dch § 276 ersetzt, jed ein objektiviertes HaftgsPrivileg dch Ausschl der Haftg für leichte Fahrlk eingeführt.

dd) Die **Dauer** der Arge ergibt sich aus dem ZtBedarf für die FertStellg des BauWk (Beginn: Erteilg des BauAuftr; Ende: Ablauf der Gewl). Währd der Arge-Dauer ist eine ord Künd ausgeschl. Es bleibt beim Grds des § 721 I. Regelm besteht eine umfassde FortsetzgsAbrede; die §§ 738 ff w erhebl abgewandelt; §§ 740 I, 738 I 2, 3 sind dch eine Regelg ersetzt, bei der der Ausscheidde nur am Gewinn u Verlust der bis zu seinem Ausscheiden ausgef BauArb teilnimmt, zu Lasten seines AuseinandSGuth für künft Verbindlichk eine Rückstellg gebildet u das sich ergebde AusscheidgsGuth zurückbehalten w kann, bis sämtl Arge-Verbindlichk erf sind.

Zu Einzelh des Arge-MusterVertr s Fahrenschon-Fingerhut, ARGE-Komm, Jur u Betrwirtsch Erläut zum ArbGemeinschVertr, Bauverlag Wiesbaden 1976.

10) Gesellschaftsähnliche Verträge. Für den GVertr wesentl ist, daß der – erkennb – Zweck des Vertr gemeinschaftl ist. Das ist nicht der Fall bei dem sog **partiarischen** RVerh („BeteiligsgläubigerVerh", RG **168**, 286): hier geht der Vertr auf beiders Austausch von Leistgen derart, daß das Entgelt, das der eine zu erhalten hat, ganz od zT in einem gewissen Anteil am Gewinn des anderen besteht. Der erste hat dann zwar auch ein Eigeninteresse an dem Gewinn des anderen, die Erzielg dieses Gewinns durch den anderen ist aber nicht – gemeinschaftl – Zweck des Vertr, BGH WPM **65**, 1052. Larenz II § 60 Ia stellt zutr darauf ab, ob die Partner den Gewinn durch gemeins Tätigk erzielen sollen od ob die Leistg lediglich des einen den and instand setzt, Gewinn zu erzielen. Das Verh ist weder G noch „gesellschaftsartig", RG **149**, 89, ist jedoch den gesellschaftsähnl Verh zuzurechnen. Häufig, insb bei Pacht, sog Teilpacht, RG aaO, ArbVerh gehobener Angestellter, RG **142**, 13, Werk-, Makler-, VerlagsVertr, RG **115**, 358, Überlassg einer Patentlizenz, RG **142**, 213. ErfindverwertgsVertr, RG SeuffA **85**, 3. Über Abgrenzg des **partiar Darlehens** von der stillen G, BGH BB **67**, 349: GVerh ist zu verneinen, wenn beide Parteien „ohne jeden gemeins Zweck lediglich ihre eigenen Interessen verfolgen u ihre Beziehungen ... dch die Verschiedenh ihrer beiderseit Interessen bestimmt w." Über einen gesellschaftsähnl Filmherstellgs- u VerwertgsVertr mit gesellschaftl u zT partiarischen, auch werkvertragl Elementen RG **161**, 321, BGH **2**, 331, einen solchen Vertr, betr die Nutzg eines Bühnenstücks, BGH **13**, 115 u über die gemeins Errichtg eines gemeins zu bewohnden Hauses auf dem Grdst eines Partners, BGH WPM **62**, 1086. Ebso können **Interessengemeinschaften**, falls sie nicht schon G sind, auch bloß **gesellschaftsähnlich** sein, wenn nur eine, aber länger gewollte, Interessenverknüpfg vorliegt, RG **145**, 275, 283, Celle NJW **65**, 399 (VerglGläub eines außergerichtl Vergl). Der **Automatenaufstellungsvertrag** ist in seiner RNatur einheitl zu beurt. Maßgebd ist die Ausgestaltg im Einzelfall. Es kann sich um partiar RVerh, G od gemischten Vertr handeln, vgl Einf 2e vor § 535. – Die Entscheidg von Fall zu Fall ist, in der Praxis, insb bei partiar Darl, oft schwierig, die Grenze ist flüss, da die Regeln der §§ 705 ff zumeist abding sind, vgl Anm 8. – In all diesen Fällen liegt zwar keine G vor, immerhin können die ähnl Interessen die rechtsähnl Heranzieh einz Vorschriften der §§ 705 ff rechtfertigen, so auch

Einzelne Schuldverhältnisse. 14. Titel: Gesellschaft §§ 705–707

die des § 723, RG JW **37**, 2971, maßg ist jedoch stets der Einzelfall, BGH LM § 723 Nr 6. Nicht anwendb § 728, RG JW **38**, 1025. Über die Rechte, falls der andere den Versuch der Gewinnerzielg überh unterläßt, RG **149**, 89 (Teilpacht); über Recht auf fristlose Künd u SchadErs RG **149**, 92. – Nicht gesellschaftsähnl ist der Hoffngskauf, RG **77**, 229, u das Verh zw Gruppenimporteur u Abnehmer bei den Einfuhren der staatl gelenkten Wirtsch, BGH **1**, 75. – Auch aus Versch bei G VertrVerhandlg, culpa in contrahendo, ist zu haften, RG **132**, 27. Über entspr Anwendg des Grdsatzes der §§ 723, 626 auf Vertr mit längerer Interessenverknüpfg § 626 Anm 1. Über Unterbeteiligg oben Anm 8. – **Gesellschaftsreisen** ebso wie sogen ReiseG sind in aller Regel keine Gesellschaften; hier bestehen vertragl Beziehgen nur zw dem Reisenden u dem Reisebüro od dem BewirtschaftsUntern. Der **Belegarztvertrag** ist idR weder GVertr noch gesähnl Verh, §§ 553, 626, 723 sind aber entspr anwendb, BGH NJW **72**, 1128.

706 *Beiträge der Gesellschafter.* I Die Gesellschafter haben in Ermangelung einer anderen Vereinbarung gleiche Beiträge zu leisten.

II Sind vertretbare oder verbrauchbare Sachen beizutragen, so ist im Zweifel anzunehmen, daß sie gemeinschaftliches Eigentum der Gesellschafter werden sollen. Das gleiche gilt von nicht vertretbaren und nicht verbrauchbaren Sachen, wenn sie nach einer Schätzung beizutragen sind, die nicht bloß für die Gewinnverteilung bestimmt ist.

III Der Beitrag eines Gesellschafters kann auch in der Leistung von Diensten bestehen.

1) Beitragspflicht. Beitragsarten.

a) Das G nennt **Beiträge** im allg die zu bewirkenden Leistgen von Gtern, **Einlagen** die bewirkten, insb soweit sie in Geld od Sachwerten bestehen, RG DR **42**, 141. Ob bei PersGleichh von Gtern u MitEigtümern eines von der G genutzten Grdst UmbauAufw, die im Interesse der G liegen, vereinbgsgem als GEinlage od als Leistgen zG der GrdtstEigtümerGemsch behandelt w sollen, hängt von den jeweil GesUmst ab. Sieht ein GVertr Geldeinlagen eines Gters nicht vor, so bedarf es einer nachträgl, den GVertr abändernd Vereinbg der Gter, um Aufw eines Gters für das gemschaftl GeschGrdst den Charakter einer Geldeinlage zu geben (BGH WPM **75**, 196).

b) Die **BeitragsPfl** jedes Gters ist bereits in § 705 enthalten. Sie besteht grdsätzl, kann aber bei einzelnen Gtern abbedungen sein, vgl RG JW **37**, 2971. Die TreuPfl, Schädiggen zu unterlassen, besteht, als VertrFolge, auch für sie. BeitrPfl nach Ausscheiden vgl § 739 Anm 1. – LeistgVR des Gters, der durch argl Täuschg zum Abschl des GVertr bestimmt worden ist, Fischer NJW **58**, 971; BGH **26**, 335 verneint ein solches Recht dann, wenn die Leistg nicht ausschließl u auch nicht im wesentl dem Täuschenden zugute kommt.

c) Im Zw **gleiche Höhe**, I, Grds der gleichm Behandlg der Gter, RG **151**, 326, 329. Der Grds kann einer mechan Gleichbehandlg nach Kopfteilen uU entggstehen, RG aaO. In der **Bewertung** sind die Gter grdsätzl frei. Ein bes grobes MißVerh zw dem tats Wert der Sacheinlage u dem Betr, der dem Gter dafür in der EröffngsBilanz gutgebracht w, kann aber ein sittenwidr, zum SchadErs verpflichtdes Handeln der begünstigten Gter darstellen (BGH WPM **75**, 325).

d) Arten: Die Beiträge können in einmaligen od wiederholten Leistgen, ferner in Leistg von Geld od Sachwerten, sei es durch Überlassg nur dem Gebr nach, bestehen; war vorliegt, ergibt die VertrAuslegg. II gibt AusleggsVorschr; eine Vermutg, daß nicht vertret- od verbrauchb Sachen nur zum Gebr überlassen w sollen, enthält II nicht, vgl RG **109**, 381. Auch **Dienstleistgen** (III), ebso wg §§ 105 II, 161 II HGB bei OHG u KG, jedoch nicht nach hM bei KapitalG, da nicht bewertb u auch nicht bilanzierb (krit hierzu Sudhoff NJW **64**, 1249). W die DLeistg einem Gter unmögl, bleibt aber die Erreichg des GZweckes dennoch mögl, so kann die VertrAuslegg ergeben, daß an die Stelle der ausfalldn DLeistg eine entspr GeldLeistg zu treten h, BGH Betr **72**, 2201. Bekanntgabe von Bezugsquellen, RG **95**, 150, od anderen Vorteilen, auch bloße Unterlassgen, selbst aller Gter.

2) Die **Leistg** der Beiträge ist GterPfl. Sie geschieht im gewöhnl Wege, durch Zahlg, Übereigng, Überg, Dienstleistg usw, § 718 Anm 1. Für die Haftg gelten die §§ 445, 493 – nur – entspr, da LeistgsGrd keine Austausch-, sond Vereiniggsabrede ist, § 705 Anm 3c, insb gelten auch die §§ 446, 447, 459 ff entspr. Für GebrÜberlassg gelten die §§ 535 ff entspr; über Gefahrtragg § 707 Anm 2a. Für Dienstleistgen gelten die §§ 611 ff entspr. Erfindg eines Gters steht, auch wenn sie in Ausführg von Diensten für die G gemacht worden ist, dem Gter als dem Erfinder zu, § 3 PatG; kein unmittelb Erwerb der G. Jedoch kann sich der Gter verpflichten, künftige Erfindgen der G zu übertragen; dann schuldrechtl Anspr der GesHand gg ihn nach Erfindg; od er kann auch – bei hinreichder Konkretisierg – VorausVfg treffen, dann erwirbt G unmittelb, BGH NJW **55**, 541 (hierzu Volmer NJW **55**, 789). Das ArbEG steht einer solchen Vereinbg nicht entgg; vgl auch § 611 Anm 13. – Mögl, im GVertr ein bes Entgelt auszubedingen, BGH **44**, 40, auch für Dienste. Dann echter AustauschVertr, also DienstVertr, KaufVertr, Miete usw. Über die Tätigk der besoldeten und unbesoldeten GeschFührers § 713 Anm 1. – Die Beiträge fallen in das GVerm, auch schon der Anspr auf sie; über Geltdmachg § 705 Anm 7a. Nach GEnde Einziehg rückständiger Beiträge nur, soweit zur Liquidation erforderl, § 730 Anm 1.

707 *Erhöhung des vereinbarten Beitrags.* Zur Erhöhung des vereinbarten Beitrags oder zur Ergänzung der durch Verlust verminderten Einlage ist ein Gesellschafter nicht verpflichtet.

1) Allgemeines. Die Gter sind verpflichtet, die Beiträge zu leisten, die die Erreichg des GZwecks erfordert. Sie sind daher, soweit die Beiträge nicht der Höhe nach festgesetzt sind, auch zu Nachschüssen verpflichtet, BGH WPM **61**, 32. Liegt eine Vereinbg über die Höhe der Beiträge vor, so gilt § 707. § 707 ist

§§ 707, 708, Vorbem v § 709

abdingb, Erhöhg der BeitrPfl auch durch MehrhBeschl, falls der Vertr solchen gerade auch hierfür vorsieht u die Grenzen festlegt. Die allg Geltg des MehrhGrdsatzes laut GVertr rechtfertigt dagg solchen Beschl noch nicht, da § 707 zu den GGrdlagen gehört (BGH WPM **76**, 1053), § 705 Anm 3b. § 707 gilt, mag auch der GZweck daran scheitern (§ 726), BGH WPM **61**, 32. – Auch freiw einseit Erhöhg nicht mögl.

2) Geltung Inhalt.
a) Die Gefahr der Einlage trifft die G; bei GebrÜberlassg allerd nur die Benutzgsgefahr, § 732 S 2, daher keine Pfl des Gters zur Erneuerg einer GebrEinlage.
b) § 707 gilt nur für das **Innenverhältn der Gesellschafter**, u auch für dieses nur währd Bestehens der G; nach Ende besteht NachschußPfl im Rahmen des § 735. Folge für Anspr des geschführenden Gters aus §§ 713, 670: währd Bestehens der G grdsätzl nur Haftg des GVermögens, nicht persönl Haftg der Gter, § 705 Anm 7b.
c) Den Gläubigern der Gesellsch ggüber, auch dem Gesellschafter-Gläub bei Ansprüchen aus Drittverhältn, hat § 707 keine Bedeutg, § 718 Anm 4a, b.

708 *Haftung der Gesellschafter.* Ein Gesellschafter hat bei der Erfüllung der ihm obliegenden Verpflichtungen nur für diejenige Sorgfalt einzustehen, welche er in eigenen Angelegenheiten anzuwenden pflegt.

1) Grund: Die Gter wollen sich aGrd des pers VertrauensVerh so nehmen, wie sie sind (RG **143**, 215). Dieser Ausgangspkt trifft auf große G nicht zu. § 708 gilt desh beim nichtrechtsfäh Verein mit größerer MitglZahl trotz § 54 nicht (RG aaO). Ebso nicht für den Gter, der als Mitgl des VerwRats einer PublikumsKG die Stellg eines AufsRats erlangt h; er haftet nach § 276 in entspr Anwendg der §§ 116, 93 AktG (BGH **69**, 207). § 708 gilt nur für GterPflichten, wozu auch die GeschFg gehört, selbst bei Sondrentgelt dafür; gilt nicht, wenn der Gter der G als Dritter ggütritt, was auch der Fall ist, wenn er als geschführder Gter in Überschreitg seiner GeschFgsBefugn eine gesellschaftsfremde Handlg vornimmt u der G deswg aus §§ 677 ff haftet, RG **158**, 312. Er gilt ferner nicht, soweit es zu den Pflichten des Gters gehört, ein Kfz zu lenken; hier bleibt es bei den allg Vorschriften, BGH **46**, 313. Dagg gilt § 708 beim Unf eines Gters in dem GFlugzeug bei einem Flug in Ausübg des GZwecks; zu dieser Auffassg neigt auch BGH MDR **71**, 918. Über BewLast § 277 Anm 3. Geltdmach von SchadErsAnspr: § 705 Anm 7a. – § 708 ist nachgieb. Er gilt nicht analog für die Gemsch, weil diese lose, oft zufäll Verbindg mit der selbstgewählten bei Gtern nicht vergleichb ist, BGH **62**, 243.

Geschäftsführung, Vertretung (§§ 709–715)

Vorbemerkung

1) Allgemeines zur Geschäftsführung.
a) Die **Geschäftsführg** steht **regelmäßig allen**, u zwar gemeinschaftl, zu, § 709 I (EinstimmigkGrds). – **Daneben** regelt das G 3 Typenfälle, die durch GVertr (od AbänderungsVertr) eingeführt w können (b–d):
b) Entscheidg zwar durch alle, aber durch **Stimmenmehrheit**, § 709 II.
c) Übertragg : aa) an einen, oder **bb)** an mehrere Gter. – Folge: Ausschluß der übrigen. – § 710.
d) Als **Unterart** von a oder von c, bb: Übertragg an alle od mehrere derart, daß **jeder allein** zu handeln befugt ist, § 711.
e) Auch **beliebige andere Regelgen** sind mögl, auch Übertragg an Dritte.
f) Bei Umwandlg einer OHG (KG) in bürgtl G inf Änderg des GZwecks (§§ 4 II HGB) od inf Löschg im HReg gelten die bisher GeschFg- u VertretgsBefugn iZw im Rahmen der neuen ZweckBest weiter, BGH NJW **71**, 1698 (differenziered Beyerle NJW **72**, 229, ebenf differenzierd u zur Haftg des bisher Kommanditisten Schmidt BB **73**, 1612). Ebso gilt für KG gewollte GeschFgs- u VertretgsRegelg, falls eine KG gegründet, aber kr Ges lediglich als bürgtl G entstanden ist, BGH WPM **72**, 21.

2) Wesen der Geschäftsführg. Sie ist Verwirklichg der GZwecke. Ihr **Umfang** wird begrenzt durch den vertragl GZweck; keine Beschrkg auf Hdlgen, die der „gewöhnliche Betrieb des Handelsgewerbes mit sich bringt" (wie in § 116 I HGB für die OHG), da die G des BGB keinen gewöhnl Betrieb kennt, daher gehören auch Hdlgen ungewöhnl Art zur GeschFg, falls nicht zweck-(gesellschafts-)fremd, RG **158**, 308. Die GeschFg kann rechtl u tatsächl Maßnahmen umfassen. Über Interessenkollision unten Anm 5c. Ändergen des Bestandes od der Organisation, also der Grundlagen der G (über sie § 705 Anm 3b), gehen über den Umfang der GeschFg hinaus, RG **151**, 327; sie sind VertrÄnderg, bedürfen daher der Zust aller, ohne Bedeutg, falls die GeschFg abw von den Anm 1 a geregelt ist. Die Eingehg eines gesellschaftsfremden Geschäfts im Einzelfalle (§ 708 Anm 1) ist Überschreitg der GeschFg u bedarf daher stets der Zust aller; bei allg Geltg des MehrhGrdsatzes ist sie aber durch MehrhBeschl mögl, falls darin keine Umgestaltg der vertragl GGrdlagen liegt. GeschFg ist auch die Einziehg von Beiträgen, RG **76**, 279, ebso die von Nachschüssen nach GEnde, § 735, § 705 Anm 5, 7a. – Über Anspr gg noch amtierende geschäftsführde Gter § 713 Anm 2c, d, e.

3) Mitwirkg bei der Geschäftsführg.
a) Die **Befugnis** der Gter ist in allen Fällen (oben Anm 1 a–e) **Ausfluß ihrer Mitgliedsch**, ein durch den GVertr begründetes **Sonderrecht**, VerwR, daher nicht insges auf einen Dritten übertragb, BGH **36**, 293; hierzu vgl auch § 705 Anm 7c. GeschFg begründet auch in den Fällen oben Anm 1 c–e kein Auftr- oder DienstVerh; vgl § 713 Anm 1. Die GeschFgBefugn ist dazu best, dem Interesse der G zu dienen, es handelt sich nicht um ein eigennütz R zur Wahrg individueller Belange, BGH NJW **72**, 862.

Änderg der Mitwirkg an der GeschFg ist Änderg der **GesellschGrundlagen**, § 705 Anm 3b. Das gilt auch für die Entzieh der GeschFgsBefugn, u zwar unbedingt für die kr der ergänzenden gesetzl Regelg bestehde GeschFg durch alle gemeinschaftl, § 709 I, sowie für die durch alle unter Geltg des MehrhGrdsatzes, § 709 II. Entziehg ist hier also insb nicht ohne Zust des Betroffenen mögl. Dagg ist die Entziehg der übertragenen GeschFg, §§ 710, 711, nach zwei Richtgen erleichtert: entziehgsberecht sind die „übrigen" Gter, u zwar auch die von der GeschFg ausgeschl, § 710, denn die Entziehg ist nicht Akt der GeschFg; daß der Betroffene dabei nicht mitwirkt, folgt aus dem Gedanken der Interessenkollision, Anm 5c. Ferner genügt hier, anders als sonst bei Grdlagenänderg, § 705 Anm 3b, schon die allg im GVertr bedungene Geltg des MehrhGrds, um der Mehrh dieses Recht zu geben, § 712. – Der Beschl ist dem Betroffenen bekannt zu geben; vgl auch die Regelg § 737 S 3.

b) Mitwirkgspflicht besteht für alle von der GeschFg nicht ausgeschl Gter, § 705, nicht allerd ist Pfl die Übern einer bes GeschFg. MitwirkgsPfl bedeutet, daß ein Gter nicht beharrl der GterVersammlgen fernbleiben u Beschlüsse dch bloße Passivität verhindern darf. Sie bedeutet nicht, daß er gewünschten GeschFgMaßn zustimmen muß, allerd muß er seine AblehngsGrde offenlegen, sodaß ein MeingsAustausch über die Zweckmäßigk der Maßn stattfinden kann. Allerd kann das R, die Zustimmg aus eig Erm aus Zweckmäßigk-Grden zu verweigern, dch beharrl Blockierg von GterBeschlüssen verwirkt w, BGH NJW **72**, 862. Lediglich bei einstimm GeschFg besteht ausnahmsw eine Pfl zur Zustimmg, sow es sich um notw Maßn iS des § 744 II handelt od wenn der Gter keinen vertretb Grd für die Ablehng angibt, obwohl GZweck u GInteresse die Maßn erfordern (BGH aaO). **Bei Verfehlen:** Klage auf Mitwirkg. Kl auf Zustimmg zu best Maßn h keinen Erfolg, sow die Zustimmg reine Zweckmäßigkfrage ist; sie h Erfolg nur, sow eine Pfl zur Zustimmg besteht (s vorstehd) od sow die Weigerg ein Treuverstoß ist, BGH **44**, 41. Ferner sind mögl Entziehg der Befugn, vgl a, sowie Künd des GVertr, § 723, ferner Ausschl, § 737, Pfl zum SchadErs, § 713 Anm 2e. – Die Künd der GeschFg dch den geschfürden Gter ist, anders als nach § 671, nur beschr mögl, § 712 II (nicht in den Fällen des § 709 I, II).

4) Geschäftsführg und Vertretg.
a) Die Regeln der GeschFg (§§ 709–713) haben nur Bedeutg für das **Innenverhältn** der Gter. – Die Geltdmachg von Anspr der GesHand gg den einzelnen Gter, auch auf Leistg der Beiträge, gehört zur GeschFg, § 705 Anm 7a und § 713 Anm 2c–e.
b) Ob u wieweit der geschfürde Gter **nach außen**, im rechtsgeschäftl Verkehr mit Dritten, mit unmittelb Wirkg für die Gter handeln kann, ist eine Frage der **Vertretgsmacht** (Vollmacht), geregelt durch die §§ 714, 715.
c) Soweit ein **Gesellschafter Anspr der Gesamthand** gg Gter (§ 705 Anm 7a Abs 3) od Anspr der GesHand gg Dritte (§ 709 Anm 1a, b), die an sich Sache der GeschFg sind, allein **im eigenen Namen** erhebt u erheben kann, w er im Rahmen der ihm zustehdn Mitwirkg an der Verw (§ 705 Anm 7c) tätig. Hierauf sind die Regeln der GeschFg, zB die über Aufwendgersatz (§ 713 Anm2g), entspr anwendb.
d) Vertretg liegt vor, wenn der GeschF namens der GesHand in ein DrittVerh zu einem Gter tritt, zB bei Kauf, Darlehen.

5) Gesellschafterbeschlüsse.
a) Sie können **innerhalb** des Rahmens der **Geschäftsführg** vorkommen, aber auch **darüber hinaus** RG **151**, 327, so in bezug auf die GGrdlagen, § 705 Anm 3b, BGH NJW **53**, 102, ferner bei Einzelüberschreitg des GZwecks, oben Anm 2. Falls nichts anderes im GVertr vereinb, ist **Einstimmigk** nötig: das ist für Beschl bei der GeschFg in § 709 I ausgesprochen, für andere folgt es aus § 705, vgl auch dort Anm 3b. Stimmenmehr genügt nur, wenn vereinb. Über den Geltgsumfang solcher Vereinbg vgl § 705 Anm 3b, für Zwecküberschreitg im Einzelfalle oben Anm 2. Sowohl bei Geltg des Einstimmigk- als der MehrhGrd, können Beschl, wenn sie sich gg einen best Gter zu richten haben, Sache nur der „übrigen" sein, §§ 712, 737; Grd der Regelg: die Interessenkollision, vgl unten c. – Formlos, RG **163**, 392.

b) Rechtsnatur des Beschlusses. SozAkt der körperschaftl WillBildg dch einstimm od MehrhEntsch (auch stillschw, RG **163**, 392), bei dem jeder Gter sein R auf Mitgestaltg u Mitverwaltg der GAngelegenh wahrnimmt. Vertretg des einen Gters dch einen and bei Maßn der GeschFg wie sonst gemeins GAngelegenh im Rahmen des bestehdn GVertr fällt desh nicht unter § 181, BGH BB **75**, 1452; vgl auch § 181 Anm 1. – Der Beschl gestaltet im allg nur innere RVerhältn der G, zum rechtsgeschäftl Verk mit Dritten bedarf es meist bes AusführgsRGesch. Der Beschl bedarf, wenn er von den „übrigen", vgl oben a, gefaßt w, der Bekanntgabe an den Betroffenen, § 737 S 3. Der Beschl ist nichtig bei Unsittlichk, § 138, od wenn, bei Geltg des MehrhGrds, der Minderh nicht gehört od vergewaltigt, u damit der Grds der gleichm Behandlg der Gter, RG **151**, 326, verletzt w.

c) Stimmrecht ist Recht zur Mitwirkg an der Verw, § 705 Anm 7c; Ausfluß des MitgliedschR, daher nicht übertragb auf Dritte, BGH **36**, 293. Stimmabgabe ist WillErkl, daher anfechtb. – Die Vereinbg, das StimmR in best Weise auszuüben, ist im Rahmen der allg Normen zul, BGH NJW **51**, 268; sie ist (schuldrechtl) bindd; entgg der früher, insb vom RG (**165**, 78), vertretenen Auffassg bejaht BGH **48**, 163 auch Klage auf Erfüll u die Vollstreckbark des LeistgsUrt nach § 894 ZPO. Vgl über StimmrechtsbindgsVertr bei PersHandelsG auch Alfred Hueck, Festschr für Nipperdey (1965) I, 401. Da Schaden häufig schwer nachweisb, empfiehlt sich Vereinbg einer VertrStrafe. Bindg des Aktionärs ggü der AG, nach deren Weisg od nach der es abhäng Unternehmens, zu stimmen, ist nichtig, § 136 III AktG. – Die Stimmabgabe hat zu entfallen (Abgabe wäre unwirks) bei **Interessenkollision**. Wann diese vorliegt, bestimmt sich nach § 181 u §§ 157, 242; nach RG **162**, 373 sind, da bes Vorschr bei der G des BGB fehlen, die Vorschr des Rechts der rechtsfäh Körpersch: § 34, AktG § 136 I, GmbHG § 47 IV, GenG § 43 III entspr anzuwenden. Beispiele: BeschlFassg darü, ob im Prozeß gg einen Gter gestritten w soll; dagg hat der Gter StimmR, wenn ihn die GeschFg, vgl § 710, übertr werden soll, RG **104**, 186, anders als bei ihrer Entziehg, BGH NJW **69**, 1483. – Eine gesetzl Auswirkg des Gedankens der Interessenkollision ist das Stimm- u ErklärgsR nur der „übrigen" in den Fällen §§ 712, 737. – Der Gedanke der Interessenkollision hat Wirkg über die BeschlFassg im eigentl Sinne hinaus: bei der Geltendmachg eines Anspr der GesHand gg einen Gter, insb im Prozeßführg, braucht dieser nicht auf der Seite der AnsprErhebenden zu stehen (u kann auf ihr gar nicht stehen), die GesHand wird hier vielm durch die „übrigen" dargestellt. Daß der Anspr aber ein solcher der GesHand ist, zeigt sich darin, daß er auf Leistg an alle, also in das GVerm, an dem auch der Pflichtige teilhat, geht, BGH NJW **60**, 433; vgl auch § 713 Anm 2d, anderers dort c, aa. Ebso muß bei Anspr eines Gters gg die „Gesamthand" zur Vollstr in das GVerm trotz ZPO § 736 ein Titel gg die übr genügen, vgl Siebert JW **34**, 1165.

709 *Gemeinschaftliche Geschäftsführung.* I Die Führung der Geschäfte der Gesellschaft steht den Gesellschaftern gemeinschaftlich zu; für jedes Geschäft ist die Zustimmung aller Gesellschafter erforderlich.

II Hat nach dem Gesellschaftsvertrage die Mehrheit der Stimmen zu entscheiden, so ist die Mehrheit im Zweifel nach der Zahl der Gesellschafter zu berechnen.

1) Vgl zunächst Vorbem 1–5 vor § 709. – **a) Regelfall des Abs I** betrifft die kr nachgieb RSatzes (mangels anderer Abrede) **regelm** geltende Gestaltg der GeschFg. Diese hat zu geschehen durch alle, u zwar gemeinschaftl: Grds der **Einstimmigkeit**, RG **136**, 243, bei der GeschFg. (Daß der Grds auch über die GeschFg hinaus gilt, folgt aus § 705, vgl dort Anm 3b). – Anders HGB § 115 I: jeder Gter hat allein GeschFgsBefugn, Erleichterg für den Handelsverkehr. – Einstimmigk liegt auch vor, wenn einer unter stillschw Billigg der anderen Abrede mit einem Gter od an Dritte sind mögl. Sonderaufträge staler an einen Gter od als Dr sind mögl. Bei Notfällen gilt § 744 II entspr, BGH **17**, 181, Hadding JZ **75**, 159 [161]. Der Handelnde ist dann weder GeschF noch Vertreter, § 744 Anm 2, sond handelt kr VerwR im eig Namen, hat aber Anspr auf AufwendgsErs, § 748; Vorbem 4c vor § 709.

b) Grundsatz : Liegt kein Notfall des § 744 II vor, können die Gter nur **gemeinsam** tätig w, also auch nur gemeins gg einen GSchuldner vorgehen; notw Streitgenossensch (§ 62 I 2. Fall ZPO), BGH WPM **64**, 1086. Ausnahmsw wird Einzelvorgehen eines Gters dann anerk (BGH **39**, 14 u NJW **73**, 2198), wenn die andern Gter ihre Mitwirkg aus gesellschwidr Gründen verweigern u der GSchuldner an diesem Verhalten beteiligt ist. Dem ist zuzustimmen. Mit dem BGH u der überw Meing des Schrifft ist das Interesse der übr Gter daran zu bejahen, daß in einem RStreit zw den Gtern festgestellt w, ob die GFdg geltd gemacht w soll. Auch das Interesse des GSchuldners verlangt, daß er nur von allen Gtern herangezogen w, da er in aller Regel nicht prüfen kann, ob der klagende Gter auch im Interesse der G handelt, auch kann er dadurch erhebl benachteiligt w, daß die andern Gter das Urt nicht gg sich gelten zu lassen brauchen (RG **119**, 163, 169). Die Kl, mit der ein einz Gter vom Dr Leistg an die GesHand verlangt, ist mangels ProzFührgsBefugnis unzuläss. Vorstehe Grds gelten auch im Stadium der AuseinandS, Zweibr OLGZ **73**, 316.

2) II. Mehrheitsgrundsatz. Seine Geltg muß vertragl ausbedungen sein. Eine derartige allg VertrBestimmg bezieht sich gerade auf die GeschFg, nicht hat sie ohne weiteres darüber hinaus Geltg, § 705 Anm 3b; über Überschreitg des GZwecks durch die Mehrh im Einzelfalle vgl Vorbem 2 aE vor § 709. – Berechng der Mehrh iZw nach Köpfen (nicht nach Einlagehöhe): die G ist PersonalG.

710 *Übertragung der Geschäftsführung.* Ist in dem Gesellschaftsvertrage die Führung der Geschäfte einem Gesellschafter oder mehreren Gesellschaftern übertragen, so sind die übrigen Gesellschafter von der Geschäftsführung ausgeschlossen. Ist die Geschäftsführung mehreren Gesellschaftern übertragen, so finden die Vorschriften des § 709 entsprechende Anwendung.

1) Vgl zunächst Vorbem 1–5 vor § 709. – Fall der **Übertragg** an einen od mehrere Gter; über Umfang der Übertr Vorbem 2. Auch Übertr auf Tätigkeitsgebieten mögl. – **Folge :** Ausschluß der anderen ; sie haben auch nicht das WiderspruchsR des § 711, vgl RG **102**, 412. Die übr Mitwirkungsrechte an der Verw, § 705 Anm 7c, bleiben ihnen, insb aus §§ 712 I, 716, 723. Die TreuPfl bleibt selbstverständl. – Bei rechtl, zB wg Interessenkollision, od tatsächl Wegfall eines GesGeschFührers tritt § 709 ein. Erlöschen der übertragenen GeschFg mit GEnde, § 730 II, nunmehr alle Gter gemeinschaftl geschäftsführgs- u vertretgsberecht, § 730 Anm 2a. – Übertr (Auftrag) an Dritte gehört nicht hierher, Vorbem 3a vor § 709. – Satz 2: vgl § 709.

711 *Widerspruchsrecht.* Steht nach dem Gesellschaftsvertrage die Führung der Geschäfte allen oder mehreren Gesellschaftern in der Art zu, daß jeder allein zu handeln berechtigt ist, so kann jeder der Vornahme eines Geschäfts durch den anderen widersprechen. Im Falle des Widerspruchs muß das Geschäft unterbleiben.

1) Vgl Vorbem 1–5 vor § 709. – Grund: Wahrg der einheitl Linie in der GeschFg. – Die in § 711 vorausgesetzte Regelg kann – kr des GVertr – eintreten als Unterfall von § 709 I (Übertr an jeden Gter zum Alleinhandeln) od nach § 710 im Falle der Übertr an mehrere. Widersprechen kann jeder zur GeschFg berufene Gter. Der Widerspr muß vor Vornahme erkl w, er ist unwirks bei Treuverstoß, § 242, RG **158**, 310. Er hat iZw, § 714, auch **Außenwirkg** (anders HGB §§ 115, 126); nach BGH **16**, 394 allerdings nur, wenn der GeschPartner hiervon unterrichtet war. Hat er keine Außenwirkg, so verpflichtet er den Handelnden doch zum SchadErs; ferner gelten die §§ 712 I, 723, 737. – § 711 ist nicht zwingd, str, es gilt aber § 242.

712 *Entziehung und Kündigung der Geschäftsführung.* I Die einem Gesellschafter durch den Gesellschaftsvertrag übertragene Befugnis zur Geschäftsführung kann ihm durch einstimmigen Beschluß oder, falls nach dem Gesellschaftsvertrage die

Einzelne Schuldverhältnisse. 14. Titel: Gesellschaft §§ 712, 713

Mehrheit der Stimmen entscheidet, durch Mehrheitsbeschluß der übrigen Gesellschafter entzogen werden, wenn ein wichtiger Grund vorliegt; ein solcher Grund ist insbesondere grobe Pflichtverletzung oder Unfähigkeit zur ordnungsmäßigen Geschäftsführung.

II Der Gesellschafter kann auch seinerseits die Geschäftsführung kündigen, wenn ein wichtiger Grund vorliegt; die für den Auftrag geltenden Vorschriften des § 671 Abs. 2, 3 finden entsprechende Anwendung.

1) **Zu I u II**: Erläut bereits in Vorbem 3a, b vor § 709.

2) **I. Entziehg.** Bloße Beschrkg nicht mögl, Warn **13**, 51. Beschl: Vorbem 5; nach HGB §§ 117, 140 dagg gerichtl Entscheid nöt, auch einstw Vfg zul, BGH **33**, 105. Auch bei der ZweimannG Entziehg durch den andern mögl, RG **162**, 83, anders im Falle des Ausschl aus der G, § 737. Wichtiger Grund: vgl § 723 u BGH WPM **67**, 417 (zu §§ 117, 127 HGB: bes sorgfält Abwägg der beiders Interessen bei langjähr Beziehgen). – **Folge**: wird auch nur einem einmal die Befugn entzogen, so tritt stets wieder die Regelg des § 709 ein, Mü DRZ **50**, 280. – Versagen Gter treuwidr ihre Mitwirkg zu der Entziehg, so können sie sich schadensersatzpfl machen, RG **162**, 397. – Verzicht auf EntziehgsR unwirks. – Entziehg der Vertretg: § 715.

3) **II. Kündigung.** Also nicht jederzeit, § 671 I gilt nicht.

713 *Rechte und Pflichten der geschäftsführenden Gesellschafter.* Die Rechte und Verpflichtungen der geschäftsführenden Gesellschafter bestimmen sich nach den für den Auftrag geltenden Vorschriften der §§ 664 bis 670, soweit sich nicht aus dem Gesellschaftsverhältnis ein anderes ergibt.

1) **Allgemeines.** Die GeschFg der Gter ist Ausfluß ihrer Mitgliedsch, daher nicht auf Dritte übertragb; vgl Vorbem 3a vor § 709. Mitwirkg bei der GeschFg ist SonderR. Die GeschFg begründet daher kein Auftrags- od DienstVerh. Ist Vergütg vereinb, so streitig, ob insow echter DienstVertr gegeben; auf jeden Fall dann entspr Anwendg der für den DienstVertr geltenden RRegeln, BGH WPM **63**, 460; § 708 anwendb. Erhöhg der Vergütg ist Änderg des GVertr, BGH BB **67**, 143. Pfl eines Gters, einer solchen Erhöhg zuzustimmen, nur ausnahmsw, BGH **44**, 40 (Anm v Fischer LM § 114 HGB Nr 3). Ohne Vereinbg keine Vergütg für GeschFgsPfl, BGH BB **51**, 654. – Nach § 713 gilt ergänzd AuftrR, abgesehen von der Dauer, § 712 statt § 671. – Überschreitet der geschführde Gter seine GeschFgsBefugn, nimmt er also ein gesellschaftsfremdes Gesch vor, vgl Vorbem 2 vor § 709, so bestimmen sich seine Rechte u Pfl nicht nach § 713, sond nach §§ 677ff, da er als GeschF „ohne GeschFgsbefugnis" gehandelt hat; auch § 708 gilt nicht, da er insow nicht in Erf einer gesellschaftl Verpflichtg gehandelt hat, RG **158**, 312. – Darüber, wer dem geschführenden Gter als Berechtigter oder Verpflichteter ggü steht, vgl Anm 2. – Auch echte Aufträge od Dienstverträge, wie überh echte Drittverhältnisse mit Gtern sind mögl (§ 718 Anm 4a, b). Sow sich hierbei um GeschBesorggen handelt, sind die §§ 662ff, 675 unmittelb anzuwenden, allerdings mit den Besonderheiten, die sich aus der gesellschaftsrechtl Verbundenh der Partner ergeben (vgl hierü Anm 2). Für die übr Drittverhältnisse von Gtern zur GesHand gilt Anm 2, insb die Beschrkg dort zu g, aa, bb nicht; hierü § 718 Anm 4b. Ebenso gelten für Anspr Dritter, auch aus Auftr, § 713, insb die Beschrkgen unten Anm 2g, nicht; hierüber § 718 Anm 4a.

2) **Einzelnes.**
a) Über §§ 664, 668 vgl dort.
b) **§ 665.** Da Mitwirkg an GeschFg SonderR ist, sind nur Weisgen im GVertr, solche bei Übertr der GeschFg, sowie später mit Zust des GeschF gegebene bindd.
c) **§ 666.** Drei Pflichten des geschführden Gesellschafters: Nachricht, Ausk über Stand, sowie RechenschAblegg, letztere erst nach Ende der GeschFg des Gters, § 666, od bei GEnde, bei DauerGten iZw auch am Ende jedes GeschJahres, argumentum § 721 I, II (vgl unten dd). Die AuskPfl besteht auch über Gesch, die mit Billigg der and Gter nicht od nicht richt verbucht worden sind, BGH WPM **72**, 1121.

aa) Es liegen **Anspr der Gesamthand der Gesellschafter**, § 705 Anm 7a, vor, geltd zu machen von der Gesamth der übrigen, vgl RG **148**, 279, u zwar hier auf Leistg an diese übr, nicht an alle (bei der ZweimannG also Klage des zweiten auf Leistg an sich selber); Grund: der Verpflichtete bedarf der Unterrichtg nicht, Belege sind aber hier nur vorzulegen, § 259, für ihre Herausg, § 667, gilt wieder der Grds der Leistg an alle, unten d.
Sind außer dem Verpflichteten noch einer od mehrere zur GeschFg ohne ihn befugte Gter vorhanden – für die Zeit nach GEnde vgl dazu aber § 730 II, 2 – so haben diese den Anspr kraft ihrer GeschFgsBefugn für die übr geltd zu machen, so insb den Anspr auf Nachricht u Ausk gg einen noch amtierenden GeschF sowie den auf Rechensch nach seinem Ausscheiden aus der GeschFg der noch bestehden G.
bb) Der einzelne Gesellschafter ist berecht, diese Anspr auch allein – gerichtet auf Leistgen an sich u die andern Gter – geltd zu machen, § 705 Anm 7a Abs 3; Soergel-Schultze-v. Lasaulx § 713 Anm 6. Vgl auch unten dd, ee.
cc) Für den **Inhalt der RechenschAblegg** gilt § 259: Mitteilg einer geordneten Rechng u Vorlegg von Belegen. Für ihre Herausg gilt unten d. Bei größerem Umfang der Geschäfte, zB Führg eines Untern, muß aber nach § 242 Bezug auf die GeschBücher u -papiere u Vorlegg dieser genügen, Warn **31**, 202; die Heranziehg des § 716 zur Bestimmg des Umfangs der Rechnslegg ist dazu, hier RG aaO aM, weder nötig noch mögl, vgl unten ee. – Ob den GeschF eine BuchführgsPfl trifft, bestimmt sich nach den Umst. – Über Rechngslegg in bezug auf die schwebden Geschäfte des § 740 vgl daselbst Anm 1.
dd) Unabhängig von §§ 713, 666 kann der einz Gter im eig Namen bei GEnde, bei DauerGten auch zum Schlusse jedes GeschJahres (nicht also bei bloßem Ende der GeschFührertätig, dann gilt nur oben bb),

677

ggü allen übr, auch den von der GeschFg ausgeschl Gtern, auf RechngsAbschl dringen u dessen Mitteilg an ihn selber von diesen verlangen, §§ 721 I, II, 730, 738. Der Anspr schließt den auf Legg der Rechng selbst in sich, BGH WPM **65**, 710. Soweit die Bekl nicht selbst Gesch geführt haben, haben sie die Legg der Rechng durch die geschführden Gter zu veranlassen, u ggf (allerdings einschließl des Fordernden) dafür einzustehen. (Der Anspr geht hier nicht auch auf Nachricht u Ausk, wie nach §§ 713, 666, dafür besteht der Schutz des § 716. Der RechngsleggsAnspr ist hier Hilfs- (Vorbereitgs-) Anspr der EinzelAnspr auf Gewinnverteilg, Auseinandersetzg, Abfindg u Zahlg der Guthaben; er muß als solcher deren Schicksal teilen. Unzul (§ 138) Berufg auf GterBeschl, wonach von Rechngslegg für die gesamte Dauer des GVerh entbunden, BGH WPM **65**, 710.

ee) Unabhängig von §§ 713, 666, RG **148**, 279, besteht das **Unterrichts- u Nachprüfgsrecht jedes Gesellschafters nach § 716**.

d) § 667. Herausgabepflicht. Für die AnsprBerechtigg gilt c, jedoch mit dem Unterschiede, daß die Herausg nicht an die „übrigen" (c, aa), sond nur an die GesHand einschl des Pflichtigen gefordert w kann; auch er hat Teil an der dadurch erfolgenden Vermehrg des GVermögens. Das gilt übrigens auch für die Herausg der Belege beim Verlangen der Rechngslegg (c, aa). Der Unterschied ist von bes Bedeutg bei der ZweimannG.

e) Anspr gg den geschführden Gesellschafter aus Verschulden bei GeschFührg (schuldh Schädigg der G, Säumnisse, Verweigerg der Mitwirkg). Sie ergeben sich nicht aus § 713 (§ 662 ist nicht genannt), sond folgen aus §§ 705, 276 iVm 708: pos VertrVerletzg. Es sind Anspr der GesHand; daher nur Anspr auf Leistg an diese, BGH NJW **60**, 433, geltd zu machen grdsätzl von den übr, wie zu d, aber auch von einem einz Gter, § 705 Anm 7a Abs 3. Geltdmachg auch noch im LiquidationsVerf mögl; § 730 Anm 2e. Über die BewLast in diesen Fällen RG DR **44**, 452; der klagende MitGter braucht nur zu beweisen, daß der G durch eine Hdlg od Unterlassg des geschführden Gters ein Schaden entstanden ist; dieser hat seiners nachzuweisen, daß er seine Pfl als GeschF getan od der Schaden auch sonst eingetreten sein würde.

f) § 669. Vorschußanspruch. Es gilt unten g. Doch ist hier keinesf schon währd Bestehens der G ein Anspr gg die Gter persönl auf Leistg aus dem eig Verm gegeben, selbst wenn der GZweck dadurch unmögl w sollte (§ 726).

g) § 670. Anspr auf **Ersatz der Aufwendgen** (auch der Schäden, § 670 Anm 3, so ausdr HGB § 110). Verpflichtet ist die GesHand der Gter, BGH **37**, 301 (zu § 110 HGB). Erstattgsfäh jedoch nur solche Aufwendgen, die allein im Interesse der G, nicht auch solche, die in Verquickg mit eigensücht Interessen des Gters gemacht worden sind, BGH **LM** § 670 Nr 8. Vgl auch § 705 Anm 7b.

aa) Befriedigg aus dem GesellschVermögen ist alsbald mögl, Titel gg die übr genügt, Vorbem 5c vor § 709. Zum Anspr gehört auch der Anspr auf rückständ Beiträge. – Nach GEnde kann der GterGläub dagg Befriedigg aus dem GVerm nur im Wege der Auseinandersetzg suchen, dagg ist gesondert vorgehen § 733 Anm 1b, bb und BGH **37**, 304; anders der GterGläub aus DrittVerh, § 718 Anm 4b, aa.

bb) Ein Anspr gg jeden der übrigen Gesellschafter persönl auf – proratarische, argumentum § 735, 1 – Leistg aus dem eig Vermögen ist währd Bestehens der G grdsätzl nicht gegeben. Das folgt aus dem Zweck des GVermögens sowie der Begrenzg der BeitragspfI im GVertr, § 707, BGH **37**, 301; vgl auch §§ 721, I, II, 735 (VerlustDeckgsPfl erst nach GEnde). Anders bei Vereinbg, die auch stillschw getroffen od aus dem G-Zweck zu entnehmen sein kann, RG **151**, 328. Zahlt dagg ein Gter aus eig Mitteln eine Schuld der G, zB um der Klage od Vollstr gg sich zu entgehen, so wird man ihm bei Unzulänglichk des GVermögens einen alsbaldigen RegreßAnspr, der dann schon gs § 426 II, FdgsÜbergang, folgt, geben müssen. § 707 steht nicht entgg, da die Zahlende dessen Geltg auch für sich selbst ins Feld führen kann; so auch BGH **37**, 303 (zur OHG) mit der Einschränkg, daß der MitGter nur hilfsw haftet, also nur, sow Ersatz nicht aus dem GVerm erlangt w kann.

cc) Die Regelg aa, bb gilt i allg auch **für sonstige Einzelansprüche** von Gtern gg die GesHand, zB Anspr wg schuldh Schädigg, vgl § 705 Anm 7b, vgl auch oben Anm 1.

714 Vertretungsmacht.
Soweit einem Gesellschafter nach dem Gesellschaftsvertrage die Befugnis zur Geschäftsführung zusteht, ist er im Zweifel auch ermächtigt, die anderen Gesellschafter Dritten gegenüber zu vertreten.

1) Allgemeines. Wenn im RVerkehr mit Dritten alle Gter gemeinschaftl handeln (so in dem kraft ergänzender gesetzl Regelg eintretenden Regelfall der GeschFg, § 709 I, aber auch sonst mögl), liegt Selbsthandeln der GesHand, keine Vertretg, vor. Überhaupt hat das G eine bes Vertretg der Gter, eine „gesetzl" Vertretg, nicht vorgesehen. Mögl ist nur, rechtsgeschäftl, durch den GVertr, eine Vertretgsmacht (**Vollmacht**) zu schaffen. Eine solche knüpft das G iZw an die Gtern übertragene GeschFgsBefugn, § 714. Der RA, der als Mitglied einer Sozietät ein Mandat übernimmt, vertritt dabei regelm die Gesellsch, VertrPart w alle der Sozietät angehörden RAe, BGH NJW **71**, 1801, Hamm NJW **70**, 1791. Ob bei der OHG die geschführden Gter gesetzl Vertreter der G sind, ist umstr; Hueck, Recht der OHG 173ff; Anwendbark des § 31 jedoch anerkannt, BGH NJW **52**, 537. Der vertretgsberecht Gter vertritt die GesHand der Gter, in der auch er steht. – Mögl auch bes Vollm – auch GeneralVollm – an Gter od Dritte, nicht aber globale Übertr der Vertretgsbefugn auf einen Dritten, BGH **36**, 293. VertretgsBefugn bei OHG (KG), die sich in bürechtl G umgewandelt h, vgl Vorbem 1 f vor § 709.

2) Vorhandensein u Rahmen der Vollmacht ist iZw an die GeschFgsBefugn geknüpft, § 714; über deren Rahmen Vorbem 2 vor § 709. Danach braucht ein geschführder Gter nicht notw Vollm zu haben, ein bevollm Gter nicht notw GeschF zu sein. Auch der Umfang der Vollm kann größer od geringer sein. Ganz abw die Regelg des HGB §§ 125–127. Tritt eine G, die kein Handelsgewerbe betreibt, im RVerk als HandelsG auf, obwohl sie als solche mangels Eintr im HandelsReg noch nicht entstanden ist, müssen sich die Gter, die dem zugestimmt h, ggü einem auf den RSchein vertrauden GeschPartner so behandeln lassen, wie wenn sie Gter einer HandelsG wären (BGH **61**, 59). Zur GeschFg u daher zur Vertretg gehört im allg auch die Prozeßführg. Der vertretgsberecht Gter hat daher ProzeßVollm für Prozesse namens der GesHänder, RG **57**, 92. Über Außenwirkg auch des Widerspruchs nach § 711 vgl dort Anm 1. Überschreiten der Vollm ist ggü den Gtern ohne Wirkg, vgl aber unten Anm 3c. Ein Überschreiten ist auch der Mißbrauch der Vollm, so bei ZusSpiel mit dem Dritten, auch schon bei dessen fahrl Unkenntn, RG **145**, 314. Bei Interessenkollision entfällt die Vertretgsmacht, Vorbem 5c vor § 709; bei GesVertretg konvalesziert dann wohl der Vollm des anderen Vertreters, RG **116**, 117, es ist nunmehr Gesamthandeln aller nötig, §§ 709 I, 715. BGH NJW **60**, 91.

3) Wirkung.

a) Der bevollm Gter berechtigt od verpflichtet die GesHänder, wenn er **erkennbar** in ihrem Namen auftritt, § 164 II. Wenn nicht, verpflichtet u berechtigt er sich selbst, zur Berechtigg der G sind dann Übertr-Akte nötig, § 718 Anm 2b.

b) Er verpflichtet die Gter nach §§ 420, 431, 427, also bei Verträgen iZw als GesamtSchu, auch mit ihrem eig Verm, § 718 Anm 4.

c) Haftungsbeschränkung. Die Haftg der vertretenen Gesellschafter kann durch Abrede mit dem Dr auf das GVerm beschr w. Auch ohne solche Abrede kann eine solche Beschrkg der Haftg durch Beschrkg der Vertretgsmacht, Anm 2, gegeben sein. Die G ist dann der KG angenähert. Das ist eine zwar atyp, aber doch geskonforme Gestaltg des VertretgsVerh in der BGB-G, vgl Schmidt Betr **73**, 653 u 703. Der Dritte ist daher darauf angewiesen, den Umfang der Vertretgsmacht zu prüfen. Gefährl. Die Beschrkg muß demgem für Dritte bei Prüfg erkennb sein, RG **155**, 75, 87. Danach nicht bloß Schutz des Dritten nach §§ 171, 172, sond auch bei Vorlegg eines schriftl GVertrages, der eine Übertr der GeschFg enthält, ohne eine Beschrkg der Vertretgsmacht zu erwähnen. Schmidt aaO [656] meint, die HaftgsBeschrkg der nichthandelnden Gter könne bei der MitUnternG („KG bürgerlR") auch aus ihrem Namen erkennb sein, wenn sich aus ihm ihre Ausgestaltg nach dem Modell der KG ergibt. Geht der RSchein auf das Bestehen einer KG, so haften die Gter, die der GeschAufn unter dieser Bezeichnung zugestimmt h, als ob die KG bereits dch Eintr wirks gew wäre, dh wie Kommanditisten bis zur Höhe ihrer Einlagen, wie sie ihre Haftg im GVertr beschr h (BGH **61**, 59; abl Beyerle BB **75**, 944). – Beim nicht rechtsfäh Verein gilt dagg die Beschrkg der Haftg auf das VereinsVerm iZw sogar als stillschw vereinb, auch Dritten ggü wirks Satzgsinhalt, § 54 Anm 2d. Bei ihnen ist der Dr aber durch § 54 S 2 geschützt. Vgl hierzu auch § 641 RVO (Neufassg durch das UVNG v 30. 4. 63): Rückgriffshaftg des nichtrechtsfäh Vereins od der G dem VersTräger ggü ist beschr auf Vereins- od GVermögen.

d) Für Schädiggen Dritter gilt nicht, wie bei der oHG, § 31 (BGH NJW **52**, 537). Die Gter haften vielmehr für den GeschF vertragl nach § 278 u außervertragl nach § 831, soweit dessen Voraussetzgn gegeben sind; daher nur dann, wenn sie ggü dem GeschF weisgsberecht sind u durch Ausübg dieses WeisgsR den Schad hätten abwenden können, BGH **45**, 311; vgl auch § 831 Anm 3 a. Beuthien Betr **75**, 725, 773 mwN will dementgg im Hinbl auf die organschaftl Organisation der G § 31 entspr anwenden, dh Haftg aller Gter mit dem GVerm.

4) Prozeßrechtliches: Partei sind in Aktiv- u Passivprozessen die Gter. Zur Vollstr in das GVermögen ist Titel gg alle Gter, bei Klage eines Gters gg die übr Titel gg diese, nötig, ZPO § 736. Der Titel kann aber in verschiedenen Prozessen erwirkt w, RG **68**, 222; die verklagten Gter sind nicht notw Streitgenossen, ZPO § 62, wohl aber die klagden, BGH WPM **63**, 729. Der ausscheidde Gter bleibt trotz Anwachsg (§ 738) Partei, ZPO § 265 II, BGH aaO; über ProzeßVollm des GeschF Anm 2.

715 *Entziehung der Vertretungsmacht.* Ist im Gesellschaftsvertrag ein Gesellschafter ermächtigt, die anderen Gesellschafter Dritten gegenüber zu vertreten, so kann die Vertretungsmacht nur nach Maßgabe des § 712 Abs. 1 und, wenn sie in Verbindung mit der Befugnis zur Geschäftsführung erteilt worden ist, nur mit dieser entzogen werden.

1) Grund des Halbs 1: Auch die Vertretgsmacht des Gters ist mitgliedschaftl SonderR; Grund des Halbs 2: der Zushang zw GeschFg u Vertretg. Andere Regelg in HGB § 127. – § 715 gilt nicht für die Sonder-Vollm. Bei Kündigg der GeschFg nach § 712 II Erlöschen der Vollm, §§ 714, 168, 1.

716 *Kontrollrecht der Gesellschafter.* ¹ Ein Gesellschafter kann, auch wenn er von der Geschäftsführung ausgeschlossen ist, sich von den Angelegenheiten der Gesellschaft persönlich unterrichten, die Geschäftsbücher und die Papiere der Gesellschaft einsehen und sich aus ihnen eine Übersicht über den Stand des Gesellschaftsvermögens anfertigen.

II Eine dieses Recht ausschließende oder beschränkende Vereinbarung steht der Geltendmachung des Rechtes nicht entgegen, wenn Grund zu der Annahme unredlicher Geschäftsführung besteht.

1) Verwaltgsrechtl Befugn (§ 705 Anm 7c) des einzelnen Gters, sich richtd gg die GesHand, geltd zu machen vom einzelnen – im eig Namen – gg die „übrigen", § 705 Anm 7c. NachprüfgR des Unterbeteiligten s § 705 Anm 8. Die Einsicht usw ist keine „Geschäftsführg". Das Recht geht auf Gewährenlassen, nicht etwa auf AuskErteilg. Es hat nichts zu tun mit den Rechten der GesHand ggü dem geschführden Gter nach §§ 713, 666, vgl § 713 Anm 2c, aa-ee, RG **148**, 279). Es besteht also auch, wenn der geschführde Gter bereits Rechng gelegt hat, und es gilt auch noch währd der Auseinandersetzg. Als VerwR ist es nicht übertragb, § 717, doch kann der gesetzl Vertreter des nicht voll GeschFähigen das Recht ausüben, BGH **44**, 101; vgl § 705 Anm 7c; auch Ausübg durch einen bevollm BuchSachverst ist im allg zuzulassen, § 242, BGH

§§ 716, 717   2. Buch. 7. Abschnitt. *Thomas*

WPM **62**, 883; ggf ist das Recht sogar dahin zu beschränken, § 242, RG **103**, 73. Ein bes Interesse braucht nicht dargelegt zu w, § 242 kann aber uU der Ausübg enggstehen, RG **148**, 280. Die Einsicht der Bücher u Papiere setzt das Vorhandensein solcher voraus; ob BuchführgsPfl besteht, ist eine andere Frage, § 713 Anm 2c, cc. – II: I ist also beschr zwingd.

717 *Nichtübertragbarkeit der Gesellschafterrechte.* **Die Ansprüche, die den Gesellschaftern aus dem Gesellschaftsverhältnisse gegeneinander zustehen, sind nicht übertragbar. Ausgenommen sind die einem Gesellschafter aus seiner Geschäftsführung zustehenden Ansprüche, soweit deren Befriedigung vor der Auseinandersetzung verlangt werden kann, sowie die Ansprüche auf einen Gewinnanteil oder auf dasjenige, was dem Gesellschafter bei der Auseinandersetzung zukommt.**

1) Grundsätzliches zu Satz 1.

a) Die Gesellschafterstellg im ganzen (Mitgliedsch) ist nicht übertragb, ebsowenig wie überh die Stellg eines VertrGenossen in einem „Vertrags"Verh frei übertragb ist, § 398 Anm 4. Als selbstverständl nicht bes ausgesprochen. Ein MitgliedschWechsel durch Übertr od durch sonstigen Übergang (vgl § 727), unter Aufrechterhaltg der Identität der G, ist jedoch mögl, falls der GVertr ihn zuläßt od alle Gter zust, § 719 Anm 3, § 736 Anm 3b bb. In solchen Fällen auch gleichzeitige Auswechslg aller Gter unter Fortbestand der G mögl, BGH **44**, 229 (Anm v Fischer **LM** § 105 HGB Nr 21). – Unterbeteiligg ist ohne weit mögl.

b) Die vermögensrechtl Seite der Mitgliedsch ist verkörpert in dem **Anteil** jedes Gters am GVermögen. Er ist für sich unübertragb, § 719 I; mit der einz Übertr der Mitgliedsch (Anm 1 a) geht er jedoch über.

c) Der Anteil des Gesellschafters an den einz Ggständen des GVermögens, also seine dingl Mit-Berechtigg, ist als solcher ebenf unübertragb, § 719 I, vgl dort Anm 2 c. Der GVertr kann hieran nichts ändern. Die Übertr ist nichtig nach § 134. Natürl können sämtl Gter über den EinzGgst im ganzen wirks verfügen, womit über alle Ant zugl verfügt w. Außerdem geht der Anteil des Gters am EinzGgst auf den RNachf über, wenn der Gter seine Mitgliedsch (Anm 1 a) wirks überträgt. Wg An- u Abwachsg in diesen Fällen vgl § 736 Anm 3 a.

d) Auch die aus der GterStellg fließenden **Einzelrechte der Gesellschafter** sind grdsätzl unübertragb, § 717, 1; vgl auch § 719 Anm 2b (schwebde Unwirksamk). Grund: das VertrauensVerh der Gter. Das gilt vor allem für die in § 705 Anm 7c aufgeführten VerwRechte der Gter, insb das Recht auf Mitwirkg bei der GeschFg u das VertretgsR, sow es sich um Übertr des Rechtes insges u nicht um Wahrnehmg bestimmter, wenn auch weitergehder, Aufgaben handelt, BGH **36**, 293 (bestr). Ebso für das Informations- u NachprüfgsR nach § 716, BGH WPM **62**, 883, das auf Rechnglegg, § 713 Anm 2c, cc, dd, RG **52**, 35, u das auf Auseinandersetzg, RG **90**, 19. Es gilt ferner für die Anspr der GesHand, soweit sie von einem Gter allein gg einen anderen Gter geltd gemacht w können, so auf Entrichtg von Beiträgen, § 705 Anm 7a Abs 3. Die GesHand selbst kann natürl über solche Anspr verfügen, auch können sie von Dritten mit Titel gg alle gepfändet w, RG **76**, 278. – Vgl auch über die Unzulässigk der Ausübg dieser VerwR dch Dritte § 705 Anm 7c.

2) Satz 2: Ausnahmen von Anm 1 d. Grund: hier liegen EinzelAnspr vor, deren Lösg aus der Verbundenh dem GZweck nicht mehr enggsteht. Der GVertr kann (AusleggFrage nach §§ 133, 157) die Übertr einschränken od ausschließen, § 399 (BGH WPM **78**, 514). **Übertragb sind:**

a) Etwaige Ansprüche eines Gesellschafters aus GeschFührg, soweit ein BefriediggsAnspr bereits vor Auseinandersetzg besteht, § 713 Anm 2g, aa (AufwendgsErs). VorschußAnspr (dort f) aber kaum, da die Bindg des Vorschusses enggstehen wird. – Auch soweit ausnahmsw Anspr schon alsbald gg die einzelnen Gter persönl gegeben sind, sind diese übertragb, § 713 Anm 2g, bb. – Nach GEnde sind EinzelAnspr gg die G, die abgetreten w könnten, nicht mehr gegeben, sie sind dann in dem Anspr unten c aufgegangen.

b) Der Anspr auf einen – rückständigen und erst der Höhe nach zu bestimmden – **Gewinnanteil,** § 721 I, II; der VertrAnspr auf feste Entnahmen, vgl HGB § 122 I, dagg nur, soweit durch Gewinn gedeckt, RG **67**, 19. – Es ist ein schuldrechtl Anspr auf Zahlg, abhängig von der Gewinnfeststellg. Der Neugläub hat Anspr auf Mitteilg der Höhe des errechneten GewinnAnt dch die G (BGH BB **76**, 11), dagg nicht das Recht, RechngsAbschl u -legg zu verlangen, noch kann er gg die GesHand auf die Gewinnfeststellg selbst klagen, RG **52**, 36, noch hat er Anspr, bei dieser mitzuwirken; alle diese Rechte bleiben beim Altgläub. Der Neugläub hat insow nur Rechte gegen diesen.

c) Anspr auf das, was dem abtretenden Gter bei der **Auseinandersetzg** zukommt w (das **„Auseinandersetzgsguthaben").** Es besteht, §§ 733, 734, aus dem Anspr auf Wertrückerstattg der Einlagen, soweit nicht aufgezehrt (§ 733), u dem auf Zahlg des Überschusses (§ 734), dagg gehören im allg nicht dazu (Ausleggsfrage) die Anspr aus § 732 sowie die auf Berichtg bes Fdgen aus dem GVerh, zB auf rückständ Gewinnanteile oder AufwendgsErs. – Der GuthabenAnspr ist schuldrechtl. Er fließt aus dem Anteil des Abtretenden am GVerm (Anm 1b). Er ist schon währd des Bestehens der G abtretb. Denn er besteht schon ab Gründg u ist nur der Höhe nach noch unbestimmt, RG **60**, 130, und wird durch die Gter bei Auseinandersetzg, §§ 730–734, od Abfindg, §§ 738–740, abhängig. Es kann daher noch nicht mit ihm aufgerechnet w, RG **118**, 299. Der Neugläub kann die G nicht kündigen, er hat nicht das Recht, Auseinandersetzg zu fordern, an dieser mitzuwirken od Rechngslegg zu verlangen, RG **90**, 20; er kann sich nur an den Altgläub halten, RG **90**, 21.

d) Zu a–c: Soweit abtretb, ist der Anspr auch **verpfändb** (§§ 1274 II, 1280). Auch Pfändg u Überweisg nach ZPO §§ 829, 835 (nicht gilt § 859 I, 2) sind mögl, vertragl Ausschl würde die Pfändg nicht hindern, § 851 II. – Der Pfandgläub hat in den Fällen b u c die dortigen Rechte; er hat kein KündR aus § 725 I. – **Nießbrauch** am GAnteil vgl § 1068 Anm 5.

718 *Gesellschaftsvermögen.* I Die Beiträge der Gesellschafter und die durch die Geschäftsführung für die Gesellschaft erworbenen Gegenstände werden gemeinschaftliches Vermögen der Gesellschafter (Gesellschaftsvermögen).

II Zu dem Gesellschaftsvermögen gehört auch, was auf Grund eines zu dem Gesellschaftsvermögen gehörenden Rechtes oder als Ersatz für die Zerstörung, Beschädigung oder Entziehung eines zu dem Gesellschaftsvermögen gehörenden Gegenstandes erworben wird.

1) **Grundsatz.** Vgl zunächst § 705 Anm 5, 8; auch Übbl 1 c bb vor § 420. Im ges Regelfall der GesHandaußenG (anders grdsätzl bei der InnenG, § 705 Anm 8) steht das dem GZweck gewidmete Verm den Gtern (Teilh) zur ges Hand zu. Das GVerm ist nach I gemschaftl Verm der Gter, also nicht Verm einer v ihnen versch „G". Träger der R zur ges Hand u Pfl samtverbindl sind unmittelb die Gter. Ihre MitBerechtigg bezieht sich auf die einz Ggstde, dh die Sachen des GVerm stehen im GesHandEigt, die Fdgen sind GesHandFdgen. Das GVerm stellt ein dingl gebundenes SonderVerm dar, das vom sonst Verm der Teilh rechtl zu unterscheiden ist, aber auch v einem etw weiteren SonderVerm derselben Pers, selbst wenn gleiche BeteiliggsVerh vorliegen. Die Einbringg, soweit nicht lediglz ur Benutzg (BGH WPM **65**, 744) v Ggsten geschieht dch Übereigng bzw Übertr, Grdst sind aufzulassen, RG **76**, 413. Das bedeutet aber nicht, daß der Einbringde seine vermrechtl Stellg verliert, vielm bleibt er RInh, wenn auch jetzt in geshänder Bindg mit den and Gtern (BGH BB **64**, 8).

2) **Bestandteile. Gesellschaftsvermögen sind:**

a) **Die Beiträge der Gesellschafter,** §§ 705, 706. Über Leistg § 706 Anm 2. GVermögen sind aber auch schon die Fdgen auf die Beiträge, RG **76**, 278, § 705 Anm 5, 7a. Darü, ob auch der einzelne Gter ihre Leistg (ins GVermögen) fordern kann, s § 705 Anm 7a Abs 3.

b) **Die durch die GeschFührer für die Gesellschaft erworbenen Ggstände** (Sachen u Rechte, insb Fdgen). Das gilt ohne weiteres für den von allen Gtern gemeinschaftl gemachten Erwerb, ferner für den originären Erwerb eines Gters, zB Schatzfund. Bei Erwerb durch einen vertretgsberecht Gter im RVerkehr mit Dritten ist dagg zum unmittelb Erwerb der Gter ein Handeln in ihrem Namen erforderl, § 164, RG **54**, 105, falls nicht – bei Erwerb von bewegl Sachen u Rechten – der Gesichtspkt des Erwerbes „für wen es angeht" eingreift, vgl RG **100**, 192. Der in eig Namen für die G handelnde GeschF hat aber ggü den Gtern die gesellschrechtl (schuldrechtl) ÜbertrPfl. Auch der Anspr hierauf gehört bereits zum GVerm.

c) II. Der sog **Surrogationserwerb.** Hier unmittelb, bei dingl Rechten dingl, Surrogation, § 281 Anm 2. Fälle: auf Grund **Rechts:** zB Früchte, Zinsen, Anspr auf Veräußergsentgelt; als **Ersatz:** zB Anspr auf SchadErs, die VersichergsFdg. Über die Frage der Geltdmachg solcher Fdgen gg Dritte durch einen Gter (§ 709 Anm 1 b, Schutz des Schu: § 720.

d) Auch der **Geschäftswert** – der **good will** – gehört zum GVermögen. Bedeuts in aller Regel für HandelsG, kann aber auch für BGB-G prakt w, BGH BB **67**, 95 (Rechtsanwaltssozietät). Über die Methoden zur Ermittlg dieses Wertes Hbg MDR **66**, 237. Vgl auch § 738 Anm 2c.

3) **„Gesellschaftsschulden"** (RG **126**, 189).

a) **Dritten Gläubigern** ggü ist es gleichgültig, ob ihnen die Gter als solche haften od ob sie aus anderen nicht mit der G zushängenden Gründen einen Anspr gg jeden der Gter haben: sie können, wenn sie einen Titel gg alle Gter haben, ZPO § 736, auch in letzterem Falle in das GVerm vollstrecken. Die eigentl GGläub haben auch keinen Anspr auf Vorwegbefriedigg aus dem GVerm vor den zufälligen Gläub aller Gter. – Nur uU haftet dem GGläub allein das GVerm, so bei vertragl Haftgsbeschrkg (§ 714 Anm 3c) u bei ungerechtf Bereicherg des GVermögens, str.

b) **Im Innenverhältn der Gesellschafter** hat die Frage a größere Bedeutg: nur GSchulden sind bei der Gewinn- u Verlustberechng, § 721, einzustellen u bei der Auseinandersetzg, § 733 („gemeinsch Schulden"), aus dem GVerm zu decken.

4) **Persönl Haftg der Gesellschafter.**

a) **Dritte** können sich nicht nur aus dem GVerm befriedigen. Die Gter haften vielm für die GSchulden ggü Dritten auch **persönl mit dem eigenen Vermögen** nach den allg Vorschr der persönl Verpflichtg mehrerer, § 420ff. So haften sie insb als GesSchuldner: aus den von allen gemschaftl od durch berechtigte Vertreter (§ 714) geschl Vertr, §§ 427 (iZw), 431; aus gemeinschaftl begangenen unerl Hdlgen aus §§ 823ff, 830, 840, aus solchen von VerrichtgsGeh im Rahmen des § 831 (BGH NJW **75**, 533). Gleiches gilt wohl auch, dh Haftg aller Gter auf den vollen Betr, wenn die GesHand inf rechtsgrundl Leistg eines Dr bereichert ist; eine einheitl Meing h sich allerdings in dieser Frage des ZusTreffens von Bereicherg u GesHand noch nicht gebildet. BGH **61**, 338 (Kritik: Meincke Betr **74**, 1001; zust Reinhardt JZ **74**, 768) bejaht volle Haftg jedes Gters nach Auflösg u Verteilg des GesVerm, jedoch kann jeder den Wegfall der Ber schon bei der GesHand, bei seinen MitGtern od bei sich einwenden. – Über vertragl HaftgsBeschrkg § 714 Anm 3 c. – Die Haftg entsteht sofort u primär, kein Recht, den Dritten auf das GVerm zu verweisen. – Auch nach GEnde, währd der Auseinandersetzg, kann der Gläub sowohl aus dem GVerm gesondert Befriedigg verlangen als gg die einz Gter persönl vorgehen.

b) Grdsätzl das gleiche gilt nach hM für Anspr, die ein **Gesellschafter-Gläubiger** aus einem vom **GVerhältnis verschiedenen** RVerh, das ebsogut zw der GesHand u einem Dritten bestehen könnte, gg die GesHand hat, also zB aus Kauf, Darl, DienstVertr (BSozG NJW **66**, 2186), unerl Hdlg eines zu einer Verrichtg Bestellten, zB GeschFührers (§ 831), GgAnspr des GeschFührers, die er aus der Führg gesellschaftsfremder Geschäfte nach §§ 683ff (RG **158**, 312) gg die G erlangt hat. – Über Abgrenzg zu RG **153**, 310ff, vgl zu ihr auch § 713 Anm 1.

aa) Die Geltdmachg der Ansprüche gg das GesellschVermögen ist alsbald ohne Beschrkg zul; Titel (ZPO § 736) ist hier nur gg die übrigen erforderl. Nach GEnde kann der GterGläub Einstellg der Fdg bei der Auseinandersetzg verlangen, kann aber auch aus dem GVerm von sich aus Befriedigg suchen.

bb) Auch die persönl Haftg der (übr) Gesellschafter entsteht hier, wie zu a, sofort u primär, sie haben kein Recht, den GterGläub auf das GVerm zu verweisen. Aber: Treu u Gl fordern, daß der GterGläub an seiner Fdg einen seinem Verlustanteil entspr Teil abzusetzen hat, RG **153**, 311. Ferner wird er jeden der Gter **nicht gesamtschuldnerisch**, sond nur entspr dem auf jeden entfallenden Verlustanteil (der sich bei Ausfall eines Gters zu erhöhen haben wird, § 735, 2) in Anspr nehmen dürfen, da sonst durch den Regreß des voll Zahlenden uU ein Kreislauf entstehen würde, vgl BGH **37**, 302. Auch nach GEnde u währd der Auseinandersetzg können die Gter jederzeit persönl unabhängig von der Auseinandersetzg in Anspr genommen w.

c) Fdgen eines Gesellschaftergläubigers aus dem GVerhältnis selbst. Über Abgrenzg zu b vgl dort. Die gewöhnl vertragl Anspr auf Zahlg des Gewinnanteils, des Auseinandersetzgs- od des Abfindgsguthabens unterliegen eigener Regelg, §§ 731, 730ff, 736ff. Anspr bes Art aus dem GVerh, zB aus Schädigg des Gters durch die GeschF (anderers s dazu oben b), auf AufwendgsErs § 713 Anm 1 u 2g, auf rückständ Gewinnanteil können alsbald gg das GVermögen (mit Titel gg die übr, ZPO § 736) geltd gemacht w. Die Geltdmachg gg die Gter persönl währd Bestehens der G einschließl der Auseinandersetzg ist dagg beschr, § 713 Anm 2g, Vgl auch § 733 Anm 1b, bb.

719 Gesamthänderische Bindung.
I Ein Gesellschafter kann nicht über seinen Anteil an dem Gesellschaftsvermögen und an den einzelnen dazu gehörenden Gegenständen verfügen; er ist nicht berechtigt, Teilung zu verlangen.

II Gegen eine Forderung, die zum Gesellschaftsvermögen gehört, kann der Schuldner nicht eine ihm gegen einen einzelnen Gesellschafter zustehende Forderung aufrechnen.

1) Allgemeines. Vgl zunächst § 718 Anm 1. Die Gter in ihrer durch den GVertr geschaffenen Verbundenh sind an den das GVerm ausmachdn Sachen u Rechten geschäftl berecht. Die Beteiligg jedes Gters an dem einz Ggst (der „Anteil") ist seine sachenrechtl Teilhabe. Dagg stellt der Anteil am GVerm als einem Inbegr v Sachen u Rechten kein dingl Recht dar, da ein solches an Inbegr nicht bestehen kann. Die Gesamtberechtigg aller ist ungeteilt. Keiner hat ein selbständ, vom Recht der übr Gter am GesHandVerm (GAnteil) unabhäng TeilR an dem Inbegriff. Erst recht hat keiner ein solches TeilR (QuotenR) an den einz Ggständen (Sachen u Rechten) des GVermögens, RG **60**, 128. Es besteht an ihnen GesHandsEigt, Fdgen sind solche der GesHand (vgl über sie Übbl 1 c, bb vor § 420). Verfügsberecht sind nur alle gemeinschaftl, § 709, od die für die Gesamth der Gter GeschFührgs-(Vertretgs-)Berecht, §§ 709 ff, 714.

2) Auswirkgen.

a) Kein Recht des Gesellschafters, Teilg zu verlangen. Zwingd. Über KündR §§ 723–725. Bei GEnde kann er die Auseinandersetzg fordern, §§ 730, 738.

b) Der Gesellschafter kann nicht über seinen Anteil am GesellschVermögen verfügen. Damit wird zwingd ein Herausbrechen der Gesamthänderstellg als EinzBestandt aus der umfassdn Mitgliedsch verhindert (Wiedemann WPM **75**, Sonderbeilage 4 S 32). Übertragb ist bei entspr Vereinbg die Mitgliedsch, § 717 Anm 1 a. Da GGrdlagen hierdurch berührt, grdsätzl Einstimmigk der Gter erforderl, § 705 Anm 3 b; wenn auch insow MehrhBeschl ausreichen soll, muß GVertr das zweifelsfrei bestimmen, BGH WPM **61**, 303. Die Zust der übr Gter kann auch bereits im GVertr erkl sein, BGH aaO (daselbst auch über den Widerruf der Zust aus wicht Grd). Maßgebl Ztpkt für die Zust ist die Übertr (bzw Verpfändg), nicht schon der Abschl des KausalGesch, BGH BB **58**, 57. Ebso ist bei Einverständn der Gter Belastg des Anteils, zB dch Verpfändg od NießbrBestellg mögl (Hamm Betr **77**, 579). Ist Verpfändg zul, so gilt § 1280 nicht, da der GAnteil keine Fdg ist, RG **57**, 415. – Über Rangfragen § 725 Anm 2d. – Pfändg ist mögl, ZPO § 859 I, 1, Wirkgen: § 725. Die GesHandBerechtigg bleibt v der Pfändg unberührt. – Das ÜbertrVerbot des § 719 ist ein gesetzl Veräußergsverbot, das den Schutz der GesHand betrifft (§ 135); es ist eine relative, sond schwebende Unwirksamk der gleichwohl vorgenommenen Vfg, BGH **13**, 179. Die Versagg der Zust (§ 182), aber nur, wenn sie abschließd u endgült ist, vernichtet das ÜbertrGesch, BGH WPM **64**, 879. Die unzul Vfg kann (Auslegsfrage) als Übertr der abtretb Ausflüsse des Anteils am GVermögen, näml der schuldrechtl Anspr auf Auszahlg des Gewinnanteils u des AuseinandSGuth, § 717 Anm 2 b, c, zu deuten u damit insow aufrechtzuerhalten sein, OGH MDR **48**, 394. Dasselbe gilt für die Verpfändg.

c) Der Gesellschafter kann nicht über seinen Anteil am Einzelgegenstand des Gesellschaftsvermögens verfügen. Darin zeigt sich die gesamthänder Bindg. Eine Vfg wäre nichtig, § 134. Auch keine Verpfändg. Ebsowenig Pfändg mögl, ZPO § 859 I, 2. – Bei Übertr der Mitgliedsch geht die MitBerechtigg an den einz Ggsten des GVerm auf den RNachf über. Daneben gibt es nur noch die Möglichk, daß alle Gter zus über den Ggst u damit alle ihre Anteile daran verfügen. – Die Vfg eines Gters über einen EinzGgst kann nach §§ 932 ff zu gutgläub Erwerb Dritter führen, auch kann § 185 in Frage kommen. Über das Einziehgs- u KlagR des einzelnen Gters § 709 Anm 1, § 705 Anm 7 a Abs 3.

d) II. Aufrechng. Grund von II: Da die Fdg den Gtern in ihrer Verbundenh zusteht, fehlt die Ggseitigk, § 387 Anm 4. – Daß der einzelne Gter nicht mit einer Fdg der GesHand gg einen Dritten aufrechnen kann, folgt sa aus dem ihm fehlenden VfgsR. Ihm w jedoch in entspr Anwendg von § 129 III HGB ein LeistgVR zuzubilligen sein, wenn er von dem GGläub in Anspr genommen wird, der der G in mind gleicher Höhe verschuldet ist, BGH **38**, 126 (für Erbengemeinsch), RGRK Anm 10 (bestr); nach BGH **42**, 396 ist Voraussetzg des LeistgVR nach § 129 III HGB, daß G mit ihrer Fdg aufrechnen kann, § 770 Anm 3.

720 *Schutz des gutgläubigen Schuldners.* Die Zugehörigkeit einer nach § 718 Abs. 1 erworbenen Forderung zum Gesellschaftsvermögen hat der Schuldner erst dann gegen sich gelten zu lassen, wenn er von der Zugehörigkeit Kenntnis erlangt; die Vorschriften der §§ 406 bis 408 finden entsprechende Anwendung.

1) **Voraussetzg**: Erwerb für die G nach § 718 I, vgl dort Anm 2a, b, auch bei zunächst nur mittelb Erwerb u erst späterer Übertragg. Auszudehnen auch auf den Surrogationserwerb nach § 718 II (wie in §§ 1473, 2041, vgl auch § 2019), str, nicht aber auf die Fdg aus unerl Hdlg; hier ist der Schu nur nach § 851 geschützt.

721 *Gewinn- und Verlustverteilung.* I Ein Gesellschafter kann den Rechnungsabschluß und die Verteilung des Gewinns und Verlustes erst nach der Auflösung der Gesellschaft verlangen.

II Ist die Gesellschaft von längerer Dauer, so hat der Rechnungsabschluß und die Gewinnverteilung im Zweifel am Schlusse jedes Geschäftsjahrs zu erfolgen.

1) Nicht zwingd, RG **95**, 152; Abänderg aber nur durch Vertr aller, da GGrdlage, § 705 Anm 3b. Dem Anspr steht eine Verpflichtg der GesHand, § 705 Anm 7b, ggü. Über das Verlangen des RechngsAbschl § 713 Anm 2c, dd (auch aa und cc). Bei GEnde ist das Verlangen auf RechngsAbschl Vorbereitg der Auseinandersetzg, der Anspr auf Gewinnfeststellg ist dann Mitinhalt des Anspr auf Auseinandersetzg, der festgestellte Gewinn deckt sich dann mit dem Überschuß des § 734. Ist Gewinnverteilg vor GEnde vereinbart, so besteht, wenn die vereinb Voraussetzgen eingetreten sind, nach II am Schlusse jedes GeschJahres (iZw = KalJ), ein selbständiger Anspr auf Feststellg u Auszahlg des Gewinns. Gewöhnl Verj, RG **88**, 46. Stets Zahlg nur aus dem GVerm, §§ 707, 734, RG **170**, 396. — **Gewinn** ist der Überschuß des Vermögens über die GSchulden u Einlagen am Stichtag; **Verlust** das Umgekehrte. — **Nichtabgehobener Gewinn** wird bei Fortbestehen der G. falls echter AuszahlgsAnspr bestand, GSchuld, § 733 Anm 1b, bb, er erhöht dagg, falls der GVertr nichts anderes bestimmt, wie die Einlage, anders HGB § 120 II. — Verlust ist, auch wenn periodische Gewinnverteilg gilt (so bei II od sonst bei Abrede), erst bei GEnde auszugleichen, wenn nichts anderes vereinb ist, §§ 707, 735; anders HGB §§ 120, 121. — Vgl ferner § 734 Anm 1, 2.

722 *Anteile am Gewinn und Verlust.* I Sind die Anteile der Gesellschafter am Gewinn und Verluste nicht bestimmt, so hat jeder Gesellschafter ohne Rücksicht auf die Art und die Größe seines Beitrags einen gleichen Anteil am Gewinn und Verluste.

II Ist nur der Anteil am Gewinn oder am Verluste bestimmt, so gilt die Bestimmung im Zweifel für Gewinn und Verlust.

1) § 722 entfällt, wenn die G keinen Gewinnzweck hat, § 705 Anm 4a. — Es bestehen drei Möglichk:
a) *Bestimmg durch GesellschVertr;* über ausdrückl spätere Änderg § 705 Anm 3b, über stillschweigd Änderg dch langjähr vom GVertr abweichd Übg BGH NJW **66**, 826. Verschiedene Regelg, auch ungleiche Beteiligg, auch nach Gewinn u Verlust verschieden, mögl. Ganz ausgeschl kann der GewinnAnspr eines Gters nicht w, Grund: § 705 Anm 4b. Dagg kann die Verlustbeteiligg Einzelner ausgeschl w; das gilt auch für einen Auseinandersetzgsverlust, BGH WPM **67**, 346.
b) *Bei unvollständiger VertrRegelg* gilt die AusleggsRegel des II.
c) *Bei Fehlen anderweiter VertrRegelg* (zu beweisen vom Behauptenden) gilt Anteilsgleichh an Gewinn u Verlust; ergänzder Rechtssatz. Auspräg des Grds der gleichm Behandlg der Gter, RG **151**, 326. Es gilt Gleichh nach Köpfen, Beitragshöhe u -art unerhebl; Personal-, nicht KapitalGrds.

Auflösung (§§ 723–729) und Auseinandersetzung (§§ 730–735)

Vorbemerkung

1) **Außer** den in §§ 723–728 genannten gelten die **allg Auflösgsgründe**: Zeitablauf; Eintritt auflösder Bedingg; Vertr („Beschluß", uU, § 705 Anm 3b, genügt MehrhBeschl); Vereinigg der GterStellg in einer Hand, insb durch Beerbg (es gibt bei der G des BGB keine EinmannG, vgl § 736 Anm 1). Über Rücktr § 705 Anm 3c.

2) **Bedeutg der Auflösg** (= Beendigg). Soweit GVermögen vorhanden (Regelfall), ist sie noch **keine Vollbeendigg** der G. Die gesamthänd Verbundenh der Gter entfällt nicht kr G. Sie bedarf der Lösg; die den Anteilen an den einz Gter entspr VermWerte sind ihnen durch Einzelübertraggen zuzuführen. Beides ist Aufgabe u Inhalt der **Auseinandersetzg**, §§ 730–735; vgl auch zur Gemsch Vorbem 1–3 vor § 749. Bis zu deren Beendigg besteht die G als sog AuseinandersetzgsG mit nunmehr der Auseinandersetzg als Zweck tatsächl, nicht nur fiktiv, vgl § 730 II, 1, fort, RG **106**, 67. Die VertrVerpflichtgen der Gter entfallen, soweit ihr Erf nicht zu diesem Zweck noch erforderl ist, BGH NJW **60**, 433. — Auch die AuseinandersetzgsG kann sich durch Beschl der Gter (evtl MehrhBeschl, § 705 Anm 3b, BGH NJW **53**, 102), unter Aufrechterhaltg ihrer Identität, in eine gewöhnl G zurückverwandeln, BGH WPM **64**, 152 (zur KG). Das ist mögl auch unter Änderg der Personen ihrer Mitglieder; grdsätzl müssen aber alle, auch ein etwa nicht mehr Teilnehmender, zustimmen, BGH WPM **63**, 730. Nach Beendigg der Auseinandersetzg ist dagg nur Neugründg mögl.

3) **Ausscheiden** eines Gters, § 736, ist keine Auflösg, die G bleibt. Vgl dort; in Anm 3 daselbst auch über Eintritt neuer Gter.

§ 723 1, 2   2. Buch. 7. Abschnitt. *Thomas*

723 *Kündigung durch Gesellschafter.* I Ist die Gesellschaft nicht für eine bestimmte Zeit eingegangen, so kann jeder Gesellschafter sie jederzeit kündigen. Ist eine Zeitdauer bestimmt, so ist die Kündigung vor dem Ablaufe der Zeit zulässig, wenn ein wichtiger Grund vorliegt; ein solcher Grund ist insbesondere vorhanden, wenn ein anderer Gesellschafter eine ihm nach dem Gesellschaftsvertrag obliegende wesentliche Verpflichtung vorsätzlich oder aus grober Fahrlässigkeit verletzt oder wenn die Erfüllung einer solchen Verpflichtung unmöglich wird. Unter der gleichen Voraussetzung ist, wenn eine Kündigungsfrist bestimmt ist, die Kündigung ohne Einhaltung der Frist zulässig.

II Die Kündigung darf nicht zur Unzeit geschehen, es sei denn, daß ein wichtiger Grund für die unzeitige Kündigung vorliegt. Kündigt ein Gesellschafter ohne solchen Grund zur Unzeit, so hat er den übrigen Gesellschaftern den daraus entstehenden Schaden zu ersetzen.

III Eine Vereinbarung, durch welche das Kündigungsrecht ausgeschlossen oder diesen Vorschriften zuwider beschränkt wird, ist nichtig.

1) I. Die Kündigg (vgl zu ihr Einf 3a vor § 346) ist eine Verwaltgsbefug (§ 705 Anm 7 c) jedes Gters. Ausübg durch einseit Erkl ggü allen anderen. Wirkg: alsbaldige Auflösg, es besteht jetzt die AuseinandersetzgsG, FortsetzgsBeschl aber mögl, Vorbem 2. Bei Bestehen einer KündFrist Auflösgswirkg erst bei Fristablauf; sie tritt nicht ein, wenn die Gter zuvor durch Vereinbarg die Künd rückgängig machen; kein einseit Widerruf der Künd. Nur die wirks Künd löst auf. Darü, daß bei der in Vollzug gesetzten G der Rücktr ausgeschl u Abwicklg nur für die Zukunft nach Künd mögl, § 705 Anm 3 d. 2 Fälle:

a) Bei Gesellschaften auf unbestimmte Zeit, I, 1. Hier jederzeit KündR. Über Abgrenzg zu unten b vgl dort. Beschrkg mögl durch Vereinbg einer KündFrist I, 3; III (dann gilt b: wicht Grd für fristl Künd dann nötig), ferner kann Künd für best Zeit ausgeschl, BGH **10**, 98, oder erst zu einem best Termin zugel sein, BGH aaO: in beiden Fällen ist dch für den fragl Zeitraum unten b; eine solche Begrenzg des KündR braucht u nicht ausdrückl vereinb zu w, BGH WPM **67**, 316. Eine für die Dauer der G vereinb Unterbeteiligg (§ 705 Anm 8 a) kann nach I 1 gekünd w, wenn Dauer der G weder zeitl noch dch ihren Zweck begrenzt ist, BGH **50**, 316. Nicht mögl ist es bei G, auch InnenG u Unterbeteiligg (BGH Betr **68**, 1529) auf unbestimmte Zeit, die Künd in anderer Weise, auch nicht auf wicht Gründe zu beschränken, III. - Zu a gehört auch, wenn die VertrGenossen in AbschlErwartg die Geschäfte beginnen, der GVertr aber nicht abgeschl w, RG **103**, 76.

b) Bei Gesellschaften auf bestimmte Zeit, I, 2. Hier ist stets, unbeschränkb (III), Künd bei wicht Grunde mögl; angemessene Bedenkzeit zu respektieren, BGH WPM **65**, 976. I, 2 liegt vor, wenn irgendwie die Dauer der G beschr ist, RG **136**, 241. Mögl durch Bestimmg einer Zeitdauer nach dem Kalender, durch Knüpfen an ein bestimmtes Ereign, auch die Erreichg eines bestimmten GZiels; die Dauer kann sich aber auch allein aus den Umst, dem GZweck, § 705, ergeben (über der vergleichb RLage beim DienstVertr vgl § 620 Anm 2), sei es auch nur dahin, daß bei einer sonst auf unbest Zeit eingegangenen G währd bestimmter Zeit nach Treu u Glauben willkürl, ohne daß ein wicht Grd vorliegt, nicht gekündigt w kann, BGH WPM **67**, 316. I, 1 w dadurch prakt sehr eingeschränkt. Bei unmäßiger Dauer ist nach § 242 der Fall des I, 1 anzunehmen, ggf ist § 138 gegeben. **Wichtiger Grund**: wenn Fortsetzg dem Kündigenden nach Treu u Glauben nicht zugemutet w kann, insbes wenn Gter die G schädigt od erhebl gefährdet, u ferner dann, wenn er das gesellschaftl VertrauensVerh in sonst Weise nachhalt zerstört; BGH WPM **66**, 31. Das kann im EinzFall auch dch ehewidr Beziehgen eines MitGters geschehen, vgl Lindacher NJW **73**, 1169. Die Zerstörg des VertrauensVerh muß nicht stets ein wicht Grd sein, es kommt auf die GesWürdigg im EinzFall an. Der wicht Grd setzt nicht Versch des MitGters voraus, BGH WPM **75**, 329. Vgl zum wicht Grd auch § 626 Anm 4, 5, § 737 Anm 1. BewLast hat der Kündigende. Über die Anwendbark der §§ 323 ff vgl § 705 Anm 3 c. Auch Zerwürfn allein genügt, wenn gedeihl ZusWirken nicht mehr zu erwarten, RG **162**, 392. Wer allein, verschuldet od auch nur obj vertragswidr, den Streit veranlaßt hat, kann nicht kündigen, anders, wenn der andere den Streit geschürt hat, RG JW **37**, 3157. Auch Nachschieben von Gründen ist mögl, RG JW **38**, 1392. UU können Gründe herangezogen w, die erst nach Künd eingetreten sind, RG JW **38**, 1897, vgl auch § 626 Anm 3 c. Auch hier (vgl zum DienstVertr § 626 Anm 3 b) muß Künd in noch zumutb Frist ausgesprochen w, da andernf Wegfall des KündGrd vermutet w; BewLast in letzterem Fall für Nichtwegfall des KündGrd: KündBerecht, BGH NJW **66**, 2160. – Über **entsprechende Anwendg** auf gesellschähnl Vertr § 705 Anm 10 u von I, 2, III auf andere Vertr § 626 Anm 1.

2) Einzelnes.

a) II (zu Anm 1 a u b); die Künd ist hier wirks, aber SchadErs ggü den übr, uU auch ggü einzelnen.

b) Wer eine vorzeitige Künd schuldh veranlaßt hat, ist der GesHand od einz Gtern zum SchadErs verpflichtet, RG **162**, 395.

c) III ist zwingd, weil das KündR unverzichtb ist. Die Beschrkg kann liegen zB in Belastg mit Austritts-, Abfindgsgeld, VertrStrafen, ungenügder Abfindg iF des Ausscheidens, BGH NJW **73**, 651, K. Schmidt FamRZ **74**, 518; Möglkt unbegrenzter Verlängerg dch MehrhBeschl, BGH NJW **73**, 1602. Ob Künd unzeitig u daher als unbräuchl nichtig ist, ist unzeitig wie unbräuchlich, ist Tatfrage; Unterscheidg zw unzeitigen, als wirks, u rechtsmißbräuchl, also nichtiger Künd wohl schwer mögl. Vgl hierü BGH NJW **54**, 106; daselbst auch über die entspr Anwendg des § 723 III auf die OHG u KG; ebso mit guten Gründen für die entspr Anwendg auf die stille G BGH **23**, 10 gg RG **156**, 129.

d) Über Fortsetzg unter den übrigen bei Künd vgl § 736. Vertr zuvor nötig.

Einzelne Schuldverhältnisse. 14. Titel: Gesellschaft §§ 724–726

724 *Kündigung bei Gesellschaft auf Lebenszeit oder fortgesetzter Gesellschaft.* Ist eine Gesellschaft für die Lebenszeit eines Gesellschafters eingegangen, so kann sie in gleicher Weise gekündigt werden wie eine für unbestimmte Zeit eingegangene Gesellschaft. Dasselbe gilt, wenn eine Gesellschaft nach dem Ablaufe der bestimmten Zeit stillschweigend fortgesetzt wird.

1) Satz 1. Grd: die übermäß Bindg, vgl § 624. § 724 liegt auch vor, wenn nur ein Gter bis an sein Lebensende gebunden ist, RG **156**, 136. – Zwingd. – Satz 2: nicht zwingd. Vgl § 625. Die Identität der G bleibt. – Über Fortsetzg in sonstigen Fällen Vorbem 2 vor § 723, § 723 Anm 1.

725 *Kündigung durch Pfändungspfandgläubiger.* I Hat ein Gläubiger eines Gesellschafters die Pfändung des Anteils des Gesellschafters an dem Gesellschaftsvermögen erwirkt, so kann er die Gesellschaft ohne Einhaltung einer Kündigungsfrist kündigen, sofern der Schuldtitel nicht bloß vorläufig vollstreckbar ist.

II Solange die Gesellschaft besteht, kann der Gläubiger die sich aus dem Gesellschaftsverhältnis ergebenden Rechte des Gesellschafters, mit Ausnahme des Anspruchs auf einen Gewinnanteil, nicht geltend machen.

1) **Pfändung (I).** Unpfändb ist der Anteil eines Gters an einz Ggsten des GVerm, ZPO § 859 I, 2. Dagg ist der Anteil am GVerm als Ganzem der Pfändg unterworfen, ZPO § 859 I, 1. Die Pfändg verschafft dem Gläub kein dingl R an den Ggsten des GVerm, sond berecht ihn zur GeltdMachg des GewinnAnt nach Abs II u zur Kündigg der G nach Abs I. Die Pfändg des Ant betrifft also die MitglStellg des Gters, denn der Gläub verdrängt ihn aus wicht Rechten wie Gewinnausschüttg, Beendigg der G dch Künd u Auszahlg des EndGuth (Wiedemann WPM **75**, Sonderbeilage 4 S 32) Aus der Pfändg nach ZPO § 857, nicht § 829, da der Anteil keine Fdg ist, RG **57**, 415. Demggü hält K. Schmidt JZ **77**, 177 § 829 für anwendb, weil die AnteilsPfdg wg der beschr VerwertgsMöglkten eine globale FdgsPfdg aller Fdgen des Gläub gg die GesHand, insb der Fdg auf Anszahlg von Gewinn u AnseinandSGuth sei. – Vgl § 135 HGB für die entspr, in Einzelh allerd abweichde Regelg bei der oHG. Wie dort bezieht sich auch § 725 nur auf die Pfändg dch einen PrivatGl des Gters, nicht auf die durch einen GGläub; bestr, vgl Schönle, NJW **66**, 1797.

2) **Wirkungen.**

a) **Während Bestehens** der G, II: der Gläub kann nur den – schuldrechtl – Anspr auf den Gewinnanteil geltd machen, nach Überweisg des Anteils nach ZPO § 857 (oder des GewinnAnspr nach § 829) kann er Zahlg fordern. Die VerwRechte des Schu erhält der Gläub nicht, RG **95**, 233, näher § 717 Anm 2b. Die G ist nicht gehindert, über Ggstände des GVermögens zu verfügen.

b) Der Gläub erlangt durch die Pfändg des Anteils (Überweisg ist dazu nicht nötig) ferner ein **Recht auf fristlose Künd**, falls Titel nicht bloß vorl vollstreckb ist (also nicht bei Pfändg aGrd ArrestBeschl). – Zwingd. Grd: das GläubInteresse, wie in § 728. – Das PfdR am Anteil verwandelt sich durch die Künd in ein solches an den Anspr des Schu, AuseinandS u Auszahlg des Guth zu verlangen, § 1273. Auch hier erhält aber der Gläub die VerwRechte des Schu nicht, sie bleiben dem Schu, RG **95**, 233, § 717 Anm 2 c. Der Gläub hat nur Anspr auf Zahlg des AuseinandSGuth, nach Überweis (vgl a) kann er Zahlg fordern. Ein dingl R an den Ggsten des GVerm erwirbt er auch hier nicht.

c) Die MitGter haben, solange noch nicht gekündigt ist, ein **BefriediggsRecht** entspr § 268; auch nach Künd besteht die G unter Ausscheiden des Schu fort, wenn der GVertr dies vorsieht, da § 736 nach hM entspr gilt. Schweigt der Vertr, so kann Künd Fortbestehen unter den Gtern nur unter Zust des Gläub vereinb w, Vorbem 2 vor § 723 (weitergehd HGB § 141).

d) **Rangfragen.** Eine zuvorige Übertr od Verpfändg des Anspr auf Gewinnanteil od auf Zahlg des Auseinandersetzgsguthabens (§ 717 Anm 2b–d) geht den Wirkgen der Pfändg des Anteils am GVerm (vgl oben a hins des Anspr auf Gewinnanteil, b hins des Anspr auf das Auseinandersetzgsguthaben) im Range vor, RG **60**, 130, ebso umgekehrt eine spätere Pfändg des Anteils am GVerm (od die Übertr od Verpfändg desselben, wenn diese nach dem GVertr zul ist od als auf den Gewinn- u GuthabenAnspr gehend gedeutet u damit insow aufrechterhalten w kann; § 719 Anm 2b), RG **95**, 232.

726 *Auflösung wegen Erreichens oder Unmöglichwerdens des Zwecks.* Die Gesellschaft endigt, wenn der vereinbarte Zweck erreicht oder dessen Erreichung unmöglich geworden ist.

1) **Zwingend**, BGH WPM **63**, 730; jedoch können die Gter die Fortsetzg der G – einstimmig – beschließen, BGH aaO; vgl hierzu auch Vorbem 2 vor § 723. Gilt auch für den nichtrechtsfäh Verein, § 54.

2) **Die Unmöglich muß offenbar,** also nicht nur vorübergehd sein, BGH NJW **57**, 1279. Nichtausreichen der GMittel schafft die Unmöglich erst, wenn endgültig feststeht, daß die Gter zu den nötigen weiteren Einlagen (zu denen sie nach § 707 nicht verpflichtet sind) nicht bereit sind, RG JW **38**, 1522. – Feststellg der Unmöglich vielf prakt schwierig. Diese ist daher nach HGB § 131 kein AuflösgsGrd. Jedenf stets Künd nach § 723 mögl. – Vgl RG **123**, 25. – Fehlen der Rentabilitätsaussicht noch nicht Unmöglich.

685

727 *Auflösung durch Tod eines Gesellschafters.* I Die Gesellschaft wird durch den Tod eines der Gesellschafter aufgelöst, sofern nicht aus dem Gesellschaftsvertrage sich ein anderes ergibt.

II Im Falle der Auflösung hat der Erbe des verstorbenen Gesellschafters den übrigen Gesellschaftern den Tod unverzüglich anzuzeigen und, wenn mit dem Aufschube Gefahr verbunden ist, die seinem Erblasser durch den Gesellschaftsvertrag übertragenen Geschäfte fortzuführen, bis die übrigen Gesellschafter in Gemeinschaft mit ihm anderweit Fürsorge treffen können. Die übrigen Gesellschafter sind in gleicher Weise zur einstweiligen Fortführung der ihnen übertragenen Geschäfte verpflichtet. Die Gesellschaft gilt insoweit als fortbestehend.

1) **I. Grund: das Vertrauensverhältn.** — Bei jur Personen wird Vollbeendigg gleichstehen, RG **123**, 293. — Bei Eintritt der GeschUnfgk kommt nur § 723 in Betr. — Nicht zwingd, daher kann, so § 727 ausdr, anderes im GVertr bestimmt w, so insb:

a) **Eintritt der Erben an Stelle des Erblassers.** Also Vererblichk der GterStellg mögl, wenn GVertr das zuläßt. Die Erben oder der Alleinerbe werden mit dem Tode des Erbl Gter, BGH **22**, 191. Ein dem Erbl übertragenes GeschFgsR geht aber iZw nicht über. Mögl danach auch – als minus – bloßes EintrittsR, od auch Eintritt, aber AblehngsR der Erben, vgl auch § 736 Anm 3 b, bb. Ohne Vereinbg keine Gewinn-Beteiligg der Witwe eines Sozius einer RA-Sozietät bis Ende des GeschJahres (BGH WPM **74**, 1025).

b) **Eintrittsrecht nur eines Miterben** als Alleinnachfolgers in der GterStellg des Erbl mögl, wenn das zw Erbl u Nachf vereinb wurde u GVertr das zuläßt, § 736 Anm 3 b, bb; vgl auch § 719 Anm 2b u GA **170**, 98. Dasselbe gilt, wenn ein solcher Eintritt mit mehreren von den Miterben vereinb worden ist. Dieser RErwerb beruht sodann auf Vertr unter Lebenden. Lebh umstr ist, ob einer od mehrere Miterben unter Ausschl der übr allein kr GVertr unmittelb in die GterPosition des Erbl einrücken können. BGH **22**, 186 bejaht das für die OHG (§ 139 HGB) im Anschl an die Rspr des RG, allerdings rückt der Erbe nur entspr seiner Erbenquote in die GterStellg des Erbl ein; die nichteinrückenden Miterben müssen nach § 738 abgefunden w. Ist der AbfindgsAnspr im GVertr ausgeschl, so sind die Gter in aller Regel verpflichtet, dem Eintretenden die volle RStellg des Erbl durch Übertr der an sich nicht übergegangenen Anteile zu verschaffen. Ausgleich zw diesem u den übr Miterben. Vgl zu Vorstehendem BGH aaO u über die Nachf in die GterStellg durch Miterben BGH **LM** § 516 Nr 3.

c) **Fortsetzg unter den übrigen Gesellschaftern,** § 736. Dann Abfindg der Erben, §§ 738–740.

d) **Anfall des Anteils des Verstorbenen an die übrigen Gesellschafter,** so iZw beim nichtrechtsfäh Verein.

2) **II.** Auch für den Erben gilt § 708. Vgl RG **92**, 341. Vgl ebso beim Auftr, § 673.

728 *Auflösung durch Konkurs eines Gesellschafters.* Die Gesellschaft wird durch die Eröffnung des Konkurses über das Vermögen eines Gesellschafters aufgelöst. Die Vorschriften des § 727 Abs. 2 Satz 2, 3 finden Anwendung.

1) **Satz 1: Grund: das Interesse der Gläubiger des Gesellschafters.** Wirkg: mit Eröffng. Zwingd. Vgl aber § 736. Fehlt jedoch die Fortsetzgsabrede, so bedarf Fortsetzg unter den übr der Zust des KonkVerw (weitergehd HGB § 141 II). Fortsetzg auch mit GemeinSchu ist nicht mögl. — Der Anteil des GemeinSchu an der G fällt in die Masse, vgl ZPO § 859 I, 1; KO § 1. Auseinandersetzg aber außerh des KonkVerf, KO § 16 I. Folge: AbsondergsR der MitGter, KO § 51. Die Masse hat Anspr auf den Überschußanteil. — Über Eröffng des VerglVerf Vorbem 1 vor § 723. — Es gibt keinen GKonkurs.

2) **Satz 2.** Vgl KO § 28. — Zur GeschFg ist jetzt Mitwirkg des KonkVerw nötig, § 730 II, 2.

729 *Fortdauer der Geschäftsführungsbefugnis.* Wird die Gesellschaft in anderer Weise als durch Kündigung aufgelöst, so gilt die einem Gesellschafter durch den Gesellschaftsvertrag übertragene Befugnis zur Geschäftsführung zu seinen Gunsten gleichwohl als fortbestehend, bis er von der Auflösung Kenntnis erlangt oder die Auflösung kennen muß.

1) § 729 gilt auch für die Auflösgsfälle der Vorbem 1 vor § 723. — Erläuterg: § 674 Anm 1, 2. — Folge für die Vollm: § 714, jedoch § 169.

730 *Auseinandersetzung; Geschäftsführung.* I Nach der Auflösung der Gesellschaft findet in Ansehung des Gesellschaftsvermögens die Auseinandersetzung unter den Gesellschaftern statt.

II Für die Beendigung der schwebenden Geschäfte, für die dazu erforderliche Eingehung neuer Geschäfte sowie für die Erhaltung und Verwaltung des Gesellschaftsvermögens gilt die Gesellschaft als fortbestehend, soweit der Zweck der Auseinandersetzung es erfordert. Die einem Gesellschafter nach dem Gesellschaftsvertrage zustehende Befugnis zur Geschäftsführung erlischt jedoch, wenn nicht aus dem Vertrage sich ein anderes ergibt, mit der Auflösung der Gesellschaft; die Geschäftsführung steht von der Auflösung an allen Gesellschaftern gemeinschaftlich zu.

1) **Allgemeines. Aufgabe der Auseinandersetzg.** Vgl Vorbem 2 vor § 723 und zur Gemsch § 749 Anm 1–2. Aufgabe ist, die Vollbeendigg der G herbeizuführen, die durch die Auflösg noch nicht herbeigeführt w. Die gesamthänderische Verbundenh des GVermögens ist zu lösen, die den Anteilen der Gter

Einzelne Schuldverhältnisse. 14. Titel: Gesellschaft § 730 1, 2

entspr Werte sind ihnen zuzuführen. Daher keine Auseinandersetzg, soweit kein GVerm vorhanden, RG JW 37, 2971, immerhin Auseinandersetzg auch hier nötig, soweit wirtschaftl ein solches vorhanden ist. Über die Auseinandersetzg der InnenG § 705 Anm 8. Die G besteht währd der Auseinandersetzg fort, RG 106, 67, aber mit Zweckänderg. BeitragsPfl, auch hins rückständiger Beitr, nur noch zu erfüllen, soweit zur Auseinandersetzg erforderl, BGH NJW 60, 433; BewLast bei den Gtern, die Beitr verlangen. SchadErs als schlechter GeschFg kann von dem geschäftsführden Gter nicht mehr verlangt w, wenn nicht zur Befriedigg der GGläub erforderl u der Gter auch unter Berücksichtigg seiner ErsVerpflichtg noch etwas aus der Liquidationsmasse beanspruchen kann, BGH NJW 60, 433 (abw RG 158, 314). – Die Auseinandersetzungsregeln des Gesetzes betreffen nur das InnenVerh der Gter; sie sind auch insow nicht zwingd, § 731, 1. Die GGläub haben in keinem Falle ein Recht auf Vornahme der Auseinandersetzg nach Vertr od Gesetz od überh, da sie durch die – meist gesamtschuldnerische – persönl Haftg der Gter gesichert sind. Das HGB spricht von „Liquidation" (§§ 145ff). Im allg nennt man Liquidation nur die Auseinandersetzg, bei der eine Flüssigmachg des GVermögens (Umsetzg in Geld) stattfindet, was nicht immer nötig ist, § 733 III, anders HGB § 149. ZT bezeichnet man nur diese Umsetzg selbst als Liquidation.

2) Vornahme.

a) Sie hat zu geschehen **durch alle Gesellschafter** als GeschF II, 2, auch wenn die GeschFg zuvor anders geregelt war (vgl aber § 729); ihnen steht nunmehr die GeschFg u die Vertretg gemschaftl zu, BGH WPM 63, 249. Anspr gg Dr kann also grdsätzl ein jeder Gter allein geltd machen, Zweibr OLGZ 73, 316; vgl auch § 709 Anm 1 b. Keine bes Liquidatoren. Andere Regelg aber mögl. VergütgsAnspr auch hier (vgl § 713 Anm 1) nur, wenn vereinb, BGH WPM 67, 684. Das MitwirkgsR eines GemSchuldners, § 728, wird durch den KonkVerw ausgeübt, das der Erben (§ 727 I) muß bejaht w (für die OHG vgl § 146 I, 2 HGB).

b) Jeder Gter hat einen **Anspr auf Vornahme der Auseinandersetzg,** u zwar mangels anderer Abrede in der Reihenfolge der §§ 732–735. Der Anspr ist unübertragb, § 717 Anm 1 d, er besteht gg alle übr. Von ihm zu scheiden ist der Anspr auf Auszahlg des Auseinandersetzungsguthabens. Dieser besteht aus dem Anspr auf Rückerstattg der Einlage, § 733, u auf Zahlg des Überschusses, § 734. Vgl auch unten d.

c) Mitwirkgspflicht. Die Vornahme der Auseinandersetzg u Mitwirkg bei ihr ist **Pflicht** jedes zu ihr berufenen Gters (oben a), daher Austritt aus der LiquidationsG durch Künd (§ 723) ausgeschl, BGH WPM 63, 728 (vgl aber § 736 Anm 1 1. Abs); ebso ZbR gg Anspr auf eine zur Abrechng erforderl Ausk, BGH WPM 69, 591. Die Auseinandersetzg kann freiwill durch alle vorgenommen w. Ein Auseinandersetzungs-Abk wird aber hier, anders als bei der ErbenGemsch, FGG §§ 86ff, nicht durch das Gericht der freiw Gerichtsbark vermittelt. Bei Weigerg Klage auf Auseinandersetzg gg die ihr Widerstrebenden. Zur Vornahme der Auseinandersetzg ist der RechngsAbschl erforderl, vgl näher § 721 Anm 1, § 713 Anm 2c, dd (auch aa und cc). Die Klage auf Auseinandersetzg wird daher meist mit der Klage auf Rechngslegg verbunden. Das Urt spricht nur die Verpflichtg zur Auseinandersetzg aus, nimmt diese selbst aber nicht vor. Ist der Kl dazu in der Lage, war er zB geschführender Gter, so kann er auf Zust zu einem best Auseinandersetzungsplan, weitergehd auch auf Mitwirkg bei den etwa erforderl Auseinandersetzungshandlgen klagen; Vollstr nach ZPO § 894. Aber als sonst wird die Klage Anlaß geben, die Pflichten u Anspr der einz Gter ggü der G, insb SchadErsAnspr, vgl § 705 Anm 7a, b, § 713 Anm 1 und 2, insb 2e klarzustellen. Praktisch wird die Auseinandersetzg meist mit der Begründg verweigert, daß weiteres auseinanderzusetzendes Verm nicht mehr da sei. Kl hat dann das Vorhandensein, insb das Bestehen von Anspr wg Schädigg des GVermögens durch Gter, gestützt auf die gelegte Rechng od auf eigene Darleggen, nachzuweisen. Über EinzelAnspr eines Gters gg einen anderen vgl § 733.

d) Auf Zahlg des Auseinandersetzungsguthabens (oben b) selbst kann, jedenf vor Durchführg der Schuldenberichtigg u der Umsetzg des GVermögens in Geld, noch nicht geklagt w, RG 118, 299. Anders nur, wenn Verhältnisse so einfach, daß sich das Guthaben jedes einzen Gters ohne besonderes AbrechngsVerf alsbald ermitteln läßt, BGH WPM 65, 794, od wenn nur noch Guthabenauszahlg an einen Gter in Frage kommt, Warn 16 Nr 73, od wenn durch die Klage das Ergebn der Auseinandersetzg in zul Weise vorweggenommen u dadurch ein weiteres AuseinandersetzungsVerf vermieden w, zB wenn keine GesellschVerbindlichk mehr ist u es sich – bei einer ZweimannG – nur noch um die Verteilg des letzten VermGgstandes der G handelt, RG 158, 314. Anders insb auch, wenn die Gter über eine bestimmte Art der Auseinandersetzg einig sind, insb dahin, daß der eine das GVerm übernehme u der andere auf Abschichtg (Guthaben-Fdg) beschränkt werde, RG JW 38, 667.

e) Inhalt der Auseinandersetzg ist, die einz Verpflichtgen der Gter zum GVerm u ihre Anspr gg die GesHand in einheitl Verf klarzustellen, wozu idR eine AuseinandSRechng erforderl ist. Gilt auch für InnenG (BGH WPM 76, 789). Daher sind EinzelAnspr eines Gters, die im GVerh ihre GrdIage haben, wie etwa solche auf AufwendgsErs (§ 713 Anm 2g, § 733 Anm 1b bb) oder auf die im GVertr vereinb Vergütg (§ 713 Anm 1), nur Rechngsposten u daher bedeuts allein für die Feststellg seines AuseinandS-Guthabens, BGH WPM 37, 304. Ebso können SchadErsAnspr gg einen Gter nicht mehr geltd gemacht w, wenn die Leistg zur Befriedigg der Gl nicht mehr benötigt u der erspfl Gter selbst unter Berücksichtigg der ihn treffden Verbindlichk noch etwas aus der Liquidationsmasse zu erhalten h (BGH WPM 77, 617). Umstr Anspr u EinzPosten können zur KlarStellg der AbrechngsGrdlagen Ggst einer FeststellgsKl sein, müssen dann aber konkret bezeichnet w, BGH WPM 72, 1399. ZahlgsKl kann nur insow erhoben w, als schon vor Beendigg der AuseinandS feststeht, daß der fordergsberechtigte Gter von mindestens einen bestimmten Betrag aus dem GVerm verlangen kann. Bei Streit hierüb genügt, daß der den Ausgl verlangde Gter eine Abrechng über die Einnahmen u Ausg vorlegt, die er als für gemeins Rechng erfolgt behaupt od anerkennen will. Sache des and Gters ist es, Einw gg die Richtigk u Vollständigk dieser Abrechng zu erheben, insb seine für gemeins Rechng gemachten Ausg geltd zu machen u zu belegen. Aufw für die G kann ein Gter, wenn GVerm zu ihrer Erstattg nicht vorh ist, nach dem VerlustVerteilgsSchlüssel von den and ersetzen verlangen; auch dieser Anspr gehört in die AuseinandSRechng (BGH WPM 76, 789). In sie gehören auch Anspr eines Gters aus einem DrVerh (vgl § 733 Anm 1b aa), weil and ein EndErgebn – ob der Gter-Gl od der G noch etwas zu fordern h –, nicht zu gewinnen ist; das gleiche gilt bei Ausscheiden eines Gters (BGH WPM **78**, 89). Unabhäng von der AuseinandSRechng können selbstd Posten geltd gemacht w, zB Herausg von GeschUnterlagen, Hbg Betr **72**, 417. Über die Inspruchn der MitGter vgl § 733 Anm 1b bb. – Soweit ein Gter gg einen MitGter auf Leistg an die Gesamth antragen kann (§ 705 Anm 7a Abs. 3, § 713 Anm 2), ist er hierzu auch im Liquidationsstadium der G befugt, BGH NJW **60**, 433. Es ist auch einem Gter gestattet, unter Abstandnahme von der AuseinandSKlage auf Klarstellg einz Streitfragen, insb durch verneinende FeststellgsKl, zu klagen, wenn der AuseinandS bereits damit gedient ist, BGH **LM** Nr 2.

3) **Beendigg der Auseinandersetzg.** Sie liegt erst bei tatsächl Durchführg vor. Ergibt sich nachträgl GVerm, so steht dieses den Gtern als GesHändern zu, Auseinandersetzg hat insow noch stattzufinden. Doch werden prakt nachträgl sich ergebende Fdgen gg einen Gter unmittelb ausgeglichen w können, RG JW **05**, 430.

4) **Lastenausgleich:** Gter haftet mit dem nach dem 20. 6. 48, aber vor dem Inkrafttr des LAG empfangenen Auseinandersetzgsguthaben für die VermAbgabe der G, § 52 III LAG. Entgeltl Erwerb von VermStücken bei Auflösg scheidet aus. Mehrere Gter haften als GesSchu, § 7 StAnpG. Über die Haftg der Gter für Kreditgewinnabgabe bei Betriebsauflösg vgl § 179 III LAG.

731 *Verfahren bei Auseinandersetzung.*
Die Auseinandersetzung erfolgt in Ermangelung einer anderen Vereinbarung in Gemäßheit der §§ 732 bis 735. Im übrigen gelten für die Teilung die Vorschriften über die Gemeinschaft.

1) **Allgemeines.** Ob u wie die Auseinandersetzg vorzunehmen ist, entsch in erster Linie der **Gesellsch-Vertrag** u im späteren, auch erst nach Auflösg gefaßter, **Gesellschafterbeschluß**, BGH WPM **60**, 1121; zu ihm ist grdsätzl Einstimmigk nötig, § 705 Anm 3b. Danach kann von einer Auseinandersetzg überh abgesehen, es können auch andere Arten vereinb w, so Veräußerg des Vermögens im ganzen an einen Dritten od auch an einen Gter („Übernahme"), § 736 Anm 2c, od Einbringg in eine KapitalG. Auch können die Gter sich beschließen, nunmehr in BruchteilsGemsch zus zu bleiben. – Der VeräußergsVertr bedarf im allg nicht der Form des § 311 (auch gilt § 419 nicht), wohl aber greift § 313 ein (also auch für den GVertr, wenn bereits er die Veräußerg vorsieht). Für die Haftg gelten die §§ 445, 493. Zur Übertr der einz VermGgstände sind stets Einzelakte nötig, insb Auflassg, § 736 Anm 2c. – Über Fortsetzg vgl Vorbem 2 vor § 723.

2) **Ergänzend** gelten die §§ 732–735. Daher **Reihenfolge**: Rückg nach § 732, Berichtigg der GSchulden, Rückerstattg der Einlagen, § 733, Verteilg von Überschuß, § 734, od Aufkommen für Verlust, § 735. – Liquidation nach § 154 HGB beginnt mit Feststellg des vorhandenen Vermögens, das wird auch bei unübersichtl Gesellschaften des BGB gefordert w können.

3) **Subsidiär** gelten nach S 2 die §§ 752–754, 756–758. § 755 ist durch § 733 ersetzt.

4) Die vertragl od gesetzl Auseinandersetzgsregeln schaffen nur **Pflichten** der Gter **ggeinander**, dritte Gläub können sich auf sie nicht berufen, § 730 Anm 1.

732 *Rückgabe von Gegenständen.*
Gegenstände, die ein Gesellschafter der Gesellschaft zur Benutzung überlassen hat, sind ihm zurückzugeben. Für einen durch Zufall in Abgang gekommenen oder verschlechterten Gegenstand kann er nicht Ersatz verlangen.

1) Vgl § 706 Anm 1, 2, § 707 Anm 2a. Versch (§ 708) auch nur eines nicht von der GeschFg ausgesch Gters läßt die G eintreten (s § 278), str. Rückg ist Teil (Beginn) der Auseinandersetzg. Im allg sofortige Rückg. Ist der Ggst für die Auseinandersetzg noch nicht entbehrl, zB bei Überlassg eines Raumes, kann sof Rückg nicht verlangt w. Anderers kann der RückgAnspr nach Auflösg, entgg § 730 Anm 2e, auch einzeln, nicht nur mit dem AllgemeinAnspr auf Auseinandersetzg, verfolgt w, da seine Erf nicht durch Lösg einer rechtl VermGebundenh mögl ist, doch können ihm Einwendgen aus § 273 entgegesetellt w, RG JW **37**, 3156, sofern nicht aus dem SchuldVerh etwas anderes ergibt (hierzu Karlsr NJW **61**, 2017: kein ZbR wg noch ungeklärter AuseinandersetzgsAnspr). Zurückbehalt auch mögl wg weiterer GebrNotwendigk, RG JW **38**, 457. – Vgl auch § 733 II, 3. Sind nur zur Benutzg überlassene Ggstände „ihrem Wert nach" eingebracht worden, so Auseinandersetzg insow nur in Geld, BGH WPM **65**, 744, 746 (vgl auch hinsichtl der Grdst-InnenG § 705 Anm 8). – Auch andere fremde VermBestandteile sind auszusondern.

733 *Berichtigung der Gesellschaftsschulden; Erstattung der Einlagen.*
I Aus dem Gesellschaftsvermögen sind zunächst die gemeinschaftlichen Schulden mit Einschluß derjenigen zu berichtigen, welche den Gläubigern gegenüber unter den Gesellschaftern geteilt sind oder für welche einem Gesellschafter die übrigen Gesellschafter als Schuldner haften. Ist eine Schuld noch nicht fällig oder ist sie streitig, so ist das zur Berichtigung Erforderliche zurückzubehalten.

II Aus dem nach der Berichtigung der Schulden übrig bleibenden Gesellschaftsvermögen sind die Einlagen zurückzuerstatten. Für Einlagen, die nicht in Geld bestanden haben, ist der Wert zu ersetzen, den sie zur Zeit der Einbringung gehabt haben. Für Einlagen, die in der Leistung von Diensten oder in der Überlassung der Benutzung eines Gegenstandes bestanden haben, kann nicht Ersatz verlangt werden.

III Zur Berichtigung der Schulden und zur Rückerstattung der Einlagen ist das Gesellschaftsvermögen, soweit erforderlich, in Geld umzusetzen.

Vorbem. § 733 schafft nur Verpflichtg **unter den Gtern**; daher kein SchutzG (§ 823 II) zG der G-Gläubiger, KG JR **51**, 22. Auch insow ist e nicht zwingd; vgl § 730 Anm 1, § 731 Anm 1–4. Über die RStellg der Gläub bei Beschrkg der Haftg auf das GVerm vgl § 735 Anm 3.

1) I. Berichtigg der „gemeinschaftlichen" Schulden (= GSchulden). Über diese Schulden § 718 Anm 3, auch 4. Sie hat vor Rückerstattg der Einlagen (Anm 2) zu geschehen. Über Recht u Pfl zur Zurückbehaltg I, 2. Zu den GSchulden gehören:

a) **Die Schulden „der Gesellsch"**, also aller Gter, **ggüber Dritten**, auch sow den Gläub ggü geteilte Haftg besteht (§ 420), § 718 Anm 4a. Die Tilgg von Schulden, die zwar alle Gter treffen, die aber nicht G-Schulden sind, (§ 718 Anm 3a, b), aus dem GVerm kann auch währd der Auseinandersetzg von keinem Gter beansprucht w. Die Drittgläub können dagg auch noch währd der Auseinandersetzg aus dem GVerm Befriedigg suchen od auch gg jeden Gter persönl vorgehen, § 718 Anm 4a.

b) **Schulden „der Gesellsch"**, (das Gesetz sagt: Schulden der „übrigen" Gter) **ggüber einem Gter**. Sie brauchen nicht hinter die Schulden zu a zurückzutreten. Sie können sein:

aa) **Schulden aus einem Drittverhältnis**, zB Kauf, Darl des Gters, auch unerl Hdlg eines zu einer Verrichtg Bestellten, zB GeschäftsF, § 831, § 718 Anm 4b. Sie sind aus dem auseinanderzusetzenden Verm zu berichtigen. Der GterGläub, aber auch jeder andere, hat Anspr darauf. Der GterGläub hat Anspr auf die volle Fdg, kein Abzug eines seiner Verlustbeteiligg entspr Anteils, denn die durch die Tilgg bewirkte Verminderg des GVermögens trifft auch ihn; Einsetzg in die AuseinandSRechng vgl § 730 Anm 2e. Kann sich der GterGläub aus dem GVerm nicht befriedigen, so ist sein Anspr gg den and Gter grdsätzl nur unselbständ RechngsPosten im Rahmen der AuseinandS, BGH **WPM 71**, 931.

bb) **Schulden, die im GesellschVerhältn selbst ihren Grund haben**, so insb Anspr des Gters auf AufwendgsErsatz, § 713 Anm 2g, auf rückständ Gewinnanteil, Anspr aus schuldh Schädigg durch die GeschF (vgl aber oben aa), § 718 Anm 4c, Anspr auf die vereinb Vergütg (§ 713 Anm 1). Jeder Gter, insb der GterGläub, hat Anspr auf Berichtigg aus dem GVerm bei der Auseinandersetzg. Auch hier kein Abzug der Verlustquote; hierü § 730 Anm 2e. Geltdmachg dieser Anspr gg den MitGter grdsätzl ausgeschl, BGH **WPM 68**, 697, es sei denn, daß schon vor Beendigg der Auseinandersetzg feststeht, daß GterGläub aus dem GVerm nichts erhalten w, BGH **37**, 305, WPM **67**, 277.

c) **Einzelansprüche eines Gesellschafters gg einen anderen Gesellschafter** (über sie § 705 Anm 7d), insb aus schuldh Schädigg durch diesen, gehen die GesHand als Gläub od Schu nichts an, sind daher nicht Ggst der Auseinandersetzg ihres Vermögens; vgl näher § 705 Anm 7d. Nach §§ 731, 2, 756 hat der Gter aber Anspr auf Berichtigg aus dem Auseinandersetzgsguthaben des anderen, zu dem hier (anders als sonst, § 717) auch die Anspr des andern aus b, bb, ferner der Anspr auf Rückerstattg der Einlage, gehören w. Der Gter hat sogar ein AbsondergsR, KO § 51. Da die Ausantwortg des Guthabens an den andern ein Teil der Auseinandersetzg ist, kann er insow auch die Berücksichtigg seiner Fdg bei der Auseinandersetzg, wenn auch nicht aus dem GVerm, verlangen. – Zahlg einer GSchuld durch einen Gter an einen Dr gibt dem Gter eine Fdg gg die G, gehört also nicht hierher, der Zahlende hat für die ErsatzFdg die bessere Stellg, b, bb.

2) II. Rückerstattg der Einlagen. Vgl § 706 Anm 1. Grdsätzl erst nach I, auch bei einer ZweimannG, BGH **LM** § 730 Nr 5, wenn nicht Verlustbeteiligg ausgeschl (§ 722) u Gter Rückzahlg seiner Einlage unabhäng von einem Verlust beanspruchen kann, BGH WPM **67**, 346. Auch andere als Geldeinlagen sind in Geld zurückzuerstatten, falls nichts anderes vereinb ist. Auf Rückerstattg in Natur kein Anspr, zur Rückn keine Pfl. Wertstichtag: die Zeit der Einbringg; über die Verteilg stiller Reserven, wenn diese bei ihrer Einbringg nicht in der Festsetzg der Kapitalkonten berücksichtigt wurden, vgl BGH WPM **67**, 682. – Der Grd von II, 3 ist ein praktischer: Streit zu vermeiden; aber abdingb, BGH WPM **62**, 1086. Anwendb in aller Regel auch auf den stillen Gter, über einen AusnFall vgl BGH NJW **66**, 501.

3) III. Umsetzg in Geld nur, soweit erforderl, also nicht, wenn keine GSchulden da sind u Rückerstattg der Einlagen in Natur vereinb ist u erfolgen kann. – Vgl dagg HGB § 149. – Weg: §§ 731, 2, 753, 754. Forderngen der G sind in erster Linie, soweit zu I u II erforderl, einzuziehen, § 754, also zB auch Fdgen gg Gter, zB auf rückständ Beiträge od SchadErs; § 730 Anm 1. Soweit sie aus dem GVerh fließen, sind sie im Rahmen des AuseinandersetzungsVerf einzuziehen, soweit sie aus DrittVerh, zB auch aus unerl Hdlg oder GeschFg oA (Vornahme gesellschfremder Geschäfte oder geschführ Gter, § 713 Anm 1), stammen, können sie auch noch währd der Auseinandersetzg außerhalb dieser eingeklagt w, RG **158**, 314. Hbg BB **51**, 316 (Kehrseite von Anm 1 b, aa und bb). Die Abwicklg kann im GVertr, insb bei InnenG abweichd dahin vereinb sein, daß nicht das GVerm zu versilbern u der Erlös zu teilen ist, sond daß ein Gter das GVerm übernimmt (bei der InnenG ist er ohnehin allein VermInh) u daß der and einen AbfindgsAnspr in Geld in Höhe des Wertes seiner Beteiligg am GVerm erhält (BGH WPM **74**, 1162).

734 *Verteilung des Überschusses.* Verbleibt nach der Berichtigung der gemeinschaftlichen Schulden und der Rückerstattung der Einlagen ein Überschuß, so gebührt er den Gesellschaftern nach dem Verhältnis ihrer Anteile am Gewinne.

Vorbem. § 734 ist nicht zwingd.

1) Feststellg des Überschusses. Ein solcher liegt vor, wenn u soweit das Aktivvermögen die GSchulden u die Einlagen (§ 733 Anm 1 u 2) übersteigt. Diese sind vor der Verteilg des Überschusses zu berichtigen, § 733, RG **148**, 261. Der „Überschuß" deckt sich bei Gewinnverteilg bei GEnde mit dem Gewinn der G überh; im Falle des § 721 II od bei vertragl Abrede früherer Gewinnverteilg u ihrer Vornahme (so häufig) ist „Überschuß" der Schlußgewinn der G bei GEnde. Ist Gewinn bei früheren Gewinnverteilgen währd Bestehens der G (unter Begründg eines AuszahlgsAnspr, also nicht bloß rechnerisch) festgestellt, aber nicht abgehoben worden, so ist der Anspr auf ihn GSchuld, § 733 Anm 1 b, bb, also als solche nach § 733 vorweg (auch vor den Einlagen) zu berichtigen. Verteilgsmaß: § 722.

2) Die Verteilg des Überschusses geschieht nach §§ 731, 2, 752–754 in erster Linie, § 752, durch Naturalteilg des zunächst noch im GesHandEigt stehenden Überschusses u Übertr der geteilten Ggstände an die einz Gter; Auflassg nötig; über Haftg § 757. Eine Versilberg hat also zwecks Überschußverteilg nicht ohne weit stattzufinden, § 733 III (wohl aber bezüglich der Rückerstattg der Einlagen, § 733 Anm 2). Anders HGB §§ 149, 155: dort ist also von vornherein das ges Verm in Geld umzusetzen (daher ist dort Auseinandersetzg = Liquidation, vgl § 730 Anm 1). Praktisch werden aber auch die §§ 752–754 vielf zur Versilberg führen, falls diese nicht schon anläßl der Schuldenberichtigg u Einlageerstattg in weiterem Umfange erfolgt war. Über Vorwegbefriedigg eines Gters wg seiner EinzelAnspr gg einen anderen aus dessen Gewinnanteil § 733 Anm 1 c.

735 *Nachschußpflicht bei Verlust.* **Reicht das Gesellschaftsvermögen zur Berichtigung der gemeinschaftlichen Schulden und zur Rückerstattung der Einlagen nicht aus, so haben die Gesellschafter für den Fehlbetrag nach dem Verhältnis aufzukommen, nach welchem sie den Verlust zu tragen haben. Kann von einem Gesellschafter der auf ihn entfallende Beitrag nicht erlangt werden, so haben die übrigen Gesellschafter den Ausfall nach dem gleichen Verhältnisse zu tragen.**

1) Allgemeines. § 735 begründet für die GGläub keine Rechte, vgl aber Anm 3. Er begründet nur Rechte u Pfl im InnenVerh der Gter, ist aber auch insow nicht zwingd. Vgl § 730 Anm 1, § 731 Anm 1–4. Daher auch keine NachschußPfl des Gters, dessen Verlustbeteiligg vertragl ausgeschl; vgl § 722 Anm 1 a, BGH WPM **67**, 346. § 735 gilt nicht für stille G (BGH WPM **77**, 973).

2) Inhalt. § 735 ändert den Grdsatz des § 707 für die Zeit nach GEnde. Die NachschußPfl besteht nicht nur zur Deckg der GSchulden (einschließl der Schulden ggü Gtern), § 733 Anm 1 a, b, sond **auch zur Deckg der Vollrückzahlg der Einlagen.** Auch insow besteht also ein gemschaftl Risiko der Gter. Verteilgsmaß: S 1 mit § 722; verpfl sind also primär nur solche Gter, die ihrers zum Ausgl verpfl sind, nicht solche, denen selbst noch ein Guth zusteht (BGH WPM **75**, 286). Für die Inanspruchn eines Gters muß die Höhe des Verlustes u wie er auf die Gter zu verteilen ist, feststehen (BGH WPM **77**, 973). Der Anspr auf Nachschuß steht der G zu, vgl § 705 Anm 7 a; dient der Nachschuß einem Gter zur Rückerstattg von Einlagen, so wird man bei einfachen Verh den Umweg sparen u unmittelb Anspr von Gter zu Gter geben können; das gleiche gilt, wenn es sich um die Befriedigg des forderngsberecht Gters (§ 733 Anm 1 a, b) handelt; vgl hierü näher § 733 Anm 1 b bb. Ist von einem ausgleichspfl Gter der auf ihn treffde Betr nicht zu erlangen, gilt aushilfsw S 2.

3) Die Gläubiger können sich auf § 735 nicht berufen. Sie sind durch die persönl Haftg der Gter gedeckt. Ist aber das GVerm verteilt worden, ohne solche GSchulden zuvor zu tilgen, für die die Gter nicht persönl, sond nur unter Beschränkg auf das GVerm haften (§ 714 Anm 3c), so muß nach § 242 jeder Gter, der die Einlage zurück- od einen Überschuß erhalten hat, mit dem Erhaltenen den Gläubigern haften. – Der GterGläub (§ 733 Anm 1 b) hat dann uU sogar SchadErsAnspr wg Verletzg der Reihenfolge des § 733 (§§ 708, 276).

736 *Ausscheiden eines Gesellschafters.* **Ist im Gesellschaftsvertrage bestimmt, daß, wenn ein Gesellschafter kündigt oder stirbt oder wenn der Konkurs über sein Vermögen eröffnet wird, die Gesellschaft unter den übrigen Gesellschaftern fortbestehen soll, so scheidet bei dem Eintritt eines solchen Ereignisses der Gesellschafter, in dessen Person es eintritt, aus der Gesellschaft aus.**

1) Allgemeines. Der einmal vorhandene GterBestand ist eine „Grundlage", § 705 Anm 3b, der G. Fällt auch nur ein Gter weg, so ist die Auflösg die natürl Folge. Daher die Regelg der §§ 723, 727, 728. Aus prakt Gründen läßt das Gesetz es aber in diesen Fällen (über andere vgl Anm 2) zu, daß die Auflösg eintritt, unter den übr Gtern „fortbesteht", also unter Wahrg ihrer Identität. Folgerichtig setzt dieses Fortbestehen aber einen (**vor** Auflösg geschl) **Vertrag aller** Gter voraus; wobei eine solche Vereinbg auch dann gilt, wenn sich die G bereits im Abwicklgsstadium befindet, BGH WPM **64**, 1086. Die Anfechtg einer Vereinbg über das Ausscheiden eines Gters nach dessen Vollzug führt zu seiner rückwirken Wiedereinsetzg, sond beschr sich entspr der Rspr über die AbschlMängel bei Gründg (§ 705 Anm 3d) auf die schuldr Vereinbgen, BGH NJW **69**, 1483. Auch bei and Mängeln des zum Ausscheiden führden RGesch gelten die Grds über die Abschl-Mängel (Hartmann, Festschr für Schiedermair S 257). – Ob ein Vertr, der bei Künd durch einen Gter das Fortbestehen der G unter den übr vorsieht, auch für den Fall gelten soll, daß der Kündigende einen wicht Grd zur Künd hat, weiter sogar für den Fall, daß die Künd durch schuldh gesellschwidr Verhalten der übr veranlaßt worden ist, ist Ausleggsfrage; das Verhalten der übr könnte, wenn sie daraufhin von ihrem ÜbernR Gebr machen u daraus Vorteile ziehen wollen, unzul RAusübg sein, RG **162**, 392, 394. Desgl, wenn bei Fortsetzgsvereinbg, betr Künd durch GterGläub (§ 725), dieser vor Abschichtg des Gters befriedigt w, BGH **30**, 201 (zur OHG). – Liegen die Voraussetzgen des § 736 vor, so tritt Ausscheiden des betr Gters unmittelb mit Eintritt des Ereign ein. Fehlen sie, so Auflösg. Fortsetzgsvereinbg unter den übr während der Auseinandersetzg ist zwar noch mögl, bedarf aber der Zust des Ausgeschiedenen, seiner Erben oder des KonkVerwalters, vgl Vorbem 2 vor § 723 u § 728 Anm 1; über Fortsetzgsabrede während Laufes der KündFrist § 723 Anm 1.

Nach herrsch Auffassg setzt die Fortsetzg stets voraus, daß noch **mindestens zwei Gesellschafter** übrigbleiben; **keine EinmannGesellsch** des BGB. Die gesellschvertragl Vereinbg eines ÜbernR unter best Voraussetzgen in einer ZweimannG ist wirks. Ein in einer mehrgliedr G vereinb FortsetzgsR gewährt,

Einzelne Schuldverhältnisse. 14. Titel: Gesellschaft   § 736 1–3

wenn nur noch zwei Gter vorh sind, ein entspr ÜbernR. Es ist auszuüben dch Zugang der rgestalden ÜbernErkl; sie beendet die G ohne Liquidation, der gemschaftl Ggst wächst dem Übernehmden gem § 738 an. Ob es analog § 142 HGB ein entspr ÜbernR gibt, ist bestr. Am weitestgehden bej, auch wenn Ggst der G kein GewBetr ist, BGH **32**, 307 u NJW **66**, 827 (Übern bei Vorliegen eines AusschließgsGrdes). Dem kann insow gefolgt w, als Ggst der G ein Unternehmen, ein GewBetr ist, denn § 142 HGB ist eine Sondernorm des Rechts der oHG, daher entspr Anwendg, sow die Umst vergleichb sind. Das ist bei Unternehmen im Hinbl auf den Bestandsschutz, den § 142 sichern will, der Fall (Soergel-Schultze/v. Lasaulx § 730 Rdn 20 mwN Rdn 30; enger, eingehd Rimmelspacher AcP **173**, 1). Abw von § 142 HGB ist auch das ges ÜbernR dch rgestalde WillErkl auszuüben.
Anwachsg. Wirkg des Ausscheidens ist, daß der Anteil des Ausscheidenden am GVerm den übr von selbst „anwächst", § 738, RG **136**, 99. Eine ÜbertrHdlg ist weder nötig noch mögl, insb keine Auflassg. Der Ausscheidende hat der Berichtigg des Grdbuchs zuzustimmen, § 894. Die Fortsetzgsabrede bedarf danach, auch wenn Grdst im GVerm liegen, nicht der Form des § 313, RG **82**, 161. Schuldrechtl Folgen: §§ 738 I 2, 3 bis 740.

2) Entsprechende Geltg des § 736:
a) Bei Künd durch den Gläub (§ 725), hM.
b) Im Fall des § 50 VerglO wird § 736 entspr gelten müssen. Grd: gleiche Interessenlage wie in § 728.
c) **Vereinbarte Fortsetzg nach Ausscheiden eines Gesellschafters.** Wenn alle Gter vereinb, daß einer – od mehrere – ausscheiden u die übr (mind zwei, aA BGH **32**, 307; vgl hierü oben Anm 1), die G fortsetzen (das „Geschäft" „übernehmen"). Das Gesetz schweigt. Schuldrechtl ist die Abrede als VertrÄnderg ohne weiteres zul. Sie muß aber auch die unmittelb Wirkgen der Anwachsg des § 738 haben. Wird dagg vereinb, daß nur einer der Gter das GVerm „Geschäft", „übernimmt", so handelt es sich nicht um Fortsetzg; vgl über die ggteilige Auffassg des BGH oben Anm 1. Ebso liegt Fortsetzg nicht vor, wenn bei einer aus zwei Gtern bestehenden G aGrd einer Vereinbg im GVertr bei einer Künd durch den einen Gter der andere ein ÜbernR ausübt; eine solche Abrede gilt übrigens iZw nur für den Fall gewöhnl Künd, nicht für den der Künd aus wicht Grunde, RG DR **44**, 187, vgl den Fall RG **162**, 392 (oben Anm 1). In diesen Fällen liegt Fortsetzg deswg nicht vor, weil eine solche das Fortbestehen einer „G" zur Voraussetzg hat. Die Übern bedarf dann also besonderer ÜbertrHandlgen, Auflassg usw; der ÜbernVertr ggf der Form des § 313. Die schuldrechtl Bestimmungen der §§ 738–740 sind auch hier entspr anzuwenden, RG **60**, 156. – Dagg ist dann bei der OHG, aGrd Anwendg des HGB § 142, § 738 trotz Nichtfortbestehens der OHG voll anwendb, RG **136**, 99; Grd: Schutz des Unternehmens.
d) In den weiter in Vorbem 1 vor § 723 genannten Auflösgsfällen u bei § 726 kommt eine entspr Anwendg nicht in Frage. Vgl weiter § 737.

3) Eintritt neuer Gter.
a) **Anwachsg, Abwachsg, Schuldenhaftg.** Das Gesetz schweigt. Seine **Möglichk** mit der Folge der **Fortsetzg** der alten G, also bei Aufrechterhaltg ihrer Identität, ist aber zu **bejahen**, RG **82**, 160; in schuldrechtl Beziehg ergibt sich das ohne weiteres aus der Möglichk vertragl Abänderen überh, hins des GesHandvermögens aus entspr Anwendg des § 738, vgl auch unten b, bb betr § 727. Der „Anwachsung" des § 738 entspricht daher hier die „Abwachsung", RG **106**, 67, **83**, 315 (od, im Falle b, bb, „Umwachsung") des GesHandvermögens, daher keine ÜbertrHdlg, insb keine Auflassg. Für den Vertr gilt nicht § 313, RG **82**, 160. **Folge für die GesellschSchulden:** der neue Gter haftet für alle, auch die bisherigen, mit seinem nunmehrigen Anteil am GVerm; Grd: die GesHandshaftg; ebso Blomeyer JR **71**, 397 (403), bestr. Persönl haftet er dagg nur für die Nachschulden (hier anders HGB § 130, sogar unabdingb). Doch kann er auch die persönl Haftg für die Vorschulden nach 414ff übernehmen. Eine dahingehende Abrede zw ihm u den alten Gtern gibt dem Gläub iZw aber kein DrittR, § 329.
b) Der **Eintritt bedarf** als Änderg der GGrdlagen stets eines **Vertrages** zw **allen** bish Gtern u dem neuen. 2 Möglichkeiten:

aa) Bloßer Eintritt. Er kann verschieden vor sich gehen. Insb: Mögl bereits eine Verpflichtg aller übr Gter im GVertr, einen von einem Gter Vorzuschlagenden (zB Sohn) aufzunehmen, auch als Vertr zG Dritter, § 328, mögl. Der GVertr wird aber auch bereits ein bindendes Angebot ggü dem neuen enthalten können (auch wohl durch Vertr zG Dritter, trotz der nicht nur rein schuldrechtl Bedeutg des GVertr, vgl Einf 5 vor § 328); dann ist nur AnnErkl des neuen Partners nötig. – Der GVertr wird auch die Neuaufnahme durch bloßen Beschl der Mehrh (§ 705 Anm 3b) u ihr folgenden VertrSchl mit dem neuen durch diese vorsehen od ein GOrgan zur Aufn ermächtigen können, RG **128**, 161. Die GeschFgsBefugn allein ermächtigt dagg zur Neuaufnahme nicht, RG **52**, 161. – Über Unterbeteiligg § 705 Anm 8.

bb) Eintritt unter **Ausscheiden** eines **anderen** (GterWechsel). Daß das Gesetz ihn zuläßt, ergibt schon der einschränkende Hinweis des § 727 für den Erbfall; danach kann Vererblichk der GterStellg im GVertr bestimmt w. Auch die Möglichk, eine SonderNachf eintreten zu lassen, besteht, falls im GVertr best, vgl § 717 Anm 1 a, auch § 719 Anm 2 b. Der GterWechsel ist auf zweierlei Weise mögl. Entw kann der Ausscheide mit Zust der verbleibden Gter seine Mitgliedsch in der G als Ganzes iW der Abtretg übertr mit der Folge, daß der Erwerber unmittelb in die GRechte des Veräußerers eintritt. Od ein Gter scheidet dch Vereinbg mit den übr aus, gleichzeit kann der and dch Abschl eines AufnVertr mit den übr Gtern in die G eintreten. In beiden Fällen, auch wenn sämtl rgeschäftl Erkl der Beteil in einem einheitl Vertr zugefaßt w, entstehen zw dem ausscheidenden u dem eintretenden Gter keinerlei RBeziehgen innergesellschaftl Inhalts, insb ist § 738 I 2 weder direkt noch entspr anwendb. Einen Anspr auf Freistellg v der Haftg für bestehde GSchulden h der Ausscheidde gg den Eintretden nur, wenn dies zw ihnen vereinb ist (BGH NJW **75**, 166). Der GVertr kann aber auch nur die Verpflichtg der übr festlegen, einen von einem Gter Vorzuschlagenden an seiner Stelle aufzunehmen, RG **128**, 176. Auch schon bindendes Angebot im GVertr ist mögl wie oben aa.

§§ 737, 738   2. Buch. 7. Abschnitt. *Thomas*

737 *Ausschluß eines Gesellschafters.* Ist im Gesellschaftsvertrage bestimmt, daß, wenn ein Gesellschafter kündigt, die Gesellschaft unter den übrigen Gesellschaftern fortbestehen soll, so kann ein Gesellschafter, in dessen Person ein die übrigen Gesellschafter nach § 723 Abs. 1 Satz 2 zur Kündigung berechtigender Umstand eintritt, aus der Gesellschaft ausgeschlossen werden. Das Ausschließungsrecht steht den übrigen Gesellschaftern gemeinschaftlich zu. Die Ausschließung erfolgt durch Erklärung gegenüber dem auszuschließenden Gesellschafter.

1) Nicht zwingd, Voraussetzg: Zulassg im GVertr, doch läßt das Gesetz – aus prakt Gründen, da von ausdr Regelg meist abgesehen w –, eine Bestimmg über Fortsetzg bei Künd genügen, ferner muß wicht Grd vorliegen. Strenge Anforderrgen an das Vorliegen eines wicht Grundes; vgl hierü im einz § 723 Anm 1 b; Berücksichtigg der gesamten gesellschvertragl Beziehgen der Parteien, BGH WPM **65**, 1038. Ausschließg im allg nur statth als äußerstes Mittel, also nur dann, wenn andere befriedige Regelg unmögl, BGH WPM **66**, 31. Volle richterl Nachprüfg des wicht Grundes, anders beim nichtrechtsf Verein, BGH NJW **54**, 833. – Das AusschlVerlangen kann auch noch nach der Künd gestellt w, es sei denn, der Kündigende hätte hierauf verzichtet, BGH WPM **61**, 32. – Besonderh bei der ZweimannG vgl § 736 Anm 1. – Der GesVertr kann auch Ausschl ohne wicht Grd vorsehen. Dies muß aber unzweideut vereinb sein u es müssen im EinzFall wg außergewöhnl Umst sachl berecht Grde für die Ausschließg bestehen (BGH BB **77**, 768). GVertr kann Ausschl durch bloßen MerhBeschl od durch ein Organ zulassen, BGH **31**, 295 (OHG); beim nichtrechtsf Verein häufig. Gehör zuvor im allg nötig. Kein Ausschl eines bereits Ausgeschiedenen mehr.

738 *Auseinandersetzung beim Ausscheiden.* I Scheidet ein Gesellschafter aus der Gesellschaft aus, so wächst sein Anteil am Gesellschaftsvermögen den übrigen Gesellschaftern zu. Diese sind verpflichtet, dem Ausscheidenden die Gegenstände, die er der Gesellschaft zur Benutzung überlassen hat, nach Maßgabe des § 732 zurückzugeben, ihn von den gemeinschaftlichen Schulden zu befreien und ihm dasjenige zu zahlen, was er bei der Auseinandersetzung erhalten würde, wenn die Gesellschaft zur Zeit seines Ausscheidens aufgelöst worden wäre. Sind gemeinschaftliche Schulden noch nicht fällig, so können die übrigen Gesellschafter dem Ausscheidenden, statt ihn zu befreien, Sicherheit leisten.

II Der Wert des Gesellschaftsvermögens ist, soweit erforderlich, im Wege der Schätzung zu ermitteln.

1) Allgemeines. Anwachsg. Die §§ 738–740 regeln die Folgen des Ausscheidens eines Gters. Sie gelten für alle Fälle des Ausscheidens, auch die der Anm 2a–c des § 736. § 736, u daher auch § 738, setzt aber das Fortbestehen einer G – wozu mind zwei gehören – voraus; aA BGH **32**, 307; vgl hierü § 736 Anm 1, 2c. Zu 1 (Anwachsg) vgl bereits dort. – § 738 ist nicht zwingd, RG **122**, 150, zu S 1 str. § 738 gilt nicht beim nichtrechtsf Verein. – Hins der Haftg des Ausgeschiedenen ggü den GGläub ändert sich nichts, die Berufg des Gläub auf die Weiterhaftg kann im EinzFall gg Tr u Gl verstoßen (BGH WPM **76**, 809).

2) Schuldrechtl Wirkgen. Der Ausgeschiedene ist auf schuldrechtl Anspr gg die G sowie, aus § 427 (Vertr über Fortsetzg u Ausscheiden), gg die Gter persönl als GesSchu beschr. Er hat Anspr auf wirkl Auseinandersetzg, RG **118**, 296. Diese geht jedoch hier nicht auf Aufteilg des GVermögens, sond nur auf Abrechng. GgFdgen gg den Ausgeschiedenen sind in diese einzustellen; solche aus einem DrittVerh, zB auch aus unerl Hdlg, können die Gter auch außerh der Auseinandersetzg gg den Ausgeschiedenen geltd machen, RG **118**, 297. Der ausgeschiedene Gter ist weiterhin treupflichtig; § 705 Anm 7; bei Treuwidrigk kann die Geltdmachg seines AbfindgsAnspr unzul RAusübg sein, ohne daß die verbleibenden Gter die Höhe ihres Schadens nachweisen müßten, BGH NJW **60**, 718. – Der Ausgeschiedene hat **Anspruch auf**:

a) Rückgabe. Vgl § 732, auch RG **132**, 29. Wegen des Anspr aus § 739 haben die Gter aber ein ZbR nach § 273.

b) Befreiung von den GesellschSchulden, vgl § 733 Anm 1; für sie haftet näml der Ausscheidende weiter als GesSchu. Über die Frage, ob ein gg die üb Gter später ergehdes Urt auch gg den ausgesch Gter wirkt (Anwendbark der §§ 420 ff), vgl BGH **44**, 233 (Frage verneint, soweit Gter schon vor Klagerhebg ausgesch war). – Befreiung zB durch Zahlg oder SchuldÜbern. Den Anspr hat er auch, wenn er nichts erhält od zuzahlen muß (§ 739), uU aber § 273. § 738 gibt in entspr Anwendg dem Ausgeschiedenen gg die verbleibden Gter bzw den Übernehmer bei 2-Mann-G einen Anspr auf Ablösg der Sicherh, die er aus seinem PrivVerm einem Gläub für GesVerbindlichkeiten eingeräumt h; so Anspr auf Aufhebg von GrdPfdR, BGH NJW **74**, 899, Anspr auf Befreiung von übernommener Bürgsch für GesSchuld (vgl § 775 Anm 1). Ggü diesem BefreigsAnspr gibt es ein ZbR, sow ggf nach Aufstellg der Abschichtgsbilanz, feststeht, daß der Ausgeschiedene keine Abfindg zu erhalten h, vielm wg Verlustbeteiligg seinerseits einen Ausgl schuldet, BGH NJW aaO. Bei nicht fäll Schulden genügt SicherhLeistg, I, 3; das gilt nicht für streitige Schulden, falls der Ausgeschiedene nicht Bestehen nachweist, RG **60**, 157. Im Verh zw ausscheidm und neu eintretdem Gter ist I 2 nicht anwendb, vgl § 736 Anm 3 b bb.

c) Zahlg des Abfindgsguthabens. Nur WertAnspr auf Geldabfindg. Er tritt an die Stelle der Fdg auf Einlagerückerstattg (§ 733) u Überschußzahlg (§ 734). Auch der Überschuß ist aber hier, anders § 734 Anm 2, in Geld zu zahlen, da keine Aufteilg stattfindet. Wertschätzg. Stichtag: Ausscheiden, sow GVertr nichts anderes bestimmt, BGH WPM **65**, 748. Für die Berechng sind die wirkl Werte des lebdden Unternehmens maßg, BGH **17**, 136. Daher nötig bes Auseinandersetzgsbilanz. Zu schätzen ist der Verkehrswert des Ges-Vermögens. Das ist im allg der Wert, der sich bei einem Verk des lebensfäh Unternehmens als Einh ergeben

Einzelne Schuldverhältnisse. 15. Titel: Gemeinschaft §§ 738–741

würde, BGH NJW **74**, 312. Dazu gehört auch der sog GeschWert (good will); vgl auch § 718 Anm 2d. Schwebende Geschäfte werden nicht bewertet, dafür § 740. Eine abw Vereinbg, zB Außerachtlassg des Firmenwerts u der stillen Reserven, ist grdsätzl zul. Bei Ausscheiden eines Gters ohne wicht Grd muß aber das AbfindgsGuth nach den Umst des EinzFalles angem sein. Eine Beschränkg auf die der Handelsbilanz zu Grde liegden Buchwerte ist in diesem Falle unzul, wenn dadch der AbfindgsAnspr wesentl hinter dem wirkl Wert des GAnteils zurückbleibt (BGH WPM **78**, 1044). Str ist, ob die Zahlg des AbfindgsGuth mit Ausscheiden od erst mit Erstellg der AbschichtgsBilanz fäll ist; richt wohl mit Ausscheiden, vgl Stötter BB **77**, 1219. Der Ausscheidde kann iW der StufenKl Vorlage der AbschichtgsBilanz u Zahlg des Guth verlangen (Karlsr BB **77**, 1475).

d) **Abfindungsklauseln** sind im GVertr sehr häuf. Ausschl od Beschrkg des AbfindgsAnspr unterliegen richterl Kontrolle im Rahmen des § 138 u der §§ 133 III HGB, 723 III BGB (ges garantiertes KündR; vgl § 723 Anm 2 c). Maßstab ist in erster Linie der Zweck der AbfindgsKlausel (Häuf: Bestandsschutz des Unternehmens). Lit: Heckelmann, AbfindgsKlauseln in GVertr, 1973, K. Schmidt FamRZ **74**, 518.

739 *Haftung für Fehlbetrag*. **Reicht der Wert des Gesellschaftsvermögens zur Deckung der gemeinschaftlichen Schulden und der Einlagen nicht aus, so hat der Ausscheidende den übrigen Gesellschaftern für den Fehlbetrag nach dem Verhältnisse seines Anteils am Verlust aufzukommen.**

1) Die Feststell des Fehlbetrages ist eine rein rechnerische: „Deckung". GemeinschSchulden § 733 Anm 1, Einlagen dort Anm 2. Maß des Verlustanteils: § 722. Der Anspr steht allen Gtern zu, § 705 Anm 7a. Er kann, wie bei der Auseinandersetzg aller Gter, auch gg den Gter geltd gemacht w, der seine Einlage geleistet hat, BGH WPM **65**, 975. Zur Leistg des Beitr nach § 739 ist der ausgeschiedene Gter nicht mehr verpfl, sond nurmehr zur Zahlg des Ausgl, sow die G in der Zeit seiner Mitglsch im EndErgebn Verluste erlitten h u diese anteil auf ihn entfallen. Den VerlustAnt h die G dch eine auf den Tag des Ausscheidens bezogene AbschichtgsBilanz nachzuweisen (BGH WPM **78**, 299). Wegen der Anspr aus § 738 I und § 739 besteht wechselseitiges ZbR aus § 273. Scheiden mehrere aus, haftet jeder nur für seinen Anteil. Anspr aus §§ 739 u 740 bestehen unabhäng voneinander, BGH WPM **69**, 494.

740 *Beteiligung am Ergebnis schwebender Geschäfte*. I **Der Ausgeschiedene nimmt an dem Gewinn und dem Verluste teil, welcher sich aus den zur Zeit seines Ausscheidens schwebenden Geschäften ergibt. Die übrigen Gesellschafter sind berechtigt, diese Geschäfte so zu beendigen, wie es ihnen am vorteilhaftesten erscheint.**

II **Der Ausgeschiedene kann am Schlusse jedes Geschäftsjahrs Rechenschaft über die inzwischen beendigten Geschäfte, Auszahlung des ihm gebührenden Betrags und Auskunft über den Stand der noch schwebenden Geschäfte verlangen.**

1) Nicht zwingd, BGH WPM **60**, 1121. – **Schwebende Geschäfte**: VertrSchl od doch ein Angebot der G muß schon vorliegen, Celle BB **54**, 757. Selbständ Anspr neben dem AbfindgsAnspr nach § 738, kann daher unabhäng von diesem geltd gemacht w, BGH WPM **69**, 494. Schwebde Gesch sind daher nicht bei der Wertermittlg nach § 738 II einzustellen; Gewinn aus schwebden Gesch muß die G auszahlen, auch wenn ihr später uU ein Anspr auf Ausgl neg KapKontos (§ 739) zusteht u umgekehrt, BGH aaO. Der Ausgeschiedene bleibt nur am Ergebn beteiligt (Generalunkosten mindern dieses), er ist nicht mehr Gter. Er haftet den Gläub nicht aus Abwicklgshandlgen. Er hat kein Recht auf Mitwirkgn I, 1, doch haften die Gter ihm für Versch, § 708. § 716 gilt für ihn nicht mehr. Jedoch, II, Anspr auf Rechensch (§ 259), BGH WPM **61**, 173, sich richtd gg alle Gter, vgl §§ 721, 713 Anm 2 c, cc, dd, ferner auf Auskunft. – Gewinn- u Verlustbeteiligg. – Für den Fall der Übern des Geschäfts durch einen Gter (§ 736 Anm 2c) gilt § 740 entspr, RG **56**, 19. Über einen Sonderfall – Auflösg einer GrdstInnenG ohne Auseinandersetzg – BGH WPM **60**, 1121 (Aufn des Schätzwertes der schwebenden MietVertr in die Auseinandersetzgsbilanz).

Fünfzehnter Titel. Gemeinschaft

741 *Begriff*. **Steht ein Recht mehreren gemeinschaftlich zu, so finden, sofern sich nicht aus dem Gesetz ein anderes ergibt, die Vorschriften der §§ 742 bis 758 Anwendung (Gemeinschaft nach Bruchteilen).**

1) **Allgemeines.** Vgl zunächst § 705 Anm 1a. Ein Recht kann **geteilt** mehreren derart zustehen, daß in Wahrh mehrere voneinander unabhängige **Teilrechte** bestehen, so iZw bei der teilb Fdg, Übbl 1a vor § 420, § 420 Anm 1. Es kann aber auch mehreren **gemeinschaftl** zustehen, vgl zB die verschiedenen Fälle gemschaftl **Fdgs**berechtigg, Übbl 1 vor § 420. Die Interessenverbindg der mehreren kann eng sein, so insb bei den **Gesamthandsberechtigten**, vgl für die GesHandsFdg Übbl 1c, ähnl auch vor § 420; Fälle im BGB: Gesellsch, die ehel GüterGemsch, die ErbenGemsch. Weniger ist die Verbindg bei der „**Bruchteils**"**Gemsch** des § 741. Sie ist **InteressenGemsch ohne ZweckGemsch**: die Interessen der Teilh laufen inf der Mitberechtigg am selben Ggstande bis zu einem bestimmten Grade gleich, ihre Ziele (Zwecke) können verschieden sein. Hierin liegt der wesentl Unterschied von der Gesellsch.

2) **Entstehgsgrund**: Gesetz, RGesch, insb letztw Vfg (vgl §§ 2087 ff, 2157), uU auch Vertr. Bei Vertr wird allerdings meist auch eine Gemsch des Zweckes vorliegen, also eine Gesellsch gegeben sein, § 705 Anm 1a, Übbl 1c aa vor § 420. Zur Entstehg der Gemsch genügt die **Tatsache** vorhandener gemeinsch RZustdgk. Regelmäß entsteht die Gemsch ohne einen auf ihre Entstehg gerichteten Willen der Beteiligten, daher der Name: communio incidens. Sie kann entstehen durch urspr Erwerb des Rechts: so bei Verbindg, Vermischg, §§ 947, 948, vgl RG **112**, 103 u §§ 963, 984, bei gemeinsch Erfindg, RG JW **24**, 1430, durch abgeleiteten Erwerb, zB bei ungetrennter Verladg, RG **88**, 301, SeuffA **62**, 66, **70**, 130, beim Sammel-

§§ 741, 742

lager, vgl HGB § 419, der Sammelverwahrg der §§ 5 ff DepotG. Auch Eheleute können hins einz Ggstände in Gemsch nach § 741 stehen, RG **67**, 397; GemschVerh der GrdEigentümer bei untrennb Vermischg der Trümmer ihrer Häuser vgl SchlHA **46**, 46. Über Gemsch an der Ehemietwohng u ihre Lösg § 753 Anm 2; ZählerGemsch Arnold MDR **49**, 414. Über die Gemsch der Wohngseigentümer nach dem WEG vgl §§ 10 ff; Anhang. – Über die Eintr ins Grdbuch GBO § 47.

3) Gegenstand einer Gemsch können Rechte aller Art sein, die eine Mehrh von Berechtigten zulassen, nicht nur VermRechte. Vor allem das Eigt an einer Sache („Miteigentum"), es gelten außer den §§ 742 ff die §§ 1008–1011, vgl §§ 1066, 1258), ferner Nießbrauch, PfdR, Dienstbarkeiten; nach hM iS von § 741 auch der Besitz ein Recht, BGH NJW **74**, 1189, vgl § 866 (Mitbesitz). Über Fdgen vgl Übbl 1c aa vor § 420. Vgl ferner § 921 (922): Grenzzeichen, § 923: Grenzbaum.

4) Anwendungsgebiet.

a) Die bloße **Tatsache**, daß ein Recht mehreren gemschaftl zusteht, führt **zwingend** zur Bruchteils-Gemsch des § 741. Jedoch tritt sie **nur hilfsweise** ein: „sofern sich nicht ... ein anderes ergibt". Letzteres ist insb bei den GesHandsberechtiggen (oben Anm 1) der Fall. Praktisch kommen diese weitaus häufiger vor als die Gemsch. Doch ergibt sich aus § 741, daß die Kreis der anderen Gemsch, insb der GesHandsfälle, nicht frei erweiterb ist, RG **152**, 355. – Aus § 741 ist nicht der zwingende Charakter aller Regeln des Titels zu entnehmen, entscheidd hierfür ist vielm die Einzelauslegg jeder Bestimmg, die vielf dazu führt, Abdingbark anzunehmen.

b) Aus § 741 folgt, daß die §§ 742 ff **hilfsweise** auch hinter den Einzelregeln anderer Gemsch, insb der GesHandsberechtiggen, stehen.

c) Entsprechde Anwendg. ZT werden die §§ 742 ff od Teile davon ausdr für unmittelb od entspr anwendb erkl, insb die Teilgbestimmgen (§§ 752 ff), zB in §§ 731, 2; 1477 I; 2042 II; 2044 I. Hierin liegt, neben oben b, das Hauptanwendgsgebiet der §§ 741 ff.

5) Begriff. Wesen. § 741 gibt keine vollst Begriffsbestimmg. Der Begriff ist daher den Wirkgen (unten Anm 6) zu entnehmen. Diese lassen aber keinen einheitl Begriff zu. Daher Streit, ob die Gemgken ein einheitl Recht mit bloßen Anteilen ist, od ob eine Mehrh von Teilrechten vorliegt. In Wahrh steht das nach Bruchteilen (sog ideellen – also bloß rechnerischen, nicht realen – Anteilen [Quoten], die ziffernm bestimmt sind) gemeins Recht an dem einz Ggst mehreren derart zu, daß es als Teilrecht jedes Teilhabers anzusehen ist, soweit teilw Ausübg der Befugn am Anteil mögl ist (Anspr auf Bruchteil der Früchte, anteilsw Geltdmachg von SchadErsAnspr, Veräußerg, Belastg usw), währd die übr Befugnisse hins des Anteils, insb die Einwirkg auf den GemschGgst selbst, nur von allen zus, von den einz aber nur insow ausgeübt w können, als dadurch die Interessen der übr nicht verletzt w.

6) Wirkungen. Die Gemsch selbst ist **kein Schuldverhältnis**, sond eine Tats, Anm 4a und 5, BGH **62**, 243. Anwendb daher auf sie nicht die Grdsätze über ihre fakt Gesellsch, die stets eine, wenn auch unvollkommene, vertragl Grdlage (§ 705 Anm 3 d) voraussetzen, BGH **34**, 367. Schubert JR **75**, 363 hält den Teilh, der eine notw ErhaltgsMaßn vornimmt, nach allg schuldr Grds, insb § 278 für verantwortl, wenn die gemschaftl Sache dabei beschädigt w.

a) Es **entspringen** aus ihr die in §§ 742–758 geregelten **schuldrechtlichen** Beziehgen, insb Fdgen. Sie zu regeln, ist die erste Aufgabe der §§ 742 ff. Ansätze zur Verdinglichg der Gemsch in den §§ 746; 751, 1; 755 II; 756, vgl § 746 Anm 1; § 747 Anm 2.

b) Die §§ 742 ff sind zT organisationsrechtl Natur u haben insow zT auch **Außenwirkg**, so die §§ 744 II; 745 I, vgl RG **160**, 128 u dazu § 671 Anm 1a; § 747, 1, 2 (zT str).

c) Im übr gelten im **Verhältn zu Dritten** die allg Grds. Insbes werden die Teilh ggü Dritten teils nur anteilig, § 420, zumeist aber gesamtschuldnerisch, insb nach §§ 427, 431, 769, 830, verpflichtet. Handelt ein Teilh, wenn auch für die Gemsch, im eig Namen, so haftet nur er dem Dritten, vgl aber § 743 Anm 1. Das gemeins Recht kann ggü Dritten grdsätzl nur gemschaftl geltd gemacht w, vgl § 747, 2, aber auch §§ 744 II, 1011 u den auch für die Gemsch geltenden (RG DR **40**, 2170) § 432, vgl Übbl 1 c aa vor § 420. Auch Gestaltgsrechte (Anfechtg, Rücktr, Künd, Wandlg, Mindrg) sind hins des gemeins Rechts grdsätzl nur gemschaftl – u auch nur gegen alle – ausübbar, vgl § 356.

d) Entgg der Gesellsch ist die Gemsch, dem röm Recht folgend, **individualistisch** ausgestaltet. Die Teilh behalten grdsätzl ihre Selbständigk. Jeder hat einen Anteil, §§ 741, 742, an dem gemeins Recht, über den er frei verfügen kann, § 747, 1. Jeder kann grdsätzl Aufhebg verlangen, § 749 ff. Das TeilR kann durch den einz auch schon bei bestehender Gemsch ausgeübt w, vgl §§ 743, 745 III, 2, 747, 1. Ansätze zu sozialerer Ausgestaltg über das röm Recht hinaus in den verdinglichenden Bestimmgen, oben a, sowie den §§ 744, 745 (MehrhGrundsatz). Der Grds der gleichmäßigen Behandlg der Teilh (§ 705 Anm 7) besteht auch bei der Gemsch, vgl §§ 742, 743 I, II, 744 I, 745 III, 2, 748, 752.

e) § 708 gilt für die Gemsch nicht, BGH NJW **74**, 1189.

7) Sonderregelgen. Vgl bereits oben Anm 1–3. Ferner §§ 1172, 2047 II. Landesrechtl Vorbeh EG 66: Deich- u SielR; 119: Grundstücksteilgs- u Veräußergsbeschränkgen; 120 II, 1, 121: Reallastverteilg bei Teilg des belasteten Grdstücks, § 1109: bei Teilg des berechtigten; 131: StockwerksEigt.

8) Keine Gemsch iS der §§ 741, wenn an demselben Ggst verschiedene Rechte mehrerer bestehen. Fälle insb Übbl 1 d vor § 420.

742 *Gleiche Anteile.* Im Zweifel ist anzunehmen, daß den Teilhabern gleiche Anteile zustehen.

1) Über Anteil vgl § 741 Anm 5.

2) Gesetzl Vermutg, bei Gemsch kraft RGesch Auslegsregel. Sie geht nur dahin, daß, falls Unterlagen für einen andern Maßstab fehlen, gleiche Anteile anzunehmen sind, RG **169**, 239. Abweichde Ab-

Einzelne Schuldverhältnisse. 15. Titel: Gemeinschaft   §§ 742–744

reden od gesetzl Bestimmgen, zB § 948, RG **112**, 103, § 6 I, 2 DepotG gehen vor, ebso entfällt die Regel des § 742, wenn sie inf besonderer Umst der Sachlage nicht gerecht wird; dann Schätzg des AnteilsVerh nach Billigk, RG **169**, 239. — § 742 gilt nicht Dritten ggü. Der Grdbuchrichter darf daher auf § 742 allein eine Eintragg nicht stützen, RG **54**, 86; deswg besteht die Vorschr GBO § 47.

743 *Früchteanteil; Gebrauchsbefugnis.* I Jedem Teilhaber gebührt ein seinem Anteil entsprechender Bruchteil der Früchte.
II Jeder Teilhaber ist zum Gebrauche des gemeinschaftlichen Gegenstandes insoweit befugt, als nicht der Mitgebrauch der übrigen Teilhaber beeinträchtigt wird.

1) **I.** I gibt einen schuldrechtl Anspr gg die übr Teilh, regelt also das **Innenverhältn** der Teilh. IndividualR, daher § 745 III, 2. Erfüllg nach §§ 752 ff durch Teilg des gemschaftl Fruchterwerbes. Zu den **Früchten** gehören auch die RFrüchte, § 99, zB Lizenzgebühren eines PatentR, RG JW **37**, 28. Für die **Gebrauchsvorteile** (§ 100) hat dasselbe zu gelten, BGH NJW **66**, 1708; über GebrVorteil durch Eigengebrauch unten Anm 2. Eine Befugn zu selbständ Fruchtziehg, zB Einernten od Einziehg der Mietzinsen, gibt I nicht, anders II. Das Ziehen der Nutzgen ist vielm VerwHdlg, BGH NJW **58**, 1723; es gelten die §§ 744, 745. — Für die Teilg vgl Vorbem 2 a E vor § 749. — Bei gemschaftl Vermietg daher Einziehg der Mietzinsen durch alle, § 744 I; kein Raum für Teilg der MietzinsFdg nach § 420 u teilw Einziehg durch den einz Teilh, jedoch gilt § 432, da die MietzinsFdg sich aGrd ihres Verwendgszwecks als unteilb darstellt, vgl Übbl 1 c aa vor § 420, BGH NJW **69**, 839. Da die Verwaltg u die Tragg der Kosten, Lasten usw allen gemschaftl zusteht, §§ 744 I, 748 so besteht nur Anspr auf den anteilsm Reinertrag; nur die Fdg auf diesen kann der Gläub des Teilh pfänden, RG **89**, 180. Hat ein MitEigtümer den Mietzins eingezogen, so trifft ihn die BewLast für den Verbleib der Einnahmen, BGH WPM **72**, 1121. — Hat dagg nur ein Teilh den gemschaftl Ggst vermietet, so ist zunächst er allein Gläub des vollen MietzinsAnspr. Dulden jedoch die übr Teilh die Besitzüberlassg, so genehmigen sie die Vermietg u werden damit Mitvermieter, Roquette DR **40**, 2170. — Das Nutzgsmaß des I kann ohne Zust des Teilh nicht beeinträchtigt w, § 745 III, 2. Andere vertragl Regelg verpflichtet jeden Teilh, vereinb Erfolg herbeizuführen; Haftg hierfür auch ohne Versch, BGH **40**, 330. — Über Fruchterwerb sagt § 743 I nichts, dafür gelten die allg Vorschr, insb die §§ 953 ff.

2) **II.** Er gibt jedem Teilh die — selbständ — Befugn zum **Gebrauch**. Kein bloß schuldrechtl Anspr, anders bei I. Daher hat der Gebrauchende nicht nötig, einen Widerspr der anderen erst durch Klage zu brechen (BGH JZ **78**, 613). II gibt Befugn zum Gebr der ganzen gemschaftl Ggstands der anderen entggsteht; Grenze § 242; insow UnterlassgsAnspr der übr. Besitzschutz besteht jedoch nicht (im InnenVerh) hins der GebrGrenzen, § 866. Übt ein Teilh sein R zum Gebr nicht aus, so ist der andere nicht verpfl, seinen Gebr einzuschränken oder für den uneingeschränkt Gebr zu zahlen, BGH NJW **66**, 1708. Macht dagg ein Teilh ohne od gg den Willen der übr von der gemschaftl zur Nutzg best Sache allein unentgeltl Gebr, so ist er wg Verl des Gemsch- bzw GesellschVerh schaderspfl, KG OLGZ **69**, 311 (Nutzg einer Wohng im gemschaftl Miethaus). — Wie I, betrifft auch II nur das Gebrauchsmaß bei feststehender Benutzgsart, Hbg SeuffA **57**, 34; durch Beschl od Urteil (erst recht durch Vertr) kann eine andere Benutzgsart bestimmt, § 745 I, II, sogar der unmittelb Gebr (Benutzg, evtl gg Vergütg, BGH aaO) durch die Teilh od einzelne von ihnen (nicht aber das Recht auf Anteil an den GebrVorteilen, I, § 745 III, 2) ausgeschl w, BGH NJW **53**, 1427. Überläßt die Gemsch Räume auf ihrem Grdst gg Entgelt einem Teilh, so kommt zw ihnen regelm ein MietVertr zustande, BGH MDR **69**, 658. Die Höhe des Mietzinses regelt sich bei fehlder Vereinbg nach § 745 II, BGH NJW **74**, 364.

3) **Gegenstück** zu § 743: § 748.

744 *Gemeinschaftliche Verwaltung.* I Die Verwaltung des gemeinschaftlichen Gegenstandes steht den Teilhabern gemeinschaftlich zu.
II Jeder Teilhaber ist berechtigt, die zur Erhaltung des Gegenstandes notwendigen Maßregeln ohne Zustimmung der anderen Teilhaber zu treffen; er kann verlangen, daß diese ihre Einwilligung zu einer solchen Maßregel im voraus erteilen.

1) **I. Grundsatz.** Er gilt, soweit nicht andere Regelg durch Vertr, insb Einzelabrede, durch MehrhBeschl § 745 I, od durch Urt, § 745 II, getroffen ist. **Verwaltg** ist GeschFg im Interesse aller. Sie geht über Erhaltg (Anm 2) hinaus. Ihr Ggsatz ist die Nutzg im Interesse des einz Teilh, vgl § 743 Anm 1. **Grenzen** der Verw, die für § 745 prakt w, sind: rechtlich: die Vfg, für sie gilt § 747, 2; vgl aber auch § 745 Anm 2 u 3, wirtschaftl: die wesentl Veränderg, vgl § 745 III, 1. — Vermietg des gemschaftl Ggstandes ist Verwaltg, vgl näher § 743 Anm 1.

2) **II. Zweck:** die Werterhaltg. Daher ist II durch Vertr od durch Beschl (§ 745 I) nicht abdingb. II gibt VerwBefugn u -recht, hat also Innen- u Außenwirkg. Widerspr eines Teilh zwingt den Handelnden nicht zur Klage auf Einwilligg. Doch kann er klagen, um sich hierdurch die Vertretgsmacht zum Handeln namens der Gemsch zu verschaffen. Umfang der VerwR: es umfaßt die zur Erhaltg (der Substanz od dem wirtschaftl Werte nach) obj notwendigen Maßn. Darunter können auch Vfgen sowie die ProzFührg fallen, Breetzke NJW **61**, 1408; vgl auch § 747 Anm 3. Ob auch der Wiederaufbau kriegszerstörter Gebäude zur Werterhaltg zählt, ist nicht generell, sond allein im Hinblick auf die Interessenlage zu beantworten, BGH NJW **66**, 1709. Vgl hierzu auch § 745 Anm 3. — Auch Recht auf Vorschuß, vgl § 748. — Der Teilh handelt im eig Namen, Würdinger S 14, vgl § 709 Anm 1; Handeln namens der Gemsch nur, wenn er sich hierfür erforderl — durch das G ihm nicht eingeräumte — Vertretgsmacht durch Klage auf Zust gg die übr Teilh verschafft hat, BGH **17**, 181. — Daneben (ergänzd) gelten §§ 677 ff. — Die Verpflichtg jedes Teilh zu notwendigen Maßn folgt aus § 242.

745 *Verwaltung und Benutzung durch Beschluß.* I Durch Stimmenmehrheit kann eine der Beschaffenheit des gemeinschaftlichen Gegenstandes entsprechende ordnungsmäßige Verwaltung und Benutzung beschlossen werden. Die Stimmenmehrheit ist nach der Größe der Anteile zu berechnen.

II Jeder Teilhaber kann, sofern nicht die Verwaltung und Benutzung durch Vereinbarung oder durch Mehrheitsbeschluß geregelt ist, eine dem Interesse aller Teilhaber nach billigem Ermessen entsprechende Verwaltung und Benutzung verlangen.

III Eine wesentliche Veränderung des Gegenstandes kann nicht beschlossen oder verlangt werden. Das Recht des einzelnen Teilhabers auf einen seinem Anteil entsprechenden Bruchteil der Nutzungen kann nicht ohne seine Zustimmung beeinträchtigt werden.

1) I. Regelg. Sie ist mögl durch **Vertrag** (einstimm Beschl); (dadurch wird die Gemsch noch nicht zur Gesellsch). Ferner durch **Mehrheitsbeschluß**. Über BeschlFassg Vorbem 5b vor § 709. Ist bei zwei Teilh der Anteil des einen größer, so verfügt er von vornherein über die Stimmenmehr u die aus ihr folgenden Befugn; bei zwei Teilh mit gleichen Anteilen ist nur einstimm Beschl mögl, RG **160**, 128. Ggst des Beschl: eine ordngsm Verwaltg (über Vfgen vgl Anm 2), sowie Benutzg (Art der Nutzg, vgl § 743 Anm 2), die Benutzgsvergütg, vgl § 743 Anm 2; das Nutzgsmaß (=Nutzgsquote) darf einz nicht dabei beeinträchtigt w, III, 2. Ist der Rahmen gewahrt, so macht bloße Unzweckmäßigk den Beschl nicht anfechtb. I hat auch Außenwirkg, die Mehrh vertritt, jedenf bei Ausführg von VerwaltgsMaßn, die keine Vfgen sind, BGH **56**, 47, auch die Minderh, BGH **LM** § 2038 Nr 1; aA RGRK Anm 10 (WillErkl der Minderh muß im Weigergsfalle durch Urt ersetzt w, § 894 ZPO); vermittelnd BGH **49**, 183: Der MehrhBeschl kann von der Mehrh ausgeführt w, wenn sonst vollendete Tats entstünden, weil Urt zu spät käme. Nichtanhörg der Minderh hebt die Außenwirkg nicht auf, kann aber SchadErsAnspr begründen, KG NJW **53**, 1592. Der einstimm od mit Mehrh gefaßte VerwBeschl bindet alle Beteiligten, auch die Überstimmten. Diese können sich hiergg nach § 749 dadurch wehren, daß sie die Aufhebg der Gemsch betreiben; vgl Anm 2. Sie können aber auch unter Aufrechterhaltg der Gemsch die VerwVereinbg aus wicht Grunde kündigen, wenn sich die Verhältnisse geändert haben. So zutreffd BGH **34**, 367, soweit es sich um die einem Teilh übertragene Verwaltg handelt; ebenso BGH WPM **63**, 697, wenn die Übertr der Verw auf einem PachtVertr beruht. Wie in § 712 setzt Künd nicht gerichtl Entscheidg voraus, BGH **34**, 367.

2) Klagrecht des einzelnen. Er klagt im eig Namen, vgl auch § 744 Anm 2. Das Recht entfällt bei Regelg durch Vertr od MehrhBeschl (I); dann Vorgehen nach § 749 I oder II mögl, RG **160**, 128. Über die Künd einer VerwVereinbg aus wicht Grd vgl Anm 1. Die Kl ist Leistgs-, nicht GestaltgKl, der Klagantrag ist auf die Zust zu einer bestimmten Art der Regelg gg die Widerstreitenden zu richten. Ist der gemschaftl Ggst einem Teilh gg Entgelt zur Benutzg überlassen, eine Vereinbg über dessen Höhe nicht zustandegekommen, so kann die Kl direkt auf Zahlg eines Entgelts gerichtet w, das nach bill Erm dem gemschaftl Interesse an sachgerechter Verw entspricht, BGH NJW **74**, 364. Bei Änderg der Lage neue Klage mögl. Bestellg eines gerichtl Verwalters kann nicht verlangt w, RG SeuffA **61**, 201. Widerklage auf Zust zu anderen Maßn mögl. Auch Vfgen können VerwMaßn nach § 745 sein; sie bedürfen zu ihrer Wirksamk nach außen der Mitwirkg aller Teilh, § 747; diese können aber durch MehrBeschl hierzu verpflichtet w, RG DR **44**, 572.

3) III, 1: Grund: da wirtschaftl der Vfg, § 747, gleichstehd. Wesentl Veränderg dann gegeben, wenn die Zweckbestimmg od die Gestalt in einschneidender Weise geändert w; dazu gehören auch bes kostspielige Anlagen, BGH NJW **53**, 1427. Keine wesentl Veränderg bei Wiederaufbau eines zerstörten Gebäudes mit Versicherggssumme; Schutzzweck der Vorschr entfällt, wenn ein Teilh bereit ist, Wiederaufbaukosten selber zu tragen, BGH aaO. Errichtg von Behelfsbau auf RuinenGrdst entspricht bish Benutzgsart, BGH NJW **53**, 1427. – Darüber, daß die Teilh auch in diesen Fällen durch MehrhBeschl verpflichtet w können, der wirtschaftl notw Veränderg zuzustimmen, vgl Anm 2 u BGH NJW **53**, 1427 (Interessenabwägg). Vgl im übr hierzu § 744 Anm 2. – **III, 2:** vgl oben Anm 1 u § 743 Anm 1 u 2.

746 *Wirkung gegen Sondernachfolger.* Haben die Teilhaber die Verwaltung und Benutzung des gemeinschaftlichen Gegenstandes geregelt, so wirkt die getroffene Bestimmung auch für und gegen die Sondernachfolger.

1) Regelg: durch Vertr, MehrhBeschl, Urteil, § 745 I, II. Sondernachfolger: zB Erwerber, Pfand-, auch PfändgspfandGl. Anders als bei der Gesellsch, § 725 II, kann der PfändgspfandGl bei bestehender Gemsch die Verwaltgs- u Benutzgsrechte ausüben; gegen Aufhebg vgl § 751, 2. Dasselbe gilt für den VertrPfandGl nach § 1258 I. Guter Glaube ohne Belang, RG **78**, 275. – § 746 gilt selbstverständl auch für u gg den GesNachfolger. – Beim MitEigt an Grdst Wirkg gegen den Sondernachfolger im MitEigt nur bei Eintr, § 1010 I, vgl auch § 1009. – Rechtsbedeutg: unmittelb, bei dingl gemschaftl Rechten dingl, Wirkg. Wesensbedeutg: vgl § 747 Anm 2.

747 *Verfügung über Anteil und gemeinschaftliche Gegenstände.* Jeder Teilhaber kann über seinen Anteil verfügen. Über den gemeinschaftlichen Gegenstand im ganzen können die Teilhaber nur gemeinschaftlich verfügen.

1) Allgemeines. Bei der Gemsch gibt es kein vom Verm der Teilh getrenntes SonderVerm wie bei der Gesellsch, § 705 Anm 5, § 718, danach auch keine An- u Abwachsg wie bei der Gesellsch, § 738, § 736 Anm 1, 2c. An dem gemeins Ggst bestehen nur Anteilsrechte der Teilh, die zu deren Verm gehören. – Satz 1 u 2 haben auch Wirkg gg Dritte.

2) Satz 1. Das freie VfgsR jedes Teilh über seinen Anteil (sein AnteilsR, § 741 Anm 5, § 742) entspricht dem aus der fehlenden ZweckGemsch folgenden, individualrechtl Charakter der Gemsch. Anders bei der Gesellsch, der ein neuer Gesellschafter nicht ohne weiteres aufgedrängt w kann, § 717 Anm 1 a, § 719 Anm 1 u 2b, ebso aber bei der ErbenGemsch, § 2033 I. Auswüchse werden jedoch durch die Wirkg gewisser Abreden, Beschlüsse, Verpflichtgen u Rechte für und (oder) gg die Sondernachfolger vermieden, §§ 746, 751, 1, 755 II, 756. Die übr Teilh haben keine Rechte in bezug auf den Anteil, nicht einmal ein VorkaufsR. Doch kann dieses vertragl ausbedungen w. Verdinglichg bei Grdst durch §§ 1094 ff mögl; vertragl Bindg der Miturheber, nicht über ihren Anteil zu verfügen, BGH NJW **62**, 1613. VfgsBeschrkgen sind nur schuldrechtl mögl, § 137, keine Verdinglichg für od gg Sondernachfolger, §§ 746, 751, 1, 1010. – Vfg ist die Vollveräußerg sowie die pfandrechtl oder sonstige Belastg. Als Minderes sind selbstverständl auch bloße Verpflichtgsgeschäfte über den Anteil mögl. – Verfügt wird nach den Bestimmgen betr die Vfg über das VollR, RG **146**, 364, zB §§ 929 ff, 873 ff, 925 ff, 1205 ff, vgl §§ 1066, 1095, 1106, 1114, 1258. Fordern diese Alleinbesitzverschaffg, so genügt hier Verschaffg des Mitbesitzes. Über Verkauf des MitEigt an einem Grdst RG SeuffA **82**, 174. Quotenänderg ist Vfg, RG **76**, 413; es gibt keine Anwachsg, Anm 1; bei Quotenänderg kein Schutz des guten Glaubens hinsichtl gemeins Belastgen, RG JW **27**, 2521, aM § 892 Anm 3b. Es gilt § 313. Für die Verpfändg gilt § 1280. – Gesetzl PfdR des Verm am MitEigt Anteil des Mieters an den von ihm eingebrachten Sachen, RG **146**, 334. – Aus der VfgsFreih folgt das Recht des Gläub des Teilh zur ZwVollstr in den Anteil, § 751, 2, RG **59**, 180, **89**, 177, Pfändg u Überweisg nach ZPO §§ 857, 828ff (RG SeuffA **61**, 264), 864 II, 866, vgl ZVG § 181 II S 1 Halbs 2. – Über Pfändg von Früchten vgl aber § 743 Anm 1. – Gerichtl Geltdmachg des Anteils durch den Teilh, u nur durch ihn. – Auch über einz schuldrechtl Anspr kann verfügt, sie können auch gepfändet w, zB der AufhebgsAnspr.

3) Satz 2. Vfg ist zB die Belastg des gemschaftl Grdst, BGH WPM **66**, 579, u auch die Künd, KG JW **29**, 3242. Eine nur gemschaftl MehrhHdlg, § 745 I, genügt nicht, auch § 745 II gilt nicht. Jedoch kann der widerspr Teilh uU durch MehrhBeschl zur Mitwirkg verpfl w, RG DR **44**, 572 u § 745 Anm 2. Notveräußerg (zwecks Erhaltg) ist durch einen Teilh allein zul, § 744 II, RG **112**, 367. – Vermietg ist keine Vfg, sond Verwaltg, § 744, RG DR **40**, 2169. – Da die gemschaftl Vfg über den Ggst sich als Vfg jedes Teilh über seinen Anteil darstellt, RG **146**, 364, so können bei Nichtigk der Vfg des einen (zB inf GeschUnfgk) die Vfgen der anderen uU nach § 139 gültig sein, vgl dazu aber Würdinger S 17, Haupt S 6. – Zur ZwVollstr in den GemschGgst ist Titel gg alle erforderl, ZPO § 736. – Gerichtl Geltdmachg des gemschaftl Rechts nur durch alle. Sie sind notw Streitgenossen, ZPO § 62 Fall 1, RG **76**, 299. Zwecks Erhaltg ist aber Geltdmachg durch einen Teilh allein zul, § 744 II. Erweiterg der Einzelbefugn beim MitEigt, § 1011. Vgl ferner § 432 u dazu § 741 Anm 6c.

748 *Lasten- und Kostentragung.* Jeder Teilhaber ist den anderen Teilhabern gegenüber verpflichtet, die Lasten des gemeinschaftlichen Gegenstandes sowie die Kosten der Erhaltung, der Verwaltung und einer gemeinschaftlichen Benutzung nach dem Verhältnisse seines Anteils zu tragen.

1) Die Best betrifft ggsterhaltde Aufw eines Teilh (BGH WPM **75**, 196). Über Lasten vgl § 103, zB Grundsteuern, HypZinsen, Renten. Über Erhaltg u Verwaltg § 744 Anm 1, 2. Anteil: § 741 Anm 5, § 742. Ein anteil ErstattgsAnspr für und Aufw kann sich aus entspr Vereinbg od aus and AnsprGrdlagen, zB §§ 677, 812 ergeben. – § 748 regelt nur die **Innenbeziehg** der Teilh, wer nach außen traggpflichtig ist, insb ob, wenn die Teilh Schu sind, sie anteilig od als GesSchu schulden, bestimmt sich nach allg, insb schuldrechtl Vorschr, § 741 Anm 6 c. § 748 ergibt auch die Pfl jedes Teilh auf Vorausentrichtg, sonst SchadErs, sowie auf -anteilige - Erstattg der Aufwendgen, die der einz zur Erhaltg u Verwaltg über seinen Anteil hinaus gemacht hat, auch im Falle des § 744 II. Der Aufwendende ist nicht auf Anspr aus §§ 677 ff, 812 ff beschr. Der Anspr ist sogleich fäll (BGH aaO), der AnsprBerecht hat deswg ein ZurückbehaltgsR, RG **109**, 171. Ist der MitEigtümer zugl Mieter der gemschaftl Sache, so kommt es für den Anspr auf VerwendgsErs darauf an, auf welchem der beiden RVerh die Aufw beruhen. Für Anspr des Teilh aus § 748, II gilt die VerjFr des § 558 auch dann nicht, wenn er zugl Mieter ist, BGH NJW **74**, 743. Der Anspr aus § 748 besteht auch nach Beendigg der Gemsch. Über seine Geltdmachg bei der Teilg vgl §§ 755, 756. Köln OLGZ **69**, 332 hält § 748 für entspr anwendb auf AusglAnspr des benachteiligten Eheg iF der gemeins Veranlagg zur EinkSteuer.

2) Ggstück des § 748 ist der § 743.

Lösung der Gemeinschaft (§§ 749–758)

Vorbemerkung

1) Aufhebg u Teilg überhaupt, insbes durch Vereinbarg. 3 Stufen der Lösg der Gemsch sind zu unterscheiden:

a) Die Aufhebg (bei der Gesellsch spricht das G von „Auflösung", § 730). Sie kann vereinb w, § 747 S 2 (nicht durch MehrhBeschl, § 745 I, III S 1). Die Vereinbg ist, was die Gemsch anbelangt, Vfg, verpflichtet anderers, vgl unten b, zur Teilg. Das G spricht von Aufhebg bes, da eine Teilg im engeren Sinn nicht immer durchführb ist, § 753. Bis zur Vornahme (c) der Teilg besteht die Gemsch aber noch, wenn auch im Aufhebgsstadium, da die Tats der Gemsch, vgl § 741 Anm 1, 4a, 6, weiter besteht, vgl ähnl bei der Gesellsch, § 730 Anm 1.

b) Mögl ist weiter die **Vereinbarg einer bestimmten Art der Teilg**, vgl auch § 752 Anm 1. Wird Aufhebg vereinb (a), so ist gleichz Teilgsvereinbg übl. Vielf erfolgt nur b; a ist dann in ihr stillschw enthalten. Ist eine Teilgsvereinbg nicht getroffen, so gelten für den Inhalt der aus a folgenden Teilgsverpflichtg die §§ 752–754. Die Teilgsvereinbg verpflichtet zu ihrer Ausführg (c). – Bezieht sich a od b auf Grdst, so gilt § 313 dann, wenn Vereinbg über die gesetzl normierten Verpflichtgen (§§ 752, 753) hinausgeht, andernf Vereinbg formfrei, OGH NJW **49**, 64.

c) Auch die Teilg bedarf der Zustimmg aller Teilhaber, § 747, 2. Notfalls Klage u Vollstr, Anm 2 und § 752 Anm 1.

2) Das G gibt jedem Teilh die Möglichk, **einseitig** die Lösg der Gemsch herbeizuführen. Jeder hat den **schuldrechtl Anspr** (RG **108**, 423), von den übr die **Aufhebg**, § 749 I, u die Vornahme der **Teilg** entspr den gesetzl Vorschr (§§ 752–754), einschließl einer beschr Auseinandersetzg, §§ 755, 756, vgl § 755 Anm 1, zu verlangen. Esser SchR II § 97 II 4 nimmt nicht schuldr Anspr, sond GestaltgsR an, BGH BB **75**, 296 läßt offen. Der Anspr ist gg die übr Teilh, soweit diese widerstreiten, geltd zu machen. – Klagantrag entw abstrakt auf Zustimmg zur Aufhebg (1 a), od zugl auf Zust zu einer bestimmten dem G (§ 752 ff) entsprechenden Teilgsart (1 b), RG **108**, 423 (Vollstr: ZPO § 894), oder zugl auf Vornahme etwa erforderl Teilgshandlgen (1 c), zB § 752, 2 (Vollstr: ZPO § 887). – Der Klagantrag hat sich dem Einzelfall anzupassen. – Das Urteil ist in allen drei Fällen LeistgsUrt, vgl RG oben. Der AufhebgsAnspr kann gepfändet u dem Gläub überwiesen w, dieser kann die R des MitEigtümers aus § 180 Abs 2 ZVG ausüben, Köln OLGZ **69**, 338. – Kein Titel auf Aufhebg od Teilg ist nöt zur ZwVerst eines Grdst, falls der AntrSt als Eigtümer (MitEigtümer) im Grdbuch eingetr ist, ZVG § 181 I, II, RG **108**, 423, GBO § 47. – Aus dem R jedes Teilh, jederzeit u ohne weitere Voraussetzg die Aufhebg zu verlangen, folgt, daß kein Teilh dem AufhebgsVerlangen eines and ein ZbR an dem gemsch Ggst entgehalten kann; denkb ist allerd, daß das Verlangen im EinzFall wg ganz bes Umst gg Tr u Gl verstößt (BGH NJW **75**, 687). – Kein Anspr auf bloß teilw Aufhebg u Teilg, RG oben, anders nur bei Zust aller, RG **91**, 418; Ausnahmen s unten. Doch wird der Anspr auf Aufhebg der Gemsch u Teilg hins der Nutzgen beschränkt w können, da der Anspr auf sie (§ 743 I) IndividualR jedes Teilh auch bei bestehenbleibder Gemsch ist. – Wollen die anderen unter sich in Gemsch bleiben, so kann der die Aufhebg u Teilg Verlangende nur sein Ausscheiden u seine Abfindg fordern, jedoch sind die §§ 752 S 2, 753 zu beachten; ferner gibt es bei der Gemsch keine Anwachsg, § 747 Anm 1. – Auch **Teilauseinandersetzg** hinsichtl einzelner gemschaftl Ggstände kann zul sein; vgl über die insow für alle Gemschaften zu beachtenden Grdsätze § 2042 Anm 7. – Ist ein Teilh nicht zur Teilg zugezogen worden, so ist diese unwirks, § 747, 2; sind Ggstände ungeteilt geblieben, ist Teilg nur insow nachzuholen. – Aufhebgs- od TeilgsBeschränkgen zB in §§ 922 S 3, 2047 II, EG Art 119, 131, GrdstVG § 9 I Ziff 2, AktG § 8 III.

3) Anders als bei der Gesellsch (§§ 730 ff) gibt das G bei der Gemsch **keinen** Anspr auf restlose **Auseinandersetzg**, sond gibt nur die beschr Anspr aus den §§ 755, 756.

749 *Aufhebungsanspruch.* **I** Jeder Teilhaber kann jederzeit die Aufhebung der Gemeinschaft verlangen.

II Wird das Recht, die Aufhebung zu verlangen, durch Vereinbarung für immer oder auf Zeit ausgeschlossen, so kann die Aufhebung gleichwohl verlangt werden, wenn ein wichtiger Grund vorliegt. Unter der gleichen Voraussetzung kann, wenn eine Kündigungsfrist bestimmt wird, die Aufhebung ohne Einhaltung der Frist verlangt werden.

III Eine Vereinbarung, durch welche das Recht, die Aufhebung zu verlangen, diesen Vorschriften zuwider ausgeschlossen oder beschränkt wird, ist nichtig.

1) Zu I vgl Vorbem 1–3 vor § 749.

2) a) II, 1. Der **AufhebgsAnspr** ist nicht voll verzichtb: mögl zwar **Ausschluß** auf Zeit od für immer, stets dann aber AufhebgsAnspr bei **wichtigem Grund**, dh wenn ersprießl Fortsetzg nicht mehr zu erwarten steht, vgl § 723 Anm 1b. Jedoch ist bei der Gesellsch die Verbindg enger als bei der Gemsch, eine ersprießl Fortsetzg einer Gemsch steht daher insof eher zu erwarten, anderers ist sie insof wieder weniger zu erwarten, als hier die Verbindg vielf zufällig, nicht gewollt, entstanden ist. Auch fehlt hier der gemeins Zweck. Entscheidd verständige Beurteilg der ges Tatumstände, Hbg NJW **61**, 610. Wichtiger Grd kann gegeben sein, wenn einem Teilh der ihm zustehende Gebr des gemschaftl Ggstandes unmögl gemacht w, BGH WPM **62**, 465. – Wirkg für u gg Sondernachfolger, § 751, 1.

b) II, 2: „Kündggs"frist: gemeint ist Frist zur Anspruchserhebg. – Eine dem § 723 II entspr Vorschr fehlt mit Grd bei der Gemsch.

c) Zu III vgl § 723 Anm 2c. Vereinbgen, die nur die Durchführg der Teilg regeln, sind zul.

750 *Ausschluß der Aufhebung im Todesfall.* Haben die Teilhaber das Recht, die Aufhebung der Gemeinschaft zu verlangen, auf Zeit ausgeschlossen, so tritt die Vereinbarung im Zweifel mit dem Tode eines Teilhabers außer Kraft.

1) Ausleggsregel. Grd: dahingehender Wille ist zu vermuten, da Ausschl der Aufhebg dann bes drückd wäre. Auch bei ggteiligem Willen, ferner bei Ausschl für immer, kann Tod einen wicht Grd, § 749 II, 1, zur Aufhebg bilden.

Einzelne Schuldverhältnisse. 15. Titel: Gemeinschaft §§ 751–753

751 *Ausschluß der Aufhebung und Sondernachfolger.* Haben die Teilhaber das Recht, die Aufhebung der Gemeinschaft zu verlangen, für immer oder auf Zeit ausgeschlossen oder eine Kündigungsfrist bestimmt, so wirkt die Vereinbarung auch für und gegen die Sondernachfolger. Hat ein Gläubiger die Pfändung des Anteils eines Teilhabers erwirkt, so kann er ohne Rücksicht auf die Vereinbarung die Aufhebung der Gemeinschaft verlangen, sofern der Schuldtitel nicht bloß vorläufig vollstreckbar ist.

1) Satz 1. Vertragl Ausschl des AufhebgsAnspr od Abrede einer AnsprErhebgsfrist wirken für u gg Sondernachfolger. Vgl näher § 746 Anm 1. Wirkg gg SonderNachf im MitEigt bei Grdst nur, wenn eingetr, § 1010 I. TeilgsAbreden fallen nicht unter § 751, Köln OLG **70**, 276.

2) Satz 2. Gg den PfändgsPfdGläub am Anteil eines Teilh gilt S 1 also nicht, ebso nicht gg den VertrPfdGl nach §§ 1258 II, 1273 II. Dagg gilt nach S 1 der Ausschl des AufhebgsAnspr gg den VertrPfdGl einer Hyp oder GrdSchuld, wenn die Abrede eingetr ist, § 1010 I. – Der Ausschl wirkt ferner nicht gg die KonkMasse, KO § 16 II, selbst im Falle des § 1010. – Über Pfändg des AufhebgsAnspr § 747 Anm 2 aE.

752 *Teilung in Natur.* Die Aufhebung der Gemeinschaft erfolgt durch Teilung in Natur, wenn der gemeinschaftliche Gegenstand oder, falls mehrere Gegenstände gemeinschaftlich sind, diese sich ohne Verminderung des Wertes in gleichartige, den Anteilen der Teilhaber entsprechende Teile zerlegen lassen. Die Verteilung gleicher Teile unter die Teilhaber geschieht durch das Los.

1) Vorbem zu §§ 752–754. Vgl hierzu auch § 753 Anm 2, 3. Die Bestimmgen regeln die Art u Weise der Teilg. Über Teilgs(Verpflichtgs-)Vertr Vorbem 1 vor § 749, über den TeilgsAnspr u seine Geltdmachg dort Anm 2. Teilgsabreden können auch bereits vor Aufhebg, sogar bereits bei Beginn, der Gemsch getroffen w. Die Abreden können von den §§ 752–754 abweichen. Mangels gesetzl Bestimmg, wie in den §§ 746, 751 S 1, 755 Abs 2, 756, wirken sie nicht gg die Sondernachfolger. Der bei nach Aufhbg geschlossenevie TeilgsverpflichtgsVertr enthält vielf bereits die Teilgsmaßn selbst, soweit sie durch WillErkl vorgenommen w können, zB Abtretgen. Wenn nicht, ist er nach allg Grdsätzen auszuführen (durch Überg, Auflassg u Eintr usw). Notfalls Klage u Vollstr. Über Gewährleistg § 757. Ist ein Teilh im Konk, so wird die Teilg nicht in das KonkVerf einbezogen, KO §§ 16 I, 51. – Über BewLast vgl Krönig MDR **51**, 602.

2) § 752 : Teilg in Natur.

a) Satz 1. Voraussetzgen im allg : es müssen sich gleichartige den Anteilen der Teilh entspr Teile bilden lassen, ohne daß Wertminderg eintritt. Gleichartig ist wirtschaftl aufzufassen. Ist nur ein Teil der gemschaftl Ggstände in Natur teilb, so wird Naturalteilg jedenf insow stattzufinden haben. Die Teilg in Natur darf nicht durch Vertr, G (Vorbem 2 aE vor § 749) oder letztw Vfg ausgeschl sein. Naturalrückgabe, wie in § 732, ist hier nicht vorgesehen.

b) Satz 1. Beispiele : Geld stets teilb; Wertpapiere meist, falls Stückelg mögl, RG **91**, 416 (Kuxe); unbebaute Grdst meist, es sei denn, daß Gesamtwert der Einzelteile nicht den Wert des GesGrdst erreicht, oder wenn Einzelteile wertmäßig erhebl verschieden sind, Nürnb RdL **60**, 22. Häuser sind regelm unteilb, da gleichwertige, den Anteilen der Teilh entspr Wohngen sich in der Regel nicht bilden lassen, vgl Mü NJW **52**, 1297: nie Teilg in WohngsEigt. Über die Unauflöslichk der Gemsch der WohngsEigtümer nach dem WEG vgl § 11 daselbst, Anh. Bei landwirtsch Grdst: Tatfrage, RG JW **35**, 781. BriefHyp: teilb durch Bildg u Aushändigg von TeilHypBriefen, § 1152, RG RG **65**, 7. GesHandBerechtigg an Erbteil auflösb in BruchteilsBerechtigg entspr der Erbquote, BGH NJW **63**, 1610.

c) Satz 2. Notfalls Klage auf Mitvornahme der Verlosg. Vollstr nach ZPO § 887, Vorbem 2 vor § 749.

753 *Teilung durch Verkauf.* ᴵ Ist die Teilung in Natur ausgeschlossen, so erfolgt die Aufhebung der Gemeinschaft durch Verkauf des gemeinschaftlichen Gegenstandes nach den Vorschriften über den Pfandverkauf, bei Grundstücken durch Zwangsversteigerung, und durch Teilung des Erlöses. Ist die Veräußerung an einen Dritten unstatthaft, so ist der Gegenstand unter den Teilhabern zu versteigern.

ᴵᴵ Hat der Versuch, den Gegenstand zu verkaufen, keinen Erfolg, so kann jeder Teilhaber die Wiederholung verlangen; er hat jedoch die Kosten zu tragen, wenn der wiederholte Versuch mißlingt.

1) Allgemeines. Über den Anspr auf Teilg überh § 752 Anm 1. § 753 ist nicht zwingd. Er gilt ggü § 752 hilfsw, ist aber prakt die Regel. – Ist der gemschaftl Ggst unveräußerl, so entfällt § 753, die Auseinandersetzg der Teilh u damit die Aufhebg der Gemsch ist dann nach § 242 durch den Richter vorzunehmen; hierü Anm 3. Über Ausschl der Teilg in Natur § 752 Anm 2, vgl auch I, 2. – Betr Pfandverkauf §§ 1233 ff u insb § 1246 (abweichde Art des PfdVerkaufs, notf durch Entsch des Gerichts der freiw Gerichtsbark), ZwVerst eines Grdst ZVG §§ 180–184 (zu ihr kein Titel nötig; Vorbem 2 vor § 749). Erlös kann im VersteigergsVcrf nach ZVG verteilt w, RG **119**, 321. – **I, 2 :** Das kann auf Abrede der Teilh, §§ 749 II, 751, od auf letztw Anordng, vgl RG **52**, 174, beruhen. – **II :** Ist Ggst tatsächl unverkäufl, so muß die Gemsch bestehen bleiben, vgl aber oben.

2) Über die Auseinandersetzg geschiedener Ehegatten hins der Ehewohng u des Hausrates vgl die 6. DVOzEheG; vgl hierzu Anh II zum EheG. Über die MietwohngsGemsch und als Eheleute vgl KG JW **30**, 1314.

§§ 753–756

3) Die Verweis auf die Vorschr über den PfdVerkauf schließt auch § 1246, den Anspr auf **abweichende Art der Verwertg**, ein. Entscheidg nach FGG § 166. Voraussetzg hierfür ist jedoch, daß die Abweichg dem Interesse mind eines Beteiligten entspr u die übr nicht benachteiligt w. Auch kann hiernach immer nur eine abw Art des Verkaufs angeordnet w. In andern Fällen, etwa bei Unverkäuflichk des GemschGgstandes, ferner wenn das GemschInteresse die Erhaltg des Ggstandes in der Hand eines der Teilh erfordert, zB bei einem FamErbstück mit erhebl ideellen, zB Erinnerngswert od wenn in bes AusnFällen nach Scheidg der Ehe die ZwVerst von MitEigt einem Eheg schlechth unzumutb ist (BGH **68**, 299), kann vom Richter (Prozeßrichter) ausnahmsw aGrd des § 242 eine andere die Billigk gerechter werdende Lösg zu finden sein, so insb die richterl Zuweisg an einen der Teilh, der, falls wirkl keiner sich als näher berechtigt erweisen sollte, notf durch das Los zu finden sein wird: Anwendg des RGedankens des § 752 S 2 auf den Gesamt-Ggst iVm dem Zusprechen einer Entschädigg an die übr Teilh. Unter bes Umst kann auch Realteilg eines bebauten Grdst in Frage kommen, BGH **58**, 146.

754 Verkauf gemeinschaftlicher Forderungen.
Der Verkauf einer gemeinschaftlichen Forderung ist nur zulässig, wenn sie noch nicht eingezogen werden kann. Ist die Einziehung möglich, so kann jeder Teilhaber gemeinschaftliche Einziehung verlangen.

1) Allgemeines. Ob eine Gemsch nach § 741 an Fdgen überh mögl ist, ist str, aber anzunehmen, Übbl 1 c a vor § 420. Die Hauptbedeutg des § 754 liegt aber in seiner Anwendg auf Fälle der GesHandsGemsch, vgl §§ 731 S 2, 1477 Abs 1, 2042 Abs 2.

2) Verfahren bei Fdgsteilg: in erster Linie gilt Naturalteilg, § 752 (die übr bei teilb Fdgen iZw – anders zB bei Abrede der Teilh – bereits mit Entstehg eintritt, § 420, so daß Gemsch erst gar nicht in Frage kommt), sodann Einziehg, falls schon mögl (Fdg fällig); der eingezogene Ggst wird dann gemschaftl u ist zu teilen. Erst wenn Einziehg noch nicht mögl, Verk.

755 Berichtigung einer Gesamtschuld.
I Haften die Teilhaber als Gesamtschuldner für eine Verbindlichkeit, die sie in Gemäßheit des § 748 nach dem Verhältnis ihrer Anteile zu erfüllen haben oder die sie zum Zwecke der Erfüllung einer solchen Verbindlichkeit eingegangen sind, so kann jeder Teilhaber bei der Aufhebung der Gemeinschaft verlangen, daß die Schuld aus dem gemeinschaftlichen Gegenstande berichtigt wird.
II Der Anspruch kann auch gegen die Sondernachfolger geltend gemacht werden.
III Soweit zur Berichtigung der Schuld der Verkauf des gemeinschaftlichen Gegenstandes erforderlich ist, hat der Verkauf nach § 753 zu erfolgen.

1) Vorbem zu §§ 755, 756. Im Ggsatz zur Gesellsch (§§ 733–735, 738–740) bedeutet die Teilg bei der Gemsch keine volle Auseinandersetzg der Teilh. Das G regelt vielm in §§ 755, 756 nur zwei prakt wichtige Einzelpunkte. Im übr hat die Regelg außerh der Teilg zu erfolgen, falls sie nicht durch Abrede der Teilh in diese hineingenommen w. Die §§ 755, 756 betreffen nur das Verh zw den Teilhabern (ebso üb bei der Gesellsch, § 730 Anm 1). Den Gläub der Gemsch ggü gelten die allg Vorschr, § 741 Anm 6c und § 748 Anm 1. Die Gläub haben kein Recht auf abgesonderte Befriedigg aus dem GemschGgst (ebso bei der Gesellsch).

2) § 755. Zwei Möglichkeiten bestehen:

a) Die Teilhaber haften dem Gläub nur anteilig, vgl § 420 (selten). Nicht durch § 755 geregelt, da kein Regelgsbedürfn. Ebsowenig durch § 755 geregelt ist der Fall, daß ein Teilh anteilige Anspr gg die übr auf Ersatz usw aus §§ 744 II (748), 677 ff oder 812 ff hat. Hier besteht ein Bedürfn zur Regelg. Ihm wird aber – nur – durch § 756 Rechng getragen.

b) Die Teilhaber haften dem Gläub als GesamtSchuldner: Fall des § 755. Hier besteht ein Bedürfn der Regelg bei der Teilg, da Gefahr der Nachbeanspruchg, falls die Schuld offen bleibt. § 755 gibt den Anspr aber nur für Gesamtschulden, die in den Rahmen des § 748 (vgl dort Anm 1) fallen, od zum Zwecke der Berichtigg solcher Schulden eingegangen sind, zB gesamtschuldnerische DarlAufnahme dazu. – § 755 wird auch zu gelten haben, falls nur einige Teilh als GesamtSchu, ferner, wenn sie als Bürgen haften. – Ist die Gesamtverbindlichk noch nicht fällig, dürfte ein Anspr auf Zurückbehaltg, jedenf aber auf Hinterlegg, bestehen, str, vgl § 733 I, – **II**: auch gg Sondernachfolger, Anm 1. Bei Grdst nur bei Eintr, § 1010 II. – **III**: Verkauf nur, soweit erforderl. Zweck: Beschaffg der Tilggsmittel. Reicht der gemschaftl Ggst od sein Erlös zur Berichtigg nicht aus, so bleiben die persönl Anspr aus §§ 748, 677 ff auf Ersatz od Befreiung.

756 Berichtigung einer Teilhaberschuld.
Hat ein Teilhaber gegen einen anderen Teilhaber eine Forderung, die sich auf die Gemeinschaft gründet, so kann er bei der Aufhebung der Gemeinschaft die Berichtigung seiner Forderung aus dem auf den Schuldner entfallenden Teile des gemeinschaftlichen Gegenstandes verlangen. Die Vorschriften des § 755 Abs. 2, 3 finden Anwendung.

1) Inhalt des Anspruchs. Vgl zunächst § 755 Anm 1, 2. § 756 gibt den Anspr, gewisse Fdgen eines Teilh gg einen anderen in die Teilg hineinzunehmen, allerdings nur durch Berichtigg aus dem Anteil des Teilh-Schuldners. „Sich gründen": die Fdg muß dem Teilh aGrd der Zugehörigk zur Gemsch, nicht unabhängig von ihr, zustehen, RG **78**, 274, so auch, wenn bei der Veräußerg eines ideellen MitEigtAnteils des bish

Einzelne Schuldverhältnisse. 16. Titel: Leibrente **§§ 756–759**

GrdstAlleinEigtümers vereinb w, wer im InnenVerh die Belastg zu tragen hat, BGH WPM **66**, 579. Anspr insb aus § 748. Nicht hierher gehört dagg der Anspr auf Ersatz von Auslagen, die ein Teilh für einen anderen persönl gemacht hat. – Der Anspr geht auf Ersatz od Befreiung. – Etwaige sonstige RBehelfe des TeilhGläub bleiben durch § 756 unberührt, so das ZbR aus § 273 (auch ggü dem Anspr auf Aufhebg der Gemsch, RG **109**, 171), ferner – vor u nach der Teilg – der Anspr aus § 748 od etwaige Anspr gg den Teilh-Schu aus §§ 677 ff, 812 ff. – Im Konk des schuldenden Teilh AbsondersgR an seinem Anteil wg der Anspr aus § 756, § 51 KO.

2) Satz 2. a) § 755 II – **Sondernachfolger** – auch gg ihn kann der Anspr geltend gemacht w; vgl § 746 Anm 1. Gg MitEigtümer am Grdst nur, wenn im GrdB eingetr, § 1010 II, hierü daselbst Anm 2; dadch w jedoch persönl Verpfl des Sondernachfolgers außerh der dingl Rechtslage (zB SchuldÜbern) nicht ausgeschl, BGH WPM **66**, 579.

b) § 755 III – **Verkauf des gemschaftl Ggstandes** – gilt auch hier. Ein Anspr auf Zuweisg eines Naturalteils ist daraus jedoch nicht herzuleiten, RG SeuffA **74**, 173.

757 *Gewährleistung bei Zuteilung an einen Teilhaber.* Wird bei der Aufhebung der Gemeinschaft ein gemeinschaftlicher Gegenstand einem der Teilhaber zugeteilt, so hat wegen eines Mangels im Rechte oder wegen eines Mangels der Sache jeder der übrigen Teilhaber zu seinem Anteil in gleicher Weise wie ein Verkäufer Gewähr zu leisten.

1) Die Verkäuferhaftg (§§ 434 ff, 459 ff) tritt ein, obwohl die Zuteilg nach § 752 kein Verkauf ist; für § 753 selbstverständl, da wahrer Verkauf. – Keine Gewährleistg, wenn alle Teile gleich mangelh sind.

758 *Unverjährbarkeit des Aufhebungsanspruchs.* Der Anspruch auf Aufhebung der Gemeinschaft unterliegt nicht der Verjährung.

1) Grund: Der Anspr auf Aufhebg entsteht fortgesetzt neu. Ähnl § 924, vgl auch § 2042 II. – Gilt nicht für andere sich auf die Gemsch gründende Anspr, zB aus §§ 748, 743.

Sechzehnter Titel. Leibrente

759 *Dauer und Betrag der Rente.* I Wer zur Gewährung einer Leibrente verpflichtet ist, hat die Rente im Zweifel für die Lebensdauer des Gläubigers zu entrichten.

II Der für die Rente bestimmte Betrag ist im Zweifel der Jahresbetrag der Rente.

1) **Allgemeines. Begriff. Wesen. Entstehg. a)** Die Regelg ist lückenh. Gesetzl Begriffserfordernisse fehlen, Sprachgebrauch u Verkehrsauffassg müssen entscheiden. **Begriff der Leibrente** danach: ein einheitl nutzbares Recht **(Grund- od Stammrecht)**, eingeräumt auf die Lebenszeit des Berechtigten od eines anderen Menschen, dessen Erträge (Nutzgen) aus regelm wiederkehrden gleichm Leistgen von Geld od anderen vertretb Sachen bestehen, BGH WPM **66**, 248.

b) **Die Verpflichtg zur Bestellg der Leibrente** kann durch Auslobg, letztw Vfg (insb Vermächtn), vor allem aber durch abstr oder (meist) kausalen entgeltl od unentgeltl Vertr, zB SchenkgsVerspr, insb durch den ggs Vertr des Rentenkaufs, u auch neben und vom Rentenschuldner vertragl übernommenen Leistgen begründet w, BGH WPM **66**, 248. Bereits die Verpflichtg bedarf, wenn vertragl eingegangen, **der schriftl Erteilg des (Verpflichtgs-)Versprechens**; § 761 muß, obwohl er nur von der Bestellg selbst handelt, auch auf die Verpflichtg bezogen w, RG **67**, 211; ist aus anderen Gründen schärfere Form vorgeschrieben, so für das SchenkgsVerspr nach § 518, od für den ganzen Vertr aGrd der bes Art der GgLeistg nach §§ 311, 313, so gilt, vgl § 761, diese.

c) **Erfüllungsgeschäft.** Die Verpfl zur Bestellg wird erfüllt durch die Bestellg des Grdrechts selbst, die ebenf durch Auslobg, letztw Vfg u insb Vertr erfolgen kann, den **Leibrentenvertrag**, für den nach § 761 schriftl Erteilg des Verspr, nicht der Ann, erforderl ist, soweit nicht, so durch § 518, schärfere Form vorgeschrieben ist. Mögl auch Bestellg zG eines Dritten, § 330. Verpflichtg zur Bestellg u Bestellg selbst werden meist in einem Vertr verbunden (daher die Nichterwähng der Verpflichtg in § 761); die Bestellg ist also auf seiten des RentenSchu HandGesch, vgl Einf 4e vor § 305. Erst die durch die Bestellg geschaffene LbRentengrundR gibt dem Berecht das Recht auf den Erwerb der einz Rentenleistgen; diesem ErwerbsR entspricht ein GesamtAnspr, der nach § 195 in 30 Jahren verjährt, währd die Ansprüche auf die einz Rentenleistgen nach § 197 in 4 Jahren verjähren.

d) **Formmangel des Erfüllgsgeschäfts.** Ist die Form des § 761 bei der Bestellg des LbRGrdR nicht gewahrt, so wird der Mangel durch die Leistg der einz Renten nicht geheilt, auch nicht in Höhe des Geleisteten, da eine den §§ 313 S 2, 518 II entspr Vorschr in § 761 fehlt, RG **91**, 8. Ist dagg das VerpflichtgsGesch ein SchenkgsVertr, so tritt nach § 518 II Formheilg, zwar noch nicht durch die (selbst nach § 761 formgerechte) Bestellg (vgl § 518 I 2), aber durch die Leistg der Einzelrenten insow ein (der Unterschied zu der Regelg des Satzes zuvor leuchtet nicht ein), BAG NJW **59**, 1746.

e) **Nichtleistg der Einzelrenten.** Da bereits die Bestellg des GrdR Erf der BestellgsVerpfl ist, gewährt die Nichtleistg einz Renten kein Recht des Rücktr vom GrdGesch aus § 326 od aus posit VertrVerletzg, hM, es gilt nur § 286 I; jedoch ist uU Kondiktion der GgLeistg mögl, vgl RG HRR **33**, 1177.

701

§§ 759–761 2. Buch. 7. Abschnitt. *Thomas*

f) Veränderung der Geschäftsgrundlage. Auch für das LbRentenR gilt der Grds, daß Veränderg der GeschGrdlage zur Beschrkg der RAusübg führt, § 242 Anm 6, vgl hierzu auch KG VersR **51**, 2. SonderNr **41** (Fortfall der als Deckg abgeschl Lebensversicher). Bei der Prüfg, ob die GeschGrdlage weggefallen ist, ist auf die Entstehg der LbRentenverpflichtg zurückzugehen, bei einer entgeltl übernommenen werden strengere Anforderngen zu stellen sein als bei einer unentgeltl eingegangenen. Die Veränderg der GeschGrdlage h der zu bew, der sich auf sie beruft. Steht sie fest, so h der AnsprBerecht zu bew, in welchem Umfang sein LeibrentenAnspr weiter besteht, BGH WPM **73**, 1176. Vereinb **Wertsicherungsklausel** vgl § 245 Anm 5.

g) Konkurs des Verpflichteten. Im Konk ist de s GrdR als solches anmeldb; über Aufrechng im Konk RG **68**, 340.

2) Begriffserfordernisse im einzelnen.

a) Die Leistgen des GrdR müssen (trotz Fassg des § 759 I, RG **67**, 209) auf die **Lebenszeit** eines Menschen, meist des Berecht (dann Lebensversorgg), aber auch des Verpflichteten od eines Dritten, gehen (lip, lif = Leben). Doch ist es mögl, das GrdR zu befristen, zB auf höchstens 30 Jahre, wenn aber 5 Jahre, in dann der Charakter der Lebensrente verlorenginge; Tatfrage. Auch bedingte Bestellg des GrdR (nicht aber der einz RentenLeistgen) ist mögl. Auch wenn das GrdR auf die Lebensdauer eines anderen als des Berecht gestellt ist, endet es doch iZw mit dem Tode des Berecht, § 759 I. — Bei mehreren Berecht gilt iZw § 420.

b) Die Leistgen müssen **regelmäßig wiederkehrend**, ferner gleichm und fest begrenzt, RG **137**, 261, sein und in Geld od anderen vertretb Sachen bestehen. Also nicht WohnR, da Dauerleistg. **Ein vertragl Altenteilsrecht** (das ist ein Inbegriff von dingl gesicherten Nutzgen sowie Sach- u Dienstleistgen, die od auf einem Grdst zum Zwecke der allg leibl u persönl Versorgg des Berecht zu gewähren sind, RG **162**, 57, vgl auch **152**, 104 und EG 96) ist daher keine LbRente, RG **104**, 272. Ebso nicht UnterhLeistgen aus UnterhVertr od G, zB aus §§ 1361, 1612, selbst wenn auf feste Geldrenten gehd, da sie von Bedürftigk abhängen, RG JW **28**, 1287, vgl auch RG **150**, 390. In der Regel auch nicht das Ausstattgsverspr nach § 1624, RG **111**, 287. Hier werden vielf auch u a und c nicht gegeben sein. — Dienste können als Nebenleistgen ausbedungen w.

c) Das LbRentenR muß als **selbständiges Grundrecht** gewährt w, das den HauptGgst (RG **64**, 134) des VerpflichtgsVertr bildet, u aus dem die einz RentenAnspr fließen, EinhTheorie, RG **67**, 210. Die RentenAnspr müssen sich dadurch von den GgLeistgen des zugrunde liegenden VerpflichtgsVertr lösen. Auch das GrdR selbst muß von den GgLeistgen derart gelöst sein, daß nicht diese das Wesen des Vertr ausmachen, sond das GrdR selber. Denn der Vertr ist ein Vertr eigener Art, über dessen Charakter als LbRentenVertr letztl die VerkAuffassg nach dem Sinn u Zweck des Vertr entscheidd, BGH WPM **66**, 248. Daher ist kein LbRentenVertr (also auch nicht Form des § 761) der DienstVertr mit Gehaltsabrede, ebso nicht der Vertr über Gehaltserhöhg u über Ausbedingg von Ruhegehalt, selbst wenn erst bei oder sogar nach Beendigg des DienstVerh geschl, da Zushang mit diesem Verh besteht (demgem auch kein SchenkgsVerspr), BAG NJW **59**, 1746; vgl auch § 516 Anm 4d u Einf 7 vor § 611. Keine LbRente die Vereinbg von Nebenleistgen neben einer Hauptschuld, zB Zinsen, auch nicht die Vereinbg von Rentenleistgen in einem Vergleich über SchadErs-, RG **89**, 261, Abfindgs-, BGH WPM **66**, 248, od ErbAnspr, RG **91**, 6, falls nicht der SchuldGrd umgeschaffen wird, vgl RG JW **28**, 3036. — LbRentenVertr ist auch die LbRentenVersicherg, jedoch gilt für sie nur die Sonderregel des VVG, vgl bereits RG **28**, 315. — LbRente iS dieses Titels sind danach auch nicht die aGrd gesetzl SchadErs- (zB §§ 843, 844, Vorschr der RVO) od UnterhVerpflichtg (vgl oben b) geschuldeten Renten, bei denen aber § 760 meist durch das G für anwendb erkl worden ist.

3) I, II: Ausleggsvorschrift. Zu I vgl oben Anm 2a. Verschuldet der Verpflichtete den Tod des Berecht, so haftet er den Erben für die Zeit der vermutl Rentendauer, § 242, vgl auch § 162.

760 *Vorauszahlung.* I Die Leibrente ist im voraus zu entrichten.
II Eine Geldrente ist für drei Monate vorauszuzahlen; bei einer anderen Rente bestimmt sich der Zeitabschnitt, für den sie im voraus zu entrichten ist, nach der Beschaffenheit und dem Zwecke der Rente.
III Hat der Gläubiger den Beginn des Zeitabschnitts erlebt, für den die Rente im voraus zu entrichten ist, so gebührt ihm der volle auf den Zeitabschnitt entfallende Betrag.

1) Ergänzde RSätze, daher nicht zwingd, doch ist das Gericht daran gebunden, RG **69**, 296. Über Verj § 759 Anm 1.

761 *Form des Leibrentenversprechens.* Zur Gültigkeit eines Vertrags, durch den eine Leibrente versprochen wird, ist, soweit nicht eine andere Form vorgeschrieben ist, schriftliche Erteilung des Versprechens erforderlich.

1) Allgemeines. Vgl im einz § 759 Anm 1, 2. Danach: § 761 betr nur die Begründg durch Vertr, nicht durch Auslobg od letztw Vfg. Er gilt sowohl für den VerpflichtgsVertr als für die Bestellg, aber nur für den eigentl LbRentenVertr, nicht also zB für RuhegehaltsVertr. Form nur für das Verspr, nicht für die Ann. Über „schriftl Erteilg" vgl § 766 Anm 1, Schriftform § 126; § 127 S 2 gilt nicht; über Erteilg in Brief vgl RG **67**, 213. Keine Heilg durch Entrichtg der Renten; vgl § 759 Anm 1d. Eine andere Form kommt in Frage in den Fällen der §§ 311, 312 II, 313, 518 I (vgl dazu § 1624 Anm 5), 2371, 2385, meist für den VerpflichtgsVertr. Ein LbRVerspr, das iR eines unvollst beurk GrdstKaufVertr mündl erteilt wurde, w zus mit dem übr VertrInhalt nach § 313 S 2 wirks (BGH NJW **78**, 1577).

Siebzehnter Titel. Spiel. Wette

762 *Unvollkommene Verbindlichkeit.* **I** Durch Spiel oder durch Wette wird eine Verbindlichkeit nicht begründet. Das auf Grund des Spieles oder der Wette Geleistete kann nicht deshalb zurückgefordert werden, weil eine Verbindlichkeit nicht bestanden hat.

II Diese Vorschriften gelten auch für eine Vereinbarung, durch die der verlierende Teil zum Zwecke der Erfüllung einer Spiel- oder einer Wettschuld dem gewinnenden Teile gegenüber eine Verbindlichkeit eingeht, insbesondere für ein Schuldanerkenntnis.

1) Allgemeines. Begriffe. Spiel- u Wettverträge sind Vertr, die sich durch ihre bes VertrZwecke von anderen Vertr unterscheiden; im übr erfüllen sie voll die Tatbestände der Typen irgendwelcher anderer – meist ggs – Vertr; so sind die SpielVertr meist GesellschVertr, zB Kartenspiel, Roulette, auch Kauf- od WerkVertr, zB der AusspielVertr u die Lotterie, § 763 (beide sind besondere Arten des Spiels). Die Wette ist meist Kauf- oder WerkVertr. – Die VertrZwecke sind bei Spiel u Wette verschieden. Gemeins ist beiden, daß sie den GeschErfolg nach der einen od anderen Seite von der Entscheid einer Ungewißh, meist sogar ganz od teilw vom Zufall abhäng machen (aleatorischer Bestandt). Die darin liegende Gefährlichk (nicht etwa: Unsittlichk) führt die ROrdng dazu, beiden Vertr nur geminderte Wirksamk beizulegen, sie sogar zT (gewisse Spiele) zu verbieten. – Das BGB (§§ 762, 763) setzt die Begriffe voraus. Auch die Regelg selbst ist nicht vollst.

a) Beim **Spiel** sagen sich die VertrGenossen eine Leistg (Gewinn od Verlust) zu unter entggesetzten (meist ganz od teilw durch Zufall bestimmten) Bedinggen, u zwar nur, um sich zu unterhalten od Gewinn zu erzielen (od um beides zu erreichen). Es fehlt also ein ernster sittl od wirtschaftl GeschZweck. Zu unterscheiden zwei Hauptarten des Spiels, vgl RGSt **40**, 31: **Glücksspiele**; hier hängt die Entscheid über den Bedingseintritt ganz od doch vorwiegd vom Zufall (der Ggsatz zum Zufall ist hier: die Einwirkg der Beteiligten) ab; über Hydra- u Schneeballsystem vgl § 763 Anm 1; ferner die **Geschicklichkeitsspiele**; hier hängt die Entscheid vorwiegd vom Zufall (uU ganz) od von persönl Fähigkeiten usw der Beteiligten ab; ein von Unkundigen gespieltes GeschicklichkSpiel kann zum Glücksspiel w, RGSt **43**, 23, 155. Beide Arten fallen unter § 762; für Glücksspiele gelten strafrechtl Verbote mit der Folge der Nichtigk der Vertr, § 134, vgl Anm 5. Unterarten des Spiels sind der Lotterie- u der AusspielVertr, § 763; als Spiel angesehen wird das Differenz-Gesch, § 764. – Vgl ferner zu b.

b) Bei der **Wette** versprechen die VertrGenossen zur Bekräftigg bestimmter widerstreitender Behauptungen einander, daß dem, dessen Behauptg sich als richtig erweist, ein Gewinn zufallen soll. Die Wette unterscheidet sich vom Spiel durch den VertrZweck: Bekräftigg ernsthaften Meingsstreits, nicht Unterhaltg od Gewinn. Liegt einer der letzteren Zwecke vor, so ist auch bei Aufstellg widerstreitender Behauptungen Spiel gegeben, so bei der sog Spielwette (zB Renn,,wette" bei Pferderennen), RGSt **47**, 363. Auch die ,,Wette" am Totalisator ist Spiel, RGSt **40**, 250 (u zwar LotterieVertr, § 763, vgl dort Anm 4), ebso die beim Buchmacher, vgl RG ebda od beim Fußballtoto, vgl hierü BGH **5**, 111. Überh liegt bei Behauptgen, die der Zukunft angehören, vielf Spiel, nicht Wette vor. – Wette ist auch die sog einseitige Wette, bei der nur der eine Einsatz machen muß, also nur er etwas verlieren kann, RG **61**, 153. Über ihren Unterschied von der Auslobg § 657 Anm 4 a. Die Abgrenzg der Wette vom Spiel hat heute, da beide nach § 762 gleich behandelt w, nur noch Bedeutg für § 763 (Abgrenzg der Wette von den Spielunterarten der Lotterie u der Ausspielg), ferner für das StrafR (Abgrenzg der Wette vom Glücksspiel) u dadurch, über § 134, mittelb auch für das bürgerl Recht, vgl Anm 5.

c) Weder Spiel noch Wette liegt vor, wenn **keiner der zu a und b genannten VertrZwecke** vorhanden ist – so beim FluchthilfeVertr (KG NJW **76**, 197 u 1211) – mag auch die verabredete VermVerschiebg von der Entscheidg einer Ungewißh abhängig gemacht worden sein; es kann dann ein ggs Versichergsod ein GewährVertr vorliegen, vgl zB RG **66**, 222. Spielmotiv nur eines Teils macht § 762 nicht anwendb, vgl aber § 764 S 2.

2) Rechtsfolgen. a) I, 1: es wird keine **Verbindlichk** begründet, vgl aber b. Von Amts wg, nicht erst auf Einr, zu berücksichtigen (doch hat bei Streit der, die die Spiel- oder Wettbehauptg aufstellt, sie zu beweisen). Auch Pfandbestellg, RG **47**, 52, BürgschLeistg, RG **52**, 39, SicherhBestellg, fiduziarische RÜbertragg u VertrStrafe sind unverbindl; die bestellte Hyp steht dem Eigtümer zu. Der Gläub der Spiel- oder Wettschuld kann nicht einseit aufrechnen.

b) **I, 2:** Trotz oben a) danach **keine Rückforderg** des Geleisteten. Die Verbindlichk ist demnach nicht völlig ungültig, sond **unvollkommen**, vgl Einl 4 vor § 241. §§ 812, 814 sind daher nicht anzuwenden. Dagg RückFdg bei Anfechtg wg Betruges, der auch bei Spiel u Wette mögl ist, so uU bei der Wette ,,à coup sûr". Die Leistg muß wirkl Tilgg, nicht bloße Sicherg sein, sonst gilt oben a. Leistg ist aber nicht bloß die Erf, sond auch ein ErfSatz, so die Hingabe an Erf Statt (falls nicht nur verdeckte Pfandbestellg, RG **47**, 48), ferner die Aufrechng durch den Schu. Wirksam ist auch die vertragl Aufrechng, § 387 Anm 2, keinesw jedoch die in der vertragl Anerkenng des Saldos im KontokorrentVerh liegende AufrechngsVertr, da nur Mittel der Anerkenng, vgl ebda. – Auch die im voraus erbrachte Leistg, so der Einsatz bei der Lotterie od Ausspielg (vgl aber § 763 Anm 3b), ebso nicht die bei einem Dr hinterlegte Summe, soweit sie wirkl Leistg, nicht bloß Sicherg, ist (andernf gilt a). – Ist das Spiel verboten, so gilt anderes, vgl unten Anm 5.

3) II. I, 1 u 2 gelten auch für eine **zwecks Erfüllg** eingegangene **Verbindlichk**. Das G nennt insb das Schuldanerkenntn, § 781; für das SchuldVerspr des § 780 kann nichts anderes gelten. Sie sind also unverbindl, aber erfüllb. Die SchuldUrk kann zurückgefordert w. Dasselbe gilt für die Umwandlg der Spielusw Schuld in ein Darl nach § 607 II, Anm 2, die Schuldumschaffg (§ 305 Anm 4), RG JW **04**, 124, den Wechsel, RG **51**, 159. Ist dieser an einen Gutgläubigen weitergegeben, so hat der Schu gg den Gläub einen Anspr auf Herausg des Erlangten nach § 818 II, RG **77**, 280. Ein Vergleich ist wirks, wenn er die ernsth

Ungewiß beseitigen soll, ob eine Schuld nach § 762 od eine andere vollgültige, vorliegt, dagg nicht, wenn er die Spiel- usw Schuld als solche, zB der Höhe nach oder zur Beseitigg von Zweifeln über den VertrSchl, feststellt, RG SeuffA **83**, 186; § 779 Anm 2c aa. Dasselbe gilt für den SchiedsVertr.

4) Nebenverträge. Das G schweigt. Der Grd der Versagg der Klagbark – die Gefährlichk (Anm 1) – muß, außer bei erlaubtem Spiel, bei staatl gen Ausspielgen od Lotterien, BGH NJW **74**, 1821, dazu führen, auch die Klagbark von Anspr aus Auftr, Dienst- od WkVertr gegen den GeschHerrn, der einen anderen für sich spielen usw läßt, zB auf Ersatz der Auslagen, od auf Vergütg, RG **51**, 159, auszuschließen, ebso umgekehrt die Klagbark von Anspr des GeschHerrn auf Ausführg oder SchadErs wg Nichtausführg, RG **40**, 259. Zuzulassen ist dagg die Klage auf Herausg des Gewinns, RG **40**, 259 (nach Abzug der Auslagen), da darin keine Spielförderg, sond nur Zuweisg an den wahren Berechtigten liegt. – Auch der GesellschVertr ist unwirks; daher keine Klage auf Beitragszahlg u Mittragg von Verlusten, RG **147**, 117, 120, wohl aber auf Herausg des Gewinnanteils. – Dagg ist ein zu Spielzwecken gegebenes Darlehen nur dann als nichtig anzusehen (§ 138), wenn der DarlGeber (Spieler od Dritter) aus eigensüchtigen Beweggründen handelt, BGH Betr **74**, 1621; andernf nicht. Gibt ein Mitspieler das Darl, so kann in Wirklichk unklagb Spielen auf Borg vorliegen, Celle NdsRpfl **61**, 172.

5) Verbotenes Spiel.
a) Strafbar, also verboten sind: die Veranstaltg eines öffentl Glücksspiels u die Beteiligg hieran. Verbotenes Glücksspiel ist auch das nichtöff, aber gewohnheitsm veranstaltete, sowie das gewerbsm Glücksspiel, §§ 284, 284a, 285 StGB; ferner die Veranstaltg öff Lotterien od Ausspielgen ohne obrigkeitl Erlaubn, § 286 StGB.
b) SpielVertr (auch Lotterie- u AusspielVertr, vgl § 763 Anm 3b), die unter die Verbote fallen, sind nicht nur unwirks, sond nach § 134 **nichtig**. § 762 kommt also nicht in Betr. Die §§ 812, 814, 817 gelten. Da die Verbote der §§ 284, 284a StGB sich auch gg die Spieler richten, kann in diesen Fällen (anders im Falle des StGB § 286) das Geleistete nach § 817 S 2 nicht zurückgefordert w. – Ist eine öff Spielbank behördl zugelassen (G v **14**. 7. 33, RGBl **480**, SpielbankVO v **27**. 7. 38 idF v **31**. 1. 44, RGBl 60), so bemißt sich hiernach die RGültigk der Spielverträge. Verboten (§ 1 I, 2) u danach nichtig ist der SpielVertr mit einer am Spielort wohnenden Pers, die nicht ausdr zugelassen, BGH **37**, 363; RückFdgsAnspr in diesem Fall nicht nach § 762 I, 2 ausgeschl, BGH **37**, 365. Verstöße gg die mit der Zulassg verbundenen behördl Auflagen jedoch regelm unschädl, BGH WPM **67**, 564; vgl zu dieser u der vorgenannten Entscheidg auch § 816 Anm 5. – Spiel u Wette sind ferner nichtig, wenn § 138 gegeben ist.

6) Gewerberechtliche Vorschriften über die Veranstaltg unbedenkl Spiele, VO v 27. 8. 71, BGBl 1445. SpielVO v 27. 8. 71, BGBl 1441 über Spielgeräte u andere Spiele mit Gewinnmöglichkeiten; daselbst Näheres über die Erteilg der Erlaubn zur Aufstellg von **Geld-** u **Warenspielgeräten** sowie zur Veranstaltg anderer Spiele. Über die Zulassg von Spielgeräten durch die Physikalisch-Technische Bundesanstalt vgl § 11 daselbst u die VerfahrensVO v 6. 2. 62, BGBl 156. Verstoß gg die gewerberechtl Bestimmgen strafb nach § 14; Nichtigk des SpielVertr folgt jedoch hieraus nicht, da Sinn u Zweck dieser Vorschriften hierauf nicht gerichtet; vgl § 134 Anm 2a, 3.

763 *Lotterie- und Ausspielvertrag.* **Ein Lotterievertrag oder ein Ausspielvertrag ist verbindlich, wenn die Lotterie oder die Ausspielung staatlich genehmigt ist. Anderenfalls finden die Vorschriften des § 762 Anwendung.**

1) Allgemeines. Der Lotterie- u der AusspielVertr sind Unterarten des Spiels, u zw des Glücksspiels, § 762 Anm 1a. Gesetzl Begriffsbestimmgen fehlen. Beim LotterieVertr iwS (der auch den AusspielVertr umfaßt) schließt der Untern mit einer Mehrh von Spielern Vertr, in denen er verspricht, gg Einsätze, die meist in Geld bestehen, nach Maßg eines Spielplans Gewinne an die spielplanm ermittelten Gewinner zu leisten, RG **60**, 386. Die spielplanm Ermittlg geschieht ganz od doch wesentl durch Zufall, zB durch Verlosung, Würfeln, aber auch unter Mitwirkg der Spieler, zB durch Sieg im Preiskegeln od Skatturnier, so vielf bei Ausspielgen, RG ebda. Bestehen die Gewinne in Geld, so liegt Lotterie ieS vor, RG **77**, 341, sonst Ausspielg, RG **60**, 381, 386, zB bei der Tombola. Das G behandelt beide Fälle gleich. Unter sich stehen die Spieler nicht im VertrVerh; doch kann eine Lotteriegesellsch od LosGemsch zw einzelnen bestehen. In solchem Falle besteht keine SchadErsPfl, wenn ein Mitspieler es versäumt, einen Wettschein, wie verabredet, auszufüllen u einzureichen, BGH NJW **74**, 1705. Der Einsatz kann auch in einem Kaufpr versteckt sein, vgl RG **115**, 326, BGHSt BB **52**, 89. Über den Lotterievertr bei Sport-Toto-Wetten vgl Kblz NJW **50**, 703, BGH **5**, 111 u Neutrales SchiedsG NJW **52**, 80; über den Vertr mit dem Untern des Zahlenlottos Celle NdsRpfl **60**, 270, Schlund „Das Zahlenlotto" 1969 (Diss); LandesG: hierü Anm 2c. Über Spielautomaten usw § 762 Anm 6. – Das Hydra- od Schneeballsystem soll nach BGHSt NJW **52**, 392, Ausspielg sein; dagg mit dem Gründen Hbg NJW **54**, 394 u Hartung daselbst. BGH **15**, 356 läßt diese Frage unentschieden, bejaht aber Verstoß gg § 1 UWG. – Es sind **zwei Fälle zu scheiden** (Anm 2 u 3):

2) Es liegt staatliche Genehmigg vor (oder sie ist nicht erforderl, unten c):
a) Dann ist die Lotterie od Ausspiel verbindl, S 1. § 762 gilt nicht. Auch NebenVertr, Auftr, Gesellsch usw sind vollgültig. Der Untern ist zur rechtzeitigen Gewinnermittlg u Gewinnverteilg verpflichtet, auch wenn er nicht alle Lose abgesetzt hat (falls der Vertr nichts anderes besagt); die auf die nichtabgesetzten Lose entfallden Gewinne verbleiben ihm. – Für den Vertr zw dem LotterieUntern u seinem Vertreter, dem Kollekteur, der vielf auch bloßer Vermittler ist, vgl RG JW **29**, 362, und dem Spieler, gelten die allg Regeln. Beim Zahlenlotto Vertr zw LottoUntern u Spieler, Celle NdsRpfl **60**, 270 (daselbst auch über den Lotterieeinnehmer als ErfGehilfen des Unternehmers). Erwerb des Loses ist meist Kauf. Ist dieses InhPapier, so gelten die §§ 793 ff. Da Loskauf Hoffngskauf ist, kann ein Kaufangebot im allg nicht mehr angenommen w, wenn das Los bereits vor Zugang der AnnErkl gezogen ist, vgl RG **59**, 298; von Bedeutg insb bei Unterlassg der

rechtzeitigen Erneuerg eines Klassenloses, vgl RG SeuffA **94** Nr 34, Stelling RVBl **41**, 86. Doch kann ein anderer Wille des Anbietenden als erklärt zu gelten haben; auch kann sich aus der längeren GeschVerbindg zw Kollekteur u Spieler, aus der zw ihnen ständig beobachteten Übg, etwas anderes ergeben.

b) Genehmigg. Zu genehmigen hat die zust LandesBeh nach den Landesgesetzen. Genehmigg durch die Beh eines Landes macht auch die in anderen dtschen Ländern abgeschl Vertr privrechtl gültig, § 763 S 1. Kein weiteres Formerfordern, auch wenn Grdst ausgesetzt ist, Nürnb OLGZ **66**, 278.

c) Staatliche Lotterien bedürfen naturgem keiner besonderen Gen. Ihr Betr ist Sache der Länder. Auch der mit ihnen geschl LotterieVertr ist privatrechtl, BayVerfGH BB **64**, 326. Über die LandesG, betr Sportwetten u Zahlenlotto, vgl Staud-Brändl Vorbem 7 vor § 762 u BGH LM § 282 Nr 14 (Haftg der Annahmestelle für den Verlust von Lotteriescheinen beim Süd-Lotto).

3) Liegt staatliche Genehmigg nicht vor, so ist zu unterscheiden (Anm 2b):

a) Grdsätzl gilt dann – nach § 763 S 2 – der § 762, vgl dort Anm 2–4. Dies galt auch dann, wenn vgl oben Anm 2b, das betr Land eine staatl Gen überh nicht vorsah.

b) Handelt es sich bei der **Lotterie** um eine **öffentl** oder liegt **öffentl veranstaltete Ausspielg** vor, so macht sich der Veranstalter nach StGB § 286 strafb. Doch sind die abgeschl EinzelVertr als gg ein gesetzl Verbot verstoßd nach § 134 nichtig. Zur Nichtigk § 762 Anm 5b. Trotz Nichtigk nach § 134 besteht aber ein Anspr auf den Gewinn gg den außerdeutschen Veranstalter, soweit er nach dem anzuwendenden außerdeutschen Recht begründet ist, vgl RG Gruch **46**, 1179. Ist er danach begründet, so ist auch ein GesellschVertr gültig, auch wird Eigt- oder MiteigtErwerb am Los nicht gehindert, RG **58**, 277. Für Anspr auf Loserwerb, Spielfortsetzg od SchadErs wg Nichtspielens besteht allerdings kein RZwang, RG-RK Anm 20.

4) Totalisatorunternehmen. Renn „wetten" bei Pferderennen u beim Buchmacher sind ebso wie „Wetten" beim Fußballtoto u Zahlenlotto Spiel, nicht Wette, § 762 Anm 1b, § 763 Anm 1. Insbes der WettVertr am Totalisator ist Spiel, u zwar LotterieVertr. Für Wetten am Totalisator u beim Buchmacher gelten die Sondervorschr des Rennwett- u LotterieG v 8. 4. 22. Danach bedarf das Totalisatorunternehmen der Zulassg, u derj, der gewerbsm Wetten bei Pferderennen vermitteln od abschl will (Buchmacher), der Erlaubn. Nach Aushändigg des „Wettscheins" (bei Buchmachern genügt Eintr ins „Wettbuch") ist die „Wette" für den zugelassenen Untern u Buchmacher verbindl; der Wettende kann den gezahlten Einsatz nach § 762 nicht zurückverlangen; der nicht gezahlte Einsatz kann vom Gewinn abgezogen w; im übr gilt BGB, also § 763 S 2, RennwettG § 4; RG JW **26**, 2283. Auch ein Auftr oder Vertr nach § 675 ist verbindl, RG **93**, 348. Die „Wette" beim nicht zugelassenen Totalisator od Buchmacher ist nach RennwettG § 8 strafb, also nach § 134 nichtig. – Über Zulassg öff Spielbanken: G v 14. 7. 33, VO v 27. 7. 38 idF v 31. 1. 44, RGBl 60 u über die stille Beteiligg an einem solchen Unternehmen BGH MDR **63**, 988; vgl auch § 762 Anm 5b. Über die Zulassg von Spielautomaten § 762 Anm 6.

764 *Differenzgeschäft*. **Wird ein auf Lieferung von Waren oder Wertpapieren lautender Vertrag in der Absicht geschlossen, daß der Unterschied zwischen dem vereinbarten Preise und dem Börsen- oder Marktpreise der Lieferungszeit von dem verlierenden Teile an den gewinnenden gezahlt werden soll, so ist der Vertrag als Spiel anzusehen. Dies gilt auch dann, wenn nur die Absicht des einen Teiles auf die Zahlung des Unterschieds gerichtet ist, der andere Teil aber diese Absicht kennt oder kennen muß.**

1) Allgemeines.

a) Wird ein Vertr geschl, der eine Lieferg überh nicht zum Inhalt hat, sond nur bestimmt, daß der Verlierende den **Unterschied** zw dem Jetztpreise einer Ware od eines Wertpapiers u dem Preise eines bestimmten ZukunftsZtpkts an den Gewinnenden zu zahlen hat, so ist das Spiel (falls zur Bekräftigg ernsth Meingsstreits geschl, Wette); § 762 gilt unmittelb, § 764 kommt nicht in Frage.

b) Offenes Differenzgeschäft. Wird in einem Vertr zwar Lieferg vereinb, wird aber daneben, wenn auch nur hilfs- od bedinggsw, vereinb, daß nicht wirkl geliefert u abgenommen w, sond nur der Unterschied zw dem vereinb u dem Markt- usw Preise der Lieferszeit gezahlt (empfangen) w soll, so liegt ein nach § 764 als Spiel zu behandelndes – sog offenes – DifferenzGesch vor.

c) Verdecktes Differenzgeschäft. Wird im Falle b die Nebenvereinbg zwar nicht bes getroffen, besteht aber bei beiden VertrGenossen die (nicht ausgesprochene) Abs, daß nur der Unterschiedspreis gezahlt w soll – verdecktes DiffGesch –, so würde die Gleichbehandlg eines solchen Gesch mit einem offenen DiffGesch (oben b) sich bereits aus § 117 II ergeben. Satz 1 entspricht dem.

d) Satz 2 läßt für die Behandlg des Gesch als Spiel ferner genügen, daß bloß der eine Teil die Abs, nur den Unterschiedspreis zu zahlen, hat, der andere aber diese Abs kennt. Denn der Vertr ist hier jedenf auf seiten des ersten Spiel, der wissende andere stimmt dem stillschw zu. Das G geht in S 2 sogar noch weiter u nimmt auch bei Unkenntn des anderen von der Abs des ersten DifferenzGesch als vorliegd an, wenn die Unkenntn fahrl ist (über § 117 II hinaus). Kenntn auch nur eines Vermittlgsagenten muß der GeschHerr gg sich gelten lassen, RG JW **10**, 234, auch fahrl Unkenntn.

e) Der Fall a ist theoretisch. Aber auch die Fälle b–d kommen so, wie im G geregelt, selten vor. Die DiffAbs des Spielenden geht vielm in allg dahin, sich bis zum LiefersgZtpkt (der übr hinausgeschoben w kann, Prolongation) durch ein **Gegengeschäft** (zB Verkauf, wenn das erste Gesch des Spielenden ein Kauf war, u umgekehrt) zu decken u die **Differenz** zw dem vereinb Preise u dem des GgGesch (nicht dem des vereinb LiefersgZtpkts) zu empfangen (od zu zahlen). Da auch in diesem Falle die Abs nicht auf wirkl Lieferg, sond nur auf Zahlg eines UnterschiedsBetr geht, wird auch hier, wenn die sonstigen Voraussetzgn zu b, c oder d gegeben sind, ein DiffGesch iS des § 764 als vorliegd angenommen, RG **117**, 268, RG JW **38**, 946. Anders nur, wenn ein wirtschaftl berechtigter Zweck vorliegt, RG **107**, 22, **146**, 193 (sog HedgeGesch im Baumwollhandel). – Dieses nur „wirtschaftliche" DiffGesch pflegt als verdecktes (oben c) abgeschl zu w; S 2 (oben d) gilt auch hier.

2) Ob Absicht, sowie **Kenntnis** oder **Kennenmüssen** vorliegt, ist aus den Umst zu entnehmen. Prüfg vAw, jedoch hat bei Streit (Erhebg des „DiffEinwandes") der Behauptende die BewLast, § 762 Anm 2. Von Bedeutg sind die VermVerh im Verh zu der Umsatzhöhe, der Beruf des VertrSchließenden, die frühere GeschGebarg, die Art der VertrGgstände, insb Wertpapiere, vgl RG **79**, 239, 387, **117**, 269. Selbst Kassageschäfte können uU DiffGesch sein (obwohl bei ihnen Kauf ohne Bestimmung einer Liefergsfrist vorliegt), RG **52**, 254, **91**, 45, wenn der VertrWille nicht auf wirkl Lieferg geht. Das bloße Vorhandensein der SpekulationsAbs bei der Anschaffg von Papieren reicht aber nicht aus, Warn **15** Nr 207.

3) Art der Geschäfte. Ob Kauf od KommissionsGesch od Auftr vorliegt, ist unerhebl. Auch ein GesellschVertr fällt unter § 764, RG **147**, 117.

4) Wirkung. Es gilt § 762, vgl dort Anm 2–4. – Ist übrigens § 764 nicht gegeben, so ist immer noch die unmittelb Anwendg des § 762 zu prüfen. – Die Erhebg des Diff Einwandes verstößt nicht gg Treu u Glauben, selbst wenn die Abs zur Erhebg bereits bei VertrSchl bestanden hat, RG **146**, 194; unter bes Umst, zB bei zuvoriger Täuschg, kann in Erhebg Treuverstoß, § 242, liegen; das RG (JW **37**, 2455, **38**, 238) beschränkte sich auf Heranziehg des § 826.

5) Börsentermingeschäfte. Begriff: Geschäfte, die zu typischen Bedinggen über Waren od Wertpapiere in Beziehg zu einem Terminmarkt stehen, mit der Möglichk, jederzeit ein völlig gleiches GgGesch abzuschl, BGH WPM **65**, 766, RG **47**, 112; vgl im einz BörsenG §§ 50–70. Der Anwendungsbereich des § 764 wird durch diese Bestimmgen sehr eingeschränkt, da DiffGesch meist als BörsenterminGesch geschl w. Umgekehrt braucht das BörsenterminGesch nicht als DiffGesch abgeschl zu w; vgl auch RG **147**, 112. Selbst wenn es aber als solches abgeschl ist, kann von dem, für den es nach den Bestimmgen des BörsenG verbindl ist, ein Einwand aus §§ 762, 764 nicht erhoben w, § 58 BörsenG. Der Einwand kommt nur in Frage im Inland zw nicht börsentermingeschäftsfäh VertrGenossen, bei nicht zugelassenen Werten oder bei nicht „offiziellen" Gesch, Ffm OLGZ **66**, 400, sowie bei BörsenterminGesch, die ein Inländer im Ausland schließt u bei Auftr zu solchen Gesch, BGH **58**, 1. Im letztgenannten Fall ist wg § 328 II Nr 4 ZPO einem ausländ Urt gg im Inland wohnh Pers, das die dtsche Regelg der BörsenterminGeschFgk u den Differenz-Einw nicht beachtet, die Anerkenng zu versagen (BGH NJW **75**, 1600). Krit u überwiegd abl zur Rspr des BGH Hadding u Wagner WPM **76**, 310, Kümpel WPM **78**, 862.

Achtzehnter Titel. Bürgschaft

Einführung

1) Wesen der Bürgschaft.

a) Begriff: vgl Text des § 765 I.

b) Zweck. Sicherg einer anderen Fdg durch Übern einer Hilfsschuld, Anm 1e. Die Bürgsch fällt damit unter den weiteren – dem römRecht entnomm – Begriff der **Interzession**, der eine derartige Interessenwahrg durch Eingehen einer Verpflichtg zum Inhalt hat. Die Interzession umfaßt neben der Bürgsch die befreiende SchuldÜbern, die Schuldmitübern, die Schuldumschaffg, die Verpfändg u andere Fälle des Eintretens für eine andere Schuld. Ihr Begriff ist, abgesehen von § 1822 Z 10, im BGB nicht verwertet. §§ 765ff sind auf andere Fälle der Interzession nicht entspr anzuwenden; daher gilt § 774 nicht, wenn jemand zahlt, ohne Bürge zu sein, vgl §§ 267, 268, RG **94**, 90. – Über Bürgsch zwecks SicherhLeistg § 232 II, ZPO § 108.

c) Begründung. Das BürgschVerh wird durch Vertr begründet, § 765 I, u zwar grdsätzl durch **Vertrag zw Bürgen u Gläub**, wobei dieser Vertr auch noch bei der Zahlg der Schuldsumme durch den Bü geschl u auch noch zu diesem Ztpkt vereinb w kann, daß die für eine and Fdg des Gläub bestehende Bürgsch nunmehr für die jetzt beglichene gelten soll, BGH WPM **64**, 849. Mitwirkg des HauptSchu zum Vertr unnötig, RG **59**, 11, selbst ein Vertreter kann für die eig Schuld namens des Vertretenen einen BürgschVertr mit dem Gl abschl, RG **71**, 220. Bdgg u ZeitBest sind zul (BGH WPM **77**, 238). – Ein Vertr mit dem Schu, für seine Schuld aufkommen zu wollen, ist keine Bürgsch, RG **57**, 66, doch kann Schuldmitübern nach § 415 od GewährVertr (Anm 3c) vorliegen; denkb, wenn auch selten, ist, daß dadurch, wie überh durch einen Vertr mit einem Dritten, zB des Zedenten, eine BürgschVerpflichtg ggü dem Gläub nach § 328 begründet w, BGH WPM **66**, 861, Weber JuS **71**, 553. – Der Wortlaut ist gleichgültig, RG **153**, 344. – Das G selbst ordnet eine bürgschgleiche Haftg an in den Fällen der §§ 571 II, 1251 II, VerlagsG § 36 II.

d) Der BürgschVertr begründet eine **Schuldverpflichtg** des Bü, nicht eine bloße Haftg (vgl Einl 3a vor § 241), die Haftg ist nur Verpflichtungsfolge. Der leistende Bü erfüllt seine Schuld, die Hauptforderg geht dadurch nach § 774 I, 1 auf ihn über. Bü und HauptSchu sind nicht GesamtSchu, auch nicht bei selbstschuldnerischer Bürgsch, BGH WPM **68**, 916. – Näher § 765 Anm 1.

e) Akzessorietät. Die BürgschSchuld ist von Bestehen u Umfang der Hauptschuld dauernd abhängig (ihr akzessorisch), BGH Betr **76**, 766; sie ist bloße Hilfsschuld. Näher § 765 Anm 3. Ist anderes vereinb, so liegt nicht Bürgsch, sond Schuldmitübern od GewährVertr (Anm 3c) vor, BGH WPM **66**, 124, dazu Übbl 2b aE vor § 414; bei der GewLBürgsch, je nach Vereinbg, angenommene Anw (vgl § 641 Anm 1).

f) Der BürgschVertr ist nach dem G ein den Bü **einseitig verpflichtender Vertrag**, BGH WPM **67**, 366; vgl näher § 776 Anm 1; Ausn unten Anm 2c. Er kann ob causam abgeschl w, dann gilt § 812, RG JW **11**, 540. Er kann jedoch, ohne daß die §§ 765ff (766!) unanwendb w, als ggseitiger Vertr abgeschl w, RG **66**, 426, str; dann gelten die §§ 320ff, insb § 326. Die Bürgsch kann Schenkg sein, wenn Bereicherg u Einigk über Unentgeltlichk vorliegen, RG **90**, 181, vgl hierü § 516 Anm 4e. Wird sie in Form eines VersVertr, insb gg Prämie, übernommen, so gilt das VVG.

g) Sorgfaltspflichten des Gläubigers als NebenPfl bestehen im Rahmen des einseit verpflichteten BürgschVertr grdsätzl nicht (BGH BB **75**, 153). So trifft ihn keine Pfl, bei Eingeh der Bürgsch den Bü über die Verh des HauptSchu aufzuklären (BGH WPM **63**, 24). Seine Angaben müssen jedoch wahr sein; er darf auch hierbei nichts Wesentl verschweigen, BGH aaO (daselbst auch über die Anfecht der BürgschErkl wg argl Täuschg u über das Versch des Gl bei VertrSchl); er darf den Bü nicht täuschen über die RNatur der zu sichernden Fdg u damit über den Umfang seines BürgschRisikos, sonst BefreigsAnspr des Bü wg Versch bei VertrAbschl, BGH NJW **68**, 986. Er muß ihn aufklären über die Höhe der Nebenkosten, für die sich die Bürgsch für eine KreditFdg erstreckt, Düss Betr **73**, 1236. Vgl hierzu u über Willensmängel des Bü allg auch § 765 Anm 1. Keine Pfl des Gl, InteressenGgs zw den Bü u ihrem Vertreter auszuräumen (BGH Betr **76**, 1714). § 254 gilt nicht, RG JW **37**, 3104. HauptSchu u Notar sind bei Abschl des BürgschVertr u seiner Vorbereitg nicht ErfGeh des Gläub, BGH WPM **74**, 8.

h) Verhältnis zwischen Bürgen und Hauptschuldner. Ob ein Grundverhältn zw Bü u HauptSchu besteht, u welcher Art es ist (in der Regel Auftr oder GeschFg oA, BGH **LM** § 516 Nr 2), ist gleichgültig, BGH WPM **75**, 348. Bü hat jedenf keine Einwendg daraus ggü dem Gläub.

2) Echte Bürgen sind (die §§ 765 ff gelten):

a) Der Nachbürge. Er steht dem Gläub dafür ein, daß der Bü (Vorbürge) die ihm obliegende Verpflichtg erfüllt. Hat der NachBü den Gläub befriedigt, so ist zu unterscheiden zw den Einwdgen des HauptSchu u dem auf den NachBü übergegangene HauptFdg u denjen aus seinem InnenVerhältn zum NachBü; Einwdgen aus dem InnenVerhältn zum VorBü kann er dem NachBü idR nicht entggehalten (Dörner MDR **76**, 708). Für § 774 I 1, 2 steht er dem Vorbürgen gleich; für § 774 I 3 sagt Hamm MDR **61**, 503 ja, Celle MDR **75**, 932 nein; krit zu beiden Urt u differenzierend je nachdem, ob im InnenVerhältn zueinand der HauptSchu oder der VorBü zur Befriedigg des Gl verpfl war, Tiedtke WPM **76**, 174.

b) Der Rückbürge. Er steht dem Bü für dessen etwaige RückgriffsFdg gg den HauptSchu ein. Befriedigt der Rückbürge seinen Gläub, den Bü, so geht damit noch nicht die Fdg des Gläub gg den HauptSchu, die kr § 774 auf den Bü (durch dessen Leistg) übergegangen war, auf ihn über, da die Rückbürgsch in keiner unmittelb Beziehg zur Bürgsch steht, vielm ist Abtretg durch den Bü nötig, RG **146**, 70; bestr, vgl Oldenbg NJW **65**, 253. Keine Rückbürgsch, wenn auch von ähnl wirtschaftl Bedeutg ist die (formfreie) ErfÜbernahme (§ 329) ggü dem Bü, BGH NJW **72**, 576.

c) Der Ausfall-(Schadlos-)Bürge haftet, wenn der Gläub trotz ZwVollstr beim Schu u inf Versagens sonst Sicherh einen Ausfall gehabt h, den er darzulegen u zu beweisen h, BGH MDR **72**, 411. Der Einrede der Vorausklage, § 771, bedarf es daher hier nicht erst. Aus dem Wesen dieser BürgschArt folgt ferner, daß die Haftg des Ausfallbürgen entfällt, wenn Gläub den Ausfall durch nachläss Beitreiben verschuldet hat, RG **145**, 169, anders im Regelfall, Anm 1 f. Auch die Ausfallbürgsch kann selbstschuldnerisch sein, RG JW **14**, 350; Ausfallbürgsch kann auch für den Fall vereinb sein, daß Gläub nicht aus einer bestimmten Sicherh Befriedigg erlangt; im allg wird aber Ausfallbürge nur bei Fruchtlosigk der Vollstreckg in das gesamte bewegl u unbewegl Verm des Schu in Anspr genommen w können, Schuler NJW **53**, 1689; dazu gehört auch fruchtloses Vorgehen gg einf Bürgen; über Rückgriff u Ausgleich in diesen Fällen § 769 Anm 1.

d) Bürgschaften sind auch: die **selbstschuldnerische Bürgsch**, § 773 Anm 1 a, die **Mitbürgsch**, § 769, die **Kredit- und Höchstbetragsbürgsch**, § 765 Anm 1, 2, den **Ausfallbürgen**, § 777, die **Prozeßbürgsch**, deren Inh wesentl davon abhängt, zu welchem Zweck sie bestellt wurde (BGH WPM **75**, 424). W sie zur Abwendg der ZwVollstr aus einem WechselVorbehUrt geleistet wo, so kann der Gl den Bü bei Eintr der äußeren RKraft währd des noch laufden NachVerf in Anspr nehmen (BGH **69**, 270).

e) der Kontokorrentbürge, darü § 765 Anm 1.

3) Keine Bürgschaften, aber der Bürgsch verwandt (vgl Anm 1b) **sind** :

a) der Kreditauftrag, § 778;

b) die Schuldmitübernahme. Kriterien für die Abgrenzg vgl Übbl 2 vor § 414. Dem Wortlaut der Erkl kommt hier bes Bedeutg zu, regelm keine Umdeutg der Bürgsch in eine Schuldmitübern (BGH Betr **76**, 2349) od Umdeutg eines Schuldbeitritts in eine Bürgsch (BGH JR **72**, 61). Keine Bürgsch ist ferner die **ErfüllsÜbernahme** (§ 329) ggü dem Bü (BGH NJW **72**, 576).

c) der Gewähr-(Garantie-)Vertrag, BGH NJW **58**, 1483, das ist der – selbständige – Vertr, durch den jemand einem anderen verspricht, für einen Erfolg einzustehen, insb die Gefahr – auch untypischer Risiken, BGH NJW **60**, 1567 –, die dem andern aus irgendeiner Unternehmg erwächst, also einen künftigen, noch nicht entstandenen Schaden, zu übernahmen, zB wenn ein Baubetreuer ggü dem Vermieter die Garantie für die Vermietg eines Neubaus übernimmt (BGH WPM **76**, 977). Wesentl ist daher dem GarantieVertr, wie dem KreditAuftr (§ 778), daß der Verpflichtgswille des Übernehmers erkennb erklärt w, BGH WPM **60**, 880. – GarantieVertr im BGB nicht geregelt, aber zul, § 305 Anm 5a; über Garantieabrede bei Kauf- u WerkVertr § 477 Anm 4, Vorbem 3 d vr § 633. Er ist vor der Bürgsch durchaus verschieden, die §§ 765 ff gelten auch nicht entspr, RG **72**, 140; daher keine Form nötig, BGH WPM **64**, 62. Betrifft die Gefahr eine Fdg (Fdgsgarantie), so mag die Grenze zuweilen zweifelh sein. Die gebrauchten Worte entscheiden nicht unbdgt. Sprechen aber geschgewandte Leute von Bürgsch, können nur bes gewicht Umst eine dem Wortlaut nicht entspr Auslegg rechtfertigen (BGH WPM **75**, 348). Immerhin besteht der grdsätzl Unterschied, daß die **Schuld** des **Gewährleistenden** von der gesicherten Schuld (von deren Fortbestand, manchmal sogar von deren Entstehg, zB bei Einstehen auch bei VertrMängeln der gesicherten Schuld) **unabhängig** ist, BGH NJW **67**, 1020. Anhaltspkt für GewährVertr, aber keinesf begriffl Voraussetzg ist Eigeninteresse des Garanten an der Erf der Hauptverpflichtg, das jedoch allein grdsätzl nicht ausreicht, entgg dem Wortlaut „Bürgsch" einen GarantieVertr anzunehmen (BGH WPM **75**, 348). Bürgsch- u GarantieVertr können auch gekoppelt sein, zB bei Abreden, daß sich der Bü auf best, die Hauptschuld vermindernde Umst nicht soll berufen dürfen (Ffm Betr **74**, 2245). Im Hinbl auf die Selbständigk der eingegangenen Verpflicht berührt sich die Gewähr mit der Schuldmitübern, RG **90**, 417, u, sow sie vom Schu selbst übernommen worden ist, mit der VertrStrafe, BGH NJW **58**, 1483. Auslegg der Erkl obliegt dem Tatrichter, daher in der RevInst nur beschr nachprüfb, BGH WPM **62**, 577, NJW **67**, 1020 („ich mache mich stark dafür" als

Garantie, daß Deckg für Scheck angeschafft w). Der Anspr aus der Gewähr ist ErfAnspr; er geht auf Schadloshaltg, also bei der Fdgsgarantie auf Ers des Schadens, der dem Gl aus der NichtErf od der nicht rechtzeitigen Erf seiner Fdg erwächst, BGH WPM **61**, 204. Auf den Umfang der Verpfl sind die Grds des SchadErsR anwendb, BGH WPM **68**, 680. – **Scheckkarte.** Nach den Bdggen für die eurochèque (ec)-Karte garantiert das Kreditinstitut die Zahlg des ScheckBetr eines auf seinen ec-Vordrucken ausgestellten Schecks jedem Nehmer im Inland u jedem Kreditinstitut im Ausland bis zur Höhe von 300,– DM (Bdggen für ec-Karten Nr 4). Der GarantieVertr zw dem Schecknehmer u dem bezogenen Kreditinstitut kommt dch Vermittlg des Scheckausstellers (Bankkunden) zustande. Dabei h die Frage, ob dieser als Vertr od als ÜbermittlgsBote der Bank ggü dem Schecknehmer auftritt, zivrechtl keine große Bedeutg (etwa iF der Gesch-Unfgk des Ausstellers). Hamm NJW **72**, 298 nimmt mit eingehder Begr u zahlr Nachw Vertretg an, ebso Düss WPM **75**, 504, Baumb-Hefermehl SchG Anh Art 4 Rdn 4; dem ist zuzustimmen. Die GarantieHaftg des Kreditinstituts bis zur gen Höhe wird für den Schecknehmer begründet mit der Aushändigg eines ordngsgem (auch höher als 300 DM) ausgefüllten ec-Vordrucks unter folgden Voraussetzgen: Unterschr, Name des Kreditinstituts u KontoNr auf dem Scheck u auf der ec-Karte müssen übereinstimmen, die Nr der Scheckkarte muß auf der Rücks des Schecks vermerkt sein, das AusstellgsDatum des Schecks muß innerh der GeltgsDauer der ec-Karte liegen (VorDatierg schadet nicht, BGH **64**, 82), ein im Inland ausgestellter Scheck muß binnen 8, ein im Ausland ausgestellter Scheck binnen 20 Tagen ab AusstellgsDatum zur Einlösg vorgelegt w. Sind dem Bankkunden Scheckvordruck u -Karte abhgek u füllt ein Unbefugter den Scheckvordruck unter Fälschg der Unterschr aus, so haftet die Bank bei formeller Übereinstimmg der Unterschr auf Scheck u Scheckkarte ggü einem gutgl Schecknehmer zwar nicht direkt aus GarantieVertr, wohl aber aGrd des RScheins, den sie mit der Aushändigg der Scheckkarte gesetzt h (Baumb-Hefermehl aaO Rdn 6). Ggü dem Schecknehmer kann die Bank keine Einwdgen erheben, die ihren Grd im Deckgs-Verh zu ihrem Kunden (Aussteller) od im ValutaVerh zw diesem u dem Schecknehmer h, zB fehlde Deckg, Widerruf od Sperre des Schecks innerh der VorleggsFr (Bdggen für ec-Karten Nr 4 letzter S). Dagg kann die Bank ggü dem Schecknehmer solche Einwdgen erheben, die den Bestand ihrer GarantieVerpfl betreffen, zB NichtÜbereinstimmg der Unterschr auf Scheck u Scheckkarte, fehlde od unricht Angabe der ScheckkartenNr auf der Rücks des Schecks, AusstellgsDatum nach Ablauf der GeltgsDauer der Scheckkarte, Vorlegg des Schecks nach Ablauf der GarantieFr in 8 bzw 20 Tagen, formelle Ungültigk des Schecks. Außerdem kann die Bank im EinzFall ggü dem GarantieAnspr unzuläss RAusübg einwenden, zB daß der Schecknehmer die fehlde Deckg kannte (BGH NJW **72**, 1904, Düss WPM **75**, 504), bei Schecks, die zweckwidr der Sicherg eines Kredits dienten, daß der Nehmer fehlde Deckg grobfahrl nicht kannte (BGH **64**, 79). Im letztgenannten Fall muß sich die Bank an ihrem GarantieVerspr teilw festhalten lassen, wenn sie ihrerseits SicherSgsMaßn zur Verhinderg der ihr bekannten bevorstehden ScheckkartenMißbr nachläss unterlassen h (Hamm WPM **76**, 139). Späteren Inh des Schecks nach Indossierg dch den ersten Nehmer haftet die bezogene Bank jedenf dann, wenn der erste Nehmer u die weiteren Vorbesitzer ihren Anspr aus dem Garantie-Vertr abgetreten h, was iZw bei WeiterÜbertr des Schecks anzunehmen ist. Schaudwet NJW **68**, 9, Damrau BB **69**, 199 nehmen Haftg auch ohne Abtretg an, ebso in Anwendg von § 328 II Zöller Betr **68**, 559, Dütz Betr **70**, 189 [192]. Nach Zahlg h die Bank im Verh zu ihrem Kunden aGrd des GiroVertr Anspr auf Aufw-Ers (§§ 675, 670) u ggf auf SchadErs wg pVV. Eurochèque u IPR vgl Stöcklin JZ **76**, 310. – **Scheckkarte.** Die auf Anfrage einer Bank erteilte Antwort der bezogenen Bank, sie garantiere die Einlösg des Schecks, enthält üblicherw die Zusage, unter allen Umst für die Zahlg des ScheckBetr einstehen zu wollen (BGH WPM **78**, 873). – Der **Versichergsvertrag** unterscheidet sich von der Gewähr durch die Prämie. – Die sog **Ausbietgsgarantie** (Einstehen dafür, daß Gläub bei ZwVerst ohne Verlust bleibt) ist Gewähr, uU Ausfallbürgsch. Gewähr ist auch das Einstehen für die Güte einer Hyp. – Wird die Gewähr als **Nebenverpflichtg** eines Kaufs, WerkVertr usw übern, so gilt dessen Recht, vgl dazu BGH NJW **60**, 1567. Jedoch verneint BGH aaO das Vorliegen einer Nebenverpflichtg, wenn der Architekt sich gegü für die Einhaltg einer bestimmten Bausumme verpflichtet. Über den mögl Inhalt einer solchen Abrede BGH aaO u hierzu Locher NJW **65**, 1696.

d) Bürgschaftsähnl ist die **Delkrederehaftg** des Kommissionärs, HGB § 394.

e) Keine Bürgsch im Sinne des BGB, sond selbständige Verpflichtg eigener Art ohne strenge Akzessorietät ist die **Wechselbürgschaft**; Art 30ff WG u BGH **35**, 19. Dabei gilt die bloße Unterzeichg auf der Vorderseite iR des WG 31 III als BürgsErkl, u zwar auch dann, wenn sie auf den Wechsel unter dem zwecks Ann angebrachten Firmenstempel einer OHG ohne VertretgsZusatz unter die Unterschr des pers haftden Gters gesetzt w (BGH WPM **76**, 1244). Befriedigt der Wechselbürge den Gläub, so gehen auf ihn die Rechte des Gläub gg den über, für den er sich verbürgt hat, u gg alle die diesem wechselm haften, Art 32 III WG. Die RückgrAnspr des Gläubg gg die dazwischen liegenden Nachmänner erlöschen. Dasselbe gilt, wenn es sich um eine Bürgschaft nach BGB handelt; auch hier erlöschen die Rechte des Gläub gg die Zwischenmänner mit der Zahlg durch den Bürgen; auch hier w diese Zahlg einer solchen durch den Wechselschuldner gleichgestellt, für den sich der Bürge verbürgt hat; BGH aaO.

f) Über die Behandlg der Bürgsch nach dem Abk über deutsche **Auslandsschulden** v 27. 2. 53, BGBl II, 331, vgl Veith BB **54**, 792.

g) **Internationales Privatrecht**; Vorbem 6 o vor Art 12 EG. Zur Wechselbürgsch: BGH NJW **63**, 252.

765 Begriff.
I Durch den Bürgschaftsvertrag verpflichtet sich der Bürge gegenüber dem Gläubiger eines Dritten, für die Erfüllung der Verbindlichkeit des Dritten einzustehen.

II Die Bürgschaft kann auch für eine künftige oder eine bedingte Verbindlichkeit übernommen werden.

1) Allgemeines. Die Bürgschaftsschuld als solche. Begriff. I. Über Zweck, Wesen u Inhalt, Einf 1 b–g vor § 765. Begründg durch Vertr, Einf 1 c, § 766 Anm 1. Bedingte u befristete Übernahme mögl

Einzelne Schuldverhältnisse. 18. Titel: Bürgschaft § 765 1–3

(§ 777). – **Bürgschaftsfähig** ist, wer vertragsfäh ist, jedoch fordert RG **140**, 135 Börsentermingeschäftsfähigkeit für eine Bürgsch für Verbindlichk aus (wirks) BörsenterminGesch. Vormundschgerichtl Gen nötig, § 1822 Z 10. – **Willensmängel.** Die Gültigk des BürgschVertr richtet sich nach den allg Bestimmgen, daher mögl Anfechtg wg Irrt u argl Täuschg, BGH WPM **63**, 27, 66, 94 (zur Frage, ob Gläub Täuschg des Bü durch Schu sich gelten lassen muß); allerdings keine Anf wegen Irrt über die Kreditwürdigk des Schu, od über den Wert einer and für die HauptSchu bestehenden Sicherg, BGH WPM **66**, 94. An Fehlen od Wegfall der **Geschäftsgrundlage** ist ein strenger Maßstab anzulegen, weil der Bü schlechthin u unbeschr das Risiko für die ZahlgsFähigk des Schu übernimmt. Dadch w aber nicht ausgeschl, daß die VertrPartner auch Umst außerh des typ BürgschRisikos zur GeschGrdlage machen können (BGH BB **74**, 1454). Wegfall der GeschGrdlage kommt nicht in Frage, wenn dem Bü and RBehelfe (zB Künd) offenstehen (BGH WPM **59**, 855) u ist im allg nicht anzunehmen, wenn best Vorstellgen der Part über Risiko des Bü irrig (BGH NJW **66**, 448). Über AufklPfl des Gläub in bezug auf den VermVerh des Schu u über seine Haftg aus Versch bei VertrSchl vgl Einf 1 g vor § 765. Über sonstige Einr u Einwendgen des Bü gg den Gläub § 768 Anm 1 a, § 776 Anm 1. – **Der Bürge muß vom Hauptschuldner verschieden** sein. Ein Gter kann für die Kapital- od PersGesellsch bürgen. H sich der AlleinGter der Komplementär-GmbH für eine Schuld der GmbH & Co KG verbürgt u erwirbt er dann alle Anteile der KG, so führt dies nicht zur Einh zw dem Bü u der HauptSchu (BGH WPM **77**, 812). Doch kann ein Gter für die OHG (RG HRR **35**, 1298), ein Komplementär für die KG bürgen (RG **139**, 252). – **Art u Inhalt der Hauptschuld** sind gleichgült. Die der Bürgsch unterliegden Anspr müssen bestimmb sein (BGH Betr **76**, 766). Kann der Bü die Hauptschuld ihrem Inhalt nach nicht erfüllen, so haftet er auf das Geldinteresse. Doch muß eine persönl Hauptschuld vorliegen; für die rein dingl „Schuld" könnte nur eine Gewähr übernommen w, RG **93**, 234. Über die Bürgsch für den GrdstVerk vgl § 313 Anm 4b. Umfang der BüVerpfl ist iZw aus dem Zweck der SicherhLeistg zu ermitteln, BGH NJW **67**, 824 (Bürgsch zur Einstellg der ZwVollstr). Die Bürgsch kann auch für einen **Teil der Hauptschuld,** u zwar für die ganze Hauptschuld, aber unter Beschrkg auf einen bestimmten Betrag, bei künftigen Verbindlichkeiten auf einen **Höchstbetrag,** bestellt w. Welchen Einfluß in diesem Falle die Verwertg und Sicherh auf die BürgschVerpfl h, ist eine Frage der VertrAusleg (BGH WPM **77**, 334). Desgl Bürgsch für sämtl **Gesamtschuldner,** od aber auch nur für einen von ihnen; hierüber näher § 774 Anm 2a. Ob sie sich auf **Nebenforderungen** (VertrStrafen, VertrZinsen) erstreckt, ist Ausleggsfrage, vgl Köln NJW **60**, 2148 (Schuldbeitritt). Wenn sie sich darauf erstreckt, AufklärgsPfl des Gläub über die Höhe, Düss Betr **72**, 1236. Bei verzinsl Forderg ist Haftg auch für rückständ Zinsen iZw anzunehmen, Brschw ScheuffA **67**, 5. Bürgsch ist mögl auch für die einem **Kontokorrentverhältn** unterliegende Fdg, HGB § 356, Warn **22** Nr 76; ob die Bürgsch derart eingegangen ist, ist Tatfrage, vgl RG **136**, 178. – Die Bürgsch **endet** bei Untergang der Hauptschuld, unten Anm 3; über Tilgg durch den Bürgen Einf 1 d vor § 765. Sie kann auch selbständ enden, so durch Erlaß, vgl dazu § 774 Anm 2 a, durch Vereinigg von Bürgen- u Hauptschuld, zB durch Erbgang, hier aber kein Untergang, wenn ihr Fortbestehen dem Gläub bes Vorteile bietet, vgl auch RG **76**, 57; ferner dch Ablauf einer vereinb Befristg od, iF der Vereinbg, dch Hinterlegg; in diesen Fällen kein Übergang der Hauptschuld auf den Bü (Ffm WPM **76**, 1283). Der Bü hat kein Recht, die Bürgsch ggü dem Gl zu **kündigen,** falls nichts anderes vereinb ist. Doch ist ein solches Recht zur Künd, unter Wahrg angemessener Frist, bei einer auf unbestimmte Zeit abgeschl Bürgsch für künftige (vgl Anm 2) Fdgen mit Wirkg für die Zukunft anzunehmen, BGH WPM **59**, 855; ebso bei einer auf bestimmte Zeit eingegangenen Bürgsch für künftige Fdgen in entspr Anwendg von §§ 610, 242, wenn sich die VermLage des Schu verschlechtert (WiderufsR, BGH BB **59**, 866). – Die Bürgschuld **verjährt** selbständ nach 30 Jahren, auch wenn die Hauptschuld früher verj (Düss MDR **75**, 1019); aber auf die Verj der Hauptschuld kann sich der Bü nach § 768 trotz § 222 II berufen, vgl anderes Anm 3a. Unterbrechg der Verj ggü HauptSchu unterbricht auch ggü Bü, Düss MDR **69**, 665. – Die Bürgsch hat einen eig selbstd **Erfüllort** (§ 269), RG **137**, 11, u demgem Gerichtsstand. Das auf die BürgschSchuld **anzuwendende Recht** bestimmt sich nach b o vor Art 12 EG. Das Recht der Hauptschuld kommt nur in Betr, soweit es dadch, daß es den Umfang der Hauptschuld bestimmt, mittelb auch für den Umfang der BürgschSchuld gilt, RG ebda u **96**, 263, vgl aber auch Anm 3b.– **Abtretg der BürgschFdg** allein ist nicht mögl, § 399 Anm 4, über das Schicksal der Bürgsch bei Abtretg der HauptFdg § 401 Anm 1a, bei Übern der Hauptschuld § 418.

2) II: Die Zulässigk folgt schon aus dem in Anm 1 Gesagten. Ob auch für künft Verbindlichkeiten gebürgt w ist, ist notf durch Ausleg unter Heranziehg der BegleitUmst zu ermitteln, BGH WPM **57**, 876. Die **künftige** Verbindlichk muß bestimmt od doch bestimmb sein, darü § 398 Anm 3c, d; doch genügt hier schon allg Bestimmbark, zB für die aus einer bestimmten GeschVerbindg entstehenden Verbindlichk, BGH **25**, 318; auch Bürgsch für „alle" künftigen Verbindlichkeiten kann genügen, wenn sachl Begrenzg Parteiwillen entspr, nicht jedoch, wenn sie ohne solche Begrenzg alle irgendwie nur denkb Verbindlichkeiten erfaßt w sollen, BGH aaO. Zul daher, wenn sich bei einer ggü einer Bank übern Bürgsch aus den Umst ergibt, daß diese für alle künft aus der bankm GeschVerbindg erwachsenden Fdgen gelten soll, BGH NJW **65**, 965. – Hauptfall von II ist die sog **Kreditbürgsch,** dh Bürgsch für einen dem Schu vom Gläub zu eröffnenden od bereits laufenden Kredit, meist der Höhe nach beschränkt, **HöchstbetragsBürgsch.** Über die Ausleg einer solchen Bürgsch, wenn Schu à conto zahlt u über die Verrechng insow nichts bestimmt ist, vgl BGH WPM **65**, 866. Ist sie für einen Bankkredit gewährt, so erfaßt sie iZw über den HöchstBetr hinaus diejen Zinsrückstände, die auf die jew maßg BürgschSumme entfallen, nicht die, die auf die darüberhinausgehde Kreditsumme entfallen (BGH Betr **78**, 629). Diese BürgschSchuld ist im Ggsatz zum KreditAuftr, § 778, nicht frei widerrufl, vgl aber Anm 1. – Die BürgschSchuld entsteht hier erst mit Entstehg der HauptFdg, bis dahin schwebt sie.

3) Insbesondere: Dauernde Abhängigk der BürgschSchuld von der Hauptschuld (vgl Einf 1e vor § 765).

a) Die Hauptschuld muß wirksam entstanden sein. Daher keine BürgschSchuld, wenn Hauptschuld, zB wg Formmangels od nach § 138, nichtig od vom HauptSchu wirks angefochten ist. Der Bü haftet auch nicht für den Vertrauensschaden bei der IrrtAnf. Wird die Hauptschuld betr Formmangel geheilt, so wird die Bürgsch – ohne Rückwirkg – verbindl, RG **134**, 243; ebso, wenn eine zunächst vorhandene Einr

§§ 765, 766

später wegfällt, RG 68, 304, s aber § 768 II. Wird eine Bürgsch für eine unvollkommene Verbindlichk, zB aus §§ 762, 656, übernommen, ist auch die BürgschVerpflichtg unvoll, KG NJW 56, 1481; anders bei Übern der Bürgsch für eine bereits verjährte Fdg kr oga, vgl auch Anm 1. Ist die Bürgsch für eine wg GeschUnfähigk nichtige DarlFdg bestellt u das Darl ausbezahlt, so erstreckt sie sich auf den Rückgewähranspr aus ungerechtf Ber (Kln MDR 76, 398).

b) Die Bürgsch erlischt mit Erlöschen der Hauptschuld, so durch Erf, ErfSurrogate, zB Aufrechng, durch vom Schu nicht zu vertretende Unmöglichk od Unvermögen, durch Rücktr, Erlaß od Umschaffg der Hauptschuld (für Umschaffg Ausn in HGB § 356, vgl dazu Anm 1). Ferner wenn die (jur) RPersönlichk des HauptSchu durch völl Untergang erlischt; nicht jedoch, wenn dieser Untergang allein auf der Vermögenslosigk des HauptSchu beruht (LöschgsG v 9. 10. 34, RGBl 914), denn dem steht der Zweck der Bürgsch, Sicherg des Gläub gg Vermögensverfall des HauptSchu, entgg, BGH BB 56, 830. Untergang der RPersönlichk des HauptSchu wird noch nicht in der Enteigng des Unternehmens durch sowjetzonale Maßnahmen erblickt w können, da das westl Verm hiervon nicht betroffen w, BGH 13, 106. Überh w einer solchen Enteigng, auch wenn der Enteignete im Westen nichts besitzt, in aller Regel die Anerkenng zu versagen sein (Art 30 EG), so daß der Bürge auch in diesen Fällen verpflichtet bleibt, BGH 31, 168. Beschlagn der HauptFdg durch einen fremden Staat berührt Anspr des Gläub gg den inländ Bü nicht, weil diese Maßnahmen keine Wirkg im Inland auslösen können, BGH 32, 97. – Die Bürgsch erlischt auch, wenn u soweit die Rechtsausüb gg den HauptSchu mißbräuchl wird, § 242, da Unzulässigk der RAusüb InhaltsBeschrkg ist, § 242 Anm 1, RG 163, 98 (UnterhFdg u dazu Herschel DR 40, 863; doch ist zu prüfen, ob nicht GewährVertr, vgl Einf 3c vor § 765, vorliegt, vgl RG aaO. Die Bürgsch erlischt ferner bei Vergleich des Gläub mit HauptSchu, soweit darin ein Erlaß enthalten ist, RG 153, 345; Ausn beim Zwangsvergleich, KO § 193 S 2 u beim Vergl nach § 82 II VerglO; Grd: der Gläub soll durch die Bürgsch gerade vor dem VermVerfall des HauptSchu geschützt w, RG 113, 320. – Über die Wirkg einer Schuldenbereinigg auf den Bü vgl SchBerG (aufgeh dch § 21 Ziff 2 VertrHilfeG) § 8, über die eines richterl VertragshilfeVerf u die Umwandlg der Hauptschuld nach §§ 82, 85 BVFG vgl § 768 Anm 2a. – Ist HauptSchu durch Devisensperre an Leistg verhindert, so gilt das auch für den Bü, mag er selbst devisenrechtl in der Leistg frei sein, vgl Oberster Gerichtshof Wien bei Gadow, DGWR 36, 465, anderes Denkschr der International Law Association AkZ 38, 653.

c) Erlischt die Hauptschuld durch Verschulden des Bürgen, so erlischt zwar die BürgschSchuld als solche. An ihre Stelle tritt aber eine Ersatzverpflichtg des Bü aus dem BürgschVertr, § 242, denn im Einstehen des Bürgen liegt auch eine UnterlassgsPfl. Soweit HauptSchu ErsAnspr gg den Bü erwirbt, bedarf es nicht der Abtretg dieses Anspr an den Gläub, denn die Bürgsch erstreckt sich hier ohne weiteres auf diesen Anspr, § 281 Anm 2a.

d) Abweichende Vereinbarungen des Inhalts, daß die Bürgsch nicht von Entstehen, Bestand u Höhe der Hauptschuld abhäng sein soll, sind im Rahmen der VertrFreih als zusätzl GarantieÜbern (vgl Einf 3 c vor § 765) mögl u wirks; ob eine solche gewollt ist, ist AusleggsFrage im EinzFall (Ffm Betr 74, 2245: Abrede, daß der Bü sich nicht auf einen vom HauptSchu geschl Vergl berufen kann); auch SchuldmitÜbern kann in Frage kommen (BGH WPM 66, 124).

766 Schriftform der Bürgschaftserklärung.

Zur Gültigkeit des Bürgschaftsvertrags ist schriftliche Erteilung der Bürgschaftserklärung erforderlich. Soweit der Bürge die Hauptverbindlichkeit erfüllt, wird der Mangel der Form geheilt.

1) Das G fordert zur Gültigk des BürgschVertr **schriftliche Erteilg** der BürgschErkl. Die Schriftform h Warnfunktion wg der Gefährlk der Bürgsch. Der Vertr kommt zustande u der Umfang der Bürgsch w best durch Erteilg der schriftl Erkl seitens des Bü u ihre formlose, auch stillschw, Ann dch den Gläub (BGH WPM 78, 266), auch iF der proz SichLeistg dch Bürgsch, Düss WPM 69, 798. Erteilg ist Überg od Zusendg od überh sonstiges Sich-Trennen von der Erkl mit der Absicht, daß der Gläub tatsächl Verfügsgewalt erlangen soll u erlangt; bis dahin Zurückzieh od Widerruf mögl, RG 126, 122. Erteilg einer bloßen Abschrift genügt uU, BGH LM Nr 1, ebso Bezugn auf die bereits in den Händen des Gläub befindl Urk, RG 59, 42. Genügd auch Überg einer **Blanketturkunde** mit Ermächtigg zum Ausfüllen von Teilen, bei Überg an Schu od Dritten (Notar) mit Ermächtigg zur Weitergabe der Urk an den Gläub, BGH LM Nr 6/7; ebenf genügd Ermächtigg dch Bü an Gläub, auf der bereits in seiner Hand befindl Urk den Namen des vorgesehenen Schu dch den neuen zu ersetzen, BGH NJW 68, 1131. Der Fortbestand des einmal zustandegek BürgschVertr hängt nicht vom Verbleib der Urk beim Gl ab (BGH Betr 76, 766).

2) Über die **gesetzliche Schriftform** vgl § 126. § 127 genügt nicht, also insb nicht telegraf Übermittlg, BGH 24, 297. Die Schriftform wird ersetzt durch Beurkundg im Prozeß od im KonkVerf, ZPO § 159, KO § 72, Unterschr des Bü dann unnötig. Ist in der BürgschUrk die zu sichernde Fdg genau bezeichnet, so genügt eine allg Verweisg auf AGB nicht der Schriftform für die dort enthaltene Ausdehng der Bürgsch auf and Fdgen (Stgt BB 77, 415). Berufg auf Formmangel kann gg Tr u Gl verstoßen, zB wenn Bü den Gläub argl von der Wahrg der Form abgehalten h, Köln JMBl NRW 74, 77 od wenn Bürgsch jahrelang als bestehd behandelt wurde u der Bü jahrelang Vorteil aus dem Gesch gezogen hat, BGH 26, 142.

3) Umfang der Schriftform. Zweck der Form ist, den Bü zu warnen, sowie den Verpflichtungsumfang festzustellen. Besonders der erste Zweck erfordert, daß die BürgschErkl die wesentl Teile eines Bürgsch-Vertr enthält, wenn auch in unvoll Form, aber doch so, daß sie sich im Wege der Auslegg ergänzen läßt. Dabei können außerh der Urk liegende Umst nur insow bedeuts sein, als die Urk Zweifel übrig läßt u der Auslegg noch mit dem Inhalt der Urk vereinb ist, BGH NJW 67, 823. Wesentl sind die Pers des Gläub, BGH LM Nr 6/7, die Schuld, die gesichert w soll, u der Wille, für die Schuld einstehen zu wollen (Verbürggswille), BGH WPM 69, 1425. Wortlaut gleichgültig, RG 153, 344. Ob Bürgsch für Wechselverbindlk sich auf die zugrdeliegde Schuld erstreckt, ist Ausleggsfrage, BGH NJW 68, 987. Die Pers des Gläub kann durch die Art der bezeichneten Schuld bestimmt w, also auch etwa in der Weise, daß der Schu sich erst noch einen Geldgeber sucht u berecht ist, dessen Namen in die Urk einzusetzen, BGH WPM 62, 720. Desgl kann

Einzelne Schuldverhältnisse. 18. Titel: Bürgschaft §§ 766–768

der Schu ermächt w, die Schuldsumme durch den Gläub in der Urk vermerken zu lassen, BGH aaO. Bezugn auf ein and Schriftstück ist zul, wenn wenigstens der **Verbürggswille** sich aus der Urk selbst ergibt, BGH NJW **67**, 823. Bloße Mitunterzeichn der Urk, die eine eig Erkl des Mitunterzeichnden nicht enthält, reicht nicht aus, RG **78**, 39, str. Mitunterzeichn der Erklärg, für die Erf eines Vertr als GesSchu zu haften (Schuldbeitritt), kann nicht o w als Bürgsch ausgelegt u mangels VerbürggsWillens für nichtig erklärt w, BGH JR **72**, 61. – Mündl Nebenabreden sind formlos gültig, wenn sie die Verpflichtg des Bü lediglich einschränken, BGH NJW **68**, 393. Dasselbe gilt für spätere Abreden, RG **81**, 414; daher bedarf nachträgl Vereinbg, daß auch für neue Kredite gebürgt w soll, der Form, BGH **26**, 142. – Eine zur Sicherg eingegangene Wechselverbindlichk ist keine Bürgsch, da der Verbürggswille aus der Urkunde (Wechsel) nicht erhellt, daher gilt § 774 nicht, RG **94**, 89, auch nicht §§ 766, 771, BGH **45**, 210; über Wechselbürgsch Einf 3 e vor § 765.

4) Einzelnes. Der Form bedarf auch der BürgschVorvertr, RG **76**, 304, nicht dagg Auftr u Vollm zur BürgschErkl, RG **76**, 99, SeuffA **86**, 187. Formfrei die Bürgsch des Vollkaufmanns, wenn sie, iZw, auf seiner Seite ein HandelsGesch ist, HGB §§ 350, 351, 344 I, 343 I; das gilt auch für BankBürgsch zur Abwendg der ZwVollstr, BGH NJW **67**, 823. Über die Form des § 313 vgl dort Anm 4 b. – § 766 gilt nicht für die bürgschaftsähnl Vertr, Einf 3 vor § 765.

5) Satz 2: Heilung, soweit erfüllt w; ErfSurrogate genügen. Schuldanerkenntn, § 781, ist noch keine Erf, RG HRR **33**, 1003; desgl nicht Hinterlegg ohne Aufgabe des Anspr auf Rückforderg als Sicherh für den Fall, daß es zu einer BüVerpfl kommen würde, BGH **LM** Nr 8.

767 *Umfang der Bürgschaftsschuld.* I Für die Verpflichtung des Bürgen ist der jeweilige Bestand der Hauptverbindlichkeit maßgebend. Dies gilt insbesondere auch, wenn die Hauptverbindlichkeit durch Verschulden oder Verzug des Hauptschuldners geändert wird. Durch ein Rechtsgeschäft, das der Hauptschuldner nach der Übernahme der Bürgschaft vornimmt, wird die Verpflichtung des Bürgen nicht erweitert.

II Der Bürge haftet für die dem Gläubiger von dem Hauptschuldner zu ersetzenden Kosten der Kündigung und der Rechtsverfolgung.

1) Allgemeines. § 767 stellt die bereits in § 765 I ausgesprochene **dauernde Abhängigk** der BürgschSchuld von der Hauptschuld (vgl Einf 1 e vor § 765, § 765 Anm 3), hins des **Schuldinhalts** u **-umfangs** klar, indem er den Bü für den „jeweiligen Bestand" der Hauptschuld haften läßt, somit auch für Änderg u Erweiterg. Vgl insb § 765 Anm 3 darü, daß die BürgschSchuld mit dem Erlöschen der Hauptschuld erlischt. Über den Rahmen der Hauptschuld hinaus kann die Bürgsch nicht übernommen w (das wäre GewährVertr, Einf 3 c vor § 765 u § 765 Anm 3 a), wohl aber kr Abrede für weniger, § 765 Anm 1. Spätere Verringergen der Hauptschuld u Verbessergen der Stellg des HauptSchu kommen dem Bü wg der Abhängigk seiner Schuld ohne weiteres zugute. Insb kann er sich auf eine gesetzl Stundg der Hauptschuld berufen, RG **153**, 125, vgl aber auch § 768 Anm 2 a.

2) Einzelnes.
a) Ob Haftg für NebenFdgen (Vertragszinsen, -strafen), ist Ausleggsfrage, § 765 Anm 1 (anders beim PfdR, § 1210).
b) Haftg für **II**: Grd: Zweifel zu beseitigen.
c) Der Bü haftet für Verändergen, auch Erweitergen, der Hauptschuld durch nicht rechtsgeschäftl Verhalten des HauptSchu nach BürgschAbschluß: Versch, Verzug, auch für Folgen einer zu vertretenden Zufallshaftg (Gefahrtragg). Daher Haftg auch auf SchadErs, zB nach § 326, dagg nicht auf Rückgewähr, wenn Gläub aGrd von § 326 zurücktritt, dann erlischt sie vielmehr, Hbg MDR **64**, 324, § 765 Anm 3 b.
d) I, 2: **Rechtsgeschäfte** des HauptSchu, die die Hauptschuld ändern, sind nicht grdsätzl dem Bü ggü unwirks, sond nur, wenn sie seine Verpflichtg **erweitern** (seine Stellg verschlechtern), RG **126**, 289; unwesentl Ändergen bedeutgslos; entsch, ob dem Bü nach Treu u Glauben zugemutet w kann, an seiner Verpflichtg festgehalten zu w, BGH WPM **62**, 701. So ist im Verhältn zum Bü unwirks Schuldanerkenntn dch HauptSchu (Düss MDR **75**, 1019), Vergleich, soweit er die Hauptschuld erweitert, Verkürzg der Fälligk. Keine Haftg des Bü, soweit der Gl trotz Aufhebg der GeschVerbindg zum HauptSchu nachher sein Engagement diesem ggü erweitert, BGH BB **69**, 1372. Über Verz des HauptSchu auf Einreden § 768 Anm 2 a, über Ausübg von Gestaltgsrechten dch den HauptSchu § 770. Ein ihm zustehdes Wahlrecht kann der HauptSchu ausüben, ebso kann er die Fälligk der Hauptschuld dch Künd auch zu Lasten des Bü herbeiführen, wenn sich das KündR bereits aus dem Vertr ergibt. H sich der AlleinGetr einer Komplementär-GmbH für die Verbindlken einer GmbH Co KG in einem best Umfang verbürgt, so erweitert sich der Umfang seiner BüVerpfl nicht dadch, daß er später dch Übern sämtl GesellschAnteile allein Gter der HauptSchu w (BGH WPM **77**, 812).
e) Das **Urteil** zw Gläub u HauptSchu h RechtskrWirkg für den Bü, soweit es die Kl abweist, BGH NJW **70**, 279, zust Fenge NJW **71**, 1920. Es handelt sich um einen Fall der RechtskrErstreckg für einen Dr, der nicht ProzPart war, wg matrechtl Abhängigk. Die RechtskrWirkg ist zu berücksicht, auch ohne daß sich der Bü darauf beruft od wenn er im späteren Proz säum ist. Ein den HauptSchu verurteildes Urt h keine RechtskrWirkg gg den Bü, BGH WPM **71**, 614; der ProzBü erkennt jedoch dch die Übern der ProzBürgsch regelm den Ausgang des Proz als auch für sich verbindl an, weil bei u Ausleg der SicherungsZweck der ProzBürgsch nicht zu erreichen wäre (BGH NJW **75**, 1119). Ein Urt im Proz des Gl gg den (selbstschuldner) Bü h keine RechtskrWirkg im Verh Gl – HauptSchu (Weber JuS **71**, 553).

768 *Einreden des Bürgen.* I Der Bürge kann die dem Hauptschuldner zustehenden Einreden geltend machen. Stirbt der Hauptschuldner, so kann sich der Bürge nicht darauf berufen, daß der Erbe für die Verbindlichkeit nur beschränkt haftet.

II Der Bürge verliert eine Einrede nicht dadurch, daß der Hauptschuldner auf sie verzichtet.

§§ 768–770

1) Allgemeines. § 768 bezieht sich **nicht**:

a) auf Einwendgen u Einreden, die der Bü gg den Gläub **aus dem BürgschVertrag** od aus anderen Gründen hat, RG **53**, 403. Diese sind ohne weit zul; zB Aufrechng mit eig Fdgen gg den Gläub, BGH WPM **65**, 579, Einr des ZbR aus § 273 wg eigener Fdgen gg den Gläub, die mit dem BürgschVertr zushängen, Einr der Argl, weil Gläub den Schu bestimmt hat, nicht zu zahlen, § 776 Anm 1, Einr der Verj der Bürgsch-Fdg usw vgl § 765 Anm 1.

b) Auf andere Einwendgen des HauptSchu als Einreden. Solche hat auch der Bü nach § 765 (dort Anm 3) u § 767, zB die Einwendg aus der vom HauptSchu bereits vollzogenen Anfechtg, erklärter Wandlg, erklärtem Rücktritt. Über Berufg auf dem HauptSchu günstige Urteile § 767 Anm 2e. Dem WechselBü stehen nicht kr Ges die Einwdgen zu, die der HauptSchu aus dem GrdVerhältn h (BGH WPM **76**, 562).

2) § 768 vielmehr gilt **nur** für **Einreden**, die dem HauptSchu ggü dem Gläub zustehen. – § 768 ist notw, da „Einreden" nur kr Vorbringens wirken, u es zweifeln sein kann, ob sie bereits aGrd der allg Akzessorietät (§ 765 Anm 3) dem Bü zustehen würden, wenn der HauptSchu sich nicht auf sie beruft.

a) **Grundsätzl stehen alle Einreden des Hauptschuldners dem Bürgen zu**, so das ZbR aus § 273 wg mit dem Hauptschuldverhältn zushängender GgAnspr des HauptSchu, BGH WPM **65**, 579, die Einr aus § 320, aus Verj (§ 765 Anm 1), aus Stundg (falls bloße Einr, § 271 Anm 2g), selbst wenn nur dem HauptSchu bewilligt, RG **153**, 125, 345; RechtskrWirkg des Urt im Proz Gl – HauptSchu für u gg den Bü vgl § 767 Anm 2e. In Frage dagg h der Bü solche Einr, die dem HauptSchu als richterl VertrHilfe zustehen, Stgt HEZ **1**, 96, aA mit recht bedenkl Begründg BGH **6**, 385 (unentsch geblieben in NJW **63**, 1618); gg diese Entsch auch Reinicke MDR **52**, 708 u Jauernig NJW **53**, 1207. Ferner nicht ohne weiteres solche, die der HauptSchu aus dem Wegfall der GeschGrdlage (Vermögensverfall) herleiten kann, RG **163**, 91, u auch nicht die, dem HauptSchu aus §§ 82, 85 BVFG (Umwandlg der Hauptschuld in Naturalobligationen) zustehen, Saage, Schuldenregel S 30, 73, aA KG NJW **56**, 1481. Unberührt bleiben ferner die Anspr gg den, der sich für Verbindlkten nicht mehr bestehder öffr Rechtsträger verbürgt hat, sow deren Rechtsverhältnisse nach dem G v 6. 9. 65, BGBl 1065, abzuwickeln sind; § 8 II aaO. Verzicht des HauptSchu auf eine Einr wirkt nicht ggü Bü, II, selbst nicht die rechtskr Aberkenng der Einreden im RStreit des Gläubs gg den HauptSchu, RG **66**, 343. – Die Ausn in I, 2 folgt aus dem Wesen der Bürgenhaftg.

b) Über Einreden aGrd von Gestaltgsrechten, die vom HauptSchu noch nicht ausgeübt sind, vgl § 770. Ein Wahlrecht kann der Bü nicht ausüben.

c) Bringt der Bü Einreden nicht vor, zB die der Verj, Hbg SeuffA **74**, 208, od leistet er in fahrl Mißachtg eines WahlR des Schu, so kann das Folgen für seinen Rückgr haben, § 774 Anm 2b, e. – Bürge kann auf die Rechte aus §§ 768, 770 verzichten; Grenze RMißbr, BGH WPM **63**, 1303. – Ebso können sie ihm verwehrt sein, wenn in seiner Pers die Interventionswirkg (§ 68 ZPO) besteht, BGH NJW **69**, 1480. Über GewährVertr, wenn dem Bü Berufg auf Nichtentstehg der HauptFdg versagt ist, § 765 Anm 3a. – Über das Recht des Bü, unter mehreren Fdgen diejenige, die er tilgen will, zu bestimmen, vgl § 366 Anm 1.

769 *Mitbürgschaft.* Verbürgen sich mehrere für dieselbe Verbindlichkeit, so haften sie als Gesamtschuldner, auch wenn sie die Bürgschaft nicht gemeinschaftlich übernehmen.

1) Die gesamtschuldnerische Haftg, RG **149**, 374, ergibt sich sowohl für den Fall gemschaftl Übern wie für den der Übern unabhängig und ohne Wissen voneinander bereits aus der Einh der Verbindlichk, überdies aus § 427, vgl dort Anm 1. **Verhältn der Mitbürgen zum Gläubiger**: §§ 421–425. Bei gemschaftl Übern gilt § 139; mit Rücks auf die Natur der gesamtschuldnerischen Haftg (die Unabhängigk der Haftg jedes GesSchu) wird aber regelm die Nichtigk einer BürgschÜbern die Gültigk der anderen unberührt lassen, RG **138**, 272. **Haftg nach innen**: § 774 II (426). AusgleichsAnspr idR nur aktuell, wenn Mitbürge nur Teilzahlg leistet, BGH **23**, 361. Über Außen- u InnenVerh bei Begrenzg der Haftg auf bestimmte Beträge vgl RG **81**, 419. Der Vorbürge, der den Gl befriedigt h, erwirbt keinen AusglAnspr gg den Ausfallbürgen, denn die Bedingg für seine Inanspruchn, näml Ausfall des Gläubs, ist nicht eingetreten. Etwas anderes hat selbstverständl dann zu gelten, wenn die gewöhnl Bürgsch erst nach der Übern der Bürgsch durch einen anderen auf den Ausfall beschränkt w; eine solche Vereinbg kann mit Wirkg gg den gewöhnl Bürgen nur mit dessen Zust getroffen w, Schuler NJW **53**, 1689. – § 769 zwingt nicht, RG **81**, 419.

770 *Einreden der Anfechtbarkeit und der Aufrechenbarkeit.* ¹ Der Bürge kann die Befriedigung des Gläubigers verweigern, solange dem Hauptschuldner das Recht zusteht, das seiner Verbindlichkeit zugrunde liegende Rechtsgeschäft anzufechten.

² Die gleiche Befugnis hat der Bürge, solange sich der Gläubiger durch Aufrechnung gegen eine fällige Forderung des Hauptschuldners befriedigen kann.

1) Allgemeines. Die Ausübg bestehder Gestaltgsrechte kann wg ihrer Einwirkg auf den Bestand der Hauptschuld dem Bü nicht überlassen w, sond bleibt der Entschließg des HauptSchu (od Gläub, vgl Abs 2) vorbehalten. Das G gibt dem Bü aber, solange solche Rechte noch bestehen, in 2 Fällen (I u II, vgl ferner Anm 4) eine – verzögerl – Einr. **Ist angefochten oder aufgerechnet**, so gilt § 765, vgl dort Anm 3a, b. Ist die AufrechnungsErkl des Schu sachl wirkgslos, weil sie erst nach seiner Verurteilg abgegeben ist (§ 767 I ZPO), so verbleibt es bei dem LeistgsVR des Bü nach § 770, sofern der Gläub auch in diesen Fällen aufrechnen könnte, BGH **24**, 97.

2) I. Anfechtgsrecht des Hauptschuldners. Es muß noch bestehen: IrrtAnf daher wg § 121 kaum praktisch. Für Drohg u argl Täuschg vgl die Jahresfrist des § 124. Verzicht des Schu nimmt, da § 770 nur

Einzelne Schuldverhältnisse. 18. Titel: Bürgschaft §§ 770–773

eine verzögerl Einr gibt u geben will, dem Bü trotz § 768 II die Einr aus I, jedoch nicht die aus § 853, falls unerl Hdlg des Gläub vorlag, § 768 II. – Hat Bü gezahlt, kann er nach erklärter Anf nach §§ 142, 812 (nicht § 813) zurückfordern, falls nicht § 814 entggsteht.

3) II. Aufrechnsrecht. II (vgl HGB § 129 III u hierzu § 719 A.im 2 d) trifft nicht die Fälle, in denen das AufrR nur dem Schu, nicht dem Gläub zusteht, §§ 393, 394; nach hM, RG **137**, 36 (unentschieden geblieben in BGH **42**, 398), hat daher der Bü in diesen Fällen kein LeistgsVR, falls ein solches nicht wg eines zugl vorliegenden ZbRechts des HauptSchu, § 273, nach § 768 I gegeben ist; vgl hierzu auch Anm 1. Das LeistgsVR des Bü reicht nur sow, als sich Gläub durch Aufr befreien kann, also nicht, sow dessen Fdg die GgFdg des HauptSchu übersteigt, BGH **38**, 127. Ist die Fdg des Gläub noch nicht fällig, fehlt es daher für ihn an der AufrBefugn, so kann Bü das LeistgsVR nach II gleichwohl geltd machen, wenn Gläub auf künft Leistg zu klagen befugt ist (§§ 257 ff ZPO), da andernf Bü hier schlechter stünde, als bei fälliger HauptFdg, BGH **38**, 128. – Auch Berufg auf LeistVR nach II darf nicht gg Treu u Glauben verstoßen, BGH NJW **66**, 2009. – Bei Verzicht des HauptSchu auf die GgFdg entfällt die Einr aus § 770 II ebso wie in Anm 2, RG **122**, 147. Bei Zahlg in Unkenntn des AufrRechts hat Bü kein RückforderungsR, § 389 Anm 2.

4) § 770 muß für **andere Gestaltungsrechte des Hauptschuldners entsprechend** gelten; Grd: Anm 1, so für das Wandelgs- u das gesetzl od vertragl RücktrR. Bü kann auch diese Rechte nicht ausüben, insb nicht selbst wandeln, hat aber ein LeistgsVR, solange der HauptSchu das GestaltgsR noch nicht verloren od sich seiner, wozu er berechtigt ist, vgl RG **62**, 53 noch nicht begeben hat; so für die Wandelg RG **66**, 334; die Mindersgeinrede, da nicht rechtsgestaltd, steht dem Bü nach § 768 II zu, RG aaO. Im einz str; vgl hierzu Schlosser JZ **66**, 433 (dilator Einr des Bü nur für eine „angemessene Zeit"). Bei Verjährg des Wandelgs- od MindergsR hat der Bü unstreitig die Einr aus § 478, die nicht mehr rechtsgestaltd ist.

5) Über **Verzicht** auf das EinrR § 768 Anm 2c.

771 *Einrede der Vorausklage.* Der Bürge kann die Befriedigung des Gläubigers verweigern, solange nicht der Gläubiger eine Zwangsvollstreckung gegen den Hauptschuldner ohne Erfolg versucht hat (Einrede der Vorausklage).

1) Allgemeines. Verzögerl Einr; Bü haftet also nur subsidiär. Gläub hat bei Erhebg die Voraussetzungen des § 771 (od das Vorliegen eines AusnFalles, Anm 2) darzulegen. Nötig **Vollstreckgsversuch** gg den HauptSchu wg der Hauptschuld aGrd Urteils od anderen Titels. Jeder zul VollstrVersuch genügt, für Bürgsch wg GeldFdgen vgl aber § 772. Ein einziger VollstrVersuch genügt, mag Schu auch inzw wieder Zugriffsobjekte in die Hand bekommen haben, RG **92**, 219. Zur Klage gg den Nachbürgen (vgl Einf 2a vor § 765) ist Vollstr gg den HauptSchu u Bü nötig. – Die Einr hemmt die Verj nicht, § 202.

2) Ausnahmen. Der Einr bedarf es nicht (vielmehr muß Gläub mehr darlegen) ggü dem AusfallBü, vgl Einf 2c vor § 765. – Sie ist ausgeschl in den Fällen des § 773, bes bei selbstschuldnerischer Verbürgg (dort Abs 1 Z 1). Solche ist stets anzunehmen bei Bürgsch eines Vollkaufm, wenn diese für ihn ein HandelsGesch ist, HGB §§ 349, 351. – Ausschl ferner in den Fällen der gesetzl Bürgenhaftg, Einf Anm 1c. – Vgl ferner § 239 II.

772 *Vollstreckungs- und Verwertungspflicht des Gläubigers.* I Besteht die Bürgschaft für eine Geldforderung, so muß die Zwangsvollstreckung in die beweglichen Sachen des Hauptschuldners an seinem Wohnsitz und, wenn der Hauptschuldner an einem anderen Orte eine gewerbliche Niederlassung hat, auch an diesem Orte, in Ermangelung eines Wohnsitzes und einer gewerblichen Niederlassung an seinem Aufenthaltsorte versucht werden.

II Steht dem Gläubiger ein Pfandrecht oder ein Zurückbehaltungsrecht an einer beweglichen Sache des Hauptschuldners zu, so muß er auch aus dieser Sache Befriedigung suchen. Steht dem Gläubiger ein solches Recht an der Sache auch für eine andere Forderung zu, so gilt dies nur, wenn beide Forderungen durch den Wert der Sache gedeckt werden.

1) I. Vgl § 771 Anm 1. – I regelt den durch § 771 geforderten VollstrVersuch bei Bürgsch wg GeldFdgen näher. Nur VollstrVersuch **in die bewegl Sachen** des HauptSchu ist erforderl, nicht in Grdst, Fdgen od andere VermRechte. Vgl RG **92**, 219. BewLast: Gläub.

2) II. Er bezieht sich nach RGRK Anm 2 nicht nur auf die Bürgsch wg GeldFdgen, anders hM. – Gedanke des II: die Sachhaftg geht vor. – II gilt nur für Deckgsrechte an bewegl Sachen (auch Inh- u Orderpapieren) des HauptSchu. PfandR: auch PfändgsPfdR, auch SichgÜbereigng. ZbR: HGB §§ 369 ff, aber auch § 273 (Befriedigg durch Pfändg). BewLast: Bürge.

773 *Ausschluß der Einrede der Vorausklage.* I Die Einrede der Vorausklage ist ausgeschlossen:
1. wenn der Bürge auf die Einrede verzichtet, insbesondere wenn er sich als Selbstschuldner verbürgt hat;
2. wenn die Rechtsverfolgung gegen den Hauptschuldner infolge einer nach der Übernahme der Bürgschaft eingetretenen Änderung des Wohnsitzes, der gewerblichen Niederlassung oder des Aufenthaltsorts des Hauptschuldners wesentlich erschwert ist;

§§ 773, 774 2. Buch. 7. Abschnitt. *Thomas*

3. wenn über das Vermögen des Hauptschuldners der Konkurs eröffnet ist;
4. wenn anzunehmen ist, daß die Zwangsvollstreckung in das Vermögen des Hauptschuldners nicht zur Befriedigung des Gläubigers führen wird.

II In den Fällen der Nummern 3, 4 ist die Einrede insoweit zulässig, als sich der Gläubiger aus einer beweglichen Sache des Hauptschuldners befriedigen kann, an der er ein Pfandrecht oder ein Zurückbehaltungsrecht hat; die Vorschrift des § 772 Abs. 2 Satz 2 findet Anwendung.

1) a) Z 1: EinrVerzicht ist selbstschuldnerische Verbürgg, „insbes" will nur sagen, daß Wortlaut unerhebl ist; Z 1 gilt insb bei Versprechen sofortiger Erf zu bestimmtem Ztpkt. Form des § 766 stets nöt, BGH NJW 68, 2332, da wesentl Haftgsverschärfg. Es liegt echte akzessorische Bürgsch vor, RG 148, 66.
b) I Z 2, 3: Der Ztpkt der Inanspruchn des Bü entscheidet. Z 2 in aller Regel unanwendb bei Wohnsitzverlegg innerh der BRep einschl West-Berlin; vgl hierzu auch RG 6, 156. – Z 4: zB aGrd anderer Vollstreckg; bei der Bürgsch wg GeldFdgen bezieht sich die Ann nur auf die Vollstr nach § 772 I, RG 92, 219. –
Zu Z 3 u 4: vgl § 772 Anm 2.

774 *Gesetzlicher Forderungsübergang.*

I Soweit der Bürge den Gläubiger befriedigt, geht die Forderung des Gläubigers gegen den Hauptschuldner auf ihn über. Der Übergang kann nicht zum Nachteile des Gläubigers geltend gemacht werden. Einwendungen des Hauptschuldners aus einem zwischen ihm und dem Bürgen bestehenden Rechtsverhältnisse bleiben unberührt.

II Mitbürgen haften einander nur nach § 426.

1) Innenverhältnis. Der seine BürgschSchuld tilgende Bü hat zunächst ein **RückgriffsR** gg den HauptSchu aus dem **Rechtsverhältnis**, das **zwischen beiden** meist besteht (nicht immer: der Bü kann auch aGrd einer RBeziehg nur zum Gläub sich verbürgt haben). Meist wird ein Auftr od ein GeschBesorggsVertr zw Bü u HauptSchu, BGH **LM** § 516 Nr 2, od GeschFg oA, § 683, od doch § 684, vorliegen. – § 774 scheidet hierzu aus, auch I 2 gilt nicht (nur BereicherngsAnspr des Gläub insoweit, str). – Vgl weiter unten Anm 2e, auch a.

2) Dem Gesichtspkt, daß regelmäßig der Bü ein RückgrR gg den HauptSchu haben w, trägt I, 1 dadurch Rechng, daß er die **Hauptschuld** nicht durch die Tilgg der BürgschSchuld durch den Bü erlöschen läßt, sond sie, unabhäng vom Vorliegen eines RückgrR aus dem Innenverhältn (Anm 1), **kraft Gesetzes auf den Bürgen übergehen** läßt; Fall des § 412. Leistet der Bü auf eine wg GeschUnfähigk nichtige DarlSchuld, so geht der RückgewährAnspr des Gl gg den GeschUnfäh aus ungerechtf Ber auf den Bü über (Kln MDR **76**, 398). Abdingen des § 774 ist mögl, RG 148, 66. – Über die Fälle der Nach- u Rückbürgsch Einf 2a, b vor § 765; über die der Wechselbürgsch u der BGB-Bürgsch für eine Wechselverbindlichk Einf 3e vor § 765. Nach BGH NJW **73**, 1077 soll eine öffr Fdg dch diesen Übergang zu einer privaten Fdg w (ord RWeg, wenn ZollBü nach Zahlg im Konk FeststellgsKl über Höhe u VorR der übergegangenen ZollFdg erhebt). Wodch die Fdg dch den ges privatrRechtl ihre RNatur verlieren u welches dann ihre privatr neue AnsprGrdlage sein soll, sagt der BGH allerd nicht. Abl auch André NJW **73**, 1495.

a) Befriedigg des Gläubigers. Der Übergang setzt nicht voraus, daß der Bü die Hauptschuld unmittelb erfüllt, BGH WPM **69**, 1103 (Freistellg des HauptSchu von Verpfl statt Zahlg). Auch genügt Aufrechng mit eigenen Fdgen, RG 53, 403, aber selbstverstdl nur dann, wenn ein wirks BürgschVertr in bezug auf die getilgte Schuld bestand, sonst nicht, BGH WPM **64**, 850. Übergang bei der Erl des Gläub gg den Bü nur, falls damit auch die Hauptschuld erlassen w sollte u der Erlaß eine Schenkg nur an den Bü bedeutete. H der Bü iF des VerglVerf den Gl über die VerglQuote hinaus befriedigt, so h er insow keinen RückgrAnspr gg den HauptSchu, BGH 54, 117. Kein Übergang bei bloßer Sicherstellg des Gläub, zB bei vereinb Hinterlegg (Ffm WPM **76**, 1283), ob bei Leistg des Bü aGrd nur vorl vollstreckb Urteils, RG 98, 330 (vgl Übbl vor § 362 aE); vgl auch § 775 Anm 1 und § 516 Anm 4e. – Hat sich Bü für alle **Gesamtschuldner** verbürgt, so gilt nichts Besonderes; die GesSchu sind nunmehr seine GesSchu; Ausgl unter ihnen nach § 426 II (BGH **46**, 14, Anm v Mormann LM Nr 7). Hat sich Bü nur für einen von ihnen verbürgt, so geht, wenn er Gläub befriedigt, die Fdg nur gg diesen auf ihn über, zugleich aber dessen AusglAnspr gg die übr GesSchu nach § 426 II, sow Ausgl gefordert w kann (BGH aaO, krit hierzu Reinicke NJW **66**, 2141), was sich nach der ZweckBestimmg, den Vereinbgen u der Interessenlage aller Beteil beurt. H der Bü im InnenVerh nur für den Anteil eines v mehreren GesSchu gebürgt u ist er nur hierfür in Anspr gen worden, dann kann er gg die übr im InnenVerh nicht ausglpfl GesSchu nicht Rückgr nehmen (BGH Warn **76**, 98).

b) Die HauptFdg geht mit den sichernden **Nebenrechten** des § 401, auch wenn von Dritten bestellt (unten g), über, § 412. Über Abtretg von Sichergen vgl § 401 Anm 1c. An Zinsen kann der Bü nicht nur die gesetzl, sond auch die höheren vertragl verlangen, da die Fdg mit allen Nebenrechten (§§ 412, 401) auf ihn übergeht, BGH **35**, 172; zT aA Reinicke Betr **67**, 847: kein Übergang der GläubFdg mit den künft entstehdn VertrZinsen, wenn InnenFdg (RückgrFdg des Bü geg Schu) unverzinsl. Der Ausfallbürge, den der Gl befriedigt, erwirbt mit der Fdg gg den HauptSchu die gg den Vorbürgen, Weber BB **71**, 333. – Andererss verbleiben dem HauptSchu die Einwendgen, die er gg den Gläub hatte, §§ 412, 404, selbst wenn Bü aGrd Verurteilg geleistet hat; das Urt hat keine Rechtskr gg den HauptSchu. Dieser kann ferner auch jetzt noch mit Fdgen gg den Gläub im Rahmen des § 412, 406 dem Bü ggü aufrechnen, RG 59, 209. Die GgMeing (vgl Tiedtke Betr **70**, 1721) ist mit dem Ges nicht vereinb; allerd kann die Aufr im EinzFall gg Tr u Gl verstoßen. Der HauptSchu kann ferner die vom Bü dem Gläub ggü verabsäumte Einr der Verj nach §§ 412, 404 dem Bü ggü erheben; vgl aber unten e. Hat der HauptSchu inzw an den Gläub in Unkenntn der Zahlg des Bü gezahlt, so ist er ggü dem Bü durch §§ 412, 407 geschützt.

c) I, 3: Der Übergang des I, 1 **überschreitet nicht den Rahmen des Innenverhältnisses** (oben Anm 1). Der HauptSchu ist also, auch wenn der Bü den Anspr aus § 774 geltd macht, nur im Rahmen des InnenVerh

714

verpfl (BGH WPM **76**, 687). Jedoch ist der HauptSchu darauf angewiesen, ein Überschreiten einwendgsw vorzubringen, zB wenn die Hauptschuld im Interesse des Bü aufgenommen od die Bürgsch eine Schenkg an den HauptSchu war. Keine bloße Einr. BewLast: HauptSchu. Über entspr Anwendg im Verh zum Nachbürgen vgl Einf 2a vor § 765.

d) Dem Bü steht uU nur das **RückgriffsR aus dem Innenverhältn** (oben Anm 1) zu, so, wenn die Hauptschuld bereits getilgt war u er in Unkenntn dessen an den Gläub gezahlt hat. Hier ist kein Übergang aus § 774 I mögl. Bü hat dann nur, uU, den Rückgr aus dem InnenVerh, zB wenn er die Aufwendg aus § 670 oder § 683 für erforderl halten durfte. Er muß dann das RückFdgsR, das er etwa aus § 812 gg den Gläub hat, an den HauptSchu abtreten.

e) Die Geltdmachg des RückgriffsR aus dem Innenverhältn (oben Anm 1) kann dem Bü auch günstiger sein als der Rückgr aus § 774 I. Der Bü hat daher zw beiden Begründgen die Wahl, RG **59**, 207. Wählt er die erste, so kann der HauptSchu ihm ggü Einwendgen aus dem HauptschuldVerh (aus § 404, vgl oben b) nicht erheben, auch nicht mit einer Fdg, die er gg den Gläub hat, aufrechnen oder die Einr der Verj der Hauptschuld erheben. Ob er dem Bü entgthalten kann, daß dieser nicht ohne weiteres hätte zahlen dürfen oder im RStreit ggü dem Gläub verabsäumt habe, Einwendgen oder Einreden, zB die der Verj oder die aus § 770 I, II, vorzubringen, bestimmt sich dann nach dem InnenVerh, RG **59**, 209 (anders als im Falle oben b), je nach §§ 670, 677 ff (683), wonach der Bü im allg Ers der Aufwendgen verlangen kann, die er ohne Versch für erforderl halten durfte, vgl auch RG **146**, 71. Auch ein SchadErsAnspr des Bü kann sich aus dem InnenVerh ergeben.

f) I, 2: nemo subrogat contra se. Bei bloßer **Teilbefriedigg** durch den Bü kann sich der Gläub aus den Sicherheiten vor jenem befriedigen, nicht dagg wg anderer nicht mit der Hauptschuld zushängender Fdgen, für die die Sicherheiten ebenf haften, RG **136**, 43, dies auch bei Vollbefriedigg. Es liegt ebso wie im Falle des § 268, dort Anm 4. – Zahlt Bü teilw währd des Konkurses, so steht er dem Gläub nach, solange dieser nicht wg der RestFdg voll befriedigt ist, KO § 68; hat er bereits vor Eröffng teilw gezahlt, so steht er ihm zwar im KonkVerf gleich, RG **83**, 406, muß aber den Dividendenteil, der bei seiner NichtTeiln dem Gläub zugeflossen sein würde, diesem erstatten, RGRK Anm 8, str.

g) II. Mitbürgen sind nach § 769 GesSchu. Sie sind einander schon nach § 426 I, falls nicht ein anderes bestimmt, zu gleichen Anteilen zum Ausgl verpflichtet; verbürgen sich Gesellschafter für eine Schuld der G, so haften sie untereinander, sow nichts and vereinb ist, im Verh ihrer Beteiligg an der G, Ffm MDR **68**, 838; nur im Rahmen der AusglVerpfl geht nach § 426 II die BürgschFdg gg die übr Mitbürgen auf den befriedigden Mitbürgen über. § 774 II stellt klar, daß § 774 I, aGrd dessen – iVm §§ 401, 412 – die BürgschFdg gg die übr Mitbürgen ferner als NebenR der Fdg gg den HauptSchu übergeht, daran nichts ändert. Überträgt der eine von 2 Gtern einer GmbH, die sich beide für eine GSchuld verbürgt h, seinen Anteil auf den and, so ist idR als andweit Bestimmg iS des § 426 I 1 anzunehmen, daß im InnenVerh nunmehr der AlleinGter für die Erf der BürgschSchuld allein einzustehen hat, BGH Betr **73**, 1543. Bei Teilbefriedigg durch Mitbürgen AusglAnspr eg Mitbürgen auch dann, wenn Teilzahlg unter der vom Mitbürgen intern zu tragenden Quote bei voller Inanspruchn aus der Bürgsch liegt, BGH **23**, 361, aA Blomeyer JZ **57**, 443. Über Teilerlaß der GesBürgschFdg ggü einzelnen Mitbürgen u Rückwirkg auf die AusglPfl § 423 Anm 1 und BGH **LM** Nr 6. – PfdRechte an bewegl Sachen u Hypotheken an Grdst des Schu od eines Dritten gehen nach § 401 in Höhe der Leistg des Bü voll auf diesen über (oben b); letzternf besteht zw dem Bü u dem Dritten keine AusglPfl (vgl §§ 1143, 1225), die Stellg des Bü ist die bessere; vgl § 1225 Anm 2b cc, aA Weber JuS **71**, 553; offen gelassen BGH Betr **73**, 1543. Darü, ob auch nichtakzessor Rechte wie SichergsEigt od -Abtretg von dem FdgsÜbergang erfaßt w, vgl § 401 Anm 1c und BGH WPM **67**, 214.

775 *Anspruch des Bürgen auf Befreiung.* I Hat sich der Bürge im Auftrage des Hauptschuldners verbürgt oder stehen ihm nach den Vorschriften über die Geschäftsführung ohne Auftrag wegen der Übernahme der Bürgschaft die Rechte eines Beauftragten gegen den Hauptschuldner zu, so kann er von diesem Befreiung von der Bürgschaft verlangen:
1. wenn sich die Vermögensverhältnisse des Hauptschuldners wesentlich verschlechtert haben;
2. wenn die Rechtsverfolgung gegen den Hauptschuldner infolge einer nach der Übernahme der Bürgschaft eingetretenen Änderung des Wohnsitzes, der gewerblichen Niederlassung oder des Aufenthaltsorts des Hauptschuldners wesentlich erschwert ist;
3. wenn der Hauptschuldner mit der Erfüllung seiner Verbindlichkeit im Verzug ist;
4. wenn der Gläubiger gegen den Bürgen ein vollstreckbares Urteil auf Erfüllung erwirkt hat.

II Ist die Hauptverbindlichkeit noch nicht fällig, so kann der Hauptschuldner dem Bürgen, statt ihn zu befreien, Sicherheit leisten.

1) Nach Befriedigg des Gläub hat der Bürge den Rückgr aus § 774. Schon **zuvor** gibt ihm § 775 bei gewissen InnenVerh (Auftr, GeschFg oA oder GeschBesorggsVertr) uU einen **Befreiungsanspruch** gg den HauptSchu. § 775 ändert damit insb die gesetzl Regelg der §§ 669 (Recht auf Vorschuß), 670 (Ersatz für Aufwendgen vor Befriedigg u 671 (KündR), RG **59**, 12. Hat der Schu im VerglVerf den Gl mit der Quote befriedigt, erlischt wg der weitergehnd Fdg der BefreiungsAnspr des Bü, BGH **54**, 117. – § 775 kann erweitert, Köln WPM **70**, 647 (befristeter Auftr) od abbedungen w, auch ist (formloser) Verzicht des Bü zul; ein solcher mit dem Gläub vereinb Verzicht kann auch als Vertr zG des HauptSchu gewertet und einredeweise von ihm geltd gemacht w, wenn der Bü gleichwohl nach § 775 vorgeht; BGH **LM** Nr 1. § 775 gilt auch für den selbstschuldnerischen Bü. Der Übern der Bürgsch im Auftr des HauptSchu steht gleich, wenn sich ein Gter für eine GesSchuld verbürgt. Nach seinem Ausscheiden kann er grdsätzl Befreiung von der Bürgsch dch die G verlangen, jedenf sobald eine weitere Voraussetzg des Abs I Nr 1–4 vorliegt, BGH

§§ 775–777

WPM **74**, 214. – Vollstreckg geschieht nach ZPO § 887, RG **150**, 80. – Der BefreiungsAnspr verwandelt sich nicht ohne weiteres in einen ZahlgsAnspr, sobald die ZahlgsUnfgk des HauptSchu u die Inanspruchn des Bü feststehen; uU aber anders RG **143**, 194; krit zu dieser Rspr Kretschmer NJW **62**, 141. – Tritt der Bü seinen FreistellgsAnspr gg den HauptSchu an den Gl der HauptFdg ab, so verwandelt sich der FreistellgsAnspr in einen Anspr auf Erf der Fdg, v der zu befreien ist (BGH Betr **75**, 445), also auf Zahlg. An and Pers als den Gl der HauptFdg ist der FreistellgsAnspr nicht abtretb, vgl § 399 Anm 2 a. – **Z 1**: Vermögensverschlechterg, vgl RG **150**, 77, auch durch ErbschKünd, Hbg BB **59**, 506. **Z 3**: Befreiungs-Anspr verbleibt dem Bü, wenn Gläub u HauptSchu sich nach Eintritt des Verzugs ohne Zust des Bü über Stundg einigen, BGH WPM **74**, 214; er erlischt, wenn HauptSchu nach VerzEintritt zahlt. Bei TeilVerz h Bü nur entspr TeilbefreiungsAnspr, BGH JZ **68**, 230.

2) Sicherheitsleistg des Hauptschuldners. Abs II kommt nur zu Z 1 und 2 in Frage. Vgl hierzu auch RG **59**, 12.

3) Über **Kündiggsrecht des Bü** ggü dem Gläub § 765 Anm 1.

776 *Aufgabe einer Sicherheit durch den Gläubiger.* **Gibt der Gläubiger ein mit der Forderung verbundenes Vorzugsrecht, eine für sie bestehende Hypothek oder Schiffshypothek, ein für sie bestehendes Pfandrecht oder das Recht gegen einen Mitbürgen auf, so wird der Bürge insoweit frei, als er aus dem aufgegebenen Rechte nach § 774 hätte Ersatz erlangen können. Dies gilt auch dann, wenn das aufgegebene Recht erst nach der Übernahme der Bürgschaft entstanden ist.**

1) Allgemeines. Die Bürgsch ist einseitig verpflichtender Vertrag, Einf 1f vor § 765. Gläub hat demgem, Warn **71** Nr 37, keine allg SorgfPfl, sofern nicht besonders vereinb, BGH WPM **67**, 366. Daher keine Pfl, die Hauptschuld zu kündigen, einzuklagen, zu vollstrecken, den Bü irgendwie zu benachrichtigen, Stundg anzuzeigen; auch § 1166 gilt nicht entspr. Anders bei der Ausfallbürgsch, Einf 2c vor § 765. Der kreditgebde Gläub darf sich bei der Frage weiterer KreditGewährg grdsätzl von seinen eig Interessen leiten lassen, desh strenge Anforderg an SchadErsAnspr des Bü od Einwdg des RMißbr (BGH WPM **68**, 1391). Jedoch hat auch der Gläub dem Bü ggü Treu u Glauben zu wahren; er w also diesem schadensersatzpflichtig, wenn er argl handelt od in bes schwerer Weise sg die Interessen des Bü verstößt; BGH WPM **63**, 25, **67**, 367; ausnahmsw auch Verwirkg der GläubRechte, BGH WPM **63**, 25, so insbes dann, wenn Gläub den Schu bestimmt hat, nicht zu zahlen, BGH BB **66**, 305 (entspr Anwendg von § 162). – Bü ist dadurch geschützt, daß er selbst alsbald zahlen u nach § 774 gg den HauptSchu vorgehen kann; auch schützt ihn § 775, wenn dessen Voraussetzgen vorliegen. – Entspr anwendb auf das RegisterPfdR an die Luftfahrzeugrolle eingetr **Luftfahrzeug**, § 98 LuftfzRG.

2) § 776: Grund: §§ 774, 412, 401. § 776 setzt Aufgeben, also **vorsätzliches Handeln**, voraus, fahrl Verschlechterg od Vernichtg der Sicherh durch den Gläub berührt BüVerpflichtg nicht, BGH BB **60**, 70; NJW **66**, 2009 (verspätete od unzureiche Verwertg); desgl nicht bloße Untätigk des Gläub, RG **65**, 396. – Über die einzelnen Rechte vgl zu § 401. Auch das SichergsEigt fällt unter diese Rechte. Bürge w daher auch frei, wenn Gläub das zur Sicherg übereignete zurücküberignet, oder aber im Einverständn mit dem SichgGeber den Erlös des Sicherungsgutes auf die andere, nicht durch die Bürgsch gesicherte Fdg gg den Schu verrechnet, BGH WPM **60**, 371. Entspr gilt für die SichgAbtretg von Forderg, Mü MDR **57**, 356. Ferner Aufgeben eines EigtVorbeh, falls Treuverstoß, RG HRR **33**, 12, desgl Entlassg eines GesSchu, RG HRR **35**, 582. Gegen Pfandbruch muß Gläub vorgehen, RG HRR **30**, 610. – BewLast für alles hat Bü. – Bei Zahlg in Unkenntn der Aufgabe kann Bü zurückfordern, § 813. Bü kann auf die Rechte aus § 776 verzichten, ohne daß die Bürgsch zum GewährVertr w, RG **153**, 345; der Verzicht bezieht sich sodann iZw auf alle unter § 776 fallenden Sichergen, BGH WPM **60**, 371. – Für den GewährVertr gilt § 776 S 1 in aller Regel entspr, nicht jedoch S 2, RG **72**, 142.

777 *Bürgschaft auf Zeit.* **I Hat sich der Bürge für eine bestehende Verbindlichkeit auf bestimmte Zeit verbürgt, so wird er nach dem Ablaufe der bestimmten Zeit frei, wenn nicht der Gläubiger die Einziehung der Forderung unverzüglich nach Maßgabe des § 772 betreibt, das Verfahren ohne wesentliche Verzögerung fortsetzt und unverzüglich nach der Beendigung des Verfahrens dem Bürgen anzeigt, daß er ihn in Anspruch nehme. Steht dem Bürgen die Einrede der Vorausklage nicht zu, so wird er nach dem Ablaufe der bestimmten Zeit frei, wenn nicht der Gläubiger ihm unverzüglich diese Anzeige macht.**

II Erfolgt die Anzeige rechtzeitig, so beschränkt sich die Haftung des Bürgen im Falle des Absatzes 1 Satz 1 auf den Umfang, den die Hauptverbindlichkeit zur Zeit der Beendigung des Verfahrens hat, im Falle des Absatzes 1 Satz 2 auf den Umfang, den die Hauptverbindlichkeit bei dem Ablaufe der bestimmten Zeit hat.

1) Allgemeines; Voraussetzgen. Der Sinn einer der Bürgenhaftg beigefügten Zeitbestimmung ist durch Auslegg zu ermitteln. Bürgsch auf Zeit **kann** bedeuten, daß der Bü nur für Fdgen haften will, die aus der best Zeit herrühren, also bis zum Zeitende entstanden sind. Diesen Sinn wird die Zeitbestimmg im allg bei der Bürgsch für künft od in der Entwicklg begriffene Verbindlichk (§ 765 II), insb bei der Kreditbürgsch (§ 765 Anm 2), auch der Bürgsch für einen Kontokorrentkredit haben, BGH WPM **74**, 478. **§ 777 gilt hierfür nicht**; die Bürgsch begrenzt ggstdlich durch die Zeitabrede nur den Umfang der BürgenPfl, es gelten die allg Bestimmgen der §§ 765 bis 776. – **Die Zeitbestimmg kann ferner bedeuten,** daß der

Gläub den Bü innerh der bestimmten Frist in Anspr nehmen muß, andernf der Bü frei w. Das wird bei Bürgsch für eine bereits bestehde Verbindlichk fast stets gemeint sein, BGH aaO. **§ 777 beschränkt daher darauf die Regelg.** AusleggsRegel zG des Gläub, da andernf Bü mit Ablauf der Frist ohne weiteres frei w würde, §§ 163, 158 II, BGH WPM **66**, 276. Entspr anwendb, falls ausnahmsw der Zeitbestimmg auch bei einer Bürgsch für künftige Verbindlichk dieser Sinn beizumessen ist, RG **82**, 384, HRR **35**, 581. – Die Zeit braucht bei der Zeitbürgsch nicht kalenderm bestimmt zu sein, RG **107**, 196. Vereinbg, daß Bürgsch bis zur Absicherg des Kredits dch eine Hyp bestehen bleiben soll, ist keine ZeitBürgsch, BGH WPM **69**, 35. – Fristabrede bzgl der Hauptschuld bedeutet noch keine Zeitbürgsch, Warn **14** Nr 155.

2) **Wirkungen.** § 777 regelt das vom Gläub einzuschlagende Verf der Inanspruchn. Wird es eingehalten, so haftet der Zeitbürge (im Umfang des II), andernf wird er frei. § 777 trennt die Anforderg en danach, ob dem Bü die Einr der Vorausklage zusteht oder nicht; ersterenf (I, 1) ist zunächst Inanspruchn des HauptSchu nötig. – Anzeige ist RGesch; RG **153**, 126 läßt das offen. Anz des Gl an den Bü auf InAnsprNahme unmittelb vor Ablauf der vereinb Zt genügt (Mü NJW **78**, 429); die aA RG **96**, 134 hängt förmeln am G-Wortlaut u ist zu eng. „Unverzüglich" ist nicht eng auszulegen, vgl RG **153**, 128. – Eine gesetzl Stundg der Fdg läßt die Haftg des Zeitbürgen im Falle I, 2 nicht erlöschen, falls Anz unverzügl nach Ablauf der Bürgsch-Zeit erfolgt, mag auch Einklagg noch nicht mögl sein, RG **153**, 127. Das muß auch im Falle I, 1 gelten, obschon Einziehg u unverzügl Anz daraufhin noch nicht mögl sind. – § 777 ist nicht zwingd.

778 *Kreditauftrag.* Wer einen anderen beauftragt, im eigenen Namen und auf eigene Rechnung einem Dritten Kredit zu geben, haftet dem Beauftragten für die aus der Kreditgewährung entstehende Verbindlichkeit des Dritten als Bürge.

1) **Begriff.** Die Abgrenzg von der Bürgsch für künft Schuld insb der Kreditbürgsch, § 765 Anm 2, ist oft schwierig. Maßgebd für den KreditAuftr ist das nach dem übereinstimmdn Willen der VertrParteien bestehende **eigene Interesse des Auftraggebers** an der Gewährg von Geld- od Warenkredit, BGH Betr **56**, 890; Ffm NJW **67**, 2360 (Architekt). **Voraussetzgen** des KreditAuftr:

a) Der KreditAuftr ist (echter) **Auftrag,** dh ein der Ann bedürftiger Vertr, nicht bloß einseit Ermächtigg. Wesentl ist daher einmal, daß der antragende AuftrGeber seinen rechtsgeschäftl Verpflichtgswillen erkennb zum Ausdr bringt, BGH WPM **60**, 880, u zum andern, daß der Beauftragte sich zur Ausführg des Auftr verpflichtet; RG **151**, 100, BGH Betr **56**, 890. Hierin Unterschied von der Kreditbürgsch, vgl Einf 1 vor § 765 u § 765 Anm 2. Liegt solche Verpflichtg nicht vor, so kann nur eine – formbedürftige – Bürgsch oder ein GewährVertr (Einf 3c vor § 765) gegeben sein. Die Beauftragg bedarf, § 662, nicht der Form des § 766, RG **51**, 122. Unter § 778 fällt auch die entgeltl Beauftragg (Vertr nach § 675), zB unter Provisionszusage, RG **56**, 133.

b) Die Verpflichtg des Beauftr muß darauf gerichtet sein, einem Dritten Kredit **im eigenen Namen und auf eigene Rechng,** näml des Beauftr, zu geben (zu gewähren od weiter zu belassen), RG **87**, 144; aA hins der Stundg od Verlängerg eines bereits gewährten Kredites, RGRK HGB § 349 Anm 53. Soll dagg der Beauftr im Namen und für Rechng des Auftraggebers leisten, so liegt gewöhnl Auftr vor. Kein KreditAuftr ist auch die Akkreditierg (Kreditbrief), sie ist Unterart der Anweisg; hierü Einf 4 vor § 783.

c) **Widerruflichkeit.** Der KreditAuftr soll den Beauftr zwar verpflichten, wesentl ist ihm aber die freie Widerruflichk durch den AuftrGeber, § 671 I, mit Wirkg, soweit Kredit noch nicht gewährt od zugesagt ist (bei der Bürgsch dagg kein WiderrufsR), ferner die freie Kündbark im Rahmen des § 671 I–III durch den Beauftr. Beides ist auch bei einem GeschBesorggsVertr (§ 675), oben a, anzunehmen, obwohl § 671 für ihn nicht gilt. – Der Beauftr hat kein Recht auf Vorschuß nach § 669, da das dem Wesen des KreditAuftr widersprechen würde.

d) Den Beauftr trifft nach AuftrR eine **SorgfaltsPfl** ggü dem AuftrGeber, RG JW **12**, 910, anders nach stRspr bei der Bürgsch, Einf 1f vor § 765, § 776 Anm 1. Daher Pfl zur Mitteilg, auch zur Abstandnahme von der Kreditgewährg, soweit das Interesse des AuftrG es fordert.

2) **Wirkungen.** Währd für den KreditAuftr **bis** zur Kreditgewährg (oder -zusage) AuftrR gilt, vgl Anm 1, haftet **danach** der AuftrG dem Beauftr für die Verbindlichk des Dritten als Bü. (Die Pfl zu Anm 1d bleibt.) Es gelten alle BürgschRegeln, auch die §§ 771, 774, 775.

Neunzehnter Titel. Vergleich

Einführung

1) Der 19. Titel enthält die einzige Bestimmg des BGB über den Vergl, u zwar sowohl eine Begriffsbestimmg des Vergl als auch die Regelg eines Sonderfalles, näml der Wirkg eines beiderseit Irrt über einen Umst, der außerh des Streites der Parteien lag. – Die Anwendbark dieser Bestimmg auf den **Prozeßvergleich** ist mit der höchstrichterl Rspr (vgl Anm 9 zu § 779) zu bejahen. Über ProzVergl im übr ZPO §§ 81, 83, 98, 160 II Z 1, 296, 794 I Z 1, 1044a (SchiedsVergl). Der **Zwangsvergleich** im Konk u nach der VerglO sind Sonderformen des bürgerlichtl Vergl; sie sind in den genannten G geregelt. – Der **außergerichtl Akkord** ist Vergl iS von § 779. – Über AufwertgsVergl § 516 Anm 4i. – Auch bei **öffentlrechtl Verhältn** kann Vergl geschl w, wenn keine öffrechtl zwingenden Vorschr entggstehen; vorausgesetzt jedoch auch hier Einigg der Parteien, daher nicht, wenn Leistg auf behördl Bescheid beruht, BGH NJW **63**, 2326. ProzVergl im verwaltgerichtl Verf, § 106 VwGO, § 779 Anm 9. – Über vergleichsw Verzicht auf erdienten Tariflohn § 611 Anm 6 h.

§ 779 Begriff; Irrtum über die Vergleichsgrundlage. **I** Ein Vertrag, durch den der Streit oder die Ungewißheit der Parteien über ein Rechtsverhältnis im Wege gegenseitigen Nachgebens beseitigt wird (Vergleich), ist unwirksam, wenn der nach dem Inhalte des Vertrags als feststehend zugrunde gelegte Sachverhalt der Wirklichkeit nicht entspricht und der Streit oder die Ungewißheit bei Kenntnis der Sachlage nicht entstanden sein würde.

II Der Ungewißheit über ein Rechtsverhältnis steht es gleich, wenn die Verwirklichung eines Anspruchs unsicher ist.

1) a) Rechtsnatur: Vergl ist **gegenseitiger Vertrag**, die allg Vorschr der §§ 320ff finden daher Anwendg. Er ist nur mögl zw dem Berecht u dem Verpflichteten, nicht zw anderen Personen, RG **127**, 126, vgl Einf 5b vor § 328. Er ist an sich **schuldrechtl Natur**, doch fallen sehr häufig die ErfGeschäfte mit dem schuldrechtl Vergl zus, zB bei Abtretg einer Fdg. Auch sonstige Vfgen kann der Vergl zum Inhalte haben, wie Verzicht, Anerkenng, Stundg, oder, ohne daß er dadurch selbst zur Vfg wird. Aus der schuldrechtl Natur des Vergl folgt ua, daß sich die Sach- und RMängelhaftg hins einer vergleichsw gegebenen Sache nach KaufR bestimmen, es sei denn, daß die Parteien sich gerade über die Rechtswirkgen eines Mangels verglichen haben, RG **90**, 169. RFolge der schuldrechtl Natur des Vergl auch, daß dch ihn nicht mit dingl Wirkg ein an sich nicht bestehendes ErbR begründet w kann, BayObLG **66**, 236. Weitere Folge: die Nichtigk des Vergl ergreift nicht ohne weiteres die Wirksamk der dingl Vfgsakte; der Ausgl findet in diesem Falle durch BereichergsAnspr nach §§ 812ff statt.

b) Form. Der Vergl ist regelm formlos. Enthält er aber formbedürftige Verpflichtgs- od ErfGesch, so gilt Formzwang auch, soweit diese Gesch vergleichshalber vorgenommen w, RG **89**, 259; so zB bei Eingehg einer Bürgsch (§ 766), bei dem Verspr der GrdstÜbereign (§ 313) od eines Teiles eines Vermögens (§ 311). Über GrdstVertr § 313 Anm 10 und 4b, sowie BGH **LM** § 313 Nr 5. Über Form bei Vergl zw ErbschPrätendenten RG JW **10**, 998. **Prozeßvergleich** ersetzt jede nach BGB erforderl Form (§ 127a) BGH **35**, 310; das gilt auch für den zu Protokoll des Wiedergutmachgsamtes geschl Vergl, BGH WPM **66**, 1135 u wohl auch für den nach § 794 Z 1 ZPO von einer Gütestelle geschl Vergl, da dieser in Form u Wirkg einem gerichtl Vergl gleichsteht; vgl Baumb-Lauterbach Anh 4 B zu § 307; nicht jedoch für den Vergl vor dem Mieteiniggsamt, RG **107**, 284.

c) Vergleichsbefugnis: Vergl des Vormundes bedarf der vormundschgericht Gen, § 1822 Nr 12 und § 1714 (anders bei den Inhabern der elterl Gewalt, § 1643 I). Über VerglBefugn des Prokuristen HGB § 49, HandlgsBevollm HGB § 54, Handelsvertreters HGB § 55, KonkVerw KO § 133 Nr 2, ProzBevollm ZPO §§ 81, 83.

2) Vorhandensein eines Streites oder einer **Ungewißheit über ein Rechtsverhältnis** (AusgangsRVerh) ist erforderl.

a) Die **Ungewißh** kann auf tatsächl od rechtl Gebiet liegen. Sie beruht auf Zweifeln beider Part über das AusgangsRVerh od auf Zweifeln einer Part, die der and bekannt sind. Nicht erforderl ist, daß ein geltd gemachter Anspr wirkl besteht, es genügt Streit od Ungewißh der Part darü, Zweifelhaftigk des Bestehens, BGH WPM **71**, 1511. Nicht erforderl ist obj Ungewißh, es genügt auch nur subj Zweifel, wenn er ernsth u verstäd ist, zZ des VerglAbschl (Breetzke NJW **69**, 1408). Ungewißh kann auch vorhanden sein, ohne daß ein Streit besteht, zB bei Ungewißh der künft Gestaltg von bedingten Anspr, ebso bei Unsicherh der Verwirklichg eines Anspr (ZahlsFgk des Schu), § 779 II. Auch Ungewißh über die künft REntwicklg, RG **117**, 306 (Aufwertgsgesetzgbg), BGH WPM **63**, 289 (LastenAusglGesetzgbg; vgl hierzu auch § 433 Anm 3 A b). Es genügt auch, wenn Ungewißh od Streit sich nur auf NebenPkte des im übr unstreit RVerh bezieht, zB auf Fällig, Verzinsg, ErfOrt, RG Gruch **47**, 936.

b) „Rechtsverhältn" ist im weitesten Sinne zu verstehen; nicht nur schuldrechtl u dingl, sond auch fam u erbrechtl Verh können Ggst eines Vergl sein; auch nur moralische Anspr, RG JW **28**, 3036. Das RVerh muß aber zw den Parteien bestehen u der Vfg der Part unterliegen; daher auch zul Vergl über die Gültigk u die Auslegg eines Testaments, vgl jedoch auch oben Anm 1a. Vergl über Stationiersgsschaden u der zust Beh, BGH **39**, 60 u Werthauer LM Nr 18, über EnteignsEntschädigg im EnteignsVerf, BGH NJW **72**, 157, Einigg zw StrBaulastträger u GrdstEigtümer über Entgelt für Grdst nach Abschl des PlanfeststellgsVerf, BGH NJW **72**, 2264. Dagg liegt im Verk eines Grdsts für Straßenbauzwecke vor Einleitg des PlanfeststellgsVerf kein Vergl, weil zw den Part noch kein RVerh besteht, BGH **59**, 69. Der ungewisse Anspr kann künft, bdgt od betagt sein.

c) Beschränken des Vergl. aa) Unwirksamk u Nichtigk. Unwirks sind Vergl, wenn zwingende RSätze entggstehen, zB über Bestehen oder Gültigk der Ehe, über den Nachlaß eines noch lebenden Dritten (§ 312), über den gesetzl UnterhAnspr der Verwandten für die Zukunft (§ 1614; anders bei Vergl über den UnterhAnspr der geschiedenen Ehefr, § 72 EheG) od über Anspr aus gemschaftl ggs Test nach dem Tode des Erstverstorbenen, RG Gruch **50**, 391. Überh nicht Vergl, wenn er selbst gg § 138 verstoßen, BGH NJW **51**, 397. Dagg ist ein Vergl wirks, wenn er den Streit der Part über die Wirksk des AusgangsRVerh beilegt, zB darü, ob es sittenw od wucherisch ist; vgl Breetzke NJW **69**, 1408. Nichtig ist ein solcher Vergl nur, wenn nunmehr auch die vergleichsw festgelegten Leistgen verbots- od sittenwidr sind od in auffäll Mißverh zueinander stehen, BGH BB **66**, 1323, wobei abzustellen ist, nicht auf die vergleichsw übernommenen Leistgen, sond auf das beiderseit Nachgeben, BGH aaO, NJW **64**, 1787. Ein Vergl über einen UnterlassgsAnspr verstößt nicht gg § 1 GWB, wenn ein ernsth, obj begründeter Anlaß zur Bejahg des geltd gemachten Anspr besteht u die wettbewbeschränkden Abreden sich innerh der Grenzen desjen halten, was bei obj Beurteilg ernstl zweifelh sein kann (BGH **65**, 147). – Nichtig nach § 306: Vergl mit inhaltl unmögl Leistg. – **bb) Rechtskräftiges Urteil.** Ist RVerh durch rechtskr Urt festgestellt, so ist eine anderweite Vereinbg der Parteien über dasselbe RVerh kein Vergl, sond Begr eines neuen RVerh. Anders nur dann, wenn über den UrtInhalt (Auslegg) od über die Durchsetzg des Urteilsspruches Streit od Ungewißh herrscht. Dann ist Vergl mögl, der aber nicht das Urt beseitigen kann, sond nur eine mit der VollstrGegenklage (§ 767 ZPO) geltd zu machende Einr gibt, RG JW **07**, 392. — **cc)** Vergl zur **Abwendg eines Strafverfahrens** ist, wenn es sich um AntrDelikte handelt, zul, sofern nicht im Einzelfall Sittenwidrigk vorliegt. Aus einem Vergl auf Rückn des StrafAntr kann auch auf Erf geklagt w, BGH NJW **74**, 900.

3) Unter **gegenseitigem Nachgeben** sind ggs Zugeständnisse irgendwelcher Art zu verstehen. „Ggs" bedeutet dabei, daß jeder Teil nachgibt, weil der and dies tut, Mü NJW **69**, 1306.

a) Es genügt auch, daß die Parteien sich ohne längere Auseinandersetzg (ggs Feilschen) auf eine bestimmte Geldsumme einigen, BGH **39**, 64. Der Ausdr „gegenseitiges Nachgeben" ist nicht im jurtechn Sinne, sond nach dem SprachGebr des Lebens aufzufassen, BAG NJW **58**, 2085. Es genügt daher jedes Opfer, das eine Partei auf sich nimmt, mag es auch ganz geringfügig sein, BGH **39**, 63, od mag obj ein Opfer gar nicht vorliegen; also auch Verzicht auf vermeintl Anspr, BGH **1**, 57. Es genügt auch, wenn Anspr ganz befriedigt od aufgegeben u von der anderen Partei eine GgLeistg anderer Art gemacht w, RG Recht **20** Nr 631. Es ist ferner nicht erforderl, daß Nachgeben sich gerade auf das streitige od ungewisse RVerh bezieht, Warn **30** Nr 89. Nachgeben liegt auch vor bei Stundg od Einräumg von Teilzahlgn, RG Recht **20** Nr 630, 2383, od bei Übern der Kosten oder Herabsetzg des Zinsfußes. Kein Nachgeben ist dagg die bloße „Abrechng" des vom Schädiger für obj gerechtf gehaltenen Betr (unter Abstrichen von MehrFdgen des Geschädigten), BGH NJW **70**, 1122. Liegt tatsächl ein Nachgeben vor, so ist unerhebl, daß die eine Partei ihre Leistg als freiw Zuwendg bezeichnet.

b) Kein Vergl, wenn nur eine Partei nachgibt, also bei bloßem Anerkenntn oder Verzicht od bei bloßer Stundg, Teilzahlgsgewährg ohne jede GgLeistg. Doch kann es sich um ggs Zugeständn handeln, wenn der dem Gläub gegenüber erscheinende Schu sich zur Zahlg urkundl verpflichtet, falls dadurch dem Gläub die umständl Einklag der Fdg erspart bleibt, RG JW **10**, 280. Über Unterschied zw ErlaßVertr u Vergl vgl auch Warn **14** Nr 153.

4) Die **Wirkung** des Vergl liegt darin, daß der **Streit od die Ungewißh beseitigt w.**

a) Regelmäßig keine Umschaffg. Das RVerh selbst läßt der Vergl regelm bestehen; er wirkt also nicht unbedingt umschaffd; daher bleiben PfdRechte u Bürgsch unberührt, RG **164**, 216. Aus den Umst kann sich aber der Parteiwille dahin ergeben, daß Vergl umschaffd wirken u ein neues SchuldVerh an Stelle des alten treten soll, zB durch Begr eines neuen selbständ SchuldVerspr (§§ 780, 781) od durch echte (§ 607 Anm 2) Umwandlg in ein Darl (§ 607 II); die dem urspr SchuldVerh anhaftenden Besonderh, wie Bürgsch, Unpfändbark gehen dann unter, RG LZ **26**, 229.

b) Wirkung über das streitige Rechtsverhältn hinaus. Vergl braucht sich nicht auf das streitige RVerh zu beschränken, sond kann sich auch auf andere RBeziehgen der Parteien erstrecken. Eine allg Ausleggsregel dahin, daß bei einem Vergl über alle ggs Anspr sich dieser nicht auf solche Anspr erstreckt, die erst nach VerglAbschl entstanden od dem einen Teil bekanntgeworden sind, ist im G nicht enthalten (anders im ALR §§ 427 ff I 16). Im allg wird dieser Satz aber auch für das BGB gelten, es sei denn, daß die eindeut Abs der VerglParteien dahin ging, schlechthin alle RBeziehgen zu lösen, RGRK Anm 21, vgl auch RG **131**, 282. **Vergleiche mit einer Versicherungsgesellsch** erstreckt sich iZw nicht auf einen bei VerglSchluß nicht erkennb Dauerschaden, RG **159**, 266. Vergl über Unfallfolgen erstreckt sich nicht auf unvoraussehb Spätfolgen des Unfalles, wenn die Part von bestimmten Vorstellgn über den Heilerfolg od von einem bestimmten Lohnausfall ausgegangen sind, BGH **LM** Nr 8, NJW **56**, 217; jedoch berechtigen kleine Ändergn des KrankhBildes od unwesentl Unfallfolgen nicht zur Geltdmachg weiterer SchadErsAnspr, RG DR **44**, 729. Sollte jedoch der Vergl auch diese Schäden mitabgelten, so bleibt es dabei (nach BGH **LM** Nr 11 „in der Regel"); wie hier auch Böhmer NJW **56**, 497. Nach BGH **LM** Nr 16 u 25 soll indessen auch in diesen Fällen möglicherw dem Festhalten an dem Vergl mit dem Einwand der unzul RAusübg begegnet w können, insb dann, wenn der Partner geschäftsunerfahren ist u die Höhe des Schadens in einem krassen Mißverh zur Abfindgssumme steht. Sehr bedenkl; schwerl kann hiernach einer Versicherg noch zum Abschl eines AbfindgsVergl geraten w. BGH übersieht, daß beide Partner des AbfindgsVergl bewußt ein Risiko übernehmen; keine Seite kann verlangen, von ihrem Risiko freigestellt zu w, wenn ihre Erwartgn nicht in Erf gehen. Krit zu dieser Rspr auch Mangold BB **61**, 1150.

5) Unwirksamkeit des Vergl nach § 779 ist ein ges geregelter Sonderfall des Fehlens der GeschGrdlage, tritt also nicht ein, wenn die Partner die rechtl Folgen eines derart Falles im Vergl ausdr geregelt h, BGH WPM **71**, 1120. Ansonsten ist der Vergl unwirks, wenn zwei Voraussetzgn vorliegen, näml wenn der nach dem Inhalt des Vergl als feststehd zugrunde gelegte Sachverhalt der Wirklichk nicht entspricht, u wenn außerdem der Streit oder die Ungewißh bei Kenntn der Sachlage nicht entstanden sein würde (unten Anm 6).

Der **als feststehend zugrunde gelegte Sachverhalt,** das ist der, der sich außerh des Streits od der Ungewißh befindet (BGH Betr **76**, 141), muß der Wirklichk nicht entsprechen. Im Ggsatz hierzu steht es, wenn der (rechtl od tatsächl) Irrt sich auf einen Umst bezieht, der vor dem Vergl als streitig od ungewiß angesehen wurde und den der Vergl gerade zu einem gewissen machen wollte, BGH NJW **59**, 2109. In letzterem Falle tritt weder Unwirksamk ein noch ist Anf wg Irrt gegeben (wohl aber wg argl Täuschg), vgl Anm 8. Den Ggsatz bilden ferner die Fälle, in denen der Irrt den Inhalt des Vergl selbst betrifft. Dann liegt gewöhnl GeschIrrt vor, der den allg AnfVorschr nach §§ 119 ff unterliegt, vgl Anm 8.

a) „Sachverhalt" ist nicht wörtl zu verstehen. Daher nicht nur reine Tatsachen, sond auch RIrrts, zB über das Bestehen eines VersVerh, RG **112**, 215, od über das UmstellgsVerh einer Fdg nach dem UmstG, BGH WPM **63**, 597. Das gilt aber nur für RIrrt, der Tatsachen mit umschließt, die im VerglAbschl erhebl Bedeutg hatten, nicht dagg für einen reinen RIrrt in bezug auf die streitige RLage, BGH aaO, **LM** Nr 24. Daher anwendb bei Irrt über gesetzl ErbR, RG Gruch **50**, 391, über Sachzugehörigk zum Nachlaß, RG JW **29**, 586; nicht bei Irrt über spätere Gesetzgebg, RG **117**, 308, über wirtschaftl Entwicklg, RG LZ **26**, 168, od den Fortbestand einer best Rspr (insow kommt aber Wegfall der GeschGrdlage in Frage; vgl unten 8e), BGH **58**, 355 [362]; desgl nicht, wenn Parteien irrtümlich nach dem unstreit Sachverhalt nur Anspr aus unerl Hdlg, nicht aber solche aus Vertr angenommen haben, BGH NJW 61, 1460. – Ist ein Vergl geschl, obwohl ein inzw erlassenes **rechtskräftiges Urteil** den Streit entsch, so gilt folgendes: Waren die Part übereinstimmd von der unrichtigen Sachlage ausgegangen, daß der Prozeß noch schwebe, so ist Vergl unwirks; haben sie dagg an die Möglichk der Urteilsexistenz gar nicht gedacht od haben sie zwar daran gedacht, wollten aber den Streit in jedem Fall durch Vergl beendigen, so ist der Vergl wirks, RGRK Anm 31 zu § 779.

b) Der Sachverhalt muß sich **außerhalb des Streites oder der Ungewißheit** befunden haben. Maßg ist danach die übereinstimmende Auffassg beider Parteien über den Sachverhalt, BGH WPM **64**, 545. Nicht erforderl ist Wissen der einen Part, daß die andere denselben Sachverhalt zugrunde gelegt hat, wenn dies auch meist der Fall sein w, RG HRR **34**, 858.

c) Gegenständliche Unrichtigk genügt; RG **112**, 215. Nicht erforderl, daß Parteien die Unrichtigk der VerglGrdlage später anerkannt haben.

6) Der Streit od die Ungewißh, die **bei Kenntnis der Sachlage nicht entstanden sein würde**: Es muß sich um einen streitausschließen Umstand handeln. Dabei kommt es nicht darauf an, daß überh kein Streit od keine Ungewißh entstanden sein würde, vielm ist entscheidd, ob gerade der Streit od die Ungewißh, die die Part beseitigen wollten, nicht entstanden sein würde, RG **122**, 203. Anderers genügt nicht die Feststellg, daß es bei Kenntn der Sachlage zu einem Vergl anderen Inhalts gekommen sein würde, RG **149**, 141; es ist vielm erforderl, aber auch genügd, daß Streit od Ungewißh, die die Part beseitigen wollte, nicht entstanden sein würde, u Parteien deshalb zu dem Abschl gerade des geschl Vergl keinen Anlaß hatten. Bezog sich Irrt nicht auf streitausschließende Umst, so ist § 779 grdsätzl unanwendb, BGH **LM** Nr 2; vgl jedoch hierzu auch Anm 8e.

Beispiel für Anwendbark: Vgl über Erb- oder NachlaßAnspr unter der unrichtigen Ann der Gültigk eines Test; über Eigt an einer Sache, die in Wirklichk einem Dritten gehört; über die Löschg einer Hyp, wenn sich herausstellt, daß sie einem Dritten zustand, RG **114**, 120; über GrdstKauf, wenn die Part unrichtigerw die GenBedürftigk des KaufVertr mit NichtigkFolge vorausgesetzt hatten, Warn **30** Nr 93. Irrtümliche Ann des Bestehens eines Versicherungsschutzes, RG **112**, 217. – **Das Auffinden neuer Beweismittel** für die Richtigk einer od der and Behauptg, welche Ungewißh od Streit verurs h, führt im allg nicht zur Unwirksamk des Vergl (BGH WPM **75**, 566), da die Parteien in der Regel nicht die obj Nichtexistenz der BewMittel, sond die Tats, daß ihnen kein BewMittel zur Vfg stand, als gegeben vorausgesetzt haben; anders nur, wenn die obj Nichtexistenz als Voraussetzg zu gelten hat, Staud-Brändl Anm 20.

7) Die RFolge der **Unwirksamkeit** erstreckt sich auf den ganzen Vergl. Sind die Voraussetzgen des § 779 nur für einen Teil des Vergl gegeben, so ist der Vergl nur insow unwirks, doch ist § 139 zu beachten; unentschieden geblieben in RG **114**, 120. Vergl ist „unwirksam", nicht nur anfechtb. Die Unwirksamk beschr sich aber auf den Vergl selbst, erfaßt nicht die abstr ErfGeschäfte, gleichgültig, ob diese nachträgl vorgenommen wurden od im Vergl mitenthalten sind. Diese können aber iW der Bereicherngsklage zurückgefordert w (§ 812). Ist Vergl unwirks, so wird er auch durch Erf nicht wirks, RG **79**, 240. Auch wenn ein Vergl nicht als nach § 779 unwirks angesehen w kann, kann das Festhalten an ihm doch **unzulässige Rechtsausübg** sein; vgl Anm 8e.

8) Anfechtbarkeit des Vergl wegen GeschIrrt, Betruges od Drohg. Wegen ZusTreffens von Anfechtbark mit Nichtigk vgl Übbl 4e vor § 104.

a) Die allg Bestimmgen über Anf wg **Geschäftsirrtums** (§§ 119 ff) bleiben durch § 779 unberührt. Liegt zB ein Irrt in der ErklHdlg vor (Versprechen, Verschreiben, BerechngsIrrt, RG **162**, 201), so finden die allg Vorschr Anwendg. Das gleiche gilt für Irrt über verkehrswesentl Eigensch einer Pers od Sache. Anfechtg erfordert unmißverständl Erkl darü, daß Vergl gerade wg des Irrt vernichtet w soll, BGH WPM **65**, 234. Sie ist jedoch nur in beschr Maße zul. Denn von der Anfechtg ist in jedem Fall ein Irrt ausgeschl, der sich auf einen durch den Vergl erledigten umstrittenen oder ungewissen Punkt bezieht, RG **162**, 201. Doch bleibt in diesen Fällen zu prüfen, ob nicht unzul RAusübg vorliegt, § 242 (vgl unten e), RG JW **36**, 34.

b) Bei **arglistiger Täuschg** ist die Anf nach § 123 auch dann zul, wenn es um eine Unsicherh od einen Streitpkt handelt, die dch den Vergl beseitigt w sollen. Der UrsZushang zw Täuschg u VerglAbschl ist schon zu bejahen, wenn die getäuschte Part nur mit einer Täuschg in geringerem Umfang gerechnet h als sich später tats herausstellt. Er ist zu verneinen, wenn die Part den Vergl ohne Rücks auf den Umfang der Täuschg abgeschlossen hat und wenn sie den Umfang der Täuschg gekannt u sich trotzdem zum Abschl entschlossen h (BGH Betr **76**, 141).

c) Über Anf wg **Drohung** vgl RG **112**, 226, BGH NJW **66**, 2399 (Bedrohg dch das Gericht, krit hierzu Kubisch NJW **67**, 1605). Für die Frage der Widerrechtlichk der Drohg kommt es nicht darauf an, ob Anspr auf VerglAbschl bestand, sond ob die Fdg, über die Vergl geschl w sollte, bestand oder mind gutgläub als bestehd angesehen wurde.

d) Nichtigk des Vergl nach allg Bestimmgen zu beurteilen. Über Nichtigk nach § 138 vgl Anm 2c aa.

e) Unzulässige Rechtsausübg (§ 242 Anm 1, 2), **Wegfall der Geschäftsgrundlage** (§ 242 Anm 6) können nach Treu u Glauben dem Festhalten des VerglPartners an dem Vergl entggstehen, wenn sich nachträgl ein Sachverhalt herausstellt, der ihm bei VertrSchl unbekannt war (BGH WPM **67**, 315); maßg ist, ob im Einzelfall (BGH WPM **64**, 547) das Festhalten am Vergl eine außergewöhnl Härte darstellen würde, die die zumutb Opfergrenze überschreitet (Schlesw VersR **78**, 187), zB ungewöhnl Diskrepanz, krasses unzumutb MißVerh zw Schad u SchmerzGAbfindsSumme nach Auftreten nicht vorhersehb Spätfolgen (Kln VersR **78**, 576). Auch eine spätere Änd der dem Vergl zugrde liegden Rspr kann eine Anpassg erforderl machen (BGH **58**, 355 [362]).

9) Auch der **Prozeßvergleich** der ZPO fällt unter § 779, BGH **28**, 171, BAG NJW **60**, 1364, weil es sich bei ihm um einen privrechtl Vergl handelt, wenn er auch zugl den Charakter einer ProzeßHdlg trägt. Ein aus prozeßrechtl Gründen unwirks Vergl kann als außergerichtl Vergl aufrechterhalten w, BAG NJW **60**,

1364. Keine Unwirksamk des Vergl, wenn Gericht nicht ordngsgem besetzt war, BGH **35**, 309. Kein Vergl ist die Vereinbg der KostenÜbern bei Rückn der Berufg, da keine Ungewißh besteht, Hbg JW **37**, 1081, wohl aber, wenn beide Part Gerichts- u Anwaltskosten übernommen haben, Warn **30** Nr 89. Über Rücktr-Vorbeh u Auslegg einer solchen Vereinbg Anm b u über den Adressaten des Widerrufs BAG NJW **60**, 1364. Die NichtAusnutzg einer WiderrufsMöglk ist keine WillErkl, also nicht anfechtb, Celle VersR **69**, 930. – Auch im verwaltgsgerichtl Verf ist Vergl mögl, sow die Beteiligten über den Ggst der Klage verfügen können, § 106 VwGO; vgl hierzu BVerwG NJW **62**, 1636.

a) Form. Der ProzVergl ersetzt jede im BGB vorgeschriebene Form, in ihm kann auch die Auflassg erkl w, § 925 I, 3; vgl hierü Anm 1 b.

b) Streit über die Wirksamk aus verfrechtl Grden ist dch Fortsetzg des alten Verf auszutragen, indem die Part, die den Vergl für unwirks hält, TerminsAntr mit dieser Begr stellt. Das Gleiche gilt bei Streit über den rechtl Bestand des Vergl aus matrechtl Grden, so über seine anfängl matrechtl Unwirksamk (zB Nichtigk, Anfechtg), BGH NJW **28**, 171, BAG NJW **56**, 1215, BVerwG NJW **62**, 1636, über den NichtEintr einer aufschiebden Bdgg (zB über die Wirksamk eines einer Partei vorbehaltenen Widerrufs), BGH NJW **46**, 278, über den Eintr einer auflösden Bdgg, BGH NJW **72**, 159; desgl wenn Vergl vor dem RevGer geschl wurde, BAG NJW **60**, 2211. Dagg ist der Streit in einem neuen Verf auszutragen, wenn nicht der rechtl Bestand des Vergl in Frage gestellt w, sond wenn gg seinen Fortbestand Einwendgen aus nachträgl Ereign hergeleitet w, so iF des Rücktr aus § 326 (aA Hbg NJW **75**, 225), der Aufhebg, BGH NJW **41**, 310, des Wegfalls, BGH NJW **66**, 1658, oder der Veränderg der GeschGrdlage, BGH WPM **72**, 1442; ebso wg der unterschiedl VerfArt ist Streit über Wirksamk eines Vergl in Verf nach §§ 620ff ZPO, Köln MDR **71**, 671 u in Arrest- u einstw VfgVerf. Die Frage, ob das alte Verf fortzusetzen ist od nicht, unterliegt nicht der PartVereinbg, BGH **41**, 310. Bringt der Forts des alten Verf das Erg, daß der Vergl wirks ist, so ist im Urt auszusprechen, daß der RStreit dch den Vergl erledigt ist, BGH Betr **71**, 2406. Andernf ist in einem Zw- (§ 303 ZPO) od in den Grden des EndUrt, das dann in der Sache entscheidet, seine Unwirksamk auszusprechen. Die (Un)Wirksamk kann auch Ggst einer ZwFeststellgs(Wider)Kl sein. Für sie besteht, solange die Hauptsache noch nicht vollst erledigt ist, ein RSchutzBedürfn ohne Rücks darauf, ob es in der Hauptsache noch besteht, jedenf dann, wenn mit ihr der Vergl als VollstrTitel beseitigt w soll, BGH MDR **74**, 567. – Gg die Zulässigk der ZwVollstr aus dem Vergl ist VollstrGgKl nach § 767 ZPO zu erheben, zB wenn nachträgl Wegfall der ZahlgsVerpfl behauptet w, BGH BB **67**, 981; dies auch dann, wenn als Vorfrage dafür eine Auslegg des ProzVergl erforderl ist (BGH NJW **77**, 583). RSchutzBedürfn für VollstrGgKl fehlt aber, soweit sie auf Unwirksamk des ProzVergl gestützt ist u diese dch Fortsetzg des alten Verf geklärt w kann, BGH NJW **71**, 467. Diejen Part, die den Vergl für wirks hält, h weder für einen TerminsAntr noch für eine selbstd FeststellgsKl (hier aA Ffm MDR **75**, 584) ein RSchutzBedürfn, denn sie kann aus dem ProzVergl vollstr u abwarten, daß die and Part in zu beseitigen sucht. **Streit über die Auslegg** eines ProzVergl ist nicht dch Fortsetzg des alten, sond in einem neuen Proz mit Feststellgs- od, wenn es sich dort um eine Vorfrage handelt, mit Leistgs- od VollstrGgKl (BGH WPM **77**, 204) auszutragen. – Die Ann eines vom Gericht unter Setzg einer Erklärgsfrist gemachten VerglVorschlags untersteht als prozessuale Erkl verfahrensrechtl Vorschriften u ist nicht widerrufl, RG DR **44**, 202.

c) Abänderbarkeit des ProzVergl nach ZPO §§ 323 IV, 794. Bei Vergl über Unterh- u Haftpflichtrenten kommt Abänderg auch unter dem Gesichtspkt der ,,clausula rebus sic stantibus" in Frage, zB bei Verm-Verschlechterg, Geldentwertg, RG **106**, 233, **110**, 101 – vergleichsw Abfindgssumme RG **106**, 396; vgl auch BGH **2**, 379 über den Einfluß der Geldentwertg auf AbfindgsVergl über Unterh u weiter § 242 Anm 6a.

Zwanzigster Titel. Schuldversprechen. Schuldanerkenntnis

Einführung

1) a) Die **Bindung** an das selbständige (abstrakte) Verspr (Begriff vgl Übbl 3e vor § 104; Einf 4b vor § 305) entspr altem dtsch Recht. Sie ist nicht nur im Handelsverkehr (kaufm Verpflichtgsschein, Anweisgsakzept), sond auch im BGB in §§ 780 ff grdsätzl anerkannt. Dies entspr dringendem Verkehrsbedürfn, da das selbständ SchuldVerspr ggü dem kausalen größere Sicherh u Festigk bietet sowie Klagebegründg u Beweis erleichtert. Die zugrde liegende kausale Verpflichtg kann auch öffrechtl Art sein, BGH WPM **65**, 434. – **b)** Um einers Übereilg u Ausbeutg vorzubeugen u anderers die Feststellg, daß selbständ SchuldVerspr vorliegt, in zuverlässigster Weise treffen zu können, ist für selbständ SchuldVerspr u -Anerk **Schriftform** vorgeschrieben. Unterschied zw SchuldVerspr (§ 780) u SchuldAnerk (§ 781) ist äußerl Natur, in der Praxis fließen die beiden Formen des selbständ Verspr ineinander (SchuldVerspr: ,,ich verspreche, zu zahlen"; SchuldAnerk: ,,ich erkenne an, zu schulden"). – **c)** Auch bei abstrakter, auch nachträgl, Mitverpflichtg kann GesSchuldVerh begründet sein, RG **77**, 323, vgl § 421 Anm 1. – **d)** Das selbständ SchuldVerspr **tritt**, wenn es zur Sicherg der Erf einer bestehenden Kausalschuld gegeben wird, **neben die alte Schuld**, wirkt also nicht umschaffd. Es wird im allg nur erfh gegeben, vgl § 364 II. Wird aus selbständ SchuldVerspr od -Anerk geklagt, so liegt bei nachträgl Zurückgehen auf altes SchuldVerh Klageänderg vor. Doch kann SchuldVerspr auch eine Umschaffg des GrdGesch bezwecken. Vgl § 780 Anm 4a.

2) Die **Selbständigk** des SchuldVerspr u -Anerk hat zur Folge, daß ohne Rücks auf Einwendgen aus Grd-Gesch Erf verlangt w kann. Fehlt jedoch ein gültiges GrdGesch od ist Zweckerreichg unmögl od Zweckvereinbg ungültig, so ist Empf des SchuldVerspr **ungerechtfertigt bereichert**. Der Schu kann sodann entweder Befreiung von der Schuld verlangen od Erf einredeweise verweigern, §§ 812, 821. Wichtig ist, daß in diesem Falle aber immer Schu die Beweislast hat. Die Einr steht dem Schu ggü RNachfolger des urspr VersprEmpfängers zu (§§ 404, 405), RG JW **36**, 917. Näheres darü, in welchen Grenzen hierbei auf das Grd-Gesch zurückgegangen w kann, vgl § 780 Anm 5d, § 781 Anm 4.

3) SchuldVerspr u -Anerk sind Verträge (vgl Einf 1a vor § 320). Erforderl ist daher Willenseinigg, u zw auch über selbständ Natur des Verspr od Anerk. Ein einseitiges, vom Gläub nicht angenommenes SchuldVerspr (-Anerk) begründet keine selbständ Verpflichtg, kann aber als BewMittel für das Bestehen der anerkannten Verpflichtg od zur Unterbrechg der Verj (§ 208) in Frage kommen, RG JW **19**, 186. Eins SchuldVerspr kann nicht kondiziert w, RG HRR **30**, 288. Über SchuldbestätiggsVertr u prozessuales Anerk § 781 Anm 2.

4) Für Verjährg gilt regelm VerjFrist (§ 195), auch wenn für GrdGesch kürzere Verj, anders bei dem nur deklaratorisch Anerk, § 781 Anm 2a. Ob Angabe des Schuldgrundes in der Urk auf die Vereinb der kürzeren VerjFrist auch für das selbständ SchuldVerspr schließen läßt, hängt von den Umst ab, RG **75**, 4. Die Verj des GrdSchuldVerh wird durch die in dem SchuldVerspr od -Anerk liegende Anerkenng unterbrochen.

780 *Schuldversprechen.* **Zur Gültigkeit eines Vertrags, durch den eine Leistung in der Weise versprochen wird, daß das Versprechen die Verpflichtung selbständig begründen soll (Schuldversprechen), ist, soweit nicht eine andere Form vorgeschrieben ist, schriftliche Erteilung des Versprechens erforderlich.**

1) Allgemeines. Das SchuldVerspr nach § 780 ist (einseit verpflichtender) Vertr, der ein von dem GrdGesch (Kausalvereinbg) losgelöstes LeistgsVerspr enthält. Es dient vornehml der Klageerleichterg, da Gläub nur Tats des SchuldVerspr, nicht auch die Grdvereinbg darzutun hat, vgl Übbl 3e vor § 104; Einf 4b vor § 305; auch für Feststellg zweifelh Anspr zweckm, Warn **10**, Nr 276. Ggst des Vertr kann jede beliebige **Leistg** sein; meist Leistg einer bestimmten Geldsumme. Bei unvertretb Sachen ist selbständ SchuldVerspr nur selten anzunehmen. Auch ErfÜbern (§ 329) ist als selbständ SchuldVerspr denkb, RG **58**, 200. Beifügung einer Bedingg oder Befristg ist mögl, RG Recht **06**, 2098, zB auf Ers eines Schadens für den Fall, daß ein solcher festgestellt w kann, RGRK Anm 2 zu § 780. Deshalb kann das SchuldVerspr auch von GgLeistg des Gläub in dem Sinne abhäng gemacht w, daß die GgLeistg einschränkende Bedingg des SchuldVerspr ist, nicht aber, daß auf sie geklagt w kann, RG **116**, 336. Liegt Vereinbg einer echten GgLeistg vor, so ist dies in aller Regel mit der Ann eines selbständ SchuldVerspr nicht vereinb. Das gilt erst recht für synallagmatische Vertr, RG JW **06**, 463. Über selbständ SchuldAnerk als Bestandt eines ggseit Vertr vgl § 812 Anm 2.

2) Selbständige Begründg der Verpflichtg ist wesentl Merkmal des abstr SchuldVerspr. Über Verh von kausalen zu abstr Schuldverbindlichk im allg vgl Übbl 3e vor § 104; Einf 4b vor § 305. Ob im Einzelfall selbständ SchuldVerspr vorliegt, ist **Auslegsfrage**, daher im RevVerf nur beschr nachprüfb, BGH NJW **76**, 254. Für die Begr eines abstr SchuldVerspr kommt es darauf an, daß das Verspr die Verpfl v ihren wirtsch u rechtl Zushängen loslösen u rein auf den Leistgswillen des Schu abstellen soll, so daß der Gl sich zur Begr seines Anspr nur auf das Verspr zu berufen braucht (BGH NJW **76**, 567). Entscheid ist der aus dem Wortlaut, dem wirtschaftl Zweck des Vertr, der beiderseit Interessenlage u den sonst, auch außerh der Urk liegden Umst des Falles zu ermittelnd PartWille, BGH WPM **73**, 840. Dieser muß nicht nur (wie dies vielf geschieht) auf Schaffg einer BewUrk, sond auf Begr einer vom GrdGesch losgelösten Verpflichtg gerichtet sein. Nicht Form, sond Sinn der Vereinbg ist maßg. Gesetzl Vermutg besteht weder für noch gg Vorhandensein eines selbständ SchuldVerspr. Einzelh vgl auch § 781 Anm 2.

a) Ist in der Urk der **Verpflichtgsgrund nicht erwähnt**, so wird dies bis zum Bew des Ggteils den Schluß auf selbständ SchuldVerspr rechtfertigen, RG **61**, 319. Ist VerpflichtgsGrd (causa) erwähnt, so zwingt dies nicht schlechthin zur ggteiligen Ann. Die Angabe des Grundes schadet dann nichts, wenn sich aus sonstigen Umst ergibt, daß nicht nur BewUrk, sond ein selbständ SchuldVerspr geschaffen w sollte, BGH BB **62**, 1222 („Darlehen"); das gilt insbes dann, wenn VerpflichtgsGrd nur ganz allgemein angegeben ist, RG HRR **30**, 1446. Ist dagg der VerpflichtgsGrd bestimmt u genau bezeichnet, so wird es besonderer, vom Gläub zu beweisender Umst bedürfen, wenn trotzdem ein SchuldVerspr vorliegen soll, RG **67**, 263, **74**, 340, vgl auch RG **142**, 306. Angabe eines fingierten SchuldVerh, zB als Darl, obwohl in Wirklichk nichts gegeben wurde, deutet auf selbständ SchuldVerspr hin, BGH BB **62**, 1222.

b) Vielfach wird der **Zweck des Schuldversprechens** wichtigen Anhaltspkt bieten; so wenn er ersichtl auf Erleichterg der Klagebegründg gerichtet ist. Bei HilfsGesch, die ledigl der Sicherg einer bestehenden Schuldverbindlichk dienen, liegt idR kein selbständ SchuldVerspr vor, zB bei Bürgsch od Hypothek, RG LZ **19**, 1233, od bei kumulativer SchuldÜbern, RG JR Rspr **26**, 1689. Selbständ Verspr kann auch vorliegen, wenn eine Verpflichtg nur dem Grunde nach anerkannt w, RG **75**, 4. – Das SchuldVerspr kann auch zugunsten eines Dritten abgegeben w, Mü OLGZ **66**, 386.

c) Umdeutung. Über Aufrechterhaltg formnichtiger Urkunden als selbständ SchuldVerspr vgl § 781 Anm 3.

d) Einzelfälle : AnnErkl auf Lieferschein, RG LZ **22**, 681; Bestätigg eines Akkreditivs als selbständ SchuldVerspr ggü AkkreditivEmpf, BGH **28**, 129, hierzu Einf 4 vor § 783; Erkl der Bank des Käufers ggü dem Verk, daß sie sich zur Einlös des Duplikatfrachtbriefs verpflichtet, als selbständ SchuldVerspr neben dem bei der Bank des Verk gestellten Akkreditiv, RG **107**, 7; VerpflichtgsErkl des Straßenanliegers zur Übern von Straßenbaukosten, RG **154**, 389, u Geländeauflassgen in Baudispensverträgen, KG NJW **62**, 965; Übern der pers Haftg für den Eingang des GrdSchBetr bei Bestellg der GrdSch in einer vollstreckb Urk, BGH NJW **76**, 567. Über VerpflichtgsErkl im Anschluß an Unfälle § 781 Anm 2d. Anerk der mitgeteilten Abrechng über lfd Rechng idR abstrakt, Warn **35**, 98; auch VereinbgsDarl nach § 607 II kann selbständ SchuldVerspr sein, RGRK Anm 4 zu § 780, vgl RG **152**, 165. Keine selbständ Verpflichtg enthält die Erkl, ein Akzept sei in Ordng u werde eingelöst w, RG **82**, 337; der nach ScheckG unzul AnnVermerk auf Scheck hat auch als selbständ SchuldVerspr keinen Bestand, RG **105**, 361. Zinsschuld als selbständ

Einzelne Schuldverhältnisse. 20. Titel: Schuldversprechen, Schuldanerkenntnis §§ 780, 781

Verpflichtg ggü einem anderen als dem KapitalGläub, RG **94**, 137. AbfindgsVerspr an Geliebte als selbständ SchuldVerspr, RG **98**, 176.

3) **Form**; vgl auch § 781 Anm 3. § 780 schreibt Schriftform des Verspr (nicht auch der Ann) vor, § 126. Keine „förmliche Urkunde" erforderl, auch Brief u Postkarte, sofern § 126 erfüllt ist. Es kann auch durch schlüss Hdlg angenommen w, also zB durch Entggnahme der Urk. Zeitpkt des Wirksamwerdens RG **61**, 414 (noch nicht Unterzeichn, sond Überg od Zusendg der Urk an Gläub; bis dahin Widerruf mögl). Angabe des Gläub in der Urk ist erforderl, RG **71**, 113. – Mündl Nebenabreden können nach allg Grdsätzen gültig sein, Warn **10**, 277. **Anderweite Formvorschriften**: a) wenn für das LeistgsVerspr durch andere Vorschr bestimmte Form vorgeschrieben ist, gilt dies auch für das selbständ SchuldVerspr, zB gerichtl od notarielle Beurkundg in den Fällen der §§ 311, 312 II, 313. b) § 518, wenn das SchuldVerspr schenkw erteilt w (BGH WPM **76**, 1033). c) SchuldVerspr aGrd einer Abrechng oder iW des Vergl, § 782. d) Handelsrechtl SchuldVerspr, soweit nicht Minderkaufmann, HGB 350, 351.

4) **Wirkung.** a) Das selbständ SchuldVerspr begründet eine neue Verpflichtg u tritt idR zur Auswahl des Gläub neben das Grundschuldverhältn, u zwar erfüllshalber zur Erleichterg der RVerfolgg, Warn **19** Nr 115. Durch Befriedigg der einen Schuld wird zugl die andere aufgeh. Verjährg Einf 4 vor § 780. – Das SchuldVerspr kann aber in der Weise erteilt w, daß es an Erfüllgs Statt gegeben w (§ 364 II), od daß es **in sonstiger Weise das GrdSchuldVerh abändert u anderweit festestellt**, RG **71**, 184. b) Inhalt u Umfang der Leistg bestimmen sich nach dem Inhalt des Verspr. § 242 kann dabei in Frage kommen, RG **106**, 307. Für die Entscheidg, in welcher Art ein selbständ SchuldVerspr zu erfüllen ist, kann der Umstand erhebl sein, daß es aGrd eines Akkreditivs gegeben ist, RG **144**, 133.

5) **Einreden und Einwendgen.** Die allg Vorschr über RGesch (§§ 104 ff) sind anwendb, also auch Anf wg Irrt, Argl, Zwanges usw. **Einwirkg des Grundgeschäftes**:
a) **Nichtigk des Grundgeschäfts** berührt grdsätzl die Gültigk des selbständ SchuldVerspr od SchuldAnerk nicht. Es wird in seinem rechtl Bestand grdsätzl nicht davon berührt, daß die zeitl vor der Abg von den Part getroffenen Vereinbgn wg Sittenwidrigk nichtig sind. Zu prüfen bleibt aber, ob das SchuldVerspr bzw -Anerk selbst wg Sittenwidrigk nichtig ist (BGH WPM **76**, 907). Überdies kann das selbständ SchuldVerspr in aller Regel kondiziert w, wenn das GrdGesch nichtig ist, vgl Einf 2 vor § 780 und unten d.
b) **Ausnahmen** von dem Grds der Selbständigk des SchuldVerspr enthalten die §§ 518 I, 2, 656 II, 762 II.
c) **Auslegg des SchuldVerspr.** Einwendgen aus §§ 226, 826 und ebso aus §§ 157, 242 sind zul, soweit es sich um die Auslegg des SchuldVerspr selbst, also ohne Rücks auf das GrdGesch, handelt; vgl Anm 4b.
d) **Einwendg aus ungerechtfertigter Bereicherg.** Einreden bestehen insow, als die Rückfdg des SchuldVerspr nach §§ 812 ff, 822 mögl ist; hierü § 812 Anm 2b. Dabei ist § 814 (Ausschl des BereicherungsAnspr bei Kenntn des Schu vom Mangel des RGrundes) zu beachten, ebso § 813 II, aber auch § 817 S 2 Halbs 1 letzter Teil. Der BereicherungsAnspr gewährt nicht nur ein Recht auf RückFdg des SchuldVerspr, sond auch Einr ggü dessen Geltmachg. Im einz ist zu unterscheiden: **aa)** Bezweckt SchuldVerspr nur die **Erleichterg der Rechtsverfolgg**, so ist ein Zurückgehen auf das GrdGesch in vollem Umfange mögl. Praktische Bedeutg des SchuldVerspr liegt dann nur in der Umkehr der Beweislast, die jetzt den Schu trifft, RG **74**, 142. Das ist der Regelfall. **bb)** Bezweckte das SchuldVerspr dagg **Umschaffg des ursprüngl Schuldverhältn** (Anm 4a), so ist Zurückgehen auf dieses ausgeschl. Jedoch kann in aller Regel eingewendet werden, daß urspr SchuldVerh überh nicht bestand, BGH LM § 157 (D) Nr 5; Auslegg kann allerd auch ergeben, daß ZahlgsPfl des Schu unter allen Umst anerkannt u damit dem Streit der Parteien entrückt w sollte, BGH NJW **63**, 2317 (zum SchuldAnerk). **cc)** Schließl ist es denkb, daß bei **zweifelh od mit Einreden behafteter Schuld** deren **Feststellg** beabsichtigt war. Dann ist ein Zurückgehen auf das alte SchuldVerh nur insow mögl, als nicht die Zweifel od Einreden durch das SchuldVerspr beseitigt w sollten, RG **71**, 184. – UU ist **Verzicht auf die Einrede** anzunehmen, insb wenn das SchuldVerspr in Kenntn der Einr abgegeben ist, auch kann das SchuldVerspr wie bei einem Vergl dahin gehen, daß alle – bekannten wie unbekannten – Einwendgen ausgeschl sind, BGH NJW **63**, 2317 u WPM **76**, 907. Zu beachten ist, daß Schu die Bereicherungseinrede nach § 404 auch dem neuen Gläub ggü geltd machen kann.

6) **Beweislast.** Kläger braucht nur die Eingeh des selbständ SchuldVerspr nachzuweisen, währd Beklagten die volle BewLast für Einwendgen aus dem GrdGesch trifft, BGH WPM **76**, 254. Ist die Selbständigk str, so hat nach allg Grds Kläger dann die BewLast für Selbständigk, wenn die Urk Angabe eines Schuldgrundes enthält, RG Recht **08**, 2322. In anderem Falle bleibt Beklagtem der Nachweis offen, daß es sich trotz Fehlens der Schuldgrundangabe um kausale Verpflichtg od nur um eine BewUrk handele. Schenkw Erteil h derjen zu beweisen, der sich darauf beruft (BGH WPM **76**, 1053).

781 *Schuldanerkenntnis.* Zur Gültigkeit eines Vertrags, durch den das Bestehen eines Schuldverhältnisses anerkannt wird (Schuldanerkenntnis), ist schriftliche Erteilung der Anerkennungserklärung erforderlich. Ist für die Begründung des Schuldverhältnisses, dessen Bestehen anerkannt wird, eine andere Form vorgeschrieben, so bedarf der Anerkennungsvertrag dieser Form.

1) **Allgemeines.** Unterschied ggü SchuldVerspr nach § 780: vgl Einf 1 b vor § 780. Nicht hierher gehören Vertr, durch die das Nichtbestehen eines SchuldVerh anerkannt w (§ 397 II), ebso solche, durch die nicht SchuldVerh, sond andere RVerh (Eigt, FamRechte) anerkannt w. Wegen des rein tatsächl „Anerk" iS des § 208 daselbst Anm 2. – Für Verjährg ist § 222 II, 2 zu beachten. Das dort erwähnte Anerk bedarf der Schriftform nach § 781, RG **78**, 130, 163. Anerk ist auch bindd, wenn es in Unkenntn der Verj abgegeben wird, RG JW **15**, 393. Auch ein abstraktes SchuldAnerk verträgt eine Bdgg (BGH WPM **77**, 1027).

2) Schuldanerkenntnis. Die Anerkenng einer Schuld kann versch Inhalt h: deklarator, nur BewErleichterg od konstitutiv. Dch Auslegg ist im EinzFall zu ermitteln, was die Part gewollt h. Dabei sind vor allem der mit dem Anerk verfolgte Zweck, die beiderseit Interessenlage u die allg VerkAuffassg mäßg über die Bedeutg eines solchen Anerk maßg. Eine Vermutg für den einen od and Inhalt gibt es nicht. Die Auslegg als deklarator Anerk im Verhältn zur bloßen BewErleichterg setzt voraus, daß vorher ein Streit od eine subj Ungewißh der Part über das Bestehen der Schuld od einige rechtserhebl Pkte bestand (BGH NJW **76**, 1259).

a) Das Anerk kann den Sinn haben, daß es Entstehen u Bestehen der bereits vorhandenen Schuld lediglich bestätigen soll (sog **deklaratorisches Anerk**). Sein Zweck liegt regelm darin, das SchuldVerhältn insges od zumind in best Beziehgen dem Streit od der Ungewißh der Part zu entziehen u (insow) vergleichsw endgült festzulegen, BGH WPM **74**, 411. Es setzt nicht notw eine unbestr bestehde Fdg voraus, es kann ein möglicherw noch nicht bestehdes SchuldVerhältn begründen, indem ein nur möglicherw bestehdes SchuldVerhältn bestätigt w; in diesem Maß h der SchuldBestätiggsVertr eine potentiell konstitutive Wirkg (BGH **66**, 250), iü legt er nur das alte SchuldVerhältn fest. Dieses Anerk bedarf keiner Form u unterliegt nicht der Rückfdg wg ungerechtf Bereicherg, wenn sich hinterher herausstellt, daß die als möglicherw anerk Schuld od daß entgg der Ann eine Einwdg od Einr gg den bestätigten Anspr besteht (vgl § 812 Anm 2b). Es hat entspr seinem Zweck (Ausleggsfrage) die Wirkg, daß es alle Einwendgen tats u rechtl Natur für die Zukunft ausschließt, die Schu bei der Abgabe kannte od mit denen er zum mindesten rechnete, BGH WPM **74**, 411, KG NJW **71**, 1219 (SchuldAnerk nach VerkUnfall). Verzicht auf unbekannte Einwendgen w regelm nicht anzunehmen sein, BGH NJW **71**, 320. IF des Anerk ggü dem NeuGl nach der Abtr einer Fdg ist die beiderseit Interessenlage in wicht Moment der Auslegg, insb inwiew nur der NeuGl ein Interesse an der Erkl des Schu h od inwiew auch dieser ein eig Interesse am Kredit des Alt- u der Sicherg des NeuGl hat, BGH NJW **73**, 2019. So enthält formularmäß Bestätigg einer Schuld dch den Schu (Käufer) ggü einer Bank, der die Fdg abgetreten ist, einen Verz auf die Einr, daß der Vertr (vom Verk) nicht vollst erf sei, nur bei eindeut Klarstellg, BGH NJW **73**, 39. Auch die Erkl des Schu, daß er Fdg u Abtretg anerkenne, daß er sie unwiderrufl bezahle u auf alle Einwndgen gg den rechtl Bestand der Fdg ggü dem NeuGl verzichte, ist kein selbstd SchuldAnerk u idR kein Verz auf Einw, die dem Schu bei Abg der Erkl nicht bekannt waren u mit denen er auch nicht rechnen mußte (BGH WPM **76**, 1257). Marburger Betr **73**, 2175 verneint in derart Fällen deklarator SchuldAnerkntn mit Verz auf Einwendgen des Schu überh u gibt ledigl iF schuldh unricht erteilter Ausk SchadErsAnspr wg Verletzg einer SchutzPfl aus ges SchuldVerh. Die BereitschErkl zur WechselEinlösg kann nicht ow als Anerk der zugrdeliegden Schuld ausgelegt w (BGH WPM **76**, 562). – Das Anerk kann sich auf den Grd des Anspr beschr, BGH NJW **73**,620 (SchmerzG), BGH WPM **74**, 836 (KaufPr). – Unterbricht die Verj, berührt aber die für den zugrde liegden Anspr geltde Verj nicht, Zweibr OLGZ **66**, 20. – Hierher gehört nicht das prozessuale Anerk, ZPO § 307 (vgl Übbl 5 vor § 104).

b) Das Anerk kann aber auch ledigl der **Beweiserleichterg** dienen. Es enthält dann überh keinen rgeschäftl VerpflWillen, sond h nur den Zweck, dem Gläub seine ErfBereitsch anzuzeigen, um diesen dach von der Notwdgk abzuhalten u/od inw der Bew zu erleichtern. Es handelt sich um ein Zeugn des Anerkennden gg sich selbst im Proz, das mind ein Indiz für den Richter bei der BewWürdigg darstellt od zu einer Umkehr der BewLast führt (BGH **66**, 250), dh wer eine Fdg bestätigt h, muß den GgBew führen, daß dem Gläub keine od nur geringere Anspr zustehen, BGH WPM **74**, 411.

c) Hiervon versch ist das sog **konstitutive Anerk** nach § 781, das unabhäng von dem bestehdn SchuldGrd eine neue selbständ Verpflichtg schaffen soll. Die Unabhängigk von dem SchuldGrd ist zwar in § 781 nicht (wie in § 780) ausdr erwähnt, es steht aber außer Zw, daß das G in § 781 nur das konstitutive SchuldAnerk behandelt. Ob ein solches selbständ SchuldAnerk od nur ein SchuldbestätiggsVertr iS von a vorliegt, ist Sache der Auslegg, vgl hierzu § 780 Anm 2. Auch hier ist nicht schlechthin entscheidd, ob der SchuldGrd genannt ist od nicht. Je genauer u bestimmter er allerd bezeichnet ist, desto eher wird das Vorliegen eines selbständ Anerk verneint w müssen u umgekehrt (KG NJW **75**, 1326). Crezelius Betr **77**, 1541 will als konstitutives Anerk nur dasjen gelten lassen, das keinerlei Bezugn auf den SchuldGrd enthält. Enthält das Anerk wahrheitswidr Angaben, zB Anerkenntn eines – in Wirklichk nicht gegebenen – Darlehens, dann liegt fast immer ein selbständ SchuldAnerk vor (RG **152**, 165); ebso im Zw, wenn nicht das Bestehen eines schuldbegründde Tats anerkannt w, sond nur die Fassg „ich bekenne, als Darl erhalten zu h" (RG HRR **35** Nr 728, BGH BB **62**, 1222). – Aus einem ggs Vertr kann nicht eine EinzBestimmg herausgen u für sich allein als selbständ Anerk angesehen w (RG **108**, 107). Doch ist mögl, daß über eine der zu einem ggs Vertr gehör Leistgen auch noch ein selbständ SchuldAnerk abgegeben w, RG aaO; vgl § 780 Anm 1. Ob die bloße MitUnterzeichng einer SchuldUrk der Ehefr dch den Ehem ein SchuldAnerk- od -Beitritt ist, bedarf im EinzFall der Auslegg (BGH WPM **73**, 1046).

d) Einzelfälle: SaldoAnerk bei lfd Rechng ist idR selbständ Anerk, BGH WPM **72**, 283, der vorgetragene Saldo wird jedoch zum Einzelposten des Kontokorrents u kann nur dann selbständ eingeklagt w, wenn das KontokorrentVerh beendet w, ohne daß es zur Anerkenng eines neuen Saldos kommt, RG JW **35**, 2355. Saldofeststellg u damit Ggst eines abstr SchuldAnerk ist idR aber nur der period vereinb RechngsAbschl, nicht der einz Tagessaldo, BGH WPM **72**, 283. Die Bank erkennt mit Übersendg des RechngsAbschl auch die Habenposten des Kunden an. Eine unberecht erteilte Gutschr kann widerrufen w, die BewLast für die Unrichtigk des Saldos liegt bei dem dch sie Benachteil (BGH WPM **75**, 556). Der jährl Depotauszug einer Bank ist nur von deklarator Bedeutg, Hbg WPM **59**, 100, Schweigen auf zugegangenen RechngsAbschl der Bank ist allein noch kein stillschw deklarator SaldoAnerk, kann aber in AGB als solches vereinb sein, BGH WPM **73**, 1014. Anerk des Straßenanliegers hins Straßenbaukosten als SchuldAnerk, RG **154**, 389. Vertragsgem Anerk der HaftPfl für den Unfallschaden kann selbständ Anerk sein u wie ein Vergl auch noch unbekannte Einwendgen ausschließen, BGH NJW **63**, 2317. Die Erkl des **Kraftfahrers** im Anschl an einen VerkUnfall (vgl Strohe VersR **74**, 959, Bergmann MDR **74**, 989) ist nach den Umst des EinzFalles auszulegen. IdR sie kein konstitutives SchuldAnerk. Es kann sich um ein deklarator handeln (Wirkg oben Anm a). So wurde gewertet die Erkl, „es sei nicht nöt, die Polizei zuzuziehen, es sei klar, daß der Erklärde die Schuld an dem Unfall trage" (Hamm MDR **74**, 312), „für die Folgen des Unfalls einzustehen" (Warn **32**, 72). Od die Erkl h Bedeutg nur für die BewWürdigg iS eines Indizes zu den Erklärden für die schuldh Verurs des Unfalls dch ihn mit der Wirkg, daß ihm die Einwende des MitVersch u der BetrGefahr beim Geschäd nicht abgeschnitten sind. So mißt die Rspr der Erkl, den Unfall (voll, allein) verschuldet zu h, überwiegd Bedeutg nur für die BewWürdigg zu (Düss VRS **15**, 321, Ffm VersR **74**, 92). Vereinzelt (Hamm MDR **74**, 1019) knüpft an diese Erkl eine Umkehr der BewLast; bedenkl, denn es handelt sich kaum um eine BewVereitelg. – Kein selbständ Anerk ist die Verpflichtg zur **UnterhZahlg** aGrd der außerehel Vatersch (Kbg HRR **37**, 81: SchuldbestätiggsVertr). – Die **DrittschuldnerErklärg** nach § 840 I Nr 1 ZPO ist nach der dem PfändgsGl erkennb Interessenlage des DrSchu entgg der früher hM (Nachw bei Marburger JR **72**, 7) kein abstr, auch kein deklarator SchuldAnerk (aA Mü NJW **75**, 174), sond ledigl eine WissensErkl, die zur Umkehr der BewLast führt (BGH **69**, 328). IF des Unterbleibens, der Unrichtigk od Unvollständigk des Ausk h der DrSchu dem PfändgsGl den Schad zu ersetzen, den dieser inf der Unterl der Ausk bzw seines Vertrauens auf die Richtigk u Vollständigk erleidet. Auch sog unvollk Verbindlichk kann RGrdlage für selbständ SchuldAnerk abgeben (RG **160**, 138, RestFdg nach ZwangsVergl). – Erklärt der **Ladendieb**, einen best Betr zu zahlen, so dürfte es sich nach der ZweckRichtg um abstr Anerk handeln, Musielak NJW **77**, 561 gg LG Brschw NJW **76**, 1640. – Der **Prüfvermerk des Architekten** auf der SchlußRechng ist kein Anerk (Kln MDR **77**, 404).

3) **Form.** Schriftform § 126, Ausn vgl § 780 Anm 3. Die unterschiedl Wortfassg in § 780 und § 781 ist ohne sachl Bedeutg. Ausdrückl Bekenntn der Schuld ist nicht erforderl, jede Erkl der Bereitwilligk, eine als bestehd bezeichnete Schuld zu zahlen, genügt, RG **71**, 102. Der negative SchuldAnerkVertr nach § 397 II ist formlos gültig. – Ein schenkw erteiltes formnichtiges SchuldAnerk kann nach § 140 als eigenhänd Testament aufrecht erhalten w, RG JW **10**, 467, ein formnichtiger eig Wechsel als SchuldAnerk, RG **136**, 207. BGH NJW **57**, 1837 verneint Umdeutg der Verpflichtgen des Ausstellers u des Indossanten eines formnichtigen Wechsels in ein abstr SchuldVerspr. – Ein in schriftl Form erteiltes SchuldAnerk ist nicht deshalb unwirks, weil die für das LeistgsVerspr des KausalGesch vorgeschriebene Schriftform nicht gewahrt ist, RG HRR **35**, 729.

4) **Wirkung.** Hier gilt grdsätzl das gleiche wie für das SchuldVerspr nach § 780, vgl dort Anm 4, ebso hins der Frage, inwieweit Einreden u Einwendgen zul sind, insb aus dem urspr SchuldVerh hergeleitet w können, vgl Anm 5 zu § 780. Das Anerk kann auch den Sinn haben, daß es nach dem Willen der VertrTeile ohne Rücks auf das Bestehen oder Nichtbestehen der Schuld für die Zukunft eine klare RLage schaffen sollte; dann ist das auch Einr aus ungerechtf Bereicherg ausgeschl, BGH NJW **63**, 2317, WPM **76**, 907; vgl auch § 812 Anm 2b.

782 *Formfreiheit.* **Wird ein Schuldversprechen oder ein Schuldanerkenntnis auf Grund einer Abrechnung oder im Wege des Vergleichs erteilt, so ist die Beobachtung der in den §§ 780, 781 vorgeschriebenen schriftlichen Form nicht erforderlich.**

1) § 782 enthält zwei **Ausnahmen** von der Formvorschr der §§ 780, 781; eine weitere ist in HGB §§ 350, 351 enthalten. Schriftform ist in den Fällen des § 782 entbehrl, weil hier Abrechng u Vergl mit Sicherh erkennen lassen, daß eine bindende Festlegg gewollt ist. Erlassen ist die Form aber nur, soweit sie durch §§ 780, 781 vorgeschrieben ist; Formerfordernisse aGrd anderer Vorschr bleiben bestehen, zB §§ 313, 518 I S 2, 2301.

2) **Abrechnung** iS von § 782 ist jede unter Mitwirkg von Gläub u Schu stattfindende Feststellg eines Rechngsergebn, RG **95**, 20, sei es im Wege des lfden RechngsVerh od im uneigentl RechngsVerh. Es gehört daher hierher vor allem der Giroverkehr; die Gutschrift, nicht erst die Anz hiervon, hat konstitutive Bedeutg, BGH **6**, 121; vgl § 667 Anm 2b. Auch ZusRechng einer Reihe von einseit Schuldposten, wenn selbständ Verpflichtgswille vorhanden, RG **95**, 18. AbrechngsVertr kann auch stillschw, zB durch widerspruchslose Abzahlg auf Kontoauszüge u Fortsetzg des bish RechngsVerh, geschl w, RG **95**, 18. – Str, wie weit die Abrechng umschaffende Wirkg hat. Für Anerk des Saldos einer lfden Rechng allg bejaht, BGH **LM** § 355 HGB Nr 12 (vgl dazu HGB § 356), bei Feststellg des Rechngsergebn im uneigentl RechngsVerh dagg für den Regelfall verneint, RG JW **03**, Beil **96**; vgl auch RG **71**, 102; RGRK Anm 2 sieht zwar auch hier in der Anerkenng des Saldos selbständ Verpflichtg, jedoch soll hierdurch regelm nur im Schuldtitel neben dem urspr geschaffen w. – Zu beachten ist, daß der vorgetragene Saldo einer lfden Rechng nicht selbständ eingeklagt w kann, weil er zum Einzelposten des Kontokorrents geworden ist; anders nur, wenn das KontokorrentVerh beendet w, ohne daß es zur Anerkenng eines neuen Saldos kommt; BGH **LM** § 355 HGB Nr 11.

3) **Vergleich:** § 779.

4) **Einreden und Einwendgen.** Die Abrechng unterliegt als Vertr den allg Anfechtgs- u Nichtigk-Gründen. Liegt Rechenfehler vor od ist ein in Wirklichk nicht bestehender Posten in die Abrechng einbezogen od ein bestehender Posten fortgelassen worden, so kommt nicht Anf wg Irrt (§ 119) in Frage, sond nur Ausgl unter dem Gesichtspkt ungerechtf Bereicherg, RG JW **36**, 917. Das SchuldAnerk kann zurückgefordert w, sow die Schuld nicht od nicht in dem Umfang des LeistgsVerspr besteht. Ausgen ist der Fall, daß die Part dch das Anerk ohne Rücks auf das Bestehen der z Grds liegden Fdg für die Zukunft eine klare RLage schaffen wollten. Dieser Wille ist bei einem Anerk aGrd einer Abrechnung iZw nicht anzunehmen (BGH WPM **75**, 1233).

5) **Beweislast.** Wer sich auf formloses Anerk stützt, muß beweisen, daß Abrechng od Vergl zugrunde liegt. Darlegg der einz Schuldposten ist dagg nicht erforderl. Beklagter hat BewLast für Einwendgen.

Einundzwanzigster Titel. Anweisung

Einführung

1) Begriff. a) Das Wesen der Anw besteht in einer **doppelten Ermächtigg.** Der Angew wird ermächtigt, für Rechng des Anweis zu zahlen, und der AnwEmpf wird ermächtigt, die Leistg beim Angew zu erheben. Dch Übersendg der Anweisg an Empf entsteht, auch wenn der Angew im Verhältn zum Anweis zur Zahlg verpfl ist, noch kein ZahlgsAnspr des Empf gg Angew gem § 328, Celle OLG **71**, 5, Nürnb MDR **77**, 1016. Die Anw ist von den GrdGesch, die wirtschaftl Zweck u Grd der Anw bilden, vollk losgelöst. Sie ist daher zu unterscheiden: **aa)** vom Auftrag: denn sie schafft keine Verpflichtg des AnwEmpf, die Leistg zu erheben, sond ermächtigt ihn hierzu. Doch kann häufig ein Inkassomandat als bes RVerh neben der Anw bestehen; **bb)** von der Vollmacht: denn sie ermächtigt, in eig Namen zu leisten od die Leistg zu erheben; **cc)** von der Abtretg: denn sie stellt keine vollk Überweisg der Fdg an den Empf dar und ist daher grdsätzl widerrufl, § 790.

b) Welcher Art **die beiden Grundgeschäftsverhältnisse,** näml einers zw Anweis u Angew (DeckgsVerh) u anderers zw Anweis u AnwEmpf (Ggwert- od ValutaVerh), sind, ist unerhebl. Die Anw kann also zB zur Tilgg einer Schuld des Anweis an den AnwEmpf dienen od sie soll erst ein SchuldVerh (Darlehn) begründen od sie stellt eine bloße Freigebigk des Anweis dar. Der Angew kann Schu des Anweis sein (Anw auf Schuld, § 787) od er soll Gläub des Anweis w (Anw auf Kredit). Für die aus der Anweis (u Ann, § 784) sich ergebenden Rechte u Pfl sind diese GrdSchuldVerh grdsätzl ohne Bedeutg. Nur die Frage, wem die Leistg im InnenVerh zw Anweis u AnwEmpf verbleiben soll, sowie ob Anspr zur Ann verpflichtet ist u ob er Rückgr gg den Anweis hat, beantwortet sich aus den betr GrdschuldVerh.

c) Das BGB behandelt in den §§ 783 ff nur die **schriftliche Anweisg,** die sich auf bestimmte Gegenstände bezieht. Über Zulässigk mdl Anw od einer solchen über andere Ggstände § 783 Anm 1, 2a. – Die Anw ist in ihrer wirtschaftl Bedeutg fast vollk durch den Scheck verdrängt worden, Anm 2.

2) Sonderformen der Anweisg. a) Der gezogene Wechsel, der aber ausführl Sonderregelg im WechselG erfahren hat. Deshalb kann nicht jede nach WechselG formungültige Wechsel in Anweisg umgedeutet w, vgl § 783 Anm 1. – **Die kaufmännische Anweisg** ist in HGB §§ 363–365 geregelt, sie kann (anders als die Anw nach BGB) auch an eigene Order gestellt w. – **b) Der Scheck,** ScheckG. Wichtige Abweichgen vom AnwRecht des BGB: Ann eines Schecks ist schlechthin wirkgslos, Art 4; Widerruf vor Ablauf der Vorleggsfrist unwirks, Art 32; InhScheck ist zul, Art 5. Die Vorschr des BGB finden ergänzende Anwendg, so insb § 788, nicht jedoch § 787 I, BGH NJW **51**, 598. – **c) Postscheck:** PostscheckO v. 1. 12. 69. Der Postscheck ist nicht indossierb, vgl PostSchO § 15 V – **d) Der Kreditbrief** ist eine Anw, bei der der Aussteller (Anweis) eine andere Pers (AnwEmpf) ermächtigt, bei dem Angew des Anweis unter Vorzeigg des Briefes Geldbeträge bis zu einem Höchstbetrag zu erheben. Meist als Reisekreditbrief, insb Rund- (Zirkular-) Kreditbrief. – **e) Der Kassalieferschein,** Lieferschein (delivery order) über bestimmte Mengen vertretb Sachen ist Anw, BGH **6**, 378. Er w ausgestellt von dem Einlagerer, nicht von dem Lagerhalter; in ihm w der Lagerhalter angewiesen, nur gg Zahlg zu liefern. Näheres Baumb-Duden, HGB § 424 Anm 1 E u § 783 Anm 2. – **f)** Über den **Überweisgsauftrag** vgl § 665 Anm 2.

3) Keine Anweisg ist die PostAnw: nur RVerh zw zwei Personen, näml dem Einzahler u dem Postfiskus. Empf ist nur Adressat.

4) Das (unwiderrufl) **Akkreditiv** dient dazu, Zahlgen zu vermitteln, u zw insb die Zahlg eines vorzuleistenden Kaufpreises aus Kauf- u Liefergeschäften („Akkreditiv gg Duplikatfrachtbrief"). Käufer verpflichtet sich dadurch, eine bestimmte Bank zu veranlassen, die KaufprSumme dem Verk nach Prüfg u Aushändigg der Dokumente zu zahlen. Kann aber auch zu Zwecken der Krediteinräumg erteilt w, RG **88**, 134. Es ist seinem Wesen nach nicht notwendig Anw, kann es aber sein, falls näml entspr § 783 die Urk über die Anw, eine Zahlg zu leisten, vom Anweis an den Empf ausgehändigt wird. Regelm ist das Akkreditiv Zahlgsauftrag (§ 662) od bei Entgeltlichk (wie meistens) GeschBesorgg (§ 675). Ausführg im allg durch zwei Banken: die Bank des Zahlgspflichtigen beauftragt die Bank des ZahlgsEmpf mit der Akkreditierg. Die Leistg des Akkreditivs ist noch nicht mit der Überweisg des Geldbetrages an die akkreditierte Bank, auch noch nicht mit der Ann des Auftrags durch diese beendet, sond erst mit der Mitteilg der akkreditierten Bank von Eingang u Ann des Auftrags an den Verk, RG **103**, 376. In der **Bestätigg des Akkreditivs** liegt SchuldVerspr der Bank ggü dem Verk, RG **144**, 136. Daher keine Einwendgen der Bank aus ihrem Verh zum Käufer (DeckgsVerh), aber auch nicht aus ihr abgetretenen Anspr des Käufers gg den Verk (ValutaVerh), da mit dem Wesen des bestätigten Akkreditivs unvereinb, BGH **28**, 129. Die Abrede, daß der KaufPr mittels Bank-Akkreditivs zu zahlen ist, enth ebso wie die Klausel „Kasse gg Dokumente" stillschw die Vereinbg eines AufrAusschl, Düss Betr **73**, 2294. Die Bank ist dem Käufer ggü verpflichtet, die Echth u Ordngsmäßigk der Dokumente (Duplikatfrachtbrief usw) zu prüfen u die Anw des Käufers zu beachten; § 665 Anm 2. Dieser muß nach § 278 für Versch der Bank einstehen, RG **92**, 210. – Einheitl Richtl u Gebräuche für Dokumentenakkreditive der Internat Handelskammer, Fassg 1974.

Lit: BGH LM § 665 Nr 3; Eisemann, Die Reform der Einheitl Richtl u Gebräuche für Dokumentenakkreditive in RFragen zum Dokumentenakkreditiv, 1976; Liesecke, Neue Theorie u Praxis des Dokumentenakkreditivs WPM **76**, 258; Peters, RProbleme des AkkreditivGesch, WPM **78**, 1030; Wiele, Das Dokumentenakkreditiv u der anglo-amerikanische Documentary Letter of Credit, Hbg 1955.

783 *Begriff.* Händigt jemand eine Urkunde, in der er einen anderen anweist, Geld, Wertpapiere oder andere vertretbare Sachen an einen Dritten zu leisten, dem Dritten aus, so ist dieser ermächtigt, die Leistung bei dem Angewiesenen im eigenen Namen zu erheben; der Angewiesene ist ermächtigt, für Rechnung des Anweisenden an den Anweisungsempfänger zu leisten.

1) Form und Inhalt der Urkunde. Durch die in § 783 vorgesehene Schriftform ist mdl Anw nicht schlechthin ausgeschl, vielm nach dem Grds der VertrFreih an sich zugelassen, BGH **3**, 238, Einf 1c. Aus der Fassg der Urk muß entnomm w, ob Anw iS der §§ 783 ff vorliegt, oder ob nicht lediglich InkassoVollm oder ein nichtabstraktes SchuldVerspr gemeint war. Doch ist ausdr Gebr des Wortes „Anweisung" nicht erforderl. — Wesentl ist die Verbindg von drei Personen. Unzul ist daher Anw auf den Anweisenden selbst od an eig Order, RG LZ **30**, 304. Kaufmännische Anw nach § 363 HGB kann dagg auf Order gestellt w. Anw auf den Inhaber ist unzul (anders beim Scheck). — Ein wg Formmangels ungültiger eigener Wechsel kann als Anw Bestand haben, RG **48**, 223; das gilt aber grds nicht für den formnichtigen gezogenen Wechsel, RG JW **35**, 1778, vgl § 781 Anm 3.

2) a) Die **Leistung** darf nach § 783 nur auf Zahlg von Geld, Hingabe von Wertpapieren oder anderen vertretb Sachen gehen. Anw auf sonstige Ggstände sind aber nach dem Grds der VertrFreih gleichwohl mögl. §§ 783 ff dann entspr anwendb, RG **101**, 297. Anw auf Waren: Lieferschein, delivery order, BGH **46**, 43 (53 auch zur Frage, ob AnwEmpf selbst LagerVertr mit Angewiesenem schließt, wenn dieser die bedingungslose Anweisg widerspruchslos entggnimmt). Nachnahme beim FrachtGesch ist Anw, verbunden mit Inkassoauftrag; Frachtbrief ist AnwUrk, AnnErkl des Angew: § 436 HGB. **b)** Die Ermächtigung kann bedingt sein, auch von einer GgLeistg abhäng gemacht w, RG **76**, 239, zB Lieferg vertretb Sachen gg Zahlg; hier wird AnwEmpf mit EntggNahme der Ware zur Zahlg an Angew verpflichtet, BGH **6**, 378 (Kassalieferschein); unabhängig von der GgLeistg ist die kaufmänn Anw, § 363 HGB. Leistgszeit: sofort bei Vorzeigg der Anw („auf Sicht") od nach Ablauf einer Frist od zu bestimmtem Termin.

3) Ermächtiggen. Anw (u Ann, § 784) sind abstrakte WillErkl. Die Anw kommt mit Überg der Urk an AnwEmpf zustande. Infolge der Aushändigg der Urk tritt die **doppelte Ermächtigg** in Kraft, näml die des AnwEmpf, die Leistg bei dem Angew zu erheben, und die des Angew, an den AnwEmpf zu leisten. Beide Ermächtiggen sind abstrakte Akte, dh von dem RVerh zwischen Anweis u Angew sowie zw Anweis u AnwEmpf vollk unabhäng. Ermächtigg bedeutet die Übertr der Verfüggsgewalt, ohne daß der Ermächtigende die seinige aufgibt. Sie gewährt lediglich eine Befugn. Weder ist AnwEmpf verpflichtet, die Leistg zu erheben, noch besteht für Angew ein Zwang zur Leistg. Für letzteren wird Leistgszwang erst durch **Annahme** der Anw (§ 784), begründet. Für den AnwEmpf kann gleichf eine Verpflichtg zur Einziehg bestehen, aber nur aus dem GrdVerh zum Anweis, zB Auftrag: dies gehört aber nicht zum Wesen der Anw. Zw Anweis u AnwEmpf begründet die Aushändigg der Urk kein VertrVerh. — Aus dem Begriff der Ermächtiggg folgt ferner, daß auch nach Erteilg der Anweisg die Anweis seine Anspr aus dem GrundVerh gg Angew geltd machen kann, ebso der AnwEmpf seine Anspr gg Anweis. Bis zur Ann der Anw darf auch der Angew statt an den AnwEmpf an den Anweis leisten. Doch besteht in jedem Fall die AnzPfl des AnwEmpf nach § 789. — Keine Anw ist die bloße Einzahlg bei einem Bankhaus auf Veranlassg des A für Rechng des B, RG **45**, 236, ebso nicht die bloße Weisg an einen anderen, in einem Dr für Rechng des Ausstellers zu leisten, ohne daß der Dr ermächtigt w, die Leistg zu erheben, RG **43**, 167. — Die Ermächtigg des Empf geht dahin, die Leistg im eigenen Namen zu erheben, dh also nicht als Bevollm des Anweis. Anderers ist Angew ermächtigt, für Rechng des Anweis zu leisten. Das bedeutet, daß die Zahlg auf das GrdVerh zw Anweis u Angew einwirken u daß die Leistg des Angew als Leistg des Anweis angesehen w soll. Der Angew kann Anspr auf Erstattg des gezahlten Betrages (Anweisg auf Kredit) nur gg den Anweis, nicht jedoch gg den AnwEmpf geltd machen.

784 *Annahme der Anweisung.* **I** Nimmt der Angewiesene die Anweisung an, so ist er dem Anweisungsempfänger gegenüber zur Leistung verpflichtet; er kann ihm nur solche Einwendungen entgegensetzen, welche die Gültigkeit der Annahme betreffen oder sich aus dem Inhalte der Anweisung oder dem Inhalte der Annahme ergeben oder dem Angewiesenen unmittelbar gegen den Anweisungsempfänger zustehen.

II Die Annahme erfolgt durch einen schriftlichen Vermerk auf der Anweisung. Ist der Vermerk auf die Anweisung vor der Aushändigung an den Anweisungsempfänger gesetzt worden, so wird die Annahme diesem gegenüber erst mit der Aushändigung wirksam.

1) Annahme. a) Die Anw allein gewährt dem Angew lediglich die **Befugnis**, an den Empf zu leisten. Ein Zwang zur Leistg besteht für ihn nicht, selbst dann nicht, wenn er Schu des Anweis ist. Erst durch die Ann der Anw seitens des Angew wird dieser zur Leistg verpflichtet. Durch die Ann wird eine selbständige Verpflichtg des Angew geschaffen, die von den vorhandenen GrdSchuldGesch losgelöst ist, RG **144**, 137. Sie ist auch von der Gültigk der Anw unabhäng, also auch dann wirks, wenn Anw gefälscht oder von GeschUnfähigem ausgestellt ist. — AnwEmpf erhält durch die Ann ein **unmittelb selbständiges Fdgs-Recht** gg Angew. Das GrdVerh zw den beiden anderen Beteiligten geht den Angew nichts an. — **b) Keine Verpflicht zur Annahme.** Sie wird auch nicht dadurch begründet, daß Angew Schu des Anweis ist, § 787 II; doch ist vertragl Verpflichtg zur Ann mögl. — **c)** Ann ist **einseit Willenserklärg**, kein Vertr (str). Die Bindg tritt bereits mit der Niederschrift ein, die Empf nicht anzunehmen braucht. Sie wird wirks, wenn sie dem Empf zugeht (§ 130 I); hierü BGH **3**, 238, im übr gg dieses recht bedenkl Urt zutreffd Meyer-Cording JZ **52**, 78. Ist die Ann, wie nach II zul ist, vor Aushändigg der Anw an Empf erkl worden, so wird sie diesem ggü erst mit Aushändigg wirks. Sie wird auch wirks, wenn die Aushändigg gg den Willen des

Angew geschieht. Einschränkgen der Ann, zB auf geringeren Betrag od durch Bedinggen, sind zul. Schecks können nicht angenommen w; ein AnnVermerk gilt als nicht geschrieben, ScheckG Art 4.

2) Form der Annahme. Schriftl Vermerk auf der AnwUrk selbst. Auch die bloße Unterschr kann genügen, wenn der AnnWille hieraus klar hervorgeht (vgl WG Art 25 I). Nicht genügd aber Vermerke wie „Gesehen", „Kenntnis genommen", RG Recht **12** Nr 212. Mündl Ann kann nur als Vorvertr iS einer Verpflichtg, die formgültige Ann zu erklären, gewertet w oder als selbständ SchuldVerspr nach § 780 gelten, soweit hierfür Formfreih besteht (HGB §§ 350, 351). Das letztere gilt auch von der schriftl, aber nicht auf der Urk selbst erklärten Ann.

3) Einwendgen sind nur in beschr Umfange zul (entspr WG Art 17), nämlich Einwendgen, a) **die die Gültigk der Annahme** betr: zB GeschUnfgk zZ der Ann, Anf wg Irrt (§ 119), Drohg od Täuschg, Fälschg der Ann; b) **die sich aus dem Inhalt der Anweisg oder der Annahme** ergeben, zB Bedinggen, Befristgen u sonstige Beschrkgen; c) die dem Angew **unmittelb gg den Empfänger** zustehen: Einr der Tilgg, des Erlasses, der Stundg, Aufrechng, argl Täuschg. **Ausgeschlossen** sind Einwendgen aus dem zw dem Angew u dem Anweis oder zw diesem u dem Empf bestehenden GrdSchuldVerhältn, RG **144**, 137. Doch steht immerhin die Verpflichtg des Angew unter dem Grds von Treu u Glauben, RG aaO. Auch Anspr aus ungerechtf Bereicherg besteht in diesem Falle regelm nicht; die Anw ist also in noch höherem Maße abstr als das selbständ SchuldVerspr nach §§ 780 ff, wo BereicherungsAnspr in weitem Umfange zul sind, § 780 Anm 5. Ausn von diesem Grds gelten aber nach hM für den Fall, daß beide GrdSchuldVerh fehlerh sind, sowie ferner, wenn das DeckgsVerh fehlerh ist u das ValutaVerh in einer freigebigen Zuwendg od in einem Einziehgsauftr besteht oder in einem unsittl od verbotenen Gesch besteht. Doch sind diese Ausnahmen bestr, vgl RGRK § 784 Anm 7, § 812 Anm 5 B b, cc. Soweit Einwendgen zul sind, können sie nach § 404 auch dem neuen Gläub entgegengehalten w.

785 *Aushändigung der Anweisung.* **Der Angewiesene ist nur gegen Aushändigung der Anweisung zur Leistung verpflichtet.**

1) Durch diese Bestimmg erlangt der Angew die Möglichk, die Anw dem Anweis ggü zum Nachweis des DeckgsAnspr zu gebrauchen. Entspr Bestimmg in WG Art 39 I u ScheckG Art 34 I. Gilt auch bei Leistg vor Ann der Anw. Recht auf Quittg (§ 368) bleibt unberührt. — Bei Zirkular-Kreditbriefen gilt § 785 erst, wenn die letzte Zahlg geleistet w.

786 *Verjährung.* **Der Anspruch des Anweisungsempfängers gegen den Angewiesenen aus der Annahme verjährt in drei Jahren.**

1) Für den Beginn der Frist ist zu beachten, daß der Anspr aus der Ann mit deren Aushändigg an AnwEmpf entsteht, vgl § 784. Bei Angabe eines späteren Verfalltages Beginn an diesem Tage. Bei Fehlen eines Verfalltages eine Datierg der Ann od Vermerk des Tages der Aushändigg empfehlenswert. — Vgl WG Art 70; aber bei Anw kein BereicherungsAnspr wie nach WG Art 89, ScheckG Art 58. — Bei Scheck andere Frist, ScheckG Art 52.

787 *Anweisung auf Schuld.* **I Im Falle einer Anweisung auf Schuld wird der Angewiesene durch die Leistung in deren Höhe von der Schuld befreit.**

II Zur Annahme der Anweisung oder zur Leistung an den Anweisungsempfänger ist der Angewiesene dem Anweisenden gegenüber nicht schon deshalb verpflichtet, weil er Schuldner des Anweisenden ist.

1) § 787 enthält Bestimmgen über das DeckgsVerh des Anw zum Angew. **Anw auf Schuld** bedeutet, daß ein SchuldVerh zw Anw u Angew besteht u daß letzterer im Hinbl auf diese Schuld an einen Dr leisten soll. In der Anw selbst braucht aber der Auftr, der die Anw auf Schuld darstellt, nicht enthalten zu sein. Angewiesener wird bei Anw auf Schuld durch die Leistg von seiner Schuld befreit, nicht schon durch die Ann. Hingabe an Erf Statt, Aufrechng gg eine Schuld des AnwEmpf an den Angew stehen der Zahlg gleich. — Durch die Ann der Anw erhält der Angew **zwei Gläubiger**. Die Ann gibt aber, da sie nach § 790 die Anw unwiderrufl macht, in der Zwischenzeit dem Angew bis zur Rückg der AnwAnn eine Einr aus § 242, falls Anweis wg der urspr Schuld gg ihn vorgehen will, vgl auch RG JW **01**, 867. — Abs 1 gilt nicht für den Scheck; BGH NJW **51**, 598.

2) Die **Annahme- und Leistgspflicht des Angewiesenen** wird nach II nicht schon dadurch begründet, daß er Schu des Anweis ist. Daher bei Ablehng der Ann kein SchuVerzug. Wohl aber kann sich Angew **vertragl** (auch stillschw durch AuftragsAnn) zur Ann od Leistg verpflichten. — Die Anw auf Kredit ist im BGB nicht näher geregelt; vgl hierzu auch § 783 Anm 3.

788 *Valutaverhältnis.* **Erteilt der Anweisende die Anweisung zu dem Zwecke, um seinerseits eine Leistung an den Anweisungsempfänger zu bewirken, so wird die Leistung, auch wenn der Angewiesene die Anweisung annimmt, erst mit der Leistung des Angewiesenen an den Anweisungsempfänger bewirkt.**

1) Währd § 787 Bestimmgen über das DeckgsVerh von Anweis zu Angew enthält, behandelt § 788 das ValutaVerh von Anweis zu AnwEmpf. Der wichtigste Inhalt der Bestimmg ist der, daß **Anweisg keine**

Einzelne Schuldverhältnisse. 21. Titel: Anweisung §§ 788–791

Zahlg ist. Denn die Leistg, die Anweis an den AnwEmpf bezweckt, w noch nicht mit der Aushändigg der Anw, auch nicht mit der Ann, sond erst mit der Leistg des Angew an den AnwEmpf bewirkt. Die Leistg, die der Anweis bewirken will, kann sowohl Schuldbefreiung als auch Schuldbegründg (zB Darlehn) od Schenkg sein. § 788 gilt auch für den Scheck.

2) Die **sonstige Regelg des Valutaverhältnisses** bestimmt sich nach dem zugrunde gelegten RVerh, insb auch, ob Empf zur Einziehg verpflichtet ist, ob er bei Nichtzahlg des Angew Rückgr gg den Anweis hat, ob er zur Abführg der eingezogenen Leistg an Anweis verpflichtet ist usw. Regelm muß bei zahlgshalber erfolgter Überg u Ann einer Anw als vereinb gelten, daß Empf seine Befriedigg zunächst aus der Anw beim Angew suchen muß, u daß er erst bei Nichteinlösg der Anw befugt ist, aus dem urspr SchuldVerh gg Anweis vorzugehen, vgl RG JW **01**, 867, auch RG **78**, 137. Über Bindg des Anweis an die Anw bei Ausstellg eines Kreditbriefes RG **64**, 108.

789 *Anzeigepflicht des Anweisungsempfängers.* **Verweigert der Angewiesene vor dem Eintritte der Leistungszeit die Annahme der Anweisung oder verweigert er die Leistung, so hat der Anweisungsempfänger dem Anweisenden unverzüglich Anzeige zu machen. Das gleiche gilt, wenn der Anweisungsempfänger die Anweisung nicht geltend machen kann oder will.**

1) Mit der in § 789 best **doppelten Anzeigepflicht** erschöpfen sich die Pflichten, die dem AnwEmpf aGrd der Anw obliegen. Weitere Pfl können sich aber aus dem GrdVerh ergeben. Von diesem hängt es auch ab, ob der Empf im Falle der Zahlgsweigerg des Angew einen RückgrAnspr gg den Anweis hat. Stillschw GarantieÜbern ist nach der Verkehrssitte mögl.

2) **Unverzügl**, dh ohne schuldh Zögern, § 121. Unter Leistgszeit ist der Ztpkt der Fälligk zu verstehen, RG **101**, 316. – Allgem Pfl des Empf, den Angew zur Leistg aufzufordern, ist im G nicht bestimmt. Es kommt auf das GrdSchuldVerh an, ob eine solche Pfl anzunehmen ist.

3) **Versäumnis der Anzeigepflicht** macht Empf nach allg Grds schadenersatzpflichtig.

790 *Widerruf der Anweisung.* **Der Anweisende kann die Anweisung dem Angewiesenen gegenüber widerrufen, solange nicht der Angewiesene sie dem Anweisungsempfänger gegenüber angenommen oder die Leistung bewirkt hat. Dies gilt auch dann, wenn der Anweisende durch den Widerruf einer ihm gegen den Anweisungsempfänger obliegenden Verpflichtung zuwiderhandelt.**

1) Die Anw ist **grundsätzl widerrufl**. Die Unwiderruflichk tritt nach § 790 nur in zwei Fällen ein: **a)** sobald die Anw dem Empf ggü angenommen ist; denn durch die Ann ist ein selbstän SchuldVerh zw Angew u Empf entstanden, das Anweis gg sich gelten lassen muß, vgl § 784; **b)** sobald die Leistg bewirkt ist. Das gilt auch, wenn die Ann u die Leistg vor Fällig erfolgt sind. – Auf das Akkreditiv ist § 790 nicht anwendb. Der Widerruf des Schecks braucht nur beachtet zu werden, wenn er nach Ablauf der Vorleggs-Frist ausgesprochen w; Art 32 ScheckG.

2) **Widerruf** durch einseit empfangsbedürft WillErkl (§§ 130 ff) ggü dem Angew. Widerruf ggü dem Empf ist nach außen hin ohne Bedeutg. Durch den zul Widerruf erlischt die Anw. Ausschl des WiderrufsR ist anweisgsrechtl nicht mögl. Hat Angew nach dem Widerruf angenommen, so ist die Ann dem Empf ggü gleichwohl wirks, weil sie eine gültige Anw nicht voraussetzt, § 784 Anm 1.

3) **Vertragl Verpflichtg des Anweisenden, die Anw aufrechtzuerhalten,** hindert die Wirksamk des Widerrufs nicht (S 2). Satz 2 gilt aber nur, solange Angew weder angenommen noch geleistet hat. Die Vorschr des S 2 ist im Interesse des Angew gegeben, dem die Nachprüfg erspart bleiben soll, ob Anweis zum Widerruf berechtigt war od nicht, RG **64**, 108. Läßt Empf den gültigen Widerruf unbeachtet, so macht er sich dem Anweis ggü schadenersatzpflichtig, ebso umgekehrt der Anweis ggü dem Empf, wenn er unbefugt widerruft. – Um dem Empf ein **unwiderrufl Einziehgsrecht** zu verschaffen, ist die Einziehgs-Vollm nach § 168 od Abtretg der Fdg des Anweis gg den Angew zur Einziehg zweckm, RG **53**, 416.

4) **Sonstige Erlöschensgründe**: Untergang der AnwUrk vor Vorlegg an den Angew zur Ann od Zahlg. Kraftloserklärg findet nicht statt (anders bei der an Order gestellten kaufm Anw, HGB §§ 363, 365 II, ZPO § 1004; wg Scheck ScheckG Art 59). Bei Abhandenkommen nach der Ann schützt den Angew § 785. – Unmöglich der Leistg an den Empf ist weiterer ErlöschensGrd, Warn **09** Nr 354. Kein Erlöschen durch Konkurs, vgl § 791 Anm 1.

791 *Tod oder Geschäftsunfähigkeit eines Beteiligten.* **Die Anweisung erlischt nicht durch den Tod oder den Eintritt der Geschäftsunfähigkeit eines der Beteiligten.**

1) § 791 ist **nachgiebiges Recht**. Wenn keine anderweite Bestimmung in der Anw od im AnnVermerk enthalten ist, erlischt die Anw weder durch den Tod noch durch GeschUnfgk eines der drei Beteiligten. Die Erben können aber ihrers in den Grenzen des § 790 widerrufen. – Bei Konkurs des Anweis kann Konk-Verw nach § 790 widerrufen; KO § 23 nicht anwendb. Bei Konkurs des Angew ist die Anw dem Konk-Verw zur Ann oder Zahlg vorzulegen. Bei Ann entsteht Masseschuld; dagg ist der Anspr aus der bereits angenommenen Anw KonkFdg, RGRK Anm 3. Bei Konkurs des Empfängers ist KO § 118 zu beachten.

§ 792. Übertragung der Anweisung.

792 *Übertragung der Anweisung.* **I** Der Anweisungsempfänger kann die Anweisung durch Vertrag mit einem Dritten auf diesen übertragen, auch wenn sie noch nicht angenommen worden ist. Die Übertragungserklärung bedarf der schriftlichen Form. Zur Übertragung ist die Aushändigung der Anweisung an den Dritten erforderlich.

II Der Anweisende kann die Übertragung ausschließen. Die Ausschließung ist dem Angewiesenen gegenüber nur wirksam, wenn sie aus der Anweisung zu entnehmen ist oder wenn sie von dem Anweisenden dem Angewiesenen mitgeteilt wird, bevor dieser die Anweisung annimmt oder die Leistung bewirkt.

III Nimmt der Angewiesene die Anweisung dem Erwerber gegenüber an, so kann er aus einem zwischen ihm und dem Anweisungsempfänger bestehenden Rechtsverhältnis Einwendungen nicht herleiten. Im übrigen finden auf die Übertragung der Anweisung die für die Abtretung einer Forderung geltenden Vorschriften entsprechende Anwendung.

1) Die **Übertragg** der Anw hat zwei förml Voraussetzgen: **a)** Schriftform der ÜbertrErkl (nicht der AnnErkl des Erwerbers), die nicht unbedingt in Erkl auf der Anw selbst bestehen muß; **b)** Aushändig der AnwUrk an den Dritten, die zugl die stillschw Ann des ÜbertrVertr enthält, § 398. Übertragg des Schecks ScheckG Art 14 ff, der kaufm Anw HGB §§ 363–365 (Indossament); keine Übertr des Postschecks dch Indossament PostSchO § 15 V.

2) **Ausschließ der Übertragg** ist nur wirks, wenn sie entweder aus der Urk zu entnehmen ist od wenn sie von dem Anweis dem Angew vor Ann od Leistg mitgeteilt w. Ungenügend, wenn Angew die Kenntn anderweit erlangt hat od wenn die Mitteilg dem AnwEmpf gemacht w.

3) **Einwendgen. a)** Erfolgt **Übertragg nach Annahme**, so wird nicht nur die Einziehgsermächtigt, sond auch die durch die Ann entstandene selbständ Fdg des AnwEmpf gg den Angew übertragen. Daher insow hins Einwendgen § 404 anwendb (str). Außerdem § 402 (AuskPfl des Zedenten), § 405 (ScheinFdg), § 406 (Aufrechng); dagg nicht anwendb: §§ 399, 400, 401. – **b)** Bei **Übertragg vor Annahme** scheidet AnwEmpf aus, Angew kann also keinerlei Einwendgen aus einem zw ihm u dem ersten Empf der Anw bestehenden RVerh herleiten, III, 1. – **c)** Die **Einwendgen des § 784** bestehen auch dem Erwerber ggü.

Zweiundzwanzigster Titel. Schuldverschreibung auf den Inhaber

Einführung

1) InhSchVerschreibgen sind eine Unterart der **Wertpapiere**, für die im BGB eine einheitl Regelg nicht gegeben ist. Wertpapiere sind solche Papiere, deren Besitz zur Ausübg des in ihnen verbrieften Rechtes notw ist. Über den Unterschied zu den sog qualifizierten Legitimationspapieren Anm 3. Man teilt die Wertpapiere ein in:

a) Namenspapiere (Rektapapiere), die auf den Namen einer **bestimmten Person** lauten. Bei diesen ist nur der namentl genannte Inh od sein RNachfolger zur Geltdmachg des Anspr befugt. Die Übertragg geschieht durch Abtretg des Anspr. Nach § 404 kann Schu alle Einwendgen geltd machen, die gg einen RVorgänger des ggwärtigen Gläub entstanden sind. Beisp: HypBrief.

b) Orderpapiere, die ebenf auf den Namen einer bestimmten Person ausgestellt sind, bei denen aber das GläubR durch eine fortlfde Reihe von **Indossamenten** von einem auf den anderen übergeht. Einwendgen sind ggü dem in dieser Weise Legitimierten stark beschr, vgl Art 17 WG, HGB § 364. Beisp: Wechsel, kaufm Verpflichtgsschein, Konnossement, Order-Lagerschein. BGB befaßt sich mit diesen nur, soweit sie über eine bestimmte Geldsumme lauten u Teile einer GesEmission darstellen, § 808a (vgl auch § 247 II).

c) Inhaberpapiere, die nicht auf den Namen einer bestimmten Person lauten, bei denen vielm der Aussteller die Leistg **allein dem Inhaber** verspricht. Der Bestand des Rechtes ist also an den Besitz des Papiers geknüpft. Die **Übertragg** findet infolgedessen nicht durch Übertr der Fdg, sond nach sachenrechtl Grds **durch Übereigng des Papiers** statt. ZusTreffen von Gläub- u Schuldnerschaft in einer Pers führt nicht zum Untergang der Fdg, RG **147**, 243, wohl aber, wenn Aussteller InhPapier einlöst, auch wenn er beabsichtigt, es wieder in den Verkehr zu bringen; der ggteiligen Auffassg RG **18**, 6 kann nicht gefolgt w. Über ZusTreffen von Order- u InhPapieren vgl RG **78**, 151. Es gibt: **aa)** InhPapiere, die ein **Fordergsrecht** verbriefen (InhSchVerschreibg) u **bb)** solche, die körperschaftl **Mitgliederrechte** verbriefen, zB InhAktien. Die Best des 22. Titels über InhVerschr betreffen nur die zu aa genannten InhSchVerschreibg, doch sind sie auf die zu bb erwähnten InhPapiere, insb auch InhAktien, entspr anwendb, soweit sich nicht aus der Besonderh dieser MitglRechte anderes ergibt, Warn **14** Nr 16.

2) Das Recht der InhSchVerschreibg ist im 22. Titel **nicht abschließend geregelt.** Die dort gegebenen Vorschr betreffen im wesentl nur die Verbindlichk des Ausstellers gg den Inh. Für die dingl RVerhältnisse sind sachenrechtl Bestimmgen maßg. Der 22. Titel wird daher durch eine Reihe anderer Bestimmgen **ergänzt**, insb durch § 935 (Übertragg), §§ 1081–1084 (Nießbrauch an InhPapieren), §§ 1293–1296 (PfdR), § 1195 (InhGrdSchBrief), ferner hins der vormundschaftl Verwaltg durch §§ 1814 ff, 1853, der elterl VermVerwaltg durch §§ 1646, 1667, im ehel GüterR durch § 1362, im ErbR (NachErbsch) durch §§ 2116f, 2136f; vgl auch § 247 II.

3) Im begriffl Ggsatz zu Wertpapieren stehen **Legitimationspapiere.** Dies sind Urk, durch die eine Leistg dergestalt versprochen w, daß sich der Schu durch Leistg an den Inh befreien kann. Sie dienen also der Ausweiserleichterg u sind an sich nicht Träger von VermRechten. Die Begriffe überschneiden sich

aber. Denn soweit die Legitimationspapiere auch InhPapiere sind, dh also, wenn der AusSt sich zur Zahlg an den Inh verpflichtet, ist dieselbe Urk gleichzeitig auch Wertpapier; anderers sind InhSchVerschreibgen immer Legitimationspapiere, vgl § 793 I, 2. Über Legitimationspapiere, die den InhPapieren ähnlich sind, handelt § 808, der die sog **qualifizierten Legitimationspapiere** od hinkenden InhPapiere behandelt (zB Sparbücher, Inhaberversicherungsscheine).

4) Landesgesetzliche Vorbehalte und Übergangsvorschriften: EG Art 98, 100, 102, 174–178.

5) Ergänzende gesetzliche Vorschriften: a) 3. **WährgsG-UmstellgsG.** Vgl hierüü die 20. Aufl. – **b) Schutz des Wertpapierhandels.** In den letzten Monaten des Krieges u in der Nachkriegszeit ist ein Teil der InhPapiere, insb solche, die in Berlin verwahrt wurden, abhanden gekommen. LieferbarkBescheiniggen, sog Affidavits, sollten den Berechtigten dagg schützen, daß er das Eigt am Wertpapiere dadurch nicht verliert, daß dieses von einem Gutgläubigen erworben wird. Das sog **Affidavitverfahren** (Verf über die Lieferbark) beruht auf einem Beschl des Gemeins Deutsch Finanzrates der Börsen der früh amerik u brit Zone. Wertpapiere waren ab 1. 10. 47 nur noch mit einer bes Bescheinigg näher bestimmter Kreditinstitute lieferb. Richtl hierüü idF v 1. 7. 48, ÖffAnz **49** Nr 18. Haftg des Kreditinstituts für unberechtigte Ausstellg der LieferbarkBescheinigg, BGH BB **61**, 806. – **c)** Das **WertpapierbereiniggsG** v 19. 8. 49 mit Ändergen (SchlußG v 28. 1. 64, BGBl 45) bezweckt eine Klärg der RVerhältn an den in der Kriegs- u Nachkriegszeit verlorengegangenen Wertpapieren. Von dem G werden nicht berührt alle WertP, die mit LieferbarkBescheinigg versehen od nach § 806 auf den Namen umgeschrieben sind. Alle anderen WertP sind mit dem 1. 10. 49 kraftlos geworden. Für die von dem G nicht betroffenen WertP gelten die allg Vorschr weiter, insb ist auch die über den Schutz des gutgl Erwerbers; dabei kann regelm davon ausgegangen w, daß der Erwerber eines WertP, das mit LieferbarkBescheinigg versehen ist, gutgl ist, BGH BB **55**, 778, wie anderers schlechter Glaube des Erwerbers eines nicht affidavierten WertP in den ersten Jahren nach dem Zusammenbruch zu vermuten ist, BGH **23**, 86, **35**, 240. Vorgesehen ist ein bes Verfahren (Prüfstelle, Kammer für WertPBereinigg, OLG) für die Prüfg u Feststellg des angemeldeten Rechtes. Die Vorschriften über den Schutz des gutgl Erwerbers gelten nicht (§ 21 Z 4). Die Anmelder der anerkannten Rechte werden mit der Gutschrift der Anmeldestelle MitEigt der von dem AusSt hinterlegten SammelUrk, § 13. – Soweit die Fdgen aus SchuVerschreibgen nicht der Umstellg unterliegen (Fdgen gg das Reich usw, vgl § 14 UmstG, Fordgen gg das Land Preußen), w AblösgsAnspr nach §§ 30 ff des **Allgem KriegsfolgenG** v 5. 11. 57 gewährt. Das Verf ist dem der WertPBereinigg angeglichen. – Über die Klärg der EigtVerh an **Auslandsbonds,** das sind SchuVerschreibgen deutscher AusSt in außerdeutscher Währg, vgl G v 25. 8. 52, BGBl 553. Hierüber Heintze, Zeitschr f Kreditwesen **52**, Heft 14. Über die EntschädiggsAnspr für Auslandsbonds vgl G v 10. 3. 60, BGBl 177. Über die Bereinigg der **Dollarbonds** das G zum Abk v 16. 8. 60, BGBl **61** II, 461; Abk in Kraft seit 30. 6. 61, BGBl II 1084. – **d)** Für **Schuldverschreibgen der Bundesrepublik** gelten die reichsrechtl Vorschr über SchVerschreibgen des Reiches entspr, AnleiheG v 29. 3. 51, BGBl I 218; sie sind ausgenommen von der Gen-Bedürftigk, § 4 G v 26. 6. 54; vgl hierzu § 795 Anm 1a. Das ändert selbstverständl nichts daran, daß die Beziehgen zw dem Gläub u dem privrechtl Genuß Inh u sich nach §§ 793 ff bestimmen. – **e)** Über die SchVerschreibgen **(Hypothekenpfandbriefe** u **Kommunalschuldverschreibgen)** der privrechtl HypBanken vgl das HypBkG idF v 5. 2. 63, BGBl 81; über die der öffrechtl Kreditanstalten das G idF v 8. 5. 63, BGBl 312, u über die SchVerschreibgen 930. – Auch im verwaltgsgerichtl Verf ist Vergl mögl, sow die Beteiligten über den Ggst der Klage ver- **(Schiffspfandbriefe)** der Schiffspfandbriefbanken vgl das SchiffsbankG idF v 8. 5. 63, BGBl 302. **f)** Über den **Vertrieb ausländischer Investmentanteile** vgl AuslInvestG v 28. 7. 69 (BGBl 986); Vertrieb dch öff Anbieten, öff Werbg uä ist nur statth, wenn best Voraussetzgen erfüllt sind.

793 *Begriff.*

I Hat jemand eine Urkunde ausgestellt, in der er dem Inhaber der Urkunde eine Leistung verspricht (Schuldverschreibung auf den Inhaber), so kann der Inhaber von ihm die Leistung nach Maßgabe des Versprechens verlangen, es sei denn, daß er zur Verfügung über die Urkunde nicht berechtigt ist. Der Aussteller wird jedoch auch durch die Leistung an einen nicht zur Verfügung berechtigten Inhaber befreit.

II Die Gültigkeit der Unterzeichnung kann durch eine in die Urkunde aufgenommene Bestimmung von der Beobachtung einer besonderen Form abhängig gemacht werden. Zur Unterzeichnung genügt eine im Wege der mechanischen Vervielfältigung hergestellte Namensunterschrift.

1) Allgemeines. SchuldVerschreibg auf den Inh ist eine Urk, in der sich der AusSt zu einer Leistg an den Inh der Urk verpflichtet.

a) Es muß sich also um die **Verbriefg von Fordergsrechten** handeln; andere Rechte, wie zB MitgliedschRechte (InhAktien), gehören an sich nicht dazu. Doch ist entspr Anwendbark mögl, Einf 1c. Welcher Art die versprochene Leistg ist, ist unerhebl; meistens Geldleistg, doch kommen auch andere Leistgen in Frage, wie zB beim Lagerschein auf den Inh. Angabe bestimmter Geldsumme nicht erforderl (Dividendenscheine).

b) Eine ausdr **InhKlausel** ist nicht erforderl. Es genügt, wenn aus dem Inhalte der Urk u der Verk-Sitte mit genügender Deutlichk die Abs hervorgeht, den Inh verpflichtet zu sein. StaatsSchVerschreibg, Zinsscheine sind daher auch ohne ausdr Erwähng auf den Inh gestellt. Nenng eines bestimmten Gläub ist zul, wenn trotzdem aus der Urk hervorgeht, daß die Zahlgsverpflichtg ggü jedem Inh besteht. Auch der Zusatz „für Inh od Order" macht das Papier nicht zum Orderpapier, wenn keine bestimmte Pers genannt ist, deren Order maßg sein soll, RG **78**, 149. Inh ist, wer die rein tatsächl Gewalt über das Papier ausübt, mittelb Besitz genügt nicht. Regelm handelt es sich um selbstständ (abstraktes) SchuldVerspr (§ 780), doch ist Angabe eines Schuldgrundes, um sich Einwendgen gem § 796 vorzubehalten, nicht ausgeschl.

§§ 793–795

c) **Aussteller** kann an sich jeder sein. Doch bestehen Beschränkgen, zB gem § 795 (staatl Gen), ferner für Banknoten, § 1 EmissionsG (G v 26. 6. 54, BGBl 147).

d) **InhSchuldverschreibgen sind**: SchVerschreibgen des Bundes, der Länder, der Gemeinden u öffrechtl Körpersch nebst Zinsscheinen; InhSchuldscheine von jur Pers od einz PrivatPers, insb die von den Landsch u HypBanken ausgegebenen HypPfandbriefe; Gewinnanteil- od Dividendenscheine der AG; Inh-Grdschuldbriefe § 1195; InhLagerscheine, RG 78, 152; **142**, 150; regelm auch Lotterielose, RG JW **12**, 861, vgl auch RG JW **29**, 362; Schecks, die auf Inh gestellt sind, ScheckG Art 5, 21 (doch staatl Gen erforderl, falls etwa Einlösgszusage gemacht ist, RG **105**, 363; vgl auch Art 4 SchG); regelm dtsche Investmentzertifikate.

e) **Keine InhSchuldverschreibgen sind**: Kuxscheine (Pr Allg BergG 103 III); Anteilscheine der GmbH, da sie lediglich BeweisUrk, nicht selbst Wertträger sind, RG **53**, 109; Zinserneuergsscheine (Talons), die nur Ausweispapiere sind, RG **74**, 339; Wechsel, da sie nicht auf den Inh gestellt w können, WG Art 1 Nr 6; Anweisungen, die ebenf nicht auf den Inh gestellt w können.

2) Rechtsgrund der Verpflichtg. Die Verpflichtg wird durch den **einseit Akt der Ausstellg oder „Kreation"** erzeugt, wobei lediglich hinzukommen muß, daß die Urk aus der Hand des Ausstellers in die eines Dritten u damit in den Verkehr gelangt. Die abw Auffassgen, wonach ein Vertr zw AusSt u erstem Nehmer (zugleich der Nachmänner) geschl werde (Vertragslehre), oder wonach die Verpflichtg durch das bewußte Inverkehrbringen erzeugt werde (Emissionslehre), sind vom BGB abgelehnt, wie aus §§ 793, 794 deutl hervorgeht (hM), RG **131**, 294. – GeschFgk des AusSt (mindestens bei der Ausgabe) muß vorhanden sein. Rückwirkende Heilg durch Gen nicht mögl.

3) Gläubiger ist der Eigentümer des Papiers. Der EigtErwerb findet nicht durch Abtretg, sond ebso wie bei bewegl Sachen gem §§ 929 ff statt, wobei die Sondervorschr des § 935 II zu beachten ist. Dieser starke sachenrechtl Einschlag führt auch dazu, daß der RSatz vom Untergang der Fdg durch ZusTreffen von Gläub- u Schuldnersch hier nicht gilt, RG **147**, 243; vgl aber Einf 1c vor § 793. – Der Grds, daß Gläub der Eigtümer des Papiers ist, wird aber durch § 793 I, 1 in seiner prakt Bedeutg erhebl eingeschr, u zwar durch die **Rechtsvermutg, daß der Inhaber der Urkunde als Gläub** der verbrieften Fdg **gilt** od daß er zur Ausübg der Fdg berechtigt ist. Die EigtVermutung des § 1006 kommt dem Besitzer des InhPapiers zugute, RG JW **13**, 30. Sache des Schu ist es, nachzuweisen, daß der Inh zur Verfgg über die Urk nicht berechtigt ist, dh also, daß er weder Eigt ist noch ein PfdR od sonstiges VfgsR (Vormd, KonkVerw, TestVollstr usw) hat. Nichtberechtigt liegt insb vor, wenn der Inh von einem Nichtberecht bösgl erworben hat; aber auch, wenn er den Besitz ohne Befugn zur Veräußerg, zB als Verwahrer, erlangt hat.

4) Der AusSt wird nach Abs I S 2 auch dann befreit, wenn er an einen nicht verfüggsberechtigten Inh leistet. Auch Leistg an GeschUnfähige od GeschBeschränkte wirkt befreiend (so hM). Der AusSt ist also zur Prüfg der Legitimation des Inh nicht verpflichtet, wohl aber berechtigt, kann aber die Leistg nur verweigern, wenn er die Nichtberechtigg nachweisen kann. Das InhPapier ist insow auch Legitimations-Urk, vgl Einf 3. – Eine Ausn von I, 2 muß aber für den Fall gelten, daß der AusSt wissentl an den Nichtberecht zahlt. Denn die Legitimation des Inh, die im Interesse des Verkehrs eingeführt ist, darf nur dem redl Verkehr dienen, nicht aber dazu führen, daß eine offenb unredl Hdlg geschützt w. AusSt braucht jedoch nie sich oder im zweifelh RStreit mit Inh einzulassen. Befreiende Wirkg der Zahlg fällt also nur fort, wenn AusSt die ihm bekannte Nichtberechtigg des Inh auch ohne weiteres nachweisen konnte.

5) Schuldverschreibg auf den Inhaber verlangt Schriftform, die gem § 126 an sich eigenhänd Unterschr des AusSt erfordern würde. In Abweichg hiervon soll aber nach II eine im Wege der mechan Vervielfältigg hergestellte Namensunterschr genügen (sog Faksimile). Ungenügd ist jedoch eine in gewöhnl Druck hergestellte Unterschr. Die Bestimmg des II gilt nicht für die sog „kleinen InhPapiere", § 807. – Nach II, 1 kann die Gültigk der Unterschr von der Beobachtg einer bes Form abhängig gemacht w, zB Unterschr eines Kontrolleurs, Beifügg eines bes Ausfertiggsvermerks od bestimmten Siegels. Diese Einschränkg ist aber nur wirks, wenn in der Urk selbst auf die weitere Formvorschrift ausdr hingewiesen ist. Über landesrechtl Vorbehalte EG Art 100 Nr 1.

794 Haftung des Ausstellers.

I Der Aussteller wird aus einer Schuldverschreibung auf den Inhaber auch dann verpflichtet, wenn sie ihm gestohlen worden oder verlorengegangen oder wenn sie sonst ohne seinen Willen in den Verkehr gelangt ist.

II Auf die Wirksamkeit einer Schuldverschreibung auf den Inhaber ist es ohne Einfluß, wenn die Urkunde ausgegeben wird, nachdem der Aussteller gestorben oder geschäftsunfähig geworden ist.

1) Diese Bestimmg ist mit Rücks auf die Verkehrssicherh gegeben. Auf ihr fußt die herrschde Kreationslehre, § 793 Anm 2. Die Verpflichtg des AusSt besteht aber in den Fällen des § 794 **nur ggüber dem redl Erwerber**. Dem Unredl ggü kann der AusSt gem §§ 793 I 1, 932, 935 II die Leistg verweigern. – Keine Anwendbark von § 794 auf InhAktien u Wechsel (RGRK Anm 3), wohl aber auf InhSchecks.

795 Staatliche Genehmigung.

I Im Inland ausgestellte Schuldverschreibungen auf den Inhaber, in denen die Zahlung einer bestimmten Geldsumme versprochen wird, dürfen nur mit staatlicher Genehmigung in den Verkehr gebracht werden, soweit nicht Ausnahmen zugelassen sind. Das Nähere bestimmt ein Bundesgesetz.

II Eine ohne die erforderliche staatliche Genehmigung in den Verkehr gelangte Schuldverschreibung ist nichtig; der Aussteller hat dem Inhaber den durch die Ausgabe verursachten Schaden zu ersetzen.

Einzelne Schuldverhältnisse. 22. Titel: Schuldverschreibung auf den Inhaber **§§ 795–797**

1) a) Vorbemerkg und Verfahren. Die Fassg beruht auf dem G v 26. 6. 54, BGBl 147. Diese Gen w hiernach erteilt durch den zust BMinister im Einvernehmen mit der obersten Beh des Landes, in dessen Gebiet der AusSt seinen Wohnsitz od seine gewerbl Niederlassg hat; Erteilg der Gen u deren Bestimmgen sollen im BAnz veröffentl w (§ 3). Ausgabe v SchVerschreibgen des Bundes u der Länder sind genehmiggsfrei, die Länder sollen jedoch SchVerschreibgen nur in den Verkehr bringen, wenn sich die oberste LandesBeh zuvor mit dem zust BMinister ins Benehmen gesetzt hat u wenn dies in den Urkunden vermerkt ist (§ 4). VerwGebühr für Gen $1/4\ ^0/_{00}$ des Nennbetrages der Emission, höchstens jedoch 2000 DM, bei Ablehng des Antrages ein Viertel hiervon, höchstens jedoch 250 DM (§ 5). StrafVorschr bei vorsätzl od fahrl Inverkehrbringen usw (§ 6); Haftg gesetzl Vertreter (§ 7).

b) Staatliche Genehmigg ist für die Ausgabe inländischer SchuVerschreibgen, in denen eine bestimmte Geldsumme versprochen w, erforderl. Grd: Schutz der Allgemeinh gg schwindelh Unternehmen u Schutz der staatl Finanzwirtsch gg Überflutg des Geldmarktes mit geldähnl Zahlgsmitteln. Hierunter fällt nicht nur die Massenausgabe von InhSchVerschreibgen der genannten Art, sond auch die Ausgaben einzelner Stücke. Anwendb auch auf InhGrdschuldbriefe, RG **59**, 386, ferner auf InhZinsscheine von Orderpapieren, RG **74**, 339 u auch auf OrderSchVerschreibgen über eine bestimmte Geldsumme, soweit sie Teile einer Gesamtemission – hier genügt also nicht die Ausgabe einzelner Stücke – sind; hierü § 808a. Keiner Genehmigg bedürfen: Papiere auf unbestimmte Geldsumme od auf andere Leistgen, zB Gewinnanteilscheine, InhAktien, Zwischenscheine, Lotterielose (aber § 763), Legitimationspapiere, InhSchecks, es sei denn, daß sie mit einer Einlösgszusage versehen sind (RG **105**, 363), InhLagerscheine (vgl aber HGB § 363 II, RG **142**, 150), auch nicht InhGenußscheine, die zwar auf eine bestimmte Geldsumme ausgestellt sein können, jedoch nur aus bestimmten Einkünften, also nicht schlechthin, einzulösen sind, BGH **LM** Nr 2. Bettermann BB **69**, 699 hält den unbeschr staatl GenVorbeh mit beachtl Grden für verfwidr.

c) Bekanntmachg ist nur OrdngsVorschr, also kein notw Erfordern für die Gültigk.

2) Folgen der Zuwiderhandlg. Die ohne die erforderl staatl Gen in Verkehr gebrachten SchVerschreibgen sind nichtig. Der AusSt hat dem Inh den dch die unbefugte Ausgabe verursachten Schaden zu ersetzen. **a)** Voraussetzg der SchadErsPfl ist, daß der Inh das Papier **„ausgegeben"** hat. Es genügt also nicht, wenn das Papier ohne seinen Willen von einem Dr in den Verkehr gebracht worden ist. Die SchadErsPfl besteht nur dem „Inh" ggü, also nur dem letzten Erwerber, nicht auch ggü den Zwischeninhabern. **b)** Der **Gesamtschaden** ist zu ersetzen einschließl des entgangenen Gewinns.

796 *Einwendungen des Ausstellers.* Der Aussteller kann dem Inhaber der Schuldverschreibung nur solche Einwendungen entgegensetzen, welche die Gültigkeit der Ausstellung betreffen oder sich aus der Urkunde ergeben oder dem Aussteller unmittelbar gegen den Inhaber zustehen.

1) Einwendgen gegen die Gültigkeit der Ausstellg: hierher gehören Fälschg der Unterschr des AusSt oder des Inhalts der Urk; GeschUnfgk oder beschr GeschFgk des AusSt zZ der Ausstellg od Ausg. Jedoch keine Einr aus Anfechtbark der Ausstellg wg Irrtums, Drohg od Zwanges. Die Einwendgen aus der Urk müssen **ggüber jedem Inhaber zulässig** sein.

2) Einwendgen aus dem besonderen Inhalt der Urkunde: zB aus dem in der Urk angegebenen SchuldGrd, vorausgesetzt, daß es sich hierbei nicht nur um eine erläuternde Erwähng handelt; ferner Zeitbestimmg, Bedinggen u dgl. Der Inhalt der Urk, auch börsengängiger SchVerschreibgen, ist nach den allg Regeln (§§ 133, 157) auslegsfähig; Berücksichtigg auch außerh der Urk liegender Umst mögl, BGH **28**, 259.

3) Einwendgen unmittelbar gegen den Inhaber: dh solche, die in einem persönl RVerh begründet sind. Beisp: Stundg, Zahlg, Erlaß, Aufrechng, auch Einreden aus §§ 816, 821. Ferner **Einrede der Arglist**, insb wenn der Erwerb der Urk in der Abs geschah, dem AusSt seine Einwendgen gg den Vormann abzuschneiden, Warn **21**, Nr 13; erhält er jedoch erst nach dem Erwerb von den Einreden gg den Vormann Kenntn, so ist er an der Geltdmachg des Anspr nur dann gehindert, wenn er die Einwendgen lediql zum Vorteil des Vormannes (als Strohmann) od ausschließl zum Nachteil des AusSt abschneiden will (§ 826). Dem AusSt steht ferner der Einwand zu, daß Inh nicht zur Vfg über die Urk berechtigt sei, § 793 I. Dabei ist zu beachten, daß unredl Erwerb des Papieres auch dann vorliegt, wenn der Erwerber die Prüfg des rechtm Besitzes des Vormannes unterlassen hat, obwohl nach den Umst (zB Angebot durch Unbekannte) hinreichende Verdachts- und Zweifelsgründe vorhanden waren; vgl auch HGB § 367. Ferner Einwand der Verj § 801 I S 2. Schließl stehen dem AusSt gg den ersten Nehmer der Urk die Einreden des Irrt, Betruges, Zwanges zu.

797 *Leistungspflicht nur gegen Aushändigung.* Der Aussteller ist nur gegen Aushändigung der Schuldverschreibung zur Leistung verpflichtet. Mit der Aushändigung erwirbt er das Eigentum an der Urkunde, auch wenn der Inhaber zur Verfügung über sie nicht berechtigt ist.

1) Leistgsverpflichtg nur gg Aushändigg des Papiers, das also Präsentations- u Einlösgspapier ist. Die Schuld ist Holschuld; § 270 nicht anwendb. Verpflichtg des Inh zur Ausstellg einer Quittg bleibt unberührt (§§ 368, 369). Bei Teilleistg Vermerk auf der Urk. Über Ztpkt der Leistg vgl § 801. Folgen der Weigerg der Aushändigg oder Quittgserteilg: AnnVerzug. – Hat Gläub die Urk nur unter Vorbeh einer MehrFdg (zB Aufwertg) vorgelegt u hat sie der AusSt eingelöst, so kann er sich ggü der späteren NachFdg nicht darauf berufen, daß der Gläub nicht mehr Inh des Papieres sei, RG **152**, 168. – Vgl auch Einf 1 c.

§§ 797–799

2) Eigentumserwerb an der Urk gem S 2 auch dann, wenn Inh zur Vfg nicht berechtigt war. Dies ist Folge der RVermutg des § 793, wonach Inh als Gläub gilt. Durch S 2 soll verhindert w, daß Dritter (der wirkl Eigtümer) die Urk nachträgl mit der EigtKlage herausverlangen kann. Der EigtÜbergang findet kr G statt. Mit der hM ist aber anzunehmen, daß S 2 nicht zG des unredl Ausstellers gilt. EigtErwerb tritt also nicht ein, wenn der AusSt die Nichtberechtigg des Inh kannte, RGRK Anm 2, weitergehd Staud-Müller Anm 2: auch nicht bei bloßer grober Fahrlk.

3) Keine Anwendg von § 797 auf InhAktien.

798 *Ersatzurkunde.* Ist eine Schuldverschreibung auf den Inhaber infolge einer Beschädigung oder einer Verunstaltung zum Umlaufe nicht mehr geeignet, so kann der Inhaber, sofern ihr wesentlicher Inhalt und ihre Unterscheidungsmerkmale noch mit Sicherheit erkennbar sind, von dem Aussteller die Erteilung einer neuen Schuldverschreibung auf den Inhaber gegen Aushändigung der beschädigten oder verunstalteten verlangen. Die Kosten hat er zu tragen und vorzuschießen.

1) Das **Umtauschrecht** besteht nur, wenn der wesentl Inhalt der Urk u ihre Unterscheidgsmerkmale (zB Serie u Nummer) noch mit Sicherh zu erkennen sind. Ist dies nicht der Fall od ist die Urk gänzl vernichtet, so kommt nur KraftlosErkl in Frage (§§ 799, 804). Durch die Ausstellg der ErsUrk werden Anspr von Dritten an der Urk nicht berührt. § 798 gilt nicht für Zins- u Gewinnanteilscheine.

2) Sondervorschriften: Aktien u Zwischenscheine, AktG § 74. Nach § 63 WertpapierbereiniggsG dürfen ErsUrkunden für die nach § 3 kraftlos gewordenen WertP nicht mehr ausgestellt w; Einf 5c vor § 793.

799 *Kraftloserklärung.* **I** Eine abhanden gekommene oder vernichtete Schuldverschreibung auf den Inhaber kann, wenn nicht in der Urkunde das Gegenteil bestimmt ist, im Wege des Aufgebotsverfahrens für kraftlos erklärt werden. Ausgenommen sind Zins-, Renten- und Gewinnanteilscheine sowie die auf Sicht zahlbaren unverzinslichen Schuldverschreibungen.

II Der Aussteller ist verpflichtet, dem bisherigen Inhaber auf Verlangen die zur Erwirkung des Aufgebots oder der Zahlungssperre erforderliche Auskunft zu erteilen und die erforderlichen Zeugnisse auszustellen. Die Kosten der Zeugnisse hat der bisherige Inhaber zu tragen und vorzuschießen.

1) Allgemeines. Dem bish Inh der Urk, der nicht weiß, wo sich die Urk befindet, stehen drei Wege offen. **a)** Bekanntmachg in den öff Anzeigeblättern; das ist für das ges Bundesgebiet einschließl Berlins der **Bundesanzeiger**, § 2 G über Bekanntmachg v 17. 5. 50, BGBl 183. Veröff schließt guten Glauben eines Bankiers regelm aus, § 367 HGB. **b)** KraftlosErkl gem § 799. **c) Zahlgssperre** gem § 802, ZPO §§ 1019 ff. – § 799 ist auch auf Legitimationspapiere gem § 808 anwendb. – Abs 2 gilt sinngem für das Aufgebot abhanden gekommener Anteilscheine der Kapitalanlagegesellschaften, § 19 G v 16. 4. 57, BGBl 378.

2) Die **Kraftloserklärg** ist bei abhanden gekommenen u vernichteten SchVerschreibgen zul. **a)** „Abhanden gekommen": nicht nur in den Fällen des § 935 I, sond auch dann, wenn der Verbleib der Urk bekannt, sie aber nicht zurückerlangt w kann, Stgt NJW 55, 1155. Die Urk ist nicht abhanden gekommen bei Verlust durch Betrug, ZwVollstr, auch nicht bei Verlust durch rechtm Staatsakt od durch Beschlagn. **b)** „Vernichtg" bedeutet nicht nur vollk Substanzverlust, sondern eine so weitgehende Beschädigg od Zerstörg, daß eine Erneuerg (ErsUrk) nach § 798 nicht mögl ist. **c)** Für das Verfahren, das sehr umständl u kostspielig ist, sind ZPO §§ 1003 ff maßgbl. Möglichk der Zahlgsperre bei od vor Einleitg des Aufgebotsverfahrens. **d)** Wirkg der KraftlosErkl: Das AusschlUrt ersetzt den Bes der Urk, so wie sie war (§ 1018 ZPO). Wer es erwirkt h, kann den Anspr aus der Urk nunmehr ohne das Papier gg den AusSt geltd machen oder Ausstellg neuen Papiers verlangen, § 800. Für das Verhältn zu Dr ist das AusschlUrt ohne Bedeutg, es schließt Dr mit ihren mat Rechten aus der Urk, die sie vor KraftlErkl erworben h, nicht aus (RG 168, 1 [9], StJP § 1018 Anm I 1). – H der Ausst aGrd der förml Berechtigg dessen, der das AusschlUrt erwirkt h, schuldbefreiend an diesen bezahlt, so kann der wahre Berecht, wenn er sein besseres mat Recht nachweisen kann, das Bezahlte als ungerechtf Ber herausverlangen. Zum Ausschl des mat Berecht ist ein GlAufgebot (§ 982 ZPO) nöt.

e) Sondervorschriften: für Aktien u Zwischenscheine AktG §§ 72, 73; Grd- u Rentenschuldbriefe §§ 1195, 1199; für Wechsel WG Art 90; für Schecks ScheckG Art 59; vgl ferner HGB § 363. Über die KraftlosErkl nach dem WertpapierbereiniggsG Anm 5c vor § 793.

3) Ausschluß der Kraftloserklärg: a) bei ausdr Ausschl der KraftlosErkl in der Urk selbst; vgl § 3 AnleiheG v 29. 3. 51, BGBl I 218. Der Vermerk auf Lotterielosen, daß der GewinnAnspr in bestimmter Frist unter Vorzeigg des Loses geltd gemacht w müsse, genügt hierfür nicht, RG JW **12**, 861; **b)** bei Zins-, Renten- u Gewinnanteilscheinen, hier wird Ers gemäß § 804 gewährt. Darüber, wie weit das Erlöschen der HauptUrk den Anspr aus den NebenUrk ergreift, § 803 Anm 1; **c)** bei auf Sicht zahlb unverzinsl SchVerschr, u zwar wg der geldähnl Natur u Funktion dieser Papiere; **d)** bei den sog kleinen Inhaberpapieren gemäß § 807; **e)** bei Erneuergsscheinen (Talons), da sie keine selbständ SchVerschreibgen sind, vgl § 805.

4) Über § 63 WertpapierbereiniggsG vgl § 798 Anm 2.

800 Wirkung der Kraftloserklärung. Ist eine Schuldverschreibung auf den Inhaber für kraftlos erklärt, so kann derjenige, welcher das Ausschlußurteil erwirkt hat, von dem Aussteller, unbeschadet der Befugnis, den Anspruch aus der Urkunde geltend zu machen, die Erteilung einer neuen Schuldverschreibung auf den Inhaber anstelle der für kraftlos erklärten verlangen. Die Kosten hat er zu tragen und vorzuschießen.

1) Das AusschlUrteil erzeugt hiernach eine doppelte Wirkg: **a)** Der AntrSt kann gem ZPO § 1018 den Anspr aus der Urk geltd machen, ohne diese vorlegen zu müssen; **b)** er kann außerdem von dem AusSt die Erteil einer neuen SchuldUrk verlangen. Letzteres wird vor allem dann von Bedeutg sein, wenn die Leistg noch nicht fällig ist; AntrSt kann dieses Recht aber auch trotz Fälligk geltd machen. Über die Form der neuen Urk ist im G nichts bestimmt. Sie braucht nicht dieselbe Form zu haben wie die frühere, muß ihr aber wirtschaftl u rechtl gleichwertig sein, RGRK § 800 Anm 1. Bei InhGrdschulden ist die Erteilg des neuen Briefes beim Grdbuchamt zu beantragen. – Die AntrStellg ist an keine Frist gebunden. – Keine Befugn des AntrSt, die im Laufe des Aufgebotsverfahrens fällig werdenden Leistgn gg SicherhLeistg einzufordern (anders hins des Wechsels WG Art 90). – Vorschr entspr anwendb auf Aufgebot abhandengekommener Anteilscheine der Kapitalanlagegesellschaften, § 19 G v 16. 4. 57, BGBl 378.

801 Erlöschen; Verjährung. ^I Der Anspruch aus einer Schuldverschreibung auf den Inhaber erlischt mit dem Ablaufe von dreißig Jahren nach dem Eintritte der für die Leistung bestimmten Zeit, wenn nicht die Urkunde vor dem Ablaufe der dreißig Jahre dem Aussteller zur Einlösung vorgelegt wird. Erfolgt die Vorlegung, so verjährt der Anspruch in zwei Jahren von dem Ende der Vorlegungsfrist an. Der Vorlegung steht die gerichtliche Geltendmachung des Anspruchs aus der Urkunde gleich.

^{II} Bei Zins-, Renten- und Gewinnanteilscheinen beträgt die Vorlegungsfrist vier Jahre. Die Frist beginnt mit dem Schlusse des Jahres, in welchem die für die Leistung bestimmte Zeit eintritt.

^{III} Die Dauer und der Beginn der Vorlegungsfrist können von dem Aussteller in der Urkunde anders bestimmt werden.

1) G unterscheidet zw einer AusschlFrist (Vorleggsfrist) u einer VerjFrist. **a)** Die **Vorleggsfrist** beträgt 30 Jahre, bei Zins-, Renten- und Gewinnanteilscheinen nur 4 Jahre; nach ihrem Ablauf erlischt Anspr aus der SchVerschreibg. Der Lauf der 30jährigen Frist beginnt mit dem für die Leistg bestimmten Ztpkt. Ist ein solcher Ztpkt nicht bestimmt, so wird man für den Fristbeginn den Ztpkt der Ausstellg der Urk zugrunde legen müssen. Doch ist dies streitig. **Beweispflichtig** für Fristablauf ist der AusSt, für die Vorlegg der Inh. **b) Verjährg** findet nur in beschr Maße statt, näml nur dann, wenn innerh der Vorlegsfrist die Urk vorgelegt oder der Anspr gerichtl geltd gemacht ist. Dann läuft eine VerjFrist von 2 Jahren, jedoch nicht vom Tage der Vorlegg ab, sond von dem Ende der Vorleggsfrist an.

2) Der AusSt ist befugt, in der Urk über Dauer u Beginn der Vorleggsfrist eine **abweichende Bestimmg** zu treffen. Er kann also die Frist verlängern od verkürzen, er darf sie aber nicht gänzl beseitigen. Die Abweich muß in der Urk selbst enthalten sein, nicht nur auf Prospekten od dgl.

802 Zahlungssperre. Der Beginn und der Lauf der Vorlegungsfrist sowie der Verjährung werden durch die Zahlungssperre zugunsten des Antragstellers gehemmt. Die Hemmung beginnt mit der Stellung des Antrags auf Zahlungssperre; sie endigt mit der Erledigung des Aufgebotsverfahrens und, falls die Zahlungssperre vor der Einleitung des Verfahrens verfügt worden ist, auch dann, wenn seit der Beseitigung des der Einleitung entgegenstehenden Hindernisses sechs Monate verstrichen sind und nicht vorher die Einleitung beantragt worden ist. Auf diese Frist finden die Vorschriften der §§ 203, 206, 207 entsprechende Anwendung.

1) Der AntrSt kann – entweder iVm dem AufgebotsVerf od unter den Voraussetzgen des § 1020 ZPO schon vor Einleitg des Verf – eine **Zahlgssperre** erwirken, durch die an den AusSt sowie an die in dem Papier bezeichneten Zahlstellen ein Verbot erlassen w, an den Inh des Papiers eine Leistg zu bewirken, insb neue Zins-, Renten- u Gewinnanteilscheine oder einen Erneuergsschein auszugeben, ZPO § 1019. Wirkg: §§ 135, 136. Auch bei der selbständ Zahlgssperre (§ 1020 ZPO) muß das Verbot neben der öff Bekanntmachg dem AusSt sowie den im Papier u den vom AntrSt bezeichneten Zahlstellen mitgeteilt w; Baumb-Lauterbach § 1020 Anm 1. – Damit nun währd der langen Dauer des AufgebotsVerf die Vorleggs- od VerjFristen nicht ablaufen, bestimmt § 802, daß Beginn u Lauf dieser Fristen gehemmt (nicht unterbrochen) w, u zwar nach S 2 nicht erst mit dem Erlaß der Zahlgssperre, sond schon mit der AntrStellg. Im Falle einer vor Einleitg des Verf verfügten Zahlgssperre endigt nach S 2 (2. Halbs) die Hemmg schon dann, wenn seit Beseitigg des der Einleitg entggstehenden Hindernisses 6 Monate verstrichen sind u nicht vorher die Einleitg beantragt worden ist. Diese Bestimmg soll einer unangemessenen Verzögerg der Einleitg des Verf vorbeugen. – Über Lotterielose RG JW 12, 861.

803 Zinsscheine. ^I Werden für eine Schuldverschreibung auf den Inhaber Zinsscheine ausgegeben, so bleiben die Scheine, sofern sie nicht eine gegenteilige Bestimmung enthalten, in Kraft, auch wenn die Hauptforderung erlischt oder die Verpflichtung zur Verzinsung aufgehoben oder geändert wird.

^{II} Werden solche Zinsscheine bei der Einlösung der Hauptschuldverschreibung nicht zurückgegeben, so ist der Aussteller berechtigt, den Betrag zurückzubehalten, den er nach Absatz 1 für die Scheine zu zahlen verpflichtet ist.

§§ 803–805   2. Buch. 7. Abschnitt. *Thomas*

1) Rechtsnatur. a) InhZinsscheine haben, soweit sie im Verkehr als Träger der ZinsFdg umlaufen, einen **selbständigen,** vom Hauptpapier unabhängigen Charakter, RG **74,** 339. Sie bleiben daher nach I (vorbehaltl abweichender Bestimmg, die in der Urk selbst enthalten sein muß) auch dann in Kraft, wenn die HauptFdg erlischt od die Verpflichtg zur Verzinsg geändert od aufgeh w. Ihr Umlauf im Verkehr ist unabhängg von dem des Hauptpapiers; zur Einziehg bedarf es weder der Vorlegg der HauptUrk noch genügt diese. Aber Einr der Argl, falls AusSt widerrechtl die Ausfolgg neuer Zinsscheine verweigert hat, RG **31,** 147. – **b)** Gleichzeitig sind aber die Zinsscheine wiederum von der HauptUrk insofern abhängig, als der AusSt nach II bei Einlösg der HauptUrk den für die Einlösg der Zinsscheine erforderl Betrag zurückbehalten kann, falls die (noch nicht fälligen) Zinsscheine nicht mit vorgelegt w. Er darf also diesen Betrag von der Hauptsumme abziehen. § 273 III (Abwendg durch SicherhLeistg) ist anwendb. Bei späterer Nachlieferg der Zinsscheine ist der zurückbehaltene Betrag nachzuzahlen. – Der Umstand, daß es sich um eine Zinsschuld handelt, ist ferner von Bedeutg für das Verbot des Zinseszinses (§§ 248, 289). Für die Verjährg gilt § 801 II; § 224 ist durch § 803 I ausgeschl; im übr hierzu § 801 Anm 1.

2) Keine Anwendg auf Renten-, Gewinnanteil- und Erneuergsscheine. a) Der Gewinnanteil-(Dividenden-)Schein ist an sich InhPapier, RG **77,** 333; er unterscheidet sich vom Zinsschein dadurch, daß er nicht auf eine bestimmte Geldsumme geht, daß vielm seine Höhe von der Festsetzg des Gewinnanteils seitens der GesellschOrgane abhängt. Anspr aus dem Gewinnanteilschein erlischt mit der HauptUrk, vgl für AG AktG § 72 II. **b)** Erneuergsscheine (Talons) sind keine selbständ InhPapiere, sond lediglich Ausweispapiere, RG **74,** 339, vgl § 805; sie werden also mit dem Erlöschen des Hauptpapieres kraftlos.

804 *Verlust von Zins- oder ähnlichen Scheinen.* ^I Ist ein Zins-, Renten- oder Gewinnanteilschein abhanden gekommen oder vernichtet und hat der bisherige Inhaber den Verlust dem Aussteller vor dem Ablaufe der Vorlegungsfrist angezeigt, so kann der bisherige Inhaber nach dem Ablaufe der Frist die Leistung von dem Aussteller verlangen. Der Anspruch ist ausgeschlossen, wenn der abhanden gekommene Schein dem Aussteller zur Einlösung vorgelegt oder der Anspruch aus dem Scheine gerichtlich geltend gemacht worden ist, es sei denn, daß die Vorlegung oder die gerichtliche Geltendmachung nach dem Ablaufe der Frist erfolgt ist. Der Anspruch verjährt in vier Jahren.

^{II} In dem Zins-, Renten- oder Gewinnanteilscheine kann der im Absatz 1 bestimmte Anspruch ausgeschlossen werden.

1) Allgemeines. KraftlosErkl u Zahlgssperre sind bei verlorengegangenen Zins-, Renten- od Gewinnanteilscheinen grdsätzl ausgeschl, § 799 I, 2. An ihrer Stelle gewährt § 804 ein Mittel, um das GläubR bei Verlust dieser Scheine möglichst zu wahren. Der eigentl Zweck des Verf ist, zu ermitteln, ob das Papier überh noch vorhanden ist; daher die Regelg I, 2.

2) Gläub hat den Verlust dem AusSt anzuzeigen, u zwar vor dem Ablauf der 4jähr Vorleggsfrist (§ 801). Ist dies geschehen, so kann nunmehr der Gläub nach dem Ablauf der Vorleggsfrist die Leistg vom AusSt verlangen. Eine Ausn gilt aber, wenn ein Dritter vor Ablauf der Vorleggsfrist den Schein vorgelegt od gerichtl geltd gemacht hat. In diesem Falle kann Gläub die Einlösg nicht verlangen; er kann sich gg Einlösg des von dem Dr vorgelegten Scheines nur durch Erwirkg einer einstw Vfg schützen. – **Beweislast:** der Anzeigende hat den Verlust u die Anz zu beweisen, AusSt die Vorlegg od gerichtl Geltdmachg durch einen Dr; der Anzeigende wiederum, daß die letztgenannten Maßn erst nach Ablauf der Vorleggsfrist erfolgt sind.

3) Die **Verjährgsfrist nach Abs I Satz 3** beginnt mit Ablauf der Vorleggsfrist (str).

4) II: Die Vorschr des I ist bei Zinsscheinen von Bundesschuldverschreibgen ausgeschl, ohne daß es einer ausdrückl Bestimmg bedarf, § 17 ReichsschuldenO, AnleiheG. – Fortdauer landesgesetzl Vorschr: EG Art 100 Z 2.

805 *Neue Zins- und Rentenscheine.* Neue Zins- oder Rentenscheine für eine Schuldverschreibung auf den Inhaber dürfen an den Inhaber der zum Empfange der Scheine ermächtigenden Urkunde (Erneuerungsschein) nicht ausgegeben werden, wenn der Inhaber der Schuldverschreibung der Ausgabe widersprochen hat. Die Scheine sind in diesem Falle dem Inhaber der Schuldverschreibung auszuhändigen, wenn er die Schuldverschreibung vorlegt.

1) Erneuergsscheine sind ihrer rechtl Natur nach keine InhPapiere, sond bloße **Legitimationspapiere** (Einf 3 vor § 793), RG **74,** 341. Die Vorschr des § 805 soll den Inh der SchVerschreibg insb für den Fall eines Verlustes schützen. – § 805 bezieht sich nicht auf Gewinnanteilscheine, doch gilt für Gewinnanteilscheine im AktienR die entspr Vorschr des AktG § 75.

2) Der **Widerspruch** hat die Wirkg, daß der AusSt dem Vorleger des Erneuergsscheines neue Zins- oder Rentenscheine nicht mehr aushändigen darf; sie dürfen nach S 2 nur dem Inh der SchVerschreibg gegeben w. Der Widerspr ist einseit empfangsbedürft WillErkl, § 130. Obwohl § 805 dem Inh der SchVerschreibg vor allem im Falle des Verlustes einen Schutz gewähren will, ist nach der Fassg der Vorschr das WiderspruchR nicht auf diesen Fall beschr, sond besteht ganz allg. Es ist daher ohne Bedeutg, durch welche Gründe der Widerspr veranlaßt wird. – § 805 ist nachgiebiges Recht.

806 Umschreibung auf den Namen. Die Umschreibung einer auf den Inhaber lautenden Schuldverschreibung auf den Namen eines bestimmten Berechtigten kann nur durch den Aussteller erfolgen. Der Aussteller ist zur Umschreibung nicht verpflichtet.

1) Die **Festmachg** des InhPapiers dient dem Zwecke, die mit einem InhPapier für den Gläub verbunden sind, zu beseitigen. Sie kann heute nur noch durch **Umschreibg auf einen bestimmten Berechtigten** erfolgen. Diese Umschreibg kann nur der AusSt, u zwar in dem Papier selbst, vornehmen. Durch die Umschreibg verliert die Urk die Eigensch als InhPapier u ist von jetzt ab Namenspapier (Einf 1 vor § 793), kann also nicht mehr nach den §§ 932, 935 II übertragen w. Sie bleibt aber Wertpapier. Zahlg daher nur gg Auslieferg des Papiers. Das nach den GeschBedinggn des AusSt bestehende Künd- u EinlösgsR bleibt unberührt, Warn **30**, 129. – AusSt ist zur Umschreibg nicht verpflichtet, doch kann er sich hierzu natürl in der Urk jedem Inh ggü oder einem bestimmten Inh ggü vertragl verpflichten. Außerdem kann landesrechtl etw Bestimmg getr w, EG Art 101.

2) **Sondervorschriften:** §§ 1814, 1815, 1667, 2116, 2117. Umgeschriebene SchVerschreibgn werden durch die Wertpapierbereinigg nicht betroffen, § 2 I, 4 WBG; Einf 5c vor § 793.

807 Inhaberkarten und -marken. Werden Karten, Marken oder ähnliche Urkunden, in denen ein Gläubiger nicht bezeichnet ist, von dem Aussteller unter Umständen ausgegeben, aus welchen sich ergibt, daß er dem Inhaber zu einer Leistung verpflichtet sein will, so finden die Vorschriften des § 793 Abs. 1 und der §§ 794, 796, 797 entsprechende Anwendung.

1) **Allgemeines.** § 807 behandelt die sog „kleinen oder unvollkommenen InhPapiere". Sie unterscheiden sich von den eigentl InhSchVerschreibgn dadurch, daß sie das RVerh u den Ggstand der Leistg nur unvollk angeben, häufig auch den AusSt nicht nennen u meistens ohne Namensunterschr des AusSt sind. Unter Karten, Marken usw sind folgende Gruppen zu unterscheiden: **a)** einfache Beweispapiere, zB Marken für Akkordarbeit, **b)** Ersatzmittel für Geld, zB Briefmarken, Stempelmarken, **c)** Legitimationspapiere (keine Verpflichtg, an den Inh zu leisten, aber Berechtigg hierzu), zB Garderobenmarken, Gepäckscheine, § 808, **d)** eigentliche InhPapiere: ob sie einen solchen Charakter haben, entscheidet sich danach, ob sich aus dem an Hand der VerkSitte zu ermittelnden Willen des AusSt ergibt, der dem Inh seitens AusSt verpflichtet sein will, RG **103**, 235. Die Auslegg bereitet oft Schwierigk u die Grenzen zw eigentl InhPapieren u Legitimationspapieren sind mitunter flüssig (Einf 3 vor § 793). – § 807 bezieht sich nur auf die zu d) genannten InhPapiere. Für sie sollen die für InhSchVerschreibgn bestehenden Vorschr wenigstens teilw Geltg haben.

2) Zu den **kleinen InhPapieren** gehören: Eisenbahnfahrkarten, RG EisenbahnrechtlE **22**, 165; Bahnsteigkarten; Eintrittskarten verschiedener Art, auch Theater- und Konzertkarten; Badekarten; Straßenbahnfahrscheine (str); Versichergsmarken der Invaliditätsversicherg. Bei Theaterkarten ist zu beachten, daß für den TheaterUntern ein AbschlZwang grdsätzl nicht besteht; will er also einz Personen den Besuch nicht gestatten, so kann er diesen die Einwendg aus § 796 entggsetzen (Grenze aber § 826, wichtig für Theaterkritiker), RG JW **32**, 862. **Nicht** hierunter fallen: Kleiderablagemarken, die regelm nur als Quittg od Legitimationspapiere gelten (KG JW **26**, 1472); Gepäckscheine; Reparaturscheine; Marken, die nur an einen bestimmten Kreis von Abonnenten zur Erleichterg der Abrechg gegeben w, Marienw Recht **04**, 173; Karten, denen durch ausdr Vermerk der Charakter als InhPapier entzogen ist, wie häufig bei Abonnementskarten.

3) Auf die kleinen InhPapiere sind die grdlegenden **Vorschr für InhSchuldVerschr entspr anzuwenden. a)** Es gilt für die Verpflichtgsentstehg die **Kreationslehre. b)** Die **Übertragg** der Fdg geschieht durch Überg der Urk nach den Vorschr für bewegl Sachen (gutgläubiger Erwerb). **c)** § 794: Leistgsverpflichtg auch bei gestohlenen od sonst abhanden gekommenen Urk. **d)** § 796: Beschrkg der Einreden. **e)** § 797: Leistgsverpflichtg nur gg Aushändigg der Urk. – **Nicht anwendb** sind: die Vorschr über staatl Gen § 795; Bestimmgn über Unterschr od Faksimile des AusSt, § 793 II; über Vorleggs- u VerjFristen, §§ 801, 804; über KraftlosErkl u Zahlgsperre sowie Ausstellg von ErsatzUrk, §§ 798, 799, 800, 802 (doch landesrechtl Vorbehalt EG Art 102 I); über Umschreibg auf den Namen, doch ist Umschreibg kr bes Vereinbg nicht unzul.

808 Namenspapiere mit Inhaberklausel. ^{I} Wird eine Urkunde, in welcher der Gläubiger benannt ist, mit der Bestimmung ausgegeben, daß die in der Urkunde versprochene Leistung an jeden Inhaber bewirkt werden kann, so wird der Schuldner durch die Leistung an den Inhaber der Urkunde befreit. Der Inhaber ist nicht berechtigt, die Leistung zu verlangen.

^{II} Der Schuldner ist nur gegen Aushändigung der Urkunde zur Leistung verpflichtet. Ist die Urkunde abhanden gekommen oder vernichtet, so kann sie, wenn nicht ein anderes bestimmt ist, im Wege des Aufgebotsverfahrens für kraftlos erklärt werden. Die im § 802 für die Verjährung gegebenen Vorschriften finden Anwendung.

1) **Begriff.** § 808 behandelt die sog **hinkenden InhPapiere oder qualifizierten Legitimationspapiere. a)** Grdgedanke: eine bestimmte Pers ist als Gläub bezeichnet u kann allein die Leistg verlangen; dem AusSt ist aber gestattet, an jeden Inh rechtswirks zu leisten. Vom echten InhPapier unterscheiden sie sich also dadurch, daß der Inh die Leistg nicht verlangen kann, RG **145**, 324; seine Verfügsberechtigg wird nicht vermutet. Außerdem muß der Gläub „benannt" sein, RG **78**, 152. **Unter § 808 fallen:** Leihhausscheine; Sparbücher, BGH **28**, 368; InhVersichergsschein (§ 4 VVG), RG **145**, 322; Seetransportversichergspolice (regelm), BGH NJW **62**, 1437; Depotscheine; Rabattmarken, RG **73**, 108. – **b)** Da die Legitimations-

papiere keine InhPap sind, w sie nicht nach sachenrechtl Grds durch Überg der Urk übertr u verpfändet, sond nach den für Fdgen geltenden Vorschr (§§ 398 ff, 1280). Das Eigt am Papier folgt gem § 952 dem GläubR an der Fdg, also gerade umgekehrt wie bei InhPap, vgl § 793 Anm 3. Dies gilt auch für **Sparbücher**, doch wird in der Überg des Buches regelm die stillschw Abtretg der Fdg zu erblicken sein, BGH WPM **65**, 900. Desh gilt für sie die EigtVermutg des § 1006 nicht; das Urt, das den Bes an dem Papier zuspricht, entsch nicht rechtskr über die Gläubigersch der Fdg, BGH BB **72**, 1343. Ob in dem Ersuchen des Gläub um Umschreibg des Guthabens auf einen andern Abtretg der Fdg liegt, ist Tatfrage, BGH WPM **62**, 487 (vom OLG im Anschl an RG **106**, 1 verneint). Die LegitimationsWirkg eines Sparbuchs erstreckt sich nur auf die vom AusSt rechtswirks versprochenen Leistgn. Zu ihrem Inhalt gehören auch die zwingden ges Vorschr über die KündFristen. Abreden im SparVertr, nach denen der AusSt jeden Vorleger des Sparbuchs als berecht ansehen kann, das ungeknd Kapital in Empfang zu nehmen, verstoßen gg § 22 I KWG u sind desh nichtig. Der Inh eines Sparbuchs kann von dem Gläub des Spargutn nur WillErkl abgeben, die zur Empfangnahme der versprochenen Leistg notw sind (BGH **64**, 278; abl wg bloßer Wortinterpretation u einer ges nicht gewollten Erschwerg des SparVerk Schraepler NJW **76**, 23). Vgl ferner BGH **28**, 368 (Zahlg vor Fälligk; keine Berufg auf die Legitimationswirkg); ebenso BGH **42**, 302, BayObLG MDR **68**, 412 (Zahlg über den gesetzl zul MonatshöchstBetr). Ebso ist die LegitimationsWirkg für den Inh beschr dch einen im Sparbuch eingetr Sperrvermerk, zB bis zum Eintritt der Volljährigk; Auszahlg an den ges Vertr vor diesem Ztpkt befreit die Sparkasse nicht (BGH NJW **76**, 2211). Bei Streit unter mehreren Bewerbern kann Sparkasse trotz Umschreibg des Buches auf einen Bewerber hinterlegen, RG **89**, 401. Bei Verpfänd der Spareinlage ist § 1280 zu beachten (Anzeige an Sparkasse). Das Sparbuch für sich allein kann, da es keinen VermWert darstellt, nicht verpfändet w, doch kann vertragl ZbR vorliegen. Gläub der Fdg ist nicht notw der, auf dessen Namen eingezahlt ist, sond der, der selbst im eig Namen oder in dessen Vertretg ein anderer die Einzahlg macht, BGH **46**, 198. Letztl entsch also allein der Wille des Einzahlenden, BGH aaO, WPM **65**, 900. Vgl hierzu auch § 518 Anm 3. Mit staatl Gen können Sparbücher auch auf den Inh gestellt w, RG SeuffA **36**, 78. Landesrechtl Vorbeh für öff Sparkassen EG Art 99.

2) **Die Leistgsbefreiung** tritt nach I,1 durch Leistg an den Inh ein, dessen Vfgsberechtigg der AusSt nicht zu prüfen braucht. Dies gilt auch – eine and Frage ist die Wirksamk des dingl GeldÜbereignsGesch – bei Leistg an einen geschunfäh Inh od wenn der Inh als Vertr des eingetr geschunfäh Sparers auftritt, Düss WPM **71**, 231. Eine Ausn muß aber gelten, wenn der AusSt die Nichtberechtigg des Inh kennt, RG **89**, 401, od sonst gg Treu u Glauben die Zahlg bewirkt hat, BGH **28**, 368. Leicht fahrl Unkenntn des Inh schadet indessen nicht, wohl aber auf grober Fahrlk beruhde Unkenntn; bestr, aA Karlsr VersR **56**, 217 (unentsch geblieben in BGH **28**, 368). Das Recht des AusSt, die Legitimation des Gläub zu verlangen u die Leistg bis dahin zu verweigern, ergibt sich aus I, 2.

3) Nach **II** sind von den für die InhSchVerschreibg geltenden Vorschr nur anwendb: **a)** AusSt ist nur gg Aushändigg der Urk zur Leistg verpflichtet. **b) Kraftloserklärg** bei abhanden gekommenen od vernichteten Urkunden (nachgiebig); Verfahren: ZPO § 1023, woselbst landesrechtl Vorbeh; EG Art 102 II. Wirkg: das AusschlußUrt ersetzt hier nur die Vorlegg der Urk, AusSt kann also weiteren Nachweis des GläubR verlangen (anders bei § 799). – Das Postaufgebot bei Postsparbüchern, § 18 PostsparO, hat der Vorrang vor dem allg Aufgebot nach §§ 1003 ff ZPO, Kleinrahm MDR **48**, 216; Hagen (LG) daselbst nimmt Ausschließlichk des Postaufgebots an. **c)** **Verjährgsvorschr** des § 802: Zahlgssperre hemmt Beginn u Lauf der Verj.

808a *Orderschuldverschreibungen.* **Im Inland ausgestellte Orderschuldverschreibungen, in denen die Zahlung einer bestimmten Geldsumme versprochen wird, dürfen, wenn sie Teile einer Gesamtemission darstellen, nur mit staatlicher Genehmigung in den Verkehr gebracht werden, soweit nicht Ausnahmen zugelassen sind. Das Nähere bestimmt ein Bundesgesetz. Die Vorschriften des § 795 Abs. 2 sind entsprechend anzuwenden.**

1) Eingefügt durch G v 26. 6. 54, BGBl 147. Nachdem das KapitalVerkG v 15. 12. 52 am 31. 12. 53 außer Kraft getreten war, mußte neben dem GenVerf (vgl § 795 Anm 1a) auch die Gen von OrderSch-Verschreibgn, die nach dem KapitalVerkG gleichf genehmiggsbedürft waren, geregelt w. § 808a unterwirft auch sie, soweit es sich um Teile einer Gesamtemission – also nicht um einz Stücke (anders bei InhSch Verschreibgn) – handelt, der Genehmigg. Grund: sie stehen, wenn sie auf Geld lauten u insb dann, wenn sie mit Blankoindossament versehen sind, wirtschaftl der InhSchVerschreibg gleich. Sie sind überdies durch das G v 5. 3. 53 in § 247 II den InhSchVerschreibgn gleichgestellt worden.

2) Über das **Verfahren** u die Ausn zG der Emissionen von Bund u Ländern § 795 Anm 1a.

Dreiundzwanzigster Titel. Vorlegung von Sachen

Einführung

1) Die §§ 809–811 bestimmen, unter welchen Voraussetzgen ein Dritter zur Vorlegg von Sachen, insb auch von Urk, verpflichtet ist. Der hiernach bestehende Anspr ist bürgerlichtl. Er erlangt aber auch für den Zivilprozeß dadurch bes Bedeutg, daß nach ZPO § 422 die Verpflichtg des Gegners zur Vorlegg einer Urk davon abhängt, ob er nach den Vorschr des bürgerl Rechts zur Herausg od Vorlegg gehalten ist. Entspr gilt nach ZPO § 429, wenn Dritter im Besitz der Urk ist. – Die Durchsetzg des Anspr geschieht, wenn es sich um Vorlegg von Sachen u Urk außerh des Prozesses handelt, im Wege der Klage gg den Besitzer; ebso wenn es sich im Prozeß um Vorlegg von Sachen oder von solchen Urk handelt, die sich im Besitz eines Dritten befinden. Ist die Urk im Besitz des Prozeßgegners, so gelten ZPO §§ 424 ff. – Neben dem VorleggsAnspr bestehen HerausgAnspr (zB §§ 985 ff), Anspr auf Wegnahme (zB §§ 229 ff) u AbholgsAnspr (zB § 867).

809 Besichtigung einer Sache. Wer gegen den Besitzer einer Sache einen Anspruch in Ansehung der Sache hat oder sich Gewißheit verschaffen will, ob ihm ein solcher Anspruch zusteht, kann, wenn die Besichtigung der Sache aus diesem Grunde für ihn von Interesse ist, verlangen, daß der Besitzer ihm die Sache zur Besichtigung vorlegt oder die Besichtigung gestattet.

1) **Vorlegung einer Sache** wird meistens der Feststell der Identität od der Prüfg ihres Zustandes dienen. **Vorlegen** bedeutet die Hdlg, wodurch dem anderen der Ggst tatsächl zur Hand od doch vor Augen gestellt und seiner sinnl Wahrnehmg unmittelb zugängl gemacht w, RG **56**, 66. Auch nähere Untersuchg, wie Vermessen, Berühren usw, muß zul sein, doch darf der Bestand der Sache nicht irgendwie geändert w. **Sachen**: bewegl u unbewegl (GrdstBesichtigg). Nicht der menschl Körper, RG JW 03, 26. Daher aus § 809 kein Anspr auf ärztl Untersuchg des Gegners od eines Zeugen. Entnahme von Blutproben bei Streit über die Ehelichk eines Kindes (§ 1591) od die unehel Vatersch (§ 1717) muß nach § 372a ZPO geduldet w. Für den Strafprozeß gilt § 81a StPO. – Nach RGRK Anm 2 soll der Leichnam des Menschen Sache sein. Über Exhumierg RG **54**, 117; **71**, 20, Mü SeuffA **56**, 119. Für **Urkunden** gilt die Sondervorschr des § 810, doch kann auch § 809 in Frage kommen, wenn jemand sich Gewißh verschaffen will, ob ein Anspr aus § 810 auf Vorlegg der Urk besteht, vgl auch RG HRR **33**, 1466.

2) **Anspr in Ansehg der Sache oder Gewißheitsverschaffg. a)** Der Anspr muß sich **gg den Besitzer** richten, dh hier gegen den unmittelb, nicht nur mittelb (str). Besitzdiener genügt jedenf nicht. Befindet sich Sache in Händen der gesetzl Vertreter einer jur Pers, so richtet sich Anspr gg diese, RG **83**, 250. – **b)** Welcher **Art der Anspr** ist, ist **unerhebl**, also dingl od persönl, bedingt od befristet od AnfR; auch Wiederkaufs- od VorkaufsR. Anspr braucht nicht die Sache selbst zum Ggst zu haben, er muß nur in irgendeiner Weise von Bestand od Beschaffenh der Sache abhängen. – **c)** VorleggsAnspr besteht auch, wenn nicht ganz sicher ist, ob ein Anspr in Ansehg der Sache besteht, wenn vielm jemand sich **Gewißh verschaffen** will, ob ihm ein solcher zusteht; zB durch Prüfg der Identität oder des Zustandes der Sache. Die Möglichk des Bestehens eines Anspr genügt also. Immerhin müssen die Voraussetzgen soweit vorhanden sein, daß nur noch die Besichtigg hinzukommen muß, um den Anspr zu einem „gewissen" zu machen, RGRK Anm 5. Recht auf Vorlegg von Briefschaften des Erbl zwecks Feststellg, ob an ihnen UrheberR besteht, RG **69**, 401.

3) **Interesse**: Rechtl Interesse ist nicht erforderl, auch nicht unbedingt vermögensrechtl Interesse, immerhin aber ein durch den Anspr begründetes besonderes und ernstl Interesse, zB um Identität od Beschaffenh einer Sache zwecks Ausübg eines Rücktr- od AnfechtgsR zu prüfen, Warn **27**, 142. Anspr auf Besichtigg einer Treppe, durch deren Zustand jemand beschädigt worden ist, RG LZ **32**, 605. Allgem künstlerische, wissenschaftl Interessen genügen nicht. – Bestehen widerstreitende Interessen des Besitzers, wenn zB die Vorlegg Vertrauensbruch ggü Dritten bedeuten würde, so muß Abwägg der Interessen nach § 242 stattfinden, vgl auch RG **69**, 406 u § 810 Anm 2.

4) **Durchführg des Anspruchs. a)** Wenn Besitzer die Vorlegg verweigert, kann er hierzu nur im Klagewege gezwungen w; uU Erwirkg einstw Vfg u dann BewSichergsVerf. **b)** Kläger muß Anspr u Interesse beweisen, nicht nur glaubh machen (hM, anders Staud-Müller Anm 7). **c)** Zwangsvollstreck: Nach übereinstimmder ZPO-Literatur (zB Th-P § 883 Anm 4) wie HerausgAnspr, also § 883, nicht § 888 ZPO.

810 Einsicht in Urkunden. Wer ein rechtliches Interesse daran hat, eine in fremdem Besitze befindliche Urkunde einzusehen, kann von dem Besitzer die Gestattung der Einsicht verlangen, wenn die Urkunde in seinem Interesse errichtet oder in der Urkunde ein zwischen ihm und einem anderen bestehendes Rechtsverhältnis beurkundet ist oder wenn die Urkunde Verhandlungen über ein Rechtsgeschäft enthält, die zwischen ihm und einem anderen oder zwischen einem von beiden und einem gemeinschaftlichen Vermittler gepflogen worden sind.

1) **Allgem.** § 810 stellt Erweiterg ggü § 809 dar, die jedoch nur für **Urkunden** gilt, u zwar, wie sich aus den Einzelbestimmgen ergibt, nur für **schriftl Urkunden**, die Aussagen über RGesch od RVerh enthalten. Urkunde ist jede durch bleibende Zeichen ausgedrückte mit den Sinnen wahrnehmb Verkörperg eines Gedankens, soweit sie rechtsgeschäftl Bedeutg hat. Nur Originalurkunden. Über Besitz u Vorlegg § 809 Anm 1, 2. – Besondere Bedeutg hat § 810 für die VorleggsPfl im Prozeß, da ZPO §§ 422, 429 insow auf die Bestimmgen des bürgerl Rechts verweisen. Dritter kann nur im Klagewege zur Vorlegg der Urk genötigt w; für Prozeßgegner gelten ZPO §§ 424 ff. – Über Durchsetzg des VorleggsAnspr § 809 Anm 4.

2) **Rechtl Interesse.** Einsichtnahme muß benötigt w zur Förderg, Erhaltg oder Verteidigg rechtl geschützter Interessen, auch famrechtl od öffrechtl (Bestrafg einer Beleidigg). Erforderl ist Anführg von Anhaltspkten, aus denen sich der aus UrkInhalt u den RVerh, zu dessen Klarstellg sie dienen soll, geschl w kann, BGH WPM **63**, 990. Verneint, wenn Vorlegg nur dazu dienen soll, Unterlagen für die RVerfolgg gg UrkBesitzer zu schaffen, BGH MDR **71**, 574 (unzul Ausforschg). Ausn von der VorleggsPfl sind zu machen, wenn es sich um vertraul Schriftstücke handelt, deren Preisgabe gg Treu u Glauben verstoßen würde, wie überh, wenn Besitzer der Urk an deren Geheimhaltg ggü dem AuskBerechtigten ein überw Interesse hat, BGH WPM **63**, 990; BewLast hierfür den in Anspr Genommene, BGH aaO. UU können einz Teile von Schriftstücken von der Einsichtn ausgeschl w, RG **69**, 401. Über Zuziehg von Sachverständigen, Herstellg von Abschriften § 811 Anm 3, über ZwVollstr § 809 Anm 4.

3) **Errichtg im eigenen Interesse.** In den drei Fällen, in denen § 810 den VorleggsAnspr gibt, kommt der allg Grds zum Ausdr, daß ein RVerh bestehen muß, an dem der Vorleggssucher beteiligt ist, RG **87**, 15. Die im § 810 gegebene Umgrenzg schließt entspr Anwendg auf ähnl Fälle nicht aus; weite Auslegg geboten, BGH BB **66**, 99. – **Im Interesse des Vorleggssuchers** ist die Urk errichtet, wenn sie – zumindest

§§ 810, 811 2. Buch. 7. Abschnitt. *Thomas*

auch – dazu bestimmt ist, ihm als BewMittel zu dienen od doch seine rechtl Beziehgn zu fördern, BGH WPM **71**, 565. Das Interesse muß im Ztpkt der Errichtg vorhanden sein. Maßgebd ist nicht der Inhalt der Urk, sond der Zweck ihrer Errichtg, BGH aaO. Interesse setzt nicht voraus, daß der Berecht namentl in der Urk erwähnt w, BGH **LM** Nr 2. VorleggsPfl auch dann, wenn es sich um eine nach Ansicht des Vorleggssuchers gefälschte Urk handelt. **Beispiele:** Buch über erbschaftl VerwaltgsGesch w im Interesse aller Miterben geführt, RG **89**, 1; Tatbestandsaufnahme nach § 81 EVO, Darmst JW **28**, 2331. VollmUrkunden sind im Interesse aller errichtet, die mit Bevollmächtigtem in Verkehr treten; zG eines Dritten errichteten Urk (Lebensversichergen); Niederschr über Verh od späterer Vermerk, um ihren Inh aktenkund zu machen, BGH WPM **73**, 644 [649]. **Nicht** Handakten des Rechtsanwalts im Interesse des Mandanten, vgl aber auch Anm 4; auch nicht Krankenaufzeichnungen des behandelnden Arztes, da zu dessen eig Verwendg gefertigt, Stgt NJW **58**, 2118, 2120), u da sie keine Aussagen über RVerh enthalten (Celle VersR **78**, 526); desgl nicht von ihm gefertigten Röntgenaufnahmen (aber Pfl aus dem BehandlgsVertr zur Vorlage an einen Arzt); BGH **LM** § 611 Nr 19; krit zu dieser Rspr u für weitergehdes R zur Einsichtnahme Daniels NJW **76**, 345; nicht Protokoll des GlBeirats im Interesse des VerglGaranten, BGH Betr **71**, 1416; einseit Aufzeichnung als ErinnergsStütze für Sachbearbeiter, BGH WPM **73**, 644 [649].

4) **Beurkundg eines Rechtsverhältnisses**, das zw dem Vorleggssucher u einem anderen besteht. Nicht erforderl also, daß das RVerh mit dem Besitzer der Urk besteht; ob es auch jetzt noch besteht sowie ob das RGesch gültig war od nicht, ist unerhebl. Es genügt ferner eine obj u unmittelb Beziehg der Beurkundg auf das RVerh, ohne daß eine Beurkundg des ganzen RGesch erforderl wäre, BGH **LM** Nr 3. Notwendig ist jedoch stets, daß der Vorleggssucher an dem RGesch **beteiligt** ist. Dieser Grds kann auch nicht durch erweiternde Auslegg beseitigt w, Staud-Müller Anm 9, BGH GRUR **61**, 466.

Beteiligg ist zu bejahen bei allen VertrUrk, Schuldscheinen, Quittgen, Rechngen, Kontobüchern u bei dem Schriftwechsel nach § 127. Bei den Eintraggen in die Handelsbücher eines Vollkaufmanns ist darauf abzustellen, ob sie unmittelb über GeschVorgänge zw den Beteiligten Ausk geben, BGH WPM **63**, 990 (Ermittlg von Anspr gg od zG der Angestellten). Auch Bilanzberichte können unter § 810 fallen, BGH aaO. Recht des früh Vorstandes einer AG auf Einsichtn in die Bücher, dem Verletzten aktienrechtl Pfl vorgeworfen w, Warn **08**, 465, des Bürgen auf Vorlegg der Handelsbücher des Gläub, aus denen sich Zahlg des Hauptschuldn ergibt, RG **56**, 112; des ausgeschiedenen, aber noch gewinnbeteiligten Gesellschafters hins der Bücher der Gesellsch, RG **117**, 332; des ausgeschiedenen GmbH-Gters auf Vorl v GeschBüchern u Bilanzen, sow sie zur Errechng des EinziehgsEntgelts notw sind, für die Zeit bis zum Ende des Jahres seines Ausscheidens auch noch nach seinem Ausscheiden, falls dies mit dem Interesse der GmbH u der verbleibden Gter vereinb ist (BGH Betr **77**, 1248); des an den gesamten Einkünften eines anderen Beteiligten hins dessen Steuererklärgen, Steuerbescheiden u Prüfgsberichten, BGH BB **66**, 99; des an dem Gewinn einer Handelsgesellsch Beteiligten in bezug auf die Bilanzen, BGH **LM** Nr 3, ebso des stillen Gesellsch, BGH Warn **68**, 453, des an der Provision eines Maklers Beteiligten bzgl der Provisionsabrechng, BGH aaO, des Aktionärs, Namens- wie InhAktionärs, in das Aktienbuch (§ 67 AktG), u zwar nicht nur bzgl der Eintr seines Rechtes (§ 67 II AktG), sond ganz allg, soweit hieran ein schutzwürd Interesse besteht, Blöcker BB **60**, 1006.

Beteiligg ist zu verneinen für Bücher eines Kaufmanns, die nur Eintraggen zu inneren Betriebszwecken, zB Prüfg fertiger Waren auf Güte u Brauchbark, enthalten, RGRK Anm 5, u für Lizenzgebührenkonto, BGH GRUR **61**, 466 (bedenkl), für GeschBücher von Nichtkaufleuten, RG Recht **03**, 3080. PfändgsGl kein Anspr auf Urk über RVerh zw Schu u DrittSchu, Hbg SeuffA **61**, 233. Auch nicht der Makler auf Vorlegg des endgültigen Vertr; denn er ist nicht an diesem RGesch beteiligt, dh Partei, Bürge od Drittbegünstigter, vgl auch Posen OLG **4**, 52 und § 102 HGB (Vorlegg des Maklertagebuchs). Vgl für Handelsvertreter die Sonderregel in § 87c HGB (Vorlegg eines Buchauszuges alle provisionspflichtigen Gesch; zwingd). – Handakten des Rechtsanw: Errichtg im Interesse des AuftrG verneint in Warn **12**, 304; sie können aber Urkundenwert haben, soweit es sich um das RVerh zw AuftrG u Rechtsanw handelt, vgl auch Ffm JW **33**, 618. Die einz Schriftstücke, die von Belang sind, müssen aber bezeichnet w, RG Recht **12**, 1604. An dem etwa bestehenden bürgerlichrechtl VorleggsAnspr wird jedenf durch BRAO § 50 nichts geändert. Umgekehrt hat der auf SchadErs in Anspr genommene RA EinsichtsR in die der Partei zurückgegebenen Handakten, KG JW **20**, 1041. – Über Vorlegg von Schiedsgerichtsakten Celle JW **30**, 766. – Bei Akten öffentl Behörden kommt der VorleggsAnspr nur in Betr, soweit sie nicht lediglich dem inneren Dienst od öff Interessen dienen, sond zugl Urkundszwecke für private RVerh verfolgen, wie zB Gerichts- u Standesamtsakten, RGRK Anm 5. Bei Behördenakten meistens Sondervorschr; für Prozeßakten: ZPO § 299. Dienstregister des GVz hat Beurkundgswert für Empfang des Auftrags, RGSt **7**, 252. Über Recht des Absenders eines Telegramms auf Vorlegg des UrsprungsTelegr vgl § 28 TelegraphenO, BGBl III 9027-1 - und Mü OLG **28**, 314.

5) **Verhandlgen über Rechtsgeschäft.** Hierher gehört der vor od nach GeschAbschl geführte Schriftwechsel der Parteien miteinander od der einen Partei mit dem gemeins Vermittler; auch die Briefe, die vom Vermittler geschrieben sind. Nicht dagg Aufzeichnungen u Notizen, die sich ein Teil bei den Verhandlgen für seine privaten Zwecke gemacht hat, RG **152**, 213.

6) **Sonderbestimmgen:** §§ 79, 716, 1563, 1799, 1953, 2010, 2081, 2146, 2228, 2264, 2384, HGB §§ 9, 45–47, 87c IV, ZVG §§ 42, 144, FGG §§ 34, 78 ua. Vgl auch Anm 4.

811 *Vorlegungsort; Gefahr; Kosten.* I Die Vorlegung hat in den Fällen der §§ 809, 810 an dem Orte zu erfolgen, an welchem sich die vorzulegende Sache befindet. Jeder Teil kann die Vorlegung an einem anderen Orte verlangen, wenn ein wichtiger Grund vorliegt.

II Die Gefahr und die Kosten hat derjenige zu tragen, welcher die Vorlegung verlangt. Der Besitzer kann die Vorlegung verweigern, bis ihm der andere Teil die Kosten vorschießt und wegen der Gefahr Sicherheit leistet.

1) Unter **Ort** ist der geographische Ortsbezirk zu verstehen, der durch landesgesetzl Gebietseinteilg bestimmt w, RG **67**, 191 (ebso wie bei § 269). An welchen bes Stellen, insb ob in Wohn- u GeschRäumen des Verpflichteten, bestimmt sich nach Treu u Glauben mit Rücks auf die VerkSitte. **Aus** wicht Grunde kann jeder Teil Vorlegg an einem anderen Ort verlangen, zB bei Krankh, Feindsch der Parteien od aus Gründen der Beschaffenh der Sache, vgl KG JW **20**, 1041. Im Prozeß nur Vorlegg vor Gericht.

2) **Gefahr und Kosten** trägt Vorleggsucher. Bis zur Vorschießg der Kosten od SicherhLeistg kann Verpflichteter die Vorlegg verweigern. Kosten u Sicherh aber nur, wenn nach Lage der Sache Unkosten od Gefahren zu erwarten sind. Gefahrtragg bedeutet, daß Vorleggsucher für Verlust u Beschädigg auch ohne Versch einzustehen hat. Keine Anwendg auf andere Gefahren, zB durch GebrEntziehg der Sache währd der Vorlegg.

3) Ob Besichtigg durch den Vorleggsucher od durch **Bevollmächtigte** stattzufinden hat, richtet sich im einz Fall nach der Vertraulichk des Inhalts der Sache od Urk u der Vertrauenswürdigk, RGRK Anm 4. Zuziehg von Sachverständigen u Prüfg durch diese ist im gleichen Rahmen zul. Entnahme von Abschriften muß Verpflichteter im allg dulden, anders uU bei GeschBüchern, Hbg OLG **20**, 228. Über ZwVollstr § 809 Anm 4.

Vierundzwanzigster Titel. Ungerechtfertigte Bereicherung

Einführung

Übersicht

1) **Grundgedanke** des Bereicherungsrechts
2) **Hauptfälle**
3) **Persönlicher Anspruch**
4) **Selbständiger Anspruch**
5) **Bereicherungsanspruch ausgeschlossen**
   a) vertraglicher Erfüllungsanspruch
   b) gesetzliche Spezialregelung
6) **Entsprechende Anwendung**
   a) ausdrückliche gesetzliche Bestimmung
   b) Urheberrecht
   c) Arbeitsrecht
   d) Öffentliches Recht
7) **Verjährung**
8) **Einzelfragen**
   a) Unzulässige Rechtsausübung
   b) Verzicht
   c) Vorteilsausgleichung
   d) Zurückbehaltungsrecht
   e) mehrere Bereicherungsschuldner
   f) Gerichtsstand
   g) Internationales Privatrecht
   h) dispositive Natur

1) Die Vorschr des BGB über die ungerechtf Ber sind in enger Anlehng an die Kondiktionen des röm und des gemeinen Rechts kasuist ausgestaltet. So enth § 812 versch Anspr aus ungerechtf Ber, die weitgehd der früh condictio indebiti, condictio causa data causa non secuta, condictio ob causam finitam sowie der allg condictio sine causa entspr (§ 812 Anm 6 A; Sonderregeln in §§ 813–815), währd § 817 aus der condictio ob turpem vel iniustam causam hervorgegangen ist. Dazu kommen BerAnspr gg die unberecht Verfügden (§ 816 I 1, II) bzw den unentgeltl Erwerbden (§§ 816 I 2, 822). Die näh Ausgestaltg (Inhalt, Umfang) des BerAnspr, der auch im Wege der selbstd Einrede ggü einer ohne rechtl Grd eingegangenen Verbindlichk geltd gemacht w kann (§ 821), regeln im einz §§ 818–820.

Enth somit das BGB keinen einheitl Tatbestd der ungerechtf Ber (bestr, s § 812 Anm 1), so ist allen BerAnspr doch der **Grundgedanke** gemeins, einen persönl Anspr auf Rückgängigmachg eines RErwerbs zu gewähren, der nach den maßgebl Vorschr im Interesse der RSicherh, aus Grden der rechtl Logik, zum Schutz eines gutgl Erwerbs od aus sonst Grden zwar gült vollzogen ist, aber im Verh zu dem Benachteiligten des rechtfertigden Grdes entbehrt. Währd die condictio die Rückgewähr eines best Ggst zum Inhalt hatte, ist Ziel der BerAnspr des BGB, allg dort einen gerechten u bill Herausg des Erlangten bzw WertErs zu schaffen, wo das Recht zunächst einen rechtswirks VermErwerb herbeiführt, obwohl dieser mit den Anforderngen mat Gerechtigk nicht in Übereinstimmg steht. Es handelt sich bei den BerAnspr u ihrer Ausgestaltg mithin um eine dem BilligkR angehörde AusglOrdng, deren Auslegg im Einzellfall in bes Maße unter dem Grds von Treu u Glauben im RVerk steht, BGH **36**, 235, **55**, 128 u unten Anm 8a (vgl zB § 818 Anm 6 D).

2) Als **Hauptfälle** eines Anspr aus ungerechtf Ber kommen in Betr:

a) Inf der grdsätzl selbstd, abstrakten Natur des Erf- (Leistgs-) Gesch (Übbl 3 e vor § 104) vollz sich die dingl VermVerschiebg (zB Übereigng) regelm rechtswirks, obwohl ein ihm zugrdliegdes **kausales Rechtsgeschäft** (zB Kauf) überh **fehlt**, unwirks ist, nachträgl wieder wegfällt od zwar ein GrdGesch (causa) vorh ist, die Part sich aber in Wirklichk über den Zweck der Leistg nicht geeinigt h od der vereinb Zweck nicht erreicht w ist. Hier verlangt die Billigk die Rückgängigmachg des ges RErwerbs, also nicht nur die Rückg des Bes, sond auch die Rückübereigng (§ 812 I 1, 2).

b) Das gleiche gilt, wenn eine **formelle Rechtsposition**, (zB Eintr im GB, öff Urk ua) erlangt w ist, die aber nicht der wahren RLage, also der Inhabersch des Rechts entspr. Hier verlangt das mat Recht die Rückgewähr der ledigl formellen RStellg.

c) Ferner gehören hierher die Fälle, in denen eine VermVerschiebg zur Herbeiführg eines best rechtl Erfolges bewirkt w ist, aber der mit der Leistg nach dem Inhalt des RGesch bezweckte **Erfolg nicht eintritt** (§ 812 I 2 2. Halbs).

d) Ein RVerlust kann außerdem dch einen **Eingriff** Außenstehder in die RStellg des Berecht eintreten („in sonst Weise"; s § 812 Anm 1, 3), den dieser nach den hierfür maßgebl Vorschr, insb des dingl u des DeliktsR hinzunehmen h. Hier, zB bei untrennb Verbindg, Vermischg od Verarbeitg, gebietet gleichf oft die Billigk einen Ausgl über die Vorschr der ungerechtf Ber (vgl zB § 951 Anm 1).

e) Ähnl w im Interesse der Sicherh des RVerk vielf der **gutgläubige Rechtserwerb** vom Nichtberecht geschützt. Vom Erwerber kann der betr Ggst daher nicht nach § 812 herausverlangt w, BGH **36**, 56. Hier w der nichtberecht Veräußerer dch die GgLeistg, die er von dem gutgl Dr empfängt, bei unentgeltl Veräußerg der Erwerber selbst auf Kosten des wahren Berecht bereichert (§ 816).

f) Schließl ist in § 817 ein SonderTatbestd geschaffen: Wenn jemand dch die Ann einer Leistg gg ein **gesetzl Verbot** od gg die **guten Sitten** verstößt, insb wenn das abstrakte, wertneutrale ErfGesch aus diesem Grd des wirks GrdGesch entbehrt, so h der Empf das Erlangte dem Leistden herauszugeben, sofern diesem nicht gleichf ein solcher Verstoß zur Last fällt.

3) Der Anspr aus ungerechtf Ber ist ein **persönl (obligator) Anspruch** auf Ausgl einer rechtsgrdlosen VermMehrg des Bereicherten. Er steht daher – auch in der Form der Einr – grdsätzl im Rahmen eines einheitl BerVorgangs nur dem Benachteil unmittelb ggü dem Bereicherten zu (s hierzu § 812 Anm 5 B). Eine gewisse Ausn von diesem Grds enth § 816 I 2 u § 822 bei unentgeltl Vfgen; da dort eine GgLeistg nicht vorh ist, ist in best Grenzen eine Erstreckg der BerHaftg auf einen Dr vorgesehen (s § 822 Anm 1). Auch kann die Einr der Ber bei einer Fdg (zB grdlos gegebenes SchVerspr) dem RNachf entggehalten w (§ 404; s § 821 Anm 2).

4) Der Anspr aus ungerechtf Ber ist ein **selbständ Anspruch**; er ist grdsätzl weder subsidiärer Art noch schließt er and Anspr aus. Er besteht also zB neben dem Anspr aus unerl Hdlg, BGH NJW **62**, 1909 (vgl auch § 463 Anm 4 a); auch ist, wenn nicht nur das GrdGesch, sond auch die Übertr des Eigt (ErfGesch) nichtig ist, neben dem Anspr aus Eigt (§ 985) u ggf aus früh Bes (§ 1007; vgl BGH WPM **61**, 274) der BerAnspr auf Herausg des Bes gegeben, BGH **LM** § 812 Nr 15.

5) Ausgeschlossen sind BerAnspr, soweit zw den Beteil vertragl Beziehgen bestehen od das Ges eine Spezialregelg getroffen h, Heimann-Trosien WPM **69**, 314 mwN aus der Rspr des BGH sowie Schmitt, Die Subsidiarität der BerAnspr (1969).

a) So besteht neben dem **vertragl ErfüllgsAnspruch** mit der oftm kürzeren Verj, zB bei Vorleistg, kein Anspr aus ungerechtf Ber, BGH WPM **68**, 776. Vorrang vor den Anspr aus uB haben auch diejen RFolgen aus VertrVerh, die sich aus der Ausfüll einer Lücke im Vertr dch ergänzde Auslegg od aus der Anwendg der Grdsätze über Wegfall od Änderg der GeschGrdlage ergeben, BGH WPM **72**, 888; dies auch dann, wenn im EinzFall die Veränderg der GeschGrdlage nicht zu einer Lösg od Anpassg des Vertr an die veränderten Verh führt, BGH NJW **75**, 776. Ebso treten §§ 812 ff zur hinter dem Anspr auf SchadErs wg LeistgsStörgen nach § 326, BGH WPM **63**, 750 od auf Gewl wg Sachmängeln aGrd des fortbestehden Vertr, BGH NJW **63**, 806. Die §§ 812 ff sind auch ausgeschl, soweit eine vertragl od vertragsähnl Haftg aus and Grd in Betr kommt; s zum fakt Vertr u zur Haftg aus sog sozialtyp Verhalten Einf 5 vor § 145, zum fakt ArbVerh Einf 4 aa vor § 611. Da der Anspr aus § 179 gg den vollmachtl Vertr kein vertragl ErfAnspr ist, kann daneben ein BerAnspr gg den Vertretenen gegeben sein, BGH **36**, 30; krit hierzu Berg NJW **62**, 101 (vgl § 812 Anm 5 B b bb). Auch schließt bei Vorenthaltg der Mietsache § 557 einen weitergehden BerAnspr nicht aus, BGH **44**, 241; KG NJW **71**, 432; desgl BGH NJW **68**, 197 für § 597 (§§ 987 ff sind hier nicht anwendb; unten b).

b) Eine **gesetzl Spezialregelg** ist insb anzunehmen, wenn ein kr Ges eintretder RVerlust gerade zu dem Zweck gewollt ist, im Hinbl auf die Erfordern der VerkSicherh nach gewisser Zeit von einer Ausgleichg abzusehen, wie zB nach Eintritt der Verj od Wegfall des UnterhAnspr für die Vergangenh (§ 1613), BGH **43**, 112, bei AusschlFr, bei § 964 sowie ausdrückl in den in §§ 813 II, 814, 815 u § 817 S 2 geregelten Fällen. Bei der Ersitzg versagen RG **130**, 69 BerAnspr, wenn der zur Ersitzg führde EigBes ohne recht Grd erworben w ist; aA Staud-Seufert § 812 Rdz 55 ed mwN. Eine Sonderregelg enth ferner § 633 III u § 13 Nr 5 VOB (B) für den AufwendgsErs bei eig Mängelbeseitigg dch den Best, BGH NJW **66**, 39; **68**, 43. Die fehlerh Eintrg des Rangs im GB gibt keinen BerAnspr gg den hierdch Begünstigten (§ 879 Anm 3 e); and bei sonst Unrichtigk des GB (§ 812 Anm 4 b). Dagg schließt der endgült Erwerb dch Zuschlag in der gesw dchgeführten ZwVollstr od ZwVerst auch bei Versäumg des Widerspr der Teilgpla od der DrWiderspKl nach § 771 ZPO BerAnspr des Berecht gg den VollstrGläub od den im Rang Nachstehden nicht aus (näher § 812 Anm 5 B a bb). Über die Folgen einer untrennb Verbindg od Verarbeitg s § 812 Anm 5 B b u § 951 Anm 1. IF unber Vfg u anschließder Verarbeitg h der Ber die Wahl zw den Anspr aus §§ 816 u 951, BGH WPM **71**, 821.

Soweit die §§ 987–1003 **Ansprüche zw Eigtümer u Besitzer** regeln, gehen diese Vorschr einem BerAnspr vor, BGH **41**, 157, Vorbem 2 b vor § 987, Vorbem 1 vor § 994. Dies gilt insb für Anspr des Eigtümers auf Herausg u Ers von Nutzgen (vgl aber § 988 u dort Anm 4) u des Besitzers auf Ers von Verwendgen, nicht aber für BerAnspr wg Veräußerg od Verbrauchs der Sache selbst, BGH **14**, 7, 36, 56, auf Herausg des Erlöses bei wirks Vfg eines Nichtberecht (§ 816), RG **163**, 352, BGH **LM** § 812 Nr 15, sowie bei Rückabwicklg eines VertrVerh, BGH NJW **68**, 197 (bei Vorenthaltg der Pachtsache). Auch § 951 w dch §§ 987 ff nicht ausgeschl, BGH NJW **71**, 612. § 1004 enth dagg keine ausschl Sonderregelg; desh sind zB die Kosten der Selbstbeseitigg einer EigtStörg nach § 812 zu erstatten, BGH **29**, 319. Ausgeschl (wg § 687 II) ist jedoch ein BerAnspr des eigmächt GeschF gg den GeschHerrn, BGH **39**, 188, währd sonst die Vorschr über die GoA Anspr aus ungerechtf Ber grdsätzl nicht verdrängen (allerd ist die berecht GoA regelm ein rechtl Grd iS von § 812; s dort Anm 4c). **Ehegatten im gesetzl Güterstand** h im Hinbl auf den ZugewinnAusgl keinen BerAnspr wg der in der Ehe gemachten ggseit Zuwendgen, sow er auf die Beendigg der Ehe dch Scheidg gestützt w (BGH **65**, 320). Zum BerAnspr bei GesamtschuldVerh s § 812 Anm 4 c u 5 B b dd. Die Rechtskr eines – auch sachl unricht – Urt stellt gleichf grdsätzl einen rechtl Grd für die hierauf gegründete Leistg dar, BGH **LM** § 322 ZPO Nr 10 (näher § 812 Anm 6 B c u 6 A c aa); für den Fall des UrtMißbr s aber § 826 Anm 8 o. Der ges FdgsÜberg nach § 67 VVG schließt, soweit er eintritt, BerAnspr des Versicherers aus, BGH NJW **64**, 101, also nicht, soweit dieser die Fdg des Geschäd gg den VersN nicht erwirbt, Düss NJW **66**, 738.

Einzelne Schuldverhältnisse. 24. Titel: Ungerechtfertigte Bereicherung **Einf v § 812 6**

6) Die Vorschr über die ungerechtf Ber finden in zahlr Fällen **entspr Anwendg:**
a) kraft ausdrückl gesetzl Bestimmg in §§ 323 III, 325 I, 327 S 2, 516 II 3, 527 I, 528 I 1, 531 II, 557a I, 628 I 3, 682, 684 S 1, 852 II, 951 I 1, 977 S 1, 988, 993 I, 1301 S 1, 1390 I 1, 1434, 1457, 1487, 1973 II 1, 1989, 2021, 2196, 2287 I, 2329 I 1 sowie in § 73 I 2 EheG. Ferner enth versch NebenG – oftm mit eig AnsprVoraussetzgen – BerAnspr, zB Art 89 WG, Art 58 ScheckG (hierzu § 818 Anm 6 A d), § 717 III ZPO, §§ 7, 37 II, 38, 40 III, 147 S 2 KO, §§ 87 I, 104 I VerglO, § 7 II AnfG, § 50 ZVG, § 37 S 2 VerlG, § 48 S 2 PatG, § 15 III 2 GebrMG ua. Im allg h – insb bei Normierg eines eig Tatbestds – die in and gesetzl Best enth Bezugn auf die allg BerVorschr h herauszögern, daß diese Vorschr nur für Inhalt u Umfgang, nicht auch für die Voraussetzgen des BerAnspr maßg sein sollen, sog **Rechtsfolgenverweisg**, zB bei einem Anspr auf Rückerstattg von Mietvorauszahlgen (§ 557a), BGH **54**, 347. Dies ist jedoch bei einz Best umstr, zB bei § 852 III (s dort Anm 5 b). Für den bes wicht Fall des § 951 I 1 (RFolgen einer untrennb Verbindg od Verarbeitg) verlangt die Rspr jedoch die volle Verwirklichg eines Tatbestds nach § 812, BGH **40**, 272; BGH NJW **71**, 612, sog **Rechtsgrundverweisg** (vgl § 951 Anm 1 a); § 951 stellt also selbst keine AnsprGrdlage dar.
b) Im **Urheberrecht** best § 97 I 2 UrhG, daß der Verletzer eines SchutzR den gezogenen Gewinn an den Inh dieses R herauszugeben h; desgl für unerl BildnVerwertg schon BGH **20**, 355. Ebso ist – entgg der Rspr des RG (RG **121**, 258), das die SchadErsAnspr als abschließende Regelg ansah – auch in allen sonst Fällen der obj Verletzg eines fremden geist Eigt od ErfinderR, insb bei **Patent- u Gebrauchsmusterverletzgen** sowie im **Warenzeichenrecht** ein BerAnspr zu bejahen, auch wenn mangels Versch des Verletzers eine SchadErsPfl nach § 823 bzw nach spezialges Best (zB nach § 47 II PatG, § 15 II GebrMG) od ein Anspr aus § 687 II BGB (s dort Anm 2 c) ausscheidet (BGH **68**, 90). Zum Ggst des BerAnspr s § 812 Anm 4 d, zum Umfang § 818 Anm 5 b. Auch bei nur obj Verletzg ist der RechtsInh unmittelb mind in Höhe der angem Lizenzgebühr (vgl BGH **44**, 380) entreichert. Entspr muß auch im **WettbewerbsR** gelten; über die hier bes wicht Ausk- u RechngsleggsPfl des Schädigers (§ 260) s § 812 Anm 7 u allg § 826 Anm 5 c.
c) Im **Arbeitsrecht** – insb bei Überzahlg von Lohn u sonst Leistgen (zB Gratifikation) – gelten die §§ 812 ff gleichf; allerd steht ein etw BerAnspr des ArbGebers bes unter dem Grds des § 242 (FürsPfl des ArbG), BAG **15**, 270. So ist die Berufg des ArbN auf den Wegfall der Ber (§ 818 III) grdsätzl mögl (aber § 819 anwendb bei Kenntn des ArbN vom fehlden RGrd, nicht bei ledigl unterl Nachrechng), soweit nicht - zul - vertragl ein unbedingter Rückzahlgsanspr vereinb w ist (s hierzu § 611 Anm 6 g u 7 e ee). In diesem Fall kommt BerR nur bei Unwirksamk der Vereinbg in vollem Umfang zur Anwendg, BAG NJW **64**, 173, 1241.
d) Öffentl Recht. Die bürgerl-rechtl BerAnspr können auf öffrechtl RVerh, bei denen der unmittelb LeistgsGrd im öff R liegt, grdsätzl nicht, auch nicht analog angewendet w, da die Eigenart des öff R idR eine Lösg nach privatrechtl Grds verbietet. Anderers hat der zunächst im AbgabenR für die Leistgskondiktion entwickelte u heute allg anerk öffrechtl **ErstattgsAnspruch** (landesrechtl Vorbeh in EG Art 104) ggü zu UnR erbrachten öff Leistgen ua nicht alle Fälle einer ungerechtf VermVerschiebg auf dem Gebiet des öff R befriedig lösen (aA OVG Münst NJW **71**, 397). Die heute hM wendet daher im Einzelfall die im bürgerl R enth GrdGedanken des BerR als Ausdr eines über das bürgerl R hinausgehden allg RGedankens ergänz auf das öff R an, soweit dieses nicht die Anwendg der bereicherungsrechtl Grds ausdr ausgeschl, eine ins einz gehde Sonderregelg getroffen od sonst zu erkennen gegeben h, daß auf die Abwicklg von Anspr aus einem best öffrechtl RGebiet die rein obj AusglPrinzipien des bürgerl R nicht zur Anwendg kommen sollen. Darü hinaus scheidet die Anwendg der §§ 812 ff stets dann aus, wenn das dem öff R unterliegde RVerh noch nicht abgewickelt ist, insb die öffrechtl Voraussetzgen einer etw LeistgsPfl noch nicht festgestellt sind, BGH **32**, 273. Die Heranziehg der GrdGedanken des bürgerl BerR kommt daher im öff R – wenn überh – nur hilfsw in Betr. Der **Wegfall der Bereicherg** (§ 818 III) insb kann dem öffrechtl ErstattgsAnspr des Bürgers nicht, OVG Hbg MDR **58**, 1038, dem BerAnspr der Körpersch gg den Bürger nur dort entgegengehalten w, wo dies gesetzl zugel ist, BVerwG NJW **58**, 1506, BSG MDR **74**, 965, wie zB bei überzahlten Gehalts- u Versorggsbezügen eines Beamten nach § 87 II BBG (entspr § 53 II BRRG u die meisten LandesbeamtenG); doch steht hier der Kenntn vom Mangel des rechtl Grdes (§ 819 u dort Anm 2a) gleich, wenn der Mangel so offensichtl war, daß der Empf ihn hätte erkennen müssen (hierzu BVerwG DÖV **61**, 904; NJW **60**, 258). Eine Berufg auf den Wegfall der Ber ist auch dann ausgeschl, wenn der Beamte die Überzahlg pflwidr veranlaßt hatte, BVerwG NJW **64**, 739; desgl bei der Rückfdg von Abschlagszahlgen, da hier die Endgültigk des rechtl Grd fragl war (vgl § 820), BVerwG MDR **61**, 535. S hierzu ferner BVerwG NJW **62**, 266 u 2317 sowie § 820 Anm 2 d.
Grdsätzl ist für Anspr aus öffrechtl Ber der **Rechtsweg** zu den VerwG (§ 40 VwGO) bzw zu den SozG (§ 51 SGG) u FinG (§ 40 FGO) eröffnet, sofern auch die Kl auf Gewährg dieser Leistgen nur dort erhoben w kann, BGH NJW **67**, 156. Die Rückfdg folgt also dem gleichen R wie die Leistg. Dabei genügt, daß für die Leistg vermeintl ein öffrechtl LeistgsVerh bestand (BGH NJW **78**, 1385), zB SozVersTräger verlangt von den Erben Rentenüberzahlgen an den versicherten Erblasser zurück (VerwRWeg). Die ord Ger sind zust, soweit ihnen diese Anspr ausdr zugewiesen w sind, zB in § 10 JBeitrO, nach 23 ff EGGVG (Anfechtg von JustVerwAkten), § 62 BLG, ferner BerAnspr aus einer Haftg wg AmtsPflVerletzg (§ 839); über die Rückfdg zuviel gezahlter EnteignsEntschädigg s BGH **32**, 273. Die ZivGer sind ferner zust für die Rückfdg von Leistgen, für die die zw Leistdem u Empf überh kein (auch kein vermeintl) öffrechtl LeistgsVerh bestand, wie bei fehlgegangenen Zahlgen (BGH NJW **78**, 1385), zB Abholg der Rente dch einen Dr für den verstorbenen Berecht, Zahlg der Rente an die nichtversicherten Erben des verstorbenen Berecht. Eine Zustdgk der ord Ger kommt dann in Betr, wenn der unmittelb LeistgsGrd privatrechtl ist u nur eine Vorfrage dem öff R angehört, zB bei vertragl Übern od Ablösg (§ 268) einer öffrechtl Schuld od bei unbefugter Benutzg des Eigt einer öffrechtl Körpersch, BGH **20**, 270.
Einzelfälle: ErsAnspr des Trägers der SozHilfe gg DrVerpfl (§§ 90, 91 BSHG), gg den Empf (§ 92 BSHG) u ggü and SozHilfeTrägern (§§ 103 ff BSHG), BVerwG NJW **61**, 234, BGH NJW **65**, 586 (VerwR-

Weg); Erstattg überzahlter Steuern §§ 150 ff AO; RückzahlgsAnspr bei irrtüml LohnsteuerErstattg, §§ 812 ff nicht entspr anwendb, BFH WPM **74**, 933; Erstattg der Kosten bei Erziehgshilfen §§ 80 ff JWG; Anspr des Leistden auf Rückzahlg zu UnR entrichteter Beitr in der SozVers § 186 AFG, § 1424 (vgl auch § 628) RVO, § 146 AVG, § 138 KnappschG, sowie von LAG-Leistgen §§ 290, 350 a LAG. Die VersTräger können zu UnR erbrachte Leistgen dagg nur im Rahmen von Treu u Glauben, BSozG NJW **62**, 2078, od bei Bösgläubigk des Empf, BAG NJW **68**, 1349, zurückverlangen. Rückfdg überzahlter LAG-Rente BVerwG NJW **58**, 1506; VersorggsLeistgen BSozG NJW **66**, 1239, NJW **68**, 566; RückFdg der an die Erben des verstorbenen Versicherten ausbezahlten Rente (BGH NJW **78**, 1385, ZivRWeg); Subventionen BVerwG NJW **65**, 1344, BGH NJW **72**, 210 (VerwRWeg); StudienfördBeitr Köln NJW **67**, 735, VGH Mü NJW **74**, 2021; Reise- u Umzugskosten OVG Münst MDR **60**, 169.

7) Verjährg des BerAnspr, grdsätzl auch die Einr der ungerechtf Ber, tritt, soweit nichts and best ist, in 30 Jahren ein (§ 195), BGH **32**, 16; zur Einr der Ber ggü einer ohne rechtl Grd eingegangenen Verbindlichk s aber § 821 Anm 1. Dies gilt grdsätzl auch dann, wenn die Ber in der Beseitig eines dch unerl Hdlg entstandenen Schad dch einen Dr (nicht § 852), RG **86**, 96, in Aufbauleistgen des Mieters (nicht § 558), BGH NJW **68**, 888, Hamm WPM **70**, 1359, in überzahlten VersLeistgen (nicht § 12 VVG), BGH **32**, 13 od in der Befreiung von einer nach § 196 verjährden Schuld besteht, offen gelassen in BGH **47**, 375 (s § 195 Anm 2). Doch gilt die kurze Verj der §§ 196, 197, wenn der BerAnspr – zB wg Unwirksamk des GrdGesch – auf einen Ausgl für Leistgen der dort genannten Art gerichtet ist, BGH LM Nr 12, NJW **63**, 2315, BAG AP § 196 Nr 1, NJW **66**, 268 (Rückfdg eines Vorschusses durch ArbG) u § 195 Anm 2. Zur Vorenthaltg einer Mietsache über § 557 hinaus (Verj der NutzgsEntsch) s KG NJW **71**, 432 u § 197 Anm 2 b. Beginn der Verj §§ 198, 201. Über Verj bei AnsprKonkurrenz s § 194 Anm 3.

8) Einzelfragen: a) Da BerAnspr in bes Maße dem Grds von Treu u Glauben im RVerk unterliegen, ist ihnen ggü auch die Einwendg der **unzulässigen Rechtsausübg** (§ 242 Anm 1 b) mögl, zB wenn der Gegner die GgLeistg voll ausgenutzt h, BGH NJW **62**, 1675. Bei BerAnspr, die auf formwidr abgeschl Vertr beruhen, ist insb der Einwand der Argl zu beachten (näher § 242 Anm 4 c u § 125 Anm 2 b). Zur Verwirkg des BerAnspr s RG **159**, 104 u § 242 Anm 9.

b) Mögl ist **Verzicht** auf BerAnspr, u zwar schon bei der Leistg, RG **71**, 316.

c) Der Bereicherte kann sich nicht darauf berufen, daß der Entreicherte dch den BerVorgang auch Vorteile gehabt h; die auf SchadErsAnspr beschr **Vorteilsausgleich** (Vorbem 7 vor § 249) kann nicht auf die ledigl einen obj Ausgl vornehmden BerAnspr, auch nicht bei der EingrKondiktion angewendet w (§ 812 Anm 5 A b). Dies schließt jedoch nicht aus, daß bei der Berechng des Umfangs der ungerechtf Ber die GgLeistg (Saldo) sowie sonstige mit dem BerVorgang zurechenb zushängde Nachteile, Aufwendgen usw des Bereicherten zu berücks sind (s hierzu § 818 Anm 6 A).

d) Ggü dem BerAnspr kann grdsätzl ein **Zurückbehaltrecht** geltd gemacht w, BGH WPM **56**, 1214; er kann auch selbst ein solches begründen. Kein ZbR ggü BerAnspr aber dort, wo dies dem Zweck einer and Best zuwiderlaufen würde, zB dem Art 39 WG (Rückg des Wechsels mangels wirks GrdGesch), BGH NJW **58**, 2112.

e) Mehrere Bereicherungsschuldner haften nicht als GesSchu. Jeder hat vielm das herauszugeben, was er erlangt h. Dies gilt auch dann, wenn im Falle der Wirksamk des Vertr geschuldn Haftg nach § 427 bestanden hätte, Hbg MDR **52**, 548. Zweifelh ist, ob GesSchu auch dann abzulehnen ist, wenn der entspr Vertr nicht von vorneherein nichtig, sond erst dch Anf beseitigt w ist (für GesSchu hier RG **67**, 260; aA RGRK § 812 Anm 124). Bei mehreren AnsprBerecht gelten die Grds in Übbl 1 vor § 420, insb bei Unteilbark des Erlangten § 432.

f) Der **Gerichtsstand** des § 29 ZPO gilt nicht für BerAnspr aGrd nichtigen KausalGesch. Desgl keine erhöhte **Verzinsg** nach §§ 352, 353 HGB, RG **96**, 53 (§ 818 Anm 3 c). Für den **LeistgsOrt** gilt § 269 (s dort Anm 5); bei Heraus einer Sache ist dort zu erf, wo sich diese bei Beginn der Rechtshängigk (§ 818 IV) od der verschärften Haftg des § 819 befindet, vgl RG **96**, 345.

g) Internat Privatrecht: Wg der Vielfältigk mögl BerAnspr läßt sich ein einheitl AnknüpfgsPkt für die anzuwendde ROrdng nicht finden. Beim Ausgl einer dingl RVerschiebg ist demnach regelm die ROrdng am Ort der belegenen Sache maßg (s dort für § 816), währd das Schuldstatut, das nötigenf dch Heranziehg des hypothet Willens der Beteil zu ermitteln ist, vielf für BerAnspr im Rahmen einer bestehden od beabsicht schuldrechtl Beziehg heranzuziehen ist. Bestanden zw den Beteil insb bereits RBeziehgen, so ist die über deren Wirksamk bestimmende ROrdng auch für den BerAnspr entsch, BGH **35**, 267. Einzelh s Vorbem 6 o vor Art 12 EG.

h) §§ 812 ff sind **dispositiv** (s § 818 Anm 6 A e).

812 *Grundsatz.* **I** Wer durch die Leistung eines anderen oder in sonstiger Weise auf dessen Kosten etwas ohne rechtlichen Grund erlangt, ist ihm zur Herausgabe verpflichtet. Diese Verpflichtung besteht auch dann, wenn der rechtliche Grund später wegfällt oder der mit einer Leistung nach dem Inhalte des Rechtsgeschäfts bezweckte Erfolg nicht eintritt.

II Als Leistung gilt auch die durch Vertrag erfolgte Anerkennung des Bestehens oder des Nichtbestehens eines Schuldverhältnisses.

Übersicht

1) **Allgemeines:** Tatbestand
2) **Leistungskondiktion**
   a) Leistung
   b) Schuldanerkenntnis und Schuldversprechen (II)

3) **Bereicherung in sonstiger Weise** (insbes. Eingriffskondiktion)
   a) Handlungen des Bereicherten
   b) Handlungen eines Dritten

Einzelne Schuldverhältn. 24. Titel: Ungerechtfertigte Bereicherung § 812 1, 2

   c) Handlungen des Entreicherten
   d) Tatsächliche Vorgänge
4) Etwas erlangt
   a) Erwerb von Rechten
   b) Vorteilhafte Rechtsstellung
   c) Befreiung und Nichtentstehen von Verpflichtungen und Lasten
   d) Ersparung von Aufwendungen
5) Auf dessen Kosten
   A) Vermögensnachteil
      a) Beeinträchtigung des Vermögens oder einer sicheren Erwerbsaussicht
      b) Ursächlicher Zusammenhang
   B) Einheitlichkeit des Bereicherungsvorgangs
      a) Bereicherung „in sonstiger Weise"
         aa) unmittelbarer Eingriff
         bb) Zwangsvollstreckung
      b) Leistungskondiktion
         aa) Bereicherungskette
         bb) Bote oder Stellvertreter
         cc) Bereicherungsrechtliches Dreiecksverhältnis
         dd) Tilgung fremder Schulden
         ee) Doppelmangel
         ff) Zusammentreffen mit Gesamthand
6) Ohne rechtlichen Grund
   A) Leistungskondiktion
      a) Fehlen gültiger Kausalvereinbarung (I 1)
      b) Erfüllung einer Nichtschuld (I 1)
      c) Späterer Wegfall des Rechtsgrundes (I 2 1. Fall)
         aa) Bedingung oder Endtermin
         bb) Anfechtung, Rücktritt u. a.
      d) Nichteintritt des mit der Leistung bezweckten Erfolgs (I 2 2. Fall)
         aa) Zweckbestimmung alleinige Grundlage
         bb) Zweckbestimmung neben anderem Rechtsgrund
   B) Bereicherung in sonstiger Weise (Güterzuordnung)
      a) Handlungen des Bereicherten
      b) Handlungen eines Dritten
      c) Rechtsveränderungen kraft Gesetzes
      d) Handlungen des Entreicherten
      e) Tatsächliche Vorgänge
7) Inhalt des Anspruchs (Herausgabe des Erlangten)
8) Beweislast

1) Allgemeines. § 812 enth **keinen einheitl Tatbestd** der ungerechtf Ber (über den gemeins Grd-Gedanken der Vorschr s Einf 1 vor § 812). In I 1 ist vielm die Ber dch rechtsgrdlose Leistg **(Leistgskondiktion)** der ohne rechtl Grd eingetr Ber „in sonstiger Weise" (insb also der sog **Eingriffskondiktion**) in den RFolgen gleichgestellt, obwohl beide versch AnsprVoraussetzgen h u nur über das nicht in jedem Fall gleicherm zu beurteilde Fehlen des rechtl Grd (Anm 6) u das Erfordern der Einheitlichk des BerVorgangs (Anm 5 B) miteinand verbunden sind (für einen einheitl BerAnspr aber Batsch, VermVerschiebg u Ber-Herausg, 1968, S 91). I 2 regelt zwei weitere Fälle der Leistgskondiktion mit bes TatbestdVoraussetzgn, währd II ausdr klarstellt, daß ein vertragl SchuldAnerk eine Leistg iS des BerR darstellt. Entspr dieser Unterscheidg ist der Tatbestd jeder einz AnsprGrdlage gesondert festzustellen, soweit nicht Gemeinsamk für alle Anspr bestehen. Die Unterscheidg zw Leistgskondiktion (Anm 2) u Ber in sonst Weise (Anm 3) ist insb wicht für die Pers des BerSchu (Anm 5 B) u für die Beurteilg das die VermVerschiebg rechtf Grdes (Anm 6 A, B). Zusfassd zur Rspr des BGH zum BerR Heimann-Trosien WPM **69**, 314 u Diederichsen JurA **70**, 378.

2) Leistungskondiktion (ungerechtf Ber „dch die Leistg eines and"). Hierunter ist die Rückabwicklg eines LeistgsVerh zu verstehen, bei dem der Leistgszweck nicht erreicht w od sonst ein rechtl Grd für die dch die Leistg eingetretene VermVerschiebg nicht gegeben ist, wo also die Leistg dem Empf zwar wirks zugewendet w ist, ihm aber nach den – idR schuldrechtl – Beziehgn zw Leistden u Empf nicht endgült zusteht (ebso Larenz, SchR II, § 68 Ib; s näher Anm 6 A). Soweit ein BerAnspr aGrd einer rechtsgrdlosen Leistg in Betr kommt, hat die Leistgskondiktion grdsätzl **Vorrang** vor der EingrKondiktion, hM, BGH **40**, 272 [278]; enger Huber NJW **68**, 1905 [1910] u JuS **70**, 342; hierzg Ehmann NJW **71**, 612, Picker NJW **74**, 1790, die aber nicht vom Standpkt des Empf (Anm 5 B b) ausgehen. Hat der BerEmpf die VermVerschiebg mithin dch die Leistg eines and erlangt, so hat grdsätzl nur dieser einen BerAnspr gg den Empf; ein Anspr aus Ber „in sonst Weise" (Anm 3), zB gg einen Dr, muß demggü zurücktreten. Der Vorrang der Leistgskondiktion ist insb von Bedeutg beim Einbau von Materialien in ein Grdst dch einen BauUntern; der lediglich die EingrKondiktion ausgleiche § 951 (Anspr gg GrdstEigtümer) ist idR subsidiär ggü einem BerAnspr aus Leistgskondiktion gg den LeistgsEmpf (s unten Anm 5 B b u § 951 Anm 1). Die Möglichk einer Leistgskondiktion ist daher stets vor einem Anspr aus Ber in sonst Weise zu prüfen.

a) Leistg iS des BerR ist jede zweckgerichtete Zuwendg, dch die bewußt eine VermVerschiebg vorgen w, BGH **40**, 272 [277], Esser, SchR II, § 101 I 2; zusfassd BGH Warn **69**, 283. Entsch für die Leistgskondiktion ist mithin die bewußte u gewollte VermMehrg beim LeistgsEmpf; die unbewußte Vermehrg fremden Verm kann dagg höchstens einen BerAnspr aus Ber „in sonst Weise" rechtf (Anm 3c). Ist zw den Beteil, wenn auch nur stillschw, der Zweck der Leistg vereinb w, so löst dessen Nichterreichg, ebso wie das sonst Fehlen eines rechtl Grd, den BerAnspr aus, BGH **50**, 227, Ehmann NJW **69**, 398. Zum Fehlen des rechtl Grdes für die Leistg s im einz Anm 6 A. Über die Pers des Leistden u des LeistgsEmpf, insb bei Leistg dch (an) Boten, Bevollm, mittelb StellVertr od dch (an) sonst ZwPers (Leistg auf Anweisg oä) sowie über BerAnspr bei Weitergabe der Leistg (BerKette) s Anm 5 B b; bei Leistg an mehrere Empf s Einf 8e vor § 812.

Die Leistg w demnach vielf in einer rgesch Vfg des Leistden bestehen, die aGrd einer zw ihm u dem Empf bestehden od zumind angen Leistgsbeziehg erbracht w ist (Larenz, SchR II, § 68 Ia); sie kann aber auch in einem rein tatsächl Handeln bestehen. Eine dingl RÄnderg ist hier zwar häuf, aber nicht erforderl; auch eine VermMehrg aGrd eines nichtigen ErfVertr stellt eine Leistg dar (zB hierwg erbrachte Dienste, Staud-Seufert Rdz 2). Die Leistg muß jedoch einen VermWert besitzen; daher kann die Erkl des Widerrufs ehrenrühr Behauptgen als solche nicht kondiziert w, BGH **LM** Nr 6. Im übr kann Ggst einer Leistg jede Verbesserg der VermLage des Empf sein, zB Übertr von Eigt od and Rechten, Auflassg eines Grdst, Eingehg einer Verbindlichk, Erf einer Schuld, Hing an ErfStatt, Verzicht auf RErwerb (zB AnwR), Ersparg von Aufwendgen, insb bei Erbringg von Diensten, Befreiung von einer Verbindlichk, BGH NJW **62**, 1051 usw; s hierzu im einz Anm 4. Zur RLage bei Tilgg fremder Schulden s Anm 5 B b dd.

b) Als Leistg gilt nach **II** auch die dch Vertr erfolgte **Anerkenng des Bestehens od Nichtbestehens eines Schuldverhältnisses.** Das gleiche gilt für die Begr abstr Fdgen, insb für ein **abstraktes Schuldversprechen.** Es handelt sich bei II nicht um einen Sonderfall der LeistgsKondiktion, sond ledigl um eine gesetzl Erläuterg des Begr der Leistg im bereichergsrechtl Sinn. Voraussetzg ist eine vertragl, nicht eine bloß einseit ohne vertragl Bindg erkl Anerkg, RG HRR **30**, 288; auf das gerichtl Anerk nach § 307 ZPO findet daher II keine Anwendg, RG **156**, 70; zum proz Geständn nach § 288 ZPO vgl BGH **37**, 154. Es muß sich ferner um einen selbstd, dh von seinem LeistgsGrd losgelösten abstr Vertr iS der §§ 397 II, 780, 781 handeln, RG **154**, 385. Soweit daher das SchuldAnerk Bestandt eines ggs kausalen Vertr ist, insb soweit nur ein sog deklarator Anerk (§ 781 Anm 2a) vorliegt, kommt eine Kondiktion nach II regelm nicht in Betr, BGH VersR **53**, 316, da hier keine selbstd Leistg gegeben, diese vielm im Zushang mit dem Schicksal der GgLeistg zu beurteilen ist, RG **108**, 105; HRR **30**, 288; **33**, 917; doch kann über eine der Leistgen aus dem ggs Vertr zusätzl u damit kondizierb SchuldVerspr od Anerk abgegeben w, RG **108**, 105. Das gleiche gilt ausnahmsw für die Rückfdg einer kausalen Verpfl, wenn über den ggs Vertr hinaus ein hiermit verfolgter weit Zweck nicht erreicht w, RG **106**, 93; Staud-Seufert Rdz 3 a d. Ein (Proz-)Vergl ist ein ggs Vertr (§ 779 Anm 1a); das zur Erf des Vergl erkl SchuldAnerk kann jedoch bei Unwirksamk des Vergl kondiziert w, RG **83**, 109 [116].

Eine **Rückforderg des Anerkenntn** kommt hier zunächst dann in Frage, wenn der Anerkennde irrig geglaubt h, zu dem Anerk verpfl zu sein; auf die wahre RLage, insb ob dem Gläub tats ein entspr Anspr zusteht, kommt es insow nicht an, zB bei Entlastg des Vormd od GeschF dch den sich hierzu irrig für verpfl haltdn Mündel, RG Recht **15**, 1527; ähnl RG **154**, 385 bei AnerkErkl für Straßenbaukosten, in Wirklichk nicht bestehdes Bauverbot abzuwenden. Das Anerk kann aber auch wg Unrichtigk des Anerkannten kondiziert w. Voraussetzg hierfür ist jedoch, daß das Anerk nicht nach dem Willen der VertrTeile den Sinn h sollte, ohne Rücks auf das wirkl Bestehen der Schuld für die Zukunft eine klare Bew- u RLage zu schaffen. In einem solchen Fall ist ein BerAnspr ausgeschl, auch wenn die Schuld tats nicht besteht, BGH NJW **63**, 2316; vgl § 780 Anm 5 d, § 781 Anm 4. Welchen Sinn das Anerk gehabt h, unterliegt zwar der tatrichterl Würdigg des EinzFalls, doch ist oftm anzunehmen, daß ein Anerk nur die im Ztpkt der Abg der Erkl begr Einwdgen gg eine bestehde Schuld ausschl sollte, so daß der Schuldn nicht gehindert ist, bei nicht bestehder Schuld das Anerk zu kondizieren, BGH VersR **55**, 740. Dies gilt insb für Anerk, die aGrd einbezogene Abrechng abgegeben w, wenn einbezogene Schuldposten in Wahrh nicht bestandn h, BGH NJW **68**, 591 (für stillschweigd SaldoAnerk ggü Bank; Nr 15 AGB der Banken steht nicht entgg) od nach SaldoAnerk, wenn die Bank irrtüml eine Buchg doppelt vorgenommen h. Der Anspr auf Rückg des Anerk kann grdsätzl auch einem neuen Gläub der anerk Fdg entgegh w, § 804; zur Eintr der Ber ggü einem Schuldnerks § 821 Anm 1. – War der VertrTeilen bekannt, daß das Anerk unricht war, liegt also in Wirklichk ein abstr SchuldVerspr od ein Erlaß vor, so kommt ein Ber Anspr dann in Frage, wenn der RGrd für die in der Anerk liegde Zuwendg od für den Erl fehlt, RGRK Anm 69, 74. Das Bestehen einer unvolk Verbindlichk ist genügd RGrd für ein selbstd Anerk, RG **160**, 134; s aber §§ 656 II, 762 II. – Beim **negativen Schuld-Anerkenntn** gelten die gleichen Grds; der BerAnspr geht hier auf Wiederherstellg der Schuld u Herausg der Quittg. Zur BewLast bei II, insb beim negat SchuldAnerk s Anm 8.

Einzelfälle: VaterschAnerk u UnterhVerpfl, BGH **1**, 181 (vgl jetzt aber §§ 1600g ff u § 1600b Anm 1); Anerk eines Saldos, BGH NJW **68**, 591; Anerk eines nicht bestehdn ErbR, RG Recht **18**, 55; SchuldAnerk zur Erf eines unwirks Vergl, RG **61**, 318, od einer nur forml eingeg Bürgsch, RG LZ **15**, 523; Anerk ggü Zessionar in Unkenntn einer früh Abtretg, RG **83**, 184; Rückfdg einer Quittg, RG **83**, 109 [116]; Rückfdg eines abstr SchuldVerspr zGDr, RG HRR **29**, 297; keine Rückfdg des (nicht abstr) AbfindgsVertr mit Vers, BGH LM Nr 1 zu § 13 AVB für KfzVers.

c) **Weitere Fälle der Leistgskondiktion** enth § 812 I 2 (hierü Anm 6 A c, d), § 813 S 1 u § 817 S 1.

3) „**In sonstiger Weise**" ist die Ber erlangt, wenn die VermVerschiebg nicht auf der zweckgerichteten Zuwendg eines Leistdn (Anm 2) beruht, BGH **40**, 272 [278], sond regelm ohne den Willen des Entreicherten eingetreten ist. Hier kommt ein BerAnspr dann in Betr, wenn der Erwerb nach der im EinzFall maßgebl rechtl Güterzuordng nicht bei dem Empf verbleiben soll, sond einem and gebührt (Larenz, SchR II, § 68 II; s näher Anm 6 B, 5 Ba). Die nur für die Leistgskondiktion geltden Vorschr sind auf diesen Fall grdsätzl unanwendb, so zB § 817 S 2, RG JW **25**, 1392 (s aber § 816 Anm 1b). Eine „Ber in sonst Weise" basiert oftm auf Hdlgen des Bereicherten od eines Dr, die einen von der ROrdng nicht als endgült gebilligten Eingr in die RPosition des Entreicherten darstellen (sog **Eingriffskondiktion**); es sind aber auch and Möglichk denkb. **Hauptfälle**:

a) **Handlgen des Bereicherten**, insb unerl Hdlgen, auch wenn der SchadErsAnspr bereits verj ist (s hierzu § 852 Anm 5), zB Besitzentziehg, Verbrauch, Nutzg od Gebr einer fremden Sache (BGH **32**, 130 für eingebr Gut der Ehefr) od fremder ArbKräfte (über die Art der Anm 4d), Eingr in UrheberR u sonst ImmaterialgüterR (Einf 6b vor § 812) sowie in den eingerichteten u ausgeübten GewerbeBetr od in das PersönlichkR, soweit darin eine vermögensrechtl Benachteiligg, etwa iS einer unberecht Nutzg (so Schlechtriem, Festschr für Wolfg Hefermehl S 445 ff) liegt, BGH **20**, 345 [354], **26**, 349, Kleinheyer JZ **70**, 471 u § 823 Anm 15; ferner Wohnbenutzg einer Wohng nach Beendigg des MietVerh (vgl § 557), Ableitg von GrdWasser, BayObLG NJW **65**, 973 ua. Hierher gehören außerdem Vfgen eines Nichtberecht sowie Leistgen, die aGrd gesetzl Vorschr dem Berecht ggü wirks sind (s hierzu die Anm zu § 816). Ein Eingr des Bereicherten liegt idR auch dem RErwerb dch Verbindg, Vermischg od Verarbeitg (hierzu § 951 Anm 1) od dch Fund (§ 977) zugrde. Sow der jetz od frühere Besitzer Anspr wg seines Eigt aus § 812 ableitet, gilt auch hier für den EigtNachw § 1006 (BGH NJW **77**, 1090). Zum Erwerb dch Ersitzg, nach Verj od Ablauf einer AusschlFr s Einf 5b vor § 812.

b) **Handlgen eines Dritten**, zB dch Verbindg, Vermischg od Verarbeitg, die ein Dr vornimmt (Einbau von fremdem Material in Bauwerk des Eigtümers dch BauUntern), aber nur, soweit nicht – wie oftm – dem Entreicherten ein Anspr aus Leistgskondiktion zusteht, BGH Warn **69**, 283; aA Sollner AcP **163**, 30 (Anm 5 B b u § 951 Anm 1); zur aufgedrängten Ber in diesem Fall s § 951 Anm 2c dd. Gebr od Verbrauch fremder Sachen zG eines Dr (zB dch Verwalter); zur Ber dch unentgeltl Zuwendg seitens des urspr Bereicherten s § 822. – Dritter ist insb auch ein Beamter. Unabhäng von einem etw Anspr aus AmtsPflVerletzg (§ 839) kommt daher ein Anspr aus ungerechtf Ber „in sonst Weise" bei fehlerh AmtsHdlgen in Betr, insb in der **Zwangsvollstreckg**, zB bei ZwVollstr ohne rwirks Titel, RG **56**, 71, od bei Pfändg u Verst schuldnfremder

Einzelne Schuldverhältnisse. 24. Titel: Ungerechtfertigte Bereicherung § 812 3, 4

Sachen sowie Auszahlg des Erlöses an den Gläub, BGH **32**, 240 (näher Anm 5 B a bb u 6 B), unricht Verteilg des VerstErlöses, BGH **4**, 84, **35**, 267; fehlerh ZuschlBeschl, RG **153**, 252; Nichtberücksichtigg einer ordngem angemeldeten KonkFdg; unricht Eintr in das GB, RG **139**, 355 u § 894 Anm 7 b, and soweit lediglich der Rang des betr Rechts falsch eingetr w (§ 879 Anm 3e). Leistet DrSchu aGrd Pfdgs- u Überweisgs-Beschl an PfdgsGl trotz Bestehens einer vorrang Pfdg, kann nicht er, sond der vorrang PfdgsGl Herausg verlangen (Mü NJW **78**, 1438). Vgl hierzu auch unten Anm 6 B.

c) Handlgen des Entreicherten, soweit in ihnen nicht eine fehlgeleitete Leistg zu erblicken ist, zB bei irrtüml Verwendg eig Sachen für fremde Zwecke.

d) Tatsächl Vorgänge, zB Landanschwemmg, Wasserzu- od abfluß, unbeeinfl Verhalten von Tieren (vgl aber § 964) ua.

4) „Etwas erlangt". Durch die Leistg (Anm 2) od in sonst Weise (Anm 3) – die gelegentl unterschiedl Ausgestaltg des BerAnspr bei Leistgs- u EingrKondiktion spielt hier grdsätzl (s aber Anm 4b) keine entsch Rolle – muß eine Verbesserg der VermLage des Bereicherten eingetreten sein. Die Ber muß mithin bereits in das Verm des Empf übergegangen sein. Das ist der Fall, wenn iR des nach § 56 I GewO nichtigen Kredit-Vertr die DarlValuta nicht an den DarlN zur eig Vfg od Nutzg ausbez wurde, sond zur Finanzierg eines gleichf nichtigen Vertr an einen Dr (BGH NJW **78**, 1970). Zur Ber bei Einschaltg eines Vertreters od sonst Dr s Anm 5 B. Jeder **Vermögensvorteil**, gleich welcher Art, ist herauszugeben od es ist dafür WertErs (zB die übl Vergütg für Kapitalnutzg) zu leisten, RG **151**, 123; zum Umfang des BerAnspr, insb zur Berechng des VermVort (Abzug der GgLeistg sowie der ursächl notw Aufwendng, Saldotheorie) s § 818 Anm 6 A, D, zur aufgedrängten Ber § 951 Anm 2c dd. Die für den späteren Wegfall der Ber entwickelten Grds (insb §§ 818 III, 819) gelten entspr für die Frage, ob überh eine Ber eingetreten ist, BGH **55**, 128 (BerHaftg für in Kenntn des RMangels erschlichene Flugreise; hier kann sich BerSchu nicht darauf berufen, er hätte sonst die Reise nicht unternommen; s unten d). Ggst der Ber kann nur eine VermMehrg sein, nicht aber ein lediglich persönl Vort, zB eine schriftl EhrenErkl, BGH **LM** Nr 6, BGH **26**, 353. – Im einz kommen als VermVorteile in Betr:

a) Erwerb von Rechten, dingl wie Eigt, PfdR, auch AnwR, RG Gruch **51**, 972, ferner Verbesserg od Erweiterg eines R, zB Vorrangeinräumg dch zurücktretden HypGläub, RG **146**, 355, Erwerb eines R an eig Sache, RGrd ist § 868 ZPO (BGH NJW **77**, 48), aber auch persönl Rechte wie Fdgen aller Art, RG **118**, 358, Gutschr auf dem GiroKto (vgl § 675 Anm 3b), sobald die Bank sie nicht mehr stornieren kann (Celle Betr **77**, 2137). SchuldAnerk (s Anm 2b; dort auch über VaterschAnerk), Gen eines Vertr, RG **110**, 214, Zustimmg des Eheg nach ehel GüterR, RG **171**, 83 sowie Erf u Hing an ErfStatt (zur Erf dch s Anm 5 B b).

b) VermVort ist aber auch die bloße **Erlangg einer vorteilhaften Rechtsstellg,** auch wenn damit noch kein RErwerb verbunden ist, RG **108**, 329. Ist zB bei einer Leistg nicht nur das kausale GrdGesch, sond auch das dingl ErfGesch unwirks, so ist eine Änd der RZustdgk u damit eine VermVerschiebg an sich nicht gegeben; dennoch kann der BerSchu zurückfordern, wenn der Empf bereits eine vermögensrecht Position erlangt h. Hierunter fällt insb der Erwerb des (unmittelb od mittelb) **Besitzes** (condictio possessionis), BGH WPM **61**, 274 (nicht aber der bloßen BesDienersch), auch wenn man den Bes nicht als Recht ansieht (Übbl vor § 854 Anm 1). Dies gilt jedenf, soweit die übr Voraussetzgen des BerAnspr, insb die Einheitlichk des BerVorgangs bei Erwerb vom früh Besitzer (zur Doppelmietg von Räumen u Kötter, AcP **153**, 193/220) vorliegen, für die Leistgs-Kondiktion, zB für die Rückfdg der von einem GeschUnfäh übergebenen Sachen, RG **98**, 131. Die Eingr-Kondiktion ist dagg mit Rücks auf die spez BesSchutzVorschr weitgehd eingeschränkt (§ 861 Anm 7a, str). Zur Wertberechng s § 818 Anm 5c.

Eine kondizierb RStellg verschafft auch der mit der **Eintragg im Grundbuch** verbundene RSchein (sog Buchberechtigg, § 891 Anm 4), der die Wirkg h, daß der Eingetr als BuchEigtümer über das Grdst bzw das betr Recht verfügen kann. Die Rückfdg des BuchEigt kann neben dem wahren Eigtümer (§ 894) auch der bish BuchEigtümer verlangen (§ 812), zB wenn ihm ein AnwR auf den Erwerb des Eigt zusteht, RG **168**, 292 [303], JW **31**, 2723, § 894 Anm 8; ferner der GeschUnfäh, der als Eigtümer eines ihm nicht gehör Grdst wieder u das Grdst dch nichtigen Vertr aufgelassen h. Ein solcher BerAnspr des Gesch-Unfäh auf Wiederherstellg seiner Buchberechtigg entfällt aber, wenn sein eingetr VertrPartner dch Vertr mit dem wirkl Eigtümer das Eigt erlangt, BGH NJW **73**, 613. Kein Anspr des BuchBerecht, wenn es um den bloßen Rang einer Eintr geht, § 879 Anm 3e. Entspr gilt bei Eintr in sonst öff Büchern, RG JW **17**, 34 (Staatsschuldbuch). Eine vorteilh RStellg verschafft wg dem in ihnen enth RSchein auch ein unricht ErbSch, TestVollstrZeugn, AbtrAnz (vgl § 409) sowie eine gefälschte Unterschr auf einem Wechsel, KG MDR **68**, 495 (Anspr auf Streichg gg WechselInh).

Die formgerecht erkl **Auflassg** eines Grdst bindet die Beteil u verschafft somit dem AuflEmpf jedenf bereits eine vermögensrecht RPosition (str, dch AnwR, § 925 Anm 6b). Sie kann desh, auch wenn die selbstd Aufl in derselben Urk wie das unwirks GrdGesch enth war, RG **104**, 296, unter den Voraussetzen des § 812 I 1 (zB wenn das GrdGesch wg Verstoßes gg § 313 nichtig ist) zurückverlangt w, RG **108**, 329 (Antr auf Einwilligg in Rückgängigmachg der Einigg), sofern nicht – wie zB bei einem unricht beurk Kaufpr – § 814 (Kenntn des Verk vom Mangel) entgegsteht. Die Voraussetzgen des § 812 I 2 2. Fall sind erf, wenn entw – unabhäng von einem etw BerAnspr – bereits feststeht, daß die Aufl nicht zur Eintr oder die Eintr nicht zur Heilg des Mangels führt od wenn die Aufl auf ein beiders als unwirks erkanntes AustauschVerspr zu dem Zweck erklärt wurde, die GegLeistg zu erlangen u dieser Zweck nicht erreicht w. Dabei kann der Zweck, die GegLeistg zu erlangen u den Austausch zu verwirklichen, auch dadch gekennzeichnet sein, daß die Leistde sein Verspr (Aufl) voll erf h (BGH NJW **76**, 237). Mit § 812 I 2 allein kann mithin der Eintritt des EigtErwerbs dch Eintr des AuflEmpf im GB keinesf verhindert w, RG **108**, 329. Soweit danach ein BerAnspr besteht, wirkt dieser, da ein einseit Widerruf der Aufl unzul ist (§ 925 Anm 6c), erst mit Rechtskr eines entspr Urt (§ 894 ZPO; RG **111**, 98). Der BerAnspr kann jedoch iW der einstw Vfg dch das Verbot, von der eingetr Aufl zwecks Eintr Gebr zu machen, gesichert w, RG **120**, 118; eine entspr VfgVerbot ist vom GBA zu beachten, auch wenn der EintrAntr schon gestellt ist, KG Rpfleger **62**, 177. – Ebso kann auch eine Bewilligg zur Berichtigg des GB kondiziert w, wenn das GB nicht unricht war, RG **146**, 355.

Ebso erhalten dch die **Hinterlegg** eines GeldBetr für mehrere AnsprSteller diejen, denen matrechtl der ZahlgsAnspr bzw das vorrang PfdR nicht zusteht, auf Kosten des wirkl Berecht bzw vorrang PfdGl eine günst RStellg u sind ihm ggü zur FreigabeErklärg verpfl, BGH NJW **72**, 1045.

Weit hierher gehörde Fälle sind die irrtüml Herausg von NachlGgst aus der Verw des TestVollstr, BGH **12**, 100, **24**, 106; NichtAufn eines Rechngspostens in einen Teilgsplan, BGH **4**, 84, od in eine Abrechng, BGH WPM **57**, 213; ZuteilgsBeschl im VerteilggsVerf nach §§ 878 ff ZPO, BGH **39**, 242; sowie generell jeder Verlust einer sicheren ErwerbsaussichtzG des Bereicherten, BGH WPM **64**, 83.

c) Befreiung u Nichtentstehen von Verpflichtgen u Lasten, zB grdloser SchuldErl, RG JW **11**, 488, insb in der Form des negat SchuldAnerk (Anm 2b); Verz auf dingl Rechte, wie PfdR, RG JW **12**, 459; grdlose Befreiung von einer ErfÜbernVerpfl, BGH NJW **62**, 1051; irrtüml Entlastg eines GeschF oä. Hierher gehören ferner die Fälle der rwirks **Leistg eines Dritten,** der in der irrigen Ann, dem Schu od dem Gläub hierzu verpfl zu sein, an den Gläub zahlt, insb eine UnterhVerpfl erfüllt, soweit ein BerAnspr nicht aus und Gründen ausgeschl ist, BGH **43**, 1 [11], **46**, 319 (Befreiung des nichtehel Vaters dch UnterhLeistgen des Scheinvaters. Dabei genügt, daß der Dr die Leistg zumind auch für den wahren Schu erbringen wollte (BGH **70**, 389). Zu den Voraussetzgen bei Erf der Schuld eines Dr s Anm 6 A; zur Frage, wer in diesem Fall BerSchuldn ist, Anm 5 B b dd. Weitere Beisp: Befreiung von der unerl Hdlg begr SchadErsPfl durch UnterhGewährg seitens des gesetzl UnterhVerpfl, RG **138**, 1, str (§ 843 Anm 7) od von der gesetzl UnterhPfl des vermeintl Verschollenen dch Zahlg des VersorggsTrägers, BGH NJW **63**, 2315; Aufwendgen des Ehem für die Entbindg seiner Frau von einem nichtehel Kind, BGH **26**, 217; Anspr des pers Schu, der in der ZwVersteiger seine dch bestehenbleibde GrdSch gesicherte Schuld nicht angemeldet h, gg den Ersteher des Grdst iF der Bezahlg der pers Schuld, BGH **56**, 22; dies auch iF der TeilgsVersteigg, BGH **64**, 170.

Bei einem **unechten GesamtschuldVerhältn** (mehrere sind aus versch RGründen, also ohne – wenn auch nur obj – ZweckGemsch zur selben Leistg verpfl) gilt nach noch hM für den AusglAnspr des Leistden, dem im InnenVerh zu den und Schu die Leistg nicht (ganz) zur Last fällt, nicht § 426; es besteht vielm ein BerAnspr, Staud-Seufert Rdz 11b; zB BerAnspr der KfzHaftPflVers, die aGrd TeilgsAbk an SozVersTräger gezahlt h, gg Schädiger, wenn ihr VersNehmer für den Unfall nicht haftet, BGH NJW **69**, 1380; BerAnspr der HaftPflVers, die für den Unfallschaden nicht einzustehen h, aber aGrd TeilgsAbk an den SozVersTräger des Geschäd ihre Quote bez h, auf Erstattg gg die übr AbkSchu entspr ihrer ges Verantwortlk (BGH VersR **78**, 843). BerAnspr einen Nebentäters, der mit einer zu hohen Quote belastet wurde, gg einen und Nebentäter, wenn die Voraussetzgen des § 426 nicht vorliegen (vgl § 840 Anm 3 d). Die Tendenz der Rspr geht jedoch dahin, den AnwBereich der GesSchuld auszudehnen, um § 426, der als lex specialis (bes RGrd) einen BerAnspruch ausschließt, anwenden zu können, so BGH **43**, 227, **51**, 275 für das Verh zw BauUntern u Arch (näher § 421 Anm 2); BGH **70**, 389 läßt insow § 426 offen u bej BerAnspr im Verh zw Bauträger u BauUntern. – BerAnspr sind ferner gegeben, wenn der RInh dch SelbstErf in der Dr Hdlgen für den eigentl Verpfl vornehmen (ganz hM), soweit nicht die berecht **Geschäftsführg ohne Auftrag** einen rechtl Grd für dieses Handeln darstellt u deren Vorschr daher vorgehen, vgl BGH **40**, 28; zur Bemessg des BerAnspr auf WertErs nach § 818 II s § 818 Anm 5c. Beisp: Erf einer Kennzeichngs- u RäumgsPfl des Schiffseigners bei einem gefahrdenden dch die WasserstraßenVerw, BGH NJW **64**, 1365; Erfüllg der einem and obliegden VerkSichgPfl, BGH NJW **71**, 1218; Beseitigg von Grenzüberschreitgen, BGH **28**, 110, od einer sonst EigtStörg dch den Eigtümer, BGH BB **62**, 198; Wiederaufbau eines abgebrannten Hauses (BerAnspr gg Brandstifter), RG **82**, 206 [215]. Gursky NJW **71**, 782, der sich demggü für den Vorrang des R der Leistgsstörgen (§§ 275, 324 I) ausspricht, übersieht, daß – abgesehen von der Frage des Vertretenmüssens des Schu (hierzu § 275 Anm 6) – ein ev Freiwerden von der urspr Verpfl nach § 275 einem BerAusgl wg rechtsgrdlosen Erlangens dieser Befreiung nicht entggsteht. Der RInh ist auch nicht verpfl, den Weg über § 887 ZPO zu gehen, da in einem etw RStreit aus § 812 die gleichen (Vor-)Fragen geprüft w müssen. – Schließl fällt hierunter das rechtsgrdlose Nichtentstehen einer Verpfl od Last, die sonst entstanden sein würde, zB eines ProvAnspr, sonst anderweit VergütgsAnspr sowie aller sonst Ausgaben, die ohne die nicht berecht Verhinderg angefallen wären.

d) Ersparg von Aufwendgen. Wird eine fremde Sache unbefugt verbraucht, gebraucht od sonst genutzt, BGH **14**, 7, **20**, 270 [275], so liegt ungerechtf Ber vor, wenn der Benutzer bei ordngem Vorgehen für die Benutzg Entsch hätte zahlen müssen, BGH **20**, 345 [355] (Verwertg eines fremden Bildes); BGH **22**, 395 (Reklameplakat an öff Straße); auch BGH **55**, 128 (erschlichene Flugreise) geht hiervon aus. In diesen Fällen der EingrKondiktion (nicht § 816; s dort Anm 2a) ist nach der Rspr u der hM das „erlangte Etwas" die AusgErsparn auf Kosten des Berecht, BGH **38**, 356 [369], Kellmann NJW **71**, 862, währd deren Wert nur im Rahmen des § 818 II zu berücksicht ist, BGH NJW **64**, 1853 (zur Wertberechng s § 818 Anm 5c). Nach aM vermengt diese Auffassg systemwidr das konkret „erlangte Etwas" (Voraussetzg für die Entstehg des Anspr) u die dadch eingetretene abstr VermMehrg (Grenze für den Umfang des Anspr). Erlangt sei die GebrVort bzw die ArbLeistg, herauszugeben sei ihr obj Wert; zusfassd Gursky JR **72**, 279, Batsch NJW **72**, 611. Abzulehnen ist die Auffassg, das „erlangte Etwas" sei die bloße NutzgsMöglichk als solche; so aber Lieb NJW **71**, 1289. Nach der Rspr u der hM ist wg der Normativierg des ErsparnBegr der Einwand, der Benutzer hätte sich bei Verweigerg der ungerecht f Benutzg anderw beholfen, bei tats Nutzg unzul, BGH **20**, 345 [355]. Entspr gilt bei rechtsgrdloser Nutzg fremder ArbKräfte (auch KopfArb), RG HRR **36**, Nr 461; zB bei nichtigem RBeratgsVertr, BGH **36**, 321, **37**, 258; Vorstd einer AG, BGH **41**, 282 od sonst Dienst- u Werkleistgen, BGH **122**, 229 (Maklerdienste), bei Nutzg fremden Kapitals, RG **151**, 123, od von gewerbl SchutzR eines and (Einf 6 b v § 812); Schlechtriem, Festschr für Wolfg Hefermehl S 445 läßt darunter auch die unberecht Nutzg des fremden allg PersönlR fallen. Vgl auch BayObLG NJW **65**, 974 (unbefugte Ableitg von Grdwasser von fremdem Grdst).

Vertrlose Benutzg fremder Räume verpfl – auch über die Grenzen des § 557 hinaus, BGH **44**, 241 – zur Zahlg einer Vergütg in Höhe des ersparten Mietzinses, u zwar gleichgült, ob der Eigtümer die Räume anderw hätte vermieten können, RG HRR **33** Nr 1311. Fragl ist jedoch, ob diese Grds auch gelten, wenn ein **inf Minderjährigk unwirks Vertrag** (§ 107 Anm 3), insb ein KfzMietVertr, Grdlage der NutzgsÜber-

Einzelne Schuldverhältnisse. 24. Titel: Ungerechtfertigte Bereicherung § 812 4, 5

lassg war. Unabhäng von einer etw delikt Haftg des Mj (hierzu Stgt NJW **69**, 612, Celle NJW **70**, 1850) ist bestr, ob der Mj – über den Bes am Kfz hinaus – um die aus diesem Grd rgrdlose Nutzg des Kfz ungerechtf bereichert ist (die Spezialität der §§ 987ff, Einf 5b vor § 812, steht hier nicht entgg; vgl § 988 Anm 4). Teilw w vertr, der Mj habe keine anderw notw Ausgaben erspart u sei desh nicht bereichert, Bielefeld (LG) NJW **63**, 908, KG FamRZ **64**, 518, ähnl Metzler NJW **71**, 690; od der Mj sei nach Beendigg des Gebr des Kfz nicht mehr bereichert (§ 818 III), weil dann die erlangten GebrVorteile nicht mehr im Verm des Mj vorh seien, Hamm NJW **66**, 2357, Pawlowski JuS **67**, 302. Fast allg w jedoch im BerAnspr des Kfz-Vermieters abgelehnt mit der Begr, eine Verpfl des Mj zum Ers des Werts der GebrVorteile widerspreche dem in §§ 106 ff enth MjSchutz; aA zufassd Batsch NJW **69**, 1743 (BerSchuldn könne jeder Rechtsfäh sein; eine verschärfte Haftg nach § 819 stehe hier nicht in Frage) u NJW **72**, 611; hierdch würde aber der Umfang der bereicherungsr Haftg vielf – wenn auch nicht stets – der vom Ges wg Minderjährigk abgelehnten vertragl Haftg gleichkommen, ebso BGH **55**, 128 (erschlichene Flugreise); s ferner § 819 Anm 2e zur Frage der verschärften Haftg des Mj. Zur Rückfdg der GgLeistg (Anzahlg) des Mj s § 818 Anm 6 D aE.

5) „Auf dessen Kosten". Hierunter ist zunächst zu verstehen, daß dem VermVort des Bereicherten (Anm 4) unmittelb ein VermNachteil des Entreicherten ggüstehen muß; insow ist dieses TatbestdsMerkmal insb für BerAnspr aus EingrKondiktion (Anm 3) von Bedeutg (unten A). Über das sich hieraus ergebde Erfordern der Einheitlichk des BerVorgangs begrenzt es aber ferner bei der Ber „in sonstiger Weise" Ggst u Umfang des BerAnspr u bestimmt darü hinaus insb die Pers des AnsprGegners; wer BerSchuldn auf Kosten des and ist, spielt vornehml für die Leistgskondiktion (Anm 2) bei Einschaltg eines Dr od bei sonst Drittbeziehgn eine Rolle (unten B).

A) Der VermVorteil der einen Seite muß einen entspr **Vermögensnachteil** des and bedingen:

a) Üblicherw kommt hier der rwirks Überg eines VermGgst von dem Benachteil auf den Bereicherten in Betr (zB Übereigng, Abtretg einer Fdg, Erf einer Schu; s im einz Anm 4). Es ist aber nicht erforderl, daß das Erlangte schon zum Verm des and gehörte; es genügt jede im VermStand des and berührde Beeinträchtigg, wie dch die Wahl der Worte „auf dessen Kosten" statt „aus dessen Verm" zum Ausdruck gebracht w ist. Es genügt also die **Beeinträchtigg** jeder **rechtl Anwartschaft** od die **Vereitelg** einer sonst tats **sicheren Erwerbsaussicht**, sofern diese bereits einen RSchutz genießt u nicht nur auf bloßen OrdngsVorschr beruht. Beisp: Ausschlagg einer Erbsch zG einer best Pers (Staud-Seufert Rdz 7 aa); Anspr auf Aufl eines Grdst, RG **119**, 332 u Anm 4 b; ferner jeder schuldr Anspr auf eine Sache, eine ArbLeistg od ein Recht (auch auf den Rang eines GrdstR; nicht aber bei versehentl FalschEintr des Rangs, § 879 Anm 3e), zB AnwR, Celle MDR **59**, 930; Eingr in ein AneigngsR, vgl RG HRR **25** Nr 1047; Hilfestellg zum VermErwerb eines and (Unterl von KonkurrGeboten), Mü GRUR **51**, 468, sowie die unter b) genannten Fälle.

b) Notw ist **ursächl Zushang** zw Erlangg des VermVort u dem VermNachteil des Entreicherten, BGH **36**, 332; zur Ursächlichk s Vorbem 5 vor § 249. Entsch ist aber nicht die Entreicherg des Anspr-Berecht, sond allein die auf dessen Kosten eingetretene Bereicherg des BerSchuldn. Das früher vielf betonte Erfordern der VermVerschiebg muß demggü zurücktreten. Der Verlust des einen braucht sich dabei mit dem Gewinn des and weder dem **Gegenstande** (Leistg von Geld führt zur Schuldbefreig; Benutzg einer fremden Sache erspart Aufwendgen) noch insb dem **Umfang** nach zu decken. Der BerAnspr kann mithin niedriger, aber auch höher sein als der Verlust des Betroffenen, BGH **17**, 236, **36**, 332. Dies ist vor allem von Bedeutg für den EingrErwerb dch ungerechtf Benutzg u Verwertg fremder Sachen u Rechte (Früchte u GebrVorteile). Gebührt hier die vermögensrechtl Verwertg nach der maßgebl rechtl Güterzuordng allein dem Berecht, so daß dieser sie nicht unentgeltl zu dulden braucht, so hat er gg den unbefugt Verwertden wg dessen Eingr in die RSphäre des Berecht einen BerAnspr in Höhe der übl Vergütg, zB der Lizenzgebühr für ein gewerbl SchutzR. Unerhebl ist hierfür, ob der Berecht aus tats Grden den gleichen Gewinn gezogen hätte od hätte ziehen können (and aber, wenn er hierzu aus rechtl Grd nicht in der Lage gewesen wäre, RG **105**, 408), ob der Bereicherte sich ohne den Eingr anderw beholfen hätte (Anm 4d) u ob er dch den BerVorgang auch Vorteile erlangt h. Der BerAnspr ist **kein SchadErsAnspr**, so daß eine VortAusgl entfallen muß (Einf 8 d vor § 812; s aber § 818 Anm 5 c). Der BerAnspr umfaßt jedoch nur die regelm zu ziehen Nutzgn; ein nur bes Umst, die in der Sphäre des Verletzers liegen, von diesem erzielter Gewinn ist nicht auf Kosten des Berecht erlangt u daher nur unter den Voraussetzgn des § 687 II (dort Anm 2 c) herauszugeben. Beisp: Unbefugte Verwertg fremder UrhR u sonst gewerbl ImmaterialgüterR (Einf 6 b vor § 812); auch Eingr in PersönlkR (unerlaubte Benutzg eines fremden Bildes), sofern hierin eine wirtschaftl Verwertg zu sehen ist, BGH **20**, 345 [355] (krit Mestmäcker JZ **58**, 521); Benutzg einer fremden Sache, BGH **20**, 270, insb dch unberecht Vermieten od Verpachten (s § 816 Anm 2a). Bei unbefugter Untervermietg kann Vermieter vom Mieter aber nicht Herausg des Untermietzinses (Gewinn des Mieters), sond nur Ausgl in Höhe angemess Vergütg verlangen, BGH NJW **64**, 1853 (krit hierzu, aber nicht überzeugd Diederichsen NJW **64**, 2296: entspr Anwendg von § 816 I; hiergg auch Larenz, SchR II, § 48 III a).

B) Einheitlichkeit des BereichergsVorgangs. Ausgehd von der Erwägg, Ggst u Umfang der Ber zu begrenzen, stellte die früher hM, auch in der Rspr, das Erfordern der **Unmittelbark der Vermögensverschiebg** zw dem Benachteil u dem Bereicherten auf, BGH **36**, 30 sowie ausdr noch BGH **46**, 260. Dies bedeutet, daß die VermVerschiebg nicht auf dem rechtl selbstd Umweg über ein fremdes Verm erlangt sein darf, daß vielm ein u dieselbe Vorgang auf der einen Seite den Gewinn u auf der and Seite den Verlust unmittelb herbeiführen muß. Da jedoch BerGläub u Schuldn nicht mit den Pers ident zu sein brauchen, zw denen sich der VermÜbergang tats vollzogen h, BGH BB **62**, 691, u insb anerk ist, daß eine unmittelb VermVerschiebg auch dch eine mittelb Zuwendg eines Dr bewirkt w kann (unten b cc), ist statt dessen das Erfordern der Einheitlichk des BerVorgangs zum AusgangsPkt der KonditionsAnspr bei Beteiligg mehrerer Pers an der zugrdeliegden VermVerschiebg zu machen. Dieses Erfordern ist im Ergebn auch bei § 816 I 2 (unentgeltl, aber wirks Vfg der ZwPers als Nichtberecht) gegeben; eine echte

749

§ 812 5 B a   2. Buch. 7. Abschnitt. *Thomas*

Ausn enth aber § 822 (dort Anm 1). Im einz muß zw den versch Arten des BerAnspr wie auch hins der Form des Zushangs der Beteil (echtes DreiecksVerh od BerKette) unterschieden w:

a) Bereicherg „in sonst Weise". aa) Insb bei der **Eingriffskondiktion** (Anm 3) ist daher ein BerAnspr nur gegeben, soweit derselbe Vorgang (Eingr) **unmittelbar** den VermNachteil des Entreicherten u den Vorteil des Bereicherten bewirkt h. Dies ist zB der Fall bei rechtsgrdloser Verwendg fremder Sachen, Rechte od ArbKräfte auf Kosten des eigentl Berecht (Anm 4 d), bei Anbau an eine Kommun-(Grenz-)Mauer (§ 921 Anm 5 b bb) sowie in den Fällen des RVerlusts dch Verbindg, Vermischg od Verarbeitg, insb bei Bauten auf fremdem Grdst od Einbau von fremdem Material, soweit nicht die LeistgsKondiktion in Betr kommt (unten b u § 951 Anm 1). Da hier fremdes Verm (zB des Einbauenden) nicht berührt w, steht der BerAnspr dem Entreicherten (bish Eigtümer) unmittelb gg den Begünstigten (neuer Eigtümer) zu. Dagg besteht mangels einheitl BerVorgangs kein BerAnspr des Dr gg den Ersteher eines Grdst, wenn der Dr vor der ZwVerst Einbauten vornahm, da diese unmittelb nur dem früh GrdstEigtümer zugute gekommen sind, RG **97**, 65. Ebso kann der Ersteher eines Grdst in der ZwVerst den wg falscher Berechg des Bargebots zu viel an das VollstrG bezahlten Betr nach Verteilg des Erlöses nicht v letztrang befriedigten GrdPfdGl als ungerecht Ber herausverlangen (BGH **68**, 276). Bei einer unerl Hdlg sind alle an ihr Beteil unmittelb auf Kosten des Verl bereichert, auch wenn sie ihren Anteil an der Beute erst inf Verteilg dch den Haupttäter erlangt h, RG Recht **13**, 849. Pilger u Preusche NJW **74**, 2308 stellen zur Debatte, inwieweit SchleichWerbg bei FernsehÜbertraggen Anspr der FernsehAnst gg die werbde Firma aus EingrKondiktion begründen kann. Bei EingrErwerb dch Hdlg eines GeschUnfäh besteht ebenf ein unmittelb BerAnspr gg den Begünstigten, da der Eingr nicht in das Verm des GeschUnfäh übergegangen war, RG **51**, 80. Zum Durchgriff gg den Drittbegünst in sonst Fällen s unten Anm b ee. Zum Ers von Verwendgen s Vorbem 1 a vor § 994; zur aufgedrängten Ber in diesen Fällen § 951 Anm 2 b dd.

bb) Hierher gehören ferner insb unberecht **Eingriffe in das Vermögen Dritter im Wege der ZwVollstreckg** (Einzelh: Lüke AcP **153**, 533). Währd das BGB an Stelle der Vfgen auf dem Gebiet der ZwVollstr den rgeschäftl Vfgen gleichstellt (zB §§ 135, 161, 184, 883 ua), fehlt in § 816 I eine entspr Vorschr. Dennoch wurde früher vielf § 816 auf diesen Fall angewandt u bei der MobiliarVollstr in Ggst, die dem Schu nicht gehören, entw mangels wirks PfändgsPfdR der betreibde VollstrGläub od der GerVollz, RG **88**, 356, als verfügder „Nichtberecht" iS des § 816 I angesehen (so auch heute bis zur 30. Aufl). Da jedoch der GerVollz keine privrechtl Vfgen trifft, sond das Eigt an der Sache (Zuschlag) u am Erlös (Verteilg) kr staatl HohAkts auf den Erwerber bzw PfändgsGläub übergeht, RG **156**, 395, BGH **55**, 20 [25] u mithin der PfändgsGläub – unabhäng davon, ob in diesem Fall ein PfändgsPfdR entsteht (hierzu Th-P § 804 ZPO Anm 3a) – nicht mit Hilfe des GerVollz als Nichtberecht über die Sachen des Dr verfügt, ist auf den vorliegden Fall nicht § 816, sond § 812 I 1 (EingrErwerb) anzuwenden (ebso Staud-Seufert § 816 Rdz 5 b; Erm-Seiler § 812 Anm 5 C b; Soergel-Mühl § 812 Rdz 67). Das Gleiche gilt für die Einziehg einer wg früherer Abtretg nicht im Verm des Schu befindl Fdg aGrd Pfändgs- u ÜberweisgsBeschl; offengelassen BGH **66**, 150.

Dies bedeutet: Wie bei einem Verstoß gg den Teilgsplan od bei fehlerh Erlösverteilg der an sich berecht Gläub (Anm 3 b), ebso ist auch der Dr unmittelb auf Kosten des VollstrGläub entreichert, wenn ein ihm gehörder Ggst (bewegl Sache, Grdst, Recht) iW der ZwVollstr ihm rechtswirks entzogen w ist. Zwar ist in diesen Fällen der ZuschlBeschl rechtswirks u inf der in der hoheitl Maßn liegden Güterverschiebg auch kein BerAnspr gegeben ist dem Ersteher gegeben ist, BGH **138**, 125; das Recht des Dr setzt sich zunächst am Erlös fort (§ 1247 Anm 3). Dch den gleichen einheitl Vorgang (Auszahlg des Erlöses an den Gläub) verliert aber der Dr endgült sein Recht, Lent NJW **55**, 674; er kann desh den **Versteigerserlös vom Gläub herausverlangen,** BGH **32**, 240; aA Gloede MDR **72**, 291. Böhm, Unger ZwVollstr u mat AusglAnspr, 1971 meint im Hinbl auf die der Rechtskr entspr „VollstrKraft" u in Übereinstimmg mit der öffrechtl Betrachtgsw der ZwVollstr, dch die ein ger LeistgsBefehl dchgesetzt werde, gebe es keine matrechtl AusglAnspr. Diese Auffassg ist schon desh verfehlt, weil das ZwVollstrR nicht die Aufg einer endgült GüterVerteilg u einer Betätigg staatl HohWillen h; so zutr Gaul AcP **173**, 323. Dies gilt auch dann, wenn der Dr trotz Kenntn von der ZwVollstr sein Recht nicht währd des VollstrVerf nach §§ 771 ZPO, § 37 Nr 5 ZVG od nach § 805 ZPO (zB bei einem vorrang PfdR) geltd gemacht h, RG **119**, 265. Auf den guten Gl des Gläub kommt es nicht an; ist dieser jedoch bösgl, so bestehen daneben ggf Anspr aus §§ 687 II, 823ff, RG **156**, 395 [400]. Ausgeschl sind solche Ausgl u SchadErsAnspr im Hinbl auf entggstehde Rechtskr nur, falls eine auf den gleichen Sachverhalt gestützte VollstrGg- od DrWiderspruchKl rechtskr abgewiesen ist, BGH **LM** § 322 ZPO Nr 27.

Da das den BerAnspr auslöse Moment nicht die Verst, sond die Ausfolgg des Erlöses an den Gläub ist, hat dieser den vollen Erlös herauszugeben, also auch soweit er den Wert der Sache übersteigt, allerd **abzügl der Kosten der Zwangsvollstreckg,** da nur in diesem vermind Umfang eine ungerechtf Ber des Gläub auf Kosten des bish Berecht besteht, BGH **32**, 240, Lent aaO, Schuler NJW **62**, 1842 mwN. Das gilt auch bei Einziehg einer nicht im Verm des Schu befindl GeldFdg aGrd Pfändgs- u ÜberweisgsBeschl (BGH **66**, 150). Die aA (Mü WPM **75**, 281 mwN) ist unzutr, weil die VollstrKosten keine (nicht abzugsfäh) Aufwendgen ggü einem Dr, sond Ausgaben im Hinbl auf den betr VollstrGgst sind, Soergel-Mühl Rdz 68, s § 818 Anm 6 C b. Soweit der VollstrGläub dch den Abzug der VollstrKosten von seiner subsidiären Kostenhaftg ggü der Staatskasse befreit w ist, fehlt es an einem einheitl BerVorgang u damit an einer Ber auf Kosten des Dr, aA Nicklisch NJW **66**, 434. – Das gleiche (also Herausg des Nettoerlöses, nicht der Sache usw selbst) gilt, wenn der Gläub den gepfändeten Ggst selbst ersteigert od sich nach § 825 ZPO überweisen läßt, Lüke AcP **153**, 544, v Gerkan MDR **62**, 784. W nur teilw schuldnerfremde Sachen verst, so ist Ggst der Ber der entspr Erlösanteil, der notf entspr § 471 zu bestimmen ist, RG **88**, 351. Dem BerAnspr kann grdsätzl auch nicht der Wegfall der Ber enttgegehalten w, da der urspr Anspr des Gläub gg den VollstrSchu trotz § 819 ZPO fortbesteht, Lüke aaO S 538; über die RLage bei nachträgl VermVerfall des Schu s § 818 Anm 6 C d. Kein BerAnspr besteht jedoch, wenn das Recht des Dr zu selbst anfechtbar (nach AnfG) war, RG **162**, 218, od wenn der Zuschl nur VerfVorschr wie zB § 811 ZPO (StJSchP § 811 ZPO Anm III) od die richt Berechg des MindGebots nach § 817a ZPO verletzt, Mü NJW **59**, 1832.

b) Bei der **Leistgskondiktion** (Anm 2) besteht ein BerAnspr grdsätzl nur innerh des LeistgsVerh; der Leistde kann sich zum Ausgl einer ungerechtf VermVerschiebg nur an den LeistgsEmpf, nicht an einen Dr halten. Im Rahmen einer mögl Leistgskondiktion reduziert daher das Erfordern der Einheitlichk des BerVorgangs den BerAusgl grdsätzl ausschließl auf die Partner des LeistgsVerh, BGH **40**, 272, **48**, 70, **50**, 227; auf die „Unmittelbark der VermVerschiebg" braucht daher nicht mehr zurückgegriffen zu w. Die Pers des Leistdn u des LeistgsEmpf bestimmen sich danach in erster Linie nach dem Inhalt u dem Zweck der mit der Leistg beabsichtigten VermZuwendg (näher Beuthien JZ **68**, 323; aA Wilhelm JuS **73**, 1). Zahlt eine Bank ohne Weisg des Kreditnehmers einen DarlBetr an eine UnfallhilfeGesellsch, mit der der Kreditnehmer in keiner vertragl Beziehung steht, so ist nicht dieser, sond die Gesellsch LeistgsEmpf (BGH JZ **76**, 479). Leistder u damit AnsprBerecht ist demnach nur der unmittelb od mittelb über einen Dr (zB dch Anweisg, s unten cc) Zuwendende. Wer dies ist, unterliegt bei Beteiligg mehrerer Pers zunächst der ZweckbestimmgsVereinbg der Parteien; mangels entspr Vereinbg, insb bei Fehlvorstellgn der Beteil über Inhalt u Ggst der Leistgsbeziehg entsch nicht der innere, verborgen gebliebene Wille des die Leistg tats Erbringen; maßg ist vielm, als wessen Leistg sich die Zuwendg bei obj Betrachtgs Weise aus der Sicht des Zuwendgs Empf darstellt, **Empfängerhorizont** (BGH NJW **74**, 1132 u WPM **78**, 1053; vgl auch § 951 Anm 1 c); str, aA zB Flume JZ **62**, 281: BerAnspr gg die Leistg tats Erbringen gg den LeistgsEmpf; diese Meing vernachlässigt aber zu Unrecht den Vertrauensschutz, der dem Empf im Hinbl auf seine vertragl Beziehgn zu seinem Schu einzuräumen ist; aA auch Weitnauer NJW **74**, 1729, Picker NJW **74**, 1790: Nicht der EmpfHorizont sei maßg für die Frage, wer Leistder ist, sond einen vom Ausdr gekommene rgeschäftl Wille des Zuwendnd bei der Zuwendg, wie er nach allg AusleggsGrds zu verstehen sei. Differenziert auch Hamm MDR **75**, 53: Bei fehlendem SchutzBedürfn des LeistgsEmpf entscheide allein der Zuordngs Wille des Leistdn; das ist allenf für einen geäußerten, nicht für den inneren Willen vertretb. Wieling JZ **77**, 291 meint, Miß Verständn über die Pers des Leistdn sei als WillErkl vom Nachteil dessen auszulegen, dem der störde Umst zuzurechnen ist, also regelm dem Leistdn. Ist er dem Empf zuzurechnen, gelte die Leistg so, wie sie gemeint war; ist er keinem od beiden zuzurechnen, so sei eine wirks Erkl, um wessen Leistg es sich handle, nicht abgegeben u der tats Leistde könne die ZweckBest nachträgl treffen. Differenziert auch Lopau JuS **75**, 773. Ein AnhaltsPkt für die obj Erkennbark der Pers des Leistden kann im Einzelfall sein, zw welchen Pers die Abrechng erwogen w sollte, BGH aaO. LeistgsEmpf u damit BerSchu ist derj, dessen Verm dch die Zuwendg zweckgerichtet vermehrt w ist. AnsprGegner ist daher bei Leistg an einen TrHänder idR dieser u nicht der TreuGeb, BGH NJW **61**, 1461; zur Leistg an mehrere Empf s Einf 8 e vor § 812. Bei Leistg an GesHand vgl unten Anm ff.

Soweit eine Leistgskondiktion gegeben ist, die VermVerschiebg also zur Erf einer bestehdn od vom Zuwendnd angen LeistgsVerpfl erbracht w ist, kann grdsätzl **daneben kein Anspruch** aus Ber in sonst Weise, insb **aus Eingriffskondiktion** in Betr kommen (hierzu Anm 2). Baut also zB ein Handwerker Material des Lieferanten aGrd eines WerkVertr auf dem Grdst des Bauherrn ein, so h der Lieferant, der dch den Einbau sein Eigt verliert (§§ 946, 94), keinen BerAnspr aus EingrKondiktion gg den Bauherrn; er kann sich vielm nur im Rahmen seiner Leistgsbeziehg an seinen VertrPartner (Handwerker) halten, BGH **40**, 272, **56**, 228 (240), Berg NJW **64**, 720. Entspr gilt, wenn der Handwerker auf Veranlassg eines Bau-Untern eig Material einbaut; hier hat der Leistde (Handwerker) den Einbau nur aGrd seiner RBeziehg zum BauUntern vorgen, als dessen Leistg seiners sich der Einbau vom StandPkt des Bauherrn aus darstellt. Ist die Leistgsbeziehg zw Handwerker u BauUntern fehlerh od hat dieser keine entspr Vollm des Bauherrn, so kann der Handwerker nur die Leistgskondiktion gg den BauUntern, nicht aber daneben einen BerAnspr aus EingrKondiktion gg den Bauherrn geltd machen, ebso im Erg BGH **36**, 30; näher (zB zum Umfang der Ber) § 951 Anm 1 b, e. Ein unmittelb BerAnspr aus EingrKondiktion kann daher in einem derart Fall nur dann in Frage kommen, wenn die VermVerschiebg nicht eine Leistg des Verlierdn (wenn auch über einen Dr) bezweckte, zB bei widerrechtl Einbau von dessen Eigt, das diesem abgek war (näher § 951 Anm 1 d).

Unter Berücksichtigg dieser Grds ergibt sich für **Drittbeziehgn bei der Leistgskondiktion** im einz folgendes:

aa) Hat der Empf einer Leistg den VermGgst aGrd selbstd RGesch an einen Dr weitergegeben, so besteht ein BerAnspr grdsätzl nur in dem LeistgsVerh, das des rechtl Grdes für die erbrachte Leistg entbehrt; ein unmittelb Durchgriff des urspr RInh gg den nunmehr Berecht ist bei dieser **Bereicherungskette** regelm ausgeschl (s aber zur Frage des Doppelmangels beider KausalVerh unten ee). Eine Ausn von diesem Grds enth insb § 822: Entfällt die Ber des LeistgsEmpf inf unentgeltl Weitergabe des VermGgst an einen Dr, so hat der urspr RInh gg ihn unmittelb einen BerAnspr, obwohl der Dr die Leistg mit RGrd u nicht dch den gleichen Vorgang erhalten h (s dort Anm 1). - **Beisp:** Vermietet der Besitzer unbefugt eine fremde Sache an einen Dr, so hat der Eigtümer gg diesen keinen BerAnspr; denn die VermVerschiebg vollzog sich unmittelb nur zw dem Besitzer u dem Dr (über Anspr gg den Besitzer s Anm 5 A b). Desgl hat bei Hinterlegg fremden Geldes der (bish) Eigtümer keinen unmittelb BerAnspr gg die Hinterleggsstelle, RG Warn **21** Nr 91. Ein Gastwirt, der fremde Arbeiter verköstigt, kann mangels rechtl Verpfl des ArbGebers nicht von diesem Ers seiner Aufwendgen verlangen, RG **106**, 386. Auch kein unmittelb BerAnspr des GesellschGläub gg den Gter einer GmbH, auch nach deren Liquidation, RG **92**, 77, gg Ehefr bei Bereicherg des Gesamtguts, BGH NJW **57**, 1635, od des Bauherrn gg Architekt, der vom BauUntern selbstd Auftr erhalten h, BGH JZ **62**, 404 mit Bespr v Caemmerer JZ **62**, 385. Wer gem § 123 III BBauG a Grd einer Verpfl der Gemeinde ggü die Erschließg von Baugelände übernommen h, kann vom Eigtümer eines zum ErschließgsGebiet gehör Grdst keinen anteil Ers seiner ErschließgsAufw verlangen, weil die Leistg mit RGrd an die Gemeinde erbracht ist, BGH **61**, 359. - Dagg ist beim finanzierten AbzKauf auf Wechsel bei Nichtigk des KaufVertr u des rechtl hiermit zushäng DarlVertr (§ 6 AbzG Anh) auch die finanzierde Bank, der der Verk die von ihm ausgestellten u indossierten Wechsel übergeben h, unmittelb auf Kosten des Käufers u Akzeptanten bereichert, BGH BB **62**, 691. Zur RLage bei Tilgg fremder Schulden s unten dd.

bb) Ein unmittelb BerAnspr des urspr Berecht gg den nunmehr Inh des VermGgst ist aber gegeben, wenn das Verm der ZwPers, die die Zuwendg vermittelt h, dch die Leistg nicht berührt w ist. Hat die

§ 812 5 B b   2. Buch. 7. Abschnitt. *Thomas*

ZwPers nur als **Bote** od **unmittelbarer Stellvertreter** eine Leistg erbracht, so ist die Zuwendg als Leistg des Vertretenen anzusehen, dem desh der BerAnspr gg den LeistgsEmpf zusteht, BGH NJW 61, 1461, allgM. Bei Leistg an einen Boten od Vertr ist umgekehrt der Vertretene AnsprGegner, RG 79, 285. Das gleiche gilt für die übl Zahlgsvermittlg im Bank- u PostVerk; desgl bei der Übereigng an den, den es angeht, sofern mit diesem auch das KausalGesch abgeschl w ist (sonst besteht LeistgsVerh mit der ZwPers), da es sich auch hierbei um einen Fall der unmittelb Stellvertretg handelt (§ 929 Anm 5 a bb). Voraussetzg ist aber stets, daß der Bote od Vertr nicht (zugleich) im eig Namen tät gew ist; in diesem Fall ist (auch) er Subj des BerAnspr, BGH WPM 65, 124. Hat der Vertr keine ausr Vollm, so schließt der Anspr aus § 179 gg den vollmachtl Vertr einen BerAnspr des Leistden gg den Empf grdsätzl nicht aus (Hamm MDR 75, 488); an einer unmittelb Ber auf Kosten des Leistden (besser: an einem einheitl BerVorgang) fehlt es jedoch, wenn der Empf seiners aGrd wirks Vertrags mit dem Vertr einen Anspr auf das Geleistete h u demzur GgLeistg verpfl ist, BGH 36, 30; krit hierzu Berg NJW 62, 101, Flume JZ 62, 280; hiergg BGH 40, 272.

Ein **einheitl BerVorgang** ist auch dann **nicht gegeben**, wenn die ZwPers zwar nur im wirtschaftl Interesse des eigentl GeschHerrn gehandelt u bewußt dessen VermErwerb vermittelt, dabei aber die Leistg im eig Namen erbracht od empf h (**mittelbarer Stellvertreter**). Erwirbt deshalb jemand als Kommissionär einen Ggst u überträgt er ihn dch bes Zuwendgsakt an den Empf, so besteht, da, das Verm der ZwPers bei dieser Übertr berührt w ist, ein BerAnspr bei Fehlen des rechtl Grd nur in dem jeweil LeistgsVerh (Leistder – K, K – Empf), nicht aber unmittelb vom Leistden gg den Empf. Entspr richtet sich der Ber-Anspr idR nur gg den – selbst dazwtretden – **Treuhänder**, nicht unmittelb gg den TreuGeb, BGH NJW 61, 1461. Ein einheitl BerVorgang fehlt in allen übr Fällen, in denen die ZwPers zwar nur als **Strohmann**, aber im eig Namen aufgetreten ist; AnsprBerecht ist hier nicht der wirtschaftl interessierte Hintermann, sond nur der Strohmann, BGH WPM 62, 1174. – Ebso wie bei der EingrKondiktion (Anm 5 B a) besteht **dagegen** bei Leistg an einen **Geschäftsunfähigen** ein unmittelb BerAnspr des Leistden gg den Empf, auch wenn der GeschUnfäh diesem den VermGgst weiter übertr h (zB als Darl). Das Verm des GeschUnfäh ist näml zu seinem Schutz – abgesehen vom Bes (hier nur stufenw Kondiktion) – als von der Leistg überh nicht berührt anzusehen. Es liegt desh auch nicht der übl Fall des Doppelmangels (unten ee) vor (Staud-Seufert Rdz 8 be).

cc) Die Einheitlichk des Gewinn u Verlust begründden BerVorgangs w nicht allein dadch in Frage gestellt, daß ein Dritter – wenn auch im eig Namen – die Zuwendg des Leistden für dessen Rechng an den Empf vermittelt. In dem hierbei entstehnden **bereichergsrechtl Dreiecksverhältn** besteht vielm ein BerAnspr des Leistden gg den LeistgsEmpf im Rahmen des LeistgsVerh auch dann, wenn die **Leistg mittelb durch Zuwendg eines Dritten,** insb aGrd Anweisg, Auftr od Vertr zGDr, zB im Bank- u sonst ÜberweisgsVerk, erbracht w ist (früher „unmittelb VermVerschiebg dch mittelb Zuwendg" genannt). Die mögl Fallgestaltg ist hier nach dem zweckgerichteten Willen u der Vereinbg der Parteien sehr mannigf, so daß sich eine generelle Typisierg verbietet, BGH NJW 77, 38; über die Pers des Leistden u des LeistgsEmpf im DreiecksVerh, insb bei Fehlvorstellgn der Beteil s oben Anm 5 B b. Allen Fällen der vorliegdden Art ist jedoch gemeins, daß zu der tats Übermittlg der Leistg von der ZwPers (D) an den LeistgsEmpf (B), zw denen keine RBeziehgn bestehen, die des rechtl Grd entbehren könnten, zwei LeistgsVerh treten, innerh deren ein BerAusgl in Frage kommen kann: Der RGrd, warum D für den Schu (A) eine VermVerschiebg vornimmt, ist das zw A u D bestehde sog **DeckgsVerhältn**. Indem D an B die Leistg übermittelt, geschieht dies unmittelb zu Lasten des A, da sein Verm (Konto) hierdch belastet w. Der RGrd, warum B die ihm von D übermittelte Leistg behalten darf, ist in seinem Verh zu A zu sehen; dieses sog Zuwendgs- od **Valutaverhältnis** bestimmt den Umfang der LeistgsPfl des A ggü B. Bei D gleichen sich beide Wertbeweggn (Übermittlg der Leistg des A an B; ErstattgsAnspr gg A) aus; die Einheitlichk des BerVorgangs dch den ZuwendgsAkt der ZwPers ist, wenn auch dch einen Umweg über deren Verm, gewahrt; ganz hM, RG 130, 310 (st Rspr); auch die Rspr des BGH geht hiervon aus, BGH 50, 227. Auch beim echten Vertr zug Dr bestehen diese beiden LeistgsVerh, näml das DeckgsVerh zw dem Versprechden (D) u dem VersprechensEmpf (A) sowie das ZuwendgsVerh zw dem VersprechensEmpf (A) u dem fdgsberecht Dritten (B). ZusFassg des MeingsStandes Hadding, Der BerAusgleich beim Vertr zu Dr, 1970.

Fehlt es in einem dieser beiden RVerh an einem die Zuwendg rechtfertigden Grd, so findet der **Bereichergsausgleich grdsätzl nur zw den an diesem Verhältn beteiligten Personen**, nicht aber zw dem die Leistg tats Erbringdn u dem Empf statt, BGH WPM 67, 482, v Caemmerer JZ 62, 385. Ist also nur das **DeckgsVerhältn** zw A u D **fehlerhaft**, hat mithin D ohne rechtl Grd dem A gg an B geleistet, so kommt ein Ausgl nur zw Anweisdem (A) u Angewiesenem (D) in Betr. Vermittelt also D für Rechng des A die Leistg an B in der irr Ann, dem A hierzu aus irgdeinem RGrd verpfl zu sein, so h D einen Ber-Anspr nur gg A, nicht gg B, zu dem ein LeistgsVerh nicht bestand, BGH NJW 62, 1051. Das gleiche gilt, wenn das DeckgsVerh erst nach der Leistg an B angefochten od sonst aufg w od wenn A von dch die VermVerschiebg des D von seiner Verpfl, einen Dr von einer Verbindlichk freizuhalten, befreit w ist, BGH 5, 281 mit Anm Ascher LM § 813 Nr 1. Hierher gehört auch der Fall der Auszahlg einer nicht eingezahlten (gefälschten) Postanweisg od eines nicht gedeckten Schecks, RG 60, 24; desgl wenn die Bank im Auftr ihres geschunfäh Kunden eine vermeintl Schuld an den Gläub bezahlt od wenn die Bank (Angewiesener, D) irrtüml den vom Inh (AnwEmpf, B) vorgelegten Scheck einlöst, obwohl der Aussteller (Bankkunde, Anweisder, A) ihn ggü der Bank widerrufen hatte. BerAnspr der Bank nur gg A (Fehler im DeckgsVerh), nicht gg B, jedenf wenn B von dem Widerruf nichts wußte, BGH 61, 289. In diesen Fällen hat die Zahlstelle einen Ber-Anspr nur gg den Kunden (A), nicht gg den Gläub (B); denn dieser hat auf die Leistg nach dem Zuwendgs-(Valuta-)Verh einen Anspr, aA Düss WPM 75, 875, das der Bank (Angewiesene, D) bei Überweisg nach Widerruf des ÜberweisgsAuftr durch ihren Kunden (A) BerAnspr auf Rückzahlg gg den AnwEmpf (B) gibt. Die Auszahlg des DarlBetr an eine UnfallhilfeGesellsch ohne Weisg des Kreditnehmers (Kfz-Halter) u ohne daß dieser mit der Gesellsch in vertragl Beziehgn steht, ist eine Leistg der Bank an die Gesellsch, nicht an den Kreditnehmer (BGH NJW 77, 38). Löst die Bank (Angewiesener, D) Schecks der Unfallhilfe-Gesellsch (Anweisder A) ggü ScheckInh (Gl des KfzHalters B) ein, so ist bei Nichtigk der zGrde liegden

Vertr (Unfallhelferring, vgl § 675 Anm 3 a) die Gesellsch auf Kosten der Bank (DeckgsVerhältn) u der Kfz-Halter B auf Kosten der UnfallhilfeGesellsch (ValutaVerhältn) dch Befreiung v Schulden unger ber (BGH aaO = JZ **76**, 479 mit Anm Köndgen). Leistet dagg die Bank, ohne überh dazu angewiesen zu sein u weiß dies der LeistgsEmpf, so ist dieser auf Kosten der Bank ungerecht bereichert. So kann die Bank (Angewiesener D), die einen vom Aussteller (Anweiser A) nicht unterschriebenen Scheck einlöst, vom Empf (Gläub B), jedenf wenn er die fehlde Unterzeichng kannte, die Herausg verlangen (BGH **66**, 362). Ebso h die Bank, die entgg ihr erteilter Anweisg Geld an einen falschen Empf überweist, einen unmittelb BerAnspr gg diesen, jedenf wenn er weiß, daß die Anweisg nicht auf ihn lautete (BGH **66**, 372). Ebso h die Bank, die einen auf ihren Kunden gezogenen, von diesem angen u bei ihr zahlb gestellten Wechsel einlöst, nachdem über das Verm des Kunden das KonkVerf eröffnet w ist, wie der Empf der Zahlg weiß, gg diesen einen unmittelb BerAnspr (BGH **67**, 45). Für die Zahlg mittels Lastschr, **EinzugsErmächtigg** (§ 675 Anm 3b) gelten ber-rechtl die gleichen Grds wie für den ÜberweisgsVerk. Die Bank des Schu erbringt mit ihrer Zahlg (Abbuchg, LastSchr) zugl eine Leistg an ihren Kunden aus dem BankVertr (DeckgsVerh) u eine solche des Schu an den Gl (ValutaVerh). War keine Einzugsermächtigg dch den Schu erteilt, beurt sich die RFolge, wie wenn von vornherein kein ÜberweisgsAuftr erteilt war, dh die Zahlg der SchuBank ist keine Leistg ihres Kunden (des Schu) an den ZahlgsEmpf (ValutaVerh), weil er sie nicht veranlaßt h; desh ist sie auch keine Leistg der SchuBank an ihren Kunden im DeckgsVerh. Also kann der Kunde (Schu) von seiner Bank verlangen, die Belastg rückgäng zu machen (BGH **69**, 286), die SchuBank kann vom Gl (Empf der Gut-Schr), der weiß, daß die EinzugsErmächtigg fehlt, RückZahlg verlangen. BerAusgl nur im DeckgsVerhältn gilt auch für den Fall, daß auch bei Unwirksamk des KaufVertr den Kaufpr weisgsgem nicht an A, sond an B geleistet h, RG **98**, 237; desgl bei Auflassg eines Grdst von A nicht an den Käufer D, sond unmittelb an den weiteren Erwerber B, RG HRR **32** Nr 511 (BerAnspr bei Unwirksamk des KaufVertr nur gg D). Beim Vertr zG Dr ist die Zuwendg des Versprechden (D) in ihrer Zweckrichtg häuf sowohl auf eine Leistg des Versprechden (D) an den VersprEmpf (A) im DeckgsVerh als auch auf eine Leistg des VersprEmpf (A) an den fdgsber Dr (B) im ZuwendgsVerh gerichtet, zB, wenn der Vertr zG Dr der sog abgekürzten Leistg dient. Bei fehlerh DeckgsVerh zw Versprechdem (D) u VersprEmpf (A) h grdsätzl D einen BerAnspr nur gg A; so die überwiegde Meing, vgl Peters AcP **173**, 69ff. Die Zuwendg des Versprechden (D) an den Dr (B) kann aber in ihrer Zweckrichtg auch nur auf eine Leistg an diesen gerichtet sein u desh allein im DeckgsVerh ihren rechtf Grd h, so in VersorggsVertr des § 330 mit entgg § 335 das FdgsR gg den Versprechden (D) ausschl dem Dr (B) zustehen soll, BGH **58**, 184 mit krit Anm Canaris NJW **72**, 1196. In diesen Fällen richtet sich der BerAnspr des Versprechden (D) nicht gg den VersprEmpf (A), der selbst kein FdgsR auf die Leistg hatte, sond gg den Dr (B). – Ist das **ValutaVerhältn** zw AuftrGeber A u LeistgsEmpf B **fehlerhaft**, so findet ein BerAusgl nur zw A u B statt. Vermittelt D zwecks Erfüllg des A die Leistg an B, so ist, falls für das KausalGesch zw A u B der rechtl Grd fehlt, ein BerAnspr nur dem A, RG Recht **13** Nr 1451, nicht aber dem die VermVerschiebg tats vornehmden D zu, dessen Verm im Ergebn nicht vermind w ist. Ebso h der KonkVerw einen RückFdgsAnspr gg den LeistgsEmpf B, wenn die Bank (D) eine Anweisg des GemSchu A angenommen u nach Anfall der unter Belastg seines Kontos an B ohne Kenntn des eröffneten KonkVerf bezahlt h; der Fehler im ValutaVerh A–B liegt in § 7 KO begr, relat Unwirksamk der RHandlgen des GemSchu A ggü KonkGl B, LG Düss KTS **71**, 293. Entsch ist aber, welchen Zweck die Beteil mit der Leistg verfolgt h, BGH **50**, 227, v Caemmerer JZ **62**, 227. So besteht ein unmittelb BerAnspr des die Leistg tats erbringen D dann, wenn dieser nicht für Rechng des AuftrGebers A, RG **60**, 284, od ohne dessen Weisg od nach Widerruf der Weisg, Düss NJW **74**, 1001, an den LeistgsEmpf B gezahlt h, wenn die Leistg an den Empf (B) mit einem best, dch die Leistg nicht erreichten Leistgszweck verbunden war, BGH aaO (näher Anm 6 A d). Zum BerAnspr bei Banküberweisgen s Schwark WPM **70**, 1334. – Enspr gilt bei Beteiligg von **mehr als 3 Personen**: Übermittelt D für Rechng des A die Leistg an B, ist aber nicht A, sond C zur Leistg verpfl u dessen Schuld nunm erf, so h A einen BerAnspr gg C, RG **163**, 21 [34] (B ist aus dem ValutaVerh zum Empf der Leistg berecht; D ist nicht entreichert). Hat ein Versprecher aGrd eines unwirks Vertr mit dem VersprEmpf den Gläub eines Dr befriedigt, so hat er einen BerAnspr weder gg den Gläub des Dr noch gg den Dr selbst, sond nur gg den VersprEmpf, BGH JZ **62**, 671 mit Anm von Esser.

dd) Die unter cc) entwickelten Grds gelten entspr für die **mittelbare Leistg dch Zuwendg an einen Dritten**, insb für die **Tilgg fremder Schulden**. Sie ist wg der andersart Fallgestaltg von den unter cc) genannten Beisp der Leistg dch einen Dr zu unterscheiden. Da es sich hier jedoch gleich um Fälle der LeistgsKondiktion im DreiecksVerh handelt, bedarf es zu ihrer bereichergsrechtl Abwicklg nicht der Konstruktion eines – im Ges nicht vorgesehenen – Sondertatbestds der sog **Rückgriffskondiktion** (aA Kunisch, Die Voraussetzgen für BerAnspr in DreiecksVerh, 1968, S 43ff); auch diese Drittbeziehgen lassen sich vielm mit der allg Grds der Leistgskondiktion lösen.

Im einz gilt folgdes: Ein SchuldVerh kann regelm auch dadch erf w, daß ein Dr die Leistg für den Schu bewirkt (§§ 267, 362 II); auch hier findet neben der tats Zuwendg (Dr – Gläub) die für echte DreiecksVerh typ doppelte Wertbewegg zw Schu u Dr (DeckgsVerh) sowie zw Gläub u Schu (ValutaVerh) statt. Ein BerAusgl kommt gleichf grdsätzl nur in dem LeistgsVerh in Betr, das des rechtl Grd ermangelt. Ist das **DeckgsVerhältn mangelhaft**, leistet insb der Dr in der irr Ann, dem Schu hierzu verpfl zu sein, an den Gläub, dessen Fdg gg den Schu hierdch erlischt, so besteht ein BerAnspr des Dr ggü dem Schu, BGH **43**, 1 [11], sofern aus seinem RVerh zum Schu nicht ein und, dem BerAnspr vorgehder (Einf 5b vor § 812) Leistgs- od RückgrAnspr besteht. Insow kommen insb ein ges FdgsÜberg (bei § 267 nicht generell, sond nur dort, wo dies ges vorgesehen ist, zB nach § 1615b II od § 67 VVG), ein Anspr aus GoA (§§ 677ff), BGH **47**, 370 [375], od ein sonst AusglAnspr, BGH **31**, 329, vor allem aus einem echten GesSchuldVerh zw Schu u Dr nach § 426 in Betr; zum Ausgl bei unechtem GesSchuldVerh s Anm 4c. Fälle eines mangelh DeckgsVerh sind vor allem bei Leistgen des Versicherers an den Geschädigten trotz LeistgsFreih ggü dem VersN (Schu), BGH VersR **64**, 474, Düss NJW **66**, 738, Köln MDR **66**, 847, sowie bei Erbringg von UnterhLeistgen dch einen Dr anstelle des eigentl Schu gegeben, BGH **26**, 217; vgl aber BGH **46**, 319. Nicht erforderl ist, daß der Dr die Fdg des Gläub im Interesse des Schu erf u ihm hierdch etwas zuwenden will; ein BerAnspr (str, ob dann aGrd EingrErwerbs) gg den Schu besteht zB auch dann, wenn der Dr für eine vom Schu auf Abz u unter EV gekaufte Sache, die noch dem Gläub gehört, die letzten Raten an den Gläub bezahlt, um ohne dessen Intervention die ZwVollstr in die Sache durchf zu können (hierzu § 929 Anm 6 B c). Ebso besteht ein BerAnspr des Dr gg den Schu – nicht gg den Gläub, BGH NJW **74**, 1132 – wenn der Dr an den Gläub Waren in der irr Meing geliefert h, dem Gläub dazu verpfl zu sein, weil der Schu den Kauf-Vertr als sein Vertreter in seinem Namen abgeschl habe, währd der Gläub bei Empfang der Ware annimmt u nach den Umst annehmen darf, es handle sich um eine Leistg des Schu aGrd im eig Namen geschl Kauf-Vertr, wobei sich der Dr lediglich zur Leistg an seiner Verpfl bediene ; es handelt sich, aus der Sicht des ZuwendgsEmpf (Gläub) – vgl Anm 5 B b –; aA Weitnauer NJW **74**, 1729, Picker NJW **74**, 1790 – um die geschuldete Leistg des Verk, im Verh Dr – Gläub ist der Dr nicht Leistder, wohl aber erfüllt er irrig u ohne RGrd die LiefergsSchuld des Schu. – Ist allein das **Valutaverhältn mangelh,** bestand also in Wahrh keine Verpfl des Schu ggü dem Gläub, so ist dieser konsequenterw auf Kosten des Schu, nicht des Dr aus der Erf der angebl Schuld leistden Dr dann ungerechtf bereichert, wenn der Dr inf des dem Gläub Zugewendeten wirks eine eig Schuld ggü dem Schu getilgt od eine entspr Fdg gg ihn begründet h. Der BerAusgl h desh in diesem Fall, soweit der Anspr nicht nach § 814 ausgeschl ist, zw Schu u Gläub zu erfolgen (aA Lorenz JuS **68**, 445 : Ber-Anspr des Dr, weil Leistgszweck – SchuldErf – nicht erreicht w ist; die dort genannten Entsch betreffen aber meist die Unwirksamk beider KausalVerh; s hierzu unten ee). Zur Verj dieses BerAnspr s Einf 7 vor § 812.

Voraussetz für das Entstehen eines echten DreiecksVerh ist jedoch stets, daß der Dr mit dem **Willen** leistet, die Verpfl des Schu zu tilgen (§ 267 Anm 2). Fehlt dagg ein solcher Wille, leistet der Dr also ohne Rücks auf den wahren Schu, insb in der unzutr Ann, selbst dem Gläub dazu verpfl zu sein, was iZw vor allem bei der Erf von UnterhVerpfl anzunehmen ist, BGH **46**, 319, so w der Schu dch diese Zahlg von seiner Schuld nicht befreit; der Dr (PutativSchu) h daher mangels VermVerschiebg zw ihm u dem Schu keinen BerAnspr gg den Schu, ganz hM, zB Soergel-Mühl Rdz 52 mwN; einschränkd Sinn NJW **68**, 1857. Es besteht vielm, sofern nicht auch hier ein andrew Ausgl, zB dch einen ges FdgsÜberg, vorgesehen ist, grdsätzl ein BerAnspr des Dr gg den Gläub, der unmittelb auf Kosten des Dr eine ihm nicht zustehde Leistg erlangt h. Dem Dr ist jedoch – jedenf im Rahmen des § 242 – das Recht einzuräumen, auch noch nachträgl zu erkl, er wolle seine Leistg für den eigentl Schu erbracht h. Dch diesen Verz auf einen BerAnspr gg den Gläub w dem Schu erfüllt u der BerAusgl zw dem Dr u dem Schu eröffnet (WahlR, BGH NJW **64**, 1898; and auch hier Lorenz AcP **168**, 306 ff).

ee) Sowohl bei der Leistgskondiktion (im echten DreiecksVerh u bei der BerKette) wie bei ihrem Zustreffen mit der EingrKondiktion können auch beide KausalVerh fehlerh sein (sog **Doppelmangel**). Baut also der Handwerker H auf Veranlassg des BauUntern U beim GrdstEigtümer E eig Material ein u ist sowohl die RBeziehg H – U wie U – E rechtsunwirks, ist zB bei einem H eine Anweisg vor (DeckgsVerh) noch der Gläub dem Schu ggü zur EmpfNahme des Geleisteten berecht (ValutaVerh), so ließ die früher hM den unmittelb **Durchgriff** des Handelnden bzw des die Leistg Erbringen gg den Empf zu, BGH **5**, 281, **36**, 30. Gg diese sog **Einheitskondiktion** wurden jedoch im Schrifttum zunehmd Bedenken geäußert (zB von Caemmerer JZ **62**, 388, Berg NJW **62**, 101 u JuS **64**, 137, Larenz SchR II § 68 III b): Die Zulassg des Durchgr widerspreche dem Grds des BerR, wonach die Abwicklg stets nur in dem fehlerh RVerh selbst vorgen w könne; die EingrKondiktion sei ggü der Leistgskondiktion subsidiär (Anm 2 u 5 Bb), so daß nur eine Rückabwicklg über die jew, wenn auch fehlerh Leistgsbeziehgen (H – U, U – E) in Betr komme (vgl § 951 Anm 1 b); insb aber würden bei einem Durchgr sowohl Einwendgen des Empf gg die ZwPers wie deren GgRechte gg den Leistden abgeschnitten (Höhe der jew BerAnspr, Saldo: vgl § 818 Anm 6 A). Der BGH (BGH **48**, 70; hierzu Westermann JuS **68**, 17; Lorenz JZ **68**, 51; Mühl NJW **68**, 1868) hat vor allem die letztgenannte Erwägg für „beachtl" erkl, die Streitfrage jedoch nicht abschließd entsch, weil der letzte im „BerKette" (richtiger: Der LeistgsEmpf im DreiecksVerh) seinem Vormann (ZwPers) aGrd Vertr zur Rückgewähr des vom Dr Zugewendeten verpfl war, mithin ein unmittelb BerAnspr des Dr gg den Empf von vornherein ausschied. Die **Doppelkondiktion** (der Angewiesene u tats Leistde h einen BerAnspr nur gg den Anweisden auf Abtretg von dessen BerAnspr gg den LeistgsEmpf) kann nicht allein damit verneint w, der Angewiesene habe bei Unwirksamk beider KausalVerh nichts auf Kosten des Anweisenden erlangt, wesh hier stets ein Durchgr gg den Empf in Betr komme. Dies trifft näml nicht zu, wenn dadch dem die Leistg tats Erbringen gg den Empf ein unmittelb BerAnspr zustände, den er andernf (dh ggü der ZwPers) nicht od nicht in diesem Umfang hätte; er ist dann zumind um die „Einrede-"freih (mangelnde Saldierg usw) seines AusglAnspr unmittelb auf Kosten der ZwPers bereichert. In allen and Fällen, in denen eine Beeinträchtigg der Rechte des ZwPers nicht in Frage steht, w man jedoch aus prakt Erwäggen unter Zurücksetzg dogmat Bedenken den unmittelb Durchgr gg den Empf – ebso wie bei der Einschaltg eines GeschUnfäh als ZwPers (s oben bb) – zulassen können (ähnl Enn-Lehmann, SchR, § 221 III 1 b; differenzierd auch Soergel-Mühl Rdz 59 mwN). – Die für den Doppelmangel entwickelten Grds gelten entspr, wenn das DeckgsVerh fehlerh u ein ValutaVerh entw überh nicht vorh ist od in diesem Verh eine unentgeltl Zuwendg vorliegt, RG JW **34**, 2458.

ff) Ist eine **Gesamthand** ohne RGrd bereichert, erhebt sich die Frage, ob jeder Beteil auf den vollen Betr od nur anteil auf das haftet, was er erhalten h. Für die oHG gibt § 128 HGB die Antwort, bei der BGB-G ist die Frage umstr; vgl § 718 Anm 4 a, § 818 Anm 6 A d.

6) **„Ohne rechtlichen Grund"** (besser wäre entspr der Überschr des Titels „ohne rechtfertigden Grd", BGH **LM** Nr 25). Voraussetzg eines jeden Anspr aus ungerechtf Ber ist das Fehlen eines die VermVerschiebg **objektiv** rechtf Grdes, BGH **LM** Nr 33. Das Ges enth keine ausdr Bestimmg, wann eine Ber ungerechtf ist; es stellt lediglich in I 2 den späteren Wegfall des rechtl Grdes sowie die Nichteintritt des mit einer Leistg nach dem Inh des RGesch bezweckten Erfolges dem urspr Fehlen des rechtl Grdes gleich. Da § 812 keinen einheitl BerTatbest enth (Anm 1), läßt sich – über allg Abgrenzgskriterien hinaus – auch keine einheitl Formel für das Vorliegen od Fehlen des die VermVerschiebg rechtf Grdes aufstellen. Aus den Grdgedanken des BerR heraus (Ausgl eines zwar formell rechtswirks, mat aber nicht gerechtf VermErwerbs, Einf 1 vor § 812) ist vielmehr unter Berücksichtigg des grdsätzl Unterschieds zw der Leistgskondik-

Einzelne Schuldverhältnisse. 24. Titel: Ungerechtfertigte Bereicherung § 812 6 A a, b

tion u der Ber „in sonst Weise", insb der EingrKondiktion, **in jedem Einzelfall gesondert** zu entsch, ob ein die VermVerschiebg rechtf Grd vorh ist. – Generell kann wir folgdes gesagt w: Obwohl die BerAnspr in ihrer Ausgestaltg als BilligkR bes unter dem Grds von Treu u Gl im RV stehen (Einf 1 vor § 812, § 242 Anm 4c ee, 4d), genügen allg BilligkErwäggen allein nicht, um einen RErwerb als nicht gerechtf anzusehen, RG **69**, 246, **97**, 312; es muß vielm an einem **Rechtsgrund** für das Behaltendürfen des VermErwerbs fehlen. Ein solcher RGrd fehlt stets dann nicht, wenn trotz der Unwirksamk des urspr Grdes, zB bei Nichtigk des Vertr, aGrd dessen geleistet w ist, daneben ein allg u gült VerpflGrd besteht, der die VermVerschiebg rechtf, RG Recht **29**, 751. Daher können zB, wenn ein KaufVertr vom Käufer wirks angefochten w ist, die von ihm gezogenen Nutzgen u sonst GebrVorteile der Sache trotz § 818 I, II vom Verk insow nicht herausverlangt w, als dieser einen entspr MehrBetr aus seiner SchadErsVerpfl aus unerl Hdlg wieder ersetzen müßte; der Anspr auf SchadErs ist der RGrd für das Behaltendürfen der Differenz zw dem Wert der Ber u dem GgAnspr des Berecht auf SchadErs (BGH NJW **62**, 1909 u WPM **76**, 1307 [1310]). § 868 ist der RGrd für den Erwerb des R an eig Sache (BGH NJW **77**, 48). Ob der rechtf Grd fehlt, best sich allein nach dem Verh zw dem Benachteil u dem Bereicherten, gleichgült ob dieser im Verh zu einem and einen Anspr auf den VermErwerb h, BGH WPM **67**, 484; vgl zur RLage bei Drittbeziehgen, insb zur Frage, bei wieviel Pers AnsprBerecht u AnsprGegner ist, vgl Anm 5 B. Der hier allein entsch RGrd h nichts mit dem bloßen BewegGrd (Motiv) der VermVerschiebg zu tun, der nicht zum GeschInhalt gew ist, RG **121**, 145; über Fehlen u Wegfall der GeschGrdlage s unten Anm 6 A d u § 242 Anm 6. Der die VermVerschiebg rechtf Grd darf auch nicht mit der Frage der Unentgeltlichk verwechselt w, RG (GrZS) **163**, 348 [356]; RGrd ist dann zB die Schenkg (vgl hierzu § 816 Anm 3 b u § 822 Anm 2 e). Welcher der nachfolg erörterten Fälle der Ber vorliegt, ist – abgesehen von der Frage des rechtl Grdes – auch für die Anwendg der Vorschr der §§ 813–815 von Bedeutg.

A) Ungerechtfertigte Bereicherg dch die Leistg eines anderen (Anm 2). Hier ist zwar für die VermVerschiebg ein RGrd im obj Sinn vorh, aber in irgdeiner Weise fehlerh. Da die Leistg eine zweckgerichtete Zuwendg ist, kommt als ein die VermVerschiebg rechtf Grd in erster Linie jede ZweckVereinbg zw Leistdem u LeistgsEmpf in Betr, Ehmann NJW **69**, 398; die **Nichterreichg des vereinb Zwecks** löst daher als Mangel des rechtl Grdes den BerAnspr aus, BGH **50**, 227; vgl Esser, SchR II, § 101 II. Hierfür genügt jeder Zweck, der nach dem Willen der Beteil für die Leistg maßg sein sollte, sofern er nicht gg ein gesetzl Verbot od gg die guten Sitten verstößt (§ 817 Anm 3). Handelt es sich um eine vertragl Verpfl, so liegt in ihr regelm der RGrd; daneben ist begrifflich eine ungerecht Ber einseitig Verpfl grdsätzl nicht denkb, sofern nicht ausnahmsw ein selbstd SchuldVerspr gegeben ist, RAG JW **34**, 632. RGrd der Leistg iS des BerR kann aber nicht nur eine vertragl Verpfl sein, es genügt auch eine Gefälligk sowie die Erf einer sittl od AnstandsPfl, soweit diese nicht nur BewegGrd (Motiv) der Leistg war, RG JW **17**, 103. Auch die ehel od eheähnl LebensGemsch kann RGrd sein, Celle OLGZ **70**, 326, Ffm FamRZ **71**, 646 (kein ErstattgsAnspr für Aufwendgen im Rahmen eheähnl ZusLebens zw Verlobten, wenn eine Ehe nicht zust kommt). Vgl auch Anm 6 A d bb. Eine Leistg ist dem Empf immer dann ohne rechtl Grd zugewendet, wenn sie ihm nach den Vorstellgen der Beteil, insb nach den zugrdeliegden schuldrechtl Beziehgen nicht (endgült) zusteht. Regelm handelt es sich darum, die RWirkgen des abstr ErfGeschäfts rückgäng zu machen. Im einz gehören hierher:

a) Fehlen einer gültigen KausalVereinbg (conditio sine causa). Ist das ErfGeschäft ausnahmsw trotz seiner grdsätzl selbstd, abstr Natur (Übbl 3e vor § 104) gleichf, zB wg GeschUnfähigk des Leistden bzw des Empf od wg eines Verstoßes gg ein ges Verbot od gg die guten Sitten, unwirks, so kommt ein KondiktionsAnspr nur wg des auf den Empf übergegangenen Bes (condictio possessionis) od einer sonst von ihm erlangten vorteilh „Rechts"-Stellg in Betr (Anm 4b); dem nach besteh VindikationsAnspr, zB aus dem bei ihm Leistden verbliebenen Eigt. **Bei wirksamem Erfüllungsgeschäft** dagg fehlt ein RGrd für die Leistg zunächst dann, wenn das ihr zugrdeliegde RGesch aus irgdeinem Grd von Anfang an nichtig od sonst unwirks war, zB bei Erf eines formungült Vertr, RG **105**, 382, **111**, 98 (bei Grdst ist aber die Möglichk einer Heilg nach § 313 S 2 zu beachten; vgl auch Anm 4b über die Kondiktion einer Aufl); Übertr eines Erbteils aGrd nichtigen ErbschKaufs, RG **137**, 177; wirks Leistg (zB nach § 107) eines noch nicht voll Geschäff; Leistg aGrd eines schwebd unwirks Vertr in Unkenntn der Unwirksamk (BGH **65**, 123). Hierher gehören ferner die Fälle der Nichteinigg der Beteil über die Zweckbestimmg der Leistg: Die eine Part leistet zwecks DarlHingabe, die and nimmt die Leistg als Schenkg an (vgl zur Handschenkg RG **111**, 151); Abtretg einer Hyp als Kaution an Dr, der SchuldErf annimmt, RG **87**, 41; Leistg auf einen best, vom Leistden irrig unterstellten Vertr zw ihm u dem LeistgsEmpf, RG **98**, 64 (s aber zur Pers des Leistden „aus der Sicht des ZuwendgsEmpf" bei Beteiligg mehrerer Pers BGH **40**, 272 u Anm 5 B b); nicht gehört hierher, wenn als GgLeistg vermeintl, nicht bestehde od doch nicht beweisb Anspr aufgegeben w sind, RAG JW **34**, 632. Einen RGrd für die Leistg kann auch ein unanfechtb VerwAkt einer Beh darstellen, Nürnb VersR **69**, 454 (für Anerkenngsbescheid des Amtes für VerteidiggsLasten). – Liegt eine wirks ZweckVereinbg der Beteil vor, so besteht ein BerAnspr immer dann, wenn die Leistg den vereinb Zweck (nicht nur einen – darü hinausgehden – Erfolg, hierü unten d) aus irgdeinem Grd nicht erreicht, BGH **50**, 227 (Rückfdg eines Kredits, den die Bank ohne Anweisg statt an den DarlNehmer unmittelbar an die WohngsBauG ausbezahlt h; vgl zu Ehmann NJW **69**, 398, Lorenz JZ **69**, 148; abl Pfister JR **69**, 47.

b) Leistgen zum Zwecke der Erfüllg einer Verbindlichk, die in Wirklichk nicht besteht (condictio indebiti). Die Beteil müssen zunächst darü einig sein, daß zum Zwecke der Erf einer best Schuld geleistet w. Gleichgült ist, ob die Schuld in der best Höhe von Anfang an nicht bestanden h od zZ der Leistg erloschen war, ob die Verbindlichk gesetzl od vertragl begründet, schuldrechtl od dingl Art ist, RG **146**, 355, sofern die Rückfdg nicht gesetzl ausgeschl ist; üb unvollk Verbindlichk s §§ 656, 762 ff u RG **160**, 139. Der Leistg auf eine Nichtschuld steht gleich, wenn die Schuld zwar bestand, aber in Wahrh nicht der Leistde verpfl od nicht der Empf ansprberecht war. Voraussetzg für einen direkten BerAnspr des Leistden gg den Empf ist aber stets, daß der Leistde sich selbst irrtüml als Schuldn od den Empf als den berecht Gläub angesehen h u daß der Empf die Leistg auch so verstanden h, BGH NJW **74**, 1132; aA zum EmpfHorizont Weitnauer NJW **74**, 1729, Picker NJW **74**, 1790. Erbringt dagg jemand als Dr die Leistg in der irr

§ 812 6 A b, c   2. Buch. 7. Abschnitt. *Thomas*

Ann, dem Schuldn od dem wirkl Gläub hierzu verpfl zu sein, so best bei Vorliegen der sonst AnsprVoraussetzgen ein BerAnspr nur ggü diesen Pers (näher Anm 5 B b dd); zur wirks Leistg an einen Nichtberecht s § 816 Anm 4. – Der Erf einer Nichtschuld steht die Erf eines Anspr gleich, dem eine **dauernde Einrede** – mit Ausn der Verj – enttgegsteht, § 813 I. Als Leistg auf eine Nichtschuld gilt ferner die Erf einer aufschieb bdgten Verbindlichk vor Eintritt der Bdgg; and bei vorzeit Erf einer betagten Schuld, § 813 II. Für die Kondiktion einer Leistg auf eine Nichtschuld ist es unerhebl, ob der Irrt des Leistden entschuldb od unentschuldb, atts od rechtl Natur ist, vgl BGH **37**, 363 [371]. Nach § 814 ist jedoch die **Rückforderg ausgeschlossen**, wenn der Leistde gewußt h, daß er zur Leistg nicht verpfl war od wenn die Leistg einer sittl od AnstandsPfl entsprach. Wird ein and Ggst als der geschuldete geleistet, so liegt gleichf die Erf einer Nichtschuld vor, BGH **7**, 123; dem Gläub steht jedoch ggü dem BerAnspr des Schu regelm ein ZbR nach § 273 zu. Zur Rückfdg eines SchuldAnerk s Anm 2b. Zur Beweislast bei Erf einer in Wirklichk nicht bestehenden Verbindlichk (insb hins Kenntn des Leistden, Leistg unter Vorbeh) s Anm 8 u § 814 Anm 4.

Beisp: Freigabe von Ggst aus der Verwaltg des TestVollstr in der irr Ann, dem Erben ggü hierzu verpfl zu sein, BGH **12**, 100, **24**, 106; Zahlgen aGrd eines in Wirklichk nicht zustandegek DarlVertr, RG **151**, 123; LöschgsBewilligg, ohne daß Verpfl hierzu bestand, RG HRR **30**, 1316; Vorrangeinräumg zur Erf eines nicht bestehenden BerichtiggsAnspr, RG **146**, 355 [360]; Vereinbg einer höheren Miete als nach WerkfördersVertr zuläss, BGH NJW **67**, 2260; Zahlg dch KonkVerw an KonkGläub in der irr Ann einer Masseschuld, RG **60**, 419, od an MasseGläub bei nicht vorhand Masse, RG **61**, 259; Zahlg dch VerglVerw über die Quote hinaus (BGH NJW **78**, 1578); Leistg eines HaftPflVers an SozVersTräger aGrd irrig angen TeilgsAbk, BGH VersR **69**, 1141; nicht aber bei versehentl Wechseleinlög ohne Deckg, BGH JR **70**, 463. Hierher gehören ferner alle die Fälle, in denen auf eine Verbindlichk geleistet w ist, die rechtswirks nicht eingegangen w konnte, zB als GgLeistg für den Erlaß eines best VerwAkts, RG **135**, 374.

c) Späterer Wegfall des Rechtsgrundes (condictio ob causam finitam). Hier war im Ztpkt der Leistg ein RGrd vorh; der mit der Leistg verfolgte Zweck ist jedoch nachträgl endgült weggefallen. Der bloß vorübergehende Wegfall des RGrdes reicht dagg hierfür idR ebsowenig aus wie die Unübersichtlichk der künft Entwicklg, BGH **LM** § 527 Nr 1. Der Grd des Wegfalls ist grdsätzl unerhebl, soweit nicht für den speziellen Fall eine Sonderregel vorgesehen ist. Die §§ 814, 815 gelten für diesen BerFall nicht (s dort jew Anm 1). Hins der Voraussetzgen einer verschärften BerHaftg, wenn der Wegfall des RGrdes als mögl angesehen w, s § 820 I 2. Im einz kommen in Betr:

aa) Eintritt einer auflösden **Bedingg** od eines **Endtermins**, BGH MDR **59**, 658; desgl bei allen ihrer Natur nach nur **vorläufigen Leistgen**, soweit nicht ein unter d) einzureihder Fall gegeben ist (zB bei Vorschüssen) od das Ges – wie zB für die Rückg der Draufgabe (§ 337 II), des Schuldscheins (§ 371) od des HypBriefs (§ 1144) sowie für die Rückfdg einer Vorleistg beim ggs Vertr, bei dem die Unmöglichk der GgLeistg von keiner Seite zu vertreten ist (§ 323 III) – SonderVorschr enth, zB bei einer Leistg, die beim Tod des LeistgsEmpf wieder an den Leistden zurückfallen sollte, BGH **LM** Nr 4; desgl Rückfdg der VersSumme nach Wiedererlangg der gestohlenen Sachen, RG **108**, 110. Hierunter fällt auch der Anspr auf Rückg des aGrd eines rechtskr, aber im WiederAufnVerf beseit Titels Geleisteten, vgl RG **91**, 195, Gaul JuS **62**, 1 [12]; währd für die ungerechtf ZwVollstr aus einem VorbehUrt od aus einem nur vorl vollstr Urt in §§ 302 IV, 600 II, 717 II ZPO eine SchadErsPfl vorgesehen ist (BerAnspr nur bei ZwVollstr aus vorl vollstr Urt des OLG, § 717 III ZPO).

bb) Beseitigg des RGrdes dch **Willenserklärg einer Partei** (währd eine nachträgl GesÄnd regelm den RGrd für eine bisher gerechtf Leistg noch nicht wegfallen läßt, RG **126**, 226): **Anfechtg** des Kausal- u ggf auch des ErfGesch (Anm 4b) w vielf auch wg der in § 142 I vorgesehenen Rückwirkg als BerAnspr nach a) angesehen. Abgesehen davon aber, daß die Rückwirkg nicht unbeschr gilt (vgl § 611 Anm 2b, § 705 Anm 3d), hat der RGrd für die Leistg tats bis zur Erkl der Anf bestanden. Beiden Teilen stehen BerAnspr zu (zum Saldo s § 818 Anm 6 A, D), gleichgült wer die Anf erkl h (§ 142 Anm 2); doch sind § 142 II (Kenntn) u § 144 (Bestätigg, zB bei Leistg in Kenntn der Anf) zu beachten (vgl ferner § 813 Anm 2b u § 814 Anm 2a). Wer aber selbst die Anf wg argl Täuschg verurs h, kann wg § 242 nicht mehr verlangen, als ihm aGrd des angefochtenen Vertr zustehen würde, BGH **LM** § 123 Nr 22. Über die ggf konkurrierden Anspr aus unerl Hdlg s Einf 4 vor § 812. – Für den **Rücktritt vom Vertrag** gelten hins des Anspr auf Rückgewähr sowohl beim vertragl vorbeh Rücktr wie beim Rücktr wg einer vom Gegner zu vertret Unmöglichk der Leistg (§ 327 S 1) od inf GewlAnspr (Wandelg) beim Kauf- u WerkVertr (§§ 467, 634, 636) grdsätzl die eine schärfere Haftg anordnden §§ 346ff. Doch tritt nach § 327 S 2 stets dann BerHaftg ein, wenn der Rückgewährpflichtige den Rücktr nicht zu vertr h, gleichviel von wem die Rücktr-Erkl ausgeht, BGH **53**, 144; vgl § 327 Anm 2. Der RGedanke des § 327 S 2 gilt entspr für and gesetzl RücktrR, BGH **116**, 377; desgl für BerAnspr bei Rücktr aus § 242 wg weggefallener od völl **veränderter GeschGrdlage** (vgl § 242 Anm 6c ff), zB bei Überlassg eines Hauses an Genossen, wenn die Mitgliedsch in der Genossensch GeschGrdlage war u der Genosse ausscheidet, RG **147**, 201; vgl aber Ffm NJW **67**, 984. – Entspr (dh § 347 bei Versch des Rückgewährpflichtigen, sonst BerAnspr wg Wegfalls des RGrdes) gilt für die Rückzahlg von Vorausleistgen bei **Kündigg von DauerschuldVerh**, zB § 628 I 3 nach außerord Künd eines Dienst- od ArbeitsVertr od § 557a I für die Rückzahlg vorausbezahlten Mietzinses. Darü hinaus ist ein BerAnspr des Mieters wg spät Wegfalls des RGrdes auch in allen and Fällen der **vorzeit Auflösg des MietVertr** (zB nach § 19 KO) denkb, insb bei verlorenen od noch nicht abgewohnten BauKZusch, BGH **29**, 289, sowie bei sonst Baulleistgen des Mieters (Umbauten oä), BGH NJW **67**, 2255 (vgl hierzu § 557a Anm 4b u insb Einf 11 vor § 535; zum Umfang des Anspr s § 818 Anm 5c; zur Verj § 558 Anm 1). Ein unter d) einzuordnder Fall ist nur gegeben, wenn der Mieter dch die Leistg einen bes Erfolg (zB langfrist MietVertr) bezweckte, BGH **LM** Nr 41. Auch schließt bei Vorenthaltg der Mietsache dch den Mieter § 557 I einen weitergehenden BerAnspr des Verm nicht aus, BGH BB **67**, 857 u Einf 5a vor § 812. – Ferner **Widerruf** der vollz **Schenkg** nach §§ 530, 531 II u § 73 EheG (§ 531 Anm 2) sowie endgült Wegfall des RGrdes bei der Zweckschenkg, BGH **LM** § 527 Nr 1, währd sich die Rückfdg einer NichtErf einer Auflage nach § 527 (dort Anm 2) richtet, BGH aaO. – Verweigert der **Konkursverwalter** nach § 17 KO die Erf eines zweiseit, noch nicht voll erfüllten Vertr, so steht ihm hins der vom GemSchu bereits erbrachten Leistgen ggü der KonkFdg des Gegners aus § 26 S 2 KO ein BerAnspr wg spät Wegfalls des RGrdes insow zu, als der obj Wert der vom GemSchu bereits erbrachten TeilLeistgen den Schad übersteigt, dessen Ers wg ErfVerweiger der VertrPartner des GemSchu verlangen kann (BGH **68**, 379). Zum BerAnspr von Ehegatten hins erbrachter Leistgen nach Scheidg der Ehe s unten d bb. – In der **Ehescheidung** kann für die Zukunft der Wegfall des rechtl Grdes für die Leistg gesehen w, BGH NJW **68**, 245 (Mittel eines Ehegatt zum Bau eines Familienwohnhauses auf dem Grdst des and), BGH WPM **72**, 564 (MitEigtÜbertr an Gaststätte als Basis gemeins wirtsch Existenz), BGH WPM **72**, 661 (Errichtg eines Wohnhauses auf dem Grdst des Eheg). Vgl auch unten d bb.

d) Nichteintritt des mit einer Leistg bezweckten Erfolgs (condictio causa data, causa non secuta). Erforderl hierfür ist, daß – über den mit jeder Leistg notwendigerw verfolgten Zweck hinaus (Anm 6 A 2a) – ein bes zukünft eintretder Erfolg rechtl od auch nur tatsächl Natur nach dem Inhalt des RGesch von den Beteil vorausgesetzt, aber nicht eingetreten ist. Für die Leistg ist hier zwar ein RGrd vorh, der hiermit bezweckte Erfolg w aber nicht erreicht. Über die **Zweckbestimmg** (Erfolg) muß nach dem Willen der Part eine **Einigg** als wesentl Teil ihrer Abmachgen erzielt w sein, d h Leistg u erwartetem Erfolg muß eine Verknüpfg bestehen derart, daß die Leistg von der Zweckerreichg abhäng gemacht w, KG FamRZ **72**, 93. Es genügt also nicht, daß die Zweckbestimmg lediglich der – wenn auch vom and Teil erkannte od erkennb – BewegGrd (Motiv) der Leistg geblieben ist. Andseits darf sie auch nicht als (aufschiebde od auflösde) Bedingg vereinb w sein, von deren Eintritt die RWirksamk des RGesch als solchen abhängt. Bloß einseit Vorstellgn od Erwartgen des Leistden über den Zweck der Zuwendg reichen nicht aus; vielm muß die zum Ausdr gebrachte Zweckvorstellg von der and Partei geteilt w sein. Hierfür ist allerd eine vertragl Bindg der Beteil nicht erforderl (enger BGH WPM **66**, 1062, RGRK Anm 94); es genügt vielm die – auch dch schlüss Verhalten (stillschw) mögl – tats WillÜbereinstimmg zw Leistden u Empf über den mit der Leistg bezweckten Erfolg, BGH **44**, 321, BGH WPM **69**, 1350. Eine solche tats WillÜbereinstimmung kann nicht angen w, wenn der Empf zwar den vom Leistden bezweckten Erfolg kennt, aber seinerseits einen and von ihm mit der EntggNahme bezweckten Erfolg angibt, BGH NJW **73**, 612; abl Ehmann NJW **73**, 1035, der offenen Dissens annimmt. Ist der bezweckte Erfolg nicht eingetreten, so richtet sich die RFolgen primär nach einschläg vertragl Regeln (vgl Einf 5a), erst subsidiär nach §§ 812ff. Hat sich der Empf zur Erbringg der GgLeistg vertragl verpfl, ist die Leistg also nicht nur erbracht w, um einen best, von den Beteil vorausgesetzten Erfolg zu erzielen, sond um die GgLeistg zu erlangen, so liegt ein **ggseit Vertrag** (Einf 1 c vor § 320) vor. Hier besteht die Anspr der Part, wenn die GgLeistg nicht erbracht w, grdsätzl allein nach den Vorschr der §§ 320ff, BGH **44**, 321, bzw denen der speziellen VertrR (zB Wandelg, Mindergn), BGH NJW **63**, 806; BerAnspr können hier regelm nur über § 323 III od § 327 S 2 in Betr kommen. Die Rspr läßt jedoch ausnahmsw einen BerAnspr nach § 812 I 2 2. Fall dann zu, wenn mit der Leistg ein über die GgLeistg hinausgehder Erfolg nach der Einigg der Beteil als zusätzl Zweckvereinbg eintreten sollte, dieser Erfolg aber nicht erreicht w, BGH MDR **52**, 33.

Der **Anspruch entsteht** erst dann, wenn endgült feststeht, daß der Erfolg nicht eintritt, nicht schon mit Hdlgen des AnsprBerecht (zB Einbauten) zu einer Zeit, in der der Erfolg noch mögl ist. Dient ein Wechsel der Sicherg v Anspr gg den Aussteller u gg den Akzeptanten, so entsteht der HerausgAnspr erst, wenn der SicherngsZweck hinsichtl beider Anspr weggefallen ist (BGH WPM **76**, 347). Der Ztpkt des endgült Ausfalls des bezweckten Erfolgs ist mithin der Wertberechng (Höhe des BerAnspr bei PreisÄnd) u dem Zinsbeginn (vorher höchstens NutzgsErs nach § 818 I) zugdzulegen, BGH **35**, 356, BGH WPM **66**, 369 u Betr **69**, 2271. Der Nichteintritt des Erfolgs muß daher spätestens in der letzten mdl Verh feststehn; die bloße Unübersichtlichk der Sach- u RLage reicht hierfür idR noch nicht aus, BGH **LM** § 527 Nr 1. Ist der bezweckte Erfolg eingetreten, später aber wieder weggefallen, so besteht grdsätzl kein BerAnspr, RG DR **40**, 541; and aber, wenn der Erfolg nach der Vorstellg der Beteil dauernd vorh sein sollte, vgl RG **169**, 249. Die **Rückfdg** wg Nichteintritts des mit einer Leistg bezweckten Erfolgs ist nicht schon desh **ausgeschlossen**, weil der Leistde gewußt h, daß er zur Leistg (noch) nicht verpfl ist (§ 814 gilt nur für die condictio indebiti, s dort Anm 1), wohl aber dann, wenn der Eintritt des Erfolgs von Anfang an unmögl war u der Leistde dies gewußt h oder wenn der Leistde den Eintritt des Erfolgs wider Treu u Gl verhindert h (§ 815). Zur verschärften Haftg des Empf, wenn der Eintritt des Erfolgs nach dem Inhalt des RGesch als ungewiß angesehen w, s § 820 I 1. Im einz kommen hierfür folge Fälle in Betr:

aa) Ist die **vereinb Zweckbestimmg alleinige Grdlage der Leistg**, so kann diese bei Fehlschlagen des hiermit bezweckten Erfolgs zurückgefordert w; insow besteht Einverständn. **Beisp:** Hingabe einer Quittg in Erwartg der Zahlg, tats w nicht gezahlt; Hingg eines Schuldscheins in Erwartg der – später nicht erfolgten – Auszahlg; Begebg eines Wechsels als Deckg für einen Kauf, der nicht zur Ausführg kommt, RG **56**, 317; Vorschüsse aller Art auf eine künft, später nicht entstehde Verpfl, zB Vorauszahlg eines KaufprTeils in Erwartg des Zustandekommens des Vertr, RG **129**, 307, vgl auch BGH JZ **61**, 699, Leistg aGrd eines schwebd unwirks Vertr in der Erwartg seiner dann abgelehnten Gen (BGH MDR **76**, 38); zur Rückfdg von Gratifikationen vgl § 611 Anm 7e; Vorschuß auf Jahresgewinn einer Gesellsch, wenn das Jahr mit Verlust abschließt, RG **85**, 43; NichtAnn einer Schenkg; Vorrangeinräumg für BaugeldHyp, wenn Geld später nicht ausbezahlt w; Rückfdg einer Bürgsch, wenn dennoch DisziplVerf eingeleitet w, RG **118**, 358, od einer sonst Leistg, die zur Abwendg einer dann doch erstatteten StrafAnz erbracht w (Zweibr MDR **77**, 227). RückfdgAnspr dessen, der gem § 268 SteuerFdgen in der irr Ann bezahlt, daß diese das VorR des § 10 Z 3 ZVG genießen, RG **150**, 58; ein Grdst w dem Staat zur Errichtg einer Anlage verkauft, die nicht gebaut w, RG **132**, 238; Leistg auf formnichtigen Vertr in der Ann, daß auch der Gegner erf w, RG **98**, 237; unentgeltl Tätigk im GewerbeBetr in Erwartg der EheSchließg, die dann nicht zustandekommt (Stgt NJW **77**, 1779). Zur Kondiktion der GrdSch, wenn Fdg nicht zur Entstehg gelangt, s § 1191 Anm 3b cc. Das gleiche gilt, wenn der Empf der Leistg diese nicht in der mit ihr bezweckten Weise verwendet, zB Hingg einer Aussteuer, wenn die Ehe nicht zustandekommt; für Schenkg unter Verlobten enth § 1301 Sonderregelg. – § 812 I 2, 2.Fall kann auch anwendb sein, wenn beide Seiten wissen, daß ein AustauschVertr unwirks ist, die eine Seite trotzdem leistet zu dem Zweck, die GgLeistg zu erlangen, diese aber dann nicht erlangt (BGH

NJW **76**, 237). Die Rspr zählte hierher früher auch den BerAnspr (WertErsAnspr) dessen, der ein Grdst bebaut h aGrd der später nicht realisierb Vereinbg, Eigtümer des Grdst zu w, BGH **35**, 356. § 812 I 2 2. Fall ist aber nur anwendb, wenn eine Leistg, dh eine zweckgerichtete Zuwendg an einen and, vorliegt. Dies w bei Einbauten der vorl Art, die vom Einfügden im eig Interesse vorgen w, nur selten der Fall sein, so daß insow ein Anspr aus Ber „in sonst Weise" in Betr käme (offen gelassen in BGH Betr **69**, 2271; für LeistgsKondiktion Klinkhammer Betr **72**, 2385); maßg Ztpkt für die Wertberechng ist jedenf die endgült Verweigerg der Auflassg, BGH aaO. Zur Kondiktion einer Auflassg s im übr Anm 4b. — Keinen BerAnspr hat jedoch der Käufer, wenn der Verk, der die Umsatzsteuer in den Kaufpr einkalkuliert h, später von der Steuer befreit w, RG **109**, 94. Auch kein Anspr nach Eröffng des AnschlKonk gg die gleichberecht VerglGläub auf Rückzahlg der an sich ordngem erbrachten Teilleistgen; and jedoch wenn VerglZahlgen nur an einen Teil der Gläub geleistet w, wenn diese nach § 8 VerglO vorliegt, BGH **41**, 98. Keinen BerAnspr, weil der vereinb Zweck erreicht ist, h der Käufer einer Wohng, der dem Hausverwalter, ohne daß dieser eine Tätigk zu entfalten hätte, die für den Fall des Erwerbs der Wohng vereinb „MProv" bezahlt h (BGH WPM **78**, 247).

bb) Tritt die **vereinb Zweckbestimmg neben einen and Rechtsgrund,** so kann die insow erbrachte Leistg gleichf nach Wegfall bzw Nichteintritt des mit ihr bezweckten Erfolgs nach § 812 I 2 2. Fall zurückgefordert w, hM, abw Zeiß NJW **63**, 210. Dies ist insb dann der Fall, wenn dch die Leistg (zB von Diensten) ua vergebl versucht w, den Empf zu einem best Verhalten (Erbeinsetzg, Vermächtn, Adoption) zu veranlassen. **Beisp**: Rückforderg einer Leistg, die zur Tilgg einer fremden Schuld dem Gl erbracht w, zu dem erklärten Zweck, damit ZwVollstrMaßn des Gl gg den Schu zu verhindern, wenn Gl dann gleichwohl solche Maßn ergreift, Hamm NJW **71**, 1810; Pächter errichtet Anbau in der dem Verp, seinem Verwandten, bekannten Erwartg, dieser w ihm das Grdst vererben; die Erwartg w nicht erf, BGH **44**, 321; Wegfall des bezweckten Erfolgs bei einer primär im Rahmen familienrechtl Pfl nach § 1619 erbrachten Leistg, BGH WPM **65**, 796; regelm aber nicht bei unentgeltl Pflege im Hinbl auf eine unerwartete Eheschl, Schlesw SchlHA **54**, 14, hierzu KG OLG **71**, 22. Der Leistg von Diensten in Erwartg einer späteren Zuwendg des Empf liegt zudem vielf ein tats od ledigl fakt schuldr RVerh (Dienst-, Arb-, GesellschVertr) zugrde; der Leistde h dann die Dienste nicht unentgeltl u rgrdlos erbracht, vielm bei Ausbleiben der erwarteten Zuwendg (Erbeinsetzg o ä) einen Anspr gem § 612 II auf die taxmäß od übl (angem) Vergütg nach dem Wert im Ztpkt ihrer Erbringg, BGH NJW **65**, 1224 (dort auch über die Verj dieses Anspr), BGH MDR **66**, 821, Canaris BB **67**, 165. Ein BerAnspr nach § 812 I 2 2. Fall scheidet regelm auch aus, wenn ein Eheg Mittel zum Bau eines Wohnhauses od zur Einrichtg eines GewerbeBetr zur Vfg gestellt h u die Ehe später gesch w, BGH NJW **66**, 542. Abgesehen davon, daß für den Ausgl unter Eheg primär familien- u gesellschrechtl Gesichtspkte zu prüfen sind, BGH **47**, 157, ist der mit der Leistg bezweckte Erfolg mit der Errichtg des Hauses usw eingetreten. BGH NJW **68**, 245 (Anm Lorenz JZ **68**, 381, Kühne FamRZ **68**, 356, krit Deubner FamRZ **68**, 351) nimmt jedoch, soweit sonst vertragl Beziehgen nicht in Betr kommen (vgl BGH WPM **69**, 191), Wegfall des RGrdes für die Zukunft (Anm 6 A c) an (vgl aber Celle NJW **63**, 500); ebso BGH NJW **72**, 564 iF der Scheidg, wenn ihm die Ehegatte dem und MitEigt an einer Gaststätte als Basis gemeins wirtschaftl Existenz übertr hatte. Zusfassd über Rückabwicklg von Schenkgen unter Eheg nach der Scheidg Kühne FamRZ **69**, 371. WertErs für gewollt unentgeltl DLeistg im GewerbeBetr des Partners in Erwartg künft Eheschließg, wenn es zu ihr nicht kommt (Stgt NJW **77**, 1779). Ein ArbN, der einen SparVertr über vermwirks Leistgen vorzeit auflöst, muß die vom ArbG aGrd TarifVertr erhaltenen SparLeistgen nach Abs I 2, 2. Fall dann zurückzahlen, wenn sich aus dem TarifVertr ergibt, daß die Aufrechterhaltg der vermwirks Anl vorausgesetzt w (BAG WPM **75**, 1011).

B) Ungerechtf Bereicherg „in sonstiger Weise" (Anm 3). And als bei der Leistgskondiktion kann hier für das Vorliegen od das Fehlen des die VermVerschiebg rechtf Grdes nicht von der Zweckerreichg ausgegangen w. Der RGrd fehlt hier vielm stets dann, wenn der RErwerb nach der für den Einzelfall maßg **rechtl Güterzuordng** nicht bei dem Empf verbleiben soll, sond einem and gebührt. Da der BerAnspr auch bei der verschärften Hftg der §§ 818 IV, 819, 820 kein DeliktsAnspr ist, entsch hierfür in erster Linie nicht — wie bei der unerl Hdlg (§ 823 Anm 7) — die beim EingrErwerb meist gegebene, sonst aber nur selten vorliegde Widerrechtlichk des BerVorgangs (hierfür Jakobs, EingrErwerb u VermVerschiebg, 1964, S 30 u 123ff), sond den Zuweisgsgehalt des verl Rechts (Larenz, SchR II, § 68 II; abw zT Kleinheyer JZ **70**, 471, der auf die Verwendg eines fremden RGuts abstellt). Ob ein Widerspr zu der rechtl Güterzuordng anzunehmen ist, kann daher nur unter Berücksichtigg des jew Einzelfalls entsch w. Im einz kommen in Betr:

a) Hdlgen des Bereicherten: Beisp s Anm 3a, 4d. In diesen Fällen der EingrKondiktion ist ein BerAnspr regelm dann gegeben, wenn der Bereicherte für seine Hdlg kein — im Ges begründetes od vom Berecht abgeleitetes (zB Einwilligg) — Recht zum Eingr h. Versch des Bereicherten ist nicht Voraussetzg; der bereits in 3 Jahren verjährde SchadErsAnspr aus unerl Hdlg ist vom BerAnspr unabhäng, § 852 II (s dort Anm 5). Ein BerAnspr scheidet jedoch aus, wenn das Ges aus best Gründen, vornehml der VerkSicherh, ausdr von einer Ausgl der an sich ungerechtf VermVerschiebg absieht od sonst zu erkennen gibt, daß diese dem Empf endgült verbleiben soll (näher Einf 5 b vor § 812).

b) Hdlgen eines Dritten: Beisp s Anm 3b. Auch hier sind rgdlos alle Eingr, zu denen dem Handelnden ein Recht nicht od nicht allein (vgl zB §§ 1434, 1457) zustand. Zum SondFall des Eingr in das Verm des Benachteil im Wege der ZwVollstr ohne rechtf Grd s Anm 5 B a bb.

c) Rechtsveränderngen kr Gesetzes. Soweit in den unter a) u b) genannten Fällen die VermVerschiebg nicht unmittelb dch die Hdlg des Bereicherten od eines Dr, sond aGrd einer vom Ges an diese Hdlg geknüpften RFolge eintritt, muß nach Sinn u Zweck der einz Vorschr beurteilt w, ob nur eine formelle RWirkg vorliegt, die im Verh zum Benachteil des rechtf Grdes entbehrt, od ob die RÄndg vom Ges auch als mat gerechtf gewollt war, BGH **LM** Nr 25. Wenn zB die Hyp mit der Begleichg der HypFdg dch einen Dr auf den Eigtümer des Grdst als GrdSch übergeht (§§ 1163 I, 1177 I), so liegt hierin kein eine VermVerschiebg rechtf mat Grd; dieser RErwerb kann daher nicht kondiziert w, BGH aaO. Dagg liegt in § 868 I ZPO der rechtfertige Grd dafür, daß der GrdstEigtümer die ZwangsHyp als Gläub erwirbt, wenn der

Einzelne Schuldverhältnisse. 24. Titel: Ungerechtfertigte Bereicherung   § 812 6–8

der Eintr zuGrde liegde Titel aufgeh od wenn die ZwVollstr aus ihm für unzuläss erklärt w (BGH WPM **76**, 719). Auch sow es sich um den Rang eines im GB eingetr Rechts handelt, gibt § 879 auch die rechtf Norm; daher kein BerAnspr des unter Verletzg des § 45 GBO im Rang Beeinträchtigten gg den dch die RangÄnd Bevorzugten, BGH **21**, 98 (§ 879 Anm 3e), desgl nicht die HypGläub, dessen Recht irrtüml gelöscht u später mit schlechterem Rang wieder eingetr w, gg den vorrückden Gläub, RG **88**, 278.

Weitere Beisp: **Bereicherungsanspruch zu bejahen,** wo das Ges ausdr die Anwendg der BerVorschr vorsieht (Einzelh Einf 6a vor § 812), insb in den Fällen der Verbindg, Vermischg u Verarbeitg (§ 951) od des Fundes (§ 977), ebso bei RVerlust inf Anbaus an eine Kommunmauer (näher § 921 Anm 5b bb); ferner bei Verletzg von ImmaterialgüterR (Einf 6 b vor § 812) u der PersönlichkR (Anm 3 a, 4 d); bei Eingr von Dr iW der ZwVollstr, auch wenn das Recht des Benachteil nicht währd des ZwVollstrVerf geltd gemacht w (Anm 5 B a bb; aber kein Anspr gg Erwerber, da Zuschlag rechtsbegründd wirkt); zur Ersetzg s Einf 5 b vor § 812. – Dagg **Bereicherungsanspruch zu verneinen,** wo das Ges eine Spezialregel vorsieht, insb wo ein kr Ges eintreder RVerlust gerade zu dem Zweck gewollt ist, nach gewisser Zeit von einem Ausgl abzusehen (Einzelh Einf 5b vor § 812); ferner in allen Fällen eines gutgläub RErwerbs, soweit nicht §§ 816, 822 einen BerAnspr ausdr vorsehen, ebso beim gutgläub Erwerb des Eigt an Früchten (§ 955) od an einem Bienenschwarm (§ 964), sofern nicht die dem BerR vorgehenden §§ 987 ff anzuwenden sind. Auch die ordnsgem Liquidation eines Vereins od einer sonst jur Pers begründet nach Ablauf des Sperrjahrs einen rechtl Grd für die vorgen Verteilg ggü verspäteten Gläub, RG **124**, 210 (für § 73 GmbHG), BGH **43**, 51 (für § 90 GenG), und bei Ausschüttg unter Verstoß gg die gesetzl Vorschr, RG **109**, 387. Kein BerAnspr auch bei Hdlgen des KonkVerw nach rechtskr KonkEröffng, selbst wenn diese unzul war, vgl RG **129**, 390 (zum BerAnspr, soweit Leistgskondiktion in Frage steht, Anm 6 A b, c); ferner bei versehentl NichtAufn eines Rechts in das geringste Gebot, RG **59**, 266, ebso wenn ein aus dem GB nicht ersichtl Recht nicht rechtzeit angemeldet w, RG HRR **29**, 93. – **Urteile** h zwar – von GestaltgsUrt abgesehen – keine rbegründde Wirkg; die ihnen innewohnde RKraft trägt jedoch grdsätzl, so lange sie besteht (zur RLage bei Wiederaufn des Verf s Anm 6 A c), die Rechtfertigg des zuerkannten Anspr in sich, es sei denn, es sach unricht ist (s auch § 814 Anm 3). Soweit daher nicht ein Fall des UrtMißbr (§ 826 Anm 8 o) od des § 767 ZPO gegeben ist, besteht kein BerAnspr gg den, dem aGrd des rechtskr Urt geleistet w ist, BGH **LM** § 322 ZPO Nr 10; Kblz (LG) NJW **63**, 254 (AusschlUrt im AufgebVerf); zufassd Gaul JuS **62**, 1. Eine einstw Vfg ist dagg als nur vorläuf proz RBehelf kein rechtl Grd für eine erbrachte Leistg, RG JW **28**, 712 mit zust Anm von Philipp aaO S 1055 (vgl auch § 945 ZPO). Eine einstw Anordng nach § 627 ZPO trägt jedoch den RechtfGrd in sich, so daß ein BerAnspr nur bei deren rückw Aufhebg in Betr kommen kann, Ffm NJW **53**, 147.

d) Hdlgen des Entreicherten. Hier fehlt der RGrd regelm dann, wenn der eingetretene Erfolg vom Handelnden nicht beabsichtigt war.

e) Tatsächl Vorgänge werden, wenn sie zu einer VermVerschiebg führen, prakt immer des rechtf Grdes entbehren.

7) Sind die Voraussetzgen eines BerAnspr nach Anm 2) bis 6) gegeben, so besteht ein Anspr des Benachteil gg den Bereicherten auf **Herausg des Erlangten.** Inhalt u Umfang dieses Anspr, insb Berücksichtigg einer GgLeistg od von Aufwendgen, (Saldo) sind in §§ 818–820 näher geregelt (s die dort Anm); zum Ztpkt der Entstehg des BerAnspr s § 818 Anm 1 b. Der Anspr geht je nach Sachlage auf Herausg einer Sache, Zahlg, Befreiung von einer Schuld, Umschreibg des GB, Neubestellg eines erloschenen R, Verz auf ein ohne rechtl Grd erlangtes R od RPosition, zB auf eine Aufl, RG **108**, 329 [336] ua (näher § 818 Anm 2). Der BerAnspr kann auch iW der **Einrede** geltd gemacht w (§ 821 mit Anm). Befindet sich der AnsprBerecht unverschuldet in Unkenntn über den Umfang seines Anspr (insb bei Verletzg von UrhR u sonst ImmaterialgüterR, Einf 6 b vor § 812, bei Anspr auf Herausg gezogener Nutzgen, § 818 Anm 3), so ist der Bereicherte zur AuskErteilg sowie uU zur Rechngslegg verpfl, RG **90**, 137 (s §§ 259–261 Anm 2c, d). Über Aktiv- u Passivlegitimation s Anm 5 B. Einzelh zur Geltdmachg des BerAnspr sowie zu den gg ihn in Frage kommden allg Einwendgen (insb Leistgsort, GerStand, Verzinsg, VorhSein mehrerer Bereicherter, internat PrivR, Verj, unzul RAusübg) s Einf 7, 8 vor § 812. Über konkurrierde Anspr Einf 4, 5 vor § 812.

8) Beweislast. Die Voraussetzgen des BerAnspr h der AnsprBerecht zu bew. Da § 812 keinen einheitl Tatbestd der ungerechtf Ber enth, ist auf den jew geltd gemachten Anspr im EinzFall, insb auf die behauptete Art des fehlden rechtl Grds (Anm 6) abzustellen: **a)** Wer Herausg w Erf einer Nichtschuld verlangt, h zu bew, daß er zur Erf einer best Verbindlichk geleistet u daß die Verbindlichk nicht bestanden h, BGH WPM **58**, 1275. Zur BewLast bei behaupteter Kenntn der Nichtschuld (Irrt, Zweifel), insb bei Leistg unter Vorbeh s § 814 Anm 4. Ist dagg auf eine noch nicht anerkannte, sond erst festzustellde Fdg gezahlt, so muß der AnsprGegner (Bekl) beweisen, daß die Feststellg zu seinen Gunsten erfolgt ist od erfolgen muß, RG DR **43**, 1068, Düss BauR **77**, 64 (RückFdg v AbschlagsZahlgen auf PauschalPr). - **b)** W ein pos Schuld-Anerk nach II kodiziert, so muß Kl dartun, daß er eine Nichtschuld anerk h; nicht erforderl ist der Nachw, daß das Anerk irrtüml erfolgt sei, RG **146**, 355 [360]. Ist jedoch ein negat SchuldAnerk Ggst des BerAnspr, so muß Kl nicht nur das Bestehen der Schuld dartun, sond auch beweisen, daß er sich bei Abg des Anerk geirrt h (hM; vgl RGRK Anm 72). Der Bekl ist beweispfl, wenn er behauptet, ein Akzept sei ohne RGrd gegeben od der WechselGläub sei sonst wg Wegfalls des GrdGesch um die WechselFdg ungerechtf bereichert, zufassd Stötter NJW **71**, 359. Auch wenn feststeht, daß das Akzept zunächst ohne RGrd gegeben wurde, der Gl aber schlüss vorträgt, er habe nachträgl mit dem Schu über einen RGrd gemußt, trägt der WechselSchu weiterhin die BewLast für das Fehlen dieses RGrdes, BGH NJW **75**, 214. – **c)** Wer das Fehlen eines die VermVerschiebg rechtf Grdes behauptet, muß dartun, wie dieser gewollt war u inwiefern der rechtl Grd fehlt. Es genügt jedoch regelm der Bew, daß der vom Gegner behauptete RGrd nicht vorh ist, BGH WPM **73**, 1135; nicht dagg braucht er zu bew, daß auch kein and RGrd zugrde liegt. Das gleiche gilt hins des späteren Wegfalls des rechtl Grdes. Bei BerAnspr wg Nichteintritts des mit einer Leistg be-

759

zweckten Erfolges muß derjen, der einen solchen Anspr erhebt, diesen Nichteintritt beweisen, bzw den vom Bekl behaupteten Zweck widerlegen (s § 815 Anm 4). – **d)** Zur BewLast hins des Umfangs des BerAnspr s § 818 Anm 8.

813 *Erfüllung trotz Einrede.* ^I Das zum Zwecke der Erfüllung einer Verbindlichkeit Geleistete kann auch dann zurückgefordert werden, wenn dem Anspruch eine Einrede entgegenstand, durch welche die Geltendmachung des Anspruchs dauernd ausgeschlossen wurde. Die Vorschrift des § 222 Abs. 2 bleibt unberührt.

^{II} Wird eine betagte Verbindlichkeit vorzeitig erfüllt, so ist die Rückforderung ausgeschlossen; die Erstattung von Zwischenzinsen kann nicht verlangt werden.

1) Bedeutg, AnwendgsBereich. § 813 enth ergänzde SonderVorschr für den BerAnspr wg Erf einer Nichtschuld (condictio indebiti; vgl hierzu grdsätzl § 812 Anm 6 Ab); er ist auf and BerAnspr, auch den Leistgskondiktion, nicht anwendb. Abs I stellt eine den § 812 I 1 erweiternde AnsprGrdlage dar; dem Fall des Nichtbestehens der Schuld ist gleichzuachten, daß die Verbindlichk zwar besteht, ihrer GeltdMachg aber eine dauernde Einr – Ausn: Verj – enttggsteht, womit die Schuld prakt zu einer Nichtschuld w. Dagg enth II einen AusschlTatbestd; die Rückfdg ist ausgeschl, wenn eine betagte Verbindlichk vorzeit erf w. – Unerhebl ist, ob es sich handelt um schuldr od dingl Anspr, RG HRR **34**, 861, um die eigtl geschuldete od um Leistg an Erf Statt, um die Erf einer eig od einer fremden Verbindlichk. § 813 ist auch anwendb für Einr ggü Dr bei VzGDr, BGH **LM** Nr 1 mit Anm von Ascher u § 812 Anm 5 Bb cc. Gleichgült ist auch, ob der Irrt tats od rechtl Natur, verschuldet od unversch ist; § 814 gilt allerd auch hier, dh keine Rückfdg bei Leistg in Kenntn der dauernden Einr. Unanwendb ist § 813 regelm dort, wo BerR nur kr Verweisg gilt, RG **139**, 17 für § 717 III ZPO.

2) Dauernde (peremptor) **Einrede** (I 1). Nur sie begr einen BerAnspr, währd eine Rückfdg ausscheidet, wenn dem Anspr ledigl eine vorübergehde (dilator) Einr (zB des nicht erf Vertr bei eig Vorleistg, BGH NJW **63**, 1869, der Stundg od des ZbR, RG **139**, 17) enttggstand. Im Falle der **Einwendg**, zB aus dem Recht zum Bes ggü dem VindikationsAnspr des Eigtümers (§ 986 Anm 1), ist schon der Anspr von vornherein entspr beschr od ausgeschl, so daß bei dennoch erfolgter Leistg die condictio indebiti aus § 812 I 1 eingreift. Wesentl ist, daß die Einr schon zZ der Leistg dem Anspr entgegesetzt w konnte. Tats, die erst nachträgl ein LeistgsverweigersR begr, genügen nicht.

a) Als dauernde Einreden kommen in Betr: Erwerb der Fdg ohne rechtl Grd dch ungerechtf Ber (§ 821) od dch unerl Hdlg des Gläub (§ 853); Einr der anfechtb letztw Vfg nach Ablauf der AnfFrist (§§ 2083, 2345) od der beschr Erbenhaftg, wenn Erbe irrtümlicherw trotz unzulängl Nachl od ggü ausgeschl Gläub erf (§§ 1973, 1975, 1990) od wenn er ein Vermächtn in Unkenntn einer bestehden PflTeilLast zu hoch erf h (§ 2083 I), KG FamRZ **77**, 267; Einr des persönl Schu ggü HypGläub, der seiner BenachrichtiggsPfl hins Einleitg der ZwVerst nicht genügt h (§ 1166); in EinzFällen auch die „Einrede" der Argl bzw aus Treu u Gl, soweit sie dauernd wirkt (obwohl § 242 eigtl eine Einwdg darstellt, s § 242 Anm 2b), BGH **LM** § 242 (Cd) Nr 19; die gg die kreditierde Bank dchgreifde Einwdg des AbzK ggü seinen Verk (Stgt WPM **77**, 1294).

b) Der **BerAnspruch** ist dagg **ausgeschlossen** bei Leistg auf eine verj Fdg in Unkenntn der Verj, obwohl an sich die Verj eine dauernde Einr begr; I 2 verweist ausdr auf § 222 II. Auch das dauernde LeistungsverweigersR des § 478 bei rechtzeit MängelAnz dch den Käufer vor Eintritt der Verj der GewlAnspr gibt keinen BerAnspr nach I 1, wenn vor, RG **74**, 292, od nach MängelAnz der Kaufpr gezahlt w, RG **144**, 93, da nach Verj der GewlAnspr kein VermAusgl mehr stattfinden soll. Wer in Unkenntn einer Aufrechnungsbefugn zahlt, h kein RückfdgsR aus I 1, da die AufrBefugn keine Einr, sond ein GestaltgsR darstellt, hM, vgl RG **144**, 93; Staud-Seufert § 812 Rdz 23b; aA RGRK Anm 5; offen gelassen in BGH WPM **63**, 965; unbestr Ausschl des RückfdgsR, wenn AufrBefugn bekannt war (arg § 814), BGH aaO. H dagg der Schu gg eine mit einer dauernden Einr behafteten Fdg des Gläub aufgerechnet, so kann er über I 1 die Wiederherstellg seiner dch die Aufrechng getilgten Fdg verlangen, soweit nicht I 2 iVm § 222 II od § 814 entggstehen. Die Rechtsbarkt greift § 813 I 1 gleichf nicht ein, da trotz § 142 II (Kenntn des AnfR) bis zur Erkl der Anf dch den Empf eine wirks Verpfl bestand, RG **151**, 361 [376] (s § 812 Anm 6 Ac bb u § 814 Anm 2a für Anf dch den Leistden). Die Rückfdg ist ferner ausgeschl bei Erf von sog Naturalobligationen (unvollk Verbindlichk), zB §§ 656, 762ff.

3) Betagte Verbindlichk (II) liegt nur vor, wenn die Verbindlichk bereits entstanden, jedoch ihre GeltdMachg (Fälligk) ganz od teilw aufgehoben ist (Einf 5 vor § 158), insb iF einer Stundg. Wird diese betagte Verbindlichk vorzeit erf, so ist dies keine Erf einer Nichtschuld; die Rückfdg der Leistg (auch SchuldAnerk) ist desh – ebso wie die Erstattg von ZwZinsen (vgl § 272) – ausgeschl. II enth allerd nachgieb Recht. Voraussetzg ist Leistg dch einen voll Geschfäh, soweit dies zur wirks Erf erforderl ist (§ 362 Anm 1). Auf „befristete" Schulden, die als solche erst zu einem späteren (Anfangs-)Termin entstehen, ist II dagg ebsowenig anwendb (hM, Staud-Seufert Rdz 10) wie auf die Erf einer aufschiebd bdgten Verbindlichk vor Eintritt der – dem Leistden nicht bekannten – Bdgg (§ 812 Anm 6 Ab), da § 163 beide Fälle gleich behandelt. Mit Entstehen der Fdg od Eintritt der aufschiebden Bdgg entfällt hier natürl der RückfdgsAnspr. Bei endgült Ausfall der Bdgg kann BerAnspr (hins Vorausleistg) wg Nichteintritts des mit der Leistg bezweckten Erfolgs (§ 812 Anm 6 Ad) in Betr kommen, RG **71**, 316.

4) Beweislast. Es gelten die allg Grds (§ 812 Anm 8). Der AnsprBerecht h mithin Leistg zur Erf einer best Verbindlichk sowie das Vorhandensein einer dauernden Einr zu beweisen, nicht aber, daß er sich geirrt h, RG **133**, 275.

814 *Kenntnis der Nichtschuld; Anstands- und Sittenpflicht.* Das zum Zwecke der Erfüllung einer Verbindlichkeit Geleistete kann nicht zurückgefordert werden, wenn der Leistende gewußt hat, daß er zur Leistung nicht verpflichtet war, oder

Einzelne Schuldverhältnisse. 24. Titel: Ungerechtfertigte Bereicherung **§ 814** 1–3

wenn die Leistung einer sittlichen Pflicht oder einer auf den Anstand zu nehmenden Rücksicht entsprach.

1) Bedeutg, AnwendgsBereich. § 814 enth – iW der rhindernden Einwdg (Anm 4) – zwei Ausn von dem Grds, daß das zum Zwecke der Erf einer Nichtschuld Geleistete – gleichgült, ob in SchenkgsAbs od aus welchen sonst BewgGrden – nach § 812 I 1 zurückgefordert w kann (Anm 2, 3). **Gilt** nur für BerAnspr aGrd von Leistgen **zum Zwecke der Erfüllung einer Verbindlichk,** die in Wirklichk nicht besteht (§ 812 Anm 6 A b). Insow für alle Fälle einer endgült, RG 98, 237, freiw, RG JW 38, 1047, u vorbehaltl Erf einer Nichtschuld (näher Anm 2b). § 814 umfaßt nicht nur die Fälle realer Leistgen, sond auch die Abg selbstd (abstr) SchuldVerspr od -Anerk (§ 812 Anm 2b), BGH **1**, 181. **Gilt nicht** für und Fälle der Leistgskondition, zB nicht für die Rückfdg des bewußt trotz Fehlens des rechtl Grdes von Anfang an zu und Zwecken od sogar gg den Willen des Empf Geleisteten, BGH WPM **68**, 1201 (zur aufgedrängten Ber s näher § 951 Anm 2c dd). So kann ein Dr, der dch Zahlg an den Gl bewußt eine fremde Schuld ohne RGrd im Verhältn tilgt, von demselben der Herausg der dch seine Leistg eingetretenen Ber verlangen (BGH Betr **75**, 2432). § 814 gilt ferner nicht für BerAnspr weg spät Wegfalls des RGrdes od wg Nichteintritts des mit der Leistg bezweckten Erfolgs, BGH WPM **72**, 283 (für letzteren Fall § 815, s aber Anm 2c), RG **71**, 316, auch nicht für Anspr aus § 817, BGH WPM **61**, 530, ferner nicht für Ber „in sonst Weise". Die Anwendg des § 814 kann im EinzFall ausgeschl sein dch den Einwand der Argl, zB kann die ZwVollstr aus einem wissentl falsch abgegebenen Anerk gg Treu u Gl verstoßen, BGH **1**, 181.

2) Leistg in Kenntnis der Nichtschuld schließt BerAnspr (Rückfdg) aus.

a) Erforderl ist **positive Kenntnis der Rechtslage** im Ztpkt der Leistg. Nicht ausreich ist die Kenntn der TatUmst, aus denen sich die Nichtschuld ergab, sofern der Leistde sich aus RechtsIrrt zur Leistg verpfl hielt; jeder RIrrt schließt – ebso wie ein TatsIrrt –, gleichgült ob verschuldet od unversch, die Anwendg des § 814 aus, BGH Betr **68**, 612. Auch „Kennen müssen" (§ 122 Anm 5) genügt zum Ausschl des RückfdgsR nicht, selbst wenn die Unkenntn auf grober Fahrlk beruht, BGH WPM **72**, 283. **Bloße Zweifel** am Bestehen der Nichtschuld stehen gleich regelm der pos Kenntn nicht gleich, BGH WPM **73**, 294. Sie genügen aber dann zum Ausschl des RückfdgsR nach § 814, wenn die Leistg in der erkennb Abs erfolgt ist, sie auch für den Fall der Nichtschuld zu bewirken (Übern des Risikos); in diesem Fall liegt ein Verz auf BerAnspr (od Erl) vor, wenn der Empf aus dem Verhalten des Leistden nach Treu u Gl den Schluß ziehen durfte, der Leistde wolle die Leistg gg sich gelten lassen, einerlei wie der RGrd beschaffen sei, BGH **32**, 273, Karlsr WPM **75**, 480; vgl auch RG JW **34**, 1644 (jahrelang fortgesetzte Zahlgen trotz bestehder Zweifel). Ob die Leistg in diesem Sinn erbracht ist, ist Sache der tats Verh im EinzFall; entsch ist, wie das Verhalten des Leistden obj aufzufassen ist, RG **97**, 140 (zB keine Rückfdg bei uneingeschr Vorwegleistgen des Versicherers, Hamm NJW **64**, 406); unaufklärb Zweifel darüb, ob das Verhalten des Leistden iS eines RückfdgsVerz auszulegen ist, gehen jedoch zu Lasten des Empf, RG **154**, 385 [397] (Anm 4). Die **Kenntnis von Einwendungen** (rechtshind od rechtsvernichtd) ggü der Verbindlichk steht der Kenntn der Nichtschuld gleich, aber nur, wenn alle mögl Einwendgen bekannt waren (sonst Rückfdg mögl, wenn nicht Verz anzunehmen ist). Dasselbe gilt wg § 142 II für die **Kenntnis der Anfechtbarkeit** auf den Leistden; zur Anf dch den Empf s § 813 Anm 2b, desgl zur Leistg in Kenntn einer AufrBefugn. Hat der Leistde, obwohl er die Nichtschuld od die Einwendg gekannt h, in dem irr Gl geleistet, die Einwendg usw nicht bew zu können, so ist eine Rückfdg gem § 814 ausgeschl, RG **59**, 351.

b) Eine **Leistg**, die ausdr **unter Vorbehalt** erbracht u angen w (§ 362 Anm 2), schließt trotz Kenntn des Leistden die Rückfdg nicht aus, RG **138**, 122; zur verschärften Haftg in diesem Falle s § 820 Anm 2d. Für eine Leistg unter Vorbeh reicht aber die Zahlg „ohne Anerk einer RPfl" idR nicht aus, Krefeld (LG) VersR **64**, 1263; hier schließt § 814 einen BerAnspr aus. Dem ausdr Vorbeh steht es gleich, wenn erkennb nicht freiw, sond zur Vermeidg eines drohden Zwangs, RG JW 38, 1047, insb unter dem Druck einer sonst zu befürchtenden ZwVollstr, RG **147**, 17, geleistet w. § 814 gilt schließl auch nicht bei Zahlgen zur Erf der Voraussetzgen einer ZwVollstr (Zug um ZugLeistg), RG JW **35**, 3093.

c) W die **Leistg** zwar in Kenntn der Nichtschuld, aber **in Erwartg** des späteren Zustandekommens einer wirks Verpfl od **der Heilg** der (zB Form-)Nichtigk od der freiw Erf dch den Gegner erbracht, so ist § 814 grdsätzl nicht anwendb, BGH JZ **71**, 556. Auch kann – bei Vorliegen der entspr Voraussetzgen – ein BerAnspr wg Nichteintritts des mit der Leistg nach dem Inhalt des RGesch bezweckten Erfolgs gegeben sein, auf den § 814 nicht anwendb ist (näher § 812 Anm 6 A d).

d) Bei **Leistg dch Vertreter** kommt es auf dessen Kenntn an, BGH WPM **62**, 346, **64**, 87. Hat der Vertretene mehrere Vertr (Organe), so entsch die Kenntn des die Leistg tats Erbringden, BAG JZ **61**, 456, sofern nicht die dch ihn auch hier anwendb § 166 II 1 (Leistg auf Anweisg) gegeben ist (vgl Herschel in krit Anm zu BAG aaO). Bei GesVertr, die nur gemeins leisten können, gilt die Kenntn auch nur von einem von ihnen als Kenntn des Vertretenen (§ 166 Anm 1).

3) Sittl od Anstandspflicht Begriff § 534 Anm 2, 3. § 814 Halbs 2 betr den Fall, daß der Leistde – and als bei der Pfl- u Anstandsschenkg des § 534 – irrtüml glaubte, zur Leistg verpfl zu sein, währd die Verbindlichk nicht bestand. Hier soll ein BerAnspr (condictio indebiti) ausgeschl sein, wenn die Leistg zwar ohne RGrd erfolgte, aber im Ergebn nach den herrschdn Moralvorstellgen obj einer sittl oder AnstandsPfl entsprach. Unerhebl ist, ob sich der Leistde dieses Umst bewußt war; hat der Leistde aber von vornherein in der Abs geleistet, nur eine solche Pfl zu erf, so ist eine Rückfdg schon nach § 814 Halbs 1 ausgeschl, RG **78**, 71 [78]. **Beisp:** Gewährg von Unterh od abstr SchuldVerspr (UnterhRente) an Verwandte u Verschwägerte, denen ggü keine ges UnterhPfl besteht; Zahlg des an angem Unterh an Ehefr währd des ScheidgsVerf, obwohl nur zu notdürft Unterh verpfl, RG **63**, 38; vgl aber RG **104**, 246; Gewährg übl Trinkgelder; Erf einer bestehden Schuld in Unkenntn eines inzw ergangenen klageabweisden rechtskr Urt (bei Kenntn ist Rückfdg schon nach Halbs 1 ausgeschl; vgl auch § 812 Anm 6 Bc); Befriedigg der Gläub dch GemSchu üb die Quote des ZwangsVergl hinaus (desgl im VerglVerf) in der irr Ann, hierzu verpfl zu sein, RG **78**, 71, sofern man den rechtf Grd nicht schon in der Erf der weiter bestehden unvollk

Verbindlichk (Naturalobligation) sieht, vgl RG **160**, 134; uU auch bei Erf formungült letztw Anordngen des Erbl dch den Erben, RG Warn **12**, 189. Dagg **keine Erfüllung einer Anstandspflicht**, wenn jemand in der irr Ann, Erzeuger eines nichtehel Kindes zu sein, Unterh gewährt h (hierzu § 812 Anm 4c u 5 Bb dd sowie § 1615b mit Anm). Die Berufg auf die Formnichtigk eines Vertr, RG **107**, 357, od auf den Ablauf einer gesetzl Frist, RG **48**, 139 (WechselprotestFr) verstößt grdsätzl nicht gg eine sittl Pfl, wohl aber kann im EinzFall der Einwand der Argl entggstehen (vgl § 125 Anm 2b, § 242 Anm 4c). Auch ein ges verbotenes RGesch (zB BörsenterminGesch) begr keine sittl od AnstandsPfl zu seiner Erf.

4) **Beweislast**. Die Grds in § 812 Anm 8 gelten auch hier. Der **Anspruchsberechtigte** (meist Kl) h also zu bew, daß er zwecks Erf einer best Verbindlichk geleistet u daß diese nicht bestanden h, RG **133**, 275. Einen Irrt, der nicht AnsprVoraussetzg ist, braucht der Kl dagg nicht zu bew, RG **146**, 355 [360]. Eine unter Vorbeh erbrachte Leistg entheb den Kl nicht vom Nachw des Nichtbestehens der Schuld, weil sich der Leistde dch den Vorbeh ledigl gg die Anwendg des § 814 schützen will. Auch den Vorbeh muß – da AusnTatbestd – Kl bew, RG **138**, 122; Staud-Seufert Rdz 3d; aA RGRK Anm 19 (Bekl, da EinwendgsTatbestd). – Der **Anspruchsgegner** (meist Bekl) h zu bew, daß Kl sich nicht irrte, sond die Leistg freiw in Kenntn der Nichtschuld erbracht h, RG **90**, 314, od daß die Leistg einer sittl od AnstandsPfl entsprach. Der Bereicherte (Bekl) h ferner zu bew, daß die Leistg zu einem and Zweck erfolgte, RG **133**, 275, u daß bei bloßen Zweifeln des Kl aus seinen Erklärgen od aus seinem Verhalten ein Verz auf Rückfdg zu erblicken war (oben Anm 2a).

815 Nichteintritt des Erfolges.
Die Rückforderung wegen Nichteintritts des mit einer Leistung bezweckten Erfolges ist ausgeschlossen, wenn der Eintritt des Erfolges von Anfang an unmöglich war und der Leistende dies gewußt hat oder wenn der Leistende den Eintritt des Erfolges wider Treu und Glauben verhindert hat.

1) **Anwendungsbereich**. § 815 betr ausschließl den Fall des BerAnspr wg Nichteintritts des mit einer Leistg bezweckten Erfolgs, der in § 812 I 2 2. Fall geregelt ist (näher § 812 Anm 6 A d). Von den dort gewährten RückfdgsR gelten nach § 815 zwei Ausn (Anm 2, 3). § 815 kann nicht entspr angewandt w auf den BerFall wg späteren Wegfalls des bei der Leistg vorhand RGrdes (§ 812 Anm 6 Ac), BGH **29**, 171, BGH NJW **68**, 245 mit Anm von Lorenz in JZ **68**, 381, da auch bei Vorhersehbark des notw späteren Wegfalls des RGrdes od der Herbeiführg des Wegfalls wider Treu u Gl der Anspr auf den zu erwartenden Erfolg bis zum Eintritt des BerFalles nicht bestanden h; str, aA Soergel-Mühl Anm 1. § 815 gilt ferner nicht für BerAnspr wg Erf einer Nichtschuld (§ 812 Anm 6 A b); dafür gelten §§ 813, 814.

2) **Unmöglichk des Erfolgseintritts**. Die Rückfdg ist ausgeschl, wenn der Eintritt des Erfolgs aus tats od rechtl Grden von Anfang an dauernd unmögl war u der Leistde dies gewußt h, vgl RG **116**, 336 (Zahlgs-Verspr zur Herbeiführg des – ungült – Verz des Wohngsamts auf künft Beschlagn). Wird in der Ann geleistet, daß die zZ der Leistg bestehde Unmöglichk des Erfolgseintritts später behoben w, so ist § 815 unanwendb, ebso wenn die Unmöglichk (Unvermeidlichk) erst später eintritt, mag auch der Leistde damit gerechnet h. Voraussetzg ist pos Kenntn des Leistdn; bloße Zweifel an der Möglichk des Erfolgseintritts genügen nicht; doch ist auch hier zu prüfen, ob dann nicht ein Verz des Leistdn auf Rückfdg vorliegt, RG **71**, 31 (§ 814 Anm 2a). Zur verschärften Haftg des Empf bei ungewissem Erfolgseintritt s § 820 I 1.

3) **Verhinderg des Erfolgseintritts**. Es handelt sich bei diesem AusschlGrd – ebso wie in § 162 (s die dort Anm) – um eine Ausgestaltg des allg Grds von Treu u Gl im RVerk. Nicht erforderl ist die Abs des Leistdn, den Erfolg zu verhindern; es genügt, daß er ohne zwingden Grd eine Hdlg vornimmt, die bewußtermaß dazu geeignet ist, den Erfolg zu verhindern, RG Gruch **67**, 176. Ob der Leistde selbst den Einfluß auf den Erfolgseintritt unterl muß, ist Ausleggsfrage. § 815 ist auch ggü dem Anspr auf Rückg der Brautgeschenke anwendb, wenn der schenkde Teil – ggf beide – die Eheschl wider Treu u Gl verhindert h, BGH **45**, 258, str (näher § 1301 Anm 2). Treuwidr Verhalten liegt dagg nicht vor, wenn sich bei ErfBereitsch des Empf der Leistde weigert, einen formnichtigen Vertr in rechtsgült Form abzuschließen od zu erf, sofern er dazu einen hinreichden Grd h, BGH JZ **71**, 556; ebso nicht, wenn ein unsittl Erfolg vereitelt w, RG **78**, 41 (Bordellkauf). S ferner BGH WPM **66**, 194 (Errichtg von Gaststätte dch Brauerei auf Grdst des Kunden).

4) **Beweislast**. S zunächst § 812 Anm 8. Der AnsprBerecht (Kl) muß Leistg zwecks Erreichg des Erfolges u dessen Nichteintritt als AnsprVoraussetzg bew, RG HRR **31**, 1752. Der Bereicherte (Bekl) h dagg die Tatbestdsmerkmale des § 815 (Einwendg) zu beweisen, zB bei § 1301 die Braut die treuwidr Vereitelg der Eheschl dch ihren Verlobten, RG JW **25**, 2110. Das gilt auch für die Rückfdg eines selbstd (abstr) SchuldVerspr, RG **116**, 336.

816 Verfügung eines Nichtberechtigten.
[I] Trifft ein Nichtberechtigter über einen Gegenstand eine Verfügung, die dem Berechtigten gegenüber wirksam ist, so ist er dem Berechtigten zur Herausgabe des durch die Verfügung Erlangten verpflichtet. Erfolgt die Verfügung unentgeltlich, so trifft die gleiche Verpflichtung denjenigen, welcher auf Grund der Verfügung unmittelbar einen rechtlichen Vorteil erlangt.

[II] Wird an einen Nichtberechtigten eine Leistung bewirkt, die dem Berechtigten gegenüber wirksam ist, so ist der Nichtberechtigte dem Berechtigten zur Herausgabe des Geleisteten verpflichtet.

1) **Bedeutg. a)** § 816 enth die Regelg von VermVerschiebgen dch Hdlgen des Bereicherten od eines Dr, mithin Fälle der **Eingriffskondiktion** (§ 812 Anm 3). In Erweiterg des in § 812 enth allg Grds der Einheitlichk des BerVorgangs (§ 812 Anm 5 B; BGH WPM **61**, 273 nennt § 816 noch eine Ausn vom

Grds der Unmittelbark der VermVerschiebg zw Bereichertem u Benachteil) stellt § 816 klar, daß ein BerAusgl auch in den Fällen stattfinden soll, in denen ein Ggst (Sache, Fdg, Recht) dem Berecht wirks entzogen w, der Nichtberecht aber dch einen Ers (Surrogat) – wenn auch aGrd eines selbstd RGesch – ungerechtf bereichert ist, vgl RG **158**, 315, ohne daß hierfür § 281 (s dort Anm 1a) herangezogen zu w braucht. § 816 ist von großer prakt Bedeutg; er h in erster Linie die Aufg, überall dort einen **gerechten Ausgleich** zu schaffen, wo das G im Interesse der VerkSicherh, insb zG des gutgläub Erwerbers, Vfgen von Nichtberecht auch sachl-rechtl für endgült wirks erkl u mangels Versch des Nichtberecht ein Ausgl weder über § 823 noch über § 687 II erfolgen kann. **I 1** betr den Fall, daß ein Nichtberecht üb einen Ggst eine Vfg trifft, die dem Berecht ggü wirks ist (zB Übereign einer bewegl Sache dch Nichteigtümer an gutgl Erwerber). Der Ausgl des RVerlusts, den der Berecht (der bish Eigtümer) erleidet, findet hier dadch statt, daß der Nichtberecht das dch die Vfg – wenn auch nur mittelb, zB aGrd eines ihr zugrdeliegdn Kauf-Vertr – Erlangte (Anm 5 b) an den Berecht herauszugeben h. Hat der Nichtberecht unentgeltl verfügt, also selbst nichts erlangt, so richtet sich gem **I 2** der BerAnspr unmittelb gg den Erwerber, der zur Herausg verpfl ist. Der unentgeltl gutgläub Erwerb w daher im Ergebn nicht geschützt. I 2 enth eine Erweiterg des BerAnspr auf einen Dr; immerhin liegt hier noch – und als bei § 822 (dort Anm 1) – ein einheitl Ber-Vorgang (§ 812 Anm 5 B) zugrde. – **II** betr den Fall, daß an einen Nichtberecht eine Leistg bewirkt w, die dem Berecht ggü wirks ist, dch die also der Leistde befreit w (zB § 407). Der RVerlust des Berecht w hier dadch ausgeglichen, daß der Nichtberecht diesem die empf Leistg herausg muß.

b) Konkurrierde Ansprüche. Eine weitergehde Haftg bei Vorliegen der entspr ApsrVoraussetzgen bleibt unberührt, insb bei Versch aus unerl Hdlg (§ 823), aus Vertr (zB Auftr), aus § 681, wenn der Verfügde od Annehmde ein fremdes Gesch als sein eig behandelt, sowie aus § 687 II bei angemaßter EigGeschFg, RG **138**, 45 (s § 687 Anm 2a). Weitergehde BerAnspr, zB auf den Wert des Ggst (§ 818 II), entfallen dagg (Anm 5b). § 816 w auch dch die SonderVorschr des Eigtümer-BesitzerVerh nicht ausgeschl, sond tritt ergänzd neben §§ 987 ff, RG (GrZS) **163**, 348, BGH **LM** § 812 Nr 15; auch BGH **47**, 128 geht hiervon aus. Wird die Vfg des Nichtberecht erst dch Gen des Berecht wirks (Anm 2c), so schließt diese Gen SchadErs-Anspr des Berecht nach §§ 987 ff od § 823 idR nicht aus, da der Berecht hierdch nur auf seine EigtHerausg-Anspr gg den Dr verzichtet, der Verfügde aber trotzdem Nichtberecht bleibt (BGH Betr **76**, 814); and jedoch, wenn die Gen bei entspr Ausslegg darü hinaus der Vfg des Nichtberecht die Widerrechtlichk nimmt u damit als Verz auf SchadErsAnspr anzusehen ist, BGH NJW **60**, 860 mit Anm von Raiser in JZ **61**, 26. Soweit § 812 unmittelb anwendb ist (Anm 2a), geht dieser BerAnspr dem § 816 vor, RG **156**, 395, zB bei Verbrauch der Sache, BGH **14**,7 (s aber Anm 5b). BGH NJW **56**, 338 will den AusschlTatbestd des § 817 S 2 als für alle Konditionen geltden Grds (vgl § 817 Anm 1b) auch auf den BerAnspr aus § 816 anwenden; dort w aber übersehen, daß § 817 S 2 nur für die LeistgsKondition, nicht aber für die bei § 816 vorliegde Ber „in sonst Weise" (§ 812 Anm 3) gilt.

2) Wirksame Verfügg eines Nichtberechtigten (I 1).
a) Verfüggen sind solche RGesch, die die RLage eines Ggst unmittelb ändern dch Begründg eines Rechts, dessen inhaltl Änd, Übertr od Aufhebg, RG **119**, 332 (näher Übbl 3 d vor § 104). Dagg fällt hierunter nicht die nur schuldr Verpfl zur Vorn einer RÄnd. Desh kann bei Vermietg od Verpachtg fremder Sachen der Anspr auf Herausg des Mietzinses nicht auf § 816 gestützt w; es handelt sich hier vielm um einen Anspr aus der EingrKondiktion nach § 812 I 1 (§ 812 Anm 4 d, 5 A,b); ebso RG **105**, 408, Staud-Seufert Rdz 3 b; aA Larenz, SchR II, § 69 IV a). Entspr besteht bei (unentgeltl) Verleihg einer fremden Sache kein Anspr aus I 2 gg den Entleiher auf Ers des Werts der hierdurch erlangten GebrVort. – § 816 betr nur rgesch Vfgen. **Verfüggen im Wege der Zwangsvollstreckg** sind diesen in § 816 nicht gleichgestellt; der BerAnspr bei ungerecht ZwVollstrMaß, insb bei Vollstr in das Verm eines Dr, h vielm über die EingrKondiktion nach § 812 zu erfolgen (§ 812 Anm 5 B a bb; aA bis zur 30. Aufl). Keine Vfg ist auch der Verbrauch einer Sache, BGH **14**, 7. § 816 gilt aber für alle Fälle der wirks Vfg eines Nichtberecht, auch wenn der Verfügde den betr Ggst nicht unmittelb dem Berecht entzogen h.

b) Wirksam ist die Vfg des Nichtberecht in den im G best Fällen, insb bei Übertr des Eigt u Bestellg od Übertr sonstiger dingl Rechte dch den sachl-rechtl Nichtberecht, grundbuchm aber legitimierten RInh aGrd der Bestimmgen über den öff Gl des GB (§§ 892, 893, 1138, 1155 ff, 1192, 1200); Übertr od Belastg (Nießbr, PfdR) von bewegl Sachen dch Nichtberecht an gutgl Erwerber (§§ 932 ff, 936, 1032, 1207); Vfg über NachlGgst nach den Vorschr über den öff Gl des ErbSch od and vom NachlG ausgestellter Zeugn (§§ 2366-2368, 1507); ferner §§ 366 ff HGB; Art 16 WG, §§ 325 II, 898 ZPO, § 7 KO ua.

c) Nach ganz hM ist § 816 auch anwendb, wenn die Vfg des Nichtberecht dem Berecht ggü zunächst unwirks war, aber nachträgl wirks gew ist, zB dch Ersitzg, insb aber dch (rückw) **Genehmigg des Berechtigten** nach §§ 185 II 1 1. Fall, 184 I, BGH **29**, 157, BGH NJW **60**, 860. Hierdch w ledigl die RFolgen der Vfg geändert; der Verfügde bleibt aber nach wie vor Nichtberecht. Dies ist vor allem von Bedeutg bei Vfgen, bei denen der Erwerber bösgl war od es sich um abhgek od gestohlene Sachen handelte. In diesen Fällen h es der Berecht in der Hand, entweder die Sache (zB ein gestohlenes Kfz, an dem ein gutgl Erwerb nicht mögl ist) von dem Dr mit der EigtKl herauszuverlangen od – zB wenn dieser nicht zu ermitteln ist od die Sache vor Kenntn des RMangels (vgl §§ 990, 993) verbraucht od abgenutzt h – die in der Veräußerg dch den Nichtberecht (Dieb, Abnehmer) liegde Vfg zu gen u den VerkErlös (Anm 5 b) zu verlangen. Auch Anspr aus § 823 w dch die Gen nicht ausgeschl (BGH Betr **76**, 814). Die GenFähigk ist unabh von dem späteren rechtl od tats Schicksal des Ggst, zB kann die Gen auch noch erteilt w nach Verarbeitg der Sache, über die unber verfügt w ist; der Berecht h die Wahl zw dem Anspr aus § 951 gg den Verarbeiter u aus § 816 gg den nichtberecht Vfgden, BGH **56**, 131. Mit der Gen w die Vfg endgült wirks; Erteilg u Verweigerg der Gen sind unwiderrufl, so daß eine Gen nach endgült Verweigerg unwirks ist, BGH NJW **68**, 1326. Anderers ist aber in dem Umst, daß der Berecht zunächst SchadErs verlangt h, noch keine endgült Verweigerg der Gen zu sehen, BGH aaO. Nach der Rspr (RG **106**, 44, BGH **LM** Nr 6) liegt in aller Regel bereits in der uneingeschr KlErhebg des Berecht auf Herausg des dch die Vfg Erlangten stillschw die Gen, sofern die Genehmigde die Unwirksamk des Gesch gekannt od zumind mit einer solchen Möglichk gerechnet h, BGH Betr **60**, 1212. Da sich der Berecht hierdch aber endgült seines EigtHerausgAnspr gg den DrErwerber begeben würde, obwohl in diesem Ztpkt weder der Erfolg der Kl noch die tats Durchsetzbark des BerAnspr nach § 816 feststehen u inzw die Sache selbst zB wieder auftauchen kann, w verschiedentl vorgeschlagen, in der KlErhebg des Erlös nur eine auflösd bdgt erteilte Gen der an sich unwirks Vfg zu sehen (Wilckens AcP **157**, 399, Staud-Seufert Rdz 4a). Die Gen ist jedoch als gestaltes RGesch im Interesse der Klarh des RVerk grdsätzl bdggsfeindl (vgl Einf 6 vor § 158). Der Berecht braucht aber die Gen nur Zug um Zug gg die Herausg des Erlöses zu erteilen; hierdch sind die Voraussetzgen des § 816 (wirks Vfg) erfüllt (Soergel-Mühl Rdz 5; krit Deubner MDR **58**, 197).

d) **Gläubiger** des BerAnspr ist der **Berechtigte**, dh derj, der an sich zur fragl Vfg berecht gewesen wäre u dch sie beeinträchtigt w, RG **119**, 332, nicht jeder nur mittelb, zB ledigl schuldr an dem Ggst Interessierte. Berecht ist auch der TrHänder, nicht der TrGeb. W mehrere Pers betroffen (zB Miteigentümer, Eigentümer u PfdRInh, so steht jedem von ihnen der BerAnspr (entspr § 1011 auf Herausg an alle zu, vgl BGH **LM** § 812 Nr 15. Bei wirks Vfg eines von mehreren Mitberecht üb der gemeins Ggst (vgl §§ 744, 2039) sind die übr ansprberecht. – **Schuldner** des BerAnspr ist bei I 1 der **Nichtberechtigte**, der die wirks Vfg vorgen h, nicht aber ein DrEmpf, mag er der Vfg zugestimmt h, RG **137**, 356. Bei Stellvertretg ist der Vertretene herausgverpfl. Bei mittelb Stellvertretg ist dagg der im eig Namen Handelnde, nicht der AuftrGeb der iS des § 816 nichtberecht Verfüge, Wolf JZ **68**, 414; aA Rabe JuS **68**, 211; offen gelassen in BGH **47**, 128; ein BerAnspr wg des VerkErlöses gg den mittelb StellVertr scheidet aber jedenf (wg § 818 III) dann aus, wenn dieser (zB Kommissionär) den Erlös an seinen AuftrGeb (Kommittent) abgeführt h, BGH aaO (s Anm 5 c: BerAnspr höchstens hins VerkProv). – Ein **Verschulden** ist für den BerAnspr auf Gläub- (Berecht-) wie auf SchuSeite unbeachtl, BGH **37**, 363 [371], BGH BB **68**, 690 (Gutgläubk des Verfügden); doch kann die Versch auf Seite des Nichtberecht gem § 819 verschärfte Haftg eintreten, auch können konkurrierde Anspr in Betr kommen (Anm 1 b).

3) Unentgeltl Verfügg eines Nichtberechtigten (I 2). a) Erfolgt die wirks Vfg des Nichtberecht (iS der Anm 2) unentgeltl, so ist nach I 2 nicht der Verfügde, sond der Dr, der aGrd der Vfg einen rechtl Vort erlangt h, zur Herausg verpfl. Dies ist ein Ausfluß des allg Gedankens, daß ein unentgeltl – wenn auch gutgläub – Erwerb nicht auf Kosten des Geschädigten aufrechterh w soll. Zum Begr der **Unentgeltlichk** s zunächst § 516 Anm 4, zB zur Frage der Bestellg von Sicherh. Der GgWert kann in der Vfg selbst liegen, zB bei einer wirks Schuldbefreiung. Entsch für die Frage der Unentgeltlichk ist stets der Standpkt des Erwerbers, da das Entgelt auch einem Dr zugeflossen sein kann, BGH **LM** Nr 4. HofÜbergVertr ist regelm gemischte Schenkg (§ 516 Anm 7); BGH WPM **64**, 614 nimmt I 2 für die ganze Vfg an, wenn der unentgeltl Charakter überwiegt. – **„Unmittelbar"** bedeutet, daß dch die näml Vfg, die der Nichtberecht mit der in I 1 bezeichneten Wirkg ggü dem Berecht trifft, der Beschenkte einen rechtl Vort erlangt; I 2 ist desh unanwendb, wenn der Nichtberecht den GgWert des für eine wirks Vfg nach I 1 Erlangten zunächst in sein eig Verm bringt u erst hieraus einem Dr unentgeltl etwas zuwendet, BGH NJW **69**, 605 (hier ggf nur § 822 gg Dr, sofern ErstEmpf aus RGrden – zB § 818 III, nicht bei § 819 – nicht mehr haftet; s § 822 Anm 1, 2b).

b) Sehr umstr ist, ob – wie nach hM bei § 988 (dort Anm 4) – der unentgeltl Vfg auch die **rechtsgrdlose Verfügg des Nichtberechtigten** gleichgestellt w kann. „Erlangt" ist an sich nur, was jemandem dch rechtsgült Vertr zugeflossen ist. § 816 ist daher seinem Wortlaut nach grdsätzl unanwendb, wenn die Vfg zwar rechtswirks ist, die VermVerschiebg zG des Erwerbers aber aGrd eines von vornherein nichtigen od nachträgl wieder weggefallenen (Anf, Rücktr, Wandelg) KausalGesch zw ihm u dem Nichtberecht vorgen w ist. Unzweifelh h hier der Erwerber die ohne RGrd empf Zuwendg herauszugeben; str ist jedoch, wem der BerAnspr zusteht. Von prakt Bedeutg ist die Unterscheidg insb dafür, ob der Erwerber die von ihm an den Nichtberecht erbrachte GgLeistg ggü dem BerAnspr in Anrechng bringen kann (vgl § 818 Anm 6 C b). – Nach der **Einheitskondiktionslehre** (vgl Grunsky JZ **62**, 207 mit weit Nachw) steht der BerAnspr dem urspr Eigtümer (E) unmittelb gg den Erwerber, zB den Käufer (K) zu, weil dieser „in sonstiger Weise" ohne RGrd auf Kosten des E bereichert ist. An der Einheitlichk des BerVorgangs (§ 812 Anm 5 B) fehlt es hier nicht, weil dch den gleichen Vorgang (Vfg des nichtberecht Verk V) E sein Recht, das Eigt, verloren u K es erworben h; daß die Übertr von V vorgen w, steht der nicht entgg (str). In Analogie zu § 816 I 2 sei ein völl rgrdloser Erwerb noch weniger schützenswert als ein unentgeltl. Hiergg spricht jedoch, daß die Parteien (V–K) das RGesch als entgeltl gewollt h u vielf auch bereits von K eine GgLeistg an V erbracht w ist, die K dem E nicht entgghalten könnte. Nach der **Doppelkondiktionslehre** (vgl Staud-Seufert Rdz 8b mit ausf Zusfassg über den Stand der Meinungen) ist dagg K unmittelb nur auf Kosten des V bereichert, dem er – Zug um Zug gg die Rückg einer evtl GgLeistg – das dch die Vfg Erlangte herauszugeben h; E hat seiners ledigl einen BerAnspr gg V auf Abtretg des BerAnspr, den dieser gg K h. Hiergg ist aber einzuwenden, daß, da V nicht über eig Verm, sond über ein Recht des E (zB Eigt) wirks verfügt h, er bei der Kondiktion von K mehr erhalten würde (näml Bes u Eigt), als ihm bei der rgrdlosen Vfg zugestanden h. – Der BGH h hierzu bish keine grdsätzl Stellgn bezogen. In BGH **37**, 363 h er für einen ausdr als Sonderfall bezeichneten SachVerh (Angest V unterschlägt Geld des E u verspielt es in der Spielbank K; der SpielVertr V – K war nach § 134 nichtig) in entspr Anwendg von § 816 I 2 einen unmittelb BerAnspr E gg K zugelassen, weil K, um die Spielgelder zu erlangen, keine GgLeistg von wirtschaftl Wert erbracht habe, so daß die Interessenlage einer unentgeltl Zuwendg gleichzuachten sei (kein Anspr E – V aus § 816 I 1, da V infolge Verlusts nichts erlangt h). Auf die Kritik an dieser Entsch (ua Wiethölter JZ **63**, 286, Schlosser JuS **63**, 141) h BGH **47**, 393 die früh Begr dahingeh erläutert, daß zwar die Gewinnchance des V als Entgelt angesehen w könne, diese jedoch bei einem nichtigen Spielvertr V–K nicht als GgLeistg zu berücksicht sei. Auch in letzterem Fall fehlt jedoch eine grdsätzl Entsch, da hier der SpielVertr gült war u desh weder ein unentgeltl noch ein rgrdloser Erwerb vorlag. – Da Unentgeltlichk eine freigieb Abs voraussetzt, die bei rgrdlosen, entgeltl gedachten VermVerschiebgen sicher nicht vorliegt, kann § 816 I 2 auf diesen Fall nicht, auch nicht entspr angewandt w. Im Anschl an Esser (SchR II, § 104 II 3 b) u Larenz (SchR II, § 69 IV c) kann ausschließl V unmittelb von K den Ggst – ggf

Zug um Zug gg Rückg der von diesem erbrachten GgLeistg – kondizieren; der Bes geht damit auf V über, das Recht (Eigt) fällt aber – wie in den sonst Fällen der Rückgewähr von einem gutgl Erwerber (Vorbem 1 c vor § 932) – unmittelbar auf den bish RInh E zurück (zum Einwand der §§ 814, 815, 817 S 2 im Verh V – K s Staud-Seufert Rdz 8 bl). E kann von K erst nach Abtretg des BerAnspr V – K (aGrd des zw ihnen best RVerh od entspr § 816 I 1) RückÜbertr verlangen, muß sich dann aber die ggü V begründeten Einwendgen des K entgghalten lassen, § 404 (vgl zum rechtsähnl Fall des Durchgr beim Doppelmangel § 812 Anm 5 B b ee).

4) Wirks LeistgsAnnahme dch Nichtberechtigten (II). Auch II regelt einen Fall der EingrKondiktion, die nicht bereits von § 812 (Hadding JZ **66**, 222) od in jedem Fall von § 816 I 1 erfaßt w (zur Frage, ob die Ann eine Vfg üb die Fdg usw darstellt, s § 362 Anm 1). Hierher gehören alle Fälle, in denen der Leistde befreit bleibt, obwohl er an einen Nichtberecht geleistet h, RG **92**, 77; insb Leistg des Schu an urspr Gläub in Unkenntn der Abtretg der Fdg od eines sonst Rechts (§§ 407, 408, 413), BGH **26**, 185 [193], **32**, 357, wobei bei mehreren Abtretgen (EigtVorbeh, Globalzession) grdsätzl deren Reihenfolge entsch (vgl § 398 Anm 3 d sowie BGH NJW **71**, 1311). Zahlt also iF von 2 Abtretgen der Schu an den Zweitzessionar (Bank), auch wenn dies nur iW einer Umbuchg geschieht, so muß dieser die Erlangte (Geld, dem Buchgeld gleichsteht) an den Ersterzessionar herausgeben, BGH NJW **74**, 944. Auch bei ges FdsÜberg (§ 412), BGH **12**, 220, Karlsr VersR **69**, 564; Leistg an die in unricht AbtretgsAnz als Zessionar bezeichnete Pers (§ 409); Zahlg des Miet- od Pachtzinses an den urspr Verm od Verp in Unkenntn der Veräußerg des Grdst od der sonst Beendigg der Gläubr (§§ 574, 579, 581, 1056, 2135); der Lieferant eines EinzHändlers, dem aGrd verlängerten EigtVorbeh die KaufPrFdg aus dem Verk eines von ihm gelieferten Ggst zusteht, kann, wenn das zur Tilgg der KaufPrSchuld dem Käufer von einer TZahlgsBank gewährte Darl an einen and Lieferanten ausgezahlt w, von diesem die Herausg des an ihn Geleisteten verlangen, BGH NJW **72**, 1197; Unkenntn der Beteiligg mehrerer Gläub, zB bei Leistg an einen Gter (§ 710) od im FamR (§ 1473 II); Leistg an die dch ErbSch od TestVollstrZeugn fälschl ausgewiesene Pers (§§ 2367, 2368), desgl an den im GB eingetr NichtBerecht (§ 893) od an den legitimierten Inh des HypBriefs (§ 1155); Leistg an den nichtberecht Inh eines Inh- od Legitimationspapiers (§§ 793, 808) od an den besitzden Nichteigtümer nach Beschädigg der Sache (§ 851); Ann der Leistg dch VersNehmer nach § 76 VVG, BGH **32**, 44 [52]. Nicht aber bei Zahlg an Bank als bloße Zahlstelle (Konto) des Gläub, BGH **53**, 139; dabei ist die Factoringbank, an die der VorbehKäufer seine KaufPrAnspr gg Kunden abgetreten h, nicht bloße Zahlstelle (Messer NJW **76**, 925). Der Empf der Leistg kann sich ggü dem BerAnspr des Berecht nicht darauf berufen, daß er gg einen and Anspr auf die gleiche Leistg habe. – Wie bei I 1 (Anm 2 c) fällt unter II auch die Ann einer Leistg, die zunächst nicht befreiend wirkte, aber dch **Genehmigg** seitens des berecht Gläub wirks w, BGH LM Nr 6, Karlsr VersR **69**, 564. Der Berecht h also hier das WahlR, ob er die Ann wirks w lassen u das hierdch Erlangte von dem Nichtberecht herausverlangen od ob er gg den nicht befreiten Schu vorgehen will.

5) Gegenstand u Umfang des BerAnspruchs. a) Zur Frage des AnsprBerecht u des BerSchuldn s Anm 2 d, 3 a, 4.

b) Die HerausgPfl erstreckt sich auf das dch die Vfg (Ann) **Erlangte**; dies ist bei I 1 der dem Nichtberecht zugeflossene rgesch GgWert, bei II die angen Leistg sowie bei I 2 der unentgeltl weggegebene Ggst. Nicht dagg ist der übl VerkWert des der Verfügg unterl Ggst zu ersetzen, mag dieser auch höher sein als das tats Erlangte, BGH LM § 812 Nr 15; § 818 II ist insow dch die Sonderbestimmg des § 816 ausgeschl; s aber § 818 Anm 5 b (WertErs für Erlangtes). Herauszugeben ist auch der anläßl der Vfg erzielte **Gewinn,** auch wenn er allein auf den bes Umst dieses VerkFalles, zB auf der Tüchtigk des nichtberecht Verk beruht, stRspr, BGH **29**, 157 u WPM **75**, 1179. Hieran ist trotz vielf Ablehng (RGRK Anm 19, Soergel-Mühl Rdz 12, v Caemmerer JR **59**, 462) festzuhalten. Richtig ist zwar Kritik ist, daß der Anspr auf Herausg auch des ÜberPr von dem das BerR sonst beherrschden Grds des VermAusgl abweicht u sonst nur in den Fällen der bewußt unerl EigGeschFg nach § 687 II gegeben ist. Anderers spricht schon der eindeut Wortlaut des § 816 für die Meing der Rspr. Das Recht, den Ggst gewinnbringd zu verwerten, steht grdsätzl nur dem berecht RInh zu. Auch würden sich, wie der BGH aaO zutr hervorhebt, andernf nicht unerhebl BewSchwierigk ergeben. Die GgMeing führt im übr vielf zu dem gleichen Ergebn, da zunächst einmal vermutet w, daß der Erlös dem wahren Wert entspr. Etw grobe Unbilligk müssen über § 242, BGH aaO, ggf auch nach § 818 III (Unkosten, s unten c) ausgeglichen w. Hat der Dieb bereits SchadErs geleistet, so w hierdch auch der Nichtberecht von dem BerAnspr des § 816 I 1 befreit, da beide wie GesSchu zu behandeln sind; ein Anspr des Diebs gem § 255 gegen den Eigtümer auf Abtretg des BerAnspr gg den Nichtberecht scheidet desh aus, BGH **52**, 39.

c) Im übr gelten auch für den Umfang des BerAnspr des § 816 die allg Vorschr der §§ 818, 819. Der AnsprGegner, dh bei I 1 u II der Nichtberecht, kann also insb seine **Aufwendgen,** die er ohne die Vfg nicht gehabt hätte, abziehen, wie auch die einem Dr gewährte GgLeistg, um den Ggst von einem and als dem Berecht zu erhalten, zB den gutgl an den Dieb bezahlten Kaufpr. Näher s § 818 Anm 6 C b. Er kann sich ferner, soweit nicht gem § 819 verschärfte Haftg eintritt, auf den Nichteintritt od Wegfall der Ber (§ 818 III) berufen, BGH **9**, 333, zB nach Abführg des VerkErlöses dch den als Nichtberecht verfügden Kommissionär an seinen AuftrGeb (Komittent), BGH **47**, 128 (Ber höchstens noch in Höhe der VerkProv), aA Wolf JZ **68**, 414. Der dem SchadErsR angehörde § 255 ist auf den BerAnspr des § 816 auch nicht entspr anwendb; der Nichtberecht kann daher nicht als GgLeistg für die Herausg des dch die wirks Vfg Erlangten die Abtretg von ErsAnspr, zB gg den Dieb des veräußerten Ggst, verlangen, BGH **29**, 157; aA auch hier v Caemmerer aaO. Zur Anwendbark des § 255 bei SchadErsLeistg des Diebs s BGH **52**, 39 u Anm 5 b.

6) Beweislast. Der AnsprBerecht ist bewpfl für alle Voraussetzgen des BerAnspr (vgl auch § 812 Anm 8), so für die Nichtberechtigg des Verfügden od des Empf (unterstützt dch Vermutgen, zB § 1006) sowie für die Wirksamk der Vfg od der Ann dem Berecht ggü, im Fall des I 2 auch für die Unentgeltlichk der Vfg, ferner für den Umfang des Erlangten.

817 *Verstoß gegen Gesetz oder gute Sitten.* War der Zweck einer Leistung in der Art bestimmt, daß der Empfänger durch die Annahme gegen ein gesetzliches Verbot oder gegen die guten Sitten verstoßen hat, so ist der Empfänger zur Herausgabe verpflichtet. Die Rückforderung ist ausgeschlossen, wenn dem Leistenden gleichfalls ein solcher Verstoß zur Last fällt, es sei denn, daß die Leistung in der Eingehung einer Verbindlichkeit bestand; das zur Erfüllung einer solchen Verbindlichkeit Geleistete kann nicht zurückgefordert werden.

1) Allgemeines. a) Inhalt. § 817 enth im Zushang mit Leistgen, die gg ein ges Verbot od gg die guten Sitten verstoßen, ausdr zwei Sonderregelgn: Nach **S 1** hat Leistder ein RückfdgsR, wenn ledigl der Empf der Leistg dch deren Ann gg das G od Sittengebot verstößt. S 1 ist hier zwar ein Sonderfall des vielf gleichzeit gegebenen allg BerAnspr aus § 812 I 1, enth aber einen nach seinen Voraussetzgen selbstd geregelten BerTatbestd (condictio ob turpem vel iniustam causam). Prakt Bedeutg h die Vorschr vor allem für die Fälle, in denen die Gültigk des ErfGesch mit Rücks auf dessen selbstd (abstr) Charakter von der Nichtigk des ges- od sittenw GrdGesch nicht ergriffen w u ein BerAnspr aus § 812 (wg Erf einer Nichtschuld) nach § 814 (Kenntn der Nichtschuld) ausgeschl wäre (§ 814 gilt ggü § 817 S 1 nicht, BGH **LM** § 762 Nr 1), insb aber auch für die Fälle, in denen die zugrdeliegd RGesch trotz Verstoßes des ErfGesch gg das G od die guten Sitten gült bleibt, RG **96**, 343 (näher Anm 2 b cc). — Nach **S 2** ist die Rückfdg aber grdsätzl ausgeschl, wenn dem Leistden gleichf ein solcher Verstoß zur Last fällt, also sowohl Empf wie Leistder verwerfl handeln. Hierdch soll der RSchutz für in vorwerfb Weise erbrachte Leistgn zum Nachteil des sich selbst außerh der ROrdng stellden Leistden versagt w (Anm 3). Nicht geregelt ist in § 817 der Fall, daß das verwerfl Handeln ausschließl auf Seite des Leistden, nicht auch Seite des Empf vorliegt, das RückfdgsR also an sich nur auf § 812 gestützt w kann. Die hier bestehde GesLücke h die Rspr in Übereinstimmg mit der ganz hM dahin ausgefüllt, daß **S 2 eine allg Regelg für alle Bereichergs-Ansprüche** enth, dh als Einwendg auch BerAnspr aus § 812 entggsteht, RG **151**, 70, BGH **35**, 103 (für § 531), **36**, 395, **50**, 90, BAG BB **63**, 348.

b) Anwendungsbereich. § 817 gilt aber seinem klaren Wortlaut nach **nur für „Leistgn"**, dh für BerAnspr aus Leistgskondiktion (§ 812 Anm 2), nicht auch für das „in sonstiger Weise" (§ 812 Anm 3) Erlangte, RG JW **25**, 1392; § 817 S 2 kann daher einem BerAnspr aus § 816 (EingrKondiktion) nicht entggehalten w (§ 816 Anm 1, str). § 817 S 2 kann ferner nur ggü einem BerAnspr, nicht ggü der Einrede der Ber (§ 821) zum Tragen kommen, BGH JR **58**, 299. Eine **ausdehnende Anwendg** von § 817 S 2 entnom allg Gedankens über das Gebiet der BerAnspr hinaus ist grdsätzl **ausgeschlossen**, BGH **44**, 1 (keine entspr Anwendg, wenn Versicherer frei w, weil VersNehmer ihn argl getäuscht h). S 2 gilt also nicht bei Anspr aus Vertr, BGH Betr **55**, 1163, aus unerl Hdlg, BGH NJW **51**, 643, aus GoA, BGH **39**, 87, aus Wandelg, RG **105**, 65, od ggü der Künd bzw dem Ausschl eines Gters, BGH **31**, 295; bei Anspr aus dem EigtmBesitzerVerh, so ggü dem HerausgAnspr des § 985, BGH **LM** Nr 1 u Nr 20, offen gelassen in BGH **31**, 295, ggü dem Anspr auf Herausg v Nutzgen nach § 987 (BGH **63**, 365), sowie ggü dem Anspr auf VerwendgsErs nach § 994, BGH **41**, 341. Hiergg w jedoch in der Literatur insow Bedenken erhoben, als nicht einzusehen sei, warum S 2 zwar bei bloßer Nichtigk des GrdGesch einem BerAnspr, nicht aber bei zusätzl Nichtigk auch des ErfGesch dem EigtHerausgAnspr entggehalten w könne (näher Einl 5a cc vor § 854).

c) § 817 ist zwingend, BGH **LM** § 762 Nr 1. Desh ist auch S 2 als rechtshindernde Einwendg vAw zu beachten; ungenau daher BGH **36**, 232 („vorbehaltl der Einrede des § 817 S 2").

d) Für den **Umfang der Herausgabepflicht** aGrd eines BerAnspr nach S 1 besteht nach §§ 819 II, 818 IV verschärfte Haftg (§ 819 Anm 3).

e) Zum **IPR** s BGH NJW **66**, 730: Die ausländ ROrdng, die einen Ausschl des BerAnspr gem § 817 S 2 nicht kennt, verstößt deswg noch nicht gg den ordre public des Art 30 EGBGB.

2) Ges- od Sittenverstoß des LeistgsEmpfängers (S 1). a) Allg Voraussetzgen. § 817 S 1 enth für einen Sonderfall der Leistgskondiktion einen selbstd geregelten BerTatbestd (Anm 1). Es müssen daher, obwohl dies im Wortlaut nicht so gesagt ist, alle sonst Voraussetzgen eines BerAnspr aus Leistgskondiktion gegeben sein, zB VermVerschiebg zum Benachteil u Bereichertem sowie die Einheitlichk des BerVorgangs (§ 812 Anm 5 B) aGrd einer „Leistg" (§ 812 Anm 2); auch die vertragl Anerk des Bestehens od Nichtbestehens eines SchuldVerh gilt nach § 812 II als Leistg (§ 812 Anm 2b). Gleichgült ist, ob die Leistg im Hinbl auf einen künft Erfolg od für vergangene Tätigk angen w ist, also zB als Belohng für geleistete Dienste, deren Bezahlg verbots- od sittenw ist (unten 2d). Erfordert ist aber, daß der unmittelb Zweck der Leistg so bestimmt ist, daß der Empf gerade dch die Ann gg ein G- od Sittenverbot verstößt. Daher genügt zB nicht bloßes Mitwirken von unsittl BewegGrden beim Empf, desgl nicht eine an sich untersagte Leistg, die aber einem erlaubten Zweck dient; vielm ist Voraussetzg, daß der Hauptzweck der Leistg verboten od sittenw ist, RG **144**, 24. Werden aGrd eines einheitl Vertr mehrere Leistgen erbracht, so ist je von ihnen hins des mit ihr verfolgten Zwecks gesondert zu würdigen, BGH NJW **62**, 1148 (für § 817 S 2).

b) Hins der **Rechtswirkgen** eines G- od Sittenverstoßes des LeistgsEmpf ist zw der Wirksamk des **Grund-** (Kausal-) u des **Leistgs** (Erf)**Geschäfts** zu **unterscheiden.** RGesch, die gg ein ges Verbot od gg die guten Sitten verstoßen, sind nach §§ 134, 138 nichtig. Die Nichtigk kann entw nur das GrdGesch od nur das LeistgsGesch od beide ergreifen (s hierzu Übbl 3d, e vor § 104; Einl 5b vor § 854): **aa) Grundgeschäft nichtig, Leistgsgeschäft gült.** Vielf ist ledigl das KausalGesch wg Verstoßes gg §§ 134, 138 nichtig. Inf der abstr Natur des oftmals wertneutralen ErfGesch erstreckt sich die Nichtigk des GrdGesch nicht von vornherein auf das ErfGesch, sofern nicht gerade der mit ihm bezweckte Erfolg verboten od sittenw ist (unten bb; zur Eingehg einer Verbindlichk s Anm 3a aa). Hier ist der HerausgAnspr schon aus § 812 I 1 begr, RG **111**, 151; § 817 S 1, der gleichwohl anwendb ist, h prakt Bedeutg für die Fälle, in denen § 812 dch § 814 ausgeschl ist (Anm 1a). **bb) Grd- u LeistgsGesch sind nichtig,** wenn nach dem jew G (Auslegg) auch die Verm-

Verschiebg (Erfolg) verboten ist (§ 134 Anm 2c) od – wie gerade bei Verstößen gg die guten Sitten nicht selten – die Sittenwidrigk gerade im LeistgsGesch ggü dem GeschGegner ihren Ausdr findet, zB beim WucherGesch des § 138 II (§ 138 Anm 2d, 4b). Zur Frage der Nichtigk auch des ErfGesch über § 139, insb wenn der mit der Leistg verfolgte Zweck Bdgg des Gesch Gesch ist, s § 139 Anm 4. In diesen Fällen ist die Leistg – mit Ausn des Bes (§ 812 Anm 6 Aa, 4b) – nicht in das Verm des LeistgsEmpf übergegangen. Der Leistde kann also nach § 985 vindizieren (zur Anwendbark von § 817 S 2 s Anm 1b) od den Bes bzw WertErs nach §§ 812 I 1, 817 S 1, 818 II kondizieren (wicht insb, wo Vindikation, zB inf Untergangs der Sache nicht zum Erfolg führt). § 812 ist hierbei ohne Rücks auf die Verbots- od Sittenwidrigk der LeistgsAnn anwendb. **cc) GrdGesch gült, LeistgsAnnahme verbots- od sittenw.** Dieser Fall liegt bei zahlr VerbotsG vor, die zwar das GrdGesch unberührt lassen, weil der mit der Leistg verfolgte Zweck als solcher nicht zu beanstanden ist, die aber, zB aus wirtschlenkden Grden, die Mitwirkg einer best Pers beim VertrSchluß verbieten u zu die bloße Ann der Leistg als og ein G od Sittengebot verstoßd erkl, RG 96, 343. Hier ist, da für den Empfang der Leistg ein rechtl Grd gegeben ist, § 812 nicht anwendb u ein BerAnspr nur nach § 817 S 1 eingeräumt.

c) Der Charakter des § 817 S 1 ist bestr, insb ob hiermit – wie bei S 2 (Anm 3a) – vom GesGeb ein Strafzweck verfolgt w (so die früher hM). Die Rspr verlangt jedenf, daß der Empf **positive Kenntnis** von dem GVerstoß bzw das **Bewußtsein** hat, sittenw zu handeln, RG 151, 70, BGH WPM 78, 949. Kenntn der TatUmst, die sein Verhalten obj als verwerfl erscheinen lassen, genügt demggü nicht, insb bei Verstoß gg VerbotsG, währd die Sittenwidrigk in diesen Fällen vielf bekannt sein w. Nicht ausreichd ist auch bloßes Kennenmüssen des Verbots; selbst grobfahrl Handeln gg ein ges Verbot reicht nach der Rspr nicht aus, BGH 50, 90 („Wissen u Wollen"); aA vielf die Literatur mit dem Hinw, ein Verstoß, jegl Art müsse für die Anwendg der hier stets in Betr kommden verschärften Haftg nach § 819 II genügen (zB Soergel-Mühl Rdz 14, 19; Larenz, SchR II, § 69 IIIa; s hierzu unten 3a ee). Danach ist auf Seite des Empf DeliktsFgk erforderl, RG 105, 270. Bei Handeln eines Vertr entsch dessen Kenntn, § 166 I (§ 814 Anm 2d); zum KonkVerw s Anm 3b.

d) Einzelfälle. Beisp von nichtigen RGesch wg ZuwiderHdlg gg ein ges Verbot finden sich ausführl in § 134 Anm 3, desgl für Verstöße gg die guten Sitten in § 138 Anm 5; dort auch jew zur Frage, ob nur das GrdGesch od auch das ErfGesch in ihrer Wirksamk von dem Verstoß betroffen w. Entsch für § 817 S 1 ist jedoch, ob der unmittelb Zweck der Leistg gerade deren Ann verbots- od sittenw macht, RG 144, 24. Dies ist ua der Fall bei Schenkg einer Gemeinde unter grober Verletzg haushaltsr Bestimmgen, BGH 36, 395; GeldAnn zur Verschaffg eines Titels, aGrd einer Erpressg od dch einen Beamten für die Vorn einer AmtsHdlg (Bestechg) sowie Ann sonst Schmiergelder (hier ist allerd meist S 2 gegeben; s Anm 3c dd); GeldAnn gg das Verspr, eine Straftat nicht anzuzeigen, RG 58, 204. Zuwendgen eines Verheirateten an seine Geliebte sind dagg nicht ohne weit sittenw; maßg ist die Gesamtwürdigg aller Umst für den Zweck der Leistg, BGH 53, 369 (näher § 138 Anm 5 f). Zum RückfdgsAnspr bei Verstößen gg Preis- u BewirtschaftsVorschr (SchwarzmarktGesch ua), bei denen regelm gleichzeit ein entspr Verhalten des Leistden gegeben ist, s Anm 3c aa.

3) Gesetz- od Sittenverstoß des Leistenden (S 2). Nach § 817 S 2 ist die Rückfdg trotz Ges- od Sittenverstoßes des Empf ausgeschl, wenn dem Leistden gleich- od allein (Anm 1a) – ein solcher Verstoß zur Last fällt, sofern die Leistg nicht in der Eingeh einer Verbindlichk bestand. Der SatzgsVerstoß ist dem GesVerstoß nicht gleichzusetzen, S 2 gilt dafür also nicht, Köln NJW 71, 1367 (Handgeld an FußballVertrSpieler).

a) Der **Charakter** dieser AusschlBestimmg ist umstr. Währd die Rspr teilw die Auffassg vertritt, es handle sich zumindest auch um eine StrafMaßn ggü dem Leistden, BGH 19, 338, 39, 87 (dies gilt aber regelm ebso für den Empf), versagt S 2 richtigerw ledigl die gerichtl Durchsetzbark für die Rückabwicklg eines zweifelh Gesch; wer sich außerh der Sitten- od ROrdng stellt, soll hierfür keinen RSchutz erhalten, BGH 36, 395, 44, 1 [6]. Die Anwendg des S 2 h zur Folge, daß bei zweiseit RGesch, insb bei gegseit Vertr, der Vorleistde auf eig Risiko handelt, da er wg der Nichtigk des RGesch weder Erf verlangen noch seine eig Leistg zurückfordern kann. Dies kann leicht zu unbill Ergebn führen. Die Vorschr w daher weitgehd in der Literatur u zT auch in der Rspr (vgl BGH NJW 66, 730) als ges geber verfehlt angesehen. Diese Erkenntn h in der Rspr dazu geführt, S 2 als **Ausnahmevorschr eng auszulegen**, um Unbilligk in der Anwendg dieser sonst nicht in das Gefüge des BerR passden, als Einwend vAw zu beachtden Bestimmg möglichst auszuschl, BGH 35, 103 [109]. Im einz kommen insow in Betr:

aa) In einer Reihe von Fällen ist bzw war die **Anwendg** des § 817 S 2 **gesetzl ausgeschlossen**, so früher bei preisstopwidr GrdstKaufVertr u heute bei Leistgen entgg mietpreisr Vorschr, § 30 1. BMG; Rückfdg unzul FinanziergsBeitr, § 50 IV 2. WohnbauG; Zahlgen an WohngsVermittler, auf die kein Anspr bestand, § 5 S 1 Hs 2 G zur Regelg der WohngsVermittlg (abgedr Einf 6 vor § 652); Schmiergelder des TransportUntern, § 23 II 4 GüKG (hierzu BGH NJW 63, 102). – Bestand die Leistg in der **Eingeh einer Verbindlichk**, so ist nach S 2 aE die Rückfdg gleichf nicht ausgeschl. Der gesetzl Grd für diese Ausn liegt darin, daß ein zwar verbots- od sittenw, aber noch unerfr Gesch nicht zwangsw dchgeführt w soll, RG 73, 143. Der Versprechde kann sowohl Befreiung von der Verbindlichk verlangen als auch deren Erf einredew (§ 821) verweigern. Hat er aber erfüllt, so ist ihm wiederum die Rückfdg kr ausdr ges Vorschr versagt. Eingeh einer Verbindlichk ist auch das abstr SchuldVerspr od Anerk, RG 64, 146 (§ 812 Anm 2b), ein WechselAkzept, auch die Bestellg einer Hyp wg ihrer Abhängigk von der Fdg, RG 71, 432; nicht aber die Bestellg einer GrdSch anstelle einer Zahlg, RG 73, 143, weil sie bereits einer Erf gleichsteht. Auch der Erl einer Verbindlichk od der Verz hierauf sind Erf, nicht Eingeh einer Verbindlichk; daher insow kein RückfdgsR, RG 100, 159.

bb) Grdsätzl **keine ausdehnende Anwendg** des S 2 auf and als BerAnspr aus Leistgskondiktion; näher Anm 1b.

cc) Voraussetzg einer **Leistg** iS des S 2 ist, daß der **Vermögensvorteil endgültig** in das Verm des LeistgsEmpf **übergegangen** ist; so auch bei Verz auf Rückfdg des Geleisteten, RG 100, 159. Daher ist S 2 nach der Rspr dann unanwendb, wenn die Leistg nur zu einem vorübergehden Zweck erbracht w u ihrer

Natur nach zurückgewährt w muß, wie bei einer SichsÜbereign, BGH **19**, 205 (Bestellg einer GrdSch zu SichsZwecken), bei BeteiligsDarl an BordellInh (Mü MDR **77**, 228), od wenn der Empf wirtschaftl nicht endgült in dem Genuß der Leistg verbleiben soll, es sich also prakt nur um durchaufende Posten (Überg zu einem vorübergehden Zweck) handelt, zB BGH **28**, 255 (Hing von Geld zum unerlaubten Umtausch in Devisen für den AuftrGeber), BGH WPM **69**, 1083 (Kaution für Bordellpacht), BGH WPM **72**, 383 (Übertr im Rahmen einer uneigennütz Treuhand). Zum RückfdgsAnspr des Wucherers s Anm 3 c bb.

dd) Maßgebend für die Anwendbark des S 2 ist allein der **Zeitpkt der Leistg**. Weder eine spätere sittenw Abrede, BGH **LM** § 1a KWVO Nr 4, noch die spätere Verletzg einer Verbotsnorm stehen dem RückfdgsAnspr entgg. S 2 ist auch nicht anwendb auf die Rückfdg einer Anzahlg auf einen noch nicht zustandegekommenen, möglicherw geswidr KaufVertr, BGH NJW **65**, 1432. – **Konkurrieren** sittenw **Beweggründe** mit sittl einwandfreien, so ist ein BerAnspr nicht ausgeschl, wenn die Leistg dch die einwandfreien Motive hinreichd gerechtf ist, BGH **35**, 103 [108]. **Bei mehreren** in einem Vertr vereinb **Leistgen** ist der Ausschl des RückfdgsR nach S 2 für jede Leistg gesondert zu prüfen, BGH NJW **62**, 1148, BGH **50**, 90 (§ 139 nicht anwendb).

ee) Der Leistde muß **vorsätzl verbots- od sittenwidrig** gehandelt h, BGH **LM** Nr 12, BGH **50**, 90. Erforderl ist also – wie bei S 1 – pos Kenntn des Leistden von dem GesVerstoß bzw das Bewußtsein der Sittenwidrigk, str (näher dort Anm 2c; die dort genannte ggteil Meing zu S 1 läßt sich auf den Ausschl des BerAnspr nach S 2 im Interesse von dessen einschränkder Anwendg keinesf übertr; ähnl auch Staud-Seufert Rdz 12). Diese Voraussetzg fehlt zB vielf bei dem Bewucherten (unten c bb). Der Leistde muß daher gleichf deliktsfäh sein, RG **105**, 270.

ff) Darü hinaus w in der Literatur oftm der Versuch unternommen, den **Anwendgsbereich** des S 2 zur Vermeidg von unbill Ergebn **weiter einzuschränken**. So w vertr, der Ausschl des BerAnspr nach S 2 gelte nur für beiderseits erbrachte Leistgen, eine Vorleistg könne daher zurückgefordert w, Bufe AcP **157**, 215. Ferner w für die entspr Anwendg des für SchadErsAnspr geltden § 254 (Abwägg des beiderseit Versch) plädiert (Erm-Seiler Anm 3d). Schließl soll auf den Schutzzweck des jew Verbots abgestellt w; bezwecke dieses nicht den Schutz der Allgemeinh, sond in erster Linie gerade den Schutz des Leistenden (zB bei Überschreitg der gesetzl zul Miete), so solle S 2 einer Rückfdg nicht entggstehen, Fabricius JZ **63**, 85. Diese Auffassgen, die in zahlr Fällen zu befriedigdn Ergebn führen, gehen aber über eine – allein mögl – Auslegg des § 817 S 2 hinaus; sie müssen daher dem GesGeber vorbeh bleiben. Eine Umgehung des S 2 (zB Umwandlg eines verbots- od sittenw RGesch in einen DarlVertr) kann seine Anwendg nicht ausschl, BGH **28**, 164. Auch § 817 S 2 steht aber unter der allg Herrsch der §§ 157, 242 u kann deshalb nicht eine VermVerschiebg als endgült sanktionieren, die gg **Treu u Glauben** mit Rücks auf die VerkSitte verstößt u desh als unbill angesehen w müßte. Der BGH hatte zwar zunächst (BGH **8**, 348 [373]) ggü der Einwendg aus § 817 S 2 die Berufg auf den GgEinwand der Argl als nicht zul erkl, später jedoch ausdr der Generalklausel des § 138 u dem Grds von Treu u Gl im RVerk bei der Abwicklg eines Vertr den Vorrang vor § 817 S 2 eingeräumt, weil ein von der ROrdng nicht gebilligter Zustand (zB BordellBetr) dch Ausschl eines RückfdgsR nicht legalisiert w dürfe, BGH NJW **64**, 1791 (nur teilw in BGH **41**, 341); vgl hierzu auch unten c aa. S ferner BGH **36**, 395: Rückfdg eines Geschenks trotz sittenw Handelns des Schenkers im Hinbl auf die bes Umst zur natsoz Zeit. Dch Anwendg des allg Grds von Treu u Gl im RVerk, der gerade auch für den Ausgleich ungerechtf VermVerschiebgn im BerR gilt (Einf 1, 8a vor §812), lassen sich die oftm unbill Ergebn bei der Anwendg des S 2, insb bei einseit Vorleistgen, weitgehd ausschalten (s näher unten c cc: Bordellkauf).

b) Hat der Leistde als **Vertreter** gehandelt, so geht sein G- od Sittenverstoß zu Lasten des Vertretenen, BGH **36**, 395. Der **Rechtsnachfolger**, auch Erbe, muß sich den Sittenverstoß seines RVorgängers entgghalten lassen, selbst wenn sich die Sittenwidrigk der Hdlg gerade gg den RNachf (Erben) richtete, RG **111**, 151; auch hier helfen jedoch ggf §§ 242, 826. Bestr ist, ob der Einwand des S 2 auch ggü dem RückfdgsR des **KonkVerwalters** durchgreift, wenn der GemSchu dch seine Leistg gg ein gesetzl Verbot od gg die guten Sitten verstoßen h. Der BGH verneint dies im Anschl an die Rspr des RG in stRspr (BGH **19**, 338, NJW **62**, 483), billigt also ein RückfdgsR – allerd mit AufrMöglichk des Bereicherten, da § 55 I KO nicht entggsteht – zu. Dieser Rspr ist trotz vielf Kritik (der KonkVerw könne nicht mehr Rechte haben als der GemSchu) zuzustimmen, da andernf die Versagg des RSchutzes zu einer nicht gerechtf Beeinträchtigg der KonkGläub führen würde. Vgl aber BGH **44**, 1: Keine ausdehnde Anwendg dieser Rspr auf and Einwendgen ggü KonkVerw, zB des argl Verhaltens des späteren GemSchu. Zum BerAnspr gg (Zwangs-)VerglGläub (§ 181 KO, § 8 VerglO) s § 812 Anm 6 A d u RG **72**, 46 (Abschl eines gg § 181 KO verstoßden Abk).

c) Einzelfälle. aa) Verstoß gg **Preis(stop)- u BewirtschaftsgsVorschriften.** Die bis zur 30. Aufl enth Entsch sind inf Aufhebg der meisten ZwangswirtschBestimmgen weitgehd überholt. Das RG hatte schon früh Gesch des tägl Lebens, die gg PrVorschr verstießen, als zum StopPr gült angesehen; ledigl die Vereinbg des üb den RichtPr hinausgehden Betrags wurde als nichtig erachtet, RG **97**, 82; vgl auch RG **166**, 89. Dem h sich auch der BGH angeschlossen, BGH JZ **53**, 555. Damit war jedoch noch nicht gesagt, daß der Käufer einen Anspr auf Rückfdg des ÜberPr hatte, BGH **36**, 232. Der BGH h vielm bei PrVerstößen in stRspr grdsätzl in einem BerAnspr unter Hinw auf § 817 S 2 abgelehnt, BGH **8**, 348 [368]; desgl bei ZuwiderHdlgen gg BewirtschaftsgsVorschr, BGH NJW **52**, 60. Hierzg wurde vielf eingewandt, es widerspreche oftm dem allg RGefühl, wenn die Rückfdg des ohne RGrd entgg einem ausdr Verbot Geleisteten gem § 817 S 2 versagt w; auch solle dch diese Zwangswirtschvorschr nicht der Umsatz der Waren schlechthin, sond ledigl eine unerwünschte Markt- u PrGestaltg verhindert w, vgl insb Brandt MDR **48**, 165, 201. Schließl wurde auf § 5 der – bis 1960 geltden – GrdstPrStopVO vom 7. 7. 1942 hingewiesen, nach dem im GrdstVerk bei PrÜberschreitgen § 817 S 2 ausdr ausgeschl war. – Generell w dem Ausgangspkt der BGH-Rspr zugestimmt w können. Typ SchwarzmarktGesch u solchen RGesch, deren Dchführg nicht von volkswirtschaftl Bedürfn gefordert w, muß die rechtl Anerkenng u damit auch die gerichtl Durchsetzbark eines BerAnspr gem § 817 S 2 versagt w, RG **166**, 89 (preisstopwidr GrdstVeräußerg), BGH JZ **53**, 555. Auch Verstöße gg BewirtschaftsgsVorschr, insb bei UmgehgsGesch, h grdsätzl die Nichtigk des GrdGesch zur

Folge, BGH **LM** § 138 (Ca) Nr 1, es sei denn daß das RGesch nach Umfang u Auswirkg die WirtschOrdng nicht erhebl beeinträchtigt, BGH **LM** § 134 Nr 34 (näher § 138 Anm 5b aa). Hierwg kann jedoch nicht generell ein RückfdgR, das auch in § 9 WiStG vorausgesetzt w (hierzu Weimar Betr **63**, 439), gem § 817 S 2 ausgeschl w; zweifelnd auch BGH NJW **64**, 1791, der sich für den Vorrang des allg Grds des § 138 ausspricht, u BGH WPM **65**, 586, wo die Frage wg der bes Gestaltg des Falles jedoch nicht entscheidgserhebl war. Es kommt vielm auf den EinzFall an, insb darauf, ob die noch bestehden Pr- u BewirtschaftgsVorschr (zB über Höchstmieten) – wie heute vielf – ausschließl od doch in erster Linie den Schutz eines wirtschaftl Schwächeren bezwecken, so daß der Ausschl des RückfdgsR bei Verstoß od Überzahlg in bes Maße gg Treu u Gl verstoßen würde; and noch BGH **12**, 71, 146 (grdsätzl Rückfdg nach § 817 S 2 ausgeschl). S ferner BGH WPM **66**, 1246 (Verstoß gg Devisengesetzgebg).

bb) Dem RückfdgsAnspr des **Wucherers** steht – trotz der Nichtigk des zugrdeliegden DarlVertr (§ 138 Anm 4b, 2a) – § 817 S 2 nicht entgg, RG (GrZS) **161**, 52, BGH WPM **62**, 606, **63**, 834, weil dem Bewucherten nicht endgült die Substanz, sond nur die zeitweil Nutzg des Kapitals überlassen w ist (oben 3a bb). Aus diesem Grd kann sich auch nicht der Bewucherte auf den Wegfall der Ber hins der Hauptsache (DarlKapital) berufen, BGH WPM **69**, 857. Der Inhalt des nichtigen DarlVertr ist aber nicht ohne jede Bedeutg; vielm kann das Darl vom Wucherer nicht früher zurückgefordert w, als dies bei Gültigk des DarlVertr der Fall wäre, BGH WPM **56**, 459. Ein ZinsAnspr des Wucherers für die Zeit der Überlassg der DarlValuta besteht aber weder aGrd des (nichtigen) DarlVertr, noch aus BerR, da einem BerAnspr aus § 818 I, II der Ausschl nach § 817 S 2 entgggstünde, BGH WPM **75**, 128. Umgekehrt kann der Bewucherte die bereits bezahlten überhöhten Zinsen dann (nach § 817 S 1) zurückverlangen, wenn er selbst – wie hier oftm – nicht gleichf vorsätzl sittenw, sond zB aus Not, gehandelt h, BGH **LM** Nr 12.

cc) Bordellkauf. Die Nichtigk des GrdGesch (vgl § 138 Anm 5b ee) ergreift hier grdsätzl nicht das wertneutrale ErfGesch, so daß der Käufer auch bei Aufl u Eintr Eigtümer des Grdst w. Ist eine RestkaufgeldHyp bestellt, so würde § 817 S 2 zu dem unbefriedigden Ergebn führen, daß der Verk weder die persönl Fdg od die Hyp geltd machen, noch Rückg des Grdst verlangen kann, da die Hyp – mangels wirks Fdg – gem §§ 1163, 1177 zur EigtümerGrdSch gew ist u dem BerAnspr auf Rückg des Grdst § 817 S 2 entgggstünde. Hier h schon RG **71**, 432 den Einwand der allg Argl gg den Berufg des Käufers auf § 817 S 2 zugelassen, da es gg die guten Sitten verstoße, wenn der Bordellkäufer zwar Befreig von der vertragl Verpfl begehre, das unsittl Erlangte, näml das zu Bordellzwecken gekaufte Grdst, aber – gestützt auf § 817 S 2 – gleichwohl behalten wolle. Ähnl, wenn auch zT mit and Begr, BGH **41**, 341 (pachtw Überlassg eines Grdst zu Bordellzwecken; dem Anspr auf sof Rückg gem § 817 S 2 nicht entgg, auch nicht – wie bei einem wucher Darl – Überlassg für die Dauer der vereinb Pachtzeit, da sonst von der ROrdng nicht gebilligte Bordell-Betr legalisiert w würde u da § 138 Vorrang vor § 817 S 2 h muß) u BGH WPM **69**, 1083 (Rückfdg einer Kaution für Bordellpacht nicht ausgeschl).

dd) Sonstiges. RückfdgsAnspr ausgeschl für Darl, das in GewinnerzielgsAbs zu verbotenem Spiel (§ 762 Anm 5b) gegeben wurde (BGH **LM** § 762 Nr 1, Nürnb MDR **78**, 669). Ggf § 817 S 2 auch ggü Rückfdg des Gewinns beim gewinnsüchtigen SpielVertr, BGH **37**, 363; desgl bei Leistgen, die gg ein tarifvertragl Verbot verstoßen, BAG NJW **57**, 726, od die auf einer nach § 59 BetrVG ungült BetrVereinbg (Einf 6c vor § 611) beruhen, BAG BB **63**, 348; Geldentschädigg zwecks Verz auf gesetzl VorkaufsR, RG **120**, 144, zur Verschaffg eines Titels, RG **86**, 98, od eines sonst nicht gerechtf Vort (Schweige- u Schmiergelder), RG **77**, 96. Nach RBeratgsMißbrG verbotene Beratg begr keinen vertragl ErfAnspr; WertErs hierfür (§ 818 Anm 5b) u Rückfdg des Geleisteten sind nach § 817 S 2 ausgeschl, BGH **50**, 90. Geschenke für die Gewährg des außerehel GeschlechtsVerk, falls zur Förderg u Fortsetzg des ehebrecher Verh gewährt (BGH **35**, 103 u **53**, 369: Würdigg aller Umst, vgl § 138 Anm 5 b ee); desgl grdsätzl ggü Anspr auf Rückg einer widerrufenen Schenkg (§ 531 Anm 2), wenn Schenker gleichf gg die guten Sitten verstieß, BGH MDR **60**, 384 für unmittelb Zuwendungen an Geliebte; dies aber noch nicht bei Überlassg eines Grdst an Geliebte, um dort mit ihr zuzuleben (BGH **35**, 103). Rückzahlg von Handgeld dch FußballVertrSpieler, wenn es zu dem angebahnten Vereinswechsel nicht kommt, Köln NJW **71**, 1367.

4) Beweislast. Es gelten die allg Regeln (vgl auch § 812 Anm 8). Der AnsprBerecht h desh bei S 1 die AnsprVoraussetzgen, insb Leistg, G- od Sittenverstoß des Empf u dessen Kenntn hiervon zu beweisen, der Bereicherte dagg, daß dem Leistden gleichf ein derart Verstoß (S 2) zur Last fällt, RG JW **25**, 1392.

818 *Umfang des Bereicherungsanspruchs.*
I Die Verpflichtung zur Herausgabe erstreckt sich auf die gezogenen Nutzungen sowie auf dasjenige, was der Empfänger auf Grund eines erlangten Rechtes oder als Ersatz für die Zerstörung, Beschädigung oder Entziehung des erlangten Gegenstandes erwirbt.

II Ist die Herausgabe wegen der Beschaffenheit des Erlangten nicht möglich oder ist der Empfänger aus einem anderen Grunde zur Herausgabe außerstande, so hat er den Wert zu ersetzen.

III Die Verpflichtung zur Herausgabe oder zum Ersatze des Wertes ist ausgeschlossen, soweit der Empfänger nicht mehr bereichert ist.

IV Von dem Eintritte der Rechtshängigkeit an haftet der Empfänger nach den allgemeinen Vorschriften.

Übersicht

1) Allgemeines
  a) Grundgedanken
  b) Maßgebender Zeitpunkt
  c) Sonstiges

2) Herausgabe des Erlangten
  a) Herausgabe des erlangten Gegenstandes
  b) Inhalt der Herausgabepflicht

§ 818 1, 2

c) Nur teilweise ungerechtfertigte Vermögens-
verschiebung
3) **Nutzungen** (I 1)
   a) Inhalt
   b) nur tatsächlich gezogene Nutzungen
   c) Zinsen
   d) Nutzungen aus Surrogaten
   e) Wegfall der Bereicherung
   f) Auskunft und Rechnungslegung
4) **Surrogate** (I 2)
   a) auf Grund eines erlangten Rechts
   b) als Ersatz für Zerstörung, Beschädigung u. a.
5) **Wertersatz** (II)
   a) Objektive Unmöglichkeit und Unvermögen
   b) Beispiele
   c) Wertersatz in Geld
   d) Maßgebender Zeitpunkt für Wertermittlung
6) **Beschränkung auf die Bereicherung** (III)
   A) **Allgemeines**
      a) Überschuß der Aktiv- über Passivposten (Saldo)
      b) Zusammenhang der Vor- und Nachteile
      c) Grund des Wegfalls der Bereicherung
      d) Gesamthand
      e) dispositive Natur

B) **Das Erlangte ist nicht mehr vorhanden**
   a) Luxusausgaben
   b) gesamtes Aktivvermögen weggefallen
   c) Weggabe von Sachen
   d) Tilgung eigener Schulden
   e) Anspruch gegen Dritten
C) **Das Erlangte ist noch vorhanden**
   a) Abzug von Verwendungen
   b) Kosten des Erwerbs
   c) Schäden
   d) Sonstige Vermögensnachteile
D) **Berücksichtigung der Gegenleistung**
   a) Zweikondiktionenlehre
   b) Saldotheorie
   c) Notwendige Einschränkungen der Saldotheorie
E) **Durchsetzung des Bereicherungsanspruchs**
7) **Haftungserweiterung bei Rechtshängigkeit** (IV)
   a) Verschärfte Haftung des Bereicherungsschuldners
   b) Verweisung auf die „allgemeinen Vorschriften"
   c) Wegfall oder Minderung der Bereicherung
   d) Schuldnerverzug
8) **Beweislast**

1) Allgemeines. a) §§ 818 bis 820 regeln ergänzd den **Umfang der Herausgabepflicht** bei Vorliegen einer ungerechtf Ber. Sie setzen mithin voraus, daß ein BerAnspr aus §§ 812, 816, 817 S 1 auf Herausg des dch die VermVerschiebg Erlangten bereits besteht, was insb für RVerändergen kr Ges zweifelh sein kann (§ 812 Anm 6 Bc); lag dagg zB ein Anspr aus § 985 vor, so kann die wirks Veräußerg einer Sache dch den Nichtberecht nicht zu einem WertErsAnspr nach § 818 II, sond nur zum – hierdch erst ausgelösten – BerAnspr nach § 816 I 1 auf Herausg des Erlöses (§ 816 Anm 5b) führen. Entspr dem **Grundgedanken** des BerR, einen Ausgl ungerechtf VermVerschiebgen herbeizuführen (Einf 1 vor § 812), hat § 818 (insb III) zum Inhalt, daß – abgesehen von den Sonderfällen der verschärften Haftg nach §§ 818 IV, 819, 820, die zu SchadErsAnspr führen können –, die RückgPfl des Bereicherten nicht über das obj Maß der Ber hinausgehen darf. Da der Empf dch die ungerechtf VermVerschiebg weder wirtsch Vort noch Schad h soll, entsch für den Umfang des BerAnspr nicht die Entreicherg des AnsprBerecht (zB Wert seiner Leistg), sond allein die – hiermit nicht zwangsläuf übereinstimmde (§ 812 Anm 5 Ab) – **Höhe der Bereicherg**, BGH WPM **66**, 369, Hbg MDR **70**, 926 (begonnener Umbau). Von großer prakt Bedeutg ist hierbei der in der Rspr entwickelte, weitgehd anerkannte allg Grds, daß sich der Ausgl mit den Nachteilen, die dem Bereicherten anläßl des BerVorgangs entstanden sind, nicht nach den Grds der ZbR bemißt, sond daß es von vornherein nur einen einheitl, in sich beschr BerAnspr gibt, der sich nach dem Überschuß des erlangten VermVort über die Aufwendgen usw berechnet (**Saldo**; näher Anm 6 D). Dieser allg Grds gilt im übr auch für die Tatbestd der §§ 819, 820, soweit es sich darum handelt, ob überh eine Ber vorliegt, BGH **55**, 128. Für die Bemessg des Umfangs der HerausgPfl ist ein obj Maßstab anzulegen; ein Versch des Bereicherten ist – auch bei § 816 – unerhebl, BGH **37**, 371. Im EinzFall kann aber § 242 ein und Ergebn bedingen (Einf 8a vor § 812; s auch unten 6 D).

b) Maßgebder Zeitpkt für die Entstehg des BerAnspr u damit für dessen Umfang nach § 818 ist regelm der der VermVerschiebg (bzw bei § 816 der Ztpkt der Vfg), sofern diese ohne RGrd vorgen wurde od der RGrd rückwirkd wieder wegfiel, zB bei § 812 Anm 4 b (einseitig oder beiderseitig fehlgeschlg Bauwerks, zB bei Einstellg des Weiterbaus, BGH NJW **62**, 2293 (vgl hierzu näher § 951 Anm 2c aa). Fällt dagg der RGrd nur für die Zukunft weg, so entsch der Ztpkt dieses Wegfalls, vgl BGH NJW **59**, 1424. Besonderh gelten für den BerAnspr wg Nichteintritts des mit der Leistg bezweckten Erfolgs (s § 812 Anm 6 A d u BGH WPM **66**, 369: endgült Ausfall des Erfolgs). Zum maßg Ztpkt für die Berechng des WertErs nach II s Anm 5 d.

c) Sonstiges. Üb die **Konkurrenz** der BerAnspr (im Umfang der §§ 818ff) mit and ErsAnspr, insb aus §§ 987ff (EigtümerBesitzerVerh), § 823 (unerl Hdlg) sowie aus Vertr s Einf 4, 5 vor § 812 u § 816 Anm 1b; darü, daß Anspr aus ungerecht Ber insow ausgeschl ist, als die Leistg in der SchadErsPfl aus unerl Hdlg ihren RGrd findet, s § 812 Anm 6 u § 463 Anm 4a. Zur Geltg des § 818, insb III, im **öffentl Recht** s Einf 6d vor § 812. Zur Pers des AnsprBerecht u der BerSchu s § 812 Anm 5 Bb (Leistgskondiktion), Einf 8e vor § 812 (mehrere Bereicherte u AnsprBerecht) sowie § 816 Anm 2d, 3b (EingrKondiktion der Vfg eines Nichtberecht). Üb den Anspr auf AuskErteilu u ggf Rechngslegg bei Herausg eines SachInbegr s § 812 Anm 7 u §§ 259–261 Anm 2c, d.

2) Herausgabe des Erlangten. a) Nach den maßg BerVorschr (§§ 812, 816, 817 S 1) ist zunächst das dch die VermVerschiebg Erlangte (hierzu § 812 Anm 4 u § 816 Anm 5b) herauszugeben. Der BerAnspr geht also in erster Linie – unbeschadet eines etw Wegfalls der Ber (Anm 6) – auf Herausg des ungerechtf erlangten Ggst **in Natur**. Nur bei dem Anspr aus § 951 (RFolgen einer untrennb Verbindg, Vermischg od Verarbeitg) scheidet kr ausdr gesetzl Bestimmg ein Anspr auf Wiederherstellg des früh Zust aus; beanspr w kann insow nur eine Vergütg in Geld, bemessen nach dem Mehrwert des GesamtObj als wirtsch Einh, BGH NJW **62**, 2293 (näher unten 5c u § 951 Anm 2c bb). In den Fällen der §§ 528 I 2, 1973 II 2, 2329 II kann die geschuldete Herausg dch Zahlg des Werts der Ber abgewendet w. Zur Geltdmachg des BerAnspr dch Einr § 821 mit Anm. – **b)** Der **Inhalt der Herausgabepflicht** bestimmt sich nach der Art des Erlangten. Sie geht zB bei EigtÜbertr auf RückÜbertr des Eigt, die bei bewegl Sachen auch in der Form der §§ 930, 931 vollz w kann, bei Grdst auf RückAufl u Zustimmg zur GBUmschreibg bzw auf Einräum einer Mitberechtigg, Hbg MDR **59**, 759, od – falls das Eigt nicht übergangen war – auf Wiedereinräumg des Bes u auf GBBerichtigg, RG **137**, 324 [336]; bei bloßer Aufl (§ 812 Anm 4b) auf Verz auf die ohne rechtl Grd erlangte vorteilh RPosition, RG **108**, 329 [336]; bei BesÜbertr auf Wiedereinräumg des unmittelb Bes bzw bei Erwerb des mittelb Bes auf Abtretg des Anspr gg den unmittelb Besitzer; bei Bestellg eines R an einem Ggst auf Herausg des R in der jew vorgeschriebenen Form; bei Abtretg eines R (Fdg) auf RückÜbertr; bei Aufhebg des R auf dessen Wiederbestellg mit altem Rang (bei Unmöglichk der entspr WiederEintr einer zu Unrecht gelöschten Hyp ist nach II WertErs zu leisten, RG HRR **34**, 379); bei Begr einer Verbindlichk auf Befreiung von dieser (s ferner § 821 Anm 1); bei Erl einer Verbindlichk auf deren Wiederherstellg, doch kann bei Fälligk sofort auf Erf geklagt u dem Einwand des Erl der GgEinwand der ungerechtf Ber entgegehalten w; bei Bankgutschrift auf Rücküberweisg, OGH **4**, 81; bei Hinterlegg eines GeldBetr, auch PfdErlöses für mehrere AnsprSteller auf Einwilligg in die Auszahlg an den wirkl Berecht od Freigabe, BGH NJW **72**, 1045. Bei Herausg einer Geldsumme ist grdsätzl ein entspr Betr, nicht das mit diesen Mitteln Angeschaffte, zurückzugeben; ggf kann aber auch – zB bei Schenkg einer Geldsumme zum Erw einer best Sache – diese selbst Ggst des BerAnspr sein, BGH **LM** § 313 Nr 1. Hat der Empf die ungerechtf erlangte Sache mit dingl Recht belastet, so hat er nicht nur die Sache, sond auch das Entgelt herauszugeben, das er für die Belastg erhalten h. Besteht die Belastg in einer Hyp, so h er deren GgWert herauszugeben, kann aber verlangen, daß er von der persönl Haftg befreit wird, RG JW **27**, 1931. Es seiner Unkosten kann dagg der AnsprBerecht – and als der Bereicherte (Anm 6 C) –, soweit nicht eine SchadErsPfl (zB üb §§ 819, 818 IV) besteht, aGrd des bloßen BerAnspr nach §§ 812, 818 I nicht verlangen, BGH J Z **62**, 671 mit zust Anm von Esser. – **c)** War nur ein **Teil der Vermögensverschiebg ungerechtf**, so ist nur der entspr Teil, bei Unteilbark Zug um Zug (§ 273) gegen entspr Ausgl (Staud-Seufert Rdz 6), herauszugeben. Das gleiche gilt, wenn nur ein Teil der VermVerschiebg auf Kosten des AnsprBerecht erlangt worden ist. Bei mehreren Bereicherten u AnsprBerecht s Einf 8e vor § 812 und § 812 Anm 5 B b. Über den Fall, daß der Bereicherte mehr Rechte erlangt h, als seinem GeschPartner vor der VermVerschiebg zustanden, s § 816 Anm 3b.

3) Nutzgen. a) Nach **I Halbs 1** erstreckt sich die Pfl zur Herausg des Erlangten (Anm 2) auch auf die vom Bereicherten gezogenen Nutzgen, dh auf die **Sach- u Rechtsfrüchte** sowie **Gebrauchsvorteile** (§§ 99, 100). Voraussetzg ist also ein bereits bestehder BerAnspr (Anm 1a); die Pfl zur Herausg von Nutzgen (ZinsPfl) kann daher frühestens zus mit dem BerAnspr entstehen (wicht für den BerAnspr wg Nichteintritts des mit der Leistg bezweckten Erfolgs), BGH **36**, 356; vgl näher § 812 Anm 6 A d. Zum grdsätzl Ausschl des I im Eigentümer–BesitzerVerh dch das Sonderecht der §§ 987 ff s Einf 5 b vor § 812, Einf 2 b vor § 987, aber auch §988 Anm 4. § 818 I ist regelm auch ausgeschl, soweit ein BerAnspr aus § 951 in Frage kommt, BGH NJW **61**, 452 (näher § 951 Anm 2 c bb). – **b)** Herauszugeben sind stets nur die **tatsächl gezogenen Nutzgen**, BGH **35**, 356. Unerhebl ist daher, solange der Empf den Mangel des rechtl Grdes nicht kannte u der BerAnspr auch noch nicht rechtshäng, also keine verschärfte Haftg nach §§ 819, 818 IV eingetreten war, ob der Bereicherte es, wenn auch schuldh, unterl h, weitere mögl Nutzgen zu ziehen, RG **72**, 152. Umgekehrt sind auch solche Nutzgen, die der AnsprBerecht nicht gezogen hätte, grdsätzl herauszugeben, zB bei Verletzg eines UrhR od bei Vermietg fremder Sachen, § 812 Anm 4 d. Soweit jedoch der Nutzg ausschließl auf der persönl Leistg des Bereicherten beruht – wie zB häuf bei dem aus einem herauszugebden Unternehmen gezogenen Gewinn – ist der BerAnspr beschr auf den obj GebrWert, BGH **7**, 208 [217], BGH **LM** § 818 II Nr 7 (verneint für Filmtheater). – **c)** Ist **Geld** Ggst des BerAnspr, so sind nach I zunächst die tats erlangten **Zinsen** (seit Entstehg des BerAnspr) – nicht aber hierdch ersparte, sonst notw Aufwendgen – herauszugeben. Soweit allerd die Nutzgen bei dem Bereicherten zu verbleiben h, zB wg § 817 S 2 bei dem Darl, das dem Bewucherten eine gewisse Zeit zu belassen ist, entfällt eine ZinsPfl schlechthin, BGH WPM **75**, 128 (§ 817 Anm 3 c bb). Sonst h der AnsprBerecht grdsätzl nachzuweisen, daß Nutzgen (Zinsen) tats gezogen w sind, falls nicht nach der LebensErfahrg best wirtsch Vort zu vermuten sind (BGH **64**, 322) wie einem als BetrMittel eingesetzten Darl (BGH NJW **62**, 1148), bei Herausg von zinstragden Wertpapieren oder einer Geldsumme ggü einer Bank, RG **53**, 363 [371]. Bei ungerechtf überlassener Kapitalnutzg ist ferner als WertErs (II) für die unmögl Herausg der hierdch genossenen Vort der übl Zinssatz zu vergüten, RG **151**, 123, BGH NJW **61**, 452; zur Höhe vgl BGH NJW **62**, 1148. Da jedoch weder die auf das KaufR beschr AusnVorschr des § 452 noch §§ 352, 353 HGB auf den BerAnspr anwendb sind, kommt eine generelle Verzingsg des BerAnspr, insb wenn er auf Herausg von Sachwerten gerichtet ist, vor Eintritt der verschärften Haftg nach §§ 819, 818 IV (hierzu Anm 7 b) nicht in Betr, zB nicht, wenn WertErs für ein vom AnsprBerecht errichtetes Bauwerk zu leisten ist, BGH **35**, 356 (hier nur Ers des obj Nutzgswerts). – **d)** Herauszugeben sind auch die aus ErsWerten (**Surrogate**, Anm 4) gezogenen Nutzgen, oder Nutzgen aus einem Ggst, der zB mit dem erlangten Geld angeschafft w ist, da der Ggst des BerAnspr nur das urspr Erlangte u dessen Nutzgen umfaßt (hier ggf nur WertErs nach II, RG **133**, 283; aA Koppenhöfer NJW **71**, 588/594, der sich im Interesse eines vollst BerAusgl hier für eine analoge Anwendg des § 818 I ausspricht). – **e)** § 818 II u III sind hier gleichf **anwendb**. Können die gezogenen Nutzgen nicht in Natur herausgegeben w, so ist nach II WertErs zu leisten (Anm 5; vgl auch oben b). Nach III kann der Bereicherte insb die Gewinnskosten – ohne die Bschrkg des § 102 – abziehen (Anm 6 C a). Sonst Einschränken der HerausgPfl von Nutzgen kennt das Ges nicht, RG **137**, 206. – **f)** Zu dem gerade hier bes wicht Anspr auf **Auskunft u Rechngslegg** s § 812 Anm 7 u RG **137**, 206.

4) Die HerausgPfl erstreckt sich ferner auf das, was der Empf als **Surrogat** erworben h **(I Halbs 2). a) AGrd eines erlangten Rechts.** Hierunter ist – und als zB in § 281 (dort Anm 1e) od in §§ 1370, 2019 I – nur zu verstehen, was in bestimmungsgem Ausübg des Rechts erlangt ist, zB bei Einziehg einer Fdg der Leistgs-Ggst, bei Verwertg eines PfdR der erzielte Erlös, der Gewinn eines Loses, das ohne rechtl Grd nach § 812 od dch Vfg eines Nichtberecht nach § 816 erlangt war, **nicht** aber die sog **rechtsgeschäftl Surrogate**, also das, was dch RGesch (Kauf, Tausch ua) anstelle des urspr Ggst erworben w ist, RG **101**, 389, BGH **24**, 106 weil hierfür § 818 II (Anm 5) eine Sonderregel enthält. Ist also dch RGesch die Herausg des urspr erlangten

Ggst unmögl gew, so ist nicht das rgeschäftl Erlangte herauszugeben, sond WertErs nach II zu leisten; war zB das Los nicht selbst Ggst des BerAnspr, wurde es vielmehr erst mit dem ungerechtf erlangten GeldBetr erworben, so fällt ein Gewinn nicht unter die HerausgPfl. Zum Wegfall der Ber (VerlustGesch) s Anm 6 B c. – **b) Als Ersatz für die Zerstörg, Beschädigg od Entziehg des erlangten Gegenstandes** (stellvertr Vort). Der Ers kann zB auf Vertr (VersSumme, LG Köln MDR **65**, 132), unerl Hdlg (SchadErsLeistg) od rechtm Eingr (EnteignsgsEntsch) beruhen. Der BerAnspr nach I 2 umfaßt auch den Anspr auf diese (uU noch ausstehden) Leistgn.

5) Nach **II** ist **Wertersatz** zu leisten, wenn die Herausg des Erlangten (Anm 2) samt Nutzgen (Anm 3) u Surrogaten (Anm 4) wg deren Beschaffenh unmögl od der Empf aus and Grd zur Herausg außerstande ist.

a) Die Vorschr umfaßt nach ihrem Wortlaut sowohl die **obj Unmöglichkeit** der Herausg wg der Beschaffenh des Erlangten, zB bei empf Dienstleistgen, GebrVort, Verbrauch der Sache, als auch das subj **Unvermögen** gerade des Empf, zB bei Veräußerg der Sache. Dabei ist unerhebl, ob die Unmöglichk (Unvermögen) auf Zufall od Versch des Empf beruht (and bei der verschärften Haftg der §§ 818 IV, 819, 820). Der Empf ist daher nicht verpfl, eine veräußerte Sache zum Zwecke der Herausg zurückzuerwerben od eine Verbindg ua wieder zu beseitigen, wenn er hierdch mehr als den Wert des Erlangten verlieren würde (Grd: § 818 III). Auch für vertretb Sachen ist unter den Voraussetzgen von II ledigl WertErs in Geld (nicht gleichart Sachen) zu leisten, zB bei Hing von ausländ Geld, RG JW **27**, 980. Teilw Unmöglichk, zB bei Beschädigg od Veränderg der Sache, steht der HerausgPfl nicht entgg; ebso nicht ihre Werterhöhg (Anm 6 C); lediql der Ausgl der Differenz muß hier nach den Grds des II erfolgen. II gilt auch, wenn der AnsprBerecht nicht in der Lage ist, eine etw GgLeistg (hierzu Anm 6 D) in Natur zurückzugeben. Ob die Herausg unmögl ist, ist nach obj Maßstäben zu beurteilen; es besteht kein WahlR des Empf od des AnsprBerecht zw Leistg in Natur u WertErs, vgl auch BGH **24**, 106.

b) Beisp: Die Beschaffenh hindert die Rückgewähr insb, wenn es sich um empf Dienstleistgen handelt, BGH **37**, 258, **41**, 282 (s aber zum VergütgsAnspr beim fakt ArbVerh Einf 4 a aa vor § 611 sowie § 812 Anm 6 A d); zur Frage, wann hier überh eine zu ersetzde Ber eingetreten ist, s § 812 Anm 4 u BGH **55**, 128 (erschlichene Flugreise). Desgl ist WertErs zu leisten bei erlangten GebrVort, Fruchtgenuß (zB Kapitalnutzg, Anm 3 c) oder Befreiung von einer Schuld ggü Dr. In Betr kommen ferner Verbrauch (Verzehr), Untergang, Veräußerg der Sache sowie untrennb Verbindg, Vermischg od Verarbeitg, insb Errichtg eines Gebäudes auf fremdem Grdst (hierzu § 951 Anm 2 c; zum Vorrang einer etw Leistgskondiktion § 812 Anm 5 B b). II (WertErs, ggf gg EigtÜbertr) ist auch anwendb, wenn ein rechtsgrdlos erlangtes Grdst inf Bebauung mit FabrikAnl wirtsch etwas ged gew ist, RG **133**, 293, **169** 65 [76], nicht aber wenn Gebäude ohne ZweckÄnd ledigl umgebaut w, RG **117**, 112. Weitere Fälle einer unmögl Herausg sind gegeben bei Nutzg eines fremden ImmaterialgüterR (Einf 6 b vor § 812) od einer fremden Sache, BGH **20**, 270 (soweit nicht vertragl od vertrhnl AusglAnspr in Betr kommen, BGH **21**, 319, Einf 5 vor § 145, Einf 5 a vor § 812); unterl VermErwerb zG eines and, Mü GRUR **51**, 468; Herstellg von Anl, RG **147**, 396. – Im Falle der **Sonderbestimmg des § 816** (wirks Vfg eines Nichtberecht) ist WertErs für den weggegebenen Ggst zu leisten (§ 816 Anm 5 b); soweit allerd die Herausg des Erlangten unmögl ist, ist nach II dessen Wert, nicht der Wert des urspr Ggst, zu ersetzen.

c) Wertersatz ist **in Geld** zu leisten. Zu ersetzen ist der gemeine Wert, dh der **obj Verkehrswert,** den die Leistg nach ihrer tats Beschaffenh für jedermann h, BGH NJW **62**, 2293, WPM **66**, 369, bei PrBindg also der gez zul Pr, BGH NJW **62**, 580. Nicht zu ersetzen ist dagg das bes Interesse eines bestimmten Beteil, insb nicht – and als bei § 816 (dort Anm 5b) – der bei der Veräußerg erzielte Gewinn des Empf (bei einem Verlust des Empf ist dessen Ber insow nach III weggefallen, s Anm 6 B c). Die Meing, im Hinbl auf III sei auf einen subj WertBegr abzustellen (Koppensteiner NJW **71**, 1769), vermengt Ggst u Höhe der Ber, vgl Goetzke AcP **173**, 289. Bei Veräußerg zus mit and Sachen zu einem GesamtPr findet verhältnism Berechng entspr § 471 statt, RG **75**, 361. Der Inhalt des zur VermVerschiebg zugrde liegdn unwirks Vertr ist danach an sich für die Wertberechng regelm bedeutgslos; er kann aber Anhaltspkt für die Bemessg der übl Vergütg (bei Dienstleistgen, s unten) sein. Auch kann der, der dch seine argl Täuschg Anlaß zur Ertrg des Vertr gegeben h, wg § 242 regelm höchstens die vertragl vereinb Leistg verlangen, BGH **LM** § 123 Nr 22. – **Einzelfälle:** Der Wert eines auf fremdem Grdst errichteten **Gebäudes** bemißt sich nicht nach den Aufwendgen des Entreicherten (Baukosten ua), BGH **10**, 171, BGH WPM **73**, 71. Maßg ist vielm grdsätzl die obj Erhöhg des gemeinen VerkWerts des Grdst, dh regelm des Ertragswerts abzügl entgangener Nutzgen, auch wenn Ertr für ungewisse Zeit nicht gezogen w kann, BGH NJW **62**, 2293, WPM **63**, 135 (§ 951 Anm 2 c bb). Der ErtrWert bemißt sich idR nach dem kapitalisierten Mietertrag (and uU bei erschwerter Vermietbark), der mit dem übl VerkPreis nicht zufallen muß; daneben können allerd ggf auch and Umst (zB Bauwert) ergänzd herangezogen w, BGH NJW **61**, 2205. Es handelt sich dabei um einen einheitl WertErsAnspr. Die Mitgl der schlichten GrdstGemsch haften für ihn nicht als GesSchu, sond jeder einz u nur in Höhe der Ber seines Anteils, BGH WPM **73**, 71. Bei Umbauten des Pächters entsch regelm der Wert der inf vorzeit VertrAuflösg verlorenen besseren Nutzgsmöglichk, Hamm WPM **70**, 1359. Zur aufgedrängten Ber s näher § 951 Anm 2 c dd; über die Wertberechng bei Anbau an eine Kommunalmauer s § 921 Anm 5 b bb. – Hat der Verm nach vorzeit Beendigg des MietVerh einen verlorenen **Baukostenzuschuß** nach BerR zurückzugeben (§ 812 Anm 6 Ac sowie Einf 11 vor § 535), so ist Ggst der Ber nicht der erlangte Zuschuß selbst, sond die hierdch dem Verm ermöglichte bessere Verwertg der Mieträume, deren Wert – idR in entspr Raten – zu ersetzen ist, BGH **29**, 289, WPM **67**, 750, Hamm MDR **71**, 51; aA Frotz AcP **164**, 309 [327], Wunner NJW **66**, 2285. Bei einer sonst **Mietvorauszahlg** ist dagg, da § 557a nur eine RFolgenVerweisg für einen VertrAnspr enth, entsch, ob die empf Vorauszahlg wirtsch gesehen noch im Verm des Vermieters vorh ist, BGH **54**, 347 (s § 557a Anm 4b); zum BerAnspr bei einverständl Auflösg s auch Strutz NJW **68**, 1955. – Bei erbrachten **Dienstleistgen** bemißt sich der WertErs, soweit nicht die Grds über fakt ArbVerh Anwendg finden (hierzu Einf 4a aa vor § 611 u § 812 Anm 6 A d), nach der übl, hilfsw nach der angem Vergütg (§ 612 Anm 2b), BGH **37**, 259, **55**, 128 (Erschleichg einer Flugreise), ggf nach einer allg Gebührenordng, vgl BGH

36, 321. Ein Anhaltspkt für die Höhe der übl Vergütg kann, zB bei höheren Diensten, auch die unwirks vereinb GgLeistg sein, BGH **41**, 282; vgl auch Kleinheyer JZ **61**, 473. Bei SelbstErf dch den RInh (§ 812 Anm 4c) ist der Betr zu ersetzen, den der Verpfl hätte aufwenden müssen, jedoch nicht mehr als der RInh tats aufgewandt h, BGH NJW **64**, 1365. – Beim Ers von nicht in Natur herausgabefäh **Nutzgen** (insb GebrVort), zB bei Nutzg fremder Sachen od ImmaterialgüterR, ist entspr diesen Grds der obj Wert der auf Kosten des Berecht ersparten Aufwendgen zu ersetzen (hM, § 812 Anm 4d); doch ist auch hier, zB bei Nutzg eines Unternehmens, ein Gewinn, der nur auf den persönl Umst beim Empf beruht, nicht herauszugeben (Anm 3b). – Ist der **Besitz** Ggst des BerAnspr, so ist daneben der Wert der GebrVort zu ersetzen (vgl hierzu § 557 Anm 3b), nicht aber, zB bei Veräußerg der Sache, deren Sachwert, BGH LM § 812 Nr 15.

d) **Maßgebd Zeitpunkt der Wertermittlg** ist nach stRspr der Eintritt der Bereicherg, also der VermVerschiebg, RG **119**, 332, BGH **5**, 197, BGH NJW **63**, 1299, ebso Diederichsen JurA **70**, 378 [396], weil grdsätzl der Ztpkt des Entstehens des BerAnspr auch dessen Umfang bestimmt (Anm 1b u für die Errichtg von Gebäuden auf fremdem Grdst § 951 Anm 2 c aa mwN); aA Furtner MDR **61**, 649, der auf den Ztpkt des Entstehens der WertErsPfl nach II abstellt (II ändert jedoch nur die Art, nicht den Umfang der HerausgPfl). Koppensteiner NJW **71**, 588 erkl den Ztpkt der letzten mdl Verhandlg (bzw der außergerichtl Inanspruchn) für maßg, da der BerGläub bis zu diesem Ztpkt nach III das Risiko der Wegfalls der Ber trage, so daß inzw eingetretene Wertsteigergen ihm voll zugute kommen müßten. Der Empf haftet aber bereits ab RHängigk nach IV verschärft, so daß er sich grdsätzl schon dann nicht mehr auf den Wegfall der Ber berufen kann (Anm 7 c); auch bestehen Bedenken dagg, den GeldAnspr aGrd einer inzw eingetretenen Wertsteigerg für die ihm zugrdeliegden Sachwerte nachträgl aufzuwerten (und bei Haftg wg Verzugs nach Eintritt der verschärften Haftg; s Anm 7d). Unerhebl ist jedenf der Ztpkt der Abrechng, BGH NJW **62**, 580. Zu beachten ist aber, daß der BerAnspr, insb bei Nichteintritt des mit einer Leistg bezweckten Erfolgs, verschiedentl erst später entsteht (Anm 1b u § 812 Anm 6 A d), so daß dann dieser Ztpkt auch der Wertberechng für II zugrdezulegen ist. Für die Umstellg nach dem UmstG ist gleichf der Ztpkt der Entstehg des BerAnspr maßg, BGH NJW **62**, 2293.

6) Beschränkg der Herausgabepflicht auf die Bereicherg (III).
A) Allgemeines. Gilt für alle Konditionen, zB auch ggü dem BerAnspr aus § 816; s dort Anm 5 c. **Unanwendbar** ist III dagg ggü dem selbstd geregelten „Bereicherungs"-Tatbestd der Art 89 WG, 58 ScheckG, BGH **3**, 338. Zur Anwendbark des III im öff R s Einf 6 d vor § 812. – Der primär auf Herausg des Erlangten samt Nutzgen u Surrogaten od auf WertErs (§ 818 I, II) gerichtete BerAnspr ist, soweit nicht verschärfte Haftg des Empf eintritt (hierzu Anm 7 c; s aber auch § 820 Anm 3), doch III auf Vorhandensein u Fortbestd der Ber beschr. Dieser vielf als der eigtl **Grundgedanke des BerRechts** bezeichnete Grds, der für und Anspr nicht gilt (vgl zB für den Anspr auf Ers von notw Verwendgen ohne Rücks auf eine „Bereicherg" des Eigtümers § 994 Anm 2b), enth eine Begünstigg des „gutgl" Empf. Vor Eintritt der verschärften Haftg, deren Voraussetzgen der Gläub des BerAnspr zu bew h (§ 819 Anm 5), darf die HerausgPfl des gutgl Bereicherten nicht zu einer Verminderg seines Verm über den Betr der wirkl Ber hinaus führen, BGH **55**, 128. – Hieraus ergibt sich folgds: **a)** Währd der KonditionsAnspr des BerGläub auf Herausg eines best Ggst od auf Ers gerade seines Wertes gerichtet ist, spricht III allg von **Wegfall der „Bereicherg"**. Dieser Begr ist nicht nach rechtl od rein rechner Gesichtspkten zu bestimmen. Die Rspr stellt vielm auf eine wirtsch Betrachtungsw ab (zB BGH MDR **59**, 109), während die RLehre mehr das wertde Element in den VorderGrd stellt (Diederichsen JurA **70**, 378 [404]). Festzuhalten ist jedenf, daß III den BerAnspr nicht zu einem allg WertErsAnspr macht, sond ledigl den primären HerausgAnspr usw gg den gutgl Empf auf den Umfang der noch vorh Ber beschr (Larenz, SchR II, § 64 II). Um diesen Umfang der Ber festzustellen, ist der VermStand des Bereicherten zZ der Entstehg des BerAnspr (Empfang der Leistg, Zufluß der „Ber in sonst Weise") mit dem zZ der Herausg od des Eintritts der RHängigk (§ 818 IV) bzw der Kenntn vom Mangel des RGrdes (§ 819) zu vergl. Hierbei sind einers best Nachteile (unten b) als VermMinderg abzuziehen, anderers dch den BerVorgang erlangte Vort (zB ersparte Aufwendgen) als VermMehrg zu berücks. Ergibt dieser Vergl einen **Überschuß der Aktiv- über die Passivposten (Saldo)**, so ist in diesem Umfang ein BerAnspr gegeben, RG (GrZS) **163**, 348 (hM; herkömmlicher „Saldotheorie" genannt; zur Berücks der GgLeistg bei ggs Vertr s näher unten D). Hiernach ist der BerAnspr ein von vornherein in sich beschr einheitl Anspr auf Ausgl aller mit der VermVerschiebg zurechenb zushängder Vorgänge u Tats in dem sich daraus ergebden Saldos, BGH **1**, 75; der BerSchu ist nicht gehalten, sich auf das Grds der Aufr od ZbR zu berufen, RG **129**, 307, BGH NJW **63**, 1870. Die für den Wegfall der Ber entwickelten Grds der Anrechng von GgLeistgen, Aufwendgen usw gelten ohne Rücks auf guten od bösen Glauben, also – für die Frage, ob u in welcher Höhe überh eine Ber entstanden ist – auch für die Fälle der verschärften Haftg nach §§ 818 IV, 819, 820, BGH **55**, 128. – **b)** Bestr ist, in welcher Weise die gem III zu berücks Vort u Nacht mit der VermVerschiebg verbunden sein müssen. Die Rspr verlangte insow bish stets nur das Vorliegen eines ursächl Zushangs, wobei die Gesamth der auf den BerVorgang einwirkden Umst zu berücks sei, BGH LM § 818 III Nrn 2, 6 u 7 (Abwicklg eines Vertr nach § 323), BGH WPM **67**, 395. Dieses Kriterium ist jedoch nicht immer bestimmt genug u verschiedentl zu weit (auch der vom Dieb gezahlte Kaufpr wäre ja dch den BerAnspr aus § 816 adäquat kausal; s demggü Anm 6 Cb). Den BerAnspr können daher nur solche VermNachteile u Aufwendgen beschränken. die der gutgl Bereicherte **im Vertrauen auf die Unwiderruflichk des vermeintl VermZuwachses** gemacht h; ausdr offen gelassen in BGH WPM **70**, 1421. – **c)** Darüber hinaus ist nach der ganz hM **unerhebl, wie und aus welchem Grd die Bereicherg weggefallen ist.** Insb steht der Anwendbark von III nicht entgg, daß die Ber inf eines Versch des BerSchu gemindert oder eine Nutzg schuldh nicht gezogen wurde. Der Bereicherte kann sich auf eine Beschrkg des BerAnspr aber (wg § 242) nicht berufen, wenn er die Grdlage der Ber dch eine ausschließl eigenen Interessen diende Hdlg selbst beseitigt h, RG **170**, 65; vgl auch BGH JZ **61**, 699. Weitergehd befürwortet Flessner, Wegfall der Ber (1970), S 112 ff eine HaftgsVerteilg nach materiellen ZurechngsGesichtspkten; entsch sei, welcher Seite nach dem jew EinzFall ein VermVerlust ua anzulasten sei. Dagg spricht aber, daß auf den BerAnspr gg den gutgl Empf, soweit also

§ 818 6 A–C

nicht eine verschärfte Haftg nach §§ 818 IV, 819, 820 in Frage steht, die allein für SchadErsAnspr geltden Grds auch nicht entspr herangezogen w können, da hier nur ein obj BerAusgl vorzunehmen ist. Vor Eintritt der verschärften Haftg findet auch keine Haftg wg SchuVerz statt, RG **93**, 271 (näher Anm 7 d). – Die Ber ist, ohne daß es einer Aufr bedarf, außerdem im Umfang eines GgAnspr auf SchadErs gemindert, weil das, was als Ber herauszugeben wäre, nach SchadErsR sofort wieder zurückerstattet w müßte (BGH WPM **76**, 1307 [1310]). **d)** Ein **BGB-Gesellschafter,** wenn er voll für die ungerechtf Ber der GesHand haftet (vgl § 718 Anm 4) kann sich auf Wegfall der Ber schon bei der GesHand, bei seinen MitGtern u bei sich berufen, BGH **61**, 338 mit Besprechg Meincke Betr **74**, 1001, Reinhardt JZ **74**, 768. – **e)** § 818 III ist **dispositiv;** so kann zB für Lohnüberzahlgen eine uneingeschränkte RückzahlgsPfl vertragl vereinb w, BAG NJW **64**, 1241 (s Einf 6 c vor § 812).

Im einz ist für die Haftg des „gutgl" Erwerbers vor RHängigk zu unterscheiden:

B) Das urspr Erlangte ist nicht mehr vorhanden: Ist der erlangte Ggst weitergegeben (veräußert) od verbraucht worden, so besteht eine Ber nur insow fort, als der Empf hierfür ein Surrogat bzw Nutzgen (I) od einen ErsWert (II) erhalten u noch in Händen h od als er dch Verwendg des Erlangten Ausgaben erspart h, die er notwendigerw auch sonst gehabt hätte. Auch hier entsch der Einzelfall unter Berücks der Verh beim Empf: **a)** Ist das Empfangene für außergewöhnl Dinge verwendet worden (**Luxusausgaben** usw), die sich der Empf sonst nicht verschafft hätte, so ist die Ber regelm weggefallen, BGH MDR **59**, 109 (überzahlte Bezüge), BVerwG MDR **61**, 535; vgl aber auch BGH **55**, 128 (erschlichene Flugreise). Weitere Fälle: Unterschlag des Erlangten dch Vertreter des Empf, RG HRR **33**, 1843 (hier besteht Ber nur noch in ErsAnspr gg Vertr, s unten d); Anschaffg unverwertb Maschinen mit dem erlangten Geld, RG **118**, 185 (nur Pfl zur Herausg der Maschinen); zur Weggabe der erlangten Sache s ferner unten c. – **b)** Die Ber ist auch weggefallen, sofern das **gesamte Aktivvermögen** des Empf soweit **abgesunken** ist, daß es den BerAnspr nicht mehr deckt, so daß nicht mehr geprüft zu w braucht, welche Verluste im einz mit der Ber zushängen, BGH **LM** § 818 III Nr 7. Dies ist aber noch nicht bei allg VermVerlusten, zB inf Kriegseinwirkg der Fall, BGH **LM** § 818 III Nr 2. – **c) Weggabe von Sachen:** Hat der Empf das Erlangte schenkw weggegeben, so ist er nicht mehr bereichert (zum Anspr gg den Erwerber s § 822). Hat er die Sache veräußert, so h er nach II den Erlös bis zur Höhe des gemeinen VerkWerts der Sache herauszugeben; ein darü hinausgehder Gewinn verbleibt dem Empf, währd bei Erzielg eines Mindererlöses die Ber nach III nur noch in dieser Höhe fortbesteht, RG **101**, 389 (s Anm 5 c). Hat dagg ein Nichtberecht wirks über einen Ggst verfügt, so hat er nach § 816 das gesamte Erlangte (aber auch nur dieses) herauszugeben, also auch einen erzielten Gewinn (s § 816 Anm 5 b, c). III gilt im übr auch ggü einem BerAnspr aus § 816; so kann sich zB der als Nichtberecht verfügde Kommissionär nach Abführg des Erlöses an seinen AuftrGeb (Kommittent) auf den Wegfall der Ber berufen, BGH **47**, 128 (Ber nur in Höhe der VerkProv), aA Wolf JZ **68**, 414. Ebso wirken Ber mindernd Verwendgen des nichtberecht Verfgden aus Anlaß der Veräußerg, iF des Vindikationsbesitzers, ferner zumindest im Fall der Veräußerg eintretde Wegfall seiner VerwendgsErs-Anspr gg den Eigtümer aus §§ 994 ff; soweit solche bestanden, kann er den Betr von den herauszugebden Erlös abziehen (Gursky JR **71**, 361). Auch Verwendgen als solche, die auf die später veräußerte Sache währd der Vindikationslage gemacht wurden, können nach hM vom Erlös abgezogen w; aA Gursky aaO. Zur Anwendbark von III im Rahmen der verschärften BerHaftg s Anm 7 c, § 819 Anm 4 a u § 820 Anm 3. – **d)** Keinen BerWegfall stellt es dar, wenn der Empf mit dem Erlangten **eigene Schulden** getilgt h, u zwar selbst dann nicht, wenn Empf im übr vermlos ist, RG JW **36**, 717. – **e)** Die Ber ist grdsätzl auch dann nicht weggefallen, wenn der Empf inf Weitergabe des Erlangten (zB als Darl od Zahlg an falschen Gläub) einen **Anspr gg Dritten** erhalten h. In diesem Fall ist Empf nach II zum WertErs, nicht nur zur Abtretg des Anspr gg Dr verpfl. Ist Anspr gg Dr prakt wertlos, zB weil dieser zahlgsunfäh ist, so ist jedoch die Ber weggefallen, BGH **LM** § 820 Nr 1; aA zu Unr BGH **9**, 333 für eine wg § 817 S 2 nicht realisierb Fdg gg Dr. Ist die Durchsetzbark des Anspr gg Dr zweifelh, so ist deren Wert derzeit nicht bestimmb; hier kann vom BerGläub nur Abtretg dieser ErsFdg verlangt w (BGH Betr **78**, 1876); s unten C d. Hat eine Bank eine ihr zur Abdeckg eines Kredits ihres Kunden abgetretene, diesem aber nicht zustehde Fdg wirks eingezogen, so kann sie sich ggü dem BerAnspr des wahren Inh der Fdg aus § 816 II nicht darauf berufen, die Ber sei weggefallen, weil sie den Betr ihrem Kunden gutgeschrieben habe; diese Gutschrift kann jederzeit storniert w, BGH **26**, 185 [194]. Dagg ist die Ber weggefallen od gemindert, wenn die Bank im Vertrauen auf die Endgültigk der vorgen Abrechng von erfolgversprechnden Maßn gg den Kunden (rechtzeit Beitreibg ihrer Anspr) absieht, BGH aaO u NJW **60**, 1712; s auch unten C d.

C) Das ursprüngl Erlangte ist noch vorhanden: Dann ist es herauszugeben, gleichgült in welchem Zust es sich befindet, BGH NJW **62**, 1909 (s Anm 5 a). Gleichwohl kann sich hier die Ber mindern od ganz wegfallen, wenn Empf in seinem Verm sonstige Nachteile erlitten h, die mit dem BerVorgang in dem unter A b genannten Zushang stehen, so daß sich nach III der BerAnspr entspr verkürzt. Über den bes wicht Fall der Erbringg einer GgLeistg s unten D; zur Frage der Berechng u Durchsetzg des Anspr, insb bei ungleichart Rechngsposten, s unten E. Als zu berücks Aufwendgen in diesem Sinne kommen in Betr: **a) Alle Verwendgen** auf die erlangte Sache, nicht nur notw u nützl, sond auch wenn sie zu einer Werterhöh der Sache nicht geführt h, es sei denn, daß sie auch sonst gemacht worden wären, Gursky JR **71**, 361; einschränkd zur aufgedrängten Ber § 951 Anm 2 c dd. Als solche Verwendgen, die der Empf im Vertrauen auf die Beständigk des RErwerbs gemacht h, sind insb anzusehen RepKosten; die gewöhnl UnterhKosten; Kosten der Nutzgs- u Fruchtziehg, für die die Beschrkgen des § 102 nicht gelten; endgült steuerl Mehrbelastg, RG **170**, 65; auch die Kosten der Herausg des erlangten Ggst, vgl RG **96**, 345, zB die Kosten des Rücktransports. – **b)** Zu den Aufwendgen zählen grdsätzl auch die **Kosten des Erwerbs** der Sache, RG **72**, 1, zB Frachtkosten, VermittlgsProv u Mehrwertsteuer (BGH NJW **70**, 2059), Kosten der VertrBeurk, iF der EingrKondiktion die Kosten der ZwVollstr (BGH **66**, 150; vgl § 812 Anm 5 B ab); der Makler, der seine erlangte Prov als ungerechtf Ber an den AuftrG zurückzahlen muß, ist nach BGH BB **78**, 1088 entreichert um die Prov, die er an seine AußendienstMitarb bezahlt h; zweifelh, weil die Begleichg v Schulden mit dem Erlangten sonst nicht zur Entreicherg führt; zur Berücks der GgLeistg s

Einzelne Schuldverhältnisse. 24. Titel: Ungerechtfertigte Bereicherung § 818 6 C, D

unten D. Dagg ist anerk, daß der Bereicherte ggü dem HerausgAnspr aus § 812 od § 816 nicht die Gg-Leistg abziehen kann, die er für den Erwerb der Sache an einen **Dritten** erbracht h, BGH stRspr, zB **55**, 126 (wer infolge Verarbeitg an abhgek Sachen Eigt erwirbt, kann den an den Dieb gezahlten Kaufpr nicht vom BerAnspr abziehen), BGH Betr **74**, 1009 (der Nichtberecht, der den Erlös nach § 816 an den Eigtümer herausgeben muß, kann den an einen Dr bezahlten Pr für den Erwerb nicht abziehen); aA für die Leistgskondiktion Strutz NJW **68**, 141 ohne überzeugde Begr. Dies ergibt sich insb für den BerAnspr gg den wirks als Nichtberecht Verfügden aus § 816 daraus, daß dieser Anspr an die Stelle des HerausgAnspr aus § 985 getreten ist, dem ggü nicht der Besitzer auf Zahlgen an einen Dr hätte berufen können. Darü hinaus h der Bereicherte die GgLeistg aGrd des mit dem Dr abgeschl Vertr erbracht; er muß sie desh im Rahmen der GewlAnspr allein von diesem zurückfordern. Das gilt auch ggü Anspr aus § 816 II; die Factoring-Bank als Zweitzessionarin kann dem Anspr des VorbehVerk als Erstzessionar auf Herausg des vom Kunden des VorbehKäufers wirks (§§ 404, 407) bezahlten KaufPr nicht Wegfall der Ber entggehalten, weil sie den KaufPr aGrd des FactoringVertr dem VorbehKäufer gutgeschrieben habe (Messer NJW **76**, 925). Eine Abzugsfähigk ist auch dann nicht gegeben, wenn der Berecht die Sache unter verlängertem EigtVorbeh verk hatte u gem § 407 die Leistg an den Dr gg sich gelten lassen müßte, BGH NJW **70**, 2059. – **c) Folgeschäden,** die der Bereicherte aus der ungerechtf VermVerschiebg erlitten h (zB das rgrdlos erlangte kranke Vieh steckt das eig des Empf an) sind nach der Rspr als abzugsfäh Posten zu berücks, da sie dch den BerVorgang adäquat kausal verurs sind (RGRK Anm 50 mwN). Als bloße Zufallsschäden stehen sie jedoch in keinem Zushang mit dem Vertrauen des Empf auf die RBeständigk des Erwerbs (oben A b) u sind desh nicht abzugsfäh (Soergel-Mühl Rdz 39). – **d)** Darü hinaus sind nach III abzugsfäh alle Aufwendgen, Ausgaben u **Vermögensnachteile,** die der Empf **im Vertrauen auf die Unwiderruflichk des vermeintl Vermögenszuwachses** erlitten h. Hierzu zählen das Verjährenlassen der Fdg gg den wirkl Schu, RG **70**, 350; Versäumg einer AusschlFr; Rückg von Sicherh; Investition eines Eheg vor Scheidg in Grdst, das ihm der and Eheg zu MitEigt als Basis wirtsch Existenz übertr hatte, BGH WPM **72**, 564. Einräumg eines weit (verlorenen) Kredits der Bank an ihren Kunden im Vertrauen darauf, daß die Abtr in Wahrh wg verlängerten EigtVorbeh des Warenlieferers des Kunden unwirks war u die Bank desh den eingezogenen Betr wg § 816 nicht behalten darf, BGH **26**, 185 [195]. Dagg kein Wegfall der Ber, wenn die Bank aGrd eines nichtigen Globalzessions-Vertr (§ 138) mit ihrem Kunden dessen unter verlängertem EigtVorbeh stehde Fdgen (unwirks) eingezogen u im Vertrauen darauf weit verlorenen Kredit gewährt h, BGH **56**, 173, krit Olschewski NJW **71**, 2307, Lieb JR **71**, 507. Abzugsfäh Nachteil ferner, wenn inzw der wirkl Schu (zB bei einer fehlerh ZwVollstr, § 812 Anm 5 B a bb) zahlgsunfäh gew ist od wenn anstelle des grdlos Erlangten nur ein unverwertb Anspr gg Dr besteht (oben B e), sofern diese Wertlosigk dch den BerVorgang in adäquater Weise verurs, zB rechtfert Beitreibg der Fdg gg den wirkl Schu vor dessen VermVerfall unterlassen w ist, BGH WPM **61**, 273.

D) Berücksichtigg der GgLeistg, die der Empf für das Erlangte bewirkt h. Die GgLeistg gehört zu den Kosten des Erwerbs der Sache (oben Cb) u ist daher beim BerAusgl zu berücks. Str ist, wie dies zu geschehen h:

a) Nach der **Zweikondiktionenlehre** h jeder VertrTeil selbstd Anspr auf Herausg des jew Empfangenen od auf WertErs unabhäng vom Schicksal des Anspr der GgSeite; ein Ausgl wäre hier nur iW der Widerkl, Aufr od des ZbR mögl. Diese Auffassg führt zwar id R zu befriedigden Ergebn; sie w aber der GrdGedanken des BerR auf Dchführg eines einheitl BerAusgl zur Abwicklg ungerechtf VermVerschiebgen (oben A u Einf 1 vor § 812) nicht gerecht.

b) Demggü vertr die stRspr, schon des RG (**163**, 348 [360]) u des BGH (NJW **63**, 1870, BGH **53**, 144) grdsätzl die **Saldotheorie;** krit hierzu Flume, Festschr für Niedermeyer, S 103/160ff. Ihr h sich zutr die hM angeschl (Nachw bei Staud-Seufert Rdz 45ff). Die Saldotheorie ist die log Folge des Synallagmas beim ggs Vertr (Einf 2c vor § 320); trotz ihrer RGrdlosigk sind die beiderseit Leistgen auch weiterhin dch den Austauschzweck unmittelb miteinander verknüpft (ähnl Larenz, SchR II, § 70 III). In Abwicklg nach den Grds der vorrang LeistgsKondition (§ 812 Anm 2) besteht auch in diesem Fall von vornherein nur ein einheitl Anspr auf Ausgl der beiderseit VermVerschiebgen, der auf WertErs bzw Überschusses der Aktiv- über die Passivposten (Saldo) gerichtet ist. Bei Errechng des Saldos ist die GgLeistg genau wie die sonst Abzüge (Aufwendgen usw, oben C), soweit sie sich aus der Rückabwicklg des nichtigen od unausführb gew Vertr ergeben, als Abzugsposten einzusetzen. Daraus folgt, daß nach der Saldotheorie der BerAnspr von vornherein nur einem VertrTeil zusteht, BGH NJW **63**, 1870 (zur Berechng s unten E). Der Unterschied zw beiden Lehren w prakt, wenn die GgLeistg untergegangen ist od an Wert verloren h. Der Empf ist dann zwar insow nach III nicht mehr bereichert; er kann aber nicht seinerseits seine noch vorh (Gg-)Leistg vom Gegner zurückverlangen, ohne sich den Wert der an ihn erbrachten, nunmehr – gleichgült ob vom Empf versch od nicht – entwerteten Leistg entggehalten lassen zu müssen. Die Saldotheorie stimmt damit allerd mit den bei Wandelg u Rücktr vom Vertr geltden Regeln, insb mit § 350, nicht überein; sie schafft jedoch im Normalfall der beiderseit BerHaftg einen gerechten Ausgl der VermVerschiebgen, die den Grds des § 323 III u § 327 S 2 (hierzu § 327 Anm 2) entspr (krit hierzu Flume NJW **70**, 1161). – Die Saldotheorie setzt nicht gleichart Leistgen voraus. So ist iF der Ehescheidg der Anspr eines Eheg auf Rückg eines GrdstAnteils von vornherein inhaltl beschr auf das Verlangen Zug um Zug als Ausgl der Nachteile (Investitionen), die der and Eheg im Vertrauen auf die Unwiderruflichk der Zuwendg des GrdstAnteils gehabt h, BGH WPM **72**, 564.

c) Die **Saldotheorie** bedarf jedoch **notwend Einschränkgen:** Sie gilt von vornherein nur für die Abwicklg von beiders kondiktionsreif erbrachten Leistgen aus einem unwirks ggseit Vertr. Hat eine Seite vorgeleistet u ist der Ggst der Leistg beim Empf untergegangen, so kann der Leistde weder – wg Nichtigk des Vertr – die GgLeistg fordern noch – wg § 818 III – seine eig Leistg zurückverlangen, vgl BGH **LM** § 818 III Nr 2. Aus diesem Grd ist auch die einem Dr erbrachte „Gegen"-Leistg, zB zum Erwerb der Sache von einem and als dem Berecht, nicht abzugsfäh (oben Cb). Darü hinaus ist die Saldotheorie stets dann nicht anwendb, wenn übergeordnete allg Gesichtspkte aus BilligkGrden (Einf 1 vor § 812) eine abw Entsch ver-

775

§ 818 6, 7   2. Buch. 7. Abschnitt. *Thomas*

langen. So behält der argl getäuschte Käufer, bei dem die Sache ohne sein Versch untergegangen od beschädigt worden ist, seinen vollen BerAnspr auf Rückgewähr des Kaufpr, da der argl Täuschde nicht besser gestellt w darf als der RücktrSchu, BGH 53, 144 mit Anm Weitnauer NJW 70, 637 u Diesselhorst JZ 70, 418 (zur Berücks etw sonst GgAnspr des argl Täuschden s unten E). Ebso behält der argl getäuschte Käufer, bei dem die Sache dch sein Versch zerstört w ist, seinen Anspr auf Rückgewähr des Kaufpr, der sich allerd gem § 242 bei Abwägg der Schwere der Täuschg u des Versch an der Zerstörg mindern kann, BGH 57, 137 (146 ff); krit Huber JuS 72, 439; im Ergebn zust aber mit beachtl Bedenken gg die Begr Flessner NJW 72, 1777; abl Honsell NJW 73, 350. Dies bedeutet prakt eine ausnahmsw Rückkehr zur Zweikonditionen-lehre für die genannten Fälle. Fragl ist, ob diese Ausn für alle Fälle gemacht w muß, in denen einer der Beteil nach § 819 verschärft haftet; bejaht für genannten Fall vom BGH aaO (149). Jedenf kann die Saldotheorie auch dann keine Anwendg finden, wenn der vorrang Gesichtspkt des Schutzes eines Mj od sonst nicht voll GeschFäh gebietet, ihm den BerAnspr auf Herausg seiner GgLeistg in vollem Umfang zu erhalten.

E) Durchsetzg des Bereicherungsanspruchs. Aus der grdsätzl anwendb Saldotheorie folgt, daß der BerAnspr in diesen Fällen von vornherein nur einer Seite zusteht u auf Herausg des Überschusses geht (oben D). Kl muß desh die Ber des Bekl darlegen u bereits dabei alle Leistgen berücks, die Bekl aus seinem Verm in Erf des Vertr od im Vertrauen auf die Unwiderruflichk des RErwerbs gemacht h. Sind die beiderseit Leistgen gleichart, so h dies dch entspr Verrechng zu erfolgen. Bei ungleichart Leistgen (zB Sache u Verwendgen ggü Kaufpr) w dem Grds, daß die Ber nur in dem Überschuß besteht, in gleicher Weise Rechng getragen. Dem Bekl w also nicht nur ein LeistgsverweigersR bis zur Erstattg seiner Gg-Leistg od ihres Werts eingeräumt (so Staud-Seufert Rdz 45 c) – die Frage eines ZbR des Empf bestimmt sich nach den allg Vorschr –, der BerKl h vielm, ohne daß es einer Ber des Bekl bedarf, schon im KlAntr die ungleichart GgLeistg derart zu berücks, daß er deren Rückgewähr Zug um Zug anbietet, BGH NJW 63, 1870. Macht der Kl nur einen Teil der Ber geltd, so kann der Bekl – and als bei der Aufr – die die Ber mindernden Posten insow nicht in Anrechng bringen, als der gesamte Anspr des Kl (Saldo) jedenf den geltd gemachten Teil deckt, RG Recht 18, 701. Soweit der argl Täuschde nach Anf auf Herausg der Ber in Anspr gen w, brauchen sie aber GgAnspr des AnfGegners (vgl hierzu § 463 Anm 4a) vom BerGläub nicht gem der Saldotheorie bereits im KlAntr berücks zu w (oben D), der argl Täuschde kann sie aber im gleichen RStreit geltd machen, BGH NJW 64, 39.

7) Haftgserweiterg bei Rechtshängigk (IV). a) Anwendgsbereich. Ab Eintritt der RHängigk (§§ 263 I, 253 I ZPO; in mdl Verhandlg § 281 ZPO; bei vorausgegangenem MahnVerf § 696 II ZPO), auch wenn der Anspr nur hilfsw erhoben wurde, RG 117, 112, tritt eine **verschärfte Haftg des BerSchuldners** ein, weil er jedenf ab diesem Ztpkt mit dem Fehlen des VermVerschiebg rechtl Grdes rechnen muß (s aber zu rechtsmißbr Geltdmach eines BerAnspr trotz verschärfter Haftg § 820 Anm 3c). IV gilt für alle Arten von BerAnspr. Diese Vorschr über die verschärfte Haftg des BerSchu findet entspr Anwendg, wenn der Empf den Mangel des rechtl Grdes beim Empfang kennt od ihn später erfährt (§ 819 I), sowie in einigen Sonderfällen der Leistgskondiktion (§§ 819 II, 820; s die dort Anm). – **b)** Die „**allgem Vorschriften**", nach denen sich die verschärfte Haftg bestimmt, sind in erster Linie die §§ 291, 292 mit den dort genannten Verweisgen, vgl RG JW 38, 1025. Dies bedeutet im einz: Eine fäll Geldschuld ist spätestens ab RHängigk mit 4% (§ 246) zu verzinsen (§ 291); eine höhere Verzinsg, zB nach §§ 352, 353 HGB, scheidet auch dann aus, wenn der rgrdlosen VermVerschiebg ein HandelsGesch zugrdeliegt, RG 96, 57. Währd nach hM dem Empf der Ber bis zur RHängigk ein Versch nicht schadet (Anm 6 A c), ist nunmehr der Empf für den Schaden verantwortl, der dadch entsteht, daß inf eines von ihm zu vertr Umst der Ggst der Ber verschlechtert w, untergeht od aus einem and Grd von ihm nicht mehr herausgegeben w kann, §§ 292 I, 989. Der Empf h ferner nicht nur tats gezogene Nutzgen herauszugeben (Anm 3a), sond er h auch schuldh nicht gezogene Nutzgen zu ersetzen, §§ 292 II, 987. Abzugsfäh sind nur notw Verwendgen im Rahmen der GoA, §§ 292 II, 994 II, zB Aufwendgen zur Bestreitg von Lasten des Ggst (§ 995), vgl RG 117, 112. Entsch für die Abzugs-fähigk ist mithin regelm das Einverständn der GgSeite, §§ 994 II, 683, RG DR 39, 634; sonst nur – bei notw Verwendgen – BerAnspr gem §§ 994 II, 684. – **c)** Auf **Wegfall od Minderg der Bereicherg** (III) nach Eintritt der RHängigk kann sich der gem IV haftde Empf wie in der allg Vorschr haftde Empf im allg nicht berufen, RG DR 39, 634. Er kann es nur dann, wenn sich die Befreiung von der LeistgsPfl aus den allg Vorschr ergibt, zB bei unversch Unmöglichk der Herausg nach § 275 (bei WertErsAnspr aber § 279, BAG NJW 61, 622), sofern nicht – wie vielf – gleichzeit die Voraussetzgen des Verzugs vorliegen (§ 287 S 2; unten d). Wegfall der Ber auch dann, wenn die VermMinderg mit dem Tatbestd, der die Grdlage des BerAnspr bildet, unmittelb zuhängt, es sich also um allg Grds des Ausgl von Vort u Nacht handelt, RG HRR 33, 1008 („ursächl Zushang", s aber Anm 6 A b); zB sind Aufwendgen bei Tilgg der BerSchuld od Erbringg einer GgLeistg im Vertrauen auf die Beständigk des RErwerbs abzugsfähig; s auch § 820 Anm 3. Das gleiche (dh Wegfall der Ber) gilt auch bei Verlust des Ggst der Ber anläßl der Herausg, auch wenn es sich um die Übermittlg eines GeldBetr handelt (§ 270 ist insow nicht anwendb), hM, Sieveking MDR 47, 291; aA Staud-Seufert Rdz 59. – **d)** Aus IV ergibt sich, daß vor Eintritt des RHängigk eine verschärfte Haftg des BerSchu – soweit nicht § 819 I eingreift (dort Anm 4) – auch nicht bei **Verzug** stattfindet, mögen auch die Voraussetzgen der §§ 284 ff bereits vorher gegeben sein, RG 93, 271. Umgekehrt w der Schu spätestens mit der KlErhebg in Verz kommen (vgl § 284 I 2), sofern er sich nicht ausnahmsw in einem – von ihm zu beweisen – entschuldb RIrrt üb den Umfang seiner Pfl zur Herausg der Ber befindet, er die Nichtleistg mithin nicht zu vertr h (§ 285). Zur Beachtlichk eines RIrrt allg s § 285 Anm 2. Lange JZ 64, 640 spricht sich unter Vergl mit der Haftg des Besitzers (vgl § 990 II) dafür aus, keine strengen Anforderg an die Entschuldbark eines RIrrts des BerSchu zu stellen; in seiner Vergl kann aber – wenn überh – nur dies im zu beweisen – nicht jedoch bei einem sonst BerAnspr, insb aus EingrKondiktion, in Frage kommen; s auch § 819 Anm 4b. – Liegen danach die Voraussetzgen des SchuVerz vor, so h der BerSchu eine Geldschuld zu verzinsen (§ 288 I; s oben b), ferner neben dem VerzSchad des § 286 nach § 288 II auch einen weitergehen Schad zu ersetzen, insb einen dch inzw eingetr Geldentwertg verurs Verlust, RG JW 27, 980. Gem § 287 S 2 haftet der BerSchu ferner grdsätzl auch für eine dch Zufall eingetretene Unmöglichk der BerHerausg.

8) Beweislast. Es gelten die allg Grds (vgl hierzu § 812 Anm 8). Der BerGläub h daher zu bew, daß der Empf etwas erlangt h, desgl den Umfang der Ber (zB der gezogenen Nutzgn, Anm 3b) sowie ggf hin des Werts des urspr BerGgst im maßg Ztpkt (Anm 5c, b). Der Empf h dagg Wegfall od Minderg der Ber zu bew, BGH NJW 58, 1725; dies zwar nicht als eigtl Einrede, da BerWegfall vAw zu beachten u vom Kl in seinem Antr zu berücks ist (Saldo, Anm 6 A a, E), sond weil es sich um eine rechtsvernichtde Einwendg handelt. Es genügt in diesem Zushang, wenn der Empf bew, daß er im gewärt Ztpkt nicht mehr bereichert ist. Der Entreicherte h demggü darzutun, daß zZ des Eintritts der RHängigk (od was dem gleichsteht; Anm 7a) die Ber noch bestand, der Bekl also für den Wegfall nach IV verantwortl ist, BGH aaO. Auch bei Leistg an nicht voll GeschFäh tritt keine Umkehrg der BewLast ein, RGRK Anm 62.

819 *Verschärfte Haftung bei Bösgläubigkeit und bei Gesetzes- oder Sittenverstoß.*

I Kennt der Empfänger den Mangel des rechtlichen Grundes bei dem Empfang oder erfährt er ihn später, so ist er von dem Empfang oder der Erlangung der Kenntnis an zur Herausgabe verpflichtet, wie wenn der Anspruch auf Herausgabe zu dieser Zeit rechtshängig geworden wäre.

II Verstößt der Empfänger durch die Annahme der Leistung gegen ein gesetzliches Verbot oder gegen die guten Sitten, so ist er von dem Empfange der Leistung an in der gleichen Weise verpflichtet.

1) Bedeutg, Konkurrenz. Die verschärfte Haftg des BerEmpf, die nach § 818 IV (dort Anm 7) für die Zeit ab RHängigk eintritt, erweitert § 819 iW der Fiktion. Die strengere Haftg trifft den Empf danach bereits vor diesem Ztpkt bei Kenntn von der RGrdlosigk (I) u bei Verwerflichk des Empfangs (II); zwei weit Fälle verschärfter Haftg bei der Leistgskondiktion behandelt § 820. § 819 I gilt für alle Arten von BerAnspr. Die Haftg des Empf aus and AnsprGrdlagen, zB aus § 687 II od aus unerl Hdlg (§§ 823, 826; zum Umfang s insb §§ 848 ff), bleibt daneben unberührt (Einf 4 vor § 812). Ist der Anspr aus unerl Hdlg verj, so bleibt Haftg aus § 819 gleichwohl bestehen, § 852 II (s hierzu § 852 Anm 5 u Einf 6a vor § 812). Soweit in dem Empfang eine vorsätzl unerl Hdlg liegt (mögl bei § 817), ist eine Aufr auch ggü dem BerAnspr aus § 819 nach § 393 (dort Anm 1) ausgeschl. Zum Umfang der Haftg, insb im Hinbl auf eine gleichzeit Haftg wg SchuVerz s Anm 4.

2) Kenntnis von Rechtsgrundlosigk des Empfangs (I). a) Erforderl ist **pos Kenntn**; Kennenmüssen (dh fahrl Unkenntn, § 122 II) genügt nicht (and § 87 II BBG, § 53 II BRRG; s Einf 6d vor § 812), auch nicht – and als bei der Haftg des Besitzers (§ 990) od des ErbschBesitzers (§ 2024) – Bösgläubigk iS des § 932 II (grobfahrl Unkenntn). Auch bloße Zweifel am Fortbestd des RGrdes können die verschärfte Haftg nach § 819 nicht auslösen (s aber § 820 Anm 1). – **b)** Die Kenntn vom Mangel des rechtl Grdes muß nach ganz hM nicht nur die Tats, sond **auch die Rechtsfolgen** umfassen, RG 93, 226, sofern sich diese nicht ohne weiteres aus den Tats ergeben. Jur Kenntn sind hierfür nicht erforderl; entsch ist, ob – zB bei Ann der VertrErf in Kenntn der tats Umst, die zur Nichtigk des Vertr führen – ein obj Denker vom RMangel überzeugt sein würde, vgl BGH 26, 256; Kenntn h auch, wer sich bewußt den RFolgen verschließt, vgl BGH 32, 76 [92]. Wg § 142 II genügt auch die Kenntn der Anfechtbark eines RGesch u der daraus herzuleitden RFolge; auf Ungewißh, ob AnfR ausgeübt w od nicht, kommt es dabei nicht an, RG JW 32, 1724. Wird demnächst angefochten, so tritt rückw (§ 142 I) die verschärfte Haftg von dem Ztpkt an ein, in dem Empf die Anfechtbark u deren RFolgen erkannt h, hM, Staud-Seufert Rdz 2; aA RG 101, 389. – **c) Maßgebd Zeitpunkt:** Kennt Empf den Mangel des RGrdes schon im Ztpkt der Verm-Verschiebg, so tritt die verschärfte Haftg sofort ein. Sonst entsch der Ztpkt der nachträgl KenntnErlangg vom nicht vorhandenen (§ 812 I 1) od später wieder weggefallenen (§ 812 I 2 1. Fall) RGrd. Bei BerAnspr nach § 812 I 2 2. Fall tritt verschärfte Haftg nach dessen Entstehen (§ 812 Anm 6 A d) ein, dh wenn der Empf erfahren h, daß der mit der Leistg bezweckte Erfolg nicht eintreten w, BGH 35, 356 [361]. Zum ungewissen Erfolgseintritt s § 820 I 1. – **d)** Ein BerAnspr ist regelm **ausgeschlossen**, wenn der Leistde selbst den Mangel des rechtl Grdes (§ 814) od die Unmöglichk des Erfolgseintritts (§ 815) gekannt h. Hat nun der Empf geglaubt, der Leistde habe selbst den Mangel des RGrdes gekannt – wofür der Empf allerd beweispfl ist – so kann er mangels entspr Kenntn nicht an der verschärften Haftg der §§ 819 I, 818 IV festgehalten w, RG 137, 171, 151, 361. Die strengere Haftg des Empf, der den Mangel des RGrdes kennt, ist jedoch trotz Kenntn des Leistden nicht ausgeschl, wenn das G ihm ohne Rücks hierauf einen BerAnspr einräumt, vgl BGH NJW 58, 1725. – **e)** Erfolgte die VermVerschiebg an einen **Vertreter**, so ist – entspr § 166 I – grdsätzl dessen Kenntn maßg u, vgl BGH WPM 62, 609. Ebso reicht grdsätzl die Kenntn des ges Vertr aus, zB wenn er weiß, daß der Mj trotz Unwirks des MietVertr die Sache benutzt (BGH MDR 77, 388). Bei Vorhandensein mehrerer Vertr genügt die Kenntn eines von ihnen (§ 166 Anm 1). Bestr ist, ob **Kenntn eines nicht voll GeschFähigen,** der beim Empfang des BerGgst nicht vertr war, nach § 819 I die die verschärfte Haftg auslösen kann. Währd dies verschiedentl verneint u allein auf die (Un)Kenntn des ges Vertr abgestellt w, Metzler NJW 71, 690, spricht sich die hM für die entspr Anwendg der §§ 827–829 aus (zusfassd Erm-Seiler Anm 1 a): Larenz, SchR II, § 70 IV will für die Leistgskondiktion auf die Kenntn des ges Vertr abstellen, bei der EingrKondiktion dagg §§ 827 ff anwenden. Es muß unterschieden w: Bei der Leistgskondiktion w vielf der vorrang Gesichtspkt des Schutzes des Mj od sonst nicht voll GeschFäh bei dessen allein Kenntn die Anwendg der verschärften Haftg verbieten, weil sonst im Ergebn über § 819 I oftm die gleiche Haftg wie aus dem – wg der GeschUnfähigk unwirks – RGesch eintreten würde (vgl § 812 Anm 4d aE zur Kfz-Anmietg dch Mj). Dieser Gesichtspkt gilt jedoch bei der Ber in sonst Weise, vor allem bei der EingrKondiktion regelm nicht. Soweit insb gleichzeit eine unerl Hdlg des Mj vorliegt, besteht kein Anlaß, dh dort anwendb §§ 827–829 auch zur Begründg der verschärften Haftg des den RMangel kennden Mj nach § 819 heranzuziehen; ebso BGH 55, 128 (erschlichene Flugreise eines Mj ohne Kenntn des ges Vertr).

3) Verwerfl Empfang (II). Voraussetzg ist ein BerAnspr nach § 817 S 1, dh pos Kenntn des Empf von dem GVerstoß bzw das Bewußtsein, sittenw zu handeln (näher § 817 Anm 2 c). Die verschärfte Haftg nach

§§ 819, 820 2. Buch. 7. Abschnitt. *Thomas*

II tritt auch ein, wenn beide Seiten verwerfl handeln, § 817 S 2 aber im EinzFall nicht anwendb ist, BGH NJW 58, 1725 (zu § 5 der inzw aufgeh GrdstVerkVO). Die Kenntn des Empf muß im Ztpkt der Ann der Leistg gegeben sein. Erfährt der Empf erst später die Umst, die die Verbots- od Sittenwidrk des Empfangs begründen, so tritt, da der Empf „in der gleichen Weise" wie nach I haftet, ab diesem Ztpkt die verschärfte BerHaftg ein (Staud-Seufert Rdz 5 mwN; aA RGRK Anm 11, Soergel-Mühl Rdz 15); abgesehen davon, w hierin regelm der Erlangg der Kenntn vom Mangel des RGrdes nach I liegen.

4) Umfang der Haftg. a) Liegen die Voraussetzgen des § 819 vor, so haftet der Empf ab dem maßg Ztpkt (Anm 2c, 3) wie ab RHängigk, vgl § 818 Anm 7. Insb kann er sich grdsätzl nicht gem § 818 III auf den Wegfall od die Minderg der Ber nach diesem Ztpkt berufen, sofern nicht die später eintretden Verluste in unmittelb Zushang mit dem BerVorgang stehen od bereits vor dem Eintritt der verschärften Haftg veranlaßt worden waren, RG JW 32, 1724 (näher § 818 Anm 7c u unten b). – **b)** § 819 fingiert nur den Eintritt der RHängigk, nicht aber auch im Versch des Empf, das allerd hier viel gleichzeit gegeben sein w. Die verschärfte **Verzugshaftg** tritt, weil sie Versch voraussetzt, nicht ein, wenn der Empf in entschuldb Irrt (hierzu § 285 Anm 2) über seine Leistgs- (Herausg-)Pfl war, RG JW 25, 465 mit Anm von Locher, od sich auf ein ihm zustehdes ZbR beruft, RG HRR 31, 1519. Auch die verschärfte Haftg auf SchadErs nach §§ 819 I, 818 IV, 292 I, 989 setzt ein Versch des BerSchu voraus, das allein dch § 819 I noch nicht unterstellt w; soweit ein Versch ausnahmsw einmal nicht gegeben ist, kann sich daher der Bereicherte auch im Falle des I zunächst noch auf den Wegfall der Ber nach § 818 III berufen, OGH NJW 50, 642.

5) Beweislast. Vgl zunächst § 818 Anm 8. Die Voraussetzgen der verschärften Haftg (Kenntn usw) h der AnsprBerecht zu beweisen, vgl BGH NJW 58, 1725. Der Bereicherte h dagg darzutun, daß er von der Vorstellg ausgegangen ist, auch der Leistde habe den Mangel des RGrdes gekannt, wesh eine verschärfte Haftg nicht eintreten könne (Anm 2d).

820 *Verschärfte Haftung bei ungewissem Erfolgseintritt.* ¹ War mit der Leistung ein Erfolg bezweckt, dessen Eintritt nach dem Inhalte des Rechtsgeschäfts als ungewiß angesehen wurde, so ist der Empfänger, falls der Erfolg nicht eintritt, zur Herausgabe so verpflichtet, wie wenn der Anspruch auf Herausgabe zur Zeit des Empfanges rechtshängig geworden wäre. Das gleiche gilt, wenn die Leistung aus einem Rechtsgrunde, dessen Wegfall nach dem Inhalte des Rechtsgeschäfts als möglich angesehen wurde, erfolgt ist und der Rechtsgrund wegfällt.

II Zinsen hat der Empfänger erst von dem Zeitpunkt an zu entrichten, in welchem er erfährt, daß der Erfolg nicht eingetreten oder daß der Rechtsgrund weggefallen ist; zur Herausgabe von Nutzungen ist er insoweit nicht verpflichtet, als er zu dieser Zeit nicht mehr bereichert ist.

1) Bedeutg. § 820 enth für 2 Fälle der Leistgskondiktion eine – allerd ggü §§ 819, 818 IV etwas abgewandelte (Anm 3) – verschärfte Haftg des BerSchu. War nach dem Inhalt des RGesch der mit einer Leistg bezweckte Erfolg (§ 812 Anm 6 A d) ungewiß od wurde der Wegfall des RGrdes (§ 812 Anm 6 A c) als mögl angesehen, so muß Empf von vornherein mit seiner HerausgPfl rechnen; dies rechtf eine strengere BerHaftg als nach § 818 I-III. Wesentl für die Anwendbark des § 820 ist, daß **beide Teile** bei VertrSchl den Eintritt des Erfolgs od den Wegfall des rechtl Grdes als mögl h u daß sich dies aus dem Inhalt des RGesch ergab, RG JW 38, 1025. Hat nur Leistder gewußt, daß der Eintritt des Erfolgs unmögl ist, so h er wg § 815 überh keinen BerAnspr (and bei späterem Wegfall des RGrdes, § 815 Anm 1); hat allein Empf Kenntn vom Ausfall des Erfolgs od vom Wegfall des RGrdes gehabt, so haftet er nach § 819 I.

2) Voraussetzgen der verschärften Haftg. a) Entsch für § 820 ist der Inhalt des RGesch. Voraussetzg ist zunächst, daß danach **objektiv** der Erfolgseintritt ungewiß od der Wegfall des rechtl Grdes mögl war. Darü hinaus müssen die Beteil **subjektiv** beim Abschl des RGesch von dieser Unsicherh ausgegangen sein. Hieran fehlt es schon, wenn die Beteil den Erfolgseintritt (zB eine behördl Gen nach mdl Zusage) für sicher od den Wegfall des RGrdes für ganz unwahrscheinl gehalten h. Die nur als entfernt angesehene Möglichk einer and Entwicklg als bezweckt u vorhersehb genügt für die Anwendbark des § 820 nicht, BGH LM Nr 1. Ebso ist nicht ausreichd, daß die Beteil nur mit der allg nicht ausscheidb Möglichk des Nichteintritts bzw Wegfalls gerechnet od sich aufdrängde Zweifel nicht beachtet h (wie zB bei Hing einer Aussteuer vor Eingehg der Ehe, die dann nicht geschl w), weil sonst die verschärfte Haftg des § 820 in nahezu allen Fällen eines BerAnspr wg Nichteintritts des mit einer Leistg bezweckten Erfolgs eintreten würde. Erforderl ist daher, daß sich die Beteil die Ungewißh der zukünft Entwicklg bes vergegenwärtigen, BGH aaO; die Unsicherh muß im Ztpkt des Empfangs der Leistg den Beteil konkret bewußt sein. – **b)** Die Ungewißh der zukünft Entwicklg muß sich aus dem **Inhalt des Rechtsgeschäfts** selbst ergeben, RG JW 38, 1025; außerh des Vertr liegde Umst können hierfür nicht ausreichen. – **c)** § 820 gilt auch für die Pfl zur Rückgewähr einer GgLeistg aus einem ggseit Vertr nach § 323 III, wenn die Beteil mit der von keiner Seite zu vertreten – Unmöglichk der Leistg gerechnet h, RG 123, 401. – **d)** § 820 ist entspr anwendb auf **Leistgen unter Vorbehalt** (§ 814 Anm 2b), wenn sich der Leistde nicht nur einseit die Rückfdg vorbeh h, sond beide VertrTeile darü einig waren, daß Zahlg nur vorläuf war, Nichtbestd der Schuld also als mögl unterstellt wurde, BVerwG MDR 61, 535 (Abschlagszahl auf Versorggsbezüge). – **e) Beisp:** Vorschußw Entrichtg einer MaklerProv; Leistgen auf einen noch genehmigsbedürft Vertr, und wenn die Beteil die Erteilg der Gen als sicher angen h, RG HRR 33, 1843; Abtretg des R auf Aushändigg von Aktien an einer noch nicht eingetr AG, RG 123, 401; Leistgen auf einen zunächst nur mdl abgeschl GrdstKaufVertr, BGH JZ 61, 699. Über Rückfdg des Kaufpr für MündelGrdst, der in Erwartg vormschgerichtl Gen an Vormd gezahlt w ist, s RG 81, 261.

3) Umfang der Haftg. Sind die Voraussetzgen des § 820 I gegeben, so haftet der BerEmpf hins des empfangenen Ggst so, wie wenn der HerausgAnspr rhäng gew wäre; maßg Ztpkt für den Eintritt der verschärften Haftg ist hier bereits der Empfang der Leistg. Zur Haftg des BerSchu nach RHängigk s §818 Anm 7. Verschärfg der Haftg bedeutet aber gerade bei § 820 nicht von vornherein, daß die Ber nicht noch mit befreiender Wirkg wegfallen od gemindert w kann, insb sofern es sich um allg Grds des Ausgl von Vort u Nacht handelt, die mit dem BerVorgang unmittelb zushängen, also zunächst zu prüfen ist, ob u ggf inwiew (Saldo, § 818 Anm 6 Aa) überh Ber vorliegt, RG HRR 33, 1008, BVerwG MDR 61, 535. – Die **verschärfte Haftg** ist aber ggü § 818 IV in zweierlei Hins **eingeschränkt: a) Nebenleistgen:** Nach II h Empf ebw von § 291 Zinsen (Höhe; § 246) von dem Ztpkt an zu entrichten, da er den ins Haftg Nichteintritt des Erfolges od Wegfall des RGrdes kennt. Nutzgen sind nur herauszugeben, soweit Empf noch bereichert ist, dh im Rahmen der allg Haftg nach § 818 I–III. Desh auch keine Haftg für Nutzgen, die Empf bis zum Ztpkt der KenntnErlangg hätte ziehen können. Die strengere Haftg des § 820 gilt mithin prakt nur für das Kapital. – **b)** And als viel bei § 819 (dort Anm 4b) u bei § 818 IV (dort Anm 7 d) kommt bei § 820 eine verschärfte Haftg wg **Verzugs** nicht in Betr. Wenn der Leistde mit dem Verbleib der Leistg beim Empf trotz der Ungewißh der zukünft Entwicklg einverst war, trifft den Empf kein Versch (§ 285), so daß eine Haftg für Zufallsschäden (§ 287 S 2) ausscheidet. – **c)** Das Verlangen auf Herausg der Leistg unter den verschärften Voraussetzgen des § 820 kann **rechtsmißbräuchlich** sein, wenn der Leistde den Empf veranlaßt h, das Erlangte seiners an einen zahlsunfäh Dr weiterzugeben, BGH **LM** Nr 1.

4) Beweislast. Der AnsprBerecht h die obj u subj Voraussetzgen für den Eintritt der verschärften Haftg nach § 820 (Anm 2) zu beweisen; desgl hins der Nebenleistgen den Ztpkt der KenntnErlangg (Anm 3a), währd der BerSchu den Wegfall der Ber (bei Nutzgen) darzutun h. Im übr gelten die Grds in § 818 Anm 8.

821 *Einrede der Bereicherung.* **Wer ohne rechtlichen Grund eine Verbindlichkeit eingeht, kann die Erfüllung auch dann verweigern, wenn der Anspruch auf Befreiung von der Verbindlichkeit verjährt ist.**

1) Bedeutg. Eine Leistg iS des BerR ist auch die Eingeh einer Verbindlichk (§ 812 Anm 2). Ist dies ohne rechtf Grd geschehen, so besteht nicht nur nach § 812 ein Anspr auf Herausg des Erlangten, dh hier auf Befreiung von der Verbindlichk (§ 818 Anm 2a), sond daneben eine **selbständ Einrede**. Mit ihr kann Erf aller Anspr verweigert w, um deren Bestehen Kl rgrdlos bereichert ist. So kann zB, wer ohne RGrd Eigt übertr h, aber noch im Bes der Sache ist, die auf § 985 gestützte EigtHerausgKl des Bereicherten dch Einr der Ber abwehren. Desgl ist, wer ohne rechtl Grd ein SchuldAnerk (§ 812 Anm 2b) eingegangen ist, nicht genötigt, seiners klagew Anspr auf Befreiung zu erheben; er kann vielm Erf des Anerk einredew verweigern, RG JW **36**, 917. Der Anspr auf Befreiung von der Verbindlichk verj nach den allg Grds für BerAnspr (Einf 7 vor § 812). § 821 bestimmt darü hinaus – wie zB § 853 ggü einer dch unerl Hdlg erlangten Fdg –, daß die Einr auch dann fortbesteht, wenn Anspr auf Befreiung bereits verj ist, zB wenn der Bereicherte sich aus einem trotz der Verj der Fdg weiter haftden PfdR od einer Hyp (§ 223 I) befriedigen will. Damit ist die Selbstdigk der BerEinr ausdr festgelegt. Die Einr der Ber ist eine echte Einr, die ein LeistgverweigersR begründet. Sie ist daher – und als zB bei der Berechng des BerSaldos (§ 818 Anm 6 Aa, D) – nicht vAw, sond nur zu beachten, wenn sie geltd gemacht w.

2) Folgen. Da es sich um eine dauernde Einr handelt, kann das dennoch – zB zur Erf eines selbstd Schuld-Anerk – Geleistete gem § 813 I zurückverlangt w (§ 813 Anm 2a); ebso Rückfdg einer Vorleistg, wenn Gegner Erbringg seiner Leistg nach § 821 verweigert (Staud-Seufert Rdz 3). Ein für die Fdg bestelltes PfdR ist herauszugeben (§ 1254), auf eine Hyp ist zu verzichten (§ 1169). Die Einr kann auch dem Zessionar entgegengehalten w (§§ 404, 405; RG **86**, 301); anderers kann sie auch erheben, wer sich auf die Einr des Schu berufen kann, zB SchuldÜbern, Bürge, HypSchu, Verpfänder, unmittelb Besitzer (§§ 417, 768, 1137, 1211, 986 I; RG JW **36**, 917). Die Einr entfällt, wenn u soweit die Ber weggefallen ist (§ 818 III), sofern nicht verschärfte BerHaftg, zB nach § 819, eingreift. Auch schließt § 821 die allg „Einrede" der Argl (§ 242 Anm 2 c ee, d) ggü dem Verlangen des Gläub nicht aus.

822 *Herausgabepflicht Dritter.* **Wendet der Empfänger das Erlangte unentgeltlich einem Dritten zu, so ist, soweit infolgedessen die Verpflichtung des Empfängers zur Herausgabe der Bereicherung ausgeschlossen ist, der Dritte zur Herausgabe verpflichtet, wie wenn er die Zuwendung von dem Gläubiger ohne rechtlichen Grund erhalten hätte.**

1) Anwendgsbereich, Abgrenzg. § 822 ist dem § 816 I 2 insow vergleichb, als in beiden Fällen der unentgeltl, wenn auch gutgl Erwerbde den dingl wirks RErwerb bereichergsrechtl nicht behalten darf. Der Schutz des RVerk muß hier, da für den Erwerb nichts aufzuwenden war, ggü dem Interesse des Benachteiligten zurücktreten. Im übr bestehen aber erhebl Unterschiede: Währd § 816 I 2 (unentgeltl, wirks Vfg der ZwPers als Nichtberecht) noch auf einem einheitl BerVorgang beruht (nur der BerAnspr richtet sich nicht gg den verfügden Nichtberecht, sond unmittelb gg den Erwerber, § 816 Anm 1a, 3a), enth § 822 eine echte **Ausnahme von dem Grdsatz der Einheitlichk des BerVorgangs** (§ 812 Anm 5 B). Die bereichergsrechtl Haftg des Dr tritt hier ein, indem der bish BerSchu als dingl Berecht das Erlangte mit rechtl Grd unentgeltl dch einen weiteren Zuwendungsakt an den Dr übertr; sofern hierdch die Verpfl des ersten Empf zur Herausg der Ber ausgeschl ist, ist der Dr zur Herausg verpfl, wie wenn er die Leistg unmittelb vom Benachteil ohne rechtl Grd erworben hätte (ähnl für die GläubAnf unentgeltl Vfgen in § 32 KO u § 3 I Nr 3 u 4 AnfG). Abgesehen von der Dchbrechg des Erfordern der Einheitlichk des BerVorgangs enth § 822 somit nur eine **Aushilfshaftg** bei Wegfall der Haftg des urspr KondiktionsSchu. § 822 kann aber auch neben § 816 I 2 anwendb sein (unten 2 a).

2) Unentgeltl Zuwendg des Erlangten an Dritten. a) Der urspr Empf muß etwas ohne rechtl Grd erlangt h. Es muß also ein **BerAnspr gg den ursprüngl Empfänger** bestanden h. Unerhebl ist, aGrd welcher Bestimmg dieser BerAnspr begr war. So ist § 822 in gleicher Weise anwendb, wenn der Empf das nach § 812 Erlangte od wenn der wirks als Nichtberecht Verfügde den nach § 816 I 1 herauszugebdn Erlös unentgeltl zuwendet, RG **98**, 131. § 822 greift auch dann ein, wenn der von einem Nichtberecht unentgeltl Erwerbde (§ 816 I 2) das Erlangte seines unentgeltl weitergibt, vgl BGH NJW **69**, 605. Der urspr BerAnspr kann schließl auch auf § 822 selbst beruhen; gibt der Dr das unentgeltl Erlangte an einen Vierten weiter, so ist auch dieser herausgpfl, soweit hierdch die BerHaftg aller Vormänner ausgeschl ist (Anm 3). – **b) Erlangt** ist vom urspr Empf ist zunächst der Ggst selbst (§ 812 Anm 4), ferner bei § 816 I 1 der Erlös samt Gewinn (§ 816 Anm 5b). Erlangt sind ferner die Nutzgen u ErsWerte, die unter §§ 818 I, II fallen (zum Wegfall der Ber nach § 818 III s unten 3a). Darü hinaus muß es nach dem GrdGedanken des § 822 für die Begr einer BerHaftg des Dr genügen, wenn das für den urspr Ggst dch RGesch Erworbene, zB eine mit erlangten Geld gekaufte Sache, dem Dr unentgeltl zugewendet worden ist. And als bei § 816 I 2 (dort Anm 3a) steht insow der bei § 822 nicht anwendb Grds der BerVorgangs nicht entgg. Da aber der urspr Empf nach dem Verk gem § 818 II nur auf WertErs gehaftet hätte, ist in diesem Fall auch die Haftg des Dr auf den Wert des urspr Erlangten zu beschr. Anderes kann sich der Dr dch Heraus des ihm zugewendeten Ggst, um den er allein bereichert ist (§ 818 III), befreien. – **c)** Das Erlangte muß **einem Dritten** zugewendet worden sein (zum Begr des Dr s § 123 Anm 1 d cc). § 822 ist daher zB nicht anwendb, wenn der ErstEmpf schon beim Erwerb als Vertr des Dr aufgetreten ist (vgl auch § 812 Anm 5 Bb bb). – **d)** Es muß sich um eine **Zuwendg** handeln (hierzu § 812 Anm 2a); § 822 betr also einen Fall der HaftgsErweiterg dch Leistg (Leistgskondiktion). Mangels Zuwendg (insb dch RGesch) scheidet daher aus der Erwerb des Dr dch Ersitzg, Fund (soweit Anspr des Empf gg Dr besteht, h er ihn an BerGläub abzutreten) od als Nacherbe aus, weil dieser seinen Erwerb nicht vom Vorerben, sond vom Erbl ableitet (die Verpfl des Nachl aus Ber ist vielm NachlVerbindlichk, vgl § 2144 Anm 2). – **e) Unentgeltl** Zuwendgen sind insb Schenkg u Vermächtn, gleichgült ob sofort vollz Schenkg od in Erf eines SchenkgsVerspr; auch Verwendgen des Ehem für das Verm seiner Frau, RG JW **29**, 2594. Zum Begr der Unentgeltlichk s näher § 516 Anm 4 u § 816 Anm 3a. Bei sog gemischten Schenkg (§ 516 Anm 7) besteht demnach die Haftg des Dr hins des Teils der Zuwendg, der als unentgeltl Erwerb anzusehen ist. Wie § 816 I 2 (dort Anm 3b) kann auch § 822 auf den Fall einer entgeltl, aber rgrdlosen Vfg nicht entspr angewendet w.

3) Verpflichtg des ursprüngl Empfängers muß ausgeschlossen sein. Die Aushilfshaftg des Dr tritt nur ein, wenn inf der unentgeltl Zuwendg des Erlangten an ihn (Anm 2) die Verpfl des urspr Empf zur Herausg der Ber ausgeschl ist. – **a) Diese Voraussetzg ist erfüllt** im regelm Anwendgsfall des § 822, näml wenn die Verpfl des urspr BerSchu (auch des Erwerbers nach § 816 I 2) inf Weitergabe des Ggst der Ber an den Dr gem § 818 III erloschen ist. Erforderl ist, daß der Anspr gg urspr Empf inf der Zuwendg an Dr **aus Rechtsgründen** erlischt. Mangelnde Dchsetzbark des Anspr aus tats Gründen (Zahlgsunfähigk, Abwesenh des urspr BerSchu) genügt als nicht, um die Aushilfshaftg des Dr nach § 822 zu begründen, BGH NJW **69**, 605. – **b) Diese Voraussetzg ist nicht erfüllt, aa)** soweit die **Verpflichtg** des urspr Empf schon **vor der Zuwendg** weggefallen war. Hat zB der Empf im Vertrauen auf die Unwiderruflichk des RErwerbs Aufwendgen gemacht, die bei der Saldierg zu berücks sind (§ 818 Anm 6 A a, b), so ist bereits insow die Ber nach § 818 III weggefallen; eine BerHaftg des Dr lebt dann sow üb § 822 nicht wieder auf. Das gleiche gilt, wenn der BerAnspr gg den urspr BerSchu schon verj war, RGRK Anm 11. – **bb)** wenn die **Verpflichtg des Erstempfängers fortbesteht**, zB weil er die Zuwendg erst bewirkt h, nachdem der BerAnspr ihm ggü rhäng geworden ist (§ 818 IV) od wenn die Voraussetzgen der verschärften Haftg des BerSchu nach §§ 819, 820 (Kenntn vom RMangel, verwerfl Empfang, ungewisser Erfolgseintritt) vorliegen; in diesem Fall entsteht eine Haftg des Dr nach § 822 nicht, vgl RG JW **38**, 1025. Kauft zB Dieb mit gestohlenem Geld einen Ggst u schenkt ihn einem Dr, so tritt keine Haftg des gutgl Dr nach § 822 ein (bei Bösgläubigk ggf § 826). Dieses Ergebn mag unbefriedigd sein, weil nicht einzusehen ist, warum der besser gestellt w soll, der ein Geschenk statt vom gutgl BerSchu vom bösgl (u damit nach § 819 I weiter haftdn) Dieb erhält; es läßt sich aber angesichts des klaren Wortlauts des § 822 nicht vermeiden.

4) Inhalt des BerAnspr gg Dritten. a) Dr haftet, wie wenn er unmittelb vom BerGläub ohne rechtl Grd empfangen hätte. Der **Umfang der Herausgabepflicht** bestimmt sich daher nach §§ 818–820. So kann sich der Dr auf Wegfall od Minderg der Ber, die schon in der Pers des urspr Empf entstanden war, gem § 818 III berufen (oben 2c, 3a). Anderes gilt zB § 819 (Kenntn der HerausgPfl inf rgrdlosen Erwerbs des urspr Empf u unentgeltl Weitergabe) auch ggü dem Dr. – **b)** Die **Verjährg** des BerAnspr gg Dr (Berechng Einf 7 vor § 812) beginnt gem § 198 erst mit der Zuwendg an ihn.

5) Beweislast. Aus dem Wortlaut des § 822 folgt, daß der BerGläub nicht nur Unentgeltlichk der Zuwendg an Dr, sond auch Ausschl der Haftg des urspr Empf aus RGrden inf der Zuwendg zu beweisen h, desgl ggf die Voraussetzgen einer etw verschärften Haftg (§ 819 Anm 5). Soweit sich dagg der Dr auf Wegfall od Minderg der Ber beruft, trifft ihn die BewLast (§ 818 Anm 8).

Fünfundzwanzigster Titel. Unerlaubte Handlungen

Einführung

Übersicht

1) Begriff
2) Vertrag und unerlaubte Handlung
3) Haftungsausschluß
4) Haftung ohne Verschulden
   A. Enteignungsgleicher Eingriff, Aufopferung
   B. Haftung nach Art 5 V Menschenrechtskonvention

5) Schadensersatz
6) Ursächlicher Zusammenhang
7) Beweis der Ursächlichkeit
8) Unterlassungsklage
   a) bei Verletzung ausschließlicher Rechte
   b) Vorbeugende Unterlassungsklage (Presse)
   c) Klage auf Wiederherstellung
9) Beseitigungsanspruch (Widerruf)
   a) Widerrechtlichkeit künftiger Störung
   b) Fortwirken der Beeinträchtigung (Berichtigungsanspruch nach § 11 PressG; Anspruch auf Gegendarstellg nach den Landespressegesetzen)
   c) Eignung der Beseitigungsmaßnahme
10) Gegendarstellung
11) Gerichtsstand
12) Übergangsrecht usw

1) Begriff. a) Die Vorschr über uH bezwecken den Schutz des einz gg widerrechtl Eingriffe in seinen RKreis. Dabei handelt es sich aber nur um die Verletzg **der allgem, zw allen Personen bestehenden,** gewissermn nachbarrechtl **Rechtsbeziehgen,** die jeder beachten muß (Ggsatz: die zw bestimmten Personen bestehenden bes RBeziehgen aus Vertr od vertragsähnl RVerh). Gemeins ist allen uH **die objektive Widerrechtlichk** (vgl § 823 Anm 7 A) währd Versch oder vermutetes Versch zwar für die Mehrzahl der Tatbestde erfordert w, jedoch für den Begriff der uH nicht schlechthin wesentl ist. Unerl Hdlgen, bei denen ohne Versch gehaftet w, sind zB die Tatbestde der §§ 829, 833 S 1. Der AusnöffCharakter dieser Bestimmgn u der in anderen Gesetzen für bes Fälle vorgesehenen Gefährdghaftg verbietet eine Ausdehg der Gefährdghaftg auf andere Tatbestde. – Ggst einer uH können Verletzgen von Pflichten jeder Art, auch von famrechtl Fürs- u AufsPfl sein, wenn sie gleichzeitig eine Verletzg der allg RechtsPfl enthalten, RG **75,** 253 (Verletzg des Kindes durch Unachtsamk des Vaters), auch RG **85,** 335 (Schädig der Ehefr durch ehewidr Verhalten). Über Verletzg von VertrPfl Einf 2. – Die uH kann auch in einem **Unterlassen** bestehen; Vorbem 5 d dd vor § 249.

b) Unerl Handlg auch außerhalb des 25. Titels. UH liegt überall da vor, wo die obigen Begriffsmerkmale erfüllt sind, mag der betr Tatbestand im BGB selbst (außer des 25. Titels) od in sonstigen Gesetzen geregelt sein, RGRK Anm 3 vor § 823. Anspr aus uH sind bspw auch die Anspr aus §§ 228, 231, nicht aber die aus §§ 42 II, 122, 160, 163, 179; die ErsAnspr aus ZPO §§ 302 IV, 600 II, 717 II, 945, BGH WPM **65,** 864 (nur im Verh zum Arrestgegner, nicht auch ggü dem dch den Arrest betroffenen Dr); BGH **30,** 127 (§ 945 ZPO anwendb auch auf den Steuerarrest; vgl jedoch BGH **39,** 77, wonach Vollziehg eines unrichtigen Steuerbescheids nur Anspr aus AmtsPflVerletzg begründen kann); ebso wie Anspr aus dem HaftpflG, StVG u LuftVG, RG **136,** 9, BGH **1,** 391; ferner die Anspr aus WettbewVerstößen, BGH **40,** 394 u UrhRVerletzgen, nicht jedoch aus der GläubAnf der KO u des AnfG (str), RG **74,** 224; BGH **LM** § 30 KO Nr 1. – **Sondergesetze,** wie das Patent- u GebrauchsmusterG, schließen die Anwendg des BGB nicht aus, RGRK Anm 6 vor § 823. Das gilt auch grdsätzl für das UWG, u das UrhRG (vgl § 97 III daselbst u § 687 Anm 2c), die neben den §§ 823 ff anzuwenden sind; sow sie jedoch Spezialtatbestände regeln, ist § 823 I u II unanwendb; vgl § 826 Anm 8 u. Das gilt allg, sow ein SonderG Spezialtatbestände erschöpft behandelt. Daher sind §§ 842–847, 852 auf HaftPflG, LuftVG, StVG nur anwendb, sow sie dort für anwendb erkl sind. Keine Regelg in § 22 WasserhaushaltsG v 27. 7. 57 über Umfang der Haftg u Gehilfenhaftg, daher §§ 831, 842–846 ebso wie § 852 anwendb; auch §§ 823 I, II, 826 neben § 22 aaO anwendb; § 840 unanwendb, da § 22 Sonderregelg gibt; vgl hierzu Wernicke NJW **58,** 775; zur Verj vgl § 852 Anm 1a u zum SchutzGCharakter § 823 Anm 9 f. – LAG u AKG berühren Anspr aus unerl Hdlg nicht, BGH WPM **64,** 704.

2) Vertrag und unerl Handlg. a) Verletzg von VertrPfl, auch vorsätzl od fahrl, sind als solche keine uH; sie können aber, wenn sie **zugleich** den Tatbestd der §§ 823 ff erfüllen, auch eine uH darstellen u eine Haftg nach den für diese maßg RSätzen begründen. Der Vertr verstärkt die allg RPfl, deren Verletzg eine uH darstellt, beseitigt sie aber nicht, BGH **32,** 203, 302. **Beispiel:** Arzt, der Kunstfehler verletzt nicht nur seine VertrPfl ggü Patienten, sond begeht auch ein uH gem § 823 I, BGH NJW **59,** 1583, ebso Gemeinde, die gesundheitsschädl Wasser liefert, BGH **17,** 191. Fremdbesitzer, der den Rahmen seines BesitzR schuldh überschreitet, BGH BB **63,** 575. Beförderg von Personen u Gütern durch die Eisenbahn, BGH **24,** 188, od FrachtVertr unter den HaftgsVorschr der KraftverkOrdng, BGH **32,** 203, 302, od in Beschränkg der VertrHaftg nach § 430 HGB, BGH **46,** 140. Verletzter nach seiner Wahl aus VertrR oder uH vorgehen (§ 463 Anm 4a). Praktisch bedeuts ist dies insb im Hinbl auf den nur bei uH gegebenen SchmerzGAnspr (§ 847) u die verschiedene Regelg der Verj (§ 852, vgl Anm 1 daselbst) sowie die verschiedene Haftg für Hilfspersonen (§ 278 bei Vertr, § 831 bei uH). Doch ist bei ZusTreffen von uH u VertrVerletzg § 278 auch anzuwenden, wenn Verl seinen Anspr auf Delikt od Gefährdg stützt, vgl § 254 Anm 5 a bb. – Diese Grds gelten nur dann, wenn die Möglichk der schuldh Einwirkg überh erst durch den Vertr gegeben war, vorausgesetzt, daß es sich um eine Verletzg einer allg RPfl handelt, RG **88,** 317, 433; so wenn jemand die vertragl Verpflichtg verletzt, Obliegenheiten zu erfüllen, die dem Schutz der Allgemeinh dienen, BGH Betr **54,** 326. Bremser eines Lastzuganhängers, zu dessen VertrPfl es gehört, Gefahren für den Verkehr abzuwenden, begeht durch seine VertrVerletzg, wenn ein Dritter geschädigt w, zugleich eine uH, RG **156,** 193. – Über BewLast bei Vertr u uH vgl Vorbem 8 vor § 249 u § 823 Anm 13.

b) Aus der Art der **Ausübg eines Gewerbebetriebes** kann sich die allgem RPfl ergeben, auch Dritte vor Schädigg zu bewahren, deren Verletzg eine uH darstellen kann, zB beim Betr von BefördergsUntern od des Lagerhalters, RG **102,** 42, HRR **28,** 1802; BGH BB **53,** 513, od des BauUntern, BGH Betrieb **54,** 326, od der Molkerei durch Inverkehrbringen nicht pasteurisierter Milch, BGH **LM** § 823 (Eh) Nr 3. Hierunter fallen jedoch nur Personen, die eine selbständ Stellg erlangt haben od die ihre Dienste der Allgemeinh anbieten, nicht weisgsgebundene ArbN, BGH BB **54,** 273.

c) Über ZusTreffen von Vertr- u Deliktshaftg bei Vertr zG Dritter vgl RG **127,** 14, 218.

d) In **Sondergesetzen** findet sich **allgemeiner Ausschluß weitergehender Ansprüche,** der dann auch für uH gilt; § 151 II BBG (bei Dienstunfall hat Beamter gg die öff Verwaltg nur VersorggsAnspr nach BBG, es sei denn, daß vorsätzl verursachte uH vorliegt); §§ 636, 637 RVO (grdsätzl Ausschl der ErsPfl v PersSchäd für Versicherte gg ArbGeber u untereinand, insb für betragsangehör ArbNehmer, Kinder in

Kindergärten, Schüler, Berufsschüler, Studenten bei betr- bzw schulbezogenen [BGH **67**, 279] Unfällen); der Ausschl des § 847 ist verfmäß, BVerfG NJW **73**, 502. Hierüber u über die Haftg des ArbNehmers seinem ArbGeber u seinem ArbKollegen ggü § 611 Anm 14. Vgl ferner 81 ff BVersG: VersorggsBerecht kann gg den Bund nur Anspr nach VersorggsR erheben; ebso § 91 a SoldVersG (gleiches galt nach BGH VRS **26**, 334 schon früher). Soweit es sich um die Haftg aus Verletzg der AmtsPfl oder der beamtenrechtl FürsorgePfl handelt, § 839 Anm 12.

e) Vertragsmäßiger Ausschluß der GewährleistgsPfl aus dem Vertrage gilt nicht ohne weiteres für Haftg aus uH, RG **88**, 436 u kann, in AGB auf unerl Hdlg ausgedehnt, unwirks sein, vgl Einf 6 D c ee vor § 145. Hat aber jemand von einer Bank eine Ausk „ohne Verbindlichkeit" erbeten, so ist damit vertragl u außervertragl Haftg wg Fahrlk ausgeschl, BGH **13**, 198; hierzu § 676 Anm 3. Allgem GeschBedingngn schließen GewährleistgsPfl uH nur dann aus, wenn Geschädigter sich ihnen ausdr oder stillschw unterworfen hat. – Wo **vertragl Haftg gesetzl** auf bestimmte Schuldformen **beschränkt** ist, kann strengere Haftg auch aus uH nicht Platz greifen, BGH LM § 252 Nr 2; so bei Haftg des Gesellschafters seinem Partner ggü, § 708; BGH VRS **19**, 81 u § 708 Anm 1. Desgl bei Haftg des ArbN seinem ArbGeber ggü aus gefahrgeneigter Arbeit u ArbKollegen ggü (§ 611 Anm 14); dem ersatzberecht Dritten ggü verbleibt es jedoch auch in diesen Fällen bei der Vollhaftg des ArbN, auch wenn dieser Freihaltg von seinem ArbG beanspr kann, BGH **41**, 203 (Schiffsführerhaftg).

3) Haftgsausschluß, Handeln auf eig Gefahr vgl § 254 Anm 6. Ob sich der Ausschl vertragl SchadErsAnspr auch auf parallele aus uH erstreckt, ist AusleggsFrage im EinzFall, Ffm VersR **73**, 425. Dch LandesG kann die Haftg nach § 823 nicht (teilw) ausgeschl w, Hamb MDR **69**, 667.

4) Haftg ohne Verschulden.
A. Enteignsgleicher Eingriff, Aufopferg. Vgl § 903 Anm 4, 5.
B. Haftg aus Art 5 V Menschenrechtskonvention v 4. 11. 50, BGBl **52** II, 685.
SchadErs-, nicht nur AusgleichsAnspr, gerichtet auf Ers des vollen Schad, wie bei Gefährdghaftg; Voraussetzg allein Rechtswidrigk, nicht Versch, BGH **45**, 58 (ob stets SchmerzGeld verlangt w kann, unentsch geblieben). Über Verjährg dieses Anspr § 852 Anm 1a.
C. Gefährdghaftg. Im BGB zB § 833 S 1, in zahlr SonderG, zB § 7 StVG. Grdsätzl allg GefährdgsHaftg gibt es weder darühinaus im PrivR noch über enteignsgleichen Eingr u Aufopferg hinaus im öff R, BGH VersR **72**, 1047.
D. Zufallshaftg. Bes geregelte Haftg ohne Versch in and als GefährdgsTatbestd, zB § 945 ZPO.

5) Schadensersatz. Der Anspr w nicht dadch ausgeschl, daß der Geschädigte wg des Nachteils auch einen Anspr gg einen Dritten h, BGH WPM **72**, 560. Für die Höhe des SchadErs ist es ohne Bedeutg, ob Haftg des Täters auf vorsätzl od fahrl Handeln beruht, ebso ob nur Gefährdgshaftg vorliegt. Anders nur in einigen Sondergesetzen, so in PatG § 47, GebrMG § 15, wonach bei nur leichter Fahrlk die Höhe der Entschädigg geringer sein kann. Für die Höhe sind die allg Grdsätze der §§ 249 ff maßg. – **Drittschaden** vgl Vorbem 6 b ee vor § 249. Anwendb ist **§ 254**; ggü vorsätzl Verhalten des Täters w allerd eig Versch des Verletzten im allg nicht ins Gewicht fallen, RG **156**, 239. Über die Berücksichtigg der Betriebsgefahr, für die der Verletzte, § 823 als KfzHalter, einzustehen hat, § 254 Anm 2 a. Darüber, wie weit dem Geschädigten ein Versch seines gesetzl Vertreters entgg gehalten w kann, § 254 Anm 5. Voraussetzg für die Anrechng eines solchen Versch ist jedoch stets, daß der gesetzl Vertreter in dieser Eigensch, also als Vertreter, gehandelt hat; fehlt es hieran, so entfällt die Anrechng. § 839 Anm 10 d. – Über Vorteilsausgleich § 823 Anm 12. Über WiderrufsAnspr des Schädigers vgl § 687 Anm 2 c, § 826 Anm 5 c. Im Einzelfall kann der Anspr auf SchadErs rechtsmißbräuchl sein, zB bei Beschädig eines Kfz, das einem Mdj in Einwilligg der PersSorgeBerecht überlassen wurde, Stgt NJW **69**, 612 mit Anm Winter NJW **69**, 1120.

6) Ursächlicher und Rechtswidrigkeits-Zusammenhang, Normzwecktheorie (ZurechngsZushang, Schutzbereich der Norm) vgl Vorbem 5 vor § 249. Wer sich berecht Verfolgg entzieht, haftet für einen dabei erlittenen KörperSchad des Verfolgden bei erkannter Verfolgg nur, wenn dieser Schad die Folge eines gesteigerten VerfolgsRisikos ist, BGH **57**, 25, Düss NJW **74**, 1093. Dabei bleibt unklar, wann ein Risiko gesteigert ist im Ggsatz zum normalen Lebensrisiko, ob es sich dabei um eine zusätzl AnsprVoraussetzg handeln soll od, wenn nicht, unter welche AnsprVoraussetzg das gesteigerte Risiko dogmat einzuordnen ist; vgl Comes NJW **72**, 2022. Nach BGH **63**, 189 kommt es bei Bejahg der Ursächlichk darauf an, ob der VerlErfolg dem Verfolgten obj zurechenb ist; das sei dann der Fall, wenn er dch sein Weglaufen, für ihn erkennb, eine erhöhte VerlGefahr für den Verfolger geschaffen u ihn dch sein Verhalten zur Verfolgg herausgefordert h (BGH NJW **76**, 568). Der Verlust des SchadFreihRabatts inf eines KfzUnfalls ist kein FolgeSchad aus der Beschädigg des eig Kfz, sond ein VermSchad inf der Beschädigg des fremden Kfz, deshalb nicht nach § 823 I zu ersetzen; and bei KaskoVers (BGH NJW **76**, 1846).

7) Beweis der Ursächlichkeit, insbes Anscheinsbeweis: § 823 Anm 13.

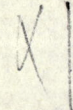

8) Unterlassgsklage. Der UnterlAnspr ist als RFolge einer uH im BGB nicht erwähnt. Durch ausdr GesetzesVorschr ist er nur in bestimmten Einzelfällen außerh des 25. Titels gewährt, so zB §§ 12, 862, 1004, PatG § 47 I, GebrMG § 15 I, WZG §§ 24, 25, RabattG § 12, ZugabeVO § 2, UrhRG § 97 I, AGBG §§ 13 ff. In Fortbildg des in diesen Bestimmgn enthaltenen allg RGedankens hat die Rspr die UnterlKlage für eine große Zahl weiterer Tatbestände zugelassen; vgl § 1004 Anm 1, 6. Sie ist im Regelfall geeignet u notw zur Beseitigg der Beeinträchtigg. Sofern die Handlg in solcher Art u Weise begangen w kann, daß sie der RWidrigk entkleidet ist, kann auch ein eingeschränktes Verbot genügen, zB wenn die mit Gebr einer Bezeichng verbundene Gefahr der Irreführg dch einen aufklärden Zusatz beseitigt (BGH GRUR **38**, 200) od die Verletzg des PersönlkR in einem Roman einwandfrei dch ein klärdes Vorwort beseitigt w kann. Nöt ist dazu Abwägg, daß einers den Belangen des Verl ausreichd Genüge geleistet w muß u welche schutzwürd Interessen des Störers andrers dch ein UnterlassgsUrt geopfert w. In jedem Fall ist es Sache des Bekl, konkret formulierte Vorschläge zu machen, auf welche and Weise als dch Unterlass die Beeinträchtigg beseitigt w kann, BGH JZ **68**, 697 [702].

a) Allg anerkannt ist UnterlKlage bei allen **ausschließl Rechten**, also insb auch bei dem „sonstigen Recht" iS von § 823 I, wozu auch der eingerichtete u ausgeübte GewerbeBetr u nach hM auch das allg PersönlichkR gehören; § 823 Anm 6, 15. In diesen Fällen entspringt der UnterlAnspr dem verletzten ausschl (absoluten) Recht. Voraussetzg ist daher lediglich ein **objektiv widerrechtl Eingr** in das absolute Recht, BGH **38**, 206, vgl § 823 Anm 7 A. Über die gesetzl Regelg bei Verletzg des UrheberR, § 97 I UrhRG, § 687 Anm 2c.

b) Über diese Fälle hinausgehd, hat die Rspr zur Abwehr eines künftigen rechtswidr Eingr in alle durch SchutzG iS des § 823 II geschützten Lebensgüter u Interessen (auch soweit sie rein persönl Natur sind) die **vorbeugende Unterlassgsklage** gewährt. Sie ist daher bei den meisten uH zul (Ausn siehe unten). Voraussetzg ist auch hier lediglich ein **objektiv widerrechtl Eingr** (§ 823 Anm 7 A), währd es auf Versch des Täters od das Bewußtsein der RWidrigk nicht ankommt, BGH **3**, 270; **30**, 7. Handelt es sich um die Unterlassg unwahrer TatsBehauptgen, so kommt weder eine InteressenAbwägg noch ein Berufg auf die Wahrg bereit Interessen in Frage, denn an der künft Verbreitg unwahrer TatsBehauptgen kann niemand ein schutzwürd Interesse h (BGH Betr **74**, 1429). Ferner muß Besorgn künft Wiederholg des Eingriffs (**Wiederholgsgefahr**) vorhanden sein (unten ee). Nicht erforderl ist aber, daß Schaden bereits entstanden, genügt, daß bei Fortsetzg des rechtswidr Verhaltens Schaden droht, BGH NJW **51**, 843. Antr muß auf Unterlass bestimmter Hdlg gerichtet sein, insow auch das Gericht an den Wortlaut des Antr nicht gebunden ist, RG HRR **29** Nr 1090; Antr muß sich in den Grenzen des Notwendigen u Zumutbaren halten (notw: Interessenabwägg), BGH NJW **57**, 827, MDR **60**, 371; vgl hierzu auch § 824 Anm 6, 8. Der UnterlAnspr richtet sich gg den **Störer**. Das sind diejen, die die Beeinträchtigg herbeigeführt h od deren Verhalten eine Beeinträchtigg befürchten läßt. Das ist bei der EhrVerl auch der Alleinimporteur einer Druckschrift (BGH NJW **76**, 799). Für den UnterlAnspr kann das RSchutzBedürfn fehlen, wenn der TatBeitr des Störers untergeordnet ist u der HauptVerantwortl zur Beseitigg der Störg ausreichd in Anspr genommen w kann. Bei den Medien kommt es für die Frage, ob sie Störer (Verlag, Anstalt, verantwortl Redakteur) sind, darauf an, ob sie ledigl die fremde Meing des Autors (Interviewten) sozusagen als Informationsmarkt verbreiten od sie sich zu eigen machen (BGH **66**, 182).

aa) Zu den geschützten Lebensgütern gehört auch die **Ehre**. UnterlAnspr insb bedeuts, wenn es sich um Ehrenkränkgen durch die **Presse** (Rundfunk, Fernsehen) handelt; über die Stellg u die Aufgaben der Presse im öff Leben § 823 Anm 15 u § 824 Anm 6e. Voraussetzg dieses Anspr ist nicht, daß der Verfasser einen bestimmten, dem Verletzten abträgl Vorwurf aufstellen wollte, BGH NJW **66**, 1214, ob als sich für den Leser ein solcher Vorwurf zwangsläufig ergibt; entscheid ist viel, „ob durch die Art der Berichterstattg ein Zustand rechtswidriger Ehrenkränkg geschaffen worden ist", BGH NJW **61**, 1914. Geboten daher, bei der Berichterstattg auf die Ehre des Einzelnen Rücks zu nehmen; diese Pfl kann auch durch Auslassgen u grob einseitige Berichterstattg verletzt w, BGH aaO u **31**, 308. Wertgen eines politischen Geschehens im wesentl vom polit Standpkt aus berechtigten mithin nur, wenn sie ehrenkränkender Natur sind, UnterlAnspr, BGH NJW **66**, 246, 648 (Bericht über Reichstagsbrand, Bezeichng des Klägers als einen der Hauptbrandstifter, wenn hierfür nur „höchst zweifelhafte" Anhaltspunkte gegeben). Unterl kann nicht nur ggü nicht erweisl wahren (BGH WPM **77**, 653) TatsBehauptgen, sond auch ggü ehrverletzden MeingsÄußergen u WertUrt verlangt w (BGH **66**, 182). Über den Ehrenschutz ggü Behörden unten cc; über die Verletzg des allg PersönlichkR, insb die gebotene Abwägg der Interessen der Presse ggü denen des Einzelnen, § 823 Anm 15, § 824 Anm 6. Über den BerichtiggsAnspr u das Recht auf GgDarstellg nach den Pressegesetzen der Länder unten Anm 9, 10.

bb) Kein Unterlassungsanspruch gg Einreichg od Verfolgg einer **Strafanzeige**, BGH NJW **62**, 245; ebso hins Einreichg von Beschwerden od sonstigen **Eingaben** wg angebl Mißständen bei den für ihre Beseitigg zuständ Stellen (BGH WPM **78**, 62), auch an RA-Kammer, Hbg MDR **71**, 1009. Ebso kein UnterlAnspr gg das der RVerfolgg oder RVerteidigg dienende Vorbringen einer Partei od ihres RA **im ZivProz**, BGH NJW **71**, 284. Dabei spielt es keine Rolle, ob der dch das Vorbringen Beeinträcht am Proz beteil ist od nicht u ob es sich um tats Behauptgen od WertUrt handelt, BGH Betr **73**, 818. Ebso kann die UnterlassgsKl nicht dazu benutzt w, Vorbringen des Bekl in einem künft gerichtl Verf, zB MietProz, zu verwerten od zu entwerten (BGH NJW **77**, 1681). Ein UnterlAnspr kann ausnahmsw bejaht w, wenn die beeinträchtigde Äußerg offensichtl ohne jeden inneren Zushang mit der Ausf od Verteidigg von Rechten steht, der sie dienen soll, wie zB die reine FormalBeleidigg, ferner ggü bewußt unwahren od leichtfert TatsBehauptgen, deren Unhaltbark ow auf der Hand liegt; ggü rein wertenden Urt kann in der Art u Weise, sie auszudrücken, eine zu eng zu ziehde Grenze bestehen, BGH aaO. Der grdsätzl Ausschl der UnterlKl beruht darauf, daß im Hinbl auf die Gewährg rechtl Gehörs keinem ProzBeteil eine Äußerg verboten w kann, u auf dem Interesse an einem sachgerechten Funktionieren der RPflege. Auch die vorstehd genannten Ausn erklären sich daraus, daß es sich in diesen Fällen nicht mehr um die Ausübg rechtl Gehörs handelt. Demggü bejaht Walchshöfer MDR **75**, 11 auch gg Erkl im Proz grdsl die UnterlKl, verneint aber die RWidrigk mit dem Grds des rechtl Gehörs u bei Wahrg berecht Interessen. Der prakt Unterschied ist gering. Gleiche Grds gelten für das **Verwaltungsverfahren**, soweit das Vorbringen als sachl Grdlage für das VerwVerf geeignet ist, Düss NJW **72**, 644, für Zeugen wg einer Aussage, BGH NJW **71**, 1749, grdsl für **SachverstGutachten** u wissenschaftl Veröff, weil sie auf Wertgen hinauslaufen, auch sow ihnen tats Feststellgen zu Grde liegen (BGH NJW **78**, 751; abl Schneider MDR **78**, 613), ferner für das PetitionsR nach Art 17 GG, so zutreffd Mü NJW **57**, 793 u Arndt NJW **57**, 1072. – Der Ausschl der UnterlKl kann sich ferner aus der bes sittl Natur des **ehelichen Verhältnisses** ergeben, uU auch noch nach gesch Ehe, Düss NJW **74**, 1250 (kein Widerruf ehrverletzder Äußergen im engsten Familienkreis od im Gespräch mit eig RA); vgl auch Einf 1 vor § 1353. Nicht zul ferner im Fall des § 833, dort Anm 5.

cc) Rechtsweg. Sow die Unterlassg hoheitl Maßn verlangt w, ist ggf grdsätzl der VerwRWeg offen; vgl § 839 Anm 10b u § 1004 Anm 9a. Ebso sind UnterlKlagen gg amtl Erklärgen aus dem hoheitl Bereich grdsätzl im VerwRWeg zu erheben. Dagg ist gg behördl Presseinformationen unbeschadet ihres amtl Charakters der ZivRWeg gegeben, wenn der betroffene Lebensbereich der Beteil zueinand dch bürgerlrechtl Gleichordng geprägt ist. Das kommt vor allem dann in Betr, wenn die Erkl an die Presse im Bereich privrechtl, fiskal Betätigg der öff Hand gegeben wurde (BGH **34**, 99, **66**, 229, **67**, 81), außer dies geschah zur Darstellg od Rechtfertig hoheitl VerwTätigk (BGH NJW **78**, 1860).

dd) Strafbarkeit der uH steht dem UnterlAnspr nicht entgg (BGH NJW **57**, 1319).

ee) Wiederholgsgefahr, die vom Kläger zu beweisen ist, ist in jedem Fall notw Voraussetzg der UnterlKlage, BGH **14**, 163. Erforderl ist eine ernstl, sich auf Tatsachen gründende Besorgn weiterer Eingr, die noch zZ der letzten mdl Verhdlg zur Urteilsfällg bestehen muß, RG JW **33**, 1658, Mü NJW **56**, 1075. Diese Besorgn wird im allg schon aus der Tats der stattgefundenen Eingr hervorgehen, wenn nicht das Verhalten des Bekl eine sichere Gewähr gg weitere Eingriffe bietet od die tatsächl Entwicklg einen neuen Eingr unwahrscheinl macht, RG **170**, 319, BGH NJW **66**, 648. Bei Handeln in WettbewAbs ist Wiederholgsgefahr zu vermuten, BGH Betr **64**, 259. Sie ist jedoch regelm zu verneinen, wenn Verletzer sich unter Übern einer VertrStrafe zur Unterl verpflichtet, BGH VersR **77**, 421, auch wenn er sich die Wiederholg der Äußerg, währd des schwebenden RStreits vorbehält, BGH NJW **62**, 1392. Sie ist nicht zu verneinen, wenn der Verletzer nach einer solchen UnterlErkl erneut gg sie verstößt (KG WPR **76**, 376). RechtsSchInteresse an UnterlKlage nicht deshalb zu verneinen, weil Kläger bereits einstw Vfg, gg die kein Widerspr eingelegt worden ist, erwirkt hat, BGH Betr **64**, 259. Im WettbewProz gg den Kunden des gleichzeit auf Unterlassg verklagten Fabrikanten genügt es, wenn der Kunde sich zur Unterlassg bis zur Beendigg des Proz gg den Fabrikanten verpflichtet, BGH BB **57**, 413. Die WiederhGefahr entfällt nicht bereits desh, weil von Dr ein gerichtl Verbot u eine strafbewehrte UnterlErkl erwirkt sind (Mü WRP **75**, 683). – UU kann auch drohender erstmal Eingr genügen, BGH NJW **51**, 843. Strenge Anforder an Nachweis, daß einmal vorhandene Wiederholgsgefahr beseitigt ist, BGH Betr **74**, 1429. Vgl § 1004 Anm 6 b.

c) Von der vorbeugenden UnterlKlage ist zu unterscheiden der auf **Wiederherstellg des früheren Zustandes** gerichtete Anspr in Gestalt einer UnterlKlage, der in Frage kommt, wenn die uH der Gegenwart angehört (insb bei fortdauerndem Einwirken), zB bei Klage auf Unterl des BordellBetr in NachbarGrdst. Diese Klage ist ihrem Wesen nach HerstellgsAnspr gem § 249 u erfordert die **vollen subjektiven u objektiven Tatbestd einer uH sowie den Nachweis der Wiederholgsgefahr**. SchadErs kann eben stets in der Form verlangt w, die für § 249 erforderl ist. Wiederholgsgefahr aber ist für jeden UnterlAnspr begriffl erforderl.

9) Beseitiggsanspruch. Die für die vorbeugende UnterlKlage entwickelte rechtsähnl Anwendg von § 1004 zum Schutze gg künftige uH (Anm 8b) gibt die Möglichk, daß Inh geschützten RGutes von dem Störer Beseitigg der Beeinträchtigg verlangt; es ist ein Gebot der Gerechtigk, daß fortdauernde widerrechtl Beeinträchtigg ohne Rücks auf Schuldfrage beseitigt w, BGH NJW **58**, 1043. Über den BeseitiggsAnspr bei Verletzg von UrhRechten vgl § 97 I UrhRG u hierzu § 687 Anm 2c. Besondere Bedeutg hat BeseitiggsAnspr als Anspr auf **Widerruf** unwahrer Behauptgen, deren Fortwirkg dauernde Störg des Verletzten begründet, BGH (GrZS) **34**, 99, NJW **66**, 649, jedoch nur von TatsBehauptgen (Ggs: Werturteile), richtig gestellt w sollen, da anderenf nicht Widerruf, sond Entschuldigg verlangt w würde (BGH WPM **76**, 297 [301]; aA Schneider MDR **78**, 613); über den Unterschied vgl § 824 Anm 2. RSchutzBedürfn besteht für die WiderrufsKl nur, wenn mit ihr der Kl wirkl die Beseitigg des StörgsZust bezweckt u nicht and Zwecke verfolgt wie Rechthaberei, Genugtuung, Verbesserg der Stellg in einem künft Proz (BGH NJW **77**, 1681). Anspr auf Widerruf einer ehrenkränkden Behauptg setzt Feststellg ihrer Unwahrh voraus (BGH WPM **77**, 653); uU kommt eingeschränkter Widerruf (Erklärg, die Behauptg w nicht aufrechterhalten) in Frage, wenn zwar nicht die Unwahrh pos feststeht, anderers aber die BewAufn keine ernstl Anhaltspunkte für die Wahrh des Vorwurfs ergeben h; bleibt es dagg nach der Ergebn der BewAufn durchaus mögl, daß die Behauptgen zutreffen, gibt es keinen eingeschr Widerruf (BGH **69**, 181). Auch BeseitiggsAnspr muß sich in zumutb Grenzen – die Wirkg der beanstandeten Behauptg ist zu beseitigen, BGH WPM **69**, 915 – bewegen, Anm 8b; vgl auch § 824 Anm 8. Ist die Behauptg nicht schlechthin unwahr, sond vermittelt sie dem Leser, Hörer od Zuschauer nur einen unzutreffenden Eindruck, weil sie unvollst, übertrieben od mißverständl ist, so kann idR nicht Widerruf, sond nur **Richtigstellg** od **Ergänzg** verlangt w (BGH **66**, 182). RichtigStellg mittels WerbeAnz vgl § 824 Anm 7. – Die Tauglichk des Widerrufs zur Beseitigg der Störg w in letzter Zeit in Frage gestellt, der Inhalt, die Pfl zu persönl Abgabe der Erkl u die Art der ZwVollstr des WiderrufsUrt iS einer Reduzierg mit guten Grden krit überprüft, so: Ritter, Zum Widerruf einer TatsBehauptg, ZZP **84**, 163 (neur uneingeschr Widerruf, nicht in best Form kann verlangt w, er enthält keine StellgN zum WahrhGehalt der Behauptg), BVerfG NJW **70**, 651 (zul die Erkl, der Widerruf geschehe in Erf eines rkräft GerUrt), Ffm JR **74**, 62 (pers Widerruf kann nicht verlangt w, ZwVollstr des Urt nicht nach § 888, sond nach § 894 ZPO) mit Anm Leipold aaO S 63, beide mwN, u Leipold, Wirks Ehrenschutz dch gerichtl Feststellg v Tats, ZZP **84**, 150 (Verf schlägt statt Widerruf eine WiderrufsUrt auf Feststellg der Unwahrh der Behauptg analog § 256 ZPO vor); ebso Hbg MDR **75**, 56 (Kl auf Feststellg, daß eine näher bezeichnete PresseVeröff das PersönlR verletzt, mit dem Antr, diese Verurteilg in der selben ZtSchr zu veröffentlichen). BGH **68**, 331 hält demggü Kl auf Feststellg der Unwahrh einer Behauptg od der RWidrigk einer PersönlRVerletzg mit § 256 ZPO für unvereinb u die Kl auf Widerruf für einen geeigneten Schutz. – Zuläss **Rechtsweg** vgl oben Anm 8b cc. – Voraussetzgen solcher Beseitiggsklage:

a) Widerrechtlichk der künft Störg; hierzu § 823 Anm 7 u oben Anm 8. Gleichgültig, ob Verletzer in Wahrnehmg berechtigter Interessen gehandelt hat (§ 824 Anm 6, 8); denn da feststeht, daß Äußerg obj falsch ist, ist Verletzer in entspr Anwendg von § 1004 verpfl, die Einwirkg zu beseitigen, BGH **37**, 189 (Helle NJW **62**, 1813).

b) Fortwirken der Beeinträchtigg. Es muß ein dauernder Zustand geschaffen sein, der zB bei Beleidigungen eine stetig sich erneuernde Quelle der Ehrverletzg bildet, BGH MDR **60**, 371. Regelm wird eine einmalige Störg einen bestimmten, alsbald feststellb Schaden verursachen, u keine weiteren Wirkgen äußern; so auch, wenn die Behauptg durch die Ereign überholt ist, BGH NJW **65**, 36, zB Privatgutachten mit unricht TatsBehauptgen bei bloßer Verwertg im Proz, Ffm NJW **69**, 557. Anders bei Beleidigg durch druckschriftl Veröff; Anm 8 b a. Anspr des in seiner Ehre Verletzten auf Richtigstellg, BGH **31**, 308, aber nicht, wenn tatsächl Vorgänge ohne Auslassg offenb wesentl Umstände u ohne kränkende Würdigg mitgeteilt w, BGH NJW **66**, 246. Bei Fortwirken der Beeinträchtigg kann in AusnFällen eine Verpfl zum Beitr, daß die Störg nicht weiterwirkt sogar bestehen, wenn die störde Handlg im Ztpkt ihrer Vornahme rechtmäß war, BGH **57**, 325 (period erscheindes Presseorgan, das über nicht rechtskr Verurteil berichtet h, muß auf Verlangen in zumutb Weise auch über den späteren rechtskr Freispruch berichten. Kein „Fortwirken", u daher Anspr auf Widerruf ausgeschl, wenn beleidigende Äußerg nur dem Verletzten ggü gefallen ist, BGH **10**, 104. Über den Schutz gg Ehrverletzgen durch amtl Äußergen, insb über den Anspr des Verletzten auf Widerruf gg die Beh u den Beamten, BGH (GrZS) **34**, 99 u § 839 Anm 10 b.

c) **Eignung** der verlangten Beseitigsmaßn zur Aufhebg oder Minderg der Beeinträchtigg, RG **163**, 216. Auch Anspr auf **Auskunft** darü, wem ggü die ehrenkränkende Äußerg gemacht worden ist, wenn der Verletzte hierauf angewiesen ist, BGH NJW **62**, 731; vgl auch §§ 259–261 Anm 2 d.

d) **Kein Anspruch auf Widerruf** in den Fällen der Anm 8b bb.

10) Der **Anspruch auf Gegendarstellung** nach § 11 PresseG der Länder h heute im Hinbl auf die Notwendigk des Ehrenschutzes des Einz ggü Angriffen von Presse, Rundfunk, Fernsehen (BGH **66**, 182) zivilrechtl Charakter u ist die Ausprägg des allg PersönlkR (vgl § 823 Anm 15) auf einem Sondergebiet (BGH NJW **63**, 151, 1155). Zuständ das LG (§ 23 GVG), da Anspr nicht vermrechtl Art, BGH NJW **63**, 151; örtl Zustdgk: §§ 13, 17, nicht § 32 ZPO, da kein SchadErsAnspr. Zuläss auch Geltdmachg dch einstw Vfg, Koebel NJW **67**, 323; daselbst auch über die Voraussetzgen eines solchen Verf u die Notwendigk, die Dringlichk im Hinbl auf das GrdR der PresseFreih vor Erl der einstw Vfg bes sorgfält zu prüfen; § 926 ZPO (Bestimmg einer KlagFr) anwendb, Koebel NJW **63**, 792 (umstr), sow nicht die PresseG der Länder Geltd-Machg dch einstw Vfg vorschreiben. § 938 ZPO (freies Ermessen des Ger in der Anordng) unanwendb im Hinbl auf die persönlichkrechtl Natur des BerichtiggsAnspr; vgl hierzu Koebel aaO S 793. – Über den Anspr auf GgDarstellg als Schutz des dch MedienVeröff Betroffenen BGH NJW **65**, 1230 u allg über den PresseG der Länder Löffler NJW **65**, 942. Die GgDarstellung muß grdsätzl in der nächsten nach Empfang ihrer Einsendg für den Druck noch nicht abgeschlossenen Nr im gleichen Tl des DruckWks veröffentlicht w. Ist dieser Tl schon abgeschl, so kann, jedenf bei wöchentl od noch längerperiod Erscheinensw der Verl Abdruck in der nächsten Nr an und für den Druck noch nicht abgeschl Stelle verlangen, Hbg MDR **75**, 57. Glossierg der GgDarstellg ist unzuläss, Ffm NJW **65**, 2163. Das Verlangen auf Abdruck setzt das Vorliegen einer formal u inhaltl den ges Erfordern entspr GgDarstellg voraus, wobei geringfüg Mängel unschädl sind. Das Verlangen muß innerh der v den PresseG der Länder best Fr bzw, wo sie fehlt, innerh der Aktualitätsgrenze gestellt w. Die Fr w dch das Gewicht der beanstandeten Veröff, das Maß des Betroffenseins u das Interesse des Betroffenen am Abdruck der GgDarstellg best. Ob diese der Wahrh entspr, ist dab grdsätzl nicht erhebl, BayObLG **70**, 157. Widerruf schließt RSchutzBedürfn für Kl auf GgDarstellg aus, Mü OLG **69**, 438. – W das R des Verl auf GgDarstellg nicht freiwill erf, so kann er die Kosten einer Anz-Aktion mit seiner GgDarstellg in and Zeitgen im Hinbl auf den Grds der Verhältnismäßigk u auf die gesgeber Wertg des R auf GgDarstellg nur dann ers verlangen, wenn sich wegen des verzögerl Verhaltens der in Anspr genommenen Presseorgane od Rundfunk/Fernsehanstalten ohne Ergreifg geeigneter Maßn ein konkr, und nicht zu verhindernder Schad abzeichnet (BGH **66**, 182), insb dann, wenn es sich um bloß referierde BerichtErstattg handelt (Mü WRP **77**, 662). – WerbeAnz des ersberecht WarenHerst vgl § 824 Anm 7.

11) **Gerichtsstand.** Nach ZPO § 32 ist für Klagen aus uH das Gericht des Begehgsortes zust (eine ausschließl Zustdgk). Begehgsort ist neben dem Ort, an dem der Täter gehandelt hat (Hdlgsort) auch der, an dem der Erfolg der Hdlg eingetreten ist (Erfolgs- od Verletzgsort). Das ist bei Äußergen in PresseErzeugn neben dem Ort des Erscheinens jed Ort, an dem es verbreitet, dh nach der Vertriebsorganisation des Verlegers od Herausgebers bestimmgsgem (nicht nur zufäll) dr Pers zur Kenntn gebracht w; bei and schriftl EhrVerl dort, wo diese den Empf erreichen. Nicht ist VerlOrt in diesem Sinn, wo weitere SchadFolgen auftreten, auch nicht bei Verl des PerslkR (BGH NJW **77**, 1590, BGH **40**, 394). Das gilt für alle unerl Hdlgen im weitesten Sinne, Einf 1, u daher auch für WettbewVerstöße, BGH **40**, 394. – Über den Gerichtsstand für Anspr auf Gegendarstellg Anm 10. Rechtsweg vgl Anm 8b cc.

12) **Übergangsrecht** EG 170, **internationales Privatrecht** EG 12; vgl BGH **40**, 391 (sittenw WettbewVerstoß); NJW **64**, 2012. Über Truppenschäden (Stationiergsschäden) vgl den bes Abschn am Schluß des Buches.

823 Schadensersatzpflicht.
I Wer vorsätzlich oder fahrlässig das Leben, den Körper, die Gesundheit, die Freiheit, das Eigentum oder ein sonstiges Recht eines anderen widerrechtlich verletzt, ist dem anderen zum Ersatze des daraus entstehenden Schadens verpflichtet.

II Die gleiche Verpflichtung trifft denjenigen, welcher gegen ein den Schutz eines anderen bezweckendes Gesetz verstößt. Ist nach dem Inhalte des Gesetzes ein Verstoß gegen dieses auch ohne Verschulden möglich, so tritt die Ersatzpflicht nur im Falle des Verschuldens ein.

Übersicht

1) Allgemeines
2) Vorsatz
3) Fahrlässigkeit
4) Leben, Körper, Gesundheit, Freiheit
5) Eigentumsverletzung
6) Sonstiges Recht
7) Widerrechtlichkeit
8) Allgemeine Verkehrspflichten

§ 823 1-4 2. Buch. 7. Abschnitt. *Thomas*

9) Schutzgesetze
10) Ersatzberechtigter
11) Ersatzverpflichteter
12) Inhalt und Umfang der Schadensersatzpflicht
13) Beweislast
14) Einzelfälle von Verletzung der allgem Verkehrspflichten u sonstiger Verstöße gegen § 823 (alphabetisch geordnet)
15) Allg Persönlichkeitsrecht
16) Produzentenhaftung

1) Allgemeines. Ergänzg u Erweiterg des Schutzes der in I genannten Lebensgüter: „Leben, Körper, Gesundh, Freih, Eigt" durch II hins aller durch SchutzG geschützten menschl Lebensinteressen. Gleichzeitige Verletzg eines der in I genannten Lebensgüter u Rechte sowie der Schutzgesetze nach II ist mögl, zB bei Diebstahl, Körperverletzg, Tötung usw. **Vermögensbeschädigg** als solche ist keine uH, BGH **41**, 127 (Produktionsunterbrechg nach Beschädigg der Versorggsleitg). SchadErsAnspr daher nur, wenn entweder II od die Sondertatbestände der §§ 824, 826, 839 vorliegen. – § 823 beruht auf dem **Verschuldensprinzip**. Über Haftg ohne Versch Einf 4 vor § 823.

2) Vorsatz vgl § 276 Anm 3; dort auch über die Besonderh des Vors bei Verletzg eines SchutzG (Abs II), einer AmtsPfl (§ 839) u bei SchmerzGeld (§ 847).

3) Fahrlässigkeit. a) Grundsätze: Außerachtlassg der im Verkehr erforderl Sorgf (§ 276). Vgl hierzu eingeh § 276 Anm 4. Fahrlk braucht nur hins Verletzg des betroffenen RGutes, nicht hins des entstandenen Schadens vorhanden zu sein. Voraussehbark derj Schadenswirkg, die später eingetreten ist, ist erforderl § 276 Anm 2. Auch seltene u nur ausnahmsw eintretende Folgen müssen in Betr gezogen w, RG **81**, 361, anderers kommt nur der natürl Verlauf der Dinge in Betr, ganz entfernte Möglichkeiten brauchen nicht berücksichtigt zu w, BGH **LM** § 276 (Cd) Nr 1. In Fällen drohender Gefahr, in denen schneller Entschluß erforderl, kann trotz sachwidrigen Verhaltens Fahrlk entfallen, BGH **LM** ZPO § 286 (A) Nr 2; ebso **bei entschuldb tatsächl oder Rechtsirrtum**, BGH NJW **51**, 398; jedoch strenge Anforderungen an Sorgf-Pfl des Täters bei Rechtsirrtum (§ 285 Anm 2). Über Versch bei unberechtigter Verwarng vor Patent- od GebrMusterVerletzg Anm 6g. HausEigtümer w sich daher in aller Regel nicht auf Unkenntn einer neuen polizeil VO betr Schneebeseitigg berufen können, RG JW **31**, 1689; denn er ist allg verpflichtet, sich mit später erlassenen polizeil Vorschr vertraut zu machen, BGH **57**, 240. Überh ist jeder im Rahmen seines Wirkgskreises verpfl, sich über das Bestehen von Schutzgesetzen zu unterrichten, BGH **LM** (Bc) Nr 1. Die Tats, daß ein od mehrere Kollegialgerichte die Hdlg für nicht rechtswidr erkl haben, kann – aber muß nicht – Versch ausschließen; § 839 Anm 6. Polizeil Genehmigg einer Anlage oder Duldg einer schädigenden Hdlg od eines gefährl Zustandes schließt die Fahrlk nicht aus, BGH BB **58**, 1182. Anderers kann man sich im allg darauf verlassen, daß die für Teiln am öff Verkehr gegebenen PolVO genügen, RG **HRR 34**, 800 (BeleuchtgsPfl); RG **145**, 381 (Betriebssicherh einer Maschine).

b) Strenge Anfordergen werden da gestellt, wo die fragl Tätigk an sich eine Gefährdg der Allgemeinh mit sich bringt, BGH **LM** (Dc) Nr 23, wie beim Betrieb einer Benzintankstelle, RG JW **39**, 560, oder eines Kraftwagens, BGH VersR **55**, 755, oder beim Verkauf von Fleischkonserven, RG Recht **18**, 1363. Unvorsichtige Aufbewahrg einer gesundheitsgefährl Flüssigk, RG **97**, 116, BGH NJW **68**, 1182. Unsorgfält Mischgsbezeichng beim Rezeptieren eines Arztes, RG **125**, 375; ungenüge Aufklärg beim Vertrieb giftiger Insektenvertilggsmittel, BGH VersR **55**, 765; Nichtbeachtg der Unfallverhütgsvorschr der Berufsgenossensch, BGH VersR **56**, 31; unvorsicht Abwerfen von ReklameGgst bei Werbeumzügen, BGH VersR **55**, 762; Großfeuerwerk, BGH NJW **65**, 199 (Veranstalter muß auch bei Beauftragg eines zuverläss Untern die SchutzMaßn überprüfen).

c) Doch kann nicht völl Gefahrenfreih verlangt w, auch können nicht überall u zu allen Zeiten gleich hohe Anfordergen an Verkehrssicherh gestellt w; **geringere Anfordergen** sind zB in ländl Gemeinden od auf länd Grdst geboten, BGH NJW **60**, 41. Ebenso bzgl des Innern eines Hauses, RG JW **35**, 273 (unbefestigte Brücke auf Parkettfußboden). Auf Schiffen sind die Anfordergen an Vorrichtgen, die Fahrgäste auch bei starken Schiffsbeweggn u beim Anlegen gg Unfälle schützen sollen, nach dem Bedürfn des in Betr kommenden Verkehrs zu bemessen, RG **124**, 49.

d) Bei **Verstoß gegen Schutzgesetz** (II) genügt Voraussehbark, daß Verstoß gg ein SchutzG eintreten könnte; Anm 9c.

e) Über **Mitverschulden** des Verletzten Einf 5.

f) Beschränkg der Haftg auf grobe Fahrlk für Anspr auch aus § 823, wenn konkurrierder Anspr aus §§ 677 ff wg § 680 beschr ist, BGH NJW **72**, 475. – Beschrkg der DeliktsHaftg zw Eheg vgl § 1359 Anm 1. Bei leicht fahrl SchadZufügg kann die Pfl des verl Angehör bestehen, SchadErsAnspr nicht geltd zu machen, wenn die FamilienGemsch dch den SchadAusgl übermäß belastet würde (BGH **61**, 101, Karlsr VersR **77**, 232).

4) Leben, Körper, Gesundheit, Freiheit. a) Verletzg des Lebens bedeutet Tötg, außerdem § 823 II iVm StGB §§ 211, 212, 216, 222, 226a.

b) Körperverletzg ist jeder äußere Eingr in die körperl Unversehrth, **GesundhVerletzg** die Störg der inneren Lebensvorgänge; auch wenn der Verletzte, sofern nur die Ursächlichk des schadenstiftenden Ereign zu bejahen ist, noch nicht geboren, BGH **58**, 48 (zust Stoll JZ **72**, 365) od erzeugt w, BGH **8**, 243; über Deliktshaftg für vorgeburtl GesundhSchäden auch Stoll, Festschr für Nipperdey (1965) I, 739 u Laufs NJW **65**, 1053. Auch Verletzg der geist od körperl Gesundh durch seel Einwirkgn, zB dch Schock inf Miterlebens des Unfalltodes eines nahen Angehör (vgl Vorbem 5c dd vor § 249) od dch PresseVeröff, Nervenleiden als Folge ehrenkränkder Behandlg dch Vorgesetzte, RG Recht **13**, 1133, als Folge ehewidr Verhaltens, RG **85**, 335; GesundhBeschädigg dch wahrheitswidr ProzBehauptgn des Gegners, RG Recht **18**, 516. GesundhBeschädigg nicht unmittelb Verl (Schockwirkg) vgl Einf 5 d aa vor § 249 u § 846 Anm 2. Auch ärztl Operation ist Körperverletzg, aber nicht widerrechtl, wenn sie mit Einwilligg erfolgt, vgl hierzu u über Züchtigg von Kindern durch Eltern u Lehrer Anm 7. **Beispiele** für GesundhBeschädigg: ärztl Kunstfehler, BGH NJW **59**, 1583; Versehen bei Narkose, BGH VersR **68**, 276 u 280; Nadel im Essen einer Gastwirtsch, Warn **29**, 159; Haftg bei Beschäftigg eines Tuberkulosekranken, LAG Mü BB **51**, 140;

Lieferg von gesundheitsschädl Wasser, RG **152**, 129; vgl auch BGH **LM** § 276 (Ci) Nr 15 (Ablagerg v Fäkalien in Wassereinzugsgebiet) u § 839 Anm 15 unter GesundhAmt. Ansteckg mit Geschlechtskrankh, RG **135**, 9, nicht aber außerehel Beiwohng als solche, RG **96**, 224 (bejaht bei unbescholtenem 14jähr Mädchen, Mü LZ **28**, 1110); Unfallneurose, BGH **20**, 137 (Vorbem 5 d cc vor § 249); GesundhSchad dch Schlafstörg inf übermäß LärmEinwirkg vom NachbGrdst, BGH MDR **71**, 37; Verletzg eines Polizeibeamten bei Verfolgg eines Täters, BGH **63**, 189 u NJW **76**, 568.

c) Verletzg der **Freiheit** ist nicht jede die freie Willensbestimmg beeinflussende Einwirkg, sond nur die Entziehg der körperl Beweggsfreih sowie die Nötigg zu einer Hdlg durch Drohg, Zwang od Täuschg, RG **58**, 24. Bedrohg mit FreihBeraubg RG **97**, 343; nicht Beeinträchtigg der wirtschaftl Beweggsfreih, RG **100**, 214. Über Unterbringg u Fixierg eines Geisteskranken in einer Krankenanstalt BGH **LM** § 839 (Fc) Nr 15. Über FreihEntzug von Zonenbewohnern durch Schuld Bundesdeutscher, BGH **LM** (Ab) Nr 2.

5) Eigentumsverletzg bedeutet Einwirkg auf die Sache ohne Rücks darauf, ob der Schaden unvermittelt od erst durch adäquate Ursachenkette eintritt, Vorbem 5 vor § 249. Die Vermutg des § 1006 gilt auch für die Darlegg des Eigt als ansprbegründder Voraussetzg in § 823, wobei allerd an den v Verl zu führden VerschNachw in strenger Maßstab anzulegen ist (BGH VersR **77**, 136). **a) Allgem.** In Frage kommen: Zerstörg, Beschädigg, Verunstaltg, Entziehg der Sache, gleichgültig, ob tatsächl Einwirkg od rechtl Vfg. Wer Eigt an fremder Sache erwirbt, weil er nur leicht fahrl gehandelt hat, haftet jedoch nicht; das folgt daraus, daß § 932 diesen Erwerb sanktioniert, BGH WPM **67**, 564 (566). Nicht erforderl ist Substanzverletzg, es genügt sonstige, das EigtR beeinträchtigde Einwirkg auf die Sache, zB Einsperren eines Schiffes dch umgestürzte Ufermauer, BGH **55**, 153, nicht rechtzeit Verz auf die Pfändg eines angebl HerausgAnspr aus § 985 nach Prüfg des berecht Widerspr des wahren Eigtümers der Sache (BGH NJW **77**, 384), Herbeiführg eines unberecht Widerspr gg die EigtEintr im LuftFahrzReg dch EigtPrätendenten (BGH VersR **77**, 136). Der Anspr kommt grdsätzl auch dann in Betr, wenn der Berecht sein Eigt erst dadch verliert, daß er die Vfg eines Nichtberecht gegen sich gelten läßt (BGH Betr **76**, 814). Nicht ausreichd: bloße Gefährdg, zB durch feuergefährl Gewerbebetr auf NachbarGrdst, RG **50**, 225, RGRK Anm 17; auch nicht bloße Wertmindrg ohne Einwirkg auf die Sache selbst, die nur VermBeschädigg darstellt, RG **64**, 251, zB durch benachbarten Bordellbetrieb, wenn unmittelb Einwirkg, die Belästigg durch Lärm od dgl fehlt, RG **57**, 239, doch kann hier § 826 vorliegen. Der SchadErsAnspr des Best wg EigtVerl scheitert nicht daran, daß dessen Abnehmer keine Mängel-Anspr geltd machen (BGH WPM **77**, 763). Soweit Verletzg des EigtAnspr auf Herausg der Sache in Frage steht, erhalten §§ 987ff eine erschöpfende u ausschließliche Regelg für best Anspr des nichtbesitzenden Eigtümer gg den besitzenden NichtEigtümer, vgl Vorbem 2b vor § 987. Wohl aber haftet **Fremdbesitzer** bei Überschreitg der Grenzen seines BesitzR direkt nach § 823, dch durch Veräußerg der Mietsache (BGH NJW **67**, 43), dch Veräußerg einer unter EigtVorbeh gelieferten Sache (BGH Betr **76**, 814). Ebso haftet der **Nichtbesitzer,** der bei Entziehg des Eigt eines Dr mitgewirkt h, zB der ges Vertr einer jur Pers, der für diese den Bes erworben h u dabei bösgl war, BGH **56**, 73.

b) Eigentumsverletzgen sind : Beschädigg von Versorggsleitgen bei Tiefbauarbeiten, Tegethoff BB **64**, 19, auch wenn bei Dritter hierdch betroffen, Vorbem 5 d aa vor § 249, Beschädigg der Ware auf Transport bei Versendgskauf, Anspr des Verk trotz GefahrÜberg, BGH JZ **68**, 430; Verschmutzg einer Hausfront dch überm Zuführg von Rauch, BGH Betr **64**, 65; beim Abfahren von Schlamm, BGH **LM** (Dc) Nr 75 (Haftg des Bauherrn); Einwirkg auf Grdst durch Grdwasserverseuchg, BGH NJW **66**, 1360; Notwendigk der Räumg eines Grdst wg akuter Brand- und Explosionsgefahr inf eines auf dem NachbGrdst ausgebrochenen Brandes (BGH NJW **77**, 2264); Verunreinigg des Brunnens, einer Brauerei durch Abwässer aus Klärteichen, RG HRR **33**, 528, Schädigg durch Immissionen (§ 906) u Vertiefg (§ 909), BGH WPM **66**, 34. Übertragg von Hausschwamm durch Bauschutt, RG SeuffA **85**, 159, durch fehlerh hergestellte Schleusenanlagen, die bei starkem Regen zur Überschwemmg von NachbGrdst führen, RG **106**, 283. Vergiftg von Bienen durch Gase des NachbGrdst, RG **159**, 68, durch Giftstreuen auf eig Grdst, BGH NJW **55**, 747. – Ferner: Verletzg fremden Eigt durch Gläub, der fremde Sachen pfändet, BGH WPM **65**, 864 (daselbst auch über das Versch des Gläub) od die Pfändg eines angebl HerausgAnspr aus § 985 auf Widerspr des wahren Eigtümers nicht freigibt (BGH Betr **67**, 378). Veräußerg von Pfandstücken unter Verletzg der gesetzl Vorschr, RG **77**, 201; Pfandverkauf ohne PfdR (RG **100**, 274); Nichterfüllg der Pflichten aus VermieterPfdR, RG DJZ **24**, 908; Verletzg des EigtVorbeh, BGH BB **63**, 1278. **Dagg nicht:** Rechtserwerb vom unricht eingetr BuchEigtümer, wenn der Erwerber nur fahrl handelte (§§ 892, 893), RG **90**, 395. Auch nicht Verschaffg einer insges mangelh Sache zu Eigt, die für den Eigtümer von vornherein schlechth unbrauchb ist u wo isol Mängel u geltd gemachter Schad schon zusammenfallen (BGH **39**, 367), fehlerh Ausf eines Wk, wenn nicht in eine schon vorher unversehrt vorhandene Sache eingegriffen w (BGH **55**, 392, Mü NJW **77**, 438; aA Freund u Barthelmess NJW aaO). Ebso nicht bei Lieferg mangelh Sandes, dessen Verwendg zu schadh Verputz führt (BGH NJW **78**, 1051). Dagg sollen Anspr aus § 823 gegeben sein, wenn die Sache (industrielle Anl) einen fehlerh funktionell begrenzten Teil (Steuergerät) enthält, dch dessen Versagen später an der iü einwandfreien gesamten Sache ein weiterer Schad (Brand) entsteht (BGH NJW **77**, 379); abl aus rechtl u prakt Grden Rengier (JZ **77**, 346). Duldet ein Bauherr lediglich den Einbau von Material, das der BauUntern unter verlängertem EigtVorbeh bezogen h, so haftet er dem Baustofflieferanten wg des diesen treffden EigtVerlustes nicht aus § 823, auch wenn die Abtretbark der VergütgsFdg des BauUntern vertragl beschr war, BGH **56**, 228. Keine EigtVerl ist der Entzug von GrdWasser dch GrdWasserFörderg od -Ableitg auf einem and Grdst (BGH **69**, 1); Sperrg der öff ZufahrtsStr zum Grdst inf eines Brandes auf dem NachbGrdst (BGH NJW **77**, 2264).

c) Keine allgem Rechtspflicht, fremdes Eigt vor Beschädigg zu schützen, soweit sich diese Pfl nicht aus bes RVerh ergibt; doch kann sich die Verpflichtg zur sorgfält Behandlg fremden Eigtums aus der **Art des Gewerbebetriebes** ergeben, u zwar als selbständ Pfl neben den vertragl Pfl, zB aus dem GewerbeBetr des Lagerhalters, Frachtführers usw; Einf 2b vor § 823.

d) Durch das **NachbarrechtsbeschränkgsG** v 13. 12. 33 w Anspr aus uH nicht berührt, Warn **36**, 123.

6) Sonstiges Recht. Was hierunter zu verstehen ist, ist umstr. Keinesweges ist dazu jedes rechtl geschützte Interesse zu rechnen. Vielmehr ist unter „sonstiges Recht" im Hinbl auf die Nenng hinter „Eigentum" ein Recht zu verstehen, das denselben rechtl Charakter wie das Eigt hat und das ebso wie Leben, Gesundh, Freih von jedermann zu beachten ist, d h also **die ausschließl Rechte.** Zu diesen gehören:

a) dingliche Rechte wie ErbbauR, Dienstbk, dingl VorkaufsR, Reallasten, Hypotheken, Grund- und Rentenschulden u andere PfandR. Verletzg des HypR durch Wegschaffg von Zubehör, RG **69**, 85, durch Pfändg von GrdstZubehör, RG SeuffA **60**, 249, durch Wegn von eingebauten Materialien, RG **73**, 333, dch Verschlechterg des Grdst inf baul Maßn seitens des Eigtümers od des Arch, BGH **65**, 211. Verletzg des gesetzl PfdR des Vermieters od Verpächters, BGH WPM **65**, 704, od der PfändgsPfdR. Veräußerg von Wertpapieren durch eine Bank trotz Pfändg aller Anspr des Schu gg die Bank aus BankGesch durch Dr, RG **108**, 318; aber keine Verletzg des PfändgsPfdR an einer Fdg durch Zahlg od Aufrechng, da der darin zu sehende Versuch eines Eingr nach §§ 135, 136 unwirks ist, RG **138**, 252. GeschAnteile an GmbH RG **100**, 278, od Aktien, soweit VerletzgsHdlg den Gesellschafter ganz od teilw um sein AktienR bringt, nicht aber, soweit nur Wert der Gesellsch geschmälert, RG **158**, 255. BergwerksEigt RG **161**, 208. Auch das Recht des GrdEigtümers auf Unterl schädigender Anlagen gem § 907 gehört hierher, RG **145**, 115; EinlösgR des § 1249, RG **83**, 393. Auch dingl **Anwartschaftsrechte** (zB Anwartsch auf Erwerb des Eigt an einer unter EigtVorbeh veräußerten Sache) gehören hierher, BGH **55**, 20; nicht jedoch die Rechtsstellg des AuflassgsEmpf, wenn er keinen EintrAntr gestellt h od dieser Antr zurückgen od zurückgewiesen wurde, BGH **45**, 186 (Anm v Mattern **LM** [Ad] Nr 4).

b) Besitz. Zu ersetzen ist der Schad, der dch den Eingr in das BesR verurs ist. Dazu gehört auch der sog HaftgsSchad, dh das was der unmittelb Besitzer dem mittelb (Eigtümer) wg Unmöglkt der Rückg zu ersetzen verpfl ist (KG VersR **75**, 837). Der Bes ist geschütztes RGut auch im Verh von Mitbesitzern untereinander, BGH **62**, 243, MietBes, Bambg, OLG **71**, 349. SchadErsAnspr des mittelb Besitzers, jedoch nicht ggü dem unmittelb Besitzer als I, BGH **32**, 204. Kein Anspr des nichtberecht Besitzers auf Ers des NutzgsSchad, Wieser NJW **71**, 597; dieser Auffassg neigt auch BGH WPM **76**, 583 zu.

c) Namensrecht, BGH NJW **59**, 525; Verwendg des Signums einer polit Partei auf einem gg sie gerichteten Wahlplakat, Karlsr NJW **72**, 1810; FirmenR, BGH **LM** § 12 Nr 30 (Promonta), Auszeichnungen von ausgestellten Waren, zB Medaillen, Diplome usw, RG **109**, 51; über WappenR vgl RG **71**, 265. Vgl § 12 u über den Namensgebrauch iS dieser Vorschr, BGH NJW **63**, 2267 („Dortmund grüßt mit . . . . .Bier").

d) Patentrechte, nicht jedoch schon vor der Anmeldg im patentamtl Verf, Benkard, PatG § 47 Anm 9; aA Busse, PatG § 3 Anm 1 (vgl hierzu auch § 826 Anm 8 m cc); wie überh **gewerbl Schutzrechte.** Das UrhR ist als NutzgsR Eigt iS des Art 14 I GG, BVerfG JZ **71**, 773. Über den Schutz des Urhebers gg Verletzg seines UrhR vgl §§ 11 ff UrhRG u hierzu § 687 Anm 2 c. Über die Schranken des UrhR, insbes in bezug auf das Recht Dritter auf Vervielfältigg zum persönl Gebrauch, auch durch Tonband, vgl §§ 53 ff aaO u hierzu BB **65**, 684. – Eingriff in ein geschütztes Wortzeichen, BGH **LM** UWG § 1 Nr 128 (Lesering). – Über wettbewerbswidr Ausnutzg fremder Arb u sklavischen Nachbau vgl § 826 Anm 8 m, u ff. Bei unverschuldeter Benutzg fremden SchutzR vgl Einf 6 b vor § 823.

e) Aneignungsrechte des JagdBerecht, BGH **LM** (F) Nr 10, FischereiR, BGH VersR **69**, 928, Wassergebrauchsrechte, RG Recht **06**, 933, auch RG Recht **16**, 2092, R des GrdstEigtümers auf GrdWasserFörderg, BGH **69**, 1; es umfaßt nicht ein R auf unbeeinträchtigten Zufluß. **Nicht:** Gemeingebrauch an öff Wegen, RG Recht **21**, 1362, od öff Wasserstraßen, KG VersR **24**, 1678, RGRK Anm 22.

f) Familienrechte. Schutz der Intimsphäre des Ehegatten im famrechtl Bereich (ua Schutz der Ehefr gg Beeinträchtigg ihrer Stellg als Hausfrau u Mutter, BGH FamRZ **67**, 553, Brschw FamRZ **71**, 648. Recht der elterl Gewalt, KG JW **25**, 277; Vorenthaltg eines Kindes, RG JW **13**, 202. Über Anspr der Eheg ggeinand vgl Einf 1, 3 vor § 1353. Über Anspr aus Verlöbnisbruch Düss FamRZ **62**, 429 u § 1298 Anm 5. Kein Anspr gg einen Dr, dessen Handlungen die ungewollte Geburt eines ungewollten ehel Kindes verurs h (Bamb JR **78**, 332 mit vollst MeinsÜbers; aA Heinrichs Vorbem 2d vor § 249).

Schadensersatzansprüche gegen den Ehebrecher, auch auf SchmerzG, verneint der BGH, auch unter dem GesichtsPkt einer Verletzg des PerskR in stRspr, so **23**, 281, **26**, 222, **57**, 229, NJW **73**, 991, Boehmer JR **53**, 746, FamRZ **55**, 7, **57**, 196, AcP **155**, 187 (ausf m Nachw), Dölle § 32 III 2, Gernhuber § 17 III 3: Der Bereich des EheStörgen sei nicht dem delikt RGüterSchutz zuzuordnen, weil er im wesentl einen innerehel Vorgang darstelle, der ohne Mitwirkg eines der Eheg nicht mögl sei. Eine Aufteilg dieses Vorgangs in eine allein eherechtl zu beurteilde Verfehlg des ungetreuen Eheg u eine SchadErsAnspr auslöse uH eines Dr gehe nicht an. Der BGH weist außerdem darauf hin, daß im Hinbl auf die Vielfalt mögl Eingr in den ehel Bereich für eine Haftg keine brauchb Abgrenzg zu finden sei u daß die ggf erfordl Ermittlgen unerwünscht seien; zust Löwisch JZ **73**, 669. Demggü bei ein Tl des Schrifft zumindest vermrechtl, vereinzelt sogar immat SchadErsAnspr gg den Dr, auch sow ein ErsAnspr des verl Eheg gg den ungetreuen u im InnenVerh Ers im AusglAnspr des Dr gg den ungetreuen Eheg verneint w, so Beitzke MDR **57**, 408, Schwab NJW **57**, 869, Bosch FamRZ **58**, 101, Aden VersR **78**, 536. Sow der Ehem der Mutter deren nichtehel Kind Unterh gewähren mußte u gewährt h, besteht gg den Ehebrecher ein ErsAnspr gem § 1615b. Voraussetzg für seine GeltdMachg (vgl § 644 ZPO) ist Anerkenng od rkraftäh Feststellg der nichtehel Vatersch §§ 1593, 1600a, od freiw Verpfl des Erzeugers, BGH **46**, 56. Zu den ges übergegangenen UnterhAnspr gehören auch die Kosten des EhelichkAnfProz, gleichgült ob der Ehem der Mutter od das Kind die Kl erhoben h, BGH **57**, 229 im Anschl an Beitzke ua NJW **66**, 2119, i Erg zust Wagner NJW **72**, 577.

g) Auch der **eingerichtete u ausgeübte Gewerbebetrieb** ist von der Rspr als „sonstiges Recht" anerkannt, BGH NJW **63**, 484, BGH **45**, 307. Lit: Buchner, Die Bedeutg des R am eingerichteten u ausgeübten GewerbeBetr für den deliktsrechtl Unternehmensschutz, 1971; Wiethölter, Krit Justiz **72**, 121 ff. Es handelt sich um einen AuffangTatbestd, der eine sonst bestehde Lücke im RSchutz, insb im gewerbl RSchutz schließen soll, BGH **45**, 296 [307], **43**, 359. Zu § 286, weil nicht speziell dem Unternehmensschutz diend, in AnsprKonkurrenz anwendb, Merten AfP **73**, 354. Der Schutz soll die Fortsetzg der bish Tätigk aGrd der schon getroffenen BetrVeranstaltgen sichern, BGH NJW **69**, 1207, er umfaßt alles, was in seiner Gesamth den wirtschaftl Wert des Betr ausmacht, also Bestand, ErscheingsForm, TätigkKreis, Kundenstamm, BGH Betr **71**, 571, er schützt den BetrInh gg Beeinträchtigg dch Außenstehde (Herschel Betr **75**, 690). Erforderl ist, daß die Beeinträchtigg **unmittelbar** gg den GewerbeBetr als solchen gerichtet, daß der Eingr **betriebsbezogen** ist (BGH **29**, 165 u NJW **76**, 1740). Bei fehldem Versch vgl § 903 Anm 5 Hc. Kein Eingr in den Bestand des GewerbeBetr bei seiner nur mittelb Beeinträchtigg dch ein außerh des Betr eingetretenes, mit seiner WesensEigtümlk nicht in Beziehg stehdes SchadEreign, zB Unterbrechg der Fernsprechleitg (Oldbg VersR **75**, 866) od der Stromzufuhr dch KabelVerl bei BauArb (BGH BB **77**, 1419), Verletzg eines Angest, BGH **7**, 30, Angriff auf den Inh, der nur mittelb eine Schädigg des GewerbeBetr herbeiführt, BGH **LM** § 823 (Da) Nr 4; ebso nicht dch günstigere Beurteilung eines Konkurrenzfabrikats in einem Warentest, BGH NJW **76**, 620. Larenz NJW **56**, 1719 setzt Unmittelbark der Zweckrichtg gleich u bejaht danach Unmittelbark des Eingr dann, wenn Hdlg zum mindesten Beeinträchtigg des GewerbeBetr bezwecken konnte. Bedenkl, denn dann würde auch bei unstreitig mittelb Eingr, wie bei Verletzg des Prinzipals (da besteht ohnehin Haftg wg Körperverletzg hins des geschäftl Schad des Verletzten, RG **95**, 173) od eines Angest, Unmittelbark stets bejaht w müssen. Die gleichen Grds gelten auch für Angehör **freier Berufe**, die kann eigentl Gewerbe betreiben, iF unmittelb Eingr in ihre Berufstätigk (Mü NJW **77**, 1106). – Bedenkl, daß schon die einfache **Beeinträchtigg** eines GewerbeBetr – also nicht erst die Eingr in seinen Bestand – u zwar auch außerh des Wettbew, als Verletzg eines absoluten Rechts gelten soll; so BGH **29**, 65. Es ist zu begrüßen, daß die neue Rspr des BGH hier einer bedenkl Ausweitg dieser Rechtsauffassg entgegtritt u den Eingr in den GewerbBetr in aller Regel nur dann als unter I fallend erachtet, wenn es gilt, die regelgsbedürft Lükken im RSchutz des Unternehmens zu schließen, BGH NJW **69**, 2046 u ihn, sow er wettbewerbl Natur ist, allein nach den wettbewerbsrechtl Sondervorschriften behandelt, BGH **43**, 361. Geschäftsschädigde **Kritik** außerh eines WettbewVerh, insb dch vergleichden **Warentest** ist nicht bereits an sich rwidr, sond nur, wenn ihre Art zu mißbill ist. Da sich der GeschMann einer Kritik seiner Leistgen stellen muß, beurteilt sich deren rechtm Schranke nach einer Güter- u PflAbwägg entspr Anm 15 D, BGH **45**, 296. Es kommt darauf an, ob das schutzwürd Interesse der Allgemeinh an obj Informationen höher zu werten ist als das Interesse des Betr, sich dieser Beurteilg stellen zu müssen. Die Untersuchg dch das TestUntern muß neutral u sachkund vorgenommen w u um Gewinn eines obj richt TestErgebn bemüht sein. In diesem Rahmen h das TestUntern weiten Spielraum, sow es um Angemessenh der PrüfgsMethoden, Auswahl der TestObj u Darstellg des UntersuchgsErgebn geht. Rechtswidr ist der Eingr bei bewußtem FehlUrt, bewußten Verzerrgen, bewußt unricht Angaben, bewußt einseit Auswahl der TestObj, ferner wenn insbes die Methode der Untersuchg od die daraus gezogenen Schlüsse nicht mehr diskutabel erscheinen, endl bei unsachl od Schmähkritik (BGH **65**, 325; krit Deutsch JZ **76**, 451). Ob das testde Untern auch noch eig Ziele außerh des Wettbew verfolgt, ist ohne Belang. Bei unsachl od parteiischer Beurteilg überwiegt das Interesse des Betr, BGH Betr **74**, 576, Ffm WPR **74**, 212. Gleiches gilt für den Boykottaufruf aus ideellen Grden, Ffm Betr **69**, 697. – Gewerkschafts-**Streik** zur DchSetzg eines tarifl nicht regelbg Ziels ist rwidr u verpfl die Gewerksch zu SchadErs, wenn sie ein Versch trifft (BAG NJW **78**, 2114). – **Enteignungsgleicher Eingriff** in GewBetr vgl § 903 Anm 5 Hc.

Beispiele: Unberecht Verwarng vor SchutzRVerletzg von Herst zu Herst, also vor GebrMuster- od Patentverletzg sowie Verletzg eines FirmenR ist Eingr in den GewBetr des Verwarnten, wenn er sich der Verwarng fügt, BGH **38**, 205. Das gilt auch dann, wenn das Patent mit rückwirkder Kraft erst nachträgl mit NichtigkKl beseitigt w (BGH NJW **76**, 2162). Ebso verletzt unberecht Verwarng der Abnehmer wg Verletzg gewerbl SchutzR das Recht des Herstellers an GewerbeBetr, BGH WPR **68**, 50. Zufassd Sack WRP **76**, 733 mit krit Prüfg, inwiew § 823 (Eingr in GewerbeBetr) überh anwendb, wann die unbegr Verwarng rwidr u wann der SorgfPfl des SchutzRInh bei der Überprüfg der SchutzRLage verl ist. In der unberecht Verwarng eines Mitbewerbers wg vermeintl Verl eines AusstattgsR liegt nicht zugl ein zum SchadErs verpfl unmittelb Eingr in den GewerbeBetr des Zulieferers der angegriffenen Ausstattg (BGH NJW **77**, 2313). Fügt sich der Verwarnte nicht, so ist unber Verwarng kein Eingr in GewBetr, zu seinem RSchutz genügt negat u fehldes Versch des Verwarnden FeststellgsKl, BGH MDR **69**, 638. Berecht Interesse u fehldes Versch des Verwarnden schließt UnterlAnspr des Verwarnten gg ihn nicht aus; der Erfolg der UnterlKl hängt also nur davon ab, ob (obj) die Maßn des Kl gg die Verwarng gerichtet, das Patent (GebrM) verletzt ist u die regelm zu bejahde Wiederholgsgefahr besteht, BGH **38**, 206. Voraussetzg für den SchadErsAnspr des Verwarnten wg unberecht Verwarng ist Versch des Verwarners. Es fehlt, wenn er sich dch gewissenh Prüfg u aGrd vernünft u bill Überleggen, etwa dch Einholg des Rates fach- od rkund Berater (BGH NJW **76**, 2162), die Überzeugg verschafft h, sein SchutzR werde rechtsbeständ sein, BGH **62**, 29. Unberecht wettbewrechtl Verwarng dch Schutzverband für Mitgl kann dch das R zur freien MeingsÄußerg gedeckt sein (Ffm GRUR **75**, 492). Bei GebrMusterverletzg ist Verwarner zu einer eingehderen Nachprüfg verpflichtet als bei einem Vorgehen aGrd geprüfter SchutzR, BGH aaO; dort auch zu den Kriterien für die VerschPrüfg. RSchutzinteresse für Unterl-Klage fehlt, wenn Verwarnder UnterlKlage gg den Verwarnten wg Verletzg seines Rechts erhoben hat, BGH **28**, 203. Der bloße Hinw auf eine offengelegte SchutzRAnmeldg kann der unberecht Verwarng grdsätzl nicht gleichgestellt w, Karlsr WRP **74**, 215. Vertrieb von Radio, Tonband- u Fernsehgeräten mit unkenntl gemachter FabrikationsNr, Düss Betr **69**, 1398. Entferng v Typen- u Nummernschild, die der Herst zur Überwachg der FunktionsFähigk u BetrSicherh angebracht h (BGH Betr **78**, 784). – Ausschließl gewerbl BestattgsHdlgen auf dem der Kirchenstiftg gehörden Friedhof, BGH **14**, 294, w regelm nicht als Eingr in den Bestand des GewerbeBetr anzusehen sein. Auch wahrheitsgem Berichterstattg kann ein Eingr in die Ausübg eines eingerichteten GewerbeBetr sein, BGH **8**, 142 (Kreditschutzlisten), BGH **36**, 18 (ungerecht Verbreitg eines unbegründeten KonkAntr, nicht jedoch Eingr durch den KonkAntr). Jedoch fehlt bei Wahrnehmg berecht Interessen die RWidrigk, wenn die rechtsverletzden Äußergen nach Inhalt, Form u Begleit-Umst das gebotene u notw Mittel zur Erreichg des rechtl gebilligten Zwecks sind, BGH GRUR **70**, 465. AA Lingenberg NJW **54**, 449, der Schutz nur nach den allg Bestimmgen über den Ehrenschutz geben will. Eingr in PreisbindgsSystem (§ 826 Anm 8 u gg) ist kein solcher in den Bestand des Unternehmens des Preisbinders, vgl BGH BB **67**, 774 (Preisbindg für Bücher), wo gg die GgMeing berecht Zweifel geäußert w. – Blockade eines ZeitgsUnternehmens dch Demonstration, BGH **59**, 30 u NJW **72**, 1571. – Kein Eingr ist die Sperrg der öff ZufahrtsStr dch LöschFahrz inf eines auf dem NachbGrdst ausgebrochenen Brandes (BGH NJW **77**, 2264), Aushängg u Verteilg von Schriftgut zur SelbstDarstellg der Gewerksch, zur In-

§ 823 6, 7 A   2. Buch. 7. Abschnitt. *Thomas*

formation über tarif- u arbrechtl Fragen u zur BeitrittsAuffdg außerh der ArbZt dch betrfremde Gewerksch-Beauftr (BAG MDR **78**, 605). – Werden kreditgefährdde Veröffentlichgen dch die **Presse,** den **Rundfunk** oder das **Fernsehen** vorgenommen, so ist deren die Stellg im öff Leben zu berücksichtigen; § 824 Anm 1, 6e, Einf 8b aa und 9 vor § 823, ferner unten 15; eingehd dazu Kübler, Schricker u Simitis AcP **172,** 177, 203 u 235. Erforderl ist sorgf Überprüfg, ob die Information der Wahrh entspricht u ob die ErkenntnQuellen zuverläss u hinreichd sind, BGH Warn **69,** 165. SchadErs bei einem unzul, dh den nicht von einer Gewerksch ausgerufenen u auch später nicht von ihr übernommenen Streik, BAG NJW **64,** 887 (SchadErsPfl der Teilnehmer u der unterstützden Gewerksch); zur Frage des Versch (als Voraussetzg des ErsAnspr) bei rwidr Streik zur Dchsetzg einer neuart tarifl Regelg bei Zweifelhaftig der RLage, BAG Betr **78,** 1647. – Eingr in GewBetr durch unzul Boykott, BGH Betr **65,** 889, NJW **64,** 29 (polit Meingsäußerg; hierzu auch Anm 15 D); vgl auch 826 Anm 8k, u cc; durch Fernsehsendg, BGH NJW **63,** 484 u WPM **69,** 173 (gewerbeschädige Kritik bei zutr Berichterstattg), im Kampf der Presse untereinander, BGH **45,** 296. Kein Eingr in Gewerbe des Veranstalters, wenn ohne seine Gen Ausschnitte aus Berufsboxkämpfen nach längerer Zeit im Fernsehen ausgestrahlt w, BGH NJW **70,** 2060. Zum Eingr dch Verk unter Preis vgl § 826 Anm 8 u aa, gg. Kein unmittelb Eingr in den GewBetr dch unbefugten Verkauf von Waren, die nur in Apotheken verkauft w dürfen, RG **77,** 217 (vgl hierzu jedoch BGH **23,** 184, Verletzg eines SchutzG). Ausübg der ärztl Praxis im Rahmen des § 823 Gewerbe, BGH GRUR **65,** 693, auch der tierärztl Praxis, BGH **42,** 325. – Schutz des GewBetr nach I u **Recht zur freien Meinsäußerg** nach Art 5 I 1 GG können miteinander kollidieren. Über die in solchen Fällen gebotene Güter- u Interessenabwägg vgl unten Anm 15, § 824 Anm 6a u Fritze NJW **68,** 2358. – Boykott, WettbewBehinderg §§ 25 ff GWB, AusschließlichkVertr s § 826 Anm 8 u cc.

h) GrundR der **allg Handlgsfreiheit** nach Art 2 I GG, das nach stRspr des BVerfG nicht nur natürl, sond auch jur Pers zusteht (zB BVerfG **10,** 89); auch in seiner speziellen Ausgestaltg nach Art 9 GG: sowohl R des einz Staatsbürgers zum ZusSchluß, als auch Bestands- u BetätiggsSchutz für Vereiniggen selbst, auch für Idealvereine, BGH **42,** 210, BAG NJW **69,** 861 (unlautere MitglWerbg dch Gewerksch).

i) PersönlichkeitsR vgl Anm 15.

j) Keine sonstigen Rechte sind: **Fordergsrechte,** da sie im Ggsatz zu ausschließl Rechten nur bestimmte Personen verpflichten, RG **111,** 298; wohl aber kann NichtErf einer VertrPfl zugl den Tatbestd einer uH bilden; Einf 7 vor § 823. Auch Miete u Pacht gewähren kein sonstiges Recht, es sei denn, daß es sich um Mietbesitz handelt, RG **105,** 218. Auch die FdgsZuständgk ist kein sonstR, Otte JZ **69,** 253. – Auch das **Vermögen** als solches ist kein sonstiges Recht, BGH **41,** 127. VermBeschädiggen, bei denen einer der Tatbestände des I nicht vorliegt, begründen daher nur unter den Voraussetzgen der §§ 823 II, 824, 826, 839 eine ErsatzPfl.

7) A) Widerrechtlich ist jede – auch nichtschuldh – Verletzg eines fremden R od RGuts, die nicht ausnahmsw von einem RFertiggsGrd iS von Anm 7 B getragen ist (bisher hL vgl zB Staud-Werner, Vorbem 81 ff vor § 276, Baur AcP **160,** 465, RGRK § 823 Anm 32). Besonderh beim PersönlkR vgl Anm 15 D. **Unterlassg** ist nur widerrechtl, wenn Pfl zum Handeln besteht; Vorbem 5 d dd vor § 249. Diese Pfl kann auch eine allg VerkPfl iS von Anm 8 sein.

Nach einer neueren Auffassg setzt Widerrechtlk außer dem obj RWidrigkErfolg voraus, daß der Handelnde die **im Verkehr erforderl Sorgfalt** außer acht gelassen h. Damit wird ein subj Element, obj **Fahrlässigkeit,** nach hL eine Form des Versch, der RWidrigk zugeordnet. HauptVertr dieses neuen verhaltensbezogenen RWidrigkBegr sind Welzel (ausgehd von der finalen Handlgslehre des StrafR, zB NJW **68,** 425), Wiethölter (Der RFertiggsGrd des verkehrsricht Verhaltens 1960), Nipperdey (zB NJW **67,** 1991) u von Caemmerer (Festschr JurTag 1960 S 49 ff); vermittelnd Larenz, SchuldR I 8/9. Aufl S 224 ff; umfassd zum gesamten Problemkreis Deutsch, Fahrlässigk u erforderl Sorgf 1963; vgl auch Wolf, Die Lehre von der Handlg, AcP **170,** 181. Die für das StrafR begr Lehre der **sozialen Adäquanz** h in die zivrechtl Rspr erstmals in dem Beschl des GrZS v 4. 3. 57 (BGH **24,** 21) Eingang gefunden (unten B g). Die neue Lehre geht davon aus, daß die Widerrechtlk bereits das UnwertUrt über die betr Hdlg enthalte. Die ROrdng könne billigerw gar nicht mehr fordern als sozadäquates Verhalten. Wenn die Verletzg eines RGuts trotz Beachtg dieser im Verk erforderl Sorgf, also ohne obj Fahrlk des Handelnden eingetreten sei, so sei die Hdlg nicht rechtsw. Bsp von Welzel (Fahrlässigk u VerkDelikte 1961 S 8): Ein auf der für ihn richt Straßenseite in einer Rechtskurve fahrder Kraftfahrer A stößt mit einem entggkommden Fahrer B desh zus, weil B die Kurve geschnitten h. B wird verletzt. – Es sei unerträgl, die Hdlg des A mit ihren für ihn unvermeidb Folgen obj rechtsw zu nennen. Prakt bedeuts w der Unterschied zw der klass Lehre u der neueren Auffassg im **Notwehrrecht** (§ 227 Anm 1 a), bei der **Unterlassgs- u Beseitiggsklage** (s Einf 8 a, b, 9 vor § 823, § 1004 Anm 2 a) u bei der Gehilfenhaftg (§ 831 Anm 5): Diesen Bereichen w um so engere Grenzen gezogen, je mehr innere Hdlgselemente (sozadäquates Verhalten, obj Fahrlk) man mit der modernen Lehre auf die Ebene der RWidrigk vorverlagert. Der Meingsstreit verliert jedoch bei einer begriffl Entflechtg der Hdlgs- u Kausalitätsfragen vom RWidrigkBereich u einer wertfreien Betrachtg des RWidrigkBegr an Schärfe: UnrechtsUrt ist nicht UnwertUrt. Der Kraftfahrer, der ein Halteschild überfährt, handelt rechtsw, auch wenn nichts passiert u auch dann, wenn weder er selbst noch ein and Fahrer in seiner Lage bei größter Sorgf das Schild erkennen konnte, etwa weil es von einem vorschriftswidr parkden Lastzug verdeckt war (Bsp von Larenz, aaO S 227). Anhand des zit Bsp von Welzel h Werner (Staud-Werner, Vorbem 88 vor § 275) nachgewiesen, daß der Ansatz für die Lösg in der Frage liegt, ob A die Verletzg überh verursacht hat. – Der klass dreistuf Aufbau der HaftgsVoraussetzgen in: Hdlg/obj RWidrigk/Versch u die Zuordng der erforderl SorgfWahrg zum Versch (Fahrlk) ist für die ZivRechtsdogmatik klarer. Auch bleibt unbefriedigd, gg eine mit obj Sorgf vorgenommene, aber rgutverletzde Hdlg Notwehr zu versagen. Negator Unterl- u BeseitiggsanspRüchen müssen auch gg solche Hdlgen gegeben sein (ebso Erdsiek JZ **69,** 311), soweit nicht im EinzFall die rgutverletzde Hdlg dch den Grds des rechtl Gehörs od der freien MeingsÄußerg gedeckt ist, vgl Einf 8 a bb u Anm 15 D e. Die hier vertretene Auffassg steht nicht zuletzt auch im Einklang mit der Terminologie des BGB: in § 823 I werden Fahrlk u Widerrechtlk ausdrückl nebeneinander als HaftgsVoraussetzg genannt.

Einzelne Schuldverhältnisse. 25. Titel: Unerlaubte Handlungen § 823 7 B

Bei SchadErsPfl aus **Vertrag** entsteht das RWidrigkProblem nicht: schon die Verletzg der vertragl übernommenen Verpflichtg ist immer obj rechtsw.

B) Ausschluß der Widerrechtlichk; (davon zu unterscheiden: vereinb HaftgsAusschl, vgl dazu Einf 3 vor § 823; BerührgsPkte: Einwilligg des Verletzten, unten f) **a)** wenn dem Täter **eigenes Recht zum Handeln** zur Seite steht, das auf privat- od öffrechtl Grdlage beruhen kann, zB auf den §§ 903, 859, § 127 StPO (vorl Festn), Art 5 GG (Recht zur freien MeingsÄußerg). **Züchtiggsrecht** der Eltern, des Vormundes (§ 1800), des Lehrers (LandesR maßgl), BGHSt **11**, 241, des Anstaltsleiters, RGSt **42**, 347. Kein ZüchtiggsR des Dienstherren ggü dem jugendl ArbN, § 31 I JArbSchG, u ggü dem Lehrling; besteht nicht ggü fremden Kindern, es sei denn, daß Notwehr gegeben. – Auch BergwerksEigt schließt bei Ausnutzg im Rahmen bergpolizeil Vorschr RWidrigk etwaiger Schädigg fremden Eigtums aus, RG **161**, 208. Auch durch jagdpolizeil Vorschr kann die Widerrechtlichk ausgeschl sein, RG SeuffA **81**, 70 (Tötg eines aufsichtslos laufenden Hundes). – **Wahrnehmg berechtigter Interessen** kann RWidrigk ausschließen; § 824 Anm 6 u nachstehd Anm 15 zum allgem PersönlichkR.

b) Verwaltgsakte der Behörden können nur im verwaltgsgerichtl Verf nach der VwGO angefochten w; SchadErsAnspr insow nur aus dem Gesichtspkt der AmtsPflVerletzg; § 839 Anm 4, 10; über Schutz gg ehrverletzende amtl Äußergen § 839 Anm 10b.

c) Notwehr (§ 227). Über Notwehrexzeß § 227 Anm 1; über Putativnotwehr daselbst Anm 3. Unter bes Umst kann für einen Gastwirt die Pfl bestehen, auf die vorherseh Herbeiführg einer Notwehrlage ggü unbefugten Eindringlingen zu verzichten, weil die zu gewärtigde Notwendigk des SchußwaffenGebr and Gäste gefährdet müßte (BGH NJW **78**, 2028).

d) Notstand §§ 228, 904; Putativnotstand, § 228 Anm 4.

e) Selbsthilfe, §§ 229, 230; widerrechtl ist aber Überschreitg der Grenzen erlaubter Selbsthilfe, RG JW **31**, 2782.

f) Einwilligg des Verletzten schließt Widerrechtlichk insow aus, als Einwilligg nicht gg gesetzl Verbot od gg die guten Sitten verstößt. Unsittl ist Einwilligg in die eig Tötg, Verstümmelg, GesundhBeschädigg, FreihBeraubg; zul dagg Einwilligg in Verletzg des Eigtums, ärztl Operation, Anstaltsunterbringg. Je nach den Umst des Falles zu beurt ist die Einwilligg in die Sterilisation (BGH **67**, 48). Einwilligg muß **freiwillig** sein; hieran fehlt es, wenn sie durch Gewalt, rechtsw Drohg, Zwang od argl Täuschg herbeigeführt w, BGH NJW **64**, 1177 (Anstaltsunterbringg). Durch Irrt beeinflußte Einwilligg ist jedoch freiw, BGH aaO. Einwillig in die Hdlg, gelegentl derer die Verletzg erfolgt ist, beseitigt die Widerrechtlichk nicht, zB bei Ansteckg durch GeschlechtsVerk od GesundhBeschädigg durch einen mit der Behandlg beauftr Kurpfuscher, RG JW **31**, 1483. Wer beim **Sport** verletzt w, willigt in eine Verletzg ein, mit der bei ordnungsgem u regelrechter sportl Betätigg zu rechnen ist, KG OLGZ **73**, 324.

Der **Arzt** besitzt dch seine Bestallg als solche keine erweiterte VfgsBefugn ggü der PersönlkSphäre des Patienten. Er bedarf desh für jeden Eingr der Einwilligg des Kranken, BGH NJW **63**, 394, **66**, 1855 (Elektroschockkur), BGH NJW **74**, 1422 (Periduralanästhesie); krit zur Rspr des BGH Laufs NJW **69**, 529, NJW **74**, 2025, Brüggmann NJW **77**, 1473. Die Einwilligg braucht nicht ausdrückl erkl zu w, sie kann sich auch aus den Umst ergeben, BGH NJW **61**, 261. Sie ist nur insow wirks, als der Patient das Wesen, die Bedeutg u die Tragweite des ärztl Eingr in seinen Grdzügen – nicht erforderl detaillierte Angaben, BGH NJW **61**, 261 – erkannt hat. Die **Aufklärg über die Gefahren** eines ärztl Eingr muß die im großen u ganzen bestehenden Risiken zum Ggst h, ihre Intensität richtet sich nach dem EinzFall, wobei der sachl u zeitl Notwendigk des Eingr entscheidde Bedeutg zukommt. Auch die Sachkundig des Patienten, Stgt NJW **73**, 560, BGH NJW **61**, 2302, sowie Intelligenz, BildgsGrad u seine Erfahrgen aus der Kranken-Vorgeschichte spielen eine Rolle, BGH NJW **76**, 363. H der Arzt demnach auf ein bestehdes erhöhtes Risiko hingewiesen, so kann er ein näheres Eingehen auf mögl ZwFälle, in denen es sich verwirklichen kann, von entspr Fragen des Patienten abhäng machen, BGH NJW **73**, 556. Ein Mj kurz vor Erreichg der Volljährk kann wirks Einverständn erklären, BGH **29**, 33, desgl ein nicht voll GeschFähiger, sofern nur die erforderl Einsichtsfähig u natürl Urt-Kraft vorhanden, BGH **LM** § 839 (Fc) Nr 15. Dagg genügt Einwilligg eines 16jähr zu einers aufschiebb, andrers nicht unwicht Eingr nicht, BGH VersR **72**, 153. Der Arzt ist auch verpflichtet, den Patienten über mögl schädl Folgen des Eingr aufzuklären u das Für u Wider in angem Weise zu erläutern; dabei spielt die erfahrgsmäß Häufigk von Mißerfolgen u unerwünschten Nebenwirkgen eine entsch Rolle, BGH NJW **71**, 1887. Muß eine hergebrachte Operationsmethode nach gewicht Stimmen in der medizin Literatur zu schweren Schäd führen, so muß der Arzt den Patienten darü aufklären, wenn er sich über diese Bedenken hinwegsetzen will (BGH NJW **78**, 587). Dabei ist nicht allein auf das allg Risiko, sond auch auf die Gefahren des jeweil Falles abzustellen, BGH NJW **74**, 604 (intravenöse Injektion – Thrombosegefahr). Die AufklärgsPfl ist um so weitergehd, je weniger der Eingr aus der Sicht eines vernünft Patienten vordringl u geboten erscheint, BGH NJW **72**, 335 (AufklärgsPfl in diesem Fall auch, wenn die Wahrscheinlichk erhebl Folgen zahlenmäß sehr gering ist). Auf erhöhtes Infektionsrisiko, zB wg BauArb, ist hinzuweisen (Kln NJW **78**, 1690). Der Arzt, der währd der Operation auf ein erhöhtes Operationsrisiko stößt, muß den Eingr abbrechen, wenn er für seine Fortsetzg nunmehr mangels Aufklärg darü keine wirks Einwilligg des Patienten h u die Operation ohne dessen Gefährdg unterbrochen od abgebrochen w kann, um die Einwilligg einzuholen (BGH NJW **77**, 337). Die ärztl Aufklärg ist entbehrl, wenn die Gefahren der Behandlg so selten sind u auch im konkreten Fall so wenig wahrscheinl, daß sie bei einem verständ Menschen in seiner Lage für die Entschl in die Behandlg einzuwilligen, nicht ernst ins Gewicht fallen. Ebso kann Aufklärg entbehrl sein, wenn die möglw eintretden ungünst Nebenwirkgen der Behandlg so wen graviend sind, daß sie ein vernünft Mensch in der Lage des Patienten für die Entschließg, sich der Behandlg zu unterziehen od sich abzulehnen, nicht als bedeuts ansähe. H der Patient aber eine und Abs zu erkennen gegeben, w der Arzt nicht davon absehen können, ihm die mögl Folgen stattfindder od unterbliebener Behandlg vor Augen zu führen u seine Entsch herbeizuführen. Auch wenn zu Zweifeln Anlaß besteht, w der Arzt nicht einf seine Entschließg an die Stelle derj des Patienten setzen dürfen, BGH NJW **63**, 394. Über den Umfang der Belehrg vor Schieloperation BGH NJW **65**, 2005. Für eingehendere Belehrg bei Operation, die nicht der Abwendg einer akuten Gefahr, sond der Besserg des Zust dient,

791

BGH VersR **68**, 558 u bei Eingriff nur aus kosmet Gründen Düss NJW **63**, 1679 (Anm Barnikel NJW **63**, 2374). Bes strenge Anfdgen an die AufklPfl auch, wenn der Eingr nicht unmittelb der Heilg, sond nur ärztl Diagnose dient, BGH NJW **71**, 1887 (Kontrastfüllg der arteria vertebralis). Über Krebstherapie u die AufklärgsPfl des Arztes NJW **62**, 1750, **63**, 369, 373, 380, 381; über AufklärgsPfl bei Kropfoperation Karlsr NJW **66**, 399. Eingr ohne Einwilligg des Patienten ist nur zul, wenn sie, zB wg Bewußtlosigk, nicht eingeholt w kann u Gefahr im Verzuge besteht, RG **163**, 136. Die einem best Arzt erteilte Einwilligg berechtigt einen anderen nicht zum Eingriff, BGH **LM** (Aa) Nr 11. Die **Beweislast** für genügde Aufklärg liegt beim Arzt (BGH VersR **78**, 551). Fehlde Anweisg des Klinikleitg an die Ärzte zur Aufklärg der Patienten ist OrganisationsVersch (Kln NJW **78**, 1690). **Mitwirkendes Verschulden** des Patienten ggü ärztl AufklärgsVersch kann nur ausnahmsw im EinzFall bej w bei falscher od unvollständ Ausk über solche persönl Verh, deren Bedeutg für die Beurteilg seines AufklärgsBedürfn der Patient erkennen konnte u mußte (BGH NJW **76**, 363). – Oldbg NJW **78**, 594 wendet die Grds der Rspr über die AufklärgsPfl auch mit weniger strengen Anfdgen unter dem Gesichtspkt der widerrechtl EigtVerl auch auf den **Tierarzt** an (Tod eines Reitpferdes inf Narkose).

g) Verkehrsrichtiges (sozialadäquates) Verhalten im StraßenVerk ist nach BGH **24**, 21 dogmat kein eig RFertiggGrd, sond schließt die Haftg des Handelnden für Verletzg von Leben, Gesundh od Eigt eines and schon mangels RWidrigk aus, bedenkl; nach der hier vertretenen Auffassg (oben 7 A) handelt derj, der das abs R eines and verletzt, stets rwidr, aber dann nicht fahrläss, wenn er die VerkRegeln u die erforderl Sorgf beachtet h. In vielen Fällen wird es dann aber schon an der adäquaten Kausalität fehlen.

8) Allgemeine Verkehrspflichten. a) Die **allgem Rechtspflicht,** im Verkehr Rücks auf die Gefährdg anderer zu nehmen, beruht auf dem Gedanken, daß jeder, der Gefahrenquellen schafft, die notw Vorkehrgen zum Schutze Dritter zu treffen hat, BGH NJW **66**, 1457 (StrVerkSichergsPfl), **LM** (Ef) Nr 11b (Schutz spielender Kinder vor Gefahren einer Sandgrube). Diese allg RPfl besteht neben den Verpflichtgen, die vielf durch SchutzG gem II bes auferlegt sind. Da eine VerkSicherg, die jeden Unfall ausschließt, nicht erreichb ist, muß nur für alle denkb, entfernten Möglchen eines SchadEintritts Vorsorge getroffen w. Vielm sind nur diejen Vorkehrgen zu treffen, die im Rahmen des wirtsch Zumutb geeignet sind, Gefahren v Dr tunlichst abzuwenden, die bei bestimmsgem od bei nicht ganz fernliegder bestimmswidr Benutzg drohen (BGH NJW **78**, 1629). Haftgsbegründd w eine Gefahr also erst, wenn sich für ein sachkund Urt die naheliegde Möglk ergibt, daß RGüter verl w können (BGH VersR **75**, 812). Gleiche u nicht etwa gesteigerte Anforderngen an VerkSichergsPfl der öff Verw, BGH Betr **57**, 115. Die bloße Duldg eines Verk ist noch keine VerkEröffng, Bambg VersR **69**, 85. – Dtsche **Bundesbahn**, die bürgerrechtl Unternehmen betreibt (§ 839 Anm 2 A c), hat VerkSichergsPfl am Bahnübergang, RG **162**, 367, Nürnb VersR **67**, 1006. Entwicklg des Verk am Bahnübergang ist sorgfält zu beobachten, frühere Gen der AufsBeh schließt HaftPfl nicht aus, BGH **11**, 175. Über den Begriff des verkehrsreichen Bahnübergangs nach § 18 EBBO Karlsr VRS **10**, 181. – **Polizeischutzmaßnahmen u -anordngen** sind kein Freibrief für den Pflichtigen; vgl Anm 3.

b) Die Verpflichtg, Gefahren, die von einer Sache drohen, tunl abzuwenden, trifft nicht nur den Eigtümer, sond **jeden, der in der Lage ist, über die Sache zu verfügen,** auch den Mieter, dem das Haus im ganzen vermietet ist; doch kann ausnahmsw daneben Haftg des Eigtümers bestehen; so allg Meing, vgl Düss VersR **62**, 1112 (Eigenheimbewerber). Sie trifft ferner neben dem Eigtümer den Kaufmann oder Gastwirt, der in den gemieteten Räumen einen allg Verkehr für sein Gesch eröffnet hat, auch bzgl einer von ihm vor seinem Gesch veranlaßten Vorführg eines Werbekaufmannes, BGH NJW **61**, 455; desgl den KonkVerw od Zwangsverwalter, RG **93**, 1. VerkSichergsPfl des Vermieters regelm auf MietGrdst beschr, bei außergewöhnl Verh – Vermietg von Wohnhaus, das außerh ausgebauten Straßennetzes liegt – jedoch auch SichergsPfl für Verkehr zum Grdst trotz §§ 539, 545, RG **165**, 159.

c) Die VerkSichergsPflichten der **politischen Gemeinden** beziehen sich insb auf VerkSicherg von Straßen, Plätzen, Brücken durch Instandhaltg des Pflasters u sonstigen Belages, Anbringg von Geländern an Brücken u Abhängen, Beleuchtg der Straßen u Wege, Bestreuung bei Glatteis (Anm 14 „Beleuchtg" u „StreuPfl"), Einreiß baufälliger Ruinen, § 839 Anm 15 „Polizei". Jedoch muß stets auf die bes Verh Rücks genommen w, BGH **LM** (Dc) Nr 66b. Keine Überspann der Anforderngen; BGH NJW **61**, 869. Im **Straßenverkehr** ist zu unterscheiden: Die VerkSicherg hins des baul Zust ist privrechtl Pfl der StrBauBeh (Haftg nach § 823), BGH NJW **67**, 1325 (Hess), VersR **69**, 515 (NRW), die VerkRegelg ist hoheitl Pfl der StrVerkBeh (Haftg nach § 839), BGH NJW **62**, 1767, VersR **69**, 539. Die StrBauBeh h die Str in ordngsgem Zust zu erh, Gefahrenquellen zu beseitigen u Gefahrzeichen anzubringen, wenn die Sicherh des Verk dch den Zustd der Str gefährdet ist, § 45 III 2 StVO. Bei BauArb h sie außerdem verkregelnde Aufgaben, § 45 VI StVO. Nur das Anbringen von AmpelAnl auf SchaltgsDefekte zu überwachen, BGH Betr **72**, 1163. Sonst ist die VerkRegelg, insb bestimmg über Anbringg u Entferng v VerkZeichen u -Einrichtgen, Programmierg von Ampelschaltgen. Sache der StrVerkBeh, § 45 III 1 StVO. Die VerkSichergsPfl des StrBaulastträgers entfällt nicht desh, weil auch die StrVerkBeh od sonst jemand zum Eingreifen verpfl ist, BGH Betr **71**, 1011. BGH NJW **62**, 796 u NJW **68**, 443 weist die bürgerlrechtl Haftg der StrBauBeh (§ 823) auf die Schäden beschr, die der StrBenutzer inf des nicht verksichern Zust der Str (schadh Oberfläche, mangelh Beleuchtg u Betreuung) erleidet, also auf „Schäden aus der Gefahrenlage, die vom öff Wege ausgeht". Hingg w die Verpfl der StrBauBeh zur Herstellg u auch Erhaltg der VerkWege als eine solche des öff Rechts angesehen, deren Verletzg Anspr nach § 839 iVm Art 34 GG begründe; darunter fällt nach BGH in aller Regel auch der Transport v StrBauMaterial. Diese Unterscheidg befriedigt nicht. Denn die Pfl zur „Betreung" der Str-Oberfläche dürfte sich in aller Regel mit der zu ihrer „Erhaltg" decken, wonach weiterhin ungeklärt bleibt, ob ihre Verletzg nach § 823 od nach § 839 zu beurteilen ist. Vgl krit zu dieser Rspr auch Nedden NJW **62**, 1961. – Der Bund ist zwar Träger der Straßenbaulast bei **Bundesfernstraßen**, soweit nicht die Baulast andern übertr ist (zB hins der Ortsdurchfahrten), § 5 BFStrG. Die Erfüllg der Aufgaben, die ihm hiernach obliegen, sind jedoch den StraßenAufsBeh der Länder übertr worden, § 20 BFStrG. Die Länder haften hiernach für eine Verletzg der VerkSichergsPfl, BGH **16**, 95; keine Haftg des Bundes. Bei **and Straßen** ist maßgebd die allg VerkSichergsPfl der nach LandesR verantwortl Körpersch; vgl hierzu auch Anm 14 „StreuPfl".

WahlR bezügl der **Haftgsnormen.** Auch sow die VerkSichPfl der öffrechtl Körpersch den allgemeinen zivilrechtl Haftgsnormen untersteht, soll die Körpersch wählen können, ob sie ihrer Verpfl zivilrechtl als Fiskus od hoheitsrechtl als Träger öff Gewalt genügen will; diese Bestimm kann nur dch Ges od einen ausdr der Allgemeinh ggü kundzumachden Organisationsakt getroffen w; so BGH stRspr (**9**, 373, **35**, 112); krit hierzu Freund NJW **62**, 614. Vgl Wussow BB **67**, 355 über die Unterstell dieser Haftg unter AmtshaftsR nach § 5 *Hbg* WegeG v 4. 4. 61, GVBl 117, nach § 67 *Ba-Wü* StraßenG v 20. 3. 64, GBl 127, BGH JZ **74**, 265, ebso nach § 10 I *Nds* StrG v 30. 12. 65, GVBl **60**, 54); ebso nach § 48 II LStrG *RhPf*, Zweibr VersR **73**, 775. Nach BayObLG NJW **72**, 1325 unterstellt Art 72 *Bay* StrWG die VerkSichgPfl der Amtshaftg. Überträgt ein LandesG die StrVerkSichgPfl als AmtsPfl in Ausübg öff Gewalt den Bediensteten der verantwortl Körpersch, so besteht diese AmtsPfl ggü allen StrBenutzern, mit dem Inhalt, sie vor Gefahren für Leben, Gesundh, Eigt od sonst absolute R zu bewahren, nicht aber vor jedem VermSchad, BGH NJW **73**, 463.

d) Zu den VerkSichergsPfl gehört nach stRspr ferner eine **allg AufsichtsPfl**, die den trifft, der die zur Erf der allg VerkPfl notwendigen Maßn einem Dr überläßt, BGH NJW **52**, 61; **65**, 391 (Kfz Fahrer). Sie besteht in allg fortlaufender Überwachg; sie darf nicht erst einsetzen, wenn Zweifel an der Zuverlässigk des Dr auftauchen, BGH BB **57**, 15. Der Betr ist so einzurichten, daß die Aufs gewährleistet ist; vgl unten Anm 11. Der Umfang der AufsPfl bestimmt sich nach den Umst des Einzelfalls. Durchaus mögl, daß gestaffelte Aufs geboten ist, näml generelle Aufs, auszuüben durch die Oberleit eines Unternehmens, u spezielle Aufs an der ArbStelle, BGH **11**, 151 (Verhütg von Diebstählen durch Überwachg der eingesetzten Arbeiterkolonne); vgl hierzu auch Anm 14 „Fuhrwerk". Die allg AufsPfl des § 823 ist neben der aus § 831 herzuleitenden AufsPfl hins der einz Tätigk des Angest zu erfüllen, RGRK Anm 73, fällt aber prakt vielf mit dieser Pfl zus, § 831 Anm 6 A d. Überlassg der AufsPfl an Dritte genügt im allg nicht, RG **113**, 293; jedoch dürfen auch hier die Anfordergn nicht überspannt w, BGH **LM** § 831 (Fc) Nr 1.

e) **Haftg für Dritte** nur nach § 831, nicht nach § 278. Doch wird die hiernach bestehende Entlastgsmöglichk prakt erhebl eingeengt durch die zu d erörterten allg AufsPflichten, welche eigene Pfl des davon Betroffenen darstellen.

f) Die **Gefahrenquelle** ist für einen eingetretenen Schad **nicht mehr adäquat ursächl,** wenn die erforderl SichergsVorkehrgen getroffen sind, aber nicht beachtet w, BGH VersR **69**, 895.

g) **Einzelfälle zur allgemeinen VerkSichergsPfl:** die alphabetische Zusammenstellg Anm 14.

9) Schutzgesetz. a) Nicht nur „Gesetze" im staatsrechtl Sinne, sond **jede Rechtsnorm**, also auch VO, polizeil Vorschr, gleichgültig, ob strafrechtl od privrechtl Natur, iS Gebote od Verbote; auch behörd Genehmiggen aGrd der GewO §§ 16 ff für gewerbl Anlagen, RG JW **16**, 38, u die in der Gen festgesetzten Bedinggen, Dresden Recht **21**, 1894; daggn nicht Vereinssatzgen, RG **135**, 245.

b) Ob eine RNorm **den Schutz eines anderen bezweckt,** bestimmt sich nicht nach der Wirkg des G, sond danach, ob aus ihrem Inhalt nach dem Willen des GGebers in Form eines best Gebotes od Verbotes, u mit mind neben od Zwecken, auch einem gezielten Individualzweck dient u gg eine näher best Art der Schädigg eines im G festgelegten RGuts od Individualinteresses gerichtet ist. Die Schaffg eines individuellen SchadErsAnspr muß erkennb vom G erstrebt sein od zumind im Rahmen des haftpflrechtl Gesamtsystems tragb erscheinen (BGH **46**, 23 u Betr **76**, 1665). Baugenehmiggen, wie überh BauOrdngen, sollen im Interesse der Gefahrenabwehr dienen, bezwecken nicht den Vermögensschutz des Bauherrn vor vertragswidr Leistgen, sie sind daher insow keine SchutzG, BGH NJW **65**, 534, BayObLG NJW **67**, 355 (Art 13 III *Bay* BauO); nach BGH NJW **68**, 1279, VersR **69**, 542 jedoch SchutzG zG der an die VersorggsLeitg angeschlossenen Abnehmer (Stromkabel, Wasserleitg). Über SchutzG zG des Nachb iS der im baurechtl Lit u Rspr sowie über Anspr des Nachb gg den Bauherrn vgl Timmermann, Der baurechtl Nachbarschutz (1969) §§ 2, 11 u Übbl 2 d bb vor § 903. Den Schutz eines And bezwecken nicht die G, die die Ordng des Staatsganzen, seine Verfassg u Verw zum Ggst haben. Wohl aber sind die G, die die Gesamth der Staatsbürger als Summe der einz schützen, wie zB Vorschr zum Schutze der VerkSicherh, über Verk mit Nahrungsmitteln usw, auch zum Schutze der einz gesetzt. Vgl hierzu Anm f u § 839 Anm 5 A über die entspr Frage, welche Amtspflichten einem Dritten ggü bestehen.

c) Verschulden w auch hier vorausgesetzt, u zwar auch dann, wenn Verstoß gg das SchutzG auch ohne Versch mögl ist; nur insow stellt II an den subj Tatbestd weitergehende Anfordergn als das SchutzG. Im übr ist das SchutzG hins des subj Tatbestands maßgl; verlangt es fahrl Handeln, so genügt Fahrlk auch für die Anwendg des II; w vorsätzl Handeln gefordert, so kann Anspr nach II auch nur bei Vors gegeben sein; BGH **46**, 21. Es braucht nur der Vors vorzuliegen, den das SchutzG verlangt; keine darü hinausgehenden Anfordergn, BGH aaO. Ausreichd, anders als bei I, Voraussehbark, daß ein Verstoß gg ein SchutzG eintreten könnte, während die Voraussehbark des Erfolges (schädigende Wirkg) nicht in Frage kommt, BGH **34**, 381. Über RechtsIrrt Anm 3 a. VerschVermutg, wenn polizeil angeordnete Schutzmaßnahmen nicht beachtet, BGH BB **57**, 240. Geschäftl Ungewandth, niedriger Bildgrad u sonstige Umst sind kein genügender EntschuldiggsGrd für Unkenntn gesetzlicher Bestimmgn, wohl aber die Betrauung einer zuverläss Fachkraft, BGH **LM** (Bc) Nr 1.

d) Auch **Widerrechtlichk** ist nach I erforderl, Anm 7 B a.

e) Für **ursächl Zushang** genügt es, daß die Befolgg des SchutzG eine größere Sicherh gg den Eintritt des Schadens geboten hätte, BGH **LM** (Ef) Nr 11 b, vgl im übr Vorbem 5 vor § 249. Über BewLast: Anm 13 c.

f) Schutzgesetze sind: AktG 92 II BGH WPM **77**, 59, vgl nachstehd GmbHG 64; 116 RG SeuffA **90**, 23; 168, 403 (Haftg des Prüfers den Gläub der AG ggü) BGH BB **61**, 652; 399 I Nr 4 RG **159**, 224; 401 RG **159**, 233. **ArbZeitO** zum Schutze jedes BetriebsInh ggü unlauterem Wettbew durch Offenhalten, RG **138**, 219. **ArzneimittelG** v 24. 8. 76; ergibt sich aus dessen § 1. **BGB** 226 RG **58**, 214 (str); 394 RG **85**, 108; 456, 457, Staud-Ostler § 458 Anm 5; 618 umstr, vgl § 618 Anm 3 c; 858 BayObLG **62**, 167; 907 RG **145**, 107; 909 zG des Nachbarn BGH NJW **73**, 2207, NJW **75**, 257; 1004 BGH Betr **64**, 65; 1027 RG Recht **19**, 1430; 1134–1135 zum Schutze der HypGläub, BGH NJW **76**, 189. **Bebauungsvorschriften** nachbarschützen Inhalts, zB über die zuläss Geschoßzahl, BGH WPM **74**, 572. **BetrVG** §§ 78 II, 78a zG des auszubildden Amtsträgers, BAG Betr **75**, 1226; § 119 I Nr 2, uU auch analog zG des ArbG bei Störg von BetrVers

§ 823 9   2. Buch. 7. Abschnitt. *Thomas*

Herschel Betr **75**, 690. **BImSchG** 5 Nr 1, 2 zG des Nachb, OVG Münst Betr **76**, 2199, Mü BlGBW **78**, 150; weitergehd Baur JZ **74**, 657: zG eines jeden, der sch duldh Zuwiderhdlg gg die schutzges Best geschäd ist; vgl auch § 906 Anm 5 a dd. **Eisenbahnbau- u BetrO** (zit idF v 8. 5. 67, BGBl II 1563) 11 RG **169**, 380 (Bahnübergang), 63 RG Recht **13**, Nr 2723 (Verbot, Außentüren währd der Fahrt zu öffnen, SchutzG zG der Mitreisenden). **GenG** 69 RG **59**, 49; 147 BGH WPM **76**, 498; 148 RG LZ **14**, 864. **GewO** 12 zG inländ Gl ausländ JP insow, als es um den Nachw für das VorhSein des zur Gen erforderl GesellschKapitals geht, BGH NJW **73**, 1547; 16, 147 Z 2 RG JW **09**, 493; 56, 148 I Z 7, Sieg-Leifermann GewO § 56 Vorbem, RG **138**, 219; 120 a–c RG **105**, 336. **GmbHG** 64 I zum Schutze des Gläubigers auf Erhalt der Zugriffsmasse BGH **29**, 100, BAG WPM **75**, 185. **GSB** (G zur Sicherg von BauFdgen vom 1. 6. 09) §§ 1, 2 II, 4, Lüdtke-Handjery Betr **72**, 2193. **GWB** 26 II BGH **36**, 100; 27 BGH **29**, 344. **Interdikte**, gemeinrechtl Flußinterdikte, RG JW **33**, 508. **JagdG**. H die JagdBeh gem § 27 I BJagdG dem JagdAusübgsBerecht dch VerwAkt einz nach Art u Umfang des Pfl zur Verringerg des Wildbestandes auferlegt, so kann dies ein SchutzG zG des einz GrdstBerecht sein, BGH **62**, 265. **JugArbSchG**, insow Pflicht des ArbG begründet w, vgl Einf 8 d vor § 611, Herschel BB **60**, 750. **KO** 240 I, 2 BGH NJW **64**, 1960; 241 RG JW **10**, 1940. **KreditwesenG** im entspr Vorschr zG der Bankkunden, nicht and Pers, BGH WPM **71**, 1330. **KunstschutzG** 22 (Recht am eigenen Bilde) RG JW **29**, 2257. **LebensmittelG** 4 Nr 2 RG **170**, 156. **LitUrhG** 25 (Quellenangabe) – jetzt § 63 UrhRG – RG **81**, 120. **MargarineG** § 2 IV, BGH NJW **57**, 1762. **MaschinenschutzG**, vgl Anm 16 D b. **Mietpreisrecht**, soweit es den Mieter begünstigt, BVerwG NJW **56**, 1491 (bestr). **Milch- u FettG** BGH Betr **56**, 547. **MRG** 52 Art 1 II, zG der RückerstattgsBerecht, BGH **21**, 153, nicht jedoch zG des VermInhabers, BGH BB **57**, 203. **PersonenbefördergsG** 60, zG der BBahn, soweit ungenehmigter Linienverkehr unter Strafe gestellt ist, BGH **26**, 42; auch zG anderer VerkUntern, Ffm MDR **62**, 571. **PflichtVersG** 1 zG des VerkOpfers u des Fahrers, dem der Halter ein nichtversichertes Kfz zur Benutzg überlassen h, Düss VersR **73**, 374; 5 zG des VerkOpfers, BGH VRS **22**, 178; 6 zG des VerkOpfers, Mü VersR **73**, 236. Über die zivilrechtl Natur des Anspr aus § 11 **PresseG** Einf 9 b vor 823. **RechtsberatgsmißbrG** zum Schutz der Rechtsuchenden u der Anwälte, BGH **15**, 315. **ReichsgaragenO** 45 III zG der Nachbarn gg Immissionen, BGH **40**, 306. **RVO** 393, 533, zum Schutz der VersTräger, auch der Ersatzkassen, soweit es um die Beitr verpflicht ArbN, nicht dagg, soweit es um die NichtAbführg der ArbGAnteile geht (BGH NJW **76**, 2129); 317 zG der Krankenkasse, soweit es um die rechtzeit Abmeldg des ArbN dch den ArbG geht (BGH aaO). **ScheckG** 39 Hamm SeuffA **77**, 72. **SeestraßenO** RG **73**, 12. **SprengstoffG** v 25. 8. 69 § 9 BGH LM (Bf) Nr 4. **StGB** 137 RG Recht **07**, 3644; 153, 154 Warn **08**, 211; 156 BGH MDR **59**, 118; 163 BGH BB **65**, 14; 164 BGH LM § 823 (Be) Nr 3; 170 b zG des UnterhBerechtigten u für die Zt, in der UnterhPfl besteht, auch der Körpersch, die wg der UnterhVerweigerg Unterh gewähren muß (BGH NJW **74**, 1868); 182 Warn **21**, 14; 185 ff RG **115**, 74; **156**, 374; 189 RG **91**, 350; 221 RG Recht **11**, 1129; 223 RG **66**, 255; 227 Karlsr Recht **30**, 304; 239 Warn **17**, 118; 240 BGH NJW **62**, 910; 241 RG Gruch **67**, 568; 248 b (zG des Eigtümers) BGH **22**, 293; 253 RG **166**, 46; 257 BGH LM § 823 (Be) Nr 15 a; nicht jedoch, sow nur bezweckt w, den Täter der Bestrafg zu entziehen, BGH LM § 832 Nr 6; 259 Hbg Recht **12**, 1784, RG Warn **94**, 191; 263 BGH **57**, 137: Der Käufer eines Gebrauchtwagens, der den KaufVertr wg argl Täuschg erfolgr angef h, kann den Kaufpr zurückverlangen, auch wenn der Wagen bei einem von ihm versch Unf zerstört w ist; es fehlt weder am Urs- noch an RWidrigkZushang, ggf führt § 254 zu einer AnsprMinderg; 266 RG **118**, 312, BGH NJW **53**, 458; 288 BGH BB **59**, 361; 300, jedoch kann Bruch der ärztl SchweigePfl zur Wahrg höherwert Interessen gerechtf sein, BGH NJW **68**, 2288; 302 a ff RG **159**, 101; 306, 309 zum Schutze des Eigtümers u dingl Berechtigten u wohl auch der sich im Gebäude aufhaltden Menschen, BGH NJW **70**, 38; 315, 316 aF (jetzt: 315 ff, 316) zum Schutze der Gesundh u des Eigtums des EisenbahnUntern u der anderen vom Verk unmittelb berührten Pers, BGH **19**, 126; 330 BGH **39**, 367 (Schutz des Lebens u der Gesundh, nicht des Vermögens); 340 RG JW **06**, 745. Bau- u BetriebsVO f **Straßenbahnen** (jetzt idF v 31. 8. 65, BGBl 1513) BGH VersR **53**, 255. **StVG** 1, 23 RG Recht **25**, 691; 2, 21 (früher 24) Nr 1 BGH LM (J) Nr 11. **StVO** 4 (Abstand), auch zG Fußgänger, BGH NJW **68**, 653; 5 (Überholverbot), auch für NachfolgeVerk, BGH VersR **68**, 578; 12 III Nr 3 (Parkverbot vor GrdstEinfahrten) Karlsr NJW **78**, 274; 41 (HalteVerbot) BGH VersR **55**, 183, aber nicht, wenn der Schad unabh von der Gefahr, vor der das VerkZeichen schützen soll, eingetreten ist. („Nur für Anlieger" – BGH NJW **70**, 421); 41 Nr 7 (Höchstgeschwindigk), auch ggü Fußgängern, BGH VersR **72**, 558; 17 IV (Sicherg haltder Fahrzeuge) BGH VersR **69**, 895. **StVZO** 27 III (AnzPfl des Veräußerers des ZulassgsStelle), BGH NJW **74**, 1086; 29 d zG des VerkOpfers Mü VersR **73**, 236. **UrhRG** v 9. 9. 65, BGBl 1273, § 97, vgl im übr hier zu LitUrhG. **VersAufsG** 85, 108 II RG **95**, 156; 140 RG JW **33**, 1836. **VDE-Bestimmgen** vgl Anm 16. **VVG** 12 Mü HRR **29**, 2105. **ViehseuchenG** 9 (AnzeigePfl), Schlesw SchlHA **60**, 140 (über ViehseuchenAO g). **WassHaushG** 8 iVm den WasserG der Länder für Stützverlust geht die GrdWasserAbsenkg, BGH NJW **77**, 763; 8 III, IV, sow sie dem Betroffenen eine mat RStellg einräumen (BGH **69**, 1); **ZahnheilkundeG**, zum Schutz der gesetzl zugelassenen Zahnbehandler, Oldbg NdsRpfl **55**, 133. **ZPO** 803 BGH BB **56**, 254. **ZugabeVO** BGH NJW **56**, 911. – **Landesrecht**: *BaWü* **BauO** 7 II, 87 zG der Angrenzer, Karlsr Just **75**, 309; § 18 III Stgt VersR **74**, 251; *Bay* **BauO** Art 37 VII 1, 98 III 4 zG der Benutzer baul Anl in Bezug auf Unfallgefahren, BayObLG **77**, 309; *Bay* **FischereiG** Art 77 I, II, III zG des FischerBerecht, BayObLG **77**, 309; *Bay* LandesVO über die Verhütg v Bränden 10 I (BayObLG NJW **75**, 2020; Aufbewahrg v Zündhölzern); *Bay* GaragenVO 25 II Nr 4 (BayObLG MDR **76**, 45); *Bay* **PresseG** 10, Veröffentlichg der GgDarstellg, BayObLG **58**, 193, Münchner **BauO** 68 ff, Mü NJW **59**, 1184 (vgl über Bauordngen allg Anm 9 b). *Hess* **AG-ZPO** Art 2, jetzt idF v 20. 12. 60, GVBl 238, ZwVollstr Privileg, RG **124**, 105; *NRW* **PolVO** v 27. 1. 52, § 5, BGH **LM** (Bf) Nr 22; *NRW* **Bauordng**, § 7 (seitl Grenzabstand), BGH **66**, 354. **WasserG** 13 (Hochwasserschutz), BGH NJW **70**, 1875; *Pr* **DeichG** 1 RG JW **12**, 391. *Pr* **FischereiG** 43 I RG JW **15**, 1428, 1470. *Pr* **WasserG** 22 u die entspr einl PolVOen BGH **46**, 23; 197 RG JW **145**, 107, 202, RG HRR **33**, 528; 285, BGH MDR **71**, 38. *Pr* **WegereinigssG** BGH BB **69**, 1458.

    g) **Keine Schutzgesetze sind**: **AFG** 167 ff, RAG JW **33**, 261 für die entspr 157 ff AVAVG; Mü NJW **56**, 132; **AktG** 37 I 4 für Gl der AG, LG Hbg WPM **77**, 152. **Bek betr Bezeichng der Fahrwasser und**

Einzelne Schuldverhältnisse. 25. Titel: Unerlaubte Handlungen **§ 823** 9–12

Untiefen v 13. 5. 12 RG **128**, 353. **BGB** 733 KG JR **51**, 22; 832 RG **53**, 312; 839 RG **131**, 239; 1624 RG **53**, 312. **BFernStrG**, 9, 9 a zG des StrBaulastträgers BGH NJW **75**, 47. **BJagdG** 1 II, 21 (Hege- u Abschuß-Vorschr im Hinbl auf Wildschaden) BGH RdL **57**, 191. **Devisengesetze** (G Nr 53) BGH BB **56**, 252. **FernsprechO**, 12, AusfBestimmgen (Herausg privater Teilnehmerverzeichn) BGH NJW **61**, 1860. **GenG** 34 RG DNotZ **33**, 382. **GmbHG**: SchadErs Anspr gg GeschF od Liquidator wg pflichtwidr Handelns setzt keinen Beschl gem § 46 Nr 8 voraus BGH NJW **69**, 1712. **GüKG** zG der am Abschl des GüterFernVerkVertr beteiligten Untern, BGH NJW **64**, 1224. **BGB** 29, 30 RG **72**, 408. **KreditwesenG** 18 BGH VersR **73**, 247. **LastenausglG** 253 II (hins der hierzu zul Auflagen u Bedinggen), BGH WPM **57**, 847. **Montan-UnionVertr** 4 b, c u 60 BGH **30**, 74. **MRG** 52 II, 3 (kein SchutzG zG des VermInh), BGH BB **57**, 203. **PreisauszeichngsVO**, Düss BB **65**, 61. **PreisfreigabeAO** u **PreisstopVO**, BGH **12**, 146; über den Schutzcharakter des öff Preisrechts allg BVerwG NJW **56**, 317, u über MietpreisR vorstehd unter f. **Reichsgaragen O** 11 II BGH **40**, 306. **RVO** 393 (Abführg der ArbGAnteile) Düss VersR **75**, 466; aA Saarbr VersR **73**, 467. **StGB** 30 II Wilts NJW **63**, 1963; 145 d nicht zG des v der falschen Anz Betroffenen KG DAR **75**, 18; 180 RG **57**, 239; 248 b (nicht zG der VerkTeiln) BGH **22**, 293; 257, vgl unter f; 317 (nicht zG des Fernsprech- od FernschreibTeiln), BGH NJW **77**, 1147; 330 (nicht zG des Bauherrn), KG MDR **62**, 214; 330 c, Dütz NJW **70**, 1822; 356 Frank MDR **62**, 945. **StPO** 79, BGH NJW **68**, 787. **StrVZO** 21 nicht zG des KfzErwerbers BGH BB **55**, 683; 29 c, BGH NJW **56**, 1715 (bestr). **Unfallverhütgs-Vorschr** der Berufsgenossenschaften BGH VersR **69**, 827. **UWG** 3 geht im Verh zu Mitbewerbern als SpezialRegelg dem § 823 II vor. Im Verh zw Abnehmer od Verbraucher u Produzent od Werbdem ist § 3 nach BGH NJW **74**, 1503 kein SchutzG; aA Sack BB **74**, 1369 mit dem berecht Hinw, der BGH halte TatbestdMäßigk u AnsprKonkurrenz nicht genügd auseinand; ebenf aA Schricker GRUR **75**, 111: § 3 UWG sei SchutzG auch zG des einz Verbrauchers u verdränge Anspr aus § 823 II nicht. Ebso hält Sack NJW **75**, 1303 §§ 1–3 UWG für SchutzG zG der Verbrauchersch u des einz Kunden od Verbrauchers. **ViehseuchenAO** nicht gg VerkUnfälle Warn **29**, 99. **VVG** 71, 158h, BGH NJW **53**, 1182. **WassHaushG** 2, 6, 41 I Nr 1 1. Alt (BGH **69**, 1; aA Mü NJW **67**, 570, krit Freudling NJW **67**, 1451); **WeimVerf** Art 159 (jetzt Art 9 III GG) iVm Art 165 I S 2 (zG der Verbände) RG **113**, 33. **ZPO** 392, 410, BGH **42**, 313. **1. WK-SchG** § 1 in Bezug auf Umzugskosten bei unberecht Künd, Karlsr OLGZ **77**, 72. – **Landesrecht**: § 34 *Bay* Berufsordng für die Ärzte, 1958, BGH NJW **65**, 2007 (nicht zG der Fachärzte); – **BauOrdngen**: *Bay* Art 76, *BW* § 82, *NRW* § 75, Schmalzl NJW **70**, 2265 [2269]; Art 13 III für Stromabnehmer wg VermSchäd BayObLG NJW **72**, 1085, Art 15 (Schutz gg Feuchtigk, Mü NJW **77**, 438). Kein SchutzG für Stromabnehmer sind *BW* BauO § 18 III, Karlsr NJW **75**, 221; §§ 12 IV, 7 *Nds* BauO zG des Nachbarn (BGH VersR **78**, 564, Einfriedg in urspr nicht zul Höhe); die BauO für das *Saarl* bei BauArb an VerkAnl, Saarbr VersR **76**, 176 u gleichart Vorschr and Länd, BGH **66**, 388. **G über Gewerbesteuerausgleich** (Anteil der WohnsGemeinde am Steueraufkommen der BetrGemeinde) – mit GG vereinb, BVerwG WPM **65**, 140.– *NRW* Köln OLGZ **68**, 10; *Hess* Ffm (LG) NJW **63**, 2174 (zust Katholnigg NJW **64**, 408); *Bay* Nürnb NJW **64**, 668 (umstr). *NRW* **GemeindeO** 69 I (Errichtg wirtsch Unternehmgen durch die Gemeinde nur unter bestimmten Voraussetzgen), BGH BB **65**, 392 (mögl aber SchadErsAnspr nach § 1 UWG, § 826 Anm 8 u ee).

10) Ersatzberechtigter. a) Nur natürl u jur Personen. Vorgeburtl Verletzg vgl Anm 4 b. **Nur der unmittelb**, nicht auch der mittelb **Geschädigte**. Im Falle des **I** ist ersatzberechtigt der, dessen Lebensgut od Recht durch die uH verletzt worden ist, im Falle des **II** der, dessen Schutz das verletzte G dienen soll, BGH NJW **74**, 2091; vgl Anm 9b. Mittelb Geschädigte haben SchadErsAnspr gg den Verletzer aus uH nur nach §§ 844, 845, BGH **7**, 30. Im Einzelfall kann str sein, ob unmittelb od nur mittelb Schädigg vorliegt. Vgl Vorbem 2f, 5d, 6 vor § 249, daselbst auch über den UrsachenZushang bei sog Fernwirkg. Bei Angriff gg OHG w auch die Ehre der Gesellschafter verletzt, BGH NJW **95**, 339, u bei Angriff auf eine jur Pers auch die Ehre dessen, der sie wirtschaftl beherrscht, vgl BGH NJW **54**, 72. – Über Liquidation des DrittSchad vgl Vorbem 6b ee vor § 249. – **b)** Von **mehreren** durch uH **Verletzten** kann jeder nur den eig Schad geltd machen, RG **56**, 271. Über gutgläub ErsLeistg wg EigtVerletzg an den Besitzer vgl § 851. – **c)** Alle ErsAnspr (mit Ausn von § 847) sind **vererbl und übertragb**, soweit nicht § 400, ZPO 850b entggstehen. Übergang der ErsAnspr auf Versicherer u SozVersTräger gesetzl in bestimmten Fällen vorgesehen. **d) HaftgsAusschluß** dch SonderG vgl Einf 2 d.

11) Ersatzverpflichtet ist grdsätzl nur der Täter. Mittäter u Beteiligte § 830, mehrere Täter § 840, Haftg von Unzurechngsfäh, Jugendl u AufsPersonen, §§ 827–829. Eine allg Haftg des Vertretenen für uH des Vertreters kennt das BGB nicht, RG **132**, 80. Daher keine Haftg für uH den bestellten VermVerwalter (custodian), den KonkVerw, BGH **21**, 285, oder den TestVollstr, BGH VersR **57**, 297; diese haften unmittelb. Gehaftet w jedoch von der jur Pers des priv u öff Rechts für uH ihrer verfassgsm Vertreter (§§ 30, 31, 89), BGH NJW **63**, 484 (Versch der verfassgsm berufenen Vertreter einer Fernsehgesellsch bei einer Werbesendg). Gehaftet w insow auch für mangelnde Organisation in der Überwachg der Hilfspersonen; BGH Betr **65**, 324, NJW **63**, 904 (Haftg des Verlegers für mangelnde Organisation); § 831 Anm 6 A b, und oben Anm 8d; ggf auch für Unterbleiben erforderl Bestellg des Vertreters nach § 30, Anm 14 „Aufsichtspflicht", § 831 Anm 1, 2 B, Haftg der OHG für uH der vertretgsberecht Gesellschafter, die im inneren Zushang mit dem GeschBetr begangen sind, BGH NJW **52**, 538; hierzu näher bei § 31. In allen übr Fällen besteht Haftg für uHDr (Bevollm, Angestellter usw) nur nach §§ 831, 832, also unter Vorbeh des dort zugelassenen Entlastgsbeweises. Auch die Mitgl des nichtrechtsf Vereins haften für uH der Vorstandsmitglieder u sonstigen Angest nur nach § 831, RG JW **33**, 423; vgl dazu u zur Haftg des VereinsVerm § 54 Anm 2 A d. – Begehen **Beamte** einer Körpersch des öff Rechts in Ausübg öff Gewalt AmtsPflVerletzg, so haftet der Staat od die sonstige Körpersch nicht nach §§ 30, 31, 89, sondern nach Art 34 GG iVm § 839.

12) a) Inhalt und Umfang des SchadErsAnspr bemißt sich nach den Grds der §§ 249ff, gleichgültig, ob die uH vorsätzl od fahrl begangen (Einf 5 vor § 823), außerdem nach den Sondervorschr der §§ 843, 845, 847. Zu ersetzen grdsätzl das negat Interesse, Vorbem 2 g vor § 249. SchadErs umfaßt unmittelb u mittelb verurs **Schaden**, aber immer nur solchen, der sachl aus der Verletzg des Rechts (Rechts-

§ 823 12, 13   2. Buch. 7. Abschnitt. *Thomas*

guts) entstanden ist, das § 823 I od das Schutzgesetz schützen will, BGH **46**, 23. Die Tatfolge, für die Ers begehrt w, muß innerhalb des Schutzbereichs der verl Norm liegen, BGH **68**, 2287; vgl Vorbem 5 c aa vor § 249. So schützen Vorschriften über Transportgefährdg (StGB 315 ff) nur Gesundh u Eigt der vom Verk unmittelb berührten Personen, nicht aber ihre allg VermInteressen; deshalb kein ErstattgsAnspr der Bahn gg Kraftfahrer, der Transportgefährdg verschuldet, hins des SchadErs, den Bahn einem Mitfahrer des Kraftfahrers nach RHaftPflG leistet, BGH **LM** § 426 Nr 8. Ebenfalls kein Anspr auf Erstattg der Verteidigerkosten eines Unfallbeteiligten gg den, der den VerkUnfall schuldh herbeigeführt hat, BGH **27**, 137; kein ErsAnspr des UnfallVerl wg früherer Pensionierg inf einer bis zum Unf verborgenen Krankh, BGH **Betr 68**, 1267. Verlust des SchadFreihRabatts vgl Einf 6. Über Erstattg der Kosten eines VorProz BGH **NJW 71**, 134 u § 249 Anm 3 b, der Kosten des NebenKl BGH **24**, 263, u allg über Erstattg von AnwKosten Vorbem 5 d bb vor § 249. Zu den gesch HeilgsKosten gehört auch der Aufwand zum Krankenbesuch eines nahen Angehör, Hamm **NJW 72**, 1521. – Ob die vom Bestohlenen aufgewendeten Kosten der Diebstahls-Bekämpfg (Fangprämie) zu ersetzen sind, ist umstr; überwieg w die Frage zu Recht verneint, weil die Prämie nicht der WiederBeschaffg der gestohlenen Sache, sond der Verhinderg u Entdeckg v Ladendiebstählen u damit der Erf einer Obliegenh des Eigtümers diene; vgl Wollschläger **NJW 76**, 12 u die ZusStellg dort, Musielak **NJW 77**, 561, Kblz **NJW 76**, 63; dagg Lange **JR 76**, 177, LG Brschw **NJW 76**, 1640, Hbg **NJW 77**, 1347 (Ers der Fangprämien in angem Höhe), Hagmann **JZ 78**, 133 (Ers bis zur Höhe des Wertes des gestohlenen Guts), Braun u Spiess **MDR 78**, 356; vgl auch § 249 Anm 3 b. Zum gleichen Problem bei Fangprämie nach Unfallflucht im StrVerk, Will **MDR 76**, 6. – § 7 StVG umfaßt auch Schäden, die von dem Fahrer vorsätzl herbeigeführt w, BGH **37**, 311. **Schmerzensgeld** (§ 847) nur bei Haftg aus uH, **nicht bei VertrHaftg**. Verpflichtg zur Zahlg einer Rente auch außerh der Tatbestände der §§ 843–845 mögl, § 847 Anm 4b. Prozeßrechtl ist ZPO 287 zu beachten. Vgl im einz über den Umfang des zu ersetzenden Schadens u den Ersatz des ideellen Schadens § 249 Anm 1, 2; über den Ersatz „neu für alt" bei der Zerstörg od Beschädigg gebrauchter Sachen § 251 Anm 3 B a cc. – Über Konkurrenz zw Vertr- u DeliktsAnspr u solchen aus ungerechtf Ber (nach wirks Anfechtg) ebso wie über Ersatz des ErfInteresses u des Vertrauensschadens § 463 Anm 4a.

b) Bei **Verletzg ausschließl Immaterialgüterrechte** (Patent, Gebr-, Geschmacksmuster, UrhR) u analog bei Verl einer vergleichb Position wie WarenzeichenR od BetrGeheimn (BGH **NJW 77**, 1062) hat Geschädigter nach stRspr die Wahl zw drei versch SchadBerechngn: Verlangen einer angemessenen Lizenzgebühr, Ersatz des dem Verletzten entgangenen Gewinns, Herausg des dem Schädiger zugeflossenen Gewinns (wobei die letztgenannte Berechnungsart keinen eigentl SchadErs darstellt, sond eine HerausgPfl entspr § 687 II od § 812, BGH **20**, 353. Über die AuskPfl des Schädigers § 687 Anm 2 c und § 826 Anm 5 c.

c) Bei Geldersatz sind alle aus der uH hervorgegangenen VermZugänge u -Abgänge auszugleichen (**Vorteilsausgleich**), BGH **NJW 62**, 1909. Vgl hieru im einz, insb darü, ob Schaden u Vorteil auf derselben Ursache beruhen müssen, Vorbem 7 vor § 249. Über Anrechng von Versicherglstgen u freiw Zuwendgen Vorbem 7 c u d a u vor § 249; über die Fortzahlg des ArbLohnes währd der Erkrankg § 616 Anm 5. Über Einfluß von UnterhGewährg an Verletzten § 843 Anm 7. Über VorteilsAusgl nach SchadErsR u nach BereichergsR § 463 Anm 4a, bei SchmerzG § 847 Anm 4a.

d) Zuerkenng von **Buße** im StrafVerf schließt Geltmachg weiterer ErsAnspr aus (StGB §§ 188, 231), aber nicht ggü einem im StrafVerf nicht verurteilten Ersatzpflichtigen, RG **79**, 148.

e) Maßgebender Zeitpunkt : Letzte mdl Vhdlg vor Urteilsfällg, RG **142**, 8. Etwaige Preissteigerg seit dem schädigenden Ereign ist zu berücks, RG **102**, 383. Über Rentenberechng § 843 Anm 4. Fehlen der nötigen Unterlagen zur Bemessg des zukünft Erwerbsverlustes, ist Feststellgsklage gegeben.

f) Bei **arglistiger Verleitg zum Vertragsschluß** kann das negat VertrInteresse, also vor allem die Befreiung von den vertragl Pflichten, verlangt w, BGH **NJW 62**, 1198; steht fest. daß bei Unterbleiben der uH der Vertr mit einem and Inhalt zustgek wäre, so richtet sich der SchadErsAnspr auf die Herstellg des Zust, der bei Abschl dieses and Vertr gegeben wäre (BGH **WPM 76**, 1307 [1310]). Ers des ErfInteresses vgl § 123 Anm 1 c und § 463 Anm 4 a.

g) Ehrenkränkgen. Vgl § 824; zum PersönlichkR Anm 15 u über die Unterl sowie den Widerruf ehrenkränkender Äußergen Einf 8 b und 9 b vor § 823. Über den Ehrenschutz ggü amtl Äußergen § 839 Anm 10 b. Bei Verletzg des Briefgeheimn kann Herausg der widerrechtl hergestellten Vervielfältiggen, RG **94**, 1 u Unterl jeder Verwendg der widerrechtl erlangten Kenntnisse verlangt w.

h) Als HilfsAnspr des SchadErsAnspr kann uU **Auskunft** verlangt w, zB darü, wem ggü die ehrenkränkenden Äußergen gemacht worden sind; Einf 9c vor § 823. Über die AuskPfl des Schädigers bei Verletzg gewerbl Schutzrechte u die Verpflichtg zur **Rechngslegg** § 687 Anm 2c.

i) Über **Klage auf Unterlassg** Einf 8, über **Kausalzushang** Einf 6, über **Schadensteilg** Vorbem 5 vor § 249.

13) Beweislast. a) Verletzter hat den obj Tatbestd einer uH zu beweisen; dazu gehört auch der Bew einer „Handlung" des Verletzers, dh eines der Bewußtseinskontrolle u Willenslenkg unterliegenden beherrschb Verhaltens (Ausschl physischen Zwangs od unwillkürl Reflexes durch fremde Einwirkg); so BGH **39**, 103. Die Vermutg des § 1006 gilt auch für eine obj EigtVerl (BGH **WPM 77**, 225). Der Verl hat ferner die Ursächlk der uH für den eingetretenen Schaden u Versch zu beweisen.

Anscheinsbeweis u **Umkehr der BewLast** vgl Vorbem 8 vor § 249. AnschBew auch bei mehrgliedr Geschehensablauf, wenn Kausalverbindg zw 1. Ursache u Erfolg dch einheitl ErfahrgsSatz gedeckt ist. Beisp: 1. Unsachgem Verlegg eines Kabels – 2. Geeignet, Isolationsfehler hervorzurufen – 3. Brandausbruch gerade an dieser Stelle (BGH **VersR 70**, 61). Bei Verstoß gg UnfallVerhütgsVorschr spricht der Bew des ersten Anscheins für die UnfallUrsächlk des Verstoßes, wenn sich ein Unfall im EinwirkgsBereich der Gefahrenstelle ereignet, BGH **Betr 74**, 426.

Erschwerg oder Vereitelg des Beweises durch den Verletzer kann, auch bei nur fahrl Handeln, in freier BewWürdigg dazu führen, daß der dem Verletzten obliegende Bew als erbracht anzusehen ist; BGH

Einzelne Schuldverhältnisse. 25. Titel: Unerlaubte Handlungen   § 823 13, 14

LM § 611 Nr 19 (Arzt, der sich weigert, die RöntgenAufn herauszugeben; krit Pentz NJW **63,** 1671 u § 810 Anm 3).

b) Den Bew für den **Ausschluß der Widerrechtlichk** muß Täter führen, BGH (GrZS) **24,** 21, es sei denn, daß sich der Geschädigte als Rechtsbrecher dem Angriff bewußt ausgesetzt hat, Düss MDR **57,** 358. Steht Notwehr fest, ist Überschreitg des Notwehrrechtes vom Geschädigten zu bew, RG LZ **21,** 218. Wer sich auf Putativnotwehr beruft, muß Entschuldbark des Irrtums beweisen, RG **88,** 118.

c) Bei Verstoß gg **SchutzG** muß Geschädigter an sich sowohl den ursächl Zushang zw Verstoß u Schaden als auch Verschn nachweisen, BGH **LM** (J) Nr 11. Doch kehrt sich bei Unterlassg einer durch G gebotenen Tätigk die BewLast hins der für das Verschn maßgebl Tats (BGH NJW **73,** 2207), nicht jedoch auch hins der Ursächlichk (BGH aaO), regelm dahin um, daß Bekl sich entlasten muß, insb dahin, daß er alles getan hat, um Ausführg des SchutzG zu sichern, RG **145,** 116. Außerdem bezieht sich das Verschn hier nur auf die RGuts-, sond auf die SchutzGVerletzg. AnscheinsBew auch hier mögl, BGH **LM** (Ef) Nr 11b. Über die BewLast bei Ehrverletzg § 824 Anm 8. Über die BewLast des Arztes vgl auch Anm 14 (Ärzte). Über die BewLast hins der vom Patienten erteilten Einwilligg in die Operation BGH **LM** (Aa) Nr 11, u allg Anm 7 B f.

14) Einzelfälle von Verletzgen der allg VerkehrsPfl u sonstiger Verstöße gegen § 823 (alphabet geordnet; neuer Zeilenanfang nur bei größeren Abschnitten).

Abfälle s Industrieabfälle. **Abschlußprüfer der AG** Anm 9 f. **Abwässer** (Einführg in Bachbett) BGH MDR **68,** 395; unsachgem Plang u Ausf der AbwasserAnl, BGH VersR **77,** 253. **Apotheker und Drogisten.** Abgabe von Giften u Sprengstoffen an Kinder, RG **152,** 325 (keine Entschuldigg, daß die Kinder ihr Alter unricht höher angegeben haben). **Architekt.** Zusfassd Schmalzl, Die VerkSichgPfl des Arch, NJW **77,** 2042. Delikt Haftg ggü Dr bei ungenügder Sicherg der Baustelle, falls der Arch zum verantwortl Bauleiter bestellt ist, BGH Betr **74,** 426, Bindhardt BauR **75,** 376, Ganten BauR **73,** 148; das gilt auch ggü Baufremden, wenn ein Teil des BauWk (Laden) vertrgem bereits vor Beendigg der BauArb benützt w, Celle VersR **77,** 479. Haftg für die Folgen gefahrbringer Mängel des BauWk, auch nach Abn, die ein gewissenh Arch bei sorgf Prüfg hätte erkennen können, BGH NJW **70,** 2290 (Wendeltreppe); ebso für Sicherg des Verk für Kfz, die Baumaterial anliefern, BGH Rspr Bau **Z 2.20 Bl 17.** Für Unfall auf der Baustelle einschränkd Köln JR **70,** 184. **Artisten.** Vorführg von Raubtierdressuren, RG Recht **14,** 1665; gefährl Einrichtg bei Zirkusvorstellg, RG JW **36,** 2763.

Ärzte. Lit: Narr, Ärztl Berufsrecht, 1977 (Haftg, AufklärgsPfl, Kunstfehler, GemschPraxis, Praxis-Gemsch); die Haftg des Arztes in der Rspr, Petersen DRiZ **62,** 194, 233, 264 u Gaisbauer VersR **72,** 419; die ärztl Aufklärgs- u WahrhPfl, Hollmann NJW **73,** 1393; die ärztl Haftg für NarkoseSchäd, Uhlenbruck NJW **72,** 2201. BewLast vgl Vorbem 8 vor § 249. Deutsch VersR **77,** 101 katalogisiert die Typen des ArztVerschn in folgde FehlLeistgen: allg menschl, organisator, informator u eigentl medizin (Kunstfehler), die er wiederum unterteilt in Nicht-, Übermaß- u von den Regeln abweichde Behandlg, jew mit zahlreichen Bsp aus der Rspr. Zur AufklärgsPfl des Arztes BGH NJW **70,** 511 (hier: bei Verschreibg eines nicht ungefährl Arzneimittels; bei mj Patienten je nach Umst auch Unterrichtg der Eltern nöt), ferner Engisch u Hallermann, Die ärztl AufklärgsPfl aus rechtl u ärztl Sicht 1970. Darü, daß Patient in die Operation einwilligen muß, Anm 7 B f. Fehlt diese Einwilligg, so ist, auch ohne daß ein Kunstfehler des Arztes dargetan ist, der unglückl Ausgang der Operation als von dem Arzt schuldh verursacht anzusehen. Pflicht zum GgBew trifft daher den Arzt, BGH NJW **59,** 2299; ebso die BewLast dafür, daß sich der Patient auch bei vollständ Aufklärg über Risiken u Folgen zu der Operation entschlossen hätte (BGH NJW **76,** 363 u 365). Kunstfehler nicht deshalb zu verneinen, weil angewandtes Verfahren gebräuchl sei, „wenn nicht zugleich alles getan w, was nach den Regeln u Erfahrgen der med Wissensch zur Bewahrg des Patienten vor körperl Schäden getan w muß", BGH NJW **65,** 346. – Unmißverständl Anweisg an Patienten bei Untersuchg, BGH NJW **71,** 1079; Fahrlk bei Röntgenaufnahmen, RG DJ **35,** 1885; bei intraarterieller Narkose, BGH VersR **68,** 276 u 280; Überlassg der Röntgendurchleuchtg an unerprobte Assistentin, RG DRZ **29,** 720; Diathermiebehandlg, RG JW **30,** 1597; GehörSchad inf Überdosierg von Streptomycin, BGH VersR **67,** 775; SorgfPfl des Operateurs u der KrankenhausLtg bei elektrochirurg Eingr, Nürnb VersR **70,** 1061; zurückbleibder Fremdkörper bei Operation, BGH **4,** 138; unterlassene SichergsMaßnahme, BGH **8,** 138; BGH NJW **56,** 1834 (Sicherg von Kompressen); unsorgfält Mischbezeichng beim Rezeptieren, RG **125,** 375; Behandlg Morphiumsüchtiger, Kbg HRR **35,** 721. Haftg eines Arztes, dessen schuldh Versehen die Zuziehg eines zweiten Arztes veranlaßt, für Fehler dieses Arztes, RG **102,** 230; Unmöglichk, die Ursache einer Schädigg festzustellen, kann nicht zu Lasten des Arztes gehen, BGH NJW **65,** 346. Haftg wg Verletzg der SchweigePfl, Kleinewefers/Wilts NJW **63,** 2345; BGH NJW **68,** 2288. Zivilrechtl Verantwortlichk bei ärztl TeamArb (Intensivbehandlg) vgl Westermann NJW **74,** 577. Bei der Aufstellg bes medizin SorgfGebote, denen keine ärztl Übg entspricht, ist Zurückhaltg geboten. Dazu gehört auch die Frage, ob der Arzt verpfl ist, medizin Geräte selbst auf ihren einwandfreien Zust zu prüfen. Aus der Schwere der Gefahr bei ihrer Verwendg allein folgt eine solche Pfl nicht. Hinzukommen muß vielm, daß die Verwendg eig Kenntn u techn Kunstfertigk beim Arzt voraussetzt (BGH NJW **75,** 2246).

Ätzende Flüssigkeit in einer Bierflasche BGH NJW **68,** 1182.

Atomschäden. Das BundesG über die friedl Verwendg der Kernenergie u den Schutz gg ihre Gefahren (AtomG) v. 23. 12. 59, mit Ändergen. Grds: Gefährdgshaftg (§ 25), Haftghöchstbeträge (§ 31).

Aufsichtspflicht. a) Allgemeine AufsichtsPfl; hierzu Anm 8d und unten unter „Straßen" usw. Verkehrsgefährlicher Transport auf der Straße, RG DJZ **32,** 169; Überwachg des Stadtbaumeisters durch verfassgsm Vertreter, RG **89,** 136, JW **28,** 1046. Unzureichd, wenn Leitg der Ambulanz einer Universitäts-

§ 823 14   2. Buch. 7. Abschnitt. *Thomas*

klinik einem Assistenzarzt anvertraut w, RG DR **44**, 287; AufsPfl im Kinderheim, BGH FamRZ **56**, 340; Haftg des GeschInh, der Aufsicht über Kinder der Kunden übern hat, Kblz NJW **65**, 2347, **66**, 454 (Anm v Fichtner). – b) AufsPfl der **Eisenbahn** u der **Post** vgl unter diesen Stichworten. – c) **Aufsichtspflicht des BauUntern**, RG **59**, 203. Hinsichtl der Erf der Unfallverhütgsvorschr bei Bestellg eines Betriebsleiters, RG **128**, 320. Grenzen der ÜberwachgsPfl des Bauherrn, RG LZ **31**, 1458, auch RG HRR **31**, 1843 (polizeil abgenommenes Baugerüst); u hins der Übertr von Spezialarbeiten, BGH BB **53**, 690. – d) AufsPfl des **Hauseigentümers** hins Treppenbeleuchtg, RG HRR **35**, 927; bei Dacharbeiten im Warenhaus währd der Verkaufsstunden (verfassgsm Vertreter muß sich persönl von VerkSicherh überzeugen), RG JW **31**, 2235. Über StreuPfl unter „Straßen ...“ b. – Verpflichtg auch des Privatmannes seinen Gästen ggü, BGH VersR **61**, 1119. – e) Strenge Anfordergen an AufsPflicht des **Kraftwagenhalters** hins des Führers, § 831 Anm 6 A a und unten unter „Kraftverkehr"; planmäßige Kontrollen erforderl, BGH BB **58**, 7; **LM** § 823 (Dc) Nr 23. Über Pfl des Halters zum Eingreifen währd der Fahrt, BGH NJW **53**, 779, VRS **9**, 421.

Autobahn s unter „Kraftverkehr" u zur VerkSichgPfl unter „Straßen" b.

Autorennen. Sichere Abgrenzg v Fahrbahn u Zuschauerplätzen, eigverantwortl Pfl v Veranstalter, Rennleiter, StreckenAbnKommissar, Automobilclubs zur Prüfg der notw SichergsMaßn, BGH NJW **75**, 533.

Badeanstalt. Pfl des Untern, die Benützer vor solchen Gefahren zu schützen, die über das übl Risiko eines BadeBetr hinausgehen u ieweils erkennb od vorhersehb sind, Zweibr VersR **77**, 483. Dabei ist iR des wirtsch Zumutb auch auf solche Gefahren Rücks zu nehmen, die Kindern nur bei einer zwar mißbräuchl, aber nicht ganz fernliegden Benutzg drohen können (BGH NJW **78**, 1629). Duldg von Kugelstoßen durch jugendl Personen ohne Vorsichtsmaßregeln, RG JW **36**, 2214; Rettgs- u SicherhVorkehrgen im Seebad nach Springflut (Sogströmg) RG **136**, 228, aber geringere Anfordergen an die Badeanstalt RG JW **38**, 2542. Haftg eines kleinen Badeorts für Sicherh des Zugangswegs zum Badehaus RG HRR **37**, 1312. Tiefe Stelle in einem für Nichtschwimmer freigegebenen Teil, BGH NJW **54**, 1119. Sprunganlage muß GrdBerührg ausschließen, Celle VersR **69**, 1049. Zumind Warng vor Glasscherben im Flußbad, Mü VersR **72**, 472. Mit Fußbodenglätte wg Wassers muß Benützer rechnen, Ffm VersR **73**, 625. Höhere AnFdgen an die RutschFestigk des Kunststoffbodens in medizin Badeanstalt, Celle VersR **75**, 383.

Bauarbeiten u andere gefährl Arbeiten. Auf Baustellen haftet derjen, dem die verantwortl Bauleitg übertr ist, für die VerkSicherg ggü jedem, zumindest soweit er sich befugt auf der Baustelle aufhält (BGH Betr **74**, 426, Bindhardt VersR **72**, 901, Schmalzl NJW **70**, 2265). Dabei spricht der AnschBew dafür, daß ein Verstoß gg UnfVerhütgsVorschr ursächl ist für einen Unf im EinwirkgsBereich der Gefahrenstelle. Außerdem Pfl des BauUntern, währd der Dauer des Baus die Baustelle mit zumutb Mitteln so zu sichern, daß obj erkennb Gefahren von Dr ferngehalten w, Bambg VersR **71**, 233, BGH NJW **71**, 752 (kein Ausgl-Anspr des BauUntern gg bauleitenden Arch bei Verletzg eines Arb wg Verletzg der VerkSichgPfl). Endl haftet der Bauherr, weil er die Gefahrenquelle eröffnet, für die VerkSicherg. Er w nicht schon dch die Bestellg eines bewährten Arch u eines zuverläss u leistgsfäh BauUntern v der Verantwortg frei, sond ist zu eig Eingreifen verpfl, wenn er Gefahren sieht od sehen müßte, wenn er Anlaß zu Zweifeln h, ob der v ihm Beauftr den Gefahren u SichergsBedürfn in der gebührden Weise Rechng trägt od wenn dessen Tätigk mit bes Gefahren verbunden ist, die auch v ihm, dem AuftrGeber erkannt od dch eig Anweisgen hätten abgestellt w können (BGH Betr **76**, 2300: UnterfangsArb an der Giebelwand des NachbHauses; teilw aA Bindhardt BauR **75**, 376, Ganten BauR **73**, 148; zweifelnd Schmalzl NJW **77**, 2042). Baugerüst u Bauzaun BGH VersR **56**, 31 (Nichtbeachtg von UnfallvorschrVorschr); BGH **LM** (Eh) Nr 15 (SorgfPfl beim Abbau von Baugerüsten); Nichtbeleuchtg einer Absperrg BGH VersR **55**, 21; Gebäudeabbruch BGH VersR **66**, 165; Dacharbeiten im Warenhaus währd der Verkaufsstunden, RG JW **31**, 2235. Keine VerkSichgPfl bei nicht offenem Neubau währd der ArbRuhe, BGH BB **56**, 771; im allgem genügen Warnschilder zur VerkSich ggü Unbefugten, BGH NJW **57**, 499; vgl aber auch BGH BB **67**, 734; VerkSichgPfl des BauUntern auch währd der ArbRuhe dem zurückkehrden Bauarbeiter ggü bejaht in bezug auf jedermann zugängl schadh Lampe. Der TiefbauUntern ist verpfl, sich über den Verlauf von VersorggsLeitgen bei den VersorggsUnternehmen zu vergewissern, BGH NJW **71**, 1313. VerkSichgPfl ggü auf der Baustelle spielden Kindern, Oldbg BB **56**, 1013, Stgt VersR **57**, 64. VerkSichgPfl für Kfz, die Baumaterial anliefern, BGH Rspr Bau **Z 2.20** Bl 17. Der mit der Erneuerg einer Brücke beauftr StrBauUntern h bei den Maßn, die er zur Trockenlegg der Baustelle trifft, auch den dch eine mögl Hochwasserführg drohden Gefahren Rechng zu tragen, BGH VersR **76**, 776. Vgl auch unter „Straßen, Wege, Plätze".

Beleuchtg; mangelh Beleuchtg einer Straße durch Stadtgemeinde, BGH **36**, 237. Die Beleuchtg der OrtsDchfahrten von BundesFernStr gehört nicht zur VerkSichgPfl des StrBaulastträgers (s Anm 8 c), es haftet also nicht das Land, BGH MDR **71**, 649 (*Bay*). – a) **von öffentl Wegen**, RG **55**, 24 (fehldes Brückengeländer), JW **11**, 759; von Verkehrshindern, BGH Betr **55**, 1063, KG VersR **52**, 211; von Straßenbauarbeiten, BGH VersR **62**, 519; eines gefährl Brückeneingangs RG VerkR **35**, 592; in ländl Gemeinden RG JW **06**, 746. – b) **in Gastwirtschaften**, des Weges üben den Hof zum Abort, Warn **35**, 80; bei kleinstädt Gasthof Warn **28**, 174. – c) **in Privathäusern**, elektr Treppenbeleuchtg, RG HRR **35**, 927; verschlossener Flur Warn **35**, 5; unbeleuchtete Gartenpforte Schlesw SchlHA **52**, 130. – d) **Schiffe**, Sicherstellg von Reserveöllampen bei Versagen der Lichtleitg, RG **125**, 65.

Boykott als Eingr in den eingerichteten u ausgeübten GewBetr, BGH **24**, 200 u Anm 6g; über Boykott zu WettbewZwecken vgl BGH **13**, 33 u § 826 Anm 8 u c.

Brandgefährdg dch ungeschützten Transport geladener Batterien, BGH **66**, 208.

Deichunterhaltgspflicht. Bei deren Verletzg Anspr nur aus § 823 I, nicht aus Amtshaftg, BGH NJW **64**, 859.

Demonstration. Schrifttum: Ballerstedt, JZ **73**, 105; Diederichsen/Marburger, NJW **70**, 777; Merten, NJW **70**, 1625 u AfP **73**, 354; Kollhosser, JuS **69**, 510, Reinelt, NJW **70**, 19. Keine Haftg für NebenWirkgen einer friedl Demonstration, zB VerkStörg, Behinderg des Zugangs zu GewBetr, weil dch Art 5, 8 I GG gedeckt. Haftg der Teiln (vgl § 830 Anm 2a, b) für Schäd aus Gewalttaten u aus Demonstra-

798

Einzelne Schuldverhältnisse. 25. Titel: Unerlaubte Handlungen § 823 14

tion mit dem Ziel, ein ZeitgsUnternehmen zu blockieren, BGH **59**, 30 u NJW **72**, 1571. Anwendg unmittelb Zwangs zur Unterlassg fremder MeingsÄußerg ist rwidr. SchadHaftg ggü außenstehden Dr bei Vorgehen eines Hochschullehrers gg demonstrierde Studenten, Köln NJW **70**, 1322 (keine Haftg aus § 839, sond aus § 823, wenn der Beamte nicht im Auftr der Universitätsorgane, sond als „Staatsbürger" handelt). Pfl zu Vorkehrgen zum Schutz Dr, wenn die Anw von Gewalt eine sehr wahrscheinl Folge der Gesamtsituation ist (Karlsr Just **78**, 362).

Ehrenkränkg. Nervenleiden durch fortgesetzte ehrenkränkende Behandlg durch Vorgesetzten, RG Recht **13**, 1133; Ehrenkränkg bei Zeugenaussage (vgl StGB § 193) RG **142**, 116; Veröffentlich des Ausschl eines Vereinsmitgl od der fristlosen Entlassg eines Angest in einer Tageszeitg RG **143**, 1; über Ehrenschutz für jur Personen Anm 10. Über Ehrenschutz im gewerbl Leben, der Intimsphäre u ggü Presseveröffentlichgen § 824 Anm 6, Einf 8b aa, 9 vor § 823. **Eisbahn.** Sicherh der Eisdecke RG JW **14**, 926.

Eisenbahn u Straßenbahn. Eisenwalze in Güterwagen löst sich aus den Lagern RG HRR **35**, 341; Drehscheiben, die der Öffentlichk zugängl, RG HRR **33**, 1081; fehlende Schranke am Bahnübergang, BGH **11**, 175 (vgl hierzu Anm 8a); Rangiervorgang an unbewachtem Bahnübergang, Nürnb VersR **67**, 815; Sicherg gg zeitl ZusTreffen von Entladevorgang u Rangierbewegg auf Rangierbahnhöfen, BGH VersR **72**, 747; Duldg des Parkens von Kraftwagen in gefährl Nähe des Geleises RG HRR **35**, 583; verschüttetes Öl in der Bahnhofshalle RG JW **33**, 1390; AufsPfl der Eisenbahn als Untern von Güterbeförderg RG Recht **26**, 1949; Gefährdg des Frachtgutes inf mangelh Reinigg des Güterwagens, BGH **17**, 214; Zugmeldeverfahren u Signalsicherg bei eingleisiger Strecke, BGH **LM** (Dc) Nr 23; ErkundgsPfl des Schrankenwärters bei Zugverspätg, BGH VersR **56**, 52. VerkSichergsPfl auch hins der in den StraßenVerk hineinragden Brückenpfeiler, Hbg NJW **56**, 1922. Vgl ferner RHaftpflG § 1, G über HaftPfl der Eisenbahn u Straßenbahn für Sachschaden v 29. 4. 40 idF G v 16. 7. 57 Art 2, BGBl 711, u § 839 Anm 15 „Eisenbahnbeamter". Privatanschlußbahnen RG JW **32**, 2076. Kontrolle u AufsPfl der Gemeinden über Straßenbahnen RG HRR **32**, 1574; Abirren v Strömen aus elektr Straßenbahn mit Schienenrückleitg RG **81**, 216.

ErbgesundheitsG. Keine Verpflchtg, den aus der Unfruchtbarmachg erwachsenen Schaden zu ersetzen; BGH **36**, 379; § 903 Anm 4b u § 839 Anm 8b.

Explosion. Drogist haftet Jugendl für ExplosionsSchäd dch verkauftes Pflanzenschutzmittel, dessen gefährl GrdSubstanz ihm erkennb od vor der er gewarnt war, BGH NJW **73**, 615. Ebso haftet einem Jugendl für ExplosionsSchäd, wer ihm unkontrolliert zur Sprengstoffbereitg geeignete Chemikalien überläßt, BGH Betr **73**, 446.

Feuerwehr. Unfall eines Feuerwehrmannes RG **122**, 298. Vgl § 839 Anm 15. **Feuerwerk.** Maß der Vorsicht BGH MDR **66**, 492. **Friedhof.** VerkSicherzPfl des Anstaltsträgers, Haftg für die Standfestigk v Grabsteinen neben derjen des GrabstellenInh gemäß § 837 (BGH NJW **77**, 1392). Keine VerkSichgPfl auf einem erkennb unfert, mit ausgehobenen Gräbern versehenen Gräberfeld (Düss VersR **77**, 361). **Friseur.** Verletzg beim Maniküren Naumbg JW **33**, 1422; beim Wellenlegen RG **148**, 149.

Fuhrwerk. Mangelh Befestigg von Fässern auf Plattenwagen RG JW **30**, 1965; Fuhrwerk ohne Laterne RG SeuffA **88**, 38; Pferdegespann unter Eisenbahnüberführg, währd ein Zug darüber fährt RG VerkR **34**, 397; Kuhgespann auf verkehrsreicher Straße, Karlsr NJW **62**, 1064; Fuhrwerk, das keinen Raum zum Überholen läßt, RG VerkR **35**, 49. Verkehrswidr Abstellg von Fahrzeug, wobei ÜberwachgsPfl auch den trifft, der das Fahrzeug seinem Kunden zum Entladen überlassen hat, BGH **LM** (Dc) Nr 75b (Kontrolle der Rückgabe vor Eintritt der Dunkelh).

Fußgänger. Sorgfalt ggü überholendem Kfz, BGH Betr **56**, 43 (s aber jetzt § 25 I 3 StVO); Rücksichtn auf FahrVerk beim Betreten der Fahrbahn, BGH Betr **58**, 23, bei zul Benutzg der Fahrbahn nachts, Oldbg DAR **61**, 256; MitVersch bei Betreten der Fahrbahn bei Dunkelh u ungünst SichtVerh od zw parkden od halten Kfz ohne Benützg einer nicht weit entfernten SignalAnl, KG DAR **78**, 107; beim Überschreiten vereister Fahrbahn nachts vor sich näherndem Kfz, BayObLG DAR **65**, 82. UU auch Vorsicht geboten, wenn VerkPosten den Straßenübergang gestattet hat, BGH NJW **60**, 2235; SorgfPfl bei kurzem Betreten der Fahrbahn, BGH **LM** § 12 StVO Nr 2; auch am Fußgängerüberweg, BGH VersR **69**, 139, sogar bei Grünlicht, BGH NJW **66**, 1211; bei zul Überschreiten der Autobahn, BGH **LM** § 1 StVO Nr 11; Überschreitg einer Großstadtstr 30 m vor Fußgängerüberweg, BGH NJW **58**, 1630; Verpflichtg auch zur Benutzg des auf der linken Seite gelegenen Gehweges, BGH NJW **57**, 223; SorgfPfl beim Begehen eines Randstreifens dicht neben der Fahrbahn, BGH VRS **13**, 216; SorgfPfl vor der Einfahrt zu einer Tankstelle, Böhmer MDR **58**, 164 zu Stgt (LG) daselbst; Pfl zur Benutzg eines Trampelpfades, BGH MDR **60**, 299; SorgfPfl bei der Überquerg eines Gehweges, BGH NJW **61**, 1622; dessen, der auf die äußerste Bordsteinkante des Gehweges an die Fahrbahn herangetreten ist, BGH NJW **65**, 1708.

Garagen. Schutz der Fußgänger vor Verletzg durch die zur Feststellg der Türen dienenden Rasten, Oldbg VersR **61**, 928, allg zur VerkSichgPfl des GaragenEigtümers Schnitzerling DWW **68**, 19.

Gastwirte. Haftg Nichtgästen ggü RG JW **23**, 76; Kegelbahn RG **88**, 433; Reinhaltg der Treppe RG JW **39**, 559; Stühle RG Recht **22** Nr 202; Herabfall einer Hutleiste RG **65**, 12; geringere Anforderg an Dorfgastwirt hins Zugangstreppe u StreuPfl, BGH VersR **56**, 711; auch vor einem ländl Gasthof muß jedoch u U noch zu vorgerückter Stunde gestreut w (Einzelfall entsch), BGH VersR **56**, 289. Herabfallender morscher Ast, BGH VersR **56**, 768; bissiger Hund RG LZ **30**, 251; Nadel im Essen Warn **29**, 159; bei Pilzkonserven genügt Überprüfg auf Blasenbildg, Geruch u Verfärbg, Karlsr VersR **68**, 311; Körperverletzg durch and Gäste RG **85**, 185; keine Pfl zur Anstellg eines Rausschmeißers in Nachtlokal, KG VersR **72**, 157; Werfen mit Knallerbsen, RG JW **28**, 3185. Keine Haftg bei Überlassg der Gastwirtswiese für Vogelschießenveranstaltg RG JW **27**, 1994; ebso nicht, wenn männl Gast bei Benutzg des Aborts für Frauen Unfall erleidet, RG **87**, 128, od bei Benutzg eines verriegelten Ausgangs RG **160**, 153; vgl aber aA BGH Betr **56**, 206 bei Öffng einer verriegelten Tür; ebso bei Steinstufe in beleuchtn Nebeneingang nach Sperrstunde, Karlsr VersR **68**, 457. Pfl, Kraftfahrer an der Fortsetzg der Fahrt zu hindern, wenn er inf Alkoholgenusses erkennb fahruntüchtig (keine überspannten Anfordergen!), Heilbronn (LG) NJW **54**, 922 mit Anm von v. Weber; über die strafrechtl Verantwortg vgl BGH NJW **53**, 551. Im allg keine Verpfl, angetrunkenen Gast, der die Gast-

§ 823 14   2. Buch. 7. Abschnitt. *Thomas*

wirtsch verläßt, zu betreuen, Mü NJW **66**, 1165. – Über die Haftg für eingebr Sachen des Gastes §§ 701 ff.
   Gebäude u Grdst. a) Allgemein. Beseitigg von Winterglätte auf der Treppe städt Gebäudes, RG SeuffA **90**, 167; gefährliche Treppe, BGH BB **57**, 240; verglaste Treppenhaus-Außenwand, BGH VersR **69**, 665; bauliche Arbeiten RG **106**, 133; Eisbildg inf Fehlens einer Dachrinne RG DJZ **32**, 227; keine allg Pfl, die durch Regen, Nebel oder Luftfeuchtigk verursachte Schlüpfrigk des Bodens zu beseitigen, Warn **31**, 123; die Notwendigk von Schneefanggittern gg Dachlawinen richtet sich bei Fehlen ges od poliz AOen im Einzelfall nach den örtl Verhältn (Gegend, Witterg, Lebhaftigk des Verk zu od vor dem Gebäude, Bauart) u nach der Zumutbark von SichergsMaßn für den HausEigtümer; Einzeln u ZusStellg der Rspr vgl Gaisbauer VersR **71**, 545; jedenf nöt sind konkr EinzMaßn gg Gefahr v Dachlawinen nach starkem Schneefall (Düss VersR **78**, 547). – **b) Keller, Treppen und Fußböden:** ungesicherter Kellerschacht neben Hotel, BGH VersR **67**, 801; loses Aufliegen des Treppenläufers RG SeuffA **88**, 54; Lockerg einer Messingkappe auf Warenhaustreppe RG JW **36**, 915; schadhafter Kokosläufer RG HRR **31**, 1841; gefahrfreier Fußboden, Nürnb VersR **67**, 1083; Linoleumglätte durch Bohnern BGH BB **56**, 59; Reinigen des Linoleumfußbodens währd des Geschäftszeit RG JW **28**, 2210; Verunreinigg der Ladentreppe, Schlesw VersR **52**, 214; jedoch braucht nicht jede Verunreinigg sofort beseitigt zu w, Mü HRR **42**, 626. – **c) gewerbl Räume:** vgl auch „Beleuchtung", „Gastwirte", „Warenhaus", Kellereingang vor Schaufenstern RG JW **36**, 2652 (keine Entlastg durch baupolizeil Genehmigg); Dacharbeiten im Warenhauslichthof währd der Verkaufsstunden, RG JW **31**, 2235; Rolltreppe im Warenhaus, Oldenbg MDR **65**, 134; Überlastg des Fahrstuhls RG SeuffA **88**, 52; laufende Überprüfg des Fahrstuhls, BGH Betr **57**, 115. In SelbstbedingsLäden ist regelm Fußbodenreinigg in kurzen Abständen dch best, damit betraute Kräfte erforderl, Köln NJW **72**, 1950. Markise vor Laden RG JW **31**, 194; Eisenrist vor Ladeneingang RG **95**, 61; Haftg der Bank für Sicherh des Zugangs durch den Hintereingang RG JW **26**, 1847. – **d) Sonstiges:** geringere Anforderung an Sicherh einer Privatwohng RG JW **35**, 273 (unbefestigte Brücke auf Parkettfußboden); gefährl Eisengitter RG **89**, 120; Sicherh des Zuganges zum Schornstein RG **90**, 408; Mängel an Toreinfahrt RG JW **31**, 3446; an Dachrinnen, Mü HRR **42**, 760; ungesicherte Bodenluke, Neust VersR **52**, 325; RuinenGrdst BGH BB **59**, 394; keine Pfl, Grdst generell gg unbefugten Verk zu sichern, wohl aber uU gg unbefugtes Spielen von Kindern, BGH VersR **73**, 621, insb wenn sich auf dem Grdst gefährl Gegstde befinden, BGH NJW **75**, 108; strenge Anforderungen an Sicherh verlassenen RuinenGrdst gg Schädigg unbefugt spielder Kinder, BGH VersR **69**, 517; ebso bei aufgelassener Gärtnerei, BGH FamRZ **70**, 553; Sicherh einer gefährl Fabrikausfahrt, BGH NJW **66**, 40. S auch „Ätzende Flüssigk".
   Gewässer. Unterhaltg u VerkSichg ist privr Aufg (BGH JR **76**, 478). Hochwasserschutz vgl § 839 Anm 15.
   Hallenbad. Fehlde Absicherg einer Überlaufschwelle, Stgt VersR **72**, 987.
   Hausbesetzg. Teiln ist psycholog Beihilfe bei Massendelikt, Celle Nds RPfl **73**, 184, BGH **63**, 124. Vgl auch vorstehd „Demonstration".
   Haushaltsvorstand ist aGrd seiner Stellg in der Fam verpfl, Dr gg Gefahren zu sichern, die aus dem Bereich des Hauswesens hervorgehen, mit ihm in Beziehg stehen u hier ihren Ursprung h (BGH LM § 832 Nr 3, Düss VersR **76**, 1133). Schad dch Bruch eines Wasserschlauchs der Waschmaschine eines Mieters bei and Mieter (LG Kln NJW **77**, 810 mit Anm Ruhwedel; zust Westhelle NJW **77**, 1405).
   Hebamme. Verantwortlichk für die Versorgg des Kindes im Anschl an die Geburt bei Hinzuziehg eines Arztes, BGH VersR **66**, 580.
   Industrieabfälle (Verseuchg des GrdWassers, Einschaltg eines selbstd BeseitiggsUntern) BGH NJW **76**, 46, VerkSichgPfl bei der Beseitigg, Ekrutt NJW **76**, 885, Birn NJW **76**, 1880.
   Jagd. Verletzg von Menschen bei Waldtreibjagden RG LZ **33**, 311; HRR **34**, 802; bei Treibjagd spricht AnscheinsBew gg Jäger RG RdRN **35**, 871: Begriff der Treibjagd RG **156**, 140. Versch des Jagdherrn, der einen ihm als unzuverläss bekannten Schützen zur Treibjagd einlädt, RG **128**, 39; Jäger muß mit Abprallen der streuenden Schrotkörner rechnen, RG HRR **34**, 802; Karlsr VersR **56**, 70; Schießen nur gg sichere Deckg od bei Übersicht des Geländes bis zur Tragweite der Waffe, Hamm MDR **62**, 407; Fehler des Gewehrs RG **156**, 140; unvorsichtiges Hantieren mit Gewehr RG JW **37**, 891; ungesichertes Gewehr BGH VersR **55**, 579; Nichtentladg nach Jagdende, BGH LM § 254 (Da) Nr 7; Pfl des JagdAusübsBerecht zur Sicherg des StrVerk gg erhöhte Gefahr dch aufgestörtes Wild, BGH Betr **76**, 720; keine VerkSichgPfl des JagdBerecht für Hochsitz ggü unbefugten erwachsenen Benützern, Stgt VersR **77**, 384.
   Kegelbahn. Anlauffläche muß rutschfest sein, Düss VersR **73**, 527.
   Kettenkarussell. Ausreich der übl Art von SicherhKetten, Ffm MDR **62**, 477. **Kinder.** Haftg des Verkäufers bei Verk gefährl Spielgeräte an – ohne Mitwirkg des ErziehgsBerecht, BGH NJW **63**, 101. **Kindergarten,** Schutzmaßnahmen gg einf verglaste Türen, Tüb (LG) VersR **62**, 268; Sicherg der Fenster, BGH MDR **69**, 209. HaftgsAusschl vgl Einf 2 d. Öff **Kinderspielplatz.** VerkSichgPfl bei Kinderspielplätzen, Gaisbauer VersR **77**, 505, BGH NJW **78**, 1628. Haftg der Gemeinde für fehlerh Bauweise, mangelh Unterhaltg u Abgrenzg gg vorbeifürhde Str nach § 823, nicht § 839, falls nicht die öffrechtl Körpersch-ErsPfl nach hohrechtl Vorschr gewählt h (BGH NJW **77**, 1965). Geringere Aufdgen an sog Abenteuer-Spielplätze für ältere Kinder (BGH NJW **78**, 1626). **Kirmes,** Pfl jedes Schaustellers, die körperl Integrität der Besucher zu gewährleisten, Köln OLG **70**, 311; Autoscooter BGH VersR **77**, 334. **Kleingolf,** ausreiche Beleuchtg, Bodenunebenh, BGH VersR **68**, 281.
   Kraftverkehr. Haftg für Verletzg von Personen vgl StVG; weitergehende Haftg für uH bleibt unberührt. **Einzelfälle** (alphabetisch geordnet). **Abblenden;** keine Verpflichtg des Überholten zum – Bay-ObLG NJW **64**, 213. **Abgestelltes Kfz** (s auch Autobahn, Verkehrshindernissen) muß ausreich beleuchtet sein, BGHSt **11**, 389, VRS **9**, 427. Dafür sind neben dem Grad der Dämmerg die Verh des Abstellortes maßgebd, sow sie für die Erkennbark des Kfz u die Sicherh des Verk v Bedeutg sind, Nürnb VersR **70**, 1160. Über Laternengarage BGHSt **11**, 389 (ausreich, wenn hierdurch gg Gefahr eines ZusStoßes gesichert). Sicherg gg **Abrollen** eines Kfz, BGH BB **62**, 578. **Abschleppen:** Für Schäd Dr dch Fahrz eines Abschleppverbandes mit unzuläss Mitteln haften Halter u HaftPflVers der Fahrz des Abschleppverbandes der Geschäd als GesSchu; im InnenVerh haftet der gewerbsmäß AbschleppUntern allein, außer dem Lenker des abgeschleppten Fahrz w Versch dch unsachgem Nachsteuern nachgewiesen (Celle VersR **75**, 1051). **Ab-**

standhalten, Lienen NJW 59, 1574; Seitenabstand beim Überholen, BGH VersR 55, 183, 764, BayObLG VRS 9, 208; insb eines parkden Kfz, BGH BB 56, 803; eines haltden Omnibusses, BGH VersR 73, 1045; kein Abstand von Bordkante nöt im Hinbl auf Kfz, die auf dem Gehsteig abgestellt sind, Hbg VersR 74, 267; Rücks auf rechts seitl befindl Zweiradfahrer, BGH VersR 69, 1148; auf der Autobahn, BGH NJW 60, 243; beim Überholen BGH VersR 69, 900. BewLast bei Unfall nach **Alkoholgenuß,** BGH VersR 71, 953; AnscheinsBew bei –, Anm 13a. Sorgf bei **Anfahren,** BGH VRS 11, 246; Herausfahren aus einer Parkreihe, Brschw VerkBl 56, 581. **Anhalten:** zu treffde Maßn nach dem –, BGH BB 64, 1149; s auch Autobahn. **Auffahren** auf Vordermann liefert AnschBew für Versch des Auffahrden, im KolonnenVerk für beidseit, hälft Versch, Ffm VersR 72, 261. **Ausweichen,** auch auf Sommerweg, wenn es VerkSicherh gebietet, BGH BB 57, 453; auch auf Bankette zul, wenn kein Warnschild, BGH BB 62, 661. **Autobahn,** Auffahrunfälle BGH BB 65, 439. Zum KausalZushang bei Auffahrschäden BGH 43, 178. Halten auf –, BGH NJW 52, 1413, auf der linken Fahrbahn nur in Notfällen, Köln NJW 66, 933, nach Unfall, BGH NJW 59, 573, nach Motordefekt, Hamm MDR 60, 1512, od aus sonst zwingden Grden (VerkHindern), Düss VersR 62, 455; rückwärt Sicherg bei nächtl Halten, BGH NJW 56, 1030; Geschwindigk auch auf der Autobahn im Dunkelh so, daß innerh der übersehbar Strecke rechtzeitig gehalten w kann, BGHSt 16, 145 (VGrS). Rechtsüberholen verboten, unten unter „Überholen"; vgl „Abstandhalten" **Bahnübergang,** auch bei geöffneter Schranke Umschau nach Zügen, BGH NJW 51, 479; VRS 9, 202 (unbediente Schranke). Beleuchtg (s abgestelltes Kfz, Autobahn). Auch **ohne Berührung** zweier Kfz kann sich ein Unfall dem Betr zugetragen h, BGH MDR 72, 1023. **Blendg** durch Sonnenwirkg RG JW 36, 2791; durch EntggKommer BGHSt VRS 4, 126, BGH BB 58, 1149; Übergang vom Sonnenlicht in eine dunkle Unterführg, RG HRR 37, 1529. Plötzl **Bremsen** bei hoher Geschwindigk kann verkwidr sein, HammVRS 9, 300; (s auch Glatteis u Fußgänger). Versagen der – nach verkwidr Fahren steht ursächl Zushang zw dieser Fahrweise u Unfall nicht entgg, BGH NJW 64, 1565; hierzu krit Schmitt NJW 64, 2010. **Bremser** s Mitfahrer. **Einbiegen** (s auch FahrtrichtgsAnzeiger); Pflichten bei Links-, BGH BB 66, 920 (Beobachtg des Verk vor dem Einordnen u regelm nochmals unmittelb vor dem Abbiegen), NJW 62, 860 (bei nachfolgder Straßenbahn), Düss VersR 70, 1161 (bei Einbiegen unmittelb nach dem Anfahren), unter Schneiden der Kurve, Kblz DAR 62, 341. Bei Linkseinbiegen an signalgeregelter Kreuzg darf nach Erscheinen des Grünpfeils od Gelblichts der einbiegde Kraftfahrer zwar nicht blindlings losfahren, wohl aber darauf vertrauen, daß ihm ein entggkommder Fahrer, dessen FahrtRichtg dch Rot gesperrt ist, das Räumen der Kreuzg ermöglicht; bei ZusStoß dann keine MitHaftg des Abbiegers, KG NJW 75, 695. **Fahrlehrer** muß Schüler ständ sorgf überwachen u zu jederzeit Eingreifen in der Lage sein, BGH VersR 69, 1037; SorgfPfl, wenn Fahrschüler an schwier VerkLage herangeführt w, KG NJW 66, 2365. **FahrtrichtgsAnzeiger** (s auch Einbiegen, Vorfahrt) ist so lange zu betätigen, daß alle Beteiligten hinreichd unterrichtet, BGH VersR 55, 213. **Fahruntauglichk** s verkehrsunsicheres Kfz. **Fernlicht** nachts bei Nebel od Schneefall, BayObLG NJW 64, 1912. **Frontalzusammenstoß** wg Benütz der linken Fahrbahnhälfte, BGH VersR 69, 738. **Führerschein,** Zulass des Führg eines Wagens durch Pers ohne –, BGH **LM** (Ec) Nr 8. Pfl zur Prüfg bei Überlassg des Kfz, Köln VersR 69, 741. **Fußgänger** (s auch oben unter Fußgänger); über SorgfPfl ggü – am Fußgängerüberweg BGH BB 65, 693; RücksNahme bei Wiederanfahren nach Rotphase auf Fußgänger, die noch in Überquer der Straße begriffen sind, BGH VersR 69, 1115; Überholg grdsätzl hinter, nicht vor dem Fußgänger, BGH VRS 8, 209; Einhaltg eines gehörigen Seitenabstandes auch im allg VerkInteresse, BGH BB 62, 161; bleibt Fußgänger stehen, so ist anzunehmen, daß er Kfz vorbeilassen will, BGH VerkMitt 57, 31; Pfl zum Bremsen bei verkehrswidr handelndem Fußgänger, BGH VersR 61, 261; Umfang der Rücksichten auf Fußgänger bei in GgRichtg haltendem od anfahrendem Omnibus, BGH Betr 59, 1003, u bei gleicher Richtg haltendem Omnibus BayObLG NJW 60, 59. **Geschwindigkeit** (s auch Autobahn, Glatteis, Kinder, Haltestelleninsel) muß Sichtweite angepaßt sein, BGH NJW 57, 682; jedoch brauchen völlig aus dem Bereich des Voraussehb fallende Umst nicht in Rechng gestellt zu w, BGH aaO; vgl auch über Geschwindigk u Bremsweg BGH NJW 51, 234; bei Straßenglätte, BGH Betr 65, 1008, bei Abblendlicht BGH VerkMitt 64, 77; keine Verpflichtg zur Tempoermäßigg vor Einmündg u Kreuzg auf einer Vorfahrtstraße, BGH BB 57, 453; bei ZuverlässigkFahrt BGH 39, 159 (§ 254 Anm 6) u allg über ZuverlässigkFahrt Böhmer MDR 64, 15, oder Rennen, BGH NJW 52, 779, in scharfer, unübersichtl Kurve, BGH BB 60, 1361; vorgeschriebene Höchstgeschwindigk muß auch beim Überholen eingehalten w, BGH **LM** § 10 StVO Nr 6. Bei **Glatteis** (s auch unter Bremsen) kann Schrittgeschwindigk od Verwendg von Reifenketten geboten sein, RG JW 35, 194; nicht nur Herabsetzg der Geschwindigk kann verkehrswidr sein, BGH RdK 55, 42; vorübergehde Benutzg der linken Fahrbahn, Ffm VerkMitt 57, 17. **Halten** auf Straßen, sow wie mögl rechts (bei Einbahnstr auch links) heranfahren, BGH BB 62, 782. **Halter** des Kfz; Pfl als Mitfahrer, wenn Fahrer fahruntücht, BGH DAR 60, 79. **Haltestelleninsel,** Annäherg an –, BGH NJW 69, 981, Fahrer darf regelm darauf vertrauen, daß VorR des Verk auf der Fahrbahn beachtet w. **Jugendliche** s Überwachg. Bes Vors bei Annäherg an spielende **Kinder,** Stgt VersR 77, 456; Rücksichten, wenn mit bevorstehdem verkwidr Verhalten gerechnet w kann, BGH VerkMitt 62, 64, so bei Schar kleiner Kinder, wenn schon vorher versucht worden ist, die Straße zu überqueren, Köln MDR 66, 325; falls Warnzeichen nicht mit Gewißh von allen Kindern erkannt, Herabsetzg der Geschwindigk, BGH **LM** § 12 StVO Nr 3; Überholen von Kindern auf Fahrrädern, Düss VerkMitt 65, 93; erhöhte Rücksicht auf Spielstraßen, Brschw NJW 63, 2038, u bei Kindergärten, KG OLGZ 74, 191. **Laternengarage** s „Beleuchtg" u „abgestelltes Kfz". Dch **Lichthupe** dürfen Fußgänger nur gewarnt w, wenn sie eindeut gefährdet sind u die Abs der Warng für sie offensicht ist, BGH Warn 77, 32. **Linienbus** muß zum Ein- u Aussteigen bei Glatteis scharf an die Bordkante fahren, BGH VersR 69, 518. **Martinskorn;** Pfl bei dessen Ertönen, BGH 36, 162; Wegerecht nach § 38 I StVO nur, wenn zus mit blauem Blinklicht betätigt, BayObLG MDR 64, 942. Verhalten des **Mitfahrers** (s auch unter Halter), RG JW 35, 193; Lkw ohne Bremser auf dem Anhänger, RG 147, 402; Pfl des Bremsers, spielende Kinder fernzuhalten, RG 156, 193. **Nasse Straße** s Geschwindigk. **Parken** – Dauerparken vor fremden Grdst nicht verboten, Köln VerkMitt 62, 83. Vermeidb Parken bei Dunkelh auf Fahrbahn verkehrsreicher BundesStr verstößt gg § 1 StVO, BGH NJW 60, 2097. **Probefahrten** des Käufers; Verpflichtg des Verk, BGH **LM** § 823 (Ec) Nr 17. **Radfahrer** (s unter

§ 823 14 2. Buch. 7. Abschnitt. *Thomas*

Radfahrer) vor Kfz, RG **131**, 119; Annäherg an verkehrswidr nebeneinander fahrende –, Hamm DAR **56**, 335. **Rennen** s Geschwindigk. **Rückwärtsfahren** nur, wenn Fahrbahn übersehb, Hamm VRS **8**, 142; Wenden unter Zurücksetz des Kfz in eine Ausfahrt, BGH NJW **57**, 100. **Schleudern**, s auch Geschwindigk. Ursächlichk des Reifenzustands für Unfall muß feststehen, BGH **LM** § 286 ZPO (C) Nr 34. SorgfPfl bei Begegng mit schleuderndem Fahrzeug, Celle VersR **59**, 525. Zum Anscheinsbeweis bei Glatteis, BGH MDR **61**, 133. **Schule,** SorgfPfl bei Annäherg an eine Schule nach Unterrichtsschluß, Brschw DAR **56**, 303. **Schwarzfahrt** des für den Betr der Kfz Angestellten (über diesen Begriff BGH BB **61**, 770) berührt Halterhaftg nach § 7 I StVG nicht (§ 7 III 2); desgl nicht, wenn der, dem der Halter das Kfz überlassen hat, dieses unbefugt einem Dritten zur Benutzg weiter überläßt u dieser sodann Unfall verursacht, BGH **37**, 306; desgl nicht, wenn Fahrer dch den Betr des Kfz einen Menschen vors tötet, BGH **37**, 311; wenn Halter Benutzg des Kfz schuldh ermöglicht, § 7 III, 1. Bei schuldh Verletzg der Halterpflichten darü hinaus Haftg aus § 823, so bei Anstell ungeeigneter Person, wie überh, wenn Halter durch Verletzg seiner VerkSichergsPfl die durch unbefugte Benutzg des Kfz eingetretene Schädigg adäquat verursacht hat, BGH **LM** BB **66**, 102, zB dch ungenügd Aufbewahrg des Schlüssel, BGH VersR **68**, 575, dch Nichtverriegel des Lenkradschlosses; dabei umfaßt die ErsPfl auch Schäd, die der Schwarzfahrer dadch verurs, daß er bei dem Versuch, sich der Festn zu entziehen, mit dem Kfz einen Polizeibeamten bedingt vors verl, BGH NJW **71**, 459. Dem Halter ggü haften die für die Schwarzfahrt Verantwortl als Einh, BGH VersR **71**, 350. – SorgfPfl der Reparaturwerkstatt, mißbräuchl Benutzg des Wagens zu verhindern, RG JW **33**, 826. Vgl auch unter Überlassg. **Seitenabstand** s Abstand, Überholen. **Sommerweg** s unter Ausweichen. Gefährdg von Radfahrern durch **Türöffng** bei haltendem Fahrz, BGH VersR **60**, 1079. **Überholen** s Abstandhalten, Geschwindigk, Viehherde; erhöhte SorgfPfl bei Doppelüberholg, BGH NJW **57**, 502; Beobachtg auch des rückwärt Verk, Hamm VRS **39**, 290, ebso der vorausfahrden Fahrz, Düss MDR **61**, 233; Warnzeichen nur, wenn der zu Überholende gefährdet erscheint, BGH **LM** § 256 ZPO Nr 6; Überholen auf Autobahn, BGH **LM** § 9 StVO Nr 19a, AnscheinsBew für Versch des Überholen, wenn der Nachfolgde kurz nach dem Ausscheren des Überholten auffährt, Kln VersR **78**, 143; Rechtsüberholen, auch auf Autobahnen, im allg nur zur Abwendg einer dringden gegenwärt VerkGefahr, BGH BB **59**, 1010; Ffm BB **61**, 1299; erlaubt jedoch bei Besetzg der linken Fahrbahn durch eine Fahrzeugreihe, BayObLG DAR **64**, 253. **Überlassg** des Kfz (s auch Führerschein, Schwarzfahrt) an zum Fahren ungeeignete Pers, BGH VersR **71**, 350. **Überwachg** des Fahrers allg, BGH Betr **65**, 110, des jugendl Fahrers, RG HRR **32**, 1873. **Übungsfahrt**, s Probefahrt. **Umgehg** einer Unfallstelle. Dem für den Unfall Verantwortl sind nicht die Schäd zuzurechnen, die nachfolgde Kraftf dch Benutzg des Rad- u Fußwegs anrichten, BGH **58**, 162. **Umleitg**: erhöhte SorgfPfl BGH Betr **59**, 1399. **Verkehrshindernis** muß deutl u sachgem gekennzeichnet sein, BGH **LM** § 41 StVO Nr 2. Haftg des Herstellers (Verk) eines **verkehrsunsicheren Kfz**, vgl Anm 16. Gefährl **Verlangsamung** auf der Überholspur wg Motordefekts kann Warng des nachfolgden Verk dch Blinker od Antippen der Bremse erforderl machen, BGH VersR **72**, 1071. Verpfl zum **Verschließen** des Kfz, auch wenn Lenkradverschluß betätigt, BGHSt **17**, 289, BGH VersR **60**, 695 (Steckenlassen des Zündschlüssels), BGH VersR **60**, 736 (unsachgem Aufbewahrg des Zündschlüssels), BGH VersR **61**, 417 (unsachgem Verwahrg des Zünd- u des GaragenSchl). Zum Maß der SorgfAufwendg, um unbefugte Benutzg zu verhindern (§ 14 II StVO), BGH NJW **64**, 404. **Vertrauensgrundsatz** u Entlastg BGH VersR **69**, 738. Begegng mit **Viehherde**, Kblz VersR **55**, 271. **VorfahrtsR** erstreckt sich auf die ganze Fahrbahnbreite u entfällt nicht, wenn der Berecht sich verkwidr verhält; schuldh ist sein verkwidr Verhalten nur bei Mißbr des VorfahrtsR, BGH VersR **77**, 524. Berecht darf auf Beachtg seines Rechtes vertrauen, BGH NJW **61**, 266. Verzicht auf – wirkt nur gg den Verzichteten, BGH VRS **11**, 171; Pfl zur Gewährg der Vorfahrt schließt nicht grdsätzl WartePfl an einer Kreuzg ein; VorfahrtBerecht muß, wenn der andere Teil ihn vorher nicht erkennen konnte u sich auf der Kreuzung befindet, zurückstehen, BGH NJW **57**, 1190; Vorfahrt nach Anhalten an einer Kreuzg, BGH NJW **58**, 259; Vorfahrt der Polizeifahrzeuge u der anderen in §§ 35, 38 StVO genannten Fahrz, BGH NJW **58**, 341, KG MDR **76**, 48. Vorfahrt des Rückwärtsfahrers, BGH **LM** § 1 StVO Nr 23. RichtgsÄnderg anzuzeigen, auch wenn ihrer abknickenden VorfahrtsStr gefolgt w, BGH NJW **44**, 257. Grobfahrl VorfahrtVerl kann BetrGef des VorfahrtBer völlig zurücktreten lassen, BGH VersR **69**, 734. **Warnzeichen** muß richtig gegeben w, BGH **LM** § 12 StVO Nr 2. **Wenden** s Rückwärtsfahren. **Wildwechsel**. SichergsPfl des JagdAusübgsBerecht gg erhöhte Gefahren bei Treib- u Suchjagd, BGH Betr **76**, 720. Nach dem **Zusammenstoß** Sicherg des Verk gg die Gefahren, die von dem auf der Fahrbahn verbliebenen Kfz ausgehen, BGH NJW **61**, 262. **ZuverlässigkFahrt** s Geschwindigk.

Krankenhaus. Pfl des Trägers zu Maßn, die verhindern, daß aufgen Patienten dch and und Kranke od Besucher zu Schad kommen (BGH NJW **76**, 1145, Säuglingsstation). Überprüft techn Geräte, insb von vitaler Bedeutg für den Patienten, auf ihre Funktionstüchtigk vor jedem Einsatz (BGH NJW **78**, 584 für Narkosegerät). Haftg wenn Leitg der Ambulanz einem Assistenzarzt anvertraut ist, RG DR **44**, 287; wenn Leitg fehlt, Stgt NJW **51**, 525; Haftg für Chefarzt u Operationsschwester, BGH **1**, 383; Überwachg des leitenden Arztes, BGH **LM** § 831 (Fc) Nr 1; Universitätsklinik BGH NJW **53**, 778; Leitgs- u AufsPfl des Vorstandes in bezug auf die ärztl AufklärgsPfl (Anm 7 Bf), BGH NJW **63**, 395, Kln NJW **78**, 1690. Vgl auch Einf 2a vor § 611 u § 839 Anm 2 A c. BewFragen vgl Vorbem 8 vor § 249.

Lehrer. Siehe „Schulen" und § 839 Anm 15.

Maschinen u gefährl Anlagen. Duldg von Kindern in der Nähe einer Dreschmaschine RG JW **31**, 2562; an landwirtschaftl Maschine RG HRR **30**, 1319; Gefahr abgestellter LandwirtschMaschinen für spielde Kinder Köln MDR **69**, 140; Rutschbahn RG Recht **24**, 1229; Funkenflug aus Dampflokomobile, deren Funkenfänger unzureichd ist, RG **145**, 374. FernheizUntern RG HRR **36**, 190; VerwahrgsPfl gefährl Ggstände durch Marktschausteller RG HRR **33**, 1181. Benzintankstelle RG JW **39**, 560. Betriebssicherh mindernde Bauweise der Maschine, BGH **LM** (C) Nr 5. Waschmaschine in EtagenWohng (Beaufsichtigg, Wasseraustritt) Düss VersR **75**, 171.

Mieter haftet uU für Schad eines Mitmieters inf Unterlassg zumutb Maßn, BGH NJW **69**, 41 u NJW **72**, 34 (Wasserrohrbruch bei Frost). **Müllkippe** (BrandGef), Hussla VersR **71**, 877; Beseitigg umweltgefährdden Industrieabfalls BGH **63**, 119.

Einzelne Schuldverhältnisse. 25. Titel: Unerlaubte Handlungen § 823 14

Öffentliche Gebäude. Fußbodenglätte im Schlachthof RG HRR **34**, 798; in einer öff Sparkasse, BGH BB **56**, 59; Gerichtsgebäude, Hbg MDR **54**, 354; Postgebäude, BGH BB **54**, 273 (Windfang- u Pendeltüren), Bonn (LG) MDR **53**, 486 (Fußmatte); vgl unter „Beleucht", „Eisenbahn", „Post", „Schulen", „Streupflicht".

Öltank. Strenge Anfdgen an das Personal beim Befüllen, BGH MDR **70**, 752 (Grenzwertgeber od vorher Feststellg der noch im Tank befindl Menge u ständ Anwesenh am Einfüllstutzen), BGH NJW **78**, 1576 (Kontrolle gg Überlaufen). Ähnl beim Befüllen stationären Benzintanks, BGH VersR **73**, 713. Pfl zur Belehrg des Personals über die Gefahren dieser Tätigk u zur Erteilg von Verhaltensmaßregeln, BGH Betr **72**, 234. Über HaftgsProbleme bei ÖlSchäd, die Frage der Haftg des Lieferanten, der MitHaftg des Tankinstallateurs, des TankInh u zur Frage der internen AusglAnspr vgl Appel u Schlarmann VersR **73**, 993.

Patente u Gebrauchsmuster. Vgl auch oben Anm 6d und § 826 Anm 8m. Über Haftg bei ungerechtf Warng vor Patent- u GebrMusterverletzg Anm 6g. **Pferde.** Haftg des Reitstallbesitzers, der schlechtem Reiter schwer zu haltendes Pferd anvertraut RG LZ **14**, 850; Pfl des Eigtümers eines drusekranken Pferdes, Ansteckg anderer Pferde zu vermeiden, RG JW **13**, 94. **Post** ist HohBetr, BGH **16**, 111. Daher Haftg nach postrechtl SpezialG bei Verletzg von DienstLeistgsPfl, sonst AmtsHaftg, vgl § 839 Anm 2 A a dd u c cc, Anm 15 unter „Post". Nur die Haftg wg Verletzg der VerkSichgPfl regelt sich nach § 823, RG **141**, 420; BGH **12**, 94; Köln NJW **55**, 106.

Radfahrer. Beeinträchtigg des Verk durch Nebeneinanderfahren, BayObLG NJW **55**, 1767, § 2 IV StVO; Abstand bei Vorbeifahrt an haltendem Kfz, Karlsr VkBl **56**, 754; hierbei Rücksichtn auf Türöffng, soweit zur Rückschau des Kraftfahrers erforderl, BGH VersR **60**, 1079; Abstand von Benutzern des Gehweges, BGH LM § 1 StVO Nr 17; rechtzeitiges Anzeigen des Wechsels der Fahrtrichtg, auch wenn Warnschild hierauf hinweist, Schlesw VerkMitt **57**, 18; Geschwindigk auf HauptverkStr, Oldbg MDR **57**, 547; über Pfl zum Ausweichen auf das Bankett, BGH NJW **57**, 1400; Beobachtg des rückwärtigen Verkehrs beim Linksinbiegen, BGH NJW **61**, 309; erhöhte RücksNahme auf den übr Verkehr beim Einbiegen vom Radweg auf die Fahrbahn, BGH **LM** (C) Nr 27; Einhalten der äußersten rechten Fahrbahnseite, Hamm VRS **19**, 78.

Rennen. Radrennen RG JW **38**, 2737. SicherhMaßn bei Autorennen, BGH **5**, 318. VerkSicherngsPfl des Veranstalters nach § 823, Amtshaftg der genehmigenden Behörde nach § 839, Art 34 GG, BGH NJW **62**, 1245. Pferderennen Mü OLG **28**, 296; Organisationsfehler bei Straßenrennen, BGH VersR **54**, 596. **Rodelbahn.** RG Gruch **57**, 691; vgl auch bei „Skiläufer". **Rutschasphalt**; vgl unter „KraftverkehrGeschwindigk".

Sachverständiger. Verneing des Schwammes durch Berater eines GrdstVerkäufers unter Verschweigg der kurz zuvor stattgefundenen Schwammarbeiten RG JW **36**, 3310. Leichtfertiges Gutachten (§ 826 Anm 8c bb). Über gerichtl Sachverst u Schiedsgutachter § 839 Anm 8a, d. **Sauna.** Benützer muß mit Fußbodenglätte wg Tropf- u Spritzwassers rechnen, Ffm VersR **73**, 625. **Schiffe.** Vorrichtg zum Schutze der Fahrgäste bei starken Schiffsbeweggen u Anlegemanövern, RG **124**, 49. Haftg von Dampfschiffahrtsgesellsch für Verkehrssicherh des Weges von u zur Anlegestelle, RG **118**, 91; jedoch keine BelehrgsPfl hins des Verhaltens bei An- u Ablegemanövern, BGH VersR **55**, 420. Pfl des Eigtümers einer Motorjacht zur Vertäuung an sicherer Liegestelle, keine Pfl ständ mit ungewöhnl, orkanart Sturm zu rechnen, Hbg VersR **72**, 660. Vgl auch „Wasser- und Seestraßen".

Schulen. RGrd der Haftg ist § 823, sow es um die Sicherg des Obj geht, wie sie jedem Eigtümer eines dem Verk überlassenen Grdst obliegt, § 839 sow es um die Anpassg des Schulgebäudes nebst Anlagen an die bes Zwecke der Schule geht, BGH VersR **69**, 799. Zur BGHRspr über Schulunfälle vgl Weber DRiZ **65**, 121 u Kötz JZ **68**, 285. Haftg für ordngsgem Beschaffenh von Geräten u Einrichtgen, BGH LM § 839 (Fd) Nr 9 (Schutz der Schüler vor gefahrl Platz kann nicht gefordert w), die des Schulhofes RG **102**, 6, für VerkSicherh des Schulgebäudes, BGH LM § 839 (Fd) Nr 9 u BGH MDR **67**, 656 (Glastüre); BGH LM § 839 (Fd) Nr 12a (Glaswände auf Schulhof); der Turngeräte BGH VersR **57**, 201, der Spielgeräte BGH LM § 839 (Fd) Nr 11 (Drehwippe); Drahtglasfenster in der Turnhalle, Oldbg VersR **68**, 655. Bei Verletzg der FürsPfl möglicherw allein Anspr aus Amtshaftg, § 839 Anm 15. Zum AufopfergsAnspr vgl § 903 Anm 4. HaftgsAusschl vgl Einf 2 f.

Schußwaffen. Mangelnde Sorgf bei Aufbewahrg RG JW **37**, 1490. Liegenlassen auf dem Tisch, wo HausAngest arbeitet, RG JW **30**, 920. Vgl ferner „Jagd".

Skiläufer. Über Haftg für Skiunfälle Hummel, Nirk NJW **65**, 525ff, Kleppe, Die Haftg bei Skiunfällen in den Alpenländern (C. H. Beck 1967) u VersR **68**, 127. Der Skiläufer muß kontrolliert fahren, dh angepaßt seinem Können, dem Gelände, der Schneebeschaffenh u dem VorhSein and Pers, BGH **58**, 40. Pfl zur Anlegg von Fangriemen, LG Köln NJW **72**, 639. – Allg zur SorgfPfl beim Abfahrtslauf Mü NJW **66**, 2406, Köln OLGZ **69**, 152. Geschwindigk ist Gefahrenlage anzupassen, Karlsr NJW **59**, 1589; über solche bei geregeltem Abfahrtslauf Mü NJW **66**, 2404. Auf einen SkiUnf zw Deutschen im Ausland sind die Verhaltensregeln des HdlgsOrts, für die Beurteilg außervertragl SchadErsAnspr dtsch Recht, Kln OLGZ **69**, 152, Mü NJW **77**, 502; vgl auch Anh zu Art 12 EG. Ein Verstoß gg die Eigenregeln des Skilaufs od gg die FIS-Regeln begründet idR ein MitVersch des verl Skiläufers. Sorgf ist auch beim Aufstehen nach ZusStoß am Steilhang erforderl (Karlsr VersR **77**, 869). Die VerkSichgPfl des BergbahnUntern h zum Inhalt, daß die Skiläufer auf **Skipisten** keinen überraschden Gefahren begegnen, die von dem Skisport als solchem eigen sind, BGH NJW **73**, 1379 (abl Hepp NJW **73**, 2085). UU neben dem BergbahnUntern haftet ein FremdenVerkVerband, der eine Abfahrsstrecke unterhält u hierzu einen Pistendienst eingerichtet h, Mü NJW **74**, 188. Allg zur VerkSichergsPfl für Skipisten Hummel NJW **74**, 170. Sie erstreckt sich nicht auf Gefahren, die zwangsläuf mit der Abfahrt verbunden sind u von den Skifahrern bewußt in Kauf gen w, BGH Betr **71**, 962. Ebso nicht auf Fußgänger im Auslauf der Skiabfahrt (Mü VersR **77**, 382). **Skischleppliftanlage** fällt unter § 1 RHaftpflG, BGH NJW **60**, 1345.

Soldaten auf Dienstfahrt, BGH VersR **71**, 953.

Gefährl **Spielgerät** vgl unter „Kinder".

§ 823 14

Sport. Schrifttum: Friedrich NJW **66**, 755; Reichert, Grundriß des SportR u des SportHaftgsR, 1968. – W Besucher von SportVeranstaltgen verl, so gelten die allg Regeln der Vertr- u Deliktshaftg, wobei die VerkSichgPfl des Veranstalters von bes Bedeutg sind. Deliktshaftg kommt auch bei Verl Außenstehder in Betr, zB Fußball fliegt in NachbGrdst (RG **138**, 21), Sicherg des Sportplatzes gg Betreten dch unbeaufsicht Kinder (RG HRR **34**, 797). DeliktsHaftg auch außerh v SportVeranstaltgen, zB ZusStoß v Ruder- u Segelboot (KG OLGZ **70**, 32), Anspielen des Gegners beim Tennisspiel (Mü VersR **70**, 958). Grdsl schließt die Teiln an einer sportl Unternehmg SchadErsAnspr gg MitBeteil unter dem GesichtsPkt des Handelns auf eig Gefahr nicht aus. Davon bestehen 2 Ausn: Bei bes gefährl Sportarten wie Autorennen, Boxen, waghals Kletterpartien kann schon in der Beteiligg ein HaftgsAusschl ggü MitBeteil liegen (Hamm NJW **78**, 705). Bei Wettkampfspielen (Fußball) geht BGH **63**, 140 davon aus, daß jeder Teiln diejen Verl, selbst mit schwersten Folgen, in Kauf nimmt, die auch bei regelgerechtem Spiel nach den anerk Regeln der jeweil Sportart nicht zu vermeiden sind. Desh trifft den verl Spieler die BewLast, daß sich der schädigde Mitspieler nicht regelgerecht verhalten h; ebso Bambg NJW **72**, 1820 u VersR **77**, 844; aA Mü NJW **70**, 2297; dem BGH im Erg zust mit Kritik an den Grden Grunsky MDR **75**, 109. Selbst bei einem geringfüg Regelverstoß aus Spieleifer, Unüberleght, techn Versagens, Übermüdg od ähnl Grden neigt BGH NJW **76**, 957 zur HaftgsFreistellg dch Inkaufnahme der Verl. Deutsch VersR **74**, 1045 sucht nicht bei Tatbestd od der RWidrigk (Einwillig, Sozialadäquanz, sportlich Verhalten, Unterwerfg unter die Sportregeln), sond beim Versch (Anfdgen an die SorgfPfl) die Anpassg an die tats Gegebenh zur Vermeidg übermäß Haftg. Ebso Peter VersR **76**, 320, der Einwillig nur bei leichten Regelverstößen bej, iü jede Verl eines Mitspielers für rechtswidr hält. Nicht in jedem Foul ist ein schuldh Verhalten zu sehen (BGH NJW **76**, 2861, Basketball). – Deliktshaftg ferner, wenn es um die Instandhaltg v SportAnl geht, zB Weitsprunggrube auf Trimm-Dich-Pfad (verfestigter Boden, Karlsr VersR **75**, 381). – Vgl auch „Autorennen", „BadeAnst", „Rodelbahn", „Skiläufer".

Sprengung. Pfl des ausführden Untern, sich Gewißh über die örtl Verh zu verschaffen, kein Verlaß auf Pläne od fremde Angaben, BGH VersR **73**, 1069.

Starkstromanlagen. Kletterabwehrschutz an Leitgsmasten, Zweibr NJW **77**, 111. Bei Anstreicherarbeiten dauernde Beaufsichtigg, um Verletzg der Arbeiter zu verhindern, RG JW **36**, 2861. SichersPfl der Gemeinde RG HRR **32**, 444. Herabfall von Leitgsdraht auf fremdes Grdst RG DRZ **25**, 419.

Straßen, Wege, Plätze, Märkte. a) Allgemeines: Vgl über die gesetzl HaftgsGrdlage Anm 8 c. Wer einen Weg dem öff Verkehr übergibt, hat für seinen verkehrssicheren Zustand zu sorgen, BGH LM § 3 StVO Nr 6; auch wenn nur beschr Verkehr, RG JW **31**, 3325, od in einem solchen Fall weitergehender Verkehr eröffnet w, BGH LM (Dc) Nr 7. Pfl, sow dies mit zumutb Mitteln geschehen kann, den Verk möglichst gefahrlos zu gestalten u den VerkTeilnehmer vor unvermeinten Gefahrenstellen zu sichern, nicht nur zu warnen, BGH VersR **68**, 1090 (außergewöhnl Fahrbahnglätte bei nassem Wetter), NJW **66**, 1457, LG Aachen NJW **65**, 1336 (Überwachg der Kanalisationsanlagen unter der Straße in bergschadengefährdeten Gebieten). Nöt ist laufde Überwachg, um sichtb Verändergen u Mängel festzustellen u Maßn zur Aufdeckg wh unsichtb Schäd, sofern deut Anhaltspunkte auf ihr mögl VorhSein hinweisen; dies ist der Fall bei Neueröffng, bei Übern der Unterhaltg einer bestehden Str, nach erhebl Eingr in den StrKörper, nach Wasserrohrbruch, BGH NJW **73**, 277. Die VerkSichgPfl erstreckt sich nicht nur auf die Fahrbahn, sond auch auf den StrKörper (Bankette, SicherhStreifen, Gräben, EntwässergsAnl, Böschgen) BGH **37**, 169 (Steinkreuz in der Böschg), BGH VersR **68**, 72 (Straßenbäume), Karlsr VersR **78**, 573 (grasverdecktes Mäuerchen auf Bankett); ferner auf Fußgänger-, Rad-, BGH MDR **64**, 657 u Wanderweg, hier aber geringere Anfdgen, Nürnb OLGZ **75**, 446. Auch Haftg für Sachschäden (Vieh), Celle NJW **64**, 1230. Wann Straße dem öff Verk übergeben ist, hängt insb von Zushang der Anbauten ab, doch ist völl Bebauung nicht erforderl RG **48**, 297; aber auch SichergsPfl bei nicht bebauten Straßen, wenn sie eine notw benutzte Verbindg zw mehreren Ortsteilen oder Straßen darstellen, RG JW **10**, 618, auf Notbürgersteige bei Neubau, RG Recht **17**, 1662. Geringere Anfdgen bei beschr Verk auf unfert Straße in Neubaugebiet, Saarbr VersR **72**, 207. Das Maß der Sorgf hängt von der Art des Weges, Größe der Ortsch, Verkehrshäufigk u Wichtigk des Weges, BGH LM (Dc) Nr 66 b (Spanndraht an einem Weidezaun), sowie von den bes Verhältn des Ortes ab, Anm 8 a, c u oben unter „Beleuchtung". Zur Sicherg gehören insb: Instandhaltg des Pflasters, BGH MDR **66**, 484 (abgenutztes Pflaster an VerkKnotenPkt), Anbringg von Geländern an gefährl Stellen, BGH LM (Dc) Nr 3, BGH **24**, 124, Beleuchtg, Betreuung, SichergsMaßn bei Straßenarbeiten u plötzl auftretden Schäden (Rohrbruch), BGH VersR **54**, 414, LM § 89 Nr 7, Sielverstopfg, unabgedecktes Gully, BGH LM (Ea) Nr 29, KG VersR **73**, 351, ordsgsem Zustand der mit der Straße verbundenen EntwässergsAnl, BGH VersR **68**, 555, Warnschild vor größeren Wasserpfützen, Düss VersR **69**, 643, Sicherg gg Lawinen u Steinschlag, BGH NJW **53**, 1865 u NJW **68**, 246, Entferng v Trümmern, BGH VersR **55**, 11. Es muß auch mit unvorsicht Wegebenutzern gerechnet w, RG JW **32**, 1039, aber Anfordergen nicht zu überspannen. VerkZeichen Anm 8 c. Geringere Anforderg an VerkSicherh bei Promenaden u Uferstraßen, BGH LM (Ea) Nr 25. Über kleine Gemeinden vgl BGH NJW **60**, 41. Keine Pfl zur Beseitigg von Gefahren, die von AnliegerGrdstücken drohen (TrümmerGrdstücken), BGH NJW **53**, 1865. Bei einem Notweg trifft die VerkSichgPfl den Berecht wg seiner UnterhPfl (vgl § 917 Anm 3 d). Bei **Straßenbauarbeiten** gelten die Grds für auf BauArb (s oben). Dem BauUntern obliegt die VerkSichgPfl im eigentl Baustellenbereich, nicht darühinaus, soweit dort zuläss Fahr- u Fußgängerverk stattfindet. Hins der erforderl VerkSichg iF einer StrSperre kann sich der BauUntern nicht schon dch den Hinw entlasten, die StrBauBeh h die v ihr veranlaßten Maßn für genügd erachtet (BGH VersR **77**, 543). Keine VerkSichgPfl hins offen erkennb, typ FahrErschwergen geringfüg Art, Nürnb VersR **75**, 545. Kein Hinw erforderl auf sichtb Gefahrenquelle in einer nur für BaustellenVerk freigegebenen im Bau befindl Straße, Köln VersR **69**, 619.

b) Einzelfälle: Pfl zur Markierg eines wiederbeginnenden Bürgersteigs, BGH LM (Ea) Nr 36; Sommerweg RG JW **34**, 1645, unkenntl gewordener Zebrastreifen BGH NJW **71**, 1213, Straßengräben Celle

Einzelne Schuldverhältnisse. 25. Titel: Unerlaubte Handlungen § 823 14

NJW **64**, 1230; Tragfähigk eines in die Fahrbahn eingelassenen Schachtdeckels, BGH VersR **67**, 1155; Herausragen eines Schachtdeckels aus dem Fahrbahnniveau, KG OLGZ **76**, 452; Sicherg v Abdeckrosten an od in öff VerkFlächen gg unbefugtes Abheben, BGH **LM**, (Dc) Nr 102; Tragfähigk u verkpoliz Sicherg von Banketten, BGH VersR **69**, 280 u 515, Hinweis auf Nichtbefahrbark, wenn auch geringfüg u vorsicht Mitbenutzg gefährl, BGH **LM** (Ea) Nr 35, Kblz VerR **64**, 1255; auch nur geringe Höhenunterschiede im Gehweg können inf bes Umst (HauptGeschStr, VerkDichte, Ablenkg) Pfl zur Beseitigg der Gefahrenlage begründen, BGH BB **67**, 299; Hinw auf Schlaglöcher, BGH VersR **58**, 604, in die Fahrbahn ragde Baumäste, BGH **LM** (Ea) Nr 16; Baumbestand auf Grdst neben der Str muß nach forstwirtsch Erkenntn gg Windbruch u -wurf in angem ZtAbständen auf KrankhBefall überwacht w, BGH VersR **74**, 88; Vorsorge gg Herabfallen v Ästen, Oldbg VersR **77**, 845; Freihaltg des Luftraums in angem Höhe über der Str im innerstädt Verk, KG VRS **39**, 408; bei gefährl StrBauArb ist Wachtposten erforderl, RG **128**, 150, nachts bei Baustelle inmitten belebter Str Warnlampen, reflektierde Warnbaken, uU Kontrollen, Köln OLGZ **73**, 321; rechtzeit Warng vor langsamfahrden ArbFahrz auf SchnellVerkStr, Schlesw DAR **67**, 324; SichergsMaßn bei plötzl StrSperrg; bei Gefahr der Fahrbahnüberflutg dch Regen, BGH VersR **70**, 545; bei StrAufbrüchen wiederholte Kontrolle der Warnbeleuchtg, BGH VersR **57**, 202; keine Pfl zum zusätzl Hinw bei Änderg einer Vorfahrtsregel im StadtVerk, BGH NJW **70**, 1126; Warnschild bei Straßenverengg, BGH NJW **60**, 239, bei unvorhersehb Straßenbeendigg, BGH MDR **59**, 190, bei Wildwechsel, Stgt DAR **62**, 242, vor Querrinne, BGH VersR **71**, 475, u bei Glatteisbildg BGH NJW **62**, 1767 (ungleichm Beschilderg), sowie bei Sichtbehinderg durch Qualm od Rauch, BGH **LM** § 823 (Ed) Nr 5 (Autobahn); steil abfallder Abhang hinter Autobahnparkplatz, BGH MDR **66**, 661; Absicherg der Begrenzg öff Parkplätze, Karlsr VersR **73**, 355; gefährl Stellen der Parkplatzumrandg, BGH VersR **68**, 399; Aufstellg von VerkPosten bei VerkUmleitg RG DJ **37**, 1124; sorgf Auswahl der UmleitgsStr, BGH NJW **60**, 239; unbewachter Bahnübergang ohne Warnschilder, Warn **33**, 127; VerkGefährdg dch StrVerschmutzg, BGH NJW **62**, 35 (Viehtrieb); dch Überschwemmg bei Schneeschmelze, Kblz VersR **67**, 480. Ausreichde Absperrg bei Viehmärkten, BGH NJW **55**, 1025, von Baustellen BGH NJW **65**, 2104. Absicherg von gelagertem Baumaterial ggü Fußgängern, Stgt VersR **67**, 485. Wer bei Winterglätte u Dunkelh einen Abkürzgsfußweg benutzt, der immer unbeleuchtet bleibt, tut dies auf eig Gefahr, RG JW **35**, 34; Sicherh der Zugänge zum Dampferanlageplatz, RG **118**, 91; Absperrg v Rasenflächen durch Pfosten u Drähte, BGH VersR **56**, 95. Die Gefahr, die von in die Str eingelassenen Schienen ausgeht, ist von jedem VerkTeiln erkennb, daher haftet die Bahn hierfür nicht, BGH VRS **7**, 20. Nur ausnahmsw Anbringg von Schneefanggittern BGH NJW **55**, 300, Mü NJW **65**, 1085 (bejaht im großstädt Verk); fehlt eine Vorschr über die Anbringg von Schneefanggittern, so genügt Aufstellg eines Warnschilds, Stgt VersR **73**, 356. Vgl auch „AufsichtsPfl", „Beleuchtg", „Bauarbeiten", „Rutschasphalt".

Streupflicht, über die neuere Rspr vgl BB **64**, 1452, **66**, 227 u zu Einzelfragen Wiethaup BB **58**, 66, sowie Ketterer-Friedrich, Streupflicht, 2. Aufl, 1957. **aa)** Als **Rechtsgrundlage** für die StreuPfl kommt zunächst die privatrechtl Verantwortlichk durch Verkehrseröffng in Frage; Anm 8. Bei Verletzg der StreuPfl Haftg nach § 823 I, II. Das gilt auch dann, wenn die Verantwortg eine öff-rechtl Körpersch trifft, BGH **27**, 278. Soweit es sich um deren öff Verpflichtg zur polizeimäß Wegereinigg nach den Wegereiniggsgesetzen handelt, haftet die Gemeinde jedoch bei Verletzg dieser Verpflichtg regelm nach AmtshaftsGrdsätzen (§ 839, Art 34 GG), u zwar auch dann, wenn die von ihr geschaffenen personellen u organisatorischen Maßn mangelh sind, BGH **32**, 352, **40**, 379 (nächtl Streudienst); vgl hierzu näher Wussow BB **67**, 353. – Die der Gemeinde als der Wegebaupflichtigen obliegende StreuPfl ist fast überall u fast überw abgewälzt, u zwar entweder aGrd von Observanz od aGrd bes gesetzl Bestimmgen; vgl BGH BB **64**, 60; mit GG vereinb, BVerwG NJW **66**, 170. Gemeinde bleibt jedoch auch in diesen Fällen verpflichtet, die Anlieger zur Erfüllg der StreuPfl anzuhalten; Verletzg dieser Pfl ist AmtsPflVerletzg, BGH NJW **66**, 2311. Andrerseits haften, falls die StreuPfl nicht auf die Anlieger übertr ist, diese dann, wenn sie eine bes Gefahrenquelle geschaffen h, zB dch Freischaufeln eines Gehpfades, BGH Betr **69**, 1599. – Über die StreuPfl der Gemeinden nach den LandesG vgl Wussow BB **67**, 353 u weiter nach Pr WegereinigsG v 1. 7. 12 BGH NJW **66**, 202, 2311, nach *Nieders* StrG v 14. 12. 62 BGH NJW **65**, 201, in *Bay* u die der Anlieger nach OrtsVorschr BayObLG **63**, 240, BGH NJW **67**, 246 (eingeschränkte Abwälzg), Bambg NJW **67**, 1235 (zur „Gehbahn"). In *Hbg* gilt das WegeG v. 4. 4. 61 (§§ 28ff), in *RhPf* das LStrG v. 15. 2. 63 § 17 (BGH NJW **71**, 43), in *SchlH* das v. 6. 7. 62 (§§ 45, 46), in *Ba-Wü* das StraßenG v 20. 3. 64 (§§ 43, 67; vgl Karlsr VersR **69**, 163); in *Berlin* StrG v 9. 6. 64 u *Pr*WegeRG; in *NRW Pr*WegeRG u § 49 I LStrG, Köln MDR **66**, 586 (StreuPfl der Gemeinden auch innerh festgesetzter Ortsdurchfahrten). – Bei Streit über die StreuPfl zw öff Körperschaften hat die Körpersch weiter zu streuen, die bisher gestreut h, bis der Meingsstreit entschieden ist. BGH **31**, 219.

bb) Der **Umfang der Streupflicht** richtet sich räuml u zeitl nach den Umst des EinzFalles, insb zu beurt nach den örtl Verh, Art u Wichtigk des VerkWeges, Stärke des Verk, LeistgsFähigk des StreuPflicht, Zumutbark der einz Maßn, BGH NJW **75**, 444. Daraus ergibt sich im einz: Bürgersteige sind grdsätzl nicht in voller Breite zu bestreuen, es genügt wein, einen Streifen schnee- u eisfrei zu halten, auf dem zwei Fußgänger vorsicht nebeneinand vorbeikommen, also etwa 1 bis 1½ m, auch wenn die GemeindeSatzg mehr vorschreibt (Bamb NJW **75**, 1787); and ausnahmsw dort, wo sich am Rand eine Haltestelle befindet, BGH NJW **67**, 2199; belebte Fußgängerüberwege, BGH VersR **69**, 667; Fahrbahn für Fußgänger bei bes Bedürfn, BGH **LM** (Dc) Nr 18, (Eb) Nr 7; so ist bei Unbenutzbk des Gehwegs ein angrenzder Fahrbahnstreifen von 1 m Breite zu räumen u von 0,5 m zu streuen, BGH VersR **69**, 377. Für den FahrVerk besteht keine allg Pfl, alle Fahrbahnen öff Straßen od von PrivStr des öff Verk zu bestreuen; innerh geschl Ortsch nur an verkwicht u gefährl Stellen, außerh geschl Ortsch nur an bes gefährl Stellen, nicht zur Nachtzeit, BGH NJW **72**, 903 (Ruhrschnellweg); eine bes gefährl Stelle ist dort, wo Anl u Zustand der Str die Bildg von Glatteis derart begünstigen od seine Wirkg in einer Weise erhöhen, daß diese Verh von einem Kraftfahrer trotz der bei Fahren auf winterl Str von ihm zu fordernden erhöhten Sorgf nicht od nicht rechtzeit zu erkennen sind, BGH Betr **73**, 425; erkennb kurze Brücken auf FernStr sind keine bes gefährl Stellen, BGH

NJW **70**, 1682; ebso nicht eine erkennb abschüss Kurve mit rechtzeit erkennb, zur Glatteisbildg neigdem Kopfsteinpflaster (Karlsr VersR **77**, 61). Maß u Umfang richten sich nach den Bedürfn des Verk, der Bebauungsart der Straße, der Ortsüblichk u vor allem auch danach, was dem Pflichtigen zumutb ist, BGH NJW **66**, 202. Grdsätzl strenge Anforderg, BGH **LM** (Eb) Nr 7 (Durchgangs- u HauptVerkStr); BGH NJW **65**, 100 (StreuPfl daselbst ggü allen VerkTeiln, auch Radfahrern). Geringere Anfordergen nur bei Promenaden u verkehrserleichternden Verbindswegen, RG JW **10**, 618; keine StreuPfl auf unbeleuchtetem Abkürzungsweg ab Einbruch der Dunkelh, BGH VRS **25**, 242 u bei unwicht Fußwegen am Ortsrand, BayObLG VersR **67**, 758. Beginn u Ende richten sich, wenn nichts anderes bestimmt ist, nach dem Tages-Verk der Fußgänger; SichergsPfl des nächtl FußgängerVerk besteht im allg nicht, anders uU in Straßen, die auch zu späteren Abendstunden starken FußgängerVerk haben, RG HRR **33**, 1317. Zeitlich: Mit dem Streuen ist erst angem Zeit nach Eintritt der Glätte od Aufhören des Schneefalls zu beginnen, weil bei dichtem Schneefall Streuen u Schneebeseitigg im allg zwecklos sind; dagg muß bei leichten, von längeren Pausen unterbrochenen Schneefällen schon währd des Schneefalles mit groben Streumitteln gestreut werden; im Einzelfall entscheidet Beschaffenh von Schnee u Boden, BGH VersR **55**, 456; Stgt BB **62**, 4. Außergewöhnl GlätteVerh erfordern außergewöhnl Sorgf, uU wiederholtes Streuen, BGH VersR **68**, 1161. Auch nach Einbruch der Dunkelh müssen, wenn FußgängerVerk es erfordert, Gehwege bestreut w; aber auch hier keine Überspann der Anfordergen, LG Tüb BB **54**, 82 (nicht vor 7 Uhr früh).

cc) StreuPfl in ländl Gemeinden richtet sich nach der VerkBedeutg der zu sichernden Straße, Mü VersR **68**, 976; bei kleinen Gemeinden mit langen Wegen nur an VerkMittelpkten, BGH NJW **60**, 41, bei Ortsdurchfahrten, BGH VersR **60**, 853, nicht zur Nachtzeit, BGH **LM** *Pr* WegereinigssG Nr 5; an gefährl Stellen von HauptVerkStraßen bis etwa 20 Uhr, Karlsr VersR **69**, 191. Auf **freien offenen Landstraßen** nur bei bes Gefahrenlage, BGH **45**, 143, **31**, 73 (Brücken bei eintretendem Frost; bes Gefahrenlage bejaht); BGH NJW **63**, 39 (kurvenreiche Strecke im Mittelgebirge mit wechselndem Waldbestand an einem bewaldeten Steilhang bei Nebel; bes Gefahrenlage verneint).

dd) Strenge Anfordergen bei **Übertragg der StreuPfl an Dritte**; ÜberwachsPfl der Gemeinde, die StreuPfl den Anliegern auferlegt hat, vgl oben aa; bei Vernachlässigg der StreuPfl dch den Anlieger ist die Gemeinde zum Streuen iW der ErsVorn nur im Rahmen ihrer Pfl zur Aufrechterhaltg der öff Ordng u Sicherh, also nach ErmGrdsätzen verpfl, BayObLG VersR **67**, 758. Bei Übertr der StreuPfl auf Anlieger haften diese — also auch die Gemeinde selbst als Anlieger — nach § 823, BayObLG **73**, 121. Haftg des Hauseigentümers, der StreuPfl auf Mieter, BGH NJW **52**, 61, Bambg NJW **62**, 1866 od Haus-Verw, BGH VersR **67**, 877 überträgt. Neben sorgf Auswahl der HilfsPers ist gründl Anweisg über Art des Streuens erforderl, BGH BB **57**, 15 (strenge Überwachg); ebso ist bei Beauftragg eines u sorgf Überwachg u Kontrolle erforderl, BGH VersR **75**, 42. — IF der **Übern der Streupflicht dch Dritten** mit poliz Gen (zB § 6 *Pr* WegeRG) haftet dieser dem Geschäd, BGH NJW **70**, 95. Der HausEigtümer (Verm), dem dch Satzg die poliz WegereinigssPfl auferlegt ist, haftet nicht, auch nicht unter dem Gesichtspkt der Verletzg einer AufsPfl, BGH Betr **72**, 1965.

ee) Beweislast. Bew des ersten Anscheins (Anm 13) zG des Verletzten nur, wenn zuvor obj Verletzg der StreuPfl feststeht, BGH BB **64**, 150. Streupflichtiger muß nachweisen, daß er bei Glatteisbildg trotz des niedergehenden Regens durch Streuen nicht entggwirken konnte, BGH VersR **55**, 456.

ff) Einzelfälle. Glatteis vor Kirchen RG **136**, 1; vor Theater, StreuPfl über die übl Streuzeit hinaus, KG JW **37**, 2828; am Brunnen RG JW **32**, 393; auf dem Hof RG HRR **37**, 1222; auf öff Parkplätzen BGH NJW **66**, 202; im Hausinnern RG JW **12**, 194; auf Zugangstreppe RG HRR **30**, 1725 (geringere Anforderungen bei Dorfgastwirt, jedoch entsch auch hier der Einzelfall, BGH VersR **56**, 289); auf Fußgängerüberweg BGH VersR **69**, 667. Straßenreinigg vor RuinenGrdst; bei unbewohnb Grdst ReinigPfl wie bei unbebautem Grdst; hat der innere Verkehr in der Straße überh aufgehört, so entfällt jede Verpflichtg zur Reinigg; im einz sind die örtl Anordngen zu beachten, vgl BB **54**, 82.

Straßenbahn. Im schaffnerl Großraumwagen grdsätzl keine Pfl des Wagenführers, sich zu vergewissern, ob der Fahrgast Platz od Halt gefunden h, BGH MDR **72**, 226; PflVerletzg aber dch Abfahren von Haltestelle, obwohl die elektr Kontrollampe anzeigt, daß Türen noch nicht geschl, BGH **LM** (Ed) Nr 6.

Theater: Bühnengeräte RG Recht **20**, 3051; Verkehrssicherh der Ausgänge RG HRR **28**, 422; Pfl zur Nachprüfg von Treppen- u Läuferzustand in angemessenem Zeiträumen RG JW **38**, 808; Gedränge beim Einlaß Warn **31**, 181.

Über die RStellg des **Treuhänders** für jüdisches Vermögen vgl BGH **LM** § 675 Nr 6 u die 21. Aufl. Der Custodian des G Nr 52 MR wird bestellt von den hierzu berufenen dtsch Dienststellen. Amtshaftg für pflichtwidr Bestellg eines ungeeigneten C, BGH **15**, 142, desgl für ungenügende Überwachg, BGH **17**, 140. C ist nicht Beamter, daher keine Haftg nach § 839 und auch nicht nach Art 34 GG, BGH **LM** Art 34 GG Nr 36, auch nicht nach § 831, Leiß NJW **56**, 405; vgl hierzu auch § 831 Anm 2 C c. Im übr vgl über die Rechtsstellg des Treuhänders u den Umfang seiner VerpflMacht die 25. Aufl.

Umweltschäden, Haftg für — vgl Diederichsen BB **73**, 485; s auch „Industrieabfälle".

Verwalter: siehe Treuhänder.

Warenhaus: Haftg bei Unfällen ggf vertragl (culpa in contrahendo), BGH NJW **62**, 31; Kblz NJW **65**, 2347 (Beaufsichtigg von Kindern der Kunden, Anm v Fichtner NJW **66**, 454). Vgl auch vorstehd unter „Gebäude u Grdst".

Wasser: Die RBeziehgen bei Wasserlieferg regeln sich nach KaufR, auch wenn die Gemeinde die Wasserversorgg kr autonomen Satzg als öff Einrichtg betreibt. Im SchadFall bei Lieferg verunreinigten Wassers folgt die BewLast den Grdsätzen über die Haftg des WarenHerst, BGH **59**, 303; krit dazu Schwabe NJW **73**, 455; vgl Anm 16 D c ff. Verseuchg des Grdwassers Industrieabfälle u Anm 16 D cc.

Wasser- u Seestraßen: Über den Umfang dieser VerkSichgPfl allg BGH BB **66**, 639. Keine Haftg aus § 839 iVm Art 34 GG, BGH **37**, 69. Haftg des Bundes für die VerkSichg auf dem Rhein: nicht nur

Einzelne Schuldverhältnisse. 25. Titel: Unerlaubte Handlungen §823 14, 15

eigentl Fahrrinne u amtl vorgesehene Anker- u Liegeplätze, sond alle befahrb Teile des Strombetts, Köln VersR **68**, 246; jedoch brauchen Hindernisse außerh der ausgebauten Fahrrinne nur gekennzeichnet zu w, BGH **37**, 69. Umfang der VerkSichgPfl bei Prüfg der Fahrrinnentiefe (Rhein) durch Peilrahmen, BGH **LM** (Dc) Nr 66 od (Mosel) Meßschiff, Köln OLG **68**, 397. VerkSichgPfl auch auf Seewasserstraßen, jedoch auch hier keine überspitzten Anforderngen, BGH VersR **56**, 65, Hbg MDR **53**, 431. **Aus der Rechtsprechung:** Haftg für ordngsgem Zustand von Schiffsliege- u -anlegestellen, BGH VersR **61**, 218; Hinw auf Unterwasserböschg an senkrecht eintauchbar Wand im Hafen, Karlsr VersR **72**, 345; Hindernis in Fahrrinne, BGH VersR **56**, 65; turnusmäß Überprüfg der Fahrrinne in Flüssen (Mosel), BGH VersR **69**, 1132; nicht ausreiche Kennzeichng einer Gefahrenstelle, BGH Betr **56**, 743; SchadErs bei Festliegen inf Hindernisses, BGH **55**, 153; Haftg des Staates bei Beschädigg einer Anlegebrücke dch Schiffe inf gefährl Anlage des Hafens, RG **120**, 258; liegengebliebener Anker im Fahrwasser, BGH VersR **72**, 435; Bediengsfehler im SchleusenBetr, BGH **20**, 57; fehlerh Einschleppen in einer Schleuse, BGH **LM** (Ea) Nr 23; jedoch keineVerkSichgPfl, nur so viele Fahrzeuge in die Schleuse einfahren zu lassen, als in ihr Platz finden, BGH **LM** BinnSchStrO Nr 4; ebso nicht für plötzl auftretde Hindernisse, mit denen nicht zu rechnen ist (eines vorher mit Kies bedeckten Blocks in der Kanalsohle einer Schleuseneinfahrt), BGH VersR **68**, 746; BrückenunterhaltsPfl KG JW **33**, 709; Haftg des Staats für Anbringg von Seezeichen, wo erforderl, RG **128**, 353; Losreißen eines ungenügd vertäuten Docks Warn **36**, 76. Haftg des Schiffseigners u -Führers bei Auslaufen brennb Flüssigk, BGH Warn **69** Nr 80; bei Beschädigg einer SchleusenAnl inf niedr Wasserstandes, Hbg Betr **72**, 779. – Sow es sich um die **Verunreinigg von Gewässern** handelt, vgl § 38 WassHaushG v 27. 7. 57; hierzu BayObLG BB **63**, 748, u weiter die Wassergesetze der Länder; zu § 24 *Pr*WasserG BGH **LM** § 823 (Db) Nr 11; zu Art 37 V, 109 II *bay* WasserG (Zuführg von Abwässern) BayObLG **62**, 162. Das G v 17. 8. 60 zur Reinerhaltg der BWasserstraßen ist mit dem GG unvereinb, BVerfG v 16. 11. 62, BGBl 688, NJW **62**, 2244. – Über die **Amtshaftg** für die Verwaltg des **Nord-Ostsee-Kanals** vgl § 839 Anm 15 unter „Nord-Ostsee-Kanal" u „Schleusenmeister". Amtshaftg auch bejaht bei Pflichtverletzg anläßl des Ausbaus eines Wasserlaufs zur Schiffahrtsstraße, Kblz VerkBl **62**, 639 u bei **Hochwasserschutz**, vgl § 839 Anm 15

15) Persönlichkeitsrecht. Literatur: Buschmann, Zur Fortwirkung des PersönlR nach dem Tode, NJW **70**, 2081; v. Caemmerer, Wandlgen des Deliktsrechts, Festschrift zum 100jähr Bestehen des DJT S 49 ff, 102 ff; Der privatrechtl Persönlichkeitsschutz nach dtsch R, Festschrift für v Hippel, 1967, S 27 ff; Ehlers, Der GeldErs für immat Schäd bei delikt Verl des allg PersönlkR, Schriftenreihe der Ufita Heft 51, 1976; v. Gamm, Persönlk- u Ehrenverletzgen dch Massenmedien, 1969; Garstka, Medien- Datenbanken u Datenschutz, JZ **78**, 507; Gola, Das BundesdatenschutzG schafft neue Rechte für den Bürger, MDR **77**, 448; Helle, Der Schutz der Persönlk, der Ehre u des wirtschaftl Rufes im PrivR, 12. Aufl 1969; Hollmann, AuskAnspr des Patienten im DatenschutzR; Hubmann, Das PersönlkR, 2. Aufl 1967; Laufs, Schutz der PersönlichkSphäre u ärztl Heilbehandlg, VersR **72**, 1; Leßmann, PersönlichkSchutz jur Personen, AcP **170**, 266; Meister, Datenschutz u PrivROrdng, BB **76**, 1584; Neumann-Duesberg, Das R auf Anonymität, Juristenjahrbuch 1966/67 S 138 ff; ders, PersönlkR auf Namensanonymität JZ **70**, 564; Nipperdey, Die Würde des Menschen, 1954 u Freie Entfaltg der Persönlk, 1962; Roemer, Zum GrundR der freien Entfaltg der Persönlk, Festschrift zum 100jähr Bestehen des DJT S 45 ff; Schlechtriem, Inhalt u systemat Standort des allg PersönlkR, DRiZ **75**, 65; W. Schmidt, Die bedrohte EntschFreih, JZ **74**, 241 (Problem der Informationsbeschaffg u Datenverarbeitg im Verh zum PerslkSchutz); Scholler, Pers u Öffentlichk, 1967; Schwerdtner, Das PersönlkR in der dtsch ZivROrdng, 1977; Seidel, Persönlichkeitsrechtl Probleme der elektron Speicherg priv Daten, NJW **70**, 1581. Weitnauer, PersönlktSchutz u PresseFreih, Betr **76**, 1413; H. P. Westermann, Das allg PersönlkR nach dem Tode seines Trägers, FamRZ **69**, 561; Wiese, Perslkrechtl Grenzen sozpsycholog Experimente, Festschr für Duden, 1977 S 719.

A) Begriff. Das PersönlkR ist aufzufassen als einheitl, umfassdes subj R (v. Gierke DtschPrivR I S 703) auf Achtg u Entfaltg der Persönlk, BGH **13**, 334, wobei es sich um ein sog QuellR für einzelne konkretisierte Gestaltgen, BGH **24**, 72 [78]. Früher wurde nur der Schutz einzelner des PersönlR (zB § 12, § 22 KUrhG) u Güter (zB § 823 I) u allenf ihre analoge Weiterentwicklg angenommen, die erst in ihrer Summe einen allg PersönlkSchutz ergeben, Larenz NJW **55**, 521, Enn-Lehmann 15. Aufl SchuldR § 233 I 3.

B) Grundlage und Gegenstand. In der Rspr h der BGH seit **13**, 334 u die hM aus Art 1, 2 GG ein allg PersönlR abgeleitet u ihm (in verfkonformer Anwendg u Auslegg der Generalklauseln (BVerfG **7**, 198, Stein NJW **64**, 1745) den Schutz der abs Rechte zuerkannt, soweit dies nicht durch spezielle Normen der gebotene Schutz gewährt w. – Ggst ist das R des einzelnen auf Achtg seiner individuellen Persönlk ggü dem Staat u im priv RVerk, BGH **24**, 72 [76], **27**, 284. Der Schutz umfaßt die Persönlk in doppelter Hins (vgl Begründg der RefEntw zum G zur Änderg u Ergänzg schadrechtl Vorschr S 59): einmal in stat Sicht in ihrem R, in Ruhe gelassen zu w, zB BGH MDR **65**, 371, zum and in dynam Sicht in ihrem R auf freie EntfaltgsMögl u aktive Entschließgs- u HandlgsFreih, zB BGH **26**, 349. Im einzelnen lassen sich daraus mit Hbg NJW **67**, 2314 drei geschützte PersönlkSphären präzisieren: **a)** Die **Individualsphäre** bewahrt die pers Eigenart des Menschen in seinen Beziehgen zur Umwelt, insb in seinem öff u berufl Wirken. **b)** Die **Privatsphäre** umfaßt das Leben im häusl u Familienkreis u das sonst PrivLeben. **c)** Die **Intimsphäre** umfaßt die innere Gedanken- u Gefühlswelt mit ihren äußeren Erscheinungsformen wie vertraul Briefen, Tagebuchaufzeichnungen sowie die Angelegenh, für die ihrer Natur nach Anspr auf Geheimhaltg besteht, zB GesundhZustand (BGH Ufita **52**, 208). Hinzu kommen **d) die speziellen gesetzl Regelgen,** näml das NamensR § 12, das R am eig Bild §§ 22 ff KUrhG, das UrhR nach UrhRG, das BundesdatenschutzG v. 27. 1. 77 (BGBl 201). Es schützt, sow nicht spezielle G vorgehen (§ 45), persbezogene Daten, die in Dateien gespeichert, verändert, gelöscht od aus Dateien übermittelt w v Beh od sonst öff Stellen, ferner v natürl od jur Pers, Gesellsch od PersVereiniggen unterschiedl, ob für eig od geschäftsm für fremde Zwecke, gg Verarbeitg ohne gesetzl Erlaubn od Einwilligg des Betroffenen (§§ 1–3, 22, 31). Dieser h in Bezug auf die zu seiner Pers gespeicherten Daten ein R auf Ausk, Berichtigg iF der Unrichtigk, Sperrg u Löschg unter den Voraussetzgen der §§ 4, 13, 14, 26, 27, 34, 35 BDSG. **e) Nach dem Tode** erleidet der

§ 823 15 C, D 2. Buch. 7. Abschnitt. *Thomas*

Schutz des PersönlkR zwar eine Einschränkg, die sich aus der Nichtmehr-Existenz einer handelnden Pers ergibt, der Schutz des Lebensbildes gg grob ehrverletzde Entstellgen besteht aber weiter, BGH **50**, 133, (Mephisto), abl Buschmann NJW **70**, 2081, S c h w e r d t n e r (vgl Literatur zu Beginn dieser Anm) S 110 ff, zust Neumann-Duesberg JZ **68**, 703. Nach BVerfG NJW **71**, 1645 erlischt zwar das PerslkR mit dem Tode u endet damit der Schutz aus Art 2 I GG, das Andenken bleibt aber dch Art 1 I GG geschützt. Zumind h die Angehör – fragl, ob nur in einer best Reihenfolge, vgl Bückeburg MDR **77**, 667 – einen Unterlassgs- od Widerrufs-, aber keinen SchmerzGAnspr, BGH NJW **74**, 1371. Ebso genießen die Integrität des Leichnams u das BestR der Angehör darü Schutz. Sektion der Leiche od ein and Eingr, zB OrganEntn zwecks Transplantation sind ohne Einwilligg des Verstorbenen od seiner nächsten Angehör rwidr. Sehr zweifelh ist, ob neben der Einwilligg od subsidiär Notstand des Arztes als RFertiggsGrd anzuerk ist. Zur ganzen Problematik LG Bonn JZ **71**, 56, zust Deutsch VersR **70**, 715, krit Roesch VersR **70**, 1084, Geilen JZ **71**, 41, zufassd Laufs VersR **72**, 1 [6], Samson NJW **74**, 2030. Die analoge Anwendg des § 847 ist auch auf derart RVerletzgen abzulehnen, sie würde eine bedenkl Kommerzialisierg der erteilten od verweigerten Einwilligg Vorschub leisten. **f)** Auch die **jurist Person** genießt PersönlkSchutz, allerd nur in einem Umfang, der dch ihr Wesen als Zweckschöpfg des Rechts u die ihr zugewiesenen Funktionen beschr w, also jedenf für ihren TätigkBereich als ArbGeberin u WirtschUnternehmen (BGH NJW **75**, 1882; i Erg zustimmd Hubmann JZ **75**, 639); weitergehd berücks Bambg BB **77**, 1417 auch die polit Töng des konkr Sachverhalts u die Art der angegriffenen Interessen. Ebso genießt **Handels-Gesellsch** Schutz für ihren GesellschZweck (Stgt NJW **76**, 628).

C) Die **Verletzgshandlg** liegt in einer **Beeinträchtigg** einer der drei vorgenannten Sphären, also in einem **Eingriff** zum Nachteil des Verl, der nicht notw auch vermrechtl Art sein muß. Die VerlHdlg kann mittelb auch in einer Information der Presse liegen. Stellt sich eine PresseBerichtErstattg nach den Grds unten D als Verl des PersönlkR dar, so beruht die Haftg des Informanten auf der Erwägg, daß er dch seine InformationsErteilg, meist als mittelb Täter od Anstifter, die VerlHdlg veranlaßt h. Er haftet dann für solche von ihm gesetzte Bdgen, die nach den damals bekannten Umst der obj Möglichk des eingetretenen Erfolges nicht unerhebl erhöht h, BGH NJW **73**, 1460. Die Angabe des richt Namens in einem Bericht über einen öff Vorgang (RAnsicht des Verteidigers im StrafProz) fällt nicht unter § 12, sond ist unter dem Gesichtspkt des allg PersönlkR analog §§ 22, 23 KUrhG zu beurteilen, Neumann-Duesberg JZ **70**, 564. Dch eine Verl des PersönlkR der Ehefr bzw mj Abkömmlinge wird das PersönlkR des Mann bzw ErziehgsBer nur unter bes Umst verl, näml dann, wenn dadch zugl sein eig PersönlkBild mit der Vorstellg eines Minderwertes belastet od der Vorwurf einer Vernachlässigg der ErziehgsPfl erhoben w, BGH NJW **69**, 1110. **Beispiele: a) Verletzg bejaht:** Veröffentlichg eines Briefes od priv Aufzeichungen mit Änderungen u Auslassgen BGH **13**, 334, von Tagebüchern BGH **15**, 249; Herstellg von Fotografien eines Brautpaares bei der Hochzeitsfeier ohne Einwilligg dch gewerbsmäß Fotografen, Hamm GRUR **71**, 84; BildVeröffentlichg für geschäftl Zwecke, insb für Werbezwecke BGH NJW **71**, 698; namentl Nenng einer Pers im ZusHang mit Werbg BGH **30**, 7 u **35**, 363; namentl Nenng eines RA als SpezialAnw für best RMaterie in einer Zeitschr ohne dessen Einverständn, Hbg GRUR **71**, 325; Fortsetzg individuell gestalteter Briefwerbg gg der Widerspr des Empf kann das PersönlkR verletzen, BGH NJW **73**, 1119; unzuläss VerkWerbg mit Abbildg eines fremden Grdst, BGH NJW **71**, 1359; Veröffentlg einer ohne Wissen gemachten BildAufn, BGH **24**, 200; Verwendg eines Lügendetektors BGHSt **5**, 332; heiml TonbandAufn BGH **27**, 284; Überwachg des Ehepartners dch einen heiml in die Wohng eingeführten Dritten BGH NJW **70**, 1848; EhrVerletzg dch negativ entstellden Pressebericht BGH **31**, 308, dch verzerrte Reportage BGH **39**, 124, dch polit Informationsschrift BGH Warn **65**, 207; Eingr in Therapie u AnsehensSchädigg des Arztes dch Kritik des Apothekers an der Medikamentierg, Celle OLGZ **78**, 74; Veröff von ScheidgsAbs, selbst wenn sie tats bestehen, Hbg NJW **70**, 1325 (s auch D e); Zuschiebg eines fremden Werks an einen angesehenen Autor KG Ufita **48**, 274. Nicht genehmigte Organtransplantation von einem Verstorbenen, LG Bonn JZ **71**, 56; vgl auch oben B e u § 1922 Anm 3 d. **b) Verletzg verneint:** Vorwürfe gg angebl Mißstände bei DLeistgen ggü denjenen Stellen, die zur Beseitigg solcher Mißstände berufen sind, BGH WPM **78**, 62; zutr Bericht über gewerbl Waffenhandel BGH **36**, 77; Mitteil von Krankenpapieren BGH **24**, 72; aA Laufs NJW **75**, 1433 (auch Weiterg unter Ärzten bei PraxisVeräußerg od -Nachf ohne Zust des Patienten verletzt dessen PersönlkR); keine Beeinträchtig des HausEigtümers dch Bekanntg der Wohng einer Prostituierten im Film, BGH NJW **60**, 1614; FilmAufn einer Pers in ihrer gegenwärt Umwelt, deren Verhalten im natsoz Staat Anlaß zu Kritik gab, BGH NJW **66**, 2353; fälschl Zuschreibg eines Ausspr an einen Politiker, wenn sie dessen PerslkBild entspricht (Stgt JZ **77**, 684), eine iErg wohl richt, aber in der Begr zweifelh Entsch (Rasehorn aaO 672). Namensnenng einer Bank, aber grdsätzl nicht des schuld Direktors bei Bericht über Kreditschwindel, Stgt NJW **67**, 1422; psycholog EigngsUntersuchg, BAG MDR **64**, 535, BVerwG NJW **64**, 607; Namensnenng eines vermißten Soldaten auf Gedenktafel, BGH Ufita **51**, 291; bloßes Auslegen pornograph Schriften in einer BuchHandlg, BGH **64**, 178.

D) Widerrechtlichkeit des Eingriffs ist Voraussetzg für jeden Abwehr- u ErsAnspr. Sie kann ausgeschlossen sein dch eine allg RFertiggsGrd (vgl Anm 7 B), insb Einwillg des Verl. Für die kommerzielle Verwertg v NacktAufn einer 16-jähr ist deren eig Einwilligg erforderl (offengelassen BGH NJW **74**, 1947). Im übr gilt hier nicht der Grds, daß die TatbestdMäßk die RWidrk indiziert, BGH **24**, 72, **36**, 77, **45**, 296 [307]. Die Feststellg, daß jemand in seinem Persönlk verl ist, reicht also für sich nicht aus, um die RWidrk zu bejahen. Nöt ist vielm in jedem Einzelfall unter sorgs Würdigg aller Umst abzugrenzen, ob der Eingr befugt war od nicht. Dies gilt auch iF priv Mitteilg einer Vorstrafe, die nach § 49 BZRG tilggsreif ist (Ffm NJW **76**, 1410). Maßg für diese **Abgrenzg** ist das Prinzip der **Güter- u Interessenabwägg**. Dabei muß die soz od pers Nützlichk der gefährdden Hdlg zur Wahrscheinlichk u Größe der erwarteten Nachteile in Bez gesetzt w (BGH NJW **78**, 2151). Widerrechtl ist der Eingr, wenn diese Abwägg zum Nachteil des Angreifenden ausgeht, BGH **24**, 72 (Offenbarg von Krankenpapieren), NJW **59**, 525 (Andenken Vermißter). Bei der **Abwägg** sind vornehml folgde **Umstände zu berücksichtigen:**
    a) Auf seiten des Verletzten: α) In **welche Sphäre** seiner Persönlk (vgl oben B) eingegriffen wurde. Dabei genießt die Intimsphäre den strengsten Schutz. Sie ist einer öff Darstellg idR ganz verschlossen,

Einzelne Schuldverhältnisse. 25. Titel: Unerlaubte Handlungen § 823 15 D

Hbg NJW **67**, 2314. Auch die PrivSphäre darf nicht ohne zwingden Grd verl w, BGH NJW **65**, 685, **LM** § 826 (Gb) Nr 3. Ein Eingr in sie kann befugt sein, wenn die wahrhgem Aufklärg über Vorgänge aus dem priv Lebensbereich einer Pers aus bes Grden für die Allgh von Bedeutg ist, BGH NJW **64**, 1471, zB für Schlüsse auf ihre Eigng für ihre Stellg im öff Leben. Keinen so weitgehden Schutz genießt die Individualsphäre, insb die Betätigg im öff, speziell im polit Leben, BVerfG **7**, 198, BGH **45**, 296. β) **Die Schwere des Eingriffs** u seiner Folgen, BGH NJW **66**, 647, vor allem für Ers des immat Schad (vgl unten F). γ) Das **eig Verhalten des Verletzten**, das dem Eingr vorausgeht. So muß jemand, der in Fragen der polit Haltg eine gezielte Einflußn versucht, das Risiko öff Kritik in scharfer Form auf sich nehmen, BGH **31**, 308 [314]; wer im polit MeingsKampf auftritt, muß scharfe, abwertde Kritik seiner Ziele u Polemik gg seine Pers hinnehmen, BVerfG NJW **61**, 819, BGH NJW **65**, 1476, insb wenn sie ein adäquates Mittel zur Abwehr eines beabsicht grdrechtsgefährdden Verhaltens ist, BVerfG NJW **69**, 227; wer im geist Meingskampf schwerwiegde Vorwürfe erhebt od sonst herausfordert, muß sich gefallen lassen, daß scharf u drast zurückgeschlagen w, BGH **45**, 296 [309].

b) **Auf seiten des Schädigers:** α) Auch hier spielen die verl **PersönlkSphäre**, die Schwere des Eingr u das vorangegangene Verhalten des Verl eine Rolle. β) Ausschlaggeb ist das Motiv u der **Zweck des Eingriffs.** Es muß ein vertretb Verh bestehen zw dem erstrebten Zweck u der Beeinträchtigg des Betroffenen überh, BGH **31**, 308 [313], **36**, 77 [82]. Insb können die Verfolgg öff Interessen, die Aufklärg der Allgh, die Diskussion von Fragen des Gemeinwohls, die geist od polit AuseinandS, das **Recht zur freien MeingsÄußerg** u ihrer DchSetzg (BGH NJW **71**, 1655) u zur Kritik sowie die Freih der Kunst (Art 5 GG) eine Beeinträchtigg des PersönlkR rechtf. Das gilt insb für Presse, Rundfunk, Fernsehen, Film. Dabei genießt grdsätzl keiner der beiden VerfWerte Vorrang vor dem and, vielm ist im EinzFall die Intensität des Eingr in den PersönlkBereich abzuwägen gg das Informationsinteresse der Öffentlk, BVerfG NJW **73**, 1226. Dafür gilt der Grds der Verhältnismäßigk, dh die dem einen Schutzbereich abverlangten Einschränkgen müssen noch in angem Verh zu dem Gewinn an Wertverwirklichg für den and Bereich stehen (BGH NJW **78**, 1797). Dabei geht im Rahmen von krit WertUrt das R in Art 5 I GG auf Äußerg der eigenen, nicht der nach Meing des Ger richtigen Meing, auch wenn es sich um Außenseiter Meingen handelt, BGH **45**, 296 [306]. Bei krit WertUrt ist eine Angabe tats BezugsPkte nicht erforderl, BGH NJW **74**, 1762, selbst wenn sie im polit MeingsKampf ehrverletzd wird (BVerfG NJW **76**, 1680). Die subj Meing darf gerade in StrPkten des allg Interesses wirks, dh hart u scharf geäußert w, bes nach vorausgegangener Herausfdg, BGH Betr **71**, 1471. Unwahre TatsBehauptgen genießen keinen Schutz, BGH Betr **74**, 1429. Zitate des Kritisierten müssen den BezugsZushang berücks u richt wiedergegeben w; das beurt sich nach dem Verständn des DurchschnHörers od -Lesers (BGH NJW **78**, 1797). Str ist, ob alle PresseVeröffentlichgen unter den Schutz des Art 5 I GG stehen od nur dann, wenn die Presse eine öff Aufgabe erf. Für umfassden Schutz Arndt NJW **63**, 193 (gg Schneider, Presse- u Meingsfreih nach dem GG, 1962); ebso Groß NJW **63**, 893; Grenze der Pressefreih allein Art 18 GG. Für die zutr GgMeing vgl Erdsiek NJW **62**, 622 (öff Aufgabe der Presse allein die Information, Meingsbildg u Kritik, nicht jedoch die Unterhaltg), Schneider aaO u NJW **63**, 665 (PresseFreih nur um der öff Aufgabe der Presse willen), Hbg NJW **70**, 1325: nur bei hervorragder Stellg der Beteil im öff Leben kann ausnahmsw ein berecht Interesse der Öffentlich an der Unterrichtg über Angelegenh der Priv- u FamSphäre (zB bestehde ScheidgsAbs) bej w. Auch BGHSt NJW **63**, 667 hält Einschränkg für geboten: „Berichte u Kommentare, denen es auf Skandal u Sensation ankommt, liegen von vornherein außerh des Bereichs der öff Aufgaben, um derentwillen die Presse als Einrichtg den bes Schutz der Verfassg genießt . . .". Ähnl einschränkd BGH **39**, 124 u BGH NJW **77**, 1288: Rein gewerbl Interesse an der Verbreitg von Sensationsnachrichten („Knüller") rechtf niemals eine PersönlkRVerletzg. Einen Verdacht auf ehrenrühr Vorgänge darf die Presse nur veröff, wenn sie dch ihr mögl Ermittlgen die Gefahr, über die Betroffenen etwas Falsches zu verbreiten, nach Kräften ausgeschaltet u wenn sie einen Mindestbestand an BewTats zugetragen h, die für den Wahrh-Geh ihrer Information sprechen. Vgl eingeh über Pressefreih in der Rspr Erdsiek, Festschrift für Nipperdey 1965 I, 257 u Löffler NJW **65**, 942 (Presse, Rundfunk) u zum Ehrenschutz im polit Kampf Uhlitz NJW **67**, 129. Bei Berichtstatt über aktuelle Straftaten geht das allg Informationsinteresse dem PersönlkSchutz idR vor, jedoch ist bei späterer Berichterstattg nicht eine Gefährdg der Resozialisierg rwidr, BVerfG NJW **73**, 1226. Das Interesse der Allgemeinh an histor Aufklärg u Belehrg, ferner an der Aufklärg u künft Verhinderg v Verbrechen kann rechtfertigder Grd z Darstellg v Hdlgen, Namensangabe u Bild-Veröff, auch in unterhalts Form im Fernsehen sein, Mü NJW **70**, 1745, Ffm NJW **71**, 47, Neumann-Duesberg JZ **71**, 305. Dabei dürfen währd des ErmittlgsVerf Angaben über Namen u Pers des Verdächt aber nur unter einschränkden Voraussetzgn gemacht w, Brschw NJW **75**, 651. Vgl auch § 839 Anm 15 „Fernsehanstalt". Das Opfer einer Straftat h grdsätzl Anspr darauf, daß das an ihm begangene Verbrechen nach Berichtstatt in der Presse über das abgeschl GerVerf nicht auch noch zum Ggst eines Fernsehfilms gemacht w, Hbg NJW **75**, 649. – Die **Freiheit der Kunst** (Art 5 III 1 GG) unterliegt nicht den Schranken des Art 2 I Halbs 2 GG, ist aber nicht schrankenl auszuüb, BVerwG NJW **72**, 596 (598 unter Nr 4), sond der in Art 1 I GG garantierten Würde des Menschen eingeordnet. Bei Lösg der SpanngsLage zw PerslkSchutz u R auf KunstFreih ist abzustellen auf die Wirkg des KunstWks im Sozialbereich u auf kunstspezif Gesichts-Pkte. Dabei ist zu beachten, ob u inwieweit das „Abbild" ggü dem „Urbild" dch die künstler Gestaltg des Stoffes u seine Ein- u Unterordng in den Gesamtorganismus des KunstWks so verselbständ-erscheint, daß das Individuelle, PersIntime zG des Allg, Zeichenhaften, der „Figur" objektiviert ist. Ergibt eine solche Betrachtg, daß der Künstler ein „Porträt" des „Urbilds" gezeichnet h od gar zeichnen wollte, kommt es auf das Ausmaß der künstler Verfremdg od den Umfang u die Bedeutg der „Verfälschg" für den Ruf des Betroffenen od dessen Andenken an, BVerfG NJW **71**, 1645 (Mephisto). Eine grdlegde negat Entstellg dch freie Zutaten, ohne daß dies als satir od sonst Übertreibg erkennb ist, ist auch in einem KunstWk rwidr, BGH **50**, 133 mit Anm Neumann-Duesberg JZ **68**, 703; zufassd Meyer-Cording JZ **76**, 737. Die Dokumentation bewegt sich mit TatsBehauptgen auf der Ebene der realen Wirklichk. Der Inhalt als MeingsÄußerg genießt nicht den Schutz des Art 5 III GG. Dieser Schutz erstreckt sich nur auf die Form als solche (Stgt NJW **76**, 628, Dokumentarsatire). – Wg des GrdR auf **rechtl Gehör** (Art 103 I GG) ist die Aufstellg ehrverl Behauptgen zur RVerfolgg od RVerteidigg innerh eines gerichtl Verf, einer StrafAnz, eines Verf vor der RA-Kammer grdsl nicht rechtsw, ohne daß es auf den Nachw der Unwahrh ankommt; ebso Vorbringen eines Beteil in einem VerwVerf, wenn es sachl Grdlage für diese Verf geeignet ist; vgl Einf 8 b bb vor § 823; dort auch Äußergn im engsten Familienkreis od ggü eig RA. γ) Die **Art u Weise des Eingriffs**. Es muß ein vertretb Verh bestehen zw dem erstrebten Zweck sowie Form, Art u Ausmaß des Angriffs. Letztere müssen geeignet u angem sein zur Erreichg des Zwecks. Dabei gewährt Art 5 GG im Rahmen des geist Meingskampfes u freier Diskussion bei wertden Urt über Fragen von allg Bedeutg auch hinsichtl der Art u Form der Äußerg große Freih, BGH **45**, 296 [308], die abwertde Kritik darf, solange sie sachbezogen ist, scharf, schongslos, ausfäll sein. Es darf aber keine Schmähkritik sein, die auf vors Ehrenkränkg hinausgeht, BGH NJW **74**, 1762. Sie genießt, ohne daß es auf Güter- u InteressenAbwägg ankommt, keinen RSchutz, BGH NJW **77**, 626. Schließl ist bei Verbreitg ehrenrühr TatsBehauptgen in Art u Form des Angriffs große Zurückhaltg geboten.

c) Beispiele: Rechtswidrigkeit bejaht: BGH NJW **65**, 685 (erdichtetes Interview), BGH NJW **65**, 1375 (BildVeröffentlichg einer nicht im öff Leben stehden Pers), BGH VersR **74**, 756 u 758 (Bild-Veröffentlichg der Eltern bei Bericht über rauschgiftsücht Sohn), BGH NJW **66**, 648 (ehrenkränkde Behauptg zweifelh Tats über Reichstag-Brandstiftg), BGH NJW **70**, 1848 (heiml Einführg eines Dritten in die ehel Wohng für späteres Zeugn im ScheidgsProz), BVerfG NJW **73**, 891, BGH **50**, 133 (Abspielen heiml TonbandAufn, wenn nicht überwiegde Interessen der Allgemeinh dies zwingd gebieten), LAG Fbg NJW **76**, 310, zustimmd Bepler NJW **76**, 1872 (Einholg graphlog Gutachtens ohne Einwilligg des Arb-Nehmers), BVerfG NJW **71**, 1645 (Entstellg des Lebensbildes Verstorbener); BVerfG NJW **73**, 1226 (Gefährdg der Resozialisierg dch Bericht über Straftat – Lebachfall); BVerfG NJW **75**, 1882 (Aufführg eines Theaterstücks, das den Ruf einer AG beeinträchtigt); BGH WPM **77**, 653 (Bezeichng eines ArbGebers als Halsabschneider in GewerkschZeitg); PerslkRVerletzg des Beamten dch Ausk aus Personalakten vgl § 839 Anm 5 A. – **Rechtswidrigk verneint:** BVerfG **7**, 198 („Lüth"), BGH NJW **64**, 29 („Blinkfüer" Boykottaufruf aus polit Grden), aufgeh BVerfG NJW **69**, 1161 (Boykottaufruf, der vornehml mit wirtsch Machtmitteln dchgesetzt w soll, ist nicht dch Art 5 I GG gedeckt; zust Kübler u Simitis JZ **69**, 445, BGH **45**, 296 („Höllenfeuer"), Köln NJW **65**, 2345 (Boykottaufruf aus eth Grden); Stgt GRUR **75**, 505 („Piz Buin", Boykottaufruf, der nicht mit wirtsch Machtmitteln dchgesetzt w soll); Mü NJW **70**, 1745, Ffm NJW **71**, 47 (Namensnenng u BildVeröff im Fernsehen im Rahmen der Verbrechensermittlg; vgl auch § 839 Anm 15 Fernsehanstalt); wahrheitsgem Bericht über wirtsch Mißstände mit Namensnenng u BildVeröff best GewTreibder, Hbg MDR **72**, 1038; BGH MDR **72**, 227 (massive Kritik eines Gters an der GeschFg bei gesellschinterner Auseinandersetzg); BGH WPM **78**, 62 (gewerbeschädigde berecht Kritik an DLeistgen); Kblz NJW **73**, 251 (Dokumentarspiel über den Soldatenmord von Lebach mit Bild u Namensnenng des abgeurteilten Gehilfen, dazu BVerfG NJW **73**, 747 u Neumann-Duesberg JZ **73**, 261; Karlsr Just **74**, 223 (Bezeichnung eines noch nicht rkräft Verurteilten als Massenmörder u Lustmörder). Priv Mitteilg einer Vorstrafe trotz VerwertgsVerbots in § 49 BZRG (Ffm NJW **76**, 1410).

E) Verschulden. Den Erfordern des PersönlkSchutzes muß die nöt Beachtg geschenkt w, BGH NJW **65**, 685. Insb ist eine sorgfält Abwägg iS oben Anm D vorzunehmen. Für alle Publikationsmittel, auch Verlage besteht die Verpfl, einen ges Vertr od ein Sonderorgan (§§ 30, 31) mit der Aufg zu betrauen, krit Beiträge unter dem Gesichtspkt der RSchutzes Dritter zu prüfen, BGH **39**, 124, 130. Das gilt in Ausn-Fällen auch für den Inhalt einer die RGüter Dr gefährdden unricht Anzeige im AnnoncenTl, BGH **72**, 1658. Haftg auch nach § 831. Vgl hierzu Neumann-Duesberg NJW **66**, 642 u Anm 11. Der verantwortl Redakteur kann bei PerslkRVerl auch dann haften, wenn er keine Kenntn v dem Artikel hatte, aber die ihm v Verleger auferlegte Inhaltskontrolle pflwidr unterlassen hat (BGH NJW **77**, 626). Es stellt grdsätzl keine Verl journalist SorgfPfl dar, wenn sich der Journalist bei seiner Berichterstattg auf PresseMitteilgen verläßt, Brschw NJW **75**, 651.

F) Ansprüche des Verletzten. Für die Entsch ist der ZivRWeg auch bei Kl gg öffrechtl Anst gegeben (BGH **66**, 182; für Kl auf Unterlassg u Widerruf aA (VerwRWeg), Bettermann NJW **77**, 513). Die rwidr Verletzg der PersönlkR gibt Anspr auf Unterlassg (Einf 8), auf Beseitigg (Widerruf, Berichtigg, Ergänzg, Einf 9) u auf GgDarstellg (Einf 10); wg spezieller Anspr auf BDSG vgl vorst ehd Anm B d. Sie sind vermögtrechtl Natur nur ausnahmsw dann, wenn das RSchutzBegehren in wesentl Weise auch der Wahrg wirtsch Belange – über eine ReflexWirkg hinaus – dienen soll, BGH NJW **74**, 1470. Verj vgl § 852 Anm 2 a. Die rwidr schuldh Verletzg gibt Anspr auf SchadErs (Anm 12). Die mit dem GG vereinb (BVerfG NJW **73**, 1221) Rspr (BGH **26**, 349; **39**, 124; BFH **AP** § 847 Nr 3) gibt auch Anspr auf **Ersatz des immateriellen Schadens** i Geld unter zwei einschränkden Voraussetzgen (BGH NJW **71**, 689): Es muß sich um eine schwere Verletzg des PerslkR handeln u Genugtuung dch Unterl, GgDarstellg od Widerruf darf nach Art der Verletzg auf and Weise nicht zu erreichen sein. Gg solche Subsidiarität des SchmerzGAnspr Schwerdtner (vgl Literatur zu Beginn dieser Anm), der den Anspr, frei v GenugtuungsFunktion, nur bei potentiellem VermSchad gewähren will. Ob der Eingr derart schwer ist, daß dem Betroffenen, dessen nichtvermrechtl Einbuße auf and Weise nicht ausgleichb ist, gerechterw eine Genugtuung in Geld für erlittene Unbill zuzusprechen ist, ist nach den Umst des Einzelfalles zu beurteilen; dabei kommt es insb auf den Grad des Versch, Art u Schwere der Beeinträchtigg, Anlaß u BewegGrd des Handelns u darauf an, in welche geschütze Sphäre der Eingr stattgefunden h (BGH VersR **75**, 332). Der Umst, daß der Verl um die Wiedergutmachg vor Ger streiten muß u seine Rechte erst nach Jahren dchsetzen kann, rechtfertigt idR SchmerzG, weil dch so späte Richtigstellg der StörgsZust für die Vergangenh nicht mehr zu beseitigen ist (BGH **66**, 182). Herausfdg dch den Verl kann gg ErsAnspr sprechen, BGH **54**, 332. Vorsätzl Handeln w hierbei nicht vorausgesetzt, BGH NJW **63**, 904. Ungünst dienstl Beurteilg eines Beamten gibt grdsätzl keinen Anspr auf SchmerzG, BGH MDR **72**, 305. In öff Rüge eines Beamten dch Dienstvorgesetzten sah BGH MDR **77**, 206 unter den Umst des Falles keine schwere Beeinträchtigg. Ebso wird bei Ehrverletzg im ZivProz ein solcher Anspr verneint, weil Kreis derer, die hiervon erfahren, übersehb, BGH BB **64**, 150. Ebso bei vertraul Äußergn, BGH Betr **72**, 677. Auch kein EntschAnspr des hintergangenen Eheg gg den am Ehebruch beteil Dr, BGH

Einzelne Schuldverhältnisse. 25. Titel: Unerlaubte Handlungen § 823 15, 16

NJW 73, 991. Endl kein SchmerzG bei Verl des PerslkSchutzes Verstorbener, BGH NJW 74, 1371. Die bloße Einholg eines grapholog Gutachtens über einen ArbNehmer ist kein genügd schwerer Eingr zur Rechtfertigg v SchmerzG; bei der Bek an od Verwertg gg den ArbNehmer kommt es auf den Einzelfall an; eingehd Bepler NJW 76, 1872. Der Umst, daß die PerslkRVerl zugl VertrVerl ist, schließt den Anspr nicht aus (Wiese Betr 75, 2009). − Das Schrifttum folgt dieser Rspr teilw nicht, ZusStellg bei Giesen NJW 71, 801; dogmat Untersuchg, die der Rspr weitgehd recht gibt, bei Ehlers (vgl Literatur zu Beginn dieser Anm). Ausdrückl ges Regelg in § 97 II UrhRG. − Neben den Anspr aus uH können bei unberecht Nutzg eines fremden PersönlkR Anspr aus § 812 (vgl dort Einf 6 b, Anm 3 a, 4 d) u aus § 687 II (vgl dort Anm 2 c) bestehen.

16) Produzentenhaftung.

Neues Schrifttum: Diederichsen, Wohin treibt die ProdHaftg, NJW 78, 1281 mit umfangreichen LiteraturNachw u vollst Dokumentation der Rspr; Durchlaub, Vorschläge zur ProdHaftg in der EG u Maß zur RisikoMinderg, Betr 78, 1529; Kullmann, Die Entwicklg der höchstrichterl Rspr zur delikt WarenHerstHaftg, WPM 78, 210. Vgl iü die LitÜbers in der 37. Aufl.

A) Allgemeines. Unter ProdHaftg (auch Produktenhaftg, Haftg des WarenHerst) versteht man die Haftg des Herst für **Folgeschäden** aus der Benutzg seiner Produkte, dh Pers-, Sach- od VermSchäd außerh der Fehlerhaftigk des Produkts, die der bestimmgsgem Verbr od sonst Pers inf eines Fehlers des Erzeugn erleiden. Währd es bei der GewL um das Einstehen für die Gebr- u Funktionstüchtigk des Wk od der Ware geht, geht es bei der ProdHaftg um das Einstehen des Herst für Gefahren inf fehlder Sicherh der Ware. Die Frage der ProdHaftg ist als solche nicht neu u der Rspr seit langem bekannt (1915: RG 87, 1). Sie wird wg der Unzulänglichk der gesetzl Vorschriften im Hinbl auf die wirtsch u techn Entwicklg mit ihren außerord Gefahren für den einz zunehmd als regelgsbedürft Sonderproblem empfunden. Das Problem der ProdHaftg wurde 1961 zuerst in aller Schärfe von Lorenz (Festschr für Nottarp, S 59 ff) gestellt u h in der Folge zu einer ungemein umfangreichen wissenschaftl Diskussion geführt. 1968 h der 47. DJT die Prüfg gesgeberischer Maßn angeregt (Verh des 47. DJT, Bd II, Abt M, S 136). Folgde Gesichtspkte spielen in der Diskussion hauptsächl eine Rolle: Der Herst unterstützt seine auf Massenverbrauch angelegte Produktion dch eine intensive, auf den Verbr gezielte Werbg, die beim KaufEntschl eine entscheidde Rolle spielt (Verhältn Herst/Verbr). Bei seiner Massenproduktion bedient sich der Herst der Hilfsmittel der Technik einschl der Automation. Er zieht den Nutzen aus der Produktion in Kenntn des Umstands, daß sich Produktmängel auch bei sorgfältigsten Kontrollen nicht vermeiden lassen (Fragwürdigk des VerschPrinzips, Risikogedanke). Der mehrstuf Warenabsatz weist dem Händler bloße Verteilerfunktion zu (Sinnentleerg der Händlerfunktion). Wg der mit der letzten Erscheing zushängden Verkümmerg der vertragl Ansprüche des Verbr gg seinen Verk (vgl unten Bb) ist ein unmittelb ErsAnspr gg den Herst von ausschlaggbder Bedeutg. Um die rechtl Begründg der HerstHaftg bemühen sich vertragl, quasivertragl u deliktsrechtl Lösgen (unten B−D). Vertragl Beziehungen können sich im Einzelfalle als echt AnsprGrdlagen erweisen. Die größte Bedeutg für eine allg Lösg kommt de lege lata dem DeliktsR zu. De lege ferenda wäre die Einführg einer Gefährdgshaftg zu begrüßen (vgl dazu unten D c dd).

B) Vertragsrechtliche Lösgen. Sie führen entw zu einer **unmittelbaren** InansprNahme des Herst dch den verl Benutzer (a) od zu einer Haftg des Herst im Regreßwege (b). Vorzüge der vertragl Haftg sind: Die unbedingte EinstandsPfl für Versch von HilfsPers gem § 278 (demggü § 831 I 2), die BewLastumkehr gem § 282 (vgl aber jetzt unten D c ff) u der Umfang des zu ersetzden Schad (auch lediql allg VermSchad; dagg § 823 I: RGutsVerl), längere VerjFr. Die Nachteile bestehen in der Möglk der Freizeichng des Herst (§ 276 II), ferner kein SchmerzG (§ 847).

a) Unmittelbare Vertragsansprüche des Endabnehmers gg den Herst

aa) aus Garantie- od Haftungsverträgen: Dch Werbeerklärgen, Warenbeschreibgen, Ausstattg der Ware als Markenware, Verwendg von Gütezeichen, Originalverpackgen, Aufbau von Ersatzteil- u Kundendiensten wendet sich der Herst unmittelb an den Verbr. In aller Regel liegt aber in derart Erklärgen an die Öffentlk keine rgeschäftl WillErkl (BGH 48, 122 u 51, 91). Selbst bei eindeut übernommener Garantie (zB dch Verwendg von Garantiekarten) w sich diese auf Mangelbeseitigg od Neulieferg beschr, FolgeSchäd aber nicht ohne weiteres umfassen (vgl dazu BGH 50, 200). Von vornherein entfällt GarantieVertr bei anonymer Ware.

bb) aus Vertrag mit Schutzwirkg zG Dritter (§ 328 II): Als solcher scheidet der KaufVertr zw Herst u Erstabnehmer regelmäß aus. Eine Ausdehng von vertragl SchutzPfl ist aber zu bejahen, wenn das Produkt im Betr des Käufers von dessen ArbN benutzt w soll. Verl ArbN des Käufers stehen dann vertragl Schad-ErsAnspr gg den Herst zu, BGH VersR 56, 419 − Antriebsscheibe; BGH VersR 59, 645 − Rostschutz. Eine allg Erstreckg der SchutzPfl aus dem ersten KaufVertr auf die Endabnehmer des Produkts ist aber abzulehnen, da dem Händler innerh der AbsKette Schutz- u FürsPfl (§ 618) zG des Abnehmers nicht obliegen. BGH 51, 91 u § 328 Anm 2 b.

cc) Drittschadensliquidation: Vereinbgen, wonach der Erstkäufer berecht sein soll, Schäd seiner Abnehmer beim Herst zu liquidieren, sind mögl, BGH Betr 59, 1083 − Fett im Garn. Ohne entspr Vereinbg kann der Käufer aber nicht allg den seinem Abnehmer entstandenen Schad zum Ggst eines eig ErsAnspr gg seinen Verk machen, BGH 40, 91 [100] − Gürtel, denn die Stellg des Erstkäufers in der AbsKette ist mit den anerk Fällen der DrSchadLiquidation (mittelb Stellvertretg, Gefahrentlastg, Obhutsfälle, vgl Vorbem 6 b vor § 249) nicht vergleichb. Zur Lösg der HerstHaftg ist die DrSchadLiquidation ungeeignet, BGH 51, 91.

b) Eine **mittelbare vertragliche Haftg** des Herst im **Regreßwege** scheitert häuf schon daran, daß es an vertragl Anspr des verl Abnehmers gg seinen Verk fehlt. Anspr ohne Versch aus stillschweigder Garantiezusage des letzteren w nur selten zu bejahen sein (RG 103, 79 − Saatgut; BGH NJW 68, 2238 − Treibstoff; BGH 51, 91. Für Anspr wg SchlechtErf (§§ 433, 276) w ein eig Versch des Händlers idR kaum vorliegen.

Eine eig PrüfgsPfl fabrikneuer Ware besteht ledigl im Hinbl auf TransportSchäd (BGH VersR **56**, 259 – Motorroller; BGH **48**, 120 – Trevira) u entfällt beim StreckenGesch völl, BGH NJW **68**, 2238 – Treibstoff. Sow den Händler keine eig UntersuchgsPfl trifft, kann ihm auch nicht das Versch des Herst als das seines ErfGeh zugerechnet w, BGH VersR **56**, 259 – Motorroller; BGH **48**, 118 – Trevira. Nur ausnahmsw bei zu VertrauensGesch hat der Händler (Spezialhändler) für Instruktionsfehler seitens des Herst (D c bb) gem § 278 einzustehen, BGH **47**, 312 – Betonbereitsanlagen; zust Diederichsen JZ **68**, 229; s auch § 278 Anm 4 a aa.

C) Quasivertragliche Lösgen und VertrauensGrdsatz. Diese Lösgen bieten die gleichen Vort wie die VertrHaftg (oben B vor a), sind aber „methodenehrlich" (keine stillschw WillErkl), vermeiden die Freizeichnsmöglk u ermöglichen zT eine Haftg unabh vom Versch des Herst u damit insb eine befriedgde Erfassg der Fälle unversch Fabrikationsfehler („Ausreißer"; dazu unten D c dd). Erörtert w eine VertrauensHaftg des Herst aGrd seiner WerbeErkl analog § 122 (BGH **40**, 108 – obiter-; einschr aber jetzt BGH **51**, 91), eine vertragsähnl VerschHaftg a Grd gesteigerten sozialen RGüterkontakts analog der culpa in contrahendo, eine VerschHaftg in Erweiterg der Lehre von der SchutzPflVerletzg u eine GarantieHaftg des Herst ohne posrechtl Anknüpfg aus dem allg Vertrauensprinzip. Sämtl Vorschläge sind für die RFortbildg auf dem Gebiet der ProdHaftg wertvoll. Der Übergang zu einer GefährdgsHaftg kann aber nur dch gesgeber Maßn erfolgen u liegt außerh der richterl Kompetenz (BGH **51**, 91 – Hühnerimpfstoff).

D) Deliktsrechtliche Lösgen. Die hL sieht in der ProdHaftg ein deliktsrechtl Problem (BGH **51**, 91 – Hühnerimpfstoff). Als AnsprGrdlage kommen in Frage § 831 (a), § 823 II (b) u § 823 I (c).

a) § 831 kommt für die ProdHaftg, vorwiegd bei Fabrikationsfehlern, nur geringe Bedeutg zu. Entgg der früheren Rspr (so RG **87**, 1; BGH VersR **59**, 104) mit der Möglichk des sog dezentralisierten Entlastgs-Bew (§ 831 Anm 6 A b) stellt heute auch die Rspr an den EntlastgsBew sehr strenge Anfdgen (vgl unten c ff). Giesen JR **73**, 503 hält § 831 im Bereich der ProdHaftg überh für unanwendb.

b) Einen Teilbereich der ProdHaftg erfaßt **§ 823 II**, sow für die Herstellg von –, meist gefahrgeneigten – Produkten SchutzG bestehen. Als SchutzG zG des Verbr kommen in Frage StVZO, LebMG, ArzneiMG (Simon, Verh des 47. DJT, Bd II Teil M, S 23; weitere Angaben bei Diederichsen aaO S 78 ff) u vor allem das G über techn Arbeitsmittel vom 24. 6. 1968 (MaschinenschutzG), BGBl 717 (**Lit**: Lukes JuS **68**, 349; Gleiß u Helm BB **68**, 814).

§ **1.** (1) *Dieses Gesetz gilt für technische Arbeitsmittel, die der Hersteller oder Einführer gewerbsmäßig oder selbständig im Rahmen einer wirtschaftlichen Unternehmung in den Verkehr bringt oder ausstellt.*

(2) *Dieses Gesetz gilt nicht für*
1. *Fahrzeuge, soweit sie verkehrsrechtlichen Vorschriften unterliegen;*
2. *überwachungsbedürftige Anlagen nach § 24 der Gewerbeordnung;*
3. *technische Arbeitsmittel, die nach atomrechtlichen Vorschriften besonderen Anforderungen genügen müssen;*
4. *technische Arbeitsmittel, die ihrer Bauart nach ausschließlich zur Verwendung in der Bundeswehr, dem Zivilschutzkorps, dem Bundesgrenzschutz oder der Polizei bestimmt sind;*
5. *technische Arbeitsmittel, die ihrer Bauart nach ausschließlich zur Verwendung in den der Aufsicht der Bergbehörden unterliegenden Betrieben bestimmt sind;*
6. *technische Arbeitsmittel, soweit andere Vorschriften, die dem Gefahrenschutz nach § 3 dieses Gesetzes dienen, ihr Inverkehrbringen oder Ausstellen regeln.*

(3) *Vorschriften, die dem Gefahrenschutz nach § 3 dienen und den Arbeitgeber hierzu verpflichten, bleiben unberührt.*

§ **2.** (1) *Technische Arbeitsmittel im Sinne dieses Gesetzes sind verwendungsfertige Arbeitseinrichtungen, vor allem Werkzeuge, Arbeitsgeräte, Arbeits- und Kraftmaschinen, Hebe- und Fördereinrichtungen sowie Beförderungsmittel. Verwendungsfertig sind Arbeitseinrichtungen, die bestimmungsgemäß verwendet werden können, ohne daß weitere Teile eingefügt zu werden brauchen. Verwendungsfertig sind Arbeitseinrichtungen auch, wenn*
1. *alle Teile, aus denen sie zusammengesetzt werden, von demselben Hersteller oder Einführer überlassen werden,*
2. *sie nur noch aufgestellt oder angeschlossen zu werden brauchen oder wenn*
3. *die Arbeitseinrichtungen vom Hersteller oder Einführer ohne die Teile überlassen werden, die üblicherweise gesondert beschafft und bei der bestimmungsgemäßen Verwendung eingefügt werden.*

(2) *Den Arbeitseinrichtungen im Sinne des Absatzes 1 stehen gleich:*
1. *Schutzausrüstungen, die nicht Teil eines technischen Arbeitsmittels sind;*
2. *Einrichtungen, die zum Beleuchten, Beheizen, Kühlen sowie zum Be- oder Entlüften bestimmt sind;*
3. *Haushaltsgeräte;*
4. *Sport- und Bastelgeräte sowie Spielzeug.*

(3) *Inverkehrbringen im Sinne dieses Gesetzes ist jedes Überlassen technischer Arbeitsmittel an andere.*

(4) *Ausstellen im Sinne dieses Gesetzes ist das Aufstellen oder Vorführen von technischen Arbeitsmitteln zum Zwecke der Werbung.*

(5) *Bestimmungsgemäße Verwendung im Sinne dieses Gesetzes ist*
1. *die Verwendung, für die die technischen Arbeitsmittel nach den Angaben des Herstellers oder Einführers, insbesondere nach ihren Angaben zum Zwecke der Werbung, geeignet sind, oder*
2. *die übliche Verwendung, die sich aus der Bauart und Ausführung der technischen Arbeitsmittel ergibt.*

§ **3.** (1) *Der Hersteller oder Einführer von technischen Arbeitsmitteln darf diese nur in den Verkehr bringen oder ausstellen, wenn sie nach den allgemein anerkannten Regeln der Technik sowie den Arbeitsschutz- und Unfallverhütungsvorschriften so beschaffen sind, daß Benutzer oder Dritte bei ihrer bestimmungsgemäßen Verwendung gegen Gefahren aller Art für Leben oder Gesundheit soweit geschützt sind, wie es die Art der bestimmungsgemäßen Verwendung gestattet. Von den allgemein anerkannten Regeln der Technik sowie den Arbeitsschutz- und Unfallverhütungsvorschriften darf abgewichen werden, soweit die gleiche Sicherheit auf andere Weise gewährleistet ist.*

(2) *Absatz 1 gilt für den Hersteller oder Einführer nicht, wenn die technischen Arbeitsmittel nach den schriftlichen Angaben dessen, der sie verwenden will, als Sonderanfertigung hergestellt worden sind.*

(3) *Werden bestimmte Gefahren durch die Art der Aufstellung oder Anbringung eines technischen Arbeitsmittels verhütet, so ist hierauf beim Inverkehrbringen oder Ausstellen des Arbeitsmittels ausreichend hinzuweisen. Müssen zur Verhütung von Gefahren bestimmte Regeln bei der Verwendung, Ergänzung oder Instandhaltung eines technischen Arbeitsmittels beachtet werden, so ist eine entsprechende Gebrauchsanweisung beim Inverkehrbringen mitzuliefern.*

§ 3 des MaschinenschutzG ist SchutzG iS des § 823 II. Geschütztes RGut ist aber nur Leben u Gesundheit, nicht Eigt u Verm. Der Herst haftet sowohl für Konstruktions- als auch Fabrikations- u GebrFehler (dazu unten c bb). Eine GefährdgsHaftg w dch § 3 nicht begründet, § 823 II 2; doch w bei SchutzGVerletzg Versch vermutet, BGH VersR **68**, 593.

Keine SchutzG sind DIN-Normen, wohl aber § 1 der 2. DVO zum EnergieWirtschG u damit auch die VDE-Bestimmgen. Alle derart Regeln erleichtern dem Verl die BewFührg (näher Lipps NJW **68**, 279; Lukes JuS **68**, 351).

c) Schwerpkt der deliktsrechtl Lösg bildet der SchadErsAnspr aus **§ 823 I**. Die haftgsbegründde **Handlg des Herstellers** ist das InVerkBringen des **fehlerhaften Produkts**. Der Verstoß gg die dem Herst obliegendn **Verkehrspflichten** begründet die RWidrigk (vgl oben Anm 7). **Anspruchsberechtigt** ist jeder Geschädigte, gleichviel ob es sich um den Abnehmer des Produkts, einen sonst Benutzer od einen unbeteiligten Dr handelt. Der zu ersetzde **Schaden** umfaßt sämtl BegleitSchäd aus der RGutsVerletzg, nicht aber (bloßen) allg VermSchad (zB Verdienstausfall, Unterh für ungewolltes Kind als Einnahme von Eugynon, LG Limburg NJW **69**, 1574), nicht auch das Leistgsinteresse bezügl des Produkts (vgl oben A). Da es Zweck der ProduzentenHaftg ist, dem ungenügd geschützten Endverbraucher einen unmittelb Anspr gg den Herst zu geben, läßt BGH Betr **73**, 815 sie nicht eingreifen, soweit der Endverbraucher gg den Verk einen vertragl Gewl Anspr h u meint, die Verj des letztgenanntn rechtfertige den Rückgr auf die ProdHaftg. Sind Herst u Verk im EinzFall persgleich, soll dagg zw ProdHaftg u vertragl GewLAnspr echte Anspr-Konkurrenz bestehen, bei der auch hins der Verj jeder Anspr seinen eig Regeln folgt (BGH **67**, 359; abl Lieb JZ **77**, 346). Lediql auf die **Besonderheiten** des delikt Anspr gg den Prod ist im folgenden einzugehen.

aa) Hersteller, Zulieferer. Als Herst haftet derj, der das Produkt herstellt u in Verk bringt. Nicht erforderl ist, daß alle Teile selbst produziert w. Herst ist auch, wer für das von ihm hergestellte Endprodukt vorgefertigte EinbauTle verwendet (BGH NJW **75**, 1827) od das Endprodukt ledigl aus zugelieferten Tlen zusetzt (Celle VersR **78**, 258). Dem Herst steht gleich die ausgegliederte VertriebsGes der HerstFirma (BGH WPM **77**, 79) u wer unter in seinem Auftr gefert Waren unter seiner Handelsmarke in Verk bringt (QuasiHerst, zB Versandhäuser; zweifelnd BGH BB **77**, 1117). Der Zulieferer ist selbst Herst (BGH NJW **68**, 247 – Schubstrebe), auch ihn trifft die VerkSichgPfl. Nach gleichen Grds haftet für Fabrikationsfehler der für die Produktion verantwortl GeschLeiter (BGH NJW **75**, 1827; Diederichsen NJW **78**, 1281 [1287] meint, das solle auf PersGes beschränkt bleiben). Die ErsPfl von Zulieferer, Herst des Endprodukts u verantwortl GeschLeiter schließen einander nicht aus. Kein Herst ist, wer fremde Erzeugn ledigl vertreibt, zB Kfz-Händler, auch wenn er den Wagen fahrbereit macht. Ihn trifft eine Pfl zur Überprüfg der Ware auf gefahrgeneigte Beschaffenh bloß, wenn dazu aus bes Grden Anlaß besteht. Größere SchadAbwendgsPfl als der bloß Vertreibde, aber nicht die gleich strenge wie der Herst h ein Unternr, dem der Endmontage des Geräts betraut ist, dessen Tle ihm u Untern mit den Montageplänen geliefert h (BGH BB **77**, 1117). Die bloße Gewinng von Naturprodukten ist keine Herstellg. Eine Haftg kommt insow nur in Betr, als die SchadUrs im Betr dessen liegt, der das Produkt gewinnt, zB bei der Gewinng od Verarbeitg, Hamm Betr **73**, 325 (fehlerh Torf). – Br VersR **77**, 867 (krit Niewöhner VersR **77**, 1087) wendet iErg die Grds der ProdHaftg auf FolgeSchäd an, die die VertrWkStätte eines KfzHerst dch eine mangelh Rep dem Erwerber des Kfz zufügt.

bb) Produkt, Produktmangel. Als Produkt kommt jede bewegl Sache in Frage, gleich ob Produktionsmittel od Verbrauchsgut, ob an sich gefährl od nicht; auch Industrieabfälle, BGH NJW **76**, 46; in AusnFällen auch Druckwerke, zB ArbAnleitgen, Anw für Dosierg von Medikamenten, BGH NJW **70**, 1963 (zur Haftg des Verlegers u des Autors für Folgen einer Fehlbehandlg, die dch Druckfehler in einem medizin Werk entstanden sind). Dagg scheiden Dienst- u Werkleistgn aus.

Mangelh iS der ProdHaftg ist das Produkt, wenn es nicht die nach der VerkAnschauung erforderl Beschaffenh besitzt u desh **gefährlicher** ist als ein gleichart Ding von der erforderl Beschaffenh (Weitnauer NJW **68**, 1594). Der **Produktmangel** kann bestehen in einem Konstruktions-, Fabrikations- od Instruktions- (Gebr)Fehler.

Konstruktionsfehler sind Fehler, die bei der Konstruktion vorkommen u daher für die ganze **Serie** typisch sind. **Beisp:** Fehlerh Bremsanlage bei Kfz, RG **163**, 21, DR **40**, 1293; Bediengserschwerg bei Rungenverschluß, BGH VersR **52**, 357; Typhusbazillen in Trinkmilch, BGH VersR **54**, 100; gefährl Gerät ohne ausreichde Schutzvorrichtg, BGH VersR **57**, 584; betriebsunsichere Kühlmaschine, BGH VersR **60**, 1095; Maschine, die den UnfallVerhütgsVorschr nicht entspr, Hamm MDR **71**, 488, BGH BB **72**, 13.

Fabrikationsfehler entstehen bei der Fabrikation u haften deshalb nur **einzelnen Produkten** an. **Beisp:** Verunreingg von Brunnensalz, RG **87**, 1; fehlerh Montage von Lenkvorrichtg bei Motorroller, BGH VersR **56**, 259; Überdruck in Mineralwasserflasche, LG Hanau VersR **56**, 785; Materialfehler von Fahrradgabel, BGH VersR **56**, 410; Materialriß in Seilschloß, BGH VersR **59**, 104; Gußfehler bei Kondenstopf, BGH VersR **60**, 855; Materialfehler bei Schubstrebe BGH NJW **68**, 247; Verunreingg von Impfstoff, BGH **51**, 91; Bruch des Operationsinstruments wg Materialfehlers, Düss NJW **78**, 1693.

Instruktions-(Gebr-)fehler bestehen in mangelh GebrAnweisg od nicht ausreicher Warng vor gefahrbringen Eigenschaften der Ware. Grdsätzl muß sich derjen, der sich ein Gerät anschafft, selbst darum kümmern, wie er damit umzugehen h. Der Herst u seine Repräsentanten müssen nur dann für die Belehrg der Abnehmer sorgen, wenn und sow sie aGrd der Besonderh des Geräts sowie der bei dchschnittl Benutzern vorauszusetzden Kenntn damit rechnen müssen, daß best. konkrete Gefahren entstehen können (BGH

NJW **75**, 1827). Die Instruktionen müssen deutl u ausreich sein, dh ggf (zB Narkosemittel) dem Produkt selbst beigegeben w, u sie müssen vollst sein, dh ggf muß außer dem Hinw auf Gefahren auch angegeben w, wie das Produkt gefahrfrei zu verwenden ist, welche VorsorgeMaßn zu treffen u welche VerwendgsArt zu unterlassen ist, BGH NJW **72**, 2217 („Estil") mit zust Anm Franz u Schmidt-Salzer, ebso Rebe JuS **74**, 429. Dabei ist in subj Sicht auf den dchschnittl Benutzer, in obj Sicht nicht nur auf den bestimmgsgem Gebr, sond darühinaus auf den naheliegdn Gebr, also auch auf eine nicht ganz fernliegde versehentl Fehlanwendg abzustellen, BGH aaO; krit dazu u gg eine zu weitgehde AufklärgsPfl, vor allem hins einer FolgenWarng (im Ggsatz zur AnwendgsWarng) Hasskarl BB **73**, 120 u BB **76**, 165. Westphalen Betr **73**, 448 meint, es solle sogar ein vors bestimmgswidr FehlGebr bei der Abfassg von Warngen u GebrAnweisgen beachtet w. Ursächl ist die Verl der HinwPfl nur, wenn pflgem Handeln den eingetretenen Schad mit Sicherh verhindert hätte; eine gewisse Wahrscheinlk genügt nicht (BGH NJW **75**, 1827). **Beisp:** Insektenvertilggsmittel, BGH VersR **55**, 765. Unterbliebener Hinw auf die Unverträgl gleichzeit Anwendg zweier Pflanzenschutzmittel (BGH Betr **77**, 1695); Montageanweisg bei Fensterkran, BGH VersR **59**, 523 (Fehler verneint); Feuergefährlk von Rostschutzmittel, BGH NJW **59**, 1676, von Klebemittel, BGH VersR **60**, 342, von Grundiermittel, BGH aaO **62**, 372; leichtfert Anpreisg von Auftaugerät, BGH VersR **63**, 860; unzureichde Bedienganleitg von Betonbereitgsanlage, BGH **47**, 312.

Nicht erfaßt von der delikt Haftg w die sog **Entwicklgsgefahren,** dh Schäden, die auf Gefahren zurückzuführen sind, die im Ztpkt der Produktion nach dem Stand von Wissensch u Technik nicht erkennb waren. Hier ist auf dem Teilbereich der pharmazeut Industrie eine eig ges Regelg getroffen, vgl unten Anm E.

cc) Herstellerpflichten. Der Herst hat dafür zu sorgen, daß die Produkte, die er dem Markt zuführt, verksiche sind. Die allg VerkSichsPfl konkretisiert sich für den Untern zu bes **Organisations- und Verkehrspflichten.** So muß sich der Herst bei der Konstruktion u Produktion von Waren nach dem **neuesten Stand von Wissenschaft und Technik** richten, soweit dieser obj erkennb u ermittelb ist (BGH VersR **52**, 357; **54**, 100; **56**, 625; **59**, 523; **60**, 1095; BGH NJW **68**, 248 – magnet Flutg). Er h die Organisation des Betriebs so einzurichten, daß Konstruktions-, Fabrikations- u GebrMängel möglichst ausgeschaltet w. Dch Kontrollvorkehrgn h er dafür zu sorgen, daß Fehlerquellen entdeckt w (KontrollPfl), Erzeugn von Zulieferer sind auf Mängelfreih zu kontrollieren, BGH VersR **60**, 855 – Kondenstopf. Auf möglichste Betriebssicherh der Produkte nach den neuesten Erkenntn der Unfallverhütg ist zu achten (BGH VersR **52**, 357 – Rungenverschluß). Alle techn Möglichk zur Vermeidg von Betriebsunsicherh sind auszunützen, die UnfallVerhütgsVorschr auch bei der Herstellg zu beachten, BGH BB **71**, 845. Gefahren, die sich dch Gebr, bei Montage od Reparatur fehlerfreier, aber unfallträcht Fabrikate ergeben können, sind dch klare **Gebrauchsanweisgen** und **Bediengsanleitgen** (BGH VersR **58**, 771 – Bolzensetzgerät; VersR **59**, 523 – Fensterkran; VersR **60**, 342 – Fußbodenklebemittel) zu mindern (**BelehrgsPfl**). Vor spezif, nicht ohne weiteres erkennb Gefahren ist zu warnen (**Warnpflicht**; BGH VersR **55**, 765 – Insektenvertilggsmittel; VersR **57**, 584 – Baumspritze; VersR **59**, 523 – Fensterkran; VersR **60**, 342 – Fußbodenklebemittel; BGH NJW **72**, 2217 – intravenöses Narkosemittel), auch wenn sich die Gefahr erst nach InVerkBringens des Produkts herausstellt, RG **163**, 26 – Kfz-Bremsanlagen, bes **Produktbeobachtungspflicht**; dann uU sogar **Rückrufpflicht**. Gefährl **Industrieabfälle** sind ordnsgem zu vernichten. Schäd, die der Heranziehg eines unzuverläss BeseitiggsUntern entstehen, sind nach den Grds der VerkSichgPfl des Herst zu ersetzen (BGH NJW **76**, 46); dort auch zur Haftg nach § 22 WHG. Bes strenge Anfdgen an die Aufklärg über mögl Gefahren, die von Arzneimitteln ausgehen u zwar ohne Rücksicht auf nachteil Folgen für den Absatz, BGH NJW **72**, 2217. Dies gilt erst recht, wenn sich aus wissenschaftl Erkenntn ergibt, daß die Herstellg gefahrfreier Produkte nicht mögl ist (Simitis, Verh des 47. DJT Bd I Teil C S 48). Die Verl der HinwPfl ist für den eingetretenen Schaden nur dann ursächl, wenn pflichtgem Handeln den Schad mit Sicherh verhindert hätte; die bloße Möglichk, auch eine gewisse Wahrscheinlck genügen nicht (BGH Betr **75**, 1404).

dd) Verschulden, „Ausreißer". Der Herst haftet für ProduktSchäd, soweit der Produktmangel von ihm versch ist. Das w bei Konstruktionsfehlern meist der Fall sein, denn sie sind regelm die Folge von Organisationsmängeln (Lipps NJW **68**, 279), für die der Herst ohne EntlastgsMöglk einzustehen h (vgl oben Anm 8 d, 11). Das gleiche gilt für Instruktionsfehler. Dagg besteht bei Fabrikationsmängeln die Möglk, daß dem Untern keine organisator Fehlleistg unterlaufen ist. In den Fällen unversch, dh trotz aller zumutb Vorkehrgen unvermeidb Fabrikationsfehler („Ausreißer") trifft den Herst daher keine delikt Haftg (BGH VersR **56**, 410 – Fahrrad; VersR **60**, 855 – Kondenstopf). Ebso nicht für ProduktSchäd, die auf Fehlern zugelieferter Teile beruhen, die trotz der gebotenen Kontrolle nicht erkennb waren (BGH NJW **68**, 247). Gerade diese „Unglücksschäden" sollten dch eine Gefährdgshaftg erfaßt w. Die Auferlegg dieses Risikos auf den Untern ist gerechtf, da es sich um eine typ Gefahr aus dem Bereich des Unternehmens handelt u sich gg das damit verbundene Risiko dch Vers schützen kann (eingeh Simitis, Verh des 47. DJT, Bd I, Teil C S 64ff, 97). Eine gewisse Milderg der Härte der bisher RLage ist jetzt dch die BewLastumkehr u dch die strengen Anfdgen an den EntlastgsBew (§ 831 I 2) erreicht (unten ff).

ee) Freizeichng. Die ProdHaftg ist im Verh zu den Benutzern u Verbr des Produkts **zwingend** (Simitis aaO S 87 ff; Giesen NJW **69**, 587; aA Weitnauer NJW **68**, 1599 f). Eine Freizeichng des Herst kommt nur ggü seinem unmittelb Abnehmer in Frage. Freizeichngsklauseln auf Originalverpackgen od in GebrAnweisgen sind daher wirkgslos, vgl auch § 254 Anm 6 a aE. Bei **bestimmten Warngen** können aber die Grds des Handelns auf eigene Gefahr (§ 254 Anm 6 c) zur Anwendg kommen.

ff) Beweislast. Für den Bereich der HerstHaftg sind die allg BewLastregeln dch eine BewLastverteilg nach Gefahrbereichen modifiziert. α) **Fehler u Ursächlichkeit.** Der Geschädigte trägt die BewLast dafür, daß das Produkt im Ztpkt der Verletzg obj f e h l e r h a f t war und der Schad dch das Produkt bei dessen bestimmgsgem Verwendg verurs wurde; hierfür gelten auch die Grds über den AnschBew, zB für Unfall-Ursächlichk des Mangels bei Verstoß gg UnfallVerhütgsVorschr, BGH BB **72**, 13. Wenn BGH JZ **71**, 29 von einem Konstruktionsfehler spricht, der den Schad verursh k a n n, so bedeutet dies nicht, daß dem Geschädigte die BewLast für die Kausalität Produktionsfehler – Schad abgen wäre; aber der BGH geht näml von der Möglk aus, daß diese Kausalität im Wege des AnschBew zu bew ist. Im Rahmen der Verl der AufklärgsPfl besteht, auch im Hinbl auf die BewNot des Verl eine Umkehr der BewLast. Der Herst muß bew, daß der Verl auch in Kenntn des vollen Umfangs der Gefahr einen Hinw unbeachtet gelassen hätte (BGH NJW **75**, 824). Auch dafür gelten ggf die Regeln über den AnschBew. β) **Verschulden.** Liegt ein Produktfehler vor, der den Schad verurs h, so muß der Herst bew, daß ihn hinsichtl des Mangels kein Versch trifft, BGH **51**, 91; dazu Deutsch JZ **69**, 393. Rührt der schadursächl Produktfehler aus dem Organisations- u Gefahrenbereich des Herst, so kann er sich nur entlasten, wenn er bew, daß weder ihn noch einen verfmäß berufenen Vertr od ein Organ ein Versch trifft, daß kein Organisationsmangel bestand (§ 823) u daß hauptsächl iF von Fabrikationsfehlern, bei Auswahl u Überwachg jedes einz der von ihm zu benennden Bediensteten, die mit der Fertigg gerade dieses schadursächl Ggst seinerzt befaßt waren, die erforderl Sorgf angewendet wurde (§ 831 I 2), BGH NJW **73**, 1602. Erbringt der Herst diesen Bew nicht, so haftet er nach DeliktsGrds. Dies gilt für Fabrikations-, Konstruktions- u EntwicklgsFehler, BGH JZ **71**, 29. Gleiches h für Instruktionsfehler zu gelten, Lorenz AcP **170**, 367, v Westphalen BB **71**, 152. Die BewLastUmkehr gilt bei Fabrikationsfehlern auch für den im Produktionsbereich verantwortl GeschLeiter (BGH NJW **75**, 1827; zust Schmidt-Salzer u Westphalen BB **75**, 1032/33; abl Marschall v Bieberstein VersR **76**, 411; Bedenken Diederichsen NJW **78**, 1281 [1287]). Vorstehe Grds der BewLastUmkehr gelten für Anspr aus uH auch dann, wenn zw Produzent u Geschäd unmittelb kaufvertragl Anspr bestehen (BGH WPM **77**, 79). – Mit Versch des Verl h Herst zu bew.

E) Das **Arzneimittelgesetz** v 24. 8. 76 (BGBl S 2445) führt in seinem AnwBereich die **Gefährdungshaftung** ein. Schrifttum: Kloesel NJW **76**, 1769; Wolter Betr **76**, 2001; Diederichsen NJW **78**, 1281 (1289).

§ 84. Gefährdungshaftung. *Wird infolge der Anwendung eines zum Gebrauch bei Menschen bestimmten Arzneimittels, das im Geltungsbereich dieses Gesetzes an den Verbraucher abgegeben wurde und der Pflicht zur Zulassung unterliegt oder durch Rechtsverordnung von der Zulassung befreit worden ist, ein Mensch getötet oder der Körper oder die Gesundheit eines Menschen nicht unerheblich verletzt, so ist der pharmazeutische Unternehmer, der das Arzneimittel im Geltungsbereich dieses Gesetzes in den Verkehr gebracht hat, verpflichtet, dem Verletzten den daraus entstandenen Schaden zu ersetzen. Die Ersatzpflicht besteht nur, wenn*
1. *das Arzneimittel bei bestimmungsgemäßem Gebrauch schädliche Wirkungen hat, die über ein nach den Erkenntnissen der medizinischen Wissenschaft vertretbares Maß hinausgehen und ihre Ursache im Bereich der Entwicklung oder der Herstellung haben oder*
2. *der Schaden infolge einer nicht den Erkenntnissen der medizinischen Wissenschaft entsprechenden Kennzeichnung oder Gebrauchsinformation eingetreten ist.*

§ 85. Mitverschulden. *Hat bei der Entstehung des Schadens ein Verschulden des Geschädigten mitgewirkt, so gilt § 254 des Bürgerlichen Gesetzbuches.*

§ 86. Umfang der Ersatzpflicht bei Tötung. (1) *Im Falle der Tötung ist der Schadensersatz durch Ersatz der Kosten der versuchten Heilung sowie des Vermögensnachteils zu leisten, den der Getötete dadurch erlitten hat, daß während der Krankheit seine Erwerbsfähigkeit aufgehoben oder gemindert oder eine Vermehrung seiner Bedürfnisse eingetreten war. Der Ersatzpflichtige hat außerdem die Kosten der Beerdigung demjenigen zu ersetzen, dem die Verpflichtung obliegt, diese Kosten zu tragen.*

(2) *Stand der Getötete zur Zeit der Verletzung zu einem Dritten in einem Verhältnis, vermöge dessen er diesem gegenüber kraft Gesetzes unterhaltspflichtig war oder unterhaltspflichtig werden konnte, und ist dem Dritten infolge der Tötung das Recht auf Unterhalt entzogen, so hat der Ersatzpflichtige dem Dritten insoweit Schadensersatz zu leisten, als der Getötete während der mutmaßlichen Dauer seines Lebens zur Gewährung des Unterhalts verpflichtet gewesen sein würde. Die Ersatzpflicht tritt auch dann ein, wenn der Dritte zur Zeit der Verletzung erzeugt, aber noch nicht geboren war.*

§ 87. Umfang der Ersatzpflicht bei Körperverletzung. *Im Falle der Verletzung des Körpers oder der Gesundheit ist der Schadensersatz durch Ersatz der Kosten der Heilung sowie des Vermögensnachteils zu leisten, den der Verletzte dadurch erleidet, daß infolge der Verletzung zeitweise oder dauernd seine Erwerbsfähigkeit aufgehoben oder gemindert oder eine Vermehrung seiner Bedürfnisse eingetreten ist.*

§ 88. Höchstbeträge. *Der Ersatzpflichtige haftet*
1. *im Falle der Tötung oder Verletzung eines Menschen nur bis zu einem Kapitalbetrag von fünfhunderttausend Deutsche Mark oder bis zu einem Rentenbetrag von jährlich dreißigtausend Deutsche Mark,*
2. *im Falle der Tötung oder Verletzung mehrerer Menschen durch das gleiche Arzneimittel unbeschadet der in Nummer 1 bestimmten Grenzen bis zu einem Kapitalbetrag von zweihundert Millionen Deutsche Mark oder bis zu einem Rentenbetrag von jährlich zwölf Millionen Deutsche Mark.*

Übersteigen im Falle des Satzes 1 Nr. 2 die den mehreren Geschädigten zu leistenden Entschädigungen die dort vorgesehenen Höchstbeträge, so verringern sich die einzelnen Entschädigungen in dem Verhältnis, in welchem ihr Gesamtbetrag zu dem Höchstbetrag steht.

§ 89. Schadensersatz durch Geldrenten. (1) *Der Schadensersatz wegen Aufhebung oder Minderung der Erwerbsfähigkeit und wegen Vermehrung der Bedürfnisse des Verletzten sowie der nach § 86 Abs. 2 einem Dritten zu gewährende Schadensersatz ist für die Zukunft durch Entrichtung einer Geldrente zu leisten.*

(2) *Die Vorschriften des § 843 Abs. 2 bis 4 des Bürgerlichen Gesetzbuches und des § 708 Nr. 6 der Zivilprozeßordnung finden entsprechende Anwendung.*

(3) *Ist bei der Verurteilung des Verpflichteten zur Entrichtung einer Geldrente nicht auf Sicherheitsleistung erkannt worden, so kann der Berechtigte gleichwohl Sicherheitsleistung verlangen, wenn die Vermögensverhältnisse des Verpflichteten sich erheblich verschlechtert haben; unter der gleichen Voraussetzung kann er eine Erhöhung der in dem Urteil bestimmten Sicherheit verlangen.*

§ 90. Verjährung. (1) *Der in § 84 bestimmte Anspruch verjährt in drei Jahren von dem Zeitpunkt an, in welchem der Ersatzberechtigte von dem Schaden, von den Umständen, aus denen sich seine Anspruchsberechtigung ergibt, und* von der Person des Ersatzpflichtigen Kenntnis erlangt, ohne Rücksicht auf diese Kenntnis in dreißig Jahren von dem schädigenden Ereignis an.

(2) *Schweben zwischen dem Ersatzpflichtigen und dem Ersatzberechtigten Verhandlungen über den zu leistenden Ersatz, so ist die Verjährung gehemmt, bis der eine oder der andere Teil die Fortsetzung der Verhandlung verweigert.*

(3) *Im übrigen finden die Vorschriften des Bürgerlichen Gesetzbuches über die Verjährung Anwendung.*

§ 91. Weitergehende Haftung. *Unberührt bleiben gesetzliche Vorschriften, nach denen ein nach § 84 Ersatzpflichtiger im weiteren Umfang als nach den Vorschriften dieses Abschnitts haftet oder nach denen ein anderer für den Schaden verantwortlich ist.*

§ 92. Unabdingbarkeit. *Die Ersatzpflicht nach diesem Abschnitt darf im voraus weder ausgeschlossen noch beschränkt werden. Entgegenstehende Vereinbarungen sind nichtig.*

§ 93. Mehrere Ersatzpflichtige. *Sind mehrere ersatzpflichtig, so haften sie als Gesamtschuldner. Im Verhältnis der Ersatzpflichtigen zueinander hängt die Verpflichtung zum Ersatz sowie der Umfang des zu leistenden Ersatzes von den Umständen, insbesondere davon ab, inwieweit der Schaden vorwiegend von dem einen oder dem anderen Teil verursacht worden ist.*

§ 94. Deckungsvorsorge. (1) *Der pharmazeutische Unternehmer hat dafür Vorsorge zu treffen, daß er seinen gesetzlichen Verpflichtungen zum Ersatz von Schäden nachkommen kann, die durch die Anwendung eines von ihm in den Verkehr gebrachten, zum Gebrauch bei Menschen bestimmten Arzneimittels entstehen, das der Pflicht zur Zulassung unterliegt oder durch Rechtsverordnung von der Zulassung befreit worden ist (Deckungsvorsorge). Die Deckungsvorsorge muß in Höhe der in § 88 Satz 1 genannten Beträge erbracht werden. Sie kann nur*
1. *durch eine Haftpflichtversicherung bei einem im Geltungsbereich dieses Gesetzes zum Geschäftsbetrieb befugten Versicherungsunternehmen oder*
2. *durch eine Freistellungs- oder Gewährleistungsverpflichtung eines inländischen Kreditinstituts*
erbracht werden.

(2) *Wird die Deckungsvorsorge durch eine Haftpflichtversicherung erbracht, so gelten die §§ 158c bis 158k des Gesetzes über den Versicherungsvertrag vom 30. Mai 1908 (Reichsgesetzbl. S. 263), zuletzt geändert durch das Gesetz vom 30. Juni 1967 (Bundesgesetzbl. I S. 609), sinngemäß.*

(3) *Durch eine Freistellungs- oder Gewährleistungsverpflichtung eines Kreditinstituts kann die Deckungsvorsorge nur dadurch erbracht werden, wenn gewährleistet ist, daß das Kreditinstitut, solange mit seiner Inanspruchnahme gerechnet werden muß, in der Lage sein wird, seine Verpflichtungen im Rahmen der Deckungsvorsorge zu erfüllen. Für die Freistellungs- oder Gewährleistungsverpflichtung gelten die §§ 158c bis 158k des Gesetzes über den Versicherungsvertrag sinngemäß.*

(4) *Zuständige Stelle im Sinne des § 158c Abs. 2 des Gesetzes über den Versicherungsvertrag ist die für die Durchführung der Überwachung nach § 64 zuständige Behörde.*

(5) *Die Bundesrepublik Deutschland und die Länder sind zur Deckungsvorsorge gemäß Absatz 1 nicht verpflichtet.*

Die **Unterschiede zu der** neben dem AMG bestehenden (§ 91) **delikt ProdHaftg** liegen in folgdem: Es handelt sich um reine GefährdgsHaftg, bei der es auf Versch nicht ankommt. Sie erstreckt sich also auch auf sog Ausreißer (oben D c dd) u auf Entwicklgsgefahren (§ 84 Nr 1). Die GefährdgsHaftg ist beschr auf Schäden bei bestimmsgem Gebr des Mittels u auf HöchstBetr (§ 88).

824 *Kreditgefährdung.* I Wer der Wahrheit zuwider eine Tatsache behauptet oder verbreitet, die geeignet ist, den Kredit eines anderen zu gefährden oder sonstige Nachteile für dessen Erwerb oder Fortkommen herbeizuführen, hat dem anderen den daraus entstehenden Schaden auch dann zu ersetzen, wenn er die Unwahrheit zwar nicht kennt, aber kennen muß.

II *Durch eine Mitteilung, deren Unwahrheit dem Mitteilenden unbekannt ist, wird dieser nicht zum Schadensersatze verpflichtet, wenn er oder der Empfänger der Mitteilung an ihr ein berechtigtes Interesse hat.*

1) Bedeutung. § 824 will die wirtsch Wertschätzg von Pers u Unternehmen vor unmittelb Beeinträchtigen schützen, die dch Verbreitg unwahrer Behauptgen über sie herbeigeführt w (BGH NJW **78**, 2151). Er stellt im wesentl Ausdehng des Schutzes der sog GeschEhre (wirtschaftl Wertschätzg) ggü fahrl Angriffen dar, BGH NJW **63**, 1872. Vorsätzl Kreditgefährdg fällt auch unter § 823 II iVm StGB §§ 186, 187 od unter § 823 I, wenn hierdurch die allg PersönlichkR od das BetätiggsR oder das Recht am eingerichteten u ausgeübten GewerbeBetr verletzt w (vgl § 823 Anm 15), ferner unter § 826. Erweiterg ggü dem strafrechtl Schutz liegt ferner darin, daß der Kreditgefährdg sonstige Nachteile für Erwerb u Fortkommen gleichgestellt sind, RG **148**, 159. Wortlaut des § 824 erfaßt jede eig Aufstellg u jede Verbreitg, dh Weitergabe einer anderweit aufgestellten unwahren TatsBehauptg (Düss NJW **78**, 704); lang muß nur mittelb geeignet sein, den Erwerb od das Fortkommen eines anderen zu gefährden, BGH NJW **65**, 32. Mit Recht hält BGH NJW **63**, 1872, NJW **65**, 37 u **LM** Nr 10 Einschränkg dahin für geboten, daß die Äußerg sich „so wie sie im Verkehr verstanden wird, mit dem Kläger befaßt, od wenn die verbreitete Tats doch in enger Beziehg zu seinen Verhältniss, seiner Betätigg od seiner gewerbl Leistg steht" (Systemwertg auf nicht wettbewerbl Basis). – Der Verletzte kann nach § 824 auch eine jur Pers in ihrer Funktion od in ihrer Tätigk als ArbGeber u WirtschUntern (BGH NJW **75**, 1882; zustimmd Hubmann JZ **75**, 639) u eine Handels-Gesellsch im Rahmen ihres GesellschZwecks (Stgt NJW **76**, 629) sein u auch der, der die betroffene jur Pers wirtschaftl beherrscht, BGH NJW **54**, 72. – Liegt WettbewAbs vor, greift der weitergehende Schutz UWG § 14 ein, RG **118**, 137 u Anm 6d, 8.

2) Tatsachen stehen im Ggsatz zu Urteilen. Für die Unterscheidg beider kommt es darauf an, ob der Gehalt der Äußerg einer obj Klärg zugängl ist u als etwas Geschehenes grdsätzl dem Bew offensteht. Eine TatsBehauptg kann falsch od richt sein u ist dem WahrhBew zugängl. Ein WertUrt od eine Meinungs-Äußerg kann weder als falsch noch als richt bezeichnet w, sond je nach dem Standpkt entw abgelehnt od akzeptiert w, Köln JMBl NRW **73**, 29. In beeinträchtigden Äußergen können zugl TatsBehauptgen u

WertUrt versch Art miteinand verbunden sein. Entscheid ist dann, ob der tats Gehalt der Äußerg so substanzarm ist, daß er ggü der subj Wertg in den HinterGrd tritt od nicht. Das ist zu beurt nach dem Sinn, der sich nach dem Gesamtinhalt der Äußergen dem unbefangenen Hörer od Leser aufdrängt (BGH Betr **74**, 1429). Schneider MDR **78**, 613 hält sowohl die Unterscheid Tats/Urt wie die AbgrenzgsKriterien für unbrauchb. Eine TatsBehauptg kann je nach den Umst auch in die Äußerg eines Verdachts, einer Vermutg, einer Möglichk od in die Gestalt einer Frage gekleidet sein (BGH aaO). Bezeichng als „Schwindelfirma" ist Urteil, RG **101**, 338, desgl „billiger Schmarren", BGH NJW **65**, 36, ebenso Kritik an kirchenrechtl Thesen, BGH NJW **66**, 1618. Doch kann auch in einem Urt die Behauptg einer Tats enthalten sein, insb wenn etwas als geschehen od vorhanden bezeichnet w, so daß nach Maßg dieser tatsächl Aussagen das Urt aufgestellt w. Vorwurf des Schwarzhandels, BGH NJW **51**, 352; über „langsame Zahler" Lingenberg NJW **54**, 449; unricht Berichterstattg über Arbeitsweise eines HaushGeräts, BGH NJW **66**, 2010. Bei vergleichen Warentests kann es sich um Wertgen u um TatsBehauptgen handeln, meist w die ersteren überwiegen (BGH **65**, 325). Wissenschaftl Kritik enthält nur WertUrt, auch wenn mangels Sorgf od mangels Kenntn irrig, RG JW **28**, 2090. Über Systemkritik vgl Anm 1.

3) Unwahrh beurt sich danach, wie die beanstandete Mitteilg vom Empf unbefangen zu verstehen ist, BGH WPM **69**, 915. Sie kann auch in übertreibender Darstellg liegen, wenn sie den Kern der Sache in falschem Lichte erscheinen läßt, RG **75**, 61; od bei vorsätzl Entstellg eines Sachverhalts, BGH NJW **61**, 1914; vgl auch Einf 8b aa vor § 823. Unwahrh muß zZ der Verbreitg der Tats bestehen, nachträgl Änderg der Verh genügt nicht, RG **66**, 231. Bei Wahrh der behaupteten Tats kann uU § 826 vorliegen; § 826 Anm 8c unter dd; oder § 823 I, vgl § 823 Anm 6g und 15. Zur Behauptg od Verbreitg ist im Regelfall Mitteilg an Dritten erforderl, nicht nur dem Betroffenen ggü, RG **101**, 338; vgl auch Einf 9 vor § 823.

4) Kreditgefährdg usw. Vgl Anm 1. Geschützt ist nur die Gefährdg u unmittelb Beeinträchtig wirtschaftl Interessen. Wirtschaftl Schwächg einer Gewerksch – fühlb Mitglieder- u Beitragsrückgang, BGH **42**, 219. Ehrenrührigk der Tats ist nicht erforderl, wohl aber Beeinträchtigg der wirtschaftl Wertschätzg, BGH NJW **65**, 37.

5) Fahrlässiges Nichtwissen, daß die Tats unwahr ist, genügt (wg vorsätzl Kreditgefährdg Anm 1). Täter hätte also bei Anwendg der im Verk erforderl Sorgf die Unwahrh seiner Behauptg erkennen müssen, RG **115**, 75. Pfl u bes Gewissenhaftigk bei Mitteilgen über Kredit- u VermVerh, auch wenn nur ein vertraul Gebr, RG JW **27**, 1994. – Bei nicht auf Fahrlk beruhender Gutgläubigk des Mitteilenden zwar kein SchadErsAnspr, aber vorbeugende UnterlKlage od Klage auf Widerruf, Einf 8, 9 vor § 823; über die BewLast unten Anm 8.

6) a) Berechtigtes Interesse. II entspr im wesentl dem StGB § 193 mit der Erweiterg, daß auch das berechtigte Interesse, das nur auf seiten des MitteilgsEmpf vorliegt, geschützt w (wichtig für Auskunfteien u Kreditvereinigungen), über Kreditschutzlisten § 823 Anm 6g. Auch das berecht Interesse des Betroffenen ist jedoch zu berücks; erforderl daher **Interessenabwägg**, wobei auch die Schutzwürdigk des angegriffenen RGutes u das Verhalten des Angegriffenen vor dem Angriff zu berücks sind, BGH LM §823(Ai)Nr 11, BGH **31**, 308. Vgl über Kollision zw Ehrenschutz u Recht der freien Meingsäußerg § 823 Anm 15 u allg Einf 8b, 9 vor § 823. Die Wahrnehmg berecht Interessen beschränkt sich vor allem auf die Wahrnehmg eigner Rechte, aber auch auf die eigner Pflichten, privater wie auch berufl, Esser § 203, 2. Bei Vorbringen im Proz, Eingaben an Behörden od bei Strafanzeigen zur Verteidigg von Rechten braucht regelm nicht auf die Wahrnehmg berecht Interessen zurückgegriffen zu w; ihre Berechtigg ergibt sich aus dem Wesen dieser Hdlgen, BGH NJW **62**, 245; Einf 8 b bb vor § 823. Gleiches gilt für die Äußergen im engen Familienkreis od im Gespräch mit eig RA (Düss NJW **74**, 1250). Ausk eines ArbGebers über Angestellten, § 630 Anm 3. Berecht Interesse w regelm bei anonymer Verbreitg von Ehrenkränkgen zu verneinen sein, weil insow mutmaßl auch unsachl Motive maßgebd gewesen sind, BGH NJW **66**, 1215.

b) Bei Absicht der Beleidigg nach Form der Äußerg od nach BegleitUmst versagt der Schutz des II, weil dann wg der darin liegenden Sittenwidrigk § 826 eingreift, RG JW **19**, 994. § 824 II desgl unanwendb, wenn Äußerg den Boden der sachl Kritik verläßt u nach Inhalt, Form u BegleitUmst auf eine **vorsätzl Kränkg** hinausgeht, BGH LM § 823 (Bd) Nr 5 (öff Kritik an einer Inseratensperre).

c) Keine Berufg auf § 824 II, wenn die Mitteilg **wissentlich unrichtig** war; dann § 823 II iVm StGB § 187. Auch dann nicht, wenn der Mitteilende selbst keine sichere Überzeugg von der Richtigk hat u sich der Unsicherh seines Wissens bewußt ist; wissentl falsche Mitteilg auch, wenn Sachverhalt durch geflissentl Verschweigen wesentl Umst od durch übertreibende Ausmalg von BegleitUmst vorsätzl entstellt w, RG JW **32**, 3060; Einf 8b aa vor § 823.

d) Steht die **Unwahrheit** einer TatsBehauptg (vom Gegner zu beweisen) fest, so versagt ebenf die Einwendg der Wahrnehmg berecht Interesse jedenf ggü der UnterlassgsKl, weil an der Wiederholg einer unwahren Behauptg niemand ein Interesse h kann, BGH Betr **72**, 279. Über Warng vor Patentverletzg § 823 Anm 6 g. – UWG § 14 geht über § 824 hinaus, indem dort bei erwiesener Unwahrh trotz berecht Interesses auch SchadErsAnspr gewährt w, wenn Täter die Unrichtigk kennen mußte.

e) Auch **Presse,** Rundfunk, Fernsehen u Film können sich auf die Wahrnehmg berechtigter Interessen berufen, wenn sie im Rahmen der im GG garantierten Pressefreih (Art 5 I, 2) berichten; vgl § 823 Anm 15 D e, Neumann-Duesberg NJW **68**, 81. Aus der Rspr: BGH NJW **63**, 484 (Fernsehsendg als Eingr in den GewerbeBetr), BGH NJW **65**, 685 (PersönlkRVerletzg durch erdichtetes Interview), BGH NJW **65**, 1375 (unzul Veröff des Bildes einer nicht im öff Leben stehden Pers), BGH NJW **66**, 648 (höchst zweifelh ehrenkränkende Behauptgen in bezug auf Reichstagsbrand), BGH NJW **70**, 187 (Umfang der SorgfPfl einer FernsehAnst bei krit Sendgen über gewerbl Erzeugn – Hormoncreme). – Über Warentest in Zeitschriften § 826 Anm 8 u ll. – Auch der **Verlag** ist schadensersatzpflichtig, wenn er für den verantwortl Redakteur nach § 831 einzustehen od es unterlassen hat, einen verfassgsm berufenen Vertreter (§§ 30, 31) mit der Überwachg des Redaktionsbetriebes zu beauftragen, BGH **39**, 129, NJW **63**, 904; vgl hierzu Neumann-Duesberg NJW **66**, 624 u § 823 Anm 11. – Auch **öff Kritik an Presseveröffentlichgen** kann Wahrnehmg

§§ 824–826 2. Buch. 7. Abschnitt. *Thomas*

berecht Interessen sein, BGH **LM** Art 5 GG Nr 15 (öff Kritik an Preisaussetzg zur Rückschaffg gestohlenen Kunstwerks).

7) Als **SchadErsAnspr** kommen auch Zurückn der Behauptg od sonstige, durch die Umst gerechtf Maßn in Frage; Einf 8, 9 vor § 823. Über den Ersatz des immateriellen Schadens bei Verletzg des PersönlichkR § 823 Anm 15. Über AuskPfl des Täters, an welche Personen die kreditschädigende Äußerg gelangt ist, Einf 9c vor § 823. Zum VermSchaden, dessen Ers verlangt w kann, gehören alle Aufwendgen, die der Verletzte für zweckm halten durfte, um drohende Nachteile zu vermeiden, RG HRR **29**, 1093. Zum VermSchad einer Gewerksch dch fühlb Mitgl- u Beitragsrückgang BGH **42**, 219. Der wg unwahrer TatsBehauptgen über sein Produkt ersberecht WarenHerst kann zur SchadMinderg idR eine RichtigStellg in dem Blatt verlangen, gg dessen Veröff er sich wendet, u zwar in Form einer publikumswirks WerbeAnz, die die unwahren Behauptgen richtigstellt (BGH **70**, 39).

8) **Beweislast** des Klägers erstreckt sich auf den Beweis der Unwahrh. Dieser Bew erübrigt sich, wenn der Bekl eine nähere Substantiierung verweigert, obwohl sie ihm ow mögl sein müßte, BGH NJW **74**, 1710. Außerdem h Kl die BewLast für fahrl Unkenntn des Verletzers von der Unwahrh; sie w, auch wenn die Unwahrh obj feststeht, nicht vermutet. Ein berecht Interesse (II) h der Verletzer zu bew. Abw Regelg der BewLast nach UWG § 14, wo Kläger nur die kreditgefährdde Eigensch der Tats nachzuweisen hat. – Zur BewLast nach **§ 186 StGB, § 823 II**: Erfüllt die Behauptg den Tatbestd des § 186 StGB, so Anspr aus § 823 II schon dann, wenn sie nicht erweisl wahr ist; Bekl hat also die Richtigk seiner Behauptg zu beweisen; RGRK Anm 24, vgl auch BGH NJW **66**, 1214. **Widerruf** kann von dem Bekl stets nur dann verlangt w, wenn die Unrichtigk seiner Behauptg obj feststeht; Einf 9 vor § 823. Die für den UnterlAnspr u den Anspr auf SchadErs in Geld geltenden BewRegeln sind insow nach BGH **37**, 189 (krit hierzu Helle NJW **62**, 1813) unanwendb, da andernf Verletzer, wenn er die Richtigk seiner Äußerg nicht beweisen kann, ggf zu einer in der ZwVollstr durchsetzb unrichtigen Erkl gezwungen w könnte. Mögl jedoch modifizierter Widerruf etwa dahin, „daß der erhobene Vorwurf nach dem Ergebn der BewAufn nicht aufrecht erhalten w kann", BGH aaO, NJW **66**, 649 (einschränker Widerruf, wenn Anhaltspkte für Richtigk der Behauptg höchst zweifelh). Auch hier muß Widerruf dem Verletzer zumutb sein (vgl Einf 8b vor § 823), BGH **LM** § 1004 Nr 85 (zum öff Widerruf).

825 *Bestimmung zur Beiwohnung.* Wer eine Frauensperson durch Hinterlist, durch Drohung oder unter Mißbrauch eines Abhängigkeitsverhältnisses zur Gestattung der außerehelichen Beiwohnung bestimmt, ist ihr zum Ersatze des daraus entstehenden Schadens verpflichtet.

1) **Allgemeines.** § 825 tritt ergänzd neben § 823 I (Verletzg des Körpers od der Gesundh) u neben § 823 II iVm StGB §§ 174, 176, 177, 179, 182. – Unbescholtenh w (anders als bei § 1300) nicht erfordert. Auch Alter und FamStand ohne Bedeutg. Nicht nötig Gewaltanwendg, sond Einwirkg auf die Willensentschließg der Frau dergestalt, daß diese ohne Anwendg der im § 825 angeführten Mittel die Beiwohng nicht gestattet haben würde, Warn **15**, 236. BewLast trifft Klägerin. – Die sachl Zuständigk des AG gem GVG § 23 Nr 2 gilt hier nicht.

2) **Hinterlist** bedeutet ein vorbedachtes, die wahre Abs verdeckendes Handeln zu dem Zwecke, den unvorbereiteten Zustand eines anderen zur Verwirklichg seines Vorhabens zu benutzen, ohne daß jedoch Anwendg bes Kunstgriffe Voraussetzg, RG JW **06**, 352. Beisp: Schwächg der Willenskraft durch Verabreichg berauschender Getränke; HeiratsVerspr unter Verschweigg der eigenen Verheiratg, RG JW **06**, 352; Vorspiegelg der HeiratsAbs zu dem Zwecke, Duldg der Beiwohng herbeizuführen, RG **149**, 148; vgl auch RG **105**, 245. **Drohg** ist die Inaussichtstellg eines Übels, das zur Willensbeeinflussg geeignet ist.

3) **Mißbrauch eines Abhängigkeitsverhältnisses**: Ausnutzg der auf wirtschaftl od anderen Gründen beruhenden tatsächl Überlegenh zum Zwecke der Willensbeeinflussg der Frau. Doch ist ursächl Zushang zwischen AbhängigkVerh u Gestattg der Beiwohng erforderl; das Bestehen des AbhängigkVerh an sich genügt noch nicht, RGRK Anm 5. Anderers ist nicht notw, daß Nachteile für den Fall der Weigerg der Beiwohng in Aussicht gestellt sind. Täter muß sich der durch sein Vorgehen herbeigeführten Beeinträchtigg der Willensfreih der Frau bewußt sein, Karlsr Recht **04**, 2101. AbhängVerh liegt vor zw Dienstboten u Dienstherrn, Schülern u Lehrer, BetriebsAngeh u Untern; denkb ist auch zw einer Frau u ihrem Arzt, Rechtsbeistand oder Geistl. Auch mittelb Abhängigk kann genügen, wenn zB der Vater der Frau in einem AbhängigkVerh zum Täter steht, durch das die freie Willensentschließg der Frau selbst beeinträchtigt wird.

4) Der **SchadErs** umfaßt sowohl den VermSchaden (Kosten der Entbindg, Verlust der Stellg, § 842) als auch den NichtvermSchaden (§ 847).

826 *Sittenwidrige vorsätzliche Schädigung.* Wer in einer gegen die guten Sitten verstoßenden Weise einem anderen vorsätzlich Schaden zufügt, ist dem anderen zum Ersatze des Schadens verpflichtet.

Übersicht

1) Allgemeines
2) Sittenwidrigkeit
3) Vorsatz
4) Ersatzberechtigter
5) Schadensersatzpflicht
6) Einrede der Arglist
7) Verhältnis zu anderen Bestimmungen
8) Einzelfälle
   a) Allgemeine Arglisteinrede
   b) Arglist bei Vertragsschluß

c) Auskunft, Rat, Empfehlung
d) Berufs- und Standesangelegenheiten
   da) Denunziation
   db) Durchgriffshaftung
e) Eigentumsmißbrauch
f) Familien- und erbrechtliche Beziehungen
g) Formmangel
h) Geistiges Eigentum
i) Gläubigerbenachteiligung, Lohnschiebungen, Kreditverträge und Vermögensverschiebungen
j) Kartelle und Monopole
k) Lohnkämpfe

Einzelne Schuldverhältnisse. 25. Titel: Unerlaubte Handlungen § 826 1, 2

l) Organe und Mitglieder von Gesellschaften (sittenwidriges Verhalten)
m) Patente und Gebrauchsmuster
n) Prozeßführung
o) Urteilsmißbrauch
p) Schmiergeld, Eintrittsgeld, Anzapfen, Verjährungseinrede
q) Verletzung von Vertragsrechten Dritter, insbes Verleitung zum Vertragsbruch
r) Vertragsverletzung
s) Warenzeichen und Ausstattung
t) Wechsel und Schecks
u) Wettbewerbshandlungen

aa) Äußerungen und Anpreisungen; vergleichende Werbung
bb) Abwerbung von Arbeitnehmern
cc) Boykott – dd) Kundenfang – ee) Mißbrauch öffentlich-rechtlicher Stellung –
ff) Nachahmungen und dergleichen –
gg) Preisunterbietungen – hh) Vertriebsbindungen – ii) Verwertung von Betriebsgeheimnissen – kk) Aus dem Verkehrziehen – ll) Warentest in Zeitschriften – mm) Unentgeltl Anz-Blatt – nn) WettbewVerbot – oo) Sonstiges
v) Zwangsvollstreckung
w) Sonstige Fälle

1) Allgemeines. § 826 bildet wichtige Ergänzg zu den begrenzten Tatbestd der §§ 823 u 824 und ist deshalb von großer prakt Bedeutg. Er gewährt auch ohne Verletzg bestimmten Lebensgutes od Rechtes einen ErsAnspr bei bloßer Vermögensbeschädigg. Die Vorschr dient der Verwirklichg des über alle formalen Rechte u RBehelfe erhabenen Rechts höherer Ordng; sie gestattet Beachtg jedes Gesichtspkts, der Erreichg wahrer innerer Gerechtigk ermöglicht, u ist – neben §§ 226, 242 – Ausgangspkt allg REinrichtgen, wie Einwand unzul RAusübg, RG 166, 117. § 826 greift dh überall da ein, wo die an sich berecht Ausübg eines Rechtes im Einzelfall gg das Anstandsgefühl aller billig u gerecht Denkenden verstößt u sich damit als ein sittenw Mißbrauch der formalen RStellg darstellt, BGH Betr 57, 185, ist aber auch für alle sonstigen Fälle sittenw Schadenszufügg von Bedeutg. Der Anwendg des § 826 steht nicht entgg, daß anstöß RGesch unwirks ist (BGH WPM **75**, 325). – Über Verh von § 826 zu anderen Bestimmgen Anm 7.

2) Verstoß gegen die guten Sitten liegt vor, wenn ein Handeln gg das „Anstandsgefühl aller billig u gerecht Denkenden" verstößt, RG **48**, 114. **a)** Ob dies der Fall ist, ist nicht ein für allemal feststehd, sond dem Wandel der Zeiten u Anschauungen unterworfen, maßg ist die Anschauung der Allgemeinh, RG (GrZS) **150**, 4. Dabei ist **durchschnittl Maßstab** anzuwenden, der mit dem allg Anstands- u Billigkgefühl im Einklang steht. Die in manchen Kreisen etwa herrschenden laxen Anschauungen sind nicht maßg; anderers verstößt ein Verhalten nicht schon dann gg die guten Sitten, wenn es dem Empfinden von Personen bes vornehmer DenkgsArt mit verfeinertem Anstandsgefühl widerspricht, BGH **10**, 232. Kommt die Hdlg nur in bestimmten Volkskreisen vor, so ist auf das allg Anstandsgefühl dieser Kreise Rücks zu nehmen, doch findet dies seine Grenze da, wo die in diesen Kreisen herrsch Anschauungen von der Allgemeinh als unsittl empfunden w, BGH NJW **60**, 1853. Das ist insb bedeuts bei der Beurteilg wettbewerbl Handlgen. Daß eine Hdlg als „unbillig" erscheint, genügt für sich allein nicht, um Sittenverstoß anzunehmen, RG **86**, 194; desgl nicht, daß sie bei Wahrg eigener Interessen geeignet ist, einen Dritten zu schädigen, BGH NJW **55**, 586. Doch sind die Grenzen flüssig u es bedarf stets der Prüfg aller Umstände des Einzelfalls, BGH WPM **62**, 935. Immer ist Maßstab ein obj, so daß es auf die subj Einstellg des Handelnden idR nicht ankommt, vgl aber unter c.
b) Der **Beweggrund** des Handelns ist bei Würdigg des Gesamtverhaltens mitzuberücks, insb wenn der Täter aus feindseliger, gehässiger Gesinng gehandelt hat, od aus gewissenloser Leichtfertigk u falscher moralischer Einstellg, RG JW **32**, 938. Deshalb können Äußergen, die nach § 824 II zul wären, sittenw sein, wenn sie in BeleidiggsAbs od gehässiger Form getan w, RG JW **19**, 993.
c) Die **innere Einstellg** des Täters ist ausnahmsw dann erhebl, wenn Täter nach Lage der Dinge sein Verhalten als gerechtf ansehen durfte, RG **123**, 271 (Verletzg der SchweigePfl des Sachverst); RG **155**, 238, selbst wenn der Irrt über die Erlaubth der Hdlg verschuldet (jedoch nicht gewissenlos verschuldet) war, RG JW **34**, 2137, vgl Anm 3b.
d) Das sittl Verwerfliche kann in dem verfolgten **Zweck** (zB planm Schadenszufügg) od in den für erlaubten Zweck angewandten **Mitteln** (zB unerl WettbewHdlg) gesehen w. Eine an sich erlaubte Einzelhandlg kann auch dadurch sittenw w, daß sie das Glied eines Gesamtverhaltens bildet, das die Schädigg eines anderen bezweckt, RG **140**, 397.
e) § 826 bildet vor allem eine Handhabe, um dem **Mißbrauch einer formalen Rechtsstellg**, insb der mißbräuchl Ausübg von Rechten, entggzutreten. Deshalb handelt unsittl, wer sich auf die Rechtskr eines Urteils beruft, das er in argl Weise erschlichen hat, BGH MDR **59**, 637, vgl Anm 8o; od der Beamte, der seine AmtsPfl vorsätzl verletzt hat u den Geschädigten auf die nicht realisierb Haftg des Reichs (Art 131 WeimRV) verwies, BGH **3**, 104 (vgl § 839 Anm 2 A a); od SozialversTräger, der Pauschalsätze geltd macht, obschon diese von ihm weitem nicht aufgewandt worden, BGH NJW **65**, 2013; od wer Einr der Verj erhebt, obwohl er den anderen Teil durch sein Verhalten von rechtzeitiger Unterbrechg der Verj abgehalten hat, BGH **9**, 5; od wer ein KündR mißbräuchl ausübt, zB PachtVertr in letzter Stunde kündigt, um dem Pächter die Möglichk einer Abwendg zu nehmen, RG **150**, 232 (zu § 242); od KonkVerf mißbraucht, um Künd des PachtVertr zu erreichen, BGH WPM **62**, 930; od wer von seinem R zur Aufhebg der Gemeinsch nach § 753 Gebrauch macht, um reale Teilg, dch erbrechtl TeilgsAnordng vorgeschrieben, zu vereiteln, BGH **LM** (B) Nr 7.
f) Sittenwidrigk kann in einem **Tun oder Unterlassen** bestehen; im letzteren Fall muß das Handeln einem sittl Gebot entspr. BGH NJW **63**, 149. Sittenverstoß, wenn jemand bei Fälschg der eig Unterschr nicht bes Maßnahmen ergreift u dadurch den Fälscher schützt, RG JW **35**, 34, od Anfrage nach Echth der Unterschr unbeantwortet läßt, Anm 8t; vgl auch Anm 8r.
g) Sittenwidrigk kann auch in **besonders leichtfertigem Verhalten,** das als gewissenlos zu werten ist, liegen, BGH WPM **62**, 934, zB bei leichtfertigen, grobfahrl Gutachten (BGH aaO), Äußergen od Auskünften, BGH WPM **66**, 1149, 1151; dies insb dann, wenn der and Tl auf das Ansehen od den Ruf des grob leichtfert Handelnden vertraut hatte, BGH WPM **75**, 559; hierzu Anm 3c und 8c. Über sittenwidr Hdlg auf verschiedenen Lebensgebieten vgl die ZusStellg in Anm 8.

3) Vorsatz u Sittenwidrk sind grdsätzl getrennt festzustellen. Allerd läßt sich aus der Art u Weise, in der sich das sittenwidr Verhalten kundgibt, nicht selten folgern, ob der Täter vorsätzl gehandelt h od nicht. So läßt sich der Nachw ggfs vors oft nur dch den Bew erbringen, der Schädiger habe so leichtfert gehandelt, daß er eine Schädigg des and Tl in Kauf gen h mußte (BGH WPM **75,** 559).

a) **Zum Vorsatz gehört** u genügt das Bewußtsein, daß das Handeln den schädl Erfolg haben w, er muß daher die gesamten SchadFolgen umfassen, BGH NJW **63,** 150, s aber Anm 5 a; eine nur allg Vorstell über etwa mögliche Schädigg genügt indessen nicht, BGH **LM** § 823 (Be) Nr 15. Nicht erforderl ist Abs der Schädigg, BGH **8,** 393. **Bedingter Vorsatz** (dolus eventualis) genügt, dh das Bewußtsein des Täters, daß inf seines Verhaltens der andere Schaden erleiden könne, sofern Täter diesen mögl Erfolg in seinen Willen aufgenommen u für den Fall seines Eintritts in Kauf genommen hat, BGH Betr **57,** 185, BGH WPM **77,** 59. Nicht erforderl ist, daß Vors sich gg bestimmte Pers richtet; ausreich, wenn der Täter „die Richtg, in der sich sein Verhalten zum Schaden anderer auswirken konnte u die Art des möglicherw eintretenden Schadens vorausgesehen u in seinen Willen aufgenommen u gebilligt hat", BGH WPM **66,** 1152.

b) **Nicht erforderl ist Bewußtsein der Sittenwidrigk,** BGH WPM **62,** 579. Täter muß nur die Tatumst gekannt haben, die sein Verhalten dem Richter als sittenw erscheinen lassen, BGH aaO. Geltdmachg einer erpresserisch erworbenen Fdg ist daher auch dann sittenw, wenn der Fordernde den Anspr für rechtswirks hält, RG JW **32,** 938. Anderers ist § 826 nicht erfüllt, wenn Täter nach seiner irrtüml Ansicht über die tatsächl Verh sein Verhalten als erlaubt ansehen durfte, RG **159,** 227, vgl Anm 2.

c) **Fahrlässigk,** auch grobe, genügt niemals, BGH NJW **62,** 1766. Damit steht nicht in Widerspr, daß das Merkmal der Sittenwidrigk in manchen Fällen in einem grobfahrl, gewissenlosen Verhalten zu sehen ist, Anm 2g. Dadurch wird an dem Erfordern, daß daneben Vors vorliegen muß, nichts geändert, BGH WPM **66,** 1150. Jedoch ist hierbei zu beachten, daß aus einem bes leichtfert Verhalten des Schädigers auf seinen bdgt Vors auf die SchadZufügg geschl w kann, s oben. Über das bes Versch des Verletzers nach § 1 UWG vgl Anm 8 u.

4) Ersatzberechtigter ist nur der wirkl Geschädigte, auch der mittelb Geschädigte, sofern Bewußtsein u Wille des Schädig auch gg diesen (mindestens ev) richteten, BGH NJW **74,** 2091, krit in Bezug auf den mittelb Geschädigten Wolf NJW **67,** 709. Aktionär hat unmittelb SchadErsAnspr gg Organe der AG aus sittenw Hdlg, RG **142,** 228. Aber keine Sachbefugn der in UWG § 13 I genannten Verbände, Rechte der Mitglieder aus § 826 geltd zu machen, RG **78,** 80. Der ErsAnspr wird nicht ausgeschl, weil geschädigte Gesellsch noch nicht bestanden hat, RG **100,** 177. **Mitwirkendes Verschulden,** § 254, des Geschädigten bei der Verursachung des Schadens kommt ggü dem vorsätzl Verhalten des Täters im allg nicht in Betr, immerhin gibt aber auch Argl nicht schlechthin einen Freibrief für eigene Unvorsichtigk des anderen, RG **108,** 89, BGH WPM **70,** 633 (nur bdgter Vors des Schädigers, gleichwert Mitverursachg des Schad dch Leichtsinn des Geschädigten). § 254 kann außerdem in Frage kommen, wenn es sich um Abwendg od Mindergg des Schadens nach Begehg der uH handelt; Einf 5 vor § 823.

5) SchadErsPflicht. a) Die allg Bestimmgen der §§ 249 ff gelten. Der ges entstandene Schaden ist zu ersetzen, nicht nur der voraussehbare od voraussehb, vgl Anm 3 a. Nicht erforderl ist (anders als bei § 823) Verletzg bestimmter Rechte od RGüter, RG **79,** 58. Auch nichtvermögensrechtl Schaden ist mögl, für den dann § 253 gilt, RGRK Anm 18 (Wiederherstellg, aber – abgesehen von § 847 – nicht Geldentschädigg, RG **94,** 1). Zum Schaden gehört auch Beeinträchtigg einer nur tatsächl Erwerbsaussicht, RG **111,** 151; wichtig bei Beeinträchtigg des erbrechtl Anwartsch, des KundschVerh oder des Abschneidens von Bezugsquellen, Anm 8 u dd. SchadZufügg ggü Verein kann darin bestehen, daß ihm bei Erf seiner Vereinsaufgaben, der Anwerbg neuer Mitgl od Erhaltg des MitglBestandes Schwierigk erwachsen, RG JW **33,** 1254, BGH **42,** 219 (zu §§ 823, 824). Auch Ausschl aus Verein kann unter § 826 fallen, RG **140,** 23; vgl § 25 Anm 3. Über Schaden des GeschHerrn, wenn sein Vertreter Schmiergelder erhalten hat, vgl Anm 8 p.

b) Bei **arglistiger Täuschg** kann Betrogener den Vertr gem § 123 anfechten u insow die Befreiung von seinen vertragl Pfl erreichen; Ausgl sodann auch nach BereicherngsR. Zu demselben Erfolg führt der delikt SchadErsAnspr, ohne daß der Vertr angefochten zu w braucht u auch ohne daß die Voraussetzgen der §§ 123, 124 gegeben sind, BGH NJW **62,** 1198. Zu ersetzen ist das negat Interesse, BGH BB **69,** 696; vgl § 823 Anm 12a, f. Über Schaden bei Kredittäuschg durch Sichgsübereigng vgl RG **143,** 48, durch unrichtige Ausk über den Schu, BGH WPM **57,** 545.

c) Täter ist verpflichtet, dem Geschädigten durch **Auskunftserteilg** u **Rechngslegg** die Bezifferg des entstandenen Schadens zu ermöglichen, BGH NJW **62,** 731, **LM** § 1 UWG Nr 144 (einschränkd bei Wettbew); vgl auch § 687 Anm 2c und §§ 259–261 Anm 2d.

d) **Nebenfolgen.** Über eine auf Widerruf gerichtete Klage vgl Einf 9 vor § 823. Verurteilg zur Zurückn einer vor ausländ Gericht erhobenen Klage RG **157,** 140. Neben SchadErs kann Unterl gefordert w, Einf 8 vor § 823. Über SchadErs bei UrtMißbrauch Anm 8 o.

e) Über **ursächl Zushang** Einf 6 vor § 823; über **Beweislast** u Bew des ersten Anscheins § 823 Anm 13a.

f) Keinen Schaden erleidet, wer **freiwillig** Vermögensstücke opfert, wohl aber dann, wenn sein Wille durch argl Täuschg bestimmt war, zB wer durch Täuschg über den Zweck zu einer Schenkg veranlaßt ist, RG **88,** 406.

6) § 826 ist neben §§ 226, 242 für alle nichtvertragl RBeziehgen die Grdlage für die sog **Einrede der Arglist,** einen Fall der unzul Rechtsausübg. Vgl darü § 242 Anm 2b. Diese setzt einen den and Teil schädigenden Mißbrauch der Rechtsausübg voraus, BGH **29,** 385; insb gehört hierher ein früheres Verhalten des Gegners, mit dem sein jetziges Auftreten in einem Treu u Glauben verletzenden Widerstreit steht, RG **160,** 56.

Einzelne Schuldverhältnisse. 25. Titel: Unerlaubte Handlungen   § 826 7, 8

7) Verhältnis zu anderen Bestimmgen: § 826 greift ergänzd ein, wo andere Vorschr nicht ausreichen. Auch nach Ablauf der Anfechtgsfristen der §§ 123, 124 sind SchadErsAnspr aus § 826 gegeben, RG **84**, 133, s oben Anm 5 b. Anwendg von § 826 entfällt jedoch, wenn Voraussetzgen von § 839 vorliegen, § 839 Anm 1. Wegen § 254 Einf 5 vor § 823.

Durch **Sondergesetz** wird § 826 nur dann ausgeschl, wenn dieses für bestimmten Tatbestd ausdrückl u absichtl weitergehenden Schutz ausschließt; vgl Einf 1 b vor § 823; im einz gilt: **a)** § 826 greift neben dem **UWG** ergänzd ein, BGH **36**, 256; Anm 8 u; wichtig für Verj, die beim Vorliegen beider Bestimmgen sich nach § 852, nicht UWG § 21 regelt; § 852 Anm 1. **b)** § 826 gilt neben dem **GeschmacksmusterG**, RG **115**, 184. **c)** Auch das **WarenzeichenG** schließt § 826 nicht aus, insb nicht da, wo der formale Schutz des WZG versagt, vgl Anm 8 s. **d)** Auch **Patent- u GebrauchsmusterG** schließen Ausdehng des dort geregelten Schutzes auf weitere Tatbestände nicht aus, RG **157**, 1; hierzu Anm 8 m. **e)** Dasselbe gilt vom **UrheberRG** v 9. 9. 65, BGBl 1273, § 97 III.

8) Einzelfälle: Die Rspr hat für bestimmte häufig wiederkehrende Tatbestände sittenw Verhaltens gewisse Begriffsmerkmale entwickelt, die als Richtschnur für die Beurteilg ähnl Tatbestände von Bedeutg sind. Indessen ist Vorhandensein dieser Merkmale nicht schlechthin Voraussetzg für Anwendbark von § 826, vielm handelt es sich hierbei nur um typische Erscheingsformen eines sittenw Tatbestands; entscheidd sind niemals abstr Merkmale, sond die ges Umstände des Einzelfalls, RG **155**, 276.

a) Allg Arglisteinrede: Anm 6 und § 242 Anm 2 und 4 d.

b) Arglist bei Vertragsschluß. aa) Sittenwidrig sind **unwahre Angaben** über Mieterträge u VermVerh des Schu, RG JW **12**, 536; sittenw Verhalten insb argl Täuschg bei Grdst- u HypVerkauf, RG aaO, RG **103**, 154, Bezeichng einer Hyp als „gut", obgleich Unsicherh bekannt, RG Recht **14**, 1984; Vortäuschg der BörsenterminGeschFgk, Warn **17**, 207. Sittenw handelt, wer durch Kreditzusage an Schu die Gläub zum VerglAbschl veranlaßt, den versprochenen Betrag nachher aber trotz Zahlgsfähigk nicht zahlt, RG DJZ **33**, 499; Bestechg von Angest des VertrGegners bei GrdstKauf, RG **134**, 55.

bb) Auch **Verschweigen** von etwas kann sittenw sein, wenn nach Treu u Glauben mit Rücks auf VerkSitte VertrGegner eine Mitteilg erwarten durfte, BGH VRS **12**, 161, doch keine allg AufklärgsPfl über alle Umst, die den anderen vom VertrSchluß abhalten könnten, RG **91**, 80. Verschweigen der ZwVersteigerg u ZwVerwaltg bei Abtretg einer Hyp, RG JW **11**, 213, der Fälligk der ersten Hyp u der bevorstehenden ZwVersteigerg bei GrdstKaufverhandlgen, RG JW **29**, 3149, der Entmündigg, KG OLG **28**, 282. Argl Verschweigen des Fehlens der Vertretgsmacht, RG JW **28**, 2433, erhebl wertbilder Umst bei KaufVertrAbschl, Köln NJW **72**, 497. Verschweigen eig Eheverfehl bei UnterhVergl im ScheidgsProz, BGH MDR **69**, 739. Vgl auch § 463 Anm 3, § 460 Anm 4.

cc) Auch **Mitwirkg zum argl Verhalten eines anderen** ist sittenw. Ausstellg einer unrichtigen Bescheinigg, die Empf zur Täuschg eines Dritten bei VertrSchl benutzt, RG **114**, 289; argl Überbewertg von Sacheinlagen der GmbH, RG **84**, 332, unlauteres ZusWirken eines VertrTeiles mit dem Vertreter des anderen, BGH NJW **62**, 1099. Der Dritte, der mit einem Güter bewußt einen Vertr abschließt, dch den dieser seine GPfl schwer verl, ist den übr Gütern schaderspfl, BGH **12**, 308. – Vgl auch über Versch bei VertrSchl § 276 Anm 6 und 6 e.

c) Auskunft, Rat, Empfehlg, § 676 Anm 6. **aa)** Sittenw sind **bewußt unwahre** Ausk, zB des Gläub ggü den zukünftigen Bürgen über den HauptSchu, RG **91**, 80, des Kreditsuchenden ggü dem Bürgen über die eigenen VermVerh, Warn **30**, 10, des Firmenberaters ggü dem Kreditgeber, BGH Betr **66**, 2020 (auch zum KausalZusang).

bb) SchadErsPfl auch dann, wenn Ausk **in grob fahrl Weise**, jedoch mit dem **Bewußtsein der mögl Schädigg** des anderen erteilt w, u dem AuskGeber erkennb ist, daß die Ausk für die Entschließg des Empf von Bedeutg ist, Mü Betr **74**, 866. Dies insb wenn Ausk gewissenlos, ins Blaue hinein gegeben w und Schädiger nach Ansehen u Beruf eine Vertrauensstellg einnimmt, BGH BB **56**, 865 (unricht Vermögensaufstellg); BGH WPM **66**, 1150 (falsches, gewissenloses Gutachten über GrdstWert); BGH Betr **72**, 676 (RA ggü Gegner seines Mandanten); Hbg WPM **75**, 703 (unricht Ausk unter Banken). Wg HaftgsAusschl vgl § 676 Anm 3 c. – Über gerichtl Sachverst u Schiedsgutachter § 839 Anm 8 a, u.

cc) Über **Auskünfte u Zeugnisse von Arbeitgebern** § 630 Anm 3. Auskunftsverweigerg sittenw, wenn sie unter Angabe irreführender, den Verdacht nicht einwandfreier Führg erweckender Gründe erfolgt, RAG JW **34**, 1259. Ist ArbG aGrd bestimmter Vorkommen von unehrl Verhalten des Angest überzeugt, so ist es sittenw, wenn er trotz Freisprech des Angest im Strafverf weitere Ausk „aus bestimmten Gründen" ablehnt, RAG HRR **36**, 470. SchadErs bei vorsätzl Verschweigen von Unterschlaggen, BGH NJW **70**, 2291.

dd) Auch **wahre Auskünfte** können uU ersatzpflichtig machen, wenn Sittenwidrigk aus bes Umst herzuleiten ist, RG **76**, 112, zB wenn Auskunftei eine viele Jahre zurückliegende Vorstrafe mitteilt, ohne Prüfg, ob es im Hinbl auf die Belange des Kunden der Erwähng der Vorstrafe überh bedarf; Mitteilg aller Einzelh von Strafe u Tat ist jedenf nicht immer erforderl, vielm mildere Form geboten, RG **115**, 416. So dürfen überh Tatsachen aus dem Privatleben nicht ohne zwingenden Grd bekanntgegeben w, BGH LM (Gb) Nr 3, (Gc) Nr 2 (Schutz der Intimsphäre); § 823 Anm 15.

d) Berufs- u Standesangelegenheiten. Überschreitet der Grenzen des Erlaubten bei existenzgefährdenden Folgen des Ausschlusses eines Mitgl, RG **107**, 386, uU auch ohne Existenzgefährdg, RG **140**, 23. Unzul Boykott durch Inng BGH BB **54**, 10; Ausschl von der Belieferg der Sozialversicherten BGH **36**, 91 [100]. Vgl ferner zur Verweigerg der Aufn in einen WirtschVerband u zum Verstoß gg das Diskriminiergsverbot des § 26 II GWB unten j. Erhebg des Differenzeinwandes kann so sittenw sein, daß ihm die Anerkenng zu versagen ist, RG **144**, 242. Vgl auch „Wettbewerbshandlgen" u cc und § 138 Anm 5 ff.

da) Denunziation. Unwahre Anzeigen begründen eine ErsatzPfl nach § 823 II iVm § 164 StGB; ausreich auch nur leichtfertiges Handeln. Obj richtige Anzeigen verstoßen nicht gg ein SchutzG; sie können

§ 826 8 d–j   2. Buch. 7. Abschnitt. *Thomas*

jedoch als sittenw u damit zum SchadErs verpflichtd gewertet w, wenn sie geeignet sind, eine schwere Gefährdg des Betroffenen hins seiner pers Freih, seiner Gesundh od sogar seines Lebens herbeizuführen. Diese Voraussetzg war für die spätere Zeit der natsoz Herrschaft erfüllt, BGH NJW **53**, 1428; BGH **17**, 328.– Schädigg eines DDR-Bürgers durch Anz bei dort Stellen mögl; über nur fahrl Gefährdg durch Bundesdeutsche vgl § 823 Anm 4 c.

   d b) Durchgriffshaftung auf Mitgl einer JP vgl § 242 Anm 4 D g.

   e) Eigentumsmißbrauch liegt vor bei Grabsteinentfemg durch Grabeigtümer, Mü SeuffA **82**, 172, oder wenn jemand bewußt durch BordellBetr das NachbarGrdst in seinem Verkaufs- od Mietwert schädigt, RG **57**, 239, od wenn durch Verkauf des Hauses an Ehegatten ein KündR gg Mieter geschaffen w soll, RG LZ **20**, 856, ebso bei GrdstErwerb in der ZwVersteigerg od im KonkVerf, um lästige MietVertr zu beendigen, BGH WPM **62**, 930; od bei einvernehml ZusWirken zw HauptVerm u Mieter, um Untermieter loszuwerden, vgl § 556 Anm 3.

   f) Familien- und erbrechtl Beziehgen. aa) Anspr des Verlobten auf Ersatz seiner Aufwendgen, wenn Vater aus verwerfl Gründen der Tochter die zunächst in Aussicht gestellte Heiratseinwilligg verweigert, RG **58**, 248. **bb)** Über Anspr gg Ehebrecher u Ehegatten Einf 1, 3 vor § 1353. Über den Anspr der enterbten Ehefr gg die Geliebte des Ehemannes, die als Begünstigte in einem Lebensvers Vertr eingesetzt worden ist, BGH NJW **62**, 958. Anspr auf Rückn einer von dtsch Ehegatten im Ausland zwecks Umgeh der dtsch Gesetzgebg erhobenen Scheidungsklage, RG **157**, 136. Beeinträchtigg des UnterhAnspr des unschuldig geschiedenen Ehegatten durch Erschleichg eines unricht Urt, RG **75**, 213. **cc)** Nach Aufhebg der Ehe kein Anspr auf Rückgewähr geleisteter UnterhZahlgen, BGH **48**, 82. **dd)** Erbteilsübertragg mit dem Ziel, die Miterben um ihr VorkR nach § 2034 zu prellen, BGH WPM **60**, 553.

   g) Formmangel § 125 Anm 6.

   h) Geistiges Eigentum. Sittenw kann unerl Ausnutzg fremder geistiger Leistg sein. Abwehr solcher Eingriffe mögl nach den Spezialgesetzen u nach §§ 823, 826; Einf 1 b vor § 823 u § 823 Anm 6 d. Unredl Verwertg eines BetrGeheimn (BGH NJW **77**, 1062. Anlehng an einen bekannten Liedertext (Lili Marleen) kann auch ohne Verl des UrhR unlauter sein BGH **LM** § 1 UWG Nr 58.

   i) Gläubigerbenachteiligg. aa) Lohnschiebgen. Vertr mit Drittem, durch den sich Schu einkommenlos stellt, um seine Gläub zu prellen, sind sittenw u können Anspr gg den Dr nach § 826 begründen, trotz Fiktion des § 850 h ZPO, BGH WPM **64**, 613.

   bb) Kreditverträge u Vermögensverschiebg. Die Nichtigk von Kreditsichergsverträgen wg Knebelg od GläubGefährdg nach § 138 (vgl daselbst Anm 5 a bb u Anm 5 b bb) ist zu trennen von der Ersatzverpflichtg aus § 826, BGH NJW **53**, 1665 mit Anm von Barkhausen, BGH JR **70**, 219 mit Anm von H Berg. KreditVertr sind dann sittenw, wenn sie dem Schu fast alles nehmen u seine wirtschaftl Unabhängigk vernichten (Knebelg), BGH **19**, 12, WPM **62**, 529, oder Dritte über die Kreditwürdigk des Schu täuschen (GläubGefährdg), BGH aaO u WPM **65**, 476. Beide Formen gehen oft ineinander über, BGH NJW **52**, 1169. Ob bei der Prüfg der Sittenwidrigk der Sicherg der Begriff „Knebelg" brauchb ist, kann im Rahmen des § 826 ungeprüft bleiben, weil der KnebelgsVertr als solcher Dr ggü keine ErsPfl begründen kann, diese vielm nur darauf beruhen kann, wenn Dr über die Kreditwürdigk des Schu getäuscht w, BGH WPM **62**, 1222. Währd der SichergsVertr nichtig sein kann, auch wenn Gläub u Schu nicht in der Absicht der GläubGefährdg gehandelt haben, ja insow bereits grobe Fahrlk (Gewissenlosigk) genügen kann, BGH **10**, 228, setzt ErsPfl nach § 826 **vorsätzl Handeln** voraus (dolus eventualis genügt, Anm 3 a). Ausreichd daher, daß eine Schädigg der Gläub als mögl erkannt u gebilligt w, BGH WPM **62**, 529. Verträge sind wg Gläubigergefährdg sittenw, wenn sie der KonkVerschleppg dienen, wenn also der ZusBruch des Schu nur hinausgeschoben w soll, weil der Gläub hofft, sich dadurch Vorteile zu verschaffen, BGH WPM **65**, 476. Ebso wenn der beherrschde Gter einer GmbH deren GeschF zur HinausZögerg des KonkAntr bestimmt, um in der ZwZt die Tilgg einer v ihm verbürgten Fdg gg die GmbH zu erreichen, BGH **LM** § 826 (Ge) Nr 9. Geht der Gläub zutreffd davon aus, daß der Schu saniert w kann, so kann er gleichwohl sittenw handeln, wenn die Sanierg nur durch die Inanspruchn von Krediten der Lieferanten mögl ist u das Scheitern der Sanierg nur zu deren Lasten geht. Im übr kann die Frage der Sittenwidrigk nur aGrd einer umfassenden Gesamtwürdigg des einzelnen RGesch beantwortet w, BGH WPM **62**, 529. Gg eine Überspanng der Anforderungen, die an die kreditgewährende Bank zu stellen sind, mit Recht BGH BB **58**, 428.

   cc) Sonstiges : ZusWirken der Ehefr des Erzeugers mit diesem zwecks Vereitelg des UnterhAnspr des nichtehel Kindes, RAG JW **32**, 2747. EinmannGmbH, bei der sich Inh plann zum GroßGläub des eigenen Untern macht u dadch beim Konkurs andere Gläub schädigt, RG JW **38**, 862. ZusWirken von Kommittent mit insolventem Kommissionär unter Schädigg von dessen Gläub, BGH NJW **65**, 249. Sittenwidrige GläubSchädigg durch AbschlPrüfer einer AG, BGH BB **61**, 652; § 823 Anm 9 f. Schädigg von Prolongationsgläubigern dadurch, daß Bank dem zahlgsschwachen Schu durch uneingeschränkte Gutschrift von Schecks die Einlös beliebiger Wechsel od Zahlg sonstiger Verbindlichkeiten ermöglicht, BGH WPM **61**, 2302; hierzu NJW **63**, 374. GläubSchädigg dch Bank, die dch Mißbr der RFigur des Schecks (verschleierte Kreditschaffg mit dem ScheckRingVerk) den ZusBruch konkursreifen Schu hinauszögert, BGH WPM **70**, 633. Schädigg des ZahlgsEmpf einer Überweisg dadurch, daß beauftragte Bank der endbeauftragten Bank des Empf, mit deren ZusBruch zu rechnen ist, Gutschrift erteilt, BGH NJW **63**, 1872 (Haftg bejaht; vgl hierzu § 665 Anm 4). Haftg der Bank, die als kreditgebende Bank einer Gesellsch einen an dieser Beteiligten nicht über deren VermVerfall aufklärt, verneint in BGH NJW **63**, 2270. Schädigg der Gläub durch Unterzeichn einer unrichtigen Bilanz, BGH WPM **62**, 579 (ErsPfl verneint in bezug auf den Kommanditisten). ZusWirken eines Gläub mit dem Schu, um dessen Verm dem Zugriff eines and Gläub zu entziehen u es wirtsch dem Schu zu erhalten, BGH Betr **74**, 282.

   j) Kartelle u Monopole : vgl hierzu G gg Wettbewerbsbeschränkgen idF v 3. 1. 66 (GWB). Vgl auch unter WettbewHdlgen (Boykott u Preisunterbietg). Über **Monopole**, das sind Unternehmen, die für eine bestimmte Art von Waren od gewerbl Leistgen ohne Wettbewerber od keinem wesentl Wettbewerb ausgesetzt sind, vgl §§ 22 ff GWB (Kontroll- u Direktionsbefugn der Kartellbehörde). **Einzelfälle:** RG 133, 388 (unsittl Untersagg des Theaterbesuches zur Behinderg sachl Kritik); Celle BB **71**, 1120 (Kontrahiergs-Zwang bei Monopolstellg hins lebensnotw Leistgen); unangem Bindg des Lizenznehmers, § 20 GWB; Verweigerg der Aufn eines Unternehmens durch einen Wirtsch- od Prüfgsverband, § 27 GWB, BGH **37**, 163; BKartellamt BB **65**, 687, 924 u allg über den Zwang zur Aufn Bohn BB **64**, 788. Über den Unternehmensbegriff BKartellamt BB **61**, 657 u über SozialVersTräger als Untern nach GWB BGH **36**, 102. AufnVerweigerung einer andern Vereinigg mit Monopolstellg, BGH MDR **60**, 109. Diskriminiergsverbot allg, § 25, BGH **44**, 279, das ggü marktbeherrschd Unternehmen, § 26 II GWB, BGH **42**, 319. Anspr aus § 826 u GWB selbstd nebeneinander, BGH BB **64**, 616. Begr des Untern nach GWB (wie nach § 823 I, vgl Anm 6 g daselbst) weiter als auf and RGebieten, BGH **42**, 325. Verweigerg der Aufn in Idealverein mit Monopolstellg kann nur ausnahmsw unter § 826 fallen, BGH NJW **69**, 316. – Vgl weiter unter d „Berufs- u Standesangelegenheiten".

k) Lohnkämpfe. Streik, Aussperrgen, Boykott sind als Hdlgen des ArbKampfes grdsätzl nicht rechtsw, Vorbem 1 e vor § 620; wilder Streik, dh der nicht von einer Gewerksch ausgerufene u auch nicht von ihr übernommene Streik, ist rechtsw; BAG NJW **64**, 883. Sittenw ist der ArbKampf, der das Prinzip der fairen Kampfführg, das unter dem Grds der sozialen Adäquenz steht, verletzt (so Hueck-Nipperdey II/2, § 49 B II 8). So wenn sich eine Partei wahrheitswidriger od aufhetzender Propaganda bedient, Gewalt anwendet od androht od duldet. Desgl, wenn Mittel od Zweck in einem unverträgl MißVerh zueinander stehen; hier ist jedoch im Einzelfall vorsichtige Prüfg geboten (so Hueck-Nipperdey aaO). Desgl streikähnl Maßn Beamter zur DchSetzg standespolit Fdgen (BGH **70**, 277: Bummelstreik der Fluglotsen). Die beabsichtigte wirtschaftl Vernichtg des Gegners begründet die Sittenwidrigk, RG **104**, 327 (Zwang, einer Gewerksch beizutreten), BAG AP § 1 TVG FriedensPfl Nr 3 (Streik unter Bruch der FriedensPfl des TV; vgl Einf 6b cc vor § 611). Streikposten stehen nicht unzul, wenn sich Posten auf gütl Zureden beschränkt; Gewaltanwendg ist sittenw; das gleiche gilt von Boykottposten; vgl hierzu eingeh Hueck-Nipperdey aaO § 49 B II 8c. Über Streik u Boykott als Eingr in den eingerichteten u ausgeübten GewerbeBetr vgl § 823 Anm 6g.

l) Organe u Mitglieder von Gesellschaften. aa) Zur AG vgl AktG (Fassg v 6. 9. 65) §§ 12, 71, 133 ff, 182 ff, 222 ff. Aus der bish Rspr: mißbräuchl Ausnutzg ihrer Stellg durch Vorstands- u Aufsichtsratsmitglieder der Erwerb junger Aktien RG **115**, 289; Erhöhg des Grdkapitals aus eigensücht Interessen der Mehrh RG **107**, 72; Veräußerg von Aktien an Strohmänner, um Abstimmg über FusionsBeschl zu beeinflussen, RG **85**, 170. Über Stimmrechtsbindg vor Vorbem 5c vor § 709. **bb)** Mißbrauch der Vertretgsbefugn bei öffrechtl Körpersch RG **145**, 311; Betrieb eines Unternehmens unter immer wechselnder RForm, um sich den Verbindlichk zu entziehen, RG HRR **33**, 299. Vgl vorstehd unter „Gläubigerbenachteiligg". **cc)** Anspr des Gters wg eines Schad, der ihm dch vorsätzl pflwidr Handeln eines Liquidators entstanden ist, auch wenn kein Beschl nach GmbHG § 46 Nr 8 gefaßt ist, BGH NJW **69**, 1712.

m) Patente und Gebrauchsmuster: aa) Patenterschleichg dch argl Täuschg des PatAmts, zB dch Verschweigen neuheitsschädl Umstände entgg der Offenbargs- u WahrhPfl (§ 44 PatG), RG **140**, 184. – **bb) Verwirkg** des AusschlußR bei Argl (jahrelange Duldg bei Gutgläubigk des Verletzers), RG GRUR **36**, 878, BGH GRUR **53**, 29 (Berücksichtigg der unsicheren Nachkriegslage). – **cc)** Schutz des Erfinders auch mögl vor der PatAnmeldg, wenn Voraussetzgen nach § 826 gegeben, Benkard, PatG § 47 Anm 9; vgl hierzu auch § 823 Anm 6d. – **dd)** Über sklavischen Nachbau Anm u ff. – **ee) Lizenznehmer** handelt sittenw, wenn er ein ihm im Rahmen der Verbessergsklausel unentgeltl zur Benutzg überlassenes Patent mit der NichtigkKlage angreift, BGH LM § 9 PatG Nr 6. – **ff) Unzul WettbewBeschränkgen.** Verträge, die dem Erwerber od Lizenznehmer gewerbl Schutzrechte WettbewBeschrkgen auferlegen, die über den Inhalt des SchutzR hinausgehen, sind uU unwirks; § 20 GWB.

n) Prozeßführung: Mit Rücks auf ZPO § 138 muß bewußte Unwahrh idR als sittenw gelten. Planm Prozeßverzögerg mittels unrichtiger Einwendgen, RG **95**, 310. Benutzg verfälschter BewMittel, RG HRR **35**, 665, vorsätzl Herbeiführg unrichtiger Entscheidg in einem Prozeß betr Anfechtg der Ehelichk eines Kindes, Warn **35**, 184. Keine Sittenwidrigk, wenn bei Abschl eines Prozeßvergleichs eine Partei die Unglaubwürdigk eines ihrer Zeugen verschweigt, Warn **35**, 35. Wegen Haftg des Anwalts bei argl herbeigeführtem ProzVergl, RG HRR **36**, 330. Unberecht VerfEinleitg verpflichtet grdsätzl nicht zum SchädErs, BGH **36**, 18 – unbegr KonkAntr –, krit Baur JZ **62**, 95; strengere Anfordergen für sog SchutzRVerwargen stellt BGH **38**, 200. Eingehd zum Ganzen Hopt, SchadErs aus unberechter VerfEinleitg (1968), der jedoch SchadErsPfl oft bedenkl weit ausdehnt. Wg Ehrverletzgen in Schriftsätzen vgl § 823 Anm 15 D e.

o) Urteilsmißbrauch: aa) Die Wirkg der UrtRechtskr hört auf, wenn sie bewußt rechtswidr zu dem Zweck herbeigeführt ist, dem Unrecht den Stempel des Rechts zu geben. Der BGH hat im Anschl an die Rspr des RG den Anspr auf UrtMißbrauchs nur dann gewährt, wenn die nachstehenden Voraussetzgen erfüllt sind (vgl **13**, 71; **26**, 391): Unrichtigt des Urt vom Kläger zu beweisen (BewAntritt nicht schon dadurch, daß Kläger sich auf sein altes Vorbringen bezieht, BGH **40**, 130 [hierzu Johannsen LM (H) Nr 5]), NJW **64**, 1277, 1672 – maßgebd danach, wie nach Ansicht des über den SchadErsAnspr befindenden Ger richtig zu entsch gewesen wäre (vgl § 839 Anm 10 a); Kenntn von der sachl Unrichtigk des Urteils, BGH WPM **65**, 278, wobei es gleichgültig ist, ob diese Unrichtigk erst nach Rechtskr erkannt wird, BGH NJW **51**, 759; bes Umst, von dem Verletzten zu beweisen, die das Verhalten des Schädigers als sittenw erscheinen lassen (strenge Anfordergen an BewLast, BGH aaO). Diese Umst können sich ergeben aus der Erwirkg des Urteils od aus seiner Vollstreckg, BGH **13**, 71, LM (Fa) Nr 9. Unentschieden geblieben in BGH NJW **63**, 1608, ob auch Ausnütz unrichtiger gerichtl Entscheidgen, die selbst keine Sachentscheidg enthalten (Beschl, durch den ein RMittel als unzul verworfen w), ebso zu beurteilen ist. Sittenw handelt der ehebrecherische Eheg, der durch Beteuerg, er sei niemals untreu gewesen, den anderen Teil veranlaßt, sich im Scheidgsprozeß nicht vertreten zu lassen, RG **156**, 270, vgl BGH NJW **56**, 505 über einen ähnl Fall; od wer unter Mißachtg der dtsch Gesetze vor ausländ Gericht Scheidg herbeiführt, RG **157**, 136, desgl selbstverstdl der, der Urt dadurch erschleicht, daß er einen Zeugen zu einer falschen Aussage bestimmte, BGH LM (Fa)

§ 826 8 o–q

Nr 7, ebso wer in Kenntn, daß ihm keine Fdg zusteht, u im Vertrauen auf die Unerfahrenh des Gegners von dem Schuldtitel Gebr macht, RG **155**, 57. Die Geltdmachg von UnterhAnspr aGrd eines unrichtigen (nicht erschlichenen) ScheidsUrt über die Alleinschuld des anderen Ehegatten kann nur unter bes Umst sittenw sein, BGH **26**, 391. Kein Erschleichseinwand, wenn beide Parteien das Gericht getäuscht haben, RG JW **38**, 1262; auch nicht allein, weil es sich um VersäumnUrt handelt, BGH **13**, 71; vgl auch BGH WPM **65**, 278 (Mißbr eines VersäumnUrt). Über RLage, wenn das Urt durch Dritten erschlichen war, RG **156**, 347. ZusWirken der Prozeßparteien zwecks Benachteiligg eines Dritten, BGH WPM **62**, 909 (Schädigg des Zessionars der im Streit befangenen Fdg), hierzu auch BGH NJW **64**, 1277 (§ 2 AnfG). Die Rechtskr kann nicht mit TatsBehauptgen angegriffen w, die die sachl Voraussetzgen für eine RestitutionsKl (§§ 580, 581 ZPO) erfüllen (Celle NJW **66**, 2020; aA zu Unrecht BGH **50**, 115, krit dazu Zeiss JuS **69**, 362, abl Baumgärtel/Scherf, JZ **70**, 316), vor allem dann, wenn das OLG im KlErzwinggsVerf nach StPO § 172 die AnklErhebg wg Mangels an Beweisen abgelehnt hat, BGH NJW **64**, 1672. Keine einstw Einstellg der ZwVollstr aus dem Titel entspr ZPO 767 bei Kl auf seine Herausg (Mü NJW **76**, 1748).

bb) Andere Endentscheidgen. Diese Grdsätze gelten auch für Schiedsspruch, RG JW **28**, 1853, AusschlUrt, RG **168**, 15, rechtskr Entscheidgen der freiw Gerichtsbark, BGH **LM** (Fa) Nr 10, u ZuschlagBeschl, BGH **53**, 47, auch wenn er nicht selbst richt ist, aber auf fehlerh Festsetzg des GrdstWerts beruht, BGH NJW **71**, 1751. Nicht dagg für erschlichenen ZwVergl, RG **158**, 82; EntmBeschl Warn **22**, 46; Anmeldg einer nicht bestehenden Fdg zum Konk, zu eng RG Recht **14**, 920.

cc) Sittenw ist auch die Ausnutzg von **Vollstreckgstiteln,** die für sittenw Ansprüche erlangt sind, RG **132**, 273 (Ausnutzg einer Monopolstellg). Herbeiführg eines Prozeßvergleichs durch Benutzg falscher Aussagen, RG **84**, 131; uU UnterhVergl im ScheidgsProz bei Verschweigen eig Eheverfehlg, BGH **LM** (Fa) Nr 19.

dd) Ursächlichkeit des argl Verhaltens hat Kl zu beweisen; maßg ist jedoch nicht, wie das Gericht ohne das argl Verhalten entschieden haben würde, sondern wie es nach Ansicht des jetzt entscheidenden Gerichts bei richtiger Beurteilg hätte entscheiden müssen; SchadErmittlg nach § 287 I ZPO; BGH NJW **56**, 505.

ee) SchadErs geht auf Unterl der ZwVollstr u auf Herausg des Vollstreckgstitels, BGH NJW **63**, 1608, auch auf Ers einer bezahlten Geldstrafe aGrd einstw Vfg, BGH Warn **69**, 29. Auch bei rechtsgestaltdem Urt können die vermögensrechtl Folgen ohne Rücks auf die Möglichk einer WiederAufnKl (BGH **LM** (Fa) Nr 7) beseitigt w, währd jedoch die geschiedene Ehe bestehen bleibt, BGH JW **38**, 1262. Der SchadErsAnspr w nicht dadurch ausgeschl, daß der Geschädigte es unterlassen hat, gg das Urt RMittel einzulegen, RG **78**, 393; entspr Anwendg des § 839 III entfällt, weil das sittenw erlangte Urt niemals rechtl anerkannt w kann. Das ist jedoch lebh umstr; wie hier auch StJ § 322 XI 46; vgl über die GgMeing Bambg NJW **60**, 1062. Nichteinlegg von RMitteln kann nur nach § 254 berücks w.

p) Zahlg von **Schmiergeldern,** auch wenn der Tatbestd des § 12 UWG nicht erf ist, ist sittenw, BGH NJW **62**, 1099 (Zahlg an einen Vertreter, um bei der Vergebg von Aufträgen bevorzugt zu w). Ebso „**Eintrittsgeld**" u „**Anzapfen**", dh das Verlangen nach einer PauschalZahlg für den ersten Marktzutritt (zB Erteilg eines Auftr, Aufn einer Ware in das Sortiment) od für den Verbleib auf dem Markt (Weiterführen der Ware im Sortiment), BGH NJW **77**, 1242; krit Loewenheim GRUR **76**, 224; vgl hierzu auch § 667 Anm 3a. – **Verjährgseinrede,** vgl Anm 6 u Übbl 3 vor § 194.

q) Verletzg von Vertragsrechten Dritter, insbes Verleitg zum Vertragsbruch : aa) Planmäßiges Zusammenwirken eines Dritten mit einem VertrTeil zum Schaden des anderen VertrTeiles kann auch auf seiten des Dr sittenw sein, BGH **14**, 317; zB Vereitlg des Rechtes des ersten Käufers durch ZusWirken eines Dritten mit dem Verk. Immer aber müssen über die obj Verleitg zum VertrBruch hinaus noch bes Umst gegeben sein, die das Handeln des Dritten als sittl verwerfl stempeln, BGH **12**, 318; vgl auch unten u bb (Abwerbg). Sittenwidrig liegt zB dann vor, wenn der zweite Käufer einen höheren Kaufpr bietet u die Bedenken des Verk durch Zusage der Gewährleistg ggü allen RegreßAnspr des ersten Käufers zerstreut, RG JW **31**, 2238, od wenn durch Übern der VertrStrafe auf den VertrBruch hingewirkt w, RG **81**, 86, od bei sonstigem planm ZusWirken, um zB den AuflassgsAnspr des früh Käufers zu vereiteln, RG **88**, 366. Sittenw ist auch, wenn Gesellschafter einer GmbH eine neue GmbH gründen, um langfristige Vertr mit einem Dr zu beseitigen, BGH **114**, 69. Sittenw nach BGH **12**, 318 auch die einf Abtretg einer intern gesellschaftsrechtl gebundenen Fdg, weil Verletzg gesellschrechtl Pflichten schwerer wiege als die einf schuldrechtl VertrPfl; bedenkl, weil diese Begr sich nur auf den ungetreuen VertrPartner bezieht, maßg aber die Sittenwidrigk des Dr, des Verleitenden, ist. Nur die Verleitg zum VertrBruch, nicht auch dessen bloße Ausnutzg, kann als sittenw Schädigg angesehen w, BGH NJW **60**, 1853. Auch w in aller Regel die Verleitg zum VertrBruch nur dann nach dem Tatbestd des § 826 erfüllen, wenn der VertrPartner zur Verletzg vertragl **Hauptpflichten** bestimmt w, BGH aaO. – Handelt der Verleitende zu **Wettbewerbszwecken**, so w Sittenwidrig auch ohne Hinzutreten weiterer Umst in aller Regel angenommen w müssen, BGH **LM** § 1 UWG Nr 3. Wettbewerbsw Verleitg zum VertrBruch ist es auch, wenn der Werbde dem Umworbenen ohne Kenntn der Einzelh des Vertr die unricht Ausk erteilt, der Abschl sei trotz der vertragl Bindg des Umworbenen an einen Mitbewerber zuläss, BGH Betr **75**, 1595. Bloße Ausnutzg fremden VertrBruchs ist in diesem Fall bei Hinzutreten bes Umst wettbewerbswidr, so wenn die zu wahrden Interessen des Mitbewerbers erhebl beeinträchtigt w, BGH BB **73**, 1229. Über die Unzulässigk der Beschaffg preisgebundener Waren unter Ausnutzg fremden VertrBruches zum Zwecke der Abwehr einer Diskriminierg vgl BGH **37**, 30, u ggf über die Pfl des Außenseiters, dem Hersteller der preisgebundenen Ware seinen Lieferanten aufzugeben, BGH NJW **64**, 917. Vgl hierzu auch unten Anm u gg und BGH BB **67**, 774: keine Verleitg zum VertrBruch, wenn Endverbraucher Buchhändler ansinnt, Preisnachlaß auf preisgebundene Bücher zu gewähren, da es hier an der Vorstellg fehlt, hierdch könnten vertragl Pfl verletzt w. – Über die Vereitelg des VorkR § 506 Anm 2.

bb) Bewußte Ausnutzg des Mißbrauches der Vertretgsmacht ist sittenw, RG HRR **29**, 1730, LZ **31**, 1197, ebso ZusWirken eines VertrTeiles mit dem Vertreter des anderen, BGH NJW **62**, 1099, od wenn Bank Wechsel einer AG diskontiert, obwohl sie weiß, daß das einzige VorstandsMitgl diesen Wechsel für persönl Zwecke ausgestellt hat, RG JW **31**, 794, od wenn Schu an ungetreuen TrHänder zahlt, RG JW **25**,

1635. Unsittl handelt auch, wer unbezahlte Ware käufl übernimmt, um eigene Verbindlichk durch Verrechng zum Schaden des Warenlieferanten erfüllen zu können, BGH NJW 57, 587. Vgl auch „Gläub-Benachteiligg", „Wechsel".

r) Vertragsverletzg : aa) NichtErf einer VertrPfl ist nicht ohne weiteres unsittl, es müssen **besondere Umstände** hinzukommen, die das Verhalten als sittl verwerfl erscheinen lassen, Stgt NJW 58, 465; zB bei bewußter Vereitelg des VertrZweckes, od wenn Gesellschafter für sich selbst hinter dem Rücken der übr Geschäft abschließt u den Abschl durch die Gesellsch vereitelt, RG 89, 99. – **bb) Vertrauensbruch** eines Treuhänders, der sich Sondervorteile versprechen läßt, RG 79, 194, eines Provisionsreisenden, der sich heiml auch einer anderen Firma für dieselbe Ware u dasselbe Absatzgebiet verpflichtet, RG JW 26, 563, einer ProzPartei, die gg die Zusage verstößt, die Eintragg als Eigt bis zur Erledigg des Prozesses über die Nichtigk des GrdstKaufVertr nicht zu beantragen, RG Recht 24, 15. – **cc) Kündigg eines Dienstverhältn** kann nach Beweggrund u Zweck sittenw sein, vgl Vorbem 2 d vor § 620. – **dd) Planm Herausdrängen** des VertrGegners aus ReklameVertr durch Gründg einer neuen GmbH mit denselben Gesellschaftern u demselben GesellschZweck, RG 114, 69; planm Handeln des Gläub, um seinen Schu den allg Kredit abzuschneiden, zu dem Zweck, das Grdst in der ZwVerst billig zu erwerben, RG 58, 219. Über Sittenwidrigk des Gläub ggü dem Bürgen vgl § 776 Anm 1. – **ee)** Über sittenw Verletzg der TreuPfl nach Beendigg des DienstVertr vgl unten u, ii.

s) Warenzeichen u Ausstattg : aa) Das formelle ZeichenR darf nur **innerh des lauteren Wettbewerbs** u der guten Sitten ausgeübt w, RG 114, 363, BGH 45, 177. Benutzgszwang für WZ besteht an sich nicht, doch ist es sittenw, wenn jemand ein WZ in der ausgesprochenen Abs erwirbt, es nicht zu benutzen, sond nur andere der Benutzg auszuschließen, es sei denn, daß im Einzelfalle ein schutzwürd Bedürfn für den Erwerb besteht. Die Schutzwürdigk ist jedoch nur im ordentl GerichtsVerf, nicht im zeichenrechtl WidersprVerf zu prüfen, BGH 45, 246; das gilt auch für den Einwand, das WidersprZeichen sei ein unbenutztes Vorrats- od Defensivzeichen, BGH 45, 173. Auch bei diesen Zeichen ist Verwechslg mit einem älteren Zeichen grdsätzl nach den Verhältn im Ztpkt seiner Anmeldg, nicht nach denen im Ztpkt seiner Ingebrauchn zu beurteilen, BGH NJW 65, 1859. Anmeldg eines inländ WZ, um Benutzg des ident ausländ WZ im Inland zu verhindern, kann sittenwidr sein, BGH MDR 69, 733. Über Zeichenschutz für Vorrats-, Defensiv- u Sperrzeichen vgl näher BGH 45, 177; daselbst auch über unzul RechtsAusübg in bezug auf diesen Schutz. Über VerwirkgsEinwand dessen, der das Kennzeichen redl u ungestört längere Zeit benutzt hat, BGH 45, 246.

bb) Einzelfälle. Sittenwidrig der Erteil einer WZ-Lizenz zu Täuschgszwecken RG 100, 22, der WZ-Anmeldg, um einen im Ausland geschützten Dritten zu einer bestimmten, den Interessen des Anmelders dienenden Auswertg zu veranlassen, BGH 46, 130. Bei Duldg des Berechtigten ist Aneigng fremden Ausstattgsschutzes nicht ohne weiteres sittenw, wohl aber dann, wenn sich jemand in fremde Ausstattg hineinschleicht u nunmehr gg den älteren Ausstattgsbesitzer vorgeht; vgl BGH 4, 100. Sittenverstoß, wenn jemand gebrauchte Nähmaschinen neu auflackiert u auf der Neulackierg das WZ des Herstellers wieder anbringt, damit die Maschinen als neue in den Verkehr gebracht w können, RG 103, 367.

t) Wechsel und Schecks : aa) Weitergabe von **Wechseln** an einen gutgl od bösgl Erwerber, um dem Schu Einreden abzuschneiden, oder entgg einer Vereinbg mit dem Schu, RG 56, 317, BGH NJW 71, 855 (planmäß ZusArb zw Erwerber u Inh zur Abdeckg von dessen alten Schulden). Ebso kann der Namensträger, dessen Unterschr auf dem Wechsel gefälscht ist, sittl verwerfl handeln, wenn er die Anfrage des WechselInh nach der Echth der Unterschr unbeantwortet läßt, BGH 47, 110. Voraussetzg jedoch auch hier, daß er vorsätzl handelt, also erkennt, daß sein Schweigen dem Anfragenden einen Schaden zufügen kann u diesen Erfolg billigt, BGH WPM 63, 637. Arglistige Täuschg eines WechselGläub über die RUnwirksamk des vom Bürgermeister einer Gemeinde gegebenen Akzeptes, RG JW 28, 2433. Über Wechselbürgen, der mit der Verfälschg des Wechsels gerechnet hat, RG 126, 223. Organisierter Austausch von Finanzwechseln unter Einschaltg eines Vermittlers, dem die Prüfg der Kreditwürdigk des Partners u dessen Auswahl obliegt, der jedoch selbst nicht verantwortl ist, BGH 27, 172. – **bb)** Begebg ungedeckter **Schecks** RG JW 27, 892. Ausfüllg von Schecks aus Gefälligk mit Bewußtsein, daß sie zu Täuschg eines Kreditgebers bestimmt sind, RG SeuffA 88, 145. Verwendg eines Schecks entgg der bei der Übergabe angegebenen Zweckbestimmg, BGH Betr 56, 986; abredewidr Verwendg von Prolongationsschecks, BGH WPM 61, 2302 u NJW 71, 1366; vgl oben Anm 1 cc. Haftg des Kreditinstituts, das ein der Scheckreiterei dienendes Konto führt, die auf dieses Konto gezogenen Schecks als in Ordng bezeichnet u dabei Schädigg eines Scheckbeteiligten in Kauf nimmt, BGH WPM 69, 334; ScheckRingVerk (dem keine Warenumsätze u ZahlgsVerpfl zugrde liegen – Zweck der verschleierten Kreditbeschaffg), BGH WPM 70, 663. Scheckreiterei (Kreditschöpfg dch Austausch von Schecks auf die gleiche Summe ohne zGrde liegdes Gesch, die am selben Tag zum Einzug eingereicht w), Hbg WPM 78, 941).

u) Wettbewerbshandlgen. Schädigg anderer Wettbewerber liegt in Natur des WirtschKampfes. Was Wettkampf Stempel des Unerlaubten u sittl Verwerfl aufdrückt, sind hauptsächl die **Kampfmittel,** wenn diese nach der gesunden Anschauung der beteiligten Verkehrskreise nicht mehr als sachl u wirtschaftl vernünftige Werbg betrachtet w können, BGH NJW 60, 1853. Auch der Zweck ist bei Berücksichtigg des Gesamtverhaltens mitzuwerten, RG 134, 342. Auch bei Existenzgefährdg eines anderen ist Anwendg erlaubter Mittel nicht sittenw, BGH LM § 1 UWG Nr 7. **§ 1 UWG** gewährt einen SchadErsAnspr, wenn der Verletzer im geschäftl Verkehr zu Zwecken des Wettbewerbs Hdlgen vornimmt, die gg die guten Sitten verstoßen. Dafür ist entscheidd, ob das konkrete WettbewVerhalten nach Anlaß, Zweck, Mittel, BegleitUmst u Auswirkg dem Anstandsgefühl der beteil VerkKreise widerspricht od von der Allgemeinh mißbilligt u für untragb angesehen w, BGH GRUR 72, 553. Zu Recht verlangt BGH GRUR 60, 200 außerdem Versch, dh es genügt nicht Vors hins der ges TatUmst, sond hinzukommen muß die Vorwerfbark der Hdlg. Sie kann fehlen, wenn sich in bezug auf den konkreten Sachverhalt in der Rspr noch keine festen RGrdsätze entwickelt h; dann keine SchadErsPfl, BGH 27, 273. – Neben UWG gelten auch §§ 823 ff; das gilt für §§ 824, 826 uneingeschränkt; § 823 I u II sind jedoch unanwendb, wenn die WettbewHdlg

§ 826 8 u   2. Buch. 7. Abschnitt. *Thomas*

gg eine gesetzl Spezialregelg verstößt; BGH **36**, 256 ff (daher keine SchadErsPfl nach § 823 I, wenn WettbewHdlg zugl Eingr in den eingerichteten u ausgeübten GewerbeBetr, vgl § 823 Anm 6 g). Der Verl kann nicht RechngsLegg, aber Ausk verlangen, die nach Art u Umfang seinen Bedürfn gerecht w u schonder RücksNahme auf die Belange des Verletzers (BGH BB **76**, 661). Über Verj vgl § 852 Anm 1. Verbraucher, die dch sittenwidr WettbewHdlgen geschädigt w, können bei Vorliegen der sonst Voraussetzgen nach § 826 SchadErs nur dann verlangen, wenn die im EinzFall verl Sittennorm den Schutz des Verbrauchers bezweckt (Sack NJW **75**, 1303).

aa) Äußergen und Anpreisgen: α) Mitteilgen über das **Vorleben des Wettbewerbers,** wenn es sich um längst vergessene Vorkommnisse handelt, RG **76**, 110, Mitteilg von gerichtl Bestrafg zu Wettbew-Zwecken, RG JW **25**, 2327, od soweit überh der andere geschädigt w soll, RG JW **33**, 1403. – β) Unzul ist Hinweis auf die **Beteiligg von ausländischem Kapital** an WettbewBetr, RG **150**, 55. – γ) Sittenwidr sind herabsetzende Äußergen über die Leistgen des Gegners od über die Ware des anderen; BGH GRUR **53**, 293; **LM** § 1 UWG Nr 19, auch bei wissenschaftl Äußerg eines im Dienste eines Konkurrenten stehenden Gelehrten, BGH BB **64**, 329. **Vergleichende Werbg,** kritische Würdigg des Unterschieds zw der eignen u der fremden Ware ist nur insow zu billigen, als sie sich nach Art u Maß in den Grenzen des Erforderl u wahrhgem sachl Erörterg hält; dabei ist die Grdlage des Vergl mit nachprüfb Fakten anzugeben, so daß die v Werbden vorgen Wertg nachvollziehb ist (BGH GRUR **73**, 270, Ffm Betr **77**, 201). Die sog **anlehnende bezugnehmende Werbg** ist unzul. Bei ihr w fremde Leistg u fremder guter Ruf zum Nachteil des Konkurrenten als Vorspann für die eig Werbg ausgenutzt, BGH GRUR **72**, 554 („statt Blumen Onko-Kaffee"), Nürnb BB **64**, 904 („Kleidg wie nach Maß") od es w fremde Ware, die neben der marktübl angebotenen Hauptware, deren Umsatz gefördert w will, eine meist branchenfremde Ware, ohne die Hauptware, zu besonders günst erscheinen Pr angeboten – **Vorspannangebot** (BGH **65**, 68). Die Beurteilg als Vorspannangebot w nicht dadch ausgeschl, daß die branchenfremde Ware zu einem höheren Pr angeboten w als die Ware, deren Abs dch die Koppelg gefördert w soll (kopflast Vorspannangebot). Es entscheidet die VerkAuffassg (BGH NJW **76**, 2013). Zuläss ist die GgÜberstellg zweier Systeme (BGH BB **61**, 9 [um den technischen Fortschritt zu verdeutlichen]) u die vergleiche Werbg, sofern für sie ein hinreichder Anlaß besteht. Das ist der Fall bei Wahrnehmg berecht Interessen entw in der Pers des Wettbewerbers od in einem schutzwürd Bedürfn der angesprochenen VerkKreise nach sachgem Aufklärg (BGH BB **76**, 434). Außerdem müssen sich die Äußergen des Werbden nach Art u Maß in den Grenzen des Erforderl u der wahrheitsgem sachl Erörterg halten, BGH BB **71**, 235, die ein zutreffdes GesamtUrt auf Grd aller maßgebden Umstände ermöglicht BGH BB **66**, 1120 („Echter Rum – kein Verschnitt"). Denn hierdurch w die Verbraucher aufgeklärt, „damit die Marktübersicht verbessert u die Gefahr der Irreführg verringert"; so BKartellamt BB **63**, 493. Zutreffd w daselbst darauf hingewiesen, daß zB der, der in den bestimmtes Produkt billiger als sein Mitbewerber anbieten kann, auch die Möglichk haben muß, den Verbraucher hierü in seiner Werbg wahrheitsgem u sachl, auch durch Preisvergleich, aufzuklären (BGH **45**, 115 [119]); jedoch ist hierbei behuts zu verfahren, um ungerechtf Schädigg des Konkurrenten zu vermeiden (vgl Möser-von Filseck GRUR **63**, 182); über die gebotenen Grenzen des SystemVergl auch BGH Betr **67**, 896. – Kein unzul PreisVergl bei WerbeAnkünd „20% unter dem empfohlenen Richtpreis", BGH **42**, 134; auch kein unzul Vergl der Erzeugn bei Werbg: „Den u keinen anderen", BGH **43**, 140. Über Systemwertg auf nicht wettbewerbl Basis u über Warentest vgl unten II und § 824 Anm 1. – Unzul ist **irreführende Werbg,** zB „med" als Bestandtl der Warenbezeichng, BGH BB **69**, 890; „reine HandArb" bei Herstellg auf and Weise, Nürnb BB **71**, 1075; „Netto-tiefstPr mit PrGarantie", LG Hbg WRP **77**, 59. – Wettbewerbswidr ist ferner, außer bei Einverständn, **Fernsprech- und Telexwerbung,** wenn sie nicht sachbezogen ist u wenn kein sachl in der Interessensphäre des Adressaten liegder Grd für diesen Weg der Werbg besteht, BGH **59**, 317. Das gilt auch, wenn der Anruf beim Nichtkunden nur den VertrBesuch ankündigen soll (KG WRP **78**, 373). – δ) **Anpreisgen im Komparativ** können, da die Irreführg des Verbrauchers insow mögl, unzul sein, BGH BB **63**, 163. Die Verwendg des negat Komparativs („Es gibt weit u breit nichts Besseres") versteht der Verkehr idR iS einer AlleinStellg mit einem obj, dch BewAufn nachprüfb Aussagegehalt (Düss WRP **77**, 26). Desgl solche im **Superlativ** (sow nicht erkennb marktschreierische Reklame), zB Alleinstellgswerbg, BGH BB **62**, 1223 („größte deutsche Spezialzeitschrift"), Hbg BB **72**, 1112 („die größte Autovermietg im RegBez"), Düss Betr **63**, 1603 („die beste Zigarette der Welt"), BGH NJW **72**, 104 („der meistgekaufte der Welt", wenn dies für das Inland nicht zutrifft), Ffm Betr **73**, 66 („Höchstrabatt" bei 3% BarzahlgsNachl), Hbg WRP **77**, 651 („TiefstPr"). ε) **Weitere Beispiele** unzul Werbg: Verbreitg von Werbeschriften in wissenschaftl Gewande, RG Mitt des DPA **36**, 155; kostenlose Verteilg eines Anzeigenblattes, das sich den Anschein einer Zeitg gibt, BGH **19**, 392 (hierzu Dunz NJW **56**, 1318). Unricht Hinweise auf ausländ Herkunft der Ware, BGH **44**, 16, desgl auf angebl Steuervorteile, Ffm BB **53**, 456. **Werbg mit Diskontpreisen** ist idR nicht irreführd, wenn alle Pr des Sortiments erhebl niedriger liegen als im EinzHandel, BGH NJW **71**, 378. Auch keine irreführde Werbg bei Ankünd „vom Hersteller direkt zum Verbraucher" unter Hinw auf Preisvorteile, BGH MDR **64**, 905. Über irreführde Werbg dch GgStellg eines **Richtpreises** mit einem niedrigeren Verkaufspreis, insb dann, wenn der Richtpreis irreal („Mondpreis") ist, BGH **45**, 115 (128), NJW **66**, 1559; zum Stand der Meingen u zur Kritik an der Rspr Sauter NJW **67**, 806. Über irreführde ZeitschrWerbg mit Mitgliederzahlen Düss BB **64**, 145, über solche eines Kreditvermittlers, wenn Notwendigk, BausparVertr abzuschließen, verschwiegen w, BGH BB **67**, 772.

bb) Abwerbg von ArbNehmern: Die einfache Abwerbg ist wie die Verleitg zum VertrBruch (vgl oben q) nur bei Hinzutreten bes Umst sittenw, wie etwa wenn bezweckt od bewußt in Kauf gen w, daß Mitbewerber ernstl beeinträcht od seine Leistg ausgebeutet w, BGH **LM** § 1 UWG Nr 16, od bei Abwerbg der meisten Arb des Konkurrenten, BGH Betr **68**, 38. Zum Umfang der ErsPfl vgl BGH NJW **67**, 875. Vgl auch § 611 Anm 2 d, § 125 GewO. Verleitg zur Verletzg des WettbewVerbotes RG SeuffA **88**, 23. **Abwerbg von Vereinsmitgliedern** dch unricht tats Behauptgen, BGH MDR **68**, 118.

cc) Boykott ist eine rein negat, auf Aussperrg gerichtete Maßn, näml planmäß ZusWirken von mindestens drei Personen (BGH Betr **65**, 889), u zwar Verrufer, Verrufener, Verrufsadressat (Ffm BB **71**, 1254), nicht rein zufäll Zustreffen von EinzelHdlgen (BGH **19**, 72), um den Wettbewerber dadurch gefügig zu machen, daß ihm nicht mehr geliefert (Liefersperre) od nichts mehr abgekauft w (Bezugssperre), od wenn sonst auf die freie WillEntschließg des Adressaten eingewirkt w, damit dieser geschäftl Beziehgen zu einem Dr abbricht od nicht aufnimmt. Boykott ist idR rwidr, im EinzFall kann er bei InteressenAbwägg mit dem R zur freien MeingsÄußerg rmäß sein (§ 823 Anm 15), näml dann, wenn er unter Berücksichtigg der Interessen der Beteil nach Anlaß, Ziel, Mittel u Wirkg billigenswert erscheint (Stgt WRP **74**, 576). Boykott ist auch dann untersagt, wenn er fremden WettBew unzul fördert, BGH BB **54**, 10. Dagg dient der Ausschließlichk Vertr einem posit Zweck, dem GeschVerk zw zwei VertrPart, er wirkt nur mittelb sperrd u ist grds rechtmäß u wettbewgem, Celle Betr **69**, 1397. Über unzul Boykott aus WettbewGrden vgl §§ 25ff GWB. Über den Ausschl von der Belieferg der Sozialversicherten, BGH **36**, 91 [100] u MDR **67**, 985; über unzul Aufforderg zu boykottähnl Maßnahmen (§ 1 UWG) vgl BGH Betr **60**, 230; Androhg einer Liefersperre Hbg Betr **60**, 719; unzul, wenn dch geschäftl Einstellg der Milchbelieferg Molkerei wirtschaftl vernichtet w soll, BGH Betr **65**, 889 (vgl auch zum Eingr in den GewerbeBetr § 823 Anm 6g).

dd) Kundenfang: Unaufgeforderte Hausbesuche von Bestattgsfirmen in Sterbefällen RG **145**, 396; Werbg für Grabsteine nach Todesfällen, BGH MDR **67**, 378; Zusendg unbestellter Ware, es sei denn, daß Empf hierdurch nicht in eine Zwangslage versetzt w (zB: keine Pfl zur Rücksendg, Bezahlg, Aufbewahrg), BGH Betr **59**, 283, Wessel BB **66**, 432, jedoch auch dann unlauter, wenn im angeforderten Gratisprospekt Zusendg der Ware angekündigt w, falls Empf nicht vorher widerspricht, BGH NJW **65**, 1662; unentgeltl Massenverteilg von Warenproben, BGH **23**, 365; einschränkd jedoch BGH **43**, 278 bei Einführung völlig neuartiger Ware. Ansprechen von Straßenpassanten zu Werbezwecken, BGH NJW **65**, 628; Anlocken zu Werbeveranstaltg dch übermäß Geschenke, BGH BB **67**, 692; sittenw Kundenwerbg durch öffrechtl Versichergsanstalt RG **132**, 297; öff Patientenwerbg, Brem NJW **54**, 1937. Anlocken von Kunden dch unentgeltl Zuwendgen, die ihrer Art u ihrem Wert nach geeignet sind, die angesprochenen Kreise unsachl zu beeinflussen, so daß sie ihre Entscheidg nicht nach den LeistgsWettbew maßgebl GesichtsPkten, sond allein im Hinbl auf die unentgeltl Zuwendg (auch DienstLeistg) treffen, BGH BB **71**, 237 (Kaffeefahrt). BGH Betr **72**, 87 (BesichtiggsReise mit BegleitPers), BGH BB **72**, 59 (unentgeltl Kundentransport zum Ausgl von Standortnachteilen verstößt nicht ohne weiteres gg § 1 UWG), BGH Betr **72**, 1385 (Anlocken von Kunden kurz vor Ladenschluß ist Verstoß gg § 1 UWG), BGH NJW **74**, 45, BGH NJW **77**, 2075, Düss WRP **77**, 642 (Anlocken von Kunden dch Geldgewinnspiele, wenn die Kunden zum Erwerb eines Loses das Ladenlokal betreten müssen od sonst unter psycholog Kaufzwang gesetzt w; dabei spielen Art u Größe der erhofften Gewinne, Art der zum Kauf angebotenen Waren, dem Interessenten verbleibde Anonymität eine Rolle. Anlocken von Kunden dch das Angebot einer branchenfremden Nebenware zu bes günst Pr, wenn diese Nebenware nur zus mit der zu marktübl Pr angebotenen Hauptware abgegeben w (BGH WPM **75**, 1185). Vortäuschg von Konkurrenzpreisen dch Inh zweier Firmen RG JW **26**, 1549. Über Vertriebssystem, durch das sich der Käufer durch Anwerbg weiterer Käufer von Zahlg des Kaufpreises befreien kann (Hydra- od Schneeballsystem), vgl § 763 Anm 1. Progressive Kundenwerbg (Schneeballsystem), die gg das Gebot der Wahrh verstößt, ist sittenwidr, Köln BB **71**, 1209 (treuhänder Depotverwaltg). Preisausschreiben (vgl § 661 Anm 1) sind als solche nicht unlauter. Sie verstoßen gg gute WettbewSitten, wenn die angesprochenen Pers dazu verleitet w können, ihre Entschließg nicht im Hinbl auf Eigensch u Pr der Ware zu treffen, sond im Hinbl auf sachfremde Mot, insb in der Hoffng, einen Pr zu gewinnen (BGH BB **76**, 435). Dazu genügt noch nicht, daß die Lösg jedermann ohne Mühe mögl ist (GratisVerlosg). Unlauter ist ein mühel zu lösdes PrAusschreiben mit hochwert Pr, wenn mit der Aushändigg eines TeilnScheins die Hingabe eines Vordrucks für Warenbestellgen gekoppelt ist, BGH **73**, 621; wenn ein beigefügtes vorgedrucktes Bestellformular auch als TeilnSchein verwendet w kann (BGH BB **76**, 435). Belieferg eines brauereigebundenen Gastw mit and Bieren bei Zukäufen nicht ow sittenwidrig, BGH NJW **69**, 1293.

ee) Mißbrauch der öffentl-rechtl Stellg (vgl auch d): Beteiligg einer Körpersch öff R an priv Untern kann Gefahr eines Interessenwiderstreits begründen u daher unzul sein, BGH **LM** § 1 UWG Nr 134. Preisunterbietg durch öff Verbände, die mit VerbandsAngeh in Wettbewerb treten, RG **138**, 174. Werbg für öff-rechtl Versichergsanstalt durch Beh, RG JW **32**, 2529, oder staatl Kurverwaltg für staatseigene Betriebe, BGH **19**, 299. Belieferungsausschluß durch SozVersTräger, BGH **36**, 91 (100). Verstoß gg gesetzl Verbot (GemeindeO), auf gewissen Gebieten wettbewerbl tätig zu sein, BGH **LM** § 1 UWG Nr 149. Sittenwidrig ist verneint bei der vom Unterrichtsminister angeordneten zwangsw Unfallversicherg der Schüler bei bestimmten Versichergsanstalt, RG **128**, 134, ebso die Überlassg von Anschriftenmaterial für Fernsprech-Anschl durch die Post an privaten Herausgeber der Branchenfernsprechbuches, RG **137**, 57.

ff) Nachahmgen und dgl: α) **Ausnutzg fremder Arbeit** u Mühe ist nicht ohne weiteres sittenw, da alle neuen Arbeiten naturgem an dem bisher Erreichten anknüpfen u darauf aufbauen, BGH **44**, 288. Die Ausnutzg verstößt aber dann gg die guten Sitten, wenn sie täuschd wirkt u die Gefahr von Verwechslgen hervorruft, od wenn eine ungerechtf Bereicherg dadurch herbeigeführt w, daß eine üblicherw vergütgspflichtige fremde Leistg kostenlos genutzt w, BGH **33**, 20 (Tonband), 38 (Rundfunk), od wenn die fremde Leistg erschlichen ist ("Schmarotzen an fremder Leistg"), BGH **28**, 387; BB **63**, 831 (Tonband). Planm Verwendg fremder Ausstattg ist daher sittenw, RG **146**, 247; ebso Eindringen in Abnehmerkreis einer Zeitschrift durch ein Blatt mit verwechslgsfäh Titel, BGH **28**, 320 (hierzu u zur Verwechslgsgefahr nach §§ 16 UWG, 31 WZG vgl auch BGH NJW **65**, 1856), ebso Nachbildg von Möbeln nach früheren Liefergen, RG **101**, 2, Vermehrg fremder Stecklinge unter Ausnutzg der im Verkehr bestehenden Gütevorstellg, BGH **28**, 387. Nachahmg von Käte-Kruse-Puppen, RG **111**, 254, einer illustr Zeitschrift (mangels Täuschgsabsicht nicht sittenw), RG JW **32**, 872, einer Walt-Disney-Figur, BGH Betr **59**, 1340, der Herstellg eines Adreßbuches, RG **116**, 292, von Bildwerken, RG **117**, 318, einer Theaterbezeichg, Warn **19**, 63; streitbegiges Anklammern an Schmuckstückmodelle, BGH MDR **60**, 202. – β) **"Sklavischer Nachbau"**, dh maßgetreue Nachahmg der wesentl Teile eines gewerbl nicht geschützten Fabrikats, ist an sich nicht sittenw; anders, wenn die Gefahr besteht, daß der Verkehr hierdurch über die Herkunft dieser Ware ge-

§ 826 8 u, v   2. Buch. 7. Abschnitt. *Thomas*

täuscht w, sie also mit der bereits im Verkehr bekannten Ware verwechselt, BGH **41**, 57, od wenn andere bes Umst die Sittenwidrigk begründen, BGH **44**, 288. SchadBerechng nach entgangener Lizenzgebühr (vgl § 687 Anm 2 c) ist mögl, wenn wg des bes Schutzwertes des nachgebildeten Erzeugn die Nachbildg auch jedem and untersagt ist, BGH **57**, 116, krit Haines NJW **72**, 482. Über die Sittenwidrigk der **Aneignung,** also der einfachen Übernahme einer fremden Leistg, vgl Schibel BB **64**, 1277 zu Mü daselbst.

gg) Preisunterbietg (vgl hierzu auch vorsteh aa) ist grdsätzl erlaubt; sie ist nur wettbewerbswidr bei Hinzutreten unzul WettbewerbsHdlgen, BGH **44**, 288, insb zum Zwecke des VernichtgsWettbew, Hamm Betr **69**, 1505. Unterbietg gesetzl gebundener Preise kann jedoch im Einzelfall sittenwidr sein, vgl BGH NJW **60**, 284 (Frachtenrückvergütg). Auch bei **preisgebundenen Markenwaren** reicht Preisunterbietg für sich allein nicht aus, wohl aber dann, wenn sie aGrd der Ausnutzg eines VertrBruches geschieht u wenn ferner das PrBindgSystem lückenlos aufgebaut u dchgeführt ist, BGH NJW **64**, 917 (über Anspr gg den Außenseiter oben q aa). Darü, ob dch einen solchen Eingr auch das Recht des Preisbinders am eingerichteten u ausgeübten GewerbeBetr verletzt w, vgl § 823 Anm 6 g; s auch oben Anm q aa. – Über den Nachweis der Lückenlosigk des PrBindgsSystems vgl BGH **40**, 135; dieses System ist nicht schon deshalb lückenh, weil dem PrBinder nicht jederzeit Einsicht in die Bücher des Großhändlers gestattet ist, BGH **43**, 359. Vertikale Preisbindgn bei Markenwaren nur zul, wenn beim BKartellamt angemeldet, §§ 15, 16 GWB; vgl auch die VO über das PreisbindgsRegister v 3. 1. 66, BGBl 59, u hierzu Gutzler BB **66**, 60. Hierunter fällt nach BGH **28**, 208 auch eine vertikale unverbindl Preisempfehlg, wenn sie im Erfolg einer Preisbindg der zweiten Hand gleichkommt; über die vertikale Preisempfehlg allg BKartellamt BB **61**, 846. Über den Begriff der Empfehlg nach § 38 II 2 GWB BGHSt **14**, 55 (NJW **60**, 723). Über das AnmeldeVerf bei Preisbindg u Preisempfehlg Gutzler BB **64**, 412. – Bei **preisgebundenen Verlagserzeugnissen** ist RabattEinräumg von 20% wettbewwidr (Düss Betr **78**, 785). – **Testkäufe** des preisbindenden Untern bei zul Preisbindg notw, um diese zu überwachen, u daher zul, Hbg (LG) NJW **62**, 1969. Hausverbot für Testkäufer unzul, BGH **43**, 359, NJW **66**, 1558. Preisunterbietg dann sittenw, wenn nur unter Ausnutzg der Vorarbeiten des Konkurrenten mögl, BGH **28**, 396. – Über Werbg mit „Diskontpreisen" vgl vorsteh unter aa.

hh) Vertriebsbindgen: Ob **Direktverkäufe**, das sind solche des Großhändlers an den Endverbraucher unter Umgehg des Einzelhändlers, sittenwidr sind, kommt auf den Einzelfall an, BGH **28**, 54. Über Werbg mit ε. **Unterkundengeschäfte** sind solche, die der Großhändler unmittelb mit dem Letztverbraucher schließt, der ihm von seinem Hauptkunden zugeführt w; über die Werbg mit diesen Geschäften BGH **LM** § 13 UWG Nr 15.

ii) Bei Verwertg von Betriebsgeheimnissen durch einen entlassenen Angest kommt es entscheidd darauf an, ob die Verwertg als solche gg die guten wettbewerbl Sitten od die nachwirkende TreuePfl (vgl § 611 Anm 4 c) verstößt, nicht jedoch auf die Umst, unter denen die Kenntn erlangt worden ist, BGH **38**, 396. Zum Eindringen eines ausgeschiedenen Angest in den Kundenkreis seines bish Diensthernn BGH NJW **64**, 351. Über Nachahmg eines artistischen Geheimnisses unter Vertrauensbruch vgl Warn **12**, 75; Sittenwidr ist Einschleusen von Dr als ArbNehmer in KonkurrenzBetr, um dort BetrVorgänge auszukundschaften, BGH WPM **73**, 811. Der SchadErs für die unredl Verwertg ist analog wie bei Verl von ImmaterialgüterR dch LizenzZahlg zu leisten, BGH NJW **77**, 1062.

kk) Aus dem Verkehrziehen von Konkurrenzerzeugnissen ist nur dann sittenw, wenn das einer Marktverdrängg oder einer ernstl Marktbehinderg gleichkommt, BGH NJW **60**, 1853.

ll) Warentest in Zeitschriften ist in aller Regel durch das Informationsinteresse der Öffentlichk und damit durch die Pressefreih (Art 5 GG) gedeckt, es sei denn, daß hierdurch der Wettbewerb bestimmter Wirtsch-Kreise beeinflußt w soll, Stgt BB **63**, 831 u NJW **64**, 48. Über Warentest u Eingr in den eingerichteten GewerbeBetr vgl § 823 Anm 6 g, Schultz NJW **63**, 1801 und oben aa, γ. Vgl über die Aufgaben der Presse allg § 823 Anm 15.

mm) Unentgeltl Anzeigenblatt mit redaktionellem T. Seine Verteilg ist unlauterer Wettbew, wenn sie zu einer gemschschädl Störg der WirtschOrdng führt, BGH NJW **71**, 2025. Dies ist insb der Fall, wenn dadch eine verstärkte Behinderg regional konkurrierder TagesZeitgn u eine Verfremdg des Leistgs-Wettbew eintritt, BGH Betr **77**, 1087. Ständ unentgeltl Verteilg einer sonst nur gg Entgelt zu beziehden **Fachzeitschrift** in Konkurrenz mit and Fachzeitschr ist idR wettbewwidr, BGH NJW **77**, 1060. Die Lieferg einer Fach- als Verbandszeitschrift an alle VereinsMitgl auf Kosten des Vereins ist kein unlauterer Wettbew, sow die Lieferg im Rahmen des Vereinszwecks erfolgt u kein Mißbr der Vereinsautonomie vorliegt, BGH NJW **71**, 2027.

nn) WettbewVerbot. Soweit seine vertragl Vereinbg nicht nach SpezialBest, zumindest ohne Karenz-Entsch nichtig ist, darf sie nicht über die schutzwürd Interessen des Berecht hinausgehen u nicht die wirtsch BeweggsFreih des Verpfl unangem einschränken, Karlsr GRUR **75**, 271.

oo) Sonstiges: Anpreisg von Schutzmitteln gg Ansteckg bei Geschlechtsverkehr ist nicht schlechthin sittenwidr, RG **149**, 224. Über unzul Werbg außerhalb von Fachkreisen mit Hauszeitschriften vgl G über die Werbg auf dem Gebiete des Heilwesens v 11. 7. 65, BGBl **604**, § 9 Nr 9 (vgl zur fr PolizeiVO BGH NJW **63**, 1673); unzul Werbg mit Preisausschreiben, § 9 Nr 13 (vgl Mü NJW **63**, 2375); unzul auch Werbg mit Dankschreiben usw, § 9 Nr 11, mit Gutachten, § 9 Nr 1, mit Krankengeschichten, § 9 Nr 3 (vgl zur PolizeiVO Hbg NJW **63**, 1681). – Über Vertrieb von Arzneimitteln unter Nichtbeachtg des Apothekenzwanges vgl ArznMG v 16. 5. 61 u BGH **44**, 208. – KoppelgsGesch kann sittenw sein, Nürnb (LG) BB **64**, 530 (MietVertr über Wohng u Möbelkauf), Köln DRspr II (243), 79 (Preisverschleierg), BGH Betr **52**, 35 (Verkauf eigener, gekoppelt mit Inzahlgnahme fremder Ware); vgl jedoch auch BGH **LM** § 1 UWG Nr 152 über zulässi Koppelg im Verhältn des Herstellers zum Großhändler. – Zugaben grdsätzl verboten, ZugabeVO v 9. 3. 32; Ausnahmen § 1 II; über zul Zugabe als handelsübl Zubeh der Ware, Köln BB **65**, 721, als solche von geringem Wert, Düss BB **66**, 96; über den Begr der KundenzeitschR (§ 1 II e idF v 15. 11. 55, BGBl 719), BGH **LM** § 1 ZugabeVO Nr 18.

v) Zwangsvollstreckg: Sittenwidr erlangt ist der Rang eines PfandR, wenn der Gl die öff Zustellg des Titels erschlichen h, BGH **57**, 108. Ob Abhalten vom Bieten durch entspr Vereinbg gg die guten Sitten ver-

828

stößt, ist Tatfrage, BGH NJW **61**, 1012. Sittenverstoß ist auf jeden Fall zu bejahen, wenn Abrede bezweckt, alle in Betr kommenden Bieter überh auszuschalten, so daß gesetzl Zweck der ZwVerst, durch Erzielg eines möglichst hohen, dem GrdstWert entspr Gebots bei freier Konkurrenz der Bieter weitgehende Deckg der GrdstLasten zu erreichen, vereitelt w, u zwar zum Vorteil des Täters u zum Schaden des Eigtümers u der dingl Berechtigten, RG J W **33**, 425. Auch die Ausschaltg eines bestimmten Bieters, wie überh die Schmälerg der Konkurrenz der Bieter kann sittenw sein, BGH WPM **65**, 203. Unsittl, wenn durch Strohmänner Scheingebote abgegeben w, um andere Bieter zu höheren Geboten zu veranlassen, RG HRR **35**, 664, wie auch die sittenw Erschleichg des Zuschlags durch einen Strohmann, BGH **LM** (Gi) Nr 2. Kein Sittenverstoß dagg, wenn Gläub bei Versteigerg Grdst od bewegl Sachen ersteht, u die ihm daraus erwachsenen Vorteile ledigl für sich in Anspr nimmt, zB die ZwVerst wg ausgefallenen RestFdg betreibt, obwohl der wirkl Wert des billig erstandenen Grdstücks die Fdg deckt, RG **80**, 153, JW **17**, 812. Keine Sittenwidrigk, wenn Eigtümer die ZwVerst zwecks Beseitigg von Grdstückslasten betreibt, die nach seiner Überzeugg wertlos sind, RG **160**, 52. Mißbrauch des KonkVerf zur Erreichg konkursfremder Zwecke (Künd eines PachtVertr), BGH WPM **62**, 930.

w) Sonstige Fälle: Über unsittl Ausnutzg der Spielleidensch vgl BGH **LM** § 762 Nr 1 u § 762 Anm 4. Ausbieten einer Fdg gg einen bekannten Schu zwecks Bloßstellg des Schu, RG Recht **18**, 704. Gläub, der sich einen Geldbetrag überweisen läßt, von dem er weiß, daß er aus einem Betruge des Schu herrührt, RG **94**, 193. Erwirkg einer behördl Anordng auf Übertr eines Geschäfts durch Täuschg, wobei polit Beziehgn u ZeitUmst ausgenutzt w, BGH **LM** § 25 HGB Nr 1.

827 *Ausschluß und Minderung der Verantwortlichkeit.* Wer im Zustande der Bewußtlosigkeit oder in einem die freie Willensbestimmung ausschließenden Zustande krankhafter Störung der Geistestätigkeit einem anderen Schaden zufügt, ist für den Schaden nicht verantwortlich. Hat er sich durch geistige Getränke oder ähnliche Mittel in einen vorübergehenden Zustand dieser Art versetzt, so ist er für einen Schaden, den er in diesem Zustande widerrechtlich verursacht, in gleicher Weise verantwortlich, wie wenn ihm Fahrlässigkeit zur Last fiele; die Verantwortlichkeit tritt nicht ein, wenn er ohne Verschulden in den Zustand geraten ist.

1) § 827 behandelt den Ausschl der zivilrechtl Verantwortlichk inf von **Unzurechnsfähigk** (vgl StGB § 51, §§ 104, 105 und Einf 1 vor § 104). Anwendb nicht nur bei uH, sond auch auf dem Gebiete des VertrR (vgl §§ 276, 278; BGH NJW **68**, 1132) sowie für die Schadenverantwortlichk im HaftPfl- u StraßenVerkG, ferner auch da, wo es sich um ein mitwirkendes Versch handelt, RG **108**, 87. Unzurechnsfähigk entspricht dem „Vertretenmüssen" in 287, RG **166**, 147. Trotz Unzurechnsfähigk ErsPfl in Sonderfällen, § 829; wg Haftpfl der AufsPersonen § 832. – Ausschl der freien Willensbestimmg – auch durch Ohnmacht od Schlaf, BGH **23**, 90 – ist erforderl; bloße Minderg des Geistes- u Willenskraft, krankh Gleichgültigk gg die Folgen des Handelns, Unfähigk zu ruhiger u vernünftiger Überlegg genügen für sich allein nicht, RG **108**, 87. Entmündigk als solche führte den Ausschl der Verantwortlichk noch nicht herbei, da eine dem § 104 Nr 3 entspr Bestimmg fehlt. Begehg einer uH durch Entmündigten ist also mögl, zB währd eines sog lichten Zwischenraumes od im Falle der Gesundg vor Aufhebg der Entm wg Geisteskrankh. Doch kann aus der Entmündigg eine Vermutg für Anwendbark des § 827, 1 entnommen w, RG aaO. Keine Anwendbark von § 827 aber dort, wo die Verantwortlichk ohne das gesetzl Erfordern eines Verschuldens besteht (§ 833, 1).

2) Nach **Satz 2** ist der Täter bei **selbstverschuldetem** vorübergehendem **Ausschluß der freien Willensbestimmg** nur dann verantwortl, wenn die von ihm begangene uH auch im Falle fahrl Begehg zum SchadErs verpflichtet. Voraussetzg der Haftg ist, daß sich der Täter schuldh in diesen Zustand versetzt h, wobei das Versch aber vermutet w. Nicht braucht sich das Versch zu beziehen auf die SchadVerurs u auf ihre Vorhersehbark in nüchternem Zust. Hat sich der Täter fahrl in den RauschZust versetzt, so haftet er nicht für Handlgen, die nur bei vorsätzl Begehg ersatzpflichtig machen, zB aus § 826. Hat sich jedoch Täter vorsätzl in den Zustand der Willensunfreih versetzt, um eine uH zu begehen, so ist es so anzusehen, als ob er die Tat vorsätzl begangen hätte, RGRK § 827 Anm 4, hM. – Unverschuldet ist der Zustand der Unzurechnsfgk, wenn zB Täter die berauschende Eigensch des Getränkes weder gekannt hat noch kennen mußte. Auf die ihm bekannte mangelnde Widerstandskraft seines Körpers gg geistige Getränke, zB inf von Krankh, kann er sich nicht berufen.

3) Beweislast für Unzurechnsfähigk trifft den Täter (BGH VersR **77**, 430), währd Verletzter nachzuweisen hat, daß Täter sich selbst in den Zustand der Willensunfreih gebracht habe. Demggü steht dem Täter der Nachw offen, daß er ohne Versch in diesen Zustand geraten sei.

828 *Minderjährige; Taubstumme.* I Wer nicht das siebente Lebensjahr vollendet hat, ist für einen Schaden, den er einem anderen zufügt, nicht verantwortlich.

II Wer das siebente, aber nicht das achtzehnte Lebensjahr vollendet hat, ist für einen Schaden, den er einem anderen zufügt, nicht verantwortlich, wenn er bei der Begehung der schädigenden Handlung nicht die zur Erkenntnis der Verantwortlichkeit erforderliche Einsicht hat. Das gleiche gilt von einem Taubstummen.

1) Allgemeines. Der Ausschl der Verantwortlichk von Kindern unter 7 Jahren entspr § 104 Nr 1. Auch mitwirkendes Versch eines solchen Kindes bei der eigenen Beschädigg ist nicht denkb, RG **54**, 407; da gilt § 829, dort Anm 4. ErsPfl aus BilligkGründen vgl § 829, Haftg AufsPflichtiger § 832.

2) Zurechnsfähig u **Verschulden** des Jugendl sind zu unterscheiden, sie sind getrennt voneinander zu prüfen, BGH **LM** Nr 1. Die ZurechngsFgk ist nach § 828 II, das Versch nach § 276 zu beurteilen. – **a)** Die

Zurechnungsfähigk ist zu bejahen, wenn der Jugendl die zur Erkenntn der Verantwortlichk **erforderl Einsicht**, dh die geistige Entwicklg besitzt, die den Handelnden in den Stand setzt, das Unrecht seiner Hdlg ggü den Mitmenschen u zugl die Verpflichtg zu erkennen, in irgendeiner Weise für die Folgen seiner Hdlg selbst einstehen zu müssen, BGH **LM** § 276 (Be) Nr 2. § 828 II stellt also allein auf die intellektuelle Fähigk ab, nicht darauf, ob die Reife der Willenskraft des Jugendl, entspr seiner Einsicht zu handeln, hinter dem Durchschn seiner Altersgenossen zurückgeblieben ist, BGH NJW **70**, 1038, Anm Teichmann JZ **70**, 617. Nicht erforderl, daß Jugendl bestimmte Vorstellg von der Art seiner Verantwortlichk hat, es genügt die Fähigk zur Erkenntn einer VergeltgsPfl dem Verletzten od der Allgemeinh ggü, gleichgültig ob zivil- oder strafrechtl. Ist die hiernach erforderl Einsicht vorhanden, so gestattet sie regelm den Schluß auf die Einsicht zur Erkenntn der Verantwortlichk, BGH **LM** Nr 3, VersR **70**, 374. Auch wenn die hins des Verschuldens zu prüfende Erkenntn der Gefährlichk des Tuns verneint w, kann die ZurechngsFgk u damit die Verantwortlichk des Täters gegeben sein, wenn er gg vorausgegangene Verbote u Warngen gehandelt hat u die zur Erkenntn der Verantwortlichk für die Verbotsverletzg nötige Verstandesreife besaß, RG JW **31**, 3319. In jedem Falle ist Prüfg der Umst des Einzelfalles, wie Lebensalter u geist Entwicklg des Täters bedeuts, BGH **LM** § 276 (Be) Nr 2. Bei der Berücksichtigg des Lebensalters genügt die Annäherg an die obere oder untere Altersgrenze für sich allein nicht, um die erforderl Einsicht zu bejahen od zu verneinen, RG JW **05**, 48, wenngleich die Lebenserfahrg hins der Verstandesreife für Jugendl bestimmten Alters im Rahmen dieser Prüfg mit herangezogen w muß, RG JW **06**, 686. Immer ist aber zu beachten, daß nach der sprachl Fassg des § 828 der Mangel der Einsicht nicht vAw zu berücks ist, sondern vom Täter behauptet u bewiesen w muß, BGH **LM** Nr 1, VersR **70**, 467. Dabei ist AnschBew ausgeschl (offengelassen BGH NJW **70**, 1038). Zweifel gehen zu Lasten des Jugendl. Davon zu trennen VerschNachw (s unten b). – **b) Schuldhaft** handelt, wer vorsätzl od fahrl einen Schaden verursacht, § 276. Fahrlk setzt voraus die Erkenntn der Gefährlichk einer unerl Handlg od die sorgfaltswidr Verkenng ihrer Gefährlichk, BGH NJW **63**, 1609; ferner auch Zumutbark des Verhaltens gem der vorhandenen Erkenntn od der zu gewinnenden Erkenntn, BGH **LM** Nr 1. Hierbei ist nicht auf die individuellen Fähigk des Jugendl abzustellen, sond darauf, ob ein normal entwickelter Jugendl dieses Alters die Gefährlichk seines Tuns hätte voraussehen u dieser Einsicht gem hätte handeln können u müssen, BGH NJW **70**, 1038. Handelt der Täter aus altersgruppenbdgten Gründen schuldlos, so entfällt Haftg, auch wenn er die erforderl Einsicht nach Abs 2 hat; Böhmer MDR **64**, 278. Zur BilligkHaftg § 829 Anm 4. Das Versch hat der Geschädigte zu beweisen, BGH aaO; AnschBew mit der Einschränkg zul, daß es bei der Prüfg der Fahrlk nicht auf die persönl Schuld des Jugendl ankommt, sond obj darauf, was von einem Jugendl seiner Altersgruppe zu fordern war, BGH NJW **70**, 1038. Bei der Abwägg des MitVersch nach § 254 ist § 828 II entspr anzuwenden; maßg ist auch hier die Frage, ob zur Erkenntn der Gefährlichk des eig Verhaltens erforderl ist, Düss VersR **69**, 380. **c) Rechtsmißbrauch** kann die InansprNahme des Mj für einen Schad aus uH unter den Voraussetzgen des § 242 sein. Das nimmt Stgt NJW **69**, 612 an, wenn der Halter einem Mj ein Kfz überläßt, ohne sich der Billigg des PersSorgeBerecht zu vergewissern u der Mj fahrl das Kfz dch Unfall beschädigt.

3) Einzelfälle: RG Recht **28**, 273: Aufspringen auf Straßenbahnwagen durch Dreizehnjähr; RG HRR **33**, 1081: Unfall eines Achtjähr durch Spiel an der Drehscheibe eines Bahnhofs; RG SeuffA **33** (88), 143: Elfjähr nimmt von einem Truppenübgsplatz eine Sprengkapsel mit; Warn **35**, 67: Achtjähr verletzt ein anderes Kind durch Steinwurf; RG **156**, 202: Achtjähr kriecht in Gerätewagen eines Lastwagenzuges; Mü VersR **52**, 229: Zehnjähr verletzt Spielkameraden mit Beil; BGH **LM** Nr 1: Tomatenschlacht.

829 *Ersatzpflicht aus Billigkeitsgründen.* **Wer in einem der in den §§ 823 bis 826 bezeichneten Fälle für einen von ihm verursachten Schaden auf Grund der §§ 827, 828 nicht verantwortlich ist, hat gleichwohl, sofern der Ersatz des Schadens nicht von einem aufsichtspflichtigen Dritten erlangt werden kann, den Schaden insoweit zu ersetzen, als die Billigkeit nach den Umständen, insbesondere nach den Verhältnissen der Beteiligten, eine Schadloshaltung erfordert und ihm nicht die Mittel entzogen werden, deren er zum angemessenen Unterhalte sowie zur Erfüllung seiner gesetzlichen Unterhaltspflichten bedarf.**

1) Allgemeines: § 829 enthält Ausn von dem VerschuldensGrds. Da einer „der in den §§ 823 bis 826 bezeichneten Fälle" vorliegen muß, ist vielf die Auffassg vertreten worden, daß – abgesehen von der Frage der ZurechnngsFgk – der volle obj u subj Tatbestd der uH vorliegen müsse, RGRK § 829 Anm 3. Dieses Erfordern ist aber jedenf in den Fällen zu weitgehd, in denen gerade die UnzurechngsFgk den Schaden verursacht hat, BGH NJW **58**, 1630. In den Fällen allerdings, in denen SchadVerursachg mit UnzurechngsFgk gar nichts zu tun hat, haftet der Unzurechngsfähige nur dann, wenn sein Verhalten bei einem Zurechngsfähigen als Vorsatz od Fahrlk zu werten wäre, BGH **39**, 284.

2) Die ErsPfl des Unzurechngsfähigen besteht nur **hilfsweise**, dh wenn entweder § 832 aus RGründen nicht durchgreift od wenn vom AufsPflichtigen aus tatsächl Gründen Ersatz nicht zu erlangen ist. In letzterem Falle haften Unzurechngsfähiger u AufsPflichtiger als GesamtSchu, § 840. BilligkAnspr auch neben dem Anspr aus § 7 StVG, BGH **23**, 90. VorausKl ist nicht erforderl.

3) Die Billigk muß den Ers „erfordern", nicht nur erlauben (BGH NJW **69**, 1762) u entscheidet über Umfang u Art des Ersatzes (Rente, Kapital). Nicht nur die VermVerh (HaftpflVers des Verletzers, BGH **23**, 90 – allerd kann die freiw Versicherg allein nicht zur Bejahg der Billigkhaftg führen, BGH NJW **62**, 2201; krit hierzu Böhmer MDR **63**, 21), auch die sonstigen LebensVerh u Bedürfn, auch die Umst der Tat, insb erhebl Gefälle im beiders Versch (BGH NJW **69**, 1762) sind zu berücks. Treten die BilligkVoraussetzgen, zB wirtschaftl LeistgsFgk, erst später ein, so kann nicht nur der von da an entstehende, sond der ges durch die schädigende Hdlg erwachsene Schaden ersetzt verlangt w, RG AkZ **43**, 118, jedoch ist der Umfang der Leistungsverpflichtg für jeden einzelnen Schadensabschnitt nach Billigk zu bestimmen, BGH NJW **58**, 1632. Nachträgl Abänderg des Urt auch hier nur unter den Voraussetzgen ZPO § 323 zul. Angemessener Unter-

Einzelne Schuldverhältnisse. 25. Titel: Unerlaubte Handlungen §§ 829, 830

halt: § 1610. Gesetzl UnterhPfl: §§ 1360ff, 1601ff (Eltern u Kinder), §§ 58ff, 71 EheG. Feststellgsklage ist schon zul, bevor sämtl Voraussetzgen vorliegen, insb wenn der Umfang des Anspr von der späteren Entwicklg des Verhältn der Parteien abhängt, BGH NJW 62, 2201; insow auch Teilabweisg mögl, wenn auch Klage gg einen Vollverantwortlichen nur zu einem Teil begründet sein würde, BGH aaO.

4) Entspr Anwendg auf vertragl Haftg ausgeschl, so mit Recht Böhmer NJW 67, 865, desgl auf and Arten von uH, wohl aber zul in den Fällen der §§ 830 I, 2, 831, 833, 2, 836, da es sich hier in Wirklichk nicht um andere Arten von Tatbeständen handelt, RGRK Anm 1. Anwendbark auf § 844, RG **94**, 220. § 829 grdsätzl, aber mit der bei einer AusnRegelg gebotenen Vors auch anwendb auf die SchadVerteilg bei mitwirkendem eigenen Versch (§ 254), sow die Billigk dies „erfordert", so auch BGH **37**, 102, mit der hM (krit hierzu Böhmer MDR **62**, 778). Daß der Schädiger dem 5jähr geschäd Kind ohne Versch haftet, rechtfert selbst bei erhebl „Versch" des Kindes nicht die Anwendg der § 829, 254. Ist der Schädiger haftpflversichert, so schließt dies eine Mithaftg des Kindes aus, auch wenn es selbst sozversichert ist, BGH NJW **73**, 1795. Die eig Mithaftg des Kindes entfällt nicht desh, weil es auch von seinen Eltern wg Verl der AufsPfl Ers seines Schad verlangen könnte, Celle NJW **69**, 1632, eine Entscheidg, die iü bei der entspr Anwendg des § 829 (Ers von nur ⅓ des Schad eines vermlosen 5jähr Kindes) zu weit geht (zutr Böhmer JR **70**, 339). BGH **39**, 281 bejaht BilligkHaftg des über 7 Jahre alten Jugendl, auch wenn er aus altersgruppenbdgten Gründen nicht schuldh handelt, sofern er nur die erforderl Einsicht (§ 828 II) besitzt; hiergg mit guten Gründen Böhmer MDR **64**, 278.

5) Verjährg beginnt erst, wenn Verletzter von der UnzurechngsFgk des Täters Kenntn erhalten hat, RG **94**, 220.

830 Mittäter und Beteiligte.
I Haben mehrere durch eine gemeinschaftlich begangene unerlaubte Handlung einen Schaden verursacht, so ist jeder für den Schaden verantwortlich. Das gleiche gilt, wenn sich nicht ermitteln läßt, wer von mehreren Beteiligten den Schaden durch seine Handlung verursacht hat.
II Anstifter und Gehilfen stehen Mittätern gleich.

Lit: Brambring, Mittäter, Nebentäter, Beteil u die Verteilg des Schad bei MitVersch des Geschäd, 1973.

1) Anwendungsbereich. § 830 behandelt drei Fälle der Beteiligg Mehrerer an einer uH, näml den Fall der gemschaftl Begehg (I, 1), der Anstiftg u Beihilfe (II) u den davon versch Fall der Beteiligg iS des I, 2. Nicht geregelt ist der Fall der Nebentätersch, dh wenn feststeht (Abgrenzg zur Beteiligg nach I, 2), daß mehrere Handelnde ohne bewußtes Zuswirken unabhäng voneinand (Abgrenzg zu I 1, II) den näml eingetretenen Schad adäquat verurs h, zB (nach Larenz II § 74 I a) mehrere Fabrikanten leiten unabhäng voneinand die Abwässer ihrer Fabriken in einen Fluß u es steht fest, daß die Gesamtmenge der eingeleiteten Giftstoffe ein Fischsterben verurs h. In diesen Fällen haftet jeder der MitVerurs für den GesamtSchad. Anders, wenn festgestellt w kann, daß ein best Nebentäter nur einen best, unterscheidb Teil eines GesamtSchad verurs h, auf den sich dann seine Haftg beschränkt.

2) Vorsätzl Zusammenwirken gehört zum Tatbestd von Abs I, 1 u II; aA Deutsch JZ **72**, 105. Ihre Anwendbk gg einen Beteil setzt nur voraus, daß auch die and die Merkmale einer uH erfüllt h u scheitert nicht daran, daß die and wg eines beamtenrechtl Sonderstatus nicht nach Deliktsregeln in Anspr gen w können (BGH **70**, 277).

a) Gemeinschaftl Begehg (I, 1) ist iS der strafrechtl Mittätersch zu verstehen, setzt also bewußtes u gewolltes ZusWirken Mehrerer zur Herbeiführg eines Erfolges voraus, BGH NJW **72**, 40. Für die Haftg eines Teiln ist es unerhebl, ob er den Schad eighänd mitverurs u wieviel er selbst zu ihm beigetragen h. Das gilt auch für den Anspr auf SchmerzG, sow dafür die gemschaftl begangene uH BemessgsFaktor ist (Schlesw VersR **77**, 183). Psych od intellektuelle Mittätersch genügt, BGH **8**, 288. Dies gilt auch für Teiln an Demonstration, weil GewAnwendg dabei nicht dch Art 5, 8 I GG gedeckt. Maßg ist, ob der Wille des Teiln auch die aus ihr hervorgegangenen Tätlichken umfaßt, ob der Teiln schadstiftde Ausschreitgen zumindest billig in Kauf nimmt. Keine Haftg für den Exzeß einz Mittäter, die ohne Billig des betr Teiln die Grenzen des DemonstrationsR überschreiten, BGH **63**, 124. Das ZusTreffen mehrerer fahrl Handlgen genügt nicht, BGH **30**, 203; ebso nicht, wenn mehrere Täter ohne Verbindg untereinand den Gesamterfolg dch fahrl TeilHdlgen herbeiführen, Bremen NJW **49**, 225 (fortges Plünderung eines Warenlagers).

b) Anstifter u Gehilfen (II) stehen Mittätern gleich. Die Begr sind ebenf im strafrechtl Sinne zu verstehen. Nöt ist also vorsätzl Unterstützg einer fremden VorsTat, wobei dolus eventualis genügt. Das Ausmaß spielt keine Rolle, psych Unterstützg genügt, auch wenn sie nicht um ihrer selbstwillen, sond zur Erreichg and Ziele gewährt w u auch dann, wenn der Täter nicht erkennt, daß der Geh ihn unterstützen will (BGH **70**, 277). Unanwendb ist der strafrechtl Begr der fortges Handlg. Der Helfer ist also verantwortl nur für die TeilHdlg, an der er mitgewirkt h, BGH **LM** § 823 (Be) Nr 4. Nicht unter § 830 fallen Hehler u Begünstiger, jedoch ist das ZivG an eine derart rechtl Qualifizierg im StrafUrt nicht gebunden, sond kann Mittätersch od Beihilfe annehmen, BGH **8**, 288.

c) Beispiele: Gewerksch als Geh bei Unterstützg eines wilden Streiks, BAG NJW **64**, 887; Beihilfe zu Einzelakten eines fortges Betruges, BGH **LM** § 823 (Be) Nr 4; Steinschlacht bei willentl gemeins Werfen mit TreffVors, BGH NJW **72**, 40. Teiln an einer Demonstration mit GewaltTätigken od mit dem Ziel, ein ZeitgsUnternehmen zu blockieren, sofern er sich an den schadstiftden Ausschreitgen beteil u Schäd dieser Art in seinem Will aufgen bzw das Ziel der Demonstration (Blockade) gekannt h, BGH **59**, 30 u NJW **71**, 1571. Bummelstreik der Fluglotsen, BGH NJW **78**, 816. Vgl auch § 823 Anm 14.

3) Beteiligg (I 2). a) Abgrenzg. Sie liegt nicht vor in den Fällen des auf den Erfolg bezogen vorsätzl ZusWirkens Mehrerer (I, 1, II), vorstehd Anm 2, u iF der Nebentätersch, bei der feststeht, daß jeder Handelnde den GesErfolg herbeigeführt h (vorstehd Anm 1).

§ 830 3

b) Bedeutg u Zweck der Vorschr liegen darin, daß den vorstehd genannten Fällen der Fall gleichgestellt w, in dem sich nicht ermitteln läßt, wer von mehreren Beteil den Schad dch seine unmittelb gefährdde (Karlsr Just **78**, 362) Hdlg verurs h od welcher Anteil des Schad auf mehrere feststehde Verursacher entfällt. Damit soll eine BewSchwierigk des Geschäd überwunden w, dessen ErsAnspr nicht daran scheitern soll, daß nicht mit voller Sicherh festgestellt w kann, welcher von mehreren beteil Tätern den Schad tats od zu welchem Anteil verurs h, BGH **55**, 86. Es haften also neben dem, der den Schad wirkl verurs h, aber nicht genau ermittelt w kann, auch die weiteren Handelnden, die ihn alternativ nur möglicherw verurs h. Insow ist das Prinzip dchbrochen, daß der Verl den Bew adäquater Verursachg des ganzen Schad dch einen best an der gefährl Hdlg Beteil führen muß; abl Köndgen NJW **71**, 871. – Heinze VersR **73**, 1081 sieht in Abs I S 2 eine eig matrechtl AnsprGrdlage mit dem HaftgsGrd Gefährdg u dessen Zurechng aGrd des Risikoprinzips.

c) Voraussetzgen: aa) Urheberzweifel, alternat Kausalität: Mehrere h unabhäng voneinand eine gefährl Hdlg begangen, die ein Schad herbeigeführt ist, mind einer der Beteil – ungewiß welcher – h diesen Schad verurs, die Hdlg des gerade in Anspr genommenen Beteil kann ihn verurs h, BGH **25**, 271. Steht einer der Beteil als Verantwortl für den ganzen dch die gefährl Hdlg entstandenen Schad fest, so haften die and, die ihn nur möglw verurs h, nicht nach I S 2 (BGH **67**, 14). Die Beteiligg des in Anspr Genommenen muß feststehen, BGH VersR **75**, 714; das bloße Dabeisein reicht dazu je nach FallGestaltg nicht aus, Saarbr VersR **74**, 41 iF fahrl Brandstiftg. Nicht erforderl ist, daß zw den Beteil eine subj Beziehg besteht, sie also voneinand wissen, BGH **33**, 286. **bb) Anteilszweifel**, kumulat Kausalität: Zwei Beteil h selbstd einen SchadFall verurs, das Ausmaß des v dem einen od dem and verurs Schad, also der jeweil SchadUmfang läßt sich nicht feststellen. Für die Anwendg des I S 2 ist nöt, daß die mehreren Hdlgen nach der prakt Anschauung des tägl Lebens ein zushängder Vorgang sind (weitergehd Gernhuber JZ **61**, 148, Deubner NJW **61**, 1013, Bauer JZ **71**, 4), was nach den Besonderh des einz Falles zu beurt ist. Von entscheidder Bedeutg hierfür ist die Gleichartigk der Gefährdg. Die mehreren SchadFälle dürfen nicht beziehgslos u zufäll nebeneinand stehen, sie müssen tats miteinand verknüpft sein, wozu zeitl u örtl Einh nicht erforderl ist, BGH **55**, 86 (erste Verletzg eines VerkTeiln bei einem VerkUnfall, zweite Verletzg danach in 2,5 km Entferng bei einem zweiten VerkUnfall im Krankenwagen auf der Fahrt ins Krankenhaus). Der für den SchadUmfang potentielle ZweitSchädiger haftet also auch neben einem für den SchadEintritt als solchen feststellg kausal handelnden ErstSchädiger; bestr. Deutsch JZ **72**, 105 verlangt statt des tats Zushangs als ZurechngsGrd für fremde Kausalität, daß der in Anspr Genommene damit rechnen mußte, daß sich ein weiterer alternativ Beteil im SchädiggsBereich aufhält. **cc)** Sow uH in Frage steht, muß bei dem jeweils in Anspr genommenen Beteil **Rechtswidrigk u Verschulden** – nicht widerlegte Vermutg, zB §§ 833 S 2, 836 genügt – bzw Verantwortlich nach §§ 828, 829 hinzukommen. „Beteil" kann aber auch sein, wer ohne Versch schaderspfl ist, so der Halter eines Kfz, das einen Fahrer einen auf der Straße liegd VerkTeiln überfährt, der kurz zuvor von einem ad Kfz überfahren wurde, wobei nicht feststellb ist, welches Kfz welchen Schad angerichtet h, BGH NJW **69**, 2136 (zust Bauer JZ **71**, 4, krit Köndgen NJW **70**, 2281) od der Tierhalter iF des § 833 S 1, BGH **55**, 96. **dd)** Die Haftg der Beteil entfällt nicht deshalb, weil ein unbeteil **Dritter** an die andere SchadBdgg gesetzt h, zB der Verl fällt, v 2 Pers angestoßen, inf des einen, ungewiß welchen Stoßes, in einen offenen Kanalschacht: Die Haftg der beiden Anrempelnden entfällt nicht deshalb, weil der Dr wg der versäumten Abdeckg des Schachts ebenf für die UnfFolgen verantwortl ist (BGH **67**, 14).

d) Entlasten kann sich ein Beteil dch den Bew, daß sein Verhalten den Schad bei alternativer Kausalität od bei kumulativer Kausalität zu einem best Teil nicht verurs h kann, Nürnb VersR **72**, 447. Anders in den Fällen I, II. Da die Herbeiführg des Erfolges für jeden Beteil rechtwidr sein muß, entfällt die Haftg für alle, wenn auch nur einer der Beteil einen RFertiggsGrd h, weil der Erfolg dann dch einen rechtmäß Handelnden herbeigeführt sein kann, BGH **LM** Nr 2. Da iF der Selbstverletzg kein SchadErsAnspr besteht, § 830 I, 2 aber die Entstehg eines solchen Anspr überh – ungewiß nur gg wen – voraussetzt, haftet kein Dr, wenn u sow der Gesch selbst Beteil an der gefährl Hdlg war u nicht auszuschließen ist, bzw als potentieller SchadUrh in Betr kommt. Reinicke NJW **51**, 317, Klein NJW **71**, 453, BGH NJW **73**, 1283 mit Besprechg Henckel JuS **75**, 221 (Kettenauffahrunfall: Kein ErsAnspr des ErstAuffahrden gg den ZweitAuffahrden für die eig FrontSchäd, die möglicherw schon voll dch das eig Erstauffahren verurs wurden), Nürnb VersR **72**, 447, aA BGH **60**, 177, **67**, 14; aA Celle NJW **50**, 951, Heinze VersR **73**, 1081 [1086]; Stgt VersR **73**, 325 vertritt in diesem Zushang keine aM (Kettenauffahrunfall: ErsAnspr des ErstAuffahrden gg den schuldh plötzl haltden Vordermann), weil in diesem Fall der geschäd ErstAuffahrde allein, dh ohne Anhalten des Vordermanns seinen Schad nicht verurs h kann. Fehldes Versch vgl vorstehd Anm c.

e) Beispiele: Steinschlacht, Celle NJW **50**, 951, BGH NJW **60**, 862; Verletzg eines Fußgängers an einer Baustelle, an der mehrere Baufirmen arbeiten, dch einen herabfallden Stein, BGH BB **60**, 1181; Verletzg dch Rakete, abgefeuert aus einer Gruppe von Pers, die sämtlich Raketen abgebrannt h, Mü MDR **67**, 671. Haftg mehrerer Jäger für Verletzg eines Passanten, BGH VersR **62**, 430; mehrerer WegeEigtümer, wenn Wegebenutzer inf mangelnder VerkSicherh im Grenzbereich der Wege verunglückt, BGH **25**, 271, ebso benachbarter HausEigtümer bei mangelh Streuung, Bambg VersR **68**, 1069. Haftg des Untern, der mangelh Baumaterial liefert u des Untern, der es fehlerh einbaut, wenn nach dem Bau einstürzt u sich nicht feststellen läßt, bei welchem der beiden Untern die Urs liegt, BGH **LM** Nr 4; Verletzg eines Fußgängers dch mehrere einand folgde Fahrzeuge, BGH **33**, 286, auch wenn einer nur nach § 7 od § 18 StVG haftet, BGH NJW **69**, 2136; Verl eines Fahrgastes, nicht feststellb, ob dch Notbremsg zur Verhütg eines Unfalls od dch Auffahren des nachfolgden Fahrz (Celle VersR **77**, 1008). SachSchad dch Pferde mehrerer Halter, auch iF der GefährdgsHaftg gem § 833, 1, BGH **55**, 96. Psych Beihilfe bei Massendelikten, zB Teiln an einer Hausbesetzg, Celle NdsRPfl **73**, 184.

f) Entsprechend anwendbar ist I 2 mit Zurückhaltg auf Tatbestd, die dem Risikobereich der uH vergleichb sind (BGH **55**, 96). Diese Voraussetzg hält Schwab BWehrVerw **74**, 54 iF der §§ 78 BBG u 24 SoldatenG für gegeben.

Einzelne Schuldverhältnisse. 25. Titel: Unerlaubte Handlungen §§ 830, 831

4) **Haftg. a)** Im **Außenverhältnis** h in allen Fällen des § 830 u grdsätzl auch iF der Nebentätersch (oben Anm 1) jeder Beteil den ganzen Schad zu ersetzen. Die mehreren ErsPfl haften dem Verl als GesSchu, § 840. MitVersch des Geschäd vgl § 254 Anm 4c bb.

b) Der **Ausgleich im Innenverhältnis** zw den mehreren Beteil regelt sich nach §§ 426, 840 II, III, 841.

831 *Haftung für den Verrichtungsgehilfen.* I Wer einen anderen zu einer Verrichtung bestellt, ist zum Ersatze des Schadens verpflichtet, den der andere in Ausführung der Verrichtung einem Dritten widerrechtlich zufügt. **Die Ersatzpflicht tritt nicht ein, wenn der Geschäftsherr bei der Auswahl der bestellten Person und, sofern er Vorrichtungen oder Gerätschaften zu beschaffen oder die Ausführung der Verrichtung zu leiten hat, bei der Beschaffung oder der Leitung die im Verkehr erforderliche Sorgfalt beobachtet oder wenn der Schaden auch bei Anwendung dieser Sorgfalt entstanden sein würde.**

II **Die gleiche Verantwortlichkeit trifft denjenigen, welcher für den Geschäftsherrn die Besorgung eines der im Absatz 1 Satz 2 bezeichneten Geschäfte durch Vertrag übernimmt.**

1) **Allgemeines.** Die Haftg des GeschHerrn gründet sich auf die Vermutg seines eigenen Versch bei der Auswahl od Leitg der Hilfspersonen od bei Beschaffg der erforderl Vorrichtgen od Gerätschaften (RG 151, 297) sowie auf die weitere Vermutg des ursächl Zushgs zw dem Versch des GeschHerrn u dem dem Dritten zugefügten Schaden; eine von beiden Vermutgen muß GeschHerr nach I, 2 entkräften, RG 142, 368. Infolgedessen entfällt die Haftg aus § 831, wenn auf Seiten des GeschHerrn Deliktsunfähig (§§ 827, 828) vorliegt, währd Deliktsunfähig auf seiten der HilfsPers die Haftg des GeschHerrn nicht ausschließt; denn die Hilfspers braucht nur widerrechtl, nicht auch schuldh gehandelt zu haben, RG 142, 368 (vgl auch Anm 5). § 829 bleibt auch bei Deliktsunfähig des GeschHerrn anwendb, vgl § 829 Anm 4. – Neben der Haftg aus § 831 kann Verpflichtg bestehen, **besonderes Vertreter** iS von § 30 zu bestellen, so daß GeschHerr sich nicht auf Entlastgsmöglichk nach § 831 I, 2 berufen kann. Das gilt allg bei Körpersch des öff od priv Rechts, sobald Vorstand außerstande ist, den Verpflichtgen zu genügen, denen Körpersch wie jede natürl Pers nachkommen muß, hierzu § 31 Anm 1, auch § 823 Anm 8d, 11. – Haftg aus § 831 kann weder durch Vertr zw GeschHerrn u Hilfsperson noch durch PolizeiVO abgeändert w, RG 102, 269, vgl aber Abänderg durch gesetzl Vorschr Anm 2.

2) **Verhältnis zu anderen Bestimmgen:**

A. Zu § 278: Grdsätzl Verschiedenh der HaftgsGrdlage. Nach § 278 haftet der GeschHerr für fremdes Versch ohne Rücks auf sein eig Verhalten, nach § 831 haftet er für eigenes vermutetes Versch ohne Rücks auf das Versch der HilfsPers; § 278 regelt die Haftg innerh eines bestehenden bestimmten SchuldVerh, § 831 betr die Haftg für andere außerh eines solchen SchuldVerh; nach § 278 ist kein Entlastgsbeweis des GeschHerrn mögl, wohl aber nach § 831. Vertragl Haftg aus § 278 ist somit schärfer als Haftg aus § 831, doch kann SchmerzG nur aus § 831 verlangt w. Über die Konkurrenz zw vertragl u delikt Anspr vgl Einf 2 vor § 823.

B. Zu §§ 30, 31, 89 Abs 1: Nach diesen Vorschr haften *jur* Personen ohne die Möglichk eines Entlastungsbeweises für die uH, die ihr Vorstand od andere verfassungsm berufene Vertreter in Ausführung der ihnen zustehenden Verrichtgen einem Dritten zufügen. Vertreter gem § 31 ist, wer durch die Satzg einer Körpersch, bei dem Staat od einer öffrechtl Körpersch durch die VerwOrganisation zur Tätigk innerh eines bestimmten GeschBereiches berufen ist; vgl §§ 30, 31. Den Ggsatz bilden diej, die ihren Dienstauftrag erst wiederum von den vorerwähnten Personen herleiten; für sie haftet die jur Pers nur nach § 831; BGH LM § 831 (Fc) Nr 1. Ob jemand Vertreter ist, beurteilt sich nach d Wirkg seiner Tätigk nach außen, zum anderen nach der Regelg seiner Stellg durch Verwaltg der Körpersch; Abgrenzg oft zweifelh; vgl hierü § 30 Anm 1. **Vertreter sind** zB der Depositenkassenvorsteher einer satzgsgem vorgesehenen Depositenkasse RG 94, 318, Zweigstellenleiter einer AG, RG JW 27, 1682, Bahnhofsvorsteher der Deutschen Bundesbahn u dessen Stellvertreter RG 121, 382, Leiter der Ambulanz einer Universitätsklinik, RG DR 44, 287. **Verneint bei**: Bahnmeister RG 53, 276, Leiter einer städt Sparkasse RG 131, 239, städt Schlachthausdirektor RG LZ 22, 615 – dürfte jedoch allenf für kleinstädt Sparkassen u Schlachthäuser zutreffen. WarenhausGmbH kann sich nicht darauf berufen, daß der Leiter einer Zweigstelle kein Vertreter nach §§ 30, 31 sei, daß er aber anderers wg seiner großen Erfahrg keiner Aufs bedürfe, RG JW 36, 915. – Der **nichtrechtsf Verein** haftet für den Vorstand nur nach § 831, RG 135, 244, ebso für die Mitgl uH des Vorstandes, RG JW 33, 423; nicht unbestr, § 54 Anm 2d und BGH NJW 65, 33 (Gewerksch).

C. Zu sonstigen Vorschr: a) ErsPfl der HilfsPers selbst gem **§ 823** w durch § 831 nicht berührt. Dann gesamtschuldn Haftg beider gem § 840 I, währd im Verh zueinander die HilfsPers allein haftet, § 840 II. Doch kann bei Unterl der erforderl Aufs od Überwachg Haftg des GeschHerrn auch nach § 823 begründet sein, BGH 11, 151; vgl § 823 Anm 8 d, 11. In diesen Fällen hat aber Geschädigter die schuldh Verletzg der SorgfPfl zu beweisen. Wegen der aus § 831 herzuleitenden ÜberwachgsPfl vgl Anm 6 A. – **b)** Gemäß **§ 254** kann sich GeschHerr auf das eigene Versch des Geschädigten berufen, auch dann, wenn die HilfsPers vorsätzl gehandelt hat; vgl § 254 Anm 3. Darü, ob dem Geschädigten auch ein Versch seiner HilfsPers zuzurechnen ist, vgl § 254 Anm 4 u Anm 3 daselbst über die VerschAbwägg im einz. – **c)** § 831 unanwendb auf **Amtspflichtverletzgen** u dadurch begründete SchadErsPfl des Beamten od des Staates (Art 34 GG); vgl § 839 Anm 1. Anwendg aber insow, als die staatl Angest in Ausführg der ihnen in privrechtl UnternehmerBetr ihrer GeschHerrn obliegendenVerrichtgen Dritten widerrechtl Schaden zufügen. Haftg aus § 839 kann neben u U neben § 831 bestehen, wenn zB der Schaden von mehreren Personen verurs worden ist, von denen die eine als Beamter wg Verletzg der AufsPfl, der andere als Nichtbeamter haftet, RG 151, 385. – **d)** Keine Anwendg im Falle **RVO § 640f** (§ 903f aF), KG KGBl 22, 118. – **e)** Ebso nicht ggü **RHaftpflG § 2**, RG SeuffA 79, 93. – **f)** Anwendb neben §§ 485, 486 HGB (**Reederhaftg**), BGH 26, 152. – **g)** Keine Anwendg bei SchadHaftg für **Patent-, Gebrauchsmuster- od Warenzeichenverletzgen**, da diese Haftg nur bei schuldh Handeln des Verletzers gegeben ist, Krause-Katluhn-Lindenmaier PatG § 47 Anm 34 im Anschl an RG 70, 75; bestr, vgl über die GgMeing Düss GRUR 51, 316, Spengler GRUR 50, 549 u Busse,

§ 831 2–4

PatG § 47 Anm 4 A b. – **h)** Auch keine Anwendg im Falle des **UWG § 13 III**, RG **116**, 33. – **i)** Haftg aus dem **StVG** besteht neben Haftg aus § 831. Nach § 7 III 2 StVG haftet Halter im Rahmen des StVG für Angest u denj, dem er Fahrzeug überlassen hat, vgl auch Anm 4. – **k)** Weitergehende Haftg der **Gastwirte** aGrd von §§ 701 ff für eingebrachte Sachen des Gastes; soweit Deliktshaftg, § 831 anwendb. – **l)** Haftg der **Eisenbahn** u des **Frachtführers** nach HGB §§ 456, 458, 429, 606 schließt Haftg aus § 831 nicht aus, BGH **24**, 188. – **m)** Desgl nicht Haftg aus § 22 **WassHaushG** v 27. 7. 57, Wernicke NJW **58**, 775; vgl § 823 Anm 14 unter „Wasser- u Seestraßen".

3) Zu einer Verrichtg bestellt ist, **a)** wem von einem anderen, von dessen Weisgen er mehr od weniger abhängig ist, eine Tätigk übertr worden ist. Hinsichtl des WeisgsR ausreichd, daß GeschHerr die Tätigk des Handelnden jederzeit beschränken, untersagen oder nach Zeit u Umfang bestimmen kann, BGH **45**, 313. Jede Tätigk fällt hierunter, gleichgült, ob sie tatsächl od rechtl Natur ist, ob entgeltl od unentgeltl, ob ausdrückl od stillschw übertr, ob mit Vertretgsmacht verbunden od nicht, RG **92**, 346, BGH FamRZ **64**, 84 (minderj Stiefsohn als Kfz-Führer auf FamUrlReise). Doch ist Begriff des „Geschäftsherrn" nur erfüllt, wenn der Bestellte bei Ausführg der Verrichtg vom Willen des Bestellers **abhängig** ist, wie zB Dienstboten, Arbeiter, Angest, auch höherer Art, auch Leiter eines gewerbl Unternehmens, wobei bedeutgslos, ob Bestellter im Übr selbständ, BGH NJW **56**, 1715 (Generalvertreter). Den Ggsatz bilden diejenigen, die über ihre Pers frei verfügen u Zeit u Umfang ihrer Tätigk selbst zu bestimmen haben, RG **92**, 345. Demgem fallen im allg selbständ BauUntern u Handwerksmeister nicht unter § 831, RG HRR **33**, 371, u zwar auch dann nicht, wenn der AuftrGeber dem Untern die Arbeiter stellt, BGH BB **53**, 690.

b) Beispiele: Der Ehem fällt unter § 831, falls von seiner Frau zur Verwaltg ihres Vermögens bestellt, RG **91**, 363. Desgl der RA als Verrichtgsgehilfe seines Mandanten, BGH LM § 823 (Hb) Nr 5, ebso der Bürovorsteher, bei falscher Raterteilg jedoch nur, wenn er mit Raterteilg beauftragt war, RG Recht **06**, 1168; ebso Gehilfe eines Notars, hierü § 839 Anm 15 „Notar" d. Der Jagdberechtigte ist GeschHerr ggü dem Jagdaufseher, Warn **28**, 76, ebso die Krankenkasse im Verh zum Vertrauensarzt (sie haftet zugleich nach § 278), RG **131**, 73. Auch der Arzt, der seinen Patienten durch eine im Krankenhaus angestellte Schwester nach seinen Anordnungen mit Röntgenstrahlen behandeln läßt, haftet nach § 831, RG **139**, 255, wie auch der Arzt für den bei seiner vorübergehden Abwesenh bestellten ärztl Vertreter, BGH NJW **56**, 1834. Desgl haftet das Krankenhaus für seinen Assistenzarzt, BGH VersR **60**, 19, u für seine Krankenschwester, BGH NJW **59**, 2302, nach § 831. Über das Verhältn des Schriftleiters zum Verleger vgl BGH **3**, 282 u § 824 Anm 6e. Über die Haftg des Gesellschafters für den Mitgesellschafter vgl § 714 Anm 3d. Bei einem LeihArbVerh (Einf 4a ee vor § 611) kommt es auf den EinzFall an, ob der verleihde ArbG die Tätigk seiner Bediensteten jederzeit noch sow beschränken, entziehen u nach Zt u Umfang bestimmen kann, daß er noch als GeschHerr angesehen w kann. Der BauUntern bleibt GeschHerr seiner Arbeiter, auch wenn eine BauOberLeitg mit Überwachgs- u WeisgsR vorh ist, BGH VersR **74**, 243.

c) Nicht unter § 831 fallen: Gerichtsvollzieher, Warn **13**, 30; Kraftdroschkenführer im Verh zum Fahrgast, RG JW **35**, 35. Gter des bürgerlR haftet nicht ohne weiteres für uH eines MitGters, BGH **45**, 311 (vgl § 714, Anm 3d). GeschHerr ist nicht Jagdherr im Verh zum Jagdgast, RG **128**, 39, auch nicht Kraftwagenhalter ggü einem Bekannten, dem er den Wagen aus Gefälligk zur Vfg gestellt hat, RG JW **35**, 35, u nicht der Reeder ggü dem Stauervizen eines selbständigen StauereiUntern, BGH **26**, 152. Verfasser, dem im VerlVertr das Korrekturlesen übertr ist, ist nicht VerrichtgsGehilfe des Verlegers, BGH NJW **70**, 1963 (Druckfehler in medizin Werk). Lehrling fällt nicht unter § 831, solange er als Lernender beschäftigt w, wohl aber, wenn er mit selbständ Tätigk betraut wird, RGRK Anm 13. Nichtangest HandelsVertr fällt kaum unter § 831, BGH WPM **71**, 906. Selbstliquidierder Chefarzt ist bei reiner BehandlgsTätigk im Rahmen eines aufgespaltenen Arzt/KrankenhausVertr nicht VerrichtgsGeh des Krankenhausträgers (BGH JR **76**, 151).

d) Mehrere Gehilfen, mehrere Geschäftsherren. Haben mehrere Gehilfen die Verrichtg zus ausgeführt, so genügt es, wenn Haftg des GeschHerrn aus § 831 nur für einen von ihnen in Frage kommt, RG **157**, 233. – Der für eine gemeinschaftl Anlage zweier Unternehmer von einem von diesen Bestellte ist nicht Verrichtgsgehilfe des anderen, RG **170**, 321.

4) In Ausführg der Verrichtg muß der Schaden zugefügt sein, nicht nur gelegentl der Verrichtg. In letzterem Falle haftet lediglich Täter selbst. Es muß ein unmittelb innerer Zushang zw der dem Geh aufgetragenen Verrichtg nach ihrer Art u ihrem Zweck u der schädigden Hdlg bestehen (BGH NJW **71**, 31), das Verhalten des Geh darf nicht aus dem Kreis der ihm anvertrauten Aufg herausfallen (BGH WPM **77**, 1169). Auch NichtErf der allg VerkSichergsPfl durch Angest gehört hierher, RG **159**, 290. Selbst bewußtes u eigenmächt Zuwiderhandeln gg Weisgen des GeschHerrn stellt das Handeln des Geh noch nicht außerh des Kreises der ihm aufgetragenen Verrichtg, BGH **49**, 19. Deshalb haftet Handwerksmeister, wenn seine Angest bei Ausführg ihrer Arb in fremdem Hause Möbel beschädigen, dagg nicht, wenn sie dort einen Diebstahl begehen, es sei denn, daß ÜberwachgsPfl insow bestand, zB bei Einsatz einer größeren ArbKolonne, BGH **11**, 151, u diese Pfl verletzt wurde, § 823 Anm 8d. Ebenso haftet GeschHerr, wenn Depositenkassenvorsteher trotz Verbots der AuskErteilg eine unricht Ausk erteilt, RG **94**, 318. Anders aber, wenn nichtvertretgsberecht Rechner einer Sparkasse über die BürgschErkl abgibt, RG JW **29**, 1002, od im Falle des betrüger VersAgenten, RG JW **28**, 1740. Irrtüml Annahme des (geisteskranken) Täters, daß er in Ausführg der ihm aufgetragenen Verrichtg handele, genügt nicht, RG JW **10**, 652. – Wegen Haftg für Eisenbahn-Angest, BGH LM § 823 (Dc) Nr 23. – § 831 ist auch dann noch anwendb, wenn Wagenführer hins der Fahrstrecke von den erteilten Weisgen abweicht, nicht jedoch, wenn er verbotswidr Bekannten mitnimmt u dieser auf der Fahrt zu Schaden kommt, BGH NJW **65**, 391. Im übr ist es Tatfrage, ob bei Abweichen von Weisgen die Hdlg noch im Kreis der aufgetragenen Verrichtg liegt; vgl insow über die entspr RLage § 839 Anm 2 c. Bei Schwarzfahrt, die ohne Wissen u Wollen des FahrzHalters vorgenommen ist, handelt Kraftfahrer in aller Regel nicht in Ausführg der Verrichtg, BGH Betr **70**, 2314. Dann nur Haftg des Schwarzfahrers u des Halters nach § 7 III StVG. – Keine Haftg des Untern nach § 831 für Hdlgen seiner Arbeiter auf dem Wege zur ArbStätte, RG DR **42**, 1280; des TransportUntern für Schäd, die seine Kraftfahrer bei vertragl nicht geschuldeter Mithilfe zur Entladg verurs, Hbg VersR **74**, 52 (bedenkl enge Auffassg).

5) Widerrechtl SchadZufügg bedeutet, daß der obj Tatbestd einer uH vorliegen muß (§ 823 Anm 7 A), währd es auf ein Versch des Bestellten grdsätzl nicht ankommt. Denn § 831 regelt lediglich die Haftg für das **vermutete eigene Verschulden des GeschHerrn** bei der Auswahl u Überwachg, RG **135**, 149. Über die Vermutg rechtswidr Verhaltens des Verrichtgsgehilfen im Straßen- u EisenbVerk u über den dem GeschHerrn hiernach oblegden Bew „des verkehrsrichtigen (ordngsgem) Verhaltens", vgl BGH (GrS) **24**, 21 u unten Anm 8. Dort, wo Kenntn der Tatumstände Voraussetzg der Widerrechtlichk ist (zB bei sittenwidr Hdlg), ist erforderl, daß Bestellter diese Kenntn gehabt hat, BGH NJW **56**, 1715. Da grdsätzl Versch des Bestellten bedeutgslos, w Haftg aus § 831 dch dessen Deliktsunfähigk nicht ausgeschl. Anderers ist aber Versch des Bestellten für den EntlastgsBew von Bedeutg, Anm 6. Über Ausschl der Widerrechtlichk s Anm 8.

6) Entlastgsbeweis. A. Widerlegg der Verschuldensvermutg. Beachtg der im Verk erforderl Sorgf. **a) Auswahl.** Das Maß der bei der Auswahl zu stellenden Anforderungen richtet sich nach der Art der Verrichtg. Je verantwortsvoller u schwieriger die Tätigk ist, um so größere SorgfPfl. Dies gilt bes dann, wenn der Tätigk Gefahren verbunden sind, wie zB beim Arzt, Kraftwagenführer. Bei solchen Personen genügt es nicht, daß sie die nötige Sachkunde u technische Geschicklichk in Ausübg ihres Berufes aufweisen, sie müssen vielm darü hinaus auch die moralischen Eigensch, wie Charakterstärke, Besonnenh, Verantwortsgefühl besitzen, die sie vor leichtfertiger Gefährdg des Verkehrs u ihrer Mitmenschen behüten. Nicht nötig ist, daß sich im SchadFall gerade derjen Mangel ausgewirkt h, den der GeschHerr bei der Auswahl od Überwachg bei gehör Sorgf hätte erkennen müssen (BGH NJW **78**, 1681). Nach stRspr bes strenge Anforderungen an Auswahl eines **Kraftwagenführers.** Vorlegg von Zeugn genügt im allg nicht, RG JW **35**, 2043, unmittelb Erkundiggen bei den früheren ArbGebern sind erforderl, RG Warn **33**, 97. Sogar solche moral Mängel sind mind mitzuberücks, die sich mit dem Kraftfahrwesen nichts zu tun haben, RG JW **31**, 3340, zB frühere Bestrafg wg Meineides; in jedem Fall müssen solche Tatsachen dem Gesch-Herrn Veranlassg zu bes sorgf Überwachg (s unten) geben. Auch Erprobg kann notw sein, mitunter sogar genügen, zB bei langjähriger Erprobg, BGH **1**, 383. Der Halter des Kfz kann sich, wenn sein angest Fahrer gem § 18 StVG haftet, nur dch den Nachw entlasten, daß sich der Fahrer verkrichtig verhalten h, BGH Betr **71**, 1809.

b) Da es darauf ankommt, ob der Bestellte noch im **Zeitpunkt der Schadenszufügg** als gehörig auszusehen ist, genügt nicht sorgf Auswahl bei Einstellg, vielm ist fortgesetzte Prüfg erforderl, ob der Angest noch zu den Verrichtgen befähigt ist. Infolgedessen ist bei längeren Zwischenräumen zw Anstellg u SchadZufügg der Nachweis fortdauernder planm, unauffälliger **Überwachg** mit unerwarteten Kontrollen erforderl, BGH **LM** § 823 (Dc) Nr 23, ggf auch mit ärztl Kontrollen, Köln VersR **53**, 166 (Schrankenwärter), BGH NJW **64**, 2401 (zur period ärztl Untersuch der Straßenbahnführer). Diese ÜberwachgsPfl deckt sich nicht mit der ggf erforderl „Leitg" der Verrichtg, die nur die Ausführg der Verrichtg betrifft, vgl unten zu d. Strenge Kontrolle, wenn der Bestellte bereits früher moralische Mängel (Neigg zu Trunksucht, leichtsinn Schuldenmachen) gezeigt hat, RG JW **31**, 3340. Immer ist für die erforderl Auswahl u Überwachg der Einzelfall entscheid, BGH VersR **66**, 364. Keine Überspang der Anforderg der ÜberwachgsPfl, BGH **LM** (Fc) Nr 1 (keine Überwachg des leitenden Arztes eines Instituts in der Überwachg der Angest); überh keine starren Regeln für Überwachg, BGH VersR **66**, 364, diese kann zB bei KfzFahrer auch dch häufige Mitfahrt des Halters ersetzt w, BGH aaO. Über Kontrolle des Straßenbahnpersonals BGH **LM** § 823 (Dc) Nr 23, NJW **64**, 2401. Bei **Großbetrieben** oder wenn GeschHerr an eigener Leitg u Beaufsichtg behindert ist, kann u muß uU Auswahl u Überwachg des Angest einem höheren Angest übertr w. Für den EntlastgsBew soll dann nach BGH **4**, 1, VersR **64**, 297 genügen, daß der höhere Angest (AufsPers) sorgf ausgewählt u überwacht ist, sog **dezentralisierter EntlastgsBew.** Dies führt zu einer nicht gerechtf Bevorzugg von Großbetrieben. Erforderl ist vielm der Nachw, daß die AufsPers (Zwischen-Geh) seinerseits die schadstiftden BetrAngehör sorgf ausgewählt u überwacht h; so Helm AcP **165**, 395 ff u jetzt auch BGH Betr **73**, 1645; vgl auch § 823 Anm 16 D ff. Jedenf muß **ausreichende Organisation** nachgewiesen w, die die ordngsgem GeschFg u Beaufsichtigg gewährleistet, vgl oben Anm 1, 2 C a. Die Organisation muß so beschaffen sein, daß die AufsBeamten laufd über das Verhalten aller Angest unterrichtet w. Die allgem AufsAnordngen hat GeschHerr selbst zu treffen, BGH MDR **68**, 139. – Ist nicht zu klären, welcher Geh den Schad verurs h, so ist der EntlastgsBew für alle Pers zu führen, die mit dem schadstiftden Geschehen in Berührg gek sein können, BGH VersR **71**, 1021.

c) Sorgfaltbei der Beschaffg der **Vorrichtgen** u **Geräte** ist nur nachzuweisen, wenn die Beschaffg erforderl war. BeschaffgsPfl hat aber Verletzter zu beweisen. Maßgebd sind Umst des Einzelfalles, auch VerkSitte. Persönl Auswahl der Gerätschaften durch den GeschHerrn nicht notw, es genügt, daß die entspr Geräte vorhanden sind, RG **53**, 124. Hierunter fällt auch die Verpflichtg des FahrzHalters, für verkehrssicheren Zustand des Fahrz zu sorgen.

d) Auch Notwendigk der **Leitung** hat zunächst Verletzter zu beweisen, RG JW **28**, 1726. So ist der FuhrUntern verpfl, seinen mit der Ölabfüllg beauftragten Fahrer über die bes Gefahren dieser Tätigk zu belehren u ihm die erforderl Verhaltensmaßregeln zu erteilen, BGH Betr **72**, 234. Die Leitg kann uU einem anderen Angest übertr w, der aber sorgfältig ausgewählt sein muß, RG LZ **28**, 53. Keine allg Leitg des Geschäfts od gewerbl Betriebes im ganzen, sond SonderAufs der einz Verrichtg, RG **82**, 206; diese kann neben der generellen Oberleitg des ArbEinsatzes auch die spezielle Überwachg auf der ArbStelle erfordern, BGH **11**, 151; § 823 Anm 8d. Unter Umst sorgfältige Unterweisg ausreichd; es können auch **allg Dienstanweisgen**, etwa bei größeren KraftfahrUntern, geboten sein, zB hins des Verhaltens bei Annäher an Eisenbahnübergänge, RG **142**, 356; Verhalten des Linienbuspersonals bei Halten u Überwachg des Ein- u Aussteigens, BGH VersR **69**, 518; Leitg des ArbEinsatzes, Verhütg von Übermüdg des Fahrers, BGH **LM** (Fc) Nr 3; Anweisg über Überwachg an Fahrer u Beifahrer über Anbringg der Anhänger u Kontrolle des Bremssystems, BGH VersR **56**, 382. Je gefährlicher die Verrichtg, um so größer die SorgfPfl des GeschHerrn.

e) Haftpflichtversicherg. Auswahl, Überwachg u Leitg der Hilfsperson sollen verhüten, daß diese Dritte rechtswidrig schädigt. Weitergehende Haftg dahin, daß Hilfsperson haftpflichtversichert ist, besteht jedoch nicht, BGH **12**, 75.

f) Kein Entlastungsbeweis ist zum Ausschl der Haftg nöt, wenn sich der VerrichtgsGeh so verhalten h, wie jede mit Sorgf ausgewählte Pers sich verhalten hätte (BGH VersR **75**, 447).

B. Widerlegg der Ursächlichkeitsvermutg (S 2 letzter Halbs). Statt des EntlastgsBew nach Anm A kann der GeschHerr auch Bew dafür antreten, daß es an der **erforderl Ursächlick** zw der angebl Sorgf-Verletzg u dem Schaden fehle, daß nämlich der **Schaden auch bei Anwendg der Sorgfalt entstanden sein würde**, BGH **LM** (Fb) Nr 1. Ungenügd ist der Nachw dafür, daß nicht derj Mangel in der Pers des Verrichtgsgehilfen den Schad verursacht h, den der GeschHerr bei Auswahl unberücks ließ, BGH **LM** (Fa) Nr 6; ebso ungenügd die bloße Möglichk, daß der Schaden trotz Anwendg der Sorgf entstanden sein würde, RG **159**, 314. Vielmehr ist Nachw erforderl, entw daß der Schaden auch von einer sorgf ausgewählten (überwachten) Pers angerichtet w wäre (RG JW **34**, 2973 Nr 4; BGH **12**, 96) oder daß auch ein sorgfält GeschHerr nach den Unterlagen, die er eingeholt hätte, den Bestellten ausgewählt h würde, BGH **4**, 4, **LM** (Fa) Nr 6.

7) Vertrag (Abs II) erfordert gültiges RGesch. Beisp: Werkführer, Betriebsleiter. Der GeschF einer GmbH haftet Dr ggü bei Verl seiner AufsPfl für unerl Hdlgen von Bediensteten der GmbH nicht nach Abs II, es gilt allein § 43 GmbHG (BGH NJW **74**, 1371; aA Frank BB **75**, 588). Nicht erforderl Abschl mit dem GeschHerrn, Abschl mit Dritten genügt, RG **82**, 217. Tatsächl Übern, insb als GeschFührer oA, genügt dagg nicht. Denkb ist ZusTreffen von I und II. Beide haften dann als GesamtSchu (§ 840 I). Ausgleich nach dem zw ihnen bestehenden RVerh, nicht nach § 840 II.

8) Beweislast: Verletzter hat widerrechtl SchadZufügg durch eine zu der Verrichtg bestellte Pers zu beweisen, ev das Erfordern einer Beschaffgs- u LeitgsPfl des GeschHerrn nach § 831 I S 2, vgl Anm 6c u d. Dabei ist nicht erforderl, daß Verletzter bestimmte Personen als SchadVerursacher bezeichnet, es genügt, wenn er den Vorfall nach Art, Zeit u Umst so bezeichnet, daß sich ein Tätigwerden einer Hilfsperson ergibt, RG **159**, 290. – Da die Widerrechtlichk der Hdlg durch deren Tatbestdsmäßigk (Verletzg des Körpers, Eigt usw) dargetan w, ist es Sache des GeschHerrn, den Ausschl der Widerrechtlichk zu beweisen, vgl § 823 Anm 13b. Bei Verletzg im Straßen- u EisenbahnVerk obliegt es daher dem GeschHerrn zu beweisen, daß sich der Verrichtgsgehilfe verkehrsrichtig u damit rechtm benommen hat, BGH (GrZS) **24**, 21. Soweit der GeschHerr die RWidrigk nicht ausräumen kann, trifft ihn die BewLast für die Anwendg der erforderl Sorgf bei der Auswahl u der Überwachg des Verrichtgsgehilfen, wobei er bestimmte Tatsachen vorzutragen hat; allg Erwägungen sind ungenügd, RG **159**, 290; vgl Anm 6 B. Grobe Fahrlk des Verrichtgsgehilfen rechtf nicht, dem GeschHerrn den EntlastgsBew abzuschneiden, RG JW **05**, 340. im Einzelfall kann sogar eine so hohe Wahrscheinlichk für die Vernachlässigg der SorgfPfl sprechen, daß daneben die Möglichk einer Schädigg auch bei Erf der SorgfPfl ausgeschl erscheint, RG JW **28**, 1721. – Keine Pfl des Gerichts, die dch RA vertretene Partei auf die Möglichk des EntlastgsBew hinzuweisen, BGH **LM** § 13 StVO Nr 6. – Bei Bestellg eines Rechtsanwalts wird die sorgf Auswahl vermutet, Verletzter hat die mangelnde Eignung dieses Rechtsanwalts zu beweisen, RG Recht **24**, 1121; vgl auch BGH **LM** § 823 (Hb) Nr 5.

9) Sonstige Einzelfälle: Haftg des Apothekeninhabers für Angest, RG SeuffA **90**, 50; des KfzHalters für Fahrer, BGH VersR **66**, 364; des Inh einer Fahrschule für angestellten Fahrlehrer, KG NJW **66**, 2365; des StraßenbahnUntern für Zugführer, BGH VersR **59**, 375; des EisenbahnUntern für Lokführer, BGH VersR **59**, 310. Keine Haftg des Bauherrn bei vergebenen Spezialarbeiten, BGH BB **53**, 690. Beiseiteschaffg von Frachtgut durch EisenbahnAngest, BGH BB **57**, 597. EntlastgsBew eines Gastwirts, in dessen Betr ein Gast durch Genuß von Speisen erkrankt ist, RGJW **36**, 2394. Haftg der Krankenkasse für Bedingspersonal bei Heißluftgerät, RG SeuffA **90**, 85. AufsPfl des TiefbauUntern für Bauingenieur u Baggerführer, Kblz VersR **59**, 628. Auch beim Kleinkraftrad keine geringeren Anfordergen, BGH VersR **52**, 238. Minderj Stiefsohn als KfzFührer auf FamUrlReise, BGH FamRZ **64**, 84; laufende Überwachg eines jugendl Fahrers, BGH VerkMitt **65**, 25 (Lenker eines Pferdefuhrwerks); sorgfält Auswahl u Beaufsichtigt der Fuhrleute von Langholzfuhren, RG HRR **33**, 1010; Lernschwester, die falsches Medikament anwendet, RG SeuffA **88**, 61; Krankenschwester, die nicht für eine Spezialaufgabe bes angewiesen od belehrt worden ist, BGH NJW **59**, 2302. Haftg für Schaltwärter im ElektrWerk, RG **147**, 363; Straßenkehrmaschine, RG Seuff A **88**, 71; Kraftfahrer, der mit Betanken von ÖlheizgsAnlagen betraut ist, muß über die techn Einrichtgen unterrichtet u über die Überwachg des Abfüllvorgangs belehrt sein, BGH NJW **72**, 42.

832 *Haftung des Aufsichtspflichtigen.*
I Wer kraft Gesetzes zur Führung der Aufsicht über eine Person verpflichtet ist, die wegen Minderjährigkeit oder wegen ihres geistigen oder körperlichen Zustandes der Beaufsichtigung bedarf, ist zum Ersatze des Schadens verpflichtet, den diese Person einem Dritten widerrechtlich zufügt. Die Ersatzpflicht tritt nicht ein, wenn er seiner Aufsichtspflicht genügt oder wenn der Schaden auch bei gehöriger Aufsichtsführung entstanden sein würde.

II Die gleiche Verantwortlichkeit trifft denjenigen, welcher die Führung der Aufsicht durch Vertrag übernimmt.

1) Allgemeines. § 832 stellt **zwei Vermutungen** auf, näml für **Verschulden** bei der gehör Erf der AufsPfl u für den **ursächl Zusammenhang** zw der Verletzg der AufsPfl u dem Schaden. Die Versch-Vermutg ist darauf gerichtet, daß der AufsPflichtige die im konkr Fall erforderl Hdlgen ganz od teilw unterlassen h; eingeh Aden MDR **74**, 9. Schuldh Verhalten des aufsbedürft Täters nicht erforderl, BGH

VersR **54**, 558. Keine entspr Anwendg auf and AufsPersonen, zB Vorgesetzte, Dienstherrn; doch ist Haftg für nachgewiesene Verletzg der FürsPfl, zB des Vormundes (Ehemannes) für geistesgestörte Frau, gem § 823 mögl, BGH **LM** Nr 8; auch kann der HaushVorstd aGrd seiner Stellg in der Familie verpfl sein, zu verhindern, daß ein Angehör seines Hausstands einen Dr verl (BGH **LM** Nr 3, Düss VersR **76**, 1133, Stiefvater; Hamm VersR **75**, 616, Ehefr; Mü NJW **66**, 404 Heiminsasse gefährdet öff Verkehr). Übert der Aufs an eine and Pers mögl, vgl auch Anm 6 a, aE; dadch wird jedoch der Übertragde seiner AufsPfl nicht gänzl led, BGH NJW **68**, 1672. – Der Schädiger h gg den AufsPfl keinen RegreßAnspr aus § 832; bei gleichzeit kausaler u schuldh Verl der AufsPfl kann aber AusglAnspr nach §§ 840, 426 bestehen (Oldbg FamRZ **75**, 635).

2) Aufsichtsbedürftigkeit w generell begr dch die Tats der Minderjährigk als solcher, gleichgült, ob der einz Minderj der Aufs bedarf, BGH **LM** Nr 1. Doch sind für den Inhalt der AufsPfl u damit für den EntlastgsBew gem S 2 im konkr Fall das Alter des Kindes, sein pers Verhalten (Veranlagg, Benehmen) u weitere Umst, insb Voraussehbark des schädigden Verhaltens u die LebensVerh des AufsPflichtigen von Bedeutg, vgl Anm 4 u 6. Keine entspr Anwendg auf Vollj in der HausGemsch der Eltern, BGH **LM** Nr 6, auch nicht auf entmündigte Vollj, bei denen der Nachw der AufsBedürftig im einz Fall erforderl ist. AufsBedürftig wg geist od körperl Zust kann zB vorliegen bei Geistesgestörten, Epileptikern, Blinden usw; vgl jedoch auch Anm 1.

3) a) AufsichtsPfl kraft Gesetzes: aa) Inhaber der elterl Gewalt, dem PersonenFürs zusteht (also nicht, wenn diese entzogen ist, Düss NJW **59**, 2120), ggü minderj Kind §§ 1626ff, 1671ff, 1719, 1736, 1757, 1765, nichtehel Mutter § 1705; Vormd u Pfleger ggü Mündel §§ 1793, 1797, 1800, 1896, 1901, 1909f, 1915. AufsPfl dieser Personen entfällt aber ggü Minderj, solange diese der FürsErziehg überwiesen sind, es sei denn, daß Minderj inf Beurlaubg oder Entweichens aus der Anstalt zu dem AufsPflichtigen zurückkehrt, RG **98**, 247.

bb) Aufsichtspflicht des gewerbl Lehrherrn ggü dem minderj Lehrling nach §§ 21 ff HdwO u zwar auch dann, wenn Lehrling nicht in Kost u Pflege des Lehrherrn steht, RG **52**, 73 (bzgl der inzw aufgeh Bestimmgen der GewO). Ebenso hins des kaufmännischen Lehrherrn (Düss VRS **10**, 100), dessen AufsPfl sich jedoch regelm auf die GeschZeit u die GeschRäume beschr, RG **97**, 230. AufsPfl der Eltern entfällt währd dieser Zeit, auch wenn das Kind in der HausGemsch des Lehrherrn aufgenommen wurde in, in aller Regel nicht, Köln MDR **57**, 227. Auch AufsPfl des **Lehrers** w allg angenommen, zB auf Schulausflügen u in Pausen, BGH **13**, 25, auf ihn ist jedoch nur § 839 anwendb, vgl daselbst Anm 15 „Lehrer".

cc) Keine Aufsichtspflicht des Beistandes u **GgVormundes** ggü Kind, §§ 1686, 1799. Auch Erziehungsbeistandsch nach §§ 55 ff JWG und §§ 8, 9 JGG begründet keine AufsPfl iS des § 832, da Beistand nur den Personensorgeberechtigten zu unterstützen und den Minderj zu beraten hat; § 58 JWG. Nach LandesR Ausdehng der gesetzl AufsPfl mögl, zB auf Leiter von Irrenanstalten. – Über Verh zur Amtshaftg vgl § 839 Anm 1.

b) Aufsichtspflicht kraft Vertr kann auch stillschw ausbedungen sein, RG SeuffA **89**, 39. Doch genügt tatsächl Übern nicht, zB Beaufsichtigg fremder Kinder, die mit den eig in der Wohng spielen, BGH Betr **68**, 1446 od Beaufsichtigg; zB durch einen FamAngeh aA Weimar; MDR **62**, 357, der hier einen Verpflichtungswillen des Übernehmenden u damit Haftg aus § 832 bejahen will. Gleichgültig, ob entgeltl od unentgeltl. Nicht erforderl ist, daß der Vertr mit dem AufsPflichtigen od AufsBedürft geschl ist; Abschl mit einem Dritten genügt, Köln OLG **34**, 121. Haftg neben dem gesetzl AufsPflichtigen als GesamtSchu. Typische Anwendungsfälle: Ärzte u Pfleger einer Privatirrenanstalt, Kindermädchen, Inh einer Schülerpension, Krankenhaus (BGH FamRZ **76**, 210).

4) Inhalt der Aufsichtspflicht. Das Maß der gebotenen Aufs bestimmt sich nach Alter, Eigenart u Charakter des Kindes, nach der Voraussehbark des schädigden Verhaltens sowie danach, was den Eltern in ihren jeweil Verh zugemutet w kann. Entscheidd ist, was verständ Eltern nach vernünft Anfordergen im konkreten Fall unternehmen müssen, um die Schädigg dch ihr Kind zu verhindern, BGH NJW **69**, 2138, welchen konkr Anlaß zu dem AufsMaßn sie hatten, Köln VersR **75**, 162. AufsPflichtiger hat sich dauernd auch darum zu kümmern, was der AufsBedürft dann treibt, wenn er nicht überwacht w. Danach bestimmt sich das Maß seiner Überwachgs- u BelehrgsPfl, BGH Betr **66**, 700 (gefährl Spiele – Wurfpfeile – im Verkehrskreis des Kindes). Das Alter allein ist nicht entscheidd, auch bei älteren Kindern ist die AufsPfl um so größer, je ungeringer der Erziehgserfolg war, RG **98**, 248. Erhöhte AufsPfl bei Kindern, die zu üblen Streichen neigen, BGH VersR **60**, 355. Bei AufsPfl hins des Gebrauchs gefährl Spielzeugs ist zu unterscheiden zw der Überlassg durch den AufsPflichtigen od der eigenmächt Beschaffg durch den Minderjährigen, wobei es für fahrl Unkenntn davon auf die Erwerbs-, AufbewahrgsModalitäten u BesDauer ankommt, BGH VersR **73**, 545. Jedoch ist der AufsPflichtige auch im letzteren Fall gehalten, sich durch stichprobenweise Aufs zu vergewissern, was der AufsBedürft u seine Genossen treiben, wenn sie allein gelassen sind; Untätig ist kein Freibrief, vgl BGH Betr **66**, 700; Spielen mit Streichhölzern, BGH NJW **69**, 2138. Ist dem Kind die Benutzg eines gefährl und Kindern gehördern Spielzeugs verboten, so genügt zumutb Überwachg, weitere Belehrg über mögl Gefahren dann entbehrl, BGH FamRZ **64**, 84 (4jähr Kind, Dreirad). Verletzg der AufsPfl bejaht, wenn spielder Sechsjähr nicht vom Rande eines Bauplatzes zurückgeholt w, BGH FamRZ **65**, 75; wenn 4jähr Kind in einem haltdn Kfz an einer BundesStr zurückgelassen w (Oldbg VersR **76**, 199). Verletzg dieser Pfl verneint, wenn elfjähr Kind in der Wohng alleingelassen w, BGH VersR **57**, 131; desgl, wenn Fünfjähr Spiel auf dem Bürgersteig gestattet w, BGH **LM** § 683 Nr 5, oder normal veranlasster sechsjähr Kind beim Spiel auf der Straße ohne von der Wohng nur gelegentl beobachtet w, Köln FamRZ **62**, 124, od 6jähr Schüler auf dem Schulweg nach häuf Belehrg u Begleitg nicht ständ beaufsichtigt w, Oldbg VersR **72**, 54. Verl der AufsPfl ist es auch, dem Kind falsche Belehrgen od Weisgen zu erteilen, zB mit dem Fahrrad auf dem Bürgersteig zu fahren (Düss MDR **75**, 580). Vgl auch Anm 6.

5) Haftung. a) Der AufsBedürft muß widerrechtl den **objektiven Tatbestand** einer uH iS der §§ 823ff erf h, Oldenburg NdsRPfl **74**, 135. Versch ist nicht erforderl. Deliktsunfähigk daher ohne Bedeutg. Bei

§§ 832, 833

Betrug od Verstoß gg die guten Sitten müssen jedoch auch die subj Erfordern dieser Tatbestde erf sein, bloße VermBeschädigg genügt nicht, RG HRR **29**, 705. **b)** Ein **Dritter** muß durch das widerrechtl Verhalten geschädigt sein. Dem AufsBedürft selbst gibt § 832 keinen SchadErsAnspr gg den AufsPflichtigen. Ein solcher kann sich zB aus § 1664 ergeben. **c)** Für die Feststellg des **Mitverschuldens** des Geschädigten ist gesonderte Abwägg vorzunehmen: Für die Haftg des AufsPfl ist nur dessen, für die Haftg des Mj nur dessen VerursachgsBeitr dem des Geschädigten ggüzustellen. Bei der Haftsquote kommt vorrangig die Verursach in Betr, das Versch nur in zweiter Linie u als Korrektiv, Saarbr, OLGZ **70**, 9.

6) Entlastungsbeweis. a) Erfüllg der AufsPfl ist vom AufsPflichtigen zu beweisen. Strenge Anforderg an die AufsPfl bei Gebr von Schußwaffen u dgl, OGH MDR **48**, 457. Unverschl Aufbewahrg von Schußwaffen kann AufsPfl verletzen, RG HRR **34**, 1449. Insbes ist bei Schießgeräten (Luftgewehr, Armbrust), die zum Spiel bestimmt sind, eindringl u ersichtl erfolgreiche Unterweisg u Überwachg des Kindes erforderl, Warn **16**, 166 (Pfeil u Bogen). Bogenschießen mit zugespitzten Pfeilen darf nicht gestattet w, RG LZ **15**, 525; vgl auch hierzu BGH VersR **55**, 421 u oben Anm 4. Genau u ins eindringl die Unterweisg, wenn einem 12jähr Jungen das selbstd Bedieng eines Grills unter Verwendg v Spiritus gestattet w (BGH NJW **76**, 1684). Strenge Anfordergen an die Erf der AufsPfl auch hins der Führg von Kraftfahrz, BGH **LM** Nr 1; auch von Kleinkrafträdern, BGH VersR **52**, 238, Rollern, BGH VersR **68**, 301 u bei kleinen Kindern im StraßenVerk, BGH NJW **68**, 249, Köln VersR **69**, 44; jederzeit Eingriffsmöglk braucht gü einem um mehr als 4 Jahre alten Kind nicht gewährleistet zu sein, Celle VersR **69**, 333. AufsPfl des Vaters auch neben dem Halter des Kraftfahrz, BGH **LM** Nr. 1. Verletzg der AufsPfl, wenn Fahrzeugpapiere einem minderj Sohn nicht alsbald nach Beendigg einer erlaubten Fahrt abgenommen w, Celle NJW **66**, 302. AufsPfl bei Überlassg eines Fahrrades, Oldbg VersR **62**, 736, eines Rollers, BGH VersR **58**, 85. AufsPfl erfordert Verbot von Fahrradwettfahrten der Kinder auf öff Straße, BGH VersR **61**, 838. Überg eines 4jähr Kindes in die Obhut noch rüst Großeltern genügt grdsätzl der AufsPfl, Celle VersR **69**, 333.

b) „wenn der Schaden auch bei gehöriger Beaufsichtigg entstanden sein würde", bedeutet den Wegfall des vermuteten ursächl Zushanges. Die bloße Möglichk, daß der Unfall sich auch bei Erf der AufsPfl ereignet hätte, genügt nicht, RG Recht **22**, 1154. Vgl hierzu § 831 Anm 6 B.

833 *Haftung des Tierhalters.* **Wird durch ein Tier ein Mensch getötet oder der Körper oder die Gesundheit eines Menschen verletzt oder eine Sache beschädigt, so ist derjenige, welcher das Tier hält, verpflichtet, dem Verletzten den daraus entstehenden Schaden zu ersetzen. Die Ersatzpflicht tritt nicht ein, wenn der Schaden durch ein Haustier verursacht wird, das dem Berufe, der Erwerbstätigkeit oder dem Unterhalte des Tierhalters zu dienen bestimmt ist, und entweder der Tierhalter bei der Beaufsichtigung des Tieres die im Verkehr erforderliche Sorgfalt beobachtet oder der Schaden auch bei Anwendung dieser Sorgfalt entstanden sein würde.**

1) Allgemeines. S 1 enthält den Grds der **Gefährdgshaftg** des Tierhalters, der aber durch die im S 2 für Haustiere vorgesehene Ausn der **Haftg für vermutetes Verschulden** durchbrochen ist. Daraus folgt, daß auch der DeliktsUnfäh (§§ 827, 828) aus § 833 S 1 in vollem Umfang haftet, dagg nicht im Falle des S 2. Wohl aber ist in den Fällen des § 833 S 2 die Bestimmg des § 829 anwendb. Der Grd für die Tierhalterhaftg liegt in der Unberechenbark des Verhaltens des Tieres u der dadch hervorgerufenen Gefährdg v Leben, Gesundh u Eigt Dr, also in „verwirklichter Tiergefahr" (BGH NJW **76**, 2131). Die Haftg nach S 1 entfällt, weil nicht unter den Schutzweck der Norm falld, wenn der Verl die Herrsch über das Tier in Kenntn der damit verbundenen bes Tiergefahr im eig Interesse übernommen h (BGH NJW **74**, 234: Reiter erbittet sich Pferd vom Halter, um diesem seine bessere Reitkunst zu beweisen). Dagg schließt der Umst, daß sich der Geschäd bewußt u freiwill (zu werten nach § 254) der normalen Tiergefahr aussetzt, die Haftg nicht aus (BGH NJW **77**, 2158). So h iF einer BißVerl ein Reitschüler grdsätzl Anspr gg den Tierhalter (Kln NJW **74**, 2051). Unter dem Gesichtspkt des Handelns auf eig Gefahr (vgl § 254 Anm 6 c) kann die Haftg entfallen, wenn sich der Verl aus vorwieg eig Interesse einer bes, über die normale Tiergefahr hinausgehden Gefahr ausgesetzt h, zB Reiter übernimmt ein erkennb böses Pferd, Springen, Fuchsjagd (BGH aaO; krit Bornhörd JR **78**, 50). Ggü dem Entleiher haftet der Tierhalter nur im Rahmen der §§ 599, 600. Auch kann dem Sachverh unter dem Gesichtspkt des Handelns auf eig Gef od des § 254 zu prüfen sein. – Über landesrechtl Vorbeh vgl EG Art 89, 107.

2) Vertragl Haftgsausschluß, u zwar auch stillschw, ist mögl. **a)** Ist insb bei der **vertragl Übernahme von Arbeitsleistgen** anzunehmen, bei denen die ArbLeistg als solche mit einer Tiergefahr verbunden ist u Verpflichteter die ausschließ Herrsch über das Tier erhält, zB beim Trainer od dem das Pferd zureitenden Stallmeister, RG **58**, 410; Warn **10**, 153. Dagg genügt nicht vertragl Verrichtg einer Tätigk an dem Tier, wenn der Verpflichtete keine VfgsGewalt über das Tier erhält, zB beim Tierarzt, RG JW **12**, 797, Verletzg des Hufschmieds in Anwesenh eines Beauftr des Tierhalters, BGH NJW **68**, 1932. Keine Übern der Tiergefahr durch die nur zu unselbständ Dienstleistgen verpflichteten Personen, wie Kutscher, Stallknecht, Tierpfleger, RG **50**, 244; Recht **12**, 586. Auch bei vorübergehder Miete eines Tieres ist im allg keine GefahrÜbern anzunehmen. Ebso nicht die bloße Teiln am Reitunterricht (Düss NJW **75**, 1892). In allen diesen Fällen ist aber gleichwohl das Bestehen des VertrVerh für die BewLast von Bedeutg; denn da bei Beschädigg Dr zunächst die von diesen Pers zu beobachtde vertragl SorgfPfl verletzt erscheint, sind sie dafür beweispflicht, daß sie ihrer SorgfPfl genügt od daß Schad auch ohne ihr Versch entstanden sein würde, vgl RG **61**, 54; Warn **12**, 430 (Hufschmied); Warn **12**, 840 (Trainer); RG **58**, 413 (Reitknecht); Warn **08**, 318 (Reitknecht); JW **05**, 202 (Viehtreiber); JW **07**, 710 (Kutscher); ebso wenn der Mieter des Tieres selbst dch dieses verl w (Düss NJW **76**, 2137). Kritik an dieser BewLastverteilg: Weimar DRiZ **56**, 198. – **b)** Über Mitnahme eines Fahrgastes aus **Gefälligk**, stillschweigden HaftgsAusschl u Handeln auf eig Gefahr vgl § 254 Anm 6. Kein HaftsAusschl, wenn Verletzter aus Gefälligk ggü dem Tierhalter tät geworden ist, RG JW **11**, 714; Köln JW **35**, 441.

3) Schadensverursachung durch ein Tier. a) Alle **Tiere**, gleichgültig, ob gezähmt, wild, bösartig, fallen hierunter. Auch Bienen, die aber nicht als Haustiere gelten, vgl Anm 6a; dagg nicht Tiere niederster Ordng, deren Leben sich dem der Pflanzen nähert, wie Bazillen, Bakterien; aA Deutsch NJW 76, 1137: GefährdgsHaftg des Züchters iF des Entweichens aus dem Laboratorium ggü Außenstehden.

b) „**durch ein Tier**" ist Schaden verursacht, wenn sich die dch die Unberechenbk tier Verhaltens hervorgerufene Gefährdg v Leben, Gesundh u Eigt Dr verwirklicht h (BGH 67, 129), zB Scheuen, Durchgehen, Ausschlagen u Beißen der Pferde, Ausbrechen aus der Weide, Köln MDR 73, 582, Anspringen u Beißen der Hunde, BGH **LM** Nr 3 a. Auch der Deckakt, den Tiere ohne Wissen u Willen ihrer Halter vollziehen, ist Ausfluß dieser in der Unberechenbk liegden Tiergefahr (BGH 67, 129). Nicht als typ Tiergefahr wurde angesehen zB Decken eines Tieres entspr der menschl Leitg (Düss MDR **75**, 229). And dagg wenn das männl Tier sich losreißt (Köln VersR **72**, 177), wenn beim Deckakt Bulle die Kuh seitl besteigt (Oldbg RdL **63**, 20), wenn brünst Rinder dch elektr Weidezaun in Bullenweide einbrechen u Bullen beim Bespringen verl w (Oldbg NJW **76**, 573). Ein solches unberechenb Verhalten liegt auch dann vor, wenn ein äußeres Ereign auf Körper od Sinne des Tieres anreizd einwirkt, wie zB Lokomotivpfiffe, Motorengeräusch, flatternde Wäsche, Fliegenstich, Hundegebell od schmerzh Berührgen irgendwelcher Art, RG **82**, 113 (Scheuen eines Pferdes inf heranfahrenden Kraftwagens); Recht **13**, 3134 (Papierdrachen). Dagg ist Haftg ausgeschl bei Einwirkg von außergewöhnl äußeren Kräften nach Art mechan Ursachen, durch die selbsttät Verhalten des Tieres ausgeschaltet w (BGH VersR **78**, 515). Abgrenzg oft zweifelh, gg zu enge Ausleg des TatbstdsMerkmals der „Tiergefahr" Stötter MDR **70**, 100. Auch bei Verl eines Tieres auf gemeins Tiertransport kommt es darauf an, ob sie auf einem Verhalten beruht, in dem sich die typ, spezif Tiergefahr manifestiert (BGH VersR **78**, 515). - Prakt wicht sind die Fälle, in denen die Beschädigung von einem **unter menschl Leitg befindl Tier** ausgeht, zB von dem angespannten u vom Kutscher geleiteten Pferd od vom Reitpferd. Hier ist § 833 nicht anwendb, wenn das Tier dem Willen seines Lenkers gehorcht hat (BGH NJW **52**, 1329; abl Deutsch NJW **78**, 1988). Anders, wenn trotz der menschl Leitg willkürl Beweggen des Tieres (Seitensprung, Beißen, Schlagen usw) der Schad verurs h, BGH VersR **66**, 1073. - Kein Fall von Tierbeschädigg, wenn Bienen durch körperl Ausscheidgen Schad stiften, RG JW **33**, 2951.

c) Adäquater Kausalzusammenhang ist nötig; vgl Vorbem 5 vor § 249. Das tier Verh muß nicht einz Urs des eingetretenen Unfallerfolges gewesen sein, MitVerursachg genügt, BGH Betr **71**, 333. Auch mittelb ursächl Zushang genügt, zB Einwirkg des Tieres auf einen Ggst, der die Verletzg herbeiführt, RG **50**, 219, ebso wenn das Verhalten des Tieres lediql psychische Wirkgen auslöst; RG JW **14**, 471, Nürnb NJW **65**, 694; oder wenn Kinder inf Anspringens eines Hund in ein Fuhrw laufen, RG Recht **20**, 2856. Ursächl Zushang ist dagg verneint in RG JW **08**, 41. Höhere Gewalt bedeutet lediql, daß ein willkürl Tun des Tieres ausgeschaltet, der Schaden also nicht „durch ein Tier" verursacht war, RG **54**, 407, vgl oben b.

4) Tierhalter ist, wer an der Haltg ein eig Interesse, eine (auch mittelb) BesStellg u die Befugn h, über Betreuung u Existenz des Tieres zu entscheiden, Hamm VersR **73**, 1054. Das können auch mehrere Pers sein, zB Ehepaar, Düss VersR **72**, 403. Eigt- u EigenBes sind nicht Voraussetzg. Da rein tatsächl Verh Haltereigensch begründet, GeschFgk bedeutgslos, Begründg der Haltereigensch dch nicht voll Geschäftsfähigen entspr §§ 104ff, also dch gesetzl Vertreter od mit dessen Zustimmg. Darü hinaus - also wenn zB Minderjähriger das tatsächl HalterVerh auf eig Faust begründet ist mit Hofmann NJW **64**, 228 entspr Anwendg von §§ 828, 829 geboten; krit hierzu Canaris NJW **64**, 1989. Auch JP kann Tierhalter sein. - Da eigenes Interesse fehlt, ist LandwirtschKammer, die für Landwirte den Verkauf von Schlachtvieh vermittelt, nicht Tierh, RG **66**, 1; ebso nicht Behörde, die eine Zwangsimpfg vornimmt, RG JW **33**, 693, nicht Tierarzt, dem das Tier zur Behandlg vorgeführt ist. Bei Vermietg (zB Reit-, Dressurpferd) verliert der Verm die HalterEigensch nur dann, wenn das Tier für die Dauer der Überlassg völl aus seinem WirtschBetr ausscheidet, BGH Betr **71**, 333. Wer sein Tier in Verwahrg gibt, bleibt Halter, selbst wenn Verwahrer das Tier nebenbei für seine Zwecke benutzt, RG Recht **13**, 843. Vorübergehde Besitzentziehg dch Entlaufen, zB durch Entlaufen, beeintr die TierEigensch nicht, anders bei andauernder Besitzentziehg, zB Diebstahl, Oldenbg SeuffA **75**, 21; RGRK Anm 6. GesGutsVerwalter ist bei GütGemsch Tierh der zum GesGut gehörenden Tiere, RGRK Anm 7; vgl über Ehegatten als Tierhalter, Weimar MDR **63**, 366. - Tierhaltereigensch **bejaht:** bei vorübergehender unentgeltl Überlassg des Tieres zur selbständ Verwendg in Wirtsch des and, RG **62**, 79; Landgemeinde bzgl Gemeindebullen, RG JW **17**, 287; Viehhändler, Warn **37**, 34; Verk bleibt Tierhalter bis zur Überg, RG JW **30**, 2421; Stadt, die ein dem Publikum zugängl eingezäuntes Wildgehege unterhält (BGH VersR **76**, 1175). - **Kein Tierhalter:** Wer Vieh von der Ausladerampe zum Schlachthofstall zu befördern u dort 2 Tage zu füttern hat (er ist Tierhüter), RG **168**, 332; Viehverkaufskommissionär, Celle VersR **76**, 763; Veranstalter eines Pferderennens, Mü SeuffA **68**, 127; Stadtgemeinde hins der hin Hundesperre eingefangenen Hunde, RG JW **13**, 431; HausEigtümer, der den Hund eines FamAngeh nebenbei zu Wachzwecken benutzt, RG Recht **17**, 1823. - Bei **zugelaufenen Tieren** ist Finder Tierh, wenn er das Tier zu behalten beabsichtigt; nicht aber, wenn er es dem Eigtümer zurückgeben will, worauf er sich aber nach 6 Mon nicht mehr berufen kann (Nürnb MDR **78**, 757).

5) Schadensersatz, auch für den Schaden, den das entlaufene Tier anrichtet, BGH NJW **65**, 2397, desgl SchmerzG (BGH VersR **77**, 864). Beschädigg einer Sache liegt auch bei Entziehg der Sache vor (Rabe stiehlt Ring). Kein Anspr auf Unterl, da die die Haftg begründende Gefährdg schon in dem Halten des Tieres gegeben ist, RGRK Anm 5. Mehrere Halter des Tieres haften nach § 840 I als GesSchu, ebso Tierhalter neben Tierhüter (§ 834). Ausgleich zw mehreren Tierh findet nach dem zw ihnen bestehenden RVerh statt, RGRK Anm 8. Über Benutzg von Tieren für die Wirtsch mehrerer Personen vgl RG JW **11**, 279. Beim ZusWirken mehrerer Tiere ebenf gesamtschuldnerische Haftg der Tierh, Ausgleich untereinander gem § 426, RG Gruch **50**, 973, vgl auch § 840 Anm 3 A b; nach RG **58**, 337 haftet den zwei ErsPfl jeder zur Hälfte, weil jeder sich auf die AusnBestimmg des § 840 III berufen kann. Über ZusTreffen mit Haftg aus StVG u RHaftPflG § 840. - Ist der Schad **mitverursacht** dch die vom eig Tier des Geschäd ausgehde

Tiergefahr (zB gedeckte Hündin), so muß sich der Geschäd diese MitVerurs aGrd seiner eig Tierhalterhaftg entspr § 254 anrechnen lassen (BGH NJW **76**, 2131). Bei **mitwirkendem Verschulden** ist auf der einen Seite die Tiergefahr, auf der anderen das Maß des Versch u der Verursachg zu berücksichtigen, § 254. Schuldh handelt der Verletzte nur dann, wenn er die Sorgfalt außer acht läßt, die ein ordentl u verständiger Mensch zu beobachten pflegt, um sich vor Schaden zu bewahren, BGH **LM** Nr 3 a (Anspringen dch Kettenhund). Wer trotz Warng vor biss Hunde einen Hof betritt, setzt sich leichtsinnig der Tiergefahr aus, RG JW **06**, 349. Mitwirkendes Versch kann auch vorliegen, wenn jemand zum Schutze seines eigenen, von einem anderen angegriffenen Hundes in den Kampf der Tiere eingreift u dabei verletzt w, RG JW **14**, 471. Ebenso, wenn Tierarzt od Hufschmied bei Behandlg des Tieres unvorsichtig ist, RG JW **04**, 57; oder wenn sich jemand ohne zwingende Grd in gefahrbringende Nähe von Tieren begibt, BGH JZ **55**, 87, oder bei zu großer Annäherg an Bienenstand, RG JW **39**, 288; dagg kein eigenes Versch, wenn jemand beim Durchgehen der Pferde ungeschickt vom Wagen springt, RG JW **07**, 307; selbstverständl auch nicht, wenn sich jemand durchgehenden Pferden entggstellt od sonstige RettgsMaßn unternimmt, RG **50**, 219. — § 254 ist entspr anwendb, wenn Verletzter **durch das eigene Tier** in einer Weise **verletzt** worden ist, daß er hierfür gem § 833 haften würde, jedoch nur insow, als der ErsPfl nach §§ 833–838, nicht jedoch, aus schuldh SchadZufügg in Anspr genommen w, § 840 III; RGRK Anm 10. Vgl hierü auch zu § 254 Anm 2 a.

6) Entlastgsbeweis. a) Haustiere : Maßgebd ist der gewöhnl Sprachgebrauch. Zahme Tiere, die vom Menschen in seiner Wirtsch zu seinem Nutzen gezogen u gehalten w, RG **79**, 248, wie Pferd, Maultiere, Esel, Rind, Schwein, Ziege, Schaf, Hund, Katze, Geflügel (auch Tauben), zahmes Kaninchen. Im Ggsatz hierzu stehen gezähmte Tiere, zB das gezähmte Reh. Auch die Biene ist kein Haustier, weil keine genügende Vfgsgewalt des Eigtümers, RG **158**, 388. Erforderl ist auch, daß das Tier in seiner Eigensch als Haustier gehalten w; § 833 S 2 ist daher unanwendb, wenn Tiere zu wissenschaftl Untersuchgszwecken als Versuchstiere gehalten w, RG **79**, 248.

b) Durch die Einschränkg, daß das Haustier **dem Berufe usw zu dienen bestimmt** sein muß, ist im wesentl eine Abgrenzg ggü den Luxustieren vorgenommen. Zur Anwendg von S 2 ist erforderl, daß das Tier überwieg einem der dort genannten Zwecke dient, Verwendg nur nebenbei dafür genügt nicht. Dabei ist entscheid die allg ZweckBest, nicht die augenblickl tats Nutzg, BGH Betr **71**, 333. Ein von einer JP gehaltenes Tier dient ihrem „Beruf", wenn es dazu best ist, ihrem AufgBereich zu dienen. Dabei w gg eine JP des öff R ggf § 833 S 2 dch § 839 als AnsprGrdlage verdrängt, die BewLastRegelg des S 2 bleibt aber anwendb, BGH VersR **72**, 1047. Berufstiere sind zB Jagdhunde des Försters, Polizeihunde, Hütehunde, BGH **LM** Nr 2. Der Erwerbstätigk dient auch Schlachtvieh, RG **79**, 246, der zur Pferdezucht gehaltene Vollbluthengst, Pferde eines Reitervereins, die für Lehrgänge in einer Reitschule auch und als VereinsMitgl zur Vfg stehen, ferner Zuchttiere staatl Gestüte, Suchhunde der Polizei, Celle VersR **72**, 469, das vom Händler zur Weiterveräußerg angeschaffte u eingestellte Tier, RG Recht **21**, 1368, der Blindenhund, falls Halter eine Erwerbstätigk ausübt. Wachhund kann Berufs- od Erwerbszwecken dienen, BGH **LM** Nr 3a; dient je doch ledigl der Bewachg privater Wohnhäuser, so ist § 833 S 2 nicht erfüllt, Stgt HRR **30**, 110, Weimar Betr **63**, 1707. Dem Unterhalt dient zB die Milchkuh, auch das zu Schlachtzwecken bestimmte Schwein, nicht jedoch das zu Liebhaberzwecken gehaltene Rennpferd, BGH VersR **55**, 116, Jagdhund des Arztes, für den die Jagdausübg von ausschl ideellem Interesse ist, Hamm VersR **73**, 1054. — Maßgebd ist immer der vom Tier gegebene Zweckbestimmg, es sei denn, daß diese mit vernünft Erwäggen eines verständ Tierhalters nicht zu vereinen ist, RG HRR **31**, 111, vgl RG VersR **55**, 116.

c) Dafür, daß Tierh bei der **Beaufsichtigg** die im Verkehr erforderl Sorgf beobachtet hat, ist er in vollem Umfange beweispfl. Zur „Beaufsichtigg" gehört uU auch Auswahl geeigneter Tiere, RG JW **14**, 36, ausreichd Verwendg normaler, den Anfordergen einer Eigngsprüfg entspr Hütehunde, BGH **LM** Nr 2; ggf Führg des Zugtieres am Halfter, wenn das nach § 7 III StVO auf verkehrsreicher Straße erforderl, Karlsr NJW **62**, 1064; ausreichd Leitg des Fuhrwerks vom Wagen aus mit Doppelleine, Karlsr RdL **63**, 277. Bestellg eines taugl Tierhüters genügt nicht immer, RG **76**, 225, vielm ist zugehörige Sorgf bei Beaufsichtigg des Tieres erforderl, der Tierh muß dem Hüter die nöt Anweisg erteilen u deren Einhaltg überwachen, Düss VersR **67**, 1100. Doch haftet Tierh nach § 833 nur für eigenes Versch bei Beaufsichtigg, nicht für Versch des Tierhüters; Tierhalterhaftg u Haftg für den Tierhüter nach § 831 stehen selbständ nebeneinander, BGH VersR **56**, 516. Vielfach w allerdings Tierhalter durch Bestellg u laufende Überwachg eines taugl Tierhüters auch der NachwPfl aus § 833 S 2 genügt haben, Warn **11**, 327, Oldbg VerR **59**, 218. Für Kuhherde auf einer Straße ist Bestellg u Überwachg der erforderl Anzahl von Hütern nöt, Nürnb VersR **68**, 285. Zum EntlastgsBew gehört uU auch Bew für das Nichtvorhandensein von gefährl Eigensch des Tieres (Neigg zum Durchgehen), BGH VersR **56**, 502; vgl auch Anm 7 c. Die AufsPfl des Tierhalters geht weiter als die in § 834 bestimmte, da sie sich auch auf die Beaufsichtigg des Tierhüters od anderer Angest erstreckt, RG JW **11**, 218. Wegen VerwahrgsPfl: RG Warn **27**, 160. Immer sind sowohl die allg Eigensch der betr Tierart als auch die bes Eigenarten des einen Tieres zu berücksichtigen, BGH VersR **56**, 502. Sonstige **Einzelfälle :** Beaufsichtigg von Wachhunden, BGH VersR **62**, 807, BGH **LM** Nr 3a (Kettenhund in Gastwirtsch), Umherlaufen eines biss Hundes, RG HRR **34**, 254; Umherlaufen eines großen Wachhundes auf einer öff Straße, BGH VersR **62**, 807; Nichtanketten eines Hofhundes in nicht abgeschlossenem Hof, BGH VersR **67**, 1001; Umherlaufen eines ausgebrochenen Pferdes auf einer öff Straße, BGH **LM** Nr 3; Benutzg eines ausschlagenden Pferdes auf der Straße, RG JW **34**, 412; Gitter an der Vorderseite der Boxen mit Stab einer Reitschule, Celle VersR **72**, 469. Junge, nicht verkehrssichere Pferde, RG JW **34**, 412; Pferd mit Fehler, Warn **32**, 149. Weideeinzäug (Stachel- u Elektrozaun), Köln MDR **73**, 582, Ffm NJW **76**, 573 (Entlastg nur, wenn bei Berührg die notw Stromstärke abgegeben w, um Tier wie bei phys Widerstand vom Ausbrechen zurückzuhalten). BGH VersR **76**, 1086, Ffm VersR **78**, 645 (Landwirt erf die erforderl Sorgf bei Verwendg eines Elektrozaunes nur dann, wenn er, auch im Hinbl auf die Struktur des zur Str dazw liegden Geländes, den gleichen Schutz gg panikart Ausbrechen der Tiere bietet wie herkömml Stacheldraht- od Lattenzaun); Sicherg eines Weidetores nach einer Bundesstraße od Bahn dch Schloß BGH VersR **67**, 906,

Ffm VersR **71**, 942; Nichtaufklärbark, wie Weidetiere aus der Weide auf die Str kommen, geht zu Lasten des Tierh (Celle NJW **75**, 1891).

7) Beweislast. Verletzter hat Verl dch unberechenb, typ Verhalten eines Tieres zu beweisen. Tierhalter muß beweisen, **a)** daß das Tier unter Ausschl der tierischen Willkür gehandelt hat, RG JW **05**, 392, **b)** Haftgs-Ausschl, wobei jedoch zu beachten ist, daß sich ggü Dienstpersonal die BewLast insofern umkehrt, als Bediensteter gehörige Erf seiner vertragl DienstPfl bei Verrichtgen an dem Tier zu beweisen hat, RG **58**, 413; **c)** Erfüllg der SorgfPfl gemäß S 2, wobei ungeklärte Umst zu Lasten des Tierh gehen, RG JW **33**, 832; Stgt VersR **53**, 405, jedoch dürfen, soweit dem Tierh auch der negative Nachw dafür obliegt, daß das Tier nicht gefährl Eigenschaften habe (oben Anm 2c), die Anforderngen nicht überspannt w, Düss MDR **60**, 841. EntlastgsBew kann nicht durch den Nachw der allg Friedfertigk des Tieres erbracht w, BGH VersR **62**, 807. Bei EntlaufsSchad auch zu beweisen, daß Entlaufen unverschuldet, BGH NJW **65**, 2397. **d)** Haftet eine JP des öff R gem § 839, so bleibt die BewLastRegel des § 833 S 2 anwendb. Verl ein Diensthund den ihn führden PolizBeamten, so muß dieser bew, daß ihn selbst an der Entstehg des Schad kein Versch trifft, BGH VersR **72**, 1047.

834 *Haftung des Tieraufsehers.* **Wer für denjenigen, welcher ein Tier hält, die Führung der Aufsicht über das Tier durch Vertrag übernimmt, ist für den Schaden verantwortlich, den das Tier einem Dritten in der im § 833 bezeichneten Weise zufügt. Die Verantwortlichkeit tritt nicht ein, wenn er bei der Führung der Aufsicht die im Verkehr erforderliche Sorgfalt beobachtet oder wenn der Schaden auch bei Anwendung dieser Sorgfalt entstanden sein würde.**

1) Grundlage der Haftg ist vermutetes Versch des Tierhüters u vermuteter ursächl Zushang. Übern der Aufs durch **Vertrag** kann auch stillschw geschehen, zB durch Übergabe zur Verwahrg, Wartg, zum Zureiten u dgl, RG **58**, 410, doch genügt eine nur tatsächl Beaufsichtigg, zB durch FamAngehörigen, nicht. Der Vertr kann auch mit Dritten abgeschl w, RG **168**, 333.

2) Aufsichtsführg liegt nur da vor, wo eine selbständ allg Gewalt u Aufs über das Tier übertr ist. Das ist im allg nicht der Fall bei Bediensteten, die nur auf Anweisg handeln, zB Pferdeknechte, Kutscher, Stallburschen, RG **50**, 247, anders bei Hirten, Transportbegleitern, dem Verwahrer od Mieter eines Tieres, RG JW **05**, 202, Viehtreibern, RG **168**, 333, Viehkommissionär, dem Tier zum Verk übergeben, Mü VersR **57**, 31; **58**, 461.

3) Tierhalter u Tierhüter haften als GesSchu § 840 I; für Ausgleich untereinander ist VertrVerh maßg, nicht § 840 III. Ist Tierhüter selbst der Verletzte, so haftet Tierhalter nach § 833, doch muß Tierhüter beweisen, daß er seine vertragl AufsPfl gehörig erfüllt hat od der Schaden auch bei Erfüllg seiner SorgfPfl entstanden sein würde. Gelingt ihm dieser Bew nicht, sind die beidsrs HaftgsAnteile entspr § 254 zu best (Hamm VersR **75**, 865).

4) Beweislast: Voraussetzgen des S 2 hat der Tierhüter zu beweisen, RG **168**, 333.

835 *Wildschaden* und Art 70–72 EG BGB sowie alle landesrechtl Vorschr über Wildschaden sind durch § 46 Abs 2 Z 1 des am 1. 4. 53 in Kraft getretenen **Bundesjagdgesetzes**, jetzt idF v 29. 9. 76 (BGBl 2849) in *Bay, Brem, Hess* u *Wü-Ba* außer Kraft gesetzt. Die übr Länder des BGebiets hatten diese bereits nach § 71 Abs 2 Nr 1 des RJagdG v 3. 7. 34 bestehende RLage nicht geändert.

1) Gefährdungshaftg (§ 29 I, II BJagdG) bei Schäd an Grdst, die zu einem gemschaftl Jagdbezirk gehören od einem gemschaftl od einem EigJagdBez angegliedert sind. **Verschuldenshaftg** (§ 29 III BJagdG) bei Schäd an Grdst, die zu einem EigJagdBez. gehören. Dort haftet der Jagdausübgsberechtigte nur nach dem zw ihm u dem Geschädigten bestehenden RVerh u beim Fehlen einer anderweitigen Bestimmg nur dann, wenn er den Schaden durch unzulängl Abschuß verursacht hat. Wird Wildschaden durch ein aus dem Gehege austretendes Schalenwild angerichtet, so ist ausschließl derj zum Ersatz verpflichtet, dem als JagdausübgsBerecht, Eigtümer od Nutznießer die Aufs über das Gehege obliegt, § 30 BJagdG.

2) Gehaftet w für den durch Schalenwild, Wildkaninchen od Fasanen angerichteten Schaden, § 29 I BJagdG. Schalenwild ist Wisent, Elch-, Rot-, Dam-, Sika-, Reh-, Gams-, Stein-, Muffel-, u Schwarzwild, § 2 III BJagdG.

3) Ersatzpflichtig ist bei gemschaftl Jagdbezirken die Jagdgenossensch. Hat Jagdpächter im Vertr die ErsPfl ganz od teilw übernommen, so haftet Pächter allein; ErsPfl der Jagdgenossensch tritt in diesem Fall nur hilfsw ein, § 29 I BJagdG. Handelt es sich um Flächen, die einem Eigenjagdbezirk angegliedert sind, so haftet der Eigtümer od der Nutznießer des Eigenjagdbezirkes, bei Verpachtg der Pächter, wenn er Haftg im PachtVertr übernommen hat. Im letztgen Fall haftet Eigtümer od Nutznießer nur subsidär, § 29 II BJagdG.

4) Die Geltendmachg des ErsAnspr ist an eine Frist von 1 Woche seit Kenntn od Kennenmüssen gebunden, § 34. Über das Verfahren vgl § 35 BJagdG.

5) Landesrecht. *Bayern* v 18. 7. 62, GVBl 131, Art 33 ff, AVO v 13. 3. 63, GVBl 55; *Hessen* v 5. 4. 62, GVBl 233, §§ 26 ff; DVO v 23. 5. 62, GVBl 301, §§ 23 f; *Niedersachsen* idF v 10. 6. 63, GVBl 289, Art 21 (zum Vorverfahren nach der VO v 4. 8. 53, GVBl 67, Celle RdL **66**, 135); *Nordrhein-Westfalen* v 26. 5. 64, GVBl 177, §§ 31 ff; *Rheinland-Pfalz* v 16. 11. 54, BSRh-Pf 791-2, §§ 28 ff; *Schleswig-Holstein* v 13. 7. 53,

§§ 835, 836   2. Buch. 7. Abschnitt. *Thomas*

GVBl 77, § 12; *Bremen* v 14. 7. 53, GVBl 73, §§ 28ff; *Baden-Württ* v 15. 3. 54, GBl 35, §§ 26, 27, 1. DVO v 25. 3. 54, GBl 44, §§ 14ff; 2. DVO v 16. 10. 54, GBl 144; *Hamburg* v 28. 6. 55, HambSLR 792–a, § 16 idF v 21. 6. 66, GVBl 159, 197, § 19; *Saarland* v 8. 5. 63, ABl 275, §§ 31ff.

836 *Haftung bei Einsturz eines Gebäudes.* I Wird durch den Einsturz eines Gebäudes oder eines anderen mit einem Grundstücke verbundenen Werkes ein Mensch getötet, der Körper oder die Gesundheit eines Menschen verletzt oder eine Sache beschädigt, so ist der Besitzer des Grundstücks, sofern der Einsturz oder die Ablösung die Folge fehlerhafter Errichtung oder mangelhafter Unterhaltung ist, verpflichtet, dem Verletzten den daraus entstehenden Schaden zu ersetzen. Die Ersatzpflicht tritt nicht ein, wenn der Besitzer zum Zwecke der Abwendung der Gefahr die im Verkehr erforderliche Sorgfalt beobachtet hat.

II Ein früherer Besitzer des Grundstücks ist für den Schaden verantwortlich, wenn der Einsturz oder die Ablösung innerhalb eines Jahres nach der Beendigung seines Besitzes eintritt, es sei denn, daß er während seines Besitzes die im Verkehr erforderliche Sorgfalt beobachtet hat oder ein späterer Besitzer durch Beobachtung dieser Sorgfalt die Gefahr hätte abwenden können.

III Besitzer im Sinne dieser Vorschriften ist der Eigenbesitzer.

1) Allgemeines: Es handelt sich um einen dch bes BewLastRegelg gekennzeichneten Fall der allg VerkSichgPfl (Stgt VersR **77**, 384). Haftg beruht auf **vermutetem Verschulden** des GrdstBesitzers u vermutetem ursächl Zushang zw dem Versch des Besitzers u dem Schaden, BGH **LM** Nr 4. Infolgedessen keine Haftg von deliktsunfähigen Pers (§§ 827, 828), wohl aber Anwendg von § 829, da es sich bei § 836 nicht um einen anders gearteten Fall als in § 823, sond nur um Umkehrg der BewLast handelt (BGH WPM **76**, 1056); auch keine entspr Anwendg auf gesetzl Vertreter von Deliktsunfähigen, BGH **113**, 296. § 836 setzt die RPfl zur Unterhaltg eines BauWk u zur sorgf u fortges Überwachg seines Zust (BGH VersR **76**, 66); er ist ein Anwendgsfall des allg Satzes, daß jeder für Beschädiggen durch seine Sachen insofern aufzukommen hat, als die Beschädigg durch billige Rücksichten auf die Interessen des and hätte verhüten müssen, BGH **58**, 149. Jur Personen haften für ihre Vertreter unbedingt, §§ 30, 31; für ihre Verrichtungsgehilfen haften sie nach § 831 (unricht Hbg HRR **28**, 1978); vgl auch Anm 8. Besteht kein EigBes, kommt Haftg des Eigtümers wg Verl der VerkSichgrsPfl in Frage, BGH VersR **69**, 517. – Landesgesetzl Vorbehalte EG 106.

2) Ein mit einem Grdst verbundenes Werk ist ein einem bestimmten Zweck dienender, nach gewissen Regeln der Kunst od Erfahrg unter Verbindg mit dem Erdkörper hergestellter Ggst, BGH NJW **61**, 1670, unerhebl, für welche Dauer bestimmt. **Bejaht**: Bahn-, RG JW **08**, 196, Hafendamm BGH **58**, 149, Signalladen RG JW **13**, 868; Böschg RG **60**, 138; Staudamm RG **97**, 114; Zaun RG LZ **21**, 268; in Deich fest eingebaute Schleuse RG HRR **30**, 1104; Baugerüst RG JW **10**, 288; auf Laufschienen montierter Turmdrehkran, Düss BB **75**, 942; gemeindl Wasserleitg, BGH **55**, 229; Öltank, BGH WPM **76**, 1056 od Rohrleitg im Erdboden RG **133**, 1, BGH Elektrizitätswirtsch **59**, 24 (Rechtsbeilage) u hierzu eingehd in bezug auf die Mineralölfernleitgen Engert, BB **63**, 657. Ferner Starkstromanlage, RG HRR **32**, 444; Masten einer Starkstromanlage (Draht als Teil des Werkes) RG **147**, 353; Rutschbahn im Neubau zur Beförderg von Dachdielen, RG HRR **35**, 730; auch Denkmäler, Grabsteine BGH NJW **71**, 2308, Brunnen, Terrassen, Schaubuden, Zelte, Jagdhochsitz (Stgt VersR **77**, 384, aber keine Haftg ggü unbefugten erwachsenen Benützern). Bei Firmenschildern kommt es auf Größe, wie auf Art der ZusFügg ihrer Bestandteile u Art ihrer Befestigg an, RG JW **16**, 1019. – **Verneint**: natürl Bepflanzgen des Bodens, auch nicht die von Erdarbeitern zugeschütteten Erdhaufen (Sandkippen), RG **60**, 138; ferner nicht Treppen, die mittels Ketten am Gebäude befestigt w, RG Recht **07**, 3513; auch nicht ein nur angelehnter Bauzaun, RG SeuffA **76**, 116; über Verkaufsstand in einer Ausstellg vgl RG JW **16**, 1019.

3) Gebäude, Gebäudeteil. Zu den Gebäuden gehören auch **Gebäuderuinen**, die unbewohnb sind, BGH NJW **61**, 1670. – Nicht erforderl ist, daß es sich um Bestand nach §§ 93 ff handelt; auch feste Verbindg ist nicht notw, RG **60**, 421. Doch genügt nicht eine nur mechan Verbindg eines Ggstandes mit dem Gebäude, zB Befestigg durch Kammern oder dgl RG **107**, 337, vielm muß die Sache irgendwie aus baul Gründen od zu baul Zwecken an dem Gebäude angebracht sein, BGH NJW **61**, 1670. Infolgedessen gehören nicht hierher solche Teile, die noch nicht in eine baumäß Verbindg mit dem Grdst gebracht sind, zB ein noch nicht eingebauter Außenträger, Warn **12**, 78, wohl aber eine bereits im wesentl abgebundene Betondecke, BGH **LM** Nr 11. **Teile sind**: Balkon, Schornstein, Dachziegel, Haken für Gardinenstangen, KG JW **24**, 1380; Oesen zum Einhängen einer Treppe RG JW **32**, 1208; Fahrstuhl Warn **14**, 334; hölzerne Fensterläden RG **60**, 421; Torflügel RG JW **31**, 3446; Nägel zum Befestigen eines Signalmastes RG JW **13**, 868; Riegel an Oberfenstern RG **113**, 296; in die Wand eingelassene Schultafel RG Recht **81**, 1371; Brandmauer Ffm NJW **47/48**, 426; Platte eines Wellblechdaches BGH VersR **60**, 426. **Dagg nicht**: schwerer Spiegel, der an der Wand aufgehängt u durch Klammern abgestützt ist, RG **107**, 337; Eisstücke, die sich vom Hause ablösen, od Schnee, der vom Dach stürzt, BGH NJW **55**, 300.

4) Einsturz bedeutet ZusBruch des ganzen Werkes; **Ablösg** liegt vor, wenn ein Teil in seinem Zushang mit dem Ganzen getrennt u gelockert w od auch nur in seinem eig inneren Zushang, das übrige Werk aber unversehrt bleibt, RG **133**, 1, zB Herabfallen von Steinen, Stuckbekleidgen, Fahrstuhls, ebso wenn morsches Brett eines Laufsteges (RG HRR **35**, 1515) od verrostete Platte eines Wellblechdaches (BGH VersR **60**, 426) durchbricht od ein Mauereck inf DaggLehnens abbricht, Hamm VersR **72**, 1173. Nicht dagg, wenn das Gebäude absichtl niedergerissen w, vgl RG HRR **29**, 1313; ebso nicht: Herabgleiten eines Rolladens in seiner Führg inf Mängeln der Sperrvorrichtg, Warn **09**, 101.

5) Fehlerhafte Errichtg oder mangelh Unterhaltg müssen Einsturz od Ablösg verursacht haben; BewLast beim Geschädigten, dem aber AnscheinsBew zugute kommen kann. Fehlerh ist ein Bau dann errichtet, wenn er nicht alle Anfdgen dafür erfüllt, daß er Leben und Gesundh anderer nicht gefährdet, BGH DRiZ **62**, 422. Nicht erforderl ist, daß diese Fehler auf das Versch irgendeiner Pers zurückzuführen sind, BGH **LM** Nr 4, od daß sie die alleinige Ursache waren, es können andere Ursachen, zB menschl Tätigk od Witterugseinflüsse, hinzukommen, BGH **58**, 149. – **Gegensatz: außergewöhnl Naturereignisse,** wie Bergrutsch, Blitzschlag, Wolkenbruch. Bei gewöhnl Witterungseinflüssen dagg, mit deren Einwirkg auf das Bauwerk erfahrungsgemäß, wenn auch selten (Sturmbö, BGH VersR **76**, 66) zu rechnen ist, spricht gerade die Ablösg des Teiles für die Mangelhaftigk der Anlage od Unterhaltg, BGH NJW **61**, 1670. Fehlerhaftigk liegt noch nicht vor, wenn bei der Errichtg etwaiges späteres fahrlässiges Verhalten eines Benutzers nicht in Betr gezogen ist, RG LZ **15**, 1525 (Glasdachfenster w von hochspringendem Schaumweinpfropfen beschädigt); vgl auch RG **113**, 287 (Fenster, die durch Riegel gehalten w).

6) Zwischen dem Schaden u der Ablösg genügt adäquater Kausalzushang, also auch mittelb Verursachg, wenn zB dch Ablösg einer Falltürdecke od dch einbrechden Fußboden od dch Abbrechen eines Mauerecks inf DaggLehnens od dch Absacken eines Gerüstbretts wg ungenügder Verankerg ein Mensch herabstürzt, BGH VersR **60**, 426, Hamm VersR **72**, 1173, BGH Warn **73**, 150, od dch Dammbruch einströmdes Wasser Grdst beschädigt, RG DR **40**, 723. Immer aber ist erforderl, daß Schaden dch die bewegte Kraft des Einsturzes bzw der Ablösg herbeigeführt ist, BGH NJW **61**, 1670; also nicht anwendb, wenn zB Deckel einer Bürgersteigrinne auf der Straße liegen geblieben ist, RG Recht **10**, 3921; ebso nicht, wenn inf Ausströmens von Gas aus beschädigter Rohrleitg Feuer entsteht od jmd dch das Einatmen Schad erleidet (RG **172**, 156). Nicht wenn Passant über nach dem Einsturz einer Ruine liegengebliebene Steine stürzt, BGH NJW **61**, 1670. Nicht wenn Öl aus undichtem Tank in Grdwasser sickert (RG WPM **76**, 1056). Wahlweise Feststellg verschiedener SchadUrsachen mögl, nur muß sich sodann der Entlastgs-Bew auf alle Möglichkeiten erstrecken; BGH DRiZ **62**, 422. – Bei mitwirkdem Versch § 254.

7) Ersatzpflichtig ist nach § 836 nicht der Eigtümer, sond der ggwärt od frühere **Eigenbesitzer** (§ 872) des Grdst; allerd nur dann, wenn er auch Eigenbesitzer des schädigenden Werkes ist, BGH **LM** Nr 9. Gleichgültig, ob mittelb od unmittelb Besitzer, also auch Verpächter RG LZ **16**, 57; KG JW **24**, 1380. – Mehrere Eigenbesitzer u der frühere haften gem § 840 I als GesSchu, Düss JW **52**, 134. Ausgleich untereinander aGrd des VertrVerh, ev nach § 426, vgl § 840 Anm 3b. E genbesitzer u ein anderer aus § 823 Verantwortlicher haften ebenf als GesSchu, im InnenVerh ist jedoch der Dr allein verpflichtet (§ 840 III).

8) Der Entlastgsbeweis des ggwärtigen Besitzers erstreckt sich auf die Anwendg aller Sorgf währd seiner Besitzzeit, RG JW **13**, 867, nicht auch auf die Besitzzeit seines Vorgängers. An die Substantiiergs- u BewPfl des HaftPfl sind hohe Anfdgen zu stellen (BGH VersR **76**, 66). Da RStellg des Eigenbesitzers auf dessen Erben übergeht, § 857, trifft auch diesen die SorgfPfl von dem Ztpkt, in dem er den Erbf erfährt, BGH **LM** Nr 6. Die Haftg geht weiter als im § 831, da nicht sorgfältige Auswahl genügt, sond die zur Abwendg der Gefahr erforderl Sorgfalt beobachtet sein muß, BGH Warn **68**, 172. Daher wird zwar die SorgfPfl idR, insb bei Errichtg eines Gebäudes, durch Betrauung eines zuverläss Sachverst erf sein, es sei denn, daß Besitzer den gefahrdrohenden Zustand selbst kannte od kennen mußte, BGH **1**, 105. Doch kann darü hinaus im Einzelfall noch eine eig Kontrolle notw sein, vgl BGH NJW **56**, 506. Auch der Nichtfachmann ist zur Überprüfg einer uU gefahrbringenden Einrichtg verpflichtet, doch können ihm verborgene Mängel nicht angerechnet w, RG JW **32**, 1208.

Baupolizeil Abnahme für sich allein genügt nicht immer, BGH NJW **56**, 506. Zur ordngsgem **Unterhaltg** gehört regelm Prüfg der Gebäude durch zuverläss Sachkundige, deren Häufigk sich nach den Umst des Einzelfalles richtet, RG JW **16**, 190 (Gastwirt muß regelm Haltbark des Wandverputzes nachprüfen lassen). Markise muß mind einmal jährl auf ihre Ungefährlichk geprüft w, RG JW **31**, 194. Untersuchg des Hochkamins einer Bäckerei, BGH NJW **56**, 506, der Mieträume durch den Hausbesitzer, Warn **30**, 153, des Daches hins der Haltbk bei Sturm, LG Hbg VersR **70**, 579. Beauftragg eines Hausverwalters u dessen allg Beaufsichtigg kann bei ortsabwesendem Besitzer genügen, RG JW **32**, 1210, nicht jedoch Übertr der HausVerw als solche an einen RA od eine GrdstVerwGesellsch (BGH VersR **76**, 66). Erhöhte SorgfPfl ist geboten, wenn durch Beschaffenh od Bestimmg des Gebäudes eine bes Gefährdg begründet ist, zB bei Schulgebäude, RG LZ **21**, 226, od sonstigen dem öff Verkehr dienenden Gebäuden (Post, Eisenbahn, Kinos, BGH VersR **55**, 692). Haftg wird nicht dadurch ausgeschl, daß Aufwendg sehr hoher Kosten notw gewesen wäre, RG Recht **21**, 2381. – Keine Überspann der SorgfPfl bei **Ruinengrundstücken** im allg, BGH **1**, 103, bes SorgfPfl jedoch bei gefahrdrohender Ruine an verkehrsreicher Straße, BGH VersR **53**, 432 Über mitwirkendes Versch Anm zu BGH **LM** Nr 1. – Über BewLast bei wahlweiser Feststellg mehrerer SchadUrsachen Anm 6. – Über die Haftg der Gemeinden § 839 Anm 15 „Polizei".

837 *Haftung des Gebäudebesitzers.* Besitzt jemand auf einem fremden Grundstück in Ausübung eines Rechtes ein Gebäude oder ein anderes Werk, so trifft ihn an Stelle des Besitzers des Grundstücks die im § 836 bestimmte Verantwortlichkeit.

1) § 837 enthält eine Ausn von der Regel des § 836, indem hier nicht der Eigenbesitzer des Grdstücks auf dem ein Gebäude od ein mit dem Grdst verbundenes Werk sich befindet, sond der Eigenbesitzer des Gebäudes oder Werkes haftet. Voraussetzg ist, daß jemand auf fremdem Grdst **in Ausübg eines Rechtes** ein Gebäude od anderes Werk besitzt. Der gesetzgeberische Grd liegt darin, daß in diesem Sonderfall idR nur der Besitzer des Gebäudes und Werkes in der Lage ist, die zur Abwehr von Gefahr notw Maßn zu treffen. Die Haftg aus § 837 unter Ausschl derjen aus § 836 greift aber auch ein, wenn im EinzFall auch der Eig-Besitzer des Grdst die Maßn treffen kann, die zur Abwehr der v dem Wk ausgehden Gefahren erforderl sind; entscheidd ist nur, daß der EigBes am Gbde od Wk u der EigBes am Grdst auseinander fallen (BGH NJW **77**, 1392). Hauptanwendsfälle: Nießbraucher, GrdDbk, ErbbauBerecht. Hauseigtümer, der an einem Lichtschacht im Bürgersteig eine GrdDbk hat, RG Recht **14**, 1838. Elektr Leitgsdraht des Elektr-Werks, der über öff Weg führt, RG JW **38**, 1254. Ob das Recht dingl od persönl od ob es öffrechtl Natur ist (zB Grabstelle, BGH NJW **71**, 2308 u NJW **77**, 1392), ist grdsätzl unerhbl. R des BauUntern, der im Rahmen des BauVertr ein Gerüst od einen auf Schienen montierten Kran auf Grdst hält (Düss BB **75**, 942). Keine Haftg des Mieters eines Hauses aus § 837, weil hier EigBes am Gbde u am Grdst nicht auseinandfallen (RG **59**, 8). Anders dort, wo Mieter od Pächter in Ausübg eines Rechtes an einem Grdst ein Gebäude errichtet hat, das nur er, nicht auch der Eigenbesitzer des Grdst besitzt, RG JW **16**, 1019, zB Pächter, der auf dem Pachtgut Anlagen errichtet, RG JW **10**, 653, od Gastwirt hins eines von ihm auf gemietetem Platz errichteten Restaurationszeltes, RG Recht **08**, 3265. Auch ein vom Mieter eines GeschRaumes angebrachtes Firmenschild kann hierher gehören, RG LZ **16**, 1241. Immer muß aber die Verantwortlichk für Fehlerhaftigk des Werkes dessen Besitzer, nicht dem Besitzer des Grdst zufallen, RG DRZ **35**, 196. – Der Wille des Besitzers, das Recht als ein ihm zustehendes auszuüben, genügt, ohne daß es darauf ankommt, ob ihm das Recht wirkl zusteht, RG JW **16**, 40.

2) Ist daneben ein **Dritter** aGrd unerl Hdlg haftb, zB der Anstaltsträger eines Friedhofs wg Verl VerkSichPfl, so haften beide nach § 840 I als GesSchu (BGH NJW **77**, 1392). Im Verh zueinander ist jedoch nach § 840 III der Dr allein ersatzpflichtig.

838 *Haftung des Gebäudeunterhaltungspflichtigen.* Wer die Unterhaltung eines Gebäudes oder eines mit einem Grundstücke verbundenen Werkes für den Besitzer übernimmt oder das Gebäude oder das Werk vermöge eines ihm zustehenden Nutzungsrechts zu unterhalten hat, ist für den durch den Einsturz oder die Ablösung von Teilen verursachten Schaden in gleicher Weise verantwortlich wie der Besitzer.

1) Der nach § 838 Ersatzpflichtige haftet neben den nach §§ 836 oder 837 Haftpflichtigen. Unter § 838 fällt der, der die Unterhalt vertragl übernommen hat, wobei es genügt, daß sich diese Übern aus dem Sinn o dem Zweck des Vertr ergibt, BGH **6**, 315. Ferner auch der, der die Unterhaltg übernommen aGrd eines gesetzl SchuldVerh, das ähnl Verpflichtg wie ein vertragl GeschBesorggsVerh begründet, BGH **21**, 285. Es muß sich um die Übern der Verantwortg für Bau- od Werkschäden handeln, eine allg UnterhPfl, zB hins der sicheren Befestigg eines Firmenschildes, genügt nicht, RG JW **16**, 1019. Haftg des Verwalters eines RuinenGrdstücks w in BGH **LM** § 836 Nr 2 verneint, wenn Verwalter keine Mittel zur Vfg standen, in BGH **6**, 315 bejaht, wenn Verwalter sich zur Instandsetzg des Gebäudes verpflichtet hatte. Haftg bejaht auch des Verwalters einer Ruine, der Verpflichtg, bei Gefahr Baupolizei zu benachrichtigen, nicht nachkommt, BGH BB **53**, 747. Die Heranziehg der Nutzgsberechtigten bedeutet, daß diese nicht nur ggü dem Eigtümer, sond aGrd von § 838 auch Dr ggü zur Unterhaltg des Grdst verpflichtet sind. Hierzu gehört der Nießbraucher (§§ 1030ff), der GrdDbkBerecht im Falle des § 1021 I 2 u die Eltern hins des Kindesvermögens, jedoch nur dann, wenn sie nach § 1649 II ein NutzgsR am Gebäude usw haben u dieses Recht auch ausüben.

2) Ersatzpflichtiger haftet neben dem nach §§ 836, 837 Verpflichteten als GesSchu (§ 840 I), Ausgl untereinander nach § 426. Bei gesamtschuldnerischer Haftg mit einem Dr, zB dem Erbauer, ist jedoch für AusglPfl § 840 III maßg.

839 *Haftung bei Amtspflichtverletzung.* I Verletzt ein Beamter vorsätzlich oder fahrlässig die ihm einem Dritten gegenüber obliegende Amtspflicht, so hat er dem Dritten den daraus entstehenden Schaden zu ersetzen. Fällt dem Beamten nur Fahrlässigkeit zur Last, so kann er nur dann in Anspruch genommen werden, wenn der Verletzte nicht auf andere Weise Ersatz zu erlangen vermag.

II Verletzt ein Beamter bei dem Urteil in einer Rechtssache seine Amtspflicht, so ist er für den daraus entstehenden Schaden nur dann verantwortlich, wenn die Pflichtverletzung in einer Straftat besteht. Auf eine pflichtwidrige Verweigerung oder Verzögerung der Ausübung des Amtes findet diese Vorschrift keine Anwendung.

III Die Ersatzpflicht tritt nicht ein, wenn der Verletzte vorsätzlich oder fahrlässig unterlassen hat, den Schaden durch Gebrauch eines Rechtsmittels abzuwenden.

Übersicht

1) Allgemeines
2) Staatshaftung an Stelle der Beamtenhaftung
 A. Art 34 GrundG
 B. Welche Körperschaft haftet?
 C. Verhältnis von Staatshaftung zur persönlichen Beamtenhaftung
3) Beamtenbegriff
4) Inhalt der Amtspflichten
 a) Allgemeines
 b) Überschreitung der dienstlichen Befugnisse oder der Zuständigkeit
 c) Ermessensentscheidungen
 d) Verstöße gegen §§ 823, 826 usw
 e) Fürsorgepflicht
 f) Anregungen
 g) Auskünfte
 h) Verfahrensfehler

5) Amtspflichten, die einem Dritten gegenüber obliegen
 A. Gegensatz zu Pflichten gegenüber Allgemeinheit oder Behörde
 B. Kreis der Dritten
6) Vorsatz oder Fahrlässigkeit
7) Aushilfshaftung
8) Spruchrichter
9) Schadensabwendung durch Einlegung eines Rechtsmittels
10) Schadensersatz
11) Beweislast
12) Verhältnis zu anderen Bestimmungen
13) Bindung der ordentlichen Gerichte an verwaltungsgerichtliche Vorentscheidungen
14) Rückgriff des Staates gegen Beamten
15) Einzelfälle von Amtspflichtverletzungen (alphabetisch geordnet)

Einzelne Schuldverhältnisse. 25. Titel: Unerlaubte Handlungen **§ 839 1, 2**

1) Allgemeines. Ohne § 839 würde ein Beamter für schuldh widerrechtl SchadZufügg nach §§ 823, 826 haften. § 839 bringt demggü insofern eine Erweiterg, als ein Beamter für jede schuldh Verletzg einer ihm ggü einem Dritten obliegenden AmtsPfl haftet, u zwar auch dann, wenn die Tatbestände nach § 823 oder § 826 nicht erf sind. Anderers enthält § 839 insofern eine Einschränkg der allg Haftg, als der Beamte für die Verletzg einer ihm ggü einem Dritten obliegenden AmtsPfl nur nach § 839, dh mit den HaftgsBeschrkgen nach I S 2, II und III haftet, u zwar ohne Rücks darauf, ob er im Rahmen der hoheitl od der fiskal Verw handelt, BGH (GrZS) **34**, 99; vgl hierzu näher Anm 2c. Denn die BeamtenhaftPfl für schuldh Verhalten ist in § 839 erschöpfend geregelt, so daß demggü die allg Bestimmgen der §§ 823, 826 nicht in Betr kommen, BGH aaO. Auch auf § 831 kann neben § 839, Art 34 GG ein Anspr nicht gegründet w, BGH **3**, 101, desgl nicht auf § 832, BGH **13**, 25. Liegt dagg keine AmtsPflVerletzg iS des § 839 vor, so kommt Haftg des Beamten aus §§ 823, 826, der öffrechtl Körpersch nach §§ 89, 31, 831 in Frage. — Darü, wie das Verh von § 823 zu § 839 sich im Falle der Staatshaftg gestaltet, vgl unten Anm 2 C. Über Verh des Anspr aus Staatshaftg zu anderen Anspr Anm 12. Über Verj § 852 Anm 2b. — ZivRechtsweg (§ 40 II 1 VwGO), BSG MDR **76**, 610 hält SozGer für zuständ, wenn zur Herstellg des Zust ohne die AmtsPflVerl Vorn einer AmtsHandlg des SozVersTrägers verlangt w. Sachl Zustdgk: Nach GVG § 71 II Nr 2 Landgerichte. — Zur Kritik an der höchstrichterl Rspr, insbes des RG, Münzel NJW **66**, 1341, 1639, allg zum StaatshaftgsR Rüfner BB **68**, 881.

2) Staatshaftg an Stelle der Beamtenhaftg. A. Staatshaftg dient nicht nur dem Interesse des Beamten sond auch des Geschädigten, RG **163**, 89. Nach EG Art 77 sind die landesgesetzl Vorschr insow unberührt geblieben, als es sich um die Haftg des Staates u der Kommunalverbände für den von Beamten in Ausübg der ihnen anvertrauten öff Gewalt zugefügten Schaden handelt. **Art 34 GG** bestimmt:

Verletzt jemand in Ausübung eines ihm anvertrauten öffentlichen Amtes die ihm einem Dritten gegenüber obliegende Amtspflicht, so trifft die Verantwortlichkeit grundsätzlich den Staat oder die Körperschaft, in deren Dienst er steht. Bei Vorsatz oder grober Fahrlässigkeit bleibt der Rückgriff vorbehalten. Für den Anspruch auf Schadensersatz und für den Rückgriff darf der ordentliche Rechtsweg nicht ausgeschlossen werden.

a) Diese Bestimmg enthält nicht ein Programm, sond **unmittelbar geltendes Recht**. Grdsatz: der Staat haftet anstelle des Beamten; dessen persönl Haftg daher ausgeschl. Im übr vgl hierzu Anm 2 C. — Die Haftg des Staates od der Körpersch richtet sich sowohl im Bereich des Art 34 GG (BGH **13**, 88 [103]) wie des Art 77 EG u der einschläg Best der Länder (BayObLG NJW **76**, 1979 für Art 97 BayVerf) in Voraussetzgen u Umfang nach § 839. — Art 34 GG bildet keine erschöpfende Regel der Haftg aus AmtsPflVerletzg. **Daher sind wie bisher in Kraft geblieben:**

aa) die sich aus § 839 ergebenden HaftgsBeschrkgen.

bb) die Vorschr über Haftgsbeschrkg ggü **Ausländern** (§ 7 pr G v 1. 8. 09, u ReichsG v 22. 5. 10, Art 60 II *bay* AGBGB, Art 188 II *württ* AGBGB), BGH NJW **61**, 1811; Übersicht landesrechtl Regelgen Frowein JZ **64**, 360. Die Haftg der Körpersch hängt von der Verbürgg der GgSeitigk u deren Bek ab. Einzelhen dazu vgl Neufelder NJW **74**, 979. Keine Beschrkg der Staatshaftg jedoch ggü Staatenlosen, Henrichs NJW **58**, 89. Keine im Einzelfall Verbürgg der GgSeitigk u amtl Bekanntmachg im Inland Anspr-Voraussetzg, BGH DRspr I (147) Bl 84c; daselbst auch über die Frage, ob andernf die in Anspr genommene Körpersch ein LeistgsverweigergsR hat. Eine dtsche GmbH ist nicht als Ausländerin anzusehen, selbst wenn Anteile u GeschFg in Händen von Ausländern liegen, RG HRR **35**, 9. Keine Ggseitigk ggü Schweden (OGH NJW **50**, 66), Italien (LG Hanau VersR **71**, 727), Polen (BGH **13**, 241). Ggseitigk ggü Griechenland verbürgt, Bek v 31. 5. 57, BGBl 607, desgl ggü Holland, Bek v 6. 5. 58, BGBl 339, Belgien, Bek v 27. 2. 59, BGBl 88, Schweiz, Bek v 18. 11. 60, BGBl 852, Frankreich, Bek v 28. 9. 61, BGBl 1855, Dänemark u Norwegen, Bek v 28. 4. 67, BGBl 532, sowie Japan (in bezug auf die nach dem 11. 9. 61 begangenen Handlungen), Bek v 5. 9. 61, BGBl 1655. Im Verh zu Österreich ist Verbürgg der Ggseitig nicht erforderl, G v 17. 7. 78 (BGBl I 997); vgl dazu Schulz NJW **78**, 1731. Bei HaftgsAusschl des Staates haftet der Beamte persönl nach § 839. Ob der Ausschl hoheitl Haftg ggü Ausländern verfmäß ist, ist bestr, vgl Grasmann JZ **69**, 454, bej Ffm NJW **70**, 2172, verneind Neufelder NJW **74**, 979.

cc) Vorschriften, nach denen Staatshaftg bei Beamten entfällt, die ausschließl auf Bezug von **Gebühren** angewiesen sind, sowie bei solchen AmtsHdlgen anderer Beamter, für die die Beamten eine bes **Vergütg von den Beteiligten** beziehen (§ 1 III *pr* G v 1. 8. 09, § 5 Nr 1 ReichsG v 22. 5. 10), so auch Weimar DÖV **52**, 459 u BGH NJW **72**, 2088. Unerhebl für HaftgsAusschl ist, ob Beamter die Gebühren aus der öff Kasse od unmittelb von den Beteiligten erhält, RG **134**, 178. Hierher gehören zB BezSchornsteinfegermeister, BGH **62**, 372; nicht Gerichtsvollzieher, RG **87**, 294, u Schiedsmänner, BGH **36**, 195. Für Notare vgl Anm 15 „Notar".

dd) HaftgsBeschrkgen im **PostG** (BGBl 69, 1008): Im Brief-, Paket-, PostAnw-, PostAuftr-, Postzeitgs-, Postreise-, Postscheck- u PostsparkDienst Haftg der Post für ihre DienstLeistgsPfl nur nach Maßg der §§ 12–21, im übr HaftgsAusschl, § 11 I, II. HaftgsBeschrkgen in der TelegraphenO, BGH **12**, 89. HaftgsBeschrkgen in der FernmeldeO (BGBl 71, 543), fr FernsprechO, BGH NJW **64**, 41 (unberecht Sperrg von FernsprechAnl; hierzu Jecht NJW **64**, 402). Die HaftgsBeschrkg nach § 52 V FO greift nicht ein, wenn der v der Post zu ersetzde Schad allein darin besteht, daß einer PflVerl ihrer Bediensteten ein FernsprechTeiln mit Gebühren belastet w ist (BGH **66**, 302). Der HaftgsAusschl in § 4 S 2, früher § 12 III S 2 PostscheckO ist unwirks, sow Haftg für schuldh Verhalten der Post od ihrer Bediensteten ausgeschl (BGH **68**, 266). Keine HaftgsBeschrkgen nach dem TelegrWegeG, BGH **36**, 217. Vgl im übr unten Anm 15 unter „Post". Haftg des Postbediensteten ggü dem geschäd Benutzer od Dr nur bei vors AmtsPflVerletzg. Das ist zwar nur für das Postwesen normiert (§ 11 III PostG), muß aber im Fernmelde- u Telegraphenwesen entspr gelten. Verpfl der Post, Namen des vors handelnden Bediensteten anzugeben, BVerwG **10**, 274.

§ 839 2 A

ee) Keine Haftg der **Strafanstalt** nach Art 34 GG, wenn Gefangener ArbUnfall erleidet; wg Unfallversicherg nach § 540 (nF) RVO; vgl auch BGH **25**, 231 (zu § 23 des inzw aufgehobenen GefUnfFürsG v 30. 6. 00); vgl auch Art 4, § 2 II des UVNG v 30. 4. 63, BGBl 289).

b) Nach Art 34 S 3 GG darf der **ordentliche Rechtsweg** nicht ausgeschl w. Auch RAbgO § 242 steht dem RWeg nicht entg, wenn konkrete AmtsPflVerletzg behauptet w, RG **157**, 197. Doch ist **ordentl Rechtsweg unzulässig,** wenn auf dem Umweg über angebl AmtsPflVerletzg richterl Nachprüfg von bindenden Hoheitsakten der VerwBeh begehrt w, wie zB bei verweigerter Anstellg od Beförderg eines Beamten (vgl hierzu u Anm 5), od bei Rückzahlg von Steuerbeträgen, falls nicht konkret pflichtwidriges Verhalten der beteiligten Beamten behauptet w, RG **157**, 197; **164**, 25.

c) Staatshaftg tritt nur ein, wenn jemand in **Ausübg eines öffentl Amtes** gehandelt hat. Dafür ist maßgebd, ob die **Zielsetzg** der Tätigk des Beamten dem Bereich hoheitl Verwaltg zuzurechnen u ob ein **innerer Zushang** zw dieser Zielsetzg u der schädigenden Hdlg gegeben ist, BGH **42**, 176, BGH Betr **77**, 1090.

aa) Die eigentl **Zielsetzung,** in deren Sinn die Pers tät w, muß hoheitl Verw zuzurechnen sein. Der Einsatz öffrechtl Machtmittel ist ein wesentl Kennzeichen der öff Gewalt. Das besagt jedoch nicht, daß von hoheitl Verw nur dann gesprochen w könnte, wenn hoheitl Zwangsmittel eingesetzt w; vielm fäll hierunter auch die schlichte HoheitsVerw, BGH NJW **62**, 796. Handelt es sich um eine ZielSetzg, die, wie häuf insb auf dem Gebiet der DaseinsFürs einschl der VerkSicherg von der öff Hand mit hoheitl Mitteln od auf der Ebene des PrivR verfolgt w kann, dann kommt es darauf an, wie die öff Hand die Bewältigg der Aufg organisiert h, BGH NJW **73**, 1650. So ist Plang u AO von Str-, Kanal- od Hochwasserschutzbauten regelm hoheitl Tätigk, ihre Ausf dch priv Untern aber nur inf bindder behördl Weisgen. So ist die Entsch der staatl Interventionsstelle für Getreide, ob interveniert w, ein VerwAkt, die Ausf der Entschließg ein privatrechtl KaufVertr (BGH NJW **76**, 475, Zweistufenlehre). Ausübg hoheitl Gewalt wurde bej bei soz Betreuung der am Untern RAutoB (jetzt Bundesautobahn, G v 6. 8. 53) beschäftigten Arb u Dienstfahrt zu diesem Zweck, RG **168**, 370; bei Vertrauensarzt u Leiter der Krankenkasse im Verh zu Versicherten, RG **165**, 98; bei Untersuch eines ArbSuchden dch Amtsarzt im Auftr des ArbAmts, BGH **LM** (Fc) Nr 2; bei NachUntersuchg eines RentenEmpf dch VertrArzt im Auftr des VersorggsAmts, BGH NJW **61**, 969; bei fehlerh Feststellg der ArbFähigk dch Vertrauensarzt eines SozVersTrägers, BGH NJW **68**, 2293; Versorggsamt in seinen FürsAufgaben ggü dem VersorggsEmpf, BGH **LM** § 81 BVersG N 2; Bewilligg von Flüchtlingskrediten, BGH WPM **62**, 930; Lehrlingsheim als unselbständ Anstalt eines städt Waisenhauses, BGH **LM** (Fe) Nr 23; Prüfing für Baustatik, BGH **39**, 358. Wenn auch die Beh Aufg schlichter HohVerw auf privrechtl Ebene ausführen lassen kann, so ist doch anzunehmen, daß die Beh, wenn sie typ Aufg ihrer HohVerw wahrnimmt, nicht privrechtl, sond hohrechtl tät w, BGH **38**, 52. Über Ausf solcher Aufg dch priv Untern vgl Anm 3 b aE.

bb) Innerer Zusammenhang zw der Zielsetzg im Rahmen hoheitl Verwaltg u dem schädigenden Ereign, BGH **42**, 176. Dieser Zushang ist auch dann zu bejahen, wenn nur eine Teilhandlg als hoheitl Verwaltg zu bewerten ist, denn hierdurch w die ges dieser Aufgabe dienende Tätigk des Beamten „zu einer Einheit zusgefaßt", BGH aaO (Dienstfahrt mit Kfz). Dienstfahrt kann zwar bei gewissen Fahrzeugen (Militär-, Polizei-, FeuerwehrKfz) in aller Regel angen w, jedoch deshalb noch nicht insow AnscheinsBew (§ 823 Anm 13a), BGH NJW **66**, 1264. Der innere Zushang fehlt, wenn von Dienstwaffe, Dienstfahrzeug od dgl aus rein persönl Gründen – ohne innere Beziehg zum Dienst, wenn auch möglicherw bei Gelegenh u währd des Dienstes – Gebr gemacht w, BGH **11**, 181. Sie fehlt auch dann, wenn die persönl Gründe zur Tat zwar durch Vorkommn im Dienst veranlaßt sein mögen, die Tat selbst aber ihre „angebliche" Berechtigg nicht im DienstVerh findet, BGH aaO; vgl auch unten zu d u § 823 Anm 14 „Demonstration".

cc) Einzelfälle : Städt Beamte, die rechtsf Stiftgen verwalten, handeln im Bereich öff Verw der Gemeindeangelegenh, RG **161**, 295. Führer eines behördl Kfz auf Dienstfahrt, BGH **42**, 176, desgl eines Feuerwehrwagens, auch bei Übgen, nicht aber bei Erprobg anläßl des Ankaufs eines Wagens, BGH MDR **62**, 803; eines Unfallrettgswagens, BGH **37**, 337; Soldaten der BWehr u der Stationiergsstreitkräfte als KfzFührer auf Dienstfahrt (BGH NJW **68**, 696), regelm aber nicht bei priv Schwarzfahrt, BGH NJW **69**, 421. Transport von Straßenbaumaterial durch Bedienstete der StrBaubehörde, BGH NJW **62**, 796 (vgl hierzu § 823 Anm 8c). Ausübg öff Gewalt bei Benutzg von Kraftfahrzeugen od Fahrrädern, BGH **29**, 38; **LM** (Fe) Nr 23 (Fahrrad). Bedeutgslos, ob beamten- od behördeneigenes Fahrz benutzt w, BGH **29**, 38. Ausübg öff Gewalt bei Gewährg freiwilliger FürsLeistgen, BVerwG NJW **61**, 137; GVz auch dann, wenn er freiw Versteigerg nach §§ 1228 ff vornimmt, RG **144**, 262; ebso Gemeinderat, zu dessen Aufgaben landesrechtl Schätzg von GrdstWerten zu Beleihgszwecken gehört, RG JW **38**, 47; behördl Auskünfte von Bürgermeistern, mögen sie im Wege der Amtshilfe öff Behörden od PrivPersonen zur Verwendg für bürgerlrechtl Zwecke erteilt w, RG **170**, 134. – **Bundespost** ist HoheitsBetr, BGH **16**, 111 im Anschl an die Rspr des RG. Das gilt auch hins der PersBeförderg, BGH **20**, 102. Inzw auch gem Gesetz, §§ 7, 11 II PostG. Vgl im übr Anm 15 unter „Post". – **Bundesbahn** ist bürgerl-rechtl GeschBetr; BGH **LM** (Fa) Nr 3. – **Privatrechtl Charakter** haben kommunale Betr wie Gasanstalt, Elektro- u Wasserwerk, Straßenbahn, RG **63**, 374; Märkte BGH NJW **55**, 1025; Sparkasse RG **91**, 341; städt Krankenhaus KG JR **51**, 25; UnivKlinik BGH NJW **53**, 778; ErstVersorgg eines UnfallVerl dch Dchgangsarzt einer Berufsgenossensch, BGH **63**, 265. Anders aber bei Einweisg des mittellosen Patienten durch die FürsBeh, BGH **4**, 138; jedoch w auch im Rahmen dieses öffrechtl Verh nur entspr § 278 u nicht nach AmtshaftgsGrdsätzen gehaftet, BGH aaO u NJW **58**, 778; anders möglicherw auch das Verh zu dem in einer staatl Anstalt aufgenommenen Gemütsod Geisteskranken wegen natürl Gleichordng zu verneinen, BGH **38**, 52. Dadurch sollen die Beamte im privatrechtl GeschKreis des Staates bei ihren Hdlgen auch von dem Gesichtspkt der Wahrg der Staatsautorität leiten lassen, w ihre Tätigk noch nicht Ausübg öff Gewalt. Stets hat jedoch der Staat, auch wenn er auf fiskal Gebiet handelt, die Pflichten zu beachten, die sich aus dem Grds der Sozialstaatlichk (Art 20 I, 28 I GG) ergeben, BGH WPM **62**, 931. – Bei Betätigg im privatrechtl GeschKreis haftet Staat od Gemeinde nicht aus Art 34 GG, sond nur nach §§ 31, 89, 831 (bei unerl Hdlgen) oder auch § 278 (bei VertrVerh).

Einzelne Schuldverhältnisse. 25. Titel: Unerlaubte Handlungen § 839 2 A, B

d) „**In Ausübg** eines anvertrauten öffentl Amtes" bedeutet, daß Beamter, nicht nur bei „Gelegenheit" der Ausübg öff Gewalt gehandelt haben muß. Hierzu vorstehd zu c. Zur Überschreitg der Zustdgk vgl Anm 4b.

e) Aus dem Grdgedanken der Staatshaftg für Beamte folgt, daß auch selbständ **juristische Personen des öffentlichen Rechts**, denen die Ausübg öff Gewalt übertr ist, haften. Ortskrankenkasse, RG DR **39**, 243; Versicherungsanstalt für Angestellte, RG **112**, 335; die ReligionsGemschaften öff R, BGH **22**, 383, VersR **61**, 437. Bei AmtsPflVerl von Amtsträgern der ehem NSDAP Anspr ausnahmsw gg die BRep ähnl wie nach §§ 5 I, 25 AKG (vgl unten Anm B c) bei Verletzg des Lebens, Körpers, der Freih usw, §§ 6ff G vom 17. 3. 65; daselbst auch über die formellen AnsprVoraussetzgen u das Verfahren. Vgl im einz Willferodt WPM **65**, 326. Über Anspr gg nicht mehr bestehende öffentl Rechtsträger u deren Geltdmachg vgl nunmehr das RechtsträgerabwicklgsG v. 6. 9. 65, BGBl 1065.

f) Staatshaftg **nicht für ein Kollegium,** sond nur für einzelne Beamte; vgl Anm 11. Steht das pflichtwidr Verhalten einer Beh fest, so bedarf es jedoch nicht der Feststell der verantwortl Einzelpersönlich; BGH WPM **60**, 1305; vgl Anm 3.

B. Welche öffentliche Körperschaft haftet? a) Grundsatz: Die **Anstellgskörperschaft,** dh die Verantwortlichk trifft grdsätzl den Staat so die Körpersch, in deren Diensten der Beamte steht, Art 34 GG, sog AnstellungsTheorie. Das ist idR zugl die Körpersch, die dem Beamten die hoheitl Aufg anvertraut h. And Funktionstheorie, nach der entsch ist, wessen Aufgaben der Amtsträger im einz wahren h. Differenzierd BGH NJW **70**, 750: diejen Körpersch haftet, die dem Beamten das Amt anvertraut h, Näheres s Anm d. Grdsätzl ist gleichgültig, wessen Hoheitsrechte der Beamte bei der beanstandeten AmtsHdlg ausübt, BGH **LM** Art 34 GG Nr 24. Der Staat haftet für den GVz, der im Auftrage einer Landschaft tätig w, RG **137**, 38, für einen bayer Hochschullehrer für AmtsPflVerletzg bei Abn einer Prüfg, BayObLG NJW **69**, 846, für amtl anerk Kfz-Sachverst vgl Anm 15 (Sachverst). Eine Haftg der Körpersch, deren Hoheitsrechte ausgeübt w, kann nur in Betr kommen, wenn sie ihre AufsPfl ggü der beauftr Körpersch verletzt, BGH NJW **56**, 1028. – Für die bei der GesGebg beteil Organe haftet grdsätzl der Staat nach Art 34 GG bei legislativem Unrecht. Freil bestehen hier Pfl ggü einem Dr nur bei sog Maßn- u EinzFallGes, BGH **56**, 40. Man sucht daher die Entsch eher im enteignungsgleichen Eingr; eingehd Schack MDR **68**, 186. Haverkate NJW **73**, 441 bejaht, weiter als der BGH, bei allen GVorlagen die AmtsPfl der GGebgsOrgane auf Prüfg der Verfassgs-Mäßigk. Fehlt sie, so spreche der AnscheinsBew für Fahrlk. Zu ersetzen sei der gerade für die GrdRVerl verurs Schad. Über Haftg des Kreises für Mitglieder des Kreistages vgl BGH **11**, 197. Haftg der EG für legislat Unrecht vgl EuGH NJW **78**, 1742. – Über die Haftg für Stationiergsschäden (Truppenschäden) vgl am Schluß der 35. Aufl.

b) Bei echter **Doppelstellg** des Beamten – Landrat als staatl u kommunaler Beamter – haftet die Körpersch – also Staat od Kreis –, deren Aufgaben im Einzelfall wahrgenommen worden sind, BGH **LM** Art 34 GG Nr 24, BayVerfGH WPM **59**, 1099. Diese Teilg der Haftg beruht auf der Erwägg, daß der Beamte bei echter Doppelstellg zwei Herren dient, und daher auch nur den Herrn verpflichten kann, dessen Aufgaben er im einz wahrnimmt, RG **140**, 126. Voraussetzg ist allerdings auch hier, daß die Ausübg öff Gewalt in den Kreis der Dienste fällt, die der Beamte aGrd seiner Anstell durch die öff Körpersch leistet, RG aaO. Verletzt der Beamte gleichzeit die Pflichten beider Ämter, so haften beide Dienstherren, BGH VersR **66**, 1049. Schwierigkeiten bereiten die Fälle, in denen der Beamte od der Angest keine Doppelstellg bekleidet, jedoch von einer anderen Körpersch mit bestimmten Aufgaben hoheitlicher Art „betraut" – ihm eine solche Tätigk „übertragen" – w.

c) **Weisung.** Erteilt eine übergeordnete Beh eine bindde Weisg, so h der angewiesene Beamte sie auch iF der GesetzWidrk auszuführen, außer bei erkennb Verl eines StrafG. Die Haftg trifft dann die Anstellgs-Körpersch des anweisnden Beamten, weil diese die Verantwortlk für die Gesetzmäßigk des VerwHandelns mit der Weisg übernimmt (BGH NJW **77**, 713).

d) **Betrauung – Abordng des Beamten.** Festzuhalten ist an dem Grds, daß die Haftg der Anstellgs-körpersch nicht davon berührt w, ob ihr Beamter im Einzelfall eigenes HoheitsR dieses Gemeinwesens od ein von einem anderen Gemeinwesen übertragenes ausübt. Es ändert daher nichts an der Haftg des Kreises, wenn der Kreiskommunalbeamte von seinem Landrat mit der Wahrnehmg staatl Aufgaben betraut w; denn hier w der Beamte nicht in einer Doppelstellg, sond als Beamter des Kreises, wenn auch im staatl Aufgabenkreis, tätig, BGH **LM** Art 34 GG Nr 24. – Zu trennen von dieser einf Betrauung mit Aufgaben anderer Körperschaften ist die **Abordnung** des Beamten zu diesen. Soweit hiernach die andere Körpersch uneingeschr über die Dienste des abgeordneten Beamten verfügen kann, haftet sie, RG **168**, 361 (Untern Reichsautobahn haftet für die ihr zur Dienstleistg zugeteilten Beamten der Reichsbahn). Das gilt auch dann, wenn der Beamte nur zu einem Teil seiner ArbKraft an eine andere Körpersch abgeordnet worden ist, BGH **34**, 20. Daher keine Haftg des Landes für den staatl Gewerbelehrer, der nebenamtl an der Berufsschule der Gemeinde tätig ist, und dort AmtsPflVerletzg begeht, Friebe DR **44**, 555; desgl keine Haftg der Kirche für Pfarrer, der Religionsunterricht an einer öff Volksschule erteilt, BGH **34**, 20. Die Grenze zw einf Betrauung u Abordng mag im einz Fall schwer zu finden sein. Wenn BGH **LM** Art 34 GG Nr 24 darauf abstellt, daß der Beamte durch die ihm übertr Aufgabe aus der Organisation seiner Anstellgskörperschaft u „aus deren Behördenapparat völlig herausgelöst u verselbständigt" sein müsse, so kann es hierauf, wie bereits die Fälle der teilweisen Abordng zeigen, nicht entscheidd ankommen. Maßgebd ist vielm neben dem Formalakt der Abordng, der sich bereits erkennb von der einf Übertr dienstl Angelegenheiten unterscheidet, die Direktionsbefugn der anderen Körpersch mit der korrespondierenden Weisgsunterworfenh des Beamten, mag auch der Beamte seinem Behördenapparat u der Organisation seiner Anstellgskörpersch weiter verhaftet sein.

e) Ist der, dem ein öff Amt übertr worden ist, nicht Beamter, sond **Angestellter** (vgl Anm 3b), so gelten die gleichen vorgenannten Grdsätze. Es haftet daher auch für ihn in aller Regel die Anstellgskörpersch, u zwar auch dann, wenn es sich um die Wahrnehmg der dieser Körpersch übertragenen staatl VerwAufgaben handelt, BGH **6**, 215 (stRspr), für amtl anerk Kfz-Sachverst vgl aber Anm 15 (Sachverst). Ist der

Angestellte von einer andern Körpersch betraut, zu ihr abgeordnet worden (vgl vorstehd), so haftet diese für seine AmtsPflVerletzg, RG DR **41**, 1294 u RGRK Anm 14.

f) Welche Körpersch haftet, wenn sich in der Zwischenzeit die räuml od sachl **Grenzen geändert** haben, kann allein danach beurteilt w, welche Körpersch die Funktion des früheren VerwTrägers übernommen hat (Funktionstheorie), vgl hierü BGH NJW **59**, 287, 289; BGH **27**, 29 (BAnstalt f ArbVermittlg).

C. Verhältnis der Staatshaftg zur persönl Haftg des Beamten. Staatshaftg greift gem Art 34 GG nur Platz, wenn Beamter in Ausübg öff Gewalt gehandelt hat. In soweit entfällt in aller Regel persönl Haftg des Beamten dem Dritten ggü außer bei vorsätzl AmtsPflVerl. Hat aber der Beamte innerh des privatrechtl GeschKreises des öffentl Dienstherrn gehandelt (s oben Anm 2 A c), so haftet Staat für unerl Hdlg des Beamten nach §§ 89, 30, 31, 831 u neben ihm der Beamte persönl, jedoch nur gem § 839, BGH DRiZ **64**, 197. Für den Staat kommt in diesem Falle die BefreiungsVorschr des § 839 I S 2 nicht in Frage, wohl aber für den Beamten, der sich gerade auf den Staat als einen anderen Ersatzpflichtigen berufen kann, BGH aaO. Bei vorsätzl Handeln haften beide nebeneinander. Stellt sich die Hdlg eines od mehrerer Beamter sowohl als Betätigg innerh des privatrechtl GeschKreises des Dienstherrn als auch als eine in Ausübg öff Gewalt begangene AmtsPflVerletzg dar, so haftet der öffrechtl Dienstherr trotz der Befreiungsmöglichk des § 839 I S 2 oder III immer noch gem §§ 89, 30, 31, 831, RG **155**, 266 u BGH **LM** § 823 (Dc) Nr 19, Kblz VersR **73**, 41. – Ist der Beamte als Halter eines Kfz ersatzpflichtig (§ 7 StVG), so haftet er insoweit unmittelb; jedoch keine Haftg neben der öffrechtl Körpersch für KfzFührer nach § 18 StVG, BGH **29**, 38 [43], NJW **59**, 985; über Konkurrenz zw der Haftg der Körpersch aus AmtsPflVerletzg u § 7 StVG vgl Anm 7a.

3) Der Beamtenbegriff ist verschieden, je nachdem, ob es sich um Eigenhaftg des Beamten nach § 839 im privatr Bereich oder um Staatshaftg nach Art 34 GG u die EigHaftg des Beamten für hoheitl Tätigk handelt. Bei privatr Handeln gilt für die EigHaftg des Beamten der staatsr BeamtenBegr (s unten a), bei hoheitl Tätigk gilt für die StaatsHaftg u die EigHaftg des Beamten der weitere haftgsrechtl BeamtenBegr (s unten b). So BGH NJW **72**, 2088, Bachof DÖV **54**, 95 u Gützkow DÖV **53**, 292ff. Für die StaatsHaftg ist Voraussetzg, daß es sich um die AmtsPflVerletzg einer bestimmten einz Pers (Ggsatz: Dienststelle, Behörde) handelt. Jedoch bedarf es, wenn das pflichtwidr Verhalten feststeht, nicht der Feststell der verantwortl Einzelpersönlichk; BGH WPM **60**, 1305; über fehlerh Kollegialentscheidgen vgl Anm 11.

a) Für die **Eigenhaftung des Beamten bei privatrechtlicher Tätigkeit** fallen unter § 839 alle Bundesbeamte, Landesbeamte, Kommunalbeamte od Beamte von od öffentl Körperschaften – unerhebl ob mit Gehalt od unentgeltl, ob auf Probe, Künd od Widerruf, ob ständ od nichtständ, ob Dienst höherer od niederer Art, ob hauptamtl oder nebenamtl. Entscheidd ist, und als bei hoheitl Tätigk, daß der Beamte ein solcher im beamten-(staats-)rechtl Sinn ist, BGH **42**, 178, **LM** (Fa) Nr 3 (persönl Haftg eines solchen Beamten der bürgerlichrechtl BBahn, vgl Anm 2 A c und Anm 3 Abs 1). Das BeamtenVerh w nach BBG § 6 II dch Aushändigg einer Urk, in der die Worte „unter Berufung in das Beamtenverhältnis" enthalten sind, begründet. Für Landesbeamte vgl die entspr RahmenVorschr § 5 BRRG.

b) Bei **hoheitlicher Tätigkeit** gilt für die EigHaftg des Beamten u für die Haftg der JP der haftgsrechtl BeamtenBegr. Art 34 GG stellt abw von Art 131 WeimRV nicht mehr darauf ab, daß jemand als Beamter tät w, entscheidd ist vielm, daß dieser Pers öff Gewalt anvertraut ist. Auch der Nichtbeamte im staatsrechtl Sinne fällt also (ebso wie unter Art 131 WeimV) unter Art 34 GG, sofern er mit hoheitsrechtl Aufgaben betraut ist, RG **151**, 386 (über Begriff „Ausübg öffentl Gewalt" s Anm 2 A c), BGH **LM** § 81 BVG Nr 2 (Krankenhausarzt in Begutachtg von VersorggsEmpfängern). So auch der auf PrivatdienstVertr angestellte Kraftfahrer einer öff Beh, Mü HRR **42**, 648, auch Schöffen u Geschworene od sonst Beisitzer in Gerichten RG JW **24**, 192, auch Angeh von Hilfsorganisationen, die zur Katastrophenabwehr von staatl Organen herangezogen w, Düss VersR **71**, 185. Die Tätigk muß aber immer so geartet sein, daß die Pers „in Ausübg einer hoheitl Aufgabe" handelt, BGH aaO, was bei rein mechanischer Schreibarbeit (Kanzlei) meistens nicht der Fall sein w. Beamte iS von Art 34 GG sind daher: Schiedsmänner, BGH **36**, 193, mit Polizeigewalt betrauter Nachtwächter, RG **159**, 235. Kfz-Sachverst vgl Anm 15 (Sachverst), Schülerlotsen (es haftet der schulische HohTräger), Köln NJW **68**, 655, nach LG Rottweil NJW **70**, 474 auch der vom Lehrer nur vorübergehd mit AufsPfl beauftragte Schüler (krit dazu Martens NJW **70**, 1029), Freiwillige Feuerwehr, BGH **20**, 290, Beamter der öffrechtl Kirchengesellsch, BGH **22**, 383, VersR **61**, 437. Über RStellg der Notare Anm 15 „Notar", über die gerichtl Sachverst Anm 8d. Hierher gehören auch Mitglieder der BReg u der LandRegierngen, BGH Betr **67**, 985, der Parlamente (vgl oben 2 B), des Kreistages, BGH **11**, 197, des Gemeinderats, BGH WPM **70**, 1252 u eines VerwAusschusses, BGH WPM **65**, 719 (BeschlFassg über Ausübg gemeindl VorkR). Keine Amtshaftg des nach dem G Nr 52 MR eingesetzten Custodian, vgl hierü im Anm **23**, 77 unter „Treuhänder". Über die Ausübg öff Gewalt durch den Bezirksschornsteinfegermeister vgl Anm 15. **Keine öff Gewalt üben aus:** RA, auch nicht als Armenanwalt, in ArmenR beigeordneter RReferendar, BGH **60**, 255, Schiedsrichter, § 675 Anm 3a, Amtsvormünder, Pfleger, TestVollstr, Nachl- u KonkVerw, Sequester, Kassel JW **36**, 2356; Leiter einer kommunalen Rechtsauskunftsstelle, RG JW **23**, 77; den Untern, dem die Gemeinde die ihr hoheitl obliegde Enttrümmerg dch WerkVertr überträgt, BGH **LM** § 909 Nr 2, Nürnb OLGZ **66**, 405 (AbschleppUntern); die Gemeinde ledigl die Übertr von BauArb an private Fa, auch wenn die Ausführg des BauVorh zu ihren öffrechtl Pfl gehört, Düss VersR **72**, 158; die Polizei im Verh zum KfzBerecht bei Beauftragg eines AbschleppUntern; sie schuldet dem Berecht sorgf Auswahl wie ein zivrechtl Beauftr (BGH NJW **77**, 628).

4) Verletzg einer **Amtspflicht** ist erforderl, die den Beamten einem Dritten ggü obliegt. Nur dieser Dr ist schadenersatzberechtigt. Ist der Staat, in dessen Diensten der Beamte steht, der Geschädigte, so haftet der Beamte nach BBG § 78 I; bei Personen, die nicht Beamte im staatsrechtl Sinne sind, ist DienstVertr maßg. Auch Ruhestandsbeamter kann AmtsPflVerletzg begehen, RG JW **38**, 1597 (Zurückhaltg von Akten).

a) Inhalt der Amtspflicht bestimmt sich bei Landesbeamten nach LandesR, RG JW **31**, 1786, aber daneben auch nach BBG u BRRG. In Betr kommen nicht nur Gesetze, allg Dienst- u VerwVorschriften (BGH

Einzelne Schuldverhältnisse. 25. Titel: Unerlaubte Handlungen § 839 4

WPM **63**, 788), sond auch bes Dienstbefehle; zur unricht Gesetzesauslegg s Anm 6. Allg besteht die Pfl zur Amtsverschwiegenh, BGH **34**, 184 (krit hierzu Ganschezian-Finck NJW **61**, 1652), u AmtsPfl zu sorgfält geschäftl Behandlg anvertrauter fremder Belange, damit auch die AmtsPfl, Anträge ggf mit dem AntrSt zu erörtern, auf ihre sachgem Formulier hinzuwirken, OVG Lüneb BB **60**, 643. Bei Antr in einem behördl GenVerf besteht die AmtsPfl, das Gesuch gewissenh, förderl, sachdienl u in angem Fr zu bearbeiten u zu entscheiden, BGH WPM **72**, 743, sowie dabei jede vermeidb Schädigg des AntrSt zu unterlassen, eine sachgerechte, ermfehlerfreie StellgN zu dem Antr abzugeben u ihn nicht verzögerl zu behandeln, BGH WPM **70**, 1252. Die Fr ist dabei auch nach dem Interesse der Beh an einer ausr Vorbereitg ihrer Entsch zu bemessen. Auch ohne bes dienstl Anweisg kann sich eine AmtsPfl aus der vorangegangenen Art der Erledigg eines Gesch ergeben, RG JW **34**, 2398. Danach auch AmtsPfl zur konsequenten Durchführg der eingeleiteten Maßnahmen, BGH WPM **63**, 788, um Schädigg Dritter, die auf die Fortdauer des einmal geschaffenen Tatbestdes vertrauen, zu vermeiden, BGH WPM **66**, 801; spätere sachl Änd daher nur ausnahmsw, wenn sachl zwingd geboten, BGH NJW **60**, 2334, **63**, 644 (Änderg von Ausschreibgsbedingungen). Daraus ergibt sich auf jeden Fall Pfl zur Mitteil der Änderg, BGH WPM **61**, 532, NJW **65**, 1227 (Hinw auf bevorstehde Änderg der RLage). Jedoch kein allg Anspr auf Aufrechterhaltg der zZ geltden Rechtslage, BGH **45**, 83 (Aufhebg eines Schutzzolls; Anm v Arndt **LM** [D] Nr 23 u Ritter NJW **66**, 1355). Auch aus der allg FürsPfl des Staates ggü den Beamten u seinen versorggsberecht Hinterbl kann AmtsPfl zur Raterteilg folgen, RG **146**, 40. Daher ggf auch AmtsPfl des Beamten – „als Helfer des Bürgers" – den von ihm zu betreuenden Personenkreis zu belehren u aufzuklären, auch von ihm vermeidb Schaden abzuwenden; BGH NJW **65**, 1227, BB **70**, 1279.

b) Befugnis des Beamten zur Vornahme dieser AmtsHdlg ist ausreich; Verpflichtg w nicht vorausgesetzt. Polizeibeamter befindet sich auch dann in amtl Eigensch, wenn er in seiner dienstfreien Zeit gg Störer der öff Ordng einschreitet, RG HRR **30**, 901. Handelt der Beamte auf **Weisung** seines Vorgesetzten, so kann AmtsPflVerletzg durch ihn entfallen, BGH NJW **59**, 1629. – AmtsPflVerletzg kann auch vorliegen, wenn die amtl **Zuständigk überschritten** w; denn der Beamte ist verpflichtet, die Grenzen seiner Zustdgk einzuhalten, RG **140**, 423. Falschbeurkundg durch einen unzust Beamten mit dem Anschein, der zust Beamte habe beurkundet; RG **71**, 60; JW **11**, 452. Haftg des Amtsvorstehers, der ohne sachl Zustdgk Nottestament aufnimmt, RG JW **38**, 810. ZustdgkÜberschreitg kann aber nur dann AmtsPflVerletzg sein, wenn innerer Zushang zw der Hdlg u dem Dienst besteht, RG **156**, 232. Hierü Anm 2 A c. Grdbuchbeamter spiegelt vor, Hinterleggsachen zu sein, nimmt Gelder für Hinterlegg entgg u unterschlägt diese, RG **148**, 251. Ist für ein Vorgehen die Mitwirkg des Parlaments (RechtsVO) erforderl u handelt eine VerwBeh ohne solche, so verpfl ihr Vorgehen zum SchadErs, BGH **63**, 319. Auch wenn zw ZustdgkÜberschreitg u dem Dienst innerer Zushang besteht, kann der geschädigte Dritte auch hier SchadErs nur dann fordern, wenn ihm ggü obliegende AmtsPfl verletzt worden ist; darü Anm 5.

c) Ermessensmißbrauch. Die Frage, ob insow AmtsPflVerletzg vorliegt, stellt sich nur dann, wenn ErmSpielraum gegeben. Fehlt es hieran, etwa weil bestimmte VerwAnordngen Erm ausschließen, weil der Beamte nur einen unbest RBegr mit Beurteilgsspielraum anzuwenden h (Beisp: StaatsAnw bei der Entsch über die Erhebg der Ankl – BGH NJW **70**, 1543) od weil nur noch eine einz ermfehlerfreie Entsch denkb ist (Celle VersR **75**, 177), so ist bereits Ausüb des Erm fehlsam u daher AmtsPflVerletzg; BGH WPM **63**, 789 (Einfuhrbewillig). Auch sow Erm zul, ist Klärg des Sachverhalts vor Ausüb des Erm geboten, andernf kann schon hierin AmtsPflVerletzg liegen, BGH WPM **64**, 383. – Sow Beamter nach pflichtm Erm zu befinden hat, sind bei der Entscheidg darü, ob dieses Erm mißbräuchl ausgeübt worden ist, die vom BGH erarbeiteten Grdsätze zu beachten (zusfassend WPM **62**, 399, BGH **45**, 146). Nicht jeder ErmFehler stellt AmtsPflVerletzg dar. Sow ErmEntsch aGrd sachl Abwägg von Gründen u GgGründen ergangen, keine AmtsPflVerletzg, auch sow sie unbill, unzweckm od unrichtig erscheint od das Gericht von sich aus eine andere ErmEntsch für angebracht hält. AmtsPflVerletzg daher nur, wenn Beamter schwerwiegde Fehler begangen, näml willkürl gehandelt hat (hierzu BGH **4**, 10 und WPM **63**, 791 [Verletzg des GleichbehandlgsGrdsatzes]), also insb keine sachl Erwäggen angestellt (nicht ausgeschl allerd, typ Fälle nach generellen Erwäggen zu behandeln, BGH **6**, 178), die ihm gesetzten Schranken bewußt überschritten (WPM **66**, 800: VerwAkt [Einfuhrlizenz], ohne gesetzl Grdlage von GgLeistg abhäng gemacht), sachfremden Erwäggen Raum gegeben (BGH NJW **57**, 298) od in so hohem Maße fehlsam gehandelt hat, daß die Entsch mit an eine ordngsm Verw zu stellden Anforderngen schlechterdings – dh jedem schon nach wohlgedeihl, auch weiteres voll einleuchtd – unvereinb ist. Da ordngsm Verw erfordert, daß **Zweck und Mittel in angemessenem Verhältnis** zueinander stehen, BGH WPM **63**, 788, kann schon in der Wahl eines dch den Zweck nicht gerechtf Mittels ErmMißbr liegen, BGH **4**, 308; NJW **64**, 198 (Beeinträchtigg der Benutzer durch Straßensperrg nur, soweit unvermeidl), BGH Betr **67**, 985 (BRegg bezeichnet jemanden als Landesverräter, obschon insow nur Verdacht besteht). Die obj Voraussetzgen für die Ausüb des Erm (zB akute Gefahr beim Einschreiten nach § 14 PVG) sind nachprüfb, BGH NJW **55**, 258, BGH **45**, 149 (gefährl Warnzeichen an Kfz-Fahrer bei Glatteis); jedoch verpflichtet nicht jeder gefahrdrohde Zustand die Polizei zum Einschreiten, sond nur ein solcher, in dem wesentl RGüter unmittelb gefährd sind (Überschreitg der Toleranzgrenze), BGH NJW **62**, 1246. Aus der Notwendigk, das gelindeste Mittel anzuwenden, folgt Verpflichtg, die nachteiligen Folgen für den Betroffenen herabzumindern, BGH **18**, 366; also Rückg des beorderten, aber nicht mehr benötigten Kraftwagens, BGH **9**, 295; Stundg einer HypGewinnAbg dch FinAmt, BGH NJW **73**, 894; Ersetzg der Beschlagn des Führerscheins dch Maßnahmen, wenn sonst erhebl Schäden drohen, BGH NJW **61**, 264.

d) Unerlaubte Handlungen. Selbstverständl fallen unter § 839 alle Hdlgen, die schon aGrd der §§ 823, 826 unerlaubt sind (BGH WPM **62**, 529), insb alle Verstöße gg SchutzG, zB Amtsunterschlagg, RG **56**, 84; Beamte als agent provocateur verleiten zu einer strafb Hdlg, BGH **8**, 83. Schädigt ein Beamter einen Dritten in einer gg die guten Sitten verstoßenden Art, so w die ErsPfl aus AmtsPflVerletzg auch schon dann anzunehmen sein, wenn er, anders als nach § 826, nur fahrl handelt, BGH **LM** (C) Nr 77. Ferner gehört hierher fahrl Verletzg der allg Pfl, auf Leben, Gesundh u Freih Dritter gebührd Rücks zu nehmen, BGH **LM** (Fc)

54 Palandt 38. A.

Nr 15. Die unbeteiligten Dr drohenden Nachteile sind tunlichst gering zu halten; wiegen sie schwerer als die zu beseitigende Gefahr, so hat Einsatz des Machtmittels überh zu unterbleiben, BGH **12**, 206. AmtsPfl eines Beamten, auch außerh des Dienstes jede Gefährdg Dr durch mangelh Zustand seiner Waffe auszuschließen, RG **155**, 367. Verhütg mißbräuchl Benutzg der Waffe RG **91**, 381; Schreckschüsse RG **104**, 203; Unterbringg asozialer Elemente ohne gehörige Überwachg, BGH **12**, 206; widerrechtl Festhaltg eines Geisteskranken in einer öff Heilanstalt, BGH **LM** (Fc) Nr 15; verspätete Vorführg eines vorl Festgenommenen vor den Richter, RG **135**, 161; unzuläss Haftbefehl, RG **89**, 13; Eingr in eingerichteten u ausgeübten GewBetr (BGH NJW **77**, 1875).

e) Überhaupt liegt jedem Beamten die **Pflicht zum rücksichtsvollen Verhalten** ggü jedem Dritten ob, BGH WPM **63**, 788, u zwar auch dann, wenn er nur im Allgemeininteresse od im Interesse eines bestimmten Dritten tätig w, BGH **LM** (C) Nr 77. Er hat bei jeder dienstl Tätigk „sein Amt sachlich und im Einklang mit den Fordergen von Treu und Glauben und guter Sitte" zu führen; jedes Mißbrauchs seiner Amtsgewalt hat er sich zu enthalten, BGH aaO. Das bedeutet, daß die Machtmittel streng in den Schranken der Amtsausübg gebraucht, daß nachteilige Folgen – auch später – soweit wie mögl, behoben w (vorstehd c), u daß dabei nicht in den Bereich eines Unbeteiligten eingegriffen w, RG **139**, 149. Soweit rechtl zweifelh, ist daher, wie bei priv Vorsorge (Einf 2a vor § 611 „Rechtsanwalt"), der für den Betroffenen sicherere Weg zu wählen, BGH WPM **65**, 1058. Selbstverständl auch AmtsPfl zur Befolgg eines im VerwStreitVerf ergangenen VerpflichtgsUrt, BGH **LM** § 75 MRVO (BrZ) 165 Nr 1, wie überh jeder gerichtl Entscheidg. Der Beamte darf nicht beziehgsl zu dem vorgebrachten Anliegen tät w, insb nicht sehden Auges zulassen, daß der Bürger Schad erleidet, den zu verhindern er dch einen Hinw in der Lage ist (BGH WPM **78**, 37). Erfüllg der allg **Verkehrssicherspflicht** gehört jedenf dann zu den AmtsPfl ggü Dritten, wenn Ausübg öff Gewalt in Frage steht, BGH **42**, 180; vgl § 823 Anm 8c und oben Anm 2 A c. Anders, wenn es sich um Beamte in privatrechtl UnternehmerBetr des Staates handelt, BGH **16**, 114 im Anschl an die RGRspr; and jedoch wiederum BGH **LM** (Fa) Nr 3 in bezug auf die Fahrdienstvorschr der privatrechtl BBahn.

f) Auch **Anreggen einer Behörde od ihre Einwirkg auf die formell zuständige Behörde,** bestimmte Maßnahmen gg einen Dritten zu ergreifen, können AmtsPflVerletzgen sein, wenn unvollst od sonst nicht sachgemäß, BGH NJW **63**, 1199.

g) Auch **Auskünfte** einer Beh können SchadErsAnspr nach § 839 begründen. Es ist AmtsPfl eines Beamten, der die Erteilg v Rat od Ausk übernommen h, diese sachgerecht, unmißverständl u vollst zu erteilen, selbst wenn Pfl zur AuskErteilg nicht bestand, BGH **LM** (Fc) Nr 19 u VersR **68**, 371. Etwas and gilt nur dann, wenn die Ausk nach dem G nur von einer bestimmten Stelle erteilt w kann, Kln NJW **55**, 106 (ZollAusk; vgl auch § 28 Allg ZollOrdng idF v 21. 5. 65, BGBl 435). Eine Ausk muß nicht nur richt, sond aus der Sicht des Empf (BGH WPM **76**, 873) u gemessen an seiner Interessenlage bei der Fragestellg (BGH NJW **76**, 1631) auch unmißverständl sein, dh so klar u vollst, daß der Empf entspr disponieren kann, BGH Betr **76**, 575; das gilt auch dann, wenn sich die Ausk auf die künft Entsch od Leistg der Beh bezieht, BGH NJW **70**, 1414 (fehlerh Zusage, die von der Beh nicht eingehalten w kann) od auf einen künft Zust, BGH NJW **78**, 371 (Ausk über FertStellg eines U-Bahnbaus). Der Betroffene h in diesem Falle zu bew, daß ihm Schad inf seines in die RWirksamk der Zusage gesetzten Vertrauens entstanden ist (BGH WPM **76**, 98). Vertrauensschutz genießt auch eine TatsAusk, die sich auf die künft Entschließg eines zur Normsetzg berufenen Organs bezieht (BGH Betr **76**, 575: Gemeindebeamter erteilt Ausk über beabsichtigte Änderg des Bebauungsplans). Dabei h der Geschäd darzulegen, inwiefern die Ausk unricht, unvollst od mißverständl war. Wenn dafür die äußeren Umst sprechen u es sich um Vorgänge im Bereich der Beh handelt, h sie darzulegen, inwiefern die Ausk trotzdem richt u vollst war (BGH NJW **78**, 371).

h) Verfahrensfehler. Ggü AmtshaftgsAnspr aus verfahrensm fehlerh Hdlgen kann nicht geltd gemacht w, diese hätten bei Beachtg der VerfVorschr rechtsgültig vorgenommen w können, RG **169**, 358. Dagg kann eingewendet w, der Beamte hätte bei pflgem Verhalten denselben Erfolg herbeiführen müssen, BGH WPM **75**, 95.

5) Einem Dritten gegenüber muß die AmtsPfl obliegen, nicht nur ggü der Allgemeinh od der Behörde.

A. Maßgebd ist Amtskreis des Beamten u die bes Art der zur AmtsPfl gemachten Tätigk, wobei das Hauptgewicht auf den Zweck zu legen ist, dem die AmtsPfl dienen soll, BGH **26**, 232. Danach AmtsPfl einem Dr ggü dann, wenn der Zweck mind auch die **Wahrnehmg der Interessen des einzelnen** ist, BGH NJW **66**, 1456. Den Ggsatz bilden die AmtsPfl, die dem Beamten nur zur Aufrechterhaltg der öff Ordng od nur zum Schutze der Allgemeinh obliegen od die im Interesse des Staates an einer ord Amtsführg des Beamten erlassen sind (Ordngsvorschr u AufsVorschr z Regelg des inneren Dienstes). Dabei ist unerhebl, ob durch die Ausübg dieser AmtsPfl mittelb in die Interessen Dr eingegriffen w, BGH **26**, 232; WPM **62**, 529. Daher keine Haftg dem Untern einer Überwachg unzulängl BGH NJW **65**, 200; ebso keine Amtshaftg der LandwBeh wg Verletzg der Vorschr zur Beschrkg des Verk mit landw Grdst, Celle RdL **68**, 242; desgl nicht, wenn Käufer von Geflügel dadurch geschädigt w, daß veterinärpolizeil Maßnahmen gg die Ausbreitg der Geflügelpest unzulängl waren, BGH **LM** (C) Nr 60; keine Haftg ggü dem Importeur od Abnehmer der Prüfg der lebensmittelrechtl EinfuhrFähigk ausländ Ware, BGH MDR **72**, 127; nicht, wenn VerwErlasse der nachgeordneten Verw allg eine bloße GesAuslegg vorschreiben, BGH NJW **71**, 1699. Denn in diesen Fällen ist zwar auch der Geschädigte betroffen, die behördl Maßnahmen dienen aber nur den Interessen der Allgemeinh. – AmtsPflVerletzg kann auch ggü einem **Beamten** begangen w, wenn näml eine ihm ggü obliegende AmtsPfl verletzt w, BGH **34**, 378; **LM** (Cb) Nr 1. So bei Verstoß gg das Prinzip der Vertraulichk von Personal- u Disziplinarakten; nur unabweisb öff Belange können im EinzFall das GeheimhaltgsInteresse des Beamten überwiegen, BGH NJW **71**, 468. Jedoch kein Anspr auf Anstellg od Beförderg eines Beamten, BGH **21**, 256, DRiZ **69**, 157; wenn Verletzg der FürsPfl, möglicherw auch insow SchadErsAnspr, vgl BVerwG NJW **63**, 123; BGH **22**, 258 (erhöhte SorgfPfl bei der Prüfg, ob Wartestandsbeamter wieder aktiv w kann), BGH **23**, 36; **LM** (Cb) Nr 1 (EinstellgsPfl); vgl auch Anm 2 A b. Verletzg der dem Dienstherrn obliegenden **Fürsorgepflicht** (§ 79 BBG) w in aller Regel sowohl Verletzg der schuldrechtsähnl SonderVerbindg wie AmtsPflVerletzg sein. Für erstgen kommt vertragsähnl SchadErsAnspr entspr §§ 276, 278, 618 III (BGH **43**, 184 unter Aufg der ggteil Meing **29**, 312) in Frage, zuständ die VerwG (§ 126 I BRRG), BVerwG **13**, 17. Für letztgen ist § 839 – sow SchmerzG verlangt w, einzige – AnsprGrdlage, BGH VersR **72**, 368. Beide Anspr bestehen in Anspr-Konkurrenz unabh nebeneinand (Einf 2 vor § 823). Vgl hierzu auch Anm 12 g. Keine AmtsPfl des Bank-AufsAmtes nach dem KWG ggü dem Kunden eines Kreditinstitutes, Hbg BB **57**, 950 (über KWG als SchutzG vgl § 823 Anm 9 f). AmtsPfl des Zulassgsbeamten, sich den Kraftfahrzeugbrief vorlegen zu lassen, besteht nur ggü dem am Kraftwagen dingl Berechtigten, nicht auch ggü dem, der auf die Verfüggsbefugn des Briefbesitzers vertraut, BGH **10**, 122. Polizei hat auch ggü dem Eigtümer die AmtsPfl, gg Sachbeschädiger einzuschreiten, RG **147**, 144, sowie den Täter zu ermitteln u das Diebesgut sicherzustellen, OGH NJW **51**, 112, und allg strafb Hdlgen zu verhüten, BGH **LM** (Fg) Nr 5; dagg nicht der Staatsanwalt zur Verfolg strafb Hdlgen ggü dem Geschädigten, RG **154**, 266, jedoch ist der Staatsanwalt dem Beschuldigten ggü ververpflichtet, das ErmittlgsVerf ordngsgem zu führen, BGH **20**, 178. Der Polizeibeamte, der bei einem Autounfall die Wagennummer nicht feststellt, verletzt auch eine ihm ggü dem VerkOpfer obliegde AmtsPfl, aA KG JW **30**, 1977. Nur ein ihm ggü der Allgemeinh obliegende Pfl verletzt der Registerrichter, der einen Verein nicht zur Anmeldg einer Satzgsänderg anhält, RG HRR **36**, 1348. AmtsPfl, gg SteuerSchu keine unbegründete Steuer zu verlangen, RG **165**, 259, u kein unzul RMittel einzulegen, BGH **21**, 359. Keine AmtsPfl der VersÄmter ggü den VersTrägern bei der Beurkundg u Prüfg von Rentenanträgen, BGH **26**, 232, desgl nicht des in der Soforthilfe tätigen Angest ggü dem Soforthilfefonds, BGH **27**, 210, od des Beamten der UmsiedlgsBeh des Abgabelandes ggü dem Aufnahmeland, BGH **32**, 145; vgl hierzu auch unten B b. AmtsPfl der Gemeinden im Feuerschutz auch ggü dem einzelnen Bürger, BGH **LM** (C) Nr 26. Darü, ob Bauvorschriften, zB über Bauwich (seitl Bauabstand), AmtsPfl ggü Nachbarn od aber nur der Allgemeinh ggü begründen, vgl Übbl 2d sb vor § 903; über AmtsPflVerletzg bei Zulassg neuer Baustoffe BayObLG **65**, 144. Pfl zur Amtsverschwiegenh, BGH **34**, 186. Hingg verletzt ein Beamte, der seine Zustdgk überschreitet (vgl hierzu Anm 4b), die einem Dr ggü obliegde AmtsPfl nur dann, wenn er nach der Natur dieser AmtsHdlg verpflichtet ist, die Interessen auch dieses Dr zu wahren; ähnl BGH NJW **59**, 1316. Im Rahmen der Staats- u DienstAufs h die AufsBeh die AmtsPfl ggü dem BeschwFührer, ihn vor geswidr Maßn zu bewahren u ihre Beseitigg zu sorgen, ggf die Sache an sich zu ziehen u selbst zu entscheiden, BGH NJW **71**, 1699. AmtsPfl bei Dienstfahrten ggü anderen VerkTeiln Anm 2 A c u zur Schwarzfahrt BGH **1**, 388. AmtsPfl ggü der Allgemeinh zu wahrheitsgem Unterrichtg der Presse, nicht aber ggü der Presse od einem bestimmten Journalisten, BGH **14**, 319; aA Bettermann NJW **55**, 97. AmtsPfl dem AntrSt ggü, wahrheitsgem über den Sachstand zu berichten u eine Sachentscheidg ebsbald herbeizuführen, BGH **30**, 19, WPM **66**, 233 (verzögerl Sachbehandlg auch bei ErmessensEntsch). Bei **Amtsmißbrauch** des Beamten ist jeder dadch Geschäd Dr, BGH Betr **73**, 468.

B. Der Kreis der Dritten ist von der Rspr sehr weit gezogen worden, insb auf dem Gebiet des Beurkundgs- u Grundbuchwesens. – **a) „Dritter"** ist jeder, dessen Belange nach der bes Natur des Amtsgeschäftes durch dieses berührt w, u in deren RKreis durch die AmtsPflVerletzg eingegriffen w, auch wenn sie durch die Amtsausübg nur mittelb od unbeabsichtigt betroffen w, BGH NJW **66**, 157, Betr **74**, 915. Der Kreis der geschützten Personen geht somit über den Kreis der bei einem AmtsGesch unmittelb Beteiligten (zB Prozeßparteien, Zeugen, Sachverst, VertrSchließenden, AntrSt in behördl GenVerf, BGH WPM **70**, 1252) erhebl hinaus; vgl auch Anm 15 unter „Notar". Auch ein anderer Beamter kann Dritter sein; vgl vorstehd unter A. Die StiftgsAufs h dient auch dem Schutz der **Stiftung** vor ihren eig Organen, eine Versch allerd nach § 254 zu berücksichtigen ist (BGH **68**, 142). – Dritter kann auch **eine andere öffentl-rechtl Körpersch** sein; Voraussetzg hierfür jedoch, daß auch die Wahrg der Interessen dieser Körpersch zu den Amtspflichten des handelnden Beamten gehört, BGH **32**, 145.

b) „Dritter" ist nicht, wer nur durch zufällige äußere Umst von der AmtsHdlg betroffen w, BGH LM KonsG Nr 1 (zur Hilfeleistgsverpflichtg nach § 26 KonsG), wie zB die Versicherungsgesellsch, die für den Schaden haftet, od der Bürge, RG **145**, 56; **147**, 143. SchadErsAnspr bei legislativem Unrecht vgl oben 2 B Abs 1. Regelm auch keine AmtsPfl Dritten ggü, Dienststellen hinreich mit Personal auszustatten, BGH WPM **63**, 1104. PersAmt h aber Dr ggü die AmtsPfl, die vorh Kräfte sachgem einzusetzen, BGH NJW **59**, 575. – Ist eine AmtsPfl nach Art der Tätigk – wie zB auf dem Gebiet des VollstrR – auf einen bestimmten Personenkreis beschr, so sind andere Personen nicht Dr, mögen auch ihre Belange dch spätere Nachwirkgen der AmtsHdlg betroffen w, RG **147**, 143; Mü NJW **56**, 752. Deshalb begründen zB rein schuldrechtl Beziehgen eines Dr zum VollstrGläub od Schu keine AmtsPfl des Gerichtsvollziehers diesem Dr ggü, selbst wenn VollstrVerf einwirkt auf die Abwicklg jener Beziehg ggü den Parteien, RG **151**, 113; vgl auch RG **155**, 255. Daher verletzt UrkBeamter, der Rechtskr eines Urteils zu Unrecht attestiert, AmtsPfl nur ggü den Prozeßparteien, nicht ggü Dritten, BGH **31**, 388. Entspr gilt, wenn VerpflErkl der öffrechtl Körpersch wg Formmangels nichtig ist; eine einem Dr ggü obliegde AmtsPfl kann hiernach nur dann verletzt sein, wenn dieser „ein beachtl Interesse an der Rechtswirksamk der Erkl hat", BGH WPM **65**, 718 (unzul Ausübg des gesetzl VorkR, hierzu § 504 Anm 1). Ebso bestehen für die Träger der VersAufs keine AmtsPfl ggü einz Versicherten od Geschäd, BGH **58**, 96 für KfzPflVers; aA Scholz NJW **72**, 1217. Ebso nicht für die Banken-Aufs ggü einz Gl eines KreditInst (Kln NJW **77**, 2213; aA Bender NJW **78**, 622). – Der Erbe des Gl eines erst mit seiner Festsetzg vererbl werdden EntschädiggsAnspr ist nicht Dr, BGH **56**, 251. Nicht ist Dr der Käufer eines gebrauchten Kfz bei Zulassg dch TÜV trotz techn Mängel; ebso nicht der KfzHaftpflVersicherer bei Verletzg der StrVerkSichgPfl, BGH NJW **73**, 458.

c) Einzelfälle: Amtspflichten liegen ob **aa)** dem einen Vertr **beurkundenden Richter** (s auch Anm 8 u 15, Richter) ggü allen Beteiligten wie einem Notar (vgl hierzu unten kk), BGH DRiZ **63**, 234. Desgl dem **Prozeßrichter** bei Beurkundg eines Vergleiches auch ggü dem auf die RGültigk der Beurkundg vertrauenden Dritten, RG **129**, 37, dagg bei der Entscheidg über ArmenRGesuch nicht ggü dem Gegner der armen Partei, RG **135**, 110, auch nicht bei Bewilligg des ArmenR ggü dem AntrSt, RG **155**, 218; vgl Anm 5 A; AmtsPfl ggü den Parteien zur alsbald Absetzg der UrtGründe (§ 315 II ZPO), Ffm VersR **67**, 461; **bb)** dem **Grund-**

buchrichter allen ggü, die im Vertrauen auf richtige Handhabg der GrdbuchGesch u die dadurch geschaffene RLage im RVerkehr tätig werden, RG **155**, 253, hins Eintragg des Nacherbenvermerks auch dem ggü, der später vom Vorerben das Grdst kauft, RG **151**, 395 (vgl aber RG **151**, 175; **cc)** dem **Zwangsversteigergsrichter** zur Beachtg der gesetzl Vorschr auch ggü dem Bieter, RG **154**, 397, aber nicht ggü dem, der für eine Hyp die Ausfallbürgsch übernommen hat, RG **138**, 209, auch nicht ggü dem Bürgen eines Darl-Gläub, wenn letzterer mit der ihm als weitere Sicherh verpfändeten Hyp in der ZwVerst versehentl unberücks bleibt, RG **151**, 175; hins Beachtg des RSiedlG § 11 nur ggü dem vorkaufsberecht SiedlgsUntern, nicht auch ggü dem Schu, RG HRR **34**, 166, u des § 43 I 1 ZVG, BGH **LM** (D) Nr 5; **dd)** im **Zwangsverwaltgsverfahren** vgl RG HRR **32**, 1653, BGH WPM **64**, 789; **ee)** den für Führg des **Schuldnerverzeichnisses** Verantwortlichen ggü allen, die das Verzeichnis einsehen, RG **140**, 152; dem **Konkursrichter** den Gläub ggü bei Beaufsichtigg des KonkVerw (§ 83 KO), BGH DRiZ **65**, 378; **ff)** dem **Registerrichter** bei Prüfg von Anmeldgen zum GenossenschRegister nicht nur ggü den Genossen, sond ggü allen, für die die Eintr Bedeutg hat, RG **140**, 174, vgl ferner Anm 5 A; **gg)** **Strafrichter** bei der Entsch über die Eröffng der Ankl (kein ErmSpielraum, s Anm 4c u BGH NJW **70**, 1543); **hh)** dem **Vormundschaftsrichter** dem Mündel ggü; vgl hierzu Anm 15 „VormSchRichter". Keine Verpflichtg einen Interessenten ggü, der mit dem Mündel Geschäfte machen will, hins Klarlegg des VertretgsVerh, RG DRZ **30** Nr 445. Ebso kein Anspr eines Dr wg Verzögerg der Vormd- od Pflegerbestellg, Dresd OLG **35**, 349; dem **Nachlaßrichter** bei NachlVerw dem Erben u den NachlGläub ggü, RG **88**, 265; **ii)** dem **Staatsanwalt** hins der ObhutsPfl für beschlagnahmte Sachen u nicht nur ggü dem, von dem sie beschlagnahmt sind, sond auch ggü dem Eigtümer, RG HRR **28**, 1507; vgl im übr Anm 4 c u 5 A; **jj)** dem **Urkundsbeamten** ggü den Proz-Parteien, aber auch nur bei der förml Erledigg des RechtsStr, Ffm VersR **67**, 461, nicht jedoch Dritten ggü bei RechtskrAttesten, BGH **31**, 388; **kk)** dem **Notar** ggü allen, deren Belange durch das AmtsGesch berührt w, BGH **19**, 5; vgl im übr hierzu Anm 15 (Notar); **ll)** der **Geschäftsstelle** bei Amtsverwahrg von Sachen ggü dem Einlieferer u dem dritten Eigtümer, RG HRR **33**, 656; **mm)** dem **Gerichtsvollzieher** auch ggü dem Bieter in der Versteigerg, RG **129**, 23, wie auch jedem Dr ggü, dessen Rechte verletzt w, BGH BB **57**, 163. Vgl hierzu Anm 15 (Gerichtsvollzieher); **nn)** **Kommunalbeamter** h ggü dem **Träger der ges KrankenVersicherg** nicht die AmtsPfl, dessen Interesse an einer Vermeidg nicht rückforderb KrankengeldÜberzahlungen dch unverzügl Bearbeitg u Weiterleitg des entgg den RentenAntr an die zur Entsch berufene Stelle (BGH VersR **77**, 765) wahrzunehmen; **oo)** dem **Lehrer** hins Aufs über die Schüler auch ggü Dr, die beim Spiel der Kinder verletzt, od durch Unterrichtsmaßnahmen betroffen w; jedoch nicht AmtsPfl Dr ggü schlechthin, etwa dahin, auf die ordngsgemäße VertrErf durch die Schüler einzuwirken, BGH **28**, 297; im übr Anm 15 unter „Lehrer"; **pp)** dem **Zollbeamten**, der eine Ware als zollfreies Gut zur Einfuhr zuläßt, auch dem ZollSchu wenn Zulassg zu Unrecht erfolgt ist, RG **121**, 173, ggü dem Küfer, den er zur Wiederversiegel eines Weingeistfasses hinzuzieht, RG HRR **37**, 1224; AmtsPfl zur lückenl Überprüfg einer bestehden Kfz-HaftPflVers bei Einreise von Ausländern ggü inländ VerkTeiln (BGH NJW **71**, 2222, Kln VersR **78**, 649); **qq)** dem **Steuerbeamten** ggü dem Steuerpflichtigen zur Beachtg der VerfVorschr (RMittelfrist), BGH **21**, 359; **rr)** den in der Verwaltg des **Nord-Ostsee-Kanals** Beschäftigten ggü den Benutzern, BGH **35**, 111; **ss)** der **Baupolizei** hins Überwachg von Neubau ggü allen künftigen Benutzern des Hauses, RG JW **36**, 803; desgl der **Baugenehmigungsbehörde** in bezug auf die Prüfg der statischen Berechng ggü Dritten, die später durch den Einsturz des Baues verletzt w, BGH **39**, 358; ggü dem Bauherrn, keine dem bauordnsgr Vorschr widersprechde BauGen zu erteilen (BGH **60**, 112 u NJW **75**, 1968); **tt)** dem **Arzt** einer Haftanstalt ggü dem tuberkuloseverdächtigen Häftling u ggü anderen Häftlingen, BGH NJW **62**, 1053; nicht jedoch dem beamteten Arzt einer Krankenanstalt bei Behandlg der Ehefr ggü dem Ehem, RG **126**, 253; **uu)** den mit **Kommunalaufsicht** betrauten Beamten (zB RegPräs) ggü den Gemeinden hins der Wahrnehmg der Belange der Gemeinden u der Pfl, sie vor Schaden zu bewahren, BGH **118**, 94; **vv)** dem **Standesbeamten** hins Mitteilg der außerehel Geburt des Mündels auch ggü dem Mündel, RG Recht **16**, 243; **ww)** der **Krankenkasse** hins Pfl zur Prüfg der Invalidenkarten auch ggü ArbGeber, RG DR **39**, 243; **xx)** der **Bundesregierg** ggü Außenhandelsberatern BGH NJW **67**, 1662; **yy)** im **Interzonenhandel** bestehen AmtsPfl der beteil staatl Stellen nur ggü dem Staat u der Allgemeinh, nicht ggü Dr od best Gruppen, BGH NJW **71**, 187; **zz)** gerichtl **Geschäftsverteilg** u BesetzgsPlan dienen auch den Interessen der RSuchden, BGH VersR **78**, 460.

6) AmtsPflVerletzg muß **vorsätzl** od **fahrlässig** begangen sein. Das bedeutet, daß nicht jede objektiv unrichtige Sachbehandlg die ErsPfl zur Folge hat. Vorsätzl handelt der Beamte, der die Tatsachen, die die PflVerletzg objektiv ergeben, kennt – also zB sich bewußt über bestehende Vorschriften hinwegsetzt – und sich auch der PflWidrigk bewußt ist, BGH DRiZ **66**, 308 (Lehrer), od zum mindesten mit der Möglichk eines Verstoßes gg AmtsPfl rechnet u gleichwohl handelt, BGH **34**, 381 u VersR **73**, 443. Fahrl handelt, wer bei Beobachtg der für einen Beamten erforderl Sorgf hätte voraussehen müssen, daß er seiner Amts-Pfl zuwiderhandle, desgl, wenn Beamter sich irrigerw für verpflichtet hält, sich über Vorschr od Weisg (zB Weisg an den Notar) hinwegzusetzen, BGH WPM **63**, 377. Entschuldb Irrt schließt auch hier Fahrlk aus; vgl BGH WPM **65**, 720, § 823 Anm 3a. Nicht notw ist, daß Vorsatz u Fahrlk auch im Hinbl auf die Voraussehbark des Schadens bestehen, BGH NJW **65**, 963, WPM **69**, 535. Die an die SorgfPfl zu stellenden Anforderngen richten sich nach dem **pflichtgetreuen Durchschnittsbeamten**. Dabei ist nicht maßgebd, welche Kenntn der Beamte tatsächl besitzt, sond welche zur Führg des Amtes erforderl sind, BGH **LM** (Fi) Nr 28. Sind klare u zweideutige Vorschr verletzt od liegt eine offenb unrichtige Auslegg klarer Gesetze vor od läuft die Auslegg einer gefestigten höchstrichterl Rspr zuwider, so wird in aller Regel Fahrlk anzunehmen sein; BGH WPM **63**, 1104, 809 („schon eine einzige Entscheidg eines oberen Bundesgerichtes kann eine solche Klärg herbeiführen"). Ebenso, wenn sich Beamter nicht rechtzeitig über Gesetzesänderngen unterrichtet. Anders dagg, wenn Beamter bei der Auslegg v GesBest, die Zweifel in sich tragen, zu einer zwar unrichtigen, aber nach gewissenh Prüfg der z Gebote stehdem Hilfsmittel auf vernünft Überleggen gestützten StellgN kommt (BGH WPM **75**, 426), bes wenn die Bestimmgen neu u Zweifelsfragen noch ungeklärt sind; BGH **36**, 149, VersR **68**, 788; kann danach die GesAnwendg als rechtl vertretb angesehen w,

so kann die spätere Mißbilligg der RAuffassung des Beamten ihm nicht rückschauend als Versch angelastet w, BGH NJW **68**, 2144. Bei der RAnwendg ist zwar nur eine Lösg richt, aber unterschiedl Lösgen dch versch Betrachter können mögl sein, ohne daß sie als pflichtwidr bezeichnet w können; entsch ist jedenf, daß die maßgebl Norm herangezogen u die Probleme erkannt wurden; RAnwendg ist auch die Auslegg unbest RBegr, BGH NJW **70**, 1543. Auch keine verschuldete Unkenntn des Richters von neuerer, von den führenden Erläutergsbüchern abweichender Entscheidg höchster Gerichte, wenn ihm diese jedoch im ordentl GeschGang zugängl gemacht worden ist, RG JW **38**, 947. Hat mit mehreren Rechtskund besetztes Kollegial-Ger (unrichtigerw) die Hdlg des Beamten für obj berecht gehalten, so ist im allg Versch des Beamten zu verneinen, ohne Rücks darauf, ob diese Entsch vor od nach der AmtsHdlg ergangen ist, BHG **LM** (Fg) Nr 19. Ausn gelten, wenn das KollegialGer eine eindeut Best handgreifl falsch ausgelegt h od wenn es sich bei dem beanstandeten Verhalten um eine grdsätzl Maßn zentraler Dienststellen bei Anwendg eines ihnen bes anvertrauten SpezialGes handelt, BGH NJW **71**, 1699. – **Arbeitsüberlastg** des Beamten kann unter bes Umst EntschuldiggsGrd sein, BGH WPM **63**, 1103, ist aber nicht schlechthin Freibrief, RG HRR **36**, 257; hierzu auch oben Anm 5 B b. Wegen AmtsPflVerletzg bei Ermessensentscheidgn Anm 4c. – Über Entschädiggspfl bei rechtswidr-schuldloser Ausübg öff Gewalt vgl § 903 Anm 4, 5.

7) a) Hilfsweise Haftg tritt nach I S 2 ein, wenn Beamter ledigl fahrl gehandelt hat. Gilt nur für Anspr aus AmtsPflVerletzg, BGH **6**, 23; keine analoge Anwendg auf die Haftg der Körpersch aus konkurrierend anderweit AnsprGrdlage wie GoA, öffr Verwahrg, Aufopferg, BGH NJW **75**, 207. Die Best w vielf als antiquiert erachtet, die Rspr h desh die Tendenz, ihren AnwengsBereich einzuschränken, indem sie nicht mehr die bloße Möglk anderweit Ers mit dem Ziel einer StaatsEntlastg genügen läßt, sond darauf abstellt, ob der ErsAnspr des Verl gg den Dr zum Zweck h, den Schäd endgült von Kosten des Dr zu entlasten (BGH NJW **78**, 495). – Beamter kann erst in Anspr genommen w, wenn Verletzter nicht auf andere Weise Ersatz zu erlangen vermag, gleichgültig, ob ein anderer ErsPflichtiger nicht vorhanden ist od ob aus tatsächl Gründen die Inanspruchn eines anderen nicht zum Ziel führt, BGH MDR **59**, 107, so auch wenn SchmerzG in angemessener Höhe nur von dem Beamten zu erlangen, Stgt NJW **64**, 727. Nachweis der Unmöglk anderweiter Ersatzerlangg gehört zur Klagebegründg, BGH NJW **64**, 1895; Kläger kann sich jedoch zunächst auf Widerlegg der sich aus dem Sachverhalt selbst ergebden ErsMöglichkeiten, die begründete Aussicht auf bald Verwirklichg bieten, beschränken, BGH WPM **69**, 621; es genügt die Darlegg, daß u wesh die InAnsprN eines Dr keine Auss auf Erfolg verspricht, der Bew, daß gg den Dr auch nicht alle AnsprVoraussetzgn vorliegen, kann nicht verlangt w (BGH VersR **78**, 252). Sache der Bekl ist es sodann, and ErsMöglichkeiten aufzuzeigen, BGH Betr **69**, 788. Bevor der Ausfall feststeht, ist weder Leistgs- noch Feststellgsklage begr, BGH **4**, 10; Ausn: wenn Dritter nur zu einem bestimmten Bruchteil haftet, RG **96**, 166, BGH aaO. Das schließt aber nicht gleichzeit KlErhebg gg Körpersch u Dr aus; mit I 2 kann die Kl gg die Körpersch dann nur vorweg abgewiesen w, BGH VersR **58**, 451, BayObLG **64**, 427, KG OLGZ **69**, 20. Ist die in Anspr genommene Körpersch selbst der ErsPflichtige, so kann sie sich nicht auf die aushilfsw Haftg nach I, 2 berufen, BGH GrZS **13**, 88 (Konkurrenz zw AmtsPflVerletzg u enteignungsgleichem Eingr). Ebso, soweit sich die Anspr gg die Körpersch aus § 839 u aus §§ 7, 12 StVG decken, BGH **50**, 271. I 2 ist nicht anwendb im Hinbl auf einen Dienstschäd, wenn ein Amtsträger bei einer im allg StrVerk einen VerkUnfall verurs, BGH **68**, 217 unter Aufg der früh Rspr (haftgrechtl Gleichbehandlg aller VerkTeiln); dies gilt auch, sow die HaftgsHöchstgrenzen des StVG überschritten w, für SchmerzG u wenn im EinzFall die Körpersch nicht KfzHalter ist; interner Ausgl zw mehreren ErsPfl entspr ihren Verantwortgsanteilen nach § 17 StVG. Dadch dürfte auch die nachfolgd dargestellt Rspr des BGH überholt sein: Leistg des Kaskoversicherers an den Geschädigten ist anderw ErsLeistg nach I 2, daher kein Übergang der AmtshaftgsAnspr auf den Versicherer nach § 67 VVG; Verteilg der Haftgssumme (§ 12 I StVG) so, als ob Körpersch ledigl als Halter haftete, BGH **47**, 196, **50**, 271. Dies gilt auch, wenn der Fahrzeughalter seine KaskoVers nicht in Anspr nimmt, BGH VersR **69**, 1042. – Die Subsidiarität der Haftg entfällt ferner, wenn sich der anderweitige ErsAnspr gg eine andere öff-rechtl Körpersch richtet, sofern nur dieser Anspr u der aus Amtshaftg demselben TatsKreis entsprungen, da insow von der Einheitlichk der öff Hand auszugehen ist; dabei spielt es keine Rolle, welchem RGrd der and Anspr gg die öff Hand entspringt, ausgen SozVersTräger, BGH **62**, 394. Ferner keine Subsidiarität für die BRep im Verh zur EWG jedenf dann, wenn der EuGH dem Kl aufgegeben h, ihm eine Entsch der dtschen Ger über seinen Anspr u die der BRD vorzulegen, BGH NJW **72**, 383, nach Köln NJW **68**, 1578 schlechthin. Leistgen der SozVersTräger sind anderweit ErsMöglk, BGH **49**, 267. Dagg ist Lohnfortzahlg an den verl ArbNehmer nach LFZG kein „Ersatz", insow die Haftg des Staates also nicht nur subsidiär, Düss WPM **74**, 290, BGH **62**, 380. Gg die unterschiedl Beurteilg von Lohnfortzahlg u Leistgen der SozVers Ruland, Vierteljahresschrift für SozR **75**, 92. GrdUrt ist zuläss, wenn feststeht, daß eine vorhandene anderweit ErsMöglichk den Schad nicht zureichd ausgleichen kann (BGH WPM **76**, 873). Verletzter muß aber nicht nur die ggwärt Unmöglichk eines anderweiten Ersatzes, sond darüber hinaus auch nachweisen, daß er eine **früher vorhandene Ersatzmöglichk** nicht schuldh versäumt hat, BGH WPM **65**, 291. Im übr ist auf Ztpkt der Erhebg der RückgrKlage abzustellen, RG **161**, 118. Über Nichteinlegg eines RMittels gg ein die ErsMöglichk ablehnendes unrichtiges AmtsgerichtsUrt, RG **150**, 323; Nichtbetreiben des Offenbargseidverfahrens (jetzt: Eidesstattl Vers), RG HRR **37**, 800; Unterlassg der Pfändg eines AuseinanderSetzgsAnspr, BGH **LM** (Fi) Nr 5. Keine Berufg auf Aushilfehaftg, wenn geschädigter Minderj ErsAnspr gg Vormd hat, diesen aber mangels Bestellg eines Pflegers nicht geltd machen konnte, RG JW **35**, 3530. Hatte Geschädigter keine Kenntn von Entstehg des Schadens u dadurch anderweite Ersatzmöglichk versäumt, so schließt dies die HaftPfl des Beamten selbst dann nicht aus, wenn Verletzer den Eintritt des Schadens schuldh nicht gekannt hat, RG **145**, 258, wohl aber kann dies für § 254 von Bedeutg sein. Der vertragl HaftgsAusschl eines Dritten kann uU argl sein, wenn er zwecks Herbeiführg der Staatshaftg vereinb ist, RG Recht **27**, 31.

b) Worauf die ErsMöglichk beruht, ob auf Vertrag, zB SachVersicherg (BGH WPM **77**, 716) **oder Gesetz**, zB dtsch SozVers (BGH **70**, 7), ist unerhebl. Ausn: LebensVers, RG **155**, 186. Daß der SchadErsAnspr des Geschäd auf Vers übergeht (§§ 1542 RVO, 67 VVG, 4 LFZG), steht der Anwendg des I 2 nicht

§ 839 7, 8 2. Buch. 7. Abschnitt. *Thomas*

entgg, Bamb NJW 72, 689; aA Waldeyer NJW 72, 1249. Dagg ist I 2 nicht anwendb auf den RückgrAnspr des SozVersTrägers auf Ers seiner Aufw zum Ausgl des Schad (§§ 640, 641 RVO), der dem verl Versicherten inf einer AmtsPflVerl entstanden ist; auch § 254 ist auf diesen RückgrAnspr nicht anwendb, BGH NJW 73, 1497. Eine private KrankenVers stellt keine anderweitige ErsMöglk dar, wenn der Versicherer bei Bestehen eines ErsAnspr gg einen Dritten nicht haftet, RG Recht 43, 1776. Auch schuldh Versäum einer nur **tatsächl Möglichk** von SchadErs hindert Anspr gg Beamten u Staat, (Möglichk der Anfechtl eines Vertr). Es genügt, wenn HaftgsAnspr u ErsAnspr gg Dr demselben TatsKreis entspringen, BGH 31, 150. Wegen der Anrechng der ErsLeistg des Dritten auf verschiedene Arten entstandenen Schadens vgl 158, 178. Leistg Dr, auf die kein RAnspr besteht od die ihrer Natur nach nicht dem Schäd zugute kommen sollen, sind nach I 2 nicht zu berücks, Hamm VersR 69, 1150. Ein Anspr, der gg einen erspfl Dr im **Ausland** verfolgt w müßte, scheidet als und ErsMöglk nur dann aus, wenn die Kl u eine etw ZwVollstr im Ausland eine Erschwerg u Verzögerg mit sich bringen würde, die dem Geschäd nicht zumutb sind (BGH NJW 76, 2074).

c) **Klage gg Dritten.** Keine Verpflichtg des Verletzten, zunächst gg den Dr zu klagen; er kann die Voraussetzgn der Aushilfshaftg in dem Prozeß gg den Beamten od Staat nachweisen, BGH VersR 60, 663. Unerhebl für Anwendbk der Befreiungsvorschr, ob der ersatzpfl Dr seiners von dem Beamten SchadErs verlangen kann, RG 91, 96, BGH WPM 71, 802.

d) Da Verletzter nach § 249 Anspr auf alsbaldige Entschädig hat, braucht er sich auf eine **zukünftige Ersatzmöglichk** nicht verweisen zu lassen, BGH WPM 65, 1061, auch nicht auf ErsAnspr, der erst in einem längeren u schwierigen Prozeß durchgesetzt w kann, BGH WPM 63, 377; RG JW 30, 1304 (langwieriges KonkVerf). Überh muß die Verweisg des Geschädigten auf andere ErsMöglichkeiten nach Treu u Glauben zumutb sein. Das gilt jedoch nur von der Ausnutzg tatsächl anderer ErsMöglichkeiten, nicht etwa gilt § 242 schlechthin; aA Stgt NJW 64, 728 (Unzumutbark der Klage gg den pflichtigen Stiefvater, mißbilligt von BGH NJW 64, 1898, bes wg des VersSchutzes des Stiefvaters, u von Isele NJW 64, 728). Demnach begründen die Schwierigkeiten der Auslegg gesetzlicher Vorschriften, die für Frage anderweitiger ErsMöglichk maßg sind, nicht die Voraussetzg des § 839 I S 2, RG 166, 14.

e) Haben **mehrere Beamte** fahrl gehandelt, so kann nicht etwa der eine den Verletzten an den anderen verweisen, da insow ein GesamtschuldVerh nach § 840 I besteht, BGH WPM 65, 1061 (VormschRichter u Notar); ebso, wenn Staat u öff Körpersch nebeneinander haften, BGH 13, 88, od wenn Staat für Grdbuchrichter haftet u daneben Notar persönl, BGH WPM 60, 986. Anders aber, wenn ein Beamter vorsätzl, die andern aber nur fahrl gehandelt haben; die letzteren können sodann den Geschädigten an den vorsätzl Schädiger verweisen. Über mehrere Geschädigte, von denen einer die ErsMöglichk versäumt hat, vgl RG HRR 34, 1450.

f) Bei **teilweiser Ersatzmöglichk** keine Inanspruchn des Beamten, solange die Höhe des Ausfalles u damit das Fehlen einer anderen ErsMöglichk nicht zifferrnmäß feststeht, RG 137, 20.

g) **Unanwendb** ist I S 2, wenn Beamter, zB GVz od Notar, auch aus Vertr (Auftrag, DienstVertr) haftet; ferner wenn Haftg des Beamten nicht auf § 839, sond ausschließl auf §§ 823, 826 gestützt w. Erfüllt der Tatbestd sowohl die Voraussetzgn von §§ 823 ff als auch von § 839, so entfällt die Befreiungsmöglichk nach I S 2, BGH LM § 823 (Dc) Nr 19. Die ErsPfl aus § 839 geht derjen aus dem EntschädiggsFonds für Schäd aus KfzUnfällen vor (BGH VersR 76, 885); vgl auch Anm 1 u 2 C. BewLast s Anm 11.

h) Im EinzFall kann die InanspruchNahme des Dr **unzumutbar** sein u die Körpersch sich desh auf die Subsidiarität ihrer Haftg nicht berufen, zB bei Unzumutbk einer Ehefr dch ihren Ehem u ein Kfz der Körpersch, BGH 61, 101; vgl dazu vorstehd Anm a.

i) **Rechtskraft** des Urt, das die Klage gg den Beamten abweist, weil ErsAnspr gg Dritten besteht, nur insow, als „zZ unbegründet", BGH 37, 377 ff, Anm v Kreft hierzu **LM** (E) Nr 12a. Die Kl kann also wiederholt w, wenn nachher feststeht, daß ein anderweit ErsAnspr nicht besteht od nicht dchsetzb ist, BGH VersR 73, 443.

8) Spruchrichter. Allg zum Richterprivileg des § 839 II Hagen NJW 70, 1017 (mit beachtl Gründen für Ausdehng der Staatshaftg auch auf grob fahrl fehlerh Sachbehandlg, soweit dadch zusätzl außergerichtl Kosten verurs w; realisierb aber wohl erst de lege ferenda). **a)** Auch Beisitzer, Schöffen u and ehrenamtl Richter der verschiedenen GerZweige; nicht dagg Schiedsrichter; doch wird bei ihrer Bestellg als stillschw VertrBedingg anzunehmen sein, daß sie nicht weiter haften sollen als Richter der ord Gerichtsbark, BGH 42, 313 (stRspr). Schiedsgutachter haften nur, sow ihre PflVerletzg dazu führt, daß ihr Gutachten wg offenb Unrichtigk unverbindl ist, BGH 43, 374.

b) Für Begriff „**Urteil**" entscheidend nicht die formale Natur der Entscheidg, sond ihr materieller Inhalt; das ist nunmehr unbestr, BGH NJW 66, 246. Auch **Beschlüsse** fallen unter Abs II, wenn es sich um richterl Entscheidgn handelt, die ihrem Wesen nach ein Urt sind u die „ein durch Klage od Anklage begründete ProzVerh unter den für die unt Instanz wesentl Prozeßvoraussetzgn beenden, BGH aaO in stRspr. Maßg Kriterien sind Notwendigk rechtl Gehörs, Begründgszwang, mat RKraftWirkg, BGH 51, 326 (329). BerichtiggsBeschl gem § 319 ZPO gehört hierher, weil Bestandt eines Urteils, RG 90, 228. **UrtCharakter bejaht** für Beschl nach § 91a ZPO, BGH 13, 142, für solche in ErbgesundhSachen, BGH 36, 379, u solche, die die Entmündig wg Geistesschwäche aussprechen (§ 645 I ZPO), BGH 46, 106, ferner für Entsch der nach § 93a BVerfGG gebildeten Ausschüsse, BGH NJW 66, 246, für Beschl gem § 383 I StPO, der Eröffng des PrivatKlVerf ablehnt, BGH 51, 326, abl Leipold JZ 70, 26 (Trend zur Ausdehng des Richterprivilegs), für Beschl des Strafrichters, der Entschädigg nach dem G betr die Entschädigg der im WiederaufnVerf freigesprochenen Pers ablehnt, BGH NJW 71, 1986, für EinstellgsBeschl nach § 153 II StPO (BGH 64, 347). **UrtCharakter verneint** für Entsch in Arrest- u einstw VfgsVerf dch Beschl, BGH 10, 55 [60], im Vollstr-, insb KonkVerf, BGH NJW 59, 1085; VertrHilfeVerf. BGH LM (G) Nr 6 (recht bedenkl), Verf der freiw Gerichtsbark, BGH NJW 56, 1716 (recht bedenkl), bei vorläuf Entziehg der

Fahrerlaubn im StrafVerf nach § 111a StPO, BGH NJW **64**, 2402 u für Entscheidgn im Kostenfestsetzgs-Verf, BGH NJW **62**, 36, KG NJW **65**, 1603, u des Streitwerts, BGH **36**, 144. – Jedes Versagen bei einem Urteil ist gemeint; daher lehnt BGH **LM** § 839 (G) N 5 mit Recht Unterscheidg zw eth u intellektuellem Versagen ab. Krit zur Rspr des BGH Leipold JZ **67**, 737. – „**Bei dem Urt**" heißt nicht „durch" das Urt; darunter fallen also nicht nur Fehler der Sachentscheid selbst, sond auch bei Maßn, die, wie etwa ein Bew-Beschl, darauf gerichtet sind, die Grdlagen für sie zu gewinnen, BGH **50**, 14; dazu Steffen, DRiZ **68**, 237.

c) **Die Unterausnahme nach II S 2** besagt etwas Selbstverständliches. Denn die Verweiger od Verzöger eines Rechtspruches kann nicht Ggst eines Urteils sein. Bei ProzVerzöger dch überflüss Bew-Erhebg verbleibt es bei S 1 (anders J. Blomeyer NJW **77**, 557), denn der Fehler ist nicht „bei dem Urt" gemacht (vgl vorstehd b aE) u Abs II will, jedenf auch, die richterl Unabhängigk schützen.

d) **Gerichtl Sachverständiger.** Die Beziehgn zw ihm u dem Ger sind öffrechtl Natur. Er übt aber keine hoheitl Gewalt aus, weder anstelle des Ger noch von diesem übertr. Gilt auch für die VerkWertSchätzg gem § 74 a V ZVG (Schlesw Rpfleger **75**, 88). Zu den ProzPart steht er in keinen vertragl Beziehgn, auch nicht über § 328 (Mü VersR **77**, 482). Ihnen haftet er ggf nach § 826 (dort Anm 8 c bb). Im Hinbl auf seine Stellg als Geh des Richters soll er nach BGH NJW **68**, 787 u BGH **62**, 54 für die Folgen eines sogar grob fahrl unricht Gutachtens den ProzBeteil (Parteien, Beschuldigte usw) auch dann nicht haften, wenn das Gutachten zu einer FreihEntziehg geführt h. Diese Auffassg h im Schrifft mit zTl beachtl Argumenten z lebh Widerspr geführt, so Rasehorn NJW **74**, 1172, Hopt JZ **74**, 551, Hellmer NJW **74**, 556, Arndt DRiZ **74**, 185, Schneider JurBüro **75**, 434, Damm JuS **76**, 359. Dies gilt auch im schiedsgerichtl Verf, sow nichts anderes vereinb, BGH **42**, 313. Für einen Fehler bei der Vorbereitg des Gutachtens, der sich in diesem nicht niederschlägt, haftet er gem § 823, BGH **59**, 310 (ärztl Kunstfehler bei der Untersuchg zur Vorbereitg des Gutachtens).

9) **Schadensabwendg durch Einlegg eines Rechtsmittels. a) Ein Fall des mitwirkenden Verschuldens,** der nach III zum völl HaftgsAusschl führt; kein Widerspr zu Art 34 GG, BGH WPM **58**, 1049 (**28**, 104). **Rechtsmittel** sind alle RBehelfe im weitesten Sinne, die eine Beseitigg od Berichtigg der schädigden Anordng u zugl Abwendg des Schad selbst bezwecken u ermöglichen, BGH WPM **63**, 841, also auch forml Erinnergen (jedoch dann nicht mehr, wenn ihre Erfolglosigk erkennb, BGH aaO), Beschw, Widerspr gg Arrest, WiederAufn des Verf (str), Antr auf gerichtl Entscheidg, Einspruch gg Strafbefehl, Erinnerg nach ZPO § 766, Widerspr gg Teilgsplan in ZwVerst, RG **166**, 255, Einwendgn gg Entscheidg des Rpflegers, auch Anregg der Eintr eines Amtswidersp ins Grdbuch, RG **138**, 114, auch einf Erinnerg an Erledigg eines Antr, BGH **28**, 104 od Erinnerg des Not an Eintr der RestKaufPrHyp, Düss MDR **77**, 588, auch AufsBeschw u GgVorstellg, BGH NJW **74**, 639, Verpflichtgsklage im VerwGVerf, BGH **15**, 312, und UntätigKlage dieses Verfahrens als stärkstes, aber auch letztes RMittel, BGH WPM **63**, 841. Die in Frage kommden Maßn müssen sich aber unmittelb gg die AmtsHdlg oder Unterl selbst richten, BGH NJW **60**, 1718; das bedeutet, daß, soweit mehrere Beamte einen Schad verurs h, das RMittel gg die AmtsHdlg des in Anspr genommenen Beamten einzulegen gewesen sein muß, BGH aaO. Nicht anwendb ist III, wenn der Betroffene es unterläßt, gg einen VerwAkt, der den Inhalt eines vorher erlassenen u von ihm angefochtenen VerwAkts ledigl wiederholt, erneut ein RMittel einzulegen, BGH **56**, 57. Der RechtsmBegr ist auch bei AmtsPflVerletzg dch Notar derselbe, BGH NJW **74**, 639. – **Nicht zu den Rechtsmitteln gehören: selbständige Verfahren,** die zwar einem drohnd Schad begegnen sollen, nicht aber der Überprüfg der beanstandeten AmtsHdlg dienen wie zB ArrestAntr auf Eintragg einer Vormerkg im GenossenschReg, RG JW **37**, 222; Einholg eines baurechtl Vorbescheids ggü einer erteilten falschen Ausk (BGH WPM **78**, 763); Antr auf einstw Einstellg der ZwVollstr bei Einlegg der Berufg, RG JW **37**, 2038; überh keine Anwendg wenn die Einlegg des RMittels nicht zur Abwehr der Entstehg des Schad, sond zur Wiedergutmach bereits entstandenen Schad gehört hätte (da gilt aber I 2), RG **150**, 328. – Zum ordngsgem Gebrauchmachen von einem RMittel kann unter bes Umst nicht nur die Einlegg, sondern auch Begründg gehören, RG **138**, 309 („formelle" Einlegg).

b) **Nichteinlegg** eines RMittels muß **schuldh** sein. Einzelfall entscheidet. Im allg kann sich Geschädigter nicht auf Rechtsunkenntn berufen; er muß dann RKundigen zuziehen; das bedeutet aber nicht, daß er auch in Verf ohne Anwaltszwang bereits vorsorgl mit Rücks auf möglicherw unrichtige künftige GerichtsMaßn Anwalt beauftragen müßte, RG **166**, 256. Desgl nicht, daß er Verpflichtgsklage im verwaltungsgerichtl Verf alsbald nach Ablauf der gesetzl Frist erheben müßte, BGH **15**, 312. Fahrl handelt im allg, wer die vom Grdbuchamt od Registergericht erhaltene EintrMitteilg nicht auf Richtigk u Vollständigk prüft, BGH WPM **58**, 1050. Denn Zweck der Benachrichtigg ist gerade, eine angemessene Mitwirkg der Beteiligten durch Überwachg der Grdbuchvorgänge zu ermöglichen. Doch ist im Einzelfall immer auf Bildsgrad u Gesch-Erfahrenh der Beteiligten Rücks zu nehmen, BGH WPM **58**, 1049 (**28**, 104), auch kann der Staatsbürger im allg auf die Richtigk einer amtl Belehrg vertrauen, wenn hiergg nicht gewichtige Gründe sprechen, BGH WPM **63**, 841. Über Pfl zur Prüfg der öff Bek durch AntrSt RG JW **38**, 593. Ist der Geschädigte eine Körpersch, so hat diese für Versch eines Beamten hins der Nichteinlegg des RMittels gem § 278 einzustehen, da die Verpflichtg aus § 839 III eine Verbindlichk ist, RG **138**, 117; ebso der Minderjährige für Versch des gesetzl Vertreters, die Partei für Versch des Anwalts, RG **163**, 124. Kein Versch, wenn Bietgslustiger im ZwVerstVerf inf Unkenntn der Vorschr es unterläßt, gg das Unterbleiben des Einzelausgebots (ZVG § 63) Erinnerg einzulegen, RG Recht **16**, 1718; oder wenn ein Gl es unterläßt, gg Teilgsplan bei verwickelter RLage Widerspr zu erheben, RG **166**, 255; ebso nicht bei Unterlassg einer AufsBeschwerde (od Erinnerg an Erledigg), wenn die Ann einer Dienstwidrigk nicht dringl naheliegt, BGH WPM **63**, 350. Keine Abwägg des beidrs Versch iS des § 254, BGH NJW **33**, 1532.

c) **KausalZusammenhg** zw der Nichteinlegg des RMittels u dem Schaden ist erforderl, den Beamter zu beweisen hat, RG JW **27**, 2457; vgl auch Anm 10, 11.

10) **SchadErs. a)** Zu ersetzen auch hier, wie stets bei unerl Hdlg, das **negative Interesse,** § 823 Anm 12a. Die allg Grds über **ursächlichen Zusammenhang** sind maßg, BGH WPM **65**, 1058. Zu fragen ist

daher, wie sich die Dinge entwickelt haben würden, wenn der Beamte pflichtgem gehandelt hätte; würde der Dritte in diesem Fall günstiger dastehen, so ist er durch die PflWidrigk geschädigt worden, BGH WPM **66**, 233. Das besagt, wenn unricht Ausk erteilt wurde, daß der Geschädigte so zu stellen ist, wie er vor der AuskErteilg gestanden hat, BGH WPM **64**, 381. Daher keine Haftg wg verzögerl Erledigg eines Antrages, wenn dieser auch bei sofortiger Erledigg aus sachl Gründen nicht zur Eintr geführt hätte, RG JW **36**, 2707; desgl nicht, wenn Gläub auch bei pflichtgem Handeln des GVz nichts erhalten hätte, weil nämlich dann auch die VollstrAufträge anderer Gläub ausgeführt worden wären, RG HRR **30**, 502, od der Gläub auch bei richtiger Entscheidg der Außenhandelsstelle die Einfuhrbewilligg nicht neben den übr Bewerbern erhalten hätte, BGH WPM **63**, 791. Grdsätze des AnscheinsBew sind auch hier zu beachten, BGH WPM **65**, 720, vgl auch Anm 11. Über Ursächlichk bei Verletzg der ÜberwachgsPfl RG **154**, 297, über die bei unbeaufsichtigter Überlassg einer Siegelmaschine RG JW **34**, 354. Bei SchadFolgen aus unrichtiger Prozeßführg ist entscheidd, wie nach Ansicht des über den SchadErsAnspr erkennenden Gerichts richtig hätte entschieden w müssen, BGH WPM **66**, 1248, **65**, 278 (UrtMißbr nach § 826). Dieser Grds gilt nicht nur für gerichtl Entscheidgn im ProzVerf, sond auch für solche in anderen VerfArten, desgl beim Erlaß von VerwAkten, BGH WPM **63**, 791 (für ErmessensEntsch s Vorbem 5d ee vor § 249), u auch dann, wenn der Notar schuldh seine AmtsPfl verletzt hat u der Kläger infolgedessen in einem RStreit unterliegt, BGH NJW **56**, 140, Nürnb BB **65**, 523; vgl im übr über KausalZushang bei ZusWirken von AmtsPflVerletzg von Notar u Versteigergsrichter RG **145**, 199, zweier Richter RG **142**, 383.

b) Währd der SchadErsAnspr nach § 249 S 1 in erster Linie auf **Naturalrestitution** gerichtet ist, gebietet die öffrechtl Besonderh des SchadErsAnspr aus AmtsPflVerletzg, diesen auf **Geldersatz** zu beschränken, BGH (GrZS) **34**, 99 (hierzu Kreft LM (D) Nr 13, Rupp NJW **61**, 811 u Helle NJW **61**, 1157). Andernf würden die ord Gerichte mit der Verurteilg zur Aufhebg eines schädigenden VerwAktes in den ZustdgkBereich der VerwGerichte übergreifen; auch kann allenf von der zust Körpersch, nicht aber von dem Beamten, dessen Amtsführg beanstandet w, ein bestimmtes öffrechtl Verhalten gefordert w; BGH aaO. Daher grdsätzl auch kein Anspr gg den Beamten auf Unterl od Widerruf, BGH aaO. Ob ausnahmsw ein solcher Anspr gg den Beamten verfolgt w kann, weil insow eine unvertretb persönl Leistg des Beamten in Rede steht, ist nach BGH aaO nur aus den Besonderheiten des Einzelfalles zu beantworten. – Es bestehen jedoch keine Bedenken gg einen SchadErsAnspr, der nicht auf Rückgängigmachg des VerwAktes – Herausg der beschlagn Sache –, sond auf Lieferg eines anderen Ggstandes von bestimmter Art u Beschaffenh od auf vertretb Sachen gerichtet ist, BGH **5**, 102, RGRK Anm 51. – §§ 843 bis 845 anwendb, RG **94**, 102, auch § 847, u zwar auch bei Staatshaftg, BGH **12**, 278. Über entgangenen Gewinn RG **91**, 66. Anwendg des Grds der **Vorteilsausgleichg** auch hier, vgl Vorbem 7 vor § 249. Bei Rangverschlechterg einer Hyp führt Anwendg von § 255 zur Verurteilg gg Abtretg der Hyp, RG JW **37**, 1917. Kein Anspr auf Abtretg der SchadErsAnspr gg einen zahlgsunfähigen Dritten, sie gehen von selbst über, RG NJW **60**, 240. Für SchadBemessg Ztpkt der letzten mdl Verh maßg; RG **142**, 11 spricht ungenau von Ztpkt des Urt. Doch entsteht bei versehentl Eintr eines schlechteren Ranges im Grdbuch der Schaden sofort, weil dadurch die Gefahr eines Ausfalls näher gerückt u die Befriedigg des Gläub gefährdet w, RG JW **37**, 1917; ebso bei pflichtwidr Auszahlg der Valuta ohne die vereinb dingl Sicherg bestimmten Ranges, RG **144**, 80. Schaden des Nacherben ist schon dann entstanden, wenn Vorerbe inf unrichtiger Ausstellg des Erbscheins als freier Erbe handeln konnte u mit der Erbsch unwirtschaftl verfahren ist, RG **139**, 343.

c) Kosten als Teil des Schadens. Zu dem Schaden gehören alle nicht von einem Dritten zu erstattende Kosten, die zur zweckentspr RVerfolgg aufgewandt werden mußten, BGH **21**, 361, **30**, 154, daher insb die Kosten eines Vorprozesses gg einen Dritten, der auf ErsLeistg zunächst in Anspr genommen w mußte (Abs 1 S 2), BGH NJW **56**, 57.

d) § 254 ist anwendbar, wenn die ErsPfl nicht nach § 839 III ausgeschl ist, BGH NJW **65**, 962. Da der Verletzte im allg auf die RMäßigkeit der AmtsHdlg vertrauen darf, handelt er nur dann vorwerfb, wenn er nicht das ihm zumutb Maß an Aufmerksamk u Sorgf bei der Besorgg seiner eig Angelegenheiten aufgewendet hat, BGH VersR **59**, 233. Er ist jedoch darü hinaus auch gehalten, im Rahmen des Zumutb alles zur Vermeidg von Schwierigkeiten zu veranlassen u daher ggf zu einem berichtigenden Hinweis verpflichtet, BGH NJW **64**, 195. Fällt dem Beamten Vors zur Last, so kommt demggü bloße Fahrlk des Geschädigten regelm nicht in Betr, RG DR **39**, 244. Desgl nicht, wenn auch die zuständigen Beamten nicht erkannt haben, wie zweckmäßigerw vorzugehen ist, BGH **15**, 315. – Mündel muß gg sich gelten lassen, daß Vormd drohenden Schad wider erwarten od gemindert hat, § 254 II, BGH LM § 254 (Ea) Nr 10. Hingg keine Anrechng des schuldh Verhaltens des Vormunds, wenn dieser eigene Interessen wahrnahm u daher das Mündel gar nicht vertreten konnte; BGH **33**, 136 (Unterschlagg von Mündelgeldern); vgl auch RG JW **39**, 155.

e) Drittschadensliquidation kommt bei AmtsPflVerletzg regelm nicht in Betr, Hamm NJW **70**, 1793.

f) Mehrere Ersatzpflichtige haften nach § 840 I, im InnenVerh nach § 426, vgl auch den Sonderfall § 841.

11) Beweislast. A. Geschädigter hat zu beweisen: **a)** schuldh AmtsPflVerletzg – also auch, daß Beamter hoheitl u nicht fiskal tätig gewesen ist, Schneider NJW **66**, 1263 zu BGH daselbst; über den AnscheinsBew in diesen Fällen oben Anm 2 A c bb – u hierdurch entstandenen Schaden, BGH NJW **62**, 1768; sow eine tatsächl Vermutg od tatsächl Wahrscheinlichk für einen erfahrgsgem Ablauf besteht, kann der Geschäd sich darauf beschränken, die AmtsPflVerletzg u die nachfolge Schädigg zu beweisen; Sache des Beamten ist es sodann, die Vermutg des ursächl Zushangs seinerseits auszuräumen, BGH Betr **74**, 915; vgl auch Anm 10. Über Benenng des schuld Beamten, wenn fehlsames Verhalten der Beh feststeht, vgl Anm 3. Bei Kollegialgerichten muß Geschädigter auch beweisen, daß der etwa perönl in Anspr Genommene, Anm 2 B c aE, der Entscheidg zugestimmt hat; uU Vernehmg der Richter über die Abstimmg, RG **89**, 13; keine Vermutg für die Einstimmigk des Kollegiums. – **b)** Bei fahrl PflVerletzg: daß er auf andere Weise Ersatz nicht zu erlangen vermag, ggf eine frühere ErsMöglichk ohne Versch versäumt hat, Anm 7. – **c)** Im Fall des II: Nachw einer mit öff Strafe bedrohten PflVerletzg. – **d)** Dieselben Grdsätze gelten auch, wenn Anspr auf Verletzg der FürsPfl gestützt w, BGH **LM** (Fd) Nr 12.

Einzelne Schuldverhältnisse. 25. Titel: Unerlaubte Handlungen § 839 11–15

B. Der Beamte hat zu beweisen: a) daß Geschädigter schuldh RMitteleinlegg versäumt hat; b) daß die an sich gegebene Widerrechtlichk aus bes Gründen ausgeschl ist.

12) Verhältnis zu anderen Bestimmgen (s auch Anm 2 A a, C). – a) Für Haftg des **Vormundschaftsrichters** gelten nach Aufhebg der §§ 1697, 1848 die allg Vorschr. – b) § 841 regelt einen Sonderfall. – c) **Grundbuchrichter** haftet nach allg Vorschriften; daher gelten auch hier die Haftungsbeschränken nach dem G v 22. 5. 10; Anm 2 A a bb. – d) Verh zu §§ 7, 17, 18 **StVG**: Anm 2 C u Anm 3 vor § 823. – e) Über **MRG Nr 52 u Nr 53** u die Haftg des Custodian vgl Anm 3 b. – f) **§ 79 BBG**, FürsPfl der Beh ggü ihrem Beamten, Anm 5 A. – g) Über § 151 BBG – Begrenzg der UnfallFürsAnspr des Beamten gg seinen Dienstherrn – vgl Einf 2d vor § 823. Hierdurch w nicht ausgeschl, daß die Anspr des Beamten auf UnfallFürs u -Versorgg auch auf Verletzg der FürsPfl (vorstehd f) gestützt w können, BGH **43**, 178. – Über Rückgriff einer öff Verwaltg gg eine andere BGH **LM** § 151 BBG Nr 1. – h) **§§ 636, 637 RVO** (vgl dazu auch § 611 Anm 14a) schließt Anspr des verl Angehör des öff Dienstes auf Ers v PersSchäd gg seinen für den Unfall verantwortl öff Dienstherrn nach § 839 außer den in § 636 RVO genannten Fällen aus; ebso für Kindergärten, Schüler, Berufsschüler, Studenten. Dabei ist der Begr „Teiln an allg Verk" relativ zu verstehen (BGH **64**, 201), dh nach dem Verhältn des verl öff Bediensteten zum Schädiger, nicht nach seinem internen Verhältn zur eig Verw. – i) Verh zu **§§ 734ff HGB**, Art 7 EG HGB RG **113**, 301, **151**, 271 und BGH **3**, 321 (ZusStoß mit einem Kriegsschiff). – k) Verh zum **BEG**. Spezialregelg (§ 8); Anspr aus AmtsPflVerletzg gg Bund u Länder (nicht gg and Körperschaften, § 8 II BEG) daher nicht ausgeschl. Daher auch kein SchmerzG, da auch Anspr hierauf echter SchadErsAnspr, BGH **7**, 223; aA BGH **12**, 278 (zur älteren Fassg des BEG). Das gilt auch dann, wenn das LandesR Anspr aus Amtshaftg neben solchen aus dem EntschG zuläßt; denn der Vorbeh zG weitergehender entschädiggsrechtl Anspr nach LandesR (§ 228 II) greift nicht Platz, weil Anspr aus Amtshaftg eben nicht in solcher des EntschädiggsR sind, BGH **12**, 10. – l) Verhältn zur **Enteigng u enteigngsgleichen Eingriff**: Anspr bestehen selbständ nebeneinander, BGH (GrZS) **13**, 88; vgl auch Anm 7 a, das gleiche gilt für EntschädiggsAnspr aus § 26 III RLG, RG **165**, 328, u für solche aus § 77 BLG, BGH NJW **66**, 881. – m) Ansprüche der VersorggsBerechtigten gg den Bund nach **BVersG §§ 81, 81a** und **§ 91 a SoldVersG**, vgl Einf 2 d vor § 823. Anspr gg Dritte, auch gg zur Personen des öff Rechts, insb aus unerl Hdlg, auch AmtsPflVerletzg, hierdurch jedoch nicht ausgeschl, BGH **LM** § 81 BVG Nr 2. – n) AmtshaftgsAnspr w durch **LAG** u **AKG** nicht berührt, BGH WPM **64**, 704, desgl nicht dch Anspr nach d **MenschenRKonvention** v 4. 11. 50, BGH **45**, 30, 46, 58. – o) SchadErsAnspr aGrd öffrechtl Verh nach den RGedanken der §§ 276, 278 vgl § 276 Anm 8. p) Soweit mit der Erf einer öffrechtl Pfl zugl das privrechtl Gesch eines Dr besorgt w, bleiben **§§ 680, 677** ohne die Einschränkg in § 839 I 2 anwendb (BGH **63**, 167).

13) Bindg der ordentl Gerichte an verwaltungsgerichtliche Vorentscheidgen. Ist im VerwStreitVerf auf AnfKlage ein VerwAkt rechtskr aufgeh worden, so steht die RWidrigk dieses VerwAkts auch für die Zivilgerichte im Verf über den SchadErs wg Fehlerhaftigk dieses VerwAkts fest, BGH **9**, 332; **20**, 381; WPM **75**, 426.

14) Rückgriff des Staates gegen den Beamten ist in Anpass an die nach § 78 BBG geltende RLage durch Art 34 S 2 GG dahin geregelt, daß nur bei vorsätzl oder grob fahrl Verh Rückgr genommen w kann (so auch für die Länderbeamten § 46 II BRRG); gilt auch für Rückgr gg Soldaten, § 24 II SoldatenG (vgl hierzu Haeger NJW **60**, 799) u für den gg den Dienstleistenden nach § 34 G ü den ziv Ersatzdienst v 16. 7. 65, BGBl 984. Rückgr auch zul, wenn der Staat dem Verletzten – wie etwa dem verletzten Beamten – sowohl aus beamtenrechtl UnfallFürs wie auch aus AmtsPflVerletzg ersatzpflichtig geworden ist, BGH NJW **63**, 2168. RGrdlage für Rückgr gg Nichtbeamten, die nicht der Amtshaftg bestehen, ist nicht Art 34 GG, sondern VertrVerh, mangels eines solchen – zB bei Inspruchn nach RLG – der allg RSatz, daß bei schuldh rechtswidriger ZuwiderHdlg gg öff- od privrechtl Pfl diese sich in Verpflichtg zum Ausgl des dem Berechtigten dadurch entstandenen Schadens verwandelt, RG **165**, 334; Rückgr auch gg Nichtbeamten ausgeschl, wenn er nur leicht fahrl gehandelt hat, RG **165**, 333. – Beamter hat keinen RAnspr, bei Rückgr nur nach Maßg seiner wirtschaftl Verh herangezogen zu w; insow nur verwaltgsmäß BilligkRücksichten, RG **163**, 89. Über die Zulässigk der Haftgsminderg nach den Grdsätzen der gefahrgeneigten Arb vgl § 611 Anm 14 b. Ggü dem Rückgr kann Beamter einwenden, daß den Staat insofern MitVersch treffe, als er der dienstl Überlastg trotz Vorstellgen nicht abgeholfen habe, vorausgesetzt jedoch, daß wirkl Überlastg das Versehen mitverursacht hat, RG HRR **36**, 257, vgl auch Anm 6. Niemals kann § 839 selbst RückgrGrdlage sein, RG **165**, 332. – **Zuständig** für die Geltdmachg des RückgrAnspr aus Amtshaftg sind die ord Gerichte, Art 34 S 3 GG, bei Nichtbeamten die ArbGerichte, Stgt MDR **54**, 181; aA RGRK Anm 30. Ob Dienstherrn in and Fällen, zB wenn Beamter schuldh BehördenEigt verletzt, Schaden durch VerwAkt festsetzen kann, ist umstr; bejaht BVerwG NJW **66**, 364 (stRspr); aA GgMeing OVG Hbg MDR **66**, 177; vgl auch BVerwG NJW **67**, 1049 (Leistgsbescheid ggü bayer Landrat unzul).

15) Einzelfälle von AmtspflVerletzgen (alphabetisch geordnet, nur bei größeren Abschnitten neuer Absatz):

Arbeitsamt: Zuweisg eines Arbeiters ohne Führerschein auf Anforderg eines Kraftfahrers, BGH **31**, 126 (Verletzg einer AmtsPfl ggü dem ArbGeber) m Anm von Pagendarm **LM** (Fm) Nr 12; mangelnde RücksNahme auf den GesundhZustand des Arbeitslosen, BGH **AP** Nr 2 (AmtsPflVerletzg diesem ggü). Der ArbGeber ist nicht Dr, wenn das ArbAmt die Voraussetzgen für die Gewähr von Kurzarbeitergeld prüft, BGH MDR **72**, 492.

Arzt: Amtsarzt, falsches Gutachten über Dienstfähigk, BGH **LM** (Fc) Nr 2; unricht Zeugn über Eigng einer Pers zum Schwimm-Meister in öff Schwimmbad, Düss VersR **70**, 1058; Verletzg der Kontroll- u AufsichtsPfl in bezug auf priv Krankenanstalt, BGH **LM** (Fe) Nr 42; Impfarzt muß sich vor Wiederimpfg vom Erfolg der ersten Impfg überzeugen, BGH VersR **68**, 987; Vertrauensarzt, falsches Gutachten über Krankh; für ihn haftet LandesVersAnstalt, BGH MDR **78**, 736; Pfl des Vertrauensarztes ggü KassenMitgl zur sorgf, sachgem Untersuchg (BGH VersR 78, 252). Fehlerh Behandlg durch einen Lagerarzt, RG 168, 288. Widerrechtl Festhaltg eines Geisteskranken in einer öff Heilanstalt, BGH **LM** (Fc) Nr 15. **Amtstierarzt** im Tuberkulose-BekämpfgsVerf, BGH **LM** (Fc) Nr 6, 7. **Ausgleichsamt:** vgl Lastenausgleich. Über **Auskunftserteilg** vgl Anm 4a. **Ausschreibgen** vgl unter „Prüfgsausschuß". Behördl Betätigg in der **Außenhandelswirtschaft** (s auch unter Einfuhrverfahren) regelm nicht fiskalisch, sond Amtstätigk; BGH WPM 63, 788.

Autobahnverwaltg: AmtsPfl, vor langsam auf der Überholspur fahrenden ArbFahrz zu warnen, BGH **LM** (Ca) Nr 11; dazu genügt bei unbehinderter Sicht Rundumleuchte u rot-weiße Warnstreifen am Fahrz, Düss VersR **69**, 356.

Baubehörde: SchadErsAnspr des Bauherrn bei erteilter BauGen hängt davon ab, ob er in den Schutzzweck der verl ges Bestimmung einbezogen ist; verneint bei stat BerechngsFehler dch PrüfIng für Baustatik (BGH **39**, 358); bej bei widerrechtl erteilter BauGen, die später auf Widerspr v Nachb aufgeh w (BGH NJW **69**, 234 u BGH **60**, 112; abl Hendrix NJW **69**, 1065); MitVersch des Bauherrn, wg gewpolizeil od bauordnsr Bedenken u sachl Widerstände der Nachb Zweifel am endgültg Bestand der BauGen h mußte (BGH NJW **75**, 1968). BauGen für Garage an einer im vorl BebauungsPlan eingezeichneten Straße ist keine AmtsPflVerl, auch wenn die Straße später nicht gebaut w, Nürnb MDR **69**, 842. Pfl zu Hinw an AntrSt od Kreisbauamt im BauGenVerf, wenn sich die Verh inf eines EntwässergsPlanes geändert h, Hamm BB **74**, 391 (Höhenlage des Erdgeschosses). Über FürsPfl ggü dem Beamten vgl Anm 5 A. – AmtsPfl des **Bezirksschornsteinfegermeisters** nach der VO idF vom 12. 11. 64, BGBl 874, soweit es sich um die Wahrnehmg hoheitl Aufgaben in der Feuerschau u der BauAufs handelt; im übr, so insb bei Kehrarbeiten, privatrechtl Tätigk (WerkVertr) BGH NJW **72**, 2088. Für Schad aus hoheitl Tätigk haftet der BezSchornsteinfegermeister als Gebührenbeamter (vgl Anm 2 A a cc) selbst, BGH **62**, 372. **BundesaufsichtsAmt** für das Vers- u Bausparwesen: keine AmtsPfl ggü den einz VersN, Ffm VersR **70**, 657. Vgl auch „VersichergsAufsicht". **Bundeswehr**. Erteilg von Befehlen u Disziplinarstrafen währd des Verf auf Anerkenng als Kriegsdienstverweigerer u bis zur Entlassg wg Wehrdienstuntauglichk sind keine AmtspflVerl, Hamm NJW **69**, 1388 mit Anm Kreutzer.

Custodian des MRG Nr 52 s § 823 Anm 14 unter Treuhänder.

Deichunterhaltgspflicht: vgl § 823 Anm 14.

Demonstration: ErmSpielraum der Polizei bei Einschreiten, Celle NdsRpfl **71**, 64.

Deutsches Rotes Kreuz. Wahrnehmg gemeinnütz Aufg innerh des normalen TätigkBereiches ist keine Ausübg hoheitl Gewalt, Ffm VersR **73**, 1124.

Devisenbewirtschaftg: vgl Außenhandelswirtsch.

Dienstherr ggü dem Beamten. FürsPflVerletzg dch Abordng eines 60jähr unvorbereiteten Beamten binnen 2 Tagen in eine entfernte Stadt, Br OLGZ **70**, 458.

Einfuhrverfahren: Bei wirtschaftslenkden Maßn ist gerecht u unparteiisch zu verfahren; Waffengleichh für alle Bewerber. Vertrauen in die Beständigk behördl Maßn darf nicht mißachtet w; BGH WPM **66**, 799.

Eisenbahnbeamter: BBahn privrechtl Betr, daher pers Haftg des Beamten nach § 839, nicht Hoheitshaftg der BBahn nach Art 34 GG, mögl; Anm 2c, 3a. Versehen bei Abstempelg od Herausg von Duplikatfrachtbriefen, BGH NJW **52**, 1211; Nah- u Fernbediengv von Schranken, BGH **LM** (Fa) Nr 2; Lokomotivführer, RG DR **44**, 491; über Fahrdienstvorschriften u allg über VerkSichergsPfl Anm 4e. Vgl hierzu auch § 823 Anm 14 unter „Eisenbahn".

Fernsehanstalt: Die Veranstaltg von Sendgen ist Aufg der öff Gewalt. Die Anst übt desh insow eine Tätigk der öff Verw aus, nimmt sie aber weitgehd mit privrechtl Mitteln wahr. Im Einzelfall kann die Ausstrahlg aber auch Ausübg hoheitl Gewalt sein, die Anst unterliegt dann der Haftg nach § 839, Art 34 GG, BVerfG **14**, 121; BGH NJW **62**, 1295. Ausübg hoheitl Gewalt ist eine Sendg in ZusArb mit den ErmittlgsBeh zu Zwecken der kriminalpoliz Ermittlgs od Fahndg. In solchen Fällen ist auch Aufbereitg in einer für das Publikum interessanten Form ohne Verletzg der Pfl zur Wahrh u Sachlichk zul, Mü NJW **70**, 1745 mit Anm Schmidt NJW **70**, 2026 (im Ergebn zust, aber keine Ausübg hoheitl Gewalt; ebso Ffm NJW **71**, 47; Fette NJW **71**, 2210, dagg Buri NJW **71**, 468, NJW **72**, 705. Sonst bei Verl des PersönlkR zivrechtl Haftg Vgl auch § 823 Anm 15 D e, g, F.

Feuerwehr: Hydrant muß so bezeichnet sein, daß seine schnelle Auffindbark gesichert ist, BGH **LM** (C) Nr 26. Tätigk in der freiw Feuerwehr als öff Amt, BGH MDR **59**, 107, BayObLG **70**, 216; aber geringere Anfordergen an die AmtsPfl der Mitgl dieser Feuerwehr, Celle NJW **60**, 676. Unfallrettgswagen, BGH **37**, 337; Fahrt des Feuerwehrwagens zur Überprüfg dch TÜV, Oldbg NJW **73**, 1199, abl Butz NJW **73**, 1803. ÜbgsFahrten als Ausübg öff Gewalt, als fiskal Tätigk jedoch anläßl des Ankaufs u der Erprobg von Fahrzeugen, BGH MDR **62**, 803. Transport von Blutkonserven kann Ausübg hoheitl Gewalt sein, BGH VersR **71**, 864. **Finanzbeamter** vgl Steuerbeamter. **Fluglotsen**. Haftg der BRep ggü GewBetr, die sich auf das ungestörte Funktionieren der FlugSicherg in ihrer betrieblPlang eingerichtet hatten, für Schäd inf Bummelstreiks BGH **69**, 129. **Flugverkehr** s Luftverkehr. **Förster** bei Tötg eines wildernden Hundes, RG **155**, 338.

Einzelne Schuldverhältnisse. 25. Titel: Unerlaubte Handlungen § 839 15

Gefängnisbeamter: nur Amtshaftg, nicht quasivertragl Haftg der Anstellgskörpersch, BGH NJW **62**, 1054; hierzu Tiedemann NJW **62**, 1760. AmtsPfl des AnstArztes ggü dem an ansteckender Krankh leidenden Häftling u ggü den anderen Häftlingen, BGH aaO. Vgl auch Anm 2 A a ee.

Geistlicher: Haftg des kath Bistums für unricht Lebensbescheinigg, Düss NJW **69**, 1350. S auch Kirchl Beamte.

Gemeindebeamte: Keine Haftg der Gemeinde für den vorgeschlagenen, vom VormschG zum Vormd Bestellten, RG SeuffA **87**, 113, aber Haftg für PflVerletzg von AmtsVormd, RG **132**, 257; HRR **37**, 243; siehe auch unter „Jugendamt". Haftg auch für Bürgermeister einer Dorfgemeinde, wenn er bei Aufn von Nottestament AmtsPfl verletzt, BGH NJW **56**, 260, Nürnb OLGZ **65**, 157. AmtsPfl, nach § 5 GaststättenG Auflagen zu verfügen, BGH NJW **59**, 767. Fahrlk bei amtl Schätzg zwecks GrdstBeleihg, RG JW **38**, 47; ungerechtf Einziehg des Sparkassenguthabens eines Beamten durch Bürgerm, RG JW **36**, 2396. Abwässerbeseitig, Beschädig von VersorggsLeitgen, BGH VersR **67**, 859. StellgN im BauGenVerf, BGH VersR **76**, 1038. Erteilg einer unricht Ausk über Tragfähigk des BauGrdst, BGH Betr **77**, 301. Unterlassener Hinw an Baubewerber auf Bedenken gg Gültigk einer städt BaustufenOrdng u unterlassene Unterrichtg der Bediensteten v solchen Bedenken (BGH MDR **78**, 296). Vgl auch „Feuerwehr", „Meldebehörde", „Polizei" sowie über die VerkSicherspsPfl der Gemeinden § 823 Anm 8 c.

Gerichtsvollzieher: Fahrlk bei Vollziehg persönl Arrestes, RG JW **29**, 111; BenachrichtiggsPfl von Versteigerstermin u Zwangsräumg, RG **147**, 136; BGH **7**, 287, Haftg insow auch ggü Dritten, RG JW **31**, 2427. **AmtsPflVerletzg bei Pfändgen**: Verzögerg, RG **79**, 241; Nichtbeachtg der Frist v ZPO § 798, RG **125**, 286; Pfändg unpfändb Sachen unter Freilassg der pfändb, RG **72**, 181; ungenügende Kenntlichmachg der Pfändg, RG **118**, 276, BGH NJW **59**, 1775 (AmtsPfl ggü dem Schu); Versteigerg eines Kfz ohne Sicherstellg des Briefes, aA Hbg MDR **54**, 431; Unterlassg v Abwehrmaßn bei Gefährdg des Befriedigg des Gläub, RG **161**, 115; Belassg der Pfandstücke im Gewahrs des Schu trotz Gefährdg der Anspr des Gläub, BGH MDR **59**, 282, Hbg MDR **67**, 763 (Kfz); Verletzg des Gewahrsams eines Dritten, RG SeuffA **81**, 73; zur Verletzg der Rechte Dritter überh BGH BB **57**, 163. Auszahlg des Versteigerserlöses trotz Kenntn von bevorstehender Einstellg der ZwVollstr zG des Vermieters, RG **87**, 294, trotz Streites der Beteiligten, RG HRR **31**, 220; Abführg des Versteigererlöses vor Überg der Sache an Ersteher, RG **153**, 257; Aushändigg beigetriebener Kosten an Partei statt an Anwalt, RG JW **27**, 2200; Amtshaftg bei Empfangn von Geld zur Hinterlegg, RG HRR **33**, 372; Nichtausführg der Weisg des Schu eingezogenen Betrag an einen Dr zu zahlen (keine Haftg ggü dem Dr), RG **151**, 113. Nichtversteigerg trotz Verlangens des Gläub, RG **137**, 153. Mangelnde Sorgf bei Wechselprotest, RG HRR **30**, 114; bei Zwangsräumg, RG LZ **24**, 468; bei gewaltsamer Öffng von Türen (§ 758 II ZPO), BGH BB **57**, 163. **Zustelldienst**: persönl Ausübg erforderl, RG JW **34**, 34, aber zu bejahen auch nicht RG JW **35**, 734; Niederlegg bei Postanstalt statt Ersatzzustellg, RG **87**, 412 (bedenkl, da GVz schwerl ein Vorwurf daraus gemacht w kann, daß er die Voraussetzgen der ErsZustellg nicht als gegeben erachtete); Nichtüberwach der Postzustellg bei Eilauftrag, RG **91**, 179. Pfl bei Erledigg eilbedürftiger Aufträge (Vorpfändg), auch wenn bes Eilvermerk fehlt, RG JW **38**, 1452. Bei Zweifeln über Auslegg eines PfändgsBeschl muß GVz sich an VollstreckgsG wenden, RG HRR **31**, 220.

Gesundheitsamt, Fehler in der Trinkwasserversorgg, BGH BB **57**, 277. Organisatorische Maßn, um Errichtg von Testamenten in öff Krankenhäusern zu gewährleisten, BGH NJW **58**, 2107. Kontrolle der Nachuntersuchg Tuberkuloseverdächtiger, BGH LM (Fc) Nr 12. AmtsPfl der chem Untersuchgsämter als Kontrollorgane der öff GesundhAufs u -Fürsorge, BGH LM (Fc) Nr 19. SchulgesundhPflege dch Überwachg ansteckd erkrankter Lehrer od Schüler, BGH VersR **69**, 237. Überprüfg des GesundhZust eines Schwimm-Meisters wg seiner Eigng für öff BadeAnst, Düss VersR **70**, 1058. FürsPfl des ärztl Leiters einer Blutsammelstelle ggü dem Blutspender, sow aus der Blutentnahme Gefahren erwachsen, BGH NJW **72**, 1512.

Grundbuchamt, s auch „Rechtspfleger" u unter „Richter" „Grundbuchrichter": AmtsPfl, gg mißbräuchl Benutzg von Vordrucken u Siegelpressen durch Angestellte Vorkehrgen zu treffen, RG JW **34**, 354; **35**, 3372; Nichtberücksichtigg von unerledigten EintraggsAntr bei Ausk über Belastg, Warn **37**, 69. Kein Versch, wenn Notar Grundakten zur Einsicht vorgelegt w, ohne Hinweis, daß in den beigebundenen Grundakten unerledigter EintraggsAntr liegt, RG JW **33**, 2584; versäumte MitteilgsPfl von Eintragg, RG JW **30**, 1063. BelehrgsPfl, RG **169**, 320.

Hafenlotse in Hamb übt bei seinen naut Maßn keine hoheitl Gewalt aus, BGH **50**, 250.

Heil- u Pflegeanstalt. Zw ihr u dem g seinen Willen Eingewiesenen besteht öffrechtl Verh mit der Pfl, den Eingewiesenen vor Schad zu bewahren, BGH NJW **71**, 1881. Es ist im EinzFall zu prüfen, welches Maß an BeweggsFreih dem Kranken im Interesse seiner Heilg gewährt w kann, ohne ihn selbst u and zu gefährden (Stgt Just **75**, 228).

Angeh v **Hilfsorganisationen**, die zur Katastrophenabwehr von staatl Organen herangezogen w, üben hoheitl Gewalt aus, auch bei ÜbgsFahrt mit Krankenwagen; es haftet der Staat, Düss VersR **71**, 185. Vgl auch „Feuerwehr".

Hochwasserschutz ist als Daseinsvorsorge hoheitl Aufg, Pfl können auch ggü NichtMitgl eines Wasseru Bodenverbandes bestehen, BGH **54**, 165. Dagg ist die GewässerUnterhaltg priv Aufg (BGH JR **76**, 478). Bei DchFührg von StrBauMaßn sind die Erfordern des Hochwasserschutzes zu beachten, BGH VersR **74**, 365; AmtsPfl des WasserWirtschVerbandes auch ggü Bauunternehmen, das im gefährdeten Gebiet Arb dchführt, Karlsr VersR **75**, 59.

Jugendamt als BerufsVormd handelt fahrl, wenn es zu niedrige UnterhRente rechtskr werden läßt, Warn **33**, 26. Überwachg des Vormundes u Pflegers, BGH **33**, 136; Anm 10d.

AmtsPfl des **Katasterbeamten**, dem Grdbuchamt zutreffende Mitteilgen zu machen, RG **148**, 375, HRR **42**, 550. **Katastrophenschutz** ist hoheitl Aufg, Ffm VersR **73**, 1124. **Kirchl Beamte**, BGH **22**, 383, VersR **61**, 437. **Konsuln**, BGH LM KonsularG Nr 1; Anm 5 B b. **Kraftfahrzeugbenutzg** Anm 2 A c.

859

§ 839 15   2. Buch. 7. Abschnitt. *Thomas*

Vgl auch unter Straßenverkehrsamt. **Krankenhaus,** vgl GesundhAmt u Anm 2 A c, Einf 2a vor § 611. **Krankenkasse** (Leiter) bei sachwidr Behandlg ärztl Gutachtens, RG **165**, 102.

Landrat, Vernachlässigg der Überwachg ortspolizeil Maßn für Verkehrssicherh, RG JW **36**, 727; vgl auch BGH NJW **52**, 1214. **Lastenausgleich:** Unterlassg der Mitteilg an den Zessionar, BGH WPM **60**, 693; vgl auch BGH **27**, 210. **Lehrer:** Vgl auch unter „Schulen". Überschreitg des Züchtiggsrechts, BGH DRiZ **66**, 308 (Irrtum über die Grenzen dieses Rechts), Zweibr NJW **74**, 1772 (Überschreitg nach Anlaß, Zweck, Maß); mangelnde Fürsorge u Beaufsichtigg auf Schulausflug, BGH **28**, 297, beim Schwimmunterricht, RG JW **38**, 233, beim Turnen, BGH NJW **69**, 554, **LM** (C) Nr 40, (Fd) Nr 12 (zum AufopfergsAnspr vgl § 903 Anm 4); beim Spiel, RG **125**, 85, in der Pause, BGH **13**, 25, VersR **57**, 612; bei Schulfeier, RG HRR **32**, 315, bei Jugendwettkämpfen, RG **121**, 254, beimWaldlauf, BGH **LM** (Fd) Nr 6; Explosion bei Chemieunterricht, RG JW **25**, 2445; Pfl der Schulleitg, dafür zu sorgen, daß tuberkuloseverdächt Lehrer Kinder nicht gefährdet, RG JW **36**, 860. Dch das am 1. 4. 71 in Kraft getretene G über die UnfallVers für Studenten, Schüler u Kinder in Kindergärten (BGBl 71, 237) sind AmtsHaftgsAnspr, die aus Schulunfällen abgeleitet w könnten, ausgeschl (§§ 539 I Nr 14b, 635, 637 RVO), Celle VersR **74**, 747. Über Berufsschullehrer im Nebenamt u Pfarrer als Religionslehrer vgl Anm 2 B a. Über AmtsPfl Dritten ggü vgl Anm 5 B c oo. **Luftverkehr.** Die Aufgaben der LuftAufs (Luftpolizei, Flugleitg) sind hoheitl Natur u w von den Ländern im Auftr des Bundes wahrgenommen, sow sie nicht der Bundesanstalt für Flugsicherg od dem Luftfahrtbundesamt übertr sind, Karlsr VersR **69**, 547.

Marktordng: vgl Außenhandelswirtsch. **Meldebehörde.** Unrichtige AufenthBescheinigg, ausgestellt zum Nachw der anspruchsbegründenden Voraussetzgen nach den EntschädiggsGesetzen, BGH **LM** (C) Nr 56 (AmtsPfl auch ggü dem Land).

Naturschutzbehörden: AmtsPfl, VerkTeilnehmer gg die Gefahren zu schützen, die von einem eingetragenen Naturdenkmal ausgehen, BGH **LM** RNatSchG Nr 3.

Nord-Ostsee-Kanal: Verwaltg Ausübg öff Gewalt, daher Haftg für dort beschäftigte Beamte nach § 839 iVm Art 34 GG; BGH **35**, 111.

Notar: a) Rechtsstellg des Notars: N ist nicht Beamter iS des BBG, sond „unabhängiger Träger eines öffentl Amtes"; so § 1 BNotO. HaftgsBestimmg: § 19. N haftet wie ein Beamter (§ 839); auch er haftet bei Fahrlk nur hilfsw (vgl § 839 I, 2). Anders nur, wenn es sich um selbständige (nicht um mit einer Neben-Gesch in Verbindg zB mit einer Beurkundg) Amtsgeschäfte nach §§ 23, 24 (Aufbewahrg u Ablieferg von WertGgständen; Betreuung u Beratg der Beteiligten) handelt; in diesen Fällen kann N sich dem AuftrGeber ggü nicht auf die subsidiäre Haftg berufen; vgl BGH WPM **64**, 985 (zu § 21 I RNotO), **67**, 53 (zu § 25 RNotO, Aufbewahrg u spätere Ablieferg des Kaufpr). Zum Verschulden Anm 6. Keine Haftg des Staates für AmtsPflVerletzg des Notars; Staatshaftg wg mangelnder DienstAufs mögl, insb wenn AufsBehörde Verf zur Amtsenthebg des N hätte einleiten müssen, BGH **35**, 44. – BNotO gilt nicht für die württemberg Bezirksnotare (§ 114) u die badischen Notare (§ 115); insow bleibt es bei der landesrechtl Regelg. – **b) Abgrenzg zwischen Amts- und Vertragshaftg:** AmtsHdlg kann nicht Ggst vertragl Bindg sein, RG **95**, 214. Sow Erf einer AmtsPfl in Betr kommt, haftet N nicht für Fehler v Hilfskräften nach § 278 (BGH NJW **76**, 847). Trägt einheitl Gesamttätig einheitl Charakter, so kann dazu gehörige Einzeltätig nicht außeramtl sein, RG **156**, 82. Zweifelh kann im EinzFall, insb bei der allg Betreuung u Beratg der Beteiligten, sein, in welcher Eigensch der N handelt, der gleichzeitig RA ist, ob also N bei Verletzg seiner Pflichten nach § 19 od aber nach DienstVertrR haftet. Soweit es sich hierbei um die Vorbereitg od Ausführg typischer Amtsgeschäfte des N handelt (§§ 20–23), ist anzunehmen, daß er als N tätig w; im übr ist iZw davon auszugehen, daß er als RA handelt; § 24 II. – Dem N obliegenden AmtsPfl ggü den **Beteiligten,** das sind nicht nur die AuftrGeber, sond alle Personen, deren vermögensr Interesse durch das AmtsGesch berührt w können, BGH **56**, 26 (Organ einer jur Pers bei VertrAbschl dch diese), insb solche, die aus dem beurk RGesch Rechte erwerben sollen, BGH NJW **66**, 157. N haftet daher auch den gesetzl Erben, die erbrechtl Anspr hätten geltd machen können, wenn der Widerruf einer wechselbezügl Vfg eines gemeinschaftl Testaments wirks gewesen wäre, BGH **31**, 5. N, der Bestellg eines GrdPfR beurk h, muß die Bank, die bei ihm nach der Sicherh des GrdPfdR anfragt, auf ihm bekannten EVermerk im GB hinweisen, BGH WPM **69**, 621. Auf den **Auftraggeber** stellt § 19 ab in bezug auf die Geschäfte nach §§ 23, 24 (Verwahrg von WertGgständen [für den Notar im OLG-Bezirk Karlsr gilt G v 20. 7. 62, *BaWü*GBl 73]; Betreuung u Beratg der Beteiligten); die weitergehende betreuende BelehrgsPfl besteht nur ggü den Personen, die seine Amtstätig in Anspr nehmen, nicht ggü einem nur mittelb Beteiligten, BGH NJW **66**, 158, BB **69**, 294. N kann sich seinem AuftrG ggü nicht auf die nur hilfsw Haftg berufen, sofern es sich insow um ein selbständ AmtsGesch gehandelt hat (vgl oben a). – **c) Amtspflichten des Notars:** BeurkG (BGBl **69**, 1513) §§ 10 ff (fr BNotO) regelt im einz, was in den Aufgabenkreis des N fällt. Dabei w im wesentl von den Grdsätzen ausgegangen, die die höchstrichterl Rspr entwickelt hat. Diese Rspr kann daher unbedenkl auch zur Auslegg des BeurkG herangezogen w. – **aa) Umfassende Prüfgs- und Belehrgspflicht** (§§ 10–12, 17–21 BeurkG): **1.** N hat bei der **Beurkundg** u den VertrEntw, auch wenn der Vertr dann nicht beurk, sond schriftl abgeschl w, BGH VersR **72**, 1049, darauf zu achten, daß Irrtümer u Zweifel vermieden, unerfahrene u ungewandte Beteiligte nicht benachteiligt w. Sorgfält Ermittlg des Willens der Beteiligten; möglichst umfassende Aufklärg des Sachverhalts; Belehrg der Beteiligten über die rechtl Auswirkgen des Gesch u unzweideutige Wiedergabe der Erklärgen in der Niederschr (§ 17). Hinw auf VorkR (§ 20). Bei mehreren rechtl GestaltgsMöglkten des Vertr Hinw auf die am wenigsten schadenträcht, BGH Betr **76**, 817; der N muß den zur Erreichg des erstrebten Zieles sichersten u gefahrlosesten Weg wählen (BGH WPM **77**, 1259). Hinw, falls UnbedenklichkBescheinigg des FinAmts für die Eintragg im Grdbuch od HandelsReg erforderl ist, § 19. Auch Pfl des N, beurkundete Erkl unverzügl bei dem Grdbuch od RegGericht einzureichen. Über verspätete Einreichg RG JW **33**, 1055; Absendg eines eiligen Grdbuchantrages im gewöhnl Brief, RG JW **33**, 1766; Versäumg der Unterschr, BGH **17**, 69. N hat im Rahmen der vorsorgenden RPflege die Beteiligten über außerh eines zu beurkundenden Vorgangs liegende Umst zu belehren, dh auf

Einzelne Schuldverhältnisse. 25. Titel: Unerlaubte Handlungen § 839 15

jede einem RKund erkennb Gefahr hinzuweisen, wenn „besondere Umstände" vermuten lassen, einem Beteiligten drohe ein Schaden u „der Beteiligte sei sich dessen, namentl wg mangelnder Kenntn der Rechtslage, nicht voll bewußt", BGH **58**, 343 [348]. So Belehrg über Gefahr bei VorausZahlg auf den KaufPr vor Löschg einer nicht vom Käufer übernommenen Belastg (GlobalHyp) BGH Betr **67**, 727, Hinw auf Gefahr der Briefaushändigg vor Zahlg der Valuta, RG DNotZ **33**, 63, der Zahlg der Valuta vor Eintr des sichernden GrdPfdR, BGH WPM **60**, 890, Belehrg über Gefahr bei Übern einer nicht voll valutierten Hyp dch Käufer (BGH VersR **78**, 60), über Möglichk einer Sicherg durch AuflassgsVormkg, wenn bes Umst dies erforderl machen, Schlesw NJW **72**, 2001 u NJW **73**, 334, über Vorrang früher gestellter EintrAnträge vor AuflassgsVormkg, BGH VersR **69**, 422, über Entstehg der Grunderwerbsteuer bei Erwerb allerGeschAnteile einer GmbH, BGH BB **71**, 724; über Gefahren bei Zahlg des Kaufpr vor vormschgerichtl Gen des GrdstKaufVertr, BGH **19**, 5; Hinw auf Bestehen u RWirkgen des § 1365, falls nicht seine Anwendbk nach Familien- u Güterstd od VermVerh von vornherein ausscheidet; Nachforschgen muß Not nur anstellen, wenn konkr AnhaltsPkte dafür vorh sind, daß das Grdst nahezu das ganze Verm des Veräußerers darstellt, BGH NJW **75**, 1270. Bedenken gg Sichergsübereign, RG JW **33**, 1057, über Fortdauer der Haftg von Miterben bei Auseinandersetzg, RG DNotZ **36**, 627, über fortbestehdes ErbR der Verwandten des Angenommenen iF der Adoption, § 1764, BGH **58**, 343; über LAG-Abgaben u Soforthilfelasten, BGH WPM **57**, 1258; über rechtl Bedenken (Verweis auf den rechtl unbedenkl Weg, auch wenn dieser kostspieliger), BGH WPM **66**, 377. Pfl zum Hinw auf rechtl Bedenken gg die Wirksamk eines Test, dem die Berufg eines Schlußerben in einem früheren gemeinschaftl Test enttgegensteht, uU auch dem Schlußerben ggü, BGH WPM **74**, 172. BelehrgsPfl bei Beurkundg eines GesellschVertr über den Ztpkt der Entstehg der Gesellsch, BGH LM § 21 RNotO Nr 8. Über BelehrgsPfl bei Beurkundg eines AmtsVertrAngebots ggü dem nicht beteiligten DarlGeber BGH NJW **66**, 157. Sow eine BelehrgsPfl besteht, setzt sie der SchweigePfl N Grenzen u geht ihr vor, BGH VersR **73**, 443. – BelehrgsPfl ist jedoch zu **verneinen** über Zuverlässigk u Zahlgsfähigk des Kreditnehmers od eines Beteiligten, BGH NJW **67**, 931, od über die Gefahren der von den VertrPart vereinb Bestellg eines TrHänders, BGH LM (Ff) Nr 2. BelehrgsPfl über die **wirtschaftl Folgen** des Vertr, die nicht auf rechtl, sond rein tatsächl Umständen beruhen, grundsätzl nicht, BGH NJW **67**, 931; ausnahmsweise dann, wenn der N aGrd bes Umst Anlaß zu der Vermutg h muß, einem Beteil drohe Schad u der Beteil sei sich, vor allem wg mangelnder Kenntn der RLage, der Gefahr nicht od nicht voll bewußt (BGH NJW **75**, 2016). Auch keine BelehrgsPfl über anfallde UmsatzSt, BGH BB **71**, 724. § 254 anwendb, wenn Verletzter den N ungenügd unterrichtet hat, vgl BGH NJW **59**, 1112. – **2.** PrüfgsPfl des N beschränkt sich bei **Beglaubigg** von Unterschriften darauf, ob er tätig w darf (keine Mitwirkg bei erkennb unerl oder unredl Hdlgen, § 14 II BNotO; Ausübg des Amtes ausgeschl, § 16). Im übr keine Prüfgs- u BelehrgsPfl, es sei denn, daß insow bes Auftr erteilt worden ist. – **3.** Bei Ausstell einer **Bescheinigg** h der N wahr zu bezeugen u einen falschen Anschein, zB dch Unvollständigk zu vermeiden, BGH Betr **37**, 1672. – **bb) Einzelpflichten : 1. Identitätsprüfg.** Bei Beurkundg u Beglaubigg ist diese Prüfg sehr sorgfältig vorzunehmen; vgl hierüb im einz §§ 10, 40 BeurkG. Zum Recht der RNotR vgl LM § 36 DOfNot Nr 1 (amtl Ausweis mit Lichtbild). **2. Prüfg der Geschäftsfähigk.** Bei schwer erkrankten Personen hat N bei der Beurkundg von RGeschäften Tatsache der Erkrankg u die Feststellung über die GeschFgk in der Niederschrift anzugeben. Vgl im einz § 11. **3. Prüfg der Vertretgsmacht u der Verfüggsbefugn** bei der Beurkundg von RGeschäften. Vgl hierzu § 12 u zum früheren Recht RG **150**, 348 (BriefHyp); RG **139**, 193 (Wechselprotest); RG DR **43**, 247 (ehel GüterR). **4. Prüfg der Genehmiggsbedürftigk** eines zu beurkundden Gesch. Hinweis auf die Notwendigk von BGH WPM **66**, 1248 w Vermerk über Hinweis in der Niederschr, auch wenn die GenBedürftigk zweifelh ist, § 18; so Hinweis auf § 3 WährG, BGH WPM **60**, 883 (vgl hierzu auch BGH DRiZ **63**, 235). **5. Pflicht zur Grundbucheinsicht.** N hat sich zu vergewissern, ob die Beteiligten das Grdbuch eingesehen haben; notf Belehrg hierü (§ 21). N hat vor der Auflassg od Bestellg od Übertr eines grdstücksgleichen Rechts das Grdbuch einzusehen; dazu gehört auch die Einsichtn in die EintrBewilligg, auf die Bezug genommen worden ist, RG SeuffA **88**, 56. Die Beteiligten können den N von dieser Verpflichtg befreien; sodann entspr Vermerk in der Niederschr, § 21. **6. Prüfg der Echtheit** der dem N übergebenen Wertpapiere, RG **114**, 295. Hinterlegg von Geldern, RG JW **33**, 2899. **7. Vollzugspflicht** (§ 53 BeurkG). Einreich einer VormkgsBewilligg darf nicht dem Makler überlassen w, Hamb MDR **69**, 842. **8. Vollzugsüberwach** durch den N nur dann, wenn vereinb od im Einzelfall dch bes Umst erforderl, BGH VersR **69**, 902. Prüfg der Zustellg durch den GVz, wenn wechselbezügl Vfg eines gemeinschaftl Testamentes widerrufen, BGH **31**, 5. **9.** Bei **Auszahlg von Treuhandgeld** h der N grdsl nur die formellen Voraussetzgen zu prüfen, die Auszahlg aber ausnahmsw zu verweigern, wenn ihm erkennb w, daß die hinterlegte Partei dadch geschäd w kann (BGH VersR **78**, 247). – **d)** Keine Haftg für **Gehilfen** aus § 278 oder § 831 im Rahmen der Amtshaftg des N (Köln DNotZ **75**, 369). Bei SchadVerurs dch Geh haftet N also nur, wenn ihn selbst bei deren Auswahl od Überwachg ein Versch trifft od wenn er den BüroBetr so organisiert h, daß RSuchde vor Schad bewahrt w, zB wenn er duldet, daß sein Bürovorsteher RAusk erteilt (RG **162**, 24). Der **Notarvertreter** haftet neben dem N als GesSchu bei AmtsPflVerletzg; im InnenVerh haftet er allein, § 46 BNotO. Der **Notarassessor** haftet selbst bei Erledigg eines Gesch nach §§ 23, 24 wie der N. Hatte dieser ihm das Gesch zur selbstd Erledigg überlassen, so haften beide als GesSchu; im InnenVerh der Notarassessor jedoch allein; § 19 Abs 2 BNotO.

Paßbehörde: Nachforschg nach VersaggsGrd (Entziehg der UnterhPfl), BGH NJW **57**, 1835.
Polizei: Allg über die Verpflichtg zum Einschreiten bei gefahrdrohendem Zustand Anm 4c. Sicherg des Straßenverkehrs obliegt den StraßenVerkBeh, § 44 StVO. Vgl allg über VerkSichergsPfl öffrechtl Körperschaften § 823 Anm 8c u 14 unter „Straßen usw". Verkehrsumleitg BGH NJW **60**, 239; Anbringg von Warn-, Gebots- u Verbotsschildern, BGH NJW **52**, 1214, VersR **69**, 539; Hinw auf überraschd eingeführte Änderg der VorfahrtsRegelg, BGH Warn **70**, 95; Haftg für unndeutl u irrefhrde Maßnahmen, BGH NJW **66**, 1457; irrefhrde Ampelanlage, BGH VersR **67**, 602, BGH NJW **72**, 1806 (grüner Abbiegepfeil nach links ohne gleichzeit Rotlicht für den GeradeausVerk in der GgRichtg), Düss VersR **77**, 455 (PhasenSchaltg nicht den örtl Verh angepaßt); fehlerh Ampelschaltg inf falscher Programmierg BGH NJW **71**, 2220 (HerstFirma w nicht öffrechtl tät); automat Umschaltg auf gelbes Blinklicht bei Ausfall aller Rotlichter

in einer FahrtRichtg (Kln DAR **77**, 323); bei BetrStörg liegt die BewLast für fehldes Versch bei der Gemeinde (Düss MDR **76**, 842); dagg gehört Überwachg der AmpelAnl auf Funktionsstörgen (Schaltgs-Defekte) zur privrechtl VerkSichgPfl, BGH NJW **72**, 1268; zufassd Berger VersR **72**, 715; Prüfg der Tragfähigk einer Brücke bei bevorstehendem MassenVerk, RGJW **35**, 3369; Nichtbeseitig einer Ölspur, RG VersR **54**, 401, wie überh Duldg verkwidr Zustandes auf öff Straße, RG **162**, 275, u Märkten, BGH VersR **55**, 453; Pfl der Beamten, neben Feststell des Unfallherganges HilfsMaßn für die Verl u ihr Eigt zu ergreifen u für Wiederherstell der Sicherh des Verk an der Unfallstelle zu sorgen, KG DAR **77**, 134; verkpoliz Sicherg von Straßenbanketten, BGH VersR **69**, 280; Nicht-Sicherstell eines unversicherten ausl Kfz, Brschw OLGZ **67**, 275. Sicherstell verunsicherten Kfz, Nürnb VersR **71**, 279. — Nichteinschreiten gg Sachbeschädiger, RG **147**, 144; mangelh Sicherstell von Diebesgut, OGH NJW **51**, 112; des Kfz eines fahruntücht Fahrers, BGH NJW **58**, 1724; Verletzg Unbeteiligter bei Verfolgg Verdächtiger, RG **108**, 366; Nichtverhütg strafb Hdlgen, BGH LM (Fg) Nr 5; nicht gehörige Überwachg eines Asozialenlagers, BGH **12**, 206, od von Strafgefangenen; Nichteinschreiten gg unfriedl Demonstration unt Lahmlegg des StrVerk, Celle VersR **75**, 177 (AmtsPflVerl verneint). — Vermittel od beauftr die Pol ein Abschleppunternehmen, so handelt sie diesem ggü idR privrechtl (BGH Warn **76**, 255). — Duldg gefährl Zustandes einer Mietwohng durch **Baupolizei**, RG Recht **29**, 757; Anordng eines Abbruchs, RG **169**, 353; Zulassg der Errichtg u Inbetriebnahme ungeprüfter Bauten, BGH **8**, 97; unzulängl Prüfg der statischen Berechng, BGH **39**, 358; vorl BauGen, ohne daß Vorauszetzgen für die endgült Gen erfüllt w können, BGH NJW **59**, 1778; Unterl des Hinweises auf bevorstehde Änderg baurechtl Vorschriften, BGH NJW **60**, 1244; ungenügende BauAufs, auch bei MitVersch des Bauherrn, Stgt NJW **58**, 1923 (vgl zu dieser Entsch im übr BGH **39**, 364); Ruineneinsturz, wenn baupolizeil ÜberwachgsPfl verletzt, Düss NJW **51**, 567 (keine Überspanng der Anfordergen, BGH **LM** [Fe] Nr 1). — Wiedereinweisg des Räumgsschuldners zur Vermeidg der Obdachlosigk, BGH **LM** § 254 (Da) Nr 19. Mitteilg von im Strafregister getilgten Strafen an andere Behörden, RG **168**, 193; vgl auch unter Strafregisterführer. Einweisg eines vermeintl Gemeingefährlichen in eine Heilanstalt, BGH NJW **59**, 2303. Genehmigg eines Autorennens trotz ungenügd gesicherter Rennstrecke, BGH NJW **62**, 1245. — Vgl auch ,,Gemeindebeamte", ,,Straßenverkehrsamt" u ,,Luftverkehr".

Post. a) Haftung aus dem Benutzungsverhältnis. Im GeltgsBereich des PostG (vgl oben Anm 2 A a dd) Haftg nach § 839, Art 34 GG nur im PostAuftrDienst für ordngsgem förml Zustell u Erhebg des Wechselprotestes (§ 16 I, II), für ordngsgem PersBeförderg im Postreisedienst (§ 18 I 1) u für schriftl Ausk (§ 21). AmtsPfl zur Aufbewahrg u Aushändig eines nach § 182 ZPO niedergelegten ZustellgsBriefs, BGH **28**, 30, Mü MDR **57**, 357. In den in den übr Postdiensten teils verschunabhäng ErfolgsHaftg (Verlust von EinschreibSendgen, Verlust u Beschädig von Paketen, Wertsendgen, Reisegepäck u Kraftpostgut, §§ 12 II, III, V, 18 II), die mit Ausn der Wertsendgen summenmäß limitiert ist, teils analoge Anwendg der BGB-Vorschr über die SchuHaftg (Postreisedienst, Postscheck- u Postspardienst, §§ 18 I 2, 19 S 1, 20 S 1), teils reine ErfHaftg (GeldübermittlgsDienst, § 15). Vgl die einz Kämmerer-Eidenmüller, PostG; Loh, Haftg im Postbetrieb, 1972. Im Fernmeldewesen keine AmtsHaftg ggü Benutzer. § 49 I FernmeldeO begründet eine (prakt bedeutgsl) Haftg, wenn Mangel der Fernmeldeeinrichtgen Tod od GesundhBeschädigg des Benutzers od SachBeschädig verurs. Darühinaus kein SchadErs, § 49 V 1 FernmeldeO. Kein HaftgsAusschl nach § 52 V FernmeldeO, wenn der zu ersetzde Schad darin besteht, daß inf einer PflVerl dch Postbedienstete ein FernsprechTeiln mit Fernmeldegebühren belastet worden ist (BGH NJW **76**, 1631). HaftgsAusschl in § 4 S 2, früher 12 III S 2 PostscheckO unwirks (BGH **68**, 266). Im Telegraphenwesen schlechthin keine Haftg (§ 29 TelegraphenO).

b) Verl ein Postbediensteter **außerhalb eines konkreten Benutzungsverhältnisses** seine AmtsPfl, haftet die Post uneingeschränkt nach § 839, Art 34 GG. VerkUnfall eines Postomnibusses, BGH **20**, 102. Haftg für PostFahrz auch nach Beendigg des ZustellgsDienstes, Karlsr NJW **53**, 1915. Ermöglichg von Unterschlaggen dch Angest eines zum Selbstbuchen zugelassenen Postkunden, BGH NJW **65**, 962 (zweifelh, da Schädigg in engem ZusHang mit der Postbenutzg erfolgte u daher die HaftgsLimitier des PostG zu beachten war); Verurs eines Unfalls beim Bau u bei der Unterhaltg von Fernmeldekabeln, auch bei Dienstgang eines Postbediensteten im Rahmen dieser Tätigk, BGH **LM** Art 34 GG Nr 66, AmtsPfl zur Einhaltg der UnfallverhütgsVorschr nicht ggü der Berufsgenossensch, BGH NJW **68**, 641.

c) Wg **Verletzg der Verkehrssicherungspflicht** (vgl § 823 Anm 14 unter ,,Post") haftet die Post nicht nach § 839, Art 34 GG, sond nach § 823.

d) Welcher **Rechtsweg für Anspr der Post** gg einen Benützer einer ihrer Einrichtgen gegeben ist, ist unterschiedl; vgl BGH WPM **76**, 1040.

Prüfungsausschuß bei Ausschreibgen; Ermittlg des vorteilhaftesten Angebots, BGH WPM **61**, 207.

Staatl Reblausbekämpfg ist Ausübg öff Gewalt, BGH **LM** Art 34 GG Nr 59.

Rechtspfleger: kein Unterschied zw SorgfPfl des RPflegers u des Richters, RG JW **34**, 1342; Hyp-Eintragg ohne vormschgerichtl Gen, RG HRR **35**, 10; ungerechtf Rückg eines Einstellgsantrages zur Ergänzg, RG JW **34**, 3194; Überprüfg der Zustdgk, BGH Warn **67**, 176. **Rechtsreferendar**, im ArmenR beigeordnet, übt keine hoheitl Gewalt aus, BGH **60**, 255; zusfassd Hiendl, DRiZ **74**, 311.

Richter vgl zunächst oben Anm 5 B c, **Spruchrichter** vgl Anm 8. **a) Allgemeines**: Unrichtige Streitwertfestsetzg, BGH **36**, 144; unrichtige Besetzg des Kollegialgerichts, BGH aaO. Grdsätzl kein Unterschied zw AmtsPfl des Richters u Notars bei Aufn von Urkunden, BGH DRiZ **63**, 234. — **b) Aufsichtsrichter**: Haftg für Anordng hins Pfandkammer, RG **145**, 204. — **bb) Erbgesundheitsrichter**; Haftg entfällt wg Abs II, vgl Anm 8b u BGH **36**, 379, daselbst auch Anspr aus Aufopferg verneint. — **c) Grundbuchrichter**: keine Fahrlk, wenn er sich bei zweifelh RLage einer OLG anschließt, Warn **29**, 179, od wenn er durch ungewöhnl rechtl Schwierigk zu rechtsirrigem Verhalten veranlaßt w, RG JW **31**, 1079, od wenn er in übergroßer Sorgf objektiv nicht gerechtfertigte Anfordergen stellt, RG JW **06**, 133; aber Haftg, wenn er vor Erledigg eines früher eingegangenen Antrages eine Hyp einträgt, RG **60**, 392; wenn er bei Übertr von Belastgen auf ein abzuschreibendes Trennstück eine Hyp versehentl wegläßt, RG **138**, 114; bei Eintr des

Einzelne Schuldverhältnisse. 25. Titel: Unerlaubte Handlungen § 839 15

Vorerben das Recht des Nacherben nicht vermerkt (Haftg auch ggü späteren Käufern des Grdst), RG **151**, 395, nicht prüft, ob Notar bei Einreichg von Urkunden nur eine botenmäß, rein tatsächl Hdlg ausübt od ob AntrStellg vorliegt, RG JW **29**, 741; wenn er § 7 I GrdstVG (früh § 10 RSiedlgsG aF) nicht beachtet (Haftg auch ggü Dr, die auf die Richtigk des Grdbuches vertrauen), RG **155**, 255. Kein Versch, wenn Vormerkg ohne SchuldGrd eingetragen ist, weil dieser nicht angegeben u Verwechslgen nicht zu befürchten waren, RG JW **34**, 90. – cc) **Haftrichter**: BGH **27**, 338. – d) **Konkursrichter**: Überwachg der Ausführg der Gläub VersBeschl der KonkVerw, RG **154**, 291 (auch zu § 151 KO), wie überh Beaufsichtigg des KonkVerw (§ 83 KO), BGH DRiZ **65**, 378; Prüfg der Zahlgsunfähigk des GemSchu vor Eröffng des KonkVerf, BGH **LM** (Fi) Nr 4. – e) **Nachlaßrichter**: Nichtsperrg eines Sparbuches u verspätete Aufhebg der Pflegsch, RG **154**, 110; Nichterwähng der Nacherbfolge im Erbschein, RG **139**, 348; ungenügende Beaufsichtigg des NachlVerw (Haftg auch den NachlGläub), RG **88**, 264. – AmtsPfl, bei Erteilg eines Zeugn über die Fortsetzg der ehel GüterGemsch ggü einem einseit Abkömmling insow, als dessen RStellg dch die Verwendg eines unricht Zeugn im RVerk beeintr w kann, BGH **63**, 35. – f) **Privatklagerichter**: RG JW **13**, 266. – g) **Prozeßrichter**: vgl Anm 5 B c aa. Ungenügende Prüfg der örtl Zustdgk, RG HRR **36**, 917; BelehrgsPfl im allg nur im Rahmen von ZPO §§ 139, 504 II, für sie gilt § 839 II, RG HRR **33**, 651. – h) **Registerrichter**: AmtsPflVerletzg bei Eintragg eines AG, RG **154**, 276; GenossenschRegister, RG **140**, 174; Vereinsregister, RG HRR **36**, 1348; Eintraggsverzögerg bei Schiffsregister, RG JW **36**, 2707. – i) **Vollstreckungsrichter**: Abnahme der eidesstattl Versicherg trotz unvollst VermVerzeichn RG **62**, 351; Haftg bei Verteilg nach ZPO § 872, RG **144**, 391; Nichtverständigg des Gläubigers von Abn der eidesstattl Versicherg BGH **7**, 287; Nichterforschg des Verstecks von VermWerten, BGH aaO. – k) **Vormundschaftsrichter**: Das ist auch der RPfleger, sow ihm die Angelegenh übertr ist, vgl Übbl 5 vor § 1773. Als PflVerl genügt jede pflwidr Verl des Kindes-, Mündel- od Pfleglingsinteresses innerh des dem VormschRi übertr Aufg-Kreises. Sie kann in einem Tun od Unterlassen liegen, zB wenn er schuldh die GeschFg des Vormd mangelh beaufsichtigt, § 1837, die Anordng einer Vormsch od einer vorl unterläßt, §§ 1773, 1846, dem Vormd über seine Kräfte hinaus Vormsch überträgt, BGH MDR **62**, 641, wenn er bei seinen Anordngen einen für den Mdl gefährl Weg einschlägt, obwohl ein gefahrloserer zur Vfg stand, er also nicht dem klaren Wortlaut des G, der anerkannten Rspr od überw RLehre folgt, BGH DNotZ **62**, 158 (wenn nicht etwa für den bes Einz-Fall sehr erhebl Grde dagg sprechen, der and Weg auch keine bes Gefahren in sich birgt), od nicht dafür sorgt, daß das RGesch, bei dem er mitwirkt, rechtswirks vorgenommen w, RG **85**, 418. Er darf seine Gen zu einem RGesch nur geben, wenn er nach sorgf Prüfg überzeugt ist, daß es sich günstiger für den Mdl nicht gestalten läßt, RG JW **30**, 990. Daraus ergibt sich, daß er, ehe er Entsch trifft, sich über die tats Verh, u bei Auskt-Erteilg u Beratg des Vormd in rechtl Beziehg genügd zu unterrichten h, RG **84**, 92. Übermäß GrdstBelastg dch Mutter darf er nicht genehmigen (BGH VersR **74**, 358). Daß auch der Not demselben Fehler gemacht h, befreit den Richter nicht, BGH DNotZ **62**, 158. Über die Zuverlässigk des Vormd h er zu wachen, sofort aufzuklären, ob Untreueverdacht gg den Vormd berecht ist u ihn dann zu entlassen, RG **96**, 143, einen unzuverläss Vormd nicht zu bestellen, Brschw OLG **35**, 355, anderers rechtzeit den erforderl Pfleger zu bestellen, BGH VersR **68**, 172. Zu den AufsPfl des VormschRi gehört vor allem, daß er die Beachtg der für das MdlVerm gegebenen SchutzVorschr überwacht, also daß zB MdlGeld sofort dementspr, also auch mit der sich aus § 1809 ergebnen VfgsBrschkg angelegt w. Bis zur ersten RechngsLegg, § 1840, darf er nicht warten, RG **88**, 266. Er h darü zu wachen, daß die Wertpapiere unverzügl entspr §§ 1814ff hinterlegt w, RG **80**, 256. MdlGeld darf er nicht ohne Grd in der Hand des Vormd belassen, die Sperre über das Sparkassenbuch also nicht über den erforderl Betr hinaus aufheben, RG **85**, 416. Die abzuhebden Wertpapiere müssen bei einem verdächt Vormd sofort wieder sicher angelegt w, ohne daß er sie in die Hände bekommt, Warn **17**, 178; die Gen zur Abhebg des Geldes, das der Vormd selbst auf Hyp geliehen erhalten soll, soll erst auf Eintr der Hyp erteilt w, RG JW **17**, 461. Versch des Vormd bei Abwendg des Schad muß sich Mdl gem § 254 II anrechnen lassen, wenn er als sein gew Vertr gehandelt h, was bei Veruntreuungen des ungenügd überwachten Vormd zu verneinen ist, BGH **33**, 136. Bei Entsch nach § 1822 Ziff 2, BGH WPM **65**, 1058. Auch Pfl zur unterstützden u wirtsch beraten Tätigk ggü dem Vormd, insb über die Gefahren des v ihm zu beurkundden Gesch, BGH DRiZ **63**, 234. Auch FürsPfl ggü dem Kind bei AuseinandS der VermGemsch (he m u dem vor wiederverheiradten ElternTl (§ 1683, § 9 EheG), BGH WPM **65**, 1057. Pfl, daß ein RGesch, bei dem er mitzuwirken h, in wirks Weise unter Wahrg der MdlInteressen zustkommt, BGH WPM **68**, 196. – l) **Zwangsversteigergsrichter**: Entferng währd der Bietgsstunde aus Terminszimmer, auch wenn Richter erkl in einem anderen Zimmer jederzeit erreichb zu sein, RG **154**, 397; Zuschlagserteilg trotz nichtordnungsgem Zustellg des VersteigergsBeschl zu Schu, RG **129**, 23; unrichtige Berechng des geringsten Gebots, BGH WPM **77**, 592); bei unrichtigen Teilgsplan bedeutet Unterlassen eines Widerspr des Geschädigten trotz ZPO § 877 I nur, daß er sich dem VerteilgsVerf nicht widersetzen will, aber nicht, daß er etwaigen SchadErsAnspr gg Versteigergsrichter preisgibt, RG **166**, 253. Terminsbestimmg, in der die im ZVG § 37 Nr 4 vorgeschriebene Aufforderg zur GlaubhMachg dort genannten Rechte nicht enthalten ist, RG **129**, 23; Fortsetzg eines ZwVerstVerfahrens, das auf Bewilligg des betreibenden Gläub zunächst eingestellt war, RG **125**, 23; ungerechtf Vertagg eines Termins, RG **125**, 299; ZwVerst-Richter darf sich auf Richtigk der ihm nach ZVG § 19 II zu erteilenden GrdbuchAbschr verlassen, RG **157**, 92; Umfang der ÜberwachgsPfl hins Zustellgsvertreter nach ZVG § 6, RG aaO; Aufbewahrg eines GrdSchBriefes nebst AbtretgsUrk bei den Akten, RG JW **34**, 2842.
Rundfunkanstalt vgl Fernsehanstalt.
Sachverständiger, gerichtl; vgl Anm 8 d. Amtl anerk Kfz-Sachverst des TÜV im Rahmen der Erteilg der Betr- u Fahrerlaubn, BGH **49**, 108; es haftet das Land; abl Herschel NJW **69**, 817. Der Käufer eines gebrauchten Kfz ist mit seinen VermInteressen aber nicht „Dr" bei Zulassg trotz techn Mängel des Kfz, BGH NJW **73**, 458. Gleiches w zu gelten h für die Aufgaben nach § 29 StVZO; bestr, vgl LG Saarbr VersR **70**, 1136 mit Nachw. Prüflng für Baustatik vgl „BauBeh". – Ein Hochschullnst w nicht hoheitl tät, wenn es als Prüfstelle dem Herst eines HaushGeräts aGrd privrechtl Vertr eine PrüfBescheinigg erteilt (BGH VersR **78**, 518).
Schiedsmann: es haftet das Land als Anstellungskörpersch, nicht die Gemeinde, BGH **36**, 193.

863

Schlachthof: Anhalten von verdächtigem Fleisch, BGH **LM** § 839 (B) Nr 11. Einstellen von Tieren begründet öffentl BenutzgsVerh, auf das die vertragl Best des SchuldR sinngem anzuwenden sind. Die VerkSichgPfl kann den kommunalen Bediensteten als AmtsPfl auferlegt sein, BGH **61**, 7.

Schleusenmeister: Haftg für Versch v Schleusenmeister des Nord-Ostsee-Kanals, RG **105**, 99, sowie für dessen Verwaltg, BGH **35**, 111. **Schornsteinfeger** siehe Bezirksschornsteinfegermeister.

Schulen: Abgrenzg der Haftg aus § 823 vgl dort Anm 14 „Schulen". HaftgsAusschl vgl Anm 12 h. Gefährl Pausenhalle, AmtsPfl des Hausmeisters, BGH **LM** (Fd) Nr 12a (Glaswände auf dem Schulhof); Oldbg VersR **68**, 655 (tiefreichde Glasfenster in der Turnhalle); BGH VersR **72**, 979 (zweistünd Fehlen einer Aufs über Klasse mit 14–15jähr). Keine AmtsPfl des Lehrers, radfahrde Schulkinder auf dem Weg von der Schule zu einer außerh der Schule stattfindden Schulveranstaltg zu überwachen, BGH **44**, 103. AmtsPfl, berechtigterw mitgebrachtes Eigt der Schüler in angem Umfang vor Verlust u Beschädigg zu schützen, BGH NJW **73**, 2102. Verantwortg des Trägers der SchulVerw für möglichst gefahrl Einrichtg der Schulbushaltestelle, BGH MDR **77**, 207. Haftg für **Schülerlotsen,** Köln NJW **68**, 655. Über mitwirkds Versch der Eltern BGH NJW **64**, 1670 u Einf 5 vor § 823. Vgl auch oben unter „Lehrer". **Staatsanwalt:** J. Blomeyer JZ **72**, 715, Steffen DRiZ **72**, 153. Einen Dritten kränkde Veröffentlichg währd des ErmittlgsVerf, BGH **27**, 338; daselbst auch über die AmtsPfl bei Stellg des Antr auf Haftbefehl. Sicherstellg der dem Täter abgenommenen Sachen, RG **108**, 250; Pflichtverletzg bei Beschlagn u Veräußerg von Waren, RG **113**, 19; Pflicht gegü dem Beschuldigten, nach Beendigg des ErmittlgsVerf alsbald Anklage zu erheben od das Verf einzustellen, BGH **20**, 178. Unberecht Anklage BGH NJW **70**, 1543. **Steuerbeamter:** absichtl Unterdrückg einer Amnestieanzeige, RG **157**, 197; unbegründete Steuerveranlagg, BGH **39**, 77; verzögerte Sachbehandlg, BGH WPM **63**, 349; Freigabe einer Sicherh zum Nachteil eines Steuergesamtschuldners, RG DR **42**, 1242; Schädigg des Steuerpflichtigen durch Einlegg eines unzul RMittels, BGH **21**, 359. **Strafregisterführer:** Tilggreife eines Strafvermerks schuldh übersehen, BGH **17**, 153.

Bei **Straßenbauarbeiten** gebührde Rücks auf Benutzerinteressen, BGH NJW **64**, 199. BauAufs dch beauftr Bediensteten über priv BauUntern ist Ausübg hoheitl Gewalt, BGH WPM **73**, 390. Teiln an **Straßenverkehr** ist Ausübg hoheitl Gewalt, wenn damit polizeil Aufgaben unmittelb wahrgen w (Streifenfahrt der Polizei), ferner wenn der eigentl Zielsetzg der Fahrt hoheitl Tätigk zuzurechnen ist u zw zwischen der Zielsetzg u der schädigden Handlg ein enger innerer u äußerer Zushang besteht, BGH VersR **71**, 934 mit Beisp; vgl auch § 823 Anm 8c, 14 unter „Straßen usw". Anderweit ErsMöglk vgl Anm 7a. Verantwortlichk der Stadt für baul Mängel einer Bushaltestelle, BGH VersR **73**, 346.

Straßenverkehrsamt: Zulassg eines Kfz ohne Haftpflichtversicherg, BGH BB **53**, 694. Geschützter Dritter ist der Unfallgeschädigte, nicht jedoch der Halter od Entleiher des Kfz, Mü NJW **56**, 752. Zulassg, ohne daß KfzBrief vorgelegt w, ist AmtsPflVerletzg nur gegü dem Eigtümer u dingl Berechtigten, BGH **10**, 122, auch gegü dem EigtVorbehKäufer, BGH **30**, 374; unberecht Stillegg eines Kfz, BGH WPM **64**, 65; unrichtige Übermittlg der technischen Daten an Sammelstelle verletzt AmtsPfl gegü Eigtümer des abhanden gekommenen Kfz, BGH **10**, 389, nicht jedoch deren unrichtige Aufn in den KfzBrief AmtsPfl gegü Erwerber, BGH **18**, 110. – AmtsPfl der Zulassgsstelle, auf Anzeige nach § 29d II StVZO den Erlaubnis-Schein unverzügl einzuziehen u äußerste Machtmittel einzusetzen, um nichtvers Kfz raschestens aus dem Verk zu ziehen, Stgt DAR **67**, 274, Überwachg der züg Erledigg eines Amtshilfeersuchens in dieser Richtg, Kblz VersR **78**, 575, gegü dem geschädigten VerkTeilnehmer u dem HaftpflVersicherer, BGH NJW **65**, 1524 (keine Beschränkg der Haftg auf die Mindestversicherungssummen), nicht aber gegü dem öff Dienstherrn des Verletzten, der diesem Versorggsleistgn zu erbringen hat, BGH NJW **61**, 1572; gleiche AmtsPfl zum sofort Handeln der PolDienststelle, die StilleggsErsuchen der KfzZulassgsStelle erhält (BGH VersR **76**, 885). AmtsPfl nach § 25 III StVZO, mißbräuchl Verwendg von KfzBriefVordrucken zu verhüten, auch gegü dem Käufer eines Kfz (Gebrauchtwagens), BGH NJW **65**, 911. Keine Haftg gegü dem Käufer eines Gebrauchtwagens für VermSchäd wg Mängeln, die der Sachverst bei Zulassg fahrl übersehen h (§ 21 StVZO), BGH DAR **73**, 155. Ausgabe eines Führersch an körperl Untaugl, BGH VersR **56**, 96. Versagg der Wiederverteilg eines entzogenen Führerscheins ohne hinreichde Ermittlg nach § 9 StVZO, BGH NJW **66**, 1356. Vgl auch „Polizei" u § 823 Anm 8c.

Theatersubvention: Grdsätzl Pfl der Amtsträger bei der Entsch, das Vertrauen des Subventionsbewerbers in die Beständigk des VerwHandelns zu beachten, BGH JZ **75**, 485.

Tierarzt: s unter Arzt „Amtstierarzt". **Treuhänder:** vgl § 823 Anm 14. Nichtbeamteter **Trichinenbeschauer** in Bayern; Haftg der Gemeinde, BGH VersR **61**, 849. **Trimmanlage** ist Leistg der Verw iR der Daseinsvorsorge. Haftg der Gemeinde für konstruktiv bedingte Gefahren (Düss VersR **76**, 1160). **TÜV** vgl vorstehd „Sachverständiger".

Umsiedlgsbehörden: keine AmtsPfl der beteiligten Behörden gg einander, BGH **32**, 145.

Umweltschutz: Abwasserbeseitig ist hoheitl Tätigk, Pfl zur Abwendg von Gefahren für Dr, BGH NJW **72**, 101. Haftg für UmweltSchäd vgl Diederichsen BB **73**, 485.

Urkundsbeamter: Versehentl Aufnahme in Liste der Personen, bzgl deren KonkAntr mangels Masse abgelehnt ist, RG **118**, 241; unrichtige Zustellg des Urt, weil ProzBevollm im Urt nicht aufgeführt ist, RG SeuffA **86**, 179; Nichtüberwachg der wg Verjährgsgefahr eiligen Zustellg eines Schriftsatzes, RG **105**, 422; Nichtbenachrichtigg von Terminsaufhebg, Kbg JW **28**, 1517; Verteilgsstelle für Gerichtsvollzieheraufträge, RG **79**, 216; verspätete Abholg eines Antrags auf Erlaß von Zahlgsbefehl aus Postfach, Warn **38** Nr 3 (mitwirkendes Versch des Absenders); unrichtiges RechtskrAttest, BGH **31**, 388. Vgl auch „Grundbuchamt".

Versichergsanstalt haftet für Verlust der von ihr verwahrten Invalidenkarten, RG JW **35**, 2356. Staat, **Versichergsaufsicht,** keine AmtsPfl gegü dem einz VersN od VerkOpfer, BGH **58**, 96; aA Scholz NJW **72**, 1217. **Verwalter:** Siehe unter Treuhänder. **Versorggsbehörde,** verpflichtet zur sachgem Beratg von Schwerbeschädigten, BGH NJW **57**, 1873; Pflichten in bezug auf die versorggsrechtl notw Untersuchg u Begutachtg, BGH **LM** § 81 BVG Nr 2. **Vormund:** vgl Jugendamt.

Einzelne Schuldverhältnisse. 25. Titel: Unerlaubte Handlungen §§ 839, 840

Wasseraufsicht zur Vermeidg von ÜberschwemmgsSchäd, BGH VersR **72**, 980. **Wasserlieferung** s § 823 Anm 14. **Wehrersatzamt.** Kein SchadErsAnspr für Zeitverlust bei Einziehg eines Untaugl zum Wehrdienst (BGH **65**, 196). **Weinbaugebiet**: Siehe bei „Reblausbekämpfung". **Staatl Weinkontrolleur**: BGH **LM** (Fc) Nr 19.

Zollbeamte: Versch bei Zulassg zur Einfuhr, vgl Anm 4a. Pfl zur richt Tarifierg der gerade einzuführenden Sendg auch im Interesse des ZollPflicht (BGH NJW **76**, 103). Haftg ggü dem Küfer, der zur Wiederversiegelg eines Weingeistfasses hinzugezogen w, RG HRR **37**, 1224; Pfl zur Beachtg des gesetzl PfdRechts von Spediteur, der Waren beim Zollamt einlagert, Warn **35**, 8, zur Anfertigg einer Niederschr über die getroffenen Maßnahmen u Zuleitg einer Abschrift an den Betroffenen, BGH **LM** (Fl) Nr 5. Pfl zur lückenl KfzHaftPflVers bei Einreise von Ausländern, in deren Heimatstaat keine HaftPflVers besteht, sowie zur Zurückweisg nichtsvers Kfz vor der Einreise, BGH NJW **71**, 2222; diese AmtsPfl beschränkt sich auf die zugelassenen Grenzübergänge, Hbg NJW **74**, 413. Mangelnd Sicherg der Waffe auf außerdienstl Gang, RG **155**, 362. Für Versch des Kapitäns eines Zollkreuzers haftet Staat als Reeder (EGHGB Art 7), RG JW **36**, 2653. Zollauskünfte begründen Haftg nur dann, wenn sie unter Beachtg der gesetzl SonderVorschr in § 23 ZollG, §§ 28–31 AZO erteilt w (BGH Betr **75**, 2430).

840 *Haftung mehrerer.* I Sind für den aus einer unerlaubten Handlung entstehenden Schaden mehrere nebeneinander verantwortlich, so haften sie, *vorbehaltlich der Vorschrift des § 835 Abs. 3, als Gesamtschuldner.*

II Ist neben demjenigen, welcher nach den §§ 831, 832 zum Ersatze des von einem anderen verursachten Schadens verpflichtet ist, auch der andere für den Schaden verantwortlich, so ist in ihrem Verhältnisse zueinander der andere allein, im Falle des § 829 der Aufsichtspflichtige allein verpflichtet.

III Ist neben demjenigen, welcher nach den §§ 833 bis 838 zum Ersatze des Schadens verpflichtet ist, ein Dritter für den Schaden verantwortlich, so ist in ihrem Verhältnisse zueinander der Dritte allein verpflichtet.

1) Allgemeines. In I sind nach „so haften sie" die Worte „vorbehaltlich der Vorschrift des § 835 III" durch § 46 II Nr 1 BJagdG v 29. 11. 52 (jetzt idF v. 30. 3. 61) für die Länder Bay, Bremen, Hessen u Wü-Baden gestrichen. Die übr Länder hatten die bereits durch § 71 RJagdG best Änderg nicht wieder aufgeh. Daher einheitl Fassg im ges Bundesgebiet. – **Begriff der unerl Handlg** (Abs I) ist hier im weitesten Sinne zu verstehen, er umfaßt nicht nur die Tatbestände der §§ 823 ff, sond jede Haftg aus wirkl od vermutetem Versch, ebso wie die Tatbestände der Gefährdgshaftg ohne Rücks darauf, ob sie im BGB od in Sondergesetzen geregelt sind; RG **58**, 336; **61**, 56 (zu § 1 RHaftpflG). So auch BGH **9**. 65 zu Art 34 GG. – Bei AufopfergsAnspr (§ 903 Anm 4) haftet jeder von mehreren Einwirkenden nur zu dem Anteil, zu dem er den Gesamtschaden herbeigeführt hat; soweit aber mehrere für dieselbe Einwirkg verantwortl, sind sie GesSchu, RG **167**, 39. Über die Haftg des Unternehmers ggü dem SozVersTräger ggü mehreren dem, der den ArbUnfall vorsätzl od grob fahrl verursacht hat, vgl § 641 RVO. Ist Haftg des ArbG seinem ArbN ggü nach § 636 RVO ausgeschl (vgl § 611 Anm 14), so fehlt GesSchuldVerh mit dem außerh des SozVersVerh stehden Zweitschädiger; dieser haftet desh dem SozVersTräger nur auf den Tl des Anspr, der seinem VerantwortgsTl im Verh zum ArbG entspricht, BGH **51**, 37. Dies gilt auch dann, wenn es sich bei dem für den Unf mitverantwortl ErstSchäd um einen ArbKollegen des Verl handelt, BGH MDR **71**, 122. Der außerh des VersVerh stehde ZweitSchäd haftet dem geschäd ANehmer insow nicht auf SchadErs, als der für den Unfall mitverantwortl Untern ohne seine HaftgsFreistellg (§ 636 RVO) im Verh zum ZweitSchäd nach §§ 426, 254 für den Schad aufkommen müßte, BGH **61**, 51; ferner insow nicht, als ErsAnspr auf SozVersTräger übergegangen sind, Düss MDR **72**, 144. Ein MitVersch des Untern, der seinem geschäd ArbN Krankenbezüge bezahlt h, muß sich der SozVersTräger anrechnen lassen, BGH MDR **70**, 834.

2) Verhältnis nach außen. a) Mehrere sind „**nebeneinander verantwortl**", wenn sie Mittäter, Anstifter od Gehilfen (§ 830 I S 1) od wenn sie nach § 830 I S 2 als Beteiligte aus gemeinschaftl Gefährdg haftb sind, RG **69**, 422, ferner auch dann, wenn mehrere nicht miteinander in Verbindg stehende Personen selbständig denselben Schaden verursachen bzw haftbar sind, BGH **LM** Nr 7a. Nebeneinander verantwortl sind also: mehrere Tierhalter, RG **60**, 315, Tierhalter u KfzHalter, BGH **LM** Nr 5, die Eisenbahn u der Tierhalter, RG **58**, 335, die Eisenbahn u mehrere KfzHalter, BGH **11**, 170, die Eisenbahn mit einem nach § 823 haftenden Dritten, BGH **17**, 214, mehrere Eisenbahnen, RG **93**, 96, mehrere Beamte, BGH WPM **60**, 986, mehrere nach Art 34 GG haftende Körpersch, BGH **9**, 65; Eigtümer u Pächter bei Verletzg der allg VerkSicherungsPfl, RG HRR **29**, 298. Mehrere ArbN bei Tätlchen, die zugleich auch anderen ArbN gefährden, BAG BB **68**, 1383. Mehrere Schädiger, wenn der Schad durch das ZusWirken mehrerer Einzelschäden (Körperverletzg durch zwei aufeinanderfolgende Unfälle) verursacht worden ist, es sei denn, daß der spätere GesSchad ganz od teilw auch unabhäng von dem 2. SchadEreign eingetreten sein würde, BGH **LM** Nr 7a, NJW **64**, 2011. Gleichgültig ist es, ob einer der GesSchu bereits rechtskr verurteilt ist, RG **51**, 262. Nicht erspfl ist der ArbN dem ArbG im Rahmen gefahrgeneigter Arb (§ 611 Anm 14b) neben einem außenstehden Zweitschädiger (s auch Anm 2d).

b) Unerhebl, ob einer der Beteiligten auch aus Vertr haftet. § 840 scheidet jedoch aus, wenn einer von zwei Beteiligten allein aus Vertr haftet, RG **84**, 430. Stehen jedoch die Beteiligten in einem echten GesamtschuldVerh zueinander, was sich danach bemißt, ob ein innerer Zushang der beiden Verpfl iS einer rechtl ZweckGemsch besteht, so gilt für sie § 840, auch wenn einer von ihnen nur aus Vertr haftet, BGH VersR **69**, 737. Über den vertragl Ausschl der Haftg ggü einem Schädiger vgl Anm 3 Aa.

c) Haftg als Gesamtschuldner bedeutet, daß jeder zum Ers des ganzen Schadens verpflichtet ist, der Gläub den SchadErs aber nur einmal fordern darf (§§ 421 ff). Ist im StrafVerf der eine zur Zahlg einer Buße verurteilt, so schließt dies Geltdmach weiterer Anspr gg den anderen Beteiligten nicht aus, RG **97**, 229. Daß Haftg der mehreren GesSchu stets gleich hoch sein müsse, folgt nicht aus § 840 I, vielm ist es durchaus

§ 840 2, 3 2. Buch. 7. Abschnitt. *Thomas*

mögl, daß der Haftungumfang verschieden ist, zB BilligkHaftg eines Verletzers nach § 829, unterschiedl Bemessg des SchmerzGeldes wg unterschiedl pers od wirtsch Verh (vgl § 847 Anm 4a), BGH NJW **71**, 33. GesSchuldVerh besteht sodann bis zum geringeren Betrag, BGH **12**, 213 (220). Wg der HaftgsFreistellg des ArbN bei gefahrgeneigter Arb verkürzt sich der ErsAnspr des ArbG gg den außenstehnden Zweitschädiger um die Quote, die im InnenVerh der beiden Schädiger auf den ArbN entfällt, Karlsr OLG **69**, 157. Ebso ist der Anspr eines außerh des SozVersVerh stehnden ZweitSchäd auf den Betr beschr, der auf ihn im InnenVerhältnis zum ArbG (ErstSchäd) endgült entfiele, wenn die SchadVerteilg nach § 426 nicht dch die SonderRegelg der §§ 636, 637 RVO gestört wäre, BGH **61**, 51. Nicht zu kürzen ist in diesem Fall der ErsAnspr des Verl, wenn sein ArbG od ArbKollege ohne diese Freistellg ggü dem in Anspr gen Schäd nicht ausglpfl wäre (BGH VersR **76**, 991). Ist der Schad dch eine fahrl AmtsPflVerletzg mitverurs, so entsteht wg § 839 I 2 im Verh zur öffrechtl Körpersch kein GesSchuldVerh, BGH NJW **74**, 360, vgl § 426 Anm 3b, 5b dd.

d) Bei **Mitverschulden** des Geschäd ist die Abwägg nach dem Grds der „Gesamtschau" vorzunehmen (vgl § 254 Anm 4c aa), wenn die Schäd Mittäter sind, wenn sie eine HaftgsEinh bilden od wenn ihre Verhaltensweisen zu ein u demselben unfallursächl Umst geführt h, ehe der VerursBeitrag des Geschäd hinzutrat, BGH **54**, 283; zweifelnd Reinelt JR **71**, 177. Der Grds der GesSchau ist nicht anzuwenden, wenn sich die Verhaltensweisen des einen Schädigers u des Geschäd in dem näml unfallbdgten UrsBeitrag ausgewirkt h, bevor der dem and Schädiger zuzurechnde Kausalverlauf hinzutritt u zum SchadEintritt führt. In diesem Fall stehen sich beim Ausgl auf der einen Seite der eine Schädiger u der Geschäd mit einer einheitl Quote, auf der and Seite der and Schädiger ggü, BGH **61**, 213. Ebso gilt in and Fällen der Nebentäterschn der Grds der EinzelAbwägg (vgl § 254 Anm 4c bb).

3) Verhältnis nach innen. A) a) Regelfall. Nach § 426 I S 1 sind GesSchu im Verh zueinander zu gleichen Anteilen verpflichtet, „soweit nicht ein anderes bestimmt ist". Dieser AusglAnspr ist selbständ u besteht neben u unabhäng von dem Anspr des Verletzten gg Täter, er ist insb auch unabhängig davon, ob etwa Haftg des einen von mehreren Verantwortl durch rechtskr Urt verneint worden ist, RG **69**, 422. Einfluß einer Vereinbg üb HaftgsAusschl od -Beschrkg auf die AusglPfl der übr Schädiger vgl § 426 Anm 5a. – **b) Eine anderweite Bestimmg iS von § 426** kann sich aus dem Gesetz ergeben, vgl dazu auch § 426 Anm 5b. Sie kann sich auch aus dem VertrVerh od aus die SchadErsPfl begründenden Sachverhalt ergeben, zB inf entspr Anwendg von § 254; hierü BGH **30**, 203, NJW **64**, 2011 (Nebentäter), NJW **62**, 1680 (Haftg des KfzHalters u des -Führers); BGH **54**, 177 (Untern, der für Unfall des ArbN mitverantwortl ist u Krankenbezüge bezahlt h, muß sich ggü ZweitSchäd außerh des SozVersVerh sein MitVersch anrechnen lassen). Darüber, daß Halter u Fahrer desselben Kfz einem Mitschädiger ggü eine Haftgseinheit bilden u daher diesem entspr ihrem gemeins Anteil nur einmal zum Ausgl verpflichtet sind, vgl BGH NJW **66**, 1262, hierzu Dunz NJW **66**, 1810 u allg § 426 Anm 3. – Bei SchiffsZusStößen ist, soweit überh eine gesamtschuldnerische Haftg der Reeder eingreift (Schäden an Leib u Leben), für den AusglAnspr mehrerer Reeder untereinander § 736 II HGB maßg; über die Anwendg des § 254 insb daselbst vgl Schaps-Abraham § 736 Anm 6ff. – **c) Keine entspr Anwendg** der für den SchadErsAspr geltden Regeln auf den AusglAnspr; denn beide Anspr sind selbstd nach den für sie geltden Normen zu beurteilen, BGH **11**, 172; daher auch Verj des AusglAnspr in 30 Jahren, wenn für SchadErsAnspr kürzere Verj gilt, BGH aaO. – **d) Ein Anspr aus § 812** ist dann nicht ausgeschl, wenn die Voraussetzgen des § 426 nicht erf sind. So, wenn ein Nebentäter (Kfz-Fahrer) unter Verkenng einer ihm mit dem geschäd Mdj (VerkOpfer) verbdden ZurechngsEinh (vgl vorstehd 2d) mit einer zu hohen Quote belastet w ist u nunmehr von einem and Nebentäter (AufsPfl über das VerkOpfer) teilw Ers verlangt (BGH JZ **78**, 522).

B) a) Anderweite Bestimmg iS § 426 I S 1 enthalten § 840 II und III. Gemeins **Grundgedanke:** wenn auf der einen Seite Gefährdgshaftg od Haftg aus vermutetem Versch, auf der anderen erwiesenes Versch vorliegt, soll derjenige den ganzen Schad tragen, der nachweisb schuldh gehandelt hat, RG **71**, 8. Andrers wird aber die Ausdehng dieser Vorschr auf ähnl Fälle von Haftgsunterschieden, insb zG der Haftg des EisenbahnUntern u KfzHalters, im Verhältn zu einem anderen ErsPfl in der Rspr abgelehnt, BGH **6**, 3 [28], da die Wesensverschiedenh der Tatbestände der §§ 833–838 die Ableitg eines allg Grdsatzes nicht zulasse. Der nach dem RHaftpflG verantwortl EisenbahnUntern kann daher von einem dritten Verantwortl Ausgleich nur nach § 426, nicht nach § 840 II, III verlangen. – **b) Abs II:** Nach § 831 haften neben dem Täter der GeschHerr u die ihm nach § 831 II gleichgestellten Personen, nach § 832 der kraft G oder aGrd Vertr AufsPflichtige, wobei natürl vorausgesetzt w, daß der Täter den HaftgsTatbestd erfüllt hat. Diese Personen können – abweich vom Grds des § 426 – in vollem Umfang am Täter Rückgr nehmen. Zu beachten jedoch Ausn bei gefahrgeneigter Arb des Verrichtungsgehilfen, § 611 Anm 14b. Weitere Ausn gilt für den Fall des § 829. In diesem Falle ist im InnenVerh zum Täter der AufsPflichtige allein verpflichtet. – **c) Abs III:** betr den Fall, daß neben den nach §§ 833–838 ErsPflichtigen ein Dritter für den Schaden verantwortl ist. Dieser soll im Verh zu dem aus §§ 833–838 Haftenden allein verpflichtet sein. Das ist verständl, wenn der Dritte aus wirkl od vermutetem Versch haftet, mag auch seine Haftg selbst auf einer Sonderregel außerh des BGB beruhen. Nicht vertretb ist es jedoch, den Dritten im InnenVerh auch dann allein haften zu lassen, wenn für ihn ein reiner GefährdgsTatbestd, wie etwa § 1 RHaftpflG, gegeben ist. Hier kann sich der nach §§ 833–838 Haftende dem gleich aus Gefährdg Haftenden, wie etwa der Eisenbahn od dem KfzHalter ggü, nicht auf § 840 III berufen, ist vielm nach der allg Regel des § 426 zum Ausgl verpflichtet. Er hat daher ebso wie in den Fällen, in denen auch der Dritte nach §§ 833–838 haftet, intern einen Teil, s unten d, zu tragen; wie hier Hamm NJW **58**, 346 u RGRK Anm 11 unter Bezugn auf eine nicht veröffentl Entscheidg des BGH. – Sonderregelg nach § 17 StVG (mehrere Kfz, Kfz u Tier, Kfz u Eisenbahn) u nach § 41 LuftVG (mehrere Luftfahrzeuge, Luftfahrzeug u ein anderer ErsPflichtiger). – **d) Auch im Verhältn zw Gläub u Schu ist § 254 entspr anwendb**, u zwar auch dann, wenn einer von ihnen für Versch, der andere für Gefährdg einzustehen hat. Vgl § 254 Anm 2a. Auch hier Sonderregelg nach § 17 I S 2 StVG u § 41 I S 2 LuftVG zu beachten (vgl vorstehd c). Über die rechnerische Verteilg des Gesamtschadens in diesen Fällen, wenn mehrere Nebentäter dem mitverantwortl Geschädigten quotenmäß haften, vgl BGH NJW **64**, 2011 (maßg hierfür die bei der Einzelabwägg gewonnenen Quoten).

Einzelne Schuldverhältnisse. 25. Titel: Unerlaubte Handlungen §§ 841, 842

841 *Ausgleichung bei Beamtenhaftung.* Ist ein Beamter, der vermöge seiner Amtspflicht einen anderen zur Geschäftsführung für einen Dritten zu bestellen oder eine solche Geschäftsführung zu beaufsichtigen oder durch Genehmigung von Rechtsgeschäften bei ihr mitzuwirken hat, wegen Verletzung dieser Pflichten neben dem anderen für den von diesem verursachten Schaden verantwortlich, so ist in ihrem Verhältnisse zueinander der andere allein verpflichtet.

1) § 841 enthält neben § 840 II, III **weitere Ausn von dem Grds des § 426.** Er geht daher von einem GesSchuVerh zw Beamten u Drittem aus. Dieses ist auch bei nur fahrl Handeln des Beamten mögl. Zwar kann der Beamte in diesen Fällen nur in Anspr genommen w, wenn der Verletzte nicht auf andere Weise Ers erlangen kann, § 839 I, 2; jedoch ist nicht die rechtl Existenz eines Anspr gg den Dritten, sond seine prakt Durchsetzbk entscheid; vgl § 839 Anm 7. Kann der Verletzte seinen Anspr gg den Dritten nicht realisieren od ist ihm auch nur die Verfolgg dieses Anspr nach Treu u Glauben nicht zuzumuten (vgl § 839 Anm 7d), so haften ihm Beamter u Dritter als GesSchu; andernf besteht überh kein GesSchuVerh, vgl § 426 Anm 3b. § 841 gibt den dort genannten bes Beamtengruppen in diesen Fällen abweich von § 426 Anspr auf den vollen Ausgl. In allen übr Fällen bestimmt sich der Ausgl nach § 840 I iVm § 426, sofern überh ein GesSchuVerh besteht; vgl Hohenester NJW 62, 1142. — § 841 gilt insb für den VormdschRichter im Verh zu Gewalthaber, Vormd, GgVormd, RG 80, 255, Pfleger; für den NachlRichter ggü dem NachlPfleger; für den KonkRichter ggü dem KonkVerw; für den Vollstreckungsrichter ggü dem Zwangsverwalter, u auch für den Beamten, der einen Custodian nach dem MRG 52 zu bestellen hat (vgl BGH **15**, 142; **17**, 140). — Ähnl Bestimmgen enthält § 1833 JJ S 2 über das Verh von Vormd zum GgVormd oder Mitvormd.

842 *Umfang der Ersatzpflicht bei Verletzung einer Person.* Die Verpflichtung zum Schadensersatze wegen einer gegen die Person gerichteten unerlaubten Handlung erstreckt sich auf die Nachteile, welche die Handlung für den Erwerb oder das Fortkommen des Verletzten herbeiführt.

1) **Allgemeines.** § 842 enthält Klarstellg, daß auch Nachteile für Erwerb u Fortkommen als Vermögensschäden anzusehen sind, RG **141**, 172. Es fallen darunter alle gg Personen gerichteten uH, auch die in den §§ 833, 834, 836 und 838 geregelten Tatbestände, soweit Verletzg einer Pers in Frage kommt, obwohl hier eine „gegen die Person gerichtete" uH im strengen Wortsinn nicht vorliegt, RGRK Anm 2. Auch Verletzg des Namensrechtes, der Ehre u Ausschreitgen gg weibl Personen, RG **163**, 45, wie überh Verletzg des allg PersönlkR, fallen hierunter. Entspr Anwendg ist für den Fall des § 618 vorgeschrieben. Dagg keine Anwendg auf uH, die nur gg das Verm gerichtet sind, RG **95**, 174; aber das Ergebn ist dort nach § 249 ebenso, RG **141**, 172. § 842 unanwendb auch auf RHaftpflG, RG **141**, 172, StVG u LuftVG. — Ist Kind verletzt, so kommt Feststellgsklage in Betracht; vgl hierzu § 843 Anm 4 D a.

2) **Nachteile für Erwerb od Fortkommen** entstehen nicht schon dch Wegfall od Vermindergr der Arb-Kraft als solcher, sond dch den Ausfall der konkreten ArbLeistg, also zB Verlust bisher bezogener Einnahmen od wahrscheinl künft Gewinnsteigerg (§ 252 S 2), die tats Grdlagen dafür h der Verl beizubringen, erst dann hilft ihm beim Bew § 287 ZPO, BGH **54**, 45; dort auch, wesh hier nicht vom normat SchadBegr ausgegangen w kann. Abzulehnen desh Karlsr FamRZ **75**, 341, wonach der verl Partner einer EhegGes neben dem entgangenen anteil Gewinn die Kosten einer ErsKraft ersetzt verlangen kann; wie hier Fenn aaO, 344. Auch der geschführde AlleinInher einer KapitalG kann Erstattg seiner TätigkVergüt als GeschF, die ihm währd der unfallbdgten ArbUnfähigk weiterbezahlt wurde (BGH NJW **71**, 1136) u trotz seines Einnahmeausfalls als Gter wg entgangenen GeschGewinns der Gesellsch verlangen (BGH NJW **77**, 1283; krit Mann NJW **77**, 2160). Zu den Nachteilen gehören schlechter bezahlte Stellg trotz Ausheilg der Verletzg, entgangene GewinnBeteiligg, BGH VersR **73**, 423, Verlust einer noch nicht rechtl begründeten Aussicht auf Erwerbsstellg, RG **163**, 49, Verzögerg des Eintritts in das Erwerbsleben, Düss VersR **69**, 671, auch der Verlust der Anwartsch auf Leistgen aus öff od privaten Versichergen; daher auch Ers der Beiträge zur freiw Fortsetzg der RentenVers (BGH **46**, 332), auch dann, wenn der Verl noch nicht sicher ist, daß die beitragsl Zt später zu einer Verkürzg seiner Rente führen würde (BGH NJW **78**, 155) u auch dann, wenn ihm inf des Unfalles BerufsUnfähigkRente gezahlt w, die eine spätere Verkürzg seines Altersruhegeldes versorggsmäß ausgleichen kann (BGH **69**, 347; zweifelnd Buchmüller NJW **78**, 999). Ers der Beitr des ArbG zu einer priv Pensionskasse, KG OLGZ **72**, 406. Haftgsr sind die ArbGAnt zur soz Kranken- u RentenVers (§ 4 LFZG), nicht aber die zur ges UnfallVers als zu ersetzdes ArbEntgelt des versicherten ArbN anzusehen, BGH NJW **76**, 326. Ferner VermSchaden, der dadurch entsteht, daß Verletzter sein ErwerbsGesch unter dem wirkl Wert veräußern mußte, RG **95**, 173. Desgl, wenn er aus tät Erwerb - auch im Rahmen einer Eheg-InnenGesellsch, BGH Warn **72**, 210 - ausfällt u hierdch der GesellschGewinn, der ihm anteilig zusteht, geschmälert w, BGH **LM** Nr 1a; darü, daß Verletzer auch dem Gter, der vertragl eine TätigkVergütg erhält, voll ersatzpflicht ist, vgl BGH aaO u § 61 Anm 5. Das ArbEntgelt muß nicht fix sein, es kann in der Höhe von best BetrErg, Gewinn od Umsatz abhängen. Nicht zu ersetzen sind Bezüge, die sich nicht als – ggf auf ZtAbschn aufteilb – Vergütg für unfallbdgt Ausfallen der ArbLeistg darstellen, sond die, bloß als Vergütg für ArbLeistgen bezeichnet, in Wahrh eine Entn auf Gewinn verdecken, zB beim GeschF einer GmbH, der zugl Gter ist (BGH NJW **78**, 40). VermSchad auch zu ersetzen, wenn Grdst zur ZwVerst gelangt, RG **141**, 173, ebso Beschränkg der Heiratsaussichten einer Frau, BGH JZ **59**, 365. Beeinträchtigg der Ehefr in der Haushaltsführg vgl § 843 Anm 4 Ad. Über Brutto- od Nettobeträge der Dienstvergütgen des Verletzten vgl § 843 Anm 4 Ab. Über Übergang auch dieses Anspr auf den Träger der Versicherg od Versorgg vgl Vorbem 7 c vor § 249. Nicht zu ersetzen ist Ausfall echter AufwandsEntsch, solange Verletzter seiner Tätigk nicht nachgeht, BGH MDR **68**, 38, zB TrenngsEntsch, Nürnb VersR **68**, 976. Nicht zu ersetzen ist entgangener Erwerb aus gesw Tun, nur eingeschr zu ersetzen ist entgangener Erwerb aus einer Betätigg, die die guten Sitten verstößt wie Prostitution (BGH **67**, 119).

§ 843 1–4

843 *Geldrente oder Kapitalabfindung.* ᴵ Wird infolge einer Verletzung des Körpers oder der Gesundheit die Erwerbsfähigkeit des Verletzten aufgehoben oder gemindert oder tritt eine Vermehrung seiner Bedürfnisse ein, so ist dem Verletzten durch Entrichtung einer Geldrente Schadensersatz zu leisten.

ᴵᴵ Auf die Rente finden die Vorschriften des § 760 Anwendung. Ob, in welcher Art und für welchen Betrag der Ersatzpflichtige Sicherheit zu leisten hat, bestimmt sich nach den Umständen.

ᴵᴵᴵ Statt der Rente kann der Verletzte eine Abfindung in Kapital verlangen, wenn ein wichtiger Grund vorliegt.

ᴵⱽ Der Anspruch wird nicht dadurch ausgeschlossen, daß ein anderer dem Verletzten Unterhalt zu gewähren hat.

1) Allgemeines. Vgl hierzu auch § 842 Anm 1, 2. Bei Verletzg von Körper u Gesundh als Ausgl für dauernde Nachteile regelm Rente, Kapitalabfindg nur in bes AusnFällen. Herstell in Natur ist ausgeschl. Die Rente nach § 843 ist zu gewähren einers bei Aufhebg od Minderg der Erwerbsfähig u anderers bei Vermehrg der Bedürfn. Doch handelt es sich hierbei nicht um zwei versch ErsAnspr, vielm ist die Rente **einheitl, ziffernm nicht teilb Ganzes,** gleichgült, ob sie aus dem einen od anderen GesichtsPkt gewährt w. Daher ist bei der Festsetzg auf beide Umst Rücks zu nehmen, RG **74**, 131; auch kann eine anderw Verteilg innerh dieser beiden SchadErsTeile stattfinden, ohne daß dadurch VerjEinr gg die Erhöh des einen od anderen RGRK Anm 5. Infolgedessen besteht bei Klage aus § 323 ZPO keine Herabsetzgsmöglichk, falls das Einkommen sich zwar gebessert, die Bedürfnisse sich aber vermehrt haben; ebso keine Erhöh im umgekehrten Fall, RG **74**, 131. Anspr auf Erstatt der Heilgskosten steht selbständ neben dem Anspr wg Beeinträchtigg der Erwerbsfähig od Vermehrg der Bedürfn, RG **151**, 286; für ihn gelten §§ 249 ff, aber auch § 843 IV, vgl Anm 7; über Zubilligg von Heilgskosten in Form einer Rente RG **95**, 85. – **Sondervorschriften** enthalten HaftpflG §§ 3 a, 4, 7; StVG §§ 10 ff; LuftVG § 38.

2) Beeinträchtig der Erwerbsfähig (Abs I, 1. Alternative) verpflichtet nur zum SchadErs, soweit tatsächl Schaden entstanden, dh soweit Verletzter von seiner Erwerbsfähig ohne die Verletzg hätte Gebr machen können u inf Verletzg Einnahmeausfall hat, BGH NJW **62**, 1055 (vorzeitige Pensionierg). Rentenbetrag ist also (anders als bei der Sozialversicherg u dem beamtenrechtl PauschaliergVerf, Mü DAR **68**, 275), nicht abstrakt, sondern **konkret nach der tatsächl Erwerbsminderg** zu ermitteln. ErwTätigk ist auch die ArbLeistg im Haushalt, sow sie der Erf der UnterhPfl ggü FamilienMitgl dient, BGH NJW **74**, 41, (zust Grasmann FamRZ **75**, 32), u nicht den eig Bedürfn (vgl Anm 3, 4 A d). Kein SchadErs also, wenn jemand von den Einkünften aus seinem Verm gelebt hat, ohne von seiner Erwerbsfähig Gebr zu machen; ebso bei noch nicht erwerbsfäh Kind. Doch Feststellgsklage für den Fall, daß sie in Zukunft in die Lage kommen würden, Erwerb auszuüben, BGH **4**, 133. § 843 weiter unanwendb, sow es sich um die Minderg der Versorggsbezüge der Angehörigen handelt; sie stehen ihnen kr eigenen Rechts – nicht als Erben des Verletzten – zu u sind daher allein nach § 844 II zu beurteilen, BGH NJW **62**, 1055. Sow ErwerbsSchad vorliegt u SozVersTräger dafür Rente bezahlt, ges FdgsÜbergang nach § 1542 RVO (Celle VersR **77**, 549).

3) Vermehrg der Bedürfnisse (Abs I, 2. Alternative). Gemeint ist der schadbdgt vermehrte Bedarf für die pers LebensFührg, BGH NJW **74**, 41, also alle dauernden Nachteile, die dem Verletzten inf dauernder Störg körperl Wohlbefindens entstehen, wie Mehraufwendg dch bessere Verpflegg, dch Kuren, dch Erneuerg künstl Gliedmaßen, bei Kindern auch des Privatunterricht, Warn **14**, 13, Pflegepersonal, verstärkte Verkehrsmittelbenutzg eines Gehbehinderten, BGH NJW **65**, 102, höhere Miete für Wohng am zwangsläuf neuen ArbOrt, Celle NdsRpfl **62**, 108, Kosten einer HaushHlife, sow die ausgefallene ArbLeistg im Haush nicht der der UnterhPfl ggü FamilienMitgl – insow ErwTätigk 1. Alternative –, sond den eig Bedürfn diente, BGH NJW **74**, 41. Auch hier müssen die vermehrten Bedürfn konkret dargetan w, auch bei ges FdgsÜbergang nach § 87 a BBG; abstrakte Pauschalierg nur, wo das G sie zuläßt (§ 1542 II RVO), BGH **LM** § 139 BBG Nr 2. Anspr wg Vermehrg der Bedürfnisse entsteht schon mit dem Eintritt der vermehrten Bedürfnisse, nicht erst mit deren Befriedigg; daher ist der ErsPflichtige zur Nachzahlg der Rente auch dann verpflichtet, wenn die vermehrten Bedürfnisse aus Geldmangel nicht befriedigt w konnten, RG **151**, 298; ebso BGH NJW **58**, 627, VRS **39**, 163 bzgl der notw Stärkgsmittel.

4) Geldrente ist ihrer Natur nach kein Unterh-, sond SchadErsAnspr. Die für UnterhAnspr geltenden Vorschr finden keine Anwendg, auch nicht § 1613. Vgl aber unten D c. Der RentenAnspr entsteht als Ganzes bereits mit der Beeinträchtigg der Erwerbsfähig, nur die Fälligk der einz Rentenbeträge ist hinausgeschoben, RG **142**, 291. Für Höhe u Dauer der Rente bilden die Verh zZ des Unfalls den zeitl Ausgangspkt, doch ist, da es sich um Ausgl für zukünftige Nachteile handelt, die künftige Gestaltg der Verh insow zu berücksichtigen, als sie nach dem gewöhnl Lauf der Dinge u den Umst des Einzelfalles voraussehbar ist, u zwar von dem Ztpkt der Urteilsfällg aus gesehen. Über die Anwendbark von ZPO § 323 s unter D d.

A) Höhe der Rente.

a) Maßgebd ist die **konkrete Sachlage,** keine abstr Berechng. Hat jemand im Ztpkt des Unfalles einen ständigen Erwerb gehabt, so ist regelm davon auszugehen, daß er diesen Verdienst auch in Zukunft gehabt haben würde; es ist Sache des Gegners, den GgBew zu führen, RG JW **11**, 584; hypothetischer Ursachenverlauf, der nachweisl gegeben sein würde, ist zu berücksichtigen, BGH NJW **53**, 977. Bei Unsicherh der künftigen wirtschaftl Verhältn, insb bei schwankender Lohnlage kann DurchschnRente in Betr kommen, RG JW **35**, 2949. Anderers kann der Umstand, daß der Verletzte im Ztpkt des Unfalles eine seiner Erwerbsfähig nicht entspr bezahlte Stellg hatte, nicht dem ErsPfl zugute kommen, RG JW **11**, 584. Über verminderte Erwerbsfähig zZ des Unfalles inf Krankh RG JW **13**, 987. Berücksichtigg krankh Veranlagg des Verletzten, BGH **20**, 137, MDR **60**, 916. Über Berücksichtigg nervöser Störgen als Folge langen Schad-Prozesses RG JW **31**, 1463, 3268.

b) Brutto- oder Nettoverdienst, entgangener Gewinn. Bei Berechng der Rente für entgehenden ArbLohn ist von dem Bruttobetrag auszugehen, BGH **42**, 76 (verletzter Beamter); daher bei Verletzg eines Angest Anspr auch auf Ersatz des ArbGAnteils zur SozVers, BGH **43**, 378 u in priv Pensionskasse, KG Betr **72**, 724; vgl näher § 249 Anm 2 c u § 616 Anm 5. Bei selbständ GewTreibenden ist Rente uU nach den Kosten einer Hilfskraft zu bemessen, BGH **LM** Nr 1. Über Aufgabe eines ErwerbsGesch durch Ehem, dessen Gesch-Unkosten sich durch Mithilfe von Frau u Kindern vermindert hatten, RG JW **11**, 773; über entgangenen Gewinn bei GeschFührer einer GmbH RG **92**, 55; über vermindertes Ruhegehalt inf vorzeitiger Pensionierg BGH NJW **62**, 1055; über Verlust einer Bürostellg RG JW **29**, 913. Kein Ersatz des Vorteils, der nach dem G verboten od sittenw ist, BGH **LM** Nr 5, Stgt HRR **32**, 121 (Erwerbsverlust einer Dirne).

c) Bei **verminderter Erwerbsfähigk** kommt es darauf an, wie weit der Geschädigte den Rest seiner ArbKraft nutzb machen kann. Kann er trotz teilw Erwerbsfähigk keine ArbStelle finden, so ist der ganze DurchschnVerdienst zu ersetzen, RG JW **31**, 2725. Auch darf ihm keine Energieleistg zugemutet w, die weit über das DurchschnMaß hinausgeht, RG JW **37**, 1916. Anderers ist ihm vielf ein Berufswechsel zuzumuten, BGH **10**, 18; so muß sich zB ein an der Hand verletzter Geiger in vernünftigem ZusWirken mit dem ErsPflichtigen (RG **160**, 120) nach einer anderen Stellg, etwa in einem Musikalienverlag, umsehen, RG SeuffA **91**, 64. BewLast für die Möglichk anderer Erwerbstätig trifft den ErsPflichtigen, der uU auch Mittel für die Ausbildg zu neuem Beruf zur Vfg stellen muß, RG **160**, 120. Über Versch des Verletzten, der sich nicht einer Operation unterziehen will, um Erwerbsfähigk wieder zu erlangen, RG **139**. 131, od sich weigert, Gesch durch Hilfskraft fortführen zu lassen, BGH **LM** Nr 1.

d) Verletzg eines Ehegatten. aa) Der verletzte Eheg hat **eigene** Anspr gg den Schädiger auf Ers seines vollen Schadens. Das gilt auch für den nicht berufstät Eheg hins der Vermindergr seiner **häusl ArbLeistg**, BGH (GrS) **50**, 304, einschl der (vom and Eheg bezahlten) Kreditkosten für die Einstellg einer ErsKraft im Haush, Celle NJW **69**, 1671. Der ErsAnspr ist, auch als in § 844 II, nicht nach der ganz aus der Natur nach dem Wert der ohne die Verletzg tats erbrachten ArbLeistg zu bemessen, BGH NJW **74**, 1651; im Erg zust Denck NJW **74**, 2280, Becker MDR **76**, 620. Maßstab sind die Kosten einer ErsKraft, zufassd Hofmann VersR **77**, 296, Eckelmann DAR **78**, 29; für sie geben bestehde TarifVertr über die Vergütg der im Haush beschäftigten AnhaltsPkt (Oldbg NJW **77**, 961). Die HaushFührg eines Eheg (§ 1356) ist auch dann nicht „Dienstleistg" (§ 1360 S 2), wenn er vor der Ehe verletzt worden ist, BGH **38**, 57. Die and Eheg ist nicht mehr ber, SchadErs wg Behinderg des Verletzten in der HaushFührg zu verlangen, BGH GrZS **50**, 304; dazu kritisch Vollkommer JZ **69**, 528. – Ges FdgsÜbergang nach § 1542 RVO vgl Anm 2 2 aE. –**bb)** Ist der Eheg **erwerbstätig** nicht (§ 1356 II), stehen die Anspr aus der Aufhebg od Minderg der ArbKraft ebenf dem verl Eheg selbst zu; so schon für das frühere R BGH **59**, 172; vgl § 845 Anm 2, 3. – **cc)** Bei **Gütergemeinschaft** ist durch Erwerbsausfall eines Eheg immer das GesGut geschädigt, also auch der and Eheg. Der das GesGut verwaltde Eheg (§ 1422) ist daher stets klageberecht; ist er nicht der Verletzte, so kann auch dieser klagen.

e) Anrechng von Versicherungs-, VersorggsLeistgn, Ruhegehalt, ges FordergsÜbergang vgl Vorbem 7 c vor § 249.

B) Dauer der Rente. Festsetzg einer zeitl Grenze im Urt ist erforderl, RG JW **32**, 787, deren Bestimmg sich nach der Art der Berufstätigk, dem körperl u geist Zustand des Verletzten bemißt. Jeder Schematismus ist abzulehnen; deshalb ist auch kein allg Erfahrgssatz anzuerkennen, wonach die ArbFähigk stets von einem bestimmten Lebensalter ab (65. LebensJ) aufhöre, RG JW **33**, 830, 1405; Hamm MDR **76**, 45 nimmt im entschiedenen Fall 70. LebensJ an. Bestimmg des Wegfalles der Rente für den Fall der Verheiratg einer Frau ist unzul, Warn **34**, 74. – Nur ausnahmsw Rente auf Lebenszeit, wenn zB nach den persönl u berufl Verh des Verletzten ein bestimmter Erwerb bis ins hohe Greisenalter mit Zuverlässigk angenommen w kann, RG JW **31**, 865, od wenn der arbeitsfähige Verletzte den Unfall in sehr hohem Alter erleidet, Warn **08**, 57.

C) Nach § 843 II S 1 ist **§ 760** anzuwenden. Der RentenAnspr endigt in jedem Fall mit dem Tode des Berechtigten. Keine Befugn des Richters, abweichende Zeitabschnitte od nachträgl Zahlg anzuordnen, RG **69**, 296. Die FormVorschr des § 761 findet auf einen Vergleich, durch den als Abfindg eine Rente zugesagt w, keine Anwendg, RG **89**, 259.

D) Verfahrensbesonderheiten: a) Ob **Leistgs- oder Feststellgsklage** gegeben ist, hängt davon ab, ob sich die künftigen Erwerbsmöglichk mit hinreichender Wahrscheinlichk übersehen lassen; vgl hierzu auch § 844 Anm 4 und unten d. Ist dies der Fall, so kann Verletzter Leistgsklage auch für eine fernere Zukunft erheben u braucht sich nicht auf Feststell verweisen zu lassen, RG JW **35**, 2953; über Leistgsklage als Nachforderungs- od Zusatzklage nach § 258 ZPO, wenn ein früheres Urteil nur über einen Teil des Anspr entsch hat, vgl d. Nur Feststellgsklage mögl bei noch nicht erwerbsfähigen Jugendl, vgl RG JW **09**, 392, es sei denn, daß nur gewöhnl DurchschnLohn für Hand-, Haus- od Fabrikarbeit in Frage steht, RG JW **06**, 236. Ist künftige Entwicklg nicht zu übersehen, so kann statt der begehrten Leistg auf Feststell erkannt w, wenn, was regelm bejaht w kann, dem Kläger hiermit gedient w; vgl RG **145**, 196. Immer aber ist für Feststellgsklage hins weiteren Schadens Prüfg erforderl, ob überh noch ein weiterer Schaden entstehen kann, RG **142**, 291. Bei Leistgsklage kann die Höhe der Rente in das richterl Ermessen gestellt w, wenn dem Gericht genügende Grdlagen hierfür geboten w, BGH **4**, 138.

b) Die gesonderte **Entscheidg über Grund des Anspruchs** gem ZPO § 304 muß grdsätzl alle den Anspr selbst betr Einwendgn erledigen, also zB Aufrechngseinrede. Jedoch ist anerkannt, daß Vorbeh im ZwUrt zul, wenn KlagFdg auf jeden Fall AufrechngsFdg übersteigt, u zwar auch bei konnexer AufrFdg, BGH **11**, 63. Auch über die Quote des mitw Versch muß im ZwUrt entsch w; jedoch genügt auch hier Vorbeh, wenn feststeht, daß KlagFdg nur gemindert w kann, BGH **1**, 34. ZwUrt darf nicht ergehen, wenn über den Einwand des gesetzl Fordergsübergangs auf öff VersTräger entschieden w kann, BGH NJW **56**, 1236. Zeitl Begrenzg der Rente im Grdurteil zweckm; wenn nicht, muß sie in den UrtGründen dem NachVerf vorbehalten w, BGH **11**, 181.

§§ 843, 844

c) Über vorl Vollstreckbark ZPO § 708 Ziff 8. **Pfändgsschutz:** Die Rente ist grdsätzl unpfändb, § 850b ZPO. Daher grdsätzl keine Übertragbark (§ 400), keine Aufrechng (§ 394), keine Verpfändbark (§ 1274 II), keine Zugehörigk zur KonkMasse (KO § 1 I). Ausnahmen: § 850b II ZPO u § 400 Anm 2; der Anspr auf Rente ist in dem Umfang abtretb, wie der Zessionar den Schad getragen h (Celle DAR **75**, 325).

d) Abänderung. aa) Für alle Renten gibt § 323 ZPO gg alle dort genannten Titel eine **Abänderungsklage** bei wesentl Veränderg der Verhältn, sei es im konkreten Bereich des Berecht od Verpfl, sei es im allg wirtsch Bereich. Das Gericht muß aber bereits bei Festsetzg der Rente auf die künftige Gestaltg der Verhältn, soweit voraussehb, Rücks nehmen. ZPO § 323 greift erst ein, wenn davon abweichende Entwicklg eintritt, BGH **34**, 118. Die Einheitlichk der Rente ist auch für die Abänderungsklage von Bedeutg, vgl Anm 1. Keine Abänderungsklage bei FeststellgsUrt, OGH **1**, 62, auch nicht bei Kapitalabfindg RGRK Anm 19. Ob Abänderungsklage nach § 323 ZPO od Nachfordergs- bzw Zusatzklage nach § 258 ZPO gegeben, bemißt sich allein danach, ob im ersten Verf über der verletzten zustehende Rente im ganzen od nur über einen Teil hiervon entschieden worden ist. Hat das erste Urteil über den vollen RentenAnspr erkannt, so nur Abänderg nach § 323 ZPO bei wesentl Änderg der Verhältnisse, andernf Nachforderg nach §258 ZPO, die schon bei nur geringer Änderg des allgem Lohn- u Preisgefüges gegeben ist; BGH **34**, 110. Einer Feststellgsklage fehlt daher RSchutzinteresse, wenn Klage aus § 323 ZPO mögl, BGH aaO; sie kann auch nicht mit dem Hinweis auf die Verj nach § 852 begründet w; vgl § 852 Anm 2a. Wesentl Änderg der wirtschaftl Verhältn zu bejahen, wenn sie zu einer Anpassg der Beamtenbesoldg sowie der Löhne u Gehälter geführt hat, BGH **34**, 118. **bb)** Unterh-Renten Mj, die auf einer ger Entsch, Vereinbg od VerpflUrk beruhen, w dch **AnpassgsVO** gem § 1612a der allg Entwicklg der wirtsch Verh angepaßt. Für UnterhTitel geschieht dies nach dem vereinfachten Verf gem §§ 641 l bis t ZPO dch Beschl des AG. Die AbänderungsKl ist nach § 323 V ZPO nur zul, wenn das vereinfachte Verf zu einem Betr führen würde, der wesentl von dem Betr abweicht, der der Entwicklg der bes Verh der Part Rechng trägt. Unter der gleichen Voraussetzg u iF abw Vereinbg kann der Verpfl gem § 641g ZPO AbänderungsKl gg den letzten im vereinfachten Verf ergangenen Beschl verlangen.

e) Streitwert: kostenrechtl fünffacher Jahresbetrag, § 17 II GKG, sonst 12½facher, § 9 ZPO.

5) Sicherheitsleistg. Nur, wenn die Umst nach freiem Erm des Gerichts SicherhLeistg geboten erscheinen lassen, zB bei Gefährdg des RentenAnspr inf der VermVerhältn des ErsPflichtigen. Höhe des Gesamtbetrages u Dauer der Rentenverpflichtg sind hierbei zu berücksichtigen. HaftpflVersicherg des Ers-Pflichtigen steht der Zuerkenng einer Sicherh nicht ohne weiteres entgg, RG JW **35**, 2949, vgl aber auch RG **157**, 349. Keine SicherhLeistg, wenn nur FeststellgsAnspr, RG **60**, 416. Entscheid über SicherhLeistg gehört, wenn über Grund bes entschieden ist, zum NachVerf, RGRK Anm 13. – Vgl ferner ZPO § 324.

6) Kapitalabfindg kann der Verletzte nach **III** bei Vorliegen eines wicht Grundes verlangen. Doch kein Recht des ErsPflichtigen, den Verletzten in Kapital abzufinden. Der ErsBerecht kann die Wahl zw Rente u KapAbfindg idR bis zum Schluß der letzten TatsVerh treffen, BGH Betr **72**, 1868. **Wichtiger Grund** kann darin liegen, daß Gewähr der Abfindg voraussichtl günstigen Einfluß auf den Zustand des Verletzten od daß Gewähr einer Geldrente ungünstigen Einfluß haben würde, RG **73**, 418, od daß Verletzter gg einen von mehreren Schädigern aus Vertr einen KapitalAnspr hat, RG JW **32**, 3719, od daß der jugendl Verletzte den Wunsch hat, sich durch Errichtg eines Erwerbsgeschäftes selbständig zu machen, RG JW **33**, 840, od daß die Durchsetzg eines RentenAnspr gg den im Ausland wohnenden od seinen Wohns oft wechselnden Schu bes Schwierigkeiten bereiten würde, RGRK Anm 14, u zwar nach Nürnb FamRZ **68**, 476 selbst dann, wenn eine inl VersGesellsch für den Verpflichteten den Schad zu tragen h. Kein wicht Grund jedoch, wenn Schu zwar in Konkurs geraten, aber zahlgsfäh Versichergsgesellsch hinter ihm steht, RG **93**, 209. Bei mehreren ErsPfl ist die Frage, ob Kapitalabfindg od Rente, nach den Verhältn aller Beteiligten einheitl zu entscheiden, RG **68**, 429, JW **32**, 3719, mehrere GesGläub (SozVersTräger nach FdgsÜbergang) können die Wahl nur gemschaftl treffen, BGH **59**, 187. Zuläss ist Zusprechg von Rente für einige Jahre u später Kapitalabfindg, RG Recht **17**, 1631. – Für Verjähr ist wicht, daß Kapital u Rente nur verschiedene Formen desselben Anspr, nicht verschiedene Anspr sind, RG HRR **33**, 1083.

7) Andere Unterhaltspflichtige schließen nach **IV** den Anspr des Verletzten nicht aus, auch nicht, wenn der Unterh von dem Dritten tatsächl gewährt worden ist. Ausdruck des allg RGedankens, daß auf den Schaden keine Leistgen anderer anzurechnen sind, die nach ihrer Natur dem Schädiger nicht zugute kommen sollen; BGH NJW **63**, 1051; vgl auch § 616 Anm 5; die in IV enth Regel gilt jedoch nicht, wenn nur die Pers des UnterhVerpflichteten, nicht aber die VermMasse gewechselt h (BGH NJW **69**, 2008 – Verm, aus dem Unterh geleistet wurde, geht durch Erbf auf and UnterhPflichtigen über). Die Vorschr des IV ist auch nicht auf den Fall der Wiederverheiratg anwendb, bei der der Ehepartner nunmehr Unterh-Anspr gg den neuen Eheg erlangt, sond bezieht sich nur auf Fälle, in denen ein and UnterhPfl „aus Anlaß des Unfalls" unterhpfl w, BGH NJW **70**, 1127. Die Bestimmung ist wichtig für unterhaltsberechtigte Abkömmlinge, Eltern, Ehefr, soweit letztere eigenen ErsAnspr hat, vgl oben Anm 4 A d. Daher kann der Anspr aus § 843 auch nicht geschmälert w durch Anspr des Verletzten gg den UnterhPflichtigen aus Verletzg seiner AufsPfl (vgl Einf 5 vor § 823 u § 254 Anm 4), Celle NJW **62**, 51. – Abs IV bezieht sich auch auf die Heilgskosten, RG **132**, 223. Anspr hieraufl also auch dann, wenn UnterhPflichtiger diese gezahlt hat; auch dann, wenn die verletzte Ehefr durch ihren Ehem (Arzt) behandelt worden ist, RG **132**, 223. Andrers muß sich das verl Kind die inf KrankenhausAufenth ersparten UnterhLeistgen der Eltern anrechnen lassen, Celle NJW **69**, 1765. – Der UnterhPflichtige kann seiner aus auftragloser GeschFg od ungerechtf Bereicherg von dem Schädiger Ers verlangen, RG **138**, 1. Über Schutz gg doppelte Inanspruchn durch Verletzten u UnterhPflichtigen, RG **92**, 59, LZ **19**, 695.

844 *Ersatzansprüche Dritter bei Tötung.* ¹ Im Falle der Tötung hat der Ersatzpflichtige die Kosten der Beerdigung demjenigen zu ersetzen, welchem die Verpflichtung obliegt, diese Kosten zu tragen.

Einzelne Schuldverhältnisse. 25. Titel: Unerlaubte Handlungen § 844 1–5

II Stand der Getötete zur Zeit der Verletzung zu einem Dritten in einem Verhältnisse, vermöge dessen er diesem gegenüber kraft Gesetzes unterhaltspflichtig war oder unterhaltspflichtig werden konnte, und ist dem Dritten infolge der Tötung das Recht auf den Unterhalt entzogen, so hat der Ersatzpflichtige dem Dritten durch Entrichtung einer Geldrente insoweit Schadensersatz zu leisten, als der Getötete während der mutmaßlichen Dauer seines Lebens zur Gewährung des Unterhalts verpflichtet gewesen sein würde; die Vorschriften des § 843 Abs. 2 bis 4 finden entsprechende Anwendung. Die Ersatzpflicht tritt auch dann ein, wenn der Dritte zur Zeit der Verletzung erzeugt, aber noch nicht geboren war.

1) Allgemeines. a) §§ 844, 845 regeln die **Ansprüche Dritter,** die inf der Verletzg eines anderen Schaden erlitten haben. Einzige Ausn von dem Grds, daß nur der inf seinem RGut selbst Verletzte ersatzberechtigt ist. Der AusnCharakter schließt entspr Anwendg auf andere mittelbar Geschädigte regelm aus, BGH **7,** 30, KG OLGZ **68,** 17 (Verlobte). Die Anspr des Dritten sind in ihrem Bestand unabhängig von dem Anspr des unmittelb Verletzten, gelangen aber nicht zur Entstehg, wenn der unmittelb Verletzte keinen Anspr haben würde. Daher schließt vertragl HaftgsAusschl ggü dem unmittelb Verletzten auch die Anspr der Dritten aus §§ 844, 845 aus, RG **117,** 102. Umstr ist, ob das auch für den gesetzl Ausschl der Haftg ggü dem Verletzer gilt. Auszugehen ist hierbei von dem Zweck des gesetzl HaftgsAusschl; erfordert dieser, daß der Verletzer überhaupt freigestellt w von Anspr aus der Verletzg, so entfallen auch die Anspr des Dritten aus §§ 844, 845. Das gilt für die Ansprüche der Hinterbl u Angehörigen nach § 636 RVO; vgl hierzu § 611 Anm 14a; vgl zu § 898 aF RVO, Celle NJW **59,** 990. Von §§ 844, 845 abgesehen sind die ErsAnspr der Erben, auch nach § 839 u Aufopferg beschr auf die Anspr, die auch der Erbl schon zu seinen Lebzeiten hätte geltd machen können, selbst wenn die Folgen des SchadEreign noch über den Erbf hinaus wirken u das Verm des Erbl nach seinem Tod nunmehr in der Pers der Erben schädigen, BGH BB **68,** 566 (Abwicklgskosten eines Notariats). – Vergleiche u Verzichte, die der unmittelb Verletzte nach der Verletzg abschließt, beseitigen Anspr aus §§ 844, 845 nicht, RGRK Anm 1. Über mitwirkendes Versch des unmittelb Verletzten vgl § 846. Bei Klagen von Hinterbl ist streng zu scheiden zw eigenem Anspr der Hinterbl aus §§ 844, 845 u dem auf sie als Erben übergegangenen Anspr des Getöteten, BGH NJW **62,** 1055.

b) Geltgsbereich: für alle uH, auch bei Gefährdgshaftg (§§ 833, 836), ebso bei § 839, RG **94,** 103, auch im Fall des § 829, RG **94,** 220. Dagg keine Anwendg auf vertragl Anspr (Ausn: § 618; HGB §§ 62 III, 76 I), RG **112,** 296; JW **31,** 1357. Kein SchadErsAnspr der Witwe mit der Begründg, daß sie inf Tötg des Ehemannes den Kindern unterhaltspfl geworden sei, RG **64,** 344, 360. Sondervorschr: HaftpflG §§ 3, 3a, 7, BGH **LM** HaftpflG § 3 Nr 3; StVG §§ 10 ff; LuftVG § 35 ff; AtomG §§ 28 ff.

2) Tötung. Vorsätzl oder fahrlässige. Erforderl ist hier nur tatsächl (objektiver) Zushang zw schuldh begangener Körperverletzg u dem Tode; unerhebl dagg, ob Täter den Tod voraussehen konnte od nicht, RGRK Anm 5 (bestr). Auch Selbstmord inf traumatischer Neurose fällt unter § 844, RGRK aaO.

3) Beerdiggskosten, auch Kosten der Feuerbestattg. Ersatzberechtigt der, der verpflichtet ist, die Beerdiggskosten zu tragen (§§ 1968, 1615 II, 1615 m), nicht der, der sie tatsächl bezahlt, BGH NJW **62,** 792. Auch die nur vertragl begründete Verpflichtg ist ausreichd (str), RGRK Anm 6. Der Umfang der ErsPfl richtet sich nicht in jedem Fall nach den tats entstandenen BeerdiggsKosten, sond stimmt mit der KostenTraggsPfl des Erben für eine standesgem Beerdigg gem § 1968 überein (vgl dort Anm 1), bei Beschaffg eines Doppelgrabes zugl für den überl Ehegatten nur der Kosten, die der Beerdigg des Getöteten selbst zuzurechnen sind, BGH **61,** 238; unter Umst auch die Kosten der Überführg der Leiche, BGH NJW **60,** 911, u der Exhumierg, Karlsr NJW **54,** 720. Nicht: Grabpflege- u InstandsetzgsKosten, BGH **61,** 238, Transport des Verletzten zum Krankenhaus u Kosten der versuchten Heilg; diese Anspr sind vielm in der Pers des Verletzten entstanden u gehen auf dessen Erben über. In aller Regel auch nicht die Reisekosten, die ein Angeh hat aufwenden müssen, um an der Beerdigg teilzunehmen, BGH **32,** 72. – Über den Übergang des Anspr auf den Versorggs- u VersTräger vgl Anm 6 B a.

4) Unterhaltsberechtigte nach II. Gesetzl UnterhPfl ist Voraussetzg. Den Kreis der gesetzl UnterhPflichtigen bestimmen §§ 1360ff, 1570ff, 1601ff, 1615aff, 1736ff, 1739, 1754, 1755; Voraussetzg regelm Bedürftigk des UnterhBer, § 1602; sow jedoch die Ehefrau ihre UnterhPfl der Familie ggü durch Führg des Haushalts erfüllt (§ 1360 S 2), kommt es auf die Bedürftigk des Mannes nicht an, u umgekehrt, § 1602 w eben nicht in § 1360a II erwähnt; BGH NJW **65,** 1710. Diese ArbLeistg kommt daher sowohl dem Ehemann als den Kindern als gesetzl geschuldeter Unterh zugute, so daß Ehemann u Kinder nach Abs I auch im Bereich der Sondergesetze der GefährdgsHaftg, Anspr gg den Schädiger haben, BGH **51,** 109, wobei sich die Höhe der Anteile zueinand ans ausgefallenen Unterh nach dem Einzelfall bemißt, BGH NJW **72,** 251. Über den angemessenen FamUnterh nach § 1360a vgl ebda Anm 1 u BGH NJW **66,** 2401, zusfassd Hofmann VersR **77,** 296. – Sow Bedürftigk AnsprVoraussetzg, genügt es, daß sie erst später eintritt od ein zunächst UnterhPflichtiger später fortfällt. Solange Bedürftigk nicht eingetreten ist od der entstandene od noch entstehende Schaden nicht od nicht voll beziffert w kann, nur Feststellgsklage, BGH NJW **56,** 1479. An die Beweisführg dürfen keine strengen Anforderungen gestellt w; ausreichd der Bew einer nicht eben entfernt liegenden Möglichk, BGH **LM** Nr 9. Ebso FeststellgsKl, wenn der getötete Angehör, zB mj Sohn erst später unterhpfl gew wäre. Kl- u UrtTenor etwa: Es w festgestellt, daß der Bekl der Klin Schad-Ers dch Entrichtg einer Geldrente zu leisten h, sobald sie von ihrem am . . . getöteten Sohn Unterh hätte verl können. Da das die UnterhPfl begründende Verhältn „zur Zeit der Verletzg", also nicht zZ des Todes, bestanden haben muß, steht der Witwe, die den bereits Verletzten geheiratet hat, der Anspr nicht zu; ebso nicht dem erst nach der Verletzg Erzeugten (vgl II S 2). Darüber, ob der Dritte zur Zeit der Verletzg bereits erzeugt war, ist gem ZPO § 286 ohne Bindg an §§ 1592, 1600o II S 3 zu entsch.

5) Entziehg des Rechtes auf Unterhalt durch Tötg (II) ist weitere Voraussetzg des ErsAnspr. Als SchadErsAnspr setzt er also auch LeistgsFähigk des UnterhVerpfl (BewLast beim Berecht) u Beitreibbark beim Verpfl (nach § 287 ZPO zu beurt) voraus, BGH NJW **74,** 1373. UnterhSchad auch, wenn die Unterh-

Pfl auf die Erben übergeht, diese aber tatsächl zur Leistg nicht in der Lage sind, RG **74**, 375, od wenn der Erbe aus RGründen zu geringeren Leistgen befugt ist, od wenn bei einem GutsüberlassgsVertr der Tod des Übernehmers den Überlasser nicht nur den vertragl, sond auch den gesetzl UnterhAnspr entzieht, RG DR **44**, 771. Erlischt die UnterhPfl mit dem Tode, so kann sich der ErsPflichtige nicht darauf berufen, daß nunmehr ein anderer hilfsw zur UnterhGewährg verpflichtet sei, § 843 IV iVm § 844 II S 1. § 843 IV jedoch unanwendb, wenn nur der UnterhPflichtige, nicht aber die UnterhQuelle gewechselt hat, wenn also auch nach dem Tode dem ursprüngl UnterhPflichtigen der Unterh ebso wie vorher aus denselben Einkünften gewährt w, Mü VersR **67**, 190. Ebso w dem Kind dch den Tod der Mutter kein UnterhAnspr gg diese entzogen, wenn dem Kind dch den Tod des Vaters – sei es bei dem näml Unfall – im Erbweg Verm zufällt, dessen Einkünfte den Unterh des Kindes decken, BGH NJW **74**, 745.

6) Geldrente (II). Sie ist SchadErs, u zwar Ersatz des tatsächl Ausfalls, BGH LM § 844 Abs 2 Nr 2. Ob II auch die UnterhRückstände erfaßt, ist bestr; bej, soweit der Getötete in der Lage gewesen wäre, sie im Laufe der Zt zu tilgen, Nürnb VersR **71**, 921, Düss FamRZ **70**, 103; verneind BGH NJW **73**, 1076, KG NJW **70**, 476, Mü NJW **72**, 586; vgl auch § 843 Anm 4.

A) Höhe. a) Maßgebend sind die Anspr, die die Hinterbliebenen nach den famrechtl Vorschr (vgl Anm 4) gg den Getöteten bei dessen Fortleben währd der mutmaßl Dauer seines Lebens gehabt h würden, BGH NJW **69**, 1667; dabei sind die letzten – Köln VersR **69**, 382 – EinkVerh des UnterhPfl u deren voraussichtl Entwicklg zu berücksichtigen, BGH VersR **64**, 597. Der UnterhSchad ist nicht ident mit dem Teil des Eink des Getöteten, der über seinen eig Bedarf hinausging, Stgt VersR **69**, 720; bei Eink aus einer Ges kommt es nicht auf tats Entnahmen, sond auf den Umfang des EntnahmeR an, BGH VersR **68**, 770. Anderers ist VermBildg zu Lasten der für den Unterh verfügb Mittel anzuerkennen, BGH aaO. Der UnterhAufwand ist nicht in einem bestimmten Prozentsatz des Eink des Getöteten, sond in den Beträgen auszudrücken, die er zur Erf seiner UnterhPfl hätte aufwenden müssen, BGH VersR **64**, 597. Zum Einkommen gehören unabhäng von ihrer Bezeichnung, ihrer steuer- od arbeitsr Behandlg alle Bezüge, sofern sie nicht von vornherein dch ihren bes VerwendgsZweck aufgebraucht w, also zB KriegsbeschRente (BGH NJW **60**, 1615), Auslöse, sow sie nicht dch die erhöhten Aufw des auswärts Arbeitden aufgezehrt w (Saarbr VersR **77**, 727: 50%), UrlGeld, Gratifikation, LeistgsZuschlag, Treueprämie (BGH NJW **71**, 137). Ohne Bedeutg sind dagg die Verhältn des ErsPflichtigen. Über Berücksichtigg der sozialen Abgaben, die Getöteter hätte zahlen müssen, die Aufwendgen für seine persönl Bedürfn, RG **159**, 22, BGH LM § 844 Abs 2 Nr 2 u die allg Kosten des Haushalts. – Die Aufwendgen des Ehem für eine angem Altersversorgg können seiner Witwe als Tl des ihr entgangenen Unterh zugebilligt w, BGH VersR **71**, 717; ebso der Tl der Einkünfte, die üblicherw für die spätere Altersversorgg des UnterhBerecht zurückgelegt worden wäre, BGH VersR **56**, 38, u die Prämien, die der Erbl für eine Lebens- od Unfallversicherg weiter hätte zahlen müssen, wenn er nicht vorzeitig gestorben wäre, BGH **39**, 254. Die UnterhLeistg kann auch in einer Tätigk im Gesch des Eheg bestanden haben, RG JW **31**, 3308, od in Dienstleistgen der nichtehel Mutter ggü dem pflegebedürftigen Kind, BGH NJW **53**, 619. Der UnterhSchad dch den Tod der Mutter ist unter Berücksichtigg v HaushFührg u BarEink zu ermitteln, weil die Berufstätigk die Mutter nicht von der Sorge um die pers Betreuung und Erziehg der Kinder befreit (BGH FamRZ **76**, 143). **Kinder** können eine ihrer Lebensstellg entspr Erziehg u Ausbildg verlangen, uU auch Kosten eines Studiums, Nürnb VersR **60**, 957; auch Ers für das von dem Getöteten bezogene Kindergeld, BGH NJW **76**, 1573. Das Maß des zu ersetzden Unterh best sich nach dem tats Lebensbedarf des Kindes, auf dessen Erf es einen ges Anspr hatte. IF der Unterbringg bei Verwandten sind AnhPkt die übl Kosten einer gleichwert Unterbringg in einer fremden Familie ohne die gesondert zu berechnden Sachleistgen für Verpflegg, Kleidg etc, BGH NJW **71**, 2069. Zum UnterhSchad gehört auch der Ausfall der für die Versorgg u Betreuung des Kindes erforderl bes Leistgen, insb nicht berufstät gewesenen Mutter. Der ErsAnspr geht auf eine Rente zur Verschaffg gleichwert Dienste (Mü VersR **77**, 551). Rückstände s oben. Die **Witwe** kann auch Ers dafür fordern, daß sie inf des vorzeitigen Ablebens ihres Mannes ein geringeres Witwengeld (Wussow DAR **51**, 3) od überh kein Witwengeld erhält (BGH **32**, 246, Warn **70**, 322), desgl auch Ers für Verringerg der Sozialrente inf des Todes ihres Mannes, Düss VRS **3**, 329. Dch den Tod des Ehemannes h die Witwe nicht nur den UnterhAnspr verloren, sond ist auch von ihrer UnterhVerpfl aus eig ArbEink ihm ggü frei geworden. Ob dieser Vort den ErsAnspr wg des UnterhSchad mindert, beurt sich nach den Grds der VortAusgl. Ein schadmindernder Umst kann dem Schäd nicht zugute k, wenn seine Berücksichtigg bei Würdigg aller Umst den Schäd unbill entlasten würde. Hat die Witwe sorge für ein kleines Kind zu sorgen u war sie ihrem Mann ggü zu einer Erwerbstätigk nicht verpfl, braucht sie sich den Ertr ihrer Arb auf den UnterhSchad nicht anrechnen zu lassen, BGH VersR **69**, 469; ebso nicht eine 74jähr Witwe ihr ArbEink, das sie neben ihrer Rente freiwill erzielt h, KG VersR **71**, 966. Sie kann sich jedoch nicht darauf berufen, daß die Söhne ohne die Tötg des Vaters eine bessere Ausbildg genossen u ihr dann mehr Unterh gewährt haben würden, KG JW **36**, 464. Einer jungen, arbfäh, kinderl Witwe w im allg zuzumuten sein, zum Zwecke der SchadMinderg einen ihrem soz Stand u ihren Fähigk angem Beruf auszuüben (BGH NJW **76**, 1501). Der **Witwer** h Anspr auf diejen Mittel, die erforderl sind, um den Wegfall der geschuldeten, in der Haushaltsführg bestehenden UnterhLeistgen auszugleichen, sow sie ihm zugute kamen. Dabei kommt es auf das Maß des rechtl geschuld, nicht des tats geleisteten UnterhBeitr der Ehefr an. AnhPkt für den Wert der Haushaltsführg können die Kosten einer vergleichb ErsKraft sein, wobei die Größe des Haush, der Umfang der anfallden Arb, die zur Vfg stehenden Hilfsmittel, die erforderl Kenntn u Fähigk der ErsKraft u die übl Vergütg zu berücks sind. Dabei spielt es keine Rolle, ob sich der Witwer im Ztpkt der Entsch oder später einer solche ErsKraft behilft. Aus ArbEinkommen der getöteten Ehefr aus eig ErwTätigk, auch wenn sie zu ihr nicht verpfl war, hatte sie einen Beitrag zum FamilienUnterh zu leisten; auch sein Wegfall ist desh zu ersetzen, BGH NJW **74**, 1238. Zusfassd: Hofmann, SchadErs beim Ausfall der Hausfrau, VersR **77**, 296, Schlund, SchadErsAnspr bei Tötg od Verl einer Hausfr u Mutter, DAR **77**, 281. – Nach den Regeln des VortAusgl ist zu best, inwieweit der Wegfall der eig UnterhVerpfl ggü der Ehefr zu berücksicht ist, BGH NJW **71**, 2066. Bestehen neben dem Anspr des Witwers gleichart UnterhAnspr von Kindern, so bemißt sich der Schad des einz UnterhBerecht nach dem auf ihn entfallden Anteil an der von der Ehefr u Mutter geschuldeten Haushaltführg, BGH NJW 72, 1130. Bei Ermittlg der ArbZt, die zur Erf der ges UnterhPfl erforderl ist, ist auch eine MitVerpfl der heranwachsden Kinder u des pensionierten Ehem zur MitArb im Haush zu berücksichtigen, so daß im EinzFall eine stundenw bez Hilfskraft zum Ausgl der ausgefallenen HaushFührg dch die Ehefr u Mutter ausr sein kann, BGH FamRZ 73, 535.

b) Anrechng von Versichergs-, Versorgungsleistgen, ges FordergsÜbergang, Erbschaft u sonstige Fälle vgl Vorbem 7 b, c, d aa vor § 249.

B) Dauer der Rente. a) Mutmaßl Lebensdauer des Getöteten. Die Rente kann nur beansprucht w für die Zeit, in der der Getötete währd der mutmaßl Dauer seines Lebens unterhaltspfl gewesen wäre. Jedoch kann hieraus nicht allg gefolgert w, daß ErsAnsprüche für die Zeit nach dem mutmaßl Ztpkt des Todes entfallen. Soweit näml der Getötete währd seines Lebens für seine Angehörigen auch für die Zeit nach seinem Tode gesorgt haben würde, er hieran aber durch seinen vorzeitigen Tod gehindert worden ist, ist auch dieser erst nach dem mutmaßl Tode des Getöteten eintretende Schaden den Hinterbl zu erstatten; BGH 32, 246 m Anm von Hauß LM § 844 Abs 2 Nr 21. Die mutmaßl Lebensdauer des Getöteten ist unter Berücksichtigg von GesundhZustand, Alter, Beruf, Lebensgewohnh des Verletzten zu ermitteln. Die Rente ist daher trotz der Schwierigk der Ermittlg dieses Ztpktes kalendermäß abzugrenzen, RG 90, 226. Daß der Getötete ohnehin an einer Krankh zZt des Unfalls gestorben od aus gesundheitl Grden vorzeit erwerbsunfäh geworden wäre (überholde Kausalität), h der Schädiger zu bew, BGH NJW 72, 1515. Unzul ist die Rente der Witwe für deren Lebenszeit in der Begründg zuzusprechen, daß die Getötete vermutl ebso lange gelebt haben würde wie die unterhaltsberecht Witwe, RG JW 27, 2371. – Ist der Anspr gg den Schädiger nach § 1542 RVO, § 81a BVersG, § 87a BBG auf den Träger der Vers bzw der Versorgg od den Dienstherrn, übergegangen, so kann er von diesen so lange geltd gemacht w, als sie selbst die durch den Tod ausgelösten VersorggsAnspr der Hinterbl zu erfüllen haben, also nicht nur bis zu dem Ztpkt, in dem der Getötete Altersrente od Ruhegehalt bezogen haben würde (so noch BGH 1, 45), sond bis zu seinem voraussichtl natürl Tode, BGH (GrZS) 9, 179; aA Reinicke NJW 53, 1243. Über nach der RVO zuläss Pauschbeträge § 843 Anm 4 e. Übergang der Anspr gg nahe FamAngeh aus FahrlkHaftg für Körperschäden (unter 3 b vor § 823) verneint, weil gg den Schutzzweck der gesetzl Versorggsbestimmgen verstoßd, BGH 41, 79 (zu § 1542 RVO analog § 67 II VVG), BGH 43, 78 (Versorgg nach BeamtenR); verneint auch Übergang der Anspr auf Erstattg der Beerdiggskosten in diesen Fällen, sow diese auf Abtretg gestützt w, BGH 43, 79.

b) Durch Wiederverheiratg verliert die Witwe den Anspr nicht ohne weiteres, vielm bleibt er insow bestehen, als sie in der neuen Ehe nur eine geringere Versorgg erhält. Es ist daher unzul, den Anspr bis zum Ztpkt der Wiederverheiratg zu beschränken; vgl § 843 Anm 7. **Adoption** von Unfallwaisen ist auf ihren SchadErsAnspr ohne Einfluß, BGH NJW 70, 2061; vgl auch § 1755 Anm 1 b. Wesentl Änderg der Verhältn kann von dem ErsPfl wie auch von dem ErsBerecht nach § 323 ZPO geltd gemacht w, BGH 34, 115; vgl § 843 Anm 4 D d.

c) Wegfall des Anspruchs. Der RentenAnspr kann schon vor dem mutmaßl Lebensende des UnterhVerpflichteten früher endigen würde. Dabei ist darauf abzustellen, wie sich die RBeziehgen zw dem UnterhBerecht u dem unterhpflicht Getöteten bei Unterstellg seines Fortlebens entwickelt h würden. Für die Beurteilg dieser künft Entwicklg benötigt der Richter eine greifb Tats als Ausgangsposition, BGH 54, 45 [55]. Nicht zu berücksichtigen ist in diesem ZusHang eine bloße ScheidgsKlage, wohl aber die Erfolgsaussicht eines bereits erhobenen ScheidgsAntr, BGH Betr **74**, 1284. Zu berücksichtigen ist ferner zB, wenn die Kinder wirtschaftl selbständ werden. Auch die Wahrscheinlichk der Heirat der Kinder ist in Betr zu ziehen, Düss NJW 61, 1408.

d) Die UnterhPfl kann auch erst gewisse Zeit nach dem Tode beginnen.

C) Verfahrensrechtliches. a) Bestimmg der mutmaßl Lebensdauer vgl § 843 Anm 4 D b. Mehrere gg einen Bekl aus dem gleichen Ereign Berecht müssen EinzSummen angeben, BGH 11, 181, dürfen aber eine and Aufteilg auf die einz Kl im Rahmen des insges geltd gemachten Betr dem Ger überlassen, BGH NJW 72, 1716. – **b)** Über Leistgs- u Feststellgsklage vgl Anm 4 u § 843 Anm 4 D a. Feststellgsklage neben Leistgsklage nur in bes Fällen zul, BGH **5**, 314. Über Klage nach § 323 ZPO u Antrag auf Anpassg im vereinfachten Verf wegen wesentl Veränderg der Verhältn vgl § 843 Anm 4 D d. – **c)** Über Pfändgsschutz § 843 Anm 4 D c. – **d)** Vorläufige Vollstreckbark gem ZPO § 708 Z 8. – **e) Streitwert**: s § 843 Anm 4 D e. – Über Kapitalabfindg, Form der Entschädigg u UnterhPfl eines Dritten vgl § 843 Anm 5, 6, 7.

845 *Ersatzansprüche wegen entgangener Dienste.* Im Falle der Tötung, der Verletzung des Körpers oder der Gesundheit sowie im Falle der Freiheitsentziehung hat der Ersatzpflichtige, wenn der Verletzte kraft Gesetzes einem Dritten zur Leistung von Diensten in dessen Hauswesen oder Gewerbe verpflichtet war, dem Dritten für die entgehenden Dienste durch Entrichtung einer Geldrente Ersatz zu leisten. Die Vorschriften des § 843 Abs. 2 bis 4 finden entsprechende Anwendung.

1) Allgemeines. Vgl § 844 Anm 1. § 845 gilt nicht für die RGebiete des HaftpflG, des StVG u des LuftVG, RG 57, 52, 139, 295; vgl jedoch entspr Bestimmg in § 53 II LuftVG bei Schäden durch milit Luftfahrzeuge. Über den Übergang des Anspr nach § 1542 RVO vgl BGH NJW 59, 2062.

2) Dienstleistgspflicht kraft Gesetzes. Der Eheg erfüllt durch die Führg des Haushalts keine DienstLeistgsPfl, sond seine UnterhPfl, §§ 1356, 1360 S 2. Desh gilt der § 845 nicht, sond iF der Verletzg § 843 (dort Anm 4 Ad), iF des Todes § 844 II (dort Anm 4). Das gilt auch, wenn der getötete Ehem im Haush mitgearbeitet h (Stgt VersR 73, 1077). Über das R des Eheg zu eig Erwerbstätigk vgl § 1356 II. Auch insow

§§ 845–847

steht der ErsAnspr aus der Aufhebg od Minderg der ArbKraft dem verl Eheg selbst zu; so schon das frühere R, BGH **59**, 172; aA Kropholler FamRZ **69**, 241. Kinder – auch nichtehel – ggü Eltern § 1619, auch Kinder aus nichtigen Ehen, ferner legitimierte, angen Kinder, §§ 1591 I 1 Halbs 2, 1671 VI, 1705, 1754, 1755. Die Ann familienrechtl Dienstleistg eines erwachsenen Sohnes (elterl Hof) ist auch unter heut gesellsch Verh nicht ausgeschl, BGH NJW **72**, 429. Entscheidend ist nicht die Art der Dienste, sond nur ob sie in den Rahmen des Hauswesens od Gesch der Eltern fallen; also auch höhere Dienste, RG **162**, 119. Verh zum Anspr des Kindes selbst s unten Anm 3f. Keine Anwendg auf vertragl od tatsächl DienstLeistgn ohne gesetzl Verpflichtg, so wenn etwa der mit seinem Eheg im Rahmen eines GesellschVerh tät war, BGH NJW **62**, 1612. – Dienstverpflichtg muß bereits im Ztpkt der Verletzg bestanden haben, Mü NJW **65**, 1439, ebso KG NJW **67**, 1090.

3) SchadErsAnspr. a) Nur für die entgehenden Dienste, wobei es unerhebl ist, ob der Dienstverpflichtete die Dienste tatsächl geleistet hatte od nicht, od ob er durch eine berufl Tätigk ganz od teilw an deren Wahrnehmg verhindert war, BGH Betr **59**, 487. Bei Verletzg eines Ehegatten steht diesem selbst der ErsAnspr infolge Ausfalls seiner ArbKraft im Haush u im Beruf od Gesch bes and Eheg zu. Hat der DienstBerecht ErsKräfte eingestellt, so sind grdsätzl die an diese geleisteten Zahlgn einschl etwaiger Kreditspesen zu ersetzen, Celle NJW **69**, 1671. **b) Höhe der Geldrente:** ZPO § 287. Ausgangspunkt bieten die tatsächl Verhältn im Ztpkt des Unfalles, doch ist die voraussichtl künft Entwicklg zu berücksichtigen. Zu ersetzen ist aber nicht der Schaden aus Verlust der Dienste, sond der Wert der Dienste, das ist der Betr, der auf dem freien ArbMarkt für eine ErsKraft aufgewendet w muß, die Leistgn des Verletzten erbringt, Stgt NJW **61**, 2113, zuzügl Wert der Sachaufwendgen (Verpflegg usw). Über Anrechng der Ersparnisse vgl unter d. – **c)** Für die **Dauer der Rente** ist maßg, wie lange der Dienstverpflichtete voraussichtl die Dienste geleistet hätte. Auch hier kann keine schematische Beurteilg der voraussichtl ArbFähigk erfolgen. Auch Annahme überdurchschnittl Lebenserwartg kann sachl gerechtf sein, BGH VRS **26**, 327. Etwaige Wiederverheiratg des Mannes ist unberücksichtigt zu lassen; für diesen Fall bleibt Abänderngsklage aus ZPO § 323. RentenAnspr endet in jedem Fall mit dem Tode des Dritten. – **d)** Über **Anrechng von anderen Renten** u Übergang auch der Anspr aus § 845 auf den Träger der Versicherg od Versorgg, vgl Vorbem 7c vor § 249. Keine Anrechng, insow diese Renten einem anderen Zweck dienen als dem Ausgl für die entgangenen Dienste, BGH NJW **62**, 800. – Vorteilsausgleich wg Wegfalls der UnterhPfl nur, insow Ausgaben für Wohng u Verpflegg entfallen, im übr nicht; BGH **4**, 123; VersR **61**, 856. – **e)** Nicht anwendb sind auf die Rente (anders als in den Fällen der §§ 843, 844) ZPO § 708 Z 8, 850b. Die Rente ist also **pfändb**, übertragb, verpfändb, aufrechenb u gehört zur KonkMasse. – **f) Verhältn zum Anspr des Kindes selbst aus § 842:** Dem Anspr der Eltern geht vor ein eig Anspr des verl Kindes nach § 842, sow es dch Aufn einer zumutb ErwerbsTätigk außer Haus seine ArbKraft zu verwerten vermag. Das Fehlen eines vorrang Anspr des Kindes selbst h die Eltern zu beweisen (BGH **69**, 380). **g) Streitwert:** s § 843 Anm 4 D e.

846 **Mitverschulden des Verletzten.** Hat in den Fällen der §§ 844, 845 bei der Entstehung des Schadens, den der Dritte erleidet, ein Verschulden des Verletzten mitgewirkt, so finden auf den Anspruch des Dritten die Vorschriften des § 254 Anwendung.

1) Ausdehng der Anwendg des § 254. Trifft den unmittelb Verletzten ein mitw Versch, so sollen dadurch die Anspr des Dr aus §§ 844, 845 in gleich Weise gemindert od aufgeh w, als wenn es sich um einen eigenen Anspr des unmittelb Verletzten handelt. Darü, daß Verletzer sich auch den nach §§ 844, 845 Berechtigten ggü auf den gesetzl Ausschl der Haftg dem Verletzten ggü berufen kann, vgl § 844 Anm 1. Daselbst auch über den vertragl Ausschl der SchadErsAnspr; hierzu u über das Handeln auf eig Gefahr vgl ferner § 254 Anm 6 und Einf 3c v § 823. Einrede der unzul RAusübg, die ggü dem Verletzten zul sein würde, auch ggü den nach §§ 844, 845 Berechtigten, RG **170**, 315. Sow die SchadErsAnspr der §§ 844, 845 Berechtigten kraft G auf Dritte übergegangen sind (Versicherngn, Dienstherr), kann diesen ein eig mitwirkendes Versch ebso wie eine von ihnen zu vertretende Betriebsgefahr nicht entggehalten w; vgl § 843 Anm 4 A e. - Grds des § 846 auch im HaftPflRecht anwendb, BGH NJW **61**, 1966. Unanwendb jedoch auf Fälle, in denen eine schadenstiftende Eignerwirkg auf einen Dritten begriffl kein notw Erfordern für die zum Schaden des Verletzten führende Ursachenreihe ist (AmtsPflVerletzg bei der Beurkundg eines Testamentes; SchadErsAnspr dessen, der hierdurch nicht Erbe w), BGH NJW **56**, 260.

2) Keine entsprechende Anwendg, wenn bei einer dch Unfall eines nahen Angehör seel verurs GesundhBeschädigg (Vorbem 5 c dd vor § 249) den unmittelb Verl ein MitVersch trifft. Dieses fremde Versch kann aber nach §§ 254, 242 anzurechnen sein, weil die psych vermittelte Schädigg nur auf einer bes pers Bindg an den unmittelb Verl beruht, BGH **56**, 164 gg RG **157**, 11.

847 **Schmerzensgeld.** I Im Falle der Verletzung des Körpers oder der Gesundheit sowie im Falle der Freiheitsentziehung kann der Verletzte auch wegen des Schadens, der nicht Vermögensschaden ist, eine billige Entschädigung in Geld verlangen. Der Anspruch ist nicht übertragbar und geht nicht auf die Erben über, es sei denn, daß er durch Vertrag anerkannt oder daß er rechtshängig geworden ist.

II Ein gleicher Anspruch steht einer Frauensperson zu, gegen die ein Verbrechen oder Vergehen wider die Sittlichkeit begangen oder die durch Hinterlist, durch Drohung oder unter Mißbrauch eines Abhängigkeitsverhältnisses zur Gestattung der außerehelichen Beiwohnung bestimmt wird.

Schrifttum: Berger, Tendenzen bei der Bemessg des SchmerzG, VersR **77**, 877; Ebel, Zur Höchstperslk des SchmerzGAnspr, VersR **78**, 204; Gelhaar, Die Bemessung des SchmerzG BB **66**, 1317; Günther, SchmerzG, 1964; Hacks, SchmerzGBeträge, 7. Aufl. 1973; Honsell, Die Funktion des SchmerzG, VersR **74**, 205; Lieberwirth, Das SchmerzG, 3. Aufl 1965; Schunack, SchmerzG, 1969, mit Nachtrag 1973.

1) Allgemeines. a) § 847 ist Ausn von dem Grds, daß nur VermSchad zu ersetzen ist, § 253. Der SchmerzGAnspr bildet bes selbständ Anspr neben dem auf Ers der HeilgsKosten u auf Rente; er ist nicht etwa nur RechngsPosten des GesSchad. Daher keine Auswechslg mit and ErsAnspr, RG **140**, 392. Doch genügt für RechtsHängigk Einklagg v VermSchäd u SchmerzG in einer Summe, RG HRR **32**, 122; Aufteilg muß jedoch, notf nach Hinw nach § 139 ZPO, vorgen w, BGH **LM** § 253 Nr 11. Wg Verj vgl § 852 Anm 4. **Anwendbar** auf alle uH des BGB, auch aus § 831 (Ffm VersR **75**, 267), § 833, § 839 (RG **113**, 106). Bei Verl des allg PersklR vgl § 823 Anm 15 F. Kr pos Bestimmg nunmehr bill Entsch für NichtVermSchad gewährt bei Verl des UrhR in bes Fällen, § 97 II UrhG v. 9. 9. 65, vgl hierzu § 687 Anm 2c. **Nicht anwendbar** auf andere Tatbestände, insb nicht auf Haftg aus HaftpflG, StVG u LuftVG, RG **57**, 55; **99**, 263, auch nicht auf EVO § 4, RG JW **16**, 488, oder auf Haftg aus öffrechtl Verpflichtg, RG **112**, 290, vgl BGH **4**, 147, aus Aufopferg, BGH **22**, 50; od wenn Anspr gg Verletzer nach §§ 636, 637 RVO (vgl hierü § 611 Anm 14a cc) ausgeschl, BAG BB **67**, 670. Dies ist auch bei unfallvers Zahlern untereinand der Fall (LG Hamm VersR **76**, 1153). Der Ausschl ist verfmäß, BVerfG NJW **73**, 502. Ferner keine Anwendg, wenn durch VersorggsG (BBG, BVersG usw) ausgeschl, vgl Einf 2d v § 823, BGH VRS **26**, 334 (zu § 91a SoldVersG). Desgl unanwendb auf Vertragshaftg, auch im Falle des § 618 (RG **113**, 287), es sei denn, daß zugl eine uH vorliegt, RG HRR **28**, 422, Wiese Betr **75** 2309; ausgeschl iF des § 670, BGH NJW **69**, 1665. Desgl nicht auf Anspr aus Verletzg der beamtenrechtl FürsPfl, vgl § 839 Anm 5 A. Die Haftg des Reeders für Schiffsbesatzg u Lotsen (§ 485 HGB) umfaßt auch, ebenso wie daneben mögl eigene Haftg aus § 823ff (BGH **26**, 159), das SchmerzG, Schlegelberger-Liesecke § 485 Anm 7. – Keine analoge Anwendg, da AusnBestimmg.

b) Wesen des Anspruchs. Einverständnis besteht darü, daß der SchmerzGAnspr im wesentl auf den **Ausgleich der Schäden** gerichtet ist, die den Verletzten zugefügt wurden, also **SchadErsAnspr** ist. Der Verletzte soll durch das SchmerzG in die Lage versetzt w, sich Erleichtergen u andere Annehmlichkeiten an Stelle derer zu verschaffen, deren Genuß ihm durch die Verletzg unmögl gemacht wurde. Nach BGH (GrZS) **18**, 149 soll das SchmerzG darü hinaus auch zu einer wirkl **Genugtuung** führen; krit dazu Pecher AcP **171**, 44 [70]. Einheitl Anspr; keine Aufspaltg in einen Betrag zum Ausgl immaterieller Schäden u einen solchen, der der Genugtuung dienen soll, BGH VersR **61**, 164. Honsell VersR **74**, 205 hält desh die Genugtuungs-Funktion für überflüss. Bei VerkDelikten tritt die Genugtuungsfunktion des SchmerzG hinter die AusglFunktion zurück, BGH **18**, 149; ebso wenn der Täter bestraft worden ist, Düss NJW **74**, 1289. Bei GefälligkFahrt unter Freunden entfällt sie idR ganz, BGH VersR **66**, 593. Strafgerichtl Verurteilg des Schädigers ist auf das SchmerzG in der Genugtuungsfunktion anzurechnen, Celle JZ **70**, 548 mit Anm von Deutsch. Bes Bedeutg gewinnt die Genugtuungsfunktion, wenn die bes Schwere der Verl (schwerste HirnVerl, zum Erlöschen aller geist Fähigken u der wesentl SinnesEmpfindgen führt) die AusglFunktion unmögl macht, weil der schadbedingte Zerstörg der Persönlk dem Verl die Eins sowohl in ihren Verlust wie in die Bedeutg des Ausgl nimmt. Der Anspr auf SchmerzG w nicht dadch ausgeschl, daß der Verl mit Wahrscheinlk keine Schmerzen u mit Sicherh keine Genugtuung empfinden kann. Die Höhe des SchmerzG ist in diesem Fall nach seiner zeichenh Sühnefunktion auszurichten (BGH NJW **76**, 1147; abl Niemeyer, Hupfer NJW **76**, 1792). BemessgsGrdlagen vgl Anm 4a. Bei rechtsw Körperverletzg keine Ablehng des Anspr, weil beim rechtm Eingr ähnl Schmerzen entstanden wären, BGH VersR **67**, 495.

c) Mitwirkendes Verschulden des Verletzten ist nach § 254 zu berücksichtigen. Demnach auch die Betriebsgefahr, für die Verletzter, zB als KfzHalter, einzustehen hat, BGH **20**, 259; vgl auch § 254 Anm 2a. § 254 II 1 aE ist anwendb; daraus folgt Obliegenh des Geschäd, den Schad dch zumutb Maßn zu mindern (vgl § 254 Anm 2b). Nach BGH NJW **70**, 1037 soll der Erfolg solcher zumutb Bemühg auch dann anspruchsmindernd berücks w, wenn er nur wg einer dem Verl eigenen außergewöhnl Willenskraft mögl war – bedenkl, aA Nürnb VersR **69**, 91 (VorInst). Das bei alleinigem Versch des Verletzters angemessene SchmerzG ist entspr dem MitVersch des Verl zu mindern, Mü VersR **63**, 739 (krit hierzu Pfeifer NJW **64**, 1262). Stehen dem Verl, den mitwirkdes Versch trifft, mehrere Schädiger ggü, gilt bei Mittätern der Grds der GesSchau (vgl § 840 Anm 2d). In and Fällen kann die Höhe der angem Entsch bei jedem einz Beteil entspr dem Grds der Anm 4 unterschiedl sein, BGH **54**, 283; abl (Ausgl nur im InnenVerh) Reinelt JR **71**, 178.

d) Mehrere Schädiger vgl § 830 Anm 2a, § 840 Anm 2c; im Verh zu mitwirkdem Versch des Verl vorstehd Anm c.

2) Voraussetzgen. Verletzg von Körper od Gesundh od FreihEntziehg (I). Ganz geringfüg KörperVerl (SchürfVerl) u kurzfrist rwidr Festhaltg auf PolDienststelle ohne erhebl psych Beeinträchtigg rechtfert kein SchmerzG (KG NJW **78**, 1202, KG OLGZ **73**, 327). Bei Frauen außerdem Verbrechen od Vergehen gg die Sittlichk (StGB §§ 174, 176, 177, 179, 182) sowie Tatbestd des § 825 (II). Auch Mädchen im Kindesalter. Über SchmerzG bei Verletzg des allg PersönlichkR vgl § 823 Anm 15 F.

3) Nichtvermögensschaden. a) Nachteilige Folgen. Hierzu gehören nicht nur körperl Schmerzen ieS, sond alle nachteiligen Folgen für die körperl u seelische Verfassg des Verletzten, also auch Kummer u Sorgen, Unbehagen, Bedrückg inf Entstellg, Unbequemlichk, Beraubg der Lebensfreude; vgl Anm 1b. Immer aber muß es sich bei den psychischen Schäden um solche handeln, die sich als adäquate Folge einer Körperverletzg od einer GesundhBeschädigg darstellen; vgl dazu Vorbem 5c dd vor § 249.

b) Beispiele: Trümmerbruch des Beines, Br VersR **74**, 148, Karlsr VersR **74**, 151, MeniskusVerletzg Mü VersR **74**, 269; komplizierter Unterschenkelbruch mit ungünst Heilverlauf, Celle VersR **73**, 60; Oberschenkelbruch, KopfVerl, Armwunde, Ffm VersR **74**, 1184; Oberschenkelamputation, Saarbr VersR **75**, 430; Beinamputation bei Säugling, Mü VersR **78**, 285; Verkürzg u Vernarbg eines Beins bei 18jähr Mädchen, Köln Betr **73**, 617; komplizierte Splitterbrüche des Unterschenkels, Gehirnerschütterg u Augenschäden, KG VersR **70**, 379; Verlust zweier Finger, MüVersR **75**, 453; Körperverletzg mit schweren irreparablen Dauerfolgen (lebensbedrohde Kreislaufstörg, ArbUnfgk u Impotenz eines 51jähr Mannes), Mü

VersR **63**, 1210; Hirnquetschg mit schweren Dauerfolgen (ua Potenzverlust), Nürnb VersR **75**, 64; schwerste Gehirnschädigg bei einjähr Kind, Düss VersR **75**, 1152; Gehirnquetschg, Gehörverlust u Persönlk Verändrg, Zweibr VersR **76**, 74; sehr schwere Verl mit GehirnQuetschg, die nach 3-jähr Bettlägrigk zum Tode führen, Düss VersR **77**, 60; schwere Vergiftgsschäden mit an die Grenze physischer Vernichtg heranreichenden Dauerfolgen eines 40jähr Mannes, Mü VersR **63**, 1208; Zungen- u MundVerletzg bei zahnärztl Behandlg, LG Bielef VersR **74**, 66; Schädelbruch u leichte GehirnErschüttrg, Mü VersR **74**, 200; Gehirn-Erschüttrg mit Schädelbasisbruch, Stgt DAR **75**, 70; Entferng der Milz bei 8jähr Jungen, Stgt VersR **73**, 550; Explosionsverbrenngen 1. u 2. Grades mit schweren Dauerschäden, BGH VersR **64**, 1299; schwere VerbrenngsVerl, Oldbg VersR **75**, 742; schwerste körperl u geist-seel Beeinträchtigg eines 6jähr Jungen, Karlsr DAR **75**, 158; schwere BrandVerl mit Entstellg im Gesicht, Ffm JZ **78**, 526. Verlust des Geschlechtsorgans bei 10jähr Jungen, Saarbr NJW **75**, 1467; Siechtum des schon vor dem Unfall körperl geschädigten Verletzten unter Berücksichtigg einer drei Jahre nach dem Unfall erfolgten Oberschenkelamputation, BGH VersR **62**, 643; ungewöhnl schwere körperl Beeinträchtigg bei schwier verlaufdem Heilgsprozeß eines schon vor dem Unfall Gehbehinderten, KG DAR **62**, 127; Querschnittslähmg, Ffm NJW **73**, 1415, Mü VersR **70**, 643, KG NJW **74**, 607, Ulrich NJW **70**, 1956; Kniescheibenbruch, unvollk vernarbte Schnittverletzg im Gesicht, schwere mit auszugleichde Zahnschäden einer 20jähr Frau, Mü VersR **64**, 52; GesichtsVerletzg mit Entstellg u Schädig des Trigeminusnervs bei 31jähr Frau, Hbg VersR **73**, 1151; Verlust eines Auges, KG DAR **74**, 125, Celle DAR **75**, 302; 80% Sehverlust auf einem Auge, Stgt VersR **77**, 580; beidseit AugenVerl mit Erblindg eines Auges, Düss VersR **75**, 57; Herabsetzg der Sehkraft eines Auges, Ausfall des zentralen Gesichtsfelds, Schielstellg u partielle Pupillenlähmg, Stgt VersR **78**, 652; Querriß der Strecksehne am Knie, Brschw MDR **66**, 927; Verminderg der Heiratsaussichten (sow nicht Schaden nach § 842), BGH **LM** Nr 14, Celle NJW **68**, 1677; Verstärkg der Leiden dch langdauernden Proz, BGH BB **60**, 574; Nervenschock mit andauernder schwerer psych Beeinträchtigg als Folge der Benachrichtig von dem Unfalltod des Ehem, Mü VersR **70**, 525 (hierzu Vorbem 5 d a vor § 249); unfallbdgte Totgeburt im achten SchwangerschMonat, LG Ellwangen VersR **73**, 1127; psych Störgen nach Miterleben eines Unfalls, LG Tüb NJW **68**, 1187; Vergewaltigg Düss NJW **74**, 1289, mit Schockfolge u Notwendigk der SchwangerschUnterbrechg, LG Hbg MDR **70**, 505; Libidoverlust, Celle NJW **67**, 1514; verletzde ProzBehauptg des HaftPflVersicherers, VerkMitt **67**, 81.

4) Billige Geldentschädigg. a) Höhe gem ZPO § 287 nach freiem Erm zu bestimmen, aber gleichwohl erkennb zu der Art u Dauer der erlittenen Schäden in eine angemessene Beziehg zu setzen, BGH BB **76**, 1500, wobei auch der Bußcharakter des SchmerzG zu berücksichtigen ist, vgl Anm 1 b. Die allg Geldwertentwicklg ist zu berücksichtigen, Karlsr NJW **73**, 851, Köln VersR **74**, 60. **Bemessgsgrundlagen** (vgl BGH GrSZ **18**, 149, KG VersR **69**, 190) sind Ausmaß u Schwere der psych u phys Störgen, die persönl u VermVerh des Verletzten u des Schädigers, also Maß der Lebensbeeinträchtigg, Größe, Dauer, Heftigk der Schmerzen, Leiden, Entstellgn, Dauer der stationären Behandlg, der ArbUnfähigk u der Trenng von der Familie, Unübersehbk des weiteren KrankhVerlaufs, Fraglk der endgült Heilg, Ffm NJW **68**, 1972 (Anm Teplitzky), ferner Grad des Versch u die ges Umst des Falles, zB Bestehen einer HaftPflVers für den Schädiger, grdlose Verzögerg der Regulierg (Karlsr NJW **73**, 851), zusätzl Belastg dch langwier RStreit, BGH VersR **70**, 134, uneinsicht Verhalten des Versicherers, das zu unnöt langer ProzDauer führt u damit Verschlimmerg der Leiden des Verl zur Folge h, Kblz VersR **70**, 551; Zahlgsverweigerg währd eines langen RStreits, jedoch nur, wenn der Schädiger seine LeistgsPfl kannte od kennen mußte, also nicht bei zweifelh RLage, KG VersR **70**, 379; Verletzg des Mitfahrers einer Gefälle-Fahrt od eines Unbeteiligten, Nürnb NJW **71**, 246; familiäre Beziehgen zw Schäd u Geschäd können, wenn die FamGemsch dch die AusglPfl übermäß belastet würde, die Pfl begründen, SchmerzG nicht geltd zu machen (BGH **61**, 101, Karlsr VersR **77**, 232). Daß der Geschäd die Verl nur wenig überlebt, erachtet BGH NJW **76**, 1147 als Grd zur Minderg des SchmerzG, auch wenn der Tod gerade dch das Unfall-Ereign verurs worden ist; aA Mü VersR **70**, 463: Der Anspr w nicht deshalb geringer, weil der Verl den Ausgang des RStreits nicht mehr erlebt u das SchmerzG „nur" noch den Erben zugute kommt. Zul daher, auch die Unfallfolgen, die auf einer krankh Konstitution des Verl beruhen, geringer zu bewerten, BGH NJW **62**, 243. Gesond Bemessg nach best, abgrenzb ZtAbschn u Addition zu einem GesBetr (so Hbg NJW **73**, 1503) mag angäng sein, kompliziert aber unnöt. Maßgebl Ztpkt: Letzte mdl TatsVhdlg, Nürnb VersR **68**, 359. Der steigde Lebensstandard wirkt sich erhöhd aus, schwere KörperSchäd stehen hinter Ehrverletzgen nicht zurück, Karlsr NJW **69**, 1488. VortAusgl (Vorbem 7 vor § 249) findet nicht statt, vgl Hüffer VersR **69**, 500.

b) Kapital oder Rente. Regelm Kapital, doch ist uU Rente, insb bei dauernden Nachteilen, zweckm, BGH **18**, 167, NJW **57**, 383. Die Rente muß in einem ausgewogenen Verh zu vergleichb KapBeträgen stehen, also bei Berechng der KapLeistg annähernd einem vergleichb KapBetrag entsprechen (Celle VersR **77**, 1009). Auch für gewisse Zeitabschnitte, wenn die Auswirkgen der Verletzg nur für einen bestimmten Zeitraum übersehb, BGH VersR **61**, 727; dabei LeistgsKl für Vergangenh, FeststellgsKl für Zukunft, wenn Entwicklg noch nicht übersehb, Celle VersR **73**, 60; jedoch kann die Gefahr, daß Spät-Schäd eintreten, sich als seel Belastg auswirken u bereits bei der Bemessg des SchmerzG berücksichtigt w (Celle DAR **75**, 269). Ausnahmsw auch Rente neben Kapital, wenn die lebenslängl Beeinträchtigg des Geschäd sich immer wieder erneuert u immer wieder schmerzl empfunden w (Ffm JZ **78**, 526: schwere BrandVerl im Gesicht). Dabei müssen die Kap- u RentenBetr in einem angemess Verh stehen einer untereinand, ands zum zeitl Auftreten der Nachteile; endl muß der GesBetr eine bill Entsch für die Ges-Beeinträchtigg darstellen. Starkes Abweichen v vergleichb Rspr muß im Hinbl auf RSicherh u Gleichh-Grds aus den Gegebenhen des EinzFalles gesondert begr w (BGH Betr **76**, 1520). Dynam Rente dch Koppelg an den amtl LebenshaltgsKostenindex ist unzul, BGH NJW **73**, 1693; aA u gg Rente überh Ciupka VersR **76**, 226.

5) Übertragbark und Prozeßrecht. a) SchmerzGAnspr ist, soweit er **nicht übertragb** ist (I S 2), auch nicht pfändb (ZPO § 851), nicht verpfändb (§ 1274 II), Aufrechng gg ihn ausgeschl (§ 394), keine gewillkürte ProzStandsch, BGH FamRZ **69**, 273, nicht KonkGgst (KO § 1). Kein Übergang auf den Vers-Träger, Dienstherrn nach §§ 636, 1542 RVO, 81a BVG, BGH **3**, 298, Betr **70**, 2114; der Grd hierfür liegt nicht in I S 2, sond in der fehlden Kongruenz. Er ist grdsl **nicht vererblich**, außer der Verl selbst h noch dch AnerkenngsVertr od gerichtl GeltdMachg den Will kundgegeben, daß er diesen höchstpersönl Anspr erheben will. – **b)** Für **vertragl Anerkenng**, I S 2 aE, genügt deklarator Anerkenntn, auch ledigl zum SchuldGrd, BGH NJW **73**, 620. Sie kann formlos erfolgen, Beurteilg nach §§ 133, 157, KG NJW **70**, 1050 (bei stillschw Leistg einer Akontozahlg als „Vorschuß"). – **c)** **Rechtshängigk** des Anspr auch bei Einklagg einer einheitl Summe für Verm- u NichtVermSchaden. Wird SchmerzG beziffert eingeklagt, tritt Rechtshängigk u daher auch Vererblichk nur insow ein (BGH NJW **61**, 2347). W die Kl im Namen des bewußtl Verl ohne Vertretgsmacht erhoben u die ProzFührg später von den Erben gen, so w der Anspr zwar rhäng, aber nicht vererbl, weil es an der dazu nöt eig WillKundgebg des Verl fehlt (BGH **69**, 323 unter Aufg der GgAnsicht NJW **67**, 2304). Rechtshäng ist der Anspr iS des § 847 jedenf dann, wenn nach dem Vorschr der ZPO im Kl- od MahnVerf die RHängigk eintritt (§ 253 I, 261 II, 696 III ZPO, 404 StPO), wobei allerd die Vorschr nicht gelten, die zur FrWahrg die Wirkg der Zustellg auf den Ztpkt der Einreich zurückbeziehen (§§ 207, 270 III, 693 II ZPO), weil es nicht um die Wahrg einer Fr geht (BGH NJW **76**, 1890; zweifelnd Pecher NJW **77**, 191). Der Anspr ist also rechtshäng, wenn der Mahnbescheid zu Lebzeiten des Verl zugestellt ist u die Sache alsbald nach Erhebg des Widerspr gem § 696 III ZPO abgegeben w; so auch BGH NJW **77**, 1149. Stgt NJW **75**, 1468, Hamm MDR **76**, 222, Pecher aaO lassen darühinaus Zustellg des Mahnbescheids genügen, auch wenn nicht alsbald an das ProzGer abgegeben w (§ 696 III ZPO, früher II). Bloße Einreich von Kl, Antr od Mahnbescheid od ArmenRGesuch genügen entgg Nürnb NJW **68**, 1430, Schlesw SchlHA **73**, 153 nicht, denn irgendeine Beteilig des Schädigers verlangt § 847 in beiden Alternativen; wie hier Karlsr MDR **75**, 757, Peters VersR **76**, 1005, BGH NJW **76**, 1890 u NJW **77**, 1149. – **d) Anspr der Ehefrau** kann, auch bei der vereinb GütGemsch (§ 1417 III), nur von ihr geltd gemacht w, BGH **LM** Nr 13. – **e) Neue erhebl Beeinträchtiggen** des Verl (Spätfolgen, Komplikationen) können trotz Entsch über SchmerzG geltd gemacht w, wenn sie in dem früheren Verf nicht berücks w konnten, weil ihr Eintreten nicht ernstl zu erwarten war (BGH NJW **76**, 1149). NachFdg nach AbfindgsVergl s § 779 Anm 8e. – **Änderg** einer Rente nach § 323 ZPO mögl, BGH (GrZS) **18**, 149. – **f)** Bemessg des SchmerzG ist nach stRspr Sache des **Tatrichters**; RevInst kann insb nicht nachprüfen, ob das SchmerzG „überreichl od allzu dürft" erscheine, sond nur, ob die Festsetzg einen RFehler enthält (Wertg aller maßgbl Umst u ihre Darlegg in den Grden), BGH WPM **71**, 634. – **g) Zinsen** können nach BGH NJW **65**, 1376 auch bei in unbestimmter Höhe eingeklagtem SchmerzG bereits ab RHängigk gefordert w; so auch KG NJW **66**, 259. – **h)** Im **Grundurteil** w teilw eine Quotierg des Anspr für zul erachtet (Br NJW **66**, 781; Nürnb NJW **67**, 1516); teilw hält die Rspr nicht eine Quotierg, sond den Aussspr für zul, daß ein angem SchmerzG unter Berücksichtigg eines best prozentualen MithaftsAnteils des Verl geschuldet w (Celle NJW **68**, 1785; Düss VersR **75**, 1052). Prakt läuft das auf das Gleiche hinaus. Dogmat richtiger ist die zweitgenannte Auffassg, weil matr nicht eine Quote eines eigentl, vollen Betr, sond ein Betr zuzusprechen ist, für dessen Angemessenh der MithaftsAnteil des Verl nur ein bestimmender Faktor ist. – **i) Unbezifferter Klageantrag** ist zuläss, wenn Kl die geeigneten tats Grdlagen für die Bemessg vorträgt, BGH **4**, 138, NJW **74**, 1551. Ist dies geschehen, unterbricht die Rhängigk die VerjFr für den ganzen SchmerzGAnspr (BGH ZZP **89**, 199; zustimmd Fenn aaO, 121). **Streitwert**, wenn Höhe in das Erm des Gerichts gestellt, der aGrd des Sachvortrags vorgestellte, nicht der vom Gericht als angem zugesprochene Betr. – **j) Beschwer** ist bei unbeziffertem SchmerzGAntr nur zu bej, wenn der zuerk Betr wesentl hinter dem Rahmen zurückbleibt, den der Kl, ggf auf Befragen, in seinem Vorbringen vor der Einlegg des RMittels gesetzt hat, BGH **45**, 91, NJW **69**, 1427. Keine Beschw, wenn Kl im Antr od in der Begr einen MindestBetr genannt h u ihn zugesprochen bekommt, BGH NJW **70**, 198, JZ **70**, 787 od wenn er seine Vorstellgn zur Höhe nach außen nicht deutl gemacht h, Oldbg VersR **75**, 1111.

848 Haftung für Zufall bei Entziehung einer Sache.

Wer zur Rückgabe einer Sache verpflichtet ist, die er einem anderen durch eine unerlaubte Handlung entzogen hat, ist auch für den zufälligen Untergang, eine aus einem anderen Grunde eintretende zufällige Unmöglichkeit der Herausgabe oder eine zufällige Verschlechterung der Sache verantwortlich, es sei denn, daß der Untergang, die anderweitige Unmöglichkeit der Herausgabe oder die Verschlechterung auch ohne die Entziehung eingetreten sein würde.

1) Mahng ist nicht erforderl. Nur körperl Sachen. Kursminderg einer Aktie ist keine Verschlechterg, RG Recht **07**, 762. Geldentschädig nach § 251, Warn **11**, 81. Dafür, daß der Untergang, die Verschlechterg od die Unmöglichk der Herausg auch ohne die Entziehg der Sache eingetreten sein würde, ist der Herausg-Verpflichtete beweispflichtig. – Über den allg in § 848 ausgesprochenen RGrds sowie die Berücksichtigg des hypothetischen Kausalverlaufs vgl OGH **1**, 308, BGH **10**, 6.

849 Verzinsung der Ersatzsumme.

Ist wegen der Entziehung einer Sache der Wert oder wegen der Beschädigung einer Sache die Wertminderung zu ersetzen, so kann der Verletzte Zinsen des zu ersetzenden Betrags von dem Zeitpunkt an verlangen, welcher der Bestimmung des Wertes zugrunde gelegt wird.

1) Zinsen sind als SchadErs zu leisten für die endgültig verbleibende Einbuße an Substanz u Nutzbark der Sache, aber auch nur hierfür; nicht also für andere Beträge, die wg der Entziehg od Beschädigg der Sache geschuldet w, BGH **LM** Nr 2. Gesetzl Zinsfuß (§ 246). Auch Entziehg von Geld gehört hierher, BGH **8**, 288 (Unterschlagg), Mü OLG **70**, 457 (Betrug). SchadNachweis nicht erforderl, Geltdmachg höheren Schadens nicht ausgeschl. Entspr Anwendg auf GefährdgsHaftg, zB Anspr aus StVG (Celle VersR **77**, 1104), sow nicht dort eine abschließde Regelg enthalten.

2) Beginn der ZinsPfl: Ztpkt der Wertbestimmg, das ist regelmäß der des Eingr od des SchadEreign. Bei zwischenzeitl Wertsteigerg ZinsPfl jeweils von dem betr BerechngsZtpkt an; ggf auch gleichmäß Verzinsg nach mittleren Werten. Für alles BGH NJW **65**, 392. Keine Verzinsg währd der Zeit, für die die Miete für eine ErsSache zu erstatten ist (§ 249 Anm 1a). Ende der Verzinsg mit Beschaffg der ErsSache od WertErs in Geld.

850 Ersatz von Verwendungen.
Macht der zur Herausgabe einer entzogenen Sache Verpflichtete Verwendungen auf die Sache, so stehen ihm dem Verletzten gegenüber die Rechte zu, die der Besitzer dem Eigentümer gegenüber wegen Verwendungen hat.

1) Vgl §§ 994–1003. ZurückbehaltgsR wg der Verwendgen gem § 273, es sei denn, daß der Besitz durch vorsätzl uH erlangt ist (§ 273 II, § 1000 S 2).

851 Ersatzleistung an Nichtberechtigten.
Leistet der wegen der Entziehung oder Beschädigung einer beweglichen Sache zum Schadensersatze Verpflichtete den Ersatz an denjenigen, in dessen Besitze sich die Sache zur Zeit der Entziehung oder der Beschädigung befunden hat, so wird er durch die Leistung auch dann befreit, wenn ein Dritter Eigentümer der Sache war oder ein sonstiges Recht an der Sache hatte, es sei denn, daß ihm das Recht des Dritten bekannt oder infolge grober Fahrlässigkeit unbekannt ist.

1) Schutz guten Glaubens bei Leistg von SchadErs wg Entziehg od Beschädigg einer bewegl Sache, zB wenn HaftpflVers an Leasingnehmer des Pkw bezahlt (KG VersR **76**, 1160). Keine Ausdehng auf unkörperl Ggstände, an denen kein Besitz besteht. Ausgleich zw Besitzer u Eigtümer § 816. Die BewLast für die Kenntn od grobfahrl Unkenntn trifft den ErsBerechtigten.

852 Verjährung.
I Der Anspruch auf Ersatz des aus einer unerlaubten Handlung entstandenen Schadens verjährt in drei Jahren von dem Zeitpunkt an, in welchem der Verletzte von dem Schaden und der Person des Ersatzpflichtigen Kenntnis erlangt, ohne Rücksicht auf diese Kenntnis in dreißig Jahren von der Begehung der Handlung an.

II Schweben zwischen dem Ersatzpflichtigen und dem Ersatzberechtigten Verhandlungen über den zu leistenden Schadensersatz, so ist die Verjährung gehemmt, bis der eine oder der andere Teil die Fortsetzung der Verhandlungen verweigert.

III Hat der Ersatzpflichtige durch die unerlaubte Handlung auf Kosten des Verletzten etwas erlangt, so ist er auch nach der Vollendung der Verjährung zur Herausgabe nach den Vorschriften über die Herausgabe einer ungerechtfertigten Bereicherung verpflichtet.

Vorbem. Neuer Abs II eingefügt dch Art 4 des G zur Änderg schadensrechtl Vorschr vom 16. 8. 77, BGBl 1577, in Kraft seit 1. 1. 78. Früherer Abs II jetzt Abs III.

1) Anwendgsgebiet. a) Gilt für alle Tatbestd aus uH u Gefährdg im BGB und G, sow nicht dort eine Sonderregel getroffen (BGH **57**, 170[176]) od sow dort auf § 852 verwiesen ist, wie in §§ 8 HaftPfl-G, 14 StVG, 39 LuftVG. Gilt für SchadErsAnspr aus ZPO 302 IV, 600 II, 717 II, 945, RG **106**, 289, **149**, 321; für ErsAnspr wg Verletzg gemeinrechtl Flußinterdikte, RG JW **33**, 508, ErsAnspr gg den Staat aus Art 34 GG, aus § 35 GWB, BGH NJW **66**, 975, u wg Art 5 V der MenschenRKonvention (hierzu Einf 4 B vor § 823), BGH **45**, 58, ferner für ErsAnspr aus § 22 WassHaushG, BGH **47**, 170, Schmalzl MDR **66**, 649; aA Wernicke MDR **67**, 647 (zweijähr VerjFr wie bei GefährdgsTatbestd außerh des BGB). ErsAnspr wg unzul Immissionen vgl § 906 Anm 6g. Beim **Zusammentreffen mit Vertragshaftg** wird der VertrAnspr (vgl BGH **36**, 315); grdsätzl auch nicht der DeliktsAnspr durch die Verj des vertragl Anspr (BGH aaO u NJW **77**, 1819), außer bei Anspr des Vermieters, Verleihers u Nießbrauchers nach §§ 558, 581 II, 606, 1057, BGH **47**, 55, **55**, 392, zust Schlechtriem JZ **71**, 449, abl Ganten NJW **71**, 1804. Für alle Anspr aus einer der CMR unterliegden Beförderg gilt dessen Art 32 auch für Anspr aus uH, nicht § 852 (BGH NJW **76**, 1594). Düss NJW **75**, 453 wendet die kurze VerjFr des § 477 I 1 auch auf die MangelfolgeSchäd an, die zugl aus uH ersetzt verlangt w können, ohne dafür eine überzeugde Begr zu geben. Bei AmtsPflVerletzg eines Notars gilt nur § 852, da AmtsPfl nicht Ggst vertragl Bindg sein kann. Werden **Ansprüche aus UWG** geltd gemacht, so gilt § 852 insow, als sie auch auf uH gestützt w können, BGH **36**, 254; vgl hierü § 826 Anm 8 u. Jedoch gilt nicht § 852, sond § 21 UWG, wenn ein Unterlassgs- od WiderrufsAnspr seine AnsprGrdl sowohl im UWG wie in § 823 I unter dem Gesichtspkt der Eingr in den eingerichteten u ausgeübten GewerbeBetr h; dies ergibt sich daraus, daß der letztgen Anspr nur lückenfüllende Bedeutg h, BGH NJW **73**, 2285. Ebso für **Ansprüche aus WZG**, BGH MDR **68**, 381. BereichergsAnspr verj, auch wenn sie mit DeliktsAnspr konkurriere, grdsätzl in 30 Jahren, Einf 7 vor § 812. – **Keine Anwendg** von § 852 auf: Anspr aus § 904 S 2, BGH **19**, 82, aus §§ 985 ff, BGH **117**, 423, AusglAnspr der GesSchu untereinander (§§ 830, 840, 426 I), RG **69**, 426; **77**, 317, Anspr aus §§ 558, 618, Anspr aus § 463, RG **66**, 86, RegreßAnspr des Kindes gg den Gewalthaber, des Mündels gg den Vormd (§§ 1664, 1833), Anspr der AG u der Genossensch gg Vorstands- u AufsRMtgl, §§ 93 VI, 116 AktG, §§ 34 IV, 41 IV GenG. Ferner keine Anwendg auf Anspr auf Ers von Aufwendgen, den ein Dritter aus ungerecht Bereicherg od GeschFg oA geltd macht, weil er den durch die uH verursachten Schaden behoben habe, RG **86**, 96. AufopfergsAnspr u enteignungsgleicher Eingr vgl § 903 Anm 4e, 5 G e.

b) Sondervorschriften: UWG § 21 (vgl hierzu BGH NJW **63**, 1675, NJW **73**, 2285 u § 826 Anm 8 u), UrhRG § 102, PatG § 48, GebrMG § 15 III, HGB § 902, BinnenSchG §§ 117, 118 (BGH **69**, 62), AtomG § 32, BRAO § 51, PatAO § 45, BBG § 78 für die ErsAnspr u die RückgrAnspr des Staates gg den Beamten; entspr Regelg muß von den Ländern übernommen w, BRRG § 46; RVO § 642 für die Rückgr-

Anspr des Trägers der Unfallversicherg. – DeliktAnspr auf Ers eines dch Nichterbringg wiederkehrder Leistgen (Renten) entstanden Schad verjähren nach § 852, nicht nach § 197, BGH NJW **68**, 46.

2) Beginn der Verjährung. Lauf der VerjFrist von 3 Jahren beginnt, **sobald der Verletzte von Schaden u Pers des Ersatzpflichtigen Kenntn erlangt.** Diese Kenntn ist vorhanden, wenn der Geschädigte aGrd der ihm bekannten Tats gg eine best Pers eine SchadErsKlage, sei es auch nur eine Feststellgsklage, erheben kann, die bei verständ Würdigg der von ihm vorgetragenen Tats soviel Erfolgsaussicht h, daß ihm die Kl zuzumuten ist. Dabei kommt es nicht darauf an, ob der anzustrengde Proz mehr od weniger risikolos erscheint. Ledigl bei bes verwickelter u zweifelh RLage können ausnahmsw auch erhebl rechtl Zweifel bis zu ihrer Klärg die Kenntn ausschließen, BGH Betr **74**, 427 (mit Nachw). Mögl Einwendgen des Bekl schließen Beginn der Verj nicht aus, BGH Betr **59**, 232. Unricht daher, VerjBeginn zu verneinen, solange in VerfH nach der RVO nicht darü entsch worden ist, ob es sich um einen Betriebsunfall handelt, Stgt NJW **56**, 225), wenn der Verletzte von dem Nichtvorliegen eines BetrUnfalls überzeugt war; ebso BGH WPM **63**, 347, 348 (Anfechtg eines Steuerbescheides). Zur Kenntn ist nicht erforderl, daß Verletzte, alle Tatumstände zutreffd rechtl würdigt, BGH NJW **60**, 380. In den Fällen der §§ 844, 845 kommt es auf die Kenntn des ersatzberecht Dritten an, RG **94**, 220. Bei GeschUnfähigen od GeschBeschränkten – BewLast dafür trägt der Verl, BayObLG **67**, 319 – ist Kenntn des gesetzl Vertreters maßg. Dagg genügt Kenntn des rechtsgeschäftl Vertreters nicht, wohl aber steht Kenntn des mit den TatsErmittlgn Beauftragten (sog Wissensvertreter) nach § 242 der Kenntn des Verl gleich, BGH NJW **68**, 988; das gilt auch, wenn ein ElternTl dem und die Wahrg der Belange des Kindes im ZusHang mit einer an ihm begangenen uH tats allein überlassen h (BGH NJW **76**, 2344). IF des ges FdgsÜberg gem RVO § 1542 u BVG § 81 a geht ErsAnspr sofort mit Entstehg auf Vers- bzw LeistgsTräger über; es kommt deshalb nur auf seine Kenntn an, BGH **48**, 181. Für sie ist bei öffrechtl LeistgsTrägern auf die Kenntn des zuständ Bediensteten abzustellen, bei Übertr der LeistgsAufg auf eine and Körpersch des öffR auf deren Kenntn, BGH NJW **74**, 319; das den RentenAntr aufnehmde VersAmt gehört nicht zu diesen and Körpersch, maßg bleibt also die Kenntn der BVersAnst (BGH VersR **77**, 739). Geht Anspr erst später über, zB VVG § 67, ist KenntnErlangg des VersTrägers nur dann maßg für Beginn der VerjFrist, wenn Verl zZ des FdgsÜberg noch keine Kenntn hatte, BGH **LM** § 1542 RVO Nr 23. Entspr gilt für SchadErsAnspr des verletzten Beamten, der auf den Dienstherrn übergegangen ist; Fristbeginn in dem Ztpkt, in dem UnfallFolgen voraussetz, nicht erst mit der Versetzg des Verletzten in den Ruhestand, BGH NJW **65**, 909; sow Rückgr nicht durch das spätere BeamtenG geschaffen, Fristbeginn erst mit dessen Inkrafttreten, BGH aaO. Wg Hemmg der VerjFrist übergegangener ErsAnspr iF des § 1542 RVO bei AblehngsBescheid u seiner späteren Aufhebg dch SozGer vgl BGH NJW **69**, 1661. Auch wenn Anspr in der Pers des Erblassers entstanden, ist maßg dessen KenntnErlangg; fehlt es hieran, so Kenntn jedes einz Miterben erforderl, solange ErbenGemsch Anspr als solchen der GläubGesHand geltd macht, Celle NJW **64**, 869; das muß auch gelten, wenn ein Miterbe Leistg an die GesHand geltd macht, Celle NJW **64**, 869; das muß auch gelten, wenn ein Miterbe Leistg an die GesHand verlangt, § 2039 S 1. – Bei Liquidation eines DrittSchad (vgl Einf 5 vor § 823) maßgebd die Kenntn des AnsprStellers, nicht die des Dritten, BGH NJW **67**, 931. Der Kenntn ist die Unkenntn dann gleichzusetzen, wenn der ErsBerecht nach seinen konkreten Erkenntn u Fähigkeiten sich bei geringer Mühe hätte die Unterlagen besorgen können, die ihm von der Pers des Täters sichere Kenntn verschafft hätten, MDR **68**, 583.

a) Kenntnis vom Schaden nicht gleichbedeutd mit Kenntn vom Umfang des Schad. Daher ledigl erforderl, daß Verletzter den als Einh aufgefaßten GesSchad gekannt hat, unnöt dagg volle Übersehbark von Umfang und Höhe, BGH NJW **60**, 380. Es genügt, wenn Verletzter zur Erhebg der FeststellgsKl in der Lage ist, BGH WPM **60**, 885. Bei späteren, fortdauernden bzw wiederholen SchadFolgen ist zu unterscheiden, ob sie dch ein abgeschl od ein fortdauerndes SchadEreign verurs sind, BGH Betr **72**, 2056. Im erstgen Fall beginnt die VerjFr auch für nachträgl auftretde SchadFolg (Verschlimmergen), die im Ztpkt der Kenntn vom GesSchad als mögl voraussehb waren, mit diesem Ztpkt (BGH WPM **78**, 331). Nur solche SchadFolgen, die nicht voraussehb waren, werden von der Kenntn des GesSchad nicht erfaßt. Für sie läuft bes Verj vom Tage ihrer Kenntn u der Kenntn ihres ursächl Zushanges mit der uH, BGH VersR **68**, 1163. Für fortdauernde wiederkehrende Nachteile läuft keine bes VerjFr, wenn eine gewisse Dauer der SchadFolgen als mögl zu erwarten war. Das gilt auch für negator Anspr wg Verl des PersönlkR, BGH NJW **69**, 463. Dauert dagg die schädigde Hdlg an od wiederholt sich sich (zB laufde od wiederholte Einl von Abwasser in einen Fluß mit immer bzw jeweils neuen SchadFolgen), so beginnt die VerjFr bei laufden SchadHdlgen entw nach Ablauf best ZtAbschn für die währd dieser ZtAbschn eingetretenen Schäd od, wenn sich eine solche zeitl Zäsur nicht machen läßt, mit Ende der schädigden Hdlg, bei wiederholten Hdlgen jeweils mit der Kenntn von ihnen. Dabei h der Schädiger darzulegen, welche SchadErsAnspr aus den einz uH verjährt sind u wann der Geschäd Kenntn v den Folgen der einz uH erlangt h (BGH WPM **77**, 788, wiederholte Immissionen währd eines längeren Zeitraumes verursachen Pers- od SachSchad). Dabei spielt es keine Rolle, ob sich die schädigden Hdlgen in strafr Sicht als natürl HdlgsEinh od fortges Hdlgen darstellen, denn beide Begr sind im ZivR nicht verwendb. Unterläßt es der PatentInh pflwidr, eine unberecht ausgesprochene Verwarng zu widerrufen, so beginnt der Lauf der VerjFr für jeden inf der NichtBeseitigg eintreted Schad bes mit dem ZtPkt, in dem der Geschäd von diesem Schad Kenntn erlangt (BGH NJW **78**, 1377: Abnehmer beziehen wg Nichtwiderrufs der Verwarng bei der Konkurrenz). Soweit der Verletzte Anpass einer fortlaufd gezahlten SchadRente an die veränderten Lohn- u Preisverhältnisse verlangt, kann ihm nicht entggegehalten w, er hätte diesen „erweiterten" Anspr rechtzeit im Wege der FeststellgsKl geltd machen müssen; denn es handelt sich hierbei gar nicht um einen Anspr auf Ers eines weitergehden Schad, sond allein um die Neubewertg des alten, rechtskr festgestellten SchadErsAnspr, die den Verletzer, da ihm die Änderg der wirtschaftl Verh ja ebenf bekannt ist, nicht überraschen kann; BGH **33**, 112; **34**, 119; vgl hierzu auch § 843 Anm 4 D d.

Einzelfälle: Fehlerh Wirbelsäulenoperation, Spätschaden, BGH NJW **60**, 380; Verj des ErsAnspr aus ZPO § 945, RG **106**, 289 (zum Anspr dieser Art vgl BGH **30**, 127, WPM **63**, 346); Verj des SchadErsAnspr bei laufder Einl von Abwasser in einen Fluß, BGH Betr **72**, 2056. Verj bei ungenügder ärztl Aufklärg über Operationsfolgen, deren Ausmaß erst später übersehb w, BGH NJW **76**, 363. Beginn der VerjFr mit Entziehg einer Sache, nicht erst mit ihrer folgden Zerstörg (BGH WPM **78**, 331).

b) Kenntnis von der Person des Ersatzpflichtigen. Dazu gehört auch die Kenntn von Tats, die auf ein schuldh Verh des Schäd hinweisen, das Schaden verursacht haben kann, wobei jedoch Kenntn von Einzelheiten des schädigenden Verhaltens nicht erforderl ist. Sie muß aber sow gehen, daß der Geschäd in der Lage ist, eine SchadErsKl erfolgverprechd, wenn auch nicht risikolos zu begr, BGH VersR **71**, 154. Ein RIrrt über die Verantwortlichk des Schädigers hindert FrBeginn grdsätzl nicht, BGH VersR **72**, 394. Soweit Kenntnis innerer Tatsachen für Fristbeginn erforderl (zB hins Zweck u BewegGrd der Hdlg), ist maßg Kenntn der äußeren Umst, aus denen auf die inneren Tatsachen geschl w kann, BGH NJW **64**, 494. Nur Kenntn, nicht Kennenmüssen, setzt VerjFrist in Lauf. Kenntn kann aber nicht schon dann verneint w, wenn Verletztem zwar Name u Anschrift des Verletzers unbekannt sind, er aber diese mühelos u ohne Kostenaufwand hätte feststellen können, BGH NJW **55**, 706 (Straßenbahnführer), NJW **73**, 1496. Mehrere Beteiligte an einem KfzUnfall beantworten erfahrgsgem Schuldfrage verschieden; Sache des Verletzten ist es, alsbald gerichtl Klärg herbeizuführen; tut er das nicht, so beginnt VerjFrist zu laufen; nicht kann insow darauf abgestellt w, ob ArmenR gg einen Beteiligten bewilligt worden wäre, BGH NJW **63**, 1104. Begründeth der Zweifel auch zu verneinen, wenn ArmenR gg eine bestimmte Pers gewährt w, BGH **LM** § 839 (E) Nr 9 (mehrere öff Körperschaften). Kenntn der Person des in Anspr zu nehmenden Erben des Schädigers ist ebenf nicht erforderl, Neust MDR **63**, 413. – **Bei Amtshaftg (§ 839, Art 34 GG)** gehört das Wissen, daß an Stelle des Beamten der Staat haftet, nicht zur Kenntn von der Pers des ErsPflichtigen, RG **142**, 348. Beginn der Verj, wenn der Verletzte weiß, daß die AmtsHdlg widerrechtl u schuldh ist und deshalb eine zum SchadErs verpflichtende AmtsPflVerletzg war; dabei ist nicht erforderl, daß der Verl alle Einzelh des schadstiftden Hdlg weiß, es genügt vielm, daß er sie in ihren Grdzügen kennt u gewicht AnhPkte für ein Versch des Verantwortl vorliegen (BGH WPM **76**, 643). Kenntn der tatsächl Umst im allg ausreichd; BGH aaO. Da aber gem § 839 I S 2 bei nur fahrl AmtsPflVerletzg Beamte bzw JP nur hilfsw haften, beginnt Verj diesen gü erst mit Kenntn des Verletzten, daß er – abgesehen von ungewissen künftigen Möglichkeiten – auf andere Weise keinen Ersatz zu verlangen vermag; auch die Höhe des Ausfalls muß dem Verletzten bekannt sein, die Möglk zur Erhebg nur einer FeststellgsKl läßt die VerjFr nicht beginnen (BGH NJW **77**, 198). Jedoch keine Berufg auf Umst, die die Erhebg der SchadErsKlage nach § 839 nicht gehindert hätten, vgl § 839 Anm 7 insb d daselbst, BGH **LM** § 839 (E) Nr 14. Hat Verletzer die Erhebg der Klage gg dritten ErsPflichtigen unterlassen, so beginnt Verj in dem Ztpkt, in dem im Prozeß hätte festgestellt w können, in welchem Umfang der Dritte hätte Ersatz bieten können, RG **145**, 56, BGH Betr **68**, 2172. – Soweit nach § 95 AKG der schuld Beamte unmittelb haftet – vgl § 839 Anm 2 A a – begann VerjFrist spätestens im 2. Jahr nach Inkrafttr des AKG (1. 1. 58), BGH WPM **66**, 683. Bei Anspr aus § **829** Kenntn, daß von einem aufsichtspfl Dritten Ers nicht zu erlangen ist, sowie Kenntn von der Nichtverantwortlichk des Täters erforderl, RG **94**, 220. In den Fällen der §§ **831** bis **834, 836** bis **838** bedarf es nicht der Kenntn, daß dem GeschHerrn usw keine entlastenden Umst zur Seite stehen, RG **133**, 1; in den Fällen der §§ **831, 832** bedarf es ferner nicht der Kenntn von der Pers, die zur Verrichtg bestellt worden ist. W der Anspr aus demselben Ereig gg die näml Pers sowohl aus § 823 wie aus § 831 hergeleitet, ist eine getrennte Berechng der VerjFr nicht mögl, BGH VersR **71**, 1148. Bei **mehreren ErsPflichtigen** (zB KfzHalter u HaftPflVers) kann die Kenntn von der Pers zu versch Ztpkten eintreten.

3) Die 30jährige Verjährg beginnt nicht mit der Entstehg des ErsAnspr (§ 198), sond mit Begehg der uH, dh mit dem Setzen der SchadUrs, auch dann, wenn der Schaden erst später eingetreten od erkennb geworden ist, BGH NJW **73**, 1077.

4) a) Für **Unterbrechg und Beendigg** der Verj gelten die allg Vorschr der §§ 208 ff. Einklag eines KapitalAnspr aus § 843 unterbricht auch Verj des RentenAnspr, soweit sich beide der Höhe nach decken; denn es handelt sich um einheitl Anspr, RG **77**, 213. Dagg unterbricht Klage wg VermSchaden nicht Verj des SchmerzGAnspr, Warn **27**, 153. – Läßt sich der GesSchaden noch nicht übersehen, so kann Verj nur durch Erhebg der Feststellgsklage unterbrochen w. Dies gilt auch, wenn sich die künft ErwerbsMöglken noch nicht übersehen lassen (§ 843 Anm 4 D) od erst später die Bedürftigk eintritt bzw UnterhPfl des Getöteten beginnen würde (§ 844 Anm 4).

b) Für die **Hemmung** der VerjFr gilt neben den allg Vorschr in §§ 202–207 zusätzl der neue **Abs II**. Die Regelg ist wörtl bzw inhaltsgleich übernommen aus den bisher §§ 14 StVG, 39 LuftVG, die nach der NeuRegelg, ebso wie § 8 HaftPflG nunmehr auf § 852 verweisen. Zur Auslegg kann auf die Rspr u Literatur zu den genannten Bestimmungen zurückgegriffen w. Der Begr **Verhandlung** ist weit auszulegen. Es genügt jeder Meingsaustausch über den SchadFall zw dem Berecht u dem Verpfl, wenn nicht sofort erkennb die Vhdlg über die ErsPfl (BGH VersR **70**, 327) od jeder Ers abgelehnt w (BGH VersR **69**, 857). Nicht nöt ist Erkl der VerglBereitsch. Es genügen Erkl, die den Geschäd zu der Ann berecht, der Verpfl werde iS einer Befriedig entgegkommen (BGH VersR **62**, 615, Ffm VersR **66**, 1056); nicht die Mitteilg des Versicherers, er werde nach Abschl des StrafVerf unaufgefordert auf die Sache zurückkommen (BGH VersR **75**, 440). Vhdlgen mit dem Halter wg der Regulierg beziehen sich auch auf Anspr gg den berecht Fahrer (BGH MDR **65**, 198). Keine Vhdlg ist formularmäß EingangsBestätig einer nicht spezifizierten RegreßAnz (Stgt VersR **71**, 1178). Nach Abbruch der Vhdlgen od Ablehng einer ErsLeistg w dch WiederAufn der Vhdlg die noch nicht abgelaufene VerjFr erneut gehemmt. Die **Hemmung endet** dch Verweigerg der Fortsetzg v Vhdlgen, iF ihrer Verschleppg od ihres Einschlafens in dem Zeitpunkt, in dem der nächste Schritt nach Tr u Gl zu erwarten gew wäre (BGH NJW **63**, 492, Mü VersR **75**, 510), zB dch Schweigen des Berecht auf das Anerbieten, die Vhdlgen abzuschließen (BGH VersR **67**, 502).

c) Über **ArglEinwand** ggü Verj vgl Übbl 3 vor § 194.

5) Bereicherungsanspruch (III). Anspr auf Herausg besteht, wenn Schädiger etwas auf Kosten des Verletzten erlangt hat. Doch sind §§ 812 ff nicht für die Voraussetzgen der HerausgPfl, sond lediglich für deren

Umfang maßg (BGH **71**, 86); vgl auch Einf 6a vor § 812. Jedenf h aber der Empf für die Bereicherg einzustehen, wenn er an der unerl Hdlg beteiligt war (BGH NJW **65**, 1914). Herauszugeben ist ein VermZuwachs auch dann, wenn er dem Schädiger über einen VertrPartner auf Kosten des Geschäd zugeflossen ist (BGH **71**, 86). Auch ggü dem Anspr aus III schließt § 393 die Aufr aus (BGH NJW **77**, 529). Anspr aus § 852 III verjährt in aller Regel in 30 Jahren; über Verj nach § 196 Anm 1 daselbst u über solche nach § 197 BGH NJW **63**, 2315 u JZ **67**, 760; vgl auch § 677 Anm 5.

853 *Arglisteinrede.* Erlangt jemand durch eine von ihm begangene unerlaubte Handlung eine Forderung gegen den Verletzten, so kann der Verletzte die Erfüllung auch dann verweigern, wenn der Anspruch auf Aufhebung der Forderung verjährt ist.

1) Besonderer Anwendgsfall der Einr der allg **Arglist**, RG **87**, 284, vgl § 242 Anm 2b. Über Konkurrenz zw Vertrags- u DeliktsAnspr u solchen aus ungerechtf Bereicherg (nach wirks Anfechtg) vgl allg § 463 Anm 4a. Ist der SchadErsAnspr aus uH verjährt, so kann der Verletzte gleichwohl die Erfüll der hieraus erwachsenen Fdg des Schädigers verweigern, § 853. Tut er das, so soll er nach RG **130**, 215 verpflichtet sein, das, was er seiner aGrd des ggseitigen Vertrages erhalten hat, dem Schädiger zurückzugeben, da er andernf selbst argl handeln würde. Ist jedoch der ggseitige Vertr nichtig, weil er gg die guten Sitten od gg das G verstößt, so kann auch hier die Rückg des Geleisteten nach § 817 S 2 verweigert w. § 853 ist sinngem auch dann anzuwenden, wenn nicht Verj des Anspr in Frage steht, sond wenn Verletzter die Anfechtungsfrist aus §§ 123, 124 versäumt hat, RG JW **28**, 2972, ebso hins der Frist KO § 41 I, RG **84**, 225.

Drittes Buch. Sachenrecht

Bearbeiter: Dr. Bassenge, Vorsitzender Richter am Landgericht Lübeck

Neueres Schrifttum

Vgl auch Schrifttumsverzeichnisse vor den einzelnen Abschnitten

a) Lehrbücher: Baur, 9. Aufl 1977. – Eichler, Institutionen, 1954–1960. – J. v. Gierke, 4. Aufl 1954. – Heck, 1930. – Hedemann, 3. Aufl 1960. – Lange, 1967. – Lent-Schwab, 16. Aufl 1977. – Westermann, 5. Aufl 1966, Nachtr 1973. – E. Wolf 1971. – M. Wolf, 2. Aufl 1978. – Wolff-Raiser, 10. Bearbeitg 1957. – **b) Kommentare**: Biermann, 3. Aufl 1914. – Rosenberg (nur §§ 854–902), 1919. – **c) Einzeldarstellgen**: Raiser, Dingl Anwartschaften, 1961. – Serick, Eigtumsvorbehalt u Sichergsübereigng Bd I 1963, Bd II 1965, Bd III 1970, Bd IV 1976. – Siebert, Das rechtsgeschäftliche TreuhandVerh, 1933. – E. Schwerdtner, Verzug im SR, 1972. – H. Weber, Sichgsgeschäfte, 2. Aufl, 1970. – **d) Fälle mit Lösgen**: Diederichsen/Gursky, 3. Aufl 1976. – Lange/Scheyhing, 1. Aufl 1977.

Einleitung

1) Begriff und Wesen des Sachenrechts. Es regelt die rechtl Beherrschg der körperl Ggstände („Sachen", § 90). Seine Systematik, der individualist EigtBegriff (vgl Übbl 1 vor § 903), die Scheidg von Eigt u Besitz ua wurzeln im römischen, die vielf Andersbehandlg von Liegenschaften u Fahrnis (Erwerb v Verlust von Eigt; Belastg; Sozialgebundenh des Bodens, §§ 905–924; vgl Anm 7 u Übbl 2, 3 vor § 903), der Gutglaubensschutz, das Grundbuchsystem (vgl §§ 873ff) ua im deutschen Recht. – Im Schriftt wird (vgl Westermann § 2) ein Hauptmerkmal des SachenR in seiner Aufgabe gesehen, die Sachen bestimmten Personen zuzuordnen; aus dieser Wirkg folge das Wesen der dingl Rechte. Sowohl die Unmittelbark der Sachbeziehg wie die Absoluth des Klageschutzes seien nur Ausfluß dieser güterzuordnenden Funktion. Die dingl Anspr seien Folge einer doppelten Zuordng eines Gegenstandes; Beisp: Aus der doppelten Zuordng der mit Nießbrauch belasteten Sache entsprängen die ggseitigen Ansprüche zw Eigtümer u Nießbraucher, die das gesetzl SchuldVerh zw diesen bildeten. Dem ist grdsätzl zuzustimmen (vgl aber auch Larenz SchR I § 33 III).

2) Dingl Rechte. a) Das sind die unmittelb Rechte an Sachen. Das BGB (vgl aber KO 43, ZPO 24) verwendet den Ausdruck nicht. Es spricht von Rechten „an einer Sache (Grdst)" oder ähnl, vgl zB §§ 889, 901, 955 I 2, 973 I 2, 1042 S 2, nur in § 221 von dingl Anspr. Das dingl Recht wird aufgefaßt als das **Recht einer Person zur unmittelbaren Herrschaft über eine Sache**: beim Eigt grdsätzl unbeschränkt, bei den übrigen dingl Rechten in bestimmten Beziehgen. Bei den Verwertgsrechten (unten Anm 4b bb) äußert sich die Herrsch darin, daß der Berechtigte sich wg seiner Fdg aus der belasteten Sache befriedigen darf; über das gesetzl SchuldVerh bei dingl Rechten vgl Anm 5c; über die zugl persönl Haftg bei der Reallast vgl § 1108. – Die dingl Rechte sind **absolute Rechte**. Sie wirken gg jedermann. Der Berecht kann ihn beeinträchtigde Einwirkgen Dritter ausschließen, vgl §§ 894ff, 985, 1004, 1005, 1017 II, 1027, 1065, 1090 II, 1098 II, 1107, 1134 I, 1192, 1200 I, 1227; ErbbRVO 11 I 1; WEG 34 II. Im Konkurse des Dritten wirken sie vollwirks, vgl KO 43, 47, auch VerglO 26, 27. – Im Verhältn untereinander **geht das beschränkte dingl Recht dem Recht des Eigentümers vor.** Die Rangordng beschränkter dingl Rechte an derselben Sache richtet sich grdsätzl nach der Zeit ihrer Entstehg: **das ältere Recht geht dem jüngeren vor.** Bei eingetragenen Rechten entsch grdsätzl der Eintrag, vgl dazu Übbl 7 vor § 873 und § 879 ff.

b) Ausschluß der Vertragsfreiheit. Die Gesetze (insb BGB, ErbbRVO, WEG) bestimmen die mögl dingl Re erschöpfd (Typenzwang) u schreiben den Umfang ihrer Abänderbark zwingd vor (Typenfixierg). Dies ist dch das Bedürfn nach RSicherh, insb im GrdstVerkehr, gerechtfertigt. Doch sind auch dingl Re mit den LebensVerh u der Denkweise der Beteil wandelb (zB Anpassg des Inhalts von Dbk an wirtsch u soziale Entwicklg).

3) Gegenstand der dingl Rechte sind **Sachen.** Begriff: § 90 Anm 1. Auf Sachgesamtheiten sind die Vorschr über Sachen grdsätzl nicht anwendbar, Übbl v § 90 Anm 3e. Bestimmte Sachenrechte können auch an **Rechten** bestehen: Nießbr, § 1068 I; PfdR, § 1273 I. Auch grdstücksgleiche Rechte (§ 873 Anm 2a) mit dingl Rechten belastbar. – Das BGB unterscheidet (Übbl 3a vor § 90) bewegl Sachen (Fahrnis) u Grdst (Liegenschaften); Besitz, Eigt u Nießbr können an allen Sachen, PfdR nur an bewegl Sachen u an Rechten bestehen; Erbbaurechte, GrdDbk, persönl Dienstbk, Vorkaufsrechte, Reallasten, Hyp, Grd- und Rentenschulden nur Grdst belasten; aber Erstreckg auf bewegl Sachen u auf Rechte nach §§ 1096, 1107, 1120 ff, 1192 I, 1200 I.

4) Einteilg der dingl Rechte : a) Das **Eigentum** als das grdsätzl unbeschränkte Recht an der Sache, §§ 903–1011. Über Beschrkgen zG der Allgemeinh vgl Übbl 1, 2 vor § 903. Über SonderEigt vgl WEG 3ff. Mit dem Eigt am Grdst können Rechte an einem anderen Grdst verbunden werden, sog subj-dingl Rechte; vgl unten d.

b) Beschränkte dingl Rechte. Sie schließen, soweit sie reichen, die Rechtsmacht des Hauptrechtsinhabers aus (doppelte Zuordng). **aa)** Nutzgsrechte: ErbbauR, Dienstbarkeiten, DauerwohnR (WEG 31). **bb)** Verwertgsrechte: Reallasten; Grdpfandrechte (Hyp, Grd- u Rentenschulden) u Pfdrechte. Über SchiffsHyp vgl SchiffsRG 8, 24ff. RegisterPfdR an Luftfahrzeugen Einf 8 v § 1204; es ist seinem Wesen nach Hyp an bewegl Ggständen, ebso wie das PfdR am Inventar des Pächters gem PachtkreditG (Einf 7 vor § 1204). **cc)** Erwerbsrechte: dingl Vorkaufsrechte; Aneignsrechte (§§ 928 II, 927 II).

c) Ferner behandelt das 3. Buch den **Besitz**, zur RNatur: Übbl 1 vor § 854.

d) GrdDbk, ebso Überbau- u Notwegrenten, §§ 913 I, 917 II, sind stets **subj-dingl**, Vorkaufsrechte u Reallasten können (§§ 1094 II, 1105 II) es sein, dh dem jeweiligen Eigtümer eines anderen Grdst zustehen. Vgl auch ErbbRVO 3, 9 II 2.

e) Eigtümerrechte: Beschr dingl Rechte können auch dem Eigentümer des belasteten Grdst zustehen; vgl §§ 889, 1009, 1163, 1172 I, 1173, 1196. Über Bestellg von Nießbr, GrdDbk u beschr pers Dienstbk für den Eigentümer vgl § 1030 Anm 3a, Einf 2b vor § 1018, Übbl 1b vor § 1090; von EigtümerErbbR Übbl 2b vor § 1012; von EigtümerReallast § 1105 Anm 3c; von DauerwohnR für Eigtümer WEG 31 Anm 2. Rechte an bewegl Sachen erlöschen idR bei Vereinigg mit dem Eigt; Ausn § 1063 II (Nießbr), § 1256 I 2, II (PfdR).

f) Von den beschr dingl Rechten des PrivR sind zu unterscheiden die auf einer Sache, insb auf einem Grdst ruhenden **öffentl Lasten**. Es sind dies dingl Verwertungsrecht, die aber auf öff Recht beruhd. Der Begriff ist rechtl nicht fest umrissen. Wegen der inneren Verwandtsch mit den Verwertungsrechten des BGB können dessen Vorschr auf die öff Lasten entspr angewendet werden, RG **146**, 321; str; über die Pfändg von Miet- u PachtzinsFdg wg Anspr aus öff Lasten vgl § 1123 Anm 1 c. Öffentl Lasten sind nur eintraggsfähig, wenn die Eintragg gesetzl zugelassen od vorgeschrieben (wie in BBauG 64 VI) ist, GBO 54. Entsteh stets außerh des GB, kein Gutglaubensschutz! Bedenkl Aushöhlg des öff Gl des GB! Über die Behandlg in der ZwVerst u ZwVerw vgl ZVG 10 I Nr 3 und 7, 13, 156 I. Gleicher Rang aller öff Lasten untereinander; gilt nicht für HypGewinnabgabe, LAG 112 I, vgl § 1113 Anm 7. Haftg des Verkäufers § 436, des Nießbrauchers § 1047. − Öff Lasten kraft BundesR sind: die HGA, LAG 111; die Grdsteuer; die Rentenbankreallast (vgl Übbl 4 vor § 1105); die Entschuldungsrente vgl Horber § 54 Anm 2 b; Beitragspflichten der Teilnehmer am FlurbereiniggsVerf, FlurbG 20, im UmleggsVerf u für Erschließgsanlagen nach BBauG 64, 134; der Eigtümer u Nutznießer von Wasser- u Bodenverbänden, 1. WassVerbVO v. 3. 9. 37 §§ 80, 95, IV; Kehrgebühren, SchornsteinfegerG v 15. 9. 69, BGBl 1634, § 25 IV. Abgeltgslast vgl Übbl 2 B d bb vor § 1113. − Im üb beruhen die öffLasten auf LandesR. Ausführl ZusStellg der öff Lasten: Zeller, ZVG § 10 Anm 37. − Darüber, wie weit öff Lasten durch Hyp od GrdSch gesichert w können, vgl Horber § 54 Anm 3 B; auch § 1113 Anm 4f.

5) Dingliche Rechtsgeschäfte u dingl Ansprüche.

a) Allgemeines. Der Erwerb der dingl Rechte ist entw ursprüngl (zB Aneignng, Verarbeitg, Ersitzg, Fund) od abgeleitet (zB Übertragg u Belastg des Eigtums u beschränkter dingl Rechte, Erbfolge). Der abgeleitete Erwerb kraft Sonderrechtsnachfolge geschieht durch dingl RGesch, dh ein solches, das unmittelbar die Begründg, Übertragg, Inhaltsänderg od Aufhebg eines dingl Rechts zum Ggstande hat. Vgl EG 11. − Die dingl RGeschäfte („Verfügggen", vgl Übbl 3d vor § 104) sind entw einseit RGeschäfte (vgl §§ 875, 928, 1064, 1188, 1196, 1255) od Verträge. Dch **dingl Vertr (Einigg)** w Eigt u beschr dingl Rechte übertr u belastet (§§ 873, 929, 1032, 1205), ihr Inhalt u Rang geändert (§§ 877, 880). Die RWirkg tritt aber erst ein, wenn (bei Grdst u GrdstRechten) die Eintragg, bei Fahrnis die Übergabe (od Übergabeersatz) hinzukommt.

Anwendbar auf dingl RGeschäfte grdsätzl §§ 104 ff u die allg Vorschriften des SchuldR, soweit mit dem dingl RVerh vereinbar. Wegen **§ 242** vgl dort Anm 3a, 4d „SachenR".

aa) Den Vorschriften über **Verträge** (§§ 305 ff) unterliegt der dingl Vertr nur, soweit im 3. Buch darauf Bezug genommen ist, RG **66**, 99. Die **§§ 145−152** sind dch § 873 II eingeschränkt, vgl § 873 Anm 5. Die Anwendbark der **§§ 328 ff** ist str; vgl Einf 5c vor § 328 u § 883 Anm 3b; allg Haas, Die Zulässigk v Verf zugunst Dr, Diss Würzb 1973.

bb) Anwendb zB **§§ 119 ff**, vgl b. − Zuläss **Bedingg u Befristg**, außer bei Auflassg, § 925 II, u Übertragg eines ErbbauR, ErbbRVO 11 I 2 (wg Bestellg eines ErbbauR vgl dort § 1 IV); vgl auch § 1017 II, EG 63, 68. − Zur Anwendg des § 107, wenn Mj unentgeltl Grdst od GrdstRechte erwerben vgl § 107 Anm 2, § 1629 Anm 4 u unten Anm 5c. − Bei **Dissens** kommt Einigg nicht zustande. − Einigg nichtig nach § 134, wenn das dingl ErfüllgsGesch unter das gesetzl Verbot fällt, BGH **11**, 61; **47**, 30 (zu *Bay* Verf 81), dazu BayObLG **69**, 278.

cc) Sittenwidrigk des dingl ErfGesch; **§ 138 I** grdsätzl anwendb, vgl Heck SR S 122; Flume AT II § 18, 8. Jedoch zieht Sittenwidrigk des GrdGesch nicht grdsätzl die des (abstr) ErfGesch nach sich, Soergel-Mühl § 929 Rdnr 11; Larenz AT § 22 III c; Baur § 5 IV 3a; RG **109**, 201. **Bordellkauf**: § 817 Anm 3c cc. − And, wenn sittenwidr Zweck gerade dch ErfGesch verfolgt w, RG **145**, 154. Zur Nichtigk der SichgÜbEigng § 930 Anm 4e. − And iF des **§ 138 II, Wucher**: Nichtig die dingl Erf des wucher GrdGesch dch den Bewucherten, RG **109**, 202, so daß zB das für wucher Fdg bestellte GrdPfdR nichtig, vgl Enn-Nipperdey § 192 III 1. Nach im Schriftt überw M erfaßt der Mangel des Wuchers (unbeschadet § 139) das ErfGesch des Wucherers nicht, dessen Kondiktion dann § 817, 2 entggstünde, vgl § 138 Anm 4; so zB Flume aaO § 18, 7; Larenz AT § 22 III c; Erm-Westermann § 138 Rdz 72; aA Lange AT § 53 IV 2. Zum wucher **Darlehen** vgl § 138 Anm 4b, § 817 Anm 5c bb.

Wg des RückfdgsAnspr aus **§§ 812, 817** bei sittenwidr Grd-, aber wirks ErfGesch vgl § 817 Anm 2. Ist auch ErfGesch nichtig, kann Verfügder dingl klagen (§§ 985, 894, 1004); kondizieren kann er höchstens den Bes; wg der Berichtigg vgl RG **139**, 355. Dem dingl, insb dem EigtAnspr soll, und als dem aus Bereicherg, die eig Unsittlichk des Gebers, § 817, 2, nicht entgghalten w können; vgl § 817 Anm 1b; dagg zB Soergel-Mühl § 986 Rdnr 9; Larenz SchR II § 69 III b; Honsell, Die Rückabwicklg sittenw od verbotener Gesch, 1974, 57; ihnen ist zuzustimmen: Wenn verwerfl Gesinng dem Leistden schon dann schadet, wenn nur das GrdGesch nichtig, so muß dies erst recht gelten, wenn auch ErfGesch sittenwidr u dah nichtig.

Einl v § 854 5, 6   3. Buch. Einleitung. *Bassenge*

Der Vindikation steht § 817, 2 freil dann nicht entgg, wenn nicht EigtÜbertr, sond GebrÜberlassg vereinb war (also bei nichtigem Leih-, MietVertr, v Caemmerer MDR **51**, 163; auch dann nicht, wenn sich die Zuwendg außerh des rgesch Verkehrs vollzog, BGH MDR **64**, 494.

dd) Die Anwendbark der **§§ 413, 399 Fall 2** auf beschr dingl Rechte ist umstr. ZT sind sie schon dem Inhalt nach unübertragb: vgl § 1059; §§ 514, 1098 u Anm 5b zu § 1094; § 1111 Anm 2b; § 1092 I 1; soweit R subj-dingl, folgt es dem herrschden Grdst, dessen Vinkulierg gg § 137, 1 verstieße. Bei ErbbR u WE kann VfgBeschrkg zum Inhalt des dingl R gemacht w (ErbbRVO **5**; WEG 12, 35; vgl Übbl 2 Bc vor WEG 1 u Soergel-Hefermehl § 137 Rdnr 3). Ist Übertr od Verpfändg der Fdg vertragl ausgeschlossen, wirkt dies beim MobiliarPfdR u bei der Hyp bei Eintr ins GB auch hins des SachenR (Westermann § 104 I 1; Däubler NJW **68**, 1122; KG HRR **34** Nr 557). – Baur (§ 4 IV) bejaht dies nur für SichgHyp, doch gilt § 1153 für die VerkHyp in gleicher Weise. – Auch Vinkulierg des GrdPfdR selbst im Hinbl auf das HaftgsVerh zw Gläub u Eigtümer (§§ 1147, 1192 I) zul (Hamm NJW **68**, 1289; Baur aaO) u zwar als InhaltsÄnd nach §§ 873, 877 (s dort Anm 2); für GrdSch § 1191 Anm 4b. Vgl auch § 1274 Anm 3 aE: Ausschl der Verpfändg eines GmbH-Anteils. – Zur Vinkulierg der Fdg des VorbehKäufers aus Weiterverkauf der Kaufsache bei Vorausabtretg an Erstverkäufer u zu den Folgen für die Übereigng der Sache an Zweiterwerber vgl BGH **40**, 156; **51**, 113; NJW **71**, 1311; U. Huber NJW **68**, 1905. §§ 413, 399 nicht anwendb auf Anwartsch des VorbehKäufers, BGH NJW **70**, 699. – Zur Vinkulierg des Anspr iF des § 931 s dort Anm 3a dd.

b) Schuldrechtl Grundgeschäft u dingl Erfüllungsgeschäft.

Vgl Übbl 3d, e vor § 104; Einf 4b v § 305; Jahr AcP **168**, 1. Das dingl ErfüllgsGesch ist ein abstrakter, **dingl Vertrag**: er enthält die auf den Eintritt der RWirkg gerichteten Erklärgen der Beteiligten, zB die des Veräußerers, Eigt übertragen, die des Erwerbers, es empfangen zu wollen. Er ist abstrakt, dh in seiner Geltg losgelöst von dem zugrunde liegden, aber von ihm zu scheidenden schuldr VerpflGesch (Grd-, KausalGesch). Dessen Ungültigk hat als solche nicht die des dingl ErfüllgsGesch zur Folge, RG **104**, 103. ZB berührt die Anfechtg des Schuldvertrags allein nicht die Wirksamk des ErfüllgsGesch. EigtÜbergang auch dann, wenn Veräußerer u Erwerber verschiedene Schuldgründe (zB Schenkg, Darlehn) vorausgesetzt haben. Formfehler im GrdGesch berührt die Wirksamk des dingl VollzgsGesch nicht, vgl § 313, 2. – Fehlt es an einem RGrd od ist dieser später weggefallen, so ist der Verfügde auf schuldrechtl RückFdgsAnspr nach §§ 812 ff angewiesen. Er kann also nicht dingl (zB §§ 985, 894) klagen u h im Konk des Erwerbers kein AussondersR.

Die Scheidg zw Grd- u ErfüllgsGesch wurde vielf als lebensfremd bekämpft. Jedoch wird der dingl Vertr nicht entbehrt w können (Lange AcP **146**, 28 ff, 49). Das dingl Gesch kann schon nach geltdem R ausnahmsw die Ungültigk des GrdGesch teilen: vgl Übbl 3f v § 104, § 139 Anm 4.

c) Dingl Recht u gesetzl Schuldverhältnis. Vgl Dimopoulos-Vosikis, AcP **167**, 515. Wird an einem Ggst ein beschr dingl Recht begründet, so knüpft diese doppelte Zuordng des Ggst häufig auch schuldrechtl Beziehgen zw dem Eigtümer u dem Inh des beschr SachenR – (nicht zu verwechseln mit dem GrdGesch, in dessen Erfüllg das dingl R erst begründet wurde) – zB: die RBeziehgen zw Verlierer u Finder (Vorbem 1d v § 965); zw Eigtümer u Besitzer (§§ 987 ff); zw Eigtümer u DienstbkBerecht bzw HypGläub (§ 1020 Anm 1 bzw § 1133–1135, 1147); Verpfänder u PfdGläub (Einf 3 vor § 1204); beim Nießbr Einf 1 vor § 1030 u § 1030 Anm 4a, e. Zur Frage, ob Schenkg eines Nießbr an Grdst gem § 107 zustbedürft, weil sie gesetzl SchuldVerh im oa Sinn begründe, vgl BGH DNotZ **71**, 302 (wohl bejahd). Innerh des ges SchuldVerh ist § 278 anwendb; zu seiner Anwendg im NachbR Übbl 2d aa vor § 903; § 278 Anm 4a cc; vgl auch § 991 Anm 2 aE.

d) Dem Schutz der dingl Rechte, aber auch ihrer unmittelb Verwirklichg dienen die **„dingl Anspr"** (vgl § 221); hierzu gehören: **aa)** possessor (§ 861) u petitor (§§ 985, 1065, 1227) **HerausgabeAnspr**, zw denen der nach § 1007 steht. – **bb) AbwehrAnspr** gg Störgen (Beseitigg, Unterlassg) u zwar aus Sach- od RBesitz (§§ 862, 1029, 1090 II) od aus dem R (§§ 1004, 1027, 1065, 1090, 1134, 1192, 1227; ErbbRVO 11); hierh gehören auch §§ 894, 888 (vgl Staud-Seufert § 888 Rdz 4). – **cc)** Anspr auf **Befriedig** aus dem PfandGgst (§§ 1113, 1147, 1191, 1199, 1204). – **Keine** dingl Anspr in diesem Sinn sind zB die aus §§ 1104 ff, bes aber die FolgeAnspr nach § 985 auf SchadErs u Nutzgen, die nicht nur auf § 1007 (III 2!), sond auch auf § 894 entspr anzuwenden sind (vgl dort Anm 7a): sie sind, wenn sie auch aus der Störg des dingl R entspringen, doch schuldrechtl Natur, ebenso wie Anspr aus §§ 823 ff wg Verletzg dingl Rechte. Der Unterscheid ist bedeuts: dingl Anspr können als unselbstdge nur zus mit ihrem StammR abgetreten w, § 985 Anm 1, § 894 Anm 6a – dort auch zur Überlassg zur Ausübg; dazu Medicus § 19 III. – Für schuldrechtl Anspr gilt allg SchuldR, währd die Frage, ob u inwiew dies auch auf die „dingl Anspr" zutrifft, nicht generell beantwortet w kann (vgl E. Schwerdtner, Verzug im SachenR, 1973 mit umfassdem Nachw.). Wg der Anwendbark des § 281 auf § 985 s § 281 Anm 1a, aber auch Westermann § 2 III 3. § 283 ist auf dingl Anspr anwendb, vgl BGH **53**, 29, 33 u § 985 Anm 2 u 3b. Wg der Anwendbark der §§ 284 vgl bei den einz dingl Anspr u Schwerdtner aaO.

e) Surrogation (vgl Strauch, Mehrheitl RErsatz, 1972; Wolf JuS **75**, 643, 710; **76**, 32, 104). Die SurrogationsVorschr enthalten allg Grds (RG **105**, 87); zur entspr Anwendg eingehd Wolf aaO. – **aa)** Bei **dingl** Surrogation tritt kr G anstelle eines Ggst bei Eingr in ihn dch Delikt, HohAkt, rgesch Vfg, TatHdlg od Natureregn sein Surrogat (dafür erworbener Ggst, ErsStück, EntschFdg, ErsAnspr, VersichergsFdg) entweder in eine SachGesamth (zB §§ 588 II, 1048 I 2, 1370, 2111 II) bzw ein SonderVerm (zB §§ 718 II, 1418 II 3, 1473 I, 1638 II, 2041, 2111 I) ein (bei BeziehgsGesch unter Verwendg fremden Verm ist das Surrogat kein ErsGgst) od es tritt anstelle eines EinzelGgst mit Fortbestand an diesem ursp bestehder beschr dingl R (zB §§ 966 II 3, 975 S 2, 979 II, 1046 I, 1075 I, 1127 I, 1219 II 1, 1247 S 2, 1287). – **bb)** Bei **schuldr** Surrogation besteht nur ein Anspr auf Einräumg einer RStellg am Surrogat, die der am urspr Ggst entspr (zB §§ 816 I 2, 1258 III).

6) Ergänzgen: a) Landesr Vorbeh: EG 55 ff; **ÜbergangsR**: EG 180 ff. – **b)** Zuweisg des **Hausrats** nach Scheidg: 6. DVO EheG (dort Anh II). – **c) Schiffe, Luftfahrzeuge**: § 929a Anm 1; Einf 5, 6 vor

§ 1204. – **d) RegisterVerfR**: GBO; SchiffsRegO; LuftfzG 78 ff. – **e) ZwVollstr**: Für Grdst, grdstgleiche Rechte, eingetr Schiffe, Schiffsbauwerke, Luftfahrz: ZPO 864 ff; ZVG.

7) Bodenrecht außerhalb des BGB. Aus der großen Zahl der Gesetze hier nur die wichtigsten.

a) ErbbaurechtsVO. – WohngsEigtG. – RSiedlungsG v 11. 8. 19 mit ErgG v 4. 1. 35, beide idF des GrdstVG 27, 28. Bezweckt insb Begründg neuer SiedlgsStellen u Verbesserg der Agrarstruktur. Beschaffg des erforderl Landes insb durch Enteigng von Moor- u Ödland, durch Ankauf auf Grd gesetzl VorkR (vgl unten Anm 7b bb aE, Übbl 3a vor § 1094). Vgl Übbl 3 vor § 903 u 12a vor § 873. – Über Auflösg der Familienfideikommisse vgl EG 59.
Eine einheitl städtebaul ROrdng schafft **BBauG**; es regelt insb die Bauleitplang, Umlegg, Erschließg, Enteigng. AGrd BBauG 2 X Nr 1–4: **BaunutzVO**; sie legt fest, in welchem Ausmaß die einzelnen Baugebiete baul genutzt w dürfen. Vgl Übbl 12b dd vor § 873 (GenPfl für RGeschäfte, Umlegg), § 903 Anm 5 d aa (Enteigng), 5f cc (enteigngsgl Eingr), Übbl 3 c vor § 1094 (gesetzl VorkaufsR), § 1113 Anm 4f (Erschließgsbeiträge). Das **Bundesraumordngs G** v 8. 5. 65, BGBl 306, stellt Grdsätze der Raumordnng auf, die für Bund u Länder verbindl sind, die ihrerseits LandesG erlassen. Der Sanierg u Entwicklg der Städte dient der **StBauFG**, der Hebg der landw Produktion das **FlurbG**, vgl EG 113 Anm 1. –

b) Landwirtsch Bodenrecht. Schrifttum: Kroeschell, LandwirtschR, 2. Aufl, 1966; Wöhrmann, LandwirtschR, 2. Aufl, 1966.

aa) Das das RErbhofG aufhebde **KRG** 45 v 20. 2. 47 (KRABl 256) mit DchfVorschr der Länder (vg 20. u früh Aufl) ist ab 1. 1. 62 außer Wirksamk (GrdstVG 39 III).

bb) GrundstücksverkehrsR. Aus dem **Schrifttum**: Kommentare von Rud. Lange, 2. Aufl 1964; Wöhrmann, 1963; Pikalo-Bendel, 1963; Vorwerk-von Spreckelsen, 1963; Treutlein-Crusius, 1963. – Ehrenforth, RSiedlG u GrdstVG, 1965. – Haegele, Beschränkgn im GrdstVerkehr, 3. Aufl 1970. – Augustin, Die höchstr Rspr zum GrdstVG seit den Entscheidgn des BVerfG, AgrarR 73, 136. – Hemmersbach, Die Gen nach GrdstVG, RhNK 71, 363. RGrdlage **GrdstVG**, auch in West-Bln, G v 21. 12. 61, GVBl 1757. AusfG u DVOen der Länder; ZusStellg Haegele aaO Rdnrn 58–67. Haegele **GrdstVG** 12c vor § 873; beachte Städtebauförderges G 6 I. **Zweck**: Erhaltg des Agrargefüges u des landw genutzten Bodens. **Mittel** hierzu: GenPflichten bezogen auf land- u forstwirtsch Grdstücke u auf kultivierb Öd- u Moorland u auf Teile davon.
Bzgl der genannten Grdst sind **genehmiggspflichtig** (§ 2): 1. rechtsgeschäftl Veräußerg u der schuldrechtl Vertrag. 2. Einräumg u Veräußerg eines Mit Eigt Anteils. 3. Veräußerg eines Erbanteils an Erbfremden, wenn Nachl im wesentl aus einem land- o forstwirtsch Betrieb besteht. 4. Bestellg eines Nießbrauchs (vgl Celle NdsRpfl 64, 10). Einzelfragen unten cc. – Zur **GenFreih nach LandesR** vgl Haegele, Beschr. Rdnrn 108–112, auch zu UmgehgsGesch. –
Nach § 2 III Nr 1 können die Länder der GenPfl unterstellen selbstdige Fischereirechte u grdstücksgleiche Rechte (vgl § 873 Anm 2a aa), die die land(forst-)wirtsch Nutzg zum Ggst haben; vgl Einzelh Haegele, Beschr, Rdnrn 78 ff u 31. Aufl.
Über Gen **entscheidet** die landesrechtl zuständige (Landw-) Behörde. Über **RBehelfe** unten dd. –
GenPfl entfällt in den Fällen des **§ 4**. Nicht für kirchl Anstalten u Stiftgn, BGH **39**, 299. **Negativattest**; § 5; dazu Weyreuther, Probleme des bodenverkehrsr Negativattests, NJW **73**, 345. – **Eintragg der genehmiggspfl Ränderg im GB erst zulässig**, wenn der GBA die Unanfechtbarkeit der Gen nachgewiesen, § 7. Ist eine Eintragg trotzdem erfolgt, Widerspruch gem § 7 II. Heilg § 7 III. § 8 führt die Fälle auf, in denen die Gen erteilt w muß, § 9 die Gründe, aus denen die Gen unter Aufl (§ 10) od Bedingg (§ 11) eingeschränkt od ganz versagt w darf: Gem **§ 9 I Nr 1** (mit GG vereinb, BVerfG **21**, 73), wenn Veräußerg ungesunde Bodenverteilg bedeutet; zum Begr BVerfG **21**, 306 (unter Aufhebg von BGH **44**, 202); dazu **§ 9 II**: ungesunde Verteilg insb bei Veräußerg an Nichtlandwirt (dem nicht ortsansäss Landw nicht gleichsteht, Karlsr RdL **74**, 132), wenn Landwirt erwerben will, vgl BVerfG **21**, 92, 99, 102; zul BGH DNotZ **71**, 656; Einschränkg vgl BGH **45**, 279; WPM **68**, 326; weiter wieder Stgt AgrarR **73**, 129 m abl Anm Dressel, AgrarR **74**, 26; keine Behinderg des Erwerbs eines unrentablen Betr seitens eines hauptberufl Landw, BGH AgrarR **73**, 48. – Zu **§ 9 I Nr 2**: Dch die Veräußerg des Grdst würde der räuml u wirtschaftl zushängde GrdBes verkleinert od aufgeteilt w. Hauptbeispiele hierf in III Nr 1–4. – Versagg der Gen nach § 9 I 2 mit III 1 ist mit GG 14 I 1 nur vereinb, wenn dch VeräußergsGesch nachteil Folgen für Agrarstruktur eintreten, BVerfG Betr **69**, 1331. – Zu **§ 9 I Nr 3** (mit GG vereinb, BVerfG DNotZ **67**, 632): Gegenwert steht in grobem Mißverhältn zum GrdstWert; Ausgangspunkt: VerkWert des Grdst; grobes Mißverhältn (grdsätzl, BGH DNotZ **71**, 656), wenn GgLeistg den GrdstWert um mehr als die Hälfte übersteigt, BGH **50**, 297; keine Gen, auch wenn Verk zu angem Preis überh nicht verkauft, Stgt AgrarR **73**, 272. Über GenVerf, wenn gesetzl VorkR nach RSiedlgsG in Betr kommt, vgl Übbl 3a vor § 1094.

cc) Einzelfragen. α) **Genehmiggspflichtig** nur die in § 2 aufgeführten Geschäfte, vgl bb; dazu gehören auch Auseinandersetzgen von GesHandGemschaften (vgl Haegele Rdnr 91); Schenkg, BGH NJW **57**, 259; Vermächtniserfüllg, Hamm RdL **65**, 298; Übertr des AnwartschR aus Auflassg (§ 925 Anm 6b), nicht dessen Verpfändg, Mü RdL **60**, 178; Abtretg des AuflAnspr, Hamm RdL **55**, 55. Über genehmiggspfl **Umgehgsgeschäfte** vgl Haegele aaO Rdnr 112.

Nicht genehmiggspflichtig: Veräußerg von Bestandt u Zubehör; Abgabe von Geboten u Zuschlag in ZwVerst; ErbschKauf als solcher, Celle DNotZ **67**, 113. Umwandlg von ErbenGemsch in Bruchtls-Gemsch, Oldbg NdsRpfl **64**, 195; EheVertr auf GütGemsch; Grundbuchberichtigg; **Belastgen** (außer Nießbr); Bestellg von **VorkR** (vgl § 1094 Anm 1); von **ErbbauR** (Hamm OLGZ **66**, 367) u dessen Übertr (Ingenstau, § 11 Rdz 82; Haegele aaO Rdz **71**, 80; str; vgl Ebersbach AgrarR **72**, 129; Schwarz DNotZ **73**, 50; Vorvertrag; VertrAngebot, LG Stgt BWNotZ **71**, 26. – **AnkaufsR** (mit berecht Einschränkg Haegele aaO Rdnr 93; Nachw zu Fußn 100); Option (aber Ausübg; str (vgl Nachw bei Haegele aaO Rdnr 92); **Vormerkg, Widerspruch**; Enteigng, Verzicht.

β) Kreis der zul **Auflagen** u **Bedinggen** abschließd normiert, §§ 10, 11.

γ) Gen schon vor Beurkundg des RGesch mögl, § 2 I 3.

δ) Genehmiggspflichtige RGeschäfte vor der Gen **schwebend unwirks.** Daher aus genehmiggspfl, aber noch nicht genehmigten Vertr Klage auf Auflassg unbegründet; Aussetzg zweckm (vgl Nachw Haegele aaO Rdnr 96). Erfolgt Verurteilg, Aufl noch genehmiggspfl. Parteien an (sonst gült) Vertr schon vor Gen gebunden, BGH **LM** § 986 Nr 1; auch, wenn Aufl u Eintragg nach bloß mdl Vertr, Stgt NJW **60**, 725. Bei Verstoß gg Pfl, Gen nicht zu hintertreiben, uU SchadErsPfl. AuflVormkg auch schon vor Gen. – **Gen wirkt zurück** ; bei ihrer endgült Versagg aus sachl Gründen unwirksam, Ffm RdL **59**, 17; dann heilt auch nachtr Negativattest den Vertr nicht mehr, BayVGH BayVBl **72**, 297: auch nicht, wenn nach Versagg die GenPfl wegfällt, vgl WPM **64**, 1195. Nachholg der Gen dann bedeutgslos, außer wenn Vertr erneuert. Vgl auch Übbl 12 g vor § 873. Über § 139 bei GenVersagg bei nur teilw genehmiggspfl Vertr BGH MDR **57**, 466. Zur fiktiven Gen nach § 6 II vgl Dammertz-Faßbender, DNotZ **68**, 646.

ε) **Erteilg** od rechtskr **Versagg** der Gen sind, die Dritte begünstigende (privatrechtsgestaltende) **Verw-Akte**, grdsätzl seit WirksWerden (Mitteilg an AntrSteller) nicht mehr rücknehmb od widerrufl, RG **106**, 145; Celle MDR **56**, 170. Zur Problematik des Widerrufs fehlerfreier u der Rückn fehlerh VerwAkte (zu unterscheiden von nichtigen, vgl Einf 4 vor § 929) vgl Kimminich JuS **65**, 249. Widerruf kann den Erwerb des dingl Rechts, auch des dingl AnwR, BayVerfGH DÖV **54**, 25, nicht mehr beseitigen, Staud-Seufert § 925 Anm 67 g. Über zivilrechtl Unwirksamk des nachträgl Aufhebg eines endgült VersaggsBeschl BGH NJW **56**, 1918.

dd) Verfahrensrechtliches. Schrifttum: Kommentare zum LwVG: Barnstedt, 2. Aufl 1968. – Lange-Wulff, 1954, Nachtr 1963. – Pritsch, 1955. – Wöhrmann-Herminghausen, 1954. Gen-Antr nach § 3 ist VerfAntr, BGH WPM **68**, 534. – Gegen Versagg der Gen, Erteilg unter Auflagen oder Bedingen, gg Verweiger eines Zeugnisses über GenFreih oder Ablauf der Frist des § 6 (vgl oben zu bb) oder einer Bescheinigg über Eintritt der Bedingen **Antrag auf gerichtl Entscheidg,** § 22. Zuständ ist das nach LwVG zust Ger. Frist: 2 Wochen. Gegen Entscheid des AmtsG (mit 2 landw Beisitzern) binnen 2 Wochen seit Zustellg sof Beschwerde an OLG (3 Richter und 2 landw Beisitzer); Rechtsbeschwerde (idR nur bei Zulassg; Anwaltszwang) an BGH (3 Richter mit 2 landw Beisitzern), u zwar binnen 1 Monat, in *Bay* ausnahmsw BayObLG. Vgl LwVG 22, 52.

c) Bodenreform. aa) Die vornehml agrarpolit orientierten BodRefGesetze der Nachkriegsjahre haben an prakt Bedeutg inzw verloren. Zudem drängt im Rahmen der Marktordng der EWG die wirtschaftl Entwicklg mehr u mehr zum größeren Betr od doch zur Zusfassg mehrerer Betr (vgl MarktstrukturG v 16. 5. 69, BGBl 423) u damit zur Rationalisierg (in Produktion u Absatz). – Vgl oben Anm 7a u Übbl 3a, d vor § 1094 (RSiedlG).

bb) Wg der **Bodenreformgesetze** der Länder vgl 20. u früh Aufl; dort auch zur DDR, wo die BodRef vielf zu entschädiggsloser Enteigng geführt hatte.

cc) Neuerd: **StBauFördG** ; G zur Förderg von **WohngsEigt u Wohnbesitz** im soz WohngsBau v 23. 3. 76 (BGBl 737), dazu Pick NJW **76**, 1049. – Zur **Ref des BodR** vor allem in **BallgsGebieten** vgl Bielenberg, Gutachten B für 49. DtJurTag, 1972; H-J. Vogel, NJW **72**, 1544; v Trotha, DÖV **73**, 253 (Aufspaltg in **Verfüggs- u NutzgsEigt**); Bebauungszwang, erweitertes gemeindl VorkR; Abschöpfg auch der nicht realisierten Plansgewinne dch Wertzuwachs usw).

8) Internationales Privatrecht und Interzonenrecht: vgl Vorbem 3 vor EG 13.

Erster Abschnitt. Besitz

Überblick

Schrifttum: Last, Fragen der Besitzlehre JhJ **63**, 71; Medicus, Besitzschutz dch Anspr auf SchadErs, AcP **165**, 115; Pawlowski, Der Rechtsbesitz im geltend Sachen- u ImmaterialgüterR, 1961; Kurz, Der Besitz als mögl Ggstand der EingrKondiktion, 1969; Wieser, Der SchadErsAnspr des Besitzers aus § 823, JuS **70**, 557. – Sandtner, Kritik der BesLehre, Diss Mü 1968. –

1) Besitz: Begriff im BGB nicht umschrieben. Besitz ist die vom Verkehr anerkannte tatsächl Herrschaft einer Pers über eine Sache (wg Rechtsbesitzes vgl Anm 4b), also kein Rechts-, sond tatsächl Verhältnis (str). Dennoch gewährt er eine wichtige RStellg, so daß er Bedeutg eines, wenn auch nur vorläufigen Rechts hat. Besitzer hat Recht auf Schutz seines Besitzstandes, §§ 859ff; früherer Besitzer hat uU HerausgAnspr gg jetzigen, § 1007; Besitzer kann uU auch dem Eigtümer ggü Herausg verweigern, §§ 985, 986; Besitz ist übertragbar, §§ 854 II, 870, u vererbl, § 857; kann Ggst eines Vermächtn sein, § 2169. Wichtige RVermutgen knüpfen an Besitz an, zB EigtVermutgen, §§ 1006, 1248, 1362 I und II, Vermutg für die Empfangsberechtigg des Besitzers od Empfänger als Eigtümers ggü gutgläubigen Dritten, §§ 793ff, 851, 932, 969, 1117 III, 1253, vgl auch § 920; Besitz ist Voraussetzg für Erwerb verschiedener Sachenrechte, §§ 929ff, 900, 927, 937, 955, 958, 1032, 1205. Besitz ist „sonstigem Recht" iS des § 823 I gleichzuachten, RG **170**, 6; auch mittelb Besitz (nur nicht ggü unmittelb Besitzer, BGH **32**, 204); anders Haftg nach § 836/7. Besitz kann wie Vermögensleistg als ungerecht Bereicherg herausverlangt werden, RG **129**, 311, vgl aber § 861 Anm 7; auf Fahrnisbesitz kann, wenn dem Schuldn ggü Recht auf Besitz besteht, Widerspruchsklage, ZPO 771, gestützt w, RG **116**, 366; Warn **19**, 125 (aM Westermann § 8, 4); anders ggü LiegenschVollstr, wie überh im LiegenschR nicht Besitz, sond GBEintragg für dingl

RGestaltg maßgebd. WidersprKlage des Besitzers aber iF ZVG 93 I 3 mögl u bei HerausgTiteln, Hamm NJW **56**, 1682. Über AussondergsR im Konkurs vgl Mentzel-Kuhn § 43 Anm 21.

2) Besitzschutz: Der von der ROrdng dem zunächst nur rein tatsächl HerrschVerh verliehene Schutz gg unrechtm Entzieh u Störg. Das hiervon scharf zu trennende **Recht zum Besitz** ist in anderen Teilen des BGB behandelt (vgl zB §§ 903, 1007, 1036, 1205, 1206, 1274, 1278, 1422, 1450 I 2, 1487, 1985, 2205; dgl auch ZVG 150ff u KO 117). Über Besitzschutz durch SchadErsAnspr Medicus AcP **165**, 115; Wieser aaO u § 861 Anm 7b.

a) Der **unmittelbare Besitzschutz** besteht in Selbsthilfe, § 859, u Rechtshilfe (Anspr auf Wiedereinräumung entzogenen Besitzes, auf Beseitigg u Unterlassg von Besitzstörgen, §§ 861/2, u auf Gestattg der Aufsuch u Wegschaffg aus der Gewalt gelangter Sachen, § 867). b) **Mittelbarer Schutz** wird durch §§ 812ff, 823, 826, insb durch die dingl Anspr betreffenden Bestimmgen, zB §§ 985, 1004, 1007 III 2, 989ff; 1065, 1227, gewährt. – Grd für weitgehenden Besitzschutz ist allg Interesse am RFrieden, der fordert, daß bestehende tatsächl Verhältnisse nicht eigenmächtig beseitigt w (Prot **3**, 31; str); demgem regelm Besitzschutz ohne Erforsch des dem BesitzVerh zugrunde liegenden RGrundes.

3) Arten: a) **Eigenbesitz und Fremdbesitz,** je nachdem, ob Besitzer die Sache als ihm gehörd besitzt, § 872, od nicht. Eigenbesitz wichtig für Ersitzg, § 937, Aneigng, § 958, Buchersitzg, § 900, Aneigng nach Aufgebot, § 927, Erwerb von Früchten, § 955. Mögl, daß sich ein dritter Besitzer dazw schiebt, der Oberbesitzer des unmittelb Fremdbesitzers ist, der zugl aber für diesen als zweitstufigen mittelb Besitzer besitzt, zB § 1052 II 2. Nach Baur, NJW **67**, 22, kann aber auch ein unmittelb Alleinbesitzer teils Eigenbesitzer, teils Fremdbesitzer sein, was zum MitBes zw unmittelb u mittelb Eigenbesitzer führte – vgl dazu § 1154 Anm 3e bb –. Bedenkl, vgl § 866 Anm 1. b) **Unmittelb u mittelb Besitz,** je nachdem, ob Besitzer tatsächl SachHerrsch unmittelb ausübt od durch Besitzmittler, der auf Dauer eines zeitl begrenzten RVerh Sache unmittelb in Besitz hat, § 868. Mittelb Besitz kann mehrf gestuft sein, § 871; er ist übertragb, § 870. „Besitzer" im BGB bedeutet häufig beide Arten, zB §§ 929 II, 930, 931, 937; in anderen Fällen nur der unmittelb Besitz gemeint, zB §§ 935, 1007 (abhanden gekommene Sache); in wieder anderen Fällen zweifelh u nur durch Einzelauslegg zu ermitteln, zB §§ 858, 985. Im Zw ist mittelb Besitz dem unmittelb gleichzustellen. – **Besitzdiener**, § 855, ist nicht Besitzer. c) **Vollbesitz u Teilbesitz** an abgesonderten Teilen einer Sache, § 865. d) **Alleinbesitz,** vgl § 1213 II, u **Mitbesitz,** § 866, je nachdem, ob einer allein od mehrere als unmittelb od gleichstufig mittelb Besitzer dieselbe Sache beherrschen.

4) Gegenstand: a) Körperl, genau bestimmte **Sachen**, § 90, auch Sachteile, § 865, nicht aber Sachinbegriffe, § 92 II, RG **52**, 388. Bei letzteren Besitz rechtl nur an den einzelnen, zur Sachgesamth gehörigen Sachen mögl, RG **53**, 218; **103**, 153. Nicht besitzfähig sind Personen, Naturkräfte, ArbKraft, Geisteswerke, eingerichteter Gewerbebetrieb, Warn **27**, 55. Wegen Besitz an gesunkenen Schiffen vgl § 856 Anm 4. An öff Sachen Besitz mögl, zB an Grabstätten Besitz der FriedhVerwaltg, KG JW **36**, 399; nach Hbg LZ **24**, 476 Grabstätenlnh an Grabsteinen: uU bei Ausübg des Gemeingebrauchs (vgl § 905 Anm 2b), Hbg MDR **62**, 407 (Parklücke). b) **Rechtsbesitz**. BGB kennt ihn nur bei Grd- u beschr pers Dienstbark, §§ 1029, 1090 (entspr Anwend der Sachbesitzschutzvorschr) u § 900 II (als Grdlage der Buchersitzg). Nicht an sonstigen dingl Rechten; soweit mit diesen Sachbesitz verbunden, zB Nießbr, ErbbauR, auch WohngsR, reicht Sachbesitzschutz aus. RBesitz ferner nach LandesR anerkannt, vgl zB BayFischereiG 16; vgl aber pr AGBGB 89 (hiezu Hamm JW **31**, 663 betr KirchstuhlR). Dem **Jagdpächter** spricht man RBesitz zu, u zwar an dem ihm überlassenen JagdausübgsR, während er am Grdst idR keinen Besitz (auch nicht Mitbesitz) hat, BGH LM § 823 (F) Nr 10; RG **107**, 206; wg Fischereipacht vgl OLG **35**, 326. Vgl Schapp, Jagdverpachtg u JagdausübgsR des Pächters, MDR **68**, 808.

5) Besitz in anderen Gesetzen: „Gewahrsam" in ZPO 739, 808, 809, 886 entspricht dem unmittelb Besitz, RG **61**, 92. In ZVG 55 II soll Besitz nach Hbg JW **37**, 552 nicht im techn Sinne gebraucht sein; bedenkl; hier nur die Besonderh, daß Scheinbesitz genügt: Ersteher erwirbt Eigt an nicht dem Grdstücks Eigtümer gehör Zubehör, sofern er diesen für den Besitzer der auf dem Grdst befindl Sache halten konnte; ist der Besitz des Dritten nicht äußerl erkennbar, so steht dies dem EigtErwerb durch Zuschlag nicht entgg, RG **49**, 254; Mü SeuffA **73**, 172; Naumbg SeuffA **68**, 479. Vgl auch § 1120 Anm 4. – Im StrafR sind „Besitz" und „Gewahrsam" nach rein natürl, nicht zivilistischen Gesichtspunkten zu bestimmen, RGSt **52**, 143; **58**, 143. Im SteuerR liegt Besitzbegriff nicht fest, vielm gibt Zweck des Steuergesetzes Ausschlag (vgl StAnpG 1 II). – Über öffrechtl Verwahrg s Einf vor § 688 Anm 4c.

6) Übergangsbestimmgen: EG 180, 191, vgl RG **54**, 133ff.

7) Internationales Privatrecht: Vgl Vorbem 14 vor EG 7.

854 *Besitzerwerb.* I Der Besitz einer Sache wird durch die Erlangung der tatsächlichen Gewalt über die Sache erworben.

II Die Einigung des bisherigen Besitzers und des Erwerbers genügt zum Erwerbe, wenn der Erwerber in der Lage ist, die Gewalt über die Sache auszuüben.

1) Erwerb des unmittelbaren Besitzes (wg des mittelb vgl § 868 Anm 3) entweder **a) originär** durch **einseitige Besitzergreifg**, sei es einer bisher besitzlosen Sache (zB Fund), sei es einer bisher im Besitz eines anderen befindl gg fremden Willen (zB Diebstahl, Unterschlagg des Besitzdieners) od **b) derivativ** durch Nachfolge, sei es Gesamt- (zB § 857) od Einzelnachfolge.

Zu a): Nötig Erlangg der **tatsächl Gewalt, I,** und **Besitzbegründungswille** (Anm 2). Ob tatsächl Gewalt begründet ist, entsch Verkehrsanschauung. Ob die Beziehg zw Pers u Sache die erforderl Herrsch

§ 854 1–4   3. Buch. 1. Abschnitt. *Bassenge*

über die Sache verleiht, ist beim Erwerb strenger zu beurteilen als für die Fortdauer des Besitzes. Von Bedeutg Verhältn zur Sache, wie es sich dem Beschauer darstellt. Erlangg der tatsächl Gewalt braucht nicht rechtm zu sein, auch der Dieb wird Besitzer. Tatsächl Gewalt setzt gewisse Dauer, Festigk der Beziehgen voraus; bloß vorübergehende, flüchtige Sachberührg unzureichd, vgl RG **92**, 266. Auch räuml Beziehg zur Sache notw, derart, daß Sache der Pers räuml zugängl geworden u diese jederzeit in der Lage ist, belieb auf sie einzuwirken, sei es aGrd physischer Innehabg od zufolge der Achtg anderer vor fremdem Bes, vgl Planck Vorbem 3 zu § 854. Für AlleinBes nicht nötig, daß Sache Einwirkg Dritter völlig entzogen, RG **151**, 187; nur darf Mitbesitz anderer nicht bestehen, sonst fehlt erforderl Ausschließlichk, vgl RG JW **07**, 141. Bloßes Mitbenutzen ist noch kein Mitbesitzen, wenn eigener Besitzwille fehlt, RG **108**, 123. – Zur vorl BesEinweisg vgl BBauG §§ 72 I, 7⁷, 116; Oldbg NdsRpfl **67**, 283 u Schiller, Zur vorl BesEinweisg auch außerh des EnteignsVerf, DVBl **67**, 278; FlurBG § 65.

Zu b): Einzelnachfolge dch **Übergabe** (I) od **Einigg** (II, vgl Anm 4). Überg erfordert Geben u Nehmen od Nehmen dch Erwerber mit Zust des bish Besitzers u beiderseit Wille zur Änderg der Sachherrsch (BGH **67**, 207; dazu Damrau JuS **78**, 519), wobei auch bei dem Übertragden GeschFgk nicht nötig (anders nach II); natürl Wille genügt; fehlt dieser beim Übertragden, so kann BesErwerb nach a) vorliegen. Einräumg bloß rechtl Befugnisse genügt nicht, es muß tats HerrschVerh des Erwerbers hergestellt w, RG **153**, 261; Verk-Auffassg entscheidd, BGH Betr **71**, 40. Gilt auch bei behördl Einweisg, OGH MDR **48**, 230; **49**, 281; anders bei Enteign, vgl W-Raiser § 64 III, und im UmleggsVerf nach BBauG **72**; vgl auch § 858 Anm 3a. Für BesErwerb guter Glaube an Besitz des anderen bedeutgslos, RG **105**, 414.

Zu a und b): Für BesErlangg äußerl **Erkennbarkeit** (durch alle, die darauf achten, RG **77**, 208) des Vorgangs u des Bes selbst erforderl, symbolische Handlg unzureichd, RG **151**, 186 (Anbringg einer Tafel); vgl auch Anm 3b. Besitzwille allein (zB des BesDieners) reicht nicht aus. Vgl auch Anm 4a.

2) Besitzwille (Wille zur tatsächl Beherrschg) für BesErwerb nötig, BGH **27**, 362; Begründg der Sachherrsch ohne solchen Willen nicht denkb; unbewußte Innehabg genügt nicht, wie § 867 zeigt. Zwar kein rechtsgeschäftl, wohl aber der zur Vornahme des erforderl Hdlg erforderl Wille in natürl Sinne notw. GeschFgk nicht Voraussetzg für BesErwerb. Aber Wille des GeschUnfähigen muß reif genug sein, um sich auf SachHerrsch richten zu können, W-Raiser § 10 III 2. Kein Besitz an Sachen, die ohne Wissen des Wohnsinhabers in seine Räume gelangen u hins deren genereller Beherrschgswille fehlt, RG **106**, 136. BesWille braucht nicht speziell bestimmt zu sein, allg BesWille genügt; deshalb BesErlangg ohne Bewußtsein von Erwerb, wenn Anstalten getroffen, die allg auf Empfang der betr Sache gerichteten Willen erkennen lassen, wie Anbringg von Briefkasten, Sammelbüchse, Wild- u Fischfangvorrichtg, vgl KG JW **26**, 2647. BesErwerb idR daher auch bei EntggNahme unbestellt zugesandter Waren; vgl W-Raiser § 10 Anm 2; wg Haftg Vorbem 1 vor § 987. – RLehre verlangt vielf keinen BesBegründgsWillen, so Heck **26**, 38; differenzierend Erm-Westermann Rdz 10: Bei Einfügg der Sache in eine Organisation, die eine HerrschSphäre darstellt (zB Haushalt) kein BesWille nöt, sonst wohl. – BesBegründg als solche keine WillErkl, sond Realakt (Tathandlg), desh Vorschr über Willensmängel unanwendb. – Wegen mittelb Bes vgl § 868 Anm 2.

3) Einzelfälle (vgl auch § 1205 Anm 3): **a) Besitzerwerb bejaht:** Schlüsselübergabe, zB der Wohnsschlüssel bei längerer Abwesenh des Inhabers, OLG **33**, 103; uU auch nur eines Schlüssels von mehreren, was idR zu MitBes führt, vgl BGH Betr **73**, 913. Heiml Zurückhalten eines zweiten Schlüssels kann im Einzelfall unschädl sein: so bei BesÜbergabe gem § 854 II, da hier § 116 hilft. BesÜbertr dch Schlüsselübergabe fällt aber regelm unter § 854 I; dann geht AlleinBes nicht über, wenn Übergeber Schlüssel heiml zurückhält, vgl Rosenberg JW **22**, 219; Westermann § 128 II 1a; and RG **103**, 101 u die hM, auch Erm-Westermann, § 929 Rdz 29. BesErwerb dch LadenInh an üblicherw morgens an Ladentür abgestellten Waren, BGH JR **68**, 106. Bes des Patienten an probew eingesetzten Goldkronen, RG AkZ **38**, 279; der Postverwaltg bei Niederlegg von Paketen im Annahmeraum mit Wissen des Postbeamten, RG **70**, 318; an dem in Fallen gefangenen Wild, KG JW **26**, 2647; an Außenwand von GeschHäusern, soweit sie den gemieteten Räumen entspricht ou zu Reklamezwecken geeignet ist (BesErgreifg jedenf mit Anbringg der Reklame), RG **80**, 284, vgl § 865 Anm 2b; Verkehrssitte entscheidend, BGH **LM** § 535 Nr 10; Sonderlagerg von umspannten Steinstapeln auf Fabrikgelände, die tags von Angestellten des BesErwerbers bewacht w, BGH Betr **71**, 40. Parkplatzunternehmer (MitBes mit Gemeinde) BGH **21**, 328. Wegen Parklücke Hbg MDR **62**, 407; Hamm NJW **70**, 2074. Zum Bes an Automaten (-ware) § 868 Anm 3 c cc aE.

b) Besitzerwerb verneint: Bloße Gestattg der Wegnahme ohne tats BesErgreifg (RG **153**, 261; KG OLG **18**, 135); Gestattg des Abhiebs des auf Stamm verkauften Holzes u dessen Abholzen, wenn nach dem Vertr Eigt u Besitz erst nach Bezahlg u Abfuhr übergehen sollen, RG **72**, 310; Gestattg des Entrindens u dgl, BGH **LM** Nr 4; vgl aber auch Anm 4c. Anschlagen mit Hammer, Danzig JW **32**, 67; Anbringg von Eigt-Tafeln an Lagergut od Ggst, der fest mit beschr zugängl Grdst verbunden (Ffm BB **76**, 573); Bestellg eines TrHänders, ohne daß dieser unmittelb Besitzer wurde (RG **151**, 186); bloßes Fällen von Holz auf fremdem Grdst (RG LZ **23**, 311); Verbringen auf umzäunten Platz, wenn Dr Torschlüssel hat (BGH JR **75**, 214). Bank an Stahlfachinhalt (§ 866 Anm 1a). ZollVerw an Waren unter Zollverschluß (RG **112**, 40) u auf Amtsplatz gem ZollG 6 I 1 (BGH JR **75**, 214).

c) Besitz der Ehegatten: s § 866 Anm 1b.

4) Einigung, II: a) Reicht zum Besitzerwerb nur aus, wenn Erwerber sogleich in der Lage, Sachherrsch auszuüben (was er darzutun hat, RG Gruch **49**, 127). Bish Besitzer muß tatsächl SachHerrsch erkennbar aufgeben, BGH **27**, 362; andernf nützt auch die formularmäß Bezeichng des Erwerbers als unmittelb Besitzers nichts, BGH WPM **69**, 657. Erlangg der tatsächl Gewalt selbst oder deren Ausüb nicht nötig KG OLG **16**, 328; Siebert JW **36**, 2453, aber sie muß auch ohne Mitwirkg des bish Besitzers überh mögl sein, auch dürfen sonstige Umst, insb das Verhalten Dritter unmittelb SachHerrsch nicht hindern, OLG **5**, 150, vgl RGRK Anm 14. Einigg kann der Möglichk, SachHerrsch auszuüben, vorausgehen u muß bei Erlangg der SachHerrsch fortbestehen (BGH NJW **76**, 1539).

b) Einigg ist Rechtsgeschäft. Daher auf beiden Seiten GeschFgk erforderl. Sie unterliegt allen Regeln über WillErkl, §§ 116 ff, 164 ff, 181, kann also auch angefochten werden; Stellvertretg beim Besitzerwerb nach II daher zul; Bedingg u Zeitbestimmg mögl. Bei Eintritt der aufschieb Bedingg muß Erwerber die Herrsch noch ausüben können; dies nicht der Fall, wenn Übertrager erkennbar nicht mehr den Besitz aufgeben will, uU auch bei Eingriffen Dritter, BGH **LM** Nr 4. Nichtigk des GrdGesch berührt die Einigg nach II u damit den Besitzübergang nicht; anders iR bei Nichtigk der Einigg über den Eigtümerwechsel (od die Bestellg eines PfdR od Nießbr). Besitzerwerb zG eines Dritten (§ 328) mittels Einigg nicht mögl, RG **66**, 99, Westermann § 13 III 2; wg mittelb Bes vgl § 868 Anm 3 a. – Einigg formfrei, ausdr Erkl nicht erforderl. Mögl auch stillschw, gleichzeit mit Einigg über Eigtümerwechsel, BGH Betr **62**, 1638; von jener aber inhaltl zu scheiden. Einigg nach II liegt in Abmachg, daß bish Besitzer bestehde BesLage auf and überträgt. Einigg, dch die lediglich ein VfgsR begründet wird, nie ausreichd; auf rechtl VfgsGewalt kommt es nicht an.

c) Einzelfälle: Einigg nach II ausreichd bei BesÜbertragg auf BesDiener, RG Recht **24**, 1686; an einem im Flusse liegden Kahn, RG Recht **24**, 1232; uU an Holz im Hafen, vgl BGH **27**, 362; auf Käufer von Holz im Walde, wenn Forstverwaltg die Holzabfuhrzettel aushändigt, Celle DRZ **50**, 40 mit Anm Abraham, od die Abfuhr erlaubt, BGH **LM** Nr 1; BayObLGSt **53**, 23; vgl aber auch Anm 3b und BGH **LM** Nr 4. Im Probeeinbau von Heizkörpern (Rohmontage) liegt idR BesAufgabewille des Handwerkers, auch bei EV, BGH NJW **72**, 1187, Anm Mormann **LM** § 97 Nr 6 u Kuchinke JZ **72**, 659.

5) Vertreter, Organ a) Erwerb des unmittelb Besitzes durch Stellvertreter (§ 164) nicht mögl (außer hins der Einigg iF II), da BesErwerb nicht auf RGesch, sond Erlangg der tats Gewalt beruht, BGH **16**, 263. BesDienersch (§ 855) keine eigentl Stellvertretg, wenn auch ihr ähnl, RG **137**, 26. Auch Übergabe einer Sache an Besitzmittler des Erwerbers (§ 868) kein Fall der Stellvertretg, RG aaO. – Testaments-Vollstr, Konkurs-, ZwangsVerw, NachlVerw, Treuhänder handeln kraft eigenen Rechts, nicht als Stellvertreter, erwerben daher ihrerseits unmittelb Bes, RG **52**, 333; vgl auch § 868 Anm 2; Jaeger KO 117 Anm 6. Auch bei gesetzl Stellvertretg (elterl Gewalt, Vormsch) ist der Stellvertreter vermöge seiner selbständ Stellg unmittelb Besitzer der von ihm in Bes genommenen, dem Vertretenen gehörigen Sachen, OLG **4**, 148, soweit nicht nach den jeweiligen Verhältnissen das Kind Alleinbesitzer ist (zB auswärts studierender Sohn).

b) Juristische Person: Da handlgsunfäh, BesWille u Innehabg dch Organ, das grdsätzl weder BesMittler, § 868, noch BesDiener, § 855, ist, so daß jur Pers selbst Bes erwirbt u hat, BGH **57**, 166; abw Wolf § 2 E II b 2; für Gewahrs iS der ZPO 808, 809 Ffm OLGZ **69**, 461. Sie ist für BesSchutzansprüche sachbefugt, die Organ als ihr Vertreter verfolgt; bei Streit mehrerer VorstandsMitgl § 866 entspr. Passivlegitimiert ebenf die jur Pers als Besitzer; Vollstreckg des Urteils auf Herausg gg jur Pers über ZPO 883, 886, da ihr Organ die Sachherrsch ausübt. Aus diesem Grd ist die dch das Organ weggegebene Sache der jur Pers nicht abhanden gekommen, § 935 Anm 4 d; gleichw verübt das EigenBes begründe Organ verbotene Eigenmacht, Erm-Westermann Rdz 6. Auch wenn BesDiener Sachherrsch ausübt, besitzt die jur Person. Ein Doppelorgan, wie der bay Landrat erwirbt für die jeweils in Frage kommde Körpersch, BGH **LM** Art 11 *bay* LandkreisO Nr 1. Zur Umwandlg des Willens, für die eine od die and jur Pers zu besitzen, vgl § 872 Anm 2. Eine Stellvertretg iS § 164 liegt aber nicht vor, da das Handeln der Vertreter als eig Handeln der jur Pers anzusprechen ist. Mögl ist jedoch auch, je nach der Verfassg, daß der Vertreter unmittelb Besitz für sich selbst erwirbt. Mit Recht nimmt Westermann § 20 II an, daß das Organ ab Ende der Organstellg BesMittler wird, wobei das abzuwickelnde AnstellgsVerh § 868 erfüllt; aA Flume, Schriftum Anm 6.

6) Gesamthandsgemeinschaften. Schrifttum: M. Wolff, Der Mitbesitz nach dem Recht des BGB JhJ **44**, 143; Ballerstedt, JuS **65**, 272/276; Steindorff, Besitzverhältnisse beim Gesamthandsvermögen in OHG und KG, Festschr für Kronstein 1967, 151 u JZ **68**, 70. Kuchinke, Die BesLage bei Sachgütern des GesellschVerm, Festschr Paulick 1973, 45. Flume, Die GesHand als Besitzer, Freundesgabe Hengeler 1972, S 76 ff.

a) Der nichtrechtsfähige Verein: Wenn auch die Träger des geshänder gebundenen Vermögens selbst handlgsfäh sind, legt die körperschaftl Organisation doch die Annahme nahe, daß die unmittelb Sachherrsch der GesamthandsGemsch dch ihre Organe ausgeübt wird, woran der etw zeitweil Mitgebrauch des Vereinsvermögens dch die Mitglieder nichts ändert. Sind für bestimmte Geschäfte bes Vertreter bestellt, ist damit die Übertragg einer gegenständl gesonderten unmittelb Sachherrsch verbunden; der bes Vertr gem § 30 wird häuf für seinen Machtbereich unmittelb Fremdbesitzer für die mittelb besitzden Gesamthänder sein.

b) Die Gesellschaft des bürgerl Rechts: Die Vorstellg des OrganBes versagt, da die GesHänder handlgsfäh, die geschführgs- u vertretgsberecht Gter nicht Organe sind. Einen unmittelb GesHandsMitBes im rechtstechn Sinn gibt es nicht (vgl RGRK § 866 Anm 8). Das Faktum des Bes läßt sich nicht mit dem RechtsBegr der gebundenen Verfügungsmacht der GesHand zur Deckg bringen. Der qualifizierte MitBes (Mitverschluß – § 1206) wird fälschl oft als GesHandsBes bezeichnet; bedenkl daher die Terminologie in RG Warn **27** Nr 55; BGH **LM** § 987 (7). Grdsätzl haben die Gter also MitBes nach § 866 (Steindorff aaO). Ihre geshänder Bindg wird immer dann offenb, wenn sich das Faktum der unmittelb Sachherrsch in rechtl Abstraktion zeigt: im mittelb MitBes der GesHänder ggü einem unmittelb besitzden Dritten; wenn BesStörg Ansprüche entstehen läßt; insoweit: § 719. Für BesStörg innerh der GesHand: § 866, bei Entziehg steht Anspr aus § 861 der GesHand od dem einzelnen GesHänder – actio pro socio – zu. Bei Veräußerg dch einen Gter: § 935.

Ist einem Gter eine Sonderaufgabe oder ein abgegrenzter Sonderbereich der GeschFührg übertragen, kann er insow alleiniger unmittelb Fremdbesitzer sein, der allen GesHändern als mittelb Eigenmitbesitzern den Bes vermittelt. Ob diese BesAufspaltung grdsätzl mit der Beschrkg der GeschFührg auf einen od einz Gter Hand in Hand geht, ist bestr. In bejahdem Sinn Baur § 7 D II 1 b aE; Wolf § 2 E II b 2; Ballerstedt JuS **65**, 276, der in der auftragsähnl Bindg der GeschFührden an das Gemeininteresse der GesHand ein BesMittlgsVerh (§§ 713, 868) sieht. Für letzteres ist nach Steindorff aaO die bloße Beziehg GeschFührer – Gesamthand nicht ausreich. Er nimmt daher unmittelb Eigen-MitBes auch der von der GeschFg ausgeschl Gter an, dessen Ausübg allerd entspr der gesellschaftsrechtl Bindg modifiziert sei („unmittelb Mitbesitz zur ges Hand"). Flume aaO (von einz Gtern od von BesDiener ausgeübter Bes wird der Gesellsch als einer Gruppe zugerechnet) u Kuchinke aaO (GesHandsMitBes aller Gter u unmittelb Bes der Gesellsch als solcher). Ungezwungener erscheint, alle Gter als mittelbare, die Geschäftsführden als unmittelb Besitzer anzusehen. Zur Passivlegitimation vgl § 866 Anm 3.

c) **OHG – KG**: Hier ergibt sich die gleiche Problemstellg, wie zu b, falls man nicht, gestützt auf HGB 124, der – auch vom OLG Stgt (v. 1. 2. 67 13 U 115/66, zit nach Steindorff aaO) vertretenen (von BGH **57**, 166 offen gelassen) Ans folgt, daß die vertretgsberecht Gter OrganBes – wie zu Anm 5 b und 6 a – ausüben. Dies ist aus den zu 6 b dargelegten Gründen u auch deshalb abzulehnen, weil beide Handelsgesellsch eben nicht körperschaftl organisiert sind. Auch sind die Gesellschafter, ebensowenig wie die Organe der jur Pers, nicht BesDiener der OHG (so Schwerdtner JR **72**, 116). BGH **57**, 166 (= **LM** § 854 Nr 5/6 Anm Braxmaier) spricht den **Kommanditisten**, kraft dessen Besitzerstellg ab, da der Bes als tats Herrsch allein den geschäftsführbefugten Gesellschaftern zustehe; dies vermengt die Frage, wer Besitzer ist u wer die (aktive u passive) RPosition des Besitzers (hier: der Gesamthänder) aGrd der gesellsch Bindg ausüben könne; die oben Anm b) aE angedeutete Lösg über § 868 ließ BGH unerörtet; triftiger erscheint das Arg, die nicht beschränkb Vertretgsmacht nach HGB 126 II schließe einen auf §§ 859 ff gestützten Angriff des Kommanditisten gg BesÜbertr an Dritte aus. – HerausgAnsprüche aber könnten, da der unmittelb MitBes der Gter zum GesHandVermögen gehört, nach beiden Ansichten – wg HGB 124 I auch gg die OHG selbst gerichtet w, BGH JZ **68**, 69 mit Anm Steindorff; OLG Celle NJW **57**, 27. HGB 128, 161 II allein begründen keine Passivlegitimation des persönl haftdn Gesellschafters; BGH GRUR **69**, 553 = JZ **70**, 105 (Anm Steindorff) bejaht sie (bei Anspr aus § 985) wenn der Komplementär die tatsächl Verfügsgewalt hat, mit der Begründg, auch der Mitbesitzer sei für den HerausgAnspr (allein?!) legitimiert; vgl § 866 Anm 3. Weggabe einer Sache aus dem GesHdVermögen dch vertretgsberecht Gesellschafter führt nicht zur Anwendg des § 935, gleichviel ob man ihm den Bes zuspricht (BGH **57**, 166), ob man BesMittlg dch ihn od, ob man Organstellg od BesDienersch (Schwerdtner JR **72**, 116) od MitBes aller GesHänder annimmt, da auch in letzterem Fall die Vertretgsmacht durchschlägt, vgl § 935 Anm 3 c.

d) **Erbengemeinschaft**: s § 857 Anm 2. Mehrere Erben werden Mitbesitzer gem § 866, mittelb Mitbesitzer zur ges Hand, wenn der Erblasser mittelb Besitzer war, da sich auch hier die gesamthänder Bindg zwar nicht im Faktischen des unmittelb MitBes, wohl aber in der vergeistigten Sachherrsch des mittelb Bes auswirkt. – BesitzschutzAnspr kann jeder Miterbe geltend machen, §§ 866, 2038 I, 2039. Ergreift ein Miterbe – etwa als GeschFührer oA, vgl § 868 Anm 2b bb – allein die tats Sachherrsch an NachlGgst für die ErbenGemsch, werden alle Miterben mittelb Mitbesitzer, der GeschFührer unmittelb Fremdbesitzer.

e) **Gütergemeinschaft**: § 866 Anm 1 b cc.

855

Besitzdiener. Übt jemand die tatsächliche Gewalt über eine Sache für einen anderen in dessen Haushalt oder Erwerbsgeschäft oder in einem ähnlichen Verhältnis aus, vermöge dessen er den sich auf die Sache beziehenden Weisungen des anderen Folge zu leisten hat, so ist nur der andere Besitzer.

Schrifttum: Hoche und Westermann, BesErwerb u BesVerlust durch BesDiener, JuS **61**, 73.

1) Besitzdienerschaft erfordert nach außen erkennb (RG HRR **33**, 923; str) **soziales Abhängigk-Verhältnis**, (Folge-) kraft dessen Besitzer tatsächl Gewalt durch anderen, den Besitzdiener, als Werkzeug ausübt, BGH **LM** § 1006 Nr 2. Nicht ausreich bloß wirtschaftl Abhängigk u schuldrechtl Verpflichtg zur Aufbewahrg od Herausg; BGH Betr **56**, 963. Tatsächl Unterordng unter Besitzherrn erforderl, derart, daß seinen Weisungen schlechthin Folge zu leisten u dieser notf selbst eingreifen darf, wobei aber nicht erforderl, daß Besitzer ununterbrochene räuml Einwirkungsmöglichk hat, vgl RG **71**, 252; BGH **27**, 363. Das AbhängigkVerhältn braucht nicht dauernder Art zu sein; BesDiener auch der Dienstmann, die Waschfrau. BesDienerschaft bleibt auch bei räuml Trenng bestehen (GeschReisender). Anders bei zeitl ungewisser Überlassg von Sachen zu selbstverantwortl Entscheidg, Bambg NJW **49**, 716. Das BesDienerVerh kann privrechtl u öffentlchl Natur (zB Polizeibeamter hins Uniform) sein. Auch ein rein tatsächl Verhältnis kann genügen, wenn Beteiligte nur glauben, daß Weisgen des „anderen" Folge zu leisten ist; vgl Staud-Seufert Anm 7. Die Vollm, über Sachen des Besitzherrn verfügen zu dürfen, schließt BesDienersch nicht aus. BesDiener kann dann wirks DrittBes begründen, ohne verbotene Eigenmacht zu verüben, BGH WPM **71**, 1268; vgl auch RG **138**, 270. IdR ist BesDiener in eine Organisation, einen Herrschbereich eingegliedert; dann erstreckt sich das BesDienerVerh grdsätzl auf alle zu der Organisation in Beziehg stehenden Sachen. Beispiele: Haushalt, ErwerbsGesch. **Haushalt** weiter als Hausstand (§ 1618). Gast dagg kein BesDiener; reines RaumVerh. „In dessen Haushalt" nicht räuml zu verstehen, RG **71**, 248, auch nicht nur auf HaushaltsGgstände beschränkt. – **Erwerbsgeschäft** in weitestem Sinne zu verstehen; jede berufsm, auf Erwerb gerichtete kaufmänn, gewerbl, künstlerische, wissenschaftl Tätigk. Bloße wirtschaftl Abhängigk aber nicht genügd, RG HRR **33**, 923; BGH **27**, 363.

2) **Ausübg der tatsächl Gewalt für den Besitzherrn im Rahmen des AbhängigkVerh.** Dies Erforderni rein sachl zu verstehen; anders gerichteter Wille des BesDieners unbeachtl, wenn er nur tatsächl aGrd des Folgeverhältn die tats Gewalt anstelle des anderen ausübt.

Besitz §§ 855, 856

3) Folgen des BesDienerverhältn. a) Nur der andere, der BesHerr, ist Besitzer, u zwar unmittelbarer. **Besitzdiener hat keinen Besitz,** nur Innehabg. Desh ist Widerstand gg Entziehg der tats Gewalt durch BesHerrn verbotene Eigenmacht (§ 858). Aber im Interresse des BesHerrn hat BesDiener VerteidiggsR, § 860. Aber kein KlageR wg BesEntziehg od -störg. Keine Vermutg aus § 1006.

b) BesErwerb durch BesDiener. § 855 deckt auch einen solchen (der aber nicht kraft Stellvertretg erfolgt, vgl § 854 Anm 5). Originär zB durch Ansichnahme erlegten Wildes durch Förster. Oder durch solche von verlorenen Sachen innerh des Rahmens des DienstVerh, BGH **8**, 133 (Platzanweiserin im Kino). Entggstehender Wille des BesDieners unbeachtl, außer wenn dieser erkennb betätigt. Dies gilt auch beim BesErwerb von dritter Seite. Läßt sich Hausangestellte zB beim Einkauf den Besitz übertragen, so spricht Vermutg dafür, daß dies im Rahmen des BesDienerVerh geschehen. Anders, wenn Wille, für sich zu erwerben, erkennb hervortr. Wegen Gut- od Bösgläubigk iS des § 990 vgl dort Anm 1a.

c) BesVerlust durch BesDiener. BesHerr behält den Besitz, bis er selbst od sein BesDiener diesen aufgegeben. Nicht erkennb betätigter Wille des BesDieners, nicht mehr für den Herrn zu besitzen, wieder unbeachtl. Aber BesVerlust, wenn der BesDiener sich die Sache zueignet, indem er sie in seinen Alleinbesitz bringt (Mitnahme in seine Wohng in ZueigngsAbs u dgl) od wenn er den Besitz einem anderen einräumt. Geschieht dies gg den Willen des BesHerrn, so ist sie diesem (der ja die Sache nicht „aus der Hand gegeben" hat, wie bei der Übergabe an Besitzmittler) iS des § 935 abhanden gekommen, RG **71**, 252; **106**, 6; hierbei gleichgültig, ob sich der BesDiener strafbar gemacht hat, wobei wieder unerhebl, ob Diebstahl od Unterschlagg (vgl Anm 6) od (str) ob Weggabe aus Versehen od inf sonstigen Irrtums. Vgl auch § 935 Anm 4. – Zu **b** und **c** vgl Hoche u Westermann aaO.

d) Eigtümer, der unmittelb Besitzer, kann dingl Übereign mit sich selbst als dem Vertreter u künft BesDiener eines anderen abschließen, RG **99**, 209.

4) Einzelfälle: a) BesDiener sind zB: in einem Gewerbebetrieb eingesetzte Personen, Ladenverkäufer u andere HdlgsGehilfen, Angestellte eines Lagerhalters, RG **138**, 270; auch Prokuristen, RG **71**, 252; Verwalter eines Kinos, BGH WPM **60**, 1149; idR Gutsverwalter bzgl Inventar, RG **99**, 209; KG OLG **42**, 272; Reisender bzgl der auf die Reise mitgenommenen Muster, RG **71**, 248 (anders die selbstdigen Handelsvertreter, vgl LG Brschw MDR **55**, 362); Kinder, auch vollj, im Gesch des Vaters (wg der Ehefr vgl zu b). Ferner zB auch Zweigstelle der Bank, die bei ihr hinterlegte Wertpapiere für die Hauptbank verwahrt, RG **112**, 113; Jagdaufseher hins erlegten Wildes, RGSt **39**, 179; Förster hins zu beaufsichtigenden geschlagenen Holzes, RGSt **14**, 305; Garderobepächter hins der Garderoberäume, RG **97**, 166; Kapitän hins des Schiffes, Ewald MDR **57**, 134; Kahnschiffer hins Unterkunftsräume, RAG **5**, 266; Pfandhalter als Vertreter des PfdGläub im Pfdbesitz, RG **77**, 209. ArbN, der mit Vollm des ArbG für diesen Geld von dessen Bankkonto abhebt, LAG Düss Betr **71**, 2069.

b) Keine BesDiener sind: Die **BesMittler** iSv § 868, s dort Anm 2; die **Ehefrau** am Hausrat, s § 866 Anm 1b; nach BGH **LM** Nr 3 aber die Ehefr, die bei kurzer Abwesenh des (verhafteten) Mannes den Betrieb fortführt, währd bei längerer Abwesenh (im Krieg) ein stillschweigd vereinb BesMittlgsVerh angen wurde. Dagg sieht LG Bonn, FamRZ **67**, 678 die Ehefr, die PrivBriefe des Mannes in Empfang nimmt, als BesDienerin an, bedenkl. Wem WohngsInh bei längerer Abwesenh Wohngsschlüssel anvertraut, Dresden OLG **33**, 103; Bahn, BGH **LM** Nr 1; Vorstd einer jur Pers, vgl § 854 Anm 5; Vollstr-Schuldn hins der in seinem Gewahrs belassenen Sachen, RG **94**, 348; AmtsG als Hinterleggsstelle, KG OLG **15**, 348. Ausländ Tochtergesellsch bzgl ihr mit bestimmter Weisg von der Muttergesellsch übersandter Konnossemente, RG **168**, 8. – Zur Stellg des Hausverwalters LG Mannh, MDR **73**, 764.

5) Beweislast: BesDienerVerh von dem zu beweisen, der sich darauf beruft.

6) Strafrechtliches: Ob BesDiener Diebstahl od Unterschlagg begeht, hängt davon ab, ob er Allein-Gewahrs oder nur MitGewahrs hatte, RGSt **60**, 272.

856 *Beendigung des Besitzes.* **I** Der Besitz wird dadurch beendigt, daß der Besitzer die tatsächliche Gewalt über die Sache aufgibt oder in anderer Weise verliert.
II Durch eine ihrer Natur nach vorübergehende Verhinderung in der Ausübung der Gewalt wird der Besitz nicht beendigt.

1) Allgemeines: Für Beendigg des unmittelb Besitzes – § 856 befaßt sich nur mit diesem, wegen Beendigg des mittelb Besitzes vgl § 868 Anm 4 – entscheidend Verlust der tatsächl SachHerrschaft. Dann läßt sich Besitz nicht durch bloßen Willen aufrechterhalten. Andererseits reicht der Wille allein, nicht mehr zu besitzen, nicht aus; ebsowenig idR bloße Erkl der BesAufgabe. Erlöschen des Rechts zum Besitz allein beendet den Besitz nicht, OLG **4**, 289; nur für dessen Rechtmäßigk von Bedeutg; ebsowenig Zeitablauf od Eintritt auflösender Bedingg ausreichd. § 856 gilt auch für Besitz an Grdst. BesVerlust durch BesDiener Anm 4 u § 855 Anm 3c.

2) Aufgabe der tatsächlichen Gewalt: Nur bei erkennb, willentl Handeln (BGH WPM **76**, 1192) od Nichthandeln (zB Unterlassen der Wiederbeschaffg, RG Gruch **69**, 373), verbunden mit Willen, tatsächl SachHerrsch aufzugeben. Kein rechtsgeschäftl, sond nur natürl Wille erforderl, vgl § 854 Anm 2, so daß auch GeschUnfähige zur Besitzaufgabe in der Lage, sofern sie fähig sind, Willen zu fassen, sich der SachHerrsch zu entäußern, Staud-Seufert Anm 5; hM. – Besitzaufgabe kann durch Preisgeben (Dereliktion) od durch Besitzübertragg erfolgen. Besitzergreifg durch Dritten im Einverständn mit früh Besitzer ist der Übergabe gleichzusetzen, RG JW **08**, 681. Keine Besitzaufgabe bei bloßer Beschrkg in Ausübg, BayObLG **31**, 309, od bei Mitüberlassg der Gewalt an Dritten (Mitbesitz), RG **66**, 259. Wegen Besitzes getrennt lebender Ehel vgl § 854 Anm 3c.

3) Besitzverlust auf andere Weise: Bei Einbuße der tatsächl Gewalt, unabhängig vom Willen des Besitzers, zB durch Verlieren (vgl Vorbem 1 vor § 965), durch Besitzergreif seitens eines Dritten od andere Ereignisse, die das HerrschVerh nicht nur vorübergeh (§ 856 II) beenden. Kein Verlust bei Verlegen der Sache innerh der gewaltunterworfenen Räume od Grdst, RGSt **39**, 28. Bei Haustieren ist Ablegg der Gewohnh, zurückzukehren, nicht unbedingt entscheidend, RG GoldtArch **48**, 311, RGSt **50**, 185, wg Tauben vgl auch RGSt **48**, 385. Besitzverlust an gesunkenen Schiffen: RG **165**, 172; Gruch **69**, 374; die zunächst nur vorübergeh iS des Abs II erscheinende Verhinderg in Ausübg der Gewalt wird durch Unterlassen mögl Hebg zu endgült Besitzverlust. Über Besitzverlust an versenkten Schiffen Ewald MDR **57**, 134; aber auch Reich MDR **58**, 890.

4) Vorübergehende Verhinderg keine Besitzbeendigg. Einzelfälle: Vorübergehde Benutzh der Sache durch Besitzdiener im eig Interesse, RG **52**, 118, zeitweilige Abwesenh, RG **51**, 23; uU kurzfristige Beschlagn durch Besatzungsmacht, LG Köln MDR **51**, 356; frei umherlaufende Haustiere, RGSt **50**, 184; LZ **19**, 208; Flucht eines Lagerhalters, wenn Besitzdiener Gesch fortführen, RGSt **138**, 217; Liegenlassen (auch in Eisenbahn), wenn Ort des Verlustes bekannt, bei Möglichk der Wiedererlangg, RGSt **38**, 445; vorübergehendes Verlassen eines gestrandeten Schiffes, RG **57**, 26, vgl auch RGSt **10**, 85; Verlust des Ankers, wenn Schiff in der Nähe bleibt u Anstaiten zur Bergg getroffen werden, RG **138**, 121; vgl auch RG **143**, 168.

857 Vererblichkeit. Der Besitz geht auf den Erben über.

Schrifttum: Weimar, Zur Vererblk des Besitzes, MDR **69**, 282. – Lange, Bes Fälle des § 857 in Festschr für Felgenträger **69**, 295 ff.

1) Besitzvererbg bedeutet nicht Übergang der SachHerrsch auf Erben (das ist rein tatsächl, nach Verkehrsanschauung zu bestimmender Vorgang), sond Nachfolge in die an SachHerrsch des Erblassers geknüpfte Besitzstellg, die Erblasser zZ des Erbfalls innehatte, ohne daß bes Besitzergreif erforderl, RG **83**, 229. Also Besitz ohne SachHerrsch (andere sprechen von vergeistigter SachHerrsch). Die tatsächl SachHerrschaft entsteht erst mit bes Besitzergreif (vgl Celle NdsRpfl **49**, 199). Ob Erbl materielles Recht zum Besitz hatte, gleichgültig. Auch bei Nichtvererblichk des Rechts zum Besitz (zB Nießbr) Besitz selbst vererbl, RG JW **18**, 368, Staud-Seufert Anm 8. So auch Übergang bei **Verwaltungsbesitz**, zB bei Besitz des Beauftragten, verwaltenden Eheg (§ 1422), TestVollstr, Konkurs- u ZwangsVerw, jedoch nur, wenn diese ihrers Besitz ergriffen hatten, sonst Anfall an die sonst berechtigten Personen, zB nachfolgenden TestVollstr, Staud-Seufert Anm 7. Bei Fortbestand einer **Gesellschaft** trotz Todes eines Gesellschafters (§ 727) geht Mitbesitz des Erblassers kraft Anwachsg (§ 738) auf übrige Gesellschafter über, etwaiger Alleinbesitz an Sachen der Gesellsch aber auf einen Erben (vgl Staud-Seufert Rdnr 9). – § 857 gilt nicht für BesDiener, da diese nicht Besitzer. – Besitzvererbg setzt voraus, daß Erblasser zZt des Todes noch Besitz hatte. Ob Besitzübergang, wenn Verlust der tatsächl Gewalt gleichzeitig mit Tod des Erblassers, zB bei Kleidgstücken im Falle des Ertrinkens u Nichtauffindbark der Leiche, ist str. – Unkenntnis von Erbanfall u Erblasserbesitz unschädl, BGH JZ **53**, 706. GeschFgk nicht erforderl, auch § 1923 II anwendbar. Wegen der Anspr des wahren Erben gg besitzenden vorl Erben § 1959. – Vom Besitz nach § 857 zu unterscheiden **„Erbschaftsbesitz"** des § 2018, der voraussetzt, daß jemand aGrd eines ihm nicht zustehenden, aber angemaßten ErbR etwas aus der Erbsch erlangt hat, was auch durch Anmaß des Eigenbesitzes an Sachen des Erblassers erfolgen kann, die der „Erbschaftsbesitzer" vor Todesfall in unmittelb Fremdbesitz hatte, RG **81**, 294. – Über Nacherbfolge vgl § 2139 Anm 3.

2) Folgen der Besitzvererbg: a) Besitz geht auf Erben über, wie er beim Erbl bestand; gilt für unmittelb u mittelb, Fremd-, Eigen-, Teil-, Mitbesitz. BesitzmittlgsVerh zw Erbl u Erben erlischt, Erbe wird (od bleibt) unmittelb Besitzer; RGRK Anm 2. Fehlerhaftigk des ErblBesitzes setzt sich fort (vgl § 858 II). Wg §§ 935, 2366 in diesem Fall vgl § 2366 Anm 3c aE. – Erbe genießt Besitzschutz der §§ 861, 862. Eingreifen eines Nichterben in den Nachl bedeutet verbotene Eigenmacht (vgl § 858 Anm 1); bei Wegnahme ist die Sache abh gekommen (§ 935). Hatte allerd der vorl od der Erbe, der seine Erbenstellg dch Anf der Ann od des Test od der ErbunwürdigkErklärg verloren hatte, eine Sache aus dem bisher von ihm besessenen Nachl weggegeben, so greift § 935 nach hM (zB Soergel-Mühl Rdnr 4; dazu Wiegand JuS **72**, 87) nicht zG des endgült Erben ein (vgl § 1953 Anm 2 a bb). And, wenn Pseudoerbe (aGrd früheren, dch späteres entkräfteten Test) Besitz ergriffen hatte. Hier hilft dem Erwerber gg § 935 nur § 2366 (s dort Anm 3 c). – Erbe kann sich auf die an Besitz geknüpften Vermutgen berufen, wie er anderers auch als Besitzer haftet. Die für u gg Erbl bestehenden possessorischen Anspr bleiben aufrecht erhalten. – Erbenbesitz des § 857 kann durch tatsächl Besitzergreif zum Besitz des § 854 werden, der Erbenfremdbesitz zum Eigenbesitz des Erben (§ 872); Bösgläubigk des Erblassers wirkt nicht mehr, wenn Erbe gutgläub Besitz ergreift (von Bedeutg zB für Ersitzg, deren Beginn bisher nicht mögl war, vgl RGRK Anm 8). **b)** strafrechtlich: § 857 für StGB 242, 246 bedeutgslos, da dort Gewahrs entscheidend, RGSt **58**, 229.

3) Entsprechende Anwendg von § 857 bei Anfall eines Vereins- od Stiftsvermögens an Fiskus, vgl §§ 46, 88, und bei sonstiger Gesamtrechtsnachfolge, zB bei Verschmelzg od Umwandlg von Kapitalgesellsch, auch in den Fällen der §§ 1416 II, 1483, 1490. Wegen § 738 vgl Anm 1.

4) Beweislast: Wer sich auf Besitz gem § 857 beruft, muß bisherigen Besitz des Erblassers u das behauptete Erbrecht beweisen.

858 Verbotene Eigenmacht; Fehlerhaftigkeit des Besitzes.

¹ Wer dem Besitzer ohne dessen Willen den Besitz entzieht oder ihn im Besitze stört, handelt, sofern nicht das Gesetz die Entziehung oder die Störung gestattet, widerrechtlich (verbotene Eigenmacht).

II **Der durch verbotene Eigenmacht erlangte Besitz ist fehlerhaft. Die Fehlerhaftigkeit muß der Nachfolger im Besitze gegen sich gelten lassen, wenn er Erbe des Besitzers ist oder die Fehlerhaftigkeit des Besitzes seines Vorgängers bei dem Erwerbe kennt.**

1) Verbotene Eigenmacht ist jede ohne Gestattg vorgenommene Beeinträchtigg (Entziehg, Störg) der tatsächl Gewalt des Besitzers, RG **55,** 55; u zwar des **unmittelb,** RG JW **31,** 2904, einerlei, ob dieser Recht auf Besitz hatte od nicht, RGSt **60,** 278; JW **21,** 686. Hins des mittelb Besitzers vgl § 869. Widerrechtl Beeinträchtigg liegt idR auch bei Eingriffen derjenigen vor, die Anspr auf Besitzeinräumg haben; zur Durchsetzg ihrer Rechte müssen sie sich staatl Machtmittel bedienen, RG **146,** 182; vgl aber § 864 II. War Besitz dem Besitzer schon vorher abh gekommen, zB durch Verlust (vgl § 856 Anm 3, 4), so verbotene Eigenm begriffl ausgeschl. Keine verbotene Eigenm des BesHerrn ggü BesDiener mögl, wohl aber umgekehrt (vgl § 855 Anm 2, 3); Nichtbefolgen der Weisg des BesHerrn kann schon genügen, Staud-Seufert Anm 7. Verbotene Eigenm des mittelb Besitzers ggü unmittelb Besitzer mögl, RG **69,** 197; Stgt Recht **17,** 1277; § 869 Anm 1; nicht aber umgekehrt. Auch zur Personen können durch ihre Vertreter verbotene Eigenm begehen, Mü SeuffBl **72,** 553; RG **55,** 56. Verbotene Eigenm kann vorliegen bei Verhinderg der Besitzübertragg, nicht aber bei Verhinderg der Besitzerlangg, RG JW **31,** 2904. — Zur **Widerrechtlichk** genügt objektive Beeinträchtigg des Bes ohne Willen des Besitzers. Bewußtsein der Widerrechtlichk nicht nötig, OGH MDR **48,** 472, auch nicht **Verschulden** (dieses macht überdies schaderspfl, § 861 Anm 7b). Gleichgült ist Kennen od Kennenmüssen des beeinträcht Bes (wg verboteter Eigenm des ErbschBesitzers gg Erben § 2025 Anm 2); ebso irrtüml Annahme des Einverständn des Besitzers, RG **67,** 389. — GeschFgk des Handelnden nicht notwendig.

2) Ohne Willen, dh ohne irgendwie kundgegebene Zust des unmittelb Besitzers; nicht erforderl gg Willen, gg ausdrückl Widerspr des Besitzers, RG JW **28,** 497. Zust auch stillschw; sie kann in Gleichgültigk hins des Verbleibs der Sache, RG **72,** 198, liegen, aber nicht ohne weiteres in Unterlassg gewalts Widerstands od Nichtanrufen der Polizei, wenn Besitzer widerspricht, Warn **14,** 335. Sie folgt auch nicht aus unrechtm Besitz, RG SeuffA **81,** 309. Zustimmg muß zZ der Beeinträchtigg bestehen. Doch kann sie im voraus erteilt w; sie kann in der vertragl Einräumg des WegnahmeR (RG **146,** 186; Schlesw SchlHA **75,** 47) od des Betretens der Mietwohng liegen; sie wirkt weiter bis zum (jederzeitigen) Widerruf, doch w ihre Fortdauer vermutet (RG **146,** 186). War Zust bedingt erteilt, muß Bedingg eingetreten sein, RG **67,** 388. Zustimmg braucht nach hM nicht rechtsgeschäftl wirks zu sein (Wolff-Raiser § 17 Anm 14; str; aA Baur § 9 I 2a), doch muß Besitzer den für Besitzerwerb nötigen Willen in natürl Sinne haben (§ 854 Anm 2). Zustimmg muß auf freier Entschließg des Besitzers beruhen, Warn **25,** 24 (Besitzentziehg ggü sinnlos Betrunkenem), darf also nicht unter Druck des Entziehenden erteilt sein, RG JW **28,** 497; LG Kiel MDR **49,** 366 (Besitzaufgabe wg unerträgl Besitzstörg); enger Freibg JZ **53,** 474 (unwiderstehl psych Zwang). Vertragl Vereinbarg nach § 138 nichtig bei Knebelg des Besitzers, RG JW **29,** 1380. Entscheidend immer nur Wille des unmittelb Besitzers, bei Besitzdienersch also des Besitzherrn; Zust nicht ersetzb durch die des mittelb Besitzers. — BewLast: vgl § 861 Anm 6.

3) Einzelfälle: a) Verbotene Eigenmacht bejaht: Fällen von Holz gg Willen des GrdstBesitzers, RG **129,** 384; Jagdausübg auf fremdem Grdst mit Zust des Jagdpächters, aber gg Verbot des Eigtümers, OLG **6,** 254; Pfändg u Wegnahme entgg ZPO 809, 883 bei widersprechendem Dritten, OLG **10,** 104; str; vgl Lüke NJW **57,** 425 (wg des Schuldners vgl Anm 6); Wegnahme unter EigtVorbeh verkaufter Sachen durch Verk, auch wenn Käufer zur Duldg vertragl verpflichtet, zZ der Wegn aber entggstehenden Willen hatte, RG **146,** 182; JW **35,** 1554; eigenmächtige Rückn verliehener Sachen, RG Recht **24,** 986. Ausräumg der Möbel durch Vermieter ohne Willen des Mieters, auch bei Räumgsurteil, RG SeuffBl **68,** 145; vgl auch § 861 Anm 1, § 869 Anm 1, § 864 Anm 2 b; Zurückbehalten der vom verreisten WohngsInh überlassenen Schlüssel u Abschließen der Wohng, OLG **31,** 308. ArbGeber reißt ihm mißlieb Anschläge der Gewerksch vom schwarzen Brett, das er ihr im Betr zur Vfg gestellt hatte, LAG Ffm Betr **72,** 1027. Wg Enteigng vgl auch § 854 Anm 1 zu b. Eigenmächtiges Anbringen v Antenne durch Mieter, Hbg JR **27,** 11. Sperrg von VersorggsLeitgen dch Vermieter (LG Itzeh SchlHA **62,** 245; AG Miesbach WoM **78,** 109). Eigenmächt Parken auf Privatparkplatz (Karlsr OLGZ **78,** 206).

b) Verneint: Anbringg von Lichtreklame an Außenwand durch Mieter, vgl § 854 Anm 3 a. Betreten des Pachtguts durch Verpächter zu erlaubten Zwecken, zB Ausübg des Forstschutzes, OLG **2,** 40; Behinderg des Nachbarn am Befahren, wenn GrdDbk nicht mehr besteht, Mü LZ **28,** 426; bei Störg des Jagdpächters, weil dieser keinen Sachbesitz, Jena JW **22,** 233 (aber Schutz des JagdausübgsR nach § 823 I, Kern in Anm, also auch durch UnterlKlage; uU § 826: RG JW **08,** 653); Klageerhebg, BGH **20,** 169; Erwirkg einer unberechtigten einstw Vfg, Kiel SchlHA **11,** 209, oder eines Arrests. Vgl auch Anm 6.

4) Besitzentziehg ist vollständige u andauernde Beseitigg der SachHerrsch, RG **67,** 389 (Hinderg durch Schließg eines Torweges). Durch physische Einwirkg; auch durch psychische, Raape, JW **28,** 497 Anm, so uU durch Drohg, OLG **20,** 395. Grenze ggü Besitzstörg fließd, nur quantitativer Art, OLG **15,** 328 (Abzäung eines GrdstTeils vom übrigen Grdst als Besitzentziehg).

5) Besitzstörg ist Beeinträchtigg des unmittelb Besitzers im Genusse des Besitzes in der Weise, daß ruhiger, befriedeter Zustand in solchen der Rechtsunsicherh verwandelt wird, vgl RG **55,** 57 (Gefährdg des GrdstBesitzers durch abirrende Geschosse). Dies kann geschehen dch **körperl** Einwirkgen, zB Immissionen iS des § 906, baul od sicherheitsgefährdende Veranstaltungen, Rundfunkstörgen, unzeitgem Musizieren (LG Köln ZMR **67,** 273) od Badbenutzg, Beschädig der Sache (Köhler JuS **77,** 652 zu II 1 d). Auch dch **psychische** Einwirkg, zB dch bloß wörtl Bestreiten des Bes dch Drohgen od Verbote, zB Androhg der Wegnahme einer Grenzmauer (OLG **4,** 290). Wörtl Bestreiten nur ausreichd, wenn mit Verbot ferner Besitzhandlg od mit Androhg tätl Verhinderg der Besitzausübg verbunden, wobei Verwehrg der Herausg der Sache an mittelb Besitzer dch Verbot od Drohg genügen kann; RG JW **31,** 2904. Auch mit Sicherh zu erwartde Einwirkg kann Zustand der Rechtsunsicherh hervorrufen, zB bedrohl Bauvorbereitg. Besitzstörg kann dch eigenes Einwirken (Handeln od Unterlassen) des Störers, durch Duldg der Einwirkg Dritter, die verhindert w könnte (Köln MDR **78**, 405), od dch Behinderg des Besitzers in Besitzausübg erfolgen, Wolff-Raiser § 17 I 2. Nicht erforderl gewisse Dauer der Beeinträchtigg, jedenf nicht bei körperl; aber Besitzstörgsklage nur bei andauernder Beeinträchtigg; § 862 Anm 2. § 905, 2 (dort Anm 3) entspr, Brem VersR **71**, 277.

6) Gestattg der Beeinträchtigg durch (öff- od privatrechtl) Gesetz (oder VerwAkt kraft gesetzl Ermächtigg, Bettermann MDR **48**, 474) schließt Widerrechtlichk aus. ZB bei zuläss Eingreifen der Polizei. Ob Beamter im Rahmen seiner Amtsbefugnisse gehandelt, hier durch ordentl Richter nachprüfbar, RG **108**, 239. Wichtig Bestimmgn der ZPO 758, 808ff, 883–885, 892, ferner ZVG 150. Gegen Vollstreckgs-Gläub keine Besitzentziehgsklage des VollstrSchuldners, hier nur ZPO 766, RG JW **02**, Beil 102 (wg Dritter vgl Anm 3 a). Antr auf ZwVerst keine verbotene Eigenm ggü besitzendem NichtEigtümer, RG **116**, 356. Recht zur Beschlagn von Überführgstücken gemäß StPO RG **64**, 385. Endl gehören Bestimmgn über SelbsthilfeR hierher, §§ 227–229, 859 auch §§ 561 I, 581 II, 910, 962; auch solche der Länder gem BJagdG 23, 25. Ferner EG 89 betr PrivatpfändgsR. Wegen DuldgsPfl nach § 906 u BImSchG 14 vgl § 862 Anm 2. Stets zu prüfen, ob G ausdrückl od seinem Sinne nach eigenmächtiges Handeln gestattet, od nur im Wege der Klage durchsetzbares Recht verleihen will, wie zB in §§ 1422, 2205, KO 117, Hammerschlags- u LeiterR (KG OLGZ **77**, 448) nach LNachbR (EG 124 Anm 2a). Keine Gestattg der Beeinträchtigg bedeuten die §§ 867, 258. Schuldrechtl Gestattg nicht genügd, RG **146**, 186 (uU hierin Zust; vgl Anm 2); ebsowenig subjektives dingl od persönl Recht, das zur Vornahme der betr Besitzhandlg befugt (Anm 1; aA RG JR **25**, 1750); insow nur § 683. – BewLast für Gestattg hat Eigenmächtiger.

7) Fehlerhaftigkeit des Besitzes, nicht zu verwechseln mit unredl od ungerechtf Besitz, wirkt relativ, nur zG des Beeinträchtigten u seiner Rechtsnachfolger, §§ 861 II, 862 II, vgl § 861 Anm. 3 u 4, nicht auch Dritten ggü. Daher ist zB Dieb vor Besitzentziehg durch Dritte nach § 859 geschützt.

Makel des Fehlerhaftig geht auf **Besitznachfolger** über. **a)** Bei Erbfolge Haftg schlechthin, auch ohne Kenntnis der Fehlerhaftigk; Voraussetzg, daß Erbe als Erbe Besitz erlangt, nicht etwa vor Erbfall durch Besitzübertragg, dann seine Stellg wie die jedes Besitznachfolgers.

b) Sondernachfolger muß bei Erwerb Fehlerhaftigk kennen; nachträgl Erkennen steht nicht gleich; fahrl Unkenntnis genügt nicht. Nur fehlerh Besitz des unmittelb Vormannes schädl. War Sache schon von einem früh Besitzer fehlerh erworben, so muß Vormann bei Besitzerwerb Fehlerhaftigk gekannt h, damit sie derzeitigem Besitzer, der sämtl den Besitz fehlerh machende Umstände bei Erwerb kennen muß, angerechnet w kann; RGRK Anm 14. – Sondernachfolger im Besitz ist nicht nur, wessen Besitz auf Übertragg beruht, sond auch, wer unmittelb nach früherem Besitzer Besitz erlangt, zB der zweite Dieb (Westermann § 22 III) od wer eine vom fehlerh Besitzenden fortgeworfene Sache in Kenntn der Fehlerhaftigk in Besitz nimmt, Staud-Seufert Anm 17. – SonderNachf besitzt nicht fehlerh, wenn ihm G (Schlesw SchlHA **75**, 47) od Erstbesitzer die Nachfolge im Bes gestatten, vgl Schneider JR **61**, 368. BewLast für BesitzNachf und Kenntn der Fehlerhaftigk trifft den, der Rechte daraus herleitet; Gegner muß Recht zum Eingr od Zust des Besitzers beweisen, Erm-Westermann Rdz 11.

859 *Selbsthilfe des Besitzers.*
I Der Besitzer darf sich verbotener Eigenmacht mit Gewalt erwehren.

II Wird eine bewegliche Sache dem Besitzer mittels verbotener Eigenmacht weggenommen, so darf er sie dem auf frischer Tat betroffenen oder verfolgten Täter mit Gewalt wieder abnehmen.

III Wird dem Besitzer eines Grundstücks der Besitz durch verbotene Eigenmacht entzogen, so darf er sofort nach der Entziehung sich des Besitzes durch Entsetzung des Täters wieder bemächtigen.

IV Die gleichen Rechte stehen dem Besitzer gegen denjenigen zu, welcher nach § 858 Abs. 2 die Fehlerhaftigkeit des Besitzes gegen sich gelten lassen muß.

1) Allgemeines. Selbstwehrberechtigt ist unmittelb Besitzer, auch fehlerhafter, RG Recht **26**, 1674; wg des mittelb vgl § 869 Anm 2. Besitzdiener: § 860. Gesetzl Vertreter zur Ausübg der Rechte des § 859 auch dann befugt, wenn nur der Vertretene Besitzer, RG **64**, 386; sonst Ausübg durch Dritte unzul, sofern vom G nicht ausdrückl gestattet, RGSt **60**, 278. Besitzer darf sich aber uU der Hilfe Dritter bedienen, RGRK Anm 2. – Selbsthilfe bei Besitzentziehg wie bei Besitzstörg, sofern diese verbotene Eigenm darstellen; zu beachten § 906 u BImSchG 14, vgl § 862 Anm 2. Einwendg fehlerh Besitzes gg Selbsthilfe unzul, wohl aber gilt § 864 II, RG **107**, 128; gilt auch für Mieter gg Vermieter, vorbehaltl abw Regelg im MietVertr (BetretgsR) LG Köln, ZMR **67**, 177; vgl § 861 Anm 1 aE.

2) Abwehrrecht (I), Recht der Besitzwehrg, dh Recht zur Verteidigg bestehenden Besitzes, nicht identisch mit NotwehrR, § 227, od SelbsthilfeR des § 229, sond weitergehend (vgl BGH NJW **67**, 46/47: nicht jedes, § 859 I auslöse Aufrechterhalten eines rechtsw Zustands ist auch schon die Notwehr rechtfertigd ggwärt Angr iS von § 227). Daß obrigkeitl Hilfe nicht zu erlangen (§ 229), keine Voraussetzg, RG HRR **34**, 1282. Gewaltanwendg nur insow eingeschränkt, als sie nicht über das zur Abwehr ggwärtiger, verbotener Eigenm gebotene Maß hinausgehen darf (BGH WPM **68**, 1356; Kblz MDR **78**, 141; LG Köln ZMR **67**, 177), sonst wird Handlgsweise widerrechtl und, bei Versch, Besitzer schadenersatzpfl, § 823; nicht anwendb § 231. Aus an sich berecht, die störde Sache gefährdder BesWehr kann sich gem § 242 RPfl zu gefahrmindernden zumutb Maßn ergeben, BGH aaO (Abdecken von ins Freie gestellten Töpferwaren). Ob Überschreit vorliegt, nach obj Sachlage zu beurteilen. Höhe des drohden Schadens ohne Bedeutg. Widerstand des Eigenmächtigen gg rechtm Besitzwehr keine Notwehr, sond widerrechtl.

Besitz **§§ 859–861**

3) Recht der Besitzkehrg : a) Bei bewegl Sachen **(II)** : Nur im unmittelb Anschl an Wegnahme zul, entweder bei Ertappen auf frischer Tat, dh unmittelb bei od alsbald nach der Tat, od wenn die Tat bei od sofort nach Verübg entdeckt, durch Verfolgen auf frischer Spur, sog Nacheile. Verfolgg darf erforderlichenf bis in Wohng des Eigenmächtigen fortgesetzt werden; vgl RG JW **31,** 2643. Ist Besitzkehrg nicht mehr zul, bleibt Klage aus § 861. Überschreit der Besitzkehrg ist verbotene Eigenm, sofern nicht § 229 gegeben, vgl auch OLG **4,** 292.

b) Bei Grdstücken : Entsetzg des Täters aus dem Besitz **(III).** Auch bei Teilentziehg nur zul, wenn Wiederbemächtigg sofort nach Entziehg; „sofort" nicht gleich unverzügl, vgl RGSt **34,** 250; GoldtArch **51,** 191, sond: so schnell wie nach obj Maßstab mögl, Wolff-Raiser § 18 II, ohne Rücks auf subj Kenntnis der Entziehg. Aber dem Besitzer ist Zeit zu notw Vorbereit zu lassen. Ist BesWehrg bzgl Grdst zugl BesKehrg bzgl GrdstTeils, gilt Zeitgrenze des III auch für BesWehrg BGH NJW **67,** 46 (Wegnahme eines an Gebäudefläche angebr Werbeschildes). III berecht nicht dazu, dem auf fremdem Grdst widerrechtl Parkenden die Ausfahrt zu versperren, da dies nicht der Beseitigg der BesStörg dient, Hamm VRS **70,** 73. Im übrigen vgl a.

4) Besitznachfolger (IV): vgl § 858 Anm 7.

860 *Selbsthilfe durch Besitzdiener.* Zur Ausübung der dem Besitzer nach § 859 zustehenden Rechte ist auch derjenige befugt, welcher die tatsächliche Gewalt nach § 855 für den Besitzer ausübt.

1) Besitzdiener s Erläutergen zu § 855.

2) Selbsthilferecht des BesDieners ist kein ihm zustehendes selbstd Recht, sond lediql Befugnis zur Ausübg des dem Besitzherrn zustehenden SelbsthilfeR, RG **97,** 167; daher nur in dessen Interesse, nie gg ihn zul, vgl auch § 858 Anm 1. BesDiener kann erforderlichenf Gehilfen zuziehen; er darf auch solche Sachen gem § 859 verteidigen, über die anderem BesDiener tatsächl Gewalt zusteht, die aber innerh desselben Kreises, zB Betr. Haushalt, befindl, vgl Wolff-Raiser § 6 IV. Wegen Selbsthilfe gg anderen BesDiener desselben BesHerrn bzgl Arbeitsgeräten vgl Köln **AP** Nr 1 § 860 BGB m Anm von Götz Hueck. Rechte aus §§ 861, 862 stehen ihm nicht zu; dagg hat er selbstdg Rechte aus §§ 227, 229, nicht aber gg BesHerrn, es sei denn, daß dieser widerrechtl Angriffe auf seine Pers unternimmt, § 227.

861 *Besitzentziehungsanspruch.* I Wird der Besitz durch verbotene Eigenmacht dem Besitzer entzogen, so kann dieser die Wiedereinräumung des Besitzes von demjenigen verlangen, welcher ihm gegenüber fehlerhaft besitzt.

II Der Anspruch ist ausgeschlossen, wenn der entzogene Besitz dem gegenwärtigen Besitzer oder dessen Rechtsvorgänger gegenüber fehlerhaft war und in dem letzten Jahre vor der Entziehung erlangt worden ist.

1) Die §§ 861 (BesEntziehg), 862 (BesStörg) geben bei verbotener Eigenm dem im Besitz bewegl wie unbewegl Sachen Beeinträchtigten einen **BesitzschutzAnspr** (possessorischen Anspr), abgeleitet aus dem Besitz als solchem; daher Recht (od besseres Recht) zum Besitz unerhebl sowohl für den Anspr wie für die Verteidigg (§ 863); entscheidend allein, ob Besitz des Bekl durch verbotene Eigenm ggü Kläger erlangt. Sachbefugt daher auch fehlerhafter Besitzer, zB Dieb, mit der sich aus II ergebenden Einschränkg (vgl Anm 5). Aber Fehlerhaftigk aus anderem Grunde als verbotener Eigenm als KlageGrd nicht ausreichd, RG Recht **7,** 588. Dem Mieter, der nach Beendigg des Mietvertrages wohnen bleibt, steht der Anspr aus §§ 861, 862 gg Vermieter zu, wenn dieser den Besitz entzieht od stört; vgl § 859 Anm 1 aE. Auch keine Einr der Argl (KG NJW **67,** 1915; Westermann § 24 II 4; Mühl NJW **56,** 1659). Wer dem Besitzer, der ihm den Besitz dch verbotene Eigenm entzogen h, diesen wieder entzieht, ist besitzberechtigt, BGH WPM **66,** 774.

2) WiedereinräumgsAnspr ist HerausgAnspr gerichtet auf Herstellg des Zust vor BesEntziehg (Schlesw SchlHA **75,** 47); auch auf Auskunft über Verbleib (Hbg OLG **45,** 184). Selbstd abtretb (RG Recht **14,** 1839) u vererbl. §§ 251, 987ff gelten nicht; wg SchadErs vgl Anm 7b.

3) Anspruchsberechtigt (sachbefugt) ist der (bisherige) unmittelb Besitzer, auch gg mittelb Besitzer (vgl § 858 Anm 1). Wegen des mittelb Besitzes vgl § 869. Ob unmittelb Besitzer Sache für sich od als gesetzl Vertreter für anderen, ob als eig od fremde Sache besaß, gleichgültig, RG **59,** 327. Selbst bloßer Verwahrer hat Anspr gg Eigentümer, OLG **6,** 256 u **10,** 104. Wegen Teil- u Mitbesitzer vgl §§ 865, 866. Gesellschaft; vgl § 854 Anm 6 b, c, nach BGH **57,** 166 nie Kommanditisten, da sie nicht besitzen. Sachbefugt auch Erbe u sonstige Gesamtnachfolger, vgl § 857 Anm 2, 3. Sondernachfolger nur nach Abtretg, Staud-Seufert Anm 14. Dem Besitzdiener steht Klage nicht zu.

4) Anspruchsgegner: Ggwärtiger fehlerhafter Besitzer. Hatte Entzieher an gutgl Dritten weiterveräußert u dann von diesem Besitz zurückerlangt, gelten die in Anm 1 c vor § 932 dargelegten Grdsätze sinngem, so daß unter diesen Voraussetzgen fortdauernde Fehlerhaftigk anzunehmen ist; and bei selbstd Rückkauf, Oldbg DJZ **35,** 441. Stets erforderl, daß Bekl zZ der Klageerhebg noch Besitzer, Warn **25,** 24, andernf nur SchadErsKlage, Anm 7. Besitz des Bekl muß **fehlerhaft** sein, sei es nach § 858 I, sei es nach § 858 II. Gleichgültig, ob er Besitz für sich od andere, aus eigenem Antrieb od im Auftrage Dritter erworben. Klage auch gg **mittelbaren** Besitzer mögl, zB wenn er unmittelb Besitz fehlerh erworben u dann nach § 868 an Besitzmittler übertr hat; vgl Celle NJW **57,** 27 (Pfändg). Nicht passivlegitimiert ist Bes-Diener. Zur Passivlegitimation beim Besitz jur Personen od Handelsgesellsch vgl § 854 Anm 5, 6 u § 866 Anm 3.

895

5) Ausgeschlossen (II) ist Anspr, wenn Besitz des Klägers (od seiner Besitzvorgänger) dem Bekl od seinem Rechtsvorgänger ggü fehlerh u fehlerhafter Besitz des Klägers innerh Jahresfrist vor seiner Entsetzg erlangt war (vgl LG Duisb ZMR **70**, 190; Vermieter beseitigt die widerrechtl errichtete Dachantenne des Mieters). Rechtsvorgänger, nicht Vorgänger im Besitz wie bei § 858 II (vgl § 858 Anm 7), ist nicht nur Erblasser, sond jeder, in dessen Besitzstellg Beklagter inf, nicht nötig aGrd, Rechtsnachfolge eingetreten ist, RG **53**, 10; **56**, 244, od eingetreten wäre, wenn nicht der Kläger verbotene Eigenm begangen hätte (Wolff-Raiser § 19 Fußn 10). Nicht genügd bloße Übertragg des Anspr aus § 861 seitens eines Dritten af Bekl, vgl RGRK Anm 9. AusschließsGrd auch dann, wenn Kläger nach Maßg des § 858 II Fehlerhaftigk des Besitzes seines Besitz- (nicht Rechts-) Vorgängers gg sich gelten lassen muß. – Da ggü „Einwand" des Bekl Kläger seinerseits einwenden kann, daß Bekl vor Entsetzg durch ihn (Kläger) ihm ggü fehlerhaft besessen habe, und so fort, vgl Staud-Seufert §§ 861/2 Anm 24, so ist Anspr des Klägers nur begründet, wenn die Reihe der gem § 861 in Betr kommenden widerrechtl Besitzentziehgn von der anderen Partei eröffnet wurde, und zw den einzelnen Entziehgn nicht mehr Zeit als ein Jahr verstrichen ist. – Frist des Abs II ist AusschlFrist, § 186. Sie rechnet von der Entsetzg des Klägers, nicht vom Ztpkt der Klageerhebg zurück. – Geltdmachg von II keine Einrede im eigentl Sinne, sond anspruchshindernde Tats; daher auch im VersäumnisVerf zu berücksichtigen.

6) Prozessuales: a) AnsprHäufg: Stützt der Kläger sein HerausgVerlangen materiell auf § 861, hindert ihn das nicht, sein RFolgebegehren gleichzeit mit petitor Anspr (§§ 1007, 985) zu begründen, BGH Betr **73**, 613. Das Ger muß sogar den vorgetragenen Sachverhalt auch unter diesen rechtl Gesichtspunkten prüfen, da Kläger mit der Behauptg, er sei früherer Besitzer, zugl die von Amts wg anzuwendde Vermutg des § 1006 anspricht. Trotz materiellr AnsprKonkurrenz ein StreitGgst, somit keine Klagehäufg iS ZPO 260 (Zöller IV 4c vor § 1; aA Soergel-Mühl Rdn 10). – Zul, unter den Voraussetzgen der ZPO 256, 280 WiderKl iF II auf Feststellg, daß Bes des Klägers dem Beklagten ggü fehlerh war. – Zu beachten auch § 864 II.

b) BesVerlust nach KlErhebg erledigt Kl in der Haupts; dann bei übereinstimmder ErledigtErklärg Entscheidg nach ZPO 91a; beharrt Bekl auf KlAbweisg, muß SachUrt über die bestr Erledigg ergehen (vgl Th-P § 91a Anm 7; Zöller § 91a Anm B 3), falls Kläger nicht auf InteresseKl (ZPO 268 Nr 3) übergeht.

c) Weitergabe des Bes währd des RStreits: **aa)** Beklagter bleibt nicht Oberbesitzer (§ 868): Dann gelten ZPO 265, 325 I; nach Titelumschreibg (ZPO 727, 731) Vollstr gg BesNachfolger. Diesen schützt aber sinngem ZPO 325 II, wenn er hins der Streitbefangenh u der Fehlerhaftigk des VorBes (§ 858 II 2) gutgläub war. – **bb)** Bleibt der Beklagte mittelb Bes, ist zwar (wie bei §§ 985, 1007; vgl oben Anm 4 aE) weiter passiv legitimiert, kann (wie bei aa) nur prozfühsgsbefug bleiben. Doch könnte der BesMittler sowohl iF des ZPO 886, wie bei Verurteilg des mittelb Besitzers zur Abtretg des HerausgAnspr (vgl Erm-Westermann Anm 4) gg BesMittler sein vom Beklagten abgeleitetes BesR einwenden. Diese Abschwäch der Passivlegitimation ist der Grd dafür, daß GesGeber auch die BesStufg nach § 868 in die Regelg der ZPO 265, 325 I eingezogen hat (StJP § 265 Anm III 1). Dann muß sich aber der BesMittler gg die Wirkg des ZPO 325 I wie zu aa) verteidigen können (aA Staud-Seufert Rdnr 20 Anm 2c), was ihn allerd nur gg § 861 schützt, nicht aber wenn HerausgAnspr zugleich auf § 1007 II od § 985 gestützt ist. – **cc)** Kläger kann bei BesVerlust zur InteresseKl (ZPO 268 Nr 3) übergehen; bei BesÜbertr w dies zweckm sein, wenn er im Verf zur Klauselumschreibg gg BesNachfolger diesem bösen Glauben nicht beweisen kann. BesInteresse, wenn Kl nur possessor, volles Sachinteresse, wenn sie zugleich petitorisch begründet war.

d) Beweislast: Kläger: für Besitz vor Entziehg (wobei tatsächl Vermutg für Fortbestehen, wenn einmal nachgewiesen), für Besitzentziehg ohne seinen Willen (BGH Betr **73**, 913) u für Besitz des Bekl; Entziehg ohne Wissen des Klägers spricht für solche ohne seinen Willen (Bekl kann GgBew führen), RG JW **04**, 361. **Beklagter:** für Voraussetzgen von II, für Beendigg des Besitzes des Klägers vor Entsetzg durch Bekl, für eigene od BesDienersch des Klägers, für gesetzl Gestattg der Entziehg, RG **64**, 386, Planck Anm 2b, 3. – Vgl auch Schneider JR **61**, 367.

e) Zu beachten die ausschl Zustdgk des Richters der FG gem **HausrVO 1** (s Anh II EheG), die nach LG Stgt MDR **72**, 146 (mit Nachw) auch eine BesStörgsKl gg den eigenmächt der Hausratverteilg vorgreifden Eheg vor dem StreitGer ausschließt; str; zust Erm-Ronke HausrVO 1 Rdz 1 u dem offenb zuneigd BayObLG **68**, 89.

f) Mit **einstw Vfg** kann Zust geschaffen werden, der Befriedigg gleichkommt (Düss MDR **71**, 1011; Schopp MDR **74**, 851). VfgGrd ZPO 935, 940 (Schopp aaO).

7) Sonstige Rechtsbehelfe: a) Petitorische Besitzklage: § 1007. – **Besitzbereichergsklage** (condictio possessionis) nur, wenn Besitzübergang auf einer (rechtsgrundlosen) Leistg des früheren Besitzers beruht, Leonhard, SchuldR II, 455; RG **129**, 311; sie ist ausgeschl, sofern nur auf verbotener Eigenm oder sonstigen unfreiw BesVerlust gestützt; denn §§ 861, 1007 insoweit Sonderregelg, die vom G nicht dem BereichergsR unterstellt; also idR keine Eingriffskondiktion, es sei denn, der entzogene Bes hätte durch Recht zum Bes einen bestimmten Zuweisgsgehalt bekommen, vgl v Caemmerer, Festschr Rabel I 1954 S 349 Anm 59 u S 353; Baur § 9 V 2; str. – Die allg Unterlassgsklage, falls wiederholte Beeinträchtigg droht, vgl § 862 Anm 7, Einf 8 vor § 823. Auch Feststellgsklage, insb bei mdl Bestreiten, Staud-Seufert Rdnr 3 (aM Westermann § 24 II 3).

b) Anspr auf SchadErs bei verschuldeter BesVerletzg, insb dch Beschädigg od Vernichtg der Sache od verbot Eigenm, aus § 823 II (§ 858 SchutzG), BGH **20**, 171; Wieser JuS **70**, 559 (aM Medicus AcP **165**, 118) u aus § 823 I, da Besitz als „sonstiges R" angesehen, RG **170**, 6; BGH **32**, 204; aber kein SchadErsAnspr des mittelb gg den unmittelb Besitzer aGrd § 823 I (BGH **32**, 194). Str, ob im übr §§ 866, 864 I auch delikt SchadErsAnspr des Besitzers einschränken; so Medicus aaO; dagg zutr Wieser aaO, Westermann § 25, 2; vgl auch § 864 Anm 2b aE. – Wg Höhe des zu ersetzenden Schadens eingeh Medicus aaO 115ff; er gibt, weil sonst Schaden des Besitzers nicht ermittelb (Wert des Bes als solchen kaum feststellb), Schad-

Besitz §§ 861-863

ErsAnspr nur, wenn Bes mit über den possessorischen Schutz hinausgehder Befugn zustrifft, die den Bes eigtumsähnl erscheinen läßt, wie zB Nutzgs-, ZurückbehRechte, endgült HerausgAnspr (§ 1007). Gg Anspr des rechtlosen Besitzers auf Ers des Nutzgsschadens (and bei Haftgs- u Verwendgsschäden) auch Wieser NJW **71,** 597. Beachte für die Zeit nach der BesEntziehg §§ 1007 III 2, 989–992, 823 I, 286 (vgl Medicus aaO; dort u § 1007 Anm 5 a auch zur Konkurrenz mit SchadErsAnspr des Eigtümers). E. Schwerdtner (Verz im SR S 117) verneint beim possessor Anspr Haftg des Entziehden für Verzugsschaden.

862 *Besitzstörungsanspruch.*
I Wird der Besitzer durch verbotene Eigenmacht im Besitze gestört, so kann er von dem Störer die Beseitigung der Störung verlangen. Sind weitere Störungen zu besorgen, so kann der Besitzer auf Unterlassung klagen.

II Der Anspruch ist ausgeschlossen, wenn der Besitzer dem Störer oder dessen Rechtsvorgänger gegenüber fehlerhaft besitzt und der Besitz in dem letzten Jahre vor der Störung erlangt worden ist.

1) **Besitzstörg.** Allgemeines über den possessorischen Anspr vgl § 861 Anm 1. Vgl auch § 858 Anm 5; Einzelfälle dort Anm 3. SchadErsAnspr nur bei Versch, ohne solches in den Fällen § 906 Anm 5 b, 6; vgl auch Anm 2.

2) **BesitzstörgsAnspr** gerichtet auf Herstellg des vor Störg bestehenden Zustandes (BeseitiggsAnspr) od der früh Sicherh im Besitz (UnterlassgsAnspr). Dieser nur bei einer auf Tatsachen sich gründenden Wahrscheinlichk weiterer Wiederholg, RG JW **13,** 543; bloß denkbare Möglichk nicht ausreichd, RG **63,** 379. Verbot weiterer Störgen kann Verpflichtg zur Beseitigg von Anlagen (der Störgsquelle) od Vornahme von Einrichtgen bedeuten, vgl RG aaO. Da Anspr aus § 862 kein SchadErsAnspr, keine Geldentschädigg (BGH WPM **76,** 1056). Kein BesitzstörgsAnspr, soweit dem § 906 Eigtümer Einwirkg zu dulden hätte, (BGH **15,** 148); ebso unterliegt Besitzer den in § 906 Anm 5 a angeführten Beschrkgen, währd ihm andrers ein ErsAnspr (Aufopfergs-, AusglAnspr) entspr § 906 Anm 5 b, 6 zusteht. Zur petitor WiderKl auf Duldg vgl Hagen JuS **72,** 124.

3) **Sachbefugnis als Kläger** vgl § 861 Anm 3, § 869 Anm 1. Mieter gg Hausgenossen bei Immissionen: RG HRR **31,** 1219. Besitzverlust nach Rechtshängigk beseitigt Sachbefugnis; bei BesÜbertragg ZPO 265 II (vgl auch § 861 Anm 6).

4) **Anspruchsgegner:** Störer, dh derjenige, mit dessen Willen beeinträchtigender Zustand besteht od von dessen Willen Beseitigg abhängt, RG JW **36,** 3454, zB ggwärt Besitzer der störenden Anlage, vgl RG **103,** 174; auch bei Handeln im Auftr eines anderen; aber auch AuftrGeber Störer, RG **92,** 25, uU nur dieser, OLG **2,** 42. UU ist Störer auch, wer Einwirkg Dritter duldet, die er hindern könnte, RG **97,** 26. Vgl auch § 1004 Anm 4.

5) **Ausschluß** des Anspr: vgl § 861 Anm 5, § 868 Anm 1 b.

6) **Prozessuales:** Vgl Anm 3. – Bei Abhilfe währd des RStreits Anspr auf Beseitigg erledigt, RG HRR **31,** 1219, aber UnterlAnspr nur bei Gewähr für dauernde Abhilfe. Widerklage im Falle II auf Rückg der durch Kl od dessen Besitzvorgänger mittels verbotener Eigenm gg Bekl od dessen RVorgänger erlangten Sache mögl. **Beweislast: Kläger:** für seinen Besitz, für Störg u Pers des Störers, für Besorgn weiterer Beeinträchtigen; **Beklagter:** für Voraussetzgen von **II,** für gesetzl Gestattg der Beeinträchtigg, für Voraussetzgen des § 906, RG HRR **31,** 1219 (BesStörgsklage zw Mietern), für Besitzdienereigensch des Klägers u Beendigg des Besitzes vor Störg. ZwVollstr bei BeseitiggsAnspr: ZPO 887, bei UnterlAnspr: ZPO 890.

7) **Erweiternde Gesetzesanwendg:** Rspr gibt in Ausdehng des in §§ 12, 862, 1004 enthaltenen RGedankens Unterlassgsklage bei jedem obj rechtswidrigen Eingr in geschütztes Rechtsgut, sofern Wiederholgsgefahr besteht, RG **116,** 151; vgl Einf 8 vor § 823 u § 1004 Anm 6. So auch Schutz eines eingerichteten Gewerbebetriebes vor Störgen, obwohl keine ,,Sache". Ggüber UnterlKlage wg Störg kann, da es nicht die Besitzstörgsklage ist, Recht zur Vornahme störender Hdlg unbeschränkt geltd gemacht werden, RG LZ **27,** 905.

863 *Einwendungen aus dem Recht.*
Gegenüber den in den §§ 861, 862 bestimmten Ansprüchen kann ein Recht zum Besitz oder zur Vornahme der störenden Handlung nur zur Begründung der Behauptung geltend gemacht werden, daß die Entziehung oder die Störung des Besitzes nicht verbotene Eigenmacht sei.

1) **Einwendgen aus materiellem Recht** (petitorische Einwendgen) grdsätzl ggü Besitzklagen **unzulässig,** RG **107,** 259, da Zweck des Besitzschutzes nur ungesäumte Rückgängigmachg der durch Besitzbeeinträchtigg geschaffenen Lage, Warn **23/24,** 123. Ein Recht zum Besitz gibt grdsätzl kein Recht zur eigenmächtigen Inbesitznahme. Vgl auch § 861 Anm 1. Ausnahmsweise Berufg auf Recht zum Besitz od zur Vornahme Besitz beeinträchtigender Hdlg zul, wenn vom Nachweis des Fehlens verbotener Eigenm (s § 858 ,,ohne dessen Willen", ,,sofern das G ... gestattet") ggü Kläger erfolgt.

Statthaft ist Berufg auf **a)** ausdrückl gesetzl Gestattg, vgl § 858 Anm 6; hierher gehören nicht § 1422, § 1450 I 2 od Recht des NachlVerwalters, TestVollstreckers usw zur Besitzergreifg: ebensowenig Berufg eines Ehegatten auf § 1361 a I zul (vgl OLG **6,** 156); außer bei Erwirkg einstw Vfg, Naumbg u Kiel JW **32,** 1401, 3640. – **b)** Einverständnis des Klägers, vgl § 858 Anm 2. – **c)** ZurückbehaltgsR nach § 273 II, vgl Staud-Seufert Anm 8. – **d)** Fehlender Besitz des Klägers. – **e)** Einwendg aus § 864 II.

Ggüber Klagen aus sonstigem RGrunde, zB bei SchadErsKlage, BereichergsAnspr, Klage aus § 1007, gilt Beschrkg des § 863 nicht. Bei Verbindg der Besitzklage mit Klage aus materiellem Recht, vgl § 861 Anm 6, bleiben jedoch grdsätzl Einreden aus dem Recht ggü Besitzklage unzul, ebso bei Feststellgsklage auf Besitz.

2) Widerklagen aus materiellem Recht gg (bloße) Besitzklage grdsätzl zul, nicht nur sow gem § 863 Einr materiell zugelassen, BGH **53**, 166, zust Hagen JuS **72**, 124. Dies, weil man überw M (vgl Nachw bei StJP § 33 II 1 Fußn 10, 11), ZPO 33 nur dem GerStand regelt, aber weder eine bes ProzVoraussetzg der Konnexität schafft, noch gar dem materiellrechtl Ausschl von Einreden Rechng trägt. Folgt man der GgMeing (wie etwa beiläuf BGH **40**, 185), so wird doch wg der entgegengesetzten Anträge zur näml Sache stets Konnexität vorliegen; vgl R-Schwab § 99 II 2 c. Hierdch verliert § 863 nicht an Bedeutg, da über die zuerst entscheidgsreife Klage aus § 863 nach Abtrenng od dch Teilurteil (ZPO 301) entschieden w kann; wie hier auch Erm-Westermann Rdz 3, RGRK Ar.m 4. Im übrigen vgl § 861 Anm 6.

3) Beweislast für Vorliegen eines AusnFalles hat Beklagter.

864 *Erlöschen der Besitzansprüche.* I Ein nach den §§ 861, 862 begründeter Anspruch erlischt mit dem Ablauf eines Jahres nach der Verübung der verbotenen Eigenmacht, wenn nicht vorher der Anspruch im Wege der Klage geltend gemacht wird.

II Das Erlöschen tritt auch dann ein, wenn nach der Verübung der verbotenen Eigenmacht durch rechtskräftiges Urteil festgestellt wird, daß dem Täter ein Recht an der Sache zusteht, vermöge dessen er die Herstellung eines seiner Handlungsweise entsprechenden Besitzstandes verlangen kann.

1) Jahresfrist ist vAw zu berücksichtigde Ausschl-, nicht VerjFrist (RG **68**, 389). Unterbrechg nur dch Erhebg der BesKl; FeststellgsKl od Antr auf einstw Vfg genügen nicht; ab Anordng des Ruhens des Verf läuft neue Frist (Düss OLGZ **75**, 331). Frist läuft ab Verübg verbotener Eigenm, auch wenn beeinträchtigder Zustand fortwährt; bei wiederholten Beeinträchtiggen Fristablauf hins vorheriger Störgen unschädl. Fristbeginn unabhäng von Kenntn od Unkenntn des Klägers, Kenntn nur maßg bei BesStörg dch wörtl Bedrohen. Fristberechng nach §§ 187 I, 188 II. – BewLast für Fristbeginn u -ablauf hat Bekl, für Fristwahrg der Kläger.

2) II. Petitorium absorbet possessorium: BesAnspr erlischt, wenn durch **rechtskräftiges Urteil** im „petitorium", dh **auf die Klage aus dem Recht** (Rechtsklage), insb dem Eigt, ein Recht des Besitzentziehers od -störers auf den eigenmächt hergestellten Besitzstand, insb ein Recht zum Besitz festgestellt ist. Dies ist prozessual nicht Rechtskr-, sond TatbestdsWirkg des Urt.

a) Gesetz spricht nur von Recht an der Sache. Aber nicht auf dingl Rechte zu beschränken; gilt auch bei obligator Ansprüchen u Recht aus älterem Bes (§ 1007); hM, währd BGH Betr **73**, 913 – allerd beil – von dingl R spricht. Nimmt A dem B eine Sache weg u erwirkt er dann rechtskr Urteil auf Herausg aus § 985 od aus Kauf, so erlischt BesAnspr. War Klage aus §§ 861, 862 schon anhäng u wird KlagAntr aufrechterhalten, so ist sie als jetzt unbegründet abzuweisen. Drang sie dch u ergeht dann rechtskr Urt auf die Rechtsklage hin, Einwendg aus ZPO 767. Wg Pfändg des gg Gläub selbst gerichteten Wiedereinräumungs-Anspr (§ 861) vgl Stgt HRR **34**, 389.

b) Erforderl: rechtskr Urteil. Nicht ausreichd vorl vollstreckb Urteil (aA Hagen JuS **72**, 124) od einstw Vfg. Letztere aber ggü Besitzklagen beachtl, der angeordnete Besitzstand ist anzuerkennen (dazu BGH NJW **78**, 2157); nach ihrer Beseitigg neue Klage zul. Enteignsbescheid steht Urteil nicht gleich, OLG **43**, 208. Rechtskr Feststellg des Rechts nötig, es muß deshalb über Klage od Widerklage des Täters entschieden werden; nicht genügd, wenn EigtKlage des Besitzschutzklägers abgewiesen wird, Staud-Seufert Anm 2. BesitzAnspr erlischt nicht, solange ein im Rechtskr des Urteils ausgesprochener Vollstreckgsschutz noch besteht, Furtner NJW **55**, 698. Feststellgsurteil genügt, wenn es Berechtigg des Täters ausspricht, Herstellg eines seiner Hdlg entspr BesStandes zu verlangen; ebso Abweisg der negativen Feststellgsklage des Gegners. II beseitigt aber nicht etwa dch § 858 I verursachte akzessor SchadErsAnspr.

c) Gesetz spricht zwar nur von rechtskr Feststellg nach Verübg verbotener Eigenm, aber nach RG **107**, 259, RGRK § 863 Anm 5, Westermann § 24 II 6, Rimmelspacher – vgl Schrifttum zu § 869 – § 11 IV (aM Wolff-Raiser § 19 V Fußn 16, Staud-Seufert Rdnr 2 zu b, Soergel-Mühl Rdnr 8, insb wg Möglich zwischenzeitl Ändergen) entspr bei **vorher** rechtskr gewordenem Urteil, wobei aber Selbsthilfe gem § 859 zul. Auf Gefahr des FaustR statt geordneter ZwVollstr weisen Soergel-Mühl zutr hin.

865 *Teilbesitz.* Die Vorschriften der §§ 858 bis 864 gelten auch zugunsten desjenigen, welcher nur einen Teil einer Sache, insbesondere abgesonderte Wohnräume oder andere Räume, besitzt.

1) Teilbesitz mögl, soweit gesonderte räuml Herrsch am einzelnen Teile neben Herrsch einer anderen Pers am anderen Teile mögl u von Verkehrsanschauung anerkannt. Ist Besitz am realen Sachteil, nicht am Bruchteil. Zu unterscheiden vom gemeinschaftl Besitz (§ 866). Mögl an beweglich (zB selbständig verschließb Schubfach) u unbewegl Sachen. Gewisse baul Abgeschlossenh erforderl, RGSt **64**, 235. Auch an wesentl Bestandteilen mögl; § 93 steht nicht entgg, denn Besitz kein dingl Recht. So ist Teilbesitz an Holz auf dem Stamm mögl, wenn auch tatsächl Herrsch nur ausnahmsw mögl, RG **108**, 272; vgl auch § 854 Anm 1 und 3 b; RG **72**, 310; **77**, 207; Mü OLG **26**, 1. Teilbesitz am häufigsten bei abgesonderten Räumen. Mieter einzelner Räume hins dieser Teilbesitzer, hins mit anderen Mietern gemeinschaftl benutzter, zB Treppenflur, Waschküche, Mitbesitzer; Eigtümer hins des ganzen Gebäudes unmittelb Besitzer, RG **64**, 182, hins der vermiete-

Besitz §§ 865, 866

ten Teile mittelb Besitzer. Über Außenwand vgl § 854 Anm 3 a aE. Kein Besitz des Stockwerksmieters am Dach, Hbg JR **27**, 11 (betr Antenne); vgl § 550 Anm 2. – Mögl Teileigenbesitz (str) u Teilmitbesitz (§ 866 Anm 1). Über Besitz u Besitzschutz beim WohngsEigt vgl Übbl 2 B a bb vor WEG.

2) Besitzschutz genießt Teilbesitzer in gleicher Weise wie Alleinbesitzer; Mieter auch ggü Vermieter u Mitmietern, wobei § 906 zu beachten, RG JW **32**, 2984. Bei Anbringg von Reklame- u Firmenschildern hat Mieter Besitzschutz gg Vermieter nur, wenn Anbringg mit dessen Gen od ohnedies statthaft, vgl § 854 Anm 3 a aE u § 535 Anm 2 b, KG OLG **2**, 32; gg Dritte auch ohne diese Voraussetzg, RG **80**, 281.

866 *Mitbesitz.* Besitzen mehrere eine Sache gemeinschaftlich, so findet in ihrem Verhältnisse zueinander ein Besitzschutz insoweit nicht statt, als es sich um die Grenzen des den einzelnen zustehenden Gebrauchs handelt.

1) Mitbesitz: wenn mehrere zus tatsächl Gewalt über Sache od realen, nicht ideellen Sachteil in der Weise haben, daß jeder die Sache besitzt, beschränkt durch den gleichen Besitz der übrigen. Mitbesitz nach Bruchteilen gibt es nicht. RG JW **36**, 251; Besitz jedes einzelnen muß sich auf ganze Sache erstrecken, vgl RGSt **47**, 314. Mitbenutzen ist nicht Mitbesitzen, wenn dem anderen anerkannt u eigener Besitzwille fehlt, RG **108**, 123, Hbg OLG **26**, 3. Zugrunde liegendes RVerh gleichgültig, zB ob MitEigt, Mitbesitz bei Pfandbestell nach § 1206, GesHandsVerh, RGemsch §§ 741 ff (BGH **62**, 243). Wg des MitBes bei GesHandgemeinschaften s § 854 Anm 6. Nicht erforderl, daß alle zu gleichem Zwecke besitzen, zB Eigen- u Pfandbesitz (§ 1206) mögl. Dagg G l e i c h s t u f i g k des Besitzes notw; kein Mitbesitz zw mittelb u unmittelb Besitzer, wohl aber bei mittelb Besitzern untereinander, wenn ein unmittelb Besitzer für sie alle Gewalt ausübt; vgl § 868 Anm 1 (dort auch wg des unzulässigen „Nebenbesitzes"). Vgl auch § 1154 Anm 3 e bb u Übbl vor § 854 Anm 3 a wg MitBes am ungeteilten Brief bei Teilzession der Hyp. Mitbesitz in der Weise denkb, daß jedem die Sache unbehindert zugängl, zB gemeinsamer Hausflur (BGH **62**, 243) od Fahrstuhl (BGH **62**, 243), od so, daß die Sache nur allen gemschaftl zugängl, zB bei Mitverschluß mittels verschiedenartiger Schlüssel. MitBes wird erworben dch gemeinschaftl BesErgreifg (§ 854) od dadch, daß bish Alleinbesitzer MitBes einräumt, zB durch Aushändigg eines zweiten Schlüssels, vgl § 854 Anm 3 a; RG **77**, 207; aber nicht dch einen WohngsVerm vorbeh, der einen WohngsSchlüssel zurückbehält, LG Düss WM **74**, 112. MitBes endet gem § 856. – Wg WohngsEigt vgl Übbl 2 B a bb vor WEG.

Einzelfälle: a) Beim **Stahlkammer**- od SchrankfachVertr (vgl Einf 1 c vor § 535) hat der Kunde auch bei Mitverschluß der Bank idR AlleinBes am Fachinhalt (§ 1206 Anm 2). – Zollverschluß ändert nichts am Alleinbesitz des Inh des Lagers, RG **112**, 40. – Bedenkl LG Münst MDR **61**, 234 (Mieter u Siedlg hätten MitBes an den Privatstraßen; vgl auch § 1004 Anm 7 b).

b) EheR. aa) Für alle Güterstände gilt: **Alleinbesitz** jedes Eheg an den seinem persönl Gebrauch dienden Sachen u solchen unter seinem Sonderverschluß; wg persönl Briefe vgl § 855 Anm 4. – **Mitbesitz** am gemeins benützten **Hausrat** (BGH **12**, 398; Celle FamRZ **71**, 28), wobei jew der mitbesitzde NichtEigtümer dem Eigtümer den Bes vermittelt (Gernhuber § 18 III 5); das R zum MitBes beruht auf § 1353 I. – ZG des Gläub jedes Gatten gelten aber die Vermutgen BGB § 1362 u ZPO § 739, wonach der jew Schu als Alleinbesitzer gilt, so daß der und Eheg bei der ZwVollstr nicht wg seines MitBes nach ZPO 766, 771 widersprechen kann. – EigtÜbertr zw Eheg § 929 Anm 3 a. – MitBes gleicherw auch an **Ehewohng**, auch wenn sie nicht gemeins gemietet (BGH, Celle je aaO); dann ist Räumgstitel gg Mieter u auch gg and Eheg (u sonst mitbesitzde FamAngehörige) vollstreckb, LG Tüb NJW **64**, 2021; and, wenn beide Eheg Mieter (Hamm NJW **56**, 1681) od der Verurteilte wg Trenng ausgezogen, LG Mannh NJW **62**, 816; vgl B-Lauterbach, § 885 Anm 1 B, aber auch Müller, ZwVollstr gg Eheg, 1970. – Vgl weiter Anm 1 vor § 1414.

bb) An sonst Sachen ist bei Gütertrenng u ZugewGemsch jeder Gatte Besitzer der ihm gehörden. Der Verwalter nach § 1413 vermittelt dem and Bes nach § 868.

cc) GüterGemsch: VorbehGut: Für gemeins benützten Hausrat u Ehewohng gilt hier erst recht das für Gütertrenng u ZugewGemsch oben zu aa) Gesagte. Sonst idR AlleinBes des Eigtümers, vgl Gernhuber § 38 V 5; Erm-Bartholomeyczik § 1418 Rdz 6. – **Sondergut**: idR unkörperl Gegenstände; sow RechtsBesSchutz vorgesehen (vgl etwa §§ 1090 II, 1029) steht dieser dem Eheg zu, zu dessen Sondergut das R gehört. – **Gesamtgut**: α) Bei **Einzelverwaltg**: s § 1422 Anm 3. Doch muß auch hier aGrd v § 1353 MitBes an Hausrat u Ehewohng angen w, Gernhuber § 38 VI 2; Erm-Bartholomeyczik § 1422 Rdz 4. Sow der Verwalter in übr das GesGut in Bes genommen h (was iZw anzunehmen), vermittelt der GesHand der Gatten den Bes (§ 868). – β) **Gemeins Verw**: vgl § 1450 Anm 4.

dd) Bes bei Getrenntleben: Trennen sich die Eheg, endet ihr R zum Bes am Hausrat, sow es auf § 1353 beruhte; nun greift **§ 1361 a** ein, s dort Anm 2. Der GrdGedanke dieser Vorschr sollte auch für das R zum Bes der Ehewohng gelten; vgl FamRZ **69**, 93; **70**, 86; Stgt NJW **70**, 101. Hat sich der Ehemann unter Aufg seines MitBes an der Ehewohnung von der Familie in ScheidgsAbs getrennt, hat er damit sein R auf MitBes an der Wohng aus der ehel LebensGemsch u seiner elterl Gewalt über die Kinder verloren, BGH MDR **72**, 33. – Vgl auch Gernhuber § 18 III 3. – Nach Scheidg: 6. DVO z EheG, s dort Anh II.

ee) Ehe u Besitzdienersch: s § 855 Anm 4.

ff) Wg der BesVerh bei Güterständen alten R vgl. 32. Aufl § 868 Anm 2 b bb „FamilienR".

2) Besitzschutz: a) Ggü **Mitbesitzern** nur, soweit es sich nicht um Grenzen des den einz zustehden Gebr handelt, also nicht bei völl BesEntziehg dch Mitbesitzer (BGH Betr **73**, 913). Dagg bei BesStörgen untereinand kein BesSchutz (BGH **29**, 377), sond nur RKlage (zB § 823 I), wobei dort Anspr nicht analog § 866 „relativiert" w (BGH **62**, 243 gg Medicus AcP **165**, 139); and wohl zutr Köln MDR **78**, 405, wenn MitBes nicht nur in einz Beziehgn sond insges beeinträchtigt. – **b)** Ggü **Dritten** hat jeder einz Mitbesitzer unbeschränkten BesSchutz (§§ 859–862, 867). – Mitbesitzer kann idR nach § 861 nur Wiedereinräumg des Mit-

§§ 866, 867   3. Buch. 1. Abschnitt. *Bassenge*

Bes fordern; aber solche des AlleinBes, wenn übr Besitzer den MitBes nicht mehr übernehmen wollen od können (§ 869 S 2 Halbs 2 entspr). AlleinBes ggf auch mit Rechtsklage beanspruchb.

3) Herausgabepflicht der Mitbesitzer (§§ 861, 1007, 985): ZT w (im Anschl an Mü LZ **22**, 169) angenommen, daß MitEigtümer (aGrd ihres Mitbesitzes?) samtverbindl zur Herausg verpflichtet seien (Eichler II 1 S 192; Soergel-Mühl § 958 Rdnr 14; Staud-Berg § 985 Rdnr 10; Erm-Hefermehl § 985 Rdz 5; hier 28. Aufl), teilw, daß gg einen Mitbesitzer „geklagt" w könne, wenn die and einverstanden seien (RG LZ **22**, 123) od, daß er allein die ungehinderte tatsächl Gewalt habe (RG Warn **18**, 57 = JW **18**, 368 bzgl eines Miterben). Doch kann jeder Mitbesitzer für den dingl HerausgAnspr nur in dem Umfang passiv legitimiert sein, in dem er besitzt. Das w klar, wenn man die ZwVollstr eines Urt bedenkt, das (nur) einen Mitbesitzer zur (umfassden) SachHerausg verurteilt; so muß an den Erinnergen (ZPO 809, 766) MitbesitzerHerausg scheitern, wenn diese, wie idR, Mitgewahrs haben (vgl Zöller-Scherübl § 808 Anm 1b). Die Tats des MitBes allein begründet keine GesSchuldnersch zur Herausg. Wenn auch jeder Mitbesitzer die Sache ganz besitzt, so doch nicht allein. Er kann also nur verurteilt w, seinen MitBes zu übertragen. Daß er uU dem Gläub des HerausgAnspr je nach Sachlage den AlleinBes verschaffen *kann*, schließt nicht aus, daß er dadch verbotene Eigenm gg seine Mitbesitzer verübt. Vgl BGH **4**, 77, 79, in welchem Sonderfall die an einen Mitbesitzer gerichtete LeistgsAnforderg nach RLG 15 auch die BesÜbertr dch diesen ggü seinen Mitbesitzern deckte. – Hat sich allerd der Erbenmitbesitz nach §§ 2032, 857 in der Hand eines Erben, der für sich u seine Miterben tatsächl Bes ergriff, verdichtet, ist dieser auch allein (aber nicht nur allein) passivlegitimiert. – Übt im Rahmen einer KG der alleinige Komplementär die tatsächl Vfgsgewalt aus, so mag seine Verurteilg zur Herausg (des ganzen Bes) als Zweitbeklagter neben der KG unbedenkl sein (so BGH GRUR **69**, 553 = JZ **70**, 105), weil die Verurteilg der KG als Erstbeklagter den Mitgewahrs etwa unmittelb mitbesitzder Kommanditisten (vgl dazu § 854 Anm 6 b aE u Steindorff § 854 Anm 6 vor a) aus erinnersbegründ iS § ZPO 809, 766 ausschaltet, nicht zudem die dem Komplementär unterstellte „alleinige VfgsGewalt" dessen Alleingewahrs bedeuten w; die Praktikabilität der Entscheidg im Einzelfall ändert aber nichts an der Berechtigg von Steindorffs Kritik in JZ **68**, 70 u **70**, 106. – And, wenn man wie BGH **57**, 166 dem Kommanditisten jeden Bes abspricht. – Sind mehrere Mitbesitzer verklagt, kein Fall des ZPO 62 (vgl RG JW **18**, 368), da die Voraussetzgen des § 932 (ggü **985**, **1007 I**) od des § 2078 (ggü § 861) den Verklagten schützen können, den und nicht. Anderes gilt, wenn mehrere Verklagte als Besitzer nach § 857 passivlegitimiert sind; doch auch hier kein Fall des § 62 Gruppe 2 (notw gemeins Kl).

867 *Verfolgungsrecht des Besitzers.* Ist eine Sache aus der Gewalt des Besitzers auf ein im Besitz eines anderen befindliches Grundstück gelangt, so hat ihm der Besitzer des Grundstücks die Aufsuchung und die Wegschaffung zu gestatten, sofern nicht die Sache inzwischen in Besitz genommen worden ist. Der Besitzer des Grundstücks kann Ersatz des durch die Aufsuchung und die Wegschaffung entstehenden Schadens verlangen. Er kann, wenn die Entstehung eines Schadens zu besorgen ist, die Gestattung verweigern, bis ihm Sicherheit geleistet wird; die Verweigerung ist unzulässig, wenn mit dem Aufschube Gefahr verbunden ist.

1) Voraussetzgen: Sache muß aus Gewalt des Besitzers auf von einem anderen besessenes Grdst gelangt sein; ob mit od ohne Versch, gleichgült; wenn mit Absicht, idR Besitzaufgabe, womit entspr § 1007 III 1 AbholgsAnspr entfällt, Soergel-Mühl, Staud-Seufert, aA Anm 3. Besitzverlust nicht erforderl, liegt auch idR nicht vor, vgl § 856 II. Gelangt Sache auf bewegl Sachen, zB auf Schiff, Wagen, § 867 entspr.

2) Verfolggsrecht (s auch § 911 einschränkd betr Früchte u § 962 erweiternd betr Bienenschwarm). Ergänzg der allg Besitzschutzmittel. Nur Aufsuchen u Wegschaffen, keine sonstige Tätigk erlaubt, u dies auch nur, wenn GrdstBesitzer es gestattet. Verweigert er Gestattg (mit, S 3, od ohne Recht), so ist eigenmächtiges Vorgehen des Sachbesitzers (Betreten des Grdst) verbotene Eigenm; bei Versch SchadErsPfl des Sachbesitzers (§ 823). Eigenmächt Verhalten nur nach §§ 229, 904 statth u § 867 gibt nur Anspr auf Gestattg. Ggü Klage aus § 867, weil reine Besitzklage, Einreden aus dem Recht unzul; Staud-Seufert Anm 5. Sachbefugt unmittelb Besitzer (wg mittelb Besitzers vgl § 869 S 3), Teilbesitzer, Mitbesitzer, auch Eigtümer (§ 1005), aber nicht Besitzdiener (str). AnsprGegner ist der unmittelbare GrdstBesitzer (uU auch der mittelbare, vgl Staud-Seufert Anm 4), einerlei, ob zugl GrdstEigentümer, allein aber nur solange er die Sache nicht in Bes genommen h; dann uU §§ 861, 985, 1007; vgl Düss MDR **72**, 147, krit Weitnauer in Anm. – ZwVollstr nach ZPO 890. – Bei widerrechtl schuldh Verweigerg der Gestattg (od grdlosem Verlangen von SicherhLeistg; vgl S 3) SchadErsPfl des GrdstEigtümers, § 823, ggf § 286, OLG **26**, 4.

3) Inbesitznahme der Sache durch Dritte od GrdstBesitzer läßt VerfolggsR entfallen. Diese Einwendg muß GrdstBesitzer beweisen. In Verweigerg der Abholg liegt idR noch nicht Inbesitznahme. Inbesitznahme durch diesen od Dritte ist regelm verbotene Eigenm, wenn Gelangen auf Grdst, wie meist, ohne Besitzverlust erfolgt. Dann Besitzschutz nach §§ 859-861 (KlageAntr gem § 861 zu ändern [ZPO 268, 2], wenn sich Bekl auf Inbesitznahme beruft, Staud-Seufert Anm 7); bei Versch auch SchadErsAnspr; ferner, unabhäng von verbotener Eigenm, RBehelfe aus Recht selbst, §§ 985, 1065, 1227, und aus früh Besitz, § 1007.

4) Schadensersatzanspruch des GrdstBesitzers aus § 867 S 2 setzt kein Versch des Aufsuchenden voraus, er ist ähnl wie § 904, AusglAnspr. Schaden, der durch Sache selbst angerichtet, nach §§ 823 ff zu ersetzen; außerdem können §§ 833 f, 836-838 in Frage kommen.

5) Sicherheitsleistg (vgl §§ 232 ff) kann nicht verlangt werden, wenn mit Aufschub Gefahr verbunden; ErsAnspr (Anm 4) bleibt unberührt. Wegen SchadErsPfl vgl Anm 2. Vor SicherhLeistg dilatorische Einrede.

868 Mittelbarer Besitz. Besitzt jemand eine Sache als Nießbraucher, Pfandgläubiger, Pächter, Mieter, Verwahrer oder in einem ähnlichen Verhältnisse, vermöge dessen er einem anderen gegenüber auf Zeit zum Besitze berechtigt oder verpflichtet ist, so ist auch der andere Besitzer (mittelbarer Besitz).

1) a) Rechtsnatur: Auch mittelb Besitz ist tatsächl Beziehg einer Pers zur Sache, nur nicht unmittelb, sond vermittelt durch die unmittelb SachHerrsch des Besitzmittlers; erforderl ein zw ihnen bestehendes BesitzmittlgsVerh u Willen des Mittlers, „für den anderen" zu besitzen, also als Fremd-, nicht als Eigenbesitzer. Er ist wirkl Besitz („vergeistigte Sachherrsch"), nicht nur Fiktion od schuldrechtl HerausgAnspr; denn mittelb Besitzer genießt Besitzschutz (§ 869); er kann uU ohne Ausübg des HerausgAnspr Einräumg des unmittelb Besitzes an sich verlangen (vgl § 869 Anm 3 u 4), Einwand des § 861 II geltd machen, als solcher gemäß ZPO 76 verklagt werden. Für ihn gilt EigtVermutg des § 1006, ihm steht HerausgAnspr des § 1007 zu, er kann aus § 985 verklagt werden. Zur EigtÜbertragg ist er nicht nur nach § 931, sond auch nach § 930 in der Lage, § 930 Anm 2 a. Auch EigtÜbertragg nach § 929 S 2 mögl, vgl § 929 Anm 4. Alle für den Besitzer gegebenen gesetzl Bestimmgen auf mittelb Besitzer (der Eigen- od Fremdbesitzer sein kann) anwendb, sofern sie nicht ausdrückl od sinngemäß auf unmittelb Besitzer beschränkt, wie §§ 854—856. Sonderregelg für mittelb Besitzer in §§ 869, 870, 871. Mittelb Besitz kein StellvertretgsVerh, vgl § 854 Anm 5. — Erweiterg des § 868 durch § 871, der mehrf gestuften mittelb Besitz vorsieht. Gem § 866 auch gleichstufiger mittelb Mitbesitz mögl durch Schaffg eines Ges- od GemschGläubigerverhältnisses, §§ 428, 432 (vgl § 866 Anm 1); dies von anfang an od dch Umwandlg des dem bish allein mittelb Besitzden zustehden HerausgAnspr in einen GesGläubAnspr, BGH WPM **68**, 406.

b) Nebenbesitz, dh gleichstuf mittelb Bes mehrerer Pers, der auf von einand unabhäng BesMittlgsVerh zu demselben unmittelb Besitzer beruht, ist abzulehnen, da nur für einen Oberbesitzer besessen w kann (BGH **28**, 16 [27]; **50**, 45; RGRK 9; Tiedtke WPM **78**, 451; aA Medicus Rdn 558 ff; Westermann § 19 II 4). Die Frage ist prakt bedeuts, weil im Schrifttt bei Übertr bloßen mittelb NebenBes gutgl EigtErwerb nach § 934 verneint w.

aa) VorbehKäufer K übertr befugt sein AnwR gem § 930 an Kreditgeber G. Zur BesKonstruktion vgl § 929 Anm 6 B b aa α. Lehnt man mit BGH NebenBes des Verkäufers V u des G ab, so kann G gem §§ 931, 934 Fall 1 einem gutgl Dritten VollEigt an der Ware des V verschaffen (BGH **28**, 16, 27; zust Baur § 59 V 2 b; Medicus § 22 IV 2; wohl auch Lange JuS **69**, 164; abl Serick I § 11 III 3, 4; Erm-Westermann Rdz 22, § 934 Rdz 4).

bb) VorbehKäufer K übereignet unbefugt die Ware des Verk V an SichgsNehmer G gem § 930. G, der zwar wg § 933 kein VollEigt, jed - vgl BGH **50**, 45 - das AnwR des K erworben hatte, übertr gem § 931 VollEigt an X, der dies gem § 934 Fall 1 erwirbt (BGH **50**, 45; Lange aaO; Diederichsen-Gursky Fall 9; str). Da K hier auch nach dem M den Bes vermittle, sei X nicht näher an die Sache „herangerückt", als der Eigtümer V zu ihr stehe, weshalb die Übertr des NebenBes dch G an X diesem kein Eigt verschaffe (Medicus aaO S 380, Baur ESJ Fall 20 Anm 1). Das Arg, K vermittle den Bes auch für V, mag, wenn überh, für Fall zutreffen, wo K befugt sein AnwR übertrug (vgl Serick aaO); wer aber unbefugt das VorbehGut an Dritten (wenn auch gem § 930) übereignet, zerstört damit eben die BesBindg an V.

cc) VorbehVerk V lagert die an K unter EigtVorbeh veräußerte Ware bei BesMittler B (zB Lagerhalter) für sich ein; K veräußert sie unredl (§ 934 Fall 2) unwirks gem § 931 an gutgl D. D erlangt Eigt, wenn B ihm unmittelb Bes verschafft. EigtErwerb des D aber auch zu bejahen, wenn B ihm nur mittelb Bes verschafft, denn dadurch kann bei weiterer Auslegg mittelb Bes auch des V (RG **135**, 75; **138**, 267; BGH NJW **78**, 696; RGRK 21; Tiedtke WPM **78**, 451; aA für den Fall, daß B seinen mittelb Bes ggü V diesem ggü nicht eindeut beendet, Baur § 52 II 4c bb; Medicus Rdn 558; Westermann § 48 III; Lange JuS **69**, 164).

2) Besitzmittlgsverhältn: a) Allgemeines: Erforderl **konkret bestimmtes**, schuldrechtl, dingl od sonstiges wirkl od vermeintl RVerh, durch das NutzgsR od VerwPfl des einen von dem anderen ableitenden unmittelb Besitzers begründet wird (RG **54**, 396; JW **29**, 2149; BGH LM Nr 6).

aa) Subjektiv entspr BesWille beider Teile notw (RG **135**, 78). Dies aber nur, wenn mittelb Bes auf RVerh beruht, das vom Willen der Beteil abhängt (BGH LM Nr 4). Beruht es auf Gesetz (zB elterl Gewalt, TestVollstr, KonkVerw, ZwVollstr), so ist abw Wille unbeachtl (BGH aaO; BayObLG **53**, 277). Geheimer Vorbeh des BesMittlers, nicht für mittelb Besitzer besitzen zu wollen, dürfte unbeachtl sein (vgl Tiedtke WPM **78**, 451).

bb) Nicht notw, daß mittelb Besitzer Sache vorher im Besitz u unmittelb Besitzer durch ihn in Besitz gelangt, vielm (nur) nötig, daß Besitzmittler sein BesitzR vom mittelb Besitzer **ableitet**, daß sein BesitzR dem mittelb Besitzers untergeordnet ist (BGH LM Nr 6); also mögl, daß Besitzmittler vorher unmittelb Eigenbesitzer war u dann mit „anderem" BesitzmittlgsVerh vereinbart, vgl RG JW **29**, 2149, od auch, daß er Sache überh erst erwirbt u dadurch mittelb Besitz des anderen zur Entstehg gelangt, sofern übrige Voraussetzgen gegeben, vgl Anm 3c.

cc) Unmittelb Besitzer darf dem anderen ggü **nur auf Zeit** (bestimmte od unbestimmte, RG **90**, 219) zum Besitze berecht od verpflichtet sein, dh MittlgsVerh muß als eines Tages endigend gedacht sein, wobei nicht erforderl, daß dies gerade durch Heraus an mittelb Besitzer; mögl auch zB durch EigtErwerb seitens bish Besitzmittlers, RG **69**, 198. Ausreichd HerausgAnspr nur für den Fall des Nichteintritts od Nichterfüllg der Verpflichtgen des unmittelb Besitzers, zB bei käufl Übergabe unter EigtVorbeh od bei Sichgsübereignung, RG **54**, 397. Nicht erforderl, daß mittelb Besitzer HerausgAnspr an sich selbst zu irgendeinem LM § 2203 Nr 1.

dd) RGültigk des vereinb RVerh **nicht** erforderl, sofern nur BesMittlerwille u HerausgAnspr irgendwelcher Art (zB GeschFührg, Bereicherg) besteht (BGH LM Nr 6); RG **98**, 113 verneinte bei Nichtigk des Vertr wg GeschUnfgk des Oberbesitzers, RG **86**, 265 bei fehlender Vertretgsmacht für diesen ein Bes-

§ 868 2

MittlgsVerh; beide Entscheidgn aber gerechtf, weil BesErwerbswille fehlte. Bei BesMittlgsVerh trotz ungültigem RVerh kein Recht zum Besitz, vgl § 986 Anm 3b. – Bestellt Nichteigtümer Nießbr od PfdR, dann wird er u nicht der Eigtümer mittelb Besitzer.

ee) BesMittlgsVerh **stillschw** begründbar, RG HRR **33**, 1186; nur muß es sich immer um konkret bestimmtes RVerh handeln, Warn **25**, 166, u auf individuell bestimmte Sache beziehen, RG **52**, 390, vgl auch RG **132**, 187; Übbl 4 vor § 854. Vgl auch unten Anm 2 b, 2 c bb, 2 c cc.

b) Ähnl Verhältn: Jedes Verhältn, das obigen Voraussetzgen der beispielsw genannten VertrFormen entspricht, also konkret bestimmtes RVerhältn, vermöge dessen unmittelb Besitzer sein Recht vom mittelb Besitzer ableitet u diesem ggü auf Zeit zum Besitze berecht od verpflichtet ist. Nicht erforderl, daß es sich um benannten Vertr, RG JW **15**, 656, od um solchen handelt, der den gesetzl Begriffsmerkmalen eines in § 868 angeführten Vertr entspricht, RG **132**, 186. Genügt zB Verpflichtg, Lagerbestände für einen anderen zu besitzen, zu bearbeiten u zu verkaufen, RG Gruch **53**, 1048. Jedoch genügt **nicht abstraktes** BesMittlgs-Verh, vgl § 930 Anm 3; auch § 929 Anm 6 B a (nachtr EigtVorbeh). Meist wird man mit stillschw Vereinbg eines konkreten Verhältn helfen können; vgl oben ee, auch unten c bb (bei SichgÜbereigng).

c) Im einzelnen: aa) Nießbraucher vermittelt den Besitz (§ 1036) idR dem Eigtümer, uU dem Nicht-Eigtümer, vgl § 1032 u hier Anm 2 a. **Pfandgläubiger** vermittelt dem Verpfänder (s §§ 1205 ff, 1223 I, 1253, 1274, 1278); **Pächter** dem Verpächter (§§ 581, 536); vom Pächter zu vorübergehendem Zwecke (§ 95) errichtetes Bauwerk steht nicht im mittelb Besitz des Verpächters, auch nicht aGrd dessen gesetzl Pfandrechts, RG JW **34**, 1484; **Mieter** (§ 536) vermittelt dem Vermieter, nicht jedoch hins eingebrachter Sachen; wg Gasautomaten: RGSt **45**, 249; **Verwahrer** (vgl RG **106**, 135) vermittelt dem Hinterleger (§ 688) Besitz, gerichtl bestellter Verwahrer demj, zu dessen Sicherg er Verwahrg erhielt (vgl §§ 432, 1217, 1281, 2039). VormschG Besitzmittler bzgl Sparkassenbücher der Mündel, RG **59**, 201. Wegen Sammelverwahrg nach DepotG vgl RGRK Anm 13. **Hinterlegg**: Nach KGJ **44**, 279 ist der Hinterleger noch solange mittelb Besitzer, als ihm Rücknahme mögl, § 376 II. Verlangt man aber richt Ansicht nach (RG **135**, 274; Staud-Seufert § 868 Rdnr. 10; Westermann § 19 I 2) ein irgendwie in Erscheing tretdes Einverständn des Begünstigten, damit für ihn die – wenn auch vergeistigte Sachherrsch des mittelb Bes entsteht, kann man i h m diesen erst mit Annahme, nicht schon mit Rücknahmeverzicht zusprechen, arg gem § 382. Haben mehrere Begünstigte Annahme erklärt, besitzt Hinterleggsstelle für den, an den letztl gem HintO 21 ausgehändigt w (nach RGRK Anm 9 mittelbMitBes der Beteiligten); vgl dazu (Hinterlegg eines GrdSchBriefs) BGH WPM **69**, 208, 209.

bb) Ähnl Verhältn: zB **Leihe**, § 604; leiheähnl Verh, **verwahrgsähnl Verhältn**, RG **132**, 186; GBA bzgl HypBrief, KGJ **40**, 322; dch Übersendg des Nummernverzeichn seitens Bank kann Kunde uU mittelb Besitz an Kuxscheinen erlangen, RG **121**, 50 (vgl aber auch cc); Eigtümer des Grdst, auf das Unternehmer zwecks Bauausführ Materialien geschafft hat, vermittelt für diesen, RG **104**, 93; LagerVertr Warn **26**, 281; FrachtVertr BGH **32**, 204; **Speditionsvertrag**, wobei Unterspediteur wieder dem Hauptspediteur Besitz vermitteln kann, RG **118**, 253 (vgl auch § 855 Anm 4 b); **Auftragsverhältnisse**, RG **109**, 170, insb VerwaltgsAuftr, TrHdVerh, hierbei also stets nähere Umstände beachtl, insb bei Besitzerwerb, vgl Anm 3; wg Einkaufskommission vgl cc. **Verkaufskommissionär** Besitzmittler hins der ihm übergebenen Ware, RGSt **62**, 357, auch hins der für Kommittenten vereinnahmten Gelder, deren sofortiger Übergang auf letzteren vereinbart ist, RGSt **62** 31. Bei **Geschäftsbesorgg** u Dienstleistg Verhältn nach § 868 mögl. Bei **Geschäftsführg ohne Auftrag** soll nach RG **98**, 134, HRR **28**, 1805, Wille des Geschäftsführers, Sache für andern zu besitzen, genügen; bedenkl, solange GeschHerr nicht Willen zum mittelb Besitz hat; diesen h er erst ab Gen, Westermann § 19 I 2; verneind auch Planck-Brodmann Anm 2 b ß; daß die Aufn der GoA den GeschF mit dem GeschHerrn dch ein ges SchuldVerh verknüpft, schafft noch kein BesMittlgsVerh. UU **werkvertragsähnl** Verhältn, Warn **22**, 70; Übergabe von Holz an Sägemüller zum Schneiden, Warn **29**, 180, einer Sache zum Ausbessern, OLG **15**, 358. – Bei **Sichgübereigng** nach § 930 besteht idR ausdrückl od stillschw vereinbartes leihe- od verwahrgsähnl Verhältn, RG **132**, 187; zur SichgVereinbg als Konstitut vgl § 930 4 a cc. Hier noch den SichgNehmer gleichzeitig als BesMittler für den SichgGeber (als Oberbesitzer 2. Stufe) anzusehen (so Staud-Seufert Anm 15b), ist überspitzt u scheitert auch daran, daß SichgEigtümer Eigenbesitzer ist. Bei SichgÜbereigng unter Gewahrsam d Sache ist SichgNehmer auch nicht BesMittler, sond Eigenbesitzer; vgl § 872 Anm 1. Bei **Nießbr** § 1036 Anm 2. Bei Veräußerg unter **EigtVorbehalt** bis zum Eintritt der aufschiebden Bedingg nach hM Käufer Bes-Mittler für Verkäufer, BGH NJW **53**, 218. Gg BesMittlg aber Raiser (vgl § 929 Anm 6 B a cc). Über Bes bei Übertr der Anwartsch nach § 930 vgl oben Anm 1 A E u § 929 Anm 6 B b aa 1. Abs aE. Wg nachträgl EigtVorbeh vgl § 929 Anm 6 B a bb. – **ErbbauR** s ErbbRVO 1 Anm 1 d.

Im **Familienrecht**: BesitzmittlgsVerh zw Eheg s § 866 Anm 1b. – BesMittlgsVerh zw **elterl Gewalt-haber** u Kind, § 1626; zw **Vormd** od Pfleger u Mündel hins der seiner Verwaltg unterliegenden Sachen (§§ 1793, 1890, 1897, 1915); in allen Fällen Inbesitznahme durch Berechtigten erforderl. – Im **Erbrecht** BesMittlgsVerh zw TestVollstr, NachlVerwalter u NachlPfleger einerseits, Erben andrerseits, sobald erstere Besitz ergriffen haben; vgl auch Anm 2a aa.

Pfändg (ZPO 808): hat GVz Sache in Gewahrs, so hat er unmittelb FremdBes, Gläub mittelb FremdBes 1. Grades u Schu mittelb EigenBes 2. Grades; bleibt Sache beim Schu, ist er unmittelb FremdBes u zugl mittelb EigenBes 3. Grades, GVz mittelb FremdBes 1. Grades u Gläub solchen 2. Grades (vgl Schlesw SchlHA **75**, 47). Bei Wegnahme einer Sache aGrd einstw Vfg GVz unmittelb, Gläub u Schu mittelb Mitbesitzer, Hbg HRR **34**, 1058. Durch Versteigern u Zuschlag Ersteher noch nicht Besitzer, Überg (mittels Besitzkonstituts ausreichd) außerdem erforderl, Warn **17**, 55. Mittelb Besitz der Staatsanwaltsch (od PolizeiBeh) an beschlagnahmten, Beschuldigten od Dritten belassenen Sachen, aber keine Besitzmittlg v Staatsanwalt und Bestohlenem, Warn **25**, 25. **KonkVerwalter** vermittelt dem GemSchu (s KO 117). **Zwangsverwalter** dem Eigtümer (s ZVG 150, 154) den Besitz, sobald sie diesen ergriffen. – Ein öffrechtl Verwahrgs-

Besitz **§§ 868, 869**

Verh iSv §§ 688, 868 (darü § 688 Anm 4 c) w nicht schon durch Beschlagn od behördl VfgsVerbot, sondern erst dch die den Berecht insow verdrängde Inbesitznahme begründet, BGH WPM **73**, 1416.

cc) Kein BesMittlgsVerh: zw Käufer u Verkäufer nach GrdstÜberg vor Auflassg u Eintragg, RG **105**, 23; bei nichtigem GrdstKaufVertr, RG LZ **19**, 788; bei bloßer Vereinbg, Erwerber könne jederzeit Herausg von Veräußerer verlangen, RG DRZ **33**, 83; vgl aber auch Anm 2 b. Aber mögl, daß (zB durch KaufprZahlg) bedingte EigtÜbertragg (zB bei Siegelk verk Weins, vgl Gallois AcP **154**, 169) od (zB nach schon erfolgter Zahlg) sofortiger EigtÜbergang gewollt u Verkäufer Ware fortan als Verwahrer besitzen soll. Nicht ausreichd Erkl der Übereignung von Hausrat seitens Mutter an vollj Tochter, RG LZ **26**, 486 (wo aber wohl mit Annahme stillschw Verwahrgsabrede, vgl Anm 2 a ee, ein befriedigenderes Ergebn mögl gewesen wäre). Zw Kommittent u Einkaufskommissionär nicht ohne weiteres BesMittlg, vgl aber Anm 3 c, § 929 Anm 5 b. Keine BesMittlg zw Eigtümer u Finder, selbst wenn Finder Eigtümer kennt u dieser von Besitz des Finders weiß, RG JR **27**, 1114; str. SichgÜbereignug unter Überg begründet kein BesMittlgsVerh (str), § 872 Anm 1. OrganBes: § 854 Anm 5. Wegen Geschäftsreisender vgl § 855 Anm 4 a. Keine BesMittlg zw VorE u NachE, Westermann § 18, 6; keine bei EigtÜbertragg unter auflösender Bedingg, RG JW **12**, 144. – Keine BesMittlg zw Behörde, die zwecks Vfg beschlagnahmt, und Eigtümer, Düss NJW **51**, 445; aber wohl bei Inanspruchn zur Benutzg, vgl Raiser JZ **51**, 270 Anm. An **Warenautomaten** h der Aufsteller idR unmittelb (Allein- od – zus mit dem Gastwirt – Mit-)Besitz; und, wenn mit dem Aufstellgs- ein BetreuungsVertr verbunden (§ 868); dazu Olshausen-Schmidt, AutomatenR B 5; dementspr Anwendg von § 935.

3) Erwerb durch selbstd Begründg (wobei die Sachen, deren Bes vermittelt w, bestimmt sein müssen, vgl § 930 Anm 3 b, 4 a) od dch Übertr (§ 870). Bei Begründg drei Möglichkeiten:

a) Bish unmittelb Besitzer überträgt unter Vereinbg eines RVerh gem § 868 seinen unmittelb Besitz auf Dritten u wird selbst mittelb Besitzer, zB er vermietet die Sache; **Insichgeschäft** § 181, mögl, nur muß entspr Wille erkennb in Erscheing treten, RG **139**, 117. Entsteht RVerh kraft Gesetzes, zB durch Bestellg eines Vormunds, so wird bish unmittelb Besitzer durch bloße Inbesitznahme seitens des Vormunds zum mittelb. Mittelb Besitz kann auch für Dritte mit deren Zust entstehen, str; zB durch Hinterlegg für die Berecht, dazu oben Anm 2 c aa aE.

b) Unmittelb Besitzer verschafft anderem mittelb Besitz durch Vereinbg eines RVerh gem § 868, zB bei Sicherungsübereignung (§ 930 Anm 4) unter Vereinbg leihweiser Belassg. Auch hier Selbstkontrahieren unter gleicher Voraussetzg wie bei a) mögl, RG **86**, 264.

c) Keiner der Beteiligten hat zunächst Besitz; wirks aber Vereinbg, daß, sobald der eine unmittelb Besitz erlangt, er diesen als BesMittler für den anderen erwerben soll; sog **vorweggenommenes Besitzkonstitut**, vgl § 930 Anm 3. Häufig bei Auftr zum Erwerb einer Sache für AufftrGeber (hier bes Abrede über BesMittlgsVerh nicht nöt) u bei SichgÜbereignung von Warenlager mit wechselndem Bestand. Ob der Erwerber des unmittelb Besitzes hins des mit der BesÜbertr verbundenen schuldrechtl od dingl Gesch als offener od verdeckter Stellvertreter handelt, ist für den Erwerb des mittelb Besitzes gleichgült (str). Im Ztpkt der Erlangg des unmittelb Besitzes muß der Wille zur Begründg eines BesMittlgsVerh fortbestehen, was vermutet wird, aber dch entggstehdes äußeres Verhalten widerlegt w kann. Zur äußeren **Erkennbark** vgl § 930 Anm 3 b. Eines InsichGesch (§ 181) bedarf es beim vorweggen Konstitut nicht (RG **109**, 170).

4) Verlust des mittelb Besitzes durch: **a) Beendigg des Besitzmittlgsverhältnisses** unter gleichzeitigem Erlöschen des aus RVerh herrührenden HerausgAnspr (zB durch ErlaßVertr, EigtÜbertragg nach § 929 S 2 ua); solange dieser fortbesteht, Beziehg zur Sache nicht gelöst, zB Mieter behält nach Ablauf des MietVertr Sache weiter; dann bleibt Vermieter trotz Beendigg des MittlgsVerh mittelb Besitzer, vgl RGRK Anm 20; Staud-Seufert Anm 27, 1.

b) Ende des unmittelb Besitzes, sei es mit od ohne Willen des Besitzmittlers, unter gleichzeitiger Beseitigg der Beziehgen des mittelb Besitzers zur Sache, zB bei Verbrauch, Veräußerg od endgültigem Verlust der Sache. Ohne Lösg der Beziehgen keine Beendigg; zB wenn unmittelb Besitzer Sache einem Dritten unter Vereinbg eines Verhältn nach § 868 übergibt, dann bleibt Besitzstand des mittelb Besitzers erhalten, § 871. Endigt unmittelb Besitz, ohne daß Dritter Besitz erlangt, so kann hierdurch bisheriger mittelb Besitzer zum unmittelb werden, zB Verpächter bei Aufgabe des Pachtbesitzes durch Pächter. Wegen ,,Abhandenkommens" vgl § 935 Anm 4. – Rein persönl Verhältnisse des unmittelb Besitzers, zB Eintritt der GeschUnfgk od Tod, berühren mittelb Besitz im allg nicht.

c) Einseitige Loslösg des unmittelb Besitzers vom BesMittlgsWillen, sei es, daß er Sache fortan als Eigenbesitzer od als Fremdbesitzer für neuen mittelb Besitzer besitzen will. Geheime Willensänderg hierzu nicht ausreichd (BGH LM Nr 6); Erklärg nicht gerade ggü mittelb Besitzer nötig, (BGH JZ **66**, 234); ausreichd bestimmte, äußerl feststellb Hdlg, zB durch Wegnahme der Pfandsiegel, RG **57**, 326; durch Mitteilg an bisherigen mittelb Besitzer. Ausreichd zB Duldg der Pfändg durch GVz für einen Dritten, RG **105**, 415. Ebenso vernichtet jedes Besitzkonstitut mit Drittem Besitz des früheren mittelb Besitzers (BGH JZ **69**, 433; NJW **78**, 696; Tiedtke WPM **78**, 451). Zum Problem des Nebenbesitzers vgl oben Anm 1 b. Wegen gesetzl BesMittelgsVerh vgl Anm 2 a aa.

869 *Schutz des mittelbaren Besitzers.* Wird gegen den Besitzer verbotene Eigenmacht verübt, so stehen die in den §§ 861, 862 bestimmten Ansprüche auch dem mittelbaren Besitzer zu. Im Falle der Entziehung des Besitzes ist der mittelbare Besitzer berechtigt, die Wiedereinräumung des Besitzes an den bisherigen Besitzer zu verlangen; kann oder will dieser den Besitz nicht wieder übernehmen, so kann der mittelbare Besitzer verlangen, daß ihm selbst der Besitz eingeräumt wird. Unter der gleichen Voraussetzung kann er

§§ 869–871

im Falle des § 867 verlangen, daß ihm die Aufsuchung und Wegschaffung der Sache gestattet wird.

Schrifttum: Rimmelspacher, Materiellrechtl Anspr u Streitgegenstandsprobleme im ZivProz, 1970.

1) Allgemeines: Mittelb Besitzer genießt den ihm durch § 869 gegebenen Besitzschutz nur bei verbotener Eigenm gg unmittelb Besitzer, RG **105**, 415; JW **31**, 2904, da er selbst keine unmittelb Sach-Herrsch hat u sein Besitz auf RVerh beruht. Mittelb Besitzer hat keinen Besitzschutz gg Besitzmittler, auch nicht bei vertrags- od rechtswidr Verhalten desselben, RGSt **36**, 322; dann erst petitorische Klagen u sonstige RBehelfe angewiesen. Dagg hat unmittelb Besitzer gg mittelb vollen Besitzschutz, zB Mieter gg Vermieter, Hbg LZ **24**, 169; vgl auch § 858 Anm 1, 3; § 861 Anm 1. Liegt keine verbotene Eigenm gg unmittelb Besitzer vor, hatte dieser zB, wenn auch dem mittelb Besitzer ggü zu Unrecht, Besitzbeeinträchtigg gestattet, so kein Anspr aus § 869, RG **111**, 410. War Anspr aber einmal entstanden, so nachträgl Gen der verbotenen Eigenm ohne Einfluß. – Keine Haftg des unmittelb Besitzers ggü dem mittelb aus § 823 I wg Besitzverletzg, BGH **32**, 204.

2) Selbsthilferecht hat mittelb Besitzer jedenf nach §§ 227 ff; wohl auch § 859 bei verbotener Eigenm gg unmittelbaren, hM, so zB Baur § 9 III 2.

3) Besitzklagen: Bei Besitzstörg decken sich Anspr des mittelb u unmittelb Besitzers, RG JW **31**, 2906. Bei Besitzentziehg hat mittelb Besitzer regelm nur Anspr auf Wiedereinräumg an Besitzmittler. An sich selbst kann er Einräumg nur verlangen, wenn bish Besitzer Besitz nicht mehr übernehmen kann od will, was mittelb Besitzer zu beweisen hat, Staud-Seufert Anm 3. Gg Besitzklagen gem § 869 kann Einwand des Bekl aus §§ 861 II, 862 II auch dahin gehen, daß unmittelb Besitzer ihm ggü fehlerh besessen habe, RGRK Anm 4. – KlageR des mittelb Besitzers als selbständ Recht unabhängig von dem des unmittelb Besitzers, so daß Klage beider mögl; Rechtshängigk od Rechtskr der Klage des einen läßt Klage des anderen unberührt, RGRK Anm 3, so daß an sich in beiden Prozessen verschiedene Entscheidgn mögl (vgl Rimmelspacher aaO § 11 IV); ggüber jeder Klage Einwand mögl, daß dem Anspr des anderen Klägers Genüge getan. Bei Klagenverbindg (ZPO 147) notwend Streitgenossensch (ZPO 62); so auch Erm-Westermann Anm 3. Grund: Unteilbark des Streitgegenstandes iS von StJP § 62 Anm II c aE; vgl RG **60**, 270. – Wird mittelb Besitzer selbst mit Besitzklage belangt, weil er sich unmittelb Besitz durch verbotene Eigenm verschafft, so hat er Einwand des § 861 II, RG **69**, 197.

4) Verfolgsrecht. Nur wenn bisheriger Besitzer Besitz nicht mehr übernehmen kann od will, hat mittelb Besitzer Anspr des § 867 für sich selbst; dann muß er ggf SchadErs u Sicherh leisten, sonst Anspr nur auf Gestattg der Aufsuchg u Wegschaffg durch unmittelb Besitzer.

870 *Übertragung.* Der mittelbare Besitz kann dadurch auf einen anderen übertragen werden, daß diesem der Anspruch auf Herausgabe der Sache abgetreten wird.

1) Übergang mittelb Besitzes. **a)** Rechtsgeschäftl **Übertragg** erfolgt (nur) dch Abtretg des aus RVerh nach § 868 fließenden HerausgAnspr, Warn **19**, 95; also nicht des etwaigen Anspr aus § 985; vgl auch Anm 2. Die übr Anspr aus RVerh (zB auf Mietzins) können, brauchen aber nicht mitabgetreten zu w. Keine Übertr dadch, daß BesMittler aufhört, für bish mittelb Besitzer zu besitzen u statt dessen für einen anderen besitzt; nach hM dann Beendigg des einen u Neuentsteh des anderen, aber str, ob letzteres der Fall, vgl § 868 Anm 4c. Wenn mittelb Besitzer seinen BesMittler anweist, an seiner Stelle für Dritten zu besitzen, keine Übertr des mittelbes Besitzes, sond Untergang und, bei Vereinbg eines BesitzmittlgsVerh, Neuentsteh eines solchen für Dritten; aber auf diese Weise EigtÜbertr nach § 929 S 1 mögl, BGH NJW **59**, 1539; dazu § 929 Anm 3 vor a). – Auch mittelb Mitbesitz nach § 870 übertragb; wg Begründg mittelb Mitbesitzes vgl § 866 Anm 1, § 868 Anm 1 u BGH WPM **68**, 406.

b) Überg von **Traditionspapieren** (Ladeschein, Orderlagerschein, Konnossement) überträgt mittelb Besitz an der Ware; vgl auch § 929 Anm 3 d. Keinen Besitz verschaffen Frachtbrief-, Fakturaübergabe, Schuldanweisg, KG OLG **14**, 80. Aber Aushändigg des Zollniederlagescheins enthält meist Abtretg des HerausgAnspr, Warn **33**, 22; ebso bei Frachtbriefdoppel gem EVO 61 IV, so vor allem bei Aushändigg nach Klausel „Kasse gegen Dokumente". Vgl auch § 931 Anm 3c. Wg Bedeutg der Übergabe eines Lieferscheins bei „DchHandeln" eingelagerter Ware vgl § 929 Anm 3d. Wg Kfz-Brief vgl § 952 Anm 2c.

c) Übergang des mittelb Besitzes durch Erbgang od sonstige Gesamtnachfolge, vgl § 857 Anm 1, 3.

d) Gesetzl Übergang zB nach § 571.

e) Bei Wertpapieren in Sammelverwahrg (DepG 6) vgl Einf 3 b vor § 1008.

2) Abtretg des Herausgabeanspruchs (Anm 1a). Wenn das RVerh nicht wirks ist, vgl § 868 Anm 2a dd, wird Abtretg des BereicherungsAnspr genügen, vgl Schönfeld JZ **59**, 302. – Wg § 931 vgl dort Anm 3. – Anspr kann befristet, OLG **34**, 218, od bedingt sein. Abtretg formlos nach §§ 398 ff; Mitwirkg od Kenntnis seitens unmittelb Besitzers nicht erforderl, RG **52**, 277. Mitteilg aber wg Sicherh des Nachfolgers (§§ 407 ff) empfehlenswert. Unmittelb Besitzer behält gem § 404 die ihm gg mittelb Besitzer zustehenden Einwendgn. Bei Übergang des HerausgAnspr kraft G §§ 412, 413. Überweisg des HerausgAnspr zur Einziehg im Wege der ZwVollstr reicht zur Übertragg nicht aus, RG **63**, 218. Zessionar erlangt keinen mittelb Besitz, wenn ihn Zedent nicht hatte, Warn **19**, 95.

871 *Mehrfach gestufter mittelbarer Besitz.* Steht der mittelbare Besitzer zu einem Dritten in einem Verhältnisse der in § 868 bezeichneten Art, so ist auch der Dritte mittelbarer Besitzer.

1) § 871 betrifft nur das Verhältn des entfernteren od mehrstufigen mittelb Besitzes, dh daß ein unmittelbar Besitzer mittelb Besitz in nachgeordneter Stufenfolge mehreren vermittelt (Staffelbesitz). – Sog „Nebenbesitz", dh mehrfacher gleichstufiger mittelb Besitz aus gesonderten RBeziehgen unmögl, mögl aber mittelb Mitbesitz; vgl § 868 Anm 1.

2) Entstehg in der Weise mögl, daß bish Besitzmittler seinerseits unter Vereinbg eines Verhältnisses nach § 868 mittelb Besitzer wird, OLG **39,** 223, zB Mieter einer Sache vermietet sie weiter an Dritten; dann Dritter unmittelb Besitzer, Mieter (Untervermieter) der nähere, Vermieter der entferntere mittelb Besitzer. Wegen Pfändg vgl § 868 Anm 2c bb. Entstehg ferner so mögl, daß bish mittelb Besitzer mit Drittem RVerh nach § 868 abschließt, so daß dieser entfernterer mittelb Besitzer, er selbst näherer mittelb Besitzer wird u der unmittelb Besitzer dies bleibt, zB Vermieter schließt mit Drittem SichgÜbereignungsVertr mittels Besitzkonstituts nach § 930 (vgl § 931 Anm 2). Über einen weiteren Fall vgl § 929 Anm 6 B b aa. Unmittelb Besitzer braucht höherstufigen mittelb Besitzer nicht zu kennen, BGH NJW **64,** 398.

3) Rechtsstellg des entfernteren mittelb Besitzers die gleiche, wie die jedes mittelb Besitzers; nur bei Besitzklage gem § 861 kann er Besitzeinräumg an sich selbst nur verlangen, wenn auch der nähere mittelb Besitzer dies nicht haben kann od will. Gleiches gilt im Falle von § 867. EigtVermutg des § 1006 III nur zG des entferntesten Besitzers, ebso Ersitzg nur für diesen.

872 *Eigenbesitz.* Wer eine Sache als ihm gehörend besitzt, ist Eigenbesitzer.

1) Eigenbesitz (vgl Übbl 3 vor § 854). Sowohl bei unmittelb wie mittelb Besitz mögl; auch er nur tatsächl GewaltVerh, RG **81,** 66; er ist Besitz mit Willen, Sache wie Eigtümer zu beherrschen, dh wie eine ihm gehörende, wobei es nur auf die Willensrichtg des Besitzers ankommt, BGH WPM **70,** 1272. Käufer unter EigtVorbeh kein Eigenbesitzer, vgl § 929 Anm 6 B a cc. Wer als SichgEigtümer besitzt, ist Eigenbesitzer, sei es unmittelb od mittelbarer (str). Nach BGH **LM** § 929 Nr 8, WPM **60,** 1225, NJW **62,** 102 dann, wenn SichgNehmer den unmittelb Besitz ergriffen hat; nach BGH NJW **61,** 778 soll SichgEigtümer aber Fremdbesitzer sein, solange er noch nicht verwertgsberecht ist od nicht Verwertg vorschreitet; so auch Erm-Westermann § 868 Rdz 11; bedenkl Unterscheidg; SichgNehmer ist Eigentümer u besitzt die Sache von vornherein als ihm gehörd; dadurch unterscheidet er sich vom PfdGläub. SichgNehmer ist entgg BGH aaO nicht BesMittler des SichgGebers (vgl auch § 868 Anm 2c bb), so richtig Rosenberg, SR S 136 aE; Siebert, TrHdVerh S 166 Anm 36; Serick II § 20 III; III § 35 I 4, § 38 II 9 Fußn 85 u II § 20 III 1; Coing, Die Treuhand kraft privaten RGesch, 1973, S 157 Fußn 7; so nun auch BGH JZ **69,** 433; entgg Erm-Westermann aaO w diese Entscheidg in dem hier begriffenen Sinn auch verstanden von Serick u Coing, je aaO – Gleichzeitiger mittelb Eigenbesitz u unmittelb Fremdbesitz schließen sich freilich nicht aus (Hauseigtümer wohnt beim Mieter in Untermiete); vgl auch § 1052 Anm 1c. Zugunsten des Besitzers spricht idR Vermutg für Eigenbesitz, vgl § 1006 Anm 3. Nicht erforderl, daß EigtWille auf bestimmten RGrd gestützt od auch nur Glaube an solchen, RG **54,** 123; auch Dieb kann Eigenbesitzer sein.

2) Erwerb und Verlust: Erwerb des Eigenbesitzes durch solchen des Besitzes mit (auch stillschw kundgegebenem) Willen, Sache wie Eigtümer zu haben, RG **99,** 210. Auch Erwerb des Eigenbesitzes kein RGesch (RGRK Anm 3, str); wenn GeschFgk für Besitzerwerb nicht nötig, sond natürl Wille genügt (hM; vgl § 854 Anm 2), so muß dies auch für den Eigenbesitz gelten (hM), zumal dieser Normalfall ist u die Vorstellg eines Fremdbesitzes fernliegt. Vgl auch § 958 Anm 2b. Bish Fremdbesitzer wird Eigenbesitzer, wenn kundgegebener Entschluß gefaßt, Sache fortan als eigene zu besitzen, so zB Miterbe, der bis zum Tode leihw besaß u dann in Anmaßg eines über sein wirkl Recht hinausgehenden Erbrechts Herausg verweigert, RG **81,** 294. – Zur Frage der Umwandlg des BesWillens (Kundmachg notw!) in natürl Pers, die zugl Organ zweier juristischer ist, BGH WPM **71,** 1452. Andererseits auch Umwandlg von Eigen- in Fremdbesitz mögl, RG **99,** 210. Sonstiger Verlust nach § 856, od, bei mittelb Eigenbesitz, entspr § 868 Anm 4.

3) Bedeutg: Vor allem für Erwerb von Sachenrechten, zB Erwerb von Eigt durch Aneigng u Ersitzg (§§ 900, 927, 937ff, 958), an Früchten durch Trenng (§ 955); ferner für Haftg auf SchadErs im Falle von § 836; vgl ferner § 920 (Grenzfeststellg), §§ 1120, 1127; ZVG 147, 164. Wegen Klage aus ZPO 771 vgl Übbl 1 vor § 854. – Für Eigenbesitz an Fahrnis EigtVermutg, § 1006.

Zweiter Abschnitt.

Allgemeine Vorschriften über Rechte an Grundstücken

Überblick

Schrifttum: Pikart, Die Rspr des BGH zum formellen und materiellen GBR, WPM **69,** 582; **70,** 266. – Haegele, Die Beschränkgen im GrdstVerk, 3. Aufl 1970, Nachtr 1972; ders GBR, 5. Aufl 1975. Eickmann, KonkEröffng u GB, Rpfleger **72,** 77. – Minning, Die Vermessg aus der Sicht des Notariats, RhNK **73,** 671.

1) Der Begriff „Grundstück" wird in den Gesetzen verschieden gebraucht. BGB u GBO erläutern ihn nicht. Grdst iS dieser Gesetze, also im RSinn, ist ein räuml abgegrenzter Teil der Erdoberfläche, der im

Überbl v § 873 1–7   3. Buch. 2. Abschnitt. *Bassenge*

Bestandsverzeichnis eines GBBlattes unter einer bes Nr od gem GBO 3 III gebucht ist (Oldbg Rpfleger 77' 22), ohne Rücks auf die NutzgsArt. Auch Gewässer können Grdst in diesem Sinne sein; doch für sie SonderVorschr nach EG 65. Vom Grdst in diesem Sinne sind zu unterscheiden: **a)** Die Katasterparzelle (Flurstück, PlanNr), das ist eine Bodenfläche, die vermessgstechnisch in dem amtl Verzeichnis der Grdst (Grund- u Gebäudesteuerbuch, Sachregister, LiegenschKataster; vgl GBO 2 II; AVO GBO 6 I) eine bes Nummer erhält. Der Verändergsnachweis der Vermessgsbehörde ist VerwAkt, BVerwG NJW **66**, 609; zur verwaltgsgerichtl Kl dagg vgl VG Arnsberg, ZMR **70**, 19. Das Grdst im RSinne kann also aus mehreren Katasterparzellen bestehen (nicht aber umgekehrt, BayObLG **54**, 258). **b)** Das Grdst im wirtschaftl Sinne, das sind die eine wirtschaftl Einh bildenden Bodenflächen. So wird der Begriff zB im RSiedlG (AVO 4) verstanden (str; vgl die Nachw BGH **49**, 145, 148); vgl auch BewG 2, 70. Das GrdstVG dagg geht vom Grdst im RSinn aus (BGH **49**, 145). Ebso idR BauNVO u BBauG (BVerwG NJW **72**, 701). – Über grdstgleiche Rechte vgl § 873 Anm 2 a aa. – Zur VerkFähigk unselbstd GrdstTeile vgl § 890 Vorbem aE; § 883 Anm 3 d aa.

2) Grundbuchsystem. Vgl Rattel, DVBl **72**, 73 zur Automation im GB; Geiger, Göttlinger, Kobes, Die Konzeption des Computer-GB, Rpfleger **73**, 193. Die absolute Wirkg der wirtschaftl bedeuts Grdst-Rechte erfordert Publizität: das GB garantiert sie. Die Beteiligten können (bei berecht Interesse, GBO 12) u sollen, RG **143**, 165, sich durch Einsicht des GB Klarh über den dingl RZustand verschaffen. Jedoch ist GB durch die zahlr unsichtbaren Belastgn (Anm 11) stark entwertet; auch sonst läßt sich nicht erreichen, daß das GB stets den wahren Rechtsstand wiedergebe, vgl Anm 4. Führg des GB durch AG als GBA (GBO 1); funktionell zust der Rpfleger gem § 3 Nr 1h RPflegerG. – Über buchfreie Grdst vgl GBO 3 II, EG 127/8. – Über Ausleg von GBEintragen vgl § 133 Anm 7, § 873 Anm 4d. Zur Anwendg der §§ 133, 157, 242 im GBVerf, Riedel, Rpfleger **66**, 356; KG Rpfleger **68**, 50 Anm Riedel. – Über das WohngsGB vgl WEG **7**, 30, über das ErbbGB ErbbRVO 14, über BahnGB EG 112. – Keine Verwirkg der GB-Beschw, BGH **48**, 351.

3) Antrags- u Einiggsgrundsatz. a) Grdsätzl erfolgt eine Eintr auf Antr; AntrBefugn: GBO 13, 14 ausnw w das GB vAw tät, vgl Horber § 13 Anm 2 C. – **b)** Währd das mat R zur rgesch RÄnderg neben der Eintr grdsätzl die Einigg zw Gewinndem u Verlierdem (§§ 873, 877, 880, WEG 4) fordert, gilt im GgSatz zu diesem **materiellen** im GBRecht das **formelle Konsensprinzip**: dem GBA genügt zur Eintr der beantragten RÄnderg idR die einseit **Bewilligg** des Betroffenen (GBO 19, 29, dazu § 873 Anm 3d); doch Pfl des GBA, GB richt zu halten; dah Ablehng, wenn GBA amtl weiß, daß Eintr GB unricht macht, weil zB keine wirks Einigg (Hamm Rpfleger **73**, 137; BayObLG NJW **76**, 1895). **Ausnahme**: Gem GBO 20 ist dem GBA die formgerechte (§ 925) Auflassg und die (sachlrechtl formfreie) Einigg iSv ErbbRVO 11 I gem GBO 29 I nachzuweisen; zusätzl Bewilligg grundsätzl entbehrl, RG **141**, 376; BayObLG **50**, 437. – Doch muß GBA VfgsMacht (BGH **35**, 135, 139 zu § 1365), GeschFgk, Vertretg des Bewilligden prüfen (vgl Horber Grdz 7 vor GBO 13). GBO 29 I gilt nicht für den Nachw eintraggshindernder Tatsachen, auch wenn diese Willenserklärgn sind, BayObLG **67**, 13. – Im AntrVerf grdsätzl keine Ermittlg od BewErhebg vAw, KG Rpfleger **68**, 224.

4) Eintraggsgrundsatz. Zur rgesch RÄnderg fordert BGB idR deren Eintr ins GB. Grd: Anm 2. Sie ist VerfHandlg in bes FGG-Verf, auch konstitutiver HohAkt iSv H. Westermann, Festschr Michaelis, 1972, S 337, 344. – Notwend ferner oft Zustimmg eines Dritten, zB §§ 876, 877, 880 II 2, 1183 S 1, od die Gen einer Behörde, vgl unten Anm 12 u § 925 Anm 7. Eine Eintragg, die mit ihren sachl-rechtl Erfordernissen nicht in Einklang steht, macht das GB unrichtig. Berichtigg nach §§ 894ff, GBO 22. Sicherg des BerichttiggsAnspr durch Widerspr § 899. Über EintrFähigk vgl Anm 8. Als inhaltl unzulässig vAw zu löschen ist Eintragg, die kein eintraggsfäh dingl Recht verlautbart od das Recht nicht mit dem gesetzl gebotenen oder zul Inhalt wiedergibt od deren Inhalt wg Unklarh der Eintr nicht festgestellt w kann, GBO 53 I 2. Wegen unwirks Eintr vgl § 873 Anm 4b. – Entstehg von GrdPfdR ohne Eintr: § 1113 Anm 3c; RÄnderg kraft G auch ohne Eintr: § 873 Anm 2a. – Keine Änderg der Eintr mehr durch GBA nach deren Fertigstellg; Ausn Klarstellgsvermerke vom Amts wegen od auf Anregg bei unklarer Fassg, vgl Horber § 53 Anm 3 A b u § 22 Anm 2 B b dies ist keine Berichtigg, auch kein AmtsWiderspr.

5) Bestimmtheitsgrundsatz. Der Zweck des GB, Anm 2, erfordert klare u eindeut Eintragg. Das betroffene Grdst, vgl GBO 28, der Berechtigte, Umfang u Inhalt des Rechts sind bestimmt zu bezeichnen. Umfangserweiterg (zB Erhöhg des HypKapitals, KG JFG **13**, 77) deshalb grdsätzl unzul u als neues Recht unter neuer Nr einzutragen. Jedoch ist der Grds nicht zu überspannen, RG **143**, 428. Zulässig zB Verlängerg der Nießbrauchszeit, KG aaO, u der ErbbRZeit, BayObLG **59**, 527; beides als Inhaltsänderg (§ 877) zu behandeln. Durchbrechg der §§ 1119, 1146; ferner Übbl 2 B f vor § 1113. BestimmthGrds verbietet weder Ausleg unklarer EintrBewilligg (Hieber DNotZ **58**, 207) noch der Eintragg (§ 873 Anm 4 d).

6) Damit das GB seinen Zweck erfüllen kann, genießt es **öffentl Glauben**. § 891 begründet die – widerlegbare – Vermutg der Richtigk der Eintraggen. §§ 892, 893 schützen den gutgl Erwerber. **Positive Wirkung**: Ihm ggü gelten Eintraggen u Löschgen als richtig. Er erwirbt das Recht, wie es eingetr: ein bösgläub Dritterwerber erwirbt schon vom Berecht, also wirks. **Negative Wirkg**: Dem Gutgläubigen ggü gilt der Inhalt des GB als **vollst**. Nicht eingetragene (bedingte) VfgsBeschrkgen des Veräußerers hindern den RErwerb nicht. Nicht eingetragene entggstehende Rechte erlöschen od treten im Range zurück. Besitz unerhebl; anders bei bewegl Sachen, vgl Vorbem 1 vor § 932. Zum HypBrief § 1140 Anm 3.

7) Der **Rang** eines GrdstR, dh sein Verhältn zu anderen Rechten an dem gleichen Grdst, ist wesentl für seine Bewertg. Dies zeigt sich in der ZwVollstr; Befriedigg entspr dem Rang, ZVG 10 ff, 109 II, 155; rangbesseres Recht bleibt bestehen (fällt in geringstes Gebot), wenn ZwVerst aus nachstehendem Recht betrieben, ZVG 44. Jedes eingetragene dingl Recht hat eine feste Rangstelle. Sie kann dem Berecht gg seinen Willen grdsätzl nicht entzogen w. Bei Erlöschen des Rechts rücken nachstehde Rechte auf (Prinzip der **bewegl**

Allgemeine Vorschriften über Rechte an Grundstücken **Überbl v § 873** 7–12

Rangstelle), soweit nicht bei Hyp u GrdSch EigtümerGrdSch entsteht, vgl Übbl 3 E vor § 1113. Vgl auch § 889. Der Rang ist eine Eigenschaft, für die der Verkäufer einstehen muß, RG HRR **34**, 1009. Rangverschlechterg bei GrdPfdR als Schaden: § 839 Anm 10b. Über die Eintr des Ranges vgl § 879 über relative Rangverhältnisse § 879 Anm 6.

8) EintrFähigk. Das BGB enthält darüber keine allg Bestimmgen. GBO 54 verbietet nur die Eintr öff Lasten; eintraggsunfähig auch öfrechtl Rechte, zB landesrechtl GemeindenutzgsR, BayObLG **60**, 447. Grdsätzl nur solche Eintr, die im G vorgesehen. Vgl weiter Anm 9–11. –

9) Eintraggsfähig und eintraggsbedürftig sind:
a) Dingl Rechte am Grdst od einem Recht am Grdst. Sie sind nur mit dem gesetzl gebotenen od zul Inhalt einzutragen; sonst Amtslöschg als inhaltl unzul, GBO 53 I 2. **aa)** Nach BGB: Eigt, ErbbR, Dienstbarkeiten einschl Nießbr, VorkaufsR, Reallasten, Hyp, Grd- u Rentenschulden. An GrdstRechten PfdR u Nießbr. Ferner Belastg eines MitEigtAnteils nach § 1009 (vgl auch § 1010); Verzicht auf Überbau- u Notwegrente (diese selbst eintraggsunfähig § 914 II 1) u vertragl Feststellg ihrer Höhe, §§ 914 II 2, 917 II 2. Vgl auch § 1113 Anm 3c (GrdPfdR ohne Eintr). **bb)** Nach sonstigem Reichs(Bundes)recht: ErbbR; WohngsEigt, DauerwohnR ua nach WEG; über dingl WiederkaufsR vgl Einl 2c vor § 854. **cc)** Nach Landesrecht zahlr Rechte auf den vorbehaltenen RGebieten, EG 59ff. **dd)** DDR: vgl 29. Aufl.
b) Bedingungen und Befristungen wg §§ 161 III, 163, 892, 893.
c) Vormerkgen gem §§ 883 ff, Widersprüche § 899, Rückerstattgsvermerk, vgl 31. Aufl. Umleggsvermerk, BBauG 54; vgl aber StädtebauFördG 57 II; dafür dort §§ 5 IV, 53 II, 16 I: Sanierngs- u Umleggsvermerk, dazu Haegele, Beschr, Nachtr Rdnrn 10, 64; Riedel, JurBüro **72**, 367; Horber § 38 Anm 2 A q, r. Wg Eintragg der Rechtshängigk vgl § 985 Anm 4 c.
d) VfgsBeschränkgen: aa) Bedingte (relative), §§ 135, 136. Eintragg nötig wg § 892 I 2. Wg NE-Folge vgl § 892 Anm 5 a, auch § 879 Anm 2 a aa. Insow gleichgestellt VfgsEntziehg durch TestVollstrg, Konkurs, NachlaßVerwaltg. Ferner VfgsVerbote aGrd einstw Vfg, nach FlurbG 53, Veräußergsverbote aGrd der VglO, Beschlagn gem StPO 283/4, RAbgO 380, VfgsBeschrkg gem VAG 72, KG JFG **11**, 322. Dagg sind unbedingte (absolute) VfgsBeschrkgen nur dann eintraggsfähig, wenn das G die Eintr zuläßt; sie sind aber regelm zur Wirksamk erforderlich, nicht eintraggsbedürftig. ZB Entschuldgsvermerke, SchRegG 8 II, 80, 91. Vfgsverbot nach FlurbG 53 II. **bb)** Die rechtsgeschäftl VfgsBeschrkg des § 5 ErbbRVO u Veräußergs-Beschrkg des § 12 WEG, beide mit dingl Wirkg nach Einigg u Eintr.

10) Eintraggsfähig, aber nicht eintraggsbedürftig, auch ohne Eintr ggü dem gutgl Erwerber wirks sind zB: VorkR nach RSiedlG 4 ff, 14 (zu BBauG 24 aF vgl KG NJW **62**, 1446); die Beitragslast nach BBauG 64; altrechtl GrdDbk nach EG Art 187 I 1, dort Anm 1. Vgl § 892 Anm 2 a. Vgl auch *nds* AGBGB 22.

11) Nichteintraggsfähig sind zB: Persönl Rechte (zB Miete u Beschränkgen in der Möglk zu vermieten od den Gebrauch sonst zu überlassen, insb gem WoBindG; vertragl VerwRechte, Hamm JMBl NRW **50**, 129; WiederkaufsR, soweit nicht des zugelassen, BayObLG JFG **4**, 350). Absolute VfgsBeschrkgen (soweit nicht zugelassen, Anm 9 d). Vgl § 135 Anm 1. So die der Ehegatten nach § 1365, vgl dort Anm 3. Überbau- u Notwegrente, § 914 II 1. Das VorkaufsR u der HeimfallAnspr nach RHeimstG 11, 12; das nach Miterben nach § 2034; auch nicht die Vereinbarg der Verwaltg u Benutzg od Ausschl der Aufhebg der ErbenGemsch (vgl oder früheren FideikBesitzer, BayObLG **52**, 231, od andere Beschränkg der Erbauseinandersetzg, KG DNotZ **44**, 15; das dem rüberl Gatten des HofEigtümers (HöfeO 14 I) zustehde Verw- u NutznießgsR, Celle DNotZ **68**, 756. Die auf persönl Eigenschaften beruhende Beschrkg in der VfgsMacht wie bei nicht od nicht voll GeschFähigen. Ausschluß der Verw der Eltern, KGJ **49**, 211, od eines Ehegatten bei GütGemsch (vgl §§ 1421, 1458, auch KG OLG **5**, 190). Rechtsgeschäftl VfgsBeschrkg, Kblz DRZ **49**, 234. – **Öffentl Lasten**; vgl Einl 4 f vor § 854; Ausn oben Anm 10. Vgl auch § 1113 Anm 7 d (HGA). Wegen öff Rechte vgl Anm 8.

12) Veräußergs- und Belastgsbeschränkgen. Schriftt: Haegele, s Übbl vor § 873 vor Anm 1. – O. Lange, Behördl Genehmigung u ihre zivilrechtl Auswirkgen, AcP **152**, 241 ff. – **a)** Die zugunsten der Landwirtsch aufgebaute **Schuldenregel** (VO v 6. 1. 37 [RGBl 5] über die Veräußerg von Entschuldgsbetrieben nebst DVOen) ist heute weitgehd ggstandslos dch AbwicklgsG v 25. 3. 52 [BGBl 203] nebst ÄndG zuletzt v 25. 7. 68 [BGBl 859], für *Saarl* dch G v 20. 4. 50, ABl 412, 413). Auch heute noch unterstehen aber erfolgreich entschuldete Betriebe gewissen VfgsBeschrkgen (GrdstVeräußerg, Freistellg eines veräußerten Grdst von der SchuldenregelgsHyp; Art 3, 4 der 9. DVO SchRegG), näml dann, wenn der Entschuldgsvermerk noch nicht auf Anordng des EntschAmts gelöscht (LöschgsVO v 31. 1. 62, BGBl 67) worden ist (eingehd zu allem Haegele aaO Rdnrn 227–273, Horber § 19 Anm 10 B d; § 20 Anm 6 E). Hiervon abgesehen keine entschrechtl VfgsBeschrkgen mehr. Sow Gen hiern nöt, müssen ja etwa notw Gen bereits rechtskr erteilt sein.

b) Genehmiggsbedürftig ferner: **aa) Veräußerg** land- u forstwirtschaftl **Grdst** gem **GrdstVG** sowie Belastg mit Nießbr, vgl Näheres Einl 7 b bb vor § 854. **bb)** Veräußerg, Teilg, Belastg von **Eigenheimen** (Rentenstellen für ländl Arbeiter u Handwerker), VO v 10. 3. 37, RGBl **292**, § 11 [BGBl III 2330–7); vgl § 879 Anm 2 c; § 925 Anm 4 g; Übbl 3b vor § 903; dazu Haegele aaO Rdnr 274–282. **cc)** Belastg, Teilg usw der **Heimstätte** grdsätzl Zust des Ausgebers notw, RHeimstG 17. Vgl Übbl 3a vor § 903.

dd) GenBedürftig nach BBauG. – Rspr u Schrifttum: Haegele Beschr, Rdnrn 409ff, 600ff. – Pikart, Rspr des BGH z BBauG, WPM **70**, 1385. – Wellmann, Die BodenVerkGen nach BBauG, RhNK **71**, 238. – Nach Aufhebg des WSG (BBauG 186) seit 29. 6. 61 (BayObLG **64**, 106) **Gen der Gemeinde,** evtl der BauGenBehörde gem BBauG 19 nötig für: **Auflassg,** aber nur im sog Außenbereich (BBauG 19 II), wenn sie nach dem VerpflichtgsGesch (dessen Angaben nicht nachzuprüfen sind) zwecks Bebauung od kleingärtn Dauernutzg vorgenommen (Zweck: Verhinderg des Erwerbs, wenn spätere Bebaubark nicht gesichert; also SchutzVorschr für Erwerber, vgl BBauG 21); schweigt, wie idR, die Urkunde (deren Inhalt

Überbl v § 873, § 873

allein maßgebd BayObLG **66**, 37) über den Zweck, keine Gen nöt; offensichtl falsche Erkl berecht aber zur Verweigerg, BayVGH BayVBl **72**, 45. Zweck muß eindeut übereinstimmd offengelegt sein; dazu reichen Anträge des Erwerbers auf Steuer- u Gebührenbefreig allein nicht aus, BVerwG NJW **73**, 1388. – GBA kann kein **Negativattest** (BBauG 23 II) verlangen; ebso, wenn Vertr auf jeden Fall, auch bei Unanwendbk von BBauG 21, gelten soll, BayObLG **66**, 37; **72**, 252. – Str, ob GBA **RKraftZeugnis** für Gen od Zeugn nach BBauG 19 IV 3, 23 II verlangen kann (abl Wolfsteiner Rpfleger **73**, 162; Hamm NJW **74**, 863; LG Lüb SchlHA **78**, 86). Genehmiggspfl Bestellg (u Übertr, BBauG 145 II) eines **ErbbR** im Außenbereich; Entspr muß gelten für Bestellg eines EigtümerErbbR, str. Ferner (sachenrechtl, nicht schon katasterm, Weber DNotZ **63**, 637) **Teilg** (Begriff § 19 III), darü § 890 Anm 5a. – Gen **nur für dingl Geschäft**, BGH **37**, 236. – Gen auch unter Auflage, § 20 II, vgl auch BGH NJW **60**, 533. **Gen gilt als erteilt**, wenn nicht innerh 2 Mon seit Antr versagt, § 19 IV; dazu BVerwG DÖV **72**, 498. – **Versagsgründe**: § 20; kein VersaggsGrd ist Bestehen einer VeränderungsSperre nach BBauG 14, BVerwG BayVBl **73**, 673. Über Freistellg von GenPfl: § 19 V (hierzu kritisch Eppig DNotZ **60**, 517). Wegen teilw Wegfalls der GenPfl nach GrdstVG vgl BBauG 22 u GrdstVG 4 Nr 4. Über Einzelfragen des **GenVerf** Haegele aaO Rdnrn 441 ff. Zur BindgsWirkg der BodenVerkGen (BBauG 20, 21) vgl BVerwG DVBl **68**, 802. – Bei **Versagg der Gen** nur VerwRWeg, vgl VwGO 68ff, 42 (Antr auf Entscheidg des ord Ger nur im UmlggsVerf, vgl unten, u bei Enteignug u ähnl VerwAkten, BBauG 157). **Zivilrechtl Folgen**: Wird Gen für ErfüllgsGesch endgült versagt, ist Leistg aus VerpflGesch nachträgl (BGH **37**, 236; aA Clasen NJW **63**, 429: anfängl) unmögl gew; Folgen daher nicht über §§ 459 ff, sond über §§ 320 ff abzuwickeln (BGH NJW **69**, 837); über Verpfl des Verkäufers zur VertrÄnderg s BGH **67**, 34. GBVerf WiderspruchEintr: BBauG 23.

Weitergehende VfgsBeschrkg im **Umleggsverfahren** nach BBauG 51 für die Grdstücke im Umlegsgebiet, u zwar ab Bekanntmachg des Umleggsbeschl bis zur Ausführg des Umleggsplans (BBauG **72**). Zur Eintr des UmlggsVermerks (BBauG 54, GBO 38) vgl BayObLG Rpfleger **70**, 346; beachte aber StädtebaufördG 16 I. Der **schriftl Gen der Umleggsstelle bedürfen Vfgen** über die betr Grdst u GrdstRechte schlechthin; BayObLG **64**, 170; Celle Rpfleger **65**, 275; nicht die AuflVormkg, BayObLG **69**, 303. Ferner V e r e i n b u n g e n, durch die ein Recht zur Nutzg od Bebauung eingeräumt wird. Gegen Versag der Gen (bei der VerwBehörde, ohne Anwaltszwang, BGH **41**, 183, einzulegender) **Antrag auf gerichtl Entscheidg**, BBauG 157ff. Zustdg: LG (Kammer f Baulandsachen), Berufg an OLG (Baulandsenat), Revision an BGH; BGH **43**, 168; NJW **62**, 2295 (in Bay aber nicht an ObLG, Hußla NJW **63**, 1389). Nach BGH **41**, 249/62; Kblz NJW **68**, 899 entscheidet auch über Beschw in Baulandsachen der Senat für Baulandsachen (BBauG 169). Zum Wertausgleich (BBauG 61, 64, 166) vgl BGH **54**, 10. Zur Rspr des BGH vgl Pikart aaO.

ee) Wg Beschrkgen nach MRG 53 (im Verk mit DDR) u AWG 23 vgl 32. Aufl, Horber § 20 Anm 6 K, auch BGH MDR **73**, 130, ferner Mitt der Dtsch BBank Nr 6001/74 (BAnz Nr 91 v 16. 5. 74) hins Geschen der Ständigen Vertretgen der Bundesrepublik und der DDR.

ff) GrdstGeschäfte nach **BVersG 75**, vgl Haegele aaO Rdz 580 u BGH **19**, 355.

gg) Vfg über Deckgsstock von Versichergsunternehmen nur mit Zust des Treuhänders, VAG 70, 72 I. – Vgl § 1189 Anm 1b. Sperrvermerk ohne Bezugn auf EintrBew in GB einzutr (LG Bn RhNK **78**, 41).

hh) Vormschgerichtl Gen vielf nötig bei Vfgen (u Zustimmgen) gesetzl Vertreter von nicht voll Geschäftsfähigen; vgl Haegele aaO Rdnrn 499–517; Lücken DNotZ **71**, 261.

ii) GenPfl für GrdstGesch (auch ErbAuseinandS, Brem OLGZ **77**, 16) im förml festgelegten Sanierggebiet gem **StBauFG** 15, 57 I 3.

c) Weitere Beschrkgen nach **LandesR**, vgl EG 86, 88 (ausl jur Personen, vgl Horber § 20 Anm 6 L), 115, 117, 119; ferner nach den **Gemeindeordngen** (dazu Haegele aaO Rdnrn 518–540) u **Stiftgsgesetzen** (dazu Haegele aaO Rdnrn 396a, 399, 401 u Vorbem 1d vor § 80).

d) Beschrkgen nach **MRG 52** betr Sperre u Kontrolle von Vermögen: vgl 20. Aufl u Vorbem 1 vor AWG in 27. Aufl.

e) **HeimstättenR** vgl Übbl 3a vor § 903. – **FlurberG** 52, 53: VfgsSperre für den Abgefundenen, vgl Haegele aaO RdNr 300; Staud-Promberger EG 113 RdNr 16.

f) Über Einfluß der VfgsBeschrkg auf EiniggsErkl vgl **§ 878**, über RangVerhältn **§ 879** Anm 2 a aa, über Gutgläubensschutz vgl **§ 892** Anm 5.

g) **Nachträgl behördl Genehmigg** gilt rückw; Vertr wird also vom Ztpkt des Abschlusses ab vollwirks; BGH **32**, 390. War Eintr schon erfolgt, zwischenzeitl EigtWechsel unerhebl, Hamm JMBl NRW **61**, 30 (WSG). Über nachträgl gesetzl Wegfall der GenPfl BGH **37**, 236; NJW **65**, 41; MDR **68**, 829. – Vgl auch Einl 7b cc δ vor § 854.

h) GenPfl für Aufl vgl § 925 Anm 7.

13) Gesetzl Erwerbsbeschränkgen derart, daß der Erwerb von einer behördl Gen abhängig ist, bestehen in folgenden Fällen: **a)** Für Ausländer, EG 88. **b)** Für inländische (u ausl, vgl VAG 105 II, EG 88 Anm 3) Versichgsaktiengesellsch u VersVereine auf Ggseitigk nach VAG 54 II Nr 10 für BetrGrdst. **c)** Für Versichergsträger nach RVO 26 II, 27 c. Vermögensanlage in diesem Sinne ist jeder GrdstErwerb mit eig Mitteln, KG JFG **4**, 317. **Zu a–c)**: Fehlende Gen macht das ErwerbsGesch schwebd unwirks. Dagg wirken die ErwerbsBeschrkgen der HypBanken (HypBkG 5 IV) u der Schiffspfandbriefbanken (SchiffsBkG 5 IV) nur im InnenVerh; trotzdem erklärte Auflassg ist wirks. – Über Erwerbsverbote aGrd einstw Vfg vgl § 888 Anm 6.

873 *Erwerb durch Einigung und Eintragung.* ¹ Zur Übertragung des Eigentums an einem Grundstücke, zur Belastung eines Grundstücks mit einem Rechte sowie zur Übertragung oder Belastung eines solchen Rechtes ist die Einigung des Berechtigten

Allgemeine Vorschriften über Rechte an Grundstücken § 873 1–3

und des anderen Teiles über den Eintritt der Rechtsänderung und die Eintragung der Rechtsänderung in das Grundbuch erforderlich, soweit nicht das Gesetz ein anderes vorschreibt.

II Vor der Eintragung sind die Beteiligten an die Einigung nur gebunden, wenn die Erklärungen notariell beurkundet oder vor dem Grundbuchamt abgegeben oder bei diesem eingereicht sind oder wenn der Berechtigte dem anderen Teile eine den Vorschriften der Grundbuchordnung entsprechende Eintragungsbewilligung ausgehändigt hat.

1) Allg. a) I ist HauptGrds des mat GrdstR; die hier genannten Vfgen erfolgen rechtsgeschäftl dch Einigg (unten 3) und Eintr (unten 4), vgl auch Übbl 3, 4. Dabei w übertr ein schon bestehdes R, währd dch Belastg ein neues R entsteht. – Ausn v I: Anm 2 c. Eintr zwar Verfahrenshandlg, aber auch auf Antr dch GBA vermittelte Leistg: Teil des VfgsTatbestdes, den erstmals, zus mit Einigg, Eintr vollendet; desh entscheidet für VerfBerechtigg der Ztpkt, da sich DoppelTatbestd vollendet, BGH 27, 360. Darum § 878. Gleicher Ztpkt entsch für Bösgläubigk bei Anf (AnfG, KO), BGH 41, 17; and für § 419, dort Anm 4a, BGH 55, 105. – Aufhebg, Inh- und Rangänderg: §§ 875, 877, 880. – § 873 gilt **zeitl** ab GB-Anlegg, EG 189, 186 II; dort Anm 1. – **b)** Schutz der Beteil in II dch vierf mögl Bindg an die Einigg (vgl Anm 5).

2) Geltgsgebiet. a) Erwerbsart: Nur Erwerb dch **RGeschäft.** Ggsatz: dch **Staatsakt,** vgl Anm 1c vor § 925; Erwerb **kr Gesetzes:** Surrogation, §§ 1075, 1287, ZPO 848. Inh- u FdgsWechsel bei Hyp, §§ 1143, 1150, 1164. – GesamtRNachf, §§ 1416, 1922. – An- bzw Umwachsg bei Ein- od Austritt von Gter, auch bei Übertr aller GesellschAnteile auf einen Gter od Dr (LG Stgt BWNotZ 74, 87; LG Köln RhNK 77, 125); vgl § 738, HGB 142, der entspr auf den GeschÜbernehmer der BGB-Gesellsch anwendb (§ 736 Anm 1). – Entspr bei Veräußerg eines Erbanteils, wenn dingl R im Nachl. – Verschmelzgn von AktG 339ff, 346 III. Übertragde Umwandlgen: einer Kapital- in Personalgesellsch od Einzelfirma, einer Personal- in Kapitalgesellsch, vgl UmwG 5, 44; Umwandlg eines Einzelunternehmens in AG od KommAG (nicht GmbH! Hier Grdst v Einzelkaufmann als Sacheinlage an GmbH aufzulassen). – Die bloß wirtschaftl Nämlichk des RErwerbers mit Veräußerer schließt zwar den Dchgriff dch den Mantel der RForm iF des § 892 nicht aus, läßt aber § 873 I anwendb. – Umwandlg der RFormen bei Identität der RTräger (BGB-Gesellsch in OHG u umgekehrt, einer Kapitalgesellsch in andere) ist kein Fall des § 873 I.

b) GgStand des Erwerbs: aa) Grdst einschl realer Teile u BruchtAnteile. – **bb) Grdstgleiche Rechte;** hierzu gehören die ErbbR u die nach LandesR (vgl EG 67, 68, 196) selbstd Gerichtigk, in Bay die realen nicht radizierten Gewerbeberechtigen (Horber § 3 Anm 2 A b) im Ggs zu den radizierten GemeindeRen (BayObLG 70, 21). Sie w materiell u formell wie Grdst behandelt (BGH 23, 244; KG JFG 14, 397). – **cc) Rechte an Grdst:** Einl 4b vor § 854. Vormkg, Widerspr u VfgsBeschrkg gehören nicht hierher. – **dd) Rechte an GrdstRen:** Nießbr u PfdR.

c) Ausnahmen: Erwerb: **aa) Ohne Eintragg:** zB Bestellg von GrdPfdR an BahnGrdstücken der früh Dtsch Reichsbahn, G v 19. 3. 24 (RGBl 285) § 1. Buchgsfreie Grdst, GBO 3 II, EG 189, 186 II, vgl dort Anm 1. – Statt Eintragg genügt schriftl Abtretgs- od BelastgErkl bei BriefGrdPfdRechten daran: §§ 1154, 1069, 1192, 1199, 1200, 1274, 1291; vgl ferner § 1187 Anm 5, § 1195 Anm 3; **bb)** aGrd einseitiger Erklärg u Eintr: §§ 1188, 1195/6; VerglO 93; Bestellg von EigtümerGrdDbk, RG 142, 231, EigtümerErbbR (vgl Übbl 2b, 4 vor § 1012) u den sonstigen, für zul erachteten dingl EigtümerRen (s ZusStellg in Einl 4 e vor § 854); BBauG 28 a V; StBauFG 18 VI; die AbgeltgsHyp (vgl Übbl 2 B d bb vor § 1113).

d) Zustimmung Dritter in manchen Fällen notw; zB §§ 876, 880 II 2, 1183, ErbbRVO 5, WEG 12.

3) Einigg. a) Sie ist ein vom SchuldGrd losgelöster, auf die dingl RÄnderg gerichteter Vertr. Vgl über dieses abstrakte RGesch u sein Verhältnis zum VerpflichtgsGesch Einl 5 vor § 854. Formfrei; Ausn: § 925.

b) Die Einigg bewirkt eine Vfg über das betroffene Recht, § 893 Anm 3. Vorgängige Eintr des Berechtigten in das GB sachlrechtl nicht notw; GBO 39 nur Ordngsvorschr. Zu erklären hat sie der RInh, evtl der VfgsBerechtigte, zB TestVollstrecker, Konkursverwalter. Die VfgsBefugn muß zZ der Einigg, bei nachfolgender Eintr auch noch bei dieser, iF der §§ 1154 I, 1192 I im Ztpkt der BriefÜberg (Ffm Rpfleger 68, 355) vorliegen; vgl jedoch § 878. Bei Wechsel der Pers des RInhabers (evtl des sonst VfgsBerechtigten) vor Eintr ist neue Einigg nötig, BayObLG NJW 56, 1279; Einigg mit dem früheren RInhaber kann RÄnderg nicht mehr bewirken, es sei denn, der neue RInh genehmigt, BayObLG BayNotV 67, 7. Bei GesRNachfolge (Erbgang uä) wirkt Einigg jedoch für u gg GesRNachfolger; auch genügt die EintrBewilligg des Erbl selbst wenn Erbe od Erbeserbe inzw eingetr (BGH 48, 351). Aufl dch Erbl wirkt weiter, wenn Erbe od Erbeserbe Grdst nach Übereign an Dr von diesem zurückerhält (BayObLG 73, 139; § 185 II 1 Fall 2). Zust des Eheg notw, wenn Grdst zw Aufl u Eintr GesGut iS § 1416 geworden (BayObLG MittBayNot 75, 228; aA Tiedtke FamRZ 76, 510). – Fällt eine VfgsBeschrkg vor Eintr fort, bleibt die Erklärg, zB des TestVollstr, ähnl der einst gesetzl verfügsfäh RInh wirks (str, vgl KG JFG 1, 338 aM zB RGRK Anm 79; Celle NJW 53, 945; wie hier Däubler, JZ 63, 591); der nunmehr unbeschr verfügsgsfäh RInh kann widerrufen, falls Erkl noch nicht bindd (unten Anm 5). Stellvertretg zul; Vertretgsmacht im Ztpkt der Einigg genügt. Im eig Namen abgegebene Erkl NichtBerecht nach § 185 heilb, RG 152, 382; vgl auch BayObLG 73, 139.

c) Inhalt der Einigg. Sie muß die gewollte RÄnderg mit allen notw Einzelheiten erkennen lassen; insb das Grdst (vgl § 925 Anm 5a cc) u die gewollte Recht nach Art, Umfang u Inhalt. Ebenso Urteil, das eine Erkl nach ZPO 894 ersetzen soll. Unrichtige Bezeichg des Grdst unschädl, RG 60, 340. Hierzu u zu Dissens oder Irrt über Flächenmaß vgl BGH MDR 67, 477 u § 925 Anm 5. Bei **Ausleg** darf nicht auf Umstände zurückgegriffen w, die außerh der Urk liegen u nicht offenkund sind; nicht zB auf aus Urk nicht erkennb ParteiWillen (BGH 60, 226). Maßg, was sich für unbefangenen Beobachter als nächstliegde Bedeutg ergibt (BayObLG 75, 189).

d) Zu unterscheiden ist die Einigg von der **EintrBewilligg** (Übbl 3), die schon in Einigg enthalten sein kann (BayObLG Rpfleger 75, 26). Sie ist VerfHdlg, nach aA rgesch WillErkl (vgl KEHE-Ertl § 19 Rdn

14ff mwN). Sie ist bedinggsfeindl, nach Wirksamk unwiderrufl u unanfechtb (vgl KEHE-Ertl § 19 Rdn 32, 172ff, 184). Zur Auslegbark KG DNotZ **58**, 204; BayObLG aaO; KEHE-Ertl § 19 Rdn 29f. Sie unterliegt dem AGBG, was vom GBA zu beachten (LG Stgt BWNotZ **78**, 12; Stürner BWNotZ **78**, 2; Eickmann Rpfleger **78**, 1; aA Dietlein JZ **77**, 637; Schmidt MittBayNot **78**, 89); vgl auchVorbem 3a vor AGBG 8.

e) Wirkg der Einigg. Sie allein führt RÄnderg nicht herbei (Ausn: Anm 2 c aa); sie gibt keinen Anspr auf Erfüllg, auch nicht bei Bindg (vgl Anm 5; RG **151**, 77), od Berichtigg. Deshalb keine Aussonderg im Konk, kein Widerspr aus ZPO 771. Die Einigg beschränkt nicht die VfgsBefugn, Ffm HEZ **2**, 182. Der Erwerber erlangt aber (bei Bindg nach II) Anwartsch auf das Recht, vgl § 925 Anm 6b. Über Einwillig in weitere Vfg vgl § 925 Anm 5c. Zum AnwartschR des Inh einer GrdDbk u seine Übertr vgl Einf 2b vor § 1018.

4) Eintragg allein führt niemals RÄnderg herbei. Es muß hinzutreten regelm die Einigg, § 873, ausnahmsw gutgl Erwerb, § 892, od Buchersitzg, § 900. Berechtigg zur Stellg des EintrAntr: GBO 13 (Betroffener u Begünstigter). Dch Bezugn auf EintrBewilligg wird diese Teil der Eintragg, BGH WPM **68**, 1087.

a) Eintragg selbständiges Erfordernis neben der Einigg. Die RÄnderg tritt erst ein, wenn beide Erfordernisse vorliegen, inhaltl übereinstimmen, RG **106**, 113, u zeitl zusammentreffen, RG **131**, 99; dies ist nicht der Fall, wenn Grdst nach Erklärg des Eigtümers, entspr § 1196 II eine EigtümerGrdDbk zu bestellen, an neuen Eigtümer übergeht, Hamm Rpfleger **73**, 137. – Vorher ist die Eintragg unwirksam; sie bringt das Recht nicht zur Entstehg u wahrt auch nicht den Rang (vgl aber zu c). Nachstehde Berechtigte rücken also vor; sie können höchstens schuldrechtl dem Eigtümer od anderen ggü zur Bewilligg des Vorranges verpflichtet sein. Vorher besteht bei der Hyp auch keine EigtGrdsch, § 1163 Anm 3. Ist mehr eingetragen als gewollt, zB Hyp von 3000 M statt von 2000 M, ist das Recht in Höhe des Mehrbetrages (1000 M) nicht entstanden. Ist weniger eingetragen als gewollt (zB Hyp von 2000 M statt 3000 M), ist nach § 140 zu beurteilen, ob das Recht bis zur eingetragenen Höhe (2000 M) entstanden ist, RG **108**, 149. Ebenso, wenn ein Teil der Eintr inhaltl unzul ist; hierdch Zulässigk u Wirksamk der restl Eintr nicht berührt, wenn diese für sich den wesentl Erfordern genügt, BGH WPM **68**, 1087. Ist die Einigg bedingt, die Eintr unbedingt, ist nur ein bedingtes Recht entstanden, RG **106**, 113; str. Weitere Beispiele vgl § 879 Anm 5; § 1094 Anm 4; § 1184 Anm 4a. Vgl auch Horn NJW **62**, 726. Zeitl Aufeinanderfolge sachlrechl unerhebl, vgl §§ 879 II, 892 II; KG JFG **4**, 332. GBO 20 nur Ordngsvorschr. Aber vorherige Eintr muß sich auf die RÄnderg beziehen, die den Ggst der nachträgl Einigg bildet, BGH **LM** Nr 1, also zB nicht Aufl (als rechtsgeschäftl Übertr) nach unrichtig Eintr als Erbe (GBBerichtigg); ein innerer Zushang zw Eintr u Einigg w nicht gefordert; damit ist auch BGH NJW **73**, 613 entgg der Meing v Gotzler NJW **73**, 2014 vereinb. Nachfolgende Einigg hat keine rückw Kraft; vgl aber zu c. W Eintr gelöscht, bevor schwebd unwirks Einigg genehmigt, hilft § 184 I nichts, BGH MDR **71**, 380.

b) Nur rechtswirksame Eintragg läßt das Recht entstehen. Nichtig ist Eintr eines inhaltl unzulässigen Rechts, GBO 53 I 2 (Einzelfälle vgl Horber, § 53 Anm 10); vgl auch Übbl 4. So ist zB nichtig Eintr ohne Angabe des Berechtigten; Erben sind namentl einzutragen, außer wenn noch unbekannt; BGH WPM **61**, 800 (auch über – unzulässige – Eintr des NachlVerwalters anstatt des Erben). Nichtig ferner Eintr durch PrivPers od sachl unzust Beamten, arg FGG 32, KG JFG **11**, 180, od wenn Beamter unter Zwang od Drohg gehandelt hat, BGH **7**, 64, dann auch kein öff Glaube des GB; aM Lutter AcP **164**, 152. Dagg Eintr wirksam, wenn nur Ordngsvorschr verletzt; unschädl zB Eintr in falsche Abt u Spalte des GB, entscheidd das Blatt, RG **94**, 8; unschädl auch wenn GBBeamter getäuscht wurde od gesetzl ausgeschl (GBO 11, FGG 6, 7) od örtl unzust (FGG 7) od unzurechngsfäh war; letzteres str, vgl Hoche NJW **52**, 1289 Anm m Nachw. Wegen Doppelbuchg vgl § 891 Anm 2a. Wegen Bezugn auf EintrBewilligg vgl § 874. – Teilnichtigk einer Eintragg läßt Wirksamk der Resteintragg idR unberührt, BGH NJW **66**, 1656.

c) Die Eintr ist ohne Rücks auf den Zeitpkt der (wirksamen) Einigg maßg für den Rang des Rechts, wenn kein Rangvermerk gebucht ist, §§ 879, 900 II 2. Sie begründet die Vermutg des § 891.

d) Die **Eintr ist** (auch vom RevGer) nach § 133 **auslegbar**. Dabei ist maßg, was sich für unbefangenen Beobachter als nächstliegdeBedeutg ergibt (BGH DNotZ **76**, 529). AusleggsGrdLage sind die Eintr, die in Bezug gen Urk u offenkund Tats; nicht aber aus den EintrUnterlagen, insbes nicht erkennb PartWille (BGH aaO). Unzul Bezugn ist zur Auslegg einer unklaren vollständ Eintr zul (Staud-Seufert Anm 80a; aA BayObLG **53**, 83), nie zur Ergänzg einer unvollständ. Klare in Bezug gen EintrBew geht widersprüchl Eintr vor (KG DNotZ **56**, 556) u läßt tats bewilligtes R entstehen (AG Stgt BWNotZ **74**, 34). Bei Zweifeln aus ZusHalt von Eintr u Bewilligg ist die ganze Eintr nur dann inhaltl unzul, wenn Zweifel nicht anderw behebb (BGH WPM **68**, 1087).

5) Bindg. II schränkt die §§ 145–152 für die Einigg bis zur Eintr ein. Formlose Einigg also wirks, aber bis zur Eintr grdsätzl einseitig widerrufl durch Erkl ggü dem anderen Teil; dies auch, wenn ein Recht „unwiderrufl" bestellt ist od unter Verzicht auf Widerruf der Bewilligg u des Antrags, vgl Mü DNotZ **66**, 283; dies nur schuldr Wirkg. Gilt auch für formgerechte Aufl (§ 925 Anm 6c).

a) Voraussetzgen für **Ausschluß einseitigen Widerrufs** vor der Eintr: die Erklärgn müssen **aa)** notariell beurkundet sein (BeurkG 8ff; vgl § 925 Anm 4), ProzVergl genügt; Beglaubigg der Unterschr (BeurkG 40) genügt nicht. **bb)** Oder vor dem GBA abgegeben sein, das das GB führt. Aufnahme eines Protokolls nicht notw, Planck III 2b; RGRK Anm 111 (str; § 925 Anm 3a, 4a). **cc)** Oder beim GBA eingereicht sein; auch privatschriftl Erklärgen werden damit bindend, weil die Ernstlichk des Willens erhellt. Zu **aa–cc):** Diese Urkunden u Erkl müssen die sachlrechtl Erklärgen beider VertrTeile enthalten. **dd)** Oder Aushändigen einer formgerechten EintrBewilligg; wovon GBA auszugehen h, wenn Gläub sie einreicht, vgl Horber § 19 Anm 9 A b. Sie muß geeignet sein, die Eintr herbeizuführen, GBO 19, 28, 29. Übergabe an den Erwerber od dessen Vertreter notw. BesKonstitut unzureichd, unmittelb Bes muß übergehen, Staud-Seufert § 873 Rdnr 47. Beurkundender Notar zur Empfangnahme oft stillschw bevollmächtigt, sehr weitgehd BGH NJW **63**, 36/37. Ermächtigg des Notars, von der Bewillig zG des Berechtigten Gebr zu machen, soll der Aushändigg gleichstehen; dies gilt jedenf dann noch nicht, wenn die auszuhändigde Ausfertigg noch gar nicht erstellt ist, BGH 46, 398; dazu Ertl DNotZ 67, 562 u zust Wörbelauer DNotZ 67, 372, Haegele Rpfleger 67, 33, 143. Einreich der Bewilligg bei dem GBA genügt nicht, Düss NJW 56, 766. Die in der not Urk enthaltene Anweisg, den GrdPfdRGläub eine vollstrb Ausfertigg zu erteilen, kann den Zugang der EintrBewilligg nicht ersetzen, Ffm DNotZ 70, 162. Zur Frage, ob gesetzl R auf Ausfertigg, BeurkG 51, der Aushändigg gleichsteht, vgl Kofler RhNotK 72, 674.

b) Wirkg. Die Erklärgen werden **unwiderrufl.** Für beide Teile; auch für Erben, BGH 32, 369, u Erbeserben, selbst im Fall BayObLG 73, 139; – s oben Anm 3b. EintrBewilligg des Erblassers zur Umschreibg auf Erwerber genügt, auch wenn inzw Erbe eingetr worden war, BGH 48, 351. Vgl auch § 878 Anm 1; niemals nur einseit Bindg an die Einigg; anders bei der EintrBewilligg, KG HRR 30, 975. Das AntragsR w regelm nicht dch Zeitablauf verwirkt, Hamm DNotZ 73, 615. Aufhebg der Bindg vor der Eintr vorläuf dch einstw Vfg auf EintrVerbot, selbst wenn EintrAntr schon gestellt, RG 120, 120, KG Rpfleger 62, 178; endgült dch formlosen Vertr (Brem OLGZ 76, 92) od durch rechtskr KondiktionsUrt, RG 111, 101; niemals dch (gleichw mögl, s Anm 5c) Zurücknahme des EintrAntr.

c) Bindg hindert weder wirks Vfg zG eines Dritten noch die Rückn des EintrAntr; sie wirkt nicht zG Dritter aus deren eigenem R, BayObLG 73, 298. Bindg steht auch nicht der Kondiktion bei unwirks GrdGesch (vgl Einl 5b vor § 854) entgg. Bedeutg hat sie insb nach § 878.

874 Bezugnahme auf die Eintragungsbewilligung.
Bei der Eintragung eines Rechtes, mit dem ein Grundstück belastet wird, kann zur näheren Bezeichnung des Inhalts des Rechtes auf die Eintragungsbewilligung Bezug genommen werden, soweit nicht das Gesetz ein anderes vorschreibt.

Schrifttum: Haegele BWNotZ 75, 29.

1) Allgemeines. § 874 ist materiell-rechtl Natur (KG OLGZ 75, 301). Die im Erm des GBA stehde Bezugn (insow keine Bindg an Antr) soll Überfüllg des GB vermeiden. – **a) Zul Bezugn** wirkt als (vom öffGl des GB erfaßte) Eintr des in Bezug Genommenen (BGH 21, 41); maßg ist die jeweils bei den GrdAkten befindl Urk (KG JFG 15, 85). Der Ggst der Eintr ist nach § 133 dch Ausleg der in Bezug gen Urk zu ermitteln (KG JFG 1, 284). EintrVermerk u in Bezug Genommenes bilden eine Einh (RG 113, 229). – **b) Unzul Bezugn** wirkt nicht als Eintr. Fehlt der Eintr dadch ein wesentl Teil, so ist sie inhaltl unzul (GBO 53 I 2) u das R nicht entstanden (KG OLGZ 75, 301); fehlt ein unwesentl Teil, so ist die Eintr inhaltl zul u führt zur Rändergg, wenn sie sich noch mit der Einigg deckt od entspr Einigg nachfolgt (RG 108, 146). Vgl auch Anm 4b.

2) Rechte am Grdst sind alle eintraggsfäh R außer Eigt (RG SeuffA 91, 104). Bezugn ferner zul bei Eintr von Vormkg (§ 885 II), Widerspr (§ 899 Anm 5c), ErbbR (ErbbRVO 14 I 3; GBVfg 56 II, 60), SonderEigt u DWR (WEG 7 III, 32 II), InhaltsÄnderg (§ 877) sowie nach dem Zweck des § 874 bei Eintr von VfgsBeschrkgen (Staud-Seuffert Rdn 3; aA RGRK Anm 3) u R (Nießbr, PfdR) an GrdstR (KGJ 48, 181; hM).

3) Inhaltsbezeichng. – **a) Inhalt:** § 877 Anm 2. Nicht zum Inhalt gehören (u daher in EintrVermerk aufzunehmen): Bezeichng des Berecht (RG 89, 159), bei Mehrh auch BeteiliggsVerh; Bdggen u Befristgen (Bezugn nur zu ihrer näheren Kennzeichng zul; Köln DNotZ 63, 48), Bezugn auf Bdgg für RAusübg (zB Gewährg von GgLeistg) aber zul, weil zum Inhalt u nicht zur Entstehg gehörd (Karlsr DNotZ 68, 432; aA Ffm Rpfleger 74, 430). Ergibt sich Bdgg od Befristg nur aus der EintrBew, so ist gutgl Erwerb unbdgten od unbefristeten R mögl (RGRK § 873 Anm 90). – **b) Bezeichng.** Im EintrVermerk ist die ges Bezeichng des R anzugeben, wenn diese den wesentl RInhalt kennzeichnet (zB ErbbR, Nießbr, VorkR). Bei and R (zB GrdDbk, Reallast, beschr pers Dbk) muß konkreter RInhalt mind schlagwortart (zB WohnR) aufgen w (BGH 35, 378), sofern er sich nicht aus der ges Bezeichng iVm und Angaben des EintrVermerks ergibt (KG OLGZ 75, 301); der Umfang der Belastg muß aus EintrVermerk erkennb sein (Nürnb OLGZ 78, 79).

4) EintraggsBewilligg (GBO 19). Bezeichng als solche nicht erforderl (KG JFG 8, 232); privatschriftl Urk unschädl, da GBO 29 nur VerfR (KG HRR 31, 1459). Bezugn zul auch auf Urk (auch Karte, Zeichng), auf die die EintrBew verweist; sie muß eindeut bezeichnet u zu den GrdAkten gen w (KGJ 48, 175). Zul auch Bezugn auf Urk, die EintrBew ersetzen, insb Ersuchen (GBO 38) u Urteile (BayObLG 62, 38) sowie auf einf geltde ges Vorschr (KGJ 51, 252). – **a)** Der für den EintrVermerk geltde BestimmthGrds (Horber Grdz 4 vor § 13; KEHE Einl Rdn 103) gilt auch für die ihn ergänzde EintrBew (BayObLG 67, 48; Ffm Rpfleger 73, 23). – **b)** Uneingeschränkte Bezugn auf Urk, die eintraggsfäh u nichteintraggsfäh Bestimmgen enthält, ist unzul. Trenng der Bestimmgen sowie Beschrkg der EintrBew auf erstere in der Urk u Bezeichng des die EintrBew enthaltden Teils der Urk in der Bezugn notw (KG JFG 1, 284; 8, 232; Köln Rpfleger 56, 340; BayObLG 67, 48). Die nichteintraggsfäh Bestimmgen w dch die Bezugn nicht Inhalt des in seinem Bestand davon unberührten R.

5) SonderVorschr. – **a) Ausschluß:** §§ 879 III, 881 II, 882, 1115, 1116 II, 1179 a V 2, 1184 II, 1189 I, 1190 I (1192), 1199 II, ZPO 800 (KGJ 45, 261; Köln Rpfleger 74, 150). – **b) Erweiterg:** GBO 49.

875 Aufhebung eines Rechtes.
I Zur Aufhebung eines Rechtes an einem Grundstück ist, soweit nicht das Gesetz ein anderes vorschreibt, die Erklärung des Berechtigten, daß er das Recht aufgebe, und die Löschung des Rechtes im Grundbuch erforderlich. Die Erklärung ist dem Grundbuchamt oder demjenigen gegenüber abzugeben, zu dessen Gunsten sie erfolgt.

§§ 875, 876 3. Buch. 2. Abschnitt. *Bassenge*

II Vor der Löschung ist der Berechtigte an seine Erklärung nur gebunden, wenn er sie dem Grundbuchamte gegenüber abgegeben oder demjenigen, zu dessen Gunsten sie erfolgt, eine den Vorschriften der Grundbuchordnung entsprechende Löschungsbewilligung ausgehändigt hat.

1) § 875 wandelt den Grdsatz des § 873 für die **Aufhebg von GrdstRechten** ab. I erfordert zweierlei: **a)** die einseitige Aufhebgserklärg des Berechtigten, also zur Erleichterg des rechtsgeschäftl Verkehrs nicht die Einigg wie § 873; **b)** die Löschg des Rechts im GB. **II** entspricht § 873 II. Vgl ferner § 876. Wegen LandesR vgl EG 128, 189 III.

2) **Geltgsgebiet. a)** Nur rechtsgeschäftl Aufhebg. Ggsatz: Erlöschen kraft G, zB durch gutgl Erwerb (§ 892), Verj (§§ 901, 1028 I 2, 1090 II), Eintritt auflösender Bedingg; Zuschlag (ZVG 52 I, 91); im landw EntschuldgsVerf; im Umleggs- u FlurbereiniggsVerf; ferner bei der Hyp gem §§ 1173 I 1, 1174 I, 1175 I 2, 1181 I, II; vgl auch Übbl 3 F vor § 1113.
b) Nur für Rechte an Grdst; Erbbaurechte, § 1017, ErbbRVO 11, 26; bergrechtl (KG JFG **4,** 355) u nichtbergrechtl Abbaurechte, EG 68. Bei Enthaftg von realen GrdstTeilen GBO 7 zu beachten. Entlassg ideeller Bruchteile aus der Mithaft ist in den Fällen der §§ 1095, 1106, 1114, 1192 unzul, wenn es sich nur um MitEigtAnteile handelt. Widersprüche u VfgsBeschrkgen fallen nicht unter § 875 u deshalb auch nicht unter § 876. Dagg Zinsherabsetzg als teilw Aufhebg, RG **72**, 367; KG HRR **32**, 1657; vgl auch § 1183 Anm 2. Nießbrauch u PfdR an GrdstRechten erlöschen durch bloße AufhebgsErkl, §§ 1064, 1072, 1255, 1273. Wegen Vormerkg vgl § 886 Anm 1 b aa.
c) Entspr Anwendg in §§ 1132 II 2, 1168 II 2, 1180 II 2.
d) Ausnahmen: Erlöschen auf bloße Erkl des Gläub ohne Eintr: § 1178 II 1. Neben den beiden Erfordernissen noch Zustimmg des Eigtümers nötig bei Aufhebg von GrdPfdR, §§ 1183, 1192, 1200, SchiffsHyp, SchiffsRG 56, ErbbR, ErbbRVO 26. Wegen Verzichts auf Hyp usw vgl Anm 3 d.

3) **Aufgabeerklärg.** Sie ist eine abstrakte (vgl § 873 Anm 3), einseitige, empfangsbedürftige WillErkl; sie enthält eine Vfg über das Recht, § 893 Anm 3; KG HRR **30,** 1958. Bedingte (befristete) Erkl materiell wirks, aber noch nicht vollziehb, da keine bedingte Löschg (vgl Staud-Seufert Rdnr 2b).
a) Erklärgsberechtigt ist der wahre Inh des Rechts od der, dem die VfgsMacht darüber zusteht. Bei einer Hyp nach Befriedigg des Gläub also der Eigtümer (§§ 1143 I, 1163 I 2, 1172 I, 1173) od der, auf den die Hyp sonst kraft G übergegangen ist, §§ 1150, 1164, 1174. Die sachlrechtl AufgErkl ist zu unterscheiden von der verfrechtl LöschgsBewillig; doch ist erstere idR in letzterer enthalten (Hamm DNotZ **77**, 35). Die LöschgsBewillig ist von dem wahren Berecht zu erklären. Vom Gläub in löschgsfäh Quittg (vgl § 1144 Anm 3 b) oft erklärte LöschgsBewillig ist rechtl bedeutgslos u auch nicht als AufgErkl zu deuten; Gläub ist nicht mehr RInh. Bei **Gesamtberechtigg** (§ 428, prakt bei Hyp) genügt die formelle Erkl, sow der Erklärde materiell vfgsberecht ist: Schu kann befreid (§ 428) an einen Gläub leisten, wesh zur Umschreibg löschgsfäh Quittg eines GesGläub genügt, KG OLGZ **65**, 92. Da die dem FdgsErlaß (§§ 429, 423, dort Anm 1) entspr Aufgabe auslegsbedürft – ob näml Erlöschen der Hyp schlechth od nur der EinzelSich des GesGläub gewollt (vgl BGH **29**, 363) –, genügt die Löschgsbewillig (hinter der sich uU die materielle AufgErkl verbirgt) eines GesGläub nicht, um die Hyp im ganzen löschen zu lassen. Abzul dah mit Haegele (GBR Rdnr 1306) KG JW **37**, 3158; str; Nachw bei KG OLGZ **65**, 92, das offen läßt. – Vgl auch § 1115 Anm 3 e. Wegen GrdSch vgl § 1192 Anm 2.
b) Einseitiges Rechtsgeschäft. Deshalb ist eine erforderl Einwillig vor Zugang zu erklären, §§ 111, 182 III, 183, 1831; KG OLG **44**, 82. Es genügt aber, daß Einwillig u Löschgsbewillig gleichzeitig beim GBA eingehen, BayObLG **19**, 391.
c) Empfangsberechtigt sind: das GBA, das das GB führt; der Eigtümer; gleich- od nachstehende Berechtigte. Die Erkl wird wirks, sobald sie mit Willen des Erklärenden (KGJ **48**, 187) dem Empfänger zugeht, § 130. In diesem Ztpkt muß die Vertretgsmacht eines Vertreters bestehen, KGJ **43**, 151; bedeutgsl, wenn sie nachh, wenn auch vor Eintr entfällt.
d) Der Inhalt muß den Aufhebgswillen erkennen lassen. Bei GrdPfdR u SchiffsHyp ist die Unterscheidg vom Verzicht wesentl, vgl §§ 1168 (dort Anm 1 a), 1175, SchiffsRG 57, 71.
e) Wirkg entspr § 873 Anm 3e; sie allein gibt keinen Anspr auf Löschg, bewirkt keine VfgsBeschrkg. Vgl aber § 878. Wirkg beschr sich auf dingl R, so daß einseit Erkl (Aufg eines Nießbr) nicht gem § 419 zuungunsten des GrdstEigtümers wirken kann, BGH **53**, 174, zust Schricker JZ **71**, 27.

4) **Löschg. a)** Eintragg eines Löschgsvermerks oder Nichtmitübertragg auf ein anderes GBBlatt, GBO 44; auch bei § 46 II formal notw GBO 13, 19, 39, 84ff, und iF § 1026, s dort Anm 3: BayObLG **71**, 1. Bei der Zinsherabsetzg genügt die Eintr des herabgesetzten Zinssatzes in der Veränderungsspalte ohne Löschvermerk, KG HRR **32**, 1657.
b) Das R erlischt erst, wenn beide Voraussetzgen zustreffen. Löschg ohne wirks AufgErkl macht GB unricht. Vgl auch §§ 891 II, 892, 901, 902. Berichtigg nach § 894, GBO 22 dch Wiedereintragg des Rechts. Widerspr § 899, uU nach GBO 53 I 1; vgl KG DFG **43**, 135.

5) **Bindg. II.** Die AufgabeErkl ist sachlrechtl formlos wirks. Sie wird spätestens mit der Löschg unwiderrufl. Vorher ist der Erklärende gebunden, wenn er **a)** die sachlrechtl AufgabeErkl (auch eine privschriftl) dem GBA ggü abgibt; **b)** dem Begünstigten eine formgerechte (GBO 29 I) Löschbewillig aushändigt. Auch not Beurkundg innerh eines Vertr mit Begünstigtem genügt, KGJ **49**, 155; aM Planck Anm 3 c. Aufhebg der Bindg vgl § 873 Anm 5 b.

876 *Aufhebung eines belasteten Rechtes.* Ist ein Recht an einem Grundstücke mit dem Rechte eines Dritten belastet, so ist zur Aufhebung des belasteten Rechtes die Zustimmung des Dritten erforderlich. Steht das aufzuhebende Recht dem jeweiligen Eigen-

Allgemeine Vorschriften über Rechte an Grundstücken §§ 876, 877

tümer eines anderen Grundstücks zu, so ist, wenn dieses Grundstück mit dem Rechte eines Dritten belastet ist, die Zustimmung des Dritten erforderlich, es sei denn, daß dessen Recht durch die Aufhebung nicht berührt wird. Die Zustimmung ist dem Grundbuchamt oder demjenigen gegenüber zu erklären, zu dessen Gunsten sie erfolgt; sie ist unwiderruflich.

1) Erlischt ein Recht, so müssen notw auch seine Belastgen erlöschen. Damit der RInh nicht durch Aufgabe seines Rechts dessen Belastg beseitigen kann, fordert § 876 die **Zustimmg des Drittberechtigten**; zB die des PfdGläub bei Aufhebg einer Hyp (S 1), die des Nießbrauchers od HypGläub am herrschenden Grdst bei Aufhebg einer GrdDbk (S 2). Trotz versehentl Löschg des Rechts bleibt es bestehen, wenn Drittberechtigter nicht zugestimmt hat.

2) Geltgsgebiet. a) Nur rechtsgeschäftl Aufhebg (vgl § 875 Anm 2 a). **b)** Inhaltsänderg: § 877. **c)** Entspr Anwendg: §§ 880 III, 1109 II, 1116 II, 1132 II, 1168 II, 1180.

3) Belastg. a) Unmittelbare: Reallast, GrdPfdR u DWR (WEG 31) mit Nießbr u PfdR belastb. Grdstgleiche Re wie Grdst belastb (§ 873 Anm 2a bb); Zust hier entbehrl, wenn R zu gleich günst Rang zur Mithaftg auf Grdst lastet (KG JFG **14**, 397 für GrdDbk; aA Mü JFG **23**, 151 für GrdPfdR). − Wegen PfdR an NießbrAusüb vgl § 1059 Anm 3.

b) Mittelbare (S 2): Grunddienstbarkeiten, Vorkaufsrechte u Reallasten als subj dingl Rechte werden mittelbar durch alle am herrschenden Grdst bestehenden Rechte belastet.

Zu b Zustimmg entbehrl: **aa)** Sachlichrechtl, wenn die Aufhebg des subjdingl Rechts das Recht des Dritten nicht berührt, dh hier beeinträchtigt (zB oft, wenn Recht des Dritten dem Dienstbk); Begr nicht wirtschaftl, sond rechtl zu verstehen, BGH Warn **69**, 182. Der Reallastberechtigte, GrdPfdGläub müssen stets zustimmen; subjdingl Rechte haften ihnen als Bestandteile des herrschenden Grdst, § 96. **bb)** Verfahrensrechtl, wenn das subjdingl Recht auf dem GBBlatt des herrschenden Grdst nicht vermerkt ist, GBO 9, 21. Das Recht erlischt aber trotz Löschg nicht, wenn die nach § 876 notw Zust fehlt, hM, aber str, vgl Anm 4d. **cc)** Zustimmg wird ersetzt durch UnschädlichkZeugn, EG 120 II Nr 2; s dort Anm 1, 2.

c) Entspr Anwendg auf Belastg mit Vormerkgen, KG JFG **9**, 220, § 883 Anm 5 c.

4) Zustimmg ist eine abstrakte einseitige empfangsbedürftige WillErkl. Sie enthält eine Vfg. Vgl § 875 Anm 3.

a) Drittberechtigter ist der Inh des belastenden Rechts, der verfügsberechtigt ist, §§ 873 Anm 3 b; 875 Anm 3 a. Da die Zustimmg unwiderrufl ist (Anm 4 c), muß der RNachfolger sie gg sich gelten lassen; die VfgsBerechtigg braucht daher nur im Zeitpkt des Zuganges der Zust zu bestehen.

b) Empfänger (S 3). Das zust GBA; in diesem Falle ist § 181 ausgeschaltet, jedenfall wenn der Dritte im eig Namen zustimmt, vgl § 880 Anm 3 c, § 1183 Anm 3. Oder der Begünstigte, das ist der Inh des belasteten Rechts, eines diesem gleich- od nachstehenden Rechts od der Eigtümer.

c) Formlose Zust sachlrechtl wirks. GBO 29 nur Ordgsvorschr. Sie ist stets unwiderrufl (S 3). §§ 182, 183 gelten nicht. Nach hM auch nicht § 878; vgl aber § 878 Anm 2 a.

d) Zustimmg ist selbständiges Erfordernis neben AufgabeErkl u Löschg; zeitl Reihenfolge aber unerhebl; Zust nachl Löschg heilt rückw, § 184. Fehlt sie, wird GB mit Löschg unrichtig; BerichtiggsAnspr nach § 894; steht dem Inh des belasteten Rechts zu; nach hM auch nicht dem gelöschten; aA W-Raiser § 39 IV, Erm-Westermann Rdz 1, die eine ohne Zust des DrittBerecht vollzogene Aufhebg nur diesem ggü für unwirks halten; wie hier E. Wolf SR § 10 D IV a.

877 *Inhaltsänderungen.* Die Vorschriften der §§ 873, 874, 876 finden auch auf Änderungen des Inhalts eines Rechtes an einem Grundstück Anwendung.

1) § 877 wendet für jede rechtsgeschäftl **Änderg des Inhalts eines Rechts** die für die Begründg, § 873, und für die Aufhebg, § 876, geltenden Vorschriften an. Es braucht deshalb nicht geprüft zu w, ob die Änderg dem Eigtümer od dem Gläub od dem Drittberechtigten (wg dieser vgl aber Anm 4 b) nur Vorteile bringt; ihre Mitwirkg ist unentbehrl. Wegen Begründg von WohngsEigt vgl WEG § 4 Anm 1, § 8 Anm 2. Auf Vereinbg gem WEG 10 II (InhaltsÄnd des SonderEigt) ist § 877 anzuwenden, BayObLG **74** Nr 34.

2) Inhalt des Rechts. a) Er umfaßt alle dem Berechtigten zustehenden Befugnisse, KGJ **50**, 185. Die Grenzen sind aus der Stellg der §§ 873, 877 ggü den §§ 875, 880 zu entwickeln. Jede Veränderg des Rechts, die nicht als Belastg od Übertragg (§ 873) od Rangänderg (§ 880) od Aufhebg (§ 875) des Rechts anzusehen ist, verändert den Inhalt. Deshalb gehören zum Inhalt auch VfgsBeschrkgen (str); Ausschließg der Übertragbark (Hamm, NJW **68**, 1289; vgl EinL 5a AI vor § 854); Bildg von EinhHyp, vgl Übbl 2 e vor § 1113. Änderg der KündVereinbg. Dagg nicht die Künd selbst, BGH **1**, 306; nicht die Unterwerfsklausel (ZPO 794 I Nr 5, 800), weil sie ein verfrechtl NebenR ist, KG HRR **31**, 1705. Nicht die Überlassg des Nießbr der Ausübg nach, weil hierdch die Art der Befugnisse nicht berührt w, KG JFG **1**, 412. Wg Bedinggen vgl Anm 3b.

b) Die Rangänderg behandelt das G besonders, § 880; vgl auch § 883 I 1. Soweit bes Bestimmgen fehlen, ist § 877 entspr anzuwenden, vgl § 881 Anm 4 a. In diesem Sinne gehört der Rang iwS zum Inhalt des Rechts.

3) Geltgsgebiet. a) Nur rechtsgeschäftl Ändergen. Dabei muß die Art des bestellten Rechts gewahrt w. Daher keine Umwandlg einer beschr pers Dienstbk in GrdDbk (KG JFG **1**, 414) u umgekehrt (LG Zweibr Rpfleger **75**, 248). Anders §§ 1116 II, 1186, 1198, 1203. Wegen Inhaltsänderg eines Altenteils vgl KG JW **34**, 2998. Über die sog EinheitsHyp vgl Übbl 2 Be vor § 1113. Werden dem Berecht Befugnisse, die sich vom bestehden Recht unterscheiden (Überwölbgs- zu Geh- u FahrtR) eingeräumt, dann nicht § 877, sond neues Recht, BayObLG Rpfleger **67**, 11, s dazu Riedel Rpfleger **67**, 6.

§§ 877, 878 3. Buch. 2. Abschnitt. *Bassenge*

b) Nicht unter § 877 fallen Erweitergen od Vermindergen des Umfangs eines Rechts. Sie fallen unter die Begründg (zB Kapital- [RG **143**, 427] od Zinserhöhg; dies str) od Aufhebg (zB Zinssenkg) RG **72**, 366. Verlängerg der Nießbr- u ErbbRZeit aber wie InhÄnderg zu behandeln; vgl Übbl 5 vor § 873; so auch die Umwandlg eines bedingten Rechts in ein unbedingtes Recht, KG JFG **13**, 77.

c) Nur Rechte an Grdst. Nicht Rechte an GrdstRechten, Vormerkgen (KG DNotZ **30**, 110) u Widersprüche; bei ihnen ist Eintr nicht erforderl.

4) Anwendbare Vorschriften. Vgl die Anm zu §§ 873, 874, 876. Bei Hyp u GrdSch wirken aber gewisse Inhaltsändergen, zB Stundg, dem bösgl Erwerber ggü ohne Eintr, §§ 1157, 1192 I. **a)** Die Zust der gleich- und nachstehenden Berechtigten ist zur Vermeidg des Rangverlustes erforderl, wenn deren RStellg verschlechtert wird, also die Inhaltsänderg den Gesamtumfang des Rechts erweitert, KG HRR **33**, 1929; KGJ **52**, 200. Ausn.: § 1119 I, Zinserhöhg bis 5%. Keine Beeinträchtigg ist die Änderg von Ort u Zeit der Zahlg (§ 1119 II) u die Umwandlg eines GrdPfdRechts in ein anderes, §§ 1186, 1198, 1203.

b) Zustimmg Drittberechtigter (vgl § 876) nach hM stets erforderl. Doch ist Drittzustimmg entbehrl, wenn keine Beeinträchtigg (zB Verlängerg der ErbbRZeit), BayObLG **59**, 520; Neust DNotZ **64**, 344.

878 *Nachträgliche Verfügungsbeschränkungen.* Eine von dem Berechtigten in Gemäßheit der §§ 873, 875, 877 abgegebene Erklärung wird nicht dadurch unwirksam, daß der Berechtigte in der Verfügung beschränkt wird, nachdem die Erklärung für ihn bindend geworden und der Antrag auf Eintragung bei dem Grundbuchamte gestellt worden ist.

Schrifttum: Däubler, Der „Berechtigte" in § 878, JZ **63**, 588. – Rahn, § 878 in grundbuchrechtl Sicht, BWNotZ **67**, 269. – Haegele, KTS **68**, 157; Wacke, Die Nachteile des GBZwanges in der LiegenschVollstr u bei der GläubAnfechtg, ZZP **82** (1969), 377. –

1) Allgemeines. Bei Tod (dazu Kofler RhNK **72**, 671) od Verlust der GeschFähigk nach Abgabe der EiniggsErkl bleibt diese wirks, § 130 II (war diese noch nicht bindend [§ 873 Anm 5], kann sie durch einseitigen Widerruf [auch nur eines der Miterben, Düss NJW **56**, 876] unwirks w, KG HRR **36**, 361). Dagg muß grundsätzl der Verfügende im **Zeitpunkt der Rechtsänderg verfügungsbefugt** sein, § 873 Anm 3 b. Den Zeitpkt der Eintr, die die RÄnderg erst vollendet, können die Beteiligten aber nicht bestimmen. Infolgedessen kann der Erwerber des R geschädigt w, wenn der Veräußerer zw Einigg (AufgabeErkl) u Eintr in der VfgsMacht beschränkt wird. Dieser Gefahr will § 878 vorbeugen, KG JFG **9**, 182. Unter bestimmten Voraussetzgen (Anm 4) bleibt die Vfg auch bei nachträgl VfgsBeschrkg des Verfügenden wirks.

2) Geltgsgebiet. a) Nur **rechtsgeschäftl Erkl** nach §§ 873, 875, 877 (BGH **9**, 250), auch wenn sie dch Urt nach ZPO 894/5 ersetzt. Ebso bei BerichtiggsBewilligg (Staud-Seufert Rdn 2), nicht aber bei Berichtigg nach GBO 22 (KGJ **40**, 278). Anwendg entspr vorgeschrieben in §§ 880 II 1, 1109 II 2, 1116 II 2, 1132 II 2, 1154 III, 1168 II 2, 1180 I, 2, 1196 II, 1260 I 2; KO 15 S 2. **Entspr Anwendg** auf Verzicht nach § 829, bewilligte (nicht erzwungene) Vormkg (§ 885 Anm 2c, 3c) u ihre Aufhebg (Köln Rpfleger **73**, 299), Widerspr nach § 899 (§ 899 Anm 5a); wobei maßgebl Ztpkt der Eingang des EintrAntr vgl § 892 II) ist. Aber nicht anwendb bei Anträgen auf Eintr einer Unterwerfgsklausel (vgl § 877 Anm 2a), einer ZwangsHyp, ZPO 867; RG **84**, 280; BGH **9**, 250. Mit beachtl Gründen für Anwendg des § 878 auch zG von Vfgen iW der ZwVollstr Wacke aaO. Ist die Zustimmg Dritter nöt (§§ 876, 880, 1183), so nach RG **52**, 416 u hM § 878 nicht anwendb, weil Zustimmg unwiderrufl; hiergg wohl mit Recht Westermann § 79, 3. Auch für die Voraussetzgen der GläubAnfechtg (KO, AnfG) kommt es nach hM (BGH **41**, 17) nicht auf den Ztpkt des § 878, sond den der Eintr an; aA auch insow beachtl Wacke aaO.

b) § 878 setzt voraus, daß der Verfügde zZ der VfgsErkl **Berecht** (vgl § 873 Anm 3b) war. Ergeht gg einen als NichtBerecht Verfügden ein VfgsVerbot, bevor er das Recht erwirbt (§ 185 II 1 Fall 2), so bleibt seine Vfg unwirks (BGH **49**, 197/207; RG **135**, 382; BayObLG **60**, 462). Eine **Vfg des NichtBerecht mit Einwilligg** (§ 185 I) des Berecht muß jedoch, wie die gesetzl u rechtsgesch Vertreters, der Vfg des Berecht gleichstehen, so auch Erm-Westermann Rdz 5. Seinem Schutzzweck entspr ist dah § 878 sinngem anwendb, wenn die das AnwartschR des (über das Grdst nichtberecht) Verfügden ergreifde VfgsBeschrkg nach Vollrechtserwerb das Grdst erfaßt; and zB wenn der Verfügde nur Kommissionär war (vgl Jäger-Lent § 6 Rdnr 12; § 1 Rdnr 56). Näher NJW **72**, (252) vgl § 925 Anm 1; Hoche NJW **55**, 653; Däubler JZ **63**, 588; Staud-Seufert Rdnr 3; aA RG, BayObLG je aaO – währd BGH aaO hierzu nicht Stellg nimmt. Hierbei gleichgült, ob VfgsBeschrkg den Berecht od den Verfügden trifft. And, wenn der Berecht die Vfg genehmigt (§ 184): die Gen ist selbst Verfügg; ihre Rückwirkg kann sich (arg: § 184 II) entgg der zweitl eingetretenen VfgsBeschrkg nicht auswirken (vgl Schönfeld JZ **59**, 143), währd sie selbst, wenn der NichtBerecht in der Vfg über sein Vermögen beschränkt w. Zum Schutz dessen, der vom vfgsbeschr BuchBerecht erwarb, vgl Däubler aaO. Vgl weiter § 925 Anm 5c, 6b. Verfügen Miterben über NachlGgst, so ist Tatbestd des § 878 für jeden gesondert festzustellen, KG JFG **13**, 94.

c) § 878 gilt für alle außerhalb des GB entstehenden **VerfüggsBeschränkgen**, KG JFG **9**, 182, absolute wie relative; anders § 892 I 2. Ausnahmen vgl Anm 3a. § 878 gilt nicht für Beschrkgen der GeschFgk, vgl Anm 1, u der Vertretgsmacht, vgl § 873 Anm 3 b. Nicht für den Wegfall der Rechtsinhaberschaft; jedoch muß Nacherbe rechtmäßige Vfg des Vorerben gelten lassen, auch wenn Nacherbfall vor Eintr, KG DR **41**, 2196. Ferner nicht für **Erwerbsverbote**, weder unbedingte (EG 86, 88; unstr) noch relative (ZPO 938 I: RG **120**, 118; KG DNotZ **62**, 460). § 878 nicht entspr anwendb auf VfgsMacht des KonkVerw aGrd seiner Stellg als solcher, LG Osnabr KTS **72**, 202. Vgl auch § 926 Anm 2 b.

3) VfgsBeschränkgen beeinträchtigen unmittelb die Befugnis des Berechtigten, ein Recht durch RGesch zu übertragen, zu belasten, aufzuheben od im Inhalt zu ändern. Sie können auf G (vgl § 135), behördl An-

Allgemeine Vorschriften über Rechte an Grundstücken §§ 878, 879

ordng (vgl § 136), ausnahmsw auf RGesch (§ 137; ErbbRVO 5 [BGH NJW **63**, 36; vgl Anm 1 aE je zu ErbbRVO 5 u 6]; WEG 12, 35; Wirksamw der Vereinbg von GütGemsch, vgl § 1408 Anm 2, §§ 1424, 1450) beruhen. Gleich stehen VfgsEntziehgen (TestVollstrg, Konkurs, NachlVerwaltg). Die bewilligte Vormkg wird zwar ihrerseits dch § 878 geschützt (Anm 2a), ist jedoch selbst keine VfgsBeschrkg, entgg welcher § 878 einem anderen R zum Sieg verhelfen kann; nur GBO 17, 45 wahren dessen den ihm zukommden Rang (hM; vgl Staud-Seufert 8). Trotz § 1098 II (s dort Anm 4) ist die RLage anders, wenn vor Vollendg einer iSv § 878 begonnenen Belastg des Grdst zwischenzeitl die Vorkaufsauflage eingetreten ist; dies erscheint näml im GgSatz zur Vormkg selbst nicht im GB; eine entspr Anwendg des § 878 erscheint dah interessegerecht u vertretb.

a) Unbedingte (absolute) VfgsBeschrkgen, vgl § 135 Anm 1. Sie machen Vfg regelm nichtig, § 134. Gutgl Erwerb nicht mögl, § 892 Anm 5. Vfg bleibt aber wirks unter den Voraussetzgen Anm 4. Ausnahmen: § 878 ist **nicht anwendbar** auf VfgsBeschrkgen, die erst mit der Eintr wirks werden, zB nach BVersG **75**, KG JFG **9**, 181. Zu RTAG 27 vgl BayObLG **72** Nr 36.

b) Nur den Schutz bestimmter Personen bezweckende (relative) VfgsBeschrkgen machen die Vfg nur zG der Geschützten unwirks, vgl aber Anm 5. ZB VfgsVerbote nach §§ 135, 136. Gutgl Erwerb mögl, §§ 135 II, 892 I 2, auch bei Nacherbfolge (§ 2113 II). Dies übrigens auch bei VfgsEntziehg durch TestVollstr (§ 2211 II), NachlVerwaltg (§ 1984 I), Konkurs (KO 7 I). Zustimmg des NachE, TestVollstr usw macht die Vfg des RInhaber wirks.

4) Voraussetzgen für Wirksambleiben. Beide müssen neben den sonst für den mat RErwerb notw (zB Brieferüberg, vgl KG NJW **75**, 878) vor Eintritt der VfgsBeschrkg vorliegen; zeitl Reihenfolge untereinander gleichgült. – **a) Bindg** (§ 873 II, § 875 II) an die voll wirks Erkl, die ggf schon dch VormschG (Hamm JMBl NRW **51**, 93) od an Behörde (Hamm JMBl NRW **48**, 244; aA Köln NJW **55**, 80) gelangt sein müssen (aA Knöchlein DNotZ **59**, 17; Dieckmann Festschr Schiedermaier **76**, 99). – **b) Eingang des EintrAntr beim GBA.** Er muß sich auf das betroffene R beziehen; was nicht der Fall, wenn Notar allg Antr in der Urk im Begleitschreiben auf and Punkt beschr (Köln KTS **68**, 245). Er muß zur Eintr führen. AntrRückn od -Zurückweisg, nicht schon ZwVfg nach GBO 18 (KG DNotZ **30**, 631), machen Vfg unwirks; bei Aufhebg der Zurückweisg auf Beschw lebt Antr mit Wirkg aus § 878 wieder auf.

5) Wirkg. a) Die Vfg bleibt wirks. Mit Einigg (AufgabeErkl) u Eintr tritt die RÄnderg ein. Dies auch dann, wenn zw maßgebl Ztpkt (Anm 4) u Eintr die VfgsBeschrkg eingetragen (KG JW **32**, 2442) od dem Erwerber bekannt geworden ist (Rahn NJW **59**, 97; Schönfeld NJW **59**, 1417); § 892 II insow nicht einschlägig (aM BGH **28**, 182; Seufert NJW **59**, 527), dies nur, wenn VfgsBeschrkg vor Ztpkt des § 878. – Anfechtg aGrd anderer Vorschr mögl, Schönke-Baur § 55 II 3a (KO **42**, 30 ff); str; aA Wörbelauer DNotZ **65**, 591.

b) Liegen die Voraussetzgen nicht vor, ist die Vfg unwirks. Bei unbedingter VfgsBeschrkg hat das GBA dann den EintrAntr zurückzuweisen. Im GB eingetragene relative VfgsBeschrkg hindert die Eintr der RÄnderg nicht. Jedoch sperren Konkurs (ab Ztpkt der Eröffng nach KO 108; dazu Düss MittBayNot **75**, 224 u Ertl ebda 204), das allg Veräußergsverbot, VerglO 62, TestVollstrg u NachlVerwaltg das GB, weil dem Berecht die Vfg überh entzogen ist. Vgl § 892 Anm 5 b.

879 *Rangverhältnis mehrerer Rechte.*

^I Das Rangverhältnis unter mehreren Rechten, mit denen ein Grundstück belastet ist, bestimmt sich, wenn die Rechte in derselben Abteilung des Grundbuchs eingetragen sind, nach der Reihenfolge der Eintragungen. Sind die Rechte in verschiedenen Abteilungen eingetragen, so hat das unter Angabe eines früheren Tages eingetragene Recht den Vorrang; Rechte, die unter Angabe desselben Tages eingetragen sind, haben gleichen Rang.
^{II} Die Eintragung ist für das Rangverhältnis auch dann maßgebend, wenn die nach § 873 zum Erwerbe des Rechtes erforderliche Einigung erst nach der Eintragung zustande gekommen ist.
^{III} Eine abweichende Bestimmung des Rangverhältnisses bedarf der Eintragung in das Grundbuch.

Schrifttum: Breit, Der GB-Rang u seine Probleme 1928. – Grunsky, Rangfragen bei dingl Rechten, Diss Tüb 1963.

1) Allgemeines. a) Über die Bedeutg des Ranges vgl Übbl 7 vor § 873. § 879 behandelt seine Bestimmg u Eintr. Er wird ergänzt durch GBO 45. § 880 regelt die Rangänderg, § 881 den RangVorbeh. – Zur RLage, wenn GBA am gleichen Tag die Belastg des Grdst dch bish Eigtümer u die Übereigng an Erwerber eintrug, vgl Nürnb DNotZ **67**, 761; § 879 I 2 gibt allerd nichts her, da zw Eintragg in Abt I und solchen in II u III kein Rangverhältn besteht. Zur formalen Behandlg, wenn beide Anträge gleichzeit eingingen, vgl Horber § 17 Anm 2 Ab. Hat GBA gleichwohl am selben Tag eingetragen, muß vom einheitl Vollzug ausgegangen w, sodaß die Eintragg beider RÄndergen mit dem Vollzug der letzten Eintragg als einheitl abgeschlossen zu gelten hat (RG **123**, 19/22) u vom Eintritt beider RÄndergen auszugehen ist; so im Ergebn auch Nürnb aaO. Nach BGH DNotZ **71**, 411 and, wenn anläßl der EigtUmschreibg neues GBBlatt angelegt w; dann offensichtl, daß zuerst Erwerber in Abt I eingetr, bish Eigtümer bei nachfolgder Eintr eine Dbk also nicht mehr verfügsber gew. Steht einer von mehreren gleichzeit beantragten Eintraggen für dieselbe Abt ein Hindern entgg, so können (vorbeh GBO 16 II) die and vollzogen w; ggf ZwVfg u rangwahrde Vormkg nach GBO 18 II, BGH WPM **58**, 326.

b) Grundsatz: Da der Ztpkt der Entstehg eines Rechts, § 873, dem GB nicht zu entnehmen ist (vgl Anm 4), läßt § 879 die Eintr über den Rang entscheiden.

2) Geltgsgebiet. a) Mehrere Rechte, mit denen ein Grdst belastet ist. **aa)** Nur eingetragene Rechte, die zur Entstehg der Eintr bedürfen. Regelm nur solche, deren RangVerh durch RGesch geändert w kann, KG JFG **14**, 439. Ein zu unrecht gelöschtes Recht behält seinen Rang, kann ihn aber nach § 892 verlieren. § 879 gilt auch: für bedingte Rechte; für Vormerkgen, RG **124**, 202; auch AuflVormerkgen, KG JFG **10**, 226; vgl auch § 883 Anm 7a. Nicht aber für mehrere Löschgsvormerkgen untereinander, KG DR **44**, 189. Nicht für Widersprüche, RG **129**, 127. Wegen VorkR vgl § 1094 Anm 1. Nicht für Verfüggsbeschränkgen, weil das RangVerh für diese ohne Bedeutg ist; ihr Verhältn untereinander richtet sich nach der Zeit der Entstehg (Staud-Seufert Anm 25a; aM KG JFG **4**, 337), das zu Rechten (auch AuflVormerkgen) nach §§ 878, 892, 893, KG JW **33**, 2708. Vielf (vgl Horber GBO § 45 Anm 3 Bb γ) wird mit Rücks auf § 892 der Kenntlmachg eines formalen Rangverhältnisses zw R u VfgsBeschrkg im GB für zuläss gehalten. Dem kann zugestimmt w, soweit der Vermerk des Vorrangs des Rechts vor der VfgsBeschrkg (od seiner Wirksamk ihr ggü) in Frage steht, nicht umgekehrt; da näml schon die gleichzeit Eintragg der VfgsBeschrkg den gutgl Erwerb des Rechts verhindert, wäre ein Rangvermerk zG der am gleichen Tag eingetragenen VfgsBeschrkg sinnlos. Der „Rangvermerk" zG des Rechts kann wenigstens (nicht deklarator) kundtun, daß das R vor der VfgsBeschrkg eingetragen wurde, od daß der dch letztere Geschützte (zB der Nacherbe) der RÄnderg zugestimmt hat (WirksamkVermerk, vgl KG JFG **13**, 114; JW **33**, 2708. Wird zB Nacherbenvermerk erst eingetragen, nachdem der Vorerbe das Grdst zG eines die Nacherbfolge Kennenden belastet hatte, u tritt dieser nachträgl den Rang des Rechts an Dritten ab, so wird letzterer nicht geschützt, weil Nacherbenvermerk für die Folgezeit den öff Glauben des GB auch hins der Richtigk der früheren Eintr ausschließt, KG JFG **16**, 234 (aA Hesse DFG **38**, 85). — Zul ist Eintr (GBO 22, 29), daß dingl Recht ggü dem Begünstigten der eingetr VfgsBeschrkg wirks; dies ist Teillösch der VfgsBschrkg, KG JW **33**, 2708. **bb)** Nach dem Wortlaut nur Rechte an Grdst. In den Fällen der §§ 1095, 1106, 1114, 1192, 1199 auch Rechte am Anteil eines Miteigentümers; jedoch nicht, wenn die Rechte die Anteile verschiedener MitEigtümer belasten, weil diese Rechte nicht im RangVerh; KGJ **52**, 217. Entspr Anwendg auf Rechte an GrdstRechten (KG JFG **3**, 440), str; jetzt auch grundbuchtechn mögl. **cc)** Teile u Nebenrechte eines Rechts untereinander haben gleichen Rang, soweit sie unter einer Nummer im GB eingetragen sind u nichts anderes vereinb u eingetragen ist, RG **132**, 110, od sich aus anderen Bestimmgen (zB §§ 1143, 1150, 1164, 1176; ZVG 10, 12, 13) ergibt.

b) Nicht unter § 879 fallen: **aa)** Nicht eingetragene u nicht eintraggsbedürftige Rechte. Ihr Rang richtet sich nach dem G (zB §§ 914 I 1, 917 II 2; BBauG 24 V) od dem Ztpkt der Entstehg (zB §§ 1075 I, 1287 S 2; EG 184, 187; PrAGBGB 22; ZPO 848 II 2). Das ältere Recht hat den besseren Rang. Eine den nicht entspr Eintr macht das GB unrichtig. **bb)** Öffentl Lasten (vgl Einl 4f vor § 854). Auch nicht, wenn sie ausnahmsw eintraggsfähig sind, wie zB die Entschuldgsrente, KG JFG **14**, 437. Anders nur, wenn Eintr eines Rangvermerks bes vorgeschrieben.

c) Um jedem Recht den ihm gebührenden Rang zu sichern, hat das GBA nach GBO 17, 45 zu verfahren. **Sonderbestimmgen**, die einen besseren Rang gewähren, enthalten §§ 883 III, 900 II 2, 1131 S 2; ErbbRVO 10 I 1; RHeimstG 5, AVO 12 II; VO v 10.3.37 (RGBl 292) § 6 mit 2. DVO v 27.1.38 (RGBl 107) § 1 für Renten der Dt Siedlgs- u Rentenbank bei Landarbeiterstellen (vgl Übbl 12b bb vor § 873); ZVG 128 I 1. Vgl auch ZVG 130 III.

3) Gesetzl Rangbestimmg nach I. Es entscheidet bei Eintr: **a)** In derselben Abteilg die räuml Aufeinanderfolge; auch wenn (ordngswidrig) mehrere Rechte ohne Rangvermerk unter derselben Nummer eingetragen, Bay ObLG **53**, 64. Datum der Eintr, Ztpkt der Einigg hier belanglos. Die Raumfolge entscheidet aber nur, wenn sie, wie idR, auch der tats EintrZeit entspricht (str). Sonst ist diese maßg, zB wenn zeitl nach einer Voreintragg Eintr an entgg GBVfg 21 II freigelassenem Raum od in offener Halbspalte neben ungültiger Vormkg erfolgt, KGJ **41**, 223, W-Raiser § 41 Anm 2; Westermann § 81 II 2; Baur § 17 B I 4a. Guter Glaube an die Gültigk der Vormkg hilft dem Eingetragenen nicht, jedoch kann ein Dritter nach § 892 erwerben. **b) In verschiedenen Abteilgen** die Tagesangabe der Eintr. Die ältere Tagesangabe gewährt den besseren Rang; Rechte mit derselben Tagesangabe haben gleichen Rang. GBO 44 fordert zwingd nur die Unterschr, nicht die Angabe des Tages, an dem die Eintr erfolgt. Fehlt die Tagesangabe od ist sie nachweisl falsch, Eintr deshalb nicht unwirks. Das RangVerh richtet sich dann nach der Zeit der Eintr. Anders die hM, vgl Staud-Seufert Anm 15, andererseits Westermann § 81 II 3, 5. Jedoch kann dem undatierten Recht der ihm in diesem Ztpkt zukommende Rang durch spätere Eintragen grdsätzl nicht genommen w; es braucht sich nur so weit zu weichen, als sich sein Rang nicht nachweisen läßt. Läßt sich der Tag der Eintr zweifelsfrei, zB aus den Grundakten feststellen, so ist er maßg. Sonst muß die undatierte Eintr hinter alle Eintraggen der anderen Abteilg zurücktreten, soweit sich ihr Vorrang aus dem Zusammenhalt der übrigen Eintraggen im GB nicht zweifelsfrei ergibt.

Zu a u b): Trägt GBA zu a) bei den nacheinander in derselben Abteilg eingetr Rechten einen **Gleichrangvermerk** ein, GBO 45 I (weil Anträge gleichzeitig eingegangen) od zu b) bei gleichdatierten Eintraggen in verschiedenen Abteilgen einen **Rangfolgevermerk**, GBO 45 II (weil Anträge nicht gleichzeitig eingegangen), so richtet sich Rang nach den **Rangvermerken**. GBO 45 insow von materieller Bedeutg. Über Rangvermerke mit abweichender Einigg vgl Anm 5.

c) Die den Rang bestimmende Eintr hat formale RKraft. Verstoß des GBA gg GBO 17, 45 unerhebl. Ebenso Ztpkt der Einigg, vgl Anm 4, oder, wo dies zul, § 873 Anm 2c, die einseitige Erkl des Eigtümers. Der Rang, den ein Recht nach I erworben hat, kann idR nur nach § 880 geändert w. Deshalb wird GB unrichtig bei Erhöhg des Kapitals (Eintr ordngswidrig) od der Zinsen über 5%, § 1119, ohne Zust der Gleich- u Nachberechtigten, RG **143**, 428.

d) Eintr in der Veränderggsspalte teilt regelm den Rang des dazu gehörigen HauptR, RG **132**, 112. Über Mithaftvermerk bzgl mehrerer verschiedenrangiger Rechte, die bisher nur auf einem selbständigen od zugeschriebenen Grdst lasteten, vgl KG JFG **22**, 284.

Allgemeine Vorschriften über Rechte an Grundstücken **§ 879** 3–6

e) Verstöße gg GBO 17, 45 machen das GB nicht unrichtig, RG **57**, 280. Folge der formalen RKraft der Eintr. Trägt zB GBAmt entgg GBO 17, 45 ein GrdPfdR für A an 1., für B an 2. Stelle ein (ohne Gleichrangvermerk), obwohl beide EintrAnträge gleichzeitig eingegangen, od am gleichen Tage in Abt II für X einen Nießbr, in Abt III für Y eine GrdSch (ohne Rangfolgevermerk), obwohl Antr des X zuerst eingegangen, od in Abt III unter sich folgenden Nummern ein Recht für C und für D mit Gleichrangvermerk, obwohl Antr für C zuerst eingegangen (u keine Einigg über Gleichrang), so entsteht mangels Unrichtig des GB kein BerichtiggsAnspr, kein AmtsWiderspr (GBO 53 I, 71 II). Der Benachteiligte hat gg den Begünstigten keinen BereicherungsAnspr: keine EingrKondiktion aus eigenem R, da § 879, GBO 45 RGrd für den erlangten besseren Rang schaffen (hM; BGH **21**, 98 – vielf kritisiert, aber im Ergebn richtig, vgl § 812 Anm 4b; Hoche JuS **62**, 60). Die für den Benachteiligten (ab Eingang des Antr u Bindg an EintrBewilligg) bestehde Anwartsch auf RErwerb gibt ihm nicht auch hinsichtl des Rangs bereits eine iS des § 812 („in sonstiger Weise") eingriffsfäh RPosition (so Westermann § 81 II 7 u III 3; wie hier Hoche aaO; Baur § 17 B I 2). – Waren zw den Eigtümer und den Begünstigten keine schuldrechtl RangVereinbgen getroffen (Anm 5b), hat jener hier gg diesen auch keine LeistgsKondiktion auf RangRücktr, deren Abtretg an den Benachteiligten uU üb §§ 275, 281 verlangen könnte. – So bleibt nur der ErsAnspr aus § 839 gg Fiskus.

f) Eine nachträgl zu Unrecht erfolgte Änderg der RangEintr durch GBA, zB bei Umschreibg des GB macht dieses unrichtig, KG DFG **43**, 135.

4) Nachfolgende Einigg, II. § 879 setzt grdsätzl eine wirksame Eintr voraus. Folgt die Einigg der (wirksamen) Eintr nach, ist zwar zunächst kein dingl Recht entstanden, § 873 Anm 4a. II erkl in diesem Falle trotzdem die Eintr für maßg, weil Ztpkt der Einigg aus dem GB nicht zu ersehen ist. Ebenso, wenn schwebend unwirks Einigg genehmigt wird, KG HRR **32**, 1823; od wenn nichtige Einigg nachgeholt w (hM gg ältere Aufl u Güthe-Triebel). Ist Eintr inhaltl unzul, auch keine Rangwirkg. Entspr II w z T rückwirkde Heilg angen, wenn Zustellg des Titels nach Eintr der ZwHyp nachgeholt w; krit zutr Hoche, ZwVollstr 2. Aufl S 149 mit Nachw.

5) Bestimmg des Ranges durch die Beteiligten, III.

a) Bei Bestellg des Rechts (über nachträgl Rangänderg vgl § 880) können die Beteiligten den Rang als Inhalt des Rechts abweichend von I mit dingl Wirkg bestimmen. Zur Rangbestimmg bei Nachverpfändg für mehrere Rechte vgl § 1132 Anm 4a. Bloß schuldrechtl Verpflichtg reicht nicht aus, Düss DNotZ **50**, 41. Feststellg, ob schuldr od dingl Bestimmg, oft schwier. Rangangabe in EintrBew spricht für dingl Einigg. Dingl Einigg des Berecht mit Eigtümer u entspr Eintr (keine Bezugn nach § 874) notw. Statt Einigg genügt einseitige Erkl in den Fällen § 873 Anm 2c bb. Rechtslage, **wenn sich Einigg u Eintragg nicht decken**, zweifelh u bestr. Einigt sich Eigtümer mit A über Bestellg einer erststelligen, mit 7% verzinsl Hyp, mit B über zweitstellige, zu 8% verzinsl Hyp, wird B aber an 1. Stelle eingetr (etwa weil sein Antr zuerst einging, vgl GBO 17 od weil GBA Rangbestimmg in EintrBewilligg übersah od diese sie nicht enthielt), so sind mangels Eintr der Rangbestimmg überh keine Rechte entstanden (auch keine EigtümerGrdSch, § 1163 Anm 3). Vgl aber auch c. Entspricht eingetragener **Rangvermerk** nicht der Einigg, ist GB jedenf insow unrichtig. Entspricht die Eintr im übrigen der Einigg, so ist GB im übrigen richtig. Beispiel: Eigtümer einigt sich mit A über Hyp an 1. (oder bereitester) Stelle, mit B über GrdSchBestellg ohne Rangbestimmg, GBA trägt aber, weil beide Anträge gleichzeitig eingingen u die EintrBewilligg die Rangeinräumg für A nicht enthielt od diese sie nicht übersehen wird, den B nach A ein, aber mit Gleichrangvermerk, KG HRR **35**, 114. Dann Amtswiderspr (GBO 45, 53) gg den Gleichrangvermerk beim Recht des B, das im übr bestehen bleibt. Dagg sind idR (vgl aber c) überh keine Rechte entstanden, wenn weder der Rangvermerk noch die Eintr im übrigen der Einigg entsprechen; zB Bestellg von Nießbr u Hyp derart, daß Nießbr der Hyp nachgehen soll; GBA trägt am gleichen Tage beide Rechte, deren Eintr gleichzeitig beantragt war, mit Vermerk ein, daß Nießbr der Hyp vorgehe; selbst wenn hier der falsche Vermerk wegfällt, bleibt GB unricht, da gleiches Datum in versch Abteilgen gleichen Rang gibt, was der dingl Einigg widerspricht. – IdR liegt in Bewilligg der Eintr „an bereitester Stelle" keine Rangbestimmg (BayObLG DNotZ **77**, 367).

b) Folge der Unrichtigk des GB: AmtsWiderspr, GBO 53, falls GBA gesetzl Vorschr verletzt hat (hierzu Staud-Seufert Anm 20a). BerichtiggsAnspr des Eigtümers nach § 894 hins des Rangvermerks od des ganzen Rechts. Als Eingetragene haben keinen BerichtiggsAnspr, denn sie sind nicht dingl Berechtigte geworden. Schuldrechtl Anspr des Benachteiligten auf Rangeinräumg gg Vorrangigen, wenn – was selten – zw ihnen vertragl Bindg insow besteht; andernf aus den Erwäggen zu Anm 3e oben kein unmittelb BereichergsAnspr zw ihnen. Doch hat Eigtümer hier jedenf aGrd des der dingl Rangeinräumg zugrde liegden SchuldVertr gg den Bevorzugten Leistgskondiktion auf Vorrangeinräumg, die er gem §§ 275, 281 dem Benachteiligten zedieren muß, da er diesem die aGrd der Kausalbeziehgen geschuldete Leistg (besseren Rang) nicht erbringen konnte.

c) Abweichendes kann nach §§ 139, 140 gelten, wenn Berechtigter schlechten Rang (nach I) einer völligen Nichtberechtigg vorzieht (wenn zB HypDarl schon ausgezahlt). Vgl hierzu Staud-Seufert Anm 20. Dann ist das Recht entstanden mit dem gesetzl Rang; eingetragener, der Vereinbg widersprechender Rangvermerk ist unrichtig (insoweit BerichtiggsAnspr, AmtsWiderspr).

6) Relative Rangverhältnisse sind mögl beim Rangvorbehalt, § 881; bei nachträgl Rangrücktr, dch den ZwRechte nicht berührt w sollen; inf gutgl Erwerbs, § 892, KG JFG **5**, 403, u im AufwertgsR, GBBerG 17, 18, RG **117**, 430. Das Recht geht dann nur einzelnen vorstehenden Rechten im Range vor, einigen Zwischenrechten aber nicht. Das führt zu Schwierigk u wunderl Ergebnissen in der ZwVerst. Beseitigg relativer RangVerh im RangklarstellgsVerf, GBO 90ff, dringd anzustreben.

880 *Rangänderung.* I Das Rangverhältnis kann nachträglich geändert werden.
II Zu der Rangänderung ist die Einigung des zurücktretenden und des vortretenden Berechtigten und die Eintragung der Änderung in das Grundbuch erforderlich; die Vorschriften des § 873 Abs. 2 und des § 878 finden Anwendung. Soll eine Hypothek, eine Grundschuld oder eine Rentenschuld zurücktreten, so ist außerdem die Zustimmung des Eigentümers erforderlich. Die Zustimmung ist dem Grundbuchamt oder einem der Beteiligten gegenüber zu erklären; sie ist unwiderruflich.

III Ist das zurücktretende Recht mit dem Rechte eines Dritten belastet, so finden die Vorschriften des § 876 entsprechende Anwendung.

IV Der dem vortretenden Rechte eingeräumte Rang geht nicht dadurch verloren, daß das zurücktretende Recht durch Rechtsgeschäft aufgehoben wird.

V Rechte, die den Rang zwischen dem zurücktretenden und dem vortretenden Rechte haben, werden durch die Rangänderung nicht berührt.

1) Allgemeines. a) § 879 III behandelt die abweichende Bestimmg des Ranges für einzutragende Rechte. § 880 regelt dem Wortlaut nach nur die nachträgl Rangänderg eingetragener Rechte. Er gilt aber auch, wenn ein einzutragendes Recht einem bereits eingetragenen vorgehen soll, RG **157**, 26; also keine Einigg mit Eigtümer nötig (vgl Anm 3). Unzul aber Rangrücktritt des Eigtümers mit der künftigen Eigtümer-GrdSch, weil Eigtümer vor Erwerb nicht verfüggsberecht ist, RG **84**, 80. § 880 gilt nicht für die Eintr mehrerer Hyp mit Rangbestimmg. Die Rangänderg kann in der Einräumg des Vorranges od des Gleichranges (KGJ **40**, 243) bestehen. Sie ist dingl Vfg; schuldrechtl Anspr auf Vorrangseinräumg durch Vormkg sicherb. **b)** Das RangVerh kann durch das GBA im RangklarstellgsVerf geändert w, GBO 90 ff.

2) Geltgsgebiet. Nur Änderg durch RGesch. Also zB nicht bei Berichtigg, KG HRR **29**, 35. § 880 gilt für alle eingetr R an Grdst od grdstgleichen R. Ausn ErbbRVO 10; RHeimstG 5 (hierzu LG Aach DNotZ **59**, 318); vgl auch § 879 Anm 2 b, c. Nicht für Widerspr u VfgsBeschrkgen, § 879 Anm 2 a. – **Entspr Anwendg auf: a)** Teile eines R, auch NebenR (RG **132**, 110). Über Zinsrückstände vgl § 1178 Anm 3 b. Sie können ihr RangVerh zu and Teilen desselben R u zu and R ändern. **b)** Vormkgen, soweit sie im RangVerh stehen, vgl § 879 Anm 2 a aa. **c)** R an GrdstR. **d)** Eingetr, aber nicht eintrbedürft R. RangÄnderg vor Anlegg des GB nach EG 189 I 2.

3) Voraussetzgen (II). Sie entsprechen § 873, nur müssen sich die beiden rangändernden Berecht einigen.

a) Einigg, vgl §§ 873, 878 mit Anm. Bdgg zul u für Drittwirkg eintraggsbedürft (RG JW **34**, 282). Rangänderg von Ren desselben Berecht dch einseit Erkl ggü GBA (KGJ **40** A 241) od Eigtümer. Ungenügd Erkl eines von mehreren GesamtBerecht (LG Brschw Rpfleger **72**, 365) od eines BruchtBerecht (auch nur für seinen Brucht; LG Darmst JW **34**, 2485). Einigg über GrdPfdR samt Nebenleistg erfaßt Zinsen (LG MöGladb RhNK **77**, 131).

b) Eintragg bei beiden Ren, jedoch bewirkt schon die Eintr beim zurücktretden R die Rangänderg (KGJ **44** A 256); fehlt sie, so richtet sich der Rang nach § 879 I, II. Zur Angabe des RangVerh auf Brief vgl Unterreitmayer Rpfleger **60**, 82. – Eigtümer hat AntrR bei Rücktr eines GrdPfdR (KG NJW **64**, 1479) u, da Rang des GrdPfdR als künft EigtümerGrdSch verbessert, bei Rangvortritt eines GrdPfdR vor R in Abt II (LG Hann Rpfleger **77**, 310 mwN).

c) Zustimmg des Eigtümers nur nöt, wenn GrdPfdR (nicht aber GrdPfdRVormkg; KG JFG **13**, 418) zurücktritt; seine Anw auf den Erwerb des R als EigtümerGrdSch soll nicht beeinträchtigt w. Über Zust vgl § 876 Anm 4. Zust ggü GBA erklärb, auch wenn Eigtümer den Rücktr namens des Berecht erklärt hat; § 181 steht nicht entgg (im Ergebn zutreffd RG **157**, 24; aA Erm-Westermann Rdn 6), denn dem Eigtümer kann hier die Zust ggü allen in S 3 Genannten nicht verwehrt w, da er mit der nur in seinem Interesse verlangten Zust nur seine potentielle EigtümerGrdSch im Rang verschlechtert. And wohl, wenn einer der Berecht den Eigtümer vertritt. – Über Anwendg des § 878 dort Anm 2 a. – **Keine Zust erforderl:** §§ 1151, 1192; wenn keine EigtümerGrdSch entsteht (RG **88**, 160 für § 1178); bei Vorrangeinräumg für ZwangsHyp (KG JFG **12**, 304). Wg pers Schu vgl § 1165.

4) Zustimmg Drittberechtigter (III) erforderl, weil sie dch den RangRücktr beeinträchtigt w; vgl § 876 mit Anm.

5) Wirkg der Rangänderg. a) Grds. Die Rangänderg ist ein ggseit Rangtausch mit den sich aus IV (Anm b) und V (Anm c) ergebnden Einschränkgen, str; nach BGH **29**, 133 Abtretg des Ranges des zurücktretden Rechts. Das vortretende Recht tritt mit seinen Nebenrechten vor u neben das zurücktretende Recht. Es verdrängt dieses aus seiner Rangstellg, KGJ **53**, 179. Rangvortritt hat aber nicht zur Folge, daß sich die Haftg nun ohne weiteres auf die dem zurücktretenden Recht haftenden Ggstände erstreckt, RG Recht **18**, 863 (betr Zubehör). Bei der Einräumg des G l e i c h r a n g e s tritt das eine Recht teilweise vor, das andere teilweise zurück. Die Rangänderg wirkt dingl, also gg jedermann; vgl aber V. Räumt ein Hypothekar einer BaukreditHyp ohne ausdrückl Beschrkg den Vorrang ein, so erstreckt sich dieser mangels klarer ggteil Vereinbg auch auf die vorl, vom Eigtümer an ZwFinanzierer zedierte EigtGrdSch; so BGH **60**, 226; krit Mittenzwei NJW **73**, 1195.

b) IV. Vortretdes R behält Rang, wenn zurücktretdes dch RGesch aufgeh w (§§ 875, 1175 I 2, 1183); erlischt es aber kr G (§§ 1061, 158 II, vgl § 875 Anm 2 a), rücken Zwischenrechte nach, da sie nach V in ihrer Anwartsch hierauf nicht leiden dürfen, etwa dch Vortritt eines unbedingten vor das auflösd bdgte R. Beisp (nach W-Raiser § 42 Fußn 20): Tritt Nießbraucher hinter Hyp zurück, behält diese Vorrang, wenn jener auf Nießbr verzichtet; doch erlischt Vorrang, wenn Nießbraucher nach Verzicht stirbt. – W das vortr R – kr G od dch RGesch – aufgeh, w die Rangänder hinfäll, da ZwRechte sonst ungerechtf begünstigt. – Ebenso wenn eines der Rechte nicht besteht; doch kann Inh des vortr R den Rang des zurücktr ScheinR gutgl erwerben, aM RGRK Anm 5. Auch kann Dritter das vorgetr ScheinR gutgl mit jetzigem Rang erwerben, § 893. – All dies gilt nur, wenn ZwRechte vorh, sonst wirkt Rangänderg absolut, KG JFG **22**, 42; HRR **42**, 539. – Über Ablösg, §§ 1150, 268, dch ZwischenGläub LG Ffm NJW **59**, 1442 Anm Hoche.

c) Die **Zwischenrechte** werden durch die Rangänderg **nicht berührt,** V. Sie dürfen von ihr weder Vorteile noch Nachteile haben. Ist das vortr Recht größer als das zurücktr, tritt es nur mit einem Teilbetrage in Höhe des Betrages des zurücktr R vor. Ist das zurücktr R größer, so tritt es nur in Höhe des vortretenden Rechts hinter die Zwischenrechte u bleibt mit dem Mehrbetrage vor dem vortr, aber vor den Zwischenrechten. Zustimmg des Zwischenberechtigten ohne eig Rücktr hat allenf schuldrechtl Wirkg, Westermann § 82 III 1. Hatte das ZwischenR dem Vortretenden ebenf den Vorrang eingeräumt, so behält das zurücktretde Recht seinen Rang vor dem ZwR, ohne daß es einer Eintragg bedarf (Hamm JMBlNRW **64**, 269; Düss OLGZ **66**, 489; Köln RhNK **76**, 587; LG Stgt BWNotZ **74**, 86). Über Rechte, die keinen bestimmten Wert haben, auch nicht nach § 882, vgl KG JFG **10**, 225. Treten mehrere Rechte gleichzeitig hinter ein anderes zurück, so behalten sie untereinander das bisherige RangVerh, KGJ **53**, 179. Bei mehrfacher Rangänderg zu verschiedenen Zeiten ist der Rang schrittweise für die einzelnen Rangänderungen festzustellen, vgl KG JFG **8**, 310.

6) Die Rangänderg kann rechtsgeschäftl nur durch eine neue Rangänderg **aufgehoben** werden, KG JFG **12**, 293. – Anfechtg nach AnfG: BGH **29**, 230.

881 *Rangvorbehalt.* I Der Eigentümer kann sich bei der Belastung des Grundstücks mit einem Rechte die Befugnis vorbehalten, ein anderes, dem Umfange nach bestimmtes Recht mit dem Range vor jenem Rechte eintragen zu lassen.

II Der Vorbehalt bedarf der Eintragung in das Grundbuch; die Eintragung muß bei dem Rechte erfolgen, das zurücktreten soll.

III Wird das Grundstück veräußert, so geht die vorbehaltene Befugnis auf den Erwerber über.

IV Ist das Grundstück vor der Eintragung des Rechtes, dem der Vorrang beigelegt ist, mit einem Rechte ohne einen entsprechenden Vorbehalt belastet worden, so hat der Vorrang insoweit keine Wirkung, als das mit dem Vorbehalt eingetragene Recht infolge der inzwischen eingetretenen Belastung eine über den Vorbehalt hinausgehende Beeinträchtigung erleiden würde.

Schrifttum: Jansen, Rangvorbehalt u Zwangsvollstreckg, AcP **152**, 508. – Staudenmaier, Rpfleger **60**, 81. – Sichtermann, BlGBW **69**, 9.

1) **Allgemeines. a)** Zweck. Je schlechter der Rang eines Rechts, desto härter sind die Bedinggen für den Eigtümer. Der RangVorbeh soll es ihm ermöglichen, später, zB nach vollendeter Bebauung, Kredit zu günstigeren Bedinggen aufzunehmen. Durch die Regelg in **IV** wird aber die Kreditaufnahme erschwert, weil sie das den Vorbeh ausübende Recht benachteiligt, Anm 6. Die Eintr einer EigtümerGrdSch od einer Vormerkg ist häufig zweckmäßiger. – Über Rangänderg von Rechten mit u ohne RangVorbeh vgl Ripfel BWNotZ **62**, 37.

b) Wesen des Rangvorbehalts ist str (vgl Jansen AcP **152**, 508; Westermann § 83 I 4). Er ist für den Eigtümer ein Stück vorbehaltenen EigtRechts, für den Gläub eine Beschränkg seines Rechts, KGJ **40**, 237; hM. Er ist weder übertragb noch pfändb, RG **117**, 431, auch nicht dergestalt, daß sich ein Gläub eine ZwangsHyp in die vorbehaltene Rangstelle eintragen läßt, BGH **12**, 238.

2) **Geltgsgebiet. a)** Bei der Belastg des Grdst. Das ist nicht zeitl zu verstehen. Vorbeh auch nachträgl eintragb, wenn das zurücktretende Recht u das Recht, mit dem der Vorbeh ausgeübt w soll, schon eingetr sind, KG JFG **8**, 291.

b) Vor jedem Recht am Grdst. Aber nur vor rechtsgeschäftl bestellten Rechten. Auch vor (bewilligten) Vormerkgen.

c) Es können mehrere Rangvorbehalte bei demselben Recht eingetr werden, KG JFG **8**, 305. Auch Vorbeh für ein gleichrangiges Recht zul.

d) Der Rang kann auch für eine Gesamthyp, er kann unter Bedingg od Befristg, er kann für bestimmte Personen, für bestimmte Zwecke vorbehalten w.

3) **Das vorbehaltene Recht.** Jedes Recht kann vorbehalten werden. Ebenso eine Vormerkg, vgl KG JW **26**, 2546. Deutl Bezeichng notw, damit bei der Ausübg keine Zweifel entstehen. Der Berechtigte braucht nicht angegeben zu werden; bei Angabe aber nur Ausübg zG des angegebenen, KG HRR **31**, 288. Das Recht muß dem Umfang nach bestimmt sein, also der Höchstbetrag von Kapital, Zinsen u Nebenleistgen ersehen lassen; LG Itzehoe MDR **68**, 1010. Ob Vorbeh für Zinsen auch sonstige Nebenleistgen deckt, str; vgl § 1115 Anm 5b cc. Ist eine verzinsl Hyp vorbehalten (Verzinslichk braucht nicht eingetragen zu werden), ist § 1119 I entspr anwendb, RG **135**, 196. Gläub des Eigtümers hat keinen Anspr auf ZwangsHyp an der vorbehaltenen Rangstelle, BGH **12**, 238. Hat Eigtümer den Vorbeh nicht ausgenutzt, so hat er in ZwVerst keinen Anspr auf entspr Erlös, BGH **12**, 238.

4) **Voraussetzgen (II). a)** Einigg zw Eigtümer u Gläub. Bei urspr Belastg nach § 873, bei späterer (Anm 2a) nach § 877; denn der RangVorbeh gehört zum Inhalt des zurücktretden R (§ 877 Anm 2). Über die Einigg vgl § 873 Anm 3. Eintr des RangVorbeh ohne Einigg macht das GB unricht; zurücktretdes R ist

§§ 881, 882

nicht entstanden, sofern nicht § 139 eingreift od Mangel nach § 185 geheilt wird (str; vgl Staud-Seufert Anm 14a). – Einseit Erkl genügt bei EigtümerGrdSch (Weitnauer DNotZ **58**, 356).

b) Eintragg bei zurücktretendem R zwingd vorgeschrieben (KG JFG **8**, 299); sonst entsteht der Vorbeh nicht. Der Rang richtet sich dann nach § 897 I (KG JFG **12**, 292; str). Also kein Anspr aus § 894 auf Eintr des Vorbeh; nur pers Anspr aus dem GrdGesch. Ob zurücktretdes R entstanden ist, richtet sich nach § 139 (vgl aber Staud-Seufert Anm 14a). Nachträgl Eintr des versehentl nicht gebuchten RangVorbeh nur zul, solange Eigtümer u Gläub nicht gewechselt haben; sonst Einigg zw RNachf notw. EintrVermerk muß Art u Umfang des vorbeh R angeben; iü gilt § 874 entspr (KG HRR **31**, 288) zB für mehrf Ausnutzbark (LG Aach Rpfleger **77**, 22). Der Vorbeh kann bdgt (KG JFG **8**, 305) od inhaltl eingeschränkt sein, zB daß vorbeh R nur zugl mit einer LöschgsVormkg (KG JFG **18**, 41) od nach Absicherg dch RisikoLebensVers (LG Duisbg RhNK **76**, 643) eingetr w darf.

5) Ausübg des Vorbehalts. a) Sie steht dem jeweiligen Eigtümer zu, **III**. Auch dem Ersteher, falls das zurücktretende Recht bestehen bleibt. Auch dem KonkVerwalter.

b) Erforderl ist **aa)** Einigg des Eigtümers mit dem Gläub des vortretenden Rechts. Zustimmg Dritter nicht notw; der Gläub des zurücktretenden Rechts hat bei der Eintr im voraus zugestimmt; nachstehende Berechtigte werden nicht beeinträchtigt, **IV. bb)** Eintrag des vorbehaltenen Rechts. Sie muß zweierlei zum Ausdruck bringen: den Vorrang vor dem zurücktretenden Recht, § 879 III, u die Tats, daß dieses Recht den Vorbeh ausübt, BayObLG **56**, 463. Der bloße Vorrangsvermerk würde ggü Zwischenrechten eine Rangänderg nach § 880 verlautbaren, KG JFG **6**, 311. Bezugn auf EintrBewilligg hier unzul.

c) Stufenweise Ausübg zul; der Vorbeh kann also durch mehrere Rechte nebeneinander ausgeübt w, bis er dem Umfang nach erschöpft ist, KGJ **40**, 236. Diese Rechte haben unter sich Rang nach § 879 I; Gleichrang unter sich nur bei entspr Eintr (Rangänderg od GleichrangVorbeh bei dem der Gesamtvorbeh ausnützenden rangbegünstigten Recht), BayObLG **56**, 462. Also keine zweitstell Einrückg eines den Vorbeh nur teilw ausfüllden Rechts; notw hierzu vielm weiterer RangVorbeh bei diesem zG des die Restlücke ausfüllden TeilR, Düss RhNK **67**, 781. Vgl. hierzu u zur grdbuchm Behandlg Unterreitmayer Rpfleger **60**, 82. Statt Hyp kann GrdSch eingetr w u umgekehrt, KG JFG **5**, 341. Einrücken eines bereits gebuchten Rechts, vgl Anm 2a. Mehrfache Ausübg Anm 7.

d) Nach Beschlagn, ZVG 20, 23, Ausübg des Vorbeh dem betreibenden Gläub ggü unwirks, vgl Steiner-Riedel, ZVG, § 23 Anm 2a m Nachw.

6) Wirkg des Rangvorbehalts. Das RangVerh zw zurücktretendem u ausübendem Recht richtet sich grdsätzl nach § 880. Anders nach **IV**, wenn zw Eintr u Ausübg des Vorbehalts, RG **131**, 206, **Zwischenrechte** eingetr wurden. Diese selbst werden von dem Vorbeh nicht berührt. Im Unterschied zu § 880 V wird aber auch das zurücktretende Recht durch die Zwischenrechte nicht beeinträchtigt. Es tritt nicht (absolut) an die Stelle des vorbehaltenen Rechts, braucht sich also höchstens den Betrag des Vorbehalts vorgehen zu lassen. Was ein ZwischenR erhält, geht zu Lasten des vorbehaltenen Rechts, nicht des zurücktretenden. Die Wirkg des Vorbehalts zeigt sich erst in der ZwVerst. Sie führt je nach der Höhe des Erlöses zu merkwürdigen Ergebnissen. Ist der Erlös geringer als der Vorbeh, tritt das ausübende Recht an die Rangstelle des zurücktretenden. Ist der Erlös größer, kommt der Mehrbetrag dem zurücktretenden Recht zugute. Beispiele:

Nr 1:	4000.— DM	mit Vorbehalt von 10000.— DM
Nr 2:	7000.— DM	ohne Vorbehalt
Nr 3:	10000.— DM	in Ausübung des Vorbehalts.

Berechng nach der Formel, Herfurth, DGWR **36**, 156: Nr 1: gleich Erlös minus Nr 3; Nr 2: gleich Erlös minus Nr 1; Nr 3: erhält den Rest.

Also zB Erlös: 5000.— DM   10500.— DM   12000.— DM.

Es erhalten:

Nr 1	—	500.— DM	2000.— DM
Nr 2	1000.— DM	6500.— DM	7000.— DM
Nr 3	4000.— DM	3500.— DM	3000.— DM

Solange der Vorbeh nicht ausgeübt ist, ist er im geringsten Gebot nicht zu berücksichtigen. Über dessen Festsetzg nach Ausübg des Vorbehalts vgl Reinhardt JW **23**, 264. Über Wirkg des RangVorbeh in ZwVerst auch Schiffbauer BlGBW **62**, 17 u Sichtermann BlGBW **69**, 9, je mit Beisp.

7) Aufhebg des Rangvorbehalts. Er erlischt: **a)** mit dem zurücktretenden Recht; **b)** nach hM dch Einigg (§ 877) zw Eigtümer u Inhaber des belasteten R, str; aA entspr § 875; **c)** durch Ausübg des Vorbehalts nur dann, wenn er auf eine einmalige Ausübg beschränkt war; zB wenn ein Recht nur dem bestimmten Berechtigten vorbehalten wird, KG HRR **31**, 288. Sonst bei Erlöschen des Vorrangrechts wiederholte Ausübg zul, KGJ **40**, 239; aM RGRK Anm 15, Staud-Seufert Anm 17: dies nur bei ausdrückl Erstreckg; **d)** fällt das vorgetretene Recht weg, bleibt es im Verhältn des zurückgetretenen zum ZwR beim bisherigen Rang. – Über Löschg des Vorbeh vgl Staudenmaier Rpfleger **60**, 81, LG Hof MittBayNot **74**, 268.

882 Höchstbetrag des Wertersatzes.

Wird ein Grundstück mit einem Rechte belastet, für welches nach den für die Zwangsversteigerung geltenden Vorschriften dem Berechtigten im Falle des Erlöschens durch den Zuschlag der Wert aus dem Erlöse zu ersetzen ist, so kann der Höchstbetrag des Ersatzes bestimmt werden. Die Bestimmung bedarf der Eintragung in das Grundbuch.

Allgemeine Vorschriften über Rechte an Grundstücken §§ 882, 883

1) Allgemeines. Erlischt durch Zuschlag ein Recht, das nicht auf Zahlg eines Kapitals gerichtet ist, so tritt an seine Stelle der Anspr auf Ersatz des Wertes, bei ablösbaren Rechten, § 1199 II, EG 113, auf die Ablösgssumme, ZVG 92 I, III. § 882 will die Feststellung des Wertes erleichtern. Leider wird von ihm zu wenig Gebr gemacht. Die Beteiligten können den Höchstbetrag des Ersatzes bestimmen. Er ist dann in den Teilgsplan aufzunehmen, ZVG 114 I 1. Herabsetzg auf den wahren Wert (maßgebd für diesen die Sach- u RLage im Ztpkt des VersteigersTermins: z Ermittlg s aber auch BGH Rpfleger **74**, 187) durch Widerspr nach ZVG 115.

2) In Betracht kommen: Nichtablösbare Dienstbark u Reallasten. Vorkaufsrechte für mehrere Verkaufsfälle; sonst gelten §§ 1098 I, 512. Alte Erbbaurechte; für neue gilt ErbbRVO 25. DauerwohnR (WEG 31ff), Vormerkg, vgl Wörbelauer DNotZ **63**, 588, 720.

3) Bestimmg durch Einigg, §§ 873, 877, u Eintr (S 2). Zustimmg der nachstehenden Berechtigten nicht erforderl, weil nach ZVG 115 Widerspr mögl.

Vormerkung (§§ 883–888)

883 *Wesen und Wirkung der Vormerkung.* I Zur Sicherung des Anspruchs auf Einräumung oder Aufhebung eines Rechtes an einem Grundstück oder an einem das Grundstück belastenden Rechte oder auf Änderung des Inhalts oder des Ranges eines solchen Rechtes kann eine Vormerkung in das Grundbuch eingetragen werden. Die Eintragung einer Vormerkung ist auch zur Sicherung eines künftigen oder eines bedingten Anspruchs zulässig.

II Eine Verfügung, die nach der Eintragung der Vormerkung über das Grundstück oder das Recht getroffen wird, ist insoweit unwirksam, als sie den Anspruch vereiteln oder beeinträchtigen würde. Dies gilt auch, wenn die Verfügung im Wege der Zwangsvollstreckung oder der Arrestvollziehung oder durch den Konkursverwalter erfolgt.

III Der Rang des Rechtes, auf dessen Einräumung der Anspruch gerichtet ist, bestimmt sich nach der Eintragung der Vormerkung.

Schrifttum: Weber, BlGBW **64**, 1, 17, 42, 54. – Haegele, BWNotZ **71**, 1.

1) Allgemeines. Da die rgesch Ändrg von GrdstR Einigg u Eintr erfordert, kann der schuldr Anspr auf dingl RÄndergn vor Erfüllg dch eine und mit Einigg u Eintr wirks gewordene Vfg über das von ihm betroffene R beeinträchtigt w. Dagg schützt eine Vormkg: Sie **sichert den Anspr auf dingl RÄnderg**, indem sie den Anspr gefährdde Vfgen über das betroffene R dem VormkgsBerecht ggü unwirks sein läßt (II) u den Rang des geschützten R wahrt (III). Vgl auch Vormkgen nach LuftfzRG 10, SchiffsRG 10. – Die Wirkg einer Vormkg haben nur dingl VorkR (§ 1098 II), das VorR auf ErbbRErneuerung (ErbbRVO 31 IV), das VorkR u der HeimfallAnspr aus RHeimstG 11, 12 (RHeimstG 14); für sie keine Vormkgen aus § 883 (KG JW **28**, 2467).

a) Wesen der Vormkg. Eine rechtl Einordng, auf deren GrdLage alle Zweifelsfragen lösb sind, erscheint nicht mögl. Die Rspr (RG **151**, 389; BGH DNotZ **75**, 414; BayObLG **76**, 15) u die hL gehen zutreffd davon aus, daß die Vormkg weder ein dingl R ist (aA Heck § 47 IV; Kempf JuS **61**, 22; Wunner NJW **69**, 113) noch ein solches aufschieb bdgt verschafft (Kupisch JZ **77**, 486 tritt für Analogie dazu ein), sond daß es sich um ein mit gewissen dingl Wirkgen ausgestattetes **SichergsMittel eigener Art** für einen pers Anspr auf dingl RÄnderg handelt (BGH **34**, 254; **60**, 46; Baur § 20 V 1; Planck-Strecker Anm 3; RGRK Anm 37; Staud-Seufert Rdn 39). Zweifelsfragen sind nicht dch formal-begriffl Subsumtion (zB unter dingl R), sond dch Interessenbewertg zu lösen.

aa) Sie ist **abhängig vom Bestand des gesicherten Anspr.** Sie entsteht nicht ohne ihn, erlischt mit ihm (§ 886 Anm 1 b bb) u kann ohne ihn nicht (auch nicht gutgl; § 885 Anm 3 d, 5 b) erworben w.

bb) Dingl Wirkg wg SichergsWirkg (II) u Rangwirkg (III). Sie rechtfertigt es, die Bewilligg einer Vormkg einer Vfg über das vom Anspr betroffene R iSv **§§ 878, 893** gleichzustellen (§ 885 Anm 3 c, d); ihrerseits ist die Vormkg aber keine VfgsBeschrkg iS dieser Vorschr (RG **113**, 403). Wg des Ranges vgl Anm 5.

cc) Sonstige Wirkgen: §§ 884, 1971, 1974 III, 2016 II; KO 24, 193; VerglO 50 IV, 82 II; ZVG 48. Über AuflVormkg u Haftg aus § 419 vgl dort Anm 3 c, 4 a.

b) Vormkgen besonderer Art. – aa) GBO 18 II. Sie ist nicht wesensgl mit der des § 883 (KG JFG **23**, 146); KO 24 auf sie nicht anwendb (KGJ **39**, 167). Sie gewährt in GBVerf einen vorl Schutz für den öffrechtl Anspr gg das GBA auf Erledigg eines EintrAntr nach Maßg des Sachstandes zZ seines Eingangs (RG **110**, 207). Sie ist unzul, wenn die EintrVoraussetzgen bei AntrStellg fehlen u nicht rückwirkd nachholb sind. Sie ist mit AntrRückn zu löschen (KG DNotZ **73**, 33). Vgl auch SchiffsRO 28 II, LuftfzRG 77, 86 I. – **bb) EnteigngsR:** zB PrEnteigngsG 24 IV (dazu KGJ **40**, 130; LG Duisbg NJW **64**, 670). – **cc) BBauG** 24 IV 3, 24 a S 3, 25 I 2, 25 a S 2 (Sicherg des VorkR). – **dd) StBauFG** 17 I 2 (Sicherg des VorkR), 18 II 7 (Sicherg des GrdErwerbsR). – **ee)** § 1179 (vgl dort Anm 1 a). – **ff) ZVG** 130 a (vgl § 1179 Anm 6). – **gg) LuftfzRG** 77, 89.

c) Andere Sichergsmittel. – aa) Widerspr (§ 899). Die Vormkg sichert den schuldr Anspr auf RÄnderg u schützt bei richtigem GB gg Erwerb vom Berecht. Der Widerspr sichert ein bestehdes, aber nicht eingetr Recht u schützt bei unrichtigem GB gg gutgl Erwerb vom NichtBerecht. – **bb) Veräußergsverbot** (§ 888 II). Es sichert nicht vormerkb Anspr (vgl Anm 2 b aa; § 888 Anm 4).

2) Gesicherter Anspr muß ein auf einem best SchuldGrd beruhder **schuldrechtl Anspr auf dingl RÄnderg** sein (I). Gesichert sind nicht auch inhaltsgl Anspr aus and SchuldGrd (KG OLGZ **72**, 113):

§ 883 2 3. Buch. 2. Abschnitt. *Bassenge*

Vormkg für AuflassgsAnspr aus VorkR sichert nicht auch AuflAnspr aus AnkaufsR u umgekehrt (Haegele Rpfleger **60**, 57); AuflassgsVormkg des Käufers sichert nicht auch seine Ansprüche aus VertrRückabwicklg (BGH WPM **66**, 1224); AuflVormkg für „Anspr aus dem Vertr" kann aber AuflassgsAnspr aus VertrRückabwicklg sichern (KG OLGZ **69**, 202 [207]). Der Anspr muß rbeständ sein; ein nur als mögl angenommener Anspr genügt nicht (RG Warn **37**, 100).

a) Schuldrechtl Anspr aus Vertr, einseit RGesch od Gesetz (zB §§ 648, 812; KO 37); auch Wahlschuld-Verh (BayObLG **74**, 118; LG Düss NJW **58**, 673). Anspr noch nach Einigg über RÄnderg bis zu ihrer Eintr vormerkb (KG OLGZ **71**, 457). Dingl Anspr zB aus §§ 894, 1169 sind dch Widerspr gem § 899 zu sichern (BayObLG **75**, 39); daneben bestehder schuldr Anspr aus § 812 dch Vormkg sicherb (KG **139**, 353); uU beides gleichzeit. Einigg alleine begründet keinen vormerkb Anspr (BGH **64**, 56). Wg erbrechtl Anspr vgl Anm 2g. – Der Anspr muß **ggständl bestimmb** sein; dafür genügd, daß aufzulassde Teilfläche später von einer VertrPart od Dr gem §§ 315, 317 zu bestimmen ist (BayObLG **73**, 309; Stumpp Rpfleger **73**, 389); ZweckBestimmg (BayObLG MittBayNot **72**, 228: „erforderl StraßenGrd") od Flächenmaß (BayObLG **73**, 309) ohne solches BestimmgsR nicht ausreichd. – Nur Anspr des **PrivatR** (RG **60**, 423); daher gibt vollstreckb ZahlgsTit keinen vormerkb Anspr auf Bestellg einer SichgsHyp od eines PfdR an einem GrdstR (BayObLG **75**, 39; JW **22**, 911).

b) Dingl RÄnderg. Der gesicherte Anspr muß seine Erfüllg dch endgült Eintr der RÄnderg finden können u daher sowohl eine nach ihrer allg Natur als auch an dem R, an dem sie vormerkb w soll, **eintraggsfähige** (wenn auch nicht notw eintraggsbedürft) dingl RÄnderg betreffen (BayObLG Rpfleger **72**, 442); Vormkg eines nicht eintraggsfäh R ist gem GBO 53 I 2 zu löschen. – **aa)** Auf **dingl** RÄnderg richten sich zB auch Anspr auf HypBestellg mit Unterwerfgsklausel nach ZPO 800 (KG JFG **4**, 407) u Rückgewähr-Anspr aus KO 37; nicht aber rgesch **VfgsVerbot** (BGH FamRZ **67**, 470; Hamm DNotZ **56**, 151), RückgewährAnspr aus AnfG 7 (RG **60**, 423) u HerausgAnspr als § 2130 (hier hilft uU VeräußerungsVerbot gem § 888 II). Neben einem nicht vormerkb VfgsVerbot kann aber ein bdgter Anspr auf dingl RÄnderg bei verbotswidr Vfg vereinbart u vorgemerkt w: zB in ErbVertr mit verbotswidr Vfg des Erbl als Bdgg für AuflAnspr der VertrErben (LG Kreuzn DNotZ **65**, 301) od in VeräußersVertr mit verbotswidr Vfg des Erwerbers als Bdgg für AuflAnspr gg ihn (BayObLG **77**, 268). – **bb)** Anspr auf best **realen GrdstTeil** beschränkb (BayObLG **73**, 297), zB Aufl einer best Teilfläche; bei geringem Unterschied zw vorgemerktem u abvermessenem Teil wirkt Vormkg auch für letzteren (BGH DNotZ **71**, 95). Zweckbestimmg alleine (zB „erforderl StraßenGrd") kennzeichnet Teilfläche nicht ausreichd (BayObLG MittBayNot **72**, 228). Anspr auch auf einen **ideellen Anteil** beschränkb (BayObLG **73**, 309), zB Anspr auf Übertr eines MitEigt-Anteils (BayObLG DNotZ **76**, 160). Vormerkg daher auch auf Übertr eines MitEigtAnteils an best realen GrdstTeil (LG Köln RhNK **76**, 216).

c) Gläubiger des Anspr **(VormkgsBerecht)** muß eine natürl od jur Pers od eine OHG/KG (auch schon vor HandelsRegEintr; LG Esn RhNK **71**, 418) unter ihrer Firma sein. Es genügt Bestimmbark des Gläub nach sachl Merkmalen, nicht aber dch Dr (Schlesw DNotZ **57**, 661). – **aa) Vormkg zG Dritter**. VertrPart des Schu muß nicht notw mit künft RInh ident sein; SchuldR maßg für AnsprGestaltg (RG **128**, 246). Vormkg daher zul: für Hyp zG noch nicht erzeugter Abkömmlinge (vgl RG **61**, 355); für Aufl (RG **128**, 246) od GrdDbk (LG Regbg MittBayNot **71**, 18; LG Mü II MittBayNot **72**, 229), zG jew Eigtümers eines and Grdst; für bescher pers Dbk zG mehrerer aufeinand folgder GeschäftsInh (BGH **28**, 99); für Nießbr zG der Erben des Nießbrauchers (LG Traunst NJW **62**, 2207); zG jew FirmenInh (KG DNotZ **37**, 330). – **bb) Mehrh von Berecht**. GBO 47 gilt. Anspr von GesGläub iSv § 428 vormerkb, auch wenn dingl R (zB Eigt) ihnen nicht als GesGläub zustehen kann (BayObLG **63**, 128; Köln Rpfleger **75**, 19). Angabe des GemschVerh nicht geboten, wenn Anspr mehrerer AnkaufsBerecht vorgemerkt w soll (entspr § 513; BayObLG **67**, 275; vgl dazu auch LG Aach Rpfleger **63**, 155), u entfällt gar bei Selbständigk der Berechtigten (LG Flensbg SchlHA **70**, 230). Bei Mehrh von Berecht neben ihrem Anspr auch bdgter od künft AlleinAnspr eines von ihnen vormerkb (LG Oldbg Rpfleger **74**, 263). Anspr eines in GüterGemsch lebdn Eheg für ihn od für beide Eheg vormerkb (BayObLG **57**, 184).

d) Schuldner des Anspr muß bei Eintr der Vormkg derjenige sein, dessen Eigt od GrdstR von der künft RÄnderg betroffen w (BayObLG Rpfleger **72**, 442); iFv §§ 876, 880 III ist Anspr gg Dr sicherb (str). Da SchuldR maßg für AnsprGestaltg (RG **128**, 246) u diesem Vertr zu Lasten Dr fremd (Einf 5a v § 328), ist Anspr gg jew Eigtümer od RInh nicht vormerkb (RG **158**, 355; BayObLG **55**, 48). Vormerkb aber Anspr, der erst gg Erben des ggwärt Berecht dchsetzb, zB weil binddes Angebot des Berecht erst nach seinem Tod annehmb (KG JFG **21**, 32) od Anspr dann erst fäll (BayObLG **55**, 48; Schlesw SchlHA **63**, 268) od Anspr dch Tod des Berecht aufschiebd bdgt (BayObLG **77**, 268). Wechsel des Schu nicht eintraggsfäh (KG JR **27**, 1394); § 418 I gilt entspr (Hoche NJW **60**, 464).

e) Künftiger Anspr (I 2). Dazu zählen betagte (noch nicht fäll) u aufschiebd befristete (mit Anfangstermin vereinbarte) Anspr (zur Unterscheidg vgl Larenz AT § 25 V); sie sind stets vormerkb. Künft sind aber auch Anspr, die noch nicht entstanden sind; Vormerkbark aller dieser Anspr würde aber fakt VfgsSperre bedeuten, so daß Eingrenzg geboten (BayObLG **77**, 247). Künft Anspr dieser Art nur vormerkb, wenn für Entstehg schon **feste RGrdLage** geschaffen (KGJ **37**, 280); sonst Vormkg unzul iSv GBO 53 I 2 (BayObLG **77**, 103). Dafür genügt die **von künft Schu nicht mehr einseit zu beseitigde Bindg** (KG DR **43**, 802; BayObLG **72**, 397; Rpfleger **77**, 361; v Olshausen JuS **76**, 522; Ertl Rpfleger **77**, 345; ähnl KG OLGZ **72**, 113); ist sie eingetreten, kann künft Schu seine zur AnsprEntstehg notw WillErkl nicht mehr einseit widerrufen kann od zu ihrer Abgabe verpflichtet ist. Nicht notw, daß AnsprEntstehg **nur** noch vom Willen des VormkgsBerecht abhängt (Ertl aaO; Geimer DNotZ **77**, 662; Lichtenberger NJW **77**, 1755; aA RG **151**, 75; BGH LM Nr 13; BayObLG **77**, 103, 247, 268; KG NJW **71**, 1319); sonst wäre zB künft AuflAnspr aus schuldr VorkR nicht vormerkb, da VorkFall im Belieben des künft Schu.

aa) Ausreichd: Binddes formgült GrdstVerkAngebot (RG **151**, 75). Auf Käuferseite von vollmachtlosem Vertr geschlossener GrdstKaufVertr (KG NJW **71**, 1319). Schu zum Abschluß des HauptVertr ver-

Allgemeine Vorschriften über Rechte an Grundstücken § 883 2–4

pflichtder VorVertr (BGH **LM** Nr 13). KaufVertr, der noch behördl Gen (RG 108, 91) od Zust Dr (KG NJW 73, 428) bedarf. – **AnkaufsR** (nach aA bdgt Anspr; vgl BGH **LM** Nr 13), vereinbartes **RücktrR** (Celle RhNK 76, 15; BayObLG 77, 103; aA BGH 16, 153: bdgter Anspr), schuldr **VorkR** (Larenz SchuldR II § 44 III; aA RG 104, 122: bdgter Abspr), **WdkR** (Larenz aaO § 44 II; KGJ 36, 312; vgl auch BGH 58, 82; aA BGH 38, 369; BayObLG 77, 247: bdgter Anspr) geben vormerkb Anspr, der erst mit RAusübgsErkl des Berecht entsteht (Larenz aaO; Jahr JuS 63, 224 Fußn 9), währd Vereinbg des R Schu schon bindet. Unerhebl, ob RAusübgsErkl des Berecht von best Handlgen des Schu od sonst Bdgg abhäng, wie dies bei VorkR wesensnotw u bei and Ren idR vereinbart (im Ergebn Ertl u Lichtenberger aaO; für RücktrR Celle aaO gg BayObLG 77, 103 = DNotZ 77, 662 abl Anm Geimer = MittBayNot 77, 113 abl Anm Ertl = BWNotZ 77, 117 abl Anm Langenfeld). Zur Sicherg von Ankaufs- u WdkR auch Wörbelauer DNotZ 63, 580.

bb) Nicht ausreichd: Formnicht GrdstKaufVertr (BGH 54, 56; aA Lüke JuS 71, 341). Auf Verkäuferseite von vollmachtlosem Vertr (BayObLG 72, 397; Rpfleger 77, 361) od unter Verstoß gg § 181 (KG DR 43, 802) geschlossener GrdstKaufVertr. VorVertr, von dem sich Schu jederzeit lösen kann (BayObLG 76, 297). Keine Vormkg für Hyp nach VerglO 93 vor VerglAnn (aA Mohrbutter KuT 56, 24). Vgl auch Anm 2g.

f) Bedingter Anspr (I 2) ist vormerkb, denn die zur AnsprBegründg notw rgesch WillErkl sind abgegeben u bilden **feste RGrdLage** (BayObLG 77, 247, 268; Hamm Rpfleger 78, 137). BdggsEintritt kann im Belieben des Gläub (RG 69, 281) od Schu (zB seine Vfg über Grdst als Bdgg; vgl Anm 2b aa) stehen. Auch hier daher nicht notw, daß Wirksamwerdn des Anspr **nur** noch vom Willen des VormkgsBerecht abhängt. Bdgg darf aber nicht so sein, daß in Wahrh noch keine vertragl Bindg des Schu (KGJ 48, 189). – **Beispiele:** AuflAnspr aus KaufVertr, der erst mit Erteilg einer BauGen wirks w soll (Ffm DNotZ 72, 180); RückAuflAnspr des Verkäufers bei Vorversterben des Erwerbers (BayObLG 77, 268; auch iVm Nichteintritt best Erbfolge, Hamm Rpfleger 78, 137) od Scheidg des Erwerbers (LG Mannh BWNotZ 78, 43) od ZwVollstr in das Grdst (Hamm aaO). Wg AnkaufsR, RücktrR, VorkR u WdkR vgl Anm 2e aa; wg verbotswidr Vfg über Grdst vgl Anm 2b aa.

g) Erbrechtl Anspr sind aus mehreren vorgenannten Grden nicht vormerkb; insb weil Erbl seine Vfg vTw jederzeit widerrufen (Testament, Schenkg vTw) u unter Lebden noch verfügen (ErbVertr, Überlebder bei gemschaftl Testament) kann. Über Sicherg eines VfgsVerbots im ErbVertr vgl Anm 2b aa. – **aa) Erbe** aGrd Testament (KGJ 48, 189) od ErbVertr (BGH FamRZ 67, 470; Hamm OLGZ 65, 347) hat zu Lebzeiten des Erbl keinen vormerkb Anspr gg diesen. Ebso Schlußerbe aus gemschaftl Testament gg Überlebden (KG JFG 23, 148). – **bb) VermächtnNehmer** aGrd Testament od ErbVertr hat zu Lebzeiten des Erbl keinen vormerkb Anspr gg diesen od künft Erben (BGH 12, 115). Gilt auch bei Verm aGrd gemschaftl Testaments (Schlesw SchlHA 59, 175) u bei VorausVerm (KGJ 48, 189). Nach Erbfall VermAnspr gg Erben vormerkb (BGH aaO). – **cc) Schenkg vTw** (§ 2301) nicht zu Lebzeiten des Erbl vormerkb (BGH 12, 115; KG JFG 21, 32). – **dd) AuseinanderSAnspr** vor Erbfall weder aGrd Vereinbg unter künft Erben (Hamm OLGZ 65, 347) od zw VorE u NachE (KG HRR 31, 590) noch aGrd TeilgsAO (KGJ 48, 189) vormerkb. – **ee) HerausgAnspr** des NachE gg VorE (§ 2130) nicht vormerkb.

3) SichergsWirkg (II 1). Den Anspr vereitelnde od beeinträchtigde Vfgen sind ggü dem VormkgsBerecht unwirks. Die SichergsWirkg **beginnt** mit Eintr der Vormkg u schützt künft Anspr (und hier KO 24) daher schon vor seiner Entstehg; aber keine Rückwirkg der späteren dingl RÄnderg, denn III betrifft nur den Rang (BGH 13, 1). Ist aus § 117 nichtiger AuflAnspr vorgemerkt, so w Käufer nicht rückbezogen auf Ztpkt daneben mündl geschl u gem § 313 S 2 geheilten Vertr geschützt (BGH 54, 56). SichergsWirkg erfaßt auch Vfg über von Anspr betr Zubeh u Erzeugn (BGH **LM** § 559 Nr 1; aA Schmidt BWNotZ 75, 104). **Unrechtm Löschg** der Vormkg hebt sie ggü Vfg vor u nach der Löschg nicht auf (BGH 60, 46; BayObLG 61, 63); bei Vfg nach Löschg gutgl DrErwerb mögl.

a) Vormerkgswidr Vfg. Inhalt des gesicherten Anspr maßg, ob er von Vfg betroffen. Belastg mit FremdR widerspricht AuflVormkg, sofern nicht Übereign unter Bestehenbleiben auch späterer Belastgen vereinbart (BGH **LM** Nr 6; zur „Kaufpreisbeleggsklausel" vgl Wörbelauer DNotZ 63, 584). Belastg mit EigtümerGrdSch widerspricht AuflVormkg (da mit Übereigng FremdGrdSch), nicht aber Abtr schon bestehder (BGH 64, 316). Vermietg/Verpachtg widerspricht wg § 571 AuflVormkg auch bei GebrÜberlassg (Lent-Schwab § 15 III 4; W-Raiser § 48 III 1; Westermann § 84 IV 3c; aA BGH 13, 1; Baur § 20 IV 1 d; Finger JR 74, 8). Vormkgswidr kann nur eine Vfg sein, die vor Eintr der Vormkg noch nicht dch Einigg u vollzogene Eintr vollendet (RG 143, 403). Ggü eingetr Vormkg ist Gutgläubigk des DrErwerbers unerhebl (RG 93, 114 [118]). – Keine Vfg: bloße GBBerichtigg od Widerspr (vgl aber § 885 Anm 3d bb).

b) Relative Unwirksamk. Die vormkgswidr Vfg ist ggü dem VormkgsBerecht u dem PfdgsPfdGläub des gesicherten Anspr (KGJ 8, 318) unwirks, sofern ihm der gesicherte Anspr zusteht u er ihn geltd macht (KG Rpfleger 65, 14). Verfüger u Dr können sich nicht auf sie berufen (Nürnb WPM 69, 1427). Der Schwebezustand endet, wenn VormkgsBerecht Unwirksamk nach § 888 (nicht § 894) geltd macht, die Vfg dch Gen des VormkgsBerecht voll wirks w (BGH **LM** Nr 6; Wirksamk dann auch zG jedes RNachf des VormkgsBerecht) od die Vormkg erlischt (vgl § 886 Anm 1b).

c) Keine GrdBuchSperre. Das GBA darf Eintr der vormkgswidr Vfg nicht ablehnen (RG 132, 419 [424]). Jedoch ist das mit der Vormkg belastete R entspr § 876 nur mit Zust des VormkgsBerecht aufhebb (KG JFG 9, 218); lastenfreie Abschreibg eines GrdstTeils nur mit LöschgsBewilligg des VormkgsBerecht (BayObLG Rpfleger 75, 425) od wenn dessen Nichtbetroffenh gem GBO 29 nachgewiesen (BayObLG 73, 297).

4) Erweiterg der SichergsWirkg (Anm 3) auf Vfg iSv **II 2**. Entspr Anwendg auf Erwerb krG, zB Buchersitzg, geboten (W-Raiser § 48 III 1).

a) Konkurs. SichergsWirkg nur, wenn Vormkg vor KonkEröffng eingetr; für rgesch bewilligte Vormkg gilt aber § 878 zG des vorgemerkten R (§ 885 Anm 3c). Vfg des KonkVerw relativ unwirks. Er muß ge-

§§ 883–885

sicherten Anspr, sofern dieser auf Erfüllg geht u sie (wie zB § 648) nicht nur sichert, erfüllen (KO 24) ohne WahlR nach KO 17. Geht der dem gesicherten Anspr zugrdeliege Vertr auch auf Erstellg eines Bauwerks u ist dieses noch nicht (fertig) erstellt, so verdrängt auch hier KO 24 idF Art 6 G v 22. 6. 77 (BGBl 998) in Ansehg des AuflAnspr (im Ggs zum BauherstellgsAnspr) KO 17 (dazu Müller Betr **74**, 1561; Fehl BB **77**, 1228); umstrittene Entscheidg BGH NJW **77**, 146 dch KO 24 nF überholt (BGH NJW **78**, 1437). Bei Anspr auf RÄnderg ist Vormkg nicht inkongruente Deckg iSv KO 30 Nr 2 (BGH **34**, 254). BGH **47**, 181 verneint AbsonderungsR des GrdSchGläub am Erlös für GrdstVeräußerg dch KonkVerw an rangbesseren Aufl-VormkgsBerecht (aA beachtl Keuk NJW **68**, 476).

b) Zwangsversteigerg (aus dem neueren Schriftt zur AuflVormkg: Fischer BWNotZ **63**, 37; Wörbelauer DNotZ **63**, 652, 718; Keuk NJW **68**, 476).

aa) Allg. VormkgsBerecht ist Beteil nach ZVG 9. Dch Vormkg gesichertes R ist bei der Feststellg des geringsten Gebots wie eingetr R in der Rangstelle des ZVG 10 Nr 4 zu berücksichtigen. Es müßte aber bei endgült Eintr selbst neue GrdstBelastg ergeben; zB Anspr auf Neubestell od Erweiterg im Ggs zu Anspr auf Aufhebg, Übertr od RangÄnderg (BGH **53**, 47; krit Häsemeyer KTS **71**, 22). Es ist wie ein bdgtes R zu behandeln: ZVG 50, 51, 114, 119, 120, 124, 125; insb ErsBetr zu bestimmen, den Ersteher neben Bargebot zahlen muß, wenn gesicherter Anspr nicht besteht od nicht entsteht. Ist das R des betreibend Gläub dem VormkgsBerecht ggü unwirks, so fällt die Vormkg bei Einräumg eines R in das geringste Gebot u bleibt bei Zuschlag bestehen (ZVG 52); anderenf erlischt sie mit Zuschlag (ZVG 91) u WertErsAnspr (ZVG 92) für VormkgsBerecht. Im VerteilgsVerf Auszahlg des auf die Vormkg entfalldn ErlösAnteils erst nach endgült Feststellg des Anspr (RG **55**, 217).

bb) AuflassgsVormkg. Ist sie **vorrangig ggü dem R des betreibdn Gläub,** soi st ZwVerst deshalb nicht ausgeschl (RG **125**, 242 [251]). ZPO 772 nicht anwendb, da Vormkg kein VeräußergsVerbot (str). AuflVormkg gehört auch bei bdgtem Anspr in geringstes Gebot (BGH **46**, 124). Wird VormkgsBerecht vor Zuschlag als Eigtümer eingetr, so ist Verf aufzuheben (ZVG 28). Vormkg als solche dagg kein der ZwVerst entggestehdes R iSv ZVG 28, 37 Nr 5 (BGH **46**, 124). Aber beeinträchtigte Vfg iW der ZwVollstr relativ unwirks u VormkgsBerecht kann vom Ersteher Zust zur Aufl (§ 888 I) u Herausg verlangen (RG **133**, 267). Ersteher hat keinen Anspr auf GgLeistg (Kaufpr) des VormkgsBerecht (str), kann aber, wenn er Gläub des bish Eigtümers ist, dessen KaufprAnspr pfänden. – Ist sie **nachrangig ggü dem R des betreibdn Gläub,** so kommt sie nicht in das geringste Gebot u erlischt mit Zuschlag (ZVG 91); VormkgsBerecht hat WertErsAnspr (ZVG 92). Erlös ist bdgt zuzuteilen u zu hinterlegen; str, ob dabei vom VormkgsBerecht zu erbringe GgLeistg abzuziehen (nein: RG **144**, 284; Erm-Westermann Rdn 23; ja: Wörbelauer DNotZ **63**, 721; Keuk aaO).

c) Vergleich. Vergl nach VerglO 82 II berührt R aus einer Vormkg nicht (VerglO 87 I, vgl auch 50 IV); ebsowenig ZwVergl (KO 193). VormkgsBerecht ist nicht VerglGläub (VerglO 26 I). Sicherg iSv VerglO ist auch iW der ZwVollstr erlangte Vormkg.

5) Rangwirkg (III). – a) Die Vormkg (auch AuflVormkg) steht im RangVerh (§ 879) zu den eingetr Ren (KG JFG **10**, 224). RangÄnderg (KG aaO) u bei bewilligter Vormkg auch RangVorbeh mögl. Bei mehreren ranggl AuflVormkgen ist die erste Übereignng den u VormkgsBerecht ggü wirks (Holderbaum JZ **65**, 712; aA Erm-Westermann Rdn 8; Lüdtke-Handjery Betr **74**, 517: BruchtEigt der VormkgsBerecht; vgl auch Promberger MittBayNot **74**, 145). – **b)** Wird der gesicherte Anspr dch Herbeiführg der dingl RÄnderg erfüllt, so verwirklicht sich die Rangwahrg, indem krG das **Recht,** in das die Vormkg umgeschrieben w, den **Rang der Vormkg** erhält. Ztpkt der Umschreibg unerhebl. Ist für V eine HypVormkg eingetr u w ihrer Umschreibg mit dem H eine Hyp bestellt, so hat der danach für V eingetr Hyp ohne weiteres den Rang vor H (§ 879 I 1): die Hyp des V steht im GB räuml vor der des H, weil eine HypVormkg in die linke Halbspalte eingetr w, die vorgemerkte Hyp dann in die freie rechte Halbspalte (vgl GBVfg 12, 19); w vor Umschreibg für N ein Nießbr eingetr, so hat die Hyp des V den Vorrang vor N (§ 879 I 2): die VormkgsEintr datiert vor der des Nießbr. Evtl Rangvermerk kann bei Eintr der Hyp ausgesprochen w. Voraussetzg ist, daß die Vormkg noch bestand, als der gesicherte Anspr erfüllt wurde (KG JW **31**, 1202) u das endgült R in RangVerh stehen kann (KG JFG **8**, 318; vgl § 879 Anm 2); über Eintr einer SichHyp nach ZPO 848 vgl KG aaO.

884 *Haftung des Erben.* Soweit der Anspruch durch die Vormerkung gesichert ist, kann sich der Erbe des Verpflichteten nicht auf die Beschränkung seiner Haftung berufen.

1) Stirbt der Schu des durch die Vormkg gesicherten Anspr, so hat ihn nach allg Grdsätzen der Erbe zu erfüllen, § 884 gewährt dem Gläub einen bes Schutz: der Erbe haftet unbeschränkt u unbeschränkbar, soweit Anspr u Vormkg sich decken. Ähnlich §§ 768 I 2, 1137 I 2, 1211 I 2, SchiffsRG 10 IV. Auch die aufschiebenden Einreden stehen ihm nicht zu, § 2016. Ferner wird dem Gläub vom Aufgebot nicht betroffen, §§ 1971 S 2, 1974 III, 2060 Nr 2. Jedoch muß die Vormkg vor dem Erbfall eingetr od von dem Erben bewilligt worden sein; letzteres str; vgl Erm-Westermann Rdz 1 mit Nachw. Vgl aber §§ 1990 II, 2016; KO 221 II.

885 *Begründung der Vormerkung.* I Die Eintragung einer Vormerkung erfolgt auf Grund einer einstweiligen Verfügung oder auf Grund der Bewilligung desjenigen, dessen Grundstück oder dessen Recht von der Vormerkung betroffen wird. Zur Erlassung der einstweiligen Verfügung ist nicht erforderlich, daß eine Gefährdung des zu sichernden Anspruchs glaubhaft gemacht wird.

Allgemeine Vorschriften über Rechte an Grundstücken § 885 1–3

II Bei der Eintragung kann zur näheren Bezeichnung des zu sichernden Anspruchs auf die einstweilige Verfügung oder die Eintragungsbewilligung Bezug genommen werden.

1) Allgemeines. § 885 gibt SonderVorschr für Begründg einer Vormkg; § 873 nicht anwendb, da keine Begründg dch Einigg (vgl Anm 3). Sie gilt auch, wenn bei schon eingetr Vormkg der gesicherte **Anspr geändert od erweitert** w soll (BGH **LM** § 883 Nr 6); auch bei Verlängerg der AnnFr für Kaufangebot (Köln **NJW 76**, 631; krit Promberger Rpfleger **77**, 157). Bei bloßer AnsprEinschränkg bleibt Vormkg insow bestehen, so daß keine NeuEintr notw sond GB-Berichtigg (vgl Weber BlGBW **64**, 43).

    a) **Voraussetzgen** für wirks Vormkg: Vormerkb Anspr (§ 883 Anm 2), einstw Vfg (Anm 2) od Bewilligg (Anm 3), Eintr (Anm 4); alle drei müssen sich decken. Einstw Vfg muß der Eintr vorausgehen (KGJ **46**, 200 [208]), ohne sie ist Eintr unwirks; bei Bewilligg ist (entspr § 873) Reihenfolge gleichgült (W-Raiser § 48 Fußn 15; aA KG aaO).

    b) **Gesetzl VfgsBeschränkgen** (Übbl 12 vor § 873) sind von Fall zu Fall darauf zu prüfen, ob Eintr einer Vormkg der Gen bedarf. Meist w Gesetzeszweck dch Eintr einer Vormkg nicht beeinträchtigt, weil die Gen des vorgemerkten Anspr versagt w kann. – **aa) Genehmiggsfrei** ist Vormkg für genehmiggsbedürft RGesch nach GrdstVG 2, BBauG 19, 51 (BayObLG **69**, 303), StBauFG 15 (LG Hann DNotZ **74**, 295), AVO zu RHeimstG 21, BVersG 75 (aA RG **134**, 182), DevisenR (KG JFG **17**, 184; aA BayObLG DNotZ **52**, 578), ErbbRVO 5 (Köln NJW **68**, 505; str), WEG 12 (BayObLG **64**, 237), § 1365 (BayObLG **76**, 15). – **bb) Genehmiggsbedürft** ist Vormkg iFv § 1821 Nr 1 (Oldbg DNotZ **71**, 484; aA LG Stade MDR **75**, 933) u bei Beschlagn nach StPO 290ff, AO 399.

2) Einstweilige Vfg. Sie ersetzt die Bewilligg des Betroffenen u muß sich daher gg den von der Eintr der Vormkg Betroffenen (Anm 3b) richten. Jeder Gläub eines vormerkb Anspr (sowie der PfdR- u PfdgsGläub; Hoche NJW **56**, 146) kann sie erwirken, selbst wenn er bei AnsprBegründg auf sie verzichtet hat (Ffm NJW **58**, 1924; Friese DNotZ **55**, 243); nach Bewilligg fehlt aber RSchutzInteresse für einstw Vfg, sofern nicht nur ZPO 895 gegeben u Gläub Sicherh leisten muß (Celle MDR **64**, 333). Über Vormkg aGrd vorl Anordng nach LwVG 18 vgl Celle NdsRpfl **65**, 245.

    a) **Verfahren**: ZPO 935ff. – Zuständ ist nur das ProzGer, nicht das GBA u in LandwSachen auch nicht das LandwGer (Celle NdsRpfl **64**, 268; Oldbg NdsRpfl **67**, 271). – Zu sichernder Anspr ist glaubh zu machen (ZPO 920 II, vgl aber 921 II), nicht aber seine wg EintrGrds stets gegebene Gefährdg (**I 2**) u bes SicherhsBedürfn (Hamm MDR **66**, 236). Einstw Vfg zwar wg betagter u bedgter Anspr, nicht aber wg künft Anspr zul (weil ZPO 926 nicht erfüllb; RG **74**, 158; vgl dazu StJP § 916 Anm II 3). – Über Vormkg einer GesHyp vgl KG JFG **5**, 328. – Vollziehg mit Eingang des EintrAntr/Ersuchens beim GBA (ZPO 932 III). Beide VollziehgsFr des ZPO 929 II u III müssen gewahrt sein; sonst Vormkg nichtig u Umschreibg in endgült R unzul (RG **151**, 155); auch keine Umdatierg der Eintr auf neue einstw Vfg (KG HRR **29**, 1823). Wg Löschg vgl § 886 Anm 1b cc.

    b) **Inhalt.** Sie muß alle Erfordern für sie ersetzden Bewilligg enthalten, insb den Berecht u Verpflichteten sowie den Ggst (nicht den SchuldGrd) des vorzumerkden Anspr; vgl ferner GBO 28 (Düss Rpfleger **78**, 216).

    c) **§ 878** auf erzwungene Vormkg nicht entspr anwendb, da Eingetragener nicht über Eigt od GrdstR verfügt.

    d) **Gutgl Erwerb** (Ersterwerb) erzwungener Vormkg nicht mögl, da BuchBerecht nicht verfügt.

3) Bewilligg des Betroffenen. Einseit empfangsbedürft WillErkl; Einigg nicht erforderl (BGH **28**, 182; aA E. Wolf § 13 B III b). In EintrBew für R liegt noch nicht VormkgsBewilligg (str). Materiellrechtl formfrei (RG JW **26**, 1955), formellrechtl gilt GBO 29. Vormkg aGrd einstw Vfg hindert Vormkg aGrd Bewilligg nicht (KG JR **27**, 1021); nachträgl Bewilligg im GB eintragb (KGJ **20**, 79), dann Löschg nach GBO 25 ausgeschl.

    a) **Abgabe der Bewilligg** ggü Gläub (Baur § 20 III 1 a; aA RGRK Anm 14) od GBA. Tod des Gläub nach Zugang der Bewilligg beim GBA u seine Eintr läßt Vormkg für Erben entstehen (RG JW **26**, 1955). Bei Urt auf Bewilligg der Eintr einer Vormkg gilt Bewilligg mit RKraft als abgegeben (ZPO 894). Bei Urt auf Bewilligg der Eintr einer dingl RÄnderg gilt Eintr einer Vormkg mit Verkündg vorl vollstreckb Urt als bewilligt (ZPO 895; vgl auch Anm 2); Eintr erfordert weder VollstrKlausel noch Zustellg (vgl BGH Rpfleger **69**, 425), aber Nachw angeordneter SicherhLeistg.

    b) **Betroffen** ist der ggwärt wahre Inh des dingl R, das dch die Erfüll des gesicherten Anspr übertr od beeinträchtigt w; auch wenn sich der Anspr erst gg den Erben richtet (KG DR **40**, 796). Nicht ein DrBerecht (zB PfdGläub an Hyp, deren Aufhebg vorgemerkt); diesen schützt § 876. Bei Mehrh von RInh sind alle betroffen. An die Stelle des RInh tritt der VfgsBerecht (KonkVerw, TestVollstr). Bei gleichzeit Eintr eines R u einer Vormkg daran genügt Bewilligg des GrdstEigtümers, die beschr R bewilligt (KG JFG **11**, 269; Hieber DNotZ **58**, 379). Für Bewilligg eines NichtBerecht gilt § 185; hieraus folgt aber kein R des AuflEmpfängers, für sich AuflVormkg eintragen zu lassen (aA Hieber DNotZ **54**, 67). Zur Frage, ob AuflEmpfänger seinen Abkäufer dch Vormkg sichern kann, vgl § 925 Anm 6 b bb.

    c) **§ 878** ist auf bewilligte Vormkg entspr anwendb (BGH **28**, 182). Er verhilft zur Vormkg, wenn diese rechtzeit iSv § 878 beantragt war u Betroffener vor Eintr vfgsbeschr geworden ist; Vormkg sichert dann auch REerwerb, auf den gesicherten Anspr zielt. VfgsBeschrkg nach VormkgsEintr hindert REerwerb nicht. – Dies gilt auch bei fingiertem rgesch Erwerb nach ZPO 894, 898; nicht aber iFv ZPO 895.

    d) **Gutgl Erwerb** (Ersterwerb). § 893 Fall 2 ist auf die bewilligte Vormkg anwendb (§ 893 Anm 2). Ebso bei fingiertem rgesch Erwerb nach ZPO 894, 898; nicht aber iFv ZPO 895 (aA Reinicke NJW **64**, 2373). Gesicherter Anspr muß aber bestehen; er w vom öff Gl des GB nicht erfaßt. – **aa) Beim Erwerb vom**

§ 885 3–5

wahren Berecht w der gute Gl an das Nichtbestehen nicht eingetr Re u VfgsBeschrkgen geschützt. – **bb)** Vom nur **BuchBerecht** w die Vormkg erworben, wenn der Erwerber zZ des EintrAntr gutgl u vor Eintr weder wahrer Berecht noch Widerspr gg Richtigk des GB eingetr. VormkgsErwerber erwirbt vorgemerktes R später auch (es sind ZwVfg ihm ggü unwirks), wenn vor Umschreibg der Vormkg wahrer Berecht od Widerspr eingetr od er bösgl geworden (BGH **57**, 341; Baur § 20 VI 2 c; Canaris JuS **69**, 80; Medicus Rdn 554; Reinicke NJW **64**, 2373; aA Goetzke-Habermann JuS **75**, 82; Wiegand JuS **75**, 205 zu V 1 b). Wird wahrer Berecht vor Umschreibg eingetr, so hat VormkgsBerecht gg ihn entspr § 888 Anspr auf Bewilligg der Eintr aGrd Einigg mit BuchBerecht (Baur aaO; Lutter AcP **164**, 122 Fußn 213; Roloff NJW **68**, 484; aA J. Baur JZ **67**, 437: auf Zust zur Einigg nach § 185; Düss DNotZ **71**, 372 u Kupisch JZ **77**, 486 zu V 1: auf RVerschaffg; vgl auch zum GBVerf Canaris aaO. – **cc)** Auch vom falschen **Erbscheinserben** kann gutgl erworben w, § 2366 (BGH **57**, 341).

4) Eintragg. Die EintrStelle im GB regeln GBVfg 12, 19.

a) Voraussetzgen. – Antr (GBO 13) od Ersuchen des ProzGer der einstw Vfg (GBO 38, ZPO 941); uU Vorlage des GrdPfdRBriefs (GBO 41), den AntrSteller sich beschaffen muß. Bei Eintr aGrd einstw Vfg müssen VollziehgsFr gewahrt sein (vgl Anm 2 a). – **EintrBew** (GBO 19) in der Form GBO 29 **od einstw Vfg.** Sie muß inhaltl den Erfordern der beantragten Eintr entsprechen (KG OLGZ **72**, 113); dazu Anm 4 c. Eintr aGrd EintrBew abzulehnen, wenn GBA weiß, daß zu sichernder Anspr nicht vormerkb ist od keine feste RGrdLage iSv § 883 Anm 2 e, f vorh); bloße Zweifel insow rechtfertigen weder ZwVfg noch AntrZurückweisg (KG aaO). – **VorEintr** (GBO 39). GBO 40 anwendb (KG JFG **7**, 328). Daher keine Vormkg zur Sicherg der Abtr einer vorl EigtümerGrdSch (BayObLG **69**, 316; dazu Rimmelspacher JuS **71**, 14); vgl auch § 925 Anm 6 b bb (Vormkg für Abkäufer des AuflEmpfängers). – **Zustimmg** zwzeitl eingetr Berecht (§ 877), wenn schon vorgemerkter Anspr ohne NeuEintr geändert od erweitert w soll u sie davon betroffen (vgl Anm 1).

b) Teilfläche. VormkgsEintr ohne vorh Abschreibg (GBO 7) zul (BayObLG **73**, 309), wenn Lage u Größe dem VerkBedürfn entspr zweifelsfrei bezeichnet (BGH NJW **72**, 2270; BayObLG **56**, 408); dabei GBO 28 S 1 nicht förmlend anzuwenden (Hamm OLGZ **70**, 447); katasterm Vermessg nicht notw. Bezeichng in EintrBew dch wörtl Beschreibg (Mü DNotZ **71**, 544) od dch Bezug auf beigefügte (BeurkG 44) Karte (Lageplan, Skizze), auch wenn keine öff Urk iSv GBO 29 (BGH aaO). Bei geringem Unterschied zw vorgemerkter u später abvermessener Teilfläche wirkt Vormkg auch für letztere (BGH DNotZ **71**, 95). – Zu unterscheiden von Vormkg hins noch zu bestimmder Teilfläche (vgl § 883 Anm 2 a), die ganzes Grdst erfaßt.

c) Inhalt. Bezeichng als Vormkg nicht notw; Eintr als Widerspr unschädl, wenn ansprSicherg in EintrVermerk erkennb (Karlsr NJW **58**, 1189). Gläub, Schu u gesicherter Anspr (nach Ggst, Art u Umfang der RÄnderg) sind anzugeben (KG JFG **9**, 202; OLGZ **69**, 202; **72**, 113). Der SchuldGrd ist nicht anzugeben (KG aaO; nach BGH LM § 883 Nr 1 gg Jansen DNotZ **53**, 382 aber bei mehreren inhaltl gleich Anspr eines Gläub) u daher vom AntrSteller auch nicht nachzuweisen; Angabe falschen SchuldGrd unschädl, wenn richtiger feststellb. – **EintrVermerk** selbst muß Gläub (BayObLG MittBayNot **75**, 93) sowie Art u Umfang der Leistg (KG JFG **4**, 407; JW **31**, 2743) angeben. Iü Bezugn zul (**II**), auch hins ZwVollstrKlausel (KG JFG **4**, 407). § 1115 I gilt hier nicht; mangels Angabe des Zinsbeginns bei HypVormkg sind Zinsen ab HypEintr gesichert (LG Lüb SchlHA **57**, 99).

d) Nach KonkEröffng keine Eintr aGrd einstw Vfg (KO 14 II); für bewilligte Vormkg gilt KO 7. Vgl ferner KO 221 II (dazu Hamm NJW **58**, 1928), 236; VerglO 47, 50 IV. – Über Eintr währd **Flurbereiniggs-Verf** vgl LG Bn NJW **64**, 870; währd **BaulandumleggsVerf** vgl LG Wiesb Rpfleger **72**, 307.

e) RMittel. GBO 71 II soweit gutgl Erwerb vom eingetr VormkgsBerecht mögl, sonst GBO I 1 (vgl § 899 Anm 3 b).

5) Übertragg. Grds gelten entspr für **Pfändg** (Ffm Rpfleger **75**, 177) u **Verpfändg.**

a) Nur der **gesicherte Anspr** ist übertragb. Mit dessen Abtr geht auch die Vormkg gem § 401 u Umschreibg im GB über (BayObLG **62**, 322); Umschreibg ist GBBerichtigg. Bei Ausschl des Übergangs erlischt Vormkg mit AnsprAbtr (KGJ **43**, 209). Übergang der Vormkg auch, wenn nur TeilAnspr abgetreten w (zur TeilAbtr eines AuflAnspr vgl BayObLG Rpfleger **72**, 17 Anm Vollkommer). Übertr der dch Aufl erlangten RStellg (§ 929 Anm 6 b) bewirkt Übergang der Vormkg nur, wenn zugl noch nicht erfüllter AuflAnspr abgetreten w (§ 929 Anm 6 a).

b) Gutgl Erwerb (Zweiterwerb) ist denkb, wenn nur BuchVormkgsBerecht (weil VormkgsBestellg unwirks od Vormkg vom NichtBerecht bösgl erworben) bestehden Anspr (Vormkg ermöglicht keinen gutgl Erwerb des Anspr) gg denjenigen, für den betroffenes R eingetr, an gutgl Dr abtritt. BGH **25**, 16 (mit unzutreffder Beschrkg auf Erwerb vom Bösgläubigen) bejaht dies ohne Begr; Schrifft stimmt zT zu, da dch Eintr VertrauensTatbestd (Westermann § 85 IV 4; Wunner NJW **69**, 113; vgl auch Kempf JuS **61**, 22; Furtner NJW **63**, 1484; 37. Aufl). Die hM in Schrifft verneint: zT weil gutgl Erwerb nur aGrd RGesch u nicht aGrd § 401 mögl (Baur § 20 V 1 b; Lent-Schwab § 15 VII; E. Wolf § 13 C II b; M. Wolf Rdn 218; Rahn BWNotZ **70**, 25; Reinicke NJW **64**, 2373; dagg Wunner aaO), zT weil kein Bedürfn (Baur aaO; Medicus Rdn 557), zT weil BuchVormkgsBerecht selbst nichts erwirbt (Kupisch JZ **77**, 486 zu IV) u zT weil kein RGesch mit BuchBerecht über eingetr R (Canaris JuS **80**; Wiegand JuS **75**, 205 zu V 2). Letztes Argument erscheint überzeugt, obwohl prakt Bedürfn für gutgl Erwerb zB bei KettenAufl (Notar muß sonst für jeden Zessionar Vormkg vom AnsprSchu bewilligen lassen).

Allgemeine Vorschriften über Rechte an Grundstücken §§ 886–888

886 *Beseitigungsanspruch.* Steht demjenigen, dessen Grundstück oder dessen Recht von der Vormerkung betroffen wird, eine Einrede zu, durch welche die Geltendmachung des durch die Vormerkung gesicherten Anspruchs dauernd ausgeschlossen wird, so kann er von dem Gläubiger die Beseitigung der Vormerkung verlangen.

1) Anfängl **unwirksame und erloschene Vormkgen** haben keine Sichergs- u keine Rangwirkg; sie können nicht in eine vorgemerkte R umgeschrieben w. Bei Erlöschen einer HypVormkg entsteht keine EigtümerGrdSch (RG 65, 260). – **Zu Unrecht gelöschte Vormkg** wirkt fort (§ 883 Anm 3). GB ist unricht u Gläub hat Anspr aus § 894; Widerspr gem § 899, GBO 53 zul (RG 132, 419), nicht aber bei relativ unwirks erworbenem R eintragb. Über WiederEintr der Vormkg vgl BayObLG 61, 63. Für ZwVerst gilt im Hinblick auf ZVG 28 aber nur die formelle RLage (LG Stade DNotZ 68, 636).

a) Die Vormerkg ist **anfängl unwirks,** wenn die Bewilligg od die Vollziehg einstw Vfg (RG 81, 288) unwirks ist od wenn gesicherter Anspr nicht entstanden (BGH 57, 341).

b) Die Vormkg **erlischt**: – aa) Dch **AufgErkl** des VormkgsBerecht u Löschg (auf LöschgsBew nach GBO 19) entspr § 875; nicht alleine dch Löschg auf Antr u Bewilligg (BGH 60, 46), doch kann LöschgsBew die AufgErkl enthalten (vgl § 875 Anm 3 a). § 1183 gilt nicht. Bei Vormkg betr R an GrdstR genügt Aufg-Erkl (str; Planck-Strecker Anm 1 b). AufgErkl hinsichtl aller vor EigtErwerb des Bewilligden eingetr Belastgen erfaßt für späteren AuflVormkg nur bei gleichzeit Löschg aller ZwRe (BGH aaO). – **bb)** Wenn **gesicherter Anspr erlischt,** zB dch Erlaß, Rücktr, Konfusion (BayObLG 13, 175) od nach §§ 158, 163. Dch Erf aber erst, wenn alle aGrd relativ unwirks Vfg eingetr Re beseitigt (BGH BB 64, 576). Erlöschen gleichzustellen die endgült Umwandlg in GeldAnspr (Effertz NJW 77, 794: Erlöschen nachrang Vormkg nach Erf vorrang gesicherten Anspr). – **cc)** Nach **GBO 25** dch Aufhebg der einstw Vfg od des vorl vollstreckb Urt; Löschg nur GBBerichtigg (BGH 39, 21). – **dd)** Bei **AnsprAbtr** unter Ausschl des Vormkgs-Übergangs (KGJ 43, 209). – **ee)** Nach **§§ 158, 163**. Zulässigk einer Klausel nach GBO 23 II w bejaht bei AuflVormkg, wenn diese (nicht der Anspr) auf Lebenszeit des Berecht bestellt, da etwa eingetr vormkgswidr Re Rückständen iSv GBO 23 I gleichzustellen (LG Bchm Rpfleger 71, 314; LG Köln RhNK 75, 560; Gantzer MittBayNot 72, 6; aA Düss RhNK 75, 485). – **ff)** Nach **§ 887**. – **gg)** Vgl auch RSiedlG 9, BBauG 24 IV 5.

c) **GBVerf.** – aa) Unwirks od erloschene Vormkg macht das GB unricht; **Löschg** aGrd Berichtiggs-Bewilligg od entspr GBO 22, wenn Unwirksamk od Erlöschen gem GBO 29 nachgewiesen (BayObLG Rpfleger 75, 395; 76, 13), auch gem GBO 84. Sonst Klage des betroffenen RInh gg Gläub entspr § 894 (RG 163, 62). – bb) Nach Eintr der vorgemerkten R keine Löschg der Vormkg v Amts wg, solange gesicherter Anspr noch nicht erfüllt (zB weil ZwRe noch eingetr od Erf aus and Grd [zB VfgsBeschrkg] unwirks). Bei beschr dingl R zul aber **Umschreibg** in vorgemerktes R mit schlichter Rötg der Vormkg (GBVfg 19 II), da R u Vormkg in gleicher Abt u Spalte (GBVfg 12 I b); Vormkg wirkt dann fort (BGH 60, 46). Zulässig derart Umschreibg bei AuflVormkg bestr, weil Eigt u AuflVormkg gegen GBVfg 9, 12 I a in versch Abt eingetr (nein: Hoche DNotZ 52, 21; KEHE GBVfg 19 Rdn 3; ja: Hieber DNotZ 52, 23; Ripfel Rpfleger 62, 200); zur Löschg auf Antr u Bewilligg vgl Düss DNotZ 65, 751; BayObLG Rpfleger 75, 395.

2) **BeseitiggsAnspr** bzgl wirks Vormkg gibt § 886. Kann Schu Erf des bestehden Anspr aGrd sachlrechtl Einrede dauernd verweigern (zB §§ 222 I, 821, 853), so hat Gläub (auch dessen KonkVerw) die Vormkg zu beseitigen (GBO 13, 19; nicht bloß zuzustimmen wie nach § 894). Auch der RNachf des urspr Schu kann den Anspr geltd machen (Jahr JuS 64, 299); ebso, weil auch von Vormkg betroffen (§ 1004), nachstehde dingl Berecht (Wörbelauer DNotZ 63, 594; Ripfel BWNotZ 69, 34).

887 *Ausschluß unbekannter Berechtigter.* Ist der Gläubiger, dessen Anspruch durch die Vormerkung gesichert ist, unbekannt, so kann er im Wege des Aufgebotsverfahrens mit seinem Rechte ausgeschlossen werden, wenn die im § 1170 für die Ausschließung eines Hypothekengläubigers bestimmten Voraussetzungen vorliegen. Mit der Erlassung des Ausschlußurteils erlischt die Wirkung der Vormerkung.

1) **Voraussetzgen**: § 1170 Anm 2. – **AufgebotsVerf**: ZPO 988, 1024. – **Wirkg** (S 2): Die Vormkg erlischt; auch eine HypVormkg, weil § 1163 nicht anwendbar ist. Sie ist im Wege der Berichtigg zu löschen. Über Vorbehalte im AusschlUrteil vgl § 1170 Anm 4a. Der gesicherte Anspr erlischt nicht.

888 *Verwirklichung des Anspruchs; Veräußerungsverbot.* ^I Soweit der Erwerb eines eingetragenen Rechtes oder eines Rechtes an einem solchen Rechte gegenüber demjenigen, zu dessen Gunsten die Vormerkung besteht, unwirksam ist, kann dieser von dem Erwerber die Zustimmung zu der Eintragung oder der Löschung verlangen, die zur Verwirklichung des durch die Vormerkung gesicherten Anspruchs erforderlich ist.

^{II} Das gleiche gilt, wenn der Anspruch durch ein Veräußerungsverbot gesichert ist.

1) **Allgemeines.** – a) Vorgemerktes R w nach allg Grds eingetr, solange betroffenes R noch für Schu eingetr. Bei beschr dingl R muß EintrBew od sie ersetzdes Urt wg § 883 III Ausübg der Vormkg ergeben (LG Ffm Rpfleger 77, 301). Bei teilb R (zB Hyp, Reallast) **stufenw Ausnutzg** der Vormkg zul (BayObLG 62, 322; 77, 93). HypVormkg nicht in ZwangsHyp aGrd ZahlgsTit umschreibb (KG JW 31, 1202); wohl aber mit Zust des VormkgsBerecht in GrdSch (u umgekehrt), da HypEintr u anschließde Umwandlg gem § 1198 übertriebene Förmelei.

§ 888 1–4 3. Buch. 2. Abschnitt. *Bassenge*

b) Eintr aGrd vormkgswidr Vfg (vgl § 883 Anm 3 c) macht das GB nicht unrichtig (RG **132**, 424); VormkgsBerecht hat keinen BerichtiggsAnspr aus § 894. Zur **Dchsetzg des gesicherten Anspr** kann VormkgsBerecht vom Schu als schuldr AnsprGrdLage Erfüllg (Anm 2) u vom DrErwerber aus **I** dessen nach GBO 19 notw Zust (Anm 3) verlangen; Zust eines Nacheingetragenen aber nicht notw, wenn vorgemerktes R nach § 883 III den Vorrang hat (vgl § 883 Anm 5 b). Klage gg beide gleichzeit od einzeln in beliebiger Reihenfolge (BGH BB **58**, 1225; Düss OLGZ **77**, 330; aA Wörbelauer DNotZ **63**, 589: idR erst gg Schu). – I entspr anwendb, wenn nach AuflVormkg Veräußerungsverbot eingetr (BGH **LM** Nr 1). Über Anwendbark ggü wahrem Berecht, der nach gutgl VormkgsErwerb eingetr, vgl § 885 Anm 3 d.

2) **RVerhältn VormkgsBerecht – Schuldner.** Nur der Schu des gesicherten Anspr ist zur Herbeiführ der dingl RÄnderg verpflichtet. Ihn hat der VormkgsBerecht notf aus dem SchuldVerh zu verklagen; dadch w Grdst/GrdstR nicht streitbefangen iSv ZPO 265 (BGH **39**, 21; Link NJW **65**, 1464) u ZPO 24 gilt nicht. Schu hat die Erkl abzugeben, die die vorgemerkte RÄnderg herbeiführt; er kann sich wg § 883 I, nicht auf Unmöglichk berufen. Kann VormkgsBerecht vorgemerkte RÄnderg aGrd pers SchuldVerh auch vom DrErwerber verlangen, so Mitwirkg des Schu nicht notw (BGH BB **58**, 1225).

3) **RVerhältn VormerkgsBerecht – Dritterwerber.**
  a) **ZustimmgsAnspr.** VormkgsBerecht kann vom DrErwerber (der nicht Schu des gesicherten Anspr) Zust zur dingl RÄnderg u ggf Vorlage des GrdPfdBriefs (KG JFG **5**, 327) verlangen. Dieser unselbstd HilfsAnspr ist nur zus mit dem gesicherten Anspr abtretb (RG JW **27**, 1413) u verjährt nicht (Weber BlGBW **64**, 23); er unterliegt § 284 (Baur § 20 IV 1 b mwN; aA BGH **49**, 263; Lange/Scheyhing, Fall 4 zu II).
  aa) **Welche Zustimmg** zu erklären ist, hängt von der Art der Vormkg u der Beeinträchtigg ab. IdR Zust zu der mit dem Schu vereinbarten RÄnderg. Ist lastenfreie RÜbertr vorgemerkt, so hat Erwerber einer zwzeitl Belastg deren Löschg zuzustimmen (KG JFG **5**, 324); doch kann VormkgsBerecht auch Verzicht od Übertr an sich verlangen (str). Ist AuflAnspr abgetreten, kann AbtrEmpfänger Zust zu seiner Eintr verlangen (RG JW **27**, 1413). Ist der DrErwerber buchm an Stelle des Schu vfgsbefugt, so darf er auch selbst gem § 267 I die zur RÄnderg notw Erkl (zB Aufl) abgeben (BGH BB **58**, 1225; KGJ **51**, 192).
  bb) Der DrErwerber kann **Einreden u Einwendgen** aus seinem **pers RVerh zum VormkgsBerecht** geltd machen (BGH **LM** § 883 Nr 6); sie gehen mit Übertr des vormkgswidr erworbenen R nicht ohne weiteres auf dessen Erwerber über (RG **142**, 331; **143**, 159). – Ferner entspr §§ 768, 1137, 1211 **solche des Schu** gg den gesicherten Anspr (BGH aaO), auch wenn Schu auf sie verzichtet hat (Celle NJW **58**, 385) od schon rkräft zur Erfüllg verurteilt ist (RG **53**, 28); zB Nichtfälligk (Düss OLGZ **77**, 330). Anf- u RücktrR des Schu gibt Einrede entspr § 770 (Arndt DNotZ **63**, 597). RG **144**, 281 (zust Staud-Seuffert Rdn 6; 37. Aufl) versagt Berufg auf nur verzögerl Einrede wie §§ 320, 322; GgMeing (Celle aaO; Wörbelauer DNotZ **63**, 591; Arndt aaO; Westermann § 84 IV 4 c; W-Raiser § 48 III 1) ist zutr, da keine weitergehde Verpfl als Schu. – Weiter solche gg den **Bestand der Vormkg** (zB unwirks Bestellg, Erlöschen).
  cc) **ProzeßR.** VormkgsBerecht muß Bestehen u Fälligk des gesicherten Anspr beweisen. Urt zw ihm u Schu hat keine RKraft gg DrErwerber (RG **53**, 28); hieraus folgt Abweisg seiner Klage gg Schu fehlt der Klage gg den DrErwerber aber das RSchutzInteresse. – Für Klage gilt ZPO 24; sie macht das Grdst/GrdstR streitbefangen iSv ZPO 265 (BGH **39**, 21; Link NJW **65**, 1464).
  b) **Sonstige Anspr** (SchadErs, NutzgsEntsch, VerwendgsErs) sind insb bei AuflVormkg denkb; vgl ähnl Problemlage bei § 1098 Anm 3.
  aa) **DrErwerber noch Eigtümer** (Zeit zw EigtErwerb des Dr u dem des VormkgsBerecht). – Anspr **DrErwerber gg VormkgsBerecht:** MietzinsAnspr gem § 571, wenn MietVerh zw Schu u VormkgsBerecht bestand (BGH **LM** § 883 Nr 13). NutzgsEntschAnspr aus § 812, wenn VormkgsBerecht ohne RGrd (Vormkg gibt ihn nicht!) ihm ggü besitzt (BGH aaO). HerausgAnspr (§ 985) wenn VormkgsBerecht besitzt; hat VormkgsBerecht fäll AuflAnspr gg Schu u ZustAnspr gg DrErwerber, so kann er entgghalten, daß er Grdst nach Umschreib auf sich zurückverlangen kann. Kein Anspr auf VerwendgsErs aus §§ 677, 812, 994, denn DrErwerber war bei Verwendg Eigtümer (Hbg NJW **61**, 2350; vgl aber RG HRR **28**, 2276); entspr Anwendg von §§ 994, 999 I (Baur § 20 IV 1 e, Westermann § 84 IV 4 c) zwar interessengerecht aber dogmat bedenkl. – Anspr **VormkgsBerecht gg DrErwerber:** Kein HerausgAnspr (§ 985) gg besitzend DrErwerber. Bei Verschlechterg des Grdst dch DrErwerber ist VormkgsBerecht auf seine schuldr Anspr (SachmängelGewLeistg) gg den Schu angewiesen (Staud-Seuffert Rdn 7; aA Baur § 20 IV 1 e; Westermann § 84 IV 4 c: §§ 823, 1004), denn VormkgsBerecht hat and als dingl VorkBerecht keinen von § 985 unabhäng dingl HerausgAnspr u Vormkg schützt nur gg RGesch. Kein Anspr auf Nutzgen, denn EigtErwerb des VormkgsBerecht wirkt nicht zurück (W-Raiser § 48 Fußn 26).
  bb) **VormkgsBerecht schon Eigtümer,** DrErwerber noch Besitzer: §§ 987 ff gelten für Verschlechterg, Nutzgen u Verwenden nach EigtErwerb des VormkgsBerecht. Bösgläubig iSv § 990 w idR dch VormkgsEintr begründet (Staud-Seuffert Rdn 6), and uU bei künft od aufschiebd bdgt Anspr.

4) **VeräußergsVerbot (II)** : nur relatives aus §§ 135, 136, nicht aGrd Bewilligg (§ 137). Obwohl § 1365 absolutes VeräußergsVerbot, ist wg subj Theorie (§ 1365 Anm 2 b) gerichtl Verbot widersprechder Vfg eintragb (Celle NJW **70**, 1882) u unterliegt II. – a) Es kann schuldr Anspr aller Art (zB auf Duldg der ZwVollstr) u dingl Anspr sichern; ggf gleichzeit Sicherg dch Vormkg u VeräußergsVerbot zul. VeräußergsVerbot aGrd einstw Vfg (ZPO 938 II) w mit Zustellg innerh der VollziehgsFr (ZPO 929 II) an Gegner wirks; Eintr (wohl erst ab Zustellg zul; Furtner MDR **55**, 136 gg hM) nicht notw, hindert aber gem § 892 I 2 gutgl Erwerb (RG **135**, 384), so daß ab Eintr keine GBSperre. GBA muß (auch ggü vorherigem EintrAntr) ihm bekanntes Verbot schon vor dessen Eintr beachten; dann also GBSperre (BayObLG **54**, 97; str), aber § 878 zu beachten. § 884 gilt nicht. Vgl ferner ZPO 772, KO 13. – b) Geschützter kann von DrErwerber gleiche Zust wie VormkgsBerecht verlangen. Auch zur Einräumg des Vorrangs, denn § 883 III gilt nicht.

Allgemeine Vorschriften über Rechte an Grundstücken §§ 888–890

5) Erwerbsverbot. Gesetzl nicht vorgesehen, von der Rspr aber als SichergsMaßn iRv ZPO 938 (zB zur Verhinderg der Heilg eines nichtigen KaufVertr nach § 313 S 2) zugelassen. Rspr u hM sehen in dem Verbot, einen EintrAntr zu stellen bzw aufrechtzuerhalten (dessen Nichtbeachtg sachlrechtl bedeutgslos wäre, da GBO 13 nur OrdngsVorschr), jedoch einen sachlrechtl Eingr in das ErwerbsR (BayObLG Rpfleger **78**, 306); nach aA suspendiert es vorl die Wirksamk der Aufl (Habscheid, Festschr Schiedermaier **76**, 245; Lange/Scheyhing, Fall 5 zu Fußn 4). Kein Verbot an GBA (RG **120**, 118). – **a)** Verbot w mit Zustellg der einstw Vfg innerh der VollziehgsFr (ZPO 929 II) an Erwerber wirks. GBA muß ihm bekanntes Verbot (auch ggü vorherigem EintrAntr) beachten u widersprechde Eintr ablehnen (BayObLG aaO); § 878 nicht anwendb (RG **120**, 118). Verbot mangels VorEintr des Erwerbers (GBO 39) nicht eintragb (KG JFG **18**, 192). – **b)** Verbotswidr Erwerb ist dem Geschützten ggü unwirks (RG **117**, 291; Mü OLGZ **69**, 196; Hamm OLGZ **70**, 438). Geschützter kann GBBerichtigg (§ 894) verlangen u diesen Anspr dch Widerspr (§ 899) sichern; uU auch GBO 53 I 1 (BayObLG **22**, 314).

889 Keine Konsolidation.
Ein Recht an einem fremden Grundstück erlischt nicht dadurch, daß der Eigentümer des Grundstücks das Recht oder der Berechtigte das Eigentum an dem Grundstück erwirbt.

1) Allgemeines. Das BGB läßt beschränkte Rechte an eigener Sache zu. Auswirkg des deutschrechtl Grdsatzes der Teilbark des Eigtums dem Inhalt nach, RG **142**, 235. In §§ 1009, 1196, 1199 Fälle der Bestellg solcher Rechte, vgl § 1196 Anm 1; über EigtümerDbk vgl Übbl 2 b vor § 1018; Einf 1 b vor § 1090. § 889 behandelt das nachträgl ZusTreffen von Eigt u beschr dingl R in einer Pers. Es wird im Liegensch- u im FahrnisR verschieden geregelt; Rechte am Grdst erlöschen nicht, § 889. Rechte an Fahrnis erlöschen regelm, §§ 1063, 1256. Rechte an GrdstRechten werden wie Fahrnis behandelt, §§ 1072, 1273 II, 1291.

2) Geltgsgebiet. Nur Rechte an fremden Grdst. Auch nichteingetragene, zB Überbau- u Notwegrenten, §§ 914 III, 917 II. Nicht Vormkgen. Nicht ZusTreffen von Eigt am Grdst u Nießbr od PfdR an einem GrdstR, §§ 1068 II, 1273 II; KGJ **47**, 196. EG 189 III umfaßt auch das ZusTreffen (str; Warn **16**, 19). Ausnahmen: §§ 914 III, 1107, 1178 I, 1200 I, SchiffsRG 64.

3) Grundsatz. Trotz des ZusTreffens bleiben die Rechte bestehen. Der Eigtümer hat alle Befugnisse des Inhabers des Rechts. Ausn: §§ 1177, 1197. Mit der Veräußerg des Grdst geht das Recht nicht ohne weiteres auf den Erwerber über; bes Übertragg nötig.

890 Vereinigung und Zuschreibung.
^I Mehrere Grundstücke können dadurch zu einem Grundstücke vereinigt werden, daß der Eigentümer sie als ein Grundstück in das Grundbuch eintragen läßt.

^{II} Ein Grundstück kann dadurch zum Bestandteil eines anderen Grundstücks gemacht werden, daß der Eigentümer es diesem im Grundbuche zuschreiben läßt.

Schrifttum: Röll, GrdstTeilungen, -vereiniggen u Bestandteilszuschreibgen im Anschl an Vermessgen, DNotZ **68**, 523. G. Müller, Die Bezeichng nicht vermessener GrdstTeile im VeräußergsVertr, DNotZ **66**, 77. Haegele, RFragen zur Veräußerg eines GrdstTeiles, Rpfleger **73**, 272. Minning, Die Vermessg aus der Sicht des Notariats, RhNK **73**, 671.

Vorbem: Unterscheide das **Grdst** i RSinn u das **Flurstück** als messgstechn Einh der Katasterführg. Im Idealfall sind Grdst u FlSt ident, doch kann ein Grdst auch aus mehreren FlSt gebildet sein. Vereinigg u Zuschreibg setzen mehrere Grdst im RSinn voraus. Grdsätzl muß dah ein Katasterparzelle als Teil eines Grdst im RSinn erst rechtl, bzw die Teilfläche einer Parzelle vordem noch gem GBO 2 III a kataster verselbständigt w. Im letzteren Fall kann dies unterbleiben, wenn der Verselbständigg nur vorübergehde Bedeutg zukommt. Man spricht dann von „**Zuflurstücken**" (Teilfläche wandert von FlSt X „zu Flurstück" Y). Sie gelten für § 890 als selbstd Grdst, sind aber als solche nicht in GB zu übernehmen, BayObLG DNotZ **72**, 350 mit Nachw. Str, ob ein Zuflurstück einem andern als **Bestandteil** zugeschrieben w kann, was wg § 1131 (Kosten!) bedeuts. BayObLG **57**, 356 verneint, da bei **Zuschreibg** die FlStNr jedenf des einen Grdst, als des HauptGrdst erhalten bleiben müsse, andernf als grdbuchtechn Spiegelbild der nachzuvollziehden katastermäß ZusSchreibg nur die Vereinigg (§ 890 I) mögl sei (ebso LG Nürnb-Fürth DNotZ **71**, 307; Ffm Rpfleger **76**, 245; aA Roellenberg DNotZ **71**, 286; Horber § 6 Anm 2 A; KEHE § 6 Rdz 6). BayObLG DNotZ **72**, 350 hält an seiner oa Ansicht jedenf für den Fall fest, daß VerändergsNachw vollzogen w soll, der katasterm Zusammenmessg ist; dieser entspreche eben nur das rechtl Spiegelbild der Vereinigg nach § 890 I. W einem Flurstück ein Zuflurstück zugeschrieben, so kann dies dch Bestandteilszuschreibg zu ersterem, aber auch dch Vereinigg beider eine vorläufig gemäß Verselbständigg des letzteren geschehen, BayObLG **74**, 19. Zur **Teilg** unten Anm 5 d. Dagg kann ein unselbstd GrdstTeil Ggst eines Kaufs sein, wenn er hinreichd umschrieben, BGH NJW **69**, 131, od Bestimmg wirks vorbehalten w, hierzu § 313 Anm 8 b; z Eintr u Löschg der Vormkg s § 883 Anm 3 d aa u § 885 Anm 4 b.

1) Allgemeines. Grdst können verändert werden durch **a)** Vereinigg, **b)** Zuschreibg als Bestandteil, **c)** Teilg. § 890 enthält die sachlrechtl Voraussetzgen für a u b. Die verfahrensrechtl enthalten GBO 5, 6. Über die Teilg vgl Anm 5. Landesrechtl Beschrkgen nach EG 119 Nr 3. Vgl auch EG 67, 112, 113. Die Zersplitterg eines wirtschaftl einheitl Grdbesitzes in mehrere rechtl selbständige Grdst ist unerwünscht. – Ohne sachlrechtl Folgen ist die **Zusammenschreibg** mehrerer selbständiger Grdst auf gemschaftl GBBlatt je unter bes Nummer, GBO 4 I; ledigl grundbuchtechn Verf, KG HRR **41**, 28. Jedes Grdst bleibt rechtl als selbständiges bestehen. Da Ausdruck „Zuschreibg" mehrdeutig, vgl auch Anm 4 a, Erkl des Eigtümers sorgfältig festzustellen. Im Zw gilt Vereinigg als gewollt, BayObLG DNotZ **72**, 350. Bei Vereinigg od

Zuschreibg entsteht ein einheitl Grdst; ZwVollstr wg der das ganze Grdst belastenden Rechte nicht mehr in die früheren Teile, nur in das ganze Grdst mögl.

2) Allgemeine Voraussetzgen der Vereinigg u Zuschreibg. Es muß sich um mehrere selbständige Grdst handeln (vgl Übbl 1 vor § 873). Nicht notwendig räuml od wirtschaftl ZusHang (RG **51**, 215) od Lage im Bezirk desselben GBA, vgl GBO 5. Sie müssen zZ der Eintr **demselben Eigtümer** gehören. Für grdstgleiche Rechte (§ 873 Anm 2a) gilt § 890 entspr. Keine Anwend von MitEigtAnteile. Streitig aber, wenn sie nach GBO 3 III gebucht sind; für Vereinigg in diesem Fall Bünger NJW **64**, 583; **65**, 2095; dagg Staudenmaier NJW **64**, 2145; Horber GBO 5 Anm 2 A a; Erm-Westermann Rdz 1. Nach Ffm Rpfleger **73**, 394; LG Düss RhNK **70**, 190 kann ein in BruchtGemsch stehdes Grdst einem in WEGemsch stehdn Grdst zugeschrieben u ins WEGB eingetr w, sof die Gemsch der Miteigtümer nur aus den selben Personen mit jew gleichen Anteilen besteht. Nach hM können auch Grdst mit grdstgleichen Rechten u umgekehrt vereinigt w; vor Verwirrg schützt GBO 5 (dazu LG Traunstein BayNotV **73**, 83 Anm Wirner), der bei verschiedenart Belastg nicht schlechth hindert, Düss DNotZ **71**, 479; über begriffl Bedenken hilft die Fiktion „grdstgleich", vgl ErbbRVO 1 Anm 1c. Zur Vereinigg im Bereich des **WEG** vgl Übbl 2 B c aa vor WEG 1 sowie WEG 3 Anm 1 f.

3) Vereinigg, I. a) Erforderl ist sachlrechtl eine Erkl des Eigtümers u die Eintr. Durch bloße ZusLegg mehrerer Katasterparzellen in den Steuerbüchern entsteht kein selbständ Grdst. Vereinigg ohne Erkl des Eigtümers macht das GB unrichtig; KGJ **49**, 235. Verfahrensrechtl ist die Erkl formbedürftig nach GBO 29 I 1; vgl hierzu BayObLG **57**, 354/357; zust zur Beurkdg od Beglaubigg des Antrages auch VermessgsBeh nach § 1 G v 15. 11. 37 (RGBl 1257), das als LandesR fortgilt (vgl BeurkG 61 I 6), soweit es nicht dch neues LandesR aufgeh, wie dch Art 16 III *bay* Vermessgs- u KatasterG v 31. 7. 70 (GVBl 369); nach Art 9 sind die Vorsteher der Vermessgsbehörden zur Beurk u Beglaubigg von Anträgen des Eigtümers auf Vereinigg u Teilg von Grdsten ihres Amtsbezirks befugt (vgl BayObLG **71**, 194). Zust des Heimstättenausgebers erforderl, RHeimstG 10 II; sonst Zust Drittberechtigter nicht erforderl. Eintr durch Buchg des Grdst unter einer neuen Nr des Bestandsverzeichnisses; Einzelh vgl Horber § 5 Anm 4 C. Über Aufhebg einer Vereinigg BayObLG **56**, 470, DNotZ **58**, 388 (zu GBO 2 III, Abschreibg).

b) Wirkg. Die vereinigten Grdst w nichtwesentl Bestandt des neuen einheitl Grdst (BGH DNotZ **78**, 156). Sie können deshalb Ggst besonderer Rechte sein. Jeder Teil bleibt wie bisher belastet; **die bestehenden Belastungen erstrecken sich nicht auf die anderen GrdstTeile** (BGH aaO). In jeden Teil kann wg der ihn belastenden Rechte gesonderrt vollstreckt w. Eine auf den Teilen lastende GesHyp bleibt als solche bestehen. Jedoch erstreckt sich die Heimstätteneigensch auf das ganze Grdst, RHeimstG 10 I. Eine GrdDbk erlischt nicht, wenn herrschdes u diendes Grdst vereinigt w (Staud-Seufert Rdn 9; Erm-Westermann Rdn 3; aA KGJ **51**, 261; KEHE § 5 Rdn 22). – Werden zwei Grdst vereinigt, von denen eines herrschdes Grdst einer GrdDbk an dem anderen Grdst ist, so bleibt die GrdDbk dem Gesamtdritt, ihre Ausübg beschr sich aber auf den GrdstTeil, der bish herrschdes Grdst war (BayObLG **74**, 18 [24]); GBO 5 steht nicht entgg. – **Neue Rechte belasten das einheitl Grdst** als Ganzes.

4) Zuschreibg als Bestandteil, II. a) Nur einem, nicht mehreren Grdst, KG DR **41**, 1463. Für die Erkl des Eigtümers gilt Anm 3 a. Sie muß deutl erkennen lassen, ob I oder II gewollt. Unter „Zuschreibg" ist idR die Zuschreibg als Bestandt zu verstehen, KG DR **40**, 1952. Verf nach GBO 6; Einzelheiten bei Horber § 6 Anm 4; zum AntrR GBO 13: BayObLG **76**, 180. Über Zuflurstücke vgl Vorbem. Ein vor 1900 als Zubehör zugeschriebenes Grdst gilt jetzt als Bestandt, EG 181 I; KGJ **51**, 261. – Durch Staatsakt Zuschreibg nach BBauG 80 ff im Wege der Grenzregelg, vgl Vorbem 2 vor § 919.

b) Wirkg. Das zugeschriebene Grdst w nichtwesentl Bestandt des einheitl Grdst. Für **Grundpfandrechte** gilt die Ausn § 1131: die **des HauptGrdst erstrecken sich auf das zugeschriebene Grdst**; **dessen Belastgen gehen aber** im Range **vor**. Eine bish GesHyp w EinzelHyp. Vgl § 1131 Anm 2 ff; damit prakt Ergebn einer Nachverpfändg erreicht, vgl Beck NJW **70**, 1781. Für **andere Rechte** gilt aber der Regel: sie **belasten jeden Teil besonders** wie Anm 3b (BGH DNotZ **78**, 156). Auch wachsen die subjdingl Berechtiggen des herrschden HauptGrdst nicht dem zugeschriebenen Bestandt zu, KG JFG **13**, 315. **Neue Rechte** belasten das ganze einheitl Grdst. – Werden die bish Belastgen des zugeschriebenen Grdst auf das einheitl Grdst erstreckt, so behalten sie unter sich den bish Rang; der Mithaftvermerk braucht dies nicht zum Ausdr zu bringen, KG HRR **41**, 683. – Bei Grenzregelg: BBauG 83 III.

5) Teilg eines Grdst. Das BGB gibt keine allg Vorschr. Zwei Fälle sind zu unterscheiden:

a) Teilg auf ausdr Erklärg des Eigentümers u Eintragg des Teiles unter eigener Nummer im Bestandsverzeichn. Befugn zur Teilg folgt aus § 903. Zust der Realberechtigten nicht nötig. Die Erkl ist eine sachlrechtl Erkl entspr I; verfrechtl formbedürftig nach GBO 29, BayObLG **56**, 475; Zustdgk der VermessgsBeh vgl Anm 3a. Genehmigg erforderl: nach BBauG 19 (dazu BayObLG **72**, 221 = NJW **72**, 2131); Hamm NJW **74**, 865; – BVerwG NJW **74**, 818 [L] = BauR **74**, 104: Vollzug der Teilg im GB läßt GenehmiggsErf entfallen, also Heilg der Teilg als RGesch); nach RHeimstG 9 I; VO v. 10. 3. 37 (RGBl 292) § 11 I für Landarbeiterstellen. Beschrkgen nach LandesR auf Grdst EG 119 Nr 2. – Genfähige **Teilg** iSv BBauG 19 **ist** nicht schon das obligator GrdGesch (Verpfl z Teilg, idR zus mit Verkauf usw) BGH **37**, 233, str, auch nicht der Antr beim VermessgsAmt auf Wegmessg, BGH NJW **74**, 1654, dagg nach BVerwG **19**, 82 der Antr bei GenBeh auf Gen der Teilg. Genehmigt w jew eine bestimmte Teilg, nicht Teilg an sich, so daß Unterteilg erneut genpflichtig ist, BayObLG Rpfleger **74**, 313.

b) Bei Belastg eines Teiles hat das GBA den Teil abzuschreiben u als selbständ Grdst einzutragen, GBO 7. Amtsverfahren.

c) Wirkg. Es entstehen selbständige Grdst, die wie bisher belastet bleiben. Erst dann Verurteilg zur Aufl u EintrBew mögl (BGH WPM **75**, 1306). Bes Vorschr für Teilg belasteter Grdst in §§ 1026, 1090 II, 1108 II; für Teilg berechtigter Grdst in §§ 1025, 1109. Vgl ferner EG 120.

Allgemeine Vorschriften über Rechte an Grundstücken §§ 890, 891

d) Unterscheide auch hier die Teilg im grdbuchrechtl Sinn von der katasterm; vgl oben Vorbem u Horber § 2 Anm 3 c; Faßbender/Dammertz DNotZ **67**, 742. Die **katastermäß Teilg** ist nicht nach BBauG 19 genbedürft; wird sie – wie prakt oft – genehmigt, liegt darin schon die Gen zur darauffolgden grdbuchrechtl Teilg. Dagg ist die Teilg im grdbuchrechtl Sinn auch dann genbedürft, wenn sie nur die Vereinigg (BayObLG **74**, 237) od Zuschreibg (BayObLG Rpfleger **78**, 56) bereits bestehder Katasterparzellen aufhebt.

e) Teilg ist genbedürft iS des **GrdstVG** nur, wenn sie im Rahmen einer nach GrdstVG genbedürft Veräußerg erfolgt; vgl im einzelnen Faßbender/Dammertz aaO 748.

f) Teilg eines in WEGemsch stehden Grdst nur unter Beachtg v WEG 1 IV mögl: Die WEGemsch kann also nur an einem (u zwar notwend dem bebauten) GrdstTeil fortbestehen, sonstige abgeteilte Flächen sind in BruchteilsGemsch zu überführen, womit Teilg mit Aufl an einen neuen Eigtümer zusammenfällt; in diesem Fall ist die Aufl der abgetrennten Fläche dch alle WEigtümer zu erklären, BayObLG **74** Nr 21; nur wenn Anspr gg alle WEigtümer einheitl begründet, ist er in den (wohl: sämtl, arg WEGGBVerfgg 4) einz WEGrdBüchern vormkgsfäh, andernf inhaltl unzuläss, BayObLG aaO.

891 *Gesetzliche Vermutung.* ᴵ Ist im Grundbuche für jemand ein Recht eingetragen, so wird vermutet, daß ihm das Recht zustehe.

ᴵᴵ Ist im Grundbuch ein eingetragenes Recht gelöscht, so wird vermutet, daß das Recht nicht bestehe.

1) Allg: a) Das GB kann auf vielerlei Weise unricht w (vgl § 894 Anm 3). Soll es seinen Zweck erfüllen (vgl Übbl 2 vor § 873) muß sich der RVerk auf seinen Inh verlassen können. Desh genießt das GB gem §§ 891–893 **öff Glauben.** Zur RScheinwirkg der Buchg: § 892 Anm 1.

b) In § 891 **widerlegb Vermutg** für Richtigk des GB u zwar bzgl des Eigt (auch BruchteilsEigt, KG JR **27**, 1325, vgl aber auch § 892 Anm 3 b), der beschr dingl Rechte (Inhaber, Ggst, Inhalt) u solcher Rechte (PfdR, Nießbr) an ihnen. §§ 891 ff gelten für die Fälle der §§ 1075 I, 1287, 2; ZPO 848 II, sowie für die im GB vermerkten Befriediggsvorrechte, LAG 117 II, vgl Horber Anh 3 E c zu § 22. – Ebso für vor 1900 begründete Rechte, RG **127**, 261. – Für den, der das Bestehen des Anspr beweist, wird gem § 891 vermutet, daß die diesen entgegenstehd Vormerkg besteht, RGRK § 883 Anm 2, Soergel-Baur Rdnr 7. § 891 nicht anwendb: auf Einrede aus § 1157, Widersprüche, vgl § 899 Anm 2, VfgsBeschrkgen (str; vgl auch Anm 4 b). Auf nichtgeschützte Eintr nicht ZPO 418 anwendb, sond § 417 (Planck Anm 2 b; Staud-Seufert Rdnr 14, str); nicht für öff Rechte, BayObLG **60**, 453, od Lasten. Nicht für nicht eintraggsfäh Rechte (vgl §§ 914 II 1; 917 II); nicht für Rechte, die zur Wirksamk gg Dritte der Eintr nicht bedürfen, zB EG 187 I. Vgl aber hierzu Anm 1 zu EG 187 sowie Übbl 10 vor § 873; zahlr gesetzl Änderg von Zins- u Zahlgsbestimmgen, vgl Übbl 4, 5 vor § 1113.

c) Der Grdbuchstand ist auch maßg für den Teilgsplan in der ZwVerst u ZwVerw. Aus dem GB nicht ersichtl Anspr sind anzumelden, ZVG 114, 156 II 4.

2) Geltgsgebiet. a) Grdsätzl ist Voraussetzg für § 891 (u § 892), daß Eintr im GB als solche rechtswirks; vgl § 873 Anm 4 b. Widerspruchsvolle **Doppelbuchungen** genießen keinen Schutz, auch nicht bei Buchgen auf verschiedenen Blättern verschiedener GBA (Stgt BWNotZ **78**, 124). Beseitigg von Doppelbuchgen: GBVfg 38. –

b) Grundbuch: Vermutg greift nicht über „das GB" hinaus: dies ist das betr GB-Blatt, BayObLG **57**, 49; dieses Blatt allein ergreift sie ganz, nicht etwa nur die eine od andere Abteilgen, KG **116**, 180. – Maßgebend ist grdsätzl das **Grundbuch des belasteten Grdst.** So auch für subj-dingl Rechte, §§ 1018, 1094 II, 1105 II; RGJW **29**, 745. Daher zB kein gutgl Erwerb einer nichtbestehden GrdDbk, die nur auf herrschdem Grdst eingetragen; dagg erwirbt sie Gutgläubiger, wenn sie allein auf dienendem Grdst eingetr, RG **104**, 316. Bei grdstücksgleichen Rechten, § 873 Anm 2 a, entscheidet für Bestehen u Rang das GrdstBlatt, für Inhalt u Belastg das bes Blatt, Dresden JFG **2**, 307; vgl auch ErbbRVO 14 Anm 1.

c) Die Vermutg gilt auch für Behörden, insb das **GBA**, BayObLG **72**, 48; es darf sich grdsätzl die zur Widerlegg notw Tatsachen nicht dch and Auslegg früh EintrUnterlagen verschaffen, vgl Horber 6 B vor § 13; vgl auch Anm 4 b. Auch im GB-Verk gehört zur Widerlegg der Vermutg der Ausschl gutgl Erwerbs dch Eingetragenen, KG NJW **73**, 56; zust Berg JR **73**, 155; vgl auch § 1155 Anm 1 b; auch FlurbG 12.

3) Bedeutg der Vermutg: Nicht Tatsachen, wie in ZPO 292, sond das Bestehen od Nichtbestehen von Rechten. Jeder, der den dies vor Nutz rechtl bedeutg, kann sich darauf berufen; auch der VertrPartner, BGH LM Nr 5; auch der HypGläub im Verh zum GrdstEigtümer, BGH WPM **72**, 384. – Wer Unrichtigk behauptet, muß sie beweisen; dies kann jeder, der an Widerlegg rechtl Interesse h, RG JW **36**, 2399. – Wg BewLast, wenn Unrichtigk des GB gg einen aGrd unricht ErbSch Eingetragenen geltd gemacht w, LG Hagen NJW **66**, 1660.

4) Umfang der Vermutg: Maß gibt der Buchstand zZ der Berufg auf ihn.

a) I. Der in diesem Ztpkt Eingetr gilt bis zur Widerlegg als **der Berecht;** die Vermutg streitet auch gg ihn; so ist er zB für Anspr aus § 1004 aktiv- u passivlegitimiert. Wie er sein R erwarb, ist gleichgült. Ist ordngswidr noch der Erbl eingetr, streitet § 891 für den Erben, RG JW **26**, 1955, aA KG OLG **41**, 25. – § 891 nicht vermuten, daß der Eingetr auch der wirtschaftl Berecht w (unzutr nur TrHänder ist, RGJW **29**, 2592, doch w dafür tats Vermutg sprechen. – Vgl auch § 1141 I 2, 1148. Gläub einer BriefHyp muß Brief besitzen, § 1160, vgl § 1117 Anm 5. § 1155 verlängert die Vermutg. – Über die Eintr eines R für die Fa einer Zweigniederlassg vgl KG JFG **15**, 105. – **Nicht vermutet w:** RFähigk (KG HRR **29**, 1996 für Verein, str); GeschFgk. Ist eine eintraggsfäh VfgsBeschrkg (zB TestVollstr, NachErbsch) eingetr, muß sie GB-Führer beachten, ebso, wenn er weiß, daß sie fälschl gelöscht ist; vgl KGJ **40** A 199; **52**, 167. Sind **mehrere Berecht** eingetr, so muß die Art der RGemsch angegeben sein, damit sie von § 891 erfaßt werde (Brucht-, GesHandsGemsch bestimmter Art). Fehlt Angabe des GemschVerh (GBO 47) spricht keine Vermutg für BruchtGemsch; § 742 nicht anwendb.

b) Das Recht (Anm 1 b) gilt ab Eintr (W-Raiser § 44 Fußn 3, str) mit dem eingetr Inhalt, RG **116**, 181, als besteh d; nach § 1138 ergreift die Vermutg auch die Fdg. Auch die Angaben zu Umfang u Begrenzg des HaftgsGgst, da hiervon der Inh des R abhängt, w ergriffen, nicht aber and tats Angaben, vgl § 892 Anm 4 a.

c) II. Das jetzt **gelöschte R** w als erloschen vermutet. Nach Löschg w sein früh Bestehen vermutet, wenn feststeht, daß Löschg nicht berichtigen sollte, BGH **52**, 355. Keine Vermutg für negat Vollständigk, and nach § 892, dort Anm 1 a.

5) Widerleg zul, and §§ 892, 893, 1141, 1148. Ungenügd Erschütterg der Vermutg, ihr GgTeil muß bewiesen w. Möglichk des Bestehens, **I**, od Nichtbestehens, **II**, ist auszuräumen; freilich nicht jede nur denkbare, aber doch jede vom Eingetragenen behauptete, BGH **LM** § 325 ZPO Nr 6; WPM **69**, 1352 (= BGH **52**, 355, insow dort nicht wiedergegeben). Vermutg zG des eingetr HypGläub ist widerlegt, wenn ein Dritter Brief u AbtretgsErkl erhalten hat; die Vermutg gilt aber wieder, u zwar auch für das GBA, wenn der Eingetragene den Brief besitzt u eine auch nur privschriftl RückabtretgsErkl vorlegt, KG JW **39**, 562. Zur Widerlegung genügt nicht, daß bei der Eintr verfrechtl Vorschriften verletzt wurden, BGH WPM **69**, 1352, od daß bei der Eintr kein R erworben ist, wenn späterer RErwerb (zB nachfolgende Einigg, gutgl Erwerb) behauptet w (dann muß dem Eingetragenen dies widerlegt w); Staud-Seufert Rdnr 33. Vgl auch § 900 Anm 3 e. Tatsächl Vermutgen als solche widerlegen die RVermutg nicht, sind aber bei der Würdigg des GgBeweises zu werten, RG JW **36**, 2400. Eintrag eines **Widerspruches** entkräftet Vermutg nicht, BGH **LM** 891 Nr 3; MDR **70**, 201; anders § 892 I.

892 *Öffentlicher Glaube des Grundbuchs.* I Zugunsten desjenigen, welcher ein Recht an einem Grundstück oder ein Recht an einem solchen Rechte durch Rechtsgeschäft erwirbt, gilt der Inhalt des Grundbuchs als richtig, es sei denn, daß ein Widerspruch gegen die Richtigkeit eingetragen oder die Unrichtigkeit dem Erwerber bekannt ist. Ist der Berechtigte in der Verfügung über ein im Grundbuch eingetragenes Recht zugunsten einer bestimmten Person beschränkt, so ist die Beschränkung dem Erwerber gegenüber nur wirksam, wenn sie aus dem Grundbuch ersichtlich oder dem Erwerber bekannt ist.

II Ist zu dem Erwerbe des Rechtes die Eintragung erforderlich, so ist für die Kenntnis des Erwerbers die Zeit der Stellung des Antrags auf Eintragung oder, wenn die nach § 873 erforderliche Einigung erst später zustande kommt, die Zeit der Einigung maßgebend.

Schrifttum: Lutter, Die Grenzen des sog Gutglaubensschutzes im GB, AcP **164**, 122. – Rahn, Hat § 892 II Bedeutg f d GB-Verf?, Just **66**, 258. – Reeb, Die Tatbestde der sog NichtVerkGesch, Diss. Mainz 1967. – Wiegand, Der öff Glaube des GB, JuS **75**, 205.

1) Allg: RScheinWirkg bei Unrichtigk od Unvollständigk des GB. Kraft der Fiktion seiner Richtigk h der Eingetragene die RMacht, zG des gutgl Erwerbers über das R des nicht eingetr wahren RInhabers als NichtBerecht wirks so zu verfügen, als bestünde es so, wie eingetragen. Die Legitimationswirkg der Eintr ist aber stärker als die des Besitzes bei Fahrn: nur **posit Kenntnis** von Unrichtigk zerstört guten Glauben im GgSatz zu § 932 II. Hohe Verkehrssicherh, dafür Gefahr des RVerlustes, den §§ 816, 826 nur ungenügd ausgleichen, vgl Anm 4 b.

a) Fingiert w **positiv**, daß das R dem Eingetragenen mit eingetr Inh u Rang zusteht; so erwirbt es der Gutgläub, so daß ein Dritter also bereits vom Berecht. erwirbt, mag er auch die früh Unrichtigk gekannt haben. – Fingiert w **negativ**, daß nicht eingetragene od unricht gelöschte Rechte u VfgsBeschrkgen nicht (mehr) bestehen, daß der Inh des GB also **vollständig** ist. Die Vermutg des § 891 ergreift nur gelöschte, nicht aber nicht eingetragene Rechte.

b) § 892 ausgeschl dch Eintr des Widerspr od Kenntn der Unrichtigk, vgl Anm 6.

c) Im **RStreit** kann Richtigk des GB offen bleiben, wenn Voraussetzgen von §§ 892, 893 vorliegen, RG **156**, 126.

d) Entspr öff Glaube für **andere Register**: SchiffsReg, SchiffsRG 16; PfdRReg, LuftfzRG 16 (vgl Einf 8 vor § 1204).

2) Geltgsgebiet: a) Öff Glaube iSv Anm 1 ergreift nur **Rechte**, die eingetr sein müssen, um gg Dritte zu wirken, aber auch außerh des GB entstehde (sich ändernde) Rechte (§§ 1075, 1287, 1154 I, ZPO 848); wg **tatsächl Angaben**, vgl Anm 4 a. – Für **VfgsBeschränkgen, Widerspruch** gilt nur die negative Wirkg: ist Konk aufgeh, Vermerk aber nicht gelöscht, w nicht geschützt, wer vom KonkVerw erwirbt, W-Raiser § 45 II 1. – Wg **Vormerkg**: § 883 Anm 2 a, c. – Wg **eintraggsfäh**, aber **nicht eintraggsbedürft** Rechte s Übbl 10 vor § 873; wg **altr Dbkten** vgl EG 187 Anm 1. Kein Gutglaubensschutz bei **buchsfreien** (§ 873 Anm 2 d aa) nicht gebuchten Grdst; and bei Voreintragg, RG **156**, 126; **164**, 389. – Kein Schutz gg Nichtbestehen **öff Lasten** (vgl Einl 4 f vor § 854, wg HGA § 1113 Anm 7 d).

b) Nicht geschützt: persönl Verhältn des Eingetragenen, GeschFgk, Vollm (s aber § 1189); Identität des Verfügden mit Eingetragenem, RG **128**, 279; SeuffA **87**, 28; schuldr Anspr (aber § 1138); Erwerb des Anspr auf Wertersatz nach ZVG 92, RG **76**, 277; Unterwerfgsklausel, weil proz NebenR, Mü JFG **15**, 261.

c) Entspr Anwendg: §§ 893, 1138, 1155, 1157, S 2, 2113 III; EG 61, 118, 187 II; erweiterte Anwendg: LAG 117 II, vgl § 891 Anm 1 b.

Allgemeine Vorschriften über Rechte an Grundstücken § 892 2–4

d) Anwendg ausgeschl: §§ 1028 II, 1158, 1159 II; EG 114, 187 I, 188; für gesetzl Zins- u Zahlgsbestimmgen vgl Übbl 5 vor § 1113. Bei Verstoß gg MRG 52, 53 u ggü Rückerstattgsrechten (BGH **25**, 27), vgl Vorbem 2 c, d vor § 932; hier auch kein Erwerb dch gutgl Nachmännern, aA für MRG 53 Staud-Seufert Anm 86, Für **Zubehör:** § 926 II.

3) § 892 schützt nur den **rechtsgeschäftl** (GgSatz Anm 3 a) **Erwerb** u auch diesen nur **im Zug eines VerkehrsGesch** (Anm 3 b). Gemeint ist das dingl RGesch: Einigg, Eintr u etwa weitere notw VfgsElemente (BriefÜberg, § 1117). Es muß wirks sein: Mängel des ErwerbsGesch sind nicht geschützt, wie Fehlen der Vollm (RG **134**, 284; vgl aber § 1189 Anm 3 b), der VfgsMacht (RG **128**, 279), des Erwerbswillens, BGH DNotZ **66**, 172. – Auch die Eintr muß wirks sein, vgl § 873 Anm 4 b. – § 892 greift nicht ein, wenn Anteil an **Nachl mit Grdst** erworben w (vgl § 2033 Anm 1 c) od bei Erwerb aller GeschAnteile einer GmbH, der ein für sie eingetr Grdst nicht gehört: nicht dieses, sond die Anteile (Erbteile) sind GeschGgst. And iFv § 419, wo § 892 grdsätzl nicht ausgeschl w, RG **123**, 53.

a) Kein Schutz bei nichtrechtsgeschäftl Erwerb, wie **aa)** dem dch Staatsakt (vgl Einf 1 c vor § 925). **bb)** Auch nicht bei **ZwVollstr:** zB bei Eintr einer ZwHyp auf schuldnerfremdem Grdst, BGH WPM **63**, 219; die eingetr kann aber Dr rgesch gutgl erwerben (BGH NJW **75**, 1282); ebso, wenn Hyp gem ZPO 844 dch Privaten versteigert w, BGH **LM** Nr 6. Bei Pfdg einer Hyp kein Schutz gg nichteingetr VfgsBeschränkgen, RG **90**, 337. Ersteher in ZwVerst erwirbt dagg dch den **Hoheitsakt des Zuschlags** (vgl dazu RG **129**, 159) gem ZVG 90, 91 Eigt am Grdst, frei von Belastgen, die nach VerstBedinggen nicht bestehen bleiben, selbst bei Kenntn, daß VollstrSchuldn nicht Eigtümer. – **cc) Kein Schutz bei Erwerb kr Gesetzes** (vgl §§ 873, 875 je Anm 2 a; § 1113 Anm 3 c; Übbl 3 B III vor § 1113), wenn GB also dch RVeränderngen unricht w, die sich außerh seiner vollziehen, vor allem bei GesamtRNachfolgen, vgl § 894 Anm 1; das gilt auch bei vorweggenommener Erbfolge, RG **123**, 52; **136**, 148. – Wg **Vormerkg** (§ 401) vgl § 883 Anm 2 c. – Kein Schutz bei urspr Erwerb, Aneignng, § 928, vgl KG JFG **15**, 112. – Für RÄndergen dch Zeitablauf, §§ 900, 901, ist Glaube bedeutgsl.

b) Schutz schließl **nur bei Verkehrsgeschäft:** Geschützt w neu hinzutretde Erwerber; von ihnen muß mind e i n er bish nicht am R beteiligt gew sein; er darf auch nicht nur als Strohmann erwerben, RG **130**, 392. Irriger Glaube, bish unbeteiligt zu sein, w nicht geschützt, aA Hbg MDR **59**, 759. – Also kein Schutz bei **(aa) persönl** od **(bb) wirtsch** Identität von Veräußerer u Erwerber, mögen sie auch in versch rechtl Gestalt u Verbundenh od unter Wechsel der RForm auftreten.

aa) Eigengeschäfte: der gutgl BuchEigtümer bestellt sich EigtümerGrdSch, behält sich bei Veräußerg RestkaufprHyp, Dbkt, vor. Umwandlg einer GesHandBerechtigg in BruchteilsGemsch u umgekehrt unter denselben Personen (hier Auflassg nöt), RG **117**, 265; **119**, 128. GesHand läßt an anders strukturierte, wenn auch personengleiche GesHand (ErbenGemsch an OHG) auf oder an Teil ihrer GesHänder (ErbenGemsch an Miterben; Hamm MittBayNot **75**, 72).

bb) Umwandlgen von Allein-, Bruchteils-, GesHandberechtiggen in solche jur Personen u umgekehrt, wenn auf Veräußerer- u Erwerberseite wirtsch dieselben Personen beteiligt; also DchGriff dch den verschleiernden Mantel der jur Pers (Serick, RForm u Realität jur Personen, S 191 ff): So bei Veräußerg dch AG od GmbH an alleinigen Aktionär od Anteilseigner, RG **126**, 48; JW **29**, 1387 – u umgekehrt. –

cc) Aber Gutgläubensschutz: bei Vfgen an AG, GmbH, wenn neben sämtl Gesellschafter auch Verfügde sind; Grdst des BuchEigtümers w in eine mit weiteren Personen gegründete GmbH eingebracht, RG HRR **30** Nr 1214; KG HRR **28** Nr 1144; einzelner Aktionär erwirbt Grdst der nichtberecht AG: hier weder pers noch wirtsch Identität. Bringt BuchEigtümer Grdst in OHG ein, deren Gesellschafter er ist, erwirbt die OHG gutgl; wenn er aber Bruchteile von Veräußerer u mehrere veräußert, hilft ihm § 892 nicht zum Erwerb am zurückbehaltenen eigenen Bruchteil, RG DJZ **29**, 917. – Geschützt auch **Erwerb** weiteren **Bruchteils dch MitEigtümer**, KG JW **27**, 2521, vgl Lutter AcP **164**, 162; str, aA Soergel-Baur Rdnr 24; unterscheidd W-Raiser § 45 Fußn 19: kein Schutz, wenn Grd der Unrichtigk bei allen Anteilen der gleiche ist, sonst Schutz. – Erwirbt MitEigtümer GrdSch am GesamtGrdst dch gemeins Vfg aller MitEigtümer, gilt § 892, KG Recht **28**, 2461. Veräußert der BuchEigtümer A das ihm, dem B und dem C in fortges GüterGemsch gehörde Grdst an den gutgl B, gilt § 892, vgl Lutter aaO Anm 147, aber auch Hbg MDR **59**, 759. –

4) Grundsatz: Der Inhalt des GB zZ der Vollendg des RErwerbs (vgl aber **II**) gilt als richt u vollständ. Schutz gg Unrichtigk (§ 894 Anm 3). Kein Schutz gg zwar unklare aber ausleggsfäh Eintr (§ 873 Anm 4 d), gg nichtige Eintr od Doppelbuchg (§ 891 Anm 2 a; § 873 Anm 4 b) u gg Abw der tats Verh vom GBInhalt (BGH NJW **76**, 417). Wg im BestVerzeichn des herschenden Grdst eingetr (subj-dingl) Rechte vgl § 891 Anm 2 b.

a) Inhalt des GB: Die Gesamth der sich auf die eintraggsfäh Rechte u VfgsBeschrkgen beziehden Eintraggen, RG **116**, 180, einschl der zul in Bezug genommenen Urk (§ 874 Anm 1 a). § 1155 verweist den RSchein auf den HypBrief. – **Tatsächl Angaben:** Der öff Glaube erstreckt sich auf Bestandsangaben des GB insow, als dadch eine bestimmte Bodenfläche als Ggst des eingetr R nachgewiesen w (Nürnb MDR **76**, 666) vgl § 891 Anm 4 b. Dazu gehören Angaben über Gemarkg, Kartenblatt, ParzellenNr (Spalte 3a, b des BestandsVerzeichn). Doch genügt bei o hinreich bestimmter Buchg des Bestandes unter GesBezeichng auch Bezug auf Grdsteuermutterrolle, RG JW **27**, 44; zu beachten, daß Erwerber Grdst mit dem im GB bezeichneten Umfang nur erwirbt, wenn sich Einigg darauf erstreckt, vgl LG Frankenthal NJW **56**, 873; vgl zu allem Lutter aaO 138. – Nicht geschützt andere rein tats Angaben, wie Größe, Bebauung, Lage, vgl BGH Betr **69**, 1458; nicht auch BestandteilsEigensch eines Gebäudes (§§ 93–95). – Wg ZPO 325 II ist auch die **Rechtshängigk**, die das Grdst (GrdstR) streitbefangen macht, wie eine VfgsBeschrkg eintragb. Grdlage der Eintragg: einstw Verfügg, Mü NJW **66**, 1030; Stgt NJW **60**, 1109, das zu Unrecht § 899 II nicht gelten lassen will. Auch der Anspr ist – gg Mü aaO – mit Wächter NJW **66**, 1365 glaubh zu machen. Entgg der hM kann die Eintr aber auch gem GBO 19, 22 begehrt w, wie auch sonst, wenn VfgsBeschrkg

§ 892 4–6   3. Buch. 2. Abschnitt. *Bassenge*

nicht eingetragen (Rahn, BWNotZ **60**, 61; so auch Baur § 18 C IV 1); vgl unten Anm 6b. – Zur Eintr-Fähigk von auf GrdstR bezügl **ProzVerträgen** vgl Soehring, NJW **69**, 1096 mit Nachw.

b) Wirkung. aa) Der Eingetr gilt als der wahre Berecht; ist er als Bruchteilseigner eingetr, gilt er als solcher, auch wenn er GesHänder ist, Hamm DNotZ **54**, 256 Anm Hoche. War nicht der Veräußerer eingetr, kann Erwerber nur auf Bestand des R, nicht auf Berechtigg des Veräußerers vertrauen. Öff Glaube erfaßt nicht den ErwerbsGrd. Der gem § 1155 ausgewiesene HypGläub steht einem eingetragenen gleich. – **bb)** Ist noch der (nichtberecht) Erblasser eingetr, schützt § 892 den vom wahren **Erben** Erwerbden, vgl § 891 Anm 4a. Gem §§ 892, 2366 kann ein doppelt Gutgläubiger vom falschen ErbSchErben Grdst erwerben, das fälschl für Erbl eingetr war, vgl neuerd BGH NJW **72**, 435; die dch falschen ErbSchErben bewilligte Vormerkg verhilft dem Gutgl auch zum Erwerb des dingl R selbst. § 892 II gilt nicht für Erwerb dch § 2366; s dort Anm 2; es entscheidet nur Ztpkt des RErwerbs. – Ist der **Vorerbe** der verst Eigtümers noch nicht eingetr, w Dritterwerber nicht gem § 892 I 2 im Glauben daran geschützt, daß mangels Eintr des R des NachE (GBO 51) der VorE VollE sei, BGH NJW **70**, 943; krit Batsch NJW **70**, 1314. – **cc) Das bestellte od übertr R** gilt als bestehd, so wie es eingetr. Sein Erwerb in diesem Umfang w unterstellt (fingiert). **Kein Gegenbeweis** mögl, anders § 891. Ob Erwerber GB wirkl eingesehen h, ist bedeutgsl, RG **86**, 356. Das GB **wird richtig**. Auch der EigtErwerb kraft guten Gl heilt den Formmangel des GrdstKaufVertr, BGH NJW **67**, 1272. Bei gutgl Erwerb eines PfdR od Nießbr an einem eingetr, aber nicht bestehenden Recht (od einem mit schlechterem Rang als eingetr) gilt letzteres insow (bzw mit dem besseren Rang) als entstanden, KG OLG **46**, 62. Der bish wahre, bish nicht eingetr Berecht verliert sein Recht, soweit der gutgl Erwerber dadch geschmälert; zB Hyp des A (2000) zu Unrecht gelöscht; danach wird eine Hyp von 5000 für den bösgl B u später eine von 3000 für den gutgl C eingetr: dann verliert A Vorrang vor C, nicht den vor B; relatives RangVerh, vgl § 879 Anm 6; Wirkg bei Erlösverteilg entspr § 881 IV, so daß bei zu verteildem Erlös von 6000 erhalten: C 1000, B 4000, A 1000. Erwirbt dagg vor WiederEintr des A der gutgl D das Eigt, erlischt die Hyp des A. **dd)** Der Berecht ist gg den Erwerber auf § 816 I 2, § 826 (RG **117**, 189) od Anfechtg nach KO od AnfG, RG **68**, 153, beschränkt; kein SchadErsAnspr nach § 823, RG **90**, 397, weil § 892 Haftg für (jede) Fahrlk ausschließt (ähnl § 932 Anm 1 aA). Kein Anspr aus § 1004, da Erwerb rechtm, BGH **60**, 46, 49. Über Ggst des BereicherungsAnspr, wenn BuchEigtümer belastet, Schuler NJW **62**, 2332. – Über Rückerwerb des NichtBerecht vom gutgl Ersterwerber vgl Vorbem 1c vor §§ 932ff. –

5) VfgsBeschränkgen. a) Nur den Schutz bestimmter Personen bezweckende (relative) VfgsBeschrkgen u -Entziehgen, und gleichstehende (vgl § 878 Anm 3b) zu den TestVollstrkg); hierher gehört auch die VfgsBeschrkg des Vorerben, obwohl sie eine absolute ist, deren WirkgsKraft aber zeitl hinausgeschoben ist (vgl § 2113 Anm 1a bb); also Nacherbsch (einschl der Belastg des NacherbR, RG **83**, 436); vgl Anm 4b aA. Ersatznacherbsch, KG JW **37**, 2045, Konk (KO 7), VfgsVerbote im VerglVerf (VerglO 58ff), Veräußergs- u ErwerbsVerbote aGrd einstw Vfg, RG **117**, 292, aber auch Ausschließg der Abtretbark eines Rechts - vgl Einl 5a dd vor § 854. – § 892 betrifft nicht VfgsBeschrkgen, die nach § 878 bedeutgslos, vgl § 878 Anm 5a.

b) Wirkg relativer VfgsBeschrkgen. Eingetragene sperren das GB regelm nicht (anders bei VfgsEntziehg durch Konk, NachlVerwaltg, TestVollstrg). Entggstehende Vfgen sind nur dem Geschützten ggüber unwirks, RG **106**, 140. Er kann, sow nicht § 888 II Sonderregel trifft (s dort Anm 2 b) Berichtigg des GB nach § 894 beanspruchen, wie zB KonkVerw ggü dem nach KO 7 bösgl RErwerber. Nichteingetragene hindern den RErwerb nur, wenn Erwerber sie kennt (vgl Anm 6 b, 7). Auch SchadErsAnspr, §§ 823 ff, mögl. Vgl ferner EG 168. Ist das relative VfgsVerbot im GB nicht eingetr, sein Bestehen aber dem GBA bekannt, so hat er den Antr auf Eintr einer verbotswidr RÄndergzurückzuweisen, wenn nicht vorh die VfgsBeschrkg eingetr od nachgewiesen (GBO 29) w, daß der Geschützte zugestimmt h od daß ihm seine Eintr nicht erwirkt ist (KG DNotZ **73**, 301; Düss MittBayNot **75**, 224; sA Eckmann Rpfleger **72**, 77; Ertl MittBayNot **75**, 204); denn GBA hat VfgsMacht im Ztpkt der Eintr zu prüfen. Wg RangVerh von VfgsBeschrkgen vgl § 879 Anm 2a aa. – Für VfgsBeschrkgen gilt nur die negative Wirkg (Anm 1b, 2a). Z Sonderfall gem FlurBG § 53 II s Staud-Promberger EG 113 Rdnr 16.

c) Gutgläubiger Erwerb ggü absoluten VfgsBeschränkgen (vgl § 878 Anm 3a) durch ersten Erwerber nicht mögl. Daher kein Schutz bei nach § 1365 unwirks Erwerb eines Grdst von einem Ehegatten; and wenn Dritter nicht weiß, daß Grdst gesamtes Vermögen darstellt, BGH **43**, 174; z maßgebl Zeitpkt für die KenntnErlangg vgl eines LG Osnabrück FamRZ **73**, 652 = JuS **74**, 329 mit krit Anm Schmidt, vgl aber BGH **55**, 105 anderers; vgl auch Vorbem 4 vor § 932. Der Zweiterwerber ist regelm geschützt, RG **156**, 93. Anders nach Güthe-Triebel Anm 64 vor § 13 bei VermBeschlagn nach StPO 290ff, AO 433: Anders auch in den Fällen Anm 2c.

6) Ausschluß des Erwerbs. Beweispflichtig ist der Gegner des Erwerbers. **a)** Eintr eines **Widerspruches** (vgl § 899 Anm 1) im GB. Er muß wirks eingetr (§ 899 Anm 5) u begründet sein, RG **128**, 55. Der Eintr steht unrichtige Löschg gleich, wenn Erwerber deren Unrechtmäßigk kennt (str; aA KGJ **49**, 179). Das durch den Widerspr gesicherte Recht muß dem zu erwerbenden Recht entggstehen. Ein Widerspr gg das Eigt wirkt gg jede Vfg des NichtEigtümers; er hindert nicht nur die Bestellg, auch die weitere Abtretg einer Hyp, letztere aber dann nicht, wenn Widerspr gg Eigt erst nach Bestellg der Hyp eingetr wurde u der Zedent, zB wg Bösgläubigk, die Hyp nicht erworben hatte; Westermann § 85 II 5 b; Staud-Seufert § 899 Anm 24; Medicus AcP **163**, 13; aM RG **129**, 127; Zessionar muß sich auf Wirksamk der Hyp verlassen dürfen. Eintr im Ztpkt der Vollendg des RErwerbs genügt; II hilft dagg nicht: dah kein RErwerb, wenn zB AmtsWiderspr nach Eingang eines EintrAntrags, aber vor Vollendg des RErwerbs eingetr; Gutgläubigk des Erwerbs belangsos. Im Sonderfall § 1139 wirkt Widerspr zurück.

b) Kenntnis der Unrichtigkeit (zu ihr § 894 Anm 3). Inwieweit Kenntn der die Unrichtigk begründen **Tatsachen** gleichzusetzen, hängt vom Einzelfall ab; Folgen der GeschUnfähigk zB sind nach der Lebenserfahrg als bekannt anzunehmen, BGH WPM **70**, 476. Bei bedingten Rechten od Fdgen kommt es auf die Kenntn vom Eintritt od Ausfall nicht an, weil diese Umst nicht zum Inhalt des GB gehören, RG **144**, 28.

Bei TilggsHyp vgl Übbl 2 B d aa vor § 1113. **Kenntnis** ist zu beweisen. Zweifel an der Richtigk, RG **117**, 189, grobfahrl Unkenntn (anders § 932 II) genügen nicht, keine ErkundiggsPfl. Kenntn aber, wenn Erwerber über die Unrichtigk so aufgeklärt worden ist, daß sich ein redl Denkender der Überzeugg nicht verschließen würde, BGH **LM** Nr 5. Auch ein Rechtsirrtum kann Kenntn hindern, RG **98**, 220; JW **28**, 102. Für anfechtbare Eintragungen gilt **§ 142 II**. Kenntn der **Rechtshängigk** eines Prozesses, in dem die Unrichtigk des GB geltd gemacht w, genügt, ZPO 325 II, RG **79**, 168; vgl dazu oben Anm 4a aE. Maßgebd ist die Kenntn des **Vertreters**, § 166 I; vgl aber § 166 II 1; Vertr kann auch ein Notar sein; ist dieser nur als UrkPers tät gew, schadet seine Kenntn nicht, KG NJW **73**, 56. – Bei jur Personen genügt die Kenntn nur eines Vertreters, RG JW **35**, 2044, bei GesHändern die Kenntn eines Teilhabers. Über den maßg **Ztpkt** vgl Anm 7.

c) Vgl §§ 1140, 1192, wenn sich die Unrichtigk des GB aus dem Brief ergibt.

d) Über die Wirkg eingetragener Vormkgen vgl § 883 Anm 5, über VfgsBeschrkgen vgl Anm 5 b und § 879 Anm 2 a aa.

7) Für Kenntnis entscheidet (ebso wie für Buchstand, Anm 4) idR der Ztpkt, da sich RErwerb vollendet also der, in dem alle sachlrechtl Elemente der RÄnd, von der fehlden Vfgsmacht des and Teils abgesehen erfüllt sind.

a) Abs II: greift zG des Erwerbers ein, der nach Stellg des EintrAntr (gleichviel ob er od der Verfügde diesen stellte) bösgl wird. Gilt nach BGH **28**, 187 auch für bewilligte Vormkg, vgl dazu aber auch § 878 Anm 5a, auch § 883 Anm 5a aE zu § 419. – Beachte: **II** hilft nur über nachträgl Kenntn von Unrichtigk hinweg, aber nicht gg zwzeitl eingetr Widerspr od richt gewordenes GB (vgl unten d aa), so daß also Stellg des Vorgemerkten (vgl § 883 Anm 2a, Lutter 178 Fußn 23; BGH **25**, 16) stärker ist. – Ist somit Einigg vorausgegangen, wird der maßg Ztpkt vorverlegt auf den Eingang des EintrAntr beim GBA. Grd: Erwerber soll gg zufäll Verzögerg der Erledigg dort geschützt sein. Dies gilt aber nur, wenn RErwerb sich mit Eintr vollendet, wenn also zB bei Bestellg einer BriefHyp auch die Überg des Briefs bereits gem § 1117 II ersetzt war (GBO 60 II genügt nicht!), RG **137**, 95. **II daher zu lesen**: „Ist zu den Erwerb des R nur noch die Eintr erforderl, so ist für die Kenntn des Erwerbers die Zeit der Stellg des Antr auf Eintr od, wenn die sonstigen materiellrechtl Erfordernisse zum RErwerb, vor allem die Einigg, erst später erfüllt, dieser Ztpkt maßgebd. Außer der Einigg, der BriefÜberg u der Valutierg der Hyp (§§ 1117, 1163) kommen hier auch in Betr die privat- u öffentlrechtl Genehmiggen (s unten c). – Der EintrAntr braucht nicht einmal alle formellen Erfordernisse zu erfüllen (zB GBO 19), sofern diese nur nachgeholt w, vgl Lutter 171. Antr muß Eintr herbeiführen, sonst ist er nicht maßgebd, RG HRR **29**, 384.

b) Bei bedingter (befristeter) **Einigg** braucht Erwerber nicht auch dann noch gutgl sein, wenn Bedingg eintritt; vgl für § 932 dort Anm 3 u BGH **10**, 69, hM.

c) Verfügt NichtBerecht od vollmachtloser Vertr u genehmigt dies BuchBerecht, so entscheidet **Ztpkt der Gen**; also kein RErwerb, wenn Bösgläubigk vorher eintritt. Keine Rückwirkg gem § 184 I, da diese wirks Gen der Berecht voraussetzt, RG **134**, 286 – hM (dagg Pfister JZ **69**, 623). – And RG **142**, 59 bei vormsgerichtl Gen u Baur (§ 23 IV 1b u bei Soergel Rdnr 38) **bei behördl Gen** schlechthin, bei der es auf den Ztpkt ankommen soll, da alle sonstigen sachlrechtl RGeschElemente u Eintr vorliegen. Dagg mit Recht Zunft AcP **152**, 300; Schönfeld JZ **59**, 140; Lutter 169; Staud-Seufert Rdnr 54; Westermann § 85 II 6 d.

d) GB muß zZ der Eintr des gutgl RErwerbers (BGH **60**, 46, 54) u grdsätzl auch schon zZ des EintrAntr **unrichtig** sein.

aa) War GB zZ des EintrAntr unricht, zZ der Eintr (od der späteren Vollendg des RErwerbs) aber aGrd früheren BerichtiggsAntr richt gew, dann kein Gutglaubensschutz; auch nicht, wenn unter Verstoß gg GBO 17, 45 zwzeitl Widerspr eingetr, RG HRR **31** Nr 1313; vgl Anm 6a u oben Anm 5b.

bb) Wird GB erst zw Eingang des Antr u Eintr unricht, stellte RG auf Ztpkt der Vollendg des RErwerbs ab. Richtig: Ztpkt, da die unricht Eintr erfolgt; war zB Belastg erst nach Stellg des Antr auf EigtUmschreibg etwa aGrd früheren Antr irrig gelöscht worden, dann lastenfreier Erwerb schon bei Gutgläubigk zZ der Eintr der Unrichtigk, also der Löschg. Wenn sich der Erwerb eines BriefGrdPfdR mit der die BriefÜberg ersetzden Vereinbg gem §§ 1154 I 1, 1117 II vollendet, muß das GB, um gutgläub Erwerb zu ermöglichen, in diesem Ztpkt unricht gew sein, BGH **60**, 46, 53/54.

cc) War der unbefugt Verfügde nicht im GB eingetr, wird Erwerber geschützt, wenn er im Ztpkt der falschen Eintr des NichtBerecht noch gutgl war, vorausgesetzt, daß in diesem Ztpkt zum RErwerb nur noch die Eintr fehlte.

Zu bb) u cc): Wie hier Erm-Westermann Rdz 18; Lutter 174ff; aA RG **116**, 351; **140**, 39; Staud-Seuf Rdz 56.

dd) RErwerber kann sich auch auf **Eintragg** stützen, die **gleichzeitig** mit der seines (gutgläub erworbenen) R erfolgt sind. Werden mehrere, am selben Tag eingegangene Anträge gleichzeitig erledigt, gilt die Eintr aller RÄndergen mit Vollzug des letzten GB-Eintrags als vorher abgeschl. Beispiel: ErbbR wird fälschl gelöscht u Hyp (in diesem Sinn) gleichzeitig eingetragen; § 892 hilft dieser zum Rang vor dem ErbbR, BGH NJW **69**, 93. Wird gleichzeitig mit EigtUmschreibg Hyp gelöscht, dann dch § 892 lastenfreier Erwerb, RG **123**, 22; **140**, 39. – Maßgebd hier Ztpkt der (einheitl) Eintr.

ee) Auch der Zweiterwerber bei **doppeltem RÜbergang** ist geschützt, RG **147**, 301: Hier war eine HöchstBetrHyp für Fdgen gg X in VerkHyp desselben Gläub für Fdg gg Y umgewandelt u abgetr worden, wobei sie noch nicht valutiert war. Obwohl UmwandlgsErwerb des Zedenten zeitl mit AbtrErwerb des Zessionars zufiel u beides in einem Vermerk vollzogen, erwarb Zessionar gem §§ 892, 1138 gutgläub.

§§ 892–894 3. Buch. 2. Abschnitt. *Bassenge*

ff) Nicht kann sich der Gutgläub aber auf die Eintr des eigenen RErwerbs stützen, mag dieser auch erst später dch nachfolge Einigg vollendet worden sein, RG **128**, 280, 284: Geschützt ist nur das Vertrauen auf den dem RErwerb des Gutgläub unmittelb vorausgehen GB-Stand.

893 *Rechtsgeschäft mit dem Eingetragenen.* Die Vorschriften des § 892 finden entsprechende Anwendung, wenn an denjenigen, für welchen ein Recht im Grundbuch eingetragen ist, auf Grund dieses Rechtes eine Leistung bewirkt oder wenn zwischen ihm und einem anderen in Ansehung dieses Rechtes ein nicht unter die Vorschriften des § 892 fallendes Rechtsgeschäft vorgenommen wird, das eine Verfügung über das Recht enthält.

1) § 893 erweitert den **öff Glauben** auf zwei Tatbestände: Leistg an eingetr NichtBerecht (Anm 2) u Vfg anderer Art dch diesen (Anm 3). Beides muß unmittelb auf dem eingetr dingl R beruhen, nicht auf SchuldVerh. Ausschl dch § 1140. Die entspr Anwendg auf den dch § 1155 ausgewiesenen NichtBerecht (dort Anm 1 c) bedeutet andrers, daß Vfg des am BriefGrdPfdGläub Eingetragenen u Leistg an ihn nicht dch § 893 geschützt w, wenn Brief in der Hand des gem § 1155 Ausgewiesenen, W-Raiser § 142 Anm 22. Wg SichHyp vgl § 1184 Anm 2.

2) Leistgen auf Grund eingetragener Rechte. Jede Sachleistg (zB §§ 1094, 1105) od Geldzahlg (zB §§ 1105, 1113, 1191, 1199) zur Tilgg des dingl Anspr. Gleichgültig, ob der Verpflichtete od ein Dritter leistet, zB nach §§ 268, 1143, sofern auf das dingl Recht geleistet wird. Auch Erfüllgssurrogate, §§ 387, 364 I. – Nach hM legitimiert die Eintr im GB allein (also ohne BriefBes, §§ 1144, 1145 I, 1160 I) nicht zur Entgtnahme des Kapitals eines BriefR, vgl RG **150**, 356, RGRK Anm 6. Gelangt der Eingetragene nach wirks Abtretg (außerh des GB) wieder in Besitz des Briefes, dann Leistg des Gutgl an ihn wirks, Biermann § 1156 Anm 1 b. – Kein Schutz bei Tilgg dch bloßen pers Schu od Bürgen, da keine Leistg „für die Hyp"; aber §§ 406 ff uU anwendb (vgl Boehmer ArchBürgR **37**, 206). Doch w auf Hyp leistder Eigtümer, der zugl pers Schu, auch von der pers Schuld frei (Erm-Westermann Rdz 2). Kein Schutz bei Zahlg an vermeintl RNachf. Nicht befreit auch Leistg an Vorgemerkten, der nicht Gläub des Anspr ist, RGRK Anm 46, Planck-Strecker Anm 1 a. Kein Schutz für zahldn Mieter.

3) Verfügen sind RGeschäfte, die unmittelbar auf die Änderg dingl Rechte gerichtet sind, RG **90**, 399; vgl Übbl 3 d vor § 104. Der Abschl schuldrechtl Verträge, RG **106**, 112, od die **Prozeßführg** (vgl aber § 1148) fallen nicht darunter. Str, ob bei Vermietg mit BesÜberlassg § 571 zuungunsten des wahren Berecht anwendb; hM verneint; BGH **13**, 4; Soergel-Baur Rdnr 3; und Erm-Westermann Anm 2, vgl auch § 883 Anm 5a. § 892 schützt den RErwerb, § 893 Vfgen anderer Art. Zu diesen gehören: Inhaltsänderg, § 877. Rangänderg, § 880. Aufhebg eines Rechts am Grdst, § 875; auch dann, wenn die Erkl dem GBA ggü abgegeben wird, str. Zustimmg Dritter, §§ 876, 1183. **Bewilligg einer Vormerkg** (BGH **57**, 341; Medicus Rdn 553; aA [§ 892 weil Vormkg dingl R] Kempf JuS **61**, 22; Wunner NJW **69**, 113). Kündigg, BGH **1**, 304 (vgl auch §§ 1141 I 2, 1156 S 2); Einwilligg u Gen einer Vfg, RG **90**, 399; hiernach auch unwiderrufl Vollm mit Einräumg des Besitzes u der Nutzgen (bedenkl).

4) Wirkg. Der Nichtberechtigte, der die Leistg annimmt od verfügt, gilt als der wahre Berecht, RG **116**, 177. Der Leistende wird also befreit, die Vfg ist ihm ggü wirks. Anders nur bei Eintr eines Widerspruches od einer VfgsBeschrkg od bei Kenntnis, § 892 Anm 6, 7. Bei berechtigten Zweifeln darf der Leistende nach § 372 S 2 hinterlegen, RG **97**, 173. Wegen der Rechte des wahren Berechtigten vgl § 892 Anm 4 b aE.

894 *Berichtigung des Grundbuchs.* Steht der Inhalt des Grundbuchs in Ansehung eines Rechtes an dem Grundstück, eines Rechtes an einem solchen Rechte oder einer Verfügungsbeschränkung der in § 892 Abs. 1 bezeichneten Art mit der wirklichen Rechtslage nicht im Einklange, so kann derjenige, dessen Recht nicht oder nicht richtig eingetragen oder durch die Eintragung einer nicht bestehenden Belastung oder Beschränkung beeinträchtigt ist, die Zustimmung zu der Berichtigung des Grundbuchs von demjenigen verlangen, dessen Recht durch die Berichtigung betroffen wird.

Aus dem Schrifft: Pohle, Der materiellrechtl u der prozessuale Verzicht auf den GBBerichtiggsAnspr, JZ **56**, 53.

1) Allg. a) Das GB steht nicht stets mit der wahren RLage in Einklang. Denn die Eintraggen genießen keine formelle RKraft, Übbl 4 vor § 873. Gründe u Art der Abweichg: Anm 3. Heilg: Nachholg der zur RÄnderg fehlden schuldrechtl Erfordernisse; dch § 185 II; gutgl § 901. Beseitig: dch RErwerb eines Dritten, §§ 892, 900, 927; dch Staatsakt (Enteigng). IdR aber müssen – bei Gefahr des RVerlusts dch §§ 892 ff, in der ZwVerst, vgl RG **157**, 96 – die Beteiligten die **Berichtigg** betreiben, um den Buchstand wieder dem Sachstand anzugleichen. **Berichtiggszwang:** GBO 82; **Berichtigg vAw:** GBO 82a. – Den §§ 894 ff entspr SchiffsRG LuftfzRG, je 18 ff.

b) Das Grundbuchamt berichtigt: aa) auf **Nachweis der Unrichtigkeit,** oder **bb)** auf **Bewilligg des Betroffenen** (GBO 22), die auch unter Berücksichtigg des formellen Konsensprinzips (Übbl 3 vor § 873) den Berichtiggs- (also nicht etwa einen RÄndergs-) -willen u die Art der Unrichtigk enth muß, Ffm DNotZ **72**, 490. – Die Bewilligg des BuchBerecht bedarf der Zustimmg des bish wahren Eigtümers. Ist zweifelh, ob BuchEigtümer oder der Neueinzutragde Eigtümer des Grdst ist, so genügt Einigg zw diesen nicht; notw GBO 35, Stgt BWNotZ **70**, 90. Die Unrichtigk kann in grundbuchm Form, GBO 29, nicht immer nachgewiesen w. § 894 gibt deshalb dem Berecht einen **dingl Anspr,** von dem Betroffenen die Berichtiggsbewilligg zu erhalten. Der Berecht kann zw dem Verf nach GBO 22 u § 894 frei wäh-

Allgemeine Vorschriften über Rechte an Grundstücken   § 894 1–5

len, RG HRR **31**, 1049; uU kann für Klage RSchutzbedürfn fehlen, BGH NJW **62**, 963; Furtner DNotZ **63**, 196; so wenn Nachw nach GBO 22 glatt zu führen, zB dch öff Urk wie Urt, Zweibr OLGZ **67**, 439; Mü BayJMBl **52**, 216 – vgl EG 187 Anm 1; nach Ffm NJW **69**, 1906 auch wenn Nachw aus GB selbst zu führen; dagg Hoffmann, NJW **70**, 148, wg RKraft des Urt, diese tritt aber auch bei bewilligter Berichtigg nicht ein. – § 894 verdrängt als Sondernorm § 1004, vgl dort Anm 2f. Davon ist zu unterscheiden: der schuldrechtl BerichtiggsAnspr aus Vertr, dem Gesichtspunkt der SchadErs od nach § 812, RG **139**, 355; der schuldrechtl Anspr auf Herbeiführg einer RÄndergs; vgl auch Anm 7b. – Im AntrVerf ist dem GBA bei Berichtigg des Eigentümers u ErbbBerecht Unbedenk-Bescheinigg des Finanzamts vorzulegen (vgl § 925 Anm 9), vgl Nachw Haegele GBR Rdnrn 2509ff; Horber § 20 Anm 6 A; s auch Helsper NJW **73**, 1485, gg ihn Weber NJW **73**, 2015.

c) Sicherg durch Widerspruch; vgl § 899 Anm 1.

2) Geltgsgebiet. a) § 894 gilt nur für Rechte an Grdst, Rechte an GrdstRechten (§ 873 Anm 2), relative VfgsBeschrkgen u gleichzubehandelnde VfgsEntziehgen, § 892 Anm 5; insow aber grdsätzl auch § 888 II als Sondernorm zu beachten, vgl Westermann § 73 II 2 b.

b) Entspr Anwendg, wenn ein nichteintraggsfäh Recht eingetr ist (aM RG JW **23**, 750: § 1004); wenn VfgsBeschrkg (vgl Rahn BWNotZ **57**, 119) od Vormkg (zB weil gesicherter Anspr nicht bestand, vgl § 883 Anm 3), RG **163**, 62, od Widerspr zu Unrecht eingetr od gelöscht worden, RG **132**, 424; BGH **51**, 50; str, aA RGRK Anm 12. – Vgl auch EG 187 I 2.

c) Ist ein R entgg einer relat VfgsBeschr (od einem Erwerbsverbot) erworben, so w § 894 im Anwendgsbereich des **§ 888** dch diesen verdrängt, Erm-Westermann Anm 6. Anders – also § 894 – nach RG **132**, 149 bei nicht dch § 888 II erfaßten Veräußergsverboten; ihm folgd Soergel-Baur Rdnr 21. Vgl auch Westermann § 73 II 2b.

d) Nicht unter § 894 fällt die Berichtigg rein tatsächl Angaben, zB der unrichtigen Bezeichng des Berecht, KG JFG **1**, 371, von Schreibfehlern od ungenauer od undeutl gefaßter Eintr, KG DR **42**, 1796. Nachweis solcher Unrichtigkeiten bedarf nicht der Form des § 29 GBO; Berichtigg od Klarstell vAw. Vgl auch Hbg DNotZ **55**, 148, Anm Hoche. Über Parzellenverwechslg vgl RG **133**, 281. Bei inhaltl unzul Eintr Löschg vAw, GBO 53 I 2, keine Berichtigg, KG DR **42**, 1796.

e) Wegen der Hyp vgl §§ 1138, 1155, 1157.

3) Gründe für die Unrichtigk (vgl Anm 1): GBA trägt falsch ein. Das formelle Konsensprinzip (Übbl 3 vor § 873): es enthebt GBA idR der Prüfg, ob materielle Einigg vorliegt; diese kann zudem nichtig, angefochten sein. Einigg u Eintr decken sich nicht (§ 873 Anm 4). Behördl Gen fehlt. Vormkg nennt and Anspr als vereinb oder Erf des gesicherten Anspr w unmögl (BGH MittBayNot **75**, 21). Beweggsvorgänge bei GrdPfdRechten führen außerh des GB zu Änderngen des RInhabers, der gesicherten Fdg, §§ 1143, 1150, 1163, 1164. Surrogation: §§ 1075, 1287, ZPO 848. Belastg (ZPO 830, 857), Erlöschen (§ 1025, 2) eines R außerh des GB. Eine (relative) VfgsBeschrkg (§ 892 Anm 5a) ist nicht od nicht recht eingetr od erloschen (z Nacherbenvermerk BayObLG **73**, 272: dieser w nicht schon unricht, wenn Nacherbe Pflichttteil erhält, im Hinblick auf § 2306 II). Zur Eintr der RHängigk vgl § 892 Anm 4a. – GesRNachfolgen (Erbgang, GüterGemsch, gesellschrechtl Vorgänge: Anwachsg (§ 736 Anm 1), Abwachsg u Umwachsg (§ 736 Anm 2a); Fall des HGB 142 mit seinen entspr Anwendgen auf das vertragl Ausscheiden auch bei BGBGesellsch, vgl BGH **32**, 314; Hueck, GesellschR, 16. Aufl § 17 IV. Umwandlg u Verschmelzg in gewissen Fällen, vgl AktG 346 III, UmwG 3–8, 40ff; Hueck aaO § 33.

4) Der Berechtigte: Nur wer durch die Unrichtigk unmittelb beeinträchtigt ist, kann die Berichtigg beanspruchen. Das ist: **a) der wahre Inhaber** des nicht od nicht richtig eingetragenen Rechts; zB der HypGläub bei versehentl Herabsetzg des Zinsfußes; der früh Eigtümer, auf den zu Unrecht gelöschte Hyp als GrdSch übergegangen ist; Drittberechtigter bei Löschg belasteten Rechts, vgl § 876 Anm 4d. Nicht richtig eingetragener VfgsBeschrkg der Geschützte, KGJ **52**, 144. Bei MitEigtümern, § 1011, od Miterben § 2039, jeder von ihnen, RG HRR **30**, 1220; vgl aber Anm 6b. Der KonkVerwalter, RG **77**, 108. Nie der Buchberecht, vgl KGJ **47**, 184; kann er die Berichtigg nicht selbst herbeiführen (zB wg GBO 22 II, 27), ist er auf schuldrechtl Anspr gg den wahren Eigtümer beschränkt.

b) Bei einer unrichtig eingetr Belastg od VfgsBeschrkg können mehrere Personen beeinträchtigt sein. Jeder unabhängig vom anderen berichtiggsberechtigt.

aa) Der wahre Inh des belasteten Rechts; zB der Eigtümer bei versehentl Erhöhg von HypZinsen; dagg nicht, wenn aGrd nichtiger Abtretg B statt A als HypGläub eingetr ist.

bb) Gleich- u nachstehende Berechtigte, wenn ihr Rang beeinträchtigt wird. Sie können die Löschg des vorgehenden Rechts beanspruchen, KGJ **47**, 208.

c) Über Ermächtigg zur Geltdmachg des Anspr u wg der Gläub des Berechtigten vgl Anm 6a.

5) Verpflichtet sind die Inh aller durch die Berichtigg betroffenen Rechte. **a)** Betroffen wird das Recht, das durch die Berichtigg buchm beseitigt (gelöscht od übertragen) od geschmälert (belastet, im Inhalt, Rang oder HaftgsGgst verändert) w soll. ZB verpflichtet können sein bei Eintr einer Hyp mit unrichtigem Inhalt: HypGläub, Eigtümer, PfdGläub, uU die gleich- u nachstehenden Berechtigten; bei Eintr einer VfgsBeschrkg der Geschützte. Betroffener kann auch ein nicht Eingetragener sein, wenn seine Mitwirkg zur Berichtigg nöt, zB der Besitzer des Briefs einer zu löschden Hyp (vgl BGH **41**, 30, 32).

b) Der verfüggsberechtigte Inh hat zuzustimmen, KGJ **40**, 159. Also zB der KonkVerw, TestVollstr; Vorerbe und Nacherbe. Soll ein Recht gelöscht od übertragen werden, wird (nur) der Buchberechtigte betroffen, dessen BuchR beseitigt w soll; der wahre Berecht wird in diesen Fällen nur begünstigt. Bei Berichtigg anderer Art wird nur der wahre Berechtigte, KGJ **49**, 207, betroffen; dem GBA muß aber seine VfgsBefugnis nachgewiesen w, weil für den Buchberechtigten die Vermutg des § 891 spricht. MitEigtümer,

Miterben müssen sämtl zustimmen; aber TeilGläub einer Hyp je für sich, RG 141, 385. Wegen Zust des Eigtümers zur Löschg eines GrdPfdR vgl GBO 27.

6) Berichtigungsanspruch. a) Dingl Anspr, der dem aus § 985 gleicht (Folge: Anm 7a); AussondersgsR im Konk des Verpfl (RG 86, 240); GerStand: ZPO 24. Er ist Bestandt des dch ein Unrichtigk beeinträchtigten dingl R (BGH WPM 72, 384). Daher erwachsen auch die Feststellgen zur dingl RLage, soweit sie GrdLage des Urt sind (BGH NJW 76, 1095), in RKraft (RG 158, 43; JW 36, 3047; Düss DNotZ 71, 371 für AuflVormkg); nicht aber die schuldr GrdLage der dingl RLage (RG JW 35, 2269). Daher Anspr auch nicht selbstd abtretb (BGH WPM 72, 384), da sonst AuflVorschr umgeht; doch kann Berecht einen und unter den Voraussetzgen der ProzStandsch ermächtigen, den Anspr im eigenen Namen einzuklagen; zielt Ermächtigg allein auf gerichtl Geltendmach hin, ist sie reine ProzHandlg; BGH WPM 66, 1224. In Aufl idR solche Ermächtigg, RG 78, 89. Der Ermächtigte verfolgt fremden Anspr; er muß dazu eigene schutzwürdige Vorteile erstreben. ZwischenEintr des wahren Berechtiggen wg GBO 39 immer nötig, RG 133, 279; str; vgl Haegele Rpflege 64, 118. Gläub des BerichtiggsAnspr bleibt der wahre Berecht, RG aaO, auch wenn er (was nur intern schuldrechtl wirkt) auf eigene Geltendmach verzichtet hat, RG JW 22, 218. Der BerichtiggsAnspr kann nur der Ausübg nach gepfändet werden, KGJ 47, 176; ein PfdR an dem zugrunde liegenden Recht entsteht dadurch nicht; der Gläub kann die Eintr des Berecht herbeiführen u dann in dessen Recht vollstrecken. Ausn: LöschgsAnspr ist unpfändb, OLG 18, 235. Keine Verpfändg. §§ 284 ff anwendb, E. Schwerdtner, Verz im SR, S 169.

b) Zu beanspruchen ist die **Zustimmg zu der Berichtigg**, dh die Bewilligg zu einer bestimmten Eintr od Löschg. So, daß die richtige Eintr im GB erfolgen kann. Der Anspr kann nicht auf die bloße Löschg des eingetr Eigtümers beschr w, BGH NJW 70, 1544. Die Voreintrag des RVorgängers des jetzigen wahren Berecht kann nicht beansprucht werden; unrichtig RG JW 38, 1256, weil betroffen iS GBO 39 nur der wahre Berecht, nicht der RVorgänger ist. Über den Inhalt der Bewilligg im einzelnen vgl Horber § 19 Anm 4. Form GBO 29 I 1. Urteil, ZPO 894, ersetzt diese Form. Der Eigtümer kann statt Berichtigg Aufl, Warn 29, 44, eine Umschreibg in EigtümerGrdSch Löschgsbewilligg verlangen, RG 101, 234; der Verpflichtete wird dadurch nicht beschwert; ein MitE (vgl oben Anm 4a) kann nur Berichtigg begehren, BGH WPM 72, 384. Der Anspr reicht nur soweit wie die Beeinträchtigg; RSchutzbedürfn nötig, RG 135, 35. Der nachstehende Berecht muß sich mit Einräum des Vorranges begnügen, wenn er nur insow beeinträchtigt ist, RG 146, 358. Beweispfl für die Unrichtigk ist der Kl. Bei einer Klage auf Löschg einer HöchstBetrHyp hat aber der Bekl die Nichtentstehg der Fdg zu beweisen, RG HRR 36, 687. Vgl auch § 891 Anm 3.

c) Einwendgen: Arglist (RG 137, 336); so bei schuldr Verpfl des wahren Berecht, dem BuchBerecht das R zu verschaffen entspr § 986 (BGH NJW 74, 1651 = JR 75, 17 Anm Schmidt; sonst unzul RAusübg, RG JW 43, 3054 (hierzu Mühl NJW 56, 1659;) Verwirkg, OGH MDR 49, 161 (Ergebn bedenkl, vgl Grussendorf AcP 150, 440; Mühl aaO). Vgl BGH 44, 367 zur Einrede der Argl eines Miterben ggü der BerichtiggsKl eines und in Prozeßstandsch gegen § 2039 klagden. **ZurückbehaltgsR,** RG 141, 226; so wg Verwendgen auf Grdst ggü EigtBerichtiggsAnspr, auch ggü LöschgsAnspr bzgl AuflVormkg RG 163, 62; Kläger kann das ZbR nicht dadch vereiteln, daß er anstatt des pers Anspr gg den vorgemerkten Beklagten seinen dingl BerichtiggsAnspr erhebt, BGH WPM 66, 1224; aber nicht – mangels Identität der Ggstände – gg LöschgsAnspr hins der jetzigen EigtümerAuflVormkg entspr der dch Aufl erlangt worden sei, BGH 41, 30. Auch nicht für vertrbrüch Käufer wg aufgewendeter Erschließgskosten am anstoßden StraßenGrdst (§ 273 II) ggü Anspr auf Löschg der AuflVormkg, Schlesw WPM 72, 1476; s auch § 1000 Anm 1. Verzicht (str); in diesem liegt uU wirks dingl Einigg (falls etwa notw Form erfüllt); sonst aber schuldrechtl Wirkg (vgl RG JW 28, 2315; 30, 907); aM Pohle aaO kann nur dauerndem Verzicht (wg Verstoßes gg GBWahrh). Verzicht des Eigtümers auf Berichtigg bei nur teilw Tilgg der HypFdg, daher nicht im voraus mit dingl Wirkg, Schäfer BWNotZ 57, 123; Verzicht nicht eintragb, Hbg Rpfleger 59, 379.

d) Weitere Anspr in §§ 895, 896. – Ferner Anspr auf Einwilligg in für Eintr der Berichtigg nötige Vermessg, BayObLG 62, 214.

7) Auf den BerichtiggsAnspr des wahren Eigtümers gg den BuchEigtümer sind die §§ 986ff entspr anzuwenden, RG 133, 285 (für **Nutzgen u Verwendgen**); RG 158. 45 (für die Beseitigg der vom BuchEigtümer aufgenommenen Belastg).

8) Neben § 894 kann uU Berichtigg aus **§§ 823, 249** verlangt w, wenn Delikt des BuchBerecht zu seiner Eintr führte. – Schuldr „BerichtAnspr" aus **§ 812** (s dort Anm 4b) auf (Wieder-)eintr bedeuts, wenn Buchstand ohne RGrd auf Kosten des bish Eingetragenen, ebenf NichtBerecht erlangt war (RG JW 31, 2723); aber auch ohne Eintr des (veräußernden) NichtBerecht, wenn diesem Anwartsch zustand (BGH NJW 73, 613); Anspr des unbefugt Verfügden auf (Wieder-)erlangg des Buchstands entfällt allerd, wenn der zuletzt Eingetragene dch Auflass seitens des wahren Eigtümers Eigt erlangt hatte, BGH aaO mit Anm Gotzler NJW 73, 2014 (s hierzu § 873 Anm 4a). – Wg des Verh zu **§ 1004** dort Anm 2f bb. – Wg der **Kosten:** § 897 Anm 1a. –

895 *Voreintragung des Verpflichteten.* Kann die Berichtigung des Grundbuchs erst erfolgen, nachdem das Recht des nach § 894 Verpflichteten eingetragen worden ist, so hat dieser auf Verlangen sein Recht eintragen zu lassen.

1) Erweiterg des Anspr des Berechtigten, § 894 Anm 4, für die Fälle **doppelter Unrichtigk** des GB; falls näml auch das Recht des Verpflichteten (§ 894 Anm 5) nicht od nicht richtig eingetr; zB WiederEintr zu Unrecht gelöschter Hyp, wenn fälschl noch Erbl od Erbe des jetzigen Eigtümers, od wenn BruchteilsEigtümer mit unricht Anteilen eingetr (GBO 47), RG 54, 85: passiv legitimiert hier alle MitEigtümer. Erweiterg notw wg GBO 39 I, der die Voreintragg des Verpflichteten verlangt. Kein Anspr, wenn die Voreintragg nach GBO 39 II, 40 entfällt, es sei denn, daß das GBA auf ihr besteht.

2) Der Anspr ist **auf Herbeiführg der Eintragg**, nicht auf Zust gerichtet. Der Verpflichtete hat alle Berichtiggsunterlagen zu beschaffen u die Berichtigg zu beantragen. Ein solches Urteil ersetzt den Antr aus GBO 13; sonst Vollstr nach ZPO 888 (hM; aM RG **55**, 57).

3) Der Berecht kann, statt aus § 895 zu klagen, auch nach GBO 14 vorgehen, sof er die für die Berichtigg notw Urk (etwa gem FGG 85, ZPO 792, 896) beschaffen kann; vgl Horber § 14 Anm 5 B.

896 *Vorlegung eines Briefes.* Ist zur Berichtigung des Grundbuchs die Vorlegung eines Hypotheken-, Grundschuld- oder Rentenschuldbriefs erforderlich, so kann derjenige, zu dessen Gunsten die Berichtigung erfolgen soll, von dem Besitzer des Briefes verlangen, daß der Brief dem Grundbuchamte vorgelegt wird.

1) Allgemeines. Nach GBO 41 I 1, 42 S 1 ist grdsätzl für jede Eintr bei einem BriefR der Brief vorzulegen. § 896 gibt für diese Fälle dem Berecht, § 894 Anm 4, einen sachlrechtl Anspr auf Vorlegg. UU genügt Vorlegg eines Ausschlußurteils, GBO 41 II. Entspr Anwendg auf Inh- u Orderpapiere, GBO 43.

2) Verpflichtet **jeder Besitzer**, der zZ der Klageerhebg im Besitz des Briefes ist. Auch wenn er nicht der zur Zust Verpflichtete (§ 894 Anm 5) ist, RG **69**, 42. Einwendgen aus §§ 273 II, 986 zul. Bei Eintr einer außerh des GB erfolgten Teilg ist auch der Stammbrief vorzulegen, KGJ **30** A 238.

3) Der Anspr ist auf **Vorlegg an das GBAmt** gerichtet. Vg Jaber §§ 1144, 1167 (Aushändigg), 1152 (Bildg eines Teilbriefes). Vollstr durch Wegnahme, ZPO 883 I.

897 *Kosten der Berichtigung.* Die Kosten der Berichtigung des Grundbuchs und der dazu erforderlichen Erklärungen hat derjenige zu tragen, welcher die Berichtigung verlangt, sofern nicht aus einem zwischen ihm und dem Verpflichteten bestehenden Rechtsverhältnisse sich ein anderes ergibt.

1) a) § 897 behandelt nur die **Kostenpflicht der Beteiligten untereinander.** Haftg ggü Gericht od Notar richtet sich nach KostO. Ferner nur für dingl BerichtiggsAnspr, § 894; nicht für schuldrechtl Anspr (zB nach § 812), nicht für Prozeßkosten.

b) Die Kostenlast richtet sich nach dem bestehenden RVerh (Vertr oder uH); sonst trägt sie der Berecht. Er hat die Kosten notf vorzuschießen.

898 *Unverjährbarkeit der Berichtigungsansprüche.* Die in den §§ 894 bis 896 bestimmten Ansprüche unterliegen nicht der Verjährung.

1) Eingetragene od durch Widerspr gesicherte Rechte verjähren grdsätzl nicht, § 902. Deshalb verjährt auch der BerichtiggsAnspr nicht. Nur Anspr nach §§ 894–896; entspr Anwendg auf EG 187 I 2, vgl dort Anm 1; anders Anspr nach § 897. BerichtiggsAnspr entfällt, wenn das (nichteingetr) R durch Ersitzg (§ 900) od Versitzg (§ 901) erloschen ist; dann ist GB richtig geworden; vgl ferner § 1028. BerichtiggsAnspr bleibt bestehen, wenn der HerausgAnspr gg den Besitzer verjährt ist (§§ 985, 195), das Eigt des nicht eingetr Dritten (§ 900 I 1) aber nicht erlischt; hM; aM zB Planck Anm 2.

899 *Widerspruch.* ᴵ In den Fällen des § 894 kann ein Widerspruch gegen die Richtigkeit des Grundbuchs eingetragen werden.

ᴵᴵ Die Eintragung erfolgt auf Grund einer einstweiligen Verfügung oder auf Grund einer Bewilligung desjenigen, dessen Recht durch die Berichtigung des Grundbuchs betroffen wird. Zur Erlassung der einstweiligen Verfügung ist nicht erforderlich, daß eine Gefährdung des Rechtes des Widersprechenden glaubhaft gemacht wird.

1) Allgemeines. a) Das GB läßt sich meist nur nach geraumer Zeit berichtigen. Deshalb kann sich der Berecht (§ 894 Anm 4) für die Zwischenzeit durch etnen **Widerspruch** schützen, vor allem gg den Verlust seines Rechts durch gutgl Erwerb, vgl Anm 4. Unterschied zw Widerspr u Vormerkg: § 883 Anm 1 c aa.

b) Bezügl der Hyp ergänzende Vorschr in §§ 1138, 1139, 1155, 1157.

c) Sonstige Widersprüche: aa) AmtsWiderspr nach GBO 53 I 1. Ferner nach GBO 76 I; AVO GBO 15 II; GBVfg 38 I b. **bb)** Auf Ersuchen von Behörden wg fehlender behördl Gen, zB GrdstVG 7 II; BBauG 23 III (LG Bielef Rpfleger **78**, 216: auch nach Rückn od Widerruf der Gen). Als Berecht ist nur der Inh des BerichtiggsAnspr einzutragen, nicht die Behörde, BayObLG **55**, 321. Über PrüfgsR des GBA vgl Horber GBO § 38 Anm 6; Köln RdL **61**, 237. **cc)** Im Schiffsregister: SchiffsRG 21. **dd)** Im Register für PfdRechte an Luftfahrzeugen: LuftfzRG 21. – Alle diese Widersprüche haben die gleichen Wirkgen, Anm 4; KG JW **25**, 1780.

d) Ein Widerspr eigener Art ist der aus GBO 23, 24, der eine unrechtm Löschg verhindern soll. Ferner der Widerspr aus GBO 18 II; der Schutzvermerk, SchiffsRegO 28 II.

2) Wesen des Widerspruchs. Er ist ein Sichergsmittel eigener Art. Kein Recht am Grdst, für ihn gilt nicht § 891. Desh kein Widerspr gg die Eintr eines Widerspr, RG **117**, 352, od dessen Löschg (hier neuer Widerspr). Keine VfgsBeschrkg, vgl Anm 4b. Übertragb nur zus mit dem geschützten dingl Recht.

§§ 899, 900

3) **Sicherg eines BerichtiggsAnspr aus § 894**; aber kein Widerspr, wo dieser nicht dch gutgl Erwerb vom eingetr NichtBerecht bedroht. – **a)** Kein Widerspr gg eingetr **VfgsBeschrkg** (sie verhindert gutgl Erwerb), wohl aber gg deren Löschg. – **b)** Gg **Vormkg** (gleichgült ob aGrd einstw Vfg od Bewilligg; Furtner NJW 63, 1484) kein Widerspr zul. Gilt soweit mangels gesicherten Anspr keine Vormkg entstanden, da dann kein gutgl Erwerb vom eingetr VormkgsBerecht mögl (KG OLGZ **78**, 122). Gilt aber auch sonst, da kein gutgl Erwerb vom eingetr NichtBerecht eingetr Vormkg (§ 885 Anm 5b; Rahn BWNotZ **70**, 25); wer mit BGH **25**, 16 gutgl Zweiterwerb zuläßt, muß auch Widerspr zulassen. Widerspr aber zul, soweit die Eintr der Vormkg den gutgl Erwerb des vorgemerkten R selbst ermöglicht: hat der bloße BuchEigtümer N dem bösgl V eine HypVormkg bestellt, so erwirbt nach Eintr der Hyp diese ein gutgl Zessionar, selbst wenn der wahre Eigtümer E nach Eintr der Vormkg Widerspr gg das Eigt des N hat eintragen lassen (V hätte aGrd der Vormkg die Hyp auch bei nachträgl Widerspr erwerben können; § 885 Anm 3 d bb); E kann daher öff Gl des GB dch Widerspr gg Vormkg selbst ausschließen (Medicus AcP **163**, 12). Widerspr zul gg Löschg der Vormkg. – **c)** Kein Widerspr gg **nichtübertragb Re**; vgl Köln DNotZ **58**, 488 zu pers Dbk.

4) **Wirkg. a) Verhinderg gutgläubigen Erwerbs**, §§ 892 I 1, 893. Weitere Wirkgen in §§ 900 I 3, 902 II, 927 III. Voraussetzg ist stets, daß das gesicherte dingl Recht, also ein BerichtiggsAnspr besteht. Auch Dritte können sich auf den Widerspr berufen, nicht nur der eingetr WidersprBerechtigte, Staud-Seufert Anm 20. Im übrigen vgl § 892 Anm 6a (Rückwirkg?). Der zeitl vorgehenden, gutgl erworbenen Vormkg muß aber der Widerspr weichen. Die Vermutg des § 891 steht der Widerspr nicht entgg, vgl § 891 Anm 5 aE.

b) Der Betroffene wird in der Vfg über das Recht nicht beschränkt, RG **117**, 351. Es gilt dasselbe wie bei der Vormkg, vgl § 883 Anm 3c. Für den eingetr Betroffenen gilt auch die Vermutg des § 891 weiter. Das GBA darf also eine von diesem bewilligte Eintr nur ablehnen, wenn es die Vermutg für widerlegt erachtet.

5) **Eintragg des Widerspruchs, II.** Auf Grd einer Bewilligg oder einstw Vfg. Über DarlehnsBuchHyp vgl § 1139. **a)** Die **EintrBewilligg** enthält hier, weil (anders als bei der Vormkg) der Widerspr keine dingl Gebundenh des betroffenen Rechts zur Folge hat, sond reines VerfMittel ist, keine Vfg, RG HRR **28**, 842. Trotzdem w – wohl aus prakt Gründen – überw § 878 für anwendb gehalten (Planck-Strecker Anm 3 a β; Erm-Westermann Rdz 4; Staud-Seufert § 878 Rdnr 2; aA Soergel-Baur Rdnr 10; Wacke ZZP **82**, 377). Bewilligg muß von sämtl Betroffenen, dh zur Berichtigg Verpflichteten (§ 894 Anm 5) erteilt werden. Vgl im übrigen § 885 Anm 3.

b) Die **einstweilige Vfg** ersetzt die Bewilligg des Betroffenen. Sie muß sich daher gg alle Betroffenen (§ 894 Anm 5) richten. Also zB gg Eigtümer u HypGläub, wenn sie der nachstehende Berecht erwirkt, KG JFG **5**, 352. Der BerichtiggsAnspr ist glaubh zu machen, ZPO 936, 920 II; die Gefährdg im Hinbl auf § 892 entw. II S 2. Wg funktioneller Zustdgk vgl § 885 Anm 2 a.

c) EintrVermerk muß Berecht (§ 894 Anm 4; auch wenn Dr zur Ausübg ermächtigt) u Inhalt des BerechtiggsAnspr enthalten (KGJ **23**, 135); iü gilt § 885 II entspr. Wg Vorlegg des Briefs vgl GBO 41 I, 42. Eintr auch auf GrdstTeilen zul; GBO 7 I gilt nicht. KonkEröffg hindert die Eintr nicht, vgl KO 14, 43.

6) Der Widerspr wird **gelöscht a)** auf Bewilligg des Berecht, GBO 19, ZPO 894. Auch dies keine Vfg, RG HRR **28**, 842 (zu § 2205). Bei Widerspr aGrd Ersuchens (Anm 1c bb) genügt die Löschgsbewilligg nur bei nicht gesetzmäßiger Eintr, KG HRR **35**, 131; sonst Löschg nur auf Nachweis der Gen od der Gen-Freiheit (iF Anm 1c bb) od auf Ersuchen der Behörde;

b) od nach Aufhebg der einstw Vfg gem GBO 25. Nach Berichtigg Rötung gem GBVfg 19 II, III. Vgl auch SchiffsRG 22, LuftfzRG 22.

c) Mit Löschg verliert Widerspr rückw jede Wirkg.

900

Buchersitzung. ^I Wer als Eigentümer eines Grundstücks im Grundbuch eingetragen ist, ohne daß er das Eigentum erlangt hat, erwirbt das Eigentum, wenn die Eintragung dreißig Jahre bestanden und er während dieser Zeit das Grundstück im Eigenbesitze gehabt hat. Die dreißigjährige Frist wird in derselben Weise berechnet wie die Frist für die Ersitzung einer beweglichen Sache. Der Lauf der Frist ist gehemmt, solange ein Widerspruch gegen die Richtigkeit der Eintragung im Grundbuch eingetragen ist.

^{II} Diese Vorschriften finden entsprechende Anwendung, wenn für jemand ein ihm nicht zustehendes anderes Recht im Grundbuch eingetragen ist, das zum Besitze des Grundstücks berechtigt oder dessen Ausübung nach den für den Besitz geltenden Vorschriften geschützt ist. Für den Rang des Rechtes ist die Eintragung maßgebend.

Schrifttum: Siebels, Die Ersitzg im LiegenschR, RhNK **71**, 439. –

1) **Buchersitzg** (Tabularersitzg): Dingl Rechte an Grdstücken, die zum Sach- od RBesitz berechtigen (also **nicht**: Reallasten, GrdPfandrechte), können vom nichtberechtigten Besitzer, der fälschl als Berecht eingetr ist, bei 30jähriger Besitz- u EintrZeit ersessen werden. Keine Ersitzg gg den Inhalt des GB. Also nur bei Eintr u Eigen- od RBesitz (über diesen vgl Übbl 4b vor § 854). Der Nichteingetragene kann kein Recht ersitzen; ist Alleinbesitzer nur zu Bruchteil eingetr, ersitzt er nur insow. Aber gewisser Ersatz durch § 927. Die Ersitzg führt zu urspr Erwerb. Der Rang des Rechts richtet sich nach der Eintr, **II S 2**. Das Recht des bish Berechtigten erlischt. Die Ersitzgslage begründet eine Art Anwartschaft; vgl Raiser, Dingl Anw S 13 II 1a.

Allgemeine Vorschriften über Rechte an Grundstücken §§ 900–902

2) **Ersitzbar: a)** Eigentum, **I.** Auch MitEigtAnteile, Celle RdL **57**, 321. Auch WohngsEigt. Ob GesHd-Eigt vgl Sieberts aaO. – **b)** Grdstücksgleiche Rechte, § 873 Anm 2a. BayObLG **71**, 351, 357. – **c)** Rechte, die zum Besitz des Grdst berechtigen, **II**: Nießbr, § 1036 I, WohngsR, §§ 1093 I, 1036 I, Dauerwohn(nutzgs)R, WEG 31. – **d)** Rechte, deren Ausübg Besitzschutz genießt (Rechtsbesitz), **II**: Grddienstbarkeiten, §§ 1027, 1029, und beschr persönl Dienstbk, § 1090 II.

3) **Voraussetzgen: a)** Eintragg des Rechts; Vormkg od Widerspr genügen nicht. Aber bei Doppelbuch des Grdst zG verschiedener Eigtümer keine Ersitzg, KG JFG **18**, 182. Auch nicht bei Eintr nur firmengleicher OHG, Brschw NdsRpfl **62**, 16.

b) Eigenbesitz oder, Anm 2 d, Ausübg des Rechts. Auch mittelb Eigenbesitz, §§ 868, 872. Ausübg des Rechts in jedem der 30 Jahre mind einmal, vgl § 1029; aM RGRK Anm 10. Jedoch gilt die Vermutg des § 938; str.

Zu a und b: Eintr u Besitz müssen sich decken.

c) Frist: 30 Jahre. Berechng, **I S 2**, Hemmg, Unterbrechg nach §§ 938–944. Ersitzgszeit des RVorgängers u des ErbschBesitzers (letzterer braucht nicht gewesen zu sein, wohl aber der Erblasser) anzurechnen. Hemmg ferner, solange (mit oder ohne Grd) ein Widerspr eingetragen, **I S 2**.

d) Auf guten Glauben kommt es nicht an (anders § 937 II).

e) Beweislast: wer Eigt des Eingetr bestreitet, muß auch die Elemente der Ersitzg (EigenBes!) widerlegen, auf die sich der Eingetr beruft, BGH JZ **72**, 128.

4) **Übergangsrecht.** Vgl EG 169, 189. Ab GBanlegg kann noch nicht vollendete Ersitzg nur nach neuem Recht fortgesetzt w, Warn **19**, 97.

901 *Erlöschen nichteingetragener Rechte durch Verjährung (Versitzung).* Ist ein Recht an einem fremden Grundstück im Grundbuche mit Unrecht gelöscht, so erlischt es, wenn der Anspruch des Berechtigten gegen den Eigentümer verjährt ist. Das gleiche gilt, wenn ein kraft Gesetzes entstandenes Recht an einem fremden Grundstücke nicht in das Grundbuch eingetragen worden ist.

1) **Buchversitzg** (Tabularverschweigg). Damit das GB nicht ständ unrichtig bleibt, läßt § 901 das nichteingetr Recht an fremdem Grdst mit der Verj des Anspr erlöschen. Ausn v § 222 I (hier bleibt das Recht trotz AnsprVerj bestehen). Gilt bei **a) unrichtiger Löschg**, die allein das Recht nicht zum Erlöschen bringt, vgl § 875 Anm 1; **b) Nichteintragg kraft Gesetzes entstandener** eintragsfähiger **Rechte**: §§ 1075 I, 1287 II, ZPO 848 II 2; vgl auch § 1113 Anm 3c. – Nicht: Überbau-, Notwegrenten, §§ 914, 917 II. – Gilt für alle beschr dingl Rechte, auch GrdPfdRechte (anders § 900). Verlust des Eigt aber: §§ 900, 927. Sondervorschr für DienstbkVersitzg trotz Eintr: §§ 1028, 1090. Vgl EG 189 III.

2) **Voraussetzg:** Verjährg des Anspr des Berechtigten gg den Eigtümer. Das ist nicht der Berichtiggs-Anspr (der unverjährbar, § 898), sond der dingl Anspr aus dem Recht auf Duldg od Leistg (od Anerkennung, zB bei VorkaufsR). Diese Ansprüche aus nichteingetragenen Rechten verjähren nach §§ 194ff. Unverjährbar nur der Anspr aus eingetragenen Rechten, § 902. Beginn der Verj mit Entstehg des Anspr, § 198; wenn Recht eingetragen gewesen, aber frühestens mit Löschg (vgl § 902). Anspr entsteht nicht gleich, sond mit Entstehg eines dem Recht entsprechenden Zustands (bei GrdPfdR u Reallasten mit Fälligk, bei GrdDienstbk mit Verweigerg der Ausübg, bei Nießbrauch mit Vorenthaltg des Besitzes durch den Eigtümer). Bei WiederEintr des Rechts vor Ablauf der Verj bisheriger VerjLauf wirkgslos, ebso, wenn Widerspr gg Löschg eingetr, mit dieser Eintr, falls Recht später eingetr, vgl § 902 II. Mit Löschg des Rechts od Widerspr beginnt neue Verj, jedoch § 216 I entspr anwendbar.

3) **Wirkg:** Mit Verj des Anspruchs **erlischt** das (nichteingetragene) Recht selbst.

902 *Unverjährbarkeit eingetragener Rechte.* I Die Ansprüche aus eingetragenen Rechten unterliegen nicht der Verjährung. Dies gilt nicht für Ansprüche, die auf Rückstände wiederkehrender Leistungen oder auf Schadensersatz gerichtet sind.

II Ein Recht, wegen dessen ein Widerspruch gegen die Richtigkeit des Grundbuchs eingetragen ist, steht einem eingetragenen Rechte gleich.

1) **Allgemeines.** Bei der **Verjährg** sind zu unterscheiden: **a)** das **dingl Recht.** Dieses verjährt nach BundesR niemals. Vgl § 194 Anm 1c. Ausnahme: BayObLG **31**, 336 für *bay* LandesR. Es erlischt aber nach §§ 901, 1028 I 2, 1090 II.

b) der (Haupt-) **Anspr aus dem dingl Recht,** zB nach §§ 985ff, 1018, 1094, 1105, 1113. Er verjährt nicht, wenn das Recht eingetr (**I S 1**) od durch Widerspr gesichert ist, **II.** Ausn: **I S 2.** Vgl auch § 1028, ErbbRVO 4. Unverjährb sind hiernach auch die Anspr auf Tilggsbeträge, auch wenn sie als Zinszuschläge erhoben werden; sie sind Kapitalteile.

c) der **dingl BerichtiggsAnspr** aus § 894. Er unterfällt dem § 902 nicht. Er verjährt nicht (§ 898), erlischt aber, wenn das GB durch Verj des HauptAnspr richtig wird, § 901.

d) bei der Hyp der **Anspr aus der persönl Fdg.** Er verjährt nach § 194. Vgl § 223.

2) **Der Grundsatz, I S 1,** gilt für alle Rechte, auch für die nicht eintraggsbedürftigen. Auch für das Eigt. **a)** Voraussetzg ist eine inhaltl zulässige Eintr, GBO 53 I 2. Nur für Anspr des eingetragenen Berech-

tigten od solcher RNachfolger, die das Recht außerh des GB erworben haben, str; weitergehd Planck Anm 2a. Nur soweit, als die Anspr aus dem eingetr Inhalt des Rechts fließen. Anspr aus nicht eingetragenen Teilen od Bedinggen des Rechts verjähren. Nur durch Vormkg gesicherte Anspr verjähren (vgl Weber BlGBW **64**, 23); Ausn: AuflVormkg nach pr Recht, RG **144**, 368.

b) Ein **Widerspruch**, II, steht der Eintr gleich. Vgl aber § 901 Anm 2b.

c) Ausnahme, **I S 2**, für Anspr, die im einzelnen aus dem GB nicht zu ersehen sind. **aa)** Rückstände wiederkehrender Leistgen; zB §§ 1105, 1199 I; ferner Zinsen. Über Tilggsbeiträge vgl Anm 1b. **bb)** Anspr auf SchadErs §§ 852ff, 904, 989ff, 1057, 1965. **cc)** Desh nach BGH **60**, 235 auch Anspr aus § 1004, vgl dazu aber krit Baur JZ **73**, 560 u Kreft in Anm zu **LM** § 1004 Nr 123, abl Picker JuS **74**, 357.

d) Vgl EG 169, 181 I, 184. § 902 gilt entspr gem SchiffsRG 23, LuftfzRG 23.

Dritter Abschnitt. Eigentum

Überblick

Aus dem **Schrifttum**: Negro, Das Eigentum, 1963. – Pleyer, Eigt u WirtschOrdng JuS **63**, 8. Pawlowski, Substanz- od Funktionseigentum AcP **165**, 395. – Klüber, Kath Eigtumslehre 1968. – E. Stein, Zur Wandlg des EigtBegr, Festschr Gebh Müller **70**, 503. – Lindig, Üb d fiktive u funktionelle Gegenständlichk des Grdst, AcP **169**, 459. – Schulte, Eigt u öff Interesse, 1970. – Forsthoff, Zur Lage des verfrechtl EigtSchutzes, Festschr Maunz 1971. – Sendler, Die Konkretisier einer mod EigtVerf dch Richterspruch, DÖV **71**, 16; – ders, Z Wandel der Auffassg v Eigt, DÖV **74**, 73, insb 82ff. – Leisner, Sozialbindg des Eigt, 1972; ders, Sozialbindg des Eigt nach öff u priv R, NJW **75**, 233. – Badura, Eigt u VerfR der GgWart, 49. DtJurTag, dazu Weber JZ **72**, 760. – Weber, Das Eigt u seine Garantie in der Krise, Festschr Michaelis 1972, 316. – Sontis, Strukturelle Betrachtgen zum EigtBegr, Festschr Larenz 1973, S 981ff. – Maunz, BodenR vor den Schranken des GG, DÖV **75**, 1. – Georgiades, EigtBegr u EigtVerh, Festschr Sontis 1977, 149. – Raiser, Funktionsteilg des Eigt, Festschr Sontis 1977, 167. – Baur, Die ggseit Dchdringg von priv u öff R im Bereich des BodenEigt, Festschr Sontis 1977, 181. – Kimminich, Das GrdR auf Eigt, JuS **78**, 217. – Über Geldwertg u EigtGarantie s u a: Papier, JuS **74**, 477; ders, AöR **98**, 531; Bettermann, ZRP **74**, 13; Medicus, Betr **74**, 759; Mann, NJW **74**, 1297; Reichert-Facilides, JZ **74**, 483, 488. – Zur Aufopferg u Enteign s § 903 Anm 4, 5. –

1) Begriff des Eigentums. Unter dem Einfluß des Naturrechts u der Aufklärg, die von dem „unverletzl, geheiligten" Eigt sprachen, sowie des wirtschaftl Liberalismus entwickelte die Pandektenwissenschaft des 19. Jhdt den Begriff des von den Verfassgen gewährleisteten Privateigentums als eines unbeschränkten individuellen Herrschaftsrechts. Das öff Recht hat aber im Allgemeininteresse wenigstens beim GrundEigt diese Unbeschränkth nicht anerkannt. Das BGB beruht auf der individualistischen Auffassg des Eigtums, wenn es in § 903 dem Eigtümer grdsätzl die Befugnis gewährt, nach Belieben mit der Sache zu verfahren u andere von jeder Einwirkg auszuschließen. Der Zusatz „soweit nicht das Gesetz oder Rechte Dritter entgegenstehen", schränkt jedoch die absolute HerrschMacht ein. Die **Sozialgebundenheit des Eigentums** zeigt sich insb im NachbarR, vgl Übbl 2 d. Bedeuts, daß das EG die Landesrechte mit ihren zahlr sozialen Bindgen des Eigt, bes am Grund u Boden, weitgehd aufrechterhalten hat (vgl zB EG 65, 66, 67, 69, 73, 83, 88, 109, 111, 115, 117, 119, 124). Ferner hat das öff Recht das Eigt im Gemeininteresse immer mehr beschränkt. Die Pflichtgebundenh des Eigt trat auch im PrivR trotz der Zurückhaltg des BGB immer mehr in den Vordergrund. Eine entscheidende Wendg von der individualistischen zur sozialen Einstellg: WeimRV 153 III: „Eigentum verpflichtet. Sein Gebrauch soll zugleich Dienst sein für das gemeine Beste." Entsprechend GG 14 II. Bedeuts in diesem Sinn auch die kathol EigtLehre, vgl Klüber aaO. Das G kann Inhalt u Schranken des Eigt allgemeinverbindl regeln (vgl GG 14 I 2), aber es kann den im GG garantierten EigtBegriff nicht beseitigen od völlig aushöhlen, auch nicht durch eine generelle Bestimmg; ein solches G wäre nichtig; BGH GrZS **6**, 278; vgl GG 19 II. Zum Umfang der Institutionsgarantie eingehd BVerfG **24**, 367: sie verbietet, solche Sachbereiche der PrivatROrdng zu entziehen, die zum elementaren Bestand grdrechtl geschützter Betätigg im vermögensrechtl Bereich gehören. Zu den Grenzen der Befugnisse des GesGebers, Inhalt u Schranken des Eigt zu bestimmen, vgl BVerfG **21**, 73; NJW **67**, 1175; **71**, 2165. Zum Schutze des Einzelnen gilt ferner der Grds (der schon in der Zuerkenng des allg **Aufopfergs**Anspr Ausdr gefunden hat u dem Recht der **Enteign** [vgl § 903 Anm 4, 5] zugrunde liegt), daß zu duldende Eingriffe, denen Betroffenen ein ungleich treffendes Sonderopfer auferlegen, zur Entschädigung verpflichten; vgl § 903 Anm 3c, 5; § 906 Anm 5, 6.

Grundgesetz Art 14 lautet:
(1) Das Eigentum und das Erbrecht werden gewährleistet. Inhalt und Schranken werden durch die Gesetze bestimmt.
(2) Eigentum verpflichtet. Sein Gebrauch soll zugleich dem Wohle der Allgemeinheit dienen.
(3) Eine Enteignung ist nur zum Wohle der Allgemeinheit zulässig. Sie darf nur durch Gesetz oder auf Grund eines Gesetzes erfolgen, das Art und Ausmaß der Entschädigung regelt. Die Entschädigung ist unter gerechter Abwägung der Interessen der Allgemeinheit und der Beteiligten zu bestimmen. Wegen der Höhe der Entschädigung steht im Streitfalle der Rechtsweg vor den ordentlichen Gerichten offen.

Zu den **historischen GrdLagen** des EigtBegr: Willoweit JuS **77**, 429; Hass, Ist NutzgsEigt noch Eigt?, Diss Marbg 1976, 9ff.

2) Diese **Pflichtgebundenheit des Eigentums** ggü der Gemsch (Sozialgebundenh) gilt vor allem im Interesse der Volksernährg für den ländl GrdBesitz. Dies ist nicht verfassgsw, BVerfG **21**, 73.

Eigentum **Überbl v § 903 2**

a) Auf diesem Gedanken beruhte KRG 45, an dessen Stelle jetzt das **GrdstVG** getreten, vgl Einl 7b vor § 854. – **b)** Wegen der **Siedlgs- u Bodenreformgesetzgebg** vgl Einl 7a, c vor § 854.

c) Weitere Beschränkgen des Eigentums (von BGB 226, 228, 904, 905, 2 abgesehen) im Allgemeininteresse, insbes öffrechtl Art finden sich in zahlr Einzelgesetzen. Sie betreffen vor allem den Grd u Boden entspr seiner besonderen Bedeutg.

Beispiele: G gg Waldverwüstg v 18. 1. 34 (RGBl 37); G über forstl Saat- u Pflanzgut idF v 1. 9. 69, BGBl 1549. Waldschutz- u Forstgesetze der Länder, s zu EG 83. – BNatSchG u NatSch- bzw LandschPflegeGe der Länder, s EG 109 Anm 1, EG 111 Anm 1. – FStrG 19. – G zum Schutze deutschen Kulturguts gg Abwanderg v 6. 8. 55, BGBl 501. – DenkmalschutzGe der Länder, s EG 109 Anm 2, EG 111 Anm 1. – LuftVG (Pfl zur Duldg des Überfliegens ua; BauBeschrkgen im Bauschutzbereich); FluglärmG. – Flurbereinigs- u BBauG, Einl 7a vor § 854. – StädtebauförderdgsG 19f (Abbruchgebot, Bauverbot). – BAbfG mit AusfG der Länder (vgl EG 109 Anm 2). Wegen Enteigng vgl § 903 Anm 5, EG 52, 109.– Vgl auch Übbl 12 b vor § 873, § 925 Anm 7.

d) Nachbarrecht. Beschrkg des Eigtümers dch **privates NachbR** zG des Nachb in §§ 906–923 u im LandesR (EG 124). Es bestimmt auch ggü Eingr von hoher Hand die Grenzen des Eigt (BGH NJW **78,** 1051). – Daneben besteht das **öffentliche NachbR** z Schutz gg Maßnahmen öff Gewaltträger: RGrdLage sind die jeweils v den VerwOrganen z beachtenden öffrechtl Normen, wenn und soweit sie nachbschützden Charakter haben, dazu nachstehd Anm bb mit gg; daneben begründet nach der Rspr des BVerwG (krit dazu Eyermann GewA **74,** 42) uU auch bei Anwendg einer nicht nachbschützden Norm **GG 14 I** einen öffrechtl NachbSchutz, wenn unmittelb in das NachbGrdst eingegriffen w (zB direkte Inanspruchnahme) od wenn dch nachhalt Veränderg der GrdstSituation das Eigt am NachbGrdst schwer u unerträgl betroffen w (BVerwG NJW **76,** 1987; BauR **77,** 244).

aa) Über die positiven gesetzl Bestimmgen hinaus folgt aus der Nachbarlage, dem **nachbarl GemschVerh** nach § 242 die Pfl zur ggseitigen RücksNahme; sie kann die Ausübg eines Rechts als unzul erscheinen lassen. Allerdings müssen zwingende Gründe vorliegen, BGH **LM** § 903 Nr 1, 2. Im NachbR lehnt BGH **38,** 61 § 242 – wohl zu schroff – völl ab; wohlgemerkt aber nur im Bereich der obj Tatbestände des § 906. Doch kann sich auch nach BGH (**42,** 374, 377; **WPM 69,** 1042, 1044) aus § 242 eine Pfl des Gestörten ergeben, an der Herabsetzg von Geräuscheinwirkgen mitzuwirken. Zur Lösg und als der dch §§ 903ff erfaßten (BGH **54,** 56) nachbarl Interessenkonflikte zieht auch BGH (wie schon RG) das nachbarl GemschVerhältn (dazu eingehend Mühl, NJW **60,** 1133; Block, Schrifttum zu § 906) als AnsprGrdLage heran (vgl **LM** § 903 Nr 1, 2; BGH **28,** 110, 225; Betr **72,** 2298 – vgl § 912 Anm 2a, 3c).– Die NachbPfl kann uU wenn zumutb, sogar zu positivem Handeln u (selbst ohne Versch) zur GeldentschädigungsPfl führen (BGH **28,** 110, 225). Das nachbarl GemschVerh soll nach hL aber kein ges SchuldVerh sein (BGH **42,** 374); das ist abzulehnen (§ 278 Anm 1 b bb; vgl auch § 909 Anm 3 b, § 912 Anm 2 c, § 922 Anm 5). – **Beispiele:** Aus § 242 läßt sich die Pfl des Nachb ableiten, der Aufstellg von Baugerüsten (auch zum Lagerg von Baumaterialien) uU auch da zu dulden, wo kein landesrechtl Hammerschlags- u LeiterR (vgl EG 124 Anm 2) besteht, LG Aachen NJW **66,** 204. So uU für Ausbesserg en; Hamm NJW **66,** 599 (Verputzarbeiten an Garage); nicht zum Anbringen von Reklame; vgl auch König BlGBW **61,** 103. IdR kein Recht zum Betreten des NachbGrdst zum Heckenschneiden, Glaser-Dröschel S 138, str. § 242 kann zur Einschränkg landesrechtl Fensterrechts (EG 124 Anm 2) führen, RG **162,** 216. Zur Verwendg von undurchsichtigen Glasbausteinen in der Grenzmauer Hodes NJW **62,** 1681 mit Nachw. In BGH MDR **60,** 915 handelte es sich um eine vertragl Pfl zur Nichtanbringg von Fenstern od Lichtöffnungen. Vgl M-St-Hodes § 28; Erl zu EG 124. – Einzelfälle bei § 1004 Anm 2 a, 7 b; § 903 Anm 3 a; § 906 Anm 1, 2; § 909 Anm 3 b; § 908 Anm 4; § 910 Anm 1.

bb) Öffentl Baurecht u Nachbarrecht. Schrifttum: Hoppe, NachbKlage, PlangewährleistgsAnspr u PlanbefolgsAnspr, DVBl **69,** 246. – Grundei, Der NachbSch im BauControll NJW **70,** 833. – Sendler, NachbSchutz im StädtebauR BauR **70,** 4, 74. – Kübler-Speidel, Handbuch des Baunachb R 1970. – HJ Müller, Zum enteigngsr Bestandsschutz subj öff NachbRechte des BauR, NJW **71,** 81, 1302; auch Schwabe NJW **71,** 913. Bender-Dohle, NachbSchutz im Zivil- u VerwR 1972. – Bartlsperger, Subj öff R u störgspräventive BaunachbKlage DVBl **71,** 723. – Timmermann, Der baurechtl NachbSchutz 1969. – Eyermann, Wider die Aufbläh der Klagebefugin im verwgerichtl Verf, BayVBl **74,** 237 (z NachbKlage). – Heise, NachbKlage (NachbWiderspr) u rechtsverschärfde Änderg der RLage, DÖV **73,** 768. – Mayer-Tasch, NachbKl gg unzul Bauvorhaben im unverplanten Innenbereich, BayVBl **74,** 515.

Einzelne Normen des öff BauR – Bauleitplansnormen des BBauG, Bauordngsnormen (einschränkd insow Grundei NJW **70,** 833) – (auch des Wasser- u ImmissionsschutzR, BVerwG **27,** 176; **28,** 131) haben **nachbarschützden Charakter,** begründen für den Beeinträchtigten also ein **subjektives öff Recht,** das im **Verwaltgsrechtsweg verfolgb** ist, BVerwG **22,** 129; DVBl **68,** 27. Verwirkg mögl, BVerwG MDR **73,** 432. – RZersplitterg wg VwGO 137, da BauOrdngsR (ähnl BauPlangsR) in Länderkompetenz fällt. – Zum Verh der Bauer Vorschr des NachbRG zur öffr NachbKlage OVG Lüneb, SchlHA **73,** 101.

α) **Geschützt** ist der Nachb, jedf also der Eigtümer (auch WEigtümer) des angrenzden od im Einwirksbereich der störden Anlage liegden Grdst (vgl Fickert Tz 124 mit Nachw); ebso der gleich schutzwürd dingl Berecht, Nießbraucher, ErbbBerecht, folgerecht auch der Inh einer GrdDbk, wenn die Norm auch sein R schützt (str); nach hL aber nicht bloß obligat zum BesBerecht, wie Mieter, Pächter (BVerwG NJW **68,** 2393; OVG Bln JR **68,** 478; aA VG Bln NJW **78,** 1822). Im Hinbl auf die AmtsPfl der BauBeh sieht BGH NJW **69,** 234 auch den Bauherrn (Gewerbetreibden) geschützt (zu BNVO 6). – Z Frage, ob auch künft Eigtümer Nachb sein kann, vgl BayVGH BayVBl **74,** 133 (abl für nur oblig Berecht); Sahlmüller, BayVBl **74,** 128 (abl für künft Nachb aG Umlegg, dieser habe AnfechtgsKl gg Zustimmg des UmleggsAusschusses – ein Schutz, der aber im sonst gleichgelagerten Fall des künft Nachb aG Flurbereinigg od Grenzregelg nach BBauG nicht besteht). – BGH NJW **74,** 1869 gewährt privrechtl NachbSchutz aus Beschrkg des AnliegerGemGebr entspr § 906 auch einem Mieter.

943

Überbl v § 903 2   3. Buch. 3. Abschnitt. *Bassenge*

β) **Nachbarschützd** sind Normen, deren Schutzwirkg ihrem Zweck nach über die Grenzen des BauGrdst hinausreicht u zumindest a u c h den **Individualinteressen** der Nachbarn dient. Dies gilt jedenf für zwingde Normen, von der die Behörde nur mittels D i s p e n s e s (BBauG 31 II 1, dazu Kübler-Speidel II 22 ff; Bender-Dohle Rdnrn 194 ff) abweichen kann. In diesem Fall richtet sich der verwaltgsgerichtl Angriff des verletzten Nachb als AnfechtgsKl **gg den Dispens** als einen Verwaltgsakt mit Doppelwirkg, der die zwingde Norm für den Einzelfall außer Kraft setzte (vgl Fickert Tz 83). Allg zu Voraussetzgen u Grenzen des nachbarschädl Baudispens vgl BVerwG NJW **68**, 2393. Auch wenn BauGen ohne an sich notw Dispens erteilt wurde, ist öffr NachbKl als AnfechtgsKl zul (OVG Münst NJW **58**, 354), welche die ErmEntsch der Beh der gerichtl Nachprüfg unterwirft. Wenn Beh von dem in der Norm selbst vorgesehenen **AusnahmeVorbeh** Gebr macht, bedeutet dies noch keine Beeinträchtigg des Nachb (vgl OVG Münst, VerwRspr **12**, 849, aber auch OVG Bln NJW **69**, 342). Ändert sich die RLage zug des Nachb erst währd des Widerspr- oder AnfVerf, so bleibt die erteilte Baugenehmigg ggü dem Angriff des Nachb in ihrem Bestand geschützt, BVerwG NJW **70**, 263 (für das WidersprVerf str, vgl Heise DÖV **73**, 768); der Wegfall der nachbschützden Norm erst währd dieser Verf ist dagg zu berücks (vgl Bender-Dohle RdNrn 61 f, 71 ff).

γ) **Einzelheiten:** αα) Als **nachbarschützd** sind **anerkannt**: Vorschr über **Bauwich** = seitl Grenzabstand (BGH **66**, 354) für alle Nachb, deren Grdst dem Gebäude ggü liegen; str ob auch bei geschlossener Bauweise (vgl Kübler-Speidel III 12). – Vorschr über **rückwärt Grenzabstand**, soweit sie dem Nachb Luft u Licht gewährleisten sollen (Kübler-Speidel III 8; einschränkd OVG Münst BauR **74**, 114). – Vorschr über **Geschoß- u Geschoßflächenzahl** (BGH **LM** § 1004 Nr 132; OVG Münst BauR **77**, 389), **Brandschutz** (str), **Rauchkamine** (VGH Kassel NJW **66**, 2183) u **Blitzableiter**. – Vorschr der **Bauleitplanung**, zB Ausweisg eines Industriegebiets (BVerwG NJW **75**, 70), insb BNVO 2 ff u Vorschr in einem Bauleitplan, u zwar auch dch „plangebietsüberschreiten" NachbSchutz (BVerwG NJW **74**, 811). Zur Möglichk des Eingr schon einer **BodenverkehrsGen** in ein subjöff R des Nachb vgl Peters DÖV **68**, 550; BVerwG BRS **22**, 101; OVG Brem DWW **65**, 200. – Vorschr über den **Abbruch** (BayVGH BayVBl **74**, 73; vgl dagg § 909 Anm 1). – Zum nachbschützden **Gebot der Rücksichtn**: Weyreuther BauR **75**, 1; BVerwG BauR **77**, 244; OVG Münst BauR **77**, 389.

ββ) Str, inwiew Festsetzg des Maßes der **Baunutzg** (BNVO 16 ff) auch nachbschützd; dies ist keinesf schlechth zu verneinen; vgl Bender-Dohle Rdnrn 170 ff; Kübler-Speidel II 181 ff.

γγ) Als **nicht nachbarschützd** sind **anerkannt**: Vorschr über **Natur- u LandschSchutz** (OVG Münst VerwRspr **12**, 219). – **WHG** 7, 8 (BVerwG **41**, 58); 24 II, 34 (OVG Lüneb DÖV **64**, 428; aA zutr Bender-Dohle Rdz 344); 28 (BVerwG NJW **74**, 815; uU EigtSchutz aus GG 14 I u FolgenbeseitiggsAnspr). – **BBauG** 31 II (BVerwG NJW **68**, 2393), 34 (OVG Lünebg NJW **78**, 1822; aA OVG Saarlouis NJW **77**, 2092; vgl Pagenkopf BauR **77**, 155; Dohle NJW **77**, 1372; uU EigtSchutz aus GG 14 I, wenn gg § 34 verstoßd BauGen vorgegebene GrdstSituation nachhalt verändert u dadch Nachb unerträgl trifft, wozu Einschränkg schöner Aussicht nicht genügt, BVerwG BauR **78**, 289), 35 II (BVerwG NJW **76**, 1987; uU EigtSchutz aus GG 14 I wie bei § 34, BVerwG BauR **77**, 244), 36 I 1 (BVerwG DVBl **68**, 651). Nach BVerwG DVBl **69**, 263 hat Eigtümer priv Bauten iSv § 35 I aber R auf Erhaltg der Privilegierg. Zum AbwehrAnspr des Inhabers eines Werkes im Außenbereich gg näherkommde Wohnbebauung vgl BVerwG JZ **71**, 762; OVG Münst Betr **72**, 1962. – Vorschr über **Abstandsflächen vor Fenstern** (OVG Lüneb SchlHA **76**, 143). – Baurechtl NachbSchutz verhindert nicht gleichart Vergrößerg des Baugebiets (OVG Bln NJW **71**, 534).

δ) Die **Zulässigk** von **Garagen** richtet sich nach BauplangsR (BBauG, BNVO, RGaragenO) u BauordngsR (LBauO, LGaragenVO). Einzelh bei Bender-Dohle aaO Rdnr 229 ff, 281 ff; Simon BayVBl **71**, 292/333; Otto BlGBW **74**, 36; Ziegler BlGBW **77**, 107. – **NachbSchutz**. Verneint für BNVO 12, 15 (BVerwG DVBl **74**, 358); RGaragenO 11 I 1 Halbs 2 (BVerwG NJW **67**, 1770), 11 II (BGH **40**, 306), 13 I 1 (OVG Bln BRS **9**, 204), 13 IV a/V (BVerwG NJW **68**, 123). – Bejaht für: Vorschr der LBauO über Bauwichgarage (OVG Bln BauR **76**, 191; OVG Lüneb SchlHA **77**, 118), die auch iVm BNVO 23 V 2 wichtig; mit RGaragenO ganz od nahezu inhaltsgleiche Vorschr des LBauordngsR (Bender-Dohle Rdnr 235 mwN). NachbSchutz aus GG 14 auch bei Verstoß gg nicht nachbschützde Vorschr, wenn vorgegebene Grdst-Situation nachhalt verändert u Nachb dadch schwer u unerträgl getroffen (BVerwG DVBl **74**, 358).

ε) Hat Bauherr ohne BauGen gebaut (**Schwarzbau**), so scheiden Anfechtgs- od UnterlKl, begriffl auch der FolgenbeseitiggsAnspr des Nachb gg die Beh aus. Doch kann sich ein hier dch VerpflKlage oder nach VwGO 123 (vgl unten η) zu verfolgter Anspr des tatsächl benachteiligten Nachb auf Einschreiten der Beh in diesem Fall aus hierzu ermächtigd Normen der Bauordnung, daneben aus der **polizeil Generalklausel** ergeben. Die hierf erforderl Bedrohg der öff Sicherh u Ordng kann sich auch nur gg die RPosition eines einzelnen richten (Hess VGH DÖV **50**, 376; DVBl **60**, 780). Sofern allerd eine ErmErmächtigg Interessen eines Einzelnen schützt, erschöpft sich grdsätzl dessen Anspr in fehlerfreier Ausübg des Erm, nicht geht er auf eine bestimmte VerwEntsch; vgl aber auch BVerwG **11**, 95; OVG Münster Betr **72**, 2013; BayVGH BayVBl **74**, 433 (Verdichtg des grdsätzl nur auf fehlerfreie ErmAusübg gerichteten Anspr z striktem RAnspr – auf Eingreifen –, wenn Beh die Voraussetzg für eine BeseitiggsAnordng selbst anerkannt hatte). Zum Einfluß zivilr AbwMöglichk auf den ErmSpielraum der Behörde für solche Maßn vgl Bender-Dohle Rdnr 432 mit Nachw. Das **Opportunitätsprinzip** des PolizeiR kann hier nur in beschr Umfang gelten (OVG Münst BB **69**, 1200) u läßt jedenf den Anspr auf ermfehlerfreie Entsch bestehen (vgl Peters aaO; OVG Münst DVBl **68**, 759). – Wird Dispens aufgeh u Bauvorhaben damit materiell rechtsw, od w die BauGen aufgeh u das an sich schon materiell rechtsw Bauvorhaben auch formell rechtsw, so verpflichtet der **FolgenbeseitiggsAnspr** des Nachb die Beh weiter zum Einschreiten bis zum Bauherrn dahin, daß der materiell rechtsw Zustand iS der nachbschützden Norm geändert, ggf beseitigt w (Peters, DÖV **65**, 746). Zur Verhältnismäßigk u Geeigneth der Mittel vgl BVerwG **26**, 131; NJW **65**, 1195. Zum **Vertrauensschutz** des Bauherrn vgl BVerwG NJW **64**, 563; Fickert Tz 49 ff; Peters DÖV **68**, 553; Timmermann aaO S 151 ff. – Das R der Beh zum Einschreiten gg den Bauherrn ergibt sich aus der ordngpoliz Generalklausel (vgl BVerwG **11**, 95). Zu allem Bender-Dohle Rdnrn 427 ff.

ζ) **Verfahrenstechnisches:** Die NachbKl ist regelm **AnfechtgsKlage** gg die Beh, die BauGen od Dispens erteilte, VerpflichtgsKl dagg, wenn eine nur anzeigepflichtige Baumaßn angegriffen w, OVG Münster DÖV **74**, 387, dazu Bender-Dohle RdNr 84. Zur Zulässigk einer **vorbeugden Unterlassgsklage** Gelzer NJW **70**, 1352; Bender-Dohle Rdnrn 90ff; BVerwG JZ **71**, 726. Nach BVerwG NJW **67**, 996 bleibt vorbeugder RSchutz die Ausn; Nachw bei Kübler-Speidel V 31ff. Z Fristablauf (§§ 58 II, 70 VwGO) dch Verwirkg BVerwG DÖV **74**, 385. Z Problem des uU rechtsschutzbehindernden Streitwerts BVerwG DVBl **72**, 678, dazu Schwarze DÖV **73**, 700.

η) **Vorläuf RSchutz des Nachb.** Widerspr u AnfKl gg die BauGen haben aufschiebde Wirkg (OVG Kblz NJW **77**, 595; Lüke NJW **77**, 81; aA OVG Lünebg DVBl **77**, 733). Beachtg dch Bauherrn ist entspr VwGO 80 V 3 erzwingb (OVG Kblz aaO; Lüke aaO; aA VGH Kass BauR **76**, 415: VwGO 123). Demgü kann Verwaltg entspr VwGO 80 II Nr 4 (Lüke aaO) od VerwGer entspr VwGO V (VG Würzbg NJW **77**, 1980; VG Hann DVBl **77**, 735) auf Antr des Bauherrn sof Vollziehg anordnen. – Gg Schwarzbau u bei GenFreih: VwGO 123 (OVG Münst DWW **77**, 141).

ϑ) Für das **Zivilrecht** ergibt sich hieraus: Die BauGen ergeht stets unter Vorbeh der Rechte Dritter. Bestehen solche, zB aus Vertr, baubeschr Dienstbk od privatrechtl Normen des Bundes- od LandesR (EG 124, zB LichtR), kann sie der Nachb uneingeschr im ZivilRWeg gem §§ 862, 906, 1004 geltd machen. BauRNormen können dabei allerd Maß für die Ortsüblichk iS des § 906 geben, BGH NJW **59**, 1632 u 2013 (für BauGen u Schankerlaubn). Davon abgesehen hat der Nachb allerd idR keinen Unterl- od SchadErsAnspr; aus dem Eigt nicht herleitb. Nur wenn die öffr Baunormen als Schutzgesetze zG des Nachb anzusehen (dazu oben β u γ), steht ihm bei Versch des Bauenden ein SchadErsAnspr (§ 823 II, dazu BGH NJW **70**, 1180), sonst entspr § 1004 die vorbeuge UnterlKlage (Einf 8 b vor § 823) u der BeseitiggsAnspr (Einf 9 vor § 823) zu (BGH **LM** 1004 Nr 132; wg Anwendg von § 251 II vgl § 1004 Anm 8 c); dazu krit Picker AcP **176**, 28. Zur Konkurrenz der Anspr u der RWege vgl auch Bender-Dohle Rdnrn 15ff.
War allerd dem Bauherrn **Dispens** erteilt worden, so entfaltet diese - abgesehen von Nichtigk - auch im ZivProz bindde TatbestdsWirkg (vgl BGH **9**, 129; Timmermann S 248; Kübler-Speidel I 97). Er setzt das SchutzG – die Baunorm – außer Kraft. Die Möglichk, in solchen Fällen sowohl aus § 1004 zum ZivGer, wie aGrd des FolgenbeseitiggsAnspr im VerwProz zu klagen, nimmt weder der einen noch der anderen RVerfolgg das **RSchutzinteresse.** Inhalt u Ziel beider VerfGgstände brauchen sich keineswegs zu decken; VG Saarlouis NJW **69**, 811; OVG Münst DVBl **68**, 759; vgl auch Fickert Tz 130; Bender-Dohle Rdnr 23; Timmermann S 160.
Str allerd, inwiew in den Fällen der NachbStörgn dch baurechtl relevante, gewerbl GrdstNutzg die Möglichk eines gleichwt reichdn zivilrechtl AbwehrR der öffr NachbKl das RSchutzbedürfnis nimmt; hierfür Peters DÖV **68**, 549; BVerwG VerwRspr **20**, 164 (ImmissionsschutzR). – Soweit die öffr NachbKl auf die **polizeil Generalklausel** gestützt ist, tritt auch hier deren subsidiärer Charakter in Erschein: angesichts der Möglichk, das gleiche Ziel im ZivRWeg zu erreichen, fehlt der öffr NachbKl auf Einschreiten insow das RSchutzbedürfn (OVG Münst aaO u BB **69**, 1200; Fickert Tz 130; Martens JuS **62**, 245; Baur JZ **62**, 73). – Grdsätzl ist aber an der Unabhängiggk der beiden RWege voneinander festzuhalten. Die Gen zum Bau einer Werkstätte schützt den Bauherrn nicht gg eine auf §§ 906, 1004 gegründete UnterlassgsKl des Nachb; dessen Unterliegen im ZivProz hindert wiederum nicht, daß die BauGen gleichwohl nicht erteilt w; vgl Kübler-Speidel I 100, aber auch Friauf u Bartelsperger, DVBl **71**, 713 bzw 723.
Über **Amtshaftg** bei Verletzg der Bauwichvorschriften vgl BGH NJW **64**, 824; NJW **69**, 234. Nachbschützde Vorschr des öff BauR können den Inh der Eigt des Nachb erweitern, vgl BVerwG NJW **70**, 626; Bauwichänderngn haben nur ausnw **enteignde** Wirkg, BVerfG **28**, 29; DVBl **69**, 213 (Anm Kühling), dazu Müller u Schwabe, NJW **71**, 1302 bzw 913; vgl § 903 Anm 5 H dcc.
Entspr §§ 912ff w man bei Bauwichverletzg DuldgsPfl des Nachb annehmen müssen – sofern nicht LandesR entggstellt –, wenn Verletzg des Grenzabstands ohne grobe Fahrlässigk u ohne wof Widerspr; str; vgl Müller Gruch **61**, 607; W-Raiser § 55 Anm 7; Timmermann aaO 226ff. Bedenkl dah OVH Rh-Pf BauRSlg **20**, 165.

cc) GaststättenR u NachbR. Schrifttum: Demme, Die nachbrechtl Schutzvorschriften im GaststR, DVBl **67**, 758; Birk, Fragen des Nachbschutzes im GaststR, GewA **68**, 121; Bettermann, Gewerbl NachbKlage?, NJW **61**, 1097; Buhren, Der NachbSchutz im GaststättenR, GewA **74**, 221. GaststG v 5. 5. 70 (BGBl 465) §§ 18, 5 I 3 (bish §§ 14, 11 I b) haben nachbschützde Funktion (vgl BGH NJW **59**, 767). Daher AnfechtgsKl des Nachb gg Sperrstundenverlängerg u VerpflKlage auf dem Gastw aufzuerlegende Auflagen (dazu BayObLG BayVBl **72**, 77; saarl OVG GewA **74**, 235).

dd) RSchutz des einz gg Maßnahmen im **Straßenbau**: Nach VGH Mannh NJW **72**, 1589 ist die Entscheidg über die in FStrG 17 IV vorgesehenen Schutzanlagen (auch Lärmschutzanlagen; dazu nunmehr §§ 40, 50 BImSchG, hierzu Reinhardt NJW **74**, 1226) notw Bestandt des PlanfeststellgsBeschl, so daß bei Fehlen gg diesen AnfechtgsKl gegeben; so auch Witten, Betr **73**, 1334, der für Straßenplangen außerh BFStrG aGrd BBauG 1 IV zum gleichen Ergebn kommt. – Schutzmaßnahmen auch selbstd anfechtb, BVerwG DVBl **73**, 492.

ee) NachbR u FlugVerk: Zur NachbKl gg Flughafenerweiterg vgl BVerwG DÖV **69**, 283 u gg FlugplatzGen vgl OVG Münst DVBl **77**, 291.

ff) WasserR u NachbSchutz: Die Verf zur Erteilg sowohl einer Erlaubn (WHG 7) als auch einer Bewilligg (WHG 8) haben als solche keine nachbschützde Funktion. Doch findet die DuldgsPfl des Nachb ihre Grenze in GG 14 I: NachbSchutz dann, wenn die Ausnutzg von Erlaubn od Bewilligg die wasserwirtsch Lage nachhalt verändert u den Nachb schwer u unerträgl trifft (BVerwG BauR **76**, 181); ferner BVerwG DÖV **73**, 536 (Kosten für Schutzvorrichtg gg Grdst beeinträchtigden Rückstau). – Zum NachbSchutz vgl Breuer NJW **77**, 1174 (1177).

gg) Umweltschutz: Der Umweltschutz als Zweck zahlreicher bestehder u zu erwartder Gesetze bringt einers die Sozialgebundenh des Eigt z Ausdruck, anderers kann er als Inhalt v Normen des öff NachbR auch dem Schutz des Eigt dienen. S insb **RQuellen** z Umweltschutz: § 906 Anm 1e (insb Immissionsschutz), EG 109 Anm 1 (NatSch u LandschPflege). **Allg Schrifttum** z Umweltschutz: Klöpfer: Dtsches UmweltschutzR (GSlg) Loseblatt ab 1972. – Kimminich, Das R des Umweltschutzes, 1972. – Backes, UmweltstrafR, JZ **73**, 337. – Karehnke, DÖV **73**, 83 (z VerwOrganisation). – Semler, DÖV **73**, 125 (z Entsch). – Gather, Bedeutg u RGrdLagen des Umweltschutzes, DWW **73**, 268. – Heigl, Ziele u Möglkeiten der Umweltsicherg, GewA **74**, 105. – Rupp, Verfrechtl Seite des Umweltschutzes, JZ **71**, 401. – Ders, Popularklage im UmweltschutzR, ZRP **72**, 32. – Rehbinder, GrdFragen des UmweltR, ZRP **70**, 150. – Doran-Hinz-Mayer-Tasch, Umweltschutz, 1974. – Sellner, BImSchG u NachbSchutz im ungeplanten Innenbereich, NJW **76**, 265. – Breuer NJW **77**, 1025 (Entwicklg des ImSchR), 1121 (Entwicklg des AtomR), 1174 (Entwicklg des AbfallR). – Broß, Umweltbelastg Betr u EigtSchutz, DÖV **78**, 283. – GG gibt kein „**UmweltGrdR**", Verletzg von GG 2 II kann aber NachbKl begründen (BVerwG BauR **77**, 394). – Über NachbKl bei Errichtg von **Kernkraftwerken**: BVerwG DVBl **72**, 678; VGH BaWü DVBl **76**, 538; OVG Lüneb DVBl **77**, 340; **78**, 67; OVG Kblz DVBl **77**, 730; VG Hann DVBl **78**, 74; VG Fbg NJW **77**, 1645; VG Würzbg NJW **77**, 1649. – Über NachbKl bei Errichtg konventioneller **Kraftwerke**: OVG Bln NJW **77**, 2283. – Über NachbKl bei Errichtg **emittierder GewBetr**: OVG Münst NJW **76**, 2360; OVG Lüneb DVBl **77**, 347. Widerspr u AnfKl des Nachb gg AnlagenGen nach BImSchG 6, 19 haben aufschiebde Wirkg (OVG Lüneb DVBl **77**, 732).

3) Gebundene Güter. Nach KRG 45 Art III sind Erbhöfe u andere land- u forstwirtschaftl Grdstücke in der Form besonderer Güterart (zB Fideikommisse, Erbpacht-, Rentengüter) in freies, den allg Gesetzen unterworfenes GrdEigt umgewandelt worden. Unberührt geblieben sind (vgl MRVO 84 Art II 3):

a) Heimstätten (RHeimstG idF v 25. 11. 37, RGBl 1291, mit AVO v 19. 7. 40, RGBl 1027; zu ihrer RWirksamk BayObLG **67**, 40). Sie werden als solche durch Bund, Länder, Kommunalverbände ausgegeben, § 1, AVO 3ff; es müssen Grdst sein, die aus einem Einfamilienhaus mit Nutzgarten bestehen, oder landwirtschaftl od gärtnerischen Anwesen, zu deren Bewirtschaftg eine Familie unter regelm Verh keiner ständigen fremden Arbeitskräfte bedarf (Wohn-WirtschHeimstätten). Sie können nicht gleichzeitig Höfe nach HöfeO sein, BGH **33**, 208. HeimstGärten AVO 46. Heimstätter h Vorteile hins Gebühren u Steuern, ZwVollstrSchutz, aber auch bes Pflichten. Heimst, die ein Heimstätter zu Eigt erhält, ist vererbl (vgl AVO 25 ff) u veräußerl, bleibt aber auch bei Übergang auf einen anderen Heimstätte, ist also der Idee nach ewig (vgl aber G § 21). AVO 26 gilt auch bei Vererbg von HeimstBruchteilen (Hamm OLGZ **73**, 395). AVO 35 gilt auch, wenn ein Erbe schon BruchtMitEigtümer war (KG MDR **74**, 847). HeimstEigensch hat kraft G ersten Rang; zu ihrer Eintr auf belastetem Grdst Vorrangseinräumg od Zust der Realberecht nicht notw (Düss RhNK **77**, 53). Die GBEintr vgl §§ 4, 5, 6 u LG Bn NJW **63**, 304; bes GBlatt. Nur mit Zust des Ausgebers teilb u belastb (§§ 9, 17, 19): VerschuldgsGrenze nach § 18 nicht eintragb (KG OLGZ **77**, 12). AuflVormkg nicht genbedürft. **Grundpfandrechte** idR nur als unkündb Tilggsschulden eintragb. Bei Erlöschen der Fdg erlischt auch das GrdPfdR, § 17, AVO 12, 22. Bei **Veräußerg** (außer der an nahe Angeh, was nach Celle NJW **62**, 1869 nicht bei TeilgsVerst) u Verkauf durch ZwVollstr u KonkVerw **VorkaufsR** des Ausgebers mit Drittwirkg, §§ 11, 14, AVO 13 ff, der Wertzuwachs des Bodens verbleibt aber dem Ausgeber, § 15; vgl Übbl 3 b vor § 1094. Der Ausgeber hat bei Vernachlässigg der Heimstätte einen wie ein dingl WiederkaufsR wirkden HeimfallAnspr, § 12, AVO 17 ff; hierzu BGH **31**, 77, auch **45**, 389. Die **ZwangsVollstr** in die Heimstätte (hierzu Schumacher BWNotZ **66**, 133) idR nur wg dingl Re u öff Abgaben (dazu Köln Rpfleger **67**, 14; Hamm Rpfleger **75**, 366); § 20. Konkurs des Heimstätters, AVO 24. Über Heimst u WohngsEigt vgl Übbl 2 G vor WEG 1. – Über Erbbau-Heimst vgl Übbl 3 c vor § 1012. – **Erläuterungswerke**: Wormit-Ehrenforth, 4. Aufl 1967.

b) Eigenheime als Rentenstellen für ländl Arbeiter u Handwerker vgl VO v 10. 3. 37, mit 3 DVOen, BGBl III 2330-7/1-3. Vgl auch § 879 Anm 2c, Übbl 12b bb vor § 873.

4) Den Gegenstand des Eigtums können nach BGB nur **Sachen** bilden. **a)** Nicht Rechte (vgl aber §§ 1081, 1293) od Sachinbegriffe (Übbl 3e vor § 90; vgl aber §§ 961ff). Kein SonderEigt an wesentl Bestandteilen, § 93; Ausn WEG 5; EG 181; vgl auch § 95. Über Kunstwerke als geistige Gebilde BGH **44**, 293 („Apfelmadonna"). Über BergwerksEigt vgl EG 67; die §§ 903 ff gelten, soweit sie sich auf das Oberflächeneigt beziehen, nicht für Bergwerke; dagg § 906, RG **161**, 205. Über Eigt an *res sacrae, religiosae* u *publicae* i das der öffrechtl Körpersch vgl Übbl 4b, c, d vor § 90. Einschränkgen nach und BundesG (zB SprengstoffG 1) od nach LandesR (EG 111 ff). WasserR vgl EG 65. Wg Eigtums am Meeresstrand BGH NJW **65**, 1712, an AusweisPap AG Heilbr NJW **74**, 2182. Über herrenlose Sachen § 958.

b) Das BGB stellt das Eigt an Fahrnis dem am Grdst in der Wirkg gleich, § 903. Der Erwerb u Verlust des Eigt ist verschieden geregelt, §§ 925, 929ff. Sonderbestimmgen für Grdstücke in §§ 905ff.

5) Arten des Eigentums. Das BGB kennt nur: **a)** Das **Alleineigentum**; **b)** Das (röm-rechtl) **Miteigentum nach Bruchteilen** (§§ 1008ff); jedem MitEigtümer steht ein ideeller Anteil an der Sache zu, über den er frei verfügen kann. Hierzu gehört auch das **WohngsEigt** nach WEG. **c)** Das (deutschrechtl) **Gesamthandseigentum**. Dieses besteht an Sachen, die zum Vermögen einer Gemsch zur ges Hand gehören, näml zum Vermögen der Gesellsch (§ 718), des nichtrechtsfäh Vereins (§ 54), zum GesGut einer GütGemsch, §§ 1416, 1485, zum gemschaftl Vermögen der Miterben vor Auseinandersetzg (§ 2032), zum Vermögen der OHG u KG (HGB 105, 161) u der Reederei (HGB 489). Vgl auch EG 164, 181 II; BayObLG **71**, 125, KörperschWald. – Jedem GesHändler steht ein Anteil am gesamt gebundenen Verm zu (beachte §§ 719 I, 1419 I, aber 2033 I 1); wg des Ausschl der Vfg über den Anteil an einz Ggständen des GesHandVerm (§§ 719 I, 1419 I, 2033 II) w das Vorhandensein eines „sachenr faßb" (so Baur § 3 II 1b) Anteils hieran überw verneint (vgl Westermann § 29 I 2; Erm-Ronke Rdz 12, aber auch unten § 2033 Anm 4): die einz Sache des GesHandVerm gehört jedem GesHänder ganz, aber nicht allein, sond beschränkt dch das gleiche R der anderen; gehört zB ein Grdst einer ErbenGemsch, erscheint die NachlQuote des einz Miterben nicht im GB („in ungeteilter ErbenGemsch"). – Im einz ist die Sonderregelg der betr GesHandGemsch

Eigentum. 1. Titel: Inhalt des Eigentums **Überbl v § 903, § 903**

bedeuts. – Im Ggsatz zu BruchtMitEigt (§ 1008 Anm 2 a) ist GesHandsEigt dch RGesch nicht begründb; aA Schulze-Osterloh (Das Prinzip der geshänder Bindg, 1972); krit Gursky NJW **73**, 1312.

Zu a–c. Das Eigt ist unteilbar; es gibt kein Ober- u UnterEigt. Ausn: EG 59, 62, 63; vgl auch RHeimstG 11 ff. Wg StockwerksEigt vgl EG 131, 182; wg WohngsEigt: WEG. – Zum TreuhandEigt Einf 3 vor § 164, Einf 7 vor § 929.

6) Eigentum in der DDR. ZGB v 19. 6. 75, GBl 465: §§ 17–21 (sozialistisches Eigt); §§ 22–24 (pers Eigt); §§ 34–42 (gemschaftl Eigt); §§ 25–33, 297–311 (EigtErwerb); §§ 284 ff (Nutzg von Grdst u Gbden); §§ 316–322 (NachbR).

Erster Titel. Inhalt des Eigentums

903 *Befugnisse des Eigentümers.* **Der Eigentümer einer Sache kann, soweit nicht das Gesetz oder Rechte Dritter entgegenstehen, mit der Sache nach Belieben verfahren und andere von jeder Einwirkung ausschließen.**

1) Zum Begriff des Eigentums als des umfassendsten HerrschRechts an einer Sache vgl Übbl 1; über den Ggst Übbl 4. § 903 enthält das Ergebn liberalistischen RDenkens: Mit seinem Eigt frei schalten zu können, ist der Grds; Einschränkgen durch G od Vertr bildeten die Ausn. Nach heute vordringder Überzeugg allerd bildet die Beschrkg des Eigt einen seiner Freih „gleichwert Bestandteil des EigtBegr", Sontis, Festschr Larenz 1973 S 983.

2) Positive Wirkg des Eigtums. Verfahren nach Belieben. **a)** Rechtl durch Vfg über die Sache, auch durch Aufgabe des Eigt, §§ 928, 959, obwohl sich der Eigtümer dadurch der ihm ggü der Allgemeinh obliegenden Pflichten entziehen kann. Tatsächl durch Besitz, Nutzg u Veränderg der Sache od durch Unterlassg der Nutzg. Durch rechtm Ausübg des Eigtums entsteht keine Verpflichtg zum SchadErs.

b) Das „Belieben" des Eigtümers wird eingeschränkt: **aa)** dch bes Gesetze (vgl Übbl 2). Die letzte Schranke bilden die §§ 226, 826. Die richtige Auffassg von den Pflichten ggü der Allgemeinh, bei GrdstEigtümern auch von den Rücksichten auf die Nachbarn zwingt aber zu weitergehenden Einschränkgen. Selbst dann, wenn eine Maßnahme des Eigtümers nur mittelb den Nachbarn schädigt; anders die bish stRspr, RG **155**, 159. Eigensüchtige u rücksichtslose Ausnützg des Eigtums braucht nicht geduldet zu werden. Vgl zB *Bay* Verfassg Art 158. Man kann hier von Anwendg des § 242 im SachenR sprechen; RG aaO. Aber immer zu prüfen, ob sich der Abwehrverlangen seinerseits auf Eigensucht beruht. – **bb)** Rechte Dritter: Insb dingl Re. Sie beschränken die HerrschMacht des Eigtümer iSv § 903 unmittelb; wohl auch UrheberRe, da auch diese unmittelb auf die Sache bezogen sind (Planck Anm 3 c; RGRK Anm 14; BGH NJW **74**, 1381 [dort auch z Abgrenzg des UrheberR ggü den Interessen des Eigtümers]). Nicht dagg schuldr Anspr. Sie beschränken nicht bereits das Eigt an der Sache (allg M, zB Soergel-Baur RdNr 19; RGRK aaO; Staud-Seufert RdNr 18), sond pers den einz Eigtümer bei Ausübg seiner Re (vgl §§ 986, 1004 II).

3) Negative Wirkg des Eigtums. **Ausschluß fremder Einwirkgen,** soweit nicht (wie vorstehd gem Anm 2b) – dch enggstehde Gesetze (EG 2; dazu Übbl 2) od aGrd von Rechten Dritter (§ 1004 Anm 7) – erlaubt, Anm 4.

a) Verboten sind nach hM nur **positive Einwirkgen**; zB dch Zerstörg, Beschädigg, Benutzg (zB die eines Friedhofs dch Bestattgsinstitut, BGH **14**, 299; vgl auch BGH **LM** § 1004 Nr 27); ferner dch Zuführg fester Stoffe, Sandverwehg, dch Panzermanöver verstärkte Abschwemmg von Sand in Wildwasser auf AnliegerGrdst (BGH **49**, 340); dies wurde bisher als ausnahmslos geltd angesehen; aus dem Gesichtspkt des sog **nachb GemschVerhältn** (§ 242) verneint BGH **28**, 225 (Steinhagel dch Sprengg) einen Abwehr-Anspr (§§ 903, 1004) u doch unter bes Umständen, BGH **58**, 149 = **LM** § 908 Nr 1 Anm Pehle. Abhilfs-Anspr gem § 908, s dort Anm 4, gibt dafür aber SchadErsAnspr (entspr GewO 26, dazu Mühl NJW **60**, 2324). Wg Zuführg unabwägb Stoffe vgl § 906. Wg **negativer** Einwirkgen vgl § 906 Anm 2 c, wg **ideeller** Einwirkgen vgl § 1004 Anm 2 d. Wg Entzieh od Stauung von Grundwasser vgl LandesR gem Anm zu EG 65 u § 905 Anm 1 b.

b) Geltendmachg durch Klage auf Unterlassg od Beseitigg (§§ 907 I, 908 u vor allem § 1004; vgl auch §§ 858 ff). Der Anspr steht auch dem ErbbBerecht, dem DienstbarkBerecht sowie dem WohngsEigtümer u DauerwohnBerecht (vgl § 1004 Anm 1 b) zu.

c) Anspr auf SchadErs: aa) Regelm nach §§ 823 ff, 249 ff: rechtsw, schuldh Einwirkg. **bb)** Ausnahmsw Schadloshaltg auch bei rechtm Handeln; Ausgleich für Pfl, Eingr zu dulden. **Hauptfälle:** Der bürgerlr AusglAnspr, vgl § 904 (dort Anm 1 b) u ähnl Fälle: §§ 867, 905, 962; der nachbarr AusglAnspr, vgl § 906 Anm 1 a, 5 a cc, b dd (zu BGH **48**, 98); dort auch zum **bürgerlr AufOAnspr** wg Einwirkgen außerh des Bereichs der Immission, zu BGH **60**, 119. – Zu BGH **41**, 157 (Ausschl des WegnR nach § 997 wg Abbruchsverbots gem § 22 I WohnRBewG) vgl § 951 Anm 3 b. – Im Schrifft w hieraus ein dem öffr AufO-Anspr (dazu Anm 4) vergleichb **allg bürgerlr AufOAnspr** hergeleitet für alle Fälle, in denen einem höherwert Interesse ein geringeres unter Schadensausgleich aufgeopfert w darf (vgl etwa Hubmann, JZ **68**, 66; Hemsen, Der allg bürgerlr AufOAnspr, Diss Hbg 61; Schulte, Eigtum u öff Interesse 1969, § 5). Für den Versuch, alle privaten EingrRechte zu einem RInstitut der privr AufO zusammenzufassen, ist aber doch wohl die jeweil positivr Ausgangslage u sind die erfolgten Teilregelgen zu uneinheitl; vgl (abl) Konzen, AufO im ZivilR 1969, ihm zust Canaris, JZ **71**, 399. –

d) Wegen Beschrkg durch **Gemeingebrauch** an Wegen u Gewässern vgl § 905 Anm 2b. Gemeingebrauch am Walde (auch privatem) gewohnheitsrechtl dahin anerkannt, daß idR Betreten u Sammeln

§ 903 3, 4   3. Buch. 3. Abschnitt. *Bassenge*

von Blumen, Waldfrüchten u Pilzen zum Hausgebrauch gestattet ist; vgl ausführl Rinck MDR **61**, 982; gesetzl Regelgen enth § 14 BWaldG v 2. 5. 75 (BGBl 1037); §§ 37ff *BaWü* LWaldG v 10. 2. 76 (GBl 99); Art 21 ff *Bay* NatSchG v 27. 7. 73 (GVBl 437); § 9 *Hbg* LWaldG v 15. 3. 78 (GVBl 74); §§ 23 ff *Nds* LWaldG v 19. 7. 78 (GVBl 596); § 3 ff *NRW* LForstG v 29. 7. 69 (GV 588); § 11 *RhPf* LForstG v 2. 2. 77 (GVBl 21); §§ 25 ff *Saarl* LWaldG v 26. 10. 77 (ABl 1009); §§ 5 ff *SchlH* LWaldG v 18. 3. 71 (GVBl 94) idF v 3. 11. 77 (GVBl 464); *Hess* § 25 LForstG v 4. 7. 78 (GVBl 424).

Übersicht zu Anm 4 und 5

Anm 4: Der öffentlichrechtliche Aufopferungsanspruch

a) Begriff, Entwicklung
b) Anspruchsvoraussetzungen
c) Anspruchsinhalt
d) Sachbefugnis
e) Verjährung
f) Konkurrenzen
g) Prozessuales, Rechtsweg
h) Sonderregelungen

Anm 5: Enteignung und enteignungsgleicher Eingriff

A. Begriffe
  a) Entwicklung
  b) Enteignung und Inhaltsbegrenzung
B. Gesetzliche Regelung, Rechtsfolgen
  a) Weim RV 153
  b) GG 14 III
  c) Einzelregelungen
C. Objekt, Art und Inhalt des Eingriffs bei der Enteignung
D. Der enteignungsgleiche Eingriff
E. Sachbefugnis
F. Verfahren, Rechtsweg
G. Entschädigung
  a) Höhe – Substanzverlust – Teilflächen – Baulandbewertung – Nutzungsentgang als Bewertungsfaktor – Folgeschäden – Die Nebenberechtigten nach BBauG 97 – Vorwirkung – Entschädigung beim enteignungsgleichen Eingriff – Einzelfälle
  b) Verzinsung
  c) Entschädigungsmindernde Posten: Vorteilsausgleichung – § 254
d) Zeitpunkt der Entschädigung: Zeitpunkt des Eingriffs – Vorwirkung – Bewertungsstichtag – Umstellung
e) Verjährung
f) Verschiedenes: Rückübereignung – Schiedsgutachter – Kaufpreis zur Abwendung der Enteignung
g) Rechtsweg
H. Wichtige Fallgruppen:
  a) Keine Enteignung: Wirtschaftslenkungsmaßnahmen – Umlegung, Flurbereinigung – RNatSchutzG – Forstwirtschaft – Anschlußzwang – gesetzliche Vorkaufsrechte – Einziehung
  b) Enteignung: Bodenreform – Wegnahme – Gesundheitspolizei – Wasserrecht
  c) Eingriffe in Gewerbebetrieb: durch Straßenbaumaßnahmen – in sonst Weise
  d) Eingriffe durch Bebauungsanordnungen: Allgemeines – Bausperren – Bauverbote
  e) Weitere Beispiele aus der Rechtsprechung
I. Sondergesetze: Tumultschäden- und BSeuchG – BLG – Kraftfahrzeuge, Wohnraum – LAG – AKG – LBG – Eingriffe der Besatzungsmächte – Enteignung im Ausland, DDR Landesgesetze
K. Konkurrenzen – Folgenbeseitigungsanspruch

Vorbem: Unterscheide: Der öffr AufOAnspr entsteht, wenn nichtvermögenswerte RGüter – rechtmäß od rechtswidr – dch HohAkt beeinträchtigt w; Beeinträchtigg von Vermögenswerten dagg ist – falls rechtmäß – Enteignung, falls rechtswidr enteignungsgleicher Eingr. Zum privatrechtl AufOAnspr oben Anm 3 c bb.

4) Der öffentlrechtl Aufopfergsanspruch.

Schrifft: Schack, AufOAnspr bei Versagg der Klage aus § 1004, JuS **63**, 263; ders, Einfl des Gesetz-Gebers auf den AufOAnspr, DÖV **67**, 613. – E. Schneider, Enteigng u Aufopferg, 1964. – Steffen, Der AufOAnspr in der Rspr des BGH, DRiZ **67**, 110. – Kreft, Aufopferg u Enteignung, Begriffe u Grdsätze in der Rspr des BGH 1968. – Forkel, Zum „Opfer" beim AufOAnspr JZ **69**, 7. – Konow, Zur Frage der Subsidiarität des AufOAnspr, DVBl **68**, 205; ders, AufOAnspr wg spruchrichterl Maßn, JR **69**, 6. – Kimminich, Die öffr EntschädiggsPflichten, JuS **69**, 349. – Konzen, AufO im ZivilR, 1969. – U. Huber, JZ **69**, 677. – Ossenbühl, Die Struktur des AufOAnspr, JuS **70**, 276. – Battis, Erwerbsschutz dch AufO-Entschädigg, 1969. – Bauschke-Kloepfer, Enteigng, enteigngsgl Eingr, AufO, NJW **71**, 1233. – S auch Anm 5 vor A. – Schulte, Schrifttum vor § 903 (Aufsatztitel zT gekürzt – Bender, StaatshaftsR 2. Aufl 1974. – Ossenbühl, StaatshaftsR 2. Aufl 1978.

a) Begriff, Entwicklg: Der privrechtl AufOAnspr (besser: AusglAnspr) löst den Widerstreit privater Interessen. Ggü Eingr von hoher Hand ist ein AbwehrAnspr nur beschränkt gegeben (vgl § 906 Anm 5 a bb). Die Gerechtigk gebietet aber auch hier Ausgl. In der Rspr des RG (JW **25**, 2446, Felsensprengg) wurde als RGrdl eines allg öffr AufOAnspr (besser: AusglAnspr) der in Einl ALR 75 zum Ausdruck kommende Ausgl-Gedanke erkannt, daß näml „der Staat denjenigen, welcher seine besonderen Rechte u Vorteile dem Wohl des gemeinen Wesens aufzuopfern genötigt wird, zu entschädigen gehalten ist". Heute w gewohnheitsrechtlich im ganzen Bundesgebiet – für Bayern: BGH NJW **57**, 1595 – ein allg öffr AufOAnspr anerkannt (BGH **9**, 83; **16**, 366; **20**, 61): wer inf eines zu dulddden staatl Hoheitsaktes, eines rechtm od – auch schuldlos – rechtsw (BGH **48**, 98, Autobahnbau), in seinen Rechten geschädigt ist u dadch ein Sonderopfer zum Besten der Allgemeinh bringen mußte, hat Anspr auf billigen Ausgl. – Dies galt bish bei Vermögens- u bei körperl Schäden. Seit BGH GrZS **6**, 270; WPM **71**, 692 sieht BGH die Enteign als Sonderfall der Aufopferg an. Er ordnet daher Vermögensbeschädiggen unter die Begriffe der Enteign, des enteignungsgleichen Eingriffs ein; hierüb s Anm 5. Der Anwendungsbereich des öffr AufOAnspr wird dadch auf **materielle Schäden an Leben, Gesundh, Freih** eingeschränkt (BGH **66**, 118).

b) AnsprVoraussetzgen: aa) Eingriff: muß nicht (mehr) gezielt sein, vielm ist gerade das „Abgleiten" der Hoheitsgewalt typisch für den AufOAnspr. Der verursachte Schaden muß notwend aus der

Eigenart der hoheitl Maßnahme folgen (vgl BGH **28**, 310/313). Auch psych Einwirkg (dazu Arndt DRiZ **70**, 326) kann Zwang sein: staatl Merkblatt empfiehlt den Eltern Schutzimpfg (BGH **31**, 187; **24**, 45). – **bb)** Eingr muß dem **Zweck** nach zumind auch dem allg Wohl dienen, ohne daß Erfolg auch eintreten muß (BGH **9**, 83, 91; **25**, 238; **36**, 379, 388ff). – **cc)** Ob **Sonderopfer**, ist nach GleichhSatz zu prüfen (BGH **9**, 83, 90; **27**, 15). Es kann auch beschr PersKreis treffen (BGH **37**, 44), scheidet aber aus, sow Ges Nachteil bewußt auferlegt (BGH **36**, 379, 389). Ist Zwang allg (Schule, Impfg), erscheint Sonderopfer erst in der atyp, die Opfergrenze übersteigende SchadFolge; doch kann auch der Zwang selbst schon Sonderopfer begründen (BGH **20**, 61), dies jedenf, wenn er rechtswidr (vgl BGH **32**, 208). Wer sich selbst in Gefahr versetzt, bringt kein Sonderopfer (BGH **37**, 44, 48). Doch schließt Impfg wg freiwill unternommener Auslandsreise den AufOAnspr nicht aus, Mü NJW **70**, 1236 (vgl oben aa E). – Schäden, die das allg Lebensrisiko mit sich bringt (vgl BGH **46**, 327), liegen innerh der Opfergrenze, jenseits deren erst nach dem Zweck der einz Schutznorm ErsPfl entsteht. Kein Sonderopfer u dah kein AufOAnspr für den, sich seiner Inhaftierg als Straf- od Untersuchgsgefangener zurechenb aussetzt (vgl auch StrEG 5 II, III; 6 I) u in der Haft Schaden erleidet; zuletzt mit Nachw eingeh BGH NJW **73**, 1322, dazu BGH **17**, 172 u (bejahd) NJW **71**, 1881. – **dd) Rspr**: BGH **bejaht** Sonderopfer bei Schäden bei Salvarsanbehandlg nach GeschlKrankenG (BGH **25**, 238); bei Impfschäden – vor u nach BSeuchG v 18. 7. 61 (BGH **9**, 83; **18**, 286; **24**, 45; **31**, 187; NJW **64**, 2206; **65**, 347: BGH **51**, 3; MDR **69**, 813), vgl Anm i; auch wenn Impfg erfolglos, BGH NJW **70**, 1230. GesundhSchäden der dch Impfling angesteckten Mutter (BGH **45**, 290); bei Schußverletzg eines Passanten bei Verbrecherjagd (BGH **20**, 81); Tötg eines Verhafteten auf der Flucht dch unrechtm Waffengebrauch (BGH III ZR 121/59, nach Steffen aaO S 112 Fußn 49). – **Verneint**: wenn Kind im Turnunterricht bei einf, normaler Übg – auch schwer – verletzt w (BGH **46**, 327, zust Giesen NJW **68**, 1047; Forkel JZ **69**, 7; krit Ossenbühl aaO u andere; vgl weiter BGH VersR **67**, 470 (Schulfußballausscheidgsspiel); anders Ffm NJW **67**. 632 bei irreparablen Verletzgen (Netzhautablösg), die untyp entstanden; bei normaler Wehrdienstbeschädigg od Tod im Feld (BGH **20**, 61); bei Schäden inf objektiv unricht Urteils (BGH **36**, 379; **45**, 58/78) od sonstiger richterl Maßn iSv § 839 II, auch wenn an der RSache Unbeteil Schaden erleiden (BGH BB **68**, 445); unzul Verlesg der Vorstrafenliste in Hauptverhandlg (BGH NJW **68**, 989; krit Leipold JZ **68**, 463 u Konow JR **69**, 6); Wehrdienst eines Untauglichen od Freizustelldn (BGH **65**, 196); Zivildienst unter Verstoß gg ZDG 19 I 2 (BGH **66**, 118).

c) AnsprInhalt: Es ist angemessener, der Billigk entspr Ausgl für die hinzunehmde – unmittelb (BGH **37**, 44; vgl Wagner NJW **66**, 569) – Beeinträchtigg zu gewähren; kann sich im Einzelfall mit SchadErs aus §§ 249ff decken (BGH **22**, 43/50), bleibt aber oft hinter ihm zurück (BGH **9**, 83/93; **14**, 363). Zur Heranziehg des BVG bei Schätzg von Impfschäden (ZPO 287) vgl BGH NJW **70**, 1231. – Kein Schmerzensgeld § 847, BGH **20**, 61/8. Üb Umfang Schack BB **59**, 1259. – § 254 gilt jedenf für SchadEntwicklg nach Eingr, auch für erste Mitverursachg bleibt fragl, RG verneinte. Doch schiebt Mitverschulden am Eingr die Opfergrenze weiter hinaus, BGH **45**, 290; doch gilt auch § 254 II – vgl dort Anm 2b: Pfl zur SchadMinderg dch Heilversuch bei Impfschädenneurose, BGH NJW **70**, 1229. – BSeuchG 51 III (§ 254 schon bei Entstehg) nach BGH aaO allg Richtl.

d) Sachbefugnis: aa) Berecht der Beeinträchtigte. – § 844 gilt entspr, BGH **18**, 286; **34**, 23. Nur in diesem Rahmen haben die Erben eines Getöteten AufOAnspr, selbst wenn Vermögen des Erblassers dch fortwirkde Schädigg in der Pers der Erben vermindert w, BGH FamRZ **68**, 308. – Entschädigpflichtig – **passivlegitimiert** – ist nach BGH stets der begünstigte HohTräger (nicht auch ein Privater, vgl Schack JuS **65**, 296), der mit dem eingreifdn nicht identisch zu sein braucht (BGH **10**, 255/263; **11**, 248/251). Unerhebl soll sein, ob Eingr rechtm od rechtsw ist: in diesem Fall verschaffe schon die vermeintl Entledigg von einer HohAufgabe dem HohTräger eine zur Entschädig verpflichtde Begünstigg (BGH **23**, 157/170; **36**, 379/388; NJW **62**, 1673). **bb) Rspr:** Als Träger wissenschaftl Forschg wurde bei Impfschäden das Land angesehen (BGH **9**, 83; **18**, 286); ebso bei Schäden nach Zwangsbehandlg gem GeschlKrankenG (BGH **25**, 238) u dch Behandlg eines Soldaten mit neuartigem Heilmittel in Kreiskrankenhaus (BGH **20**, 61). – Ebenf Land (Justizhoheit) bei Schußverletzg eines Passanten bei Verbrecherjagd (BGH **20**, 81). – Zur Passivlegitimation des Bundes u der Länder für AufOAnspr gg Reich usw vgl AKG § 5 I Z 2, § 25 II Z 2 u BGH **36**, 379; **8**, 169; **LM** BGB 823 (K) Nr 8; Einl PreußALR 75 Nr 23 sowie Steffen aaO S 115. – Impfschäden aus 1937 im ehem Mecklenburg derzeit nicht gg BRD erhebb, BGH MDR **68**, 219. – Vgl im übr – auch wg Kritik an Rspr – unten Anm 5 Eb.

e) Verjährg: 30 Jahre § 195; BGH **9**, 209 – hL, aA Hoche, Festschr H. Lange 1970, S 241 (§ 852). Ist die in SonderG kürzer bestimmte Verj von EntschAnspr abgelaufen, kann nicht mehr auf den allg AufOAnspr zurückgegriffen w (vgl unten Anm f a u BGH **45**, 58, 82); und bei Konkurrenz mit § 839 (unten Anm f bb). Für **Bay** nunmehr AGBGB 124: dreijähr AusschlFr, s unten Anm 5 G e sowie § 195 Anm 2. Wg AusschlFrist bei EntschädiggsAnspr nach WaStrG 39 vgl EG 65 Anm 1b u e.

f) Konkurrenzen: aa) Grds: Ist die Entsch des Sonderopfers anderw positiv gesetzl geregelt, scheidet der allg AufOAnspr aus: er ist subsidiär (BGH **45**, 58, 77), krit zur **Subsidiarität** Konow DVBl **68**, 205. – Wer vertragl haftet, kann nicht nach § 426 Ausgl von dem fordern, der dem Geschädigten aus AufO haftet, BGH **28**, 297. – **bb)** Zu § 839 besteht nach BGH **10**, 137; GrZS **13**, 88 AnsprKonkurrenz; die aus § 839 belangte Körpersch kann den Geschädigten nicht auf AufOAnspr als anderweite ErsMöglichk gem § 839 I 2 verweisen u zwar auch dann nicht, wenn die konkurrierden Anspr sich gg zwei verschiedene Körpersch richten; soweit sich die beiden Anspr also umfangmäß decken (dazu oben zu c), wird die Staatshaftg prakt zur Gefährdgshaftg; vgl dazu Lerche/Scheuner, JuS **61**, 237. – **cc)** Zu Anspr aus BSeuchG: BGH NJW **65**, 347. – **dd)** Zum Verhältn zu Wehrdienstbeschädigg, BGH **20**, 61. – **ee)** Zum Anspr aus Art 5 V Menschenrechtskonvention (s Einf 4 B vor § 823): BGH **45**, 58. – **ff)** Wg der Subsidiarität kein AufOAnspr, sow SozVersTräger leistet; dah kein FdgsÜberg nach RVO 1542: BGH **51**, 3; NJW **73**, 1322.

g) Prozessuales, Rechtsweg: Zivilgerichte VwGO 40 II 1. Sachl Zust: Streitwert fünffacher JahresBetr, der Impfschädenrente BGH **53**, 172; GVG 71 III gilt auch hier (Zöller-Karch, GVG 71 Anm 3 d). –

§ 903 4, 5   3. Buch. 3. Abschnitt. *Bassenge*

Schätzg nach ZPO 287; BGH **29**, 95. – Ist Schaden noch nicht zu übersehen, kann Anspr dch Zahlgs- u Feststellgsklage geltdgemacht w, BGH **LM** § 75 PreußALR Nr 23. – Zum GrdUrteil: BGH **7**, 331/334.

h) Ob AufOAnspr **VerfassgsRang** hat, ist bestr: ja: Wolff § 61 1 b; Wolff-Raiser § 52 Fußn 43; Dürig JZ **54**, 12 (jedenf aus GG 3); nein: Scheuner DÖV **54**, 591; Lerche JuS **61**, 241.

i) Gesetzl Sonderregelg des AufOAnspr: **BSeuchG** v 18. 7. 61 (BGBl 1012), ÄndG v 25. 8. 71 (BGBl 1401), den Schutz persönl u sachl erweiternd u die RVerfolgg erleichternd: statt Nachweises der Ursächlichk genügt Wahrscheinlichk der Schädigg dch Impfg, § 52 II nF. Gewährt w Entsch für Verdienstausfall dch ErwAusübgsverbot (§§ 49 ff), für Impfschäden, nunm entspr BVersG (§§ 51 ff nF), für EntseuchgsSchäden an GgStänden GeldEntsch (§ 57), nicht aber wenn Ggst selbst Ansteckgsquelle, so nun § 57 I – wie vorher schon BGH **55**, 366; nicht auch für Betroffenen, der bei Erlaß eines Berufsverbots schon an melddefl Krankh litt, BGH NJW **72**, 632. Vgl oben Anm 4 b. – Ordentl **RWeg** bei Streit nach § 61 I, Sozialgerichtsweg für öffr Streitigk gem §§ 51–54 I, 61 II; VerwRWeg gem § 61 III iVm BVersG 25–27 e. G üb Entschädigg für Strafverfolggsmaßn v 8. 3. 71 (BGBl 157) idF EGStGB Art 25; krit Arndt DRiZ **71**, 308; vgl auch Grunau, Über die Entschädigg von StrafverfolggsMaßn DRiZ **72**, 56; vgl BGH **45**, 58 zum bish R. Schäden dch gg einen Nichtstörer gerichtete rechtmäß polizeil Eingriffe: PrVG 70; BGH **7**, 96; **20**, 81.

WaStrG: §§ 26, 36–39 (vgl EG 65 Anm 1 b).

– Den Ausgl der dch innere Unruhen verursachten Schäden an Personen u Sachen regelte das **TumultschädenG** v 12. 5. 20 (RGBl 941) idF v 29. 3. 24 (RGBl 381). Für Personenschäden erging dann gesondert **PersSchädenG** (§ 18) v 15. 7. 22 idF v 22. 12. 27 (RGBl 515, 533), das seiner gem BVG 84 II 2c ab 1. 10. 50 außer Kraft trat, so daß BVG (allerd nur) auf damals schon zuerkannte Personentumultschäden entspr Anwendg findet (BVG 82 I a). Heute ist das TumultschädenR LandesR (durch EGStGB Art 292 Ziff 9, 14, 22, 40, 47, 58, 66, 73 ist § 9 des jeweils aufgeh in *Bay, Bln, Br, Nds, NW, RhPf, Saarl, SchlH*). Dazu wg des RWegs für ErsAnspr vgl eingeh Henrichs, NJW **68**, 973, 2230 u Häupke, NJW **68**, 2229; für PersSchäden Sozialgerichtsweg, für Sachschäden VerwRWg (vgl TumultschädenG 6 II 1). **Verj**: § 852, BGH **57**, 170, 176; zur Haftg für Demonstrationsexzesse vgl Diederichsen-Marburger NJW **70**, 777, krit dazu zutr Merten NJW **70**, 1625, nunmehr klarstelld BGH **59**, 30. Vgl auch Brintzinger, TumultschädenR u RBereinigg, DÖV **72**, 227.

5) Enteigng u enteigngsgleicher (enteigndner) Eingriff.

Schrifttum (s zunächst Anm 4 vor a): **a)** Reinhardt-Scheuner, Verfassgsschutz des Eigtums, 1954. – Schack, Münch, Knoll u Reinhardt, Gutachten in: Verhandlgen des 41. Dtsch JurTages Bd I, 1955. – W. Weber, Eigtum u Enteigng in: Neumann-Nipperdey-Scheuner, Die GrdRechte Bd II S 331, 1955. – Kreft, Grenzfragen des EnteigngsR, Festg Heusinger 1967, 166; ders s Anm 4 vor a. – Bender, Staatshaftgsr 2. Aufl 1974. – Konow, EigtSchutz gg Eingr der öff Hand, 1968. – Kröner, Die EigtGarantie in der Rspr des BGH, 2. Aufl 1969. – Ossenbühl, Staatshaftgsr 2. Aufl 1978. – Kimminich, Eigt-EnteigngEntsch, 1976. – **b) Aufsätze**: Lerche, Scheuner, Amtshaftg u enteigngsgl Eingr, JuS **61**, 237. – Schack, Die öff Last im EnteigngsR, DVBl **67**, 280. – Kimminich, Die öffr Entschädiggspflichten, JuS **69**, 349. – Wipfelder, Die grdrechtl EigtGarantie im soz Wandel, Festschr Küchenhoff 1972, 747. – F. Mayer, BodenRReform aus öffrechtl Sicht, Betr **74**, 1209. – Rüfner, Bodenordng u EigtGarantie, JuS **73**, 593. – Deinhardt, RFragen hoheitl Eingr in vermögenswerte Re, BayVBl **74**, 300. – **c)** Rspr **Übersichten**: Ipsen, Das BVerfG u das PrivEigt (BVerfGE 1–18) AöR **91**, 86. – Thiel-Gelzer, Baurechtssammlg, Bd 19, Sonderbd zur Rspr üb Enteigng u Enteigngsentschädigg, 1969. – Pohl, Die neuere Rspr des BGH zur klassischen Enteigng, 1969. – Pikart, Rspr des BGH z BBauG, WPM **70**, 1386. – Krämer, EigtGarantie des GG 14 in der Rspr des BVerfG, NJW **77**, 1426.

A. Begriffe. a) Entwicklg: Der Staat muß notf zur Erfüllg öff Aufgaben trotz GG 14 I 1 in den Besitzstand des einzelnen eingreifen können. Der klass Enteigngsbegriff verstand unter Enteigng nur die volle (partielle) Entziehg (Belastg) von GrdEigt dch ges zugel VerwAkte unter Übertragg auf Staat od gemeinnütz Unternehmen. Die Rspr zu WeimRV 153 (vgl Weber 339 ff) erweiterte den Begriff; auf ihr aufbauend versteht BGH unter Enteigng einen ges zul zwangsw Eingr von hoher Hand – dch VerwAkt oder Ges – in vermwerte Rechte (nicht nur Eigt) von einzelnen insbes namentlich bezeichneten oder begrenzten Personengruppen (zum Gruppenopfer Schack NJW **67**, 613), der diese „im Vergl zu anderen ungleich, besonders, trifft u sie zu einem bes, den übr nicht zugemuteten Opfer für die Allgemeinh zwingt" (BGH GrZS **6**, 270): **Sonderopfer** (vgl unten b dd); erbringt idR nicht, wer sein Eigt freiwill in Gefahr bringt, BGH **37**, 48. Mangels Sonderopfers zG der Allgemeinh scheiden Eingr der Justiz, fehlerh VerwAkte, aus: BGH **30**, 123 (Steuerarrest); BB **67**, 941 (Zwangsversteigerg); NJW **59**, 1085 (KonkEröffng); BGH **32**, 240 (Vollstr wg Steuerforderg in DrittEigt); BGH Warn **63**, 180 (Zustimmg zu Künd eines Schwerbeschädigten, da Individualinteresse des ArbGebers); WPM **73**, 1416 (Sichergsmaßnahmen im Zusammenhang mit einem StrafVerf). Eingliederg einer AG in and dch MehrhBeschl kein Verstoß gg GG 14, Celle WPM **72**, 1004.

b) Abgrenzg von **Enteigng u Inhaltsbegrenzg** (Sozialbindg des Eigt). **Schrifttum**: Bender, NJW **65**, 1293; Warfsmann BlGBW **63**, 181, 195 (BBauG). Vgl auch Sellmann NJW **65**, 1689, Westermann, Festsch Nipperdey I, 765 u Kreft aaO 166 ff. Bielenberg, Verfrechtl EigtGarantie u Sozialbindg im Städtebau, dargestellt an der Sanierg nach dem StädtebauförderdgsG, DVBl **71**, 441; ders, DVBl **74**, 113; v Schalburg, Die Sozialbindg des GrdEigt – dargestellt am Beispiel des FischereiG, AgrarR **74**, 1.

aa) Abgrenzg bedeuts: Gesetze, die nach GG 14 I 2 Inhalt u Schranken des Eigt bestimmen, also dessen Sozialbindg erweitern können (Grenze: GG 19 II, also keine Antastg des Wesensgehalts), vermögen dies ohne Entschädigg zu tun, außer bei sachl ungerechtfertigtem od willkürl Einschränkungen: Ist rechtm Versagg der Bauerlaubnis nur Sozialbindg, kann die rwidr enteigndes Sonderopfer auferlegen, vgl BGH **32**, 208/10. Gesetze, die so die verfassgsmäß od übergesetzl Grenzen der Sozialbindg überschreiten, führen nicht

Eigentum. 1. Titel: Inhalt des Eigentums § 903 5 A–C

zu entschädiggspflichtiger Enteigng (wg WeimRV 153 vgl BGH **19**, 212); vielmehr ist jetzt das G nichtig, der auf ihm beruhde rechtswidr Einzelvollzug kann enteigngsgleich wirken (BGH **6**, 279).

bb) BGH u BVerwG unterscheiden nicht nach den näml Kriterien. Grdlegd BGH **6**, 270 (GrZS); **13**, 316 (GrZS): Hiernach Enteigng gekennzeichnet dch Verstoß gg GleichhSatz (GG 3), also gg Verbot ungleicher Behandlg bei im wesentl gleicher Sachlage (BGH **22**, 10; **32**, 208). – Sie ist **Einzeleingriff,** der dem einzelnen ein Sonderopfer (iS der Anm A a oben) auferlegt, das sich gerade nicht aus dem (seiner Natur nach gegebenen) Inhalt u den Grenzen der betroffenen RGattg allg u einheitl ergibt. BGH lehnt also die sog Schutzwürdigk- u ZumutbarkTheorie (materiellrechtl EnteigngsBegr) zG der **Einzelakttheorie** ab. Doch ist nach neuerer Rspr auch des BGH der EinzelEingr nicht mehr allein entscheiddes Kriterium: Auch eine mit dem GleichhSatz vereinb EigtBeschrkg kann, wenn sie den Wesenskern des Eigt antastet (GG 19 II) Enteigng sein (BGH **30**, 338, 341 – Freiburger Bausperrenurteil –; **LM** GG 14 Nr 71 – Umklassifiziergs Urt; dazu Krefft, Festschr aaO 177; AufO u Enteigng aaO 21, 25; Peter JZ **69**, 551). Wesentl für Abgrenzg zudem der GesichtsPkt der Zweckentfremdg (Weber aaO 374) od – umgekehrt gesehen – der funktionsgerechten Verwendg (Reinhardt-Scheuner aaO 1). J ene wurde verneint, diese dementspr bejaht, als ein schon bish landwirtsch genutztes Grdst dch Aufn im Grünflächenverzeichn einem Bauverbot unterworfen wurde (BGH **23**, 30 – **Grünflächenfall**); BGH spricht von der Verdichtg der in der konkreten Situationsgebundenh des Eigt liegden Pflichtig zur sozialen Pflicht, eine bestimmte EigtFunktion nicht auszuüben. Daher auch keineEnteigng im **Buchendomfall** (BGH **LM** GG 14 Nr 60), wo die Unterstellg einer Baumgruppe unter Naturschutz den Eigtümer daran hinderte, sie zu fällen, wie auch nicht im **Freiburger BausperrenUrt** (BGH **30**, 338, s dazu unten Anm H d). Daß in solchen Fällen die Pflichtig des Eigt sich nicht bei allen Eigtümern zur echten, belastden Pflicht konkretisiert, ist noch kein Verstoß gg GleichhSatz, also kein Sonderopfer (vgl Kreft aaO 178). Bedeuts bei Abgrenzg von Bausperren, Wasserschutzgebieten, s Anm 5 C a aa, bb, G a cc zu BGH **60**, 126. Anders zB bei Umklassifizierg eines Stadtteils vom gemischten zum reinen Wohngebiet (BGH NJW **58**, 380; **LM** GG 14 C b 5), da hier dem Eigtümer eine bisher ungestört ausgeübte Nutzgsart entzogen wurde; und auch bei Untersagg der Kiesgewinng in WaSchutzgebiet, BGH **60**, 126; dort im öff Interesse stärkere Sozialpflichtig, als zB in Schutzbereichen, BGH **60**, 145. Kein Bestandsschutz bei Wandel im Begr „Sozialbindg": kein entschpfl Eingr, wenn Gen zum Wiederaufbau alten Hinterhauses als Wohnhaus versagt w, BGH, **48**, 193.

cc) BVerwG (**5**, 143; **7**, 297; **15**, 1) stellt auf Schwere u Tragweite des Eingr ab unter Berücksichtigg der Ortsbezogenh u geschichtl Entwicklg (NJW **76**, 765: Situationsgebundenh).

dd) Doch beachtet auch BGH die Schwere des Eingriffs: Sie ist zunächst im Hinbl auf die Verhältnismäßigk der angewendeten Mittel bedeuts; nur eine fühlb Beeinträchtigg von Vermögenswerten ist Sonderopfer (vgl BGH **60**, 126, 132; **145**; NJW **65**, 2101). Berücksichtigt man dazu die Einschränkg der Einzelakttheorie (oben bb), so ist unverkennb, daß sich die Standpkte von BGH u BVerwG jedenf im Ergebn einander nähern. BVerfGE (E **21**, 117, 131) läßt insow offen.

B. Gesetzl Regelg, RFolgen: Konkurr GesGebg des Bundes, GG 74 Nr 14, soweit betroffenes Sachgebiet zumindest der konk BundesGesGebg unterliegt. – Die Grdsätze sind verfassgsrechtl festgelegt.

a) WeimRV 153: ReichsG (nicht LandesG) konnte Enteigng ohne Entsch anordnen (zB 2. NotVO v 5. 6. 31 – RGBl I 279, 306); galt bis 23. 5. 1949 (BGH **6**, 270; BVerfG **2**, 237). Enteignungen vor Geltg des GG aGrd Gesetzen, die keine Entsch vorsahen, bleiben dch GG unberührt, wenn vorher wirks geworden. Entsch ab GG dann, wenn Enteigngsvorgang noch nicht abgeschl u Enteigng sich tatbestandl in die GeltgsZeit von GG 14 fortsetzte – Dauerwirkg des Eingr (BGH **LM** GG 14 Nr 60 u Cb Nr 5; vgl auch GG 14 Nr 7); and wenn Eingr vorher abgeschl, mag er auch später noch nachteil wirken (BGH NJW **78**, 939); vgl auch Rudolf DÖV **59**, 674.

b) GG 14 III (abgedr Übbl 1): **aa)** Enteigng nur zum **Wohl der Allgemeinh** (S 1): Verfolgtes Allg-Interesse muß ggü beeinträchtigtem Individualinteresse überwiegen (Schack NJW **63**, 1908; vgl BGH WPM **66**, 1202). Auch Enteigng zG Privater kann AllgWohl dienen (BVerwG **4**, 185), doch genügt priv od fiskal Interesse (BVerfG NJW **75**, 37) nicht. Enteigng nicht schon desh zul, weil Entsch gewährt w (BVerfG **24**, 367).

bb) Enteigng nur dch **Gesetz od VerwAkt aGrd Gesetzes** (zur Abgrenzg BVerfG NJW **77**, 2349), das Art u Maß der Entsch gerecht regelt (S 2, 3: **Junctimklausel**); G sind auch RVO u autonome Satzg, wenn ErmächtiggsG GG 14 III 2, 3 genügt (str). EnteigngsG, das Entsch nicht gem GG 14 III 2, 3 regelt, ist nichtig u darf nicht dch Rspr ergänzt w (BVerfG NJW **78**, 1367). Keine Nichtigk bei ungewollten, atyp Eingriff in Eigt; hier uU Entsch aus enteigndem Eingr.

c) Einzelregelg: Im BGB ist Enteigng nicht erwähnt. EG 52, 53 regeln Teilfragen. Vorbeh für LandesR in EG 109, s dort Anm 2; BundeseinzelG fehlt. Doch sehen EinzelG Enteignungen vor: SchBG, § 28; LBG; LuftVG 28, 12ff, 19 u FluglärmG v 30. 3. 71, BGBl 282 (BauBeschrkg im Bau- bzw Lärmschutzbereich, dazu BGH MDR **68**, 649; Düss Betr **75**, 345; Martin NJW **72**, 564; D. Lorenz, Betr Beil 6/**73**, zu Heft 12); BBahnG v 13. 12. 51, BGBl 955, § 37 (vgl BGH WPM **73**, 153); EnergiewirtschG v 13. 12. 35, RGBl 1451, § 11; zu den prakt bedeuts AllgBedingg d ElektrVersorggsUntern vgl Anm 5 H a bb, § 906 Anm 5b dd mit weiteren Hinw; EnergiesichergsG v 9. 11. 73, BGBl 1585; § 10, dazu Götz, NJW **74**, 113; ZollG **70**; BFStrG 8 IX, 9, 9a 19 (vgl BGH NJW **68**, 2144; BGH **64**, 361, 382); WaStrG, WHG, dazu EG 65 Anm 1 b u e; BLG s unten Anm 5 I b; ViehseuchenG **66**, vgl Anm 5 F b u Mü RdL **70**, 45; AtomG v 23. 12. 59 (BGBl 814); GräberG v 1. 7. 65 (BGBl 589) § 3; PostVerwG v 24. 7. 53 (BGBl 676) § 32. – Wicht **BBauG** 40ff, **StBauFG** 22ff.

C. Der Eingriff. a) Gegenstand: aa) Geschützt sind alle vermögenswerten, eigtähnl Rechte u RStellgen, die eines Schutzes wie das Eigt fäh u bedürft sind (BGH VersR **64**, 89/92), neben Eigt zB Fdgen (BVerfG NJW **76**, 1783), UrhR (BVerfG NJW **71**, 2163), MitgliedschR, nach LBG 20 I zum Erwerb

§ 903 5 C, D

berechtigde R (BGH WPM **69**, 964); nicht aber Eigt einer Körpersch des öff R gg Eingr im Rahmen seiner ZweckBest (BGH **63**, 196; and BayObLG NJW **75**, 1128, wenn Entsch ges ausnahmslos vorgeschr), Verm als abstr WertBegr (vgl Kreft aaO 169). Das EingrObjekt muß schutzwürd, darf nicht sittenwidr (BayObLGSt **63**, 63) od unerlaubt (BGH NJW **57**, 634; WPM **69**, 1172 [BBauG 95 II 3]; **70**, 1488) erlangt sein. Fehlt ein geschütztes EingrObjekt, so entfällt EntschAnspr schon aus diesem Grd. Zur Frage, inwiew die Bebauungsfähigk eines Grdst EingrObjekt (dch Versagg der BodenVerkGen) ist, vgl BGH WPM **68**, 1129; z Frage, ob trotz Eigensch als Bauerwartgsland im Ztpkt des GrdstErwerbs die Untersag des Kiesausbaute Enteigng sein kann, (bejahd) BGH DVBl **74**, 232. Auch die bloße Kiesträchtigk eines Grdst kann seine Einbeziehg in WaSchutzgebiet zum Eingr machen, BGH **60**, 126. – Aus der **Rspr**: Enteignungsfäh weiter zB Kaufrechte, BGH **37**, 47; vgl aber auch BGH WPM **68**, 1126, 1129; Pachtrechte, BGH **26**, 249; Warenzeichen, BGH **22**, 7; Bereich des eingerichteten u ausgeübten **Gewerbebetriebs** (vgl Anm H a, c); wirtschaftl Struktur eines Vereins (BGH **25**, 266); Mitgliedsch in Genossensch (BayObLG **60**, 27); Holz- u GemeindenutzgsR (BayObLG **61**, 373); AnliegerGemGebr (BVerwG NJW **77**, 1789).

bb) Rechtspositionen w geschützt, nicht bloße Aussichten u Erwartgen (BGH **64**, 382; NJW **76**, 1088). Eine solche RPosition ist insb das dch die rechtm EigtAusübg Geschaffene (**Bestandsschutz**; BVerwG BauR **76**, 100; NJW **76**, 765). So genießt ein mit wirks (wenn auch mögl rechtswidr) BauGen errichtetes Gbde Bestandsschutz (VGH BaWü BauR **75**, 316), aber nur bis zum Untergang (BVerwG BauR **75**, 253; BayVGH BauR **75**, 198; vgl BVerwG BauR **75**, 317); zum Schutz von Bestandserwerbergen vgl BVerwG BauR **75**, 413; **76**, 100; NJW **76**, 765 u -änderungen vgl BVerwG BauR **77**, 253. Auch eine noch nicht verwirklichte EigtNutzg kann EigtSchutz genießen, wenn ein Anspr auf die Nutzg besteht u sie nach GrdstSituation als angem aufdrängt (BVerwG NJW **76**, 765). – **Eingr**: Herabzong von Bauerwartgs- zu Grünland (BGH BauR **75**, 118) u GebietsErkl nach SchBG 12, BFStrG 9, LVG 9, WHG 19, BNatSchG 12ff, die dch Behinderg von Verkauf, Beleihg od Bebauung spürb beeinträchtigen (BGH BauR **78**, 211). Vorenthaltg angem GrdstNutzg dch Bebauungsplan (BVerwG BauR **75**, 313), Anspr auf best Bebauung aber nicht w Erschließg (BVerwG BauR **75**, 253). – **Kein Eingr**: Erschwerg der Fischerei dch Wasserbau (BGH **45**, 150; **49**, 231; NJW **68**, 1284); Entzug der Möglichk Ware wie bish zu bezeichnen (BGH NJW **69**, 2083); Widerruf unter WiderrufsVorbeh erteilter BauGen (BGH NJW **70**, 1178); Künd eines Vertr (BGH MDR **77**, 821); Verhinderg erst geplanter BetrErweiterg (BGH NJW **72**, 758; BVerwG NJW **76**, 765); Verhinderg der Entwicklg von Acker- zu Bauland (BGH **64**, 382) od zu intensiverer Bebaubark (BGH BauR **77**, 337); Lagevorteile eines Grdst (BGH NJW **76**, 1088; BVerwG BauR **76**, 181: Uferlage; BGH NJW **74**, 53: Uneinsehbark). VerkLärm ggü Grdst ohne RAnspr auf Bebauung (BGH JR **76**, 476).

cc) Subj-öff Rechte: Schrifttum: Nachw bei Bender aaO Fußn 77. Sie sind geschützt, wenn sie inf eigener Leistg od Kapitalaufwands wohlerworben sind (Wolff § 62 III a 4). Höchstrichterl Rspr nicht einheitl: **BVerfG** hat seine urspr abl Haltg gelockert u bejaht nun, wenn das subj-öff R eine eigtumerähnl Stellg, eine schutzwürd RPosition gibt (E **4**, 219/240; **14**, 293; **16**, 94/111; **18**, 392/7; **21**, 173, Bestandsschutz dch ÜbergangsRegelg). – Ähnl **BVerwGE 23**, 18/20; DVBl **61**, 86; vgl BVerwG NJW **73**, 913 (GG 14 u Anliegergebrauch); BVerwG DVBl **74**, 922 verneint Enteignungg, wenn ein dch eigene Leistg erworbenes R (freier Wasserbezug) entschädiggslos entzogen w, aus dem Grund, daß die seinerzeit Aufwendgen inzw dch die Gebrauchsvorteile entgolten sein - bei dieser Argumentation verlöre aber jedes wohlerworbene R irgenwann seinen Schutz. – **BSozG** JZ **58**, 20 (Anm Dürig) stellt für Zulässg zur Kassenpraxis auf die nach Einräumg des Rechts etwa erbrachte eigene Leistg ab. – **BGH** bejaht weitgehd; vgl Darstellg der Entwicklg u der Annäherg der Standpunkte Kreft in Anm BGH **LM** GG 14 (Cc) Nr 15 u Ehrengabe Heusinger 167ff, sowie Schneider aaO 61. Zum Schutz gem GG 14 für EntschAnspr nach BVersG usw vgl Bulla DVBl **72**, 529; für SozialleistgsAnspr u -anwartschaften Bogs, RdA **73**, 26. Rspr: BGH **6**, 278; **15**, 17: Apothekenpersonalkonzession; BGH NJW **56**, 1109: zweiter BezSchornstFegermeister für selben Bezirk. – Nicht geschützt die Stellg der **Destinatäre** staatl Subventionen, Baukostenzuschüsse, Stipendien, der SozialGesGebg. Zum Bestandsschutz subj öff BaunachbRechte: Übbl 2 d bb vor § 903.

b) Art u Inhalt des Eingr. Auch hier gilt Grds des geringstmögl Eingr (**Verhältnismäßigk**), wie er konkret in BBauG 92 I 1 zum Ausdr kommt: Enteignung unzul u rechtsw, wenn Zweck dch geringeren Eingr erreichb (BVerfG NJW **75**, 37). Keine Vollteignung, wenn Dbk od schuldrechtl Nutzgsabrede genügt, so wenn zB GestattgsVertr (vgl BGH MDR **69**, 467) angeboten w, der Benutzg des Straßenkörpers für Versorggsleistgen sachgerechte Verhandlgen üb freihänd Verk gewährleistet (BVerwG DVBl **69**, 210, 312). Grdsätzl vor Einleitg des EnteignungsVerf sachgerechte Verhandlgen üb freihänd Verk (BVerwG VerwRspr **19**, 811). – **aa) Art**: Stets positiver **Eingriff** – rechtl od tatsächl Art – nötig. Keine Enteigng dch **Unterlassg** (zB der Bearbtg eines Antr; BayObLG **76**, 310). Auch im Gewerbe- u BerufszulassgsR wurde Enteigng verneint, weil dch Unterlassen nichts genommen, sond nur etwas vorenthalten w (BGH **34**, 118; NJW **62**, 2347; **67**, 1857; **LM** GG Cf Nr 19). In Wahrh w es hier meist nicht am posit Eingr, sond am geeigneten EingrObj gefehlt haben. **Fakt Eingr** aber, wenn ablehndes Verhalten der Behörde den GewTreibden von ErlaubnAntr absehen läßt (BGH MDR **72**, 849; BayObLG **76**, 310). Kein Eingr bei unabsichtl Verzögerg der AntrBearbeitg (BayObLG **76**, 310). Eingr aber bei rechtswidr AntrAblehng trotz bestehden Anspr (BGH NJW **70**, 1178). Zur Versagg der BodenVerkGen vgl BGH WPM **68**, 1129.

bb) Unmittelbar (dazu Wagner NJW **66**, 569; **67**, 2336) muß dch Verhalten der Behörde od dch G in geschützte RPosition eingegr w. Nicht genügt mittelb Auswirkg des gg anderen gerichteten VerwAktes: BGH **23**, 235; **48**, 46; **LM** GG 14 (D) Nr 42; BayObLG **78**, 76/77.

cc) Inhalt: Entziehg od Beschrkg der EingrObjekte. Das dch Enteigng erworbene R verändert seine RNatur nicht, die Enteigng verändert nur das ZuordngsVerh. Die Enteigng kann nur iS des ZivilR übertr od unter ein im ZivilR vorgegebenes beschr dingl R bzw schuldr NutzgsR begründet w (BVerfG NJW **77**, 2349). Enteigng kann auch in der Beschrkg der Benutzbark eines Grdst bestehen.

D. Enteignungsgleicher und enteignender Eingriff. a) Von **enteignungsgleichem Eingr** spricht die Rspr, wenn schuldh od schuldlos rechtswidr dch hoheitl Maßn (§ 906 Anm 5 a bb) in eine als Eigt

Eigentum. 1. Titel: Inhalt des Eigentums § 903 5 D–F

geschützte RPosition (Anm 5 C a) unmittelb eingegriffen u dadch dem Berecht ein Sonderopfer für die Allgemeinh auferlegt w (BGH JR **76**, 478; NJW **76**, 1840; BayObLG **78**, 75). – **aa)** Der **Eingr** erfordert keine gezielte u gewollte Beeinträchtigg, auch unvorhersehb u zufäll Folgen hoheitl Maßn reichen. Notw aber, daß die hoheitl Maßn nach ihrer **Eigenart unmittelb Auswirkgn** auf das geschützte R hat (BGH aaO); zB Unfall dch militärisch bdgte Ausrüstg eines MilitärKfz (BGH MDR **76**, 826) im Ggs zu Unfall in normalem Verkehrsablauf. Diese Unmittelbark erfordert, daß der Eingr nicht ganz außerh der auf der hoheitl Maßn beruhden Gefahrenlage liegt (BGH **55**, 229; JR **76**, 478); überzeugde Abgrenzg bish nicht gelungen (Ossenbühl § 19, 2 a). – **bb)** Zum Eingr dch **Unterlassen** vgl Anm 5 C b aa. – **cc)** Die RWidrigk der hoheitl Maßn begründet idR das **Sonderopfer** (BGH **32**, 208; BayObLG **76**, 309); das gilt jedoch nicht für die nur formelle RWidrigk bei materiell zul EigtBindg (BGH **58**, 124). – **dd)** Eingr **bejaht:** Waldbrand inf Schießübg (BGH **37**, 44); Panzer rammt Haus (BGH NJW **64**, 104); Hausbeschädigg dch Kanalisationsarbeiten (BGH **LM** GG 14 Cc Nr 15 a); GrdstSchäden dch Betrieb einer Talsperre (BGH **LM** GG 14 Cc Nr 21) od hoheitl Abwasserregulierg (BGH JR **76**, 478); Schädigg eines GewerbeBetr inf Straßenschäden dch Panzer (BGH MDR **68**, 391), unsachgem Straßenbauarbeiten (BGH **LM** GG 14 Cf Nr 24) od unsachgem Straßensperrg (BGH MDR **68**, 307); Beschädigg einer Stützmauer dch Straßenkörper (BGH NJW **76**, 1840). – Eingr **verneint:** Rohrbruch gemeindl Wasserleitg (BGH **55**, 229); VerkUnfall inf Ampelversagens (BGH **54**, 332; krit Ossenbühl JuS **71**, 575).

b) Von **enteignendem Eingr** spricht BGH, wenn die nachteil Einwirkg auf VermR des einz die ungewollte Folge von handlgsbezogen **rechtmäßigem** hoheitl Handeln ist; dazu § 906 Anm 5 b cc. – Allerd nähert man sich damit dem überw abgelehnten Begr einer aus dem posit R nicht begründb öffr **Gefährdgshaftg;** vgl Wolff I § 66 II a; Bender aaO Rdnr 21. – Schranke gg Ausuferg der Haftg auch hier Kriterium der **Unmittelbark,** s oben a cc. – Aus der Rspr: Vgl zunächst zum Fall **Bärenbaude** oben a dd; BGH **45**, 150 (Elbleitdamm – Krabbenfischer); **48**, 58 (Rheinuferstr); **48**, 65 bzw **54**, 384 (**Autobahnbau u -betrieb;** dazu Kimminich JuS **69**, 359; Schwerdtfeger JuS **70**, 178); **57**, 359 (Frankfurter **U-Bahn:** sachgem U-Bahnbau kann enteigndr Eingr sein); **57**, 370 (GrdWassersenkg dch Kanalisation verursachte Hausrisse); **59**, 378 (Start- u Landelärm von Militärflugzeugen). – **c)** Zur **Immission** von hoher Hand: § 906 Anm 5a bb. – Zur ErsatzPfl des Staates bei **legislativem Unrecht** (Amtshaftg u Entsch wg enteigngsgl Eingr): § 839 Anm 2 B; Hbg DÖV **71**, 238 (unzulängl Beamtenbesoldg) u Kreft in Anm zu BGH **LM** GG 14 (D) Nr 48 = **56**, 40, vgl oben Anm 5 C b aa; Haverkate NJW **73**, 441. – **Konkurrenzen** vgl unten Anm K a.

E. Sachbefugnis. a) Entschädiggsberecht ist, wer in seinem R dch den Eingr beeinträchtigt w u dadch einen VermNachteil erleidet (vgl BBauG 94 I); nicht aber, wer nur mittelb dch gg Dr gerichteten Eingr geschädigt w (vgl BGH **23**, 235; VerwRspr **13**, 64). Entschberecht auch Inh dingl od pers R an dem Ggst des Eingr (NebenBerecht; BauG 97; StBauFG 26 ff, dazu Clasen NJW **73**, 678), die Bes- od NutzgsR haben od Verpflichteten in der Nutzg beschr; zB GrdDbkBerecht, Pächter (BGH **59**, 250), Mieter (BGH ZMR **68**, 196). – Kein Übergang des EntschAnspr bei Übertr des beeinträchtigten R nach vollzogenem Eingr (BayObLG **75**, 310; BGH NJW **78**, 941); zur uU stillschw AnsprAbtr BGH aaO.

b) Entschädiggspflichtig ist mangels SonderVorschr bei Enteigng u enteignendem Eingr der Begünstigte (BGH **60**, 143; BauR **75**, 317). Das ist (abgesehen von VermTrägern mit Spezialaufgaben) bei Begünstigg der Allgemeinh grdsl eine Gebietskörpersch mit Allzuständigk, mithin idR der Staat u nur bei Eingr zur Erfüll rein örtl Aufgaben die Gemeinde (BGH **LM** GG 14 [Fb] Nr 12). Ebso bei enteigngsgl Eingr, nur daß hier stets Hoheitsträger statt begünstigter PrivPers haftet (BGH **40**, 49; Betr **73**, 1599). Nicht selbst eingreifder Hoheitsträger ist begünstigt, wenn ihm des Vorteil zugeflossen ist (BGH NJW **76**, 1840). Bei Begünstigg mehrerer uU GesSchuld (BGH **LM** aaO Nr 11). – Gemeinde haftet idR bei Eingr dch baupol Maßn (BGH **23**, 169; **26**, 10), bauplanerische Maßn (BGH BauR **75**, 317), bei Enttrümmerg (BGH **13**, 81); zur Wohnraumbeschlagn vgl BGH **13**, 371, 395; BayObLG **57**, 252; Celle MDR **57**, 101.

F. Verfahren, Rechtsweg (dazu Weyreuther DVBl **72**, 93). **a) Verfahren:** Die älteren, vor allem die landesr EnteigngsGesetze (vgl EG 109 Anm 2) gliedern meist in vier Abschnitte: Auf Antr w dem zu begünstigden Unternehmer das EnteigngsR verliehen, worauf in PlanfeststellgsVerf nach Prüfg der Einwendgen der Enteigngsplan festgestellt w; nach Festsetzg der Entsch w sodann die Enteigng vollzogen (Vollzugsakt). Damit originärer EigtErwerb, Umschreibg im GB nur Berichtigg, vgl Einf 1c vor § 925. – Unmittelb Besitzerwerb dch Vollzugsakt wie bei § 857. – Zur vorl BesEinweisg nach BBauG 116, LBG 38 vgl § 854 Anm 1a. – Die wichtigsten neueren Enteigngsgesetze (BBauG, LBG) vereinfachen: EnteigngsPlan u Entsch w in einer Entscheidg festgelegt (EnteigngsBeschl, vgl BBauG 113, LBG 47). – Für die Festsetzg der Entsch nach WaStrG (vgl EG 65 Anm 1 b u e) ist die Wasser- u Schiffahrtsdirektion zust (§ 37), währd § 44 III die Enteigng selbst den Landesbehörden zur DchFührg nach LandesR überweist. Zur Festsetzg der Entsch nach BFStrG 9 IX, s Aust NJW **73**, 2276.

b) Rechtsweg: Er ist grdsätzl gespalten: VerwRWeg gg die Planfeststellg selbst, ordentl RWeg gg die Festsetzg der Entsch (GG 14 III 4), für den Enteigneten wie für den EntschPflichtigen (vgl BGH **7**, 296; **9**, 242; **41**, 264). Auch hier Vereinfachg in BBauG (dazu Pikart, WPM **70**, 1386) u LBG: Gg die umfassde Festsetzg gem BBauG 113, LBG 47 kann binnen AusschlFrist (vgl BBauG 157, LBG 61) Antr auf einheitl gerichtl Entscheidg gestellt w. Dann entscheidet die ZivKammer (LBG 59 III) bzw die beim LG gebildete Baulandkammer; das ist verfassgskonform (BVerfG **4**, 387). Vgl auch WaStrG 29. – Tumultschäden s oben Anm 4i aE. – Enteigng nach ViehseuchenG; VerwRWeg, ViehseuchenG idF v 23. 2. 77 (BGBl 314) § 72b. – WHG 19 s EG 65 Anm 2e. Vgl auch VwGO 40 I 2 u dazu BVerwG NJW **67**, 590; OVG Hbg MDR **72**, 979 (ord RWeg für Entsch nach *nds* WasserG 11, 45 bzw *hbg* WasserG 48 IV).

c) Einzelh: Ordentl RWeg auch über Grd des Anspr, wenn Entsch überh versagt (BVerwG **1**, 42; aA Wolff I § 62 V e). Im RStreit über Höhe der Entsch entscheidet ordentl Ger auch über Vorfrage, ob Enteigng vorliegt (BGH NJW **76**, 1088). Ordentl RWeg auch, wenn Enteigng vor GG, BGH **12**, 55. Die Länder (konkurr Gesetzgebg, GG 74 Nr 14, 15, 18) können RWeg nicht ausschließen, BGH **9**, 247; diesem aber eine VerwEntscheidg vorschalten u eine Frist bestimmen, BVerfG NJW **59**, 139; vgl auch BGH **32**, 338. Über KlageAntr u BewLast BGH **LM** GG 14 (Eb) Nr 13. Kein EnteignsgAntr der WoBauGesellsch zG der (nach BBauG sachbefugten) Gemeinde; auch keine ProzGeschFührg für diese, BGH **61**, 128.

G. Die Entschädigg. Schriftt: Gelzer, Der Umfang des EntschAnspr aus Enteigng u enteigngsgl Eingr, 1. Aufl 1969. – Badura, Entsch nach EnteigngsGrds, 1971. – Bielenberg, JurA **71**, 455 (StBauFG); DVBl **74**, 113 (BBauG). – Aust/Jacobs, Die EnteigngsEntsch, 1977. – Pagendarm, WPM **72**, 2 u SondBeil 5/65 u Kreft, WPM SondBeil 2/77 (Rspr).

a) Höhe. Nach GG 14 III 3 der Einbuße entspr angem Ers (nicht voller SchadErs), der abstr Wiederbeschaffg gleichen Objekts ermöglicht (BGH **39**, 198); ob ErsObjekt fakt greifb od zu seinem Erwerb bes Aufwendgen nötig, bleibt außer Betracht (BGH **41**, 354). Wirtschaftl Betrachtungsweise geboten (BGH **43**, 300). Nicht billiges Erm, doch ZPO 287 anwendb (BGH **29**, 217). – Abwäggsgebot des GG 14 III 3 erlaubt dem GGeber, je nach Lage vollen Ers od geringere Entsch (vgl zB Rüfner, Festschr Scheuner **73**, 514/524) zu bestimmen, die nicht stets nach Marktwert bemessen sein muß (BVerfG **24**, 367); GG 14 III 3 begrenzt Entsch für GGeber nicht nach oben (BayObLG **67**, 358) und erlaubt Entsch dch ÜbernAnspr bzgl wertgeminderten EingrGgst (dazu Schmidt-Aßmann BauR **76**, 145). Vgl zB ErgGRSiedlG 7 II (BGH **59**, 250); BBauG 40ff (BGH **50**, 93); GSBEG 2ff (BayObLG **72**, 7). Wg Entsch dch ErsLand vgl BBauG 100; LBG 22 (BVerwG RdL **71**, 269); StBauFG 22 III. – Grds gelten auch bei enteigngsgl Eingr (BGH **23**, 171). Entsch mind so hoch wie bei rechtm Eingr (BGH **13**, 395; BayObLG **72**, 7), sie kann über die in SonderG gewährte hinausgehen. – Einheitl EntschAnspr, bei dem mehrere EingrFolgen nur unselbstd RechngsPosten (BGH NJW **77**, 119); Entsch für Vorwirkg (unten d aa) kann aber schon vor Enteignng verlangt w u ist auf Entsch für letztere anzurechnen (BGH NJW **78**, 939).

aa) Substanzverlust (vgl BBauG 95 I 1, 141). Zu ersetzen ist der Verkehrswert; das ist der im gesunden GrdstVerkehr unter gewöhnl Verh nachhaltig erziielb Preis (BGH **39**, 198). Bewertg nach dem Ertrags-, Sach- od VerglWertVerf. Es ist das Verf zu wählen, daß im Einzelfall den GgWert des gen Ggst erfaßt (BGH BauR **75**, 326). Da kein SchadErs, keine Entsch künft Wertsteigerg, die ohne Enteignng od deren Vorwirkg eingetreten wäre, sondern nicht die preiserhöhnden Faktoren als solche schon im gesunden GrdstVerk greifb waren (BGH NJW **66**, 497).

bb) Teilflächen (vgl BBauG 96 I Nr 2). Hat Teilfläche selbstd VerkWert, gibt dieser Maß. Andernf (zB idR bei Vorgärten) idR Bewertg nach der Differenzmethode; dabei VerkWerte des GesGrdst u des RestGrdst ggüzustellen, wenn Ertragswerte nahezu gleich (BGH BauR **75**, 326). Bodenwert unbebauter Teilfläche idR unter Dchschnittswert des GesGrdst (BGH aaO). Vorteilsausgleich wenn RestGrdst dch Teilenteigng wertvoller. Teilenteigng kann auch zugl Eingr in RestGrdst sein (BGH **64**, 382); entfällt für RestGrdst Schutzzone gg lästige Nutzg fremden Grdst, so Entsch nur für Mehrbeeinträchtigg dch Straße an neuer statt an alter GrdstGrenze (BGH **61**, 253; NJW **78**, 318; BayObLG **75**, 118).

cc) Bauerwartgsland (vgl die aGrd BBauG 144 I 4 ergangenen RichtwertVO der Länder; dazu Hintzsche NJW **68**, 1269). Es ist fallw zu prüfen, ob greifb (nicht nach starren Fristen zu beurteide) Bauerwartg sich im gesunden GrdstVerk preissteigernd auswirkt; maßg sind die konkr tats (Lage, Beschaffenh, VerkAnbindg) u rechtl (Plangstand, Dispensmöglichk) Umstände (BGH **39**, 198 = **LM** GG 14 [Ea] Nr 63a Anm Pagendarm; BauR **77**, 337; Dittus JuS **64**, 308; Lindig AcP **169**, 496).

dd) Bodenschätze (Sand, Kies) sind Substanzwert nur, wenn Enteigneter sie hätte nutzen können u genutzt hätte (BGH WPM **69**, 275); mit Abbau muß noch nicht begonnen sein (BGH **60**, 126). Tonhöfigk im Ggs zu Tonhaltigk (Düss WPM **71**, 872). Vgl in diesem ZusHang über Verh von BBauG 33 zu 34 Köln OLGZ **67**, 293 u über *nw* AbgrabsG Steckert DVBl **74**, 543.

ee) Zeitl begrenzte Eingriffe ohne Substanzbeeinträchtigg. Nutzgsentgang ist Bewertgsfaktor. Vorübergehde Bausperre: Betrag den Bauwilliger gezahlt hätte, wenn ihm gestattet worden wäre, auf dem Grdst zu bauen (Bodenrente), abzügl Wert der Nutzgen, die von Bausperre nicht beeinträchtigt (BGH BauR **75**, 328). Vorübergehender Eingr in GewerbeBetr: Unterschied zw tats erzieltem Gewinn od Verlust u dem Gewinn od Verlust, der aGrd konkr im Betr begründeter Aussichten ohne den Eingr hätte erzielt w können (BGH NJW **75**, 1966; **76**, 1312; **77**, 1817).

ff) Folgeschäden (dazu Schmitt-Assmann NJW **74**, 1265). Auch wenn SonderVorschr (zB BBauG 96 LBG 19) es nicht vorsehen, sind VermNachteile zu entschädigen, die noch nicht dch SubstanzEntsch abgegolten (BGH NJW **77**, 189); dies aber nur bis zum Betr des Aufwands für Nutzg eines Grdst in gleicher Lage (DoppelEntsch unzul). – **Ja**: Umzugs-, Verleggs- u Reisekosten (BGH MDR **67**, 390); Abstands- u Instandsetzgskosten für ErsObjekt; unbrauchb gewordenes Inventar; Anlaufkosten, Minderg des Firmenwerts, Verlust best Kundenkreise (BGH NJW **66**, 493; MDR **67**, 390); PrivGutachten (BGH **43**, 300); Anwaltskosten im EnteigngsVerf (nicht aber im UmleggsVerf; BGH **63**, 81), falls es zur Enteignng kommt (BGH **65**, 280), u im BesEinweisgsVerf, falls es zur BesEinweisg kommt (BGH aaO); Umsatzsteuer für Entsch (BGH **65**, 253). – **Nein**: Entgangener Gewinn als erst zu schaffdem Wertobjekt (BGH **32**, 351; MDR **68**, 219); Kosten für Beschaffg (Kaufpr, Makler- u Notarkosten), Aufschließg od Bebauung eines ErsGrdst (BGH NJW **66**, 493); Mehrkosten dch Auflage für Lärmbekämpfg (BGH WPM **70**, 1250); Einkommensteuer für Entsch (BGH **65**, 253); Steuer für Veräußergsgewinn, wenn wg drohder Enteignng veräußert (BGH WPM **76**, 98); AusglPfl des Hoferben nach HöfeO 13 (BGH **55**, 82).

gg) Einzelfälle: MietVerh: BGH MDR **67**, 390. – GrdDbk: Brem NJW **68**, 657 (WohnR); BGH WPM **68**, 1134 u KG NJW **68**, 2014 (Bauverbot); Nürnb OLGZ **72**, 35 (QuellR). – ErbbauR: Hbg NJW **74**, 801. – Widmg eines Grdst zur öff Straße: BGH Betr **70**, 1537. – DbkEntsch für VersorggsLeitgen: BGH WPM **77**, 827 (auf KiesGrdst); **77**, 983 (Erdgasleitg); Hamm MDR **70**, 677 (nachträgl Bündelg); Joachim NJW **69**, 2175. – Veränderg des Straßenniveaus: BGH **LM** GG 14 (Ea) Nr 32; NJW **74**, 53. – Anrechng der

Entsch für GewBetr auf GrdstEntsch: BGH BB **62**, 1139; Entziehg der Bebaubark schon in Betr einbezogenen Grdst: BGH NJW **65**, 2101; Entsch für wg bes Einrichtg beschr verwendb Grdst: BGH BauR **75**, 122; GewGrdst mit Wohnbauqualität: BGH NJW **77**, 1725; Mietshaus: Kblz Betr **77**, 1362. – Landw Betr (insb Teilenteigng): BGH **67**, 190, 200; WPM **78**, 468; BayObLG **77**, 134. – NießbrBestellg: BGH WPM **77**, 1411.

b) Verzinsg der Entsch kann verlangt w, wenn Entsch nicht zugl mit Eingr zur Vfg gestellt w (Ausgl für entzogene Nutzgsmöglichk des EingrGgst). Zinslauf ab RVerlust; zB EigtÜbergang, BesEinweisg (BGH NJW **69**, 1897), EnteigngsVorwirkg (BGH BauR **75**, 328). – Mangels abw Vorschr (zB 4% in PrAGBGB; BGH **60**, 337) kann BBauG 99 III, bayEnteigngsG 13 II (2% über jeweil Diskontsatz; BGH NJW **72**, 447) Anhalt bieten. – § 248 anwendb (BGH Betr **73**, 2184); and nur, wenn Verzinsg des Wertes des EingrGgst Entsch für Minderwert dch entzogene Nutzgsmöglichk darstellt (BGH NJW **64**, 294; vgl auch **LM** LBG Nr 20).

c) Minderg. – **aa) VorteilsAusgl** (dazu Küppers DVBl **78**, 349) mit VermVorteilen, deren Anrechng Zweck der Enteign entspr u Enteignetem zumutb (BGH NJW **77**, 189) u Sondervorteil für ihn darstellen (BGH NJW **77**, 1817). Sie ist eine Frage der EntschHöhe (BGH BauR **75**, 325). Vorteile bei Folgekosten nicht auf SubstanzEntsch anrechenb (BGH **55**, 294). SonderVorschr zB BLG 32 I; LBG 17 II; BBauG 93 III; LandesR. – Bei Enteign von Teilflächen Werterhöhg des RestGrdst anrechenb; plangsbdgte Wertsteigerg aber nur, wenn sie dem Betr dch späte Zuordng Sondervorteil erbringt u nicht nur allg Wertzuwachs des GesGebiets (BGH **62**, 305; BauR **75**, 325; DVBl **77**, 766; NJW **78**, 941). Entsch für NutzgsVerlust auf Verzinsg der Entsch anrechenb (BGH **48**, 291). Ersparte Aufwendgen für Erfüllg von Auflagen für Grdst-Nutzg anrechenb (BGH **60**, 126). – **bb) § 254** anwendb bei schuldh unterl Abwendg od Minderg der Eingr-Folgen (BGH **56**, 57; JR **76**, 478) u schuldh EingrMitverursachg (Kreft in Anm zu BGH **LM** GG 14 [Cc] Nr 22).

d) Zeitpunkt für Bemessg der Entschädigg. Scharf zu trennen sind zwei Stichtage:
aa) Qualitätsstichtag (vgl BBauG 93 IV). Der Ztpkt des Eingr (zB Zustellg des EnteigngsBeschl; frühere BesEinweisg, BGH NJW **75**, 157) ist maßg für die **wertbildden Faktoren,** zB ob ein Grdst Acker-, Bauerwartgs- od Bauland ist. Spätere Veränderg dieser Faktoren sind nur zu beachten, wenn sie am Stichtag bereits wertändernd greifb waren. – Zu beachten ist die mögl **Vorwirkg künftiger Enteign:** wenn eine vorbereitde od verbindl Plang, die für die spätere Enteign ursächl ist u sie hat sicher erwarten lassen, das Grdst von der konjunkturellen Weiterentwicklg ausgeschl hat; maßg ist dann schon der Ztpkt des Ausschl (BGH BauR **78**, 213) u spätere Qualitätserhöhgen (BGH **LM** BBauG § 95 Nr 4) od -mindergen (Brem OLGZ **74**, 466) bleiben unbeachtl. War vor Geltg des GG eingetretene Vorwirkg von Entsch hinzunehmen (WeimRV 153), so sind bei Entsch für Enteignng nach Geltg des GG die Faktoren maßg, die die Vorwirkg schuf (BGH NJW **78**, 939); Faktoren bei Eintritt aber maßg, wenn nach damaligem R Entsch nur bis zur Enteignng aufgeschoben (BGH NJW **78**, 941).
bb) Bewertgsstichtag (vgl BBauG 95 I 2, II) bei schwankden Preisen. Die Zustellg des die Entsch festsetzden Bescheides (BGH **44**, 52) od die Vorlage eines angem (BGH NJW **75**, 157) u später nicht widerrufenen (BGH **61**, 240) Kaufangebots ist maßg für die Preis- u WährgsVerh. Bei wesentl zu gering festgesetzter Entsch (BGH **44**, 52) od vereinbarter Abschlagszahlung (BGH NJW **76**, 1499) verschiebt sich der Stichtag bzgl des RestBetr auf die letzte gerichtl TatsVerh. Bei unangem (entspr nicht in etwa der Entsch od bloßes Abschlagzahlangebot) od widerrufenem Kaufangebot verschiebt sich Stichtag für GesBetr auf den Ztpkt des die angem Entsch festsetzden Beschl der EnteigngsBeh (BGH NJW **75**, 157) bzw der letzten gerichtl TatsVerh (BGH NJW **76**, 1255); ebso bei angem Angebot, das zunächst VorteilsAusgl nicht berücksichtigt (BGH NJW **77**, 955). Bei nicht nur unwesentl verzögerter Zahlg der Entsch ist die Zahlg maßg Stichtag (BGH aaO). Ficht der Enteignete die Enteignung erfolglos an, so verschiebt sich der Stichtag nicht (BGH NJW **77**, 955). Auszahlg maßg, wenn sie vor Entscheidg über EnteigngsAntr erfolgt (BGH BB **67**, 44).

e) Zeitablauf: Der EntschAnspr verjährt nach hL in 30 Jahren. Für *Bay* gilt dreij AusschlFr des AGBGB 124 (der gem E v 27. 7. 73, GVBl 426, anstelle Art 125 trat); revisibel: BGH WPM **70**, 1480; vgl auch EG 109 Anm 2. Hiernach erlöschen GeldzahlgsAnspr gg bay Gebietskörpersch drei Jahre nach Ende des Jahres, in dem der Berecht die ansprbegründden Tatsachen u die Pers des Schu erfuhr, spätestens 30 Jahre nach AnsprEntstehg; vgl BGH NJW **75**, 1783. – Zur KlageFr (2 Monate), auch für WiderKl, nach LBeschG 61 BW **35**, 227; zu der (6 Monate) nach *pr* EnteigngsG 30 I vgl BGH WPM **72**, 1128; NJW **72**, 1714 u Köln NJW **73**, 198 (FrBeginn mit Zustellg des Beschl über die Entsch, auch wenn RMittelbelehrg erst später erfolgte). – Zur AusschlFrist nach WStrG 39 I 1 vgl Anm zu EG 65.

f) Verschiedenes: aa) Enteigneter hat **RückübereigngsAnspr,** wenn Zweck der Enteignng nicht in angem Zeit verwirklicht w (BVerfG NJW **75**, 37). SonderVorschr: zB BBauG 102/3; BLG 43; LBG 57; RSiedlG 21; RHeimstG 32 II; *pr* EnteigngsG 57. – **bb)** Zur Festsetzg der Entschädigg dch **Schiedsgutachter** u sinngem Anwendg des § 319 vgl BGH WPM **68**, 307. – **cc)** Bei **zur Abwendg der** (noch nicht eingeleiteten) **Enteignng geschlossenem Verkauf** (zu unterscheiden vom „EnteigngsVertr" gem BBauG 110, 111) regeln sich die Beziehgen der Parteien (u auch die der NebenBerecht iS von BBauG 97 – dazu oben Anm a gg) nur nach PrivR; ob dann die Grds üb die Höhe der EnteigngsEntsch anwendb, hängt vom Willen der Vertragschließden ab, BGH NJW **67**, 31; WPM **68**, 581; RückübereigngsAnspr des Verk dann uU aGrd § 812 I 2 Fall 2 (BayObLG **73**, 173), aber kein Anspr des Käufers auf Rückabwicklg (BGH BB **78**, 1037).

g) Rechtsweg: GG 14 III 4; VwGO 40 II: s oben Anm 4 g; 5 F; auch § 906 Anm 8.

H. Einzelfälle.
a) Keine Enteigng, sond EigtBegrenzg:
aa) WirtschLenkgsMaßn (BGH NJW **56**, 468). Allg AnbauBeschrkg (BGH **LM** GG 14 Nr 49); Verbot der Neuanlage von Weinbergen (BVerfG **21**, 150); Versagg von ApothKonzession (BGH NJW **62**,

§ 903 5 H

2347); Verbot der Schweinemästerei im Wohngebiet (BGH **45**, 23; Sendler DÖV **71**, 25); Versagg von Ausn bei Ausfuhrverbot (BGH **LM** § 839 [C] Nr 5); Exportregelg (BGH **22**, 6); Änderg ges Bestimmgen, auf die ein Unternehmen seine Produktion ausgerichtet hatte (BGH NJW **68**, 293); Herabsetzg des Schutzzolls (BGH **45**, 83); Sperrg der Grenze für Importe (BGH NJW **68**, 2140); Maßn nach dem Energiesicherungs-G (dazu Götz NJW **74**, 113). – And wenn VertrauensTatbestd geschaffen u die Täuschg der Erwartg zu Eingr in Unternehmensstruktur führt (BGH **LM** GG 14 [Cf] Nr 22; Betr **68**, 43): **Plangewährleistgs-Anspr** (dazu Ossenbühl JuS **75**, 545); gg Übermaßverbot verstoße PreisregelgsVO (BGH **48**, 385).

bb) Stromversorggsanlagen, die nach AllgBdggen d ElektrVersorgUntern Abschn III 3 (vorkonstitutionelle RechtsVO; BGH NJW **76**, 715) zu dulden (§ 1004 Anm 7c gg). Verpfl, Niederspanngsanlagen ohne Entsch zu dulden, bleibt im Rahmen der Sozialpflichtigk (BGH aaO). Kimminich NJW **73**, 1479 ist darin zuzustimmen, daß bei Mittel- u Hochspanngsnetzanlagen die Sozialpflichtigk des GrdEigt idR überschritten w (vgl. auch § 906 Anm 5b dd; Börner BayVBl **76**, 33).

cc) Umlegg u Flurbereinigg (vgl dazu EG 113) jedenf dann nicht, wenn wertgleiche Landabfindg vollst dchgeführt (BGH **31**, 49). And bei unentgeltl od nicht wertgleicher LandAbtr (BGH NJW **76**, 1088) u bei nicht gewünschter Geldabfindg; and auch, wenn Sonderopfer auferlegt w, zB wenn Eigtümer dch Vfgs- u BauBeschrkgen mehr u länger belastet w, als bei zügig dchgeführtem Verf erforderl (BGH NJW **65**, 2101).

dd) BNatSchG (dazu Müller NJW **77**, 925) enthält im allg nur EigtBegrenzg (BVerwG NJW **76**, 765 für RNatSchG; vgl aber BGH **57**, 178). Enteigng idR nur, wenn Nutzg in bish Weise verwehrt w (BGH BauR **78**, 211); Situationsgebunden maßg. Zur Unterstellg unter LandschSchutz vgl BGH aaO; OVG Lüneburg SchlHA **68**, 169. Enteigng od enteigngsgl Eingr bei unsachl Maßn, die sich nicht aus zwingden Erfordern sinnvoller Ordng ergeben (BGH **23**, 33). Schutzwürdigk der Natur immer Voraussetzg. Innerh im Zushang bebauten Ortsteils kann ein nach BBauG 34 zul Vorhaben wg LandschSchutz nur in Einzelausgestaltg beeinflußt, nicht aber verhindert w (BVerwG BayVBl **71**, 20).

ee) Forstwirtschaft: Ges Abholzverbot (LVG Schlesw SchlHA **60**, 29); Aufforstgszwang (OVG Münst MDR **54**, 763; OVG Lüneburg DÖV **61**, 623); rechtm Holzeinschlagsanordng (BGH **LM** WeimRV 153 Nr 19). Zur Ablösg von WeideR nach bayForstRG vgl BVerwG RdL **70**, 19.

ff) Anschlußzwang: Wasser, Müllabfuhr u dgl dch Gemeindesatzg (auch nicht erwgü MüllabfuhrBetr; BGH **40**, 355; aA OVG Lüneburg GewA **77**, 218); auch nicht, wenn dadch früher erworbenes WasserableitgsR des Eigentümers ggstandslos w (BGH **54**, 293); Schlachthausbenutzg (BGH MDR **68**, 999); Fernheizg (vgl Holtzmann/Kah DÖV **64**, 85, 304, 449, 541).

b) Dagg Enteigng: aa) sog Bodenreform (Einl 7 c vor § 854), BVerwG **1**, 142 (für *BaWü*); vgl auch Knoll JR **58**, 326. Landabgabe für Verkehrs- u Erholgsstätten; vgl aber auch oben a cc. – **bb)** Stets hoheitl **Wegnahme** (od Zerstörg, Celle NJW **61**, 80) von Eigt, auch bei Sachen, OVG Hbg NJW **55**, 1294; BayVfGH **9**, II 14 = DÖV **56**, 214. – **cc) Gesundheitspolizei**: Anordng nach TierkörperbeseitiggsG, BayObLG **54**, 216. Entschädigg für Maßn aGrd ViehseuchenG idF v 23. 2. 77, (BGBl 314); zum RWeg oben Anm 5 F b aE. Jedoch nach BGH **43**, 196 keine EnteigngsEntsch, wenn LandesR *(Ba)* Tötg von Hunden wg Tollwut anderer Rechtm entschädiggslos zuläßt; dies ist nicht verfwidr, GG 14 II, BVerfG NJW **67**, 548. Üb Pflicht, gesundhpol Untersuchg von Massegütern zu dulden (Sozialbindg) u ihre Grenzen (Salmonellengefahr bei Importhasen) vgl BGH **LM** GG 14 (Ba) Nr 29. Wg **BSeuchenG**s oben Anm 4 i; dort auch wg **Tumultschäden G**. – **dd)** Im **WasserR**: vgl EG 65 Anm 1 e. – **ee) BergR** vgl EG 67 Anm 2 aE.

c) Gewerbebetrieb. Schrifttt. – **Allg**: Badura, AöR **73**, 153; Kreft, WPM **77**, 382; Krohn, GewA **77**, 145. – **Eingr in Straßen**: Schneider, DRiZ **68**, 190; Ganschezian-Finck, NJW **69**, 161; Zuck, Betr **71**, 419; Arndt, WPM **72**, 1018; Kürzel, ZMR **73**, 68.

aa) Allg. Der eingerichtete u ausgeübte GewBetr ist dch GG 14 nicht nur in seinem ggständl Bestand, sond in allen seinen Erscheingsformen, die auf dem Arbeits- u Kapitaleinsatz des Inh beruhen (zB Kundenstamm, Verkehrsanbindg) geschützt (BGH NJW **78**, 373); bloße Chancen (zB Lagevorteil, and rechtl od tats günst Umstände) w nicht geschützt. Begriff des GewBetr weit zu fassen, zB auch landw Betr (BGH NJW **77**, 189) u freier Beruf (Leisner NJW **74**, 478; dazu Heydt NJW **74**, 1229); GewO nicht maßg. – Erwerb bestehden GewBetr währd Eingr steht Entsch nicht entgg (BGH **LM** GG 14 [Cf] Nr 27); bei Errichtg u Investition währd Eingr ist auf dessen dch Einholg einer Auskunft voraussehb Dauer Rücks zu nehmen (BGH NJW **78**, 371).

bb) Eingr in Straßen. – Anlieger müssen **Ausbessergs- u Verbessergsarbeiten** an der Straße ohne Entsch hinnehmen, sofern nur die Straße als Verkehrsmittler erhalten bleibt; Entsch für Verkehrsbehinderg aber, wenn die Arbeiten nach Art u Dauer über das hinausgehen, was bei ordngsgem Plang u DchFührg der Arbeiten mit mögl u zumutb tats u pers Mitteln erreichb (BGH **LM** GG 14 [Cf] Nr 24; NJW **78**, 373). Vgl zB BGH **23**, 157 (Gen der Aufstellg sichtbehindernder Verkaufsbuden), BGH **LM** GG 14 Nr 76 (GeschSchädigg dch Gen der Lagerg von Baumaterial, BGH NJW **78**, 373 (behördl Verkehrsregelg bei Privatbau). Entsch grdsl auch bei U-Bahn- (BGH **57**, 359) u **S-Bahn-Bau** (BGH NJW **76**, 1312); vgl Gather DWW **73**, 196. – Keine Entsch bei Änderg von **Lagevorteilen**; zB Verschlechterg der Verkehrsanbindg (BGH **48**, 58; **55**, 261; NJW **78**, 373), Verkehrsumleitg (BGH WPM **63**, 1100), Aufhebg öff Parkplatzes (BGH NJW **78**, 373), Anordng eines Halteverbots (BGH NJW **78**, 373), Umwandlg einer Straße in Fußgängerzone (BVerwG NJW **75**, 1528; BGH NJW **78**, 373). – Entsch bei **NiveauÄnderg**, die Zugang zum GewBetr erschwert (BGH **30**, 241; NJW **59**, 1916; WPM **70**, 1191; vgl auch BayObLG **70**, 30 zu Bay StrWG 17 II), od bei sonst **Zufahrtsbehinderg** (BGH **48**, 65; MDR **68**, 391).

cc) Bei sonstigen Eingr in GewBetr **Entschädiggspflicht bejaht**: bei Verbot einer Verkaufsausstellg dch WanderGewTreibden, BGH **32**, 208; uU Schließg eines Friedhofs BGH **LM** WeimVerf 153 Nr 20. Stillegg eines AbdeckereiBetr dch Aufteilg des Anfallbezirks, BGH MDR **68**, 126. Rechtsw Versagg

Eigentum. 1. Titel: Inhalt des Eigentums § 903 5 H

der BauGen (BGH WPM **64**, 1149) od einer AusnGen nach StVO 46 (BGH NJW **75**, 1880); Schädigg der Fischzucht dch lange Schonzeit für Reiher (BayObLG **78**, 75). – **Entschädiggspflicht verneint:** Umweg für Fischer inf Staudammerrichtg (BGH **45**, 150) od Landwirt inf Unterbrechg eines Verbindsweges (BGH BauR **75**, 335; Mü RdL **74**, 20). – Änd ges Bestimmgen üb Ausrüstg von Kfz, auf die Produktion eingerichtet war, BGH NJW **68**, 293. Untersagg eines ordngswidr GewBetr; doch kann Maßn nach GewO 51 ausnw Enteignng sein (BVerwG BB **71**, 1028).

d) Bebauungsanordngen. aa) GG 14 I 1 ergibt **Anspr auf BauGen** (BGH **65**, 182); AnsprBeschrkg dch GG 14 I 2 gedeckt, wenn sie dadch gerechtfertigt, daß sie Eigt gg über- od gleichgeordnete kollidierde Werte abgrenzt (BVerwG NJW **76**, 340). Die Vorsch des materiellen BauR sind daher grdsl Inhaltsbestimmg des Eigt (BVerwG **3**, 28; BGH **30**, 338), ebso AbstandsVorschr bei Wäldern (BVerwG BlGBW **64**, 81) u Werbeanlagenverbot nach BFStrG 9 (BVerwG **16**, 301); and Bauverbote nach BFStrG, wenn sie schon verwirklichte Nutzgsart ausschließen (BGH BB **67**, 1225). Jetzt in erster Linie BBauG maßg; vgl auch BNVO. Im GeltgsBereich eines Bebauungsplans (zu dessen gerichtl Nachprüfbark vgl BGH NJW **67**, 2305) grdsätzl Recht zur Bebauung; im Außenbereich nur ausnahmsw wenn ges Zulassg, BBauG 30, 35. Ein allg, auf **Plangewährleistg** gerichteter Anspr n dch BundesR nicht eingeräumt (GG 14; BBauG 31), BVerwG BB **69**, 1507. BBauG sieht in zahlr Einzelfällen Entsch vor, zT auch, wo nach bish Rspr Inhaltsbegrenzg, nicht Enteignng od enteigngsgleicher Eingr angenommen; vgl Gehrmann, Die Bebauungspläne in der Sicht des BGH, GWW **68**, 311. In BBauG 40 ff umfangreicher Katalog von EntschPflichten (ev Übernahme-Anspr des Eigtümers) für VermNachteile inf eines Bebauungsplans, wenn dort Bebauungsverbote ausgesprochen, Grdst für den Gemeinbedarf, als Verkehrs-, Grünflächen u dgl ausgewiesen, sog **Herabzong** (dazu – BGH DVBl **74**, 430; **74**, 432; WPM **75**, 697; Mü DVBl **74**, 434; Schrödter, DVBl **74**, 437); vgl ferner zB BBauG 21; Gemeinde entschädiggspfl, wenn BauGen wg veränderter Verhältn versagt wird, obwohl noch nicht 3 Jahre seit der Erteilg der Gen für Auflassg (BBauG 19 (vgl Übbl 12b dd vor § 873) verstrichen. Bisherige Rspr bleibt daneben noch von Bedeutg. Zu BGH **48**, 46 (Wassersportgelände) s oben Anm 5 C b bb. Nach BGH WPM **73**, 650 kein PlangsSchaden (BBauG 44 I Nr 1) wenn Straße auf NachbGrdst zu Hochstr ausgebaut u Wohnnutzg dadch zwar erhebl gemindert, aber nicht ausgeschl w; unbefriedigd! Wg Wandels des Begr der Sozialbindg des Eigt vgl BGH **48**, 193 = **LM** GG 14 (Ba) 28 Anm Kreft. – Der Herabzong kann die Aufgabe einer PlangsAbsicht grdsätzl (and uU, wenn schon Zusicherg darauf gegeben w ist) **nicht** gleichgestellt w, dazu Luhmann BayVBl **74**, 456, 458. – S auch Ziegler, Unvollziehb BebauungsPlan u GrdEigt, DÖV **74**, 473. – Eingr bei Festhalten an dch baul Entwicklg außer Kr getretenen Bebauungsplan (BGH WPM **75**, 630).

bb) Nach BGH **15**, 268 Beschrkg des gesamten GrdEigt einer Gemeinde aGrd behördl Kontrolle der Bauvorhaben idR inhaltl Begrenzg. Daher keine Enteignng, wenn Grdst in die Bauleitplang der Gemeinde nicht miteinbezogen, BGH WPM **68**, 1132. Auch nicht Baufluchtlinien- u Baustufenfestsetzg, Plangen (vgl BGH **17**, 96) u **Verändergs(Bau-)sperren**. Gesetzl EntschPfl bei letzteren in BBauG 18 u BFStrG 9 a (nicht zu verwechseln mit BBauG 15, vgl Brem OLGZ **70**, 26). – Von **faktischer Bausperre** spricht man, wenn ein Baugesuch wg künft Plang abgelehnt od verzögerl behandelt w, auch, wenn der Eigtümer schon von Antr absieht, weil Haltg der Behörde diesen als aussichtslos erkennen läßt (BGH NJW **75**, 1783). Dies ist **rechtswidr**. Liegen weder die sachl Voraussetzgen für eine förml Verändergssperre noch die vor, unter denen eine Bausperre nur eigtbeschränkd ist (BGH NJW **66**, 884), h der Eigtümer zudem bauen wollen u können (BGH **58**, 124) gilt für ihn nicht die entschädiggslose zeitl DuldgsPfl von 4 (BBauG 18) bzw 3 (BGH **30**, 338) Jahren; solange allerd förml Bausperre ohne Entsch hinzunehmen gew wäre, gilt dies auch für die fakt, BGH NJW **72**, 1946; **75**, 1783. Vgl zu allem Kröner aaO S 66 ff; Bender aaO Rdnrn 372 ff; Gelzer aaO Rdnrn 353 ff. – Zu BFStrG 9 a Aust NJW **71**, 1833.

cc) Bei **Bauverboten** kommt es nach der Rspr des BGH darauf an, ob das Grdst nach seiner Situationsgebundenh (insb natürl Beschaffenh, Umgebg, histor Entwicklg) zZ des Eingriffs objektiv in der Weise nutzb war wie sie jetzt verboten wird, dem Eigtümer also etwas „genommen" w. – **Enteignng** mögl bei: Bauverbot gleichkomme Versagg der Baulinienfestlegg (BGH NJW **64**, 202); Versagg der BauGen wg beabsichtigter Neufestsetzg der Baulinien (BGH **19**, 1) od nach BBauG 33 (BVerwG Bln DÖV **64**, 817), 34 (BGH **64**, 366); Umklassifizierg (**Herabzong**) von Bauland (BGH **43**, 120; **50**, 93; OVG Bln JR **70**, 394); Einstufg als Außengebiet od BaulinienÄnderg (BayObLG **74**, 190); Beschrkg der baul Nutzbark vom Rücks auf nachbarrechtl BesStand, damit Nachbar sinnvoll bauen kann (BGH DVBl **76**, 173). Zu BBauG 44 I vgl BGH WPM **72**, 620; BGH **64**, 366; Papier BauR **76**, 297. Zum Anspr auf Übern herabgezonter Flächen vgl BGH **50**, 93; BauR **75**, 325; Clasen BlGBW **76**, 65; Schmidt-Aßmann BauR **76**, 145. Zur Entsch bei Verlegg der Baugrenze Wagner NJW **77**, 2046. – **Keine Enteignng**: Bauverbot für bish nur als Ackerland genutztes Grdst, für das keine Bebauung vorgesehen war (BGH **64**, 361); Zurückverlegg einer Baulinie, wenn Bebauung in bish übl Art mögl (BGH **LM** GG 14 [Ce] Nr 24); rechtm Verbot der Benutzg eines ohne BauGen errichteten Gbdes (BGH WPM **62**, 1008).

e) Aus der **Rspr** im übr: **aa) Keine Entschädigg**: bei Verbot verunstaltender Werbg, BayVerfGH DÖV **58**, 822; der Aufstellg von Plakaten u Schaukästen in Vorgärten, BVerwG DVBl **55**, 61; bei Beschränkg dch landesr FensterR, BayVerfGH **11**, 81; bei Beschränkg dch RGaragenO, BVerwG DÖV **56**, 215; **63**, 71 (Gen der Erstellg an Grenze, vgl Übbl 2d bb vor § 903); BB **62**, 81; bei Schäden, die Bienen eines Imkers auf fremdem Grdst dch Schädlingsbekämpfg erleiden, BGH **16**, 366 – s auch § 906 Anm 2a.
bb) Entschädigg bejaht: Bei rechtsw Verbot, Dachflächen für Reklame zu vermieten, BGH NJW **65**, 1912; bei willkürl Widerruf einer AusnahmeGen (Befreiung von repressiver Verbotsnorm), BGH NJW **64**, 1567; **65**, 1172: EntschPfl uU auch bei willkürfreiem Widerruf, wenn im Zug anderw Enteignng (krit Zerban NJW **65**, 1955). – Ev bei Rückwirkg eines Gesetzes, BGH **LM** GG 14 Nr 21 (Gutachten). – Bei Gebäudeschäden inf Kanalisationsarbeiten, BGH DÖV **65**, 203; dch Erschütterngen inf überschweren StraßenVerk, Celle DWW **66**, 106; Floerke MDR **66**, 799. **Straßenlärm**, BGH NJW **68**, 549, krit Hubmann JZ **68**, 269;

§§ 903, 904

BGH NJW **68**, 1133, Lärm dch wendde Straßenbahn; vgl auch § 906 Anm 2a. Lärm- u Staubimmission dch FernstrBau u -Verk vgl § 906 Anm 8b aE. – Hühnertod dch Düsenjägerlärm, Düss NJW **68**, 555 – dazu unten Anm K b. Vgl auch EG 65 Anm 2.

I. Sondergesetze. a) Wg **Tumultschäden-** u **BSeuchG** vgl oben Anm 4i.

b) BLeistgsG idF v 27. 9. 61, BGBl 1769, mit VO v 1. 10. 61, BGBl 1786, läßt entschädiggspflichtige Anfordergen bestimmter Art (§ 2, insb zu Gebr od Nutzg, bei Fahrn auch zu Eigt) dch die Anfordergsbehörden, idR auf Antr des Bedarfsträgers, in den bestimmten Fällen des § 1 u für militär Übgen (§§ 66ff) zu. EntschPfl nach Maßg des FinVertr, Nato-Truppenstatuts u BLG auch für in letzterem nicht ausdrückl erwähnte **Manöverfolgeschäden**: BGH WPM **68**, 1218; vgl auch BGH WPM **68**, 1222; Schwede, RdL **71**, 231. – **RLG** v 1. 9. 39 nebst DurchfVorschr mit 1. 1. 57 außer Kraft, soweit es BundesR geworden (vgl Fischer ZMR **57**, 110). Zur Entsch bei Altrequisitionen BGH **38**, 342; WPM **69**, 568; **73**, 1002. Über Beschlag aGrd RLG vgl Einf 4 vor § 929, auch § 935 Anm 4. RsprÜbersicht zum RLG: Pagendarn NJW **52**, 1313; **56**, 121. Über Verhältn des BLG zum RLG Pabst NJW **57**, 5. Über Verhältn zu Entsch-Anspr wg enteignungsgl Eingr unten Anm K c, auch (zu BLG 77) Schlesw SchlHA **68**, 17.

c) Wg **KfzZuweisgen** u **Wohnraumbeschlagnahme** nach Kriegsende vgl 29. Aufl.

d) Neben (nicht im ord RWeg verfolgb) Anspr aus dem **LAG** wg Kriegsachschäden, LAG 13, können ErsAnspr gg die öff Hand aus Enteigng od ähnl Tatbestd, auch aus dem LAG, nicht geltd gemacht w, außer solchen aus Delikt, insb § 839, BGH **8**, 256. Über Schäden durch behördl Maßn im Zushang mit kriegerischen Ereignissen iS LAG 13 III vgl BGH **8**, 191, 260, **LM** LAG § 13 Nr 4–6.

e) Wg der EnteignsVorschr des **Allgem KriegsfolgenG** (vgl Einl 7c vor § 241) vgl §§ 4 I Nr 3, 9, 22 dieses Gesetzes; hierzu Schlesw SchlHA **59**, 149; ferner BGH **38**, 104; **40**, 312; WPM **64**, 23, 632; **65**, 128; **68**, 478 zur Bemessg der Entsch u Anwendg des LBG. Weigerg, gem AKG Reichsschulden zu erfüllen, verstößt nicht gg GG 14, vgl BVerfG **15**, 126; **24**, 203. – Der Klagestop nach AKG 3 II, der nach G v 9. 1. 67 (BGBl 117) bis 31. 3. 68 wirkte, ist mit GG 14, 19 vereinb; von ihm sind Klagen gg die öff Hand auf Feststell eines EntschAnspr nach EnteignsGrds nicht ausgenommen, BGH NJW **67**, 1859 (abw von BGH NJW **59**, 1036). – EntmilitarisiergsMaßn der Besatzgsmacht fallen nicht unter AKG 3 I Nr 2.

f) Wg Enteigng aGrd des **LBG** vgl BGH **35**, 227; **38**, 342; WPM **68**, 305; BVerwG DVBl **69**, 210.

g) Zu den enteigngsr Fragen im ZusHang mit Eingr der **Besatzgsmacht,** dem **ÜberleitgsG,** dem G zur **Abgeltg der Besatzgsschäden** v 1. 12. 55, BGBl 734, vgl 32. Aufl. – Nunmehr Ges zur Abgeltg von Reparations-, Restitutions-, Zerstörgs- u Rückerstattgsschäden **(RepG)** v 12. 2. 69, BGBl 105; 1. DVO v 9. 7. 70, BGBl 1053, zu dessen Grdgedanken vgl Pfeiffer, RepSchäden u GleichhSatz 1968 – dazu krit Féaux de la Croix, AG **68**, 311 u **69**, 65; Hesse, WPM **69**, 254; Wahl JZ **71**, 715. – Organisation u Verf sind nach LAG ausgestaltet. Die Regelg der RepSchäden verstößt nicht gg GG 14 (BVerfG NJW **76**, 1491). Zur gesetzl Abgrenz des Begr vgl Stgt NJW **71**, 1370. – Das **WertausgleichG** v 12. 10. 71, BGBl 1625, regelt den Ausgl dch den Eigtümer eines Grdst, mit dem währd seiner Inanspruchnahme dch die Besatzgsmacht Sachen verbunden w sind, eine etw ErwerbsPfl des Bundes gg Entschädigg u den RWeg für Streitigk hieraus. Zum Londoner Schuldenabkommen Art 5 II im Verh zu GG 14 BGH NJW **73**, 1549.

h) Enteignen im **Ausland** u in der **DDR**: Vorbem 5 vor EG 13; zum internat EnteigngsR vgl Teich WPM **76**, 1322. – **Landesgesetze**: vgl EG 109.

K. Konkurrenzen: Schriftt: Heidenhain, Amtshaftg u Entschädigg aus enteignungsgleichem Eingriff, 1965. – **a)** EntschAnspr wg schuldh enteignungsgleichem Eingr u SchadErsAnspr aus § 839 können konkurrieren; keiner ggü dem and subsidiär (BGH **13**, 88; NJW **76**, 1840). Zur Abgrenz beider Anspr vgl Kuschmann NJW **66**, 574; zur wahlweisen Verurteilg aus einem der beiden HaftgsGründe vgl BGH **14**, 363.

b) AusglAnspr aus enteignungsgl Eingr lassen keinen Raum für **Anspr aus §§ 987ff, 812ff,** treten ihrerseits zurück, wenn der Eingr von hoher Hand in schlichter Teilnahme am Straßenverk (zB Unfall dch Postbus) besteht; dann gelten nur **StVG** u BGB (so zutr Kessler DRiZ **67**, 378). Dagg sollen nach Düss NJW **68**, 555 Anspr aus enteignungsgl Eingr u aus Gefährdgshaftg (LuftverkG 33ff, 53) konkurrieren.

c) Neben Anspr aus **RLG** 26 keine wg Enteigng, BayObLG **57**, 246. Wohl aber können uU Anspr aus § 839 mit RLG 26 (RG **165**, 328) od mit **BLG** 77 (BGH NJW **66**, 881) konkurrieren. Zum Verh zu Anspr aus **LAG** u zw solchen aus **BLG** u **RLG** vgl oben Anm I b und d. Zum Verhältn der Eigenhaftg der BRD zur Klage gg sie nach FinVertr 8 wg Stationiergsschäden vgl oben Anm I g.

d) Zu unterscheiden von SchadErsAnspr aus AmtspflVerletzg einers u von EntschAnspr aus Enteign (enteignungsgl Eingr) anderers ist der **öffr FolgenbeseitiggsAnspr** (Schriftt: v. Mangold DVBl **74**, 825 mwN). Er geht inhaltl auf Beseitigg der Folgen aufgehobener VAe, darüber hinaus auch auf Beseitigg einer unmittelb auf tatsächl rechtswidr hoheitl Handeln beruhenden RBeeinträchtigg, zB BVerwG NJW **64**, 813 (wg Verletzg der öffrechtl wasserrechtl UnterhaltsPfl, obwohl diese nicht ggü Eigtümer als Dr besteht). Keine Anspr auf SchadErs od Entsch in Geld (die daneben bestehen können), sond nur auf Wiederherstellg des vor der Beeinträchtigg bestehenden od Herstellg eines ähnl gleichwert Zustandes, vgl jetzt VwVfG 48, 49. – **Immissionen** von hoher Hand: § 906 Anm 5 a bb. – **VerwRWeg** (vgl Weyreuther, Verh des 47. DtJurTags Bd I B, Bender aaO; § 1004 Anm 9 a; § 906 Anm 8).

904 *Notstand.* Der Eigentümer einer Sache ist nicht berechtigt, die Einwirkung eines anderen auf die Sache zu verbieten, wenn die Einwirkung zur Abwendung einer gegenwärtigen Gefahr notwendig und der drohende Schaden gegenüber dem aus der Einwirkung dem Eigentümer entstehenden Schaden unverhältnismäßig groß ist. Der Eigentümer kann Ersatz des ihm entstehenden Schadens verlangen.

Eigentum. 1. Titel: Inhalt des Eigentums §§ 904, 905

Schrifttum: Spöhr, SchadErsPfl bei § 904, Diss Tüb 1966. – Konzen, AufO im ZivR, 1969.

1) Allg. a) Angriffsnotstand; GgSatz: Verteidiggsnotstand, § 228, zum Unterschied vgl dort Anm 1, 2. Unter Güterabwägg w (sonst rechtsw) Eingr in Fahrn u Grdst gerechtfertigt, nicht nur entschuldigt, obwohl, und als bei § 228, die Gefahr nicht vom EingrObj ausgeht. **AufopfergsPfl** des Eigtümers, dessen HerrschR eingeschränkt w; Ausgl S 2. § 904 gilt auch bei Eingr in and absolute VermRechte, Ballerstedt JZ **51**, 228. Nicht bei Einwirkg auf Personen; ist bei solchen Täter nach StGB 54 entschuldigt, haftet er dem Verletzten entspr § 904 auf SchadErs (Wills NJW **62**, 1852; **64**, 708); str. – Wird Dritter begünstigt: **Nothilfe. b) Sonderfälle:** LuftVG 25 (Notlandg); HGB 700, BinnSchG 78 I (große Haverei); TelWG 12 II (dazu BGH **36**, 217); KatastrophenschutzG (zB *Hbg* G v 16. 1. 78, GVBl 31, § 16 II; *NRW* G 12 v 20. 12. 77, GV 492, § 13; *SchlH* G v 9. 12. 74, GVOBl 446, §§ 17, 18; *Hess* G v 12. 7. 78, GVBl 487, § 15).

2) Voraussetzgen (beweispfl, wer sich auf sie beruft). a) Vorsätzl (nicht nur zufäll, RG **113**, 302; KG JR **50**, 345), sonst rechtswidrige, Einwirkg, unmittelb od mittelb, wenn nur ursächl für Sachschaden, RG **156**, 190.

b) Einwirkg (auch wenn nur mittelb, RG **156**, 187) notw zur Abwehr **gegenwärt Gefahr.** Das ist Ereign, das sof Abhilfe erfordert u zwar gerade dch die Einwirkg, weil and taugl Mittel nicht verfügb Drohde Vergrößerg schon bestehder Gefahr genügt, sofern jetzt Anlaß zu GgMaßn (BGH **LM** Nr 3: Trümmermauer; § 836 I 2 schließt ErsPfl nicht aus), vgl auch Hamm, Anm 3a aE. Deren Eigng genügt Erfolg nicht wesentl; so nicht, daß Gefahreintritt vorhersehb (vgl Planck Anm 2a, aber auch RG **57**, 192) Gleichgült für RMäßigk des Eingr, ob u von wem Gefahr verschuldet, wem sie droht, Hamm VRS **59**, 144.

c) Drohder Schaden muß ggü dem aus Einwirkg **unverhältnismäß** hoch sein. Gefahr für Leib u Leben wiegt schwerer als Sachschaden, bei VermSchäden Abwägg dch Schätzg beider in Geld.

3) Folge. a) DuldgsPfl des Eigtümers, Besitzers, Besitzdieners, Nießbrauchers. Sie haben keine Rechte aus §§ 227, 859: Eingr ist nicht widerrechtl, wohl aber Widerstand dagg, dessen Brechg dch § 227 gerechtf. Nach Hamm NJW **72**, 1374 gibt S 1 ausnw auch klagb Anspr (womit ZPO 940 eröffnet w) auf Duldg, wenn ggwärt Gefahr lang andauert (Sicherg eines einsturzbedrohten Bergbauschachts); dem ist für Sonderfälle zuzustimmen.

b) Gleichw **SchadErsAnspr** des Eigtümers (Besitzers, RG **156**, 190); seine Einwilligg unerhebl, BGH **LM** Nr 2. Ersatzpflicht nach hM (BGH aaO; **6**, 112) der (für den Geschädigten rasch u sicher feststellb) Einwirkde, bei Abhängigkverh (BGH aaO) der AuftrGeber od Anweisde, so der Reeder, Schiffseigner, -ausrüster für eingr dch Zwangslotsen, Schiffer; Danzig JW **38**, 1205; RG **113**, 303; BGH **6**, 103. Nach BGH **LM** Nr 2 haftet auch bei Eingr für Allgemeinh der Staat (begünstigte Körpersch) nur, wenn Einwirkder in Abhängigkverh stand, and RG **113**, 303; JW **25**, 2447. Str, ob bei Pfl zu Eingr (StGB 330c) der Gerettete unmittelb haftet (so zutr Westermann § 28 III 1) od Staat (Staud-Seufert Rdnr 24) od der Einwirkde (Baur § 25 III 1 c). – Erfolgt Eingr in **übergesetzl Notstand**, will Fbg JZ **51**, 226 (abl Ballerstedt in Anm; Konzen aaO S 175; offen BGH **LM** Nr 2) ErsAnspr nur nach Billigk geben. – Bei **Nothilfe** Rückgr des Einwirkden gg Begünstigten gem §§ 677 ff, 812 ff. Diesen Umweg vermeidet neuere (beachtl) Lehre (Larenz SchR II § 78 1; Canaris NJW **64**, 1993, JZ **71**, 399; Kraffert AcP **165**, 453; Konzen aaO § 4 mit Nachw Fußn 27), die stets den Begünstigten haften läßt. Dadch entfällt Problem bei Gesch- u Zurechngsunfähig des Einwirkden: Währd Lange (Allg Teil § 22 I 1 b) § 829 entspr anwendet, soll nach hL (Planck-Strecker Anm 3 b; Staud-Seuf Rdnr 23) auch der Zurechngsunfäh haften; das Arg, ihm komme auch der Vorteil zugute, versagt bei Nothilfe; Rückgr beim Begünstigten aus GoA befriedigt umsoweniger, als nur ein Teil der Lehre (vgl Erm-Hauß § 682 Rdz 2 mit Nachw; and aber Thomas § 682 Anm 1) dem geschäftsunfäh GeschF Anspr gg GeschHerrn zugesteht. Für hL spricht, daß Eingr geduldet w muß. **Selbstaufopferg** ist kein Fall des § 904, sond des § 677, vgl dort Anm 2 b. Kein ErsAnspr, wenn Eigtümer Notstandslage schuldh verurs h, BGH **6**, 102, § 254 anwendb. In Fällen gemeiner Gefahr (Waldbrand, Brand einer Häuserzeile) w das Problem der überholden Kausalität akut; vgl Vorbem 5 f aa vor § 249 u Stgt NJW **49**, 585. – Bei **irriger Annahme** der Gefahr, der Notwendigk des Eingr od des WertVerh nach S 1 haftet der Einwirkende erst recht; wer grdsätzl den Begünstigten haften läßt, muß doch in den beiden ersten Fällen entspr § 231 den Einwirkden haften lassen; so zutr Canaris JZ **71**, 399 gg Konzen aaO S 181. Mehrere haften als GesSchu BGH **LM** Nr 2; läßt man den Begünstigten haften, sollte doch aushilfsw der Einwirkde haften. **Verjährg:** § 195, RG **167**, 27; BGH **9**, 209; str, vgl § 903 Anm 4 e, 5 G e; aA Hoche in Festschr Lange 1970 S 241. Wg Verj gg Schiffseigner vgl BGH **19**, 82. – Wg öffr UnfallEntschAnspr des Lebensretters gg Land als VersTräger RVO 539 Nr 9a, 655.

905 *Begrenzung des Eigentums.*

Das Recht des Eigentümers eines Grundstücks erstreckt sich auf den Raum über der Oberfläche und auf den Erdkörper unter der Oberfläche. Der Eigentümer kann jedoch Einwirkungen nicht verbieten, die in solcher Höhe oder Tiefe vorgenommen werden, daß er an der Ausschließung kein Interesse hat.

Schrifttum: Lindig, Üb die fiktive u funktionelle Ggständlichk des Grdst, AcP **169**, 459.

1) Allgemeines. a) Das Eigt am Grdst beschränkt sich nicht auf die Erdoberfläche. Der Eigtümer kann das Erdreich senkrecht unter u den Luftbereich senkrecht über seinem Grdst für sich in Anspr nehmen. Einwirkgen Dritter, nicht nur der Nachbarn, RG **97**, 27, kann er verbieten. AA Turner JZ **68**, 254 der aus der ,,Oberflächenorientiertheit" des GrdEigt folgert, daß nur AbwehrR gegeben ist, soweit die Einwirkg im Erdkörper sich auf Oberfläche auswirkt. Von Bedeutg für das R zur Anlage u Nutzg unterird Hohlräume für Dritte, dazu Turner, BB **69**, 156; vgl auch *nds* TiefspeicherG v 20. 5. 68, GVBl 118. Über die gesetzl Beschrkgen vgl aber EG 65, 67, 68, 124 (Wasser-, Berg- u BauR). Die Benutzg des **Luftraums** durch zugelassene Luftfahrzeuge muß der Eigtümer nach hL ohne Entsch gestatten, LuftVG § 1 ist nur Inhaltsbestimmg,

§ 905 1, 2   3. Buch. 3. Abschnitt *Bassenge*

vgl Martin NJW **72**, 564. GefährdgsHaftg (§§ 33, 53) für Unfallschäden (vgl RG **158**, 36 – Silberfuchsfarm) unzureichder Ausgl; vgl Ruhwedel NJW **71**, 641, der bei Lärmstörg (grdsätzl zutr) § 906 II 2 entspr gibt obwohl Immission nicht von Grdst ausgeht. Vgl auch G zur vorl Regelg der Rechte am **Festlandsockel** idF v 2. 9. 74 (BGBl I 2149) u Wengler, NJW **69**, 965.

b) Grundwasser. Schrifttum: Dellian, NJW **68**, 1912; Zs für WasserR **69**, 25 (Zum Schutz öffr Wasserbenutzgsrechte dch zivilrechtl UnterlassgsAnspr). – Freudling, NJW **67**, 1451; BayVerwBl **68**, 45. Auch das GrdWasser gehört zum Eigt des GrdstEigtümers (vgl auch *bay* WassG 4 I); Entn beschränkt gem WHG 33. Das dingl R zur Quellnutzg legitimiert den GrdstEigtümer auch, **wasserrechtl NachbSchutz** von den VerwGerichten zu fordern (BVerwG DÖV **67**, 759); vgl Übbl 2d dd vor § 903. – **Zuführg von Grdwasser:** § 906 Anm 2 vor a, 2c. Zur Abgrenzg zw Quelle u GrdWasser vgl BVerwG DÖV **69**, 755. – Zum mittelb nachteil Einfluß auf NachbGrdst dch Nutzg, die den GrdWasserspiegel beeinträchtigt nach früh *nds* R, vgl BGH WPM **70**, 410. Der Entzug von Grdwasser kann Bergschaden sein, BGH **51**, 119; vgl EG 67 Anm 2. Vgl auch § 909 Anm 1. Zum Kiesabbauverbot zwecks GrdWasserSchutz LG Aschaffenbg NJW **77**, 1067 Anm Jacobs NJW **77**, 1971.

c) Grenzwand (§ 921 Anm 6a). LNachbRG (EG 124) regeln vielf DuldgsPfl bzgl übergreifder Bauteile (*BaWü* 7b, *Nds* 21, *NRW* 23, *Saarl* 19, *SchlH* 15).

2) Ausschluß des Verbietgsrechts. a) Fehlen schutzwürdigen Interesses. Die Schutzwürdigk bestimmt sich nach der Art der Benutzg, auch nach allg Verkehrsanschauungen u örtl Verhältn, RG **97**, 27. Verbot nur bei Behinderg in der Benutzg. Besorgnis künftiger Behinderg genügt, RG **150**, 226; Beteiligg an Wettbewerbsunternehmen, RG JW **28**, 503, od die bloße Abs, die Gestattg von einer Vergütg abhängig zu machen, genügen nicht, RG **123**, 182; JW **32**, 46. Unzul zB Führg von Drahtleitg über Straßen, wenn Eigtümer selbst od dch Dr Leitgen spannen will (RG JW **28**, 502; **32**, 46; and wenn er nicht behindert w, Hamm JW **27**, 2533); Leitgen, in die Bäume wachsen können (BGH NJW **76**, 416); Untertunnelg des Grdst in geringer Tiefe, RG JW **12**, 869. Pfl zur Duldg in großer Höhe in den Luftraum des NachbGrdst hineinragden Reklametafel, Hbg MDR **69**, 675. – Untertunnelg für U-Bahnbau Gather DWW **66**, 51. – Der Einwirkende muß das mangelnde Interesse beweisen, RG JW **28**, 503. Aus längerer Duldg der Einwirkg grdsätzl kein Schluß auf Gen dch Nachb, Hbg MDR **69**, 576.

b) Gemeingebrauch an Wegen (wg Gewässer vgl EG 65 Anm 1c). Vgl auch Übbl 4c vor § 90. Grdsätzl F. Mayer und Jesch JuS **63**, 205, 213. Ferner zB Bochalli DVBl **56**, 182; Ganschezian-Fink NJW **57**, 285; Herold BlGBW **58**, 276; Kodal DÖV **60**, 444; Jahn NJW **61**, 2196; Schneider NJW **63**, 276; Evers NJW **62**, 1033. – Böttcher DÖV **69**, 491; Pappermann NJW **76**, 1341. – Stürner, Privatrechtl Gestaltgsformen bei der Verwaltg öff Sachen, 1969.

aa) Der Inhalt des GemGebr ist über BFStrG 7 I hinaus (vgl GG 74 Nr 22) nur insow bundesrechtl geregelt, als der GemGebr in seinem Kern dch GG 2 I, 31, 14 I (AnliegerGebr) garantiert ist (BVerfG NJW **69**, 284; **73**, 913; BayObLG NJW **75**, 693). RNatur str; früher meist als Rechtsreflex, wird er jetzt mehr u mehr als subj-öff Recht aufgefaßt, vgl zB OVG Münst DVBl **63**, 220; vgl näher Mayer u Jesch aaO. Er steht jedermann zu an den dem öff Verkehr gewidmeten Wegen, Plätzen u dgl (nicht genügt, daß öff Verkehr stattfindet, BGH **20**, 275). Er ist unentgeltl. Inhalt verschieden je nach Ortsbrauch, auch wandelb entspr Verkehrsanschauung u techn Entwicklg, BGH **23**, 166; Betr **66**, 780. Gebr nur im Rahmen der Gemeinverträglichk. Nach BFStrG 7 u vielen neuen Landesgesetzen, die von der Benutzg „zum Verkehr" sprechen (zB *Bay* StrWG v 2. 7. 74, GVBl 333, Art 14: „Benutzg der Straßen im Rahmen ihrer Widmg für den Verkehr"), ist zweifelh u str geworden, ob sich der GemGebr ledigl auf den Verkehr ieS (Fortbewegg) bezieht od, wie bisher allg feststand, auch auf sonstige ortsübl Benutzg, insb durch die Anlieger zu gewerbl Zwecken (gesteigerter GemGebr, Anliegernutzg). Man wird letzteres annehmen müssen, vgl insb Schneider aaO. Der gesteigerte GemGebr gehört also nicht, wie manche meinen (zB Krause BlGBW **62**, 328, Kremer DVBl **63**, 431; Jesch aaO), jetzt zur Sondernutzg (vgl cc), er bedarf keiner Erlaubn u ist gebührenfrei wie jeder GemGebr; er darf aber andere Anlieger nicht über Gebühr beeinträchtigen, Köln NJW **62**, 303. Vgl wg Warenautomaten u Parkens unten bb, wg LandesR s cc.

bb) GemGebr **bejaht** (wobei aber – vorgehendes, vgl Anm cc – Landes- u OrtsR zu beachten ist): für Anbringg von in Luftraum über Straße ragden Reklameschildern od Flächen, RG **123**, 181; BGH **22**, 399; aber wohl nur Eigenreklame (aM Baur BB **63**, 485); von Hotelschutzdach über Gehbahn, BGH NJW **132**, 398 (aber Ortsbrauch u Größe entscheidd, BGH NJW **57**, 1396); von Radständern, OVG Lüneb SchlHA **63**, 80; von Bauzäunen nebst Lagerg von Baugeräten u dgl in angemessenem Umfang, BGH **22**, 397, **23**, 168; Aufstellg von Obstkisten u dgl durch Anlieger, je nach Ortsbrauch, vgl LG Kblz NJW **61**, 1071. – Wg Aufstellg von Verkaufsständen galt bisher: GemGebr bejaht bei fliegden Zeitgshändlern (VGH Stgt VerwRspr 6 S 571) je nach Ortsbrauch, RG **125**, 111; anders bei größeren Verkaufsständen, insb verkehrshindernden, OVG Lüneb DÖV **57**, 157; BGH **23**, 166, od wenn bes GebrErlaubn od Zahlg von Standgeld (dazu KG DÖV **57**, 623) übl, BGH **19**, 91. Jetzt nach LandesR uU schlechth außerh des GemGebr. – **Nicht** durch GemGebr gedeckt: Aushängen von Warenautomaten (BVerfG NJW **75**, 357 mit Anm Beckmann NJW **75**, 845 für *ba-wü* StrG); Überbau von Erkern u Balkonen, KG SeuffA **65**, 241. – Verteilg von Handzetteln sow nach BFStrG 8 I wie nach *bay* StrWG, Bay VGH BayVerwBl **68**, 105. – **Parken** im Rahmen der StVO zul. „Laterngaragen" im Rahmen der Gemeinverträglichk grdsätzl zulässig. Mit Recht aber BayVGH, DVBl **67**, 919 gg Mißbr, zB wenn schwerer Lastzug regelm im Wohnviertel über Nacht abgestellt w; das ist kein GemGebr mehr; aA unter BVerwG **23**, 325; NJW **70**, 962, vgl auch Böttcher DÖV **69**, 491. – Wohnwagenanhänger sind nur so lange im Rahmen des ruhden Verk beim StVO geparkt, wie sie mit dem Zugfahrzeug verbunden sind (BVerwG DVBl **74**, 290), gilt entgg Olschewski JR **74**, 278 auch für LKW-Anhänger, da nicht Anhänger- sond Abstellart maßg. – **Politische Werbg**: Pappermann NJW **76**, 1341; Groll NJW **76**, 2156; Crombach DVBl **77**, 277; OVG Lüneb NJW **77**, 916 (Flugblattverteilg zul); Karlsr Just **77**, 422 (Plakatkleben auf Kabelkästen unzul); Steinberg NJW **78**, 1898.

Eigentum. 1. Titel: Inhalt des Eigentums §§ 905, 906

cc) GemGebr ist unentgeltl, Gemeinden dürfen keine Gebühren erheben, BGH **22**, 397. Anders für Gestattg einer (über den GemGebr hinaus- u ihm vorgehender, BGH **21**, 330) Sondernutzg, BGH **19**, 20. Insoweit kann vorbehaltl gesetzl Regelg der Benutzg der Straße von Abschluß privatrechtl Vertrages abhäng gemacht w, BGH NJW **65**, 387 (auch über Zustandekommen eines solchen Vertrages), dies auch, wenn Gemeinde selbst die Straße entspr hergerichtet (Omnibusbahnhof); hierzu unten dd. Vgl auch BGH **21**, 333 über Vertr aGrd sozialtyp Verhaltens. Sondernutzg gg GemGebr durch Landes- od OrtsR abgrenzb, BVerwG DVBl **63**, 815. Sondernutzg gibt Recht aus § 1004, BGH NJW **65**, 1712 (Badekonzession am Meeresstrand).

dd) Ggüber Klage des Straßeneigtümers auf Unterlassg bestimmten Gebrauchs od Gebührenzahlg hat GemGebrBerechtigter Einwendg nach § 1004 II, RG **125**, 111. Er hat auch eig Klage aus § 1004 I; u zwar gg den Straßeneigtümer u gg dritte Störer (anders in wasserrechtl Fall KG JW **38**, 948). Gg Eingriffe von Hoheitsträgern in GemGebr öffrechtl Abwehrklage, vgl OVG Lüneb DVBl **64**, 153; **70**, 588 für den Fall, daß Stadt auf öff Platz Omnibusbahnhof mit Benutzgsgebühr errichtet; vgl dazu – abw – BGH NJW **65**, 387, abl Nedden, DVBl **70**, 590. – S oben cc. Über Anspr bei Schädigung eines Gewerbebetriebes (Behinderg von Reklame) durch Ausübg eines SondernutzgsR vgl Köln NJW **62**, 303 (sehr weitgehd u wohl mit Pleyer JZ **63**, 95 abzulehnen). – Über EntschAnspr der Anlieger bei Beeinträchtigg des GemGebr durch Straßensperren u behördl Gebrauchserlaubn vgl § 903 Anm 5 H c, d.

c) Über GemGebr am **Walde** vgl § 903 Anm 3 d. – Über den am **Meeresstrand** BGH **44**, 27 (auch über SondernutzgsR); wg des an sonstigen Gewässern EG 65 Anm 1 c; ausführl Nachw aus RSpr u Schrifttt: Gröpper NdsRpfl **66**, Heft 5. Beilage. – Ü Zweckbestimmg v **VerwVermögen** u privatrechtl Eigtümer-Befugnisse, s° § 1004 Anm 7c dd und insb Stürner, Privatrechtl Gestaltgsformen bei der Verwaltg öff Sachen, 1969.

3) Muß der Eigtümer die Einwirkg nach S 2 dulden, kann er **Ersatz** des ihm zugefügten Schadens beanspruchen: Bei Verschulden gem § 823. Ohne Rücks auf Versch entspr § 904 S 2 u den in § 903 Anm 3 c angeführten Vorschr; str. Dieselben Rechte haben Besitzer, § 858, Brem VersR **71**, 277. Erbbau-, Dienstbark- u Dauerwohnrechtsberechtigte, §§ 1017 II, 1027, 1065, 1090 II; ErbbRVO 11 I, WEG 34 II.

906 *Zuführung unwägbarer Stoffe.*

I Der Eigentümer eines Grundstücks kann die Zuführung von Gasen, Dämpfen, Gerüchen, Rauch, Ruß, Wärme, Geräusch, Erschütterungen und ähnliche von einem anderen Grundstück ausgehende Einwirkungen insoweit nicht verbieten, als die Einwirkung die Benutzung seines Grundstücks nicht oder nur unwesentlich beeinträchtigt.

II Das gleiche gilt insoweit, als eine wesentliche Beeinträchtigung durch eine ortsübliche Benutzung des anderen Grundstücks herbeigeführt wird und nicht durch Maßnahmen verhindert werden kann, die Benutzern dieser Art wirtschaftlich zumutbar sind. Hat der Eigentümer hiernach eine Einwirkung zu dulden, so kann er von dem Benutzer des anderen Grundstücks einen angemessenen Ausgleich in Geld verlangen, wenn die Einwirkung eine ortsübliche Benutzung seines Grundstücks oder dessen Ertrag über das zumutbare Maß hinaus beeinträchtigt.

III Die Zuführung durch eine besondere Leitung ist unzulässig.

Vorbem. Fassg (in BRep u West-Bln) beruht auf G über Änderg der GewO u Ergänzg des BGB v 22. 12. 59 (BGBl 781), in Kraft ab 1. 6. 60.

Schrifttum: NachbR (allg): M-St-Hodes, NachbR, 5. Aufl 1970. – Glaser-Dröschl, Das NachbR in der Praxis, 3. Aufl 1971. – Laufke, Bem zum NachbR, Festschr H. Lange 1970 S 275. – Grunsky, Neue Rspr u Lit zum NachbR, JurA **70**, 407; ders, JZ **70**, 782. – Foag, NachbR 4. Aufl 1968. – Bender-Dohle, NachbSch im Zivil- u VerwR, 1972. – Block, Die Bedeutg des nachbarl GemeinschVerh innerh der neueren nachbr GGebg, Diss Göttingen 1969. – H. Westermann, Die Funktion des NachbR, Festschr Larenz 1973, 1003ff. – Schapp, Das Verh von priv zu öff NachbR, 1978. – **LandesNachbR:** Schrifttt zu EG 124. – **Zivilrechtl ImSch:** Müller-Michels, Negative Einwirkgen im NachbR, Diss Ffm 1956. – Baur, Die ideelle Immission, GedächtnSchr E. Michelaki, 1972, S. 59. – Diederichsen, Haftung für Umweltschäden, BB **73**, 495. – Kleindienst, Der privatr ImSch nach § 906 BGB, 1964. – Lang, GrdFragen des privrechtl ImSch, AcP **174**, 381. – **Öffrechtl ImSch: BImSchG u LänderImSchG:** Feldhaus-Hansel, ImSchR, 2. Aufl 1974. – Stich, BuLImSchR. – Amann-Domhahn, ImSchR Ba-Wü 1974. – Boisserée-Oels, ImSchR, NW 2. Aufl. 1956/66. – Martens, Öffr Probleme in der negator R-Schutzes gg Immissionen, Festschr Schack S 85. – Wiethaup, ImSchG NW 2. Aufl. 1970. – **Bes Arten v Immissionen:** Wiethaup, Lärmbekämpfg in der BRepubl, 2. Aufl 1967. – Gossrau-Stephany-Conrad, Handb des Lärmschutzes (LoseblSlg) 1969. – Bethge, TA-Lärm 1969. – Fickert, BauR **73**, 1 (Straßenlärm). – Reinhardt, LärmSchMaßn bei Plang u Bau v BFernStr, NJW **74**, 1226. – Gehrmann, Plangs- u bauordnsrechtl Vorschr in ihrer Auswirkg auf emittierde Handwerksbetriebe, GewA **74**, 73. – Fickert, Die wechselseitigen Beziehgen des R der Fernstraßenplang u der Städtebauplang unter bes Berücksichtigg des ImSch, BauR **74**, 145. – Zum **Fluglärmproblem:** Martin, NJW **72**, 558. – Ruhwedel, NJW **71**, 641. – D. Lorenz, Betr Beil 6/**73** Heft 12. – Reuss, Kampf dem Lärm **70**, 2. – **GesSlgen:** Klein, ImSchR 1968. – Feldhaus-Hansel, Umweltschutz, Luftreinhaltg, Lärmbekämpfg 1971. – **Rspr-Übersichten:** Rspr des BGH zum NachbR, Pikart, Mattern, WPM **69**, 83 bzw **72**, 1410. – Glaser, Das NachbR in der Rspr, 2. Aufl 1973. – Wiethaup, Rspr zum Baustellen-, Betriebs- u Fabriklärm, BB **69**, 333; ders, TA-Lärm, RdL **69**, 39; ders, ZMR **70**, 35; ders, BlGBW **74**, 32 (Transportbetonanlagen). – Feldhaus-Hansel, Vgl auch Schrifttt zu EG 124. –

1) Allgemeines. a) § 906 beschränkt das AusschließgsR des Eigentümers (§§ 903, 1004) entspr den Bedürfnissen des Lebens. Ihm liegt der allg (deshalb auch im Gebiet des LandesR geltende, RG **162**, 216)

§ 906 1 a–f

RGedanke zugrunde, daß jeder Eigtümer aus dem nachbarl LebensVerh heraus bestimmte Störgen hinnehmen muß, wobei aber die Pflicht ggseitiger Rücks im Einzelfall zur Schaffg eines gerechten Ausgleichs der aufeinanderstoßenden Interessen zu beachten, RG **167**, 24. Einwirkgen, die bei schuldiger RücksNahme vermeidb, sind deshalb nicht rechtm, RG **159**, 139; vgl Hbg MDR **72**, 1034 bei Lichtreklame. Den §§ 903, 906 gehen die positiven nachbarrechtl Bestimmgen des BGB u ev, EG 124, des LandesR vor (BGH **LM** § 903 Nr 1), währd anderers auf § 242 (Treu u Gl im NachbR vgl Übbl 2 d aa vor § 903) idR nicht zurückgegriffen zu werden braucht (u nach BGH **38**, 64 auch nicht darf; vgl aber auch Hbg MDR **72**, 1034; Westermann JZ **63**, 406; Kleindienst aaO 21 ff, 39 ff, auch unten 3b bb; vor allem Übbl Anm 2d aa vor § 903). – Wer Immissionen nach §§ 906, 1004 dulden muß, kann – vorbehaltl der Fälle unten Anm 5a cc, 5b cc – nicht Enteigng geltd machen, BGH **48**, 46, 98. –

b) Leitsatz für die Anwendg: § 906 ist keine starre Norm, sond nach den Fortschritten der Technik u des Verkehrs u der Denkweise der beteiligten Kreise dem Wandel unterworfen, RG **162**, 216, 357; BGH **48**, 31. Darin, daß sich Nachb bish gg Einwirkgen nicht gewehrt hat, liegt idR keine Zustimmg, BGH VersR **64**, 1070.

c) G über HaftPfl der Eisen- u Straßenbahnen für Sachschaden v 29. 4. 40 nach § 9 nicht anwendb auf Einwirkgen des § 906. Dies bezieht sich aber nicht auf „Unfälle", sond nur auf solche Einwirkgen, die eine dauernde Beeinträchtigg schaffen, also idR nicht auf Schäden durch Funkenflug (ErsPfl hier nach § 1 des G); BGH **LM** § 1 **SachSchadG** Nr 2; str; vgl Schack NJW **65**,1702; wie hier Böhmer MDR **70**, 297, VersR **70**, 214. Vgl auch BGH **20**, 85 mit Anm Gelhaar **LM** § 7 SachSchadG Nr 1.

d) Über Immissionen vom **Ausland** (Frankreich) her Saarbr JBlSaar **62**, 70.

e) RQuellen: aa) **BundesR; BImSchG** mit: 1. BImSchV (FeuergsAnlagen) v 28. 8. 74, BGBl 2121; 2. BImSchV (ChemischreiniggsAnlagen) v 28. 8. 74, BGBl 2130; 3. BImSchV (Schwefelgehalt von leichtem Heizöl u Dieselkraftstoff) v 15. 1. 75, BGBl 264; 4. BImSchV (genehmbedürft Anlagen) v 14. 2. 75 BGBl 499; 5./6. BImSchV (ImSchBeauftragter) v 14. 2./12. 4. 75, BGBl 504/957; 7. BImSchV (Holzstaub) v 18. 12. 75, BGBl 3133; 8. BImSchV (Rasenmäher) v 4. 8. 76, BGBl 2024; 9. BImSchV (GenVerf) v 18. 2. 77, BGBl 274; **dazu gelten** gem BImSchG 66, **vorläufig fort**: Techn Anleitg z Schutz gg Lärm v 16. 7. 68 (TA-Lärm, BeilBAnz Nr 137), dazu Wittig, BB **74**, 1047; allg VerwVorschren z Schutz gg Baulärm v 19. 8. 70 – Geräuschemissionen – (BeilBAnz Nr 160), 22. 12. 70 – EmissionsmeßVerf – (BAnz Nr 242); allg VerwVorschren z Schutz gg Baulärm – Emissionsrichtwerte –: 6./14. 12. 71 – Betonmischeinrichtgen u Transportbetonmischer – (BAnz Nr 231/235); 16. 8. 72 – Radlader – (BAnz Nr 156); 24. 10. 72 – Kompressoren – (BAnz Nr 205); 28. 3. 73 – Betonpumpen – (BAnz Nr 64); 4. 5. 73 – Planierraupen – (BAnz Nr 87); 14. 5. 73 – Kettenlader – (BAnz Nr 94); 17. 12. 73 – Bagger – (BAnz Nr 239). **(AGrd des BImSchG ergangen):** 25. 7. 74 – Krane (BAnz Nr 135); 28. 8. 74 – Techn Anleitg z Reinhaltg der Luft (TA-Luft), dazu Dreißigacker-Surendorf-Weber Betr **74**, 1755; 19. 6. 76 – Drucklufthämmer (BAnz Nr 112). – **Ferner:** GewO §§ 24–25, AtG (dazu StrSchV v 13. 10. 76, BGBl 2905, u Bek über SicherhKriterien v 1. 7. 77, BAnz Nr 106), AbfG, GaststG, FluglärmG mit SchallschutzstattgsVO v 11. 8. 77 (BGBl 1553).

bb) **LandesR:** α) Vorschren, d **ausdr** bis zu ihrer Ablösg dch neue Vorschren **aG BImSchG 66 weitergelten**: *Bay:* 1. DVO z LStVG 18b (Abfallverbrenngsanlagen) v 2. 10. 67 (GVBl 458). – *Nds:* VO v 9. 4. 73 (GVBl 113) Aufbereitgsanlagen für Bitumen u Teersplitt. – *NRW:* 2., 4., 6., 7. DVO z ImSchG: 24. 6. 63 (GVNW 234) Müllverbrenng; 26. 10. 65 (GVNW 322) Baumaschinen – zur Fortgeltg im Hinbl auf BaulärmschutzG vgl Bergdolt BB **67**, 1190; 17. 10. 67 (GVNW 184) Aufbereitgsanlagen für Bitumen u Teersplit; 1. 10. 68 (GVNW 320) Trockenöfen.

β) **Bestimmgen**, d bei Inkrafttreten d BImSchG galten u **deren Fortgelten i Hinbl auf GG 74 Nr 24 i einzelnen zu prüfen ist, sowie sonstiges LandesR**: *BaWü:* ImSchG v 4. 2. 64, GBl 55; VO v 30.4.74, GBl 187, Beseitigg pflanzl Abfälle außerh AbfallbeseitiggsAnl, SmogVO v 3. 5. 77, GBl 158. – *Bay:* LStVG idF v 19. 11. 70, GVBl 601; 3. ÄndG z LStVG v 25. 10. 66, GVBl 423, dazu Geiger, BayVBl **69**, 3; VO idF v 10. 8. 72, GVBl 323, dazu Haup, DVBl **69**, 583; VO über die Beseitigg v pflanzl Abfällen außerh zugel Beseitiggsanlagen v 17. 7. 74, GVBl 373. – *Bln:* LärmbekämpfgsVO v 2. 9. 66, GVBl 1389; SmogVO v 24. 10. 77, GVBl 393. – *Brem:* ImSchG v 30. 6. 70, GVBl 71. – *Hbg:* LärmbekämpfgsVO v 4. 5. 65, GVBl 83. – *Hess:* PolVO ü d Bekämpfg d Lärms v 23. 4. 59, GVBl 9 idF v 15. 3. 65, GVBl 69; SmogVO v 18. 5. 10. 76, GVBl 419, idF v 13. 9. 77, GVBl 366. – *Nds:* ImSchG v 6. 1. 66, GVBl 1; LärmbekämpfgsVO v 23. 8. 62, GVBl 146; VO über die Beseitigg v Abfällen außerh Abfallbeseitiggsanlagen v 24. 6. 74, GVBl 335, idF v. 26. 7. 74, GVBl 397. – *NRW:* ImSchG v 18. 3. 75, GVNW 232; VO v 2. 12. 64/12. 2. 65, GVNW 356 bzw 338, Smoglage. – *RhPf:* ImSchG v 28. 7. 66, GVBl 211; LärmschutzVO v 10. 10. 73, GVBl 312; DVO z AbfG v 4. 7. 74, GVBl 299; SmogVO v 27. 10. 76, GVBl 249. – *Saarl:* LandesBauVO v 12. 5. 65, ABl 529, § 20; SmogVO v 28. 7. 76, ABl 1022. – *SchlH:* PolVO v 16. 12. 66, GVOBl 262, Lärm; VO über die Beseitigg v pflanzl Abfällen außerh zugel Beseitiggsanlagen v 17. 7. 74, GVOBl 373.

Diese Vorschr haben mittelb privatr Auswirkgen; so wird bei Verstoß gg die aGrd der Gesetze erlassenen VerwaltgsVorschr die Berufg auf Ortsüblichk (§ 906 II) ausgeschlossen sein (dazu Mittenzwei MDR **77**, 99), ebso die auf Unzumutbark von Abhilfe-Maßn; vgl auch Anm 7. Doch entscheidet nicht so sehr die Stärke der Emission, als ihre Lästigk, die vom Richter ohne Bindg an VerwVorschr festzustellen (BGH **69**, 105; **70**, 102; Betr **78**, 488). Lautstärkemesser nach DIN 5045 gibt nur Richtwerte im Verhältn zum GrdStörpegel; doch kann auch ein unterm diesem liegdes Geräusch wg seiner Eigenart überaus läst sein (Straßenbahnkehre, BGH NJW **68**, 1133; unregelm Blechhämmern, Operettenmusik, BGH WPM **70**, 1460; MDR **69**, 744). Beachte die VDI-Richtl 2058 üb „Beurteilg u Abwehr von Arbeitslärm"; s Anm 3a. Zum Schallschutz im Städtebau DIN 18005. – Zum behördl Einschreiten gg Lärm: BVerwG BB **71**, 1028; VG Gelsenk Betr **71**, 1518; OVG Lüneb DVBl **76**, 719; VG Hann DVBl **76**, 809.

f) Übersicht: aa) Zuführg gleich welcher Art dch bes Leitg (§ 906 III) u Zuführg grobkörperl Stoffe braucht Eigtümer nie zu dulden. bb) And Zuführgen (Anm 2) muß er dulden, wenn sie ihn nicht od nur unwesentl beeinträchtigen, § 906 I (Anm 3a). Er muß selbst wesentl Einwirkgen dulden (Anm 3b, 4) wenn

Eigentum. 1. Titel: Inhalt des Eigentums § 906 1, 2

sie ortsübl (Anm 3b aa) u Verhindergsmaßnahmen unzumutb (Anm 3b bb) sind, § 906 II 1. Andernf hat er AbwehrAnspr auf Beseitigg od Unterlassg (Anm 5a); auch dieser ist ausgeschlossen ggü hoheitl Tätigkeit (Anm 5a, bb), uU ggü lebenswicht privaten Betrieben (Anm 5a cc) u gem BImSchG 14 (Anm 5a dd). Muß Eigtümer hiernach wesentl Einwirkgen dulden, hat er AusglAnsprüche, BImSchG 14 (Anm 5b bb), § 906 II 2 (Anm 6) bzw die in Anm 5b dd dargestellten nachbarrechtl AusglAnspr (dazu Anm 5b cc) bzw solche wg enteignsgsl Eingr. Muß er nicht dulden, hat er den Abwehr- u, wenn §§ 823 erfüllt, auch vollen SchadErsAnspr (Anm 5b aa).

2) Über Einwirkgen im allg vgl § 903 Anm 3 a. Nicht unter § 906 fallen, also grdsätzl nach §§ 903, 1004 schlechthin abwehrb, feste Körper nicht unerhebl Umfangs wie Steine (BGH **58**, 149 = LM § 908 Nr 1 Anm Pehle), sofern nicht das nachbarl Verhältn zur Duldg nötigt, BGH **28**, 225 (vgl § 903 Anm 3a, auch über SchadErsAnspr); auch nicht Wasser, (Grdwasser, erst recht nicht die Verhinderg seines Abflusses, Nbg RdL **72**, 10), doch gilt hier, insb auch bei Wasserverunreinigg, in erster Linie LandesR u Wasser-HaushG, vgl EG 65 Anm 1b, d. Zur Anwendbark, wenn BadeBetr von Strandbad aus FischereiR beeinträchtigt, vgl BGH Betr **73**, 1889: verneind, da hier WasserR u FischereiR schützen; vgl auch Anm 2b u § 1004 Anm 1b. Das heute bedeuts Einsickern von Öl aus undichtem Tank fällt nicht unter § 906; vgl § 1004 Anm 2a aa, auch AltÖlG v 23. 12. 68, BGBl 1419. – Zum Eindringen von Feuchtigk aus Trümmer-Grdst vgl § 1004 Anm 2a cc. § 906 betrifft nur **Zuführg unwägbarer Stoffe.**

a) Nicht nur, wie die gesetzl Beispiele, sinnl wahrnehmb Einwirkgen, die durch die Luft od die Erde übergeleitet w, sond auch „ähnliche"; daher auch solche durch elektromagnetische Schwinggen (darunter elektr Induktionen, Röntgenstrahlen) u ionisierende Strahlg (zB entstanden durch Zerfall radioaktiver Stoffe), mögen sie unmittelb od nur mit Hilfe von Meßgeräten wahrnehmb sein. Vgl auch GewO 25 II u AtomG 7 V (Anwendbark von GewO 26, vgl Anm 5a dd). – Die Einwirkgen müssen das Grdst od die darauf befindl Sachen (auch Radio- u Fernsehapparate; Bienenstöcke, BGH **16,** 374; nicht: Bienen auf fremden Grdst – s dazu auch § 903 Anm 5 He aa u § 1004 Anm 3a) schädigen und die Personen körperl od seelisch beeinträchtigen. Beschrkg auf körperl Beeinträchtiggen (so RG **76**, 131 u ausdrückl BGH **51**, 396) erscheint ungerecht; vgl zu **immateriellen** Einwirkgen § 1004 Anm 2d mit Nachw.

Einzelfälle: aa) Gase, Dämpfe, Gerüche: Ölheizg (Düss MDR **77**, 931); chem Gase RG **159**, 68; Teerdämpfe, BGH Betr **58**, 1039; Abdeckerei, RG **155**, 318; Schweinemästerei, BGH **48**, 31; Düss AgrarR **74**, 27; Oldbg NdsRpfl **76**, 14; Nerzfarm, Köln Betr **63**, 199; Müllkippe, Wiethaup Betr **72**, 713. – **bb) Rauch, Ruß:** Eisenbahn, Warn **15**, 284; Fabrik, RG **154**, 161; **Staub** BGH RdL **58**, 207; Schotterwerk, Wiethaup ZMR **73**, 165; Feuerwerksfunken, RG JW **27**, 45. – **cc) Erschütterngen:** Baurammarbeiten, BGH WPM **66**, 33, 712; Rotationspresse BGH **LM** § 903 Nr 4; Waschmaschine BGH ZMR **65**, 301; Kegelbahn BGH ZMR **66**, 50; Sprengg (BGH NJW **76**, 979). – **dd) Sonst Einwirkgen, Lärm: Baulärm,** BGH **LM** Nr 14; Karls ZMR **66**, 36. – **Handwerkerlärm**: Umstellg von Schlosserei auf Heizöltankbau, OVG Brem; Kreissäge, OVG Lüneb; Blechhämmern, VGH BaWü: sämtl zitiert bei Wiethaup BB **69**, 334; Schreinerei, BVerwG DÖV **71**, 633; nächtl Bohrlärm in Miethaus BGH **LM** Nr 1; Autowaschanlage Wiethaup **70**, 230. – **Wasserspülg** Düss MDR **68**, 496; Wiethaup ZMR **70**, 37; Fontäne in Stadtpark BGH **LM** Nr 25; Hamm GewA **69**, 45. – **Gaststättenlärm** s Übbl 2d cc vor § 903. – Volksfest, Karlsr WM **67**, 10. – Kino, Oldbg MDR **56**, 738. – **Lautsprecher** bei Versammlg im Freien, bei Werbg vgl Wiethaup ZMR **70**, 36. – **Sportlärm:** Minigolf, Schießplatz vgl Wiethaup GewA **72**, 147; **73**, 36. – Radio in Gaststätte vgl Rau ZMR **66**, 230; Hausmusik, Koenig WM **68**, 73; Kirchenmusik (Posaunenchor), LG Essen MDR **70**, 505; **Kirchengeläut** s Anm 5 a cc aE, 8. – **Schul- u Kinderlärm:** Gymnastikschule Wiethaup BlGBW **68**, 92; Kinderspielplatz, dazu Anm 5 a cc. – **Tierlärm:** Gänseschnattern, Warn **17**, 244; Hähnekrähen, vgl RdL **64**, 119; Hundegebell, LG Würzb NJW **66**, 1031; LG Brschw NdsRpfl **75**, 275; Hundezucht VG Hann BlGBW **71**, 151, krit zutr Wiethaup; richt Kohl NJW **73**, 290; Ruhebedürfn in Wohngegend wichtiger als Hundeaufzucht; Hundezwinger, OVG Münster DÖV **74**, 387; Vogelhaltg (Hbg MDR **77**, 492). – **Bienenflug**, RG **141**, 408; Nürnb RdL **70**, 96; BGH **16**, 366 – vgl auch § 903 Anm 3 c. – Fliegenplage, RG **160**, 382; Belästigg dch Tauben, Wiethaup BlGBW **62**, 8; KG RdL **69**, 54; Düss MDR **68**, 841 (Füttern von Wildtauben), dazu auch Gaisbauer VersR **70**, 918, 950; str; aA für Kleintiere RGRK Anm 9; Erm-Westermann Rdz 5. – **Verkehrslärm:** Anspr der Anlieger aus §§ 906, 1004 werden idR an der Ortsüblichk auch eines gesteigerten Verk u an der Zumutbark scheitern; vgl aber BGH **49**, 148. Motorradlärm, *bay* LStVG 18f II 1 Nr 1; gewerbl Kfz-Verk BGH WPM **71**, 134, dazu Anm 3 aE; nächtl Ruhestörg dch Kfz, VG Gelsenk BlGBW **71**, 148; ZusTreffen von Fabrik- u Verkehrslärm, BGH **46**, 35; Gewährg übermäß Sondernutzg (Zulassg überschwerer Kfz) kann enteignungsgl Eingr gg Anlieger sein, vgl § 905 Anm 2b bb, auch unten Anm 8; behelfsm Einstellg von Zugmaschinen u schweren Lkws in reinen Wohngebieten kann unter § 906 fallen. – Lärmstörgen dch öff Parkplatz, Wiethaup DAR **73**, 93. – EntschAnspr, Speiser NJW **75**, 1101. – **Fluglärm**: BGH **59**, 378; **69**, 105/118; Düss Betr **75**, 345. – **Landwirtschlärm**, Wiethaup RdL **70**, 117. – Lichtreklame Hbg MDR **72**, 1034. – Elektr Ströme, RG **133**, 346, grelle Lichtreflexe, RG **76**, 132. **Pflanzl Immissionen:** Unkrautsamenflug vgl M-St-H § 16 II 5 mit Nachw des LandesR u der hier AbwehrAnspr grdsätzl verneinden hM; dagg für krassen Fall zutr Karlsr RdL **72**, 8 unter Heranziehg des nachbarl Gemsch-Verh, § 242; Nürnb RdL **72**, 36 bejaht auch für Nadelflug von kranken Föhren. –

b) Zuführg von anderen Grdst aus. Gemeint sind Grenzüberschreitgen durch naturgesetzl Verbreitg der Stoffe. Auch wenn durch Naturereignisse verursacht. Aneinandergrenzen der Grdst ist nicht erforderl, RG **105**, 216; vgl § 907 Anm 2a. § 906 analog anwendb auf Verh mehrerer Mieter in einem Hause untereinander, BGH **LM** Nr 1. Nach BGH Betr **73**, 1889 nicht Störg eines FischereiR dch BadeBetr in Strandbad, da sich dieser im Wasser selbst, nicht auf UferGrdst abspiele.

c) Negative Einwirkgen wie Entziehg von **Licht** (RG **51**, 254; Hbg MDR **63**, 135; LG Hbg u Düss BlGBW **64**, 143 u 251: schattenspendde Bäume), **Luft** (zB Kaminzugluft, Brähmer BauR **73**, 77; vgl EG 124 Anm 2 b), **Wasser** (vorbehaltl LandesR vgl EG 124, auch WHG 3 I Nr 1, 6; 8 IV), **Rundfunk- u Fern-**

sehempfangsstörg dch Abschattg od Reflexion (LG Köln BB **71**, 1080; AG Ffm NJW **77**, 1782 abl Anm Tiedemann; aA Rathjen MDR **74**, 453; Ostendorf JuS **74**, 756; Tiedemann, RSchutz gg Störg des Fernsehempfangs dch Hochbauten, Diss Ffm 1976, S 153ff; vgl EG 124 Anm 2b), Behinderg des **Außenkontakts** dch Baustellenverkehr vor Grdst (BGH **62**, 361) sind nach hM nicht abwehrb (RG **98**, 15; Saarbr JBl-Saar **60**, 88, BGH MDR **51**, 726; aA Tiedemann MDR **78**, 272; M. Wolf Rdn 143; vgl auch Köln JZ **63**, 94; Baur § 25 IV 2b cc), ebsowenig bloße Wertminderg (Celle MDR **54**, 241). Im allg muß Eigtümer solche „Einwirken" hinnehmen; doch kann im Einzelfall die Ausübg des HerrschRechts des Einwirkden mißbräuchl sein, so daß nachbarrechtl GemschVerhältn (§ 242) AbwehrAnspr gg schwere Schädiggen gibt, BGH **LM** § 903 Nr 1, 2; Celle NdsRpfl **59**, 180; Baur BB **63**, 486; Kürzel BlGBW **62**, 356 (Schutz nach § 242 gg Reklametafeln); dazu Tschierschke ZMR **69**, 8.

3) Voraussetzgen der Duldgspflicht. a) Entweder **keine** oder **nur unwesentl** Beeinträchtiggen; dann Ortsüblichk bedeutgslos, BGH WPM **70**, 492. Maßgebd nicht das subj Empfinden des Gestörten, sond das des normalen Durchschnittsmenschen, wobei Natur u Zweckbestimmg des betr Grdst von Bedeutg (differenziert-obj Maßstab), BGH **LM** Nr 6 (Eisenlager in Villengegend), Nr 11 (Garagen, Parkplätze), Nr 19 (Verkehr auf NachbGrdst). Beeinträchtigg dch Bienen kann wesentl, dch Hühner unwesentl sein, LG Kiel MDR **66**, 412; Autolackschäden dch Niederslag des Auswurfs im Industriegebiet, Hamm BB **72**, 1074. Dauernde Beeinträchtigg nicht erforderl; einmalige kann uU schadenersatzpfl machen, BGH Betr **58**, 1039. Zur summierten Immission mehrerer Störer s unten Anm 6d. Bei Eisenbahnen (vgl auch Anm 1c) sind nur außergewöhnl Beeinträchtiggen wesentl, Warn **14**, 190; auch bei elektr Bahnen, RG **133**, 346; Bau- u Arbeitslärm vgl zunächst Anm 1e. Als Maßstab für die Lautstärke des Lärms w der Schallpegel in dB(A) – Dezibel A – angegeben. Zum Begr u zur Meßtechnik vgl Fickert BauR **73**, 1ff; hiern ist die Grenze der zumutbar Belastg dch Straßenlärm mit 75 dB(A) tags u mit etwa 65 dB(A) nachts anzunehmen. Die auf and Meßmethode beruhde Angabe der Lautstärke in DIN-Phon w (nach Fickert aaO) heute nicht mehr angewendet; BGH **LM** Nr 32 (Freilichtoperette) nahm als Grenze aGrd der VDI-Richtl (ArbLärm) tagsüber etwa 50, nachts 35 DIN-Phon an. Es kommt aber nicht nur auf die Lautstärke, sond zB auch auf die Frequenz an (hohe ist lästiger als tiefe), BGH **46**, 35; WPM **70**, 1292, 1460 (Gaststättenlärm).

b) Selbst **wesentl** Beeinträchtiggen (außer bei den Leitg, III) **zu dulden bei ortsübl Benutzg des störenden Grdst und Unzumutbark von Verhinderungsmaßn.**

aa) Ortsüblichk ist häufigeres tatsächl Vorkommen in dem zum Vergl heranzuziehen Bezirk (vgl unten); idR gegeben, wenn die Mehrh der VerglGrdstücke so benutzt w, daß diese in annähernd gleicher Weise (nach Art u Maß) wie das störende fremde Grdstücke beeinträchtigen, BGH **30**, 273, wobei es zB von Bedeutg sein kann, auf welche Art von Grdst sich der jeweiligen Immissionen erstrecken (bebaute, unbebaute) u ob der Grad der Einwirkg im Einzelfall ungewöhnl stark ist (gg solche Relativierg der Ortsüblichk Kleindienst aaO Anm 48); uU Zeit der Einwirkg von Bedeutg; dazu BGH WPM **71**, 134, gewerbl KfzLärm. Ortsüblichk ist nicht gleich Unvermeidbark. Auffassg der Bevölkerg kann Anhalt geben, aber nicht entscheid, BGH **30**, 279. Das geduldige Ertragen gewisser Störgen gibt keinen Freibrief für ihre Verstärkg. Nicht entscheid baupoliz u andere VerwAnordngen, BGH NJW **58**, 1776; **59**, 1632, 2013. Ortsübl können Abbrucharbeiten mit Preßlufthämmern sein; aber zumutbare LärmdämpfgsMaßn müssen getroffen w, BGH **LM** Nr 14. Über Ortsüblichk eines Schulbetriebs BGH **38**, 61. Ortsübl sind idR Lichteinwirkgen durch Straßenbeleuchtg u Reklame, vgl Hbg MDR **72**, 1034. Besonders starke Gas- od Rauchentwicklg kann auch in Fabrikgegenden ungewöhnl sein, RG **139**, 32; BGH **15**, 146. Ortsübl ist im allg auch Glockengeläut sein, sow es nicht dch – auch kult bedingte – Maßnahmen einschränkb ist, vgl Anm 2a u v Campenhausen DVBl **72**, 316. Bei VerkLärm, bes dch überörtl Verk (zu AnsprGrdLage u RWeg vgl Anm 5a bb, 8b) gibt als VerglGebiet für Ortsüblichk das Einzugsgebiet der VerkAder Maß, BGH **54**, 384; dort auch zum BAB-Baustellenlärm. Die Steigerg des **Verkehrs** auf öff Straße ist ortsübl, BGH **159**, 137 (Autobahn); vgl auch Celle NdsRpfl **58**, 189 (Parkplatz). Anders uU bei ungewöhnl zugefaßtem Betrieb an einer einzelnen Stelle, zB einem LokSchuppen, RG **70**, 150; anders auch im Fall BGH **49**, 148. Nicht ortsübl daher Lärm der Bauarbeiten bei Errichtg einer Staustufe zum Ausbau der Mosel zur Schiffahrtsstraße, BGH **LM** Nr 22. Ist nur Ausnutzg im Kleinbetrieb ortsübl, so ist nur solche den Fortschritten der Technik entspr Betriebssteigerg zul, die den Nachb nicht unbillig beeinträchtigt; das Ger hat die eingeschränkte Ausnutzg festzulegen, RG **162**, 357 (Steinbruch). Begrenzg des Bezirks nach Lage des Falles; zB auf einen Ortsteil bestimmten Gepräges, BGH **15**, 146, aber nur, wenn er alle störenden Grdst einschließt, RG **133**, 154 (Omnibuslinie). Schon ein einziger Fabrikbetrieb von hohem Alter kann den Bedeutg kann Charakter der Gegend bestimmen, Warn **12**, 215. Fluglärm unter LuftStr u Flugschneisen dah ortsübl (Düss Betr **75**, 343); dann aber sinngem Anwendg von § 906 II 2 zu erwägen, Ruhwedel, Lorenz; dagg Martin je aaO (Schriftt vor Anm 1). Maßg sind die tats Verh zZ der letzten mündl TatsVerhdlg (BGH NJW **76**, 1204); doch müssen Zufällig wie vorübergehende Stillegg ausgeschaltet w. IdR unerhebl, ob Gestörter sein Grdst erst nach Störgsbeginn erwarb (BGH **LM** Nr 32; NJW **76**, 1204), od ob Ortsüblichk dch Änderg der Verh nachträgl entfallen. Zur Ortsüblichk erhöhter Belästigg dch Modernisierg eines Betriebs (Schweinemästerei) auf NachbarGrdst, BGH **48**, 31. Techn Fortentwicklg im FabrikBetr sollte sich aber nicht dch stärkeren Lärm, sond dch größerem NachbSchutz kennzeichnen, vgl Pikart WPM **69**, 85; BGH **59**, 378, wonach ein MilitärFlugpl den LandschCharakter so prägen kann, daß auch spätere Ausweitg des FlugBetr noch ortsübl bleibt. Erhaltarbeiten an die Umgebg prägden Baudenkmal sind ortsübl (BGH DVBl **77**, 34). Währd der Zeit für Anpassg der jetzt an die geplante Nutzg (Splittwerk) gibt erstere für die Ortsüblichk Maß (BGH MDR **71**, 286). Dch neuen Bebauungsplan kann sich Ortsüblichk ändern u DuldgsPfl erhöhen; dies keine Enteigng (BGH **48**, 46; krit Schneider NJW **67**, 1754). Zur Ortsüblichk eines Bienenenhaltens Nürnb RdL **70**, 95. Zur Ortsüblichk eines Misthaufens AG Esens NdsRpfl **72**, 61. Bei längerer Nutzg Gesamtbild aller Teilakte maßg (BGH NJW **76**, 797). – Zur Bedeutg des ImSchR vgl Anm 1e.

bb) Duldspflicht bei Ortsüblichk aber nur, wenn (wesentl) **Beeinträchtigg nicht** durch Maßn **verhindert** w kann, die Benutzern dieser Art von Grdst **wirtschaftl zumutbar** sind, II 1. Vgl auch Anm 6. Wenn solche Maßn zumutb, AbwehrAnspr nach § 1004, bei Versch SchadErsPfl, § 823. Ob Maßn zumutb,

Eigentum. 1. Titel: Inhalt des Eigentums § 906 3–5 a

unter Berücksichtigg des nachbarl Verh, der Vorteile u Nachteile u der techn Möglichk festzustellen sowie der Leistgsfähigk (nicht des jeweil Störers, sond eines durchschnittl Benutzers der störenden Grdst; generelle wirtsch Zumutbark; Baur § 25 IV 2d; vgl Kleindienst aaO 36). – Die DuldgsPfl entfällt auch dann, wenn die Einwirkg den Nachb an Ausüb eigener ortsübl Ausnutzg schlechthin hindert u in seiner wirtsch Existenz bedroht; mag man dies damit begründen, daß eine solche Einwirkg niemals als ortsübl erachtet w kann, od gem § 242; vgl hierzu Kleindienst aaO 39. Im Ergebn ebso Forkel (Immissionsschutz u PersönlichkR 1968, 63), der AbwAnspr aus R am GewBetr od allg PersR herleitet.

4) Folgen der Duldgspflicht. Einwirkg zul, im Falle **I** keine EntschPfl, im Falle **II** uU AusglPfl (Anm 6). DuldgsPfl trifft Eigtümer, Besitzer (BGH **15**, 146), Erbbau- u DienstbarkBerechtigten.

5) Anspr bei übermäßiger, nicht ortsübl Einwirkg. a) Beseitigg oder **Unterlassg** gem § 1004, s dort Anm 3, 4 zur akt u pass **Sachbefugnis**. § 906 entspr bei Störg des GrdstBesitzes, BGH **15**, 146; **LM** Nr 1; auch Mieter hat also AbwehrAnspr, Karlsr WM **67**, 10, vgl Anm 2b. Dem Eigtümer ist regelm nicht zuzumuten, daß er bes Vorkehrgen zur Minderg der Beeinträchtigg trifft od den Gebr der Sache der Beeinträchtigg anpaßt, RG JW **12**, 589; vgl aber Anm 6.
Der AbwehrAnspr **ist ausgeschlossen,** soweit die Störg: **aa)** auf Grd einer **Dienstbk** od eines **Vertrages** zu dulden ist, § 1004 Anm 7a; **bb)** nach hM auch, wenn die Störg auf **hoheitl Tätigk** (hoheitl Gewalt u schlichte HohVerwaltg) beruht: BGH NJW **63**, 2020 – Clubbetrieb der Stationiergsstreitkräfte; BGH **29**, 314 – Wasserstau dch Autobahndamm; BGH NJW **78**, 1051 – städt Kanalisation; BGH **54**, 384; **LM** Nr 40; Betr **78**, 488 – Bau- u VerkLärm inf Anlage, Ausbau od Aufstufg von Straßen; RG **167**, 14 – Grundwassersenkg bei UBahnbau; RG Warn **16**, 248 – öff Maschinenbauschule; RG Gruch **45**, 1018. – von Militärschießplatz abirrende Kugel; RG **170**, 40 – städt Sielanlage; BGH **LM** Nr 48 – gemeindl Kläranlage; BGH **LM** Nr 49 – Denkmalserhaltg. Gg die hL Martens (Festschr Schack 89 ff), wenn Grdsätze der Notwendigk u Verhältnismäßigk verletzt sind, u Papier (NJW **74**, 1797), wenn Fall eines gesetzl Ermächtigg vorliegt. – Auch die hL gewährt ggü hoheitl Handeln **beschränkten AbwehrAnspr,** zwar nicht auf Einstellg oder funktionsmäß Einschränkg des Betriebs, aber doch auf Erstellg von Einrichtgen, welche die Beeinträchtigg mindern (vgl BGH JR **72**, 256 Anm Martens), falls nicht die öff Anlage hierdch selbst wesentl geändert würde od unzumutb Aufwendungen erwüchsen; hier aber strenger Maßstab (vgl BGH **LM** GVG 13 Nr 95). Insow gelten wie für die Beschränkg des AbwehrAnspr ggü lebenswichtig, nicht hoheitl, Betrieben; vgl dazu unten Anm cc. – **Keine hoheitl Tätigk:** gemeindl Kirmesfest (BGH **41**, 264; Karlsr NJW **60**, 2241), Betr eines Stadtparks (BGH **LM** Nr 25), Bau u Betr eines gemeindl Saalbaues (BGH **70**, 212); auch die Dchführg von Straßenbauarbeiten kann privrechtl gestaltet sein (BGH **48**, 98). Bei solcher Tätigk keine AnsprBeschrkg vorbehaltl Anm 5a cc. – Soweit BGH AbwAnspr gg hoheitl Tätigk versagt: **AusgleichsAnspr wg enteigngsgleichen Eingriffs** – s § 903 Anm 5 D u unten Anm 5b cc.
Der **AbwehrAnspr ist eingeschränkt: cc)** soweit die Störg von (unter Prüfg des öff Interesses u der Zumutbark, Pleyer JZ **61**, 501) genehmigten, dem öff Interesse unmittelb dienenden **lebenswichtigen** (gemeinwichtigen) **Betrieben** ausgeht, zB priv Eisenbahnen od Energieversorggsbetriebe (nicht: Zeitgsdruckerei, BGH **LM** § 903 Nr 4; nicht: Operettenmusik von städt Freilichtbühne, BGH **LM** Nr 32), Autobahnbaustelle, BGH **54**, 384, dazu unten Anm 8b aE; Autobusbetrieb (BGH NJW **60**, 2335), städt Straßenbahn (BGH WPM **68**, 658), Bauten für gemeinnützige öff Betriebe (RG **167**, 25), Stromausbau (BayObLG **62**, 438); aA Papier NJW **74**, 1797: nur wenn Gen- od PlanfeststellgsVerf vorgeschaltet. Hier kann nicht auf Betriebseinstellg, sond nur auf Unterlassg einzelner BetriebsMaßn u auf Anbringg von Schutzvorkehrgen geklagt w, die den Betrieb nicht wesentl ändern od beeinträchtigen, RG **133**, 153 (Erschütterg durch Autobusse). Evtl **EntschädiggsAnspr** unten b dd u ee. Gilt nicht nur zG von GrdstEigentümern, sond von sonstigen RInhabern, BayObLG **62**, 438 (SandschöpfR). Das gleiche gilt bei Beeinträchtiggen, die von durch die Länder, Gemeinden od sonstige Körperschaften od Anstalten des öff Rechts betriebenen Einrichtgen ausgehen, die für die Volksgesundheit von besond Bedeutg sind, zB Krankenhäuser, Genesgsheime, Kuranstalten, Kinderspielplatz (Rspr vgl Wiethaup BlGBW **71**, 228; s OVG Münster, BauR **74**, 114), gem V v 10. 10. 35, ebso von genehmigten Betrieben zur Volksertüchtiggen gem G v 13. 12. 33, BGBl III 403-2, 3. Hiernach kann der beeinträchtigte GrdstEigtümer oder -Besitzer weder Einstell des Betriebs noch Herstellg von Einrichtgen verlangen, die die Beeinträchtigg ausschließen od mindern. Insow sind diese Gesetze, weil auf überholter RAnschauung beruhend, nicht mehr anzuwenden; es muß auf Herstellg schützender Einrichtgen geklagt w können, soweit solche wesentl Änderg des Betriebes zur Folge haben; RWeg zul, auch wg des EntschAnspr; vgl Anm 8. Darüber, daß Schäden durch Abwässer eines Krankenhauses nicht unter das G von 1935 fallen, LG Osnabr RdL **56**, 322; nicht auch Fontäne im Stadtpark, BGH **LM** § 906 Nr 25. Entspr will v Campenhausen, DVBl **72**, 316, im Hinbl auf GG 4 II zutr den AbwAnspr gg Kirchengeläute beschränken; vgl dazu Stolleis in Anm zu VG Würzb BayVBl **72**, 23; zum RWeg s Anm 8.

dd) Einschränkd ferner **BImSchG 14** (bisher ähnl GewO 26).

BImSchG § 14 – *Ausschluß von privatrechtlichen Abwehransprüchen: Auf Grund privatrechtlicher, nicht auf besonderen Titeln beruhender Ansprüche zur Abwehr benachteiligender Einwirkungen von einem Grundstück auf ein benachbartes Grundstück kann nicht die Einstellung des Betriebs einer Anlage verlangt werden, deren Genehmigung unanfechtbar ist; so können nur Vorkehrungen verlangt werden, die die benachteiligten Wirkungen ausschließen. Soweit solche Vorkehrungen nach dem Stand der Technik nicht durchführbar oder wirtschaftlich nicht vertretbar sind, kann lediglich Schadensersatz verlangt werden.*

BImSchG 14 bezieht sich auf Anlagen, die nach diesem Gesetz (Geltgsbereich: BImSchG 2 – nicht mehr auf gewerbl Anlagen beschränkt) genehmigt sind, nach **AtomG 7** sinngemäß auch auf nach AtomG genehmigte Anlagen; nach **LuftVG 11** auf Flughäfen (vgl dazu BVerwG DÖV **69**, 283; BGH WPM **71**, 692; NJW **77**, 1917/1920; Ruhwedel NJW **71**, 645; Martin, NJW **72**, 558 u Düss Betr **75**, 345). Fragl ist daher, was künft für Anlagen gilt, die gem der fortgeltden GewO 24 genehmigt sind; der bisher maßgebl, durch BImSchG aufgeh GewO 26 bezog sich nach allgM auch auf GewO 24: Für Anlagen, die vor Geltg des BImSchG gem GewO 24 genehmigt w, schloß die Gen nach GewO 24 jene nach GewO 16 ein; daher gilt eine solche Gen (arg BImSchG 67 I) als Gen nach BImSchG fort, genauso wie eine unmittelb nach GewO 16 erteilte Gen (so BImSchG 67 I ausdrückl), – für solche Anlagen also keine Änd der RLage. – Nach Inkrafttr des BImSchG (1. 4. 74) gewährt eine nur aG GewO 24 erteilte Gen dagg nicht mehr ein nachbrechtl Privileg entspr früher GewO 26, jetzt BImSchG 14. Diese RLage entspricht dem v BImSchG betonten unterschiedl Zweck der GenVerf (dazu Heigl BayVBl **74**, 244): Die Prüfg v Störgen des nachbarlen Verh ist nun allein dem Verf nach BImSchG 4 zugewiesen.

BImSchG 14 gilt nicht für Straßenbau, Eisen- u Straßenbahn, arg BImSchG 2 II Nr 4, 43 II (wg der Eisenbahnen vgl aber Anm 1 c; 5a cc). Vgl auch EG 125 Anm 2. Beschr des UnterlAnspr (nur Schutzvorkehrgen), wenn aG Schutzvorkehrgen Immissionen nicht ausgeschl w, Ausgleich dch den ErsAnspr, vgl hierzu b bb. Ebso nur Anspr auf Schutzvorrichtgen od SchadErs, wenn Nachb bereits im **GenVerf** mit nachbrechtl (§§ 906, 907) Einwendgen nach BImSchG 10 VI nicht berücks w, BayObLG **62**, 435 (z entspr Verf gem GewO 19). – Wg des SchadErsAnspr u dessen Verj s unten Anm b bb. – Kein Schutz für Anlage, die GenBedinggen nicht beachtet, OGH NJW **49**, 713. Auf „bes privatrechtl Titel", insb Vertr mit Inh der Anlage beruhde Anspr bleiben unberührt, RG **93**, 103; vgl auch BImSchG 10 VI 2. Unberührt auch die Möglichk der (wg der Einschränkg ihrer bürgerlrechtl Abwehrmittel) dch die Gen Betroffenen, **diese** im VerwRWeg **anzufechten**, BVerwG **28**, 131; VerwG Gelsenk, Betr **71**, 1518. – Für nicht genehmbedürft Anlagen nach BImSchG 22–25 gilt § 906 (Baur JZ **74**, 657).

ee) Weitergehender Ausschl des Anspr bei bewilligter Wasserbenutzg, WassHaushG 11.

b) Interessenausgleich. aa) Grdsätzl (Ausn: bb) nur nach §§ 823 ff. Übermäßige Einwirkg ist rechtsw. Dies auch dann, wenn sie an sich gewöhnl ist, aber durch zumutb Maßn verringert od verhindert w kann (insow sei sie dann nicht mehr „ortsübl"), BGH NJW **62**, 1342 (Störg eines Klaviergeschäfts durch Abbrucharbeiten mittels Preßlufthämmern). Vgl auch BGH **LM** Nr 18. Verschulden Voraussetzg. Dazu gehört, daß dem Störer die Unterlassg od die Herstellg von Schutzvorrichtgen zuzumuten war. Mit GesundhSchäden dch starken Lärm zur Schlafenszeit muß Gewerbetreibder rechnen, BGH MDR **71**, 37.

bb) Der Anspr auf **Schadensersatz gem BImSchG 14** (entspr LuftVG 11; AtomG 7 IV; WassHaushG 8 III), § 903 Anm 3 c bb geht auf Ers desjenigen Minderwerts, den das Grdst dch übermäß, den zuläss Umfang nach § 906 überschreitde Immission erlitten hat (BGH **LM** Nr 18; RG **139**, 33). Er setzt kein Versch voraus – dies auch für die Zeit vor Klage, BGH **15**, 146; wg überholder Kausalität bei Verruß vgl BGH **LM** Nr 18. Vom obigen Vorbeh abgesehen ist (idR dch Kapitalabfindg) **voller Schaden** zu ersetzen; das war zu GewO 26 str; aA Erm-Westermann Rdz 18: „Schadloshaltg" (so GewO 26) = EnteigngsEntsch; vgl zum MeingsStand Lorenz, Betr, Beil 6/**73** zu Heft 12, S 12 Fußn 105. Aber es ist nicht einzusehen, daß der Eigtümer, der uU dem zur Gewinnstreben eines Unternehmers nach BImSchG 14 weichen soll, auch im ErsAnspr so eingeschr w soll, wie der im öff Interesse Enteignete; Frage nun dch eindeut Fassg des BImSchG erl. **Verjährung:** 3 Jahre, § 852 entspr; allgM, vgl Hoche, Festschr H. Lange 1970, S 241; nicht folgericht, da auch BImSchG 14 einen FortwirkgsAnspr für den verwehrten AbwAnspr aus § 1004 gibt (W-Raiser § 53 II 3); vgl § 903 Anm 4 e u 5 G e sowie unten Anm 6 f.

cc) Öffentlichr AusgleichsAnspr wg Enteigng od enteigngsgl Eingr. – **Voraussetzgen:** Auf hoheitl Benutzg eines Grdst beruhde u insow zu duldde (Anm 5 a bb) Immission, die das nach § 906 entschädiggslos zu Duldde übersteigt (BGH **64**, 220). Die wesentl Beeinträchtigg kann auf ortsübl od nicht ortsübl Benutzg beruhen (BGH **54**, 384). Bei (ortsübl) VerkLärm richtet sich die ZumutbarkGrenze iS § 906 II 2 nach der Wertentscheidg des BImSchG (§§ 1, 3 I, 41–43), auch wenn das Straßenbauvorhaben zeitl noch nicht von ihm erfaßt w (aA Kastner NJW **75**, 2319); es sind daher nicht nur ausnahmsw bes schwere Beeinträchtiggen unzumutb (so noch BGH **49**, 148; **54**, 384; Mü OLGZ **75**, 334), sond es kommt auf die Schwere des Eingr in die dch die örtl Verh (auch Gebietsstruktur) geprägte u realisierte Wohnfunktion des gestörten Grdst an (BGH **64**, 220; NJW **77**, 894; Betr **88**, 318; Berr **78**, 488). – **AnsprInhalt:** Angem Entsch nach EnteigngsGrdsätzen (BGH **54**, 384; **57**, 370; aA Erm-Westermann Rdnr 25: voller SchadErs; vgl Anm 6a). Bei VerkLärm aber entspr BImSchG 42 AufwendgsErs für Lärmschutzanlagen; am Minderwert ausgerichtete EnteigngsEntsch erst, wenn Lärmschutz unwirks od unverhältnism aufwend (BGH **64**, 220; JR **76**, 476; NJW **77**, 894; vgl dazu Kastner NJW **75**, 2319; Fickert BauR **76**, 1; Kloepfer JuS **76**, 436).

dd) Nachbarrechtl AusgleichsAnspr entspr § 906 II 2, BImschG 14. – **Voraussetzgen:** Auf priv Benutzg eines Grdst (einschl nichthoheitl Tätigk der öff Hand) beruhde Immission, die das nach § 906 entschädiggslos zu Duldde übersteigt u aus and Gründen als § 906 zu dulden ist (BGH **48**, 98). Er begegnet, von BImSchG 14 (dazu oben bb) u § 906 II 2 (dazu unten Anm 6) abgesehen, vor allem bei Immissionen gemeinwicht Betriebe s oben Anm 5a cc); vgl Schulte, Eigt u öff Interesse, 1969, S 109. – BGH **60**, 119 gewährt dem Eigtümer eines von Hochspannsgleitg priv E-Werks überspannten Grdst, dessen BeseitiggsAnspr rechtskr abgewiesen, den Anspr, obwohl diese Störg keine Immission; den Anspr gibt es aber eben auch außerh des Immissionsbereichs (§ 903 Anm 3 c; Kreft in Anm zu BGH **LM** § 1004 Nr 123), weil auch in und Fällen der Einwirkg iS des Tatbestd von § 1004 das Eigt dem gesellschaftl höherwert Interesse weichen muß (vgl § 1004 Anm 7 c bb). Das bedeutet keineswegs, daß ein gemeinwirtsch Unternehmen ohne Enteigng nach EnergieWirtschG 11, BBauG 85, 86 fremde Grdst unter Ausschaltg von § 1004 schlechthin beanspruchen darf (Kimminich NJW **73**, 1479; BGH NJW **76**, 416). Ob der GrdstEigtümer aus übergeordneten Interessen eine einmal, wenn auch dch PrivatUntern rwidr errichtete Leitg schlechthin unter Verweisg auf den AusglAnspr dulden muß (so Kreft aaO), scheint jedoch zweifelh. – Eigtümer u Besitzer eines Grdst haben AusglAnspr entspr (weil keine Immission) § 906 II 2 gg denjenigen, der rechtm die Straße vor dem Grdst über den GemGebr benutzt u damit ortsübl Nutzg des Grdst beeinträchtigt (BGH **62**, 361; **70**, 212). – **AnsprInhalt:** Nach hM angem Entsch nach EnteigngsGrds (BGH aaO) uU als Rente (BGH BB **63**, 1077). Für Schadloshaltg entspr BImSchG (früher GewO 26) Glaser-Dröschel aaO 167; W-Raiser § 53 II 3. Für vollen SchadErs Wolff I § 61 1 c; Soergel-Baur Rdz 77 vor § 903 u § 906 Rdz 73; Erm-Westermann § 906 Rdnr 25. Es ist in der Tat nicht einzusehen, warum sich der Eigtümer hier mit einem minderen AusglAnspr

Eigentum. 1. Titel: Inhalt des Eigentums § 906 5–8

bescheiden soll, nachdem ihm schon der AbwAnspr gen ist; BGH NJW **70**, 856 gibt vollen Ers der Wertminderg. – Zur Sonderregelg (Ers von Aufwendgen für Schallschutz beim Gestörten) vgl **FluglärmG 9**, dazu D. Lorenz aaO (Schriftt vor Anm 1). – **Verjährg**: § 195. – Zur **Passivlegitimation** (Störer od Begünstigter) vgl BGH **48**, 98, 106. **Schrifttt:** Spyridakis, Festschr Sontis 1977, 241.

ee) Die Gesetze v 13. 12. 33 u 18. 10. 35 (vgl Anm 5 a cc) geben nur ausnahmsw Anspr auf Entschädigg. Die Regelg dort widerspricht GG 14. Es gilt deshalb hier das gleiche wie zu b aa–dd.

6) Anspruch bei übermäßiger, aber ortsüblicher Einwirkg. Im Sinn der bisherigen Rechtssprechg (vgl RG **154**, 165; **159**, 140; BGH **30**, 276), aber noch weitergehd ist Abs 2 neu gefaßt.

a) Hiernach gilt jetzt (vorbehaltl der Fälle Anm 5 a): Ist Benutzg des störenden Grdst nicht ortsübl, so besteht schlechthin das VerbietgsR des § 1004; vgl auch Anm 3b bb. Ist sie aber ortsübl, dann ist Benutzer des störenden NachbGrdst verpflichtet, soweit dies wirtschaftl zumutb, techn mögl Maßn zur Verhinderg der Einwirkg zu treffen (insow besteht also auch keine DuldgsPfl, sond VerbietgsR). Ist ihm dies nicht zumutb od ist es technisch unmögl, so ist der Gestörte (GrdstEigtümer, -besitzer – vgl Anm 1, 5b u Weimar MDR **60**, 639 – u gleichstehd Berechtigte, vgl § 1004 Anm 3) zur Duldg verpflichtet, aber er hat einen **AusgleichsAnspr** (auf angem Entsch, II 2, Begr str) in Geld, sofern sein eigenes Grdst in der ortsübl Benutzg oder im Ertrag über das (objektiv) zumutbar Maß hinaus beeinträchtigt wird. Zum Begr der Unzumutbark einer an sich ortsübl Immission in ein StraßenGrdst, die beträchtl Aufwendgen für die Verkehrssicherh erforderl macht, BGH **62**, 186 = **LM** Nr 44 Anm Mattern. Der objektive Normgehalt des Gesetzes erfordert nunmehr nur noch (vgl aber noch BGH **30**, 273) eine das zumutb Maß überschreitde Beeinträchtigg u damit eine Verletzg des **nachbarl Gemeinschaftsverhältnisses** (vgl BGH **38**, 63/64). **Inhaltl** bemißt BGH den Anspr nach den Grdsätzen für die EnteigngsEntsch (BGH **49**, 148/155 = **LM** Nr 26 Anm Mattern = JZ **68**, 269 mit krit Anm Hubmann; NJW **71**, 750): Hiernach soll der Geldausgleich der Differenz zw den 2 Benutzgswerten entsprechen: dem angesichts der Immission tatsächl vorhandenen u dem fiktiven, den das Grdst hätte, wenn die Immission die opferlos zu tragde Grenze der zumutb Beeinträchtigen nicht überschritten hätte. Vgl BGH **58**, 149, wo iF eine entspr Anwendg von §§ 1004, 823 u auch Ers für Nutzsgentgang zugebilligt w. Demggü bestreiten Soergel-Baur (§ 906 Rdn 74) den Wesensunterschied zw Schadloshaltg u angemessenem Ausgl iS § 906 II 2, in dessen Fassg sie nur eine dem Richter eingeräumte freie Gestaltgsmöglichk (ZPO 287) sehen. Auch nach Erm-Westermann Rdz 16 ist voller Ers ab ZumutbarkGrenze zu leisten; dem ist zuzustimmen.

b) Dem nach II 1 Duldgspflichtigen können zwecks Abwehr der Beeinträchtigg iR der Ortsüblichk selbst aufwend Maßn zumutb sein (BGH NJW **76**, 979), zB Betriebsanpassg (BGH **28**, 230; RG **154**, 167), nicht aber völl Umstellg (RG AkZ **40**, 101). § 254 anwendb (Köln VersR **65**, 722).

c) Anspr richtet sich gg **Benutzer**, (dazu BGH MDR **68**, 912) des and Grdst; das ist nicht der Bauunternehmer, BGH NJW **66**, 42, der nur für Anspr aus § 823 uU passiv legitimiert ist; wohl aber kann dies der FlughafenUntern, auch hinsichtl des Start- u Landelärms sein (BGH **69**, 105/118), zur Störereigens § 1004 Anm 4a. **Aktivlegitimiert** auch ein geschädigter bloßer Besitzer, BGH **30**, 273.

d) Die **summierte Immission** (dazu Pleyer AcP **165**, 561; Kleindienst S 56ff; Westermann Festschr Larenz 1973, 1012). Bei Mehrh von Störern ist zu unterscheiden: – **aa)** Jeder Störer überschreitet für sich die Grenze ausgleichsloser DuldgsPfl: Anspr gg jeden auf Unterl nur der von ihm ausgehden Störg bzw auf GeldAusgl in Höhe des (notf nach ZPO 287 festzustellden) Anteils an der GesBeeinträchtigg (BGH NJW **76**, 797; LG Hbg MDR **65**, 45). – **bb)** Die Störgen überschreiten erst im Zusammenwirken die Grenze ausgleichsloser DuldgsPfl: kein UnterlAnspr, soweit Einzelstörg nicht verbietb (Westermann aaO; aA Soergel-Baur Rdnr 53); aber GeldAusgl gg alle Störer als GesSchu (BGH aaO).

e) Verlangt der Eigtümer eine Kapitalabfindg als SchadErs für den Minderwert des Grdst, so hat er uU auf Verlangen eine Grunddienstbarkeit zu bestellen, daß über § 906 hinausgehde unverschuldete Einwirkgen zu dulden sind, um so den Einwirkden gg nochmalige Anspr der RNachfolger des Eigtümers zu schützen. So für einen Sonderfall RG AkZ **40**, 100; zurückhaltd wg der dch die GrdDbk weiteren Entwertg des Grdst BGH NJW **70**, 856.

f) **Verjährg**: § 195; vgl Glaser-Dröschl 163 u oben Anm 5b dd; str, aA (§ 852) Hoche, Festschr H. Lange 1970, S 241; wie hier nun auch Erm-Westermann Rdz 34. Es kann nichts anderes gelten, als für die AusglAnspr bei Enteigng u enteigngsgleichem Eingr, dazu § 903 Anm 4e u 5 Ge.

7) Beweislast: Gestörter für Eigt u Störg sowie iF II 2 für Kausalität zw Einwirkg u Beeinträchtigg u für Unzumutbark (Oldbg AgrarR **75**, 258). Störer für Unwesentlichk (BGH **LM** Nr 36), Ortsüblichk (BGH WPM **71**, 134, 278) u Unverhinderbark (BGH WPM **60**, 1278). Nichteinhaltg der ImSchV (Anm 1e) spricht idR für Vorliegen von Umständen, die zu beweisen Tats; Einhaltg (u behördl Gen) spricht idR für Unverhinderbark, beweist aber nicht die Ortsüblichk od Unwesentlichk einer Einwirkg u steht ihrer Kausalität für best Beeinträchtigg nicht entgg (BGH **70**, 102 Anm Walter NJW **78**, 1158; vgl Baur JZ **74**, 657; BVerwG NJW **78**, 1450). Unaufklärbark des BeeinträchtiggsAnteils bei summierter Immission (Anm 6 d aa) geht zu Lasten des AusglVerpflichteten (BGH NJW **76**, 979; vgl auch Kleindienst S 58f u Oldbg AgrarR **75**, 258). – Praxis sollte bedenken, daß Störer Störg bei Augenschein idR mildern kann (vgl BGH WPM **70**, 492).

8) Rechtsweg: s zunächst § 903 Anm 4g, i, 5 F, Gg. –

a) Für alle **Ausgleichs- bzw EntschädiggsAnspr** gem Anm 5 ist der ordentl RWeg eröffnet, GG 14 III 4, VwGO 40 II; dies gilt für solche aus enteigngsgl Eingr (iS von Anm 5b cc; dazu BGH **7**, 296 u **LM** Nr 25), wie für privatrechtl AufOAnspr, also insb für nachbarrechtl AusglAnspr (iS von Anm 5b dd) u erst recht für Anspr aus § 906 II 2 (Anm 6). Vgl BGH WPM **70**, 1486.

b) AbwehrAnspr gg hoheitl Handeln: VerwRWeg (vgl Martens, aaO u DVBl **68**, 150; Memmert aaO; LG Brschw BlGBW **68**, 33. Dies jedoch nur, wenn die öffr Körpersch in den Formen des öff Rechts

§§ 906–908   3. Buch. 3. Abschnitt. *Bassenge*

handelt, das nur ihr als Trägerin hoheitl Gewalt eingeräumt, nicht immer schon, wenn ihr Handeln eine ihr als öffrKörpersch obliegde Aufgabe erfüllt; nicht zB, wenn Gemeinde Grdst für störde Kirmes bereitstellt BGH JR **72**, 256 Anm Martens; auch wenn bei Plang einer FernStr Lärmschutzmaßn fehlen (BFStrG 17 IV), vgl Übbl 2 d dd vor § 903. – Der Gebr des Eigt muß sich also als öffr VerwHandeln, wenn auch im Rahmen schlichter HoheitsVerw, darstellen; außerdem muß die Vollstr des stattgebden Urt zur Aufhebg od Abänderg einer hoheitl Maßn führen (vgl BGH NJW **68**, 1281/3; BGH **48**, 98; **49**, 148 zur Abgrenzg des nachbarrechtl AusglAnspr von jenem wg enteigngsgleichem Eingr; dazu Kleindienst NJW **68**, 1953). – Andernf, also für AbwehrAnspr gg Störg dch privatwirtsch GrdstNutzg od öffr Körpersch od des gemeinwicht Betriebe (s oben Anm 5 a cc): ord RWeg. – Die **Rspr** des BGH hat Lärm- u ähnl Beeinträchtigen, die nicht unmittelb dch Eingr von hoher Hand ausgelöst waren, zunächst dem priv NachbR unterstellt: vgl BGH **49**, 148; WPM **68**, 581/5 (Straßenlärm); BB **67**, 812 (Baulärm Moselstaustufe); BGH **48**, 98; MDR **68**, 483; BGH NJW **68**, 1281 (Sandabschwemmg dch Panzerübg); dazu krit (für VerwRWeg) Walter Schmidt JuS **69**, 166, 170. Nunm gibt BGH **54**, 384 bei **Baulärm- u VerkLärmimmission** dch Bau u Betr einer BFernstraße, wenn die Voraussetzgn gem § 906 erfüllt, einen öffr EntschädiggsAnspr im ord RWeg wg enteigndn (dazu § 903 Anm 5 D d) Eingr, wobei sich die DuldgsPfl des Nachb hins des Baulärms aus der Planfeststellg, hins des VerkLärms aus der Straßenwidmg ergibt. Folge: vgl oben Anm 5 a bb u b cc. Die Rspr des BGH übernimmt auch hier zutr weitgehd die Maßstäbe des NachbR (vgl BGH **59**, 378 [Militärflugplatzlärm, vgl § 903 Anm 5 D b u § 1004 Anm 4a]; **54**, 384; **57**, 370; **58**, 149); krit dazu Schulte, Eigt u öff Interesse § 8 II; Martens, Festschr Schack S 92ff. – Kein hoheitl Charakter soll allerd gegeben sein, wenn Staat Straßenbau dch priv Werkunternehmer ausführen läßt, es sei denn, daß er sich bindde Weisgen od Einflußnahmen als eig zurechnen lassen muß, BGH NJW **73**, 390 mit Nachw. Ordentl RWeg gg **Glockengeläute** auch der Kirchen, die Körpersch des öffR sind, vgl v Campenhausen DVBl **72**, 316 u oben Anm 2a, 3b aa.

907 *Gefahrdrohende Anlagen.*

I Der Eigentümer eines Grundstücks kann verlangen, daß auf den Nachbargrundstücken nicht Anlagen hergestellt oder gehalten werden, von denen mit Sicherheit vorauszusehen ist, daß ihr Bestand oder ihre Benutzung eine unzulässige Einwirkung auf sein Grundstück zur Folge hat. Genügt eine Anlage den landesgesetzlichen Vorschriften, die einen bestimmten Abstand von der Grenze oder sonstige Schutzmaßregeln vorschreiben, so kann die Beseitigung der Anlage erst verlangt werden, wenn die unzulässige Einwirkung tatsächlich hervortritt.

II Bäume und Sträucher gehören nicht zu den Anlagen im Sinne dieser Vorschriften.

1) I S 1 erweitert den EigtAnspr des § 1004 zu einem vorbeugenden Schutzmittel. Er kann vor der Einwirkg erhoben w. Ferner kann die Beseitigg der Anlage (nicht nur der Einwirkg) verlangt w. Für den Eigtümer des NachbGrdst bedeutet § 907 eine Beschrkg seines Eigtums.

2) Voraussetzgn. a) Anlagen auf dem NachbGrdst, dh Werke u Einrichtgen von gewisser Selbständigk u dauerndem Bestande, die von selbst (zB Teiche mit Fröschen, Warn **10**, 336) od durch ihre Benutzg (zB Viehställe, uU Garagen, BGH WPM **65**, 1009) auf das Grdst des Eigtümers einwirken. Dazu gehören **nicht**: Gebäudetrümmer, Hamm NJW **54**, 273; Hodes NJW **54**, 1346 (vgl aber § 1004 Anm 4); bloße Erhöhgen (BGH NJW **76**, 1840), Bienenkörbe (Staud-Seufert Anm 8; aM M-St-H § 17 II 1; LG Lübeck MDR **70**, 506); Lager von Baumaterial u -geräten BGH Betr **69**, 920. Über Bäume u Sträucher **(II)** vgl §§ 910, 923; EG 124. Über Felshänge RG **134**, 234 (vgl § 1004 Anm 2). **Benachbart** sind alle Grdst innerh des mögl Einwirkgsgebiets, RG **167**, 21.

b) Sichere Voraussicht ist der nach der Lebenserfahrg zu beurteilende, höchste Grad der Wahrscheinlichk (RG **134**, 255). Unbedingte Gewißh nicht erforderl, bloße Möglichk unzureichend. Daher kein VerbietgsR gg ordngsm verlegte Wasserrohre, Oldbg NJW **58**, 1096.

c) Gefahr einer unzulässigen Einwirkg. Vgl §§ 903 Anm 3 a; 906 Anm 2. Auch hier erkennt die hM nur unmittelb Grenzüberschreitgn an, zB nicht die Entziehg von Licht u Luft, RG **98**, 16, aber zu Unrecht; Einzelfall maßg; bedenkl dah auch RG **155**, 158 aus den Gründen zu Anm 2b zu § 903. Die unzul Einwirkg muß gerade auf dem Bestand od der Benutzg der Anlage beruhen. Beseitigg von Mängeln der Anlage nach §§ 903, 906, 1004. Für Wasserüberschwemmg od -entzieig gilt LandesR gem EG 65.

Zu a–c). Beweispflichtig ist der Kläger, BGH **LM** § 559 ZPO Nr 8.

3) Anspr. a) Über die AnsprBerechtigten u AnsprGegner vgl § 1004 Anm 3, 4. Nießbraucher ist sachbefugt, BGH WPM **55**, 998. Für das BergR gilt § 907 nicht, RG Gruch **59**, 1059.

b) Klage auf Unterlassg der Herstellg oder der **Benutzg** oder auf **Beseitigg** der Anlage. Über die Ausschließg der Klage vgl §§ 906 Anm 5 a; 1004 Anm 7. Bei nach GewO 16 genehmiggspfl Betrieben auch vor Errichtg keine Klage aus § 907, Landmann-Rohmer, § 26 GewO Anm 2. GewO 26 greift auch hier dch, BGH **15**, 146, 150; MDR **64**, 220. Über SchadErs- u AusglAnspr vgl § 906 Anm 5 b, 6. § 907 ist SchutzG iS des § 823 II, RG **145**, 115.

4) I Satz 2. Vorbeugende Klage (auch bei geplanten Anlagen, Mü NJW **54**, 513) unzul bei Einhaltg landesgesetzl Vorschr; sie genügen meist, um unzul Einwirkg zu verhüten. Hierher gehören sowohl bürgerrechtl wie polizeil, insb baupolizeil Vorschr, zB über Bauabstand von der Grenze (vgl EG 124 und Pietzonka NJW **54**, 1181). Einhaltg solcher Vorschr muß Bekl beweisen, RG **104**, 84.

908 *Drohender Gebäudeeinsturz.*

Droht einem Grundstücke die Gefahr, daß es durch den Einsturz eines Gebäudes oder eines anderen Werkes, das mit einem Nachbargrundstücke verbunden ist, oder durch die Ablösung von Teilen des Gebäudes oder des

Werkes beschädigt wird, so kann der Eigentümer von demjenigen, welcher nach dem § 836 Abs. 1 oder den §§ 837, 838 für den eintretenden Schaden verantwortlich sein würde, verlangen, daß er die zur Abwendung der Gefahr erforderliche Vorkehrung trifft.

1) Der Eigtümer ist nicht auf die SchadErsAnspr aus §§ 836 ff beschränkt. Er kann die Ausbesserg od den Abbruch baufälliger Werke verlangen, selbst bei hohen Kosten; aber keine unzumutb Maßn, vgl Pehle in Anm BGH **LM** Nr 1 = **58**, 149.

2) Voraussetzungen. a) Drohende Gefahr der Beschädigg. Verschulden nicht erforderl, LG Lüb SchlHA **51**, 25. Vgl auch Staud-Seufert Anm 6.

b) Gebäude ist ein Bauwerk, das dch räuml Umfriedg Schutz gewährt u den Eintritt von Menschen gestattet, BGH Betr **72**, 2298. Zu den Teilen des Gebäudes gehören alle Bestandteile, auch nicht fest verbundene, zB Fenster, RG **113**, 292; Torflügel, Warn **20**, 12; Putzstücke, Warn **16**, 78; Dachziegel, Warn **19**, 169; Fahnenstangen, OLG **12**, 278. Einzelne Sachen aber nur, wenn sie mit dem Gebäude baumäßig verbunden sind, RG **107**, 339; Warn **20**, 12. Werk: zB Mauern, OLG **14**, 53; Tore, Warn **20**, 12; Brunnen, RG **76**, 260; im Erdboden liegende Rohrleitgen, RG **133**, 6; Starkstromleitgen, RG HRR **32**, 444; Baugerüste, RG JW **10**, 288; Dämme, RG **97**, 114; aber **nicht** bloße Erdhaufen, RG **60**, 139; gewachsener Fels, RG **149**, 210. Wg des Begriffs u weiterer Beisp vgl § 836 Anm 2, 3; Teile eines Werkes sind zB die Drahtseile eines Fahrstuhles.

c) Einsturz oder Ablösg; vgl § 836 Anm 4. Sie müssen nach Naturgesetz inf mangelnder Beschaffenh des Gebäudes od Werkes eintreten, RG **70**, 206; mögen sie auch durch bes Ereignisse veranlaßt w, zB durch menschl Tätigk (Anstoßen, Anlehnen, Auftreten), Warn **19**, 169, od durch Natureeignisse wie Überschwemmg, RG Gruch **58**, 193.

3) Anspr. a) AnsprBerechtigte § 1004 Anm 3.

b) AnsprGegner ist der, der nach §§ 836 I, 837, 838 schadensersatzpfl wäre. Vgl die Anm dazu. Aber nicht ein früh Besitzer, weil § 836 II nicht mitangeführt ist.

c) Die erforderl Vorkehrgen brauchen im Urteil nicht aufgeführt zu werden, RG **65**, 76.

d) Kläger hat die Gefahr u den Eigenbesitz des Bekl zu beweisen; der Bekl, daß er zu ihrer Abwendg das Erforderl getan hat, § 836 I 2. Eigenverschulden des Klägers führt nicht zum Ausschl des Anspr, aber uU zur SchadErsPfl, LG Lüb SchlHA **51**, 25.

4) Sind die Beeinträchtiggen in bes Fällen gem § 242 (**nachbarl GemeinschVerh**) vorübergehd zu dulden, bleibt doch Anspr auf Schadloshaltg: **bürgerlr AufOAnspr**, BGH **58**, 149.

909 *Vertiefung.* Ein Grundstück darf nicht in der Weise vertieft werden, daß der Boden des Nachbargrundstücks die erforderliche Stütze verliert, es sei denn, daß für eine genügende anderweitige Befestigung gesorgt ist.

Schrifttum: Klausing-Paul, Häuser- u GrdstSchäden durch künstl Veränderg des Grundwasserspiegels, 1940. Weber, DWA **40**, 373, 455. – Laufke, Schrifttum zu § 906. M-St-Hodes § 20. –

1) § 909 beschränkt den Eigtümer zG des Nachbarn, richtet sich aber auch gg Dritte (vgl Anm 3b). Er gilt **nur für Vertiefgen**. Keine entspr Anwendg auf andere Maßn, wie Erhöhgen (BGH NJW **76**, 1840), Abbruch eines Gbdes (BGH VersR **62**, 572), Einrammen einer Spundwand auf dem NachbGrdst, BGH MDR **66**, 668. Nach RG **155**, 160 (krit Laufke aaO) auch nicht, wenn durch Aufschüttg u dadurch vermehrten Druck das Grundwasser unter NachbGrdst steigt u dessen Baugrund nachgibt (jedoch bei Senkg durch Grundwasserentziehg, BGH **57**, 370, vgl auch Anm 2a und § 906 Anm 5b cc). Aber der Gesichtspkt des nachb GemeinschVerh kann uU dazu führen, billigen Ausgleich zu schaffen (Westermann § 63 IV 1, vgl auch RG **167**, 23) od SchutzMaßn zu treffen (BGH NJW **76**, 1840). Zur SorgfPfl des Bauherrn bei Auswahl der BauUntern (Fundamentierarbeiten) vgl BGH **LM** § 909 Nr 10. – Gen durch Baupolizei für § 909 unerhebl, Warn **14**, 85; ebso landesrechtl GrenzabstandsVorschr; Unterzeichng des Bauplans enthält keinen Verzicht des Nachb auf Anspr aus § 909.

2) Unzulässige Vertiefg. a) Notwend ist eine Hdlg, die auf Vertiefg abzielt; Fortschwemmen von Uferland ist keine Vertiefg (RG DRZ Rspr **35**, 386); and wenn Vertiefg das Fortschwemmen ermöglicht (BGH **63**, 176). Dagg Grundwasserabsenkg, wenn Teil von Tiefbauarbeiten, RG **167**, 20, od Folge von gemeindl Kanalisationsanlage, BGH **57**, 370. Für reine Grundwasserabsenkg gilt WasserR, EG 65, s dort Anm 1 a. Vertiefg auch bei Senkg des Niveaus dch Druck eines Neubaus, BGH **44**, 130, od Auflagerg von Bauschutt, BGH NJW **71**, 935. Entn von Bodenbestandteilen also für Begr nicht notw. Vertiefg auch, wenn Fuß des Hangs angeschnitten w, oberh dessen NachbGrdst liegt, BGH WPM **72**, 388. Wesentl ist, ob der **Boden des NachbarGrdst die erforderl Stütze verliert.** In der Senkrechten durch den Fortfall des Gg-Druckes, zB inf Ausbaggerg neben einem Grdst mit Wasserlauf (BGH **63**, 176). Oder in der Waagerechten durch Beeinflussg der unteren Bodenschichten des NachbGrdst, zB bei Verringerg der Standfestigk durch Bodenbewegg (RG **132**, 52), od dch Austrockng inf Drainage (BGH NJW **78**, 1051), Anfaulen von Pfahlrosten (RG **155**, 393; **167**, 22) bzw Bodensenkg (BGH NJW **77**, 763) inf einer Grundwassersenkg; od dch Grundwasserströmg inf Bauarbeiten, BGH **57**, 370. Vgl auch Anm 1. Unerhebl, ob dauernde od vorübergehde Vertiefg (BGH NJW **78**, 1051). Nach BGH **12**, 75 kein Anspr des entfernteren Nachb, dessen Haus beschädigt w, weil dch Vertiefg der Boden des unmittelb NachbHauses die Stütze verliert u dieses einstürzt (bedenkl). Nachbarsch reicht so weit wie Einwirkgskreis, RG **167**, 21. Nach LG Köln (VersR **70**, 644) schützt § 909 auch in Eigt Dritter stehde Scheinbestandt (Strom- u Fernmeldekabel) des NachbGrdst (öff Weg).

b) Die Vertiefg ist zul, wenn auf dem zu vertiefenden Grdst für genügde **anderweit Befestigg** gesorgt w. Die notw Maßn richten sich nach den örtl Verh, zB nach der ggwärt od künft im Rahmen bestimmgsm Ausnützg zu erwartenden Benutzg des NachbGrdst (BGH **63**, 176). Auch mangelh Bauwerk darf nicht die

§§ 909–911

Stütze entzogen w (BGH **63**, 176), nach § 242 (NachbarschVerh) jedenf könnte der Eigtümer des baufälligen NachbHauses uU zur Kostentragg für Abstützg mitherangezogen w, wenn die Schong des baufälligen Hauses die Aufwendgen des Bauenden unzumutb erhöhen würde. Hat Nachb einen SchadErsAnspr (Anm 3 b), so Minderwert des Hauses zu berücksichtigen, Anspr beschränkt sich auf die zusätzl herbeigeführten Schäden, str. Die Befestigg braucht nicht vor Beginn der Vertiefg beendet zu sein; regelm kann beides nebeneinander hergehen. Soweit erforderl, kann NachbGrdst zur Ausführg der Befestigg betreten w, vgl auch Anm 3 b; Staud-Seufert Anm 32.

3) Folgen einer Verletzg. a) BeseitiggsAnspr gg ggwärt Störer (Eigtümer od Besitzer; RG **103**, 174; **132**, 56); **UnterlAnspr** (auch gg Bauunternehmer usw wie Anm 3 b) entspr § 1004 Anm 6. Bei GrdstVeräußerg gg RNachf des Vertiefden (BGH NJW **68**, 1327); bei Veräußerg währd RStreit gilt ZPO 265 (and bei Anm 3 b). Mögl also SamtHaftg des früh Eigtümers aus §§ 823 II, 249 u seines RNachf aus § 1004. – Anspr Berecht ist jeder Beeinträchtigte, auch der Besitzer (§ 909 gibt wohl selbstde AnsprGrdLage, vgl Staud-Seufert Anm 5, 33, 36). – KlageAntr/Urt müssen wiederherzustellde GrdstFestigk angeben, iü gilt für KlageAntr/Urt (BGH NJW **78**, 1584) u ZwVollstr (Zweibr OLGZ **74**, 317) § 1004 Anm 5a dd entspr.

b) Anspr auf SchadErs nach § 823 I u II; § 909 ist SchutzG, BGH NJW **69**, 2140; es haftet der schuldh (ggwärt od frühere) Störer, RG **167**, 25, 28; dies braucht nicht der Eigtümer zu sein, BGH Vers **59**, 470. Anspr uU auch gg Bauunternehmer u Bauleiter, BGH **LM** Nr 3/4; 4a; VersR **64**, 1070 (auch über Versch), sowie gg Architekten (über dessen Pflichten BGH **LM** Nr 4 a) u Statiker (Düss BauR **75**, 71). Gguber § 823 I ist § 909 SonderVorschr nach RG JW **36**, 804. SchadErsAnspr kann sowohl auf §§ 909, 823 II wie auf § 823 I gestützt w, wenn dch Unterfang auch unmittelb in das NachbGrdst eingegriffen w, BGH NJW **70**, 608. Schuldh handelt, wer mit schädl Folge der Vertiefg für das NachbGrdst rechnen muß (BGH NJW **77**, 763). Wg Beweislast vgl § 823 Anm 13 c; zum Nachw der Ursächlichk von Erdarbeiten für Mauerrisse im Nachb-Haus, BGH MDR **69**, 379. Über die (vom RG mitunter überspannte) SorgfPfl des Bauherrn vgl BGH **132**, 51; BGH **LM** Nr 2. Dieser haftet nach §§ 823, 276, 831; aber Architekten u Bauunternehmer sind wg ihrer Weisgsunabhängigk nicht seine Verrichtgsgehilfen, BGH **42**, 375. Bei Ausführg des Baues dch Fachleute idR kein Versch des Bauherrn, außer wenn er Fehler in Bauausführg wahrnimmt od inf Fahrlk nicht wahrnimmt, vgl Hamm MDR **56**, 678; BGH NJW **60**, 335 (mit wohl zu strengen Anfordergen). Entgg stRspr (BGH **42**, 63, 374; NJW **60**, 135; **63**, 1776; JZ **65**, 218) ist § 278 (nachbarl GemschVerh; Übbl 2 d aa vor § 903) anwendb (§ 278 Anm 1 b bb). Den Nachbarn kann mitw Versch treffen, wenn er das Betreten seines Grdst zu Beseitiggsarbeiten grundlos verbietet, RG JW **10**, 330. Mangelhaftigk des NachbGrdst schließt grdsätzl SchadErsanspr nicht aus, Düss NJW **60**, 677 (auch unter Ablehng des Meing von Westermann, bei modernen Tiefausschachtgen müsse Ausgl zw den Beteiligten stattfinden; dies kann aber berechtigt sein, wenn den Bauherrn kein Versch trifft, vgl Anm 3 c); wg Bedenken gg Düss aaO auch Glaser BlGBW **61**, 182. Vgl dazu auch BGH NJW **65**, 2099; **66**, 42; BGH **63**, 176.

c) Anspr auf billige Entschädigg (Aufopfergs- bzw EnteigngsEntsch) gg unmittelb Begünstigten, wenn gemeinnütz Arbeiten nicht abwehrb, RG **167**, 25. Vgl § 903 Anm 3 c, § 906 Anm 5 b cc.

910 *Überhang.* I Der Eigentümer eines Grundstücks kann Wurzeln eines Baumes oder eines Strauches, die von einem Nachbargrundstück eingedrungen sind, abschneiden und behalten. Das gleiche gilt von herüberragenden Zweigen, wenn der Eigentümer dem Besitzer des Nachbargrundstücks eine angemessene Frist zur Beseitigung bestimmt hat und die Beseitigung nicht innerhalb der Frist erfolgt.

II Dem Eigentümer steht dieses Recht nicht zu, wenn die Wurzeln oder die Zweige die Benutzung des Grundstücks nicht beeinträchtigen.

1) § 910 gewährt dem Eigtümer beschränktes SelbsthilfeR. Anspr aus § 1004 ist dadurch nicht ausgeschl, BGH **60**, 235. BeseitiggsR nur, soweit **Zweige u Wurzeln die Grenze überschreiten**, LG Bielefeld NJW **60**, 678; uU aber Schnittstelle bei Zweigen jenseits der Grenze, vgl Schumacher BlGBW **60**, 278. Beseitig überragder Baumstämme u von Bäumen, deren Wurzeln das Gebäude gefährden (LG Ffm RdL **51**, 12), nur nach § 1004; dagg – soweit erforderl – v Pflanzenteilen, die nicht zu den Bäumen oder Sträuchern zählen (zB Schlingpflanzen), nach § 906 – arg a fortiori –, Gaisbauer BlGBW **74**, 48, str. So auch, wenn im Eigt des Hausbesitzers stehder in Gemeindestraße verlegter Abwasserkanal dch Wurzeln der Alleebäume verstopft w, BayObLG **68**, 76. Über ErsAnspr für Kosten eigener Beseitigg, wenn Nachb Beseitigg (falls er dazu verpflichtet) verweigert, LG Aachen NJW **61**, 734; BGH **60**, 235, dazu Picker JuS **74**, 357; vgl auch § 923.

2) Beseitigg nur bei obj Beeinträchtigg, **II.** Von Zweigen nur nach angemessener (idR nicht in die Wachstumszeit fallender) Fristsetzg, **I S 2**, an den Besitzer des anderen Grdst od des Baumes. Berechtigt ist der Eigtümer od der ErbbBerecht (§ 1017; ErbbRVO 11). Er erwirbt bei zul Abtrenng das Eigt am abgetrennten Holz. Wg des Besitzers vgl Wolff-Raiser § 54 I 1, *BaWü* G v 14. 12. 59 §§ 23, 24.

3) Unzulässige, vorzeitige (I S 2) oder **unsachgemäße Beseitigg** ist widerrechtl. Der Beseitigende erwirbt nicht das Eigt u muß die Abholg gestatten, §§ 867, 1005. Bei Versch macht er sich schadenersatzpfl, vgl OLG **39**, 215.

4) LandesR: EG 122 (Obstbäume), 183 (Waldbäume).

911 *Überfall.* Früchte, die von einem Baume oder einem Strauche auf ein Nachbargrundstück hinüberfallen, gelten als Früchte dieses Grundstücks. Diese Vorschrift findet keine Anwendung, wenn das Nachbargrundstück dem öffentlichen Gebrauche dient.

1) Früchte gehören vor der Trenng dem Eigtümer des Grdst, auf dem der Baum od der Strauch steht. Werden sie von diesem Grdst aus getrennt, gehören sie dessen Eigtümer od dem nach § 954 Aneigngsberechtigten. So auch, wenn sie auf ein dem öff Gebr dienendes NachbGrdst, zB einen Weg, fallen (S 2). Fallen sie jedoch, gleichviel wodurch, auf ein NachbGrdst anderer Art, gehören sie nach alter dtschrechtl Auffassg (anders als im röm R) dessen Eigtümer od dem hier zum Bezuge der Früchte Berechtigten. Dadurch sollen Streitigk über das Abholen vermieden w. Gemeint sind nur Früchte im engsten Sinne, zB nicht Äste. Selbst abtrennen od schütteln darf der Nachbar nicht; er erwirbt dann kein Eigt u haftet auf SchadErs (§§ 823 ff).

Überbau (§§ 912–916)

Vorbemerkung

Schrifttum: Gollnick, Eigtum am Überbau, AcP **157**, 460. – Eichler, Der unentschuldigte Überbau, JuS **65**, 479. – Neumann-Duesberg, Das Eigtümer-Besitzerverhältn bei unentschuldigtem Überbau, BlGBW **65**, 101. – M-St-Hodes §§ 8, 24. – Klempt, EigtumsVerhältnisse bei nicht entschuldigtem Überbau, JZ **69**, 223. – Hauck, EigtVerh am Gebäude auf der Grenze, insb an der gemschaftl Giebelmauer, Diss Marbg 1970. – **Rspr-Übersichten**: Scherer, Die Rspr des BGH zum Überbau, DRiZ **62**, 412.

1) a) Anwendgsbereich: α) Die §§ 912–916 betreffen den sog **entschuldigten Überbau**: den Überbauden trifft höchstens leichte Fahrlässigk und der Nachbar widerspricht nicht sofort. Überbau durch Errichtg eines Gebäudes seitens des GrdstEigtümers (also nicht eines Pächters, Karlsr HRR **40**, 382, vgl § 912 Anm 2 a). Um den unwirtschaftl Abriß neuer Gebäudeteile einzuschränken, ist das Beseitiggs R (§§ 903, 905, 1004) des Nachbarn ausgeschl, dieser hat vielm den Überbau als gesetzl Beschrkg seines Eigtums nach Art einer Dienstbk, RG **160**, 179, zu dulden, § 912 I; er kann aber Zahlg einer reallastähnl Geldrente beanspruchen, § 912 II, od den Abkauf des überbauten Grdst verlangen, § 915. Alles dingl Verpflichten der jeweiligen Eigtümer der benachb Grdst. Abweichende Vereinbg zul; darüber, daß sie schlüssigen Handlgen nur mit Vorsicht zu entnehmen, vgl RG **160**, 173. Eigentumslage: § 912 Anm 4 a.

β) Hat Nachb dem Überbau zugestimmt (oft bei Kommunmauer, vgl § 921 Anm 5), so ist dieser **rechtm**, so daß die Regelg der §§ 912 ff (vor allem §§ 912 II, 915) der vertragl Abrede weichen muß (Soergel-Baur Rdnr 26: subsidiäre Geltg); vgl M-St-H 24 I 5 u nun eindeut BGH NJW **71**, 426; danach aber §§ 912 ff insow anwendb, als über vertragl Gestattg hinaus gebaut wurde. – Schutz für SonderR-Nachfolger des Überbauenden: GrdDbk. Andernf hilft ihm die Erwägg § 912 Anm 2 c aA (vgl BGH **LM** Nr 1; Erm-Westermann § 912 Rdz 1) gg den rechtsdrechtl nicht gebundenen RNachfolger des (rechtmäß) Überbauten. BGH **LM** Nr 9 legt dem R des Überbauenden auf Duldg des rechtm Überbaus dingl u desh den RNachfolger bindden Charakter bei; so auch RGRK Anm 8. Benutzungszeit dch Vereinbg beschränkb; dann kann sich Übernehmer nach Zeitablauf nicht auf Fortdauer der DuldgsPfl berufen, BGH WPM **66**, 1185.

γ) Gegensatz: **unentschuldigter Überbau**: solcher aus Vorsatz od grober Fahrl des Überbauenden od gg sofortigen Widerspr des Nachbarn. Ebso, wenn es sich nicht um die Errichtg eines Gebäudes durch den GrdstEigtümer handelt. Der Nachb kann Beseitig (auf Kosten des Überbauenden, so zutr Klempt aaO Fußnote 14) verlangen, §§ 903, 905, 1004 (ZwVollstr der BeseitiggsPfl ZPO 887, Köln JurBüro **69**, 364); außer bei Gen, die aber keinen Anspr auf Geldvergütg gibt, BGH WPM **64**, 458; BeseitiggsAnspr entfällt nach BGH NJW **74**, 1552 wenn rechtsmißbräuchl, wenn Aufwendgen unverhältmäß groß und bei beiders Interessen u Berücksichtigg aller Umstände unbill wären (vgl § 1004 Anm 8 c) entspr § 251 Abs. 2, – dann aber § 912 II entspr anwendb (vgl BGH WPM **74**, 572). Solange er keine Beseitig verlangt, hat er Anspr auf die Nutzgen gem §§ 987 ff, BGH **27**, 204, (falls, wie idR, Überbauender Besitzer des in das Eigt des Nachb gelangten Überbaus, vgl § 912 Anm 4 b), unterliegt aber dem VergütgsAnspr, des § 951; vgl BGH **23**, 61; aber auch BGH **41**, 157 (hierzu § 951 Anm 3 b); evtl SchadErsAnspr § 823. Beseitigt er selbst: §§ 812, 683, vgl § 1004 Anm 2 ff. Er kann anbauen, § 921 Anm 5 a bb.

b) Die §§ 912 ff sind entspr anwendbar, wenn eine **Dienstbk** verletzt, BGH **39**, 5; MDR **66**, 749 (Bauten auf mit WegeR belastetem Teil des eigenen Grdst); hierzu Eichler u Kleindienst JZ **63**, 446 u 633. Str auch, ob auch bei Verletzg bloß schuldrechtl Pflicht (hierzu Westermann § 64 II 2 u bei Erm Anm 1 a; Staud-Seuf Rdnr 6 – bejahd, gg W-Raiser, § 55 Fußn 8). Wegen Anwendbark auf Überschreitg eines vorgeschriebenen Bauabstands vgl Übbl 2 d bb aE vor § 903.

c) Überbau vor 1. 1. 1900: es gelten jetzt §§ 912 ff: EG 181; RG **169**, 177.

912 *Duldungspflicht.* I Hat der Eigentümer eines Grundstücks bei der Errichtung eines Gebäudes über die Grenze gebaut, ohne daß ihm Vorsatz oder grobe Fahrlässigkeit zur Last fällt, so hat der Nachbar den Überbau zu dulden, es sei denn, daß er vor oder sofort nach der Grenzüberschreitung Widerspruch erhoben hat.

II Der Nachbar ist durch eine Geldrente zu entschädigen. Für die Höhe der Rente ist die Zeit der Grenzüberschreitung maßgebend.

1) Sog entschuldigter Überbau. Wg des sog rechtm vgl Vorbem 1 a β; wg Kommunmauer vgl § 921 Anm 5. Normzweck: Werterhaltg.

2) Voraussetzungen der DuldgsPfl. **a) Errichtg eines Gebäudes** (§ 908 Anm 2 b, doch sind hier entspr dem Zweck der §§ 912 ff auch größere Bauwerke wie zB Brücken gleichzurechnen) durch den Eigtümer od ErbbBerechtigten, sofern sie nur GeschHerren des Bauvorhabens sind, BGH MDR **60**, 482;

§ 912 2–4   3. Buch. 3. Abschnitt. *Bassenge*

Errichtg durch Dritte (zB Pächter, BuchEigtümer) nur dann, wenn Eigtümer zustimmt, §§ 183/5, BGH **15**, 216 (mit bedenkl Annahme stillschw Gen), weil Belastg des Grdst mit Rente nur in diesem Falle gerechtfertigt; ebso Ffm MDR **68**, 496. Nicht von Zäunen, Backöfen (str), Mauer u Abflußvorrichtg, BGH Betr **72**, 2298, Anbauten (aber von Erweitergen, BGH **LM** Nr 9) und von Zwischenbauten, RG **169**, 178; sie gehen in das Eigt des GrdstEigtümers über, der Beseitigung nach § 1004 verlangen kann; vgl dazu § 94 Anm 5 aE. Nicht bei nachträgl, zB durch Alter od Kriegseinwirkg, verursachtem Überragen (Ausbauchg) in den Luftraum, OLG **26**, 26; vgl auch RG **88**, 41; BGH **28**, 116.

b) Überschreitg der GrdstGrenze, auch nur unter (Keller) od über (GbdeVorsprung, Mauerausbuckelg) der Erde (BGH NJW **76**, 669). Hineinragen in Luftraum über öff Straße ist dch AnliegerGemGebr gedeckt (BGH aaO). Gleichviel, ob das NachbGrdst ganz od nur zT überbaut wird, RG **83**, 146; Aufbau auf Ruinenkellermauer des NachbGrdst schließt Begr des Überbaus nicht aus (BGH NJW **69**, 1481) u zwar auch dann nicht, wenn auf urspr Kommunmauer die schmäler aufgesetzte NachbWand bünd zur Seite des Nachb hin verschoben w, BGH **53**, 5. Belanglos Verhältn des Überbaus zum Gesamtbau, Nürnb BlGBW **64**, 141. Wird ein Gebäude aber ganz auf fremdem Grdst errichtet, § 912 nicht anwendb; der beeinträcht Eigtümer kann die Beseitigung verlangen. Überbau berechtigt nicht zur Erweiterg, die NachbGrdst weitergehd in Anspr nimmt, auch nicht zur Vertiefg od Aufstockg (BGH **64**, 273; zur Erhöhg der Grenzmauer vgl § 921 Anm 5 d). Über (iS von § 912 entschuld) Erweiterg vgl RG **160**, 183. § 912 (aber nicht §§ 915, str) auch bei **Zeitbau** (§ 95 I 1), Nürnb aaO (Behelfsheim). Entspr Anwendg des § 912 bei Bauten auf eigenem Grdst, so bei Beeinträchtigung einer **Dienstbark** (Vorbem 1 b). Ferner beim **Eigengrenzüberbau,** wenn also das Gebäude auf mehreren Grdst desselben Eigtümers errichtet w (BGH **LM** Nr 9; DNotZ **69**, 744). Der übergebaute GbdeTeil w Bestandt des StammGrdst, welches das ist, richtet sich nach Absicht u Interessen des Erbauers, weder nach Größe u wirtsch Bedeutg des übergebauten GbdeTeils noch nach dem Ort des Baubeginns (BGH **62**, 141). War ein Gbde auf einem Grdst gebaut u wird es nach GrdstTeilg von der Grenze dchschnitten, so w es Bestandt des Grdst, auf dem sich der nach Umfang, Lage u wirtsch Bedeutg maßg GbdeTeil befindet (BGH **64**, 333). Ist ein StammGrdst nicht feststellb, gelten §§ 741ff (Westermann § 64 IV). DuldgsPfl u RentenR ruhen so lange, als die Grdst demselben Eigtümer gehören. Beim EigtWechsel gehen diese Rechte als Bestandteile der Grdst, zu dem sie gehören, auf Erwerber über. Hieran ändert auch nichts eine (schuldrechtl wirkde) entspr Einigg; DuldgsR müßte erst erlöschen, nach BGH **LM** Nr 9 durch Dienstbk, die Ausübg des Rechts ausschließt.

c) Überschreitg ohne Vorsatz (Bewußtsein der unbefugten Grenzüberschreitg, BGH Betr **68**, 799) u **ohne grobe Fahrlässigk.** An die den Überbau rechtf (vgl Vorbem 1 a β) Zustimmg des Nachb ist dessen RNachf zwar schuldrechtl nicht gebunden; da aber zur Duldg, da die Zustimmg des RVorgängers die Schuld des Überbauenden iS von **I** ausschließt, der Widerspr jetzt also unerhebl ist, BGH **LM** Nr 1–8. Auch bei entschuldb Irrt über die Berechtigg zum Überbau, RG **83**, 145; and, wenn der Irrt, zB über Zustimmg des Nachb seiners auf grober Fahrlk beruht, BGH aaO. Überbauender muß Nichtverschulden beweisen (BGH **42**, 68). Eigtümer ist Versch des **Architekten** zuzurechnen (BGH NJW **77**, 375: § 166). Nach BGH aaO gilt das idR nicht für Versch des **BauUntern** u dessen Personal; auch Anwendg von § 831 (BGH aaO; aA Baur § 5 II 1 c dd) u § 278 (BGH **42**, 63, 374; aA zutr Westermann § 64 II 3; vgl Übbl 2d aa vor § 903) w abgelehnt. IdR w dem Eigtümer/Architekten Versch treffen, wenn er örtl Lage nicht genau angab (BGH NJW **77**, 375) od dem Ausführen freie Hand ließ. Ob die Grenzüberschreitg auf Unkenntn der Grenzlinien od auf Mängeln der Bauausführg beruht, ist unerhebl, RG **88**, 41. Architekt darf sich nicht darauf verlassen, daß Gartenzaun dem Grenzverlauf entspricht, Nürnb, RdL **68**, 102, and bei bloßem Anbau an Giebelmauer. Bei Vorsatz od grober Fahrlk BeseitiggsPfl, auch wenn kein Widerspr erhoben. Auch langjähr Hinnahme begründet dann keinen Anspr auf Duldg, Nürnb aaO.

d) Verschweigg. Die DuldgsPfl entfällt in jedem Falle bei rechtzeitigem Widerspr. Formlos wirks; Begründg nicht nöt, dah falsche unschädl, BGH **59**, 191. Beschrkg auf einen Teil zul, RG **109**, 109. Vgl auch §§ 1011, 2038 I 2. Abgabe ggü dem Bauherrn od seinem Vertreter. Sofort, dh vor od nach objektiv erkennb Grenzüberschreitg so rechtzeitig, daß die Beseitigung ohne erhebl Zerstörg mögl ist, BGH **59**, 191 = **LM** Nr 24 Anm Rothe. Kenntnis od Versch des Berechtigten unerhebl, BGH **83**, 147. In Unterlassg des Widerspruches liegt deshalb keine Gen; Anfechtg unmögl BGH aaO. Über Rücknahme des Widerspr (worin uU vertragsm Zust) Nürnb BlGBW **64**, 141. Für Rechtzeitigk ist der WidersprBerecht beweispflichtig. Widerspr eines der Berechtigten (zB MitEigtümer, BGH WPM **66**, 143) genügt (str). **Zu c und d:** ggstandslos, wenn Pächter auf ihm selbst gehörendes Grdst überbaut, BGH **15**, 219.

3) Duldgspflicht. a) Verpflichtet ist der jeweilige Eigtümer des überbauten Grdst. Jeder MitEigtümer, § 1011. Auch die in ihrem Recht gestörten Erbbau- u DienstbkBerechtigten, § 916. DuldgsPfl idR auch bzgl Wiederaufbaus eines teilzerstörten Gebäudes auf überbauter Fläche, BGH MDR **61**, 401. – Das Recht auf Duldg des Überbaues ist Bestandteil des StammGrdst, § 96. Es ist unverjährb.

b) Die gesetzl Verpflichtg ist weder eintraggsbedürftig noch -fähig. Die Beteiligten können aber das ÜberbauR nach Umfang u Inhalt abweichd regeln, BGH **15**, 216; BB **66**, 961; doch können die einmal dch Überbau geschaffenen EigtVerhältnisse dch Einigg nicht mehr geändert w, jedf nicht ohne Beseitigg der DuldgsPfl aus § 912, BGH **LM** Nr 9; RG **83**, 146. – Auch können Zweifel über ges DuldgsPfl dch eintraggsfäh GrdDbk klargestellt w (Düss OLGZ **78**, 19); die Aufhebg od Minderg der DuldgsPfl auf dem Blatt des überbauenden Grdst, KG JFG **4**, 388, vgl § 914 Anm 2. Aus widerrufl Gestattg folgt nicht Pflicht zur Duldg des Überbaus ab Widerruf, BGH BB **66**, 961.

c) Aus dem nachbl GemschVerh entspringt die an sich nur in AusnFällen zuzugestehde DuldgsPfl jedenf dann nicht, wenn das Bauwerk nicht den Regeln der Baukunst entspricht, BGH Betr **72**, 2298 (für Mauer, vgl oben Anm 2a).

4) Eigentum am Gebäude. a) Entschuldigter u rechtmäßiger Überbau (§§ 912ff; vgl Vorbem 1a): Nach §§ 94, 946 würde das Gebäude Eigt teils des einen, teils des anderen GrdstEigtümers sein, RG **137**, 47.

Hat der Nachb den Überbau zu dulden, verbleibt ihm das Eigt am überbauten Grdst, das Gebäude gehört aber entspr § 95 I 2 ganz dem Eigtümer des anderen Grdst, BGH **169**, 175; BGH **27**, 199; **41**, 179; WPM **61**, 179, 181; Mattern in Anm zu **LM** Nr 17 = BGH **43**, 127; baute er auf fremdem Kellermauerrest auf, w dieser Bestandt des Überbaus, BGH NJW **69**, 1481, dazu Hodes NJW **70**, 87. Dies gilt erst recht bei rechtm Überbau (vgl Vorbem 1a β), BGH **62**, 141. Gleichgült, auf welchem Grdst der größere od der wesentl Teil des Gebäudes steht; dazu oben Anm 2b aE. Diese EigtVerhältnis werden nicht schon dadurch geändert, daß später ein Eigtümer beide Grdst erwirbt, RG **83**, 149. Vgl aber AbkaufsR, § 915. Abweichende Vereinbg zul. Vgl auch Anm 2b. **b) Unentschuldigter Überbau** (Vorbem 1a): Jedem GrdstEigtümer gehört der auf seinem Grdst stehende Gebäudeteil entspr der Grenzlinie (vertikale Teilg), BGH **27**, 204; Westermann § 64 V; str; vgl die ausf Nachw bei Klempt JZ **69**, 223 Fußn 4–6; aA Soergel-Baur, Rdnrn 22, 23; Hodes, NJW **70**, 87; Eichler JuS **65**, 479, 480; M-St-H § 8 II 3c. Gilt auch, wenn kein Über-, sond An- od Zwischenbau; vgl Anm 2a, b. Ausn: Ist NachbWand übergebaut u baut Nachb an, tritt an ihr MitEigt ein, § 921 Anm 5b aa (RVerhältn vor Anbau dch Nachb: § 921 Anm 5a).

5) Rentenpflicht (II). Die Rente ist die Entschädigg für die DuldgsPfl u soll Nutzgsverlust ausgleichen (BGH NJW **76**, 669). Beginn mit der Grenzüberschreitg, auch wenn sie erst später entdeckt wird. Festsetzg durch Vertr od Urteil wirkt aber ohne Eintr, § 914 II 2, nur unter den Parteien u GesRNachfolgern. – Das reallastähnl RentenR ist Bestandt des überbauten Grdst, § 96, RG **160**, 182. – Für Rentenhöhe nach BGH **57**, 304 VerkWert der überbauten Fläche im Ztpkt der Grenzüberschreitg maßg; unbill, da Wegfall anderweit Bebauungsmöglichk nicht berücksichtigt, was nach BGH aaO bereits vorhandene Bebauungspläne erforderte. Mangels VerkWert (zB bei Straßen) übl Nutzgsentgelt (BGH NJW **76**, 669); sonst angem Verzinsg des VerkWerts (Stgt MDR **76**, 400). – SchadErsAnspr (§§ 823ff) gg Drittschädiger (zB Bauunternehmer) nicht ausgeschl, BGH NJW **58**, 1288; Westermann JZ **58**, 744; auch nicht gg Überbauenden, soweit Schaden nicht durch die Rente gedeckt; dazu BGH **57**, 304, 308.

6) Verletzg einer GrdDbk dch Überbau, vgl Vorbem b.

913 *Zahlung der Rente.*
I Die Rente für den Überbau ist dem jeweiligen Eigentümer des Nachbargrundstücks von dem jeweiligen Eigentümer des anderen Grundstücks zu entrichten.

II Die Rente ist jährlich im voraus zu entrichten.

1) Auch der gutgläub Erwerber des überbauenden Grdst hat die Rente zu zahlen. Vgl auch § 914 Anm 3, § 916. RentenR nicht selbstd abtretb (vgl § 96); anders die einzelne Rente. Haftg für Rente dingl u gem § 1108 I, persönl (§ 914 III). Bei Teilg des überbauten Grdst: §§ 914 III, 1109 III; bei der StammGrdst: §§ 914 III, 1108 II. Das RentenR ist ein subj-dingl R (BayObLG Rpfleger **76**, 180).

914 *Rang; Eintragung; Erlöschen.*
I Das Recht auf die Rente geht allen Rechten an dem belasteten Grundstück, auch den älteren, vor. Es erlischt mit der Beseitigung des Überbaues.

II Das Recht wird nicht in das Grundbuch eingetragen. Zum Verzicht auf das Recht sowie zur Feststellung der Höhe der Rente durch Vertrag ist die Eintragung erforderlich.

III Im übrigen finden die Vorschriften Anwendung, die für eine zugunsten des jeweiligen Eigentümers eines Grundstücks bestehende Reallast gelten.

1) Die Rente hat kraft G den **Rang** vor allen Rechten. Aber die vertragl, Anm 2, nur soweit, als der Vorrang eingeräumt ist. Der Rang mehrerer Überbau- u Notwegrenten untereinander richtet sich nach der Entstehg. Vgl ZVG § 10 I Nr 4, 8, § 11.

2) Das Recht ist **nicht eintraggsfähig**, BGH **LM** § 912 Nr 1. Aber vertragl Feststellg der Höhe u InhÄnderg wirken gg Dritte nur bei Eintr in Abt II (GBVfg 10 I a) des Blattes des rentenpflichtigen Grdst, KG JFG **4**, 387; Brem DNotZ **65**, 295, ab Bessell S 297; auf dem Blatt des rentenberechtigten Grdst nur Vermerk gem GBO 9. Gleiche Wirkg bei vereinb Eintr der urteilsm festgestellten Rente. Die am rentenberechtigten Grdst dingl Berechtigten müssen zustimmen, wenn die vertragl Rente niedriger ist als die gesetzl, aM Planck Anm 3a.

3) Erlöschen des RentenR mit der Beseitigg des Überbaues. Ferner durch **Verzicht**, §§ 875, 876 S 2 (BayObLG Rpfleger **76**, 180). Er wirkt gg Dritte nur bei Eintr in Abt II Spalte 3 des Blattes des rentenpflichtigen Grdst, kann aber (GBO 9) auf Antr auch beim rentenberecht Grdst eingetr w (BayObLG aaO; Düss OLGZ **78**, 19; aA Bessell DNotZ **68**, 617: Eintr beim berecht Grdst). Verzicht schon eintragb, wenn RentenR zweifelh (Düss aaO). Kein Erlöschen durch ZwVerst, ZVG 52 II, oder landesgesetzl Ablösg, EG 116; auch nicht durch Verj; nur die einzelnen Renten verjähren, § 197. Vgl ferner § 915.

4) Entspr anwendbar die Vorschriften über die subj-dingl Reallast: §§ 1107, 1108, 1109 III, 1110. Nicht §§ 1111, 1112.

915 *Abkauf.*
I Der Rentenberechtigte kann jederzeit verlangen, daß der Rentenpflichtige ihm gegen Übertragung des Eigentums an dem überbauten Teile des Grundstücks den Wert ersetzt, den dieser Teil zur Zeit der Grenzüberschreitung gehabt hat. Macht er von dieser Befugnis Gebrauch, so bestimmen sich die Rechte und Verpflichtungen beider Teile nach den Vorschriften über den Kauf.

II Für die Zeit bis zur Übertragung des Eigentums ist die Rente fortzuentrichten.

§§ 915–917

1) Da der rentenberecht Eigtümer kein BeseitiggsR h, gibt ihm (und nur ihm, vgl § 916, nicht auch dem Überbauenden) § 915 das **Recht auf Grundabnahme.** Dem einzelnen MitEigtümer kann, trotz § 1011, dieses Recht nicht zustehen; so Korbion-Scherer (Schriftt zu EG 124) S 277; zust Soergel-Baur § 915 Rdnr 1 (str), weil der einzelne nicht die anderen MitEigtümer zur Übereign verpflichten kann, vgl auch ähnl § 917 Anm 3a. Durch das einseit, formlose Verlangen ggü Überbauendem entsteht kraft G das RVerh des Kaufes. § 313 nicht anwendbar, RG **74**, 90. Übertragg nach §§ 873, 925, ü die dazu erforderl Zust des Nacherben vgl KG, Rpfleger **74**, 222 [L]; Übertr frei von Lasten, § 434, § 439 gilt nicht. Vgl auch EG 120. Zug um Zug gg Wertersatz. Trotz II erlischt das RentenR dem Empf ggü mit der Annahme des Wertersatzes. Entspr Anwendg auf die RückgPfl des Käufers, der trotz nichtigem KaufVertr das Grdst bebaut hat, RG **133**, 293. — § 915 nicht bei Zeitbauten, str, § 912 Anm 2b. — Verjährg: nicht des Rechts als solchen, § 924; aber nach Verlangen des Abkaufs gem KaufR.

916 Beeinträchtigung von Erbbaurecht oder Dienstbarkeit.
Wird durch den Überbau ein Erbbaurecht oder eine Dienstbarkeit an dem Nachbargrundstücke beeinträchtigt, so finden zugunsten des Berechtigten die Vorschriften der §§ 912 bis 914 entsprechende Anwendung.

1) Für jeden Beeinträchtigten besteht ein selbständiges RentenR. Entspr anwendbar auf Dauerwohnberechtigte, WEG 31 ff, aber nicht auf andere Berechtigte, zB HypGläub; ihnen haftet das RentenR, §§ 96, 1107, 1126. Vgl ferner EG 63, 68. — Über Beeinträchtigg einer Dienstbk auf eigenem Grdst des Bauenden vgl Vorbem 1 b vor § 912.

917 Notweg.
I Fehlt einem Grundstücke die zur ordnungsmäßigen Benutzung notwendige Verbindung mit einem öffentlichen Wege, so kann der Eigentümer von den Nachbarn verlangen, daß sie bis zur Hebung des Mangels die Benutzung ihrer Grundstücke zur Herstellung der erforderlichen Verbindung dulden. Die Richtung des Notwegs und der Umfang des Benutzungsrechts werden erforderlichen Falles durch Urteil bestimmt.

II Die Nachbarn, über deren Grundstücke der Notweg führt, sind durch eine Geldrente zu entschädigen. Die Vorschriften des § 912 Abs. 2 Satz 2 und der §§ 913, 914, 916 finden entsprechende Anwendung.

Schrifttum: Figge, Der Notweg, AcP **160**, 409. — Schröer, Das NotwR im franz, dtsch u schweizer R, Diss Münst 1969.

1) RNatur. Die DuldgsPfl ist ges EigtBeschrkg am VerbindgsGrdst (RG **87**, 425), das BenutzgsR ist EigtInhalt am abgeschnittenen Grdst; keine ges GrdDbk, Begr des Grdst: Übbl 1 vor § 873 (Düss NJW **54**, 681). § 434 nicht anwendb (RG Warn **16**, 161). Das NotwegR ist **nicht eintraggsfähig**; vertragl Abänderung als GrdDbk eintragb (§§ 912 Anm 3b, 914 Anm 2). Der RVerh entsteht unter den Voraussetzgen des I 1 erst auf das DuldgsVerlangen des NotwegBerecht. IdR bedarf das NotwegR der Festlegg iSv I 2 dch Vereinbg od Urt. Bis dahin kein SelbsthilfeR (außer wenn § 904), so daß NotwegBerecht ohne Festlegg verbotene Eigenm verübt. Nach Festlegg od wenn (was prakt selten vorkommt) keine Zweifel über Verlauf u Umfang, verübt verwehrder Duldgspflichtiger verbotene Eigenm (Erm-Westermann Rdz 1, 5). — Langjähr stillschw Duldg einer Wegebenutzg ohne Notwegvoraussetzgen begründet noch keine nur unter bes Umständen kündb Grdst-Leihe (aA LG Kas NJW **69**, 1174).

2) Voraussetzgen. a) Verbindg des Grdst (uU eines Teils, Reinicke MDR **48**, 359) **mit einem öffentl Wege fehlt** (wenn auch nur vorübergehd). Notweg zu Wasserstraßen (dazu BGH LM § 891 Nr 3) od Eisenbahnen nur nach (nicht vorhandenem) LandesR, EG 123; zu anderen Grdst desselben Eigtümers überh nicht. Ob Weg öff, muß Richter nach betr LandesR selbst entscheiden. Die Ursache des Abgeschnittenseins ist nur im Rahmen des § 918 erhebl. Für Kfz gesperrter Wohnweg kann Notweg erst rechtfertigen, wenn Rechtsmittel gg Widmgsbeschränkg erschöpft, Köln OLGZ **67**, 156.

b) Der Notweg muß zur ordngsmäßigen Benutzg **notwendig** sein. Nach den ggwärtigen (letzte Tats-Verhandlg, BGH NJW **65**, 538) wirtschaftl Verhältn; auch bei Änderg der Benutzgsart, Warn **14**, 290; vgl aber § 918 I. Benutzg ist ordngsmäß, wenn sie der Lage, Größe u Wirtschaftsart des Grdst entspricht, insb zur Aufrechterhaltg eines rentablen WirtschBetr notw, wobei den Fortschritten der Zeit u den örtl Verhältnissen Rechng zu tragen; BGH **31**, 159; WPM **66**, 346 (strenge Anfordergn). Nicht maßgebl rein persönl Bedürfnisse des Eigentümers, Nießbrauchers od Pächters, BGH NJW **63**, 1917, RG **79**, 120, Köln OLGZ **67**, 156; auch nicht vorübergehde außergewöhnl Bedürfn, BGH WPM **66**, 145; vgl aber auch WPM **66**, 346; nötig obj wirtschaftl Notl, Köln aaO. Nicht notw idR Zufahrt zu Berggasthof mit Autos der Gäste, BGH LM Nr 2. Der Notweg kann auch dann notw sein, wenn vorhandene Verbindg nicht ausreicht, BGH NJW **54**, 1321, so wenn öff Weg Zufahrt mit Kfz nicht ermöglicht, Köln OLGZ **67**, 156 aber nicht, wenn ein anderer ausreichder, wenn auch unbequemerer u kostspieligerer (BGH NJW **64**, 1321) Zugang mögl ist, sei es über andere eigene Grdst (Hbg MDR **64**, 325) od aGrd bestehder Wegerechte (Celle RdL **64**, 160); bedenkl LG Hann NJW **69**, 190, insow dort wg der Notwendigk, Heiz- od Baumaterial mit Kfz anzufahren, auf Sack- od Schubkarrentransport verwiesen w. Erhebl Kosten, zB zum Bau einer Brücke, werden dem Berecht nicht zuzumuten sein, vgl RG **157**, 308; BGH NJW **64**, 1231 (ausführl). Wie weit auf streitige Wegerechte verwiesen w darf, richtet sich nach Einzelfall, RG JW **25**, 475, RG **157**, 308. Ob NotwegR zu gewähren, damit PKW Garage auf eigenem Grdst erreichen kann, ist str; vgl BGH MDR **71**, 379 mit Nachw, der zu Recht strenge Anfordergn stellt; abschwächd Karlsr Just **72**, 383. NotwegR umfaßt auch Verlegg von Versorggsleitgen, LG Köln MDR **69**, 1011, u nachst Anm 3d. Bei

Eigentum. 1. Titel: Inhalt des Eigentums **§§ 917, 918**

rechtskr BauGen kann Ordngsmäßigk der Benutzg nicht mit BauRWidrigk bestritten w (BVerwG NJW **76**, 1987).

3) Duldungspflicht. a) Zu dem Verlangen **berechtigt** sind nur: Eigtümer. MitEigtümer nur gemschaftl, weil sie alle für die Rente haften, §§ 917 II, 914 III, 1108; aM Staud-Seufert Anm 3. Erbbauberechtigte (§ 1017 I; ErbbRVO 11) u die nach EG 68 Berechtigten, RG **79**, 118. Besitzer, insb Nießbraucher u Pächter, dürfen den Notweg benutzen, das Recht darauf aber nicht geltd machen, Warn **20**, 106; dies aber einredeweise, wenn Unterlassg der Benutzg verlangt w, BGH NJW **63**, 1917. Der ZwVerw ist nicht sach-, aber prozführgsbefugt, vgl LG Landau NJW **68**, 2013.

b) Verpflichtet sind die Eigtümer aller Grdst zw dem berechtigten Grdst u dem öff Weg. Ebenso MitEigtümer. Bei Wahlmöglichk das nach Ortslage naturgem in Frage kommde Grdst, Nürnb RdL **68**, 78. Ferner Erbb- u DbkBerecht (§§ 917 II 2, 916), uU DWRBerecht (WEG 31 I 2). Nicht Nießbraucher od Pächter BGH NJW **63**, 1917. ZbR bis Zahlg fälliger Notwegrente (BGH DNotZ **77**, 366).

c) Gerichtl Geltdmachg (des durch das außergerichtl Verlangen entstehenden NotwR) durch Klage, Widerklage od Einrede ggü dem aus §§ 1004, 862 (dazu § 863 Anm 1 vor a) klagden Nachb; auch der Pächter des isolierten Grdst kann sich auf das (fremde) NotwegR der GrdEigtümers berufen BGH NJW **63**, 1917, dies ohne Rücks auf Rechtskr eines Urt, das den RentenAnspr des Nachb gg den Pächter abgewiesen hatte. – Berecht, der sein Grdst währd DuldgsProz veräußert, darf Proz gem ZPO 265 fortführen (BGH DNotZ **77**, 366). MitEigtümer sind als notw Streitgenossen (ZPO 62, 2. Fall) gemeins zu verklagen, sonst Kl mangels passiver ProzFührgsBefugn unzuläss, BGH **36**, 187.Richtg u Umfang braucht die Klage im einzelnen nicht zu enthalten; wohl aber das Urteil, **I S 2**. Gericht hat unter Berücksichtigung der Interessen aller Beteiligten den geeigneten Weg festzustellen, dies auch, wenn mehrere NachbGrdst in Betr kommen; LG Ffm MDR **69**, 925; Nürnb BayJMBl **65**, 33; insow rechtsgestaltde Elemente im UrtAusspr, Erm-Westermann Anm 3; Wolff-Raiser § 56 II 1 b. Nicht ordentl, sond VerwRWeg, wenn städt Grdst, über das Notweg gehen soll, dem Feuerwehrdienst gewidmet, BGH MDR **69**, 650.

d) Zu dulden ist die nach Lage des Falles **notw Verbindg.** Dazu zählt neben Gehen u Fahren auch die Verlegg od Mitbenutzg notw VersorggsLeitgen (BGH **LM** Nr 3, 7; WPM **68**, 434; vgl auch LNachbRG [EG 124 Anm 2a] *BaWü* 7 e, *Hess* 30, *RhPf* 26, *Saarl* 27), nicht aber das Aufstellen von Fahrzeugen zum Beladen (BGH **31**, 159) u die Verlegg einer Drahtseilbahn (BayObLG **7**, 234). In bergigem Gelände kann der Notweg auch oberhalb od unterhalb des Erdbodens verlaufen, RG **157**, 309 (Zufahrt über Nachbardach). Zur Unterhalt ist der Berecht verpflichtet. Ist Zugang verschlossen, muß Schlüssel ausgehändigt w, Nürnb RdL **68**, 78.

e) Verpfl endet, wenn Bedürfn entfällt od anderw zureichder Zugang mögl, Figge AcP **160**, 416.

f) RSchutz: Gg Beeinträchtiggen Verteidigg aus dem R nach § 1004, vgl OLG **29**, 339. Aus Besitz: str! Teils wird der BesSchutz für das isolierte Grdst auch auf den Notweg erstreckt (Soergel-Baur Rdnr 15; Wolff-Raiser § 56 Fußn 19), teils aus MitBes des NotwegBerecht gegeben (Westermann § 65 III 2). Das R auf Benutzg des fremden Grdst wird sich aber selten zu echter Sachherrsch verdichten, sonst wäre § 1029 für WegeR als GrdDbk unnöt. Richtiger dah mittelb Anwendg des § 1029.

4) Notwegrente. Entstehg mit der DuldgsPflicht (Verlangen der Duldg, Anm 3 c), nicht erst mit der tatsächl Herstellg des Notweges (BGH DNotZ **77**, 366). Der Ztpkt der Entstehg ist maßg für die Höhe, vgl LG Köln MDR **60**, 50; Höhe nicht nach Nutzen, sond nach Nachteil für diendes Grdst, Nürnb RdL **68**, 78; vgl auch LG Mosbach MDR **60**, 1013. Änderg nur bei Änderg des Bedürfnisses, dh der DuldgsPfl. § 915 nicht anwendb. Schuldn ist Eigtümer, auch wenn zB Pächter einredew (vgl § 917 Anm 3 a) BenutzgsR geltd macht, BGH NJW **63**, 1917. Im übr vgl Anm zu §§ 912 bis 914, 916 u EG 116, 181 I. – Wegen Umstellg auf DM vgl § 912 Anm 5.

5) Das **LandesR** kennt bes NotwegR bei **WaldGrdst**: zB *BaWü:* § 28 LWaldG v 10. 2. 76 (GBl 99); *RhPf:* § 17 LForstG v 2. 2. 77 (GVBl 21); *Saarl:* § 15 LWaldG v 26. 10. 77 (ABl 1009); *SchlH:* § 18 II LWaldG v 18. 3. 71 (GVOBl 94); *Hess:* § 17 LForstG v 4. 7. 78 (GVBl 424).

918 *Ausschluß des Notwegrechts.* I **Die Verpflichtung zur Duldung des Notwegs tritt nicht ein, wenn die bisherige Verbindung des Grundstücks mit dem öffentlichen Wege durch eine willkürliche Handlung des Eigentümers aufgehoben wird.**

II **Wird infolge der Veräußerung eines Teiles des Grundstücks der veräußerte oder der zurückbehaltene Teil von der Verbindung mit dem öffentlichen Wege abgeschnitten, so hat der Eigentümer desjenigen Teiles, über welchen die Verbindung bisher stattgefunden hat, den Notweg zu dulden. Der Veräußerung eines Teiles steht die Veräußerung eines von mehreren demselben Eigentümer gehörenden Grundstücken gleich.**

1) I stellt es auf die Willkür, nicht auf das Versch des Eigtümers ab. Willkürl, dh eine die obj Beschaffenh des Grdst nicht verständ berücksichtigde Aufhebg der Verbindg (zB Bebauung des Zuwegs, Verzicht auf WegeR) gibt ihm u seinem RNachf kein NotwegR (BGH Betr **74**, 2469). Steigerg des Bedürfn (§ 917 Anm 2 b) doch Änderg der Benutzungsart, Erwerb eines zugangslosen Grdst (RG JW **25**, 475) u Dchführg eines Bebauungsplans (LG Ffm MDR **69**, 925) fallen nicht hierunter. Rechtm Überbau (§ 912) kann NotwegR geben (zB Garagenausfahrt). BewLast für Willkür hat der Nachb.

2) Veräußerg eines Teiles des den Zugang versperrenden Grdst (oder eines von mehreren Grdst des gleichen Eigtümers), **II**. DuldgsPfl bleibt auf bish Fläche. § 917 I 2 bleibt unberührt; Benutzg desselben

§ 918, Vorbem v § 919, §§ 919, 920   3. Buch. 3. Abschnitt. *Bassenge*

Weges wie bisher kann nicht beansprucht werden, RG 160, 185. Notweg auf Grdst Dritter kann wg der Veräußerg nicht verlangt w, OLG 26, 32. II gilt auch, wenn Zugang zu RestGrdst bish ohne entspr R od nur aGrd obligator Gestattg über drittes Grdst erfolgte, BGH 53, 166.

Grenzregelung (§§ 919–923)

Vorbemerkung

Aus dem Schrifttum: Herold, BlGBW 61, 225; 64, 26; DWW 77, 103.

1) Die Freiheit unmittelbar benachbarter Eigtümer unterliegt an der Grenze ggseitigen gesetzl Beschrkgen. Um Streitigk zw den Nachbarn zu vermeiden, regelt das BGB die Abmarkg einer unstreitigen, § 919, die Bestimmg einer **streitigen** Grenze, § 920, sowie die RVerh an Grenzeinrichtgen, §§ 921, 922, u Grenzbäumen, § 923. Über Verbindg der Klagen aus § 919 u § 920 vgl Celle NJW 56, 633.

2) Grenzregelg durch Staatsakt: nach BBauG 80–84 kann die Gemeinde nicht selbständig bebaubare Teile benachb Grdst austauschen od zuteilen, wenn dies im öff Interesse, insb zur ordngsmäßigen Bebauung geboten ist u der Wert des Grdst nur unerhebl geändert w. Betroffene Dienstbk können neu geordnet w; sonst Übergang lastenfrei. Ausgleich von Wertänderungen in Geld wie im UmleggsVerf. Strenger Maßstab bei Prüfg des öff Interesses, (Düss BlGBW 67, 31). Zum GBVerf Waibel Rpfleger 76, 347 u Ffm Rpfleger 76, 313.

919 *Grenzabmarkung.* I Der Eigentümer eines Grundstücks kann von dem Eigentümer eines Nachbargrundstücks verlangen, daß dieser zur Errichtung fester Grenzzeichen und, wenn ein Grenzzeichen verrückt oder unkenntlich geworden ist, zur Wiederherstellung mitwirkt.

II Die Art der Abmarkung und das Verfahren bestimmen sich nach den Landesgesetzen; enthalten diese keine Vorschriften, so entscheidet die Ortsüblichkeit.

III Die Kosten der Abmarkung sind von den Beteiligten zu gleichen Teilen zu tragen, sofern nicht aus einem zwischen ihnen bestehenden Rechtsverhältnisse sich ein anderes ergibt.

1) Gegenstand des **Abmarkgsverfahrens** ist nicht die Ermittlg der Grenze, sond allein deren Sicherg. Diese erfolgt durch geeignete dauernde Grenzzeichen als Beweis für die Anerkenng des Grenzverlaufs. Jeder Nachb hat **dingl Anspruch auf Mitwirkg** bei der Abmarkg. **a)** Voraussetzg ist, daß die Nachbarn über den Verlauf der Grenze in der Örtlichk einig sind, BayObLG RdL 62, 243; sonst erst od zugl Klage aus § 920. Ferner, daß geeignete Grenzzeichen nicht od nicht richtig stehen; der Grd des Mangels ist unerhebl. **Anspruchsberecht u -verpflichtet** sind die Eigtümer, ErbbBerechtigten u die nach EG 68 Berechtigten. Jeder MitEigtümer ist allein anspruchsberecht, § 1011; sie sind aber nur gemeins anspruchsverpflichtet, RG JW 06, 233. Verzicht nur mit schuldrechtl Wirkg mögl.

b) Geltdmachg durch Klage auf Mitwirkg. Gerichtsstand ZPO 24; wenn nicht nach LandesR VerwGerichte zust, so *Bay* AbmarkgsG 19, 30. ZwVollstr je nach dem Inhalt des Urteils im einzelnen nach ZPO 887ff (str; vgl Planck Anm 5) bzw nach ZPO 894, wenn auf Zust zur Vorn der Abmarkg dch Katasteramt geklagt w muß. – Hat die Grenzvermarkg als beurkundder VerwAkt Bestandskraft erlangt, kann sie nur dch Einigg der Nachb od Urt geänd w (BVerwG DÖV 72, 174).

2) Abmarkgsverfahren: a) In ortsübl Weise, soweit kein LandesR **(II)**. – Fr Pr: (Pr FGG Art 31; vgl dazu BeurkG 60 Z 57a, § 61 I Z 7) gem ALR I 17, 362 bis 371; AGBGB 89. – *BaWü*: VermG v 4. 7. 61/6. 4. 70, GBl 201/111; AbmarkgsVO v 28. 8. 64/30. 12. 75, GBl 306/76, 77. – *Bay*: AbmarkgsG v 30. 6. 00, BS III 601, letzte Änderg § 19 G v 4. 6. 74, GVBl 245; VermKatG v 31. 7. 70, GVBl 369; Feldgeschworenen V v 27. 11. 33, BS I 594. – *Hess*: AbmarkgsG v 3. 7. 56, GVBl 124. – *Nds*: VermKatG v 8. 11. 61, GVBl 319. – *NRW*: VermKatG v 11. 7. 72, GV 193; AbmarkgsVO v 6. 6. 73, GV 345. – *RhPf*: AbmarkgsG v 7. 12. 59/4. 12. 72, GVBl 240/361. – *Saarl*: AbmarkgsG v 2. 7. 62, ABl 557; AbmarkgsVO idF v 22. 7. 77, ABl 740. – *SchlH*: VermKatG v 6. 12. 74, GVOBl 470.

b) III. Nur die Kosten des AbmarkgsVerf, nicht eines vorausgegangenen RStreits werden geteilt. Nur für die gemschaftl Grenze.

c) Wirkg. Die von beiden Nachbarn anerkannte Vermarkg begründet die Vermutg der Richtigk. Sie widerlegt die Vermutg des § 891, wenn die abgemarkte Grenze mit der eingetragenen nicht übereinstimmt; Nürnbg BayJMBl 65, 80. Kenntnis der abgemarkten Grenze schließt gutgl Erwerb (§ 892) aus.

920 *Grenzverwirrung.* I Läßt sich im Falle einer Grenzverwirrung die richtige Grenze nicht ermitteln, so ist für die Abgrenzung der Besitzstand maßgebend. Kann der Besitzstand nicht festgestellt werden, so ist jedem der Grundstücke ein gleich großes Stück der streitigen Fläche zuzuteilen.

II Soweit eine diesen Vorschriften entsprechende Bestimmung der Grenze zu einem Ergebnisse führt, das mit den ermittelten Umständen, insbesondere mit der feststehenden Größe der Grundstücke, nicht übereinstimmt, ist die Grenze so zu ziehen, wie es unter Berücksichtigung dieser Umstände der Billigkeit entspricht.

1) Allgemeines. Vgl Anm 1 vor § 919. Bei Streit über den Grenzverlauf kann jeder Eigtümer auf Feststellg od Herausg, ggf auf Beseitigg od Unterlassg klagen, Einf 1a, b, 2a vor § 985. Der Kläger muß dann die in Anspr genommene Fläche bezeichnen u sein Recht beweisen. Kann keine Partei die richtige Grenze nachweisen, bleibt nur die gütl Einigg, die der Form des § 313 nicht bedarf (RG JW **06**, 302; anders, wenn mit Grenzziehg EigtÜbertragg verbunden, Nürnb DNotZ **66**, 33) od die Klage aus § 920. Über Grenzziehg bei Versagen des Katasters LG Hildesh NdsRpfl **57**, 149.

2) Grenzscheidgklage. a) Voraussetzg: die **richtige Grenze** ist **nicht festzustellen**; vgl BayObLG **62**, 214. Soweit Vermutg des § 891 bzgl der GrdstGrenzen reicht (vgl § 892 Anm 4a), keine Klage aus § 920; Celle NJW **56**, 633; LG Hildesh RdL **62**, 41; auch nicht, wenn GrenzfeststellgsVertr (Anerkenng des Abmarkgsprotokolls), Nürnb DNotZ **66**, 33.

b) Anspruchsberechtigt u -verpflichtet sind die benachbarten Eigtümer, MitEigtümer wie § 919 Anm 2a. Nicht Realberechtigte; hM; aM Westermann § 66 III 2; doch haben diese uU Feststellgsklage, wobei Grdsätze des § 920 anwendbar (RGRK Anm 2d; vgl Mot **3**, 273).

c) Der **Klagantrag** ist auf richterl Abgrenzg der Grdst zu richten; zul Fdg einer bestimmten Grenzlinie (Kblz OLGZ **75**, 216); dann darf das Urteil zwar and Grenze festlegen, die vom Kläger in Anspr genommene Fläche nicht überschreiten, BGH NJW **65**, 37.

d) Entscheidg in erster Linie nach dem Besitzstand zZ des Urteils; bei fehlerh Besitz (§ 858) einer Partei nach dem früheren (Kblz aaO). Sonst Teilg des streitigen Gebiets (sofern Ausformg u Flächeninhalt feststehen, Kblz aaO) zu gleichen, **I S 2**, od den der Billigk entspr Teilen, **II**. Feststehde Größe iS von **II** ist der tatsächl Flächeninhalt, BGH MDR **69**, 469.

e) Wirkg des Urteils nach RG JW **06**, 303, Planck Anm 4b u anderen nur deklaratorisch, nach herrsch u wohl richtiger Meing aber konstitutiv (rechtsbegründd), Staud-Seufert Anm 16 mit Nachw, Soergel-Bau, § 920 Rdnr 8, StJP vor § 253 Fußn 66. Dann wirkt es kraft seiner Gestaltungswirkg für u gg alle, auch die Realberechtigten (aM Westermann § 66 III 4, RGRK Anm 2e), sofern Prozeß zw richtigen Parteien; also nicht, wenn ein Dritter Eigtümer (Westermann aaO; den BuchEigtümer als prozeßführgsberecht anzusehen, wie Staud-Seufert Anm 17, nicht haltbar). Auf Grd des Urteils kann Abmarkg verlangt, § 919, u das GB berichtigt w, GBO 22, dies ohne Zust der Realberechtigten (str, wie hier Soergel-Baur Rdnr 8).

921 *Gemeinschaftliche Benutzung von Grenzanlagen.* Werden zwei Grundstücke durch einen Zwischenraum, Rain, Winkel, einen Graben, eine Mauer, Hecke, Planke oder eine andere Einrichtung, die zum Vorteile beider Grundstücke dient, voneinander geschieden, so wird vermutet, daß die Eigentümer der Grundstücke zur Benutzung der Einrichtung gemeinschaftlich berechtigt seien, sofern nicht äußere Merkmale darauf hinweisen, daß die Einrichtung einem der Nachbarn allein gehört.

Schrifttum: Gollnik, AcP **157**, 460. – Hausmann, Das R der halbscheidigen Giebelmauer, Diss Mü 1969. – Hurst, Zustandshaftg bei einer gemschaftl Giebelmauer u RegreßAnspr gg den GrdstNachb, ZMR **69**, 226. – Hodes, Probleme der halbscheidigen Giebelmauer, NJW **70**, 87. – Hauck, s Schrifttum vor § 912. –

1) Allgemeines. Vgl Anm 1 vor § 919. Nach § 921 wird das gemeins NutzgsR vermutet; in § 922 wird es näher geregelt. Landesrechtl Vorschr nach EG 124 (vgl dort Anm 2). ÜbergangsR: EG 181.

2) Grenzeinrichtgen. Nur solche, die von der mathematischen Grenzlinie geschnitten werden, also (Mauern u dergl) auf beiden Grdst stehen, BGH **41**, 182 od zu beiden gehören („Zwischenraum"). Sie müssen die Grenzscheid bezwecken od wenigstens die Grdst voneinander scheiden (nicht bloß – wie zB Brunnen, Dungstätten – auf der Grenze stehen, str u hierdurch od sonst dem Vorteile beider Grdst dienen. Dies kann auch („Zwischenraum", „Rain", „Winkel" [BGH WPM **66**, 143]) ein Zufahrtsweg auf der Grenze, zB zu einer gemeinschaftl Garage sein, LG Mannh NJW **64**, 408, so wenn sich eine Doppeleinfahrt nur unter erhebl Aufwendgen einrichten läßt, Düss, MDR **68**, 322. Aber nicht über die Grenze gebaute Gebäude, RG **70**, 204. Nicht im MitEigt stehde ZwischenGrdst, § 1009. Nicht Grenzscheidgen (die die Grenze nicht überschreiten). Aber Kommunmauern, Anm 5. Über verrohrten Wassergraben vgl Celle RdL **58**, 210 (mit abl Anm Rötelmann).

3) Vermutet wird das **Recht zur gemeinschaftl Benutzg.** Entkräftg, wenn äußere Merkmale auf AlleinEigt eines Nachbarn hinweisen. Sonst muß sie durch den Nachweis des AlleinEigtums widerlegt w; das gesetzl BenutzgsR ist nicht eintraggsfähig. **Benutzgsumfang** ergibt sich aus der Beschaffenh der Einrichtg, nicht aus den Verhältnissen der angrenzden Gebäude; Maß gibt das Benutzgsinteresse der Beteil, BGH WPM **66**, 143.

4) Für das **Eigentum** od MitEigt spricht keine Vermutg. Jedem Nachbarn gehört der auf seinem Grdst stehende Teil der Einrichtg, §§ 94, 946; Warn **24**, 98, RG **162**, 212 (aM zB Staud-Seufert Anm 12: MitEigt zur ideellen Hälfte). Ausn §§ 95 I 2, 912. Nur an den die Grenzen scheidenden untrennbaren Stücken erwerben bei der Trenng von Grdst beide Nachbarn MitEigt; deshalb muß der eine beim Abbruch seines Teils für die Standfestigk des auf dem anderen Teil verbleibenden Anlage sorgen, RG **70**, 205. Vgl aber §§ 922 S 3, 923. Über EigtVerh an Grenzhecke vgl Düss OLGZ **78**, 190.

5) Kommunmauer (Grenz-, Giebel-, GemeinschMauer). Die landesrechtl NachbGesetze (vgl EG 124) bezeichnen die halbscheid Mauer als NachbWand (vgl etwa NachbG *NW* 7, *Hess* NachbRG 1), die an der Grenze zweier Grdst, aber ganz auf einem von ihnen errichtete Mauer als Grenzwand. In vielen Teilen Deutschlands ist es übl, beim Bau eines Hauses an der Grenze die Giebelmauer so stark zu bauen, daß der Nachb sie später beim Bau seines Hauses mitbenutzen kann. Die Mauer wird dann meist zur Hälfte über die Grenze gebaut, halbscheidige Mauer. Ein Zwang, so zu bauen, besteht bundesrechtl nicht; landesrechtl nach EG 124 mögl; vgl dort u M-St-H § 8 I 2 (auch über Anbauzwang). – RFolgen stark umstr. Zwei RGrdSätze widerstreiten einander: Daß das Eigt am Bauwerk dem am Boden folgt (§§ 946, 94 I), daß anders wesentl Bestandteile eines Gebäudes nicht Ggst bes Rechte sein können (§§ 93, 94 II). Kommunmauer ist zudem meist Überbau, oft zugl Grenzeinrichtg (§§ 912, 921). Hierbei zwei zusätzl Streitfragen: Sind §§ 912 ff auf Überbau anwendb, wenn Nachb in Bau der Kommunmauer eingewilligt? – Dazu Vorbem 1 a β vor § 912. Ist Kommunmauer schon vor dem Anbau dch Nachb Grenzeinrichtg? So BGH **LM** § 912 Nr 8 u (beil) WPM **69**, 1355 (offen allerd *Nds* NachbRG 10, *Hess* NachbRG 3 III 1); dann aber ist er allein auch berecht, sein Eigt, also auch die dem Nachb zugewandte Mauerfläche, zu nutzen, sow er damit nicht erneut dessen GrdEigt stört (§ 1004). Wenn auch BGH **43**, 134 die Benutzg der Giebelwand für Reklame dch den Überbauten als nicht außerh der Zwecke einer Grenzeinrichtg liegd ansah, woraus bei Anerkenng der Mauer als Grenzeinrichtg schon vor Wiederanbau ein NutzgsR des überbauten Nachb geschlossen w könnte, so stand dort die Mauer nach der vom BGH vertr Ans (vgl unten Anm e bb) im MitEigt beider Nachb; gehört sie aber dem Überbauenden allein u muß er sie allein unterhalten (vgl Korbion-Scherer S 228), so besteht die dem Nachb erlaubte Nutzg iS von § 922 nur im Anbau, wenn überh die Mauer in diesem Fall als Grenzeinrichtg anerkannt w (M-St-H § 7 V Fußn 81; Achilles-Greiff-Leiss § 922 Anm 5; Glaser-Dröschel § 123 b).

bb) Unentschuldigter Überbau (vgl Vorbem 1 vor § 912). Jedem Nachb gehört der auf seinem Grdst stehde Teil der Mauer (vertikale Teilg), BGH **27**, 204; vgl § 912 Anm 4b. Der Nachb kann Beseitigg verlangen (§ 1004). Er hat aber ohne weiteres, als Eigtümer der halben Mauer, **Recht zum Anbau**; vgl Warn **24**, 98 (Errichtg durch seinerzeit Eigtümer beider Grdst); damit auch das R zur **Benutzg** der ihm zugewandten Fläche, Westermann § 64 V. Daß er damit gerade beim unentschuldigten Überbau auch **unterhaltspflichtig** w, ist nicht sinnwidr: es steht ihm frei, gem § 1004 Beseitigg des Überbaus zu erzwingen.

b) RVerhältn nach dem Anbau. Dieser erfordert räuml Verbindg derart, daß Mauer wesentl Bestandt (§§ 93, 94 II) des Neubaus wird; vgl BGH **36**, 48, auch Hodes NJW **62**, 773; Korbion-Scherer S 292 ff. Mitbenutzg als Abschlußwand od zur Unterstützg od Aussteifg des neuen Bauwerks. Also nicht bei Errichtg neuer stat selbstd Mauer, Köln BlGBW **59**, 317; Karlsr MDR **60**, 761; BGH **36**, 49; NJW **63**, 1868. Wohl aber, wenn Neubau unmittelb neben der Giebelmauer errichtet w, ohne eigene Abschlußwand

(StahlbetonVerf), als solche aber die Giebelmauer benutzt, Scherer MDR 63, 549. Karlsr NJW 67, 1232. – Zum Begr des Anbaus vgl auch *Hess* NachbRG 3 I 2; *Nds* NachbRG 5 I 3; NachbG *NW* 12 I 2. –

aa) Ist die Mauer, wie idR, auch wesentl Bestandt des mit ihr verbundenen, stat unselbstd Anbaus, gehört sie entspr § 946 ab Rohbauvollendg beiden Nachb zu **MitEigtum**; so BGH 27, 197 für entschuldb Überbau, BGH 43, 129 für unentschuldb. MitEigt je zur Hälfte, bei nicht voller Inanspruchn der Mauer für den Anbau zu entspr Quote, BGH 36, 54; 57, 245. Bei MitEigt idR auch **Mitbesitz**, BGH 29, 372, also ab Anbau gemeins **BenutzgsR u UnterhPflicht**, § 922, letztere entspr dem MitEigtAnteil (Korbion-Scherer S 309); zum Begr der Benutzg vgl § 922 Anm 2a. UnterhPfl auch, wenn zwecks Anbaus Reparatur an Mauer notw w, vgl Runge NJW 58, 225 zu Celle ebda. Etwaige Überbaurente u GrdAbnR entfallen mit Anbau, vgl Karlsr MDR 60, 761.

bb) Ablösgsanspruch. Beachte zunächst die landesrechtl Sonderregelgen (dazu EG 124 Anm 2), zB NachbG *NW* 12 II, III; *Hess* NachbRG 3, II. Sonst gilt: Anbauender erspart die Kosten einer eigenen Giebelmauer. Beim Fehlen vertragl Abrede (die idR noch nicht in Gestattg des Überbaus liegt, BGH WPM 63, 919) gg ihn mit Vollendg des Anbaus BereichergsAnspr auf Wert des erworbenen MitEigtAnteils, also auf den halben obj Wert der Mauer zZ des Anbaus, bei Teilanbau entspr dem erworbenen EigtBruchteil, BGH 27, 203; 36, 54. Auf Höhe der ersparten Aufwendgen kommt es nicht an. Wg Umfangs des Bereichergs auch Köln NJW 65, 2109; Düss NJW 66, 2312; LG Aachen MDR 67, 588; Glaser-Dröschel Nr 126.

Hat umgekehrt der Anbauende dch wesentl Verbindg einer SchallschutzAnl mit der Grenzmauer dem Überbauenden Vorteil erbracht, kann er von diesen gem §§ 951, 812 Ausgl verlangen, Düss ZMR 69, 20. –

Anspruchsberecht u -verpflichtet die Eigtümer zZ der Vollendg des Anbaus (Rohbaus), vgl Warn 15, 270. Ein SonderNachf des AnsprBerecht nur bei Abtretg, die bei Verk des Grdst meist stillschw erfolgen wird. Vereinbg über Ablösgsumme wirkt nicht für u gg SonderRNachf, da es sich nicht um eine Art der Benutzg handelt; auch die Annahme, die Giebelmauer, an die noch nicht angebaut, sei schon Grenzeinrichtg, hilft also nicht; vgl M-St-H, § 8 IV 2; aM Celle NdsRpfl 59, 228; Korbion-Scherer S 304: § 922 S 4; § 746.

Der AusglAnspr liegt bei entschuldb, aber auch bei unentschuldb Überbau dann auf der Hand, wenn man mit den in Anm 4b zu § 912 Genannten auch hier den GebäudeZushang dchschlagen läßt, also dem Überbauenden bis zum Anbau AlleinEigt an der Mauer zuspricht. Folgt man dem BGH, so wandelt sich allerd bei unentscht Überbau das bish auf der Grenzlinie bereits vertikal geteilte Eigt (s oben a bb) beider Nachb ab Anbau in ideelles MitEigt (BGH 43, 129). Nach Westermann (§ 66 IV) wäre mangels RÜberg dch Anbau ein AusglAnspr des Überbauenden dann nicht zu begründen. Sieht man aber im unentsch Überbau zunächst eine dem Nachb aufgedrängte Bereicherg, so würde – gerade nach Westermann § 54, 5c – diese nicht nach ihrem obj, sond nach dem Interesse des Nachb zu bewerten sein, vgl § 951 Anm 2c dd. Dieses Interesse konkretisiert sich wirtsch erst nach dem Anbau an die Giebelwand, so daß ein erst in diesem Ztpkt entstehder BereichergsAnspr wohl zu bejahen ist.

d) Erhöhg: DuldgsPfl des Nachb ergibt sich, auch wenn die Mauer Grenzeinrichtg ist, nicht aus § 922. Die Umgestaltg dch Erhöhg ist eine andere EigtBeschrkg, als die in § 922 gemeinte, BGH 29, 372, 375 m Nachw. Wg der landesrechtl dah zulässigerw geregelten R zur Erhöhg der NachbWand vgl EG 124 Anm 2e. Greift dies nicht ein, so besteht kein ErhöhgsR (BGH 64, 273; zT abw 41, 177).

e) Zerstörg u Wiederaufbau der Mauer. – **aa)** Zerstörg beider Gbde (nicht aber der Mauer) läßt MitEigt unberührt (BGH 27, 203; 53, 5; 57, 245). Baut ein Nachb (idR entschuldigt; BGH 27, 203) wieder an, w er nach BGH aaO AlleinEigtümer der Mauer; baut der and ebenf an, so entsteht wieder MitEigt. – **bb)** Wird nur ein Gbde zerstört, so nimmt BGH 43, 127; Betr 75, 1843 Fortbestehen des MitEigt an (ebso Glaser JR 76, 495; str); ebso BGH 57, 245 bei geplantem Wiederanbau. – **cc)** Wiederaufbau zerstörter Mauer beurteilt sich wie Neuerbauen.

dd) Unterhaltgspflicht u NutzgsR: Folgt man dem BGH hinsichtl der EigtVerhältnisse, so ergibt sich: α) wenn allein noch stehde, also im MitEigt der Anlieger gebliebene Mauer muß gem § 922 unterhalten w, da sie noch Grenzeinrichtg, BGH 27, 197, 203. Dem entspricht das R beider Nachb, die ihnen zugewandte Fläche zu nutzen (Reklame), BGH aaO. Hat allerd die Mauer die Eigensch einer Grenzeinrichtg verloren, weil etwa dch nachtr Baubegrenzg Anbau dch Nachb ausgeschl, ergibt sich UnterhaltspPfl aus § 748.

β) Ist die isolierte Kommunmauer dagg dch Anbau eines Nachb wieder dessen AlleinEigt (nach Köln JMBl NRW 64, 102; Hamm NJW 54, 273 unter Verlust ihrer Eigensch als Grenzeinrichtg) gew (BGH 27, 203), hat er NutzgsR u UnterhaltgsPfl, aGrd seines AlleinEigt, vgl oben Anm 5a aa γ). Wer in diesem Fall die Eigensch der Mauer als Grenzeinrichtg bejaht (offen BGH 42, 379), läßt vielf UnterhPfl des Nachb bis zum Anbau ruhen (vgl Hodes NJW 55, 1782 u Köln aaO).

γ) Ist schließl ein angebautes Haus u die Mauer erhalten geblieben, steht diese nach BGH aaO (vgl aber oben Anm e bb) noch im MitEigt beider Nachb; nach vielf Meing soll auch dann die wg MitEigt an sich bestehde UnterhaltgsPfl des RuinenEigtümers solange ruhen, als er nicht angebaut hat; vgl Hodes, NJW 55, 1782, der den Nachb aber zur Duldg der Reparaturarbeiten von dessen Grdst aus verpflichtet u, wenn er dann doch noch anbaut, zur anteil Tragg der bish UnterhKosten gem § 812. Entscheid wird wesentl nach dem nachbarl GemschVerh (§ 242) ausgerichtet w müssen; den Nachb, der nicht aufbaut, schlechthin von UnterhaltgsPfl freizustellen, wird idR unangem sein, nachdem er den Vorteil des Anbaus genossen hatte; dies umsomehr, wenn man – mit BGH 43, 197 – dem Eigtümer des noch nicht wieder bebauten RuinenGrdst Fortbestand seines MitEigt u damit R auf Nutzg der ihm zugewandten Mauerfläche gibt, sei es nur aGrd §§ 903, 743 II, sei es auch gem § 922. And, wenn er zB aus öffrechtl Anordngen nicht mehr anbauen darf od Anbau für ihn nicht mehr zumutb; dann entfällt UnterhaltgsPfl, da Zweck der GemschMauer hinfäll gew.

6) Grenzwand. Sie steht ganz auf einem Grdst an der Grenze u w nicht von ihr dchschnitten.

a) Errichtet der Erbauer sie auf **seinem Grdst**, so ist sie eine Grenzwand iS der LNachbRG (EG 124 Anm 2a). Sie ist keine Grenzeinrichtg (BGH 68, 350) u AlleinEigt des GrdstEigtümers. Anbau des Nachb nur mit Zust des Eigtümers zul, sonst § 1004. Der SonderRNachf des Eigtümers ist nicht an Zust seines RVorgängers gebunden (BGH aaO); da zugel Anbau aber rechtm Überbau wirtsch gleichwert, ist Duldgs-Pfl für vor EigtWechsel vollzogenen Anbau entspr § 912 interessengerecht (Köln DWW **75**, 164). Anbau macht die Mauer nicht zur Grenzeinricht u läßt AlleinEigt unberührt (BGH **41**, 177; **68**, 350; Köln aaO; aA Hodes NJW **64**, 2382 [MitEigt]); ebso Abriß od Zerstörg eines der angebauten Gbde. EigtLage bestimmt NutzgsR an Außenflächen, Anbauvergüt u Unterhaltg, sofern Vereinbg od LNachbRG (*Hess* 8; *Nds* 18; *NRW* 20; *RhPf* 14; *Saarl* 16; *SchlH* 13) dies nicht regeln. LNachbRG regeln auch Gründg der Wand u unterfangen dch Nachb; vgl auch § 905 Anm 1 c.

b) Errichtet der Erbauer sie als Teil eines Gbdes auf dem **NachbGrdst**, so ist sie Überbau iSv § 912ff; keine Grenzeinricht (RG **70**, 204). Vorschr der LNachbRG über die Grenzwand zT anwendb (*Nds* 22; *Saarl* 20; *SchlH* 16).

922 *Art der Benutzung und Unterhaltung.* **Sind die Nachbarn zur Benutzung einer der im § 921 bezeichneten Einrichtungen gemeinschaftlich berechtigt, so kann jeder sie zu dem Zwecke, der sich aus ihrer Beschaffenheit ergibt, insoweit benutzen, als nicht die Mitbenutzung des anderen beeinträchtigt wird. Die Unterhaltungskosten sind von den Nachbarn zu gleichen Teilen zu tragen. Solange einer der Nachbarn an dem Fortbestande der Einrichtung ein Interesse hat, darf sie nicht ohne seine Zustimmung beseitigt oder geändert werden. Im übrigen bestimmt sich das Rechtsverhältnis zwischen den Nachbarn nach den Vorschriften über die Gemeinschaft.**

1) Vgl § 921 Anm 1, 2. – Vertragl Regelg durch Bestellg von GrdDbk zul. Zur Errichtg neuer Grenzeinrichtgn sind die Nachbarn nicht verpflichtet. BeseitiggsAnspr aus § 1004, wenn Grenzeinricht gg den Willen des Nachbarn mit auf dessen Grdst errichtet. – Die **Errichtgskosten** trägt grdsätzl allein der Erbauer, Soergel-Baur Anm 2; anders bei Vereinbg der Mitbeteiligg; diese kann in der Gestattg der Mitbenutzg des Grdst liegen. Anders auch, wenn Neuerrichtg durch einseitigen Abriß seitens des Nachb nötig gemacht, LG Göttingen NdsRpfl **58**, 92.

2) Benutzg: Jeder Nachb kann die ganze Einrichtg benutzen; auch soweit sie dem anderen gehört, Warn **11**, 243. Aber nur die Einricht, nicht das anliegende NachbGrdst, Warn **16**, 169. Benutzg **a)** nur nach der Beschaffenh der Einrichtg, zB Aufstellg von Baugerüsten auf einem Grenzrain; vgl BGH WPM **66**, 143. Erhöhg einer gemschaftl Mauer od Einfügg eines Fensters in diese gehört nicht mehr zur Benutzg iS des § 922, RG **162**, 213; Düss NJW **55**, 1799; BGH **29**, 375, **41**, 177, 182 (auch über LandesR, hierzu auch EG 124 Anm 2e). **Kommunmauer**: § 921 Anm 5.

b) Ohne das MitbenutzgsR des Nachbarn zu beeinträchtigen. ZB unzulässig: Übermäßiges Ableiten von Wasser in einen Grenzgraben; nachträgl Einbau beeinträchtigender Rohre, BrschwZ **1926**, 42. Beeinträchtigg rechtfertigt den AbwehrAnspr aus § 1004 u entspr § 1027, Warn **16**, 169.

3) Unterhaltskosten stets zu gleichen Teilen, anders §§ 742, 748. Aufwendgn für Niederlegg bei Gefahr tragen beide Eigtümer, BGH **16**, 13. Wg Kommunmauer vgl § 921 Anm 5 u Karlsr MDR **71**, 1011, wo S 2 auch auf die Benutzgskosten angewendet w, die nur für einen Nachb entstanden sind (Stützwand nach Abbruch eines angebauten Hauses). Bei Anbau an Mauer, die keine Kommunmauer: BenutzgsR u UnterhPfl nach §§ 743 II, 748. Über Wiedererrichtgskosten vgl Anm 4.

4) Keine Beseitigg od Änderg gg das obj Interesse des anderen; anders §§ 749ff. Sonst Klage auf Wiederherstellg, § 1004. Abbruch eines Hauses, sofern nur GemschMauer stehen bleibt, kann aber vom Nachbarn nicht verhindert werden, Hamm NJW **54**, 273. Streitig geworden ist RLage, wenn eines od beide Häuser, nicht aber die **Kommunmauer zerstört** worden waren. Insb von Bedeutg, wenn durch die Mauer Feuchtigk in das bestehengebliebene od wiederaufgebaute eine Haus eindringt; dazu § 1004 Anm 2a cc, im übr vgl § 921 Anm 5.

5) Anwendb sind: §§ 743 I, 744–746 u 748, vgl aber Anm 3; aus der teilw Verweisg folgert BGH **42**, 374, 380, daß es sich um kein wirkl GemschVerhältn gem §§ 741 ff handelt, also § 278 auch dann nicht anwendb sei, wenn man die Gemsch als Schuldverhältn ansehe (vgl § 741 Anm 6). Doch ist Anwendg des § 278 hier wg Verweisg in S 4 doch wohl zu bejahen (Baur § 5 II 1 c cc; Weitnauer DNotZ **66**, 766; Westermann § 64 II 3; Düss NJW **59**, 580; vgl Übbl 2d a vor § 903; aA BGH **42**, 378; LG Dortm MDR **65**, 202). – Wg Haftg des BauUntern ggü Nachb für fehlerh Erstellg der Mauer vgl Düss NJW **65**, 539: Vertr mit Schutzwirkg für Dritte, abl Hodes.

923 *Grenzbaum.* **I Steht auf der Grenze ein Baum, so gebühren die Früchte und, wenn der Baum gefällt wird, auch der Baum den Nachbarn zu gleichen Teilen.**

II Jeder der Nachbarn kann die Beseitigung des Baumes verlangen. Die Kosten der Beseitigung fallen den Nachbarn zu gleichen Teilen zur Last. Der Nackbar, der die Beseitigung verlangt, hat jedoch die Kosten allein zu tragen, wenn der andere auf sein Recht an dem Baume verzichtet; er erwirbt in diesem Falle mit der Trennung das Alleineigentum. Der Anspruch auf die Beseitigung ist ausgeschlossen, wenn der Baum als Grenzzeichen dient und den Umständen nach nicht durch ein anderes zweckmäßiges Grenzzeichen ersetzt werden kann.

III Diese Vorschriften gelten auch für einen auf der Grenze stehenden Strauch.

1) Über das Eigt an Grenzeinrichtgen vgl § 921 Anm 4. Grenzbäume u Sträucher werden wg ihrer organischen Natur zT anders behandelt. Baum u Früchte gehören mit der Trenng den zum Fruchtbezug berechtigten (§ 954) Nachbarn stets je zur Hälfte. Ausn für den Stamm: II S 3. Eigenmächtige Beseitigg unzul u kann zum SchadErs verpfl (LG Mü II NJW **76**, 973). BeseitiggsAnspr kann außer iF II 4 auch vertragl od nach §§ 226, 242 ausgeschl sein (LG Mü II aaO). Über Obstbäume u WaldGrdst vgl EG 122, 183. Bäume, die neben der Grenzlinie aus der Erde treten, gehören allein dem Eigtümer dieses Grdst; vgl auch §§ 910, 911.

924 *Unverjährbarkeit nachbarrechtlicher Ansprüche.* Die Ansprüche, die sich aus den §§ 907 bis 909, 915, dem § 917 Abs. 1, dem § 918 Abs. 2, den §§ 919, 920 und dem § 923 Abs. 2 ergeben, unterliegen nicht der Verjährung.

1) Der Grd der Vorschr liegt in der fortwährenden Neuentstehg der Anspr, in den Fällen der §§ 919, 920 in dem öff Interesse. § 924 gilt nicht für KostenerstattgsAnspr aus § 919 III.

Zweiter Titel. Erwerb und Verlust des Eigentums an Grundstücken

Einführung

1) Das Eigt am Grdst kann erworben werden: **a)** durch **Rechtsgeschäft** nach §§ 873, 925,

b) kraft Gesetzes: zB durch Erbfolge, §§ 1922, 2139; Erwerb sämtl Miterbenanteile, BayObLG **59**, 56; Anfall nach §§ 46, 88; Eintritt der GütGemsch, § 1416; G v 26. 7. 57 über Dtsche Bundesbank § 38;

c) durch **Staatsakt**, zB ZVG 90; Flurbereinigungsplan FlurbG (vgl EG 113 Anm 1) § 61; Umleggsplan, BBauG 72; Grenzregelgsplan, BBauG 83; als Grdlage der berichtigen Eintr bei Enteigng nach BBauG ist die AusfAnordng der Enteignungsbehörde anzugeben, dazu zur Verdeutlichg der EnteigngsBeschl, KG Rpfleger **67**, 115 Anm Haegele mit Nachw zur Prüfgspflicht des GBA u Horber § 38 Anm 2 A s; dazu auch BayObLG Rpfleger **72**, 26 u Brem Rpfleger **68**, 28; Zuteilg im Siedlgs- u BodenreformVerf (vgl Einl 7 c vor § 854) od sonstigen EnteignsVerf (vgl § 903 Anm 5, EG 109 und BGH **12**, 368); DVO z FidErlG (vgl EG 59 Anm 1) § 36 S 1; Anordng im RückerstattgsVerf; behördl Bescheid nach WertausgleichsG 11 (s § 903 Anm 5 I g); Übertr dch (privilegiertes) G, vgl EG 126 Anm 2. GrdErwerb aGrd des gemeindl Grd ErwerbsR gem StBauFG 18 VI od aGrd VorkRAusübg gem BBauG 28a V (vgl Übbl 3c dd vor § 1094);

d) durch Buchersitzg, § 900 I 1. Kraft Aneignng, §§ 927 II, 928 I, EG 129.

Zu **a** u **b** abgeleiteter (bei Erwerb vom Nichtberechtigten str), zu **c** u **d** urspr Erwerb.

2) Über das früh Reichsvermögen u Beteiliggen des früh Preußen vgl Reichsvermögen G v 16. 5. 61, BGBl 597. Übergang grdsätzl auf den Bund. Wg § 14 vgl BGH Warn **65**, 7. Sondervorschr (vgl dortselbst § 15) für Bundesbahn, -post, Autobahnen ua. Wg bish RZustands vgl Nachw in 20. u früh Aufl.

925 *Auflassung.* [I] Die zur Übertragung des Eigentums an einem Grundstück nach § 873 erforderliche Einigung des Veräußerers und des Erwerbers (Auflassung) muß bei gleichzeitiger Anwesenheit beider Teile vor einer zuständigen Stelle erklärt werden. Zur Entgegennahme der Auflassung ist, unbeschadet der Zuständigkeit weiterer Stellen, jeder Notar zuständig. Eine Auflassung kann auch in einem gerichtlichen Vergleich erklärt werden.
[II] Eine Auflassung, die unter einer Bedingung oder einer Zeitbestimmung erfolgt, ist unwirksam.

1) Allgemeines. Dch G v 5. 3. 53 (BGBl 33) wurden die beiden AuflassgsVOen v 1934 u 1940 in § 925 eingearbeitet u § 925a eingefügt. Fassg des I 2 beruht nunmehr auf BeurkG v 28. 8. 69 (BGBl 1513) § 57 III Nr 3: die Zustdgk von GBA u AG zur Entggnahme von Aufl ist damit weggefallen; vgl Anm 4. – § 925 enthält für die rechtsgeschäftl Übertragg des Eigtums zwei Ausnahmen von § 873 I. **a)** Die **Einigg**, die sonst formfrei ist, bedarf hier einer besonderen **Form, I**; sie führt den deutschrechtl Namen: **Auflassg**.

b) Sie muß (anders als nach § 873) **unbedingt** u unbefristet sein, **II**; vgl Anm 5b. Über das Eigt am Boden soll Klarh herrschen.

c) Solange Aufl aussteht, h auch GrdstErwerber seine KäuferPfl noch nicht voll erfüllt (wicht wg KO 17; VerglO 36), BGH NJW **72**, 875, dazu Bähr JuS **72**, 476.

2) Geltgsgebiet. a) Für Übereigng von Grdst u Anteilen an einer BruchteilsGemsch, RG **76**, 413; für Begründg u Übertr von WohngsEigt, WEG 4 Anm 1, 4. Für reale GrdstTeile: katastermäß Vermessg erst bei Eintr nötig. Wenn also Einiggsobjekt hinreichd gekennzeichnet, ist vorherige Aufl wirks; vgl unten Anm 5a bb. – Entspr Anwendg nach LandesR gem EG 67, 68, 196. Über Zubehör vgl § 926.

b) Auflassg nur erforderl bei **rechtsgeschäftl Übereigng** (Ggsatz: Übergang kraft G, vgl Einf 1 b vor § 925). Also auch im Zug der Auseinandersetzg einer GesHandsGemsch wie ErbenGemsch (RG **89**, 57), GütGemsch (BayObLG JFG **3**, 410), einer OHG (KG JFG **5**, 410); anders bei An- bzw Umwachsg, dazu § 873 Anm 2a. Ferner Aufl notw zur Übereigng an Vermächtnisnehmer (§ 2174) od ErbschKäufer, § 2374.

c) Aufl nur erforderl beim **Wechsel des Rechtsträgers.** Das ist zB der Fall: bei Übertr eines Grdst von der GesHand auf einen GesHänder, RG DR **44**, 292, von GesGut in VorbehGut, KG JFG **15**, 194, u umgekehrt: von einer Bausparkasse auf eine übernehmende andere, KG JFG **13**, 154. Trotz Personengleichheit

§ 925 2–4

auf Veräußerer- u Erwerberseite ist Aufl notw, wenn die veräußernde u die erwerbende Gemsch selbständig nebeneinander bestehen können; also zB: von einer ErbenGemsch auf personengleiche OHG, KG JFG **21**, 168, Hamm DNotZ **58**, 416, od umgekehrt; von OHG auf die Teilhaber nach Bruchteilen, RG **65**, 233, od auf eine GmbH, RG **74**, 9, od auf eine Gesellsch bürgerl Rechts, RG **136**, 406 (anders bei **Umwandlg** der OHG in eine Gesellsch bürgerl Rechts, KG JFG **12**, 280, BayObLG **50**, 430; der OHG in KG, KGJ **51**, 181 u jeweils umgekehrt: hier nur Namensberichtig; soll dagg z Zweck einer sog **Betriebsaufspaltg** neben einer BetriebspersonenGesellsch [OHG, KG – selten! IdR BetriebskapitalGesellsch] eine rechtl selbst weitere Vermögenspersonengesellsch [regelm BGB-Gesellsch] bestehen, ist EinzelÜbertr, insb Aufl, hins der Vermögensstücke erf – schon der steuerl Zweck erfordert zwei rechtl selbstd, also nicht ident Gesellschen –, unzutr daher Hofmann NJW **74**, 448). – Aufl an ErbenGemsch zur ges Hand mögl, wenn sie sich auf den Nachl bezieht (§ 2041, zB zwecks Zuschreibg zu NachlGrdst), KG DNotZ **44**, 177; Köln OLGZ **65**, 117 (auch wg Unzulässigk der Rückgängigmachg teilw AuseinandS; vgl auch § 2041 Anm 1, § 2042 Anm 6). – Über Aufl durch einen GesHänder an den anderen vgl BayObLG Rpfleger **58**, 345 (m Anm von Bruhn). Über Aufl u RErwerb bei GüterGemsch vgl Haegele, JurBüro **68**, 591; dazu § 1416 Anm 3, 4 sow BayObLG **54**, 4.

3) Form der Auflassg: Erkl vor dem Notar (od anderer zuständiger Stelle, vgl Anm 4) bei gleichzeitiger Anwesenh beider Teile. **a)** Notwendig ist eine **mündl Erklärg**; bloßes Stillschw genügt nicht, RG JW **28**, 2519. Auch bei fehlender od fehlerh Beurkundg ist Aufl gültig, RG **132**, 408; BGH **22**, 315 (Beurkundg durch ausgeschlossenen Notar). Unterzeichng durch die Parteien daher nicht erforderl. Über grundbuchl Nachweis (GBO 20!) erklärt, aber nicht beurkundeter Aufl vgl Celle MDR **48**, 258; Fuchs-Wissemann Rpfleger **77**, 9; Huhn Rpfleger **77**, 199. Die Aufl kann unter Voraussetzgen des BeurkG 9 I 2 auch in einer Anlage enthalten sein (Mü JFG **21**, 27). Bzgl des ProzVergleichs vgl Anm 4c.

b) Nicht notw im GeschRaum des Notariats; aber der Notar muß zur EntggNahme bereit sein, RG **132**, 409.

c) Gleichzeitige Anwesenheit beider Teile notw; vgl hierzu BGH **29**, 10. Ausn von § 128. Aber Vertretg zul. Vollmacht sachlrechtl formfrei (§ 167 II), formellrechtl gilt aber GBO 29; über VollmGeständnErkl vgl BGH **29**, 368. Bei Mangel der Vertretgs- od VfgsMacht gelten allg Regeln (§§ 182, 184 I, 185); auch bei Aufl durch einen Teil der Miterben, BGH **19**, 138, od durch Vertreter ohne Vertretgsmacht, KG JW **37**, 3230, od durch einen von mehreren GesVertretern (zB Eltern), Herm. Lange NJW **61**, 1893. Selbstkontrahieren gem § 181 zul; sonst Gen mögl, Korbmacher NJW **50**, 244. Bevollmächtigt Verkäufer den Käufer zur Aufl an sich (§ 181) unter Verpfl, RestkaufgeldHyp zu bestellen, gilt Vollmacht nur, wenn diese gleichzeit eingetr w, BGH WPM **66**, 376. Vgl ferner AktG 52 I. Zustimmg bedarf nicht der Form des § 925, nur der aus GBO 29; vgl über Nachweis des Zugangs BGH **29**, 370. Bei stiller Stellvertretg erwirbt der Vertretene das Eigt. Gibt sich Bevollm vor GBA fälschl als die Pers des Erwerbers selbst aus, ist die Aufl nichtig, RG **106**, 199. Keine Aufl an Vertr noch nicht benannter Pers, AG Hbg NJW **71**, 102. – **Ausn: aa)** ZPO 894: Die Erkl gilt mit Eintritt der Rechtskr als abgegeben. Zur Erfüllg der Form des § 925 genügt es, wenn Kläger seine Erklärg unter Vorlage des rechtskr Urt vor zust Stelle abgibt, vgl Arndt DRiZ **66**, 262. Beglaubigg der Unterschr genügt nicht, KG HRR **36**, 137. Bei Zug-um-Zug-Leistg erst nach Erteilg einer vollstreckb Ausfertig, RG HRR **28**, 215; Rahn, BWNotZ **66**, 266 u 317. **bb)** EG 143 (vgl dort Anm 2): Aufl im Versteigergstermin. **cc)** EG 127; Übereign buchgsfreier Grdst (öff Beurk der Einigg, zB *pr* AGBGB 27; *bay* AGBGB Art 83; vgl Anm zu EG 127).

d) Aufhebg formlos, KG HRR **30**, 42; Ffm HEZ **2**, 184; BayObLG **54**, 147; da eintraggshindernde Tatsache, muß sie, um Vollzug zu verhindern, nicht gem GBO 29 I nachgewiesen sein, BayObLG **67**, 13 = NJW **67**, 1283. – Wg Unzulässigk einseit Widerrufs Anm 6c.

e) Einigg formfrei iF § 10 ReichsvermögensG (vgl Einf 2).

4) Zuständige Behörden. a) BeurkG 57 III Nr 3 beseitigte die Zustdgk des GBA u des AG; vgl 28. Aufl Anm 4a u b. Da beide Stellen künft zur Beurk nicht mehr befugt sind (vgl GBO 29 idF v BeurkG 57 VI, VII), die Aufl jedoch gem GBO 20, 29 dem GBA nachzuweisen ist, soll sie nur noch vor einer Stelle erklärt w können, die sie auch beurk kann. –

b) Zust also in erster Linie jeder dtsche (nicht ein ausländ, Köln Rpfleger **72**, 134; vgl EG 11 Anm 4) **Notar**, BNotO 20 II, auch wenn Grdst nicht in seinem Bezirk liegt. Beurkundet der Notar außerh desselben od seines Landes, schadet dies der Wirksamk nicht, BeurkG § 2. Notar iS des BeurkG ist auch der nach *bad* FGG bestellte Notar u der Bezirksnotar, BeurkG 64. – Ausschließg; vgl BeurkG 6 Anm 3 aE.

c) Jedes Ger im **gerichtl Vergleich** (dazu Walchshöfer NJW **73**, 1102). Gemeint sind die ord u bes (Arbeits-)Gerichte auf dem Gebiete der streitigen u freiw Gerichtsbark. Alle Instanzen. Aber nur im Rahmen bürgerl RVerk. Also zB auch Vollstr- u KonkGer; LwG, BGH **14**, 387. Dagg zB nicht: FideikommißBeh, Hesse, DR **40**, 1035; nicht im GenVerf nach GrdstVG, vgl Keidel DNotZ **52**, 106. Nach hL (vgl BayVGH, BayVBl **72**, 664) auch nicht vor Strafgerichten (aA Stgt NJW **64**, 110) u nicht vor VerwGerichten; hiergg Walchshöfer NJW **73**, 1103, der mit R darauf hinweist, daß die Möglichk von Auflassgen in Vergleichen vor VerwGerichten (VwGO 106) künft im Zug des neuen Bau- u BodenR sinnvoll wäre. Vergleich nicht notw iS des § 779. Es genügt eine das gerichtl Verf ganz od teilweise beendigte Vereinbg, sof die Aufl hierm sachl zushängt, Hesse aaO; aM Keidel DNotZ **52**, 104. Erforderl u genügd Wahrg der prozeßrechtl Form; vgl BGH **14**, 390 (LandwSachen). Die hM, die zuletzt Saarbr OLGZ **69**, 210 mit Nachw) läßt die Anführg des ProzBevollm im VerglProt zum Nachw der Vollm genügen; im Hinbl auf GBO 29, ZPO 88 II sehr bedenkl; so auch Staud-Seufert Rdn 42k. Über Vergl auf Widerruf vgl Anm 5b.

d) Vorschr üb die Beurk im **RückerstattgsVerf** (vgl § 2 der *Hess* VO v 28. 4. 50 (GVBl 65), § 5 III *Bay* VO v 15. 4. 48 (BS III 217) haben nur noch vorübergehde Bedeutg, weshalb sie gem BeurkG 61 I Nr 10 unberührt blieben.

Eigentum. 2. Titel: Erwerb u. Verlust d. Eigentums an Grundstücken § 925 4, 5

e) Konsularbeamte nach Maßg des KonsG v 11. 9. 74 (BGBl 2317), in Kraft ab 14. 12. 74: Alle Konsularbeamten sind nun befugt, Aufl entgg z nehmen, § 12 Nr 1. Berufskonsularbeamte mit Befähigg z Richteramt haben diese Befugn ohne weiteres, § 19 I; and Berufskonsularbeamte sollen ua nur Aufl entggnehmen, wenn sie dch das AuswAmt dazu bes ermächtigt sind (also nur DienstVorschr), § 19 II; für Honorarkonsularbeamte gilt § 19 entspr, § 24. Also künft jede vor einem Konsularbeamten der BRD erklärte Aufl wirks. – Z RLage unter dem KonsG v 8. 11. 1867 s 33. Auflage. Ermächtiggen gem § 37 a (enes G gelten drei Jahre nach Inkrafttr des KonsG 74 fort, § 28 II.

f) Der Vorbeh zG des Landesgesetzgebers gem EG 143 I ist entfallen: BeurkG 57 IV Nr 3a; vgl EG 143 Anm 2.

g) Die übr (28. Aufl Anm 4f–h) bundesrechtl Zustdgk sind aufgehoben: die der DurchfBeh bei Aufl von Eigenheimen (Rentenstellen für ländl Arb u Handwerker) gem § 8 I der VO v 10. 3. 37 (RGBl 292; vgl Übbl 12 b hv vor § 873), aufgeh dch BeurkG 55 Nr 6; bestimmter Behörden in Sachen der Wasser- u Bodenverbände, 1. WassVerbVO v 3. 9. 37 (RGBl 933), aufgeh dch BeurkG 55 Nr 9; die der Leiter usw der Entschuldsämter gem Art 11 der 9. DVO z SchRegG v 24. 11. 37 (RGBl 1305), aufgeh dch BeurkG 55 Nr 10.

5) Die AuflErklärg. a) ErklärgsInhalt:

aa) Erkennb muß sein, daß Eigt übertr u erworben w will, wobei schlüss Verhalten, insb bloßes Stillschw nicht genügt (RG JW **28**, 2519, zust Rosenberg ebda). Doch bestimmte Wortfassg nicht notw, da auch Aufl auslegsfäh (RG **152**, 189). Sie kann dah auch in wechselseit Formalerklärgen gesehen w (GBO 13, 19), so wenn Veräußerer Umschreibg bewilligt, Erwerber sie beantragt, KG HRR **36** Nr 137; Ffm Rpfleger **73**, 394 läßt Feststellg über neue EigtümerStellg ohne erkennb ÜbertrWillen nicht genügen. – BerichtiggsBewilligg regelm nicht in Aufl umdeutb: wer vermeintl Eigt des Dritten anerkennt, will es ihm damit nicht auch schon übertr, wenn er wüßte, daß er selbst Eigtümer. Aufl des ges Grdst nicht in Aufl ideellen Anteils umdeutb (Ffm Rpfleger **75**, 174).

bb) Bezeichng des Grdst: Maß gibt GBO 28; jedoch Verstoß sachlrechtl unschädl, wenn Grdst zweifelsfrei bezeichnet. Hierzu genügt bei – im RSinn ganzem – Grdst Angabe der GBStelle. Bei noch nicht vermessene **Teilstück** genügt zweifelsfreie Bestimmbark. Katasterm Bezeichng des Trennstücks dch eigene FlStNr ist zwar zur Eintr, nicht aber zur Erkl u Beurkund der Aufl notw (RG DR **41**, 2196; BayObLG **62**, 362 [371]). Nach BGH **37**, 233 u WPM **78**, 192 Verurteilg zur Auflassg aber erst nach vollzogener Teilg im GB; wenn jedoch die Aufl in dem genannten Ztpkt rgeschäftl wirks erklärt w kann, darf für die gem ZPO 894 fingierte (rgeschäftl!) AuflErkl nichts and gelten (Soergel-Baur Rdn 41). – **Bestimmbark:** Dch Angabe der Umgrenzslinie, etwa von Verbindgslinien zw Markierspunkten, u Angabe der Flächengröße u geometrische Form, BGH NJW **69**, 131 (für GrdGesch; auch zur Bestimmbk des VertrObjekts bei diesem gem §§ 315, 317, vgl auch BGH WPM **69**, 564). – Bestimmth, nicht nur Bestimmbark, aber für Eintr im GB (GBO 2 III). – Über formellen Nachw der nachträgl Vermessg vgl Hamm DNotZ **58**, 643 mit abl Anm Hieber. Zur Identität eines nachträgl vermessenen TrennSt mit Grdst, das GgSt der AuflVormkg, BGH WPM **71**, 77. – Fehlde Bezeichng nach GBO 28 können Erwerber wie Veräußerer nachholen, BayObLG NJW **66**, 600, wenn dahingehender Wille des and VertrTeils nachweisb (BayObLG **74**, 112). Zu allem Haegele, Rpfleger **73**, 272; LG Ellw BWNotZ **77**, 178.

cc) Fehlvorstellgn über Objekt der Aufl: IZw ist nicht der gbmäß, sond der tatsächl Umfang des Grdst der gewollte AuflGgstc RG Recht **14** Nr 627), wie er vor allem Besicht u Ortskenntn entspr, Oldbg Recht **20** Nr 1220. – Bei **falscher Bezeichng** Aufl wirks, wenn beide Teile dasselbe Grdst gemeint haben, RG **133**, 281; BGH WPM **67**, 701. Decken sich die Erklärgn, meint aber jede Partei anderes Objekt, so versteckter Dissens (§ 155), bei Mehrdeutig der Erkl, bei Eindeutig nur Anf für den Irrden. – Bei bloßer Fehlbezeichng ist die Aufl insow wirks, als die Willensmeingen sich decken (BGH BNotZ **66**, 172); keine Auflassg bzgl Grdst, das versehentl in AuflassgsErkl miterwähnt (BGH WPM **78**, 194). Aber AuflErkl muß berichtigt w (Form GBO 29). Zur Frage ob Dissens od ErklIrrt, wenn Flächenmaßangabe der Parteien im KaufVertr nicht mit der Größe der den VertrGgst bildden Teilstücke gem Planskizze übereinstimmt vgl BGH MDR **67**, 477. Läßt A je eine Parzelle an B und C auf, w die Parzellen aber verwechselt, so ist mit Eintr auf ist der in Wahrh nicht veräußerten Parzelle keiner Eigtümer geworden; keiner kann vom and Berichtigg verlangen, jeder nach Ermächtigg dch A nur solche auf diesen; RG **112**, 268 gibt aber jedem AuflEmpf BereicherngsAnspr gg den fälschl Eingetragenen; abl Raiser, Dingl Anwartsch S 41; doch liegt der Fall and als der in BGH **21**, 98 entschiedene (vgl § 879 Anm 3 e): Die Anwartsch auf RErwerb ist (and, als die Erwartg gem GBO 17, 45) eine Vermögensposition, die dch Eingr verschoben w kann.

dd) Bei **Aufl an mehrere** ist Angabe des GemschVerh der Erwerber notw Inhalt der Einigg (BayObLG **75**, 209); Bezugn auf Angabe in zugl beurk SchuldVertr genügt (Düss MittBayNot **77**, 66). Fehlt Angabe, ist Aufl unwirks. Nachholg fehler u Änderg gemachter Angaben nur dch alle VertrPart (BayObLG **75**, 209; Ffm Rpfleger **77**, 204). Fällt Grdst in GesGut ehel GüterGemsch (§ 1416), so darf zu AlleinEigt erwerbder Eheg allein unmittelb Eintr beider Eheg in GüterGemsch beantragen (BayObLG **75**, 209); zu MitEigt erwerbde Eheg dürfen Eintr in GüterGemsch beantragen (LG Düss Rpfleger **77**, 24; LG Köln DNotZ **77**, 244; LG Aach RhNK **77**, 125 [bei Vereinbg der GüterGemsch nach Auflassg]; aA Ffm Rpfleger **77**, 204; BayObLG Rpfleger **78**, 126). Zur Aufl an Eheg in ausl Güterst vgl LG Bambg MittBayNot **75**, 261 (CSSR); Düss MittBayNot **77**, 66 (Belgien); LG Köln RhNK **78**, 113 (Holland). – Bei **Aufl dch mehrere** Angabe des GemschVerh nicht notw, wenn alle MitBerecht veräußern.

b) Eine **bedingte** od **befristete Auflassg** ist **nichtig,** II. So Einigg für den Fall der Scheidg, Stgt Just **67**, 218. Sie wird durch den Eintritt einer aufschiebenden Bedingg nicht wirks. Beifügg von Rechtsbedinggen, zB Gen des Berechtigten bei Aufl durch Nichtberechtigten, Aufl an künftige GütGemsch, BGH NJW **52**, 1331, ist unschädl; anders, wenn die Rechtsbedingg zur rechtsgeschäftl Bedingg erhoben wird,

§ 925 5, 6 3. Buch. 3. Abschnitt. *Bassenge*

KGJ 36 A 198. Haben Eheleute im ScheidgsRStreit „für den Fall der Scheidg" zu gerichtl Vergleich die Auflassg eines Grdst erklärt, ist dies unwirks, auch wenn das Urt im gleichen Termin noch verkündet u dch RMittelVerz sofort rechtskr wurde (BayObLG **72**, 257). Unwirks Aufl, für die Wirksamk des GrdGesch Bdgg (Celle DNotZ **74**, 731; vgl auch § 139 Anm 4). Abrede über Hinausschieben des grundbuchm Vollzugs verstößt nicht gg II (BGH **LM** Nr 3; Hamm Rpfleger **75**, 250). Vorbeh nach GBO 16 II zul, KG JFG **1**, 337, u auch stillschw (zB Aufl u KaufgeldHyp) häuf; ü Wegfall eines derart Vorbeh, wenn Eintr des Nießbr wg Todes unzuläss, Hamm DNotZ **73**, 615. Ist die AuflVollm od die vormschgerichtl gen gebunden, Eintr nur bei Nachweis des Eintritts der Bedingg, KGJ **53**, 143; erfolgt Eintr ohne solche, kann, da ohne Vertretgsmacht aufgelassen ist, dch Gen Wirksamk herbeigeführt w. AuflVormkg mögl. Ob die Aufl bedingt ist, wenn das in derselben Urk beurkundete VerpflichtgsGesch bedingt ist oder RücktrVorbeh enthält, ist Frage der Auslegg, KG DNotZ **26**, 51; bei letzterem idR anzunehmen, Düss JMBl NRW **57**, 160. Da auch auflösde Bedingg unzul, Vergleich (Anm 4 c) mit **WiderrufsVorbeh** unwirks, Celle DNotZ **57**, 660; Walchshöfer aaO Fußn 62; str aA Soergel-Baur Rdnr 42; vgl hier Einf 3 b vor § 346. Der Widerruf hat aber nicht nur die Folgen des Rücktr von dem der Aufl zugrde liegden KausalGesch, er macht vielm den Vergl hinfäll (BGH **LM** RVO § 1542 Nr 5). Insow dies gewollt ist, steckt im WiderrufsVorbeh eine Bedingg der Aufl (vgl BGH **46**, 278; R-Schwab § 132 III 2 i). Wurde mit Aufl für Verkäufer Nießbr bestellt, ist dessen Wirksamk iZw nicht Bedingg der Aufl, Saarbr JBlSaar **67**, 164; vgl § 139 Anm 4.

c) In der Einigg liegt häufig die Einwilligg (§ 185 I) des Veräußerers zu weiter Vfg, regelm jedenf die zur Aufl, die der Erwerber vor seiner Eintr vornimmt, nicht aber zur Bestell einer AuflVormkg zu Lasten des Erstveräußerers u zG des Zweitwerbers, BayObLG DNotZ **73**, 298. Vgl auch Anm 6 b. Anders zB, wenn Eintr u Rang der vom Erwerber dem Veräußerer bewilligten KaufgeldHyp nicht gewährleistet ist, KG JFG **2**, 316. Eintr der Zwischenerwerber nicht notw, KGJ **47**, 159. Über früh Aufl durch VorEigtümer vgl KG JFG **22**, 12. Ob in Aufl Einwilligg des Erstauflassden in Bewilligg einer Hyp dch AuflEmpf für Dritten liegt, (was Vfg eines NichtBerecht über das Grdst wäre, vgl Winkler Rpfleger **72**, 141), ist jedenf dann zu verneinen, wenn KaufprSchuld an Erstauflassden noch offen; auch andernf zu bedenken, daß dieser dem Anspr aus § 1147, etwa auch aus § 1134 II ausgesetzt w; dah sorgfält Prüfg, vgl BayObLG **70**, 254, Anm Wolfsteiner NJW **71**, 1140. – **Zu § 878**: bestellt AuflEmpf vor eigener Eintr ein dingl Recht am Grdst, wird er aber nach Bindg u AntrStellg in der Vfg beschr (zB Konk), so lehnt BGH **49**, 197 die Anwendg des § 878 für den künft RInhaber ab, da AuflEmpf über das Grdst als NichtBerecht verfügt habe, dessen Wirksamk seiner Vfg gem § 185 I erst mit Eintr eintrete. Anders ist aber zu entscheiden, wenn der AuflEmpf mit Einwilligg des Auflassden über das Grdst verfügt hat (§ 185 I), was Tatfrage ist; wie hier Erm-Westermann § 878 Rdz 5, vgl auch oben § 878 Anm 2 b. Auch Köln NJW **72**, 2152 will § 878 dann entspr anwenden, wenn der AuflEmpf vorgemerkt ist, der nach Eintritt der Bindg (§ 873 II) u Stellg des EintrAntr (also nach Erwerb des AnwartschR) in Konk fiel.

6) Wirkg der Auflassg.

a) Erst **Aufl u Eintr** (Ausn: buchgsfreie Grdst) bewirken den EigtÜbergang. Vorher ist ein schuldr **EigtVerschaffgsAnspr** mangels Eintritt des geschuldeten Leistgserfolges noch nicht erfüllt; er besteht nach Aufl neben den Ren nach Anm 6 b fort u ist noch vormerkb (KG DNotZ **71**, 418), abtretb, verpfändb u pfändb (Vollkommer Rpfleger **69**, 409 zu IV mwN).

b) Die **RStellg des AuflEmpf** zw binddr (§ 873 II) Aufl u Eintr ist stark umstritten (Nachw bei KEHE § 20 Rdnr 222).

aa) Nach ganz hM verstärkt jedenf der Eingang des **EintrAntr des AuflEmpf** beim GBA dessen RStellg zu einem **AnwR**, denn de˜ Veräußerer kann danach die RPosition des AuflEmpf nicht mehr einseit zerstören, weil dessen EintrAntr nach GBO 17 vor späteren des Veräußerers erledigt w muß (BGH **49**, 197 mwN; aA Löwisch-Friedrich JZ **72**, 302; Hieber DNotZ **59**, 530; Kuchinke JZ **64**, 145; E. Wolf § 10 B IIIh; Medicus § 20 II 2). Entsteht das AnwR erst in diesem Ztpkt, so erlischt es mit Rückn od Zurückweisg des EintrAntr (BGH Rpfleger **75**, 432); ist es aber schon früher Entstehg (Anm 6 b bb). Das AnwR ist ein minus ggü dem Eigt, kein aliud. Bei Konk des AuflEmpf fällt es in die KonkMasse. – Das AnwR ist dch **§§ 823 I, 826** geschützt (BGH **49**, 197; Dieckmann Festschr Schiedermaier **76**, 108: nur § 826); SchadErs aber nur bei Kenntn von Aufl u EintrAntr (arg § 892 I 2; Röwer NJW **61**, 539). Es begründet aber **kein BesR** iSv § 986 (Celle NJW **58**, 870 Anm Hoche). – Es ist **übertragb** entspr § 925 dch Aufl ohne Eintr u ohne Zust des GrdstVeräußerers, BGH aaO); aber kein gutgl Erwerb vom vermeintl AnwBerecht (Raiser, Dingl Anw, S 36). WeiterAufl des AuflEmpf vor eigener Eintr kann als Übertr des AnwR verstanden w (Hoche NJW **55**, 652; LG Hag NJW **55**, 1798; vgl sonst Anm 5 c). AbtrEmpf kann EigtUmschreibg unmittelb auf sich verlangen u erwirbt dann Eigt ohne Dchgangserwerb des AuflEmpf (BGH **49**, 197), sofern die AnwR nicht vor Übertr schon einem aderer übertr war. VfgsBeschrkg des Veräußerers nach Eingang des EintrAntr (§ 878) u des AuflEmpf nach wirks Übertr sind unschädl; über Einfluß des Konk vgl Haegele BWNotZ **71**, 1. – Das AnwR ist bis zur EigtUmschreibg **pfändb** nach ZPO 857, wobei Zustellg an AuflEmpf genügt (BGH **49**, 197; str). Gläub kann sich erforderl Urk nach ZPO 792 beschaffen u Eintr des AuflEmpf herbeiführen, mit EigtUmschreibg erwirbt er SichgHyp entspr ZPO 848 II 2 kr G (BGH aaO). Da ohne EintrAntr des AuflEmpf schon ein noch nicht als AnwR anzusprechdes pfändb VermR besteht (Anm 6 b cc), erlischt das PfdgsPfdR am AnwR zwar mit dessen Erlöschen dch Rückn oder Zurückweisg dieses EintrAntr (BGH Rpfleger **75**, 432), mangels ausdrückl Beschrkg auf dieses AnwR (zB bei Pfdg der „Re aus der Aufl") bleibt dieses VermR aber gepfändet (vgl Münzberg Festschr Schiedermaier **76**, 439). – Das AnwR ist **verpfändb** (§ 1274 Anm 1 c aa; § 1287 Anm 3 b).

bb) Der Schutz der §§ 883 II, 888 rechtfertigt es, auch die RStellg des dch **AuflVormerkg gesicherten AuflEmpf** unabhäng von einem EintrAntr als AnwR anzusehen (Hamm NJW **75**, 879; Bergermann RhNK **69**, 687; vgl auch BayObLG **71**, 307; LG Mü II Rpfleger **69**, 425). Für dieses AnwR gilt Anm 6 b a entspr. Zur Frage, ob der AuflEmpf auch seinen Abkäufer dch Vormkg sichern kann, vgl Lohr, Das AnwR aus der Aufl unter bes Berücksichtigg der Vormkg zG u zL des AuflEmpf, Diss Köln 1966, S 96;

Eigentum. 2. Titel: Erwerb und Verlust des Eigentums an Grundstücken §§ 925–926

Müller KTS **60**, 81; LG MöGladb DNotZ **71**, 669 (wo GBO 39 nicht genügd beachtet); BayObLG **72**, 400.

cc) In **allen and Fällen** (weder AuflVormkg noch iSv GBO 17 unerledigter vorrang EintrAntr des AuflEmpf) kann der Veräußerer den EigtErwerb des AuflErwerb noch dch Aufl an Dr u dessen Eintr verhindern, weil Dr dadch (auch bei Kenntn der ErstAufl) Eigt erwirbt. Der AuflEmpf hat daher noch keine gesicherte RStellg; gleichwohl unterscheidet sich seine RStellg von der vor Aufl, denn er kann dch Antr nach GBO 13 die Vollendg des EigtErwerbs selbst herbeiführen. Dch die Aufl w daher ein VermR begründet, das noch kein dingl AnwR ist (aA insow zB Hoche NJW **55**, 652; BayObLG **72**, 242). – Das VermR ist nicht dch **§ 823 I** (uU aber dch § 826) geschützt (BGH **45**, 186). Es begründet **kein BesR** iSv § 986 (Celle NJW **58**, 870 Anm Hoche). – Das VermR ist **übertragb** (KG JFG **4**, 339); Anm 6 b aa gilt entspr (KEHE § 20 Rdnr 259; krit zu § 925 Vollkommer Rpfleger **69**, 409 Fußn 68). – Es ist **pfändb**; Anm 6 b aa gilt entspr (Hoche NJW **55**, 931; KEHE § 20 Rdnr 287ff; StJP § 857 Anm II 10; Stöber, 7. Kap Abschn D II; KG JFG **4**, 339; **14**, 131; BayObLG JFG **9**, 234 mit aA zu ZPO 848 II 2; Horber in Anm zu LG Esn NJW **55**, 1401), insb hinsichtl der Wirkg gem ZPO 848 II 2 ist eine abw Behandlg ggü der Pfdg des AuflAnspr u des AnwR nicht gerechtfert, zumal das VermR mit Stellg des EintrAntr dch den PfdgsGläub zum AnwR erstarkt. – Es ist **verpfändb** (§ 1274 Anm 1 c aa; § 1287 Anm 3 b).

c) **Bindend** (nicht einseit widerrufl) ist die Aufl erst unter den Voraussetzgen des § 873 II (Bassenge Rpfleger **7**, 8 mwN; aA BayObLG **57**, 229). Sie ist dann nur noch vertragl widerhebb (Anm 3 d), die dch sie begründete RStellg ist kondizierb. Eintr nach Aufhebg der Aufl bewirkt keinen EigtÜbergang. Aufl dch vollmachtlosen MitBerecht zugl namens eines and MitBerecht ist für Vertretenen bindd, sobald dieser wirks genehmigt hat (BayObLG **57**, 229) u § 873 II gegeben. Vom Eigtümer erklärte Aufl bleibt nach dessen Tod wirks (KG HRR **36**, 361; § 878 Anm 1). Über nach Aufl eintretde VfgsBeschrkg vgl § 878.

d) **Sonstige Wirkgen:** §§ 313 S 2, 446, 518 II. – **Kosten:** § 449.

7) **Behördl Genehmigg** der Aufl oft notw (vgl auch Übbl 12 vor § 873). Wirks gewordene Gen ist nach Aufl unwiderrufl, weil hiermit sachlrechtl Wirkgen eingetreten (BayVGH BauR **76**, 409); widerruf aber, solange Aufl aus and Grd noch schwebd unwirks (Mü BayJMBl **51**, 79). Ist ScheinVertr genehmigt, so wg unwirks Aufl auch bei Eintr kein EigtÜbergang (OGH DNotZ **51**, 85). Einzelfälle:

a) **GrdstVG** 2: land- u forstwirtsch Grdst (Einl 7 b vor § 854). – b) **BBauG** 19, 51 (Übbl 12 b dd vor § 873). Zur Surrogation des ErsGrdst ins VeräußergsGesch bei Veräußerg des EinlageGrdst währd des UmleggsVerf LG Wiesb Rpfleger **71**, 216 Anm Haegele. – c) **StBauG** 15, 57 I 3 (Horber § 20 Anm 6 D). – d) **EntschuldgsBetr** (Übbl 12 a vor § 873). – e) **MRG 52, 53** (Übbl 12 d, 12 b ee vor § 873). – f) **Fideikommisse** (EG 59; Horber § 20 Anm 6 H). – g) **Öffentl Körperschaften** bedürfen oft zur Aufl der Gen ihrer AufsBeh; zB Gemeinden nach der GemO (vgl dazu KG HRR **37**, 399; Haegele, Beschrkgen im GrdstVerk Nr 317 ff; Maier BWNotZ **56**, 7 zu BaWü GemO 80; Hess VO v 19. 12. 55, GVBl 63); RVO 26 II, 27 c (Übbl 13 c vor § 873); Flurbg 17 II; WasserVerbVO §§ 122, 123. – h) **BVersG** 75: Grdst, für dessen Erwerb Kapitalabfindg gewährt ist, wenn VfgsBeschrkg in GB eingetr. – i) **EG** 88: Erwerb dch Ausländer (Übbl 13 a vor § 873). – k) **VAG** 54a II Nr 10, 105 II: Erwerb von Versicherg für BetrVerm (Übbl 13 b vor § 873). – l) **§§ 1821, 1643**.

8) Ferner sind zu beachten die gesetzl Vorkaufsrechte; vgl Übbl 3 vor § 1094.

9) Fehlen od Widerruf der nach Art 97 § 7 EGAO v 14. 12. 76 (BGBl I 3341) erforderl **Unbedenklichkeitsbescheinigg des Finanzamts** läßt Wirksamk von schuldr GrdGesch (über Re des Verkäufers nach § 326 bei Nichtbeibringg dch Käufer vgl RG SeuffA **97**, 1) u Aufl unberührt (BGH **5**, 179), ist aber Eintr-Hindern für EigtUmschreibg (BayObLG **75**, 90); Umschreibg ohne Bescheinigg macht GB nicht unricht (BayObLG aaO). GBA muß prüfen, ob der RVorgang der GrdErwerbSt unterliegt (Stgt Rpfleger **76**, 134; vgl aber BayObLG aaO); trifft dies nicht zu (zB bei Übertr eines Anteils an einer GesHandsGemsch, zu deren Verm Grdst gehört; BayObLG NJW **58**, 345; LG Düss Rpfleger **77**, 257), darf es keine Bescheinigg verlangen (and bei Zweifel; LG Düss aaO). – **GrdEStG** v 29. 3. 40 (RGBl 585) wurde mit Inkrafttr des GG LandesR v von diesem verschiedenl geändert; zB *BaWü* G v 17. 4. 78 (GBl 245) *Bay* G v 28. 6. 77 (GVBl 306); vgl auch Art 97 §§ 3–6 EGAO. Rspr zum GrdEStG: Fetsch DNotZ **78**, 462.

925a
Urkunde über Grundgeschäft. Die Erklärung einer Auflassung soll nur entgegengenommen werden, wenn die nach § 313 Satz 1 erforderliche Urkunde über den Vertrag vorgelegt oder gleichzeitig errichtet wird.

1) Eingefügt durch G v 5. 3. 53, BGBl 33. Entspricht dem § 2 der aufgehobenen AuflVO v 11. 5. 34. Ordngsvorschr, um mdl u privatschriftl Kaufverträge, die Quelle vieler Unklarheiten u Streitigk, auszuschließen. Verstoß macht Aufl nicht unwirks. GrdGesch muß formgerecht beurkundet sein. Form: vgl § 313 Anm 11. RWirksamk nur zu prüfen, wenn Mängel auf Aufl übergreifen können (zB § 134; ev § 138; wenn Vollm schon Bestandt des GrdGeschäfts), Hamm Rpfleger **59**, 127. Erfolgte Aufl vor Notar – wie nun die Regel –, darf GBA Umschreibg nicht von Vorlage der Schuldurkunde abhäng machen, Schlesw SchlHA **60**, 341. – Gilt auch bei Veräußerg durch städt Unternehmgen, KG DJ **34**, 1511.

926
Zubehör. ¹ Sind der Veräußerer und der Erwerber darüber einig, daß sich die Veräußerung auf das Zubehör des Grundstücks erstrecken soll, so erlangt der Erwerber mit dem Eigentum an dem Grundstück auch das Eigentum an den zur Zeit des Erwerbes vorhandenen Zubehörstücken, soweit sie dem Veräußerer gehören. Im Zweifel ist anzunehmen, daß sich die Veräußerung auf das Zubehör erstrecken soll.

§§ 926, 927

II Erlangt der Erwerber auf Grund der Veräußerung den Besitz von Zubehörstücken, die dem Veräußerer nicht gehören oder mit Rechten Dritter belastet sind, so finden die Vorschriften der §§ 932 bis 936 Anwendung; für den guten Glauben des Erwerbers ist die Zeit der Erlangung des Besitzes maßgebend.

1) Allgemeines. a) Zum Grdst gehören Bestandteile, §§ 93ff, u Zubehör, §§ 97, 98. Die wesentl Bestandteile werden mit dem Grdst ohne weiteres Eigt des Erwerbers, § 93. Ebso die nichtwesentl Bestandteile, wenn sie dem Veräußerer gehören; sonst werden sie nach §§ 932ff übertragen.

b) Zubehör kann als Fahrnis nach §§ 929ff übertr werden. IdR werden die Beteiligten aber Grdst u Zubehör als wirtschaftl Einheit behandeln wollen. Deshalb läßt § 926 auch die rechtsgeschäftl Übereign ohne Besitzübertragg zus mit der des Grdst zu. Entspr bei eingetragenen Schiffen, SchiffsRG 4, beim Nießbr nach § 1031. Vgl über das VerpflichtgsGesch § 314; über die Haftg für Hyp §§ 1120/2, für Reallasten § 1107; über den Erwerb in der ZwVerst RG **127**, 273, vgl auch Übbl 5 vor § 854.

2) I gilt nur für Zubehör, das dem Veräußerer zZ des EigtErwerbes gehört. Es gilt die Vermutg des § 1006.

a) Es entsch die Einigg der Parteien. Wollen sie das Zubehör ohne das Grdst übereignen, geht es zus mit dem Eigt am Grdst über. Auch wenn der Besitz schon übertr war od erst später übertragen wird. Auch Besitzmittelg, § 930, od Abtretg des HerausgAnspr, § 931, sind entbehrl.

b) I betrifft nur wirkl Zubehör. Nicht Ggstände, die diese Eigensch verloren haben, OLG **34**, 177; oder zugl Zubehör eines anderen Grdst sind, OLG **35**, 291. Maßgebd ist der Ztpkt, an dem das Eigt am Grdst übergeht; § 878 entspr anwendb. Vgl aber II. Das Zubehör muß dem Veräußerer in demselben Rechtsumfang u mit demselben Rechtsinhalt wie das Grdst gehören; zB muß es beim Erwerb vom Vorerben zum Nachl gehören, vgl RG **97**, 107.

c) Die Auslegsregel des S 2 entspricht dem § 314. GgBew zul.

3) Gutgläubiger Erwerb. II gilt nur für Zubehör,

a) das dem Veräußerer nicht gehört. Solches Zubehör erwirbt der Erwerber nach **I** nicht (Anm 2). Er kann es aber gutgl, § 932 II, erwerben, wenn zu der Einigg die Erlangg des Besitzes nach §§ 929–931 hinzutritt. Es gelten dann die §§ 932–936. Einigg über Besitzübergang (§ 854 II) kann (stillschw) mit Aufl verbunden sein, OLG **34**, 177. Für den guten Glauben entsch die Zeit der Erlangg des Besitzes; bei Erwerb nach §§ 929 S 2, 932 I 2 die Aufl; bei Erwerb nach § 931 erster Fall die Abtretg.

b) das mit Rechten Dritter belastet ist. Solche Rechte erlöschen, §§ 932, 936, mit dem Erwerb des Eigtums am Zubehörstück; frühestens aber mit dem Besitzerwerb (**II**: „Erlangt ... den Besitz"), wenn dieser dem EigtErwerb nach **I** nachfolgt.

927 *Aufgebotsverfahren.*

I Der Eigentümer eines Grundstücks kann, wenn das Grundstück seit dreißig Jahren im Eigenbesitz eines anderen ist, im Wege des Aufgebotsverfahrens mit seinem Rechte ausgeschlossen werden. Die Besitzzeit wird in gleicher Weise berechnet wie die Frist für die Ersitzung einer beweglichen Sache. Ist der Eigentümer im Grundbuch eingetragen, so ist das Aufgebotsverfahren nur zulässig, wenn er gestorben oder verschollen ist und eine Eintragung in das Grundbuch, die der Zustimmung des Eigentümers bedurfte, seit dreißig Jahren nicht erfolgt ist.

II Derjenige, welcher das Ausschlußurteil erwirkt hat, erlangt das Eigentum dadurch, daß er sich als Eigentümer in das Grundbuch eintragen läßt.

III Ist vor der Erlassung des Ausschlußurteils ein Dritter als Eigentümer oder wegen des Eigentums eines Dritten ein Widerspruch gegen die Richtigkeit des Grundbuchs eingetragen worden, so wirkt das Urteil nicht gegen den Dritten.

Schrifttum: Süß, Durchgangs-Herrenlosigkeit, AcP **151**, 1ff; Sieberts, RhNK **71**, 349. –

1) Allgemeines. Wer im GB nicht eingetr ist, kann kein Recht ersitzen, vgl § 900 Anm 1. Als Ersatz dafür gibt § 927 dem Eigenbesitzer die Möglichk, den als Eigtümer Eingetragenen mit seinem Recht auszuschließen u sich dann das Grdst anzueignen. Praktisch bei unterbliebener Aufl, wenn die Erben des Verkäufers unbekannt sind. § 927 gilt auch für MitEigt nach Bruchteilen. Nicht für GesHandanteile (anders nach LG Flensbg SchlHA **62**, 246 bei OttingGemsch). Über Ausschluß einzelner Miterben einer Erbengemeinsch Bambg NJW **66**, 1413. Zu allem Sieberts aaO.

2) Voraussetzgen. a) 30jähriger Eigenbesitz, §§ 872, 868. Berechng der Frist nach §§ 938 bis 944. Guter Glaube nicht erforderl.

und b) wahrer Eigentümer nicht eingetragen: **aa)** überh kein Eigtümer eingetr, zB GBO 3 II, 122; **bb)** ein NichtEigtümer eingetr (BGH WPM **78**, 194), sei es ein NichtBerecht (Schlesw SchlHA **54**, 52; LG Bielef RdL **60**, 185) – dies kann auch der Eigenbesitzer selbst sein –, sei es, daß Berecht eingetr gewesen, aber tot od für tot erkl (od jur Person erloschen, Wolff-Raiser § 62 Anm 1) ist; **cc)** niemand Eigtümer (herrenlos, vgl § 928 Anm 5c);

oder c) eingetragener Eigtümer **verschollen** (wobei § 1 VerschG nicht Voraussetzg ist);

d) bei Tod, TodesErkl od Verschollenh: daß seit 30 Jahren vor Beginn des AufgebotsVerf keine Eintr erfolgt ist, welcher der damalige Eigtümer nach GBO 19, 20, 22 II, 27 hätte zustimmen müssen. Unerhebl, ob die Zust nachgewiesen ist, str. Nach LG Flensbg aaO soll Eintr aGrd Vollm des verstorbenen Eigtümers die Frist nicht unterbrechen; ebso AG Bln-Schöneberg MittBayNot **75**, 22 für Eintr aGrd Bewilligg des AbwesenhPflegers.

Eigentum. 2. Titel: Erwerb und Verlust des Eigentums an Grundstücken §§ 927, 928

3) AufgebotsVerf nach ZPO 946–959, 977–981, 1024 I. Antr kann nur Eigenbesitzer (§ 927 I 1) stellen, ZPO 979.

4) Wirkg. a) Mit Erlaß des vorbehaltlosen **AusschlUrteils** wird grdsätzl jeder **Eigtümer ausgeschlossen** (einschränkd RG **76**, 357), auch der AntrSt, wenn er selbst Eigtümer war. Grdst wird **herrenlos**. Auch Beschrkg durch Nacherbfolge entfällt, RG JW **36**, 2399. A u s n a h m e n : Nicht ausgeschl ist der Eigtümer, **aa)** dessen Recht im AusschlUrteil vorbehalten ist; der Vorbeh ist durch Verzicht od Urteil zu beseitigen; **bb)** der währd des AufgebotsVerf als Eigtümer eingetr od dessen Recht durch Widerspr gesichert wurde, **III**. Vgl aber Anm c.

b) Der **Eigenbesitzer hat das Recht der Aneigng**. Er kann seine Eintr beantragen, sie auch durch Widerspr (nicht durch Vormkg, str) sichern. Ist er selbst (weniger als 30 Jahre) als Eigtümer eingetragen, erwirbt er Eigt schon ivm AusschlUrteil, Süß aaO 14. EintrAntr formlos, weil die Erkl des Aneigngswillens nicht zur Eintr erforderl (GBO 30; so Güthe-Triebel § 19 Anm 137; aM RGRK Anm 8). Dem GBA ist UnbedenklichBescheinigg des FinAmts vorzulegen, vgl § 925 Anm 9. Mit der Eintr (ohne Rückwirkg) erwirbt er das Eigt, **II**. Ursprüngl Erwerb, RG **76**, 360; vgl LG Aachen, RhNK **71**, 405. AneigngsR abtretbar; Form der Aufl notw. Kein Schutz des § 892 hins fälschl gelöschter Rechte, Wolff-Raiser § 62 III.

c) Die Eintr wird gehindert, wenn ein Dritter nach Einleitg des AufgebotsVerf als Eigtümer eingetr wird. Für diesen streitet nunmehr die Vermutg des § 891 I. Ein Widerspr hindert die Umschreibg nicht, KGJ **33** A 212. Jedoch kann der WidersprBerecht die Berichtigg auf seinen Namen betreiben, wenn er sein Recht nachweist.

d) Die Belastgen des Grdst bleiben bestehen. ZPO 58, 787 sind bis zur Aneigng entspr anwendbar.

e) Kein BereicherngsAnspr des Ausgeschlossenen nach (sachl unrichtigem) rechtskr AusschlUrteil, LG Kblz NJW **63**, 254.

928 *Aufgabe des Eigentums.*
I Das Eigentum an einem Grundstücke kann dadurch aufgegeben werden, daß der Eigentümer den Verzicht dem Grundbuchamte gegenüber erklärt und der Verzicht in das Grundbuch eingetragen wird.

II Das Recht zur Aneignung des aufgegebenen Grundstücks steht dem Fiskus des *Bundesstaats* zu, in dessen Gebiete das Grundstück liegt. Der Fiskus erwirbt das Eigentum dadurch, daß er sich als Eigentümer in das Grundbuch eintragen läßt.

1) Allgemeines. Das BGB läßt den **Verzicht auf das Grdst** zu, obwohl der Eigtümer sich dadurch mißbräuchl der ihm obliegenden öff Verpflichtgen entziehen kann. **I** regelt die Aufg des Eigtums entspr § 875 I 1. Anders bei Fahrnis, § 959. **II** gibt das AneigngsR nur dem Fiskus; vgl aber EG 129. Anders bei Fahrnis, § 958. Vgl auch § 927 II.

2) Geltgsgebiet. Für Grdst, reale Teile u Anteile an einer BruchteilsGemsch. Buchgfreie Grdst, GBO 3 II, od sonst nicht gebuchte Grdst, GBO 122, sind zunächst einzutragen. Keine Anwendg auf Erbbaurechte, § 1017 II, ErbbRVO 11 I 1, u sonstige selbstdg Gerechtigk, EG 68, 196; bei Verzicht auf die Gerechtigk wird das Grdst von der Beschrkg frei.

3) Verzicht, I. Erforderl sind die **Erklärg** des Eigtümers **u die Eintragg**. Erst wenn beides vorliegt, wird der Verzicht wirks. Vgl § 875 I. Die VerzichtsErkl ist ein einseitiges, empfangsbedürft RGesch. Bedinggs- u befristgsfeindl entspr § 925 II. Sachlrechtl formlos wirks; vgl GBO 29 I 1. Mit Eingang beim GBA unwiderrufl, § 130 I, III; RG **82**, 74. Jedoch kann der EintrAntr zurückgenommen werden, Karlsr KGJ **48**, 256. Zu erklären von dem verfüggsberechtigten Eigtümer, vgl § 873 Anm 2 b. § 878 entspr anwendb. Einzutragen ist die VerzichtsErkl, KG HRR **31**, 1860. Verzicht ist genehmiggsbedürftig nach der VO über die Veräußerg von Entschuldgsbetrieben v 6. 1. 37, RGBl 5, Art 1 I 2; vgl v Rozyki-v Hoewel DNotZ **37**, 395.

4) Wirkg. a) Das **Grdst wird herrenlos**. Ebso die wesentl Bestandteile; die nicht wesentl nur, soweit sie dem GrdstEigtümer gehören. Zubehör wird herrenlos erst mit Besitzaufgabe, § 959. Erzeugnisse u Bestandteile, die nach § 953 in das Eigt des GrdstEigtümers gefallen wären, unterliegen auch dem AneigngsR des Fiskus (Biermann 2 a; nach Endemann jedermann aneigngsberechtigt). – Subj-dingl Rechte (§ 96) werden subjektlos (vgl von Lübtow, Festschr f Lehmann I 379 ff).

b) Rechte Dritter bleiben bestehen. Auch Vormerkgen, KGJ **51**, 195. Für Klage u ZwVollstr ist ein Vertreter zu bestellen, ZPO 58, 787; ob Pfleger aus § 1913, str (vgl KGJ **50**, 53). Der „Vertreter" ist Partei kraft Amtes. Gegen den bish Eigtümer können Rechte Dritter dingl nicht mehr geltd gemacht w, RG **89**, 367. Persönl Verpflichtgen des Eigtümers bleiben bestehen. Tilgt er sie, greift nach heute hL zu seinen Gunsten § 1164 ein, umgekehrt nicht § 1143 zu seinen Lasten, wenn der AneigngsBerecht die Hyp tilgt, vielm gilt dann § 1163; aA Planck Anm 7b, hier bis 32. Aufl.

c) Eine EigtümerGrundschuld wird FremdGrdSch des bish Eigtümers, str; nach aM bleibt sie EigtümerGrdsch, nach dritter Ansicht fällt sie als gläubigerlos fort.

5) Aneigng. a) Berechtigt sind nur der **Fiskus des Landes, II S 1**, od die durch LandesR bestimmten Personen, EG 129. Vgl auch EG 190. Das AneigngsR kann durch Abtretg übertr w; Form des § 925, Staud-Seufert Anm 4; Erm-Ronke Anm 5 gg hM; vgl auch § 927 Anm 4b, § 925 Anm 6b. GBA hat den Aneigngsberechtigten von der Eintr des Verzichts zu benachrichtigen, GBVfg 39 II.

987

b) Der Aneigngsberechtigte erwirbt das Eigt erst mit der Eintr, KG JFG **8**, 214. Ursprüngl Erwerb. Daher § 892 nicht anwendbar; auch nicht zG des Erwerbers des AneignsR, KG JFG **15**, 112. Jedoch § 571 I entspr anwendb, RG **103**, 167. Die Aneign ergreift auch die Surrogate (EnteigngsEntsch, Überschuß in ZwVerst) u die subj-dingl Rechte. Fiskus kann wg Verletzg seines AneignsR (§ 823 I) SchadErs verlangen, wenn ein Dritter das Grdst schuldh beschädigt hat, währd es herrenlos war.

c) Wird das AneignsR nicht ausgeübt, bleibt Aneign nach § 927 mögl. Süß AcP **151**, 26 gibt, wenn Fiskus auf Aneign verzichtet (was durch Eintr mögl sein soll), dem Eigenbesitzer AneignsR, ohne Ausschl-Urteil u ohne die 30jähr Frist; ebso LG Hbg NJW **66**, 1715; hiernach Verzicht dch einseit Erklärg ggü GBA; zust Anm Duve DNotZ **67**, 38. Fiskus kann AneignsR dem Eigenbesitzer abtreten.

d) AneignsR des Fiskus auch bei urspr herrenlosen Grdst, Süß aaO 25.

6) Prozessuales: Die Aufg des Eigt gehört zu den Fällen der ZPO 265, so daß der bisherige Eigtümer weiter prozführgsbefugt bleibt; vgl im übrigen ZPO 58, 787.

Dritter Titel. Erwerb und Verlust des Eigentums an beweglichen Sachen

I. Übertragung

Einführung

Schrifttum: v. Caemmerer, RVergleichg u Reform der Fahrnisübereign Ges Schriften 1, 146. V Olshausen-Schmidt, AutomatenR, 1972.

1) Bewegl Sachen. Vgl §§ 90, 91. Die §§ 929ff gelten auch: für nicht wesentl Bestandteile eines Grdst, RG JW **28**, 561; für die Sachen des § 95 (auch bei Änderg des Zwecks, BGH **23**, 57); für nicht eingetragene Schiffe u Schiffsbauwerke, § 929 a Anm 1. **Sondervorschr:** für GrdstZubehör § 926, ZVG 55, 90 II; für Einverleibg von Inventar §§ 588 II 2, 589 II, 1048 I 2, für verbrauchbare Sachen als Ggst des Nießbrauchs § 1067 I 1; für Früchte § 911. Für eingetragene Schiffe u Schiffsbauwerke SchiffsRG 2ff, 78. Über Luftfahrzeuge vgl Einf 8 b vor § 1204. Für Wertpapiere DepG 6 I, 18 III, 26 S 2; beachte aber, daß diese Sondernormen nur eingreifen können, wenn Eigt am Kommissionsgut nicht schon vorher nach BGB auf Einkaufskommittenten übergegangen ist (§ 930: Geschäft für den, den es angeht), vgl Opitz DepG, 2. Aufl, § 18 Anm 6. Hinterlegte Sachen, HintO 7 I, 23. Vgl ferner Anm 4.

2) Die rechtsgeschäftl Übertragg erfordert regelm (Ausn: §§ 929 S 2, 930, 931) formlose Einigg v. § 929 S 1. Bei besitzlosen Sachen genügt Einigg; § 931 Anm 1. Die Übereign kann bedingt (vgl § 929 Anm 6) u befristet (BGH **LM** § 163 Nr 2) sein; Erwerber erlangt beidesmal ein dingl AnwR; § 929 Anm 6. Über **Übertr von MitEigt** vgl § 1008 Anm 3.

a) Das BGB behandelt die Einigg als **abstrakten, vom Grundgeschäft unabhängigen Vertrag**. Vgl Einl 5 b vor § 854.

b) Da Sachenrechte ggü jedermann wirken, bedürfen sie nach deutscher RAuffassg der **Kundmachg**. Ihr dient bei Eigt an bewegl Sachen der Besitz u die EigtÄndg die **Übergabe** (hM; krit Bauer, Festschr Bosch **76**, 1 mwN). Übergabe ist Übertr des unmittelb Besitzes. Sie kann aber ersetzt werden durch Verschaffg des mittelbaren Besitzes, § 930 oder durch Abtretg des HerausgAnspr, § 931; hier also Durchbrech des Überg- u KundbarmachgsGrdsatzes! Dagg ÜbergGrds strenger durchgeführt beim Erwerb vom Nichtberechtigten, §§ 932 I 2, 933, 934, 936 I 2, 3. Vgl ferner ZPO 897: Wegnahme durch den GVz gilt als Überg.

c) Grdsätzl kann niemand mehr Rechte übertragen, als ihm zustehen. Der **gutgläubige Erwerber** wird aber nach Maßg der §§ 932–936 geschützt. Vgl Anm 3.

d) Eine eigentüml Art des EigtErwerbs besteht nach DepG 18 III, 26 S 2: Absendg des Stückeverzeichnisses, aber das Eigt auch nach §§ 929ff übertragb, RG **139**, 116.

e) Stellvertretg bei der EigtÜbertragg: § 929 Anm 5. Auch § 868 Anm 3 c.

f) EigtErwerb an Beutefahrzeugen vgl Vorauf u § 935 Anm 4 (Abhandenkommen).

g) Zum EigtErwerb an Altvermögen sowjetzonaler Gebietskörperschaften im rechtsgeschäftl Verkehr RTAG 27 III – vgl Féaux de la Croix, WPM **67**, 1262 gg Drobnig, ROW **63**, 95 ff.

3) Die §§ 929–931 behandeln den **rechtsgeschäftl Erwerb,** Anm 2, **vom wahren Eigentümer. a)** Ist der Veräußerer Eigtümer, **aber nicht oder nur beschränkt verfüggsberechtigt,** wird der gute Glaube an die VfgsMacht geschützt in den Fällen: §§ 135 II, 136, 161 III, 2113 III, 2129 II 1, 2211 II; EG 168. Vgl ferner WG 16, 40; ScheckG 18, 21; HGB 365; AktG 68 I. Über den Wechsel des Eigtums im Prozeß: § 985 Anm 4 b. Dagg nicht geschützt in den Fällen: §§ 1365, 1369; § 1984 I 2, KO 7 I.

b) Ist der Veräußerer Nichteigentümer, kann der Erwerber Eigentum erlangen:

aa) wenn der NichtEigtümer zur Veräußerung berechtigt ist: §§ 966 II 1, 1048 I 1, 1087 II 2, 1242 I, 1422, 2205; ZPO 814; DepG 10, 11, 13. Guter Glaube an die Veräußergsberechtigg wird nicht geschützt; Ausn: §§ 1244, 2368 III; HGB 366.

Eigentum. 3. Titel: Erwerb u. Verlust d. Eigentums an bewegl. Sachen **Einf v § 929** 3–7

bb) Wenn der Eigtümer zustimmt, §§ 182ff (zB der Kommittent, RG **132**, 198) od nach § 185 II. Wegen GutglSchutzes bei Zust eines Dritten vgl § 932 Anm 1.

cc) Entspr bei befugter GeschFg oA, wenn diese gerade in der Veräußerg der Sache besteht, so Baur mit beachtl Gründen JZ **52**, 328; hiergg BGH **17**, 188; vgl auch Bertzel AcP **158**, 107.

dd) Wenn der Erwerber den Veräußerer gutgläubig für den Eigentümer hält, nach Maßg der **§§ 932–935.** Dagg nicht, wenn er ihn für veräußersberechtigt od für den Vertreter des Eigtümers hält; Ausn: oben aa, insb HGB 366. Über Rechte Dritter: § 936. Über Erwerb vom Erbscheins- usw Besitzer: §§ 2366, 1507, 2368 III, 2370 I.

4) Die übr UnterAbschn dieses Titels behandeln Fälle **kraft Gesetzes** eintretenden EigtErwerbes. Andere Fälle zB §§ 46 S 1, 88 S 2, 158 II, 163, 588 II 2, 589 II, 797 S 2, 807, 910, 911, 1048, 1370, 1416, 1485 III, 1646, 1922, 1942 I, 2139; DepG 6 I, HintO 23. Erwerb durch **Staatsakt**: HausratsVO, abgedruckt Anh II zum EheG: Zuweisg von Eigt der Eheleute durch den Richter nach Scheidg usw der Ehe. Über Erwerb durch ZwVerst vgl ZPO 817, 894 I, 897 I, 898; ZVG 55, 90 II. Übergabeersatz, §§ 930, 931, nicht mögl. Bei der Versteigerg bewegl Sachen geht Eigt erst mit der Üb erg nach dem Zuschlag über, RG **153**, 261, BGH WPM **68**, 1356, ebso Übergn nötig iF ZPO 825, RG **126**, 24 (str). Auch hier überträgt der StaatshohAkt iVm der Üb erg das Eigt, vgl Noack MDR **69**, 180. Über EigtErwerb bei AustauschPfändg Hartmann ZZP **67**, 199. Vgl auch Lindacher, Fehlende od irreguläre Pfändg u Wirksamk des vollstreckungsgerichtl Erwerbs, JZ **70**, 360; Originärer EigtErwerb kraft VerwAktes bei Enteigng (vgl § 903 Anm 5), BGH **4**, 272. Kein EigtErwerb (insb bei Kraftfahrz)–dann auch nicht gutgl Erwerb (§ 935 Anm 4 e)–, wenn Inanspruchn aGrd **nichtigen Verwaltgsakts**; nichtig ist er jedenfalls bei sachl (nicht örtl, BGH **4**, 18) Unzuständigk (vgl zB BGH **1**, 150: BlankoVfg), bei Nichtbekanntmach an den Pflichtigen; bei Willkür (wobei nach BGH **4**, 23 Nichtigk nur bei „reiner Willkür", nicht bei Willkür „schlechthin"; aber schwierige Unterscheidg!). Mangel gesetzl Grdlage u Gesetzwidrigk führt nach hM nur zur Vernichtbark (Anfechtbark). Sehr große, zT zwiespältige Rspr u Lit. Die vielzitierte Formel, ein VerwAkt sei nichtig, wenn er an einem „besonders schweren Fehler leidet" (so zB BGH MDR **51**, 282), offenbart die große Unsicherh. Beachtl Versuch einer Abgrenzg: Wolff MDR **51**, 523. Die Gerichte legten für die Zeit des Fehlens der VerwGerichtsbarkeit mit Recht zT scharfen Maßstab an Gültigk an. Nichtigk (anders Anfechtbark) auch vom ordentl Ger zu prüfen, BGH **4**, 71. Gesetzwidrige Inanspruchn wie jeder fehlerh VerwAkt rücknehmbar, BGH **1**, 224. Vgl auch Einl 7 b cc ε vor § 854. Zulässiger Widerruf läßt Eigt *ex nunc* (Benkendorff NJW **49**, 771; str) aufleben; Celle NdsRpfl **56**, 92 (auch über Abwicklg der Rückgewähr). – Über KraftfahrzZuweisg vgl auch § 903 Anm 5 i. – Dieselbe Hdlg kann nicht zugl Staatsakt u bürgerl RGesch sein, BGH **2**, 43 (Veräußerg von Frachtgut durch RBahn).

5) Beweiserleichterg in § 1006.

6) Verlust des Eigentums. Hauptfall: Erwerb durch einen anderen. Sonderfälle: Verzicht, § 959; Herrenloswerden von Tieren, §§ 960 II, III, 961; Enteigng, vgl § 903 Anm 5; Einziehg nach StGB 40 ff, 41a; beachte, daß Rechte Dritter iZw bestehen bleiben (§ 41a II 1) u tatunbeteiligte Dritte für den EigtVerlust entschädig w (§ 41c); über die EntschPfl entsch die Zivilgerichte (Lackner-Maaßen StGB 6. Aufl, § 41c Anm 7) vgl auch StPO 436 III u StGB 41c III; Untergang der Sache. Vgl auch § 959 Anm 1. **Dingl Rechte Dritter** werden durch den EigtVerlust regelm nicht berührt. Ausn: § 936; Untergang der Sache.

7) Treuhandeigentum.

Aus dem **Schrifttum:** Siebert, Das rechtsgeschäftl Treuhandverhältnis, 1933 (1959). – Reinhardt, Erlinghagen, Schuler JuS **62**, 41. – Serick (vgl § 929 Anm 6) II, III. – Assfalg, Die Behandlg von Treugut im Konk des Treuhänders, 1960. – Ulrich Huber, Die RStellg des Treugebers ggü Gläubiger u RNachfolgern des Treuhänders, Festschr Institut für ausl u internationales Privat- u WirtschR der Universität Heidelberg, 1967, S 399 ff. – Kötz, Trust u Treuhand, 1963. – J. Thomas, Die rechtsgeschäftl Begründg von Treuhandverhältnissen NJW **68**, 1705. – Haegele, GBR Rdnr 218. – Von Kries, Die RStellg des Erwerbers bei treuhandwidr Vfgen eines TrHänders, Diss Freib 1965. – Schlosser, Aßwirkgen verfüggshindder Abreden bei der rechtsgeschäftl Treuhand, NJW **70**, 681. – Weckerle, TrGeberrechte bei Insolvenz des TrHänders, 1971. – H. Coing, Die Treuhand kraft privaten RGesch, 1973. – Zur SichgÜbereign vgl § 930; Weitnauer, JZ **72**, 637. – Obermüller, Bestellg von KredSicherh an einen Treuhänder, Betr **73**, 1823. – Canaris, Inhabersch u VfgsBefugn bei Bankkonten, NJW **73**, 825. – Walter, Das UnmittelbarkPrinzip bei der fiduziar TrHand, 1974.

A. Allgemeines. TrHänder im Rechtssinn ist, wer von einem anderen, dem TrGeber, VermRechte zu eigenem Recht erworben hat u diese Rechte zwar in eigenen Namen, aber nicht (zu wenigstens nicht ausschließl) im eigenen Interesse ausüben soll; überschießende Außenzuständigk. Vgl Einf 3 vor § 164. Für das SachenR handelt es sich insb um die mit der Übertragg von Eigt u dingl Rechten auf einen TrHänder zushängenden Fragen. – Mit Siebert sind zwei Gruppen zu unterscheiden: die **(uneigennützige)** Verwaltgstreuhand u die (im Interesse des Treunehmers begründete – BGH WPM **69**, 935 – **eigennützige)** Sichergstreuhand. Beisp für erstere: Inkassozession, vgl Henckel, Festschr Larenz 1973, S 643, 649 u § 398 Anm 6, Übertr eines kaufm Unternehmens zu treuhänderischer Verw, Übertr des Vermögens des insolventen Schuldn zwecks Sanierg auf einen TrHänder zur Verwertg im Interesse aller Gläubiger; ferner Anderkonto. Beisp für letztere: Sichergsübereign, vgl § 930 Anm 4. Uneigennützige TrHand grdsätzl auch, wenn Verw-TrHänder Vergütg erhält, BGH WPM **69**, 935. Der TrHänder kann auch Vertrauensperson für mehrere sein, so für Gläub u Schuldn zugl, vgl unten B d. Keine Treuhand besteht beim sog Factoring-Gesch (darü § 305 Anm 5a), Serick II § 24 I 1; ü abzulehnde Treuhandkonstruktion z Ermöglichg eines KommissionsVertr im Factoring, Serick BB **74**, 288. Einen typ Treuhand Vertrag gibt es nicht; der Ein-

Einf v § 929 7 B   3. Buch. 3. Abschnitt. *Bassenge*

zelfall (Auftr, GeschBesorgg) bestimmt die RBeziehgn zw TrHänder u TrGeber, BGH WPM **69**, 935. Zur TrHänderstellg des Außengesellschafters hinsichtl des wirtsch dem Innengesellschafter zustehden Ges-Vermögens (kein GesamthandsEigt!) vgl Ffm BB **69**, 1411; Larenz SchuldR II § 60 V b u oben § 705 Anm 3 a, d u 8. Zur Anwendg der **§ 419** bei der SichgÜberEigng ganzer Verm vgl unten Anm B d, e; § 930 Anm 4 c, auch § 1213 Anm 1. Zur Möglichk für VerwBeh, einen TrHänder für die Verw eines SammlVerm zu bestellen vgl die SammlgsGesetze der Länder. Vgl StBauFG 36, 37 (LG Stgt BWNotZ: **77**, 90: keine Eintr des TrHdVerh im GB) u II. WoBauG 12 a, 12 b.

B. Hauptform ist **die fiduziarische Treuhand**: der Eigtümer od RInhaber überträgt das Eigt an der Sache (bzw das Recht) zu vollem Recht auf den TrHänder; dieser ist aber im InnenVerh (das mitunter geheimgehalten wird, RG **153**, 368) schuldrechtl gebunden, er darf das Eigt an der Sache (bzw das Recht) nur abredegemäß im Interesse des TrGebers ausüben. Dieser kann sich auch Vfgs- u NutzgsR vorbehalten, BGH Betr **72**, 2010. Nach BGH NJW **68**, 1471 bedürfen Vfgen des TrHänders über TrGut auch dann nicht der vormschgerichtl Gen, wenn der TrGeber mj ist u sein gesetzl Vertr über einen Ggst dieser Art nur mit vormschgerichtl Gen verfügen dürfte. Dies entspr der formalen (also nicht funktionalen) Auffassg der TrHand, aus der sich die Ablehn der Regeln über VollmMißbr dch BGH folgerichtl, wenn auch nicht interessegerecht, ergibt, vor allem, wenn man an die „verdrängde" Vollm denkt, vgl Schlosser aaO.

a) Verletzt der Treuhänder seine Vertragspflicht, indem er zB bei VerwTrHand das TrGut zu eigenem Vorteil verwertet od die sichergübereignete Sache vor Fälligk des gesicherten Anspr veräußert, so hat der TrGeber gg ihn vertragl Anspr auf SchadErs. Veräußerg des TrGuts an Dritte ist wirks; die Bindg des TrHänders hat nach hM nur schuldrechtl Wirkg (§ 137), BGH NJW **68**, 1471; daher hat der TrGeber weder dingl noch persönl vertragl Anspr gg den erwerbenden Dritten; Umgehgsversuche vgl § 137 Anm 1 c. Deliktischer SchadErsAnspr gg Dritten nur nach § 826 od § 823 II mit StGB 266, wenn der Dritte vorsätzl an bewußt pflichtwidr Vfg des TrHänders mitwirkt, RG **153**, 370. Ist Treugut noch in den Händen des Dritten, kann TrGeber Herausgabe (§ 249) unmittelb dch SG verlangen, RG **108**, 58. Hat TrHänder unentgeltl an Gutgläub verfügt, kein Anspr des TrGebers aus § 816 I 2, da TrHänder nicht NichtBerecht. Str, ob man bei bloßer Fahrlk des Dr dch entspr Anwendg der Grdsätze beim VollmMißbr (§ 164 Anm 2; BGH NJW **66**, 1911) zu dingl wirkdem Schutz des TrGebers kommen kann; bejahd Kötz aaO S 141 u NJW **68**, 1471; von Kries aaO S 93 ff; Coing aaO S 164, 168; im Ergebn grdsätzl auch Schlosser aaO. Dem TrGeber stünden dann gg den Dritten die Rechte, die bei VollmMißbr bestehen; die Vfg wäre ihm ggü unwirks. Ablehnd BGH NJW **68**, 1471 (krit Kötz), ihm zust oben § 137 Anm 1, § 164 Anm 2 u Huber (JZ **68**, 791; Festschr aaO S 410), der bei uneigennütz TrHand u Kenntn des Dr vom TrBruch (StGB 266, 49) Nichtigk auch des ErfGesch nach §§ 134, 138 I annimmt; in diesem Sinne auch BGH aaO; abl, da die RMacht des TrHänders den Erwerber als rmäß Handelnden erscheinen läßt, Serick III § 37 I 3 a Fußn 43. **§ 776** gilt nicht, wenn SichgNehmer mit Verwert zögert, bis SichgGut entwertet ist, BGH NJW **66**, 2009; s auch § 776 Anm 2.

b) Schutz des Treugebers gegen Zugriffe der Gläubiger des Treuhänders in das TrGut. Im einzelnen vieles str; Nachw bei Siebert S 159 ff, Reinhardt aaO 13, 14.

aa) Uneigennützige Treuhand (zu ihrem Wesen BGH FamRZ **72**, 559): Der TrGeber hat bei Einzelvollstreckg durch Gläub des TrHänders WidersprR nach ZPO 771, im Konkurs des TrHänders aus der Interessenlage AussondersR nach KO 43; RG **153**, 369. TrGut gehört wirtschaftl zum Vermögen des TrGebers. Begründg aber str. Ergebnis gewohnheitsrechtl anerkannt, vgl BGH NJW **59**, 1224; Betr **64**, 403; Serick III § 35 Fußn 86 mit Nachw. Führt praktisch zu einer **quasidingl Wirkg** des Rechts des TrGebers. Im VerglVerf gg SN ist das TrGut nicht Bestandteil von dessen Verm, vgl Serick III § 36 II 3.

bb) Eigennütz Treuhand (TH), Sichersübereign.

α) Hatte SichgGeber (SG) als Schu seinen Gläub, den SichgNehmer (SN) befriedigt, bevor über dessen Verm Konk eröffnet od bevor die EinzelVollstr in das bei ihm befindl TrGut beendet, kann SG aussondern (KO 43, VerglO 26) bzw nach ZPO 771 widersprechen: je nach Gestaltg des SichgÜbereignungsVertr ließ die Zahlg die auflösde Bedingg eintreten (s unten Anm C) u TrGut an SG als Anwärter zurückfallen; andernf berecht auch der obligator RückübereignsAnspr analog § 1223 II (vgl Jaeger-Lent § 43 Rdnr 41 a) zur Aussonderg bzw zum Widerspr; § 1223 II gilt auch für SG (RG **92**, 280); abl Serick III § 35 Fußn 84; wirtschaftl liegt jedoch Rückg vor; wie hier auch Schönke-Baur § 60 II 3 b aa; auch erscheint diese Lösg ungezwungener, als den SG, der nur obligator RückübereignsAnspr hat, zum Eigentümer aufzuwerten, um so sein AussondersR zu begründen. SN hat jetzt nur noch die Stellg eines uneigennütz TrHänders, s oben Anm aa.

β) Bestr ist die RMacht des SG **vor Befriedigg des SN.** Diesem ist das SichgGut nicht nur formalrechtl zugeordnet, sond, soweit es die Fdg des SN sichert, auch – allerd mit dieser ZweckBeschrkg – wirtsch; ab Verwertgsreife aber ohne Beschrkg auf den bloßen SichgZweck. Daraus folgt: αα) **Konkurs**: Ist die gesicherte Fdg fäll, also **Verwertsreife** eingetreten, hat KonkVerw VerwertgsR gem der SichgAbrede mit Pfl, Übererlös unverkürzt an SG herauszugeben. Auch solange das TrGut nur nicht schon zur Befriedigg des SN bereit steht, erfordert die Interessenlage nicht, es entgg der SichgAbrede aus der Masse auszusondern, deren Verw ja wie der SN (GemeinSchu) selbst, an sie gebunden ist (vgl Serick III § 35 II 2 a; Schönke-Baur § 56 III 1 c; BGH **24**, 15). Erst nach Befriedigg des SN kann SG das TrGut aus der Masse dem gem SichgsAbrede zum Bes berecht SG aussondern (RG **94**, 305; BSt, KO § 43 Anm 9; Schönke-Baur § 60 II 3 b aa; Westermann § 43 IV 2). Die GgMeing (Lent-Jauernig § 45 I 1 a; Serick III § 35 II 2 c) gibt dem SG das AussondersR schon vor Befriedigg des SN, dem KonkVerw aber ein ZbR (wobei Serick zutr auf die SichgAbrede abstellt); nach Fälligk der gesicherten Fdg das VerwertgsR, das SG dch Zahlg abwenden kann. Was aber ausgesondert w kann, ist massefremd u dem Zugr des KonkVerw verschlossen. Sinngem gilt dies für SG im VerglVerf des SN (vgl Serick III § 36 II 3). – ββ) **Einzelvollstreckg:**

Vom StdPkt der hM aus wäre es folgerecht, dem SG erst nach Befriedigg des SN die WidersprKl nach ZPO 771 gg eine EinzelVollstr dch Gläub des SN zu geben (so Th-P § 771 Anm 6e; Medicus Rdn 513; Weber NJW **76**, 1601 zu Fußn 62). Da aber SN vor Eintritt der VerwertgsReife das SichsGut nicht verwerten darf, ist dem SG (AnwärtR nur obligator RückFdgsBerecht) bis zu diesem Ztpkt ZPO 771 zuzubilligen (BGH NJW **78**, 1859); Gläub des SN kann aber die gesicherte Fdg des SN gg den SG pfänden u sich zur Einziehg überweisen lassen u nach Eintritt ihrer VerwertgsReife in das SichsGut vollstrecken (damit w dessen Wert aber nur bis zu der Höhe ausgeschöpft, in der dies auch der SN könnte). Nach Eintritt der VerwertgsReife u ohne Befriedigg des SN entfällt dessen VerwertgsBeschrkg u damit auch ZPO 771 für den SG (BGH aaO); gilt auch, wenn Fdg des Gläub die des SN übersteigt (aA Karlsr NJW **77**, 1069), da kein Surrogationserwerb des SG am Erlösüberschuß (Weber, SichgsGesch § 8, 5 c).

c) Schutz des Treuhänders gegen Zugriffe der Gläubiger des Treugebers in das TrGut.

aa) Uneigennützige Treuhand: Bei EinzelVollstr in im Bes des TrGebers belassenes TrGut kann TrHänder nicht nach ZPO 771 od 805 vorgehen, weil Übertr nicht in seinem Interesse erfolgte (Mü SeuffA **71**, 38; BGH **11**, 42). – Ist TrGut im Bes des TrHänders, hat dieser Erinnerg nach ZPO 766, 809. Gläub des TrGebers kann nur dessen RückÜbertrAnspr gg TrHänder bzw (bei auflösd bdgter Übereign) AnwR pfänden lassen (vgl Schuler JuS **62**, 50; Serick III § 34 II 6 mit zutr Hinweis, daß Gläub idR nicht befugt, vor Fälligk der gesicherten Fdg dem SN die Rückzahlg aufzudrängen). – Pfändg von treuhand übertragener Fdg (od anderem Recht, das Dritten ggü auszuüben) durch Gläub des TrGebers nach BGH aaO unzul (also ZPO 771). Im Konk des TrGebers Erlöschen des TrHandVertr, KO 23 II, TrHänder hat kein Aus- od AbsondergsR, vgl RG **145**, 256. – Wegen TrHandVergl (LiquidationsVergl) vgl unten d.

bb) Eigennützige Treuhand (SichgÜbereign): α) Im **Konk des SG** kann SN nicht aus-, sond nur absondern, RG **124**, 75, weil Konk der sofortigen Lösg der sachen- u schuldrechtl Verhältnisse zwecks GesVerwertg des SchuVerm drängt; KO 65 ist auch auf absondersberecht Fdgen (gg den GemeinSchu) anzuwenden, BGH **31**, 337. Vgl dazu Serick III § 35 I 3 c. Der verlängerte EV führt zur SichgZession der KaufprFdg des Erstkäufers, Verk kann also nur absondern, BGH Betr **71**, 87. Ist, wie idR der KonkVerw im Bes des SichgsGuts, muß er es dem SN zur Verwertg gem SichgVertr herausgeben. β) **Einzelvoll streckg:** Ist SN im unmittelb SachBes, scheitert Vollstr dch Gläub des SG bereits an ZPO 809; Rechte der Gläub wie zu aa. Ist – wie meist – SG unmittelb Besitzer, kann SN nach ZPO 771 widersprechen (hM: RG **124**, 73; BGH **12**, 232, 234; Schönke-Baur § 44 II 1 b bb; Rosenberg § 185 II 2 b β; Thomas-Putzo § 771 Anm 6 a; Baur § 57 V 2; Soergel-Mühl § 930 Rdnr 23 mit Nachw). Die GgMeing, die dem SG nur ZPO 805 zugesteht, vermochte sich nicht dchzusetzen (so StJP § 771 Anm II 1 a; Baumb-Lauterb aaO; Westermann § 43 IV 1; vermittelnd Paulus ZZP **64**, 169, der grdsätzl für § 771, jedoch für § 805, wenn inf der SichergÜbereign für PfändgsGläub nicht mehr genug pfändb Habe vorhanden). γ) Im **Vergleichsverfahren** über das Verm des SG ist der SN absondersberecht (VerglO 27 II); sow er nicht auf absoncd Befriedigg verzichtet h, gebührt ihm aus der VerglQuote nur auf seinen tatsächl u mutmaßl Ausfall (vgl VerglO 27 I 2, 97 I). – Hatte Dritter Sichg gegeben, gebührt dem Gläub die Quote auf seine ganze Fdg; wg des Ausfalls hält er sich an die Sicherh. – Ist ein Dritter Schu, ist der SN nicht am VerglVerf des SG beteiligt; die Sicherh dient vorzugsw zu seiner Befriedigg (vgl Art 1 in Anm zu BGH **LM** VerglO § 27 Nr 1 = BGH **31**, 174; Serick III § 36 II 1 c).

d) Doppelseit TrHand (vgl BGH WPM **67**, 508). **aa)** Hauptfall: Schu überträgt sein Verm auf TrHänder, der es in eig Namen verwaltet u zG der Gläub (§ 328) verwertet. Dem Schu ggü ist er – auch bei Honorarvereinbg, § 675 – uneigennütz (Verw-)TrHänder (BGH NJW **66**, 1116), eigennütz jedoch ggü den Gläub, deren Interessen ggü dem Schu er wahrt, vgl Serick II § 19 I 1. Häuf beim gerichtl, aber auch beim außergerichtl **TrHandliquidationsvergleich** (Mühl NJW **56**, 401; Künne, Betr **68**, 1253, 1300); zur schuldr Stellg des TrHänders hierbei BGH NJW **66**, 1116. – **bb)** Haftet TrHänder aus § 419? Nicht in gerichtl VerglVerf od ggü den Gläub, die dem außergerichtl Vergl beitraten (Bley-Mohrbutter § 85 Anm 19a, arg: VerglO 92 V). And ggü den nicht am außergerichtl Vergl Teilnehmden, Mühl aaO S 404. – **cc) Anfechtg** der VermÜbernahme? Gerichtl TrHandVergl nicht anfechtb: ggü den beteiligten Gläub keine BenachteiligsAbs; die nicht Beteiligten (VerglO 26) insow nicht schutzbedürft, da sie vorweg zu befriedigen, Bley-Mohrbutter § 92 Anm 25a. Für Anf des außergerichtl Vergl gelten allg Regeln, Mühl aaO. – **dd) ZPO 771?** ist der ins Treugut vollstreckde Gläub VerglGläub od h er dem außergerichtl Vergl zugestimmt, h er sich grdsätzl des R auf EinzelVollstr begeben; TrHänder h gg ihn § 771, hM, BGH **LM** ZPO 771 Nr 2. – Str, ob § 771 gegeben, wenn VollstrGläub nicht VerglGläub ist od dem außergerichtl Vergl nicht zustimme; dies w überwiegd verneint, vgl Serick III § 34 Fußn 38; StJP § 771 Fußn 67. Auch wenn man der aA (Siebert aaO S 392; Mühl aaO) folgte, stünde der Klage des TrHänders aus § 771 beim außergerichtl LiquidVergl idR die Einwendg der Argl aus § 419 od der Anf (AnfG 5) entgg, Mühl aaO; Köln NJW **60**, 966. – **ee)** Schutz des TrGuts gg Zugr der Gläub des TrHänders: für Schu u beteiligte Gläub ZPO 771; im Konk- od VerglVerf über das Verm des TrHänders Aussonderg (vgl oben Anm B b u Serick III § 36 II 3). – **ff) Konkurs des TrGebers:** beim gerichtl TrHandLiquVergl (VerglO 7 IV) fällt TrGut nur dann in Masse zurück (vgl VerglO 9 II), wenn Konk auch in Fdgen seinen Grd hatte, die aus TrGut zu decken (Bley-Mohrbutter § 92 Anm 45 b; B-St VerglO 9 Anm 4); dann KO 23 II für TrHandVertr u kein AbsondergsR für die bish dch TrGut gesicherten Gläub (Bley-Mohrbutter § 92 Anm 46a; B-St aaO § 7 Anm 3). – Anderfn bleiben TrGut u die aus ihm zu tilgden Fdgen für KonkGer außer Betr; der LiquidVergl ist auszuführen, VerglO 9 II greift nicht ein, Bley-Mohrbutter § 92 Anm 44c. – Ist ein **SichgsTrHandVertr** Inh des gerichtl Vergl, so fällt idR (vgl Bley-Mohrbutter § 92 Anm 44 b; B-St VerglO 7 Anm 3) das TrGut in die Masse. – Str, ob sich der VerglGläub an dem in die Masse zurück gelangten TrGut abgesondert befriedigen können, wie dies der unmittelb SichgNehmer könnte (vgl oben Anm 7 B c bb α); hM verneint, da TrHandVertr keine dingl Rechte zG der Gläub als Dritter begründen kann (Bley-Mohrbutter § 92 Anm 44 b; B-St KO 48 Anm 5 A; vgl BGH KTS **67**, 158; and bei Hyp-Bestellg nach VerglO 93 I, vgl B-St § 93 Anm 2; Bley-Mohrbutter § 93 Anm 3 a. – Zur RLage, beim außergerichtl LiquidVergl, BGH NJW 62, 1200. – Vgl ferner BGH MDR 71, 659. – gg) Doppelseit TrHand auch beim sog. **Bassinvertrag**: Lieferanten unter EigtVorbeh u Geldkreditgeber bestellen TrHänder, der das SichergsGut in besonderem Lager für die Beteiligten verwaltet u verwertet; hierzu Haupt Betr **53**, 1008; Serick II § 21 IV 3. – DoppelTrHand auch, wenn **SichergsGrdSchuld** für TrHänder mehrerer Gläub **(Konsortialkredit)** des TrGebers (Eigtümers) bestellt, vgl Serick II § 28 I 3; ebso beim anfängl vereinb Konzernkredit, vgl Obermüller aaO.

e) **Beendigg des Treuhandverhältn** verpflichtet (falls nicht auflösd bedingt übereignet war) den TrHänder zur Rückübereign. Zeitpkt der Beendigg richtet sich nach Parteiabrede. Oder bei Zweckerreichg. Nach RG **169**, 253 kann in Ehem, der seiner Frau ein HandelsGesch zu treuen Händen übertr hat, nach der Scheidg uU wg Fortfalls der GeschGrdlage zwar nicht Herausg, aber Abfindg verlangen. – Das TrHandEigt geht beim Tode des Treuhänders auf dessen Erben über (bedenkl Warn **15** Nr 135). Aber da VertrauensVerh auf Pers des TrHänders abgestellt ist, erlischt der schuldrechtl Vertr gem § 673, KG HRR **31**, 1866. TrGeber hat schuldrechtl Anspr auf Rückg des TrGuts (NachlVerbindlichk). Wegen pflichtwidr Vfgen des TrHänders vgl Siebert S 175. Nach RückÜbertr des TrGuts von TrHänder auf TrGeber kann ein Gläub des TrHänders wg einer von diesem in eigenem Namen, aber für Rechng des TrGuts eingegangenen Schuld nur dann nach **§ 419** gg TrGeber vorgehen, wenn TrHänder bei RückÜbertr außer TrGut kein eigenes Verm besaß, BGH **27**, 257.

C. Weitere Formen der Treuhänderbestellg. a) Dem TrHänder wird das Eigt unter der **auflösenden Bedingg** übertragen, daß es bei Fortfall des Zwecks, aber auch bei pflichtwidr Vfg des TrHänders u bei GläubZugriff an den TrGeber zurückfällt; uU ist auflösende Bedingg stillschw vereinb (aber Vorsicht geboten!). TrGeber behält dingl AnwR u ist deshalb gg pflichtwidr Vfgen des TrHänders u gg GläubZugriff nach § 161 geschützt; OLG **22**, 388. – Über AussondergsR im Konkurs trotz KO 26 vgl Siebert S 220. – Auflösend bedingte TrHandÜbertr ausgeschl bei bedinggsfeindl Geschäften, insb Aufl (§ 925 II), doch kann hier der TrGeber durch Vormkg seines Anspr auf Rückauflassg dingl gesichert werden, §§ 883, 888, KO 24. Zu AKB 19 vgl § 930 Anm 4c.

b) **Ermächtigg**. TrGeber bleibt Vollrechtsinhaber, ermächtigt aber den TrHänder, über die Sache im eig Namen zu verfügen. Solche Vfg trifft unmittelb den TrGeber. Die Ermächtigg findet ihre Grdlage in § 185. Sie ist keine beschränkte Übertr des Rechts selbst, sond nur Überlassg der Ausübg. Unterarten: Einziehgsermächtigg bei Fdgen, vgl § 398 Anm 7, Prozeßführgsermächtigg (gewillkürte ProzStandsch). – **Unterschied zur Vollmacht**: der Bevollm handelt im fremden, der Ermächtigte im eig Namen. – Ermächtigg häufig durch LegitimationsÜbertr (Indossament, Besitz) verstärkt. – TrGeber kann als VollRInhaber weiter selbst über die Sache od das Recht verfügen, solange nicht der TrHänder dies getan hat; mit Veräußerg (Übertr) erlischt dann aber die Ermächtigg, Siebert S 301. – Bei Konkurs des Ermächtigten hat der TrGeber als VollRInhaber AussondergsR; bei EinzelVollstr: ZPO 771. – Vollstrecken Gläubiger des TrGebers in TrGut, so kann der TrHänder dies nicht hindern, ebensowenig kann er in dessen Konkurs aus- od absondern, da TrGeber VollRInhaber ist. – Ermächtigg erlischt mit Konkurs über TrGeber, § 168, KO 23, ebso bei Tod des TrHänders, §§ 168, 673.

c) Zur Treuhänderstellg des KonkVerw, dem GemeinSchu od Dritte (konkursfreies) Verm zur Vorbereitg eines ZwangsVergl als SonderVerm zur Verfügg stellten, vgl Baur, Betr **71**, 1557. –

D. Nach hL soll TrHand nur dann vorliegen, wenn TrGeber das TrGut **unmittelbar** aus seinem Verm, dem TrHänder überläßt, dagg nicht, wenn jemand als mittelb Stellvertreter von einem Dritten einen Ggst für Rechng u im Interesse eines anderen erwirbt, RG **133**, 87, BGH WPM **65**, 174. Mit Siebert S 109, Staud-Coing, Einl § 104 Rdnr 60d; J. Thomas NJW **68**, 1703; Walter (Schrifttum vor 7 A), 10; – vgl auch Assfalg NJW **63**, 1586, w man aber die Unmittelbark des VermÜbergangs nicht als Begriffsmerkmal der Treuhand zu betrachten haben, sond nur als eine TrHandbegründgsmöglk. Vgl auch Reinhardt ua JuS **62**, 41ff. Der mittelb Stellvertreter (vgl § 929 Anm 5b) erwirbt zunächst selbst, zu vollem Recht. Im InnenVerh zu seinem GeschHerrn (AuftrGeber) ist er aber dessen TrHänder, da er nur schuldrechtl VerpflichtR zw ihnen abgestellt ist, RG JW **28**, 1813. Dies soll aber für AuftrGeber nicht ZPO 771, KO 43 eröffnen. Unbefriedigd jedenf dann, wenn der TrHänder das TrGut mit Mitteln des TrGebers erworben hat. Die Sichtbark der Kreditunterlagen (Argument der hL, vgl Siebert S 194) ist durch EigtVorbehalt, Besitzkonstitut, TrHandsch ua so eingeschränkt, daß jeder Kreditgeber zur Nachprüfg genötigt ist. Die Interessenlage spricht für den TrGeber, zu dessen wirtschaftl Verm der Ggst in solchem Fall auch dann gehört, wenn er ihn nicht zuvor selbst im rechtl Sinne erworben hatte; so auch Huber aaO 418. Tritt A eine Hyp an B als TrHänder, also nach außen zu vollem Recht, ab, so ist für die Gläub des B der äußere Anschein der vollen Rechtsinhabersch genau so gegeben wie im Falle des Dritterwerbs der Hyp durch B von seiten des C. Entweder fordere man die Offenkundigk der Treugutbestellg auch für den unmittelb Erwerb vom TrGeber od aber man verzichte darauf auch für den Fall des Dritterwerbs. Vom Standpkt der hM aus läßt sich wenigstens für bewegl Sachen u Fdgen ein der Interessenlage entspr befriedigendes Ergebn auf dem zwar stark konstruktiv wirkenden, aber dem Parteiwillen gerecht werdenden Weg erreichen, daß der von einem Dritten erwerbende indirekte Stellvertreter (TrHänder) durch InsichGesch das TrGut gem § 930 auf seinen AuftrGeber (TrGeber) übereignet (sofern nicht schon ein vorweggenommenes Konstitut ausdrückl od stillschw geschl ist), u von diesem zu treuen Händen gem § 929 S 2 zurückübereignet erhält. BGH NJW **59**, 1225 gibt Klage aus ZPO 771 bei Pfändg von echten Anderkonten u auch bei sonstigen TrGutkonten (nicht allerd bei Einzahlg auf Eigenkonto des einzelnermächtigten RA, BGH NJW **71**, 599); ob er damit ein TrHandVerh auch bei mittelbaren Zuwendgen (Einzahlgen durch Dritte) anerkennt, mag zweifeln sein; vgl Serick II § 19 Fußn 56, 58; Canaris, NJW **73**, 825. Für DchBrechg des Unmittelbark-GrdSatzes bei SicherhLeistg für **Konsortialkredit** (s oben Anm 7 B d gg) zH der Hausbank des Schu im Hinbl auf deren auch hier offenliegde TrHänderStellg Obermüller Betr **73**, 1833. – Vgl z allem zusfassd Walter, Das UnmittelbarkPrinzip bei der fiduziar TrHand, 1974, der z Abgrenzg der TrHand v der mittelb

Eigentum. 3. Titel: Erwerb u. Verlust d. Eigentums an bewegl. Sachen **Einf v § 929, § 929**

StellVertretg uä Fällen statt auf den unmittelb VermÜbergang v TrGeber auf TrHänder darauf abstellt, ob sich der VermGgst z Verantwortg auf Zeit beim TrHänder befindet, iü Interventionsrechte des Tr-Gebers davon abhäng macht, daß in der Masse das TrGut unterscheidb v EigenVerm des TrHänders vorh ist.

E. Treugutserwerb durch Surrogation. Das TrGut ist ein dch RGesch begründetes SonderVerm des TrHänders. Der schuldr TrHandVertr ist zwar idR dahin auszulegen, daß alles, war aGrd eines zum SonderVerm gehörden R od als Ers für EntzieHg eines Ggst od mit Mitteln des TrGuts od dch auf das TrGut beziedhes RGesch erworben w, von der TrHandVerpfl umfaßt w (RG LZ **28**, 1248). Weil aber die für ges SonderVerm angeordnete dingl Surrogation (Einl 6 vor § 854) nicht gelten soll, lehnt die hM (RG **153**, 370; Wolf JuS **75**, 716) die Ausdehng der quasidingl RStellg des TrGebers bei Surrogationserwerb ab. Dies trifft aber nur für Ggst zu, die dch ein sich auf das TrGut beziedhes RGesch erworben wurden (Schuler JuS **62**, 52; Serick II S 85 mwN); nicht aber für Ggst, die aGrd eines zum TrGut gehörden R od als Ers für Zerstörg, Beschädigg od Entzieh g erworben wurden (Siebert S 185; Serick II S 86; Schuler aaO; RGRK § 929 Rdnr 96). Über Versuche, bei vereinb VerfMacht des Treugebers den Treuhänder z Kommittenten z machen u gem HGB 392 unmittelb an der ErsFdg z sichern, abl Serick BB **74**, 286.

929 *Einigung und Übergabe.* Zur Übertragung des Eigentums an einer beweglichen Sache ist erforderlich, daß der Eigentümer die Sache dem Erwerber übergibt und beide darüber einig sind, daß das Eigentum übergehen soll. Ist der Erwerber im Besitze der Sache, so genügt die Einigung über den Übergang des Eigentums.

1) Vorbem zu §§ 929–931. Erwerb vom wahren Eigentümer. Einigg u Überg oder ÜbergErs, §§ 930, 931, sind selbständige Erfordernisse, die beide erfüllt sein müssen. Anders nur § 929 S 2; vgl auch § 931 Anm 1. Über den Erwerb vom NichtEigtümer vgl Einf 3 vor § 929. – Über Erwerb von MitEigt vgl Einf 3 vor § 1008; vgl auch unten Anm 3a.

2) Einigg. a) Die Einigg ist ein **Vertrag,** gerichtet auf den EigtÜbergang, also auf Herbeiführg einer Vfg. Formlos wirks. Schlüssige Hdlgen genügen: Verk übersendet die Ware (and bei gleichzeit erklärtem EigtVorbeh); Käuf nimmt sie an u gibt zu erkennen, daß er sie u als Eigt behalten will, BGH **108**, 28, was idR nicht zutrifft, wenn er unverzügl die Ware wg Mängeln (berechtigt od unberechtigt) zur Vfg stellt; and bei hohen Abschlagszahlgen dch Bauherrn für auf Baustelle geliefertes Einbaumaterial, auch wenn SchlußAbn erst für später vereinb, BGH Betr **70**, 344; Aufstellg von Automaten u Geldeinwurf. SichNehmer bringt dem SichgGeber ggü erkennb, daß er SichgÜbereignung nunm u als erledigt ansieht, BGH WPM **71**, 410. FinInst zahlt Kaufpreis an Verkäufer; darin Annahme der SichgsÜbereignungs-offerte des Käufers, BGH WPM **66**, 113. Verk übersendet Kfz-Brief auf Verlangen der Finanziergsbank an diese u nimmt dadch deren Einiggsangebote an (BGH MDR **69**, 749). Briefe werden regelm Eigt des Empfängers, RG **69**, 403. Ob bei Zahlg eines Vorschusses Eigt übertr w soll, ist Tatfrage; idR zu bejahen, wenn der Vorschuß Vorauszahlg auf eine später zu erfüllende Verbindlichk ist (zB Dienstvergütg). Vorschuß an den Beauftragten: § 669 Anm 2. Haushaltsgeld der Ehefrau iZw zweckgebundenes TrHand-Eigt der Frau. Ersparnisse werden ihr freies Eigt nur, wenn dies dem Willen des Mannes entspr. – §§ 104–185 auf die Einigg grdsätzl anwendb. **Bedingg** zul (anders § 925 II) u bei Verkauf unter EigtVorbeh häuf. Vgl unten Anm 6 B a; von bedingter Einigg über EigtÜbergang zu scheiden bedingte Besitzübergang (§ 854 II), vgl § 854 Anm 4b. Vertretg zul; anders bei der Überg. Näheres Anm 5. – Bei Erwerb ehel Hausrats Wille der Eheleute festzustellen; vgl Thiele FamRZ **58**, 115; Lorenz JZ **59**, 105, 109. Oft MitEigt dh Gesch is angeht. Vgl auch 6. DVO EheG 8. Auch wenn nach allg GrdSätzen zunächst ein Gatte (zB der Ehemann, § 1357) Eigt erwarb, kann sodann MitEigt der Ehefr begründet worden sein, was vor allem bei gemeins benütztem Hausrat der Fall sein w, vgl Anm 3a. Unricht Mü NJW **72**, 542, das hier gesetzl nicht vorgesehene GesHand annahm; für die nicht gütergemsch Ehe übernimmt den Schutz des § 719 aber § 1368. Bei Ersatzanschaffg von Hausrat gilt § 1370 (dingl Surrogation). Hochzeitsgeschenke w idR (persönl ausgen) MitEigt der Eheleute, vgl § 1932 Anm 3. Über Grdst § 925 Anm 3e. Trotz Verwendg fremder Mittel liegt keine Vertretg vor, wenn der Erwerber (wenn auch auftragswidr) für sich selbst erwerben will, RG LZ **20**, 695. §§ 305 ff dagg regelm nicht anwendb, da Einigg nicht auf Begr eines Schuld-Verh gerichtet; insb kein EigtErwerb dch Vertr zGDr (Einf 5c vor § 328). – Stillschw Einigg oft anzunehmen, wenn Sache übergeben w, von der Beteil irrtüml annehmen, sie sei vorher (zB gem § 930) schon wirks übereignet (BGH WPM **68**, 1145; Tiedtke WPM **78**, 454).

b) Die Einigg ist ein **abstraktes,** vom SchuldGrd losgelöstes RGesch (Einl 5b vor § 854).

c) Maßgebd ist (bei **S 1**; wg S 2 vgl Anm 4) der **Zeitpunkt der Übergabe**; RG **135**, 367. Einigg ist hier Einigsein. Kein Übergang, wenn Veräußerer zw Einigg u Überg GeschFgk verloren hat; aM zB Westermann § 38, 4. Stirbt Veräußerer vor Überg, kommt es auf den Willen seiner Erben an; fällt er in Konk, auf den Willen des KonkVerw, Baumgärtel MDR **60**, 305. **An eine vor Übergabe erklärte Einigg** sind die Beteil abw von § 873 II **nicht gebunden,** doch muß Abgehen von Einigg dem and erkennb w (BGH NJW **78**, 696). Fortbestehen der Einigg wird vermutet (BGH aaO); für Aufhebg beweispfl, wer sich auf sie beruft. Über Bindg bei bdgt Übereignung vgl Anm 6 B a. Dch aufschieb bdgt od mit Anfangstermin befristete (BGH LM § 161 Nr 2) Einigg u Überg erlangt der Erwerber ein dingl AnwR; vgl Anm 6 B; von Bedeutg insb beim Verkauf unter EigtVorbeh.

d) Die Einigg muß sich erstrecken auf den zu übereignenden Ggst u die Pers des Erwerbers. Der Ggst ist bestimmt zu bezeichnen; vgl § 930 Anm 2c. Nötig beiderseitige Vorstellg, an welchen konkret bestimmten Sachen Eigt übergehen soll. Bestimmbark genügt nicht (and als bei Abtretg von Fdgen), weil die weiter nötige Besitzübertragg nur an konkreten Sachen mögl. Über die Pers des Erwerbers vgl oben Anm 2a.

3) Übergabe (S 1) ist Übertr des unmittelb Bes dch Veräußerer an Erwerber; auf beiden Seiten können BesDiener od BesMittler handeln (BGH WPM **76**, 153 = JuS **76**, 396). Auch genügt, daß ein sonstiger Dr auf Geheiß des Veräußerers seinen unmittelb Besitz (wenn er solchen nicht hat, auch der von ihm dazu angewiesene unmittelb Besitzer) überträgt od auf Geheiß des Erwerbers unmittelb Besitz ergreift, sowie daß der Veräußerer auf Geheiß des Erwerbers den Dr anweist, seinen unmittelb Besitz auf einen Vierten zu übertr (BGH NJW **73**, 141; **74**, 1132; **LM** Nr 19): **Geheißerwerb** (dazu Wadle JZ **74**, 689). – Liefert Verkäufer auf Weisg des Erstkäufers unmittelb an dessen Kunden, den Zweitkäufer, w idR nicht unmittelb Übereign Verkäufer/Zweitkäufer gewollt sein, sond solche v Verkäufer auf Erst- u von diesem auf Zweitkäufer (BGH NJW **68**, 1929, 1939; aA Lopau JuS **75**, 773), dem entspricht die Folge der EigtÜbergänge: Konstruktion str, vgl Stgt BB **75**, 1131 mwN. Richt w sein, die Übergabe dch Verkäufer an Zweitkäufer als Übergabe nach S 1 zunächst als Element in der Übereign Verkäufer/Erstkäufer, sodann aber auch als solche dch Erstan Zweitkäufer gelten zu lassen, wobei die letztgenannte Übereign über § 185 II Satz 1 Fall 2 wirksam w; vgl v Caemmerer JZ **63**, 586; so im Ergebn auch E. Wolf SR S 145; BGH NJW **73**, 141. – Hiern auch Abwicklg über die Kette von Zwischenpersonen sow auf Verkäufer- wie auf Erwerberseite – auch auf beiden Seiten gleichzeit mögl. – S 1 auch erfüllt, wenn BesMittler des Veräußerers auf dessen Weisg sein BesMittlgsVerh mit Veräußerer beendet u neues mit Erwerber eingeht (BGH NJW **59**, 1536; Tiedtke WPM **78**, 446); kein Fall des S 2 (da noch keine BesBeziehg des Erwerbers) od § 931 (da keine Abtr des HerausgAnspr). – S 1 auch bei BesÜbertr gem **§ 854 II**; die Einigg dort kann mit der über EigtÜbergang zusfallen; auch schlüss, BGH WPM **63**, 125. – War **aufschieb bedingt** übereignet u übergeben, hindert zwischenzeitl Besitzverlust den EigtErwerb mit Bedinggseintritt nicht; s Anm 6 B a dd. Dies gilt – entgg Saarbr OLGZ **67**, 1/9 – auch dann, wenn Erwerber einem Dritten ggü kein Recht zu Besitz erworben hatte (im entschiedenen Fall dem Eheg des Veräußerers ggü wg § 1369; vgl dazu auch BayObLG NJW **72**, 1740, Srit Reinicke S 1786). Dieser Mangel im Recht zum Besitz hindert nicht die für § 929 ausreichde Erlangg der kats Sachherrsch. Diese muß äußerl erkennb sein, vgl § 854 Anm 1b, 3a, 4.

a) Der **Veräußerer muß den Besitz völlig verlieren;** er darf auch nicht mittelb Besitzer bleiben od werden, wohl aber Besitzdiener des Erwerbers, RG **137**, 25. Bleibt er Besitzmittler des Erwerbers: § 930. Einräumg von **MitBes** kann zwar nicht Allein-, jed MitEigt in Höhe des vereinb Bruchteils (falls der Verfgde insow berecht) verschaffen; war Vollübereigng vereinb, der Verfügde aber nur Miteigtümer, helfen auch §§ 139, 140 idR nicht zum Erwerb des Bruchteils, da Einigg über Quote am Eigt fehlt, BGH **LM** § 932 Nr 19. Übertr von MitBes an Erwerber u Dritten zu Mitverschluß (§ 1206) kann jenem AlleinEigt verschaffen. Übereign an Mitbesitzer auch so mögl, daß Veräußerer den MitBes nunm als BesMittler für Erwerber ausübt; so kann Eheg gemeins besessenen Hausrat (vgl § 866 Anm 1b bb) an den and übereignen, wobei (gesetzl) BesMittlgsVerh die EheGemsch ist (vgl Gernhuber § 18 III 5). – Wenn AlleinEigtümer seinem Mitbesitzer Bruchteil übereignet, ist dies Fall des § 929 S 2. – Vgl **§ 932** Anm 1 aE. –

b) Der Veräußerer muß die Besitzergreif durch den Erwerber **wollen,** RG **137**, 25. Übergabe muß Ausdruck des EigtÜbertrWillens sein, also das VeräußergsGesch vollziehen wollen, BGH MDR **59**, 1006; solche zu nur vorübergehder Benutzg genügt nicht. Also kein EigtErwerb, wenn der Bote Ware entgg seinem Auftrag ohne Bezahlg aushändigt. Bauhandwerker, der sich Rohstoffe an Baustelle liefern läßt, übergibt sie damit idR nicht schon ohne weiteres an Bauherrn od -unternehmer, BGH Betr **70**, 294. – Ist **Automatenware** dch Falschgeld erlangt, fehlt es nicht nur an der Einigg, sond auch am Übergabewillen des Aufstellers, also § 935; vgl Olshausen-Schmidt AutomatenR, B 137.

c) Stellvertretg nach §§ 164 ff nicht möglich, weil die Überg keine WillErkl ist. Näheres Anm 5. Anders iF § 929 S 2 u § 854 II.

d) Ersatz der Übergabe nach §§ 930, 931. Für Seeschiffe vgl § 929a. Ist zweifelh, ob S 1 erfüllt, wie iF BGH Betr **71**, 40 (vgl § 854 Anm 3a aE), kann Auslegg ergeben, daß Erwerber mind mittelb Bes erwerben sollte, BGH aaO. **Keiner Übergabe** bedarf es nach § 929 S 2 (Anm 4). – Übergabe von **Traditionspapieren** an den papiermäßig (also bei Orderpapieren durch Indossament) Legitimierten steht der Überg der Ware gleich, HGB 424, 450, 650; aber Verfügender muß noch mittelb Besitzer sein (Repräsentationstheorie). Durch Überg des TradPap wird zwar nur mittelb Besitz an der Ware übertragen, § 870 Anm 1b, aber diese Übertr steht für Verfügen über die Ware der Verschaffg des unmittelb Besitzes (Überg) gleich. Indessen hat EigtÜbertr am Papier nicht notw EigtÜbergang an der Ware zur Folge, Vorbem 4 vor § 932. Vgl auch § 870 Anm 1b, § 931 Anm 3c. Lieferscheine, die beim DchHandeln einer unverändert für die ersten Verk eingelagerten Ware verwendet w, sind nicht TradPap, sond Anweisg (vgl Einf 2e vor § 783). Überg des Lieferscheins ist dah keine Übereign, auch keine nach § 931, wenn nicht zusätzl deutl erkennb Umstände Willen dahin ergeben; erst mit Ablieferg an Letzterwerber verliert iZw Erstverkäufer sein Eigt u gelten die Verkäuferpflichten der Zwischenglieder als erfüllt, BGH NJW **71**, 1608.

e) Einzelfälle: Automatenerwerb: RGSt **44**, 114; auch oben Anm 3b. – **Besitzlose** Sachen: § 931 Anm 1. – **Holz im Wald:** § 854 Anm 3b, 4c; Braeuer, EigtÜbertr usw beim Holzverkauf an Forstwirte, 1954. – **Schlüsselübergabe:** § 854 Anm 3a. – **Seeschiffe:** § 929a. –

4) S 2. Übergabe entbehrl, wenn der Erwerber die Sache unmittelb besitzt (od mit Dritten mitbesitzt); oder mittelb durch Dritten als BesMittler, BGH **56**, 123; vgl dazu oben Anm 3 vor a, 3a. Ist Veräußerer unmittelbarer Besitzer, dann keine Übertr nach S 2, RG **126**, 25. Veräußerg nach S 2 zul vom mittelb Besitzer an den unmittelb Besitzer (wie an SichgGeber nach Schuldtilgg, BGH WPM **71**, 410), mag dieser das Eigt für sich erwerben od für einen anderen als einen nunm mittelb Besitzer, RG HRR **38**, 655. Veräußerg an den BesDiener bei gleichzeit Einigg nach §§ 854 II, 929 S 1, RG LZ **20**, 695. Die Einigg kann der Besitzerlangg vorhergehen, muß dann aber noch bei dieser fortbestehen; BGH NJW **76**, 1539; vgl Anm 2c. In Ermächtigg zur Tauschverwahrg liegt noch keine Einigg über den EigtÜbergang, DepG 11 S 2.

5) Eigentumserwerb durch Stellvertreter. Vgl auch Anm 2a, 3c.

a) Unmittelbare (direkte, offene) **Stellvertretg. aa)** Handelt für den Veräußerer od den Erwerber ein Vertreter, so erkl er die Einigg mit Wirkg für den Vertretenen. Dagg ist die Überg (§ 929 S 1) nicht ohne weiteres durch Stellvertreter durchführb, weil sie keine WillErkl ist u es Stellvertretg beim Besitz, der als

Innhabg der tatsächl Gewalt eine Tats ist, nicht gibt, vgl § 854 Anm 5. Aber Veräußerer u Erwerber können sich eines BesDieners (§ 855) bedienen, RG **137**, 25. Obwohl der die BesÜberg tragde Wille natürl Art u dah der Vertretg verschlossen ist (vgl § 854 Anm 1b), fordert es der VerkSchutz, Vertretgsregeln auch insow anzuwenden u so die Einh des Gesch zu wahren (vgl Westermann § 49 I 6; R. Hoffmann JuS **70**, 180). Im Falle § 854 II Einigg auch durch Stellvertreter, aber Besitzerwerber muß selbst zur Gewaltausübg in der Lage sein. Sonst muß der Veräußerer den unmittelb Besitz der Sache seinem Bevollm übertragen, dieser überträgt ihn mit seinem Einverständnis auf den Erwerber; vgl RG **102**, 41 über den vom Veräußerer beauftragten Spediteur od Frachtführer. Oder ein dritter unmittelb Besitzer vollzieht die Übertr auf Geheiß des Veräußerers. Wird die Sache dem Vertreter, der namens des Erwerbers die Einigg erkl hat, übergeben, so erwirbt ersterer unmittelb Besitz (and iF des § 855). Wenn er den unmittelb Besitz auf seinen GeschHerrn weiterüberträgt, ist der EigtÜbergang vollendet. Auf Grund vorweggenommener Vereinbg mit seinem GeschHerrn gem § 868 kann er aber diesem sofort (dh gleichzeitig mit dem Erwerb des eigenen unmittelb Besitzes) den mittelb Besitz verschaffen, womit die Überg vollendet ist, RG **137**, 26; vgl auch Anm 3. Nötig aber, daß dies dem Willen des Veräußerers entspricht. Oder aber der Vertreter kann durch **Insichgeschäft, § 181**, das BesMittlgsVerh mit dem Erwerber herstellen, wozu ersterer idR befugt sein wird; dies muß dem Willen des Veräußerers entsprechen, RG **83**, 230; **kein Durchgangserwerb** Eigt geht vom Veräußerer unmittelb auf Erwerber über.

bb) Übereignn an den, den es angeht. Vgl Siebert, Treuhandverhältn S 118 ff; von Lübtow, ZfHK **112**, 227 ff. Bei den Geschäften des tägl Lebens (mitunter auch sonst) ist es dem Veräußerer meist gleichgültig, wer sein VertrGegner ist, ob der, mit dem er abschließt, od ein von diesem Vertretener; RG **100**, 190. Entspr unbestimmts VertrAngebot wird für zul gehalten, ebso eine Ann, die offenläßt, wen die Wirkgen des Geschäfts treffen. Diese treffen dann den, für den der Annehmende abschließen will, entweder ihn selbst od einen von ihm Vertretenen. Dies gilt für das schuldrechtl GrdGesch u für das ErfüllsGesch (Übereign), für ersteres aber idR nicht bei Kreditgeschäften (dann ist der Handelnde selbst Partei, § 164 II); bei solchen ist auch beim ErfüllgsGesch Vorsicht in der Annahme eines entspr Willens des Veräußerers geboten (vgl von Lübtow 254); aber zB bei Kauf von Aussteuer anzunehmen, Celle NJW **55**, 672. Aber mögl, daß Kauf im eig Namen, Übereign aber für wen es angeht abgeschl wird, RG **99**, 208; **100**, 112. Will der handelnde Mittelmann für seinen GeschHerrn entspr dessen Willen Eigt erwerben, so kann auf diese Weise das Eigt unmittelb vom Veräußerer auf den Erwerber übergehen, also nicht, wie bei der mittelb Stellvertretg, durch den Mittelsmann hindurch. Also Fall **unmittelb Stellvertretg**, vgl Siebert aaO. Auch kein Fall des § 164 II, RG **140**, 229. Vielmehr Erweiterg des § 164 I, Siebert S 120. Aber der EigtÜbergang auf den Vertretenen wg der Unzulässigk einer Vertretg im Besitz erst dann vollendet, wenn der Vertreter (sofern er nicht schon als BesDiener des GeschHerrn diesem den Besitz verschafft hat) durch **Insichgeschäft** (§ 181), das für einen mit den Verhältnissen Vertrauten erkennbar ist, wirks seinem GeschHerrn den mittelb Besitz verschafft hat, RG **140**, 229. InsichGesch entbehrl, wenn BesMittlgsVerh nach § 868 schon vorher ausdr od stillschw (letzteres bei Auftr od Kommission vielf anzunehmen) vereinb war; hier auch äußere Kenntlichmachg entbehrl (v Lübtow aaO 253; anders noch RG **73**, 418); BesMittlgVerh (u damit Eigt, Übergang auf AuftrGeber) entsteht sofort mit Inbesitznahme durch Beauftragten. Dies ist Übereign nach § 929 durch Überg an BesMittler (vgl Anm 3); also nicht § 930 (vgl Anm 5b u § 930 Anm 3), wo auch Einigg im vorhinein, aber Erwerb erst vom Mittelsmann. Hier also ebenf EigtÜbergang vom Veräußerer über StellVertr hinweg unmittelb auf Erwerber. – Führt der eingeheiratete Ehemann der Bäuerin die Wirtsch, so wird vermutet, daß er Inventar für diese u nicht für sich angeschafft hat, BGH FamRZ **67**, 279.

b) Mittelb (indirekte, stille). **Stellvertretg.** Veräußert jemand eine seinem GeschHerrn gehörige Sache im eig Namen für dessen Rechng, so wirkt die erklärte Einigg für den GeschHerrn, wenn sie mit dessen Einwilligg (§ 185 I) erfolgt, so zB beim Verkaufskommissionär, od dieser sie später genehmigt, § 185 II. – Handelt ein mittelb Stellvertreter für den Erwerber u wird ihm der Besitz übertragen, so geht das Eigt zunächst auf ihn über (EigtDchgang, außer iF § 855). Der Übergang auf den GeschHerrn kann sich auf dreierlei Weise vollziehen: Entweder überträgt der mittelb Stellvertreter das Eigt auf ihn in den gewöhnl Formen (§§ 929 ff). Oder durch **vorweggenommenes Besitzkonstitut** (vgl § 930 Anm 3). Oder durch **Insichgeschäft.** Der mittelb Stellvertreter wird oft aus Auftr, GeschBesorgg, Kommission ua zur Übereign an seinen GeschHerrn verpflichtet sein. Dann, od wenn ihm das Selbstkontrahieren gestattet ist (beides fällt oft zus), kann er als Veräußerer Einigg über den EigtÜbergang u Vereinbg des BesMittlgsVerh mit sich als Vertreter des Erwerbers (AuftrGebers) nach § 181 wirks abschließen, wenn er Vollm besitzt (od der Erwerber genehmigt) u sein Wille irgendwie, wenn auch nicht gerade für den Erwerber, so doch für einen mit den Verhältn Vertrauten erkennb hervortritt, RG **140**, 230, zB durch Eintr in Handelsbücher mit Mitteilg der Inverwahrnahme, RG **139**, 117, od gesonderte Lagerg. Vgl auch Brem MDR **65**, 295 (Überg an Empfangsspediteur). – Häufig bei SichgÜbereign von Ersatzstücken. Eines Insichgeschäfts bedarf es aber immer nur dann, wenn Übereign mittels § 930 nicht im vorhinein vereinbart war.

6) Eigentumsvorbehalt (EV) u **Anwartschaftsrecht** (AnwR).
Aus dem **Schrifttum:** Bauknecht, EV u AnwR, NJW **55**, 1251. – V. Caemmerer, Der verlängerte EV, Ges Schriften 1, 377. – Esser, Globalzession u verlängerter EV, JZ **68**, 281. – Flume, RStellg des VorbehKäufers AcP **161**, 385. – Forkel, Grundfragen der Lehre vom privatrechtl AnwR, 1962. – Georgiades, EigtAnwartsch beim VorbehKauf, 1963. – Letzgus, Die Anwartsch des Käufers unter EV, 1938. – Mohrmann, Prakt Probleme der AnschlSicherungsÜbereign, Ehrengabe Heusinger 185 ff. – Raiser, Dingl Anw, 1961. – Serick, EigtVorbeh u Sicherungsübertr, Bd I 1963, Bd II 1966, Bd III 1970, Bd IV 1976. – Sponer, Das AnwR u seine Pfändg, 1965. – Stoll, Bemerkgen zu EV u SichgÜbereign, ZHR **128**, 239; ders, JuS **67**, 12. – Gudian, Das BesR des VorbehKäufers, NJW **67**, 1786. – Matzel, EV u Scheck-Wechsel-Deckg, NJW **68**, 1867. – Lempenau, Direkterwb u Durchgangserwerb bei Übertr künft Re, 1968. – J. Blomeyer, Das BesR des VorbehKäufers JZ **68**, 691; ders, Betr **69**, 2117. – K. Müller, Das BesR des VorbehKäufers, Betr **69**, 1494; ders, Anspr des VorbehVerkäufers aus dem EV

§ 929 6 A, B

nach Verjährg der KaufprFdg, Betr **70**, 1209. – Unger, Das AnwR, KTS **69**, 193. – Jacoby, EigtVorbeh u SichergÜbereign in der Filmwirtsch, UFITA **67**, 160. – Thamm, Der EV im dtsch R, 4. Aufl 1977. – Graf Lambsdorff, Handbuch des EV im dtsch u ausl R, 1974. – Frank, Der Schutz v PfdRen an EigtAnw bei Sachpfändg dch Dr, NJW **74**, 2211. – Reinicke, Gesetzl PfdR u Hyp am AnwR aus bdgter Übereign, 1941. – Kupisch, Dchgangs- od Direkterwerb, JZ **76**, 417. – Marotzke, Das AnwR ein Beispiel sinnvoller RFortbildg?, 1977 (dazu Blomeyer JR **78**, 271).

A. Allgemeines. Vgl zunächst § 455 Anm 1. Schutz des Verk ggü zahlgsschwachem Käufer; Sichgs-Mittel des WarenGläub im Wettstreit mit dem Kreditgeber (Bank), der sich dch SichgÜbereign sichert, vgl RG **147**, 325. – Wg Häufigk des EV muß Dritterwerber bei vielen Waren mit ihm rechnen, § 932 Anm 2b. Über die Ausgestaltgen des **erweiterten EV** s § 455 Anm 2b. – Zum Verh des **verlängerten EV** zur **Globalzession** vgl § 138 Anm 5b bb; § 398 Anm 3e. – Über **Kommissionsklauseln** (VorbehKäufer als Kommissionär des VorbehVerk-Kommittenten) anstelle verlängerten EV Serick, BB **74**, 285: Auslegs-Frage, ob KommissionsVerh oder EV, die sich ggseit ausschließen.

B. a) Bedingte Übereign. Bei Verkauf unter EV, § 455, ist der KaufVertr unbedingt geschlossen; die Übereign ist dagg iZw von der **aufschiebenden** Bedingg vollständiger KaufprZahlg abhängig. Der Verk behält (auflösd bedingtes) Eigt, der Käufer erhält ein Recht auf Erwerb des Eigt mit Eintritt der Bedingg. Da Bedinggseintritt mit KaufprZahlg, muß KaufVertr (noch) gült sein, also kein wirks Rücktr vorl: ist KaufVertr nichtig, ist die Bedingg ausgefallen, ein AnwartschR also nicht entstanden. Nimmt der Verk in Kenntn hiervon die Restzahlg des an den Bestand des Kaufvertr glaubden Käufers entgg, so muß er die Bedingg als eingetreten gg sich gelten lassen. Flume (AcP **161**, 388) meint, sie sei tatsächl eingetreten; dies auch, wenn beide Part den nichtigen Vertr irrtüml für gült hielten. Eine Verletzg des Abstraktionsprinzips liegt aber auch nach der hier vertr Ans nicht vor: die Schwäche im Bestand des AnwartschR liegt in der zul Verknüpfg der Erf des Kaufs dch Käufer mit der Wirksamk des bedingt vorgen ErfGesch dch Verk. Gg Flume auch Serick AcP **166**, 129. Vor Bedinggseintritt Einigg aufhebb u abänderb, insb kann Bedingg geändert, KontokorrentVorbeh vereinb w, BGH **42**, 58.

aa) Währd für Anwendg des § 455 der EV Inhalt des schuldrechtl Geschäfts sein muß, entfällt die dingl Übereign schon durch einseitigen EV des Verkäufers (Hbg NJW **78**, 222). Erklärt dieser den EV einseitig auf Faktura, ohne daß bei KaufAbschl EV vereinb war, so ist, wenn Faktura nach Eingang der Ware eingeht, Vermerk schlechthin ohne Bedeutg, da durch Zusendg der Ware vorbehaltlose Einigg über EigtÜbergang zustande gekommen. Wenn Faktura gleichzeitig mit der Ware od vorher eingeht, so geht Eigt mangels ÜbertrErkl des Verk nicht auf den Käufer über, KG JW **29**, 2164; auch nicht bei Vermerk auf Lieferschein, falls Käufer nicht damit u mit ihm rechnen muß, BGH NJW **53**, 217. Im Einzelfall zu prüfen, ob der Fakturenvermerk so deutlich (Druckanordng!) daß er von dem Käufer, der mit VertrBruch (Verk war zur unbedingten Übereign verpflichtet!) nicht zu rechnen braucht, als WillErkl erkannt w konnte (BGH **64**, 395). – In Übersendg des KfzBriefs kann (Tatfrage) Verzicht auf EigtVorbeh liegen, BGH MDR **63**, 405, Anm Rötelmann. Umgekehrt rechtfertigt Nichtaushändigg nicht ohne weiteres die Annahme eines EV, BGH WPM **65**, 1136. – Zum stillschw EV vgl Schulte BB **77**, 269.

bb) In **nachträgl Vereinbarg** des EV liegt Rückübereign unter Bestehenbleiben eines AnwR des Käufers; iF § 930 genügt dem § 868 Vereinbg (auch stillschw) eines Besitz- u NutzgsR, wie es der Käufer beim normalen Kauf unter EV hat; zu eng dah BGH NJW **53**, 217 (krit Raiser). In diesem Fall eine auflösd bedingte SichgÜberEign anzunehmen (vgl RGRK § 455 Anm 15), erübrigt sich; vgl Serick I § 5 II 5; str.

cc) VorbehKäufer ist **Fremdbesitzer**, BGH NJW **62**, 117; JZ **69**, 433. Er besitzt nicht die Sache als ihm (schon jetzt) gehörig. Raiser S 71 will ihn als Eigenbesitzer behandeln, Serick (I 262) nimmt ZusFallen von Fremd- u EigenBes auf gleicher BesStufe in der Pers des Käufers bzw Anwärters an. Nach hM behält **VorbehVerkäufer mittelb Besitz.**

dd) Mit **Eintritt der Bedingg** geht VollEigt ohne weiteres auf den VorbehKäufer über, § 158 I; bei KtokorrentVorbeh bei jedem KtoAusgl ohne Wiederaufleben des EV bei Entstehen neuer Fdg (BGH NJW **78**, 632). Hierzu bedarf es keiner weiteren Willenseinigg, es braucht sogar der Übereignswille des Vorbeh-Verkäufers nicht mehr vorhanden zu sein, weil nach Überg Bindg an die Einigg eingetreten, so daß einseit WillensÄndrg des Verk unbeachtl (BGH **20**, 97). BesVerlust dch Erwerber bei BdgsEintritt unerhebl (BGH LM § 163 Nr 2). Auch VfgsBeschrkg, GeschUnfgk, Tod des VorbehVerk nach bdgter Einigg u Überg, aber vor BdgsEintritt bedeutgslos (Letzgus S 20); vgl auch Anm 2c. Beim Erwerb vom NichtEigtümer braucht guter Gl des VorbehKäufers nur bei Einigg u Überg, nicht beim BdgsEintritt vorhanden zu sein, weil damit das AnwR ohne Zutun des Erwerbers zum VollR erstarkt; vgl auch § 932 Anm 3.

ee) VorbehKäufer verfügt vor Bedinggseintritt über die Sache (zu unterscheiden von der Weiterleitg des EV dch Übertr der Anwartsch des Erstkäufers an Zweitkäufer – vgl § 455 Anm 2b aa u unten Anm b aa).

α) Veräußert Erstkäufer **mit Zustimmg des Verkäufers** (im ord GeschBetr, vgl Serick I § 8 II 2, also idR nicht zur Sichg an Dritte; bei Verkauf unter EV gg Dreimonatsakzept gilt nach Hbg MDR **70**, 506 die Weiterveräußerg als im ordentl GeschBetr erfolgt; vgl BGH BB **69**, 1455 u BGH **68**, 199), so geht Eigt unmittelb vom Verk auf Zweitkäufer über (Serick I § 15 IV 1); Verk ist weiter gesichert, falls Zweit-veräußerg unter Weiterleitg des offengelegten EV erfolgt; Zweitkäufer vereinb zweckm, daß er seine KaufprSchuld an Erstkäufer dch Zahlg an Verk in Anrechng auf dessen Fdg gg Erstkäufer tilgt, vgl Serick I § 5 I 3. Weit häuf wird der (verdeckt bleibde) w ohne EV verlängert; das ist idR Veräußerg im ord Gesch-Betr (Stgt BB **75**, 1131). Schaltet Erstkäufer im ZweitGesch dann selbst EV nach, so verliert Verk sein Eigt erst, wenn entw er od Erstkäufer von ihren Abnehmern Kaufpr erhalten, nicht schon mit Weiterveräußerg an Zweitkäufer, BGH **56**, 34, zust Bähr JR **71**, 289. – VorbehVerk kann Zustimmg zur Weiterveräußerg gem § 183, 1 widerrufen, wenn SichgInteresse gefährdet, BGH NJW **69**, 1171, Erg zu BGH **14**, 114.

β) Hat Erstkäufer **ohne Zustimmg** des Verk über Sache verfügt (so auch, wenn er vereinbgswidr den EV nicht offen weitergeleitet od in Widerspr zum verlängerten EV (vgl § 455 Anm 2b–bb) mit seinen Abnehmern vereinbart hat, daß die Fdg gg diese nicht abtretb sei (vgl BGH **27**, 300; **30**, 176; Betr **70**, 344), so ist zu unterscheiden: αα) Liegen die Voraussetzgen für gutgl Erw nach § 932 (bei SichgsÜbereigng nach §§ 930, 933) od HGB 366 (Stgt BB **75**, 1131) vor, so geht Eigt an der VorbehSache dch die unbefugte, aber wirks Vfg des Erstkäufers unmittelb vom Verk auf Zweitkäufer über, der EV zw Verk u Erstkäufer erlischt. – ββ) Andernf erwirbt der Zweitkäufer das Eigt erst, wenn die Bedingg im ErstGesch eingetreten (§ 185 II), dann jedoch dch die Pers des Erstkäufers hindch u desh uU belastet mit gesetzl u Pfändgspfandrechten u der MobiliarHyp, vgl c, d; BGH **20**, 101. Hatte zB ein Gläub G der VorbehKäufers *K* die Sache pfänden lassen, so entsteht zunächst kein materielles PfdR, weil die Sache dem Vollstr-Schuldn nicht gehört. Übereignet nun *K* die Sache an *E* u tritt alsdann die Bedingung ein, so wird *K* Eigtümer; hiermit geht aber gleichzeitig nach § 185 II das Eigt auf *E* über, u zwar belastet mit dem gleichzeitig entstehenden PfändgsPfdR des *G*. Str, ob das gleiche gilt, wenn *G* erst nach der Übereignung an *E* pfändet; wohl mit Letzgus S 7 zu verneinen: so wie bei Weiterübereignung der ihm bedingt übereigneten Sache durch *K* zunächst an *E*, dann an *F* bei Bedinggseintritt nach § 185 II nicht *F*, sond *E* Eigtümer wird, so muß auch bei Pfändg nach Übereigng die letztere wg ihres zeitl Vorgehens den Vorrang haben; ebso Stgt SeuffA **82**, 115. Vgl aber KG OLG **22**, 163; Brsl JW **29**, 2958 u **31**, 2250. – γγ) Verfügt der Erstkäufer über die Sache seiners aufschieb bedingt (§ 455), so tritt dch Vereinbg dieses **"nachgeschalteten"** EV (grdlegd Serick I § 5 I 3b, § 15 IV 2b) eine Verdoppelg des AnwartschR ein. Hatte in diesem Fall der Zweitkäufer dch Übergabe der Sache bereits gem § 932 ein vindikationsfestes (dazu unten Anm ee) AnwartschR erworben, wird dieses dch das Schicksal des Erstkaufs nicht mehr berührt. Zahlt Erstkäufer an Verk, dann Zweitkäufer an Erstkäufer, so Dchgangserwerb Verk – Erstkäufer – Zweitkäufer. – Hatte zuerst seine KaufprSchuld an Erstkäufer gezahlt, erstarkt sein gutgl erworbenes AnwartschR mit Eintr der Bedingung im VfgsGesch des Erstkäufers zum VollR. Verk verliert sein Eigt, AnwR des Erstkäufers erlischt. –

γ) **Veräußert VorbehVerkäufer** vor BedinggsEintritt nach § 931 an gutgl Dr, so w VorbehKäufer mit Bedinggseintritt doch Eigtümer, § 161 III, § 936 III entspr, vgl dort Anm 1.

b) Das AnwR aus aufschieb bedingter Übereigng (mit Besitzübertragg) ist ein in der Entwicklg auf das Eigt hin begriffenes diesem wesensgleiches subj dingl Recht (Vorstufe, vgl Raiser S 45ff), kein aliud sond minus, BGH **35**, 89, nicht nur eine gesicherte RPosition; so die hM; vgl Nachw BGH aaO, auch Esser II § 65 I 2. Der Typenzwang der Sachenrechte (vgl Einl 2b vor § 854) steht nicht entgg, weil das G bedingte Übereigng gestattet, es sich also nicht um ein durch Parteiautonomie geschaffenes neues Recht handelt. Krit ua Flume AcP **161**, 385, 408; Georgiades aaO S 98ff; Wolf § 7 C; Kupisch JZ **76**, 417; Marotzke aaO. **Besonderh**: Die Bestandskraft des AnwR ist dch seine Abhängigk vom GrdGesch geschwächt (dah Serick I § 11 u AcP **166**, 129: schuldrechtl-dingl R). Aus der hier vertr Auffassg folgt:

aa) Das AnwR ist vererbl (vgl § 2313) u **übertragbar**; der VollRInh braucht hierbei nicht mitzuwirken (BGH **20**, 88). §§ 413, 399 Fall 2 auf AnwR nicht anwendb, BGH NJW **70**, 699; Verpfl, nicht darü zu verfügen: § 137. Kein NebenR iSv § 401, vgl dort Anm 1c.

α) Übertr des AnwR begriffl u wg der verschiedenen RFolgen (vgl zu a und unten) zu scheiden von der Übereigng der Sache selbst; im ersteren Falle verfügt ein Berecht, im zweiten ein NichtBerecht. Übertr des AnwR, obwohl Veräußerer schon VollEigtümer, in Übertr des Eigt umdeutb. Weiß Erwerber, daß der Veräußerer nur bedingtes Eigt hat, kennt er insb den EV des Erstverkäufers, so wird idR nicht Übereigng der Sache, sond Abtretg des AnwR gewollt sein, BGH **20**, 101; ebenso auch, wenn VorbehKäufer die Sache unter der Bedingg übereignet, daß er inf Befriedigg des VorbehVerk inzwischen Eigtümer wird (eine RBedingg, die dem Erwerber nicht den Schutz des § 161 verschafft, Brandis JW **31**, 506; Reinicke S 23), Letzgus S 10. Ist SichgÜbereigng der Sache gewollt, erlangt gutgl Erwerber aber wg §§ 930, 933 kein Eigt, Umdeutg in Übertr des AnwR regelm anzunehmen, BGH **LM** Nr 11a; BGH **20**, 88/101; **50**, 45/48; Serick I § 11 III 1 begründet dies Ergebn mit § 157. Übertr des AnwR, insb in der Form zu zum Zweck der SichgÜbereigng, spielt prakt eine große Rolle, da der VorbehKäufer hierdurch die noch nicht vollbezahlten Sachen als Kreditunterlage verwenden kann. Die **Übertr** des AnwR erfolgt nicht nach § 413, sond nach den für die Übertr des Eigt geltden Vorschriften (BGH **28**, 16, 21), auch nach § 930 (so idR bei SichgÜbereigng), BGH **56**, 123. Übereignet auf diesem Wege VorbehKäufer das AnwR, so schiebt sich (sofern man mittelb Besitz des VorbehVerkäufers bejaht) nach hL, die NebenBes schlechthin ablehnt, AnwR-Erwerber als erststufiger mittelb Besitzer zw VorbehVerkäufer u VorbehK; Baur § 59 V 2b; Medicus § 22 IV 2; BGH **28**, 16, 27; abw Serick I § 11 III 4: mittelb **Nebenbesitz** (vgl § 868 Anm 1b) zw VorbehVerk u AnwRZweiterwerber; der GgAns ist zuzugeben, daß hier die der Spaltg in aufschieb bedingt Eigt entspr Spaltg des mittelb Bes tragb erscheint, auch wenn man die Möglichk des NebenBes sonst verneint. Schuldrechtl ist Anwärter häuf (wg Verlusts des unmittelb Bes) verpflichtet, die Anwartsch nicht ohne Zustimmg des VorbehVerk weiter zu übertr (vgl Georgiades aaO 29; Serick I § 11 III 4).

β) Dch die Übertragg erlangt nun der **Rechtsnachfolger des Erstanwärters** dessen AnwartschR auf EigtErwerb. Dies allerd nicht, wenn Kauf zw Verk u Erstkäufer nichtig war. Dann nützt dem Zweitkäufer auch guter Gl nichts (vgl unten bb γ). Verk kann also vom Zweitkäufer vindizieren (§ 985). War Kauf zw Erst- u Zweitkäufer nichtig, so hat letzterer die bestehde Anwartsch ohne RGrd von jenem erworben, der sie also gemäß § 812 I 1 kondizieren kann. Ist nach zunächst wirks Übertr der Anwartsch dch Erstkäufer der Verkäufer wirks vom KaufVertr mit diesem zurückgetreten, so erlischt die Anwartsch in der Pers ihres derzeit alleinigen Inh, des Zweitkäufers. Er ist nun der Vindikation des Verk ausgesetzt, die (entgg Raiser S 78) nicht gem § 986 I 2 abgeschwächt ist: mag auch nach Rücktritt zw Verk u Erstkäufer ein AbwicklgsVerhältn bestehen, so berecht dies den Erstkäufer doch nicht mehr, im Zug der Abwicklg die Sache nochmal in unmittelb Bes zu nehmen. Für die Nebenfolgen gelten im Zug der Rückabwicklg die allg GrdSätze: nach der hier vertr Ans tritt die Vindikationslage erst ab Rücktritt ein (vgl Einf 1 vor § 346; Vorbem 1d vor

§ 929 6 B 3. Buch. 3. Abschnitt. *Bassenge*

§ 987; Vorbem 1 b vor § 994); im Verhältn Verkäufer-Erstkäufer ist primär nach den Regeln des beendeten Vertr abzuwickeln (vgl auch Weitnauer bei Erman, Nachtr 1969, zu Anm IV 1 zu § 455).

γ) Mit **Eintritt der Bedingg geht Eigtum unmittelbar** vom VorbehVerk **auf den AnwRErwerber über,** so jetzt BGH **20,** 88 u fast allgM (vgl Serick I 266/67 Fußn 106 mit Nachw) unter Ablehng eines Durchgangserwerbs durch den ersten Anwärter (so früher RG **140,** 255). Ist das AnwR ein selbständiges, übertragb subj Recht, so scheidet der Anwärter mit der Übertr aus jeder RStellg aus, kann also mit Bedinggseintritt nicht mehr Eigtümer werden; das VollR kann nur in der Pers des AnwBerecht zZ des Bedinggseintritts entstehen. Der VorbehVerk hat durch die Einräumg bedingten Eigt dem Anwärter die Möglichk weiterer Vfg gegeben; es liegt nicht anders als bei der Aufl, wo das Eigt mit Eintr des Erwerbers des AnwR aus der Aufl unmittelb auf den AnwRErwerber übergehen kann, vgl § 925 Anm 5 c. Also wesentl Unterschied ggü RLage bei Übereign der Sache selbst (oben zu a); gerechtfertigt, weil bei Übertr des AnwR der VorbehKäufer als Berecht verfügt. Bei Ablehng von Durchgangserwerb hilft den gesetzl PfdGläubigern die Annahme eines gesetzl PfdR am AnwR, vgl Anm B d. Dagg erlangt dann ein Gläub des VorbehKäufers, der bei diesem die Sache hatte pfänden lassen, wodurch noch kein PfdR (trotz Pfandverstrickg) entstanden war, ein solches auch nicht mit Bedinggseintritt. Wenn er aber auch das AnwR selbst pfänden ließ, dann ist dessen Übertr ihm ggü unwirks. – Einer nach Übertr des AnwR erfolgenden Pfändg des AnwR durch einen Gläub des VorbehKäufers kann der Erwerber nach ZPO 771 widersprechen; LG Bückeb NJW **55,** 1156 mit Anm Bauknecht; ebso der Pfändg der Sache selbst, BGH **20,** 101. Da kein Durchgangserwerb, fällt die Sache nicht in KonkMasse des Käufers, der vorher das AnwR übertr hatte, mag Bedingg auch erst nach KonkEröffng eintreten, RG SeuffA **91,** 261 = Warn **37,** 110; BGH **LM** Nr 11a (bei sichergshalber Übertr des AnwR hat Erwerber AbsondersR). – Vgl auch Meister NJW **59,** 608.

bb) Gutgläubiger Erwerb des AnwR. α) Ersterwerb des AnwR vom Nichteigentümer: entspr §§ 932ff erwirbt ein bei (bedingter) Einigg u Überg gutgl Käufer wirksames AnwR; selbst bei späterer Bösgläubigk geht mit Bedinggseintritt VollR auf ihn über, BGH **10,** 73; folgl kann er sich auch dem wahren Eigtümer ggü, auch schon vor Bedinggseintritt, auf sein BesitzR berufen; s unten Anm b ee γ ββ. Ausgl für Eigtümer der über § 932 mit Anw „belasteten" Sache: § 816 I.

β) Erwerb bestehenden AnwR vom Nichtanwärter: gutgl Erwerb mögl, zB durch Dritterwerber, wenn Zweiterwerber mangels guten Gl kein AnwR erworben hatte od VorbehKäufer die Sache an Dritten verliehen u dieser unbefugt über AnwartschR des Käufers verfügt hatte (Raiser aaO **38;** Baur, SR § 59 V 3 b; aA Flume, RGesch, 737; Wiegand JuS **74,** 211). – Doch ist AnwartschR auch hier vom Kausalverhältn zw VollRInh u Erstanwärter abhäng.

γ) Erwerb eines nicht bestehden AnwartschR: Fehlt es schon am VorbehKauf, kein gutgl Erwerb, weil Glaube an Bestehen der Fdg, mit deren Erfüllg die Bedingg eintritt, nicht geschützt (Schnorr v Carolsfeld, KrVJSchr **66,** 184; Raiser 38). War dagg KaufprFdg gg Erstkäufer entstanden u nur die aufschiebbedingte Übereign fehlerh, ist gutgl Erwerb des nichtexistenten AnwartschR mögl (Raiser 38f; Forkel aaO 192; Serick I 267, 271; aA Flume aaO; Wiegand aaO).

cc) Das AnwR kann mit **Nießbr** (§ 1032 Anm 1) u **PfdR** (§ 1274 Anm 1 c aa) belastet w.

dd) Auch bei **befristeter Übereignung,** mit Anfangstermin, § 163, entsteht dingl AnwR, BGH **LM** § 163 Nr 2. Es gilt Gleiches wie bei aufschiebd Bedingg.

ee) Schutz des AnwartschR: α) Der Anw genießt **Besitzschutz** (§§ 860ff, 1007) u RSchutz nach **§ 823 I** (BGH **55,** 20) u **II** (mit § 858), BGH **LM** § 823 (Ad) Nr 1: hier war Anw nur mittelb Besitzer gewesen! ErsAnspr begrenzt dch Wert des AnwR (vgl BGH **55,** 20) u BesInteresse; letzteres in BGH aaO zu wenig berücks, wesh Mietwagenkosten des Kfz-Käufers, der dch Pfdg Bes verloren, als nur mittelb Schaden abkerannt w. Restschaden erwächst dem Eigtümer. Lösgen: RG **170,** 6 gibt dem Käufer auch Anspr auf Drittschaden; Lent-Schwab (§ 31 V 5) nehmen GesGläubigersch (§ 428) mit InnenAusgl an; richt: voller SchadErs an Eigtümer u Anwärter gemeins zu leisten, § 432 (Baur § 59 V 5; Serick I 278; Koether-Ruchatz NJW **73,** 1447) od § 1281 entspr (Raiser 81; Medicus AcP **165,** 115, 142). – Prakt w § 851 das Problem meist entschärfen. – Gleiches gilt für Anspr aus GoA u Bereicherg (§§ 816, 951); zT abw Flume AcP **161,** 399.

β) Ob Anwartsch ein ggü jedermann wirkdes (dingl) **R zum Besitz** gibt, ist bestr, w aber heute überw zutr bejaht (Karlsr NJW **66,** 885, zust Erm-Weitnauer § 455 Rdz 35; Soergel-Mühl § 929 Rdnr 38; Esser, Baur, Lent-Schwab, Lange je aaO – vgl vor aa; –Westermann § 44, 2; Diederichsen aaO S 129 (der annimmt, daß mit dem obligator BesR aus Kauf ein dieses überlagerndes dingl BesR aus dem AnwartschR zustrifft); Bauknecht NJW **55,** 1251; Raiser 75ff; aA Wolff-Raiser § 2 Fußn 17; Stoll JuS **67,** 12; Georgiades 127; Gudian NJW **67,** 1786; Staud-Berg § 986 Rdnr 4). – Nach Serick I 276 hat der Anw ein R zum Bes Dritten ggü; dem Eigtümer ggü ist er nur aGrd des KaufVertr (obligator) zum Bes berecht. – Bedenken wg der konkurrierden Anspr des Eigtümers aus § 985 bestehen nicht, der Anspr des letzteren geht auf Herausg an Anw gem § 986 I 2.

γ) **BesitzR** des Anwärters **ggü dem SachEigtümer,** der nicht zugleich KaufVertrPartner: Fallgestaltgen:

αα) Anwärter überträgt seine Anwartsch rechtm u wirks an Dr. Wer dingl BesR des Anwärters leugnet, setzt den Zweitanwärter bis zum Eintritt der Bedingg nach § 455 dem Anspr des Verk aus § 985 aus. Die offenb Unbilligk, die darin liegt, daß Verk ggü dem rechtm Nachf des Käufers in die Anwartsch Anspr bekommt, deren er sich dem Erstanwärter ggü begeben hatte, begegnen andere (zB Larenz aaO § 39 II c, Georgiades 127) dch sinngem Anwendg des § 986 I 1 Fall 2. Nimmt man – wie hier – dingl BesR an, hat dies auch der Zweiterwerber der Anwartsch, solange diese besteht, was allerd vom Kausalverhältn zw Verk u Käufer abhängt.

ββ) Hatte der Käufer seine Anwartsch gutgläub von einem NichtBerecht erworben, so kann er sich als dingl BesBerecht auch dem Eigtümer ggü schon vor BedinggsEintritt auf sein BesR berufen (Karlsr NJW

66, 885; Baur § 59 V 5 b bb; so aber auch Georgiades aaO S 130; Flume AcP **161**, 393; im Ergebn ebso Stoll aaO mit dem Argument, nach dem Sinn des § 932 müsse der gutgl VorbehKäufer ebso gestellt w, als wäre Verk Eigtümer). AA Serick I 272 mit Nachw des Streitstandes; insb BGH (**10**, 71, vgl auch **34**, 191). In erstgen Entsch (im Schrifttum zT abgelehnt – vgl Duden JZ **54**, 42; Bauknecht NJW **55**, 1253; Gudian aaO Fußn 22) gab BGH dem Anwärter ggü dem Anspr des Eigtümers aus § 985 die Einwendg der Argl, da dieser die Sache nach Bedinggseintritt wieder an Anwärter zurückgeben müsse (aber eben nicht „statim"!).

δ) **BesitzR** des Anwärters **ggü Eigtümer,** der ihm die Sache **verkauft** hatte: Wer das dingl BesR des Anwärters leugnet, muß ihn auf das obligator aus dem VorbehKaufVertr (§ 986 I 1) verweisen, das ihn gem § 986 II auch einem Erwerber ggü schützt, dem die Sache gem § 931 übereignet wurde. Gelegentl w der Anwärter dem Verk-Eigtümer ggü auf § 986 verwiesen, währd Dritten ggü sein dingl BesR anerkannt w (so Serick I 272; für diese Fallgestaltg auch Baur § 59 V 5 b bb). Dieses vielf angenommene (nur) obligator BesR endet bei gewissen **Störungen des Kaufvertrags** (dazu unten ff). Billigt man – wie hier – dem Anwärter das dingl BesR auch ggü dem Verk-Eigtümer zu, so ist das Ergebn nicht and: die gleichen Störgen geben dem Verk das aus dem KaufVertr (BesAbrede) entspringde R, die (zunächst vorläuf) RückÜbertr des Bes an sich zu fordern. Welche Störgen dies im einzelnen sind, ist wiederum str.

ff) Störungen im Kausalgeschäft können das BesR des Käufers (Anwärters) beeinflussen.

α) **Tritt Verkäufer** wg LeistgsStörg des Käufers (ZahlgsVerz) wirks vom KaufVertr **zurück,** enden sowohl das obligator BesR (§§ 433, 455, 986 I 1) des Käufers wie die Anwartsch; dies auch, wenn Käufer sie unter Offenlegg seiner RStellg weiter übertr hatte; nicht aber, wenn Erstanwärter unbefugt seinerg gem § 455 über das Eigt des Verk verfügte, somit eine Verdoppelg der Anwartsch bei gutgl Erwerb des Zweitanwärters bewirkt hatte.

β) Wählt Verkäufer **SchadErs wg Nichterfüllg** (§ 326), endet das BesR des Käufers (Anwärters) in gleicher Weise. Die bei schon erbrachter GgLeistg nach hM anerkannte Einschränkg der dem Gläub der gestörten Leistg an sich zustehnden Wahlmöglichk, seinen Schad nach Austausch- od Differenzlehre zu berechnen (vgl § 325 Anm 3 aE), zwingt hier den Verk nicht, dem Käufer den Bes der Kaufsache zu belassen; so zutr Soergel-Ballerstedt § 455 Rdnr 9; K. Müller, Betr **69**, 1495 (aA Blomeyer, Betr **69**, 2117 Fußn 8).

γ) Überwiegd gab man bish dem Verk die Möglichk, bei **ZahlgsVerzug** des Käufers die Kaufsache ohne Auflösg des Vertr zurückzufordern, sei es (je nach StandPkt) aGrd des § 985, sei es (nach der hier vertr Ans) aGrd einem obligator RückFdgAnspr, dem ggü sich der vertragsuntreue Käufer nicht mehr auf sein dingl BesR berufen kann, weil die Gefährdg des SichgsZwecks den Verk zur RückFdg berechtige (BGH **34**, 197; Serick I § 7 III; K. Müller aaO). BGH **54**, 214 hat sich jetzt der GgMeing (Derleder ZHR **139**, 21 mwN) angeschl; nicht der ZahlgsVerz allein, sond erst der auf ihn gestützte Rücktr berecht den Verk, die Kaufsache zurückzufordern; BGH lehnt auch eine dem Wesen der EV zu entnehmde abw Ausleggsregel ab. Die prakt Wirkg der Entsch w gering sein, da sich die Formularpraxis ihr rasch anpassen w; sie vernachlässigt auch dogmat das Element der GebrÜberlassg vor Übereign im EV-Kauf (vgl unten zu δ), so daß die hier vertr Ans interessegerechter erscheinen dürfte. Der GgMeing ist zuzugeben, daß Verz eines Partners im ggs Vertr den and grdsätzl nicht berecht, eine schon erbrachte Teilleistg zurückzufordern, ohne sich vom Vertr zu lösen. Dabei ist übersehen, daß die wirtsch geschl Leistgspflicht des Verk gem § 433 sich nicht zerlegen läßt in die Teilleistgen „Besitz"- u „EigtVerschaffg", da erstere zugleich TatbestdsElement der Übereign ist. Zu wenig berücksichtigt zudem die SichgsFunktion auch des einf EV, die BGH beim verlängerten u erweiterten EV zutr feststellt (AbsondersgR!, vgl BGH NJW **71**, 799 u Gravenhorst JZ **71**, 494).

δ) **Vertragswidriges Verhalten** des Käufers, insb unsachgem Behandlg der Kaufsache berecht nach überw Ans (vgl BGH **34**, 191, 197) in gleicher Weise den Verk zur Rückfdg. Die GgMeing (Derleder ZHR **139**, 21; dort auch zur Weitergabe der Sache an Dr) will dem am Vertr festhaltden Verk hier nur § 550 analog geben, eine stumpfe Waffe (arg § 553!). Ist in solchem Fall die weitere BesÜberlassg für Verk nicht zumutb, muß die Verletzg der NebenPfl ihn je nach Schwere berecht, vom Kauf zurückzutreten, oder doch den unmittelb Bes zurückzufordern. Stützt man das BesR des Käufers nur auf § 986 I 1 (Fall 2), so läßt sich rechtf, daß des letzteren BesR bei unsachgem Behandlg der Kaufs auch ggü dem ErstVerk endet.

ε) Konkurs des Käufers beendigt sein BesR nicht, Blomeyer, JZ **68**, 694; str; vgl unten Anm f.

gg) Über **prozessuale Fragen** (ProzFührgsR, RKraft ua) vgl Pohle, Festschr für H. Lehmann II 738 ff; Georgiades aaO 57 ff. – **hh)** Anwartsch wird bei **Hausrat** schützt § 1369. **ii)** AnwR kann nach StGB **74** II 1 eingezogen w, BGHSt **24**, 222; Betr **72**, 2208; nicht aber das der tatunbeteiligten Käufers auf Erwerb der tatverstrickten Sache, Karlsr NJW **74**, 709.

c) Pfändg der bedingt übereigneten Sache u des AnwR. aa) Läßt ein Gläub des VorbehVerkäufers die Sache pfänden, so kann der anwartschberechtigte Käufer intervenieren, BGH **55**, 20; § 161 I 2 allein schützt ihn nicht gg (hoheitl) Dritterwerb in ZwVerst. Vorh erlischt das PfändgsPfdR mit Bedinggseintritt, § 161; zust Serick I § 12 I 2.

bb) Auch der VorbehVerk kann die ihm gehörige Sache wg seiner Fdg gg den VorbehKäufer bei diesem pfänden lassen. Hierin od in der Versteigerg liegt idR nicht Verzicht auf das Eigt, vgl aber RG **79**, 245. Es entsteht zwar kein materielles PfdR, aber Verwertg mögl aGrd der öffrechtl Pfandverstrickg, RG **156**, 398. Käufer kann sich auf ZPO 811 berufen, außer wenn zur Herausg verpflichtet; sehr str; Nachw Serick I 124.

cc) Läßt Gläubiger des VorbehKäufers die Sache **pfänden,** so entsteht kein PfändgsPfdR, sond nur öffrechtl Verstrickg. Der VorbehVerk interveniert gem ZPO 771 od kondiziert nach Versteigerg gem § 812. Aber der Gläub kann durch Befriedigg des VorbehKäufers den Bedinggseintritt herbeiführen. Nimmt der Verk den angebotenen KaufprRest nicht an, so gilt die Bedingg nach § 162 I als eingetreten. Mit Übergang des Eigt auf den VorbehKäufer entsteht das PfändgsPfdR (*ex nunc*), RG **60**, 73; BGH NJW **54**, 1325; str, ob dies aus § 185 II zu begründen ist. Bei mehrfachen, zeitl aufeinanderfolgenden Pfändgen verschiedener Gläub hat der erstpfändende Vorrang (str). Wenn jedoch der VorbehKäufer der Zahlg des Restkaufpreises an den VorbehVerk widerspricht, § 267 II, so liegt in der AnnVerweigerg kein Verstoß des VorbehVerk gg

§ 929 6 B   3. Buch. 3. Abschnitt. *Bassenge*

Treu u Gl ggü dem PfändgsGläub, hM. Dieser muß dann das AnwR selbst pfänden lassen. Zubehör unter EV in der ZwVerst s § 1120 Anm 4a, c.

dd) Pfändg des AnwR erfolgt nach ZPO 857 I, 829 (hM; aM Bauknecht NJW **55**, 451: ZPO 808). Nach BGH NJW **54**, 1325 (folgd die hM, aA Strutz NJW **69**, 832) wirks mit Zustellg des PfändgsBeschl an VorbehVerk als DrittSchuldn, womit allerd BGH **49**, 197 kaum vereinb, wonach für Wirksamk der Pfändg der Anwartsch aus Auflassg Zustellg an Verkäufer als Drittschuldner nicht nöt. Verkäufer muß nach ZPO 840 Ausk über RestFdg erteilen. Widerspr des VorbehKäufers gg Zahlg des Restkaufpreises (auch wenn noch nicht fäll) ist nach Pfändg des AnwR unbeachtl, er würde dem VfgsVerbot zuwiderlaufen (Käufer darf nach seinem Widerspr den Bedinggseintritt u damit die Erstarkg des AnwR zum VollR verhindern); die AnnVerweigerg verstößt jetzt ggü dem Gläub als RNachfolger des AnwBerechtigten gg Treu u Gl u führt Bedinggseintritt nach § 162 I herbei, BGH aaO; nach Serick I 302 noch Hinterlegg gem § 378 nötig. Der **Gläubiger** läßt also zweckm **die Sache** und **das AnwR pfänden**; letzteres allein sichert ihn nicht, weil sich das PfändgsPfdR – anders als in natural (vgl b) oder gesetzl PfdR (vgl d) – an dem AnwR nach dessen Erstarken zum VollR nicht in ein PfändgsPfdR an der Sache selbst verwandelt (Reinicke S 37; BGH aaO), so daß ein anderer Gläub, der, selbst nach Pfändg des AnwR, die Sache pfänden läßt, den Vorrang hat. Zwar iF von ZPO 847 Umwandlg des AnsprPfdR in PfändgsPfdR an der Sache, aber dort ist diese an den GVz herauszugeben; bei Pfändg des AnwR fehlt jedoch jeder äußere Hinweis auf Beschlagn der Sache selbst. – Aufwendgen des PfändgsGläub zur Ablösg des EV fallen nicht unter ZPO 788, str. – Verwertg allein des AnwR nach ZPO 857 V prakt bedeutgslos.

ee) Die hier dargestellte **Theorie der Doppelpfändg** entspricht der hM u Rspr. Sie ist aber stark umstr; krit Darstellg der Theorien bei Sponer aaO 145 ff. Im Schriftt gewinnt Boden die Auffassg, daß Pfändg des AnwR in Form der Pfändg der Sache nach ZPO 808. Vgl auch zB Raiser aaO 87 ff; er gibt dem VorbehVerk (Eigtümer) statt der Klage aus ZPO 771 die aus ZPO 805 (auf vorzugsw Befriedig), im Konkurse nur Ab-, kein AussondergsR; erst mit Rücktr vom Vertrage Klage aus ZPO 771 und AussondergsR; kritisch hierzu Serick I 314; Flume AcP **161**, 402. Zum AnwR des SichgGebers (§ 930 Anm 4c) vgl Brschw MDR **72**, 57, wonach die SachPfändg auch das AnwR ergreifen soll; vom Standpkt der hL zu R abl Tiedke NJW **72**, 1404.

d) Gesetzl Pfandrechte. Der Vermieter (Verpächter) des VorbehKäufers erwirbt kein gesetzl PfdR an den diesem nur bedingt übereigneten eingebrachten Sachen, §§ 559, 581. Kein Schutz des guten Glaubens. Die Hyp (ZVG 20 II, 146) erstreckt sich nur auf das dem GrdstEigtümer gehörige Zubehör, § 1120. Diese u sonstige PfdRechte, vgl § 1257 Anm 1 (sow nicht kr guten Glaubens, vgl HGB § 366 III), entstehen aber mit Bedinggseintritt. Gleichzeitig entstehen dann die PfdRechte für die Gläub des VorbehKäufers, die die Sache haben pfänden lassen. Nach RG **60**, 73 haben sie gleichen Rang mit gesetzl Pfdrechten; man wird diesen aber nach dem PrioritätsGrds den Vorrang geben müssen, vgl auch unten u Spindler MDR **60**, 454; Meister NJW **59**, 608. Hat der VorbehKäufer die Sache selbst vor Bedinggseintritt sichergübereignet, so belasten alle diese Pfdrechte das Eigt des Erwerbers, weil das Eigt nicht unmittelb vom VorbehVerk auf den Erwerber über-, sond durch den VorbehKäufer hindurchgeht (vgl oben B a). Ebso ist es bei Übertr des AnwR, obwohl (im Ggsatz zur Übereign der Sache) nach jetziger Meing kein Durchgangserwerb; denn zuzustimmen ist der neueren, der Interessenlage gerecht werdenden Lehre (BGH **35**, 85; NJW **65**, 1475; BGH **54**, 319; PachtkreditG, vgl Einf 2 vor § 1204; Braun NJW **62**, 382), die ein **gesetzl PfdR** des Vermieters usw u eine MobHyp (vgl § 1120 Anm 4) als einem eigentumsähnl Rechte des Schuldn annimmt. PfdR verwandelt sich, wenn die Sache noch auf Grdst, mit Bedinggseintritt in ein PfdR (MobHyp) an der Sache selbst. Begründg, str, wohl § 1287 entspr, Reinicke S 35. Folge: der AnwRErwerber erwirbt in jedem Falle (sofern Sache noch nicht vom Grdst entfernt) das Eigt belastet mit den PfdRechten; die gesetzl PfdGläub u Hypothekare gehen den Gläubigern des VorbehKäufers, die die Sache od das AnwR gepfändet haben, vor, entspr § 1287, Reinicke S 49, außer wenn Pfändg schon vor Einbringg usw. Vgl auch Liermann JZ **62**, 658 (ZwVollstrFragen); Voß VersR **62**, 581 (Auswirkg bei Feuerversich). – Vermieter, der PfdR am AnwR hat, hat bereits SelbsthilfeR (§ 561), er kann aber (ebso wie HypGl) noch nicht die Sache selbst verwerten, dies erst nach (wohl entspr § 268 herbeiführb, Georgiades S 92, 147) Eigt Übergang, BGH **35**, 93. Vgl auch BGH NJW **65**, 1475 über RLage, wenn AnwRErwerber den VorbehVerk befriedigt.

e) Erlöschen des AnwR. aa) Erstarkg zum VollEigt mit Eintritt der Bedingg, insb Zahlg des Kaufpreises. Bei Einsetzg der Fdg in Kontokorrent HGB 356 entspr, vgl Serick I 420. Wg erweiterten EV (Kontokorrent-, KonzernVorbeh) s Anm A, auch Bley AkZ **37**, 43. – Anwärter wird VollEigtümer ferner bei Verzicht des Verk auf EV. Verzicht ist einseit, nicht empfangsbedürft Erkl, BGH NJW **58**, 1231. Kein Verzicht idR in Pfändg durch VorbehVerk; vgl Serick I 435.

bb) AnwR erlischt mit Ausfall der Bedingg, also durch berecht Rücktr des Verk od Verlangen von SchadErs gem § 326. Ebso wenn KaufVertr dch ggs Übereinkunft erlischt (BGH **35**, 85, 94). Wirkg auf Erwerber des AnwR vgl oben Anm 6 B a–ee β γγ u b ff α. Wg Beendigg des BesitzR des Käufers bei ZahlgsVerz vgl oben Anm 6 B b ff γ. Es erlischt uU durch Veräußerg der Sache durch Eigtümer an Gutgläub gem § 161 III, nicht aber Schutz des Anwärters durch § 936 III, dort Anm 1. – Wegen Erlöschens durch Konsolidation u Verzicht des Anwärters vgl Serick I 451. – Erlöschen auch nach § 950 II (entspr). Vgl wg Verbindg usw § 949 Anm 1.

cc) Zu Fragen der Verwertg der vom Verk zurückgen Kaufsache, dessen Käufer sich auf Verj der KaufprFdg stützt (BGH **34**, 191; **70**, 96) vgl § 455 Anm 5 aber auch Müller, Betr **70**, 1209.

f) VorbehKauf u Konkurs. – aa) Konk des Käufers: Sein AnwR gehört zur Masse. KO 17 anwendb, BGH Betr **67**, 1357. Hält KonkVerw am Vertr fest, w nach Restzahlg der GemeinSchu Eigtümer, Sache fällt in die Masse. Lehnt KonkVerw ab, erlischt AnwR / Verk kann aussondern u SchadErs, KO 26, fordern. AA Stracke (KTS **73**, 102), der die Anwendbark von KO 17 auf VorbehKauf schlechthin ablehnt u den Verk, falls er nicht nach Rücktritt wg Verzugs (womit AnwR des Käufers erlischt) aussondert, im Hinbl auf die SichgFunktion des EV das R auf abgesonderte Befriedigg am KaufGgst geben will. – Dritterwerber des

1000

AnwR erwirbt Eigt massefrei unmittelb vom Verk, BGH **20**, 88. Hatte Erstkäufer Sache selbst erlaubterw unter EV an Dritten veräußert, erwirbt dieser unmittelb vom ErstVerk unberührt vom Konk des Erstkäufers, wenn er den Kaufpr in dessen Masse (KO 8) zahlt, BGH **56**, 34, 36. – Zum BesR in Konk gefallenen Käufers vgl oben Anm 6 B b ff, auch Künne Betr **71**, 1059. – **bb) Konk des Verkäufers:** Trotz KO 15 kann Käufer dch Restzahlg (KO 8!) Eigtümer w (§ 161 I 2), BGH **27**, 360, 367. Bis dahin h aber auch Verk noch nicht voll erfüllt. Ob sein KonkVerw dem Käufer das AnwR desh entziehen kann, indem er Eintritt in KaufVertr ablehnt, ist str (ja: Jaeger-Lent § 17 Anm 11; Serick I § 13 II 1 b u Festschr 100 Jahre KO 1977 S 286; nein: Wieser NJW **70**, 913; Baumann, Konk u Vergl S 82; B-St, KO 17 Anm 3 b; Mentzel-Kuhn, KO 17 Rdn 18; Kuhn WPM **72**, 206). BGH **50**, 242 verneint KO 17 jedenf dann, wenn dem Verk die Eigt-Verschaffg unvertretb unmögl gew, wie zB bei Verarbeitg der VorbehWare od bei gutgl Dritterwerb. In der Tat nötigt das Wesen des AnwR, wie es hier verstanden ist (vgl Anm 6 B b oben), dazu, seine Konk-Festigk anzuerkennen, solange der Käufer vertragstreu ist; damit ist auch den Interessen der Masse genügt. – **cc) Verlängerungsklausel** gibt AbsondergsR am SichgSurrogat, sei es die Fdg aus Weiterverkauf od die auf Werklohn bei Veränderg des Materials, sei es Produkt nach § 950. Vereitelt KonkVerw dieses R, gilt zG des Verk KO 46 entspr, BGH JZ **71**, 505. – Der **erweiterte EV** (dazu § 455 Anm 2 b) führt in den für ihn zul Grenzen (vgl BGH NJW **71**, 799 u Kuhn aaO, der den KonzernVorbeh ablehnt) nur zur Absonderg, wenn die unter EV gelieferte Sache voll bezahlt ist, BGH aaO.

C. Über **auflösend bedingte Übereignung** (mit AnwR des Veräußerers auf EigtRückfall) vgl Georgiades S 157 ff.

Vorbemerkung: Das Schiff und sein Recht

(§§ 1–84 ohne GesAngabe sind solche des SchiffsRG).

Schrifttum: Schaps-Abraham, Das Deutsche Seerecht, 3. Aufl 1959–1967. – Schlegelberger-Liesecke, SeehandelsR, 2. Aufl 1964. – Prüssmann, SeehandelsR 1968. – Prause, Das R des Schiffskredits, 2. Aufl 1968. – Abraham, Das Seerecht, 4. Aufl 1974. – Ruhwedel, Die Partenreederei 1973. – Prause-Weichert, SchiffsSR u SchiffsRegR, Formularbuch, 1974. – GesSlg: v. Laun-Liesecke, 1969.

1) Allgemeines: a) Rechtsquellen für **Privates SchiffahrtsR:** HGB, 4. Buch (Seehandel) mit ergänzden Bestimmgen in ZPO u ZVG. – G üb die Küstenschiffahrt v 26. 7. 57, BGBl II 738. – Der Erwerb des Eigt u beschr dingl Rechte (SchiffsHyp, Nießbr, vgl dazu § 1032 Anm 1 aE u Einf 9 vor § 1204) an See- u Binnenschiffen, die im Schiffsregister, an Schiffsbauwerken, die im SchiffsbauReg eingetr sind, nunmehr auch an Schwimmdocks (SchiffsRG 81 a), w geregelt in: **SchiffsRDVO** u **SchiffsregisterO** sowie SchiffsRegVfg. – Für das BinnenschiffR Sondernormen im **BinnSchG**. – **Verfahrensrechtl:** G üb das Verf in BinnSchiffSachen v 27. 9. 52, BGBl I 641 mit Änd. – Vgl dazu Zöller-Karch GVG 14 Anm 2. –
b) Das SchiffsRG gilt für eingetr See- u Binnenschiffe, Schiffsbauwerke u Anteile an solchen, seit ÄndG v 4. 12. 68 zT (vgl § 81 a) auch für Schwimmdocks, obwohl diese begriffl keine Schiffe sind (RG **86**, 430).
aa) Begriff des Schiffes: Fahrz, die zur Fortbewegg auf (oder unter) dem Wasser u zur Beförderg von Personen od Sachen bestimmt sind. Nach VerkAnschauung nicht kleinere Ruder- u Segelboote. Nicht Flöße; schwimmdes Hotel, Wohnboot, berggs- od ausbessergsunfäh Wrack, Hbg VRS **1**, 317; Wrack auf MeeresGrd. Dagg schwimmder Bagger, RG **51**, 334; Schwimmkran, BGH **LM** BinnSchG 4 Nr 3. Näheres Soergel-Abraham, SchiffsRG 1 Anm 1 ff.
bb) Schiffsbauwerk: Ein auf der Schiffswerft in Bau befindl Schiff, § 76 I. Es kann, bestimmte Größe vorausgesetzt (§ 76 II 2), in das SchiffsbauReg eingetr w, jed nur, wenn zugleich BauwerksHyp eingetr od ZwVerst beantragt w, SchiffsRegO 66. Nunmehr auch Schwimmdocks im Bau eintragb.
cc) Unterscheide **Bruchteilsmiteigentum** am Schiff (§§ 1008 ff) von der **Schiffspart.** Das Wesen des Anteils an einer Partenreederei (HGB 489) ist bestr (vgl HGB 491 I ein Anteil am gesamten Reedereivermögen, also eine gesellschaftsrechtl Beteiligg (so Hoche in 23. Aufl, Einl 2b vor § 1; Ruhwedel aaO S 98 ff mit Nachw Fußn 22). Nach aA (vgl Abraham, SeeR, § 13 III 5, 6) ist die Schiffspart „bruchteilsm, aber organisator gebundenes MitEigt der Mitreeder am Schiff"; zu dieser sachenrechtl GrdLage komme ein entspr Anteil am üb Reedereivermögen, so daß eine Sonderform der BGB-Gesellsch vorliege, deren sachenrechtl Basis, das Schiff, aber im BruchTEigt stehe. Doch ist es rechtl nicht mögl, das bloße Eigt am Schiff zu übertr (BGH aaO). Der ersteren Auffassg ist dah beizustimmen.

2) Formelles SchiffsachenR: Es entspr grdsätzl dem GBR für Immobilien (vgl Prause MDR **56**, 139). RQuellen: **SchiffsRegO** u **SchiffsRegVfg** mit AVen zu den einzelnen Registern, s oben Anm 1 a. Je ein vom AG (grdsätzl des Heimathafens) geführtes Reg für See-, Binnenschiffe u Schiffsbauwerke, SchiffsRegO 3 I, 65 I. Eintr auf Anmeldg des Eigtümers, SchiffsRegO 9. Dieser ist dazu verpflichtet: Bei Seeschiffen, wenn sie unter FlaggRG 1, 2 fallen (SchiffsRegO 3 II) u den in SchiffsRegO 10 I 2 gen Bruttoraumgehalt überschreiten. Schiffe im öff Dienst können, müssen aber nicht angemeldet w (SchiffsRegO 10 III). Binnenschiff muß zur Eintr angemeldet w, wenn es die in SchiffsRegO 10 II gen Grenzen (Raum, Triebkraft) überschreitet. Bis zur Grenze gem SchiffsRegO 3 III 2 sind Binnenschiffe überh nicht eintraggsfäh. – Für Schiffsbauwerke (s oben Anm 1 b bb) AntrGrdS. – Das Reg ist nach dem Grds der Realfolie angelegt u besteht aus Aufschrift u 3 Abt: Beschreibg des Schiffes (I); Angaben über Eigtümer, etw Mitreeder u ihre Parten, ggf Korrespondenzreeder, MitEigtümer u ihre Anteile, etw EigtBeschrkgen (II); Belastgen, also SchiffsHyp, Nießbr, ArrestPfdRechte u PfdRechte an Schiffsparten (nicht eintragb mit Einf 9 vor § 1204). – Vormerkgen (§§ 10–13), Widerspr (§§ 18, 21) u Schutzvermerke (ähnl GBO 18, SchiffsRegO 28 II) kommen in Abt II, wenn auf Eigt bezügl, sonst in III. – In Betr kommen weiter VeräußergsVerbote (§ 14 II) u VfgsBeschrkgen (§ 16 I 2, SchiffsRegO 54 f). – Wie im GBR gelten das formelle Konsensprinzip u der GrdS der VorEintr des Betroffenen, SchiffsRegO 46. – Entspr § 891 begründet § 15 die Vermutg für Richtigk u Vollständigk des Reg. §§ 16, 17 schützen (wie §§ 892, 893) den guten Gl im rgeschäftl Verk.

3) **Schiffsurkunden**: Das Schiffszertifikat (bei Seeschiffen) begründet u beweist das R, die Schiffsflagge zu führen (FlaggenRG 3; vgl Soergel-Abraham, Einl 8 vor § 1). Schiffszertifikat u (bei Binnenschiffen) Schiffsbrief enthalten die vollst RegEintr, SchiffsRegO 60, 61; Vorleggszwang zwecks ständ Ergänz. Bei Widerspr zw Reg u SchiffsUrk entscheidet das Reg, da Urk keinen öff Gl genießen. – Kein HypBrief, vgl Einf 9 c vor § 1204.

4) Übbl über **rechtsgeschäftl Eigentumserwerb** an Schiffen: Wie schon das VerpflGesch (Kauf od BauVertr, § 651) ist auch die dingl Einigg formlos gült. Unterscheide:

a) **Eingetr Seeschiffe**: Bloße Einigg, also weder Überg, (-Ersatz), noch Eintr, § 2.

b) **Nicht eingetr Seeschiffe**: Einigg u Überg (-Ersatz) nach §§ 929 ff, mit Sondernorm § 929 a (bloße Einigg über sofortigen Übergang), § 932 a.

c) **Eingetr Binnenschiffe**: Einigg u Eintr, § 3.

d) **Nichteingetr Binnenschiffe**: Einigg u Überg (-Ersatz) nach §§ 929 ff, nicht aber nach §§ 929 a, 932 a.

e) **Schiffsbauwerke** (See- od Binnenschiffsbauwerke): Wenn eingetr, dch Einigg u Eintr, §§ 78, 3; wenn nicht eingetr, dch Einigg u Überg (-Ersatz) nach §§ 929 ff, aber ohne § 929 a.

f) **Bruchteilsanteile**: Übertr folgt dem Eigt.

g) **Schiffsparten** (nur bei – eingetr – Seeschiffen): Einigg (Übertr) u Eintr, HGB 503, vgl BGH MDR **69**, 556.

5) **Belastg**: S Einf 9 vor § 1204.

6) **Zwangsvollstreckg**: In nichteingetr **Schiffe** wie in bewegl Sachen, in eingetr See- u Binnenschiffe sowie in eingetr od eintragb **Schiffsbauwerke** (nunmehr auch in Schwimmdocks) dch ZwangsSchiffsHyp od dch ZwVerst, ZPO 870 a, mit einigen Besonderheiten gem ZVG 162 ff. Beschrkg bei Seehandelsschiffen, die sich auf der Reise befinden u nicht in einem Hafen liegen, HGB 482. – In den Fällen des ZPO 870 a III entsteht entgg ZPO 868 I kein EigtümerGrdPfdR, sond die Hyp erlischt, wenn nicht Eigtümer von der ihm auch hier vorbehaltenen Befugn nach § 57 III (dazu Einf 9 c bb vor § 1204) Gebrauch macht. – In **Schiffspart**: ZPO 857, 858, allein der Pfändg ins Reg konstitutiv. DrittSchu ist hier nicht vorhanden. Zustell an Schu zur Wirksamk der Pfändg nicht erforderl, arg: ZPO 858 III 1 HS 1. Ist Korrespondenzreeder bestellt (HGB 492): beachte ZPO 858 III 2; zu allem vgl Stöber, 5. Kap B 33 mit Nachw. Dort auch zur Verwertg, ZPO 858 IV, V, 844 u zum Zugriff auf GewinnanteilsAnspr des Schu (vgl HGB 502). – In **MitEigtAnteil** (s oben bc c): ZPO 864 II. – Zur Vollziehg des **Arrests** vgl ZPO 931: Mischsystem, das gem ZPO 931 IV zur – berichtigden – Eintr des nach MobiliarVollstr begründeten PfdR als HöchstBetrHyp führt, wenn der Gläub dies beantr.

929 a *Nicht eingetragene Seeschiffe.* ¹ Zur Übertragung des Eigentums an einem Seeschiff, das nicht im Schiffsregister eingetragen ist, oder an einem Anteil an einem solchen Schiff ist die Übergabe nicht erforderlich, wenn der Eigentümer und der Erwerber darüber einig sind, daß das Eigentum sofort übergehen soll.

II Jeder Teil kann verlangen, daß ihm auf seine Kosten eine öffentlich beglaubigte Urkunde über die Veräußerung erteilt wird.

1) Vgl zunächst Vorbem 4. § 929 a betrifft nur nicht eingetr Seeschiffe. Es entscheidet allein die Tats der Eintr, nicht die der EintrFähigk. Unter Anteilen ist auch hier nur solche iSd rgeschäftl Gesch zu verstehen. HGB 503, ZPO 858 (Schiffsparten) gelten nur für eingetr Schiffe. Bzgl der Anteile am GesellschVerm vgl § 719, HGB 105 II. Nicht eingetr Schiffe w nach den allg für Fahrn geltenden Vorschr übereignet u belastet. § 929 a, eingefügt dch DVO z SchiffsRG, übernimmt für nicht eingetr Seeschiffe inhaltl die bisher in HGB 474 f, EGHGB 6 enthaltenen SonderVorschr. Zweck: Erleichterg der Übereignig wg der im SeeVerk mögl tatsächl Schwierigk sofortiger BesÜberg. – Bzgl des gutgl Erwerbs vgl § 932 a. – Für eingetr Schiffe gilt SchiffsRG (vgl Vorbem 4). Wg Belastg vgl Einf 9 vor § 1204. –

2) Die bloße **Einigg** genügt. „Sofort" bedeutet: ohne Überg. Das muß gewollt u hinreichd deutl erkl sein. Bedingg u Befristg zul. Vgl im übr § 929 Anm 2.

3) II. Die Urk ist nur BeweisUrk. Doch kann ihre Erteilg rechtsgeschäftl zur Bedingg für den EigtÜbergang gemacht w. Verschuldete NichtErf dieser gesetzl Verpfl begründet SchadErsAnspr.

930 *Besitzmittelung (Besitzkonstitut).* Ist der Eigentümer im Besitze der Sache, so kann die Übergabe dadurch ersetzt werden, daß zwischen ihm und dem Erwerber ein Rechtsverhältnis vereinbart wird, vermöge dessen der Erwerber den mittelbaren Besitz erlangt.

Neues **Schrifttum**: Grdlegd Serick II, III. – M o r m a n n, Prakt Probleme der AnschlußSichgÜbereignig, Ehrengabe Heusinger 185 ff. – P a u l u s, Probleme der SichgÜbereignig, JZ **57**, 7, 41. – Siebert ua vgl Einf § 929 Anm 7 vor A. – R e i c h, Funktionsanalyse u Dogmatik bei der SichgÜbereignig, AcP **169**, 247. – W. M ü l l e r, Die SichgÜbereignig von Anteilen an Personalgesellsch, Diss Hbg 1969. – K. M ü l l e r, Die

SichÜbertragg von GmbH-Anteilen, 1969. – Patzel, Zur Frage der Wirksamk eines dtsch SichgEigt in Frankr, Betr **70**, 577. – Reich, Die SichgsÜbEigng 1970. – Serick, Abschied v fragwürd Kommissionsklauseln, BB **74**, 285. – Tiedtke, Erwerb u Verlust von SichgsEigt an eingelagerter Ware, WPM **78**, 446. – Vgl weiter § 929 Anm 6 vor A. – **Rspr** des BGH zur SichgsÜbereign: Pikart WPM **59**, 794; Mormann WPM **64**, 894; **75**, 582.

1) Ersatz der Übergabe durch BesitzmittlgsVerhältn. a) Das Konstitut widerspricht zwar dem Grds der Kundmachg der EigtÜbertr. Es ist aber im Verkehr unentbehrl. Dem Mißbr, insb bei SichÜbereign, ist durch § 138 entgegenzuwirken.

b) Nur die Übergabe wird ersetzt. Am Erfordernis der Einigg, § 929 Anm 2, wird nichts geändert. Läßt Käufer Kaufsache einstweilen beim Verkäufer stehen, wird es, wenn Kaufpreis noch nicht bezahlt, idR an Einigg über sofortigen EigtÜbergang fehlen. – Erwerb vom Nichtberechtigten §§ 933, 935. – Übereigng des AnwR: unten Anm 2 c und § 929 Anm 6 B b aa.

c) Über Stellvertretg u Insichgeschäft: § 929 Anm 5. Wird der Veräußerer BesDiener des Erwerbers, liegt Übertr nach § 929 S 1 vor (Hedemann SR § 21 III b: § 930).

2) Voraussetzgen. a) Allein- od MitBesitz (RG **139**, 117) **des Veräußerers** bei EigtÜbergang (bei aufschiebd bdgt Übereignung also bei BdggsEintritt). Mittelb Bes genügt (vgl unten d).

b) Vereinbarg einer Besitzmittlg iS des § 868. Unzulässig ist das sog **abstrakte Besitzkonstitut** ohne Vereinbarg eines bestimmten Verhältnisses aus § 868, RG JW **27**, 670. Nicht notw eine unter das BGB fallende Vertragsart; genügd ein bestimmtes Verhältn, das dem Erwerber den mittelb Besitz verschafft u dessen HerausgAnspr nicht auf die Dauer ausschließt, RG **132**, 186. Zur SichgVereinbg als Konstitut vgl Anm 4a cc. Auch Unterwerfg unter ein gesetzl BesitzmittlgsVerh, zB früher bei Ehegatten, RG **108**, 124; wg Übereignng unter Eheg auch § 929 Anm 3a. Aber nicht ein öffentlrechtl SichgsVertr, RG **143**, 320. Die Vereinbg muß frei von Willensmängeln sein, RG **98**, 133, braucht aber nicht gerade zu einem wirksamen RVerh zu führen; vgl § 868 Anm 2a. Übertr durch Besitzmittlg kann auch vorliegen, wenn die Beteiligten irrtüml körperl Überg angenommen haben, RG **118**, 364. – Über stillschw Vereinbg vgl § 868 Anm 2a, ee, 2b, 2c cc.

c) Notwendig ist die **bestimmte Bezeichng** der Sachen (vgl § 929 Anm 2 d) im Vertr, wobei mdl od stillschw Abrede neben schriftl Vertr zu beachten, BGH NJW **56**, 1918, mit so genauen Unterscheidgsmerkmalen, daß sich die veräußerten Stücke jederzeit aussondern lassen, Bestimmbark genügt nicht, RG **132**, 187; Celle BB **70**, 279. Ungenügd wertm Bezeichng von zu übergebden Aktien eines Gesamtbestandes im Streifbanddepot, BFH WPM **72**, 297. Nach VertrSchluß eintretende Ereignisse sind für die Frage der Bestimmth unbeachtl, RG **132**, 188; BGH LM § 929 Nr 8; § 930 Nr 8. Die Übereignng eines Unternehmens als eines Inbegriffs von VermGgständen ist nicht dch bloße Willenseinigg mögl; jeder EinzelGgst muß nach seinen Regeln übertr w, BGH NJW **68**, 392 (SÜ von Zeitschriftenunternehmen). BestimmthGrds bes wichtig bei Übereignng von **Warenlagern**; hierüber Anm 4a. AGB 19 I kann wg Unbestimmth der SichgObjekte sich als unstatth GeneralPfdR darstellen; Veräußerer kann klagb Anspr auf SichgEigentum eines best Ggst; Folge: inkongruente Deckg iS v KO 30 Nr 2, 31 Nr 1 (BGH **33**, 389; WPM **69**, 968; Betr **68**, 1752).

d) Ist Veräußerer **mittelb Besitzer**, so w er erststuf mittelb Fremdbesitzer u der Erwerber zweitstuf mittelb Eigenbesitzer; Kenntn des unmittelb Fremdbesitzers von Übereignng nicht erforderl (Tiedtke WPM **78**, 446). In diesem Fall auch Übereignng nach § 931 od § 929 S 1 mögl (vgl § 931 Anm 2).

3) Vorweggenommenes Besitzkonstitut. Einigg über EigtÜbergang u Vereinbg des BesMittlgsVerh können erfolgen, bevor der Veräußerer Besitzer od Eigtümer der Sache ist (vgl Anm 4a bb) od sie hergestellt hat (vgl § 950 Anm 3a bb); also ggwärt auf Zukunft gerichtete Willenseinigg. Mögl auch Einigng u Vereinbg des BesMittlgsVerh unter aufschiebder Bdgg (Oldbg NJW **77**, 1780). Einigg braucht sich zunächst nicht schon auf individuell bestimmte Sachen zu richten, aber im Ztpkt des vorgesehenen EigtÜbergangs muß nötige Bestimmth (Anm 2c) vorliegen, BGH WPM **66**, 94.

a) Übertraggswille muß **noch vorhanden** sein, **wenn der Veräußerer** (Sicherungsgeber) **den Besitz** vom Dritten **erlangt** od die neue Sache entsteht; BGH **7**, 115; str. Aber Vermutg, daß die einmal erklärte Einigg fortbesteht, BGH WPM **65**, 1248. Einseit, nach außen erkennb Abgehen von der Einigg durch Veräußerer unbeschadet seiner schuldrechtl Verpflichtg wirks, vgl § 929 Anm 2c. Auch die **Besitzmittlgsvereinbarg** muß zZ des Besitzerwerbs **noch fortbestehen**; wenn der Veräußerer erkennbar zum Ausdr bringt, daß er den Besitz jetzt doch nicht für den anderen vermitteln will, entsteht kein BesMittlgsVerh (vgl Siebert S 138), entspr den Erwägen zu § 868 Anm 4c. Also muß Übereignngswille bestehen im Ztpkt, da Erwerber mittelb Besitz erlangt, BGH WPM **66**, 95. Auch hier aber Vermutg für Fortbestehen des BesMittlgs- u Übereignngswillens, BGH WPM **65**, 1248. Bei mehrf ÜberEigng mittels § 930 entscheidet also nicht die Priorität, sond der konkrete ÜbertrWille, BGH WPM **60**, 1223, 1225. Der Ztpkt, in dem der Veräußerer vom Dritten den Besitz (od das Eigt) erlangt, ist auch für die GeschFgk maßg. Erwerber erlangt Eigt nach stRspr nur dann, wenn das Verhalten des Veräußerers nach Besitzerlangg der Vereinbg mit dem Erwerber entspricht.

b) Str, ob zum EigtÜbergang an Letzterwerber eine für diesen (wenn auch nicht notw für Dritte, BGH NJW **64**, 398) erkennb **AusführgsHandlg** notw, aus der sich Wille des BesMittlers ergibt, die vom Dritten erworbene Sache als Eigt des Letzterwerbers für diesen zu besitzen. Ja: RG **140**, 231; BayObLGSt **53**, 25; Staud-Berg Rdnr 6; RGRK Anm 10; Siebert S 132; Beisp: Einverleibg von Ersatzstücken in sichgsübereign Warenlager. Einbringen in vorgesehenen Raum, vgl BGH Betr **60**, 1306. – Verneind das überw Schrifft: Serick II § 20 mit Nachw zu Fußn 76; Soergel-Mühl Rdnr 4; Baur § 51 V 6; BGH aaO ließ offen. **Stellgnahme**: dies ist kein Problem der Publizität, die § 930 ja bewußt hintanstellt, sond das der Bestimmth (vgl Anm 2c, 4a). Dem ist Genüge getan jedenf bei Übereignng individuell bestimmter Sachen, so daß sich hier AusführgsHdlg erübrigt. Ist zum Erwerb des mittelb Bes aber erst Individualisierg der ÜbereignungsObjekte, etwa eine Sonderg von gleichzeit in den unmittelb Bes des Mittlers übergegangenen gleichart Sachen notw, so folgt dies aus dem Grds der Bestimmth, nicht aus dem der Publizität im SR. – Scheide hiervon Übereign (Einigg u Besitzvermittlg) dch **Insichgeschäft**; hier folgt die Notwendigk des AusführgsHandlg vgl § 181 Anm 5; § 868 Anm 3a; § 929 Anm 5a bb, b; Serick II § 20 II 4 mit Nachw) daraus, daß der im InsichGesch gefaßte Wille nach allg Regeln erklärt w muß; noch weiter Flume II § 48 1: keine Dokumentation nöt, wenn InsichGesch selbstverst Folge vorangegangener RGesch, wie beim EigtErwerb dch mittelb StellVertr.

c) Beim Erwerb vom Dr handelt der BesMittler idR, zB bei ErsStücken eines Warenlagers, als **verdeckter Stellvertreter**, also in eigenem Namen, erwirbt also zunächst selbst Eigt, das sodann aGrd des Vorauskonstituts u der Vorauseinigg in (mittelb) Bes u Eigt des GeschHerrn übergeht. Eines InsichGesch (vgl § 929 Anm 5) bedarf es dann nicht mehr. – **Durchgangserwerb**: Währd der „gedachten Sekunde", da der Mittler Eigtümer ist, kann die Sache von gesetzl PfdRechten (des Vermieters, Verpächters) od von hypothekar Haftg ergriffen w, RG **140**, 231. – And beim **Handeln für den, den es angeht**: dort – vgl § 929 Anm 5a bb – ist der Mittler offener Vertreter, das Eigt geht – über ihn hinweg – vom Veräußerer unmittelb auf den GeschHerrn über.

4) Die **SichergsÜbereigng** bildet das HauptanwendgsGebiet des § 930. Sie ist entstanden aus dem Bedürfnis der Wirtsch, Kredite durch solche Fahrnis zu sichern, deren Besitz der Kreditnehmer nicht entbehren u die er deshalb nicht verpfänden kann, §§ 1205, 1206, 1253. Der Kreditgeber erhält dadurch nach außen hin mehr als ein PfdR, näml Eigt; er ist nur nach innen dem Kreditnehmer ggü beschränkt durch die Verpflichtg, das Eigt nur zur Sichg des gewährten Kredits zu verwerten u es nach dessen Abdeckg auf den Kreditnehmer zurückzuübertragen. Da Besitzstand unverändert bleibt, wird RÜbergang entgg den deutschrechtl Grdsätzen nicht erkennbar, Einf 2 b vor § 929. Trotzdem hat die Rspr die Einrichtg zugelassen u ausgebaut. Sie ist gewohnheitsrechtl anerkannt. In Österreich verlangt dagg die Rspr für die SÜ die für den Erwerb des PfdR vorgeschriebene Überg (Kapfer, 26. Aufl 1960, ABGB 358 Anm 3). Auch in der Schweiz praktisch keine SÜ (unter BesKonstitut), weil idR Umgehg der PfdBestellg, SchwZGB 717. – Die Reformbestrebgen wollen die SichgÜbereigng durch ein VertrPfd ersetzen, bei dem der Schuldn zwar auch im Besitz der Pfandsachen bleibt, denn mit der Heimlichk verbundenen Gefahren aber dch Formvorschr u Registerzwang begegnet wird. Wg Verpfänd ohne Besitzeinräumg gem PachtKreditG vgl Einf 7 vor § 1204. – An Sachen, die der SichgGeber unter EigtVorbeh geliefert erhalten hat, erwirbt auch der gutgläub SichgNehmer (vgl § 930 (solche nach § 929 ist selten) zunächst kein Eigt, vgl § 933; aber idR das AnwR, BGH **20**, 88/101; **LM** § 929 Nr 11a; WPM **66**, 95; **68**, 604. Über den sog „BassinVertr" vgl Einf 7 B d vor § 929. Wg SÜ an Fertighäusern u deren Materialien Serick II S 23; an Gebäuden auf Grdst Dritter (vgl § 95) Fritz BB **63**, 1083. – SÜ (auch antezipiert) auch im Wege des § 931 mögl. – Das zu Anm 2c Gesagte gilt auch für die SÜ von Inbegriffen (Unternehmen). Der SÜ liegt ein schuldr GrdGesch (SichgVertr) zugrunde, ein obligator TrHandVertr (vgl Einf 7 A vor § 929 u ausf Serick II S 44 ff).

Voraussetzgen für SÜ nach § 930 wie Anm 2, 3. Zum Konstitut vgl unten Anm 4 a cc.

a) SichgÜbereign von Warenlagern. Hierzu insb Serick II § 21. **aa)** Da Warenlager Sachgesamth, Übereign nur der Einzelsachen mögl, wenn auch bei Mengensachen Bezeichng mit Sammelnamen. Von bes Bedeutg hier der **BestimmthGrundsatz**, Anm 2c. Die Sachen müssen im Vertr (wobei ein schriftlicher mündl ergänzb) so eindeut für den Ztpkt des VertrAbschlusses bezeichnet w, daß sie im Lager festgestellt w können. Bloße Bestimmbark genügt nicht, insb nicht, wenn Bestimmg erst dch außerh des Vertrages liegde Umst, zB Lagerbücher, Rechngen, mögl, BGH **21**, 56; **28**, 16; Celle OLGZ **71**, 40 (Kennzeichng dch bezifferte Blechmarke unzureichd, wenn dies im SichgVertr nicht erwähnt). Zulässig aber Übereign aller in bestimmten Räumen befindl (einschl neu hinzukommenden) Waren, BGH WPM **65**, 1248; wobei Bestimmth nicht dadch hinfällig wird, daß neue Ware noch unter EigtVorbeh, RG HRR **34**, 1116. Bei Übereign von Teilbeständen Unterscheid von den and Beständen nötig, zB, getrennte Lagerg, Kennzeichng, nicht nur Mengen- od Wertangabe (BGH WPM **77**, 218). Unwirks: Übereign aller dem Veräußerer gehör Waren, wenn Lager auch Fremdsachen enthält (BGH WPM **62**, 740; Nürnb BB **67**, 1270). Aber wirks u iZw anzunehmen, daß SichgGeber dem nach größter Sichg strebden SichgNehmer (BGH WPM **66**, 94) an den Sachen, die ihm gehören, das Eigt, an der (gegenwärtigen od künft eingebrachten) VorbehWare das AnwR überträgt (BGH **28**, 16). Übereign auch dann gültig, wenn SN irrtüml VollEigt des SG an allen Sachen annimmt; denn erwirbt er bei nocht bestehdem EigtVorbeh wenigstens AnwR, hierzu BGH **LM** § 929 Nr 11 a. Schon deshalb ist (entgg W-Raiser § 69 II 2 c Fn 18) nicht etwa das BesKonstitut über § 139 unwirks, wenn die Übereign wg § 933 erfolglos blieb, BGH **50**, 45.

bb) Bei SÜ von Warenlagern **mit wechselndem Bestand** wird anfängl Bestimmth nicht dadurch, hinfällig, daß nachträgl, zB dch Hinzukommen weiterer Waren u dem bereit nicht getrennte Lagerg od dgl, Unsicherh über die übereignete Ware eintritt, RG **132**, 188; BGH **LM** Nr 8. Sollen auch künft hinzukommde Waren übereignet w, also dch vorweggenommenes Konstitut (Anm 3), so muß dch ein einfaches, nach außen erkennb Geschehen im Ztpkt des EigtÜbergangs für jeden Kenner der Parteiabrede ohne weiteres ersichtl sein, welche individuellen Sachen übereignet w sollen, BGH **21**, 56; BB **53**, 537; WPM **65**, 1248. Genügd, wenn neue Ware in den Raum eingebracht w, der nur SichgGut (od solches – für einen Fachmann feststellb, BGH BB **56**, 1086 – genau nach den einzelnen Warengattgen bezeichnetes) enthält od enthalten soll (RaumsichergsVertr). Genügd auch, wenn die neu aufgenommene Ware, die SichgGut w soll, eindeut gekennzeichnet (MarkiergsVertr). Vereinbarte Aufnahme des SichgGuts in ein Verzeichn genügt, BGH WPM **60**, 1226. Unwirks ist Vereinbg, daß gegenwärtige u künft eingebrachte SichgGut sein sollen mit Ausn der unter EigtVorbeh erworbenen, falls nicht Vereinbg über deren Kennzeichng, BGH **LM** Nr 8. Bei Abrede, daß anstelle abgäng Inventars ErsStücke übereignet sein sollen, muß aGrd SichgsÜbereignsVertr ohne weit liegde Umst od weitere Ermittlgen erkennb sein, ob es sich um Zusatz- od ErsStücke handelt (BGH **LM** Nr 9, 12); es tritt keine dingl Surrogation ein (Wolf JuS **76**, 33).

cc) Als **BesitzmittlgsVerhältn** kommt ein treuhänder VerwahrgsVerh, BGH LM § 929 Nr 11a, od (bei Warenlagern mit wechselndem Bestand) ein kommissionsähnl Verh in Betr, das den SG zum Verkauf ermächtigt, RG Recht **17**, 1422); dazu aber krit Serick BB **74**, 287 (insb abl zu Versuchen, ein wirkl KommissionsVerh zu vereinb). Daß ungenau von Leihe gespr w, unschädl, BGH aaO. IdR w aber schon die dch GrdGesch für die SichgÜbereigng bilddse (möglicherw schlüss od stillschw getroffene) **SichgVereinbarg,** deren Inh dch Ausleg zu ermitteln, die heute bereits typ RBeziehgen zw SN u SG so hinreichd konkretisieren, daß mit ihr kein – unwirks – abstraktes, sond das gesetzl geforderte konkrete Konstitut vorliegt. So zutr Reich NJW **71**, 757, krit zu Hamm NJW **70**, 2007; BGH NJW **58**, 302; **61**, 777; WPM **61**, 1048; **62**, 1194; Soergel-Mühl § 868 Rdnr 15; hier § 868 Anm 2c bb; Serick, BB **74**, 287; Stgt BB **75**, 940; auch Hamm aaO. Zur **Besitzlage** vgl § 872 Anm 1; zur Vermutg des § 1006 vgl dort.

b) Die SichgÜbereigng bedarf **keiner Form;** anders nur im Falle des § 311. Bezeichn als SichgKauf (RG JW **10**, 390), uU sogar als Verpfändg (vgl Warn **16**, 43; aber auch BGH WPM **56**, 258) kann Auslegg als SÜ rechtfertigen. Aber Umdeutg (§ 140) nichtiger Verpfändg in SÜ nicht mögl, da letztere weitergeht, BGH aaO; idR auch nicht Umdeutg nichtiger dingl Einigg in schuldr Vertr auf SÜ, vgl RG DR **43**, 298. Jedoch wird idR der nichtigen dingl Einigg eine ausdrückl oder stillschw Abrede zugrunde liegen, aGrd deren der zu Sichernde rechtswirksame Übereigng als Erfüllg verlangen kann.

c) Der SichgNehmer erhält **nach außen** volles bürgerlrechtl Eigt, RG **124**, 73. Es kann abredegemäß (BGH KTS **62**, 104) auflösd bedingt sein dch das Erlöschen der gesicherten Fdg; dann hat SichG AnwartschR. Im KreditGeschVerk w allerd meist nur die Verpfl des TrNehmers zur Rückübereigng vereinb (AGB 19 IV; Allg SÜBedinggen der Banken Nr 11). Schweigt der SÜVertr, entspricht es der beiderseit Interessenlage, iS der auflösden Bedingg auszulegen; so mit R Serick III § 37 I 3 mit Nachw zu Fußn 31, auch der GgMeing zu Fußn 22. – Dann gelten §§ 161 II, III, 936 III; SichgGeber kann sein **AnwartschR** iW der AnschlußSÜ erneut zum Krediterhalt verwerten (entspr § 929 Anm 6 B b); zur Pfändg vgl § 929 Anm 6 B c ee. Ist Rückübereigng vereinb, kann der SichgNehmer das Eigt rechtswirks auf einen Dritten übertragen (§ 931), selbst wenn er dadurch seinen Vertr mit SichgGeber verletzt; dieser ist auf § 986 II beschränkt, vgl auch Einf 7 B a vor § 929; Zunft NJW **58**, 1220. Zum Schutz des SichgN gegen Zugriff dch Gläub des SichgG u umgekehrt vgl Einf 7 D b – bb u c – bb vor § 929. Tritt der gesicherte Fdg ab, geht das SichgEigt nicht ohne weiteres auf den neuen Gläub über; es ist kein NebenR iS des § 401. Der neue Gläub kann nach hM die Übertr beanspruchen, ebso der Bürge, Verpfänder, der den SichgNehmer befriedigt, RG DR **41**, 2609 (vgl § 1225 Anm 1). Doch kann die Pfl des Zedenten, seinem Zessionar die slebstd SichgRechte zu übertr, nicht weitergehen, als das SichgBedürfn des Zessionars: die Pfl zur Übertr sollte sich dah auf die Verwertsbefugn des Zedenten nach Eintritt der Verwertgsreife beschränken. Damit wäre auch den berecht Bedenken Westermanns (§ 43 III 2) Rechg getragen; ähnl Enn-Lehmann § 79 III 1 f. § 418 gilt entspr, vgl Weimar JR **72**, 56; str. Vgl auch §§ 772, 776, je Anm 2. Vgl auch § 1225 Anm 1 zur entspr Anwendg des § 1225, 1, wenn der SichgGeber, der nicht pers Schuldner ist, den Gläub befriedigt. Zahlt der SichgGeber das gesicherte Darlehen zurück, so liegt in der Ann idR die Einigg über die Rückübereigng (vgl BGH Warn **71** Nr 10). Jedenf braucht SichgGeber nur gg Rückübereigng zu zahlen; gilt auch ggü Zessionar der Fdg, Zunft aaO. – Über weitergeleitete SichgÜbereigng vgl O. Lange NJW **51**, 751. Zur Übertr des AnwR des SichgGebers, falls SÜ auflösd bedingt, LG Mü I WPM **64**, 1259. – SichgNehmer ist **Eigenbesitzer,** vgl § 872 Anm 1. – Wg EigtErwerb an Erzeugn vgl § 1212 Anm 4. – Str, ob **§ 419** den SN eines ganzen Verm trifft. Ja: RG **139**, 199; BGH WPM **64**, 741, doch auch mehrf zweifelnd, zul BGH **54**, 101. – Nein: Paulus ZZP **64**, 169; Serick III § 33; Schricker JuS **71**, 27: nach ihnen InteressenAusgl dch Kl des SN aus ZPO 805. Folgt man der ersteren M, so hindert § 419 den SN nicht daran, sich wg seiner vor VermÜbernahme entstandenen Fdgen (vgl § 419 Anm 4a) vorweg zu befriedigen; seiner Kl aus ZPO 771 gg Drittzugriff w im übr auch hier Einwendg der Argl aus § 419 wie der Anf nach AnfG 5 entgg stehen, vgl Einf 7 B d vor § 929; § 419 Anm 2a, 4c, d. – VerglO 82 II 1 u KO 193, 2 gelten auch für SichgÜbereigng, Serick III § 36 zu Fußn 22, 36.

d) Innenverhältn: aa) Zunächst bestimmt der **SichgVertr,** prakt also meist ein FormularVertr (Banken: AGB 1969 – vgl Baumb-Duden HGB Anh II zu § 406; Sparkassen: Allg GeschBedinggen 1957, abgedruckt bei Hofmann, Handb des gesamten Kreditwesens 7. Aufl 1965 S 692). Er ist das GrdGesch für die SichgÜbereigng, also von der die gesicherten Fdg zu unterscheiden; vgl für die SichgGrdSch § 1191 Anm 3a, b. Pflicht (bei Verstoß: positive VertrVerletzg) zur sorgl Behandlg des SichgGuts jew für den besitzden VertrTeil. SG darf zB übereignete Möbel idR weiter benutzen (MüBayZ **29**, 290), nicht SN bei Überg. – Die Pflicht zur RückÜbertr des SichgGuts w idR dchon dem SichgVertr bestehen, wenn die zu sichernde Fdg weggefallen od die aGrd eines erbeständ KonsensualVertr geschuldete DarlehensBetr nicht zur Auszahl gekommen ist; od aber Pfl ergibt sich aus §§ 812ff, wenn der SichgVertr über § 139 wg Nichtigk des DarlVertr nichtig war; so vor allem Serick III § 37 I 3c; vgl dazu teilw krit Weitnauer Z **72**, 637.

bb) IdR **VerwertgsR** des SN bei Fälligk (so auch AGB 20 I; Serick BB **70**, 545; aA Baur § 57 VII 3: erst bei Verzug). §§ 1243, 1228 II gelten nicht. SN hat – schon um Ablösg zu ermöglichen – dem SG die Verwertg anzudrohen; § 1234 I entspr, aber abdingb, vgl AGB 20 II. –

cc) VerwertgsArt: Maßg ist der SichgsVertr (RG **143**, 116). Schweigt er, dürfen PfdRVorschr einzeln (nicht pauschal) übern w; nicht zB § 1235 (Verwertg auch wirks, wenn abredewidr nicht iW § 1235 erfolgt; Serick II § 19 IV 2), §§ 1244, 1245 II (BGH BB **61**, 235, 463). – SN kann (auch wenn DarlFdg verj, BGH **34**, 191, 198; Serick I § 15 VI 1) Herausg des SichgGuts verlangen (beachte KO 127 II, dazu O. Werner KTS **69**, 215), wobei er nicht, wie der VollstrGläub, gem ZPO 803 I 2 beschr ist. Freilich darf auch er nicht mehr verwerten, als zur Befriedigg nöt (BGH WPM **61**, 243; Serick BB **70**, 541).

dd) Verwertgsmöglichkeiten: Freihänd od nach PfdVerkaufsR (§§ 1235 I, 1233 II), dazu BGH WPM **73**, 366. Od auch dch Pfändg u VollstrVerst aGrd eines Zahlgstitels (vgl § 1233 Anm 3). – SN ist aGrd des SichgVertr verpfl, die für den SG günstigste Verwertgsart zu wählen. Andernf SchadErsPfl (vgl BGH WPM **62**, 673; **70**, 219, 221; Serick BB **70**, 543); dies auch, wenn dch vertrwidr verzögerte Verwertg

§§ 930, 931 3. Buch. 3. Abschnitt. *Bassenge*

Erlös sinkt. R, iZw freihänd zu verwerten, ist str: dagg zB W-Raiser § 179 III 2c; Erm-Westermann Anh §§ 929–931 Rdz 15. Vgl AGB 21 II, III; BGH WPM **60**, 96; Serick BB **70**, 548. — **Kosten** der Verwertg, auch etw Vermittlgskosten (BGH WPM **62**, 393) trägt SG. VerstVO 12 I 3 gilt nicht, Brem BB **71**, 1173.

ee) Sow der SN **Erlös** erzielt h, ist die Schuld des SG getilgt, vgl § 1247, 1. – SN ist nach Verwertg rechenschaftspfl, § 666 (Serick II § 18, 1; BGH WPM **66**, 1037). – ZPO 777, 766 gelten entspr, Serick BB **70**, 545; Zöller-Scherübl ZPO § 777 Anm 1; Baumb-Lauterbach Anm 1, je zu § 777; str: aA StJP Anm II 2, doch w der Vorteil in der Formularpraxis meist abbedungen. Nicht ausgeschl Berufg des SG auf ZPO 811, vgl Serick I § 12 IV 2; BB **70**, 545; BGH BB **61**, 463. Dem Schuldn bleibt bei Pfändg die Erinnerg, ZPO 766. Vgl aber auch § 138 Anm 5a bb „KnebelgsVertr" aE.

ff) **Verfallklausel: Schrifttum:** Gaul, AcP **68**, 351. – Verfallklausel iSv § 1229 bedeutet hier, daß bei SchuldnVerz der SN das SichGut behalten darf u von der VerwertgsPfl frei w; er behält es an Erfüllgs Statt selbst zu Eigt, was ihm sonst verwehrt wäre; mögl auch Vereinbg eines „rechngspflichtigen" Verfalls (vgl Serick BB **70**, 550), wonach Eigt zum Marktpreis im Ztpkt der Fällig der Fdg verfällt, dh die treuhänd Bindg wegfällt. Dann Verrechng insow; wenn Übersicherg, vertragl RückzahlgsPfl. Gg die Gefahr – vor allem der „rechngsfreien" Verfallklausel – für SG gibt § 138 schwacher Schutz. Serick aaO will dah aus der TrHandBindg entnehmen, daß Verfall erst nach angem Fr nach Fällig u vorheriger Androhg eintritt (arg: § 1234 I). Die überw M (für alle Serick aaO) bejaht gg die beachtl Gründe Gauls aaO (ihm zust Baur § 57 IV 2) die Zulässigk der Verfallklausel, vgl BGH WPM **60**, 771; Liesecke WPM **69**, 546, 557.

e) Die Übereign muß ernstl gewollt sein; sonst ist sie als **Scheingeschäft** nichtig, § 117 I. Die Ernstlich ist nicht schon deshalb zu bezweifeln, weil der SichgNehmer im InnenVerh nur die Rechte eines PfdGläub haben soll. Es kommt auf das AußenVerh an. Deshalb müssen bes Gründe gg die Ernstlich sprechen, etwa bei Übereign unentbehrl Ggstände, wertvoller Sachen für geringwertige Fdg, insb an nahe Verwandte. In allen Fällen sorgfältig unter Würdigg der gesamten Umst (obj u subj) zu prüfen, ob die Übereign **gegen die guten Sitten** verstößt, § 138. Hierzu: Schweiger MDR **53**, 707, Flessa u Barkhausen NJW **53**, 84, 1412 (kritisch zur Rspr des BGH), Berges BB **54**, 886. Wenn bloß in GläubBenachteiliggsAbs übereignet, nur Anfechtg nach AnfG od KO, RG **170**, 332. Anders, wenn dem Schuldn die wirtschaftl Selbständigk genommen wird (**Knebelgsvertrag**), § 138 Anm 5 k, auch BGH LM § 138 (Bb) Nr 17, od bei sittenw Ausnutzg der wirtschaftl Machtstellg, BGH NJW **55**, 1272, od wenn gegwärtige od künftige andere Gläub über die Kreditwürdigk des Schu getäuscht werden (**Kredittäuschg**), vgl § 138 Anm 5 i; § 826 Anm 8 i. Über Nichtigk einer Globalzession vgl § 398 Anm 3 d. Zum Verhältn (§ 242) zw SichÜbereign der AbzahlgsKaufware an Finanziergsinstitut u AnschlSichÜbereign an den mit diesem ständ zusarbeiten Abzahlgs Verk vgl BGH NJW **69**, 1021. Sachen, die der SichgGeber selbst anfechtbar (nach AnfG) erworben hat, verlieren diese Eigenschaft durch die SichÜbereign u die RückÜbertr nicht, RG **145**, 193. **Unpfändb** Sachen (ZPO 811) können grdsätzl sichgübereignet w, BGH WPM **62**, 243; BB **61**, 463; Köln Rpfleger **69**, 439; Serick II § 15 zu Fußn 45. Grenze: §§ 134, 138, vgl § 138 Anm 5 k „KnebelgsVertr" aE; Serick I § 12 IV 2, II § 17 II 4; ausgen bei Übereign der ganzen Wohnseinrichtg, Stgt NJW **71**, 50, krit Reich NJW **71**, 757; Gerhard JuS **72**, 696. Grdsätzl kann sich SG am Treugut beim nun pfändden Gläub (SichN) auf **ZPO 811**, 766 berufen, vgl Serick aaO; Th-P § 811 Anm 2 c; Münzberg bei StJP § 811 Anm II 3; im Ergebn auch AG Köln MDR **73**, 48; ist das Eigt des Gläub offenb, soll darin Argl des Schu liegen, Mü MDR **71**, 580; diese Einschränkg ist auf AusnFälle zu begrenzen.

f) Bei SichgÜbereign von Kraftfahrzeugen bleibt SichgGeber idR Halter iS des StVG, SichgNehmer wird sich KfzBrief aushändigen lassen. Keine Einziehg (StGB 40 II 1) von SichgGut, das Straftäter Drittem übereignet hatte, BGH NJW **71**, 2235, krit Eser JZ **72**, 146 unter Billig von BayObLG VRS **40**, 422.

g) SichgÜbereign von Ggständen, die zu einem Sondervermögen einer KapitalanlageGesellsch gehören, den Anteilsinhabern ggü unwirks (§ 135 BGB), § 8 II G üb Kapitalanlagegesellsch v 16. 4. 57, mehrf geändert, BGBl III 4120–4; vgl Serick I § 17 II bb.

h) SichgÜbertr der Mietsache (Anwartsch) dch Vermieter häuf im FinLeasing, vgl Einf 4 vor § 535.

931 *Abtretung des Herausgabeanspruchs.* **Ist ein Dritter im Besitze der Sache, so kann die Übergabe dadurch ersetzt werden, daß der Eigentümer dem Erwerber den Anspruch auf Herausgabe der Sache abtritt.**

Schrifttum: Neumayer, Die sog Vindikationszession (§ 931 BGB) im dogmat Spanngsfeld zw Übereign u procuratio in rem, Festschr H. Lange, 1970, S 305.

1) Ersatz der Übergabe durch AnsprAbtretg. Vgl § 929 Anm 1. Mit der Abtretg wird der Erwerber Eigtümer. Kenntn od Zust des Dr nicht notw; er wird durch §§ 936 III, 986 II geschützt. Nur die Überg wird ersetzt. Regelm wird die Abtretg des HerausgAnspr auch die Einigg enthalten; dies sogar dann, wenn irrig angen wurde, das Eigt sei schon mit KaufprZahlg auf Käufer übergegangen, BGH WPM **68**, 1144. Umgekehrt kann in der Einigg stillschw die Abtretg liegen. Bloße Einigg genügt, wenn kein HerausgAnspr, also bei besitzlosen Sachen (entlaufener Hund, Hedemann SR 135); aM RG Recht **18**, 1536 (Wrack auf Meeresgrund), wonach hier EigtÜbertr unmögl sei. Zur Übereignung von Wertpapieren in Sammelverwahrg vgl Einf 3 b vor § 1008. – Zur BewLast bei Schulderfüllg iW des § 931 BGH NJW **72**, 1673. – Erwerb vom NichtBerecht: §§ 934, 935.

2) Erste Voraussetzg: Besitz (nicht bloße BesDienersch) **eines Dritten.** Unmittelb od mittelb Besitz; Eigen- wie Fremdbesitz. Nur darf der Veräußerer nicht unmittelb Besitzer sein. Ist er mittelb

Besitzer, hat er die Wahl zw § 930 u § 931 (RG Warn **20**, 163); auch kann er den unmittelb Besitzer anweisen, mit dem Erwerber ein neues BesMittlgsVerh zu vereinbaren, Fall des § 929 S 1 (BGH NJW **59**, 1539; Tiedtke WPM **78**, 446); vgl § 929 Anm 3 vor a. Vgl ferner § 934, 936 I.

3) Zweite Voraussetzg: a) Abtretg des HerausgabeAnspr. aa) Wenn der Veräußerer mittelb Besitzer ist, Abtretg des persönl Anspr (§ 870), BGH NJW **59**, 1538; str. Wenn er nicht mittelb Besitzer, auch kein Anspr aus § 812 od § 823 gegeben ist, verbleibt nach dem GesWortlaut die Abtretg des Anspr gem § 985, der zwar nicht gesondert, aber doch wohl zus mit dem Eigt übertr w kann (RGRK Anm 10). Nach heute hL (vgl BGH NJW **59**, 1536 = **LM** Nr 2; Soergel-Mühl Rdnr 4; Westermann § 41 II 4 u bei Erman Rdz 3; Baur § 51 VI 1 b; Staud-Berg Rdnr 3; Wolff-Raiser § 67 II 1) soll aber der Anspr gem § 985 nur als Folge der Übereign in der Pers des neuen Eigtümers neu entstehen können, sodaß in diesem Fall die bloße Einigg das Eigt übertr, wie auch dann, wenn niemand Besitzer, vgl Anm 1 aE. Entspr Anspr des MitEigtümers auf Einräumg des Mitbesitzes; jedoch genügt nicht Anspr auf Vorlegg eines HypBriefes an das GBA, RG **69**, 36. Der Anspr muß wirks bestehen, RG JW **34**, 1485. R des Dritten, Herausg zu verweigern, schließt aber Übereigng nach § 931 nicht aus; dah auch Übereigng gem § 931 dch VorbehVerk mögl, doch erlischt aufl bedingtes Eigt des Erwerbers, wenn Anwartsch des Käufers zum VollR erstarkt (vgl § 936 III, dort Anm 1).

bb) Wird **künftiger HerausgAnspr** abgetreten, muß der EigtÜbertrWille zZ der Entstehg des Anspr noch vorhanden sein (RG **135**, 366); bei mehrfacher Übertragg künft zu erwerbder Sachen dch Abtr des künft HerausgAnspr entscheidet nicht die Priorität der Zession, vielmehr der Übereignungs Wille des Veräußerers im Ztpkt, da er mittelb Besitzer wird, BGH **LM** § 931 Nr 7.

cc) Zur Übereignng in der **ZwVollstr** (vgl Einf 4 vor § 929) genügt nicht die Überweisg des Herausg-Anspr, ZPO 886; notw außerdem Wegnahme durch GVz, ZPO 897 I, od Überg an Gläub durch den besitzenden Dritten.

dd) Ausschluß der Abtretg (§ 399) kann nach § 137 nichtig sein, wenn hierdch die VfgsMacht des Hinterlegers über sein Eigt ganz ausgeschl w (dch Eintritt der Handlgsunfähigk der verwahrden Reichsbank), Düss, WPM **70**, 765.

b) Die Abtretg kann wirks sein bei mengenmäßiger Angabe eines unausgeschiedenen **Teiles**. Die Einigg (§ 929 Anm 2) muß sich aber auf eine bestimmte Sache beziehen, geht eigt erst mit Aussonderg über. In Abtretg des HerausgAnspr für einen Teil ungestückelter Wertpapiere kann aber Übertr des Miteigtums an allen Wertpapieren liegen, Kbg HRR **40**, 1250. MitEigtAnteil an Wertpapier-Sammelbestand ist auch ohne genaue Aufzählg der einz zu übertragden GgStände hinreichd bestimmt, wenn der gesamte (bestimmb) WertPBesitz übertragen w sollte, Düss WPM **70**, 765. Der **Dritte** braucht nur bestimmbar bezeichnet zu sein; Abtretg des Anspr gg derzeitigen unbekannten Besitzer genügt, RGRK Anm 12. In Bevollmächtig eines Spediteurs zur Empfangnahme aller ankommenden Waren liegt keine Abtretg des HerausgAnspr, Dresden JW **34**, 2723.

c) Formlos: §§ 398, 413; auch durch schlüss Hdlg, RG **135**, 88; vgl auch Anm 1. Anzeige an Besitzer nicht nötig. Auch die durch Traditionspapiere, § 870 Anm 1 b, **verbrieften Anspr** können abgetreten werden, aber nur wenn der Schein übergeben wird, RG **119**, 217; BGH **LM** Nr 1; BGH **49**, 160; weg § 934 in diesem Fall vgl dort Anm 4; bei Orderpapieren also auch ohne Indossament; freilich hat einfache Abtretg schwächere Wirkg als Übertr nach HGB 424, 450, 650, BinnSchG 72, 26 an den dch Indossament Legitimierten; so gilt § 936 III. In der Überg anderer Papiere (zB Namens- od InhLagerscheine, RG **135**, 89; girierte Depotscheine, RG **118**, 38; Frachtbriefduplikate, RG **102**, 97; Mü NJW **58**, 425) kann Abtr liegen; nicht aber in bloßer Überg eines Lieferscheins (BGH NJW **71**, 1608).

Eigentumserwerb vom Nichteigentümer. §§ 932–935

Vorbemerkung

Neueres **Schrifttum**: v. Caemmerer, LeistgsRückgewähr bei gutgl Erwerb, Ges Schriften 1, 295. - Giehl, Der gutgl Mobiliarerwerb, AcP **161**, 357. - Von Lübtow, Hand wahre Hand, Festschr der Jur Fak der Freien Univ Berlin zum 41. JurTag 1955, S 119ff. Ewald, JhJb **76**, 233. Nüßgens, Rückerwerb des Nichtberechtigten 1939. Frotscher, Probleme des öffentlichen Sachenrechts, VerwArch **71**, 153. - Übersicht über **Rechtsprechg** des BGH Mormann WPM **66**, 2. Koller, Der gutgl Erwerb von Sammeldepotanteilen an Wertpapieren im Effektengiroverkehr, Betr **72**, 1857, 1905; ders, Der gutgl Erwerb bei der Übertragg von MitEigtAnteilen, JZ **72**, 646. - Wiegand, Der gutgl Erwerb bewegl Sachen nach §§ 932ff BGB, JuS **74**, 201.

1) Veräußert jemand eine ihm nicht gehörende bewegl Sache an einen gutgl Dritten, so entsteht das rechtspolit Problem, wie der Interessenkonflikt zw EigtErhaltg u Vertrauensschutz des Dritterwerbers zu lösen. **a)** Währd ALR (mit Modifikationen, zB uU Ablösgs Anspr des Erwerbers) dem röm-rechtl Vindikationsprinzip folgte, code civil (2279) auf dem Boden des alten dtsch R steht, folgt BGB der Regelg in AHGB 306 f. Sie besagt:

b) Grdsätzl (Ausn: Anm 2) **erwirbt der Gutgläubige volles Eigentum**, sofern er den, der ihm die Sache zu Eigt übertr hat, fälschl für den Eigtümer gehalten hat. Wer von einem Besitzer eine Sache erwirbt, darf aGrd des **Rechtsscheins** darauf vertrauen, daß er vom Eigtümer erwirbt; vgl § 1006 I 1, III, aber auch die Abschwächg der Vermutg gem § 1006 Anm 3 vor a). **Publizitätsfunktion des Besitzes an Fahrnis** (freilich stark ausgehöhlt); vgl etwa § 932 Anm 1 zu BGH **10**, 81; **56**, 123. Bei Grdst schafft dieses Vertrauen (allerd mit mehr Recht, Baur § 52 I) die GBEintr. Der nichtberecht Veräußerer von Fahrn muß seinen Besitz zG des Erwerbers aufgeben; erst dann EigtÜberg auf gutgläub Erwerber. Dah

1007

die verschiedenart Behandlg des gutgl Erwerbs, wenn mittels ÜbergabeErs (§§ 932 I 1, 933, 934) übereignet w; dementspr ist auch der Ztpkt des Erwerbs verschieden. – **Erwerb kraft guten Gl führt zu Erwerb wie vom Berechtigten;** dem Erwerber steht es nicht etwa frei, den EigtErwerb nachträgl abzulehnen u zB gg Verkäufer RMängelAnspr zu erheben. – Der Schutz entfällt, wenn der Erwerber in dem hiernach maßgebl Ztpkt hins des Eigt des Veräußerers bösgl (§ 932 Anm 2) ist. Daß er später den Sachverhalt erfährt, ist unschädl, vgl aber §§ 816 I, 819 I. Veräußert der gutgl Erwerber weiter, so ist dies Erwerb von wahren Eigtümer, auch dann erwirbt, wenn er gewußt hat, daß der Erstveräußerer nicht Eigtümer war. – Erwerb kraft guten Gl wird nicht dadurch berührt, daß Erwerber, der später von Nichtberechtigg des Verfügenden erfährt, die Sache dem (früher) Berecht herausgibt; deshalb dann auch keine RMängelansprüche gg Verfügenden aus Kauf. Als Ausgl für den EigtVerlust hat der ehemalige Eigtümer gegen den Veräußerer die Ansprüche aus §§ 816 I, 823, 990 sowie etwaige VertrAnspr. Gg den Erwerber ist er auf die Ansprüche aus § 816 I 2, 819 I beschränkt. – Über etwaige Anwendg der §§ 932 ff vgl §§ 926 II, 1032, 1207, ZPO 898. – Über Schutz des guten Glaubens an die VfgsMacht des Veräußerers vgl Anm 4. Ausgeschl wird § 932 durch DepG 4 I 1. – Wird Übertr auf den Gutgläubigen angefochten, fällt Eigtum (ex tunc) an urspr Eigtümer zurück (§ 142), ebso (aber ex nunc, § 158 II) bei Eintritt auflösender Bedingg. Bei schuldrechtl grundloser Vfg steht der BereicherungsAnspr dem Verfügenden, nicht dem bisher Berechtigten zu, vgl ausführl von Caemmerer in Festschr f Boehmer S 145 ff; str.

c) **Gewährt gutgl Erwerber** nach Wandlg od Rücktr od als ungerechtf Bereicherg dem NichtEigtümer die Sache **zurück** (Treuhand vgl unten zu d), so fällt Eigt nicht an den Nichtberechtigten, sond an den urspr Eigtümer; hM (str), vgl v Caemmerer, Ewald u Nüßgens, je aaO; aA Lent-Schwab § 32 VI u beachtl Wiegand JuS **71**, 62; Rückgängigmach der Übereigg aus Gründen, die im ÜbertrGesch wurzeln, kann – so die hL – nicht zu einem (dch den Sinn des GutglSchutzes nicht gerechtfertigten!) EigtErwerb des Nichtberecht führen, die früh RLage muß wieder eintreten, entspr wie bei auflösder Bedingg. Nüßgens 148 nimmt Rückerwerb des urspr Berecht ex tunc an: GesamtTatbestd (Übereignung u Rückübereignung) bilde nur **InnenverkehrsGesch,** wo kein GutglSchutz (vgl § 892 Anm 3b). Erst recht kein Erwerb des rückerwerbenden NichtBerecht, wenn er böswill an Gutgläub übertr hat, um zB nach vorbehaltenem Rücktr von jenem als nunmehr Berecht zurückzuerwerben. Dagg erwirbt Nichtberecht Eigt, wenn Rückerwerb aGrd neuen selbstand RGeschäfts. Weitergehd Krapp, Rückerwerb, Mainzer Diss 1955. Das Problem ist – auch unter Berücksichtig der ZPO 771, KO 43 – ohne allzugroße prakt Bedeutg, da der Rückerwerbde dem ursprüngl Eigtümer meist aus § 249 zur Rückübereign verpflichtet wäre, sei es aus vertragl od delikt SchadErsPflicht, sei es – mangels Verschuldens – über § 816, vgl dort Anm 3b. Auch Anfechtg wg Gläub-Benachteiligg durch KonkVerw, zB an Sachen, an denen Schu als VorbehKäufer nur Anwartsch hatte, führt bei Rückgewähr zur Masse zum Rückerwerb des urspr Berechtigten (VorbehVerk), von Caemmerer aaO 158, 160; aM Nüßgens aaO 104. – Ähnl Frage: § 861 Anm 4. Ähnl ferner: Bösgl NichtEigtümer veräußert an Gutgl, behält sich aber den Nießbr vor; dieser entsteht dann für früheren Eigtümer; so wohl mit Recht A. Blomeyer AcP **153,** 253. – Bemerkenswert, daß BGH WPM **69,** 657, 659 dem Herausg-Anspr (§ 985) eines unbefugt Verfügden nur die Einrede der Argl entggesetzt; dort hatte der gutgläub Zwischenerwerber im Hinbl auf den Streit zw urspr Eigtümer und dem unbefugt Verfügden die von diesem gutgläub erworbenen Sachen unter „Rückbelastg" ihrem Veräußerer rückübereignet, wobei die Möglichk einer Lösg iS der hL oben nicht erwähnt wurde.

d) Bei **eigennütz TrHand (SichgÜbereign)** schützt § 932 den TrHänder, der vom nichtberecht verfügden TrGeber erwirbt; bei Rückübereigng an den TrGeber gelten die Grdsätze oben zu Anm 1c. Bei **uneigennütz TrHand** sind beide Übereigngen InnenVerkGeschäften gleichzuachten (so Reinhardt-Erlinghausen JuS **62,** 46, ihnen folgd Coing, Die TrHand usw, S 119; vgl auch RG **130,** 390), so daß gutgl Erwerb bzw Rückerwerb schon desh ausscheidet.

e) Wg **MitEigtAnteilen** vgl § 932 Anm 1.

2) Der Eigentumserwerb vom Nichteigentümer entfällt:

a) wenn der Erwerber **bösgläubig** ist, vgl § 932 Anm 2;

b) wenn dem Eigtümer od seinem BesMittler die Sache **abhanden gekommen** ist, § 935. Hier ist sie nicht freiw aus der Hand gegeben, der Eigtümer hat keinen RSchein veranlaßt. Auch kein gutgl Erwerb dch Nachmann. Ausnahme: bei Geld u InhPapieren u im Wege öff Verst erworbenen Sachen, § 935 II. Hier verlangt Verkehrsinteresse Erwerb des Gutgläubigen.

c) Bei Verstoß gg **MRG 52** u **53;** vgl Übbl 12b ee, d vor § 873. Hier nach BGH MDR **73,** 130 aber gutgl Erwerb dch Nachmänner.

3) Die GutglVorschr finden nur Anwendg bei **rechtsgeschäftl Erwerb** des Eigt. Daher werden zB von Ehegatten in die GütGemsch eingebrachte, ihnen nicht gehörende Sachen nicht GesHandsEigt (GesGut); mag auch der eine an das Eigt des anderen geglaubt haben. – Wg Entsteh gesetzl Pfandrechte vgl § 1257 Anm 2. Anderseits Erwerb des Eigt **kraft Staatsakts** auch mögl bei Bösgläubigk des Erwerbers. So bei Zuschlag gem ZVG 90. Bei Übereigng der ersteigerten, dem Schu nicht gehörenden Sache durch den GVz gem ZPO 817 (RG **156,** 398; BGH **55,** 20; aA Marotzke NJW **78,** 133) od bei Übereigng aGrd Gerichtsbeschlusses, ZPO 825 (hierzu RG **126,** 26); evtl aber § 826. Aber rechtsgeschäftl Erwerb u daher GutglSchutz bei Erwerb gem ZPO 898: ist der Veräußerer rechtskr zur EigtÜbertr verurteilt u nimmt der GVz die Sache gem ZPO 883, 897 weg, so wird der Erwerber nur bei eigenem guten Glauben Eigtümer (der des GVz belanglos, da er nicht Vertreter des Gläub).

4) Die §§ 932 ff schützen nur den guten Glauben **an das Eigentum** des Veräußerers (wg guten Gl an Eigt des Zustimmenden vgl § 932 Anm 1). Alle sonstigen sachl Erfordernisse für einen gültigen EigtÜbergang müssen erfüllt sein. Fehlt dem Veräußerer der Veräußergswille (Warn **32,** 164), die GeschFgk, die VfgsBefugn od die Vertretgsmacht, dann idR kein Schutz des Erwerbers. Aber wichtige Ausnahmen!

Vgl Einf 3 vor § 929. Verfügt im Güterstd der ZugewGemsch ein **Ehegatte** entgg §§ 1365, 1369 über sein ges Vermögen od über ihm gehörenden Hausrat, gutgl Erwerber nicht geschützt; auch nicht bei Unkenntn, daß Haushaltsgut, hM; vgl aber § 892 Anm 5 c; nach hM liegt ein absolutes VfgsVerbot vor, vgl § 1365 Anm 3. Bei Vfg eines Gatten über Hausrat des anderen ohne dessen Zust gilt § 1369 entspr (§ 1369 Anm 1). Hatte verfüger Gatte, wie idR, nur Mitbesitz, so scheitert EigtErwerb des Gutgläub (u auch der von Dritterwerbern) schon an § 935, da Brucht des Mitbesitzes abhandengekommen ist. Vgf über Eigt Dritter (zB bei geliehenen Möblen) unterliegt den §§ 932ff; Petermann Rpfleger **60**, 235. – Dem GesHandsBerecht fehlt das AlleinEigt, § 932 also anwendb, Warn **18**, 212 (Miterben). Kein GutglSchutz bei Vfg der Frau über Eingebrachtes in der auslaufden Errungensch- u FahrnGemsch, §§ 1395 aF, 1525 II aF, 1550 II aF. – §§ 932ff u HGB 366 nebeneinander anwendb (BGH NJW **59**, 1080; Stgt BB **75**, 1131). Bei Erwerb durch Traditionspapier (vgl § 929 Anm 3d) muß guter Glaube auch bzgl der Ware bestehen u diese darf nicht abhgek sein, BGH NJW **58**, 1485; vgl auch Glaser NJW **58**, 451; Reinicke BB **60**, 1368.

5) Geschützt wird ferner der gute Glaube an das Nichtbestehen dingl Rechte: § 936.

932 *Gutgläubiger Erwerb.* I Durch eine nach § 929 erfolgte Veräußerung wird der Erwerber auch dann Eigentümer, wenn die Sache nicht dem Veräußerer gehört, es sei denn, daß er zu der Zeit, zu der er nach diesen Vorschriften das Eigentum erwerben würde, nicht in gutem Glauben ist. In dem Falle des § 929 Satz 2 gilt dies jedoch nur dann, wenn der Erwerber den Besitz von dem Veräußerer erlangt hatte.

II Der Erwerber ist nicht in gutem Glauben, wenn ihm bekannt oder infolge grober Fahrlässigkeit unbekannt ist, daß die Sache nicht dem Veräußerer gehört.

1) **Allgemeines**: vgl Einf 3 vor § 929 u Vorbem vor § 932. Geschützt wird nach § 932 der gutgl Erwerb von Fahrnis im Wege des § 929. **Voraussetzg**: zZ der Einigg (Anm 3) noch vorhandener od schon früher auf den Erwerber übertragener **Besitz des veräußernden Nichteigentümers und guter Glaube an dessen Eigentum.** Genügd guter Glaube an Eigt eines der Veräußer (dch Nichtberecht) zustimmenden Dritten, falls dieser unmittelb od mittelb Besitz; BGH **10**, 81; **56**, 123, zust Berg JR **71**, 418. Veräußert der NichtEigtümer N an den hins seines Eigt gutgl G u erfolgt die Überg auf Weisg des N (der nicht mittelb Besitzer sein muß) dch den Besitzer B, so erwirbt G Eigt (BGH **36**, 56; Geheißerwerb § 929 Anm 3), B muß aber wirkl auf Weisg des N handeln, denn § 932 schützt nicht guten Gl an nicht bestehede Weisg (v Caemmerer JZ **63**, 567; Weitnauer NJW **74**, 1733; Picker NJW **74**, 1794; Lopau JuS **75**, 773; aA BGH NJW **74**, 1132; Wieling JZ **77**, 291). Der gutgl G erwirbt Eigt auch dann, wenn N die Überg dadurch bewirkt, daß er den Besitz auf M als BesMittler des G überträgt (vgl § 929 Anm 3), RG **137**, 27. Da (im GgSatz zu GB-Eintr) kein RSchein für Größe der EigtQuote dch MitBes (so zutr Koller, Betr **72**, 1860), kann dessen Erwerb dem Gutgläubn weder, wenn gewollt, das AlleinEigt verschaffen (BGH **LM** Nr 19), noch auch MitEigt, wenn nur dessen Übertr gewollt; and, wenn alle MitBesitzer (von denen einer Nichtberecht) Sache an Gutgläub übereignen: mit AlleinBes erwirbt er VollEigt; vgl Koller JZ **72**, 646. – Gutgl Erwerber **haftet** selbst bei (leichter) Fahrl nicht nach § 823; BGH JZ **56**, 490; BB **60**, 1183.

2) **Böser Glaube, II,** des Erwerbers schließt den Erwerb aus. Auf den Glauben des Veräußerers kommt es nicht an, RG **89**, 350. Erwerben GesHänder, so müssen alle gutgl sein (BGH WPM **59**, 350). Bei Stellvertretg bei der Einigg gilt § 166. – Böser Glaube liegt vor:

a) bei **Kenntnis** des NichtEigtums; selbst bei Kenntn der das NichtEigt ergebenden Tatsachen kann Rechtsunkenntn, sofern sie nicht auf grober Fahrlk beruht, bösen Glauben ausschließen, BGH NJW **61**, 777;

b) bei **grobfahrlässiger Unkenntn** hins des NichtEigt (anders § 892 I), dh wenn der Erwerber die im Verkehr erforderl Sorgfalt in ungewöhnl hohem Maße verletzt, BGH WPM **63**, 1186; **56**, 884. Dazu sind alle Umst des Einzelfalles zu berücksichtigen. Allg gültige Grdsätze lassen sich nicht aufstellen. Schlechte Gewohnh des Handels nicht zu beachten, BGH **LM** Nr 12. Eine allg NachforschgsPfl, insb des Dritten, besteht nicht, BGH NJW **66**, 1959 (nicht, ob Sache anderweit sichersübereignet). Kein Erfahrgssatz, daß bestimmte Waren regelm als Kreditunterlage sichsübereignet, BGH Betr **70**, 248. Auch nicht hins aller Bestandteile eines Kfz, BGH **18**, 233. Über hinreiche Verdachtsgründe darf nicht hinwegsetzen, selbst wenn Veräußerer sein Eigt ausdrückl bestätigt; BGH **LM** § 366 HGB Nr 4. **Einzelfälle**: Sorgs Prüfg bei Veräußerg wertvoller gebr Maschinen (BGH Betr **72**, 2156), insb wenn sie jünger als übl Finanziergsdauer (Ffm WPM **75**, 1050); bei ungewöhnl Gesch u Verdacht, daß Veräußerg wg wirtsch Schwierigk, BGH NJW **59**, 117; bei einem in dieser Art nicht übl Gesch (Wertpapiere ohne Zinsscheine, RG **58**, 165), uU bei Erwerb wertvoller Waren von Privaten, uU auch von Händlern, Celle NJW **60**, 967; keine NachforschgsPfl, wenn Druckereimaschinen mit Betr veräußert w, Ffm BB **69**, 1157; zur SichergsÜbereign von Sachen, wenn damit zu rechnen, daß sie unter EV erworben, RG **147**, 331; BGH NJW **58**, 1486; Ffm MDR **59**, 580; wenn Einzelhändler sein Warenlager ganz od teilw veräußert, Celle NJW **59**, 1686; von gebrauchten Möbeln aus Mietwohng (§ 936), AG Hamm MDR **70**, 329; bei Ankauf zu Schleuderpreis, Hbg MDR **70**, 506; uU bei fehlendem Ladeschein, RG **119**, 219. Bei fehldem od auf fremden Namen lautdn **Kfz-Brief** (§ 952 Anm 2c) für Gebrauchtwagen idR grobe Fahrlk (BGH NJW **75**, 735; Hamm NJW **75**, 171); EinzelUmst maßg: Mü DAR **65**, 99 (Ankauf zum Schrottpreis u zum Verschrotten); KG NJW **60**, 2243; **65**, 687; MDR **66**, 754 (gefälschter Brief); WPM **67**, 562 (nicht näher bekannter Verk u Wagen soll ins Ausland verbracht w); BGH NJW **75**, 735 (Straßenverkauf). Geht bei finanziertem AbzKauf KfzBrief unmittelb vom Händler an die Bank, kann sich Käufer auf guten Glauben nur berufen, wenn er sich den Brief bei Überg des Wagens vorlegen ließ, BGH **47**, 207. Hamm NJW **64**, 2257 (Vorführwagen); großzügiger Schlesw NJW **66**, 1970. Nach Saarbr NJW **68**, 1936 soll nicht nur Vorweisg selbst sond deren obj Möglichk zum gutgl Erwerb ausreichen, bedenkl. – Zur SorgfPfl bei Hanomagrauppe, für die gesetzl kein Kfz-Brief ausgestellt w, vgl BGH WM **69**, 175. Dem „Automatenbrief" kann die Bedeutg des Kfz-Briefes

§§ 932–934　　　　　　　　　　　　　　　　　　　　　3. Buch. 3. Abschnitt. *Bassenge*

in diesem ZusHang nur innerh der Branche selbst zugebilligt w (Olshausen-Schmidt, AutomatenR B 4). Betr Ersatzbrief: LG Tüb MDR **54**, 101. Bes hohe Anforderg bei Händlern u gewerbsm DarlGebern, Mü HRR **39**, 637; bei persönl Unzuverlässigk des Veräußerers, BGH WPM **69**, 1233; zum Erwerb von Ausländern BGH WPM **66**, 1325. Über PrüfgsPfl einer Bank bei Kontoeröffng u Scheckerwerb RG **166**, 98. IdR böser Glaube bei Ankauf von SakralEigt von Privaten. – Über eine Vermutg für Bösglaubigk des Bankiers vgl HGB 367. – Bösgläub der Großhändler, der vom and Waren unter Einkaufspreis zur Wechseldeckg erwirbt, BGH BB **69**, 1455; das ist keine Veräußerg im ord GeschGang, vgl § 929 Anm 6 B a ee α. Zur Bösgläubigk bei SichsÜbereigng von hochverschuldetem SichsGeber vgl Celle JZ **78**, 400. – Über Nachprüfg durch RevG BGH **10**, 14; im wesentl Tatfrage, BGH WPM **65**, 1136; **64**, 814. – Vgl auch § 936 Anm 2c, § 1207 Anm 3.

3) Maßgebender Zeitpunkt: Bei vorangegangener Einigg, § 929 S 1, die Überg. Bis dahin besteht auch die NachforschgsPfl, Anm 2b. Bei nachfolgender Einigg, § 929 S 2, diese. So auch (also nicht erst mit Bedinggseintritt) bei bedingter Übertr, weil der Erwerber mit Einigg u Überg zwar nicht das Eigt, aber doch der Anwartsch darauf, § 929 Anm 2c, erwirbt, hM; BGH **10**, 69 (hierzu Blomeyer AcP **153**, 239). – Bei Gen deren Erteilg maßg, vgl § 892 Anm 7.

4) I S 2: Grund: Nur in diesem Falle kann der Erwerber auf das Eigt des Veräußerers vertrauen. Besitzerlangg vom zustimmenden Dritten (vgl Anm 1) genügt, BGH **LM** Nr 6, ist aber auch erforderl, BGH **56**, 123 (dazu Wieser JuS **72**, 567); hat hier Dritter dem Erwerber nur mittelb Bes verschafft, erwirbt dieser nur gem § 933, iF des ÜbergSurrogats nur gem § 931 nur gem § 934, BGH aaO.

5) Beweislast. Der Eigtümer od der den Erwerb bestreitende Dritte hat zu beweisen, daß der Veräußerer nicht Eigtümer u daß der Erwerber bösgl war, RG HRR **35**, 177. Vgl auch §§ 1006, 1007. Bzgl Wertpapiererwerb nach Kriegsende vgl aber BGH **23**, 89.

6) Für gutgl Dritterwerber unerhebl, daß **Veräußernder GemeinSchu**, BGH WPM **69**, 175.

932a *Gutgläubiger Erwerb nicht eingetragener Seeschiffe.* **Gehört ein nach § 929a veräußertes Schiff nicht dem Veräußerer, so wird der Erwerber Eigentümer, wenn ihm das Schiff vom Veräußerer übergeben wird, es sei denn, daß er zu dieser Zeit nicht in gutem Glauben ist; ist ein Anteil an einem Schiff Gegenstand der Veräußerung, so tritt an die Stelle der Übergabe die Einräumung des Mitbesitzes an dem Schiff.**

1) Für eingetr Schiffe gelten SchiffsRG 15 ff, wobei der öff Glaube des Registers den Erwerb vom NichtBerecht auch in den Fällen des SchiffsRG 2 deckt, also bei der Übereign von Seeschiffen, wo zum Eigt-Überg dessen Eintr im Reg nicht notw ist (vgl Baur § 31 II 2 c). Nach überw Meing (vgl Soergel-Augustin SchiffsRG 15 Rdnr 1) gilt die RVermutg des § 15 SchiffsRG sinngem auch für die Veräußerg von Schiffsparten u PfdRechten an ihnen. – Für nichteingetr Seeschiffe usw gem § 929a gelten gem § 932a die Grdsätze des § 932.

933 *Gutgläubiger Erwerb bei Besitzmittelung.* **Gehört eine nach § 930 veräußerte Sache nicht dem Veräußerer, so wird der Erwerber Eigentümer, wenn ihm die Sache von dem Veräußerer übergeben wird, es sei denn, daß er zu dieser Zeit nicht in gutem Glauben ist.**

1) Dch BesKonstitut (§ 930) allein erwirbt ein Gutgläubiger kein Eigt vom NichtBerecht; wohl aber mittelb Bes, dch den Veräußerer gem § 934 mögl w. **EigtErwerb erst mit nachfolgder Übergabe,** bei der Einigg fortbestehen aber nicht wiederholt w muß. Veräußerer muß seinen Bes restlos aufgeben (BGH JR **78**, 154; vgl zB Mü NJW **70**, 667). Überg kann dch BesDiener des Veräußerers od an BesDiener des Erwerbers erfolgen; gilt entspr für BesMittler, BesMittlgsVerh zw Erwerber u seinem BesMittler muß aber schon bei Überg an letzterem bestehen (BGH aaO). Überg kann auch dch Abtr des HerausgAnspr gg eir n unmittelb Besitzer erfolgen (RGRK Rdn 10; Tiedtke WPM **78**, 450). Erwerber muß Bes gerade **vom Veräußerer mit dessen Willen in Vollziehg der Veräußerg** erhalten (BGH **67**, 207); dafür genügt Wegn dch GVz aGrd HerausgUrt (nicht aber aGrd einstw Vfg; Hamm Recht **25**, 652) od Herausg dch KonkVerw aGrd vermeintl AussondersgsR (BGH **LM** Nr 1; dazu Baumgärtel MDR **60**, 305); nicht genügt, daß Erwerber ihm zunächst trhd übereignete Sache später in EigenBes nimmt (BGH JZ **72**, 165; dazu Serick BB **72**, 277). Wegn dch Erwerber nur genügd, wenn Veräußerer zZ der Wegn damit einverstanden (BGH **LM** Nr 1), nicht wenn er Erwerber nur bereits bei Veräußerg zu späterer Wegn ermächtigte (BGH **67**, 207; krit Damrau JuS **78**, 519) od Wegn nachträgl genehmigte (BGH JR **78**, 154; aA Deutsch JZ **78**, 385).

2) Guter Glaube zZ der Übergabe notw. Bei Überg an BesDiener (vgl auch § 990 Anm 2a) od Bes-Mittler (RG **137**, 27) u bei Wegn dch GVz (aA RG **77**, 26) guter Gl des Erwerbers maßg. Vgl iü § 932 Anm 2.

3) Die mißglückte Übereigng nach § 930 macht nicht auch das BesKonstitut über § 139 unwirks, wenn sie – wie idR – dem Erwerber wenigstens die Anwartsch des Veräußerers verschaffte, vgl § 929 Anm 6 B b aa u § 930 Anm 4 a aa. – aE; BGH **50**, 45: der Erwerber ist also zwar nicht Eigtümer gew, wohl aber mittelb Besitzer, kann also seiners nun nach § 934 Halbs 1 (s dort Anm 2) an gutgl Dr wirks übereignen (Ffm BB **76**, 573). And die Vertreter der Lehre v Nebenbesitz, vgl § 868 Anm 1b.

934 *Gutgläubiger Erwerb bei Abtretung des Herausgabeanspruches.* **Gehört eine nach § 931 veräußerte Sache nicht dem Veräußerer, so wird der Erwerber, wenn der Veräußerer mittelbarer Besitzer der Sache ist, mit der Abtretung des Anspruchs,**

Eigentum. 3. Titel: Erwerb u. Verlust d. Eigentums an bewegl. Sachen §§ 934, 935

anderenfalls dann Eigentümer, wenn er den Besitz der Sache von dem Dritten erlangt, es sei denn, daß er zur Zeit der Abtretung oder des Besitzerwerbes nicht in gutem Glauben ist.

1) Allgemeines. Vgl Vorbem vor §§ 932–935. Ist der Veräußerer nicht Eigtümer, steht ihm auch ein dingl HerausgAnspr (§ 985) nicht zu. § 934 unterscheidet nun, ob er mittelb Besitzer ist od nicht. Über Inkongruenz des rechtspolit Schutzgedankens in § 933 u § 934 vgl einers W. Müller AcP **137**, 86 u Boehmer, Grundlagen der bürgerl ROrdng, II 2 § 23, anders BGH **50**, 45/49, wo die Rechtfertigg der unterschiedl Lösg darin gesehen w, daß sich der nach §§ 931, 934 HS 1 Veräußde völl vom Bes löst, was der nach §§ 930, 933 Übereignde nicht tut; die Übertr des (dem unmittelb gleichstehden) mittelb Bes wirke stärker als dessen Neubegründg; im Ergebn zust Lange JuS **69**, 162; Diederichsen-Gursky, Fall 9 S 48.

2) Erster Fall. Der **Veräußerer ist mittelb Besitzer,** ihm steht ein HerausgAnspr aus dem BesMittlgs-Verh zu; mittelb FremdBes genügt (BGH Betr **77**, 2277 = JuS **78**, 131). Sofort mit der Abtr geht das Eigt auf den gutgl Erwerber über, doch muß Anspr wirkl bestehen, BGH **LM** § 931 Nr 7, vgl aber auch § 933 Anm 3 aE (zu BGH **50**, 45). Dies eröffnet Weg zur Umgehg des § 933: Käufer lagert die unter EigtVorbeh erworbenen Sachen ein u übereignet sie nach § 931 an Gutgläubigen, der erwirbt (Ffm BB **76**, 573; aA Boehmer aaO). Ob die Übertr von Nebenbesitz ausreicht, um den mittelb besitzden Eigtümer zG des Zessionars aus dem Eigt zu verdrängen, ist umstr; vgl § 868 Anm 1 b.

3) Zweiter Fall. Der **Veräußerer ist nicht (mittelb) Besitzer.** Er tritt einen HerausgAnspr anderer Art als in § 868 genannten RVerh zu od einen nur behaupteten (BGH NJW **78**, 696) HerausgAnspr ab. Solche Abtr ist zunächst wirkgslos (aA Bauer Festschr Bosch **76**, 24 für Abtr bestehden HerausgAnspr). Der Erwerber erwirbt erst Eigt, wenn der Dr ihn od seinen Mittelsmann (RG **137**, 26) in Anerkenng des abgetretenen Anspr unmittelb od mittelb (BGH NJW **78**, 696) Bes verschafft; also nicht bei eigenmächt Inbesitznahme dch Erwerber (Schlesw SchlHA **57**, 122) od bei Übergg dch BesDiener ohne Wissen u Willen des BesHerrn (BGH WPM **60**, 1149). Über die sich hieraus ergebn, mit § 933 in Widerspr stehden Folgen, wenn unmittelb Besitzer nunmehr für gutgl Dr Bes vermitteln will (wodch nach hM bish mittelb Besitzer seinen Besitz verliert), nachdem NichtEigtümer, der nicht im unmittelb Besitz, die Sache nach § 931 übereignet hat, vgl § 868 Anm 1 b cc. –

4) Der gute Glaube (§ 932 Anm 2) muß vorhanden sein im ersten Falle zZ der Abtretg; im zweiten Falle zZ der Besitzerlangg. Nicht geschützt guter Gl daran, daß der HerausgAnspr nicht in Traditionspapier verbrieft ist (vgl § 931 Anm 3 c; BGH **49**, 161; **LM** Nr 1). Verhindert der SichgEigtümer von bei Dr eingelagerten Waren nicht, daß der Schu u SichgGeber mittels des Lagerscheins mißbräuchl über das SichgGut verfügt, w der hierdch gesetzte RSchein die grobe Fahrlk eines Dritterwerbers regelm ausschließen (BGH **LM** § 931 Nr 7). – Unerhebl, ob Veräußerer sich für Eigtümer hält (RG **89**, 349).

935 Abhanden gekommene Sachen.
I Der Erwerb des Eigentums auf Grund der §§ 932 bis 934 tritt nicht ein, wenn die Sache dem Eigentümer gestohlen worden, verlorengegangen oder sonst abhanden gekommen war. Das gleiche gilt, falls der Eigentümer nur mittelbarer Besitzer war, dann, wenn die Sache dem Besitzer abhanden gekommen war.

II Diese Vorschriften finden keine Anwendung auf Geld oder Inhaberpapiere sowie auf Sachen, die im Wege öffentlicher Versteigerung veräußert werden.

Schrifttum: Dünkel, Öff Versteigerg u gutgläub Erwerb, 1970. – Rebe, Zur Ausgleichsfunktion von § 935 BGB zw Vertrauensschutz u Eigtümerinteresse bei gutgl Mobiliarerwerb, AcP **173**, 186. –

1) a) Kein gutgläub Erwerb des Eigt vom Nichtberechtigten (§§ 932/4) bei gestohlenen, verlorenen od sonst **abhgek Sachen, I** (aber **Ausn: II**). Gesetz hält hier den Eigtümer für schutzwürdiger als den gutgl Erwerber. – **aa) I 1** geht davon aus, daß der Eigtümer **unmittelb** Besitzer war. War er nur **mittelb Besitzer – I 2 –,** dann ebenf kein GutglSchutz, wenn die Sache **dem unmittelb Besitzer** (nur dieser ist hier unter „dem Besitzer" gemeint) **abhgek** ist. War der Eigtümer mittelb Besitzer, ist allein der Wille des unmittelb Besitzers maßg (außer in dem seltenen Fall, daß Eigtümer selbst, aber nicht BesMittler mit der Wegnahme einverst war); der Schutz des Eigtümers muß hier zurückstehen hinter dem des Erwerbers, weil er sich des unmittelb Besitzes freiw begeben u einen anderen in die Lage versetzt hatte, tatsächl über die Sache zu verfügen. Hatte der unmittelb Besitzer die Sache fortgegeben od sich sonst angeeignet od ein BesMittlgsVerh mit einem Dritten begründet (vgl § 868 Anm 4 c), kommt die Sache dem mittelb Besitzer nicht abh, mag dies alles gg dessen Willen geschehen. Unfreiw Verlust des mittelb Besitzes ist also kein AbhKommen. – Nicht kommt dem Eigtümer die Sache abh, die dem Besitzer, der jenem nicht den Bes vermittelt, abhkommt, Düss NJW **51**, 445; hM, str; aM zB Erm-Westermann Rdz 5; Baur § 52 V 2a aa.

bb) Hat kein gutgl Erwerb stattgefunden, kann der Eigtümer die Sache nach § 985ff von jedem späteren Erwerber herausverlangen, wenn er das (Allein-) Eigt nicht nach §§ 937ff, 946ff verloren hat. Erwerber kann nicht Ersatz des Kaufpreises verlangen, § 994 Anm 1. Behält Eigtümer MitEigt, so ist nicht der Anteil „abhgek" (str, vgl § 949 Anm 2). – Mitabhgek sind die Bestandteile zZ des AbhKommens, ob auch Früchte, die schon im Keim vorhanden, ist str, vgl § 955 Anm 1. Werden Bestandteile u Früchte widerrechtl getrennt u in Bes gen, so sind sie dem Besitzer der Haupt- od Muttersache abhgek, in dessen Eigt sie mit Trenng fielen: der vom Baum gerissene Apfel, der vom Dieb gestochene Torf, die ausgelöste Rehkeule. – Eigtümer kann eine Weiterveräußerg genehmigen (§§ 184, 185) u von dem Veräußerer den Erlös verlangen, RG **115**, 34; vgl § 816 Anm 1 b. – Beweispflichtig für das AbhKommen ist der Eigtümer.

b) II bestimmt aus Gründen der Verkehrssicherh eine Ausn für Geld usw. Daran erwirbt der Gutgläub stets Eigt, der Bösgläub aber nicht, RG **103**, 288.

§§ 935, 936   3. Buch. 3. Abschnitt. *Bassenge*

c) Landesrechtl Sondervorschr für Pfandleihanstalten: vgl EG 94 II.

2) Gestohlen. Vgl StGB 242, 248a, 370 I Nr 5, auch wenn der Täter nach StGB 247 nicht bestraft wird. Gelangt die Sache in den Besitz des Eigtümers (nicht schon der Staatsanwaltsch, Warn **25**, 25) zurück, hört die Eigensch als gestohlene Sache auf. Für unterschlagene Sachen (StGB 246) gelten die §§ 932–934; Unterschlagg durch BesDiener vgl Anm 4.

3) Verloren. Vgl Vorbem 1a v § 965.

4) a) Abhanden gekommen ist eine Sache, wenn der unmittelb Besitzer ohne seinen Willen den Besitz verloren hat, RG **101**, 225. ZB durch Zwang, Unachtsamk, höhere Gewalt; Fortgabe durch geschäftsunfäh, KG OLG **15**, 356, nicht aber durch beschr geschäftsfäh (str) Besitzer; auch Bruch des Mitbesitzes (vgl bzgl Eheleuten Vorbem 4 vor § 932; bez Gastwirt u Automatenaufsteller vgl § 868 Anm 3c cc aE). Nicht, wenn die Sache wissentl aus der Hand gegeben wird, mag dies auch aGrd (zB wg Wuchers) nichtiger EigtÜbertr geschehen sein, Ffm NJW **49**, 429, od beeinflußt durch Irrtum, Täuschg od (hier aber str!) Drohg, BGH **4**, 34, od zur Abwendg der ZwVollstr. Anders bei unwiderstehl Gewalt od starkem seelischem Zwang, vgl BGH aaO u NJW **53**, 1506 (krit Anm Hoche).

b) Wg RLage bei **mittelb** Bes des Eigtümers vgl Anm 1 a aa.

c) Zueigng od Fortgabe durch den **Besitzdiener** gg den Willen des Besitzherrn ist AbhKommen (da allein letzterer Besitzer ist, er mit Überlassg an BesDiener die Sache nicht aus der Hand gegeben hat), RG **106**, 6, auch dann, wenn strafrechtl Unterschlagg, vgl BayObLG JW **28**, 2995; dagg wollen Soergel-Mühl Rdnr 2, Westermann § 49 I 6, JuS **61**, 82, neuerd Rebe AcP **173**, 186 gg hM hier den gutgl Erwerber schützen, wenn der BesDiener nicht als solcher erkennb u der Einwirkg des BesHerrn entzogen war; RScheinGrdlage könne auch die tatsächl Gewalt sein; hiergg zB Baur SR § 52 V 2a, Hoche JuS **61**, 78, RG **106**, 4. Aber Erwerber geschützt, wenn BesDiener nach HGB 56 legitimiert od sonst entspr **vertrberecht,** Westermann aaO. Unfreiw BesVerlust für BesHerrn auch, wenn BesDiener die Sache aus Versehen od sonst aus Irrtum weggibt (RG JW **09**, 105: bei ausdr Anweisg, welche Sache auszuliefern). Bei Auslieferg an einen falschen Empf mag dies anders sein, Westermann aaO.

d) AbhKommen bei unbefugter Zueigng od Fortgabe durch den **ErbschBesitzer** (§ 2018; vgl aber § 2366 Anm 3b) od durch einen Miterben ohne Willen der anderen, OLG **26**, 58; und bei **Organ** der jur Pers, da nur dieses den SachherrschWillen bildet, BGH **57**, 166. Vgl oben § 854 Anm 5b. Veräußert GemeinSchu Sache aus vom KonkVerw in Bes genommener Masse (KO 117), scheitert Ersterwerb an KO 6, 7; Zweiterwerb an § 935.

e) Fehlender Wille des Besitzers aber unerhebl bei Besitzentzug durch wirks VerwAkt (BGH **4**, 285); dagg sind (sofern BesÜbertr ohne den Willen des Eigtümers erfolgte, BGH **4**, 41) abhgekommen **unrechtmäßig beschlagnahmte Sachen**; auch wenn Beschlagn nicht nichtig (vgl Einf 4 vor § 929) aber auf Anfechtg od sonstwie rückw aufgeh. Wg der Nachw hierzu, des RückerstattgsG u sonst rechtswidr beschlagnahmten jüd Eigt vgl 29. Aufl.

5) II. Vgl Anm 1 b. **a)** Umlauffähiges, in- oder ausländ **Geld**.

b) Wahre **Inhaberpapiere** (§§ 793ff; InhAktien, AktG 10 I; InhInvestmentanteilscheine, KAGG 18 I 2; auch auf den Inh gestellte Karten usw (§ 807). Nicht Legitimations- u Orderpapiere. Vgl aber HGB 365, 367; WechselG 16 II; ScheckG 21. Zum GutGlaubSch beim Erwerb gestohlener ErsDividendenscheine Franke WPM **73**, 982; zum gleichen Problem bei vor Ausg an die wahren Aktionäre in Verk gelangten Aktien Canaris, Die Vertrauenshaftg im dt PrivR, 1971, S 252 f, auch Rehfeldt-Zöllner, WertpapierR § 28 III.

c) Öffentl Versteigerg: § 383 III, also nicht aGrd ZPO, ZVG, vgl Einf 4 vor § 929. EigtErwerb nach § 383 III erfolgt geg §§ 929 ff. Für den guten Glauben, der sich, wenn Ersteher nicht Eigtümer geschützt ist, analog 1244 auch auf die Zulässigk der Versteigerg erstrecken muß (Kuhnt MDR **53**, 641, Dünkel aaO S 71 ff) entscheidet der Ztpkt der Überg. Über EigtErwerb aGrd Versteigerg nach ZPO 817 oder 825 vgl Vorbem 3 vor § 932.

936 *Dingliche Rechte Dritter.*
I Ist eine veräußerte Sache mit dem Rechte eines Dritten belastet, so erlischt das Recht mit dem Erwerbe des Eigentums. In dem Falle des § 929 Satz 2 gilt dies jedoch nur dann, wenn der Erwerber den Besitz von dem Veräußerer erlangt hatte. Erfolgt die Veräußerung nach § 929a oder § 930 war die nach § 931 veräußerte Sache nicht im mittelbaren Besitze des Veräußerers, so erlischt das Recht des Dritten erst dann, wenn der Erwerber auf Grund der Veräußerung den Besitz der Sache erlangt.

II Das Recht des Dritten erlischt nicht, wenn der Erwerber zu der nach Abs. 1 maßgebenden Zeit in Ansehung des Rechtes nicht in gutem Glauben ist.

III Steht im Falle des § 931 das Recht dem dritten Besitzer zu, so erlischt es auch dem gutgläubigen Erwerber gegenüber nicht.

1) Lastenfreier Erwerb. Belastgen einer veräußerten Sache mit Rechten Dritter erlöschen, wenn der Erwerber der Sache **hins der Rechte** gutgl ist. In Betr kommen Nießbr u PfdR (vertragl, gesetzl, PfändgsPfdR [BGH WPM **62**, 1177; aM Lüke JZ **55**, 486]). Ferner das VerfolggsR nach KO 44. Solange diese Rechte bestehen, ist der Veräußerer zur lastenfreien Übereigng nicht berechtigt. Deshalb behandelt § 936 den Erwerb vom Eigtümer mit NichtEigtümer gleich. § 936, insb III entspr anzuwenden auf das AnwR eines VorbehKäufers (vgl § 929 Anm 6 B e bb aE) u eines SichGebers, wenn SÜ auflösd bedingt vereinb (vgl § 930 Anm 4 c). Ob auch auf den Eigtümer selbst (zB Nießbraucher vermietet Sache dem Eigtümer u übereignet, sich als Eigtümer ausgebd, an Gutgläubigen nach § 931) str; ja: Boehmer Grundlagen II 2 S 35; Westermann § 50, 3. Wohl mit Recht nein: Planck-Brodmann, RGRK, da Besitz hier ohne Beziehg zum Eigt. **III** nicht anwendb auf ZbR nach HGB 369.

2) Voraussetzgen. Der Erwerber muß

a) Eigtümer werden; also nicht im Falle des § 935 I. Über die entspr Anwendg bei Bestellg von Nießbr u PfdRechten vgl §§ 1032, 1208;

b) entspr den §§ 932–934 Besitz erlangen (**I S 2, 3**);

c) im Ztpkt b in Ansehg des Rechts gutgl sein. Ausn § 1242 II; vgl auch § 1121 II 1. Er ist bösgl, wenn er das Recht des Dritten kennt od grob fahrl nicht kennt; vgl § 932 Anm 2. Weitergehd HGB 366 II. Die Bösgläubigk hat der Gegner zu beweisen. Wer Sachen erwirbt, die sich in Miträumen befinden, muß mit VermPfdR rechnen (BGH NJW **72**, 43), idR aber nicht Frachtführer bei Umzug des Mieters (Weimar WPM **63**, 303); jedoch Aufkäufer landw Erzeugnisse mit FrüchtePfdR gem Einf 3 vor § 1204 (Schlesw SchlHA **56**, 111; aber EinzelUmst maßg).

3) Ausnahmen: Die Rechte **erlöschen nicht, a)** wenn (bei Veräußerg nach §§ 931, 934) der Drittberechtigte unmittelb od mittelb (KG OLG **41**, 184) Besitzer ist, **III**; vgl auch Anm 1;

b) wenn die Sache dem Inh des Rechts abhgek ist (entspr § 935 I); für Geld usw gilt § 935 II entspr. Ist die Sache nicht auch dem Eigtümer abhgek (dieser nimmt sie dem PfdGläub weg u veräußert sie an einen hins des PfdR Gutgl), so wird Eigt erworben, das PfdR erlischt aber nicht; Wolff-Raiser § 70 I 3.

c) § 1121 II 1.

d) Pachtkreditg v 5. 8. 51 (BGBl 494) § 5 I; vgl Einf 2 vor § 1204.

e) Bei Ausschl gutgl Erwerbs gem Gesetzen der Besatzgsmächte, vgl Vorbem 2 c, d vor § 932.

f) Kein Erlöschen der RegisterPfdR an eingetragenen Luftfahrz, LuftfzRG 98 I.

4) Die erloschenen Rechte leben durch **nachträgl Kenntnisnahme** od Weiterveräußerg an einen Bösgl nicht wieder auf. Der Dritte ist auf §§ 812, 816 beschränkt (vgl RG **119**, 269). Anders, wenn der EigtErwerb rückgängig gemacht w (Anm 1 vor § 932).

II. Ersitzung

Vorbemerkung

1) Die Ersitzg ermöglicht dem gutgläubigen Erwerber (Eigenbesitzer) von Fahrnis **den Erwerb des Eigentums** in den Fällen, in denen er trotz seines guten Glaubens sonst kein Eigt erwürbe (§§ 105, 935 I). Bish Eigtümer verliert sein Eigt, Ersitzder erwirbt es kr Gesetzes (ursprüngl); ZPO 325, 727 nicht anwendb. - Str, ob es aGrd schuldrechtl Beziehg (Bereicherg, Vertr, Delikt) zurückgefordert w kann. -

a) Verhältn zu BereicherungsAnspr: die hM verneint zwar zutr grdsätzl Eingriffskondiktion, etwa gg den nach Erwerb vom Dieb Ersitzden (Ausn: § 816 I 2), bejaht aber Leistgskondiktion auf Rückübereignng, wenn Ersitzder im Zug fehlgeschlagener Leistgsbeziehg vom EigtVerlierer EigenBes erworben habe; dann sei BesKondiktion gegeben, die sich nach § 818 I auf Herausg des aGrd des Bes erlangten Eigt erstrecke (RG **130**, 69 – Menzel-Bilder); dem schloß sich das Schrifft überw an (Soergel-Mühl Rdnr 6; v. Caemmerer Festschr Boehmer S 152; Larenz SchR II § 68 II; Fikentscher § 99 IV 2a; Westermann § 51 III 2; Baur § 53h III; Wolff-Raiser § 71 IV; Lange § 17 II 4). AA Planck-Brodmann § 937 Anm 3; Erm-Hefermehl Rdz 6; Staud-Berg Rdnr 4 je zu § 937; Gierke SachenR § 31 II; Heck § 61, 7; Esser SchR II § 100 III 1 c; Lent-Schwab § 33 VI; ihnen ist zuzustimmen. Die Rechtsbereinigg aGrd § 937 ist – jedenfalls was den Mangel des RGrds betrifft – endgült; die Anwendg des § 818 I auf die BesKondiktion erscheint gezwungen, da der Bes nur ein Element des EigtErwerbs aus § 937 ist. Die Diskrepanz zw den Fristen des § 937 einers u denen der §§ 812, 816 I 2, 195 andrers ist entgg der hM so zu lösen, daß auch Kondiktions-Anspr gg den gutgläub EigtErwerber abgeschnitten sind, wenn die Voraussetzgen des § 937 in seiner Pers erfüllt sind. Im GgSatz zu §§ 951, 977 fehlt hier die Verweisg; das ist kein Versehen.

b) Verhältn zu vertragl Anspr: Beispiel: Erbe des Leihnehmers glaubt, die Leihsache sei NachlGgStand. Wenn auch § 937 der endgült Zuordng mit dem RGrd gilt, kann er nicht SchadErsAnspr verdrängen, die im Rahmen einer vertragl Bindg zw bish Eigtümer u Ersitzden aGrd einer zu vertretden Leistgsstörg des letzteren entstanden sind (insow mit der hM übereinstimmd auch Staud-Berg, aA Erm-Hefermehl je aaO).

c) Da das Gesetz den gutgläub EigenBes im Schuldmaß auch hier dch §§ 937 II, 932 II begünstigt, sollten – gg hM – auch die bereits bei leichter Fahrlässigk einsetzden **DeliktsAnspr** ausgeschl sein, selbst wenn deren VerjährgsFr gem § 852 I erst nach Vollendg etwa der Ersitzzeit ablaufen sollte; Gleiches muß dann für Anspr aus § 852 II gelten (vgl Erm-Hefermehl aaO).

d) Die Ersitzg kann dem wahren Eigtümer den Nachweis des Eigtums erleichtern, wenn er den Erwerbsakt nicht beweisen kann.

e) Die §§ 937–945 gelten nur für das Eigt an **Fahrnis**, Einf 1 vor § 929. Ebenso EG 185. Entspr Anwendg auf die Ersitzg des Nießbrauchs an Fahrnis. Über die Ersitzg des Eigt an Grdst vgl § 900 I; bestimmter GrdstRechte § 900 II. Wg Ersitzg ggü **Rückerstattgs**Anspr vgl 29. Aufl.

937 *Voraussetzungen.*
[I] Wer eine bewegliche Sache zehn Jahre im Eigenbesitze hat, erwirbt das Eigentum (Ersitzung).

[II] Die Ersitzung ist ausgeschlossen, wenn der Erwerber bei dem Erwerbe des Eigenbesitzes nicht in gutem Glauben ist oder wenn er später erfährt, daß ihm das Eigentum nicht zusteht.

1) Allgemeines, vgl Vorbem.

2) Voraussetzg. Zehnjähriger gutgläubiger Eigenbesitz (§ 872). Gleichviel, ob als mittelb od als unmittelb Besitzer. Beweispflichtig für zehnjähr Eigenbesitz ist der Besitzer. Fristberechng: §§ 187ff. Über den ErbschBesitzer vgl § 2026.

3) II. Bösgläubig ist, wer im Ztpkt des Besitzerwerbs weiß od inf grober Fahrlk nicht weiß, daß er nicht Eigtümer wird. Ferner, wer nachträgl den Mangel erkennt; grobe Fahrlk genügt hier nicht. Beweispflichtig ist der Gegner des Ersitzenden. Über Rechte Dritter vgl § 945.

938 *Vermutung des zwischenzeitlichen Besitzes.* Hat jemand eine Sache am Anfang und am Ende eines Zeitraums im Eigenbesitze gehabt, so wird vermutet, daß sein Eigenbesitz auch in der Zwischenzeit bestanden habe.

1) Beweis des Ggteils ZPO 292. Vgl auch § 940.

939 *Hemmung.* Die Ersitzung kann nicht beginnen und, falls sie begonnen hat, nicht fortgesetzt werden, solange die Verjährung des Eigentumsanspruchs gehemmt ist oder ihrer Vollendung die Vorschriften der §§ 206, 207 entgegenstehen.

1) Vgl §§ 202–207 u die Kriegs- u Nachkriegsvorschr über die Hemmg der Verj, Anh zu § 202. Zeit der Hemmg wird in die Ersitzgsfrist nicht eingerechnet. Anders § 942. Beweispflichtig ist der Gegner des Ersitzenden.

940 *Unterbrechung durch Besitzverlust.* I Die Ersitzung wird durch den Verlust des Eigenbesitzes unterbrochen.

II Die Unterbrechung gilt als nicht erfolgt, wenn der Eigenbesitzer den Eigenbesitz ohne seinen Willen verloren und ihn binnen Jahresfrist oder mittelst einer innerhalb dieser Frist erhobenen Klage wiedererlangt hat.

1) I. Verlust des Eigenbesitzes überh (nicht schon durch Tod, § 857). Oder durch Betätigg des Willens, die Sache als fremde zu besitzen, wie bei SichgÜbereign an Dritten gem § 930. Wirkg § 942. Beweispflichtig ist der Gegner des Ersitzenden.

2) II. Die Zeit des nur zeitweiligen Besitzverlustes ist in die Ersitzgsfrist einzurechnen. Unfreiwilliger Besitzverlust vgl § 935 Anm 2–4. Beweispflichtig ist der Ersitzende. Entspr Anwendg in §§ 900 I 2, 927 I 2, 955 III.

941 *Unterbrechung durch Geltendmachung des Eigentumsanspruches.* Die Ersitzung wird unterbrochen, wenn der Eigentumsanspruch gegen den Eigenbesitzer oder im Falle eines mittelbaren Eigenbesitzes gegen den Besitzer gerichtlich geltend gemacht wird, der sein Recht zum Besitze von dem Eigenbesitzer ableitet; die Unterbrechung tritt jedoch nur zugunsten desjenigen ein, welcher sie herbeiführt. Die für die Verjährung geltenden Vorschriften der §§ 209 bis 212, 216, 219, 220 finden entsprechende Anwendung.

1) Gerichtl Geltendmachg: vgl §§ 209, 210, 220. Nur der Anspr des wahren Eigtümers aus § 985; ZPO 256. Gleichviel ob gg den Eigenbesitzer selbst od gg dessen Besitzmittler. Nicht gg Besitzdiener (§ 855) od einen zwischenzeitl Besitzer (§ 940 II; aM zB Westermann § 51 I 4). Unterbrechg (§ 942) zG des klagenden wahren Eigtümers od seines RNachfolgers. Zugunsten aller MitEigtümer, wenn einer entspr § 1011 auf Herausg an alle klagt, aM Planck Anm 2. Dauer der Unterbrechg: §§ 211, 212, 216, 219.

2) Außergerichtl Geltdmachg unterbricht nicht, kann bösgl machen (§ 937 II).

942 *Wirkung der Unterbrechung.* Wird die Ersitzung unterbrochen, so kommt die bis zur Unterbrechung verstrichene Zeit nicht in Betracht; eine neue Ersitzung kann erst nach der Beendigung der Unterbrechung beginnen.

1) Wirkg entspr § 217. Aber neue Ersitzg nur, wenn der Besitzer auch gutgl ist (§ 937 II Fall 1).

943 *Rechtsnachfolge.* Gelangt die Sache durch Rechtsnachfolge in den Eigenbesitz eines Dritten, so kommt die während des Besitzes des Rechtsvorgängers verstrichene Ersitzungszeit dem Dritten zustatten.

1) Vgl § 221. SonderRNachfolge aGrd wirks Veräußerg (vgl RG **129**, 204) od nach § 158 II. Bei Vorgänger u Nachfolger müssen die Voraussetzgen des § 937 vorliegen. Anzurechnen ist die Ersitzzeit des Vorgängers, also gem §§ 939ff. Der Erbe (§ 857) kann die Ersitzg seines Erblassers fortsetzen od, wenn letzterer bösgl war, er aber gutgl ist, eine eigene beginnen. § 943 auch bei mehrfacher RNachf (Ffm MDR **76**, 223; aM Ordemann JR **61**, 93).

944 *Erbschaftsbesitzer.* Die Ersitzungszeit, die zugunsten eines Erbschaftsbesitzers verstrichen ist, kommt dem Erben zustatten.

1) Der ErbschBesitzer (§ 2018) ist nicht RNachfolger des Erblassers, der Erbe nicht RNachfolger des ErbschBesitzers. Trotzdem schadet der Besitzverlust dem Erben nicht. Er kann sich anrechnen: die Ersitzgszeit des ErbschBesitzers, wenn dieser gutgl annahm, die Sache gehöre zum Nachl; guter Gl in bezug auf das ErbR nicht nötig, str, aber hM; aA Erm-Hefermehl Rdz 1. Außerdem die Ersitzgszeit des Erblassers nach § 943. Vgl ferner § 2026.

945 *Rechte Dritter.* Mit dem Erwerbe des Eigentums durch Ersitzung erlöschen die an der Sache vor dem Erwerbe des Eigenbesitzes begründeten Rechte Dritter, es sei denn, daß der Eigenbesitzer bei dem Erwerbe des Eigenbesitzes in Ansehung dieser Rechte nicht in gutem Glauben ist oder ihr Bestehen später erfährt. Die Ersitzungsfrist muß auch in Ansehung des Rechtes des Dritten verstrichen sein; die Vorschriften der §§ 939 bis 944 finden entsprechende Anwendung.

1) Grundsatz. Vor dem Erwerb des Eigenbesitzes begründete Rechte Dritter **erlöschen nur,** wenn der Besitzer **a)** das Eigt erwirbt. Gleichviel ob durch Ersitzg od auf andere Weise. Im letzten Falle entspr Anwendg des § 945, soweit nicht die Sondervorschr §§ 936, 949, 950 II, 973 I 2 eingreifen. Ohne EigtErwerb nützt die Ersitzg ggü dem Drittberechtigten nicht. Der Ersitzende braucht aber nur zehnjähr Eigenbesitz zu beweisen, Planck Anm 1 b; aM Staud-Berg Anm 1 e;

b) gutgl ist. Ihm muß beim Erwerb das Recht des Dritten ohne grobe Fahrlk unbekannt gewesen sein, u er darf das Bestehen später nicht erfahren haben. Beweispflichtig ist der Gegner des Ersitzenden;

c) wenn die Ersitzgsfrist ggü dem Drittberechtigten abgelaufen ist. Vgl §§ 939–944.

2) Ausnahme: entspr § 936 III bleiben die Rechte des unmittelb Besitzers bestehen, wenn der Ersitzende den mittelb Eigenbesitz nach § 870 erworben hatte.

3) Nach dem Erwerb des Eigenbesitzes vom Ersitzenden od vom früheren Eigtümer (§§ 1032 S 2, 931) bestellte Rechte bleiben bestehen.

4) § 945 betr dingl Rechte Dritter; wegen schuldrechtl Anspr vgl Vorbem 1a vor § 937.

III. Verbindung. Vermischung. Verarbeitung

Vorbemerkung

Schrifttum: Spyridakis, Zur Problematik der Sachbestandteile, 1966. – Serick, VerbindgsKlauseln als KreditsichergsMittel, BB **73**, 1405. – Pikart, Die Rspr des BGH z EigtErwerb durch Verbindg, Vermischg u Verarbeitg, WPM **74**, 650.

1) An zu wesentl Bestandteilen einer anderen Sache gewordenen u an untrennb vermischten od vermengten Sachen verschiedener Eigtümer kann entspr dem Grds des § 93 das bish Eigt nicht fortbestehen; das Gleiche bei Vermengg, da hier die Zuordng der einz Sachen nicht mehr bestimmb ist. Die Eigtümer der einzelnen Sachen werden Miteigtümer (§§ 947 I, 948) oder der Eigtümer der Haupts wird AlleinEigtümer (§§ 946, 947 II, 948). Bei der Verarbeitg muß das Eigt an Stoff dem Wert der Verarbeitg weichen (§ 950). Rechte Dritter erlöschen (§§ 949 S 1, 950 II) od bleiben nur am MitEigtAnteil bestehen (§ 949 S 2). Der Beeinträchtigte ist nach § 951 zu entschädigen.

2) Unterscheide davon EigtErwerb dch Einverleibg in Inventar, vgl § 588 Anm 3; § 1048 Anm 1; § 2111 Anm 4.

946 *Verbindung von Fahrnis mit Grundstücken.* Wird eine bewegliche Sache mit einem Grundstücke dergestalt verbunden, daß sie wesentlicher Bestandteil des Grundstücks wird, so erstreckt sich das Eigentum an dem Grundstück auf diese Sache.

1) Allgemeines vgl Vorbem.

2) Voraussetzg. Verbindg von Fahrnis mit Grdst als dessen wesentl Bestandt. Oder mit einem Gebäude, das wesentl Bestandt des Grdst ist. ZB Tankanlage des GaragenGrdst, RG **150**, 27. Oder mit eingetragenem Schiff (BGH **26**, 225; Motor wesentl Bestandt nach § 94 II). – Versorggsleitgen (Gas, Wasser) können unter den Voraussetzgen des § 95 Scheinbestandteile des Grdst sein, in denen sie liegen, damit aber Zubehör des WerkGrdst sein, BGH **37**, 353, 357/8; vgl BGH NJW **68**, 2331 (für priv Abwässerleitgen) u Willers Betr **68**, 2023. – Zum Eigt an Hausanschlußleitgen vgl Lenz, Betr **67**, 1972 (Wasserleitg: Gemeinde; Strom u Gas: Energieunternehmen). Vgl §§ 93–95. Gleichviel wer die Verbindg dieser Art herstellt; ob geschäftsfäh od berecht od gutgl od nicht; vgl aber § 951. Regelmäß ist auch der Wille belanglos, RG **152**, 352; anders in den Fällen §§ 94 II, 95: zur Herstellg des Gebäudes; zu einem vorübergehen Zweck (dies idR nicht bei Einfügg von Sachen unter EV, zB Heizkessel, Köln Rpfl **70**, 88; BGH WPM **74**, 126; Serick BB **73**, 1409); in Ausübg eines Rechts. Eigt am Behelfsheim erwirbt Bauherr, LG Hbg

§§ 946–948

MDR **47**, 122: uU anders, wenn es auf Dauer berechnet, BGH WPM **63**, 1066; Einzelfall entscheidet; so w wesentl Bestandteil, was Pächter in der berecht Erwartg einbaut, GrdEigtümer zu w, BGH WPM **72**, 389. Nachträgl Fortfall der Bestimmg z einem vorübergehenden Zweck (§ 95 I 1) od des fremden Rechts (§ 95 I 2) ändert dagg die EigtVerhältnisse nicht; str (vgl Gollnik AcP **157**, 469); BGH **23**, 57. Nachträgl Begründ eines derart Verh beseitigt die Wirkg des § 946 nicht v selbst, vielm ist Einigg u (so Pikart WPM **74**, 651) Trenng erf. Vgl im übr § 95 Anm 2, 3.

3) **Wirkg: a)** Bish FahrnEigtümer verliert sein Eigt; GrdstEigtümer erwirbt es im Ztpkt der Verbindg. Nach deren Aufhebg fällt es nicht von selbst wieder zurück, doch konkretisiert sich uU die Wertkondiktion des § 951 wieder auf den abgetrennten Bestandteil, der GrdstEigtümer erwirbt es im Ztpkt der Verbindg. Nachträgl Wegnahme durch den bish Eigtümer ist rechtsw; Ausn § 951 II. Zustimmg des GrdstEigtümers zur Entferng bereits verbundener Sachen ist dem HypGläub ggü nach §§ 1121, 1134 wirkgslos, RG **73**, 335. Versuchsweise Einfüg genügt nicht, RG LZ **15**, 213. Zwingende Vorschr, ebso wie § 93; entggstehende Vereinbarg wirkgslos, RG **130**, 312. Bei Verbindg einer Sache mit zwei fremd eigt Sachen erwirbt jeder GrdstEigtümer den auf seinem Grdst befindl Teil; über spätere Trenng vgl RG **70**, 201. Ausnahmen §§ 95 I 2. 912 I; EG 182; vgl § 912 Anm 4. Wegen § 242 bei völliger Umgestaltg vgl § 985 Anm 1.

b) Fehlvorstellgn über LeistgsBeziehgen vgl § 951 Anm 1c.

947 Verbindung von Fahrnis mit Fahrnis.

I Werden bewegliche Sachen miteinander dergestalt verbunden, daß sie wesentliche Bestandteile einer einheitlichen Sache werden, so werden die bisherigen Eigentümer Miteigentümer dieser Sache; die Anteile bestimmen sich nach dem Verhältnisse des Wertes, den die Sachen zur Zeit der Verbindung haben.

II Ist eine der Sachen als die Hauptsache anzusehen, so erwirbt ihr Eigentümer das Alleineigentum.

1) **Allgemeines**. Vgl Vorbem vor § 946. Liegen gleichzeitig die Voraussetzgen des **§ 950** vor, gilt nur § 950; OGH **2**, 389. – § 947 gilt nicht für **unwesentl Bestandteile**. Vorschr nicht dch SichgNehmer aus SichgÜEigng od VorbehVerkäufer zum Nachteil eines and Lieferanten abdingb, was prakt, wenn WertVerh des § 950 diesen ausschaltet u so zu § 947 führt, BGH JZ **72**, 165, dazu Serick BB **72**, 277; **73**, 1407.

2) **Voraussetzg**. Verbindg von Fahrnis mit Fahrnis. Auch mit Gebäuden, die nicht wesentl Bestandteile eines Grdst sind (§ 95 I). Gleichviel wer verbindet, Warn **29**, 161. Der Wille ist belanglos; Ausn §§ 94 II, 95 II. Im übr ist zu unterscheiden: **a) Erster Fall**: Entstehg einer neuen einheitl Sache. Die bisher selbständ Sachen werden wesentl Bestandteile (§ 93). ZB ZusBau von Eisenteilen zu einem Brückenkörper, RG **132**, 348. Konservendosen u Füllgut, LG Brschw MDR **50**, 740. Über den ZusBau von Kraftwagen RG **144**, 239; Lechner JW **34**, 2540; OGH **2**, 389; Stgt NJW **52**, 145; KG NJW **61**, 1026; Lange MDR **51**, 165; auch Anm 2 b.
b) Zweiter Fall: Eine Sache wird Hauptsache, die andere ihr wesentl Bestandteil. Maßgebd ist die nach der Verkehrsauffassg zu beurteilende allg Bedeutg der Teile für das Wesen (Funktion) des Ganzen, nicht (jedenf nicht entscheidend) das WertVerh, RG **152**, 99. Nebensachen sind Bestandteile, die ohne Beeinträchtigg der prakt Verwendbark der Sache fehlen könnten, BGH **20**, 163. Beispiele für den 2. Fall: Briefmarkensammlg u die einzelnen eingeklebten Marken, Dresden SeuffA **73**, 196; Wildling u aufgepfropftes Edelreis, RG JW **28**, 2448. Fahrgestell eines Wagens meist (aber nicht immer, Karlsr NJW **51**, 447; KG NJW **61**, 1026) Hauptsache; Kbg JW **34**, 2540 Anm. Über Motor des Kfz BGH **18**, 227; Köln Betr **63**, 727 (nichtwesentl Bestandt); vgl auch § 93 Anm 7; über Schiffsmotor vgl § 946 Anm 2.

3) **Wirkg: Fall 2a: Miteigentum** (§§ 741ff, 1008ff). Entspr dem WertVerh der selbständigen Sachen zZ der Verbindg. § 742 gilt nicht; jeder MitEigtümer muß seinen Anteil beweisen, RG **112**, 103. **Fall 2b: Alleineigentum**, d h fortbestehdes Eigt an der Hauptsache, das sich auf die Nebensache erstreckt, dazu Serick BB **73**, 1406. – Zwingende Vorschr (§ 946 Anm 3). Abweichde Regel nur nach §§ 929 ff. – Wertausgleich § 951. – Tritt durch nachträgl Trenng früherer Zustand wieder ein, so bleiben die einzelnen Sachen im Mit- od AlleinEigt. Aber der früh Eigtümer kann jetzt die ihm früher gehörige Sache kondizieren; vgl § 946 Anm 3, § 951 Anm 2a.

948 Vermischung.

I Werden bewegliche Sachen miteinander untrennbar vermischt oder vermengt, so finden die Vorschriften des § 947 entsprechende Anwendung.

II Der Untrennbarkeit steht es gleich, wenn die Trennung der vermischten oder vermengten Sachen mit unverhältnismäßigen Kosten verbunden sein würde.

1) **Untrennb Vermischg od Vermengg** (fakt od – Abs 2 – wirtschaftl). **a)** Bei **Vermischg** verlieren die Sachen die körperl Abgrenzg (Gase, Flüssigk), bei der **Vermengg** behalten sie diese, lassen sich aber nicht mehr als einz dem bish AlleinEigtümer zuordnen; zB Getreide, auch Tiere RG **140**, 159. – SondFälle des **HandelsR**s Anm 2.

b) Wirkg: Bei Vermischg wie bei Vermengg: § 947 I, also BruchtMitEigt an jeder der vermengten Sachen nach dem WertVerh zZ der Vermengg; wg der Beschrkg der Vfg über den Anteil an den Einzelsachen (nicht am Gesamtbestand des Bruchts, vgl Übbl 3e vor § 90) nimmt Schulze-Osterloh aaO (Schrifttvor § 1008) auch hier gg hM gesthänd Bindg an.

c) Anwendg von **§ 947 II** str; dafür W-Raiser § 72 III 1; Staud-Berg Rdz 1b; Soergel-Mühl Rdz 6; Erm-Hefermehl Rdz 3; verneint: Baur § 53a III 2; Westermann § 52 III; RGRK Anm 1; hier bis zur 32. Aufl.

hieran w nicht festgehalten. Richt w sein, die VerkAnschaug entscheiden zu lassen u zwar bei großen Wert- od Mengenunterschieden: Wasser zu Wein, 1 Sack Weizen zu einem Waggon davon; doch muß sich die eine Sachgesamth augenfäll als Hauptsache abheben.

d) Ist WertVerh nicht zu ermitteln, greift nach BGH NJW **58**, 1534 (zust Hoche in Anm; RGRK Rdz 4, 11; Soergel-Mühl Rdz 4; Staud-Berg Anm 1a) § 742 nicht, auch nicht als Aushilfsnorm ein (so aber Westermann § 52 III a; Flume NJW **59**, 922; W-Raiser § 72 Fußn 13; Spyridakis aaO S 110 u – für nichtbesitzde Vermengde Erm-Hefermehl Rdz 2); denn § 948 ist Sondernorm u die dingl RLage bei nichts, wie die Durchsetzg eines dingl Anspr, von der BewFällig abhängen (BGH, Hoche je aaO); desh kann auch § 1006 nicht schlechth entscheiden (vgl Westermann aaO). Sow das WertVerh nicht zu ermitteln, geht dies vielm zum Nachteil des BewPflichtigen, der aber uU BereicherungsAnspr dchsetzen kann, wenn er wenigstens seinen Anteil im Ztpkt der Vermengg nachweisen kann.

e) BGB regelt die Vermengg von **Geld** nicht gesondert. Grdsätzl allg Regeln. Doch gibt das überw Schriftt (u zwar nicht nur die Vertreter der Wertvindikation, vgl § 985 Anm 3c) im Anschl an Heck SR § 62, 3 jedem besitzden MitEigtümer entspr HGB 419 ein einseit TeilgsR (vgl Erm-Hefermehl Rdz 5).

f) § 948 gilt nur, wenn die Vermischg nicht die Übergabe nach § 929 darstellt.

2) Gesetzl geregelte Sonderfälle: § 963 BGB; § 419 HGB-Sammellager –; §§ 23, 28 OrderlagerScheinVO v 16. 12. 31; §§ 2–17 DepG; für vertrebt WertP in Sammelverwahrg gilt DepG 6 II; für nicht vertretb § 948; vgl Einf 3a bb vor § 1008.

949 *Rechte Dritter.* **Erlischt nach den §§ 946 bis 948 das Eigentum an einer Sache, so erlöschen auch die sonstigen an der Sache bestehenden Rechte. Erwirbt der Eigentümer der belasteten Sache Miteigentum, so bestehen die Rechte an dem Anteile fort, der an die Stelle der Sache tritt. Wird der Eigentümer der belasteten Sache Alleineigentümer, so erstrecken sich die Rechte auf die hinzutretende Sache.**

1) S 1. In den Fällen der §§ 946, 947 II erlöschen mit dem Eigt an der einen Sache die Rechte Dritter daran endgültig. Entspr gilt für das VerfolggsR aus KO 44 (Planck Anm 1c). – **S 2.** In den Fällen der §§ 947 I, 948 (MitEigt) setzen sich die Rechte Dritter an dem betr EigAnteil fort (vgl auch §§ 1066, 1258). Entspr Anwendg bei Sammelverwahrg (DepG 6). – **S 3.** Erstreckg der Rechte am Grdst (§ 946) u der Haupts (§ 947 II, § 948) auf die verbundene (vermischte) Sache.

2) Für AnwartschR an einer der Sachen § 949 entspr; VergütgsAnspr, § 951, gg Eigtümer u Anwärter entspr § 431, so Serick, EigtVorbeh I § 15 VII 2a.

3) § 949 entspr, wenn alle Sachen dem gleichen Eigtümer gehören. Im Falle Satz 2 bestehen die Rechte Dritter (Nießbr, PfdR) an dem Anteil fort, der dem Wert der belasteten einen Sache entspricht: vgl RG **67**, 425.

4) § 935 iVm §§ 946ff: Bei § 946 scheidet § 935 begriffl aus (beachte aber § 951 Anm 1d cc); war iFv § 947 II die Haupts abh gekommen, gilt § 935 auch für die zugesetzte Sache; war iFv §§ 947 I, 948 ein Bestandt od eine Teilmenge abh gekommen, ergreift § 935 nicht den ihr entspr MitEigtBruchteil, so daß gutgl Dritter gem § 932 erwerben kann, KG OLG **12**, 125; LG Bielefeld MDR **51**, 164; RGRK Anm 3; Erm-Hefermehl § 947 Rdz 4; str, aA Soergel-Mühl Rdz 3; Staud-Berg Anm 1f; Westermann § 52 I 4.

950 *Verarbeitung.* **I Wer durch Verarbeitung oder Umbildung eines oder mehrerer Stoffe eine neue bewegliche Sache herstellt, erwirbt das Eigentum an der neuen Sache, sofern nicht der Wert der Verarbeitung oder der Umbildung erheblich geringer ist als der Wert des Stoffes. Als Verarbeitung gilt auch das Schreiben, Zeichnen, Malen, Drucken, Gravieren oder eine ähnliche Bearbeitung der Oberfläche.**
II Mit dem Erwerbe des Eigentums an der neuen Sache erlöschen die an dem Stoffe bestehenden Rechte.

Aus dem Schrifttum: Laufke, Festschrift für Hueck Seite 69; Neumann-Duesberg, Verlängerter Eigentumsvorbehalt des Baustofflieferanten, Betr **65**, 1845; Serick I § 15 VI 2b; ders, Konfliktloses ZusammenTreffen mehrerer Verarbeitsklauseln, BB **72**, 277; ders, Kollisionsfälle im Bereich der Verarbeitsklauseln, BB **75**, 381; Rothkegel, EigtErwerb dch Verarbeitg, 1974.

1) Allgemeines. Vgl Vorbem v § 946. § 950 löst kein sozial- sond ein wirtschpolit Problem: den Interessenkonflikt zw dem Rohstofflieferanten u dem Hersteller, bzw zw Hersteller der niederen u der höheren Produktionsstufe, zG des Herstellers, BGH **56**, 88. – § 950 geht den §§ 947, 948 vor, RG **161**, 113; z Abgrenzg Serick BB **73**, 1405. – Vergütg: § 951, wobei § 993 die Haftg des Verarbeitden aus §§ 812, 818 (EingrKond – ohne Abzug der Erwerbskosten –) nicht ausschließt, BGH **55**, 176 (Anm Ehmann NJW **71**, 612); gutgl Erwerber gestohlener Sache hatte sie verarbeitet. – SonderVorschr f besondere spaltb Stoffe EuratomVertr, BGBl 1957 II 1014, Art 86.

2) Voraussetzgen. a) Verarbeitg oder Umbildg eines oder mehrerer Stoffe. Fehlt die ArbLeistg od ist sie gering, gilt § 950 nicht; also nicht beim Wachsen veredelter Pflanzen, RG JW **28**, 2248. Anders beim Ausbrütenlassen fremder Eier, Joerges Recht **16**, 642. Geschfgk nicht nötig, weil die Verarbeitg weder RGesch noch RHdlg ist. Unerhebl, ob die Stoffe einem od mehreren Eigtümern gehören, RGSt **18**, 567.
b) Herstellg einer neuen bewegl Sache. Das gilt auch für die Beispiele in I S 2 (auch Photographie, Hbg HEZ **3**, 31). Neuheit wirtschaftl zu verstehen; also idR Erzielg höherer Produktionsstufe, damit auch

§ 950 2, 3   3. Buch. 3. Abschnitt. *Bassenge*

Halbfabrikate (vgl Serick I § 15 VII 2 b; vgl Hofmann NJW **61**, 1246); diese meist unter Formveränderg; Anhalt gibt oft neue Bezeichng im Verkehr. Neuheit zu verneinen: bei bloßer Reparatur, RG **138**, 50 (Ausbessern alten Bildes); Wiederherstellg von Maschine, OGH NJW **50**, 542, od Auto, KG JR **48**, 191, selbst bei starker Beschädigg; bei Veränderg gestohlenen Wagens, KG NJW **61**, 1026; bei Einschmelzen von Metall, Dreschen von Korn; beim Umbau von Autobus in Lkw, Oldbg RdK **50**, 79 (and bei Bau eines Schiffes aus Wrackteilen, Hbg VRS **1**, 320); beim Zerschneiden eines Bildwerkes in einzelne Bildergruppen (RGSt **57**, 160); Mästen von Jungtieren (BGH NJW **78**, 697).

3) Wirkg. a) Der Hersteller erwirbt endgültig Eigentum. Auch der bösgläubige. Selbst wenn der Stoff gestohlen war. Insoweit § 950 zwingd. Dies schließt aber nicht aus, daß für die Frage, wer Hersteller ist, der Parteiwille u die Verkehrsanschauung maßg sein können. – **aa) „Hersteller"** ist nicht nur, wer eigenhändig anfertigt, BGH **14**, 117, sond auch, wer herstellen läßt, dh wer sich eines anderen zur Anfertigg bedient, der im Rahmen der ihm übertragenen Tätigk handelt. Hersteller ist also nicht der im Betr Angestellte (Fabrikarbeiter, Handwerksgehilfe), RGSt **55**, 50, idR (RGRK Anm 14) nicht der Heimarbeiter, sond der Inhaber des Unternehmens. Hersteller kann auch der **Besteller** sein, wenn Verarbeitg in seinem Auftr u mit von ihm gelieferten Stoffen erfolgt. Eigt am Maßanzug erwirbt daher der Besteller, wenn er den Stoff liefert (WerkVertr, vgl PfdR des § 647), sonst der Schneider (WerklifergsVertr); dieser auch, wenn er zB Kommissionsware verwendet. Rechtswirksamk des Werkvertrages nicht erforderl, Staud-Berg Anm 14, 15; Ausgleich dann über Leistgskondiktion, § 812 I 1. – **bb)** Soll aber ein **Dritter** Eigt erwerben, zB der **Rohstofflieferant** (ohne VerarbeitgsAuftr), so ist dies nur mittels Besitzkonstituts (Sicherungsübereignung, § 930) mögl. Nur so kann der verlängerte EigtVorbehalt des Lieferanten (ohne Verarbeitgsauftrag) od die Abrede mit dem Geldkreditgeber, dem der Rohstoff sicherungsübereignet ist, diesem das Eigt am ArbProdukt verschaffen; so auch Westermann § 53 III 2e; Planck-Brodmann 1c; Erm-Hefermehl Rdz 7; Schlegelberger-Hefermehl HGB § 368 Anm 70f; Eichler II 1 Seite 75; Larenz II § 43 II d 2; Säcker JR **66**, 51. Besteht das Arbeitsprodukt aus dem Rohstoff mehrerer Lieferanten mit **Verarbeitgsklauseln**, gelten die Grdsätze üb das Zusammentreffen mehrerer Sicherungsübereignungen (vgl Westermann § 53 III 2e aE); nach der hier vertr Auffassg erwirbt der DurchgangsEigt (vgl Baur § 53b III 3). – **cc)** and die **hM**; sie bejaht Wirksamk der Verarbeitgsklausel, damit unmittelb Eigt-Erwerb des (der) Rohstofflieferanten am Endprodukt. **Begründung** verschieden: Rechtsspr hält zwar an der Unabdingbark in § 950 ausgesprochenen Zuordng fest, für wirks jedoch Parteivereinbargen darü, wer Hersteller sein solle. BGH **14**, 117 sieht als Hersteller von Malz den Malzverkäufer von Braugerste an, der sich das Eigt vorbehalten hatte derart, daß Vorbeh auch bei Verarbeitg wirks bleiben sollte, u der die Gerste auf Veranlassg des Käufers unmittelb an die Malzfabrik geliefert hatte, mit der der Käufer den MälzgsVertr geschl hatte; Begründg: die Fabrik habe die Gerste für den Verk verarbeiten u jeder Beteiligte die EV des Verk erhalten wollen. BGH **20**, 163 nimmt noch weitergehd den unter EV Liefernden als Hersteller an, sofern Verarbeitg wie vorausgesetzt erfolgt u zwar ohne Rücks auf entggstehenden Willen des Fabrikanten. Vereinbg von MitEigt in Abänderg des § 950 w für wirks gehalten; BGH NJW **64**, 149 (im Verhältn der VorbehWare zu den anderen verarbeiteten Sachen); auch Neust NJW **64**, 1802 (Lieferant u Verarbeiter können als Mithersteller MitEigtQuote frei bestimmen). Zum zuläss Inhalt einer Verarbeitgsklausel BGH **46**, 117; Zuläss hiernach Klausel, daß sich MitEigt eines Rohstofflieferanten nach dem Verhältn des Werts seines Rohstoffes zum Wert des Fertigfabrikats od des Werts seines Rohstoffes u des Verarbeitgswerts zum Wert des Fertigfabrikats bestimmt, nicht aber können Lohnaufwand u Betriebskosten als BemessgsGrdlage für seinen behaupteten EigtAnteil genommen w (zu unsichere Bestimmbark). Wird die neue Sache aus Stoffen verschiedener Lieferanten hergestellt, so kommt es zunächst auf den Inhalt des EV u der Verarbeitgsklauseln im einzelnen an; mangels bes Abreden entsteht Mit- od AlleinEigt entspr §§ 946, 947. Konflikte mögl, wenn die unabhäng voneinander vereinb Klauseln zus mehr als den Gesamtwert des Produkts ergäben; zur Berechng dann vgl Serick BB **72**, 283. Wegen Krankenhauskartei BGH NJW **52**, 662. – **dd)** Folgerichtiger dann aber, § 950 schlechthin für dispositiv zu halten (RG **161**, 113; Flume NJW **50**, 841; Soergel-Mühl Rdnr 3; Baur § 53b I 3), mit der Begründg, der dch § 950 zu lösde Konflikt zw Hersteller u Rohstofflieferanten bestehe gar nicht, wenn jener nicht für sich verarbeiten wolle. Konkurrenz mehrerer Verarbeitgsklauseln: wie oben cc) aE. – **ee)** Zweifellos entspricht das zu cc) in der Rspr gewonnene Ergebn den wirtschaftl Interessen der Rohstofflieferanten, meist aber auch der Gläub des Herstellers. Wenn BGH (**20**, 159) die Lebensanschauung entscheiden lassen will, wer Hersteller sei, so entspricht es dieser sicherl nicht, eine Mehrh von Rohstofflieferanten als gemeins Hersteller des Endprodukts anzusehen (vgl Möhring, NJW **60**, 697). Auch wird, welcher Einwand auch ggü der Lehre Flumes (oben dd) gilt – der in § 950 im Interesse des allg RVerk doch auch eingebaute Publizitätsgedanke völl vernachlässigt. Die Forderg Westermanns nach objektiven Kriterien ist daher berecht (so auch Erm-Hefermehl aaO; W-Raiser § 73 Fußnote 16). Leitgedanke: Eingliederg des verarbeitden Betriebes in den Wirtschaftsablauf; verarbeitet er in der Regel für sich, um das Produkt abzusetzen, dann ist er Hersteller; verarbeitet er auf Veranlassg von Bestellern regelmäß für andere, sind diese Hersteller. Dem ist trotz Abgrenzgsschwierigkeiten im einzelnen zuzustimmen. – **ff)** Über das ZusTreffen des erweiterten (verlängerten) EV des Rohstofflieferanten mit Sichgsvorauszession der KaufprFdg für das Produkt an Kreditbank vgl § 929 Anm 6 A aE; § 455 Anm 2 b; § 398 Anm 3 e; neuerd bei dazw fallder VerglBestätigg BGH Betr **70**, 1429. – **gg)** Im Konk des Verarbeitden nur Absonderg für Rohstofflieferanten, vgl B-St KO § 43 Anm 3a; hat KonkVerw diese bei verlängertem EV dch Einziehg der Fdg vereitelt, hat Gläub entspr KO 46 ErsAussondersR, BGH NJW **71**, 612.

b) Die dingl Rechte am Stoff (auch AnwR) **erlöschen, II.** Auch bei Verarbeitg eigenen Stoffes; einschränkd RGRK Anm 31: nur wenn das dingl Recht des Dritten seiner Art nach mit dem Wesen der durch die Verarbeitg entstandenen neuen Sache nicht vereinbar ist. Bei einheitl Verarbeitgsvorgang greift Verarb-Klausel erst **mit Abschluß** der Verarbeitg ein; bis dahin bleibt EV bestehen, BGH JZ **72**, 165, dazu Anm 3c.

c) Ausnahme. **Erhebl geringerer Wert der Verarbeitg**; zB die von Häuten zu Leder, Schlesw Schl-HA **56**, 239. Maß gibt der Wert der neuen Sache abzügl des Werts aller (alten u neuen, also auch der dem Verarbeitden gehörenden) Stoffe, BGH **18**, 228. Dabei entscheidet der Wert der Ausgangsstoffe der Verarbeitg,

Eigentum. 3. Titel: Erwerb u. Verlust d. Eigentums an bewegl. Sachen §§ 950, 951

zB eines Halbfabrikats, str. And, wenn GrdStoff mehrere Stufen einheitl Verarbeitg dchläuft (Kohl-Sauerkraut-Konserve), BGH JZ **72**, 165; maßgebd Wert des Kohls. Verhalten sich Stoff- u Verarbeitgswert wie 100:60, schließt die § 950 aus; dann §§ 947–949. Reine ArbKosten oft nur ein Faktor der Verarbeitgskosten, BGH **56**, 88; beachte § 947 Anm 1. Beweispflichtig ist der Gegner des Herstellers. – **d)** Ausschl des Rücktritts: § 352, der Wandlg: § 467.

951 *Entschädigung für Rechtsverlust.* I Wer infolge der Vorschriften der §§ 946 bis 950 einen Rechtsverlust erleidet, kann von demjenigen, zu dessen Gunsten die Rechtsänderung eintritt, Vergütung in Geld nach den Vorschriften über die Herausgabe einer ungerechtfertigten Bereicherung fordern. Die Wiederherstellung des früheren Zustandes kann nicht verlangt werden.

II Die Vorschriften über die Verpflichtung zum Schadensersatze wegen unerlaubter Handlungen sowie die Vorschriften über den Ersatz von Verwendungen und über das Recht zur Wegnahme einer Einrichtung bleiben unberührt. In den Fällen der §§ 946, 947 ist die Wegnahme nach den für das Wegnahmerecht des Besitzers gegenüber dem Eigentümer geltenden Vorschriften auch dann zulässig, wenn die Verbindung nicht von dem Besitzer der Hauptsache bewirkt worden ist.

Schrifttum: Vgl Einf 1 vor § 985. – Wolf AcP **166**, 188; Jakobs AcP **167**, 350; ders, Die Verlängerg des EigtVorbeh u der Ausschl der Abtretg der WeiterveräußergsFdgen, JuS **73**, 159. – Klinkhammer Betr **72**, 2385; Huber JuS **70**, 342, 515 (Bau auf fremdem Boden). – Reeb, Grundfälle zum BereicherungsR, JuS **73**, 227. – Vgl auch Wilhelm JuS **73**, 1. – Schopp, Die Anspr aus Verwendgen u Wegn von Einrichtgen beim EigtWechsel, ZMR **69**, 257. – Lorenz, Zur Frage des bereicherungsrechtl „DchGriffs" iF des Doppelmangels, JZ **68**, 51. – Canaris, Der BereicherungsAusgl im DreipersonenVerh, Festschr Larenz 1973, S 799 ff. – Pikart WPM **74**, 654 (**Rspr**). – Götz, Der VergütgsAnspr gem § 951 I 1 BGB, 1975.

1) Allgemeines: a) § 951 regelt den schuldrechtl Ausgl zw dem, der aGrd der §§ 946–950 Rechte verliert u dem, der hierdch gewinnt; Schutznorm für Bereicherten gg RestitutionsAnspr des Entreicherten, BGH WPM **72**, 389. RechtsfortwirkgsAnspr. Rechtsgrundverweisg: § 951 schafft keinen Anspr, der nur gem §§ 818 ff abzuwickeln, sond erfordert zudem den vollen Tatbestand des § 812 (h L, BGH **55**, 176, 177). § 951 gleicht nur **Eingriffskondiktion** („in sonstiger Weise"), vgl Baur/Wolf JuS **66**, 394 mit Nachweisen. Ist die Vermögensverschiebg Gegenstand einer Leistg, also einer zweckgerichteten Mehrg fremden Vermögens (BGH **40**, 272), dann Ausgl nach GrdGesch. § 951 **abdingb**, BGH NJW **59**, 2163, WPM **72**, 389. Zum **Bau auf fremdem Boden** s Anm 1 f, 2 c aa, bb.

b) § 951 gilt also nicht, wenn der Verlierde die Vermögensverschiebg im Rahmen einer bestehenden od auch nur vermeintl Leistgsverpflichtg (zB WerkVertr) vornimmt, mag diese auch nicht dem Gewinnden, sond einem Dritten ggü bestehen, BGH **27**, 326; **LM** § 812 Nr 14; Hamm MDR **74**, 313. – **aa)** Baut Handwerker H auf Veranlassg des Bauunternehmers U, der auf dem Grdst des E ein Haus baut, eigenes Material ein, so hat H keinen BereicherungsAnspr gg E, da er für Rechng des U geleistet hat, von dem er vertragl Ausgl bekommt; **bb)** ist dieser Vertr U-H unwirks, hat H gg U nur gg ihn LeistgskondiktionAnspr nach § 812, nicht EingriffskondiktionAnspr nach § 951, hM; BGH **36**, 32. Der Umfang str: nach BGH aaO ist U nur um die Befreiung von seiner LeistgsPfl ggü E bereichert, nach v Caemmerer JZ **62**, 386; Berg JuS **64**, 138 um den gemeinen Wert der Arbeit. – **cc)** Sind beide Verträge (H-U, U-E) unwirks, so gibt die hL dem Verlierden (H) über den Leistden (U) hinweg unmittelb den Durchgriff gg den Gewinnden (E). Erkennt aber die hL an, daß die EingriffskondiktionAnspr der Leistgskondiktion subsidiär ist, so müßte auch dieser Fall im Rahmen der zweifachen Leistgsbeziehg H-U und U-E rückabgewickelt werden (so Erm-Hefermehl § 951 Rdz 6; Berg AcP **160**, 512 ff; Kötter AcP **153**, 216; Baur § 53c II 2b cc; Lorenz aaO; zuneigd wohl auch BGH **48**, 70; vgl neuerd Canaris aaO, der für die Zulässigk des DchGriffs darauf abstellt, ob nur das KausalVerh od das dingl RGesch (§ 935 I) nicht zum Erfolg führte. Vgl aber auch § 812 Anm 5 B b dd, ee weit Nachw.

c) Bei Fehlvorstellgen der Beteiligten über die Leistgsbeziehgen (s § 812 Anm 5 B b) entsch nicht die – innere – Vorstellg des Zuwendden (so Staud-Seufert § 812 Rdnr 23c; Scheffler in RGRK § 812 Anm 88; Berg NJW **64**, 720, Wilhelm aaO; Flume § 47 Fußn 20 a), sond es ist nach den Grdsätzen der §§ 133, 157 darauf abzustellen, ob der Empfänger hiernach die Leistg des Verlierden (H) als Erfüllg der LeistgsPfl eines Dritten (U) ansehen durfte (BGH **40**, 272/278; **67**, 232/241; Baur § 53 II 2 c, aber auch Ehmann NJW **71**, 612). Dies ist für den Zuwendden nicht unbill, da er diese irrige Meing des Empfängers dch Klarstellg des Eigenleistgswillens zerstören kann, wodch er selbst die Leistgskondiktion gg den Gewinner erhält.

d) Umstr, inwieweit der dch §§ 946, 950 sein Eigt Verlierde sein Interesse iW der EingrKondiktion bei dem unmittelb Gewinnden suchen muß u kann od ob dies ausgeschl, wenn das verlorene Eigt Ggst von Leistgsbeziehgen war. Trat der Verlust ein, ohne daß der Verlierde die VermVerschiebg als Leistg (für sich od Dritten) zweckgerichtet in den RVerk brachte, steht dies im Widerspr zum Zuweisgsgehalt des Eigt; Ausgl also über **EingrKondiktion**. – Nach BGH **40**, 272 (unter Berufg auf Esser, Fälle aus dem SchR Nr 21) EingrKond nur, wenn der BereicherungsGgst bei niemandem verkehrsfähig e ist. In dieser Allgemeinh unzutr, wie sich aus ff **GrdFällen** ergibt: **aa)** Dieb verarbeitet dem A gestohlenes Leder u w gem § 950 originär Eigtümer des Produkts. Er haftet – von §§ 823 ff abgesehen – auch aus §§ 951, 812. Hatten (jew unwirks, § 935) Dieb an B, dieser an C veräußert, der nun gem § 950 Eigt erwirbt, so ist C, wie er vor der Verarbeitg dem § 985, so nun in Fortwirkg der Vindikation der EingrKond des A ausgesetzt, BGH **55**, 176 (Jungbullenfall). Doch hat A die Wahl: Er kann auch die unwirks Vfg des B genehmigen u bei diesem gem § 816 I kondizieren; dem steht der der zweit originäre

1019

§ 951 1, 2

EigtErw dch C nicht entgg, BGH **56**, 131. Dem C hilft die Leistgsbeziehg zu B nichts, da die Leistgskette nicht weiter bis zum verlierdn A führt (vgl Weitnauer DNotZ **68**, 707; **72**, 377; Ehmann NJW **69**, 398 Fußn 39). – **bb)** Gleiches muß gelten, wenn BauUntern B gestohlenes Material aGrd WerkVertr mit C in dessen Haus einbaut (§ 946); auch hier kann A entspr § 816 bei B liquidieren, wenn auch der Einbau aGrd WerkVertr keine rechtsgesch Vfg ist; so zutr Erm-Hefermehl § 951 Rdz 8; vgl v Caemmerer, Ges Schr I S 267 zu Fußn 217; Canaris aaO S 853ff; Medicus § 28 V 4. Wählt A die Kondiktion gg C, muß dieser aGrd RMängelgewähr im WerkVertr Rückgr gg B nehmen; das ist dem WerkVertr nicht fremd, vgl Vorbem 2 vor § 633. – **cc)** Leihnehmer unterschlägt B Eigt des A, indem er es aGrd WerkVertr mit C in dessen Haus einbaut (§ 946). Auch hier keine zweigliedr Leistgskette A–B–C, da Leihe keine Sachleistg bezweckt. Also §§ 951, 812 gg C? Ungereimt, da er bei Übereign nach § 929 u eigenhänd Einbau dch § 932 abgeschirmt wäre. Desh wendet Schrifft weitgehd (v Caemmerer aaO; Erm-Hefermehl Rdz 8; Westermann § 54, 3 aE; Larenz II § 68 III d 2; aA W-Raiser § 74 I 3; Soergel-Mühl Rdnr 9; krit Jakobs JuS **73**, 153; vgl auch Berg AcP **160**, 505; offen BGH **56**, 228) § 932 entspr an, so daß, wenn dessen Voraussetzgen bei rechtsgesch Erw erfüllt wären, A nur gg B aus § 816 (neben Vertr u Delikt) vorgehen kann. Dem ist zuzustimmen. – **dd)** A liefert dem BauUntern B Baustoff unter EV, den dieser aGrd Werk-Vertr ins Haus des Bauherrn C einbaut. War B hierzu befugt, dann kann die Abwicklg des VermVerschiebgen nur über die beiden Leistgsbeziehgen A/B u B/C erfolgen: also keine EingrKond gg C gem §§ 951, 812. – **ee)** Wie aber, wenn B unbefugt einbaut, weil C die WerklohnFdg des B vinkuliert (§ 399 Fall 2) u damit für A verlängertem EV dchkreuzt hatte? BGH **56**, 228 sieht mit dem überw Schriftt (Nachw dort) die, wenn auch verletzte Leistgsbeziehg A/B als entscheid an: habe A auch dem Einbau seines Eigt im konkreten Fall nicht zugestimmt, habe er doch den BereichersGgst in Verk gebracht, der dann in doppelter Leistgskette A–B–C in dessen Eigt gelangt sei. AA zB Huber NJW **68**, 1905; W-Raiser § 74 I 3; krit auch Jakobs aaO. Doch ist dem BGH zuzugeben, daß der Verlierde das KondiktionsObj in LeistgsVerk gebracht, sein Interesse also bei sich seinem VertrPartner zu suchen h, u damit aus diesem primären Grd keine (subsidiäre!) EingrKond gg C gegeben ist. – **ff)** Zur etw Deliktshaftg des Bereicherten in solchen Fällen vgl BGH **56**, 228. Er ist Teilnehmer am Tun des B; daß er den Einbau geduldet, kann ihm nicht als Unterlassg angerechnet w, da die Vinkulierg ihn nicht zum Handeln ggü A verpflichtete.

e) Hatte Unternehmer U zwar aGrd Vertrages mit E, aber ohne dessen Vollm den Vertr mit H namens des E geschlossen, so hat nach BGH **36**, 35; **40**, 272 (hierzu Berg NJW **64**, 720); **67**, 232/241 H keinen BereichersAnspruch gg E, weil E die Leistg, aus seiner Sicht betrachtet, nicht von H, sond von U erhalten habe; gg diese Begründg Flume JZ **62**, 282 Anm 14; Berg JuS **64**, 140; Ehmann NJW **69**, 398, 401.

f) Nicht selten **baut** jemand **auf fremdem Grdst** in der dem Eigtümer bekannten Erwartg, dieses später zu erwerben (forml Verspr des GrdEigtümers auf Übertr unter Lebden od von Todes wg, vgl BGH **35**, 356 = **LM** § 818 Abs 2 Nr 11 Anm Rietschel; NJW **70**, 136; **LM** § 812 Nr 84, wo BGH iF nicht zu Ende geführter VertrVerhandlgen Abwicklg des Fremdbaus über ergänzde VertrAusslegg od Wegfall der GeschGrdLage ablehnte u – von etw Versch bei VertrSchluß – ebfalls über BereicherungsR löste). Hier str, ob dem Bauenden EingrKondiktion, § 812 I 1 Fall 2, od LeistgsKondiktion, § 812 I 2 Fall 2, zusteht. Letzteres vertrat urspr BGH (**35**, 356; **44**, 321; **LM** § 812 Nr 84, grdsätzl zust Huber JuS **70**, 520). Krit vielf das Schrifft; vgl Nachw in BGH NJW **70**, 136, wo die Frage offen blieb. Für Leistgskondiktion eigener Art neuerd Klinkhammer Betr **72**, 2385. – Zum **Umfang** der Bereicherg u dem **Zeitpunkt** ihrer Wertberechng vgl unten Anm 2c, aa, bb.

2) I. Schuldrechtlicher Bereicherungsanspruch. a) Anspruchsberechtigt ist, wer Eigt od ein dingl Recht an der Sache völlig verloren hat, nicht wer statt des AlleinEigt MitEigt erwirbt, §§ 947 I, 948, od wessen Recht sich an einem MitEigtAnteil fortsetzt, § 949 S 2.

b) Anspruchsverpflichtet ist, wer kraft Gesetzes das Eigt an der neuen Sache erworben hat. Nicht der dingl Berecht, dessen Recht sich nach § 949 Satz 3 auf die ganze Sache erstreckt, RG **63**, 423 (str); vgl auch § 949 Anm 4 (AnwR). Veräußert der Gewinner die Sache, bleibt er weiter verpflichtet (§ 818 II), nur unter den Voraussetzgen des § 822 haftet der Beschenkte aushilfsw, BGH WPM **72**, 389. MitEigtümer (§ 1008) haften nicht samtverbindl, sond entspr der Bereicherg ihres Anteils, BGH WPM **73**, 71.

c) Inhalt des Anspruchs: Nur auf **Vergütung in Geld** (I S 2, and § 818 I).

aa) Maß gibt grdsätzl der Wert im **Zeitpunkt** des RVerlusts, RG **130**, 313, wenn also zB das Bauwerk fertig (BGH NJW **54**, 265; **LM** Nr 16; BGH **10**, 180), der Weiterbau aufgegeben ist (NJW **61**, 1251; **LM** Nr 14). Doch läßt die Rspr mancherlei Abweichen vom Grds zu (vgl die sorgfält Zusammenstellg Klauser NJW **65**, 513/517 Fußnoten 54 bis 61). Kommt allerd der Eigtümer (Gewinner) erst nach dem Ztpkt des dingl RVerlusts wieder in die Lage, die Sache (Grdst) nutzen zu können, gilt dieser spätere Ztpkt für den Umfang der Bereicherg (Klauser aaO; Westermann § 54, 5; BGH **10**, 171/180; **LM** Nr 14; Erm-Hefermehl Rdz 11. – Bedeutet der Verweisg in § 951 I 1 im Einzelfall Rückabwicklg mittels der LeistgsKond wg Zweckverfehlg, gibt der Ztpkt Maß, in dem diese feststeht; so BGH **35**, 156 für die oben Anm 1f gen Fälle, was folgericht zur Anwendg auch des § 818 I führt (dazu Rietschel Anm **LM** § 818 Abs 2 Nr 11 = BGH **35**, 356). Auch wenn man diese Fälle nicht mehr mit der oa LeistgsKond, sond mit EingriffsKond lösen will (insow offen nun auch BGH NJW **70**, 136, 137), bleibt Ergbn hins des Ztpkts das näml: entscheid für die Wertberechng der Bereicherg das Ende der Schwebezeit, währd den die Entreicherte noch mit dem Erwerb des bebauten fremden Grdst rechnete, BGH aaO. – Vgl § 818 Anm 5d.

bb) Umfang: Maß gibt der Vermögenszuwachs (Steigerg des VerkWerts, BGH WPM **73**, 71, 73) des Bereicherten, der den Verlust des Entreicherten übersteigen kann (BGH **17**, 236). Nach BGH **LM** Nr 16 u BB **68**, 400 sind ausschließl objektive Gesichtspkte entscheid: bei **Bau auf fremdem Boden** die Erhöhg des gemeinen VerkWerts, den die objektive Ertragsfähigk bestimmt, BGH **17**, 236; **LM** Nr 14; aA insow (Begrenzg dch die aufgewendeten Kosten) Klauser NJW **65**, 313; Baur § 53e III 2c cc; Medicus § 32 V.

Eigentum. 3. Titel: Erwerb u. Verlust d. Eigentums an bewegl. Sachen § 951 2, 3

Für die aufgedrängte Bereicherg muß aber eine Lösg gesucht w, die den Interessengegensatz ausgleicht; s unten zu dd. Bei Bau auf fremdem Boden begreift BGH (WPM **73**, 71; **66**, 369) die GesamtAnspr des Bauenden als einheitl Kond aus § 812 I, die neben dem Ausgl für den RVerlust an Baumaterial auch sonst Aufwendgen (Eigenarbeiten, Arbeitslöhne, Architektenhonorar usw) umfaßt (AnsprGrdLage idR – vgl aber Anm 1 f – § 812 I 1 Fall 2 iVm 818 II); zum maßgebden Ztpkt s oben Anm 2 c aa. Wer Kosten aufgewendet hat, um (gestohlenes) Material zu erwerben, an dem er den Einbau (Verarbeitg) Eigt erworben, kann diese nicht abziehen, BGH **55**, 176, auch **47**, 130. § 818 I ist nicht anwendb, das Baumaterial Entreicherte hat also keinen Anspr gg den bereicherten GrdEigtümer auf die Nutzgen, die dieser aus dem Bauwerk zog; BGH NJW **61**, 452; BGH MDR **63**, 120; WPM **63**, 1066; Erm-Hefermehl Rdz 15; offen BGH WPM **72**, 389 (bes Fallgestaltg). Wohl aber gelten § 818 III, IV, § 819.

cc) Nur bei nachträgl Trenng der entreichernden Verbindg konzentriert sich die Wertkondiktion wieder auf die dem Entreicherten früher gehörige Sache selbst (vgl Biermann Anm 1).

dd) Aufgedrängte Bereicherg. Schrifttum: v. Caemmerer, Festschr Rabel S 367; Klauser NJW **65**, 513. – Von Rittberg, Die aufgedrängte Bereicherg, Diss Mü 1969. – Feiler, Aufgedrängte Bereicherg bei Verwendgen des Mieters u Pächters, 1968. – Haas, AcP **176**, 1. – Ist die objektive Werterhöhg gem §§ 946 bis 950 für den Bereicherten ohne subjektives Interesse, ist ihm die Bereicherg aufgedrängt, hat er ff **Abwehrmittel** gg § 951 I 1: Sind die Tatbestände der §§ 1004, 823 rechtsw bzw schuldh rechtsw erfüllt: BeseitiggsAnspr aus § 1004, bzw §§ 823, 249 (§ 251 II), der zugleich Einwendg (RMißbrauch, § 242) gg BereichergsAnspr gibt (BGH NJW **65**, 816), es sei denn, der Eigtümer selbst handelte damit arglistig (BGH NJW **57**, 460). Der Bereicherte kann uU entspr § 1001, 2 den Anspr auch dadch abwehren, zB den gg seinen Willen errichteten Bau zum Abbruch zur Verfügg stellt, BGH **23**, 61; WPM **72**, 389; **LM** Nr 14. – Diese RBehelfe können versagen, etwa weil keine Beeinträchtigg (§ 1004), kein Schaden (§ 823) eingetreten, der Abbruch rechtl untersagt (s Anm 3 b) ist, der Entreicherte nicht identisch ist mit dem Störer (§§ 1004, 823). § 814 kann nur der Leistungskondiktion entggesetzt w; Klauser NJW **65**, 515 will ihn allerd sinngem bei aufgedrängter (Eingriffs-)Bereicherg anwenden; vgl hierzu Degenhart JuS **63**, 320 Fußn 24. Auch wenn man das ablehnt, kommt man zu befriedigenden Ergebn, wenn man (mit Westermann § 54, 5c) die Bereicherg statt nach dem obj, nach dem subj Ertragswert des Vermögenszuwachses beim Bereicherten bemißt, also nach dessen Interesse; vgl BGH WPM **69**, 296: keine Bereicherg, wenn Haus als Schwarzbau abgebrochen w muß u diese Kosten den Wert des Abbruchguts übersteigen, § 818 III. Ähnl Larenz II § 70 Id. – Demggü will Jakobs, AcP **167**, 350, in den Fällen der aufgedrängten Bereicherg dch Verbindg usw den AusglAnspr des Entreicherten aus § 951 I dahin einschränken, daß er sich nicht auf WertErs, sond nur auf RealAusgl richtet: der Bereicherte braucht nur die Rücknahme der verbundenen Sache zu gestatten. Will er das nicht, sei die Bereicherg nicht mehr aufgedrängt u desh WertErs nach § 951 I zu leisten, wobei dann zG des Bereicherten § 951 I 2 eingreife.

3) Weitergehende Rechte bleiben unberührt (Aufzählg in II nicht erschöpfd, OGH **3**, 354). So **a)** die Ansprüche aus §§ 823ff, 1004 – s oben Anm 2 c ob.

b) Verhältnis des § 951 zu §§ 994ff: Erfüllt die Vermögensverschiebg nach §§ 946ff zugleich den Begr der Verwendg, erfolgt sie also zugleich zw rechtlosem Besitzer u Eigtümer der werterhöhten Sache, so verdrängen die §§ 994ff als Sonderregel den § 951, da der Schutzzweck beider Normen der gleiche ist (vgl Vorbem 2b vor § 987, Vorbem 1 vor § 994; Baur § 11 C IV 1; Wolf AcP **166**, 206). Für Ausschließlichk der §§ 994ff bish vor allem der BGH (**41**, 157/162; WPM **73**, 560), der aGrd des von ihm angewendeten engen VerwendgsBegr (s Vorbem § 994 Anm 2) dem Erbauer eines Hauses auf fremdem Grd weder Anspr auf Ers seiner Verwendg (weil eine solche tatbestandsmäß nicht vorliege), noch auch wg der Ausschließlichk der §§ 994ff einen BereichergsAnspr über § 951 gibt (insow offen allerd BGH WPM **69**, 295), sond nur das WegnahmeR. Diese Lösg war im konkreten Fall deshalb noch interessegerecht, weil dieses dch WohnRBewG 22 I ausgeschlossen u daher nach § 242 eine angemessene Entschädig zu gewähren war (Enteignungsgedanke). Dieser Ausweg wird sich aber nur selten bieten, weshalb anderer Ausgl der Interessen zu suchen ist; teils wird die Rückkehr zum weiten VerwendgsBegr des RG (**152**, 100) befürwortet (Baur § 11 C IV 1; Wolf AcP **166**, 193ff), teils § 951 dann zugelassen, wenn die Vermögensverschiebg keine Verwendg im engen Sinn des BGH war (Westermann § 33 I 3b; Weitnauer DNotZ **72**, 377; vgl Pikart WPM **71**, 1537). Diese Lösg ist vorzuziehen; eine im Vergleich zur Regel der §§ 994ff den Eigtümer unbill belastde BereichergsFdg kann dieser in der oben zu Anm 2c dd dargelegten Weise abwehren; vgl BGH WPM **69**, 296. Bedeuts BGH **55**, 176, wo – allerd für Fall der Verarbeitg – ausgespr w, daß § 951 I 1 nicht dch die Sonderregel der §§ 987ff ausgeschl w; dazu Pikart aaO. Wg Bau auf fremdem Boden vgl Anm 1f u 2c aa, bb oben.

c) In den Fällen der §§ 946, 947 außerdem das Recht zur **Wegnahme** (Trenng u Aneigng) einer Einrichtg (Begr § 258 Anm 2), so nach § 500 S 2, § 547 II 2, § 581 II, § 601 II 2, §§ 997, 1049 II, § 1093 I 2, § 1216, 2, § 2125 II, § 2172 II 1. Bestritten, ob § 951 II nur auf diese Wegnahmerechte verweist, das des Besitzers aus § 997 gem § 951 I 2 erweitert (BGH **40**, 272/280; Erm-Hefermehl § 951 Rdz 20; Planck-Brodmann § 951 Anm 2a; Tobias AcP **94**, 946), od ob er selbständig gem § 946ff (also, worauf Baur-Wolf JuS **66**, 399 zutr hinweisen, dch EingrKondiktion) Entreicherten an Stelle des BereichergsAnspr aus § 951 I 1 in Fortwirkg dieses Anspr auch ein WegnahmeR nach den Regeln des § 997, aber mit der Erweiterg des § 951 II 2 gibt (Baur § 53c IV 3 Fußnote 1; Westermann § 54, 6; Wolff-Raiser § 74 IV 3; Spyridakis S 123; Jakobs aaO S 388). Der letzteren Meing ist zuzustimmen. Daß dann § 951 I 2 sinnlos wäre, trifft nicht zu: Eigtümer kann die Wegnahme immer gemäß § 997 II dch Wertersatz abwenden. § 951 I 2 schließt den Anspr auf Wiederherstellg gg den Eigtümer aus, den in diesem Fall die Kosten träfen, währd diese der Wegnehmende selbst tragen muß (§ 258 S 2 Halbs 2). Mit dem BereichergsAnspr entfällt auch das WegnahmeR (Baur aaO). – Der Anspr auf Geldvergüt erlischt erst mit tatsächl Wegnahme (Ersatzgsbefug, nicht Wahlschuld), BGH NJW **54**, 265. Das WegnahmeR bindet nur den ErstBerecht persönl, gibt also in dessen Konkurs kein AussondersR. Es ist aber seinerseits der ZwVollstr unterworfen, doch kann der

GeldGläub des WegnahmeBerecht nur Aneign für diesen erzwingen, womit wie bei ZPO 847 Pfändgs-PfandR an abgetrenntem Bestandt entsteht.

d) Vgl § 985 Anm 1 (Anwendbark von § 242).

952 *Eigentum an Schuldurkunden.* ^I Das Eigentum an dem über eine Forderung ausgestellten Schuldscheine steht dem Gläubiger zu. Das Recht eines Dritten an der Forderung erstreckt sich auf den Schuldschein.

^{II} Das gleiche gilt für Urkunden über andere Rechte, kraft deren eine Leistung gefordert werden kann, insbesondere für Hypotheken-, Grundschuld- und Rentenschuldbriefe.

1) Allgemeines. Urk sind bewegl Sachen. Für sie gelten deshalb die §§ 929ff, auch § 950 I 2. Aus Zweckmäßigk bestimmt § 952 eine Ausn für solche Urk, die **nur** ein FdgsR verbriefen (§ 952 gilt also nicht bei Beurk ggs Vertr; RGRK Rdn 18): bei ihnen soll das Recht an der Fdg stets mit dem Recht an der Urk übereinstimmen.

2) In Betracht kommende Urk. a) I. Schuldschein ist eine die Schuldverpflichtg begründende od bestätigende, vom Schu zwecks Beweissicherg für das Bestehen der Schuld ausgestellte Urk, RG **116**, 173. Auch zwei innerl zugehörende Urk, wenn die eine auf die andere Bezug nimmt, RG **131**, 6. Aber nicht: Schuldverschreibgn auf den Inh, §§ 793 ff; Legitimationspapiere (für Rektapapiere gilt § 952; str). Bei Übertr der WechselFdg gem § 398 mit Papierübergabe greift § 952 aber ein, str; vgl Erm-Hefermehl Rdz 3.

b) II. Hyp-, Grundschuld- u Rentenschuldbriefe (vgl aber §§ 1117, 1154, 1163); jedoch nicht auf den Inh gestellte, §§ 1195, 1199. Ferner Papiere des § 808, insb **Sparkassenbücher** (dazu BGH Betr **72**, 1226, 2299, wonach dch das Urt, das den Bes am Sparbuch zuspricht, über die GläubEigentum entschieden ist) u Versicherngsscheine (RGRK Rdn 14; über LebensversicherngsPolice vgl AG Mölln VersR **78**, 131); diese auch, wenn sie auf den Inh gestellt sind, weil bei ihnen die InhKlausel im wesentl nur dem Versicherer die Legitimationsprüfg erleichtern soll, RG **66**, 163. Auch Anteilscheine einer GmbH, vgl Warn **28**, 107. Ausfertigen gerichtl oder not Urkunden werden Eigt dessen, dem sie erteilt werden (RGRK Rdn 19).

c) Entspr (nicht abdingb, Brem VRS **50**, 34) Anwendg auf **Kraftfahrzeugbrief** u Anhängerbrief aus StVZO 20 III ff, 25, 27 (BGH **34**, 134; NJW **78**, 1854; Schlechtriem NJW **70**, 2088; aA Erm-Hefermehl Rdz 2). PfdR aus § 647 am Kfz ergreift Brief (Köln Betr **76**, 2204). Daher unzul (Anm 3 c) selbständ Verpfändg od SichgÜbereignbrief oder KfzBriefen (AG Salzuflen DAR **68**, 184; aM bzgl SichgÜbereignbrief Ohl BB **57**, 914). Wg EigtVermutg vgl § 1006 Anm 2. Brief ist kein Wert- od gar Traditionspapier iS von § 870 Anm 1 b (BGH NJW **78**, 1854). Grd für all dies ist, daß der Brief eben nicht Ggst selbstd rechtsgeschäftl Verk ist u nicht das Eigt verbrieft. Zum Automatenbrief vgl § 932 Anm 2 b. Nicht entspr anwendb auf Pferdepaß (Hamm NJW **76**, 1849) u VermessgsPap eines Segelboots.

3) Wirkg. Das Recht am Papier folgt dem Recht aus dem Papier. Kraft G. **a)** Der Gläubiger erwirbt das Eigentum, wenn Fdg bereits entstanden, mit Ausstellg der Urk. Sonst mit Entstehg der Fdg. Vor Entstehg der Fdg gilt § 950. Der neue Gläub erwirbt das Eigt mit Entstehg der Fdg. Mehrere Gläub werden MitEigtümer. Erlischt die Fdg, bleibt der letzte Gläub Eigtümer; der Schu hat nur einen schuldrechtl Anspr auf Rückg, § 371 (str). – Ungeachtet verlängerten EV wird EV-Käufer Eigtümer eines Warenwechsels, den sein Abkäufer ihm ausgestellt; doch ist er verpfl, ihn seinem EV-Verkäufer zu überlassen, BGH WPM **70**, 245.

b) I S 2: dingl Rechte an der Fdg: Nießbr, PfdR. Der Drittberechtigte kann die Herausg beanspruchen von jedem schlechterberechtigten Besitzer, also nicht von einem vorgehenden PfdGläub. Über Pfändg vgl ZPO 836 III.

c) Unzulässig ist die selbstd Veräußerg od Belastg der Urk. Zulässig ist die Einräumg eines persönl wirkenden ZurückbehaltgsR, RG **66**, 26, auch bei einem vom PfändgsGläub, auch bei Pfändg einer BriefHyp, LG Insterbg JW **33**, 718. Kein ZurückbehaltgsR über § 404 od § 986 II ggü Erwerber der Urk, der das R über Abtr des Anspr auf Herausg des Briefs erworben, Hbg MDR **69**, 139.

4) § 952 schaltet nicht den § 950 I S 2 aus; er gilt daher **nicht**, wenn Schuldschein auf Rückseite wertvoller Zeichng gesetzt wird od umgekehrt; Planck Anm 1. Nach Prot 3, 644 soll § 952 im Interesse der Autogrammsammler(!) dispositiv sein; daher ist zul Übereignung des Schuldscheins ohne Abtretg der Fdg; ebso RG **51**, 85 u hM (Abänderg durch Vertr sei mögl; aber Vertr zwischen wem?). Gesetz bringt Abänderbark nicht zum Ausdr; Trenng nur mögl durch Aufhebg der Schuldschein- usw- Eigensch; Erm-Peters, 1. Aufl. Anm 5.

IV. Erwerb von Erzeugnissen und sonstigen Bestandteilen einer Sache

Vorbemerkung

1) An wesentl Bestandteilen einer Sache, insb an Erzeugnissen, sind nach § 93 bes Rechte vor der Trenng nicht mögl (Substantialprinzip im Ggsatz zum deutschrechtl Produktionsprinzip: „Wer säet, der mähet"). Die §§ 953–957 regeln das rechtl Schicksal der Erzeugnisse u anderer wesentl Bestandteile nach der Trenng. Gleiches gilt für nichtwesentl Bestandteile, wenn sie schon vorher im Eigt des Eigtümers der Sache standen.

Grundsatz: Erzeugnisse (u die ihnen gleichzubehandelnden sonstigen Trennstücke) fallen mit der Trenng in das Eigt des Eigtümers der Haupt- (Mutter-) Sache, § 953. Gleichgültig, wer die Früchte gesät hat, wer im Besitz der Muttersache ist, wer den Besitz der Trennstücke ergreift, ob Trenng absichtl od zufällig.

2) Ausn: Erwerb durch andere: An Stelle des Eigtümers der Haupts erwirbt die Trennstücke uU ein wirkl od vermeintl Nutzgsberechtigter. **Dem Eigentümer der Hauptsache gehen vor u es erwerben Eigentum mit der Trenng:**

a) der **dingl Aneigngsberechtigte**, § 954, zB der Nießbraucher, § 1030;

b) ihm, sofern er die Haupts nicht besitzt, wieder vorgeh — aber nur hins der Sachfrüchte (§ 99 I) — der **Eigenbesitzer** od **dingl Nutzgsbesitzer**, der zum Eigenbesitz od Fruchtgenuß berechtigt ist, aber gutgl ist, § 955 I, II, zB wer wg Nichtigk der Aufl kein Eigt, wg Nichtigk der NießbrBestellg keinen Nießbr erworben hat;

c) ihnen beiden wieder vorgeh, wem die Aneigng gestattet ist, also der (wirkl od vermeintl) **persönl Aneigngsberechtigte**, zB der Pächter od der Käufer stehenden Holzes, der Obsternte, wenn er noch in dem ihm überlassenen Besitz der Haupts ist, § 956. Ist ihm der Besitz durch den Gestattenden nicht überlassen, so erwirbt er das Eigt erst mit der Besitzergreifg. Zur Gestattg berecht ist, wer ohne die Gestattg den Bestandt mit der Trenng erworben haben würde, also gem §§ 953–956 der Eigtümer u vor ihm die zu a–c Genannten. Der persönl AneigngsBerecht erwirbt bei gutem Glauben aber auch, wenn der Gestattende nicht berechtigt ist, § 957, sofern nur letzterer im Besitz der Haupts war.

3) Nicht regeln §§ 954 ff, ob der Erwerber das Eigentum an den Trennstücken auch behalten darf, ob ihm also auch gebührt, was ihm gehört. So muß der gutgl Besitzer, obwohl er Eigtümer der Früchte geworden ist (§ 955), dem Eigtümer der Muttersache die Übermaßfrüchte (§ 993), die nach Rechtshäng gk des HerausgAnspr gezogenen (§ 987) und, wer den Besitz unentgeltl erlangt hat, alle Früchte (§ 988) herausgeben. — Der Erwerber erlangt ferner das Eigt an den Früchten uU belastet mit dingl Rechten, zB mit einer Hyp, §§ 1120 ff, od mit dem gesetzl PfdR des Verpächters, §§ 581 II, 559, 585. Vgl § 953 Anm 3, § 955 Anm 2, 3, § 956 Anm 2.

953

Grundsatz. Erzeugnisse und sonstige Bestandteile einer Sache gehören auch nach der Trennung dem Eigentümer der Sache, soweit sich nicht aus den §§ 954 bis 957 ein anderes ergibt.

1) Begriff der Bestandteile § 93 Anm 2, der Erzeugnisse § 99 Anm 2a. Über Körperbestandteile § 90 Anm 2.

2) Sondervorschr: Für Früchte, die auf das NachbarGrdst fallen, § 911. Für Bäume EG 181 II.

3) Die an der Haupts bestehenden dingl Rechte bleiben nach der Trenng regelm bestehen; vgl §§ 1120 ff, 1212. Anders die dingl Rechte des § 954 u Rechte, die an Fahrnis nicht bestehen können. Pfändg ungetrennter Früchte vgl ZPO 810, 824.

954

Erwerb durch dinglich Berechtigten. Wer vermöge eines Rechtes an einer fremden Sache befugt ist, sich Erzeugnisse oder sonstige Bestandteile der Sache anzueignen, erwirbt das Eigentum an ihnen, unbeschadet der Vorschriften der §§ 955 bis 957, mit der Trennung.

1) Dingl Rechte zum Erwerb von Bestandteilen. ErbbauR (§ 1013, ErbbRVO 1 II); Nießbr (§§ 1030, 1039); sonstige Dienstbk (§§ 1018, 1090, WEG 31); Nutzpfandrechte (§ 1213), auch EG 59, 63, 67, 68, 196, 197; diese auch für andere Bestandteile als Früchte. Der Berecht erwirbt das Eigt nur an den Bestandteilen, die im einzelnen Falle den Ggst des Rechts bilden. Vgl aber § 1039. Besitz nicht nötig. Mit Trenng (FlurBG 66 I 2) wird Eigtümer, wer nach FlurBG 65 vorl in den Besitz eines Grdst eingewiesen ist, BayObLGSt **67**, 24 = MDR **67**, 418.

2) Dem Erwerb nach § 954 geht der nach §§ 955–957 vor.

955

Erwerb durch gutgläubigen Eigenbesitzer. I Wer eine Sache im Eigenbesitze hat, erwirbt das Eigentum an den Erzeugnissen und sonstigen zu den Früchten der Sache gehörenden Bestandteilen, unbeschadet der Vorschriften der §§ 956, 957, mit der Trennung. Der Erwerb ist ausgeschlossen, wenn der Eigenbesitzer nicht zum Eigenbesitz oder ein anderer vermöge eines Rechtes an der Sache zum Fruchtbezuge berechtigt ist und der Eigenbesitzer bei dem Erwerbe des Eigenbesitzes nicht in gutem Glauben ist oder vor der Trennung den Rechtsmangel erfährt.

II Dem Eigenbesitzer steht derjenige gleich, welcher die Sache zum Zwecke der Ausübung eines Nutzungsrechts an ihr besitzt.

III Auf den Eigenbesitz und den ihm gleichgestellten Besitz findet die Vorschrift des § 940 Abs. 2 entsprechende Anwendung.

1) Allgemeines. § 955 gilt **nur für Früchte**, § 99. Auch wenn Muttersache gestohlen, hindert § 935 nicht den Erwerb nach § 955. Bestr, wenn die Früchte schon zZ des Diebstahls usw als Bestandteile der Muttersache vorhanden waren, zB bei Trächtigk des gestohlenen Tieres. Für Anwendg des § 935 in diesem Fall 28. Aufl u Wolff-Raiser § 77 III 4, IV 5c; nach hM, zB Westermann § 57 II 3c, Soergel-Mühl Rdnr 4,

§§ 955, 956　　　　　　　　　　　　　　　　3. Buch. 3. Abschnitt. *Bassenge*

gutgl Erwerb wenigstens bei Früchten bejaht; beachte: für Sachbestandteile, die nicht Früchte, (Rehkeule, Stein des Abbruchhauses) gilt nicht § 955, aber selbstverständl § 935. – Unberührt bleiben HerausgAnspr nach §§ 987, 988, 993. Vgl Vorbem 3.

2) I. Erwerb durch den **Eigenbesitzer,** § 872, zB den GrdstKäufer. Mittelb Besitz genügt, vgl aber Anm 3. Gutgläubig erforderl; sie wird vermutet. Gegner muß Bösgläubigk beweisen. Letztere liegt vor, wenn der Eigenbesitzer, der nicht zum Eigenbesitz berechtigt ist od dem ein dingl FruchtbezugsR vorgeht, bei Besitzerwerb den Mangel des Rechts zum Eigenbesitz od des eigenen FruchtbezugsR kennt od inf grober Fahrlk nicht kennt od vor der Trenng erfährt. § 955 gilt auch für den gutgl Eigtümer ggü dem dingl Berechtigten, außer wenn ersterer nur mittelb, letzterer unmittelb Besitz hat. Rechte Dritter (§§ 1107, 1120, 1192 I, 1199 I, 1212) bleiben bestehen.

3) II. Nur dingl Rechte. Vgl § 954 Anm 1. Der gutgl (Anm 2) Nutzgsbesitzer schließt den Eigtümer, den Eigenbesitzer u den wahren Nutzgsberechtigten aus, auch wenn sie mittelb Besitzer sind. Dagg geht der im unmittelb Eigenbesitz befindl Eigtümer dem dingl Berecht vor, mag dieser auch mittelb Besitz haben. Hyp usw erlöschen, vgl § 1120; anders im Fall **I.**

4) III. Unter den Voraussetzgen des § 940 II erwirbt der Besitzer des § 955 Eigt mit Trenng auch, wenn er in deren Ztpkt nicht im Bes der Muttersache war. Bis zu dessen Wiedererwerb Schwebezustand: aufschiebd bedingtes Eigt des (bish) Besitzers, aufl bedingtes des Eigtümers der Muttersache. Eintritt der Bedingg: Wiedererlangg des Bes an Muttersache (RGRK Anm 12; Staud-Berg Rdnr 6), nach Westermann § 57 II 3 b, an den Früchten, doch kann dies nur gelten, wenn Muttersache untergegangen, vgl Erm-Hefermehl Rdz 7; W-Raiser § 77 III 3. Beachte, daß III nicht gg den EigtErwerb eines zwischenzeitl Besitzers schützt, also nur den Fall ergreift, daß ein solcher (zB als Dieb der Muttersache) nicht Eigentümer der bei ihm getrennten Frucht wird. Dann bleibt es bei der Verdrängg der an sich gem §§ 953, 954 FruchterwerbsBerecht, aber nicht mehr Besitzden dch den nach § 955 Berecht, obwohl er den Bes im entscheidnd Augenblick der Fruchttrenng verloren hatte, aber eben nur vorübergehd, Wolff-Raiser § 77 III; Westermann § 57 II 3 b cc.

5) Dem Erwerb nach § 955 geht der nach §§ 956, 957 vor.

956 *Erwerb durch persönlich Berechtigten.* [I] Gestattet der Eigentümer einem anderen, sich Erzeugnisse oder sonstige Bestandteile der Sache anzueignen, so erwirbt dieser das Eigentum an ihnen, wenn der Besitz der Sache ihm überlassen ist, mit der Trennung, anderenfalls mit der Besitzergreifung. Ist der Eigentümer zu der Gestattung verpflichtet, so kann er sie nicht widerrufen, solange sich der andere in dem ihm überlassenen Besitze der Sache befindet.

[II] Das gleiche gilt, wenn die Gestattung nicht von dem Eigentümer, sondern von einem anderen ausgeht, dem Erzeugnisse oder sonstige Bestandteile einer Sache nach der Trennung gehören.

Schrifttum: Spyridakis, Zur Problematik der Sachbestandteile, 1966, S. 144 ff. Medicus JuS **67**, 385.

1) Aneigngsgestattg. RNatur str. Nach der hier (u von Staud-Berg Rdz 8; RGRK Anm 1; Planck Anm 2; E. Wolf SR S 135) vertr ÜbertrTheorie wendet § 956 nur die §§ 929ff auf einen Sonderfall der Übereigng künft Sachen an. In der Gestattg liegt das Angebot der Übereigng, in der Ergreif bzw Fortsetzg des Bes (1. Alternative) od in der BesErgreifg des getrennten Erzeugnisses (2. Alternative), dessen Annahme u die Übergabe. Anders die im Schrifttt überw vertr Aneigngs- od Erwerbs- (auch Anwartsch-)theorie (vgl Erm-Hefermehl Rdz 3 mit Nachw): mit der (einseitigen) Gestattg entsteht ErwerbsR, das mit Trenng od BesErgreifg zum Eigt führe; BGH **27**, 364 läßt offen. Folger aus der ÜbertrTheorie zB § 957 Anm 1. – § 956 unterscheidet, ob der Bes der Haupts dem Erwerber überlassen ist (Anm 2) – dann EigtErwerb mit Trenng – od nicht (Anm 3) – dann Erwerb mit Besitzergreifg. Im 1. Fall Überlassg des mittelb Besitzes jedenf dann unzureichd, wenn Gestattender unmittelb Besitzer bleibt, BGH **27**, 363. **Hauptanwendgsfälle**: Anm 7.

2) Ist der **Besitz der Hauptsache** (vgl aber auch Anm 7) dem anderen **überlassen,** so ist hiermit u mit der Einigg das dingl RGesch insofern vollzogen, als Erwerb mit der Trenng ohne weiteres eintritt. Der Besitz des Erwerbers an der Haupts muß auf dem Willen des Gestattenden beruhen u noch zZ der Trenng bestehen; § 940 II wie bei § 955 entspr anwendb. Mittelb Bes genügt, so gewiß es denn ist, daß Gestattender bleibt unmittelb Besitzer, BGH **27**, 360. Da aber erst mit Trenng eine selbständ Sache entsteht u sich jetzt erst der Erwerb vollendet, muß die **Berechtigg zur Gestattg** in diesem Augenblick vorliegen, RG **78**, 36; str. Deshalb kein Erwerb, wenn zw Gestattg u Trenng Nießbr od PachtR des Gestattenden erlöschen, ein gutgl Besitz (§ 955) endet. Ebsowenig, wenn der gestattende Eigtümer die Hauptsache inzwischen **veräußert** hat, es sei denn, daß der neue Eigtümer zustimmt od aus bes Gründen die Gestattg gg sich gelten lassen muß, RG aaO; dies muß er bei Verpachtg, weil er nach §§ 571, 581 II in den PachtVertr eintritt u damit in die Verpflichtg, dem Pächter die Aneigng zu gestatten. Sonst, zB bei Abholzgestattg, vgl Anm 7, keine Bindg unter neuen Eigtümers u deshalb kein Erwerb des Gestattgempfängers an den Bestandteilen (str; vgl im einzelnen Anm 4 aE). Daraus, daß (bei Besitzeinräumg) der maßg Ztpkt der Gestattgsberechtigg die Trenng ist, folgt weiter: Wird das Grdst vor der Aberntg **beschlagnahmt** (ZVG 20, 146), so erstreckt sich die Beschlagn auf die Früchte auch nach deren Trenng, Brsl HRR **28**, 221; Ausn bei Verpachtg, ZVG 21 III, 152 II. Bei **Konkurs** über Gestattenden kann folgerichtig kein EigtErwerb eintreten, weil der Gestattende zZ der Trenng nicht mehr verfügsberechtigt ist (BGH **27**, 360), es sei denn, daß er zur Gestattg verpflichtet ist (Unwiderruflichk, vgl **I S** 2) u diese Pfl auch der KonkMasse ggü wirkt, wie beim PachtVertr (KO 21) u bei Wahl der Erfüllg gem KO 17, vgl Jaeger Anm 15 zu § 15

KO; Baur § 53e V 2c cc aE; str, vgl auch Medicus aaO; Diederichsen-Gursky Fall 11, die iF § 956 I 2 dem Besitzer ein konkursfestes **AnwR** zubilligen (analog § 161 I 2, dazu krit BGH **27**, 367).

Werden vor der Trenng Früchte auf dem Halm aGrd Titels gg den Gestattenden **gepfändet** (gem ZPO 810, der aber nur für wiederkehrende Früchte, zB Getreide, Obst, nicht zB für Holz u Mineralien gilt), so kann der Pächter nach ZPO 809, 766 Erinnerg einlegen, auch nach ZPO 771 vorgehen. Nicht aber ein sonstiger persönl Berechtigter (zB Käufer von Rüben, Naumbg JW **30**, 845, aber mit der bedenkl Begr, die Einräumg des Besitzes des Ackerlandes habe nicht gleichzeitig Besitz an den Rüben zur Folge). Vgl auch § 581 Anm 5 a. – Der Pfändg von ungetrennten Früchten durch Gläub des Pächters od sonst persönl berechtigten Besitzers kann der Gestattende, auch wenn er Eigtümer ist, nicht nach ZPO 771 widersprechen, wenn er an die Gestattg gebunden, wie zB der Verpächter (str). Verpächter kann aber wg seines PfdR, § 585, nach ZPO 805 vorzugsw Befriedigg verlangen.

3) Wird dem Berecht **nicht der Besitz der Hauptsache** überlassen, vollendet sich das dingl RGesch erst mit der Besitzergreifg an den Bestandteilen. In diesem Ztpkt muß der Gestattende zur Gestattg berechtigt sein, BGH **27**, 366 (für Konk). Erwerb schon mit Trenng vertragl vereinb, Heck, SachenR S 266; str.

4) Widerruf der Gestattg. a) Einseitig unzul, wenn Pfl zur Gestattg (zB bei Verpachtg od Verkauf von Holz auf dem Stamm mit Abholzbefugnis des Käufers) u Erwerber noch im überlassenen Besitz; **I 2**. Vorübergehender Besitzverlust entspr §§ 955 III, 940 II unschädl. Sonst Widerruf zul, auch einseitiger. Daher kein AnwR, BGH **27**, 367. Zulässiger Widerruf hindert den Erwerb des Eigt, läßt aber schuldrechtl Anspr auf Verschaffg unberührt, Warn **24**, 9. Bei vertragl Verzicht auf EigtErwerb erwirbt Eigt der (berechtigt, Anm 5) Gestattende, RG **138**, 241.

b) Bindg des **RechtsNachf** an Gestattg: sehr umstr; vgl Nachw bei Spyridakis S 149 f. HM: nur RechtsNachf – als Erbe, Schuldübernehmer, gem §§ 571, 581 II – zur Weitergestattg verpflichtet od Gestattg gem § 185 genehmigt u Berecht im Bes der Muttersache, vgl RG **78**, 35; Staud-Berg Rdn 5; Baur § 53e V 2c cc; weitergehd Westermann § 57 III 2d (Gestattg wirkt, kann aber frei widerrufen w, wenn keiner der eben genannten Fälle vorliegt) u Wolff-Raiser § 77 Fußn 39 – ebenso folgd Spyridakis S 151 –, welch letzterer den Rechtsgedanken des § 986 II dem Berecht zugute kommen lassen will. Für Bindg bei bewegl Sachen im Anschl an Heck Soergel-Mühl Rdnr 4.

5) II. Gestattungsberechtigt sind: der Eigtümer, der dingl Berecht (§ 954), der Eigen- u Nutzgsbesitzer (§ 955) bei Früchten, der persönl Berechtigte (§§ 956/7), sofern ihm der Besitz überlassen u die Weitergestattg nicht durch Vereinbg ausgeschl ist, RG **108**, 270. Von diesen im Einzelfall derjen, dem die Trennstücke sonst gehören würden, u zwar im Ztpkt der Trenng (im Fall Anm 2) od Besitzergreifg (im Fall Anm 3).

6) Dem Erwerb nach § 956 geht der gem § 957 vor.

7) Praktische Bedeutg gewinnt § 956 außer bei **Verpachtg** insb bei **Abholzgsverträgen.** Wird dem Käufer von Holz auf dem Stamm der Abhieb u das Abfahren überlassen, so liegt hierin eine Verpflichtg zur Gestattg der Besitzergreifg (vgl Anm 4), aber regelm noch keine Besitzeinräumg am WaldGrdst (vgl aber Brsl HRR **28**, 221). Wenn das WaldGrdst als Lagerplatz für die gefällten Bäume überlassen ist, vor der Trenng noch kein Besitz am Grdst, vgl RG **109**, 193. Mit Abhieb od uU Besitzübergang am Holz, vgl aber § 854 Anm 3 b. RG **108**, 271 u hM (aM insb Planck-Brodmann Anm 4) stellen Überlassg von Teilbesitz an noch ungetrennten Erzeugnissen (zB Holz auf Stamm) der Besitzeinräumg an der Haupts gleich; jedoch solcher Teilbesitz an Bäumen nur ausnahmsw anzunehmen, uU bei gestatteter Kennzeichng der gekauften Bäume (vgl Baur § 53 e V 3a). Bei Verkauf unter EigtVorbeh mit Abhiebsgestattg keine Aneignungsgestattg vor Bezahlg, § 956 nicht anwendb, RG **72**, 309. – Über TorfabbauVertr Hesse SchlHA **47**, 169.

8) Fruchtziehg u EigtVorbehalt: Schrifttum: Serick I 230 ff; v Tuhr, Recht **28** 297. **a)** War Muttersache unter EigtVorbeh veräußert u dem Erwerber übergeben, wird mit BesEinräumg regelmäß bedingte Erwerbsgestattg hins der Früchte verbunden sein, wodann Käufer nur AnwartschR an den getrennten Früchten erwirbt, vgl Westermann § 57 III 2e; Flume AcP **161**, 386. Doch kann sich aus VertrInhalt (stillschw, zB bei Anfall rasch verderbder Früchte) anderes ergeben: EigtErwerb des VorbehKäufers nach § 956 mit Trenng, wenn mit KaufprRestzahlg Gestattg auf Ztpkt der Trenng zurückwirken soll (§ 159), dazu v Tuhr aaO; zust Soergel-Mühl Rdnr 9. –

b) Sind die – noch ungetrennten – Früchte unter EV veräußert (Holz am Stamm): dann mit Trenng dch VorbehKäufer noch kein Erwerb des Eigt, sond nur des AnwartschR.

957 *Gestattung durch den Nichtberechtigten.* **Die Vorschriften des § 956 finden auch dann Anwendung, wenn derjenige, welcher die Aneignung einem anderen gestattet, hierzu nicht berechtigt ist, es sei denn, daß der andere, falls ihm der Besitz der Sache überlassen wird, bei der Überlassung, anderenfalls bei der Ergreifung des Besitzes der Erzeugnisse oder der sonstigen Bestandteile nicht in gutem Glauben ist oder vor der Trennung den Rechtsmangel erfährt.**

1) Schutz des gutgläubigen persönl Berechtigten. Entspr dem RGedanken der §§ 932 ff (s dort Vorbem 1: Rechtsschein des Besitzes) ist notw, daß der Gestattende bei der Überlassg des Besitzes od bei der Besitzergreifg im Besitz der Haupts war, RG **108**, 271. Deshalb erwirbt auch ein Gutgläubiger kein Eigt, dem ein Unbefugter, der sich für den Eigtümer eines Obstgartens ausgibt, diesen auch nicht gehörende, Obstpflücken gestattet. Guter Glaube in bezug auf die Befugnis zur Gestattg. Grob fahrl Unkenntn bei Überlassg des Besitzes macht bösgl; später schadet nur Kenntn. Nach § 957 können Bestandteile einer gestohlenen Sache (§ 935) nicht erworben werden. Für ihre reifden Früchte ist dies in ähnl Weise bestr, wie zu § 955 (s dort Anm 1); für Anwendg des § 935 auch hier Wolff-Raiser § 77 IV 5b; and die hL

V. Aneignung

958 *Grundsatz.* I Wer eine herrenlose bewegliche Sache in Eigenbesitz nimmt, erwirbt das Eigentum an der Sache.

II Das Eigentum wird nicht erworben, wenn die Aneignung gesetzlich verboten ist oder wenn durch die Besitzergreifung das Aneignungsrecht eines anderen verletzt wird.

Schrifttum: Das herrenlose Kfz auf fremdem Grundstück, Weimar, DVersNehmer 66, 145.

1) Der Aneignende erwirbt (ursprüngl) Eigt; Ausn: II. Rechte Dritter erlöschen nicht; vgl aber § 945. Für Grdst gilt § 928, für eingetr Schiffe SchiffsRG 7.

2) Voraussetzgen. a) Herrenlose bewegl Sache. Eigt hat noch nie bestanden (zB wilde Tiere, § 960 I 1; Meereserzeugnisse; bergbaufreie Mineralien); od es ist aufgegeben worden (§ 959) od sonst erloschen, §§ 960 II, III, 961. Ausn: Aneignung fremder Tauben, EG 130; RGSt 48, 384.
b) In Eigenbesitz nehmen. Vgl § 872. Aneigng ist kein RGesch; deshalb GeschFgk nicht nötig; Baur § 53 f III 2; Westermann § 58 IV; Wolff-Raiser § 78 III; Planck Anm 2; str, abw Einf 5 vor § 104. Vgl auch § 872 Anm 2. GgArgument, daß EigtErwerb auf einem darauf gerichteten Willen beruhe, nicht durchschlagd, weil EigtErwerb die gesetzl Folge des Eigenbesitzerwerbs (J v Gierke, SR 34 II 2a). Anders § 959. Erwerb durch Besitzdiener (§ 855, RGSt 39, 179) od Besitzmittler (§ 868) mögl. Daß der in Eigenbesitz Nehmende die herrenlose Sache irrtüml für eine fremde hält, hindert den EigtErwerb nicht, OLG 39, 227.

3) II. Ausnahmsweise bleibt die Sache herrenlos a) bei gesetzl verbotener Aneignung; zB RNatSchG v 26. 6. 35 (RGBl 821). Auch bei Verbot durch PolizeiVO (RGSt 48, 124).
b) bei Verletzg von Aneigngsrechten, zB des Jagd- (BJagdG § 1) od Fischereiberechtigten (EG 69). Vgl ferner EG 67, 73; auch StrandO v 17. 5. 74 (vgl aber auch Ewald MDR 57, 137). EigtErwerb erst durch Aneignung seitens des Berechtigten; dieser kann aGrd seines AneigngsR vom Besitzer Herausg verlangen, zB JagdBerecht vom Wilderer, in dessen Hand Wild herrenlos bleibt (str). Aber Gutgläubiger kann vom Wilderer Eigt erwerben, § 935 gilt nicht, weil Wild dem Jagdberechtigten nicht abhgek. Wilderer, der nicht mehr im Besitz, haftet dem Berecht aus § 823; auch BereichergsAnspr mögl.

959 *Aufgabe des Eigentums.* Eine bewegliche Sache wird herrenlos, wenn der Eigentümer in der Absicht, auf das Eigentum zu verzichten, den Besitz der Sache aufgibt.

1) Die Eigentumsaufgabe ist ein Rechtsgeschäft. GeschFgk u VfgsBefugn notw. Der Verzichtswille braucht nicht erklärt zu w; er ist aber erkennbar zu betätigen. Anfechtg (§§ 119ff) mögl (AnfGegner: Aneignender); sie vernichtet aber nur die Willenserklärg, der Realakt der freien Besitzaufgabe, der § 935 ausschließt, wird nicht beseitigt. Verzicht zG eines Dritten ist regelm Übereignung, RG 83, 229. Über Verzicht des Abzahlgsverkäufers BGH 19, 327. Notwendig ferner Besitzaufgabe od früherer Besitzverlust. Ob aus jener auf den Verzichtswillen geschlossen w kann, hängt von den Umst ab, vgl RGSt 57, 337; 67, 298. Besitz hier gleich unmittelb Besitz; mittelb Besitzer kann daher nicht schon durch Verzicht auf HerausgAnspr Eigt aufgeben (aM W-Raiser § 78 II 1a). Über Unterscheidg von Dereliktions- u Vernichtgsabsicht Fritsche MDR 62, 714.

960 *Wilde Tiere.* I Wilde Tiere sind herrenlos, solange sie sich in der Freiheit befinden. Wilde Tiere in Tiergärten und Fische in Teichen oder anderen geschlossenen Privatgewässern sind nicht herrenlos.

II Erlangt ein gefangenes wildes Tier die Freiheit wieder, so wird es herrenlos, wenn nicht der Eigentümer das Tier unverzüglich verfolgt oder wenn er die Verfolgung aufgibt.

III Ein gezähmtes Tier wird herrenlos, wenn es die Gewohnheit ablegt, an den ihm bestimmten Ort zurückzukehren.

1) Wilde Tiere. a) In natürl Freiheit. Sie sind herrenlos bis zur Aneignung, § 958 Anm 2, 3.
b) In Gefangenschaft, I S 2. ZB in Tiergärten; in ihnen gilt auch nicht JagdR (BJagdG 6 S 3). Dies sind kleinere Flächen, in denen die Tiere zu anderen als Jagdzwecken gehalten w, KGJ 49, 360; ebso in Zuchtfarmen, Kbg JW 31, 3463; Begriff des Tiergartens aber str; nach und Meing, zB Wolff-Raiser § 80 II 1, Staud-Berg Anm 1 c, entscheidend, ob zum Fangen u Erlegen jägerische Hdlg vorausgesetzt od nötig. Abzulehnen RGSt 42, 75; 60, 275 (entscheidend sei hiern, ohne Rücks auf Umfang, ob dem Wild durch die Umschließg das Wechseln in andere Reviere verwehrt). Ggsatz: eingehegte Reviere; dort gilt I S 1. Aber S 2 für Fische in geschlossenen Privatgewässern, die einen Wechsel in andere Gewässer nicht erlauben. Diese Tiere, auch ihre Abwurfstangen gehören dem, der sie gefangen hält, wenn er aneignungsberechtigt ist, § 958. Sie werden herrenlos nach II. Zur Verfolgg rechnen alle zur Wiedererlangg geeigneten Maßnahmen, Mü JW 30, 2459, uU auch Zeitgsanzeigen (entflogener Kanarienvogel). Unverzügl § 121 I 1; maßg, ob Verfolgg unverzügl nach Kenntnis der Freiheitserlangg.

c) Gezähmte, das sind von Natur wilde, aber durch ledigl psychische Mittel (Gewöhng an den Menschen) derart beherrschte Tiere, daß sie die Gewohnh angenommen haben, an den ihnen bestimmten Ort zurückzukehren (zB Beizvögel, Schlesw Jb des Dtsch Falkenordens 70/71, 121; aA Hammer SondDruck JbDFO 70/71, 10). Sie werden herrenlos nach III, wenn sie diese Gewohnh ablegen.

2) Für **zahme Tiere** (Haustiere, Tauben) gilt § 959. Also kein Verlust des Eigt durch bloßes Entlaufen, RGSt **50**, 183. Die Gewohnh zur Rückkehr kann aber für den Besitz von Bedeutg sein. Über Aneigng von Tauben vgl EG 130.

Bienenrecht (§§ 961–964)

Vorbem. 1) Aus dem **Schrifttum**: Schüßler, Dtsch Bienenrecht, 1934. – Figge, RdL **54**, 172; Pritzl, SeuffBl **66**, 458.

2) Wg AbwehrAnspr gg Bienen u Anspr des Imkers gg Schädigg der Bienen durch Rauch, Pflanzenschutzgifte u dgl vgl § 903 Anm 3c, § 906 Anm 2a.

961 *Herrenloswerden eines Bienenschwarmes.* Zieht ein Bienenschwarm aus, so wird er herrenlos, wenn nicht der Eigentümer ihn unverzüglich verfolgt oder wenn der Eigentümer die Verfolgung aufgibt.

1) Die §§ 961–964 gelten nur für die Bienen in Bienenstöcken. § 961 entspricht dem § 960 II („Die Biene ist ein wilder Wurm"). Herrenlose Bienenschwärme unterliegen der freien Aneigng; diese erfolgt gewohnheitsrechtl durch symbolische Besitzergreifg (Legen einer Sache unter den Baum), J v Gierke § 34 II 2a.

962 *Verfolgungsrecht des Eigentümers.* Der Eigentümer des Bienenschwarms darf bei der Verfolgung fremde Grundstücke betreten. Ist der Schwarm in eine fremde nicht besetzte Bienenwohnung eingezogen, so darf der Eigentümer des Schwarmes zum Zwecke des Einfangens die Wohnung öffnen und die Waben herausnehmen oder herausbrechen. Er hat den entstehenden Schaden zu ersetzen.

1) Besonderes SelbsthilfeR. Weitergehd als §§ 229, 867, 1005. Zur Verfolgg notwendiges Betreten, Öffnen usw ist nicht widerrechtl. SchadErs also trotz rechtmäß Handelns wie in § 904 S 2.

963 *Vereinigung von Bienenschwärmen.* Vereinigen sich ausgezogene Bienenschwärme mehrerer Eigentümer, so werden die Eigentümer, welche ihre Schwärme verfolgt haben, Miteigentümer des eingefangenen Gesamtschwarmes; die Anteile bestimmen sich nach der Zahl der verfolgten Schwärme.

1) Verfolgt nur ein Eigtümer seinen Schwarm, wird er AlleinEigtümer des mit herrenlosen Schwärmen vereinigten Schwarmes. Sonst entsteht MitEigt: aber anders als nach § 947 I nach Maßg der Anzahl der Schwärme (jeder Schwarm hat eine Königin).

964 *Einzug in eine fremde besetzte Bienenwohnung.* Ist ein Bienenschwarm in eine fremde besetzte Bienenwohnung eingezogen, so erstrecken sich das Eigentum und die sonstigen Rechte an den Bienen, mit denen die Wohnung besetzt war, auf den eingezogenen Schwarm. Das Eigentum und die sonstigen Rechte an dem eingezogenen Schwarme erlöschen.

1) Betrifft die Hungerschwärme. Die Rechte erlöschen ohne Entschädigg (als Ausgleich für den durch den Hungerschwarm regelm angerichteten Schaden). Auch kein BereichergsAnspr.

VI. Fund

Vorbemerkung

1) **Begriffe**: – a) **Verloren** sind Sachen, deren Bes zufäll u nicht nur vorübergehd abhgek ist. Sie dürfen dadch aber nicht herrenlos geworden u nicht in Bes Dr gelangt sein. Kein Verlust, solange Lage bekannt u Wiedererlangg mögl (Liegenlassen im Zug: RGSt **38**, 444; aA Westermann § 59 I 2; vgl auch LG Ffm NJW **56**, 873). Ferner nicht gestohlene u die vom Besitzer weggeworfene (wohl aber die vom Dieb weggeworfene) od versteckte (RGSt **53**, 175) od verlegte Sache. Die vom BesDiener bewußt, aber ohne Wissen und Willen des Besitzers aufgegebene Sache ist letzterem verloren (ebenso beim BesMittler (RGRK § 965 Rdn 7). – b) **Finder** ist, wer eine verlorene Sache nach Entdeckg in Bes nimmt; Aufheben zur Besichtigg genügt nicht. Finden setzt als TatHdlg (Einf 1 e vor § 104) GeschFgk nicht voraus. BesDiener findet für Besitzer (BGH **8**, 130). – c) **Empfangsberechtigter** ist, wer BesR u daher HerausgAnspr hat. – d) **Zuständige Behörde** ist jede nach LandesR sachl (W-Raiser § 82 V 1b) zuständige VerwBehörde; mangels SonderVorschr (*BaWü* AGBGB 5a: Gemeinde; *Brem* AGBGB 28: OrtspolizeiBeh; *NRW* VO v 27. 9. 77 [GV 350]: örtl OrdngsBeh) die Gemeinde.

2) **Schuldrechtl Beziehgen.** Dch den Fund entsteht ein ges SchuldVerh, auf das §§ 677 ff ergänzd anwendb (Hbg OLG **8**, 112); aber kein BesMittlgsVerh (§ 868 Anm 2c cc). Dch §§ 965 ff sind ggü ehrl Finder §§ 987 ff ausgeschl (Raiser, Festschr Wolf 133, 140; aA RG JW **24**, 1715); vgl aber auch § 970 Anm 1.

3) **SonderVorschr** für Strandgut: RStrandsgO v 17. 5. 1874, BGBl III 9516 – 1. – **IPR**: R des Fundortes maßg (Hbg OLG **10**, 114). – **DDR**: §§ 358–361 ZGB. – **Reform** dch G v 19. 7. 76, BGBl 1817: Bassenge NJW **76**, 1486.

§§ 965–971   3. Buch. 3. Abschnitt. *Bassenge*

965 *Anzeigepflicht des Finders.* **I** Wer eine verlorene Sache findet und an sich nimmt, hat dem Verlierer oder dem Eigentümer oder einem sonstigen Empfangsberechtigten unverzüglich Anzeige zu machen.

II Kennt der Finder die Empfangsberechtigten nicht oder ist ihm ihr Aufenthalt unbekannt, so hat er den Fund und die Umstände, welche für die Ermittelung der Empfangsberechtigten erheblich kein können, unverzüglich der zuständigen Behörde anzuzeigen. Ist die Sache nicht mehr als zehn Deutsche Mark wert, so bedarf es der Anzeige nicht.

1) Anzeige. a) Stets an einen bekannten od nachträgl bekannt werdden EmpfangsBerecht (Vorbem 1c); bei Mehrh genügt an einen. Unverzügl: § 121 I 1. – **b)** Hilfsw an zust Behörde (Vorbem 1d); nur diese Anz kann bei Kleinfund unterbleiben. – **c)** Verletzg der Pfl: §§ 971 II, 973, 823ff.

966 *Verwahrungspflicht.* **I** Der Finder ist zur Verwahrung der Sache verpflichtet.
II Ist der Verderb der Sache zu besorgen oder ist die Aufbewahrung mit unverhältnismäßigen Kosten verbunden, so hat der Finder die Sache öffentlich versteigern zu lassen. Vor der Versteigerung ist der zuständigen Behörde Anzeige zu machen. Der Erlös tritt an die Stelle der Sache.

1) Pflicht zur Verwahrg, §§ 688ff; notfalls zur Erhaltg u Fruchtziehg. Von Inbesitznahme ab (Vorbem 1b) Freiwerden nur nach §§ 966 II, 967, 969. Über guten Glauben vgl § 990 Anm. 2.

2) Pflicht zur öffentl Versteigerg; vgl §§ 156, 383 III, 385. Ersteher wird Eigtümer, weil Finder zur Versteigerg berechtigt ist; Finder handelt kraft gesetzl Ermächtigg (aM Bertzel AcP **158**, 113: gesetzl Vertreter). Dingl Surrogation: **II** S 3. Liegt ein Fall des **II** S 1 nicht vor, gilt § 1244 entspr; str, aber hM; vgl Soergel-Mühl Rdnr 2. Vgl ferner § 935 II.

967 *Ablieferungspflicht.* Der Finder ist berechtigt und auf Anordnung der zuständigen Behörde verpflichtet, die Sache oder den Versteigerungserlös an die zuständige Behörde abzuliefern.

1) Der Finder wird dch Ablieferg an die zust Behörde (Vorbem 1d) von seinen Pfl frei, behält aber seine R (§ 975). AbliefergsAnordnung dch allgverbindl Anordng od im Einzelfall dch VerwaltgsAkt ggü Finder (SächsOVG JW **25**, 1061). Verpfl der Behörde nach §§ 973, 975, 976 u nach öffR (Hbg SeuffA **61**, 8); Haftg: OVG **12**, 127.

968 *Umfang der Haftung.* Der Finder hat nur Vorsatz und grobe Fahrlässigkeit zu vertreten.

1) Im Rahmen des gesetzl Schuldverhältn u der §§ 823ff. Vgl § 680 und den entspr anwendbaren § 682 bei Nichtgeschäftsfähigen.

969 *Herausgabe an den Verlierer.* Der Finder wird durch die Herausgabe der Sache an den Verlierer auch den sonstigen Empfangsberechtigten gegenüber befreit.

1) Hat ein BesDiener die Sache verloren, so befreit die Herausg an ihn, wenn das Verhältn aus § 855 noch besteht. Haftg für Herausg an einen Nichtempfangsberechtigten nach § 968. Empfangsberechtigte: Vorbem 1c vor § 965.

970 *Ersatz von Aufwendungen.* Macht der Finder zum Zwecke der Verwahrung oder Erhaltung der Sache oder zum Zwecke der Ermittelung eines Empfangsberechtigten Aufwendungen, die er den Umständen nach für erforderlich halten darf, so kann er von dem Empfangsberechtigten Ersatz verlangen.

1) § 994 I 2 gilt entspr, soweit Finder Nutzgen verbleiben (RGRK Rdn 3). Vgl im übrigen §§ 256, 257, 972, 974. Anspr der Behörde richten sich nach öff Recht.

971 *Finderlohn.* **I** Der Finder kann von dem Empfangsberechtigten einen Finderlohn verlangen. Der Finderlohn beträgt von dem Wert der Sache bis zu eintausend Deutsche Mark fünf vom Hundert, von dem Mehrwert drei vom Hundert, bei Tieren drei vom Hundert. Hat die Sache nur für den Empfangsberechtigten einen Wert, so ist der Finderlohn nach billigem Ermessen zu bestimmen.

II Der Anspruch ist ausgeschlossen, wenn der Finder die Anzeigepflicht verletzt oder den Fund auf Nachfrage verheimlicht.

1) Der Finderlohn belohnt die Ehrlichk u Mühewaltg des Finders. Daneben besteht der Anspr aus § 970. Maßgebd ist der Wert der Sache od der Versteigerserlös zZ der Herausg. Für Sparkassenbücher gilt **I** S 3

Eigent. 3. Titel: Erw. u. Verl. d. Eigent. an bew. Sachen §§ 971–976

da Ggst des Fundes das Buch, nicht die Fdg. Ausschluß bei mind grob fahrl (§ 968) Verletzg der AnzPfl (§ 965) od bei Verheimlichg auf Nachfrage eines glaubh Berechtigten, OLG **4**, 333. Wohl nicht beim geschäftsunfäh Finder, Staud-Berg Anm 2. Geltdmachg § 972.

972 *Zurückbehaltungsrecht des Finders.* Auf die in den §§ 970, 971 bestimmten Ansprüche finden die für die Ansprüche des Besitzers gegen den Eigentümer wegen Verwendungen geltenden Vorschriften der §§ 1000 bis 1002 entsprechende Anwendung.

1) **Zurückbehaltgsrecht** §§ 273 III, 274, 1000 S 1; vgl auch § 975 S 3. § 1000 S 2 nicht anwendbar. **Klagerecht** entspr §§ 1001, 1002; Gen des Finderlohns genügt für § 1001 (Bassenge NJW **76**, 1486 zu II 2b). EmpfangsBerecht kann sich nach § 1001 S 2 durch Rückg der Sache befreien.

973 *Eigentumserwerb des Finders.* ᴵ Mit dem Ablauf von sechs Monaten nach der Anzeige des Fundes bei der zuständigen Behörde erwirbt der Finder das Eigentum an der Sache, es sei denn, daß vorher ein Empfangsberechtigter dem Finder bekannt geworden ist oder sein Recht bei der zuständigen Behörde angemeldet hat. Mit dem Erwerbe des Eigentums erlöschen die sonstigen Rechte an der Sache.

ᴵᴵ Ist die Sache nicht mehr als zehn Deutsche Mark wert, so beginnt die sechsmonatige Frist mit dem Fund. Der Finder erwirbt das Eigentum nicht, wenn er den Fund auf Nachfrage verheimlicht. Die Anmeldung eines Rechtes bei der zuständigen Behörde steht dem Erwerbe des Eigentums nicht entgegen.

1) Nach Ablauf von sechs Monaten seit Anzeige **(I)** bzw Fund **(II)** erwirbt der Finder *ex nunc* (str) **Eigentum** an der Sache nebst inzwischen gezogenen Früchten od am Versteigergserlös. **Rechte Dritter erlöschen.** BereicherungsAnspr § 977. Der Finder od die Behörde muß aber die Sache (od den Erlös) noch in Besitz haben, RG JW **31**, 930; str. Für Anspr gg Behörde auf Herausg VerwRechtsweg, VGH Brem DVBl **56**, 628. Vor Fristablauf hat Finder eine (schwächere) Anwartsch (ErwerbsAuss, vgl Raiser, Dingl Anwartsch S 13) die übertragb ist (vgl Brandis JW **31**, 507; RG JW **31**, 930), ohne daß damit Erwerber in die volle Stellg des Finders im gesetzl SchuldVerh mit Verlierer einrückt: seine Beziehgen zum Eigtümer regeln sich nach §§ 987ff; Übertragg entspricht EigtÜbertragg; Erwerber erwirbt dann nach Fristablauf unmittelb Eigt; passivlegitimiert für Anspr aus § 977 bleibt aber Finder, (außer iF des § 822) da EigtErwerb des neuen Anwärters Folge der Leistg des Finders ist. **Ausnahmen:** Vor Ablauf der Frist **a)** verzichtet Finder auf sein Recht, § 976 I; **b)** wird ihm das Recht des EmpfangsBerecht (nicht notw zugl sein Aufenth, § 965 II) bekannt. Ferner **c)** im Falle **I:** es meldet der EmpfangsBerecht sein Recht bei einer zust Behörde (Vorbem 1 d) an; **d)** im Falle **II:** Finder verheimlicht trotz Nachfrage; vgl § 971 II. **Zu b und c:** vgl § 974.

974 *Eigentumserwerb nach Verschweigung.* Sind vor dem Ablauf der sechsmonatigen Frist Empfangsberechtigte dem Finder bekannt geworden oder haben sie bei einer Sache, die mehr als zehn Deutsche Mark wert ist, ihre Rechte bei der zuständigen Behörde rechtzeitig angemeldet, so kann der Finder die Empfangsberechtigten nach den Vorschriften des § 1003 zur Erklärung über die ihm nach den §§ 970 bis 972 zustehenden Ansprüche auffordern. Mit dem Ablaufe der für die Erklärung bestimmten Frist erwirbt der Finder das Eigentum und erlöschen die sonstigen Rechte an der Sache, wenn nicht die Empfangsberechtigten sich rechtzeitig zu der Befriedigung der Ansprüche bereit erklären.

1) **Aufforderg an alle Empfangsberechtigte.** Verschweigen sich alle, erwirbt der Finder Eigt wie nach § 973. Genehmigt auch nur einer, hat der Finder das KlageR nach §§ 972, 1001. Bestreitet einer den Anspr, zunächst Feststellgsklage oder erneute Auffordrg, vgl § 1003 Anm 3c. Nach Staud-Berg Rdn 1; Planck-Brodmann Anm 2a setzt hier ausnahmsw (vgl zB § 1003 Anm 2) die Setzg einer unangemessenen Frist die angemessene nicht in Lauf, vielmehr muß neue gesetzt w, damit Ztpkt des EigtErwerbs bestimmt ist.

975 *Rechte des Finders nach Ablieferung.* Durch die Ablieferung der Sache oder des Versteigerungserlöses an die zuständige Behörde werden die Rechte des Finders nicht berührt. Läßt die zuständige Behörde die Sache versteigern, so tritt der Erlös an die Stelle der Sache. Die zuständige Behörde darf die Sache oder den Erlös nur mit Zustimmung des Finders einem Empfangsberechtigten herausgeben.

1) Die Befugn der Behörde zur Versteiger (S 2, dingl Surrogation) richtet sich nach öff Recht. Zustimmg (S 3) an Stelle des ZbR aus § 972. Nachweis notf durch Urteil, ZPO 894. Verletzg § 839.

976 *Eigentumserwerb der Gemeinde.* ᴵ Verzichtet der Finder der zuständigen Behörde gegenüber auf das Recht zum Erwerbe des Eigentums an der Sache, so geht sein Recht auf die Gemeinde des Fundorts über.

ᴵᴵ Hat der Finder nach der Ablieferung der Sache oder des Versteigerungserlöses an die zuständige Behörde auf Grund der Vorschriften der §§ 973, 974 das Eigentum erworben, so geht es auf die Gemeinde des Fundorts über, wenn nicht der Finder vor dem Ablauf einer ihm von der zuständigen Behörde bestimmten Frist die Herausgabe verlangt.

§§ 976–979   3. Buch. 3. Abschnitt. *Bassenge*

1) Formloser Verzicht. Im Falle I Vorbeh der Anspr aus §§ 970, 971 mögl. Im Falle II sind sie erloschen. Ist der Aufenth des Finders unbekannt, gilt § 983.

977 *Bereicherungsanspruch.* Wer infolge der Vorschriften der §§ 973, 974, 976 einen Rechtsverlust erleidet, kann in den Fällen der §§ 973, 974 von dem Finder, in den Fällen des § 976 von der Gemeinde des Fundorts die Herausgabe des durch die Rechtsänderung Erlangten nach den Vorschriften über die Herausgabe einer ungerechtfertigten Bereicherung fordern. Der Anspruch erlischt mit dem Ablaufe von drei Jahren nach dem Übergange des Eigentums auf den Finder oder die Gemeinde, wenn nicht die gerichtliche Geltendmachung vorher erfolgt.

1) Anspruchsberechtigt sind der bish Eigtümer u die dingl Berechtigten; aber nicht der Finder im Falle des § 976 II. Anspruchsverpflichtet ist der Finder (§§ 973, 974) od die Gemeinde (§ 976) od ein Dritter nach § 822. Vgl im übr §§ 812 I 1, 818, 819. S 2 bestimmt eine AusschlFrist.

978 *Fund in öffentlicher Behörde oder Verkehrsanstalt.* I Wer eine Sache in den Geschäftsräumen oder den Beförderungsmitteln einer öffentlichen Behörde oder einer dem öffentlichen Verkehre dienenden Verkehrsanstalt findet und an sich nimmt, hat die Sache unverzüglich an die Behörde oder die Verkehrsanstalt oder an einen ihrer Angestellten abzuliefern. Die Vorschriften der §§ 965 bis 967 und 969 bis 977 finden keine Anwendung. II Ist die Sache nicht weniger als einhundert Deutsche Mark wert, so kann der Finder von dem Empfangsberechtigten einen Finderlohn verlangen. Der Finderlohn besteht in der Hälfte des Betrages, der sich bei Anwendung des § 971 Abs. 1 Satz 2, 3 ergeben würde. Der Anspruch ist ausgeschlossen, wenn der Finder Bediensteter der Behörde oder der Verkehrsanstalt ist oder wenn er die Ablieferungspflicht verletzt. Die für die Ansprüche des Besitzers gegen den Eigentümer wegen Verwendungen geltende Vorschrift des § 1001 findet auf den Finderlohnanspruch entsprechende Anwendung. Besteht ein Anspruch auf Finderlohn, so hat die Behörde oder die Verkehrsanstalt dem Finder die Herausgabe der Sache an einen Empfangsberechtigten anzuzeigen. III Fällt der Versteigerungserlös oder gefundenes Geld an den nach § 981 Abs. 1 Berechtigten, so besteht ein Anspruch auf Finderlohn nach Absatz 2 Satz 1 bis 3 gegen diesen. Der Anspruch erlischt mit dem Ablauf von drei Jahren nach seiner Entstehung gegen den in Satz 1 bezeichneten Berechtigten.

Schrifttum: Bassenge NJW 76, 1486.

1) **Fundort: Geschäftsraum** einer öff Behörde aller VerwaltgsArten; auch Nebenräume wie Treppen, Flure, Restaurationsräume, Aborte, Höfe, Bahnsteige. – **Beförderungsmittel** einer öff Behörde. – **Verkehrsanstalt** für öff Verkehr; hier nur die öff od priv Transportanstalt (Baur § 53 g V; Lent-Schwab § 42 V 4), nicht aber Gaststätten (RG **108**, 259), Warenhäuser, Privatbanken (aA Hbg SeuffA **63**, 105; W-Raiser § 82 IX), auch nicht Betriebe (vgl dazu Rother BB **65**, 247).

2) **Ablieferungspflicht** des Finders (I 1); unverzügl: § 121 I 1. Haftgmaßstab iRv § 968. Verletzg: vgl Anm 3b.

3) **Finderlohn** (Höhe: II 2) nur bei Sachen ab 100 DM Wert. Maßg obj VerkWert im Ztpkt der Wiedererlangg dch EmpfangsBerecht od VerstErlös; mangels solchen Werts der bei dem Empfangs-Berecht (vgl II 2 mit § 971 I 3). – **a) Schuldner. aa) EmpfangsBerecht** (Vorbem 1 c), solange Voraussetzgen des § 981 I noch nicht gegeben (II 1). Aber erst nachdem dieser die Sache wiedererlangt od Anspr (§ 972 Anm 1) genehmigt hat (II 4 mit § 1001); vorher keine Aufr. Dch Rückg an Behörde/VerkAnstalt vor Gen kann EmpfangsBerecht sich von Anspr befreien (II 4 mit § 1001). Dch Wiedererlangg od Gen unbdgt gewordener Anspr verjährt nach § 195; § 1002 nicht anwendb. **bb) Eigtümer des Geldes**, der dies nach § 981 I erworben; Finder hat keinen Anspr auf Verst. Rechtzeit (III 2) geltd gemachter Anspr (nicht notw gerichtl) verjährt nach § 195; ordentl RWeg. – **b) Ausschluß** (II 3). Bedienstete der Behörde/VerkAnstalt (auch zB Angestellte einer beauftragten ReiniggsFirma) haben keinen Anspr. Ebso Finder, der mind grob fahrl (§ 968) AbliefergsPfl verletzt; Verheimlichg ggü EmpfangsBerecht unschädl, ebso unverzügl Ablieferg unmittelb an diesen (Umweg über Behörde/VerkAnstalt nur zur AnsprErhaltg nicht sinnvoll); wg geschäftsunfäh Finder vgl § 971 Anm 1. – **c) BenachrichtiggsPfl** der Behörde/VerkAnstalt (II 5), damit Finder Anspr geltd machen kann. Bei Verletzg: § 839 od § 276 (priv VerkAnstalt).

4) **Sonderregelg** in § 978 schließt aus: Anspr aus § 970; EigtErwerb nach §§ 973, 974; Finderlohn bei Sachen unter 100 DM Wert.

979 *Öffentliche Versteigerung.* I Die Behörde oder die Verkehrsanstalt kann die an sie abgelieferte Sache öffentlich versteigern lassen. Die öffentlichen Behörden und die Verkehrsanstalten des *Reichs*, der *Bundesstaaten* und der Gemeinden können die Versteigerung durch einen ihrer Beamten vornehmen lassen.
II Der Erlös tritt an die Stelle der Sache.

1) Öff Versteigerg. Vgl § 966 Anm 2 und §§ 980–982. Statt „Reichs" u „Bundesstaaten" jetzt Bundesrepublik u Länder. Verkehrsanstalten zB Post, Bundesbahn. §§ 979, 980 gelten gem WaStrG 30 VII für beseitigte Ggstände, die ein Schiffahrtshindern bilden. – **II**: dingl Surrogation.

980 *Öffentliche Bekanntmachung des Fundes.* ^I Die Versteigerung ist erst zulässig, nachdem die Empfangsberechtigten in einer öffentlichen Bekanntmachung des Fundes zur Anmeldung ihrer Rechte unter Bestimmung einer Frist aufgefordert worden sind und die Frist verstrichen ist; sie ist unzulässig, wenn eine Anmeldung rechtzeitig erfolgt ist.

^{II} Die Bekanntmachung ist nicht erforderlich, wenn der Verderb der Sache zu besorgen oder die Aufbewahrung mit unverhältnismäßigen Kosten verbunden ist.

1) Vgl § 982. Ist die Versteigerg unzul, erwirbt nur der gutgl Ersteher nach § 935 II od entspr § 1244 (aM Planck Anm 3) Eigt.

981 *Empfang des Versteigerungserlöses.* ^I Sind seit dem Ablaufe der in der öffentlichen Bekanntmachung bestimmten Frist drei Jahre verstrichen, so fällt der Versteigerungserlös, wenn nicht ein Empfangsberechtigter sein Recht angemeldet hat, bei *Reichsbehörden* und *Reichsanstalten* an den *Reichsfiskus*, bei Landesbehörden und Landesanstalten an den Fiskus des *Bundesstaats*, bei Gemeindebehörden und Gemeindeanstalten an die Gemeinde, bei Verkehrsanstalten, die von einer Privatperson betrieben werden, an diese.
^{II} Ist die Versteigerung ohne die öffentliche Bekanntmachung erfolgt, so beginnt die dreijährige Frist erst, nachdem die Empfangsberechtigten in einer öffentlichen Bekanntmachung des Fundes zur Anmeldung ihrer Rechte aufgefordert worden sind. Das gleiche gilt, wenn gefundenes Geld abgeliefert worden ist.
^{III} Die Kosten werden von dem herauszugebenden Betrag abgezogen.

982 *Ausführungsvorschriften.* Die in den §§ 980, 981 vorgeschriebene Bekanntmachung erfolgt bei *Reichsbehörden* und *Reichsanstalten* nach den von dem *Bundesrat*, in den übrigen Fällen nach den von der Zentralbehörde des *Bundesstaats* erlassenen Vorschriften.

1) Statt Reichsbehörden usw jetzt Bundesbehörden (-anstalten), statt Bundesstaat jetzt Land. Wegen Bundesrats vgl GG 129. Bek v 16. 6. 98 (RGBl 912) gilt weiter. Vgl auch *Bay*Bek v 2. 12. 99 (BS III 114); *nds* AGBGB 25; Hbg VO v 19. 11. 62 (GVBl 183).

983 *Unanbringbare Sachen bei Behörden.* Ist eine öffentliche Behörde im Besitz einer Sache, zu deren Herausgabe sie verpflichtet ist, ohne daß die Verpflichtung auf Vertrag beruht, so finden, wenn der Behörde der Empfangsberechtigte oder dessen Aufenthalt unbekannt ist, die Vorschriften der §§ 979 bis 982 entsprechende Anwendung.

1) ZB für Überführgsstücke, deren Eigtümer unbekannt ist. Vgl auch § 976 Anm 1. Für vertragl Anspr bestehen Sondervorschr in HintO 19ff; PostG 26 I. Für Private gelten nur die §§ 372ff.

984 *Schatzfund.* Wird eine Sache, die so lange verborgen gelegen hat, daß der Eigentümer nicht mehr zu ermitteln ist (Schatz), entdeckt und infolge der Entdeckung in Besitz genommen, so wird das Eigentum zur Hälfte von dem Entdecker, zur Hälfte von dem Eigentümer der Sache erworben, in welcher der Schatz verborgen war.

1) Die (bewegl) Sache muß so lange verborgen gewesen sein, daß gerade deshalb der Eigtümer nicht zu ermitteln ist, vgl KG OLG **8**, 115; Hbg SeuffA **60**, 171. Entsprechd wohl bei herrenlosen Sachen von wissenschaftl Wert, zB Fossilien; str. Bergende Sache kann auch bewegl sein (Geheimfach). Entdeckg ist Wahrnehmg, gleichviel aus welchem Anlaß, ob bei Gelegenh einer erlaubten od unerl Hdlg. Bei planmäßiger Nachforschg ist der AuftrGeber der Entdecker, RG **70**, 310. Eigt wird aber erst mit Besitznahme erworben, aGrd der Entdeckg, aber nicht notw durch den Entdecker selbst. Zwischen Entdecker u Eigtümer der Sache entsteht MitEigt, §§ 1008ff, 741ff. Anspr auf Vorlegg (§ 809) u Bestandsverzeichnis, §§ 260, 261. Vgl auch § 1040. Entdecken erfordert als TatHdlg (vgl Übbl 1 e vor § 104) nicht GeschFgk. – Schatzfund u **StrandR**, vgl Ehlers SchlHA **71**, 227.

2) Über **landesrechtl Vorbehalte** vgl EG 73, 109. Ferner zB *Pr* AusgrabsG v 26. 3. 14 (GS 41), hierzu BVerwG NJW **65**, 1932; *Bay* DenkmalsschutzG v 25. 6. 73 (GVBl 328).

Vierter Titel. Ansprüche aus dem Eigentum

Einführung

Schrifttum: Peters, Die Anspr aus dem Eigtum, AcP **153**, 454. – Raiser, Die Subsidiarität der Vindikation u ihrer Nebenfolgen, JZ **61**, 529. – Berg, Anspr aus dem Eigtümer-Besitzer-Verh, JuS **71**, 522, 636; **72**, 83, 193, 323; **73**, 85. – Köbl, Das Eigtümer-Besitzer-Verh im AnsprSystem des BGB, 1971. – Pinger-Scharrelmann, Das Eigtümer-Besitzer-Verh, 1971. – Pinger, Funktion u dogm Einordng des Eigtümer-Besitzer-Verh, 1973. – Pikart, Die Rspr des BGH zum Eigtümer-Besitzer-Verh, WPM **66**, 1234; **72**, 454. – Mühl AcP **176**, 396 (zu Köbl u Pinger). – Vgl auch Vorbem vor § 987 u § 994.

Einf v § 985, § 985

1) Der Titel behandelt **drei dingl Anspr,** durch die der Eigtümer Einwirkgen Dritter ausschließen kann, § 903. Für MitEigtümer vgl noch § 1011. Gerichtsstand ZPO 24. § 1006 erleichtert für Fahrnis den Nachweis des Eigtums. Für Grdst vgl § 891. § 1007 gehört sachl in den 1. Abschnitt.

a) Anspr auf Herausgabe der Sache, Fahrnis wie Grdst, §§ 985–1003. Gerichtet gg den Besitzer. NebenAnspr bei bes Tatbestd: Herausg der Nutzgen, SchadErs, §§ 987 ff. Der Besitzer kann bei Recht zum Besitz Herausg verweigern, § 986, nach §§ 994 ff Ersatz seiner Verwendgen beanspruchen.

b) Anspr auf Beseitigg anderer Beeinträchtigg als Besitzentziehg u **Unterlassg** weiterer Beeinträchtigungen, § 1004. Gilt für Fahrnis u Grdst.

c) Anspr auf Abholg bewegl Sachen von einem Grdst, § 1005.

2) Auf die dingl Anspr sind die **allg Vorschriften des Schuldrechts grundsätzl anwendbar.** Vgl aber auch Einl 2b, 5a vor § 854, § 985 Anm 1, 3b.

3) Weitere Rechte des Eigentümers. a) Anspr auf Herausg nach § 985 kann zusammentreffen (Anspr-Konkurrenz, Georgiades-Schrifft zu § 986 – S 220 ff; Köbl aaO S 139) mit **schuldrechtl Anspr auf Herausg aa) aus Vertrag.** Der Eigtümer kann nach seiner Wahl den dingl od den persönl od beide Anspr verfolgen; BGH **34,** 123. Er kann die Herausg auch neben SchadErs wg Nichterfüllg (§ 326) verlangen; durch Herausg mindert sich sein Schaden, RG **141,** 261; soweit er dadurch bereichert wird, hat er die Anzahlg zurückzuzahlen, RG **144,** 66. Konkurrenzfrage aber str; gg hM insb Raiser JZ **61,** 529, Festschr M. Wolff 1952 S 133; Wolff-Raiser § 84 I 2 (dem Soergel-Mühl Anm 6 vor § 985 jedenf im Ergebn beitreten), wonach § 985 zurücktritt hinter RückgAnspr aus Vertr od gesetzl SchuldVerh, wenn Besitzer den Bes mit R erworben hatte (§ 986). Aber nur, wenn dieses Recht noch besteht, entfällt § 985, vgl § 986 Anm 1. Haftgsmaßstab u **Nebenansprüche** bestimmen sich aber jedenf primär nach dem vertragl **Abwicklgsverhältn** hinter dessen Regelg §§ 987 ff zurücktreten müssen, vgl Vorbem 1d vor § 987. **bb) Aus Gesetz:** Auf Vorlegg, §§ 809 ff. Aus ungerechtf Bereicherg (*condictio possessionis*); beachte aber, daß hier – wg §§ 989, 990 – Konditionsobjekt nur der Besitz, nicht das Eigt mit seinem Substanzwert ist, §§ 812 ff. Der Bereicherungs-Anspr kann auch bestehen, wenn Klage aus § 985 wg fehlenden Eigt rechtskr abgewiesen worden ist, RG JW **35,** 2270. **cc) Aus unerl Handlg,** §§ 823 ff.

b) Wegen der Konkurrenz schuldrechtl Anspr des Eigtümers mit den Nebenansprüchen auf Nutzgen u SchadErs vgl Vorbem 1 a, 2 vor § 987. Wegen Anwendbark des § 817 S 2 vgl Einl 5 a cc vor § 854.

c) Anspr aus § 985 kann ferner konkurrieren mit solchen aus **§ 1007 u § 861.**

d) Feststellgsklage, ZPO 256, 280. Auf Bestehen des Eigt od Nichtbestehen eines beschränkten dingl Rechts. Auch neben od anstatt der Anspr Anm 1 a–c zul, weil die Rechtskr der Urteile über diese Anspr die Feststellg des Eigtums – im Gegensatz zu § 894, vgl dort Anm 6a – selbst nicht mitumfaßt, StJP § 322 zu Fußn 57, 185; RG **144,** 270; Warn **36,** 173. Bei wechselseit Feststellgsklagen scheitert die spätere an der Rechtskr des ErstUrt, Henckel, ProzR u materielles R, 1970, 3. Kap IV 2.

e) Auf Berichtigg des Grundbuchs, § 894; vgl Anm 4. **f)** Vgl ferner ZPO 771; KO 43–46; ZVG 93. **g)** Über den ErbschAnspr vgl §§ 2018 ff.

4) Die §§ 985 ff finden entspr **Anwendg** gemäß §§ 1017 II, 1065, 1227; EG 63 S 2, 68 S 2; ErbbRVO 11 I. Vgl ferner wg des GrundbuchberichtiggsAnspr § 894 Anm 7 a; Vorbem 4 vor § 994; § 1004 Anm 2d. Ferner auf die Anspr des Bergwerkspächters auf Herausg der währd der Pachtzeit gewonnenen Mineralien, RG JW **38,** 3040.

5) Wegen des Anspr gg den Bund (evtl gg einen anderen öff RTräger) auf Herausg eines vom DtschReich, früh Preußen od RAutobahn in Besitz genommenen Grdst u Anspr wg Beeinträchtigg des Eigt od anderer dingl Rechte vgl AKG 2 Nr 2 u 3, 19 ff. Zum AKG vgl auch Einl 8 c vor § 241. Dingl HerausgAnspr nicht von Klagesperre AKG 3 II erfaßt, BGH **35,** 350.

985 *Herausgabeanspruch.* **Der Eigentümer kann von dem Besitzer die Herausgabe der Sache verlangen.**

Schrifttum: Oertmann, Dingl u pers HerausgAnspr, JhJ **61,** 44. – Siber, EigtAnspr u schuldr HerausgAnspr, JhJ **89,** 1.

1) Allgemeines. Dingl **Anspr auf Herausgabe gg Besitzer** (*rei vindicatio*), abgeleitet aus dem Eigt. Keine selbständige **Abtretg** (str), aber zul zur Übertragg des Eigt: § 931 (str, vgl § 931 Anm 3a aa); zur Ausübg des Anspr: § 255; zul auch Ermächtigg zur Einziehg, vgl Anm 2a. Unwirks Abtretg in Ermächtigg umdeutb, LG Bln WPM **67,** 1295. Gg den Anspr ist Einwand unzulässiger RAusübg (§ 242) mögl, so wenn Zustand eines Grdst, das zwecks EigtÜbertragg aGrd (unwirks) Vertrages übergeben wurde, durch wertvolle Bebauung wirtschaftl völlig verändert worden ist; dies nach RG **133,** 296, wenn Bebauung mit Wissen u ohne Widerspr des Eigentümers erfolgte; uU aber auch sonst, wenn Herausg unzumutbar. Jeder Teil kann dann Übertragg des Eigt auf Bebauer gg Wertersatz fordern (ähnl wie nach § 915), vgl RG aaO. Vgl aber auch RG **139,** 353: bei bloßer Umgestaltg, wenn auch erheblicher (Sprit- in Schraubenfabrik), nur ZurückbehaltungsR wg der Verwendgen. – Wegen Anwendbark des § 242 vgl auch § 986 Anm 2, § 242 Anm 4 Di „SachenR". Wegen § 817 S 2 vgl Einl 5a cc vor § 854; auch BGH BB **64,** 493. § 254 auch nicht entspr anwendb, BGH **LM** § 366 HGB Nr 4; vgl aber auch § 989 Anm 2. – Verjährg: § 195 (vgl aber § 937); §§ 198 ff, 221. – Verpfändg mögl (Erm-Ronke § 1205 Rdn 8).

2) Voraussetzgen des Anspr: Eigentum des Klägers u Besitz des Bekl. **a) Anspruchsberechtigt** ist jeder Eigtümer. Auch wenn er mittelb Besitzer ist. Der MitEigtümer kann von Dritten Herausg an alle verlangen, §§ 1011, 432; von den anderen MitEigtümern Einräumung des Mitbesitzes (vgl aber wg Teilhypothekars § 1145 Anm 2c). Berechtigt ist auch der SichergsEigtümer, KG JW **34**, 436. Bei Verlust des Eigt nach §§ 937, 946–948 erlischt der Anspr. Veräußerg im RStreit: Anm 4b. Zulässig die **Ermächtigg**, zB an Pächter, im eig Namen auf Herausg an sich zu klagen (vgl BGH **LM** Nr 24; auch RG **136**, 424).

b) Anspruchsverpflichtet nur der Besitzer. – **aa)** Der unmittelb oder mittelb. Auch gg diesen Kl auf Herausg (da dann Vollstr sow nach ZPO 886 wie nach § 883 gesichert) od auf Abtretg des Herausg-Anspr gg unmittelb (ZPO 894). Nach BGH **53**, 29 (zust Wallerath JR **70**, 161) nur letzteres dann, wenn der unmittelb dem mittelb ggü zum Bes berecht ist u der mittelb nicht auf SchadErs haftet, da dann Kläger über § 283 einen ihm nach §§ 989, 990, 993 nicht zustehden SchadErsAnspr erhalten könnte, weil Bekl im ZweitProz mit Einwendgen gg diesen präkludiert sei. Krit Kühne JZ **70**, 187; Derleder NJW **70**, 929; E. Schwerdtner, Verz im SR, 1973, S 144; allerd kann der Bekl nicht mit der Einwendg ausgeschl sein, er hafte nicht, da er redl Besitzer gew sei; Ausschl der Einwendg, mittelb Besitzer habe die Unmöglichk der Herausg nicht zu vertreten, würde zwar wg dem GrdGedanken des § 283 (s dort Anm 2b, aE) entspr, dem AusschließlichkGedanken des § 993 (s Vorbem 3a vor § 987) aber widersprechen; hält man – mit hM – daran fest, w man dem BGH zustimmen können. – Klage auf Herausg schlechth auch, wenn Bekl teilw unmittelb, teilw mittelb Besitzer, BGH **12**, 380, 397. – Anspruchsverpfl auch der **Mitbesitzer** (vgl § 866 Anm 3, § 854 Anm 5, 6). – Nicht der **BesDiener**. – **bb)** Anspr erlischt, wenn Besitzer Bes verliert od besitzberecht w (§ 986); nicht mit Wegn aGrd einstw Vfg (RG HRR **29**, 104). Bei Verlust des unmittelb Bes dch poliz Beschlagn kann Zust auf Herausg von Polizei an Eigtümer verlangt w (Hbg MDR **74**, 754; vgl auch LG Köln MDR **62**, 901). Besitzt der Bekl aGrd öffR VollstrAnspr, w § 985 dch ZPO 766, 771 verdrängt (RG **108**, 262).

3) Inhalt des Anspr. a) Herausgabe ist Einräumg des Besitzes an dem Ort, an dem sich die Sache befindet. Anders bei unberechtigter Ortsänderg nach Rechtshängigk od Bösgläubigk, vgl §§ 989, 990. Besitzer trägt die Kosten der Besitzeinräumg, Eigtümer die der Abholg. Deliktmäß Besitzer hat Sache auf seine Kosten u Gefahr zurückzuschaffen, vgl Peters AcP **153**, 464. Ist Bekl Besitzmittler für Dritten: § 986 I 2.

b) § 985 gewährt nur Herausg, **nicht Wertersatz**; die Funktion der §§ 275, 280 übernehmen §§ 989 ff; § 281 nicht anwendb (hM; vgl dort Anm 1a); auch nicht bei zufäll Untergang bzgl VersSumme, die Besitzer aus EigenVers erhält (Jochem MDR **75**, 177). – Keine Kl auf Herausg od SchadErs (wahlw od als ErsatzgsBefugn); hM. Teilw w gg bösgl Besitzer AlternativKl für zul gehalten, RG Warn **29** Nr 27; Planck Anm 2c; Erm-Hefermehl Rdnr 11; hier bis zur 32. Aufl. Richtigerw w man aber nur gem § 283 iVm ZPO 255 u 259 (falls dessen bes ProzVoraussetzgen gegeben) zulassen, daß auf Herausg binnen einer im Urt zu setzden Frist u zugl auf SchadErs nach deren fruchtl Ablauf geklagt w; Zug um Zug gg dessen Leistg muß aber Kläger dann dem Bekl das Eigt an der vindizierten Sache verschaffen, was teilw mit § 255 BGB entspr (vgl dort Anm 1, Wallerath JR **70**, 166) teilw mit § 242 begründet w (vgl E. Schwerdtner, Verzug im SR, S 150 Fußn 276 mit Nachw); ist dies – wie bei Vindikation von Gebäudeteilen – wg §§ 93, 94 nicht mögl, scheidet § 283 aus, Westermann § 30 III 1. Mü OLGZ **65**, 10 (abl Schwerdtner aaO S 139 Fußn 215) lehnt § 283 schlechth ab wg dessen Abs 1 S 3, wodch aber Gläub Vorteil des § 283 verliert, der den Schu zwingt, nachträgl unvertretb Unmöglichk über ZPO 767 geltd zu machen. – ZPO 510b auf HerausgAnspr nicht anwendb, hM. – Neben Herausg kann vom bösgl Besitzer Ers des VerzSchad verlangt w, BGH NJW **64**, 2414; vgl § 990 Anm 3 u Kuchinke JZ **72**, 659.

c) Wertvindikation (vgl Kaser AcP **143**, 1; Simitis AcP **159**, 462; Falck, Das Geld u seine Sonderstellg im SR, 1960): Auch wenn sich Geldwert in Sachen (Münzen, Banknoten) verkörpert, ergreift § 985 diese. Ändert sich die rechtl Erscheingsform des Geldes – dch Wechseln, Einzahlg auf Konto-, treten anstelle des § 985 die §§ 989, 990, 816. Dadch aber kein Schutz (weder ZPO 771, noch KO 43) vor Drittzugriff. Deshalb soll nach Westermann, § 30 V, Soergel-Mühl Rdn 17, einschränkd Erm-Hefermehl Rdz 6, Vindik-Zugriff, bei ZwVollstr also ZPO 771, KO 43, solange gegeben sein, als der (umgewandelte) Geldwert erkennb in and Münzen, Scheinen od in Gestalt von Buchgeld beim Bes unterscheidb ist. Mit Recht krit dazu W-Raiser § 84 III Fußn 6 u Reinhardt, Festschr Boehmer 1954, S 60 ff; damit wäre GeldEigtümer privilegiert: auch der SachEigtümer ist nach Umwandlg des § 985 in §§ 989, 990, 816 dem Vorgriff Dritter ausgesetzt. Oft hilft KO 46: vgl BGH **30**, 176 = **LM** Nr 5 Anm Rietschel; RG **98**, 143; **141**, 89; BGH **23**, 307 = **LM** Nr 3 Anm Rietschel, wonach nach Einziehg der fremden Forderg der auf Konto eingezahlte Betrag auch dann noch ausgesondert w kann, wenn kein Sonderkonto. Auch kann nach RG **160**, 52 mit Geldwertforderg gg GeldherausgAnspr aufgerechnet w, was allerd Annäherg an Westermanns Lehre ist. Vgl § 948 Anm 1e.

4) Prozessuales. Vgl auch Anm 3b. **a) Klage** erfordert Angabe der Tats, die EigtErwerb od EigtVermutg (§§ 891, 1006) ergeben (BGH **LM** Nr 1). KlageAntr erfordert genaue Bezeichng, bei Grdst notf räuml Abgrenzg (RG **68**, 25); zusassde Bezeichng mehrerer Sachen genügt, wo zweifelsfrei. – **BewLast:** Kläger für sein Eigt u den Bes des Bekl. Bei Fahrn muß er die für den Bekl sprechde Vermutg des § 1006 I, III widerlegen. Wenn für den Kläger die Vermutg des § 1006 II, III spricht, hat Bekl sie zu widerlegen. – Zum Beweise des Bes des Bekl genügt, daß seine tats HerrschGewalt bei RHängigk bewiesen. Bekl hat ggf zu beweisen, daß er nur BesDiener od den Bes nach RHängigk endgült verloren hat (vgl aber b). Klage stets abzuweisen, wenn endgült BesVerlust feststeht (BGH Betr **76**, 573). Bei bestr Unmöglichk der Herausg ist ihr Nachw nicht zuzulassen, wenn feststeht, daß sie Bekl zu vertreten (RG Warn **29**, 27); Kläger hat dann den Vorteil des § 283, der auch für dingl Anspr gilt (§ 283 Anm 2; BGH aaO). – **KlageÄnderg** liegt nicht in Änderg des ErwerbsGrd (vgl auch Anm 4c). Bei Übergang von HerausgKl auf Anspr aus §§ 989, 816 gilt ZPO 268 Nr 3. – **KlageHäufg** (ZPO 260) liegt bei Kl auf Herausg mehrerer Sachen vor, nicht aber bei Kl aus Eigt u Vertr (BGH **9**, 22; Berg JuS **71**, 523).

b) Veräußerg nach Rechtshängigkeit. aa) Übereignet **Kläger** die streitbefangene Sache nach Rechtshängigk (insb nach §§ 931, 925), so bleibt er prozeßführgsberechtigt (in Prozeßstandsch für den Erwerber),

§§ 985, 986

ZPO 265 II 1. Er muß aber, bei Vermeidg der Klageabweisg, den KlageAntr auf Herausg an RNachfolger ändern (Relevanztheorie). Letzterer zum Eintritt in den Prozeß berechtigt nur bei Zust beider Parteien; tritt er als Streithelfer bei, ist er (regelwidrig) nie streitgenöss Nebenintervenient, damit er nicht auf diesem Wege die Stellg einer Partei erhält, ZPO 265 II 2, 3 (Schutzvorschr für Bekl, RG **148**, 169). Würde indessen Urteil nach ZPO 325 II gg den RNachfolger nicht wirks sein (wenn dieser Eigt gutgl erworben hat u auch hins der Rechtshängigk gutgl war), so verliert Kl mit der Sachbefugn entgg ZPO 265 II auch sein ProzeßführgsR, ZPO 265 III. Grund: dem Bekl würde ein Sieg ggü dem Kl nichts nützen, er wäre bei Abweisg der Klage einer neuen Klage des RNachf ausgesetzt, ohne sich auf die Rechtskr berufen zu können. **bb)** Veräußert der **Bekl** die streitbefangene Sache währd Rechtshängigk, so hat dies auf den Prozeß keinerlei Einfluß, Kl kann den bish KlageAntr weiter stellen (str); auch bei gutgl Erwerb eines Dritten, ZPO 265 III gilt hier nicht. Kläger kann aber zum SchadErsAnspr (§ 989) od dem aus § 816 übergehen. Sonst Umschreibg der Klausel gg RNachf nach ZPO 727, 731, außer, wenn dieser sich auf ZPO 325 II (Gutgläubigk hins des Eigt u der Rechtshängigk, vgl c, RG **79**, 168) berufen kann. – Über Umfang der Rechtshängigk, insb bzgl eines Anspr aus § 1004, vgl BGH **28**, 153.

c) Rechtskraftwirkg des Urteils: Obj nicht hins des EigtR des Klägers (wesh Häufg mit ZPO 256 dahin zul), subj stets für RNachfolger nach Rechtshängigk; gg sie nur bei Bösgläubigk, ZPO 325 I, II, vgl auch oben zu b. Gutgläubigk hins der Rechtshängigk ausgeschl, wenn diese im GrdBuch eingetr, s § 892 Anm 4 a. Nicht gg mittelb Besitzer, dem der Bösgl unmittelb Besitzer die Sache zurückgegeben hat. Rechtskr nur bzgl des HerausgAnspr, nicht eines Anspr aus § 1004, vgl BGH **28**, 153; auch Einf 3 d. Nach rechtskr Abweisg neue Klage, gestützt auf anderen ErwerbsGrd, unzul. And bei Abweisg wg mangelnden Bes der Bekl. – Wegen RechtskrWirkg bzgl der NebenAnspr vgl Vorbem 1 vor § 987. Wg Rechtskr bei zeitl aufeinand folgden HerausgKlagen aus § 985 vgl Henckel aaO (Einf 3 d) 3. Kap. IV 3 a.

d) Zur Klage unter **Ehegatten** währd des EheProz vgl BGH NJW 77, 43.

986 Einwendungen des Besitzers.

I Der Besitzer kann die Herausgabe der Sache verweigern, wenn er oder der mittelbare Besitzer, von dem er sein Recht zum Besitz ableitet, dem Eigentümer gegenüber zum Besitze berechtigt ist. Ist der mittelbare Besitzer dem Eigentümer gegenüber zur Überlassung des Besitzes an den Besitzer nicht befugt, so kann der Eigentümer von dem Besitzer die Herausgabe der Sache an den mittelbaren Besitzer oder, wenn dieser den Besitz nicht wieder übernehmen kann oder will, an sich selbst verlangen.

II Der Besitzer einer Sache, die nach § 931 durch Abtretung des Anspruchs auf Herausgabe veräußert worden ist, kann dem neuen Eigentümer die Einwendungen entgegensetzen, welche ihm gegen den abgetretenen Anspruch zustehen.

Schrifttum: Scherk, Die Einrede aus dem R zum Bes, JhJ **67**, 301. – Raiser, EigtAnspr u R zum Bes, Festschr für M. Wolff S 123. – Diederichsen, Das R zum Bes aus SchuldVerh, 1965. – Zeuner, Zum Verh zw Vindikation u BesR, Festschr für Felgenträger 1969, 423.

1) Allgemeines. I S 1 gibt dem Besitzer, der (od dessen Oberbesitzer, vgl aber auch Anm 3 c) dem Eigtümer ggü zum Besitz berechtigt ist, das Recht zur Verweigerg der Herausg, u zwar im Wege der Einwendg (hM, auch str), ebso wie § 1004 II, so daß kein VersäumnUrteil, wenn Kläger selbst den die BesitzR des Bekl ergebenden Tatbestd vorträgt. Bei Streit ist stets Besitzer beweispflichtig, **II** schützt den Fahrnisbesitzer, der schuldrechtl dem früh Eigtümer ggü zum Besitz berechtigt ist, RG **109**, 130. Dingl Rechte bleiben schon nach §§ 936 III, 986 I 1 bestehen. Über die Anspr des Besitzers wg Verwendgen vgl §§ 994–1003. – § 986 I 1 gilt auch für den Anspr aus § 1004, BGH NJW 58, 2061. – Wegen § 817 S 2 vgl Einl 5 a cc vor § 854.

2) Recht zum Besitz, I 1; gleichviel, aus welchem RVerhältn es hergeleitet.

a) Absolut: vornehml aus dingl Rechten (§§ 1036 I, 1093, 1205), auch wenn gutgläub von NichtBerecht erworben. Aber auch aus familienrechtl Beziehg: R des Gatten auf MitBes an Hausrat u Ehewohng, § 1353, dazu BGH NJW 78, 1529 sowie § 1353 Anm 2–4, § 1361 Anm 2 u Erl zu § 1368, 1369 III.

b) Relativ: aus schuldrechtl Beziehg zum Eigtümer beruhd, Mieter, Käufer, selbst wenn sein ErfüllgsAnspr verj, RG **138**, 198, od Vertr mangels behördl Gen schwebd unwirks, BGH **LM** Nr 1, – nach Diederichsen aaO S 160; relative HerrschRechte.

c) Wg des BesitzR des **Anwärters** aus VorbehKauf vgl § 929 Anm 6 B b ee; wg des AuflassgsEmpf vgl § 925 Anm 6 b. VorbehKäufer, der sich auf **Verjährg** des KaufprAnspr beruft, hat kein BesitzR, BGH **34**, 191: § 223 entspr (str, aA Blomeyer JZ 68, 694); zur weiteren Abwicklg vgl Müller, Betr **70**, 1209. Zur Bedeutg von BGH **54**, 214 (dazu § 929 Anm 6 B b ff γ) für diese Frage vgl Lange JuS 71, 515; entfalle mit Verj der Zahlgsverzug u damit die schuldr Rückabwicklg des VorbehKaufs, sei der Schutzzweck des EV, diesen zu sichern, ggstandsl; Käufer habe damit BesitzR. Dieses Argument übersieht, daß Zweck des EV primär die Sichg der KaufprFdg ist. Ein schuldrechtl Recht zum Besitz gewährt den Einwand immer nur dann, wenn Besitzer das BesitzR gerade dem klagenden Eigtümer (oder nach **II** dessen RVorgänger) ggü hat. Besitzer kann sich also nicht darauf berufen, daß er zB die herausverlangte Sache von einem Dritten (NichtEigtümer) gekauft od gemietet od in Verwahrg erhalten habe (außer wenn der Dritte dem Eigtümer ggü zum Besitz u zur Überlassg des Besitzes an den Bekl berechtigt ist, vgl Anm 3 b, c, 4). Formgült Vorvertr genügt, RG **129**, 370; OGH SJZ **50**, 188. Käufer ist nicht mehr besitzberechtigt, wenn Verk nach § 326. RG **141**, 261, oder KonkVerw nach KO 17, RG **90**, 220, die Erfülllg ablehnt.

d) ZurückbehaltgsR nach §§ 273, 1000, die zur Verurteilg zur Herausg Zug um Zug führen, begründen kein BesR iS § 986, da sie den HerausgAnspr unberührt lassen u nur seine Vollstr einschränken (Erm-Hefermehl Rdn 1; Wolf § 3 D IV 6; Lent-Schwab § 44 II 2 a; Diederichsen aaO 18 ff; ArbG Bln MDR 68, 531;

Eigentum. 4. Titel: Ansprüche aus dem Eigentum § 986, Vorbem v § 987

aA BGH **64**, 122 u hM); and allerd iF § 1003 I 2. Die bloße Anfechtg des Veräußergsvertrags nach dem AnfG gibt dem Anfechtden kein Recht zum Besitz, KG OLG **30**, 103. Recht zum Besitz kann auch aus § 242 folgen; vgl § 985 Anm 1; BGH **LM** § 7 HöfeO Nr 13 (künft Hoferbe). Zum BesR des Verlegers am Manuskript des Autors (VerlG 27) vgl BGH GRUR **69**, 552 (Anm Bappert) = JZ **70**, 105 (Anm Steindorff), wonach BesR auch ohne Vorbeh mit VerlagsVertr endet.

e) Das Recht muß dem Kl ggü bestehen. Ausn: **II**.

3) Der Bekl kann sich berufen: a) Auf sein eigenes Besitzrecht. b) Auf das Besitzrecht dessen, dem er den Besitz vermittelt; vgl aber I 2 (Anm 4). Str, ob § 985 dchgreift, wenn berecht mittelb Besitzer die Sache erlaubt an den derzeit unmittelb Besitzer gegeben, dieses MittlgsVerh aber nicht rechtswirks ist; dies bejahen (mit Lösg entspr § 986 I 2) Raiser JZ **61**, 529; Firsching AcP **162**, 451; Westermann § 30 II 3 b; Erm-Hefermehl Rdz 4. Dagg Schönfeld JZ **59**, 301; Köbl aaO S 322; Vindikation mit Nebenfolgen griffen nicht ein, wenn RVerh zw Eigtümer u mittelb Besitzer intakt; gesetzl kaum begründb; den Eingr in die schuldr Beziehgn zw mittelb u unmittelb Besitzer nimmt das Gesetz auch iFv § 986 I 2 hin; mittelb Besitzer mag sich an Eigtümer halten. Vgl auch Anm 1 b vor § 994. – Ist BesMittler über das Recht des mittelb Besitzers ggü Eigtümer im unklaren, kann er nach ZPO 76 verfahren. c) In entspr Anwendg von I 1 kann sich Besitzer auf BesitzR seines Besitzvorgängers berufen, auch wenn dieser nicht mittelb Besitzer ist. ZB seines Verkäufers, der besitzberechtigt ist, weil der Kl ihm die Sache rechtswirks, Warn **28**, 124, verkauft u übergeben, aber noch nicht übereignet hatte, RG **105**, 21. Ebso, wenn hier Kl unmittelb dem Bekl übergeben hat (Westermann aaO).

4) I S 2 entspricht § 869 S 2. Ist der bekl Besitzer BesMittler für einen Dritten, so hat er die Einwendg nach **I S 1**, wenn sein Oberbesitzer dem Eigtümer ggü zum Besitz u zur Besitzüberlassg berechtigt ist. Ist der Oberbesitzer (mittelb Besitzer) zwar zum Besitz, aber nicht zur Besitzüberlassg berechtigt (zB der Mieter nach § 549 nicht zur Untervermietg, der ErbbBerecht nicht zur Vermietg, vgl BGH WPM **67**, 614; ferner zB §§ 603, 691, 1215), so kann bekl Besitzer die Herausg nach **I S 2** nicht verweigern, jedoch kann der Eigtümer Herausg an sich selbst nur verlangen, wenn er beweist, daß der mittelb Besitzer den unmittelb Besitz nicht übernehmen kann od will; andernf kann er nur Herausg an mittelb Besitzer verlangen. I S 2 gilt auch für die Fälle Anm 3c.

5) Einwendgen gg RNachfolger im Eigt: II. a) Nur der FahrnBesitzer u nur ggü dem AbtrEmpf (nicht ggü Dr). §§ 404, 407 entspr anwendb (BGH **64**, 122). II gilt nicht bei Erwerb kraft G. Er gilt entspr, wenn mittelb Besitzer nach § 930 veräußert, Köln HRR **32**, 1567; ferner, wenn ein Nießbr od PfdR nach § 931 bestellt wird, §§ 1032, 1205 II, 870; oder vorübergeh getrenntes Zubehör nach § 926 veräußert wird.

b) Bei Grdstück kann sich der Besitzer nicht darauf berufen, daß er dem RVorgänger des jetzigen Eigtümers ggü schuldrechtl zum Besitz berechtigt sei, zB weil er das Grdst gekauft habe, es sei denn, daß der jetzige Eigtümer in die schuldrechtl Verpflichtg eingetreten ist. Schutz des Besitzers aber, wenn er sich seine Anspr durch Vormerkg hat sichern lassen. Für Miete u Pacht gelten die wichtigen Sondervorschr der §§ 571 ff, 581 („Kauf bricht nicht Miete").

Nebenansprüche des Eigentümers auf Nutzungen und Schadensersatz
(§§ 987–993)

Vorbemerkung

Schrifttum: a) Allg zu §§ 897–1003: Dimopoulos-Vosikis, Die bereicherungs- u deliktsr Elemente der §§ 987–1003, 1966 (dazu Helm AcP **168**, 71). – Emmerich, Das Verh der Nebenfolgen der Vindikation zu and Anspr, 1966. – Pinger, Die Nebenfolgen der Vindikation im AnsprSystem des BGB, JR **73**, 268; Die RNatur der §§ 987–1003. MDR **74**, 184. – Waltjen, Das Eigtümer-Besitzer-Verh u Anspr aus §§ 812 ff, AcP **175**, 109. – Vgl auch Einf v § 985 u Vorbem v § 994. – **b) SchadErs:** Krause, Haftg des Besitzers nach §§ 989–993, 1965. – Medicus AcP **165**, 115. – Wieling MDR **72**, 645. – Brox JZ **65**, 516 (Zufallschäden). – Lange JZ **64**, 640 (Verzugshaftg). – **c) Nutzgen:** Batsch, VermVerschiebg u BereicherungsHerausg in den Fällen unbefugten Gebr bzw sonst Nutzens von Ggst, 1968 (dazu von Gelder AcP **169**, 542). – Wieling AcP **169**, 137 (gutgl Besitzer).

1) Allgemeines. a) Die §§ 987–993 regeln die **Ansprüche des Eigentümers** gegen den **unrechtmäßigen Besitzer** auf Herausg der Nutzgen u auf SchadErs. – **aa)** Unrechtm (unberechtigter) Besitzer ist, wer kein R zum Besitz iSv § 986 hat u daher nach § 985 zur Herausg verpflichtet ist; zB wer aGrd erst noch abzuschließ dem Vertr mit Einverständn des Eigtümers (BGH NJW **77**, 34) od nach Aufhebg wirks Beschlagn (BGH **32**, 92) besitzt. Wg des Finders vgl Vorbem 2 vor § 965; der gesetzmäß handelnde GeschFoA hat BesR (BGH **31**, 129), das er verliert, wenn Eigtümer den Ggst der GoA herausverlangt; daran ändert nichts, daß ein BesMittlgsVerh zum GeschHerrn erst mit dessen Gen der GoA entsteht (§ 868 Anm 2 c bb).

bb) War § 985 nicht gegeben, sind auch §§ 987 ff nicht anwendb, BGH **49**, 263, 264. Für den dem Eigtümer ggü zum Bes **berecht** Besitzer gilt daher die **gesetzl u die vertragl Sonderregelg** (vgl § 989 Anm 1). Str, ob, wenn Vertr od Gesetz nichts hergeben, §§ 987 ff zur **Lückenausfüllg** heranzuziehen. Dies grdsätzl abzulehnen, vgl Baur § 11 B I 1 zu Fußn 2. And nur, wenn sonst rechtm Besitzer schlechter stehen würde als gutgl unrechtm (vgl Vorbem 1 b aE vor § 994, ferner § 991 Anm 2 aE; § 1217 Anm 3). Ähnl Erm-Hefermehl vor §§ 987–993 Rdz 8. Für subsidiäre Anwendg der §§ 987 ff auf den rechtm Bes, wenn NutzgsHerausg u

Vorbem v § 987 1

VerwendgsErsAnspr nicht geregelt, erneut BGH WPM **70**, 1366; **71**, 1268: berecht Fremdbesitzer dürfe nicht schlechter stehen als der nichtberecht. Im Fall von BGH WPM **70**, 1366 war Durchbrechg der Grdsatzes unnöt, wenn man – wie hier – § 986 Anm 2 d – in § 273 kein Recht zum Bes sieht. Über RLage, wenn sich rechtm Besitzer zum unrechtm macht, vgl unten d bb; über Haftg nach Beendigg wirks Vertrages vgl unten d.

cc) Die NebenAnspr aus §§ 987 ff gehen bei EigtWechsel nicht ohne weiteres mit über (str). Sie sind näml **schuldrechtl** Natur (vgl § 987 Anm 1 vor a), beruhen auf gesetzl SchuldVerh. Wg Nichtanwendbark des § 281 vgl § 985 Anm 3 b, § 281 Anm 1 a. Anspr aus § 992 deliktsähnl. **Verjährg**: 30 Jahre (§ 195; BayObLG **74**, 235), für § 992 str (vgl dort Anm 2). Der Anspr auf Nutzgen u SchadErs wg Verschlechterg sind Anspr auf Nebenleistgn, abhäng vom Bestehen des HauptAnspr, deshalb für Verj: § 224. **Prozeß**: Bei gleichzeit Geldmachg gelten ZPO 26, 4 I. SchadErsAnspr wg Unmöglichk der Herausg für Fdg des Interesses iS ZPO 268 Nr 3. Rechtskr des HerausgUrt (nicht auch eines nach ZPO 771, RG **61**, 314) auch bzgl des Anspr auf Nutzgen gem §§ 292, 987 (BGH NJW **78**, 1529); bei neuer Klage nach Rückn, Abweisg der ersten, wirkt Haftgverschärfg nicht auf deren RHängigk zurück. – Wg Anwendbark im Verh zw wahrem u **BuchEigtümer** vgl § 894 Anm 7, Vorbem 4 vor § 994.

b) Die §§ 987 ff gelten grdsätzl auch für den nicht berecht **Fremdbesitzer**, währd sich die RBeziehgn zw dem berecht Fremdbesitzer u dem Eigtümer nach Vertr- u DeliktsR abwickeln; dies auch, wenn der rechtm Besitzer jederzt auf Verlangen des Eigtümers die Sache herausgeben muß (§§ 604 III, 695); abzul dah BGH **LM** §§ 688, 989 je Nr 2 – dazu § 989 Anm 1; wie hier die hM. – Überschreitet der rechtm Besitzer sein BesR (Mieter zerstört Mietsache) gelten für ihn ebenf nicht §§ 987 ff (als für einen **„nicht so berecht"** Besitzer), sond Vertr- u DeliktsR, hM; Nachw bei Pinger-Scharrelmann aaO S 44. – Str, ob der rechtlose Fremdbesitzer haftet, der zwar hinsichtl seines BesR gutgläub ist, dieses aber überschreitet (**Exzess des vermeintl Fremdbesitzers**): der aGrd nichtigen MietVertr Besitzde beschädigt die Mietsache über § 548 hinaus od veräußert sie. Hier kein Grd für HaftgsAusschl, der nur beim Eigenbesitzer gerechtf ist, der sich für den Eigtümer hält. Daher haftet der Besitzer hier nach **§ 823**, RG **157**, 135; BGH NJW **51**, 643; BGH **46**, 140, 146. Der rechtlose Besitzer kann bei Exzess nicht besser stehen als der rechtm, vgl BGH NJW **71**, 1268; im Fall BGH NJW **73**, 1790 hatte Mj ohne elterl Gen gemieteten Wagen beschädigt: zutr hatte BGH daher unmittelb nach § 823 geprüft, ohne daß hierin eine Abkehr v der hier, unten Anm 2 b aa, vertretenen Konkurrenzlehre zu sehen wäre, wie Berg JR **74**, 64 meint; wie hier auch Medicus, JuS **74**, 221. Umgekehrt h BGH **47**, 53 auch die delikt Haftg des vermeintl Fremdbesitzers für Beschädig der Mietsache bei fehlgeschlagenem MietVertr der kurzen Verj des § 558 unterworfen, wie dies bei rgült MietVertr anerkannt. Allg w anzunehmen sein, daß sich die Haftg im Rahmen des vermeintl vereinb BesMittlgsVerh hält, so zutr Wieling MDR **72**, 651.

c) Empfänger unbestellter Waren, die er nicht behalten will, haftet, solange er nicht die Herausg verweigert, nur wie ein unentgeltl Verwahrer (**§ 690**), Planck § 990 Anm 2 a β; die §§ 987 ff passen hier nicht, da der Besitzer die Waren nicht haben will; für Haftg nur bei Vorsatz u grober Fahrlk entspr § 300 Enn-Nipperdey § 162 Anm 8; Staud-Coing § 146 Anm 8. Letzterer sieht ihn (sofern überh Besitz u nicht bloß ungewollte Innehabg anzunehmen) als gutgläubigen, Dür-Hachenburg Bd V S 13 als bösgl Besitzer an. Letzteres (mit Haftg aus § 990) wohl richtig ab HerausgWeigerg bei Abholgversuch; aber nicht schon ab bloßem Verlangen des Absenders auf Rücksendg. Vgl auch Wessel BB **66**, 432 (auch wettbewerbsrechtl).

d) Das Abwicklungsverhältnis: Ist das BesMittlgsverhältn beendet (Künd, Ablauf der Leihzeit), der Besitzer dem Eigtümer ggü also nicht mehr zum Besitz berecht, hat dieser sowohl den dingl Herausg- wie den schuldrechtl RückgAnspr. Dies wird allerd von einem Teil des Schrifttums (vgl die Einf 3 a vor § 985 Genannten) bestr; dann allerd unterstünde das AbwicklgsVerh zwingd nur dem Vertr- (u Delikts-)R, nicht den §§ 987 ff. Aber auch wenn man mit hM (BGH **34**, 123) die Konkurrenz der HerausgAnspr bejaht (vgl Einf 3 a vor § 985), bleibt zu klären, ob hins der SchadHaftg, der Nutzgs- u VerwendgsAnspr nach dem R des beendeten Vertr od – auch? – nach §§ 987 ff abzuwickeln ist, wenn beide Regelgn divergieren. **Richtig**: Abwicklg nach den Regeln des beendeten **SchuldVerh** (§§ 558, 581, 606) mit ff Maßg:

aa) Schadensersatz: Beschädigt der Mieter die Mietsache, so haftet er aus pos VertrVerletzg u aus Delikt, wobei § 558 den § 852 modifiziert (vgl § 852 Anm 1); dies gilt auch dann, wenn die Beschädigg erst nach Ende der Mietzeit geschah, BGH **54**, 34. Unterschlägt der Mieter die Mietsache, indem er sie veräußert, haftet er aus §§ 556, 325 I 1, 195; §§ 823, 852 auf SchadErs; daneben bestehen die auch erst nach 30 Jahren verjährdn Anspr des Eigtümers aus § 816. Für Anwendg der §§ 989 ff dah kein prakt Bedürfn (str; wie hier Baur § 11 B I 2; Raiser Festschr M. Wolff 1952 S 139; Soergel-Mühl Rdnrn 14, 17 vor § 987 ff; Fikentscher SchuldR § 102 V 3; Söllner JuS **67**, 449; P. Schwerdtner JuS **70**, 64 ff; E. Schwerdtner, Verzug im SR, S 99 Fußn 32; aA Staud-Berg Vorbem 6 vor §§ 987 ff ua; im Ergebn wohl wie hier Diederichsen S 17; Köbl S 152, je aaO – Schrifft vor § 985).

bb) Zu Unrecht läßt dah BGH **31**, 129 generell den **berecht Fremdbesitzer**, der unberecht **Eigenbesitz** an der Sache ergreift, entspr § 990 I 1, 195 haften (auch Raiser JZ **61**, 125; Baur § 11 B I 1; Lent-Schwab § 45 IV 2 b Soergel-Mühl vor § 987 ff Rdnr 15, 16 je aE; Berg JuS **71**, 312; zust Westermann § 31 III 2 b; Blanke JuS **68**, 263). Veräußert näml der Leihnehmer iW der Unterschlagg die Leihsache, haftet er nach §§ 823, 852 u nach §§ 604, 280, 276, 195. Ein Bedürfn, die HaftgsBeschrkg gem § 990 I 2 auf pos Kenntn der Nichtberechtigg zum EigenBes dch die gezwungene Ann auszuschalten, die Änderg des BesWillens vom Fremd- zum EigenBes sei eine neue BesErgreifg, besteht also nicht. Mit R daher Raiser aaO entgg, daß die Verletzg eines BesMittlgsVerh dessen RGrd nicht beseitige. – Im konkreten Fall war die RLage – worauf Diederichsen-Gursky Fall 13 Fußn 7 zutr hinweisen – and: der bish GeschFoA (berecht Fremdbesitzer, vgl oben Anm 1 a) hielt sich nachmals für den Eigtümer u damit EigenBesitzer der Sache, die er veräußerte. In diesem Ztpkt war, als bei Unterschlag dch den Leihnehmer, die auf rechtmäß GoA beruhde Berechtigg zum Bes erloschen, weil dazu die Äußerg des Willens genügt, das Gesch, wenn auch aGrd Irrtums, nunm als eigenes zu führen (vgl Diederichsen-Gursky aaO).

Da die subjekt Voraussetzgen des § 687 II nicht gegeben waren, DeliktsAnspr (vgl § 687 Anm 1) verj waren, griff BGH zu § 990 I 1, indem er den Beginn der irrigen EigenGeschFg als Ergreifg des EigenBes ansah u so zur Haftg schon wg grober Fahrlk kam. Das – an sich billige – Ergebn war, wie bereits Blanke aaO S 264 dargelegt h, jedenf auch mit einer schuldh (§ 276) Verletzg des dch die begonnene GoA entstandenen gesetzl SchuldVerh zu begründen. Allerd ist der GeschFoA grdsätzl nicht verpflichtet, das einmal übernommene Gesch zu Ende zu führen (vgl § 677 Anm 4 e; Erm-Hauß § 677 Anm 5); aber auch das einmal geknüpfte gesetzl SchuldVerh ist wie ein vertragl abzuwickeln u darf nicht schlechth abgebrochen w, wenn dies dem GeschHerrn Nachteile bringt u die Fortführg ohne ms Schwierig mögl wäre (Erm-Hauß aaO). Gg diese Verpfl hatte der GeschF schuldh verstoßen; SchadErsAnspr hierwg verj gem § 195. – **Ergebn**: die Besonderh des in BGH **31**, 129 vorliegden Falls berecht jedenf nicht zu dem LS in seiner allg, umfassden Formulierg.

cc) Nutzungen: Grdsätzl sind die Rückabwicklgsnormen des beendeten od gestörten (§§ 326, 327, 347, 818) VertrVerh od eines gesetzl SchuldVerh (Westermann § 31 III 1 a; BGH NJW **55**, 340) maßg, wodch §§ 987 ff verdrängt w (Soergel-Mühl vor §§ 987 ff Rdnr 17; Westermann aaO; Baur § 11 B I 2; Medicus § 23 V 2); Lücken sind aus §§ 812 ff auszufüllen, da der RGrd für die Leistg der nutzbringden Sache entfallen. Die Rspr ist uneinheitl: vgl BGH NJW **68**, 197 (Anm Rüber 1611), wo jedenf iF der Rückabwicklg eines Vertr der Ausschl des § 812 dch § 987 ff verneint w; ebso BGH **44**, 241. Im Sonderfall BGH **32**, 76 wurde zwar der Vorrang des § 557 vor § 988, dessen Anwendg aber für den Fall bejaht, daß der zunächst rechtm, entgeltl Besitzer nach Ablauf dieser Zeit rechtlos u unentgeltl, aber gutgläub weiterbesaß; der urspr BesErwerb beruhte jed hier nicht auf bürgerlichrechtl Vertr, sond auf VerwAkt, näml einer ZwangsVfg der Besatzgsmacht (vgl dazu Soergel-Mühl Vorbem 21 vor §§ 987 ff). Zum Verhältn der §§ 987 ff zu § 557 vgl dort Anm 5 b, wo Putzo ebenf die hier vertr Ans teilt. – Fielen die Früchte allerd ins Eigt des Eigtümers der Muttersache, so kann dieser sie beim Besitzer vindizieren.

dd) Wg der **VerwendgsErsatzansprüche** vgl Vorbem 1 c vor §§ 994 ff.

2) Konkurrenzen: Im Verh des Eigtümers zum rechtlosen Besitzer (für den rechtm vgl oben Anm 1 b, d) enthalten nach der Rspr des RG (GrZS **163**, 352) wie der des BGH (**39**, 186; **41**, 157; NJW **52**, 257; **63**, 1249; **71**, 1358) die §§ 987 ff eine grdsätzl ausschließl Sonderregel. Für AnsprKonkurrenz mit §§ 823 ff, 812 ff neuerd namentl Pinger, Funktion u dogm Einordng des Eigtümer-Besitzer-Verh, 1973, u JR **73**, 268.

a) Unberührt bleiben aber Anspr aus **§ 687 II** (vgl BGH **39**, 186; Lent-Schwab § 45 VIII 6; Soergel-Mühl Vor §§ 987 ff, Rdnr 14), auch solche aus **§ 826** (hM). Unstr sind die **BereicherungsHaftg** des Besitzers, der die fremde Sache **verbraucht** h (§ 812, BGH **14**, 7) oder sie veräußert h (**§ 816**: RG aaO; BGH WPM **70**, 1297); daneben kann Eigtümer einen den Erlös übersteigden Schaden nach § 990 verlangen (dort Anm 4).

b) Im übr ist das Verh der §§ 987 ff zu §§ 823 ff für SchadErsAnspr des Eigtümers gg den Besitzer wg Beschädig der Sache od Unmöglichk ihrer Herausg, bes aber das Verh zu §§ 812, 818 ff einers für NutzgsAnspr des Eigtümers, anderers für die VerwendgsErsAnspr des Besitzers nach wie vor umstr. Die Fragen sind prakt bedeuts wg wesentl **Unterschiede der RFolgen** bei Anwendg der einen oder and Normgruppe, zB: Haftgsverschärfg bei grober Fahrlässigk in §§ 989, 990, – erst bei posit Kenntn in § 819; – Haftg für jedes Verschulden in § 823; § 989 gibt im GgSatz zu § 823 keinen Anspr auf Ers des Vorenthaltgsschadens. Pfl des BereicherungsSchu zur NutzgsHerausg nach § 818 I im GgSatz zum redl Besitzer nach §§ 987 ff, 993; für den seine Aufwendgen saldierenden (vgl § 818 Anm 6) BereicherungsSchu gilt nicht das abgestufte AnsprSystem der §§ 994 ff, dem die VerwendgsErsAnspr des rechtl Besitzers unterstellt sind. **Im einzelnen**:

aa) Hat der Besitzer die fremde Sache beschädigt od ihre Herausg unmögl gemacht, regeln sich die **SchadErsAnspr** des Eigtümers grdsätzl nach §§ 987 ff, die §§ 823 ff insow verdrängen; so die Rspr (s oben Anm 2 vor a, zuletzt BGH **56**, 73, 77) u das überw Schrifft (Soergel-Mühl § 993 Rdnr 1; Baur § 11 A II 3; Westermann § 31 III 2 a; W-Raiser § 85 III 6 a; Medicus § 23 IV; ders JuS **74**, 223; Diederichsen, BGB-Klausur S 53; Werner JuS **70**, 239). Nach aA (Staud-Berg § 987 Rdnr 10; Berg JuS **72**, 84; ders JuS **74**, 64; Lent-Schwab § 45 IV 3; Köbl aaO S 169 ff, Erm-Hefermehl Rdz 21 vor §§ 987 ff) soll der Vorrang der §§ 987 ff nur gelten für den unverklagten bzw gutgläub Eigen- u den (ebensolchen) Fremdbesitzer, für sein BesR nicht überschreitet. – Aufbau u Entstehgsgeschichte der Normen, auch die Haftgsverschärfg erst ab grober Fahrlässigk, vor allem § 993 I Halbs 2 sprechen aber für die hM mit ff **Maßgaben**: α) **§ 992** eröffnet ausdrückl für den **Deliktsbesitzer** die §§ 823 ff. – β) Diese gelten für den sein vermeintl BesR überschreitden FremdBes („**Fremdbesitzerexzess**", dazu oben Anm 1. – γ) Unberührt bleibt auch **§ 826**.

bb) Nutzungen: Auch hier hält die Rspr u ein Teil der Schriftt am Vorrang der §§ 987 ff vor §§ 812 ff fest (RG **137**, 206; **163**, 348; BGH **32**, 76; **37**, 363; RGRK §§ 987, 988 je Anm 2). Dagg das überw Schriftt, das zT beide Normgruppen konkurrieren läßt (Staud-Berg § 987 Rdnr 10; Baur § 11 B II 3; Fikentscher § 100 II; Westermann § 31 III 1 b), bei Rückabwicklg dch Leistgskondiktion (bei Nichtigk also sow des Grd- wie des ErfüllgsGesch) dieser sogar den Vorrang vor den Vindikationsnormen gibt (v Caemmerer, Ges Schr I S 308 Fußn 42; Köbl aaO S 250 ff; Lent-Schwab § 45 VIII 5 b). Nach Köbl aaO soll aber dann, wenn der Grd für die Doppelnichtigk den gesteigerten Schutz des Veräußerers bezweckt (zB §§ 1365, 1369) jeweils die für diesen günstigeren Einzelnorm aus beiden – dann miteinand konkurrierden – Normgruppen eingreifen (zust Lent-Schwab aaO); bedenkl, vor allem wg des schwer bestimmb Unterscheidgskriteriums. – Jedenf ist aber ein Eingreifen der **Leistgskondiktion** im Eigtümer-BesitzerVerh in den zu § 988 Anm 4 dargestellten Fällen zu billigen. –

cc) Zur Ausschließlichk der §§ 994 ff für die GegenAnspr des Besitzers auf **Verwendgsersatz** Vorbem 1 a vor § 994.

3) Haftgssystem. a) Unterschieden wird zw dem gutgl, dem bösgl (Begriff § 990 Anm 2), dem Prozeß- (Begriff § 987 Anm 1) u dem Deliktsbesitzer (Begriff § 992 Anm 1). Die Vorschriften gelten für Eigen- u Fremdbesitz (vgl aber Exzeß des vermeintl Fremdbesitzers Anm 2 b aa β), und soweit nichts anderes gesagt, für unmittelb u mittelb Besitz. – Das G stellt den Normalfall an den Schluß, § 993 I. Der **gutgläubige, un-**

Vorbem v § 987, § 987

verklagte entgeltl Besitzer haftet grundsätzl **nicht** für Nutzgen u auf SchadErs (beachte auch § 990 Anm 3). Er hat nur die Sache als solche gem § 985 herauszugeben. **Bösgläubigk u Rechtshängigk des HerausgAnspr** verpflichten ihn dagg zur Verwahrg u Erhaltg, er haftet für jedes Verschuld nach §§ 276, 278, wenn die Sache verschlechtert wird, verloren- od untergeht. Die bes Tatbestände in den §§ 987 ff werden als Ausnahmen behandelt, ihr Vorliegen muß Eigtümer beweisen.

b) Haftg für Nutzgen. Zugrunde liegt das (insb zG des gutgl Besitzers durchbrochene) Prinzip, daß die Sache mit allen Nutzgen herauszugeben ist. Haftg besteht unabhängig von EigtLage (aM Müller-Freienfels, JhJ **53**, 353). Der gutgl Prozeßbesitzer wird nach § 955 Eigtümer der Früchte, er muß sie aber herausgeben; ebso, wenn der Gutgläubige Übermaßfrüchte zieht od unentgeltl Besitzer ist (§ 993). Andererseits kann schlechtgl Pächter, der kein Eigt an den Früchten erwirbt, diese behalten, wenn ihm der gute Glaube seines Verpächters zustatten kommt (§ 991 I), der desh dem nichtbesitzden Eigtümer nicht haftet.

aa) Vor Rechtshängigk haften: Jeder Besitzer für die Übermaßfrüchte nach BereichergsGrdsätzen, § 993 I. Im übrigen: Der unentgeltl gutgläubige Besitzer nach BereichergsGrdsätzen, § 988. Der entgeltl gutgl Besitzer: gar nicht. Der bösgläubige Besitzer von der Erlangg des Besitzes od der Kenntnis ab für gezogene u schuldh nicht gezogene Nutzgen, §§ 990 I, 987; jedoch der unmittelb Besitzer (BesMittler) nur dann, wenn auch der mittelb Besitzer bösgl od bereits verklagt ist, § 991 I. Nach Verzug haftet der bösgl Besitzer auch für die Früchte, die nur der Eigtümer hätte ziehen können, §§ 990 II, 284 I, 286, 287. Der Besitzer kraft verbotener Eigenmacht od strafbarer Hdlg vom Erwerb des Besitzes ab nach §§ 823 ff (§ 992).

bb) Nach Rechtshängigk: Jeder Besitzer für die gezogenen u schuldh nicht gezogenen Nutzgen, § 987. Der bösgl Besitzer außerdem, weil in Verzug, für die Nutzgen, die nur der Eigtümer hätte ziehen können, § 990 II.

c) Haftg auf SchadErs. aa) Vor Rechtshängigk: Der gutgläubige Besitzer gar nicht; Ausn: Exzeß des vermeintl Fremdbesitzers (Haftg nach §§ 823 ff, vgl Anm 2 b bb): ferner: wer einem Dritten den Besitz vermittelt, haftet dem Eigtümer ggü so, wie er dem mittelb Besitzer verantwortl ist, § 991 II. Der bösgläubige Besitzer für schuldh Verschlechterg od Unmöglichk der Herausg von Besitzerlangg od Kenntnis an, § 990 I. Von Verzug ab auch für Zufall u Vorenthaltgsschaden, §§ 990 II, 286, 287. Der deliktische Besitzer nach §§ 823 ff (§ 992), also für jeden Schaden u für Zufall (§ 848). **bb) Nach Rechtshängigk:** Auch der gutgl Besitzer haftet jetzt für schuldh Verschlechterg od Unmöglichk, § 989. Beim bösgl Haftgssteigerg wie bei Verzug, da Rechtshängigk bei ihm Verzug hervorruft, §§ 284, 285. **cc)** HaftgsGrd iF §§ 989, 990 ist die Verletzg des VindikationsAnspr, nicht die des Eigt (OGH NJW **49**, 302), anders iF § 992. **dd)** Wegen Fragen der Kausalität, insb der überholenden vgl Neumann-Duesberg JR **52**, 225 u JZ **53**, 171.

d) Maßgebl ist immer der **Zeitpunkt,** in dem die Nutzgen gezogen sind od der Schaden zugefügt ist, also ob damals Besitzer rechtm od unrechtm, gut- od bösgläubig, verklagt usw war; vgl Münzel NJW **61**, 1379, Raiser JZ **61**, 530 (mit Recht gg BGH **34**, 131).

4) Verteilg der Nutzgen: §§ 993 II, 101.

987 *Nutzungen nach Rechtshängigkeit.* **I Der Besitzer hat dem Eigentümer die Nutzungen herauszugeben, die er nach dem Eintritte der Rechtshängigkeit zieht.**

II Zieht der Besitzer nach dem Eintritte der Rechtshängigkeit Nutzungen nicht, die er nach den Regeln einer ordnungsmäßigen Wirtschaft ziehen könnte, so ist er dem Eigentümer zum Ersatze verpflichtet, soweit ihm ein Verschulden zur Last fällt.

1) Herausg der Nutzgen; obligator Anspr; and (§ 985 direkt), wenn Früchte dem Eigtümer der Muttersache zufielen (§ 953). **a)** Bei **Rechtshängigk** (ZPO 263, 281, nicht 771) des HerausgAnspr muß jeder rechtlose Besitzer, auch der gutgl, mit ProvVerlust rechnen, dah die gezogenen Nutzgen herausgeben, doch gilt § 102. Zeitgrenze entspr § 101. Rechtshängigk wirkt nur ggü Bekl; macht den nichtverkl (unmittelb od mittelb) Besitzer nicht auch schon bösgl, BGH WPM **68**, 1370. – Kein Anspr nach § 259 (RG **137**, 212), doch nach § 260 (ZPO 254), dort Anm 2d, BGH **27**, 204. – Ist (obligator) Anspr schuldh vereitelt: §§ 280, 283; auch gilt § 281. War Anspr dingl (oben Anm 1 vor a), gilt § 989.

b) I erfaßt nur **Sachnutzgen** iS §§ 99 I, III, 100 (BGH **63**, 365 mit Anm Bassenge in JR **75**, 324). **Gewinn aus GewerbeBetr** od ähnl RGesamth w erfaßt, wenn dem Besitzer schon eingerichteter GewerbeBetr überlassen wurde; nicht aber Gewinn, den Besitzer aus selbst eingerichtetem GewerbeBetr zog (BGH NJW **78**, 1578). Gewinn nur herauszugeben, soweit (Anteile notf nach ZPO 287 zu ermitteln) er auf Nutzg herauszugebder Sache u nicht auf pers Leistg u Fähigk des Besitzers beruht (BGH aaO). – **GeldErs** für objektiven Wert von GebrVorteilen (§ 100, auch wenn Eigtümer sie nicht gezogen hätte (BGH **39**, 186); bei Grdst u and vermietb Sachen idR obj Mietwert, bei Fabriken Pachtwert (BGH JR **54**, 460); bei sittenwidr Gewinn aus GewerbeBetr nur obj Ertragswert (BGH **63**, 365).

c) Zum Nebeneinander der Haftg des unmittelb Besitzers (auf die unmittelb Sachfrüchte, § 99 I) u des mittelb Besitzers (auf Früchte nach § 99 III) vgl § 991 Anm 1 aE. – AufwendgsErsAnspr des Besitzers von § 102 abgesehen, nur gem §§ 994 ff, 687 II, BGH **39**, 186. – Wg der Haftg im AbwicklgsVerh s Vorbem 1 d cc.

2) Haftg für nicht gezogene Nutzgen. II. Voraussetzg: **a)** objektiver Verstoß gg die Regeln ordngsmäßiger Wirtsch. **b)** Verschulden (gg sich selbst): §§ 276, 278. Nicht maßg also Fähigk des Eigtümers, Nutzgen zu ziehen; dies and iF des § 990 II (dort Anm 3) u des § 992 (dort Anm 2). – Keine Haftg, wenn Fremdbesitzer in Ausübg vermeintlichen RVerh besitzt, das ihn zur Nutzg nicht berechtigt; denn auch

Eigentum. 4. Titel: Ansprüche aus dem Eigentum §§ 987–989

einem redl Besitzer wäre dann Nutzgsziehg verboten, BGH **LM** Nr 7 (auch über SchadErsPfl aus anderen Gründen); WPM **71**, 1268.

3) Prozessuales: Vgl Vorbem 1 a.

988 *Nutzungen des unentgeltlichen Besitzers.* **Hat ein Besitzer, der die Sache als ihm gehörig oder zum Zwecke der Ausübung eines ihm in Wirklichkeit nicht zustehenden Nutzungsrechts an der Sache besitzt, den Besitz unentgeltlich erlangt, so ist er dem Eigentümer gegenüber zur Herausgabe der Nutzungen, die er vor dem Eintritte der Rechtshängigkeit zieht, nach den Vorschriften über die Herausgabe einer ungerechtfertigten Bereicherung verpflichtet.**

1) Allgemeines. Wer unentgeltl Besitz unrechtmäßig (Vorbem 1 vor § 987) erwirbt, verdient geringeren Schutz. Er wird zwar, wenn er gutgl ist, Eigtümer der Früchte, § 955, ist aber schuldrechtl zur Herausg der Nutzgen verpflichtet, da § 955 den Fruchterwerb nicht rechtfertigt (vgl dort Vorbem 3). Ähnl RGedanke in § 816 I 2.

2) Voraussetzgen. a) Eigenbesitz (§§ 872, 955) od FremdBes aGrd vermeintl dingl od schuldr (BGH NJW **78**, 1529) NutzgsR.

b) Unentgeltl Erwerb. ZB durch Schenkg od als vermeintl Erbe im Verh zum wahren Erben. Nach LG Mannh, ZMR **69**, 178 auch bei zunächst mietzinsfreiem Gebr einer Wohng, für die der ZwVerw eine angem Vergütg verlangt. Wohl nicht grdsätzl bei Verpfändg für zinsloses Darlehen. – Anwendg auf Käufer bei Vorkauf: § 1098 Anm 3. – § 988 gilt auch, wenn Besitz unentgeltl von Drittem erworben.

c) Schutzwürdigk, also **gutgläub** Nutzgsziehg vor Rechtshängigk. – Bei Bösgläubigk u ab Rechtshängigk: §§ 990, 987.

3) Herausgabe aller gezogenen Nutzgen (vgl § 987 Anm 1) gem § 818. Auch Wert der GebrVorteile (Ersparnisse), bei Grdst in Form der Verzinsg des jeweil Werts, BGH **LM** Nr 3. Auskunft § 987 Anm 1. Besitzer kann abziehen die Gewinngskosten (§ 102), die Kosten seiner notw Verwendgen, einschl der gewöhnl Erhaltgskosten (§ 994), auch Aufwendgen für Erwerb der Sache, zB bei nichtigem Kauf, RG **163**, 360. Keine SchadErsPfl bei Gutgläubigk, § 993.

4) Rechtsgrundloser Erwerb: Der Grds der Ausschließlichk der §§ 987 ff führte bei Unwirksamk des (entgeltl) GrdGesch (ähnl wie iF des § 816 I 2, s dort Anm 3 b) zu dem merkwürd Ergebn, daß der gutgläub Erwerber des Bes an der Muttersache die Nutzgen behalten darf, wenn GrdGesch und Übereignig nichtig sind, daß er dagg nach §§ 812 I, 818 I auf diese Nutzgen haftete, wenn nur das GrdGesch unwirks wäre. – **a)** Die **Rspr** (RG GrSZ **163**, 348; BGH **32**, 76, 94; **10**, 350, 357) setzt **dem unentgeltl Besitzerwerb** den **rechtsgrundlosen** gleich, wodch die Haftg des Besitzers üb §§ 988, 818 I erreicht w; umgekehrt sind dann dem Besitzer alle Verwendgen, auch die gewöhnl Erhaltgskosten zu ersetzen, vgl § 994 Anm 2. Rechtsgrdloser Erwerb zB: aGrd nichtigen (Nürnb RdL **60**, 47) od angefochtenen (BGH WPM **77**, 893) Kauf- od PachtVertr; nichtigen VerwAkts (BGH **10**, 350); so ist bei rechtsgrdloser unentgeltl Fortsetzg des Bes nach juristisch rechtm entgeltl Bes, sofern nicht VertrR, wie § 557 vorgeht (vgl dort Anm 5 b), BGH **32**, 94; WPM **65**, 476. Nach BGH NJW **52**, 779 soll § 988 entspr im Verh des Verkäufers eines gestohlenen Kfz zu seinem desh vom Kauf zurückgetretenen Käufer anzuwenden sein; unzutr, da sich Rückabwicklg nach §§ 327, 812 ff, 347, 987 ff aus dem Gesetz ergibt.

b) Das überw **Schriftt** lehnt die Gleichstellg (rechtsgrdlos = unentgeltl) ab u füllt die imHinbl auf § 993 dadch entstehende Lücke damit aus, daß jedent bei rechtsgrdlosem Erwerb **auch Leistgskondiktion** zugelassen w (Wolff-Raiser § 85 II 6; Westermann § 31 III 1 b; Baur § 11 B II 3; Staud-Berg § 987 Rdnr 10; Soergel-Mühl vor §§ 987 ff Rdnr 17; Erm-Hefermehl vor §§ 987 ff Rdz 28; Fikentscher § 100 II; Medicus § 23 V 2 a; Lent-Schwab § 45 VIII 5 b; Köbl aaO S 250 ff; v Caemmerer GesSchr I S 308 Fußn 42; Flume, Festschr Niedermeyer 53 S 170; Georgiades, AnsprKonk S 199 ff), in welchem Umfang dann allerd die §§ 987 ff auch keinen rechtfertigden Grd für den Erwerb von Eigt an Nutzgen mehr bilden (vgl Westermann § 31 III 1 b; Erm-Hefermehl aaO). Die Frage ist weniger bedeuts, wenn der Besitzer die Sache rechtsgrdlos vom Eigtümer erwarb; schon RG **163**, 360 erlaubte ihm, auch Aufwendgen für den Erwerb der Sache im Zug des nichtigen AustauschVertr vom NutzgsAnspr des Eigtümers abzuziehen. Hatte Besitzer aber die Sache **von Dritten** rechtsgrdlos erworben, diesem auch die GgLeistg schon erbracht, konnte er dies dem Eigtümer – wenn man diesem über § 988 den Anspr auf die Nutzg zugestünde – weder iW der Saldierg noch der Retention entggalten. – Folgt man dem Schriftt, so wickeln sich die RBeziehgen zw dem veräußernden Dritten u dem Besitzer wg der Unwirksamk des GrdGesch nach BereicherngsR (Leistgskondiktion) ab (vgl § 818 Anm 6 C b); der Eigtümer muß sein R beim Dritten suchen (§§ 823, 249; 687 II; 812 ff). – Dieses interessegerechte Ergebn kann nicht dadch gefährdet w, daß dem Eigtümer zugleich eine Eingriffskondiktion zugestanden w: Nutzg u Fruchtziehen fallen nicht hierunter (vgl Westermann § 31 III 1 b aE).

989 *Schadensersatz nach Rechtshängigkeit.* **Der Besitzer ist von dem Eintritte der Rechtshängigkeit an dem Eigentümer für den Schaden verantwortlich, der dadurch entsteht, daß infolge seines Verschuldens die Sache verschlechtert wird, untergeht oder aus einem anderen Grunde von ihm nicht herausgegeben werden kann.**

1) Voraussetzgen. a) Rechtshängigk begründeter Klage aus § 985 od § 894, RG **133**, 285. Nach BGH **LM** Nr 2 u § 688 Nr 2 bei Verwahrg, Leihe, Miete auch schon vorher entspr § 989; abzulehnen: hier pos Vertragsverletzg u Delikt; vgl auch Vorbem 1 b u 1 d.

§§ 989, 990

b) Verschlechterg od Unmöglichk der Herausg. Verschlechterg auch durch Abnutzg inf Benutzg od durch Unterlassg von Reparaturen; auch Belastg, insb mit GrdPfdRechten, RG **121**, 336; **139**, 354; nach BGH **LM** Nr 10 aber nicht bei nachträgl Valutierg einer GrdSch, weil diese in ihrem Bestand nicht unmittelb berührt wird. Veräußerg od Besitzübertragg, wenn der Eigtümer trotz ZPO 325 I die Sache von dem Dritten nicht verlangen kann; § 255 anwendb, wenn der Dritte nicht Eigt erwirbt. Hat der unmittelb Besitzer die Sache einem Dritten zu unmittelb FremdBes weitergegeben, kann auch dies zur Unmöglichk führen; nicht aber, wenn die hierdch bedingte Verzögerg der Rückerlangg nur vorübergeh (vgl etwa § 275 Anm 4) (vgl Staud-Berg Rdz 1 d; Erm-Hefermehl Rdz 4). Der RNachf des Bekl haftet nicht ohne weiteres nach § 989, sond nur nach §§ 990, 992 (RG JW **36**, 3454).

c) Verschulden, §§ 276 (827, 828), 278, 282. ZB bei Veräußerg od Belastg durch bösgl Besitzer, RG **121**, 336. Regelmäßig auch bei Belastg mit ZwangsHyp dch DrittGläub – § 279 – RG **139**, 355. Verschlechterg durch Gebr ist regelm verschuldet, außer wenn Gebr zur Erhaltg der Sache (Bewegen eines Pferdes). Vgl auch RG **145**, 83 (Sonderfall: Haftg des wandelnden Käufers, §§ 467, 347, 989). Keine Haftg für Zufall (and § 990 II); § 848 nicht anwendb.

2) SchadErs. Nur für Verschlechterg u Unmöglichk der Herausg, nach RG Recht **09** Nr 2660 allerd auch für deren Folgen, also für entgangenen Gewinn; ebenso Soergel-Mühl Rdnr 9, RGRK Anm 5; Erm-Hefermehl Rdz 7, str; aA Westermann § 32 IV 1, zuletzt Wieling MDR **72**, 645 mit Nachw, der zu Fußn 26 allerd Mühl u Hefermehl zu Unrecht hierfür benennt. Für die dch die Vorenthaltg als solche entstandenen Schäden allerd Haftg nur nach §§ 990 II, 992 (RG **72**, 274); weitergehd für vorsätzl unredl Besitzer Köbl S 173 Fußn 77, E. Schwerdtner, Verz im SR, S 127 Fußn 152, weil dieser nicht desh besser als der auf VorenthaltsSchaden haftde VerzugsSchu stehen dürfe, weil ihn der Eigtümer nicht kenne u desh nicht mahnen könne (§§ 284, 990 II). Bei Gattgssachen Leistg anderer Stücke, RG **93**, 284. § 254 I, II 1 anwendb; BGH **LM** § 366 HGB Nr 4; MDR **62**, 473 (Aufwendg für Ersatzsache); entgg RG **119**, 155 auch § 254 II 2, da Eigtümer-BesitzerVerh auch schuldrechtl Beziehung knüpft, in deren Rahmen § 278 eingreifen kann, Westermann § 31 IV 2; Erm-Hefermehl Rdz 6. **Verjährg**: 30 Jahre (§ 195). **Beweislast**: § 282; Versch wird idR aus der Hdlg selbst hervorgehen.

3) Nach BGH NJW **51**, 643 kein Ausschl entspr § 817 S 2; vgl aber Einl 5 a cc vor § 854.

990 Bösgläubiger Besitzer.

I War der Besitzer bei dem Erwerbe des Besitzes nicht in gutem Glauben, so haftet er dem Eigentümer von der Zeit des Erwerbes an nach den §§ 987, 989. Erfährt der Besitzer später, daß er zum Besitze nicht berechtigt ist, so haftet er in gleicher Weise von der Erlangung der Kenntnis an.

II Eine weitergehende Haftung des Besitzers wegen Verzugs bleibt unberührt.

Schrifttum: Rabe, Die Behandlg der Bösgläubigk des BesDieners beim BesErwerb in § 990, Diss Hbg 1970. – Blanke JuS **68**, 263. – Pinger MDR **74**, 184.

1) Der **gute Glaube** des Besitzers muß sich nicht auf sein Eigt od das seines Vorbesitzers, sond auf seine Berechtigg zum Bes ggü dem Eigtümer (zB auf die des mittelb Bes u dessen Befugn zur BesÜberlassg) beziehen (BGH NJW **77**, 34).

a) Bösgläubig ist Besitzer, der bei bewußter BesErgreifg den Mangel des BesR **kennt oder grob fahrlässig nicht kennt.** War der Besitzer zunächst zwar zum FremdBes, nicht aber zu dem von ihm tatsächl ausgeübten EigenBes berecht, so entscheidet für seine Haftg ab dem Ztpkt, da sein Bes schlechthin – also auch als FremdBes – unrechtmäß wurde, sein Glaube an seine Berechtigg zum EigenBes im Ztpkt der ersten Besitzerlangg, BGH JR **58**, 301. Zur Haftg desjenigen, der sich bösgläub vom Fremd- zum Eigen-Besitzer aufschwingt vgl Vorbem 1 d bb u 2 c bb vor § 987; § 992 Anm 1 b. Bösgläubigkeit kann dch **RIrrtum** entfallen (BGH NJW **77**, 34); zB bei Bes im Hinblick auf erst noch abzuschließden Vertr mit Einverständn des Eigtümers (BGH aaO). Gutgläub der GrdstKäufer, der bei Übergabe trotz erkannter Formnichtigk des Kaufvertrages mit der Vollendg des EigtErwerbs rechnet, RG DR **42**, 1279. Entspr bei PachtVertr, RG DR **40**, 1949. Unrichtig Kiel JW **34**, 850 (bzgl Gutgläubigk des vermeintl Pächters; vgl dagg auch Kiel HRR **37**, 797). – Bei Erwerb durch **Besitzdiener** schadet dem BesHerrn immer die eigene Bösgläubigk, da BesDiener nur sein Repräsentant (Werkzeug), BGH **16**, 259/63; allg M; auch wenn BesErwerb schon vor dessen Kenntn, genügt grobe Fahrlk zZ der Kenntniserlangg, BGH **16**, 264. Andrers nützt dem BesHerrn die eig Gutgläubigk nichts bei Bösgläubigk des BesDieners; die str; vgl ausführl Hoche u Westermann JuS **61**, 73; Birk JZ **63**, 354. § 166 wohl entspr anwendb; nach BGH **32**, 53 (vgl dazu auch BGH **41**, 17/21) dies nur, wenn dem BesDiener völlig freie Hand gelassen; andere (zB Westermann, Baur) wenden § 831 entspr an; so wohl auch, wenn auch mit anderer BewLast, BGH **16**, 264 bei nichtgehör Auswahl u Aufsicht. Der Glaube des Organs schadet der **jur Person**; Organ haftet uU nach § 823, **BGH 69**, 73. Ist der Besitzer **mj**, entscheidet sein böser Glaube entspr § 828, vgl BGH **55**, 128, 135; Pawlowski JuS **67**, 307; vgl auch Koether-Ruchatz NJW **73**, 1444; sowie Medicus JuS **74**, 223; aA Pinger MDR **74**, 187; Metzler NJW **71**, 690. – Über Empfänger **unbestellter Waren** vgl Vorbem 1 c. – Zur (dch Freizeichng nicht ausgeschlossenen, Mü WPM **69**, 510) Haftg der Bank gem §§ 989, 990 bei Ann von **Verrechnungsschecks** vom Nichtberecht vgl Pikart WPM **72**, 457; Köln Betr **75**, 2431. IdR keine Bösgläubigkeit, wenn Bank Personalien des KtoInh bei KtoEröffng dch Führerschein prüft (BGH NJW **74**, 458) od Scheck auf Arbeitgeber des KtoInh zahlb gestellt (BGH Betr **74**, 1904, 2046) od Rückseite von InhScheck nicht prüft (BGH NJW **77**, 1197); über KtoEröffng dch Minderj vgl BGH NJW **62**, 1056 gg Isele JZ **63**, 257, dch StellVertr vgl BGH WPM **77**, 1019 (Identität des KtoInh zu prüfen).

b) Bösgläubig wird Besitzer bei **späterer Erkenntnis** des Mangels des BesR. Grobe Fahrlk genügt hier nicht. Kenntn der den RMangel begründenden Tatsachen genügt nur, wenn daraus ohne weiteres sich der

Eigentum. 4. Titel: Ansprüche aus dem Eigentum §§ 990, 991

RMangel ergibt; sonst entscheidend, ob ein objektiv Denkender vom RMangel überzeugt sein wird, BGH **26**, 256. Bösgl auch, wer sich bewußt der Kenntn verschließt, BGH **32**, 92. Klageerhebg macht nicht ohne weiteres bösgl, RG JW **05**, 494, ebsowenig Eintr eines Widerspr, RG **139**, 355; wohl aber bewußtes Hintertreiben einer behördl Gen, RG DR **40**, 1950. Zur Haftg des sich zum Eigenbesitzer aufschwingden, vorher rechtmäß od rechtlosen Fremdbesitzers vgl Vorbem 1 d bb u 2 c bb vor § 987.

2) Haftg vom Zeitpunkt der Bösgläubigk ab nach §§ 987 (beachte dort Anm 2 aE), 989. Gezogene Nutzgen, an denen Besitzer kein Eigt erworben (vgl §§ 953, 955 I 2), hat er nach § 985 herauszugeben, im übr ist der Anspr ein SchadErsAnspr, RG **93**, 283, wg Vereitelg des Anspr aus § 985. – Vgl auch § 991 I. Wg überholender Kausalität vgl Neumann-Duesberg JZ **53**, 171; hierzu aber Niederländer AcP **153**, 50 Anm 26. Von mehreren Besitzern haftet jeder selbständig für die entzogene Nutzg u SchadZufügg. **§ 278** ist anwendbar, allerd nur für Verschlechtergen nach Begründ des Eigt-Bes-Verh (nicht etwa für den BesErwerb selbst), vgl BGH **16**, 262; Westermann § 31 IV 1. Über **§ 254** vgl § 989 Anm 2. **Verjähr:** § 195 (weil nicht Haftg aus Delikt, sond FortwirkgsAnspr aus verschuldeter Unmöglichk der Erfüllg des HerausgAnspr, W-Raiser § 85 Anm 28); vgl auch Vorbem 1a vor § 987. – Zur Anwendg des **§ 281** s dort Anm 1 a u § 985 Anm 3 b. – **Beweislast:** § 282. – RechngsleggsPfl (§ 259) bei Kenntn der Nichtberechtigg (§§ 687 II, 681, 666), RG **137**, 212. – Nach § 823 haftet, wer bei rechtswidr Veräußerg, zB Unterschlagg fremder Sache auf seiten des Veräußerers mitwirkt, so wie dieser selbst, BGH **LM** Nr 3.

3) Haftg für Verzug. II gilt nur für den bösgl Besitzer (vgl Kuchinke JZ **72**, 659). Also beim gutgl keine Haftgssteigerg inf Verzugs. Verzug §§ 284ff. Also Haftg für Vorenthaltg der Sache u für Früchte, die nur der Eigtümer gezogen hätte. Ab Verzug auch Haftg für Zufall, § 287 S 2 (nach Brox JZ **65**, 519 auch schon vorher, wenn Besitzerlangg den Tatbestd der §§ 823ff erfüllt; Anspr aus § 823 soll dann mit § 990 konkurrieren, § 993 I Halbs 2 beziehe sich nicht auf unredl Besitzer). Kein Verzug, wenn der Besitzer die Herausg wg seines ZurückbehaltgsR (§ 1000) verweigert, BGH WPM **71**, 1271.

4) Haftg aus § 990 auch dann, wenn Eigtümer unter Gen der Vfg nach §§ 816, 185 Herausg des Erlöses verlangt, BGH NJW **60**, 860 (insow in BGH **32**, 53 nicht wiedergegeben), es sei denn, die Gen wäre zugl als Verz auf SchadErs auszulegen. Umgekehrt liegt allein darin, daß der Bestohlene vom Dieb SchadErs nach §§ 989, 990 verlangt, noch nicht die Gen von dessen Vfg, so daß ein Anspr des Eigtümers aus § 816 I 1 nicht entfällt, BGH NJW **68**, 1326. Vgl auch § 816 Anm 1 b.

991 *Haftung des Besitzmittlers.* **I** Leitet der Besitzer das Recht zum Besitze von einem mittelbaren Besitzer ab, so finden die Vorschriften des § 990 in Ansehung der Nutzungen nur Anwendung, wenn die Voraussetzungen des § 990 auch bei dem mittelbaren Besitzer vorliegen oder diesem gegenüber die Rechtshängigkeit eingetreten ist.

II War der Besitzer bei dem Erwerbe des Besitzes in gutem Glauben, so hat er gleichwohl von dem Erwerb an den im § 989 bezeichneten Schaden dem Eigentümer gegenüber insoweit zu vertreten, als er dem mittelbaren Besitzer verantwortlich ist.

1) I beschränkt die Haftg des unrechtmäßigen bösgläub unmittelb Besitzers, der einem anderen als dem Eigentümer den Besitz vermittelt, für die **Nutzgen** vor Rechtshängigk, **bei Gutgläubigk des mittelbaren Besitzers.** Dieser soll geschützt w gg RückgrAnspr, die sonst der unmittelb Besitzer uU gg ihn wg der entzogenen Nutzgen erheben könnte (zB nach §§ 581 II, 541). Ähnl § 956 II Beisp: *N*, der gutgläubig vom geisteskranken Eigtümer *E* den Nießbr eingeräumt erhalten hat, verpachtet. das Grdst an *B*, der die Geisteskrankh des *E* kennt od grobfahrl nicht kennt. *B* haftet dem *E* für die Nutzgen nur wie ein gutgl Besitzer, also nur nach § 993 I. Die Stellg des *E* verbessert sich mithin nicht dadurch, daß ein gutgl Besitzer, der selbst nach § 993 I haftet, an einen bösgläubigen verpachtet. Gilt entspr bei mehrstufigem mittelb Besitz. Dann ist die Haftg des bösgl BesMittlers beschränkt bei Gutgläubigk des obersten mittelb Besitzers. – Also Haftg des (bösgl) BesMittlers nach § 990 nur, wenn auch der Oberbesitzer bösgl od verklagt war. Klage gg BesMittler dagg begründet schon für sich allein dessen verschärfte Haftg nach § 987. Freilich kann der Eigtümer dann zB nicht vom Verpächter den erhaltenen Pachtzins u zugl vom Pächter die gezogenen Nutzgen verlangen; er hat aber insow ein WahlR; bei nur teilw Ersatz durch einen der Besitzer haftet der andere im übr weiter, BGH **LM** § 987 Nr 10; nach fruchtloser ZwVollstr gg Oberbesitzer also Kl gg unmittelb Bes erfolgreich, BGH aaO. **I gilt nicht für SchadErsAnspr gg den bösgl BesMittler** (gg den gutgläub: II); er haftet von der Zeit seines Erwerbs an nach §§ 990, 989, mag der mittelb Besitzer gut- od bösgl sein.

2) II erweitert die Haftg des unrechtmäßigen Besitzmittlers für **verschuldete Verschlechterg** usw. Er haftet, soweit er seinem Oberbesitzer haftet, auch dem Eigtümer **selbst bei Gutgläubigkeit**; ähnl Lage, wie bei Drittschadensliquidation; doch gibt das Ges nicht dem VertrPartner (Oberbesitzer) den Anspr auf Leistg an Geschädigten (Eigtümer), sond diesem unmittelb Zugriff gg den BesMittler. Doch kann auch der Oberbesitzer den Drittschaden liquidieren, str. Der BesMittler wird bei Zahlg des SchadErs an Oberbesitzer entspr § 851 befreit. – **Beispiel:** *B* beschädigt fahrl die von *A* in Verwahrg genommene (gestohlene) Sache des *E*. Es kommt dem *B* nicht zugute, daß er nicht den *E*, sond den *A* als Eigtümer angesehen hat. Der BesMittler haftet dem Eigtümer aber nur insoweit, als er seinem Oberbesitzer haftbar ist. Maßg für das Versch ist also das Verhältn zum mittelbaren Besitzer, zB haftet der unentgeltl Verwahrer auch dem Eigtümer ggü nur nach § 690; Freizeichng ggü seinem Oberbesitzer kommt dem unmittelb Besitzer auch dem Eigtümer ggü zugute (vgl aber RG **105**, 304); auch wirks Erlauben der EigtVerletzg durch Oberbesitzer, RG **157**, 135. Für Zufall haftet er dem Eigtümer selbst dann nicht, wenn er dem Oberbesitzer hierfür nach § 287 S 2 haften sollte; str. Soweit BesMittler dem Oberbesitzer nach § 278 einstehen müßte, haftet er auch dem Eigtümer. – § 991 II entspr anzuwenden bei Exzeß des rechtm Fremdbesitzers, der BesMittler eines anderen ist (vgl zB § 1217 Anm 3 u RGRK Anm 12: zum gutgläub Erwerb eines NießbrR).

992 *Haftung des deliktischen Besitzers.* Hat sich der Besitzer durch verbotene Eigenmacht oder durch eine Straftat den Besitz verschafft, so haftet er dem Eigentümer nach den Vorschriften über den Schadensersatz wegen unerlaubten Handlungen.

Vorbem: Geänd dch EGStGB 1974 Art 121 Ziff 3 (Einfüg des Wortes „Straftat" anstatt „strafb Handlg").

1) Voraussetzungen. Besitzverschaffg durch **a)** verbotene Eigenmacht (§ 858) ggü dem Eigtümer (evtl ggü unmittelb Besitzer, Brox JZ **65**, 518). Ob der Besitzer HerausgAnspr hatte u hins seiner Besitzberechtigg gutgl war, ist unerhebl; dies berechtigt nicht zur Eigenmacht.
b) Straftat; zB Diebstahl, Hehlerei, Betrug. Nur bei Verstoß gg StrafVorschr, die den Schutz des Eigtümers bezweckt, wg der Art der Besitzverschaffg, BGH **LM** Nr 2 (Metallhehlerei), also nicht Zoll-Vorschr, RG **105**, 86, wohl aber die Fundunterschlagg. Eignet sich jedoch zB der Leihnehmer die schon in seinem Besitz befindl Sache rechtswidr zu, wandelt sich zwar die rechtl Qualifikation seines BesWillens – er wird vom Fremd- zum Eigenbesitzer –, ändert sich aber nichts an seiner unmittelb Sachherrsch; vgl Vorbem v § 987 Anm 1 b-bb. § 992 will die Störg des äußeren Rechtsfriedens treffen, welche die Unterschlagg regelmäß vermeidet; wie hier Staud-Berg Rdn 1; RGRK Anm 3. AA Erm-Hefermehl Rdz 3; Blanke JuS **68**, 268.

2) Haftg nicht für die (eigenmächt od strafb) Besitzentziehg als solche; diese läßt, da schuldh begangen § 823 idR unmittelb – nicht erst über § 992 – eingreifen: der Dieb haftet nicht erst über § 992 aus § 823; BGH WPM **60**, 1148. Sond Haftg für die **Eigentumsverletzg** (Beschädigg usw der Sache). Da Deliktshaftg, **Verschulden** Voraussetzg (Medicus § 23 IV 2) u zwar nach hM bei Besitzerlangg, nach BGH aaO, Brox JZ **65**, 517 auch bei der mißbilligten Besitzergreifg nachfolgden EigtVerletzg. Bei verbotener Eigenm entfällt Haftg, wenn Täter ohne Fahrlässigk Einwilligg des Eigtümers angenommen, od sich selbst als solchen angesehen, Westermann § 32 IV 2 d; BGH WPM aaO. Haftg auch für Zufall, §§ 823, 848; vgl Brox aaO. Auch für gezogene Nutzgen (auch wenn sie der Eigtümer nicht hätte ziehen können, BGH WPM **60**, 1150) u solche, die der Eigtümer hätte ziehen können. – Wg überholender Kausalität vgl Neumann-Duesberg JZ **53**, 171; Niederländer AcP **153**, 50. – Verjährg: § 852, da Anspr deliktisch, KG JR **55**, 260; hM: aM RG **117**, 425; Mü VersR **61**, 1048. Vgl aber die 30jähr Verj des meist konkurrierenden Anspr aus § 990. Auch Anspr auch §§ 687 II, 681, 667 kann konkurrieren. Vgl auch Wieling MDR **72**, 645.

993 *Haftung des redlichen Besitzers.* ¹ Liegen die in den §§ 987 bis 992 bezeichneten Voraussetzungen nicht vor, so hat der Besitzer die gezogenen Früchte, soweit sie nach den Regeln einer ordnungsmäßigen Wirtschaft nicht als Ertrag der Sache anzusehen sind, nach den Vorschriften über die Herausgabe einer ungerechtfertigten Bereicherung herauszugeben; im übrigen ist er weder zur Herausgabe von Nutzungen noch zum Schadensersatze verpflichtet.
² Für die Zeit, für welche dem Besitzer die Nutzungen verbleiben, finden auf ihn die Vorschriften des § 101 Anwendung.

1) Der **entgeltl gutgl** (unrechtm) Besitzer ist **vor Rechtshängigk** grdsätzl weder zur Herausgabe von Nutzgen noch zum SchadErs verpflichtet. Der Anspr aus § 1004 (zB bei Bau auf fremdem Boden) ist kein SchadErsAnspr, also nicht ausgeschl (aA Baur § 11 IV 1 c; AcP **160**, 490). – **Ausn** (vgl auch Vorbem 2a v § 987): **a) Übermaßfrüchte** hat er herauszugeben, soweit er bereichert ist. Vgl §§ 581, 1039, 2133; Auskunft § 987 Anm 1. **b)** Bei Veräußerg oder Verbrauch der Sache unter Ausgabenerspar hat er die vorhandene Bereicherg herauszugeben, RG GrZS **163**, 353; BGH **14**, 7. **c)** SchadErspflichtig ist der sein vermeintl BesR überschreitde Fremdbesitzer, vgl Vorbem 2c bb.

2) Beweislast: Eigtümer, der weitergehenden Anspr erhebt, beweispfl für Bösgläubigk, Rechtshängigk, Unentgeltlichk, deliktsmäßigen Erwerb.

Gegenansprüche des Besitzers auf Ersatz der Verwendungen
(§§ 994–1003)
Vorbemerkung

Schrifttum: a) Allg: Klauser, NJW **65**, 513 (Verwendgen auf Grdst). – Schindler AcP **165**, 499. – M. Wolf AcP **166**, 188. – Jakobs AcP **167**, 350. – Gursky JR **71**, 361. – Möhrenschlager, Der VerwendgsErsAnspr des Besitzers im angloamerikanischen u dtsch R, 1971. – Haas, AcP **176**, 1 (aufgedrängte Bereicherg). – Vgl auch Einf v § 985 u Vorbem v § 987. **b) Zu Anm 1 c:** H. Müller, VerwendgsAnspr u Kreditrisiko, Festschr f Lent, 1957, S 170. – Münzel WM **61**, 1377. – Firsching AcP **162**, 440. – Furtner MDR **62**, 95. – Kraft, NJW **63**, 1849. – Kaysers, Der VerwendgsAnspr des Besitzers bei vertragl Leistgen, 1968. – Berg JuS **70**, 12. – Schwerdtner JuS **70**, 64. – Helling BB **69**, 854 (ZbR).

1) Allgemeines. Die §§ 994–1003 regeln die Anspr des **unrechtm Fremd- od Eigenbesitzers** auf VerwendgsErs. Der unrechtm Fremdbesitzer kann VerwendgsErs aber nur mit dem dem ausgeübten BesR entspr

Eigentum. 4. Titel: Ansprüche aus dem Eigentum **Vorbem v § 994** 1–3

Einschränkg (zB §§ 1049, 1216; Vertr) verlangen (BGH **LM** § 994 Nr 4, § 1001 Nr 3; Baur § 11 C IV 2; aA Raiser JZ **58**, 681; Westermann § 33 I 3 a), da er sonst besser als ein rechtm Besitzer stehen würde.

a) Nach hM enthalten die §§ 994 ff die **erschöpfde Sonderregelg** eines ges SchuldVerh (RG **163**, 352; BGH **41**, 157; WPM **73**, 560), dch die auch BereicherngsR (BGH **41**, 341: § 817 S 2; vgl Einl 5 a cc v § 854) ausgeschl w; wg Verh zu § 951 vgl dort Anm 1, 3 b. Im Schriftt w AnsprKonkurrenz mit §§ 812 ff teils schlechthin (Pinger JR **73**, 268; Reeb JuS **73**, 624) u teils bei Rückabwicklg einer Leistgsbeziehg wg Nichtigk des Grd- u ErfüllgsGesch (Berg JuS **72**, 193; Lent-Schwab § 45 VIII 5 b; Medicus § 34 V) vertreten; für Vorrang der Leistgskondiktion Waltjen AcP **175**, 109; Haas aaO S 17. Ggü Anspr aus § 985 keine Berufg auf § 255 (BGH **29**, 162).

b) Für den **rechtm Fremdbesitzer** gelten die vertragl od ges SonderVorschr; §§ 994 ff sind aber anwendb, wenn das das BesR begründete RVerh den VerwendgsErs nicht regelt, da der rechtm Besitzer sonst schlechter als ein unrechtm stehen würde (BGH NJW **55**, 340; FamRZ **70**, 641). Auch für Verwendgen nach Ende des BesR gelten die SonderVorschr des betr RVerh (Raiser JZ **58**, 681), doch können Lücken dch §§ 994 ff ausgefüllt w (Lent-Schwab § 45 VIII 2); vgl § 347 S 2 iVm § 327 S 1, 467.

c) Fremdbesitzer, der aGrd Vertrages mit einem Dritten Verwendgen macht (zB Untern, der vom Besteller gemietete Sache zur Reparatur erhält). Zur Frage, ob nur der Dr Verwender ist, vgl Kaysers aaO S 111, Medicus § 23 III 3 d aa (bejahd), Berg JuS **70**, 12 (abl). – **aa)** War der **Dr rechtm Besitzer u zur BesÜberlassg befugt**, so war auch der Verwender rechtm Besitzer u hat daher keine Anspr aus §§ 994 ff gg den Eigtümer sond nur aus Vertr gg den Dr (BGH **27**, 317; **34**, 122). Verwender hat kein ZbR aus § 1000 (BGH WPM **60**, 879) u erwirbt kein ges WerkUnternPfdR (§ 1257 Anm 2 a). – **bb)** War der **Dr unrechtm Besitzer**, so war es auch der Verwender ggü dem Eigtümer; Verwender hat daher Anspr aus §§ 994 ff gg Eigtümer. Hatte der Dr zuerst rechtm u später unrechtm Bes (zB EigtVorbehVerk tritt vom KaufVertr zurück), so bestehen Anspr aus §§ 994 ff auch für Verwendgen währd des rechtm Bes, da ein rechtm Fremdbesitzer nicht gutgl unrechtm Fremdbesitzer gestellt w darf (BGH **34**, 122; WPM **71**, 1268; Köln NJW **68**, 304; Westermann § 33 I 3 b; aA LG Mü NJW **60**, 44; Baur § 11 B I 2; Beuthien JR **62**, 255; 34. Aufl), sowie um Zufälligk zu vermeiden (Lent-Schwab § 45 VI 5 b) u die rückw Anfechtg des BesMittlgsVerh (vgl Schönfeld JZ **59**, 304) mit dem Rücktritt gleichzubehandeln. Hatte der Dr zuerst unrechtm u später rechtm Bes, so gilt für die ganze Zeit Anm 1 c aa (aA Beuthien aaO). – **cc)** War der **Verwender unrechtm Besitzer**, weil Vertr zw ihm u Dr unwirks (vgl § 986 Anm 3 b) od Dr zur BesÜberlassg nicht befugt war (Raiser JZ **58**, 683; Schönfeld aaO), so war Verwender ggü Eigtümer unrechtm Besitzer u hat Anspr aus §§ 994 ff gg diesen, selbst wenn ein tats BesMittlgsVerh entstand.

2) Verwendgen sind willentl VermAufwendgen, die (zumindest auch) der Sache zugute kommen sollen (BGH NJW **55**, 340), indem sie sie wiederherstellen, erhalten od verbessern sollen (BGH **10**, 177). Sie dürfen die Sache aber nicht grdlegd verändern (BGH **41**, 157; gg diese Einschränkg vielfach das Schriftt, vgl Haas AcP **176**, 12 mwN); zum Problem des Ausschl von § 951 u der Anwendg des engen VerwendgsBegr vgl § 951 Anm 3 b. Keine Verwendg ist Zufügg nichtwesentl Bestandt, die Eigt des Besitzers bleiben (M. Wolf Rdnr 128; vgl BGH ZMR **69**, 286; NJW **77**, 1240).

a) Beispiele: Reparatur u (nicht grdlegde) Umgestaltg einschl ArbLohn u Material (BGH **34**, 153). Betr-Kosten. Transport, der zur Erhaltg für Eigtümer beiträgt (OGH MDR **49**, 470). Aufbewahrg auf sonst anderweit genutztem (Nürnb OLGZ **66**, 415) od dafür gemietetem (BGH NJW **78**, 1256) Platz. Auf die Sache verwendete ArbKraft des Besitzers, die Verdienstausfall bewirkt (Rostock OLG **29**, 353; Nürnb OLGZ **66**, 415) od (wie idR) fremde ArbKraft einspart (vgl aber BGH NJW **77**, 1240). Drainage u Urbarmachg von Grdst (BGH **10**, 177). Aufbau zerstörten Hauses (BGH **41**, 341). Bauwerk (zB Deich, Stützmauer) zur GrdstErhaltg (BGH **10**, 178). – **Nicht**: Errichtg von Gbde auf unbebautem Grdst (BGH **41**, 157; ZMR **69**, 286; zum BereicherngsAnspr vgl § 951 Anm 3 b) od Neuanlage eines Tennisplatzes. Kaufpr (BGH **LM** § 366 HGB Nr 4). Überlassg eines Raumes zur Aufbewahrg an Besitzer (Ffm JW **32**, 1228).

b) Einteilg: Notwendige Verwendgen (§ 994), zu denen auch die tatsächl od rechtl notw Lasten gehören (§ 995). Notw Verwendgen sind auch die gewöhnl u außergewöhnl ErhaltgsKosten. – **Nichtnotwendige** Verwendgen (§ 996), zu denen die nützl u die unnützen Verwendgen gehören. – **Fruchtgewinngs-Kosten** (§ 102).

c) Wertermittlg: Notfalls nach ZPO 287 (BGH **LM** § 254 Dc Nr 6).

3) Übersicht. Ersatz können verlangen: **a)** der (entgeltl) **gutgläubige Besitzer**: für die vor Rechtshängigk gemachten notw Verwendgen (auch den gewöhnl Erhaltgskosten) u für die außerordentl Lasten schlechthin, §§ 994 I S 1, 995 S 2. Für nützl Verwendgen nur, wenn Sachwert noch erhöht, § 996. Nicht für gewöhnl Erhaltgskosten u gewöhnl Lasten vor Rechtshängigk, §§ 994 I S 2, 995 S 1; denn ihm verbleiben für diese Zeit ja die Nutzgen, Vorbem 3 b vor § 987. Für Verwendgen nach Rechtshängigk steht er dem bösgl gleich. Bei unentgeltl Erwerb s § 988 Anm 2, 3; § 994 Anm 2 a; Vorbem 2 b aa vor § 987.

b) Der bösgläubige Besitzer (auch der deliktische): für notw Verwendgen u notw Lasten, aber nur nach GeschFührgsGrdsätzen, §§ 994 II, 683, 684. Insoweit aber auch für gewöhnl Erhaltgskosten u gewöhnl Lasten, da er die Nutzgen herausgeben muß; Ausn: wenn sein Oberbesitzer gutgl ist (§ 991 I), da er dann auch die Nutzgen behält. Im übr, also auch für wertsteigernde Verwendgen kein ErsAnspr, § 996.

c) Sondervorschrift für landw Grdst: § 998.

d) Maßgebd für den guten Glauben ist die Zeit der Verwendg. Zinsen: § 256. Befreiung von der Verbindlichk: § 257. Besitznachfolge: § 999.

4) Die §§ 994ff **gelten entspr** für die Klage aus § 894 (RG **133**, 287); ferner gem §§ 292 II, 347 S 2, 850, 2185; PachtKrG 8 (RG **142**, 205). Beachte, daß auch bei mittelb Anwendg der §§ 994ff über §§ 326, 347 die §§ 812ff zurücktreten müssen, BGH **LM** § 347 Nr 4. Die §§ 1000–1003 ferner gem §§ 972, 974, 2022 I 2.

5) Geltendmachg in jedem Falle durch Zurückbehaltg, § 1000. Im übrigen ist sie erschwert. Wegnahme nur bei nutzb wesentl Bestandteilen, wenn Eigtümer nicht den Wert ersetzt, § 997. Klage nur bei Gen od Wiedererlangg durch den Eigtümer; vor Gen kann er sich durch Rückg der Sache befreien, § 1001; AusschlFrist, § 1002. Sonst nur Befriedigg aus der Sache nach bestimmtem Verf, § 1003. Trat anstelle der Vindikation § 816, kann Besitzer Verwendgen gem § 818 III absetzen, vgl näh Gursky JR **71**, 361.

994 *Notwendige Verwendungen.*
I Der Besitzer kann für die auf die Sache gemachten notwendigen Verwendungen von dem Eigentümer Ersatz verlangen. Die gewöhnlichen Erhaltungskosten sind ihm jedoch für die Zeit, für welche ihm die Nutzungen verbleiben, nicht zu ersetzen.

II Macht der Besitzer nach dem Eintritte der Rechtshängigkeit oder nach dem Beginne der im § 990 bestimmten Haftung notwendige Verwendungen, so bestimmt sich die Ersatzpflicht des Eigentümers nach den Vorschriften über die Geschäftsführung ohne Auftrag.

1) Begriff. Verwendgen (Vorbem 2) sind **notwendig**, wenn sie zur Erhaltg od ordngsgemäß Bewirtschaftg der Sache obj erforderl sind, die also der Besitzer dem Eigtümer, der sie sonst hätte machen müssen, erspart hat u die nicht nur den Sonderzwecken des Besitzers dienen (BGH **64**, 333).

a) Beispiele: Hebgskosten eines Wracks (BGH NJW **55**, 340). Wiederaufbau eines zerstörten Gbdes (str; einschränkd BGH **LM** § 1004 Nr 14). BetrUmstellg, um Betr wettbewerbsfäh zu erhalten (RG **117**, 112) od wenn Eigtümer aus sonst Grd hätte umstellen müssen (RG **139**, 353). Mietzins für notw Aufbewahrg (BGH NJW **78**, 1256). – **Nicht:** Enttrümmerg od Planierg eines Grdst zur Anlegg eines Lagerplatzes (BGH **39**, 186; WPM **68**, 442). Fehlgeschlagener NachbessergsVersuch (BGH **48**, 272). Entgeltl Parken eines Kfz (LG Augsbg DAR **77**, 71).

b) Gewöhnl ErhaltgsKosten sind die regelm wiederkehrden lfden Ausgaben: FüttergsKosten (RG **142**, 205); Inspektionskosten für Kfz einschl Ers normalen Verschleißes (Schlesw SchlHA **51**, 32) im Ggs zu Austauschmotor (außergewöhnl ErhaltgsKosten; M. Wolf Rdnr 129); Beseitigg von Schäden inf bestimmgsgem Nutzg (BHG **44**, 237).

2) Dem **gutgläubigen, unverklagten Besitzer** (mittelb od unmittelb; Eigen- od Fremdbesitzer) sind zu erstatten: – **a)** Bei **unentgeltl** Erwerb (§ 988) alle notw Verwendgen; ebso bei rechtsgrdlosem Erwerb (§ 988 Anm 4). – **b)** Bei **entgeltl** Erwerb alle notw Verwendgen (auch wenn Sache nicht mehr im Wert erhöht) mit Ausn der gewöhnl Erhaltgskosten (I 2). Letztere gelten dch Nutzg als ausgeglichen, auch wenn dazu berecht Besitzer keine ihm mögl Nutzgen gezogen hat od die gewöhnl Erhaltgskosten höher als Nutzgen.

3) In bösem Glauben oder nach Rechtshängigk gemachte Verwendgen sind nur nach §§ 683, 679 zu erstatten, **II**, also nicht schon bei obj Notwendigk, sond nur, wenn sie außerdem dem wirkl od mutmaßl Willen des Eigtümers entspr; andernf nur BereicherngsAnspr, § 684. Maßgebd ist Interesse od Wille dessen, der zZ der Verwendg Eigtümer. **I S 2** auf bösgl Besitzer anwendb (dh die notw Erhaltgskosten nicht zu erstatten), wenn ihm die Nutzgen verbleiben, so iF des § 991 I (mittelb Besitzer gutgl), anwendb auch auf Abzahlgskäufer vor Rücktr; obw er rechtmäß Besitzer, soll er in insow dem bösgläub gleichstehen; da ihm die Nutzgen verbleiben, kann er iF des Rücktr des Verkäufers nicht Ers der Aufwendgen verlangen, die er zur Beseitigg von Schäden gemacht h, die beim gewerbl Gebr der Kaufsache entstanden sind; BGH **44**, 239; vgl auch Loewenheim NJW **66**, 971 (auch zur Nutzgsentschädigg nach AbzG 2 I S 2). Im Fall der §§ 326, 347 ist der VertrPartner des Zurücktretenden bösgl, wenn er die tatsächl Voraussetzgen für Rücktr kannte, BGH MDR **68**, 223.

4) Beweislast. Der Besitzer hat Vornahme, Wert u Notwendigk der Verwendgen zu beweisen. Der Eigtümer, daß es sich um gewöhnl Erhaltgskosten handelt od daß zZ der Vornahme der HauptAnspr rechtshängig od Besitzer bösgl war.

995 *Lasten.*
Zu den notwendigen Verwendungen im Sinne des § 994 gehören auch die Aufwendungen, die der Besitzer zur Bestreitung von Lasten der Sache macht. Für die Zeit, für welche dem Besitzer die Nutzungen verbleiben, sind ihm nur die Aufwendungen für solche außerordentliche Lasten zu ersetzen, die als auf den Stammwert der Sache gelegt anzusehen sind.

1) Gewöhnl Lasten. Beispiele: Grundsteuern, HypZinsen; vgl auch § 1047 Anm 4a. Der Besitzer hat sie zu tragen, wenn ihm die Nutzgen verbleiben, vgl § 994 Anm 2b, 3; § 993 Anm 1, § 991 I; wobei ErsPfl für Übermaßfrüchte keine Rolle spielt. Ein gutgl Nießbraucher braucht jedoch diejenigen Lasten nicht zu tragen, die er auch bei gültigem Nießbr nicht zu tragen brauchte; vgl § 1047.

Eigentum. 4. Titel: Ansprüche aus dem Eigentum §§ 995–999

2) Außerordentl Lasten. Gleichviel, ob öff od privrechtl. ZB einmalige Abgaben; Zahlg des Hyp-Kapitals. Sie sind dem gutgl, unverklagten Besitzer uneingeschränkt, sonst nur nach §§ 683, 684 zu erstatten. Verteilg: § 103.

3) Sonderfälle. Vgl §§ 1047, 2022 II, 2126, 2185, 2379.

996 *Nützliche Verwendungen.* **Für andere als notwendige Verwendungen kann der Besitzer Ersatz nur insoweit verlangen, als sie vor dem Eintritte der Rechtshängigkeit und vor dem Beginne der im § 990 bestimmten Haftung gemacht werden und der Wert der Sache durch sie noch zu der Zeit erhöht ist, zu welcher der Eigentümer die Sache wiedererlangt.**

1) In bösem Glauben u nach Rechtshängigk gemachte nicht notw Verwendgen sind nicht zu erstatten. Aber Wegnahme: § 997. Dagg erstattgsfähig in gutem Gl vor Rechtshängigk gemachte **nützl (wertsteigernde) Verwendgen.** ZB für Schneiden von Holzstämmen, Warn **29**, 180; Färben von Fellen, RG **142**, 418. Höchstens bis zu dem Betrage, um den der Wert bei Wiedererlangg obj erhöht ist. Ähnl wie bei der aufgedrängten Bereicherg (vgl § 951 Anm 2c dd) muß auch hier die subj Brauchbark für den Eigtümer reguliered beachtet w; Jacobs aaO; Medicus § 32 II 2; vgl auch Haas aaO S 23 ff. Bei Gen der Verwendg ErsAnspr schlechthin (§ 1001), RG DR **42**, 1280. Die fortdauernde Werterhöhg hat der Besitzer zu beweisen. Nicht zu erstatten sind Kosten der Enttrümmerg, die gg den Willen des Eigtümers zur Anlegg eines Lagerplatzes vorgenommen, BGH **39**, 186; dies auch nicht aus GoA od Bereicherg.

997 *Wegnahmerecht.* I **Hat der Besitzer mit der Sache eine andere Sache als wesentlichen Bestandteil verbunden, so kann er sie abtrennen und sich aneignen. Die Vorschriften des § 258 finden Anwendung.**

II **Das Recht zur Abtrennung ist ausgeschlossen, wenn der Besitzer nach § 994 Abs. 1 Satz 2 für die Verwendung Ersatz nicht verlangen kann oder die Abtrennung für ihn keinen Nutzen hat oder ihm mindestens der Wert ersetzt wird, den der Bestandteil nach der Abtrennung für ihn haben würde.**

1) Allgemeines. Verbindet der Besitzer eine eigene Sache mit der fremden zu deren **unwesentl Bestandteil**, bleibt er Eigtümer; er kann sie jederzeit wegnehmen od herausverlangen, § 985. Ebenso bei Zubehör. Bei Verbindg als **wesentl Bestandteil** erwirbt sie der Eigtümer der Hauptsache, §§ 946, 947 II. Der Besitzer kann dann **a)** Vergütg verlangen nach § 951 I 1, wenn keine Verwendg (vgl Vorbem 1a vor § 994); od **b)** Ersatz verlangen, wenn die §§ 994, 996 vorliegen; od **c)** wegnehmen u aneignen, sofern nicht nach **II** ausgeschl. Schuldrechtl Anspr; kein AussondersgsR im KonK des Eigtümers. Ausüb des Rechts zeitl nicht begrenzt; kein ZurückbehaltsR ggü HerausgAnspr bzgl der einheitl Sache, BGH WPM **61**, 181. – Kein WegnahmeR bei MitEigt nach § 947 I, OGH NJW **50**, 543. – Bei Ausschl des WegnahmeR (Abbruch des übergebauten Gebäudeteils nach WBewG 22 unzul) gibt BGH **41**, 164 AusglAnspr nach § 242. – **d)** Wegnahme darf sich aber nicht nur auf die verwertb Bauteile beschränken; keine Ausschlachtg, BGH NJW **70**, 754.

2) Wegnahmeberechtigt ist der gutgl (vgl aber **II**, 1. Fall) wie der bösgl Besitzer. Der mittelb hat den Anspr aus § 258 S 2. § 1002 nicht anwendb (aA Hamm BB **77**, 418). Kosten u SicherhLeistg: § 258. Verpflichtet ist jeder Eigtümer entspr § 999 II. Bei Pflanzen (§§ 94 I, 95 I 1) zu beachten, daß der Zuwachs zur Nutzg gehört. Der bösgl u der Prozeßbesitzer, die keinen Anspr auf die Nutzg haben, müssen bei Wegnahme dem Eigtümer den Zuwachs in Geld ersetzen, Planck Anm 2. WegnR gibt kein ZurückbehaltR, vgl BGH WPM **61**, 181; Degenhart JuS **68**, 318 zu Fußn 18.

3) Aneignsberechtigt ist der Besitzer, auch wenn ihm die Sache vor der Verbindg nicht gehört hat (str). Er erwirbt das Eigt u hat den früh Eigtümer zu entschädigen, § 95 II 1. Aneignswille notw, daher nicht durch GeschUnfähigen.

4) II. Ausschluß in drei Fällen. Ferner, wenn die Wegnahme ohne Zerstörg der Haupts nicht mögl ist; vgl § 258. Zu ersetzen ist auch ein Liebhaberinteresse. Wegnahme entgg **II** macht schadenersatzpfl, §§ 823 ff. Unbeschränktes Wegnahmerecht in §§ 500 S 2, 547 II 2, 581 II, 601 II 2, 1049 II, 1093 I 2, 1216 S 2, 2125 II. Erweiterg: § 951 II 2, dort Anm 3c.

998 *Bestellungskosten bei landwirtschaftlichem Grundstück.* **Ist ein landwirtschaftliches Grundstück herauszugeben, so hat der Eigentümer die Kosten, die der Besitzer auf die noch nicht getrennten, jedoch nach den Regeln einer ordnungsmäßigen Wirtschaft vor dem Ende des Wirtschaftsjahrs zu trennenden Früchte verwendet hat, insoweit zu ersetzen, als sie einer ordnungsmäßigen Wirtschaft entsprechen und den Wert dieser Früchte nicht übersteigen.**

1) Ergänzg des § 102. Jeder Besitzer, ob bös- od gutgläub, vor od nach Klageerhebg. Landw Grdst vgl § 582. Das WirtschJahr ist örtl u für jede Fruchtart gesondert zu bestimmen innerh eines Jahres seit Bestellg RG **141**, 228. Anders §§ 592 (Pachtjahr), 1055 II, 2130 I 2.

999 *Ersatz von Verwendungen des Rechtsvorgängers.* I **Der Besitzer kann für die Verwendungen eines Vorbesitzers, dessen Rechtsnachfolger er geworden ist, in**

demselben Umfang Ersatz verlangen, in welchem ihn der Vorbesitzer fordern könnte, wenn er die Sache herauszugeben hätte.

II Die Verpflichtung des Eigentümers zum Ersatze von Verwendungen erstreckt sich auch auf die Verwendungen, die gemacht worden sind, bevor er das Eigentum erworben hat.

1) I. a) Der ErsAnspr geht auf den Besitznachfolger über. Gesamt- (§ 857) od SonderRNachfolge, auch mehrf. Letztere erfordert ein, wenn auch unwirks, VeräußergsGesch zw früherem u jetz Besitzer. Übertr der tatsächl Gewalt allein genügt nicht, RG **129**, 204. Ebsowenig Besitzmittlg, RG **158**, 397; der unmittelb Besitzer kann nur nach §§ 986 I 1, 1000 das ZurückbehaltgsR des mittelb geltd machen (Verurteilg also des unmittelb zur Herausg Zug um Zug gg Befriedigg des mittelbaren); der mittelb muß nach Herausg nach § 1001 klagen.

b) Alle Anspr des Vorbesitzers, §§ 994–998, auch Wegnahme. Der jetzige Besitzer ist dem Eigtümer ggü allein berechtigt. Anders bei Gen ggü Vorbesitzer, § 1001; dann bleibt dieser berechtigt, wenn er nicht abtritt. War Vorbesitzer Finder, gilt § 999 nicht für dessen ErmittlgsKosten iSv § 970. Zur Konfusion dch I u II in der Person des wirks erwerbden Dritten vgl Gursky JR **71**, 361.

c) Gibt Besitznachfolger an Eigtümer heraus, ohne sich den Anspr auf Verwendgsersatz vorzubehalten (vgl § 1001 S 3), so kann ihn im Verhältn zum Vorbesitzer, von dem er SchadErs fordert, mitw Versch treffen, BGH **LM** § 254 (D c) Nr 6; Schlesw SchlHA **56**, 48.

Ist bei mehrfachem Verkauf der (zB dem Eigtümer gestohlenen) Sache ihr Wert nach Verwendgen des Erstverkäufers so stark gesunken, daß der Kaufpr beim letzten Verkauf niedriger ist als die Verwendgen, so kann nach hM der letzte Käufer den ErsAnspr nur bis zur Höhe seines eigenen RückgrAnspr gg den Zwischenverkäufer geltd machen, wenn der Vorbesitzer (Erstverkäufer) nicht mehr rückgriffsverpflichtet ist, Fbg JZ **53**, 404 und Boehmer dortselbst 395. Gg das Arg der hM, daß sonst der Besitzer rechtlos bereichert wäre, beachtl Gursky AcP **171**, 82, der auch Begrenzg des Anspr auf den derz Wert der Sache ablehnt, da diese schon dch den Mechanismus der §§ 1003, 1001, 2 bewirkt werde.

d) Nachgiebiges Recht.

2) II. Der jetzige Eigentümer (auch wenn er nicht iW der RNachf, sond originär erwarb) **haftet für alle Verwendgen ohne Rücksicht auf Zeit der Vornahme**; Ausn ZVG 93 II. Auch Wegnahme bleibt zul. Der frühere Eigtümer haftet dem Besitzer weiter, wenn er genehmigt od den Besitz erlangt hat, § 1001. Ausgleich zw den Eigtümern §§ 434, 445. Genehmigg durch früh Eigtümer bindet den jetzigen nicht (str), vgl § 1001 Anm 4 b. Über Anwendg von II auf öff bestellten Verwalter vgl BGH **LM** § 390 Nr 2. II gilt nicht zulasten dessen, der nach Herausg der Sache an den Eigtümer von diesem Eigt erwarb, Planck Anm 2 b. – Vielf bedient sich das Schriftt des II zur Abwicklg der VerwendgsErsAnspr des Dritterwerbers ggü dem Vorgemerkten bzw Vorkäufer, s § 888 Anm 4 a; § 1098 Anm 3.

1000 *Zurückbehaltungsrecht des Besitzers.* Der Besitzer kann die Herausgabe der Sache verweigern, bis er wegen der ihm zu ersetzenden Verwendungen befriedigt wird. Das Zurückbehaltungsrecht steht ihm nicht zu, wenn er die Sache durch eine vorsätzlich begangene unerlaubte Handlung erlangt hat.

1) Allgemeines. § 1000 nötig neben § 273 II, weil dieser fälligen GgAnspr verlangt, der Anspr aus §§ 994ff vor Herausg der Sache aber erst bei Gen der Verwendgen fällig wird, § 1001. § 1000 entspr anwendb ggü dem Verlangen des Eigtümers, im Wege der GBBerichtigg das Eigt umzuschreiben od eine AuflVormkg zu löschen, RG **163**, 63; dies gilt aber nicht für Löschg nach GBO 22, BayObLG **59**, 227. Vgl ferner §§ 1065, 1227, 2022, BGH WPM **72**, 1061. Das Recht erlischt mit freiwilliger od erzwungener Herausg, RG **109**, 105; es entsteht auch dann nicht wieder neu, wenn der Besitzer die Sache später erneut in Bes bekommt, BGH **51**, 250.

2) Zurückbehaltgsrecht. a) Schuldrechtl Anspr. Bereits vor Fälligk (§ 1001) des VerwendgsAnspr. Entspr anwendbar sind §§ 273 III, 274. Erbieten zur Sicherh genügt regelm nicht; Verurteilg zur Herausg nach SicherhLeistg aber uU zul, RG **137**, 355 (Fassg des Urt vgl RG JW **36**, 250). Sicherh muß regelm die GgAnspr voll decken, RG **137**, 355.

b) Ausschluß nach S 2. Ebenso § 273 II. Nur vorsätzl unerl Hdlg des Besitzers. Verbotene Eigenm (BGH WPM **71**, 1268) od strafb Hdlg genügt regelm nicht. Bei beiderseitiger Gesetzesverletzg soll nach RG JW **25**, 2233 das ZurückbehaltgsR entspr § 817 S 2 bestehen bleiben; vgl aber unten c.

c) Ausschluß aus sonstigen Gründen: Bei vertragl od Sonderbestimmg, zB § 556 II. Bei geringfügigen Verwendgen, RG JW **28**, 2438. Wenn die zu erstattenden Nutzgen die Verwendgen erhebl übersteigen, BGH JR **52**, 473. Wenn öff Interessen entggstehen, insb wenn durch die Zurückhaltg die sachgemäße Bewirtschaftg landw Grdst gefährdet ist (Brsl HRR **40**, 77, das aber wohl zu sehr verallgemeinert). Öffentl Interessen werden aber idR bei Verstoß gg GrdstVG die Zurückhaltg ausschließen, zumal auch das Belassen u Behalten des Besitzes nach Versagg der Gen (od deren Nichtnachsuchg) die Festsetzg v Zwangsgeld rechtfertigen kann, GrdstVG 24.

3) Im **Konkurs** des Eigtümers hat Besitzer ein beschränktes AbsondergsR, KO 49 I Nr 3. Nur an Fahrnis; es gilt § 127 II. Bei der **Zwangsversteigerg** von Fahrnis ist der Besitzer widerspruchsberechtigt, ZPO 809, 771. Nicht bei Grdst. Der Verwendgsberechtigte ist im ZwVerstVerf (wenn er nicht beitritt, ZVG 27, 10 I Nr 5) der Ersteher haftet für Verwendgen vor dem Zuschlag nicht, ZVG 93 II; kein Wertersatz. Verwendgen nach dem Zuschlag sind nach ZPO 767 geltd zu machen, nach hM (str) auch nach ZPO 732.

Eigentum. 4. Titel: Ansprüche aus dem Eigentum §§ 1001–1003

1001 *Klage auf Verwendungsersatz.* Der Besitzer kann den Anspruch auf den Ersatz der Verwendungen nur geltend machen, wenn der Eigentümer die Sache wiedererlangt oder die Verwendungen genehmigt. Bis zur Genehmigung der Verwendungen kann sich der Eigentümer von dem Anspruche dadurch befreien, daß er die wiedererlangte Sache zurückgibt. Die Genehmigung gilt als erteilt, wenn der Eigentümer die ihm von dem Besitzer unter Vorbehalt des Anspruchs angebotene Sache annimmt.

1) **Allgemeines.** Der selbständig **einklagbare** VerwendgsAnspr ist bedingt durch die **Genehmigg oder die Wiedererlangg durch den Eigentümer**, u zwar die wirkl, nicht den, den der Besitzer dafür ansieht (RG **142**, 419, aM Wolff-Raiser § 86 zu Anm 27). Vorher ist der Besitzer auf die §§ 1000, 1003 beschränkt. Vorher keine Aufrechng, aber auch keine Verjährg. Gerichtsstand ZPO 26. AusschlFrist: § 1002. Nach StJP vor § 253 Anm III 2, Nachw Fußn 106; Heck § 70, 10 soll dem Anspr vorher die Klagbark fehlen, was zur Abweisg der Kl als unzuläss führte; Wolff-Raiser § 86 V 2 nehmen einen nicht voll wirks Anspr an, so auch Erm.-Hefermehl Rdz 1. Wie hier Staud-Berg, Soergel-Mühl je Rdnr 1; vgl auch unten Anm 4a.

2) **Wiedererlangg.** Erwerb des Besitzes durch den Eigtümer aGrd seines Eigt, u zwar entweder durch Herausg seitens des Verwenders (§ 1002) od auf andere Art (vgl Hoche NJW **57**, 468; Hassinger NJW **57**, 1268). Verwender muß Besitz verlieren, Eigtümer idR unmittelb Besitz erlangen. Herausg an den BesMittler des Eigtümers wird nur genügen, wenn BesMittler berechtigt, für den Eigtümer die Entscheidgen des § 1001 (Gen, Rückgabe) zu treffen, Hamm MDR **56**, 100, Köln NJW **57**, 224, insb bei Herausg an Beauftragten, Dresden HRR **36**, 875; BGH **51**, 250, 253 läßt allerd Herausg an BesMittler allg genügen. Darüber, ob aber zB Werkunternehmer, der auf Bestellg des VorbehKäufers od SichgGebers Sache repariert h, VerwendgsAnspr gg den Eigtümer h, vgl Anm 1 vor § 994. Frist des § 1002 kann bei Herausg an BesMittler erst beginnen, wenn Verwender von BesMittlgsVerh u Pers des Eigtümers Kenntnis erlangt h, Rogge und Klüpfel NJW **56**, 226 u 1626. – ZwVerst durch Dritten steht der Wiedererlangg gleich, weil die Sache dann auch im Interesse des früh Eigtümers, dem der Erlös zusteht, verwertet w, RGRK Anm 6. – Der Wiedererlangg des Grdst steht die des grundbuchmäßigen EigtRechtes gleich, vgl § 1000 Anm 1.

3) **Genehmigg** der Verwendgen überh, nicht notw des beanspruchten Betrages. Ausdrückl od stillschw, zB durch Aufrechng. Annahme trotz berechtigten Vorbehalts gilt, sofern nicht beiderseit Wille enttggsteht, BGH NJW **55**, 341, als Gen (S 3) u richtiger, da Widerspr nutzlos ist, als GenErsatz, BGH NJW **59**, 528, der keinen Anspr auf VerwendgsErs gibt, sond nur Voraussetzg für dessen Geltendmachg ist u AusschlFrist (§ 1002) verhindert. Ob in der Annahme trotz unberechtigten Vorbehalts Gen liegt, ist Ausleggssache.

4) **Befreiung** des wieder im Besitz befindl Eigtümers (S 2), also **Erlöschen des ErsAnspr**:

a) Durch Rückgabe des Besitzes. Auch noch nach zwischenzeitl eingetretener Verschlechterg. An den unmittelb Besitzer, wenn sowohl dieser wie der mittelb Anspr stellen. Der Verwender wird nicht ohne weiteres Eigtümer; er muß nach § 1003 vorgehen. Zwischenzeitl vom Verwender erklärte Aufrechng wird hinfällig; daraus ergibt sich, daß das „Geltendmachen" nicht nur die proz Klagbark betrifft. Entspr Befreiung bei AnnVerzug des Besitzers (nach aM Hinterlegg nötig). Untergang der Sache, auch zufälliger (str), verhindert Befreiung. Entspr Anwendg bei aufgedrängter Bereicherg, vgl § 951 Anm 2c dd; BGH **23**, 61.

b) Nur bis zur Genehmigg. Mit dieser besteht der Anspr unbedingt. Daß ein früherer Eigtümer genehmigt hat, hindert die Rückg durch den jetzigen nicht; vgl § 999 Anm 2.

1002 *Erlöschen des Verwendungsanspruchs.* I Gibt der Besitzer die Sache dem Eigentümer heraus, so erlischt der Anspruch auf den Ersatz der Verwendungen mit dem Ablaufe eines Monats, bei einem Grundstücke mit dem Ablaufe von sechs Monaten nach der Herausgabe, wenn nicht vorher die gerichtliche Geltendmachung erfolgt oder der Eigentümer die Verwendungen genehmigt.

II Auf diese Fristen finden die für die Verjährung geltenden Vorschriften der §§ 203, 206, 207 entsprechende Anwendung.

1) Die **Ausschlußfrist** besteht nur bei vorbehaltsloser (vgl § 1001 S 3), freiwilliger Herausg durch den Besitzer an den wahren (§ 1001 Anm 1) Eigtümer; wg solcher an dessen BesMittler vgl § 1001 Anm 2. Sonst gilt § 195. Geldtmachg entspr § 209; nicht durch die Einrede aus § 1000, RG Gruch **66**, 483. Genehmigg § 1001 Anm 3. Berechng der Fristen §§ 187 I, 188 II, III.

1003 *Befriedigungsrecht des Besitzers.* I Der Besitzer kann den Eigentümer unter Angabe des als Ersatz verlangten Betrags auffordern, sich innerhalb einer von ihm bestimmten angemessenen Frist darüber zu erklären, ob er die Verwendungen genehmige. Nach dem Ablaufe der Frist ist der Besitzer berechtigt, Befriedigung aus der Sache nach den Vorschriften über den Pfandverkauf, bei einem Grundstücke nach den Vorschriften über die Zwangsvollstreckung in das unbewegliche Vermögen zu suchen, wenn nicht die Genehmigung rechtzeitig erfolgt.

II Bestreitet der Eigentümer den Anspruch vor dem Ablaufe der Frist, so kann sich der Besitzer aus der Sache erst dann befriedigen, wenn er nach rechtskräftiger Feststellung des Betrags der Verwendungen den Eigentümer unter Bestimmung einer angemessenen Frist zur Erklärung aufgefordert hat und die Frist verstrichen ist; das Recht auf Befriedigung aus der Sache ist ausgeschlossen, wenn die Genehmigung rechtzeitig erfolgt.

§§ 1003, 1004 3. Buch. 3. Abschnitt. *Bassenge*

1) Allgemeines. Solange der Eigtümer die Sache nicht zurücknimmt od -erhält u solange er die Verwendgen nicht genehmigt (§ 1001), kann der Besitzer nur die Befriedigg aus der Sache erzwingen. Umständl Verf; Vereinfach durch Klagenverbind (Anm 3 c)! Zweckmäßig wird der Besitzer ferner den Eigtümer in AnnVerzug setzen (§ 298), um sich die Vorteile der §§ 300 I, 302, 304 zu sichern. Über Parteivereinbarg vgl BGH NJW **55**, 341, dort auch über VerwendgsAnspr des Fiskus bei Wrack in Bundeswasserstraße (vgl auch Vorbem 1 vor § 987).

2) Erklärgsfrist, I S 1. Zu kurze Frist setzt eine angemessene in Lauf. Fristsetzg entbehrl bei ernstl Bestreiten nach Grd od Höhe; dann sofort Verf nach Anm 3 c, RG **137**, 99.

3) Die Folgen des Fristablaufs sind je nach dem Verhalten des Eigtümers verschieden.

a) Genehmigg innerhalb der Frist: KlageR nach § 1001.

b) Fristablauf ohne Genehmigg u ohne Bestreiten, **I S 2**: Bei Fahrnis Verf nach §§ 1234 bis 1247. Bei Grdst: Klage auf Duldg der ZwVollstr in das Grdst, ZPO 704 I; ZVG 16, 146; der Besitzer hat die Setzg einer angemessenen Frist zu beweisen; der Eigtümer, daß er rechtzeitig genehmigt od bestritten hat. Danach ZwVerst od ZwVerw; Befriedigg aus Rangklasse 5, ZVG 10 I Nr 5. Aber keine Eintr einer SicherungsHyp, str. Bei registrierten Schiffen: ZPO 870a; ZVG 162ff. Deckt der Erlös die Verwendgen nicht, hat Besitzer gg Eigtümer keinen Anspr. Auch nicht, wenn dieser die Sache ersteht, weil er dann nicht aGrd seines Eigt wiedererlangt, RGRK Anm 4.

c) Bestreiten nach Grd od Höhe innerhalb der Frist, **II**: Feststellgsklage. Danach neue ErklFrist. Je nach Ablauf Verf nach Anm 3 a oder 3 b. Verbindg der Klagen auf Feststellg, Fristsetzg u Duldg entspr ZPO 255, 259 zul u zweckm, RG **137**, 101.

1004 *Beseitigungs- und Unterlassungsanspruch.* **I** Wird das Eigentum in anderer Weise als durch Entziehung oder Vorenthaltung des Besitzes beeinträchtigt, so kann der Eigentümer von dem Störer die Beseitigung der Beeinträchtigung verlangen. Sind weitere Beeinträchtigungen zu besorgen, so kann der Eigentümer auf Unterlassung klagen.

II Der Anspruch ist ausgeschlossen, wenn der Eigentümer zur Duldung verpflichtet ist.

Schrifttum: Pleyer, AcP **156**, 291; **161**, 500; JZ **59**, 305; **63**, 95; Baur, AcP **160**, 465; JZ **66**, 381; Stoll, AcP **162**, 203; Kübler, AcP **159**, 236; Henckel, Parteilehre u StreitGgstand S 78ff. – Münzberg, JZ **67**, 689. – Zeuner, Gedanken zur Unterlassgs- u negat FeststellgsKlage, Festschr Dölle I 295. – Hopt, SchadErs als unberechtigter VerfEinleitg, 1968; dazu Weitnauer, AcP **170**, 437. – Von Gamm, Persönlichk- u Ehrverletzen dch Massenmedien, 1969. – Baumgärtel, Die Klage auf Vornahme, Widerruf od Unterlassg in einem bereits anhäng Prozeß, Festschr Schima 1969, S 41. – Hubmann, Der Anspr auf Widerruf ehrverletzder ProzDarstellgen, JuS **63**, 98; ders AcP **155**, 85. – U. Wesel, Zur Frage des materiellen Anspr bei UnterlKlagen, Festschr v Lübtow 1970, S 787. – Säcker, Widerruf ehrenkränkder Behauptgn. – Ruhwedel, FlugIärm u SchadAusgl im ZivilR, NJW **71**, 641. – Mayer-Tasch, NachbSchutz u Bauästhetik, 1971. – Martens, Negator RSchutz im öffR, 1973. – Picker, Der negator BeseitiggsAnspr, 1972; ders, BeseitiggsAnspr, nachbarl SelbsthilfeR u Verj v Anspr aus eingetragenen R, JuS **74**, 357. – Mertens, Zum Inh des BeseitiggsAnspr aus § 1004, NJW **72**, 1783. – Heinze, RNachfolge in Unterlassen, 1974. – Pikart, Die Rspr des BGH zur Abwehr von EigtStörgen, WPM **73**, 2; **76**, 606. – Schneider, Widerruf von WertUrt, MDR **78**, 613.

1) Allgemeines. a) Stellg im System: § 1004 ergänzt den dch §§ 985, 1005 gewährten Schutz des Eigt (vgl Einf 1 vor § 985) u sichert es gg Beeinträchtigen, die nicht BesEntzieh sind; über Verhältn von § 1004 zu §§ 985, 894 vgl Anm 2f. Er erstrebt die Herstellg des dem Inhalt des verletzten Rechts entspr Zustandes u die Wiederaufhebg der entstandenen RBeeinträchtigg. §§ 249, 251 hier nicht anwendb (vgl Anm 5a aa). Doch kann sich § 1004 auf Beseitigg fortdauernder Beeinträchtigg beziehen, inhaltl mit Naturalrestitution des § 249 decken. Eingehd zum AbwAnspr neuerd Picker aaO: die hL vermenge unzul das TatbestdMerkmal „Beeinträchtigg" (§ 1004) mit dem der Schadenszufügg (§ 823). Er will dah insb (S 50ff) die Fälle der fortwirkden Beeinträchtigg (auf NachbGrdst angehäufter Schutt; Schwelbrand zu RG **127**, 35, vgl unten Anm 5a vor aa) aus dem Geltgsbereich des § 1004 ausscheiden, womit auch die Herleitg des WiderrufsAnspr (Anm 5b) aus § 1004 bezweifelt w. Dies schränkt den Begr der Beeinträchtigg u eine interessegerechte Anwendg des § 1004 auf die Fälle fortdauernder Störg allzusehr ein.

b) Geltgsbereich: § 1004 schützt unmittelb nur das **Eigentum**, wie § 862 den Sach-, §§ 1029, 1090 den RBesitz. Entspr Anwendg auf **beschränkte Sachenrechte** zu deren Schutz: § 1017 II. ErbbRVO 11 I ; §§ 1027, 1065, 1090 II; 1227; WEG 34 II; PachtkreditG 8. – Ähnl RSchutz zG anderer **absoluter Rechte**: §§ 12, 1053, 1134, 1192 I; HGB 37 II 1; UWG 16 I; WZG 24, 25; PatG 6, 47; GebrMG 15; UrhG 11, 97 (dazu § 687 Anm 2c); GeschmMG 1. Sodann dehnte die Rspr die entspr Anwendg des RGedankens dieser Vorschriften aus, indem sie nicht nur alle absoluten Rechte, sond auch bloße **RGüter** unter den Schutz eines zunächst deliktisch aufgefaßten, dann aber rein negatorischen (kein Verschulden!) UnterlassgsAnspr stellte (vgl Einf 8 vor § 823). – Währd das allg PersönlichkRecht (dazu Einf 2 vor § 1; § 823 Anm 15; vgl BGH **27**, 284: unbefugte Tonbandaufnahme) u das ihm entspringde R am eig Bild (KunstUrhG 22, vgl BGH NJW **71**, 698), das R auf persönl Ehre (vgl GG 5 II; BGH Warn **65** Nr 224: Ergänzg biograph Angaben über Autor in Literaturlexikon) u an der ehel Lebensgemeinsch (vgl Einf 1 vor § 1353), ferner das R am eingerichteten u ausgeübten GewBetrieb (soweit nicht wettbewerbsR – UWG 1, 3, 14 I 2, II 1 – zu seinem Schutz ähnl RBehelfe gibt – vgl § 823 Anm 6g) heute zutreffd (Einf 8a vor § 823) zu den absoluten Rechten gerechnet w, zählen zu den „**quasinegatorisch**" geschützten **RGütern** – von den vier Lebensgütern des § 823 I abgesehen – etwa Kredit, Erwerb u Fortkommen (vgl Köln NJW **72**, 293 zu UnterlAnspr von Beamten ggü Anzeigen an Vorgesetzte, grdsätzl verneind) iS des § 824,

Eigentum. 4. Titel: Ansprüche aus dem Eigentum **§ 1004** 1, 2

die Freih der Willensbetätigg (BGH **LM** § 812 Nr 6 LS d). – Zu den geschützten **absoluten Rechten** gehören: Jagd- u JagdausübgsR, FischereiR, BGH Betr **73**, 1889, dazu § 906 Anm 2 vor a u 2 b; das SondernutzgsR am Meeresstrand (Badekonzession), BGH **44**, 32. – Wg **Gemeingebrauchs** vgl § 905 Anm 2 b dd. – LandesR maßgebd insb auf dem Gebiet des WasserR, EG 65, vgl zB BGH **29**, 316. Zum Schutz öffr WasserbenutzgsR dch zivilrechtl UnterlAnspr vgl Hundertmark, Zs f WassR **68**, 228. – Wg der Anspr gg das Reich usw vgl AKG 19 II, 24; hierzu BGH **29**, 314; **40**, 18.

2) Voraussetzgen der Abwehrklage: eine eingetretene u noch fortdauernde widerrechtl Beeinträchtigg des Eigt außer dch Besitzentzieh (dann § 985).

a) Beeinträchtigg des Eigtums (bzw des geschützten R od RGuts – vgl Anm 1), sei es dch unmittelb **Handlg** eines Dritten, sei es inf des störden **Zustands** einer Sache.

aa) Hauptanwendgsgebiet bei Grdst: Betreten (über Hausverbote vgl BGH **43**, 359; Celle BB **71**, 1120; LG Münst NJW **78**, 1329); ZugangsBehinderg (Karlsr NJW **78**, 274); Immissionen (§ 906); Anlagen (§ 907); Vertiefg u Untergrabg (§ 909); Überbau (§ 912); Einsickern auslaufden Heizöls (Baur JZ **64**, 355; BayVGH NJW **67**, 1146); Fotografieren außerh UrhG 59 sowie gewerbl Verbreitg der Fotos (BGH NJW **75**, 778 Anm Schmieder NJW **75**, 1164; vgl auch Ruhwedel JuS **75**, 242; Pfister JZ **76**, 156). Auch Bauten, die nach § 946 Eigt des Gestörten w, Celle MDR **54**, 294. Daß dieser bereichert, schließt § 1004 nicht aus (vgl dazu auch BGH **40**, 18, 22); doch soll nach Baur AcP **160**, 493 der redl Eigenbesitzer nicht auf § 1004 auf Beseitigg des Bauwerks belangt w können; vgl aber § 951 Anm 2 c dd. – Droht dem Bauherrn Beeinträchtigg dch vom Bauunternehmer errichtetes Bauwerk, soll der Bauherr nach Stgt NJW **67**, 572 auch nach Verjährg der GewährleistgsAnspr Beseitigg aus § 1004 verlangen können; anders wohl BGH **39**, 366, weil Bauwerk nur beeinträchtigt schon ins Eigt des Bauherrn gelangte, ein Ergebn das dem Vorrang der Sachmängelgewähranspr entspricht. – Rechtsanmaßung des Störers nicht notwend, doch kann solche selbst schon Beeinträchtigg sein; vgl unten Anm 9 d. Störg kann auch die RStellg des Eigtümers (also nicht nur Besitz u Sachsubstanz) berühren, also in rechtsgeschäftl Vfg bestehen (W-Raiser § 87 I 2 b; Erm-Hefermehl § 1004 Rdz 7). Zum BeseitiggsAnspr der Anlieger auf Schutzvorrichtgen bei schlechtem Straßenzustand vgl Debelius ZMR **68**, 130. – Bei Zustandshaftg muß der störde Zustand als latente, aber potentielle Gefahrenquelle (vgl Baur AcP **161**, 479) mind mittelb auf menschl Handeln zurückgehen. – Daher:

bb) Tatbestd des § 1004 ist nicht erfüllt, wenn Beeinträchtigg ausschl auf **Naturkräfte** zurückgeht (BGH **19**, 126/9; RG **134**, 231; **149**, 205; **159**, 129): abgeschwemmtes Erdreich, abbröckelndes Gestein. Lösen also allein Naturkräfte die Störg aus, die vom Grdst ausgeht, ist dessen Eigtümer nicht schon als solcher aus § 1004 verpflichtet, sond nur, wenn er od sein VorEigtümer Vorbedingen für Wirken der Naturkräfte (mit-)geschaffen: Erdabschwemmg w dch künstl Hangabschrägg erleichtert; Verstärkg des Regenwasserablaufs dch Bodenveränderg (Kblz MDR **75**, 403); Beseitigg eines regulierden Weihers, Nürnb RdL **70**, 220; Füttern verwahrloster Haustauben, die Nachbarhaus verschmutzen, LG Bln MDR **66**, 146; Froschquaken in künstl Teich, RG JW **10**, 654. Anders die Vertreter der Eigentumstheorie (vgl Pleyer AcP **156**, 291; JZ **59**, 308; Lent-Schwab § 46 I; Kübler AcP **159**, 236): Geht die Beeinträchtigg vom Zustand einer Sache aus, soll hiernach deren Eigtümer allein aGrd seines Eigt Störer u demnach aus § 1004 verpflichtet sein. Die hL lehnt dies ab, auch (vgl Kübler aaO) aus GG 14 II 1 („Eigentum verpflichtet") hergeleitete – Garantenstellg ab, so Baur § 12 III 2 u AcP **160**, 465/480; Westermann § 36 II 2; Erm-Hefermehl Rdz 16. Ihr StörerBegr ist enger (s Anm 4). – Doch kann sich aus § 242 im Hinbl auf das nachbarl GemeinschVerhältnis die Pflicht des Eigtümers ergeben, die Beeinträchtigg zu verhindern, zu beseitigen od wertm auszugleichen, BGH **28**, 110 (Mehrbaukosten dch inf Kriegseinfluß ausgebauchte Grenzmauer des Nachb, den BGH allerd nicht als Störer ansah; so weiter Westermann § 36 II 2; W-Raiser § 87 I 2 c; § 53 I 3, die eine Gefahrenabwehr- u VerkehrsSichPfl auch aus der allg Sozialpflichtig des Eigt herleiten. Baur (AcP **160**, 480) gibt in solchen Fällen dem Gestörten Anspr wenigstens darauf, daß der Eigtümer des störden Grdst die Beseitigg des störden Zustands dulde. Dem ist zuzustimmen.

cc) Nachkriegsproblem: Eindringen von **Feuchtigk aus TrümmerGrdst** in NachbHaus. Rspr verneinte überw Störereigensch des TrümmerEigtümers (Nachw 31. Aufl) u dessen RPfl zur Beseitig aus § 1004; ebso BGH **19**, 126 für auf NachbGrdst gefallene Trümmer des zerbombten Hauses. Vgl 31. Aufl, Staud-Berg Rdnr 30; M-St-H § 38 a II 1 u NJW **54**, 1345. Zutr KG (HuW **51**, 349 u Urteil v 1. 7. 53, angef v Clausnitzer HuW **54**, 28): Pfl zur Beseitig der Beeinträchtigg entspr § 242, wenn Eigtümer Entschuttg ungebührl verzögert u nd diese wirtschaftl zumutb. Ähnl Picker aaO S 182, wenn auch mit and Begründg (Ausschl der Unrechtmäßigk nach Zeitdauer u Art der Beeinträchtigg im Einzelfall).

dd) Beeintr muß dch Handlg od Unterlassg des Störers adäquat (vgl Pleyer AcP **156**, 294 Fußn 10) (mit-)**verursacht** sein, RG **127**, 34. Höhere Gewalt allein begründet den Anspr nicht, vgl BGH **19**, 126/9. Einwand mitwirkder Verursachg zul, zB bei des Anfälligk des betroffenen Bauwerks, BGH NJW **64**, 1102.

ee) Rechtswidrig muß ein dem Inhalt des Eigt (§ 903) widersprechde Zustand sein, nicht die EingrHdlg (BGH NJW **76**, 416; Baur AcP **160**, 465; zT abw Lutter/Overrath JZ **68**, 345). Die RWidrigk wird idR dch die EigtVerletzg indiziert (BGH WPM **71**, 278). Zur Rechtfertigg der Beeinträchtigung vgl Anm 7.

ff) Verschulden ist nicht Voraussetzg für § 1004, führt aber uU zu SchadErsPflicht, auch aus § 823 II, da § 1004 SchutzG, vgl BGH **30**, 7; NJW **71**, 426. Auch nicht Bewußtsein der RWidrigk.

b) Regelmäßig muß ein **Eingriff stattgefunden** haben. Bei bloßer Besorgn künftiger Beeinträchtigg im allg nur Feststellgsklage, ZPO 256, 280. UU können aber Androhg od Vorbereitg einer RVerletzg schon das Eigt, RG JW **31**, 1192, od andere RGüter, RG **151**, 246, beeinträchtigen; so bei sicher bevorstehenden Störgen (zB dch Errichtg von Anlagen iSv § 907, BGH **51**, 196, 399) od ernsthafter Gefahr, BGH WPM **64**, 798. Vgl auch BGH **LM** Nr 27.

c) Die Beeinträchtigg muß fortdauern. Geht sie von einer Anlage aus, dauert sie fort, solange Wiederholgsgefahr besteht. Insoweit gilt die Voraussetzg von I 2 auch für den BeseitiggsAnspr. Vgl Einf 9 b vor § 823.

d) Immaterielle (ideelle) **Einwirkgen**: Beisp: Beeinträchtigg dch Eröffng eines Bordells od Nacktbadeklubs auf NachbarGrdst. Die hM gibt hier keinen AbwehrAnspr, sond bestenf SchadErs, wenn Verkehrswert des Grdst dch die Benützg des NachbGrdst sinkt. Dann muß aber auch § 1004 (im Rahmen des § 906, vgl Grunsky JZ **70**, 785 u Anm 7 c) mind entspr angewendet w, vgl Wolff-Raiser § 53 I; Westermann § 36 I 1a; Baur § 25 IV 2b cc. Auch Verletzg ästhet Empfindens des Nachb dch Lagerg von Ggst od Errichtg von Bauwerken auf Grdst soll nach BGH NJW **75**, 170 mwN u Anm Loewenheim NJW **75**, 826 keine Einwirkg iS von § 906 sein; krit zuR Baur JZ **69**, 432; Grunsky JZ **70**, 785. – Wg Verletzg des Eigt dch fotografische Abbildg u Nachbildg gemeinfreier Kunstwerke vgl BGH **44**, 293 u Anm 2a aa.

e) Wg **negativer Einwirkgen** vgl § 906 Anm 2c.

f) Konkurrenzen (vgl Anm 2a ff): **aa)** Die Tatbestände der **§§ 985, 1004 I 1** können trotz des Wortlauts der letztgenannten Bestimmg gleichzeitig erfüllt sein: RG **160**, 166, Überbau als Teilbesitzentzieh u Störg des Eigt am Grdst; BGH **LM** Nr 14, störde Anlage auf fremdem Grdst gibt sowohl § 985 wie § 1004. – Vgl Köbl S 70 ff. Rechtl ZusTreffen auch mögl zw § 1004, 862, wenn Eigtümer zugl Besitzer u Störer auch § 858 I erfüllt h, vgl BGH **44**, 27.

bb) Die Beseitigg unrichtiger GBEintraggen kann – von den Fällen § 894 Anm 8 abgesehen – nur nach § **894**, nicht nach § 1004 verlangt w; str, aber hM, vgl Nachw bei Staud-Seufert § 894 Rdnr 3a; § 886 Rdnr 1. Westermann gibt dem Vormerkg u Widerspr auch § 1004, um zu einer KostenPfl des LöschgsPflichtigen (vgl unten Anm 5a cc) zu gelangen (§ 73 III 5; § 84 V 2). Doch sollte es auch insow bei § 897 sein Bewenden haben. Soweit also § 894 reicht, geht er als Sondernorm dem § 1004 vor, BGH **5**, 76/82.

cc) Über Verhältn des § 1004 zu **SelbsthilfeR** vgl § 910 Anm 1.

dd) § 1004 u **öff Bau- u NachbR** vgl Übbl 2d bb ϑ vor § 903 u BGH **LM** EG 124 Nr 2. – **ee)** § **1004 u § 951** – aufgedrängte Bereicherg – vgl § 951 Anm 2a aa u c dd, aber auch Baur AcP **160**, 493 u oben Anm 2a aa. – **ff)** Beseitigt Eigtümer selbst, haftet Störer nach §§ 812ff, BGH NJW **64**, 1365 (aA Gursky NJW **71**, 788), evtl nach § 683, BGH NJW **68**, 1327, BGH **60**, 235; so auch bei Ersatzvornahme dch Dritte. – **gg)** § 1004 u § 910 s dort Anm 1. –

3) Anspruchsberechtigt sind: **a)** Der **Eigtümer** bzw wem das beeinträchtigte Recht (RGut) zugeordnet ist (zB z Wahrg des PersönlkSchutzes eines V e r s t o r b e n e n dessen jeweils nächste Angehör, zu §823 Anm 15 B e; BGH **50**, 133; NJW **74**, 1371) vgl Anm 1b. Auch die öff Hand als Eigtümerin von dem öff Gebrauch dienden Sachen (BGH **33**, 230, städt Rathaus), die BRD als Eigtümerin der BWaStraßen (BGH **49**, 68). Das gemeine Eigt am Meeresstrand gibt keinen bürgerl AbwehrAnspr aus §§ 1004, 903 (BGH **44**, 27, 31). – Jeder MitEigtümer für die ganze Sache, § 1011, auch wenn er nicht in deren Besitz. Für MitEigtümer vgl § 1011 Anm 1. – Für WEigtümer, vgl Übbl 2 B a vor WEG 1 u WEG 13. Zur Sachbefugn eines Eheg bei ideeller Beeinträchtigg des and BGH NJW **70**, 1549 (keine „Familienehre"). Nach RG **137**, 266 bei herrenlosen Grdst der AneignsBerecht; aM Westermann § 26 I 1 b. – Nicht der Imker, dessen Bienen bei Flug auf fremdes Grdst dch vergiftete Pflanzen (Industrieabgase, Spritzmittel) Schaden leiden, BGH **16**, 366; RG **159**, 72 – vgl auch § 906 Anm 2a, 5a.

b) Rechtsnachfolger: Wird die beeinträchtigte Sache nach RHängigk veräußert: ZPO 265, 266, BGH **18**, 223. – War sie bei Veräußerg noch nicht streitbefangen, hat bei Fortdauer der Störg nur der neue Eigtümer Anspr aus § 1004, BGH aaO; vgl Hoche NJW **64**, 2420.

c) Keine Abtretg des Anspr aus § 1004 ohne Übertr des Eigt, wohl aber Ermächtigg zur Geltdmachg, BGH WPM **53**, 1472, vgl § 985 Anm 2a.

4) Passivlegitimiert ist der **Störer**. Seine Bestimmg ist verschieden, je nachdem die Beeinträchtigg des Eigt Folge menschl Handlg od des stören Zustands einer Sache ist (vgl Anm 2a). Störer daher jeder der, auf dessen Willensbetätigg die Beeinträchtigg unmittelb od adäquat mittelb (BGH **28**, 110/11) zurückzuführen ist (BGH **19**, 126/9); also nicht nur, wer den stören Zustand (mit-)geschaffen hat, sond auch, wer dch seinen maßgebden Willen den, etwa von einem RVorgänger (BGH WPM **68**, 750) geschaffenen aufrechterhält (RG **159**, 136; BGH **29**, 714/7; **LM** § 1004 Nr 14), wobei die Störereigensch mit der Handlgsfähigk verloren geht, BGH **40**, 18, 21. – Nicht also schlechthin der Eigtümer als solcher (BGH **28**, 110/12), sond zB auch der VorbehKäufer als Inhaber des AnwR, der PfdGläub, vgl Picker aaO S 141ff; und vor allem die Vertreter der EigentTheorie (vgl dazu oben Anm 2a bb). Anspr richtet sich auch nicht gg Begünstigten als solchen, also zB nicht gg BRD, sond gg die an BAB-Baustelle tät Firma, BGH MDR **68**, 912. – Hieraus folgt im einzelnen:

a) Im Fall der **HandlgsHaftg** ist Störer jedenf immer der Einwirkde selbst. Bei gewerbl Anlagen nicht nur der Inh, auch der, in dessen Interesse u mit dessen Mitteln die Anlage errichtet ist u aufrechterhalten wird, RG **155**, 319. Der Beauftragte (BesDiener) ist durch die Beeinträchtigg nicht besorgen sind; er kann nach ZPO 77 den AuftrGeber benennen, RG HRR **40**, 214. Sonst ist der AuftrGeber zu verklagen. Nicht der abhäng Arbeiter eines Unternehmens, sond dessen Inhaber ist Störer, nach Pleyer AcP **161**, 500 selbst bei vorsätzl Fehlhandlg, wenn diese im Rahmen, nicht nur bei Gelegenh der Arbeit geschieht. **Mittelb Störer** auch der Bauherr hins Einwirkgen des Bauunternehmers, BGH NJW **62**, 1342 (vgl wg BauUntern § 906 Anm 6c), uU der BetriebsInh hins solcher seiner Kunden u Lieferanten, BGH WPM **62**, 765; ein Clubhausbesitzer auch bzgl des Lärms der Besucher auf der Strane, BGH NJW **63**, 2020; vgl ferner BGH **3**, 275 (Verleger); NJW **60**, 2335 (Autobusfahrgäste); vgl auch Pleyer JZ **61**, 499 (keine Verantwortg für Dritte, auf die keine EinwirkgsMöglichk); vorausgesetzt also eine gew Sachherrsch, wie sie zB der SichEigtümer jedenf vor Erlangg des unmittelb Bes nicht hat, BGH **41**, 393 (abl Picker aaO S 137ff). – **Fluglärm**: FlughafenUntern jedenf für Bodenlärm; aber auch Start- u Landelärm gehen vom Flugplatz aus, BGH **59**, 378; **69**, 105 u 118; H. Westermann, Die Funktion des NachbarR, Festschr Larenz 1973, S 1011 Fußn 13. Vgl auch Ruhwedel NJW **71**, 641 zur Passivlegitimation während der Luftfahrzeughalter; eine and Frage ist es, inwiew der FlughafenUntern zur Beseitigg od Einschränkg der Störg verpfl od auch nur rechtl in der Lage ist, vgl LVG 11, BImSchG 14 u Martin NJW **72**, 558, auch unten Anm 7c bb, § 906 Anm 6c. – Zur Sonderregel der Passivlegitimation für Entschädiggs- u ErstattgsPfl nach FluglärmG 12 vgl D. Lorenz Betr Beil 6/**73** zu Heft 12. Hat BRD den StationiergsStreitkr einen Truppenübgsplatz überlassen u gehen deshalb von diesem Störgen aus, welche BRD beseitigen könnte, ist sie Störerin (BGH **49**, 340). – Bei **Ehrverletzg dch Beamte** idR nur die öffR Körpersch (BGH **34**, 99), RWeg bei fiskal Handeln zu den ordentl (BGH aaO) u bei VerwHandeln zu den VerwGer (BVerwG DVBl **70**, 576; BGH NJW **78**, 1860); dch **Anwalt** idR nur der Mandant, and wenn Prüfg unterlassen od Erkl eigenmächt abgegeben (Walchshöfer MDR **75**, 11 mwN). AnsprGegner u RWeg bei Belastg eines Dr dch Urt vgl Roth MDR **69**, 807. Zur Störereigensch von **Rundfunk/Fernsehen (Presse)** bei Verbreitg von Äußergen Dr vgl BGH **66**, 182; NJW **77**, 1288.

b) Zustandshaftg : Störer ist auch (oder allein), wer eine störende Anlage hält, wenn von seinem Willen die Beseitigung abhängt, BGH LM Nr **14**; jedenf dann, wenn er die störden Umst kennt, BGH NJW **66**, 1361. So BRep als jetzige (GG 90) Eigtümerin der Autobahnen, wenn sie störenden Zustand nicht beseitigt, BGH **29**, 317; Landkreis, der Abdeckerei finanziert, RG **155**, 316; der Eigtümer eines Steinbruchs, dessen Ausbeute einem anderen vertragl eingeräumt (beide sind Störer), RG DR **41**, 1785.

c) Bei einer Mehrh von Störern besteht der Anspr gg jeden unabhg vom Tatbeitrag, nur der Anspr-Inhalt richtet sich nach dem konkr Tatbeitrag (BGH NJW **76**, 799); zB Hersteller u Importeur von Zeitgen mit störden TatsBehauptgen (BGH aaO), Eigtümer u Benutzer störder Anlagen (RG **162**, 358; Warn **17**, 245); vgl auch BGH **14**, 174 (Haftg des Verlegers für Beilagen zu Druckschrift). Häuf sind mittelb u unmittelb Störer gemeins legitimiert, sow sie zur Beseitigg der Störg imstande sind, BGH **49**, 340; bei Ausführg eines Baus dch Mehrere vgl BGH NJW **71**, 935.

d) Vermieter (Verpächter) **u Mieter** (Pächter): Stört der Mieter, kann uU neben ihm der Vermieter in Anspr genommen w, u zwar grdsätzl dann, wenn er dem Mieter die störde Benutzg ausdrückl od stillschw gestattet hat u nicht ausgeschlossen w kann, daß er die Störg beseitigen kann, was er beweisen muß; vgl BGH NJW **67**, 246 – eingeh dazu Lutter/Overrath JZ **68**, 345. – Aber auch wenn Vermieter das störde Verhalten des Mieters verboten, also zunächst willentl keine adäquate Ursache für die Beeinträchtigung gesetzt hat, wird er zum Störer, wenn er das Verhalten des Mieters „in ungehöriger Weise duldet" (RG **45**, 298 u stRspr), dh wenn er es unterläßt, die Beeinträchtigg zu verhindern: dch Tathandlgen od rechtl Maßnahmen gg den Mieter, den er dch Störg der Nachbarn regelm den MietVertr verletzen w Läßt. Einzelheiten, auch zu den Fällen samtverbindl Haftg von Verm u Mieter vgl Lutter/Overrath aaO. – Vgl auch BGH NJW **59**, 2013: Verpächter u Pächter einer lärmden Gastwirtsch; NJW **60**, 2335: Fahrgäste u Unternehmer einer Omnibuslinie BGH WPM **66**, 343.

e) Bei einer Rechtsnachfolge auf seiten des Störers (vgl dazu Brehm JZ **72**, 225) erlischt der Anspr aus § 1004, wenn die Beeinträchtigg aufhört. Besteht sie fort od besteht wenigstens Wiederholgsgefahr, richtet sich der Anspr gg den bish Störer nur, wenn dieser über die störde Sache verfüggsberecht bleibt, zB wenn der Nießbraucher Eigtümer wird u das Grdst einem anderen vermietet. Sonst richtet er sich nur gg den RNachfolger, der den Zustand bestehen läßt, obwohl er ihn beseitigen könnte u müßte, da der von „Menschenhand geschaffene" Zustand „potentielle Störgsquelle" ist (so Baur AcP **160**, 479), vgl BGH **29**, 314, 317; NJW **68**, 1327. Anders bei Anspr auf SchadErs. Ob ZPO 265, 266 bei RNachf auf der Störerseite anwendb, ist str; nein: bei persönl Anspr; ja, wenn sich Beeinträchtigg, wie im NachbR od dch Errichtg u Aufrechterhaltg eines Bauwerks gewissermaßen „verdinglicht" hat, vgl BGH **28**, 253/6; dazu ausführl Heinze (Schrifttum vor 1), der S 251 ff z selben Erg kommt.

5) Beseitiggsanspruch (vgl dazu Einf 9 vor § 823). **a)** Beseitigg der Beeinträchtigg ist Abstellg der Einwirkg für die Zukunft, nicht Herstellg des früh Zustandes durch Beseitigg der Folgen der Einwirkg. Die Beseitigg der Beeinträchtigg ist zu unterscheiden von dem Ersatz des Schadens; dieser kann nur nach § 1004, nur nach §§ 823 ff bei Versch verlangt w, BGH **28**, 113 (Ausn: § 903 Anm 3a, c; Ausgl-Anspr). Abgrenzg mitunter schwierig. Vgl Baur AcP **160**, 487. Rspr u Schrifft nicht einheitl. Richtig BayObLG SeuffA **58**, 106: bei Dammbruch nach § 1004 nur Beseitigg der Dammlücke, nicht Ersatz des Überschwemmungsschadens; and Stgt OLG **41**, 162 (Wasserleitgsbruch, Wegschwemmen der Humusschicht); lehrreich BGH **49**, 340: Beseitigg von im Übermaß angeschwemmten Sand, der dch Panzerübg auf Truppenübgsplatz abgelöst; RG **63**, 379: kein Ersatz für Explosionsschaden bei unverschuldetem Gasrohrbruch. Dagg gest RG **127**, 35, wenn Haldenbrand zu Bahndamm herüberbrennt, freilich Anspr aus § 1004 nicht nur auf Eindämm des Feuers, sond auch auf Beseitigg der schon erfolgten Zerstörg, was aber wohl nur als SchadErs mögl wäre (str), BeseitiggsPfl entfällt nicht schon desh, weil sich stördes Material mit GrdEigt verbunden h, BGH **40**, (18 Luftschutzstollen). – **aa) Beseitigg** der Beeinträchtigg **in Natur:** § 249 S 2, § 251 I nicht anwendb. Ist völlige Beseitigg nicht sofort mögl, kann eine Herabminderg der Störg in zumutb Weise verlangt w, vgl BGH LM Nr 70 (Kennzeichn eines Wracks). Störer kann uU in Geld entschädigen, wenn ihm Naturalbeseitigg nicht zumutb (§§ 242, 251 II; vgl Anm 8 c). – § 254 entspr anwendb; vgl unten Anm 7 c ff. – **bb)** BeseitiggsPfl auch dann, wenn zB Beseitigg einer Anlage aus techn Gründen über die Behebg der Störg als solche hinausgeht, BGH **18**, 266. Nach BGH LM Nr **14** u hM auch dann, wenn Kosten der Beseitigg unverhältnism hoch; jedoch wird hier uU mit § 242 zu helfen sein (ArglEinwand). Anspr entfällt aber, wenn Beseitigg fakt unmögl od wirtschaftl undurchführb; hier hilft § 242 zur Anpassg, notf sogar zum Wegfall des Anspr. **cc) Die Kosten der Beseitigg**, zB Entfernung od Umbau einer Anlage, trägt der Störer. Auch dann, wenn sein RVorgänger die Anlage errichtet od den einwirkenden Zustand herbeigeführt hat. Der RVorgänger kann dem Eigtümer nur aus §§ 823 ff haften. – **dd) Urteil** (u KlageAntr) auf Vornahme geeigneter Maßn, dch die für das Grdst des Klägers wesentl Beeinträchtigen (sofern Umfang der zu unterlassden Störg nicht mehr bestimmb) dch Einwirken best Art verhindert w; Verurteilg zu best Maßn aber, wenn nur sie Beseitigg gewährleisten (BGH **67**, 252). Die Wahl der Maßn obliegt dann dem Bekl u ist vom Klgr erst in der ZwVollstr nach ZPO 887, 888 zu treffen (BGH aaO); in ZwVollstr auch erst notw behördl Gen zu prüfen (BGH **28**, 159). Einstw Vfg kann schon konkrete Maßn anordnen, Köln NJW **53**, 1592; str. Für präzisen KlageAntr u UrtSatz (wg RKraft u ZwVollstr) beachtl Schubert JR **72**, 177. – **ee)** Wegen Ausschlusses u Einschränkg des Anspr vgl Anm 7. – **ff) § 284**, aber auch § 293 anwendb, vgl E. Schwerdtner, Verzug im SR S 156 ff, 165.

b) Zur Beseitigg gehört der **Widerruf unwahrer ehrenkränkder TatsBehauptgen,** die in die Zukunft fortwirken (BGH **LM** Nr 75). Kein Widerruf von bloßen Formalbeleidiggen u WertUrt (BGH **65**, 325 [Warentest]; NJW **78**, 751 [SachverstGutachten]) u von vertraul Mitteilgen im engeren Familienkreis (Helle NJW **61**, 1900); widerrufb TatsBehauptg aber, wenn WertUrt keine wirkl Bewertg darstellt (BGH NJW **78**, 751) u wohl auch bei falscher TatsGrdLage. Der Widerruf muß geeignet u bestimmt sein, die Ansehensminderg zu beseitigen od spürb zu mindern; nicht nur Befriedigg des GenugtuungsBedürfn (BGH NJW **77**, 1681). BGH NJW **74**, 1371 bejaht Geltdmachg dch Angehör des Verstorbenen. – Der Widerruf muß klar u redl sein (Hbg MDR **66**, 674). Vgl BVerfG NJW **70**, 651, wo der Menschenwürde des zum Widerruf Verurteilten auf Kosten des Beleidigten soweit entggekommen w, daß die WiderrufsKl prakt entwertet w; Leipold, ZZP **82**, 150, schlägt dah Rehabilitierg dch Urteil auf Feststellg der Unrichtigk der beleidigden Tatsache entspr ZPO 256 vor (abl BGH **68**, 331); vgl auch Ffm JZ **74**, 62 ü entspr Anwendg v ZPO 894. Widerruf kann auch verlangt w, wenn RechtfertiggsGrd des StGB 193 nachträgl dch Nachw der Unrichtigk entfällt, da er dann die vom Störer geschaffene Gefahrenquelle nicht mehr deckt; BGH NJW **58**, 1043; vgl Bau AcP **81**, 481; Rötelmann NJW **71**, 1636.

aa) Prozeßbehauptgen: Kein Widerrufs- od UnterlAnspr ggü TatsBehauptgen, die ein Beteil od Zeuge (BGH **LM** Nr 83, 114) zur RVerfolgg od RVerteidigg in einem schwebden gerichtl (BGH **LM** Nr 112) od behördl (BGH **LM** Nr 83) Verf – nach LG Trier NJW **74**, 1774 auch in ParteiGerVerf – bzgl eines Beteil od Dr (BGH **LM** § 823 Ah Nr 46) gemacht hat od in nicht zu künft Verf machen will (BGH NJW **77**, 1681), da dch Vorgriff auf dieses Verf dort R aus GG 103 verkürzt würde (vgl auch Hbg MDR **69**, 142; **72**, 1033; Walchshöfer MDR **75**, 11 mwN). Gilt auch bei leichtfert od bewußter Unwahrh, da dies oft streitig (Düss NJW **74**, 1250; aA Walchshöfer aaO). Ausn: Behauptg hat mit dem Verf eindeut nichts zu tun (BGH **LM** § 823 Ah Nr 46), Unterl der Wiederholg außerh des Verf (Schlesw SchHA **69**, 91). – Entspr gilt auch für UnterlAnspr ggü Werturteilen (BGH **LM** aaO: „in nicht eng zu ziehder Grenze"; Walchshöfer aaO). – Zur Passivlegitimation vgl Anm 4 a.

bb) Zum Anspr auf Widerruf (Gegendarstellg) von **Presseveröffentlichgen** vgl Einf 9b vor § 823 u § 824 Anm 6e sowie unten Anm 7 a; dazu Hubmann JuS **68**, 98; BayObLG **70**, 151; bzw **Rundfunk- oder Fernsehsendgen,** Mü BB **74**, 666. Der BGH, NJW **74**, 1762, verneint einen allg Anspr auf Veröffentlichg v Tatsachen z Bildg eines eig krit Urt ggü einem veröffentlichen ehrverletzden WertUrt.

cc) Beweislast: Vgl zunächst § 824 Anm 8. – Betroffener, der unbeschr Widerruf begehrt, muß Unwahrh der verletzden Behauptg beweisen (BGH **37**, 187 = **LM** Nr 62 Anm Hauß); Unwahrh aber anzunehmen, wenn Urheber ihm mögl Substantiierg unterläßt (BGH NJW **74**, 1710). Krit Westermann JZ **60**, 692; Larenz, SchuldR II § 76 Fußn 3; E. Schmidt JZ **70**, 8, 12; Säcker MDR **70**, 893. – Ist die Behauptg erweisl wahr, dann Anspr auf beschr Widerruf dahin, daß sie „nicht aufrechterhalten werden könne", vgl Helle NJW **64**, 841, 844 mit Nachw Fußn 33; Erdsieck NJW **63**, 1965 u JZ **69**, 311; BGH NJW **62**, 1438; **66**, 649. BGH **69**, 181 versagt beschr Widerruf einer Behauptg, wenn für deren Wahrh ernsthafte AnhaltsPkte bestehen. Die Einschränkg in BGH **37**, 187, auch ein beschr Widerruf scheide aus, wenn sich die entscheiden Vorgänge (angebl EheVerspr dch Verheirateten) zw den Part persönl abgespielt hätten, ist bedenkl; zu Recht krit teilw das Schriftt: Larenz, Erdsieck aaO; Helle NJW **62**, 1813; Schlosser JZ **63**, 309; Rehbinder JZ **63**, 515; Gubelt MDR **70**, 895; Soergel-Mühl Rdnr 49. – Ggü berecht Berufg auf Wahrg berecht Interessen (wofür Beklagter beweispflichtig) muß Kläger den Nachweis der Unrichtigk führen, wenn der Bekl die Unwahrh substantiiert bestreitet (BGH NJW **59**, 2011 = **LM** § 1004 Nr 45).

dd) Prozessuales: LeistgsKl, Vollstr nach ZPO 888, vgl Helle NJW **63**, 129; z Anwendg des RGedankens v ZPO 894 s oben vor aa. KlAntr muß angeben, wem ggü Widerruf erfolgen soll, BGH MDR **66**, 213 – dort auch zum Verhältn der begehrten Befugn zur Veröffentlichg des Widerrufs zur öff Widerruf dch Beklagten selbst. Nach Mü OLGZ **69**, 438 kein RSchutzbedürfn für Klage auf GgDarstellg nach erfolgtem Widerruf. Vgl Rötelmann, NJW **71**, 1638. Richtet sich aGrd einstw Verfügg erfolgte GgDarstellg gg WertUrt, besteht Anspr auf SchadErs nach ZPO 945 (BGH JZ **74**, 505).

ee) Zum WiderrufsAnspr als öffr BeseitiggsAnspr vgl BGH **34**, 99 u Tietgen, 46. DJT 1966 I S 45 ff sowie unten Anm 9a.

6) Unterlassgsklage (vgl auch Einf 8 vor § 823); währd § 1004 I 1 ggwärt Beeinträchtiggen abwehrt, soll I 2 künft vorbeugen (vgl Picker aaO S 82ff): **a)** Auch der UnterlassgsAnspr hat seine materielle Grdlage im (verletzten, bedrohten) HerrschR. Dieses zu achten, ist allerd jedermann gehalten (vgl Larenz NJW **55**, 263). Aus der scheinb dogm Schwierigk, sich eine Vielzahl daraus entspringder Abwehrrechte gg jedermann vorzustellen, folgert ein Teil des Schrifttums (vgl Soergel-Mühl Rdnr 54), daß die vorbeugde UnterlKl ein rein prozessuales RInstitut, eine bes Form des RSchutzes ist, der ein materieller Anspr als StreitGgst nicht zugrde liegt. Ein Bedürfn für diese prakt kaum fördde Annahme bezweifeln zu Recht Henckel (Parteilehre u StreitGgst, 1961, S 83); StjP, vor § 253 Anm II 1b. Wie der vertragl, so ist auch der gesetzl UnterlAnspr dch schlichte HerrschR entspringt nicht erst bei Verletzg, sond schon bei konkreter Bedrohg (s unten Anm c) der Anspr auf Unterlassg künft Beeinträchtiggen, womit nicht zu verwechseln ist (vgl BGH **LM** § 241 Nr 2) ein erst zukünft fäll werdder UnterlAnspr (vgl StjP aaO). Die hL erkennt daher zu Recht einen **materiellen Anspruch auf Unterlassg** an; so Enn-Nipperdey § 222 II 1, § 223 I 2; Staud-Coing § 198 Rdnr 7; Staud-Berg § 1004 Rdnr 14; W-Raiser § 87 I 4; Westermann § 36 IV; Baur § 12 IV 2; vgl auch Münzberg JZ **67**, 22; Zeuner aaO 307; Diederichsen, Das R zum Besitz aus Schuldverhältn, 71; nunm auch Larenz SchuldR II § 76.

b) Bestr ist weiter, ob die LeistgsKl auf vorbeugde Unterlassg bes **Prozeßvoraussetzgen** erfordert. – **aa)** Sieht man von der Möglichk eines erst künft fäll werdden UnterlAnspr ab (was bei gesetzl UnterlAnspr schwerl begegnen dürfte), so erübrigt es sich Grd, die Klage dem **ZPO 259** zu unterstellen. Ist der Anspr dch die konkrete, tatbestdsmäß Bedrohg des Rechts dch einen Dritten einmal entstanden, so ist die UnterlPfl auch in der Gegenwart solange zu erfüllen, als die Bedrohg andauert, so daß ZPO 259 ausscheidet (wie hier StjP aaO; R-Schwab § 93 II 2c; Baumb-Lauterbach § 259 Anm 1 A; Th-P § 259 Anm 2; aA nur für den vertragl UnterlAnspr BGH **LM** § 241 Nr 2; ausdr offen aber auch insow BGH **LM** Nr 10 und BGH **42**, 345).

bb) Umstr ist weiter, ob die **Wiederholgsgefahr** des § 1004 I 2 bes RSchutzvoraussetzg od Element des materiellen Anspr od aber beides ist. Wer wie Henckel (aaO 79) den materiellen Anspr schon mit dem absoluten R ohne Rücks auf dessen Verletzg (Bedrohg) als entstanden ansieht, bedarf eines Kriteriums, um ihn klagb zu machen; er sieht daher in der Gefährdg eine bes ProzVoraussetzg der UnterlKl (aaO 85). Das Schrifttum sieht zT die Wiederholgsgefahr als bes RSchutzvoraussetzg an: vgl R-Schwab § 93 II 2c; Soergel-Mühl Rdnr 57; für **materielle AnsprVoraussetzg** aber die hM; so nun auch eindeut BGH WPM **73**, 118; dem ist zuzustimmen.

cc) Das allg RSchutzbedürfn wird nach heute allgM nicht dch die Möglichk **strafgerichtl Verfolgg** ausgeschlossen, BGH NJW **57**, 1319.

c) Wiederholgsgefahr (vgl Einf 8 b ee vor § 823) ist die objektive, auf Tatsachen gegründete ernstl Besorgn weiterer Störgn. Ob sie vorliegt, ist Tatfrage. Beweispfl ist grdsätzl der Kl. Meist ist aber die Besorgn nach vorangegangener Verletzg zu vermuten u deshalb vom Bekl zu widerlegen, RG **125**, 393; Karlsr NJW **56**, 1922 (ehrenkränkd Presseveröffentlichg); dabei sind an die dem Bekl obliegde Darlegg des Wegfalls der Wiederholgsgefahr strenge Anfordergn zu stellen, BGH WPM **61**, 1023, vgl auch BGH WPM **72**, 180 (gesellschaftsinterne Streitigk). Im RStreit abgegebene VerpflichtgsErkl beseitigt die Wiederholgsgefahr nur, wenn sie uneingeschränkt u nach der Überzeugg des Gerichts aus besserer Einsicht, nicht bloß unter dem Druck des Proz, abgegeben w, RG **98**, 269. Zur Frage der Sicherg des UnterlassgsVerspr dch VertrStrafe u der Wertg einer Weigerg, sich ihr zu unterwerfen vgl Ffm OLGZ **70**, 40. Vgl auch BGH **14**, 167 u Einf 8 vor § 823. In den Fällen der §§ 550, 581 II, 1053 außerdem Abmahng erforderl. Nach dem Wortlaut („weitere") setzt der Anspr eine bereits erfolgte Beeinträchtigg voraus. Diese kann aber schon in Ankündigg liegen (vgl BGH **2**, 394; RG **151**, 246), währd bloße RBerühmg regelm dch ZPO 256 abgewehrt w. Doch genügt auch nach **erstmals drohde Beeinträchtigg**; trifft Störer Anstalten hierzu, braucht mit UnterlKlage nicht bis zur Vollendg des Eingriffs gewartet zu w (BGH **LM** Nr 27, 32; Baur § 12 V 2a; Erm-Hefermehl Rdz 28; Soergel-Mühl Rdnr 5, 59).

d) AnsprInhalt: Ihn bestimmt die zu besorgde weitere Beeinträchtigg. Liegt ein störder Zustand vor, deckt sich Anspr auf dessen Beseitigg inhaltl mit dem UnterlAnspr (BGH **LM** Nr 32). Zum **KlageAntr:** das oben zu Anm 5a dd Gesagte gilt auch hier; für Vollstr wg Zuwiderhandlg muß aus den UrtGründen ersichtl sein, ob eine den KlgeGrd bildde Einwirkg vorliegt, BGH WPM **66**, 926, 929; Pikart WPM **73**, 6.

7) Ausschl des Anspr, II: Nach Anm 2a ee oben setzt der Anspr aus § 1004 RWidrigk voraus. Er entfällt, wenn Eigtümer den Eingr dulden muß; rechtmäß Eingr aber muß er dulden. Damit begründet II eine rechtshindernde Einwendg (bestr, nach RG **144**, 271 Einrede), wenn Eingr gerechtfertigt. Dies muß Störer beweisen. Vgl § 986 Anm 1. § 986 I 1 gilt entspr, BGH NJW **58**, 2061. Auch bei rechtm Handeln müssen nicht alle Folgen geduldet w, kann zB der Äußernde (Zeitschriftenverleger) verpfl sein, das Fortwirken der Ehrverletzg zu beenden: so wenn veröffentl StrafUrt rechtskr aufgeh w, BGH **57**, 325 = **LM** Nr 118 Anm Nüßgens; anders, wenn nicht die Beurteilg dch die Gerichte, sond der mitgeteilte Sachverh selbst sich später veränderte. – DuldgsPfl kann beruhen:

a) auf **allg Rechtfertiggsgründen:** §§ 227, 229, 904; StGB 193 (nicht bei unwahrer TatsBehauptg BGH Betr **72**, 279). – Meings- u PresseFreih (GG 5 I). Sie ist gg PersönlichSchutz (GG 1, 2) abzuwägen (BGH NJW **77**, 1288), wobei Vermutg für Zulässigk der freien Rede spricht (BGH NJW **45**, 296; OVG Lüneb NJW **75**, 76); sie hat auch gg R ein eingerichteten u ausgeübten GewBetr (GG 14) Vorrang (Stgt JZ **75**, 698); nach LG Münst NJW **78**, 1329 auch ggü HausR. Im öff u polit Meingskampf sind scharfe Formulierggen erlaubt (BVerfG NJW **69**, 227), nicht aber Schmähkritik (BGH DVBl **77**, 640; Karlsr OLGZ **77**, 231). Polit Plakate auf fremdem Eigt unzul (Karlsr Just **77**, 422). Vgl Einf 8 b aa u Anm 15 D e zu § 823; § 824 Anm 6 e. – KunstFreih (GG 5 III). Vgl dazu § 823 Anm 15 D e; BGH NJW **75**, 1882. – Einwilligg des Gestörten (BGH WPM **71**, 179), auch wenn aGrd unwirks Vertr (RG **133**, 296). – Einstw Vfg (BGH **LM** ZPO § 926 Nr 1).

b) auf **Rechtsgeschäft:** dingl R (zB GrdDbk) od schuldr Vertr zw Eigtümer u Störer (uU auch Dr; Köln NJW **55**, 1072; BGH NJW **58**, 2062). Erlischt das R, so ist Störer zur Beseitigg fortbestehder Beeinträchtiggen (zB Anlagen aGrd GrdDbk) verpfl (vgl Baur AcP **160**, 481; Picker JZ **76**, 370; aA Schlesw SchlHA **68**, 259; Westermann § 36 I 2). Schuldr Vertr bindet EinzelRNachf der Part nur iRv § 328 od nach Abtr der DuldgsAnspr bzw bei SchuldÜbern (dazu Schapp in Anm zu BGH NJW **76**, 1092); ohne dingl Sicherg ist der EinzelRNachf des Eigtümers idR nicht gebunden u kann Beseitigg verlangen (BGH NJW **76**, 416; **LM** Nr 123 Anm Kreft). Oft stillschw Verzicht auf Anspr bei Veräußerg eines GrdstTeils für Zweck, die Beeinträchtigg voraussehen läßt (RG Warn **31**, 8). Vermieter eines Hauses kann dessen Betreten durch Besucher des Mieters od WohnBerecht idR nicht verbieten; Medicus SchlHA **63**, 269; LG Ffm WM **64**, 41 (Köln MDR **54**, 359 nicht zu verallgemeinern; vgl LG Karlsr NJW **61**, 1166); auch nicht das Befahren von Privatstraßen einer Siedlg dch Lieferanten der Mieter, LG Münst MDR **61**, 234. – Über Pfl des Vermieters zur Duldg von Reklameeinrichtgen u dgl vgl § 535 Anm 2b, wg Besitzlage § 854 Anm 3 a. Vgl auch BVerfG NJW **58**, 258 (Wahlplakate); Hamann ZMR **74**, 3 (künstlerische Dekorationen). – Keine Berufg des Störers auf Handelsbrauch, BGH **LM** Nr 27. Keine grdsätzl Pflicht, GemeinschFernsehantenne auf Reihenhaus zu dulden, auch wenn Aufstellg als solche von Eigtümern vereinbart, Schleier SchlHA **66**, 135.

c) auf **Rechtsnormen: aa) privatrechtl** Natur: hier kommen vor allem die Vorschr des NachbR (§§ 906ff, EG 124) in Betr, vgl auch BGH NJW **63**, 1918: WohngR des Verpächters zwingt zur Duldg auch ggü Pächter; daneben § 242, vor allem im Rahmen des nachbarl GemeinschVerhältnisses, vgl etwa BGH **28**, 225; dazu oben Anm 2a bb, cc; Übbl 2d aa vor § 903; § 903 Anm 3a – auch zum Interessenausgleich. – **bb)** Einschränkg des AbwehrAnspr (idR gg Immissionen; uU auch gg and Einwirkgen, vgl NJW Anm 5b dd zu BGH **60**, 119) dch BImSchG 14 (anwendb auch auf Flughäfen, LVG 11; dazu BGH **69**, 118), EG 125 bei gewerbl Anlagen u bei lebenswicht ü Betrieben; dazu § 906 Anm 5 a cc, dd u – zum Interessenausgleich – § 906 Anm 5 b bb, dd, ee. Weiter dch LVG 1 I bei verkehrsgerechtem Flug, vgl Martin NJW **72**, 559 zu II 1 a (enger Ruhwedel NJW **71**, 644). – **cc) öffr** Natur: Über den Ausschluß des AbwehrAnspr, seine Einschränkg zum Anspr auf Schutzvorrichtgen usw (beschr AbwehrAnspr) gg Eingriffe iS des § 1004 der öff

§ 1004 7–9   3. Buch. 3. Abschnitt. *Bassenge*

(auch schlichten) hoheitl Verwaltg u den Interessenausgleich: § 906 Anm 5a bb u 5b cc. Kein Ausschluß dch StGB 36, wohl aber dch IndemnitätsVorschr der Verfassgen (Mü JuS **75**, 326). LStrG *NRW* 32 (Hamm VersR **75**, 1154: von Straße auf Grdst dringde Wurzeln). BBauG 151. Vgl § 904 Anm 1 b. – **dd) Widmg** des Grdst für GemeinGebr vgl § 905 Anm 2b bb, BGH **60**, 365; Betr **73**, 1889; bei Entwidmg der störden Sachen entfällt DuldgsPfl, BGH **40**, 18. Vgl auch BGH **21**, 319; **22**, 395; **23**, 157. Dagg haben baupolizeil Genehmigg u polizeil Schankerlaubn keinen Einfl auf Inhalt u Umfang des AbwehrAnspr, BGH **LM** Nr 44. Zur uU konkurrierden öffr NachbKlage vgl Übbl 2d bb vor § 903. – Das R von Trägern von VerwVermögen (Rathaus einer Stadt, GerGebäude), andere abzuwehren (Betretgsverbot) kann aus der öffr Zweckbestimmg u dem GleichhSatz heraus beschränkt sein, BGH **33**, 230; BGHSt **24**, 329 = JZ **72**, 663 mit Anm Stürner (Verh HausR u Sitzgspolizei). Hierzu allg Stürner, Privatrechtl GestaltgsFormen bei der Verwaltg öff Sachen, 1969, 101 ff. – Bei Verleihg des BergwerksEigt vgl BGH **27**, 155. – **ee) Auf GewohnhR**: Vgl § 903 Anm 3 d (Gemeingebrauch am Wald). – **ff)** § 254 kann AbwehrAnspr nicht nur beschränken, sond ausnahmsw ganz ausschließen (vgl Soergel-Mühl Rdnr 83) u zwar uU ohne Verschulden des Gestörten bei bloßer Mitverursachg, RG **138**, 329; BGH NJW **55**, 340; WPM **64**, 1104 (mangelnd Bauweise des beeinträchtigten Hauses). – **gg) Stromversorggsanlagen**: BBauG 42 I 2 (BGH NJW **76**, 416; Celle NJW **73**, 1505); Allg Bdggen d ElektrVersorggUntern Abs III 3 (BGH **60**, 119; NJW **76**, 416, 715; Celle ZMR **68**, 9; Kimminich NJW **73**, 1479; ZRP **78**, 185); vgl auch § 906 Anm 5b dd.

8) Verjährg, Verwirkg, rechtsmißbräuchl Ausübg des AbwehrAnspr. Unzulässige Einwirkgen werden durch Zeitablauf allein nicht zul. Auch ist es grdsätzl unerhebl, daß der Verletzte das Eigt erst nach Errichtg der störenden Anlage erworben, RG JW **35**, 1775.

a) Verjährg nach §§ 194, 195, 198. Verjährgsfrist 30 Jahre, BGH **60**, 235. Aber erst von der letzten Einwirkg ab; mit jeder Einwirkg (zB unzul Immission, § 906) entsteht ein neuer Anspr; anders bei Fortdauer schädigder Einwirkgen dch ein u dieselbe Handlg, vgl BGH Betr **72**, 2056; NJW **69**, 463 u oben § 852 Anm 2a. Bei Störg dch Baum (Schatten) ließ BGH **60**, 235 im Hinbl auf NachbRG *NW* 41 I 1b, 50 die Verj einmalig mit Einpflanzg, nicht aber wg fortdauernder Einwirkg ständ neu entstehen, und für Blätter- u Samenwurf dieses Baums (dazu Baur JZ **73**, 561; Mattern in Anm zu **LM** § 1004 Nrn 124–127). – Beachte aber §§ 902, 924. Wirkt sich der Zustand eines Grdst erst dch Veränderg auf dem NachbGrdst aus, beginnt mit dieser die Verjährg. Mit Wechsel des Eigt am gestörten Grdst dch Erbfolge beginnt keine neue VerjFr, BGH **60**, 235; vgl § 902 Anm 2c cc; aus BGH **60**, 119 ergibt sich jedenfalls eindeutig nichts (vgl aber Baur aaO); Kreft in Anm zu **LM** § 1004 Nr 123), da dort der AbwAnspr des RVorgängers dch die vereinb Entsch entfallen war. Für deliktische Unterl- u Beseitiggs-(Widerrufs-)Anspr (vgl Einf 8, 9 vor § 823) gilt § 852. Weithin w § 852 auch auf quasinegator Anspr dieser Art angewendet (BGH NJW **69**, 463; **LM** Nr 3 zu § 21 UWG; RGRK § 852 Anm 5; Soergel-Mühl Rdnr 73; Erman-Drees § 852 Rdz 2e; zust auch Hoche, Unstimmigk im VerjR, Festschr H. Lange, 1970); doch erscheint hier die hist Herkunft des Instituts aus dem DeliktsR überbewertet. Negator Anspr verjähren nach § 195.

b) Verwirkg mögl, wenn die Geltdmachg gg Treu u Gl verstößt. Für Verletzg gewerbl Schutzrechts allg anerkannt, BGH **21**, 78; wg Urheberrecht vgl v Gamm NJW **56**, 1780. Bei Störg des Eigt an einer Sache nur in bes gelagerten AusnFällen (vgl auch RG JW **35**, 1775). Jedenfalls kann sich der Störer nicht ohne weiteres auf Verwirkg durch den RVorgänger des Verletzten berufen. Dar daß iF des § 906 der Grds der Prävention nicht gilt, vgl dort Anm 3 b a.

c) BeseitiggsVerlangen kann entspr §§ 251 II, 633 II 2, 912 II RMißbr sein, wenn die Beseitigg mit unverhältnism, nach den Interessen der Beteil u allen sonst Umst unbill Aufw verbunden wäre (BGH **62**, 388; **LM** Nr 132); and idR bei vors Beeinträchtigg (BGH NJW **70**, 1180; vgl aber Hamm OLGZ **76**, 61).

9) Prozessuales: a) Rechtsweg: Grdsätzl **ordentl R Weg**. – Beruht die Störg dch Privaten auf VerwAkt, kann Gestörter zwar dessen Nichtigk, auch den Wegfall der hoheitl Bindg (Widmg) der streitbefangenen Sache zur Nachprüfg dch das ordentl Gericht stellen (BGH **4**, 304; **5**, 70; **18**, 253; **LM** GVG 13 Nr 16); doch muß er einen (nur angreifb) VerwAkt mit den Mitteln der VerwRSchutzes zu beseitigen suchen, zB dch Afechtgsklage gg Verlängerg der Sperrzeit störde Gaststätte, vgl dazu Übbl 2 d cc vor § 903 u BGH **5**, 102; **14**, 228; **34**, 99; **LM** GVG 13 Nr 70; CVBJ **63**, 439. Abwehr Anspr gg Eingr von hoher Hand (auch bei schlicht hoheitl VerwHandeln) sowohl in das Eigt (vgl für Immissionen § 906 Anm 8b), als auch bei PersönlichkVerletzgen (vgl oben Anm 4a aE; BVerwG NJW **70**, 1990 – zu berichtigdes amtsärztl Gutachten in eingestelltem UnterbringgsVerf) – gehören, uU auch dch UnterlKl, vor die **VerwGerichte** (BGH NJW **76**, 570); ebso der (jedenf wenn er auf Vornahme einer Amtshandlg zielt) FolgenbeseitiggsAnspr (BVerwG NJW **76**, 1987 mwN). Bei Ehr- u PersönlichkVerletzgen dch **Fernseh- od Rundfunksendg ord R Weg** (BGH **66**, 182); Zum RWeg bei Ehrverletzg dch Beamte, vgl oben Anm 4 a aE. Ob für Kl gg **behördl Hausverbot** ord od VerwRWeg, richtet sich danach, ob der Betroffene privat od öffr Angelegenh regeln will; zu ersteren gehört Vergabe öff Aufträge, BVerwG DVBl **71**, 111 (Anm Bettermann u Stürner JZ **71**, 98); BGH NJW **67**, 1911, abw von BGH **14**, 222. Str, vgl JuS **71**, 322 u Knemeyer DÖV **72**, 303, sow Kortmann DVBl **72**, 772 (zur Befristg). – Abgeordnetenimmunität steht Verurteilg nicht entgg (Mü BayVBl **75**, 54 = JuS **75**, 326).

b) Zur Frage, ob Wiederholgsgefahr (§ 1004 I 2) bes ProzVoraussetzg (**RSchutzbedürfnis**) ist, zur Anwendbark des ZPO 259 auf die negator Klage, weiter, ob die vorbeugde UnterlKlage eine bes Form des RSchutzes ist: vgl oben Anm 6a, b. –

c) Ausschl **Zuständigk** iF des ZPO 24: es entscheidet die Lage des gestörten Grdst, vgl Zöller ZPO 24 Anm 5 aE. Vgl weiter Einf 10 vor § 823.

d) Über Zulässigk einer **Feststellgsklage** anstelle der beiden Leistgsklagen aus § 1004 I gelten die allg Regeln des ProzR. Sie wird zweckmäß sein, wenn neben dem LeistgsAnspr auch das Eigt des Klägers rechtskr festgestellt werden will, od wenn Bekl sich des vom Kläger für sich in Anspr genommenen absoluten R

Eigentum. 4. Titel: Ansprüche aus dem Eigentum §§ 1004–1006

berühmt, ohne damit schon den Tatbestd des Eingr vollendet zu haben, vgl oben Anm 2b u 2a aa (bloße R-Anmaßg). – Häufg nach ZPO 260 zuläss.

e) Klageänderg: Nein, wenn zur Begründg des BeseitiggsAnspr neue, gleichart Einzeltatbestände der Störg vorgebracht w (RG **99**, 175; **108**, 169; Rosenberg-Schwab § 102 I 1a; Schumann-Leipold in StJP § 268 Anm VI 1 Fußn 92). Sow §§ 1004, 985 konkurrieren (oben Anm 2f aa) liegt im Wechsel des Anspr keine Klageänderg (vgl Soergel-Mühl Rdnr 97). Nach BGH MDR **69**, 648 ist der Übergang von Unterl-Anspr zum AusglAnspr nach § 906 II 2 KlÄnd.

f) Fassg von KlageAntr u Urteilssatz: vgl oben Anm 5a dd.

g) Zur Anwendg der **ZPO 265, 266, 325** bei Veräußerg auf Klägerseite: oben Anm 3b; auf Beklagtenseite: Anm 4e.

h) Rechtskraft: AbwehrKl macht das Eigt des Klägers nicht zum StreitGgstand; nur Vorfrage (vgl Rosenberg-Schwab § 154 III 2). – Benutzungsverbot erfaßt rechtskraftmäß nur die konkrete Verletzgsform. Nur wenn deren spätere Abänderg den Kern der Störgsform unberührt läßt, erfaßt die Rechtskr des Urt auch sie, BGH **5**, 189. –

i) Erledigg der Hauptsache: Problematisch insb, wenn Bekl den Wegfall der Wiederholgsgefahr währd des RStreits behauptet. Hauptsache ist dann nur erledigt, wenn feststellb, daß Versprechen des Bekl, nicht weiter zu stören, redl, also nicht nur unter dem Druck des RStreits abgegeben ist (BGH **14**, 163); dazu genügt zB Übern einer Verpflichtg zur Unterlassg mit Vertragsstrafe (BGH **LM** § 823 Ag Nr 1). Dch die bloße Versicherg, eine störde Anlage nicht benutzen zu wollen, kann der Nachfolger die Wiederholgsgefahr regelm nicht ausräumen, RG **103**, 177. –

k) Zwangsvollstreckg: BeseitiggsAnspr: ZPO 887, 888, s oben Anm 5a dd; Widerruf s oben Anm 5 b; UnterlassgsAnspr ZwVollstr nach ZPO 890. – **Konkurs:** vgl Schmidt ZZP **90**, 38.

1005 Verfolgungsrecht.
Befindet sich eine Sache auf einem Grundstücke, das ein anderer als der Eigentümer der Sache besitzt, so steht diesem gegen den Besitzer des Grundstücks der im § 867 bestimmte Anspruch zu.

1) Vgl Anm zu § 867. Anspr aus § 1005 auch bei Verbindg der Sache mit dem fremden Boden (§ 95); str; vgl BGH NJW **56**, 1274. Nur solange die Sache nicht in Besitz genommen ist; dann Klage aus § 985.

1006 Eigentumsvermutung für Besitzer.
I Zugunsten des Besitzers einer beweglichen Sache wird vermutet, daß er Eigentümer der Sache sei. Dies gilt jedoch nicht einem früheren Besitzer gegenüber, dem die Sache gestohlen worden, verloren gegangen oder sonst abhanden gekommen ist, es sei denn, daß es sich um Geld oder Inhaberpapiere handelt.

II Zugunsten eines früheren Besitzers wird vermutet, daß er während der Dauer seines Besitzes Eigentümer der Sache gewesen sei.

III Im Falle eines mittelbaren Besitzes gilt die Vermutung für den mittelbaren Besitzer.

Schrifttum: Hadding, Die EigtVermutg nach § 1006, JuS **72**, 183. –

1) Allgemeines. § 1006 erspart dem (ggwärt od früheren) Besitzer, dessen Eigt bestritten wird, unabhäng von seiner PartStellg den Nachw des Eigt. Er gilt für dingl Anspr aGrd Eigt u für schuldr Anspr, in denen Eigt Vorfrage (BGH JR **78**, 18; in letzteren bezieht sich nur auf das Eigt, nicht auf subj Voraussetzgen eines SchadErsAnspr wg EigtVerletzg (BGH JR **77**, 242). Die freie Beweiswürdigg wird dadurch aber nicht eingeschränkt. § 1006 gilt nicht, wenn Eigt unstreitig u zB nur str, ob Besitzer Sache geschenkt od als Treuhänder erhalten hat (bestreitet er letzteres, muß dies Gegner beweisen), BGH WPM **62**, 1372. Wg der Sachen im Besitz von Eheleuten vgl § 854 Anm 3c, § 1362.

2) Voraussetzg ist der Besitz bewegl Sachen. Dazu gehören die Sachen des § 95. Dagg nicht: Ausweispapiere (RG JW **13**, 30) u die Urk des § 952, also auch nicht KraftfahrzBriefe, vgl § 952 Anm 2 c; Vermutg spricht also für den Besitzer des Wagens, nicht des Briefes, vgl Schlechtriem NJW **70**, 2088; nicht Sparbücher u sonst LegitimatPapiere, BGH Betr **72**, 1226, 2299. Für die mit Blankoindossament versehenen Orderpapiere gelten HGB 365 I; AktG 68 I; WG 16; ScheckG 21.

3) Wirkg. Es wird **vermutet,** daß der unmittelb Besitzer mit **Erlangg des Besitzes Eigenbesitzer** wurde u damit unbdgtes **Eigentum** erwarb (BGH **64**, 395), also daß BesBegründg zum EigtErwerb führte, nicht schlechthin, daß der Bes jetzt Eigtümer sei; führte BesErwerb nach Klagevortrag nicht zum EigtErwerb, entfällt Vermutg des § 1006, BGH NJW **67**, 2008. Die Vermutg gilt nur **a)** für den **Eigenbesitzer,** u zwar für solchen zZ der Besitzerlangg (BGH WPM **64**, 788). Auch zG des Eigenbesitzers, der sich auf str schuldr ErwerbsGesch stützt ggü früh Besitzer (BGH NJW **60**, 1517; **62**, 102); **Vermutg für Eigenbesitz** (BGH NJW **75**, 1269). Vermutg zG des SichgEigtümers BGH NJW **62**, 102, da dieser Eigenbesitzer. Dies gilt nicht nur für den unmittelb besitzden **SichgEigtümer** (BGH NJW **62**, 102), sond auch für den, dem SichgGeber den Bes vermittelt (III); str; vgl § 872 Anm 1; wie dort (EigenBes des Sichg-Nehmers) nun aber auch BGH JZ **69**, 433. Die Vermutg zG des Eigen- od PfdBesitzers (§ 1227) deckt auch die VfgBefugn dessen, von dem der Besitzer erwarb, BGH WPM **69**, 1233. Kein Erfahrgssatz, daß bei Verpachtg eines gewerbl Betriebs mit Inventar alles Inventar nicht dem Pächter gehöre, BGH ZMR **60**, 303. Andrerseits Vermutg für Fortdauer ursprüngl Fremdbesitzes, BGH **LM** Nr 2. Der urspr Fremdbesitzer muß beweisen, daß sich sein FremdBes rechtm in EigenBes verwandelt hat, BGH WPM **68**, 406. Im Falle des § 855 Vermutg nur für BesHerrn. Bei Mitbesitz wird Eigt nach Bruchteilen, § 1008, vermutet, nicht allerd deren Größe, vgl Koller Betr 72, 1860. Die Vermutg gilt auch ggü dem früh Eigtümer, RG 156, 63.

b) Nur zG des Besitzers od derer, die Re von ihm herleiten (RG HRR 32, 234); zB des PfdgsGläub, der behauptet, sein Schu sei mittelb Besitzer u Eigtümer (str; vgl BGH NJW 76, 238 mwN).

c) Der Gegner hat zu beweisen, daß der Besitzer das Eigt nicht erworben od es wieder verloren hat; etwa weil er die Sache nur als Fremdbesitzer (Besitzmittler für Gegner) erworben h, BGH WPM 70, 1272. Dann muß Besitzer eine andere Erwerbsart beweisen. Vorher braucht er nicht darzulegen, wie er das Eigt erworben hat (auch nicht die VfgsBefugn seines Vorgängers, BGH NJW 61, 779). Tut er das dennoch u wird dieses Vorbringen widerlegt, kann das Ger gem ZPO 286 die Vermutg des I als entkräftet ansehen (BGH JR 78, 18 Anm Baumgärtel/Wittmann; vgl aber KG JR 78, 378).

4) Ausn : I S 2. Die Vermutgen zG des ggwärtigen wie des früheren Besitzers gelten wg § 935 II für Geld u InhPapiere. Dagg wg § 935 I **nicht** für andere Sachen, wenn der Gegner nachweist, daß sie ihm (zB auch durch eigenmächtige Veräußerg seines Besitzdieners, Warn 26, 48) **abhanden gekommen** (vgl § 935 Anm 4) sind. Der Besitzer kann dann EigtErwerb in öff Versteigerg od durch Ersitzg od Verarbeitg (§§ 935 II, 937, 950) beweisen.

5) Vermutg zG früheren Besitzers, II, daß er mit BesErlangg Eigenbesitzer u Eigtümer geworden u während der BesDauer geblieben (BGH Betr 77, 490). Den Besitz hat er nachzuweisen. Die Vermutg wirkt auch für die Folgezeit, wenn er Abhandenkommen nachweist.

6) Vermutg für den mittelb Besitzer, III. Die Vermutg gilt niemals für einen BesMittler; anders §§ 1065, 1227. Nur für den (höchststufigen) mittelb Eigenbesitzer, damit auch für den mittelb besitzden SichEigtümer, BGH JZ 69, 433. Den mittelb Besitz hat der Besitzer zu beweisen (RG HRR 32, 234), daß dieser Fremdbesitzer sei, der Gegner. Übereignet VorbehKäufer Ware gem § 930 vertragswidr zur Sicherh an Kreditgeber, so endet damit mittelb Bes des Verk (vgl § 868 Anm 4c); Vermutg des II daher nur bis zu diesem Ztpkt für den Verkäufer, von da an nach III für den Kreditgeber als nunmehr mittelb Eigenbesitzer, BGH JZ 69, 433. – Vermutg von III entkräftet nicht die von II, wenn jetziger mittelb Besitz gg den Willen des früh Besitzers begründet ist u nachträgl EigtErwerb nicht behauptet wird, BGH NJW 56, 1151 (nachträgl Inbesitznahme im Wege Vermögenskontrolle durch BRep).

1007 *Ansprüche des früheren Besitzers.* ^I Wer eine bewegliche Sache im Besitze gehabt hat, kann von dem Besitzer die Herausgabe der Sache verlangen, wenn dieser bei dem Erwerbe des Besitzes nicht in gutem Glauben war.

^{II} Ist die Sache dem früheren Besitzer gestohlen worden, verloren gegangen oder sonst abhanden gekommen, so kann er die Herausgabe auch von einem gutgläubigen Besitzer verlangen, es sei denn, daß dieser Eigentümer der Sache ist oder die Sache ihm vor der Besitzzeit des früheren Besitzers abhanden gekommen war. Auf Geld und Inhaberpapiere findet diese Vorschrift keine Anwendung.

^{III} Der Anspruch ist ausgeschlossen, wenn der frühere Besitzer bei dem Erwerbe des Besitzes nicht in gutem Glauben war oder wenn er den Besitz aufgegeben hat. Im übrigen finden die Vorschriften der §§ 986 bis 1003 entsprechende Anwendung.

Schrifttum : Hörer, Die Besitzrechtsklage, Bln 1974.

1) Anspruch des früheren (gutgl) **Besitzers bei unfreiwilligem Verlust des Besitzes** an bewegl Sachen gg den jetzigen Besitzer auf Herausg. **a)** § 1007 gehört sachl eher in den 1. Abschn, da Grd des Anspruchs (früherer) Besitz, mag auch der Anspr nicht wie der BesitzAnspr (§ 861) nur auf vorläufige, sond auf endgültige Herausg gerichtet, nicht possessorisch, sond petitorisch sein u sich der Bekl auf ein Recht zum Besitz (§ 986) berufen können (anders § 863). Er erleichtert dem früh (Eigen- od Fremd-)Besitzer die Wiedererlangg der Sache vom schlechter Berechtigten. Insb wenn früh Besitzer sich nicht auf Eigt stützen kann (od – etwa wg Beweisschwierig – will) od Voraussetzg für § 861 nicht gegeben. Beisp: A, dem eine Sache, die er von früh Besitzer E entliehen hat, gestohlen w, kann sie (nur) nach § 1007 II von B, der sie gutgläubig vom Dieb od Hehler erworben hat, herausverlangen. Oder: A gibt die von E entliehene Sache dem V in Verwahrg, der sie dem bösgl B veräußert. – § 1007 gilt nach dem Wortlaut nur für Fahrnis; BGH 7, 215 dehnt uU Anwendg auf Mieträume aus; grdsätzl Ausdehng zu verneinen, vgl LG Bln BlGBW 60, 359. – Anspr vererbl u übertragb. § 1007 gibt Aussonderg im Konk, B-St KO 43 Anm 14.

b) Häufig **konkurrieren** Anspr aus §§ 861, 985, 1007; vgl § 861 Anm 6a. Aber nur § 861, nicht § 1007: wenn Kläger bei Besitzerwerb bösgläubig (bestohlener Dieb). Nur § 1007, nicht § 861: Bekl besitzt ggü Kläger nicht fehlerh (Klage gg den Finder), od Frist des § 864 abgelaufen. Nur § 1007, nicht § 985: Kl nicht Eigtümer, nur früherer Besitzer. Nur § 985, nicht § 1007: Kl ist Eigtümer, war nie Besitzer, zB §§ 984, 926. – Wo mehrere Ansprüche konkurrieren, zul u oft zweckm, den Antr auch auf die anderen HerausgabeAnspr (§§ 985, 1065, 1227) zu stützen, vgl Erm-Hefermehl § 985 Rdz 3. Denn das Urt allein aus § 1007 schafft keine Rechtskr für das Recht des einen od anderen zum Besitz; anders nur, wenn die Klage wg fehlenden BesitzR abgewiesen wird. Hatte der frühere Besitzer kein Recht auf den Besitz od wirkt ein rein persönl Recht nicht gg den jetzigen Besitzer, bleibt nur der Anspr aus § 1007. – Entfällt § 1007, uU Anspr aus § 812, BGH WPM 61, 275.

2) Voraussetzgn. a) Früherer Besitz des Klägers. Bei Vererbg od Abtretg des Anspr: früh Besitz des RVorgängers. Jede Art von Besitz, auch mittelb (BGH Warn 73, 3) od Fremdbesitz; Mitbesitz genügt; Anm 2b zu § 866 gilt sinngem. Nicht BesDiener, § 855. Früherer unmittelb Besitzer auch dann klageberechtigt, wenn er jetzt noch mittelb Besitzer ist, Wolff-Raiser § 23 I. Früherer mittelb Besitzer kann nur klagen entspr § 869 S 2. Mitbesitzer nur entspr §§ 1011, 432 I 2 od auf Einräumg des Mitbesitzes. Hatte Kläger niemals Besitz, bleibt ihm nur petitorische Klage aus Recht zum Besitz. Beweispflichtig für früh Besitz: Kläger.

b) Kläger (od sein RVorgänger) muß **beim Besitzerwerb aa)** entweder Recht zum Besitz gehabt h (vgl Wolff-Raiser § 23 I 1) oder **bb) gutgläubig** gewesen sein, **III 1.** Gutgläubigk wird vermutet. Bekl muß Mangel des BesRechts u Bösgläubigk beweisen.

Zu bb): Guter Glaube an das eigene Besitzrecht, sei es aGrd dingl Rechts (Eigt, PfdR, Nießbr), sei es aGrd eines dem Eigtümer ggü wirkenden obligatorischen Rechts (zB Miete). Er fehlt, wenn der früh Besitzer (Kläger od RVorgänger) gewußt od aus grober Fahrlk nicht gewußt hat, daß er zum Besitz nicht berechtigt war, BGH Warn **73**, 3. Ausreich also (anders als § 932 II) guter Glaube, daß verlorene Sache derelinquiert, geisteskranker Veräußerer geschäftsfähig gewesen. Nachträgl Bösgläubigk unschädl.

c) Unfreiwilliger Besitzverlust des Klägers od seines RVorgängers. **II. III 1.** Also BesVerlust ohne seinen Willen; rechtswirks (wenn auch anfechtb) Hoheitsakt, der BesEntziehg rechtfertigt, ersetzt fehlenden Willen, BGH BB **61**, 274. Beweispflichtig: Kläger bei Klage gg Gutgläubigen; bösgl jetziger Besitzer muß freiwillige BesAufgabe des früh Besitzers beweisen; vgl unten d. **Voraussetzgen: aa)** Sache dem früh Besitzer **abhandengekommen**. Vgl § 935 Anm 2–4. Sie muß dem unmittelb Besitzer abhgek sein (dann ist sie es auch dem mittelb Besitz, vgl § 935 I 2). **bb)** Früh Besitzer darf Besitz nicht freiwillig aufgegeben haben. Dies ist nicht der Fall, wenn er mittelb Besitz behält. Hat der unmittelb Besitzer die Sache freiw, aber ohne Willen des mittelb Besitzers weggegeben (Verwahrer verkauft od vermietet unberechtigt): dann ist sie zwar nicht dem mittelbaren Besitzer abhgek; aber er hat den Besitz auch nicht „aufgegeben" **(III 1)**, also unfreiw Verlust des mittelb Besitzes. Genügd aber nur bei Bösgläubigk des jetzigen Besitzers. § 986 I 2 entspr, BGH Warn **73**, 3. Vgl auch Anm 4 a bb.

d) AnsprGegner: jetziger Besitzer (auch mittelb). Hier zu scheiden: **aa) Bekl ist bösgläubig.** Begriff wie zu b. Kläger muß, um durchzudringen, beweisen entweder die Bösgläubigk od den eigenen (od seines RVorgängers) unfreiw Besitzverlust. Letzteren braucht er also (bei Bösgläubigk des Bekl) nicht zu behaupten u zu beweisen. Bekl kann aber freiwillige Besitzaufgabe einwenden, vgl Anm 3a bb. – Anspr **ausgeschlossen,** α) wenn Kläger (od sein RVorgänger) selbst bei Besitzerwerb bösgl war (vgl b), selbst wenn nur grobfahrl, Bekl aber bewußt unredl, RGRK Anm 12, β) wenn Gegner (od dessen mittelb Besitzer) nachträgl ein BesitzR erlangt (Eigt, PfdR od obligator BesitzR vom Eigtümer), **III 2**, § 986. Bewpflichtig: Bekl.

bb) Bekl ist gutgläubig. Kläger muß AbhKommen beweisen. Nicht genügd sonstiger unfreiwilliger Besitzverlust, insb nicht eigenmächtige Beendigg des mittelb Besitzes durch BesMittler. – Anspr **ausgeschlossen:** α) bei Geld od InhPapieren, **II 2**; wg § 935 II, 1032, 1207. Ebenso bei blankoindossierten Orderpapieren, RGRK Anm 20. Vgl § 1006 Anm 2. β) wenn Bekl besser zum Besitz berechtigt ist: **III 2**; § 986, also als Eigtümer (dies in II überflüssigerw u irreführd bes hervorgehoben), PfdGläub, Nießbraucher, Entleiher usw. Bewpflichtig; Bekl; γ) wenn Sache dem Bekl (od seinem RVorgänger) früher, dh vor der Besitzzeit des Klägers, abhgek war; **II 1**. Denn dann könnte er nach Herausg der Sache wieder gg den Kläger aus § 1007 vorgehen. Darum kann Kl gegeneinwenden, daß Bekl früher bösgl erworben od daß Kl ein Recht auf den Besitz habe. δ) wenn Kläger (od sein Vorgänger) bei BesErwerb bösgl war, **III 1.**

3) Mithin zur **Klagebegründg** erforderl (u ausreichd): **a)** entw daß **Bekl beim BesErwerb bösgläubig, b) oder** daß die Sache (außer Geld usw) dem Kläger gestohlen, verloren od sonst **abhgekommen.**

4) Einwendgen des Bekl. a) Der **bösgl Besitzer** kann einwenden u muß im Streitfall beweisen:

aa) Kläger (od sein RVorgänger) habe den Besitz bösgl erworben (oben Anm 2 b), **III 1**;

bb) Kläger (od sein RVorgänger) habe den Besitz freiw aufgegeben, **III 1.** Unfreiwilliger BesVerlust zB Diebstahl, Verlieren, unfreiw Entsetzg des mittelb Besitzers, vgl Anm 2 c. Unfreiw Verlust bei entschädiggsloser Enteigng in DDR (aM Nürnb BayJMBl **55**, 81).

cc) Besitzberechtigg des Bekl od eines mittelb Besitzers, vgl Anm 2 d aa β, **III 2**, § 986. Auf Vermutg des § 1006 kann sich Bekl nicht berufen, BGH Warn **73**, 3. Kläger kann sich seines auf besseres Recht zum Besitz berufen u muß (str) dies dann auch beweisen. Beisp (vgl Wolff-Raiser § 23 II 1): A verleiht die ihm vom Eigtümer E verpfändete Sache dem B, B veräußert sie an bösgl C. Nachträgl veräußert E die Sache an C. Klagt A gg C, so kann er gg der Berufg des C auf sein Eigt sich auf sein Recht zum Pfandbesitz berufen. Vgl auch BGH LM § 855 Nr 3.

Zu aa–cc): Klage auch dann abzuweisen, wenn der Ausschluß des Anspruchs sich aus dem Vorbringen des Klägers selbst ergibt. Zu **cc)** str (nach aM Einrede; vgl auch § 986 Anm 1).

b) Der **gutgläub Besitzer** kann einwenden (u muß ev beweisen), vgl Anm 2 b, d bb, **aa)** Bösgläubigk des Klägers (wie zu oben a aa), **bb)** eigenes (od seines Besitzmittlers) BesitzR ggü dem Kläger, **cc)** früheres eigenes AbhKommen.

5) Inhalt des Anspruchs. a) Bekl ist verpflichtet **aa)** zur Herausg (zu Besitz, nicht zu Eigt) der (bewegl) Sache u der Nutzgen, § 987, **bb)** zum SchadErs (anders § 861): §§ 989ff. Ersatz nur des Besitzinteresses, Warn **29**, 181; für Eigtümerinteresse aber, wenn Kläger dem Eigtümer (zB aus Verwahrg) haftet; vgl auch Medicus AcP **165**, 127ff, 141 (dort S 144 auch über Konkurrenz mit Anspr des Eigtümers [§ 428]). Anwendb also auch § 990 II.

b) Verjährg: §§ 195, 198ff, 221.

c) Gegenansprüche des Bekl wg Verwendgen: §§ 994–1003. Pfandmäßige Befriedigg des Besitzers gem § 1003 nur, wenn er NichtEigt des früh Besitzers nicht kennt (wg § 1248), W-Raiser § 23 III 2 c. Fristen des § 1003 dem wahren Eigtümer zu setzen.

Fünfter Titel. Miteigentum

Einführung

Schrifttum: Hilgers RhNK **70**, 627. – Pikart, Die Rspr des BGH zum MitEigt, WPM **75**, 402.

1) Über die Arten des Eigt vgl Übbl 5 v § 903; ferner EG 67, 83, 164. **Gemschaftl Eigt ist regelm MitEigt nach Bruchteilen;** wer and behauptet, muß es beweisen (§ 741).

1008 *Miteigentum nach Bruchteilen.* **Steht das Eigentum an einer Sache mehreren nach Bruchteilen zu, so gelten die Vorschriften der §§ 1009 bis 1011.**

1) Rechtsnatur. BruchtEigt ist eine Unterart der BruchtGemsch iS §§ 741 ff. Keine reale Teilg der Sache (daher Eigt an einem unter § 95 falldn Haus nicht so bestellb, daß zwei Pers AlleinEigtümer je einer Haushälfte w; BGH **LM** § 93 Nr 14) sond ideelle Teilg des sich auf die ganze Sache beziehdn EigtR. **Der Anteil des einzelnen MitEigtümers ist Eigt,** auf den neben §§ 741 ff u §§ 1009 ff alle Vorschr über das AlleinEigt anwendb sind (RG **146**, 364; BGH **36**, 368).

2) Entstehg von BruchtMitEigt. a) RGesch: Übereignd an mehrere, die nicht GesHänder (RG SeuffA **88**, 8) od wenn AlleinEigtümer einem and Brucht übereignet; keine quotenm VorratsTeilg des AlleinEigt (BGH **49**, 253) u keine quotenm Belastg von GrdstAlleinEigt mit AuflVormkg (Düss MittBay Not **76**, 137); nacheinander erworbene Brucht bleiben nicht rechtl selbstd (LG Köln RhNK **77**, 32), vgl aber § 1114 Anm 2. Bei Fahrnis Einigg u MitBesVerschaffg erforderl. Bei Grdst gem §§ 925, 873, Angabe der Brucht im GB (GBO 47); auch BruchtGemsch an Erbanteil wg prakt Bedürfn einzutragen, obwohl keine BruchtGemsch am NachlGrdst (Düss Rpfleger **68**, 188; Köln Rpfleger **74**, 109; aA BayObLG **67**, 405). Kein MigtEigt entsteht, wenn dies eingetr trotz Auflassg zu AlleinEigt (Kblz MDR **78**, 669). **b) Gesetz:** §§ 947 I, 948, 963, 984; vgl auch § 921 Anm 4, 5; DepG 6; HGB 419; OLSchVO 23, 30 II.

3) Verfügg über MitEigtAnteile. Jeder MitEigtmr kann über seinen Anteil verfügen (§ 747 S 1); nicht mit dingl Wirkg beschränkb (Walter DNotZ **75**, 518). Vfg über die ganze Sache nur dch alle MitEigtümer (§ 747 S 2); über Umdeutg in Vfg eines MitEigtümers nur über seinen Anteil vgl § 747 Anm 3; RG JW **10**, 473. Vfg über AlleinEigt nicht in Vfg über Anteil umdeutb (BGH **LM** § 932 Nr 19; Ffm Rpfleger **75**, 174). – **a) Übertragg, QuotenÄnderg.** Bei Grdst gem §§ 925, 873; über gutgl Erwerb dch MitEigtmr vgl § 892 Anm 2b cc. Bei Fahrnis gem §§ 929 ff; Übertr des MitBes ersetzb nach §§ 930 (RG **139**, 117), 931 (zB WertPap in Sammelverwahrg od Streifband; BGH Betr **67**, 1677; WPM **74**, 450); über gutgl Erwerb vgl § 932 Anm 1; Koller Betr **72**, 1860, 1905 (SammeldepotAnt); Pikart WPM **75**, 404. SonderVorschr: DepG 24 II. – QuotenÄnderg wie Übertr, bei Fahrnis genügt Einigg. – Bei Übertr eines Anteils auf mehrere in BruchtGemsch entsteht keine UnterBruchtGemsch sond einheitl Gemsch an der ganzen Sache (BGH **13**, 141; vgl Weitnauer DNotZ **60**, 116). – **b) Belastg** auch zG and MitEigtümer mögl (BayObLG **58**, 201); vgl auch §§ 1095, 1106, 1114 (1192, 1199), 1258. Belastg mit GrdDbk, beschr pers Dienstbk od ErbbR ausgeschl (KG DNotZ **75**, 105); belasten diese R das ganze Grdst, so können sie nicht dch gutgl Erwerb eines MitEigtAnteils wohl aber dch Zuschlag in der ZwVerst (str, vgl Einf 4 vor § 1018) erlöschen. – **c) ZwVollstr** (Furtner NJW **57**, 1620; **69**, 871; Hoffmann JuS **71**, 20). Bei Fahrnis dch Pfdg des Anteils nach ZPO 857; Pfdg der ganzen Sache dch Gläub eines MitEigtümers können die and MitEigtümer nach ZPO 771 widersprechen, auch wenn sie nur MitEigtümer unwesentl Bestandt sind (RG **144**, 241). Bei Grdst nach ZPO 864 ff, nicht dch Pfdg des Anteils nach ZPO 857 (aA Furtner NJW **69**, 871). In beiden Fällen zul Pfdg u Überweisg der Anspr aus §§ 743 I, 749 (Köln OLGZ **69**, 338; aA Hoffmann aaO). Weiteres Verf bei Fahrnis nach §§ 751 S 2, 752 ff, bei Grdst nach ZVG 181 II 1; Ausschl der Aufhebg wirkt entspr § 751 S 2 auch nicht bei Grdst gg Gläub (vgl § 1010 Anm 1a). Im Konk KO 16, 51.

4) GemschVerh der MitEigtümer regeln §§ 741 ff, 1009 ff. AufhebgsAnspr ausgeschl bei MitEigt der AnteilsInh am SonderVerm einer KapitalanlageGesellsch (§ 11 G idF v 14. 1. 70, BGBl 128). Wg Realteilg von Grdst u Häusern bei GemschAufhebg vgl BGH **58**, 146; Schlesw SchlHA **67**, 179; § 752 Anm 2 b. – Vgl auch EG 131, 173 u WEG.

1009 *Belastung zugunsten eines Miteigentümers.* **I Die gemeinschaftliche Sache kann auch zugunsten eines Miteigentümers belastet werden.**

II Die Belastung eines gemeinschaftlichen Grundstücks zugunsten des jeweiligen Eigentümers eines anderen Grundstücks sowie die Belastung eines anderen Grundstücks zugunsten der jeweiligen Eigentümer des gemeinschaftlichen Grundstücks wird nicht dadurch ausgeschlossen, daß das andere Grundstück einem Miteigentümer des gemeinschaftlichen Grundstücks gehört.

1) I gestattet die **Belastg der ganzen Sache zG eines MitEigtümers;** wg Belastg eines Anteils vgl § 1008 Anm 3 b. Da alle MitEigtümer verfügen müssen (§ 747 S 2), erklärt Erwerber (wie bei Veräußerg von allen an einen u umgekehrt) die erforderl Einigg im eig Namen mit sich selbst (RG **47**, 209). Dem GBA sind EintrBew u VfgBefugn auch des auf Seiten der Belastdn mitwirkdn Erwerbers nachzuweisen, in seinem EintrAntr (für den dann GBO 29 gilt) liegt idR Gen der EintrBew der übr MitEigtümer. § 1009 schließt §§ 1063, 1177, 1256 I 1 aus. Hyp des MitEigtümers ist FremdHyp am ganzen Grdst u an den and Anteilen, am eig Anteil EigtGrdsch (KG JR **57**, 420); MitEigtümer kann ZwVollstr in das ganze Grdst u die Anteile der and MitEigtümer (nicht in den eig) betreiben. – **II** betr die subj-dingl R: §§ 1018, 1094 II, 1105 II.

2) Auf **GesHandsEigt** ist § 1009 insow entspr anwendb, als das einem GesHänder an der gemsch Sache bestellte R insges FremdR ist, da es einen sonderrechtsf Anteil eines GesHänders nicht gibt (Soergel-Baur Rdn 5; zu allg dah KG OLG **8**, 119; Stgt OLG **15**, 410).

1010 *Sondernachfolger eines Miteigentümers.* I Haben die Miteigentümer eines Grundstücks die Verwaltung und Benutzung geregelt oder das Recht, die Aufhebung der Gemeinschaft zu verlangen, für immer oder auf Zeit ausgeschlossen oder eine Kündigungsfrist bestimmt, so wirkt die getroffene Bestimmung gegen den Sondernachfolger eines Miteigentümers nur, wenn sie als Belastung des Anteils im Grundbuch eingetragen ist.

II Die in den §§ 755, 756 bestimmten Ansprüche können gegen den Sondernachfolger eines Miteigentümers nur geltend gemacht werden, wenn sie im Grundbuch eingetragen sind.

1) **Regelgen der Verwaltg u Benutzg** (§§ 744 ff) u über den **Ausschluß der Aufhebg** (§§ 749 ff) wirken nach §§ 746, 751 S 1 für u gg den Sondernachfolger eines Teilhabers. – **a)** § 1010 I macht die **Mit-Eigt nach Brucht** (nicht bei GesHandsEigt; KG DNotZ **44**, 15; BayObLG **52**, 246) **an Grdst** die Wirkg gegen den (auch bösgl) SonderNachf von der GBEintr abhäng (Mü NJW **55**, 637). Aber auch bei Eintr gelten KO 16 II, §§ 749 II, III, 750, 751 S 2 (hM). § 1010 gilt auch für PfdgsGläub an einem aus dem Mit-Eigt fließden Anspr (Ffm NJW **58**, 65) u bei Übergang eines Brucht auf mehrere Pers zu Brucht (LG Bln NJW **56**, 471). – Über Anspr der übr MitEigtümer, wenn einer enttgg NutzgsVereinbg seinen Anteil mit Nießbr belastet BGH **40**, 326. – **b)** Die **Eintr ist eine Belastg** eines (od jeden) Anteils zG der and (od einz) MitEigtümer (BayObLG DNotZ **76**, 745), die im RangVerh zu and Belastgen steht (LG Zweibr Rpfleger **65**, 56). Sie erfolgt in Abt II u richtet sich nach §§ 873–878. Eintr auch zG Dr (Hamm DNotZ **73**, 546; BayObLG aaO; abl Pöschl BWNotZ **74**, 79); nicht eintragb bei TeilgsAbreden (Ffm Rpfleger **76**, 397), Verpfl zur Kosten- u LastenTragg für gemsch Ggst (Hamm aaO), Vereinbgen über Einschränkg der VfgsBefugn nach § 747 S 1 u 2 (Hamm DNotZ **73**, 549) u Vereinbgen zw dem AlleinEigtümer u dem Nießbraucher an einem ideellen Anteil (LG Mü I MittBayNot **72**, 294 abl Anm Promberger). Bei Bezugn auf EintrBew genügt Eintr „Verw- u BenutzgsRegelg" (BayObLG **73**, 84); Bezugn in EintrBew auf allg zugängl Karte genügt zur Bezeichng des GrdstTeils, auf den sich die Benutzg erstrecken soll (Hamm DNotZ **73**, 546; vgl BeurkG 9 Anm 3). Über Fassg der EintrBew u Eintr Pöschl BWNotZ **74**, 79. Belastg w mit Beendigg der Gemsch ggstandslos; Vereinbg für Zeit danach nicht sicherb (BayObLG MittBayNot **64**, 275). – **c)** Vgl BayÜbergangsG 43 (MitEigt an einem Grdst von mehreren GrdstEigtümern).

2) **II.** Einschränkg der §§ 755 II, 756 S 2 für Grdst. Eintr als Belastg eigener Art in Abt II. Zur Sicherg des Anspr eines Dritten auf allen Anteilen; des Anspr eines MitEigtümers auf den übrigen Anteilen. – II betrifft nicht Anspr, die in der Person des RNachfolgers, außerh der dingl RLage, entstanden sind, BGH WPM **66**, 579; vgl auch § 756 Anm 1.

1011 *Ansprüche aus dem Miteigentum.* Jeder Miteigentümer kann die Ansprüche aus dem Eigentume Dritten gegenüber in Ansehung der ganzen Sache geltend machen, den Anspruch auf Herausgabe jedoch nur in Gemäßheit des § 432.

1) **Gegenüber den anderen Miteigentümern** kann jeder MitEigtümer nur sein AnteilsR geltd machen. ZB auf Einräumg des Mitbesitzes, u § 985; Beseitigg einer Beeinträchtigg (§ 1004) od aus §§ 743, 744, 745 (KG NJW **53**, 1592), 748. Über Besitzschutz vgl § 866.

2) **Gegenüber Dritten** kann jeder MitEigtümer sein AnteilsR geltd machen. Darüber hinaus nach § 1011 die Anspr aus dem ganzen Eigt. Dingl wie schuldrechtl. Auch Feststellg des Eigtums aller MitEigtümer. Ebso die Anspr aus Besitz, §§ 861, 1007. **Herausg** der Sache aber **nur an alle**, § 432 (außer wenn die anderen einverst, Köln FamRZ **59**, 460, od nicht übernehmen wollen od können, Wolff-Raiser § 84 III 1b). Ebso BereichergsAnspr nach § 816 (Dritter hat an Gutgläub veräußert) od, auch nur im Rechtssinn, unteilb Nutzgen (zB nach § 988), BGH **LM** § 812 Nr 15; teilb Nutzgen u SchadErs (§§ 989, 990) kann jeder anteilig an sich, aber auch ganz an alle fordern. Ebso Anspr auf unteilbare Nutzgen u SchadErs, §§ 987, 989, 990. InnenVerh kann anderes ergeben, BGH aaO. Kl hat das Eigt aller MitEigtümer zu beweisen, vgl aber § 1006. Jeder MitEigtümer hat ein zum gleichen Recht des anderen unabhängiges SonderR. Klageabweisg gg einen wirkt nicht gg die anderen (RG **119**, 169: HerausgAnspr; KG HRR **36**, 1452: LöschgsAnspr). Bei Einzelklage nimmt hL gesetzl ProzStandsch an, lehnt aber gleichw – zum Nachteil des Bekl – RKraftErstreckg gg die an MitEigtümer ab, RG **119**, 163; and, wenn die übr MitEigtümer der ProzFührg zugestimmt haben, Hassold, Die Voraussetzgen der notw Streitgenossensch, 1970, S 65 mit Nachw Fußn 65. Klagen mehrere MitEigtümer gemeinsam, sind sie Streitgenossen, nach StJP § 62 II 1a aE wg Unteilbark des StreitGgst notwendige. – Über RLage bei GesHand vgl Übbl 1c bb vor § 420; BGH WPM **64**, 651.

Vierter Abschnitt. Erbbaurecht

Überblick

Aus dem **Schrifttum: a)** Zum ErbbauR des BGB: Pesl, Das Erbbaurecht, 1910. – **b)** Zur ErbbRVO; Haegele, Streitfragen u Probleme des ErbbR, Rpfleger **67**, 279; ders, ErbbRVertr, BWNotZ **72**, 25, 45. – Ingenstau, Kommentar zur ErbbRVO 4. Aufl 1972. – Kalter, Einige Rechtsfragen zur Zwangsvollstreckg in ErbbR, KTS **66**, 137. – Lutter und F. Riedel, GesamtErbbR u ErbbRTeilg, DNotZ **60**, 80,

Überbl v § 1012 1, 2

375. – Glaser, Das ErbbR in der Praxis, 2. Aufl 1975. – Pikalo, Besonderh des ErbbR, RdL **70**, 92, 142. – Hartmann, Der Untergang des ErbbZinses währd der ErbbZeit, Betr **70**, Beil 14. – K. Winkler, Der ErbbZins in der ZwVerst des ErbbR, DNotZ **70**, 390. Kleisl, Grdsteuerl Behandlg von ErbbRVorgängen, BayVBl, **73**, 187. **c)** Stahlhacke, Vorschläge zur Neuordnung des ErbbR, 2. Aufl 1960. – **d)** Muster eines ErbbRVertrages: Haegele, GBR Rdnr 746. – **e)** Übers über **Rspr** des BGH Pikart, WPM **62**, 498; **67**, 1026. – Mattern, WPM **73**, 652.

1) Bedeutg: Dch das ErbbR w der Kleinwohnungsbau erfolgreich gefördert u die Boden- u Baukreditspekulation bekämpft. Der Bebauer spart den Kaufpr für das Grdst. Gleichw wird er Eigtümer des Hauses (Bauwerks), das mit dem ErbbR vererbl u veräußerl ist. Der Wertzuwachs am Grd u Boden verbleibt dem Besteller, meist der öff Hand, Gemeinde od Staat. Deshalb ist das ErbbR insbes für die Ausgabe von Gemeindeland zu Siedlgszwecken die geeignete Rechtsform. Bestellg von ErbbR für wohngsbedürftige „unbemittelte Bevölkergskreise" bes begünstigt, vgl VO 27 II, 32 II. ErbbHeimstätte: Anm 3c.

Die Bestimmgen des BGB sind ersetzt durch die **VO über das Erbbaurecht** v. 15. 1. 1919 (VO). Diese gilt für alle seit dem 22. 1. 1919 begründeten Erbbaurechte. Für die früher begründeten gelten noch die §§ 1012–1017, vgl VO 35, 38.

2) Begriff und Inhalt. a) Das ErbbR ist das **veräußerl u vererbl Recht, auf** (od unter) **fremdem Grund u Boden ein Bauwerk zu haben,** § 1017, VO 1 I. Es ist nicht MitEigt od geteiltes Eigt, sondern ein dingl Recht an einem fremden Grdst. u zugl ein **grdstgleiches Recht** (vgl § 873 Anm 2a bb). Es wird (mit gewissen Ausnahmen) **wie ein Grdst behandelt**; vgl Anm 3. Es kann somit wie ein Grdst mit GrdPfRechten belastet werden. Die Beleihbark ist durch bes Vorschriften begünstigt, vgl Übbl 1b vor VO 1. ZwVollstr nach dem ZVG u ZPO 866, 932. Das ErbbR erhält ein bes Grundbuchblatt, Erbbaugrundbuch, VO 14. Daneben ist es im GB des Grdst als Belastg einzutragen; es muß im Interesse der leichteren Beleihbark **immer an erster Stelle** stehen, VO 10. Vererblick u Übertragbark wesentl u unabdingbar, KGJ **35** A 252. Doch kann die Veräußerg dingl von der Zust des GrdstEigtümers abhängig gemacht w, VO 5 I. Über schuldrechtl Wirkg einer VeräußergsBeschrkg vgl Ingenstau, Anm 21. – **b) Gegenstand** des ErbbR ist ein Grdst, das im Eigt des Bestellers verbleibt. Wesentl ist seine Verwendg als Baugrund, RG **61**, 2; vgl auch VO 1 Anm 1b. Aber Erstreckg auf andere Teile des Grdst zul, wenn das Bauwerk wirtschaftl die Haupts bleibt, § 1013, VO 1 II. Keine Beschrkg auf Teile eines Gebäudes, zB Stockwerk, § 1014 VO 1 III; vgl aber WEG 30. Bestellg v ErbbR an ErbbR bisher sehr umstritten, vgl Anm 5c.

c) Das Erbbauwerk ist wesentl Bestandt des ErbbR, VO 12. Deshalb wird der Berecht Eigtümer des von ihm erbauten (od schon vorhandenen) Hauses. Dieses wird nicht Bestandt des Grdst (§ 95) u bleibt deshalb von dessen Lasten frei; eine früh Haftg des Bauwerks für die Belastgen des Grdst erlischt mit Eintr des ErbbRechts im GB des Grdst, VO 12 I 3. Schutz der GrdstGläub dadurch, daß ohne ihre Vorrangseinräumg die Eintr des ErbbRechts an erster Rangstelle, VO 10, und damit dessen Entstehg nicht mögl ist.

d) Erbbauzins. Übl, aber nicht zum Inhalt des ErbbR gehörig (sond Bestandteil des Kausalgeschäfts, BayObLG **59**, 525), ist ein Entgelt für die Gewährg der Nutzg des Grdst (BGH WPM **69**, 64) in Form wiederkehrender Leistgen. Er kann durch Einigg u Eintr dingl gesichert werden, es entsteht dann eine dem jeweilign GrdstEigtümer zustehende **Reallast**, die auf dem ErbbR ruht, VO 9; Eintr der Reallast (u der Vormkg nach § 9 Anm 1 b cc) setzt Entstehg des ErbbR voraus, BGH NJW **73**, 1838. Es haften also das ErbbRecht und der ErbbBerechtigte persönl, dieser aber nur für die währd der Dauer seines ErbbRechts fällig werdenden Beträge, § 1108. Der Erbbauzins muß nach Zeit und Höhe für die gesamte ErbbZeit im voraus bestimmt werden. Der Anspr auf die noch nicht fälligen Beträge ist nur zus mit dem Eigt am Grdst übertragb, VO 9 II 2. Der Anspr haftet den GrdPfdGläub des Grdst, § 1126. Unterwerfg nach ZPO 800 nicht mögl.

e) Sonstiger Inhalt. Vereinbgen nach VO 2, 5 können (für die neuen ErbbRe) dch Eintragg zum Inhalt des ErbbR gemacht w; sie wirken ohne Übern für u gg SonderRNachf. And schuldr wirkde Vereinbgen zul; wirken für u gg SonderRNachf nur bei Übern (Hamm DNotZ **76**, 534; LG Brschw Rpfleger **76**, 310).

f) Beendigg. aa) Zeitablauf, VO 27. IdR wird das ErbbR auf bestimmte Zeit ausgegeben, oft auf 99, jetzt vielf auf 75 Jahre; beachte hier 2. WoBauG 33 II. Diese Zeitdauer (als Bestimmg des BeendiggsZtpkts) kann ab dem Tag der Eintr od ab einem nach dem Tag vor (zB Beurk des ErbbRVertr wg Ungewißh des EintrDatums) od nach ihr festgelegt w (Promberger Rpfleger **75**, 233; vgl Anm 4 a cc). Zuläss Bestellg auf unbestimmte Zeit. Zur Bestellg auf Lebenszeit vgl VO 1 Anm 4. Bei der normalen Beendigg durch Zeitablauf hat der GrdstEigtümer dem Berecht eine **Entschädigg** in Geld zu leisten, VO 27, sofern eine solche nicht im BestellgsVertr ausgeschl (unzul im Falle VO 27 II); dies ein Anreiz für den Berechtigten, das Bauwerk nicht kurz vor Beendigg des ErbbR verfallen zu lassen; denn die Höhe der Entschädigg, die freilich freier Vereinbg unterliegt (Ausn VO 27 II), wird sich nach dem Zustand des Bauwerks zZ der Beendigg richten. Der EntschädiggsAnspr haftet den GrdPfdGläub des ErbbR, VO 29. Freilich wird bei Bestellg von TilggsHyp die HypFreih des ErbbR bereits bei dessen normaler Beendigg eingetreten sein. Schutz der Mieter durch entspr Anwendg der §§ 571 ff gewährleistet, VO 30.

bb) Sonstige Erlöschensgründe: Aufhebg dch RGesch gem §§ 875, 876, 878, VO 11. Schutz der GrdPfdRGläub dadch, daß Aufhebg nur mit ihrer Zust mögl; über ZustErfordern bei Mithaft des Grdst vgl § 873 Anm 3a. Bei neuen ErbbR muß GrdstEigtümer zustimmen, VO 26. Maßg ist die Löschg im GB des Grdst. Verj (§ 901) u Enteigng (vgl BBauG 61, 86). § 1026 entspr anwendb. Dagg nicht durch Verzicht (§§ 928, 1017 II „Erwerb"; VO 11 I 1) od durch Untergang des Bauwerks, § 1016; VO 13. Auch nicht dadurch, daß der ErbbBerechtigte Eigtümer des Grdst wird, § 889. Alte ErbbRechte ferner durch den Eintritt einer auflösenden Bedingg od durch den Zuschlag (anders VO 1 IV 1, 25). – Wegen Vereinbg eines Erneuergsvorrechts vgl VO 2 Nr 6, 31. – Wegen des Einflusses von Leistgsstörgen im schuldrechtl Vertr s unten Anm 4a.

Erbbaurecht **Überbl v § 1012** 2–5

cc) Heimfall. Als Inhalt des ErbbR ist vereinb, daß der Berecht das ErbbR bei Eintritt best Voraussetzgen auf den GrdstEigtümer zu übertr hat (VO 2 Nr 4). Übertr dch Einigg u Eintr, kein Übergang kr G (BGH Betr **76**, 671); vgl auch VO 3 Halbs 2. Das ErbbR bleibt nach Übertr als EigtümerErbbR bestehen (§ 889) u GrdstEigtümer w Eigtümer der Bauwerke (VO 12 I). VergütgsAnspr für Übertr: VO 32; RWirkg der Übertr für dingl R am ErbbR: VO 33.

3) Daraus, daß das ErbbR wie ein Grdst behandelt wird, folgt, daß **entspr anzuwenden** sind die Vorschr, **a)** die sich auf Grdst beziehen (§§ 1017 I; VO 11 I 1). ZB §§ 93 ff (aber nicht § 98 Nr 2), 313 (vgl VO 11 II), 416, 436, 439, 444, 446, 449, 477, 503, 510, 571 ff (wenn ErbBerecht sein Bauwerk vermietet u dann das R veräußert, BGH NJW **72**, 198; vgl VO 30 u § 9 Anm 1 b bb aE), 648, 753, 836, 837, 890 II (nicht 890 I, vgl VO 1 Anm 1), 891 ff (vgl VO 11 Anm 2), 1094 (BGH NJW **54**, 1443), 1126 (dort Anm 1), 1424, 1807 I Nr 1, II, 1821. Vgl ferner Anm 4, 5, 6. Aber nicht nur das BGB, sond alle Vorschr, soweit sich nicht aus ihrem Inhalt, Sinn u Zweck od aus den Sondervorschr für das ErbbR etwas anderes ergibt, RG **108**, 71. GrdstPreisVO (s § 313 Anm 15b) währd ihrer Geltg auf Bestell des ErbbR anwendb, BGH MDR **72**, 854. Nicht anwendb: §§ 905, 925, 925 a, 927, 928, GrdstVG 2, vgl Einl 7 b cc α vor § 854.
b) Die Anspr aus dem Eigt (§§ 1017 II; VO 11 I 1). Also die §§ 985 ff, 1004, 1011. Vgl ferner §§ 861 ff.
c) Das ErbbR kann **Heimstätte** sein od werden, KG JFG **4**, 385. Neues ErbbR nur, wenn der GrdstEigtümer Ausgeber einer Heimstätte sein kann, RHeimstG 26 I, AVO v 19. 7. 40, RGBl 1027, §§ 43 f, Eintr: GBVfg 63. Näheres: Schneider BlGBW **63**, 199, 216. Vgl auch LG Wuppertal NJW **65**, 1767: Entstehg einer Eigtümer-ErbbHeimstätte mögl.

4) Entstehg des Erbbaurechts. a) Rechtsgeschäftl. **aa) Schuldrechtl Vertr** (§ 4 6 3), Form § 313, anwendb auch § 313, 2; VO 11 Anm 3. Zum Einwand aus § 242 gg Berufg auf Formmangel vgl BGH DNotZ **71**, 90. Nunm § 313 auch für einseit ErwerbsVerpfl, s § 11 Vorbem. Problemat der Einfluß von LeistgsStörgen u VertrVerletzgen auf dingl R, weil zu dessen Inh auch an sich schuldrechtl Bindgen zw GrdstEigtümer u ErbbRInh gemacht w können, VO 2. Dah kann Störg solcher Verpfl jedenf nach Eintr des R nicht zur Lösg des ErbbR führen: so für Rücktr des Eigtümers aus § 326 (wg Verletzg einer Bebauungsklausel), BGH MDR **61**, 490; so auch für vereinb Rücktr. Auch kein Rücktr des ErbbRInh bei LeistgsStörg dch GrdEigtümer, BGH NJW **69**, 1112; krit Hönn S 1669, der bei groben Störgen nicht nur – wie BGH MDR **61**, 490 andeutet – dem GrdEigtümer, sond auch dem ErbBRInh gem § 242 Heimfall geben will. Nach BGH aaO auch kein R, den ErbbRVertr als DauerSchuldVerh aus wicht Grd zu kündigen, da ErbbR gleichwohl SachenR, BGH WPM **61**, 1148; NJW **69**, 1112. AA Hbg MDR **62**, 132, wo Erbstätter gg Vereinbg verstießt, die einheitl Gesamtanlage gewährleisten sollten. **Grd**: Zweck von VO 1 IV, den Bestand des R für die ganze vorgesehene Dauer zu sichern, würde gefährdet. – And, wenn schuldrechtl Pfl nicht verdinglicht; dies ließ BGH aaO offen; doch gefährdet Rückabwicklg des KausalGesch über §§ 346, 465 od 812 den oa Schutzzweck auch § 1 IV VO nicht, da gg EigtümerErbbR kein Bedenken; vgl Düss NJW **71**, 436 (öffr BauBeschrkg als Sachmangel des Grdst); BGH NJW **65**, 532 (zu §§ 493, 463). – UU ist Besteller auch ohne Abrede verpflichtet, Konkurrenz fernzuhalten (§ 242), entspr § 535 Anm 2 a; dazu Karlsr NJW **62**, 807.
bb) Dingl Bestell durch **Einigg u Eintragg** in das GB des Grdst, § 873. Einigg (früher: § 1015) jetzt sachlrechtl formlos (vgl VO 11; auch § 925 a nicht anwendb, BGH WPM **69**, 564), verfrechtl gelten GBO 20, 29. Zum Erfordern der genügden **Bestimmbark** vgl § 873 Anm 3 c u BGH MDR **69**, 380: Mangel kann auch schuldr BestellgsVertr unwirks machen. Bestell eines EigtümerErbbR (Anm 2b) durch einseitige Erkl des Eigtümers. Eintr jetzt nur in **ausschl ersten Rangstelle**, VO 10. Jetzt ist stets ein ErbbauGB anzulegen, VO 14. **Genehmigg** nach GrdstVG (vgl Einl 7 b cc vor § 854) **nicht** erforderl (BGH NJW **76**, 519 zu GrdstVG 2). Keine Gen nach *Pr* AGBGB Art 7, weil § 1017 I, VO 11 nur für bestehende Erbbaurechte gelten, KG JW **35**, 650; aM zu EG Art 88: Hbg JW **27**, 2323. – GenPfl nach BBauG 19 II 1, 51 I 1, vgl LG Düss Rpfleger **71**, 356. Hierwu u wg sonst Gen vgl Anm 7 u Übbl 12 vor § 873.
cc) AnfangsZtpkt: Schuldr sind die Wirkgen der ErbbRBestellg (zB BesÜberg, ZahlgsPfl) auf jeden belieb Ztpkt beliebb. Dingl entsteht das ErbbR frühestens mit der Eintr (BGH Rpfleger **73**, 355), über aufschiebde Bdggn u Befristg vgl VO 1 Anm 4. Ein Ztpkt vor Eintr kann nicht als EntstehgsZtpkt des dingl R, jedoch als AnfangsZtpkt für die Berechng seines BeendiggsZtpkt festgelegt w (LG Würzb Rpfleger **75**, 249; vgl Anm 2 f aa); zur Auslegg von ZtpktKlauseln vgl Promberger Rpfleger **75**, 233.
b) Durch Buchersitzg, § 900 II; durch Staatsakt im UmleggsVerf, BBauG 61.

5) Übertragg, Inhaltsänderg und Belastg des ErbbR erfordern (formlose) Einigg u Eintr, § 873 Zur Übertragg alter Erbbaurechte ist (sachlrechtl) Aufl notw, §§ 925, 1017 II. Zur Übertr u Inhaltsänderg neuer ErbbR ist (verfrechtl) Einigg nach GBO 20, 29 nachzuweisen, vgl Horber § 20 Anm 2 B; zur Form der hierbei zugrd liegden VerpflGeschäfte s § 11 Anm 3.
a) Übertragg. Bedingd od Befristg unzul (§§ 925 II, 1017 II, VO 11 I 2). Maßgebd ist die Eintr im ErbbauGB, GBO 8 I; VO 14. §§ 927, 928 sind nicht anwendbar. GenPfl nach BBauG 19 II 1 (mit 145 II), 51. Übertragg auf Eigt mögl, kein Erlöschen des Rechts (§ 889), BGH WPM **65**, 1152.
b) Inhaltsänderg. Sachlrechtl formlos, VO 11, §§ 873 ff; dch sie betroffen der GrdstEigtümer, uU auch Inh von Rechten am Grdst u am ErbbR. Bei alten ErbbRechten gem § 1015 Auflassgsform (str). Verfrechtl gelten GBO 20, 29. Für die Eintr ist maßg: Bei alten ErbbRechten das GB des Grdst. Bei neuen das ErbbauGB (VO 14 III 1), für die Änderg von aufschiebenden Bedinggen, Anfangs- u Endterminen entscheidet aber das Blatt des Grdst, das für den Bestand des Rechts maßg ist. Rangänderung wie Inhaltsänderg zul, vgl VO 10 I 1. Verlängerg der ErbbRZeit wie Inhaltsänderg zu behandeln, BayObLG **59**, 527. Über Teilg des ErbbR vgl VO 1 Anm 1 a.
c) Belastg nach § 873. Maßgebd ist die Eintr im ErbbGB, GBO 8, VO 14 III 1. Zul ist die Beglast mit jedem Recht, das am Grdst bestellt w kann, § 1012; VO 11. Vgl auch VO § 1 Anm 2. Zul ist auch die Belastg mit einem **(Unter-) ErbbR** (hM; BGH **62**, 179 = **LM** § 1 ErbbRVO Nr 9 Anm Mattern; aA 34. Aufl);

1061

Überbl v § 1012, §§ 1012–1017 3. Buch. 4. Abschnitt. *Bassenge*

dafür spricht zwar wg WEG 30, 42 kein dringdes Bedürfn, VO 11 I gebietet aber Gleichbehandlg mit Grdst. Es ist (vgl BayObLG Rpfleger **59**, 17; Haegele Rpfleger **67**, 281 Fußn 27) darauf zu achten, daß sich sein Inhalt im Rahmen der belasteten ErbbR halten muß, BGH aO, in dessen ErbbGB es in der 2. Abteilg erscheint, währd für das UnterErbbR ein eigenes ErbbGB anzulegen ist; ü Erlöschen bei Heimfall vgl VO 33 Anm 1. – Belastg mit **Dienstbark** nur im Rahmen der eig Befugn des Berecht; daher zB nicht mit Tankstellendienstbk, wenn Berecht nur Wohnhaus halten darf, BayObLG DNotZ **58**, 542. – Über Entstehg von Belastgen kraft öff Glaubens vgl VO 11 Anm 2. – Belastg des ErbbR ergreift nicht das Grdst, Hamm NJW **69**, 2052. Aber ein GrdPfdR kann gleichzeitig auf dem Grdst u dem ErbbR lasten, es ist dann GesGrdPfdR, Mü JFG **23**, 151. Auch wohl GesDienstbk entspr § 1018 Anm 2; vgl VO § 1 Anm 2 u Rutenfranz DNotZ **65**, 464 (Versorggsleitgen). Bei altem ErbbR erlöschen die Belastgen mit dem ErbbR. Gehört das Bauwerk dem ErbbBerechtigten, § 1012 Anm 2, erstrecken sich Hyp usw auf das Bauwerk, §§ 1120 ff; dieses haftet dem Gläub auch nach dem Erlöschen des ErbbR fort. Für neue ErbbR gelten VO 29, 33. Über Mündel-Hyp vgl VO 18 ff.

d) **ZwVollstr** in ErbbR wie in Grdst. Bei ZwVollstr in Grdst bleibt ErbbR immer bestehen, VO 25.

6) Über **Landesrecht** vgl EG 131, 133. **Übergangsvorschr** in EG 181, 182, 184, 189, 196. – Über **WohnungserbbR** vgl WEG 30, über DauerwohnR am ErbbR WEG 42.

7) **UnbedenklichkBescheinigg** iSv § 925 Anm 9 nach Rspr des BFH (HFR **68** Nr 244, 245; **70**, 115) für GBA notwend bei Begründg, Übertr u Heimfall des R; vgl Haegele BWNotZ **70**, 17.

Bestimmungen des BGB für alte Erbbaurechte

1012 *Ein Grundstück kann in der Weise belastet werden, daß demjenigen, zu dessen Gunsten die Belastung erfolgt, das veräußerliche und vererbliche Recht zusteht, auf oder unter der Oberfläche des Grundstücks ein Bauwerk zu haben (Erbbaurecht).*

1) Vgl Übbl Anm 1 ff u Anm zu VO 1, der dem § 1012 entspricht.

2) Das **Eigentum am Bauwerk** richtet sich hier (anders ErbbRVO 12) ausschl nach den §§ 93 ff. An einem zZ der Begründg des ErbbR vorhandenen Bauwerk verbleibt es dem bish Eigtümer, § 93; vgl aber § 95 I. Später errichtete Bauwerke werden entweder Eigt des ErbbBerecht, § 95 I 2; dann ist das Bauwerk wesentl Bestandt des ErbbR, KGJ **39** B 87; od des GrdstEigtümers, § 93, od eines Dritten, § 95 I 1. Wem die Unterhaltg des Bauwerks obliegt, richtet sich nach dem Bestellgsvertrage. Gehört dem ErbbBerecht das Bauwerk, verbleibt ihm das Eigt daran (als einer nunmehr bewegl Sache) auch nach dem Erlöschen des ErbbR, KG RJA **14**, 188; anders ErbbRVO 12 III. Der GrdstEigtümer kann dann die Beseitigg beanspruchen; § 997 II ist nicht anwendbar, weil das Bauwerk nicht wesentl Bestandt des Grdst ist, § 95 I 2. Wegen der Hyp vgl Übbl Anm 5c.

1013 *Das Erbbaurecht kann auf die Benutzung eines für das Bauwerk nicht erforderlichen Teiles des Grundstücks erstreckt werden, wenn sie für die Benutzung des Bauwerkes Vorteil bietet.*

1) Voraussetzg anders als nach ErbbVO 1 II. Die Erstreckg erfordert Einigg u Eintr, §§ 873, 874, 877, 1015. Vorteil zB durch Gartennutzg; durch Entnahme von Bodenbestandteilen für das im Bauwerk betriebene Gewerbe, RG JW **29**, 745.

1014 *Die Beschränkung des Erbbaurechts auf einen Teil eines Gebäudes, insbesondere ein Stockwerk, ist unzulässig.*

1) Ebenso ErbbRVO 1 III.

1015 *Die zur Bestellung des Erbbaurechts nach § 873 erforderliche Einigung des Eigentümers und des Erwerbers muß bei gleichzeitiger Anwesenheit beider Teile vor dem Grundbuchamt erklärt werden.*

1) Anders ErbbRVO 11 I. Vgl Übbl 4.

1016 *Das Erbbaurecht erlischt nicht dadurch, daß das Bauwerk untergeht.*

1) Ebenso ErbbRVO 13. Abweichende Vereinbg (durch auflösende Bedingg) aber zul; anders VO 1 IV.

1017 [I] *Für das Erbbaurecht gelten die sich auf Grundstücke beziehenden Vorschriften.*
[II] *Die für den Erwerb des Eigentums und die Ansprüche aus dem Eigentume geltenden Vorschriften finden auf das Erbbaurecht entsprechende Anwendung.*

1) Vgl Übbl 3.

Verordnung über das Erbbaurecht
Vom 15. Januar 1919
(RGBl S 72, 122/BGBl III 403–6)

Zuletzt geändert durch Gesetz vom 30. 7. 1973 (BGBl I, 910) und durch Gesetz vom 8. 1. 1974 (BGBl I, 41)

Überblick

1) Wesentl Unterschiede zu §§ 1012–1017: **a)** Verhältnis zwischen dem GrdstEigentümer und dem Berechtigten. Bei altem ErbbR bestehen nur schuldrechtl Beziehungen. Bei neuen ErbbR können die wichtigsten Vereinbgen verdinglicht w, so daß sie für u gg jeden Dritten wirken, §§ 2, 5, 7 I 2, 27 I 2, 37 I 2. Der GrdstEigtümer kann wg § 33 Veräußerg u Belastg des ErbbR mit Hyp usw von seiner Zust abhängig machen, §§ 5 ff.

b) Die Beleihgsfähigk des ErbbR wird verstärkt. Vgl §§ 12, 13, 29, 34 (HaftgsGgst). § 10 (ausschließl erster Rang). §§ 18 ff (Mündelsicherh). § 25 (Bestehenbleiben trotz ZwVerst). §§ 2 Nr 4, 6 II, 9 III, 32, 33 (Bestehenbleiben der Hyp usw beim Heimfall).

c) Nach §§ 27 ff, 32 ff kann der Berecht beim Erlöschen u beim Heimfall des Rechts eine Entschädigg beanspruchen. Auch kann ihm ein Vorrecht auf Erneuerg des ErbbR eingeräumt w, §§ 2 Nr 6. 31. Zweck: Anreiz zur ordngsm Unterhalt des Bauwerks.

d) Vgl ferner VO 1 IV u über Eigt am Bauwerk § 1012 Anm 2, VO 12 Anm 1.

2) Amtl Begründg RAnz 1919 Nr 26 (abgedruckt auch bei Günther, ErbbRVO).

I. Begriff und Inhalt des Erbbaurechts
1. Gesetzlicher Inhalt

ErbbRVO 1 ^I Ein Grundstück kann in der Weise belastet werden, daß demjenigen, zu dessen Gunsten die Belastung erfolgt, das veräußerliche und vererbliche Recht zusteht, auf oder unter der Oberfläche des Grundstücks ein Bauwerk zu haben (Erbbaurecht).

^{II} Das Erbbaurecht kann auf einen für das Bauwerk nicht erforderlichen Teil des Grundstücks erstreckt werden, sofern das Bauwerk wirtschaftlich die Hauptsache bleibt.

^{III} Die Beschränkung des Erbbaurechts auf einen Teil eines Gebäudes, insbesondere ein Stockwerk ist unzulässig.

^{IV} Das Erbbaurecht kann nicht durch auflösende Bedingungen beschränkt werden. Auf eine Vereinbarung, durch die sich der Erbbauberechtigte verpflichtet, beim Eintreten bestimmter Voraussetzungen das Erbbaurecht aufzugeben und seine Löschung im Grundbuch zu bewilligen, kann sich der Grundstückseigentümer nicht berufen.

1) I entspricht § 1012. Vgl auch Übbl 2, 4 vor § 1012. **a) Belastgsgegenstand.** Nur Grdst oder reale nicht: ideelle, BayObLG 20, 405) Teile, die dann verselbständigt w müssen, GBO 7. Beschrkg der Ausübg auf einen Teil des belasteten Grdst zul, KJG 35 A 259. Wird dieser Teil später als selbstd Grdst mit ErbbR-Belastg eingetr, erlischt ErbbR am übr Grdst, § 1026 entspr, BayObLG DNotZ 58, 409 Anm Weitnauer. **GesamtErbbR** als Belastg mehrerer Grdst (auch verschiedener Eigtümer) mit einem einheitl ErbbR zul (BGH NJW 76, 519); es entsteht dch anfängl Bestellg, Teilg eines belasteten Grdst od Erweiterg eines EinzelErbbR auf ein Grdst. In letzteren Fall erstrecken sich Belastgen des EinzelErbbR in Abt III (Hamm NJW 63, 1112) u – da das ErbbR der näml BelastgsGgst bleibt – in Abt II (Hamm DNotZ 74, 94; aA Ingenstau § 11 Rdn 18 mwN) auf das neue GesamtErbbR. Über **Zuschreibg** eines Zuflurstücks Neust Rpfleger 63, 241; Hamm DNotZ 74, 94. Zuläss Recht, mehrere Bauwerke auf einem Grdst zu haben; dieses Recht (nicht aber das zur Errichtg eines Bauwerks, Hamm JMBl NRW 60, 270) ist **teilbar**, KJG 51, 228; Ingenstau § 11 Rdz 95. Teilg erfordert, sofern nicht das ErbbR bereits auf mehreren Grdst, auf die es verteilt w soll, lastet, die Teilg des Grdst durch den Eigtümer (vgl § 890 Anm 5) in selbstd TeilGrdst entspr der vom Erbb-Berecht zu erklärden Verteilg des Rechts dahin, daß auf jedem neuen TeilGrdst je nur ein Bauwerk (evtl auch mehrere) gehalten w darf. Diese TeilgsErkl beschränkt das Bauwerk auf ein bestimmtes TeilGrdst, sie entläßt die jeweiligen anderen TeilGrdst aus der Haftg; daher ist sie nach §§ 875, 876 zu beurteilen. Praxis verlangt überw Enthaftgsvermerk dch ErbbRInh, str, Nachw vgl Haegele aaO S 53 Fußn 119, 120. Ferner Eintr nötig. Zustimmg der RealBerecht am Grdst nicht erforderl, aber der am ErbbR; hM; Neust NJW 60, 1157. Zustimmg des Eigtümers nötig nach VO 26, BGH WPM 74, 322; sie muß aber notf hin ZivProz erzwungen, kann also nicht analog VO 7 dch FG-Richter ersetzt w, vgl BGH aaO. Zu beachten, daß die neuen Grdst-Grenzen nicht durch ein schon errichtetes Bauwerk führen dürfen, Kehrer BWNotZ 55, 197. Im einzelnen manches str, vgl Lutter u F. Riedel, DNotZ 60, 87 bzw 375. Teilgsrecht abdingb wohl nur mit schuldrechtl Wirkg, Haegele, Rpfleger 67, 283 Fußn 45, Lutter aaO 89 (aM KJG 51, 228). – Ob es zul, **ein Grdst mit mehreren ErbbR** zu belasten, wird heute überw verneint (Ffm DNotZ 67, 688; Ingenstau § 11 Rdz 89; and (falls jedes ErbbR auf eines mehrerer auf einem Grdst stehder Gebäude beschr), Erm-Ronke § 1 Rdz 11. Über **UnterErbbR** vgl Übbl 5 c vor § 1012. – Über **WErbbR** (TeilErbbR) vgl WEG 30.

b) Bauwerk: Dch Verwendg von Arbeit u bodenfremdem Material in Verbindg mit Erdboden hergestellte Sache (RG 56, 43). Nicht nur Gbde, sond auch: Brücken, Leitgsmasten, Seilbahnträger (OLG 25,

ErbbRVO 1, 2   3. Buch. 4. Abschnitt. *Bassenge*

126), selbstd Keller (KG JW **33**, 1335), unterird Tank, Grabdenkmal (OLG **8**, 123), Gleisanlage (KGJ **29** A 132), Straße (LG Kiel SchlHA **72**, 196), Tennisplatz u Kindergarten (LG Itzeh Rpfleger **73**, 304), Campingplatz mit WirtschGbden (LG Paderb MDR **76**, 579). **Nicht** aber: festgeschraubte Maschinen (BayObLG **6**, 596), lose Rohrleitg (KGJ **29** A 132), Sportplatz (LG Brschw MDR **53**, 480); Garten (LG Lüb SchlHA **59**, 151). – Art des Bauwerks im Vertr zu bestimmen, Ingenstau § 1 Anm 24; Hamm NJW **66**, 1416. Einigg u Eintr müssen die Beschaffenh des bzw der mehreren zul Bauwerke mind ungefähr bezeichnen (BGH **47**, 190; strenger Ripfel BB **67**, 1357); genügd, wenn die offenkund örtl Verh nur eine best Bauweise zulassen (BGH aaO u RhNK **74**, 23; Ffm Rpfleger **75**, 305; Mattern WPM **73**, 666). „Parkhaus/Tankstelle" steht zusätzl Einrichtg einer Gaststätte nicht notw entgg (BGH **LM** Nr 10). Aber sonst nähere Beschreibg u genaue örtl Lage (vgl Riedel DNotZ **60**, 376) nicht nöt aber zweckm; genügd zB „mehrere Wohnhäuser" im Ggs zu „ein Wohnhaus" (BGH WPM **75**, 498). Ungenügd bloße Wiedergabe des Ges-Wortlauts „Bauwerk" (BGH WPM **69**, 564, 566). – Ungenügde Bezeichg läßt ErbbR nicht entstehen, Eintr ist inhaltl unzul (Ffm Rpfleger **75**, 305).

c) Berechtigter: Natürl od jur Person. Nicht: jeweiliger Eigtümer eines anderen Grdst; aber ErbbR kann anderem Grdst als Bestandt (jederzeit lösb) zugeschrieben w, § 890 II; vgl Schulte BWNotZ **60**, 137. Auch belastetes Grdst dem ErbbR, Kehrer WNotZ **54**, 86. Vereinigg nach § 890 I nach hM (vgl Haegele Rpfleger **72**, 54 Fußn 130) aus den Gründen Anm 2 zu § 890 mögl. – Berechtigg mehrerer nach Bruchteilen od zur ges Hand (§ 428 zul, LG Hagen DNotZ **50**, 381; Ingenstau VO 1 Rdnr 19 Anm III 1; Soergel-Baur Rdnr 1; vgl auch BGH **46**, 253, 255. – Bestellg für GrdstEigtümer selbst zul (allgM); ebso für Beteil an GesHandsGemsch, der Grdst gehört (LG Düss DNotZ **55**, 155).

d) Besitz: GrdstEigtümer behält mittelb Besitz am Grdst; am Bauwerk ist allein ErbbBerecht Besitzer; der dch Beendigg des ErbbRVerh bdgt HerausgAnspr (§ 870) ist abtretb (BGH JZ **70**, 373). **Eigt:** § 12.

2) II weicht von § 1013 ab. **Erstreckg des ErbbR** selbst auf die Benutzg einer als Baugrund nicht benötigten Fläche, wenn der ErbbBerecht zur vorteilh Ausübg seines Rechts, im Bauwerk auf dem Grdst zu haben, noch einer weiteren unbebauten GrdstFläche zB als Hof od Zugang bedarf; Bauwerk muß wirtsch Haupts bleiben; eine nicht schon von Anfang an geplante od erst später vereinb nur teilw Bebauung verletzt dieses Gebot nicht, BGH v 24. 3. 72, V 2/70 nach Mattern WPM **73**, 666/667. Erstreckg bedarf dingl Einigg u Eintr. Sie ist zu unterscheiden von der zuläss (Anm 1) dingl wirkd Vereinbg, daß das ErbbR auf den ganzen Grdst eingetr w soll, obwohl seine Ausübg auf einen Teil des Grdst beschränkt ist; Hamm Rpfleger **72**, 171. Die nicht für das Bauwerk erforderl Fläche belastb mit Dienstbark (zB FahrR), u zwar sowohl das Grdst wie das ErbbR daran, BayObLG **59**, 365; dies auch zG des GrdstEigtümers. Bei landwirtschaftl Siedlg ist das Gebäude nicht Haupts, Kiel JW **32**, 1978. Anders bei Schweinezüchterei, BayObLG **20**, 142. ErbbR unzul auf selbstd Grdst, das nicht bebaut w soll, LG Lüb SchlHA **62**, 247. Gilt entspr, wenn weiteres Grdst in ErbbR (nun GesamtR, s Anm 1a) einbezogen w, LG Düss Rpfleger **71**, 356.

3) Unzulässig Beschränkg auf Teil eines Gebäudes, insb Stockwerk, III (entspr § 1014). Str, ob dies nur hins horizontalen od auch hins vertikalen GbdeTeils gilt; ob also ErbbR zul, das Errichtg eines Bauwerks auf mehreren ErbbGrdst aGrd selbstdgr EinzelErbbRe **(NachbErbbR)** od teils auf ErbbGrdst u teils auf eigenem Grdst vorsieht (zul: Schraepler NJW **72**, 1981; Rothoeft NJW **74**, 665; Esser NJW **74**, 921; Krämer DNotZ **74**, 647; Düss DNotZ **74**, 698; Stgt NJW **75**, 786; unzul: Ingenstau § 11 Rdn 91; BGH **LM** Nr 7/8). Der Zweck der Untersagg wäre jedenf hins horizontaler u vertikaler Aufteilg verschieden: Die Absicht des Gesetzgebers, eine Art StockwerksEigt zu vermeiden, gilt nur hins horizontalen Gebäudeteils, hins vertikalen Gebäudeteils besteht Problematik der EigtVerh am einheitl Bauwerk (dazu Schraepler aaO; Rothoeft aaO), diese aber auch bei Beendigg eines GesErbbR gegeben, sow nicht bei Bestellg (v „Nachb-ErbbRen" oder GesErbbR) geregelt (dazu Esser aaO). Wirtschaftl Bedürfn erheischt zumindest Lockerg hins Grenzüberbauung; Beschränkg auf selbstde NebenGbde (BayObLG DNotZ **58**, 409) u vertikalen GbdeTeil, den VerkAuffassg als selbstd Gbde ansieht, zul. Nach BGH **LM** Nr 7/8 w ErbbRVertr nicht unwirks, wenn Gbde ohne entspr Vereinbg teils auf ErbbGrdst u teils auf anderem Grdst errichtet w. – Vgl auch (ÜberbauVorschr entspr) Kehrer BWNotZ **57**, 53.

4) IV fördert die Beleihbark. Auflösd bedingte Bestellg **nichtig** (and nach altem ErbbR); § 139 unanwendb, str. Nach BGH **52**, 269 auch solche auf **Lebenszeit des Bestellers** – damit auch die dch VorE ohne Zustimmg des NachE, weil auch nicht zwar sicher eintretender, doch zeitl ungewisser Endtermin zu gleicher, gesetzl mißbilligter Unsicherh führe, wie aufl Bedingg; so auch Celle Rpfleger **64**, 213 (das allerd desh zuließ, weil zugl Mindestlaufzeit von 50 Jahren vereinb). Str; gg BGH **52**, 269 Ingenstau Rdz 39 im Anschl an Hönn NJW **70**, 138 u Winkler DNotZ **70**, 651; abl auch Haegele Rpfleger **71**, 126. Allerd muß Arg des BGH auch zur Nichtigk eins ErbbR auf **Lebenszeit des ErbbBerecht** führen (Winkler aaO S 654); so auch Erm-Ronke Rdz 21; Staud-Ring Rdnr 20; RGRK Anm 15, währd zB W-Raiser § 104 III Nichtigk wg Verstoßes gg den Grds der Vererblichk annehmen, was BGH aaO offen läßt. – Bestimmt befristete, aufsch bedingte Bestellg aber zul, Ingenstau § 1 Rdnr 35; Erm-Ronke § 1 Rdnr 22. – Zum gleichen SichgZweck machte es IV 2 unzul, an Zuwiderhandlg des ErbbBerecht das Erlöschen des R zu knüpfen. Folgen: vgl Übbl 4a aa vor § 1012. – Unwirksamk aus **IV 2** trifft nur den Besteller, § 139 nicht anwendb, BGH RhNK **74**, 23.

2. Vertragsmäßiger Inhalt

ErbbRVO 2 Zum Inhalt des Erbbaurechts gehören auch Vereinbarungen des Grundstückseigentümers und des Erbbauberechtigten über:

1. die Errichtung, die Instandhaltung und die Verwendung des Bauwerkes;
2. die Versicherung des Bauwerkes und seinen Wiederaufbau im Falle der Zerstörung;

3. die Tragung der öffentlichen und privatrechtlichen Lasten und Abgaben;
4. eine Verpflichtung des Erbbauberechtigten, das Erbbaurecht beim Eintreten bestimmter Voraussetzungen auf den Grundstückseigentümer zu übertragen (Heimfall);
5. eine Verpflichtung des Erbbauberechtigten zur Zahlung von Vertragsstrafen;
6. die Einräumung eines Vorrechts für den Erbbauberechtigten auf Erneuerung des Erbbaurechts nach dessen Ablauf;
7. eine Verpflichtung des Grundstückseigentümers, das Grundstück an den jeweiligen Erbbauberechtigten zu verkaufen.

1) Zum Inhalt des ErbbR gemachte Vereinbarungen. Sie wirken für u gg SonderRNachfolger u zT gg Dritte, BGH NJW **54**, 1453; vgl Anm 2. Nötig Einigg u Eintr im ErbbGB, §§ 873, 877, VO 14; sonst nur schuldr Wirkg. Zur Bestimmth der Antr vgl BayObLG **67**, 48; **69**, 97; ungenügd: den ErbbRVertr als Inh des R einzutragen, soweit gesetzl zuläss. Bei dingl wirkender Vereinbg Verpflichtg u Berechtigt des jeweiligen ErbbBerechtigten ggü jeweil Eigtümer u umgekehrt bzgl der währd Bestehens seines Rechts fälligen Leistgn. ErbbR haftet aber nicht dingl, wie Grdst für Hyp. Aber HeimfallAnspr auch ggü RNachfolger, wenn ggü RVorgänger entstanden, Rahn BWNotZ **61**, 53 (auch über Wirkg in Konk u ZwVerst), Änderg mit Zust der Gläub für das ErbbR belastenden Rechte, § 876 S 1. Bes Sicherg dch Dbk mögl (str). Über nur schuldr wirkde Vereinbgen vgl Übbl 2e vor § 1012.

2) Einzelheiten. a) Zu Nr 1: Pfl zur Errichtg eines Bauwerks nur bei bes Vereinbg. Dann auch Pfl zur Erschließg, Schulte BWNotZ **61**, 321. Unter Nr 1 fällt auch Abrede über Verwendg der unbebauten Grdst-Teile, über Recht des Eigtümers zur Besichtig u ä, LG Lüneb MDR **55**, 36; Notwendigk seiner Zustimmg zur Vermietg, BGH DNotZ **68**, 302, krit Weitnauer, sow BGH dem GrdstEigtümer unmittelb § 985 (§ 986 I 2) ggü Mieter gab, vgl dazu WEG 12 Anm 4b. Zur Notwendigk der Zustimmg des Siedlgsträgers zu baulicher Veränderg, BGH **48**, 296 – dazu § 7 Anm 3. Bei Verstoß gg Vereinbg h GrdstEigtümer ggü ErbbBerecht vertragl Anspr auf Unterlassg od Beseitigg; auch § 1004, BGH **59**, 205 = **LM** Nr 1 Anm Mattern; Art u Umfang des AbwAnspr richten sich nach der Stärke der Verletzg (Beseitigg des Gebäudes – einz Gebäudeteile, hier Schaufenster, – Unterlassg der vertrwidr Verwendg des rechtm errichteten Gebäudes); uU auch Dritte (vgl Staud-Ring Rdnr 11a), allerd kein BesSchutz, da er nur mittelb Besitzer, vgl BGH **32**, 199, 204. Pfl zur Instandhaltg des Bauwerks, nicht des Grdst. **b) Zu Nr 2:** Pfl zum Wiederaufbau nur bei Abrede u, wenn zumutb (§ 242). Vgl auch VO 13 Anm 1. **c) Zu Nr 3:** Aus Übernahme von Lasten folgt aber keine unmittelb Haftg dem Gläub ggü, Ingenstau Anm 19. **d) Zu Nr 4:** Die frei vereinb (Ausn §§ 6 II, 9 III) Voraussetzgen des **Heimfalls** müssen bestimmt sein; zB Tod des Berecht (Hamm DNotZ **66**, 41), Unvermögen des Berecht zu fristgem Bebauung (BGH WPM **73**, 1074), Vernachlässigg od Untergang des Bauwerks; unzul R des GrdstEigtümers, jederzeit od bei Kirchenaustritt (Brschw OLGZ **76**, 52) Heimfall verlangen zu können. Zur VertrGestaltg bei Gesamt- u NachbErbbR vgl Haegele Rpfleger **67**, 280; Krämer DNotZ **74**, 659. Da Anspr auf Übertr, ist Verpfl zur Löschg unwirks (Mattern WPM **73**, 667). – Vgl auch Übbl 2f cc vor § 1012. **e) Zu Nr 5:** VertrStrafe auch für unpünktl ErbbZinszahlg (Strafzinsen; VO 9 I gilt insow nicht); auch Verzugszinsen in fest bestimmter Höhe, Merkel NJW **55**, 1114; keine gesetzl VerzZinsen (§ 289), Rahn BJW **70**, 243. Anspr auf VertrStrafe durch Hyp sicherb; sonst kein Recht auf Befriedigg aus dem ErbbR (str). **f) Zu Nr 6:** ErneuergsR, vgl VO 31. **g) Zu Nr 7:** Als Inhalt des ErbbR eingetragene (u dah nur für die Zeit während seines Bestehens zu begründde, Hamm NJW **74**, 863) dingl **Kaufberechtigg** wirkt zwar nicht wie Vormkg, aber dem Erwerber des Grdst ggü ausübb, BGH NJW **54**, 1444, dort auch über Verhältn zu einem dingl VorkaufsR. Die wesentl Kaufbedinggen müssen festgelegt, mind bestimmb sein. Mögl ist Beschrkg auf den Fall des Verkaufs an Dritten u Übernahme des Inhalts dieses Vertr; ähnelt dann dem dingl VorkaufsR, über dieses BGH aaO u VO 10 Anm 1. Ausübg der Rechts nach Nr 7 durch Erkl ggü Eigtümer; hierdurch kommt Kauf zustande. Bei Erwerb des Grdst (durch Aufl u Eintr) bleibt ErbbR bestehen, ebso sonstige Belastgen des Grdst. ErbbBerecht konnte sich aber Aufl-Anspr durch Vormkg sichern, Ingenstau Anm 48. Wurden ErbbR u AnkaufsR notariell beurkundet, kann ersteres unter Fortbestand des AnkaufsR dch forml Vereinbg aufgehoben u dch MietVertr ersetzt w, BGH MDR **72**, 854. – Eine **Kaufverpflichtg** des ErbbBerecht kann nicht mit dingl Wirkg begründet w, sond nur schuldrechtl, Form: § 313 BGB. Sie ist nicht ohne weiteres sittenwidr (BGH **68**, 1; Hamm NJW **77**, 203), Gestaltg des Einzelfalles maßg. Über analoge Anwendg von § 9a vgl Macke NJW **77**, 2233; Richter BWNotZ **78**, 61.

ErbbRVO 3 Der Heimfallanspruch des Grundstückseigentümers kann nicht von dem Eigentum an dem Grundstück getrennt werden; der Eigentümer kann verlangen, daß das Erbbaurecht einem von ihm zu bezeichnenden Dritten übertragen wird.

1) Halbs 1: HeimfallAnspr steht als wesentl GrdstBestandt dem jeweil GrdstEigtümer zu u ist unübertragb, unpfändb u unverpfändb (Düss DNotZ **74**, 177). – **Halbs 2:** Abdingb (str). Nur Anspr auf dingl Übertr an Dr, nicht auf schuldr Vereinbg mit Dr (Düss aaO). Übertr auf Dr erfüllt HeimfallAnspr des Eigtümers (BGH NJW **66**, 370). Bezeichng des Dr, der kein eigenes R erhält, änderb. Mitbestimmg eines und bei Bezeichng des Dr nicht mit dingl Wirkg vereinb u nicht dch Vormerkg sicherb (Alberty NJW **53**, 691; LG Münst NJW **54**, 1246).

ErbbRVO 4 Der Heimfallanspruch sowie der Anspruch auf eine Vertragsstrafe (§ 2 Nr. 4 und 5) verjährt in sechs Monaten von dem Zeitpunkt an, in dem der Grundstückseigentümer von dem Vorhandensein der Voraussetzungen Kenntnis erlangt, ohne Rücksicht auf diese Kenntnis in zwei Jahren vom Eintreten der Voraussetzungen an.

ErbbRVO 5 ⁱAls Inhalt des Erbbaurechts kann auch vereinbart werden, daß der Erbbauberechtigte zur Veräußerung des Erbbaurechts der Zustimmung des Grundstückseigentümers bedarf.

ⁱⁱ Als Inhalt des Erbbaurechts kann ferner vereinbart werden, daß der Erbbauberechtigte zur Belastung des Erbbaurechts mit einer Hypothek, Grund- oder Rentenschuld oder einer Reallast der Zustimmung des Grundstückseigentümers bedarf. Ist eine solche Vereinbarung getroffen, so kann auch eine Änderung des Inhalts der Hypothek, Grund- oder Rentenschuld oder der Reallast, die eine weitere Belastung des Erbbaurechts enthält, nicht ohne die Zustimmung des Grundstückseigentümers erfolgen.

1) Erfordernis der **Zustimmg des GrdstEigtümers zur Veräußerg u Belastg** des ErbbR (mit den in II genannten Rechten) **dingl vereinbar.** Ausn von § 137. Dingl Wirkg; vgl § 2 Anm 1; fehlt die Zustimmg, hat das die absolute (schwebde) Unwirksamk der Verfügg zur Folge (BGH **33**, 76). Grd: der Eigtümer soll zweckwidr Veräußerg u (wg ErbbRVO 33) übermäß Belastg verhindern können. Zur Vormkg vgl § 6 Anm 1. Vgl Brschwg OLGZ **72**, 187: die für bestimmte VerkFälle vorweg erteilte Zust ist als Inh-Ä nd eintragb. Nach Stgt (NJW **52**, 979, zust Soergel-Baur Rdnr 4, Ingenstau Rdnr 9) kann auch Zust des Eigtümers zur Belastg mit **Dauerwohn(nutzgs)rechten** mit dingl Wirkg vereinbart w, da auch diese beim Heimfall bestehen bleiben, WEG 42 Anm 1. Mangels solcher Vereinbg Bestellg von Dauerwohnrechten zustimmgsfrei. Im ErbbauVertr vorgesehene Beschrkgen hins des näheren Inhalts der Belastgen wirken nur schuldrechtl, BayObLG NJW **59**, 2165. Auch wenn der Nachl nur aus einem Grdst besteht, ist die Abtretg eines Erbanteils nicht gem § 5 I zustimmgsbedürftg, BayObLG Rpfleger **68**, 188, zust Haegele. Wohl aber läßt LG Münster § 5 bei Veräußerg iW vorweggenommener Erbf eingreifen (MDR **68**, 585). **Voraussetzg: Einigg u Eintragg** (§§ 873, 877; vgl auch VO 14 I 3, 15; GBVfg 56 II); **Bezugn auf EintrBewilligg** wie nach WEG 12 Anm 2 (GBVfg 56 II); vgl auch Riggers, JurBüro **70**, 731; andernf h Vereinbg eines Veräußergsverbots (§ 137) nur schuldrechtl Wirkg; keine Vormkg, Staud-Ring § 1 Anm 21. – Die §§ 5–8 gelten nicht für Erbheimstätten, RHeimstG 26 II. Erweiterg der Belastg, II 2, ist Änderg zum Nachteil des ErbbBerechtigten; vgl darüber § 1119 Anm 1, 2. Vfg anderer Art über die mit Zust des GrdstEigtümers eingetragene Hyp kann nicht verboten w, Mü JFG **16**, 210. Über Zust zur ZwVerst vgl § 8 Anm 2. Widerruf der Zust (Einwilligg, § 183) bis zur Wirksamk der Vfg, BGH NJW **63**, 36; vgl aber auch § 6 Anm 1 aE. – Zum **Geschäftswert** Hamm JVBl **67**, 136.

2) Darüber, wie sich Eigtümer bei Erteilg der Zust zweckm sichert, Petersen BlGBW **59**, 81; darü, daß Zust mj GrdstEigtümers nicht dch VormschG gen w muß, LG Ffm Rpfleger **74**,109. Erzwingg der Zust: § 7.

ErbbRVO 6 ⁱ Ist eine Vereinbarung gemäß § 5 getroffen, so ist eine Verfügung des Erbbauberechtigten über das Erbbaurecht und ein Vertrag, durch den er sich zu einer solchen Verfügung verpflichtet, unwirksam, solange nicht der Grundstückseigentümer die erforderliche Zustimmung erteilt hat.

ⁱⁱ Auf eine Vereinbarung, daß ein Zuwiderhandeln des Erbbauberechtigten gegen eine nach § 5 übernommene Beschränkung einen Heimfallanspruch begründen soll, kann sich der Grundstückseigentümer nicht berufen.

1) Nichtgenehmigte Verfüggen, die nach § 5 **zustimmgsbedürftig, u schuldrechtl Verträge** hierzu sind **schwebd unwirksam,** aber ggü jedermann, BGH **33**, 85. Auch SichgHyp nach § 1287. SichgHyp nach § 648 dann (leider!) nicht ohne Zust des GrdEigtümers eintragbar, allg M. Die Zust aber hier idR nach § 7 II, III erzwingb. Bei Belastg mit GrdPfdR bei Fehlen der Zust keine EigtümerGrdSch. Bewilligte **Vormerkgen** ohne Zustimmg des Eigtümers eintragb; Soergel-Baur § 5 Rdnr 3; str; Nachw Haegele GBR Rdnr 760 m. Dem muß gleichstehen, wenn die Bewilligg dch einstw Vfg ersetzt ist (vgl Horber § 19 Anm 2 B c). Zur Zulässigk einer einstw Vfg auf Vormkg eines – nicht nur betagten – noch schwebd unwirks Anspr vgl § 883 Anm 3 d aa; hier zu sow § 7 II, III die Möglichk der Erzwingg iSv ZPO 926 (vgl § 885 Anm 2b) gibt; aA Ingenstau Rdnr 9. – Bei gesetzl Anspr, wie dem aus § 648, w Vormkg aGrd einstw Vfg zur für zul gehalten (Köln OLGZ **67**, 193 m Nachw; Nürnb OLGZ **67**, 22; aA insow Soergel-Baur § 8 Rdnr 2). – Wegen Bindg an Vertr vgl Einf vor § 182. – Zustimmg sachlrechtl formlos, § 182 II: formellrechtl GBO 29; vgl auch ErbbRVO 7 Anm 1. VfgsBeschrkg fällt unter § 878. Aber bei Widerruf der Zust (§ 5 Anm 1 aE) nach Bindg gem § 873 II ist Wiedereintritt der VfgsBeschrkg ohne Bedeutg, BGH NJW **63**, 36. – Vgl auch § 8.

2) II. Verstoß gg Vereinbg nach § 5 nicht als Voraussetzg für HeimfallAnspr vereinb; gilt auch für rein schuldr Vereinbg (str). Vereinbg aber freiw erfüllb, da Schutzzweck des § 1 IV nicht eingreift (LG Mü II MittBayNot **72**, 20).

ErbbRVO 7 ⁱ Ist anzunehmen, daß durch die Veräußerung (§ 5 Abs. 1) der mit der Bestellung des Erbbaurechts verfolgte Zweck nicht wesentlich beeinträchtigt oder gefährdet wird, und daß die Persönlichkeit des Erwerbers Gewähr für eine ordnungsmäßige Erfüllung der sich aus dem Erbbaurechtsinhalt ergebenden Verpflichtungen bietet, so kann der Erbbauberechtigte verlangen, daß der Grundstückseigentümer die Zustimmung zur Veräußerung erteilt. Dem Erbbauberechtigten kann auch für weitere Fälle ein Anspruch auf Erteilung der Zustimmung eingeräumt werden.

ⁱⁱ Ist eine Belastung (§ 5 Abs. 2) mit den Regeln einer ordnungsmäßigen Wirtschaft vereinbar, und wird der mit der Bestellung des Erbbaurechts verfolgte Zweck nicht wesentlich beeinträchtigt oder gefährdet, so kann der Erbbauberechtigte verlangen, daß der Grundstückseigentümer die Zustimmung zu der Belastung erteilt.

Erbbaurecht **ErbbRVO 7–9**

III **Wird die Zustimmung des Grundstückseigentümers ohne ausreichenden Grund verweigert, so kann sie auf Antrag des Erbbauberechtigten durch das Amtsgericht ersetzt werden, in dessen Bezirk das Grundstück belegen ist. Die Vorschriften des § 53 Abs. 1 Satz 1, Abs. 2 und des § 60 Abs. 1 Nr. 6 des Reichsgesetzes über die Angelegenheiten der freiwilligen Gerichtsbarkeit gelten entsprechend.**

1) **Anspr des ErbbBerechtigten gg Eigtümer auf Zustimmg.** Nicht abdingb (Ausn I 2), weder abtretb noch pfändb; Übertr u Pfdg (ZPO 857 III) zur Ausübg aber zul (BGH 33, 76). Ersetzb auch Zust zum schuldr Vertr (§ 6, Ingenstau Anm 8). Ersetzg der Zust erst nach Entstehg des ErbbR (KG JFG 13, 368); auch erforderl, wenn Eigtümer nur Beglaubigg der ZustErkl verweigert. – **a) Ersetzg.** Die VfgsBeschrkg soll den Eigtümer gg spekulative Ausnützg des ErbbR, die dieses seinem bei der Bestellg vereinb Zweck entfremdet, schützen. Keine Zweckentfremdg, wenn ErbbBerecht das auf ErbbGrdst errichtete Haus vermietet u ErbbR belastet, um anderswo bauen zu können (Hamm NJW 68, 554), bei Belastg des zum Gewerbebau bestellten ErbbR zur Finanzierg des GewerbeBetr (Ffm DNotZ 78, 105), od wenn er ErbbR belastet, um auf ErbbGrdst zul Bau zu finanzieren (BayObLG Rpfleger 74, 357); and bei Belastg des zum WohnBau bestellten ErbbR zur Finanzierg von Gewerbebau (Karlsr WM 72, 97). Umst zZ der Entscheidg maßg, Verhalten des Eigtümers zu früheren Zweckbeeinträchtiggen bedeuts (BayObLG 72, 260). Ersetzg, wenn Eigtümer Zust nur verweigert, um ZusatzVereinbg zu erreichen (Hamm DNotZ 75, 354). – Beleihungsgrenzen nach §§ 18 ff sind hier nicht Höchstgrenzen (BayObLG Rpfleger 74, 357). Unzul ist Ersetzg unter Vfg eines Vorrangs für ein R vor and (Stgt BWNotZ 63, 303) od Abhängigmach der Zust von Erhöhg des ErbbZinses (BayObLG Rpfleger 74, 357) od unter Ausschaltg zw Eigtümer u ErbbBerecht vereinbarter VeräußergsBdggen (Hamm Rpfleger 76, 131). – **b) Verfahren.** Echtes StreitVerf der FG. AntrR hat nur ErbbBerecht oder sein KonkVerw (Hamm OLGZ 66, 574), Vertretg zul. Gehört Grdst einer ErbenGemsch, so ist Zust Vfg über NachlGgst, Antr nur so verweigernde Miterben genügd (Hamm aaO). – Ersetzg mit sof Beschw (FGG 53 I 1, 60 I Nr 6), Versagg mit einf Beschw anfechtb. – Zum Inhalt der ersetzden Entscheidg Ffm Rpfleger 77, 308.

2) Bei **ZwVerst** des ErbbR ist Zust des Eigtümers erst nach Beginn der Frist gem ZVG 87 ersetzb (BGH 33, 76). AntrR hat auch betreibder Gläub (Köln OLGZ 69, 228), iF ZVG 180 jeder Miterbe einzeln.

3) § 7 nicht sinngemäß anwendb, wenn der Siedlgsträger die nach § 2 Nr 1 erforderl Zustimmg zu baul Veränderngen von Landabgabe abhäng macht, was grdsätzl nicht unzul, BGH 48, 296. Nicht anwendb auf die zur Teilg des Rechts nöt Zust des GrdstEigtümers (LG Bochum NJW 69, 1673; s auch BGH WPM 74, 322); vgl VO § 26 Anm 1, § 1 Anm 1a, § 2 Anm 2a zu Nr 1.

ErbbRVO 8 **Verfügungen, die im Wege der Zwangsvollstreckung oder der Arrestvollziehung oder durch den Konkursverwalter erfolgen, sind insoweit unwirksam, als sie die Rechte des Grundstückseigentümers aus einer Vereinbarung gemäß § 5 vereiteln oder beeinträchtigen würden.**

Schrifttum: Kalter, Einige Rechtsfragen zur Zwangsvollstreckg in ErbbR, KTS 66, 137.

1) **Ist Vereinbarg gem § 5 getroffen**, sind die genannten **VollstrMaßnahmen** (nicht die ZwVerw) d e m n i c h t zustimmenden (vgl aber auch § 7, der anwendbar, u Anm 4) GrdstEigtümer ggüber **unwirksam**, soweit er beeinträchtigt ist. Wirkg wie in § 6 (vgl dort Anm 1); BGH 33, 85. Gilt auch für ZwangsHyp, ZPO 865, 932, (hierüber vgl Haegele Rpfleger 67, 286; Hamm Rpfleger 53, 520) u SichgHyp nach ZPO 848. Wegen Vormrkg aGrd Anf gvgl § 6 Anm 1. – Zustimmg unnötig bei AnfKlage nach AnfG, BGH NJW 66, 730. ZwVollstr in ErbbHeimstätte beschränkt nach RHeimstG 20, 26 II.

2) Die **Zustimmg** des GrdstEigtümers gem § 5 I (od deren Ersetzg nach § 7 III) braucht noch nicht bei Anordng der ZwVerst vorzuliegen, sond **erst bei Entscheidg über Zuschlag**, BGH 33, 76, 87; BayObLG 60, 473. Eigtümer hat auch erst dann Kenntn vom Meistbietenden; erst dann kann er sich entscheiden od seine Weigerg nach § 7 ersetzt w. Daher liegt auch in Zustimmg zur Belastg mit GrdPfdR od Reallast nicht Zustimmung zum Zuschlag, str; vgl Riggers JBüro 72, 996. Desh letztere auch dann nötig, wenn GrdstEigtümer selbst die ZwVerst betreibt, BayObLG 60, 476. – Eintragbar (bei Vereinbg nach § 5 I, II), daß Zust des Eigtümers zur ZwVerst nicht nötig, LG Brem MDR 57, 99; LG Ffm NJW 59, 772; auch daß für gewisse Fälle an sich notw Zustimmg erteilt sei, nach Brschw MDR 72, 420 als InhÄnd gem GBO 56 im Bestandsverzeichn. – Wegen Beitritts eines persönl Gläub vgl LG Verden Rpfleger 52, 495 (Anm Bruhn); Pöschl BWNotZ 56, 44.

3) **Verfügg durch KonkVerw**: gleich, ob im Wege der ZwVerst od freihändig. Auch schuldrechtl Verpflichtgsgeschäfte des KonkVerw iF des § 5 zustimmgsbedürftig (anders hM).

4) **Zustimmg** des Eigtümers auch hier nach § 7 III ersetzbar, Köln OLGZ 69, 228. Über Versaggsgründe bei Versteigerg eines Hälfteanteils Düss KuT 58, 43. Antragsberechtigt hier auch KonkVerw u Gläub (anders hM); offensichtl Gesetzeslücke, die nur so ausgefüllt w kann, will man nicht den Gläub rechtlos machen u den Realkredit aushöhlen. Hamm Rpfleger 53, 520 verweist den Gläub auf Pfändg des ZustR nach § 7; BGH 33, 76 läßt ebenf Pfändg u Überweisg zur Einziehg (Ausübg) zu.

3. Erbbauzins

ErbbRVO 9 I **Wird für die Bestellung des Erbbaurechts ein Entgelt in wiederkehrenden Leistungen (Erbbauzins) ausbedungen, so finden die Vorschriften des Bürgerlichen Gesetzbuchs über die Reallasten entsprechende Anwendung. Die zugunsten der Landesgesetze bestehenden Vorbehalte über Reallasten finden keine Anwendung.**

ErbbRVO 9 1　　　　　　　　　　　　　　　　　　　　　　3. Buch. 4. Abschnitt. *Bassenge*

II **Der Erbbauzins muß nach Zeit und Höhe für die ganze Erbbauzeit im voraus bestimmt sein. Der Anspruch des Grundstückseigentümers auf Entrichtung des Erbbauzinses kann in Ansehung noch nicht fälliger Leistungen nicht von dem Eigentum an dem Grundstück getrennt werden.**

III **Zahlungsverzug des Erbbauberechtigten kann den Heimfallanspruch nur dann begründen, wenn der Erbbauberechtigte mit dem Erbbauzinse mindestens in Höhe zweier Jahresbeträge im Rückstand ist.**

Schrifttum: Backhaus, Gleitder ErbbZins, GWW **70**, 173. – Hartmann, Betr Beilage 17 u 18/**70**; BWNotZ **76**, 1; NJW **76**, 403; Dtsch Stiftswesen **66–76**, 221 (je zu Wertsicherg). – Ripfel, BWNotZ **71**, 55 (Wertsicherg). – Dürkes, Wertsichgsklauseln, 8. Aufl 1972. – Riedel, JurBüro **73**, 1126. – Müller-Frank, RhNK **75**, 355. – Z Geldentwertg: Medicus, Betr **74**, 759; Bettermann, ZRP **74**, 13; Mann, NJW **74**, 1297; Papier, JuS **74**, 477; Reichert-Facilides, JZ **74**, 483, 486. – Gerardy, Wertermittlgen im ZusHang mit ErbbRen, BlGBW **74**, 121.

1) Bestellg des ErbbR unentgelt (BGH NJW **70**, 944) od entgeltl; idR gg wiederkehrende Leistgen: **Erbbauzins.** Vgl Übbl 2d vor § 1012. **a) Dingl Sicherg wie (subjdingl) Reallast** durch Einigg u Eintr im ErbbGB, §§ 873, 1105. Notwend subjdingl; Eintr also für jeweil GrdEigtümer nöt, andernf inhaltl unzul (GBO 53 I 2); aber uU Umdeutg mögl, BayObLG **61**, 23 (Pfarrstiftg). Einzelleistgen stehen dem jeweil GrdstEigtümer zu, II 2; auch Ersteher bei ZwVerst des Grdst erwirbt Anspr auf die nach Zuschlag fäll Leistgen. Ob nichtverdingl ErbbZins dem jeweil GrdstEigtümer zusteht, richtet sich nach Vertr, iZw wohl anzunehmen (nach Wolff-Raiser, § 104 Fußn 31, auch hier II 2); dies gilt insb für Anspr auf Erhöhg des ErbbZinses aGrd Wertsichergsklausel, Hamm RdL **74**, 153. Fällige Leistgen abtretb. Zur Berechtigg der Eigtümer von mehreren mit GesamtErbbR belasteten Grdst, vgl Haegele, Rpfleger **67**, 280.

b) ErbbZins muß im voraus bestimmt sein (II 1), damit nachrang Kreditgeber die erstrang Erbbauzinsreallast genau berechnen können (BGH DNotZ **75**, 154).

aa) Bloße Bestimmbark (wie bei Reallast) genügt nicht, Hamm NJW **67**, 2362. Verstoß macht Zinsabrede u iZw gesamte Bestellg nichtig (§ 139; GBO 53 I 2 für Zinsabrede, 53 I 1 für ErbbR selbst, vgl Mohrbutter-Riedel NJW **57**, 1500). **Unzulässig:** ErbbZins von 4% des alle 10 Jahre neuzuschätzden Bodenwerts; desgl Gleitklausel, zB nach statist Index, Hamm JMBl NRW **60**, 135; nichtig die dingl wirkde Vereinbg dahin, den ErbbZins in gewissen Zeitabständen neu festzusetzen od dies für einzelne Zeitabschnitte einer späteren Vereinbg der Beteiligten od Ermittlg dch Dr vorzubehalten, BGH **22**, 220, 222; unzul ferner Zuschlag iF des Verzugs, Stgt NJW **58**, 2019; vgl dagg § 1115; doch kann VertrStrafe iS des § 2 Nr 5 ErbbRVO als Inh des R eingetr w, Stgt aaO. **Zulässig:** Festbestimmte Änderg aGrd Vereinbg in ErbbRVertr od dch nachträgl Vereinbg (BGH DNotZ **75**, 154). In nachträgl Erhöhg können Betr für die Zeit vor Eintr der Änderg einbezogen u zu einer Leistg zusgefaßt w, der dingl Anspr entsteht aber erst mit Eintr u w frühestens mit ihr fäll (BGH aaO). Nachträgl Erhöhg mit Vorrang vor gleich- u nachrang RealBerecht am ErbbR erfordert dessen Zust (BGH aaO), nach Mindergg die der am Grdst RealBerecht (BGB 876 S 2). Zul Wahlrecht u ErsetzgsBefugn (Celle DNotZ **55**, 137); vgl aber Anm 2. – Zu AnpassgsKlauseln in Vertr u deren Dchsetzg vgl auch Bilda Betr **69**, 427.

bb) Ausweg (abl Holtzmann NJW **67**, 915) – welcher nun für Wohnzwecken diende Erbbauwerke dch § 9a zwar verengt, aber hins keiner der nachstehd dargestellten Regelgen völlig verwehrt w –: dch **schuldrechtl Abrede** dahin, den ErbbZins in bestimmten Zeitabständen entspr den wirtsch Verhältnissen, insb der BodenwertÄnd, der Mietzinserhöhg, der Gehaltssteigerg neu festzusetzen (BGH **22**, 220; **61**, 209; hM). Zul auch zusätzl schuldr Verpfl zur Umsatzbeteiligg an auf ErbbGrdst betriebenem Gewerbe, BGH NJW **70**, 944. – Ist einem festbestimmten Zins eine Gleitklausel angefügt (wobei ein Sinken unter den FestBetr ernstl nicht erwogen w), so verpflichtet die wirks Gleitklausel zwar die VertrParteien schuldrechtl, doch bleibt der fixe Betr dingl vereinb; kein Verstoß gg § 9 II, BGH WPM **70**, 1048. Ev Bestimmung nach §§ 315 ff, so daß Abrede auch dann gilt, wenn ÄndKlausel nicht ergibt von wem u nach welchen Maßstäben neufestzusetzen ist. Schreibt Klausel Einigg über Neufestsetzg vor, so ist anzunehmen, daß bei Nichteinigg Neufestsetzg dch Urt gewollt (BGH Betr **78**, 927); ob Erhöhg dch Urt zurückwirkt, ist Frage der KlauselAuslegg (BGH ZMR **71**, 127). Enthält die Klausel keinen BewertsMaßstab, greift § 317 ein; bei ErbbR für Eigenheim Steigerg der allg LebenshaltgsKosten maßg (BGH NJW **73**, 142), bei Gewerbebau auch die der Bodenpreise (BGH NJW **75**, 211). – ZusStellg der Rspr des BGH zur **Auslegg** Mattern WPM **73**, 670. – Zur Festsetzg nach § 319 vgl BGH **57**, 47 (§§ 315 I 2, 315 I); WPM **69**, 1209; **73**, 42. – Schuldrechtl Abreden wirken unter **RNachfolgern**, die in sie eingetreten (Hamm DNotZ **76**, 534; denn Re aus solchen Klauseln zw ErbbBerecht u Eigtümer gehen bei Veräußerg des Grdst idR nicht analog BGB 571 iVm § 11 I auf den Erwerber über (BGH NJW **72**, 198; Hamm MDR **74**, 931). – Die Grds über **Wegfall der GeschGrdLage** sind auch auf Vereinbg eines Erbbzinses in engen Grenzen unanwendb (BGH NJW **76**, 846; Betr **76**, 2011; Nürnb OLGZ **77**, 75); veränderter Bodenpreis u gesunkene Kaufkraft ohne weitere Angabe im ErbbRVertr ergeben aber noch keinen Wegfall (BGH NJW **74**, 1186; vgl Medicus Betr **74**, 763). – Klausel nach § 9 II unterliegt **§ 313**, nicht aber die spätere ihr entspr Neufestsetzg, BGH WPM **73**, 999.

cc) Dingl Sicherg dieser schuldrechtl Vereinbgen (oben bb) dch **Vormerkg** war lange umstr. Vormkg auch für künft Ansprüche zul, sogar auch zG des jeweil Eigtümers des ErbbGrdst (RG **128**, 248 – vgl § 883 Anm 3b). Doch muß der künft Anspr nach Inhalt u Ggst genügd bestimmt od doch **bestimmb** sein, § 883 Anm 3 d. Da die Vormkg sich also mit Bestimmbark begnügt, bestehen Bedenken gg ihre Zulässigk hier wg mögl **Umgehg des § 9 II 1** (Bestimmth). Teilw wird im Hinbl auf II 1 eine Einschränkg der rangsichernden Wirkg der Vormkg dahin für geboten gehalten, daß die späteren Belastgen der Erhöhg vorgehen; Hoche NJW **53**, 1027. – Der BGH (**22**, 220; **61**, 209) ist dem nicht gefolgt: er hält die Vormkg für vereinb mit II 1 u mit Rangwirkg zuUng von ZwRechten dann für zul, wenn der künft Anspr auf Änd des

Zinses iS von § 883 hinreichd bestimmb ist, was BGH für den Fall bejahte, daß das Wertverhältn zw Grdst u ErbbZins Maß für die Neufestsetzg geben soll. Die grundsätzliche Zulässigk einer solchen Vormerkg folgt nun aus **§ 9a III.** Die Vormkg sichert nicht etwa den Anspr auf Neufestsetzg (da er nicht Ggst einer endgült Eintr sein kann) – insofern ist auch der Wortlaut des § 9a III ungenau –, sond den Anspr auf Eintr einer Reallast des Inhalts, daß der entspr Klausel neu festgesetzte Zins zu zahlen ist (BayObLG 69, 97, 102). Zuzugeben ist, daß des nachfolgden Rechte die vorgemerkte Vorbelastg übersehb ist. Rspr u Schriftt sind überw gefolgt; rückw Ändergn sind vormerkb (vgl Anm 1 b aa). Problem: **Bezugsgröße** für Anpassg des ErbbZinses zu finden, die einers elast genug ist, anderers die zur Sicherg dch Vormkg nöt Bestimmbark gewährleistet. Umfangreiche, nicht einheitl **Rspr**, vgl Nachw Haegele GBR Rdnr 764 ff. In Betr kommen: **Grdst Wert u Bodenpreise;** angesichts des Bodenwuchers sollte bei Ausleggszweifeln Ertrags-, nicht VerkWert Maß geben, Hönn NJW 68, 827. Vgl BGH WPM 64, 561; **LM** Nr 3 (Auslegg der Klausel „grdlegde Veränderg der wirtsch Verh" dahin, daß Steigerg der GrdstPreise maßgebd, mögl, aber nicht zwingd); WPM 69, 62 (bei vereinb Neufestsetzg dch Mietpreisbildgsstelle ohne Angabe sonstiger Bezugsgröße ist GrdstPreis nur ein Faktor neben allg Lebenshaltgs- vor allem nach Wohngkosten); Betr 70, 584 (zur Frage der Zinserhöhg bei Bodenwertsteigerg), NJW 72, 198; 73, 142; Düss DNotZ 76, 539. Mangelnde Bestimmbark auch – nach Hamm OLGZ 67, 450 – VerkWert von Grdst in gleicher od ähnl Lage als VerglGröße; ebso der alle 5 Jahre zu vergleichde Pachtzins für in gleicher od ähnl Lage gewerbl genutzte Grdst, Düss Rpfleger 69, 51, zust Haegele ebda. – **Miet- u Wohngskosten:** dazu BGH BB 69, 977; WPM 69, 769; 70, 353; LG Duisb JMBlNRW 60, 99 (Jahresmietzins des Gebäudes). – **Lebenshaltgskosten:** BGH NJW 73, 142; DNotZ 73, 478; s oben Anm 1 b bb. Eingeschränkt, näml nur wg der kurzen (10jähr) Befristg der Rentenreallast: Düss OLGZ 67, 461. Die Bedenken von Düss OLGZ 68, 67 (auf 75 Jahre sei Bestand des statist LandesA u damit Wertmesser zu unsicher) h BGH 61, 209 zurückgew. – **Lohn- u Gehaltsentwicklg:** Vgl BGH WPM 64, 561; 67, 1220; Oldbg NJW 61, 2261 (Ecklohn eines gelernt Handwerkers bestimmter Lohngruppe); BGH DNotZ 77, 411 (BeamtenGrdgehalt ist iZw GrdGehalt iS BesoldgsR). – Eine Verpfl zur Anpassg des ErbbZinses, die jederzeit – ohne Rücks auf vorher bestimmte Zeitabschnitte od einen außergewöhnl Anlaß – verlangt w kann, kann nicht dch Vormkg gesichert w, Schlew SchlHA 70, 60. **Umsatz** eines auf dem ErbbGrdst bel Gew, BGH WPM 73, 999. – **Allg wirtsch Verh:** KG Rpfleger 76, 244 (bei Änderg angem Erhöhg der usrpr prozentual vom Bodenanwert festgesetzten Zinses, soweit nicht unbill). – Zur **Fassg** Kunz, NJW 69, 827. Vormkg kann mehrere Anpassgen sichern (BayObLG 77, 93).

dd) Zinserhöhg dch **HöchstHyp** sicherb (str; vgl Haegele GBR Rdnr 764h mwN).

ee) Einer **unbilligen Erhöhg des ErbbZinses** dch Gleitklauseln bei Wohnzwecken dienenden Erbbauwerken ist **nun das G z Änd der ErbbRVO** v 8. 1. 74, BGBl 41, **entgegentreten:** s Erl z § 9a.

c) Auflöse Beding für ErbbZins nur zul, wenn dessen Bestimmth nicht leidet; vgl LG Bochum NJW 60, 153 (abl Anm Wangemann). Vgl auch VO 13 Anm 1 (Zerstörg des Gebäudes). Dingl Unterwerfgsklausel (ZPO 800) unzul, vgl § 1107 Anm 3c.

2) ErbbZins. a) Zur GenPfl nach **WährG 3** für wertbeständ Festlegg u zur Abgrenzg genbedürft Gleitklauseln von genfreiem LeistgsVorbehalt u SpanngsKlausel vgl § 245 Anm 5; BGH bewertet hierbei weit: genfrei „Garantie billiger u angemessener Verzinsg des GrdstWertes", BGH 57, 47; Anpassg „an der veränderten Verh", BGH MDR 71, 380; vgl auch Haegele GBRecht Rdnr 1891 ff.

b) ErbbZins idR in **Geld.** Zul aber (u nach WährG 3 genfrei) auch ErsatzgsBefugn od Wahlschuld des Gläub, x DM od x Ztn Roggen, BGH NJW 62, 1568; zul auch reine **Sachleistg,** auch wenn kein wirtsch ZusHang mit Grdst od ErbbR, LG Mü DNotZ 52, 220. – Genfrei auch Neufestsetzg nach je 5 Jahren dch vereinb Stelle auf Ansuchen des GrdEigtümers, BGH WPM 69, 62; auch Klausel, daß bei Änd des Lebenshaltgsindexes um ein bestimmten Prozentsatz ÄndAnspr begründet, wenn nur bei der Anpassg des ErbbZinses der Höhe nach ein, wenn auch eingeschränkter Spielraum bleibt (BGH DNotZ 69, 96), zB „nicht unter x% des GrdstWertes" (BGH BB 78, 581).

c) Keine **Verzugszinsen** gem BGB 289 (BGH NJW 78, 1261; aA Bringezu NJW 71, 1168). – **Verjährg** fäll ErbbZinsen: 4 Jahre (BGB 197, 201, 902 I 2); wg Strafzinsen vgl VO 4.

3) Da Bestandt des Grdst (§ 96) ist R auf noch nicht fäll Leistgn nicht selbstd übertragb, verpfändb u pfändb, auch nicht nach ZPO 857 VI. Zugriff daher nur über Vollstreckg ins Grdst (ZPO 864, 865); vgl Stöber 5. Kap B 10. – Über ErbbZins bei ZwVerst des ErbbR vgl VO 24 Anm 1.

ErbbRVO 9a [I] Dient das auf Grund eines Erbbaurechts errichtete Bauwerk Wohnzwecken, so begründet eine Vereinbarung, daß eine Änderung des Erbbauzinses verlangt werden kann, einen Anspruch auf Erhöhung des Erbbauzinses nur, soweit diese unter Berücksichtigung aller Umstände des Einzelfalles nicht unbillig ist. Ein Erhöhungsanspruch ist regelmäßig als unbillig anzusehen, wenn und soweit die nach der vereinbarten Bemessungsgrundlage zu errechnende Erhöhung über die seit Vertragsabschluß eingetretene Änderung der allgemeinen wirtschaftlichen Verhältnisse hinausgeht. Änderungen der Grundstückswertverhältnisse bleiben außer den in Satz 4 genannten Fällen außer Betracht. Im Einzelfall kann bei Berücksichtigung aller Umstände, insbesondere

1. einer Änderung des Grundstückswertes infolge eigener zulässigerweise bewirkter Aufwendungen des Grundstückseigentümers oder
2. der Vorteile, welche eine Änderung des Grundstückswertes oder die ihr zugrunde liegenden Umstände für den Erbbauberechtigten mit sich bringen,

ein über diese Grenze hinausgehender Erhöhungsanspruch billig sein. Ein Anspruch auf Erhöhung des Erbbauzinses darf frühestens nach Ablauf von drei Jahren seit Vertragsabschluß und, wenn eine Erhöhung des Erbbauzinses bereits erfolgt ist, frühestens nach Ablauf von drei Jahren seit der jeweils letzten Erhöhung des Erbbauzinses geltend gemacht werden.

II Dient ein Teil des auf Grund des Erbbaurechts errichteten Bauwerks Wohnzwecken, so gilt Absatz 1 nur für den Anspruch auf Änderung eines angemessenen Teilbetrages des Erbbauzinses.

III Die Zulässigkeit einer Vormerkung zur Sicherung eines Anspruchs auf Erhöhung des Erbbauzinses wird durch die vorstehenden Vorschriften nicht berührt.

Schrifttum: Sager u Peters, NJW **74**, 263; Giese, BB **74**, 583; ders, WM **74**, 141; Schroeder, JurBüro **74**, 151; Zawar, JuS **74**, 263; Brych, „Der langfristige Kredit" (Zeitschr) **74**, 328; Bokelmann, MDR **74**, 634; Hartmann, Betr Beil 22/**74** (je z G v 8. 1. 74). – Vgl auch Schrifttum zu § 9.

1) Ziel des § 9a (in Kraft seit 23. 1. 74; G v 8. 1. 74, BGBl 41) u der ÜbergangsRegelg (Anm 3) ist, sozial unerwünschte Belastgen zurückzudämmen, die sich für ErbbBerecht aus einem Vorbeh des GrdstEigtümers auf Erhöhg des ErbbZinses ergeben können, insb wenn der Wertsteigerg des Grdst Anhalt sein soll. Dem sozialen Ziel entspricht die Beschränkg auf z Wohnzwecken diende Bauwerke.

2) Inhalt: A) Anwendgsbereich: § 9a betrifft schuldrechtl Vereinbg, die unter Bezug auf die Verändgen einer vorgegebenen BemessgsGrdLage einen Anspr auf Neufestsetzg des ErbbZinses geben **(AnpassgsKlauseln)**, u ergänzt darin **§ 9**. Über die grdsätzl Zulässigk eines solchen Anspr s § 9 Anm 1 b bb. Unerhebl ist, ob die AnpassgsKlausel im ErbbRVertr od später (Mü MDR **76**, 931) begründet w, dagg hat § 9a mit Erhöhgen des ErbbZinses, die nicht in Erfüllg des Anspr aus einer AnpassgsKlausel, sond für den Einzelfall vereinb w, nichts z tun; das gilt insb auch bei Erhöhgen, die der GrdstEigtümer iZshg mit einer v ihm geforderten Mitwirkg (zB Zustimmg im Falle des § 2 Nr 1 z einer BebauungsÄnd; Rangrücktritt des ErbbZinses) dchsetzt (vgl zutr Brych, Schrift v Anm 1, 334). Ohne Bedeutg ist die Pers des Gl des ErhöhgsAnspr: idR GrdstEigtümer, aber auch Dr, zB früherer Eigtümer, vgl § 9 Anm 1b bb. **Unerhebl** ist schließl die **Art der AnpassgsKlausel:** Sie kann als Gleit- oder SpanngsKlausel den ErhöhgsAnspr unmittelb begründen; § 9a erfaßt aber auch einen sog LeistgsVorbeh, bei dem der genaue Umfang der Erhöhg erst noch dch Vereinbg festgelegt w muß (BGH NJW **77**, 433). Entspr dem Motiv des § 9a w wohl auch eine ErsetzgsBefugn od Wahlschuld des Gl (vgl § 9 Anm 1 b aa; 2 b), sogar ein ErbbZins dch Sachleistg erfaßt, sow sie tats wie AnpassgsKlausel wirken. Unerhebl ist auch, wie der ErhöhgAnspr auszuüben ist, dch GlBestimmg nach § 315 BGB od (so zB notw bei einem LeistgsVorbeh) dch eine Vereinbg zw Gl u ErbbBerecht.

B) WirksWeise: Die AnpassgsKlausel selbst ist unter den Gesichtspkten des § 9a I S 1 mit 4 in keinem Fall nach §§ 134 (iVm § 9a), od 138 BGB nichtig, demnach auch nicht über § 139 BGB das übr VertrWerk; vielm begrenzt § 9a nur ihre Wirksamk, also ähnl § 242 BGB (vgl dazu § 242 Anm 1b: Beschränkg des AnsprInhalts); and, wenn die Vereinbg gg § 9a I S 5 verstößt, insow Nichtigk nach § 134 BGB: Aber auch hier führt § 9a I S 5 nicht z ersatzlosem Fortfall, vielm w der ErhöhgsAnspr iS der gesetzl Befristg gestreckt. Die Übereinstimmg einer AnpassgsKlausel mit § 9a ersetzt nicht die Beachtg sonstiger WirksamkErfordernisse, insb nicht das einer Gen nach § 3 WährG (vgl § 9 Anm 2 a), allgM. § 9a hat zw den Beteiligten unmittelb Gültigk, es bedarf nicht richterl VertrHilfe. Unbillig iSv § 9a ist Einwendg. Geht die erfolgte Neufestsetzg über den dch § 9a bestimmten Anspr hinaus, ist sie, falls einseit erfolgt (§ 315), unwirks, falls dch Vereinbg (zB bei LeistgsVorbeh) in Erfüllg eines vermeintl ErhöhgsAnspr getroffen, rechtsgrdlos erfolgt u kondizierb – jew im Umfang der Unbilligk. Leistgen aGrd v nach dem 23. 1. 1974 über das Maß des § 9a hinaus vorgen Erhöhgen können kondiziert w (§§ 812, ev 813 BGB).

C) § 9a setzt **neben die vereinbarte**, den ErhöhgsAnspr auslösde **BemessgsGrdLage einen BilligkMaßstab** für die Anwendg im Einzelfall:

a) Über die **BemessgsGrdLage** sagt § 9a nichts; jeder dafür vorgesehene VerglMaßstab (außer den nachstehd genannten zB Bezugn auf Mietpreis, Gehälter od Löhne) unterliegt in seiner Auswirkg der Überprüfg hins der Billigk, bleibt aber iü anwendb. Das gilt auch für Klauseln, die an den GrdstWert anknüpfen; der insofern mißverständl (vgl zB Brych aaO, 332) § 9a I S 3 schließt die Bewegg des GrdstWerts nicht als z vereinb VerglMaßstab, sond nur als bei der BilligkPrüfg grdsätzl mitzuberücks Umstand aus (ebso Sager-Peters NJW **74**, 264); auch bei Anpassg an einen Lebenshaltgskostenindex unterliegt der Überprüfg. Jedoch ist bei AnpassgsKlauseln nach dem Lebenshaltgskostenindex seltener, bei solchen nach dem GrdstWert häufiger damit z rechnen, daß der ErhöhgsAnspr unbill ist (ähnl Giese BB **74**, 584; krit, aber teilw unter Verkenng der Wirkgsweise des § 9a: Brych aaO, 332).

b) Die BilligkPrüfg kann das Ergebn der vereinb BemessgsGrdLage bestätigen oder ermäßigen, aber nie erhöhen (aA anscheind Brych aaO, 333); bleibt also die BemessgsGrdLage hinter dem zurück, was nach § 9a zul wäre, ist nur sie maßgebd (Sager-Peters NJW **74**, 264; Giese, WM **74**, 141). Für die BilligkPrüfg gilt:

aa) IdR gibt die **Entwicklg der allg wirtsch Verh** Maß: Der Gesetzgeber hat keine BemessgsGrdLage hiermit v vornherein gleichgesetzt, insb absichtl auch nicht die Entwicklg des Preisindexes für die Lebenshaltg (vgl BT-Drucks 7/1285), doch w diese idR in enger Beziehg dazu stehen (Sager-Peters aaO; Giese aaO; Mü MDR **76**, 931; krit Czerlinsky NJW **77**, 1228). Daneben ist auch die Entwicklg der allg wirtsch EinkommensVerh zu berücksichtigen (Odenbreit NJW **74**, 2773; Nordalm NJW **77**, 1956; Hamm NJW **78**, 1634), and in Zeiten verbreiteter Arbeitslosigk (weil dann der allg Durchschnitt darunter bleibt; für Volkseinkommen als alleinige BemessgsGrdLage Richter BWNotZ **78**, 7). Sogar die gesamtwirtschaftl GrdstWertVerh können hierbei mit berücks w. VertrAbschl iSv § 2 ist Vereinbg der Anpassgsklausel (BGH NJW **77**, 433); über VertrAbschl bei Ändrg der Anpassgsklausel vgl Celle WM **78**, 194 abl Anm Schubert.

bb) Die **WertVerh** speziell des **ErbbGrdst** (isoliert od im Verband v Nachb- oder sonst vergleichb Grdst) sind idR nicht z berücks (§ 9a I 3), ausnahmsw in den Fällen des S 4; **z Fall Nr 1:** Aufwendgen des „GrdstEigtümers" sind solche aus der Sphäre des GrdstEigtümers, zB auch dch früheren Eigtümer, wie auch der ErhöhgsAnspr nicht notw dem GrdstEigtümer zustehen muß (§ 9 Anm 1b bb); **z Fall Nr 2:** wohl zutr beschränken Sager-Peters NJW **74**, 265 die Berücks der GrdstWertVerh auf die v ErbbBerecht realisierten Vorteile; also ohne Ausschlagg zB die nicht genutzte Möglk einer intensiveren Bebauung aGrd Umzong. Entgg S 3 sind negat Entwicklgen auch des speziellen GrdstWerts zG des ErbBerecht z berücks; dies folgt aus dem Schutzweck u nächst Anm cc.

cc) Entsch ist immer der **Einzelfall**: Also Korrektur der v G vorgesehenen Maßgaben nach unten oder oben (aber nicht über das Ergebn der BemessgsGrdLage hinaus) mögl.

D) Der ErhöhgsAnspr ist in jedem Fall, also auch wenn er nicht iSv S 1 mit 4 unbill ist, v einer Erhöh (bzw der Erstfestsetzg) bis z nächsten auf 3 Jahre seit ErbbRBestellg (Mü MDR **76**, 931) aufschieb **befristet** (Abs 1 S 5). Auch GeldMachg v Ablauf der 3 Jahre **für** diesen Ztpkt zul, der Wortlaut des G ist insow ungenau. Zul ist auch eine Vereinbg, daß die Neufestsetzg (eine solche im Hinblick auf § 9 immer notw, dort Anm 1 b bb) ab einem bestimmten Ztpkt eintritt; dieser darf nur nicht vor Ablauf der 3-Jahres-Fr liegen: Abs 1 S 5 steht also ErhöhgsAnspr für feste Intervalle nicht entgg.

E) Das Bauwerk muß **Wohnzwecken (I 1)** dienen od Nebenanlage zu WohnGbden (Garage, Klärgrube, Schwimmbecken) sein. Nicht dazu gehören Hotels, Ferienwohngen, Pflegeheime (Hartmann aaO); und gewerbl betriebene Wohnheime (AG Düss WM **74**, 129), Zweitwohnen. Eine Begrenzg auf sozialen bzw steuerbegünst Wohngsbau. Bei vom ErbbRVertr abw Verwendg des Bauwerks entscheidet jeweils die Zweckbestimmg des Bauwerks, der die betr Partei (oder RVorgänger) in dem für sie nachteiligeren Fall zugestimmt hat; dh § 9 a (für GrdstEigtümer nachteiliger) nur anwendb, wenn die Verwendg des Bauwerks gem ErbbRVertr oder mit seiner Zust z Wohnzwecken erfolgt; wenn dagg Bauwerk z anderen als Wohnzwecken verw w, liegt dies immer (gem ErbbRVertr oder gem selbstbest Widmg abw v ErbbRVertr) im EntschBereich des ErbbBerecht, die (für ihn nachteiligere) Nichtanwendg des § 9 a ist ihm daher zuzumuten (für Bestimmg im ErbbRVertr ebso Sager-Peters NJW **74**, 264). – Bei **gemischter Verwendg (II)** ist der ErbbZins im Verh der Bruttoertragswerte von Wohn- u (zB) Gewerbeteil aufzuteilen (Odenbreit NJW **74**, 2273).

F) Durch Abs 3 w die schon bish geübte Praxis v **Vormerkgen für den ErhöhgsErbbZins** gesetzl sanktioniert (Zawar JuS **74**, 263; LG Flensbg Rpfleger **75**, 132; s hierzu § 9 Anm 1 b cc, wo ausgeführt w, daß die nun auch v G gewählte Formulierg ungenau ist). Abs 3 hat darü hinaus die Bedeutg, daß Vormerkgen nicht deshalb als unzul angesehen w können, weil der vorgemerkte Anspr gerade im Hinbl auf die Auswirkg des § 9 a uU nicht mehr hinreichd bestimmt od bestimmb wäre (vgl § 9 Anm 1 b cc).

3) Übergangsregelg gem G v 8. 1. 74, BGBl 41:

Art. 2: I Für nach dem Inkrafttreten dieses Gesetzes fällig werdende Erbbauzinsen ist § 9a der Verordnung über das Erbbaurecht in der Fassung des Artikels 1 Nr. 1 dieses Gesetzes auch bei Vereinbarungen des dort bezeichneten Inhalts anzuwenden, die vor Inkrafttreten dieses Gesetzes geschlossen worden sind.

II Ist der Erbbauzins auf Grund einer solchen Vereinbarung vor dem Inkrafttreten dieses Gesetzes erhöht worden, so behält es hierbei sein Bewenden. Der Erbbauberechtigte kann jedoch für die Zukunft eine aus der entsprechender Anwendung der in Absatz 1 genannten Vorschrift gerechtfertigte Herabsetzung dann verlangen, wenn das Bestehenbleiben der Erhöhung für ihn angesichts der Umstände des Einzelfalles eine besondere Härte wäre.

a) Abs 1 gilt für die inhaltl u für die zeitl Schranke der Erhöhg. Die 3-Jahres-Fr läuft ab der letzten Festsetzg des ErbbZinses, nicht etwa ab Inkrafttr der Neuregelg.

b) Abs 2: Erhöhgen des ErbbZinses aus der Zeit vor dem 23. 1. 74 bleiben grdsl bei Bestand (Richter BWNotZ **78**, 7; aA zT Bokelmann MDR **74**, 634). Ist Einigg über Erhöhg gescheitert, so ist Erhöhg nicht schon mit Zugang des Erhöhgsverlangens sond erst mit Verurteilg vorgenommen; erfolgt Verurteilg nach Inkrafttr, so gilt § 9a nur für erhöhten Zins ab diesem Ztpkt u Klausel für Zins davor (BGH Betr **78**, 926, 927; aA Richter aaO). Nach S 2 aber Möglk einer (nicht rückw) Herabsetzg gem dem Maßstab des § 9a I 1 mit 4; zusätzl Voraussetzg ist, daß Bestehenbleiben aus bes Härte wäre. Die Möglk der Herabsetzg besteht nur, wenn der ErbbZins aGrd eines Anspr iSv § 9a I 1 erhöht w war. Diese HerabsetzgMöglk hat **bes soziale Bedeutg**; zu ihrer VerfMäßigk s BTDrucks 7/118, Sager-Peters NJW **74**, 265.

4) Beweislast: § 9a: AnsprBerecht muß beweisen, daß ErhöhgsVerlangen nicht unbill ist (dazu Sager-Peters NJW **74**, 264). – Art 2 Abs 2 des G v 8. 1. 74: ErbBerecht muß jedenf die bes Härte des Bestehenbleibens beweisen, dies w oft den Beweis der Unbilligk der Erhöhg nach Maßg des § 9a in sich schließen, aber nicht immer; andernf trifft Beweislast für die Billigk der Erhöhg wohl auch hier den Gl des erhöhten ErbbZinses.

4. Rangstelle

ErbbRVO 10 **I Das Erbbaurecht kann nur zur ausschließlich ersten Rangstelle bestellt werden; der Rang kann nicht geändert werden. Rechte, die zur Erhaltung der Wirksamkeit gegenüber dem öffentlichen Glauben des Grundbuchs der Eintragung nicht bedürfen, bleiben außer Betracht.**

II Durch landesrechtliche Verordnung können Bestimmungen getroffen werden, wonach bei der Bestellung des Erbbaurechts von dem Erfordernisse der ersten Rangstelle abgewichen werden kann, wenn dies für die vorhergehenden Berechtigten und den Bestand des Erbbaurechts unschädlich ist.

1) ErbbR nur an erster Rangstelle. Grund: hierdurch Ausfall des ErbbR bei ZwVerst des Grdst unmögl. Andernfalls wäre Beleihbark des ErbbR gefährdet; dies aber nicht maßgebd für Abgrenzg: unzul auch geringfüg, nicht mehr ausgeübte vorrang Belastgen, Ffm Rpfleger **73**, 400. Vgl auch VO 25. Bei belastetem Grdst ErbbR nur bestellbar, wenn die GrdstGläub zurücktreten. Über rangfähige Rechte vgl § 879 Anm 2a. Daher bleiben VfgsBeschrkgen (ZVG 19; BBauG 54 I; StädtebauFördG 5 IV, 53 V) außer Betr, nicht aber

ErbbRVO 10, 11

Vormkgen: kein RangVerh. Auch nicht gleichrang Rechte zul. Vor- od gleichrang subj dingl VorkaufsR für ErbbRBerecht eintragb, BGH **NJW 54**, 1443; **73**, 1838; ebso subj persönlichs, wenn es in seiner Bedeutg für ErbbR konkret dem subj dingl VorkaufsR gleichkommt, Düss **NJW 56**, 875. Unzul zwei ErbbRechte im Gleichrang am selben Grdst, Ffm **DNotZ 67**, 688. Verstoß macht die Eintr inhaltl unzul (GBO 53 I 2); Löschg u rangricht NeuEintr erforderl, nicht bloße Vorrangseinräumung (Hamm **Rpfleger 76**, 131). Wirksam der Verpfl u Einigg w dadch nicht berührt, daß GB noch entgg 1 1 belastet ist, wenn nur erste Rangstelle für ErbbR gewollt, LG Aachen **RhNK 68**, 542. – § 10 I 1 hindert nicht eine **kraft G eintretde Rangverschlechterg:** das fälschl gelöschte ErbbR kann nach der inzw eingetr Hyp eingetr w, die den 1. Rang gutgl erwarb, BGH **51**, 50. **Vormkg** für Anspr auf ErbbR eintragb, auch wenn erste Rangstelle noch nicht frei. Im Anschl an Hamm **NJW 65**, 1489 w vielf (vgl Nachw Haegele GBR Rdnr 758f) angen, daß der Nacherbenvermerk den Erfordern des VO 10 I entggsteht. Dem ggü weist Hbg **DNotZ 67**, 373 zutr darauf hin, daß zw der im NE-Vermerk nur kundgemachten VerfüggsBeschrkg u dem ErbbR ein materielles Rangverhältn gem § 879 nicht besteht (hM, vgl § 879 Anm 2a aa). Soweit der Landesgesetzgeber aGrd des Vorbeh in VO 10 II (s Anm 3) ausgespr habe, daß die VerfüggsBeschrkg des Vorerben bei Zustimmg des Nacherben zur ErbbRBestellg dem VO 10 I nicht entgegensteht, sei dies nicht bedeutgslos. In der Tat: Stimmt der NE zu, ist die Verfügg des VE vollwirks, ein Rangproblem gibt es nicht. Andernf kann das LandesR die iSv Anm 1a aa zu § 2113 beschr Verfüggsmacht des VE nicht weiter einengen (vgl Anm 1 zu EG 55), noch auch den bundesrechtl Begriff des Rangverhältn authent interpretieren. Hbg ist also zuzustimmen, so auch Winkler **DNotZ 70**, 651; Haegele aaO; Ingenstau Rdz 20. Zur Unvereinbark der ErbbR-Bestellg dch Vorerben im Hinbl auf § 1 IV 1 gem BGH **52**, 269, vgl oben § 1 Anm 4. – Ü Gefährdg zurücktretder Re s § 28 Anm 2.

2) Ausn (I S 2): §§ 914 II 1, 917 II 2, EG 187 I 1 (hierzu Grund **WNotZ 52**, 45; Kehrer **BWNotZ 57**, 55); RSiedlG 5, 14; RHeimstG 14; VorkR gem BBauG 24–26; StädtebauFördG 17, 57; altrechtl Dbkten; öff Lasten zB nach BBauG 64 III; HGA (vgl § 111a LAG; überw M, vgl Ingenstau Rdnr 10; Horber § 8 Anm 4 A a; Nachw bei Haegele **Rpfleger 67**, 287 Fußn 84. Wegen der früh UmstGrdSch vgl BayObLG **50/1**, 689, Ingenstau Rdz 13.

3) Landesrecht (II): *Pr* VO v 30. 4. 19 (GS 88; Hbg **DNotZ 67**, 373); in *Nds* aufgeh, VO v 26. 3. 71, GVBl 135; *Bay* VO v 17. 10. 19 (BS III 130); *Hbg* AG BGB 42a. Vgl Anm 1 aE (für Vfgen dch TestVollstr u Vorerben mit Zustimmg des Nacherben).

5. Anwendung des Grundstücksrechts

ErbbRVO 11 ᴵ Auf das Erbbaurecht finden die sich auf Grundstücke beziehenden Vorschriften mit Ausnahme der §§ 925, 927, 928 des Bürgerlichen Gesetzbuchs sowie die Vorschriften über Ansprüche aus dem Eigentum entsprechende Anwendung, soweit sich nicht aus dieser Verordnung ein anderes ergibt. Eine Übertragung des Erbbaurechts, die unter einer Bedingung oder einer Zeitbestimmung erfolgt, ist unwirksam.

ᴵᴵ Auf einen Vertrag, durch den sich der eine Teil verpflichtet, ein Erbbaurecht zu bestellen oder zu erwerben, findet der § 313 des Bürgerlichen Gesetzbuchs entsprechende Anwendung.

Vorbem: II geänd (mit § 313 u WEG 4 III). Neuregelg gilt ab 1. 7. 73. Grd: die näml Schutzerwäggen wie zu § 313 Anm 2b.

1) Vgl Übbl 3ff vor § 1012, auch zur Bestellg des R u § 9 Anm 1b bb aE. Für VerpflichtgsGesch § 313 nicht anwendb bei satzgsmäß Zuteilg durch Baugenossensch, BGH **15**, 177. Wegen Genehmiggspflichten s Übbl vor § 1012 Anm 4a bb, 5a.

2) Alle Abreden des Grundgeschäfts sind in die Urkunde aufzunehmen. Die als Entgelt gewollte vereinbarte Ablösg kann nicht als selbstd, formlos wirks Vertr angesehen w, BGH **BB 67**, 8; vgl dazu **WPM 66**, 585. Zur Anwendg des § 139 vgl BGH **WPM 64**, 182; **66**, 1086. Bei Nichtentstehg des eingetr ErbbR inf Nichtigk des BestellgsVertrages (zB weg Nichtigk der ErbbR-Zinsabrede, VO 9 Anm 1) können Belastgen kraft des **öff Gl** des ErbbGB wirks entstehen, BGH **WPM 63**, 533, ErbbR gilt denn insow als besthd u entsteht für den Ersteher in der ZwVerst; so auch Erm-Ronke Anm 1; Ingenstau Rdz 37; aA M-I-R § 8 GBO Anm 9q (Hyp entstehe am Grdst 1). Vgl auch Haegele **Rpfleger 67**, 287/88. An eine inhaltl unzul Eintr (§ 1 Anm 1b; § 10 Anm 1) kann sich ein gutgl Erwerb nicht anschließen (Ffm **Rpfleger 75**, 305). Keine Heilg, wenn sich ErbbBerecht üb die Entstehg des Rechts mit sich einigt, BGH **WPM 64**, 182. Zur Frage, inwieweit Mängel der dingl Einigg das GrdGesch berühren, vgl BGH **MDR 69**, 380. Zur Wirksamk eines VerpflVertr, in dem der Besteller des R fälschl als Vertreter nicht mehr bestehder OHG auftrat, vgl BGH **WPM 73**, 869; uU posit Lösg nach Grdsätzen der falschen Bezeichng (vgl § 155 Anm 2) od § 179. Die – dem BestimmthGrds genügde – Vereinbg, daß die nähere Bezeichng des Grdsts einem VertrT od Dritten überlassen w, bedarf als Einzelbestimmg des nach § 313 geschl schuldr ErbbRBestellgsVertr nicht der Form des § 313, BGH **WPM 73**, 999.

3) § 313 gilt über II gem I 1 auch für die **Verpfl**, ErbbR zu übertr; auch bei Übertr aGrd Träger – Siedler-Vertr, Oldbg **NdsRpfl 61**, 33; dazu auch BGH **16**, 334; formfrei aber satzgsgem erfolgte Zuteilg dch Genossensch an Gen, BGH **15**, 177 = **LM** § 51 GenG Nr 2 Anm Fischer. – **Heilg** (§ 313, 2) auch dch Eintr des Erwerbers als GrdEigtümers u Bewilligg der Löschg des ErbbR, BGH **32**, 11. Doch heilt „mangels Identität des VerpflGgst (Grdst) mit dem VollzugsGesch (ErbbR)" dessen Eintr nicht eine formlose vertragl Abänderg des ErbbRVertr, wonach sich der GrdstEigtümer verpflichtet, dem Berecht nach Beendigg des R das Grdst zu übereignen, BGH **59**, 269 = **LM** § 313 Nr 56 Anm Mattern. – Vgl auch Übbl 5 vor § 1012. – Die **Änderg** eines hiern der Form des § 313 unterliegdn VerpflVertr ist grdsätzl auch ihrers formbedürft, BGH **59**, 269, 271; Mattern aaO; vgl § 313 Anm 10 u BGH **LM** § 313 Nr 27. Dagg sind die

Erbbaurecht **ErbbRVO 11–14**

Verpfl zur Änderg des **Inh** des schon bestellten ErbbR u zu seiner **Belastg** grdsätzl **formfrei,** Ingenstau Rdz 52; Soergel-Baur Rdz 5.

4) Da ErbbR **grdstgleiches Recht** (vgl Übbl 2a), kann auf ihm u für es GrdDienstbk bestellt w; wg UnterErbbR vgl Übbl vor § 1012 Anm 5c.

6. Bauwerk. Bestandteile

ErbbRVO 12 I Das auf Grund des Erbbaurechts errichtete Bauwerk gilt als wesentlicher Bestandteil des Erbbaurechts. Das gleiche gilt für ein Bauwerk, das bei der Bestellung des Erbbaurechts schon vorhanden ist. Die Haftung des Bauwerkes für die Belastungen des Grundstücks erlischt mit der Eintragung des Erbbaurechts im Grundbuch.

II Die §§ 94 und 95 des Bürgerlichen Gesetzbuchs finden auf das Erbbaurecht entsprechende Anwendung; die Bestandteile des Erbbaurechts sind nicht zugleich Bestandteile des Grundstücks.

III Erlischt das Erbbaurecht, so werden die Bestandteile des Erbbaurechts Bestandteile des Grundstücks.

1) **Zu I: Bauwerk als wesentl Bestandteil des ErbbR.** Es teilt dessen dingl RLage u kann nicht Ggst bes dingl R sein; daher Enthaftg nach I 3 kr G (Schutz der GrdstGläub dch § 10 I). Sofern zul, Bauwerk teils auf eig u teils auf ErbbGrdst zu errichten (vgl § 1 Anm 3), ist entspr Eigengrenzüberbau (§ 912 Anm 2 b) gesamtes Bauwerk vielf nur Bestand des eig Grdst. – Wg Errichtg eines Bauwerks dch Mieter in nicht erfüllter Erwartg der ErbbRBestellg (BGB 94, nicht 95) vgl BGH **LM** § 951 Nr 14; Ausgl: BGB 946, 951 (s dort Anm 3). – **a) ErbbBerecht w Eigtümer** u unmittelb EigBesitzer (Weitnauer DNotZ **68**, 303) der zZ der Entstehg des ErbbR (Nürnb DNotZ **55**, 204) vorhandenen (str, Ingenstau Rdn 13) od von ihm od Dr aGrd des ErbbR, wenn auch vertrwidr (vgl § 2 Anm 2 a) errichteten Bauwerks. Bei Überbau über den zum Bau best GrdstTeil: BGB 912 ff entspr. – Wg Eigt bei altem ErbbR vgl § 1012 Anm 2. – **b) Mit Übertr des ErbbR** w Erwerber Eigt, bei Heimfall (vorbeh § 3 Halbs 2) der GrdstEigtümer. Bei Heimfall eines GesamtErbbR (§ 1 Anm 1 a) entsteht GesamtEigtümerErbbR u MitEigt – uU GesHandsEigt – (Rothoeft NJW **74**, 665; Krämer DNotZ **74**, 647). Str, ob bei Heimfall eines NachbErbbR (§ 1 Anm 3) vertikal geteiltes AlleinEigt (Rothoeft u Krämer aaO) od MitEigt (Schraepler NJW **74**, 2076) entsteht.

2) **Zu II: Erzeugnisse** des Grdst nach § 94 im Falle VO 1 II sind Eigt des ErbbBerecht u unterliegen der Belastg des ErbbR. Anders mit Sachen des § 95, die im Eigt des bish Eigtümers verbleiben.

3) **Zu III: Erlöschen des ErbbR:** Übbl 2 f vor § 1012. Mit jedem Erlöschen (auch nach VO 26) wird das Bauwerk Eigt des GrdstEigtümers u haftet nicht mehr für die Belastgen des ErbbR; vgl aber VO 29. Mit Erlöschen des ErbbR erlöschen auch damit verbundene subjdingl Rechte (§ 96); das soll nach LG Verden NdsRpfl **64**, 250 für ein für den ErbbBerecht eingetr WegeR selbst dann gelten, wenn ErbbBerecht das Eigt am Grdst erwirbt (unbefriedig; man könnte an Fortbestand des WegeR bis zum vorgesehenen Ablauf des ErbbR denken; jedenf schuldrechtl Anspr aus evtl BestellgsVertr). – Str, ob bei Erlöschen eines Gesamt- (§ 1 Anm 1 a) od NachbErbbR (§ 1 Anm 3) vertikal geteiltes AlleinEigt (Rothoeft NJW **74**, 665; Krämer DNotZ **74**, 647) od MitEigt (Schraepler NJW **74**, 2076) entsteht.

ErbbRVO 13 Das Erbbaurecht erlischt nicht dadurch, daß das Bauwerk untergeht.

1) Entspricht § 1016. Berecht darf ein neues Bauwerk errichten, dazu auch die Baustoffe des alten (die sein Eigt bleiben) zum Neuaufbau verwenden od (str) veräußern. Verpflichtg zum Neuaufbau nur ggf aus BestellgsVertr. – Untergang des Bauwerks gibt nicht Anspr auf Herabsetzg des ErbbZinses, BGH **LM** § 157 D Nr 1. Von 13 abweichde Vereinbg wg VO 1 IV unzul. Aber HeimfallR nach VO 2 Nr 4 begründb, Planck Anm 3.

II. Grundbuchvorschriften

ErbbRVO 14 I Für das Erbbaurecht wird bei der Eintragung in das Grundbuch von Amts wegen ein besonderes Grundbuchblatt (Erbbaugrundbuch) angelegt. Im Erbbaugrundbuch soll auch der Eigentümer und jeder spätere Erwerber des Grundstücks vermerkt werden. Zur näheren Bezeichnung des Inhalts des Erbbaurechts kann auf die Eintragungsbewilligung Bezug genommen werden.

II Bei der Eintragung im Grundbuch des Grundstücks ist zur näheren Bezeichnung des Inhalts des Erbbaurechts auf das Erbbaugrundbuch Bezug zu nehmen.

III Das Erbbaugrundbuch ist für das Erbbaurecht das Grundbuch im Sinne des Bürgerlichen Gesetzbuchs. Die Eintragung eines neuen Erbbauberechtigten ist unverzüglich auf dem Blatte des Grundstücks zu vermerken. Der Vermerk kann durch Bezugnahme auf das Erbbaugrundbuch ersetzt werden.

1) **ErbbGrundbuch.** Anlegg stets vAw; anders GBO 8 für alte ErbbR. Maßg, u zwar auch für den öff Gl (BGB 891/2) u bei Widerspr zw beiden GB (vgl Horber § 8 Anm 4) ist: Für die **Entstehg,** die Pers des Ersterwerbers, das belastete Grdst, den Rang u die Dauer (zur Eintr vgl Ffm Rpfleger **75**, 59) die **Eintragg im GB des Grdst;** dieses auch für die Eintr von Widerspr, Vormerkg, VfgsBeschrkgen. Für den **Inhalt** (also auch für §§ 2ff), die Übertr u Belastg des ErbbR die **Eintragg im ErbbGB.** Im übrigen enthalten die §§ 14–17 nur OrdngsVorschr. Vgl auch GBVfg 54ff. Über Eintr einer Verlängerg der ErbbRZeit vgl BayObLG **59**, 528. Für GesErbbR (§ 1 Anm 1) nur 1 ErbbGB, Köln Rpfleger **61**, 18; Bestimmg evtl nach

ErbbRVO 14–21 3. Buch. 4. Abschnitt. *Bassenge*

GBO § 1 II, FGG § 5. – I S 3 (eingefügt durch GBBereiniggsG v 18. 7. 1930 § 35) gilt auch für alte ErbbR. – III S 3 eingefügt aGrd G zur Änd des WEG u der ErbbRVO v 30. 7. 73, BGBl 910, zur Arbeitserleichterg u größeren Übersichtlichkeit des GB.

ErbbRVO 15 In den Fällen des § 5 darf der Rechtsübergang und die Belastung erst eingetragen werden, wenn dem Grundbuchamte die Zustimmung des Grundstückseigentümers nachgewiesen ist.

1) Nachweis gem GBO 29. Gilt auch im Fall des § 8, BayObLG **60,** 472.

ErbbRVO 16 Bei der Löschung des Erbbaurechts wird das Erbbaugrundbuch von Amts wegen geschlossen.

ErbbRVO 17 I Jede Eintragung in das Erbbaugrundbuch soll auch dem Grundstückseigentümer, die Eintragung von Verfügungsbeschränkungen des Erbbauberechtigten den im Erbbaugrundbuch eingetragenen dinglich Berechtigten bekanntgemacht werden.

II Dem Erbbauberechtigten soll die Eintragung eines Grundstückseigentümers, die Eintragung von Verfügungsbeschränkungen des Grundstückseigentümers sowie die Eintragung eines Widerspruchs gegen die Eintragung des Eigentümers in das Grundbuch des Grundstücks bekanntgemacht werden.

III Auf die Bekanntmachung kann verzichtet werden.

1) Ergänzg zu GBO 55.

III. Beleihung

1. Mündelhypothek

ErbbRVO 18 Eine Hypothek an einem Erbbaurecht auf einem inländischen Grundstück ist für die Anlegung von Mündelgeld als sicher anzusehen, wenn sie eine Tilgungshypothek ist und den Erfordernissen der §§ 19, 20 entspricht.

ErbbRVO 19 I Die Hypothek darf die Hälfte des Wertes des Erbbaurechts nicht übersteigen. Dieser ist anzunehmen gleich der halben Summe des Bauwerts und des kapitalisierten, durch sorgfältige Ermittlung festgestellten jährlichen Mietreinertrags, den das Bauwerk nebst den Bestandteilen des Erbbaurechts unter Berücksichtigung seiner Beschaffenheit bei ordnungsmäßiger Wirtschaft jedem Besitzer nachhaltig gewähren kann. Der angenommene Wert darf jedoch den kapitalisierten Mietreinertrag nicht übersteigen.

II Ein der Hypothek im Range vorgehender Erbbauzins ist zu kapitalisieren und von ihr in Abzug zu bringen.

1) Öff Lasten, auch HGA, bleiben bei Wertberechng außer Ansatz, BayObLG NJW **54,** 1040.
2) II: Hyp u kapitalisierter ErbbZins zus dürfen die Beleihgsgrenze (halber Wert des ErbbR) nicht übersteigen.

ErbbRVO 20 I Die planmäßige Tilgung der Hypothek muß
1. unter Zuwachs der ersparten Zinsen erfolgen,
2. spätestens mit dem Anfang des vierten auf die Gewährung des Hypothekenkapitals folgenden Kalenderjahrs beginnen,
3. spätestens zehn Jahre vor Ablauf des Erbbaurechts endigen und darf
4. nicht länger dauern, als zur buchmäßigen Abschreibung des Bauwerkes nach wirtschaftlichen Grundsätzen erforderlich ist.

II Das Erbbaurecht muß mindestens noch so lange laufen, daß eine den Vorschriften des Absatzes 1 entsprechende Tilgung der Hypothek für jeden Erbbauberechtigten oder seine Rechtsnachfolger aus den Erträgen des Erbbaurechts möglich ist.

2. Sicherheitsgrenze für sonstige Beleihung

ErbbRVO 21 I Erbbaurechte können nach Maßgabe der §§ 11, 12 des Hypothekenbankgesetzes vom 13. Juli 1899 (Reichsgesetzbl. S. 375) von Hypothekenbanken und nach Maßgabe des *§ 60 des Gesetzes über die privaten Versicherungsunternehmungen vom 12. Mai 1901 (Reichsgesetzbl. S. 139)* von privaten Versicherungsunternehmungen beliehen werden, wenn
1. der Wert des Erbbaurechts auch nach § 19 Abs. 1 ermittelt ist,
2. eine dem § 20 Abs. 1 Nr. 1, 3 und 4 entsprechende Tilgung vereinbart wird und
3. die Dauer des Erbbaurechts den Voraussetzungen des § 20 Abs. 2 entspricht.

II Auf einen der Hypothek im Range vorgehenden Erbbauzins ist die Vorschrift des § 19 Abs. 2 entsprechend anzuwenden.

Vorbem: § 21 I Nr 2 idF des ÄndG v 8. 1. 74 (BGBl 41), in Kraft getr am 23. 1. 74.

Erbbaurecht **ErbbRVO 21–27**

1) Statt § 60 des G v 12. 5. 1901 jetzt: § 69 des G über Beaufsichtigg der privaten VersUnternehmgen u Bausparkassen v 6. 6. 1931 (RGBl 315).

2) Wegen Beleihg u Förderg von Wohngen aGrd ErbbR aus öff Mitteln vgl 1. WohnbauG v 24. 4. 50 idF v 25. 8. 53, § 23 (ErbbR auf 99, uU 75 Jahre).

3) Bish war für die Beleihg dch Hypothekenbanken u private VersicherungsUnternehmen nach § 21 I 2 iVm § 20 I 2 die Vereinbg einer Tilggsstreckg (– übl für die Dauer einer Nebenleistg, die ihrerseits einen erhöhten AuszahlgsBetr ausgleicht –) beschränkt. Diese Beschränkg ist entfallen.

3. Landesrechtliche Vorschriften

ErbbRVO 22 Die Landesgesetzgebung kann für die innerhalb ihres Geltungsbereichs belegenen Grundstücke
1. die Mündelsicherheit der Erbbaurechtshypotheken abweichend von den Vorschriften der §§ 18 bis 20 regeln,
2. bestimmen, in welcher Weise festzustellen ist, ob die Voraussetzungen für die Mündelsicherheit (§§ 19, 20) vorliegen.

1) Vgl § 1807 II.

IV. Feuerversicherung. Zwangsversteigerung

1. Feuerversicherung

ErbbRVO 23 Ist das Bauwerk gegen Feuer versichert, so hat der Versicherer den Grundstückseigentümer unverzüglich zu benachrichtigen, wenn ihm der Eintritt des Versicherungsfalls angezeigt wird.

1) Pfl des ErbBerechtigten zur Versicherg des Bauwerks u zum Wiederaufbau wird idR zum Inhalt des ErbbVertrages gemacht, VO 2 Nr 2. Trotzdem gesetzl Schutz des GrdstEigtümers unzureichd, weil er anders als der HypGläub, § 1128, kein Recht an der VersFdg hat.

2. Zwangsversteigerung

a) des Erbbaurechts

ErbbRVO 24 Bei einer Zwangsvollstreckung in das Erbbaurecht gilt auch der Grundstückseigentümer als Beteiligter im Sinne des § 9 des Gesetzes über die Zwangsversteigerung und die Zwangsverwaltung (Reichsgesetzbl. 1898 S. 713).

1) ZwVollstr in ErbbR wie in Grdst: ZwangsHyp, -Verst, -Verw. Über ZwVerst vgl Hagemann Gruch 65, 31; Pöschl BWNotZ 56, 41. Fällt (dingl gesicherter) ErbbZins mit in das geringste Gebot, erlischt Belastg, Ersteher erwirbt erbzinsfrei; auch kein Eintritt in schuldrechtl Vertr. So die hL (LG Brschw Rpfleger 76, 310 mwN), die Winkler (DNotZ 70, 390) zu Recht als unbefriedigd angreift. Ob sein Vorschlag, ZVG 52 II analog auf ErbbZins anzuwenden, de lege lata annehmb, erscheint jed sehr zweifelh. Im VerteilgsVerf, wenn Deckg, Kapitalisierg (ZVG 92 I). – Vgl auch VO 8 Anm 2.

b) des Grundstücks

ErbbRVO 25 Wird das Grundstück zwangsweise versteigert, so bleibt das Erbbaurecht auch dann bestehen, wenn es bei der Feststellung des geringsten Gebots nicht berücksichtigt ist.

1) Ausn von ZVG 52 I 2, 91 I, 92. Vgl aber ZVG 59 I. Bestehen bleiben auch die Belastgen des ErbbR. Zur Anwendbark von ZVG 57, BGB 571 I vgl Mü WPM 66, 693.

V. Beendigung, Erneuerung, Heimfall

1. Beendigung

a) Aufhebung

ErbbRVO 26 Das Erbbaurecht kann nur mit Zustimmung des Grundstückseigentümers aufgehoben werden. Die Zustimmung ist dem Grundbuchamt oder dem Erbbauberechtigten gegenüber zu erklären; sie ist unwiderruflich.

1) Vgl Übbl 2 f bb vor § 1012. Sachlrechtl formlos; verfrechtl Form GBO 29. Zustimmg des GrdstEigtümers auch bei Teilg des ErbbR (§ 1 Anm 1) nötig, BGH WPM 74, 322.

b) Zeitablauf

ErbbRVO 27 ¹ Erlischt das Erbbaurecht durch Zeitablauf, so hat der Grundstückseigentümer dem Erbbauberechtigten eine Entschädigung für das Bauwerk zu leisten. Als Inhalt des Erbbaurechts können Vereinbarungen über die Höhe der Entschädigung und die Art ihrer Zahlung sowie über ihre Ausschließung getroffen werden.

II Ist das Erbbaurecht zur Befriedigung des Wohnbedürfnisses minderbemittelter Bevölkerungskreise bestellt, so muß die Entschädigung mindestens zwei Dritteile des gemeinen Wertes betragen, den das Bauwerk beim Ablauf des Erbbaurechts hat. Auf eine abweichende Vereinbarung kann sich der Grundstückseigentümer nicht berufen.

III Der Grundstückseigentümer kann seine Verpflichtung zur Zahlung der Entschädigung dadurch abwenden, daß er dem Erbbauberechtigten das Erbbaurecht vor dessen Ablauf für die voraussichtliche Standdauer des Bauwerkes verlängert; lehnt der Erbbauberechtigte die Verlängerung ab, so erlischt der Anspruch auf Entschädigung. Das Erbbaurecht kann zur Abwendung der Entschädigungspflicht wiederholt verlängert werden.

IV Vor Eintritt der Fälligkeit kann der Anspruch auf Entschädigung nicht abgetreten werden.

1) EntschädiggsPfl des GrdstEigtümers bei **Erlöschen des ErbbR durch Zeitablauf**. Vgl Übbl 2 f aa vor § 1012. Der GrdstEigtümer zZ des Erlöschens haftet persönl. Außerdem haftet das Grdst, § 28. Aber nur bei Erlöschen dch Zeitablauf. Vereinbarte, sonst angem Entsch nur für das Bauwerk (bei Einfamilienhaus nach SachwertVerf; BGH Betr **75**, 685) und § 32 I 1.

2) Zu **II**: Auch hier muß (entgg dem zu engen Wortlaut) andere Vereinbg wirks sein, wenn GrdstEigtümer selbst das Bauwerk errichtet hatte. Nach LG Ffm DNotZ **69**, 299 greift **II** nicht schon desh ein, weil die Wohngen gemäß 1. WoBauG 7 steuerbegünstigt sind. Vgl auch 2. WoBauG 33 II. Zu **III**: Verfehlte Bestimmung; vgl insb Stahlhacke, Vorschläge S 43. Verlängerg ist Inhaltsänderg (§ 877), BayObLG **59**, 527. Ablehng der Verlängerg trifft auch die RealGläub. Erlöschen im ErbbRVertr abdingb. – Zu **IV**: Bei Abtretg nach Fälligk (Erlöschen des ErbbR) bleiben Rechte der RealGläub, § 29, bestehen.

ErbbRVO 28 Die Entschädigungsforderung haftet auf dem Grundstück an Stelle des Erbbaurechts und mit dessen Range.

1) Ein **eintraggsfähiges** u zum Ausschl gutgl Erwerbs eintragsbedürftiges **dingl Recht** eigener Art, das an die Stelle des ErbbR tritt; reallastähnl; nach aM (Staud-Ring Anm 1) ist es SichgHyp. Realrechte am ErbbR setzen sich an der Fdg fort, VO 29.

2) VO 28 begründet Gefahr des Ausfalls in der ZwVerst für solche Re, die dem ErbbR wg VO 10 den Vorrang einräumen, BGH WPM **74**, 430.

ErbbRVO 29 Ist das Erbbaurecht bei Ablauf der Zeit, für die es bestellt war, noch mit einer Hypothek oder Grundschuld oder mit Rückständen aus Rentenschulden oder Reallasten belastet, so hat der Gläubiger der Hypothek, Grund- oder Rentenschuld oder Reallast an dem Entschädigungsanspruch dieselben Rechte, die ihm im Falle des Erlöschens seines Rechtes durch Zwangsversteigerung an dem Erlöse zustehen.

1) Mit Erlöschen des ErbbR wird Bauwerk Eigt des GrdstEigtümers, VO 12 III. Daher schützt VO 29 wenigstens die aufgeführten RealGläub. Auch Gläub von Überbau- u Notwegrenten (§§ 914 III, 917 II 2) u vorgemerkten Anspr. Vgl ZVG 92. Rangordng der Gläub wie nach ZVG 10. Befriedigg wie PfdGläub einer Fdg (hM). Rechte bei Eintr des EntschädiggsAnspr mit eintragb; vgl Ingenstau Anm 7.

ErbbRVO 30 **I** Erlischt das Erbbaurecht, so finden auf Miet- und Pachtverträge, die der Erbbauberechtigte abgeschlossen hat, die im Falle der Übertragung des Eigentums geltenden Vorschriften entsprechende Anwendung.

II Erlischt das Erbbaurecht durch Zeitablauf, so ist der Grundstückseigentümer berechtigt, das Miet- oder Pachtverhältnis unter Einhaltung der gesetzlichen Frist zu kündigen. Die Kündigung kann nur für einen der beiden ersten Termine erfolgen, für die sie zulässig ist. Erlischt das Erbbaurecht vorzeitig, so kann der Grundstückseigentümer das Kündigungsrecht erst ausüben, wenn das Erbbaurecht auch durch Zeitablauf erlöschen würde.

III Der Mieter oder Pächter kann den Grundstückseigentümer unter Bestimmung einer angemessenen Frist zur Erklärung darüber auffordern, ob er von dem Kündigungsrechte Gebrauch mache. Die Kündigung kann nur bis zum Ablauf der Frist erfolgen.

1) §§ 571 ff entspr anwendbar. Auch bei rechtsgeschäftl Aufhebg. Vgl aber **II**, **III**.

2) Mieterschutz vgl Einf 12 vor § 535.

2. Erneuerung

ErbbRVO 31 **I** Ist dem Erbbauberechtigten ein Vorrecht auf Erneuerung des Erbbaurechts eingeräumt (§ 2 Nr. 6), so kann er das Vorrecht ausüben, sobald der Eigentümer mit einem Dritten einen Vertrag über Bestellung eines Erbbaurechts an dem Grundstück geschlossen hat. Die Ausübung des Vorrechts ist ausgeschlossen, wenn das für den Dritten zu bestellende Erbbaurecht einem anderen wirtschaftlichen Zwecke zu dienen bestimmt ist.

II Das Vorrecht erlischt drei Jahre nach Ablauf der Zeit, für die das Erbbaurecht bestellt war.

III Die Vorschriften der §§ 505 bis 510, 513, 514 des Bürgerlichen Gesetzbuchs finden entsprechende Anwendung.

IV Dritten gegenüber hat das Vorrecht die Wirkung einer Vormerkung zur Sicherung eines Anspruchs auf Einräumung des Erbbaurechts. Die §§ 1099 bis 1102 des Bürgerlichen Gesetzbuchs gelten entsprechend. Wird das Erbbaurecht vor Ablauf der drei Jahre (Abs. 2) im Grundbuch gelöscht, so ist zur Erhaltung des Vorrechts eine Vormerkung mit dem bisherigen Range des Erbbaurechts von Amts wegen einzutragen.

V Soweit im Falle des § 29 die Tilgung noch nicht erfolgt ist, hat der Gläubiger bei der Erneuerung an dem Erbbaurechte dieselben Rechte, die er zur Zeit des Ablaufs hatte. Die Rechte an der Entschädigungsforderung erlöschen.

1) ErneuergsR nur ähnl dingl VorkaufsR; für ErbbBerechtigten deshalb u wg II praktisch zieml wertlos. Entstehg des Vorrechts nach §§ 873, 876, 877. Mit Ausübg des Vorrechts entsteht zw dem Berecht u dem GrdstEigtümer ein Vertr über die Bestellg eines ErbbR zu den mit dem Dritten vereinb Bedinggen, § 505 II. Wirkg ggü Dritten: §§ 883 II, 888 I u §§ 1099ff. Über AmtsEintr der Vormkg vgl GBVfg 17 II 3. – IV S 3 gilt nur bei Erlöschen des ErbbR durch Zeitablauf, nicht bei Aufhebg gem ErbbVO 26, KG DR **44**, 624. – An dem neuen ErbbR entstehen die Hyp usw (**V**) kraft Gesetzes; Berichtigg des GB nach § 894; GBO 22. Über Erneuerg von ErbbHeimstätten vgl RHeimstG 26 V.

3. Heimfall

ErbbRVO 32 I Macht der Grundstückseigentümer von seinem Heimfallanspruche Gebrauch, so hat er dem Erbbauberechtigten eine angemessene Vergütung für das Erbbaurecht zu gewähren. Als Inhalt des Erbbaurechts können Vereinbarungen über die Höhe dieser Vergütung und die Art ihrer Zahlung sowie ihre Ausschließung getroffen werden.

II Ist das Erbbaurecht zur Befriedigung des Wohnbedürfnisses minderbemittelter Bevölkerungskreise bestellt, so darf die Zahlung einer angemessenen Vergütung für das Erbbaurecht nicht ausgeschlossen werden. Auf eine abweichende Vereinbarung kann sich der Grundstückseigentümer nicht berufen. Die Vergütung ist nicht angemessen, wenn sie nicht mindestens zwei Dritteile des gemeinen Wertes des Erbbaurechts zur Zeit der Übertragung beträgt.

1) HeimfallAnspr: § 2 Nr 4, § 3, 4. Vergütg für das ErbbR umfaßt realen Wert des Bauwerks, Ertragswert des ErbbR u Wert für Rückerhalt des Bodennutzg (BGH Betr **75**, 685; vgl Ingenstau Anm 2). Schon vor Fälligk (BGH NJW **76**, 895) abtretb, pfändb u verpfändb schuldr Anspr, der wg § 33 nicht den GrdPfdRGläub haftet. Schu ist auch iF § 3 Halbs 2 der GrdstEigtümer. Vertragl abdingb (Ausn II 1).

ErbbRVO 33 I Beim Heimfall des Erbbaurechts bleiben die Hypotheken, Grund- und Rentenschulden und Reallasten bestehen, soweit sie nicht dem Erbbauberechtigten selbst zustehen. Dasselbe gilt für die Vormerkung eines gesetzlichen Anspruchs auf Eintragung einer Sicherungshypothek *sowie für den Bauvermerk (§ 61 des Gesetzes über die Sicherung der Bauforderungen vom 1. Juni 1909, Reichsgesetzbl. S. 449)*. Andere auf dem Erbbaurechte lastende Rechte erlöschen.

II Haftet bei einer Hypothek, die bestehen bleibt, der Erbbauberechtigte zugleich persönlich, so übernimmt der Grundstückseigentümer die Schuld in Höhe der Hypothek. Die Vorschriften des § 416 des Bürgerlichen Gesetzbuchs finden entsprechende Anwendung. Das gleiche gilt, wenn bei einer bestehenbleibenden Grundschuld oder bei Rückständen aus Rentenschulden oder Reallasten der Erbbauberechtigte zugleich persönlich haftet.

III Die Forderungen, die der Grundstückseigentümer nach Absatz 2 übernimmt, werden auf die Vergütung (§ 32) angerechnet.

1) **I.** Beim Heimfall (§ 2 Nr 4) **erlöschen** alle Belastgen des ErbbR (auch UnterErbbR) außer den in S 1 u 2 sowie in WEG 42 II, 31 genannten mit der Übertr. Wg GrdSch vgl BGB 1191 Anm 2. Ges Anspr auf SichgHyp: BGB 648. Mit dem ErbbR verbundene subj-dingl R (zB GrdDbk) bleiben bestehen. Geht das ErbbR in and Weise auf den Eigtümer über, so bleiben alle Belastgen bestehen.

2) **II.** Befreiende **SchuldÜbern** kr G dch Eigtümer (iF § 3 Halbs 2: Dr) Hins der pers Schuld des ErbbBerecht (nicht Dr). Solange Gläub nicht genehmigt: ErfüllgsÜbern (BGB 415 III). Entspr ZVG 53. Eigtümer kann sich nach § 5 II schützen; sonst unabdingb ges Haftg nur nach **III** gemildert.

4. Bauwerk

ErbbRVO 34 Der Erbbauberechtigte ist nicht berechtigt, beim Heimfall oder beim Erlöschen des Erbbaurechts das Bauwerk wegzunehmen oder sich Bestandteile des Bauwerkes anzueignen.

1) Gleichviel, weshalb das ErbbR erlischt. Auch nicht vor dem Heimfall usw im Hinbl auf diesen od nachher.

2) Gilt auch für unwesentl Bestandteile, nicht für Sachen des § 95 od Zubehör, BGH **23**, 57 u WPM **62**, 767.

3) Abdingbar. – § 34 ist SchutzG iS § 823 II, Planck Anm 5.

VI. Schlußbestimmungen

ErbbRVO 35 Diese Verordnung hat Gesetzeskraft und tritt am Tage der Verkündung in Kraft. Gleichzeitig treten die §§ 1012 bis 1017 des Bürgerlichen Gesetzbuchs und § 7 der Grundbuchordnung außer Kraft.

1) Verkündg am 22. 11. 19. Für die vor diesem Tage begründeten ErbbR gelten die §§ 1012 ff weiter, § 38, ebso GBO 8, der dem § 7 alter Fassg entspricht; für neue ErbbR gelten VO 14–17.

ErbbRVO 36 Soweit in Reichs- oder Landesgesetzen auf die §§ 1012 bis 1017 des Bürgerlichen Gesetzbuchs verwiesen ist, treten an deren Stelle die entsprechenden Vorschriften dieser Verordnung.

ErbbRVO 37 (betrifft Änderungen der GBO).

ErbbRVO 38 Für ein Erbbaurecht, mit dem ein Grundstück zur Zeit des Inkrafttretens dieser Verordnung belastet ist, bleiben die bisherigen Gesetze maßgebend.

1) Keine Umwandlg eines alten in ein neues ErbbR durch Inhaltsänderg (§ 877); str; and die hM, vgl Soergel-Baur, Ingenstau, Staud-Ring je zu § 8; Ffm DNotZ 56, 488.

ErbbRVO 39 Erwirbt ein Erbbauberechtigter auf Grund eines Vorkaufsrechts oder einer Kaufberechtigung im Sinne des § 2 Nr. 7 das mit dem Erbbaurecht belastete Grundstück oder wird ein bestehendes Erbbaurecht erneuert, so bleiben reichs-, landesgesetzliche und kommunale Gebühren, *Stempel-* und Umsatzsteuern jeder Art insoweit außer Ansatz, als sie schon bei Begründung des Erbbaurechts entrichtet worden sind.

1) Ob pers od dingl VorkR bleibt gleich.

2) Gebühren- u Steuervergünstigg gilt sinngem auch bei Verlängerg des ErbbR gem VO 27 III; sie gilt nicht für Notargebühren, nicht für die bloße Vereinbg der Verlängerg, Hamm, Rpfleger 66, 380 Anm Rohs m weiteren Nachw.

Fünfter Abschnitt. Dienstbarkeiten

Überblick

Schrifttum: Roquette, Dingl BenutzgsR in der gewerbl Wirtsch, BB 67, 1177. – Herget, Gesamtbelastg bei GrdDbk, NJW 66, 1060. – Kindermann, RProbleme beim Bau u Betrieb v Erdölleitgn, 1965. – Feckler, Die grdbuchm Absicherg von Wettbewerbsverboten, Rpfleger 69, 1.

1) Begriff und Einteilg der Dienstb. Beschränkte dingl Rechte an Grdst, bei Nießbr auch an Fahrnis u Rechten. Sie beschränken den Eigtümer (RInhaber) in einzelnen Beziehgn in der Benutzg der Sache od in der Ausübg seiner Rechte. Das BGB hat Namen u Inhalt der Rechte dem röm Recht entlehnt, obwohl das deutsche Recht mit seinen mannigfaltigen „Gerechtigkeiten" hätte fortgebildet w können. Gemeinsame Vorschriften enthält das BGB nicht; vgl aber § 916; EG 113, 114, 128. Es unterscheidet:

a) Grunddienstbk : §§ 1018 ff. Der Eigtümer des dienenden Grdst muß eine bestimmte Benutzg durch den Berecht dulden od gewisse Hdlgen od RAusübgen unterlassen, § 1018. Eine Leistg kann niemals HauptPfl, möglicherw aber Nebenverpflichtg sein, §§ 1021, 1022. Nur an Grdst, § 1018 Anm 2. Nur zugunsten des jeweiligen Eigentümers eines anderen Grdst ; subjdingl Recht; Bestandt des herrschenden Grdst, § 96. Die Pfl zur Duldg eines Notweges, § 917, ist gesetzl EigtBeschränkg; also keine GrdDbk, weil kein Recht an fremder Sache; deshalb auch im Ggsatz zum vertragl NotwegR nicht eintraggsfähig. – Grdstgleiche Rechte (vgl § 873 Anm 2 b aa) können dienendes u herrschendes Grdst sein.

b) Nießbrauch, §§ 1030 ff. Das Recht, **sämtl Nutzgen** des belasteten Ggstandes zu ziehen; Ausschluß einzelner Nutzgen zul, § 1030. Höchstpersönl Recht, §§ 1059, 1061; Ausn für jur Personen, § 1059 a. Aber Überlassg der Ausübg zul, § 1059 S 2. An Grdst u Fahrnis (außer an eingetr Luftfahrz, vgl Einf 8 vor § 1204), an Rechten (§§ 1068 ff) u Vermögen (§§ 1085 ff). Nur zG bestimmter Personen. Zum Verhältn zw Grdst-Nießbr u Miete, Weimar WM 66, 183.

c) Beschr persönl Dienstbark, §§ 1090 ff. Das Recht zur **Benutzg** des dienenden Grdst **in einzelnen Beziehgn**. Ähnl wie die GrdDbk, aber nur **zugunsten einer bestimmten Person.** Höchstpersönl Recht § 1062; Ausn § 1092 II. Überlassg der Ausübg nur beschränkt zul, §§ 1092 S 2, 1093 III. Nur an Grdst. Währd die – subj u obj dingl GrdDbk als Bestandt des herrsch Grdst von dem Wechsel der Eigtümer desselben unabh, und gleich (§ 1019) inhaltl gebunden ist, erlischt die – subj persönl – beschr persönl Dbk (von § 1092 II, §§ 1059a ff abgesehen) mit dem Tod des Erstberecht, ist also nicht auf Dauer angelegt; dafür ist sie nicht an § 1019 gebunden, inhaltl also weit elastischer als die GrdDbk, weshalb sie vorzügl für WettbewerbsBeschrkgen u dergl verwendet wird.

2) Dienstbark ist, außerh des BGB, das **Dauerwohnrecht** (DauernutzgsR) nach WEG 31 ff. – Dienstbarkeitsähnl nach BGH 37, 362 BenutzgsR der VersorggsUnternehmen an Bundesstraßen in bes Fällen.

3) Mehrfache GrdDbken für das gleiche R unzul (Haegele Rpfleger 67, 61; Lorbach Rpfleger 66, 13 gg LG Köln, zul aber GrdDbk u beschr pers Dbk nebeneinander (Soergel-Baur § 1018 Rdn 12; Staud-Ring § 1018 Rdn 6). – Zur Frage der **Berechtigg mehrerer** vgl § 1018 Anm 3, § 1090 Anm 3a, § 1093 Anm 2; Woelki Rpfleger 68, 208; Haegele BWNotZ 69, 117. – Zur **EigtümerDbk** vgl Einf 2b vor § 1018, § 1030 Anm 3a; Einf 1b vor § 1090.

4) Zu den **gesetzl begründeten Rechten,** fremden Boden zur Leitgsführg u dgl (Versorggsleitgen) zu benützen, vgl BBauG 9 I Nrn 6, 11; Hammer MDR 65, 8 ff und BGH 37, 353. – Zum Problem der Folgelasten bei Verlegg von Energieleitgen im Zug von Straßenveränderungen: Wagner NJW 67, 1345; vgl auch § 1023 Anm 6; Einf 2 vor § 1090. – Begründg dch Staatsakt Einf 2 d vor § 1018. Zu den AllgBedinggen d ElektrVersorggsUnternehmen vgl § 903 Anm 5 H a aa mit weit Hinw. Vgl BBauG 42.

Erster Titel. Grunddienstbarkeiten

Einführung

Schrifttum: Zu Wettbewerbs- u Verkaufsbeschränkgen als Inh einer GrdDbk Bernhardt, NJW **64,** 804; Walberer, NJW **65,** 2138; Knöchlein, BB **61,** 589. – Westermann, Aktuelles u werdendes R der Mineralölfernleitgen 1964. – G. Schmidt, Anpassg von GrdDbkten an entwicklgsbedingte Veränderungen, Diss Mü 1970. – Löscher, Mitbenützgsrechte Dritter bei GrdDbk, Rpfleger **62,** 432. –

1) Begriff der Grunddienstbark: vgl Übbl 1 a.

2) Begründg. a) Das **VerpflichtgsGesch** zur GrdDbkBestellg ist formfrei, Ausn § 518. Stillschw Übern mögl, zB Eigtümer zweier Grdst veräußert das fakt herrschde, für das die Anlage auf dem ihm verbleibden fakt dienden Grdst unentbehrl ist (Staud-Ring Vorbem v § 1018 Rdn 4; § 1018 Rdn 39). Maßg ist der nach §§ 133, 157 auszulegde PartWille. Mit Bestellg der GrdDbk hat der Besteller idR seine Verpfl erfüllt; keine Verpfl zur Verschaffg der einz Nutzgen (RG HRR **36,** 1166). Soll Erwerber als GgLeistg fortlaufdes Entgelt zahlen (dch Reallast dingl sicherb; W-Raiser § 106 IV 3; Karlsr DNotZ **68,** 433), so w auf KausalGesch § 567 nicht anwendb (BGH NJW **74,** 2123). Causa für die Bestellg der GrdDbk ist dann Kauf eines Rechts, das Grdst zur Einzelnutzg benutzen zu können, zB Bodenbestandteile, Früchte zu gewinnen; EigtErwerb daran dann gem § 954. Sicherg durch Vormkg mögl, BGH **28,** 103. Wird mit dem KausalGesch kann vereinb w, daß auch ohne dessen Erfüllg ein nur persönl bindkes R auf Gebrauch (Nutznießg) entstehen soll, BGH DNotZ **71,** 723. Auch die bloße schuldrechtl Verpflichtg ohne Begründg einer GrdDbk kommt vor, RG JW **30,** 2923; HRR **40,** 1248. Vgl auch BGH Betr **66,** 1475 u § 1018 Anm 4. Wird Grdst veräußert u dadch die Verpflichtg, daran GrdDbk zu bestellen, unmögl, besteht kein Anspr des Partners gem § 281 auf das, worum sich Kaufpreis erhöhte, weil Grdst lastenfrei, BGH NJW **67,** 622 (Erg zu BGH **25,** 1); doch kann ergänzde VertrAusleggen ergeben, daß Erwerber BestellgsPfl übernimmt, BGH WPM **71,** 1475.

b) Das **dingl Recht** w dch formfreie Einigg u Eintr bestellt (§ 873). Aufschiebde (Hamm Rpfleger **76,** 95) od auflösde (BayObLG KJG **44,** 356) Bdggu Befristg zul; auch beides nebeneinander (Köln Rpfleger **63,** 381). – **AnwartschR** nach Einigg u Aushändigg der nach § 873 II bindd gew Bewilligg nach GBO 19, 29; übertragb dch Übertr des herrschden Grdst, Köln OLGZ **68,** 453. – Im Gegensatz zum römR (nulli res sua servit) kann der Eigtümer zweier Grdst zG eines am und eine GrdDbk bestellen. – **Eigentümerdienstbarkeit:** dazu RG **142,** 234; Hamm Rpfleger **73,** 137 u § 873 Anm 4a; BGH **41,** 209 für 1090. Dann statt Einigg einseit Erklärg analog § 1196 II. Über WertErs für EigtümerDbk bei Ausfall in ZwVerst Staudenmaier (verneind) u Rahn (bejahd) BWNotZ **64,** 308; **65,** 45.

c) Eintragg: auf das Blatt (GBVfg 10, Abt II) des dienden Grdst, unter Bezeichnung des herrschden, BayObLG **53,** 85. Erst mit ihr entsteht das Recht; folgt Einigg nach, dann in diesem Ztpkt. Vermerk auf Blatt des herrschden Grdst (Bestandsverzeichn, vgl GBVfg 7, 41) zul (GBO 9) u wg GBO 21 zweckm. Für §§ 891, 892 entscheidet – auch bei Divergenz beider Vermerke – stets Eintrag auf diendem Grdst. – Zur Eintr **altrechtl Dienstbark** vgl EG 187, beachte dabei EG 189 I, 186; werden sie auf Verlangen eingetragen, Rang nicht nach § 879, sond nach Begründg. – An buchgsfreien Grdst, GBO 3 IIa; EG 128, s dort Anm 2. – **Inhalt** der Eintr: Wesentl RInhalt muß schlagwortm (zB WegeR; nicht aber nur BenutzgsR) in den EintrVermerk aufgen w (BGH **35,** 378); Bezeichng in EintrBew, die gem § 874 in Bezug gen, genügt nicht (RFolge: § 874 Anm 1 b). Ausreichd „Recht zum Betrieb einer Tankstelle"; auch bei ausschl **„Tankstellen-Dienstbark"** macht Bezugnahme die Eintr der Konkurrenzklausel unnöt, BGH **35,** 378; Hamm NJW **61,** 1772, für beschr pers Dbk. Unzul Bezugnahme auf lokale Bauvorschriften KGJ **46,** 221. Zur Auslegg des EintrVermerks, insb wenn BestellgsUrk nicht mehr vorhanden: Hamm JMBlNRW **64,** 270. Freie Auslegg dch RevGericht, BGH **LM** § 1018 Anm Nr 4, 5. Eintr eines ÜberfahrtR für bestimmte Pers „u deren Rechtsnachfolger" ist, wenn EintrBewilligg schweigt, nicht GrdDbk, kann aber als beschr pers Dbk ausgelegt w, BGH NJW **65,** 393, krit Wehrens DNotZ **65,** 475. – Eingetragene BauBeschrkg nicht, auch nicht über EintrBewilligg u KausalGesch als nebenher bestehde Gebäudebenutzgsbeschrkg auslegb, damit letztere mangels Eintr nicht bestehd, BGH NJW **65,** 2398 – wohl zu eng. Die erlaubten (§ 1018 Anm 5) od verbotenen (§ 1018 Anm 6) **Handlungen** u die **ausgeschl Rechte** (§ 1018 Anm 7) sind bestimmt zu bezeichnen, mind durch Bezugn, KGJ **53,** 155. Es genügt Eintr „Tankstellenbetriebsverbot" u BezNahme auf ergänzde Verbote in der Bewilligg (Lagerg u Verkauf von Kraftstoffen u dergl), BayObLG **73,** 184 (zu § 1090). Der Teil, auf den die Ausübg beschränkt ist, **§ 1023,** ist dch Bezug auf EintrBewilligg genau zu beschreiben, Hamm OLGZ **67,** 456 (für § 1090); genügt aber auch Einzeichn auf einer in dieser in Bezug genommenen allg zugängl Karte (Plan, Skizze), BGH **59,** 11 = **LM** § 29 GBO Nr 3 Anm Mattern; vgl auch BGH DNotZ **68,** 623. Dagg grdsätzl nicht erforderl, daß (zB bei WegeR od LeitggsR) die genaue örtl Lage vorher bestimmt festgelegt w; anders aber, wenn zugl ein Bebauungsverbot in bestimmtem Abstand von der Leitgsführg; aM LG Kassel NJW **64,** 932; nach KG NJW **73,** 1128 grdsätzl mögl, von Bestimmg der Lage u Größe der Anlage (Netzstation) in der EintrBewilligg abzusehen, wenn Dbk das ganze Grdst belastet; wenn nur Teil (GBO 7 II 1) ohne Abschreibg belastet w soll, allerd genaue Bestimmg nöt, KG aaO. Ist Inh des R dadch geändert, daß seine Ausübg dch Gewährg von GgLeistg bedingt, genügt insow Bezug auf EintrBewilligg, Karlsr DNotZ **68,** 432. – Gen nach BBauG 51 nötig, wenn Benutzgs-Dbk, die den Umleggsplan gefährden kann, uU daher auch WegeR, BayObLG NJW **58,** 1092. Keine

Einf v § 1018, § 1018 3. Buch. 5. Abschnitt. *Bassenge*

GenPflicht nach GrdstVG 9 bei Belastg mit WegeR, Oldbg DNotZ **67**, 394. Über Bestellgsverbote vgl § 1018 Anm 5a. Zum BestimmthGrdS vgl auch § 1023 Anm 2.

d) Ersitzg § 900 II. Entsteho durch **Staatsakt**: zB nach FlurbG 49 I; BBauG 61 (auch InhÄnd dch Umleggsplan); zum Umfang einer solchen Dbk – GB entsch – vgl BGH **54**, 10; ZMR **66**, 110. Auch dch enteignde Beschrkg des GrdEigt, wie gem EnergiewirtschG 11 (vgl § 903 Anm 5 C b cc; G a ii; H a aa (dort zu den AllgBedinggen d ElektrVersorggsUnternehmen mit weit Hinw); Übbl 4 vor § 1018); ZAG I; bay StrWG 40, dazu LG Passau MDR **71**, 927.

3) Übertragg der GrdDbk nur zusammen mit dem herrschenden Grdst, dessen Bestandt sie ist. Abtrenng von diesem wg § 1019 nicht mögl, KGJ **43**, 132. Verlegg der Ausübg § 1023. **Belastg** unzul, weil für sich allein nicht übertragb, §§ 1069 II, 1274 II. **Inhaltsänderg** nach § 877 (vgl dort Anm 3). Zur InhÄnderg bei Änderg der Verh s Anm 4, § 1018 Anm 4b; Einl 2b vor § 854. InhÄnderg für AltR: EG 184, 2.

4) Erlöschen der GrdDbk **a)** nach §§ 875, 876; EG 120 II Nr 2; ferner nach §§ 158 II, 163, 901, 1025 S 2, 1026, 1028 I 2; EG 109, 113; FlurbG 49; ZVG 91, 92 I; EGZVG 9. Auch dann, wenn inf Veränderg eines der Grdst die Ausübg dauernd ausgeschl ist, BGH WPM **66**, 740 (was aber nur vorübergehder Einstellg eines begünstigten GewerbeBetr gilt, BGH **LM** § 1020 Nr 1), od der Vorteil für das herrschende Grdst dauernd fortfällt (dann GBO 84ff) od das eine Grdst mit dem anderen vereinigt od ihm als Bestandt zugeschrieben wird, KGJ **51**, 260. Dagg erlöschen Privatrechte nicht ohne weiteres, wenn belastetes Grdst dem öff Verk gewidmet w, BayObLG **71**, 1. Nach ZVG 91 I, wenn das diende Grdst od ein MitEigtAnteil (KG DNotZ **75**, 105; Schiffhauer Rpfleger **75**, 187 Fußn 138; aA 34. Aufl) versteigert w. Dagg erlischt GrdDbk nicht dadurch, daß ein Eigtümer beide Grdst erwirbt, § 889. Vgl auch § 890 Anm 3b. KellerR erlischt grdsätzl nicht mit Zerstörg eines auf dem dienden Grdst errichteten Gebäudes, BayObLG **67**, 397. – **b)** Zeitweiser od dauernder Verzicht auf die Ausübg kann nötig sein (§ 242), insbes wenn nach Treu u Gl dies erfordern; insb wenn inf grdlegender **Veränderg der Verhältnisse** der Nutzen für das herrschende Grdst jetzt außer Verhältn zu den Nachteilen für das diende steht, RG **169**, 183; vgl aber auch BGH NJW **67**, 1609; DNotZ **70**, 348. Mißbräuchl RAusübg unzul (Düss RdL **69**, 70), vgl § 242 Anm 3a, 4d ,,**SachenR**''; solche aber idR nur aus dem dingl RVerh ableitb, BGH NJW **60**, 673. Zur **InhÄnderg**, uU **Erlöschen** dch Änderg der Verhältnisse s § 1018 Anm 4b u 5b. Bei Erlöschen einer GrdDbk mit Vermietg zulassender Nutzgsbefugn § 571 nicht entspr anwendb, Roquette NJW **57**, 1440 (gg LG Gießen).

5) Für den Umfang der Ausübg entscheidet die Einigg, soweit sie in der Eintr Ausdruck gefunden hat. Vgl § 873 Anm 3 c, 4 b; § 1019 Anm 2 c. Beeinträchtigg §§ 1027–1029. Vertragl Erweiterg schuldrechtl zul, bedarf aber eindeutiger, idR ausdrückl Erkl vgl § 1018 Anm 8.

6) Das Landesrecht in weitem Umfang aufrechterhalten. Vgl vor allem EG 115, 128 u für den Übergang EG 184, 187, 189, 191. Ferner EG 65, 66, 69, 83, 109, 112, 113, 114, 117, 120, 164. Frankfurter Wallservitut keine GrdDbk, BGH **LM** GemR (Servituten) Nr 1. Über Gemeindeservitut nach gemeinem Recht vgl BayObLG **62**, 24, 341. Vgl auch BayObLG RdL **64**, 211 (Umschreibg auf anderes Grdst).

1018 Begriff.
Ein Grundstück kann zugunsten des jeweiligen Eigentümers eines anderen Grundstücks in der Weise belastet werden, daß dieser das Grundstück in einzelnen Beziehungen benutzen darf oder daß auf dem Grundstücke gewisse Handlungen nicht vorgenommen werden dürfen oder daß die Ausübung eines Rechtes ausgeschlossen ist, das sich aus dem Eigentum an dem belasteten Grundstücke dem anderen Grundstücke gegenüber ergibt (Grunddienstbarkeit).

1) Begriff, Bestellg, Übertr, Erlöschen: Einf 1–4. – Für den Umfang dingl Einigg maßg; ist sie auslegsbedürftig, dann kommt es darauf an, was die Beteiligten jetzt aGrd der BestellgsUrk als Inhalt annehmen müssen, BGH DNotZ **59**, 242. Zur Auslegg vgl BGH MDR **69**, 380, wonach mit der Bewilligg einer ,,beschr pers Dbk zG des jew Eigtümers'' eines Grdst eine GrdDbk gewollt sein kann; vgl unten Anm 4 a, 5 b. – Eintr mehrerer Dienstbk für das gleiche Recht s Übbl 3 vor § 1018.

2) Belastgsgegenstand. Nur Grdst, Übbl 1 vor § 873. Auch öff Grdst, vgl RG **105**, 186. Fischereigerechtigk an öff Fluß, BayObLG JW **27**, 797 – öff Wege u Plätze. Reale Teile von Grdst; vgl aber GBO 7 II. Zu unterscheiden von der Beschrkg der Ausübg auf einen bestimmten Teil, §§ 1023, 1026; vgl Brem NJW **65**, 2463, Hamm OLGZ **67**, 456 – dazu Einf 2c vor § 1018. Grdstgleiche Rechte, § 873 Anm 2a, zB an einem AbbauR, KG DR **40**, 1781. Nicht ideelle Bruchteile, BGH **36**, 189; vgl § 883 Anm 4. Gesamtbelastg mehrerer GrdDbk derart, daß sie sich auf mehrere Grdst erstreckt, zul, BayObLG **55**, 174, aber nur bei gleicher Benutzungsart, KG JW **37**, 2606; RGRK Anm 3; Erm-Ronke Rdz 2; LG Brschw NdsRpfl **63**, 229; str, aA Hampel Rpfleger **62**, 127; vgl Haegele GBRecht Rdnr 483 je mit Nachw. Teilg des belasteten Grdst § 1026; vgl auch § 1023 Anm 2.

3) Berechtigt kann nur der jeweilige Eigtümer eines anderen Grdst (nicht eines ideellen BruchT) od grdstgleichen Rechts (KG JFG **6**, 279) sein; **subjektivdingl Recht**. Ggsatz: beschr persönl Dienstbk, § 1090. Bei Berechtigg der Eigtümer mehrerer Grdst kann für jedes eine gesonderte Dienstbk eingetr w, KGJ **52**, 180. Bestellg einer GrdDbk mehrerer Eigtümer mehrerer Grdst als **GesamtBerecht** (§ 428) wg § 1025 zul, wenn für alle Grdst vorteilh (Schlesw SchlHA **75**, 94 mwN; str). So auch BayObLG **65**, 267 u KG Rpfleger **70**, 282, wenn gemeins Anlage gehalten w, sowie Ffm NJW **69**, 469 u LG Wuppt RhNK **74**, 252, wenn alle Grdst in einer Hand (gg diese Einschränkg zutr Haegele Rpfleger **69**, 266). – Zul Eintr der mehreren Eigtümer zu Bruchteilen KGJ **24** A 119, wenn dies auch wenig prakt, vgl Haegele Rpfleger **66**, 368. – Beachte dann GBO 47 u Horber § 47 Anm 2 B. Bestellg für jew Eigtümer eines GrdstTeils erfordert dessen vorher Verselbständigg dch Abschreibg; doch kann Ausübg auf Vorteil eines realen Teils beschränkt sein, KGJ **53**, 171; Hamm NJW **67**, 2365 (für beschr pers Dbk); Soergel-Baur Rdnr 38. – Nachträgl **Teilg** des herrschenden Grdst § 1025. Auf einen nachträgl zugeschriebenen Bestandt erstreckt sich die Berechtigg nur bei neuer Bestellg, KG JFG **13**, 315. Zur RLage, wenn zwei Grdst vereinigt w, von denen eines herrschds Grdst einer GrdDbk an drittem ist, vgl § 890 Anm 3 b aE. Bei Zuschreibg zu nichtberechtigter Parzelle kann Recht der Ausübg entfallen, wenn Beschrkg der Ausübg auf den zugeschriebenen Teil nicht mögl, Schlesw SchlHA **58**, 10. Zulässig: **Eigentümergrunddienstbark**, vgl Einf 2 b. – Herrschdes Grdst kann **WE** sein (LG Esn Rpfleger **72**, 367; Ripfel BWNotZ **68**, 229).

4) Inhalt. Die GrdDbk schränkt die unmittelb aus dem Eigt fließden Befugn des Eigtümers ein (Bay-ObLG MittBayNot **76**, 24). Aber nur so, daß er etwas **dulden** od **unterlassen** muß (ZusFassg in einer Dienstbk mögl, KG JFG **22**, 48). Leistg (posit Tun) des Eigtümers kann nicht HauptPfl sein; nur ausnahmsw NebenPfl, §§ 1021/2, od sonst zwecks Erhaltg des Grdst (BGH DNotZ **59**, 241). Keine Umgehg dch Unterl-Dbk, die gleiche Wirkg wie Verpfl zur Vornahme der einzig noch erlaubten Hdlg (BayObLG **76**, 218; aA LG Mannh BWNotZ **78**, 44). Zwingde Vorschr: Verstoß macht die Eintr inhaltl unzul, GBO 53 I 2. Über den Inhalt im einz vgl Anm 5–7. Gemeins ist folgendes:

a) Notw ist ein **Vorteil** best Art für das herrschde Grdst (§ 1019). Schon ges (Hamm OLGZ **76**, 47) od dch GemGebr (RG HRR **32**, 134) festgelegte Duldgs- od UnterlPfl können nicht Ggst einer GrdDbk sein; and wenn deren Tragweite zweifelh (Celle DNotZ **58**, 421) u bei weitergehden Pfl (Hamm aaO). Nicht eintragb rein schuldr Verpfl, zB Verzicht auf SchadErs für Einwirkg vom herrsch Grdst (RG **119**, 213; KG HRR **34**, 262); and iF Anm 7. Maßg für **Inhalt u Umfang** ist (jedenf für RNachf) Wortlaut u Sinn der Eintr nebst nach § 874 zul in Bezug gen Urk u offenkund Tats (BGH NJW **76**, 417). Tats Übg kann Anhalt für Auslegg mehrdeut Eintr geben (BGH aaO); aber kein gutgl Erwerb aGrd tats Übg, die Eintr widerspricht (BGH aaO). Maß für **Umfang der Ausübg** jeweiliges Bedürfn des herrschden Grdst, BGH NJW **59**, 2060 (so daß idR FeststllgsKlage bzgl Umfangs bei späteren Ändergen unzul, BGH MDR **62**, 469), wobei allerd § 1020 zu berücksichtigen; vgl eingeh KG NJW **73**, 1128. Außerh des festgelegten Inhalts liegde Benutzg braucht Eigtümer des dienden Grdst auch dann nicht z dulden, wenn er bei inhaltsgem Benutzg genauso belastet wäre, BGH LM § 1004 Nr 131, also insb keine Substituier der Benützg zG eines and Grdst, vgl auch BGH **44**, 171 (einheitl Gebäude auf dem begünstigten u dr Grdst) u § 890 Anm 3 b.

b) Wirtschaftl u techn **Verändergen** ist Rechng zu tragen, BGH NJW **60**, 673; uU auch dem Geschmackswandel, KG JR **63**, 18. Nach Treu u Gl zu berücksichtigen, BGH DNotZ **59**, 242. Ausübg bei tiefgreifenden Verändergen kann in bes AusnFällen RMißbr sein (BGH WPM **65**, 589). Umfangserweiter bei Bedarfsteigerg mögl, wenn diese sich im Rahmen einer der Art nach gleichbleibden Benutzg des herrschd Grdst hält u nicht zZ der Bestellg nicht voraussehb od willkürl BenutzgsÄnderg beruht (BGH Betr **75**, 1165); s Anm 5 b „Wege- u Fahrtrecht". Dienstbk ggstandslos (GBO 84), wenn Ausübg inf der gem BBauG geregelten Bauweise, also aus RGründen dauernd unmögl wäre; dagg stehen örtl BauO Gesetzen nicht gleich, KG JFG **22**, 188; vgl auch KG DR **39**, 463; Dittus NJW **54**, 1828. Einfluß der Umzong vom bes zum allg Wohngebiet auf Bestand, Inh, Ausübbark einer Dienstbk (GewBeschränkg zG der Stadt) BGH NJW **67**, 1609. Vgl auch Einf 2 d vor § 1018; § 1020 Anm 1. – **Geltendmachg:** § 1004, ergänzde InhBestimmg, ZPO 256 (dazu BGH MDR **62**, 469), uU gem GBO 22, 84 od Kl des Benachteiligten auf Zahlg eines Ausgl; vgl G. Schmidt aaO, Einf vor Anm 1 zu § 1018.

5) Duldg der Benutzg in einzelnen Beziehgen. a) Benutzg ist jeder mit einem Vorteil verbundene Gebr. Einmaliger Gebr genügt nicht; notw ist ein fortgesetztes u wenigstens wiederholtes GebrMachen, BGH **41**, 209/212; vgl aber auch BayObLG DNotZ **66**, 538: Garagenbeseitigg als TeilInh einer UnterlassgsDbk. – Mögl, daß die gesicherte Nutzg dem Eigtümer des herrschden Grdst allein zusteht, mögl auch, daß er nur mitbenutzen darf (KG HRR **34**, 169). Zul auch zur Mitbenutzg eines Gegenstands, der nur dem Benutzg u Unterhalt einer Grenzmauer (KG DR **44**, 332; BGH Betr **76**, 432). – **Beispiele:** Wege-, Weide-, Waldgerechtigkeiten, Holzschlag, Einstellen von Vieh im Wald bei Schneefall, HofGemeinschaften, das Recht Feldbahnen, Leitgen, Gleise (BGH **LM** Nr 4), Seilbahn (BGH MDR **59**, 476) über das Grdst zu führen; Quellwasserableitg, BayObLG **60**, 167; Betreten zur Besichtigg KGJ **36**, 221; Recht, ein Bauwerk zu haben, s aber Anm 5 b; BauBeschrkgen, Verbot v Immissionen, die herrschdes Grdst sonst dulden müßte; Rechte, Früchte od Bodenbestandteile zu gewinnen. – **aa) Benutzgsberecht** sind je nach dem Einzelfall u im Rahmen des § 1019, sow der Bestellgsakt nicht dagg spricht, auch ohne Eintr Hausgenossen, Angehörige, Angestellte, Pächter, Mieter, Kunden uä (BGH LM Nr 20). – **bb) Unzulässig** Beschrkgen in der Vfg über das Grdst (BayObLG **53**, 84) od Verpachtg (KGJ **51**, 297); schuldr Verpfl zu einem Tun (Ausn §§ 1020, 1021); Fortführg eines Hotels (RG HRR **28**, 319); Abschl von MietVertr mit BenutzgsBerecht (BGH WPM **75**, 546; GgLeistg für GrdDbkBestellg kann Anspr auf MietVertr sein; Bestellg von JagdR (BJagdG 3 I 3); ferner nach LandesR (vgl EG 115). Über die Begründg von Holznutzgsrechten in der Flurbereinigg vgl Allnoch, RdL **67**, 198.

b) Nur zum Gebr in einz Beziehgen. Auch in mehrfachen; nur nicht zum Gebr aller Art (and § 1030, KG NJW **73**, 1128). Unzul desh zum Bau eines Gebäudes, wenn dieses jede und Benutzg des Grdst ausschließt, BayObLG **65**, 181. Mit gleicher Einschränkg (dazu BayObLG NJW **59**, 578; Hamm Rpfleger **59**, 19) zul auch die GrdDbk, auf dem diendenGrdst ein Gewerbe, eine Gastwirtsch, eine **Tankstelle** betreioen zu können. Daß die Errichtg der Tankstelle (od ihre Einrichtg, vgl zum TankstellenVertr Celle BB **62**, 542; Duden NJW **62**, 1326) nur einmalige Nutzg ist, schadet dem Charakter des Rechts als Dienstbk nicht, das ja zusammen mit dem Betreiben u Erhalten eine Einh bildet (vgl Haegele GBRecht Rdn 539). Wegen § 1019 meist als **beschr pers Dienstbk** bestellt. Siehe § 1090 Anm 4. **Zu Wettbewerbszwecken** werden GrdDbken auf Gebrauch (also Betrieb einer Tankstelle, einer Gaststätte) ausschließl („alleiniges Recht") bestellt, so daß Inhalt des Rechts gleichzeit der Ausschl des dienden Eigtümers mit Konkurrenzbetrieb iS der Anm 6 (s dort) ist, wobei aber eine Dienstbk mit positivem u negativem Inhalt vorliegt

(BGH **29**, 244; **35**, 378; BayObLG NJW **59**, 578; Hamm, KG, Stgt Rpfleger **59**, 20–22; vgl Haegele GBRecht Rdn 479, 533 ff); wg TankstellenBetrVerbot s Anm 6a. Wg Eintr vgl Einf 2c. – **WegeR, FahrtR:** Inhalt ist häuf ausleggsbedürft; auch hier ist die InhÄnderg dch Veränderg der Verhältnisse bedeuts. Angabe der Kulturart der herrschden Grdst im Bestandsverzeichn unbeachtl, wenn offenb überholt u in Widerspr zur Realität zZ der WegeRBestellg (BGH WPM **71**, 960, 1186). FahrtR schließt idR GehR (nicht aber ViehtriebR) ein. WegeR „zu haus- u landwirtschaftl Zwecken" berecht nicht zur gewerbl Wegebenutzg (BGH **LM** Nr 5). Bei WegeR für gewerbl ZimmerVerm ist stärkere Benutzg inf ortsübl BetrErweiterg zu dulden (BGH DNotZ **76**, 20); WegeR für Gaststätte umfaßt nicht Benutzg zur Erreichg eines auf dem GaststättenGrdst errichteten Sportplatzes (BGH **LM** Nr 14), FahrtR umfaßt heute auch KfzVerkehr (BGH WPM **64**, 1030); aber nicht ohne weiteres „die Benutzg als Garagenhof" u das Öffnen von Garagentor in den Luftraum des dienden Grdst (BGH BB **65**, 1125), das Abstellen von Kfz (BGH Betr **77**, 206) od Benutzg zu gewerbl Zwecken, vgl BGH NJW **59**, 2060; es sei denn, die gewerbl Benutzg war voraussehb, BGH WPM **66**, 254. RangierR umfaßt nicht AbstellR (BGH **LM** Nr 4). Auch stärkere Belastg des BetriebsÄnd auf herrschdem Grdst soll nach Karlsr (Die Just **73**, 204) insow zu dulden sein, als die allg Verk-Steigerg reicht; bedenkl, da u insow diese das diende Grdst nach Sachlage sonst nicht erfaßt hätte. Hat Eigtümer des herrschden Grdst seinen Betr auf das NachbGrdst ausgedehnt, so gibt Durchschnitt vor Erweiterg Maß für den jetzigen Umfang des WegeR u Benutzg für Zwecke des NachbGrdst rechtsw (BGH **LM** § 1004 Nr 131; Zweibr OLGZ **68**, 143). Keine Erweiterg altrechtl Dbk, bei der Wegbreite für Geh- u FahrtR genau (2,50 m) festliegt (Zweibr aaO). Zur Inh Änderg von GrdDbk (insb von Geh- u Fahrtrechten) an landwirtsch Grdst vgl Haegele RdL **67**, 234; Karlsr OLGZ **78**, 81.

6) Unterlassg gewisser tatsächl Handlgen, die der Eigtümer kraft seines Eigtums, RG **111**, 394, sonst vornehmen dürfte.

a) Ihm muß die Benutzg des Grdst in einz bestimmten Beziehgen (TankstellenBetrVerbot, BayObLG **73**, 184) verwehrt sein (Ggstück zu Anm 5), wobei ihm wenigstens e i n e Verwertgsmöglichk verbleiben muß (bedenkl deshalb KG DR **40**, 1782). Stets ist § 1019 zu beachten, KGJ **53**, 156, sonst nur beschr pers Dienstbk, vgl Lüb SchlHA **58**, 112. – Die verbotenen Handlgen können dch Bezeichn der gestatteten (evtl der einz) Befugnisse umschrieben w, BayObLG NJW **65**, 1484. Üb Zustimmg zur Vorn der grdsätzl verbotenen Hdlg vgl Ripfel DNotZ **61**, 145.

b) Beispiele. BebauungsBeschrkg (Celle DNotZ **58**, 421); Wohngsbeleggsverbot (KG NJW **54**, 1245; Stgt MDR **56**, 679); Anbau ohne Benutzg der NachbWand (BGH **LM** Nr 24); Beseitiggsverbot für Einfriedg (Köln Rpfleger **76**, 209).

c) Wettbewerbsverbote und ihre Sicherg durch Dienstbarkeiten: Schrifttum: Gerhard K a i s e r, Die Verwendg von Grunddienstbarkeiten und beschr pers Dienstbarkeiten zu Wettbewerbszwecken, Köln 1964 (Diss); Knöchlein BB **61**, 589; Wehrens DNotZ **63**, 24; Bernhardt NJW **64**, 804; Reimann MittBayNot **74**, 1. – Siehe zunächst oben Anm 5 „Wettbewerbszwecke". Die als Inh einer Dienstbk hiernach zul ausschließ Gewerbeberechtigg schützt nun den Berecht nicht davor, daß auf dem dienden Grdst and als seine Erzeugnisse (Bier, Benzin, Öl) vertrieben w. Dies kann nach hM nicht Inhalt einer GrdDbk sein (BGH **29**, 244; Rpfleger **75**, 171; BayObLG DNotZ **72**, 350), da das R zur freien Auswahl eines Warenlieferanten kein Ausfluß des GrdstEigt, ein diesbzgl Verbot keine Verschiedenh in der tats Benutzg desselben zur Folge habe, sich auf diese also – im Ggs zur ausschl Gewerbeberechtigg schlechthin – nicht unmittelb auswirke. Nach BGH NJW **62**, 486 sind solche Unterscheidgsmerkmale der Benutzg (also dienstbarkeitsfäh) die Art des Gewerbes, der Umfang von Immissionen, aber auch die Art der Waren, die auf dem Grdst bearbeitet od gelagert werden, u nicht mit denen auf dem Grdst gehandelt w soll, währd dies für die Unterscheidg nach Hersteller od Makler bestimmter Waren nicht der Fall sein soll. Daher hält BGH das Verbot, Flaschenbier zu verkaufen, für dienstbarkeitsfäh; krit zT das Schrifttum; Nachw BayObLG aaO. Dieser Unterscheidg gem aber folgericht LG Mü I (vgl Walberer aaO Fußnote 4), wonach als Inh einer GrdDbk unzul sei das generelle Wirtschaftsverbot mit ErlaubnVorbeh für Waren des Berecht. Häuf sind derart Dienstbken auflösd bedingt (solange ein VertrVerhältn zw dem Beteiligten u dem Eigtümer des dienden Grdst bestehe) u (od) befristet vereinbart; Eintr u Bezugnahme insow § 874 Anm 3a, vgl auch Köln Rpfleger **63**, 381 und Haegele GBRecht Rdn 538. – Wettbewerbsbeschränkte Dienstbken verstoßen grdsätzl nicht gg die Dekartellisiergsbestimmgen (vgl Kaiser aaO S 117 ff). Über die Auswirkgen eines Verstoßes des Inhalts einer Dienstbk gg die Wettbewerbsbeschränkgen gem GWB siehe Bernhardt aaO und eingehd Kaiser aaO S 127 ff.

d) Unzulässiger Inhalt: Verbot, rechtl Verfügen über das Grdst zu treffen, es zB zu veräußern, BayObLG **53**, 84, zu teilen od zu verpachten, KGJ **51**, 297; wohl auch Beschrkgen in Architektenwahl, Dittus NJW **54**, 1827. Unzul, daß Überlassg zur Nutzg nur dch Vermietg geschehen dürfe, Düss NJW **61**, 176, das aber zu Unrecht Verbot der Vermietg an andere als bestimmten Personen für nicht eintragb hält.

7) Ausschluß der Ausübg gewisser Rechte. Der Eigtümer des belasteten Grdst soll ihm nach §§ 903 ff erlaubte Einwirken auf das NachbarGrdst unterlassen od vom NachbGrdst ausgehende Einwirken dulden; RG **119**, 213. „Vereinbartes NachbarR" (Westermann § 63 V 1). Hauptfall Immissionen, § 906. Eintraggsfäh ist der Verzicht auf SchadensErs wg Einwirken nur, wenn kraft bes gesetzl Vorschr der ErsAnspr anstelle der Abwehrklage (§ 1004) zum Inhalt des Eigt gehört, zB PrABegrG 148: BGH NJW **77**, 1967; Hamm OLGZ **65**, 78; zuletzt (für beschr persönl Dbk) BGH MDR **70**, 998 (für *Bad* BergG 130); GewO 26: KG HRR **34**, 262. Gleiches muß gelten für die Fälle gem § 906 II 1 und Anm 5b–bb zu § 906 (Ffm Rpfleger **75**, 59). – Soll aber die Ausübg eines Rechts ausgeschl w, das nicht aus dem Eigt unmittelb entspringt, sond aus einem Recht, das Bestandteil des Eigt ist, wie aus einer GrdDbk, so kann dies nicht dadch geschehen, daß ein Recht aus der GrdDbk wieder durch eine GrdDbk wegbedungen wird, sond nur dadch, daß das diende Grdst unmittelb zum Teil entlastet (§ 875) wird, OLG **4**, 306, **5**, 424.

8) Neben GrdDbk schuldr NutzgsR (zB Pacht) mögl, aber idR ausdr Abrede nöt (BGH NJW **74**, 2123).

Dienstbarkeiten. 1. Titel: Grunddienstbarkeiten §§ 1019, 1020

1019 *Vorteil des herrschenden Grundstücks.* **Eine Grunddienstbarkeit kann nur in einer Belastung bestehen, die für die Benutzung des Grundstücks des Berechtigten Vorteil bietet. Über das sich hieraus ergebende Maß hinaus kann der Inhalt der Dienstbarkeit nicht erstreckt werden.**

1) Allgemeines. S 1 schränkt den Inhalt (§ 1018 Anm 4) einer GrdDbk ein; die Benutzg des herrsch Grdst muß durch die GrdDbk wirtschaftl gefördert werden. Zwingende Vorschr, S 2. § 1019 gilt auch für landesrechtl Dienstbk, EG 115, aber nicht für solche alten Rechts, EG 184, RG **169**, 183.

2) Vorteil für die Benutzg des herrsch Grdst. a) Notwendig privrechtl wirtschaftl Vorteile. Sie liegen nicht vor bei bloßer Einhaltg baupolizeil Vorschr, KGJ **47**, 186, kann aber darin bestehen, daß einer Häusergruppe ein bestimmter architekton Charakter erhalten bleibt, BGH Betr **67**, 726; aber unschädl, daß eine VO die Bestellg veranlaßt hat, KGJ **40**, 249. Tatsächl Förderg in irgendeiner Art genügt. Auch bloße Annehmlichk, zB Erhaltg eines bestimmten Charakters der Gegend, KGJ **45**, 229.

b) Für die Benutzg des herrsch **Grdst**. Also nicht Vorteile bloß für einen einzelnen Eigtümer persönl. Bloße Erhöhg des GrdstWertes genügt ebenf nicht, KGJ **52**, 174. Maßgebend sind Lage, Beschaffenh u Zweckbestimmg des herrsch Grdst. Benachbarte Lage nicht unbedingt nötig; BGH WPM **66**, 740; weite Entferng wird aber Vorteile meist ausschließen. Mittelb Vorteil genügt. ZB uU WohnR für jeweil Eigtümer unbebauten Grdstücks (Walberer DNotZ **58**, 153 gg Celle). Förderg des GewerbeBetr, wenn u so lange der „Betr" dch dauernde Zweckbestimmg die Eigenart des herrschden Grdst kennzeichnet u dieses dem Betr zu dienen best ist (KGJ **52**, 173; Mü NJW **57**, 1765; BGH DNotZ **56**, 40); KfzStellplatz auf NachbGrdst eines Mietshauses (BGH WPM **75**, 546). Vgl auch Stgt Just **64**, 285 iF § 1090; vgl LG Deggendorf MittBayNot **72**, 66 (krit Anm Reimann ebda sowie MittBayNot **74**, 4), wo dies bei Umstellg von Brauerei auf Bierdepot verneint wurde; dort auch zur Frage, ob Verpachtg des Betr die GrdDbk erlöschen läßt. Bodennutzg als GrdDbk zul, wenn Ausbeute auf herrschdem Grdst verarbeitet w soll, nicht aber bei Entnahme von Bodenbestandteilen nur zum Verkauf; anders bei beschr persönl Dienstbk, § 1091 Anm 1.

c) Dauernde od gleichbleibende Vorteile nicht notw. Zeitweise Behinderg der Ausübg unschädl. Ein bei regelm Verlauf künftig eintretender Vorteil genügt, KG HRR **33**, 1587. Die Beteiligten können auch sonst bei der Bestellg der künftigen Entwicklg Rechng tragen. Voraussehbare, RG JW **30**, 3852, Verändergen wirtschaftl Verhältnisse je nach dem Zwecke der GrdDbk zG des herrsch Grdst zu berücksichtigen (vgl LG Stade NdsRpfl **59**, 85; BayObLG **59**, 484). Auch kann in widerspruchsloser Duldg verstärkter Ausübg eine nachträgl Einigg liegen, RG **126**, 373, aber, falls Erweiterg des Rechts, mangels Eintr nur mit schuldrechtl Wirkg, vgl BGH NJW **59**, 2060; **60**, 673. Vgl auch § 1018 Anm 1, 4, 8.

3) Verstoß gegen S 1 macht die Bestellg nichtig. Umdeutg in beschr pers Dienstbk idR nicht mögl, Mü NJW **57**, 1765. **Verstoß gegen S 2** macht die Eintr hins Überschreitg nichtig; für den übrigen Teil gilt § 140 (§ 873 Anm 4 a). Bei nachträgl dauerndem Fortfall der Vorteile erlischt die GrdDbk, Einf 4.

1020 *Schonende Ausübung.* **Bei der Ausübung einer Grunddienstbarkeit hat der Berechtigte das Interesse des Eigentümers des belasteten Grundstücks tunlichst zu schonen. Hält er zur Ausübung der Dienstbarkeit auf dem belasteten Grundstück eine Anlage, so hat er sie in ordnungsmäßigem Zustande zu erhalten, soweit das Interesse des Eigentümers es erfordert.**

1) Allgemeines. Die geteilte Sachherrsch über das diende Grdst bringt für beide Teile Rechte u Pflichten, die – als Inhalt des dingl Rechts – aus dem **gesetzl Schuldverhältn** (vgl Einl 5c vor § 854) zw dem Berecht u dem Eigtümer des diendend Grdst erwachsen: vgl KG NJW **73**, 1128; Soergel-Baur § 1020 Rdn 1; RGRK Anm 4; Staud-Ring Rdn 1; Westermann § 121 IV 1 mit § 1 II 3b; abl W-Raiser § 107 Fußn 3). – Die §§ 1020–1023 verpflichten beide Eigtümer zur ggs RücksNahme. Auswirkg des § 242 im SachenR; vgl Einf 3, 4 vor § 1018. Hieraus kann sich, über die gesetzl geregelten Fälle hinaus, Pfl des Berechtigten zur Errichtg von Anlagen ergeben, BGH LM § 242 (D) Nr 31 (Schutzbrücken über wegekreuzende Seilbahn). Vgl auch EG 184.

2) Tunlichste Schong (S 1). **a)** Der Berecht soll den Eigtümer des belasteten Grdst in dessen Benutzg nur soweit einschränken, als es zur sachgemäßen Ausübg der Dienstbk notw ist. Er muß unerhebl Erschwergen in Kauf nehmen, zB Verschließ des Weges bei Nachtzeit gg Aushändigg des Schlüssels, BayObLG **23**, 120. Ein zeitweiser Verzicht auf die Ausübg ist ihm aber nicht zuzumuten, Warn **30**, 109. Also nicht die Verlegg (vgl aber § 1023) auf ein anderes Grdst od die Umwandlg von Laubwald in Nadelholzwald bei einer Weidegerechtigk, vgl RG **104**, 150. Anders bei völliger Änderg der Grdlagen der Dienstbk u bei sonstigen wicht Gründen, zB Kriegseinflüssen.

b) Einer ungebührl Ausübg begegnet der Eigtümer mit der Klage aus § 1004 (BGH NJW **65**, 1229) od § 823; desh aber noch kein Anspr auf Aufhebg der Dienstbk u Löschg. Nur ganz ausnahmsw – RG **169**, 180 – kann er aGrd § 242 vom Berecht entspr § 1169 dauernden od zeitweisen Verzicht auf die Ausübg verlangen. Vgl auch Einf 4 vor § 1018. Bei Verletzg der SchonpflichtSchadErsAnspr, jedenf gem § 823 I, ob zugl aus dem Gesichtspunkt pos Verletzg des gesetzl Schuldverhältn, ist str, doch von geringer Bedeutg (§§ 282, 283!); dafür zutr Staud-Ring; Soergel-Baur je Rdn 3.

3) Anlagen (S 2). Der **Berechtigte** (anders § 1022) ist **unterhaltspflichtig** kraft G. Deshalb keine Eintr in das GB; BayObLG **65**, 272; anders § 1021 Anm 1. S 2 greift nicht ein, wenn der Eigtümer die Anlage mitbenutzen darf u es sich um die Erhaltg von deren Gebrauchsfähigk handelt, KG Rpfleger **70**, 281. Voraussetzg der UnterhaltsPfl: Nur Anlagen (dh bes Einrichtgen, RG HRR **34**, 1027) auf dem belasteten

1083

Grdst. Auf anderen Grdst nur nach bes Vertr, RG **112**, 371. Nur solche Anlagen, die der Berecht hält, die er zu benutzen ein Recht hat, gleichgültig wessen Eigt sie sind, RG HRR **40**, 1248. Verschuldete Beschädigg der Anlage nicht nötig. Nur, um Beeinträchtigg des Eigtümers zu verhindern; ob der Berecht sie benutzgsfähig erhält, steht in seinem Belieben. Weitere Beschrkgen mögl nach EG 115. Vgl aber §§ 1021 I 1, 1022 S 1. Folgen der Verletzg der UnterhPfl: Anspr des Eigtümers aus § 1004, evtl auf SchadErs, s Anm 2b.

1021 *Vereinbarte Unterhaltungspflicht.* I Gehört zur Ausübung einer Grunddienstbarkeit eine Anlage auf dem belasteten Grundstücke, so kann bestimmt werden, daß der Eigentümer dieses Grundstücks die Anlage zu unterhalten hat, soweit das Interesse des Berechtigten es erfordert. Steht dem Eigentümer das Recht zur Mitbenutzung der Anlage zu, so kann bestimmt werden, daß der Berechtigte die Anlage zu unterhalten hat, soweit es für das Benutzungsrecht des Eigentümers erforderlich ist.

II Auf eine solche Unterhaltungspflicht finden die Vorschriften über die Reallasten entsprechende Anwendung.

1) I. Eigtümer des dienden Grdst u Berecht können die Unterhalt abw von § 1020 S 2 regeln. Die Vereinbg gehört zum **Inhalt der GrdDbk.** Eintr im GB des dienden Grdst notw, §§ 873, 877; dies gilt (weil NebenPfl iRv ges SchuldVerh) auch iF I 2 (RGRK Anm 1; W-Raiser § 106 Fußn 38; aA KGJ **51**, 247; Erm-Ronke Rdnr 3). Bezugn auf EintrBew genügt (KG JFG **20**, 281). Ohne Eintr nur schuldr Wirkg zw den VertrPart. – **a) S 1.** Die Anlage ist so zu unterhalten, daß der Berecht die GrdDbk ausüben kann (BGH NJW **60**, 673). Dazu gehören auch Verbessergen iR sachgem Unterhalt u Wiederherstell (LG Heilbr BWNotZ **75**, 124). Betragl (KG JFG **6**, 286) od ggständl (KG NJW **70**, 1686) Teilg der Unterhaltungskosten od –Pfl vereinb, nicht aber Pfl zur Ersterstell (RG **131**, 176) od HaftPflVersicherg (Ripfel BWNotZ **58**, 181). – **b) S 2.** Fehlt eine Vereinbg, so hat jeder die Anlage soweit zu unterhalten, als dies für die Benutzg dch ihn notw ist; dem and dazu verpflichtet ist keiner (RG HRR **40**, 1248; KG NJW **70**, 1686).

2) II. Die UnterhaltsPfl ist keine selbstd Reallast. §§ 1105–1108 nur entspr anwendb, LandesG nicht (EG 116); statt § 1109 gilt § 1025. Der verpflichtete Eigtümer haftet für die währd der Dauer seines Eigt fäll werdden Leistgen auch persönl (RG **131**, 163).

1022 *Anlagen auf baulichen Anlagen.* Besteht die Grunddienstbarkeit in dem Rechte, auf einer baulichen Anlage des belasteten Grundstücks eine bauliche Anlage zu halten, so hat, wenn nicht ein anderes bestimmt ist, der Eigentümer des belasteten Grundstücks seine Anlage zu unterhalten, soweit das Interesse des Berechtigten es erfordert. Die Vorschrift des § 1021 Abs. 2 gilt auch für diese Unterhaltungspflicht.

1) Das Recht, eine Anlage auf einer baul Anlage zu halten, muß Hauptinhalt der GrdDbk sein, sonst §§ 1020, 1021, RG **112**, 370. Baul Anlagen sind alle durch menschl Tätigk hergestellten, zB auch Uferbollwerke, RG aaO. Die gesetzl UnterhaltsPfl ist nicht eintraggsfähig; die vereinbarte ist eintraggsbedürftig. Vgl im übrigen Anm zu §§ 1020, 1021.

1023 *Verlegung der Ausübung.* I Beschränkt sich die jeweilige Ausübung einer Grunddienstbarkeit auf einen Teil des belasteten Grundstücks, so kann der Eigentümer die Verlegung der Ausübung auf eine andere, für den Berechtigten ebenso geeignete Stelle verlangen, wenn die Ausübung an der bisherigen Stelle für ihn besonders beschwerlich ist; die Kosten der Verlegung hat er zu tragen und vorzuschießen. Dies gilt auch dann, wenn der Teil des Grundstücks, auf den sich die Ausübung beschränkt, durch Rechtsgeschäft bestimmt ist.

II Das Recht auf die Verlegung kann nicht durch Rechtsgeschäft ausgeschlossen oder beschränkt werden.

1) Verlangen auf Verlegg der Anlage. Vgl § 1020 Anm 1 und EG 184. **I** unabdingb, **II.** Keine Verj.

2) Voraussetzgen. a) Das ganze Grdst ist belastet. Die GrdDbk kann aber ihrer Art nach (zB Benutzg vorhandener Wege od Leitgen) od nach Vertr **(I S 2)** nur auf einem Teil des Grdst ausgeübt werden; vgl KG NJW **73**, 1128. Zum BestimmthGrds allg BGH NJW **69**, 502 (ausreichd, wenn GBEintr als Ausübsstelle „den 2 m breiten Weg, der zum Feldweg nach B führt", bezeichnet); zu AbstandsflächenDbk vgl BayObLG BayNotV **68**, 215; zu BauverbotsDbk vgl Celle NdsRpfl **78**, 57. Zum Formalerfordern (BezNahme auf Karte, Skizze usw) vgl Einf 2c vor § 1018 u BGH **59**, 11 = **LM** GBO § 29 Nr 3 Anm Mattern.
b) Besondere Beschwerg des Eigtümers. Auch wenn von vornherein vorhanden.

3) a) Berechtigt zu dem Verlangen ist der Eigtümer des belasteten Grdst; vgl auch Anm 5.
b) Ist Verlegg bedeuts, kann sie InhÄnderg sein, wenn näml nach Lage des Falls Ausübg an bestimmter Stelle zum Inhalt der Dienstbk gehört (BGH Rpfleger **76**, 126); dann eintraggsbedürft; §§ 873, 877. Bedeutet sie im Einzelfall nur Regelg der Ausübg der Dienstbk, so ist diese nicht eintraggsfäh (KG NJW **73**, 1128; Nachw bei BGH aaO).
c) Verlangen dch Klage aus § 1004 (wenn Ausübgsmodalität, wie unbedeutde Verschiebg einer Leitg). Ist aber Verlegg Inhaltsänderg (s ob b), dann Klage auf Einigg u Eintraggsbewilligg, §§ 873, 877. WolffRaiser wollen nur Berichtiggsklage geben, da ihrer Ans nach der Eigtümer des dienden Grdst die Macht hat,

Dienstbarkeiten. 1. Titel: Grunddienstbarkeiten   §§ 1023–1026

dch Realakt die InhÄnderg selbst zu gestalten. Dies widerspricht aber dem klaren Gesetzeswortlaut „verlangen".

d) Str, ob uU Verlegg auf anderes (benachbartes) Grdst des Eigtümers verlangt w kann; verneinend Warn **30**, 109. Jedoch uU nach § 242 berechtigt, aber nur, wenn die sonst Voraussetzgn nach § 1023 BGB vorliegen, BGH WPM **74**, 429; dann kann Aufhebg der alten u Begründg neuer Dienstbk verlangt w; vgl Wolff-Raiser § 107 Anm 9. Mögl daher auch von vornherein Einräumg entspr Rechts, Düss JMBl NRW **55**, 30.

4) Kosten für die Herstellg od Änderg der notw Einrichtgen; auch für die Eintr Anm 3. Der die Verlegg Verlangende hat sie vorzuschießen.

5) Auch Berechtigter kann uU nach § 242 Verlegg verlangen, zB auf Ersatzanlage, BayObLG **62**, 35.

6) Ob bei **schuldrechtl Benutzgserlaubn**, zB für **VersorggsLeitgen** in Straßen, eine dem § 1023 entspr Berechtigg des GrdstEigtümers u Verpfl z Tragg der **Folgekosten** anzunehmen ist, ist str; abl BGH **51**, 319 (mAnm v Hill **LM** Nr 12 a z FStrG); NJW **72**, 493; bejahd aber, soweit bei gesetzl EigtÜbergang an einer Straße kraft Bundes- od LandesG ein dingl BenutzgsR entsteht, BGH **37**, 353; BayObLG **69**, 169; sofern der KonzessionsVertr die Folgelasten dem GrdstEigtümer auferlegt, können diese aGrd einer entspr gesetzl Regelg mit dem StraßenEigt auf einen Baulastträger übergehen (BGH **61**, 124 z LStrG *NRW* 10 I; NJW **74**, 644 z StrWG *SchlH* 17 I 1); z Frage, ob eine Gemeinde nach Verlust des StraßenEigt für die ihr in der Straße weiter gehörden VersorggsLeitgen die Folgekosten selbst tragen muß: BGH **52**, 229 = **LM** Nr 2 z *NRW* LStrG mit Anm Hill (mangels KonzessionsVertr u mangels landesgesetzl begründeten BenützgsR Kostentragg dch Gemeinde); MDR **74**, 654. Entscheidd also KonzessionsVertr od LandesR hins etwaigen BenutzgsR. Die Frage hat Bedeutg dafür, ob Enteign öff Straßen zG von Energieunternehmen zwecks Begründg von Dienstbk (vgl § 903 Anm 5 C b cc, G a gg) abgewendet w kann durch Anerbieten eines obligator Gestattgsvertrages; vgl dazu Übbl 4 vor § 1018 u Einf 2 vor § 1090. Zu den Allg Bedinggen der ElektrVersorggsUnternehmen vgl § 903 Anm 5 H a bb mit weiteren Hinweisen.

7) Wer eine nicht eingetr GrdDbk im FlurbereiniggsVerf anzumelden unterließ, muß die dch den SurrogationsGrds eingetretene Umgestaltg des R auch dann hinnehmen, wenn die Dbk örtl gebunden ist, BayObLG **69**, 263.

1024 *Zusammentreffen mehrerer Nutzungsrechte.* **Trifft eine Grunddienstbarkeit mit einer anderen Grunddienstbarkeit oder einem sonstigen Nutzungsrecht an dem Grundstücke dergestalt zusammen, daß die Rechte nebeneinander nicht oder nicht vollständig ausgeübt werden können, und haben die Rechte gleichen Rang, so kann jeder Berechtigte eine den Interessen aller Berechtigten nach billigem Ermessen entsprechende Regelung der Ausübung verlangen.**

1) Allgemeines. Bei Rechten mit versch Rang (§ 879) hat das vorgehende den Vorzug. Bei gleichrangigen, sich ggseitig beeinträchtigenden Nutzgsrechten ist die Benutzg besonders zu regeln, §§ 1024, 1060, 1090 II. Vgl auch § 577.

2) Regelg durch Vertrag. Trotz des unklaren GWortlauts ist in Wahrh ein wechselseit Anspr auf Beschrkg des Rechts gegeben, also auf InhÄnderg (so offenb auch Wolff-Raiser § 108 II 1), die eintraggsbedürftig ist. Regelg also dch Einigg (§§ 873, 877) od dch Klage auf Zustimmg zu bestimmter zeitl od räuml Begrenzg (vgl KG HRR **34** Nr 169). Nach der hier vertr Ans: Leistgs-, nicht Gestaltgsurteil. Wie hier Planck-Strecker Anm 3, Erm-Ronke Rdz 2; Soergel-Baur Rdn 1, 2; aA Staud-Ring Anm 4, RGRK Anm 4. Die hier vertr Ans empfiehlt sich im Hinbl auf den Fortbestand der gleichberecht GrdDbken, auch im Interesse der Rechtsklarh u -sicherh. Keine Verj, § 902. Vgl EG 184.

1025 *Teilung des herrschenden Grundstücks.* **Wird das Grundstück des Berechtigten geteilt, so besteht die Grunddienstbarkeit für die einzelnen Teile fort; die Ausübung ist jedoch im Zweifel nur in der Weise zulässig, daß sie für den Eigentümer des belasteten Grundstücks nicht beschwerlicher wird. Gereicht die Dienstbarkeit nur einem der Teile zum Vorteile, so erlischt sie für die übrigen Teile.**

1) Grundsatz (S 1). a) Nach Teilg des herrschden Grdst (vgl § 890 Anm 5; KGJ **53**, 171) besteht die GrdDbk für die einz Teile fort. Eintr auf abgeschriebenen Teilen ist nur berichtigd; auch ohne sie ist für die Löschg die Bewilligg der Eigtümer aller Teile erforderl (KG NJW **75**, 697). Jeder Berecht kann wie GrdDbk ausüben, dch Klage geltd machen, Unterhaltg von Anlagen (§§ 1021 I 1, 1022) verlangen. Bei Verstoß gg Halbs 2 hat Eigtümer des belasteten Grdst Anspr aus § 1004; Halbs 2 gilt nicht, wenn der Umfang der Ausübg sich nach den jeweil Bedürfn des herrschden Grdst richten soll (vgl § 1019 Anm 2 c). Für die Berecht untereinander gilt § 745 entspr (nach aA § 1024 entspr; vgl Staud-Ring Anm 1 a mwN), denn S 1 hat den Beteil hier abw von § 1024 keinen Anspr auf InhaltsÄndg gegeben, sond beschrkt die Ausübg kr G. Verteidig des beschwerten Eigtümers des belasteten Grdst hier nach § 1004. – **b)** Die UnterhaltgsPfl aus §§ 1020 S 2, 1021 I 2 hat jeder Eigtümer der Teilstücke.

2) Ausnahme (S 2). a) Teillöschen im Hinbl auf § 1019 kr G ohne Löschg. Berichtigg nach § 894, GBO 22; vgl auch GBO 9. – **b)** Die UnterhaltgsPfl aus §§ 1020 S 2, 1021 I 2 hat nur noch der Eigtümer des berecht bleibden Grdst.

1026 *Teilung des dienenden Grundstücks.* **Wird das belastete Grundstück geteilt, so werden, wenn die Ausübung der Grunddienstbarkeit auf einen bestimmten Teil des belasteten Grundstücks beschränkt ist, die Teile, welche außerhalb des Bereichs der Ausübung liegen, von der Dienstbarkeit frei.**

§§ 1026–1029 3. Buch. 5. Abschnitt. *Bassenge*

1) Grundsatz. a) Nach Teilg des belasteten Grdst ist jedes Grdst mit einer GrDbk belastet (BayObLG Rpfleger **77**, 442). Sie ist bei der Abschreibg mitzuübertr (BayObLG **54**, 286); sonst Berichtigg nach § 894, GBO 22. **b)** Unterhaltspfl aus §§ 1021 I 1, 1022 u -berecht aus §§ 1020 S 2, 1021 I 2 ist jeder Eigtümer.

2) Ausnahme. a) Die GrDbk erlischt kr G auf dem Teil, der völl außerh des Bereichs liegt, auf den ihre Ausübg **rechtl** beschränkt ist. Das ist der Fall, wenn der Berecht aGrd rgesch Vereinbg od nach Art der GrDbk dauernd gehindert ist, Teile des belasteten Grdst zu benutzen (KG NJW **69**, 470); tats Beschrkg genügt nicht, wenn Änderg mögl (KG aaO). – Keine MitÜbertr GBO 46 II (BayObLG **71**, 1); sonst Berichtigg nach § 894, GBO 22 (KGJ **24**, 118). GBmäß Nachw zB dch Bescheinigg öff bestellter Vermessgs-Ing (KG DR **39**, 1174). – **b)** Unterhaltgpfl u -berecht (vgl Anm 1 b) ist nur noch der Eigtümer, auf dessen Grdst die Anlage steht (KG JW **34**, 3142).

1027 *Beeinträchtigung der Grunddienstbarkeit.* **Wird eine Grunddienstbarkeit beeinträchtigt, so stehen dem Berechtigten die im § 1004 bestimmten Rechte zu.**

1) Allgemeines. Die §§ 1027–1029 gewährleisten die Ausübg der GrDbk. Gilt auch für altrechtl Dienstbk, BGH WPM **64**, 1028. Weitere Anspr nach §§ 823ff (Anm 5), 894; ZPO 256.

2) Beeinträchtigg ist jede tatsächl Behinderg der Benutzg (§ 1018 Anm 5; zB einer Durchfahrt durch die Verengg der Straße, RG **126**, 373; eines Weges aber nicht immer schon dch Mitbenutzg, Köln OLGZ **75**, 221) od die Vornahme der verbotenen Hdlgen, § 1018 Anm 6, 7.

3) Berechtigt ist jeder Eigtümer des herrsch Grdst; vgl ferner § 1004 Anm 3. Mieter, Pächter od Besitzer sind dagg auf § 1029, ZPO 256 beschränkt. – **Passiv legitimiert:** Jeder Störer, der Eigtümer des dienenden Grst, auch wenn er die Störg eines Dritten (Mieter) duldet. Verschulden ist nicht Vorausseztg.

4) Anspr. a) Beseitigg des Störg oder **Unterlassg.** Vgl Anm zu § 1004. Kein Anspr, wenn der Berecht die Beeinträchtigg dulden muß, zB bei Zust od nach § 1024. Die Anspr aus eingetragenen GrdDbk verjähren nicht, § 902. Vgl aber § 1028.
b) Rentenzahlg entspr §§ 912ff, str; vgl Vorbem 1 b vor § 912.

5) SchadErsAnspr des Berecht nur nach §§ 823ff. Die Dienstbk ist abs Recht. § 1027 ist SchutzG iS des § 823 II, Warn **11**, 331. Verschulden nötig, außer wie in den Fällen Einf 4 vor § 823, § 903 Anm 3c, § 990 Anm 5b; vgl RG **135**, 312; BayObLG **31**, 114. Ist der Eigtümer des dienden Grdst Störer, haftet er auch aus positiver Verletzg des zw ihm u dem Berecht bestehden gesetzl Schuldverhältn.

1028 *Verjährung.* **I Ist auf dem belasteten Grundstück eine Anlage, durch welche die Grunddienstbarkeit beeinträchtigt wird, errichtet worden, so unterliegt der Anspruch des Berechtigten auf Beseitigung der Beeinträchtigung der Verjährung, auch wenn die Dienstbarkeit im Grundbuch eingetragen ist. Mit der Verjährung des Anspruchs erlischt die Dienstbarkeit, soweit der Bestand der Anlage mit ihr im Widerspruch steht.**

II Die Vorschriften des § 892 finden keine Anwendung.

1) Dienstbarkeitsversitzung. Ausn von §§ 222 I und 902 I 1. Sie erleichtert die Löschg überholter GrdDbk. Vgl EG 184.

2) Voraussetzg. Errichtet einer beeinträchtigenden neuen Anlage. Gleichgültig, von wem u aus welcher Veranlassg; doch muß Störg von ein u derselben Anlage ausgegangen sein, BGH NJW **67**, 1609. Verfall der zur Ausübg erforderl Anlage genügt nicht; zum Erlöschen inf Veränderg der Verhältnisse vgl § 1018 Anm 4b u 5b.

3) Wirkg. a) Verjährg des Anspr auf Beseitigg (§ 1027) nach §§ 194ff trotz Eintr der GrdDbk in GB. Wechsel im Eigt unterbricht die Verj nicht, § 221.
b) Erlöschen kraft G. Aber nur soweit die Beeinträchtigg reicht, BayObLG **59**, 489. Berichtigg nach § 894, GBO 22.
c) Gutgläubiger Erwerb des herrsch Grdst schließt die Verj nicht aus, II. Wird die Anlage nach Erlöschen beseitigt, gilt wieder § 892, KG HRR **34**, 1676.

1029 *Besitzschutz des Rechtsbesitzers.* **Wird der Besitzer eines Grundstücks in der Ausübung einer für den Eigentümer im Grundbuch eingetragenen Grunddienstbarkeit gestört, so finden die für den Besitzschutz geltenden Vorschriften entsprechende Anwendung, soweit die Dienstbarkeit innerhalb eines Jahres vor der Störung, sei es auch nur einmal, ausgeübt worden ist.**

1) Grundsatz: Der Besitzer des als herrschd eingetragenen Grdst wird, wenn er die für den Eigtümer (nicht den Besitzer) eingetragene GrdDbk ausübt, als Besitzer dieser GrdDbk angesehen **(Rechtsbesitz)** u genießt **Besitzschutz.** Ebso, wer eine eingetragene beschr persönl Dienstbk ausübt, § 1090 II. § 1029 dehnt den Besitzschutz auf den Rechtsbesitz aus. Besitzt der Berecht eine Anlage auf dem dienenden Grdst, so genießt er Besitzschutz unmittelbar nach §§ 858ff. Ebso beim Überbau. Rechtsbesitz Grdlage für Buchersitzg, vgl § 900 Anm 2 d. Wg alter Dienstbk vgl EG 191.

2) Voraussetzgen für die Entstehg des Rechtsbesitzes. a) Eintragg der GrdDbk in dem GB des dienenden Grdst für den Eigtümer des herrsch Grdst. Auch wenn die Eintr unrichtig ist, besteht Besitzschutz, vgl §§ 863, 864 II. Nach Löschg kein Besitzschutz. Eintr eines Widerspruchs genügt ebenf nicht.

b) Ausübg der GrdDbk nach Eintr, u zwar **innerhalb eines Jahres** durch eine befugte Pers, vgl § 1018 Anm 5 a. Auch durch einen im Interesse des Besitzers handelnden Dritten (Ausübg einer Wegegerechtigk durch einen Besucher des Besitzers). Nicht nötig subj Absicht der Rechtsausübg, genügd objektive Verwirklichg der GrdDbk. Nicht ausreichd aGrd besonderer Erlaubnis, OLG **6**, 255. Berechtigt die GrdDbk zur Untersagg von Handlgen, § 1018 Anm 6, 7, so genügt Unterlassg, BayObLG **33**, 292; vgl auch Anm 3 a.

3) Erlöschen des Rechtsbesitzes. a) 1 Jahr seit letzter AusübgsHdlg. Selbst wenn Ausübg nur in längeren Zwischenräumen mögl. Bei Unterlassgspflichten, § 1018 Anm 6, 7, beginnt Jahresfrist mit Zuwider-Hdlg. Bei Berechtigte zum Halten einer Anlage kein Fristbeginn, solange Anlage besteht. Vgl auch Anm 1.

b) Durch Löschg der Dienstbk, auch wenn unberechtigt.

c) Durch Aufgabe des Rechtsbesitzes, § 856.

4) Besitzschutz genießt Rechtsbesitzer bei verbotener Eigenm wie ein Sachbesitzer. **a)** Besitzwehrg u -kehrg, §§ 858, 859, 860, zB durch sofortige Beseitig störender Anlage, **b)** Besitzschutzansprüche, §§ 861–864. Bekl kann fehlerhaften Rechtsbesitzerwerb einwenden, §§ 861 II, 862 II. Fehlerh ist der Rechtsbesitz, § 858, wenn erste AusübgsHdlg ohne den Willen des Besitzers des dienenden Grdst, mag auch Dienstbk gültig gewesen sein.

Zweiter Titel. Nießbrauch

Einführung

Schrifttum: Haegele, Der Nießbr im GrdstR, BlGBW **60**, 129; Der Nießbr im SteuerR, BWNotZ **69**, 202. – Rosenau, Der Nießbr in rechtl u steuerrechtl Sicht, Betr **69**, Heft 7 Beil 3. – Pikalo, Der Nießbr im LandwR, DNotZ **71**, 389. – Roellenbleg, Ausgewählte Probleme der GrdstÜberlassg in zivilrechtl u steuerrechtl Sicht, DNotZ **73**, 708. – Jansen/Hoffmann, Der Nießbr im Zivil- u SteuerR, 2. Aufl 1977. – Vogel, BB **77**, 1088 (Einkommensteuer). – Vgl auch Schrifttt bei § 1068 Anm 3, § 1085 Anm 4.

1) Über den **Begriff** im allg vgl Übbl 1 b vor § 1018. Nießbr wird meist aGrd von Gutsüberlassgen od letztw Vfg (NießbrVermächtn § 1089) eingeräumt (VersorggsNießbr); er kann aber auch Ggst eines Kaufes sein od der Sicherg einer Fdg dienen (vgl § 1030 Anm 3b). Grdsätzl **unübertragb**, § 1059 (Ausn: §§ 1059a–e); **unvererbl**, § 1061. Der Nießbraucher ist **berechtigt**: zum Besitz, §§ 1036 I, 858ff, u zur Nutzg nach den Regeln ordngsm Wirtsch, §§ 1030, 1036 II, 1037ff. Er erwirbt das Eigt an den Früchten mit der Trenng, §§ 954, 1039. Zwischen ihm u dem jeweiligen Eigtümer (vgl aber § 1058) entsteht **gesetzl SchuldVerh**, §§ 1041 bis 1047, 1049, 1050, 1055, 1057, das insb die Pflichten des Nießbrauchers festlegt. Diese gesetzl Rechte u Pfl gehören ungeachtet ihres schuldr Charakters zum **Inh des dingl Rechts,** da sie die Beziehgen des Nießbrauchers nicht nur zum Besteller, sond zu jedem Eigtümer des belasteten Grdst regeln (BayObLG Rpfleger **77**, 251). Inhalt des gs SchuldVerh ist anfangl od nachträgl durch Vertr mit dingl Wirkg abänderb, soweit dadch nicht (wie zB dch Begründg von LeistgsPfl des Eigtümers od Aufhebg des Grds der Erhaltg der Substanz der belasteten Sache) Wesenskern des Nießbr verändert w (BayObLG aaO); zul Änderg im GB (auch gem § 874) eintragb (BayObLG aaO). Schutzbestimmgen für Eigtümer: §§ 1051–1054. Beide Beteiligte können sich nach §§ 1034, 1035, 1038 schützen. Für bes Fälle gelten die §§ 1048, 1056, 1060, 1066. Über die grdsätzl abweichde Regelg des Nießbr an verbrauchbaren Sachen vgl § 1067.

2) Entstehg des Nießbrauchs. **a)** Bestellg an bewegl Sachen § 1032. An Grdst §§ 873, 874; Abweichung nach § 1030 II (vgl dort Anm 4 c) bedürfen der Eintr mind durch Bezugn. Bedingg od Befristg zul; zB Bestellg für mehrere Berechtigte nacheinander derart, daß das Recht für den einen auflösd, für den anderen aufschiebd bedingt ist; über die Eintr vgl § 874 Anm 3 a. Behördl Genehmigg nötig nach GrdstVG § 2 II Nr 3; BBauG § 51 I 1; vgl auch Übbl 12 vor § 873. – Bestellg an Rechten: §§ 1069, 1081 II. – Bestellg als abstraktes dingl RGesch. Vom VerpflichtgsVertr (vgl Anm 1) zu unterscheiden; vgl auch § 311. Verspricht Eigtümer, VertrPartner solle die Einnahmen eines Hauses u eigtümerähnl Stellg haben, kann dies Anspr auf NießbrBestellg begründen, BGH Warn **69**, 153. – Bei Nichtigk des GrdGesch Kondiktion.

b) Kraft Gesetzes: durch Surrogation, § 1075 I, FlurbG 68, BBauG 63, u durch Ersitzg, §§ 900 II, 1033.

3) Erlöschen des Nießbrauchs. **a)** Kraft Rechtsgeschäftes: §§ 875, 1062, 1064.

b) Kraft Gesetzes. Durch Tod od Erlöschen der jur Pers § 1061, vgl aber § 1059 a. Auflösende Bedingg od Befristg, §§ 158 II, 163, zul; KG JFG **13**, 77. Nicht Verlängerg; hier Neubestellg nötig, OGH MDR **49**, 470. Durch völligen Untergang der Sache (vgl aber auch § 1046). Durch Zerstörg des Gebäudes geht Grdst-Nießbr nicht unter, er erstreckt sich ohne weiteres auf das (selbst vom Eigtümer) wiederaufgebaute Haus, BGH LM § 1090 Nr 10. Dch Enteignung; anstelle des NießbrGgst tritt nach vorbehl LandesR, EG 52, 53, 109 der EntschAnspr. Dch Konsolidation regelm bei Fahrn, § 1063 I (Ausn: dort II); nicht bei Grdst, § 889. Bei bewegl Sachen ferner nach §§ 936, 945 od 1242 II 2. Bei Grdstücken nach §§ 892, 901 od durch ZwVerst. ZVG 91, 121. Bei Rechten: § 1072 (vgl dort Anm 1). Vgl auch EG 184, 189.

4) Über **Landesrecht** vgl EG 80 II, 96, 120 I, 128, 164, 184 S 1, 185, 189.

5) Über Beiträge des Nießbrauchers im FlurbVerf: FlurbG 19, 69; hierzu OVG Lüneb RdL **59**, 332.

6) Kein Nießbr sind **a)** gesetzl Nutznießgsrechte der Eltern am Kindesvermögen, § 1649 II, der Eheg an den Sondergutsmassen, § 1417 III 2; Nutznieß an den einzeln Vermögensgegenständen hier nur, solange diese der von ihr ergriffenen Vermögensmasse angehören; keine Eintragg im GB; vgl RG HRR **36** Nr 336; daran ändert das Verweig auf NießbrRecht nichts, vgl insow auch die Geltg einzelner NießbrVorschr für den Vorerben, §§ 2128, 2129, 2135.

b) das NutzgsVermächtn: hier w zB die Fdg auf Abführg des Reinertrags aus einem HandelsGesch vermacht; vgl BGH **LM** § 2203 Nr 1.

7) Nießbrauch und Zwangsvollstreckg: Zur Zwangsvollstreckg gg den Nießbraucher vgl § 1059 Anm 3, 4. Bei **ZwVollstr** gg den Eigtümer: Bei VermögensNießbr § 1086, ZPO 737, 738. Allg gilt: Nießbraucher hat gg FahrnVollstr ZPO 771 u – wenn im Besitz der Sache ZPO 766, 809; pfändb also nur der Anspr des Eigtümers auf Herausg nach NießbrEnde (§ 1055, ZPO 846, 847). Im Konkurs des Eigtümers: KO 43 für Nießbraucher. **Zwangsversteigerung**: Ist Nießbrauch rangbesser, kommt er ins geringste Gebot u bleibt nach Zuschlag bestehen, ZVG 44, 52; geht Nießbr dem betreibden Gläub nach, erlischt er mit Zuschlag, ZVG 52 I, 91 I; an seine Stelle tritt der Anspr auf WertErs aus dem Versteigerserlös als Rente, ZVG 121, 92 II. **Zwangsverwaltung**: Geht der betreibde Gläub vor, kann u muß er Duldgstitel gg Nießbraucher erwirken, damit Zwangsverwalter Grdst besitzen u verwalten kann, KG JW **33**, 2348; OLG **20**, 390. Ist Nießbr rangbesser, kann zwar die ZwVerw angeordnet w; doch ist sie auf Erinnerg des Nießbrauchers hin zu beschränken, so daß Zwangsverwalter nur mittelb Besitz u die dem Eigtümer gg den Nießbraucher zustehnden Befugnisse erhält, Köln NJW **57**, 1769, zust Dempewolf. – Zusammentreffen von Hyp u Nießbr am gleichen Grdst: § 1124 Anm 4b. – Anspr auf NießbrBestellg wird erzwungen gem ZPO 894, 897.

I. Nießbrauch an Sachen

1030 *Begriff.* ¹ Eine Sache kann in der Weise belastet werden, daß derjenige, zu dessen Gunsten die Belastung erfolgt, berechtigt ist, die Nutzungen der Sache zu ziehen (Nießbrauch).
II Der Nießbrauch kann durch den Ausschluß einzelner Nutzungen beschränkt werden.

1) Allgemeines. Vgl Einf vor § 1030.

2) Belastgsgegenstand. a) Bewegl und **unbewegl** Sachen. Reale Teile, weil sie nicht wesentl Bestandteile des Grdst sind; vgl aber GBO 7. Bruchteile, nicht mit MitEigtQuoten (vgl § 1066 Anm 1, 2), BayObLG **30**, 342; anders §§ 1095, 1106, 1114 mit 1192, 1199. Auch subjdingl Rechte (§ 96), zB Reallasten; grdstgleiche Rechte, § 873 Anm 2a; Bergwerke, RG JW **20**, 834. WohngsEigt vgl Anm 2 Bd Übbl WEG. Dagg nicht: wesentl Bestandteile, zB Gebäudeteile, § 93; das wäre auch kein Fall von II. Verpflicht zu solcher Bestellg uU als solche zur Einräumg beschr pers Dienstbk, insb Wohngsrechts auszulegen, RG **164**, 199. Mehrere Sachen nur durch mehrere Einzelrechte belastb, KGJ **46**, 348; vgl auch § 1085. – Unzul NießbrBestellg an eingetr Luftfahrzeugen, LuftfzRG 9. – Nießbrauch an Schiffen: vgl § 1032 Anm 1 aE. Kein GesNießbr an mehreren Grdst oder bewegl Sachen (vgl auch Vorbem 1 vor § 1085); mit der Eintr des (ohne weiteres zul) gleichzeit bewilligten Nießbr an mehreren Grdst entstehen in Wirklk je einz NießbrRe (LG Düss RhNK **73**, 658).

b) Der Nießbr erstreckt sich auf **Bestandteile**, §§ 93 ff; auf unwesentl aber nur, wenn sie dem Eigtümer der belasteten Sache gehören. Bei Trenng dauert Nießbr fort. Er erstreckt sich nicht auf nachträgl vereinigte (§ 890 I) od als Bestandt zugeschriebene Grdst, § 890 II; anders § 1131. Er erstreckt sich auf die **Versicherungs-Fdg**, § 1046, auf das vom Eigtümer nach Zerstörg wieder aufgebaute Haus BGH **LM** §1090 Nr 10; wg Enteignungsentschädigg s Einf Anm 3b. Aber nicht auf den ErsAnspr des Eigtümers gg Dritte wg Zerstörg od Beschädigg. In der Einholg der Zustimmg des Nießbrauchers zur Veräußerg des Objekts kann stillschweigd Verpflicht liegen, am Erlös wieder Nießbr zu bestellen (RGRK Anm 5). Über Zubehör vgl § 1031. Über Abfindg bei Flurbereinigg vgl FlurberG 49.

3) a) Berechtigter: Subj dingl Bestellg nicht mögl, also nur für: bestimmte natürl od jur Person; OHG; sonstige **GesHand** (hM, vgl auch RG **155**, 86), auch ehel GüterGemsch (BayObLG JFG **8**, 177, hM, vgl auch § 1093 Anm 2; aA 28. Aufl). Zulässig Bestellg für mehrere als **GesBerechtigte** nach § 428 (BayObLG **55**, 158; **75**, 194; Düss RhNK **67**, 129; vgl auch § 1061 Anm 1 aE). Auch für mehrere nach **Bruchteilen**, RG DR **44**, 774; erlischt dann der Nießbr eines der Berechtigten, so stehen dem Eigtümer (wenn er nicht einen neuen BruchteilsNießbr, ev bedingt, bestellt hat) u dem and Nießbraucher Besitz u Verw gemeins zu. Deshalb muß der Eigtümer auch von vornherein den Nießbrauch für einen Berechtigten nur zu einem Bruchteil bestellen können, KG JFG **13**, 447, BayObLG **30**, 342. – Für InnenVerh der mehreren Bruchteilsnießbraucher gelten §§ 741–746, 748, 1010, 1011 entspr. – Ergibt GBEintr (bei der, auch bei Bestellg für Eheleute, GBO 47 zu beachten, Oldbg DNotZ **59**, 46; vgl auch Ripfel BWNotZ **62**, 316) od Eintr-Bewilligg nicht die Art des GemschVerh, ist wirtschaftl Anlaß der Bestellg zur Ausleg heranzuziehen, RG HRR **37**, 1443. Die Zulässigk des **Nießbr an eigener Sache** war str. Nachdem jetzt die Rspr aber dazu neigt, bei beschr pers Dienstbk die Bestellg am eig Grdst uU zuzulassen (Einf 1b vor § 1090), sollte Gleiches auch jedenf bzgl des EigenNießbr an Grdst gelten (dazu v Lübtow NJW **62**, 275); dogmat Bedenken w ob § 889 erschüttert; wie hier Westermann s Einf Anm 3b, da bei rechtl Interesse, ähnl Soergel-Baur Rdnr 3; Erm-Ronke Rdz 6; LG Verden NdsRpfl **70**, 208; LG Stade NJW **68**, 1678; LG Hbg DNotZ **69**, 39; gg diese Einschränkg der Zulässigk Harder NJW **69**, 278; DNotZ **70**, 267.

b) Sichergsnießbrauch: Nießbraucher soll Nutzgen auf seine Fdg gg Besteller verrechnen, zB die Mietzinsen auf HypFdg; Ersatz für Antichrese. Der Nießbr ist dann regelm durch Tilgg der Hyp auflösd bedingt (sonst hat SichgGeber bei Wegfall des SichgZwecks schuldrechtl Anspr auf Löschg, BGH WPM **66**, 653).

Dienstbarkeiten. 2. Titel: Nießbrauch   **§§ 1030–1032**

Dritten ggü ist Nießbraucher ohne Rücks auf die interne Bindg an den SichgGeber auch über den Betr der zu sichernden Forderg hinaus nutzziehgsberecht Dresd OLG **9**, 15. Er bleibt unveräußerl u unvererbl (§§ 1059, 1061). Zulässigk anerkannt, RG **67**, 379; **106**, 111; praktische Bedeutg nicht mehr erhebl, vgl Staud-Spreng Anm 15. In der Bestellg des Nießbr am Grdst u in der Überlassg der Ausübg liegt aber keine Vfg über die Mietzinsen nach § 1124; vgl § 1124 Anm 2c. Bei Abtretg der Hyp kann der Eigtümer die Aufgabe des Nießbr beanspruchen, wenn der Nießbraucher die Früchte nicht bestimmgsgemäß verwendet od dem neuen Gläub nicht die Ausübg des Nießbr überläßt.

 4) **Inhalt** des Nießbrauchs. a) Der Berecht darf regelm **alle Nutzgen** (§ 100) ziehen, anders §§ 1018, 1090 I. Der Eigtümer hat nicht zu leisten, sond nur zu dulden. Der Nießbraucher ist zum Besitz berechtigt, § 1036 I. Er kann die Sache vermieten od verpachten. Er kann Zuteilg einer Wohng gem WBewG 17 I 1, II verlangen, OVG Münst DÖV **57**, 890. Er erwirbt die Nutzgen aus eigenem Recht, bei unmittelb Früchten nach §§ 954ff; bei mittelb durch Einziehg. Er wird **Gläubiger der Miet-(Pacht-)zinsforderg**en, RG **124**, 329, u zwar schon mit NießbrBestellg, wenn Miet-(Pacht-)Vertr schon bestand. (Wg der hiervon verschiedenen Frage, von wann ab sie ihm „gebühren", vgl § 101.) Trotzdem **Pfändg** (der eigenen Fdgen!) durch den Nießbraucher wg einer Fdg gg den Eigtümer zul, RG **86**, 138, weil hierdurch die Stellg des Nießbrauchers verstärkt wird, vgl § 1124 Anm 4 b. Dagg soll Abtretg nach RG **80**, 316 nicht zul sein; nicht folgerichtig, vgl Wolff-Raiser § 116 Anm 4; Westermann § 121 III 2. Dritte bedürfen zur ZwVollstr in die Nutzgen eines Titels gg den Nießbraucher, vgl § 1124 Anm 4 b.
 b) **Ausschluß einzelner Nutzgen zulässig**, II. Bei Bestellg od nachträgl als Inhaltsänderg. Die Bestellg nur für eine einzelne Nutzgsart ist unzul, BayObLG **27**, 77, nur als beschränkte pers Dienstbk zul. Wg Bestellg zu einem (ideellen) Bruchteil vgl Anm 3 a.
 c) Abweichgen von dem gesetzl SchuldVerh (Einf 1) wirken gg Dritte nur bei Kenntn od bei Eintr in das GB (vgl Einf 1 vor § 1030).
 d) Erweiterg der Befugnisse auch zur Vfg über die Sache (sog **Dispositionsnießbrauch**) widerspricht dem Wesen des Nießbr u dem Grds von der geschlossenen Zahl der Sachenrechte, vgl Westermann § 121 III 3; Staud-Spreng Vorbem 8 vor § 1030; zul aber rechtsgeschäftl Ermächtigg zur Vfg, §§ 185 , 137 S 1 (Celle DNotZ **74**, 731). Vgl auch BayObLG JFG **6**, 288. Über das GrdstInventar vgl aber § 1048.
 e) Ist Nießbr treuhänderisch für Eigtümer u im Interesse von dessen Gläubigern bestellt, ist Nießbraucher diesem ggü in seinen Rechten beschr, BGH WPM **65**, 479.
 f) Nießbraucher ist Beteil (FGG 20) im Verf nach HausratsVO 7 üb die Ehewohng auf dem belasteten Grdst, das einem gesch Eheg gehört (Stgt OLGZ **68**, 126).

1031 *Erstreckung auf Zubehör.* **Mit dem Nießbrauch an einem Grundstück erlangt der Nießbraucher den Nießbrauch an dem Zubehöre nach den für den Erwerb des Eigentums geltenden Vorschriften des § 926.**

 1) **Allgemeines.** Vgl § 1030 Anm 2 b u § 926. Regelmäß w die Beteiligten Grdst u Zubehör (§§ 97, 98) als wirtschaftl Einh behandeln wollen. Dem tragen §§ 314, 926, 1031, 1096 Rechng.
 2) **Entspr Anwendg des § 926.** Im Zw ist anzunehmen, daß sich die Belastg auf das vorhandene Zubehör erstrecken soll. Dann wird das dem Besteller gehörende Zubehör mit der Entstehg des Nießbr am Grdst (§§ 873, 874) belastet, anderes Zubehör mit Besitzergreifg durch den gutgl Nießbraucher entspr §§ 932ff. Rechte Dritter gehen dem Nießbr nach entspr § 936. Nachträgl Belastg nur nach § 1032.

1032 *Bestellung an Fahrnis.* **Zur Bestellung des Nießbrauchs an einer beweglichen Sache ist erforderlich, daß der Eigentümer die Sache dem Erwerber übergibt und beide darüber einig sind, daß diesem der Nießbrauch zustehen soll. Die Vorschriften des § 929 Satz 2, der §§ 930 bis 932 und der §§ 933 bis 936 finden entsprechende Anwendung; in den Fällen des § 936 tritt nur die Wirkung ein, daß der Nießbrauch dem Rechte des Dritten vorgeht.**

 1) Die **Bestellg** des Nießbr **an bewegl Sachen** ist ähnl geregelt wie die Übertr des Eigtums (§§ 929ff). Bestellg an den einzelnen Sachen auch iFv §§ 1035, 1085, 1089 erforderl. Nießbr am AnwR w mit EigtErwerb des Bestellers zum Nießbr an der Sache. Nach S 2 NießbrBestellg mögl, auch wenn Nießbraucher unmittelb Bes nie erlangt (BGH **LM** § 2033 Nr 1). – Für die Bestellg des Nießbr an nicht eingetr **Schiffen** bewendet es bei den allg für Fahrn geltden Vorschriften; §§ 929a, 932a sind nicht entspr anwendb. Für eingetr Schiff: SchiffsRG **9**, 82: also nicht an Schiffsbauwerken u Schwimmdocks; an eingetr Schiffen nur, wenn damit die Verpfl zur Bestellg des Nießbr am ganzen Verm des Eigtümers od an einer Erbsch od an Bruchteil daran erf w soll. Auf Nießbr am Schiff gelten die Vorschr des BGB für GrdstNießbr, SchiffsRG 82 I.

 2) **Grundsatz:** Einigg zw Eigtümer u Nießbraucher (vgl § 929 Anm 2) **und Übergabe.** Auch des Zubehörs, anders für Grdst, § 1031. Überg entbehrl nach § 929 S 2. ÜbergErsatz entspr § 930 (sodaß mittelb Besitz zB genügt bei TestVollstreckersch, BGH **LM** § 2203 Nr 1) u § 931. NießbrBestellg an Fahrnisbruchteil (vgl § 1066 Anm 1, 2) erfordert Mitbesitzeinräumung. Dem gutgl Nießbraucher ggü gilt Besteller als Eigtümer, § 1058. Schutz des gutgl Nießbrauchers entspr §§ 932–935; Rechte Dritter (§ 936) gehen dem gutgl Nießbraucher nach, S 2 Halbs 2; ist er bösgl, geht sein Nießbr den Drittrechten nach. Übertr des Eigt an einen Minderjährigen unter Vorbeh des Nießbrauchs: RG **148**, 323 (hiergg H. Lange NJW **55**, 1340). Vgl § 107 Anm 2; Einl vor § 854 Anm 5a bb. – Bei Vorbeh des Nießbr seitens des bösgl Veräußerers verbleibt Nießbr dem Eigtümer, Blomeyer AcP **153**, 253.

1033 *Erwerb durch Ersitzung.* **Der Nießbrauch an einer beweglichen Sache kann durch Ersitzung erworben werden. Die für den Erwerb des Eigentums durch Ersitzung geltenden Vorschriften finden entsprechende Anwendung.**

1) Die Vorschr schützt den gutgl Erwerber im Falle des § 935. Entspr anwendb sind die §§ 937–942. Wg § 1059 nicht die §§ 943, 944 bei natürl Pers; doch kommt die BesZeit des gutgl Nichteigtümers dem Nießbraucher zugute, Wolff-Raiser § 115 Fußn 7. § 945 ist nur mit der Maßg entspr anwendb, daß das Recht des Dritten im Range zurücktritt; vgl § 1032 S 2. Für Nießbr am Grdst gilt § 900 II. Vgl ferner EG 185.

1034 *Feststellung des Zustandes.* **Der Nießbraucher kann den Zustand der Sache auf seine Kosten durch Sachverständige feststellen lassen. Das gleiche Recht steht dem Eigentümer zu.**

1) Der Zustand der Sache zZ der Bestell des Nießbr ist wesentl für ihre Rückg. Eigtümer u Nießbraucher können deshalb jederzeit die Feststell verlangen. Ebso § 2122. Für Inbegriff von Sachen gilt § 1035. Verf nach FGG 15, 164. § 1034 stellt nicht auf Besteller, sond auf Eigtümer ab; doch gelten für Besteller die Vermutgen §§ 891 I, 1006; für Nießbraucher § 1058.

1035 *Nießbrauch an Inbegriff von Sachen; Verzeichnis.* **Bei dem Nießbrauch an einem Inbegriffe von Sachen sind der Nießbraucher und der Eigentümer einander verpflichtet, zur Aufnahme eines Verzeichnisses der Sachen mitzuwirken. Das Verzeichnis ist mit der Angabe des Tages der Aufnahme zu versehen und von beiden Teilen zu unterzeichnen; jeder Teil kann verlangen, daß die Unterzeichnung öffentlich beglaubigt wird. Jeder Teil kann auch verlangen, daß das Verzeichnis durch die zuständige Behörde oder durch einen zuständigen Beamten oder Notar aufgenommen wird. Die Kosten hat derjenige zu tragen und vorzuschießen, welcher die Aufnahme oder die Beglaubigung verlangt.**

1) Gilt nur für Nießbr an einem **Inbegriff von Sachen**, vgl § 260 Anm 1. Ebenso für Nießbr an R e c h t e n, § 1068, V e r m ö g e n u E r b s c h a f t. Vgl auch § 2121. Verlangen nach Mitwirkg, Beglaubigg, § 129, od behördl Aufnahme kann jederzeit gestellt w. Bloße Ausk genügt nicht. Persönl Mitwirkg od durch Bevollmächtigte, um Zahl u Beschaffenh der belasteten Sachen mögl unstreitig festzustellen, RG **126**, 106. ZwVollstr nach ZPO 888. Unterzeichn begründet keinen AnerkenngsVertr; nur Geständn, daß die Sachen vorhanden u mit dem Nießbr belastet sind.

1036 *Recht zum Besitz. Pflicht zur Bewirtschaftung.* ^I **Der Nießbraucher ist zum Besitze der Sache berechtigt.**

^{II} **Er hat bei der Ausübung des Nutzungsrechts die bisherige wirtschaftliche Bestimmung der Sache aufrechtzuerhalten und nach den Regeln einer ordnungsmäßigen Wirtschaft zu verfahren.**

1) **Allgemeines.** Die §§ 1036–1040 regeln die **Rechte des Nießbrauchers gegenüber dem Eigentümer.** Vgl Einf 1 vor § 1030.

2) Absolutes, gg jedermann wirkendes **Recht auf den Besitz.** Regelm Anspr auf unmittelb Besitz; anders nur, wenn ein Dritter nach § 868 unmittelb besitzt; vgl BGH **LM** § 2203 Nr 1 u § 577 Anm 2; Vereinbg von Mitbesitz möglich, so für § 1030 II; Mitbesitz kraft G: § 1081. Über SchutzAnspr (auch gg Dritte) vgl § 1065 Anm 1. Mittelb Besitz des Bestellers: § 868; auch wenn er nicht Eigtümer ist.

3) **II.** Maßgebd ist die wirtschaftl Bestimmg bei der Bestellg des Nießbr od vor seiner Ersitzg. Der Charakter des Ganzen darf nicht geändert w. Teilweise Änderg, zB eines Waldstückes in eine Obstpflanzg, kann zul sein, RG **80**, 231. Die ordngsm Bewirtschaftg kann auch positive Hdlgen erfordern, zB Aufforstg nach Kahlschlag (BayObLG **72**, 366). Schuldhafte Verletzg der Pfl macht schadenersatzpfl. RechtsGrd: § 823 I u pos Verletzg des gesetzl SchuldVerh, also insow § 278, Staud-Spreng Rdn 8; RGRK Anm 3. Vgl auch §§ 1037, 1038. UnterhaltspflI § 1041. Wg Maßn in öff Interesse vgl Einf 6.

1037 *Umgestaltung.* ^I **Der Nießbraucher ist nicht berechtigt, die Sache umzugestalten oder wesentlich zu verändern.**

^{II} **Der Nießbraucher eines Grundstücks darf neue Anlagen zur Gewinnung von Steinen, Kies, Sand, Lehm, Ton, Mergel, Torf und sonstigen Bodenbestandteilen errichten, sofern nicht die wirtschaftliche Bestimmung des Grundstücks dadurch wesentlich verändert wird.**

1) I führt den Grds des § 1036 II weiter fort; gehört zum Wesen des Nießbr u daher nicht mit dingl Wirkg abdingb (BayObLG Rpfleger **77**, 251; str). Vgl § 1036 Anm 3. Unwesentl Ändergen zur Verbesserg der WirtschFührg sind gestattet. Die Errichtg von Anlagen nach II ist keine Umgestaltg, wenn der Gesamtcharakter des Grdst gewahrt bleibt. Errichtg von Gebäuden über II hinaus idR unzul. Wg das Eigt am Gebäude vgl § 95 I 2; Platten BB **65**, 1211. Über BergR u Abbaurechte vgl EG 67, 68. Vgl ferner § 1038.

1038 *Wirtschaftsplan für Wald und Bergwerk.* ^I **Ist ein Wald Gegenstand des Nießbrauchs, so kann sowohl der Eigentümer als der Nießbraucher verlangen, daß das Maß der Nutzung und die Art der wirtschaftlichen Behandlung durch einen Wirt-**

schaftsplan festgestellt werden. Tritt eine erhebliche Änderung der Umstände ein, so kann jeder Teil eine entsprechende Änderung des Wirtschaftsplans verlangen. Die Kosten hat jeder Teil zur Hälfte zu tragen.

II Das gleiche gilt, wenn ein Bergwerk oder eine andere auf Gewinnung von Bodenbestandteilen gerichtete Anlage Gegenstand des Nießbrauchs ist.

Schrifttum: Oswald BWNotZ 63, 167.

1) Durch einen WirtschPlan kann Streitigk über die Ordngsmäßigk der Bewirtschaft vorgebeugt w. Verlangen jederzeit zul. Zuziehg von Sachverst kann beiderseits verlangt w, Biermann Anm 1. Notfalls Klage auf Gen eines bestimmten Planes. Schuldh Verletzg des Planes macht schadenersatzpfl. Abänderg, wenn er den Regeln ordngsmäßiger Wirtsch nicht mehr entspricht. Ebso § 2123. Die Landesgesetze (EG 67, 68) verlangen Betriebspläne nur nach polizeil Gesichtspunkten.

1039 *Übermäßige Fruchtziehung.* I Der Nießbraucher erwirbt das Eigentum auch an solchen Früchten, die er den Regeln einer ordnungsmäßigen Wirtschaft zuwider oder die er deshalb im Übermaße zieht, weil dies infolge eines besonderen Ereignisses notwendig geworden ist. Er ist jedoch, unbeschadet seiner Verantwortlichkeit für ein Verschulden, verpflichtet, den Wert der Früchte dem Eigentümer bei der Beendigung des Nießbrauchs zu ersetzen und für die Erfüllung dieser Verpflichtung Sicherheit zu leisten. Sowohl der Eigentümer als der Nießbraucher kann verlangen, daß der zu ersetzende Betrag zur Wiederherstellung der Sache insoweit verwendet wird, als es einer ordnungsmäßigen Wirtschaft entspricht.

II Wird die Verwendung zur Wiederherstellung der Sache nicht verlangt, so fällt die Ersatzpflicht weg, soweit durch den ordnungswidrigen oder den übermäßigen Fruchtbezug die dem Nießbraucher gebührenden Nutzungen beeinträchtigt werden.

1) **Eigentumserwerb an Früchten. a)** Der Nießbraucher erwirbt das Eigentum an allen Sachfrüchten (§ 99) mit der Trenng, § 954. Auch an Raub- u Übermaßfrüchten. Auch bei Versch. Ausn nur nach §§ 955-957.

b) Mittelb Früchte (§ 99 III) erwirbt er zu Eigt durch Einziehg. Das Recht auf die Erträge erwirbt er aber bereits mit der Bestellg des Nießbr od mit der späteren Entstehg des Rechts. Vgl § 1030 Anm 4a.

2) **Ausgleich** zw Nießbraucher u Eigtümer bei Übermaßfrüchten. **a)** Dem Nießbraucher gebühren nur die Früchte, die er bei ordnungsmäßiger Wirtsch (§ 1036 II) gezogen hätte. Der Wert der darüber hinaus gezogenen Früchte ist dem Eigtümer zu erstatten. Grd der Fruchtziehg unerhebl; Wertersatz auch bei Gestattg einer Umwandlg, RG 80, 233.

b) Zahlg des **Wertersatzes, I 2,** regelm erst nach Beendigg des Nießbr. Bis dahin gebühren dem Nießbraucher die Zinsen des Wertersatzes. Aber SicherhLeistg nach §§ 232 ff, 1051 ff. Statt dessen Anspr Beider auf sof Verwendg des ErsBetrages zur Wiederherstellg der Sache im Rahmen ordngsmäßiger Wirtsch: I 3, II (wo zB an Waldabholzg gedacht). WertErsPfl nicht mit dingl Wirkg abdingb (BayObLG Rpfleger 77, 251).

c) Bei Versch des Nießbrauchers sofortiger **SchadErs** nach §§ 249, 276 RechtsGrd: s § 1036 Anm 3 a E Vgl ferner §§ 1051-1054.

1040 *Schatz.* Das Recht des Nießbrauchers erstreckt sich nicht auf den Anteil des Eigentümers an einem Schatze, der in der Sache gefunden wird.

1) Der Schatz, § 984, ist keine Frucht, auch nicht Bestandt od Zubehör der Sache.

1041 *Erhaltung der Sache.* Der Nießbraucher hat für die Erhaltung der Sache in ihrem wirtschaftlichen Bestande zu sorgen. Ausbesserungen und Erneuerungen liegen ihm nur insoweit ob, als sie zu der gewöhnlichen Unterhaltung der Sache gehören.

1) Die §§ 1041-1047 behandeln **Pflichten des Nießbrauchers** im Rahmen des gesetzl Schuldverhältn, das zw ihm u dem Eigtümer besteht, auch wenn Dritter den Nießbr bestellt hatte.

2) **a)** Zur **Erhaltg der Sache in ihrem wirtschaftl Bestand** (die dem Nießbraucher schlechthin obliegt, § 1036 II) gehört zB bei (selbst gestattetem) Kahlschlag die Wiederaufforstg (BayObLG **72,** 366); ErhaltgsPfl nicht mit dingl Wirkg abdingb (BayObLG **77,** 205; aA 37. Aufl; LG Ulm BWNotZ **77,** 173; LG Augsbg MittBayNot **76,** 139). – Doch ist Nießbraucher nicht zum Wiederaufbau zerstörten Hauses verpflichtet (dies auch nicht der Eigtümer, vgl BGH **LM** § 1090 Nr 10).

b) Von laufenden **Unterhaltskosten** trägt er nur die gewöhnl (S 2), da ihm auch nur die gewöhnl Nutzgen gebühren, § 1039 Anm 2 a. Vertragsm Erlaß zul. Er hat für die Unterhaltg zu sorgen, bei gewöhnl Ausbesserg u sonstigen Arbeiten, die ihm zur Last fallen, durch Vornahme; bei anderen durch Anzeige an den Eigtümer, § 1041, u Duldg nach § 1044. Zur Vornahme außergewöhnl Ausbesserg ist er nicht verpflichtet, aber berechtigt, §§ 1043, 1044, 1049. Vom Eigtümer kann er sie nicht beanspruchen, BGH **52,** 234, 237. VersicherungsPfl §§ 1045, 1046. Für verschuldete Schäden haftet der Nießbraucher nach §§ 276, 278, 249, wg pos Verletzg des gesetzl Schuldverhältn; daneben aus § 823 I. Vgl auch §§ 1048, 1050.

c) Nießbraucher einer ideellen GrdstHälfte ist dem Eigtümer der and Hälfte nicht zur Erstattg von Baukosten über § 1041 hinaus verpfl, BGH NJW **66,** 1707.

1042 *Anzeigepflicht des Nießbrauchers.* Wird die Sache zerstört oder beschädigt oder wird eine außergewöhnliche Ausbesserung oder Erneuerung der Sache oder eine Vorkehrung zum Schutze der Sache gegen eine nicht vorhergesehene Gefahr erforderlich, so hat der Nießbraucher dem Eigentümer unverzüglich Anzeige zu machen. Das gleiche gilt, wenn sich ein Dritter ein Recht an der Sache anmaßt.

1) Vgl § 1041 Anm 2. Ähnl § 545. AnzeigePfl (§ 121) entfällt nicht, wenn der Nießbraucher selbst erneuert od selbständig gg Dritte vorgeht, §§ 1036 I, 1065. SchadErs bei schuldh Verletzg der AnzeigePfl; RechtsGrd s § 1041 Anm 2b. Eigtümer ist beweispfl für die Voraussetzgen der AnzeigePfl u seinen Schaden; Nießbraucher für die gehörige Absendg der Anzeige od sein Unverschulden.

2) Von dem Dritten können Eigtümer u Nießbraucher selbständig SchadErs beanspruchen; s dazu Anm zu § 1065. Über die Entschädigg für eine Enteign vgl EG 52, 53, 109.

3) Anmaßg eines Rechts wörtl od dch Handlgen. Abwehrklage, § 1004, für Eigtümer u Nießbraucher; sow die Anmaßg beide zugleich berührt, können sie, müssen aber nicht zugleich klagen; tun sie es: notw Streitgenossen nach ZPO 62 I 1. Fall - Grd: Unteilbark des Streitgegenstandes, vgl StJP § 62 I 1 c.

1043 *Ausbesserung oder Erneuerung.* Nimmt der Nießbraucher eines Grundstücks eine erforderlich gewordene außergewöhnliche Ausbesserung oder Erneuerung selbst vor, so darf er zu diesem Zwecke innerhalb der Grenzen einer ordnungsmäßigen Wirtschaft auch Bestandteile des Grundstücks verwenden, die nicht zu den ihm gebührenden Früchten gehören.

1) Vgl § 1041 Anm 2. Nur soweit der Nießbraucher nach § 1049 Ersatz beanspruchen könnte, darf er statt dessen Bestandteile verwenden, die nicht Früchte sind od im Übermaß gezogen waren. Ebso bei gewöhnl Ausbessergen, wenn ihm diese vertragsm entg § 1041, 2 nicht zur Last fallen. Nießbraucher kann also entw nach § 1043 verfahren od eigene Aufwendgen machen u nach § 1049 vorgehen.

1044 *Duldung von Ausbesserungen.* Nimmt der Nießbraucher eine erforderlich gewordene Ausbesserung oder Erneuerung der Sache nicht selbst vor, so hat er dem Eigentümer die Vornahme und, wenn ein Grundstück Gegenstand des Nießbrauchs ist, die Verwendung der im § 1043 bezeichneten Bestandteile des Grundstücks zu gestatten.

1) Vgl § 1041 Anm 2 u § 1043 Anm 1. § 1044 gilt für gewöhnl u außergewöhnl Ausbessergen. Das Recht des Nießbrauchers auf Vornahme geht dem Recht des Eigtümers vor; anders § 1046 II 2. Vornahme ohne Zustimmg des Nießbrauchers ist verbotene Eigenm, § 858. ZwVollstr des Eigtümers gg den Nießbraucher nach ZPO 890, 892; schuldh Weigerg macht schadenersatzpfl. Nutzgsminderg dch Verwendg von Bestandteilen (§ 1043) muß Nießbraucher dulden, wenn Grenzen ordngsm Wirtsch nicht überschritten w.

1045 *Versicherungspflicht des Nießbrauchers.* I Der Nießbraucher hat die Sache für die Dauer des Nießbrauchs gegen Brandschaden und sonstige Unfälle auf seine Kosten unter Versicherung zu bringen, wenn die Versicherung einer ordnungsmäßigen Wirtschaft entspricht. Die Versicherung ist so zu nehmen, daß die Forderung gegen den Versicherer dem Eigentümer zusteht.

II Ist die Sache bereits versichert, so fallen die für die Versicherung zu leistenden Zahlungen dem Nießbraucher für die Dauer des Nießbrauchs zur Last, soweit er zur Versicherung verpflichtet sein würde.

1) Die ErhaltgsPfl (§ 1041 S 1) gebietet dem Nießbraucher die Versicherg – nicht HaftPflVers – im Rahmen ordngsmäßiger Wirtsch. Also nach Lage des einzelnen Falles, insb auch des ortsübl. Durch Versicherg für fremde Rechng, VVG 74 ff mit § 1046. Zum vollen Wert der Sache ohne Abzug des Nießbr, vgl § 1046. Unterlassg begründet Anspr auf SchadErs, Übern der vom Eigtümer abgeschlossenen Versicherg u Erstattg der Kosten. Bei bestehender Versicherg haftet Nießbraucher dem Eigtümer (nicht dem Versicherer) für die Kosten, II. Über Hagelversicherg vgl VVG 115. Str, ob auch wg der stehden Früchte Fremdversicherg od EigVersicherg; letzteres nur, wenn man bei Tod des Nießbrauchers vor Ernte gem VVG 115 Eintritt des Eigtümers in den Vertrag annimmt – so Staud-Spreng Rdn 1, was RG 161, 86 u Soergel-Mühl Rdn 6 wohl zu Recht ablehnen.

1046 *Nießbrauch an der Versicherungsforderung.* I An der Forderung gegen den Versicherer steht dem Nießbraucher der Nießbrauch nach den Vorschriften zu, die für den Nießbrauch an einer auf Zinsen ausstehenden Forderung gelten.

II Tritt ein unter die Versicherung fallender Schaden ein, so kann sowohl der Eigentümer als der Nießbraucher verlangen, daß die Versicherungssumme zur Wiederherstellung der Sache oder zur Beschaffung eines Ersatzes insoweit verwendet wird, als es einer ordnungsmäßigen Wirtschaft entspricht. Der Eigentümer kann die Verwendung selbst besorgen oder dem Nießbraucher überlassen.

1) Erstreckg des Nießbr auf die beim VersFall entstandene EntschädiggsFdg (dingl Surrogation), um Nießbraucher u Eigtümer gleichermaßen zu schützen. Gilt für bestehde u neu abgeschlossene Versichergen

im Rahmen des § 1045. Nach Maßg der §§ 1070–1072, 1076–1079 mit 1046 II. Wird die Wiederherstellg verlangt, geht das Recht des Eigtümers vor; anders § 1044 Anm 1; § 1079 S 2. Im Verhältn zum Versicherer gelten §§ 1070 I, 406ff; sinngem Anwendg des § 1128 II wird überw abgelehnt.

1047 *Lastentragung.* **Der Nießbraucher ist dem Eigentümer gegenüber verpflichtet, für die Dauer des Nießbrauchs die auf der Sache ruhenden öffentlichen Lasten mit Ausschluß der außerordentlichen Lasten, die als auf den Stammwert der Sache gelegt anzusehen sind, sowie diejenigen privatrechtlichen Lasten zu tragen, welche schon zur Zeit der Bestellung des Nießbrauchs auf der Sache ruhten, insbesondere die Zinsen der Hypothekenforderungen und Grundschulden sowie die auf Grund einer Rentenschuld zu entrichtenden Leistungen.**

1) Allgemeines. Regelm soll dem Nießbraucher nur der Reinertrag gebühren. Deshalb hat er die Lasten zu tragen, deren Entrichtg aus den Erträgen der Sache erwartet w darf, RG **153**, 32. Ebso die Betriebs- u Fruchtgewinngskosten. Auch wenn die Lasten die Erträge übersteigen, RG **153**, 35; der Nießbraucher kann nicht die Erträge guter Jahre behalten, die Fehlbeträge schlechter Jahre auf den Eigtümer abwälzen. Er muß dann im ganzen auf den Nießbr verzichten. Für Nießbr am Vermögen vgl § 1088. Für Alteteile vgl EG 96; *PrAG* 15 § 4.

2) § 1047 gilt nur für das **Innenverhältnis** zw Eigtümer u Nießbraucher. Der Eigtümer kann die Befreiung von den Lasten verlangen. Verteilg nach Beendigg des Nießbr nach § 103. Dem Gläub haftet der Nießbraucher regelm nicht persönl, BGH WPM **65**, 479; Ausn § 1088. Bei öff Lasten kommt es auf die dafür gegebenen Vorschr an. Zahlg der Lasten durch den Nießbraucher tilgt die Fdg. Kein Übergang der Fdg auf den Nießbraucher, Abtretg an ihn mögl, doch wertlos, da Eigtümer gg Nießbraucher Einwendg der Befreiungspfl hat, hM, RG **100**, 157.

3) Öffentliche Lasten, Begriff: Einl 4 f vor § 854. Auch wenn erst nach NießbrBestellg entstanden, Kosten der ZwVerwaltg sind nicht öff Lasten, Köln NJW **57**, 1770 (aM Dempewolf in Anm).

a) Zu tragen hat sie der Nießbraucher, insb die auf den wirtschaftl Ertrag der Sache gelegten, zB Grund-, Gewerbesteuer. Aber nur die auf der Sache ruhenden. Daher nicht die VermSteuer, die eine persönl des Eigtümers ist, Stgt JW **28**, 921; RG HRR **33**, 1653; anders bei VermNießbr, § 1088 Anm 2 b. Über die VermSteuer des Nießbrauchers selbst vgl zB Halm BWNotZ **56**, 96.

b) Ausnahmen. Eigtümer trägt von den Lasten, die auf den Stammwert gelegt sind (dh die nicht aus den Erträgen, sond aus der Substanz zu leisten sind, Mot **3**, 516; BGH NJW **56**, 1070), die außerordentl, dh die nicht ständig wiederkehrenden, zB Erschließungsbeiträge; Flurbereinigungsbeiträge (vgl OVG Lüneburg RdL **59**, 332). Zur Frage, nach welchen GrdSätzen der Nießbraucher „angemessen" an den Beiträgen des Eigtümers (FlurBerG 19, 69) zu beteiligen ist, vgl BVerwG MDR **70**, 355.

c) LastenausglAbgaben: Da SHG dch LAG abgelöst, vgl wg Soforthilfabgabe 28. u früh Aufl. Verm- u HypGewinnabgabe vgl Anh zu § 1047.

d) Zur Beteiligg des Nießbrauchers an den Beiträgen für die TeilnGemsch der **Flurbereinigg** vgl FlurbG 69, 19; vgl BVerwG MDR **70**, 355.

4) Privatrechtl Lasten. a) Das sind **Zinsen von Hyp u Grundschulden**; auch von Höchstbetrags-Hyp, soweit nichts and vereinbart, aM Staud-Spreng Anm 1 b; nicht von EigtümerHyp (vgl § 1197 Anm 1 b; str). Die einzelnen Leistgn von Reallasten u Rentenschulden; Überbau- u Notwegrenten; Leistgn nach § 1022. **Nicht** hierunter fallen: Tilggsbeträge (Düss OLGZ **75**, 341), Verzugszinsen für verspätete Kapitalzahlgn; Zinsen für vorgemerkte od dch Pfand gesicherte Fdg. — Wg Abgeltgsdarlehen vgl 24. Aufl. Wg Zinsen für UmstellgsGrdschulden (vgl § 1113 Anm 7b) s 29. Aufl.

b) Der **Nießbraucher** hat alle zZ der Bestellg bestehenden **privatrechtl Lasten** zu tragen; dies auch, wenn „unentgeltl Nießbr" bewilligt u eingetr, BGH NJW **74**, 641. Zinsen von GesHyp nur soweit, als sie sonst dem Eigtümer (mit dem Nießbr belasteten Grdst zur Last fallen; fehlt es an interner Regelg, muß er sie ganz tragen, Wolff-Raiser § 117 Fußn 9, hM, str; vgl Planck Anm 2b. Für eigene Hyp usw kann der Nießbraucher keine Zinsen beanspruchen, auch nicht bei Entziehg der Verw nach § 1052, RG **141**, 225. Nachträgl aufgenommene od erweiterte Belastgen erhöhen die Haftg des Nießbrauchers regelm nicht; doch wird für eine wirtschaftl gebotene Zinserhöhg eine Ausn zu machen sein. Vielf wird der Gedanke des § 1119 angewendet, W-Raiser § 117 I; Soergel-Mühl Rdn 9. Beim SichgNehmer wird vielf auch stillschw vereinb sein, daß der Eigtümer die Nutzgen übersteigden Lasten zu tragen hat (vgl RG Gruch **57**, 631).

5) Abweichende Vereinbarg zul, u zwar, da Verpflichtg aus § 1047 zum Inhalt des Nießbr gehört (RG **143**, 234), bei Eintr auch mit dingl Wirkg; die Einschränkg Einf 1 vor § 1030 gilt auch hier.

Anhang zu § 1047

Zur **Vermögens-** und zur **Hypothekengewinnabgabe** nach §§ 73, 122 des G üb den **Lastenausgleich** v 14. 8. 1952 idF v 1. 10. 69 (BGBl 1909) vgl die Erläutergn in der 28. u den früh Aufl. Das 24. ÄndG LAG v 22. 2. 72, BGBl 189, fügte § 199c ein: Laufzeitverkürzg der am 31. 12. 79 noch nicht getilgten Abgabeschulden der HGA dch Abkürzgszuschlag, dazu BdF Erl v 5. 6. 72, BStBl I 385.

1048 *Nießbrauch an Grundstück mit Inventar.* ¹ **Ist ein Grundstück samt Inventar Gegenstand des Nießbrauchs, so kann der Nießbraucher über die einzelnen Stücke des Inventars innerhalb der Grenzen einer ordnungsmäßigen Wirtschaft verfügen. Er**

hat für den gewöhnlichen Abgang sowie für die nach den Regeln einer ordnungsmäßigen Wirtschaft ausscheidenden Stücke Ersatz zu beschaffen; die von ihm angeschafften Stücke werden mit der Einverleibung in das Inventar Eigentum desjenigen, welchem das Inventar gehört.

II Übernimmt der Nießbraucher das Inventar zum Schätzungswerte mit der Verpflichtung, es bei der Beendigung des Nießbrauchs zum Schätzungswerte zurückzugewähren, so finden die Vorschriften der §§ 588, 589 entsprechende Anwendung.

1) Das Inventar ist nicht Eigt des Nießbrauchers. Er darf darüber aber in den Grenzen ordngsmäßiger Wirtsch **verfügen, I 1.** Auch bei Überschreitg der VfgsMacht ist die Vfg dem gutgl Erwerber ggü wirks, wenn sie ihrem Inhalt nach innerh der Grenzen einer ordngsm Wirtsch liegen kann (Celle JW **38,** 49; Westermann § 121 III 3; str). Verpflichtg zur Ersatzbeschaffg entspr § 1041 S 1. – **I 2:** Der InventarEigtümer erwirbt das **Eigt an den Ersatzstücken** kraft G, wenn Nießbraucher Eigt erworben hatte, u zwar in Sonderform des EigtErwerbs dch Einverleibg (Herstellg räuml Verhältn) od bei späterem EigtErwerb. Aber nur, soweit der Nießbraucher zur Anschaffg verpflichtet war, Stgt HRR **32,** 1049.

2) Entspr Anwendg auf Nießbr an Sachinbegriff wie zB Unternehmen (BGH **LM** § 930 Nr 12), wenn nicht § 1067 Platz greift.

1049 *Ersatz von Verwendungen.* I Macht der Nießbraucher Verwendungen auf die Sache, zu denen er nicht verpflichtet ist, so bestimmt sich die Ersatzpflicht des Eigentümers nach den Vorschriften über die Geschäftsführung ohne Auftrag.

II Der Nießbraucher ist berechtigt, eine Einrichtung, mit der er die Sache versehen hat, wegzunehmen.

1) Für Aufwendgen nach §§ 1041, 1047, 1048 kann der Nießbraucher keinen Ersatz beanspruchen; er hat dann auch kein WegnahmeR. **Für andere Verwendgen** (vgl RG **152,** 101) kann er **a)** Ersatz verlangen nach §§ 677 ff, insb §§ 679, 683. Anders § 547 I. Vom Eigtümer zZ der Verwendg, RG HRR **37,** 1444, str; aM Staud-Spreng Anm 1 d; auch vor Beendigg des Nießbrauchs.

b) Ersatz verlangen nach § 684 S 1 wg ungerechtf Bereicherg. Auch von späteren Eigtümern (so auch Erm-Ronke Anm 1).

c) Zurückbehalten, § 273 II, u abgesonderte Befriedigg verlangen, KO 49 I Nr 3.

d) Statt a–c die Einrichtg wegnehmen. Vgl § 258. Auch wenn sie wesentl Bestandt, was wg § 95 meist nicht der Fall; RG **106,** 50. Zu a–d: Verj § 1057. Die §§ 994 ff gelten für die Dauer des Nießbr nicht. Verzinsg meist abgelehnt, vgl Staud-Spreng Anm 1 c; maßgebd, ob Nießbr gg Vergütg; vgl § 256 S 2; Planck Anm 2.

1050 *Abnutzung.* Veränderungen oder Verschlechterungen der Sache, welche durch die ordnungsmäßige Ausübung des Nießbrauchs herbeigeführt werden, hat der Nießbraucher nicht zu vertreten.

1) Vgl § 1041. Ähnl § 548. Vgl auch § 1057 u Anm. Für Nießbr an HandelsGesch nach LG Mannh (BB **60,** 1147) insow nicht anwendb, als die für Instandhaltg nöt Investitionsmittel aus dem BetriebsVerm genommen w; bestr, vgl die Nachw bei Hassel, RhNK **68,** 170 Fußn 4.

1051 *Sicherheitsleistung.* Wird durch das Verhalten des Nießbrauchers die Besorgnis einer erheblichen Verletzung der Rechte des Eigentümers begründet, so kann der Eigentümer Sicherheitsleistung verlangen.

1) Verschulden wird nicht vorausgesetzt. Gefährdg durch Dritten, dem die Ausübg des Nießbr überlassen ist, genügt; leistgspflichtig ist aber nur der Nießbraucher. SicherhLeistgen nach §§ 232 ff. § 1011 entspr anwendb. Anordng einer Verw § 1052. Maßn bei eingetretener RVerletzg §§ 1053, 1054; §§ 284 ff anwendb, vgl E. Schwerdtner, Verz i SR 183. Mit dingl Wirkg abdingb, dies ist im GB eintragb (BayObLG Rpfleger **77,** 251).

1052 *Gerichtliche Verwaltung mangels Sicherheitsleistung.* I Ist der Nießbraucher zur Sicherheitsleistung rechtskräftig verurteilt, so kann der Eigentümer statt der Sicherheitsleistung verlangen, daß die Ausübung des Nießbrauchs für Rechnung des Nießbrauchers einem von dem Gerichte zu bestellenden Verwalter übertragen wird. Die Anordnung der Verwaltung ist nur zulässig, wenn dem Nießbraucher auf Antrag des Eigentümers von dem Gericht eine Frist zur Sicherheitsleistung bestimmt worden und die Frist verstrichen ist; sie ist unzulässig, wenn die Sicherheit vor dem Ablaufe der Frist geleistet wird.

II Der Verwalter steht unter der Aufsicht des Gerichts wie ein für die Zwangsverwaltung eines Grundstücks bestellter Verwalter. Verwalter kann auch der Eigentümer sein.

III Die Verwaltung ist aufzuheben, wenn die Sicherheit nachträglich geleistet wird.

1) Der Eigtümer kann **a)** die SicherhLeistg durch ZwVollstr erzwingen;

b) statt dessen beim VollstreckgsG (ZPO 764) die Anordng einer Verw beantragen. Voraussetzgen: Rechtskr u fruchtloser Ablauf der Frist, vgl ZPO 255 II. Vgl auch § 1070 II. Die Anordng ist nicht eintraggsfäh. Für den Verwalter gelten ZVG 153, 154 entspr. Er ist Partei kr Amtes, arg: § 1052 II 1. Der Nießbraucher kann die Verw abwenden dch Leistg der Sicherh; im Einvernehmen mit dem Eigtümer auch durch Bestelln eines Bevollmächtigten zur Verw. Entspr § 2128 II.

c) Eigtümer als Verwalter ist zugleich unmittelb Fremdbesitzer u zweitstuf mittelb Eigenbesitzer, erststuf mittelb Fremdbesitzer ist der Nießbraucher, vgl Wolff-Raiser § 8 II.

2) Anordng vorl Verwaltg dch einstw Vfg vor Verurteilg zur Sicherh zul, Celle HRR **34** Nr 1683.

1053 *Unterlassungsklage bei unbefugtem Gebrauch.* Macht der Nießbraucher einen Gebrauch von der Sache, zu dem er nicht befugt ist, und setzt er den Gebrauch ungeachtet einer Abmahnung des Eigentümers fort, so kann der Eigentümer auf Unterlassung klagen.

1) Einschränkg des § 1004. Abmahng u Fortsetzg des unbefugten Gebrauchs sind unentbehrl Voraussetzgen. Ähnl § 550. Über Verhältn zu § 1004 vgl Medicus SchlHA **63**, 34. Die Klage kann auch gg der Ausübungsberechtigten (§ 1059 S 2) gerichtet werden.

1054 *Gerichtliche Verwaltung wegen Pflichtverletzung.* Verletzt der Nießbraucher die Rechte des Eigentümers in erheblichem Maße und setzt er das verletzende Verhalten ungeachtet einer Abmahnung des Eigentümers fort, so kann der Eigentümer die Anordnung einer Verwaltung nach § 1052 verlangen.

1) Verschulden wird nicht vorausgesetzt. SicherhLeistg befreit hier nicht, wie bei Besorgn erhebl Verletzg. Der Eigtümer muß auf Duldg der Verw klagen. Vgl im übrigen § 1052 Anm 1.

1055 *Rückgabepflicht des Nießbrauchers.* I Der Nießbraucher ist verpflichtet, die Sache nach der Beendigung des Nießbrauchs dem Eigentümer zurückzugeben.

II Bei dem Nießbrauch an einem landwirtschaftlichen Grundstücke finden die Vorschriften der §§ 591, 592, bei dem Nießbrauch an einem Landgute finden die Vorschriften der §§ 591 bis 593 entsprechende Anwendung.

1) I. Der hier behandelte Anspr auf Rückg beruht auf dem gesetzl SchuldVerh, Einf 1 vor § 1030. Daneben besteht der Anspr gg den Besitzer nach §§ 985ff. Berechtigt ist derjenige, der zZ der Beendigg des Nießbr Eigtümer ist. Rückg in dem Zustande, in dem sich die Sache bei ordngsm Wirtsch befinden müßte; vgl §§ 1036 II, 1050. § 591 gilt für jeden Nießbr entspr. Beweispflichtig für diesen Zustand ist der Eigtümer; vgl § 1034 S 2. Bei verschuldetem Unvermögen des Nießbraucher schadenersatzpfl (§§ 275ff); §§ 989ff greifen nicht ein, da Nießbr nicht rechtloser Besitzer war. Wg Beschädig nach Ende des BesRechts vgl Vorbem 1d bb vor § 987. Vgl ferner §§ 101, 103, 1056. Kein Anspr auf Rechngslegg, Naumbg JW **30**, 278.

2) Zu II vgl die Anm zu §§ 591–593. § 1067 gilt für die in § 593 behandelten landwirtschaftl Erzeugnisse nicht.

3) Zur Divergenz zw Eigtümer u Besteller s § 1065 Anm 3.

1056 *Miet- und Pachtverhältnisse bei Beendigung des Nießbrauchs.* I Hat der Nießbraucher ein Grundstück über die Dauer des Nießbrauchs hinaus vermietet oder verpachtet, so finden nach der Beendigung des Nießbrauchs die für den Fall der Veräußerung geltenden Vorschriften der §§ 571, 572, des § 573 Satz 1 und der §§ 574 bis 576, 579 entsprechende Anwendung.

II Der Eigentümer ist berechtigt, das Miet- oder Pachtverhältnis unter Einhaltung der gesetzlichen Kündigungsfrist zu kündigen. Verzichtet der Nießbraucher auf den Nießbrauch, so ist die Kündigung erst von der Zeit an zulässig, zu welcher der Nießbrauch ohne den Verzicht erlöschen würde.

III Der Mieter oder der Pächter ist berechtigt, den Eigentümer unter Bestimmung einer angemessenen Frist zur Erklärung darüber aufzufordern, ob er von dem Kündigungsrechte Gebrauch mache. Die Kündigung kann nur bis zum Ablaufe der Frist erfolgen.

1) Nach NießbrEnde würden die mit Nießbraucher geschlossenen Miet- u Pachtverträge ggü dem Eigtümer nicht mehr zum Besitz, § 986 berechtigen. § 1056 (entspr § 2135; vgl auch ErbbRVO 30; ZVG 57a S 2) bestimmt für Grdst, die dem Mieter bereits überlassen worden sind (vgl 571 I) 2 Ausnahmen: **a) das Miet-, Pachtverhältnis endet** (vor VertrEnde) **nur**, wenn der Eigtümer mit gesetzl Frist (II S 1), nicht notwend zum erstzul Termin, aber innerh einer vom Mieter gesetzten Frist (III) kündigt. Gilt nach AG Stgt ZMR **73**, 152 auch für MietVerh auf best Zt; WoRKSchG anwendb. – Sonst gelten die Vorschr über die Veräußerg des Grdst entspr. Vgl die Anm zu den in I angezogenen Paragraphen. Dies gilt auch für den Ersteher, wenn der Nießbr durch Zuschlag erlischt; bleibt er bestehen, so sind auch die vom Nießbraucher abgeschl Miet- u PachtVertr (ZVG 57ff dann nicht anwendb, Staud-Spreng Anm 9). Über Verhältn des Mieters zum Nießbraucher nach Künd § 541. –

b) Ein **Verzicht** des Nießbraucher beeinträchtigt den Mieter nicht, **II S 2**. Erlischt der Nießbr gem § 875 (zum Problem des § 419 hierbei vgl § 875 Anm 3e), verliert der Zessionar die ihm vom Nießbraucher abgetr künft MietzinsAnspr jenseits des dch § 573, 1 bestimmten ZtRaumes; Eigtümer ist dch Einziehg der nun in seiner Pers entstehdn Fdgen auch nicht auf Kosten des Zessionars ungerechtf bereichert, BGH **53**, 174.

2) Eigtümer, der dem MietVertr beigetreten war, bleibt an ihn gebunden; Staud-Spreng Anm 6.

3) Keine erweiternde Anwendg der AusnVorschr, etwa wenn NießbrBestellg nichtig od nur schuldrechtl Anspr darauf besteht, Köln NJW **68**, 2148.

1057 *Verjährung der Ersatzansprüche.* Die Ersatzansprüche des Eigentümers wegen Veränderungen oder Verschlechterungen der Sache sowie die Ansprüche des Nießbrauchers auf Ersatz von Verwendungen oder auf Gestattung der Wegnahme einer Einrichtung verjähren in sechs Monaten. Die Vorschriften des § 558 Abs. 2, 3 finden entsprechende Anwendung.

Schrifttum: Herminghausen, Zur Verjährgsfrist bei Gebrauchsüberlassgen, Betr **70**, 1723. –

1) Nur die ErsAnspr des Eigtümers wg Verändergen od Verschlechtergen; nicht wg Unmöglichk der Rückg, Warn **08**, 320. Gleichviel, ob sie auf der Verletzg des gesetzl SchuldVerh od auf unerl Hdlg beruhen. Anspr des Nießbrauchers vgl § 1049 Anm 1. Vgl Anm zu § 558. Ebenso § 1226. Die ab Veränder od Verwendg laufende (§ 198 S 1) ordentl Verj wird durch 1057 ausgeschl. § 902 I 1 nicht anwendb, § 902 Anm 2c.

1058 *Guter Glaube des Nießbrauchers.* Im Verhältnisse zwischen dem Nießbraucher und dem Eigentümer gilt zugunsten des Nießbrauchers der Besteller als Eigentümer, es sei denn, daß der Nießbraucher weiß, daß der Besteller nicht Eigentümer ist.

1) Im Gegensatz zum PfandR (PfandgläubVerpfänder) knüpft das G hier das gesetzl Schuldverhältn zw Nießbraucher u Eigtümer des NießbrObjektes. Dieser muß nicht mit dem Besteller identisch, jedenf dch das rechtswirks Grundverhältn verknüpft sein: So bei wirks (gutgläub) Bestellg dch Nichtberecht; so wenn der Besteller währd des Nießbr seine belastete Sache veräußert. Im ersten Fall schützen den Nießbraucher §§ 1032, 892. Darüber hinaus erstreckt § 1058 den Schutz des gutgläub Nießbrauchers auf das gesetzl Schuldverhältn, Einf 1 vor § 1030, dch eine **unwiderlegb Vermutg**. Der Eigtümer muß Rechtshandlgen des Bestellers u Leistgen an diesen gg sich gelten lassen, so Rückgabe, Ers der Übermaßfrüchte; er muß Verwendgen ersetzen, doch entscheidet für sie Wille u Interesse des Bestellers §§ 1049 I, 683. Ist Nießbraucher bei Rechtshängigk gutgläub iS des 1058, muß der Eigtümer das Urteil im Rechtsstreit zw Nießbraucher u Besteller auch gg sich gelten lassen. Zu Leistgen wird er aber durch Verträge des Bestellers od gg diesen ergangene Urteile nicht verpflichtet. Der Eigtümer ist auf die §§ 816 u 823ff beschränkt.

2) Der Nießbraucher ist **schlechtgläubig** nur bei Kenntnis zZ der RechtsHdlg od der Rechtshängigk. Grobe Fahrl (anders § 932 II) od Eintr im GB (anders § 892 I) genügen hier nicht, wenn der Nießbraucher den Nießbr wirks erworben hat.

3) Für den **Besteller** gelten nur die Vermutgen der §§ 891, 1006 III, nicht § 1058

1059 *Unübertragbarkeit; Überlassung der Ausübung.* Der Nießbrauch ist nicht übertragbar. Die Ausübung des Nießbrauchs kann einem anderen überlassen werden.

1) Der Nießbr entzieht dem Eigtümer das NutzgsR u entwertet daher wirtschaftl das Eigt. Deshalb bestimmt das G wenigstens eine zeitl Begrenzg. Daher kann der Nießbr **seinem Bestande nach nicht übertragen**, § 1059, vererbt, § 1061, belastet, §§ 1069 II, 1274 II, od gepfändet werden, ZPO 851, 857 I. Jedoch ist die Unübertragbark insb beim SichergsNießbr (vgl § 1030 Anm 3 b) unzweckm (vgl Wolff-Raiser § 118 I). Überlassg der Ausübg (S 2) u entspr Pfändbark (vgl Anm 3) bedeutet einen komplizierten Ausweg. – **Ausn** (Übertragbark): §§ 1059 a ff. – Über Übergang kraft G vgl § 1061 Anm 2 b. – Der Anspr auf Bestellg des Nießbr ist ebenf grdsätzl (vgl § 1059 e) unübertragb u unvererbl. Aber mögl, für Dritte, auch Erben, Anspr auf Bestellg neuen Nießbr zu begründen u durch Vormkg zu sichern, LG Traunstein NJW **62**, 2207; vgl auch BGH **28**, 99 (für pers Dienstbk), § 1092 Anm 1.

2) S 2. Zulässig ist die **Überlassg der Ausübg** des Nießbrauchs.

a) Ohne bes Gestattg; anders § 1092. Überlassg im ganzen od bzgl einzelner Nutzgen. Durch formlosen Vertr. „Abtretg" ist regelm in Überlassg der Ausübg umzudeuten, RG JW **10**, 801; uU auch Verpachtg des nießbrauchbelasteten Grdst, Celle MDR **52**, 744. Der AusübgsBerecht genießt als unmittelb Besitzer BesSchutz nach §§ 858ff, ggü dem Eigtümer hilft ihm § 986; das AusübgsR ist vererbl, ob übertragb, richtet sich nach der Ermächtigg, §§ 399, 413.

b) Die Überlassg ist schuldrechtl Natur, daher nicht eintraggsfäh, BGH **55**, 111. Fruchterwerb also nach §§ 956 II, 957. Der Erwerber des AusübgsR übt daher die aus dem Nießbr fließdn (für ihn fremden) Rechte im Namen des Nießbrauchers als Rechtsinhabers, aber für eigene Rechng aus (vgl RG **101**, 7). Über die schuldrechtl Verpfl zur Überlassg hinaus kann der Nießbraucher dem Erwerber einzelne Ansprüche aus dem Nießbr (zB Miet-, Pachtzinsfordergen) mit dingl Wirkg übertragen; dies liegt in jenem nicht von selbst beschlossen (RG aaO), doch wird der Nießbraucher aGrd des KausalVertr meist dazu verpflichtet sein. Insow macht der Erwerber diese EinzelAnspr im eigenen Namen u für eigene Rechng geltend. Aber selbst bei einer solchen Übertr bleibt der Nießbraucher Inh des StammR u behält seine VfgsBefugnis (soweit eine solche besteht, Anm 1). Daher erlöschen mit Verzicht des Nießbrauchers auf den Nießbr alle Rechte des AusübgsErwerbers, ebso wie beim sonstigen Erlöschen des Nießbr; hM; also Zust des Ausübgsberechtigten zur AufgabeErkl, § 875, nicht nötig, Westermann § 121 VII; dieser ist dann auf persönl Ansprüche gg den Nießbraucher beschränkt. Vgl aber § 1056 II 2. Verzichtet Nießbraucher gg Rentenzahlg auf Ausübg des R, das nahezu sein ganzes Verm, ist § 419 nicht anwendb, BGH **55**, 111, zust Schricker JZ **71**, 502.

c) Das gesetzl Schuldverhältn besteht nach wie vor zw Nießbraucher u Eigtümer. Diesem haftet daher hieraus nur jener, nicht der AusübgsBerecht, der insow Erfüllgsgehilfe (§ 278) des Nießbrauchers ist. Unmittelb Anspr des Eigtümers gg den AusübgsBerecht gem §§ 823 ff. 1004, allerd nur gem § 1053.

d) Ausschluß der Überlassg zur Ausübg ist nach LG Mönchengladbach NJW **69**, 140 eintraggsfäh Inhaltsbestimmg des Nießbr u daher mit dingl Wirkg mögl.

3) Pfändg des Nießbrauchs, auch im Falle des § 1059 a, nur nach Maßg ZPO 857 III. Der Nießbr als solcher (das StammR) ist unpfändbar; arg nun auch § 1059 b; wie hier auch Stöber, 5. Kap, B 28; Strutz Rpfleger **68**, 145; **aA** Köln NJW **62**, 1621; Brem NJW **69**, 2147; u **nun auch BGH 62**, 133 mit nicht überzeugder Begründg: das Wort „insoweit" in ZPO 857 III bedeute eine zahlenmäß Herausn einz Re aus der Vielzahl der unveräußerl u idR sonst unpfändb Re, nicht aber eine quantitative Beschränkg des Umfangs des Zugriffs. **Pfändbar** ist aber das **Recht auf Ausübg** des Nießbr (der Nießbr der Ausübg nach). Der PfändgsGläub ist berecht, den Nießbr auszuüben, aber verpflichtet, die Lasten zu tragen, RG **56**, 390. Die Pfändg des AusübgsR ist (wie dessen Verpfändg, KGJ **40**, 254) nach der hier vertretenen u bish hM im GB **nicht eintragbar** (KGJ **48**, 212; Schlesw SchlHA **56**, 202), da AusübgsR dem SchuldR angehört u da durch Pfändg der Nießbraucher nur gehindert w, die Ausübg einem anderen zu übertragen, aber nicht daran, über den Nießbr (soweit überh mögl, Anm 1) zu verfügen (und die GgMeing, die - ihres folgericht - die Pfändg als VfgsBeschrkg eintragb sein läßt: RG **74**, 85; Köln NJW **62**, 1621; Horber Anh 1 b zu § 26 GBO). Nach dem hier vertretenen Standpunkt kann Nießbraucher trotz Pfändg wirks auf Nießbr verzichten (ihn aufheben, § 875), aber er kann dies bei Überlassg der Ausübg, § 1059, PfdGläub hat aber keine stärkere RStellg als ein Ausübgsberechtigter, Wolff-Raiser § 118 Anm 1; KG JFG **16**, 332. Zust des PfändgsPfdGl also nicht erforderl (Mü JFG **14**, 343; Ffm NJW **61**, 1928; RGRK Anm 2; Soergel-Baur Rdnr 9; Staud-Spreng Rdnr 7; Erm-Ronke, Anm 2; Stöber, 5. Kap B Nr 27 e; Strutz, Rpfleger **68**, 145), u zwar auch dann nicht, wenn Pfändg od VfgsVerbot eingetr (aM Brem NJW **69**, 2147; Köln NJW **62**, 1621; Westermann § 121 V 2; - **aM auch BGH 62**, 133 [keine Eintr der NießbrPfändg im GB erforderl u dennoch Aufhebg nur unter Zust des Gl]). Der Gläub kann sich dingl nur sichern, indem er außer dem Nießbr die einzelnen Anspr auf die Früchte pfänden läßt; nach KG JFG **16**, 336 soll er dem Nießbraucher durch einstw Vfg die Aufhebg verbieten lassen dürfen; abl zu Recht Stöber aaO. - Verwertg des PfändgsPfdR nach ZPO 857 IV, 844, insb durch Verw.

4) Im **Konkurse** des Nießbrauchers Ausübg des der Substanz nach nicht in die Masse fallenden Nießbr durch KonkVerw. Verzicht des GemSchuldn auf Nießbr aber wirks; aM zB Jaeger KO 1 Anm 39. Vgl auch RG DJZ **16**, 813. Das Grundverhältn eines entgeltl bestellten Nießbr unterfällt KO 17, Soergel-Mühl Rdn 11.

1059a *Übertragbarkeit bei juristischer Person.*
Steht ein Nießbrauch einer juristischen Person zu, so ist er nach Maßgabe der folgenden Vorschriften übertragbar:

1. Geht das Vermögen der juristischen Person auf dem Wege der Gesamtrechtsnachfolge auf einen anderen über, so geht auch der Nießbrauch auf den Rechtsnachfolger über, es sei denn, daß der Übergang ausdrücklich ausgeschlossen ist.
2. Wird sonst ein von einer juristischen Person betriebenes Unternehmen oder ein Teil eines solchen Unternehmens auf einen anderen übertragen, so kann auf den Erwerber auch ein Nießbrauch übertragen werden, sofern er den Zwecken des Unternehmens oder des Teiles des Unternehmens zu dienen geeignet ist. Ob diese Voraussetzungen gegeben sind, wird durch eine Erklärung der obersten Landesbehörde oder der von ihr ermächtigten Behörde festgestellt. Die Erklärung bindet die Gerichte und die Verwaltungsbehörden.

1059b *Unpfändbarkeit.*
Ein Nießbrauch kann auf Grund der Vorschriften des § 1059a weder gepfändet noch verpfändet noch mit einem Nießbrauch belastet werden.

1059c *Übergang oder Übertragung des Nießbrauchs.*
I Im Falle des Übergangs oder der Übertragung des Nießbrauchs tritt der Erwerber an Stelle des bisherigen Berechtigten in die mit dem Nießbrauch verbundenen Rechte und Verpflichtungen gegenüber dem Eigentümer ein. Sind in Ansehung dieser Rechte und Verpflichtungen Vereinbarungen zwischen dem Eigentümer und dem Berechtigten getroffen worden, so wirken sie auch für und gegen den Erwerber.

II Durch den Übergang oder die Übertragung des Nießbrauchs wird ein Anspruch auf Entschädigung weder für den Eigentümer noch für sonstige dinglich Berechtigte begründet.

§§ 1059d–1062   3. Buch. 5. Abschnitt. *Bassenge*

1059d *Miet- und Pachtverhältnisse bei Übertragung des Nießbrauchs.* Hat der bisherige Berechtigte das mit dem Nießbrauch belastete Grundstück über die Dauer des Nießbrauchs hinaus vermietet oder verpachtet, so sind nach der Übertragung des Nießbrauchs die für den Fall der Veräußerung geltenden Vorschriften der §§ 571 bis 576, 578 und 579 entsprechend anzuwenden.

1059e *Anspruch auf Einräumung des Nießbrauchs.* Steht ein Anspruch auf Einräumung eines Nießbrauchs einer juristischen Person zu, so gelten die Vorschriften der §§ 1059a bis 1059d entsprechend.

1) §§ 1059 a–e eingefügt durch G v 5. 3. 53, BGBl 33. Sie entsprechen sachl dem G v 13. 12. 35, RGBl 1468 (amtl Begr DJ **36**, 21), nebst DVOen, die gleichzeitig aufgeh sind.

2) Sie gelten für jur Personen des öff u des PrivatR, auch für solche in Liquidation. Auch für OHG u KG, BGH **50**, 307 für den Fall der Anwachsg des GesVerm auf den das Gesch allein übernehmden Gter; Hueck, Recht der OHG § 19 II; aM W-Raiser § 118 Anm 1a. Bei Umwandlg einer OHG in BGBGesellsch bleiben die Gter Berecht (RG **155**, 86).Über NachfKlausel im GB: Düss MittBayNot **76**, 215 (zul); LG Bchm Rpfleger **75**, 433 u AG Mannh BWNotZ **77**, 26 (unzul).

3) Zu § 1059 a Nr 1: GesRNachfolge: zB §§ 46, 88; AktG 339ff (Verschmelzg), HGB 142; nicht bei bloßer Übertr des Aktiv- u Passivvermögens (dann aber Nr 2).

4) Zu § 1059 a Nr 2: Feststellg durch LGPräs (*Hbg:* AGPräs) gem AV RMJ v 8. 12. 38, DJ 1974; *Bay* Bek v 16. 8. 56, BSVJu III 156; *Bln* AV v 27. 8. 54, ABl 1008; *Nds* AV v 15. 3. 54, NdsRpfl 58; *Ba-Wü* AV v 2. 5. 57 (Just 71). JustVerwAkt iS von EGGVG 23, vgl Anm 2c hierzu bei Zöller.

5) Zu § 1059 c: Gemeint ist das gesetzl Schuldverhältn; vgl Einf 1 vor § 1030.

6) Zu § 1059 d: Betrifft § 1059 a Nr 2; iF Nr 1 ergibt sich Eintritt in Miet-(Pacht-)Vertr schon aus GesRNachfolge. Statt „über die Dauer des Nießbr" richtiger: über die Dauer seines Nießbr. Gilt auch, wenn schon Eigtümer vermietet usw hatte, Soergel-Mühl Anm 3.

1060 *Zusammentreffen mehrerer Nutzungsrechte.* Trifft ein Nießbrauch mit einem anderen Nießbrauch oder mit einem sonstigen Nutzungsrecht an der Sache dergestalt zusammen, daß die Rechte nebeneinander nicht oder nicht vollständig ausgeübt werden können, und haben die Rechte gleichen Rang, so findet die Vorschrift des § 1024 Anwendung.

1) Vgl § 1024 Anm 1, 2. Über ZusTreffen mit Miete vgl § 577; mit Pfandrechten vgl §§ 1208, 1242 II 2, 1245 I 2, 1247.

1061 *Tod des Nießbrauchers.* Der Nießbrauch erlischt mit dem Tode des Nießbrauchers. Steht der Nießbrauch einer juristischen Person zu, so erlischt er mit dieser.

1) Vgl Einf 3 vor § 1030. Der Nießbr ist **unvererbl**, zwingd R. Der Eigtümer kann sich nur schuldrechtl verpflichten, dem Erben des Berechtigten einen neuen Nießbr zu bestellen. Stand er mehreren nach Bruchteilen zu, erlischt er nur zum Bruchteil des Verstorbenen, KGJ **49**, 192. Zwischen den übrigen Nießbrauchern u dem Eigtümer besteht dann eine NutzgsGemsch entspr § 1066, KG JFG **13**, 448. Neubestellg zum Bruchteil mögl. Kein Übergang, sond Neuentstehg liegt vor, wenn der Nießbr für einen zweiten Berecht aufschiebd bedingt durch den Tod des ersten Berechtigten bestellt wird, KG DRZ **29**, 730; vgl auch RG DR **44**, 774; LG Aachen, RhNK **70**, 51. – Da Nießbr befristet bestellt w kann, Abrede ev früheren Erlöschens (auch mit Tod eines Dritten) zul; über Eintr u Löschg im GB (GBO 22–24) LG Mü u Nürnb DNotZ **54**, 260, 262; Hamm DNotZ **73**, 616 (unzul Eintr nach Tod des Berecht); BGH **66**, 341 (Eintr einer Klausel nach GBO 23 II). – Bei Tod eines GesBerechtigten (§ 1030 Anm 3a) oder GesHänders bleibt Nießbr für die übrigen bestehen; BayObLG **55**, 155, 159.

2) S 2. **a)** Regelm erlischt der Nießbr mit dem **Erlöschen der jur Person**. Entspr bei OHG, § 1030 Anm 3. Aber nicht schon bei Eintritt, sond erst mit Ende der Liquidation, RG **159**, 199; anders nur, wenn der Nießbr durch ihren Eintritt auflösd bedingt ist; möglicherw hat der Eigtümer einen persönl Anspr auf Aufhebg. **b) Ausnahme:** §§ 1059a ff.

1062 *Erstreckung der Aufhebung auf das Zubehör.* Wird der Nießbrauch an einem Grundstücke durch Rechtsgeschäft aufgehoben, so erstreckt sich die Aufhebung im Zweifel auf den Nießbrauch an dem Zubehöre.

1) Aufhebg nach §§ 875, 878. Zustimmg nach § 876 niemals erforderl, auch nicht bei Pfändg, § 1059 Anm 3. Aufhebg an Fahrnis § 1064, an Rechten u Grdst § 1072. Aufhebg durch Staatsakt zB nach FlurbG 49; BBauG 61. Zu BGH **53**, 174 vgl § 875 Anm 3e.

2) Der Nießbr am **Zubehör** (§§ 97, 98) besteht nur fort, wenn dahingehender Wille festzustellen. Dann besondere Aufhebg nach § 1064. Vgl auch §§ 926, 1031.

Dienstbarkeiten. 2. Titel: Nießbrauch §§ 1063–1066

1063 *Zusammentreffen mit dem Eigentum.* I Der Nießbrauch an einer beweglichen Sache erlischt, wenn er mit dem Eigentum in derselben Person zusammentrifft.
II Der Nießbrauch gilt als nicht erloschen, soweit der Eigentümer ein rechtliches Interesse an dem Fortbestehen des Nießbrauchs hat.

1) An **bewegl Sachen** erlischt der Nießbr, wenn der Nießbraucher das AlleinEigt erwirbt. Ausnahme: wenn die Sache mit gleichrangigen od nachstehenden Rechten, Nießbr od PfdR, belastet ist. Der Dritte soll nicht auf Kosten des Eigtümers unbegründete Vorteile erlangen; vgl §§ 1060, 1242 II 2, 1247 S 2. Ebenso bei auflösd bedingtem od befristetem EigtErwerb. Entspr § 1256. Vgl auch § 1072.

2) Für **Grdst** gilt § 889. Beachte aber § 1072 Anm 1.

1064 *Aufhebung des Nießbrauchs an Fahrnis.* Zur Aufhebung des Nießbrauchs an einer beweglichen Sache durch Rechtsgeschäft genügt die Erklärung des Nießbrauchers gegenüber dem Eigentümer oder dem Besteller, daß er den Nießbrauch aufgebe.

1) Die einseitige Erkl genügt. An den Besteller auch dann, wenn Nießbraucher den wahren Eigtümer kennt. Rückg der Sache od Besitzaufgabe nicht notw. Auch nicht Zust des PfändgsGläub, § 1059 Anm 3. Über Grdst vgl § 1062 Anm 1; Rechte an Grdst § 1072.

1065 *Ansprüche bei Beeinträchtigung.* Wird das Recht des Nießbrauchers beeinträchtigt, so finden auf die Ansprüche des Nießbrauchers die für die Ansprüche aus dem Eigentume geltenden Vorschriften entsprechende Anwendung.

1) Der Nießbraucher kann **gegen Dritte** aus eig R ff Anspr geltd machen (entspr § 1227):
a) aus **Besitz**, §§ 861, 862, 1007;
b) aus dem **Eigentum**, §§ 985ff, 1004, 1005, 1006. Jedoch nur in entspr Anwendg. SchadErs, nur sow er geschädigt ist. Den übr Schaden liquidiert der Eigtümer. Klagen beide gemeins: Einf Streitgenossen. Der Nießbr erstreckt sich nicht kr Gesetzes auf die ErsFdg des Eigtümers (and § 1046). Doch kann der Nießbraucher uU gem dem Grdverhältn verlangen, daß die ErsLeistg zur Wiederherstellg des NießbrObjekts verwendet wird (RGRK Anm 2). – Heraug der Nutzgen insow, als sie dem Nießbraucher gebühren, § 1030 II; damit aber auch Anspr auf Übermaßfrüchte, da § 1039 I 2 erst bei NießbrEnde eingreift. Seine ErsPflicht für Verwendgen des Drittbesitzers (§ 994 II) bestimmt sich nach seinem Interesse u Willen; Befriedigg (§ 1003) kann der Besitzer nur nach ZPO 857 III, IV suchen. Gem § 1006 besteht die Vermutg, daß er Nießbraucher ist od war. Für mehrere Berechtigte gilt § 1011 entspr.
c) Aus unerl Hdlg, §§ 823ff, und ungerechtfertigter Bereicherg, §§ 812ff, sow diese Vorschr nicht dch die Sonderregel der §§ 987ff, 993 im Verhältn des Nießbrauchers zu einem rechtlosen Besitzer verdrängt w.
d) Ist eine GrdDbk Bestandt des mit dem Nießbr belasteten Grdst, hat der Nießbraucher die Schutzrechte nach § 1027.

2) Die Anspr gg den Eigtümer richten sich nach dem der Bestellg zugrundeliegdn vertragl u nach dem dch die Bestellg entstandenen gesetzl Schuldverhältn (vgl Einf 1 vor § 1030). Daneben § 823.

3) Hat der nicht mit dem Eigtümer ident Besteller gestört, haftet er nach dem Grdverhältn, daneben aus § 823.

1066 *Nießbrauch am Anteil eines Miteigentümers.* I Besteht ein Nießbrauch an dem Anteil eines Miteigentümers, so übt der Nießbraucher die Rechte aus, die sich aus der Gemeinschaft der Miteigentümer in Ansehung der Verwaltung der Sache und der Art ihrer Benutzung ergeben.
II Die Aufhebung der Gemeinschaft kann nur von dem Miteigentümer und dem Nießbraucher gemeinschaftlich verlangt werden.
III Wird die Gemeinschaft aufgehoben, so gebührt dem Nießbraucher der Nießbrauch an den Gegenständen, welche an die Stelle des Anteils treten.

1) **Nießbr an MitEigtAnteil** ist SachNießbr; Bestellg wie an Sachen; Einf 2 vor § 1030; bei Fahrnis Mitbesitzeinräumg. Ob bei Bestellg desNießbrauchs für mehrere (vgl § 1030 Anm 3 a) das ganze Eigt od nur je ein Bruchteil belastet w soll, AusleggsFrage.
a) I: Der Anteilsnießbraucher übt die Rechte der §§ 743–746 **an Stelle des Miteigentümers** aus. Da er nicht mehr Rechte haben kann als dieser, muß er früher getroffene Vereinbgen (§ 746) gg sich gelten lassen.
b) Zu II vgl §§ 749–751, 1010. Notwendige Streitgenossensch, ZPO 62, 2. Altern, also Einzelklage unzul, Rosenberg-Schwab § 50 III 2. II schützt den Nießbraucher gg eine Beeinträchtigg seines Rechts durch den Miteigentümer. Er ist auch Partei im TeilgsVerf. c) III: Mit Aufhebg der Gemsch erlischt der Nießbr am Anteil. Der Nießbraucher kann aber nach bish hM beanspruchen („gebührt", also obligator Surrogation), daß ihm der Nießbr an den ErsGgständen bestellt wird; vgl aber nunmehr – für § 1258 III (dort Anm 4b) – BGH **52**, 99.

2) § 1066 gilt entspr für die Belastg von Bruchteilen, die nicht im Anteil eines MitEigtümers bestehen, KG JFG **13**, 447; QuotenNießbr, s § 1030 Anm 3a.

1067 Nießbrauch an verbrauchbaren Sachen.
^I Sind verbrauchbare Sachen Gegenstand des Nießbrauchs, so wird der Nießbraucher Eigentümer der Sachen; nach der Beendigung des Nießbrauchs hat er dem Besteller den Wert zu ersetzen, den die Sachen zur Zeit der Bestellung hatten. Sowohl der Besteller als der Nießbraucher kann den Wert auf seine Kosten durch Sachverständige feststellen lassen.

^{II} Der Besteller kann Sicherheitsleistung verlangen, wenn der Anspruch auf Ersatz des Wertes gefährdet ist.

1) Uneigentl Nießbr. An **verbrauchbaren** Sachen (§ 92) erlangt der Nießbraucher das **Eigentum** mit der Bestellg, § 1032. Wird die Sache später zu einer verbrauchbaren, mit Eintritt des Ereignisses, zB Tod des Tieres. Vgl auch § 1084.

2) Hier entsteht ein **gesetzl SchuldVerh** ausnahmsw zw dem Nießbraucher u dem Besteller. Nicht dem bisherigen Eigtümer; dieser ist auf § 816 beschränkt. Der Nießbraucher hat den Wert zu erstatten; er ist nicht verpflichtet, unverbrauchte od den verbrauchten gleichart Sachen zurückzugewähren. Feststellg des Wertes nach FGG 15, 164; entspr § 1034. Auch § 1035 anwendbar. **II** ersetzt die §§ 1051–1054. Es entscheidet die objektive Gefährdg. Verhalten des Nießbrauchers unerhebl. SicherhLeistg nach §§ 232ff.

3) Nachgiebiges Recht. ZB kann dem Nießbraucher nur die VfgsBefugn eingeräumt w od die Befugn, das Eigt erst mit dem Verbrauch zu erwerben. Folgen für die Aufrechng: § 1074 Anm 4.

II. Nießbrauch an Rechten

Vorbemerkung

1) Der Nießbrauch an einem Recht ist ebso ein dingl Recht wie der Nießbr an einer Sache (str). Der Nießbraucher ist nicht auf schuldrechtl Anspr gg den Berechtigten beschränkt; er **zieht die Nutzg selbstdg an Stelle des Berechtigten**, §§ 1068 II, 1030, 1070. Um das Recht nutzbar zu machen od zu erhalten, besitzt er bestimmte VfgsBefugnisse, §§ 1074, 1077–1080, 1082, 1083. Über die Begründg vgl § 1069, über die Beendigg vgl § 1072.

2) Nießbr an Wertpapieren. Bestellg an **a)** Rektapapieren: entspr der Übertr des verbrieften Rechts; Nießbr am Papier entsteht dann nach § 952; **b)** Orderpapieren: durch Indossament, Einigg über Nießbr-Bestellg u Papierübergabe (od deren Surrogat, §§ 929 S 2, 930/31); **c)** Inhaberpapieren: Einigg u Papierübergabe (od deren Surrogat) od Mitbesitzeinräumg (§ 1081 II); **d)** mit Blankoindossament versehenen Orderpapieren: wie zu c, aber auch wie zu b. – Sondervorschr nur zu c und d: §§ 1081ff. – Wg Aktien vgl auch § 1068 Anm 4.

1068 Grundsatz.
^I Gegenstand des Nießbrauchs kann auch ein Recht sein.
^{II} Auf den Nießbrauch an Rechten finden die Vorschriften über den Nießbrauch an Sachen entsprechende Anwendung, soweit sich nicht aus den §§ 1069 bis 1084 ein anderes ergibt.

1) Belastgsgegenstand. Nur **übertragbare Rechte,** § 1069 II. Nur Rechte, die unmittelb od mittelb Nutzgen gewähren können. Absolute Re (zB Urheber-, PatentR); obligatorische Re, sofern nutzfähig, wie zB aus Kauf, Pacht. Nießbr am Erbteil fällt unter § 1068 (RG **153**, 30) u ist im GB eines NachlGrdst eintragb (Hamm Rpfleger **77**, 136). Nießbr am EigtAnteil ist dagg SachNießbr, § 1066 Anm 1; daher auch am WohngsEigt; ebso der am ErbbR. Keine Nutzg gewähren Vork- u WiederkaufR. Vgl über Leibrenten § 1073; Fdg §§ 1074, 1075; **verzinsl Fdg** §§ 1076–1079; GrdSch § 1080. Über WertP vgl Vorbem 2.

2) Entspr Anwendg der §§ 1030 ff, insb der §§ 1030, 1036, 1039, 1045–1047, 1049–1055, 1057–1061, 1063–1067. Zu berücksichtigen ist die rechtl Natur des dingl Belastg des Rechtes u der wirtschaftl Zweck. Der Nießbraucher erwirbt den Anspr auf Zinsen (bei der Reallast auf die einzelnen Leistgn) mit der Bestellg des Nießbr, RG **124**, 329, auflösd dadurch bedingt, daß sie währd seines Nießbr fällig werden. Ausgl § 101 Nr 2. Der Nießbraucher hat das Recht auf den Besitz des Schuldscheines, § 1036 I. Ihm ggü gilt der Besteller als der Berecht, § 1058.

3) Nießbrauch an Gesellschaftsanteilen. Schrifttum: v. Godin, NutzgsR an Unternehmen, 1949. – Wiedemann, Die Übertr u Vererbg von MitgliedschR bei Handelsgesellsch, 1965. – Bunke, DNotZ **68**, 5. – Spieß RhNK **69**, 752 (Aktien u GmbHAnteile). – Schulze zur Wische Betr **70**, 171. – Rohlff NJW **71**, 1337. – Teichmann ZGR **72**, 1. – Grunsky BB **72**, 585. – Flume, Festschr Larenz 1973, 769. – Sudhoff GmbHR **71**, 53; NJW **71**, 482; **74**, 2205. – Beuthin ZGR **74**, 41. – Gebele RhNotK **75**, 468 (StimmRAusübg). – Finger Her **71**, 1033.

a) Aktien u GmbHAnteile. aa) Bestellg an Aktien: Vorbem 2 vor § 1068. An GmbHAnteil gem GmbHG 15 III, an GewinnstammR vgl Sudhoff GmbHR **71**, 53; Überg des Anteilsscheins nicht nöt. – **bb) Stimmberechtigt** ist nur der Nießbraucher, weil er verwaltgsberecht ist (Sudhoff NJW **74**, 2207; RGRK Anm 3); nach hM (Nachw bei Wiedemann aaO 413, 414; Sudhoff aaO) nur der Gter, da das StimmR nicht zu den Nutzgen gehöre (vgl aber § 100 Anm 1) u dem Nießbraucher nicht gestattet sei, über das belastete R zum Nachteil des Gters zu verfügen, Nießbraucher sei auf §§ 1065, 1068 II beschränkt. Schrift gibt zT gemsch StimmR (vgl Staud-Spreng Vorbem 1 v § 1081; RGRK Anm 3; Baumb-Hueck, AktG § 134 Rdn 4, GmbHG § 15 Anm 6 C). – **cc) Gewinnanteil** steht dem Nießbraucher zu. Ob BezugsR gem AktG 186, GmbHG 55 ihm zusteht, ist str; die hM gibt es belastet mit Nießbr dem Aktionär/Gter (Brem Betr **70**, 1436 mwN; vgl auch § 99 Anm 3c). Zweckm w sich Nießbraucher aber Bestellg des Nießbr an den jungen Aktien ausdr ausbedingen u den Nießbr übertr lassen (vgl Heidecker NJW **56**, 892 mwN). **Liquidationsquote** (AktG 271, GmbHG 72) gebührt dem Gter, Nießbraucher hat entspr § 1079 Anspr auf NießbrBestellg. Nach Brem aaO gehört dem Aktionär auch der beim Verk der Aktien erzielte Kursgewinn, da dieser weder Frucht noch GebrVorteil der Aktie sei.

b) Beteiligg an Personalgesellsch. aa) Nießbr am **Anspr auf Gewinnanteil u AuseinandSGuthaben** zul; dann w die MitgliedschR vom Gter ausgeübt. Nießbraucher am Verlust nicht beteiligt, § 717 Anm 2b gilt entspr; doch hat Nießbraucher AuskAnspr bzgl Höhe des Gewinnanteils. Wirtschaftl gibt dies als Nießbr am Fdg gem § 1075 I nur solchen an deren Erlös, also prakt nur Zinsgenuß am Gewinn (Wiedemann aaO 400). – **bb)** Nießbr am **GesellschAnteil** ist wg Unübertragbark der GterR (§§ 717 S 1, 719) nur zul, wenn der GesellschVertr die Übertr od Belastg von GesellschAnteilen erlaubt od die MitGter zustimmen. Dann muß dem Nießbraucher die volle GterStellg eingeräumt w, so daß er für alte u neue Schulden u der Besteller nur für alte haftet (Hueck OHG § 27 II 8); der Nießbr gewährt trhd einen Überschuß an äußerer RMacht, der im InnenVerh schuldr ausgeglichen w kann (BGH DNotZ **75**, 735). Der dem Nießbraucher zustehende Ertrag ist der Gewinn abzügl von den Gtern beschlossener Rücklage (BGH aaO); bei Erhöhg der MitglAnteile hat er keinen Anspr auf Vollerwerb eines Anteils (BGH **58**, 316 = **LM** § 109 HGB Nr 10 Anm Fleck). Nießbr ist im GB eines GesellschGrdst eintragb (Hamm Rpfleger **77**, 136). – **cc)** Str, ob Nießbr an **GewinnstammR** zul (vgl Sudhoff NJW **74**, 2210 mwN). Er würde Nießbraucher kein MitVerwR verschaffen (BGH DNotZ **75**, 735). § 1073 würde entspr gelten (str).

1069 *Bestellung.* I Die Bestellung des Nießbrauchs an einem Rechte erfolgt nach den für die Übertragung des Rechtes geltenden Vorschriften.
II An einem Rechte, das nicht übertragbar ist, kann ein Nießbrauch nicht bestellt werden.

1) I. Durch die Bestellg des Nießbr überträgt der Besteller einen Teil seiner Rechte. Bestellg u Übertr erfordern deshalb dieselbe Form. Regelm genügt formlose Einigg über die Bestellg des Nießbr, §§ 398, 413. Belastg eines **Rechts am Grdst** nach §§ 873, 1153ff, 1192, 1199; hier GutglSchutz (sonst nicht, außer §§ 405, 2366). Zur gleichzeitigen Eintr einer Hyp u eines Nießbr daran genügt die Bewilligg des Eigtümers, Warn **12**, 260; KG JFG **11**, 271. Ebso wenn der Gläub die Hyp abtritt u sich den Nießbr vorbehält, aM Erm-Ronke Rdz 7; KGJ **51**, 292; vgl aber RG **142**, 236. Über Wertpapiere Vorbem 2 vor § 1068.

2) II. Über **unübertragbare Rechte** vgl §§ 399, 400, 514, 613 S 2, 664 II, 717 S 1 (vgl § 1068 Anm 5), 847 I 2, 1300 II. Auch Nießbr am Nießbr unzul, § 1059 S 1; ob der Nießbraucher am AusübgsR Nießbr bestellen kann, ist str; zul aber, daß der Erwerber des Nießbr – obligator – AusübgsR an diesem einem Dritten einen Nießbr bestellt; vgl auch § 1059 Anm 2 b aE. Ebso bei beschr pers Dienstbk, wie WohngsR, §§ 1092, 1093, and am DauerwohnR (WEG 31 Anm 3); kein Nießbr an GrdDbk u subjdingl (§ 1105 II) Reallast; Nießbr am berecht Grdst erfaßt die Nutzgen auch dieser Rechte. An Hyp u PfdR nur zus mit der Fdg, §§ 1153 II, 1250 I 2. Vgl auch § 1274. – Zur NießbrBestellg an WasserNutzgsRen iVm ErbbRbestellg an den wirtsch dazugehör Grdst BGH WPM **73**, 999.

1070 *Nießbrauch an Recht auf Leistung.* I Ist ein Recht, kraft dessen eine Leistung gefordert werden kann, Gegenstand des Nießbrauchs, so finden auf das Rechtsverhältnis zwischen dem Nießbraucher und dem Verpflichteten die Vorschriften entsprechende Anwendung, welche im Falle der Übertragung des Rechtes für das Rechtsverhältnis zwischen dem Erwerber und dem Verpflichteten gelten.
II Wird die Ausübung des Nießbrauchs nach § 1052 einem Verwalter übertragen, so ist die Übertragung dem Verpflichteten gegenüber erst wirksam, wenn er von der getroffenen Anordnung Kenntnis erlangt oder wenn ihm eine Mitteilung von der Anordnung zugestellt wird. Das gleiche gilt von der Aufhebung der Verwaltung.

1) I. Der Schuldn soll dch die Bestellg des Nießbr nicht beeinträchtigt od begünstigt w. **a)** Deshalb gelten für den Nießbr an Fdg die §§ 404–411; an Hyp u Grdschulden für künftig fällig werdende Zinsen u Nebenleistgen die §§ 1156, 1192. Entspr für künftige Einzelleistgen bei Reallasten u Rentenschulden, §§ 1107, 1200 I. Für Rückstände gilt § 1159.
b) Zugunsten des Nießbrauchers gelten § 796; HGB 364, 365; WG 16, 40.
c) Wegen Aufrechng s § 1074 Anm 4.

2) II entspricht dem § 407. Jedoch genügt Zustell des Beschlusses statt Kenntnis. Entspr §§ 1275, 2129 II 2, 3.

1071 *Aufhebung oder Änderung des belasteten Rechts.* I Ein dem Nießbrauch unterliegendes Recht kann durch Rechtsgeschäft nur mit Zustimmung des Nießbrauchers aufgehoben werden. Die Zustimmung ist demjenigen gegenüber zu erklären, zu dessen Gunsten sie erfolgt; sie ist unwiderruflich. Die Vorschrift des § 876 Satz 3 bleibt unberührt.
II Das gleiche gilt im Falle einer Änderung des Rechtes, sofern sie den Nießbrauch beeinträchtigt.

1) Der Berechtigte kann das Recht übertragen od weiter belasten; der Nießbraucher wird dadurch regelm (vgl §§ 936, 892) nicht berührt. Dies aber wohl dadch, daß er gg den Willen des Nießbrauchers das Recht **verändert oder aufgibt**. Deshalb Zustimmg des Nießbrauchers notw. Entspr §§ 876, 877, 1276. Fehlt die Zust, ist das RGesch unwirks; nach jetzt wohl hM aber nur relativ, so überzeugd Wolff-Raiser § 39 IV; vgl auch § 1276 Anm 1 aA. Fehlde Zustimmg eines Nießbrauchers am Verm einer

GmbH nimmt der satzgsgem ausgespr Kündigg der Gesellsch nicht die gesellschaftsrechtl Wirksamk, Hamm BB **71**, 14. Der Schu kann im Rahmen der §§ 1070, 406 mit einer ihm zustehden Fdg gg den Gläub aufrechnen. Zust (§§ 183, 184; vgl auch § 876 Anm 4) ggü dem Gläub. Schu. nachstehden Gläub, bei eingetr Rechten auch ggü dem GBA. Auch die Einwillig ist unwiderrufl; anders § 183. §§ 1070, 407 bleiben aber dch § 1071 unberührt.

2) Konkurs u Vergleichsverfahren über das Vermögen des Schu verändern die Forderg. Bei Vergleichsverfahren: VerglO 72 II. Bei unverzinsl Forderg vertritt der Nießbraucher die Forderg im Konkurs allein, bei verzinsl zusammen mit dem Gläub; dies immer bei Abstimmgen, wie über Zwangsvergleich; Jäger-Lent § 182 Anm 3, hM.

1072 *Beendigung des Nießbrauchs.* **Die Beendigung des Nießbrauchs tritt nach den Vorschriften der §§ 1063, 1064 auch dann ein, wenn das dem Nießbrauch unterliegende Recht nicht ein Recht an einer beweglichen Sache ist.**

1) Der Nießbr am Recht endet mit Vereinig von Recht u Nießbr, mit der Ausn des § 1063 II. Gilt auch für **Nießbr an GrdstRechten**; § 889 gilt hier nicht (aber für Nießbr an ErbbR). Erlöschen ferner durch einseit formlose AufgabeErkl (§§ 1064, 1071) ggü dem Berecht od dem Besteller, nicht ggü dem GBA. Löschg im GB nicht erforderl (anders § 875); sie ist nur Berichtigg. Gutgl Erwerb vorher mögl. Im übr erlischt Nießbr an Rechten aus den gleichen Gründen wie SachNießbr, vgl Einf 3 vor § 1030; Erlöschen der belasteten Fdg durch Konfusion wirkt nicht ggü Nießbraucher, KGJ **44**, 295; auch durch Vereinig von Nießbr u Schuld erlischt Nießbr nicht, auch auf das belastete Recht ist sie ohne Einfluß KG OLG **31**, 341.

1073 *Nießbrauch an einer Leibrente.* **Dem Nießbraucher einer Leibrente, eines Auszugs oder eines ähnlichen Rechtes gebühren die einzelnen Leistungen, die auf Grund des Rechtes gefordert werden können.**

1) Die **einzelnen Leistgen** der Leibrenten, §§ 759 ff, Altenteile, EG 96, Reallasten, Rentenschulden werden als Erträge des StammR behandelt. Vgl §§ 1107, 1200 I. Sie gebühren deshalb dem Nießbraucher aus eigenem Recht, RG HRR **28**, 1417. Er klagt sie aus eigenem Recht ein, BayObLG **32**, 57. Anders bei wiederkehrden Leistgen, die als Kapitalteile anzusehen sind, zB Tilggsbeträge. Zur sinngem Anwendg auf Nießbr am „GewinnstammR" vgl § 1068 Anm 5.

1074 *Nießbrauch an einer Forderung; Kündigung und Einziehung.* **Der Nießbraucher einer Forderung ist zur Einziehung der Forderung und, wenn die Fälligkeit von einer Kündigung des Gläubigers abhängt, zur Kündigung berechtigt. Er hat für die ordnungsmäßige Einziehung zu sorgen. Zu anderen Verfügungen über die Forderung ist er nicht berechtigt.**

1) **Allgemeines.** Die Befugnisse des Nießbrauchers sind verschieden geregelt, je nachdem ob das Recht sich in **einmaliger Leistg** erschöpft od ob es **dauernd Früchte** trägt. Im ersten Fall (unverzinsl Fdg) soll sich der Nießbraucher den LeistgsGgst nutzbar machen können. Er erhält die **alleinige Einziehgbefugnis** (§ 1074) mit der Wirkg des § 1075. Im zweiten Fall (verzinsl Fdg) soll dem Nießbraucher die Nutzg auch gesichert, gleichzeitig aber verhindert werden, daß er die Substanz gg den Willen des Gläub verändert. Deshalb sind **nur beide zusammen einziehgsberechtigt** (§§ 1076–1078) u das Kapital ist wieder zinstragend anzulegen, § 1079; die §§ 1067, 1075 II werden ausgeschaltet.

2) **Beschränkte VfgsBefugnis.** Ähnl § 1282.

a) Zur Einziehg gehören die Künd, Mahng, Klage, ZwVollstr u Annahme. Auch die Ausübg eines WahlR, § 263; str. Der Nießbraucher ist aus eigenem Recht zur Einziehg berechtigt. Leistg an den Gläub braucht er nur nach Maßg der §§ 1070, 407 gg sich gelten zu lassen. Anders auch nach S 2 die Fdg so früh wie mögl einzuziehen hat, anders die hM, ein Schutzbedürfn des Nießbrauchers besteht jedoch hier nicht. Die Rechtskr des zw Nießbraucher u Schuldn ergehenden Urteils wirkt nicht gg den Gläub, RG **83**, 120. Vgl weiter § 407 II: Urt zw Gläub u gutgl Schuldn wirkt Rechtskr ggü Nießbraucher.

b) Der Nießbraucher klagt hier in gesetzl Prozeßstandsch, der Rechtsinhaber ist nicht prozeßführgsbefugt. Gleichwohl lehnt – im Anschluß an RG **83**, 120 – die hM eine RechtskrErstreckg des Urteils gg den Gläub des Rechts ab; unbefriedigd, weil sich der Schuldner erneut dessen Klage ausgesetzt sieht. Sein Interesse sollte schwerer wiegen als das des Eigtümers, der bei nachläss ProzFührg durch den Nießbraucher aus dem gesetzl Schuldverhältn bei diesem Regreß nehmen kann. Wer – wie offenb StJP vor § 50 II 4 dem Nießbraucher ein eigenes materielles EinziehgsR gibt, verneint damit die RechtskrErstreckg zwingd; vgl Bettermann, Die Vollstreckg des ZivUrt in den Grenzen seiner Rechtskr S. 145 ff. War der Nießbr an bereits rechtshäng Fdg bestellt worden, so führt der Gläub den Rechtsstreit weiter; dann gelten ZPO 265, 325.

3) **S 3.** Die Abtretg u die Ann an Zahlgs Statt sind dem Nießbraucher stets verwehrt; Stundg, Erlaß u Vergl regelm; sie können nur ausnahmsweise im Rahmen einer ordngsm Einziehg liegen.

4) **Aufrechng.** Es kann aufrechnen: der Schu mit seiner Fdg gg den Gläub nach Maßg der §§ 1070, 406. Der Schu mit seiner Fdg gg den Nießbraucher u der Nießbraucher gg die Fdg des Schuldners; str; aMRG **103**, 29; § 387 Anm 4 b. Jedoch wirkt die Aufrechng wie die Einziehg; vgl auch §§ 1075 II, 1067 I 1, wie hier Wolff-Raiser § 121 Fußn 1; Staud-Spreng Anm 3; Westermann § 140 4 a bei Forderg auf Geld u verbrauchb Sachen; einer Einschränkg, falls die Beteiligten § 1067 abbedungen haben (vgl dort Anm 3) ist zuzustimmen.

Dienstbarkeiten. 2. Titel: Nießbrauch §§ 1075–1079

1075 *Wirkung der Leistung.* **I** Mit der Leistung des Schuldners an den Nießbraucher erwirbt der Gläubiger den geleisteten Gegenstand und der Nießbraucher den Nießbrauch an dem Gegenstande.

II Werden verbrauchbare Sachen geleistet, so erwirbt der Nießbraucher das Eigentum; die Vorschriften des § 1067 finden entsprechende Anwendung.

1) Betrifft nur unverzinsl Fdg. Der Nießbraucher ist aus eigenem Recht annahmeberechtigt, **I**; § 1074 Anm 2. Er ist auch befugt, eine Aufl entggzunehmen. **a)** Die **Annahme** wirkt ebso wie die Annahme durch den Gläub. Dieser **wird Eigentümer** der an den Nießbraucher übergebenen (§§ 929ff) Sache (Ausn **II**) od Gläub des übertragenen Rechtes. Bei Grdst kann der Nießbraucher die Eintr für den Gläub beantragen. Maßgebd ist der gute Glaube des Nießbrauchers, wenn er nicht nach bestimmten Weisgen gehandelt hat; vgl § 166. Über den Fall, daß der Nießbraucher zugl der Schu ist, vgl Planck Anm 5.

b) Zugleich mit **a)** erwirbt der **Nießbraucher** kraft G **den Nießbr am geleisteten Ggst** (dingl Surrogation). Ebenso § 1287; ZPO 848 **II**. Besondere Bestellg nicht notw. Das GB wird unrichtig, Berichtigg nach § 894, GBO 22; vgl auch § 1287 Anm 1. § 1075 gilt nur bei Leistg an Nießbraucher. Anders wenn der Schu unmittelb an den Gläub leistet; dann ist besondere Bestellg nötig; str für den Fall, daß Schu dem Nießbraucher ggü (nach §§ 1070, 407 I) frei wird; vgl W-Raiser § 121 I 2.

2) **II** bringt eine Ausn für verbrauchbare Sachen (insb Geld) entspr § 1067.

1076 *Nießbrauch an verzinslicher Forderung.* Ist eine auf Zinsen ausstehende Forderung Gegenstand des Nießbrauchs, so gelten die Vorschriften der §§ 1077 bis 1079.

1) Vgl § 1074 Anm 1. Nur Fdg, die kraft RGeschäfts (aM RGRK Anm 1) dauernd Nutzgen abwerfen soll. Tägl Geld fällt nicht hierunter. Andererseits schadet eine zeitweilige Unverzinslichk nicht. § 1074 S 2 gilt nicht. Abweichende Vereinbarg zul. Entspr ZVG 120 **II**.

1077 *Kündigung und Zahlung.* **I** Der Schuldner kann das Kapital nur an den Nießbraucher und den Gläubiger gemeinschaftlich zahlen. Jeder von beiden kann verlangen, daß an sie gemeinschaftlich gezahlt wird; jeder kann statt der Zahlung die Hinterlegung für beide fordern.

II Der Nießbraucher und der Gläubiger können nur gemeinschaftlich kündigen. Die Kündigung des Schuldners ist nur wirksam, wenn sie dem Nießbraucher und dem Gläubiger erklärt wird.

1) Zahlg des Kapitals einer verzinsl Fdg muß **an Nießbraucher und Gläub** gemeinschaftl erfolgen. Ähnl § 432; vgl auch § 1281. Auch Zahlg von SchadErs, RG **89**, 432. Beide werden Mitbesitzer; der Gläub erwirbt das Eigt, der Nießbraucher den Nießbr. § 1075 **II** gilt nicht, hM, aA Wolff-Raiser § 121 **II** u Soergel-Mühl Rdn 1, die Miteigtum annehmen, bis § 1079 durchgeführt; diese unnöt Komplizierg. Wie hier auch Westermann § 140 4b. Hinterlegg nach §§ 372ff (Nießbraucher erlangt Nießbr an Fdg des Gl gg Hinterlegsstelle). Zahlg an Gläub ohne Einwilligg des Nießbrauchers ist diesem ggü idR unwirks, vgl §§ 1070 I, 407.

2) Kündigg von u an beide. Sie wird erst mit der letzten Erkl wirks. Kündigt einer für den anderen gelten die §§ 174, 180. Die Mahng eines von ihnen ist wirks. Vgl auch § 1283.

3) Kein Zwang zur gemeins Klage (StJSchP § 62 III 2b). Wird sie aber erhoben: ZPO 62 1. Altern. Die Notwendigk der einheitl Entscheid folgt aus der Unteilbark des Streitgegenstandes (StJSchP § 62 **II** 1c). Bei getrennter Klage keine RechtskrErstreckg.

1078 *Mitwirkung zur Einziehung.* Ist die Forderung fällig, so sind der Nießbraucher und der Gläubiger einander verpflichtet, zur Einziehung mitzuwirken. Hängt die Fälligkeit von einer Kündigung ab, so kann jeder Teil die Mitwirkung des anderen zur Kündigung verlangen, wenn die Einziehung der Forderung wegen Gefährdung ihrer Sicherheit nach den Regeln einer ordnungsmäßigen Vermögensverwaltung geboten ist.

1) Weder der Nießbraucher (anders § 1074 S 2) noch der Gläub ist zur ordngsm Einziehg verpflichtet. Jeder kann vom anderen nur die **Mitwirkg** verlangen. Zur Kündigg nur bei Gefährdg der Sicherh, S 2. Klage auf Einwilligg in die vom Kläger bestimmt zu bezeichnende Hdlg. Schuldhafte Verletzg macht schadensersatzpfl, RechtsGrd: pos Verletzg des ges SchuldVerh. Vgl § 1285. ZwVollstr: ZPO 894.

1079 *Anlegung des Kapitals.* Der Nießbraucher und der Gläubiger sind einander verpflichtet, dazu mitzuwirken, daß das eingezogene Kapital nach den für die Anlegung von Mündelgeld geltenden Vorschriften verzinslich angelegt und gleicheitig dem Nießbraucher der Nießbrauch bestellt wird. Die Art der Anlegung bestimmt der Nießbraucher.

1) Obligator Surrogation. Anlegg nach Maßg der §§ 1807, 1808, EG 212 auf den Namen des Gläub. ZwVollstr: ZPO 887. Der Nießbr entsteht hier nicht kraft G wie nach § 1075 I; er ist bes zu bestellen. Für Inh- u Orderpapiere gelten die §§ 1081 ff. Vgl auch § 1288.

1080 *Nießbrauch an Grund- oder Rentenschuld.* Die Vorschriften über den Nießbrauch an einer Forderung gelten auch für den Nießbrauch an einer Grundschuld und an einer Rentenschuld.

1) Entspr § 1291. Bei der Reallast gebühren die einzelnen Leistgen dem Nießbraucher, § 1073 Anm 1. Wenn sie nach LandesR ablösb sind, ist auf die Ablösgssumme § 1079 entspr anwendb. – Nießbr an Hyp ist Nießbr an Forderg.

1081 *Nießbrauch an Inhaber- oder Orderpapieren; gemeinschaftlicher Besitz.* I Ist ein Inhaberpapier oder ein Orderpapier, das mit Blankoindossament versehen ist, Gegenstand des Nießbrauchs, so steht der Besitz des Papiers und des zu dem Papiere gehörenden Erneuerungsscheins dem Nießbraucher und dem Eigentümer gemeinschaftlich zu. Der Besitz der zu dem Papiere gehörenden Zins-, Renten- oder Gewinnanteilscheine steht dem Nießbraucher zu.
II Zur Bestellung des Nießbrauchs genügt anstelle der Übergabe des Papiers die Einräumung des Mitbesitzes.

1) Die §§ 1081–1083 gelten für alle Papiere, die durch **bloße Übergabe** der Urk übertragen werden. Vgl §§ 793ff (aber nicht Legitimationspapiere nach § 808, zB Sparkassenbücher); HGB 363, 365; AktG 10 I, 24, 68 I, 278 III; WG 12 III, 13 I, 14 II; ScheckG 15 IV, 16 II, 17 II. Ausn: § 1084. Abweichende Vereinbarg zul, Warn **08,** 168. – Wg sonstiger WertP vgl Vorbem 2 vor § 1068. – Über Aktien u GmbHAnteile vgl § 1068 Anm 4.

2) **Gemeinschaftl Besitz** (vgl §§ 866, 1084) des Papiers u des Erneuergsscheins, § 805. Zum Schutz des Eigtums gg eigenmächtige Einziehg des Nießbrauchers. Der Schu darf an alleinbesitzenden Nießbraucher zahlen; § 1077 I 1 gilt nicht.

3) Zur **Bestellg** genügt die Einräumg unmittelb od mittelb Mitbesitzes. Auch wenn eine SichgHyp nach § 1187 bestellt ist.

1082 *Hinterlegung.* Das Papier ist nebst dem Erneuerungsschein auf Verlangen des Nießbrauchers oder des Eigentümers bei einer Hinterlegungsstelle mit der Bestimmung zu hinterlegen, daß die Herausgabe nur von dem Nießbraucher und dem Eigentümer gemeinschaftlich verlangt werden kann. Der Nießbraucher kann auch Hinterlegung bei der *Reichsbank,* bei der *Deutschen Zentralgenossenschaftskasse* oder bei der Deutschen Girozentrale (Deutschen Kommunalbank) verlangen.

1) Hinterlegg beim AmtsG, HintO § 1. Befreiung von der HinterleggsPfl zul; zB dch Test, RG Recht **11,** 1144. Kosten tragen beide Teile je zur Hälfte. Ähnl §§ 1392 I, 1814, 2116. – Die beiden ersten Institute des S 2 bestehen nicht mehr. Die RBank ist nicht dch die Deutsche Bundesbank od die Landeszentralbanken ersetzt; aM Staud-Spreng; Soergel-Mühl, je Anm 2; wie hier RGRK Anm 2. An Stelle der Dtsch ZentrGenKasse nunmehr Deutsche Genossenschaftskasse, G über die Dtsche GenosssenschKasse idF v 5. 5. 64, BGBl 310, § 18. Die Dtsche Girozentrale hat Sitz in Bln u Ffm.

1083 *Mitwirkung zur Einziehung.* I Der Nießbraucher und der Eigentümer des Papiers sind einander verpflichtet, zur Einziehung des fälligen Kapitals, zur Beschaffung neuer Zins-, Renten- oder Gewinnanteilscheine sowie zu sonstigen Maßnahmen mitzuwirken, die zur ordnungsmäßigen Vermögensverwaltung erforderlich sind.
II Im Falle der Einlösung des Papiers finden die Vorschriften des § 1079 Anwendung. Eine bei der Einlösung gezahlte Prämie gilt als Teil des Kapitals.

1) Erweiterg des § 1078 auf alle Maßnahmen ordngsmäßiger Verw. Vgl §§ 799ff, 805. Auch auf Verkauf wg gefährdeter Sicherh. Kosten der Maßn je zur Hälfte, Soergel-Baur Rdz 1; str.

1084 *Verbrauchbare Sachen.* Gehört ein Inhaberpapier oder ein Orderpapier, das mit Blankoindossament versehen ist, nach § 92 zu den verbrauchbaren Sachen, so bewendet es bei den Vorschriften des § 1067.

1) Vgl § 92. ZB Banknoten u zur Veräußerg im Betriebe bestimmte Papiere. Der Nießbraucher wird Eigtümer, § 1067. Abweichende Vereinbarg zul.

III. Nießbrauch an einem Vermögen

Vorbemerkung

1) Der Nießbr an einem **Vermögen** (praktisch insb der am Nachlaß, § 1089) ist seinem Wesen nach eine **Summe von Nießbrauchsrechten an den einzelnen Gegenständen,** RG **153,** 31. Deshalb keine Bestellg durch eine einheitl RechtsHdlg; keine GesRNachfolge. Zum Schutz der bei der Bestellg vorhandenen Gläub des Bestellers ist eine Sonderregel notw: der **Nießbraucher muß deren ZwVollstr**

Dienstbarkeiten. 2. Titel: Nießbrauch   **Vorbem v § 1085, § 1085**

dulden, § 1086; für Zinsen u wiederkehrende Leistgen haftet er regelm persönl, § 1088 I, II. Das Verhältn zum Besteller regeln die §§ 1087, 1088 III. Die §§ 1086ff gelten aber nur hins der Ggstände, an denen der Nießbr zum Zwecke der Bestellg des Nießbrauchs am Verm bestellt worden ist, § 1085. Im übrigen gelten die §§ 1030ff. – Steuerfragen: vgl BFH WPM **70**, 856. Zum Nießbraucher als TestVollstr vgl § 2197 Anm 3 u Rohlff, DNotZ **71**, 518.

1085 **Bestellung.** Der Nießbrauch an dem Vermögen einer Person kann nur in der Weise bestellt werden, daß der Nießbraucher den Nießbrauch an den einzelnen zu dem Vermögen gehörenden Gegenständen erlangt. Soweit der Nießbrauch bestellt ist, gelten die Vorschriften der §§ 1086 bis 1088.

1) **Allgemeines:** vgl Vorbem. Zum Nießbr an **Beteiliggen an Personalgesellsch** vgl § 1068 Anm 3.

2) **Vermögen.** Vgl §§ 310, 311 und § 419 Anm 2. Nachl § 1089. Am ganzen Verm od an einem Bruchteil. Unschädl, wenn einzelne Ggstände ausgenommen werden. Nicht übertragbare Rechte können nicht belastet werden, § 1069 II; doch kann dem Nießbraucher der Anspr auf die Nutzgen eingeräumt w. Keine unmittelb Anwendg auf den Nießbr an einem SonderVerm, zB VorbehGut; entspr Anwendg der §§ 1087, 1088 III, wenn vertragl vereinbart.

3) **Verpflichtg zur Bestellg** nach §§ 311, 2174. **Bestellg für jeden Gegenstand gesondert** gemäß §§ 873, 1031, 1032, 1067, 1069 I, 1081 II, SchiffsRG 9. Daher neue Bestellg nötig für einen später in das Verm gelangenden Ggst (keine dingl Surrogation dch Einverleibg, Brem Betr **70**, 1436); umgekehrt bleibt der aus dem Vermögen ausscheide EinzelGgst weiter belastet. Wird ein Grdst veräußert, bleibt der Nießbr also an ihm bestehen, nicht ergreift er die für den Eigtümer bestellte RestkaufgeldHyp. Bestellg „an sämtl Erbteilen" kann die Einigg über die Bestellg an allen Ggständen enthalten, RG **153**, 30. Zugehörigk zu einem Verm ist nicht eintragsfäh (str, aber hM, vgl Staud-Spreng Rdnr 1 mit Nachw).

4) **Nießbrauch an einem Handelsgeschäft.** Schrifttum: R. von Godin, NutzgsR an Unternehmen u Unternehmensbeteiliggen, 1949. – Hassel, RhNK **68**, 161. – Haegele, Nießbr an einem HandelsGesch sowie bei Personen- u Kapitalgesellschaften, BWNotZ **74**, 24. – Bökelmann, Nutzgen u Gewinn beim UnternehmensNießbr, 1971, dazu Grunsky BB **72**, 585. – Prakt in vorweggenommener Erbf od zur wirtschaftl Sichg von MitE der verstorbenen Untern statt VorErbsch. Scheide den **ErtragsNießbr** (der Eigtümer leitet das Unternehmen weiter, der Nießbraucher ist – obwohl dingl berecht – auf gewisse KontrollR u den Ertrag beschr) vom echten **UnternehmensNießbr**: hier führt der Nießbraucher selbst das Untern. Behält sich Einzelkaufm bei Überg des Gesch an Dritten QuotenNießbr vor, ist er idR nur noch Ertragsbeteiligter, (also Löschg im HReg), falls nicht ausdrückl anderes (kaufmänn Weitermitverantwortg) vereinb, BayObLG **73**, 168. – Das ff handelt vom UnternehmensNießbr.

a) HGB 22, VVG 151 II setzen ihn voraus. Sachenrechtl gibt es keine Bestellg dch Gesamtakt. Also muß jeder einzelne Ggst des Inbegriffs belastet w; damit ist aber nicht erfaßt der „Tätigkeitsbereich" des Unternehmens (von Gierke HandelsR § 14 II), die „Chancen", der good will, also die Betriebs- u Absatzorganisation, Kundenstamm, Geschäftsbeziehungen, -erfahrung u -geheimnisse. Das Grdgeschäft verpflichtet den Besteller regelmäß, den Nießbraucher hierein einzuweisen; erst dann ist sein Zweck erreicht; nun hat der Nießbraucher die Möglichk, diesen „Tätigkeitsbereich" absolut gg rechtswidr Eingriffe zu verteidigen. In diesem Sinne erkennt die hL an, daß die so vollzogene NießbrBestellg ein umfassendes dingl Recht am Handelsgeschäft (Staud-Spreng Rdn 3a mit Nachw) begründet. – Die §§ 1085ff allerd sind auch hier nur anwendb, wenn das Handelsgeschäft das Vermögen des Bestellers ausmacht, sonst gelten die §§ 1030ff; dann auch das VerpflGesch formfrei, BGH **25**, 1, 4.

b) Im einzelnen: Das GrdGesch (Vertr, letztw Vfg) wird idR ergeben, daß Fdgen zur vollen Vfg im Rahmen ordentl GeschBetriebs zu übertr sind, Würdinger in RGRK z HGB § 22 Anm 45 (vgl auch J v Gierke, HandelsR § 16 III 1: DispositionsNießbr); sonst würden §§ 1074, 1076 gelten, die hier unpraktikabel wären. UmlaufVerm (Warenlager) wird Eigt des Nießbrauchers, § 1067, AnlageVerm bleibt im Eigt des Bestellers. § 1048 gilt entspr (BGH **LM** § 930 Nr 12). Dem Nießbraucher gebührt als Nutzg der bilanzm ausgewiesene (Baur, JZ **68**, 79) Reingewinn, hierzu v Godin S 27ff aber auch Bökelmann aaO S 166ff. Echte Betriebsverluste hat Nießbraucher zu tragen, Würdiger aaO, v Godin S 37ff, für Werteinbußen des Unternehmens haftet dem Besteller nur bei Versch; nach Bökelmann aaO S 708, 2131 anwendb. Unverschuldete Einbußen am AnlageVerm trägt grdsätzl der Eigtümer. Fdgen u Schulden aus dem Betr treffen allein den Nießbraucher, seine Gläub können sich nur an das UmlaufVerm u das pers Vermögen des Nießbrauchers halten. Für AltGläub gelten §§ 1086, 1088. Bei Firmenfortführg (vgl HGB 22 II) haftet für Altschulden der Nießbraucher nach HGB 25, entspr der Besteller nach Rückerwerb für solche des Nießbrauchers, RG **133**, 323 (str).

c) Die umfassde RNatur des dingl Gesch beeinflußt auch das gesetzl SchuldVerh zw Eigtümer u Nießbraucher; vgl § 1050 Anm 1. Nießbraucher muß aus dem Gewinn die Abschreibgen für die Abnutzg des Anlagevermögens vornehmen, muß mit dem Gesch verbundene öff u priv Lasten tragen, kurz den Betrieb als solchen, nach Bökelmann aaO auch die Marktstellg des Unternehmens im Verh zur Konkurrenz erhalten u hierzu investieren; vgl dazu Grunsky aaO.

5) **Satz 2:** Die Bestellg erfordert – außer der Summe der einzelnen dingl BestellgsGesch – daß die Beteiligten über die Bestellg des Rechts gerade als eines VermögensNießbr einig sind, RG SeuffA **91**, Nr 103. Auch muß der Nießbraucher – wie bei § 419, 1365 wissen – daß ein Vermögen belastet wird (RAG HRR **40**, 669); was zu § 419, gilt im allg auch hier, dort Anm 3 c, hM; vgl aber auch StJP § 738 Anm II. Geschieht der dingl Vollzug zeitl nacheinander, so greift S 2 ein, wenn der GläubSchutz (§ 1086) es erfordert, wenn also die Summe der belasteten Einzelgegenstände den wesentl Teil des Vermögens ausmacht (bestr; nach aA soll schon der Beginn der Belastgsgeschäfte die §§ 1086ff auslösen; vgl Soergel-Mühl Rdn 4; Planck-Brodmann Anm 5; wie hier Staud-Spreng Rdn 2).

1086 *Rechte der Gläubiger des Bestellers.* Die Gläubiger des Bestellers können, soweit ihre Forderungen vor der Bestellung entstanden sind, ohne Rücksicht auf den Nießbrauch Befriedigung aus den dem Nießbrauch unterliegenden Gegenständen verlangen. Hat der Nießbraucher das Eigentum an verbrauchbaren Sachen erlangt, so tritt an die Stelle der Sachen der Anspruch des Bestellers auf Ersatz des Wertes; der Nießbraucher ist den Gläubigern gegenüber zum sofortigen Ersatze verpflichtet.

1) Allgemeines. a) Vgl Vorbem. Nur beim VermNießbr haben die Gläub das unmittelb ZugriffsR. Beim EinzelNießbr müssen die nachstehenden dingl u die persönl Gläub den Nießbr gg sich gelten lassen od nach dem AnfG anfechten.

b) Über die obj u subj Erfordernisse des Eingreifens des § 1086 siehe § 1085 Anm 5. Erst die Einigg in diesem Sinn eröffnet § 1086; folgt sie zB bei Eintragg des Nießbr bei dem das Vermögen bildnde Grdst nach, RG SeuffA **91** Nr 103, tritt die Wirkg erst im letzteren Ztpkt ein.

2) Zugriffsrecht. Nießbraucher hat die ZwVollstr zu dulden. Weitergehend § 1088 I, II.

a) Berechtigt sind die **persönl Gläub des Bestellers**, nicht des Eigtümers. Für die Fdg genügt die Entstehg vor Bestellg des Nießbr, wofür die Grdsätze zu KO 3 (vgl Böhle-Stamschräder Anm 4) Maß geben. So reicht Entstehg der Forderg als bedingte od als befristete, vgl RG **69**, 421. Bei Anspr auf wiederkehrende Leistgen entscheidet die Entstehg dem Grunde nach; bei Anspr aus § 1602 I (§ 1615a) muß die Bedürftigk eingetreten sein.

b) ZwVollstr in alle dem Nießbr unterliegenden Ggstände. Titel nach ZPO 737, 738, 794. Auch in die ErsAnspr des Eigtümers; vgl Anm 3. In Fahrnis, auch wenn der Besteller nicht Eigtümer ist. Für Grdst gelten ZPO 866ff, ZVG 17, 147. Der Nießbraucher hat den Eigtümer zu benachrichtigen, § 1042. Der Eigtümer, der nicht Besteller ist, kann nach ZPO 64, 771 vorgehen.

3) Satz 2: verbrauchb Sachen; vgl §§ 1067, 1084. Der ErsAnspr ist dem Gläub ggü sofort fällig. Pfändg aGrd Titels gg Besteller (Nießbraucher ist DrittSchuldn); str.

1087 *Verhältnis zwischen Nießbraucher und Besteller.* **I** Der Besteller kann, wenn eine vor der Bestellung entstandene Forderung fällig ist, von dem Nießbraucher Rückgabe der zur Befriedigung des Gläubigers erforderlichen Gegenstände verlangen. Die Auswahl steht ihm zu; er kann jedoch nur die vorzugsweise geeigneten Gegenstände auswählen. Soweit die zurückgegebenen Gegenstände ausreichen, ist der Besteller dem Nießbraucher gegenüber zur Befriedigung des Gläubigers verpflichtet.

II Der Nießbraucher kann die Verbindlichkeit durch Leistung des geschuldeten Gegenstandes erfüllen. Gehört der geschuldete Gegenstand nicht zu dem Vermögen, das dem Nießbrauch unterliegt, so ist der Nießbraucher berechtigt, zum Zwecke der Befriedigung des Gläubigers einen zu dem Vermögen gehörenden Gegenstand zu veräußern, wenn die Befriedigung durch den Besteller nicht ohne Gefahr abgewartet werden kann. Er hat einen vorzugsweise geeigneten Gegenstand auszuwählen. Soweit er zum Ersatze des Wertes verbrauchbarer Sachen verpflichtet ist, darf er eine Veräußerung nicht vornehmen.

1) Allgemeines. Das InnenVerh zw Nießbraucher u Besteller richtet sich in erster Reihe nach dem Vertr. § 1087 enthält nur nachgiebiges Recht, RG **153**, 31. Zweck: Abwendg der ZwVollstr unter Wahrg der beiderseitigen Interessen. Vgl auch § 1088 III. Über die in Betr kommenden Gläub vgl § 1086 Anm 2 a.

2) I verpflichtet den Nießbraucher zur nießbrauchfreien Rückg der erforderl Ggstände; dabei § 242 dch Eigtümer zu wahren; vorzugsw geeignet sind zB Schuldverschreibgen, Brem Betr **70**, 1436. Statt verbrauchbarer Ggstände hat der Nießbraucher sofort Wertersatz zu leisten.

3) II berechtigt ihn zur unmittelb Befriedigg des Gläub, wenn ein bestimmter in seinem Besitz befindl Ggst geschuldet ist. Ist dieser nicht im NießbrVermögen, darf er bei Gefahr im Verzug einen zur Befriedigg vorzugsw geeigneten anderen Ggst (S 3) dieses Vermögens veräußern (S 2). Soweit er aber dem Besteller Wertersatz schuldet, muß er diesen zur Befriedigg des Gläub verwenden (S 4); vgl auch § 1086 S 2 Halbs 2. Schuldh Verletzg macht schadensersatzpfl. Die Veräußerg ist wirks, wenn die Verbindlichk besteht u Gefahr im Verzuge; guter Glaube bzgl dieser Voraussetzgen genügt nicht; doch schützt § 1058 den Nießbr auch hier.

1088 *Haftung des Nießbrauchers.* **I** Die Gläubiger des Bestellers, deren Forderungen schon zur Zeit der Bestellung verzinslich waren, können die Zinsen für die Dauer des Nießbrauchs auch von dem Nießbraucher verlangen. Das gleiche gilt von anderen wiederkehrenden Leistungen, die bei ordnungsmäßiger Verwaltung aus den Einkünften des Vermögens bestritten werden, wenn die Forderung vor der Bestellung des Nießbrauchs entstanden ist.

II Die Haftung des Nießbrauchers kann nicht durch Vereinbarung zwischen ihm und dem Besteller ausgeschlossen oder beschränkt werden.

III Der Nießbraucher ist dem Besteller gegenüber zur Befriedigung der Gläubiger wegen der im Abs. 1 bezeichneten Ansprüche verpflichtet. Die Rückgabe von Gegenständen zum Zwecke der Befriedigung kann der Besteller nur verlangen, wenn der Nießbraucher mit der Erfüllung dieser Verbindlichkeit in Verzug kommt.

1) Der **Nießbraucher haftet (I)** für die Dauer des Nießbr pers u unbeschr u unabdingb **(II)** mit dem Besteller als GesSchu für best wiederkehrde Leistgen (ges Schuldbeitritt), für die dieser pers haftet (also nicht für HypZinsen, wenn ein Dr pers Schu ist). § 103 gilt auch im Verh zum Gläub. – **a) Zinsen** (vertragl od ges). Die Fdg muß vor NießbrBestellg (§ 1085 Anm 5) als verzinsl entstanden sein. – **b) Wiederkehrde Leistgen**, die ein ordentl Verwalter aus den Einkünften zu bestreiten pflegt, auch wenn sie diese übersteigen (RG **153**, 29). Die Fdg muß vor NießbrBestellg (§ 1085 Anm 5) entstanden sein. Dazu gehören: Tilggsraten (insb am Verm dingl gesicherter Schulden; Düss OLGZ **75**, 341); Einkommen- u VermSteuern (RG **153**, 29; Halm BWNotZ **56**, 103; aA Boesebeck JW **37**, 463); Unterhaltsbeiträge; Versichergsprämien; vgl auch LAG § 73 (Anh zu § 1047).

2) Im **InnenVerh** hat der Nießbraucher die Lasten zu tragen **(III)**. Dies gilt über den zu engen Wortlaut hinaus für alle (auch nach NießbrBestellg entstandenen) Lasten, die ein ordentl Verwalter aus den Einkünften bestreitet (Düss OLGZ **75**, 341). – Über Ausgleich zw Besteller u Nießbraucher, wenn Gläub aus nießbrauchsfreiem (nachträgl erworbenem) Verm befriedigt w, die Schuld aber dem NießbrGut zur Last fällt, und umgekehrt, vgl Wolff-Raiser § 124 V. Die bei Bestellg bestehden Passiven trägt intern das NießbrVerm; entstanden die Schulden aus einem das nießbrauchsfreie Verm betr Rechtsverhältn, muß dieses sie tragen, techn dch Auffüllg des NießbrVerm seitens des Bestellers.

1089 *Nießbrauch an einer Erbschaft.* **Die Vorschriften der §§ 1085 bis 1088 finden auf den Nießbrauch an einer Erbschaft entsprechende Anwendung.**

Schrifttum: Petzold, Vorerbsch u NießbrVerm, BB **75**, Beil 6 zu Heft 13.

1) **Nießbrauch am Nachlaß.** Zuwendg durch Vermächtn, §§ 2147 ff, häufig unter Eheg im gemeinschaftl Testament unter Erbeinsetzg der Kinder; oft zweifelh, ob nicht Vor- u Nacherbsch gemeint. Zu unterscheiden von der Zuwendg des bloßen Anspr auf die Nutzgn, KG JW **33**, 184. Bestellg des Nießbr an den einzelnen Ggständen gem § 1085; vgl dazu RG **153**, 30; auch hier keine dingl Surrogation, § 1088 auch anwendb, wenn Vermächtn nicht an allen NachlGgst bestellt w (vgl Düss OLGZ **75**, 341). Gläub (§§ 1086/8) sind nur die NachlGläub, §§ 1967 ff, RG DR **44**, 371 (wo Anwendg der §§ 1087/8 auf ErbschSteuerschuld verneint wird; mutmaßl Wille des Erblassers maßg, ob Erbe vom Nießbraucher Zahlg der ErbschSteuer verlangen kann). Erbe kann Bestellg des Nießbr an denjenigen Ggständen verweigern, die zur Erfüllg der NachlVerbindlichk benötigt, BGH **19**, 312. Vgl dort auch über Unanwendbark der Rechte aus § 1087, soweit der durch Ausschlagg (§ 2306 I 2) des zunächst Berufenen Erbe Gewordene jenem den Pflichtt zahlen muß. Nießbraucher haftet für NachlSchulden, auch wenn Nichterbe gem § 2366 den Nießbr bestellt h. § 1058 gilt aber. Vgl Wolff-Raiser § 124 VI. Rückg (§§ 1087 I, 1088 II 2) kann nur der wahre Erbe verlangen.

2) Für den **Nießbrauch an einem Miterbenanteil** (reiner RechtsNießbr) gelten die §§ 2033, 1068 ff, 1066, Mü JFG **21**, 177. Auch bei Nießbr an allen Erbteilen, bei dem §§ 1086/8 entspr anzuwenden (str), der aber von dem an allen NachlGgständen zu unterscheiden ist; der Nießbr an allen Erbteilen ist ein Nießbr an einem Recht. Er ergreift die NachlGgstände nicht mehr, wenn sie aus dem Nachl ausschieden, dafür aber die in den Nachl gelangenden; umgekehrt beim Nießbr an einem Verm: Er belastet die aus ihm ausscheidden Ggstände weiter, ergreift aber nicht die neu darein gelangenden; vgl im einz Wolff-Raiser § 123 I; vgl aber auch § 1085 Anm 3, Erbauseinandersetzg u sonstige Vfg über NachlGgstände nur mit Zust des Nießbrauchers, § 1071. Daher Eintr im GB als VerfüggsBeschrkg mögl; Soergel-Mühl Anm 4 (vgl § 1276 Anm 1).

Dritter Titel. Beschränkte persönliche Dienstbarkeiten

Einführung

1) **a) Über den Begriff** im allg vgl Übbl 1 c, 2 vor § 1018. Die Vorschr über GrdDbk sind größtenteils anwendbar, § 1090 II; beim WohngsR auch zahlreiche Vorschr über den Nießbr, § 1093 I 2.

b) Bestellg des dingl Rechts nach §§ 873, 874. Ob ein schuldrechtl od ein dingl BenutzgsR gewollt ist, Frage der Ausslegg, RG HRR **29**, 907. Über die Eintr vgl Einf 2 c vor § 1018. Über Tankstellendienstbk vgl dort und § 1018 Anm 5 b, 6. Eintr im Rahmen eines Altenteils GBO 49. Vgl ferner EG 113, 115, 133, 189. InhaltsÄndrg: § 877 Anm 3, Einf 3 v § 1018; Übertragbark: § 1092. Bestellg **am eigenen Grdst** zul bei schutzwürd (eigenem od fremdem) Interesse (nicht nur wirtschaftl), insb bei beabsichtigtem Verkauf, so BGH **41**, 209, Oldbg Rpfleger **67**, 410 (für WohnR), LG Traunst MittBayNot **76**, 217 (BauabstandsflächenDbk an StaatsGrdst); ohne diese Einschränkg mit Recht Weitnauer DNotZ **64**, 716; Riedel Rpfleger **66**, 131; Haegele GBR Rdnr 524 ff. Eintr vor Erstellg des Gebäudes zul, BayObLG NJW **56**, 871; vgl aber auch Staudenmaier Rpfleger **68**, 14.

c) Erlöschen: vgl Einf 4 vor § 1018 u § 1093 Anm 3 d, wg Erlöschens durch Zuschlag u des ErsAnspr vgl ZVG **91**, 92 I, II, 121. UnrichtigkNachweis: Grdsätzl nach GBO **22**; sonst ausnw aber Nachweis, daß nicht ausgeschl, ist Bewilligg des Betroffenen nöt, es sei denn Vorlöschungsklausel nach GBO 23 II eingetr. IF § 1093 sind Rückstände grdsl ausgeschl (Gantzer MittBayNot **72**, 6; aA LG Wuppt RhNK **77**, 131 im Ergebn zutreffd wg Barzahlgsklausel), vgl aber für Altenteil Übbl 5 v § 1105. Wird Klausel nach GBO 23 II gleichzeitig mit Dbk eingetr, so ist Bewilligg des DbkBerecht neben der des Eigtümers nicht erforderl (BGH **66**, 341). Unvererblichk: §§ 1090 II, 1061; vgl auch § 1090 Anm 3.

d) Über **Landesrecht** vgl EG 96, 113–115, 120 I, 128, 133, 164, 184, 189, 191.

e) **Zwangsvollstreckg, Konkurs:** ZPO 851 I, 857: also grdsätzl unpfändb. Nur wenn gem § 1092 I 2 die Überlassg der Ausüb an Dritten vereinb, fällt die Dbk in die Masse des Berecht, KG NJW 68, 1881; dann auch Pfändbark gem ZPO 857 III. Pfändg aber nicht im GB eintragb, auch nicht als VfgBeschrkg, vgl § 1059 Anm 3; str, aA RG 74, 85. – Fällt in KonkMasse des Berecht nur iF § 1092 I 2 (dort Anm 2); BGH NJW 62, 1392; 63, 2319.

2) Hat sich dch Änd des Eigt an Straßen (vgl GG 90 I; BFStrG 6 I; *Bay*StrWG 11 I) von diesem das an darin verlegten Versorggsleitgen abgespalten, so ist das weiterbestehde BenutzgsR der Versorggsanstalten ein dingl R am StraßenGrdst, das inhaltl einer Dbk nach § 1090 am nächsten steht, BGH 37, 353. Ähnl BayObLG 69, 169, wenn sich die Sondernutzg des fr StraßenEigtümers im Verhältn zum neuen StrEigtümer gem *Bay*StrWG 22 nach bürgerl R bemißt. Ord RWeg für Folgelastenstreit: BGH 37, 353, auch bei Neuverlegg v Versorggsleitgen in BFernStr, BFStrG 8 X, BGH MDR 71, 658. Vgl Wagner NJW 67, 1345 u § 1023 Anm 6. Zur Kostenlast in derart Fällen (je nach gesetzl oder vertragl Regelg teils neuer StrEigtümer, teils BenützgsBerecht) vgl BGH 37, 353; **51**, 319; **52**, 229 (LStrG *NRW*); WPM **69**, 1283; **71**, 754 (*Hess*); NJW **72**, 493; BGH **61**, 126 (LStrG *NRW*); NJW **74**, 644 (LStrG *SchlH*).

1090 *Begriff.* I Ein Grundstück kann in der Weise belastet werden, daß derjenige, zu dessen Gunsten die Belastung erfolgt, berechtigt ist, das Grundstück in einzelnen Beziehungen zu benutzen, oder daß ihm eine sonstige Befugnis zusteht, die den Inhalt einer Grunddienstbarkeit bilden kann (beschränkte persönliche Dienstbarkeit).

II Die Vorschriften der §§ 1020 bis 1024, 1026 bis 1029, 1061 finden entsprechende Anwendung.

Schrifttum: Schopp, Tankstellenmietverträge u -dienstbarkeiten, ZMR 71, 233. – Reimann, Zur dingl Sicherg v Wettbewerbsbeschränkgen, MittBayNot 74, 1.

1) Begriff, Bestellg vgl Einf. Dienstbk auf Benutzg von Räumen auch zG eines Mieters, sofern nicht Verdinglichg des MietR gewollt ist; vgl auch § 1093 Anm 1.

2) Belastgsgegenstand. Nur Grdst, reale Teile (nicht ideelle Bruchteile, dazu § 883 Anm 4 aE) von Grdst u grdstgleiche Rechte. Vgl § 1018 Anm 2. Das WohngsR (§ 1093) kann sich auf Zubehör erstrecken. **Gesamtbelastg** s § 1018 Anm 2 u – bei WohnR als TeilR eines Altenteils – s Übbl 5 vor § 1105. **§ 1023** gilt entspr; vgl Einf 2c vor § 1018 zur Form (GBO 29) der Unterlagen (Karte).

3) Berechtigt können nur bestimmte (einzutragende, BayObLG 53, 85) Personen sein, anders § 1018. Natürl od jur Personen, KGJ 53, 158; Gemeinden (RG 111, 394) auch derart, daß die Vorteile den Mitgliedern zugute kommen, BayObLG 59, 479. Unzul für nicht rechtsfäh Vereine wg der unbestimmten Mitgl-Zahl. Eintr für mehrere Berechtigte nebeneinander zul; Bruchteilsberechtigt aber nicht mögl bei unteilb Leistgn (zB Unterlassg); dann aber mögl als GesBerechtigte nach § 428, KG JW 35, 3564, wobei jeder durch MitbenutzgsR des anderen beschränkt ist, RG JW 25, 880. Vgl auch § 1093 Anm 2. Unzul Eintr einer Dienstbk für den Berecht u seine Rechtsnachfolger (RG 119, 211/214); außer das Recht ist ausnahmsw übertragb, vgl § 1092 Anm 1 aE. Zul Bestellg für mehrere nacheinander derart, daß das Recht des einen auflösd, das des anderen aufschiebd bedingt ist (Erbe des ErstBerecht, Nachfolger des Firmeninhabers); RG aaO; Hbg OLG 36, 164; dann sind aber zwei Dienstbkeiten bestellt. Davon zu unterscheiden ist die zul Verpflichtg des Bestellers, nach dem Tod des Berecht dessen Erben eine neue Dienstbk zu bestellen, BGH **28**, 99 – siehe dazu § 1092 Anm 1; dort auch über Übertragg des BestellgsAnspr. – Ist im GB ein ÜberfahrtR für eine bestimmte Pers u deren Rechtsnachfolger eingetragen, so handelt es sich um keine GrdDbk, sond um einen unzul Zusatz zu einer etwaigen persönl Dienstbk, Ausleggsfrage, BGH NJW 65, 393 = DNotZ **65**, 473 mit Anm Wehrens. Der schuldrechtl Anspr auf Bestellg einer persönl Dienstbk kann dch Vormerkg gesichert w, Röll, BayNotV 63, 89. – EigtümerDbk Einf 1b vor § 1090.

4) Inhalt. Es gilt im wesentl dasselbe wie für die GrdDbk. Vgl § 1018 Anm 4–7. Erforderl u genügd ein eigenes (od zu förderndes fremdes) rechtsschutzwürd wirtschaftl od ideelles, bei jur Personen auch nur öff Interesse (zB Verkehrsfläche, Denkmalschutz) des Berecht (BGH 41, 211; BayObLG 65, 180; LG Pass Rpfleger 72, 135; MittBayNot 77, 191). § 1019 nicht anwendb (RG 111, 392), so daß beschr pers Dbk weiteren Inhalt als GrdDbk haben kann. Inhalt muß BestimmthGrds genügen (LG Wuppt RhNK 77, 130). Über Wettbewerbsverbote vgl § 1018 Anm 6. Die Ausübg eines Rechtes (§ 1018 Anm 7) kann auch durch eine beschr persönl Dienstbk ausgeschl werden (Duldg von Einwirkgen, wie zB von Bergschäden unter Verzicht auf BergSchadErs – *Pr* BergG 148, *Bad* BergG 130 –, BGH MDR 70, 998); an die Stelle des herrschden Grdst tritt die berecht Pers, RG 119, 214; aM RGRK Anm 6. Eintr eines befristeten WohngsbesetzgsR als pers Dbk mit bedingtem Anfangstermin (amtl festgestellte Bezugsfertigk der Wohng) ist nach LG Mü I (MittBayNot 70, 25) zul. Über Duldg unter Verzicht auf Entschädig vgl § 1018 Anm 7. Zul Dienstbk für Gemeinde, dass Eigtümer des Grdst nur zur Einstellg von Kfz benutzen darf, BayObLG NJW 65, 1484. Ausschl des Eigtümers kann nach LG Brem (DNotZ 70, 108, Laden im Erdgeschoß), nicht nur iF des § 1093 vereinb w; dazu Haegele Rpfleger 72, 97.

5) II. Besitzschutz (§ 1029) steht dem eingetr Berechtigten zu; bei Gemeindedienstbk wohl auch den GemeindeAngeh, vgl Staud-Ring Anm 16; aM Planck Anm 4 h.

Dienstbarkeiten. 3. Titel: Beschr. persönl. Dienstbark.   §§ 1091–1093

1091 *Umfang.* Der Umfang einer beschränkten persönlichen Dienstbarkeit bestimmt sich im Zweifel nach dem persönlichen Bedürfnisse des Berechtigten.

1) Die Beteiligten können den Umfang der Ausübg nach Belieben regeln. § 1019 gilt nicht entspr. Das Bedürfn muß sich aber zur Verfolgg mit RBehelfen des Privatrechts eignen, RG **111**, 392. Zulässig zB Entnahme von Bodenbestandteilen zum Verkauf, anders bei GrdDbk, § 1019 Anm 2 b. Fehlt eine Bestimmg, Begrenzg nach der Ausleggsregel (BGH **41**, 214) des § 1091. Persönl Bedürfnis ist weit zu fassen, kann Bedürfn des Haushalts u Geschäfts mitumfassen, KGJ **33** A 237. § 1091 schließt nicht Bestellg (auch od nur) für fremde Bedürfn aus, BGH aaO.

1092 *Übertragbarkeit; Überlassung der Ausübung.* I Eine beschränkte persönliche Dienstbarkeit ist nicht übertragbar. Die Ausübung der Dienstbarkeit kann einem anderen nur überlassen werden, wenn die Überlassung gestattet ist.

II Steht eine beschränkte persönliche Dienstbarkeit oder der Anspruch auf Einräumung einer beschränkten persönlichen Dienstbarkeit einer juristischen Person zu, so gelten die Vorschriften der §§ 1059a bis 1059d entsprechend.

1) **Übertragg** u **Belastg** beschr persönl Dienstbk sind grdsätzl **ausgeschlossen.** Auch soweit sie Teil eines Altenteils sind, KG JW **32**, 1564. Über Umwandlg einer OHG in eine BGB-Gesellsch vgl §§ 1059a ff Anm 1. Auch der schuldrechtl BestellgsAnspr ist unübertragb (vgl § 399), außer bei Abtretg an Dritten, zu dessen Gunsten der Vertr geschlossen war; RG **150**, 133. Im Ergebn zutreffd BGH **28**, 99: der Besteller einer Dienstbk kann sich dem Berecht ggü verpflichten, Dritten (zB dem GeschNachfolger od den Erben des Berecht, dies auch ev nacheinander) die gleiche Dienstbk zu bestellen. Das ist dann aber, da es nicht dieselbe, sond eine neue Dienstbk ist (vgl auch § 1059 Anm 1), keine Übertr od Vererbg des (ersten) Bestellgs-Anspr (wie BGH meint), sond ein Fall der §§ 328, 331. **Ausnahme:** Übertr u Rechtsübergang, aber nicht Belastg zul bei jur Personen nach **II. Keine Vererbg,** §§ 1090 II, 1061.

2) **Überlassg der Ausübg.** Sie liegt im Eintritt des Berecht in bestehdn MietVertr (§ 577 S 1, BGH **59**, 51 = **LM** § 1093 Nr 7 Anm Rothe, dazu § 1093 Anm 5 aE), ab erstmal KündMöglichk. Nur bei Gestattg (anders § 1059 S 2) nach §§ 873, 874 oder 877. Vereinbg, BGH NJW **63**, 2319; str; eintraggsfäh (Bezugn zul), KG JFG **15**, 31, u zur Wirksamk gg Dritte, insb jeweil Eigtümer auch eintraggsbedürft, RG **159**, 204. UU gem § 242 Wirkg gg RNachf, auch wenn nicht eingetr, LG Mannh, ZMR **68**, 14. Überlassg reicht, also dch den Berecht, vor Eintragg nicht eintraggsfäh, KG JFG **1**, 412; RG **159**, 207. Der Dritte erwirbt kein dingl Recht, auch keinen Anspr gg den Eigtümer, sond nur eine Einwendg (vgl § 1004 Anm 7, § 986 Anm 1), gg die Klagen aus §§ 1027, 1004 II. Gestattg nicht ohne weiteres stillschw, wenn für GewerbeBetr, BGH NJW **62**, 1393. – Nur wenn Überlassg gestattet, kann Berecht einen anderen als gewillkürten Proz-Standschafter zur Klage gg Eigtümer ermächtigen, BGH NJW **64**, 2296; hierzu Riedel Rpfleger **66**, 132. Zur Pfändg in diesem Fall vgl Einf 1 e vor § 1090.

3) II eingefügt durch G v 5. 3. 53, BGBl **33**. Vgl §§ 1095 a ff Anm (auch wg Gleichstellg von OHG u KG).

1093 *Wohnungsrecht.* I Als beschränkte persönliche Dienstbarkeit kann auch das Recht bestellt werden, ein Gebäude oder einen Teil eines Gebäudes unter Ausschluß des Eigentümers als Wohnung zu benutzen. Auf dieses Recht finden die für den Nießbrauch geltenden Vorschriften der §§ 1031, 1034, 1036, des § 1037 Abs. 1 und der §§ 1041, 1042, 1044, 1049, 1050, 1057, 1062 entsprechende Anwendung.

II Der Berechtigte ist befugt, seine Familie sowie die zur standesmäßigen Bedienung und zur Pflege erforderlichen Personen in die Wohnung aufzunehmen.

III Ist das Recht auf einen Teil des Gebäudes beschränkt, so kann der Berechtigte die zum gemeinschaftlichen Gebrauche der Bewohner bestimmten Anlagen und Einrichtungen mitbenutzen.

Schrifttum: Hurst, Dingl WohnR u MietR, ZMR **69**, 97. – Roquette, WohnR u MietR, NJW **57**, 525. – Schmidt-Futterer, Die Ausübg eines dingl WohnR dch Dritte, ZMR **67**, 163. – Zum Problem des WohnR für mehrere vgl zu Anm 2. – Dammertz, WohngsR u DauerwohnR, 1970. – Haegele, WohngsR u MietR in ihren Beziehgen zueinander, Rpfleger **73**, 349.

1) **Wohngsrecht. a) Dingl Recht:** MietVertr nicht eintragb (KGJ **24** A 121). Unzul Bestellg derart, daß sich Inhalt nach MietVertr zw den Beteil richtet (Hamm DNotZ **57**, 315; vgl auch LG Mannh DNotZ **72**, 617). Neben dem WohngsR können nicht eintragb (Köln RhNK **74**, 409) schuldr Abreden bestehen (RG HRR **29**, 602), zB über Entgelt od Unentgeltlichk (BGH Warn **65**, 153; Köln aaO) od Künd dch Besteller (KG JW **23**, 760). § 571 nicht ohne weiteres auf die schuldrechtl Beziehgen anwendb, BGH aaO. Ob Miete od zul Bestellg eines dingl WohngsR gewollt, oft zweifelh. Daß über dieselben Räume schon MietVertr geschl war od gleichz wird, schließt die Bestellg eines WohngsR nicht aus (BGH WPM **62**, 746; **65**, 649; Rpfleger **74**, 187; Hamm DNotZ **57**, 314 zust Glaser 316). Über die rechtl Einwirkgen der Bestellg eines WohngsR auf den konkurrierenden MietVertr vgl Roquette NJW **57**, 525. IdR wird es dem Parteiwillen entsprechen, den MietVertr stillschweigd aufzuheben u an seine Stelle das VerpflGesch treten zu lassen, BGH BB **68**, 767. Soll nach dem Parteiwillen der MietVertr schlechthin Maß geben für den Inhalt des WohngsR, so liegt unzul dingl Sicherg des MietVertr vor. Soll dieser neben dem Inhalt des ernstl gewollten dingl Rechts weiter gelten, so sind damit die über des letzteren Inhalt hinausgehden Mietverpflichtgen ge-

§ 1093 1–3 3. Buch. 5. Abschnitt. *Bassenge*

meint; das berührt die Wirksamk des dingl Vertr nicht (BGH WPM **62**, 746; **65**, 649). – Schuldrechtl Vereinbgen eines Entgelts für die Dienstbk („mietzinsähnliche" Form) sprechen nicht einmal dann entscheidd gg selbstd dingl Recht u für unzul dingl Sicherg eines MietR, wenn das Entgelt fehlerh als Mietzins bezeichnet ist, wenn nur der ernstl Wille zur Begründg eines dingl Rechts feststeht. – Zur rechtsähnl Anwendg mietrechtl Vorschr auf dingl WohnR vgl AG Köln ZMR **68**, 270 (ablehnd). – Die Verpflichtg des WohngsBerecht, dem GrdstEigtümer für die Bestellg des R eine fortlaufde GgLeistg zu zahlen, wird in der Praxis häuf dadch gesichert, daß der Bestand des R von dieser Zahlg abhäng gemacht w (auflösde Bedingg; also Eintragg im GB selbst nach Maßg von Anm 3 a zu § 874). Nach Karlsr (DNotZ **68**, 432, krit Ripfel S 404) soll nicht das R selbst, sond dessen Ausübg an diese Bedingg geknüpft w können; dies sei dann nicht Bestandsvoraussetzg, sond Inhalt des R, so daß insow Bezugnahme auf EintrBewilligg genüge. Für die Frage, ob WohnR od Miete, kann wesentl sein die Vererblichk (§§ 569, 1090 II mit § 1061) u die Auferlegg der Instandhaltgskosten, §§ 536, 1093 I, 2 mit § 1041. – Zur Abgrenzg vgl BGH WPM **65**, 649. S c h e i d e also zw dem dingl Recht, dessen Inhalt die Einigg bestimmt, u dem seiner Bestellg zugrunde liegden schuldrechtl Verhältn, das aber nicht ident zu sein braucht, – ja nicht sein darf! – mit einem etwa früher od gleichzeit geschlossenen MietVertr über dieselben Räume, BGH WPM **66**, 1088. VertrAusslegg häufig dahin, daß die nicht ausschließl mietrechtl Bestimmgen des MietVertr als Bestandt des der Bestellg des WohngsR zugrde liegden KausalGesch weiter gelten (Roquette, BB **67**, 1178). W MietVertr gekündigt, entfällt damit also noch nicht der RechtsGrd (§ 812 I 2 Fall 1) für die Bestellg des WohngsR: Dieser liegt ja in dessen schuldrechtl BestellgsVertr. § 571 gilt nicht (entspr) für die EntgeltsFdg des Bestellers, BGH BB **68**, 767. – Auf Umgehg des Gesetzes dch unzul dingl Sicherg eines MietR ist jedenf zu achten, was in der Rspr nicht immer entschieden genug betont wird. – Zu älteren Rspr vgl Rpfleger **73**, 349.

b) Das WohngsR ist eine **Abart der beschr persönl Dienstbk** unter nießbrauchsähnl Gestaltg. Deshalb bleiben die §§ 1090 II ff anwendbar; also auch abweichende Vereinbargen über Instandhaltg, Reichert BWNotZ **62**, 121; KG JFG **1**, 410. Überlassg der Ausübg an andere als in II genannte Personen nur, wenn gestattet, § 1092 I 2; KG JW **23**, 760. Dann aber auch entgeltl. Oder bei behördl Einweisg, LG Ellwangen NJW **50**, 265 (MietzinsAnspr hat dann Wohnberechtigter); er ist noch nicht eingetr, OG DDR NJ **62**, 718. Überläßt WohnBerecht ohne Gestattg die Räume an Familienfremde (Kreis der FamMitgl nach Auffassg des Lebens, zB Sohn mit Familie, AG Lindlar MDR **71**, 844), so kann Eigtümer Unterlassg verlangen (§ 1004). Nicht den etw Mietzins, BGH **59**, 51 = **LM** Nr 7 Anm Rothe, krit zu Unrecht Baur JZ **72**, 630 u Kollhoser, BB **73**, 820 mit dem (wenig praktikabl) Vorschl einer Teilg des Mieterlöses. Eine Haftg aus §§ 987 ff (dafür Soergel-Baur Rdnr 14; Erm-Ronke Anm 5) scheidet mangels Vindikationslage (vgl Vorbem 1b vor § 987) aus, BGH aaO, der zutr darauf hinweist, daß hins etw SchadErsAnspr wg Verletzg des GrdGesch od des gesetzl SchuldVerh zw WohnBerecht u Eigtümer Entstehg eines Schad idR ausscheidet, wenn statt des WohnBerecht dessen Mieter einwohnt. Vgl auch BGH NJW **64**, 1853 für ähnl Fall der Untervermietg dch Mieter. **Bestellg** § 1090 Anm 1 b. Bei der Eintr sind die Räume bestimmt zu bezeichnen; evtl Auslegg für alle Räume mögl, RG LZ **32**, 1368; sonst Eintr ohne genaue Angabe inhaltl unzul (Hamm DNotZ **62**, 402). Unzul, dem GrdstEigtümer (LG Aach RhNK **75**, 12) od dem Berecht (BayObLG **64**, 1) die Auswahl vorzubehalten. Über Maßgeblichk der Eintr § 1018 Anm 4. Bestellg auch schon vor Errichtg des Gebäudes mögl, BayObLG NJW **56**, 871.

c) Bei Überlassg des ganzen Grdst kann ein Nießbr gewollt sein, wenn der Berecht auch die Lasten tragen soll, § 1047; aber auch in der RForm des WohngsR als beschr persönl Dienstbk kann die Nutzg des ganzen Grdst (zB Gebäude u Hausgarten) überlassen w, LG Fbg BWNotZ **74**, 85. Häufig ist die Verbindg von WohngsR, anderen beschr persönl Dienstbk u Reallasten als **Altenteil**, EG 96; GBO 49; uU hat WohngsR schon für sich allein Natur von Altenteil od Reallast (Hamm MDR **62**, 59; OLGZ **69**, 380 zum Unterschied zw Altenteil u Nießbr); wichtig wg ev Bestehenbleibens in ZwVerst (vgl Übbl 5 vor § 1105) u bei Zerstörg des Gebäudes (vgl Anm 3 d). Statt WohngsR uU Geldrente an ausziehenden Altenteiler zu zahlen, Schlesw RdL **61**, 186.

d) WohngsR n i c h t vererbl u (grdsätzl) nicht übertragbar (vgl § 1092 Anm 1). Doch gilt das zu KG DRZ **29**, 730 in Anm 1 zu § 1061 Gesagte entspr. A n d e r s das ihm verwandte **Dauerwohnrecht**, WEG 31 ff; vgl Anm dort. Ausübg dch Dr kann gestattet w; ist dies dch Eintr zum Inhalt des R gemacht worden, auch Pfändg insow mögl, KG OLGZ **68**, 295.

2) Berechtigt kann auch eine jur Pers sein, wenn sie aus privrechtl Interesse die Ausübg natürl Personen überläßt; KGJ **53**, 158. Keine (wesenswidr, §§ 747, 749 II) Bestellg für mehrere zu Bruchteilen (Köln DNotZ **65**, 686; Bader DNotZ **65**, 680). Zul aber für **Gesamtgläubiger** nach §§ 428, 432 (BGH **46**, 253; BayObLG **75**, 194 mwN), wobei anspruchstilgde Wirkg der Leistg an einen der Berecht u VgfBefugn jedes Berecht über Anspr n zwingt (BayObLG aaO); iZw ist Bestellg mehrerer WohngsR für die Berecht gewollt, BayObLG **57**, 322). – Besteht **GüterGemeinsch**, fällt das den Gatten gemeins bestellte WohnR ins Gesamtgut; eine gleichzeit Zuordng des R an die Gatten als Gesamtgläubiger nach § 428 ist rechtl unmögl, grdbuchm abl inhaltl unzul, BayObLG **67**, 480 – vgl § 1111 Anm 2b. § 1092 I 1 macht nur das e i n e m Gatten bestellte WohnR zum Sondergut, hM; aA Vorauß; wg der praktischen Bedenken auch hier: Reinicke JZ **67**, 416. Nach Köln DNotZ **67**, 501 (abl Faßbender) kann WohngsR an Ehewohng nicht für Eheleute als Gesellschafter nach § 705 eingetr w. Nachträgl Teilg eines für einen Berecht bestehenden WohngsR unter mehrere Berecht ist rechtl Einschränkg (Inhaltsänderg) des bestehenden WohngsR u Begründg eines neuen für die neuen Berechtigten, KG JFG **20**, 7. Zum Problem weiter vgl Faßbender, DNotZ **65**, 662; Haegele BWNotZ **69**, 117, 128 f; Dammertz aaO S 92 ff. Wg **EigtümerWohnR** vgl Einf 1b vor § 1090.

3) Inhalt des Wohngsrechtes. **a) Benutzg von Gebäuden** u Gebäudeteilen einschl Zubehör, I S 2 mit § 1031. Art u Zweck des Gebäudes stehen der Bestellg eines lebenslängl WohngsR nicht entgg, BGH WPM **68**, 37; auch nicht, daß Gebäude noch nicht errichtet, BayObLG **56**, 94. Erstreckg auf unbebaute Teile desselben (nicht eines and) Grdst zul (BayObLG DNotZ **76**, 227; Schlesw SchlHA **66**, 67); Mitbenutzg

1110

zum gemschaftl Gebr bestimmter Anlagen u Einrichtgen, wie ZentralheizgsAnl, LG Wiesb WM 70, 171; auch bei deren Neugestaltg, zB Umstellg von Koks- auf Ölfeuerg, BGH 52, 234 (Anm Baur JZ 70, 72), III; auch durch die in II genannten Personen. UU Mitbenutzg des Hofes für KfzAbstellg. Ausübg des WohngsR nach § 242, vgl Ffm SJZ 48, 385 u Ballerstedt in Anm. Beheizg bei Sammelheizg kann nicht unentgeltl verlangt w; daher wohl auch Bediengskostenanteil zu tragen (aM Hbg MDR 63, 218). Zum MitbenutzgsR auch LG Verden NdsRpfl 65, 84. Zur Mitbenutzg von Einzel- und Doppelgaragen Haegele, Rpfleger 72, 96, 309.

b) **Hauptzweck** der Benutzg muß das **Wohnen** sein; sonst nur Bestellg einer Dienstbk nach § 1090. Unschädl teilweise (RG SeuffA 86, 215) od Mitbenutzg (KGJ 53, 159) zu berufl od gewerbl Zwecken.

c) **Ausschluß des Eigentümers.** Sonst nur Dienstbk nach § 1090 (Hamm Rpfleger 75, 357). Jedoch Eintr in das GB nicht notw mit ausdrückl Worten. – „Ausschluß des Eigtümers" bezeichnet die inhaltl Ausgestaltg des WohngsBenutzgsR, nicht etwa ein gesetzl Verbot eines EigtümerWohngsR, wie LG Köln RhNK 73, 583 fälschl meint (vgl Einf 1b vor § 1090).

d) **Zerstörg des Gebäudes** bewirkt Ruhen des WohngsR (Ffm SJZ 48, 385; Riedel Rpfleger 66, 133; Dammertz S 103; aA [abw von Nießbr, vgl Einf 3b vor § 1030] BGH LM Nr 6: Erlöschen); denn WohngsR belastet nicht das Gbde, sond das Grdst (BGH WPM 68, 37). Eigtümer zum Wiederaufbau nur verpflichtet, wenn dies zum dingl Inhalt des WohngsR gemacht (LG Heilbr BWNotZ 75, 124) od schuldr vereinb. Baut Eigtümer wieder auf, so von der GgMeinig aus jedenf zu prüfen, ob Anspr auf Wiedereinräumg des WohngsR aus dem obligator GrdGesch besteht, BGH 8, 58 verneint aber ErsPfl, wenn Eigtümer an Stelle eines Wohnhauses ein Hotel aufbaut, ebso wie Einräumg des WohngsR in diesem. Jedenf kein Erlöschen, wenn WohngsR mit Zuwendg auch von Mieterträgnissen Versorggscharakter hat u daher Leibgedinge (also Reallast, vgl Anm 1c) ist, Ring DNotZ 54, 104. Doch kann, auch wenn man BGH beitritt, der Anspr auf Neubestellg des WohngsR dch Vormkg, die Verpflichtg zum Wiederaufbau des zerstörten Gebäudes dch Reallast gesichert w (vgl Staud-Ring § 1093 Rdn 13 aE). Vielf legt das LandesR (zB BaWü AGBGB 12; Bay AGBGB 37 II; RhPf AGBGB 9; SchlH AGBGB 8 III) dem Eigtümer die schuldr (Mü DNotZ 54, 102) Pflicht auf, die im Rahmen eines Altenteils belastete Wohng zu erhalten u wieder herzustellen, vgl Haegele BlGBW 56, 55; Kraker BWNotZ 58, 190.

e) **Gg Beeinträchtigg** Anspr aus § 1004, vgl §§ 1090 II, 1027; daher BeseitiggsAnspr gg Eigtümer, wenn Schäden am Hausdach Wohnen beeinträchtigt, AG Hbg MDR 67, 305 (aM LG Lübeck SchlHA 63, 272).

4) **Unterhaltspflicht:** Verweisg in I 2 auf §§ 1041, 1042, 1049. Bestr, ob GrdstEigtümer das Gebäude zur Ausübg des WohnR instandhalten muß. Verneint für DachRep (LG Lüb SchlHA 63, 272; aA AG Hbg MDR 67, 305) u SchönhRep (LG Kass ZMR 76, 189). Lösg meist aus dem kausalen BestellgsVertr, uU auch aus LandesR, wenn Leibgeding, vgl zB oben 3d aE. GemschAnlagen (Zentralheizg) instandzuhalten, obliegt dem HausEigtümer (BGH 52, 234). Nebenkosten (Müll, Wasser) muß der Berecht selbst tragen (nicht die Personen zu II), AG Lindlar MDR 71, 844.

5) **Anwendb Vorschr I 2.** Nur soweit nichts anderes vereinb u eingetragen. Außer den aufgezählten §§ ist § 1055 I anwendbar. Nicht anwendbar sind: §§ 1045–1047, 1051–1054; 1056; 1058 (str); 1059. Str, ob § 1065 anwendb; Schutz nach §§ 1004, 1090 II, 1027 genügt auch gg Besitzbeeinträchtigg (vgl Anm 3 e), nicht allerd gg Vorenthaltg des Bes, wesh Wolff-Raiser § 113 Fußn 9 sowie Hurst, ZMR 69, 98 (gg Staud-Ring [Rdnr 6 aE]) sinngemäße Anwendg des § 1065 zutr bejahen. – § 556 nicht sinngem anwendb, wenn Berecht die übernommene Verpfl, Gebäude instandzuhalten, verletzt, AG Köln ZMR 68, 270. – § 577 S 1 gilt, wenn sich WohnR auf alle vermieteten Räume erstreckt u zwar auch wenn Drittüberlassg nicht gestattet, BGH 59, 51 = LM Nr 7 Anm Rothe. MietpreisR auf Nutzgsentgelt nicht anwendb (LG Mannh WM 75, 170).

Sechster Abschnitt. Vorkaufsrecht

Überblick

Schrifttum: Immerwahr, JhJ 40, 279. – Dumoulin, RhNK 67, 740. – Promberger, MittBayNot 74, 145 (Rangfragen). – Haegele, Die Beschrkgen im GrdstVerkehr, 3. Aufl. – Schurig, Das VorkR im PrivatR, 1975. – Pikart, WPM 71, 490 (Rspr des BGH). –

1) **Begriff.** Das **Vorkaufsrecht** ermöglicht dem Berecht, von dem Verpflichteten das belastete Grdst zu denselben Bedinggen zu kaufen, zu denen der Verpflichtete es an Dritten verkauft hat. Das persönl VorkR (§§ 504ff) verpflichtet nur den Besteller (od dessen GesRNachf) u gilt nur für einen Verkaufsfall; es kann sich auf Grdst u Fahrnis beziehen. Das dingl VorkR nur an Grdst (u deren Zubehör) besteht, §§ 1094, 1096; aber auch für mehrere od alle Verkaufsfälle, § 1097; dann verpflichtet es den jeweil Eigtümer. Es wirkt Dritten ggü, u zwar wie eine Vormkg, § 1098 II; über Unterschiede zum persönl, durch Vormkg gesicherten VorkR vgl Anm 2 vor § 504, Staud-Dittmann Vorbem 3 i vor § 1094. – **Rechtsnatur** str, Westermann, § 125 I 3: dingl R, was RG 110, 333 verneint. Erm-Ronke Rdz 2, Soergel-Baur § 1094 Rdnr 1 nehmen dingl AnwR, Staud-Dittmann bed GestaltgsR an. Jedenf dingl Belastg des Grdst (RG 167, 300); also keine VertrFreih (vgl § 1098 Anm 2); §§ 889, 891ff, 902 anwendb. Es ist kein verdinglichtes persönl VorkR (str), es setzt ein persönl VorkR auch nicht (als KausalGesch) voraus, wenn es auch zur Verstärkg eines solchen bestellt w kann. KausalGesch kann auch ein kaufähnl Vertr, Vermächtn ua sein, od aber auch ganz fehlen.

2) **Bedeutg.** Das BGB kennt an Sachen nur rechtsgeschäftl bestellte VorkR. Es ermöglicht dem Verk, insb dem Gutsübergeber (Altenteiler), Einfluß auf das veräußerte Grdst zu behalten. Auch andere Beteiligte,

zB Nießbraucher, Mieter, Pächter, können durch ein VorkR ihre RStellg verstärken. Gesetzl Vorkaufsrechte an einzelnen Ggständen gibt es nach dem BGB nicht. Die §§ 2034 ff betreffen nur den Anteil am Nachl. Das BGB hat sich damit vom deutschen Recht entfernt, das in großem Umfang „Näherrechte" für nächste Verwandte, Gemeinschafter, Markgenossen u Nachbarn kannte.

3) Gesetzl VorkaufsR enthalten das Bundes- u LandesR. Sie bedeuten keine Enteign (BGH WPM **77**, 197 zu RSiedlG; **77**, 550 zu BBauG). Die Ausübg kann uU RMißbr sein (BGH **60**, 275; Warn **66**, 79). Über Nichtigk einer NießbrBestellg zur Umgeh ges VorkR vgl BGH **34**, 204. Ges VorkR hindert nicht Bestellg eines solchen nach § 1094 (LG Lüb SchlHA **63**, 119 zu BBauG 24 aF).

a) RSiedlG 1, 4–10, 11 a. **Schrifttum:** A l b e r t y , Das VorkR der gemeinnütz SiedlgsGesellsch, 1954. – K a h l k e , Das ges VorkR der landw Siedlg, 1964. – H e r m i n g h a u s e n , DNotZ **63**, 153, 200. – S c h u l t e , RdL **65**, 305. – P a n n w i t z , RdL **68**, 146 (Verh VorkR zu WiederkR).
VorkR zG gemeinnütz SiedlgsUnternehmen (nach LandesR auch and Stellen) bei Verkauf (u UmgehgsGesch, Kahlke S 26) **landwirtsch Grdst** (auch Weinberge, BGH MDR **66**, 490; nicht aber forstwirtsch Grdst, BGH WPM **74**, 539) u kultivierb Öd- u Moorlandes von 2 ha aufwärts (nach LandesR höher od, für beschränkte Zeit, niedriger bestimmb), sofern die Veräußerg nach GrdstVG der Gen bedarf u diese nach GrdstVG 9 nach Auffassg der GenBehörde zu versagen wäre (dazu BGH **67**, 300). Kein VorkR, wenn Veräußerg unter Auflage genehmigt w kann (BGH NJW **65**, 816) u bei Verkauf an Erwerber iSv § 4 II (vgl Schlesw RdL **70**, 75). Bei Verkauf mehrerer zugehöriger Grdst kommt es auf die GesGröße an, Kblz RdL **64**, 292. Unterliegen in einem Vertr verkaufte Grdst teils dem VorkR teils nicht, kann das VorkR nicht ausgeübt w, außer Vertr u Antr auf Gen sind nach Sachlage od Interessen der Beteil teilb, BGH WPM **74**, 539. Ist im KaufVertr Kaufpr geringer als vereinb beurkundet, dann gilt das beurkundete Entgelt als vereinbart; doch muß auch hier das vereinb (nicht beurkundete) Entgelt bestimmb sein, BGH **53**, 52. Rechtsgeschäftl VorkR erlöschen bei Ausübg des gesetzl; uU EntschädiggsPfl, § 5. Nicht erlöschen (jetzt) AuflVormerkgen; diese noch von Bedeutg, wenn VorkR ausgeübt w für anderen als die durch die Vormkg Gesicherten, vgl Schulte RdL **61**, 277. Anwendb jetzt nur noch §§ 505 II, 506–509, so daß VorkR nach RSiedlG jetzt nicht mehr Wirkg einer Vormerkg hat (KG DNotZ **62**, 557; aA Kahlke S 71 ff). Dies beruht auf der Verknüpfg dieses VorkR mit der GenBedürftigk des RGeschs nach GrdstVG. Eintr des Eigtümer-Wechsels darf nicht erfolgen, bis Gen nach GrdstVG vorliegt; erfolgt sie trotzdem, sind KaufVertr u Aufl unwirks. GenBehörde hat KaufVertr der Siedlgsbehörde vorzulegen, GrdstVG 12; diese reicht ihn dem Siedlgsunternehmen zur Entsch über Ausübg des VorkR (über deren Form vgl RSiedlgsG 6 u Karlsr RdL **68**, 69) weiter u hat dann den Beteiligten entspr Mitteilg zu machen, unter Begr, weshalb Gen zu versagen (GrdstVG 21), aber die Versagg nicht auszusprechen, Oldbg NdsRpfl **64**, 197. Bis zum Zugang (nicht nachh, Düss OLGZ **72**, 416) dieser Mitteilg kann durch Rückn des GenAntrags, BGH **41**, 119, od einverständl Aufhebg des KaufVertr, Schulte RdL **64**, 117, das VorkR hinfällig w. Einwendgn der Kaufparteien, daß Verkauf nicht genehmigspfl od Gen nicht zu versagen wäre, sind vor dem LwG (vgl Einl 7 b dd vor § 854), § 10, geltd zu machen. Zum Verzicht vgl VorkR BGH WPM **65**, 1178. Zum GenVerf nach GrdstVG bei Ausübg des VorkR Herminghausen, Beiträge z GrdstVG 178 ff; DNotZ **65**, 211; Bendel und Kahlke RdL **62**, 169, 312; Pannwitz RdL **63**, 197. – Verwendet SiedlgsUntern das erworbene Grdst nicht binnen 6 Jahren zur Siedlg, hat Erstkäufer (od nach § 5 ausgefallener Vorkäufer) Anspr auf Übereign gem § 9.

b) Nach **RHeimstG** 6, 11, 14–16, AVO 10 ff, 13 ff. Jedoch ist der Preis für den Boden vorher bestimmt; insow hat dieses Recht den Charakter eines WiederkaufsR des Ausgebers. Form der Ausübg: Brschw NJW **63**, 1503; OVG Lüneb NdsRpfl **74**, 28.

c) Nach **BBauG** 24–28 a (**Schrifttum:** Amann MittBayNot **76**, 153 = RhNK **76**, 519; Bielenberg DNotZ **76**, 710 u BlGBW **77**, 44/61; Neuhausen BlGBW **77**, 65/81; Zeiß BWNotZ **77**, 43).

aa) VorkRe der Gemeinde: – (1) **AllgVorkR** (§ 24) bei Kauf von bebauten od unbebauten Grdst in einem Gebiet, für das ein Bebauungsplan besteht, für das die Aufstellg eines solchen beschlossen ist od das in BodenordngsVerf (str, ob auch GrenzregelgsVerf; vgl Eppig DNotZ **60**, 527; Röll DNotZ **61**, 643; Haegele BWNotZ **73**, 156) einbezogen. – (2) **VorkR zur Erhaltg städtebaul Anlagen** (§ 24 a) an bebauten od unbebauten Grdst im ganzen Gemeindegebiet. – (3) **SatzgsVorkR** (§ 25) zur Sicherg städtebaul Entwicklg an bebauten u unbebauten Grdst im Satzgsgebiet. – (4) **VorkR zum Erwerb von Austausch- od ErsLand** (§ 25 a) an bebauten od unbebauten Grdst im ganzen Gemeindegebiet. – Zur Anwendg auf Wohngs-/TeilEigt vgl Übbl 2 B d aa vor WEG 1.

bb) Ausübg dch **VerwAkt** ggü Verkäufer binnen 2 Monaten ab Mitteilg (vgl dazu BGH **60**, 275) des rechtswirks (erforderl behördl Gen; zB nach WährG 3, BGH DNotZ **73**, 87, im Ggs zur Gen nach § 19) KaufVertr an Gemeinde (§ 24 IV 1); Fristunterbrechg bei Einholg od Beantragg eines Wertgutachtens (§ 28 a II 3–5). Ausübg nur, wenn Wohl der Allgemeinh es erfordert (§ 24 II 1). Dch Ausübg kommt **KaufVertr zw Verkäufer u Gemeinde** (vgl aber § 27 III 2) zustande: BGB 504, 505 II, 506–509, 512 gelten. Dabei w jedoch BGB 505 II dch § 28 a insow verdrängt, als für den Kaufpr die Sonderregelg des § 28 a gilt (Amann aaO u MittBayNot **77**, 5; Baur § 26 II 3 c bb; Schlicht-Stich-Tittel, BBauG 2. Aufl. § 28 a Rdz 2); nach aA soll § 28 a nur gelten, wenn der vereinb Kaufpr den Verkehrswert übersteigt u die Gemeinde das VorkR zum Verkehrswert ausübt (Bielenberg aaO; Engelken NJW **77**, 413 [nach dessen Ansicht sei § 28 a aber nicht anwenden muß], Neuhausen aaO; Ringhof MittBayNot **77**, 4). – Kauft die Gemeinde ein Grdst u w daraufhin ein rgesch VorkR ausgeübt, so kann die Gemeinde noch ihr vorrangiges ges VorkR ausüben (BGH WPM **77**, 550).

cc) Sicherg des VorkR. Das GBA darf Erwerber eines Grdst aGrd Veräußerg erst als Eigtümer eintragen, wenn Nichtbestehen od Nichtausübg des VorkR dch Zeugn der Gemeinde nachgewiesen ist (§ 24 V 2, 3); AuflVormkg für Erwerber ohne Zeugn ist einzutragen (vgl § 24 IV 5, 6). Bei Verstoß EigtErwerb mögl (Oldbg aaO). Daneben auf Ersuchen der Gemeinde Vormkg für diese einzutragen (§ 24 IV 3), zB als Schutz gg Belastgen. – Zur AusstellgsBefugn für Zeugn vgl LG Regbg Rpfleger **77**, 311; LG

Landsh Rpfleger **77**, 365; LG Ambg MittBayNot **77**, 206 je für *Bay*); LG Klautern MittBayNot **78**, 110 *(für RhPf)*; Engelken DNotZ **77**, 579 zu Fußn. 8. – **Veräußerg** iSv § 24 ist **Verkauf** (Ffm RhNK **78**, 38; Köln RhNK **78**, 54; aA Oldbg Rpfleger **78**, 318); **nicht** aber Schenkg (Ffm aaO; Brem MittBayNot **78**, 81; LG Bielef DNotZ **78**, 353), AltenteilsVertr uä (LG Mü II Rpfleger **77**, 173; LG Cobg DNotZ **77**, 414; LG Kleve RhNK **77**, 110; einschrkd Brschw DNotZ **78**, 97), ErbAuseinandS (Oldbg Rpfleger **77**, 310; LG Krefld u LG Kblz RhNK **77**, 55; LG Bn RhNK **77**, 53), Tausch (LG Regbg MittBayNot **77**, 234), GesGutAuseinandS (LG Memmg MDR **78**, 149), Übertr von Ant einer Gesellsch mit GrdstVerm (Düss RhNK **77**, 176), Übertr von MitEigtAnt auf and MitEigtümer (Ffm RhNK **78**, 38); vorweggenommene Erbfolge (Köln RhNK **78**, 54). In diesen Fällen kann GBA kein Negativattest verlangen.

dd) Dingl Wirkg der VorkRAusübg. Nach § 28 a V geht das GrdstEigt ohne Aufl auf die Gemeinde über, wenn der Bescheid über die VorkRAusübg unanfechtb geworden o dch rechtskr Vorabentscheidg nach IV die Befugn zur Ausübg festgestellt u Eigt auf Ersuchen der Gemeinde im GB umgeschrieben. Diese Regelg gilt für alle Fälle der VorkRAusübg. Das folgt daraus, daß § 28 a stets anwendb ist (vgl oben bb); aber auch sonst kann § 28 a V als allg Vorschr angesehen w, weil sie entgg I nicht vom Kaufpr handelt (Gaentzsch, BBauG 1977, § 28 a Tz 19). Tritt Verkäufer nach EigtÜbergang zurück, ist § 28 a III vom Vertr zurück, ist RückAufl notw. – Mit EigtErwerb der Gemeinde erlöschen rgesch VorkRe (§ 24 IV 5), auch wenn für mehrere VorkFälle bestellt; AuflVormkg für Käufer (zur Sicherg des AuflAnspr od schuldr VorkR) ist auf Ersuchen der Gemeinde zu löschen (§ 24 IV 6), ebso dingl VorkR (GBO 22).

d) StBauFG 17, 57 I Nr 4. – aa) VorkR der Gemeinde bei Kauf von bebauten od unbebauten Grdst in nach §§ 3 ff festgelegten Sanierggebieten (§ 17 I 1) u in nach §§ 53 ff festgelegten städtebaul Entwicklgsgebieten (§ 57 I Nr 4). – **bb) Ausübg.** Übbl 3 c bb gilt (§ 17 II 2 iVm BBauG 24 IV), jedoch gilt BBauG 28 a nicht. – **cc) Sicherg des VorkR.** Übbl 3 c cc gilt (§ 17 II 2 iVm BBauG 24 IV, V). – **dd) Dingl Wirkg der VorkRAusübg.** Übbl 3 c dd gilt (§ 17 II 2 iVm BBauG 24 IV), jedoch ist mangels BBauG 28 a V entspr Vorschr für EigtÜbergang stets Aufl notw.

e) LandesR: zB DenkmalsschutzG (EG 109 Anm 2) *Bay* 19; *RhPf* 32; *Saarl* 24.

4) Dingliche Wiederkaufsrechte (über persönl vgl §§ 497 ff) gibt es nach BGB nicht. Aber nach RSiedlG 20, 21; dazu Hoche NJW **68**, 1661; Haegele Beschr Rdnrn 388 ff; es gilt für alle Wiederkaufsfälle, Celle RdL **70**, 187; ist es eingetr, ist es ein dem GBR unterliegdes R mit der dingl Wirkg einer Vormkg, BGH **57**, 356 u **59**, 94 = LM RSiedlG Nr 16 bzw 19 Anm Grell bzw Mattern; dort auch zur Behandlg in der ZwVerst. Zur Ausübg s § 505 Anm 1 u (vormerkungsrechtl) zur Sicherg unbefristeter Wiederkaufsr aus RSiedlG 20 vgl KG OLGZ **77**, 6. Nach Ausübg des WiederkaufsR kann das Siedlgsunternehmen die Löschg nachrang Belastgen nicht verlangen, sow sie dch den WiederKPreis gedeckt sind, BGH **58**, 395. Über HeimfallAnspr vgl ErbbRVO 2 Nr 4; 3; 4; 32 ff; RHeimstG 12 ff; WEG 36; der Sache nach, wenn entgeltl, WiederKR. Nach LandesR aGrd der Vorbehalte im EG häufiger. Ankaufsrechte sind stets rein persönl, KG JFG **3**, 317; RG **154**, 358; dch Vormkg sicherb, § 883 Anm 3 d.

1094 Begriff; subjektiv-dingliches Vorkaufsrecht.

I Ein Grundstück kann in der Weise belastet werden, daß derjenige, zu dessen Gunsten die Belastung erfolgt, dem Eigentümer gegenüber zum Vorkaufe berechtigt ist.

II Das Vorkaufsrecht kann auch zugunsten des jeweiligen Eigentümers eines anderen Grundstücks bestellt werden.

1) Allgemeines. Begriff: Übbl 1. Ob mehrere dingl VorkRechte gleichrang nebeneinander bestellb, ist str: verneind LG Darmst MDR **58**, 35; zweifeld Haegele GBR Rdnr 614; bejahd Holderbaum JZ **65**, 714 sowie Lüdtke-Handjery Betr **74**, 517; dies ist jedenf anzuerkennen, wenn die VorkRe nach ihrer speziellen inhaltl Ausgestaltg nicht kollidieren können, AG Gemünden MittBayNot **74**, 145 mAnm v Promberger. Mögl ist aber Eintr mit verschiedenem Rang; das rangschlechtere dann bei späterem Verkauf ausübbar, BGH **35**, 146. Für GrdPfdR Vorrang vor VorkR bestellb, Brschw WPM **70**, 1024; wicht, können vereinb, daß dem dingl kein obligator VorkR zugrdeliegen soll, BGH WPM **70**, 1024; wicht, wenn mangels Einig dingl R nicht entsteht. – Über VorkR u § 1365 vgl AG Brem Rpfleger **60**, 270 mit krit Anm Haegele. **Genehmigg** nach **GrdstVG** (vgl Einl 7 b vor § 854) nicht nötig für Bestellg des VorkR, BGH NJW **52**, 1055; Celle RdL **66**, 181; aber für den für die VorkLage auslösden u aGrd ihrer geschl Drittkauf, Hamm RdL **55**, 274; BGH NJW **52**, 1055. Ausn: GrdstVG § 4 Nr 3 (FlurbereiniggsVerf, SiedlgsVerf ua). Zur VorkAusübg s § 505 Anm 1 u (vormerkungsrechtl Gen) § 1831 Anm 3. Bei Ausübg dch vollmlosen Vertr muß die Gen des Vertretenen binnen der AusübgsFr erteilt w sein, BGH **32**, 375. Dies gilt nicht für behördl Gen, die etwa für den dch Ausübg des VorkR zustande kommden Drittkauf notw sind, so zutr Schindler u Pachtner gg Wendelstein, BWNotZ **73**, 52, 54 bzw **72**, 55. – WoBindG berührt VorkR nicht, Düss MDR **67**, 1014.

2) Belastgsgegenstand nur Grdst (über Zubeh vgl § 1096). Reale Teile nach Abschreibg (Verstoß gg GBO 7 macht Eintr nicht unwirks). Zul Belastg des ganzen Grdst mit bei Verk reines Teils auszuüben VorkR. MitEigtAnteil, § 1095. Wohngs/TeilEigt. Grdstgleiche Re (vgl § 873 Anm 2 b aa); das VorkR kann aber erst nach Begr der selbstd Gerechtigk bestellt w (KG HRR **40**, 293). Kein GesVorkR an mehreren Grdst (BayObLG **74**, 365); bei Eintr auf mehreren Grdst (was besser zu vermeiden) entstehen mehrere EinzelVorkRe (vgl Bratfisch u Haegele Rpfleger **61**, 40).

3) Berecht kann sein: – **a)** Natürl od jur Pers (**subjektivpersönl VorkR, I**). Mehrere (zB GesBerecht; LG Köln RhNK **77**, 192) können das R nur im ganzen ausüben (§§ 1098, 513), so daß zw ihnen hinsichtl des entstandenen ÜbereignsAnspr ein „gesamthandart" Verh (so KG JFG **6**, 293; BayObLG **58**, 202) ent-

§§ 1094–1097　　　　　　　　　　　　　　　　3. Buch. 6. Abschnitt. *Bassenge*

steht, was die Frage unberührt läßt, in welcher Gemsch sie das Grdst erwerben (vgl dazu Schulze-Osterloh, Das Prinzip der geshänd Bindg 1972, § 4 zu Fußn 47). Kein VorkR zG Dritter (LG Düss RhNK 77, 129). – **b)** Jeweil Eigtümer eines Grdst (**subjektivdingl VorkR, II**) od MitEigtAnteils (LG Nürnbg NJW 57, 1521). Realer GrdstTeil muß vorher abgeschrieben sein (KGJ 53, 171). Bestellg eines VorkR auch für die RNachf fällt nicht unter II (BGH 37, 147). Über Teilg des herrschden Grdst vgl § 1103 Anm 1. – **c)** Um-**wandlg** der einen Art in die and unzul (§ 1103).

4) Begründ dch RGesch nach §§ 873, 874 (RG **125**, 262). Eintr auf Blatt des belasteten Grdst; Vermerk des subjdingl VorkR auch auf Blatt des herrschden Grdst (GBO 9). Mehrf Eintr desselben VorkR für denselben Berecht unzul (KGJ 51, 274). Bei Eintr eines subjdingl statt des gewollten subjpers VorkR entsteht letzteres (BayObLG NJW 61, 1265). Keine Ersitzg, § 900. – **GBVerf**: GBO 19, 29 (LG Verd NJW 55, 1637; LG Düss RhNK 77, 129). – **VerpflichtgsGesch** zur VorkRBestell unterliegt § 313 S 1. Heilg des Formmangels dch Einigg u Eintr des dingl VorkR entspr § 313 S 2 (BGH DNotZ **68**, 93), sofern nicht nur schuldr VorkR vorgemerkt war (RG HRR **34**, 1098).

5) Übertragg des subjdingl Rechts vgl § 1103 Anm 1. Das subjpersönl Recht ist vor der Ausübg regelm nicht vererbl u nicht übertragb, §§ 514, 1098 I. Abweichende Vereinbg zul; Eintr notw, §§ 873, 874, 877; über Eintr der RNachfolge Hamm Rpfleger **60**, 154. Für Vererblichk, § 514, genügt Bezugnahme, Düss Rpfleger **67**, 13. Belastg mit Nießbr unzul, § 1068 Anm 2. Verpfändg vgl § 1274. Pfändg vgl ZPO 851, 857. Wg Übertragbark dingl VorkR **jur Personen** vgl § 1098 Anm 6.

6) Erlöschen. Mit einmaliger fristgemäßer Ausübg, RG HRR **32**, 1208. Durch Verschweigg (Nichtausübg innerh der Frist des § 510 II) od Erkl auf die vom Verk gemachte Mitteilg, das VorkR nicht ausüben zu wollen (Wolff-Raiser § 126 Anm 42), durch Übereigng des Grdst an Dritten ohne VorkFall (vgl § 1097 Anm 1 b, 2), all dies aber nur **bei Bestellg** für einen **VerkFall.** Schon vor Verkauf durch ErlaßVertr mit VorkVerpflichtetem, BGH DNotZ **57**, 306 (nach Düss MDR **67**, 1014 ohne Rücksicht auf Löschg), oder Drittkäufer, BGH WPM **66**, 893. Ferner dch rechtsgeschäftl Aufhebg nach §§ 875, 876; vgl dazu EG 120 Nr 2, GBO 21. Durch Zuschlag, ZVG 91 I, außer wenn das für mehrere Verkaufsfälle bestellte VorkR im geringsten Gebot. Vgl auch § 1097 Anm 2. Durch Eintritt auflösender Bedingg, Befristg, Aufgebot, § 1104. Zur Löschg eines subj persönl VorkR beim Tod des RInh (GBO 23) vgl LG Bochum NJW **71**, 289, Deimann Rpfleger **77**, 91. Verj § 901. Entspr anwendb § 1026.

1095 *Belastung eines Bruchteils.* **Ein Bruchteil eines Grundstücks kann mit dem Vorkaufsrecht nur belastet werden, wenn er in dem Anteil eines Miteigentümers besteht.**

1) Belastb auch MitEigtAnteil. Vgl Anm zu § 1114. Das VorkR kann auch zG der übrigen MitEigtümer (vgl auch § 1094 Anm 3 b) bestellt w, denen ein gesetzl VorkR nicht zusteht; vgl BayObLG **58**, 201. Nicht belastbar Anteil eines GesHandsEigtümers, BayObLG **52**, 246. Bei Verkauf des belasteten Bruchteils an MitEigtümer VorkR ausübbar, BGH **13**, 133 (aber eingeschränkt). Keine Ausübg, wenn bei ZwVerst zur Aufhebg der Gemeinsch (ZVG 180) das ganze Grdst einem Miteigtümer zugeschlagen wird, dessen Anteil nicht dem VorkR unterliegt, BGH **48**, 1.

1096 *Erstreckung auf Zubehör.* **Das Vorkaufsrecht kann auf das Zubehör erstreckt werden, das mit dem Grundstücke verkauft wird. Im Zweifel ist anzunehmen, daß sich das Vorkaufsrecht auf dieses Zubehör erstrecken soll.**

1) Grdst u Zubehör (§§ 97, 98) werden die Beteiligten regelm als wirtschaftl Einh behandeln. S 2 entspricht § 314. Vereinbg ist nicht eintraggsfähig. Alles mit dem Grdst verkaufte Zubehör, auch wenn es dem Verpflichteten nicht gehört. Der Berecht erwirbt das Eigt am Zubehör nach § 926.

1097 *Bestellung für einen oder mehrere Verkaufsfälle.* **Das Vorkaufsrecht beschränkt sich auf den Fall des Verkaufs durch den Eigentümer, welchem das Grundstück zur Zeit der Bestellung gehört, oder durch dessen Erben; es kann jedoch auch für mehrere oder für alle Verkaufsfälle bestellt werden.**

1) Vorkaufsfälle: a) Beim **Verkauf an Dritten**, u zwar nach Entstehg des VorkR; früher liegender scheidet selbst dann aus, wenn behördl Gen erst nachher, BGH JZ **57**, 578 (dies gilt auch für gesetzl VorkR, BGH **32**, 383). Ferner bei ZwVerst auf Antr des Erben (ZVG 175, 179) u zum Zwecke der Aufhebg der Gemsch, ZVG 180ff, BGH **13**, 136. Bei freihänd Verk durch KonkVerw vgl § 1098 I 2.
b) Dagg iZw **nicht** beim Verkauf an einen gesetzl Erben, §§ 511, 1098 I 1, od dessen Ehegatten, RG JW **25**, 2128, od bei ErbauseinanderS (BGH DNotZ **70**, 423, auch für gesetzl VorkR nach BBauG 24), od sonstiger Übertr auf einen der GesHänder, BGH **LM** § 1098 Nr 3; BB **70**, 1073 (selbst dann nicht, wenn zuvor ein Miterbe seinen Erbanteil an den Erwerber übertr hatte, außer wenn Zweck hiervon Vereitelg des VorkR war). Nach BGH **13**, 133 nicht bei Erwerb eines Bruchteils des ganz belasteten Grdst durch MitEigtümer (bedenkl); nach BGH **48**, 1 auch nicht, wenn bei Belastg nur eines MitEigtBrucht der Eigtümer eines nicht belasteten Brucht bei TeilgsVerst das ganze Grdst erwirbt; nicht dch Übertr eines Erbteils, zu dem Grdst gehört, BGH DNotZ **70**, 423. **Nicht bei Tausch,** sei es auch mit Barzulage, BGH NJW **64**, 541 (VorkBerecht könnte ja TauschGgLeistg nicht erbringen!). Nicht bei sonstigem ErwerbsGesch, KGJ **40**, 134, od bei Schenkg, RG **101**, 101. Nach Nürnb (DNotZ **70**, 39) nicht, wenn Gesellschafter das ihm gehör, mit VorkR belastete BetrGrdst zus mit Gesellschafterstellg an Dritten übertr. Nach RG **104**, 42 (RSiedlG) nicht bei Verkauf aller GmbH-Anteile, selbst wenn Grdst einziges Verm der GmbH; anders wohl mit Recht hM im Schrifttt. RGesch zur Beeinträchtigung des VorkR, zB NießbrBestellg am verk Grdst, BGH WPM **61**, 543, sind nichtig. Über Umgehungsgeschäfte vgl Ebert NJW **56**, 1623; **61**, 1435; BGH NJW

64, 540 (Sittenwidrigk eines Tauschs nur ausnahmsw, insb bei ausschließl Zweck der SchadZufügg od aus verwerfl Motiven); wenn als Kaufverträge auslegb, zB Schenkg unter Auflage, lösen sie VorkR aus. – Kein VorkR bei ZwVerst in anderen als den in Anm 1a genannten Fällen, §§ 512, 1098 I 1; anders RHeimstG 11 (vgl aber auch AVO 14); vgl BGH WPM **70**, 1315. Über VorkR, das für mehrere Verk-Fälle bestellt, in der ZwVerst Fischer BWNotZ **63**, 44.

2) Das VorkR ist, wenn nichts anderes bestimmt wird, beschränkt auf **einen** Verkaufsfall (vgl Anm 1a) durch den Besteller od dessen Erben. Es erlischt also, wenn der Besteller od sein Erbe das Grdst nach Anm 1b veräußert od wenn der Berecht das Recht bei Verkauf nach Anm 1a nicht fristgemäß ausübt; vgl auch § 1094 Anm 5c. Berichtigg des GB nach § 894, GBO 22. Verzicht auf Ausüb bei geplantem, aber nicht ausgeführtem Verkauf bezieht sich iZw nicht auf späteren Verkauf, RG v 8. 6. 44 – III 4/44 –. Über „Kindskauf" (§ 511) vgl auch Schlesw SchlHA **58**, 313.

3) Abweichende Vereinbargen zul. ZB: Nur für einen Verkauf durch den Besteller (nicht dessen Erben) od nur für den ersten Verkauf, aber gleichgültig, ob durch den Besteller od einen nach Anm 1b erwerbenden Sondernachfolger. Oder für mehrere od für alle Verkaufsfälle, die wieder bedingt od befristet sein können; dann ist die Ausüb zul, auch wenn der Berecht in früh Fällen auf die Ausübg verzichtet od sie unterlassen hatte. Eintr notw, §§ 873, 877; sonst entsteht nur ein Anm 2 beschränktes VorkR.

4) § 1097 nicht entspr für gesetzl VorkR nach RSiedlG u BBauG, BGH DVBl **62**, 62.

1098 *Wirkung des Vorkaufsrechts.* I Das Rechtsverhältnis zwischen dem Berechtigten und dem Verpflichteten bestimmt sich nach den Vorschriften der §§ 504 bis 514. Das Vorkaufsrecht kann auch dann ausgeübt werden, wenn das Grundstück von dem Konkursverwalter aus freier Hand verkauft wird.

II Dritten gegenüber hat das Vorkaufsrecht die Wirkung einer Vormerkung zur Sicherung des durch die Ausübung des Rechtes entstehenden Anspruchs auf Übertragung des Eigentums.

III Steht ein nach § 1094 Abs. 1 begründetes Vorkaufsrecht einer juristischen Person zu, so gelten, wenn seine Übertragbarkeit nicht vereinbart ist, für die Übertragung des Rechts die Vorschriften der §§ 1059a bis 1059d entsprechend.

1) Allgemeines. Beim dingl VorkR sind vier verschiedene RVerh mögl, vgl Anm 2–5. § 1098 berührt davon nur drei, vgl Anm 2, 3, 4.

2) Für das **RechtsVerh des VorkBerechtigten zum Verpflichteten** (Verkäufer) **(I)** gelten (mit der Erweiterg der S 2) die Vorschr über das persönl VorkR. Vgl die Anm zu §§ 504ff. Jedoch sind beim dingl Recht erweiternde abweichende Vereinbgen unzul; zB wäre Koppelg von VorkR mit AnkaufR inhaltl unzul Eintr, BGH WPM **68**, 1087. Deshalb dingl VorkR zu fest bestimmtem Kaufpreis ungültig, BGH Betr **66**, 1351, RG **154**, 358; aber (für GBA wohl erst nach erfolgreicher ZwVfg gem GBO 18 zulässige, BayObLG DNotZ **54**, 30) Umdeutg (§ 140) in ein durch Vormerkg zu sicherndes persönl VorkR, RG **104**, 123, auch zG des jeweiligen Eigtümers eines anderen Grdst, vgl RG **128**, 247; aM BayObLG JFG **4**, 348. MitteilgsPfl: §§ 510 I, 1099. Vertragl Abänderg der Formlosigk der Mitteilg nicht mit dingl Wirkg (aM LG Karlsr BWNotZ **62**, 257). **Ausschlußfrist für Ausübg des VorkR:** § 510 II; Fristbeginn nur, wenn mitgeteilt, daß rechtswirksamer KaufVertr abgeschlossen, BGH Betr **66**, 1351 – dort auch über Umfang u Inhalt der Anzeige; mangels anderer Abrede (die zur dingl Wirkg bei mehrfg AusübgsR im GB einzutragen) 2 Monate ab Empfang der Mitteilg vom VertrSchluß, dessen Inhalt u evtl GenErteilg. Ausübg des VorkR (§ 505) schon vorher, aber immer erst nach Abschl rechtswirks KaufVertr, der also formgült u ggf behördl genehmigt sein muß (BGH **67**, 395); Ausübg vertragl vorbeh Rücktr des Käufers vor VorkR des VorkBerecht beinträchtigt nicht (BGH aaO). Wg Schwarzkaufs vgl Haegele, Beschrkg im GrdstVerk Rdnr 646. Über Verwirkg Celle NJW **63**, 353. Bedingg im KaufVertr hindert die Ausübg nicht, RG **98**, 49. Ringtausch (Koppelg des Verk des belasteten Grdst mit Vertr mit Dritten über Erwerb von dessen Grdst dch den VorkVerpflichteten) löst das VorkR nicht aus, BGH **49**, 7. Mit der **Ausübg** kommt ein **selbständiger** schuldrechtl **Kaufvertrag** zw dem Verpflichteten u dem Berecht zustande. Er bedarf der Gen nach GrdstVG, vgl § 1094 Anm 1. Der Berecht kann darauf die Auflassg beanspr. Bei Nichterfüllg kann er entweder nach §§ 325, 326 vorgehen, od, **II**, von dem dritten Eigtümer die Zust zur Aufl verlangen, RG JW **22**, 1576. Den Kaufpr hat er grdsätzl an den Verpflichteten zu zahlen. Nur soweit er nach § 1100 unmittelb dem Käufer od dessen RNachfolger zu leisten hat, ist er dem Verpflichteten ggü von der Verpflichtg frei, § 1101. Keine Herabsetzg eines unangemessen hohen Kaufpreises. Tritt Vorkäufer R aus ausgeübtem VorkR ab, §§ 398, 413, so ist dies nicht eintragb, BayObLG **71**, 28. – Ausübg des VorkR unzul (§ 242), wenn sich Berechtigter schuldrechtl zur Nichtausübg in bestimmten Fällen verpflichtet hat, BGH **37**, 147 m Anm Rothe **LM** § 1094 Nr 5; Betr **66**, 1351. Zu § 508 II (KoppelgsGesch) Celle BB **63**, 1236 m Anm Trinkner. Zu § 514 vgl § 1094 Anm 5 b, c.

3) Der Berechtigte kann von dem (Erst-)**Käufer** u dessen RNachfolgern nach Ausübg des VorkR die **Herausgabe** des Grdst verlangen, § 1100. Zu diesem Anspr u seiner Sicherg durch einstw Vfg Hoche NJW **63**, 301; Immerwahr, JhJ **40**, 279, 308. War Käufer nicht bloß Besitzer, sond auch Eigtümer geworden, auch **Zustimmg zur Auflassg**, Anm 4. Wegen der GgAnspr bei Entrichtg des Kaufpreises an Verkäufer vgl § 1100. Hins der **VerwendgsErsAnspr** des Käufers, seiner Haftg auf **SchadErs** od **Herausg** der **Nutzgen** ist die Problemlage in etwa die gleiche wie zu § 888, s dort Anm 3b. Ab EigtErwerb dch Vorkäufer regeln sich seine Beziehgen zum besitzden Drittkäufer unmittelb nach §§ 987ff, BGH WPM **64**, 301; ist dieser verklagt, gelten §§ 292, 987ff. Böser Glaube des Drittkäufers frühestens ab Ausübg des VorkR, Mü OLG **29**, 353; RGRK § 1100 Anm 4. Im übr ist die RLage auch hier str. Teilw § 987ff schon für die Zeit vor RHängigk gg Drittkäufer u vor EigtErwerb dch Vorkäufer angewendet, wie dies

§§ 1098–1101 3. Buch. 6. Abschnitt. *Bassenge*

E I § 957 vorgesehen hatte (Hartmann NJW **56**, 899; Biermann Bem 4 zu §§ 1100–1102; E. Schwerdtner, aaO, für Verwendgen). Teilw w Drittkäufer auf §§ 812ff od GoA verwiesen (BGH aaO beiläuf; Staud-Dittmann § 1100 Rdnr 9; Hbg NJW **71**, 1317, dazu Walter NJW **71**, 1845, der dem Erstkäufer Eingr-Kondiktion gibt), währd man §§ 987ff nur über § 292 zuläßt (W-Raiser § 126 Fußn 41); Verwendgs-ErsAnspr gem §§ 994ff gg Vorkäufer (auch hins der Zeit vor seinem EigtErwerb über § 999 II) gibt Schwerdtner BWNotZ **72**, 145 mwN. Der fehlgeschlagene KaufVertr zw Verkäufer u Drittkäufer macht diesen allerd nicht zum unentgeltl Besitzer iS v § 988, vgl dort Anm 4a aE. Doch ist dem Vorkäufer hier wg seines eigenständ HerausgAnspr bei drohder Verschlechterg des Grdst dch Drittkäufer § 1004 zuzubilligen, Hoche NJW **63**, 301 mit zutr Kritik an Mü ebenda; ihm zustimmd Soergel-Baur Rdnr 3.

4) Das **RechtsVerh des Berechtigten zu Dritten,** auch zum Käufer, die das Eigt od ein Recht am Grdst erwerben, regelt sich entspr der AuflVormkg. II. **VormerkgsSchutz** gg **Belastgen** beginnt mit **Eintritt der VorkLage,** also nach wirks geschl u ev behördl genehmigten KaufVertr, BGH WPM **73**, 644; Belastgen nach diesem Ztpkt muß der RInh löschen lassen, vorh entstandene sind voll wirks, RG **154**, 366, 377. – Keine GB-Sperre, vgl § 883 Anm 5c (aber auch RHeimstG 11 III). – Gesichert w der Kauf u Ausübg des VorkR bed Anspr. Bei **Übereigng** gilt idR das zu § 888 für den Fall vormkgswidr Aufl Gesagte. – Hat ein Erstkäufer, dessen AuflAnspr gg den Eigtümer nach Entstehg des VorkR (also bei vertraglichem ab Eintr, bei gesetzlichem ohne diese in den gesetzl festgelegten Ztpkten: Inkrafttr des BBauG für § 24, s aber auch § 25 I 1, dazu BGH **58**, 78) vorgemerkt w war, das Grdst unter Abtretg seines AuflAnspr nebst (§ 401) den Rechten aus der Vormkg an Zweitkäufer weiterverkauft, so sichert diesen zwar die erworbene Vormkg gg Vfgen des Eigtümers, welche die Übertr des Grdst an Erstkäufer beeinträchtigt hätten, nicht aber gg die Ausübg des VorkR für den zweiten Verkaufsfall; nach BGH **60**, 275 wirkt im Ergebn der vormkgsähnl Schutz des § 1098 II gg (auf Kauf beruhdn, § 1097) EigtÜbertraggen nicht erst – wie bei den Belastgen – ab Eintritt des VorkFalles, sond schon **ab Entstehg des** (im entschiedenen Fall gemeindl) **VorkR.** – Wg § 878 vgl dort Anm 3 vor a.

5) Der **Vertrag zwischen dem Verpflichteten u dem Käufer** wird durch die Ausübg des VorkR nicht aufgelöst. Erlangt der Käufer nicht das Eigt, gelten die §§ 439 I (RG JW **22**, 576), 440. Erwirbt er od sein RNachfolger das Eigt, verliert er es aber an den VorkBerecht, gilt daneben § 1102. Über Mäklerlohn vgl § 652 Anm 4 C f.

6) III eingefügt durch G v 5. 3. 53, BGBl 33 (vgl §§ 1059a ff Anm 1, 2, 4). Vgl auch RG **163**, 142. Gilt auch für OHG u KG, BGH **50**, 307 (GeschÜbern dch Gfter, dem GesellschVerm gem HGB 142, BGB 738 anwächst).

1099 *Mitteilungen.* ᴵ Gelangt das Grundstück in das Eigentum eines Dritten, so kann dieser in gleicher Weise wie der Verpflichtete dem Berechtigten den Inhalt des Kaufvertrags mit der im § 510 Abs. 2 bestimmten Wirkung mitteilen.

ᴵᴵ Der Verpflichtete hat den neuen Eigentümer zu benachrichtigen, sobald die Ausübung des Vorkaufsrechts erfolgt oder ausgeschlossen ist.

1) I ergänzt den § 510 I. Jeder Eigtümer kann durch formlose Mitteilg des KaufVertr die Frist des § 510 II in Lauf setzen. Zum Inhalt der Mitteilg BGH WPM **66**, 891.

2) Ausübg nur ggü dem Verpflichteten, §§ 505 I, 1098 I 1. Dieser hat deshalb die Ausübg od die Fristversäumg dem jetzigen Eigtümer mitzuteilen. **II.** Unterlassg begründet SchadErs.

1100 *Rechte des Käufers.* Der neue Eigentümer kann, wenn er der Käufer oder ein Rechtsnachfolger des Käufers ist, die Zustimmung zur Eintragung des Berechtigten als Eigentümer und die Herausgabe des Grundstücks verweigern, bis ihm der zwischen dem Verpflichteten und dem Käufer vereinbarte Kaufpreis, soweit er berichtigt ist, erstattet wird. Erlangt der Berechtigte die Eintragung als Eigentümer, so kann der bisherige Eigentümer von ihm die Erstattung des berichtigten Kaufpreises gegen Herausgabe des Grundstücks fordern.

1) Grdsätzl hat der das VorkR Ausübde (Vorkäufer) den Kaufpr dem VorkVerpflichteten zu zahlen, u zwar ohne Rücks auf eine etwa schon vom Erstkäufer erfolgte Zahlg (dieser mag vom Verkäufer zurückfordern, vgl § 1098 Anm 5). War der Käufer (od sein RNachfolger) aber schon als neuer Eigtümer eingetr, so erfolgt nach §§ 1100ff eine einfachere Abwicklg der schuldrechtl Beziehgen, dies auch zum Schutze des Käufers. Den von Käufer bereits an den Verkäufer entrichteten Kaufpr muß er erstern der Vorkäufer erstatten, unter Befreiung des Vorkäufers ggü dem Verkäufer, § 1101, u unter Befreiung des Verkäufers ggü dem Käufer, § 1102 Halbs 2. Freilich entfällt hierdurch für Vorkäufer Möglichk der Aufrechng, die er dem Verkäufer ggü hätte erklären können. Käufer (od RNachf) hat ZurückbehaltgsR ggü den Ansprüchen des Vorkäufers (auf Zust zur Eintr u Herausg), S 1, nach Eintr des Vorkäufers klagb Anspr nach Maßg S 2 auf Erstattg. Seine Pfl zur Herausg des Grdst entfällt, wenn er den Besitz nie erlangt hat. Die Kosten des ersten KaufVertr kann er auch erstattet verlangen, RG JW **37**, 1255; BGH DVBl **64**, 526 (Notarkosten, aber nicht GrdErwerbsteuer); LM § 505 Nr 2 (wonach Käufer, der Kaufpr an Verk gezahlt hat, diesen vom Vorkäufer kondizieren kann; bedenkl); vgl auch Henrichs DNotZ **55**, 373 (zum RSiedlG); Celle NJW **57**, 1802 (zum Nds AufbauG).

1101 *Befreiung des Berechtigten.* Soweit der Berechtigte nach § 1100 dem Käufer oder dessen Rechtsnachfolger den Kaufpreis zu erstatten hat, wird er von der Verpflichtung zur Zahlung des aus dem Vorkaufe geschuldeten Kaufpreises frei.

1) Vgl § 1098 Anm 2 und § 1100 Anm 1. Der Vorkäufer schuldet also nach seiner eigenen Eintr, wenn Käufer (od RNachf) schon eingetr gewesen war, den Kaufpr, soweit dieser vom Käufer dem Verkäufer gezahlt war, dem Käufer (od dessen RNachf), im übr dem Verkäufer.

1102 Befreiung des Käufers.
Verliert der Käufer oder sein Rechtsnachfolger infolge der Geltendmachung des Vorkaufsrechts das Eigentum, so wird der Käufer, soweit der von ihm geschuldete Kaufpreis noch nicht berichtigt ist, von seiner Verpflichtung frei; den berichtigten Kaufpreis kann er nicht zurückfordern.

1) Vgl § 1100 Anm 1. Die Befreiung tritt erst mit dem Verlust des Eigtums ein, BayObLG **26**, 127. Frei wird nur der erste Käufer. Das Verhältn zu seinem Abkäufer regelt sich nach §§ 320ff.

1103 Subjektiv-dingliches und subjektiv-persönliches Vorkaufsrecht.
I Ein zugunsten des jeweiligen Eigentümers eines Grundstücks bestehendes Vorkaufsrecht kann nicht von dem Eigentum an diesem Grundstücke getrennt werden.

II Ein zugunsten einer bestimmten Person bestehendes Vorkaufsrecht kann nicht mit dem Eigentum an einem Grundstücke verbunden werden.

1) Keine Umwandlg eines subjpersönl Vorkaufsrechtes in ein subjdingl und umgekehrt. Nur Aufhebg des einen u Neubegründg des anderen. **a)** Veräußerg u Belastg des herrsch Grdst (vgl auch ZPO 865 I, ZVG 20 II, 90 II) ergreifen das subjdingl VorkR als seinen Bestandt, § 96. Selbstdge Veräußerg od Belastg unzul. Bei Teilg des herrschden Grdst kann das VorkR nur von allen Eigtümern im ganzen (§§ 513, 1098 I) ausgeübt w, RG **73**, 320; §§ 1025, 2; 1109 III sind nach BayObLG **73**, 21 als AusnVorschr nicht entspr anwendb; str; aA Westermann § 125 II 1: R bleibe beim wirtsch MittelPkt.
b) Übertragbarkeit des subjpersönl Vorkaufsrechtes: vgl § 1094 Anm 5 b. Pfändg: ZPO 851, 857.

1104 Ausschluß unbekannter Berechtigter.
I Ist der Berechtigte unbekannt, so kann er im Wege des Aufgebotsverfahrens mit seinem Rechte ausgeschlossen werden, wenn die im § 1170 für die Ausschließung eines Hypothekengläubigers bestimmten Voraussetzungen vorliegen. Mit der Erlassung des Ausschlußurteils erlischt das Vorkaufsrecht.

II Auf ein Vorkaufsrecht, das zugunsten des jeweiligen Eigentümers eines Grundstücks besteht, finden diese Vorschriften keine Anwendung.

1) Vgl Anm zu § 1170. AufgebotsVerf nach ZPO 988, 1024 I.

Siebenter Abschnitt. Reallasten

Überblick

Aus dem **Schrifttum**: v Lübtow, Die Struktur der Pfandrechte und Reallasten, Festschr H. Lehmann, 1956, Bd I S 352ff. – Hartmann, WertsichersgMöglichkeiten des Erbb-, Miet- u Pachtzinses, Deutsches Stiftswesen 1968, 377. – Dressel, Begründg u Abänderg von Altenteilsleistgen, RdL **70**, 85. – Grohmann, Der Altenteilsbegriff iS des EGZVG 9, JurBüro **70**, 461. – Drischler, Altenteil u Zwangsvollstreckg, KTS **71**, 145. – Dürkes, WertsichgsKlauseln, 8. Aufl 1972 – Medicus, Betr **74**, 759; Bettermann, ZRP **74**, 13; Mann, NJW **74**, 1297; Papier, JuS **74**, 477; Reichert-Facilides, JZ **74**, 483 (je z Geldentwertg). – Riedel, JurBüro **73**, 1126. – Roellenbleg, Ausgewählte Probleme der Grdst-Überlassg in zivilrechtl u steuerrechtl Sicht, DNotZ **73**, 708 = MittBayNot Sonderh 1973.

1) **Begriff.** Die Reallast ist die dingl **Belastg** eines Grdst **mit aus dem Grdst zu entrichtenden wiederkehrenden Leistgen**, § 1105 I. Prakt vor allem wg des in ländl Kreisen gebräuchl AltenteilsR (vgl Anm 5).

a) Die Reallast als Ganzes (StammR) ist ein **dingl** Recht am Grdst. Auf dem Grdst lastet ferner dingl **jede Einzelleistg**, § 1107. Daneben hat iZw der Berecht gegen den Eigentümer einen persönl Anspr wg der während der Eigentumszeit fällig werdenden Einzelleistgen (nicht wg der Rückstände), § 1108. Es handelt sich aber begriffl nicht um eine durch eine Reallast gesicherte Fdg wie bei der Hyp, die persönl Haftg ist nicht das GrdVerh, zu dem die dingl GrdstHaftg tritt, sond umgekehrt tritt zu der dingl Haftg ergänzd die persönl Schuld, Hedemann, SachR, S 296; die persönl Schuld ist nicht Voraussetzg für die Reallast, sond deren Folge. Reallasten sind Verwertgsrechte, von Lübtow aaO. str. Bei ihnen sind, wie bei den GrdPfdRechten, „aus dem Grdst" Leistgen zu entrichten, vgl § 1147; bei GrdPfdRechten in Geld, bei Reallasten Leistgen jeder Art, vgl § 1105 Anm 4. Hyp u Grundschulden sichern einmalige Kapitalzahlgen, jedoch können Zinsen u Nebenleistgen ausbedungen werden (§§ 1115 I, 1191 I). Reallasten sichern wiederkehrende, Rentenschulden regelm wiederkehrende Leistgen; auf sie sind die für HypZinsen geltenden Vorschr anzuwenden, §§ 1107, 1200 I. Die **Rentenreallast**, dh die auf regelm wiederkehrende Geldleistgn (Grundrente) gerichtete Reallast, hat mit der Rentenschuld, § 1199, große Ähnlichk. Aber Unterschiede: wirtschaftl: die Rentenschuld ist eine Form des Grundkredits, die Reallast eine Form mittelb wirtschaftl Nutzg des Grdst. Rechtl: bei der Rentenschuld ist nach § 1199 II eine Ablösgsumme einzutragen; Ablösg nach §§ 1200ff; bei der Reallast regelt sich die Ablösg nach LandesR, EG 113; RG **129**, 213. Die Reallast ist

BuchR (vgl aber EG 115; *bay* ÜbergG 47: Ewiggeldbriefe), die Rentenschuld kann ein BriefR sein. Die Reallast kann subjdingl sein, § 1105 II, die Rentenschuld nicht. Für letztere haftet der Eigtümer nicht persönl; anders bei der Reallast, § 1108. Bei Ablösg der Reallast wird mit Übergang auf den Eigtümer, sond Erlöschen; anders bei der Rentenschuld, § 1200 II. Über die verschiedene Behandlg in der ZwVerst vgl ZVG 92, 121 I, 158. Die Reallast, auch die Geldreallast, ist nicht mündelsicher, vgl § 1807. Zur Ausleg des Parteiwillens, ob Kaufpr dch Reallast od Rentensch zu sichern, vgl BGH WPM **70**, 92.

b) Die Reallast ist ein dingl Recht. Deshalb zu trennen von der persönl Fdg, wenn sie solche wirtschaftl sichern soll (RG **129**, 216; Schlesw DNotZ **75**, 720); besteht die Fdg nicht, kann die Reallast kondiziert w. Auch der Anspr auf die einz Leistgen ist dingl Natur: der Eigtümer haftet deshalb mit dem Grdst für Rückstände. Über die daneben bestehde persönl Haftg des Eigtümers vgl § 1108.

c) Der Berecht kann die **ZwVerst** regelm nur wg der Einzelleistgen (vgl § 1107 Anm 1) betreiben; wg der Ablösgssumme (EG 113) erst nach Ablösg. Bei Naturalreallast ZwVerst erst nach Umwandlg des Anspruchs in GeldAnspr, was im Wege des § 283 mögl (vgl zB Westermann, Forstnutzgsrechte, 1942, S 102; nach v Lübtow aaO 362 darf Gläub von vornherein den gemeinen Wert einsetzen). Soweit zu leistende Ggstände in Natur auf Grdst vorhanden, Vollstreckg auch des dingl Anspr dch Wegnahme dch GVz mögl, Westermann SR § 124 III 2; str. In der ZwVerst gelten ZVG 91, 92.

d) Umstellg der Reallasten in Altwährg auf DM gem UmstG 13–21: 40. DVO z UmstG 4 (abgedruckt 22. Aufl Anh nach § 1203). Also Umstellg 1:1 insb, wenn es sich um Altenteils- od sonstige UnterhLeistgen (Renten) handelt, UmstG 18 I 1. Keine HGA (Ausn LAG 94 III 4, 5).

e) Wertsicherg (vgl Müller-Frank RhNK **75**, 355). Da Leistg (im Ggs zu ErbbRVO 9 II 1) nur bestimmb sein muß, ist Anknüpfg an Lebenshaltungsindex des StatistAmt zul u eintragb (Düss OLGZ **67**, 461). Bei automat Anpassg ist jew Höhe dingl gesichert, währd AnpassgsAnspr dch Vormkg zu sichern ist (Celle DNotZ **77**, 548). Vereinbg von **Sachleistgen**: vgl § 245 Anm 5b cc; Verbindg von Sachleistg mit Verwertgsverpflichtg unter Pfl zur Abführg des Barerlöses nach Schlesw DNotZ **57**, 537 (nicht unbedenkl, vgl Eppig in Anm). Zur Ausleg eines nach WährG 3 genfreien Leistgsvorbehalts („grobes MißVerh der Rente zur späteren Kaufkraft des Geldes") vgl BGH WPM **70**, 1417.

f) Altenteilsleistgen nach § 242 **abänderb**, Schlesw SchlHA **57**, 110, auch wenn derzeit GrdEigtümer nur dingl haftet, Schlesw MDR **66**, 1002; BGH NJW **57**, 1798; wg Kürzg gem AltershilfeG idF v 14. 9. 65 (BGBl 1448) § 24 vgl BGH RdL **61**, 188. – Wg Erhöhg ehemal Erbpachtkanons vgl Hamm RdL **62**, 242. Vgl *Bay* VO v 14. 12. 23 idF v 10. 12. 34 über anderw Festsetzg von Geldbezügen aus Altenteilsverträgen usw (BayBS III 131); für das Verf gilt *bay* PachtschutzO v 2. 12. 20, insb § 14 II (einstw Anordngen), Mü RdL **69**, 64.

2) Reichs- u Landesrecht. Das BGB gibt nur RahmenVorschr; Einschränkg, Ergänzg u Ausgestaltg wg der verschiedenartigen Entwicklg in den Ländern in weitem Umfang nach LandesR, RG **113**, 97; vgl EG 113–115; 62 (Rentengutsrenten), 96 (Altenteile), 118 (Kulturrenten). Übergangsbestimmgen EG 114, 184, 189. Vgl ferner die Naturalwertrente, RSiedlG 15 II.

3) Entspr anzuwenden sind die §§ 1105–1112: auf die Überbau- u Notwegrenten, §§ 914 III, 917 II 2; auf die UnterhaltgsPfl nach §§ 1021 II, 1022 S 2; auf den Erbbauzins, ErbbRVO 9 I. LandesR gilt hier nicht, EG 116; ErbbRVO 9 I 2.

4) Öffentl Lasten: Vgl Einl 4f vor § 854, auch EG 132; keine Reallast des BGB, BayObLG **66**, 191; BayVGH BayVBl **73**, 584. In solche umgewandelt wurde dch G v 11. 5. 49 mit DVO v 25. 5. 49 (WiGBl 79, 80) die RentenbankGrdSch für die LandwRentenbank (vgl G idF v 15. 7. 63, BGBl 463). Festgelegt wurde Vorrang vor allen und Lasten, s aber § 10 I Nr 3 S 2 ZVG. Näheres s 29. u fr Aufl.

5) Altenteil, Leibzucht, Leibgedinge, Auszug (vgl EG 96, 115) sind zusfassde Ausdrücke für Reallasten u beschr pers Dienstbk bestimmten Inhalts. Sie haben Anspr auf Sach- u Dienstleistgen zum Ggst, die der allgemeinen leibl u persönl Versorgg des Berecht aus dem belasteten Grdst dienen. Zum Begriff: BayObLG Rpfleger **75**, 314 mwN; Hamm OLGZ **69**, 380, zum Unterschied vom Nießbr; Ffm Rpfleger **72**, 20 zum Unterschied vom *hess* EinsitzR, vgl EG 119, 96, je Anm 2. Der urspr familienrechtl Charakter des R setzt grdsätzl pers Beziehgen zw denen der Gewährden u dem Begünstigten voraus, RG aaO; Hamm DNotZ **70**, 659. Vor allem bei landw Grdst; Bestellg auf städt jedoch nicht unzul; hier genügt Bestellg von WohngsR u Geldrente, LG Kiel SchlHA **57**, 307, od nur ersteres als UnterhBeitrag für den GrdstÜberlasser, RG **152**, 107. UU kann auch **WohngsR allein** als Altenteil bestellt w (vgl etwa *bay* AGZVG 27 I); nicht aber Nießbr allein, wg des mangelnden VersorggsGesichtspkts unter örtl Bindg an das Grdst, LG Mü I BayNotV **72**, 294, Anm Promberger. Genügd „Pflege u Aufwartg in gesunden u kranken Tagen", Düss RhNK **72**, 708. – Meist werden sie im Anschl an eine Gutsüberlassg bestellt, dies aber nicht wesentl, RG **162**, 56. Zur Ausleg der Begriffe „Hege u Pflege" u „freier Umgang auf dem Gewese" vgl Celle RdL **70**, 96. Das BGB enthält über sie keine sachenrechtl Vorschr; GBO 49 gestattet die Eintr in das GB unter der Bezeichnung „Altenteil" od dgl ohne nähere Bezeichng des Inhalts im einzelnen; Erweiterg von § 874; entscheid Inhalt der Eintr u der in bezug genommenen EintrBew, Hamm OLGZ **69**, 380. EintrBew muß bei Mehrh von Berecht GemschVerh erkennen lassen (LG Osnabr Rpfleger **74**, 263). Zusammenfassg von Nießbr an GrdstTeil u Reallast zu „Altenteil" zul, Hamm DNotZ **70**, 37; Horber § 49 Anm 2a; str. Bei Eintr auf **mehreren** Grdst ist ausreichd aber auch erforderl, daß EintrBew ergibt aus welchen Einzelr das Altenteil besteht u auf welchen Grdst diese lasten (BGH **58**, 57; dazu Feldmann JurBüro **73**, 179). Ein Altenteil, das einheitl für mehrere in ihm enthaltene Re auf mehreren Grdst eingetr w soll, darf hins der in ihm enthaltenen beschr pers Dbkten nicht für solche Grdst bewilligt w, auf denen sich keine für die Benutzg infrage kommden Einrichtgen, Flächen, Gbde od Wege befinden (Hamm DNotZ **76**, 229; dort auch zur Gestaltg von WohngsR im Altenteil). Erleichterg der Löschg gem GBO 23, 24; Rückstände iSv GBO 23

Reallasten   **Überbl v § 1105, § 1105**

hier auch mögl bei nur aus WohngsR bestehden Altenteil, wenn zB LandesR (vgl EG 96) bei Wegzug des Berecht Geldrente gibt (Gantzer MittBayNot **72**, 6) od bei NutzgsR an Garten u PflegePfl (LG Brem DNotZ **70**, 109). – Nach LandesR erlöschen eingetr Altenteile in der ZwVerst nicht, EGZVG 9 (dazu Hagena BWNotZ **75**, 73; Zeller § 52 Anm 15 mwN); vgl aber EGZVG 9 II; Erlöschen des Altenteils uU als VerstBdgg beantragb (dazu Hagena Rpfleger **75**, 73). – Wg Gen nach WährgG 3 u Abänderg der Leistgen vgl Anm 1e, f; wg Übertragbark § 1111 Anm 2b. Zur Pfändbark (ZPO 850b I Nr 3) vgl Hamm Rpfleger **69**, 396; BGH **53**, 41 (verneind), und EG 96 Anm 1. – Über Anspr aus § 242 und Eintr des ges Altenteils nach der HöfeO, Oldbg AgrarR **73**, 370. – Für mehrere Berecht als GesGläub bestellb (BayObLG **75**, 191), Angabe in EintrBew genügt.

1105 *Begriff; subjektiv-dingliche Reallast.*   ^I Ein Grundstück kann in der Weise belastet werden, daß an denjenigen, zu dessen Gunsten die Belastung erfolgt, wiederkehrende Leistungen aus dem Grundstücke zu entrichten sind (Reallast).

^{II} Die Reallast kann auch zugunsten des jeweiligen Eigentümers eines anderen Grundstücks bestellt werden.

1) Allgemeines. Vgl Übbl 1.

2) Belastgsgegenstand. Nur Grdst, Übbl 1 vor § 873. Reale Teile; vgl aber GBO 7; Verstoß dagg macht Eintr nicht unwirks. Anteile an einer BruchteilsGemsch: § 1106. Ferner grdstgleiche Rechte, vgl § 873 Anm 2 a. Gesamtbelastg zul.

3) Berechtigt kann sein: **a)** Eine bestimmte natürl od jur Pers (**subjektivpersönl Reallast**); für mehrere Berecht als GesGläub (BayObLG **75**, 194). Für den Fall des Todes des ErstBerecht kann die Reallast gleichzeit für einen ZweitBerecht bestellt w, aber nicht dch Einigg zG dieses Dr (BGH **LM** Nr 1); auch insow jedoch PrüfgsPfl des GBA nur gem GBO 19 (Köln OLGZ **66**, 231).

b) Der jeweilige Eigtümer eines selbstd Grdst (**subjektivdingl Reallast, II**). GrdstTeil durch Abschreibg zuvor selbstd zu machen, KGJ **53**, 171. Nachträgl Teilg: § 1109. **Zu a und b:** Umwandlg der einen Art in die andere unzul, §§ 1110, 1111 I; vgl § 1103 Anm 1 a.

c) Eigentümerreallast als subj persönl (Kirchner, MittBayNot **72**, 53) u als subjdingl zul wie EigtGrdDbk (vgl Einf 2b vor § 1018; aM Staud-Dittmann Anm 9) u nach § 889. Aber nicht entspr §§ 1163 I 2, 1168 (aM von Lübtow aaO 355). Auf EigtReallast Vorschr über EigtümerGrdsch entspr, Staud-Dittmann Anm 9.

4) Inhalt der Reallast. a) Leistgen. Also nicht Unterlassen (wie §§ 1018, 1090), sond Leisten od Handeln, BayObLG **59**, 301. Sie müssen nicht in Natur aus dem Grdst gewährt w, denn ,,aus dem Grdst zu entrichten" ist, wie in § 1113, nur Hinweis auf die dingl Haftg des Grdst im Wege der ZwVollstr (Celle DNotZ **52**, 126; **55**, 316; Schlesw DNotZ **75**, 720; einschränk RG JW **75**, 895). ZB Zahlg einer Rente; Lieferg von Nahrgsmitteln; von elektr Strom, vgl *Bay*AGBGB 85 I; Unterhalt einer Brücke, sofern sie nicht NebenPfl einer GrdDbk ist, §§ 1021, 1022; auch das Aufrechterhalten eines bestimmten Zustandes des belasteten Grdst, zB Betrieb eines Sägewerkes. WohnR mit Strom- u Wasserbezug sowie R auf Beheizg (LG Mü II MittBayNot **68**, 317; Hamm Rpfleger **75**, 357); Gewähren von Wohng (LG Bn RhNK **76**, 573). Leistg muß in GeldFdg umwandelbar sein, BayObLG **59**, 305; vgl Übbl 1 a.

b) Wiederkehrende, dh dauernd od für einen bestimmten Zeitraum zu erbringde (Schlesw DNotZ **75**, 720) Leistgen. Ausn für einz einmalige Leistgen (BegräbnKosten) neben and wiederkehrden beim Altenteil, Hamm Rpfleger **73**, 98; bed Erhöhg des Gutsabstandsgelds als Teil des Leibgedings für den Fall der Veräußerg des übergebenen Anwesens, BayObLG **70**, 100. – **Nicht** erfordert: Regelm Wiederkehr (RG **131**, 175). Gleiche Höhe od Art der Leistgen (BGH Rpfleger **75**, 56). Fest best Höhe der Leistg; Bestimmbark genügd aber auch notw (KG JFG **1**, 431), zB standesgem Unterh (BayObLG **53**, 200), Höchstpension eines bay Notars (BGH **22**, 58), den LebensVerh des RInh angem u für den GrdBes tragb Betr (LG Brschw NdsRpfl **71**, 233), Beköstigg u Versorgg in KrankhFällen (LG Würzb MittBayNot **75**, 99), Lebenshaltgsindex (Übbl 1 e vor § 1105). Umst für Best müssen grundbuchm (ev in EintrBew) verlautbart u nachprüfb sein (Düss NJW **57**, 1766). Im früh *Pr* können aber mit Ausn fester Geldrenten ,,beständige", dh ohne zeitl Begrenzg bestellte Reallasten nicht mehr begründet werden, AblösgsG v 2. 3. 1850, GS 77, §§ 6, 91 II; KGJ **38** A 269. – Wg Wertbeständigk vgl Übbl 1 e.

c) Beschränkg nach EG 115.

5) Begründg, Übertragg, Erlöschen. a) Begründg nach § 873. Bestellg einer Eigtümerreallast: Anm 3 c. Eintr auf dem Blatt des belasteten Grdst nach §§ 873, 882; GBO 49. Die Höhe der Einzelleistgn braucht nicht eingetr zu w; § 1115 (trotz § 1107) nicht anwendbar, KGJ **51**, 271. Vermerk der subjdingl Reallast auf dem Blatt des herrsch Grdst nach GBO 9. Überbau- u Notwegrenten nicht eintraggsfähig, §§ 914 II 1, 917 II 2. – Keine Bestellg zG Dritter, BGH **LM** Nr 1; wg der formellrechtl Seite Köln OLGZ **66**, 231. – Begründg durch Staatsakt: FlurbG 49 I.

b) Übertragg. Vgl § 1111 Anm 2. Inhaltsänderg nach § 877. Über Abänderg nach § 242 vgl Übbl 1 e.

c) Erlöschen. Rechtsgeschäftl Aufhebg nach §§ 875, 876. Vgl dazu EG 120 II Nr 2; GBO 21. Verzicht auf Überbau- u Notwegrenten eintraggsbedürftig, §§ 914 II 2, 917 II 2. Verj, §§ 901, 902. Aufgebot, § 1112. Ablösg, EG 113. Aufhebg gem FlurbG 49. Vgl ferner GBO 23, 24. Str, ob bei gleichzeit Eintr der Klausel nach GBO 23 II u des R die Bewilligg des Eigtümers genügt; zutr bejahd BayObLG **65**, 46; LG Kreuznach RhNK **70**, 149; nein: Brem DNotZ **61**, 41; Horber § 23 Anm 6 mit Nachw des Streitstandes. Über die ZwVerst vgl ZVG 91, 92; EGZVG 9 (RG **148**, 314); insb über den WertErsAnspr aus VerstErlös von Lübtow 356; vgl auch Übbl 5 aE wg Altenteils.

1106 *Belastung eines Bruchteils.* **Ein Bruchteil eines Grundstücks kann mit einer Reallast nur belastet werden, wenn er in dem Anteil eines Miteigentümers besteht.**

1) Vgl §§ 1095, 1114 u Anm.

1107 *Einzelleistungen.* **Auf die einzelnen Leistungen finden die für die Zinsen einer Hypothekenforderung geltenden Vorschriften entsprechende Anwendung.**

1) Allgemeines. Bei der Reallast sind zu unterscheiden: **a)** Die **Reallast als Ganzes.** Sie hat selbstd Bedeutg auch ggü den Einzelleistgn; vgl § 894 (Berichtigg), ZPO 25 (Klage auf Anerkenng). Für sie gelten die Vorschr über die Hyp regelm nicht. Doch kann nach allg Grdsätzen entspr Anwendg geboten sein, zB § 1134. Vgl auch § 1105 Anm 3 c, § 1111 Anm 2.
b) Die **Einzelleistgn.** Sie verhalten sich zur Reallast als solcher wie die HypZinsen zur HypFdg.

2) Einzelleistgn. a) Entspr anwendb alle Vorschr, die für HypZinsen gelten. Auch solche außerh des BGB. Ebso § 1200 I.
b) Nur entspr Anwendg. Also sind nicht anzuwenden Vorschr, die in §§ 1105 ff anders geregelt sind; die sich nur auf das HypKapital beziehen, zB §§ 1115, 1132 II, 1133; die auf der bes Gestaltg der Hyp beruhen, zB Abhängigk der Hyp von der persönl Fdg, Briefbildg.

3) Hiernach gilt folgendes:
a) Eintragg der Reallast. Vgl § 1105 Anm 5 a. § 1115 nicht anwendbar.
b) Abtretg künftiger Einzelleistgn nach §§ 873, 1158, von Rückständen nach §§ 398 ff, 1159. Pfändg künftiger Leistgn nach ZPO 830, 857; von Rückständen nach ZPO 829, 835, KG JW **32**, 1564. Voraussetzg ist Übertragbark, vgl § 398 ff, 413; vgl § 1111 Anm 2 b.
c) Geltendmachg. Keine Verzugszinsen, § 289, BGH NJW **70**, 243. Dagg beachtl Bringezu, NJW **71**, 1168. Bestandteile usw des Grdst (§§ 1120 bis 1130), zugeschriebene Grdst (§ 1131) haften mit (hM). § 1132 I anwendb (Gesamtreallast); dagg nicht § 1132 II. UnterlKlage (§§ 1134, 1135) zul. Vgl auch VVG 106. Dingl Unterwerfgsklausel (ZPO 800) unzul, KG DNotZ **58**, 207; BayObLG **59**, 83 (hierzu Hieber DNotZ **59**, 390); aber vollstreckb Urkunde, ZPO 794 I 5, zul. § 1158 mit § 1157 anwendbar. Vollstreckg nach §§ 1147, 1148, 1150, 268; in Naturalleistgn auch durch Wegnahme, vgl Übbl 1 c; aber kein selbständ AneigngsR (v Lübtow 362). Ferner anwendbar §§ 1143, 1164, 1173 II, 1174, 1182.
d) Erlöschen. Aufhebg künftiger Leistgn nach §§ 875, 876; Verzicht auf Rückstände nach § 1178 II. Bei Befriedigg aus dem Grdst gilt § 1181. Vereinigg von Rückständen mit dem Eigt, § 1178 I; für Reallast selbst gilt § 889; §§ 1177 II, 1197 II anwendbar. Verj nach §§ 902 I 2, 197, auch von nicht regelm wiederkehrenden Leistgn, aM Planck Anm 2 a.

1108 *Persönliche Haftung; Teilung des belasteten Grundstücks.* **I Der Eigentümer haftet für die während der Dauer seines Eigentums fällig werdenden Leistungen auch persönlich, soweit nicht ein anderes bestimmt ist.**

II Wird das Grundstück geteilt, so haften die Eigentümer der einzelnen Teile als Gesamtschuldner.

1) Haftg. Der Eigentümer haftet:
a) Dinglich (mit dem Grdst) für die Reallast als Ganzes (vgl Übbl 1b vor § 1105) u für die Einzelleistgen, auch für die Rückstände. Bei Teilg des Grdst haftet jeder Teil für die ganze Leistg (§ 1107, 1132 I). Insoweit keine Besonderheiten ggü anderen dingl Rechten; vgl aber EG 120 II Nr 1, 121.
b) Persönlich (auch mit sonst Verm); Besonderh der Reallast. Die Haftg für die noch nicht fäll Einzelleistgen ist dch die EigtÜbertr auflösd bdgt (BGH RPfleger **78**, 207; dort auch zur Aufrechng); für v EigtÜbertr fäll Einzelleistgn w weiter gehaftet. Jeder Eigtümer, auch der Ersteher; über abweichende Vereinbg vgl Anm 3. Nur im Umfang der dingl Haftg, RG **108**, 295. Gerichtsstand ZPO 24 ff. – Von dieser persönl Haftg zu scheiden die persönl Schuld des Bestellers, wenn Reallast zur Sicherg einer Fdg (wie meist bei Altenteil) bestellt (vgl Übbl 1 b).
c) Bei persönl Haftg des VorEigtümers u dingl des jetzigen für Rückstände gesamtschuldähnl Verhältn; im InnenVerh §§ 1143, 1164 entspr, W-Raiser § 128 II 2 c. Für kopfteil Innenhaftg des urspr Anspr-Gegners (Schuldners aus dem LeibrentenVertr) u des jetzigen Eigentümers (als des VerwertgsGegners), der das Grdst von ZwischenEigtümer ersteigert hatte, der seinerseits die Leibrentenschuld des Bestellers nur intern (§ 415 III) übernommen hatte, BGH **58**, 191 Anm Mattern **LM** § 426 Nr 34, krit Herr NJW **72**, 814.

2) Bei **Teilg des belasteten Grdst, II,** haftet jeder Eigtümer persönl als GesSchu, §§ 421 ff. Jedoch Haftg im InnenVerh entspr § 1109 I 2 nach dem Verhältn der TeilGrdst, Staud-Dittmann Anm 12. Gesamthaftg auch bei MitEigt entspr II; Haftg nach Kopfteilen wäre für Gläub unbillig, aM RGRK Anm 1. – Z Frage einer „Regreßbehinderg" bei Aufhebg einer v mehreren SichgsReallasten vgl BGH NJW **74**, 1083.

3) Ausschluß od **Beschränkg** der persönl Haftg zul. Eintr nach §§ 873, 874, 877 zur dingl Wirkg (zB gg Nachf des Berechtigten) nötig. Keine Erweiterg der pers Haftg, W-Raiser § 128 Anm 23; str.

Reallasten §§ 1109–1112

1109 *Teilung des herrschenden Grundstücks.* I Wird das Grundstück des Berechtigten geteilt, so besteht die Reallast für die einzelnen Teile fort. Ist die Leistung teilbar, so bestimmen sich die Anteile der Eigentümer nach dem Verhältnisse der Größe der Teile; ist sie nicht teilbar, so finden die Vorschriften des § 432 Anwendung. Die Ausübung des Rechtes ist im Zweifel nur in der Weise zulässig, daß sie für den Eigentümer des belasteten Grundstücks nicht beschwerlicher wird.

II Der Berechtigte kann bestimmen, daß das Recht nur mit einem der Teile verbunden sein soll. Die Bestimmung hat dem Grundbuchamte gegenüber zu erfolgen und bedarf der Eintragung in das Grundbuch; die Vorschriften der §§ 876, 878 finden entsprechende Anwendung. Veräußert der Berechtigte einen Teil des Grundstücks, ohne eine solche Bestimmung zu treffen, so bleibt das Recht mit dem Teile verbunden, den er behält.

III Gereicht die Reallast nur einem der Teile zum Vorteile, so bleibt sie mit diesem Teile allein verbunden.

1) Allgemeines. § 1109 gilt für die subjdingl Reallast, u zwar **für jede Teilg**, § 890 Anm 5, auch für solche ohne Veräußerg, KGJ **53**, 172. Vgl auch § 1025. Ferner EG 120 II Nr 1, 121, 189. Durch Vereinigg od Zuschreibg als Bestandt (§ 890) wird die Berechtigg nicht erweitert, § 1110.

2) Die Reallast als solche besteht zG aller Teile fort, **I S 1**. Umfang unverändert. Gemsch der Eigtümer nach §§ 741 ff. Ausnahmen: **a) II S 1, 3**. Bestimmg ist ihrem Wesen nach AufgabeErkl nach § 875. Sachlrechtl formlos; verfrechtl formbedürftig nach GBO 29. Eintr auf dem Blatt des belasteten Grdst. Zust nach §§ 876, GBO 21; auch bei stillschw Bestimmg nach II S 3, RGRK Anm 6, aM Planck Anm 5, Staud-Dittmann Anm 4. § 878 anwendbar.

b) III. Die Rechte der anderen Eigtümer erlöschen. Rechte Dritter werden nicht berührt, § 876 S 2. Vgl §§ 894; GBO 9 II.

3) Bei teilbaren (§ 752) **Einzelleistgen** sind die Eigtümer TeilGläub. Anteil entspr GrdstGröße; anders § 742. Für unteilbare Leistgen gilt § 432. Beschwerlichere Ausübg nur nach Vereinbg zul.

1110 *Subjektiv-dingliche Reallast.* Eine zugunsten des jeweiligen Eigentümers eines Grundstücks bestehende Reallast kann nicht von dem Eigentum an diesem Grundstücke getrennt werden.

1) Vgl § 1103 I und Anm dazu. EG 184 ist anwendbar; zum „Inhalt" gehört die Übertragbark, str; vgl § 877 Anm 2a. Für das R dah ZPO 851.

1111 *Subjektiv-persönliche Reallast.* I Eine zugunsten einer bestimmten Person bestehende Reallast kann nicht mit dem Eigentum an einem Grundstücke verbunden werden.

II Ist der Anspruch auf die einzelne Leistung nicht übertragbar, so kann das Recht nicht veräußert oder belastet werden.

1) I. Vgl § 1103 II und Anm dazu.

2) Übertragbark der Reallast als Ganzes.

a) Grdsätzl zulässig. Veräußerg u Belastg nach § 873. Pfändg nach ZPO 857 VI, 830 I dch Beschl u Eintr (vgl § 1107 Anm 3a u eingehd Stöber, 5. Kap B 32). Wg Altenteil vgl BGH **53**, 41 u Übbl 5 aE vor § 1105. Vererbl, wenn sich nicht aus dem Vertr (zB bei Altenteil) anderes ergibt.

b) Ausnahme nach **II**, wenn die Einzelleistgen nicht übertragb. Übertr ausgeschl nach §§ 399, 400, 413, EG 115. Vgl auch ZPO 851. Altenteil mit bloßen Geldleistgen ist übertragb, RG **140**, 64. Ein einheitl Altenteil mit teils übertragb, teils nicht übertragb Leistgen wird regelm nicht übertragb sein, KG JW **35**, 2439; vgl auch Staud-Dittmann Anm 3. Das aus unveräußerl Reallast u WohngsR bestehde Leibgeding fällt, wenn für Ehegatten in GütGemsch bestellt, ins GesGut; es kann ihnen nicht gleichzeitig als GesGläubigern nach § 428 zugeordnet w; wird dagg jedem der Gatten je ein Leibgeding einen Inhalts bestellt, so fallen diese Rechte jew ins Sondergut; dann ist Zuordng der Rechte gem § 428 rechtl mögl; gleiches gilt, wenn die Rechte dch EheVertr aus dem Sondergut ins VorbehGut überführt worden wären (BayObLG **67**, 480/82; Ffm Rpfleger **73**, 394).

3) Übertr der Einzelleistgen: vgl § 1107 Anm 3 b.

1112 *Ausschluß unbekannter Berechtigter.* Ist der Berechtigte unbekannt, so finden auf die Ausschließung seines Rechtes die Vorschriften des § 1104 entsprechende Anwendung.

1) Vgl Anm zu §§ 1170 u 1104. § 1112 gilt nicht für subjdingl Reallasten, § 1104 II.

Achter Abschnitt. Hypothek. Grundschuld. Rentenschuld

Überblick

Aus dem **Schrifttum**: Felgentraeger, Hyp u Grundschuld, Festschr für J. von Gierke, 1950. – Kowalski, Die Grundschuld im modernen Grundbuchverkehr, 2. Aufl 1939. – Küchler, Die Sicherungsgrundschuld, 1939. – von Lübtow, Die Struktur der Pfandrechte u Reallasten, Festschr f H. Lehmann, 1956, Bd I S 328ff. – Moos, VergleichsGläubHyp, Heidelbg Diss 1965. – Reinicke, Pfandrechte und Hyp am Anwartschaftsrecht aus bedingter Übereign, 1941. – Schütz, Zur Reform des HypR, WPM **68**, 818. – U. Huber, Die SichersGrdSch, 1965. Vgl Schrifttum vor § 1191. – Wg **Rspr** des BGH vgl Mattern, WPM **77**, 1074. – Medicus, Die Akzessorietät in ZivR, JuS **71**, 497. – Westermann, Gutachten zur Reform der GrdPfdRechte, 1969, 1971. – Herbst, Vorschläge zur Reform des Hypotheken- u GrdSchR, ZsfdgesKreditwesen **73**, 254, 298. – Klinkhammer-Rancke, Hauptprobleme des HypR, JuS **73**, 665. – Schöner, Rechtl Probleme bei LastenfreistellgsVerpflichtgsErklärgen, DNotZ **74**, 327. – H. Weber, SichergsGesch, 2. Aufl 1977, §§ 11–14.

Übersicht

1) **Begriff**
   a) Die Grundpfandrechte. Rechtliche Bedeutg
   b) Ihre wirtschaftliche Bedeutung

2) **Arten der Grundpfandrechte**
   A. Hypothek. Grundschuld. Rentenschuld
   B. Die einzelnen Arten der Hypothek
      a) Verkehrshypothek
      b) Sicherungshypothek
      c) Gesamthypothek
      d) Tilgungs-, Tilgungsfonds- u Abzahlgshypothek
      e) Einheitshypothek
      f) Zusatzhypothek

3) **Übersicht über das Recht der Grundpfandrechte**
   A. Gegenstand der dinglichen Haftung
   B. Begründung, Übertragung, Belastung
   C. Schutzbestimmungen
   D. Befriedigung des Grundpfandgläubigers
   E. Eigentümerhypothek und -grundschuld
   F. Erlöschen der Grundpfandrechte

4) **Gesetzliche Änderung der Zins- und Zahlungsbestimmungen**

5) **Gesetzliche Zinssenkung**

6) **Gesetzliche Stundung**

7) **Landesrecht, Übergangsvorschriften**

8) **Einfluß des Krieges auf die Grundpfandrechte**

9) **Behördliche Genehmigungen**

1) Begriff a) Das BGB unterscheidet – unter Vermeidg des OberBegr „**Grundpfandrechte**" – zw **Hyp u Grundschulden**; Rentenschuld ist Unterart der GrdSch. Reallasten sind keine GrdPfdRechte, vgl Übbl 1a vor § 1105, aber auch LAG 94 III. Hyp u GrdSch können nur Grdst (§ 1113 Anm 2) u grdstgleiche Rechte belasten; auf Fahrn können sie sich erstrecken, doch kann diese nicht selbstd belastet w. Keine GeneralHyp u Verm einer Pers. – Hyp, Grd- u Rentenschulden sind weder Realobligationen (daher kein Verzug des Eigtümers, vgl § 1146 Anm 1, 2) noch dingl Schulden mit beschr Haftg, sond **dingl Verwertgsrechte**, hM. Aus dem Grdst sind Geldleistgen zu entrichten (§§ 1113 I, 1191 I, 1199 I, 1146); bei Hyp u GrdSch einmalige Kapitalzahlg, bei Rentenschuld regelm wiederkehrde Beträge. Hierwegen kann sich Gläub aus dem Wert des Grdst iW der ZwVollstr befriedigen. Eigtümer ist nicht zur Zahlg verpflichtet, er muß nur die ZwVollstr ins Grdst dulden. – Wg Bürgsch für GrdSch vgl § 1191 Anm 1.

b) Wirtschaftlich sind die GrdPfdRechte Formen des **Bodenkredits**. Besonders die umlaufsfäh BriefHyp u die GrdSch, vor allem die BriefGrdSch, verwandeln den Boden in einen Geldwert; die leichte Übertragbark u Umlaufsfähigk der GrdPfdR führen zu einer nicht unbedenkl Mobilisierg des Bodens. Die wirtschaftl Umlaufsfähigk der GrdPfdRechte ist desto größer, je weniger abhängig sie von der Fdg sind u je einfacher die Übertr ist. Vgl einers die SichgHyp, A 2 B b, u anderers die InhHyp, § 1187, u InhGrdSch, § 1195. Wirtschaftl ungesund, wenn Bodenkredit nicht der Erhaltg des GrdstWerts, sond grdstfremden Zwecken dient (AbfindgsHyp, Sicherg von KontokorrentFdgen).

2) Arten der Grundpfandrechte.

A. Hypothek. Grundschuld. Rentenschuld.

a) Die **Hyp** sichert eine **persönl Fdg gg den Eigtümer oder einen Dritten**. Rechtl ist die Fdg das HauptR, die Hyp das NebenR, RG **81**, 268; wirtschaftl ist es umgekehrt. Die Hyp ist als solche vom Bestande der Fdg abhängig. Zwar nicht so streng wie das PfdR, das ohne Fdg nicht entstehen u nicht bestehen kann; Übbl 1 vor § 1204. Die Hyp kann nur als solche ohne Fdg nicht begründet w, KGJ **40**, 259. Soweit die Fdg nicht od nicht mehr besteht, ist das dingl Recht eine GrdSch des Eigtümers, §§ 1163 I, 1177 I. Auch können Fdg u Hyp dch FdgsAuswechslg, §§ 1180, 1164, od Verzicht auf die Hyp, § 1168, voneinander getrennt w. Trotzdem ist die Hyp **akzessor** Natur: sie kann ohne die Fdg nicht abgetreten, belastet od gepfändet w, §§ 1153, 1154, 1069, 1274, ZPO 830. Der Eigtümer kann die dem pers Schuldn u bestimmten Bürgen gg die Fdg zustehende Einreden auch gg die Hyp geltd machen, § 1137. § 1138 enthält eine Ausn von dem Grdsatz der akzessorischen Natur nur zG des gutgl Erwerbers; die §§ 1141, 1146 schränken ihn nur ein. Strenger durchgeführt ist der Grdsatz bei der SichergsHyp, § 1185 II; vgl § 1184 Anm 2. – Wegen Geltdmach der pers Fdg u des dingl Rechts vgl Anm 3 D I.

b) Die Grundschuld. Währd die Hyp eine Belastg ist, wonach eine bestimmte Geldsumme aus dem Grdst zur Befriedigg einer Fdg zu zahlen ist, § 1113, ist die GrdSch eine Belastg des Inhalts, daß **schlechthin**

eine **bestimmte Geldsumme aus dem Grdst zu zahlen** ist, § 1191; diese Zahlg kann, muß aber nicht zur Befriedigg einer Fdg dienen. Tut sie es, so ist die GrdSch trotzdem ihrem dingl Inhalte nach von der Fdg unabhängig, vgl § 1191 Anm 1, 2. Folgen: § 1191 Anm 2c, 3b, Regelg: § 1192 I. In der Bestellg einer GrdSch liegt bereits die Erfüllg, nicht die Eingeh einer Verbindlichk; anders bei der Hyp; vgl § 817 Anm 3a aa. – Die GrdSch kann Brief- od BuchGrdSch sein. Die erstere trägt wg ihrer großen Umlaufsfähigk besonders zur Mobilisierg des Bodens bei. Die in dieser Hins besonders bedenkl InhGrdSch, §§ 1195, 1199, hat keine prakt Bedeutg erlangt; stets BriefGrdSch. – Belastet eine GrdSch mehrere Grdst derart, daß nur einmalige Zahlg zu erfolgen hat, so liegt eine GesGrdSch vor. – Über die **EigentümerGrdSch** vgl Anm 3 E. Es gibt auch EigtümerGesGrdSch: §§ 1196, 1173, 1174, 1172, 1175. – Wegen der Lastenausgleichs GrdSch vgl § 1113 Anm 7.

c) Die **Rentenschuld** (Brief- od Buchrentenschuld) ist als Unterart der GrdSch ebenf von der persönl Fdg unabhängig. Ihre Besonderh liegt darin, daß zu regelmäßig wiederkehrenden Terminen eine bestimmte Summe aus dem Grdst zu zahlen ist, wobei der Eigtümer ein AblösgsR (Zahlg einer Ablösgssumme), der Gläub aber regelm kein KündR hat. Auf die einzelnen Leistgen sind die HypZinsen, auf die Ablösgssumme die für das GrdSchKapital geltenden Vorschriften entspr anzuwenden, § 1200.

B. Die einzelnen Arten der Hyp. a) Als Regelform behandelt das BGB die gewöhnl Hyp, übl **VerkehrsHyp** genannt. Bei ihr wird der gutgl Erwerber auch hins der Fdg u der Einreden aus § 1137 geschützt, § 1138.

Die VerkehrsHyp kann **Brief-** od **BuchHyp** sein. Als Regel wird die BriefHyp behandelt; deshalb ist die Ausschließg des Briefes in das GB einzutragen, § 1116 II 3. Der Brief steigert die Verkehrsfähigk der Hyp. Erwerb u Ausübg des Rechts sind an Überg u Besitz des Briefes geknüpft. Die BriefHyp ist auch ohne Eintr übertragb, § 1154 I; Schutz des gutgl Erwerbers nach §§ 1138, 1155. Im einzelnen vgl über Bedeutg u Bildg des Briefes § 1116 Anm 1, 2; vgl GBVfg 52 II.

b) Den Ggsatz zur VerkehrsHyp bildet die **SichergsHyp**. Sie ist streng akzessorisch, vgl § 1184 Anm 1, 2, nicht zum Umlauf geeignet od bestimmt, deshalb stets **BuchHyp**. Auch der gutgl Erwerber ist allen Einwendgen gg die Fdg ausgesetzt, § 1185 II (Ausschl des § 1138), er erwirbt die Hyp nicht, wenn die Fdg nicht besteht; zum Beweise der Fdg kann sich der Eigtümer nicht auf die Eintr berufen, § 1184. Wg ihrer Besonderh muß sie im GB als solche bezeichnet sein, § 1184 II; über Ausnahmen vgl § 1184 Anm 4 a. Unterarten der SichgHyp sind die **InhaberHyp** für Fdg aus Inh- u Orderpapieren (§§ 1187ff) u die **HöchstbetragsHyp**, § 1190. Vgl auch ZPO 866ff, 932 (Zwangs- u ArrestHyp). – Ihrem Wesen nach ist SichergsHyp die **SchiffsHyp** (vgl SchiffsRG 8), ebso das **RegisterpfandR** an eingetr Luftfahrz (vgl Einf 8 vor § 1204).

c) Die Gesamthypothek. aa) Sie belastet für eine einheitl Fdg mehrere Grdst desselben od verschiedener Eigtümer derart, daß sich der Gläub nach seinem Belieben aus allen od einzelnen Grdstücken befriedigen darf; jedes Grdst haftet für die ganze Fdg: § 1132 I. GesHyp auch bei BruchteilsEigt, mag die Hyp auf den einzelnen Anteilen od dem ganzen Grdst ruhen, RG **146**, 365. Entspr bei der GesGrdSch. Der Gläub kann die Hyp durch beliebige **Verteilg** auf die einzelnen Grdstücke in Einzelhypotheken auflösen, § 1132 II. Verzicht: § 1175 I. Wg der Machtbefugn des Gläub hemmt die GesHyp den Realkredit; Nachbelastg erschwert; nachstehde Berechtigte müssen damit rechnen, daß der Gläub Befriedigg nicht aus allen, son in voller Höhe gerade aus dem nachbelasteten (u durch die GesHyp meist schon überbelasteten) Grdst sucht. – Entsteht: dch rechtsgeschäftl Belastg mehrerer Grdstücke od GrdstAnteile od eines in MitEigt stehenden Grdst; dch reale od ideelle Teilg des Grdstücks; dch Nachverpfändg. Bei Nachbelastg des Grdst eines anderen Eigtümers Zust des ersten Eigtümers nicht nötig, Rahn BWNotZ **60**, 33. W Eingtr Hyp v zwei versch Eigtümern (Erwerbern) bewilligt, v denen einer bis z beantragten Vollzug auch Eigtümer den Grdst gew ist, genügt seine urspr Bew z Eintr der GesHyp nur, wenn sie auch für diesen Fall abgegeben ist (AuslegsFrage) od wenn er die Erklärgen des and Teils gen, § 185 II, BayObLG MittBayNot **74**, 21; andernf entsteht auf EinzelHyp an ihm urspr belasteten Grdst nur gem § 1132 Anm 4 a. Zur verdeckten Nachverpfdg iF einer Kreditsicherg dch Zession einer gem § 1196 eingetr BriefGrdSch vgl HP Westermann, NJW **70**, 1023; dazu Beck NJW **70**, 1781; vgl auch § 890 Anm 4b. Nicht durch ZwVollstr: ZPO 867 II; bei Verstoß Eintr inhaltl unzul, RG **163**, 125. Aber GesamtzwangsHyp zul, wenn mehrere Eigtümer als GesSchu verpflichtet, KG OLG **2**, 356, 406; BGH NJW **61**, 1352 (vgl aber Rahn BWNotZ **57**, 242). – Formen: wie EinzelHyp; Mischformen unzul, vgl § 1132 Anm 2 c, aber auch 2 b. – Die GesHyp ist nur einheitl übertragb u belastb. – EigtümerGesHyp: §§ 1172, 1175. – Verteilg der GesHyp auf die mehreren Grdst (außer § 1132 II) im ZwVerstVerf (vgl cc); ferner durch Siedlgsbehörde, ErgG z RSiedlG v 4. 1. 35 (RGBl 1) 1 II.

bb) Befriedigg des Gläubigers. Bei Befriedigg aus einem der Grdstücke erlischt die GesHyp auch auf allen anderen, § 1181 II. Auf diesen rücken dann die Nachhypothekare vor. Die GesHyp ist an sich „regreßlos". Ausn: § 1182. Befriedigg des Gläubigers durch den alleinigen Eigtümer: §§ 1163 I 2, 1177, 1143; es entsteht eine EigtümerGesHyp (-GrdSch); ebso bei Befriedigg durch alle Eigtümer (oder alle MitEigtümer). – Befriedigg des Gläub durch einen der mehreren Eigtümer: dieser erwirbt die Hyp als EigtGrdSch auf seinem Grdst, auf den übrigen erlischt sie, § 1173 I. Aufrücken der dortigen Nachberechtigten! Ausn: § 1173 II, wenn der Befriedigende ErsAnspr gg die übrigen Eigtümer hat. – Befriedigg des Gläub durch einen (von einem der mehreren Eigtümer verschiedenen) **persönl Schuldner**: Grdsätzl geht die GesHyp als EigtGrdSch auf alle Eigtümer über, §§ 1172 I, 1163 I 2. Hat der persönl Schu bei Erfüllgs-Übern, einen ErsAnspr gg einen der Eigtümer (od dessen RVorgänger), so geht die Hyp auf dem Grdst dieses Eigtümers in Höhe des ErsAnspr auf den Schu über, auf den übrigen Grdstücken erlischt sie insoweit. Hinsichtl des den ErsAnspr übersteigenden Betrages entsteht eine GesGrdSch der Eigtümer, § 1174. Hat der Schu gg alle Eigtümer (od deren RVorgänger) einen ErsAnspr, so erwirbt er die GesHyp, die jetzt den ErsAnspr sichert, § 1164. Haften ihm die Eigtümer nicht gesamtschuldnerisch, so erwirbt er eine Mehrh von EinzelHyp.

cc) Die Gesamthypothek in der ZwVersteigerg. Der Gläub kann ZwVerst bloß eines od einzelner od aller haftden Grdstücke betreiben. Auch wenn die mehreren Grdst verschiedenen Eigtümern gehören, kann die ZwVerst in demselben Verf erfolgen, ZVG 18. Grdsätzl werden aber auch dann die einzelnen Grdst einzeln ausgeboten, ZVG 63 I. Aber die Einzelausgebote versprechen oft weniger Erfolg als ein GesAusgebot. Daher auf Antr daneben letzteres (oder Gruppenausgebot), ZVG 63 II. Hierbei wird ein dem betreibenden Gläub vorgehendes GesGebot nur einmal berücksichtigt. Erhöhg des geringsten GesGebots: ZVG 63 IV 1. Zuschlag auf GesAusgebot nur, wenn Meistgebot höher als die gesamten Einzelgebote, ZVG 63 IV 2.

Besonderheiten gelten, wenn bei der GesVersteigerg dem betreibenden Gläub (der auch ein persönl Gläub sein kann, wenn alle Grdst demselben Eigtümer gehören, ZVG 18) ein GesGrdPfdR vorgeht, dieses also (ZVG 44) in das geringste Gebot fällt; vgl ZVG 64, 83 Nr 3.

d) Tilggs-, Tilggsfonds- und Abzahlgshypothek.

Aus dem **Schrifttum**: Kaps, DR **41**, 401. – Riggers, JurBüro **71**, 29. – Wilke WPM **74**, 386.

Regelm ist das Kapital nach Künd auf einmal fällig. Dies bedeutet für den Schu oft eine große Gefahr u trägt zur Mobilisierg des Bodens bei. Wirtschaftl gesünder, insb für den Schu günstiger ist es, wenn er das aufgenommene Kapital nicht aus der Substanz, sond allmählich aus den Nutzgen des Bodens abträgt. Die vom Gläub unkündb Rentenschuld, §§ 1199 ff, hat sich aber nicht eingebürgert. Dafür gewann Bedeutg die (dem BGB unbekannte)

aa) TilggsHyp (AmortisationsHyp); zur TilggsGrdSch vgl §1191 Anm 1. Sie ist die sachgemäßeste Form des Anstaltskredits, währd sie sich für Privatkredit weniger eignet. Bei ihr hat der Schu **gleichbleibende, aus Zinsen u Tilggsbeträgen sich zusammensetzende Jahresleistgen** („Annuitäten") in einem bestimmten Hundertsatz des ursprüngl Kapitals bis zu dessen vollständ Tilgg zu entrichten. Da die Jahresleistg bis zur völl Tilgg gleichbleibt, die Verzinsg aber wg des Kapitalabtrags ständ geringer w (vgl HypBkG 20 II; LAG 96 Nr 1), verschiebt sich innerh jeder Jahresleistg von Jahr zu Jahr das Verhältn zw Zins- u Kapitalabtrag in der Weise, daß der Zinsanteil ständig sinkt, der Kapitalanteil ständig wächst. Auf der Höhe der vereinbarten Zinsen u Kapitalabträge baut sich ein fester Tilggsplan auf. Beispiel: Bei 6½% Zinsen u 1% Tilgg, also 7½% Jahresleistg, ist der Darl in 32 Jahren getilgt. Dem Tilggsplan kann bei regelm Zahlg der Jahresleistgen der jeweilige Stand der KapitalFdg entnommen w. – Die TilggsHyp wird von neueren Gesetzen mit Recht bevorzugt u ist jetzt weit verbreitet. Vgl die SchuldenregelgsHyp bei landw Entschuldgsbetrieben (Übbl 12a vor § 873) u die Umwandlg fälliger Hyp im richterl VertrHilfeVerf gem FälligkVO 12. Ferner vgl ErbbRVO 19–20. RHeimstG 17 kennt TilggsHyp u -GrdSchulden (LG Mönchen-Gladb DNotZ **71**, 99), ErbschSteuerG 38 TilggsGrdSch (die keine Rentenschulden sind), HypBkG 6 II.

Einzelheiten: Die Tilggsbeträge sind, wenn sie auch als Zuschläge zu den Zinsen gezahlt w, doch keine Nebenleistgen (§ 1115), da sie nicht neben der HauptFdg, sond a u f diese gezahlt w, RG **104**, 72. Sie brauchen deshalb nicht im GB eingetr zu werden (Bezeichn der Hyp als TilggsHyp zweckm, wenn auch nicht erforderl, BGH **47**, 47), Bezugn genügt (Ausn: SchuldenregelgsHyp). Deshalb gelten nicht §§ 1119 II, 1178, 1159. – Mit jeder Leistg eines Tilggsbetrags entsteht eine **EigtümerGrdSch** (§§ 1163, 1177) mit Rang hinter der RestHyp (§ 1176); Ausn zB RHeimstG 17 II 2. Jeder Eigtümer erwirbt die GrdSchuld in Höhe der von ihm währd der Dauer seines Eigt gezahlten Tilggsbeträge. Bei Teilabtr Anspr gem § 1145, der aber idR unterbleibt. Bei Teillöschg Klarstellgsvermerk im GB nötig, ob jetzt Tilggsbeträge, Zinsen usw vom ursprüngl od, wie bei außerplanmäßiger Teilrückzahlg, vom Restkapital zu berechnen sind (KG HRR **35**, 790). Bei mehrf EigtWechsel splittert sich die TilggsHyp in mehrere FremdGrdSchulden auf, was aus dem GB oft nicht ersichtl ist. Übereignet A sein Grdst nach Teiltilgg an B, B nach weiterer Teiltilgg an C, jedesmal unter Abtretg der durch Tilgg entstandenen EigtümerTeilGrdSchulden, so wird C GrdSchGläub des ges getilgten Betrages, wenn er als Gläub eingetr (§ 1154 III, § 873), od ihm der neugebildete Teilbrief übergeben wird (§ 1154 I); denn in der AbtretgsErkl des A liegt (bei BriefHyp jedenf dann, wenn er einen in seinem Besitz befindl Teilbrief nicht zurückbehält) die nach § 185 wirksame Einwillig (Ermächtigg), daß B über die EigtümerTeilGrdSch des A verfügen darf; über diese hat B auch weiterverfügt u zugl den C entspr ermächtigt; KGJ **41**, 234. Bei solchem mehrfachen EigtWechsel kann somit der letzte Eigtümer seine Eintr, u zwar ohne Eintr der ZwischenEigtümer als TeilGrdSchGläub (da in ihrer Eintr als Eigtümer zugl die als Gläub etwa entstandener EigtümerGrdSchulden liegt, KGJ **45**, 268), herbeiführen, wenn die Vorgänger die Umschreibg grdbuchmäßig bewilligt haben. Str, wie **§ 1177 I 2** auf diese EigtümerGrdSch anwendb. Nach bish hM ist sie nicht (zB Westermann § 113 II 3) od erst nach Abtragg der RestHypFdg (zB KG DR **44**, 39) gem deren Bdggen verzinsl u tilgb, damit keine Erweiterg der EigtümerHaftg, u gem § 1193 kündb (Staud-Scherübl Rdn 30 v § 1113). Nach BGH **67**, 291; Hbg MDR **76**, 401 (Verzinsg) u BGH NJW **78**, 1579 (Künd) gelten sogleich Bdggen der HypFdg (für Zinsen beachte aber § 1197 II); dem ist zuzustimmen (aA 37. Aufl), da Eigtümer seine Interessen dch ausdrückl abw rgesch Regelgen wahren kann. – Jede Teilzahlg auf eine Jahresleistg ist zuerst auf Zinsen, dann auf Tilgg zu verrechnen, jede Zahlg auf einen Rückstand auf den ältesten; andere Bestimmg dch den Schu (§ 366) ist ungültig, sie würde dem feste Tilggsplan widersprechen, Kaps S 404. Wg Zahlg der Jahresleistgen in Halb- od Vierteljahresraten vgl RG **143**, 75. – Verjährg der Tilggsrückstände: persönl Fdg in 4 Jahren, § 197. Bzgl des dingl Anspr str, ob er, wie der dingl Anspr auf Zinsrückstände (§ 223 III, § 902 I 2) verjährbar ist od nicht (richtig verneinend Link JW **38**, 1299, Kaps DR **41**, 406; aM RG **54**, 93; KG RJA **3**, 137).

Wird die TilggsHyp (mit Zust des Eigtümers) einschl der getilgten, zur EigtGrdSch gewordenen Beträge a b g e t r e t e n, so muß bei Umschreibg auf den Erwerber ersichtl gemacht w, welcher Teil Hyp u welcher EigtümerGrdSch ist, KG DR **40**, 1575. Str, ob bei Abtretg der teilw getilgten TilggsHyp durch den eingetragenen Gläub der Erwerber diese stets nur in Höhe des tilggsplanmäßigen Restkapitals erwirbt od ob ihm nur Kenntnis der Zahlg (od Eintr im GB od Vermerk auf dem Brief, beides selten vorkommt) schadet (so jetzt die der Eigenart der TilggsHyp kaum gerechtwerdende hM, auch KG DR **40**, 1575, im Anschl an RG JW **34**, 1043, wo es sich aber nicht um die typische TilggsHyp – Tilggsbeiträge in Gestalt von Zinszuschlägen – handelte). – Rückständige Tilggsbeiträge werden nach § 1154 abgetreten. – Gläub zur **Kündigg** mit ges Frist berecht, sofern Unkündbarkeit nicht vereinb od ges vorgesehen (zB HypBkG 19,

RHeimstG 17); im Einzelfall kann stillschw Ausschl des KündR bei vertragsm Verhalten des Schu vorliegen (nach Hamm MDR **63**, 844 idR nicht bei Privatkredit). Vgl auch Hbg MDR **65**, 294 (KündAusschl nach Treu u Gl), BGH NJW **78**, 1579 (Verwirkg des KündR). Währd HypBanken dch (unkündb) Pfdbriefe refinanzieren (Folge: HypBKG 19), tun dies Sparkassen mit viel kürzerfristigen Spareinlagen, wesh sie sich idR KündR vorbehalten.

In der ZwVerst gilt für die Tilggsrückstände ZVG 10 I Nr 4. – Über Beschrkg des BefriediggsVorrechts (LAG 116) u der Vorrangseinräum auf bestimmte TilggsLeistgen Busse MDR **56**, 209.

bb) Einzelne gesetzl Tilgungshypotheken:

DeckgsHyp der HypBanken. Die HyppPfandbriefe müssen (soweit nicht andere ordentl Deckg od Ersatzdeckg zul, HypBkG 6 I, IV) dch bes sichere (BeleihgsGrenze § 11 idF des G v 11. 3. 74, BGBl 671; vgl auch VAG 69 I) Hyp gedeckt sein, die in ein HypRegister einzutragen sind. Soweit zur Deckg Hyp an landw Grdstücken verwendet werden, müssen es mind zur Hälfte TilggsHyp sein mit jährl Tilggsbetrag von mind 1/4%, HypBkG 6 II. Hyp für die Bank grdsätzl unkündb, HypBkG 19. Recht des Schu zur vorzeitigen völligen od teilw Rückzahl nur beschränkt ausschließbar, HypBkG 18 II, 21. Devastationsklage (§§ 1133, 1135) beschränkt, HypBkG 17. Arreste u ZwVollstr in alle Deckgs-, nicht nur in die TilggsHyp nur wg der Ansprüche aus den Pfandbriefen zul, HypBkG 34a. Im Konkurs der Bank genießen die PfdbriefGläub bevorrechtigte Befriedigg aus den DeckgsHyp, HypBkG 35, das ist aber kein AbsonderungsR.

Das gleiche VorzugsR genießen die Gläub der Schiffspfandbriefe, die von den **Schiffspfandbriefbanken** gem SchiffsBG (geänd dch G v 11. 3. 74, BGBl 671) aGrd ihrer dch ebenf bes sichere SchiffsHyp gesicherten DarlehnsFdgen ausgegeben werden.

Die (Hauszinssteuer-) **AbgeltgsHyp** gem VO über Aufhebg der Gebäudeentschuldgsteuer u DVO v 31. 7. 42 (RGBl 501, 503) dient zur Sicherh für das AbgeltgsDarlehen, das Kreditinstitute (HypBanken, Sparkassen ua) zwecks Aufbringg des bis 31. 12. 42 zu zahlenden Abgeltgsbetrages gaben. Einzelheiten s 28. u früh Aufl. GBMaßnG v 20. 12. 63, BGBl 986, § 22 ff bestimmte: Ab 1965 keine Eintragg mehr; Abgeltgslast schlechthin Ende 1964 erloschen; Möglichk der Löschg der AbgeltgsHyp in vereinfachtem Verf.

cc) Die TilggsfondsHyp schaltet die Entstehg von EigtümerGrdSchulden bei Teiltilgungen aus. Bei ihr entsteht idR nur eine EigtümerGrdSch für den letzten Eigtümer, u zwar in voller Höhe. Die einzelnen Teilzahlgen werden bis zur Vollzahl als besonderes Guthaben des Schu in einem Fonds gesammelt. Evtl bis zur Erreichg einer größeren Teilzahlg. Wenn das ges Kapital (od ein bestimmter Teil) erreicht ist, findet die Tilgg der Fdg durch Verrechng statt. Eine solche Vereinbg ist bei den landschaftl u ritterschaftl Kreditanstalten gem EG 167 übl u zul. Im übr ist sie nur mit schuldrechtl nicht mit dingl Wirkg mögl, weil sie zur Abänderg des § 1163 führen würde, RG **104**, 72. Vgl auch § 1163 Anm 5 a. – Das Tilggsguthaben des Schu ist pfändbar. – Über ZwVerstFragen Brox Rpfleger **59**, 176. – Über HGA vgl 16. AbgabenDV – LA v 2. 6. 55, BGBl 269, § 2.

dd) Die AbzahlgsHyp (vgl LAG 96 Nr 2) unterscheidet sich von der echten TilggsHyp dadch, daß nicht gleichbleibende, sond **wechselnde Jahresleistgen** zu entrichten sind. Wenn auch der jährl Tilggsbetrag gleichbleibt (Hundertsatz des urspr Kapitals), so vermindert sich doch der jährl Zinsbetrag, da er nur vom Kapitalrest zu entrichten ist. Die Tilggszeit ist idR kürzer als bei TilggsHyp. Vgl RHeimstG 17 II iVm AVO v 19. 7. 40 § 22.

e) EinheitsHyp. Mehrere im Range gleichstehende od unmittelb aufeinanderfolge Hyp desselben Gläub können zu einer einheitl Hyp zusgefaßt w, RG **145**, 47, um die GBFührg zu vereinfachen. Daß Zinsen und andere Nebenleistgen den Rang hinter anderen Rechten haben, hindert die ZusFassg nicht, KG DNotZ **39**, 728, auch nicht verschiedener Zinsbeginn, LG Hof Rpfleger **64**, 375. Bei der Bildg der EinhHyp muß ihr eine einheitl Fdg zugrde liegen od gelegt w. Zinssatz u Zahlgsbedinggen müssen einheitl sein, KG DR **44**, 574; hierzu (zweifelnd) Celle Rpfleger **72**, 97 Anm Hofmann. Daß später Teile der EinhHyp wieder selbstd Wege gehen, ist natürl nicht zu verhindern. Die EinhHyp kann von vornherein zu einem Teil GesHyp (KG JFG **20**, 383) od zu einem Teil mit Rechten Dritter belastet sein (vgl KG JFG **20**, 385, LöschgsVormkg). Die ZusFassg ist ihrem Wesen nach Inhaltsänderg nach § 877, deshalb Eintr in Veränderungsspalte; das fördert aber nicht die Übersichtlichk des GB. Über Einzelheiten u Nachw vgl Haegele GBR Rdnrn 1290 ff. – Große prakt Bedeutg.

f) ZusatzHyp gem VO v 27. 9. 32, RGBl 480, vgl 28. u 19. Aufl (Anm 5).

3) Übersicht über das Recht der Grundpfandrechte.

A. Gegenstand der dingl Haftg.

a) Grdst od Anteil eines MitEigtümers (§ 1114) od grdstgleiches Recht (vgl § 873 Anm 2 a aa) mit allen ungetrennten Bestandteilen u zugeschriebenen Grdst (§ 1131).

b) Bewegl Sachen: aa) Getrennte **Erzeugnisse u Bestandteile,** wenn sie mit Trenng in das Eigt des GrdstEigtümers (od Eigenbesitzers) fallen, § 1120. Also zB nicht bei Verpachtg od Nießbr. Haftg aber erst wirks durch Beschlagn, jedoch bei getrennten land- u forstwirtsch Erzeugnissen – außer wenn Zubehör, vgl zu bb – nicht durch ZwVerst, ZVG 21 I, 148 I, bei Zubehör nicht durch Pfändg, ZPO 865 II. Haftg erlischt uU inf Veräußerg u Entferng od bloßer Entferng, §§ 1121, 1122 I.

bb) Zubehör im Eigt des GrdstEigtümers, § 1120. Haftg wird verwirklicht durch ZwVerst od ZwVerwaltg, nicht durch Pfändg, ZPO 865 II. Enthaftg: vgl §§ 1121, 1122.

c) Miet- u Pachtzinsfordergen, § 1123. Beschlagn nur durch ZwVerwaltg od Pfändg aGrd dingl Titels. Enthaftg: vgl §§ 1123, 1124. Wg Aufrechng durch Mieter: § 1125.

d) Subjektivdingl Rechte auf wiederkehrende Leistgen, zB Reallasten § 1126. Im wesentl wie zu c.

e) **Versichergsfordergen** für der Hyp haftende Ggstände: §§ 1127–1130. Bei Gebäudeversicherg steht HypGläub wie ein PfdGläub, § 1128. Im übr Haftg erst wirks mit Beschlagn, § 1129. Vgl auch ZVG 21 I.

f) **Entschädiggsansprüche**: bei Enteigng, EG 52, 53, 109; BBauG 97 IV; LBG 20, 23. Ferner gem ErbbRVO 29 und EG 67 II; Abfindgn im FlurbereiniggsVerf (vgl Seehusen RdL **54**, 233). Vgl auch StädtebauförodG 23 I.

g) **Entgelt für Dauerwohn-** (oder **-nutzgs**) **Recht**, das im Range gleich- od nachsteht, gem WEG 40.

B. Begründg, Übertragg und Belastg der Grundpfandrechte.

I. Begründg: vgl § 1113 Anm 3, 4; § 1191 Anm 3 a; § 1199 Anm 3.

II. Abtretg der Hyp erfolgt **durch Abtretg der Forderg**, § 1154. Hiermit geht kraft G die Hyp über (zwingd), § 1153. Ausnahmen: 1) Rückstände von Zinsen ua, § 1159. Übertr formlos. Zwar Mitübergang der Hyp nach § 401, aber vertragl ausschließbar. 2) HöchstbetragsHyp, § 1190 IV. Hier kann formlos die Fdg allein, ohne die Hyp, abgetreten werden. — **Erforderl bei Abtretg**: 1) **bei BuchHyp**: a) Einigg, b) Eintr, §§ 1154 III, 873. Ausn: SichergsHyp für Inh- u OrderPapiere, § 1187, vgl dort Anm 5. 2) bei **BriefHyp**: a) Einigg, § 398, b) schriftl AbtretgsErkl od Eintr, § 1154 I, II; c) Überg des Briefs, § 1154 I. Schutz des Erwerbers: §§ 891, 892, 1138, 1139, 1155, 1156–1159. Teilübertragg: §§ 1151, 1152. — Abtretg der **Grundschuld** erfolgt entspr §§ 1154, 873. Abtretg der etwa zugrunde liegenden Fdg, die nach §§ 398 ff erfolgt, für die GrdSch bedeutgslos; §§ 401, 1153 nicht anwendbar. Besonderh bei der InhGrdSch: § 1195: Abtretg durch Einigg u Briefübergabe.

III. Übergang kraft Gesetzes durch Sondernachfolge vgl D 1 c, E c. Ohne Eintr u ohne Briefübergabe. Erwerber kann Berichtigg, § 894, u Aushändigg des Briefes verlangen, § 1144.

IV. Übergang durch gerichtl Überweisg an Zahlgs Statt nach Pfändg, ZPO 837, 857 VI. Bei Überweisg zur Einziehg geht Vollrecht noch nicht über. Aushändigg des Überweisgsbeschlusses an Gläubiger. Zustellg an Schu od DrittSchu nicht nötig. Bei Überweisg von BuchHyp (-GrdSch) an Zahlgs Statt ferner Eintr nötig.

V. Belastg der Hyp mit Nießbr od PfdR erfolgt durch Belastg der Fdg. Abtretgsvorschriften entspr anzuwenden. Also durch Einigg über die Belastg u Eintr, bei BriefHyp statt dessen auch schriftl BelastgsErkl u zusätzl Übergabe des Briefs, §§ 1069, 1274, 1154. Hyp des § 1187: vgl dort Anm 5. Entspr die Belastg der **Grdschuld**, nur daß hier wieder nicht die Fdg, sond die GrdSch als solche belastet wird, §§ 1080, 1291. Belastg der InhaberGrdSch erfolgt wie die der beweg Sachen dch Einigg u Briefübergabe, §§ 1195, 1032, 1081, 1293. Bei Verpfändg einer BriefHyp (-GrdSch) Besonderh für ÜbergabeErsatz: §§ 1274 I 2, 1205 II.

VI. Pfändg: ZPO 830, 857 VI 1). BuchHyp (–GrdSch): a) PfändgsBeschl, b) Eintr. 2). BriefHyp (-GrdSch): a) PfändgsBeschl, b) Übergabe des Briefs an Gläub od Wegnahme durch GVz. Zu 1 und 2: Aushändigg des PfändgsBeschl an Gläub genügt. Zustellg auch an DrittSchu (Eigtümer) nicht erforderl, wenn auch wg ZPO 830 II zweckm. Deshalb (im Ggsatz zu ZPO 829, 830 III) auch nur wg § 830 II ZPO von Bedeutg, daß PfändgsBeschl Zahlgsverbot an den DrittSchu enthält. Für **Briefrechte** beachte: Die Pfändg des HerausgAnspr des VollstrSchu wg GBA (auch wenn Brief zB neugebildet liegt) begründet noch kein PfdR am GrdPfdR. Sie bleibt überh unwirks, wenn dem VollstrSchu außer dem gepfändeten materiellen HerausgAnspr (§§ 985, 952 II; § 1117 I, 931; § 1117 II) nicht zugleich der gg GBA gerichtete (unpfändb, KGJ 44, 278) öffr Anspr aus GBO 60 II zusteht (vgl Horber § 60 Anm 6 mit Nachw). Gibt GBA frei pflichtwidr den Brief gleichwohl heraus, ist mit BriefBes PfändgsPfdR für Gläub entstanden, vgl Düss OLZG **69**, 208. – Zur Teilpfändg (Aushändig eines Teilbriefs) vgl Oldbg Rpfleger **70**, 100 (iZw Gleichrang mit RestHyp). – Wg Pfändg von Ansprüchen auf rückständige Zinsen ua (§ 1159) vgl ZPO 830 III 1, 829. Wg Pfändg der SichgsHyp des § 1187 vgl dort Anm 5. Pfändg der HöchstbetragsHyp erfolgt durch Pfändg von Fdg u Hyp nach ZPO 830, aber auch Pfändg der Hyp allein nach ZPO 829 bei gleichzeitiger Überweisg an Zahlgs Statt mögl, ZPO 837 III. Pfändg der InhaberGrdSch: § 1195 Anm 3, des EigtümerGrdPfdR unten Anm 3 E aE, der vorl EigtümerGrdSch: § 1163 Anm 4d, § 1190 Anm 4a. –

C. Schutzbestimmgen.

a) **Für Gläubiger** gg Gefährdg der Sicherh des GrdPfdR. **aa)** Bei drohender **Verschlechterg** des Grdst od Zubehörs durch Einwirkg des Eigtümers od eines anderen: Klage auf Unterlassg, §§ 1134, 1135. Bei Einwirkg (od pflichtwidr Unterlassg) des Eigtümers ferner einstw Vfg od Klage auf Duldg sachgemäßer Maßregeln, zB Sequestration: § 1134 II. **b)** Bei eingetretener **Verschlechterg** (auch durch Naturereignisse): Devastationsklage. Gläub kann nach vergebl Fristsetzg zur Beseitigg der Gefährdg sofortige Befriedigg verlangen, §§ 1133, 1135. Bei Rentenschuld vgl § 1201 II 2. Vgl ferner HypBkG 17 I. SchadErsAnspr nach §§ 823 I, 823 II, 826.

b) **Für Schuldner** gg Ausbeutg: **aa)** Rechtsgeschäftl VfgsBeschrkg, insb Belastgsverbot ggü Gläub auch schuldrechtl unwirks, § 1136. **bb)** Abrede des Privatverkaufs u Verfallklausel vor Fälligk unwirks, § 1149.

c) **Für Eigentümer** bei VerkehrsBuchHyp gg Vfg des vor DarlHingabe eingetragenen Gläub: Widerspr unter erleichterten Voraussetzgen gem § 1139.

D. Die Befriedigg des Grundpfandgläubigers.

I. Des HypGläub. a) Dem Gläub stehen **zwei Anspr** zu: der **dingl Anspr** gg den Eigtümer auf Duldg der ZwVollstr in das Grdst u die mithaftenden Ggstände zwecks Befriedigg aus diesen, § 1147, und der **persönl Anspr** auf Zahlg gg den Schu aGrd der gesicherten Fdg. Der Gläub kann nach Fälligk beide Anspr gleichzeitig gerichtl geltd machen, also die hypothekarische (dingl) Klage mit der persönl verbinden. Der Antr ist dann, wenn der Eigtümer zugl der persönl Schu ist, dahin zu stellen: den Bekl zu verurteilen, an den Kläger x DM usw zu zahlen u wg dieses Betrages die ZwVollstr in das im GB von usw eingetragene Grdst zu dulden. UU dringt nur eine der Klagen durch, so nur die dingl, wenn der Schu mit Erfolg Einwendgen nur gg den pers Anspr geltd machen kann, vgl zB §§ 1137 Anm 1, 1138 Anm 1, 1156 Anm 1 b.

Ein Urteil od ein sonstiger Titel aGrd des dingl Anspr (**dingl Titel**, vgl § 1147 Anm 2) berechtigt nur zur Vollstr in das Grdst u die mithaftenden Ggstände, ein **persönl Titel**, dh ein solcher auf Bezahlg der pers Fdg berechtigt zur ZwVollstr sowohl in das Grdst wie in das sonstige Vermögen des Schu. Trotzdem wird sich der Gläub aber auch dann, wenn Eigtümer u pers Schu dieselbe Pers sind, nicht mit der pers Klage begnügen. Vielmehr ist gerade der dingl Titel von erhebl Bedeutg. Dieser ist nötig, damit der Gläub bei der ZwVollstr in der Rangstelle der Hyp befriedigt wird. Wird allein aGrd eines pers Titels die ZwVerst betrieben, dann fallen sämtl (auch die nachstehenden) dingl GrdstRechte in das geringste Gebot, der Gläub wird erst in der 5. Rangklasse befriedigt, ZVG 10 I 5, 44. Erfolgt die Beschlagn durch ZwVerst od ZwVerw aGrd dingl Titels, so ist spätere Veräußerg des Grdst auch dem hins der Beschlagn gutgl Erwerber ggü unwirks, ZVG 26, 146. Erfolgt sie aGrd des persönl Anspr, so kann der gutgl Erwerber (vgl ZVG 23 II) des Grdst nach ZPO 771 widersprechen. Nur Vollstreckg aGrd dingl Titels führt Beschlagn iS der §§ 1121 ff herbei. Gilt auch für Pfändg. Hat der Gläub MietzinsFdg aGrd dingl Titels pfänden u sich überweisen lassen, so erlischt die Hyp in Höhe der Befriedigg, § 1181. Hat er es aGrd pers Titels getan, entsteht insow EigtHyp, § 1163. – Zulässig Vereinbarg, daß Gläub Befriedigg zunächst od überh nur aus der Hyp suchen darf, Planck § 1113 Anm 5 a. – Vgl auch § 1147 u Anm.

b) Befriedigg des Gläub im Wege der ZwVollstr auf Grd dingl Titels: Sie hat zur Folge, daß die **Hyp erlischt**, § 1181. Gleichzeitig erlischt die persönl Fdg. Ist aber der Eigtümer nicht zugl auch persönl Schu, so geht die Fdg entspr § 1143 I auf den Eigtümer über, währd die Hyp erlischt, KGJ 42, 276. Ablösg durch den Eigtümer gem § 1142 ist nicht Befriedigg aus dem Grdst; Folge: § 1143. Vgl auch § 1147 und Anm. – Wg der GesamtHyp vgl oben Anm 2 B c bb.

Formen der Vollstr in das Grdst u die mithaftenden Ggstände:

aa) Zwangsversteigerg: Verwertg des Stammwerts. Beschlagnahme umfaßt, ZVG 21, a) Grdst mit ungetrennten Früchten, b) mithaftende bewegl Sachen, insb Zubehör, u VersichergsFdgen. – Dagg nicht: a) getrennte land- u forstwirtsch Erzeugnisse, die nicht Zubehör, b) Fdgen aus Versicherg solcher Erzeugnisse, c) Miet- u PachtzinsFdgen, d) Ansprüche aus Realrechten.

bb) Zwangsverwaltg: Verwertg nur der Nutzgen. Beschlagn umfaßt sämtl haftenden Sachen u Rechte, ZVG 148, aber außer den Früchten, die dem Pächter zufallen.

cc) Pfändg (vor Beschlagn nach aa oder bb) von: a) getrennten Erzeugnissen (außer Zubehör, ZPO 865), b) Miet- u PachtzinsFdgen, c) VersichergsFdgen.

c) Freiwillige Befriedigg des Gläubigers. Der GrdstEigtümer ist idR zugl pers Schu, braucht es aber nicht zu sein; die Hyp kann auch zur Sicherg der Fdg gg einen anderen dienen. Der pers Schu ist bei Fälligk der gesicherten Fdg zur Befriedigg des Gläub verpflichtet, der Eigtümer als solcher ist es nicht, sond nur zur Duldg der ZwVollstr, § 1147. Er hat aber ein AblösgsR, § 1142.

aa) Der Eigentümer befriedigt den Gläubiger:

1) Eigtümer = persönl Schuldner: Fdg erlischt, Eigtümer erwirbt die Hyp, diese verwandelt sich in GrdSch, §§ 1163 I 2, 1177 I. Ausn: vgl § 1163 Anm 5 b.

2) Eigtümer **nicht** = persönl Schuldner: Fdg erlischt nicht, sond geht mit der Hyp als (fordergsbekleidete) EigtümerHyp auf den Eigtümer über, §§ **1143**, 412, 401 I, 1153 I, **1177 II**. – Anders nur, wenn der Eigtümer od sein RVorgänger dem persönl Schu ggü zur Befriedigg des Gläub verpflichtet war, zB nach § 415 III; vgl hierzu § 1143 Anm 2.

Besonderh bei Zinsrückständen u a: § 1178: FdgsÜbergang, aber Erlöschen der Hyp. – Wegen Aufrechng vgl § 1142.

bb) Der (vom Eigtümer verschiedene) **persönl Schuldner befriedigt den Gläubiger**:

1) Ist der persönl Schu dem Eigtümer ggü zur Befriedigg des Gläub verpflichtet, zB nach § 439 II, od hat er keinen ErsAnspr gg den Eigtümer: Fdg erlischt, § 362, Hyp geht als EigtGrdSch auf den Eigtümer über, §§ 1163 I 2, 1177 I.

2) Ist umgekehrt der Eigtümer dem persönl Schu ggü zur Befriedigg des Gläub verpflichtet (zB der Käufer übernimmt die Hyp in Anrechng auf den Kaufpr, worin idR eine befreiende SchuldÜbern liegt, der Gläub genehmigt die SchuldÜbern aber nicht, § 415 III) od der Schu erlangt aus anderem Grunde inf der Befriedigg des Gläub einen ErsAnspr gg den Eigtümer od dessen RVorgänger: die Fdg des Gläub erlischt, § 362, die Hyp geht auf den pers Schu über u sichert jetzt dessen RückgriffsFdg (gesetzl FdgsAuswechslg), **§ 1164**. Schutzbestimmgen für Schu: §§ 1165–1167.

cc) Ein Bürge befriedigt den Gläubiger: BürgschFdg erlischt, § 362; HypFdg geht mit der Hyp auf den Bürgen über, §§ 774, 412, 401.

dd) Befriedigg durch **ausgleichsberecht Mitschuldner**: §§ 426 II, 412, 401. Wg Befriedigg durch einen **Miterben** vgl § 1143 Anm 2.

ee) Befriedigg des Gläub durch Versicherer, vgl § 1127 Anm 3 c.

ff) Ein sonstiger **Dritter befriedigt den Gläubiger**:

Grundsätzl: Fdg erlischt, Hyp wird EigtümerGrdSch, §§ 267, 1163 I 2, 1177 I. Persönl ErsAnspr des Dritten gg den Eigtümer od persönl Schu nach SchuldR; BGH **LM** § 812 Nr 25 gibt Zahlendem Anspr aus § 812. Ist der Dritte aber **ablösgsberechtigt**: Fdg geht mit der Hyp auf den Ablösenden über, §§ 1150, 268, 1153. Ablösgsberechtigt ist, wem der Verlust eines Rechts am Grdst od des Besitzes droht; u zwar schon dann, wenn der HypGläub Zahlg verlangt. Zu bb–ff: Folge für löschgsfäh Quittg vgl § 1144 Anm 3b cc.

II. Befriedigg des Grundschuldgläubigers.

Dem GrdSchGläub steht als solchem nur die dingl Klage zu. Befriedigg aus dem Grdst: die GrdSch erlischt, § 1181; sichert sie eine pers Fdg, so erlischt auch diese. Der Gläub kann auch die pers Fdg allein geltd machen; wird er insow befriedigt, bleibt jedoch die GrdSch für den Gläub bestehen, § 1163 I 2 gilt nicht; Anspr des Eigtümers vgl unten. **Freiwillige Befriedigg des Gläub**: § 1142 ist auf die GrdSch mit der Maßg anzuwenden, daß der Eigtümer zur Befriedigg des Gläub berechtigt ist, wenn die GrdSch od (bei der Rentenschuld) die Ablösgssumme ihm ggü fällig geworden ist (vgl wg der Künd §§ 1193, 1202). Ob die pers Schuld fällig ist, ist ohne Bedeutg. Der Eigtümer kann auch mit einer pers Fdg gg die GrdSch aufrechnen, §§ 1142, 1192, nicht aber der GrdSchGläub mit der GrdSch gg eine pers Fdg des Eigtümers. Zu den RFolgen der **Befriedigg der GrdSch** bzw der **Tilgg der pers Fdg** dch den Eigtümer vgl § 1191 Anm 3 b bb, g dd bzw g bb. Befriedigt ein etwaiger pers Schu od ein Bürge den Gläub, so findet kein gesetzl Übergang der GrdSch statt. § 1164 nicht anwendb, str; die GrdSch ist auch kein NebenR iS § 401; str. Dagg gilt § 1150 mit der Maßg, daß die GrdSch (nicht die etwa danebenbestehende pers Fdg) auf den ablösgsberecht Dritten übergeht. Ob § 267 den (nicht ablösgsberecht) Dritten berecht, auf die GrdSch zu zahlen, läßt BGH WPM **69**, 1254 (außer für den Fall allseit Einverständnisses mit der Ablös) offen; Saarbr (OLGZ **67**, 102, 104) geht von der Anwendbark des § 267 schlechthin aus.

E. EigtümerHyp und EigtümerGrdSchuld. Das BGB will dem Eigtümer die freie Vfg über eine günst Rangstelle sichern u verhindern, daß bei Wegfall des voreingetragenen GrdPfdR nachstehe GrdPfdGläub durch Aufrücken eine der Zinshöhe nicht entsprechde bessere Rangstelle erlangen. Das BGB erreicht diesen Zweck durch das EigtümerGrdPfdR.

Die einzelnen Fälle:
a) Der Eigtümer kann **für sich selbst** eine GrdSch bestellen, § 1196; nicht eine Hyp, KG JW **36**, 3131. Aber Begründg einer EigtümerHyp nach ZVG 118, 128 mögl, KGJ **44**, 294.

b) **Ursprüngl** entsteht ferner eine EigtümerGrdSch, wenn das FremdGrdPfdR, das bestellt w sollte, nicht entstanden ist: **aa)** wenn bei einer Hyp die Fdg nicht od noch nicht entstanden ist, § 1163 I 1, insb bei Nichtvalutierg; weitere Beisp bei § 1163 Anm 4; **bb)** wenn bei BriefGrdPfdRechten der Brief noch nicht dem Gläub übergeben od Übereign nach § 1117 II ersetzt ist, §§ 1163 II, 1192; **cc)** wenn bei der Wertpapier-Hyp das InhPap noch nicht im Verkehr, das Orderpapier noch nicht übergeben ist, §§ 1187, 1188; wenn bei der InhGrdSch der Eigtümer noch Inh des Briefs ist, §§ 1195. **dd)** Wg der str Frage der Entstehg einer EigtümerGrdSch bei dingl ungültiger GrdPfdBestellg vgl § 1163 Anm 3.

c) **Nachträgl** entsteht ein EigtümerGrdPfdR: **aa)** bei Hyp, wenn die Fdg erlischt, § 1163 I 2, insb durch Erfüllg. Ausnahme insb: wenn der vom Eigtümer verschiedene pers Schu od Bürge den Gläub befriedigt u von dem Eigtümer Ersatz verlangen kann, hier geht die Hyp, die jetzt die ErsFdg des pers Schu sichert, auf diesen über, § 1164. Weitere Ausn vgl § 1163 Anm 5 b. Vgl ferner §§ 268, 1150, KO 225 II: die Fdg geht trotz Befriedigg des Gläub nicht unter, sond mit der Hyp (§ 1153) auf den befriedigenden Dritten über. **bb)** Bei GrdSchulden: bei GrdSchAblösg (vgl oben D I), nicht aber bei bloßer Tilgg der pers Fdg. **cc)** Bei Verzicht des Gläub auf sein GrdPfdR, § 1168; gleichstehd § 418 I 2, 3. **dd)** Bei Wegfall der prozessualen GrdLagen einer Zwangs- u ArrestHyp, ZPO 868, 932. **ee)** Inf Ausschlußurteils gg unbekannte Gläub, §§ 1170, 1171. **ff)** Bei Vereinigg von Eigt u GrdPfdR in einer Pers, zB durch Erbgang od Abtretg, § 889. **gg)** Bei Herabsetzg im VertrHilfeVerf, vgl Anm 8 b bb.

Erwirbt der Eigtümer nur die Hyp, nicht die Fdg (fordergsentkleidete EigtümerHyp), so verwandelt sich die FremdHyp in eine EigtümerGrdSch, § 1177 I. Erwirbt er die Hyp mit der Fdg (fordergsbekleidete EigtümerHyp), so ist sie EigtümerHyp, nicht EigtümerGrdSch, wird aber, solange Hyp u Eigt vereinigt sind, als EigtGrdSch behandelt, § 1177 II; es gilt also wie bei dieser § 1197. Wird das eingetragene Fremd-GrdPfdR zum EigtümerGrdPfdR, so wird das Grdbuch unrichtig, der Eigtümer kann von dem bish Gläub Berichtigg, § 894, u Herausg des Briefes, §§ 985, 952, verlangen. Der Eigtümer erhält eine echte Hyp od GrdSch (RG **88**, 305; str; vgl Planck Anm 2 e vor § 1113), wenn auch mit gewissen Besonderheiten, §§ 1177 I 2, II, 1197. Ihm verbleibt die Hyp od GrdSch auch dann, wenn er das Grdst veräußert. Die GrdSch bleibt auch dann GrdSch, Umwandlg nur nach § 1198. Vgl auch § 1177 Anm 3, 4. Der Eigtümer erhält in der ZwVerst den auf das EigtümerGrdPfdR entfallenden Erlös. Die nachstehenden Gläub müssen sich durch Pfändg des EigentümerGrdPfdR sichern, aber die grundbuchmäßige Rangfolge ist insow ohne Bedeutg, auch kann ein pers Gläub mit der Pfändg zuvorkommen. Es hätte genügt, dem Eigtümer die Rangstelle durch einen absoluten Rangvorbehalt zu sichern (vgl SchiffsRG 57 III).

Wird nur ein Teilbetrag EigtümerGrdSch, so gilt die Kollisionsklausel, § 1176. – Der Eigtümer kann sich, sofern nicht schon ein ges LöschgsAnspr nach §§ 1179 a, 1179 b besteht, zur Löschg eines EigtümerGrdPfdR verpflichten, so daß die nachstehenden Gläub aufrücken; dingl Sicherg dieser Verpflichtg durch Vormkg, § 1179. – Ein EigtümerGrdPfdR entsteht nicht für rückständige Zinsen, anderweitig begonnene Nebenleistgen, wozu Tilggzuschläge nicht gehören, u Kosten, § 1178. – Für die GesHyp §§ 1143 II, 1172, 1173, 1175. – Im Konkurs des Eigtümers fällt das vorher entstandene u das durch Befriedigg des Gläub mit Mitteln der Masse entstandene EigtümerGrdPfdR in die Masse, KO 1, 6.

Die **Pfändg** des EigtümerGrdPfdR erfolgt, da echte GrdSch, nach ZPO 857 II mit 829, sond nach ZPO 857 VI mit 830 (hM jed str), deshalb Pfändg der BriefHyp u -GrdSch erst mit Überg, evtl Wegnahme des Briefes, der BuchHyp u -GrdSch erst mit Eintr in das GB wirks; wg vorheriger Umschreibg auf Eigtümer vgl § 1177 Anm 3 c aE. – Da kein DrittSchu, beschr sich der an Eigtümer zuzustellde Pfändgs-Beschl auf das Gebot nach ZPO 829 I 2. Doch gilt nicht etwa § 830 II zuungunsten des RInh dergestalt, daß er schon vor Wirksamw der Pfändg in der Vfg beschr wäre. Wg Verwertg bei Pfändg u Verpfändg vgl § 1197 Anm 2. Nach dem Zuschlag kann der Anspr auf Auszahlg des Erlösanteils gepfändet w, u zwar nach ZPO 857 II mit 829, so daß weder Briefwegnahme noch Eintr zur Wirksamk erforderl, RG **75**, 316. Pfändg des künftigen Steigerlösanteils vor dem Zuschlag unzul, RG **70**, 278. – Wg Pfändg der künftigen EigtümerGrdSch vgl § 1163 Anm 5 c. – Zur Pfändg vgl Stöber FdgPfändg 6. Kap Abschn D mit umfassdn Nachw; U. Huber BB **65**, 609.

F. Erlöschen der Grundpfandrechte.
Nicht durch Vereinigg von GläubR u Eigt (§ 889, Ausn: § 1178 I). Nicht durch Erlöschen der durch Hyp gesicherten Fdg, vgl D 1 c aa. Ausn: Anm F c. Nicht durch Verzicht, § 1168. Hier entsteht jedesmal EigtümerGrdSch. Sondern nur durch:

a) Rechtsgeschäftl Aufhebg, § 1183. Voraussetzgen: a) AufgabeErkl des Gläub, § 875. b) Zustimmg des Eigtümers. Zu a u b: Je eine einseitige Erkl, kein Vertr. c) Evtl Zust der am GrdPfdR dingl Berechtigten, § 876. Zu a–c: Sachlrechtl formlos. Formellrechte Form vgl § 1183 Anm 3 b. d) Löschg.

b) Durch Befriedigg aus dem Grundstück, § 1181, also aGrd dingl Titels im Wege der ZwVerst, ZwVerw od Pfändg. Nicht bei Ablösg durch Eigtümer, § 1142. Persönl Fdg erlischt gleichfalls. Ist aber der Eigtümer des mit der Hyp belasteten Grdst nicht auch persönl Schu, so geht die Fdg entspr § 1143 auf den Eigtümer über (Hyp erlischt), KGJ **42**, 276; gilt nicht bei GrdSch; vgl § 1191 Anm 2 b.

c) Durch freiwillige Befriedigg des Gläub nur ausnahmsw, zB bei der RHeimstHyp, RHeimstG 17 II 2, der AbgeltgsHyp (Anm 2 B d bb).

d) Durch Zuschlag in der ZwVerst bei Ausfall, ZVG 52 I 2, außer wenn Bestehenbleiben vereinbart. Persönl Fdg bleibt bestehen. – Durch rechtskr Anordng im RückerstattgsVerf, vgl KG RzW **56**, 333. Über ErsPfdR vgl § 1257 Anm 1 aE.

e) Verjährg, § 901.

f) Erwerb kraft des öff Glaubens, § 892.

g) Enteign. Vgl zB BBauG 61 (Umleggsplan). Ferner FlurbG 74.

h) In Höhe von 90% des RM-Betrages gem UmstG 16; 40. DVO 1; LAG 120 I.

i) Nach AKG 19 IV.

4) Die vertragl vereinb **Zins- u Zahlgsbestimmgen** sind für zahlr Hyp, Grd- u Rentenschulden kraft G geändert worden. Die Ändergen bedurften regelm nicht der Eintr in das GB, wesh dieses insow vielf unricht war. Die umfangreiche Gesetzgebg (vgl Einzelh 30. Aufl, RGRK vor § 1113 Anm 16 ff; Staud-Scherübl Einl 156 ff vor § 1113) ist heute dch Zeitablauf, Währgsreform, Vertragshilfe weitgehd überholt.

5) Zinssenkg. Über die gesetzl Zinssenkgen in den Jahren 1930–1936, die heute kaum noch Bedeutg haben, vgl die ZusStellg in der 19. und den früh Auflagen.

6) Stundg: Die gesetzl StundgsVorschr sind dch die Fälligk-VO v 22.12. 38, RGBl 1905 (die sich auf GrdPfdRechte u die dch diese gesicherten persönl Fdgen bezieht) abschl geregelt. Die VO hat kaum noch prakt Bedeutg. Einzelheiten: 20. u früh Aufl; Staud-Scherübl Einl 161 vor § 1113.

7) Über **landesrechtl Vorbehalte u Übergangsvorschr** vgl insb EG 91, 112, 117, 118, 120, 167, 184, 186, 188, 189, 192ff.

8) Einfluß des Krieges und der Nachkriegsverhältnisse auf die Grundpfandrechte.

a) Wg der mit der Entwertg der RM u der **Währgsreform 1948** zushängenden Fragen vgl § 1113 Anm 7.

b) GrdPfdRechte auf dch Kriegseinwirkg beschädigten Grdstücken (**„Ruinenhypotheken"**). Die hiermit verbundenen Fragen wurden brennd, als das Reich mit dem ZusBruch die EntschLeistgen f Kriegsschäden einstellte (vgl 28. u fr Aufl). Schutz der HypSchu dch das **Vertragshilfegesetz** v 26. 3. 52 (BGBl 198), geänd dch § 106 G v 24. 8. 63 (BGBl 1003) u § 86 G v 8. 11. 57 (BGBl 1747): vor dem 21. 6. 48 begründete Verbindlichk können gestundet od herabgesetzt w, sofern die fristgem od volle Leistg dem Schu unzumutb. Wg Einzelh für GrdPfdRechte vgl 28. u früh Aufl; wg VHG im allg s Einl 8 vor § 241. – Bei Kriegsschäden ferner Erleichtergen bzgl der HGA: LAG 100, 103.

c) Über Hyp und **Rückerstattung** Staud-Scherübl § 1113 Einl Bem 265f. Vgl ferner G zur Abgeltg von Reparations-, Restitutions-, Zerstörgs- u Rückerstattgsschäden v 14. 2. 69 (BGBl 105).

d) Über **interlokale** Fragen (auch Enteign in der DDR) Vorbem 14 (bes g, l, m) vor EG 7.

e) Über Pfl zur Erfüllg von HypVerbindlichk des früh dtsch Reichs, des früh Land Preußen, der RAutobahn vgl AKG 4 Nr 1, 10, 19; vgl hierzu Einl 8 c vor § 241 und die Kommentare zum AKG von Döll und von Féaux de la Croix.

f) Zur Behandlg der sog „JudenHyp" vgl Leiss DNotZ **69**, 609 u MittBayNot **73**, 191 (Inhabersch, Folgen einer Rückzahlg od deren Unterl, Löschg).

9) DDR: §§ 452–458 ZGB v 19. 6. 75. GBl I 465 (nur Hyp).

Erster Titel. Hypothek

1113 *Begriff.* I Ein Grundstück kann in der Weise belastet werden, daß an denjenigen, zu dessen Gunsten die Belastung erfolgt, eine bestimmte Geldsumme zur Befriedigung wegen einer ihm zustehenden Forderung aus dem Grundstücke zu zahlen ist (Hypothek).

II Die Hypothek kann auch für eine künftige oder eine bedingte Forderung bestellt werden.

1) Allgemeines. § 1113 enthält die Begriffsbestimmung der Hyp. Also **dingl Haftg des belasteten Grdst für eine Fdg.** Vgl darüber Überbl 1.

2) Belastgsgegenstand. Vgl Überbl 3 A. Begriff des Grdst: Überbl 1 vor § 873. Reale Teile müssen abgeschrieben u als selbständ Grdstücke eingetr w; GBO 7; Verstoß dagg macht Eintr nicht unwirks. Anteile

§ 1113 2–4 3. Buch. 8. Abschnitt. *Bassenge*

an einer BruchteilsGemsch: § 1114. Ferner grdstgleiche Rechte, vgl § 873 Anm 2 a. Erstreckg der Hyp auf andere Ggstände: §§ 1120 ff, Übbl 3 A vor § 1113. Bei Abschreibg eines GrdstTeiles ist die Hyp mitzuübertragen, sofern Gläub sie nicht aufgibt (§ 875, auch § 1175 I 2) od UnschädlichkZeugnis beigebracht wird, EG 120 I; bei Nichtübertragg gilt sie sonst als gelöscht, GBO 46 II. – Zur **Schiffshypothek** vgl Einf 9 vor § 1204.

3) Begründg der Hyp. a) Rechtsgeschäftl durch **Einigg** zw Eigtümer u Gläub **und Eintragg**, § 873. A u s n a h m e n: §§ 1188, 1196 u die in § 873 Anm 2 c genannten Fälle. Fehlt die Einigg od ist sie nichtig, entsteht überh kein dingl Recht, also auch keine EigtümerGrdSch, str, vgl § 1163 Anm 3; jedoch gutgl Erwerb durch Dritten mögl, § 892. Über RLage, wenn sich Einigg u Eintr nicht decken, vgl § 873 Anm 4 a, § 1116 Anm 4. Die Hyp steht trotz wirks Einigg u Eintr dem Eigtümer zu, bis die pers Fdg entstanden (§ 1163 I 1) u bei BriefHyp der Brief übergeben ist (od Übergabeersatz), §§ 1117, 1163 II. Einseitige Bewilligg des Eigtümers genügt nach §§ 1188, 1196. Über die Eintr vgl § 1115. Das dingl Recht kann bedingt od befristet sein, KJG **46**, 237, RG **122**, 330 (bedingte AusfallsichergsHyp). Vor Eintritt der aufschiebden Bedingg keine hypothekar Wirkgen; bei ihrem Ausfall keine EigtümerGrdSch. Eine solche auch nicht bei Eintritt einer auflösenden Bedingg (Hyp erlischt). Bedingte Hyp zu unterscheiden von der (unbedingten) Hyp für eine bedingte Fdg, II; vgl Anm 4 d. – Tritt der Gläub die Fdg vor der Eintr ab, kann der Zessionar unmittelbar eingetr werden; Voreintrag des Zedenten nicht erforderl; verfahrensrechtl notw entweder Bewilligg des Eigtümers zG des Zedenten u dessen AbtretgsErkl od Bewilligg des Eigtümers zG des Zessionars. – Außer durch Neubestellg Erwerb auch durch rechtsgeschäftl Umwandlg eines andersartigen GrdPfdR, §§ 1186, 1198, 1203, od durch Bildg einer EinheitsHyp aus mehreren EinzelHyp (Übbl 2 B e). – Keine Bestellg durch Vertr zG Dritter (str), vgl Einf 5c vor § 328 u unten Anm 4a).– Wg behördl Gen Übbl 12 vor § 873.

b) Durch Zwangsvollstreckg. Nur SichergsHyp (§ 1184). **aa)** ZwangsHyp: ZPO 866, RAbgO 372; **bb)** ArrestHyp: ZPO 932; **cc)** für Fdg gg Ersteher in der ZwVerst, ZVG 128; **dd)** gg Vormd auf Ersuchen des VormschG: FGG 54; **ee)** nach LandesR für öff Körperschaften: EG 91.

c) Kraft Gesetzes. Ohne Eintragg. **aa)** Durch Surrogation: rechtsgeschäftl u PfändgsPfdR an Fdg auf GrdstÜbereigng verwandeln sich nach Auflassg an Gläub bzw Sequester u Eintr des Eigtümergangs in SichergsHyp: § 1287 S 2, ZPO 848 II. **bb)** SchuldenregelgsHyp: SchRegG 15 mit AblösgsVO v 27. 2. 37 Art 8. Entstehg mit Bestätigg des Entschuldgsplans (Zwangsvergleichs). **cc)** SichergsHyp für Rentenbank-Kreditanstalt gem SchRegG 93. Jetzt überholt dch Entschuldgs-AbwicklgsG (vgl Übbl 12a vor § 873). Für *BrZ* vgl VO v 5. 7. 48 (VBlBrZ 199) § 2; für *Bay* G v 28. 11. 49, BS III 133. **dd)** ZusatzHyp (vgl Übbl 2 B f vor § 1113). **ee)** SichergsHyp für Landesbodenkreditanstalt gem *Bay*AVO v 26. 2. 47 (BS IV 338) § 41 im Siedlgs- u BodenRefVerf. **ff)** Für bisherigen UmstGrdSch vgl Anm 7.

d) Durch Umleggsplan gem BBauG 61.

4) Der Hyp muß bei der Begründg stets eine **Forderg** zugrunde gelegt werden. Die Fdg muß bestimmt sein; Ausn § 1190. Fdg kann auf jedem rechtl zulässigen SchuldGrd beruhen. Wegen Einlage des stillen Gesellschafters BayObLG DNotZ **51**, 184; Bruns JZ **51**, 304. Ob auch öffentl Fdgen durch Hyp sicherbar, str; vgl Baur SR § 37 II 1; jedenf zul bei SteuerFdgen, vgl RAbgO 132 I Nr 12, 372; vgl auch § 1115 Anm 3. Zul Sicherg mehrerer Fdgen, RG **126**, 278. – Unzuläss Sicherg für die eine od die andere Fdg; es tritt auch nicht BereichergsFdg od RückgewährAnspr (§ 347) an Stelle der DarlFdg, falls DarlVertr unwirks, RG JW **11**, 653 (aM Heck § 84 IV, Westermann § 96 II 3; Soergel-Baur Rdnr 15; Klinkhammer-Rancke JuS **73**, 666; neuerd Klaas vgl § 1204 Anm 3a; dort auch zu BGH NJW **68**, 1134; die Erwägg des BGH aaO können aber nicht schlechth auf die Hyp übertragen w (Bestimmth der Verknüpfg. Wg Besonderh des Falls zur Hbg MDR **68**, 756. Auswechslg rechtsgeschäftl nach § 1180; kraft G durch Verbindg der Hyp mit einer ErsFdg nach §§ 1164 I 1, 1173 II, 1174 I, 1182 S 1.

a) Gläubiger der Hyp u der Fdg müssen dieselbe Pers sein, BGH NJW **59**, 984; BayObLG **58**, 167. Ausn vgl § 1184 Anm 1. Deshalb kann bei Begründg der Fdg dch echten Vertr zG eines Dritten nur dieser, nicht der VersprEmpfänger eingetragen w (BayObLG **58**, 167 = NJW **58**, 1917; Westermann § 95 II 7 u bei Erm Rdz 13; Staud-Scherübl Rdn 25; RGRK Anm 8; aA Hieber DNotZ **58**, 639; Baur § 37 II 2a). Ob in diesem Fall die Einigg, § 873, zw dem GrdstEigtümer u dem VersprEmpfänger zG des Dritten od, mit diesem selbst stattfinden muß, hängt davon ab, ob man dingl Verträge zG Dritter zuläßt, was die Rspr verneint (vgl Einf 5c vor § 328; Einl 5a aa vor § 854). **Mehrere Gläub** nur, wenn sie in Bruchteils- (KJG **31** A 313) od GesHandsGemsch stehen od GesGläub (§ 428; BayObLG **62**, 208; BGH NJW **75**, 445) sind. Über einheitl Hyp für mehrere SteuerGläub vgl § 1115 Anm 3. Zulässig Hyp, die durch dasselbe Ereignis für A auflösd, für B aufschiebd bedingt od befristet ist, RG **76**, 91; KG JW **32**, 2445. Unzul Sicherg einer Fdg für mehrere zeitl aufeinander folge Gläub (KGJ **38** A 271; **49** A 207/210); unzul auch, daß die Hyp entweder die Fdg des einen od die des anderen Gläub sichert, weil eine Hyp nur eine bestimmte Fdg sichern kann, KG OLG **45**, 238. Wegen HöchstBetrHyp vgl § 1190 Anm 2c. Wg Sachwalters (VerglO 93) u Treuhänders s § 1115 Anm 3b. Für den Eigtümer kann nur eine GrdSch, § 1196, niemals eine Hyp bestellt w, KG JW **36**, 3131. Vgl aber §§ 1163 I, 1177. Keine Bestellg für den jeweiligen Eigtümer eines anderen Grdst, KG DRZ Rspr **31**, 822, anders bei Vormkg, RG **128**, 248. Kapital- u ZinsGläub können versch Personen sein; dann liegt entweder zulässige Verselbständigg des ZinsR od Nießbrauch vor, KG Recht **41**, 2023; vgl auch § 1154 Anm 5. – Über die Eintr des Gläub vgl § 1115 Anm 3.

b) Der Eigtümer braucht nicht auch pers **Schuldner** der Fdg zu sein; wg des RVerh zw beiden (Auftr, Schenkg) vgl § 516 Anm 4 e, BGH LM § 516 Nr 2. Zulässig, daß eine Hyp mehrere Fdgen gg denselben Schu sichert, od eine Fdg gg mehrere in einer VerpflichtgsGemsch stehende (nach aM, zB BayObLG **64**, 35 auch sonstige) Schu; nach RG **126**, 272 kann jedenf eine HöchstBetrHyp mehrere Fdgen gg verschiedene selbständige Schu sichern, str; vgl Reinhard JW **30**, 827; RGRK Anm 27; LG Brem MDR **56**, 609.

Hypothek. Grundschuld. Rentenschuld. 1. Titel: Hypothek § 1113 4–6

c) **Nur GeldFdg.** Nicht daneben zur Sicherg anderer Anspr, selbst wenn diese in ihrem Endzweck der Sicherg der Hyp zu dienen bestimmt sind, BayObLG **67**, 48, mit eingehder Prüfg der Bedinggen eines Baudarlehens der Bundesbahn. ZwangsHyp aber auch, wenn der Eigtümer zur Hinterlegg einer bestimmten Geldsumme verurteilt, KG JFG **12**, 310. Anspr auf Lieferg von Pfandbriefen, auch nicht sichergsfähig, auch nicht aGrd EG 167, KG JFG **2**, 367. Die Befugn des Schu, seine Geldschuld durch Pfandbriefe zu tilgen, ist eintraggsfähig, weil allein Geld geschuldet wird, RG **132**, 13; auch wenn DarlHingabe in PfdBriefen, BGH **LM** Nr 3. Dagg steht die Lösgsbefugnis des Gläub od ein WahlschuldVerh der Eintr der Hyp regelm entgg; anders nur dann, wenn die Hyp nur die GeldFdg sichern soll u diese nicht schon durch die Ausübg der Wahl, sond erst durch die Leistg von Pfandbriefen auflösd bedingt ist; vgl hierzu KG JFG **1**, 456; **9**, 236; RG **132**, 9. – Eintr des Geldbetrags nur in **deutscher Währg**, GBO 28 S 2; allerdings nur OrdngsVorschr. Zu WertsichergsKlauseln s Anm 5 u § 245 Anm 5. Wg hypoth Sicherg bei FremdwährgsSchulden vgl Anm 6.

d) Es können **bedingte, befristete** u auch noch nicht entstandene **(künftige) Fdgen** gesichert werden, II. Bei der VerkehrsHyp u der gewöhnl SichgHyp muß die Fdg bestimmt sein. Ist sie eine künftige Fdg, muß sie nach Inhalt u Ggstand bestimmbar sein u mind auf der Anwartschaft eines formgerechten Angebots beruhen, vgl KGJ **37** A 282. Anders bei der HöchstBetrHyp; sie kann auch künftig mögl Fdgen, zB etwaige SchadErsAnspr, sichern; über verdeckte HöchstBetrHyp § 1190 Anm 1b. Es kommt auf den Ztpkt der Entstehg, nicht auf den der Fälligk der Fdg an, RG JW **32**, 1216. Die Fdg einer landwirtschaftl Kreditanstalt kann schon mit Ausfertigg der Pfandbriefe entstehen, EG 167, Kbg JW **32**, 1579. Bei künftiger od aufschieb bedingter Fdg ist die Hyp bis zur Entstehg der Fdg EigtümerGrdSch (mit AnwR des Gläub), §§ 1163 I, 1177, RG JW **32**, 1579 (hM; aM zB von Lübtow Festschr Lehmann I 350); Rang richtet sich nach Eintr, nicht nach Entstehg der Fdg; Lent AkZ **37**, 37. Über Benutzg der vorl EigtümerGrdSch zur Zwischenfinanzierg vgl § 1163 Anm 4 d. EigtümerGrdSch entsteht auch mit Eintritt der auflösenden Bedingg der Fdg. – Über die (bei bestehender Ehe idR mangels Bestimmth unzulässige) HypSicherg des Ausgl-Anspr bei ZugewGemsch vgl Baur, SR § 37 II 1; Gaul FamRZ **61**, 132. – Über bedingte Hyp vgl Anm 3 a.

e) **Doppelsicherg** derselben Fdg durch mehrere selbständ Hyp (Ggsatz: GesHyp, § 1132) an demselben od an verschiedenen Grdst grdsätzl **unzulässig**. Ausnahmen: Durch Hyp und GrdSch, weil letztere von der Fdg unabhängig ist, RG **132**, 136; durch eine unbedingte Hyp u eine bedingte (sog Ausfall-) Hyp, RG **122**, 331 (aber keine AusfallzwangsHyp, Stgt NJW **71**, 898); durch HöchstBetrHyp für rückständ Hyp-Zinsen, soweit sie bei der ZwVerst ausfallen, KG DR **43**, 856; durch eine VerkehrsHyp u eine ZwangsHyp an versch Grdst; Staud-Scherübl Rdnr 21e; str; vgl RG **98**, 107; KG JFG **13**, 86; aber wg ZPO 867 II nicht durch zwei ZwangsHyp, JFG **18**, 153. – Selbständige Teile einer Fdg jeder für sich durch selbständige Hyp sicherbar, RG **113**, 233; Mü JFG **23**, 170. Keine Doppelsicherg bei **MehrBetrHyp:** HöchstBetrHyp für den Fall, daß KreditFdg den NennBetr der dch GrdPfdR bereits gesicherten Fdg übersteigt (vgl Staud-Scherübl § 1190 Rdnr 9b).

f) Auch **öffentlrechtl Ansprüche** sicherbar, wenigstens durch SichergsHyp; str; vgl Baur SR § 37 II 1; Staud-Scherübl Anm 11 b, c. Jedoch SichergsHyp für **öffentl Lasten** (vgl GBO 54) auf demselben Grdst nur insow, als keine Doppelsicherg. Daher zuzulassen SichgHyp für Fdgen aus öff Lasten, die nicht (mehr) Vorrecht gem ZVG 10 I 3 genießen, BayObLG **56**, 122; eintragb auch schon vor Wegfall des Vorrechts als insow bedingte Hyp. Sicherg durch GrdSch auch bei Vorrecht, Staud-Scherübl Anm 11 h. Einzelfälle: Sicherg von SteuerFdgen, vgl § 1115 Anm 3. Wegebaukosten, Warn **08**, 161, aber auch KG JW **32**, 1062. Erschließungsbeiträge nach BBauG 127 ff, sicherb durch bedingte od HöchstBetrHyp od GrdSch; auch für VorauszahlgsAnspr gem BBauG 133 III, LG Köln Rpfleger **62**, 104 m Anm Haegele; str; vgl auch LG Würzbg BayNotV **62**, 69. Wg HGA vgl Keller BWNotZ **57**, 137. – Wg der StraßenbaukostenHyp nach früh BayBauO 62 III u Verhältn zur öff Last nach BBauG 134 vgl Röll BayNotV **61**, 57; BVerwG, BayVGH NJW **66**, 219; zu allem erneut BayObLG **67**, 178.

5) **Wertbeständige Hyp** (vgl Dürkes, WertsichergsKlauseln 1966; Haegele GBR Rdnrn 1891 ff; Horber § 28 Anm 6; Anh 7 zu § 22). Sie haben nicht die Zahlg einer bestimmten Geldsumme zum Ggst, sond eine Geldsumme, welche nach dem Preis einer bestimmten Menge von Waren an einem bestimmten Stichtag zu errechnen ist.

Das BGB läßt sie nicht zu, da § 1113 eine best Geldsumme voraussetzt. Ermöglicht wurden sie dch G v 23. 6. 23 (RGBl 407) mit mehreren DVOen, ferner G v 2. 2. 28 (RGBl 11). Wertmesser: Feingold (entweder als Preis einer best Gewichtsmenge Feingold od als Goldmark, wobei diese dem amtl festgestellten Preis von 1/2790 kg Feingold entspr), Roggen u Weizen, gewisse Sorten von Kohle u Kali, bei Hyp zur Sicherg best Anleihen auch Kurswert des US-Dollar. Einzelh s 28. u früh Aufl. Die Möglichk zur Begründg wertbeständ Hyp wurden schon vor 1945 wieder eingeschränkt; Gleichstellg Goldmark = Reichsmark (1 kg Feingold = 2790 RM) dch VO v 16. 11. 40 (RGBl 1521) § 1 I nahm außerdem Anreiz zur Verwendg des Wertmessers Feingold. Schließl waren nach der Mark = Mark-Gesetzgebg der Besatzgsmächte (vgl § 245 Anm 5a) alle Fdgen u Hyp in RM rückzahlb; demgem bezog sich Währgsumstellg auch auf die ehem wertbeständ Hyp, jedenf bei Wertmesser Feingold (vgl Horber Anh 7 zu § 22). Die Streitfrage, ob heute noch wertbeständ Hyp begründet w können (weil die einschläg Bestimmgen nach dem 2. Weltkrieg formell nicht aufgeh wurden; s im einzelnen Staud-Scherübl BGB § 1113 Einl Rdnr 203, RGRK BGB § 1113 Anm 20, Horber GBO § 28 Anm 6 C, bejahd wie Düss JMBl NRW **57**, 32) ist kaum von prakt Bedeutg, da einerl Gen nach WährG § 3 erforderl, die idR nicht erteilt w dürfte (s Grunds der DBB über die GenFähigk, § 245 Anm 5b vor aa), – Fdgen mit zuläss bzw gen **Wertsicherungsklausel** (s hierzu § 245 Anm 5; ErbbRVO 9 Anm 2; Übbl 1e vor § 1105) können dch Hyp wg der Voraussetzg des bestimmten GeldBetr nur iF der HöchstBetrHyp gesichert w, insow es sich um reine Geldschulden handelt (krit Müller-Frank RhNK **75**, 355).

6) **Hypotheken in ausländischer Währg:** Eintr wäre nach BGB mögl; aber GBO § 28 S 2 (OrdngsVorschr, Verletzg macht Eintr nicht unwirks, dann aber WährG § 3 zu beachten). Vorübergeh (bis 31. 12.

§§ 1113, 1114

1929) war Eintr zugel dch VO v 13. 2. 1920, RGBl 231 (vgl 23. Aufl), die aber aufgeh wurde (ohne Rückwirkg für schon eingetr Rechte) dch Art IV G vom 8. 5. 63, BGBl 293, u heute nur noch von Bedeutg iF VO 15 III, eingefügt dch G v 16. 3. 31, RGBl 31 (PfdAustausch u -erstreckg), hierzu BayVO v 6. 12. 56, BS III 134. – Sonderregel für **Schweizer Goldhypotheken**: Abkommen v 6. 12. 1920, RGBl 2023, sah Rückzahlg in Gold od Schweizer Franken vor. Dch ZusatzAbk v 25. 3. 23, RGBl II 286, Umwandlg in Schweizer Franken-Grdschulden. Vereinb v 23. 2. 53 u G hierzu v 15. 5. 54, BGBl II 538, 740: Fälligk bis 31. 12. 57 hinausgeschoben, dann Tilg innerh 13 Jahren. Einzelh s 28. Aufl; Staud-Scheräbl § 1113 Einl Rdnr 227ff; BGH WPM **66**, 324. – Andere Frage, inwiew bei **Fremdwährungsschulden** Sicherg dch Hyp in dtscher Währg erfolgen kann; vgl hierzu RG **106**, 79; **152**, 219; RG u Michaelis in AkZ **42**, 285, 278.

7) Einfluß der Währgsreform 1948 auf Grundpfandrechte. Vgl Haegele BWNotZ **73**, 1ff. GrdPfdRechte, die auf RM, GM od Rentenmark lauteten, sind in DM umgestellt worden, u zwar regelm entspr der gesicherten Fdg im Verhältn 10:1 (UmstG v 20. 6. 48 § 16). Dagg Umstellg 1:1 in den Fällen UmstG § 18 und 40. DVOzUmstG § 2 (insb Fdgen aus Auseinandersetzen, EigtümerGrdSchulden, HöchstBetrHyp). Bei Umstellg 10:1 wurde der durch die Umstellg eingetretene Schuldnergewinn zum Lastenausgleich herangezogen; in Höhe von 90% entstand zunächst eine UmstellgsGrdSch für die BRep; an ihre Stelle trat durch das **LastenausgleichsG** (s auch G v 15. 7. 68, BGBl 806) grdsätzl die **HypGewinnabgabe** (LAG 91–160), die als öff Last auf dem Grdst ruhte, für deren einzelne Verbindlichk aber der jeweilige Eigtümer auch persönl haftete.

Wg der Einzelheiten wird auf die Darstellg in der 22. u früh Aufl verwiesen (im Anh zu §§ 1105–1203, wo auch die 40. DVOzUmstG erläutert war). Vgl dort auch über den RZustand in WestBln, im Saarl u der DDR (Übbl 1 b–d); über die GrdPfdR der AVN u das Londoner SchuldenAbk vgl 40. DVO § 2 Anm 4. – Nachw zur neueren Rspr vgl 32. Aufl.

Neue Gesetzgebg: G über Maßnahmen auf dem Gebiete des Grundbuchwesens v 20. 12. 1963, BGBl 986. – Über Einzel-, insb VerfFragen vgl zB Horber, GBO, Anh zu § 22; AG Hann NdsRpfl **67**, 131.

a) Eintragg der Umstellg (§§ 1–13). Die grundbuchl Ungewißh über die Höhe der Umstellg wurde möglichst beseitigt. **aa)** Die Eintr eines UmstBetrages, der höher ist als 1 DM: 10 RM, konnte grdsätzl nur bis 31. 12. 1964 beantragt u mußte bis 31. 12. 1965 vollzogen w; andernf bestand am 1. 1. 66 die Hyp nunmehr nur in Höhe von 1 DM:10 RM, selbst wenn die zugrundeliegde Fdg (die bestehen bleibt u noch dem Verf nach 40. DVOzUmstG § 6 unterliegt) einer höheren Umst unterliegt; dann hat Gläub Anspr auf Bestellg einer weiteren Hyp in Höhe der Differenz an nächstoffener Rangstelle (dies uU auch gg den RNachfolger des Eigtümers).

bb) Ausn (Antr u Eintr auch später als Ende 1964 bzw 1965 zul): 1. wenn ein vor Ende 1964 eingeleitetes UmstVerf (40. DVO § 6) noch schwebte und zZ der Eintr ein (idR bis 31. 12. 65 einzutragender) **Umstellgs-Schutzvermerk** eingetr ist (was teils vAw, teils auf Antr zu geschehen hatte, §§ 3,4), 2. wenn die Voraussetzgen einer Umstellg (1:1) nach 40. DVOzUmstG § 2 Nr 4 vorlagen (also insb Hyp der AVN, die unter Londoner SchuldenAbk fällt) u seit Ende des Jahres ihres Eintritts bei AntrStellg nicht mehr als 3 Jahre verstrichen waren.

cc) Vereinfachtes GBBerichtiggsVerf: § 8.

dd) Regelg gilt für Hyp, GrdSch, RentenSch, SchiffsHyp, PfdR an Bahneinheiten gem §§ 11, 12.

b) UmstellgsGrdschulden (§§ 14–17): Die durch LASG für BRep entstandenen (nicht eintraggsbedürft) UmstGrdSch konnten, bevor sie nach LAG durch die HypGewinnabgabe ersetzt worden waren, bereits auf den Eigtümer übergegangen od erloschen sein. Aus dem GB brauchte dies nicht ersichtl zu sein. Um die sich hierdurch ergebde Unsicherh zu beseitigen, bestimmt GBMaßnG: alle noch bestehenden (eingetr od nichteingetr) UmstGrdSch erlöschen, wenn nicht bis 31. 12. 1964 beantragt w, den Übergang auf den Eigtümer einzutragen. Von 1965 ab können daher die noch eingetr UmstGrdSch, für die ein solcher Antr nicht gestellt ist, vAw (kostenfrei) gelöscht w. Der Rang etwa vorgetretener Rechte w hierdch nicht berührt.

c) Löschg umgestellter geringwertiger Rechte (§§ 18–20). Grdbuchrechtl Voraussetzgen für Löschg einer umgestellten Hyp, SchiffsHyp od GrdSch bis 500 DM u einer umgestellten Rentenschuld od Reallast bis 25 DM Jahresleistg erleichtert; die Notwendigk der Abgabe der erforderl Erklärgen besteht jedoch nach wie vor, BayObLG v 27. 9.68 (2 Z 58/68). Über Löschg sonstiger RM- u GMHyp, wenn Inh verstorben, vgl Bertzel u Hetz Rpfleger **63**, 722; **64**, 136; Haegele u OLG Neust DNotZ **65**, 32, 47.

d) HypGewinnabgabe. Dem Mißstand, daß die HGA bisher aus dem GB nicht ersichtl war, hilft § 21 GBMaßnG durch eine wesentl Änderg des LAG ab. Nunmehr ist auf Ersuchen des FinAmts das Bestehen einer HGA im GB einzutragen (freilich nicht Höhe u Rang, hierüber gibt FinAmt Ausk, LAG 128). Wurde das Ersuchen nicht bis Ende 1965 gestellt, so erlischt die öff Last; pers Schu der noch nicht fälligen Abgabenschulden ist der GrdstEigtümer zZ des Erlöschens der HGA (Näheres LAG 111a III). Um die Feststellg, ob das Ersuchen des FinAmts rechtzeitig beim GBA eingegangen ist, zu erleichtern, ist in einer Abschlußbekanntmachg mitzuteilen, welche EintrErsuchen rechtzeitig gestellt u erledigt sind. Mit Ablauf von 2 Monaten seit dieser Bek erlöschen schlechth alle nicht eingetr Lasten der HGA (selbst wenn das Ersuchen rechtzeitig gestellt, aber dies nicht bekannt gegeben wurde). In diesem Augenblick genießt das GB insow öff Glauben. Die AbschlBekanntm ist nunmehr in allen Bundesländern ergangen. Wg Bln vgl 31. Aufl. Keine HGA auf im Saarland belegene Grdst, daher dort auch keine Eintraggen bzw AbschlBek (§ 35 GBMaßnG). Ju 24 ÄndG LAG vgl Anh zu § 1047.

1114 *Belastung eines Bruchteils.* Ein Bruchteil eines Grundstücks kann mit einer Hypothek nur belastet werden, wenn er in dem Anteil eines Miteigentümers besteht.

Hypothek. Grundschuld. Rentenschuld. 1. Titel: Hypothek   §§ 1114, 1115

1) Allgemeines. § 1114 schränkt die BelastgsBefug bzgl **Hyp** einschl Vormkg dazu ein, um Schwierigk der GBFührg u ZwVerst zu vermeiden; Verstoß macht Eintr inhaltl unzul: GBO 53 I 2 (RG **88**, 26). Ebso §§ 1095 (VorkR), 1106 (Reallast), 1192 (GrdSch), 1199 (RentenSch); and § 1030 Anm 2a (Nießbr).

2) Nur der **Anteil eines Miteigentümers nach Bruchteilen** (§§ 1008ff) einschl des Anteils an den mithaftden Ggst (§§ 1120ff) ist belastet u entspr entlastbar; nicht aber der Anteil an einer GesHandsGemsch (RG **117**, 267) u keine quotenm beschr Belastg der Allein- (RG **74**, 466) od MitEigt. Maßg Ztpkt ist die Entstehg der Belastg. Erwirbt der MitEigtümer später weitere Anteile od erwirbt ein MitEigtümer einen belasteten Anteil, so belastet die Hyp die and Anteile nur, wenn sie auf diese erstreckt w (BayObLG DNotZ **71**, 659); ZwVollstr in den fiktiv fortbestehden Anteil bleibt zul. – Hyp auf mehreren MitEigtAnteilen ist GesHyp, auch wenn sie früh AlleinEigtümer bestellte (RG **146**, 365). Wg Belastg des gesamten Grdst vgl § 1008 Anm 3.

3) BruchtBelastg bei AlleinEigt ausnahmsw zul, wenn der gesondert belastete Bruchteil eine gewisse rechtl Selbständigk hat (BayObLG **74**, 466): **a)** SichHyp des ZVG 128 ist auf ersteigertem Anteil einzutragen, auch wenn Ersteher jetzt AlleinEigtümer (RG **94**, 154). **b)** Eintr einer ZwangsHyp auf gem AnfG 7 anfechtb erworbenen Anteil zul (KG HRR **31**, 1709). **c)** FlurbG 68; dazu LG Karlsr BWNotZ **60**, 24. **d)** Vorbeh für LandesR EG 112, 113. **e)** Abw auch dch gutgl Erwerb mögl (W-Raiser § 133 Anm 3: AlleinEigtümer fälschl als MitEigtümer eingetr; RG LZ **29**, 838). **f)** Erwirbt BruchtEigtümer RestBrucht als VorE, so kann er bish Brucht gesondert belasten (BayObLG NJW **68**, 1431). **g)** Gläub eines VermÜbergebers (§ 419) kann ZwangsHyp auf mitübertr GrdstBrucht verlangen (Jena JW **35**, 3647). **h)** Dch Buchg nach GBO 3 III verselbständigte Anteile gesondert be- u entlastb (BayObLG **74**, 466).

1115 *Eintragung.* ᴵ Bei der Eintragung der Hypothek müssen der Gläubiger, der Geldbetrag der Forderung und, wenn die Forderung verzinslich ist, der Zinssatz, wenn andere Nebenleistungen zu entrichten sind, ihr Geldbetrag im Grundbuch angegeben werden; im übrigen kann zur Bezeichnung der Forderung auf die Eintragungsbewilligung Bezug genommen werden.

ᴵᴵ Bei der Eintragung der Hypothek für ein Darlehen einer Kreditanstalt, deren Satzung von der zuständigen Behörde öffentlich bekannt gemacht worden ist, genügt zur Bezeichnung der außer den Zinsen satzungsgemäß zu entrichtenden Nebenleistungen die Bezugnahme auf die Satzung.

Schrifttum: Schwab, Das Recht der HypZinsen u der sonstigen Nebenleistgen einer Hyp, Diss Tüb 1968. – Haegele, Zinsen u sonst Nebenleistgen bei GrdPfdRen, RPflJb **74**, 324.

1) Allgemeines. § 1115 ergänzt den § 874; bestimmt also nichts über die EintrFähigk einzelner Bestimmgen (LG Coburg DNotZ **70**, 355; hierzu auch Riedel DNotZ **54**, 454; Bruhn Rpfleger **57**, 103), sond nur die Art u Weise der Eintr. Persönl Verpflichtgen des Eigtümers als solche nicht eintragbar, daher Inbezugnahme auch nur, soweit Fälligk- od KündVoraussetzg, BGH **21**, 34.

a) I schreibt vor, für welche Angaben für die Fdg nicht auf die EintrBewilligg Bezug genommen w darf. Der Gläub u das Höchstmaß der Belastg sollen aus dem GB selbst erkennb sein (BGH NJW **67**, 925/926). Weitere Bestimmgen über den Ausschluß der Bezugn enthalten §§ 1116 II, 1184 II, 1189 I 2; ZPO 800 I 2 (vgl § 1147 Anm 2b); fehlt eine der zwingd vorgeschriebenen Angaben, ist Hyp nichtig (RG **127**, 309); Folge: GBO 53. – Iü Bezugn auf EintrBew zul; zB bzgl vereinbarter Nichtübertragbark (Hamm NJW **68**, 1289).

b) II läßt für Sonderfälle die Bezugn auf die Satzg einer Kreditanstalt zu.

c) Wg der SchuldenregelgsHyp (vgl Übbl 12 a vor § 873) vgl 22. Aufl. – Wg der AbgeltgsHyp (Übbl 2 B d bb vor § 1113) vgl 24. Aufl.

2) Zweckm ist es, in den **EintrVermerk** das Wort **Hyp** aufzunehmen. Notw ist dies nicht; es genügt die Kenntlichmachg eines Rechts im GB, sich wg einer Fdg aus dem Grdst befriedigen zu können. Dies kann zB auch dch Angabe des Schuldgrunds der Fdg im GBVermerk geschehen; hM (vgl § 874 Anm 3b; Gutachten des KG JW **29**, 3347). Wg der Akzessorietät der Hyp ist auch Kennzeichg der Fdg nöt: sie ist im GB od in der in Bezug genommenen Bewillig unterscheidb zu bezeichnen; Merkmale: **Gläub, Schuldner, Gegenstand** u **Schuldgrund;** s Anm 4. – SonderVorschr über die Bezeichng des Rechts bestehen für **SichHyp,** § 1184 II; für SichHyp zur Sichg der Fdg gg den Ersteher, ZVG 130 I 2; vgl auch Anm 1c. TilggsHyp braucht nicht als solche bezeichnet zu w, BGH **47**, 41.

3) Die Eintragg des Gläub (vgl zunächst § 1113 Anm 4a zur Frage, wer Gläub sein kann): Das GBA h den Namen des Berecht antragsgem gleichlautd mit dem im Erwerbstitel einzutragen od die Eintr als unzul zurückzuweisen; nicht darf es nicht beantr Namen eintr; gg Unklarh, auch Unrichtigk FassgsBeschw, solange nur die Identität des Namensträgers außer Zweifel, BayObLG **72**, 373.

a) Art u Weise der Bezeichng bestimmt nicht BGB, sond GBVfg 15, GBO 47. Verstoß hiergg macht aber Eintr nicht inhaltl unzul; doch muß sich Gläub aus dem EintrVermerk identifizieren lassen, RG **72**, 40; Brem DNotZ **65**, 566; BGH LM **40**. DVO UmstG § 6 Nr 5; bei Eintr jur Personen muß die RPersönlich erkennb sein. Bezeichng muß dann aber zur Pers passen, mit der dingl Einigg stattfand; vgl Hoche DNotZ **55** 151. Bei berufsloser Ehefr genügt Hausfrau, Hamm JR **63**, 24. Genügd: Die künft Abkömmlinge od die noch unbekannten Erben eines Verstorbenen, nicht aber die Erben eines Lebenden od die von ihm noch zu Bezeichnden, BayObLG **58**, 168. Entstehg der Hyp uU auch, wenn statt OHG ein Einzelkaufm eingetr, Hbg DNotZ **55**, 148 u Anm Hoche. Oder OHG mit unricht Zusatz „GmbH", Brem DNotZ **65**, 566. Sachrechtl unschädl Eintr eines Einzelkaufm unter seiner Firma, KGJ **38** A 229 (über Eintr der Zweig-

1133

§ 1115 3–5 3. Buch. 8. Abschnitt. *Bassenge*

niederlassg vgl Haas Rpfleger **61**, 43); des KonkVerw anstatt des GemSchu, aM BayObLG **32**, 380, der vertretenen Behörde anstatt des vertretenen Staates, KGJ **51**, 244; Schlesw JZ **55**, 619 (FinAmt). Zulässig Eintr „für das FinAmt" bei ZwangsHyp für verschiedene (nicht aber für nur einen, Neust NJW **60**, 1674; aM Stgt NJW **59**, 1280) AbgabenGläub, RAbgO 372 I 3; vgl Karlsr DNotZ **55**, 544 (ausreichd „Staatsfinanzverwaltg" für BRep u Land); dies auch bei Bestellg einer GrdSch, Köln NJW **60**, 1110. Über „BBank (Landeszentralbank in X)" vgl LG Bochum Rpfleger **61**, 46. Als Namen des Berecht darf auch der einer Zweigniederlassg od einer nichtrf Anstalt des RInh eingetr w („Bayer Landesbausparkasse, Anstalt der Bayer Landesbank, Girozentrale Mü") BayObLG **72**, 373. Eintr einer Hyp für nichtrechtsf Verein nichtig, RG **127**, 312; wg mangelnder Bestimmth auch Eintr „der jeweiligen Mitgl in ihrem wechselnden Bestand" unzul. Eintr eines Vertretgszusatzes unzul (LG Düss Rpfleger **77**, 167).

b) Ein Treuhänder kann als HypGläub eingetragen w, da seine formale GläubStellg dch die interne Bindg nicht berührt wird; Zusatz, daß Gläub TrHänder, unzul, KG JFG **11**, 275; Saarbr OLGZ **67**, 112 („Bundestreuhandstelle für Bergarbeiterwohngsbau"); vgl aber § 1189 Anm 1b, für HöchstBetrHyp KG HRR **30**, 219; für TrHänder gem § 75 AG z LondonerSchuldAbk vgl Fleischmann NJW **55**, 609; Haegele JurBüro **69**, 401. Unzul auch gleichzeit Eintr von TrHänder u TrGeber, Hamm Rpfleger **54**, 464; dies auch materiell idR wg Unklarh unwirks. – GrdstEigtümer ist befugt, zus mit der Hyp auch den TrHändervermerk gem VAG 72 I zu bewilligen, BayObLG NJW **65**, 538; LG Wiesbaden Rpfleger **68**, 393, zust Haegele; ders, GBR Rdnr 822b. Der aGrd BAufsG auf Antr des Baugeldgebers dch das AG der Baustelle bestellte TrHänder hat die Stellg eines Pflegers, vgl MIR Vorbem 112ff zu § 13 u Haegele aaO. Üb Eintr der VerglGläubHyp: VerglO 93, ü die Stellg des Sachwalters vgl Mohrbutter Rpfleger **56**, 274. – Zum TrHänder im GBRecht vgl auch Haegele KTS **60**, 145 u JurBüro **69**, 395.

c) Mehrheit v Gläub: Vgl zunächst § 1113 Anm 4a; § 1187 Anm 4b; § 1195 Anm 2; GBO 47. Hiernach sind bei BruchteilsGemsch die Angabe des Bruchteils, bei GesHandsgemeinschaften die konkret vorliegende anzugeben: als Gter des bürgerl Rechts, in ErbenGemsch – ohne Angabe der Erbquoten. Eine anderw GesBerechtigg kann dch Zusatz „gem § 428 BGB" od „gem § 432 BGB" kenntl gemacht w. Vgl auch GbVfg § 9b Halbs 2 u in zu allem Horber § 47 Anm 3, 4. – Auch wenn mehrere TrHänder mit gemeins Vfgs-Macht bestellt sind, folgt daraus noch nicht, daß sie eine Gesellsch bilden; mangels einer solchen kann das GemschVerhältn aber nicht als GesHand angegeben (GBO 47) w, KG JW **33**, 616. – Für die OHG gilt HGB 124. – Steht die Fdg mehreren GesGläub (§ 428) zu, kann einem davon Hyp bestellt w; seiner Bezeichnung als GesGläub bedarf es dabei nicht; insow kann auf EintrBewilligg Bezug gen w, BGH **29**, 363 = Rpfleger **59**, 154 Anm Haegele. Besondere Hyp für jeden GesGläub: vgl Biermann ArchBürgR **40**, 318/339; einheitl Hyp für alle GesGläub: KGJ **46** A 226/228.

d) VfgsBeschrkg, der Gläub unterliegt, in EintrVermerk aufzunehmen (LG Bn RhNK **78**, 41 für VAG 70, 72).

4) Die Forderung; sie w gekennzeichnet dch die Personen des Gläub (Anm 3), des Schu (Anm 4a), des SchuldGrds (Anm 4b) u des LeistgsGgst (Anm 4c).

a) Der Schuldner: Seine Angabe ist zur Kennzeichng der Fdg dann zweckm, wenn er vom Eigtümer personenverschieden, KGJ **47**, 198; RG **136**, 82, allgM. Fehlt sie, ist die Hyp nicht unwirks, MIR § 3 Anm 340; Soergel-Baur Rdnr 8; Horber § 44 Anh 6a; Haegele, GBR Rdnr 827; vgl auch BGH WPM **69**, 661; aA RGRK Anm 25.

b) Schuldgrund: Aus dem GB muß die RNatur der Belastg als einer Hyp ersichtl sein: dies geschieht dch Bezeichng des Rals Hyp od dch Angabe des SchuldGrdes, was erstere ersetzt. Doch genügt notf auch die Bezugn auf die EintrBewilligg, wenn R nur in der 3. Abt eingetr (vgl KGJ **21** A 139; **22** A 278; **35** A 282). i Praxis also großzüg, doch muß so bestimmt individualisiert sein, daß §§ 891, 1138 sinnvoll anwendb, BGH WPM **72**, 786; dies kann auch dch Angaben als die des SchuldGrds geschehen (vgl W-Raiser § 133 Fußn 20). Ergibt Ausleg den Fall des § 607 II, eröffnen sich die dort Anm 2 genannten Möglichk, mit jew versch Folgen für die Einwendgen aus dem umgeschaffenen SchuldVerh, vgl BGH WPM **72**, 384. – **Unricht Bezeichng** des SchuldGrds hindert, wenn die richt Fdg entstanden, nicht den Erwerb der Hyp dch den Gläub, der notf nur aber das wahre SchuldVerh aufdecken muß, BayObLG **51**, 596; dagg entsteht die für eine ScheinFdg ernstl bestellte Hyp als EigtGrdSch, BGH **36**, 84; ersichtl unricht SchuldGrd aber nicht einzutr, LG Hof Rpfleger **65**, 367. – SonderVorsch üb die Bezeichng des R: § 1184 II; für SichgHyp zur Sichg der Fdg gg den Ersteher, ZVG 130 I 2; vgl auch Anm 1c.

c) Geldbetrag: Das Grdst haftet nur für den ohne Bezug im EintrVermerk angegebenen Geldbetrag. Er ist in zahlenm bestimmter Summe einzutragen, nicht in Berechngsmerkmalen, KGJ **36** A 231. Fehlt die Eintr, ist die Hyp als inhaltl unzul (GBO 53 I 2) zu löschen. Beachte GBO 50; § 1113 Anm 5.

5) Nebenleistgen (vgl allg: Schäfer BWNotZ **55**, 237ff; Haegele, Rpfleger **71**, 237) sind außer dem Kapital zu entrichtde Beträge. Sie sind von der HauptFdg abhäng, dh sie können regelm nur entstehen, wenn die HauptFdg entstanden ist, u sie können nicht mehr entstehen, wenn die HauptFdg erloschen ist, KG JW **38**, 2406. Abhängigk muß zumindest aus der EintrBewilligg erkennb w, Haegele in zutr abl Anm zu LG Osnabr, Rpfleger **73**, 247. Keine Nebenleistgen sind Tilggsbeträge, weil Kapitalteile, RG **104**, 72, § 1163 Anm 5a. Bezugn deshalb zul; §1115 behandelt vertragl, §1118 gesetzl Nebenleistgen. §1115 unterscheidet Zinsen (Gebrauchsvergütgen) u andere Nebenleistgen. Das Grdst haftet (unbeschadet der Haftg für das Kapital) für beide nur soweit, als sie im EintrVermerk selbst angegeben sind; Ausn: II; wg der gesetzl Zinssenkg vgl Übbl 5 vor § 1113.

a) Zinssatz ist das Verh der Zinsen zum Kapital. Übl in Hundertsatz ausgedrückt, Angabe „jährl" nicht zwingd erforderl (Zweibr MittBayNot **76**, 139; LG Frankth MDR **76**, 222). Angabe fester Summe zul (KGJ **36**, 233). Ohne Angabe eines Zinssatzes ist die Hyp unverzinsl (RG **113**, 229), selbst wenn sie als verzinsl bezeichnet. Bei HöchstBetrHyp sind Zinsen nicht eintraggsfäh, § 1190 II. Für ges Zinsen vgl § 1118.

Hypothek. Grundschuld. Rentenschuld. 1. Titel: Hypothek §§ 1115, 1116

aa) Zinssatz muß **bestimmt** sein. Schrifttum: Schaefer BWNotZ 55, 237; Bühler BWNotZ 67, 41 u 113. Bedingt mögl, aber einzutragen, § 874 Anm 3 a. Eintr eines Höchstzinssatzes genügt nur, wenn sich aus der in EintrBew der Normal- od Mindestzins sowie Voraussetzgen u Umfang der Änd ergeben (BGH NJW 75, 1314). Zul auch, daß der Gläub berecht ist, bei künft eintretden Ändergen der von einer öff Sparkasse für HypDarl allg angesetzten Zinsen auch die der Hyp im Rahmen des Höchst-Mindestsatzes dch Erklärg ggü dem Schuldner zu ändern (BGH 35, 22; BayObLG NJW 75, 1365); ebso bei allg Änderg der Zinssätze am Kapitalmarkt (LG Wuppt RhNK 76, 24). Zinsänderg darf aber nicht ausschließl vom Willen des Gläub abhäng sein (BGH DNotZ 63, 436; str). Nach Celle Rpfleger 72, 97 sind für versch Teile einer einzutragden Hyp versch Zinssätze zul; für EinhHyp vgl aber Übbl 2 A e vor § 1113.

bb) So muß auch der – immer bedeutsamere – **gleitende Zinssatz** (zB dem jeweiligen Bankdiskont, od dem Zinssatz einer Sparkasse entspr) dch Eintragg eines Höchstsatzes nach oben begrenzt sein; dies auch, wenn Zinssatz gesetzl festgelegt, zB dch RVO 397a II, KG DNotZ 71, 415; wg der notw Bestimmbark bei vorgesehenen Ändergen des Zinssatzes s BGH 35, 22, DNotZ 63, 436, Stgt NJW 54, 1646 und oben zu aa). **Schrifttum:** Riedel DNotZ 63, 439; Schwab aaO 17ff. ZwangsHyp für gleitde Fdg, Karlsr JFG 7, 392; KG JW 34, 1506: Gläub muß angemessenen Höchstzinssatz zur Eintragg mitbeantragen.

cc) Zinsbeginn kann vor od nach Eintr liegen; er ist anzugeben; wenn nichts vermerkt, maßgebd Eintr der Hyp, RG 136, 235, erst recht der GrdSch. So auch EintrBewilligg ohne Zinsbeginnangabe idR auszulegen; vgl Köln NJW 60, 1108 (für GrdSch). Zinsbeginn auch vor Eintritt aufschiebder Bedingg, Stgt NJW 53, 464. Eintraggsfäh ist die Bestimmg: ,,verzinsl von Hingabe des Darlehens ab", KG HRR 30, 1457. Zinsende, wenn nichts anderes eingetr, Untergang der Fdg; Ripfel DNotZ 61, 670; vgl auch § 1154 Anm 5. Ist Zinsbeginn auch dch Auslegg aus dem Antr nicht feststellb, wird das GBA ZwischenVfg erlassen, notf zurückweisen, Haegele GBR Rdnr 856a, Erm-Westermann Rdz 9. Die gleichwohl erfolgte Eintr der Hyp ist aber nicht unzul, Hamm Büro 55, 37; Staud-Scherübl Rdn 25 o. ,,Tag der Eintragg" für Zinsbeginn genügt auch dem BestimmthErfordern iSv **ZPO 794 I 5**, Stgt, DNotZ 74, 358.

b) Andere Nebenleistungen: aa) Beispiele: Entschädigg für Rückzahlg vor Fällig, KG JFG 9, 270 BGH **LM** Nr 6 z ZVG 91; Zinseszinsen (§ 248 II 2), KG JFG 1, 464; Anspr auf Erstattg verauslagter Versicherungsprämien, KG JW 37, 2973; Verwaltungskostenbeiträge, Neust NJW 61, 2260 = DNotZ 61, 666 Anm Ripfel; Geldbeschaffgskosten, LG Düss Rpfleger 63, 50 Anm Haegele; andere Kosten als die des § 1118; Strafzinsen für unpünktl Kapital- od Zinszahlg, KGJ 49, 211, 213, wobei nach München (WPM 66, 666, abl Koch) die Zinserhöhg nur gelten soll, wenn Eigtümer Nichtzahlg zu vertreten hat. Disagio (bei hoher Auszahlg), BayObLG 68, 315. Zur Frage der Anrechng des Disagios auf den Kaufpr bei Übern der Hyp dch GrdstKäufer vgl BGH DNotZ 70, 247. Nebenleistg kann verzinsl sein (vgl LG Duisb DNotZ 69, 756).

bb) EintrVermerk muß **HöchstBetr** in Summe od Berechnungsfaktoren angeben (BGH 47, 41). Für Eintr in Hundertsätzen des Kapitals gilt Anm 5 a entspr; Angabe, daß für Berechng urspr Kapital maßg, nicht erforderl (BGH aaO), bei Teillöschg aber Klarstellgvermerk (KG Rpfleger 66, 303). – Bei **Befristg** reicht Angabe des sich aus ihr ergebden HöchstBetr (zB bei jährl 2% für 5 Jahre: ,,NbLeistg von höchstl 10%") mit Bezugn auf EintrBew, da Befristg nur für Umfang der NbLeistg maßg (BayObLG Rpfleger 74, 189; LG Bielef Rpfleger 74, 396); Zusatz ,,einmalig" (LG Mü I MittBayNot 73, 152) od unmittelb Anschluß an jährl Leistg (BayObLG aaO) aber wg Mehrdeutig unzul. Wird kein Gesamthundertsatz gebildet, so ist Befristgszeitraum (zB ,,jährl 2% NbLeistg für 5 Jahre") im GB anzugeben (LG Düss Rpfleger 73, 212 mwN). – **Bdgg** muß im GB verlautbart w; Angabe des Bedingtseins genügt (zB ,,NbLeistg bis einmalig 2%"), ü Bezugn auf EintrBew zul (LG Bielef Rpfleger 74, 396; Haegele Rpfleger 71, 237). – **Mehrere Nebenleistungen** (LG Bielef Rpfleger 70, 335; 74, 396) od Zinsen u Nebenleistg (Hamm Rpfleger 71, 252) zu GesamtHöchstBetr zusfaßb, sofern dadch keine Mehrdeutigk (vgl Karlsr Rpfleger 68, 353; Haegele Rpfleger 71, 237 u RpflJB 74, 311, 328).

cc) Ob RangVorbeh, § 881, für Zinsen auch für andere Nebenleistgen (VerwKostenbeitrag) gilt, str; abl Ffm NJW 64, 669, dagg Schmitz-Valckenberg dortselbst 1477; Haegele GBR Rdnr 915; Horber § 45 Anm 7 C a. Ist GeldBetr der Nebenleistgen nicht vermerkt, ist Vorbeh unwirks, LG Itzehoe MDR 68, 1010.

c) Persönl Verpfl des GrdstEigtümers sind eintragb, falls deren Nichterfüllg KündR gibt; Bezugn nach § 874 dann aber nur auf den die KündBestimmgen enthaltden Teil der EintrBewilligg, BGH 21, 34. Doch auch hier Bestimmth zu wahren; an ihr fehlt es, wenn unklar, ob u mit welchem Inh der DarlSchu eine LebensVers abzuschließen h u sich aus den entspr VertrVerletzgen ein KündR ergeben soll, Ffm Rpfleger 73, 23.

6) Die **Bezugnahme auf die Satzg (II)** genügt nur für andere Nebenleistgen, Anm 5 b. Nicht für sonstige Bestimmg der Fdg. Insoweit außerdem Bezug auf die EintrBewilligg. Bezug allein auf die EintrBewilligg genügt so lg auf NbLeistgen nur dann, wenn Bewilligg auf Satzg verweist, KGJ 47, 206. Voraussetzgen: **a)** Nur für Darlehen. **b)** Nur für Kreditanstalten, das sind den Abschl von Kreditgeschäften bezweckende (auch privatrechtl) Großbetriebe, KG RJA 1, 206; vgl auch EG 167. **c)** Nur für Satzg von der mind die Bestimmgen über Nebenleistgen amtl öff bekanntgemacht, KGJ 40, 262. Die Bezugn gilt nicht für die jeweilige, sond nur für die bei Bestellg geltende Satzg, KG JFG 5, 346. **d)** Nur für die satzgsgemäß für jedes Darl zu entrichtenden Nebenleistgen, KGJ 33 A 250. Ihr Geldbetrag muß mind bestimmbar sein, KG DRZ Rspr 29, 269.

1116 *Brief- und Buchhypothek.* ^I Über die Hypothek wird ein Hypothekenbrief erteilt.
^{II} Die Erteilung des Briefes kann ausgeschlossen werden. Die Ausschließung kann auch nachträglich erfolgen. Zu der Ausschließung ist die Einigung des Gläubigers und des Eigentümers sowie die Eintragung in das Grundbuch erforderlich; die Vorschriften des § 873 Abs. 2 und der §§ 876, 878 finden entsprechende Anwendung.

§§ 1116, 1117 3. Buch. 8. Abschnitt. *Bassenge*

III **Die Ausschließung der Erteilung des Briefes kann aufgehoben werden; die Aufhebung erfolgt in gleicher Weise wie die Ausschließung.**

1) Über Buch- u Briefhypothek vgl Übbl 2 B a vor § 1113. **a)** Die VerkehrsHyp ist regelm BriefHyp; Ausschl des Briefes bedarf der Einigg u Eintr. II. – SichergsHyp ist stets BuchHyp, § 1185 I.

b) Zweck des HypBriefs: Er soll dem Gläub die Übertr u Belastg der Hyp erleichtern (vgl §§ 1154, 1274), den Eigtümer gg Vfg des eingetr, aber nach § 1163 nichtberechtigten Gläub schützen; auch dem Erwerber die Einsicht in das GB nachem ersetzen; aber er kann auf den Inhalt des Briefs nicht unbedingt vertrauen, vgl Anm 2 d. – Andrers erschwert die BriefHyp dem Schu die Künd u Zahlg, dem Gläub die Geltdmachg der Hyp, vgl § 1162.

2) Bedeutg des Briefes. a) Er ist mehr als eine BeweisUrk. Sachenrechtl Wertpapier, vgl §§ 1117 I, 1144, 1154 I 1, 1160, auch 1819; kein schriftgemäßes (skripturrechtl) WertPap; die Überg allein genügt zur Entstehg u Übertr der Hyp nicht, §§ 1117, 1154; RGSt **65**, 257. Darlehnsauszahlg an unbefugten Briefüberbringer befreit nicht, Briefbesitz erzeugt keine Anscheinsvollmacht, Neumann-Duesberg BB **66**, 308.

b) Eigtümer des Briefes ist stets der Gläub der Hyp, bei der EigtümerGrdSch der Eigtümer, § 952 II. MitEigtum beider, wenn Fdg nur teilw entstanden, RG **69**, 40. An dem Brief kann kein besonderes dingl Recht bestehen, RG **148**, 203; wohl aber ein pers ZurückbehaltgsR, RG **91**, 158, so bei Überg, ohne Abtretg des GrdPfdR, BGH WPM **65**, 408; jedoch kein kaufmännisches, RG **149**, 94, da dieses nur an Waren u Wertpapieren. Anspr auf Vorlage des Briefes zur Berichtigg: § 896. AufgebotsVerf § 1162.

c) Der Brief ist wesentl für Entstehg (§ 1117), Übertr (§ 1154), Belastg (§§ 1069, 1274), Pfändg (ZPO 830) u Geltdmachg der Hyp, §§ 1144, 1160.

d) Der Brief genießt **keinen öffentl Glauben.** Er kann aber den öff Glauben des GB zerstören, § 1140 Anm 1; § 1157 Anm 2. Über gutgl Erwerb vom Briefbesitzer vgl ferner § 1155.

3) Inhalt des Briefes nach GBO 56ff (§§ 57 II, 58 idF G v 20. 12. 63 § 27), GBVfg 47ff; vgl für Brief an ErbbR ErbbRVO 14 u GBVfg 56, 59; an WE § 7 WEG u WEG GBVfg 5, 3; an WohnErbR § 30 WEG u WEG GBVfg 8; – vgl WEG 30 Anm 5 mit Nachw. GBA hat den Brief regelm dem Eigtümer (nicht dem Gläub) auszuhändigen, GBO 60 I; Ausn dort Abs II u Anm 5. Bei GesHyp, wenn nicht teils Buch-, teils BriefHyp sein kann (§ 1132 Anm 2c), nur ein Brief, GBO 59. Damit Brief u GB übereinstimmen, ist der Brief regelm zu jeder Eintr bei der Hyp dem GBA vorzulegen, GBO 41. Dies ist ua entbehrl, wenn Brief durch Kriegseinwirkg vernichtet, vgl § 1162 Anm 4.

4) Ausschließg der Briefbildg, II. Bei Bestellg der Hyp od später (vgl GBO 69). Beidesmal nötig (§ 873) **Einigg** über Ausschl **und Eintragg** (im GB selbst, keine Bezugn nach § 874; aber auch abgekürzt: "ohne Brief"). Ausn: § 1196 Anm 2. Bei GesHyp Einigg mit allen Eigtümern. – Fehlt eine Einigg über Form der Hyp od ist solche zB wg Dissenses über Form nicht zustande gekommen, entsteht BriefHyp (die die Regel ist). Ebenso, wenn Einigg auf BuchHyp, aber BriefAusschl nicht, auch nicht (was zul) nachträgl eingetragen; ebso, wenn Einigg auf BriefHyp, aber AusschlVermerk eingetr u keine nachträgl Einigg auf BuchHyp. Parteiwille (vgl § 139) kann zu and Ergebn führen, uU auch dazu, daß kein GrdPfdR entstanden. Zu beachten, daß vor Bildg u Überg des Briefes BriefEigtümerGrdSch, § 1163 II. Bei einer Hyp ist ein (zB bei nachträgl Umwandlg in eine solche) etwa im Verkehr gebliebener Brief rechtl bedeutgslos, KG JFG **7**, 419; Übertr dann auch an Gutgläub nur wie bei BuchHyp. – §§ 873 II, 876, 878 entspr anwendb.

5) Umwandlg der BuchHyp in eine BriefHyp (III) erfordert Einigg u Eintr; vgl Anm 4. Aushändigg des Briefes dann an Gläub, GBO 60 I.

1117 *Erwerb der Briefhypothek.* I **Der Gläubiger erwirbt, sofern nicht die Erteilung des Hypothekenbriefs ausgeschlossen ist, die Hypothek erst, wenn ihm der Brief von dem Eigentümer des Grundstücks übergeben wird. Auf die Übergabe finden die Vorschriften des § 929 Satz 2 und der §§ 930, 931 Anwendung.**

II **Die Übergabe des Briefes kann durch die Vereinbarung ersetzt werden, daß der Gläubiger berechtigt sein soll, sich den Brief von dem Grundbuchamt aushändigen zu lassen.**

III **Ist der Gläubiger im Besitze des Briefes, so wird vermutet, daß die Übergabe erfolgt sei.**

1) Allgemeines. a) Das **dingl R** entsteht auch bei der BriefHyp mit Einigg u Eintr. Es steht aber vor BriefÜberg (I) od ErsVereinbg (II) dem Eigtümer als GrdSch zu, §§ 1163 II, 1177; über deren Abtr u Pfdg vgl § 1163 Anm 4 d. I will mißbräuchl Vfg dch den eingetr Gläub verhüten, denn er kann ohne Brief nicht verfügen u der Eigtümer braucht ihm solange gehörden (§ 952 II) Brief erst bei Zahlg auszuhändigen. Verzögerg des RÜbergangs nach II vermeidb. § 1117 gilt auch für Abtr (§ 1154 I 1), Belastg (§§ 1069, 1274), Pfdg u Überweisg (ZPO 830 I 1, 837). – **b)** Der Gläub hat idR aus dem GrdGesch **Anspr auf RVerschaffg;** sicherb dch Vormerkg, dch die Gläub Schutz gg Pfdg der EigtümerGrdSch u im Konk des Eigtümers AbsondersgR erwirbt. – **c) Verf des GBA** bei Aushändigg des Briefes: GBO 60. Über Briefaushändigg u Konk vgl Eickmann Rpfleger **72**, 80.

2) Übergabe nach I. a) Arten. aa) Körperl Überg dch Eigtümer (bei MitEigt dch alle; RG **52**, 361) od seinen Bevollm (zB GBA nach Anweisg gem GBO 60 II). Überg dch Unbefugten genügt nicht (RG **75**, 224), Heilg nach § 929 S 2 mögl. Wegn dch GVz ZPO 897 II. Vorübergehde Aushändigg genügt nicht. **bb)** Einigg iF § 929 S 2. **cc)** Einräumg des mittelb Bes, § 930. Vereinbg vor Bildg des Briefes mögl; zur Notwendigk erkennb AushärgsHdlg vgl RG **73**, 418, § 930 Anm 3 b. **dd)** Abtr eines bestehden (RG SeuffA **92**, 152) HerausgAnspr, § 931. Bdgte Abtr zul (RG JW **29**, 583). Überweisg zur Einzieh genügt nicht (RG **63**, 218). – **b) Wirkg.** Gläub erwirbt Hyp u Eigt am Brief mit Überg, wenn die übr EntstehgsVoraussetzgn in diesem Ztpkt vorliegen. Bei VfgsBeschrkg vor BriefÜberg kein Erwerb nach § 878 mögl (KG NJW **75**, 878).

3) Vereinbg nach II (kein Fall des § 931; aA Derleder DNotZ **71**, 272). **a) Voraussetzgen.** Zw Eigtümer u Gläub od deren Vertr; kein Vertr zGDr mit dingl Wirkg (RG JW **30**, 3545). Die Voraussetzgen für die Herstellg des Briefes müssen beim GBA vorliegen (RG **84**, 316). Sachlrechtl formlos wirks u unwiderrufl (RG **93**, 251); auch dch konkludente Hdlgen, aus denen sich ergibt, daß sich der Gläub den Brief aushändigen lassen darf. Formellrechtl: GBO 29 I. – Über den (auch privatr) HerausgAnspr gg GBA vgl KGJ **40**, 322; Neust Rpfleger **60**, 155. Das Urt zur Bestellg der Hyp ersetzt die Vereinbg nicht; Verurteilg zur Bewilligg der Aushändigg notw. Auch einseit Anweisg des Eigtümers an GBA nach GBO 60 II wirkt nicht wie Vereinbg, vgl Übbl 3 B VI v § 1113. – **b) Wirkg.** Gläub erwirbt die Hyp mit der Eintr u das Eigt am Brief mit dessen Herstellg, wenn die Vereinbg vorher getroffen (RG **89**, 161) u die Fdg bereits entstanden ist, § 1163 I; wann u an wen BriefÜberg erfolgt, ist unerhebl. VfgsBeschrkg nach Vereinbg unschädl, soweit § 878 erfüllt u Vereinbg vorher bei GBA eingegangen (KG NJW **75**, 878).

4) Vermutg, III. Die Überg wird vermutet, wenn der Gläub den Brief mittelbar od unmittelbar besitzt. Der Eigtümer hat das Ggteil zu beweisen, ZPO 292; hat der Gläub einen VerschaffgsAnspr, kann er auf Einigg nach § 929 S 2 klagen. III gilt nicht im AmtswidersprVerf (GBO 53), Oldbg Rpfleger **66**, 174. Für den Ztpkt der Überg gilt keine Vermutg; ihn hat notf der Gläub zu beweisen, KGJ **40**, 281. Für den Gläub, der den Brief nicht besitzt, gilt auch die Vermutg des § 891 nicht; hM, BayObLG **73**, 246.

1118 *Haftung für Nebenforderungen.* **Kraft der Hypothek haftet das Grundstück auch für die gesetzlichen Zinsen der Forderung sowie für die Kosten der Kündigung und der die Befriedigung aus dem Grundstücke bezweckenden Rechtsverfolgung.**

1) Allgemeines. Außer für die vertragl Nebenleistgen (vgl § 1115 Anm 5) haftet das Grdst kraft G für gewisse Zinsen u Kosten. Eintr überflüssig, daher abzulehnen, KGJ **35** A 326. Einschränkg in § 1190 II; Ergänzg in § 1146 (Verzugszinsen des Eigtümers); ZPO 867 II, 932 II (EintrKosten nur bei ZwangsHyp). Für Zinsen u Kosten anderer Art (auch EintrKosten) haftet das Grdst nur bei Einigg u Eintr gem §§ 873, 1115. Keine Haftg des Grdst für verauslagte Versichergsprämien, anders SchiffsRG 38 II.

2) Gesetzl Zinsen der Fdg. Auch dann, wenn der Eigtümer nicht pers Schu ist. Hauptsächl Verzugszinsen, §§ 288 I 1, 289 S 1, u Prozeßzinsen, § 291. Vgl ferner §§ 452, 641 II, 668, 675, 698, 1834. Das Grdst haftet nur bis zur Höhe des gesetzl Zinssatzes, OLG **14**, 100. Es haftet nicht für SchadErs wg Verzuges. Die Haftg des Grdst für das ZinsR erlischt mit dem Erlöschen der HauptFdg, nach § 1178 od durch Verj, §§ 197, 201, 223 III, 902 I 2.

3) Kosten. Entspr ZPO 91 I, 788 I 1 nur, soweit zur zweckentspr Rechtsverfolgg notw. Über die pers Haftg des Eigtümers vgl § 1147 Anm 1. **a) Kosten der Kündigg.** Nur für die Hyp ggü dem Eigtümer, §§ 1141, 1185 II. ZB Zustellkosten, Bestellg des Vertreters nach § 1141 II.

b) Kosten der Rechtsverfolgg. Nur für die dingl Klage gegen den Eigtümer einschl der ZwVollstr in das Grdst, vgl § 1147; auch für die Klage gg den eingetragenen NichtEigtümer, KG JW **37**, 3159. Nicht für Klagen anderer Art, insb nicht für die pers Klage, RG **90**, 172. Die Rechtsverfolgg muß die Befriedigg bezwecken, BGH WPM **66**, 326, mag sie diese erreichen od nicht; anders wenn Gläub selbst das Verf nicht bis zur Befriedigg fortführt, KG JW **33**, 708. Auch Kosten des Beitritts in ZwVerst, der aber zur Liquidierg nicht nötig, Anmeldg genügt, KG aaO. Auch Maßnahmen nach § 1133; dagg nicht UnterlKlage nach § 1134 I u Maßnahmen nach § 1134 II, RG **72**, 332, aber auch BGH WPM **66**, 326, u Anwaltskosten hierfür. Keine Haftg des Grdst für Kosten zum Erwerb des Grdst, zB durch Mitbieten, KG JW **34**, 777. Für sonstige Kosten Eintr mit bestimmtem (evtl Höchst-)Betrag nötig, § 1115, ohne Bezugn, BGH WPM **66**, 325.

1119 *Erweiterung der Haftung für Zinsen.* **I Ist die Forderung unverzinslich oder ist der Zinssatz niedriger als fünf vom Hundert, so kann die Hypothek ohne Zustimmung der im Range gleich- oder nachstehenden Berechtigten dahin erweitert werden, daß das Grundstück für Zinsen bis zu fünf vom Hundert haftet.**

II Zu einer Änderung der Zahlungszeit und des Zahlungsorts ist die Zustimmung dieser Berechtigten gleichfalls nicht erforderlich.

1) Allgemeines. a) Inhaltsänderg en, die den Umfang der Hyp erweitern u die Haftg verschärfen, KG HRR **31**, 736, bedürfen der Zust der gleich- u nachstehenden Berechtigten, wenn den Rang des Hauptrechts erhalten sollen, § 877 Anm 4. ZB Barzahlgsklausel, KG JFG **11**, 215. Fehlt die Zust, steht der Erweiterg nur der Rang an bereitester Stelle zu. **I** erleichtert den RVerkehr; mit Zinssätzen bis zu 5% muß jeder Nachstehende rechnen. **II** beruht darauf, daß Änderg en von Zeit u Ort der Zahlg Nachstehende nicht beeinträchtigen. **Kapitalerweiterg en** widersprechen der BestimmthGrds (Übbl 5 vor § 873). Deshalb als neues Recht (also nicht in der Veränderungsspalte) einzutragen, RG **143**, 428; BayObLG **59**, 527.

b) I gilt auch nach Umwandlg einer HöchstBetrHyp in VerkehrsHyp, vgl § 1190 Anm 5; str.

c) Über gesetzl Änderg en der Zins- u Zahlungsbedingg en vgl Übbl 4–6 vor § 1113.

2) Zinserhöhg, I. a) Nur Zinsen. Für Erweiterg (Anm 1 a) anderer Nebenleistg en (§ 1115 Anm 5) Zust nötig. Auch wenn an Stelle bedingter Nebenleistg en unbedingte gesetzt werden, KG JFG **11**, 235. Dagg genehmiggsfrei Austausch gleichartiger Nebenleistg en ohne Gesamtmehrbelastg.

b) **Erhöh**g nach § 873, vgl § 877 Anm 3 b. Zulässig auch für die Vergangenh, KGJ **37** A 297: anders bei HöchstBetrHyp bis Eintr der Umwandlg, § 1190 Anm 5.

c) Nur bis 5%. Darüber hinaus Zust nötig, auch wenn gleichzeitig ein Teil des Kapitals gelöscht wird, KG HRR **32**, 320.

3) Änderg **von Ort u Zeit der Zahl**g, **II,** nach §§ 873, 877. Darunter fällt die Vereinbarg von Tilggsbeträgen; keine Zust Nachstehender, KG RJA **11,** 249. Für Landschaften gilt EG 167. Über ZahlgsOrt vgl §§ 269, 270; auch § 244 Anm 4.

Erstreckung der Haftung (§§ 1120–1131)

Vorbemerkung

1) Über den **Haftgegenstand** im allg vgl Übbl 3 A vor § 1113. Mit dem Grdst haften für die Hyp die ungetrennten Bestandteile, vgl § 1120 Anm 2. Daneben erstrecken die §§ 1120–1131 die Haftg für die Hyp auf: **a)** Erzeugnisse, sonstige Bestandteile u Zubehör, §§ 1120–1122; **b)** Miet- u PachtzinsFdgen, §§ 1123–1125; **c)** wiederkehrende Leistgen, § 1126; **d)** VersichrgsFdgen, §§ 1127–1130; **e)** zugeschriebene Grdst, § 1131.

Die Erstreckg der Haftg kann durch Vertr nicht mit dingl Wirkg erweitert od beschränkt werden, RG **125,** 365.

1120 *Erstreckung auf Erzeugnisse, Bestandteile und Zubehör.* Die Hypothek erstreckt sich auf die von dem Grundstücke getrennten Erzeugnisse und sonstigen Bestandteile, soweit sie nicht mit der Trennung nach den §§ 954 bis 957 in das Eigentum eines anderen als des Eigentümers oder des Eigenbesitzers des Grundstücks gelangt sind, sowie auf das Zubehör des Grundstücks mit Ausnahme der Zubehörstücke, welche nicht in das Eigentum des Eigentümers des Grundstücks gelangt sind.

Schrifttum: Pikart in Festschr Heymanns Verlag, 1965 S 179. – Plander, JuS **75,** 345.

1) Allgemeines. Der HypGläub muß zu seiner Befriedigg auch auf Bestandteile u Zubehör zurückgreifen dürfen. Der GrdstEigtümer darf andererseits durch die Hyp in der ordngsmäßigen Verw des Grdst nicht behindert werden. Den Ausgl suchen die §§ 1120–1122 in einer verwickelten Regel, deren Sinn im wesentl der ist: Dem GrdstEigtümer gehörende **getrennte Bestandteile** u **Zubehör haften dem HypGläub.** Vor der Beschlagnahme durch den HypGläub darf der Eigtümer über die Ggstände verfügen. Der Erwerber muß aber sein Recht durch baldige Entferng der Sachen vom Grdst wahren.

2) Bestandteile, §§ 93–95. Über subjdingl Rechte (§ 96) vgl § 1126. Ungetrennte wesentl Bestandteile haften für die Hyp stets, nicht wesentl regelm (Ausn bei bergrechtl Mineralien, RG **135,** 201. Das ist als selbstverständl im G nicht bes gesagt. EigtVorbeh unbeachtl, RG **140,** 224. Gg Pfändg hat HypGläub ZPO 766 I, auch ZPO 771. **Früchte auf dem Halm** vor ImmobBeschlagn pfändb, ZPO 810. HypGläub hat aber Recht aus ZPO 771 u 805 (RG **143,** 245); Ausn: ZPO 810 II aE.

3) Getrennte Erzeugnisse und sonstige Bestandteile. Trenng ist Loslösg von Boden u Gebäuden.

a) Mit der Trenng werden die bish Bestandteile selbständige Sachen. Die Haftg besteht trotzdem fort, wenn die Sachen mit der Trenng **Eigentum des GrdstEigtümers,** § 953, **oder** des **Eigenbesitzers,** § 955 I, werden. Werden Erzeugnisse mit der Trenng Zubehör, § 98 Nr 2, gilt das Anm 4 Gesagte. Die Haftg ergreift nicht vor Bestellg der Hyp getrennte Bestandteile, vgl RG **135,** 201. Die **Haftg erlischt** nach § 1121, 1122; ferner durch Verarbeitg, Verbindg od Vermischg, §§ 949 S 1, 950 II. Dagg nicht durch Zuschlag, wenn die getrennten Bestandteile von der (insow einstweilen eingestellten) ZwVerst nicht ergriffen wurden, RG **143,** 243.

b) Die Haftg **entfällt** bei Erwerb des Eigtums nach §§ 954–957 durch einen anderen als den Eigtümer od Eigenbesitzer des Grdst, zB durch **Pächter** od **Nießbraucher.** Auch dann, wenn der Hyp dem Recht des Aneignungsberechtigten im Range vorgeht, so jetzt Staud-Scherübl Anm 10 c. Doch erlischt das Recht des Nießbrauchers zur hypothekenfreien Fruchtziehg, wenn vorgehender HypGläub die ZwVerwaltg betreibt. Das entspr Recht des Pächters bleibt dagg bestehen, ZVG 21 III; hier hat HypGläub Ausgl durch Haftg der PachtzinsFdg; vgl W-Raiser § 135 II; anders bei Pacht vom Nießbraucher.

c) Dem HypGläub geht im Range vor das an den Früchten etwa bestehende gesetzl PfdR gem DüngemittelG 2 IV (Einf 3 v § 1204).

d) Pfändg der getrennten Bestandteile (soweit nicht Zubehör) durch Dritte **nach** ImmobBeschlagn unzul: ZPO 865 II 2; HypGl: ZPO 766 u 771. Pfändg **vor Beschl:** zul; HypGläub hat nach hM Klage aus ZPO 805; aA: nur Klage aus 771. Ihm dürften **beide** Wege zustehen (wie bei ZPO 810; vgl Anm 2); da Entferng durch GVz idR das HypR erlöschen läßt (§ 1122 Anm 2b), wäre HypGläub benachteiligt, wenn er nicht nach ZPO 771, 769 die Entferng verhindern könnte; vgl Hoche NJW **52,** 961.

4) Das **eigene Zubehör** (§§ 97, 98) des GrdstEigtümers haftet, gleichgültig, ob es diese Eigenschaft vor od nach HypBestellg erlangt hat, RG **53,** 352. Zubehör, das Eigtümer zw Vormkgs- u HypEintr (sicherghalber) übereignet hat, haftet, vgl BGH **LM** § 559 Nr 1; anders wohl Nürnb WPM **61,** 551. Steht das Zubehör im MitEigt des AlleinEigtümers des Grdst, so haftet der EigtAnteil, Wolff-Raiser § 135 Anm 18. Ruht Hyp auf dem ganzen Grdst, so haftet das im AlleinEigt eines MitEigtümers des Grdst stehende Zubehör, RG **132,** 325. – Über ZusTreffen der HypHaftg mit VermieterPfdR vgl BGH **LM** § 559 Nr 1.

a) Fremdes Zubehör haftet nicht. Auch nicht vor HypBestellg sichsübereignetes (Zweibr OLGZ **77**, 212). Guter Glaube nützt nichts, weil das GB über das Eigt am Zubehör nichts aussagt. Schon bestehendes PfdR geht der Hyp vor, OLG **27**, 153. Die BewLast hat, wer die Haftg bestreitet, BGH Betr **70**, 1216. Hyp erstreckt sich aber auf **AnwartschR am Zubehör**, BGH **35**, 85; vgl v Lübtow JuS **63**, 171; Möschel BB **70**, 237; vgl auch § 929 Anm 6 B d. Vor EigtÜbergang Verwertg des AnwR nach § 1277 unprakt; die Sache selbst kann Gläub nicht verwerten. VorbehVerkäufer muß wg ZVG § 37 Nr 5, ZPO 771 vorgehen. Andernf ist sein Anspr auf den VerstErlös bzw nach Verteilg sein BereicherungsAnspr dch seine RestkaufgeldFdg begrenzt, vgl Möschel aaO; Mümmler, JurBüro **71**, 815. Geht mit Bedinggseintritt (zB Restzahlg) VollEigt auf GrdstEigtümer od auf einen Erwerber des AnwR über (u ist die Sache noch auf dem Grdst, also AnwR Übertrg nach § 930), setzt sich Hyp am AnwR in solche an der Sache selbst fort, u zwar mit bisherigem Rang, Reinicke MDR **61**, 682. Hyp wird aber (nach Bambg MDR **64**, 146) ggstandslos, wenn AnwR dadch erlischt, daß die Sache zwecks Verwertg für den VorbehVerkäufer veräußert w; krit Grunsky (JZ **64**, 518), nach dem der Verwertgserlös dem VorbehVerkäufer nach SurrogationsGrdsätzen nur in Höhe des Restkaufpr gebührt, währd der Überschuß an die Stelle des von der Beschlagn ergriffenen AnwR tritt u somit in die ZwVerstMasse, nicht in die Konkmasse des GrdstEigtümers (VorbehKäufers) fällt. Über Einfluß auf Pfändg des Zubehörs Liermann JZ **62**, 659. – Haftg entfällt, wenn Eigtümer das AnwR am Zubehör vor HypBestellg (od Vormkg hierfür) weiterübertragen h; doch gelten auch hier §§ 1121, 1122, Erm-Westermann Anm 4; Baur JZ **68**, 79; Klinkhammer-Rancke JuS **73**, 670. – Über Haftg des Zubehörs bei Rangänderg vgl RG Recht **18**, 863 u § 880 Anm 5a.

b) Pfändg von Zubehör, ZPO 865 II 1, schlechthin verboten (RG **142**, 382), auch wenn Grdst im Einzelfall hypothekenfrei, Schönke-Baur § 32 II 5. GrdPfdGläub hat Erinnerg, ZPO 766, und (RG **55**, 208; hM, aber str) Klage aus ZPO 771. Gilt auch bei Pfändg stehender Früchte, sow sie bei Trenng Zubehör w (zB Saatgut).

c) Ersteher in ZwVerst erwirbt gem ZVG 55 II Eigt auch an fremdem Zubehör, das im unmittelb Besitz des GrdstEigtümers od wenigstens in dessen Scheinbesitz, dh wenn Bieter diesen als Besitzer ansehen muß, vgl RG **49**, 254. Vgl auch Übbl 5 vor § 854.

1121 *Enthaftung durch Veräußerung und Entfernung.* ^I Erzeugnisse und sonstige Bestandteile des Grundstücks sowie Zubehörstücke werden von der Haftung frei, wenn sie veräußert und von dem Grundstück entfernt werden, bevor sie zugunsten des Gläubigers in Beschlag genommen worden sind.

^{II} Erfolgt die Veräußerung vor der Entfernung, so kann sich der Erwerber dem Gläubiger gegenüber nicht darauf berufen, daß er in Ansehung der Hypothek in gutem Glauben gewesen sei. Entfernt der Erwerber die Sache von dem Grundstücke, so ist eine vor der Entfernung erfolgte Beschlagnahme ihm gegenüber nur wirksam, wenn er bei der Entfernung in Ansehung der Beschlagnahme nicht in gutem Glauben ist.

Schrifttum: Plander, JuS **75**, 345.

1) Allgemeines. Vgl § 1120 Anm 1. Die **Haftg erlischt a) idR bei Veräußerg und Entferng** vom Grdst **aa)** in jedem Falle, wenn beide Merkmale vor der Beschlagn liegen **(I), bb)** bei Entferng nach Beschlagn nur, wenn Erwerber in Anseh der Beschlagn gutgl war **(II 2)**.

b) Ausnahmsweise **ohne Veräußerg a)** bei Erzeugnissen u Bestandteilen, wenn sie in den Grenzen ordngsmäßiger Wirtsch getrennt u für die Dauer entfernt werden (§ 1122 I), **bb)** bei Zubehör, wenn die ZubehörEigensch in den Grenzen ordngsmäßiger Wirtsch aufgehoben wird, § 1122 II.

2) Veräußerg ist Übereigng der bewegl Sachen ohne das Grdst. Verkauf, Belastg od Pfändg (RG **143**, 246) genügen nicht. Vgl aber § 1122 Anm 2b. Veräußerg allein genügt nie. § 1121 I ermöglicht auch dem KonkVerw die lastenfreie Veräußerg. Muß er hiervon Gebr, ist str, ob der Erlös in die Masse fällt od dem HypGläub weiter haftet. BGH **60**, 267 unterscheidet: Erfolgte die Veräußerg in den Grenzen ordngsgem Wirtsch (§ 1122), so fällt der Erlös in die Masse; andernf (so wenn etwa Betr schon stillgelegt, vgl § 1122 Anm 3) gebührt er (arg: § 1135 iVm KO 6 II) dem GrdPfdGläub (KO 59, 1 u 3), für dessen R das Inventar bis zur Veräußerg haftete (aA Karlsr KTS **72**, 10 u zT das Schrifft, vgl Nachw BGH aaO; zust Marmann in Anm z **LM** Nr 1 z § 4 KO; krit Schmidt, NJW **73**, 1611). Erst recht haftet das Zubeh (bzw sein Erlös, KO 127), wenn die Voraussetzgen des § 1121 (Freiwerden) nicht vorlagen, den dingl Berecht.

3) Entferng ist Wegschaffen vom Grdst. Das Wegschaffen muß im Zushang mit der Veräußerg stehen u auf dauernde Loslösg vom Grdst gerichtet sein; Überg zur Sicherg (auch an SichgEigtümer, außer etwa bei Herausg zw Verwertg) genügt nicht, Kbg HRR **34**, 1118; vgl auch Serick (vgl Schriftt zu § 930) II S 11; auch nicht Wegschaffg durch GVz aGrd einstw Vfg, die einstw Sicherstell u Verwahrg bezweckte, Warn **11**, 36; vgl aber den Sonderfall RG **144**, 155, wo mit der einstw Vfg gerade der Beschlagn zuvorgekommen w sollte.

4) Beschlagnahme. a) Durch Anordng der **Zwangsversteigerg** od **Zwangsverwaltg**, ZVG 20, 148. Vom Boden getrennte land- u forstwirtsch Erzeugnisse werden nur von der ZwVerw (ZVG 21 I, 148 I 1), Früchte, an denen einem Pächter das Fruchtgenuß zusteht, werden überh nicht ergriffen, ZVG 21 III, 146 I. Wirkg: Veräußergsverbot zG des betreibenden od beigetretenen Gläub, ZVG 23 I, 148 I, RG **86**, 258; für andere HypGläub keine Wirkg (Zweibr OLGZ **77**, 212). Mittelb Wirkg auch zG des Erstehers wg ZVG 90 II, 55 I. Abertng nach Beschlagn hebt die Verstrickg nicht auf, RG **143**, 39.

b) Durch **Pfändg** vor Beschlagn, ZPO 810 I 1, 865 II 2. Nur der Bestandteile, nicht des Zubehörs, ZPO 865 II 1. Nur **wegen des dingl Anspr**, § 1147; RG **103**, 139. Pfändg nur wg pers Fdg bewirkt keine Beschlagn nach § 1121. Wg VerwZwangsVerf vgl RG **88**, 102.

c) Durch **einstw Vfg** wg der dingl Fdg, RG **92**, 20.

§§ 1121–1123

d) **Wirkg der Beschlagnahme**: Liegen Veräußerg und Entferng vor der Beschlagn, ist die Haftg erloschen; auch wenn der Erwerber die Hyp gekannt hat. Andernfalls bleibt die Haftg bestehen; aber Erlöschen bei gutgl Erwerb mögl, vgl Anm 5. Besteht die Haftg fort, kann HypGläub nach Beschlagn die Rückschaffg der vom Eigtümer od mit dessen Zust fortgeschafften Sachen beanspruchen, RG **70**, 379; andernf ist er auf die Anspr aus §§ 1134, 1135, auf SchadErsAnspr, §§ 823ff, RG **73**, 334, od Anfechtg, RG **100**, 89, beschränkt.

5) II regelt die **Reihenfolge: Veräußerg – Beschlagnahme – Entferng**.

a) **S 1**: Guter Glaube hins der Hyp nützt dem Erwerber nichts. Ist die Hyp im GB eingetr, so muß der Erwerber sie gg gelten lassen, auch wenn er die Eintr bei dem Erwerb nicht gekannt hat. § 936 I, II ist also in diesem Falle nicht anwendbar; wohl aber, wenn die Hyp im GB (wenn auch zu Unrecht) gelöscht war, für Gutgläubigk dann § 932 II u nicht § 892 maßg (Plander JuS **75**, 348; str).

b) **S 2**: Ist der Erwerber zZ der Entferng hins der Beschlagng gutgl, so erlischt die Haftg. Die Regelg entspricht dem § 135; unmittelbare Anwendg nicht mögl, weil die Entferng keine Vfg ist. Bösgläubigk bei Kenntn od grobfahrl Unkenntn, § 932 II, der Beschlagn und der Eigensch als Bestandt od Zubehör. Weiß also der Erwerber zwar, daß das Grdst beschlagnahmt, nicht aber, daß die Sache aus dem Haftgsverband stammt, kommen ihm §§ 135 II, 932 zugute (Wolff-Raiser § 135 II 1; Planck-Strecker Anm 4b; Biermann Anm 3a α; RG Gruch **11**, 976). Beschlagn gilt als bekannt: bei Kenntn des Antrages, ZVG 23 II 1, 146, bei Eintr des ZwVerst(ZwVerw-)Vermerks, ZVG 23 II 2, 146. Entspr Anwendg bei Entferng durch Dritte, sofern sie nur im Zushang mit der Veräußerg steht.

c) Entspr gilt für die **Reihenfolge: Beschlagnahme – Veräußerg – Entferng**.

6) Keine Besonderheiten gelten für die **Reihenfolge: Entferng – Beschlagnahme – Veräußerg** und **Beschlagnahme – Entferng – Veräußerg**. Hier greifen die §§ 135, 136, 936 unmittelbar ein; Gutgläubigk bzgl Beschlagn maßg (Plander JuS **75**, 351).

1122 *Enthaftung ohne Veräußerung.* I Sind die Erzeugnisse oder Bestandteile innerhalb der Grenzen einer ordnungsmäßigen Wirtschaft von dem Grundstücke getrennt worden, so erlischt ihre Haftung auch ohne Veräußerung, wenn sie vor der Beschlagnahme von dem Grundstück entfernt werden, es sei denn, daß die Entfernung zu einem vorübergehenden Zwecke erfolgt.

II Zubehörstücke werden ohne Veräußerung von der Haftung frei, wenn die Zubehöreigenschaft innerhalb der Grenzen einer ordnungsmäßigen Wirtschaft vor der Beschlagnahme aufgehoben wird.

1) **Allgemeines**. Vgl § 1120 Anm 1 und § 1121 Anm 1.

2) **Erzeugn u Bestandt (I)** w frei ohne Veräußerg nur mit der Entferng. Aber zwei Voraussetzgen (bei Verstoß hilft § 1135; uU SchadErs gem § 823 II iVm § 1135): a) Trenng (§ 1120 Anm 3) zZw wirtschaftl Benutzg des Grdst, also nicht bei Raubbau od BetrAufg (RG Warn **16**, 282). Nicht I sond §§ 1121, 1122 II gelten, wenn Erzeugn mit Trenng Zubeh w (§ 98 Nr 2). b) Dauernde Entferng muß bezweckt sein, so idR bei Pfdg u Fortschaffg dch GVz (RG **143**, 249). Zu wirtschaftl Zwecken w hier nicht verlangt (RG aaO). BewLast für vorübergehde Entferng hat HypGläub.

3) **Zubehör**, II, wird frei dch Aufhebg der ZubehörEigensch (vgl § 97) im Rahmen ordngsmäß Wirtsch; an letzterem fehlt es bei BetrStillegg dch KonkVerw (BGH **56**, 298; **60**, 267) od aus wirtsch Grd (LG Darmst KTS **77**, 125). RLage: § 1121 Anm 2. Veräußerg u Entferng nicht notw.

1123 *Erstreckung auf Miet- oder Pachtzinsforderung.* I Ist das Grundstück vermietet oder verpachtet, so erstreckt sich die Hypothek auf die Miet- oder Pachtzinsforderung.

II Soweit die Forderung fällig ist, wird sie mit dem Ablauf eines Jahres nach dem Eintritte der Fälligkeit von der Haftung frei, wenn nicht vorher die Beschlagnahme zugunsten des Hypothekengläubigers erfolgt. Ist der Miet- oder Pachtzins im voraus zu entrichten, so erstreckt sich die Befreiung nicht auf den Miet- oder Pachtzins für eine spätere Zeit als den zur Zeit der Beschlagnahme laufenden Kalendermonat; erfolgt die Beschlagnahme nach dem fünfzehnten Tage des Monats, so erstreckt sich die Befreiung auch auf den Miet- oder Pachtzins für den folgenden Kalendermonat.

1) **Allgemeines**. a) Fassg der §§ 1123 II, 1124 II beruht auf G v 5. 3. 53, BGBl 33. Sachlich ebso schon NotVO v 26. 5. 33 § 12.

b) Früchte, die dem Pächter zustehen, haften dem HypGläub nicht, ZVG 21 III; vgl ferner ZVG 57, 152 II. Statt dessen haften ihm die **Miet- u PachtzinsFdgen** (nicht die entrichteten Zinsbeträge!) nach §§ 1123–1125; wg Anspr gg Pensionsgäste LG Bonn NJW **64**, 52 u Krankenhauspatient LG Karlsr Rpfleger **75**, 175.

c) Auch wiederkehrende öff Lasten erstrecken sich auf Miet- u PachtzinsFdgen: G v 9. 3. 34 (RGBl 181); amtl Begr DJ **34**, 338; vgl auch Wiehr JW **34**, 2321. Das G regelt die Wirkg der Miet- u Pachtzinspfändgen wg solcher Lasten ggü Pfändgen von HypGläub u Vorausverfügen (hierüber vgl § 1124 Anm 1).

Hypothek. Grundschuld. Rentenschuld. 1. Titel: Hypothek **§§ 1123, 1124**

2) Grundsatz. a) I. Die Hyp erstreckt sich auf die Miet- u PachtzinsFdgen des Eigtümers od Eigenbesitzers (RG **68**, 13), die den Gebrauch für die Zeit nach der Bestellg der Hyp abgelten. Auch auf die für das mitvermietete Zubehör, RG **136**, 410. Auch andere als Geldleistgen, soweit sie pfändbar sind. Ein im Range nachgehender **Nießbraucher** muß die Beschlagn durch HypGläub dulden, auch wenn er den MietVertr geschl hat, RG **81**, 149, nicht aber ein vorgehender.

b) Der Grdsatz wird **eingeschränkt**: durch II ggü **Rückständen**; durch § 1124 ggü **VorausVfg**; durch § 1125 ggü gewissen Vfgen nach Beschlagn. Das Ergebn ist für den HypGläub in allen Fällen gleich: von dem bestimmten Ztpkt ab können ihm zustehende Zinsen nicht entzogen werden. Er muß aber sein Recht durch Beschlagnahme der ZinsFdg wahren. Vorher kann er Pfändgen Dritter nicht hindern. Vgl aber § 1134.

3) Beschlagnahme. Vgl § 1121 Anm 4. Hier nur **ZwVerwaltg** (auch wenn von pers Gläub betrieben, RG JW **33**, 1658), **Pfändg der Fdg** u VfgsVerbot durch einstw Vfg (beides aGrd **dingl Titels**); nicht aber Anordng der ZwVerst, ZVG 21 II. Beschlagn durch ZwVerw, ZVG 21 II, wird ggü dem Mieter wirks erst durch Kenntn od Zustell an ihn, ZVG 22 II 2, 146. ZwVerwalter kann MietzinsFdg mit allen Sichergen geltd machen, zB PfdR, Bürgsch, RG **144**, 199. Pfändg wg des dingl Anspr auch gg KonkVerwalter zul (vgl KO 4 II, 47; OLG **28**, 245, 246).

4) Wirkg der Beschlagnahme. a) II S 1: die kürzer als ein Jahr rückständigen Zinsen haften. Die älteren (nicht bezahlten) werden von der Haftg frei. Der Mieter kann sie auch bei Kenntn der Beschlagn zahlen. Ausn S 2. Zahlt der im Verzug befindl Mieter die vom HypGläub innerh der Frist des **II S 1** gepfändeten Mietzinsen, kann der KonkVerw des GrdstEigtümers den bis zur Pfändg fäll Betr auch nicht als Verzugschaden – gestützt auf § 1124 I – nochmal fordern, BGH WPM **68**, 947.

b) II S 2 betrifft Zinsen, die entgg der Regel (§§ 551, 584) im voraus zu entrichten, aber länger als ein Jahr rückständig sind. Danach sind von der Haftg frei nur die Zinsen bis zum laufenden Monat einschl; bei Beschlagn nach dem 15. des Monats auch noch die für den folgenden Monat. War zB Pachtzins auf 2 Kalenderjahre im Voraus zu entrichten, aber nicht (voll)bezahlt, so haftet, falls ZwVerw am 16. 7. des zweiten Kalenderjahres angeordnet, den HypGläub der auf Sept bis Dez entfallende Pachtzins; Pächter wird insow durch Zahlg an Eigtümer nicht befreit.

1124 *Vorausverfügung über Miet- oder Pachtzins.* ᴵ Wird der Miet- oder Pachtzins eingezogen, bevor er zugunsten des Hypothekengläubigers in Beschlag genommen worden ist, oder wird vor der Beschlagnahme in anderer Weise über ihn verfügt, so ist die Verfügung dem Hypothekengläubiger gegenüber wirksam. Besteht die Verfügung in der Übertragung der Forderung auf einen Dritten, so erlischt die Haftung der Forderung; erlangt ein Dritter ein Recht an der Forderung, so geht es der Hypothek im Range vor.
ᴵᴵ Die Verfügung ist dem Hypothekengläubiger gegenüber unwirksam, soweit sie sich auf den Miet- oder Pachtzins für eine spätere Zeit als den zur Zeit der Beschlagnahme laufenden Kalendermonat bezieht; erfolgt die Beschlagnahme nach dem fünfzehnten Tage des Monats, so ist die Verfügung jedoch insoweit wirksam, als sie sich auf den Miet- oder Pachtzins für den folgenden Kalendermonat bezieht.
ᴵᴵᴵ Der Übertragung der Forderung auf einen Dritten steht es gleich, wenn das Grundstück ohne die Forderung veräußert wird.

1) Allgemeines. Wegen der Fassg vgl § 1123 Anm 1 a. § 1124 schränkt den § 1123 I ein. Trotz Haftg der **Miet- u PachtzinsFdg** ist **Verfügg** über sie durch den HypGläub ggü **grundsätzl wirksam, I**; aber durch Beschlagnahme kann Unwirksamk der vorher erfolgten Vfg gem II herbeigeführt werden. – VorausVfg über den zZ der Pfändg laufenden, ev den nächsten Kalendermonat hinaus auch unwirks ggü Berechtigtem aus öff Last auf wiederkehrende Leistgen, der wg des letzten, ev vorletzten Teilbetrags Miet- od Pachtzinsen hat pfänden lassen, G v 9. 3. 34 (RGBl 181). Vgl auch § 1123 Anm 1 c. – **Verfüggen nach Beschlagn** sind stets unwirks, §§ 136, 135, ZVG 23 I 1; aber zahlender Mieter bei Gutgläubigk geschützt, vgl ZVG 148 I, 22 II 2.

2) VorausVfg. Dazu gehören: **a) Einziehg** durch Erfüllg (§§ 362ff), Hinterlegg (§§ 372, 376), Aufrechng (§ 387). **Vorauszahlgen** des Miet- u Pachtzinses auf Vertragszeit od Teil davon sind, wenn im Vertr vereinbart, keine VorausVfgen, weil der Sache nach Bestimmg des Zinses u seiner Fälligk vorliegt, RG **144**, 196. Also volle Wirksamk – wie nach § 573 (vgl dort Anm 1 b) u ggü KonkVerw u Ersteher in ZwVerst – auch ggü ZwVerwalter u pfändendem Gläub. Str, weil § 1124 den Realkredit schützen will, vgl auch KG JW **36**, 3132 (bedenkl Begründg). Daher geht Mieter sicherer, wenn er sich auf Vorauszahlgen für mehr als den laufenden u ev folgenden Monat nicht einläßt. Zahlt er ohne vertragl Pflicht im voraus, muß er uU doppelt zahlen, Anm 5. Zahlt er aGrd Aufbauvertrags (nicht verlorenen) **Baukostenzuschuß** im voraus unter Verrechng auf Mietzins, so ist dies den GrdPfdGläub ggü voll wirks, jetzt mit Recht stRspr, RG **136**, 203; BGH **6**, 203; Rpfleger **54**, 373; aM zB Brem Rpfleger **55**, 69; Erm-Westermann Rdz 3 mit Nachw, im Hinbl auf die Einfügg des ZVG 57c. Gilt auch bei späterer Vereinbg, BGH **15**, 303. Auch, wenn Zuschuß nicht zum Aufbau verwendet wurde, Stgt MDR **54**, 621; LG Köln MDR **61**, 59; insow aM BGH NJW **59**, 380 von seiner Werterhöhgstheorie aus; gg diese Baur SR § 39 V; abzulehnen Meing des BGH, dem Mieter sei die Gefahr der Verwendg für den Bau aufzubürden. Mieter vereinb zweckm nicht spätere Verrechng eines Aufbaudarlehens mit künft fäll Mietzins (vgl § 1125 Anm 1), sond von vornherein Ermäßigg des Mietzinses für bestimmte Zeit; Westermann aaO hält dies für unwirks Umgeh. IdR ist (anders uU bei Zahlg durch Dritten, Brschw MDR **53**, 749, Stgt NJW **55**, 23) auch Bezeichng des Baukostenzuschusses als Darlehen wie (wirks) Mietvorauszahlg anzusehen, BGH Rpfleger **54**, 375. – Über Ausschl der KündR des Erstehers vgl jetzt ZVG 57c.

b) Abtretg (§§ 398 ff), auch wenn im MietVertr vorgesehen, RG **144**, 195. Ebenso Überweisg an Zahlgs Statt, ZPO 835 II. Oder Veräußerg des Grdst ohne die Fdg, **III.** Vertragl Aufrechng, OLG **34**, 208. Erlaß, § 397; aber nicht die Aufgabe von Nebenrechten, zB einer Bürgsch, RG **151**, 380.

c) Belastg der Zinsen durch Nießbr od PfdR. Ferner **Pfändg**, RG **103**, 140; Celle NdsRpfl **56**, 16. Bestellg des Nießbr am Grdst ist keine Vfg über die ZinsFdg, RG **88**, 101; Baur § 39 V 3c, str; ebsowenig die Überlassg der Ausübg des Nießbr, RG **101**, 9.

d) Inhaltsänderg, zB Stundg.

3) Über Beschlagnahme vgl § 1123 Anm 3.

4) Grundsatz (I S 1): VorausVfg ist vor Beschlagn dem HypGläub ggü **wirksam**.

a) Die Hyp an den Zinsen erlischt in den Fällen Anm 2 a, b. Bei Hinterlegg setzt sie sich jedoch fort an dem Anspr gg die Hinterleggsstelle, RG **74**, 108. Sie tritt im Falle Anm 2 c im Rang zurück hinter das Recht des Dritten, **I S 2**. Auch wenn der Gläub einer nachstehenden Hyp zuerst pfändet. § 879 insow ausgeschaltet. Erfolgt die zweite Beschlagn durch ZwVerw, so geht sie als stärkere einer früheren Pfändg vor, Ffm JW **27**, 861. Zieht der Dritte die Zinsen ein, erlischt die Haftg.

b) Dagg erlischt die Haftg für die Hyp nicht schon durch die Bestellg eines **Nießbrauchs** am Grdst. Der Rang bestimmt sich nach § 879, nicht nach § 1124 I 2 Halbs 2. Erst wenn der Nießbraucher od der, dem er die Ausübg überlassen hat, § 1059 S 2, über die Zinsen verfügt, gilt § 1124, RG **101**, 9. Eine dem rangbesseren HypGläub ggü in § 1124 wirksame Vfg liegt auch in der Pfändg der Zinsen, wozu der Nießbraucher, obwohl er selbst Gläub der ZinsFdg ist, aGrd Titels gg Eigtümer berechtigt, RG **86**, 138. – Der rangbessere HypGläub kann die Mietzinsen pfänden lassen aGrd dingl Titels gg Eigtümer; doch braucht er Titel gg Nießbraucher, der ja Inh der Fdg, auf Duldg der ZwVollstr, RG **93**, 121 (str). Verpflichtet ist Nießbraucher zur Duldg, weil HypGläub nach § 879 das stärkere Recht hat. Hat er schon Titel nach ZPO 794 Nr 5, Umschreibg gg Nießbraucher nach ZPO 727. Fehlt Duldgstitel, so kann Nießbraucher trotzdem der Pfändg nicht nach ZPO 771 widersprechen, RG **81**, 147, außer soweit er selbst bereits wirks verfügt hat od hat pfänden lassen. – Geht Nießbraucher der Hyp im Range vor, so kann er Pfändg durch HypGläub widersprechen, sofern er nicht aus bes Gründen (Anfechtg nach AnfG) zur Duldg verpflichtet ist. Vgl auch Einf 7 u § 1030 u § 1030 Anm 4 a.

5) Erfolgt Beschlagnahme: VorausVfg dem (beschlagnahmenden, vgl § 1121 Anm 4 a) HypGläub ggü **unwirksam**, außer für den zZ der Beschlagn laufenden, ev den folgenden KalMonat, **II.** Für spätere Zeit muß also Mieter an HypGläub (bzw an ZwVerwalter) noch einmal zahlen, trotz der Erfüllg usw ggü Eigtümer usw. Die Vfg wird wirks durch Gen od anderweitige Befriedigg des HypGläub, Aufhebg der Hyp od der Beschlagn. Wg Vorauszahlgen, insb Baukostenzuschüssen vgl Anm 2 a.

1125 *Aufrechnung gegen Miet- oder Pachtzins.* Soweit die Einziehung des Miet- oder Pachtzinses dem Hypothekengläubiger gegenüber unwirksam ist, kann der Mieter oder der Pächter nicht eine ihm gegen den Vermieter oder den Verpächter zustehende Forderung gegen den Hypothekengläubiger aufrechnen.

1) Vfg über die ZinsFdg nach der Beschlagn sind regelm unwirks. Aufrechng ggü beschlagnahmter Fdg: § 392. Ggüber Miet- u PachtzinsFdg weitere Einschränkg. Hat der Mieter (Pächter) gg den Eigtümer Anspr, zB aus Verwendgen auf das Grdst, so kann er hiermit ggü dem die Miet-(Pacht-) ZinsFdg geltd machenden ZwVerwalter od HypGläub (der aGrd dingl Titels die ZinsFdg hat pfänden u übs weisen lassen) nur gg eine solche ZinsFdg aufrechnen, über die der Eigtümer wirks hätte verfügen dürfen (§ 1124), also nicht gg die ZinsFdg für einen späteren KalMonat als den nächsten (ev übernächsten, vgl § 1124 II 2. Halbs) seit der Beschlagn. Im MietVertr vorgesehene weitergehende Aufrechng wohl unzul, Stgt JW **30**, 2989; Soergel-Baur Anm 1; anders Karlsr JW **30**, 2986. Vorgesehene Aufrechng eines Aufbaudarlehns, die der Sache nach Mietvorauszahlg ist, wird jedenf zul sein, vgl § 1123 Anm 2. ZurückbehR zul, wenn es nicht unzul Aufrechng gleichkommt, RG **83**, 140.

1126 *Erstreckung auf wiederkehrende Leistungen.* Ist mit dem Eigentum an dem Grundstück ein Recht auf wiederkehrende Leistungen verbunden, so erstreckt sich die Hypothek auf die Ansprüche auf diese Leistungen. Die Vorschriften des § 1123 Abs. 2 Satz 1, des § 1124 Abs. 1, 3 und des § 1125 finden entsprechende Anwendung. Eine vor der Beschlagnahme erfolgte Verfügung über den Anspruch auf eine Leistung, die erst drei Monate nach der Beschlagnahme fällig wird, ist dem Hypothekengläubiger gegenüber unwirksam.

1) Subjektivdingl Rechte sind Bestandteile des Grdst, § 96. Anspr auf wiederkehrende Leistgen gewähren: Reallasten, eingetr ErbbauzinsR, Überbau- u Notwegrenten u manche landesrechtl Gerechtigk. Vgl auch WEG 40 (Entgelt für DWR). Sie haften für die Hyp ebso wie Miet- u Pachtzinsen. Jedoch sind länger als ein Jahr rückständige Beträge stets frei; § 1123 II 2 nicht anwendbar. § 1124 II ist ersetzt durch § 1126 S 3; VorausVfg über mehr als drei Monate nach der Beschlagn unwirks. Beschlagn: vgl ZVG 21 II; § 1121 Anm 4; § 1123 Anm 3. Anwendg auf ErbbR: Schlesw SchlHA **64**, 164 (Verzicht auf Überbaurente bedarf Zust der GrdPfdGläub).

1127 *Erstreckung auf die Versicherungsforderung.* ¹ Sind Gegenstände, die der Hypothek unterliegen, für den Eigentümer oder den Eigenbesitzer des Grundstücks unter Versicherung gebracht, so erstreckt sich die Hypothek auf die Forderung gegen den Versicherer.

II Die Haftung der Forderung gegen den Versicherer erlischt, wenn der versicherte Gegenstand wiederhergestellt oder Ersatz für ihn beschafft ist.

Schrifttum: Prölss-Martin, VVG, 19. Aufl 1973. –

1) Allgemeines. a) An Stelle der untergegangenen od beschädigten Ggstände soll dem HypGläub bis zur Wiederherstellg od Ersatzbeschaffg die **VersichergsFdg** haften (dingl Surrogation). ErsAnspr anderer Art haften für die Hyp nicht; vgl aber ErbbRVO 29. Der Eigtümer ist gesetzl auch gegenüber dem Versicherer od zur Wiederherstellg verpflichtet. Gläub muß ihn vertragl verpflichten od nach § 1134 vorgehen. Zur Gebäudeversicherg u zum HypSichSchein für Mobiliarfeuerversicherg vgl Prölss-Martin aaO, Vorbem zu §§ 100–107c u Anh I, Anm 1, zu §§ 81ff VVG sowie Anm zu § 1128 hier. Die §§ 1127–1130 gelten entspr für die Grd- u Rentenschuld, §§ 1192, 1199, 1200, u Reallast, §§ 1107, 1118, dagg nicht für öff Lasten, Fischer NJW **55**, 1584.

b) Die Haftg der VersFdg verwirklicht sich nach der gesetzl Regel (§ 1129) wie bei MietFdgen erst mit Beschlagn; anders, u das ist praktisch die Regel, bei der Gebäudeversicherg (§ 1128); hier hat HypGläub Stellg eines PfdGläub, § 1128 III. Besondere Regelg bei Wiederaufbauklausel, § 1130. Verstärkter Schutz bei der Gebäudefeuerversicherg, vgl § 1128 Anm 1 b, § 1130 Anm 1 b.

c) Wg des LandesR vgl EG 110, 120 II Nr 3, VVG 192, 193.

2) Versicherg des Grdst, der Bestandteile, Erzeugnisse u des Zubehörs, soweit sie für die Hyp haften, §§ 1120ff. Gleichgültig, gg welche Gefahren (Feuer, Hagel ua). Der Eigtümer od der Eigenbesitzer (§ 872) muß versichert sein. Das ist auch der Fall bei Versicherg für deren Rechng durch einen Dritten, VVG 74ff: Warn **13**, 228, zB durch den Ehem, Nießbraucher.

3) Grundsatz. a) Die Haftg der Fdg gg den Versicherer beginnt mit Bestellg der Hyp, nicht erst mit Beschlagn; vgl aber § 1129 Anm 1. Keine Haftg, wenn Schaden schon zZ der HypBestellg eingetreten war; anders, wenn Hyp vor Versichergsfall vorgemerkt war (so auch mit VVG 102, RG **151**, 390). Keine Haftg, wenn Fdg gg Versicherer, zB bei wirksamer Anfechtg des VersVertr (RG **141**, 83; für die GebäudefeuerVers aber überholt) od wg Verwirkg nicht besteht; anders bei der GebäudefeuerVers gem VVG 102, 103, vgl § 1128 Anm 1 b. – Maßgebd ist die Höhe der HypFdg bei Eintritt des Versichergsfalls; ein GrdSchGläub kann jedoch wg der nicht akzessorischen Natur der GrdSch (§ 1191 Anm 2) den vollen Betrag der GrdSch beanspruchen, auch wenn sie erst nach dem Versicherungsfall valutiert ist, RG **124**, 92. – Beschlagnahme (vgl Anm 1 b) durch Pfändg kraft dingl Titels, ZwVerst u -Verw; vgl auch § 1129 Anm 1. Die VersichergsFdg geht (wenn sie der HypHaftg unterlag, also nicht, wenn der Versichergsfall vor der HypBestellg eingetreten war, KG JRPV **34**, 104) auf den Ersteher über, u zwar frei von Rechten, ZVG 20, 21, 55, 90, 91; RG JRPV **32**, 73. Wird sie nicht mitversteigert (zB ZVG 65, 21 I), haftet sie dem ausfallenden HypGläub weiter, RG **124**, 95. Bei ZwVerw hat sie der ZwVerwalter einzuziehen.

b) Haftg erlischt aa) soweit Bestandteile od Zubehör hypothekenfrei werden (§§ 1121, 1122), **bb)** nach II (Anm 4), **cc)** durch Befriedigg des HypGläub, **dd)** bei Einverständnis des HypGläub mit Zahlg an Versicherten (bei Gebäudeversicherg vgl § 1128 II), **ee)** bei Gebäudeversicherg durch Verschweigg, §§ 1128 I; anders bei Anmeldg der Hyp: § 1128 II.

c) In Höhe der Zahlg an den HypGläub erlischt Hyp entspr § 1181; str; vgl dort Anm 1. Ausnahme: Übergang auf den Versicherer bei der **GebäudefeuerVers** nach VVG 104, wenn der Versicherer bei Leistgsbefreiung ggü dem Versicherten (zB bei eigener Herbeiführg des Schadens), aber gesetzl Forthaftg ggü dem HypGläub diesen gem VVG 102, 103 befriedigt; vgl § 1128 Anm 1 b; die Hyp sichert jetzt den ErsAnspr des Versicherers, zB aus Bereicherg, gg den VersNehmer, RG **124**, 94; FdgsAuswechslg.

4) Wiederherstellg oder **Ersatzbeschaffg**, II. Die Haftg der VersFdg erlischt; auch die aus VVG 102, RG **102**, 352. Es kann also der HypGläub nach Herstellg die vom Versicherer noch nicht gezahlte Entschädiggssumme von diesem nicht verlangen, RG **133**, 119. Es haften nunmehr die ErsGgstände. Teilweise Wiederherstellg genügt, wenn sie den HypGläub gleichwertig sichert, Warn **09**, 144; sonst erlischt die Haftg zu einem entspr Teil, RG **78**, 25. Vgl auch Kbg HRR **42**, 206.

1128 *Gebäudeversicherung.* ¹ Ist ein Gebäude versichert, so kann der Versicherer die Versicherungssumme mit Wirkung gegen den Hypothekengläubiger an den Versicherten erst zahlen, wenn er oder der Versicherte den Eintritt des Schadens dem Hypothekengläubiger angezeigt hat und seit dem Empfange der Anzeige ein Monat verstrichen ist. Der Hypothekengläubiger kann bis zum Ablaufe der Frist dem Versicherer gegenüber der Zahlung widersprechen. Die Anzeige darf unterbleiben, wenn sie untunlich ist; in diesem Falle wird der Monat von dem Zeitpunkt an berechnet, in welchem die Versicherungssumme fällig wird.

II Hat der Hypothekengläubiger seine Hypothek dem Versicherer angemeldet, so kann der Versicherer mit Wirkung gegen den Hypothekengläubiger an den Versicherten nur zahlen, wenn der Hypothekengläubiger der Zahlung schriftlich zugestimmt hat.

III Im übrigen finden die für eine verpfändete Forderung geltenden Vorschriften Anwendung; der Versicherer kann sich jedoch nicht darauf berufen, daß er eine aus dem Grundbuch ersichtliche Hypothek nicht gekannt habe.

1) Allgemeines. Sondervorschr für **Gebäudeversicherg. a)** Schwerpunkt liegt in III: der HypGläub gilt als PfandGläub der VersichergsFdg, es gelten §§ 1273ff. Er kann sein hypothekar Recht deshalb **ohne Beschlagnahme** geltd machen u Eigtümer ist von vornherein in der Vfg über die VersFdg beschränkt. Anders § 1129. I bringt eine Einschränkg zG des Versicherers, II eine VVG 100 entspr SonderVorschr zG des HypGläub, der seine Hyp dem Versicherer angemeldet hat. Über deren Anregg durch GBA: AV v

§§ 1128–1130 3. Buch. 8. Abschnitt. *Bassenge*

13. 7. 43, DJ 369. **I u II gelten aber nicht bei Vereinbg der Wiederherstellgsklausel u entsprechender Zahlg, § 1130.** Da diese allg übl ist, prakt Bedeutg von I u II gering. Die §§ 1128, 1129 beschränken die VfgsMacht des Eigtümers. Bei der Gebäudeversicherg (§ 1128) kann er ebso wie über Grdst u Gebäude selbst über die VersFdg nicht zum Nachteil des HypGläub verfügen. Bei Erzeugnissen, sonstigen Bestandteilen u Zubehör (§ 1129) wird er entspr §§ 1123, 1124 erst durch die Beschlagn beschränkt, § 1128 gilt entspr für EntschädiggsAnspr wg Enteigng, EG 53, 109, u Bergschadens, EG 67. Vgl auch EG 120 II Nr 3.

b) Für **Gebäudefeuerversicherg,** dem prakt wichtigsten Fall, weitergehender Schutz der RealGläub durch VVG 97 ff. Hervorzuheben: **aa)** Verpflicht des Versicherers ggü HypGläub bleibt uU auch dann bestehen, wenn jener dem Versicherten ggü wg dessen Verhalten (außer durch Nichtzahlg der Prämien) von der Leistg frei geworden, VVG 102. zB wg Brandstiftg, bei Rücktr od Anfechtg des Vertrages durch Versicherer nach VersFall. Rechtl Konstruktion str. Vgl ferner Kontrahierzwang zum Abschl einer Versicherg mit HypGläub, VVG 105.

bb) Noch stärkerer Schutz bei Anmeldg der Hyp. Auch bei Nichtzahlg einer Folgeprämie bleibt Verpflicht des Versicherers ggü HypGläub 1 Monat lang bestehen, VVG 102 II 2. Bei Nichtigk des VersVertr, bei dessen Erlöschen durch Künd (über diese vgl auch VVG 106) u dgl Fortbestehen der Haftg ggü HypGläub noch 3 Monate seit Kenntniserlanng, VVG 103.

cc) Über RFolgen der Befriedigg des HypGläub vgl § 1127 Anm 3 c. Wegen Wiederherstellungsklausel vgl § 1130 Anm 1 b.

2) Für die Hyp haftende Gebäude müssen durch **Gebäudeversicherungsvertrag** versichert sein. Bei der Versicherg von Maschinen kommt es auf die Art des Vertrages an: bei Einbeziehg in den GebäudeVersVertr gilt § 1128, bei Versicherg als bewegl Sachen gilt § 1129. RG **157,** 316.

3) Grundsatz. HypGläub hat an VersFdg Rechte eines PfdGläub (III), Beschlagn nicht notw (RG **122,** 133; vgl aber Anm 4 c). Er kann vor Fälligk der Hyp Zahlg der Entsch an sich u den Versicherten (§ 1281), nach Fälligk soweit zu seiner Befriedigg nöt an sich (§ 1282) verlangen; § 1285 II 2 gilt nur für HypGläub, nicht für Versicherten (RG Recht **37,** 2004). Bestehen mehrere Hyp: § 1290. Fälligk auch dann, wenn der Eigtümer sich mit Auszahlg der Entschädiggssumme unmittelbar an HypGläub einverstanden erklärt, weil hierin Verzicht auf Einhaltg der KündFrist liegt, RG **122,** 133. Versicherer kann nicht Abtretg der Hyp verlangen, RG **122,** 134. Folge der Befriedigg des Gläub: § 1127 Anm 3 c, § 1181 Anm 1. Da HypGläub als PfdGläub an der VersFdg aus dem Recht des VersNehmers klagt, kann er keine weiteren Ansprüche geltd machen als dieser, ist also den Einwendgen des Versicherers gg den VersNehmer ausgesetzt, RG **122,** 133, auch der der Nichtvaluierg der GrdSch, RG **124,** 93, u der Verj, RG **142,** 69. Zahlg des Versicherers an den Versicherten befreit jenen auch dem HypGläub ggü, wenn dieser sie verschwiegen hat, **I.** Keine Verschweigg bei Anmeldg der Hyp, **II.** Versicherer hat Anmeldg zu bestätigen u entspr VVG 107 Auskunft zu geben; vgl amtl Begr DJ **43,** 43. – § 1128 enthält bedingtes Veräußerungsverbot, § 135, RG **95,** 308. – Auch § 1276 anwendbar. Deshalb kann der VersNehmer zB nur mit Zust des HypGläub die VersFdg stunden, erlassen; daggegen kann er das VersVerh als Ganzes auch mit Wirkg ggü dem HypGläub selbständig aufheben, kündigen, zurücktreten, anfechten, vgl Kisch LZ **14,** 30. Vgl aber VVG 106 bei Feuerversicherg. – Bei Abtretg od Belastg der VersFdg bleibt das PfdR des HypGläub bestehen. – Es gilt auch § 1275, aber Einschränkg durch **III** Halbs 2.

4) Die Haftg erlischt, wenn der HypGläub sich verschweigt, **I.** Aber Sicherg des HypGläub bei Anmeldg der Hyp, **II.** Bis zum Erlöschen der Haftg kann HypGläub gg Pfändg der VersFdg durch pers Gläub nach ZPO 771 widersprechen (str; nach aM: ZPO 805); bei Pfändg nach Beschlagn: ZPO 865 II 2; 766.

3 Voraussetzgen für die Verschweigg:

a) Anzeige an den HypGläub. Anzeigeberechtigt sind Versicherer u Versicherter. Unkenntnis der Hyp entschuldigt nicht, weil aus dem GB ersichtl, III Halbs 2. Anzeige nur entbehrl, wo untunl, zB Aufenth nicht zu ermitteln. § 893 anwendbar.

b) Fristablauf ohne (formlosen) Widerspr des HypGläub. Widerspr auch vor der Anzeige wirks, OLG **26,** 147. Nach fruchtlosem Ablauf darf Versicherer an den Versicherten zahlen.

c) Zahlg an den Versicherten. Zwischen Fristablauf u Zahlg kann Gläub zwar nicht durch Widerspr, aber durch Beschlagn Zahlg an sich verlangen.

1129 *Sonstige Schadensversicherung.* **Ist ein anderer Gegenstand als ein Gebäude versichert, so bestimmt sich die Haftung der Forderung gegen den Versicherer nach den Vorschriften des § 1123 Abs. 2 Satz 1 und des § 1124 Abs. 1, 3.**

1) Über Bestandteile u Zubehör kann der Eigtümer vor Beschlagn verfügen (§ 1120 Anm 1). Deshalb muß der HypGläub anders als nach § 1128 sein Recht auch hins der an ihre Stelle tretenden VersFdg durch Beschlagn wahren. Vor Beschlagn kann der versicherte Eigtümer beliebig über die Fdg verfügen (einziehen, abtreten u dgl). Ein Jahr nach Fälligk wird die Fdg frei. Vgl Anm zu §§ 1123, 1124. Über Versicherg nicht entfernter Erzeugnisse vgl Kbg LZ **32,** 553 (hiergg Prölß, VVG, Anh Anm 1 zu § 81). ZwVerst beschlagnahmt nicht die VersFdg für getrennte land- u forstwirtschaftl Erzeugnisse, die nicht Zubehör sind, ZVG 21 I; anders die ZwVerw, ZVG 148 I 1. Wg Beschlagn vgl auch § 1127 Anm 1 b, 3.

1130 *Wiederherstellungsklausel.* **Ist der Versicherer nach den Versicherungsbestimmungen nur verpflichtet, die Versicherungssumme zur Wiederherstellung des versicherten Gegenstandes zu zahlen, so ist eine diesen Bestimmungen entsprechende Zahlung an den Versicherten dem Hypothekengläubiger gegenüber wirksam.**

1) a) Die **Wiederherstellungsklausel**, die praktisch bei Gebäudeversicherg die Regel ist, beruht auf Vers-Vertr (vgl § 18 III der Allg FeuerVersBedinggen), der Satzg öff Versicherganstalten od LandesG (vgl VVG 192, 193). Bei der Herstellungsklausel gelten § 1128 I u II nicht. HypGläub kann nicht Zahlg an sich, § 1282, sond nur zur Herstellg an Versicherten verlangen. Zahlt der Versicherer die Entschädiggsumme bestimmgsgemäß an den Versicherten (ohne daß Sicherstell erforderl war), so wird er dem HypGläub ggü auch dann befreit, wenn der Versicherte die Summe nicht zur Herstellg verwendet. Bei bestimmgswidriger Zahlg kann HypGläub nochmalige Zahlg verlangen, aber nur zur Herstellg. Verweigert der Eigtümer die Herstellg, so kann der HypGläub Zahlg beanspruchen, §§ 1128 III, 1281, 1282 (vgl RG **133**, 117 bei Unmöglichk der Herstellg), auch nach § 1134 II Bestellg eines Verwalters erreichen. Vgl auch Werneburg JRPV **37**, 352. – § 1130 ist nicht auf die Gebäudeversicherg beschränkt.

b) Bei **Gebäudefeuerversicherg** mit Wiederaufbauklausel kann der VersNehmer Zahlg erst verlangen, wenn die bestimmgsgemäße Verwendg gesichert ist, VVG 97. Zahlg ohne solche Sicherg ist aber dem RealGläub (VVG 107 b) ggü wirks, wenn er nichts verschwiegen hat, VVG 99; vgl aber VVG 100 bei angemeldetem Recht. – Art der Sicherstell richtet sich nach Vertr od LandesR (vgl VVG 193 II, hierzu RG **131**, 149); wenn diese schweigen, nach § 242. – Abtretbark der VersFdg: VVG 98.

2) Beschlagnahme. a) Bei ZwVerwaltg hat der ZwVerwalter die Entschädiggssumme einzuziehen u für Wiederaufbau zu sorgen; ist dieses nicht mehr mögl, hat er die Entschädiggssumme zur Befriedigg der HypGläub zu verwenden, RG HRR **36**, 594.

b) ZwVersteigerg. Hat nicht zur Folge, daß HypGläub jetzt Zahlg an sich verlangen könnte. Das in der Beschlagn (vgl auch § 1129 Anm 1) liegende Veräußergsverbot verhindert wirksame Zahlg der Entsch-Summe an den Eigtümer; Anspr auf sie wird mitversteigert, ZVG 55 I, u geht auf Ersteher über, ZVG 90 II, an ihn hat Versicherer zum Wiederaufbau zu zahlen. Zwischen Beschlagn u Zuschlag wird der Versicherer zweckm nach § 372 hinterlegen od an das VollstrG zahlen, vgl Werneburg LZ **15**, 811.

c) Pfändg durch HypGläub unzul, weil dem VersFdg zweckgebunden ist (Staud-Scherübl Anm 5; str). Anders, wenn Herstellg unmögl od von Eigtümer verweigert wird. Pfändg durch pers Gläub zul jedenf dann, wenn die Fdg auf die Entschädigg an sie abgetreten w darf, VVG 98. Vgl aber auch KG JRPV **34**, 104.

1131 *Zuschreibung eines Grundstücks.* **Wird ein Grundstück nach § 890 Abs. 2 einem anderen Grundstück im Grundbuche zugeschrieben, so erstrecken sich die an diesem Grundstücke bestehenden Hypotheken auf das zugeschriebene Grundstück. Rechte, mit denen das zugeschriebene Grundstück belastet ist, gehen diesen Hypotheken im Range vor.**

1) Allgemeines. Bei Vereinigg (§ 890 I) u Zuschreibg (§ 890 II) von Grdst erstrecken sich grdsätzl die bish Belastgen des einen Bestandt nicht auf den anderen. § 1131 schafft für § 890 II eine **Ausn hiervon** für Hyp; ebso für GrdSch, §§ 1192, 1199, und (str) Reallasten, vgl § 1107 Anm 3 c.

2) Erstreckg. Die GrdPfdR des HauptGrdst einschl UnterwerfgsKlausel (BayObLG **29**, 166) u Rang-Vorbeh (Bleutge Rpfleger **74**, 387; aA Haegele Rpfleger **75**, 158; KEHE § 6 Rdn 26) erstrecken sich kr G (RG **66**, 82) auf das zugeschriebene Grdst, nicht aber umgekehrt. Wg TestVollstrg vgl KG JFG **17**, 63. Die Hyp bleibt EinzelHyp; bestand eine GesHyp an beiden Grdst, wird sie nunmehr EinzelHyp; denn Haftgs-Ggst ist nunmehr das neue Grdst.

3) Rang. Auf dem zugeschriebenen Bestandt lasten zunächst die bisherigen Rechte. Zu ihren Gunsten gesonderte ZwVerst od Einzelausgebot zul. Nach ihnen folgen die GrdPfdRechte des HauptGrdst untereinander in dem Range, den sie auf letzterem haben.

4) Soll das vom Alleinverwalter für das ehel GesGut erworbene Grdst einem belasteten GesGutsGrdst zugeschrieben w, muß der and Eheg nicht zustimmen, LG Augsb, Rpfleger **65**, 369, zust Haegele.

1132 *Gesamthypothek.* **I Besteht für die Forderung eine Hypothek an mehreren Grundstücken (Gesamthypothek), so haftet jedes Grundstück für die ganze Forderung. Der Gläubiger kann die Befriedigung nach seinem Belieben aus jedem der Grundstücke ganz oder zu einem Teile suchen.**

II Der Gläubiger ist berechtigt, den Betrag der Forderung auf die einzelnen Grundstücke in der Weise zu verteilen, daß jedes Grundstück nur für den zugeteilten Betrag haftet. Auf die Verteilung finden die Vorschriften der §§ 875, 876, 878 entsprechende Anwendung.

Schrifttum: H. P. Westermann, Verdeckte Nachverpfändg von Grdsten, NJW **70**, 1023. – Dazu Beck, NJW **70**, 1781. –

1) Allgemeines. a) Den HaftgsGgst können auch mehrere Grdst bilden derart, daß der Gläub jedes Grdst nach Belieben in Anspr nehmen kann, daß er aber die gesicherte Summe nur einmal zu beanspruchen hat. Die GesHyp steht unter der Rechtsbedingg, daß die Haftg der übrigen Grdst erlischt, wenn der Gläub aus einem Grdst befriedigt wird, § 1181 II. **Überblick über das Recht der GesHyp:** Übbl 2 B c vor § 1113, auch über ZwVerst.

b) Weitere Bestimmgen über die GesHyp in §§ 1143 II, 1172–1176, 1181 II, 1182. Über die Bestimmg des zust Gerichts für die Löschgsklage entspr ZPO 24 vgl RG **143**, 295.

2) Begriff. Die GesHyp ist **eine einzige, einheitl an mehreren Grdst** (desselben od verschiedener Eigtümer) bestehende **Hyp für dieselbe Fdg**.

a) Mehrere selbständige Grdst (od grdstgleiche Rechte, § 873 Anm 2b aa), nur inländ Grdst (KGJ **39**, 47); bei Belastg realer Teile gilt GBO 7 I. EinzelHyp w nach GrdstTeilg GesHyp; über Teilg inf Änd der Staatsgrenze vgl RG **157**, 287. Entspr Anwendg auf Belastg **ideeller GrdstTeile**, § 1114, ZPO 864 II. Hier entsteht GesHyp, wenn jeder MitEigtümer seinen Anteil od alle dch gemschaftl Vfg das Grdst im ganzen belasten u wenn AlleinEigtümer ein mit EinzelHyp belastetes Grdst an Miteigtümer überträgt (BGH NJW **61**, 1352; Ffm DNotZ **61**, 411). Vgl auch SchiffsRG 28.

b) Für dieselbe Fdg können nicht mehrere EinzelHyp bestellt werden, RG **134**, 225; anders Grundschulden, RG **132**, 137. Wg Doppelsicherg vgl § 1113 Anm 4 e. Bei Belastg mehrerer Grdst ist die Hyp zwangsläufig GesHyp, selbst wenn Mithaftg im GB nicht vermerkt, KGJ **46**, 232. Keine GesHyp, wenn die Fdg des Gläub gg jeden GesSchuldn gesondert gesichert wird, RG HRR **31**, 1653.

c) Eine einheitl gleichartige Hyp, KG JFG **9**, 329. Unzulässig hier Brief-, dort BuchHyp; hier Verkehrs-, dort SichgHyp. Daß GesamtR mehreren in BruchtGemsch zusteht, ist kein Hindern; auch nicht, daß ein mehreren zustehdes GesamtR teils Eigtümer- u teils FremdR ist (BayObLG NJW **62**, 1725; vgl § 1196 Anm 2 u HP Westermann, NJW **70**, 1025 Fußn 14). Zulässig ist, daß die Hyp nach Kapital u Nebenleistgn verschieden hoch sind: dann besteht die GesHyp nur für den niedrigsten, auf allen Grdst gesicherten Teil der Fdg; der Rest w dch EinzelHyp gesichert, KGJ **40**, 299. Über die Gleichh des Inhalts vgl Anm 4 b. Unterwerfgsklausel (ZPO 800), die nur prozessuales NebenR, nicht Inhalt der Hyp ist, nicht hins aller Grdst nöt, LG Prenzlau, DFG **41**, 123.

3) Wirkg. Jedes Grdst haftet für **die ganze Fdg.** Der Gläub kann nach Belieben (vgl § 1173 Anm 4 c, aber auch ZVG 64) in das eine od andere Grdst vollstrecken, § 1147, od Befriedigg verlangen. Dieses WahlR steht ihm auch noch im ZwVerstVerteilgstermin zu, Köln KuT **58**, 155. Vgl auch § 1230. Wg des Eigtümers vgl § 1182; nachstehende Dritte können die GesHyp ablösen, § 1150.

4) Entstehg usw. a) Vgl Übbl 2 B c vor § 1113. Rechtsgeschäftl Entstehg erst mit Eintr auf allen zu belastenden Grdst, Mü DNotZ **66**, 371; Düss DNotZ **68**, 613, außer Einigg gebt den Grdstücken zunächst als EinzelHyp; das ist, insb auch hins der GBBewilligg, häuf AusleggsFrage: nach Düss aaO u KEHE-Ertl § 28 Rdnr 10 reicht Ermächtigg an Notar z getrennten Antragstellg dazu nicht aus. Wird die (nicht etwa vorsorgl auch als EinzelR bewilligte u damit schon kraft eines irgendwie erklärten Willens so entstehe) Hyp auf einzelnen Grdst nicht eingetr od ist Einigg hins dieser Grdst unwirks, entscheidet § 139 (also der mutmaßl Wille, vgl § 139 Anm 3), ob die Hyp auf den anderen entsteht; ebso BGH DNotZ **75**, 152, nach welchem idR der Zweck der vollen Absicherg an jedem einz Grdst für einen dahingehden Willen spricht. Über Art der Eintr GBO 48 I (Mithaftvermerk). Rang kann auf den einz Grdst versch sein; über Rangfragen bei Nachverpfdg vgl Rechte Meyer-Stolte, Rpfleger **71**, 201, KG JFG **22**, 284; fehlt bei einer Nachverpfänd für mehrere Re Angabe über den Rang am nachverpfändeten Grdst, kann Auslegg ergeben, daß nicht etwa Nachverpfänd im Gleichrang, sond im näml Rang wie am urspr belasteten Grdst bewilligt ist, so LG Köln RhNK **73**, 438 (das dies als die Regel ansieht). Über Briefbildg GBO 59, 62–64, AVOGBO 3 II. Kraft Gesetzes entsteht GesSichgHyp gem § 1287 S 2, ZPO 848, wenn Anspr auf Auflassg mehrerer Grdst verpfändet od gepfändet war, Mü JFG **22**, 163. GesHyp entsteht auch bei Vereinheitlichg der Fdgen mehrerer Hyp, KG JFG **10**, 230.

b) Inhaltsänderg, Übertragg, Belastg u VfgsBeschränkg (KG JFG **6**, 226) werden, soweit sie die Eintr erfordern, erst mit der Eintr auf allen GBBlättern wirks, KGJ **39** A 249. Sie können auch nur einheitl für alle Grdst gelten, weil das GesR nicht vervielfältigt w kann, KG JFG **4**, 410. Das gilt auch für Zahlgs- u KündBedingen, KG JW **23**, 1038; str. Abweichende Vereinbg begründet nur eine Einrede des einzelnen Eigtümers, § 1157. Der Rang mehrerer PfdRechte an der GesHyp kann hins der einzelnen Grdst nicht verschieden sein, weil nur ein VermWert vorhanden (anders bei GesHyp selbst, Anm 4 a), KGJ **39**, 248.

c) Für die **Aufhebg** gilt nichts Besonderes, §§ 875, 1183. Jedoch kann die GesHyp auch nur bzgl eines Grdst ganz od teilw aufgeh w, KG JFG **4**, 411. Vgl auch § 1177; ferner über die Befriedigg des Gläub §§ 1143 II, 1173 ff, 1181 I, 1182; über den Verzicht § 1175. Über Inhalt einer Löschgsbewilligg Köln DNotZ **76**, 746 mit Anm Teubner. Löschg der Mithaft: GBO 48 II.

5) Verteilgsrecht des Gläub, II. Ganz nach Belieben des Gläub; wg der dadurch bedingten Unsicherh Hemmschuh für den Realkredit, vgl Übbl 2 B c vor § 1113. Durch die Verteilg zerfällt die GesHyp **in EinzelHyp** für selbständige TeilFdgen (BGH Betr **76**, 866; gilt auch, nachdem GesHyp zu EigtümerGrdSch geworden). In der Höhe der jeweils überschießenden Beträge erlischt die Hyp: Vgl auch §§ 1172 II, 1175 I 1; ZPO 867 III; ZVG 122; RG HRR **30**, 2176. Die Verteilg erfolgt dch **a)** Erklärg ggü dem GBA od dem Eigtümer. Vgl auch Anm 3. Über Bindg, Zust Dritter u nachträgl VfgsBeschrkg vgl Anm zu §§ 875, 876, 878. Die Eigtümer brauchen weder nach § 1113 noch nach GBO 27 zuzustimmen, RG **70**, 93.

b) Ferner **Eintragg** durch teilweise Löschg der jeweils nicht mehr gesicherten Beträge. Vgl ferner GBO 48 II. Brief ist für jedes Grdst neu zu bilden, GBO 64. Bei fehlender Eintr muß Gläub Künd durch alle Eigtümer wg der ganzen Hyp gg sich gelten lassen; Arglisteinrede versagt, RG DR **39**, 936.

1133 Gefährdung der Sicherheit der Hypothek.

Ist infolge einer Verschlechterung des Grundstücks die Sicherheit der Hypothek gefährdet, so kann der Gläubiger dem Eigentümer eine angemessene Frist zur Beseitigung der Gefährdung bestimmen. Nach dem Ablaufe der Frist ist der Gläubiger berechtigt, sofort Befriedigung aus dem Grundstücke zu suchen, wenn nicht die Gefährdung durch Verbesserung des Grundstücks oder durch anderweitige Hypothekenbestellung beseitigt worden ist. Ist die Forderung unverzinslich und noch nicht fällig, so gebührt dem Gläubiger nur die Summe, welche mit Hinzurechnung der gesetzlichen Zinsen für die Zeit von der Zahlung bis zur Fälligkeit dem Betrage der Forderung gleichkommt.

1) Allgemeines. Die §§ 1133–1135 schützen den Gläub dagg, daß sich zw Entstehg u Fälligk der Hyp die wichtigsten HaftgsGgstände, Grdst u Zubehör, verschlechtern. § 1133 behandelt die eingetretene, § 1134 die drohende Verschlechterg, § 1135 das Zubehör. Gegen die Verschlechterg getrennter Bestandteile, die nicht Zubehör sind, und von Miet- u Pachtzinsen (§§ 1120–1125) gibt es keinen bes RBehelf. Über die Kosten der Maßnahmen vgl § 1118 Anm 3 b. §§ 1133–1135 gelten auch für Grd- u Rentenschulden; für letztere vgl auch § 1201 II 2. Dem PfdGläub an der Hyp stehen die Rechte aus §§ 1133 ff nicht zu; aber er kann (außer §§ 1218/9) Unterlassg verlangen, § 1004, Brsl JW **28**, 2474 mit krit Anm Walsmann; Wolff-Raiser § 164 II 6; str. HypVormkg gibt nicht Rechte aus §§ 1133 ff.

2) Verschlechterg u Gefährdg. **a)** Verschlechterg ist Zustandsänderg, die den Verkehrswert mindert. Änderg der Betriebsführg gehört nicht dazu, RG JW **34**, 755. Ursache zB Naturereignisse, Kriegszerstörg (vgl aber Anm 3). Nicht bloßes Alter trotz entspr Reparaturen; str; vgl Staud-Scherübl Anm 2. Versch unerhebl; bei Versch des Eigtümers Anspr nach § 823 mögl.

b) Die Hyp ist gefährdet, wenn bei einer ZwVerst ein größerer Ausfall als vor der Verschlechterg zu besorgen ist, OLG **34**, 213.

3) Gläub hat Recht zur Befriedigg nach § 1147. Nur wg der Hyp; gg den pers Schu nur nach Maßg des SchuldVerh. Wegen der ganzen Hyp; nicht nur in Höhe des zu besorgenden Ausfalls. Vgl aber HypBkG 17 I. Zwischenzins ist abzuziehen, S 3. Zinsfuß 4%, § 246. Beispiel für Berechng § 1217 Anm 2.

Voraussetzgen: a) Setzg einer angemessenen **Frist.** Bemessg richtet sich nach dem notwendigen Zeitaufwand. Fristsetzg nur entbehrl, wenn Eigtümer Beseitigg schlechthin ablehnt, KG OLG **34**, 211. Ob bei kriegsbeschädigten Häusern Fristsetzg zZ schon mögl, richtet sich nach Einzelfall; wg RuinenHyp vgl Übbl 8 b vor § 1113.

b) Fruchtloser **Ablauf.** Eigtümer kann die Gefährdg beseitigen **aa)** durch Verbesserg des Grdst; nicht notwendig Wiederherstellg des früh Zustandes; **bb)** Bestellg einer Hyp auf einem anderen Grdst od Einräumg besseren Ranges. Beseitigg innerh der Frist nicht notw; bis Zuschlag mögl, aber dann sind dem Gläub die Kosten zu ersetzen, str.

1134 *Unterlassungsklage.* **I** Wirkt der Eigentümer oder ein Dritter auf das Grundstück in solcher Weise ein, daß eine die Sicherheit der Hypothek gefährdende Verschlechterung des Grundstücks zu besorgen ist, so kann der Gläubiger auf Unterlassung klagen.

II Geht die Einwirkung von dem Eigentümer aus, so hat das Gericht auf Antrag des Gläubigers die zur Abwendung der Gefährdung erforderlichen Maßregeln anzuordnen. Das gleiche gilt, wenn die Verschlechterung deshalb zu besorgen ist, weil der Eigentümer die erforderlichen Vorkehrungen gegen Einwirkungen Dritter oder gegen andere Beschädigungen unterläßt.

1) Allgemeines. Vgl § 1133 Anm 1. § 1134 kann neben § 1133 angewandt w. Über ähnl Maßn im ZwVerst-(Verw-)Verf vgl ZVG 25, 149 II.

2) Besorgnis einer die Sicherh der Hyp gefährdenden **Verschlechterg.** ZB Abbruch od Umbau eines Gbdes (BGH **65**, 211); Abholzg eines Waldes (RG Warn **10**, 218); Unterlassen der Feuerversicherg. Vgl auch § 1135. Gefährdg muß auf Einwirkg des Eigtümers od eines Dritten beruhen; Naturereignisse genügen nach **I** nicht, anders **II** S 2; § 1133.

3) Anspr des HypGläub (wg PfdGläub an Hyp vgl § 1133 Anm 1), auch vor Fälligk der Hyp od Beschlagn (RG Warn **10**, 403). – **a)** Auf **Unterl (I)** gg einwirkden Eigtümer od Dr (zB Architekten, BGH **65**, 211; abl Scheyhing JZ **76**, 706 u Ratjen Betr **77**, 389). Versch nicht notw. – **b)** Auf **Duldg** weiterer erforderl Maßn **(II)** gg Eigtümer; zB Sequestration, ZwVerw (RG **92**, 11), Weiterversicherg (RG **52**, 296). Versch nicht notw. – **c) SchadErs** aus § 823 I u II gg Eigtümer od Dr (BGH aaO), zB für Ausfall in ZwVerst wg Verschlechterg. Versch notw.

1135 *Verschlechterung des Zubehörs.* Einer Verschlechterung des Grundstücks im Sinne der §§ 1133, 1134 steht es gleich, wenn Zubehörstücke, auf die sich die Hypothek erstreckt, verschlechtert oder den Regeln einer ordnungsmäßigen Wirtschaft zuwider von dem Grundstück entfernt werden.

1) Vgl § 1133 Anm 1. Über Zubehör, das für die Hyp haftet, vgl § 1120 Anm 4; §§ 1121, 1122. Unwirtschaftl Entferng genügt. Zurückschaffg kann von dem dritten Erwerber nur nach § 823 beansprucht werden, aM Kiel JW **33**, 634.

1136 *Rechtsgeschäftliche Verfügungsbeschränkung.* Eine Vereinbarung, durch die sich der Eigentümer dem Gläubiger gegenüber verpflichtet, das Grundstück nicht zu veräußern oder nicht weiter zu belasten, ist nichtig.

1) Die §§ 1136, 1149 schützen den Eigtümer gg übermäßige Beschrkg seiner Handlgsfreiheit. Der Eigtümer kann sich nach § 137 S 2 jedem Dritten ggü **zur Nichtveräußerg** (Nichtbelastg) des Grdst **schuldrechtl verpflichten.** Ausn § 1136: nur **nicht ggüber dem Hyp-** (od GrdSch-) **Gläub,** wenn dadurch dessen Rechtsstellg als dingl Gläub gestärkt w soll, RG JW **29**, 1978. Wohl ggü dem Gläub als solchem, mag auch für ihn eine Hyp bestellt werden, sofern nur die Verpflichtg nicht in innerem Zushang mit der

Hyp steht; BGH Warn **66,** 89. Verstoß macht die Vereinbarg nichtig. Kein SchadErs. Vertragsstrafen unzul. Die Wirksamk anderer Bestimmgen des Vertr richtet sich nach § 139, RG JW **26,** 1960. IdR wird gleichzeitige HypBestellg nach dem Parteiwillen gültig sein (aM RGRK Anm 5). Aber GBA muß, wenn ihm VfgsBeschrkg bekannt ist (EintrBewilligg), den EintrAntr zurückweisen; aM Mü JFG **20,** 241, falls Vereinbarg nicht eingetr w soll. Zul Vereinbg, die an vertragswidr Vfg Folgen (zB Fälligk der Hyp, Künd des Darlehns) knüpft (Ffm WPM **77,** 1291; LG Wuppt RhNK **74,** 400; LG Würzbg DNotZ **75,** 221; aA Baur § 40 III 2), da nur RückzahlgsBdgg. Gläub kann sich auch dch VorkR schützen.

1137 *Einreden des Eigentümers.* ^I Der Eigentümer kann gegen die Hypothek die dem persönlichen Schuldner gegen die Forderung sowie die nach § 770 einem Bürgen zustehenden Einreden geltend machen. Stirbt der persönliche Schuldner, so kann sich der Eigentümer nicht darauf berufen, daß der Erbe für die Schuld nur beschränkt haftet.

^{II} Ist der Eigentümer nicht der persönliche Schuldner, so verliert er eine Einrede nicht dadurch, daß dieser auf sie verzichtet.

1) Allgemeines. Es sind zu unterscheiden: **a) Einwendgen,** daß die Hyp **nicht entstanden** od mit **unrichtigem Inhalt** eingetr sei od daß sie **nicht dem eingetragenen Gläub** zustehe. Diese Einwendgen fallen unmittelbar unter §§ 892, 894. Hierher gehört auch die Behauptg, die Fdg sei nichtig, nicht entstanden od erloschen, §§ 1163 I, 1177, 1138.

b) Einreden, die **dem Eigentümer als solchem** a u s s e i n e m p e r s ö n l Rechtsverhältnis gg den Gläub zustehen, zB Stundg der Hyp. Sie können auch dem neuen Gläub entgegengehalten werden; der gutgl Erwerber wird aber geschützt, § 1157.

c) Einreden, die der **persönl Schuldner** od die ein **Bürge** gg die Fdg geltd machen kann. Diese Einreden stehen nach der besonderen Vorschrift des § 1137 auch dem — jeweiligen — Eigtümer gg die Hyp zu, selbst wenn er nicht pers Schu ist. Grd: die Hyp ist von der Fdg abhängig; haftet das Grdst für fremde Schuld, ist die Stellg des Eigtümers der eines Bürgen ähnl. Der gutgl Erwerber wird nach § 1138 geschützt.

d) Einwendgen, die dem Eigtümer od dem pers Schu **nach der Übertragg** der Hyp gg den bisherigen Gläub erwachsen. Sie werden dem Eigtümer dem neuen Gläub ggüber in § 1156 versagt.

Zu b und **c:** Bei rechtszerstörenden Einreden kann der Eigtümer den Verzicht des Gläub verlangen, § 1169.

2) § 1137 betrifft **nur** die Geltdmachg der **Einreden** (Anm 3, 4) **ggüber der dingl Klage** gg den Eigtümer, mag dieser pers Schu sein od nicht. Für die Klage aus der pers Fdg gelten die allg Vorschr. § 1137 gilt nicht bei Klagen gg einen Dritten, der das Recht des Gläub beeinträchtigt. § 1137 gilt für alle Arten von Hyp, § 1138 nur für VerkehrsHyp.

3) Einreden des persönl Schuldners: a) Gemeint sind nur sachlrechtl Einreden (Leistgsverweigergsrechte, GgRechte, § 886 Anm 2). ZB der Stundg der Fdg (vgl auch § 1138 Anm 3), des Zurückbehaltgsr, des nicht erfüllten Vertr, des Verstoßes gg Treu u Gl. Auch die Einrede der Rechtskr; jedoch verliert der Eigtümer umgekehrt bei einem dem Schu ungünstigen Urteil seine Einreden nicht. Auch Einreden, die auf § 407 beruhen.

b) Ausgeschlossen sind die Einreden: **aa)** der Verj der DarlKapitalFdg, § 223 I; and für rückst Zinsen u Nebenleistgen, § 223 III; wg des dingl Rechts vgl § 902; **bb)** der beschränkten Erbenhaftg **(I S 2)** entspr § 768 I 2; **cc)** der Herabsetzg im ZwVergl, KO 193 II; auch VerglO 82 II. **dd)** Vgl ferner § 1156.

4) Einreden des Bürgen. Nur die Einreden nach § 770, nicht § 771 (anders nur, wenn die Hyp für eine BürgschSchuld bestellt ist). Der Eigtümer kann nicht selbst anfechten od mit der Fdg des Schu aufrechnen; er hat nur die verzögerl Einrede, vgl aber § 1142 II. Hat der Schu wirks angefochten od aufgerechnet, hat der Eigtümer eine Einwendg gem Anm 1 a.

5) II entspricht § 768 II. Grundgedanke: Schu kann Haftg des Eigtümers nicht nachträgl erweitern. Dem Verzicht des Schu steht die Versäumg der Anfechtgsfrist u die rechtskr Aberkenng des GestaltgsR gleich, vgl Arndt DNotZ **63,** 603; war allerd die Einrede schon rechtskr aberkannt, als die Hyp bestellt wurde, wirkt dies auch gg den GrdEigtümer (so zutr Bettermann. Die Vollstr des Zivilurteils in den Grenzen seiner Rechtskraft S 141). – **Beachte:** II gilt nur für I S 1 erster Fall, nicht für die Bürgeneinreden des § 770 II (Planck-Strecker Anm 5; allg M).

1138 *Forderung und öffentlicher Glaube.* Die Vorschriften der §§ 891 bis 899 gelten für die Hypothek auch in Ansehung der Forderung und der dem Eigentümer nach § 1137 zustehenden Einreden.

1) Allgemeines. a) Die §§ 891–899 gelten nur für das dingl Recht; da die Hyp von dem Bestande der Fdg abhängt, würden sie nach dem wohl überspitzten Akzessorietätsprinzip des Gesetzes allein dem Gläub nichts nützen (freilich würde man bei ihrer richtigen Anwendg auch beim Fehlen des § 1138 zum gleichen Ergebn kommen). **§ 1138 erstreckt deshalb diese Vorschriften auf die persönl Fdg sowie auf die Einreden** aus § 1137, KGJ **53,** 175. Aber **nur** „für die Hyp", also nur, um die Geltendmachg des dingl Rechts zu ermöglichen, RG JW **34,** 3055. Wird dagg aus der persönl Fdg geklagt, gelten die §§ 891ff nicht. Deshalb kann die dingl Klage Erfolg haben, die persönl nicht, auch wenn beide gleichzeitig gg den EigtümerSchu erhoben werden. § 1138 gilt auch für die TilggsHyp, RG JW **34,** 1043, dagg **nicht für SichergsHyp** (§ 1185 II), Grd- u Rentenschulden, HypVormkg. Vgl ferner EG 184, 192.

b) Über Einwendgen, die nach Übertr der Hyp entstehen, vgl § 1156; über Einreden gg das dingl Recht § 1157. Über gesetzl Inhaltsänderg vgl Übbl 4, 5 vor § 1113; ferner SchRegG 51. – Über Sichergsabtretg vgl Hbg MDR **53,** 171. – Über Rückerstattgsfragen BGH **25,** 27.

2) Vermutg und öffentl Glaube. Wird über das dingl Recht gestritten (HypKlage des Gläub, Berichtiggsklage des Eigtümers), kann sich der Gläub **auch bezügl der Fdg** berufen: **a)** auf die **Vermutg** des § 891 I. Der ggwärtige Bestand der Fdg wird vermutet. Vermutg widerlegbar. Der Eigtümer hat zu beweisen, daß die eingetr Fdg nicht entstanden od erloschen ist, BGH WPM **72,** 786; nicht nur, daß sie zZ der Eintr nicht entstanden war, RG Warn **37,** 125. Bei einer DarlHyp muß Eigtümer nachweisen, daß das Darl weder nach § 607 I noch nach § 607 II entstanden ist, Warn **34,** 95. Beruft sich der Gläub aber auf einen anderen als den eingetragenen SchuldGrd, trifft ihn die BewLast. Ebso, wenn die Fdg als bedingte od künftige bezeichnet ist, für den Eintritt der Bedingg od die Entstehg. Nach Löschg der Hyp hat der Gläub das (Noch-) Bestehen der Fdg zu beweisen, § 891 II.

b) Auf **Erwerb kraft öffentl Glaubens** (§ 892). Besteht die Hyp selbst nicht, so ist der gutgl Erwerber unmittelb nach § 892 geschützt. Ist nur die gesicherte Fdg nicht entstanden od erloschen, besteht also (§§ 1163, 1177) eine EigtümerGrdSch, so erwirbt der gutgl Zessionar eine FremdHyp, aber ohne Fdg. Diese fordergsentkleidete Hyp verwandelt sich nicht in eine GrdSch (mag sie auch inhaltl eine solche sein, Gierke, Dtsch PrivR II, 884). Wg § 1153 II **fingiert das Gesetz den Erwerb der Fdg.** Vgl Wieacker S 214, der für die umständl Fassg des Gesetzes treffd setzt: „Der Eigentümer kann redl Erwerbern das Nichtbestehen od Nichtzustehen der Fdg nicht entgegenhalten." Die Fdg gilt als bestehd so, wie sie eingetr ist, RG **137,** 97. Über bedingte Rechte vgl § 892 Anm 6 b, über TilggsHyp Übbl 2 B d aa vor § 1113. Bestand die Fdg, war die Hyp aber für einen **Nichtberechtigten** eingetr (zB der geschäftsunfäh Gläub *A* tritt die Hyp an *B*, *B* an den gutgl *C* ab), dann erwirbt der neue Gläub die Fdg nach § 1153 II; also keine Spaltg des GläubRechts; vgl § 1153 Anm 1 b. Ist kein Widerspr eingetr (§ 892 I 1; vgl auch § 1140), hat der Eigtümer die Kenntnis des Gläub zu beweisen. Ausn: § 1159.

c) Ebso gilt zG des Eigtümers § 893. Der wahre HypGläub muß also RGeschäfte zw dem Eigtümer u dem Buchberechtigten auch in Ansehg der pers Fdg gg sich gelten lassen; ebso der wahre Eigtümer die vom Bucheigtümer mit dem HypGläub geschlossenen RGeschäfte. Dagg kann sich der pers Schu auf § 1138 nicht berufen.

3) Einreden. §§ 891 ff gelten für die Hyp auch bzgl der Einreden des § 1137, zB Stundg der Fdg, des nichterfüllten Vertrags, Eingetragene Einreden werden widerlegbar als bestehend, gelöschte als nichtbestehd vermutet. Nicht aber wird vermutet, daß keine Einrede besteht, weil eine solche nicht eingetr sei. Nichteingetragene Einreden gg die persönl Fdg erlöschen also bei gutgl Erwerb der Hyp, aber auch nur hins des dingl Rechts. Steht zB der RestkaufFdg die nichteingetragene Einrede der Minderg od Wandlg entgg, so kann sie bei gutgl Erwerb der Hyp zwar der pers Fdg, nicht aber dem dingl Recht entgegengesetzt werden, insow erlischt sie. Verzicht nach § 1169 kann bei rechtszerstörender Einrede vom HypErwerber nicht verlangt werden. Gutgläubigk: wenn der Erwerber hins der der Einrede zugrunde liegenden Tatsachen in gutem Gl war od wenn er trotz Kenntnis der tatsächl Unterlagen aus Rechtsirrtum glaubt, daß die Einrede nicht entgegensteht, RG **91,** 223. – Bei etwa in Zukunft mögl Einreden wird Kenntn der Wahrscheinlichk verlangt, BGH **25,** 32; WPM **64,** 965. – Gg Einreden aus dingl Recht ist der gutgl Erwerber nach § 1157 geschützt. Manche Einreden (zB Stundg) können sich sowohl gg die Fdg wie gg die Hyp richten; gutgl Zessionar ist bei SichergsHyp auch bzgl der Hyp nie geschützt (§ 1138 gilt nicht), vgl Raape AcP **145,** 344.

4) Berichtigg. Eigtümer u Gläub können die Zust zur Berichtigg verlangen, wenn die Fdg od die Einreden im GB nicht od nicht richtig vermerkt sind, §§ 894–897. Widerspr zul, § 899.

1139

Widerspruch bei Darlehensbuchhypothek. Ist bei der Bestellung einer Hypothek für ein Darlehen die Erteilung des Hypothekenbriefs ausgeschlossen worden, so genügt zur Eintragung eines Widerspruchs, der sich darauf gründet, daß die Hingabe des Darlehens unterblieben sei, der von dem Eigentümer an das Grundbuchamt gerichtete Antrag, sofern er vor dem Ablauf eines Monats nach der Eintragung der Hypothek gestellt wird. Wird der Widerspruch innerhalb des Monats eingetragen, so hat die Eintragung die gleiche Wirkung, wie wenn der Widerspruch zugleich mit der Hypothek eingetragen worden wäre.

1) Allgemeines. Eine DarlHyp steht bis zur Hingabe des Darlehns dem Eigtümer zu. Dieser sichert sich gg die Vfg des eingetragenen Gläub bei BriefHyp durch Zurückhaltg des Briefes, § 1117. Bei BuchHyp kann er sich nur durch § 1139 schützen. Ausn von §§ 1138, 899. Gilt nicht für SichgHyp, § 1185 II. Auch nicht für GrdSch.

2) Voraussetzgen. Die Eintr wird erleichtert, wenn der Antr innerh Monatsfrist beim GBA eingeht. (Später Eintr nur nach § 899.) Nötig nur Antr des Eigtümers mit der Angabe, daß das Darl nicht gezahlt worden sei. Nachweis dafür, Bewilligg des Gläub, einstw Vfg nicht erforderl. Antr formfrei, str; aM zB RGRK Anm 2; Horber § 30 Anm 2 b.

3) Wirkg wie nach § 899. Nur eine Besonderh: der Widerspr hat **rückwirkende Kraft,** wenn er auch noch innerh Monatsfrist eingetr wird. Dann können sich auch die vor der Buchg des Widerspr eingetragenen Erwerber der Hyp nicht auf gutgl Erwerb berufen (S 2). Ausn von § 892.

§§ 1140–1142   3. Buch. 8. Abschnitt. *Bassenge*

1140 *Brief und Grundbuch.* Soweit die Unrichtigkeit des Grundbuchs aus dem Hypothekenbrief oder einem Vermerk auf dem Briefe hervorgeht, ist die Berufung auf die Vorschriften der §§ 892, 893 ausgeschlossen. Ein Widerspruch gegen die Richtigkeit des Grundbuchs, der aus dem Briefe oder einem Vermerk auf dem Briefe hervorgeht, steht einem im Grundbuch eingetragenen Widerspruche gleich.

1) Allgemeines. Brief u GB sollen inhaltl übereinstimmen, vgl GBO 41, 42, 62, 70. Bei Abweichg ist der Inhalt des GB maßgebd. § 1140 enthält eine Ausn von diesem Grds. Der richtige Brief geht dem unrichtigen GB vor. Der Brief genießt zwar **nicht** öff Glauben, aber er kann den öff Gl des GB zerstören. So wird der gutgl Erwerber der Hyp, mag er den Briefinhalt kennen od nicht, nicht geschützt, wenn die Unrichtigk des GB aus dem Brief hervorgeht, zB eine Teilzahlg auf dem Brief quittiert ist. Vgl auch § 1157 S 2. Dagg kann sich der Erwerber ggü der richtigen Eintr im GB nicht auf den unrichtigen Brief berufen. Der Inhalt des Briefs hat auch nicht die Vermutg des § 891 für sich.

2) Die **Vermerke** auf dem Brief können amtl (GBO 62, 68 II, 70) od private (zB §§ 1145 I 2, 1150, 1167) sein, gleichgültig, von wem sie herrühren; Unterzeichng nicht unbedingt erforderl; genügd (u erforderl), daß sich aus ihnen begründete Zweifel gg die Richtigk des GB ergeben. Der Widerspr (S 2) kann auch privaten Ursprungs sein; er ist dann Privatvermerk iS von S 1. Durchstrichene Privatvermerke sind unbeachtl. § 1140 bezieht sich nicht auf die mit dem Brief verbundene Schuldurkunde.

1141 *Kündigung der Hypothek.* I Hängt die Fälligkeit der Forderung von einer Kündigung ab, so ist die Kündigung für die Hypothek nur wirksam, wenn sie von dem Gläubiger dem Eigentümer oder von dem Eigentümer dem Gläubiger erklärt wird. Zugunsten des Gläubigers gilt derjenige, welcher im Grundbuch als Eigentümer eingetragen ist, als der Eigentümer.

II Hat der Eigentümer keinen Wohnsitz im Inland oder liegen die Voraussetzungen des § 132 Abs. 2 vor, so hat auf Antrag des Gläubigers das Amtsgericht, in dessen Bezirke das Grundstück liegt, dem Eigentümer einen Vertreter zu bestellen, dem gegenüber die Kündigung des Gläubigers erfolgen kann.

1) Fälligk der Hyp (die Voraussetzg für die dingl Klage, vgl § 1147, ist) tritt mit Zeitablauf od durch **Kündigg** ein. Fälligk der Hyp deckt sich idR mit der der Fdg. Künd idR vertragl geregelt (oft überscharfes KündR der Kreditinstitute). Sonst gelten die Vorschr des SchuldR, insb § 609 bei DarlHyp. — § 1141 schützt den Eigtümer, der nicht zugl pers Schu ist: die Hyp kann durch Künd nur fällig werden inf einer Erkl durch od an den Eigtümer. Anders bei SichgHyp, § 1185 II. Das gesetzl KündR nach § 247 I 2 besteht ohne Eintr, RG JW **33**, 1334. Vgl über Künd von BriefHyp § 1160 II, III, von EigtümerGrdSch § 1177 I 2; von GrdSch § 1193; von Rentenschulden §§ 1201, 1202. Vorbehalt zG der KündMöglichk in EG 117 II. Über gesetzl Beschrkg der Künd vgl Übbl 4, 6 vor § 1113. Künd ist Vfg über die Hyp, nicht über das Grdst, BGH **1**, 303. Sie wirkt auch ohne Eintr (vgl § 877 Anm 2a) gg spätere Erwerber, den guter Glauben nicht schützt, da Künd nicht eintragsfäh. — § 1141 nicht abdingb, LG Hbg Rpfleger **57**, 116. Künd nicht einseitig widerrufb, Hbg Rpfleger **59**, 379.

2) Wirksamk der Kündigg, I. a) Künd der persönl Fdg durch od an persönl Schuldner wirkt nur für diese. Der Eigtümer ist aber leistgsberechtigt, § 1142 I.

b) Künd **an oder vom Eigentümer** wirkt für die Hyp, auch wenn die pers Fdg nicht gekündigt worden ist. Auch für u gg die RNachfolger; im Falle des § 1156 S 2 auch ggü dem neuen Gläub. Über Wirkg ggü dem Ersteher vgl ZVG 54. Die Künd der Hyp macht die Fdg ggü dem Schu nicht fällig, RG **104**, 357. Der gutgl Eigtümer wird geschützt durch §§ 893, 1138. Für den Gläub gilt darüber hinaus der eingetragene Eigtümer schlechthin als empfangsberechtigt, **I 2**; unwiderlegl Unterstellg; gilt also auch bei Kenntn des Gläub von Unrichtigk u Eintr eines Widerspr. Gläub kann sich dann auch nicht dem wahren Eigtümer ggü auf Unwirksamk der Künd berufen, Planck Anm 2. Kündigt der BuchEigtümer, so gilt § 1141 nicht, es muß grdsätzl der wahre Eigtümer kündigen, RG **141**, 222; aber der gutgl Gläub kann sich auf § 893 berufen (str). § 893 auch bei Künd des od gg den unrichtig eingetr Hypothekar, bei Gutgläubigk des Eigtümers, Planck Anm 3. Bei Mehrh von Gläub od Eigtümern bestimmt sich das KündR nach dem zugrunde liegenden RVerh. Vgl ferner über die Künd belasteter Hyp: §§ 1074, 1077, 1080 (Nießbr) u §§ 1283, 1284, 1286, 1291 (PfdR); vgl auch § 2114 (Vorerbsch).

3) II. Im Falle des § 132 II braucht der Gläub einer VerkehrsHyp (nicht einer SichgHyp, § 1185 II) nicht öff zuzustellen. Bestellg eines Vertreters durch AmtsG nur zur EntggNahme der Künd. Verf nach FGG. Der Vertreter kann seine Kosten nur im Klageweg erstattet verlangen, Mü JFG **13**, 275. Über Kosten des Gläub vgl § 1118 Anm 3a. Aussschl des unbekannten Gläub § 1171.

1142 *Befriedigungsrecht des Eigentümers.* I Der Eigentümer ist berechtigt, den Gläubiger zu befriedigen, wenn die Forderung ihm gegenüber fällig geworden oder wenn der persönliche Schuldner zur Leistung berechtigt ist.

II Die Befriedigung kann auch durch Hinterlegung oder durch Aufrechnung erfolgen.

1) Allgemeines. § 1142 regelt das **Befriediggsrecht des Eigentümers, der nicht zugleich persönl Schuldner ist**, RG **127**, 355 (ist er dies, so ist Zahlg idR Tilgg der pers Fdg, BGH **7**, 126). Sondervorschr ggü § 268; vgl dort Anm 1. Einem solchen Eigtümer steht zur Erhaltg seines Eigtums die **Befugnis** zu, den Gläub zu befriedigen, zwecks Abwendg der ZwVollstr in das Grdst (§ 1147). Auch wenn der Schu widerspricht, anders § 267 II. Aber nur, solange die Hyp nicht durch Zuschlag erloschen, RG **127**, 355. Mit Befriedigg gehen Fdg u Hyp auf den Eigtümer über, §§ 1143 I 1, 1153 I. Das BefriediggsR gehört zum zwingenden Inhalt des Eigt am Grdst. Sein Ausschl wirkt (ebso wie der Ausschl der Hinterlegg u Aufrechng) nur persönl, nicht dingl u ist daher nicht eintraggsfähig, Mü JFG **13**, 277; anders beim Ausschl der Zahlg mit Pfandbriefen, KG JFG **11**, 201. Barzahlgsklausel uU im letzteren Sinne zu verstehen; im Einzelfall zu prüfen, ob sie Ausschl der Aufrechng bedeuten soll, Düss NJW **58**, 1142 m Nachw. Auch Ausschl des BestimmgsR nach § 366 II wirkt nur pers, Schäfer BWNotZ **57**, 128. Hält sich der Eigtümer irrtüml pers für verpflichtet, kann er die Leistg nach §§ 812ff zurückfordern. Dagg Eigtümer, der nicht auch pers Schu ist, zur Befriedig des Gläub nicht pers verpflichtet, KGJ **41**, 233; vgl § 1147 Anm 1. Er kann deshalb pers nicht in Verzug kommen, Zweibr JW **37**, 895; vgl aber § 1146.

2) Voraussetzgen. a) Fälligk nach G od Vertr. Künd: § 1141.

b) BefriediggsR des Schuldn: die Ausleggsregel des § 271 II gilt für Hyp regelm nicht, KG JW **35**, 1641; and wenn schon gekündigt, aber KündFrist noch nicht abgelaufen ist.

3) II. Der Eigtümer darf auch a) hinterlegen, §§ 372ff; **b) aufrechnen** (§§ 387ff) mit einer ihm selbst zustehenden Fdg gg die Fdg des Gläub an den Schu, Ausn von § 387. Im Konkurs des Gläub gelten KO 53, 55. Über die Einrede, der pers Schu könne aufrechnen, vgl § 1137 Anm 4; § 770 Anm 3. Dagg darf der Gläub nicht gg eine Fdg des Eigtümers aufrechnen, u zwar mit seiner Fdg gg den Schu nicht mangels Gegenseitigk, mit seinem Anspr auf Befriedigg aus dem Grdst (§ 1147) nicht mangels Gleichartigk, § 387.

4) Über die RNatur des **Innenverhältn** zw pers Schu u Eigtümer (Schenkg, Auftrag) vgl BGH **LM** § 516 Nr 2.

5) Wegen der Grundschuld vgl § 1192 Anm 1.

1143 *Übergang der Forderung.* **I** Ist der Eigentümer nicht der persönliche Schuldner, so geht, soweit er den Gläubiger befriedigt, die Forderung auf ihn über. Die für einen Bürgen geltenden Vorschriften des § 774 Abs. 1 finden entsprechende Anwendung.

II Besteht für die Forderung eine Gesamthypothek, so gelten für diese die Vorschriften des § 1173.

1) Allgemeines. a) Die Befriedigg des Gläub wegen seiner persönl Fdg hat verschiedenartige RFolgen. Erlischt die Fdg, geht die Hyp regelm als GrdSch auf den Eigtümer über, §§ 1163 I 2, 1177 I. Geht die Fdg auf einen anderen über, erwirbt dieser auch die Hyp, § 1153 I. Ob die Fdg erlischt od übergeht, richtet sich nach schuldrechtl Vorschr (vgl §§ 267, 362, 426 II, 774) od den bes Bestimmgen der §§ 1143, 1150 (268 III); KO 225 II. In den Fällen der §§ 1164, 1173 II, 1174, VVG 102, 104 erlischt die Fdg; der Befriedigende erwirbt aber aus BilligkeitsGründen die Hyp zur Sicherg seiner ErsAnspr.

b) § 1143 behandelt nur die Befriedigg des Gläub **durch den Eigtümer, der nicht persönl Schuldner ist.** Befriedigt der letztere den Gläub, so gilt § 1163 I 2 od, wenn Schu ersatzberechtigt ist, § 1164 I 1.

c) § 1143 gilt für die freiwillige (§ 1142) u entspr für die erzwungene (§ 1147) Befriedigg, KGJ **42**, 277 Über das Erlöschen der Hyp im letzten Fall vgl § 1181.

d) Begr der Befriedigg erfordert nicht unmittelb Schuldtilgg dch Eigtümer; es genügt zB einverständl Freistellg des Gläub von und Verbindlichkeiten, BGH WPM **69**, 1103.

2) Befriedigg durch den Nur-Eigtümer od seinen Vertreter zZ der Zahlg od für seine Rechng (KGJ **41**, 251); uU auch den Erwerber, der noch nicht eingetr (str; vgl Staud-Scherübl 2k); jedenf aber, wenn Eintr rückwirkt, RG **141**, 223.

a) Hat der Eigtümer die hypothekarische Schuld in Anrechng auf den Kaufpr übernommen, der Gläub die Schuldübernahme aber nicht genehmigt u befriedigt nun der Eigtümer den Gläub, so gilt § 1143 nicht, wenn der Eigtümer den § 415 III für den Schuldn zahlt (was idR anzunehmen, RG **80**, 317); er erwirbt eine fordergsentkleidete EigtümerHyp = EigtümerGrdSch, §§ 1163, 1177; KG OLGZ **65**, 96; zahlt er als Eigtümer, so kann ihm der Schuldn der auf den Eigtümer nach § 1143 übergegangenen Fdg die rechtsvernichtde Einwendg entgegenhalten, daß ihm ggü der Eigtümer zur Befriedigg des Gläub verpflichtet war, KG **143**, 287. Gleiches gilt, wenn ein RNachf die Hyp zur Befreiung des verpflichteten Eigtümers abgelöst hat. Befriedigt iF des § 415 III der pers Schuldn den Gläub, so gilt § 1164 I 1.

b) Zahlt ein **Miteigentümer** im eig Namen, gilt § 1173 entspr, KGJ **41**, 245; vgl RG **146**, 365; RGRK Anm 14; sonst erwerben alle die Fdg zu den ihren MitEigtAnteilen entspr Teilen. Der im eig Namen u mit eig Mitteln zahlende Teilhaber einer **Gesamthandsgemeinschaft,** deren Teilhaber nicht pers Schu sind, erwirbt die ganze Fdg nebst Hyp (RGRK Anm 16; aM KGJ **50**, 208: EigtümerGrdSch der GesHandsGemsch). Haften die Teilhaber pers als GesSchu (zB **Miterben**, § 2058), so gehen Fdg u Hyp in Höhe des etw AusglAnspr (§ 426) auf Befriedigenden über, im übrigen (also beim Miterben in Höhe seiner Erbquote) erlischt die Fdg, Hyp geht insow als EigtümerGrdSch auf die GesHand über, RGRK Anm 15, KG aaO, OGH **1**, 44; str; nach Freibg HEZ **2**, 259, Celle NdsRpfl **51**, 6, Reinicke MDR **50**, 485, Westermann § 103 III 3, Staud-Scherübl § 1163 Anm 41 c Übergang der Hyp in voller Höhe auf Befriedigenden, sie sichert in Höhe des nicht nach § 426 übergegangenen, sond erloschenen Teils der urspr Fdg entspr § 1164 die ErsFdg gg die GesHand aus GeschFührg od Bereicherg; jedoch § 1164 wohl nicht anwendbar, da Befriedigender zugl pers Schu u (GesHands-)Eigtümer; bedenkl aber die Begr, mit der Strecker JR **51**, 582 den § 1164 ablehnt (Miterbe sei nicht pers zahlgverpflichtet; aber er haftet doch grdsätzl unbeschränkt als GesSchu). — Befriedigt ein Miterbe den Gläub aus NachlMitteln, so entsteht, wenn Erben zugl pers Schu, EigtümerGrdSch der MiterbenGemsch (§§ 1163 I 2, 1177 I), sonst Übergang von Fdg u Hyp auf diese (§§ 1143 I, 1177 II). — Zahlt der Vorerbe mit eig Mitteln, erwirbt er die Fdg pers; andernf fällt sie in den Nachl, KGJ **50**, 214.

3) Die Fdg des Gläub gg den Schu **geht kraft Gesetzes auf den Eigtümer über.** Bei teilweiser Befriedigg nur teilweiser Übergang. Die dem Gläub verbleibende Fdg darf aber nicht beeinträchtigt werden (§ 774 I 2; vgl auch § 1176). Dem Schuldner verbleiben die **Einwendgen a)** aus dem zwischen ihm u dem Eigtümer bestehenden RVerh, § 774 I 3; **b)** aus §§ 404, 406–408, 412; **c)** aus § 1164 I, daß er vom Eigtümer od seinem RVorgänger Ersatz verlangen kann, RG 143, 283. § 1138 hier nicht anwendbar, weil er nur für die Hyp gilt.

4) Auch **Hyp** (§ 1153 I) u andere **Nebenrechte** (§§ 412, 401) **gehen über**, Eigt am Brief nach § 952. Behandlg des Briefs bei Teilbefriedigg § 1145. Ausnahme: die Hyp für bestimmte Rückstände u Kosten erlischt, § 1178 I. Zum Ausgleich mit gleichzeit sicherndem Bürgen od Verpfänder, s § 1225 Anm 2. Geltdmachg nur wie GrdSch, § 1177 II, Aushändigg des Briefes u der BerichtiggsUrk § 1145. Über Befriedigg nach dem Zuschlag vgl RG 127, 353.

5) Auch wenn für die Fdg eine **GesamtHyp** besteht, geht die Fdg auf den od die ersatzberechtigten befriedigenden Eigtümer über. Insoweit gilt nichts Besonderes. Für die Hyp gilt § 1173.

6) Wg der GrdSch, insb bei Bestehen einer pers Fdg (sei es gg den Eigtümer, sei es gg einen Dritten), vgl Übbl 3 D II vor § 1113, § 1191 Anm 2 b bb.

1144 *Aushändigung der Urkunden.* **Der Eigentümer kann gegen Befriedigung des Gläubigers die Aushändigung des Hypothekenbriefs und der sonstigen Urkunden verlangen, die zur Berichtigung des Grundbuchs oder zur Löschung der Hypothek erforderlich sind.**

Schrifttum: H. J. Hoffmann, LöschgsBewilligg u löschgsfäh Quittg, RhNK **71**, 605.

1) Allgemeines. a) § 1144 erweitert die Rechte des Eigtümers ggü den §§ 368, 371. Er kann die Aushändigg des Briefes u der zur Löschg der Hyp od deren Umschreibg auf sich erforderl Urkunden Zug um Zug gg Befriedigg verlangen (auch so klagen), anstatt gem §§ 402, 412, 413, 894ff, 952 erst nach Befriedigg. Er kann dadurch Vfg des Gläub nach Befriedigg verhindern.

b) § 1144 gilt für jeden Eigtümer, ob er pers Schu ist od nicht, RG **132**, 15. Entspr Anwendg in §§ 1150, 1167, aber nicht auf HypVormkg. Verpflichtg nur schuldrechtl beschränkb, RG **132**, 15. — Über Kosten vgl §§ 369, 897.

c) HypKlage des Gläub braucht nicht Anerbieten der UrkAushändigg zu enthalten; nur EinredeR des Eigtümers; OLG **29**, 365.

2) Voraussetzg, Befriedigg des Gläub durch den hierzu berechtigten (vgl § 1142) Eigtümer, RG **111**, 401. Völlige Befriedigg; auch wg der Kosten aus § 1118. Gläub kann kein gesetzl, wohl aber ein vertragl ZbR wg nicht durch die Hyp gesicherter Anspr geltd machen (RG **132**, 15; Karlsr DJ **43**, 207; vgl § 1163 Anm 4b). Vgl aber für SichgHyp RG **111**, 401. Über teilweise Befriedigg vgl § 1145.

3) Anspr des Eigtümers. a) Er kann die Aushändigg der Urk (b) verlangen. Nicht nur Vorlegg an das GBA wie in § 896. Gläub hat die Urk zu beschaffen, anders § 402; notf nach § 1162; GBO 67.

b) Außer HypBrief nach Wahl des Eigtümers u stets in der Form GBO 29 I 1: **aa) Löschgsbewilligg** (vgl auch § 875 Anm 3 a); sie genügt nicht zur Umschreibg auf den Eigtümer, weil sie den Übergang auf diesen nicht nachweist, KGJ **32** A 259. Löschgsbewilligg mit Angabe, daß Hyp zurückgezahlt sei, reicht nicht aus, Köln Rpfleger **64**, 149 m Anm Haegele, vgl cc. **bb) Berichtiggs-** (Umschreibgs-) **Bewilligg** mit Angabe des Rechtsaktes, durch den sich der Übergang vollzieht, KG JW **34**, 1056. **cc) Löschgsfähige Quittg** mit Angabe, daß u wann der Eigtümer gezahlt hat, KGJ **40**, 295, u, wenn er sein EigtümerGrdPfR auf Dritten umschreiben lassen will, ob er pers Schuldn war (KGJ **45**, 282; **51**, 287), weil davon abhängt, ob er EigtümerGrdSch od -Hyp erwarb. Sie kann auch der einziehgsberechtigte PfdGläub erteilen, KG JW **35**, 1641. Fehlt Angabe, wer gezahlt hat, kann Löschg nicht erfolgen, weil Hyp auf Dritten übergegangen sein kann (vgl Übbl 3 D I c vor § 1113; Celle DNotZ **55**, 317). Anspr nur Ggst einer HilfsPfändg zwecks Befriedigg des Gläub, etwa dch Eintr des Schu, Köln OLGZ **71**, 151. Die vom Gläub im Anschl an löschgsfäh Quittg dah oft erteilte Löschgsbewilligg ist rechtl bedeutgsl, da Gläub nicht mehr RInh, desh kann GBA idR davon ausgehen, daß er nicht mehr dch Abtretg über die R verfügen kann, KG NJW **73**, 56. Wg GrdSch vgl § 1192 Anm 2. — Bei MitEigt ist anzugeben, ob für Rechng aller od einz MitEigtümer gezahlt ist. — Zur Rechtslage bei Löschg od Umschreibg einer Hyp, die GesGläub zusteht, vgl § 875 Anm 3a. — **dd)** Bei BriefHyp Anerkenntnis gem § 1155 S 2. **ee)** Ferner kann Eigtümer, falls erforderl, die Urk verlangen, die das Rechte nachweisen, § 1155, GBO 35 I, oder sein VfgsBefugnis ausweisen; zB GBO **32**, 33, 35 II, od die Zust des Nacherben, RG **69**, 260; od die Einziehgsberechtigte des PfdGläub, KG JW **35**, 1641. Auch die Vertretgsmacht eines Vertreters. **ff)** Dagg kann er nicht Abtretg an Dritten verlangen, KGJ **39** A 232. Anders, wenn Gläub sich dazu verpflichtet; die Verpflichtg gewährt dem Eigtümer eine eintragsfähige Einrede aus § 1157, aM RGRK Anm 12.

c) Händigt Gläub nicht aus, kann Eigtümer ihn in AnnVerzug setzen (§ 298) od Zahlg zurückbehalten, §§ 273, 274, od nach Befriedigg auf Aushändigg (Abgabe der Erklärgen) klagen; Gerichtsstand ZPO 24, BGH **54**, 201.

1145 *Teilweise Befriedigung.* ¹ **Befriedigt der Eigentümer den Gläubiger nur teilweise, so kann er die Aushändigung des Hypothekenbriefs nicht verlangen. Der Gläubiger ist verpflichtet, die teilweise Befriedigung auf dem Briefe zu vermerken und den Brief zum Zwecke der Berichtigung des Grundbuchs oder der Löschung dem Grundbuch-**

Hypothek. Grundschuld. Rentenschuld. 1. Titel: Hypothek §§ 1145–1147

amt oder zum Zwecke der Herstellung eines Teilhypothekenbriefs für den Eigentümer der zuständigen Behörde oder einem zuständigen Notare vorzulegen.

II Die Vorschrift des Absatzes 1 Satz 2 gilt für Zinsen und andere Nebenleistungen nur, wenn sie später als in dem Kalendervierteljahr, in welchem der Gläubiger befriedigt wird, oder dem folgenden Vierteljahre fällig werden. Auf Kosten, für die das Grundstück nach § 1118 haftet, findet die Vorschrift keine Anwendung.

1) Allgemeines. Bei teilweiser Befriedigg (§ 1142), wofür § 266 gilt, werden die Anspr des Eigtümers aus § 1144 beschränkt. Denn Gläub bedarf des Briefes für die RestFdg. Bei gewissen laufenden Nebenleistgn u von Kosten, **II**, wird Eigtümer durch §§ 1158, 1159, 1178 geschützt; er kann insow nur Quittg (§ 368) verlangen. Entspr Anwendg in §§ 1150, 1167, 1168 III vorgeschrieben. § 1145 auch für BriefGrdSch.

2) Bei Zahlg von Kapitalteilen u gewissen künftigen Nebenleistgn kann der Eigtümer **beanspruchen:**

a) Die Aushändigg der Löschgs- u BerichtiggsUrk nach § 1144,

b) Vermerk auf dem HypBrief, um gutgl Erwerb auszuschließen, § 1140,

c) Vorlegg (nicht Aushändigg) des HypBriefes zur Löschg od Berichtigg an das GBA, GBO 41 I 1; zur Bildg eines Teilbriefes (vgl § 1152) an GBA, Notar usw; GBO 61 I. Trotz MitEigt am Stammbrief kann Eigtümer nicht Einräumg des Mitbesitzes fordern, weil sonst Gläub seine Legitimation verlöre, RG **69**, 42. Zur Einräumg des Mitbesitzes ist Gläub nicht verpflichtet.

3) Rechte des Eigtümers aus § 1145 nur persönl, nicht dingl im voraus abdingb, Schäfer BWNotZ **57**, 123.

1146 *Verzugszinsen.* **Liegen dem Eigentümer gegenüber die Voraussetzungen vor, unter denen ein Schuldner in Verzug kommt, so gebühren dem Gläubiger Verzugszinsen aus dem Grundstücke.**

1) Allgemeines. Das Grdst haftet (§ 1147) für Verzugszinsen: der Fdg nach § 1118; der Hyp nach § 1146. Bes Vorschr notw, weil der Eigtümer nur zur Duldg der ZwVollstr, nicht zur Zahlg verpflichtet ist, Übbl 1 a vor § 1113.

2) § 1146 erfaßt **nur Verzugszinsen.** Nicht ProzZinsen, anders § 1118. Auch keine Haftg des Grdst wg Verzugs, vgl E. Schwerdtner, Verzug im SR S 179. Gläub braucht bei der Mahng Urk aus § 1144 nicht anzubieten, OLG **23**, 170. Mahng (u Eintritt der Fälligk, § 285) werden nicht genügen, wenn Eigtümer seine DuldgsPfl anerkennt. – Nach hM kann sich Eigtümer pers wv allen Verzugsschadens haftb machen.

3) Gilt auch für GrdSch; für Rentenschuld hins der Ablösgssumme (§ 1200 I); Staud-Scherübl Anm 3.

1147 *Befriedigung durch Zwangsvollstreckung.* **Die Befriedigung des Gläubigers aus dem Grundstück und den Gegenständen, auf die sich die Hypothek erstreckt, erfolgt im Wege der Zwangsvollstreckung.**

1) Befriedigg des Gläub aus dem Grdst. Die Hyp ist gerichtet auf Zahlg einer Geldsumme aus dem Grdst, § 1113 I. Der Eigtümer ist zur Zahlg nicht verpflichtet. Er muß nach § 1147 nur die ZwVollstr in das Grdst dulden, u zwar ab Fälligk der Hyp, vgl Übbl 1 a, 3 D vor § 1113, § 1141 Anm 1. Zur Tragg der Kosten für die dingl Klage ist der unterliegende Eigtümer aber pers zu verurteilen, ZPO 91; jetzt hM. Zahlt der Eigtümer bei Fälligk nicht, so gibt er aber zur Klage Veranlassg; ZPO 93 ist deshalb grdsätzl nur anwendbar, wenn er vor Klagezustellg die Befriedigg vergebl versucht od sich sust zur Ausstellg einer vollstreckb Urk erboten hat; doch entscheiden die Umstände des Einzelfalls; so auch Düss JMBl NRW **68**, 262 mit Nachw; uU muß Gläub VollstrUrk fordern, Karlsr HRR **37**, 588. Wg dingl Haftg für die Kosten vgl Anm 2 u § 1118. Das Recht des Gläub auf jede ZwVollstr kann weder schuldrechtl (str) noch dingl ausgeschl w; Beschränkgen aber schuldr, als Einrede nach § 1157, zul, KG JW **31**, 3282. EG **60**, 192 ggstandsl. Vgl auch EG 112, weiter § 1149. Wirkg der Befriedigg: § 1181f.

2) Wesentl **Voraussetzg** ist ein **dingl Titel** gg den Eigtümer, § 1148. Für Kapital, § 1113, Zinsen, §§ 1115 I, 1118, 1146, u Nebenleistgn, § 1115. Die Kosten des § 1118 können im ZwVerst-(ZwVerw-) Verf ohne KostenfestsetzgsBeschl angemeldet w, vgl ZVG 37 Nr 4, 45 I, 146. Aber nicht solche Kosten, die dem Gläub auferlegt worden sind, OLG **3**, 319. Zur Anordg der ZwVerw dingl Titel gg Eigenbesitzer (§ 872), zB den noch nicht eingetragenen Käufer, ausreichd, ZVG 147 I; aber auch notw, wenn er widerspricht; Titel gg Eigtümer allein genügt nicht, vgl OLG **35**, 188. Auf Grd seines dingl Rechts kann der Gläub auch gg den Eigenbesitzer (dessen Besitz seine Befriedigg hindert) auf Duldg der ZwVerw des Grdst klagen. ZwVollstr in getrennte Erzeugnisse, die dem Eigenbesitzer gehören (§ 955), erfordert gleichfalls Titel gg letzteren, Rostock DR **43**, 414. Vgl auch Gregor DJ **42**, 664. ZwVerw bei Nießbr am Grdst: vgl Steiner-Riedel Anm 5 b vor ZVG 146. Schwebt ein VertrHilfeVerf, dann für Leistgsklage kein RSchutzbedürfn, Hbg DR **40**, 1379.

a) **Urteil** (auch im Urkundenprozeß): die **Zwangsvollstreckg** in das Grdst wg Kapital u Nebenleistgn **zu dulden.** Die mithaftenden Ggstände brauchen nicht bes aufgeführt zu w. Verbindg mit Schuldklage zul. Gerichtsstand ZPO 24, 25.

b) **Weitere Titel:** Vollstreckb Urk (Ausn: § 1190 Anm 3 b): ZPO 794 I Nr 5; auch gg jeweil Eigtümer, ZPO 800, wobei auch für Erweiterg der Verpflichtg Eintr im GB nötig, KGJ **52**, 190. Bestimmte Vergleiche, ZPO 794 I Nr 1, 4a, 1044a I. Vgl Baumb-Lauterbach § 794 Anm 9.

c) Titel wegen der persönl Fdg genügt **nicht** zur ZwVerst des Grdst an der Rangstelle der Hyp. Auch nicht an der Rangstelle einer ZwangsHyp für dieselbe Fdg, weil gg dingl Klage and Einwdgen zul als gg pers Fdg (Düss OLGZ **66**, 49; Hbg MDR **69**, 769; hM). – Keine Erstreckg der Rechtskr eines pers Titels nach ZPO 325 III, BGH MDR **60**, 752. – RM-Titel vgl 32. Aufl.

3) Zwangsvollstreckg. a) Regelm durch **Zwangsversteigerg** (Befriedigg aus dem Kapitalwert) od **Zwangsverwaltg** (Befriedigg aus den Nutzgen), ZPO 864 I. 866 I, II. Auch in GrdstBruchteile (ZPO 864 II) u grdstgleiche Rechte, ZPO 864 I; vgl § 873 Anm 2 a. Durch ZwangsHyp wohl zul, aber ohne prakt Wert. Beschrkg auf ZwVerw nach EG 60, 192. Besonderh für Bahneinheiten nach EG 112.

b) Die ZwVerw erfaßt alle, die ZwVerst nur einen Teil der mithaftenden Ggstände, §§ 1120–1130; ZVG 21, 148.

c) In die mithaftenden Ggstände kann vor Beschlagn nach b) durch **Pfändg** vollstreckt werden; Ausn: Zubehör, ZPO 865 II. Über Früchte vgl ZPO 810. VersichergsFdg kann der HypGläub gem §§ 1128 III, 1282 I, 1288 II einziehen. Die von der ZwVerst ausgeschlossenen Ggstände haften für den Ausfall weiter, auch wenn die Hyp durch Zuschlag erlischt, RG **125**, 366. Ob dies noch das alte GrdPfdR oder ein MobPfdR ist, str; vom RG aaO offen gelassen; jedenf Übertr dieses Rechts nicht mehr nach §§ 873, 1154, sond formlos. Vgl auch Staud-Scheräbl § 1120 Anm 25, 26. Bisheriges Zubehör kann dann gepfändet werden, wenn ZubehörEigensch mit Versteigerg des Grdst erlischt.

d) Über die Behandlg wiederkehrender Leistgen in der ZwVollstr vgl Übbl 8 c vor § 1113.

1148 *Eigentumsfiktion.* **Bei der Verfolgung des Rechtes aus der Hypothek gilt zugunsten des Gläubigers derjenige, welcher im Grundbuch als Eigentümer eingetragen ist, als der Eigentümer. Das Recht des nicht eingetragenen Eigentümers, die ihm gegen die Hypothek zustehenden Einwendungen geltend zu machen, bleibt unberührt.**

1) S 1 erleichtert dem HypGläub die RVerfolgg. Ebso § 1141 I 2. Vgl ZVG 17, 146. Nur für die dingl Klage. **Der Eingetragene gilt als Eigentümer**: unwiderlegbare Unterstellg. Der Eingetragene kann nicht einwenden, daß er nicht Eigtümer sei, RG **94**, 57. Doch kann der HypGläub auch den wahren Eigtümer verklagen u dann dessen Eintragg nach GBO 14 herbeiführen.

2) S 2. Der wahre nicht eingetragene **Eigentümer** kann durch WidersprKlage, ZPO 771, nach RGRK Anm 4 durch Feststellgsklage, die in § 1137 Anm 1 a–c genannten Einwendgen geltd machen. Dagg kann er entgg ZPO 750 nicht einwenden, daß der nach S 1 Verklagte nicht Eigtümer sei; hiermit kann er nur das Entstandensein der Hyp angreifen. Wird das GB nach Rechtshängigk berichtigt, ist die Vollstreckgsklausel entspr ZPO 727 auf den wahren Eigtümer umzuschreiben. Über Wirkg gg den RNachfolger vgl ZPO 325 III.

1149 *Unzulässige Befriedigungsabreden.* **Der Eigentümer kann, solange nicht die Forderung ihm gegenüber fällig geworden ist, dem Gläubiger nicht das Recht einräumen, zum Zwecke der Befriedigung die Übertragung des Eigentums an dem Grundstücke zu verlangen oder die Veräußerung des Grundstücks auf andere Weise als im Wege der Zwangsvollstreckung zu bewirken.**

1) § 1149 schützt den Eigtümer gg eine übermäßige Beschrkg seiner Handlgsfreiheit. Vgl § 1136. Vor Fälligk der Hyp kann er dem HypGläub weder dingl noch schuldrechtl (RG **92**, 104) das Recht einräumen, zwecks Befriedigg die EigtÜbertr zu verlangen od das Grdst freihändig od durch private Versteigerer veräußern zu dürfen. Vgl auch § 1229. Nach Fälligk sind die Vereinbargen schuldrechtl zul, aber regelm formbedürftig, § 313. – Zur entspr Anwendg auf ungesicherte Fdg: LG Stgt BWNotZ **76**, 86.

2) Nichtig sind die Vereinbargen nur, wenn die Übereign **a)** die Befriedigg bezweckt (ein davon unabhängiger ÜberlassgsVertr ist wirks, RG **92**, 105);

b) an die Bedingg der Nichtbefriedigg geknüpft ist, so ausdrückl § 1229. RG **130**, 228.

1150 *Ablösungsrecht Dritter.* **Verlangt der Gläubiger Befriedigung aus dem Grundstücke, so finden die Vorschriften der §§ 268, 1144, 1145 entsprechende Anwendung.**

1) Die **Ablösgsbefugnis des Dritten** (zB nachstehende Realberechtigte [auch ZwHypGläub, LG Verden Rpfleger **73**, 296], Mieter, Pächter, auch Berechtigte aus Vormkg für ein Recht, Kiel HRR **34**, 1663, vgl § 268 Anm 1) bezweckt, ihm sein Recht am Grdst od den Besitz zu erhalten. Mangels Gefährdg keine Ablösg in der ZwVerw. § 1150 erleichtert die Voraussetzgen, Anm 2. Vgl auch SchRegG 50.

2) Voraussetzgen hier zur Vermeidg unnötiger Kosten geringer als in § 268, vgl § 268 Anm 1. Genügd, daß GrdPfdGläub Befriedigg aus Grdst od mithaftenden Ggständen **verlangt**. Ablösg also schon vor ZwVollstr (anders § 268 I) od Klage, aber erst nach Fälligk. Bloße Zahlgsaufforderg nach Fälligk genügt, RG **91**, 302. Auch dies entbehrl, wenn Gläub selbst gekündigt hatte; od wenn die Hyp vorzeitig fällig geworden war u der Eigtümer sich der sofortigen ZwVollstr unterworfen hatte, RG SeuffA **76**, 22. Kein AblösgsR mehr nach Zuschlag, § 268 Anm 1. Ablösgsberechtigt sind nur solche Berechtigte, deren Anspr außerh des geringsten Gebotes zu stehen kommen, KG JW **34**, 2794, weil nur sie ihr dingl Recht verlieren können; ob sie mit Befriedigg aus dem Versteigererlöse rechnen können, ist unerhebl, zust LG Verden Rpfleger **73**, 296, das in der Ablösg auch dann keinen RMißbr sieht, wenn Anspr dch Meistgebot gedeckt, zust Schiffhauer aaO, auch zu verfr Fragen; vgl auch Hoche NJW **59**, 1442 Anm (betr Rangaufspaltg inf Vorrangseinräumg).

3) **Befriedigg** durch Dritten: vgl § 286 Anm 2: zur Abwendg der ZwVollstr, RG **146**, 324.

4) **Folge : Fdg u Hyp gehen kraft Gesetzes über**, §§ 268 III 1, 401, 412, 1153 I. Auch bei Zahlg an Schein-Gläub (§ 893; so Erm-Westermann Anm 4). Auch bei Zahlg durch gutgl Buchberechtigten, so Heck, Westermann § 106 V. Bei einer GesHyp an allen Grdst, wenn der Dritte bzgl desjen Grdst ablösgsberechtigt ist, aus dem der Gläub Befriedigg verlangt. Ablösender kann Aushändigg od Vorlegg der BerichtiggsUrk gem §§ 1144, 1145 beanspruchen. ZwVerst ist einzustellen, wenn der betreibende Gläub befriedigt wird, ZVG 75. Schuldh Verletzg des AblösgsR macht Gläub schadenersatzpfl.

5) **Kein Nachteil für Gläub**, § 268 III 2; vgl auch § 1176. Ein abgelöster Teilbetrag erhält den Rang hinter dem Rest des Gläub; das gilt auch für abgelöste Zinsen od Kosten (auch insow, trotz § 1178, Übergang auf Ablösenden), RG **131**, 325.

6) **Ablösg von öffentl Lasten** (wichtig insb für Grundsteuern) zul. Nach RG **146**, 323 (vgl aber RG **150**, 60) § 1150 entspr; hiergg (nur § 268, also nicht schon bei Androhg, sond erst bei Anordng der ZwVerst) wohl mit Recht KG JW **34**, 2794; Mönch DJ **37**, 777; Fischer NJW **55**, 1585. Jedenfalls nicht in der Zw-Verw. SteuerFdg geht auf Ablösenden über, RG **146**, 319 (str; vgl Bengs JW **37**, 439), dann Rechtsweg zul.

§ 1151 Rangänderung bei Teilhypotheken.
Wird die Forderung geteilt, so ist zur Änderung des Rangverhältnisses der Teilhypotheken untereinander die Zustimmung des Eigentümers nicht erforderlich.

1) **Allgemeines. a)** Teilg der Fdg bewirkt Teilg der Hyp. § 1151 behandelt die Rangänderg; § 1152 die Briefbildg.

b) Die Hyp wird geteilt, wenn für reale od ideelle (KGJ **39** A 269) Teile abweichende Bestimmgen getroffen w; entweder durch Änderg des Inhalts, § 877, od des Ranges, §§ 880, 1151: durch teilw Übergang der HauptFdg od künftiger Zinsen (vgl § 1154 Anm 5) auf Dritte, zB §§ 1153 I, 1150, 1922, od auf den Eigtümer, zB §§ 1143 I, 1163 I 2, 1177 I; od durch teilw Belastg (vgl § 1279 Anm 1). Die Teile werden ihrem Wesen nach selbständige Hyp, RG **131**, 91 (RoggenHyp). Sie können ihrer Art nach verschieden sein, zB ein Teil Hyp, ein anderer GrdSch; teils BriefR, teils BuchR. Sie haben grdsätzl untereinander gleichen Rang; vgl aber §§ 1176, 1182 S 2; ZVG 12.

2) **Rangänderg**. Auch nach vollzogener Teilg, Dresden JFG **4**, 431. Durchführg nach § 880. Nachweis der Zust des Gläub: KG JFG **14**, 147. Dagg Zust des Eigtümers nach § 880 II 2 nicht erforderl, um Teilgen nicht zu erschweren.

§ 1152 Teilhypothekenbrief.
Im Falle einer Teilung der Forderung kann, sofern nicht die Erteilung des Hypothekenbriefs ausgeschlossen ist, für jeden Teil ein Teilhypothekenbrief hergestellt werden; die Zustimmung des Eigentümers des Grundstücks ist nicht erforderlich. Der Teilhypothekenbrief tritt für den Teil, auf den er sich bezieht, an die Stelle des bisherigen Briefes.

1) **Teilbrief** bei BriefHyp nur auf Antr. Falls keine Bildg, behält (Stamm-)Brief Geltg auch für die Teile, KGJ **44**, 280. Für eine TeilEigtümerGrdSch ist auf Antr ein TeilGrdSchBrief, kein selbständ GrdSchBrief zu bilden, KGJ **40**, 340; wird Antr nicht gestellt, verkörpert der Brief TeilHyp u TeilGrdSch, KG DR **40**, 1575. Teilbrief für künftige Zinsen zul, KG HRR **31**, 2060; für Rückstände nicht, § 1159 Anm 2. Bei Eintr einer BriefHyp für mehrere Gläub in BruchteilsGemsch ist auf Antr für jeden Anteil ein selbständiger Stammbrief zu erteilen, KG JFG **21**, 8; ebso, wenn BuchHyp in mehrere BriefHyp zerlegt od von ihr ein Teil als BriefHyp abgezweigt wird, KGJ **39**, 274. – Über Abtretg u Belastg eines Teilbriefs (die nicht erforderl, KGJ **21**, 330) Bildg eines Teilbriefs vgl § 1154 Anm 3 e. – Wg Anspr des Eigtümers bzgl des Stammbriefs bei Entstehg einer TeilEigtümerHyp vgl § 1145 Anm 2 c.

2) **Herstellg eines Teilbriefes** nur auf Antr nach GBO 61, BNotO 20 II durch GBA u jeden Notar (wg weiterer Stellen vgl Horber GBO 61 Anm 4 a). Auch bisheriger Gläub braucht nicht zuzustimmen (str). Doch ist der Stammbrief vorzulegen, KG JFG **6**, 387; vgl auch §§ 1145 I 2, 1150, 1167, 1168 III. Im GB wird Bildg des Teilbriefes vermerkt. Keine NachweisPfl des Teilgrdschuldbrief begehrden Gläub, wenn Dritter teilw gezahlt hat vgl Saarbr JBl Saar **66**, 203.

3) **Zur Vfg über die TeilHyp** bedarf es nur der Überg des Teilbriefes, Eintragen bei der TeilHyp werden nur auf dem Teilbrief vermerkt. Nur zur Eintr der ersten Abtretg der TeilHyp ist auch der Stammbrief vorzulegen, KGJ **30**, 236.

§ 1153 Übertragung von Hypothek und Forderung.
I Mit der Übertragung der Forderung geht die Hypothek auf den neuen Gläubiger über.

II Die Forderung kann nicht ohne die Hypothek, die Hypothek kann nicht ohne die Forderung übertragen werden.

1) **Allgemeines. – a)** Der Grds, daß die **Hyp der gesicherten Fdg folgt**, gilt bei Übertr (§ 1153) u Belastg (§ 1069 Anm 2, § 1274 Anm 1 c bb) der Fdg, gleichgültig aus welchem RGrd; er gilt auch für Zinsen u Nebenleistgen (Ausn : § 1159). Keine Anwendg auf GrdSch, HypVormkg, R auf VerstErlös. – **b)** Auch die **Fdg kann der Hyp folgen**: Tritt ein als HypGläub eingetr NichtBerecht die dem Berecht zustehde Fdg (mit Hyp) an einen gutgl Erwerber ab, so erwirbt dieser nicht nur nach §§ 1138, 892 die Hyp, sond auch die Fdg, da sonst Spaltg u Verdoppelg des GläubR (RGRK Anm 3; Westermann § 106 III 4; W-Raiser § 137 II

§§ 1153, 1154 3. Buch. 8. Abschnitt. *Bassenge*

1 d; aA Boehmer ArchBürgR **37**, 216; Küchler SichGrdSch S 86; vgl auch Jahr JuS **63**, 356). – **c)** Zur **Spaltg des GläubR dch Enteigng** in der DDR: 14g, m vor EG 7; im Ausland: 2, 5 vor EG 13.

2) Einzelheiten. – a) Übertr der Fdg bewirkt ohne weiteres Übergang der Hyp (I, zwingdes R). Übertr der Fdg ohne Hyp ist nichtig (Ausn: §§ 1159, 1190 IV). Sonst Trenng von Hyp u Fdg nur nach §§ 1168, 1180, 1198. – **b) Übertr der Hyp** ohne Fdg ist nichtig **(II)**. Ausn: §§ 1164 I 1, 1173 II, 1174 I, 1182 S 1; Übergang der Hyp trotz Erlöschens der Fdg u Verbindg mit ErsFdg. – **c) AbtrErkl** über nur ein R ist mangels ggteiliger AnhaltsPkte als Abtr von Fdg u Hyp auszulegen (RG JR **27**, 469; JW **38**, 44).

1154 *Abtretung der Forderung.* I Zur Abtretung der Forderung ist Erteilung der Abtretungserklärung in schriftlicher Form und Übergabe des Hypothekenbriefs erforderlich; die Vorschriften des § 1117 finden Anwendung. Der bisherige Gläubiger hat auf Verlangen des neuen Gläubigers die Abtretungserklärung auf seine Kosten öffentlich beglaubigen zu lassen.

II Die schriftliche Form der Abtretungserklärung kann dadurch ersetzt werden, daß die Abtretung in das Grundbuch eingetragen wird.

III Ist die Erteilung des Hypothekenbriefs ausgeschlossen, so finden auf die Abtretung der Forderung die Vorschriften der §§ 873, 878 entsprechende Anwendung.

1) Allgemeines. – a) Geltgsbereich. § 1154 gilt nur für die Abtr einer HypFdg (u nach § 1192 entspr für Grd/RentenSch) dch RGesch (Ausn: §§ 1159, 1187 S 3, 1190 IV, 1195) u nach §§ 1069, 1274, 1291 für Nießbr- u PfdRBestellg an HypFdg od Grd/RentenSch; nicht aber für das diesen ErfGesch zugrdliegde VerpflGesch (RG **54**, 146), das zB Kauf, Schenkg od SichgVertr (RG **148**, 206) sein kann u bis zur Wirksamk der Abtr ErfAnspr gibt (RG **65**, 64). Anspr auf künft VerstErlös vor Zuschlag nur iVm HypFdg nach § 1154 abtretb; isolierte (formfreie) Abtr nur wirks, wenn nach Zuschlag vorgen (BGH **LM** Nr 3). – **b) AbtrBeschrkg** (§ 399) wie Ausschl od Erfordern einer DrZust vereinb u eintragsfäh (Mü JFG **16**, 291). – **c) RTrägerwechsel,** der Abtr erfordert: § 925 Anm 2c gilt entspr (vgl Mü JFG **18**, 117).

2) Abtretg dch BriefHyp gesicherter Forderg (I, II) dch AbtrVertr mit schriftl AbtrErkl u BriefÜberg (GBEintr hier nur berichtigd aber rats, da neuer Gläub sonst nicht von ZwVerst u ZwVerw benachrichtigt w u seine Re anmelden muß) od dch formlosen AbtrVertr mit GBEintr u BriefÜberg (GBEintr hier für RErwerb konstitutiv).

a) Dingl AbtrVertr über die Fdg dch AbtrErkl des bish Gläub (Anm 2b) u formlose (auch stillschw) AnnErkl des neuen Gläub; beide sind dch Urt ersetzb (ZPO 894 I). Abtr an Eigtümer mit RFolge § 1177 zul (RG JW **29**, 178). Bdgte od befristete Abtr zul (RG JW **12**, 681); iü gilt § 398 Anm 1c. RückAbtr nicht dch bloße Rückg der AbtrErkl (KG OLG **35**, 11).

b) AbtrErkl des bish Gläub. – aa) Schriftl Erteilg. Schriftform: § 126. – Notw **Inhalt**: Bish u neuer Gläub (BGH **LM** Nr 5 zu 40. DVO UmstG § 6), AbtrWille, Bezeichng der Fdg (Identität mit der im Eintr-Vermerk bezeichneten muß erkennb sein), nicht aber Datum (RG JW **22**, 132; dieses beweist Ztpkt der Abtr nicht; KGJ **40**, 281); zur Auslegg dürfen nicht Umst herangezogen w, die außer der AbtrErklUrk liegen u nicht für jeden Leser ohne weiteres erkennb sind (BGH **LM** Nr 133 [B] Nr 13). Wird Abtr der „Hyp" erklärt (vgl dazu § 1153 Anm 2 c), so ist sie eindeut zu bezeichnen. Bezeichng kann erfolgen dch Angabe des belasteten Grdst sowie des Gläub od der GBStelle des GrdPfdR (damit auch Grdst mittelb bezeichnet), Rangangabe entgg BGH **LM** Nr 9 (aber nur beiläuf) nicht erforderl (LG Heilbr Rpfleger **75**, 395; LG Stgt/Tüb Rpfleger **76**, 246/247; dazu jeweils Anm Haegele mwN); diese Bezeichng w nicht dch Bezugn auf mitübergebenen Brief ersetzt (BGH **LM** Nr 9; krit Häsemeyer MDR **75**, 531). Blanko-Abtr w erst mit Ausfülln dch dazu Ermächtigten gegenüber dem Rückwirkg wirks (RG JW **36**, 3234). – Erteilg dch Aushändig od Entäußerg zG des neuen Gläub, so daß dieser darüber verfügen kann (BGH FamRZ **65**, 490). – **bb) Formlose AbtrErkl** genügt nur iVm mit vollzogener GBEintr der Abtr (II; RG **54**, 146).

c) Briefübergabe. – aa) Entspr **§ 1117 I.** Sie muß vom bish Gläub gewollt sein (RG **75**, 221; BGH WPM **69**, 208); bei anderweitigem Besitz des neuen Gläub Heilg nach § 929 S 2 mögl. Kein ZbR des Besitzers bei ÜbergErs nach § 931 (Hbg MDR **69**, 139). – **bb)** Entspr **§ 1117 II.** Die Überg gilt dch die Vereinbg rückw auf deren Ztpkt (RG JW **35**, 2430) erst als vollzogen, wenn GBA mit Willen des bish Gläub unmittelb Bes des Briefes erhält (KG OLG **45**, 281) od wenn bei GBA Voraussetzgen für Herstellg nicht vorhandenen Briefes vorliegen (RG **84**, 314; bei Verlust also AusschlUrt u NeuerteilgsAntr, KGJ **45**, 299). – **cc)** Vermutg nach **§ 1117 III** gilt (KGJ **40**, 281).

d) FdgsÜbergang u damit HypÜbergang (§ 1153 I) erst mit AbtrVertr u BriefÜberg. Rückwirkg einer für Wirksamk der Abtr erforderl Gen (§§ 184, 185) nur auf den Ztpkt, in dem beide Erfordern erfüllt sind (Münzel NJW **59**, 1657). FdgsAbtr ohne BriefÜberg bleibt auch bei nachträgl Erlöschen der Hyp unwirks (RG **76**, 231). Bei BriefÜberg ohne FdgsAbtr nur ZbR wg AbtrAnspr aus VerpflVertr (Düss HRR **41**, 851; BGH WPM **65**, 408). Abtr der BriefHyp kann nicht vor ihrer Entstehg mit Eintr wirks w (RG JW **35**, 2430); zu Unrecht gelöschte u daher fortbestehde BriefHyp kann vor WiederEintr mit schriftl AbtrErkl abgetr w. Über Erlöschen der Hyp nach ZVG 91 vor BriefÜberg vgl BGH **LM** ZVG 91 Nr 1.

e) BeglaubiggsAnspr (I 2) nach vollzogener Abtr (RG **115**, 310), damit neuer Gläub nach § 1155 legitimiert (vgl auch §§ 1160, 1161; ZPO 794 I Nr 5, 795, 800, 727) u berichtigde Eintr bewirken kann (GBO 26, 29); auch bei SichgAbtr (RG **115**, 307). Anspr entf bei WeiterAbtr über (RG **115**, 307; **135**, 357). Kein ZbR des bish Gläub (BGH NJW **72**, 44). ZwVollstr nach ZPO 894 (allgM).

3) Abtr dch BuchHyp gesicherter Fdg (III) dch im ganzen formlosen AbtrVertr über die Fdg (vgl Anm 1a) u Eintr (§§ 873, 878); zu Unrecht gelöschte BuchHyp daher erst nach WiederEintr abtretb (RG HRR **31**, 738). Bei mehrf Abtr ist Eintr des Zwischenerwerbers nicht notw (§ 925 Anm 5c).

Hypothek. Grundschuld. Rentenschuld. 1. Titel: Hypothek §§ 1154, 1155

4) Sonderfragen.
a) TeilAbtr einer BriefHypFdg in 2 Formen mögl. – **aa) Mit TeilbriefBildg** (§ 1152): dessen Überg entspr Anm 2c notw; iFv § 1117 II muß Stammbrief zur TeilbriefBildg im unmittelb Bes des nach GBO 61 I Befugten sein (RG JW **28**, 2783). – **bb) Ohne TeilbriefBildg:** Neuer Gläub muß Allein- od MitBes am weiter alle Teile verbriefden Stammbrief dch Überg entspr Anm 2c erhalten (RG **69**, 39), zB Überg an gemeins Verwahrer (Köln NJW **57**, 104). MitBes nicht derart begründb, daß bish Gläub als alleiniger unmittelb FremdBes für sich u neuen Gläub als mittelb Eigenbesitzer zur gesHand verwahrt, denn GesHandsGemsch nicht belieb vereinb (Baur NJW **67**, 22 Fußn 3; aA Abel NJW **66**, 2044), od daß bish Gläub als BesMittler für neuen Gläub mitverwahrt, denn ungleichstufiger MitBes unmögl (§ 866 Anm 1; Hummel NJW **65**, 2376; MDR **67**, 967; Abel aaO mwN; aA Baur aaO). TeilAbtr bewirkt MitEigt der Gläub am Brief nach FdgsQuoten (§ 952); Anspr auf MitBesEinräumg. – **cc)** Über weitere TeilAbtr vgl v Prittwitz u Gaffron NJW **57**, 85; dagg Hummel aaO.
b) Abtr einer GesHypFdg, die nach Anm 2b bb und 3 GBEintr erfordert, w erst mit Eintr auf allen GBBlättern wirks (KGJ **39**, 248). Auf einz Grdst beschränkte Abtr unmögl, Verteilg nach § 1132 II erforderl.
c) Anspr auf Zinsen u Nebenleistgen ohne HauptFdg u HauptFdg ohne diese Anspr abtretb (RG **86**, 218); TeilAbtr, bei der TeilbriefBildg zul (KG HRR **31**, 2060). Deshalb muß AbtrErkl angeben, ob u ab wann diese Anspr mitabgetr w (LG Lüb Rpfleger **55**, 159; vgl dazu KEHE § 26 Rdz 35–39). Angabe „lfde Zinsen" (KG HRR **41**, 604) mehrdeut, ebso nach Ffm MDR **78**, 228 „sämtl Zinsen" (zweifelh); richtig aber bei schriftl Abtr „Zinsen ab Eintr" (LG Köln RhNK **78**, 40; aA LG Bn RhNK **77**, 148 [zu weitgehd] bei „hiermit mit Zinsen ab Eintr"). – Anspr auf künft fäll werdde Zinsen usw nach § 1154 abtretb (RG **72**, 364). Erlischt mit HauptFdg. ZinsAbtr auf LebensZt idR NießbrBestellg (KGJ **40**, 275). – Anspr auf Rückstände nach § 1159 abtretb, daher allein nicht eintragsfäh (KG JFG **6**, 323). Erlischt nicht mit HauptFdg, ZinsHyp erlischt aber mit HauptFdgHyp (KG JW **38**, 2406).

1155 *Öffentlicher Glaube beglaubigter Abtretungserklärungen.* Ergibt sich das Gläubigerrecht des Besitzers des Hypothekenbriefs aus einer zusammenhängenden, auf einen eingetragenen Gläubiger zurückführenden Reihe von öffentlich beglaubigten Abtretungserklärungen, so finden die Vorschriften der §§ 891 bis 899 in gleicher Weise Anwendung, wie wenn der Besitzer des Briefes als Gläubiger im Grundbuch eingetragen wäre. Einer öffentlich beglaubigten Abtretungserklärung steht gleich ein gerichtlicher Überweisungsbeschluß und das öffentlich beglaubigte Anerkenntnis einer kraft Gesetzes erfolgten Übertragung der Forderung.

1) Allgemeines. § 1154 ermöglicht Übertr einer BriefHypFdg ohne GBEintr des Erwerbers, so daß ein Nichteingetragener HypGläub sein kann. Da diesem die Legitimation einer GBEintr fehlt, regelt § 1155 die Voraussetzgen, unter denen der Nichteingetragene einem eingetr HypGläub gleichsteht.
2) Voraussetzgen der Legitimation eines Nichteingetragenen als HypGläub.
a) Eigenbesitz des Nichteingetragenen am Brief, da ohne BriefÜberg kein RErwerb (§ 1154 I); es genügt nach §§ 1154 I, 1117 I 2 erworbener mittelb Bes (RG **86**, 262; KG HRR **30**, 1459). BriefBes der Vormänner (ZwischenGläub) des zu Legitimierden unerhebl. – Gem § 1117 III w vermutet, daß ggwärt Besitzer (letzter Erwerber) der Brief vom bish Gläub übergeben wurde (RG **93**, 41); ist diese Vermutg widerlegt, kann er sich auf den Erwerb nicht § 1155 berufen; gutgl Erwerb von ihm weiterhin mögl.
b) Vom nichteingetr Briefbesitzer auf einen eingetr Gläub zurückführde Urkundenkette; eine Urk genügt (RG **86**, 262). Unterbrechg dch unwirks privatschriftl AbtrErkl verhindert Legitimation. Bei Unterbrechg dch wirks privatschriftl AbtrErkl gilt § 1155 für vorhergehde formgerechte AbtrErkl, so daß sich Letzterwerber auf diese ebso berufen kann, wie privatschriftl erwerbder Vormann; dies gilt wohl auch für die nachfolgden formgerechten AbtrErkl (RGRK Anm 7; aA Staud-Scherübl Rdz 20a). Erbgang unterbricht nicht. Als Urk kommen in Betracht: – **aa) Öffentl begl AbtrErkl,** Beurk unschädl (§ 129 II). Gleichstehen: rechtskr Urt (ZPO 894); Zeugn nach GBO 36, 37; bei Verst nach ZPO 844 GVzProt über Zuschlag (KGJ **31**, 315) od VeräußergsBeschl (KG HRR **35**, 1592). Bei Abtr dch Bevollm ist VertrMacht nachzuweisen (RG **151**, 80). Ztpkt der nachholb Beglaubigg unwesentl, wenn sie nur vor Kenntn des Erwerbers liegt. Gefälschte Urk vermittelt (entspr gefälschter GBEintr) keinen gutgl Erwerb (W-Raiser § 142 Fußn 17; Baur § 38 V 2a; aA RG **93**, 41; RGRK Anm 4; vgl auch Westermann § 106 IV 2b). – **bb) Gerichtl ÜberweisgsBeschl.** Überweisg an Zahlgs Statt (ZPO 835 II), nur zur Einziehg genügt nicht für Abtr (BGH **24**, 332); Zahlg zu PfdGunsten, dem zur Einziehg überwiesen, befreit aber (W-Raiser § 142 Fußn 23). Für VollstrGläub selbst gelten §§ 892, 893 nicht, weil kein Erwerb dch RGesch; aber für seine nach § 1155 ausgewiesenen RNachf. – **cc) Begl Anerkenntn gesetzl FdgsÜbertr.** Beurk unschädl (§ 129 II); zB §§ 268 III, 426 II, 774, 1143, 1163 I 2, 1164, 1173, 1174, 1182, 1416, ZPO 868; auch bei ges Übergang der Hyp ohne Fdg zB nach § 1163 I 1 (RG Warn **30**, 163). Erkl des bish Gläub, daß Fdg aGrd best bezeichneter Tats kr G auf neuen Gläub übergegangen, erforderl; Nachw des ges Übergangs selbst zB dch löschgsfäh Quittg od LöschgsBewilligg genügt nicht (RG HRR **30**, 398).
3) Legitimationswirkg: Die Legitimation erzeugt RSchein wie bei GBEintr des Legitimierten; vgl auch GBO 39 II.
a) § 891: Es w vermutet, daß dem nach § 1155 Legitimierten die Hyp zusteht. Daher muß GBA ihn trotz eigener Kenntn von Nichtberechtigg des Veräußerers eintr, wenn er Eintr im Wege der GBBerichtigg beantragt u seine Bösgläubigk bei Erwerb nicht feststeht (KG NJW **73**, 56).
b) § 982: Wer eine HypFdg (od ein R an ihr) dch RGesch von einem nichteingetr NichtBerecht, der nach § 1155 legitimiert ist (der Brief kann von diesem unterschlagen, RG **93**, 41, od einem Berecht abh gek sein), erwirbt, wird (auch wenn er selbst nur mit privatschriftl AbtrErkl erwirbt) wie bei Erwerb von einem eingetr NichtBerecht geschützt. Kenntn des Erwerbers vom Vorliegen der UrkKette nicht nöt. Kein

Schutz gg Mangeligen der een ErwerbsHdlg (RG Warn **15**, 209). – **aa) Erwerb ausgeschl**, wenn sich der Mangel aus GB od Brief (§ 1140) ergibt, Widerspr im GB od Brief vermerkt od Erwerber den RMangel bei Vollendg des RErwerbs (vgl § 892 Anm 7) kannte. Der gutgl Erwerber braucht die Rechtmäßigk des BriefBes des Veräußerers nicht nachzuprüfen (RG **93**, 41). Bösgläubigk eines Zwischenerwerbers u Kenntn des Letzterwerbers davon unschädl, wenn ein zw ihnen stehder Erwerber gutgl erwarb u damit Berecht wurde (RG **135**, 362). Entspr gilt für Einreden u Einwdgen. – **bb)** Soweit öff Gl schon dch den **GBInhalt** begründet, kommt er auch einem gutgl Erwerber zugute, dessen Vormänner nicht dch § 1155 ausgewiesen sind. Er kann sich also hins der Bestandes der Hyp, nicht aber hins der Pers des Gläub auf § 892 berufen; er ist gg Erlöschen der Hyp geschützt, nicht aber zB gg anderw Abtr od Belastg od gg ges Übergang auf Erben od Dr aGrd Befriedigg der Fdg. – **cc)** Zum Erwerb vom NichtBerecht mittels Vereinbg nach § 1117 II vgl auch Derleder DNotZ **71**, 272 zu III 2 mwN.

c) § 893: Leistg an nach § 1155 Legitimierten (od seinen PfdGläub) sowie sonstige VfgsGesch iSv § 893 mit ihm sind so wirks, als wären sie mit einem Eingetragenen vorgen; daher § 1160. Zur Eintragg eines als Gläub Eingetragenen, der nicht im BriefBes: § 893 Anm 1; zum Schutz des leistdn Eigtümers od bloß pers Schu: § 893 Anm 2.

d) §§ 894 ff: BerichtigssAnspr u Widerspr des wirkl Berecht so, als wäre Briefbesitzer im GB eingetr (Ffm Rpfleger **75**, 301); also auch bei unricht ÜbertrUrk.

1156 *Rechtsverhältnis zwischen Eigentümer und neuem Gläubiger.* **Die für die Übertragung der Forderung geltenden Vorschriften der §§ 406 bis 408 finden auf das Rechtsverhältnis zwischen dem Eigentümer und dem neuen Gläubiger in Ansehung der Hypothek keine Anwendung. Der neue Gläubiger muß jedoch eine dem bisherigen Gläubiger gegenüber erfolgte Kündigung des Eigentümers gegen sich gelten lassen, es sei denn, daß die Übertragung zur Zeit der Kündigung dem Eigentümer bekannt oder im Grundbuch eingetragen ist.**

1) Ausschluß der §§ 406 bis 408. Gilt nur bei Übertr u Belastg einer VerkHyp, Grd/RentenSch; nicht für SichgHyp (§ 1185 II). – **a) Wirkg**. Währd nach §§ 406–408 der Schutz des pers Schu, der die FdgsAbtr nicht kennt, zeitl **nach der Abtr** liegen, vorgeht, geht nach § 1156 hins der Hyp der Schutz des Gläub vor. Dem Eigtümer sind ggü der **dingl Klage** die Einwdgen aus §§ 406–408 versagt; er ist auf §§ 812, 823 angewiesen. Er kann sich dch GBEinsicht od mittels § 1160 über die Pers des Berecht unterrichten, wodch er iFv §§ 407, 408 hinreichd geschützt ist. Aufrechnen kann er mit einer Fdg gg den bish Gläub ggü dem neuen Gläub nicht, selbst wenn dieser beim Erwerb der HypFdg die GgFdg kannte (anders aU bei Verstoß gg § 826 od entspr § 816 I 2 bei unentgeltl Erwerb; vgl Erm-Westermann Rdz 3; Staud-Scherübl Rdz 6; Rahn BWNotZ **56**, 91). Ggü der **pers Schuldklage** kann Eigtümer mit diesen Einwdgen dchdringen. Tilgt der Schu die Fdg gem §§ 406–408, so w die Hyp doch nicht zur GrdSch, denn dem Eigtümer ggü gilt die Fdg als fortbestehd. – **b) Ausnahmen**: **Künd** (S 2). Leistgen u Vfgen sind dem gutgl Eigtümer ggü (nur) wirks nach §§ 893, 1155. Für Zinsen, Nebenleistgen u Kosten gelten §§ 1158, 1159.

2) Anwendbar bleiben: §§ 404, 405, 409, 411, 412; also insb Berufg auf **vor der Abtr** entstandene Einwdgen zul. Daher kann sich Eigtümer auf vor Abtr erfolgte Aufrechng (§ 404) mit Wirkg der §§ 389, 1613 I 2, 1177 berufen. Gutgl Erwerber w jed nach §§ 1137, 1138, 1185 II u 1157 geschützt. § 410 w dch §§ 1144, 1145, 1160 ergänzt. Für bei Abtr anhäng RStreit gilt ZPO 325; für später anhäng gilt § 407 II nicht.

1157 *Fortbestehen der Einreden gegen die Hypothek.* **Eine Einrede, die dem Eigentümer auf Grund eines zwischen ihm und dem bisherigen Gläubiger bestehenden Rechtsverhältnisses gegen die Hypothek zusteht, kann auch dem neuen Gläubiger entgegengesetzt werden. Die Vorschriften der §§ 892, 894 bis 899, 1140 gelten auch für diese Einrede.**

1) Allgemeines. – a) § 1157 bestimmt für das RVerh Eigtümer als solcher-Gläub Ähnl wie § 404 für pers Fdg. Er betr nur **vor der Übertr** entstandene Einreden, für später entstandene gilt § 1156. Über Einreden u Einwdgen und Art vgl § 1137 Anm 1a, c. § 1157 gilt nur für die **dingl Klage**. Der Schu kann sich auf das RVerh Eigtümer-Gläub nicht berufen. § 1157 ist aber anwendb, wenn Eigtümer zugl pers Schu ist (RG **81**, 85). Einreden eines SonderRVorgängers kann der Eigtümer nur geltd machen, wenn sie ihm übertr wurden (KG JW **31**, 3284). – **b)** Anwendb auf Hyp aller Art, Grd/RentenSch einschl EigtümerGrdSch (RG **135**, 364). Entspr Anwendg auf Belastg der GrdPfdR in §§ 1070, 1275. Für Zinsen, Nebenleistgen u Kosten gelten §§ 1158, 1159. – **c)** Bei rechtszerstörden Einreden hat Eigtümer Anspr aus § 1169.

2) Einreden können auf jedem RGrd (Vertr, Bereicherg, unerl Hdlg) beruhen. ZB Stundg der Hyp (für die der Fdg gilt § 1137, vgl auch § 1138 Anm 3), Ausschluß der Abtr od treuhänderische Beschrkg (RG **135**, 364), über Beschrkg der ZwVollstr vgl KG JW **31**, 3282. – Geltdmachg ggü Zessionar vertragl ausschließb (RG HRR **31**, 940); so zB keine Kondiktion der GrdSch od (bei Hyp) eines abstr SchuldAnerk gg diesen bei GrdPfdRBestellg, damit sich Gläub dch Abtr Geld beschafft (RG HRR **29**, 2000). – Über GrdSch vgl § 1191 Anm 3 b, f aa; § 1192 Anm 1.

3) Schutz des gutgl Zessionars (S 2). Der Eigtümer kann die Eintr der Einreden in das GB verlangen u sie dch Widerspr sichern (KGJ **53**, 219); §§ 894–899. Ohne dies können sie dem neuen Gläub, der Hyp dch RGesch erworben hat, nur entgegengehalten w, wenn er sie kannte (§ 892) od wenn sie aus ÜbertrUrk (§ 1155) od Brief (§ 1140) ersehb. Irrtum über RWirkg bekannter einredebegründder Tats kann für Gutgläubigk ausreichen (BGH **25**, 32; RG **91**, 223). Dies alles gilt auch, wenn der neue Gläub nicht dch Abtr nach § 1155 ausgewiesen ist (RG **135**, 365). § 891 ist nicht anwendb.

1158 *Künftige Nebenleistungen.* Soweit die Forderung auf Zinsen oder andere Nebenleistungen gerichtet ist, die nicht später als in dem Kalendervierteljahr, in welchem der Eigentümer von der Übertragung Kenntnis erlangt, oder dem folgenden Vierteljahre fällig werden, finden auf das Rechtsverhältnis zwischen dem Eigentümer und dem neuen Gläubiger die Vorschriften der §§ 406 bis 408 Anwendung; der Gläubiger kann sich gegenüber den Einwendungen, welche dem Eigentümer nach den §§ 404, 406 bis 408, 1157 zustehen, nicht auf die Vorschriften des § 892 berufen.

1) Allgemeines. a) Die §§ 1158, 1159 enthalten **Sondervorschr für die Abtretg** (§ 1154 Anm 2, 5) **von Zinsen** u anderen Nebenleistgen, § 1115 Anm 5. § 1158 betrifft die Übertr **künftig fällig werdender**, § 1159 bereits fälliger (rückständiger) NebenAnspr. § 1158 behandelt die Wirkg der Übertr: § 1159 auch deren Form. Über die Abtretg noch nicht fälliger Nebenleistgen vgl § 1154 Anm 5. (Zulässig Übertr der KapitalFdg ohne Zinsen, § 1154 Anm 5.)
b) § 1158 schaltet für bestimmte Einreden den § 892 zum Vorteil des Eigtümers aus. Er kann die im laufenden Halbjahr fällig werdenden Zinsen im voraus zahlen, solange er die Übertr nicht kennt. Sache des neuen Gläub ist es, ihn rechtzeitig zu benachrichtigen.
c) § 1158 gilt für alle Arten von GrdPfdR. Er gilt ebso wie § 1156 nur für die dingl Klage. Für die Schuldklage gelten nur die §§ 404 ff. Gleichgültig ist es, ob die NebenAnspr mit od ohne HauptFdg übertragen werden.

2) Wirkg. a) Die Wirksamk eines RGeschäfts über die Zinsen, das der Eigtümer mit dem bisherigen HypGläub trifft, hängt ab: **aa)** von dem Ztpkt, in dem der Eigtümer von der Übertr Kenntnis erlangt; die BewLast dafür trägt der Gläub; Kennenmüssen genügt nicht; **bb)** von dem Ztpkt, in dem die eingeklagten Zinsen fällig werden. Nur die Fälligk entscheidet, nicht der Zeitraum, für den sie bestimmt sind.
b) Der Eigtümer wird geschützt wg der bei Kenntnisnahme bereits fälligen Zinsen u wg der Zinsen, die in dem Vierteljahr der Kenntnisnahme u in dem folgenden Vierteljahr fällig werden. Wg dieser Zinsen kann er dem neuen Gläub alle Einwendgen entggsetzen, die vor (§§ 404, 1157, auch § 405, OLG **29**, 384) od nach (§§ 406–408) der Übertr, jedoch vor Kenntnisnahme entstanden sind. Der neue Gläub kann sich nicht auf § 892 berufen.
c) Für die später fällig werdenden Zinsen gelten ebso wie für das Kapital die §§ 1138, 1140, 1156, 1157. Es kommt also auf den GBStand u die Kenntn des neuen Gläub an. Der Eigtümer kann nach § 1145 II verfahren.

1159 *Rückständige Nebenleistungen.* **I** Soweit die Forderung auf Rückstände von Zinsen oder anderen Nebenleistungen gerichtet ist, bestimmt sich die Übertragung sowie das Rechtsverhältnis zwischen dem Eigentümer und dem neuen Gläubiger nach den für die Übertragung von Forderungen geltenden allgemeinen Vorschriften. Das gleiche gilt für den Anspruch auf Erstattung von Kosten, für die das Grundstück nach § 1118 haftet.
II Die Vorschriften des § 892 finden auf die im Absatz 1 bezeichneten Ansprüche keine Anwendung.

1) Sondervorschrift für Rückstände von (vereinbarten u gesetzl) **Zinsen**; anderen **Nebenleistgen**, § 1115 Anm 5; Kosten der Künd u der die Befriedig aus dem Grdst bezweckenden RVerfolgg, I S 2. Rückstände sind die im Ztpkt der Übertr bereits fällig gewesenen Leistgen, RG **91**, 301. Über nicht rückständige NebenAnspr vgl § 1158. Weitere Vorschr in §§ 902 I 2, 1145 II, 1160 III, 1178. Allen diesen Vorschr liegt der Gedanke zugrunde, daß das GB nur über das ZinsR im ganzen, nicht über die einzelnen Zinsbeträge Auskunft zu geben bestimmt ist, KGJ **42**, 254. Nach hM (KG JFG **18**, 36; Wolff-Raiser § 149 IV 3; Balser NJW **58**, 698) erlischt die dingl Haftg für Zinsrückstände mit Untergang der HauptHyp, auch wenn bei deren Abtretg die ZinsTeilHyp bestehen geblieben war.

2) Form der Übertragg. Die Rückstände werden durch formlosen Vertrag abgetreten, §§ 398 ff. Die §§ 1153, 1154 gelten nicht. Bei Abtretg ohne die Hyp (§ 401) erlischt die Hyp hins der Zinsrückstände. Eintr in das GB (KGJ **42**, 252; vgl aber JFG **6**, 323) u Bildg von Teilbriefen unzul. Rangänderg zul u ohne Eintr u ohne Zust des Eigtümers gg Dritten wirks, RG **88**, 163; aM RGRK Anm 2. Verpfändg nach §§ 1274 I, 1279, 1280. Pfändg u Überweisg nach ZPO 829, 830 III 1, 835, 837 II.

3) Wirkg der Übertragg. Auch ggü der dingl Klage stehen dem Eigtümer die Einwendungen aus §§ 404 ff zu. Die §§ 1156, 1157 gelten nicht. § 892 wird in **II** ausdr ausgeschl. Der Gläub kann sich nicht auf ihn berufen. § 891 ist anwendbar, str. In der ZwVerst gilt auch dem neuen Gläub ggü ZVG 10 I Nr 4; Anmeldg notw.

1160 *Geltendmachung der Briefhypothek.* **I** Der Geltendmachung der Hypothek kann, sofern nicht die Erteilung des Hypothekenbriefs ausgeschlossen ist, widersprochen werden, wenn der Gläubiger nicht den Brief vorlegt; ist der Gläubiger nicht im Grundbuch eingetragen, so sind auch die im § 1155 bezeichneten Urkunden vorzulegen.
II Eine dem Eigentümer gegenüber erfolgte Kündigung oder Mahnung ist unwirksam, wenn der Gläubiger die nach Absatz 1 erforderlichen Urkunden nicht vorlegt und der Eigentümer die Kündigung oder die Mahnung aus diesem Grunde unverzüglich zurückweist.
III Diese Vorschriften gelten nicht für die im § 1159 bezeichneten Ansprüche.

1) Ausweis des HypGl. a) Der Gläub einer BuchHyp wird durch die Eintr im GB ausgewiesen. Der Gläub einer **BriefHyp** muß sich durch Vorlegg des Briefes (notfalls AusschlUrteil, § 1162 Anm 2) u der

§§ 1160–1163   3. Buch. 8. Abschnitt. *Bassenge*

ÜbertrUrk des § 1155 seinem Gegner ggü ausweisen. Aber nur auf Verlangen. Der Eigtümer kann deshalb im voraus mit dingl Wirkg auf sein WidersprR verzichten; Verzicht eintragb (Ffm DNotZ **77**, 112), sofern nicht ausdrückl auf die Person beschränkt (Köln Rpfleger **56**, 340); Bezug auf EintrBewilligg genügt (Ffm DNotZ **77**, 112). Kann Gläub AbtrErkl früh Gläub nicht in der Form des § 1155 vorlegen, muß er, wenn er nicht nach § 1154 I 2 zum Ziele kommt, gg eingetr Gläub auf Berichtigg klagen.

b) Nach III keine Geltg für Zinsrückstände u dgl (§ 1159). – Wg der pers Fdg vgl § 1161.

2) I betr jede gerichtl Geltdmachg, auch § 894, RG HRR **30**, 1926. Der Eigtümer muß die Vorlegg (die nicht zur Klagebegründg gehört, außer im UrkProz, ZPO 595 III) durch Einrede verlangen. Dann Vorlegg bis zur letzten mdl Verhdlg. Auf Antr hat Ger Frist zur Vorlegg zu setzen. Erfolgt keine Vorlegg, Klageabweisg, nicht Verurteilg Zug um Zug, RG **55**, 224. Vorlegg hindert den Bekl nicht, das GläubR des Klägers zu bestreiten od Recht aus § 1144 geltd zu machen, also Verurteilg Zug um Zug gg Aushändigg der betr Urkunden zu verlangen. Vorlegg am Ort der Geltdmachg (anders § 811).

3) II (der **I** einschränkt) gilt entspr für jede andere Art der außergerichtl Geltdmachg als Künd u Mahng. Brschw DRZ Rspr **29**, 153 (Geltdmachg von Verfallklausel), OLG **12**, 306 (Aufrechng). Der Eigtümer muß Künd usw unverzügl (vgl § 121) wg der Nichtvorlegg zurückweisen. Sonst auch ohne Vorlegg wirks.

1161 *Geltendmachung der Forderung.* Ist der Eigentümer der persönliche Schuldner, so finden die Vorschriften des § 1160 auch auf die Geltendmachung der Forderung Anwendung.

1) Der pers Schu kann Vorlegg des Briefes usw nur verlangen, wenn er (wahrer u eingetragener) Eigtümer ist. Sonst gelten §§ 371, 410 I 2, 810; vgl auch § 1167. – § 1161 gilt nicht bei (Sichergs-) GrdSchuld.

1162 *Aufgebot des Hypothekenbriefs.* Ist der Hypothekenbrief abhanden gekommen oder vernichtet, so kann er im Wege des Aufgebotsverfahrens für kraftlos erklärt werden.

1) Um die BriefHyp wieder verkehrsfähig zu machen, ist ein vernichteter od **abhgek Brief aufzubieten.** AbhKommen u Vernichtg im Hinbl auf Normzweck zu verstehen wie in Anm 2a zu § 799; so zutr Rebe AcP **173**, 189; Baumb-Lauterbach Einf 2 vor ZPO 1003. Kein Aufgebot, wenn sich Besitzer trotz Verurteilg zur Herausg der Vollstreckr entzieht, RG **155**, 74 gg Hbg HRR **36**, 401 (zweifelh u str). Verf nach ZPO 946–959, 1003–1018, 1024. Über Kraftloswerden nach Aufgebot des Gläub vgl §§ 1170 II 2, 1171 II 2. Vgl ferner ZVG 136. § 1162 gilt nicht für InhGrdSchBriefe, § 1195. Über KraftloserklErkl von GrdPfdBriefen ohne Aufgebot, wenn Brief vom Berecht inf im Bundesgebiet nicht rechtswirks Maßnahmen (zB Enteigng) nicht vorgelegt w kann: G v 18. 4. 50 (BGBl 88) idF v 20. 12. 52 (BGBl 830), 25. 12. 55 (BGBl 867) u 29. 4. 60 (BGBl 297). Vgl Fabian NJW **52**, 925; BGH MDR **59**, 100; LG Bln JR **61**, 184.

2) Wirkg. Mit Verkünd des **Ausschlußurteils** (ZPO 957 I) wird der Brief mit Wirkg für u gg alle, auch gg gutgläubige Erwerber kraftlos, KGJ **45**, 297. Vorlegg des Urteils an Stelle des Briefes genügt aber nur nach ZPO 1018 I ggü dem Verpflichteten, also bei Geltdmachg ggü Eigtümer u Schu; nach GBO 41 II 2 zur Löschg od zur Umwandlg in ein BuchR. Sonst, zB in den Fällen der §§ 1144, 1145, 1154, 1167 ist nach GBO 67, 68 neuer Brief zu beantragen. Doch genügt statt Übergabe des neuen Briefes Vereinbarg nach § 1117 II, KGJ **45**, 299, wenn beim GBA die Voraussetzgen für die Erteilg des Briefes vorliegen, RG **84**, 315. Über Pfändg vgl KG HRR **31**, 1708. Wer vom AusschlUrteil Gebr macht, muß als Gläub eingetr od nach § 1155 ausgewiesen sein od das GläubR seines Vorgängers nachweisen; § 1117 III gilt für das AusschlUrt nicht.

3) Aufhebg des Ausschlußurteils inf einer **Anfechtgsklage.** Der alte Brief wird wirks, der neue Brief wird kraftlos. Zwischen dem ersten u dem zweiten Urteil bewirkte Leistgen bleiben dem Gutgläubigen ggü wirks, ZPO 1018 II.

4) Ohne Ausschlußurteil wird ein Brief kraftlos, wenn er durch Kriegseinwirkg vernichtet wurde od abh kam u das GBA deshalb einen neuen Brief ausstellt od Vernichtg (vgl Hamm DNotZ **52**, 583) oder AbhKommen feststellt u ohne Briefvorlage die Hyp löscht od nachträgl Ausschließg der Briefbildg einträgt, GBMaßnG v 20. 12. 63, BGBl 986, § 26. Keine Kriegseinwirkg, wenn Gläub selbst den Brief vernichtet h, LG Lüb SchlHA **57**, 185.

1163 *Eigentümerhypothek.* I Ist die Forderung, für welche die Hypothek bestellt ist, nicht zur Entstehung gelangt, so steht die Hypothek dem Eigentümer zu. Erlischt die Forderung, so erwirbt der Eigentümer die Hypothek.

II Eine Hypothek, für welche die Erteilung des Hypothekenbriefs nicht ausgeschlossen ist, steht bis zur Übergabe des Briefes an den Gläubiger dem Eigentümer zu.

Schrifttum: Laufke, Anwartschaftsrechte beim HypErwerb, Diss Münster 1966. – Schneider, Sichg der ZwKreditgeber gg Konkursfälle bei der Verwendg von BuchGrdSch, VersWirtsch **71**, 348.

1) Allgemeines. a) I will das Aufrücken der nachstehenden Berechtigten verhindern, wenn die Fdg nicht entsteht od erlischt. Vgl dazu Übbl 3 E vor § 1113. Ausnahmen von **I 2** vgl unten Anm 5 b. Andere Fälle des gesetzl Überganges auf den Eigtümer in §§ 1168 I, 1170 II 1, 1171 II 1, 1182 S 1; ZPO 868, 932 II. Vgl auch § 1143 Anm 1.

b) II schützt den Eigtümer gg Vfg des Gläub vor Valutierg, denn ohne Brief kann Gläub über die Hyp nicht verfügen. Wg der BuchHyp vgl § 1139.

Hypothek. Grundschuld. Rentenschuld. 1. Titel: Hypothek § **1163** 1–4

c) § 1163 ist zwingenden Rechts, RG **142**, 159. Entggstehende Vereinbargen wirken nur schuldrechtl, RG **104**, 73; anders nur, wenn das dingl Recht durch die Entstehg der Fdg aufschiebend od durch das Erlöschen der Fdg auflös bedingt wird; vgl ferner Bedeutg der LöschgsVormkg nach § 1179 (dort Anm 1).

2) Geltgsgebiet. I gilt für Hyp jeder Art, **II** nur für BriefHyp. I und II anwendbar auf GesHyp, wenn alle belasteten Grdst dem gleichen Eigtümer gehören; sonst gilt § 1172. Wg der SichgHyp für Inh- u Orderpapiere vgl § 1187 Anm 3; wg der HöchstBetrHyp vgl § 1190 Anm 4. **Keine Anwendg des I** auf **a)** Hyp für rückständige Nebenleistgen u gewisse Kosten (§§ 1159, 1178 I). **b)** HypVormkgen. **c)** Grundschulden, § 1191 Anm 2. – Ausn: für lanschaftl u ritterschaftl Kreditanstalten, EG 167 (vgl Übbl 2 B d cc vor § 1113).

3) Allgemeine Voraussetzg. Die Hyp muß rechtswirks bestellt sein. Also rechtswirks Einigg u inhaltl zulässige Eintr, § 873. Oder die Hyp muß nachträgl durch gutgl Erwerb wirks geworden sein, § 892. Sonst erwirbt nach hM der Eigtümer die (unwirks bestellte, § 873 Anm 4a) Hyp nicht; auch nicht, wenn er die Eintr der Hyp ordngsgemäß bewilligt hatte, RG **106**, 139; dies ist insb, wenn wirksame Nachbelastgen erfolgen, unbefriedigt. Der von vielen (so auch Brem DNotZ **65**, 570) schon für das geltende Recht vertretenen GgMeing wird bei einer Rechtserneuerg Rechng zu tragen sein. Ferner keine EigtümerHyp, wenn bei ZwangsHyp eine wesentl Voraussetzg der ZwVollstr fehlt, KGJ **53**, 195; od wenn die Hyp auflös bedingt od befristet war u die Bedingg od der Endzeitpunkt eintritt; ferner nicht, wenn aufschiebde Bedingg für Hyp nicht eintritt; anders bei einer unbedingten Hyp für eine bedingte Fdg. Keine EigtümerHyp, wenn der KonkVerwalter nach konkursrechtl Anfechtg Löschgsurteil erwirkt; anders, wenn er Abtretg an den GemSchu od Verzicht auf die Hyp betreibt, KGJ **39** A 228. Unwirksamk einer SichgHyp aGrd VerglO 87 führt zur EigtGrdSch, Müller KTS **55**, 92; vgl auch LG Mönchengladb RhNK **68**, 567.

4) I S 1. a) Voraussetzg: Nichtentstehg der Fdg. ZB Darlehn nicht gegeben (in der Zahlg der Darlehnssumme an den Notar zur Ablösg einer anderen Hyp kann uU bereits die Zahlg an den Schu gefunden w. RG DR **40**, 860); formloses Schenkgsversprechen, RG **88**, 369; Nichtig od wirksame Anfechtg des Verpflichtungsgeschäfts (sofern Einigg wirks, Anm 3, was nach hM selbst dann der Fall sein soll, wenn nur ScheinFdg, falls nur Bestellg ernstl gewollt ist, BGH **36**, 88; aA Diederichsen-Gursky, Fall 15 Fußn 6 [über etwaige Sicherg des Anspr aus § 812 vgl § 1113 Anm 4]); Hyp für künftige od aufschiebd bedingte Fdg, vgl § 1113 Anm 4d. Verstoß gg KO 181, Warn **31**, 93. § 1163 I 1 **nicht**, wenn Fdg entstanden, aber noch nicht fällig, RG HRR **32**, 1211; bei HypBestellg für rechtsgrundloses abstr SchuldVerspr, RG **141**, 383; dieses aber kondizierbar, RG **154**, 389. In dem formularmäß verwendeten Bekenntn des DarlNehmers, der Kreditbank ein Darl zu schulden od von ihr Darl erhalten zu haben, liegt nach dem klaren Sinn u Zweck der Klausel – entgg Winkler NJW **70**, 414 – kein abstraktes Schuldanerkenntn; wollte man dies annehmen, wäre die Zwischenfinanzierg gem Anm 3 d bb unten verschlossen.

b) Folge: Die Hyp steht dem Eigtümer zu. Stets dem, der bei der Entstehg des dingl Rechts (KGJ **49**, 219) der wahre Eigtümer der Grdst war, RG **80**, 320. Auf den Ztpkt der Feststellg der Nichtentstehg kommt es nicht an. Übertr auf spätere Eigtümer nur nach § 1154. Bei MitEigtum nach Bruchteilen gemschaftl EigtümerGesHyp, vgl § 1132 Anm 2 a, § 1172 Anm 2. **Die Hyp wandelt sich kraft Gesetzes in EigtümerGrdSch** um, § 1177 I 1, auflös bedingt durch die Entstehg der Fdg, Anm 4 c; für sie bleiben gewisse Bestimmgen der Hyp maßg, § 1177 I 2. Das GB ist unrichtig; Berichtigg nach §§ 894ff, GBO 22; außer wenn als HypGläub Eingetragener aGrd des Kausalgeschäfts noch ein Recht auf Erwerb der Hyp hat, vgl Wolff-Raiser § 145 II; vgl auch unten d. Entspr § 1144 kein ZbR des Eingetragenen ggü Anspr auf LöschgsBew wg and pers Anspr (BGH NJW **78**, 883). Bei teilweiser Nichtentstehg teilt sich das dingl Recht in FremdHyp u EigtümerGrdSch; letztere geht im Range nach, § 1176. Die DamnoHyp, bei der vereinbargsgemäß höherer (eingetragener) Betrag als das hingegebene Darlehen zurückgezahlt werden soll, wird aber in voller Höhe FremdHyp, RG HRR **32**, 235. Keine EigtümerGrdSch für Strafzinsen, weil Hyp insow aufschiebd bedingt ist, RG **136**, 77; KG JFG **9**, 272. Beweispflichtig für die Nichtentstehg der Fdg ggü der Vermutg der §§ 891, 1138 ist der Eigtümer, § 1138 Anm 2 a.

c) Entsteht die Fdg nachträgl (und wird der Brief übergeben, **II**), wandelt sich die vorl EigtümerGrdSch kraft G in eine Hyp für den eingetragenen Gläub um, auch wenn inzwischen anderer Eigtümer. Die Hyp entsteht für den Zessionar, wenn Besteller u der als Hypothekar Eingetragene einig sind, daß Valutierg erst durch einen Zessionar der „Hyp" (die noch EigtümerGrdSch) erfolgen soll u dies geschieht; BGH **36**, 89; dies auch dann, wenn die eingetragene Hyp wg Scheins nicht entstanden u die Abtretg an einen anderen als den urspr Vorgesehenen erfolgt; der Angriff von Westermann JZ **62**, 302 (ihm zust Soergel-Baur Rdnr 7) gg diese Entsch dürfte nicht richtig sein, da die Einigg über die Fdg auch nachträgl erfolgen kann, auch die Eintr des Schuldgrunds (Werklohn) die neue Fdg richtig kennzeichnete (was nicht einmal unumgängl war, vgl § 1115 Anm 2). – Vgl auch unten d aa. – Entsteht die Fdg im Konkurs des Eigtümers: KO 15; vgl hierzu Wörbelauer DNotZ **65**, 580.

d) Solange die Entstehg der Fdg in der Schwebe ist, steht dem Eigtümer nur eine **vorläufige Grundschuld** zu, RG **153**, 169, auflös bedingt durch die Entstehg der Fdg. Kann Fdg nicht mehr entstehen (zB DarlVertr erlischt), wird EigtümerGrdSch zur endgültigen; dann GrdbuchberichtiggsAnspr.

aa) Der eingetr Gläub hat ein **AnwartschR**, das mit der Valutierg zum VollR erstarkt. Dieses AnwR kann er auch kraft gutgl Glaubens erwerben, Raiser, Dingl Anwartschaften S 35/6. AnwR ist übertragb (durch Abtretg des künftigen Fdg, §§ 1153/4); Erwerber erlangt das VollR mit Valutierg, auch wenn diese durch den Zedenten erfolgt (dann nach hM [aber bestr] ohne Durchgangserwerb). Tritt Eingetragener das VollR ab, gilt § 1138; kennt Erwerber die Nichtvalutierg, wird (§ 140) Abtretg des AnwR anzunehmen sein. War AnwR übertragen, stand dieses aber dem Zedenten nicht zu, so kann Zessionar es gutgl erwerben, Raiser aaO. Veräußerg des Grdst u anderweitige Belastg beeinträchtigen das AnwR nicht, Raiser S 33.

bb) Verfügg des Eigentümers über die vorl EigtümerGrdSch: sie kann das AnwR nicht beeinträchtigen (§ 161), vgl Lent DNotZ **37**, 386. Solche Vfg (auch Pfändg) bei vorläufiger BuchGrdSch überh nicht mögl, weil sie nicht eingetr steht. (Über Wirksamk, wenn Eintr trotzdem erfolgt, RG **120**, 112). Daher auch keine Vormkg zur Sicherg eines Anspr auf Abtretg, BayObLG **69**, 316. Anders bei vorl

§ 1163 4-6   3. Buch. 8. Abschnitt. *Bassenge*

BriefEigtümerGrdSch. Eine solche kann zur **Zwischenfinanzierg** verwendet werden; zB eine Hypothekenbank läßt sich eine Hyp eintragen, gibt die Valuta aber erst nach Fertigstell eines auf dem Grdst zu errichtenden Baus; zur Aufbring der Baugelder braucht der Eigtümer einen Zwischenkredit von einer Baubank. Diesen erhält er gg Abtretg der vorl EigtümerGrdSch (Briefübergabe uU ersetzt durch Abtretg des HerausgAnspr gg HypBank gem §§ 1154 I 1, 1117 I 2, 931), BGH **53**, 60; zur Sicherg des Zwischenkreditgebers zweckm Abtretg des Anspr auf Auszahlg des Darlehens gg die HypBank. Zahlt diese dann die Valuta an die Baubank, so verwandelt sich die vorl EigtGrdSch in eine Hyp für die eingetr HypBank. Entfällt die Valutierg dch HypBank endgült, erwirbt die BauBank die vorläuf GrdSch als normale SichergsGrdSch. Vgl Serick II § 28 I 3 mit Nachw Fußn 18; Walberer DNotZ **56**, 229 (dieser auch über andere RFormen der Zwischenfinanzierg); Dempewolf MDR **57**, 458 (insb über Sicherg des Zwischen-KredGebers durch BenachrichtiggsVollm); Wörbelauer NJW **58**, 1515 (Einfluß einer LöschgsVormkg); Huber, SichergsGrdSch S 64. Zur Teilfinanzierg vgl § 1154 Anm 3e mit Nachw u Abel NJW **66**, 2044; zur Vormkg des Anspr auf Zession der dem Eigtümer bei Nichtvalutierg der eingetr FremdHyp endgült verbleibden EigtGrdSch, BayObLG **69**, 316; Rimmelspacher JuS **71**, 14. Zum Umfang der Vorrangseinräumg zG einer noch nicht voll valutierten BaugeldHyp bei Zession der EigtGrdSch an Zwischenfinanzierer vgl § 880 Anm 5a aE. - Zur Frage ob sich LöschgsVormkg (§ 1179) auch auf diesen Teil des GrdPfdR erstreckt, vgl § 1179 Anm 2c bb.

5) I S 2. Erlöschen der Fdg: a) Vgl Übbl vor § 362. Befriedigg des Gläub hat nicht stets Erlöschen der Fdg zur Folge, § 1143 Anm 1a. Ob eine Zahlg die Tilgg herbeiführen soll, unterliegt der Parteibestimmg, RG **143**, 75. Jedoch können die gesetzl Folgen einer Zahlg zwecks Tilgg nicht mit dingl Wirkg ausgeschaltet od hinausgeschoben w, weil dies zur Abänderg des zwingenden § 1163 führen würde, RG **104**, 66. Deshalb wird als eintragsunfähig angesehen zB die Abrede, daß die Tilggsbeiträge erst am Jahresschluß gutzuschreiben seien od zur Tilgg verwendet w, LG Essen Rpfleger **61**, 296; Hamm JMBl NRW **62**, 122; LG Kblz Rpfleger **63**, 198 (wg der ersparten Zinsen vgl aber Haegele in Anm). Dagg kann die Nichtentstehg von EigtümerGrdSch bei jeder Teilleistg dadurch erreicht w, daß vereinbargsgem jede Teilleistg nicht zur Tilgg der Schuld erfolgt, sondern eine Fdg (Guthaben) gg den HypGläub entstehen läßt, die als weitere Sicherh für die HypFdg dienen soll, KGJ **53**, 184. RG **143**, 75 läßt Vereinbg mit dingl Wirkg zu, daß Leistgn auf Zinsen u Kapital zunächst auf die Zinsen u erst beim letzten Teilzahlgstermin des Jahres auf das Kapital verrechnet w sollen; ebso LG Lüb SchlHA **63**, 119. Zulässig Abrede, daß die Zahlgen die Tilgg nur auflös bedingt herbeiführen, so daß sich die entstandene EigtümerGrdSch bei Eintritt der Bedingg in die urspr FremdHyp verwandelt, RG **142**, 161. Vgl auch Übbl 2 B d vor § 1113 (Tilggs- u TilggsfondsHyp). - Über auflös bedingten Erlaß der Fdg BayObLG **54**, 39. - Über Rückwirkg behördl Gen der gg MRG 52, 53 verstoßenden Tilgg LG Lüb SchlHA **56**, 80. Ergreift die Einziehg des Verm der KPD das einer - treuhänderischen -, alsdann wg Vermoslosigk im HReg gelöschten GmbH, so erlischt damit eine Fdg gg die GmbH nicht ohne weiteres, wird die sichernde Hyp also noch nicht EigtümerGrdSch der BRD, BGH **48**, 303.

b) Folge: „Die Fdg vergeht, das Pfandrecht besteht". Die Hyp geht kraft Gesetzes auf den über, der bei Erlöschen der Fdg wahrer Eigentümer ist. Also auf den Veräußerer, wenn vor od nach Auflassg der noch nicht eingetragene Erwerber den Gläub befriedigt, KG JFG **23**, 102 (auch zu KGJ **28**, 122); anders, wenn Zahlg erst im Augenblick der EigtUmschreibg zur Tilgg verwendet w soll. **Die Hypothek verwandelt sich in eine Grundschuld,** § 1177 I. Sie verbleibt diesem Eigtümer, auch wenn er später das Grdst veräußert, RG **129**, 30. Rückübertragg auf den früh Gläub nach § 1154; Rückumwandlg in eine Hyp nach § 1198. Das gilt auch für TilggsHyp; um Schwierigk bei der Löschg zu vermeiden, zweckm, wenn der Verkäufer den Käufer ermächtigt, über die bis zur Umschreibg des GB entstehenden EigtümerGrdSch in eig Namen zu verfügen, Recke JW **38**, 2176. Vgl auch § 1177 Anm 3 b. Hyp wird EigtümerGrdSch der **Erbengemeinschaft,** wenn Gläub aus NachlMitteln befriedigt wird; wg Befriedigg durch einzelnen Miterben vgl § 1143 Anm 2. Wegen Befriedigg durch Vorerben vgl § 1143 Anm 2 aE, § 2111 Anm 2 a. Der Nacherbenvermerk in Abt II des GB bezieht sich auch auf die EigtGrdSch, wenn bei dieser ein Zugehörigk zum freien Vermögen nicht vermerkt, KG JFG **8**, 360. Für GesamtHyp, auch auf MitEigtAnteilen, gilt § 1172 I. Ist die Hyp bereits durch **Zuschlag** erloschen, geht der Anspr auf den Versteigerserlös auf den letzten Eigtümer vor dem Zuschlag über, RG **127**, 353. Erlischt die Fdg einer bestehen gebliebenen Hyp, erwirbt sie der Ersteher, BayObLG **18**, 51. Vgl auch BGH LM § 91 ZVG Nr 2. Bei teilweisem Erlöschen gilt § 1176. Wird nur das Kapital zurückgezahlt, bleibt ZinsHyp, Ottow JR **56**, 412. Für SichgHyp gg den Ersteher gilt ZVG 128 III. Erlischt die Fdg erst nach Konk des Eigtümers, kann sie uU konkursfreier Neuerwerb sein. KO 1 I; Planck Anm 4 e.

Ausnahmen: aa) Auch die Hyp erlischt: §§ 1178 I; 1181 I; SchRegG 92 II (in BRep jetzt aufgehoben); RHeimstG 17 II 2; SchiffsRG 57 I 1; AbgeltgsHyp, VO v 31. 7. 42 § 4. Vgl auch §§ 1173, 1174. RM-Hyp erlöschen, soweit die Fdgen gem UmstG 16 inf Abwertg erlöschen; über die HGASchuld vgl § 1113 Anm 7. **bb) Die Hyp geht zur Sicherg eines ErsAnspr an den Befriedigenden über:** §§ 1164 I, 1173 II, 1174; VVG 104. **cc) Die Hyp wandelt sich in eine Grundschuld des Gläub um;** gemäß 6. DVO z SchRegG 26 III. **dd) Der Befriedigende erwirbt** die (nicht erlöschende) **Fdg und die Hyp:** §§ 1143, 1150, 426 II; vgl auch § 774. - Vgl ferner Übbl 3 D vor § 1113.

c) Solange die Hyp FremdHyp ist, kann der Eigtümer über die **künftige EigtümerGrdSch** nicht verfügen, RG **145**, 353; BGH **53**, 60. Sie ist kein verwertgsfähiges Recht. Das wäre übertriebene Kapitalisierg des Bodens. Deshalb auch keine Pfändg der künftigen EigtümerGrdSch; str; vgl Ffm NJW **62**, 640 m Nachw. Eine trotzdem erfolgte Eintr in ihrem Inhalt nach unzul, GBO 53 I 2; RG **145**, 353. **Anders** bei der auflös bedingten EigtGrdSch, Fall I S 1; Anm 4d u § 1190 Anm 4a. - Verpflichtg zur Abtretg mögl, aber nicht durch Vormkg sicherb, RG aaO.

6) BriefHyp vor Briefübergabe, II. Vgl Anm 1 b. Der Gläub erwirbt die Hyp erst, wenn Fdg entstanden, § 1163 I 1, u Brief übergeben, § 1117 I, od Übergb durch Vereinbg nach § 1117 II ersetzt worden ist. Bis dahin ist das dingl Recht eine vorl EigtümerGrdSch, § 1117 I. Zweck: Anm 1 b. Gläub hat hier (anders als in Anm 4 d aa) kein AnwR; vgl Forkel (§ 929 Anm 6) S 115.

Hypothek. Grundschuld. Rentenschuld. 1. Titel: Hypothek   §§ 1164, 1165

1164 *Übergang der Hypothek auf den Schuldner.* ⁱ Befriedigt der persönliche Schuldner den Gläubiger, so geht die Hypothek insoweit auf ihn über, als er von dem Eigentümer oder einem Rechtsvorgänger des Eigentümers Ersatz verlangen kann. Ist dem Schuldner nur teilweise Ersatz zu leisten, so kann der Eigentümer die Hypothek, soweit sie auf ihn übergegangen ist, nicht zum Nachteile der Hypothek des Schuldners geltend machen.

ⁱⁱ Der Befriedigung des Gläubigers steht es gleich, wenn sich Forderung und Schuld in einer Person vereinigen.

1) Befriedigg des Gläub durch persönl Schuldner. Vgl Übbl 3 D I c vor § 1113. Die §§ 1164–1167 schützen den ersatzberechtigten pers Schu, wenn nämlich ihm ggü der Eigtümer zur Befriedigg des Gläub verpflichtet ist, RG **131**, 157. § 1164 enthält aus Billigk eine Ausn von § 1163 I: **HypÜbergang** verbunden mit **gesetzl FdgsAuswechselg**. § 1164 gilt auch für die GesamtHyp (auch an MitEigtAnteilen, RG **146**, 365), wenn der Schu von allen Eigtümern als GesSchuldnern bzw deren Rechtsvorgängern Ersatz verlangen kann; sonst gilt § 1174, vgl dort Anm 2. Die §§ 1165, 1166 schützen den Schu gg die Vereitelg od Beeinträchtigg seiner Anwartsch aus § 1164. § 1167 sichert ihm die Berichtigg des GB. – § 1164 gilt nicht für GrdSch.

2) Voraussetzgen. a) Der persönl Schuldner darf nicht Eigentümer sein. Sonst gilt § 1163 I 2. Wg Befriedigg durch einen Miterben vgl § 1143 Anm 2.

b) Befriedigg des Gläub durch den pers Schuldner. Fdg muß also erlöschen, RG **143**, 284. § 1164 gilt auch für Tilgg der ZinsFdg; § 1178 nicht anwendb, RG **143**, 286. Vereinigg von Fdg u Schuld steht gleich, **II.** Entspr gilt, wenn die Schuld kraft G erlischt, KG JFG **17**, 225, od wenn der Gläub dem pers Schu die Schuld erläßt, § 397, hM; vgl aber Staud-Scherübl Anm 3 a. Bei Befriedigg des BuchBerecht wird der pers Schu nicht geschützt, § 893 Anm 2. – Befriedigt pers Schu, der GesSchu mit Eigtümer ist, so gelten §§ 426 II, 412, 401, also Übergang der Hyp (in Höhe des AusglAnspr), RG **65**, 417; entspr bei Bürgen, § 774, RG **65**, 138. Befriedigt ein GesSchuldner, gehört die Fdg gg den and GesSchuldner aber zu einem gem § 1190 gesicherten Fdgskreis, so erwirbt der Zahlde in Höhe seines ErsatzAnspr gg den and GesSchuldner die HöchstBetrHyp. Deckt bei SchlußAbrechng die – rangbessere RestHyp des Gläub dessen Fdg nicht, so steht insow die Hyp wieder diesem zu, aber im Rang nach der dem zahldem GesSchuldner verbliebenen TeilHyp; BGH BB **66**, 1413.

c) Ein **Ersatzanspr des Schuldners gegen den Eigentümer** zum Ausgleich der Leistg, die der Eigtümer od dessen RVorgänger im Verhältn zum Schu zu leisten verpflichtet war, RG **131**, 157. Hauptfall: Der Erwerber des Grdst übernimmt die Hyp in Anrechng auf den Kaufpr (hierin liegt Übernahme der pers Schuld), der HypGläub genehmigt aber nicht (Folge: § 415 III), nunmehr befriedigt der Eigtümer (pers Schu) den Gläub, RG **129**, 29. (Befriedigt der jetzige Eigtümer den Gläub: § 1143 Anm 2.) Ferner bei ErsAnspr des Schu gem § 329; ZVG 53 I; od gem §§ 2166 I 1, 2167, 2168. RVorgänger ist jeder früh Eigtümer, RG **143**, 290; uU auch ein nicht eingetr gewesener Zwischenerwerber, RG **150**, 34. Ein dazwischen liegender urspr Erwerb, zB Zuschlag, steht dem Übergang nicht entgg, RG **89**, 80. Gehörte das Grdst einer GesHandsGemsch, muß sich der ErsAnspr gg alle GesHänder richten. Beweispflichtig für das Bestehen des ErsAnspr ist der pers Schu. **Fehlt ein ErsAnspr:** §§ 362, 1163 I 2, 1177 I.

3) Folge. a) Die Hyp geht kraft Gesetzes auf den Schuldner über. Sie bleibt Hyp u sichert jetzt den ErsAnspr, dessen Schu der Eigtümer od sein RVorgänger ist, RG **129**, 30. Umschreibg im GB erfordert Bewilligg des bish Gläub u des Eigtümers, §§ 19, 29 GBO; vgl auch § 1167. Persönl Schu ist nunmehr der Ersatzpflichtige; der Eigtümer hat Einrede, § 1137, gg ErsAnspr, auch soweit dieser gg RVorgänger gerichtet ist. Die Bedinggen der ErsFdg sind nunmehr maßgebd. Hat sich der ErsPflichtige einer ZwVollstr unterworfen, ist die Unterwerfgsklausel neu in das GB einzutragen. Der Eigtümer behält aber die Einwendgen, die ihm gg den bish Gläub zustanden, § 1157. Ist die Hyp bereits durch Zuschlag erloschen, geht der Anspr auf den Versteigerserlös auf den Schu über. § 892 greift mangels rgesch Erwerbs nicht ein.

b) Kann Schu nur **teilweise** Ersatz verlangen, so geht seine TeilHyp der EigtümerGrdSch (§ 1163 I 2) im Range vor; **I S 2**; vgl § 1150 Anm 5. Eine RestTeilHyp des Gläub geht beiden vor, § 1176. Ähnl Rangänderungen in § 1182 S 2, ZVG 128 III 2.

4) Befriedigg des HypGläub durch Dritte: Übbl 3 D I c ff vor § 1113; grdsätzl gilt § 1163 I 2; aber Übergang der Hyp, wenn ErsAnspr.

1165 *Freiwerden des Schuldners.* Verzichtet der Gläubiger auf die Hypothek oder hebt er sie nach § 1183 auf oder räumt er einem anderen Rechte den Vorrang ein, so wird der persönliche Schuldner insoweit frei, als er ohne diese Verfügung nach § 1164 aus der Hypothek hätte Ersatz erlangen können.

1) Allgemeines. Vgl § 1164 Anm 1. Ähnl § 776. Entggstehende Vereinbg zul, da nur das pers Schuld-Verh betr; aber nicht eintraggsfähig.

2) Voraussetzgen. a) Verzicht, §§ 1168, 1175 I 1. Aufhebg, § 1183; auch Entlassg aus der Mithaft; FdgsAuswechselg, § 1180, u Umwandlg in GrdSch, § 1198. Rangrücktritt § 880. Bei schuldloser Nichtkenntnis des Gläub von Fdg entfällt § 1165, RG HRR **29**, 199. Gefährdet der Gläub die Hyp durch andere Maßnahmen, läßt er zB die Entferng von Zubehör zu, kann Schu nur nach § 826 vorgehen; str; nach aM § 1165 entspr.

b) Der Schu muß nachweisen, daß er im Falle eines Überganges der Hyp (§ 1164) aus dem Grdst (§ 1147) hätte befriedigt w können. Anderes Vermögen des Eigtümers bleibt außer Betr.

3) Folge. Die pers Schuld erlischt kraft G, soweit Befriedigg aus der Hyp mögl gewesen wäre, str. Bei Rangrücktritt verbleibt die Hyp dem Gläub als GrdSch; da der Eigtümer zugestimmt hat, § 880 II 2, muß § 1163 I 2 als ausgeschaltet angesehen werden, so RGRK Anm 5; aM Planck Anm 3, Westermann § 105 IV 1. Zahlt der Schu, ohne die benachteiligende Vfg des Gläub zu kennen, kann er das Geleistete zurückfordern, §§ 812 ff. § 1165 bei GesHyp: § 1173 Anm 4 c.

4) § 1165 entspr anwendb, wenn Gläub absichtl HypSicherg nicht ausnützt, BGH MDR **58**, 88. Vgl auch § 1175 Anm 1. – Z Frage einer noch weiter gehen analogen Anwendg (als allg „RegreßbehindergsVerbot") vgl BGH NJW **74**, 1082.

1166 *Benachrichtigung des Schuldners.* Ist der persönliche Schuldner berechtigt, von dem Eigentümer Ersatz zu verlangen, falls er den Gläubiger befriedigt, so kann er, wenn der Gläubiger die Zwangsversteigerung des Grundstücks betreibt, ohne ihn unverzüglich zu benachrichtigen, die Befriedigung des Gläubigers wegen eines Ausfalls bei der Zwangsversteigerung insoweit verweigern, als er infolge der Unterlassung der Benachrichtigung einen Schaden erleidet. Die Benachrichtigung darf unterbleiben, wenn sie untunlich ist.

1) Allgemeines. Vgl § 1164 Anm 1. Der ersatzberechtigte Schu soll die Möglichk erhalten, den Ausfall der Hyp in der ZwVerst zu verhindern. § 1166 gilt entspr bei zul Privatverkauf (§ 1149). § 1166 gilt nicht zG des Bürgen. Entggstehende Abreden zul, § 1165 Anm 1.

2) Voraussetzgen. a) ErsAnspr des Schu gg den Eigtümer. Auch gg einen früheren, wie in § 1164, RG JW **16**, 1411. Besteht kein ErsAnspr, kann sich die BenachrichtiggsPfl doch aus dem SchuldVerh (§ 157) ergeben, RG **65**, 140.

b) Der Gläub muß die ZwVerst betreiben od ihr beigetreten sein. Die nachstehenden Gläub brauchen ihre Schuldn nicht zu benachrichtigen, RG **14**, 2464.

c) Der Gläub hat den Schu nicht unverzügl (§ 121 I 1) nach (vorher genügt nicht, OLG **26**, 158) Anordng der ZwVerst benachrichtigt. Jeder GesSchu ist es zu benachrichtigen, RG JW **16**, 1409 (betr ausgeschiedenen OHG-Gesellschafter). Untunl (S 2), wenn Schu unbekannt verzogen ist, OLG **31**, 352. Gläub ist beweispflichtig.

3) Folge. LeistgsverweigergsR (Einrede) des Schu (anders § 1165). Nur soweit, als er dch die Unterlassg des Gläub einen Schaden erlitten hat. Also nicht, wenn er auf andere Weise rechtzeitig Kenntnis erlangt hat, RG **54**, 372. Den Schaden hat der Schu zu beweisen. Über Vorteilsausgleich, falls der Gläub das Grdst unter dem Wert ersteigert, vgl RG **65**, 57; **80**, 154; vgl jetzt aber ZVG 114 a.

1167 *Aushändigung der Berichtigungsurkunden.* Erwirbt der persönliche Schuldner, falls er den Gläubiger befriedigt, die Hypothek oder hat er im Falle der Befriedigung ein sonstiges rechtliches Interesse an der Berichtigung des Grundbuchs, so stehen ihm die in den §§ 1144, 1145 bestimmten Rechte zu.

1) Der **persönl Schuldner kann** bei Befriedigg des Gläub stets **verlangen:** Quittg, § 368; Rückgabe des Schuldscheines od Anerkenng des Erlöschens der Fdg, § 371; Anerkenng des vertragl od gesetzl Überganges, §§ 410, 412. Daneben stehn ihm § 1167 die Rechte aus den §§ 1144, 1145. Voraussetzg: Erwerb der Hyp nach §§ 1164, 1174, 426 II 1 od rechtl Interesse an der Berichtigg, zB § 439 II 1. Der Gläub hat also den Brief auszuhändigen u entweder eine löschgsfähige Quittg auszustellen mit der Angabe, daß der Zahlende persönl Schu sei, od eine Löschgsbewilligg od das Anerkenntnis (§ 1155 Anm 3 c) abzugeben. Im ersten Falle hat der Schu die Urkunden zu beschaffen, die dem GBA seine ErstattgsAnspr nachweisen, zB den SchuldÜbernVertr; gilt auch für zahlden Bürgen.

1168 *Verzicht auf die Hypothek.* ᴵ Verzichtet der Gläubiger auf die Hypothek, so erwirbt sie der Eigentümer.

ᴵᴵ Der Verzicht ist dem Grundbuchamt oder dem Eigentümer gegenüber zu erklären und bedarf der Eintragung in das Grundbuch. Die Vorschriften des § 875 Abs. 2 und der §§ 876, 878 finden entsprechende Anwendung.

ᴵᴵᴵ Verzichtet der Gläubiger für einen Teil der Forderung auf die Hypothek, so stehen dem Eigentümer die im § 1145 bestimmten Rechte zu.

1) Allgemeines. a) Bei der Hyp sind zu unterscheiden (vgl KG JFG **4**, 437): **aa)** Der **Verzicht** auf die Hyp. Er erfordert eine Erkl des Gläub (Anm 2) u die Eintr in das GB, Anm 3. Folge: Die Hyp geht auf den Eigtümer über, § 1168. Für die GesHyp gilt § 1175. **bb)** Die **Aufhebg** der Hyp. Folge: Sie erlischt, §§ 875, 1183. **cc)** Der **Erlaß der persönl Fdg**, § 397. Für ihn gilt § 1168 nicht. Folge: §§ 1163 I 2, 1164 II; vgl § 1164 Anm 2 b. Vgl auch § 1163 Anm 5.

b) Dem Verzicht steht gleich die **Übernahme der Schuld** ohne Einwilligg des Eigtümers, § 418 I 2, 3. Anspr auf Verzicht in § 1169. § 1168 gilt nicht für HypVormgken, RG **65**, 261, u EigtümerGrdSch, KG JFG **4**, 437, wohl aber für FremdGrdschulden (zu diesen vgl § 1191 Anm 3 d).

c) Ausn: Verzicht führt zum Erlöschen bei SchiffsHyp, SchiffsRG 57 II.

d) Wg Aufgabe u Löschg eines Bruchteilsanteils KG JFG **5**, 362; Staudenmaier BWNotZ **65**, 320.

2) Die **Verzichtserklärg** ist eine einseitige empfangsbedürftige rechtsgeschäftl WillErkl. Sie enthält eine Vfg über die Hyp. – Kein Verzicht bei EigtümerGrdSch.

a) Inhaltl muß sie auf die Aufgabe des Rechts des Gläub gerichtet sein (bei § 1183 auf Aufhebg des Rechts überh). Löschfähige Quittg od Löschungsbewilligg genügen zur Eintr des Verzichts nicht, Dresden JFG 5, 369. Gebrauch des Wortes „Verzicht" nicht notw, da § 133 auch hier gilt, aber ratsam. Ersetzg durch rechtskr Urteil zul, ZPO 894.

b) Empfangsberechtigt sind das GBA u der Eigtümer, im Falle des § 1178 II nur letzterer. § 893 bei Erkl des nichtberechtigten Gläub anwendbar; dagg nicht bei Verzicht ggü dem BuchEigtümer, weil dieser nicht über das Eigt verfügt. Sachlich-rechtl formlos wirks; aber zur Eintr formbedürftig nach GBO 29 I 1.

c) Über Bindg, Zust Dritter u den Einfluß nachträgl VfgsBeschrkgen vgl die Anm zu §§ 875, 876, 878. Genehmigg des VormschG nötig nach § 1822 Nr 13.

3) Eintragg des Verzichts in das GB notw. Auch wenn Hyp im GB zu unrecht gelöscht ist: dann muß Verzicht mit der WiederEintr vermerkt werden, RG **120**, 234. Vorher kein RÜbergang auf den Eigtümer, KGJ **32** A 260. Vermerk auf Brief genügt nicht. Ausnahmen: § 418 I 2; § 1178 II und Anm 4 c. Nicht nötig Umschreibg auf den Eigtümer; das ist nur Berichtigg- — Eintr des Verzichts auch nötig, wenn auf Antr des Eigtümers zu löschen ist. Wendt u Pommerening Rpfleger **63**, 272; **65**, 178; aM Staudenmaier BWNotZ **64**, 152; Schlesw NJW **64**, 2022 (wofür freilich prakt Gründe sprechen).

4) Folge: a) Die **Hyp geht kraft Gesetzes** (also ohne Möglichk aus § 892) auf den **über**, der bei Vorliegen aller Voraussetzgen, Anm 2, 3, wahrer **Eigentümer** ist (nach Erm-Westermann Anm 4 uU auf den BuchEigtümer). Ist dieser in Konkurs, gehört sie zum konkursfreien Vermögen, KO 1 I, wenn der Gläub nicht zG der Masse verzichtet hat. Jeder MitEigtümer erwirbt einen entspr Anteil, KG RJA **8**, 62. Die Hyp wandelt sich in eine GrdSch um, § 1177 I 1. Berichtigg nach §§ 894 ff; Brief gehört dem Eigtümer, § 952. Die Fdg bleibt dem Gläub als nunmehr ungesicherte, wenn er sie dem Schu nicht erläßt, § 397 (im Verzicht auf die Hyp liegt oft zugl ein Erlaß der Fdg, Warn **42**, 43), od § 1165 eingreift. Für die **GesHyp** gilt § 1175; ebso bei der Enthaftg von GrdstTeilen.

b) Bei teilweisem Verzicht, III, geht die RestHyp des Gläub der TeilGrdSch des Eigtümers im Range vor, § 1176. Über die Rechte des Eigtümers vgl die Anm zu § 1145.

c) Verzichtet der Gläub auf Hyp, nachdem sie durch Zuschlag erloschen ist, geht Anspr auf Versteigergserlös auf letzten Eigtümer vor dem Zuschlag über; so auch BGH **39**, 245 = **LM** § 1179 Nr 3 mit Anm Grell; aM RG **60**, 251: Erlösanteil falle dem nachstehenden Berechtigten zu. Verzicht hier formfrei; ggü VollstrSchu od VollstrG abzugeben, str. Eintragg des Verzichts hier nicht erforderl, RG JW **31**, 2734.

1169 *Dauernde Einreden.* Steht dem Eigentümer eine Einrede zu, durch welche die Geltendmachung der Hypothek dauernd ausgeschlossen wird, so kann er verlangen, daß der Gläubiger auf die Hypothek verzichtet.

1) Allgemeines. Eine dauernde Einrede läßt die Hyp zwar bei Bestand, der Gläub kann diese aber nicht geltd machen. Deshalb kann der **Eigentümer** von ihm den **Verzicht** auf die Hyp **verlangen**. Nach Eintragg des Verzichts erwirbt der zu dieser Zeit eingetr Eigtümer die Hyp als GrdSch, vgl §§ 1168, 1177. § 1169 gilt auch für GrdSchulden, RG **91**, 225; vgl § 1191 Anm 2 b aa. Bei Nichtbestehen der Fdg gilt § 1163 I, bei Nichtbestehen der Hyp § 894. — Ähnl Vorschr §§ 886, 1254. — Abtretg des VerzichtsAnspr mögl, auch stillschw an GrdstErwerber, BGH **LM** Nr 1; nach aM Abtretg so wie beim Anspr aus § 985, dort Anm 1, nur zur Ausübg, Soergel-Baur Anm 5; vgl auch § 1191 Anm 3 b, f aa.

2) Einreden (vgl § 1137 Anm 1, § 1157 Anm 1). Nur dauernde wie zB §§ 821, 853 (Hamm MDR **77**, 668); EntpfändgsVerpfl (KGJ **33** A 260); Wandlg u Mindergr (RG **71**, 14); aus SichgVereinbg bei SichgGrdSch (§ 1191 Anm 3 b, f aa); nicht aber aus Verj (§§ 902, 223 I) u beschr Erbenhaftg (§ 1137 I 2). Die Einrede versagt ggü gutgl Erwerber u DrittBerecht, wenn kein Widerspr eingetr war (§ 1157 Anm 3). Die Einrede ist eintraggsfäh, nicht aber der VerzAnspr (KGJ **33** A 260).

3) Klage auf Abgabe der Verzichtserklärg u Heraug des Briefes. Eigtümer kann statt Verzicht Löschungsbewilligg verlangen, RG **91**, 226, aber nicht Abtretg (and bei SichgsGrdSch, vgl § 1191 Anm 3 b dd). Übergang zur Berichtiggsklage (§ 894) zul, Warn **34**, 96. Im Konkurs kann nur KonkVerw Verzicht zG der Masse erwirken, BGH **LM** § 3 a LASG Nr 2. Sicherg durch Widerspr, §§ 1157, 899, evtl auch durch Vormkg, § 883 (Anspr aus Vertr od § 812). Klage aus § 1169 entspringt dem Eigt; daher, wenn Grdst in MiterbenGemsch, alle MitErben klageberecht (auch wenn nur einer, was mögl, einredeberechtigt), RG JW **32**, 590. — Ist die Hyp durch Zuschlag erloschen, kann der VollstrSchu vom Gläub den Verzicht auf den Versteigergserlös verlangen.

1170 *Ausschluß unbekannter Gläubiger.* I Ist der Gläubiger unbekannt, so kann er im Wege des Aufgebotsverfahrens mit seinem Rechte ausgeschlossen werden, wenn seit der letzten sich auf die Hypothek beziehenden Eintragung in das Grundbuch zehn Jahre verstrichen sind und das Recht des Gläubigers nicht innerhalb dieser Frist von dem Eigentümer in einer nach § 208 zur Unterbrechung der Verjährung geeigneten Weise anerkannt worden ist. Besteht für die Forderung eine nach dem Kalender bestimmte Zahlungszeit, so beginnt die Frist nicht vor dem Ablaufe des Zahlungstags.
II Mit der Erlassung des Ausschlußurteils erwirbt der Eigentümer die Hypothek. Der dem Gläubiger erteilte Hypothekenbrief wird kraftlos.

1) Allgemeines. § 1170 erleichtert dem Eigtümer den Nachweis, daß das GB unrichtig ist. § 1171 erleichtert ihm die Möglichk, die Hyp zu erwerben. Beide §§ gelten für Hyp aller Art; vgl aber § 1188 II; ZPO 986 II. Entspr Bestimmgen in §§ 887, 1104, 1112. Vgl auch § 1162 u ZVG 138, 140.

§§ 1170–1172

2) Voraussetzgen. a) Gläub muß seiner Pers nach **unbekannt** sein od sein GläubR nicht nachweisen können, RG **67**, 99. Ist nur der Aufenthalt unbekannt, hat der Eigtümer die Klage auf Berichtigg (§ 894) durch öff Zustellg (ZPO 203 ff) zu erheben; bei BriefHyp auch nach § 1162 zu verfahren. Daß die Fdg erloschen sei, braucht der Eigtümer nicht zu behaupten.

b) Frist. Es müssen 10 Jahre verstrichen sein: **aa)** nach der letzten Eintr bei der Hyp. Eintraggen, die ohne Mitwirkg des Gläub zustande gekommen sind, bleiben außer Betr, str. **bb)** und auch (KG Rpfleger **70**, 90) nach dem letzten, dem § 208 entspr Anerkenntnis; vgl ZPO 986 I; **cc)** nach Eintritt der Fälligk (RG **101**, 316), sofern sie nach dem Kalender bestimmt ist; das ist nicht der Fall, wenn von Künd abhängig.

3) Aufgebotsverfahren nach ZPO 946–959, 982–986, 1024 I. Antragsberechtigt sind außer dem Eigtümer uU auch gleich- u nachstehende Berechtigte, ZPO 984. Auch Gläub, für den AntrR gepfändet u überwiesen, Ffm NJW **62**, 640.

4) Wirkg. a) II S 1. Gläub wird mit seinem dingl Recht (nicht mit etwaiger pers Fdg) ausgeschl. Der (wahre) **Eigtümer** erwirbt mit Verkündg des AusschlUrteils **die Hyp als GrdSch**, § 1177 I. Ausschl erstreckt sich auf PfandGläub u Nießbraucher, KGJ **34**, 202. Eigtümer kann, wenn im Urteil Vorbeh für andere Berechtigte (ZPO 953), Berichtigg des GB erst erreichen, wenn er Verzicht seitens jener od Urteil hierauf nachweist, RG **67**, 96. – Für GesHyp vgl § 1175 I, II. – Ist Eigtümer zZ des Urteils im Konkurs, gehört GrdSch zum konkursfreien Vermögen, KO 1; str.

b) II S 2. HypBrief wird ohne besonderes Aufgebot (§ 1162) **kraftlos**. Gutgl Erwerb nicht mehr mögl. Für weitere Vfg des Eigtümers über die Hyp vgl GBO 41 II, 67.

c) Wird das AusschlUrteil im Wege der Anfechtsklage wieder aufgehoben, ZPO 957 II, erwirbt der Gläub wieder das Recht als Hyp; der für kraftlos erklärte Brief wird wieder wirks. Anders, wenn inzwischen ein Dritter das Recht gutgl erworben hat.

1171 *Ausschluß durch Hinterlegung.* **I** Der unbekannte Gläubiger kann im Wege des Aufgebotsverfahrens mit seinem Rechte auch dann ausgeschlossen werden, wenn der Eigentümer zur Befriedigung des Gläubigers oder zur Kündigung berechtigt ist und den Betrag der Forderung für den Gläubiger unter Verzicht auf das Recht zur Rücknahme hinterlegt. Die Hinterlegung von Zinsen ist nur erforderlich, wenn der Zinssatz im Grundbuch eingetragen ist; Zinsen für eine frühere Zeit als das vierte Kalenderjahr vor der Erlassung des Ausschlußurteils sind nicht zu hinterlegen.

II Mit der Erlassung des Ausschlußurteils gilt der Gläubiger als befriedigt, sofern nicht nach den Vorschriften über die Hinterlegung die Befriedigung schon vorher eingetreten ist. Der dem Gläubiger erteilte Hypothekenbrief wird kraftlos.

III Das Recht des Gläubigers auf den hinterlegten Betrag erlischt mit dem Ablaufe von dreißig Jahren nach der Erlassung des Ausschlußurteils, wenn nicht der Gläubiger sich vorher bei der Hinterlegungsstelle meldet; der Hinterleger ist zur Rücknahme berechtigt, auch wenn er auf das Recht zur Rücknahme verzichtet hat.

1) Vgl § 1141 Anm 1 und 2 a. Ist nur der Aufenth des Gläub unbekannt, hat der Eigtümer nach §§ 132 II, 1141 II zu kündigen u nach Hinterlegg auf Berichtigg zu klagen.

2) Voraussetzgen. a) Berechtigg zur Befriedigg od zur Künd (§§ 1141, 1142). Maßgeb ist der Inhalt der Eintr. Vgl ZPO 987 III.

b) Hinterlegg des Kapitals u der nicht verjährten Zinsen, §§ 197, 198, u Nebenleistgen bis zum Urteil ZPO 987 IV. Vor Einleitg des Verf (nur) Hinterlegg nötig, ZPO 987 I. Auf die Rückn ist zu verzichten, § 376 II 1. Trotzdem kann der Eigtümer od sein RNachfolger den hinterlegten Betrag beanspruchen, wenn das Recht des Gläub nach ZPO 987 II erlischt; Frist HintO 19: 31 Jahre seit AusschlUrteil.

3) Aufgebotsverfahren nach ZPO 982–985, 987, 1024 I. Antr (nur) durch Eigtümer.

4) Wirkg. a) Der **Gläub** gilt als befriedigt, II. Entweder mit der Hinterlegg, § 378, od, wenn Voraussetzg der Hinterlegg nicht vorgelegen, spätestens mit dem AusschlUrteil, **II 1**. Wegen des HypBriefes vgl § 1170 Anm 4 b. Der Gläub kann sich nur innerh von 30 Jahren seit dem AusschlUrt aus dem hinterlegten Betrag befriedigen.

b) Auf wen die Hyp übergeht, richtet sich nach §§ 1143, 1163 I 2, 1164. Maßgeb ist der Ztpkt der Befriedigg des Gläub. Ist der Eigtümer zugl pers Schu, erwirbt er das Recht als GrdSch, § 1163 I 2, andernf als Hyp, § 1143 I 1. Hat der Eigtümer-Schu ohne den Betr hinterlegt zu haben vor Voraussetzg der Hinterlegg vorgelegen, u veräußert er das Grdst vor Erlaß des AusschlUrteils, so kommt es darauf an, ob der pers Schu einen ErsatzAnspr gg den Erwerber hat; wenn ja, erwirbt er die Hyp, § 1164 I 1; wenn nein, erwirbt der Erwerber die GrdSch, §§ 1163 I 2, 1177 I. Für die GesHyp gelten §§ 1172, 1173.

1172 *Eigentümer-Gesamthypothek.* **I** Eine Gesamthypothek steht in den Fällen des § 1163 den Eigentümern der belasteten Grundstücke gemeinschaftlich zu.

II Jeder Eigentümer kann, sofern nicht ein anderes vereinbart ist, verlangen, daß die Hypothek an seinem Grundstück auf den Teilbetrag, der dem Verhältnisse des Wertes seines Grundstücks zu dem Werte der sämtlichen Grundstücke entspricht, nach § 1132 Abs. 2 beschränkt und in dieser Beschränkung ihm zugeteilt wird. Der Wert wird unter Abzug der Belastungen berechnet, die der Gesamthypothek im Range vorgehen.

1) Allgemeines. a) Die §§ 1172–1175 wandeln die §§ 1163, 1164, 1168 für die **GesHyp** (§ 1132) ab. Für den Fall der Befriedigg aus dem Grdst gelten die §§ 1181 II, 1182.

b) § 1172 gilt nur, wenn die belasteten Grdst od MitEigtAnteile (§ 1132 Anm 2 a) **verschiedenen Eigentümern** gehören; sonst gelten die §§ 1163, 1132 II unmittelbar.

c) Wird dem Gläub einer GesHyp gemschaftl gekündigt od gezahlt (od Haftg gg Löschgsbewilligg angeboten), so darf er die Löschg auf einem der Grdst nicht von der Befriedigg wg eines schuldr Anspr gg dessen Eigtümer abhängig machen, RG DR **39**, 936.

2) EigtümerGesamtHyp (– GrdSch) **entsteht a)** vor Entstehg der Fdg u vor Briefübergabe, **b)** nach Erlöschen der Fdg (über Befriedigg vgl c), **c)** bei **Befriedigg** des Gläub **durch alle Eigtümer** (od die Miteigentümer) gemeins (nicht aber, wenn jeder für sich einen Teilbetrag zahlt, RGRK § 1173 Anm 3); – bei Befriedigg durch einzelne Eigtümer gilt § 1173; **d)** bei Befriedigg durch nichtersatzberecht pers Schu (bei ErsAnspr: § 1174), **e)** Verzicht auf Hyp an allen Grdst, § 1175 I 1, **f)** Ausschl des Gläub an allen Grdst, §§ 1170 II, 1175 II; 1171 II, 1172 I, 1163. – In diesen Fällen steht die Hyp kraft G als GesR **allen Eigtümern in Bruchteilsgemeinschaft** zu, §§ 741 ff, deren Anteile sich nach § 1172 II berechnen (Ffm DNotZ **61**, 411; aM zB Wolff-Raiser § 148 VII: Gemsch zur ges Hand). Sie wird kraft G GrdSch, § 1177 I, u verbleibt ihnen auch bei Veräußerg der Grdst. Jeder Eigtümer kann über seinen Anteil verfügen (§ 747 S 1); doch wird der Anteil häuf vor Verteilg nach II der Höhe nach feststehen. Anteil pfändb, AG Obernburg MDR **64**, 846. Über das Recht im ganzen können die Eigtümer nur gemschaftl verfügen; hierzu gehört auch die Löschg. – Bei Belastg **ideeller GrdstTeile** mit GesHyp (§ 1132 Anm 2 a) entsteht GesGrdSch, die den MitEigtümer in BruchtGemsch zusteht; die Anteile entsprechen den MitEigtAnteilen am Grdst, falls vorgehde Belastgen nicht vorhanden od auf allen GrdstAnteilen gleichm lasten (Ffm DNotZ **61**, 411). Spätere Änd des BeteiligtsVerh am Eigt ändert nicht ohne weiteres das an der GesGrdSch (RG JW **38**, 3237).

3) II. Nach §§ 747 S 2, 1132 II können die Eigtümer die GrdSch beliebig verteilen. **II** gibt jedem Eigtümer u seinem RNachfolger in der Mitberechtigg an der GesGrdSch das Recht, die **Zuteilg einer EinzelGrdSch nach dem Verhältn der GrdstWerte** zu verlangen. Auf dem anderen Grdst kann der Restbetrag GesGrdSch der übrigen Eigtümer bleiben. Verteilg wie in § 1132 Anm 5. Erzwingbar durch Klage auf Einwilligg, § 894. Wert u Belastgen (II S 2) richten sich nach der Entstehg der GesGrdSch, weil spätere Änderg im Belastgsstande das einmal entstandene Recht der einzelnen Eigtümer nicht mehr beeinträchtigen kann; str. Abzuziehen sind auch EigtümerGrdSch und, wenn der Anspr im maßg Ztpkt begründet ist, auch Vormkgen, aber nicht Rangvorbehalte. Vorgehde GesHyp sind zum vollen Betrage abzuziehen. – Abw Vereinbgen zul, II 1, aber vor Entstehg der EigtümerGrdSch nicht eintraggsfähig, vgl § 1163 Anm 5c; str; aM Staud-Scherübl 3c. Anders nachher, insb nach § 751; dann eintraggsbedürftig.

1173 *Befriedigung durch einen der Eigentümer.* ¹ Befriedigt der Eigentümer eines der mit einer Gesamthypothek belasteten Grundstücke den Gläubiger, so erwirbt er die Hypothek an seinem Grundstücke; die Hypothek an den übrigen Grundstücken erlischt. Der Befriedigung des Gläubigers durch den Eigentümer steht es gleich, wenn das Gläubigerrecht auf den Eigentümer übertragen wird oder wenn sich Forderung und Schuld in der Person des Eigentümers vereinigen.

II Kann der Eigentümer, der den Gläubiger befriedigt, von dem Eigentümer eines der anderen Grundstücke oder einem Rechtsvorgänger dieses Eigentümers Ersatz verlangen, so geht in Höhe des Ersatzanspruchs auch die Hypothek an dem Grundstücke dieses Eigentümers auf ihn über; sie bleibt mit der Hypothek an seinem eigenen Grundstücke Gesamthypothek.

1) Allgemeines. a) § 1173 behandelt nur den Fall, daß **einer von mehreren Eigtümern** od MitEigtümern (RG **146**, 365; § 1132 Anm 2 a) den Gläub **freiwillig befriedigt.** Die anderen Eigtümer sollen aus den RBeziehgen des erwerbenden Eigtümers zum Gläub weder Vorteil noch Nachteil haben, RG HRR **33**, 1656. Befriedigen alle gemeins od gehören sämtl Grdst demselben Eigtümer, gelten die §§ 1143 I, 1163 I 2, 1172. Die löschgsfähige Quittung muß deshalb erkennen lassen, ob für gemschaftl Rechng od für Rechng einzelner Eigtümer gezahlt wird. Für die erzwungene Befriedigg („aus dem Grdst") gelten die §§ 1181, 1182.

b) § 1173 behandelt nur das Schicksal der Hyp. Ist der Befriedigende pers Schu od zahlt er gem § 415 III für den letzteren, RG **143**, 287, erlischt die Fdg; andernf geht sie auf ihn über, § 1143 Anm 3, 5.

2) Freiw Befriedigg jeder Art. Auf Beweggrund u Zweck der Zahlg u auf den Willen, in der Eigensch als Eigtümer zu zahlen, kommt es nicht an, RG **157**, 297. § 1173 ist also auch anwendbar bei Hinterlegg durch einen Eigtümer nach § 1171. Ferner beim Erlaß, wenn ein Eigtümer (sei es allein, sei es mit Dritten) pers Schu ist u der Gläub allen Schuldnern die Schuld erläßt (aM Güthe-Triebel § 22 Anm 15); haftet dagg ein Schu weiter, ändert sich durch den Erlaß ggü dem Eigtümer-Schu dingl nichts; die Grdst haften dann für die fremde Schuld.

Der Befriedigg steht gleich (I S 2):

a) Übertragg des GläubR auf einen Eigtümer, der nicht zugl pers Schu ist. Durch Vertr (Abtretg) oder kraft G, zB Beerbg des Gläub durch einen Eigtümer, RG HRR **33**, 1656.

b) Vereinigg von Fdg u pers Schuld in der Pers des Eigtümers; zB nach ZVG 53 I, wenn der Gläub das Grdst ersteigert u die Hyp bestehen bleibt, aber nur, wenn der VollstrSchu pers Schu war, KGJ **51**, 302. Vgl auch BGH **40**, 121 (Übertr von Hyp u Fdg auf Eigtümer-Schu). Weder unter a noch b fällt der Erwerb eines Grdst durch den Gläub, wenn der Veräußerer nicht pers Schu war, RG **77**, 150; od wenn der neue Gläub das Recht erst nach Veräußerg des Grdst erwirbt.

3) Folge (I): a) Der befriedigende Eigentümer erwirbt nur die Hyp am eigenen Grdst (od MitEigtAnteil, BGH **40**, 120) als EinzelHyp. Diese aber **zum ganzen Betrage** der Zahlg; bei Teilzahlg gilt

§§ 1173–1175   3. Buch. 8. Abschnitt. *Bassenge*

§ 1176. Ist die Fdg erloschen, Anm 1 b, wandelt sich die Hyp in eine GrdSch nach § 1177 I um; sonst gilt § 1177 II. Besitzt der befriedigende Eigtümer mehrere Grdst, bleibt Hyp an diesen natürl GesHyp.

b) Die **Hyp an den übrigen Grdstücken** (bzw MitEigtAnteilen) **erlischt** kraft G. Berichtigg nach §§ 894ff. GBO 22 I, 27 I. Ausnahme: Anm 4.

4) RückgriffsHyp, II. a) ErsatzAnspr, vgl § 1164 Anm 2 c. Er muß auf einem besonderen vertragl od gesetzl RVerh beruhen, zB gg Erwerber abveräußerter Parzelle bei nichtgenehmigter SchuldÜbern. Str, ob auch in den Fällen der §§ 426, 774, wo die mehreren Eigtümer zugleich pers GesSchuldner sind (verneinend u a RGRK Anm 10: hier §§ 412, 401, 1153), vgl auch Anm b. Die **GesamtHyp als solche verpflichtet nicht zur Ausgleichg**, RG Warn **42**, 44. Der ErsAnspr nur wg Zahlg von Zinsen ist nunmehr HauptAnspr, KGJ **47**, 216.

b) HypÜbergang. Soweit der befriedigende Eigtümer (od MitEigtümer) einen **Ersatzanspruch** gg den anderen Eigtümer (od seinen RVorgänger im Eigt) hat, **geht die Hyp** an dem anderen Grundstück (od Bruchteil) **auf ihn über** u es entsteht an dem eigenen Grdst (od Bruchteil) eine EigtümerHyp (§ 1177 II), beide bilden nun eine GesamtHyp. Gesicherte Fdg ist kraft gesetzl FdgsAuswechslg (entspr § 1164) der ErsAnspr gg den anderen Eigtümer; RG **81**, 75; KGJ **47**, 216; str. Bei teilweisem ErsAnspr entsteht in dessen Höhe eine TeilGeHyp nach **II** auf allen Grdstücken (auf dem des befriedigenden Eigtümers ist es eine nach § 1177 II), in Höhe des Überschusses eine EinzelTeileigtümerGrdSch (§ 1177 I) auf dem Grdst des Befriedigenden, auf den übrigen erlischt sie insoweit. Die TeilGesHyp geht der TeileinzelGrdSch im Range vor, § 1176 (str). — War der befriedigende Eigtümer nicht zugleich pers Schu, so geht nach § 1143 die Fdg auf ihn über. Sie müßte den Übergang der Hyp nach sich ziehen, vgl § 1143 Anm 4, und EigtümerHyp nach § 1177 II entstehen lassen. Zweifelh u sehr str, ob die GesHyp, die nach **II** letzter Halbs entsteht, nun die ErsFdg sichert (so hM) od die ursprüngl (übergangene) Fdg in Höhe des ErsAnspr. Nimmt man ersteres an, dann bleibt die übergegangene Fdg insow ungesichert. Soweit kein ErsAnspr, erlischt die GesHyp auf den Grdst der anderen Eigtümer, I 1. — Haben die GesSchu X u Y bei gleicher Innenbeteiligg Hyp bestellt u befriedigt X den Gläub, so erlischt die Fdg zur Hälfte; insow erlischt die GesHyp auf dem Grdst des Y, auf dem X wird sie nach I EinzelTeileigtümerGrdSch (§ 1177 I); zur anderen Hälfte geht die Forderg auf X über (§ 426 II), sie wird gesichert durch TeilGesHyp nach **II** auf beiden Grdst (§§ 412, 401, 1153). Ist die Fdg gg Schu dch GesHyp auf seinem u des Eigtümers Grdst gesichert, der keinen ErsAnspr iS des § 1173 II gg Schu hat, so greift, wenn nun Eigtümer zahlt, nicht § 1173 I, sond § 1143 I ein: Eigtümer erwirbt GesPfandR: echte EigtHyp an seinem, FremdHyp an des Schu Grdst zur Sichg der auf ihn übergangenen Fdg des Gläub; so mit Recht Westermann § 109 V 4. § 1173 gilt auch für GesGrdschulden. Nach Planck § 1192 Anm 4d soll sich die GrdSch kraft G in eine GesHyp für den ErsAnspr umwandeln; doch ist solche gesetzl Umwandlg dem BGB fremd.

c) § 1165 ist anwendbar, wenn ein Eigtümer pers Schu ist, Warn **42**, 44. Sonst nicht, weil es im Belieben des Gläub steht, welches Grdst er in Anspr nehmen will, § 1132 Anm 3; BGH **52**, 93 (krit Wacke NJW **69**, 1850) für GesGrdSch; aA Planck Anm 4c, Baur § 43 II 4a; vgl Wacke AcP **170**, 42.

1174 *Befriedigung durch den persönlichen Schuldner.* **I** Befriedigt der persönliche Schuldner den Gläubiger, dem eine Gesamthypothek zusteht, oder vereinigen sich bei einer Gesamthypothek Forderung und Schuld in einer Person, so geht, wenn der Schuldner nur von den Eigentümern eines der Grundstücke oder von einem Rechtsvorgänger des Eigentümers Ersatz verlangen kann, die Hypothek an diesem Grundstück auf ihn über; die Hypothek an den übrigen Grundstücken erlischt.

II Ist dem Schuldner nur teilweise Ersatz zu leisten und geht deshalb die Hypothek nur zu einem Teilbetrag auf ihn über, so hat sich der Eigentümer diesen Betrag auf den ihm nach § 1172 gebührenden Teil des übrigbleibenden Betrags der Gesamthypothek anrechnen zu lassen.

1) Allgemeines. Ergänzg des § 1164. Vgl § 1164 Anm 1. Ausnahme von § 1172 I. Voraussetzg: Der **Schuldner**, der nicht zugleich Eigentümer ist (sonst gilt § 1173), **hat einen ErsAnspr** (§ 1164 Anm 2 c) **nur gg einen** oder gg einige, aber nicht gg alle Eigtümer od deren RVorgänger. §§ 1165 bis 1167 entspr anwendbar.

2) Folge, I. Nur die Hyp am Grdst des ersatzpfl Eigtümers geht auf den Schu über bis zur Höhe des ErsAnspr; in dieser Höhe erlischt die Hyp an den übrigen Grdst kraft G. Das gilt auch, wenn der Schu den Gläub voll befriedigt, wenn aber von jedem Eigtümer Ersatz nur zum Teile verlangen kann: er erwirbt dann an jedem Grdst eine EinzelHyp zu dem entspr Teilbetrag; in Höhe der Mehrbeträge werden die Grdst frei. Soweit kein ErsAnspr besteht, gelten die §§ 1163 I 2, 1172 I. Teilweise Befriedigg: § 1176.

3) II (TeilErsAnspr des Schuldners) ergänzt den § 1172 II. Der nicht ersatzpfl Eigtümer soll nicht benachteiligt, aber auch nicht bevorzugt w. Also ist zunächst der Betrag zu errechnen, der nach § 1172 II auf die einzelnen Grdst entfallen würde, wenn die GesHyp zum vollen Betrage EigtümerGrdSch geworden wäre. Dann ist von dem auf das ersatzpfl Grdst entfallenden Betrage die Hyp des Schu abzuziehen. Ist letztere größer als die EigtümerGrdSch, so ist diese nur auf die übrigen Grdst zu verteilen, hM.

1175 *Verzicht auf die Gesamthypothek.* **I** Verzichtet der Gläubiger auf die Gesamthypothek, so fällt sie den Eigentümern der belasteten Grundstücke gemeinschaftlich zu; die Vorschriften des § 1172 Abs. 2 finden Anwendung. Verzichtet der Gläubiger auf die Hypothek an einem der Grundstücke, so erlischt die Hypothek an diesem.

II Das gleiche gilt, wenn der Gläubiger nach § 1170 mit seinem Rechte ausgeschlossen wird.

Schrifttum: Schöner, Rechtl Probleme bei LastenfreistellgsVerpflichtgsErklärgen, DNotZ **74**, 327.

Hypothek. Grundschuld. Rentenschuld. 1. Titel: Hypothek §§ 1175–1177

1) Allgemeines. § 1175 ergänzt die §§ 1168 (§ 418 I 2, 3), 1170. Zur Anwendbark des § 1165 vgl § 1173 Anm 4 c. – Entläßt Gläub ein Grdst A aus der Mithaft, dessen Eigtümer dem des mitbelasteten Grdst B intern zur Befriedigg verpfl ist, so ist ErsatzAnspr B gg A nun ungesichert (§ 1175 I 2). Auch wenn § 1165 nicht anwendb ist, kann sich aus dem der GesBelastg zugrde liegden KausalGesch RPfl des Gläub ergeben, die Haftentlassg zu unterlassen, ja, bei Zession des GrdPfdR, den Zessionar dahin zu binden, andernf SchadErsPfl, BGH **52**, 93 (für SichgGrdSch); vgl § 1173 Anm 4c u krit Wacke NJW **69**, 1850.
2) Verzicht auf die GesamtHyp an allen Grdst, I S 1. Folge: GesGrdSchuld aller Eigtümer, §§ 1172, 1177 I. Teilverzicht: § 1176.
3) Verzicht auf die Hyp an einem der Grdst, I S 2, od MitEigtAnteile (§ 1132 Anm 2 a); zB bei pfdfreier Abschreibg eines Trennstücks. Dch VerzErkl u Eintr des Verz erlischt die Hyp an diesem Grdst krG; Zust des Eigtümers (§ 1183, GBO 27 I) nicht notw (KG JFG **11**, 245); TeilVerz mögl (LG Darmst RhNK **76**, 540). Statt Eintr des Verz genügt LöschgsVermerk (KG HRR **31**, 740); zu sonst GBFragen AG Osterode NdsRpfl **66**, 119; Mansfeld Rpfleger **57**, 240. EntpfändgsErkl od LöschgBewilligg idR als VerzErkl aufzufassen (KG JW **37**, 1553; Mü JFG **23**, 322). „Freigabe"-Erkl unklar u zu vermeiden (Leikam BWNotZ **63**, 120). Erlaß der pers Fdg ggü einem Eigtümer, der nur MitSchu ist, steht hier nicht gleich; vgl § 1173 Anm 2.

1176 *Eigentümerteilhypothek; Kollisionsklausel.* Liegen die Voraussetzungen der §§ 1163, 1164, 1168, 1172 bis 1175 nur in Ansehung eines Teilbetrags der Hypothek vor, so kann die auf Grund dieser Vorschriften dem Eigentümer oder einem der Eigentümer oder dem persönlichen Schuldner zufallende Hypothek nicht zum Nachteile der dem Gläubiger verbleibenden Hypothek geltend gemacht werden.

1) Allgemeines. Der kraft G eintretende **Rechtsübergang eines Teiles** soll den Gläub nicht schlechter stellen als vor gänzlichem Übergang zur Löschg. Ebenso §§ 268 III 2, 426 II 2, 774 I 2, 1143 I 2, 1150, 1182 S 2, 1225 S 2, 1249 S 2; ZVG 128 III 2.
2) Voraussetzgen. a) Übergang kraft G in den genannten Fällen. Betrifft der Übergang nur einen selbständ Teilbetrag, so regelt § 1176 nur das Rangverhältnis. Bei rechtsgeschäftl Übertr behalten die Teile gleichen Rang, § 879 Anm 2 a, wenn er nicht nach § 880 geändert wird.
b) Dem Gläub verbleibt ein Teil der Hyp od eines selbständ Teilbetrages.
3) Wirkg. Der **Restbetrag des Gläub** hat kraft G den **Vorrang** vor dem Teil des Eigtümers od Schuldners, RG **131**, 326. Bei teilweiser Befriedigg durch den pers Schu u durch den Eigtümer ist im Falle des § 1164 I 2 die Rangfolge: Gläub–Schu–Eigtümer. Das GB ist auf Antr zu berichtigen. Der Vorrang bleibt auch dann bestehen, wenn der Eigtümer (Schu) später weitere Teile der Hyp vom Gläub erwirbt; er kann nur durch Rangänderg, § 880, od gutgl Erwerb, § 892, beseitigt w. Der Rang zu anderen Rechten od selbständ Teilbeträgen wird nicht berührt, OLG **26**, 162; anders § 1182 S 2. Der Eigtümer (Schu) kann aber die Mietzinsen mit Wirkg gg den Gläub (§ 1124) pfänden lassen. Auch kann der Eigtümer im Konkurse der pers Schu die EigtümerGrdSch geltd machen, mag dadch auch die KonkDividende des Gläub geschmälert werden, RG **83**, 404.

1177 *Eigentümergrundschuld, Eigentümerhypothek.* I Vereinigt sich die Hypothek mit dem Eigentum in einer Person, ohne daß dem Eigentümer auch die Forderung zusteht, so verwandelt sich die Hypothek in eine Grundschuld. In Ansehung der Verzinslichkeit, des Zinssatzes, der Zahlungszeit, der Kündigung und des Zahlungsorts bleiben die für die Forderung getroffenen Bestimmungen maßgebend.
II Steht dem Eigentümer auch die Forderung zu, so bestimmen sich seine Rechte aus der Hypothek, solange die Vereinigung besteht, nach den für eine Grundschuld des Eigentümers geltenden Vorschriften.

Schrifttum: Mümmler, Die ZwVollstr in EigtümerGrdPfdR, JurBüro **69**, 789. – Müller, Die Verwertg nicht od nicht voll valutierter GrdPfdRechte auf EhegattenGrdsten im Konk eines Ehegatten, KTS **70**, 180.
1) Allgemeines. Die Hyp ist anders als die GrdSch von einer Fdg abhängig. Sie wandelt sich deshalb in eine GrdSch um, wenn der Eigtümer nur das dingl Recht, nicht die Fdg erwirbt, **I** (fordergsentkleidete EigtümerHyp). Erwirbt er beides, bleibt das Recht eine Hyp; die Rechte des Eigtümers bestimmen sich aber nach den Vorschr über die GrdSch, **II** (fordergsbekleidete EigtümerHyp). – **Übersicht über EigtümerHyp u -GrdSch:** Übbl 3 E vor § 1113.
2) Allgemeine Voraussetzg für I u II: die als dingl Recht – wirks entstandene (vgl § 1163 Anm 3) – Hyp vereinigt sich mit Eigt in einer Pers.
3) EigtümerGrundschuld, I. a) Voraussetzgen. Der Eigtümer erwirbt nur das dingl Recht, nicht die Fdg. Durch Abtretg (wenn mit dieser die Fdg erlischt, RG JW **29**, 178), Erbfolge od gem §§ 1163, 1168 I, 418 I, 1170 II 1, 1171 II 1, 1172 I, 1175 I 1, II; ZPO 868, 932 II. Dagg gilt § 1177 nicht, wenn für einen MitEigtümer eine Hyp am ganzen Grdst bestellt wird (§ 1009 I) od wenn er sie nachträgl durch Erbfolge erwirbt; dann bleibt sie Hyp am ganzen Grdst. Zur Tilgg dch Mitvorerben vgl § 2111 Anm 2 b zu BGH **40**, 115.
b) Folge: **Die Hyp wird kraft Gesetzes Grundschuld.** Sie behält den bisherigen Rang, BayObLG JFG **9**, 261; vgl aber § 1176 Anm 1. Sie verbleibt dem Eigtümer als (Fremd-) GrdSch bei einer Veräußerg des Grdst; ebso bei einer ZwVerst, wenn sie im geringsten Gebot steht, RG **94**, 9. Sonst fällt etwaiger Erlös dem Eigtümer zu (im Konkurs der Masse); deshalb müssen nachstehende Gläubiger die vorgehende GrdSch pfänden lassen! Auch ZVG 83 Nr 3 gilt für die EigtümerGrdSch. Das Recht bleibt GrdSch, auch wenn der Eigtümer es an einen Dritten od an den früh Gläub abtritt, KGJ **41**, 238. Es kann nur durch Umwandlg nach § 1198 wieder Hyp werden. Aber niemals Umwandlg in eine Hyp des Eigtümers, sond nur

in die eines Dritten bei od nach Abtretg für dessen Fdg, KGJ **39**, A 243. Zur Umwandlg stets Eintr notw, Brem DNotZ **55**, 646. Ist die Hyp noch als solche für den früh Gläub eingetr, ist der Übergang auf den Eigtümer anzugeben, weil die Umwandlg einer Hyp in eine Hyp unverständl wäre, KGJ **45**, 285. Verfahrensrechtl genügt Bewilligg des Eigtümers; nur wenn die Umwandlg erst nach der Abtretg wirks wird, auch Bewilligg des neuen Gläub notw, KG JFG **12**, 323. Treten Gläub u Eigtümer eine TilggsHyp einschl der EigtümerGrdSch gewordenen Beträge ab, ist im GB ersichtl zu machen, welcher Teil Hyp u welcher Teil GrdSch ist, KG JFG **21**, 308.

c) **Befugnisse des Eigtümers.** Er darf beliebig über die GrdSch verfügen. Durch Abtretg nach § 1154; Belastg nach §§ 1069 I, 1274 I, 1291; Aufhebg nach §§ 875, 876. Auch Inhaltsänderg zul, vgl § 1196 Anm 3. Wegen behördl Gen vgl Übbl 12 vor § 873. Wg der Vfg über vorläufige u künftige GrdSch vgs § 1163 Anm 4 d und 5 c. Der Eigtümer darf nicht die ZwVerst betreiben, vgl § 1197 Anm 1, 2. Für die **Verzinslichk** usw gelten die Bestimmgen der bish Fdg, so als ob sie noch bestünde, **I S 2**; nur hins dieser Bestimmgen bleiben auch die diesbezügl Einreden (§ 1137) bestehen. Die §§ 1193, 1194 gelten nicht. Der Eigtümer kann aber Zinsen nur währd einer ZwVerw beanspruchen, § 1197 II; vgl dort Anm 1, 2. Anders, wenn er die GrdSch mit Zinsen einem Dritten überträgt (KGJ **46**, 235). Über Anwendbark von I 2 bei **TilggsHyp** vgl Übbl 2 B d aa. – Vorgängige Eintr des Eigtümers als Gläub der GrdSch bei Vfg u Pfändg GBO 39 I nicht notw, weil der Eigtümer als mögl eingetragener Inh des Rechts anzusehen ist (KG Rpfleger **75**, 136).

4) EigtümerHyp, II. a) Voraussetzgen: Erwerb von **Hyp** und **Fdg**, durch Abtretg, Erbfolge, gem § 1143 I 1 oder § 889, uU gem § 1173.

b) **Folge.** Das dingl Recht bleibt Hyp. Es gelten alle Bestimmgen der gesicherten Fdg. Aber eingeschränkt für das dingl Recht durch § 1197. Vgl auch ZVG 128 III 2. Veräußert der Eigtümer das Grdst od tritt er die Hyp ab, so entfallen die Beschrkgen. Insb gelten §§ 1137, 1138. Für die Vfg über die EigtümerHyp gilt sonst dasselbe wie bei der EigtümerGrdSch; vgl Anm 3 c.

1178 *Hypothek für Nebenleistungen und Kosten.* I Die Hypothek für Rückstände von Zinsen und anderen Nebenleistungen sowie für Kosten, die dem Gläubiger zu erstatten sind, erlischt, wenn sie sich mit dem Eigentum in einer Person vereinigt. Das Erlöschen tritt nicht ein, solange einem Dritten ein Recht an dem Anspruch auf eine solche Leistung zusteht.

II Zum Verzicht auf die Hypothek für die im Absatz 1 bezeichneten Leistungen genügt die Erklärung des Gläubigers gegenüber dem Eigentümer. Solange einem Dritten ein Recht an dem Anspruch auf eine solche Leistung zusteht, ist die Zustimmung des Dritten erforderlich. Die Zustimmung ist demjenigen gegenüber zu erklären, zu dessen Gunsten sie erfolgt; sie ist unwiderruflich.

1) Allgemeines. I enthält eine Ausn von §§ 889, 1177; **II** von § 1168 II. Zwingende Vorschrift. Grund: Es sollen sich bei Zahlg von **Zinsrückständen** keine EigtümerGrdschulden vor die nachstehenden Rechte schieben, was nur den Realkredit gefährden würde; RG **143**, 286; vgl ferner § 1159 Anm 1. § 1178 gilt nicht für eine HöchstBetrHyp, aber für GrdSch (BayObLG **78**, 136).

2) Gegenstand. a) **Rückständige**, dh bei Vereinigg od Verzicht bereits fällige Zinsen u andere Nebenleistgen, § 1115 Anm 5. Vertragl u gesetzl Zinsen.
b) Nur die in § 1118 genannten Kosten, weil nur für diese die Sonderbestimmgen der §§ 1145 II 2, 1159. 1160 gelten, KGJ **32** A 265.

3) Vereinigg mit dem Eigentum. a) Voraussetzgen vgl § 1177 Anm 3 a, 4 a. – § 1178 aber nicht anwendb, wenn der Anspr auf Rückstände od Kosten an einen Dritten abgetreten wird; dies gilt selbst dann, wenn der Gläub dem Eigtümer ggü zur Abtretg verpflichtet war, Warn **31**, 66; od wenn der Zahlende als Nießbraucher dem Eigtümer ggü zur Zahlg an den Gläub verpflichtet war, RG **100**, 157.
b) **Folge: Die Hyp erlischt kraft Gesetzes.** FdgsAuswechselg, § 1180, nicht mehr mögl. Aber keine Löschg, weil das GB über Rückstände usw keine Ausk gibt. Ausn **I S 2** (ähnl § 1256 I 2): bei Belastg der Hyp mit Nießbr od PfdR. Dann besteht die EigtümerGrdSch (-Hyp) solange, bis das Recht des Dritten erlischt. Befriedigt der vom Eigtümer verschiedene pers Schu den Gläub, so geht die Hyp auf ihn über, § 1164 durch § 1178 nicht ausgeschaltet, RG **143**, 286; str. Der Verwalter im Konkurs des Eigtümers ist nicht Dritter. Die pers Fdg erlischt nicht ohne weiteres; insb ist § 1143 anwendbar, die Fdg ist dann ungesichert, RG **143**, 282. – Vor der Vereinigg kann die Hyp für Zinsrückstände ihren Rang ändern; die Rangänderg ist aber nicht eintragbar u bedarf nicht der Zust des Eigtümers, RG **88**, 163.

4) Verzicht auf Rückstände, II. a) Er wird nicht eingetr. Deshalb nur die formlose Erkl des Gläub ggü dem Eigtümer nötig. Die damit auf diesen übergehende Hyp (§ 1168 I) erlischt kraft G.
b) Der Nießbraucher od PfdGläub hat formlos zuzustimmen. S 2 enthält Ausnahmen von § 876 S 3 u § 183 S 1.

5) Künftige Nebenleistgen u Kosten anderer Art. Die Hyp wird bei Vereinigg mit dem Eigtümer EigtümerGrdSch od EigtümerHyp, § 1177. Für die Zinsen gelten an §§ 1177 I 2, 1197 II. Für aufschiebd bedingte Nebenleistgen (Strafzinsen, VorfälligkEntschädigg) entsteht regelm keine EigtümerGrdSch, weil die Hyp bedingt ist, KG JFG **9**, 272. Ist die Hyp dafür ausnahmsw unbedingt, gilt § 1178 I entspr, RG **136**, 78. Für den Verzicht gilt § 1168; jedoch wird regelm die Aufhebg (§§ 875, 1183) gewollt sein. – Erwarb die Ehefr im früh Güterstande des § 1363 eine verzinsl Hyp am Grdst des Mannes, so blieb die Hyp für die künftigen Zinsen bestehen, wenn auch die ZinsPfl währd des NutzgsR ruhte, KGJ **52**, 182. Vgl auch § 1113 Anm 4a. Dagg erlosch die Hyp für Zinsrückstände, KG OLG **34**, 216.

Hypothek. Grundschuld. Rentenschuld. 1. Titel: Hypothek § 1179

1179 *Löschungsvormerkung.* Verpflichtet sich der Eigentümer einem anderen gegenüber, die Hypothek löschen zu lassen, wenn sie sich mit dem Eigentum in einer Person vereinigt, so kann zur Sicherung des Anspruchs auf Löschung eine Vormerkung in das Grundbuch eingetragen werden, wenn demjenigen, zu dessen Gunsten die Eintragung vorgenommen werden soll,
1. ein anderes gleichrangiges oder nachrangiges Recht als eine Hypothek, Grundschuld oder Rentenschuld am Grundstück zusteht oder
2. ein Anspruch auf Einräumung eines solchen anderen Rechts oder auf Übertragung des Eigentums am Grundstück zusteht; der Anspruch kann auch ein künftiger oder bedingter sein.

Schrifttum: Zagst, Das R der LöschgsVormkg u seine Reform, 1973. – Stöber, Rpfleger **77**, 399. – Jerschke, DNotZ **77**, 708. – Schön, BWNotZ **78**, 50.

1) Allgemeines. a) Mit einer LöschgsVormkg, die materiell § 883 erweitert (Schu des LöschgsAnspr braucht noch nicht Inh des betroffenen R zu sein) u formell GBO 39 suspendiert, können sich RealBerecht (die nicht nur GrdPfdRGläub) den schuldr Anspr auf Aufhebg eines dem Eigtümer zufalldn gleich- od vorrangigen GrdPfdR (nicht einer Reallast; LG Flensbg SchlHA **63**, 142) u damit ihr **Aufrückinteresse** sichern. Nach Vereinigg aufzuhebdes (betroffenes) R kann auch eine Grd/RentenSch sein (§ 1192). – **b)** § 1179 ist dch Art 1 Nr 1 des G v 22. 6. 77 (BGBl 998) neugefaßt und gilt ab 1. 1. 1978. Er ist nur auf LöschgsVormkgen anwendb, deren Eintr ab 1. 1. 1978 beantragt wurde (Eintr beim GBA maßg); wg ÜbergangsR vgl §§ 1179a Anm 7.

2) Gesicherter Anspr beruht idR auf Vertr; mögl auch auf Gesetz (zB WEG 41 II). Schuldr Zulässigk w dch § 1179 nicht beschränkt, nur dingl Sicherbark.

a) Gläub kann sein: **aa) Nr 1:** Materiellr Inh eines dem betroffenen GrdPfdR gleich- od nachrangigen beschr dingl **GrdstR, das nicht GrdPfdR**; unschädl, wenn er daneben auch GrdPfdRGläub ist. Bei übertragb R auch jew Inh (aA Stöber zu IV 4c), RGrd: § 328; LöschgsAnspr entsteht dann für jeden neuen Inh neu (KG JFG **23**, 59). Ohne solche Bestellg w (sofern Mitübergang nicht bes ausgeschl) mit ges od rgesch Übertr des GrdstR auch der LöschgsAnspr übertr (RG **143**, 73), Vormkg folgt (§ 401). Das begünstigte GrdstR kann auch noch dem Eigentümer zustehen (zB EigtümerReallast; da Gläub aber personenverschieden von Eigtümer als Schu sein muß, w künft Anspr des Zessionars gesichert, dem vertreten dch das GBA mit Antr u Bewilligg der LöschgsVormkg ein VertrAngebot gemacht w (Knopp DNotZ **69**, 278; Zagst S 61ff). Bei RangRückrtr des begünstigten R gehen Anspr u Vormkg nicht auf vortretdes R über; Abtr an Vorrückden mögl. – **bb) Nr 2:** Bei Eintr eines **schuldr Anspr** auf Einräumg eines in Nr 1 genannten GrdstR od auf EigtÜbertr (zur Bedeutg für BauträgerGlobalHyp u KaufprFinanziersgsHyp vgl Schöner DNotZ **74**, 327); unschädl, wenn er daneben auch GrdPfdGläub. Für abtretb Anspr u Wirkg einer AnsprAbtr gilt Anm 2a aa entspr. Bei Erfüllg des Anspr auf Einräumg eines GrdstR nach Nr 1 w RInh nicht von selbst Gläub nach Nr 1. AnsprSicherg dch Vormkg nach § 883 mögl, w künft od bdgt Anspr vgl § 883 Anm 2e, f. Nach Stöber zu IV 2i genügt Anspr aus § 894. – **cc)** Bei **Teilg** des begünstigten GrdstR od Anspr kann jeder TeilGläub Löschg des ganzen betroffenen R verlangen (Hbg OLGZ **66**, 288; str), entspr bei Verpfändg (Dresd ZBlFG **10**, 635); bei **Erlöschen** od isolierter **Übertr** soll nach LG Bn RhNK **78**, 50 Vormkg nicht unzul w (zweifelh).

b) Schuldner muß der Eigentümer zZ der VormkgBestellg sein; Abtr des ValutiersgAnspr unerhebl (Hbg OLGZ **66**, 288). Er bleibt es, wenn später GrdstErwerber die Schuld nicht übernimmt. Unerhebl, wer Eigtümer zZ der Vereinigg (KGJ **44**, 301); VormkgFall daher auch bei Vereinigg nach GrdstÜbereignng, nicht aber wenn Veräußerer die Hyp nach § 1164 erwirbt.

c) Inhalt. Der Anspr muß sich richten auf Löschg (richtiger: **Aufhebg**) eines GrdPfdR iF seiner Vereinigg mit dem Eigt. Anspr auf einzelne Vereiniggsfälle (wie auch auf Teile des GrdPfdRd od Nebenleistgn; KGJ **49**, 220) beschränkb; maßg insow der dch Auslegg zu ermittelnde Inhalt der vereinbarten u im GB (auch gem § 874) verlautbarten LöschgsVerpfl (BGH NJW **73**, 846/895; Brem NJW **57**, 1284), iZw w jede Art der Vereinigg gemeint sein. Sicherb auch bei RangRücktr, wenn keine ZwRe (Zagst S 37; str), nicht aber und (schuldr zul) Anspr auf RÄnderg wie zB Abtr (RG **145**, 343) od Löschg iFv § 1164; zur Sicherg des VerzAnspr aus § 1169 vgl Zagst S 37 ff (Hyp), 132 ff (GrdSch).

aa) Hyp als betroffenes R. Kein LöschgsAnspr bei nur vorläuf EigtümerGrdSch nach § 1163 I 1, II. Erforderl ist **endgült** Vereinigg insb (vgl auch § 1177 Anm 3a, 4a) nach §§ 889, 1143, 1163 I 2, 1168, 1170 II od weil sich nur Vorläufigk nach § 1163 I 1, II in Endgültigk gewandelt hat (Hbg OLGZ **66**, 288). – Erfaßt w eine Vereinigg **nach** Eintr der LöschgsVormkg; LöschgsAnspr hier aufschieb bdgt. – Erfaßb auch eine Vereinigg **vor** Eintr der LöschgsVormkg. Die (hier unbdgte) LöschgsVerpfl kann die noch als Hyp eingetr EigtümerGrdSch erfassen (Mü JFG **22**, 307). Sie kann (als aufschieb bdgte) auch die schon auf den Eigtümer umgeschriebene GrdSch erfassen, falls sie sich nach dem zweitl FremdRBildg erneut mit dem Eigt vereinigt (Soergel-Baur Rdz 4; Staud-Scheröbl Rdz 1c; aA BayObLG HRR **35**, 128; LG Bchm MDR **57**, 610: FremdRBildg außerh GB bei Eintr notw). Ob sie (als unbdgte) schon die umgeschriebene u noch dem Eigtümer zustehde EigtümerGrdSch erfassen kann, ist str (abl zB Riedel DNotZ **56**, 352; Knöchlein BlGBW **58**, 193; bejahd Zagst S 25; vgl auch LG Augsb NJW **62**, 592), da § 883 diesen Fall erfaßt; da aber § 883 neben § 1179 anwendb u Eintr nicht angeben muß, auf welche Vorschrift sie sich stützt (KG JFG **11**, 250), kann auch dieser Fall erfaßt w (Erm-Westermann Rdz 1).

bb) FremdGrdSch als betroffenes R. Die Vereinigg kann insb beruhen auf (vgl auch § 1192 Anm 2): §§ 889, 1168/1192, GrdSchAblösg dch Eigtümer (§ 1191 Anm 3g bb), RückÜbertr auf Eigtümer. Die LöschgsVormkg erfaßt aber nicht (den auch erst künft) RückgewährAnspr des Eigtümers, der bei Nichtentsteh od Tilgg der pers Schuld entsteht (§ 1191 Anm 3b), u sichert diesen nicht gg Vfg; desh läßt LöschgsVormkgBerecht sich zweckm auch den RückgewährAnspr vom Eigtümer abtreten u dch vom GrdSchGläub zu bewilligde Vormkg nach § 883 sichern (KG OLGZ **76**, 44). Ohne diese Maßn könnte zB ein PfdgsGläub nach Erfüllg des RückgewährAnspr ein ErsPfdR gem § 1287 an der Eigtümer-GrdSch u im ZwVerstVerf am Erlösanteil (BGH Rpfleger **75**, 219) erwerben od der LöschgsVormkgs-Berecht bei einer Abtr/Verpfändg dieses Anspr dch den Eigtümer bzw einer Nichtentggnahme der vom GrdSchGläub angebotenen Übertr (nicht schon bei Unterlass der klageweisen Geltdmachg) dch den Eigtümer nur SchadErsAnspr gg diesen erwerben (Hoche NJW **59**, 413; Zagst S 135 ff; aA Wörbelauer NJW **58**, 1705).

cc) **EigtümerGrdSch** als betroffenes R. Hins einer (noch) ursprüngl EigtümerGrdSch (§ 1196) ist ein LöschgsAnspr dch Vormkg dch § 883 sicherb. Wg nach FremdRBildg entstandener Eigtümer-GrdSch vgl Anm 2c aa.

3) **Eintragg. a)** Erforderl nur **EintrBewilligg** (dazu Stöber zu IV 5) des Eigtümers, nicht aber Zust des Gläub des betroffenen R (KGJ **50**, 200) u Briefvorlage (GBO 41 I 3); Anspr iS Nr 2 ist gem FGG 15 II glaubh zu machen (GBO 29a). Bei Ausdehng des betroffenen R auf ein and Grdst (Nachverpfändg), bzgl dessen VormkgsBerecht iS Anm 2a sein muß, ist gesonderte Bewilligg des Eigtümers des and Grdst erforderl (LG Köln MittBayNot **76**, 176; LG Düss Rpfleger **77**, 167), Vormkg geht nicht von selbst mit über; Unterstellg unter das GrdPfdR „samt NebenR" genügt nicht, da LöschgsVormkg insow kein NebenR. IFv § 1131 aber Erstreckg auch der Vormkg (wie GrdPfdR selbst) kr G, so daß keine Bewilligg erforderl. – **b)** Der **EintrVermerk** muß alle Löschgsfälle od eine Bezugn auf die diese bezeichnde EintrBewilligg (vgl BayObLG **56**, 196) enthalten (Mü JFG **22**, 307; Brschw MDR **64**, 148). Eintr erfolgt in der Veränderungsspalte des betroffenen R (GBVfg 12 I c), nicht auf dem Brief (GBO 57 I 3, 62 I 2). Zur GläubBezeichng Stöber zu IV 4. Bei Umwandlg der Hyp in FremdGrdSch wirkt Vormkg ohne neue Eintr weiter (BayObLG **41**, 96). – **c)** Keine Eintr ohne **Voreintr des betroffenen R** (Zagst S 51; aA Knieper MDR **71**, 11); Eintr einer Vormkg zur Sicherg der GrdPfdRBestellg genügt nicht (BayObLG **74**, 434).

4) **Allg Wirkg der LöschgsVormkg**: §§ 883 II, 888. Schutz ab Eintr, auch wenn LöschgsAnspr noch aufschieb bdgt (Zagst S 48; Hbg OLGZ **66**, 288). Trotz Vormkg geht betroffenes R bei Vereinigg auf Eigtümer über u dieser bleibt über das EigtümerR vfgsbefugt (KG NJW **64**, 1479); die Vormkg sperrt das GB nicht.

a) Die Vormkg **schützt gg: aa) Abtr od Belastg der EigtümerGrdSch,** die dch Vereinigg entstanden: Eigtümer (als Schu des LöschgsAnspr) ist zur AufgabeErkl u neuer GrdPfdRGläub bzw Dritt-Berecht gem § 888 zur Zust verpflichtet. Das gilt zB nach Scheitern der endgült Finanzierg für ZwFinanzierer, der sich die vorläuf EigtümerGrdSch aus § 1163 I 1 nach Eintr der Vormkg hat abtreten lassen (vgl BGH LM § 1163 Nr 9; Hbg OLGZ **66**, 288), und bei Abtr vor Eintr der Vormkg (hier wirkt Vormkg erst, wenn nunmehriges FremdR später zur endgült EigtümerGrdSch w); gg diesen RVerlust sichert sich ZwFinanzierer dch Zust des VormkgsBerecht zur ZwKreditSicherg. Zum Schutz gg Pfdg vgl Köln OLGZ **71**, 151. – **bb) Übereignng des Grdst;** dabei gleichgült, ob Vereinigg schon erfolgt war od erst danach erfolgt: alter Eigtümer (als Schu des LöschgsAnspr) ist zur AufgabeErkl u neuer Eigtümer gem § 888 zur Zust verpflichtet (KGJ **44**, 310; Köln OLGZ **71**, 151; Westermann § 108 III 4a). – **cc) FdgsAuswechselg** (§ 1180), die in Wahrheit Verbindg einer verschleierten EigtümerGrdSch mit einer neuen GrdSch ist (Westermann § 108 III 4c; RG **125**, 142). Echte FdgsAuswechslg insow vormkgswidr, als Entstehen der EigtümerGrdSch hinausgeschoben w (vgl Westermann aaO u Zagst S 72). § 1119 steht nicht entgg (Zagst aaO; aA Leikam BWNotZ **65**, 15). – **dd) Umwandlg** (§§ 1186, 1198, 1203). § 1198 S 2 steht nicht entgg (Zagst S 73). – **ee) RangRücktr.** Dazu Schmidt BWNotZ **68**, 281. Nach Zagst S 76 bedarf sie analog §§ 880 III, 876 der Zust des LöschgsVormkg-Berecht, da der bessere Rang dem Haftgverband der LöschgsVormkg entzogen werde.

b) Die Vormkg **schützt nicht** gg gutgl Erwerb vom trotz Vereinigg noch eingetr FremdGläub (Baur § 46 IV 4a mwN; aA RG **93**, 114). Schutz aber, wenn bei Aufn neuen Kredits bei Dr diesem das R von noch eingetr FremdGläub abgetreten w u dadch Umschreibg auf Eigtümer umgangen w; denn Eigtümer verfügt über die EigtümerGrdSch (vgl Wörbelauer NJW **58**, 1516).

c) Verweigert eingetr FremdGläub LöschgsBewilligg, obwohl Vereinigg eingetreten, so kann VormkgsBerecht (falls Eigtümer ihn nicht zur Ausübg des BerichtiggsAnspr ermächtigt) von diesem entspr § 888 LöschgsBewilligg verlangen (Baur § 46 IV 4a Fußn 3; Wörbelauer NJW **58**, 1513; aA Zagst S 87: eigner Anspr analog § 894; Göhler NJW **59**, 416: Erzwingg der AusübgsErmächtigg bzgl BerichtiggsAnspr des Eigtümers).

5) **Sonstige Wirkgen der LöschgsVormkg. a) ZwVersteigerg** (vgl Hoche NJW **55**, 1141; DNotZ **58**, 149; Zagst S 100 ff). Zuschlag bewirkt (wenn nicht betroffenes u begünstigtes R im geringsten Gebot) Zäsur: Das Aufrückinteresse des LöschgsVormerkgsBerecht w betragsmäß konkretisiert (vgl RG **63**, 152). – Ist nur das betroffene R **im geringsten Gebot,** so bleiben es u die LöschgsVormkg bestehen (Hamm Rpfleger **59**, 130). Geltdmachg der LöschgsVormkg bewirkt Zuzahlgspfl gem ZVG 50 II Nr 1 (Geltdmachgsinteresse entfällt aber, wenn VormkgsBerecht schon voll befriedigt od gleichwohl ausfallen würde). ZVG 48 unanwendb (BGH **53**, 47). – Ist das betroffene R **außerh des geringsten Gebots,** so kann der Gläub des begünstigten R verlangen, so gestellt zu w, als ob er dch Löschg der EigtümerGrdSch aufgerückt wäre (BGH **25**, 382; **39**, 242); LöschgsVormkgsBerecht daher nicht besser gestellt, als außerh der ZwVerst. ZwRe w nur fiktiv berücksichtigt; nichtbegünstigte RealGläub (zB ZwRe) rücken nicht auf, der insow auf die EigtümerGrdSch entfallde Erlösanteil steht daher dem früh Eigtümer zu (BGH aaO). VormkgsFall auch bei Verzicht auf Erlös dch Gläub der vormkgsbelasteten FremdSicherGrdSch; nicht aber, wenn er bei NichtValutierg lediglich liquidiert w (aA Wörbelauer NJW **58**, 1707). – **b) ZwVerwaltg.** Wird LöschgsVormkg geltd gemacht, muß ZwVerwalter die auf die EigtümerGrdSch entfallden Zinsen (§ 1197 II) hinterlegen. – **c) Konkurs:** vgl Zagst S 128.

1179 a *Löschungsanspruch bei fremden Rechten.* I Der Gläubiger einer Hypothek kann von dem Eigentümer verlangen, daß dieser eine vorrangige oder gleichrangige Hypothek löschen läßt, wenn sie im Zeitpunkt der Eintragung der Hypothek des Gläubigers mit dem Eigentum in einer Person vereinigt ist oder eine solche Vereinigung später eintritt. Ist das Eigentum nach der Eintragung der nach Satz 1 begünstigten Hypothek durch Sondernachfolge auf einen anderen übergegangen, so ist jeder Eigentümer wegen der zur Zeit seines Eigentums bestehenden Vereinigungen zur Löschung verpflichtet. Der Löschungsanspruch ist in gleicher Weise gesichert, als wenn zu seiner Sicherung gleichzeitig mit der begünstigten Hypothek eine Vormerkung in das Grundbuch eingetragen worden wäre.

II Die Löschung einer Hypothek, die nach § 1163 Abs. 1 Satz 1 mit dem Eigentum in einer Person vereinigt ist, kann nach Absatz 1 erst verlangt werden, wenn sich ergibt, daß die zu sichernde Forderung nicht mehr entstehen wird; der Löschungsanspruch besteht von diesem Zeitpunkt ab jedoch auch wegen der vorher bestehenden Vereinigungen. Durch die Vereinigung einer Hypothek mit dem Eigentum nach § 1163 Abs. 2 wird ein Anspruch nach Absatz 1 nicht begründet.

III Liegen bei der begünstigten Hypothek die Voraussetzungen des § 1163 vor, ohne daß das Recht für den Eigentümer oder seinen Rechtsnachfolger im Grundbuch eingetragen ist, so besteht der Löschungsanspruch für den eingetragenen Gläubiger oder seinen Rechtsnachfolger.

IV Tritt eine Hypothek im Range zurück, so sind auf die Löschung der ihr infolge der Rangänderung vorgehenden oder gleichstehenden Hypothek die Absätze 1 bis 3 mit der Maßgabe entsprechend anzuwenden, daß an die Stelle des Zeitpunkts der Eintragung des zurückgetretenen Rechts der Zeitpunkt der Eintragung der Rangänderung tritt.

V Als Inhalt einer Hypothek, deren Gläubiger nach den vorstehenden Vorschriften ein Anspruch auf Löschung zusteht, kann der Ausschluß dieses Anspruchs vereinbart werden; der Ausschluß kann auf einen bestimmten Fall der Vereinigung beschränkt werden. Der Ausschluß ist unter Bezeichnung der Hypotheken, die dem Löschungsanspruch ganz oder teilweise nicht unterliegen, im Grundbuch anzugeben; ist der Ausschluß nicht für die Fälle der Vereinigung vereinbart, so kann zur näheren Bezeichnung der erfaßten Fälle auf die Eintragungsbewilligung Bezug genommen werden. Wird der Ausschluß aufgehoben, so entstehen dadurch nicht Löschungsansprüche für Vereinigungen, die nur vor dieser Aufhebung bestanden haben.

Schrifttum: Stöber, Rpfleger **77**, 425. – Jerschke, DNotZ **77**, 708. – Schön, BWNotZ **78**, 50.

1) Allgemeines. a) § 1179a begründet einen zum **Inhalt** eines GrdPfdR gehörden (u daher nicht selbstd abtretb) Anspr auf Aufhebg eines dem Eigtümer zufallden gleich- od vorrangigen GrdPfdR (nicht eines GrdstR), der krG wie dch eine Vormkg gesichert ist. Daneben für Gläub des begünstigten R keine Vormkg nach § 1179. Betroffenes sowie begünstigtes R können neben Hyp auch Grd/RentenSch sein (§ 1192). – **b)** § 1179a ist dch Art 1 Nr 2 des G v 22. 6. 77 (BGBl 998) eingefügt u gilt ab 1. 1. 1978. Wg **ÜbergangsR** vgl Anm 7.

2) LöschgsAnspr. a) Gläub ist nach I 1 der jeweilige materiell Inh eines FremdGrdPfdR; das braucht zB bei Abtr außerh des GB nicht der eingetr Gläub zu sein. Wg GesR vgl Jerschke zu VI 4. Liegt bei dem (schon od noch) als FremdHyp eingetr R einer der drei Fälle des § 1163 vor u ist das somit gegebene EigtümerR weder für den Eigtümer noch (nach Abtr als FremdR) für seinen RNachf in dieses R eingetr, so steht der Anspr dem nur BuchBerecht od (zB bei Abtr außerh des GB vor Tilgg der gesicherten Fdg) seinem RNachf in die Hyp wie ab deren Eintr zu (III), sofern er später materiell HypGläub w (Stöber zu V 5b); zw Eintr u Erwerb steht der LöschgsAnspr einem etwaigen Erwerber der vorläuf EigtümerGrdSch als deren Inhalt zu. – Wg Teilg des begünstigten R vgl § 1179 Anm 2a cc.

b) Schuldner ist der GrdstEigtümer zZ der Eintr des begünstigten R, wenn währd seiner EigtZeit die Vereinigg eintritt u er Eigtümer bleibt (I 1). Er bleibt es alleine, wenn er das Eigt an einen SonderNachf überträgt u dabei die Vereinigg aufgelöst w (I 2); er behält die EigtümerGrdSch als FremdGrdSch. Er bleibt es neben dem SonderNachf, wenn die Vereinigg bei diesem inf MitÜbertr der EigtümerGrdSch fortbesteht (I 2); Gläub kann wählen, gg wen er den Anspr dchsetzt. Nur der SonderNachf ist Schu, wenn die Vereinigg nach der EigtÜbertr eintritt (I 1). Eigtümer, zu deren EigtZeit ein begünstigtes R nicht unterliegen, sind nicht Schu. Wg GesR vgl Jerschke zu VI 4.

c) Inhalt. Löschg (richtiger: **Aufhebg**) eines dem GrdPfdR des Gläub (begünstigtes R) vor- od gleichrangigen GrdPfdR (betroffenes R), wenn u soweit es sich mit dem Eigt vereinigt hat. Die Vereinigg muß entweder vor Eintr des begünstigten R erfolgt sein u bei seiner Eintr fortbestanden haben od nach seiner Eintr erfolgt sein; dem Erwerber des begünstigten R steht der LöschgsAnspr auch hins Vereinigungslagen zu, die währd der RInhaberschaft eines unter Vorgänger bestanden.

aa) Hyp als betroffenes R. Die Vereinigg kann insb beruhen auf (vgl auch § 1177 Anm 3a, 4a): §§ 889, 1143, 1163, 1168, 1170 II. Bei § 1163 I 1 kann Löschg erst ab Scheitern des KreditGesch (BewLast: Gläub) verlangt w; dann aber auch hins vorheriger Vereinigg, so daß Gläub gg Vfg über vorläuf EigtümerGrdSch geschützt ist (II 1). Vereinigg nach § 1163 II begründet keine LöschgsAnspr (II 2). Besteht gesicherte Fdg bei BriefÜberg, so besteht sie bei FremdHyp. Besteht bei BriefÜberg noch nicht, so bleibt das R vorläuf EigtümerGrdSch nach § 1163 I 1 u für den LöschgsAnspr gilt II 1. Scheitert die BriefÜberg endgült, weil KreditGesch gescheitert, so ist ein LöschgsAnspr gegeben (aA Stöber zu V 8c), weil endgült Vereinigg nach § 1163 I 1 vorliegt (II 1).

bb) FremdGrdSch als betroffenes R. Die Vereinigg kann insb beruhen auf (vgl auch § 1192 Anm 2): §§ 889, 1168/1192, GrdSchAblösg dch Eigtümer (§ 1191 Anm 3g bb), RückÜbertr auf Eigtümer. Kein LöschgsAnspr hins BriefGrdSch, die gem §§ 1163 II, 1192 bis zur BriefÜberg dem Eigtümer zusteht (II

§ 1179a 2–7

2). Scheitert BriefÜberg endgült (zB weil bei SichgsGrdSch KreditGesch gescheitert), so endet auch hier die Vorläufigk. Da R nicht als ursprüngl EigtümerGrdSch bestellt u § 1196 III daher nicht gilt, ist LöschgsAnspr entspr II 1 gerechtfertigt. – Da dch I 3 nicht der RückgewährAnspr des Eigtümers od Nichtentstehen od Tillg der gesicherten Fdg gesichert w, läßt sich der Gläub zweckm diesen Anspr abtreten u dch Vormkg nach § 883 sichern (vgl § 1179 Anm 2c bb).

cc) EigtümerGrdSch als betroffenes R (**§ 1196 III**). Hins der ursprüngl EigtümerGrdSch (§ 1196), die noch nicht innerh od außerh des GB abgetreten ist, besteht kein Anspr nach I; LöschgsAnspr vertragl vereinb u dch Vormkg nach § 883 sicherb. Ges LöschgsAnspr erst bei Vereinigg nach zwzeitl Umwandlg in FremdGrdSch innerh od außerh des GB (Pfändg od Verpfändg reichen nicht; Stöber zu VIII 1b). Gefahr für GrdSchErwerber, da er zwzeitl FremdR Bildg außerh des GB nicht erkennen kann; Eigtümer kann Verkehrsfähigk der EigtümerBriefGrdSch zu mehrf verdeckten Kreditsicherg dch Ausschluß des LöschgsAnspr nach V zu erhalten versuchen. GrdGedanke (Erhaltg der EigtümerGrdSch zur verdeckten Kreditsicherg) rechtfertigt entspr Anwendg auf vor Eintr des begünstigten R in EigtümerGrdSch umgeschriebenes FremdR.

d) Sicherg. Der LöschgsAnspr führt nicht unmittelb zum Wegfall des betroffenen R; Aufhebg gem § 1179 notw. Vor VerteilgsVerf nach ZwVerst fehlt für Dchsetzg mit RSchutzInteresse (Stöber zu V 9). Gg Vfg des Schu der Aufhebg entggsteht, ist der Gläub so gesichert, als wäre mit der Eintr des begünstigten R auch eine LöschgsVormkg eingetr (**I 3**); keine tats Eintr. Die SicherugsWirkg beginnt schon ab Eintr des begünst R, auch wenn Gläub es (u damit LöschgsAnspr) später (zB dch Valutierg) erwirbt (Stöber zu V 5b). § 1179 Anm 4 gilt entspr; dabei zu beachten, daß (abw von § 1179 Anm 4a bb) bei GrdstÜbereignig neuer Eigtümer Schu des LöschgsAnspr w kann (vgl Anm 2b).

3) Rangänderg (IV). Das zurücktretde (bish betroffene u jetzt begünstigte) R erhält den LöschgsAnspr ggüber dem vortretden (bish begünstigten u jetzt betroffenen) R. Soweit I – III auf den Ztpkt der Eintr des begünstigten R abstellen, ist iF einer Rangänderg auf ihre Eintr abzustellen; Löschg des vortretden R kann verlangt w, wenn Vereinigg bei Eintr der RangÄnderg bestand od später eintritt (Stöber zu V 7a).

4) Ausschluß des LöschgsAnspr (V). a) Zul ist der **anfängl** rgesch Begr von nicht mit LöschgsAnspr ausgestatteten GrdPfdR; Änderg des ges Inhalts des GrdPfdR. Forml Einigg zw Eigtümer u Gläub u Eintr erforderl. – **aa)** Der LöschgsAnspr kann bzgl aller od einzelner betroffener Re ausgeschl w. Dieser Ausschl muß in EintrVermerk aufgen w (V 2 Halbs 1); dabei sind die dem Anspr nicht unterliegden Re (auch wenn es alle vor- od gleichrangigen sind) einzeln mit der lfd Nr ihrer Eintr anzugeben. Bei Rangänderg erfaßt Ausschl nicht vortretdes R; aber Aufhebg des vortretden R macht Rangänderg hinfäll (§ 880 Anm 5), so daß dem Ausschl unterliegdes R wieder vorgeht. – **bb)** Ausschl auf Teile des betroffenen R beschränkb; Teile sind im EintrVermerk zu bezeichnen (arg V 2 Halbs 2). – **cc)** Ausschl auf best Vereiniggsfall (auch mehrere) beschränkb; Bezeichng der erfaßten Fälle (nicht des Ausschl selbst) gem § 874 zul (V 2 Halbs 2). – **dd)** Bei GesHyp Ausschl od Beschrkg hinsichtl eines mitbelasteten Grdst zul (Stöber Rpfleger **78**, 165 zu II).

b) Ausschl **nachträgl** vereinb; Inhaltsänderg gem § 877. Erfaßt w auch vorher eingetretene Vereinigg.

c) Ausschl **aufhebb** (V 3); Inhaltsänderg gem § 877. LöschgsAnspr erfaßt nur Vereiniggen, die bei Aufhebg bestehen od danach eintreten; nicht solche, die nur vor der Aufhebg bestanden haben. TeilAufhebg entspr Anm 4a mögl.

5) Einreden gg den LöschgsAnspr (zB Abrede der Nichtgeltdmachg) aus dem RVerh zw Gläub des begünstigten R u demjenigen, der zur Löschg od zur Zust zur Löschg verpflichtet ist, sind mögl. Ggü einem gutgl Erwerber des begünstigten R wirkt die Einrede nur bei GBEintr (§ 1157). Aus ihnen kann sich uU Zust zur Vfg über betroffenes R ergeben (vgl Wilke WPM **78**, 2).

6) ZwVersteigerg. Vgl § 1179 Anm 5a. Erlischt nur das begünstigte R, so bleibt (sofern Berecht nicht aus Grdst befriedigt) bei Zuschlag inf Vereinigg bereits entstandener LöschgsAnspr ggüber dem bestehenbleibden betroffenen R bestehen (ZVG 91 IV) u ist, sofern der LöschgsAnspr nicht im VerteilgsVerf geltd gemacht wurde, auf Antr des LöschgsBerecht dch Eintr einer Vormkg beim betroffenen R sicherb (vgl ZVG 130a II), da VormkgsWirkg nach § 1197a I 3 mit Löschg des begünstigten R entfällt (ZVG 130a I). Ist der AntrSteller die bei Löschg des bestehen gebliebenen R fäll werdde Zuzahlg des Erstehers nicht zuzuteilen, muß er die Löschg der Vormkg bewilligen u die Löschgskosten tragen (ZVG 130a II 3). Vgl auch Mohrbutter KTS **78**, 17.

7) Übergangsregelg gem G v 22. 6. 77 (BGBl 998) Art 8 § 1:

I Ein Anspruch nach § 1179a oder § 1179b des Bürgerlichen Gesetzbuchs in der Fassung von Artikel 1 dieses Gesetzes besteht nicht für den als Gläubiger Eingetragenen oder den Gläubiger einer Hypothek, Grundschuld oder Rentenschuld, die vor Inkrafttreten dieses Gesetzes im Grundbuch eingetragen worden ist.

II Wird eine Hypothek, Grundschuld oder Rentenschuld auf Grund eines vor Inkrafttreten dieses Gesetzes gestellten Antrags oder Ersuchens nach Inkrafttreten dieses Gesetzes eingetragen oder ist ein solches nach Inkrafttreten dieses Gesetzes einzutragendes Recht bereits vor Inkrafttreten dieses Gesetzes entstanden, so steht dem Gläubiger oder dem eingetragenen Gläubiger des Rechts ein Anspruch nach § 1179a oder § 1179b des Bürgerlichen Gesetzbuchs nicht zu. Dies ist von Amts wegen im Grundbuch einzutragen.

III Auf eine Löschungsvormerkung, die vor dem Inkrafttreten dieses Gesetzes in das Grundbuch eingetragen oder deren Eintragung vor diesem Zeitpunkt beantragt worden ist, ist § 1179 des Bürgerlichen Gesetzbuchs in der bisherigen Fassung anzuwenden. Wird die Eintragung einer Löschungsvormerkung zugunsten eines im Range gleich- oder nachstehenden Berechtigten oder des eingetragenen Gläubigers des betroffenen Rechts nach Inkrafttreten dieses Gesetzes beantragt, so gilt das gleiche, wenn dem Berechtigten wegen Absatz 1 oder 2 ein Löschungsanspruch nach § 1179a und 1179b des Bürgerlichen Gesetzbuchs nicht zusteht.

a) Begünstigte Re, deren Eintr vor dem 1. 1. 1978 erfolgte od beantragt (ersucht) wurde (Eingang beim GBA maßg) od die zu diesem Ztpkt außerh des GB entstanden (zB § 1287 Anm 3a), haben keinen Löschgs-

Anspr zum Inhalt (I, II); auch bei RangRücktr nach dem 31. 12. 1977 erlangen sie ihn nicht (Oldbg Rpfleger **78**, 307; Celle Rpfleger **78**, 308; Stöber Rpfleger **78**, 165 zu I; aA Brych/Meinhard WPM **78**, 342). Soweit hiernach ein LöschgsAnspr nicht ausgeschl, besteht er auch bzgl vor dem 1. 1. 1978 eingetr betroffener Re.

b) ZG von Ren, die nach I, II keinen LöschgsAnspr zum Inhalt haben, kann auch noch ab 1. 1. 1978 eine LöschgsVormerkg nach § 1179 aF eingetragen w (III 2); zB bei Rangrücktr nach 31. 12. 1978 (Celle Rpfleger **78**, 308). Auch für LöschgsVormerkg, deren Eintr vor dem 1. 1. 1978 erfolgte oder beantragt war (Eingang beim GBA maßg), gilt § 1179 aF (III 1); vgl dazu 36. Aufl (insb keine Begrenzg der Gläub).

§ 1179 aF: Verpflichtet sich der Eigentümer einem anderen gegenüber, die Hypothek löschen zu lassen, wenn sie sich mit dem Eigentum in einer Person vereinigt, so kann zur Sicherung des Anspruchs auf Löschung eine Vormerkung in das Grundbuch eingetragen werden.

c) Zum ÜbergangsR bei Mitbelastg, Vereinigg u BestandtZuschreibg vgl Stöber Rpfleger **78**, 165.

1179b *Löschungsanspruch bei eigenem Recht.* [I] Wer als Gläubiger einer Hypothek im Grundbuch eingetragen oder nach Maßgabe des § 1155 als Gläubiger ausgewiesen ist, kann von dem Eigentümer die Löschung dieser Hypothek verlangen, wenn sie im Zeitpunkt ihrer Eintragung mit dem Eigentum in einer Person vereinigt ist oder eine solche Vereinigung später eintritt.

[II] § 1179a Abs. 1 Satz 2, 3, Abs. 2, 5 ist entsprechend anzuwenden.

1) Allgemeines. a) § 1179b begründet einen nicht selbstd abtretb AufhebgsAnspr für den als Gläub eines GrdPfdR Ausgewiesenen iF der Vereinigg des GrdPfdR mit der Eigt, der krG wie dch eine Vormkg gesichert ist; zur Bedeutg vgl Jerschke DNotZ **77**, 708 zu II 3a, III. Begünstigtes GrdPfdR kann neben einer Hyp auch eine Grd/RentenSch sein (§ 1192). – **b)** § 1179b ist dch Art 1 Nr 2 des G v 22. 6. 77 (BGBl 998) eingefügt u gilt ab 1. 1. 1978. Wg ÜbergangsR vgl § 1179a Anm 7.

2) LöschgsAnspr. a) Gläub ist, wer dch GBEintr od (bei Übertr außerh des GB) UrkKette gem § 1155 als Inh des FremdGrdR ausgewiesen ist. Maßg ist die formelle RInhabersch; es kommt daher nicht darauf an, ob eine Hyp für den BuchBerecht wg Nichtvalutierg nie entstanden ist od ob er noch Inh eines Teils des ursprüngl FremdR ist. Bei Teilg des begünstigten R beschränkt sich der Anspr auf den nicht übertragenen Teil; hins des übertragenen (gleichrangigen) Teils kann ein Anspr nach § 1179a entstehen.

b) Schuldner ist der GrdstEigtümer. Gem I, II iVm § 1179a I 2 gilt gleiche Regelg wie bei § 1179a (vgl dort Anm 2b).

c) Inhalt. Löschg (richtiger: Aufhebg) des GrdPfdR, wenn u soweit es sich mit dem Eigt vereinigt hat. Gem I, II iVm § 1179a II gilt die gleiche Regelg wie bei § 1179a (vgl dort Anm 2c).

d) Sicherg gg Vfg des Schu, die der Aufhebg entgegstehen, dch VormkgsWirkg. Gem II iVm § 1179a I 3 gilt gleiche Regelg wie bei § 1179a (vgl dort Anm 2d). Für ZwFinanzierer wichtig, Zust des Gläub zur Abtr der vorläuf EigtümerGrdSch einzuholen.

3) Ausschluß des LöschgsAnspr als Inhalt des GrdPfdR vereinb. Gem II iVm § 1179a V gilt gleiche Regelg wie bei § 1179a (vgl dort Anm 4). – Vgl auch § 1187 S 4.

4) Einreden gg den LöschgsAnspr sind mögl. § 1179a Anm 5 gilt entspr.

1180 *Auswechslung der Forderung.* [I] An die Stelle der Forderung, für welche die Hypothek besteht, kann eine andere Forderung gesetzt werden. Zu der Änderung ist die Einigung des Gläubigers und des Eigentümers sowie die Eintragung in das Grundbuch erforderlich; die Vorschriften des § 873 Abs. 2 und der §§ 876, 878 finden entsprechende Anwendung.

[II] Steht die Forderung, die an die Stelle der bisherigen Forderung treten soll, nicht dem bisherigen Hypothekengläubiger zu, so ist dessen Zustimmung erforderlich; die Zustimmung ist dem Grundbuchamt oder demjenigen gegenüber zu erklären, zu dessen Gunsten sie erfolgt. Die Vorschriften des § 875 Abs. 2 und des § 876 finden entsprechende Anwendung.

1) § 1180 erspart bei **FdgsAuswechselg** aus Zweckmäßigk den Umweg über die §§ 1168 I, 1177, 1198. **I** ohne, **II** mit GläubWechsel. Sie ist Verfügg über Hyp, aber auch über das Grdst; wg des Verhältn zu § 1179 s dort Anm 4.

2) Voraussetzg. Ersetzg alter Fdg durch neue; vgl BayObLG **53**, 308. Es muß eine rechtsgültige Hyp bestehen, RG **139**, 129. Jedoch kann in Auswechselg neue Einigg liegen, Westermann § 107 IV 4. § 1180 gilt für Hyp aller Art; Ausn § 1178. Nicht für HypVormkg, KG OLG **20**, 419. Wg GrdSchulden vgl § 1198 Anm 3. Über Fälle gesetzl FdgsAuswechselg vgl §§ 1143 Anm 3, 1164 Anm 3, 1173 Anm 4 b, 1174 Anm 2, 1182 Anm 3 a.

3) Auswechselg ohne GläubWechsel (I) : a) Einigg zw Eigtümer (bei der GesHyp: allen Eigtümern) u Gläub der Fdg. Vgl § 873 Anm 3 u wg der Bindg Anm 5; wg der Zust Dritter § 876; wg nachträgl Vfgs-Beschrkgen § 878. Bewillig nach GBO 19, 29 I 1 durch Eigtümer u Gläub. Bei HöchstBetrHyp hat vor Feststellg der Fdg auch der Besteller zuzustimmen, § 1190 Anm 5. Weil Einigg eine Vfg über das Grdst enthält, Gen nötig, wo Belastg des Grdst genehmiggsbedürftig, vgl Übbl 12 vor § 873; vgl auch KG JFG **14**, 388; Mü JFG **21**, 278; Schlesw SchlHA **60**, 57 (alle hins jetzt nicht mehr geltender GenFälle).

b) Eintragg, daß an die Stelle der bish Fdg die neue Fdg gesetzt worden ist. Bezeichng der Fdg nach § 1115, RG **147**, 302. Behandlg des Briefes: GBO 58 I, 65 II. Eine für die neue Fdg bewilligte Unterwerfgsklausel ist neu einzutragen.

4) Wirkg. a) Die bisherige Fdg bleibt als ungesicherte Fdg bestehen, soweit sie nicht aus anderen Gründen, zB nach § 1165, erlischt. Keine Einreden mehr aus § 1137 aus altem SchuldVerh.

§§ 1180, 1181

b) Die Hyp sichert nur noch die **neue Fdg**. Nur bei der HöchstBetrHyp kann der neue FdgsKreis den alten mitumfassen, KGJ **49**, 226. Die neue Fdg kann gg einen anderen Schu gerichtet u kann auch bedingt sein. Es können auch mehrere Fdgen unterlegt werden, Kapitalbetrag darf auch erhöht werden, RG JW **34**, 479. Einreden (§ 1137) nur aus dem neuen SchuldVerh. Für den Austausch gilt § 893.

5) Auswechselg mit GläubWechsel (II): a) Außer Einigg (zw Eigtümer u NeuGläub) u Eintr (der neuen Fdg u des neuen Gläub) nötig **Zustimmg** des bisherigen Gläub ggü GBA, Eigtümer od neuem Gläub. Vgl ferner § 875 Anm 5 u § 876. Gleich- u nachstehende Berechtigte brauchen nach GBO 19 nur zuzustimmen, soweit sie durch Erhöhg der Nebenleistgn u dgl beeinträchtigt werden; vgl § 1119 Anm 1. Zustimmg des pers Schuldners der bisherigen Fdg nicht notw; er wird uU frei, § 1165. Bewilligg des Eigtümers nach GBO 19, 29.

b) Wirkg: Hyp geht auf neuen Gläub über. Rechtl Erkl dafür str; jedenfalls rechtsgeschäftl Vfg des Eigtümers, die bei Zust des AltGläub den Übergang der Hyp bewirkt, KG JFG **6**, 331. Solange der Brief nicht übergeben od die Fdg nicht entstanden ist, gelten die §§ 1117, 1163 I 1, II, 1177 I. Für BuchHyp gilt § 1139. Gutglaubensschutz, § 892, hins Gültigk der Hyp. Abtretg nicht erforderl, KG JW **35**, 3570. Beteiligte können auch Weg des § 1180 I wählen, verbunden mit Abtretg vom Alt- an den NeuGläub. Dann erwirbt gutgl NeuGläub nach §§ 892, 1138 die Hyp auch dann, wenn sie nicht bestand (oder nicht dem AltGläub zustand), selbst wenn Austausch u Abtretg in einem EintrVermerk zusgefaßt, RG **147**, 298.

1181 *Erlöschen durch Befriedigung aus dem Grundstück.* ^I Wird der Gläubiger aus dem Grundstücke befriedigt, so erlischt die Hypothek.
^{II} Erfolgt die Befriedigung des Gläubigers aus einem der mit einer Gesamthypothek belasteten Grundstücke, so werden auch die übrigen Grundstücke frei.
^{III} Der Befriedigung aus dem Grundstücke steht die Befriedigung aus den Gegenständen gleich, auf die sich die Hypothek erstreckt.

1) Erlöschen der Hyp (GrdSch): Übersicht vgl Übbl 3 F vor § 1113. **a)** § 1181 bestimmt (folgerichtig entspr dem Inhalt der Hyp, § 1113 I) **Erlöschen bei erzwungener Befriedigg aus dem Grdst** (vgl § 1147); Verwertg des GrdPfdR. Dagg entsteht bei **freiwilliger** Befriedigg durch Eigtümer EigtümerHyp (-GrdSch), vgl Übbl 3 D I c, II vor § 1113.

b) GesamtHyp (-GrdSch): sie erlischt auch auf den mithaftenden Grdst (od MitEigtAnteilen, KG JFG **9**, 290), II. Ausn: § 1182. Bei Zuschlag des samthaftigen Grdst zu GesAusgebot ist ZVG 50 II 2 anzuwenden, wenn GesR bei einem Grdst im geringste Gebot kommt, beim anderen ausfällt, BGH NJW **67**, 567. Vgl auch unten Anm 2b, 3a.

c) Nicht unter § 1181 fällt Befriedigg des Gläub aus Erlös des vom Eigtümer od gem § 1149 verkauften Grdst, auch nicht der freihändige Verkauf des Grdst durch den KonkVerwalter, Warn **32**, 48. Dagg steht die Einziehg der GebäudeversicherungsFdg gem §§ 1128, 1282 der Befriedigg aus dem Grdst gleich, da sie der Befriedigg aus der Substanz gleichsteht (so Westermann § 108 IV, W-Raiser § 141 I 2 gg RG **56**, 324; vgl aber VVG 104.

2) Befriedigg aus dem Grdst u den mithaftenden Ggständen, **III.** Über diese vgl Übbl 3 A vor § 1113 **a) Nur durch ZwVollstreckg wegen der Hyp** (GrdSch); vgl Übbl 3 D I b vor § 1113, § 1147 Anm.

b) Befriedigg aa) in **ZwVerwaltg** durch Zahlg, ev Hinterlegg gem ZVG 117, 157, 158, auch von Tilggsraten durch ZwVerwalter, KG JFG **11**, 254. – **bb)** in **ZwVersteigerg:** Falls nicht im geringsten Gebot, Erlöschen schon durch Zuschlag, vgl auch Anm 3 b. Wie Befriedigg wirkt Vereinbarg über Bestehenbleiben (wodurch Erlöschen rückw aufgehoben) nach Maßg ZVG 91 II, III, auch soweit Hyp durch Meistgebot nicht gedeckt, RG **156**, 276. Folge ist, daß pers Schu (vgl aber auch Anm 3 c) u Bürgen freiwerden, bei GesHyp die Haftg der anderen (nicht mitversteigerten) Grdst erlischt, II, aber auch § 1182. Ferner wirkt wie Befriedigg die Übertr der Fdg gg den Ersteher, ZVG 118 II; KG JFG **9**, 290; anders ZVG 125 III. Ersteigerg des Grdstücks durch den Gläub für weniger als $^7/_{10}$ des GrdstWertes gem ZVG 114 a, RG **146**, 115; auch bei Ersteigerg durch einen Strohmann des Gläub, RG HRR **35**, 1327; eine höhere Anrechng als $^7/_{10}$ des GrdstWertes kann der Schu regelm auch nicht aGrd des § 242 fordern, Hbg DR **40**, 813.

c) Bei ZwVollstr nur wg der pers Fdg gilt § 1163 I 2.

3) Wirkung. a) Erlöschen kraft Gesetzes. Das GB des versteigerten Grdst ist auf Ersuchen des VollstrG zu berichtigen, ZVG 130 I 1, 158 II 1. Die Berichtigg hins der mithaftenden Grdst haben die Beteiligten zu beantragen. Bei teilweiser Befriedigg nur teilw Erlöschen; Abzug gesetzl Zwischenzinses ist aber nicht Teilbefriedigg, KG JFG **9**, 290.

b) Erlischt die Hyp in der ZwVerst durch **Zuschlag** gem ZVG 91 I, 52 I 2, vgl oben Anm 2 b bb, so tritt an die Stelle des versteigerten Grdst das Recht auf Befriedigg aus dem VerstErlös, RG **127**, 354. Die pers Fdg erlischt nicht. Für den Ausfall haften nichtmitversteigerte Ggstände, zB Zubehör weiter, RG **125**, 366, ebso bei GesHyp die anderen Grdst.

c) Die persönl Fdg erlischt durch Befriedigg des Gläub und nur, wenn der (bisherige) Eigtümer pers Schu ist. Sonst geht die Fdg ohne die Hyp auf den Eigtümer über, § 1143 I 1. Das gilt grdsätzl auch im Falle der Vereinbg des Bestehenbleibens nach ZVG 91 II, die wie eine Befriedigg wirkt, vgl Anm 2 b. Die Hyp wird deshalb zur GrdSch. Str, ob das stets der Fall ist, die GrdSch also nur nach § 1198 in eine Hyp für eine Fdg gg den Ersteher zurückverwandelt w kann (so RGRK Anm 9); od ob Ersteher u Gläub das Bestehenbleiben der pers Fdg als Schuld des Erstehers vereinbaren können u ob dies iZw anzunehmen ist (so Planck Anm 4); od ob der Ersteher kraft der Vereinbg mangels ggteiliger Abreden ohne weiteres für die pers Fdg haftet, so daß das Recht regelm Hyp bleibt (so wohl mit Recht KGJ **30**, 222; Erm-Westermann Rdz 5).

1182 *Übergang bei Befriedigung aus der Gesamthypothek.* Soweit im Falle einer Gesamthypothek der Eigentümer des Grundstücks, aus dem der Gläubiger befriedigt wird, von dem Eigentümer eines der anderen Grundstücke oder einem Rechtsvorgänger dieses Eigentümers Ersatz verlangen kann, geht die Hypothek an dem Grundstücke dieses Eigentümers auf ihn über. Die Hypothek kann jedoch, wenn der Gläubiger nur teilweise befriedigt wird, nicht zum Nachteile der dem Gläubiger verbleibenden Hypothek und, wenn das Grundstück mit einem im Range gleich- oder nachstehenden Rechte belastet ist, nicht zum Nachteile dieses Rechtes geltend gemacht werden.

1) HypÜbergang bei Befriedigg aus GesHyp. Ausnahme von § 1181 II entspr § 1173 II. Kommt also nur in Betr, wenn die Grdst zZ der Befriedigg bzw des Zuschlages (§ 1181 Anm 2) verschiedenen Eigtümern gehören.

2) Voraussetzgn. a) Befriedigg aus dem einen Grdst, § 1181 Anm 2.

b) Der Eigtümer des versteigerten Grdst, Anteils od mithaftenden Ggstandes hat einen **ErsAnspr** gg den Eigtümer eines der anderen Grdst od dessen RVorgänger, vgl § 1164 Anm 2 c. Anspr auf Ersatz der Zinsen genügt, KGJ **47**, 214.

3) Wirkg. a) Die **Hyp an dem anderen Grdst** od MitEigtAnteil (§ 1132 Anm 2 a) **geht,** aber nur bis zur Höhe des ErsAnspr, kraft G **auf den ersatzberechtigten Eigtümer über.** Sie haftet nur noch für die ErsFdg, RG **81**, 75; hM; str. Erwirbt der ersatzberechtigte Eigtümer nach § 1143 I die ursprüngl Fdg, bleibt diese fortan ungesichert, RG **81**, 77. Im übr erlischt die GesHyp, § 1181. – § 1182 gilt auch für Grdschulden; vgl dazu § 1173 Anm 4 b aE.

b) Die **ErsHyp** tritt kraft G **im Range zurück** (S 2) hinter **aa)** die RestHyp des Gläub, wenn dieser nur teilweise befriedigt wurde, ebso §§ 1173 II, 1176; **bb)** alle Rechte, die im Ztpkt der zwangsweisen Befriedigg aus dem Grdst der GesHyp gleich- od nachstanden, KGJ **42**, 279; anders § 1173 II.

c) Berichtigg des GB auf Antr der Beteiligten.

1183 *Aufhebung der Hypothek.* Zur Aufhebung der Hypothek durch Rechtsgeschäft ist die Zustimmung des Eigentümers erforderlich. Die Zustimmung ist dem Grundbuchamt oder dem Gläubiger gegenüber zu erklären; sie ist unwiderruflich.

1) § 1183 ergänzt §§ 875, 876. Deren Erfordernisse müssen stets erfüllt sein. Die Zust des Eigtümers muß hinzutreten, wenn er nicht selbst Gläub der Hyp ist (zB nach §§ 1163, 1168) ist, KG JFG **13**, 394. Grund: dem Eigtümer soll die Möglichk erhalten bleiben, die Hyp zu erwerben. Vgl auch § 880 II 2. § 1183 betrifft **nur die rechtsgeschäftl Aufhebg.** Über sonstige Erlöschensgründe vgl § 875 Anm 2, Übbl 3 F vor § 1113. – Über Unterschied zw Aufhebg u Verzicht vgl § 1168 Anm 1, auch § 1175.

2) Geltgsgebiet. § 1183 gilt für GrdPfdR aller Art. Nicht für HypVormerkgen. Herabsetzg des Zinsfußes ist teilweise Aufhebg der Hyp, RG **72**, 363. Für rückständige Nebenleistgn u die Kosten des § 1118 gilt § 1178. Aufhebg einer GesHyp an nur einigen Grdst ist regelm als Verzicht nach § 1175 I 2 ohne Zust des Eigtümers wirks, KG JFG **11**, 245.

3) Zustimmg aller Eigtümer, an deren Grdst (od MitEigtAnteilen) die Hyp aufgeh werden soll. Maßgebd ist der Ztpkt der Aufhebg. Beim Wechsel des Eigtums also Zust des Erwerbers nötig, wenn zZ des EigtWechsels die Hyp noch nicht wirks aufgeh war. Bei gleichzeitiger EigtUmschreibg u Löschg genügt Zust des Veräußerers, KG JFG **20**, 8, wenn alle sonstigen Voraussetzgn vorliegen.

a) Die Zust ist eine einseitige rechtsgeschäftl WillErkl. Auch wenn sie Teil einer Vereinbg ist, KG HRR **33**, 1012. Eigtümer kann, wenn er als Vertreter des Gläub die Aufhebg ggü GBA erklärt hat, dem GBA ggü zustimmen; § 181 steht hier nicht entgg, weil ZustErfordernis in seinem Interesse (Anm 1); vgl RG **157**, 24 (zu § 880). Anders wohl, wenn Gläub Vertreter des Eigtümers ist (aM Wolff-Raiser § 141 Anm 4). Zustimmg ist Vfg über AnwR des Eigt auf Erw des EigtGrdPfdR, BayObLG **73**, 220; nicht über das Grdst (str; vgl Westermann § 108 II). Daher iF § 1424 Einwilligg des and Ehegatten nicht nötig (so auch Staud-Scherübl Anm 5o); einstw Vfg, die dem GrdstEigtümer Vfg über Grdst verbietet, steht seiner Zust nicht entgg, KG JFG **4**, 418 (weil Aufhebg jedenf für Grdst nur vorteilh). Zustimmg des Nacherben jedenf bei letztstellger Hyp nicht nötig, KG HRR **37**, 1016.

b) Sachlrechtl **formlos** wirks. Aber GBO 27 erfordert Form GBO 29 I 1, 30, und zwar für alle Fälle der Löschg einer Hyp, auch die bewilligte berichtigde, Horber § 27 Anm 1. ErklärgsEmpf: GBA od Gläub. Bestimmter Inhalt nicht vorgeschrieben; doch muß eindeut sein, auf welche Hyp sie sich bezieht, Köln RPfleger **70**, 286 (krit Haegele); im LöschgsAntr, aber nicht in einer FreistellgsVerpfl in der AuflUrk kann Zust schlüss liegen, BayObLG **73**, 220; and uU bei TeilAufl wg Möglichk eines EigtGrdPfdR. § 878 gilt nach hM entspr; str; vgl § 878 Anm 2a aE. Auch Einwilligg unwiderrufl, S 2; Ausn von § 183. Daher ist KonkVerwalter an die vorher vom GemSchu erklärte Zust gebunden, RG **52**, 416.

c) Hyp erlischt erst, wenn Erfordernisse der §§ 875, 876, 1183 erfüllt sind. Reihenfolge gleichgült.

1184 *Sicherungshypothek.* [I] Eine Hypothek kann in der Weise bestellt werden, daß das Recht des Gläubigers aus der Hypothek sich nur nach der Forderung bestimmt und der Gläubiger sich zum Beweise der Forderung nicht auf die Eintragung berufen kann (Sicherungshypothek).

[II] Die Hypothek muß im Grundbuch als Sicherungshypothek bezeichnet werden.

1) Allgemeines. Die Verkehrsfähigk der gewöhnl (Verkehrs-) Hyp beruht hauptsächl darauf, daß die §§ 891, 892 auf die Fdg u die Einreden des § 1137 anzuwenden sind, vgl § 1138 Anm 1. Bei der **Sichergs-Hyp** gelten die **§§ 891ff** dagg **nur für das dingl Recht.** SichgHyp daher nicht zum Umlauf geeignet u

§§ 1184–1186

bestimmt; deshalb auch nicht Brief-, sond stets BuchHyp (§ 1185 I). VerkehrsHyp u SichgHyp sind keine verschiedenen Rechtsgebilde; die SichgHyp ist aber ein minderes Recht ggü der VerkehrsHyp, RG **123**, 170. Sondervorschriften für die SichgHyp für Inh- u Orderpapiere in §§ 1187–1189; für die HöchstbetragsHyp in § 1190. Gesetzl Hyp (vgl Anm 4 b, c) sind stets SichgHyp, weil sie dem Gläub nur sichern, ihm aber nicht umlaufsfähigen Bodenkredit beschaffen sollen, Wieacker, Bodenrecht S 228. Die Vorschriften über die EigtümerHyp gelten auch für die SichgHyp; vgl auch ZPO 868. Hins (nicht eintragb) SichgHyp auf Entschuldgbetrieben vgl Übbl 12a vor § 873, § 1113 Anm 3 c. – Die SchiffsHyp ist stets SichgHyp; ebso die VerglGläubHyp, VerglO 93.

2) Abhängigk von der Fdg. Die SichergsHyp besteht nur, wenn u soweit die ihr zugrunde liegende persönl Fdg besteht. Maßgebd ist die in Wahrh zugrunde liegende Fdg, bei einer zu Unrecht eingetragenen FdgsAuswechselg also die ursprüngl, KG JW **37**, 112. Der **gutgl Erwerber** kann sich auf die Richtigk des GB **nur** hins der Voraussetzgen berufen, die nicht die Eintr der Fdg betreffen. Also zB auf die wirks Einigg über die HypBestellg wie nicht im eingetr RVorgänger u auf Nichtbestehen eines Einredens des § 1157; RG **74**, 215. Tritt dagg der Gläub die SichgHyp vor Valutierg od nach Rückzahlg an einen Gutgläubigen ab, so erwirbt dieser weder die Fdg noch die Hyp (anders: § 1138). Auch § 893 gilt nur für RGeschäfte, die das dingl Recht betreffen; Zahlg an den eingetragenen Gläub befreit den Eigtümer deshalb nur, wenn die Fdg besteht u wenn sie den Eingetragenen zusteht; str; vgl aber Wolff-Raiser § 151 Anm 4. Zahlt der Eigtümer, der von einer Abtretg nichts weiß, an den früheren Gläub, so wird er befreit, § 407; vgl § 1185 Anm 2 e. Die §§ 894ff gelten ebenf nur für das dingl Recht.

3) Die Beweislast für die Entstehg der pers Fdg trägt regelm der Gläub. Ggüber dem Eigtümer u jedem Dritten, zB im VerteilgsVerf. Hinweis des Gläub auf EintrBewilligg reicht nicht aus; uU genügt er seiner BewLast selbst nicht bei Vorliegen einer not SchuldUrk, vgl RG JW **11**, 277 (Ausfallbürgschaft). Der Beklagte kann jede Einwendg geltd machen, auch solche, die dem pers Schu bereits rechtskr aberkannt ist. Freie Beweiswürdigg, ZPO 286. Wenn der Eigtümer die Unrichtigk des eingetr Schuldgrundes behauptet, ist er beweispfl, Warn **19**, 115. Erlöschen der Fdg muß Eigtümer beweisen.

4) Entstehg der SichergsHyp. a) Kraft Rechtsgeschäfts durch Einigg u Eintr, § 873 I. Der Wille zur Bestellg einer SichgHyp muß erkennbar sein. Im EintrVermerk ist **Bezeichng als SichergsHyp** notw, **II**. Fehlt sie, ist, streng genommen, mangels Einigg keine VerkehrsHyp, mangels Eintr keine SichgHyp entstanden; so ält Aufl, Planck Anm 3 b; aber dieses unerfreuliche Ergebn wohl vermeidbar, wenn man (in Ausfüllg einer Gesetzeslücke) Entstehg einer VerkehrsHyp annimmt, die im InnenVerh (auch ggü bösgl RNachfolger) als SichgHyp behandelt w; vgl Westermann § 110 II 2; so auch bei Dissens über Art der Hyp. Als minderes Recht entsteht SichgHyp, wenn solche gewollt, aber VerkehrsHyp gewollt war, RG **123**, 170. – Ausn von Notwendigk der Einigg vgl § 873 Anm 2 c, von **II**: §§ 1187 S 2, 1190 III; VerglO 93 II 2. Für die Bezeichnung der Fdg gelten die §§ 1113, 1115.

b) Kraft G: vgl § 1113 Anm 3 c. Ein Anspr auf Bestellg einer SichgHyp besteht nach § 648; EG 91.

c) Im Wege der ZwVollstr gem ZPO 867, 932 (Kennzeichng im EintrVermerk: KGJ **49**, 230).

d) auf behördl Ersuchen: Vgl. ZVG 128, 130 I 2; FFG 54 I (auch § 1844 Anm 2); vgl auch EG 91.

5) Weitere Besonderheiten bestehen für alle SichgHyp nach § 1185, ferner für die SichgHyp für Inh- u Orderpapiere nach § 1187 S 3 u für die HöchstbetragsHyp nach § 1190 II–IV. Im übr gelten die für die VerkehrsBuchHyp gegebenen Bestimmgen, insb die §§ 1163 I, 1177.

1185 *Buchhypothek; unanwendbare Vorschriften.* ᴵ Bei der Sicherungshypothek ist die Erteilung des Hypothekenbriefs ausgeschlossen.

ᴵᴵ Die Vorschriften der §§ 1138, 1139, 1141, 1156 finden keine Anwendung.

1) Die SichergsHyp ist **stets BuchHyp**. Grund: § 1184 Anm 1. Ausschluß des Briefes braucht wg §§ 1184 II, 1190 I 2 (auch § 1187 Anm 4 b) nicht eingetr zu werden; anders § 1116 II 3.

2) Nicht anwendbar sind: **a)** die für die BriefHyp geltden Vorschr, **I.** Ferner nach **II: b)** § 1138. Vgl dazu 1184 Anm 2. **c)** § 1139, weil wg des Ausschl eines gutgl Erwerbs der Fdg ein bes Schutz des Eigtümers überflüss ist. **d)** § 1141. Es kommt nur auf die Künd von dem od an den pers Schu an, RG **111**, 401. Ist dieser od sein Aufenth unbekannt, gilt § 132 II. ZVG 54 I gilt auch für SichgHyp, RG LZ **28**, 1060. **e)** § 1156. Der Eigtümer kann sich auch dem gutgl Erwerber ggü auf die §§ 406–408 berufen.

1186 *Zulässige Umwandlungen.* Eine Sicherungshypothek kann in eine gewöhnliche Hypothek, eine gewöhnliche Hypothek kann in eine Sicherungshypothek umgewandelt werden. Die Zustimmung der im Range gleich- oder nachstehenden Berechtigten ist nicht erforderlich.

1) Jede Hyp kann durch RGesch in eine Hyp anderer Art **umgewandelt** werden. Eine gewöhnl SichgHyp auch in eine HöchstbetragsHyp (KG JW **35**, 3570) u umgekehrt (vgl § 1190 Anm 5); eine ArrestHyp in eine ZwangsHyp (vgl Anm 2 a). Umwandlg der Hyp in eine GrdSch u umgekehrt: § 1198.

2) Umwandlg ist Inhaltsänderg. a) Sie erfordert also Einigg und Eintr, § 877. Sie wird erst wirks, wenn beide Voraussetzgen vorliegen. Abtretg der künftigen BriefHyp vgl § 1154 Anm 3 e. Bei Umwandlg einer SichgHyp in eine VerkehrsHyp ist eine BuchHyp als gewollt anzunehmen, wenn die Aufhebg des Briefausschlusses nicht erkennbar ist, § 1116 III; nochmalige Eintr des Briefausschlusses nicht notw, wenn auch zweckm, OLG **29**, 372. Die Umwandlg kann mit einer FdgsAuswechselg verbunden werden, vgl RG **147**, 301. Der Brief ist bei nachträgl Erteilg dem Gläub auszuhändigen (GBO 60 I), bei nachträgl Ausschl unbrauchbar zu machen, GBO 69. – **ArrestHyp** (ZPO 932) verwandelt sich mit Erlangg eines Titels in der Hauptsache nicht kr Gesetzes in ZwangsHyp (ZPO 866), da beide verschiedenart Belastgen. Nötig Umwandlg nach § 1186, wobei statt Einigg Bewilligg des Eigtümers genügt, die durch rechtskr Urteil

(ZPO 894) ersetzt w; bei EigtümerWechsel Bewilligg des neuen Eigtümers nötig; es handelt sich um Neueintragg in Rangstelle der ArrestHyp; KG JR **25**, 947; JFG **7**, 405; KGJ **40**, 314.

b) Die gleich- u nachstehenden Berechtigten werden durch die Umwandlg nicht beeinträchtigt. Sie brauchen deshalb nicht zuzustimmen, S 2. Vgl §§ 877 Anm 4; 1119 Anm 1. Nur LöschgsVormkgsBerecht u Inh ges LöschgsAnspr brauchen sie nicht gg sich gelten zu lassen, § 1179 Anm 4, 1179a Anm 2d. Der pers Schu wird nicht betroffen; seine Zust ist entbehrl. Wegen GenBedürftigk gilt Gleiches wie § 1180 Anm 3a. Über die Umwandlg einer HöchstbetragsHyp vgl § 1190 Anm 5.

1187 *Sicherungshypothek für Inhaber- und Orderpapiere.* **Für die Forderung aus einer Schuldverschreibung auf den Inhaber, aus einem Wechsel oder aus einem anderen Papiere, das durch Indossament übertragen werden kann, kann nur eine Sicherungshypothek bestellt werden. Die Hypothek gilt als Sicherungshypothek, auch wenn sie im Grundbuche nicht als solche bezeichnet ist. Die Vorschrift des § 1154 Abs. 3 findet keine Anwendung. Ein Anspruch auf Löschung der Hypothek nach den §§ 1179a, 1179b besteht nicht.**

1) WertpapierHyp. § 1187 verhindert das Auseinanderfallen von pers u dingl Anspr. Der Besitz am Wertpapier entsch auch über das GläubR an der Hyp. Das Papier hat eine ähnl Bedeutg wie der HypBrief. Übertragg u Belastg der Hyp also außerh des GB. Geltdmachg der Hyp unter Vorlegg, Befriedigg des Gläub gg Aushändigg der Papiere. Vgl auch § 1189 Anm 2. Vgl ferner über die InhGrd- (-Renten)schuld §§ 1195, 1199. Belastg von Bahneinheiten EG 112. Über die gemeins Rechte der Besitzer von Schuldverschreibgen G v 4. 12. 99/14. 5. 14 (RGBl 691, 121) mit Änderg v 24. 9. 32 und v 20. 7. 33 (RGBl 447, 523). Die §§ 1187/9 ohne wesentl prakt Bedeutg; verdrängt durch SichgGrdSch; vgl Baur § 45 I 2 d.

2) In Betracht kommende Fdg: Aus InhSchVerschreibg: §§ 793 ff (aber nicht § 808); Wechseln, WG 11 ff, 77; anderen Orderpapieren, HGB 363. Die Hyp muß die Fdg aus den Papieren unmittelbar sichern; Sicherg einer DarlFdg durch Papier u Hyp nebeneinander genügt nicht. Ferner muß das Papier wg § 1113 I die Zahlg einer bestimmten Geldsumme verbriefen. Für SchVerschreibgen, die durch bloße Abtretg übertr w sollen, kann nur eine gewöhnl SichgHyp eingetr werden, auf die § 1154 III anwendbar bleibt.

3) Die Hyp ist stets SichergsHyp. Sie ist also streng abhängig von der Fdg, § 1184 Anm 3. Es kann auch eine HöchstbetragsHyp bestellt werden; GBO 50 dann nicht anwendbar, KG JFG **4**, 425. Die §§ 1163 I, 1177 bleiben anwendbar. Zu beachten ist aber, daß die Fdg aus einer InhSchVerschreibg nur nach § 801 od durch Vernichtg der Urk erlischt; KraftlosErkl genügt nicht, § 800; ebsowenig Erwerb durch den GrdstEigtümer. Auch bei Indossierg des Wechsels auf den Aussteller wird die Hyp nicht zur EigtümerGrdSch, vgl WG 11 III. Die §§ 1137, 1157 sind anwendbar. Jedoch Einschränkg der § 796, HGB 364 II, WG 17 zu beachten. Für den gutgl Erwerber gelten die §§ 932 ff, HGB 365 ff, WG 16 f; die §§ 891 ff gelten für das Bestehen des dingl Rechts u die Einwendgen des § 1157. Kein ges LöschgsAnspr bei Vereinigg mit dem Eigt (S 4); S 4 angefügt dch Art 1 Nr 3 G v 22. 6. 77 (BGBl 998) u gilt ab 1. 1. 1978. Schuldr LöschgsAnspr (vgl dazu KGJ **50**, 199) nur für Gläub iSv § 1179 sicherb.

4) Bestellg der Hyp gem § 873 durch **a)** Einigg. Ausnahmen für InhSchVerschreibgen § 1188 I. **b)** Eintragg. Bezeichng als SichgHyp nicht nötig, weil aus der Art der Fdg ersichtl; Ausn von § 1184 II. Als Gläub sind bei InhSchVerschreibgen der Inh, bei Orderpapieren der erste Nehmer u die durch Indossament ausgewiesenen Besitzer der Papiere einzutragen. Sichert eine Hyp nur einen Teil einer Anleihe, sind die TeilSchVerschreibgen genau zu bezeichnen, KG JFG **3**, 426; vgl aber RG **113**, 228. Für sie erleichtert GBO 50 I die Eintr; zul ist die ZusFassg in eine einheitl Hyp. Über Einzelheiten vgl Horber zu GBO 50. **c)** Auch zur ersten Eintr der Hyp sind dem GBA vom Wertpapier entspr GBO 43 vorzulegen; Vermerk auf der Urkunden; Ausn: GBO 43 II (vgl § 1189 Anm 2 b). Dem GBA ist auch die staatl Gen (§ 795 Anm 1) zur Ausgabe der InhSchVerschreibg nachzuweisen, RG **59**, 386.

5) Satz 3. Die Fdg wird ohne Eintr in das GB **wie eine ungesicherte Fdg übertragen** durch Einigg u Übergabe der InhSchVerschreibg (§ 793 Anm 3) od des indossierten Orderpapiers, WG 11 ff, HGB 363 ff. Die Hyp geht kraft G auf den Erwerber über, § 1153 I. Zum Ausweis gegüber dem GBA bedarf des Indossaments (od der Umschreibungsbewilligg des eingetragenen Berechtigten) der Form GBO 29 I. Vgl auch § 1189. Bestellg des Nießbrauchs: §§ 1069 I, 1081. Verpfändg: §§ 1205, 1293 und 1292. Pfändg: ZPO 808, 821 u 831 (830 III 2, 837 II 2). Die Frage, ob der neue Gläub od der Drittberechtigte die Berichtigg des GB verlangen können, ist str, aber praktisch bedeutgslos.

1188 *Sondervorschrift für Schuldverschreibungen auf den Inhaber.*
I Zur Bestellung einer Hypothek für die Forderung aus einer Schuldverschreibung auf den Inhaber genügt die Erklärung des Eigentümers gegenüber dem Grundbuchamte, daß er die Hypothek bestelle, und die Eintragung in das Grundbuch; die Vorschrift des § 878 findet Anwendung.
II Die Ausschließung des Gläubigers mit seinem Rechte nach § 1170 ist nur zulässig, wenn die im § 801 bezeichnete Vorlegungsfrist verstrichen ist. Ist innerhalb der Frist die Schuldverschreibung vorgelegt oder der Anspruch aus der Urkunde gerichtlich geltend gemacht worden, so kann die Ausschließung erst erfolgen, wenn die Verjährung eingetreten ist.

1) Vgl § 1187 Anm 1. § 1188 gilt nur für Fdg aus SchVerschreibgen, nicht aus Orderpapieren.

2) Bestellg der Hyp. Ausn von § 873; vgl § 1187 Anm 4. Einigg wg der Unbestimmth des Gläub regelm nicht mögl. Statt ihrer genügt die einseitige Erkl des Eigtümers. Vgl auch die Anm zu § 878. Die staatl Gen ist dem GBA nachzuweisen; aM Planck Anm 1 d: nur wenn die InhPapiere vorgelegt werden. Eintr in das GB stets notw. Vgl § 1187 Anm 4 b.

3) II schützt den Inh des Papiers gg die vorzeitige Ausschließg seines Rechts. Vorleggsfrist: § 801 I 1, III, Verjährgsfrist § 801 I 2. Vgl auch ZPO 986 II.

1189 *Bestellung eines Grundbuchvertreters.* I Bei einer Hypothek der im § 1187 bezeichneten Art kann für den jeweiligen Gläubiger ein Vertreter mit der Befugnis bestellt werden, mit Wirkung für und gegen jeden späteren Gläubiger bestimmte Verfügungen über die Hypothek zu treffen und den Gläubiger bei der Geltendmachung der Hypothek zu vertreten. Zur Bestellung des Vertreters ist die Eintragung in das Grundbuch erforderlich.

II Ist der Eigentümer berechtigt, von dem Gläubiger eine Verfügung zu verlangen, zu welcher der Vertreter befugt ist, so kann er die Vornahme der Verfügung von dem Vertreter verlangen.

1) Allgemeines. a) Bei SchVerschreibgn u dgl wäre wg der Vielzahl der Gläub Vfg über die InhHyp (§ 1187) sehr erschwert, wenn nicht praktisch unmögl. Deshalb kann **für die Gläub** ein **Vertreter** bestellt werden („GBVertreter"). Ähnl SchiffsRG 74; auch VerglO 93 III: Sachwalter für VerglGläub, hiezu Mohrbutter KTS **66**, 20; Rpfleger **56**, 274; Moos (Übbl vor § 1113), dort auch ausführl zur (str) RStellg des Vertreters nach § 1189; vgl weiter Haegele, JurBüro **69**, 398; Siebert, Treuhand 374 mit Nachw. Über GB-rechtl Fragen BayObLG **65**, 538 (Eintr des TreuHändVermerks); LG Kblz DNotZ **71**, 97; Ffm OLGZ **72**, 179.

b) Vertreter od Treuhänder anderer Art sind: der sog VertrVertreter u der sog GläubVertreter, SchuldverschreibgsG (vgl § 1187 Anm 1), §§ 1, 14 ff; vgl Warn **34**, 56; die Befugnisse des GBVertreters werden durch die Bestellg solcher (nicht einzutragender, Dresden KGJ **43**, 309) Vertreter nicht berührt. Der TrHänder aus HypBkG v 5. 2. 63 (BGBl 81) §§ 29 ff Gehilfe der AufsBehörde, RG **117**, 372. Ähnl VAG § 70; vgl auch Coing, Treuhand kr priv RGesch, 1973, S 26 f. – Wg der TrHänder nach AusfG z LondSchuldenAbk v 24. 8. 53, BGBl 1003, § 75 II vgl Haegele JurBüro **69**, 401.

2) Rechtsstellg des GBVertreters. a) Er ist nach außen nicht echter TrHänder, sond ein rechtsgeschäftl bestellter Bevollmächtigter des jeweil Gläub, RG **150**, 290. Seine RStellg ist aber vom Willen des einzelnen Gläub unabhängig. Im RStreit sind die Gläub Partei. Sie bleiben auch neben dem GBVertreter verfüggsberechtigt, KGJ **45**, 279. Im Innenverhältnis ist er Beauftragter des Eigtümers u der Gläub, §§ 662, 675. Kündigg des Auftrages ggü allen Auftraggebern notw; die Gläub können ihre Rechte nach § 328 geltd machen, wenn der Vertreter nur vom Eigtümer bestellt ist, KGJ **45**, 274. Über die Pfl zur Ausübg seiner Befugnisse vgl II u Warn **34**, 56.

b) Der Umfang der Vertretgsmacht bestimmt sich nach der Bestellg u der Eintr. Der Vertreter kann aber nur ermächtigt werden, über das dingl Recht zu verfügen u es geltd zu machen; Vollmacht zur Vfg über die Fdg nur nach allg Grdsätzen. Wegen der Verteilg der FolgeHyp auf TeilHyp vgl KG DR **42**, 1334. Die Vfgs-Befugnis kann beschränkt werden auf bestimmte Vfg, zB Löschg. Ob Beschrkg nach außen od nur im InnenVerh vorliegt, ist Auslegsfrage, BayObLG OLG **41**, 183. Zur Eintr der von ihm vorgenommenen Vfg bedarf es nicht der Vorlegg der Wertpapiere, GBO 43 II. Zur Geltdmach gehören Künd, Mahng u Klage.

c) Erlöschen der Vertretgsmacht nach §§ 168, 673, 675; od durch Abberufg aGrd Einigg u Eintr nach §§ 877, 873; od durch Abberufg durch das AmtsG nach SchuldverschreibgsG 16 IV. Ist eine Gesellsch GBVertreter, geht ihre RStellg bei Verschmelzg od Umwandlg auf die übernehmende Gesellsch über, RG **150**, 290.

3) Bestellg des Vertreters. Zwei Voraussetzgen: **a)** Bei Orderpapieren Einigg gem § 873; bei InhSchVerschreibgn einseitige Erkl des Eigtümers gem § 1188 I. Bei nachträgl Bestellg in beiden Fällen Einigg des Eigtümers mit allen Gläub, weil Inhaltsänderg, § 877. Doch bei urspr Bestellg eine andere Regelg mögl, zB Bestellg des Nachfolgers durch bisherigen Vertreter od Dritten, KGJ **51**, 306. Vgl auch SchuldverschreibgsG 16 III. Hins der Pers keine bes Beschränkg, doch kann nicht der Schuldner selbst bestellt w, KGJ **30**, 284. Auch eine OHG kann bestellt werden.

b) Eintragg des Vertreters u seiner Befugnisse in Abt III Sp 7. Für letztere genügt die Bezugn auf die EintrBewilligg, BayObLG OLG **41**, 182; vgl auch SchiffsRG 74 I 2. Erst mit der Eintr beginnt die Vertretgsmacht, KGJ **43**, 309. Für den eingetr Vertreter spricht die Vermutg des § 891, KGJ **51**, 307.

4) II erleichtert dem jeweiligen Eigtümer die Verfolgg seiner Anspr.

1190 *Höchstbetragshypothek.* I Eine Hypothek kann in der Weise bestellt werden, daß nur der Höchstbetrag, bis zu dem das Grundstück haften soll, bestimmt, im übrigen die Feststellung der Forderung vorbehalten wird. Der Höchstbetrag muß in das Grundbuch eingetragen werden.

II Ist die Forderung verzinslich, so werden die Zinsen in den Höchstbetrag eingerechnet.

III Die Hypothek gilt als Sicherungshypothek, auch wenn sie im Grundbuche nicht als solche bezeichnet ist.

IV Die Forderung kann nach den für die Übertragung von Forderungen geltenden allgemeinen Vorschriften übertragen werden. Wird sie nach diesen Vorschriften übertragen, so ist der Übergang der Hypothek ausgeschlossen.

1) a) Die **HöchstbetragsHyp** ist eine Unterart der **SichergsHyp**, §§ 1184 ff. Sie begrenzt die Haftg des Grdst für die Fdg nur nach oben. Wesentl Merkmal ist, daß die **gesicherte Fdg** der Höhe nach **zunächst unbestimmt** ist u daß die Feststellg des geschuldeten Betrages für spätere Zeit vorbehalten wird. Besonders geeignet zur Sicherg von Fdgen aus dauernder GeschVerbindg. § 1190 enthält nur einige Sondervorschriften über die Eintr, die Zinsen u die Übertr. – Wegen Wertsicherg vgl § 1113 Anm 5 a, b.

b) Zu unterscheiden von sog **verdeckter HöchstBetrHyp**: Sicherg- od VerkHyp mit (nicht eintragb) Abrede, im InnenVerh als HöchstBetrHyp zu gelten (RG **152**, 219; BayObLG **54**, 203; LG Düss RhNK **76**, 421); Zulässigk str. Zur Sicherg von Kontokorrentschulden ungeeignet, weil bei Rückzahlgen entstehe

EigtümerGrdSch nur nach Abtr u nach § 1180 wieder FremdHyp werden kann; vgl Bourier in Festgabe für Oberneck 87; Felgentraeger in Festschr für J v Gierke 157, Westermann § 111 I 3.

c) Als HöchstBetrHyp ist einzutragen die **ArrestHyp**, ZPO 932 I (vgl auch Anm 5). Entsteh kraft G bei Pfändg aGrd Arrestes gem ZPO 848 II 2 (vgl auch § 925 Anm 6 b). VerglGläubHyp wohl als HöchstBetrHyp anzusehen, so Moos (Übbl vor § 1113) S 30.

2) Die Fdg muß der Höhe nach unbestimmt sein. Ausn vom BestimmthGrds; vgl § 1113 Anm 4.

a) Für bestimmte Fdg kann nur eine VerkehrsHyp od eine gewöhnl SichgHyp eingetr werden. Daher Eintr einer HöchstBetrHyp abzulehnen, wenn die Eintraggsbewilligg die Fdg nach Grd u Betrag als feststehd angibt, KG JFG **7**, 365. Daher idR auch keine HöchstBetrHyp für Bürgsch, KG JFG **11**, 258 (str; vgl Anm in JW **34**, 1794). Nur wenn die zZ der HypBestellg in Höhe des HöchstBetr bestehende bestimmte Fdg nicht unabänderl ist, zB Fdg aus GeschVerbindg, soll nach KG DR **42**, 1796 die zu sichernde Fdg als unbestimmte behandelt w können. Ist trotz (endgültiger) Bestimmtheit der Fdg die Hyp entspr der Bewilligg als HöchstBetrHyp eingetr, so ist sie in Wahrh eine gewöhnl SichgHyp (Planck, Anm 1 a), was durch Klarstellungsvermerk vAw kundzumachen ist; nach KG aaO aber nur, wenn im Einzelfall Umdeutg mögl (was aber idR der Fall sein wird); sonst soll HöchstBetrHyp als inhaltl unzulässig vAw zu löschen sein, KGJ **51**, 290. Eine im GB nicht als HöchstBetrHyp bezeichnete Hyp hat dennoch diesen Charakter, wenn der eingetragene Betrag der Höchstbetrag der noch festzustellenden Fdg sein sollte, RG Gruch **52**, 1069. Es genügt ferner, daß die ZinsFdg unbestimmt ist, KG HRR **33**, 202. Zulässigk einer HöchstBetrHyp für rückständige Zinsen einer anderen Hyp, soweit sie in der ZwVerst ausfallen, u für nicht unter § 1118 fallende Kosten, vgl KG DR **43**, 856.

b) Für Zinsen u andere Nebenleistgen haftet das Grdst **nur in den Grenzen des eingetragenen Höchstbetrages**, II; Begründg hierfür, Mot **3**, 767, Haftg des Grdst sei sonst zu unbestimmt, überzeugt nicht, vgl Felgentraeger, Festschr für J v Gierke 155. Trotzdem bleiben die Zinsen NebenFdgen, RG **131**, 295. Das gilt auch für gesetzl Zinsen. Dagg können Kosten aus § 1118 neben dem Höchstbetrage verlangt w. Wegen der Umwandlg vgl Anm 5.

c) Der **Grund der Fdg** darf bestimmt sein. Meist ist auch er in der Weise unbestimmt, daß alle Anspr aus einem FdgsKreis gesichert werden; es ist unschädl, daß zu dem Kreis eine bestimmte Fdg gehört, RG **126**, 276. Zulässig ist auch die Sicherg aller ggwärtigen u künftigen Fdgen des Gläub gg einen bestimmten Schu, RG **75**, 247. Über mehrere Schu vgl § 1113 Anm 4b. Tilgt ein GesamtSchu Hyp auf DrittGrdst teilw, erwirbt er diese insow, als er vom and GesamtSchu Ers verlangen kann; ergibt sich bei der Endabrechng weitere Fdg des Gläub, steht diesem TeilHyp insow wieder zu u zwar im Rang von RestHyp des Tilgden, BGH WPM **66**, 1259. – Doch können mehrere selbständige HöchstBetrHyp (anders GrdSchulden, RG **132**, 137) nicht denselben ungeteilten FdgsKreis sichern; Verstoß macht die Eintr inhaltl unzul. Anders, wenn die eine Hyp nur für den Ausfall der anderen haftet; od wenn der FdgsKreis in erkennb Weise auf die Hyp verteilt wird, KGJ **53**, 215, od wenn er (bei mehreren HöchstBetrHyp auf verschied Grdst) später derart auf die Grdst verteilt w soll, daß der Gläub bestimmen darf, für welche Fdg er das einzelne Grdst in Anspr nehmen will, RG **131**, 22; **134**, 225. Über Doppelsicherg vgl § 1113 Anm 4e. Der Gläub der Fdg muß stets der eingetr Berecht sein. Für Fdgen verschiedener Gläub kann eine HöchstBetrHyp im allg nicht bestellt werden (wohl auch nicht derart, daß einem zweiten Gläub nur der vom ersten nicht verbrauchte Betrag zukommen soll, str; vgl Staud-Scherübl Anm 8a); auch nicht mehrere HöchstBetrHyp mit der Maßgabe, daß die Gläub zu bestimmen haben, inwieweit die Hyp für jede ihrer Fdgen haften sollen; denn bei mehreren Gläub ist einheitl Bestimmg nicht gewährleistet; anders wenn für die mehreren Gläub ein Vertreter nach § 1189 bestellt ist; KG DR **42**, 1334; vgl aber auch Staud-Scherübl Anm 8b.

3) Bestellg der Hyp nach § 873. **a)** Die **Einigg** muß den Höchstbetrag u den Vorbeh späterer Feststellg der Fdg erkennen lassen.

b) Der **EintrVermerk** muß den Höchstbetrag in bestimmter Geldsumme (§ 1115 I 1) angeben, **I S 2**. Vgl aber Anm 2 a. Es muß ferner ersichtl sein, daß die spätere Feststellg der Fdg vorbehalten ist; ausdrückl Eintr nicht nötig, KGJ **42**, 238. Bezeichng als SichgHyp deshalb nicht notw (**III**, Ausn von § 1184 II). Der Gläub ist stets einzutragen (§ 874 Anm 3 a); der Schu nur, wenn er nicht der Besteller ist, § 1113 Anm 4 b; der SchuldGrd nicht, wenn alle Fdg gesichert werden; deutl Angabe aber ratsam. **Zinsen** u andere Nebenleistgen dürfen **nicht** eingetr werden; Eintr wäre inhaltl unzul, GBO 53 I 2; KGJ **39** A 257. Die Unterwerfgsklausel (ZPO 800) wegen fehlender Bestimmth regelm nicht eintraggsfähig, BayObLG **54**, 196 = DNotZ **55**, 313; anders nur dann, wenn sie sich auf einen bestimmten Teil (nicht auf Höchstbetrag selbst, Oldbg DNotZ **57**, 669) der sonst unbestimmten Fdg bezieht, KG JR **26**, 623.

4) Die **Feststellg der Fdg** ist wesentl für die rechtl Beurteilg der Hyp, weil § 1163 I S 1 u 2 auf die HöchstBetrHyp anzuwenden sind. Als dingl Recht ist sie aber grdsätzl unbedingt. Von der Entstehg od Nichtentstehg der gesicherten Fdg hängt also regelm nicht der Bestand des dingl Rechts ab, sond nur seine rechtl Natur u die Berechtigg des Gläub. ZVG 50, 125 deshalb nicht anwendbar.

a) Vor der Feststellg ist die Hyp in dem jeweils nicht ausgefüllten Teil eine vorläufige, durch die Entstehg der Fdg **auflösend bedingte EigtümerGrundschuld**, §§ 1163 I 1, 1177 I. Bis zur Entsteh der Fdg steht die GrdSch dem bestellenden Eigtümer zu, RG **125**, 136. Dieser kann wg der auflösenden Bedingg vor Feststellg der Fdg vom Gläub weder Berichtigg noch Löschg verlangen. Vorher kann auch keine Löschgsvormkg (§ 1179) geltd gemacht werden, RG **125**, 136. Die vorl EigtümerGrdSch ist verpfändbar u pfändbar, RG **97**, 223, auch abtretbar, aber die zur vollen Wirksamk nötige Eintr scheitert an GBO 39 u weil Eintr vorläufiger Rechte ordnungswidrig. Trotzdem erfolgte Eintr nicht inhaltl unzul (vgl GBO 53 I 2), sond wirks, RG **120**, 111 (str), wobei die mit dem Wesen der HöchstBetrHyp zushängende Unklarh über die Höhe der EigtümerGrdSch nicht schadet. Auffüllg der HöchstBetrHyp dadurch aber nicht gehindert (§ 161). Unter mehreren PfandGläub hat den Vorrang, wer zuerst eingetr wird (RGRK Anm 17; aM RG

97, 223: wer zuerst PfdgsBeschl zugestellt hat). Anders bei der künftigen, aus FremdHyp möglicherw entstehenden EigtümerGrdSch, vgl § 1163 Anm 5 c. – Ist die HöchstBetrHyp durch Entstehg der Fdg FremdHyp geworden, so erwirbt bei Tilgg der Fdg der Eigentümer zZ der Tilgg eine EigtümerGrdSch, § 1163 I 2, RG JW **34**, 1780. Zahlg auf den Höchstbetrag tilgt die Fdg nicht endgültig, wenn, zB bei lfd Kredit, weitere Fdgen entstehen können; dann Erwerb auch nur einer vorl, auflösd bedingten EigtümerGrdSch; bei Tilgg eines Teilbetrages dies auch nur dann, wenn die HöchstBetrHyp den nicht getilgten Teil der Fdg noch deckt. Bei Kontokorrent tilgt nur Zahlg auf den Saldo, Dresden JFG **2**, 445.

b) Endgültige Feststellg der Fdg durch Vertrag (§§ 781, 782) zw dem Gläub u dem HypBesteller, nicht dem pers Schu (so RG HRR **30**, 616; zweifelh), auch nicht dem späteren Eigtümer, **oder durch Urteil.** Geltdmach vor Feststellg zul. Die BewLast für die Entstehg der Fdg hat stets der Gläub, RG HRR **36**, 687. Die Feststellg wirkt nur unter den Parteien. Das gg den pers Schu ergangene Urteil aber im RStreit gg den Eigtümer als BewMittel benutzbar, RG JW **30**, 3474. Für Fdg, die nach dem Verteilgstermin entstehen, haftet die Hyp nicht mehr, RG **125**, 136. **Mit der Feststellg wird der ausgefüllte Teil endgültig Hyp des Gläub.** Sie bleibt aber HöchstBetrHyp; Umwandlg in gewöhnl SichgHyp nur nach §§ 877, 1186. Der nicht ausgefüllte Teil wird unbedingte GrdSch des Bestellers (bei RNachf also nicht des ggwärt Eigtümers). Besteller kann die Berichtigg des GB (§§ 894ff, GBO 22) verlangen. Für das GBA genügt die einseitige Erkl des Gläub, daß die Fdg festgestellt worden sei, KG HRR **33**, 199.

5) Umwandlg in Verkehrs- od gewöhnl SichgHyp zul (§ 1186). Die Fdg ist durch eine bestimmte Fdg auszuwechseln (§ 1180) od vorher festzustellen, weil sie sonst nicht bestimmt ist, KG OLG **44**, 144. Umwandlg in Grd- u Rentenschuld (§ 1198) vor Wechsel des Eigtums ohne Feststellg der Fdg zul, RG JR **27**, 471; str. Nach Wechsel des Eigtums zu jeder Umwandlg Zust des bestellenden Eigtümers notw, wenn Erschöpfg des Höchstbetrages nicht nachgewiesen, KGJ **45**, 290. Zust des pers Schuldn nicht notwendig. Der Eigtümer ist auch nach Feststellg der Fdg zur Umwandlg nicht verpflichtet. Zinsen können neben dem bisherigen Höchstbetrag eingetr werden (vgl § 1119), aber nur seit Umwandlg, KGJ **44**, 299; dann bis zu 5% auch ohne Zust der gleich- od nachstehenden Berechtigten, RG **60**, 243; **145**, 48; aM BayObLG BayZ **34**, 192. – Wegen Umschreibg der ArrestHyp in gewöhnl ZwangsHyp vgl § 1186 Anm 2.

6) Übertragg (hierzu Ripfel Just **59**, 167). Keine Abtretg der Hyp ohne Fdg. Anders umgekehrt; für Übertr der **Fdg** zwei Möglichk:

a) § 1154 III: durch Einigg u Eintr. Die HöchstBetrHyp geht als solche kraft G auf den Erwerber über, § 1153 I. Vor Feststellg der Fdg kann der eingetr Gläub die ganze Fdg abtreten. Die Hyp sichert nach wie vor die alte Fdg, RG **125**, 140, deren Feststellg vorbehalten bleibt. Der eingetr Gläub gilt nach § 891 I für das GBA als der wahre Berecht, Dresden JFG **2**, 444. Ist die abgetretene Fdg geringer als der Höchstbetrag, verbleibt dem bish Gläub (zunächst) der Restbetrag der Hyp zur Sicherg seiner RestFdg; erreicht die abgetretene Fdg bei Feststellg den Höchstbetrag, steht die Hyp in voller Höhe dem neuen Gläub zu. Nach Feststellg der Fdg kann der Gläub nur den ihm als endgültige Hyp zustehenden Betrag (Anm 4 b) abtreten.

b) IV. Durch formlosen Vertrag, §§ 398ff, soweit nicht nach Fdgsrecht besondere Form notwendig. Dann geht aber nur die **Fdg**, nicht die **Hyp** über. Diese wird, wenn sämtl gesicherten Fdgen abgetreten sind, bis zur Höhe der Abtretg endgültige EigtümerGrdSch. Sonst dient die Hyp dem Gläub zur Sicherg der verbleibenden oder möglicherweise künftig für ihn entstehenden Fdgen, KGJ **32** A 270. Abtretg zul auch nach Feststellg des Betrages. Pfändg der Fdg ohne Hyp: ZPO 837 III. Für Hyp aus Inh- u Orderpapieren ist **IV** nicht anwendbar, § 1187 Anm 5.

7) Aufhebg der HöchstBetrHyp nach § 1183. Jedoch wird vor der Feststellg der Fdg auch der Besteller als mögl Berechtigter der vorl EigtümerGrdSch (Anm 4 a) betroffen, GBO 19. Die Löschgsbewilligg des eingetr Gläub genügt deshalb nicht, Dresden JFG **2**, 444. Weiter gilt für den Verzicht, § 1168.

8) Einfluß der Währgsreform 1948: vgl § 1113 Anm 7. Wegen HGA (die bei Umstellg der Fdg 10:1 auch dann entsteht, wenn wg Umstellg der HöchstBetrHyp selbst 1:1 keine UmstGrdSch entstanden war) vgl BMF-Erl v 5. 2. 53, DNotZ **53**, 173 und Surén HuW **53**, 367.

Zweiter Titel. Grundschuld. Rentenschuld

I. Grundschuld

Schrifttum: vgl Übbl vor § 1113. Ferner: Dempewolf, Der RückübertrAnspr bei Sicherungsgrundschulden, 1958. – Derselbe, Rang des nichtvalutierten Teils der SichgGrdSch, NJW **59**, 2148. – Dieck, Probleme der GrdSch, insb der SichgGrdSch in der notariellen Praxis, RhNK **70**, 520. – Grützbach, Sicherg v GrdstBeleihgen der VersUnternehmen durch Buchgrundschulden, VersR **67**, 215. – Henseler, Abtretg vorrangiger Grundschulden, AcP **166**, 409. – Huber, Die Sicherungsgrundschuld, 1965. – Kolbenschlag, Die sog „Nur-einmal-Valutiergsklausel" zur SicherGrdSch, DNotZ **66**, 475. – Scholz, Der sicherrechtl RückgewährAnspr als Mittel der Kreditsicherg, Festschr Möhring 1965, S 419ff. – Seckelmann, Die Grundschuld als Sicherungsmittel, 1963. – Knopp, EigtGrdSch, Diss Köln 1968. – H. Weber, Der RückübertraggsAnspr bei nichtvalutierter GrdSch, AcP **169**, 237. – ders, SichergsGeschäfte, 1973, 181ff. – Zur SichgsGrdSch Serick II § 28, III §§ 34–39. –

1191 *Begriff.* [1] **Ein Grundstück kann in der Weise belastet werden, daß an denjenigen, zu dessen Gunsten die Belastung erfolgt, eine bestimmte Geldsumme aus dem Grundstücke zu zahlen ist (Grundschuld).**

Hypothek. Grundschuld. Rentenschuld. 2. Titel: Grundschuld. Rentenschuld § 1191 1–3

II **Die Belastung kann auch in der Weise erfolgen, daß Zinsen von der Geldsumme sowie andere Nebenleistungen aus dem Grundstücke zu entrichten sind.**

1) Allgemeines. Vgl zunächst Übbl 1, 2 A b vor § 1113. Währd die Hyp ihrem Inhalte nach eine Fdg voraussetzt, deren Sicherg sie dient, § 1113, ist die GrdSch eine Belastg derart, daß eine bestimmte Geldsumme aus dem Grdst zu zahlen ist. Diese Zahlg braucht nicht der Befriedigg einer Fdg zu dienen (isolierte GrdSch), kann es aber („SichergsGrdSch", Anm 2 b). **Ihrem dingl Inhalte nach ist die GrdSch von einer etwa bestehenden Fdg unabhängig.** Die GrdSch, im 19. Jhdt besonders in Mecklenburg gebräuchl, wird in neuerer Zeit trotz wirtschaftl Bedenklichk öfter zur Sicherg von Krediten verwendet als früher. Die „Sichergsgrundschuld" wird vielf der GrdSch an der HöchstbetragsHyp vorgezogen. Die sachenrechtl Unabhängigk der GrdSch von einer Fdg erleichtert dem Gläub die Verfolgg seiner Rechte. Gg Mißbrauch durch den Gläub kann sich der Schu nach § 1157 schützen, vgl Anm 2 a. **Aus der GrdSch, auch wg Zinsen, immer nur dingl Haftg mit dem Grdst.** Ausn: persönl Haftg des Eigtümers für Zinsen der FrankenGrdSch gem Deutsch-Schweizer GoldHypAbk, Art II ZusatzAbk v 25. 3. 23 (vgl § 1113 Anm 6). – GrdSch auch zur Sicherg einer schon durch Hyp gesicherten Fdg, dies auch als Ausfallsicherg, BGH WPM **59**, 202. Die GrdSch kann Brief- od BuchGrdSch sein, auch GesGläubGrdSch (BGH NJW **75**, 445). Über die **EigtümerGrdSch** vgl §§ 1177, 1196, 1197 u Übbl 3 E vor § 1113. Zur vorl EigtGrdSchuld (ZwFinanzierg) vgl § 1163 Anm 4 d. Eintr einer **TilggsGrdSch** ist zul (LG Bchm Rpfleger **70**, 335; LG MöGladb DNotZ **71**, 99; Anm 3 g d). – Str, ob für GrdSch Bürgsch mögl; nach hM nur GarantieVertr, § 765 Anm 1; aM v Lübtow, Festschr für H. Lehmann I 335. – Übern der pers Haftg des Eigtümers für GrdSchBetr (idR SchuldVerspr iSv § 780) neben GrdSchBestellg mögl (BGH NJW **76**, 567; Kolbenschlag DNotZ **65**, 202).

2) Verhältnis der GrdSch zum GrdGeschäft. Die Bestellg (Übertr) der GrdSch ist als dingl Vfgs-Gesch abstrakt, in seinem Bestand dah vom (kausalen) GrdGesch unabhäng (vgl Einl 5 b vor § 854).

a) **GrdGeschäft** kann sein Vermächtn, Kauf, Tausch, Leistg an ErfStatt (dies auch mögl bei natürl Verbindlichk, vgl Wolff-Raiser § 154 Fußn 12); wenn Schenkg, ist GrdSchBestellg (Abtr) Erf iS von § 518 II, wenn GrdSch selbst Ggst des SchenkgsVerspr, und wenn Ggst die Geldzahlg (str, vgl v Lübtow aaO 342). GrdSch kann auch erfüllgshalber, vor allem zur Sicherg einer Schuld bestellt w; dann ist **SichergsVertr** RGrd: dazu Anm 3.

b) **Leistgsstörgen im GrdGesch** berühren den Bestand des R nicht, das wie jede bei Leistg Objekt der Abwicklg des gestörten GrdGesch ist (RG **78**, 64). **Sicherg** des RückgewährAnspr: § 883. –

c) Auch **Nichtigk des GrdGesch** berührt Bestand der GrdSch nicht. Nach RG **145**, 155 ist § 139 nicht anwendb (aA Süß JW **34**, 3125), doch war dort GrdGesch ein SichgVertr. Bei and GrdGeschäften sollten die allg GrdSätze (vgl Einl 5b vor § 854) gelten. Ist GrdGesch nichtig (vernichtet), ist – sow demnach § 139 nicht eingreift – GrdSchGläub ungerechtf bereichert (§ 812 I 1 u 2 Fall 1). Nach § 818 III trägt abr die Kosten der Löschg (§ 875, GBO 29) der Eigtümer, BGH WPM **70**, 964. **Sicherg** des Eigtümers: Vormkg zur Sicherg des RückgewährAnspr od Widerspr, da GB Einrede aus § 821 nicht verlautbart (vgl § 894 Anm 3, § 1157 Anm 2).

d) **Inhalt des RückgewährAnspr** aus § 812: **Wahlweise** auf **Übertragg** (hier kein dingl Gerichtsstand nach ZPO 24; BGH **54**, 201) der GrdSch an Eigtümer (§§ 1192, 1154), **Verzicht** (§§ 1192, 1157, 1169, 1168) – in beiden Fällen EigtGrdSch –, od auf **Aufhebg** (§§ 1192, 1183, 875), dann Erlöschen des R, Aufrücken Nachstehder, vgl BGH WPM **66**, 653; **67**, 566; LM § 242 (Bb) Nr 53.

3) SichgsGrundschuld. – a) Verpflichtet sich der Eigtümer, zur Sicherg einer pers Fdg gg ihn selbst od einen Dr dem Gläub eine GrdSch zu bestellen, so ist dieser formfreie **SichgsVertr** RGrd für die GrdSchBestellg; die Fdg ist nicht LeistgsGrd, sond ihre Sicherg ist LeistgsZweck (Weber AcP **169**, 238). Tr-HandGesch ähnl SichgsÜbereigng (Serick II 441ff), nicht selten DoppelTrHand. IdR ist der SichgsVertr ggs Vertr (§§ 320ff), wenn sich der Eigtümer zur GrdSchBestellg gg Kreditgewährg verpflichtet, u nichtggs Vertr, wenn gewährter Kredit nachträgl gesichert w soll od Kreditnehmer nicht mit Eigtümer ident; Einordng aber stets aGrd PartVereinbg prüfen (vgl Einl 1a vor § 607). – Wichtig **nicht eintragb**: SichgsAbrede od „SichgsGrdSch" (Köln OLGZ **69**, 427 mwN; Düss RhNK **77**, 35; aA Friedrich NJW **68**, 1655) u daß Gläub TrHänder (Mü JFG **16**, 294); eintragb aber Einrede aus SichgsVertr u AbtrVerbot (Stgt OLGZ **65**, 96). – Die GrdSch ist in ihrem Bestand **unabhängig (abstrakt)** vom SichgsVertr; GeschEinh nach § 139 nicht vereinb (RG **145**, 155).

b) **GrdSch und gesicherte Fdg** sind voneinander **unabhängig (nichtakzessorisch)**. Daher unzul, Fälligk des GrdSchKapitals od Nebenleistgen (Celle DNotZ **54**, 473; Haegele GBR Rdnr 1015; aA Riedel DNotZ **54**, 458; Baur § 45 IV 2a) u VerwertgsBefugn (KG JW **32**, 1759) dch Vereinbg dingl von Fdg abhäng zu machen. Doch kann Bestand der **Fdg zur Bdgg** für den der GrdSch gemacht w (Celle aaO; nach Huber 47/48 nicht stillschw); wenig prakt, da Nachrangige ggf aufrücken. Ist unbdgte GrdSch trotz Einigg über bdgte eingetr, so ist bdgte entstanden (§ 873 Anm 4a); gutgl Dr erwirbt unbdgte.

aa) Ist die **GrdSch nicht (mehr) valutiert**, kann die zu sichernde Fdg aber noch (wieder) entstehen, so gilt § 1163 I 1 nicht (BGH LM § 1163 Nr 2): die GrdSch steht ihrem Inh bereits zu. Doch kann der Eigtümer dem Anspr aus der GrdSch die Einr des nichterfüllten SichgsVertr (§ 320) entgghalten, die als gg die GrdSch gerichtet zu gutgl Dritterwerb gem §§ 1192, 1157, 899 dch Widerspr im GB sicherb ist (KGJ **53**, 219; Baur § 45 II 2; aA Köln OLGZ **69**, 419).

bb) Ist die **gesicherte Fdg endgült getilgt** (über Befriedigg der GrdSch vgl Anm 3g) od der **Kredit-Vertr aus and Grd beendet** (dazu Capeller MDR **53**, 153), so gilt § 1163 I 2 nicht. GrdSchBesteller hat aus SichgsVertr od allg Regeln (zB §§ 327, 346; Leistgsstörg im nichtggs Vertr) RückgewährAnspr (Anm 2d), der gg Anspr aus der GrdSch gibt; bei SichergsVertr entsteht der Anspr aufschiebd bdgt dch Tilgg mit VertrAbschl (BGH NJW **77**, 247). Sicherg des gutgl Dritterwerb wahlw dch Vormkg (RückgewährAnspr) od Widerspr (Einr) im GB (Baur § 45 II 2). – Gilt mangels abw PartVereinbg entspr bei teilw Tilgg (Huber S 180 mwN; dort auch zu Rangfragen). – Ausn: RHeimstG 17 II 2: GrdSch erlischt mit Fdg.

§ 1191 3 3. Buch. 8. Abschnitt. *Bassenge*

cc) Ist der **KreditVertr nichtig** od rückwirkd vernichtet (da § 1135 unanwendb, kann sich mit Schu nicht ident Eigtümer nicht auf Anfechtbark sond nur auf tats Anfechtg berufen, zu der Schu ihm im Innen-Verh verpflichtet sein kann), so ist GrdSchGläub idR aus SichgsVertr (Wortlaut od Auslegg) zur Rückgewähr der GrdSch (Anm 2d) verpflichtet, sonst aus § 812 I 2 (Zweckverfehlg) od § 812 I 1 (wenn Fdg als mittelb RGrd für GrdSchBestellg anzusehen). Sicherg gg gutgl Dritterwerb wie Anm 3b bb. – Wg Sicherg von Naturalobligationen vgl Anm 2a.

dd) Neben (dazu Huber S 166ff) schuldr RückgewährAnspr auch **dingl Anspr** des GrdSchBestellers auf Verzicht (§§ 1169, 1157) od Aufhebg (RG **91**, 225); da GrdSch nichtakzessor, kann statt dessen (and als bei Hyp; § 1169 Anm 3) auch Abtr verlangt w (Huber S 171).

ee) Bei **Erweiterg** (zB VerzSchad) od **Änderg** (zB SchadErs wg Nichterfüllg) der **gesicherten Fdg** muß zunächst SichergsVertr ergeben, ob GrdSch auch insow sichert. Entspr § 1210 I bei Sicherg fremder Schuld iZw keine HaftgsErweiterg, and bei Sicherg eigner Schuld (vgl Huber S 107). Da GrdSch nichtakzessor, entspr Sicherg des BereichergsAnspr des Gläub bei Nichtigk des KreditVerh idR PartWille (vgl BGH NJW **68**, 1134).

ff) **Beweispflicht**: Da §§ 1138, 891 nicht gelten, muß der GrdstEigtümer beweisen, daß die gesicherte Fdg geringer war, als der Betr, den Gläub aus der GrdSch erhielt (BGH Betr **76**, 1619). Nach hM and bei Streit über Bestand od Höhe der von Anfang an unbestimmten (künft) Fdgen (bei laufder Rechng), BGH aaO; dagg Huber S 130; Serick II 428ff.

c) Besteht die persönl Fdg nicht (mehr), kann Eigtümer in der **ZwVerst** Widerspr gg die Zuteilg des VerstErlöses an (bish) GrdSchGläub erheben u Zuteilg an sich selbst (aber wg § 1197 II nicht wg Zinsen) verlangen; vgl Anm 4d; dann bestehen auch weder Recht noch Pfl des Gläub aus dem SichgVertr, die GrdSch in der ZwVerst geltd zu machen (vgl BGH **LM** § 1163 Nr 2; **LM** § 91 ZVG Nr 1). –

d) Im **Konkurs** des Gläub kann Eigtümer die GrdSch nach Erf des SichgZwecks aussondern (KO 43); RGrdLage sowohl der dingl Anspr aus § 1169 (vgl dort Anm 3), als auch der RückgewährAnspr, analog § 1223, der nicht, wie Huber (S 174) u Serick (III § 35 Fußn 133) annehmen, bloßer VerschaffgsAnspr (vgl Jaeger-Lent § 43 Rdnr 41a). **§ 771 ZPO**: Wer die GrdSch pfändet, kann nicht mehr Rechte erwerben, als sein VollstrSchu, der GrdSchInhaber. Dem PfändgsPfdGläub ist dah stets nur im Rahmen der gesicherten Fdg der Zugr ins Grdst eröffnet, da ihn § 1157 S 2 nicht schützt. And als bei SichgÜbereign (vgl Einf 7 B b B γ od § 929) erfordert es dah bei VersagsStellg die Interessenlage nicht, dem GrdSchBesteller ZPO 771 zu gewähren (so auch Serick III § 34 IV 1b). Im Hinbl auf die nicht akzessor Natur der GrdSch muß dies auch gelten, wenn der GrdstEigtümer nach Pfändg der GrdSch, statt diese abzulösen, auf die Fdg zahlt (Huber S 152).

e) Der RückgewährAnspr ist **abtretb** (BGH NJW **77**, 247), **sicherb, verpfändb** u **pfändb**.

aa) Mit **Abtretg** des umfassden RückgewährAnspr (Anm 2d) geht WahlR auf Zessionar über; er ist aber an vor Abtr vom Zedent getroffene Wahl gebunden. Eine Bindg des Zessionars dch den Zedenten dahin, vom WahlR nur in bestimmter Weise Gebr zu machen (zB RückÜbertr), hat keine Außenwirkg (so überzeugd Serick II 444). – Fällt GrdSch bei ZwVerst in geringstes Gebot, erlangt Zessionar Anspr auf entspr VerstErlös (BGH NJW **77**, 245).

bb) Anspr sicherb dch **Vormerkg**, § 883. Abtr mit VormkgSich vielf zwecks weiterer Sicherg späteren Aufrückens zG nachstehder GrdPfdGläub, an Stelle od neben deren Sicherg dch LöschgsVormkg (§ 1179), die hier bei Erlöschen bloß der pers Fdg bedeutgslos (str, vgl § 1179 Anm 5b). Vgl hierzu Dempewolf, RückÜbertrAnspr; derselbe NJW **57**, 1258 (auch über RLage in ZwVerst u Konkurs), NJW **58**, 673; ferner Serick II § 28 IV; III § 35 III 4; Baur § 45 V 2. Wird der auf Löschg od Verzicht zielde Rückgewähr-Anspr abgetr u vorgemerkt, so rückt mit Löschg der vorrang GrdSch die nachrang nach. Genügt diese als Sicherh, wird sich die Gläub häuf den auf Übertr zielden RückgewährAnspr abtreten lassen. Damit aber Gefahr einer Übersicherg, der aus dem Schuldverhältn zw Eigtümer u Gläub (Sicherhgsabrede) heraus begegnet w kann; Gefahr vor allem einer unredl Weiterzession der GrdSch an gutgl Dritten. Dem kann begegnet w, indem sich der nachrang Gläub verpflichtet, die auf ihn übertr vorrang GrdSch nicht weiter zu zedieren (verpfänden); Verstoß hiergg kann zur auflösden Bedingg der Übertr gemacht w. Die Vereinbg der Unabtretbark (§ 399) ist als VfgsBeschrkg eintragb (s oben § 892 Anm 5a; RGRK § 892 Anm 100 und § 161 Anm 8), ebso wie die Bedingth der Übertr (oben Übbl 9b vor § 873). Bewilligg der Vormkg schon vor Erlöschen od endgült Nichtentstehen der Fdg zul, auch schon gleichzeit mit Eintr der FremdGrdSch. Im letzteren Fall genügt Bewilligg des Eigtümers (§ 885 Anm 3b), sonst die des GrdSchGläub erforderl (Düss NJW **57**, 1282). Gg diesen dann auch **einstw Vfg** (§ 885) zu richten; dieses ist zul, da schuldr RückgewährAnspr schon mit GrdSchBestellg aufschiebd bdgt dch Tilgg der gesicherten Fdg entstanden (BGH NJW **77**, 247); doch kann SichgsPfl aus GrdGesch Erzwingg entggstehen (Huber S 189). Eintragbark der Vormkg, solange GrdSch noch Eigtümer zusteht, w überwiegd bejaht (Dempewolf MDR **57**, 611 gg LG Bchm ebda; Bruhns Rpfleger **58**, 55; Knöchlein BlGBW **57**, 308; vgl auch Henseler AcP **167**, 91). – Entstandener RückgewährAnspr ist dch **Widerspr** (§§ 1157, 899) sicherb (KGJ **53**, 221): GB ist unricht, da es einredefreie GrdSch verlautbart.

cc) **Verpfändg** des RückgewährAnspr: §§ 1273 ff (dazu Scholz aaO).

dd) **Pfändg** des RückgewährAnspr: pfändb nach ZPO 857 I. Vgl Stöber 6. Kap C III; BGH WPM **61**, 691. Eintragb, wenn RückübertrAnspr dch Vormerkg gesichert, vgl Stöber aaO zu Fußn 39. Pfändg schon vor Tilgg der gesicherten Fdg; aber ggstandslos, wenn erstrer Anspr schon vorher abgetr, BGH DNotZ **58**, 386 m Anm Hoche; Meister NJW **59**, 608 (*arg*: § 185 II). Das PfdR hindert den GrdSchGläub nicht an der vertragsmäß Verwertg der GrdSch, RG **143**, 117. Nach der Überweisg des gepfändeten Anspr zur Einziehg (solche an Zahlgsstatt dürfte entspr ZPO 849 unzul sein; str, vgl Nachw bei Stöber aaO Fußn 18), kann der PfändgsGläub bei Fälligk Übertr der GrdSch auf den Eigtümer (Besteller) beanspr; mit der Übertr erwirbt er entspr § 1287 (od entspr ZPO 848 II ein PfdR an der GrdSch; bei (zuläss) Anordng der Übertr an einen Sequester hat er diesen Anspr auch schon ohne Überweisg, vgl Hoche NJW **55**, 163. – Fällt GrdSch

Hypothek. Grundschuld. Rentenschuld. 2. Titel: Grundschuld. Rentenschuld § 1191 3

bei ZwVerst nicht ins geringste Gebot, verwandelt sich PfdR in ein solches am Anspr auf den entspr Versteigergserlös (BGH **LM** § 91 ZVG Nr 1; Rpfleger **75**, 219). – Zur Pfändg des Anspr auf Auskehr überschießden Verwertgserlöses BGH **LM** § 857 ZPO Nr 4 (bei Abtretg der GrdSch sicherghalber).

f) SonderRNachfolge. – aa) Dem SonderRNachf (auch demPfdGläub, § 1275) **in die GrdSch** kann der GrdSchBesteller Einr aus § 812 od aus dem SichgsVertr u sich hieran ergebden RückgewährAnspr ggü bish GrdSchGläub gem §§ 1157, 1192 entghalten (obw RNachf nicht in schuldr Verpfl des bish GrdSchGläub eintritt); den Anspr aus § 1169 aber nicht mit Ziel der RückÜbertr (vgl BGH WPM **67**, 566). Dies aber nur, wenn RNachf **bösgläub:** erfordert, daß er SichgsCharakter **und** Nichtbestehen der gesicherten Fdg kannte (BGH **59**, 1; vgl aber **66**, 165; dagg Lopau JuS **76**, 553; dazu Reithmann NJW **73**, 879 u Baden JuS **77**, 75), od daß RückgewährAnspr dch Vormkg od Widerspr gesichert (Anm 3 e bb).

bb) Der SonderRNachf **in das Grdst** hat den RückgewährAnspr (aus dem ja die Einr gg die GrdSch entspringen) nur, wenn er ihm ausdrückl od stillschw mitübertr wurde (BGH **LM** § 1169 Nr 1; NJW **54**, 310). Letzteres ist anzunehmen, wenn der GrdstErwerber die gesicherte persönl Schuld in Anrechng auf den Kaufpr übernahm (vgl Räbel NJW **53**, 1247; Huber S 133). Beachte, daß hierbei nach überw M die Erleichterg des § 416 nicht gilt (str; aA Brschw MDR **62**, 736; Derleder JuS **71**, 90 Fußn 11; § 416 Anm 3), vgl aber die Anwendbark bei der gesetzl SchuldÜbern auch bei GrdSch nach ZVG 53 II (vgl BGH Rpfleger **71**, 211); ErbbRVO 33 II 3.

g) Befriedigg des GrdSchGläubigers. aa) Dch ZwVollstr in das Grdst (§ 1181); GrdSch u Fdg erlöschen.

bb) Dch **GrdSchAblösg** (§ 1142), indem der Eigtümer auf die **GrdSch** zahlt, die dadch entspr §§ 1168, 1170 (Lent-Schwab § 63 II 4; nach hM entspr § 1143) als **EigtümerGrdSch** auf ihn übergeht (BGH NJW **76**, 2340); bei Befriedigg rückständ Zinsen u dergl erlischt sie nach § 1178 (Düss HRR **36**, 402). AblösgsR besteht bei Fälligk der GrdSch (nicht schon der pers Fdg), Übergang auch mit vorheriger Ablösg (BGH **LM** § 1192 Nr 6 aE). Mit Ablösg erlischt auch die pers Fdg (str; vgl Lopau JuS **76**, 553 Fußn 4); zw ihr u GrdSch besteht AbhängigkVerh ähnl wie zw KausalFdg u sie sichernder WechselFdg. – Zahlt der Eigtümer auf die **Fdg**, so erlischt diese; die GrdSch bleibt **FremdGrdSch**, Eigtümer erlangt aber RückgewährAnspr (Anm 2 d, 3 b bb).

cc) Ob dies auch gilt, wenn Eigtümer u pers Schu nicht ident, ist bestr. Die hM verneint es: Fdg bleibe bestehen; Gläub müsse sie aber an Eigtümer abtreten (RG **150**, 374; BayObLGZ **73**, 143; Erm-Westermann Rdz 22), jedenf dann, wenn dieser Rückgr gg pers Schu habe (so KG NJW **61**, 414; Baur § 45 IV 3 u bei Soergel-Siebert Rdnr 7, Staud-Scherübl § 1143 Rdnr 3e). Nach Heck SR 413, Küchler S 51 geht in diesem Fall die Fdg kr G, entspr § 426 II, auf den Eigtümer über. Vgl auch Matschl NJW **62**, 2132. – Geht man aber zutr davon aus, daß der SichgVertr bereits eine ErfAbrede (GrdSchBestellg erfühalber) enthält (vgl Westermann § 116 II 2b; Huber S 82; Jahr/Kopf JuS **63**, 360 Fußn 26, 28), so kann die **Spaltg der Beteiligg** auch **auf der Passivseite** grdsätzl nichts daran ändern, daß die gesicherte Fdg erlischt, wenn Eigtümer die GrdSch ablöst od auf GrdSch befriedigt. So auch Huber S 83, 117/118. Dem Interesse des Eigtümers trägt im Regelfall der aus dem GrdGesch mit Schu entspringde RückgrAnspr (zB aus § 670) Rechng; war Eigtümer aber zur Befriedigg des Gläub dem Schuldn intern verpflichtet, entspicht das hier vertretene Ergebn schon dem für die Hyp in gleicher Lage gewonnenen (vgl RG **143**, 287 u § 1143 Anm 2a aE). Der Sonderfall, daß der Erwerb der dch die GrdSch gesicherten Fdg dem Eigtümer über § 401 zugleich die Möglichk ausgleichender Befriedigg an zusätzl Sicherheiten Dr (zum Problem vgl § 1225 Anm 2c) verschaffen würde, muß (mit Huber S 119) dch Auslegg der SichgAbrede gelöst w, die für diesen Sonderfall uU eine vertragl Verpfl des Gläub zur Abtr der dann nicht erloschenen Fdg ergeben kann.

dd) Ob auf die **GrdSch od die Fdg** geleistet, ist oft zweifelh. Maßg primär bei Zahlg erklärter **Wille des Zahlden** (BGH NJW **76**, 2340); wenn der eine GrdSch übernehmde GrdstKäufer an den Gläub vor EigtErwerb zahlt, ist Wille der Verk (der noch Eigtümer) maßg (BGH aaO). Wird nach Zahlg auf Fdg vereinb, daß Zahlg auch auf GrdSch geleistet sein soll, wird diese damit zur EigtümerGrdSch (BGH **LM** § 1192 Nr 6). – Wille kann sich aus nicht eintragb (Linde NJW **57**, 450) **AnrechngsAbrede** bei GrdSch-Bestellg ergeben (BGH NJW **76**, 2340); diese berührt aber Dr nicht (BGH **LM** § 1192 Nr 7). Ist (wie in BankAGB übl) Zahlg auf Fdg vereinb (vgl Huber S 218 ff; Kolbenschlag DNotZ **65**, 73) u verlangt Gläub trotzdem Zahlg auf GrdSch (betreibt er insb ZwVollstr in das Grdst) u zahlt Eigtümer, so ist auf GrdSch gezahlt (Haegele Rpfleger **63**, 199 gg Bambg); EigtümerGrdSch entsteht auch bei abredewidr Zahlg auf GrdSch, der Gläub nicht widerspricht (BGH **LM** § 1192 Nr 7; weitergehd NJW **76**, 2340). – Wille kann sich aus **Interessenlage** ergeben. Auf die Fdg wird gezahlt sein: bei Teilzahlgen insb Amortisationen (BGH NJW **74**, 2279); bei Zahlg vor Fälligk der GrdSch (Klee NJW **51**, 579); bei Zahlg iRv lfden KreditVerh (BGH BB **65**, 931); bei Zahlg des mit Eigtümer nicht ident pers Schu. Auf die GrdSch wird gezahlt sein: bei Zahlg des mit pers Schu nicht ident Eigtümers (BGH MDR **68**, 35). – Besteht **kein and Anhaltspkt**, so wird auf die GrdSch gezahlt sein (Hoche NJW **59**, 416; nach aA auf beides). – § 1161 nicht anwendb. Aber die Befriedigg der pers Fdg kann der Eigtümer bis zur Aushändig der Löschgs- od Umschreibgsunterlagen (§§ 1144, 1145) verweigern. Ebso ein vom Eigtümer verschiedener persönl Schu. § 1167 gilt entspr. Dagg ist § 1164 unanwendb. Schu kann aber uU aus dem SichgVertr Abtr der GrdSch verlangen, s oben Anm 3 b; stehn die dort dargelegten Anspr dem Eigtümer als Partner des SichgVertr zu, kann sich aus dessen InnenVerhältn zum fdgstilgden Schu ein Anspr für diesen auf Abtr ergeben (vgl Soergel-Baur Rdnr 7).

ee) Für **ablösgsberechtigte Dritte** gilt § 1150; vgl Übbl 3 D II vor § 1113.

h) GrdSch u Fdg können beide **selbständig abgetreten** w. §§ 401, 1153 gelten nicht, RG **135**, 274; KGJ **43**, 254. Freilich darf (im InnenVerh) Gläub dem Schu ggü nur Fdg u GrdSch gemeins abtreten, Ripfel BWNotZ **61**, 201. Zessionar der Fdg kann idR Abtretg auch der GrdSch fordern, vgl § 401 Anm 1 c. Gg die im Hinbl auf das personengebundene TrHandVerhältn zw SichgNehmer u -geber hiergg erhobenen Bedenken (Erm-Westermann § 401 Rdz 4; Wolff-Raiser § 179 III 2 b Fußn 27; Serick II S 373)

75 Palandt 38. A. 1185

neuerd Scholz NJW **62**, 1228; Friedrich NJW **69**, 485. Abtretg der Fdg erfolgt nach §§ 398 ff. Deshalb können Fdg u GrdSch verschiedenen Personen zustehen. Dann gesamtgläubigerschaftsähnl Verhältn, Küchler S 94 (str). Bei Befriedigg des GrdSchGläub nach § 1181 und § 1142 erlischt auch in diesem Falle die Fdg, Küchler S 97, 101. Kein Schutz des gutgl Erwerbers der Fdg; vgl § 404. Dieser erwirbt die Fdg so, wie sie bestand, dh auflösd bedingt durch Befriedigg des GrdSchGläub. Bzgl der GrdSch aber Schutz des gutgläub Erwerbers nach §§ 892, 1157, BGH NJW **74**, 185; wg Bösgläubigk vgl oben Anm f aa. Der Schu kann sich gg Doppelzahlg sichern, indem er die Erfüllg der Fdg bis zur Aushändigg der Löschgsunterlagen verweigert. Hat er dies versäumt, kann er sich bei Inspruchn aus der GrdSch idR an den ersten GrdSchGläub wg Verletzg des Sichergvertrags halten, Küchler S 100. Huber (S 115/116) gibt dem Schu idF Anspr aus § 812 I 1, § 813 gg den FdgsGläub zwar schon vor Befriedigg des GrdSchInh; doch erscheint fragl, ob hier wirkl trotz peremptor Einr geleistet worden war (vgl § 813 Anm 2). Aus dem der GrdSch-Zession zugrdeliegden RVerh zw Zedent u Zessionar hat der Eigtümer keine Einreden, BGH NJW **74**, 185.

i) **Befugn** des Gläub zur **Verwertung** der sichergshalber bestellten GrdSch bestimmt sich nach dem GrdGesch. Hiernach darf er (im InnenVerh) idR GrdSch in Grdst erst nach Fälligk (auch) der pers Fdg vollstrecken, Ripfel BWNotZ **61**, 401. Er hat die Wahl, ob er die persönl Fdg od die GrdSch od beide gleichzeitig geltdmacht. Über TreuPfl des Gläub zur Verwertg vgl BGH WPM **62**, 1199. Gläub kann ermächtigt werden, die GrdSch nach Fälligk der Fdg durch Abtretg zu verwerten, ohne an die Beschrkgen der §§ 1234ff, 1284 gebunden zu sein, RG **143**, 116 (vgl auch Serick § 35 Fußn 135) od die ganze GrdSch zu verkaufen od zu versteigern, um sich so wg der pers Fdg zu befriedigen; fehlt Vereinbg, so ist Gläub verpflichtet, nur so abzutreten, daß auch der Erwerber nur in Höhe der Fdg aus dem Grdst befriedigen kann, RG JW **36**, 2310. Vgl auch Huber 240ff. Verwertet der Gläub die GrdSch durch Abtretg, so erlischt die Fdg in Höhe der erhaltenen Valuta, Küchler S 102, jedoch auflösd bedingt dadurch, daß Abtretg durch Anfechtg od Rücktr hinfällig wird. Zahlg an ErstGläub nach Übertr wirkt nicht gg ZweitGläub der GrdSch, auch wenn er SichgCharakter des Rechts kannte (vgl oben Anm 3f aa). Zum Ausschl der Übertragbark vgl unten Anm 4b.

4) **Entstehg** usw. a) **Bestellg** nach §§ 873, 874. Gläub, Geldbetrag, Zinssatz u Nebenleistgen sind ohne Bezugn einzutragen, §§ 1115 I Halbs 1, 1192. Die etwa gesicherte Fdg (Anm 2) darf nicht eingetr werden. Bis zur Übergabe des Briefes steht die BriefGrdSch dem Eigtümer zu, §§ 1117, 1163 II, 1192 I. Über die EigtümerGrdSch vgl § 1196 II. ZwVollstrKlausel zul, ZPO 794 I Nr 5. Wegen RentenbankGrdSch vgl Übbl 4 vor § 1105.

b) **Übertragg** nach §§ 1154, 1192 I. Ausn bei den InhGrdSch, § 1195 Anm 3. Dagg gilt § 1153 nicht. Vgl ferner: Nießbrauch § 1080; Verpfändg § 1291; **Pfändg** ZPO 857 IV, 830, 837. Die etwa gesicherte Fdg wird nach ZPO 829 selbständig gepfändet; sie allein zu pfänden, aber zwecklos, da Schuldn nur gg Rückgabe der GrdSch zur Zahlg verpflichtet (vgl oben g u h). Zweckmäß wird der Gläub GrdSch u Fdg pfänden, Stöber BB **64**, 1457; Huber BB **65**, 609, der mit Recht darauf hinweist, daß PfändgsGläub (bloß) der GrdSch sich eine nach der Pfändg erfolgte Begleichg der Fdg nicht entgehalten zu lassen braucht; ebso wohl Serick III § 34 IV 1a. – Übertragbark ausschließb (§§ 399, 413) u zwar der Eintr mit Drittwirkg, Stgt OLGZ **65**, 96; Einl 5 a dd vor § 854.

c) **Inhaltsänderg**: § 877. Umwandlg in Hyp: § 1198, od Rentenschuld: § 1203. Gesetzl Umwandlg der FremdGrdSch in EigtümerGrdSch: vgl § 1192 Anm 2.

d) **Aufhebg**: §§ 1183, 1192 I. Im übrigen vgl § 875 Anm 2. Befriedigg aus dem Grdst: §§ 1181, 1192 I. Der Erlös steht dem Gläub zu, der schuldrechtl verpflichtet ist, den Mehrerlös dem Besteller herauszugeben. Verzicht: § 1168 (Übergang auf den Eigtümer). Ist die GrdSch durch Zuschlag erloschen (ZVG 52 I 2, 91 I) u verzichtet der Gläub auf das Recht, steht der Erlös dem Eigtümer zu, vgl § 1168 Anm 4 c. Die Erkl im Verteilgtermin, für eine nicht valutierte GrdSch nicht zu liquidieren, enthält aber keinen Verzicht, RG JW **31**, 2734; BGH LM § 1163 Nr 2, sond nur eine Nichtausübg des Rechts, rein tatsächl Einr ohne rechtsgeschäftl Charakter, RG JW **32**, 1551, der Erlös ist für den Gläub zu hinterlegen, weil dieser nach wie vor Berechtigter ist; der GrdSchBesteller (Subhastat od dessen RVorgänger) mag aGrd des schuldrechtl Verhältn od gem § 812 vom Gläub Übertr des Anspr verlangen, RG **78**, 71.

5) **Einfluß der Währungsreform 1948**: § 1113 Anm 7.

1192 *Anwendbare Vorschriften.* I Auf die Grundschuld finden die Vorschriften über die Hypothek entsprechende Anwendung, soweit sich nicht daraus ein anderes ergibt, daß die Grundschuld nicht eine Forderung voraussetzt.

II Für Zinsen der Grundschuld gelten die Vorschriften über die Zinsen einer Hypothekenforderung.

1) **Nicht anwendbar** sind die **Vorschr**, die **auf der Abhängigk der Hyp von der Fdg** beruhen: §§ 1115 I Halbs 2, 1137–1139, 1153, 1161, 1163 I (vgl § 1191 Anm 3 bb), 1164–1166, 1173 I 2 (hins der Vereinigg von Fdg u Schuld), 1174, 1177, 1184–1187, 1190. **Alle anderen Vorschriften sind entspr anwendbar**. Auch wenn sie die Fdg betreffen. Das für die Fdg Vorgeschriebene gilt dann für die GrdSch; zB §§ 1115 I Halbs 1, 1118, 1142, 1154. Eigtümer kann mit pers Fdg gg GrdSch aufrechnen (nicht umgekehrt der GrdSchGläub – außer bei AufrechngsVertr –, weil ihm nur das Grdst haftet, OLG **12**, 306), § 1142 II, RG JW **14**, 197. § 1157 anwendbar, § 1157 Anm 1 b. Hierher gehört die Einrede der Nichtvaluitierg, BGH WPM **67**, 566; **72**, 853. Bei laufenden Kreditverhältnissen aber erst nach ihrer zweifelsfreien Beendigg; die Bestimmg, daß nur die aus dem zugrunde liegenden SchuldVerh geschuldeten Beträge zu zahlen seien, ist nicht eintraggsfähig, KG JW **32**, 1759. Über weitere Einreden des Eigtümers vgl § 1137 Anm 1a, b, soweit sie das dingl Recht betreffen. Wg § 1169 vgl dort Anm 1 u § 1191 Anm 3b dd, f aa.

Hypothek. Grundschuld. Rentenschuld. 2. Titel Grundschuld. Rentenschuld §§ 1192-1196

IFv §§ 1173 II, 1182 bleibt das R GrdSch; str, vgl § 1173 Anm 4 b. Wg §§ 1179–1179 b vgl dort je Anm 1 a. Über Umwandlg in Hyp § 1198.

2) Gesetzl Übergang. Die FremdGrdSch geht kraft G auf den Eigtümer über nur in folgenden Fällen: §§ 1142 (§ 1191 Anm 3 g bb); § 1117 II 1, 1173 (BGH NJW **76**, 2132), 1176, 1182 in dem Umfang, in dem Eigtümer (od Dr für ihn; BGH **LM** Nr 6, 7) den Gläub dch Zahlg auf die GrdSch befriedigt. §§ 1168, 1175 I 1, 1176, wenn der Gläub auf die GrdSch verzichtet; § 1175 I 2 gilt auch für SichgGrdSch u zwar auch, wenn der Verzicht gem § 418 I 2 fingiert ist, BGH DNotZ **66**, 667. § 1170 II 1, 1175 II; Ausschl des Gläub. § 889; Vereinigg von Eigt u GrdSch in einer Pers. § 1163 I gilt nicht. Übergang auf Dritte: § 1150. GBVerf: Zur Löschg reicht (neben Zust des Eigtümers, GBO 27) Löschgsbewilligg des eingetr Gläub nicht aus, wenn sich dieser als aus der GrdSch befriedigt erklärt; Angabe der Zahlenden nötig, damit GBA beurteilen kann, auf wen die GrdSch übergegangen; vgl auch § 875 Anm 3 a. Anders, wenn sich Gläub wg der pers Fdg für befriedigt erklärt, KGJ **17**, 201; denn GrdSch ist beim Gläub geblieben (nur Einrede aus § 812). Bei ges Übergang keine VorEintr des Eigtümers als Gläub vor Vfg über GrdSch (KG Rpfleger **75**, 136). – Der Übergang ist nicht mit dingl Wirkg ausschließ (KG JW **33**, 64). Nur ges Übergang des dingl R, niemals der gesicherten pers Fdg. – Niemals ges Übergang auf den pers Schu (hM; vgl § 1191 Anm 3 g bb).

3) Für die Zinsen gelten die §§ 1194, 1197 II. Ferner, wie **II** klarstellt, die §§ 1115 I Halbs 1, 1118, 1119 I, 1145 II, 1146, 1158, 1159, 1160 III, 1171 I 2, 1178. Verweisg auf § 1178 bedeutet, daß bei Tilgg der GrdSch-Zinsen insoweit GrdSch erlischt; nicht aber, daß GrdSchZinsen von Zinsen der gesicherten Fdg abhängg seien, BGH WPM **65**, 1197. Zinsbeginn kann vor Eintr liegen (BayObLG **78**, 136); ist nichts anderes eingetr, beginnt Verzinsg mit Eintr, RG **136**, 234. Ist Unverzinslichk schuldrechtl vereinb, wirkt dies zG eines SonderRNachf des GrdstEigtümers nur, wenn er seinen Anspr aus dieser Abrede an den RNachf abgetreten hat (etwa auf Unterlassg eines Zinsbegehrens od Verzicht auf die GrdSch insow), BGH BB **67**, 937; vgl auch **LM** § 1169 Nr 1 u § 1197 II.

1193 *Fälligkeit.*
I Das Kapital der Grundschuld wird erst nach vorgängiger Kündigung fällig. Die Kündigung steht sowohl dem Eigentümer als dem Gläubiger zu. Die Kündigungsfrist beträgt sechs Monate.

II Abweichende Bestimmungen sind zulässig.

1) In erster Reihe richtet sich die Fälligk nach der **Vereinbarg, II.** Zur Wirkg gg RNachfolger Eintr notw, §§ 873, 874, 1157. Änderg: § 1119 II. § 271 II gilt hier nicht, KG JW **35**, 1641. **Fehlt Vereinbarg,** gilt für das Kapital **I**; für die Zinsen § 608 entspr. § 1141 I 2, II anwendb. Für die EigtümerGrdSch (außer denen des § 1196) gelten die §§ 1193, 1194 nicht, § 1177 I 2; über die gesetzl Stundg vgl Übbl 6 vor § 1113. – Kündigg ist Vfg über die GrdSch, nicht über das Grdst, BGH **1**, 303.

1194 *Zahlungsort.*
Die Zahlung des Kapitals sowie der Zinsen und anderen Nebenleistungen hat, soweit nicht ein anderes bestimmt ist, an dem Orte zu erfolgen, an dem das Grundbuchamt seinen Sitz hat.

1) Vgl §§ 269, 270; über abweichende Vereinbargen vgl § 1193 Anm 1. Für die Leistgsstelle innerh des Ortes gelten allg Grdsätze; vgl § 269 Anm 3. Vgl aber auch § 1177 I 2.

1195 *Inhabergrundschuld.*
Eine Grundschuld kann in der Weise bestellt werden, daß der Grundschuldbrief auf den Inhaber ausgestellt wird. Auf einen solchen Brief finden die Vorschriften über Schuldverschreibungen auf den Inhaber entsprechende Anwendung.

1) Die InhaberHyp, §§ 1187 ff, ist stets Buch- (Sichergs-) Hyp. Die **Inhabergrundschuld** muß **Briefrecht** sein. Sie hat keine prakt Bedeutg erlangt. Gem § 1192 gilt § 1187 S 4 (vgl dort Anm 3 aE).

2) Bestellg entspr § 1188 I durch einseitige Erkl des Eigtümers u Eintr. Als Berechtigter ist der Inh des Briefes einzutragen. Vgl GBO 50 II. § 1189 anwendbar. Staatl Gen (§ 795 Anm 1) ist dem GBA nachzuweisen, RG **59**, 387. Briefbildg GBO 70 II. Briefvorlegg GBO 42 S 2, 53 II 2.

3) Anwendbare Vorschr: §§ 793 ff. Vgl insb § 796 Anm 3; jedoch können Einwendgen durch den öff Glauben des GB ausgeschl sein. § 1154 also nicht anwendbar. Abtretg durch Einigg u Übergabe des Briefes. Belastg nach §§ 1081, 1293. Pfändg nach ZPO 808, 821, 823. Über Zinsscheine vgl Güthe-Triebel § 70 Anm 4 u Planck Anm 11. Umschreibg in gewöhnl GrdSch (§ 806) nach § 877.

1196 *Eigentümergrundschuld.*
I Eine Grundschuld kann auch für den Eigentümer bestellt werden.

II Zu der Bestellung ist die Erklärung des Eigentümers gegenüber dem Grundbuchamte, daß die Grundschuld für ihn in das Grundbuch eingetragen werden soll, und die Eintragung erforderlich; die Vorschrift des § 878 findet Anwendung.

III Ein Anspruch auf Löschung der Grundschuld nach § 1179 a oder § 1179 b besteht nur wegen solcher Vereinigungen der Grundschuld mit dem Eigentum in einer Person, die eintreten, nachdem die Grundschuld einem anderen als dem Eigentümer zugestanden hat.

§§ 1196, 1197 3. Buch. 8. Abschnitt. *Bassenge*

Schrifttum: Mauer, EigtGrdSch u Pfanderstreckg, ZfgesK **68**, 489. – Mümmler, Die Zwangsvollstr in EigtümerGrdPfdRechte, JurBüro **69**, 789. – Riggers JurBüro **69**, 195.

1) Allgemeines. a) § 1196 gestattet dem Eigtümer die Bestellg eines GrdPfdR für sich **am eigenen Grdst**; aber **nur als Grundschuld**, nicht als Hyp, Übbl 3 E a vor § 1113. Er sichert sich damit eine absolute Rangstelle (anders beim RangVorbeh § 881 Anm 6) zur künftigen Verwertg (durch Abtretg od Verpfändg); er schafft sich ein Kreditsicherungsmittel. Bei Veräußerg des Grdst bleibt er Gläub der GrdSch (BGH NJW **75**, 1356); vgl aber für das HöfeR Schlesw SchlHA **57**, 44 mwN. **Brief- od BuchGrdSch**. Abweichg von FremdGrdSch: § 1197. – Entstehg der EigtümerGrdSch auf andere Weise: Übbl 2 E vor § 1113. – Währgs-Reform 1948: Umstellg 1 : 1, 40. DVOzUmstG 2 Nr 3; vgl § 1113 Anm 7. **b)** Abs III ist dch Art 1 Nr 4 des G v 22. 6. 77 (BGBl 998) angefügt und gilt ab 1. 1. 1978.

2) Bestellg dch einseit Erkl (Ausn von § 873 I u bei BriefGrdSch auch von § 1116 II 3) u Eintr (**II**). Sie bedarf als Vfg über das Grdst der Gen nach § 1821 I Nr 1 (KG JFG **9**, 266) u der Einwilligg nach § 1424 (KGJ **43**, 259), nicht aber der Zust nach § 1365 (Hamm DNotZ **60**, 320). Sachlrechtl formfrei, verfrechtl gilt GBO 29. Erkl muß auf Bestellg einer GrdSch für den Eigtümer gerichtet sein; bei nichtiger HypBestellg entsteht keine EigtümerGrdSch (§ 1163 Anm 3). Wg Bestellg dch NichtEigtümer vgl § 892 Anm 3 b. Auch ohne GBEintr entsteht schon mit GBEintr: §§ 1117, 1163 II gelten nicht. – **GesHandsEigtümer** können eine EigtümerGrdSch nur für alle bestellen. Bei **BruchtEigt** kann jeder MitEigtümer seinen Anteil belasten. Belasten MitEigtümer das Grdst im ganzen mit einer GrdSch, die ihnen im gleichen BeteiliggVerhältn wie das Grdst zusteht, so entsteht eine GesEigtümerGrdSch (BayObLG **62**, 189; vgl § 1172 Anm 2d); bestellen sie die GrdSch für sich als einen Gläub, so ist sie am eig Anteil Eigtümer- u am fremden FremdGrdSch (BGH Rpfleger **75**, 84; aA Ffm DNotZ **61**, 411: GesEigtümerGrdSch). Eheleute in GütGemsch können in ihrem Grdst EigtümerGrdSch für sich als GesGläub nur bestellen, wenn sie diese zum VorbehGut erklären (BayObLG **62**, 205). **UnterwerfgsErkl** (ZPO 794 I 5) wg EigtümerGrdSch zul (BGH NJW **75**, 1356). – Neben GrdSchBestellg Angebot an künft GrdSchGläub zu SchuldVerspr iSv § 780 mögl (BGH NJW **76**, 567). UnterwerfgsErkl (ZPO 794 I 5) wg dieser künft pers Fdg zul (BGH aaO; Zawar NJW **76**, 1823 III 2; Lichtenberger MittBayNot **76**, 112; aA KG DNotZ **75**, 718; Wolfsteiner MittBayNot **76**, 35). – Wegen Löschgs-Vormkg vgl § 1179 Anm 2c.

3) Übertragg oder **Belastg** wie bei der FremdGrdSch, § 1191 Anm 4 b. Bei BriefGrdSch also außerh des GB, was die Aufn von Krediten erleichtert; vgl Übbl 2 B c vor § 1113. Über Abtretg als Hyp vgl § 1198 Anm 3. Inhaltsänderg entspr II durch einseitige Erkl. **Pfändg**: ZPO 857 VI, 830; vgl auch Übbl 3 E v or § 1113.

4) LöschgsAnspr aus §§ 1179 a, 1179 b erst nach zweitl FremdRBildg (**III**); vgl § 1179 a Anm 2 c cc, § 1179 b Anm 2 c. IFv § 1179 b wären Gläub u Schu vor FremdRBildg ohnehin personengleich.

1197 *Abweichungen von der Fremdgrundschuld.* **I** Ist der Eigentümer der Gläubiger, so kann er nicht die Zwangsvollstreckung zum Zwecke seiner Befriedigung betreiben.

II Zinsen gebühren dem Eigentümer nur, wenn das Grundstück auf Antrag eines anderen zum Zwecke der Zwangsverwaltung in Beschlag genommen ist, und nur für die Dauer der Zwangsverwaltung.

1) Beschränkgen des Eigtümers. a) ZwVollstr in das eig Grdst **unzul**, um nicht Ausfall nachsteh der Berecht herbeiführen zu können. Auch in mithaftdes Zubeh, das ihm nicht folgt (solches kann bei Veräußerg nach § 930 haften, § 1121); und wenn es von der ZwVerst ausgeschl war u die GrdSch ausfällt (RG **125**, 369). VollstrAusschl ist nur pers Beschrkg der RStellg des Eigtümers als GrdSchInh (BGH NJW **75**, 1356); UnterwerfgsErkl aber eintragb, weil Beschrkg (zB bei Abtr) entfallen kann (BGH aaO). **b) Kein ZinsAnspr**, weil NutzgsMöglichk aGrd Eigt; daher ZinsAnspr nicht bei ZwVerw (weil EigtNutzg ausgeschl), nicht aber währd ZwVerst. Erlischt GrdSch mit Zuschlag, ist Erlösanteil unverzinsl (RG **60**, 362; Stöber Rpfleger **58**, 339); wird sie dadch zur FremdGrdSch, so w sie verzinsl (BGH **67**, 291). Auch nicht wenn Nießbr am Grdst besteht, denn Eigtümer hat sich hier der Nutzgen freiw (u meist entgeltl) begeben (Erm-Westermann Rdn 3; aA Soergel-Baur Rdn 3). Unverzinslichk ist im Umfang des II Inhalt des R selbst (BGH NJW **75**, 1356); Zinsen aber eintragb, weil Beschrkg (zB bei Abtr) entfallen kann (BGH aaO); Zinsbeginn kann vor Eintr liegen (BayObLG **78**, 136). ZinsAbtr jedoch erst ab Wegfall der Beschrkg eintragb (BayObLG **76**, 44; krit Lichtenberger MittBayNot **76**, 109).

2) Diese Beschrkgen gelten für die ursprüngl (§ 1196) u aus einer FremdGrdSch umgewandelte (vgl § 1192 Anm 2) EigtümerGrdSch wie in den Fällen des § 1177 I u II. Bei einer GesGrdSch nicht für die Grdst, auf denen sie FremdGrdSch ist. Nicht im Fall des § 1009 I: Hat ein MitEigtümer eine GrdSch am ganzen Grdst, so kann er die ZwVollstr in das ganze Grdst (nur nicht in die Bruchteile der übrigen MitEigtümer, nach oder in seinen Bruchteil) betreiben. GrdPfdR eines GesHänders am Grdst der GesHand ist FremdGrdPfdR. Die Beschrkgen gelten **nur**, solange Eigt u GläubR vereinigt sind, also nicht mehr nach Abtretg der Eigtümer-GrdSch od Veräußerg des Grdst ohne deren Abtretg. Ferner nicht, wenn der Gläub den Eigtümer beerbt u NachlVerwaltg od -konkurs eröffnet wird, vgl § 1976 Anm 1 b. Auch nicht für GmbH, deren sämtl Anteile der Eigtümer besitzt, RG JW **29**, 248.

3) Beschränkgen Dritter. – a) Für KonkVerw gelten KO 126, ZVG 172 (beachte auch ZVG 174). Beantragt er hiern ZwVerst, fallen alle dingl Re ins geringste Gebot, nicht nur die der EigtümerGrdSch vorgehden. Daneben kann er aus der EigtümerGrdSch die ZwVollstr (mit entspr Folgen für geringstes

Gebot) betreiben (Lorenz KTS **62**, 28; Soergel-Baur Rdz 1; Staud-Scherübl Rdz 1h; Zeller § 1 Anm 55; aA RG **60**, 359). Dagg kein ZinsAnspr des KonkVerw, auch nicht wenn er das Grdst ohne GrdSch freigibt (Staud-Scherübl § 1177 Rdz 4c; aA Zeller aaO; Jaeger-Lent-Weber § 126 Rdz 1). – **b)** Für den **PfdGläub** u **PfdgsGläub** gilt I nicht (Stöber, 6. Kap. Abschn D zu Fußn 37; Zeller § 1 Anm 58d; Schönke-Baur § 30 IV 2c; Weber, SichergsGesch S 197; Köln NJW **59**, 2167; LG Hof Rpfleger **65**, 369; aA RG **60**, 359; Düss NJW **60**, 1723 abl Anm Westermann). PfdGläub kann nach PfdReife Abtr der EigtümerGrdSch an Zahlgs Statt verlangen (§§ 1291, 1282 I 3) od er erwirbt Tit gem § 1277 u läßt sie pfänden u sich wie jeder and PfdGläub an Zahlgs Statt überweisen (KG JW **38**, 2495); beidesmal w die EigtümerGrdSch zur Fremd-GrdSch, erlischt die gesicherte Fdg u kann PfdGläub nunmehr (aGrd dingl Tit; LG Münst JMBlNRW **56**, 4) die ZwVerst od ZwVerw betreiben u damit auf diesem Umweg doch in das Grdst vollstrecken. – **c)** Für den **Nießbraucher** gelten I u II (Hamm HRR **30**, 1216; Westermann § 117 II 2).

1198 *Zulässige Umwandlungen.* **Eine Hypothek kann in eine Grundschuld, eine Grundschuld kann in eine Hypothek umgewandelt werden. Die Zustimmung der im Range gleich- oder nachstehenden Berechtigten ist nicht erforderlich.**

1) Rechtsgeschäftl Umwandlg wie in §§ 1186, 1203. Über Umwandlg kraft G vgl § 1177 Anm 1; § 1192 Anm 2.

2) Voraussetzgen: Umwandlg ist Inhaltsänderg. Erforderl Einigg u Eintr, § 877. Verfahrensrechtl Bewilligg des Eigtümers u des Gläub in der Form GBO 29 I 1; Vorlegg des Briefes nach GBO 41, 42. Weitere Behandlg der Briefe: GBO 65, 66, 69, 70. Wenn Briefausschluß nicht aufgeh wird, bleibt das Recht brieflos, § 1116 III. Gleich- u nachstehende Berechtigte brauchen nicht zuzustimmen, ebsowenig der pers Schu, vgl § 1186 Anm 2b. Genehmigg wie nach § 1180 Anm 3a. – Die vereinbarten alten Zins-u Rückzahlgsbedingungen bleiben, falls nicht geändert, bestehen; ebso Unterwerfgsklausel (ZPO 800), LG Düss DNotZ **62** 97.

3) Bei der Umwandlg einer Grundschuld in eine Hyp ist eine Fdg unterzulegen. Es kann auch eine bedingte (KGJ **51**, 288) od künftige Fdg sein. Die bloße Übern der GrdSch durch den Käufer in Anrechng auf den Kaufpr genügt nicht, KG OLG **45**, 314. Umwandlg der FremdGrdSch in Hyp für Fdg eines Dritten entweder unter gleichzeitiger Abtretg od durch FdgsUnterlegg entspr § 1180 II (§ 1192) mit Zust des bish Gläub KG JFG **6**, 332; vgl auch § 1180 Anm 3, 4. Umwandlg der **EigtümerGrdSch in FremdHyp** dagg nur bei gleichzeit Abtretg, weil Eigtümer nicht Hyp für sich selbst bestellen kann (vgl § 1197 Anm 4); vorher Eintr des Eigümers als GrdSchGläub nicht notwend, BGH NJW **68**, 1674. W eine Eigt-GrdSch unter Umwandlg in FremdHyp abgetreten u ist Umwandlg wg Unbestimmth der unterlegten Fdg nichtig, so hängt es von PartWillen (§ 139) ab, ob das R dem Eigtümer verbleibt od als GrdSch auf Zessionar übergeht, BGH aaO. War noch ein anderer als HypGläub eingetragen, ist ZwischenEintr (GBO 39) des Eigtümers als GrdSchGläub nötig, wenn die neue Hyp in ihrer Art der urspr eingetragenen entspricht, da sonst Umwandlgsvermerk unverständl, KG JW **33**, 2010 mit Anm Beyer; im übr VorEintr entbehrl, vgl § 1177 Anm 3c aE.

4) Bei der Umwandlg einer Hyp in eine Grundschuld erlischt die Fdg nur, wenn GrdSch an Erfüllgs Statt angenommen wird, § 364. Fortan gelten die §§ 1193, 1194. Rechtl mögl ist Umwandlg einer Eigtümer-Hyp (§ 1177 II) in eine EigtümerGrdSch; die einseitige Erkl des Eigtümers genügt neben der Eintr, vgl RG **142**, 237; aM KG JFG **7**, 362. Vgl ferner § 1165.

II. Rentenschuld

1199 *Begriff; Ablösungssumme.* **¹ Eine Grundschuld kann in der Weise bestellt werden, daß in regelmäßig wiederkehrenden Terminen eine bestimmte Geldsumme aus dem Grundstücke zu zahlen ist (Rentenschuld).**

II Bei der Bestellung der Rentenschuld muß der Betrag bestimmt werden, durch dessen Zahlung die Rentenschuld abgelöst werden kann. Die Ablösungssumme muß im Grundbuch angegeben werden.

1) Allgemeines. a) Die idR unkündb Rentenschuld soll vornehml dem Schutz des Landwirts dienen: Tilgg aus den Ernteerträgen. Prakt h sie sich nicht dchgesetzt.

b) Sie ist eine Grundschuld vgl § 1191 Anm 2; kann aber Fdg (zB Leibrente) sichern; auch eine ratenw zu entrichtde KaufprSchuld; dann befristete RentenSch bestellb, soweit nicht die einzelnen Kaufpr-Raten auf die AblösgsSumme berechnet w, Brem OLGZ **65**, 74. Über ihre Unterschiede zur Reallast vgl Übbl 1a vor § 1105.

2) Begriff. Wie bei der gewöhnl GrdSch ist eine bestimmte Geldsumme aus dem Grdst zu zahlen. Aber: **a) in regelmäßig wiederkehrenden Terminen.** Gleiche Höhe nicht notw. Für die einzelnen Leistgen gelten die Vorschr über HypZinsen, § 1200 I, obwohl sie nicht etwa Verzingg der Ablösungssumme sind. Sie dienen auch nicht zur Tilgg der Ablösgssumme. Sie können bedingt sein od befristet, zB beschränkt auf Lebenszeit, Brem OLGZ **65**, 74.

b) Die Ablösgssumme vertritt die Stelle des GrdSchKapitals, vgl § 1200. Ihre Höhe kann beliebig festgesetzt werden, RG **86**, 260, auch verschieden hoch je nach der Zeit der Zahlg, hM, str. Aber nachträgl Erhöhg unzul, KGJ **40**, 343. Der **Gläub kann die Zahlg aber regelm nicht verlangen. Ausnahmen: aa)** § 1201 II 2, **bb)** § 1202 III **cc)** ZVG 91 I, II, 92 I, III, 158 I.

3) Bestellg der Rentenschuld gem §§ 873, 874; für den Eigtümer gem §§ 1196, 1200, 874; für den Brief-Inh gem §§ 1195, 1200, 874. Ablösgssumme ist im GB selbst einzutragen; Ausn von § 874. Verstoß macht die Eintr inhaltl unzul, GBO 53 I 2; Umdeutg in Reallast nicht mögl. Briefbildg: GBO 70. Übertr nach §§ 1154, 1155. Über Dissens bei fehlender Abrede über Ablösgssumme BGH WPM **65**, 950.

4) Umgewandelt in Rentenschuld haben sich das Münchener Ewiggeld u das Nürnberger Eigengeld, BayObLG **52**, 127; **53**, 89, **55**, 60; str; wg der Umstell vgl BayObLG **60**, 361.

1200 *Anwendbare Vorschriften.*
I Auf die einzelnen Leistungen finden die für Hypothekenzinsen, auf die Ablösungssumme finden die für ein Grundschuldkapital geltenden Vorschriften entsprechende Anwendung.

II Die Zahlung der Ablösungssumme an den Gläubiger hat die gleiche Wirkung wie die Zahlung des Kapitals einer Grundschuld.

1) I. Es sind anzuwenden: **a)** auf die einzelnen Leistgen die §§ 197, 289, 1115 I, 1119 I (KGJ **40**, 343), 1145 II, 1158, 1159, 1160 III, 1178; außerdem §§ 1194, 1197 II. Ferner die ZinssenkgsVorschr, KG JW **36**, 2469. Wg WertbeständigkKlausel vgl § 1113 Anm 5 b; ErbbRVO 9 Anm 2.

b) Auf die Ablösgssumme: § 1194 u die Vorschr über das HypKapital, soweit sie nicht in § 1192 I ausgenommen sind.

c) Wegen der Umstell vgl 22 u früh Aufl.

2) II. Zahlt der Eigtümer die Ablösgssumme an den Gläub, erwirbt er eine EigtümerRentenschuld, §§ 1143, 1192 I.

1201 *Ablösungsrecht.*
I Das Recht zur Ablösung steht dem Eigentümer zu.

II Dem Gläubiger kann das Recht, die Ablösung zu verlangen, nicht eingeräumt werden. Im Falle des § 1133 Satz 2 ist der Gläubiger berechtigt, die Zahlung der Ablösungssumme aus dem Grundstücke zu verlangen.

1) Das **Recht des Eigentümers zur Ablösg** kann nur beschränkt (§ 1202 II), nicht ausgeschl werden. Über das Recht des Gläub vgl § 1199 Anm 2 b. **II 1** entggstehende Vereinbgen nichtig; ob dann die Einigg im ganzen nichtig, richtet sich nach § 139.

1202 *Kündigung.*
I Der Eigentümer kann das Ablösungsrecht erst nach vorgängiger Kündigung ausüben. Die Kündigungsfrist beträgt sechs Monate, wenn nicht ein anderes bestimmt ist.

II Eine Beschränkung des Kündigungsrechts ist nur soweit zulässig, daß der Eigentümer nach dreißig Jahren unter Einhaltung der sechsmonatigen Frist kündigen kann.

III Hat der Eigentümer gekündigt, so kann der Gläubiger nach dem Ablaufe der Kündigungsfrist die Zahlung der Ablösungssumme aus dem Grundstücke verlangen.

1) I 1 ist zwingd. Ebenso **II** insoweit, als Fälligk erst nach Ablauf der AusschlFrist und der KündFrist. Eine abweichende KündFrist, **I 1, II**, wirkt gg Dritte nur bei Eintr in das GB, § 892 I 2; Bezugn auf EintrBewilligg zul. Die Künd ist als Vfg über das Grdst nach dessen Beschlagn nicht mehr zul, wenn die Ablösgssumme höher als der Kapitalwert der Renten ist, RG **86**, 260; JW **30**, 631. Landesrechtl Beschrkgen der Künd: EG 117 II.

1203 *Zulässige Umwandlungen.*
Eine Rentenschuld kann in eine gewöhnliche Grundschuld, eine gewöhnliche Grundschuld kann in eine Rentenschuld umgewandelt werden. Die Zustimmung der im Range gleich- oder nachstehenden Berechtigten ist nicht erforderlich.

1) Vgl die Anm zu § 1198. Durch die Umwandlg wird die Ablösgssumme zum Kapital (das nicht höher sein darf als jene), die Rente zu Zinsen. Zulässig ist auch die unmittelb Umwandlg der Rentenschuld in eine Hyp, §§ 1186, 1198. Die Umwandlg in eine GrdSch bei Vereinbg baldiger Fälligk kann uU Nachberechtigten Anspr aus § 826 geben, OLG **36**, 137.

Neunter Abschnitt. Pfandrecht an beweglichen Sachen und an Rechten

Überblick

Neueres Schrifttum: von Lübtow, Die Struktur der PfdR u Reallasten, Festschr für H. Lehmann, I 328 ff; Hj. Weber, SichergsGesch, 2. Aufl 1977, § 6 mwN.

1) Wesen des Pfandrechts:

a) Inhalt. Das PfdR ist ein zur Sicherg einer Fdg best dingl wirkdes u dch § 823 I geschütztes R an fremden bewegl Sachen od Ren, das den Gläub berecht, sich dch Verwertg des Pfd aus dem Erlös zu befriedigen (uU auch NutzgsR: § 1213). In der ZwVollstr gibt es ein R auf vorzugsw (ZPO 805) u im Konk auf abgesonderte (KO 48) Befriedigg. Es begründet eine Haftg, aber keine Schuld (Lent-Schwab § 50 IV mwN). Seine RNatur als absolutes od relatives R richtet sich nach der RNatur des Pfd (BayObLG **67**, 295).

b) Grundsätze. aa) Akzessorietät. Das PfdR ist vom Bestehen der gesicherten Fdg dauernd abhängig: Es entsteht nicht ohne sie, ist nicht übertragb u erlischt mit ihr; die gesicherte Fdg ist nicht auswechselb (§ 1204 Anm 3a). **bb) Spezialität.** An Sachgesamtheiten (Vermögen, Warenlager, Unternehmen) od ideellen Teilen derselben ist ein PfdR nicht dch Gesamtakt bestellb (BGH NJW **68**, 392); an jedem EinzelGgst muß ein PfdR bestellt w, zusfassde Bezeichng aber unschädl (RG **53**, 220); vgl auch § 1204 Anm 2b. Ausn: LuftfzRG 68ff, PachtKrG 3. **cc) Publizität.** Das PfdR muß äußerl erkennb sein dch Bes (zB § 1205), Anzeige (zB § 1280), Registrierg (zB LuftfzRG 5, PachtKrG 2). Ausn bei ges PfdR. **dd) Priorität.** Der Rang des PfdR bestimmt sich nach der Bestellzeit; Ausn: § 1209 Anm 1b.

c) Beteiligte. aa) Verpfänder u pers Schu müssen nicht indent sein (Verpfändg für fremde Schuld); RVerh zw ihnen zB Auftr, GoA. Verpfänder u PfdGgstBerecht (Eigtümer/RInh) müssen nicht indent sein; RVerh zw ihnen zB Auftr od Schenkg, sonst §§ 816, 823, pos VertrVerletzg (vgl v. Caemmerer, GesSchriften 1, 1). Die **Passivseite** kann also drei Beteil haben; die **Aktivseite** nur einen, da Fdgs- u PfdGläub ident sein müssen. – Gläub u PfdGgstBerecht dürfen nicht ident sein: **kein PfdR an eigenen Sachen od Rechten.** Erwirbt bei EinkaufsKomm der Kommitent Eigt als der, an es angeht, so kann Kommissionär PfdR erlangen (zB nach AGB-Banken 19 II; vgl Stauder-Comes WPM **69**, 611 Fußn 7). **bb)** Zw Verpfänder u PfdGläub besteht ein **ges SchuldVerh (PfdVertr)** mit beiders Rechten u Pfl (RG **101**, 47) u den ges PfdRVorschr als Regelinhalt; nicht aber zw PfdGläub u PfdGgstBerecht als solchem (RG Recht **10**, 1590), daher hat letzterer keine Anspr aus §§ 1215, 1217–1219 (hM). Aus Ren nach den dispositiven §§ 1215–1226 können gem § 242 Pfl w (vgl Anm 1c zu §§ 1218, 1219). **cc)** RStellg des pers Schu zum PfdGläub w dch PfdRBestellg nicht berührt. Er kann diesen auf PfdVerwertg verweisen (Ausn: ZPO 777).

d) Schuldrechtl Verpflichtgsvertrag, dch den sich Verpfänder dem PfdGläub zur PfdRBestellg verpflichtet, vom dingl VerpfändgsVertr (§§ 1205 Anm 2, 1274 Anm 1a) zu scheiden. Letzterer kann in ersterem enthalten sein u umgekehrt. Nur Verpfl, nicht abstr Einigg, gibt Anspr auf weitere Bestellgserfordern wie Überg od Verpfändgsanzeige. Bei nichtiger Verpfl ist Verpfändg wirks, aber kondizierb.

2) Pfändungspfandrecht (ZPO 803ff). RNatur sehr str (vgl A. Blomeyer, Festschr v. Lübtow 1970, 803; Säcker JZ **71**, 156; Werner JR **71**, 278; Schönke-Baur § 25).

a) Dch nach VollstrR wirks Pfdg entsteht ohne Rücks auf die EigtVerh am Pfd **öffr PfdVerstrickg** (Veräußergsverbot iS §§ 135, 136), die nicht dch PartHdlg (zB § 1253; and ZPO 843) erlöschen kann. Daneben entsteht ein **privatr PfdR** (ZPO 804), wenn die Fdg des VollstrGläub besteht od der Vollstr-Titel rechtskr ist u Pfd dem VollstrSchu rechtl gehört (str; Baur § 55 D III 2; Wolf § 8 J II c; aA Th-P § 803 Anm 5b); für dieses gelten die §§ 1204ff, soweit die ZPO nicht entggsteht (RG **156**, 397).

b) Einzelheiten. aa) Anwendb sind: §§ 1209 (dort Anm 1a), 1210 (PfdgsPfdR sichert aber nur in den Grenzen von ZPO 322 I, 704; RG **114**, 386), 1212, 1216 mit 1226, 1222 mit 1230 (vgl aber ZPO 803 I 2, 818), 1227 (RG **161**, 120, aA Lüke JZ **55**, 485; VollstrGläub kann zB Herausg an GVz verlangen), 1242 (RG **87**, 325; Rechtmäßigk der Veräußer richtet sich nach ZPO), 1244 (RG **156**, 397: Ersteher w auch bei Bösgläubigk Eigtümer; aA Pinger JR **73**, 94 für Erstehg dch Gläub), 1247 S 2 (bei Verst schuldnerfremder Sache bleibt bish Eigtümer solange ErlösEigtümer, bis GVz Erlös an VollstrGläub abliefert, danach hat er nur noch Anspr aus §§ 812ff; vgl § 812 Anm 5 B a bb), 1250, 1252 (Mü OLG **21**, 105), 1253 (PfdZeichenentferng mit Zust des VollstrGläub steht Rückg gleich; RG **57**, 323), 1255 (Kbg OLG **6**, 275), 1256, 1275 (RG **87**, 415; KG JW **36**, 200), 1276 (Mü OLG **33**, 318), 1281 (vor Überweisg zur Einziehg, RG **108**, 318), 1282 (nach Überweisg zur Einziehg, RG **58**, 107), 1283, 1285 II (Kiel SchlHA **32**, 5). – **bb) Nicht anwendb** sind: Vorschr über die Entstehg u Verwertg (wg §§ 1242, 1244, 1247 vgl aa). Vorschr, die PfdR an schuldnerfremder Sache (zB §§ 1211, 1225, 1249) od unmittelb Bes des Gläub (über BesLage vgl § 868 Anm 2c bb) voraussetzen. Weiter zB §§ 1215 (öffr AmtsPfl des GVz zur Verwahrg; vgl RG **102**, 77), 1218–1221, 1228.

3) Unregelmäßiges Pfandrecht (Kaution), wenn Gläub nach PartWillen das Recht hat, gleichart PfdGgst zurückzugewähren. Er w verfüggsberecht Eigtümer. PfdRVorschr entspr anwendb (Bambg SeuffA **64**, 48), auch §§ 1213, 1214 (Köhler ZMR **71**, 3); dabei ist die abw dingl RLage zu beachten, zB Übereign nach Erlöschen der gesicherten Fdg bei § 1223 (vgl Bambg aaO) od schuldr Anspr auf den die gesicherte Fdg übersteigden Betr bei § 1247 S 2 (Stettin Recht **12**, 595). – PfdR (befristet bzw mit wechselndem Ggst) aber, wenn Pfd unter best Voraussetzgen veräußert werden darf (RG **58**, 290). – **a) Barkaution.** PartWille maßg, ob bei Geldverpfändg regelm (zB Überg in verschlossenem Umschlag) od unregelm (zB VerzinsgsPfl des Gläub) PfdR. Einzahlg auf gemschaftl Kto der Part od auf Kto des einen mit Sperrvermerk für and genügt für Gestellg (Hamm BB **63**, 1117). Zur FreigabePfl hins der die gesicherte Fdg übersteigden Betr vgl KaSt NJW **76**, 199. Mietkaution idR ohne Vereinbg verzinsl (LG Kass NJW **76**, 1544; LG Mannh BB **77**, 417; aA LG Esn NJW **77**, 252; LG Hbg MDR **76**, 1022; Glaser BlGBW **77**, 93). – **b) FlaschenPfd** (vgl Oertmann LZ **18**, 479) ist idR unregelm PfdR an Geld. Gesichert kann sein: Anspr auf LeergutRückg aus Darlehn (BGH NJW **56**, 298), Leihe od Miete (BGH **LM** § 989 Nr 2), Rückkauf (Hbg OLG **45**, 150) od vertragl NebenPfl (OGH NJW **50**, 345); VertrStrafe bei NichtErf dieses Anspr (BGH **LM** § 339 Nr 10); dch Rückg auflösd bdgt GeldFdg (Celle Betr **69**, 309).

4) Landesrechtl Vorbehalte: EG 89, 94, 97. – **IPR:** Im Ausland entstandenes PfdR bleibt im Inland wirks (BGH **39**, 173); vgl Firsching, Einf in das IPR, § 35 4a, d. – **ÜbergangsVorschr:** EG 184. – **DDR:** §§ 443–449 ZGB v 19. 6. 75, GBl I 465.

Erster Titel. Pfandrecht an beweglichen Sachen

Einführung

1) BGB §§ 1204–1258. (Schrifttum: Pikart, Die Rspr des BGH zum PfdR an bewegl Sachen, WPM **62**, 89). Die wirtsch Bedeutg des vertragl PfdR ist gering, da dch SichgEigt (zur Anwendg von PfdRVorschr auf diese vgl § 930 Anm 4) weitgehd ersetzt; bedeuts noch bei LombardGesch der Banken u gewerbl PfdLeihe. **a) Entstehg** dch RGesch (§§ 1205–1207), kr G (§ 1257) od dch Surrogation (§§ 1219 II, 1247 S 2, 1287; AKG 35 IV). **b) Erlöschen.** Eintritt auflösder Bdgg (§ 158 II), Fristablauf (§ 163; vgl RG **68**, 141), SchuldÜbn ohne Einwilligg des Eigtümers (§ 418), lastenfreier Erwerb (§§ 936, 945, 949, 950 II, 955 ff, 973 I), rechtm PfdVerk (§ 1242 II), gutgl Erwerb bei unrechtm PfdVerk (§ 1244); FdgsAbtr mit Ausschl des PfdRÜbergangs (§ 1250 II), Erlöschen der Fdg (§ 1252), PfdRückg (§ 1253), PfdRAufhebg (§ 1255), Vereinigg von PfdR u Eigt (§ 1256), Untergang od dauernde Wertlosigk (RG **96**, 185) des Pfd; vgl auch AKG 19 IV. **c) Verwertg.** Die Befriedigg des Gläub aus dem Pfd kann nach seiner Wahl (Ffm Rpfleger **74**, 430) erfolgen: **aa)** Ohne vollstrb Tit od gerichtl Ermächtigg dch priv PfdVerk nach §§ 1234–1240, 1245 (§ 1233 I). **bb)** AGrd eines Tit zur Duldg des PfdVerk wahlw dch priv PfdVerk nach §§ 1234–1240, 1245 od gerichtl PfdVerk nach ZPO (§ 1233 II). **cc)** AGrd ZahlgsTit gg den pers Schu dch ZwVollstr nach ZPO in das Pfd (RG LZ **16**, 1427). Pfändet Gläub Sache eines Dr, der zur Duldg der PfdVerwertg verpflichtet, so ist dessen Widerspr aus ZPO 771 unbeachtl (RG **143**, 277).

2) PachtKrG (Schrifttum: Sichtermann, PachtKrG 1954 u RdL **56**, 99; **69**, 169, 200; Jacobi, ZKW **67**, 488, 548 u RdL **68**, 197; Sparberg, Der zivilr RSchutz der PachtKrInst bei Beeinträchtigg des InventarPfdR, 1974). **a) PfdGgst** sind alle dem Pächter eines landw Grdst bei VertrNiederlegg gehörden Inventarstücke (vgl § 586 Anm 1 b, RG **142**, 202) einschl AnwR (BGH **54**, 319) sowie später erworbene ab Einverleibg (bzw ab EigtErwerb bei vorheriger Einverleibg, BGH LM Nr 3), soweit nicht Einzelstücke ausgenommen (§ 3). **b) PfdRBestellg** ohne BesÜbertr dch schriftl VerpfändgsVertr (notw Inhalt: § 2 I 3) zw Pächter u PachtKrInst u dessen Niederlegg beim AmtsG (§§ 1, 2). Es braucht noch kein Inventar vorhanden zu sein (BGH **54**, 319). Mehrere PfdR für verschiedene Gläub können bestellb (RG **143**, 7). Gutgl PfdRErwerb vorbehaltl BGB 935 mögl (§ 4), aber nicht an nach VertrNiederlegg einverleibten Stücken (BGH **35**, 53). Bösgläubigk bzgl VerpEigt idR bei Verstoß gg § 2 II. **c) Gesicherte Fdg** muß Darlehn sein (§ 1); Verwendg für Landw nicht erforderl (BGH **54**, 319). **d) Rang**: Gleichrang mit dem VerpPfdR (§ 4 II 2); bei Gutgläubigk Vorrang vor Rechten Dr (§ 4 II 1; vgl aber § 4 III); Ausn bei GrdPfdR, die Inventar erfassen, u ZwVollstr (§ 7). **e) Schutz** gg gutgl Erwerb Dr dch Niederlegg (§ 5 I), jedoch nur gem BGB 936 bei Veräußerg nach Aufgabe der Pachtstelle u Inventarentferng (BGH **51**, 337); gg PfdRBeeinträchtigg entspr BGB 1227 (§ 8); gg Verwertg des ges VerpPfdR gem § 11 II; gg ZwVollstr vgl Noack DGVZ **73**, 101. **f) Erlischt** dch Vfg über Einzelstücke innerh ordngsm Wirtsch (§ 5 II; nicht mehr nach Pachtende, RG **141**, 203), entspr BGB 1252 (§ 14 I), dch rgesch Aufhebg (§ 14 II) u Untergang. **g) Verwertg** entspr BGB 1228 ff, ohne öff Verst nur mit Einwilligg des Verp (§ 11 I 2).

3) DüngemittelG (Schrifttum: Kommentare v Ebeling, Kreuzer u Sichtermann, alle 1955; Drischler Rpfleger **48/49**, 499; Ehrenforth DRZ **49**, 83; Nölte GuR **49**, 2247). Erstrangiges (§ 2 IV) publizitätsloses ges PfdR an Früchten der nächsten Ernte, soweit nicht gem ZPO 811 Nr 2–4, 865 unpfändb (§ 1 I 2; hier PfdR nach PachtKrG mögl, BGH **41**, 6; Oldbg LR **63**, 25), zG der Lieferanten von Düngemitteln usw bzw der Kreditgeber (§ 1; über PfdR bei KtokorrentFdg BGH **29**, 280). Erlischt mit Entferng der Früchte vom Grdst, außer wenn sie ohne Wissen od gg Widerspr des Gläub erfolgt (§ 1 I 1). Kein WiderspR u damit Erlöschen bei Entferng innerh ordngsm Wirtsch (zB Veräußerg; Werner AgrarR **72**, 333, aA Schlesw SchlHA **56**, 111) od Sicherg dch verbleibde Früchte (§ 2 I 2); aber kein Erlöschen bei Unwissen des Gläub (Werner aaO gg hM), bei ausreichder Sicherg hilft BGB 242.

4) KabelPfdG v 31. 3. 25, RGBl 37. Verpfändg von Hochseekabeln dch Einigg, Einwilligg des Bundespostministers u Eintr in das Kabelbuch (§ 2 I).

5) SchiffsRG (Schrifttum: Vorbem vor § 929a).

a) PfdR an Schiffen. aa) Verpfändg im SchiffsReg eingetr Schiffe, Schiffsbauwerke, Schwimmdocks u MitEigtAnteile daran nur dch **SchiffsHyp** (§§ 1, 8, 76, 81 a); für nichteingetr Schiffe usw gelten BGB 1204 ff, für Schiffspart BGB 1273 (HGB 503 III). **bb) SchiffsGläubR** sind die ges PfdR an Schiffen. Sie sind für das SeeR in HGB 754 u für das BinnenschiffahrtsR in BinnSchG 102 abschließd aufgezählt. Sie haben im SeeR Vorrang vor od PfdR (HGB 761), im BinnenschiffahrtsR nur teilw (vgl BinnSchG 109; BGH MDR **76**, 646: Vorrang arbeitsr FreistellgsAnspr vor SchiffsHyp).

b) SchiffsHyp. aa) Bestellg dch Einigg u Eintr im SchiffsReg (§ 8); ges Entstehg BGB 1287 S 2, ZPO 847a II 2, 931. Solange die gesicherte Fdg nicht besteht, entsteht keine dingl Belastg (abw BGB 1163 I 1). Die Eintr begründet für die Hyp die RVermutg des § 16, aber BGB 1138 gilt nicht. **bb)** Sie hat die **RNatur** einer SichgHyp (vgl § 8 I 3) u ist damit stets BuchHyp. Sie ist als Gesamt- (§ 28) u HöchstBetrHyp (§ 75) sowie für Fdg aus InhSchVerschreibg u Orderpapieren (§§ 72, 73) bestellb. Haftgs-Umfang §§ 29, 38 II. HaftgsGgst §§ 31, 32, 79, 80, 81 a. **cc) Rang** u RangÄnderg §§ 25–27; Inhalts-Änderg § 54; FdgAuswechselg § 55. **dd)** Sie **erlischt** vorbehaltl § 59 mit der gesicherten Fdg (§ 57 I 1; abw BGB 1163 I 2). Bis zur Löschg hat jedoch der Eigtümer nach § 57 III die weder abtretb noch pfändb Befugn, eine nach Rang u Höhe gleiche neue Hyp zu bestellen. Dies gilt auch bei Erlöschen nach §§ 57 II (auch BGB 418 I 2), 64, 66 II, ZPO 870a III 1, 931 VI od inf Verz des Eigtümers auf die ihm nach §§ 44 I, 64 II zugefallene Hyp; nicht aber bei Erlöschen aus and Grden (§§ 56, 57 III 1 Halbs 2 iVm I 2, 57 III 3 Halbs 2, 65, gutgl lastenfreier Erwerb, BGB 158, HGB 764 II, SchiffsRegO 17 IV, 20), so daß in diesen Fällen und Rechte nachrücken. **ee) Verwertg** nur dch ZwVerst (§ 47, ZPO 870a, ZVG 162ff).

6) LuftfzRG; ausgerichtet am Genfer PfdRAbk v 19. 6. 48, BGBl 59 II 129, 68 II 7 (Schrifttum: A b r a h a m , Das Recht der Luftfahrt, 1960, 470ff; Bölling ZLW **59**, 215; Rehm NJW **59**, 709 u ZLW **59**, 364; Schmidt-Räntsch Betr **59**, 563; Wendt MDR **63**, 448); Bauer JurBüro **74**, 1.

a) Luftfz, die in der LuftfzRolle eingetr sind u MitEigtAnteile daran sind nur mit einem **RegPfdR** belastb (§§ 1, 6, 9 I); ges PfdR außer BGB 647 sind mögl (Wendt MDR **63**, 448). Für nichteingetr Luftfz gelten BGB 1204ff, für ausl §§ 103ff. – Gleiche Rechte wie RegPfdR gewähren nach ausl Recht mit Vorrang ausgestattete Rechte wg Anspr aus Bergg u Erhaltg (§§ 75ff). **aa) Bestellg** dch Einigg u Eintr in LuftfzPfdReg (§ 5) des AG Brschw; unzul wenn ZwVollstrPfdR eingetragen (§ 7). Solange die gesicherte Fdg nicht besteht, entsteht keine dingl Belastg (abw BGB 1163 I 1). RegEintr begründet RVermutg zG des Erwerbers des LuftfzPfdR od eines Rechts daran (nicht aber zG des EigtErwerbs) hins dieser Rechte (BGB 1138 gilt aber nicht) u des Eigt (§§ 15ff) u steht Belastg mit and als RegPfdR (nicht aber SichgÜbereigng) entgg (§ 9 II). **bb)** Es hat die **RNatur** einer SichgHyp (vgl § 4) u ist als Gesamt- (§ 28) u HöchstBetrRegPfdR (§ 3), nicht aber für Fdg aus InhSchVerschreibg u Orderpapieren (§ 8) bestellb. HaftgsGgst §§ 29, 38 II. HaftgsGgst §§ 31, 32. **cc) Rang** u RangÄnderg §§ 25–27; Inhalts-Änderg § 54; FdgAuswechselg § 55. **dd)** Es **erlischt** vorbehaltl § 59 mit der gesicherten Fdg (§ 57 S 1; abw BGB 1163 I 2). Eigtümer hat keine Befugn entspr SchiffsRG 57 III, so daß nachrangige Rechte bei jedem Erlöschensfall (zB §§ 56, 57 I, 63, 66 II, 99 I u II iVm ZPO 870a III 1) aufrücken u RangÄnderg nicht der Zust des Eigtümers bedarf. **ee) Verwertg** nur dch ZwVerst (§§ 47, 99 I, ZPO 870a, ZVG 171a ff).

b) Das RegPfdR ist auf **Ersatzteile** erweiterb. Verpfändg u ges PfdR nicht ausgeschl, da § 9 nicht anwendb (§ 70 I). Erweiterg für Gläub zweckm, da ausgewechselte Teile mit Einbringg in ErsTeilLager nicht mehr Bestandt od Zubehör des Luftfz u damit von Haftg frei sind (§ 31 III, IV). **aa) PfdGgste** sind alle ggwärtig an einer best inl od ausl Stelle (ErsTeilLager) lagernden u später eingebrachten ErsTeile, die dem Eigtümer des verpfändeten Luftfz gehören (§§ 68 I, 71 I); nicht nur einzelne ErsTeile (AG Brschw NdsRpfl **65**, 151). Sie w bei Entferng aus dem Lager vor Beschlagn frei (§ 71 II). **bb) Bestellg** dch Einigg (braucht sich nur auf den jeweiligen Lagerbestand u nicht auf die Einzelteile zu erstrecken) u Eintr in LuftfzPfdRReg (§ 68 II). Ohne RegPfdR an Luftfz ist diesem Aufhebg es auch als aufgehoben gilt, § 70 II; Ausn § 74) nicht bestellb. Unterläßt Eigtümer Bek am Lager (vgl § 69), so ist PfdR wirks, aber keine Anerk im Ausland (Art X Genfer PfdRAbk u SchadErsPfl ggü Gläub. **cc)** Für den **Inhalt** gelten die Vorschr über das RegPfdR an Luftfz (§ 70 I).

7) AllgGeschBedinggen können PfdRBestellg vorsehen; neben ges PfdR (zB § 647) kann so vertragl PfdR bestellt w; idR aber nur für konnexe Fdg (Berg JuS **78**, 86). PfdR besteht nur, wenn in AGB erklärte Einigg in dem Ztpkt noch besteht, da das Pfd in den Bes des Gläub gelangt; doch w Fortbestehen vermutet (§ 929 Anm 2c). Gutgl PfdRErwerb aGrd AGB mögl (BGH **68**, 323; krit Picker NJW **78**, 1417), sofern diese nicht PfdR an schuldnerfremder Sache vorsehen, wodch Gläub bösgl (BGH NJW **63**, 2222). – **a) ADSp 50.** Rgesch PfdR (BGH **17**, 1). Strittig iS Abs c ist eine Fdg, wenn die gg sie erhobenen Einwdgen nicht ohne weiteres unbegründet sind (vgl BGH **12**, 143). Gesicherte Fdg braucht nicht dch Beförderg des Pfd entstanden zu sein, muß aber aus Vertr iRv ADSp 2a herrühren, so daß Erwerb dch Abtr nicht ausreicht (BGH **20**, 231). Kein PfdR an auftraggeberfremder Sache wg inkonnexer Fdg (BGH NJW **63**, 2222; Düss VersR **74**, 661). – **b) AGB-Banken 19ff** (vgl Räbel ZKW **69**, 62; Consbruch BB **69**, 9; Liesecke WPM **69**, 546; **75**, 226; Stauder-Comes WPM **69**, 610; Canaris NJW **73**, 325; Kümpel WPM SondBeil 1/76). Werte, die der Bank mit bes Zweckbestimmg (BGH **LM** Nr 3: vorübergehde Verwahrg; BGH LM Nr 5: Diskontierg; LG Bchm MDR **58**, 847: nicht beim Inkasso) zugeleitet u, unterliegen auch bei Ablehng des Auftr nicht dem PfdR (BGH WPM **73**, 167; vgl aber § 1292 Anm 2a); auch nicht offenes TreuHdKto (BGH **61**, 72) od Sicherh Dr für KundenFdg (Ffm WPM **73**, 1150). Kein PfdR an schuldnerfremder Sache (Hbg MDR **70**, 422). Vgl auch § 1274 Anm 1a bb, § 1293 Anm 1a, § 1296 Anm 1. – **c) Sonstige AGB**: BGH **68**, 323; Nürnb MDR **76**, 491.

8) Gewerbliche Pfandleihe. GewO 34, VO v. 1. 6. 76 (BGBl I 1335); vgl § 1228 Anm 1b, 2a; § 1237 Anm 2; EG 94 Anm 1.

1204 *Begriff.* I Eine bewegliche Sache kann zur Sicherung einer Forderung in der Weise belastet werden, daß der Gläubiger berechtigt ist, Befriedigung aus der Sache zu suchen (Pfandrecht).

II Das Pfandrecht kann auch für eine künftige oder eine bedingte Forderung bestellt werden.

1) Pfandrecht. Notw Einräumg eines BefriediggsR aus dem Pfd (nicht nur aus seinen Früchten); anderenf kann ZbR gewollt sein. Wirks aber Abrede, Pfd nur zu verwerten, wenn Früchte unzureichd od PfdVerk dch Dritte droht. Bedingtes od befristetes PfdR zul; PartVereinbg maßg, ob Ankündigg der PfdVerwertg od deren Beginn vor Fristablauf notw (RG **68**, 141). Vereinbg zul, daß Pfd nur für best FdgsHöhe haftet.

2) Bewegliche Sache. Sie kann vertretb (§ 91), verbrauchb (§ 92), unpfändb (ZPO 811) sein. Selbstd verpfändb sind Zubehör (§ 97), unwesentl u ScheinBestandt (§ 95), nicht aber wesentl Bestand (§§ 93, 94; vgl aber ZPO 810 u DüngemittelG 1) u unausgeschiedene Teile einer Sachmenge (RG Warn **13**, 293; vgl aber Anm 2c). Wg Erstreckg auf Bestandt, Zubehör, Früchte u Surrogate des Pfd vgl § 1212. **a) Verwertbark** der Sache ihrer Art nach dch PfdVerk erforderl. Unverpfändb daher (im Ggsatz zu Order- u

§§ 1204, 1205　　　　　　3. Buch. 9. Abschnitt. *Bassenge*

InhPap, §§ 1292, 1293) Urk, die nicht selbstd RTräger sind; zB GrdPfdRBrief (RG **66**, 24; BGH **60**, 174), Versichergspolice (RG **51**, 83), Kfz-Brief, PfdSchein (Mü OLG **18**, 193), Sparbuch (RG **68**, 282), Hinterleggs- od Schuldschein; auch AusweisPap (AG Heilbr NJW **74**, 2182). Umdeutb in: ZbR (RG **66**, 24), Einlösgsermächtigg mit PfdRErwerb gem § 1205 I 2, Verpfändg des verbrieften Rechts od § 1205 II. – Verpfändg von Ggst, der zum SonderVerm einer KapitalanlageGesellsch gehört, AnteilsInh ggü unwirks; § 9 II G idF v 14. 1. 70, BGBl 127. **b) Sachgesamth.** Wg PfdRBestellg vgl Übbl 1 b bb. Bei wechselndem Bestand können ausscheidde Ggst nach §§ 1253, 1254 entpfändet u hinzukommde nach Anm 2c verpfändet w. **c) Künftig entstehde Sache** nur dch vorh Einigg für den Fall der Entstehg verpfändbr; PfdR entsteht erst mit ihrer Entstehg, wenn dann §§ 1205, 1206 erfüllt sind. Ebso verpfändb: selbstd werdde wesentl Bestandt u Früchte, auszuscheidde od unterscheidb werdde Teile einer Sachmenge, Surrogate, vom Verpfänder zu erwerbde Sache.

3) Forderg muß vermögensrechtl Art (zB auch VertrStrafe) u GeldFdg sein od (zB auch UnterlAnspr) nach §§ 280, 283, 325, 326 in solche übergehen können (§ 1228 II 2); keine Sicherg dingl Rechte, wohl aber eine Gewähr (Einf 3c vor § 765) für diese. Sie muß sich nicht gg eigne Schuldner richten (Übbl 1 c aa). **a)** PfdR kann **ohne Fdg** nicht entstehen (Übbl 1 b aa). Keine Auswechselg der gesicherten Fdg unter Aufrechterhaltg des PfdR (Karlsr OLG **15**, 393; vgl aber § 1210 Anm 1), Neubestellg erforderl (Rangverlust!). Bei nichtiger Fdg entsteht PfdR nur, wenn Umdeutg (§ 140) mögl. Für eine zufolge der Nichtigk entstandene and Fdg (zB § 812) entsteht PfdR, wenn nach Parteiwille auch diese gesichert sein sollte (BGH NJW **68**, 1134; weitergehd Baur § 55 B II 2a); sonst nur ZbR. Bei unvollk Fdg (Einl 4 vor § 241) entsteht PfdR, wenn diese schutzwürd ist, zB §§ 222 (223 I), 814 (RGRK Anm 8), KO 193 II, VerglO 82 II, vgl auch BörsG 54 (RG JW **21**, 464); sonst (zB §§ 656, 762, 817) nicht. Kein PfdR entsteht, wenn Fdg nicht erfüllt w darf (BGH **23**, 293). **b)** Fdg kann **künftig** od **bedingt** sein (**II**). Sie muß nach EntstehgsGrd, nicht aber nach Höhe od HöchstBetr bestimmb sein (KGJ **44**, 269); zB alle ggwärt u künft Fdgen gg einen best Schu (RG **78**, 26), alle Fdgen des Gläub aus lfdem Kredit (KG Recht **27**, 1192; nach Brem BB **74**, 154 sichert PfdR aus AGB-Banken 19 II auch künft KostenerstattgsAnspr aus RStreit); vgl auch § 765 Anm 2. PfdR entsteht mit Bestellg (Rang: § 1209), wg Erlöschen vgl § 1252 Anm 1.

1205 *Bestellung.* ¹ Zur Bestellung des Pfandrechts ist erforderlich, daß der Eigentümer die Sache dem Gläubiger übergibt und beide darüber einig sind, daß dem Gläubiger das Pfandrecht zustehen soll. Ist der Gläubiger im Besitze der Sache, so genügt die Einigung über die Entstehung des Pfandrechts.
II Die Übergabe einer im mittelbaren Besitze des Eigentümers befindlichen Sache kann dadurch ersetzt werden, daß der Eigentümer den mittelbaren Besitz auf den Pfandgläubiger überträgt und die Verpfändung dem Besitzer anzeigt.

1) Verpfändg. a) PfdRBestellg dch RGesch erfordert **Einigg** (Anm 2) u (sofern PfdGläub nicht schon Besitzer, Anm 4) **Besitzeinräumg** (Anm 3, 5; § 1206) als selbstd nebeneinander stehde Voraussetzgen. Beide müssen nicht gleichzeitig erfolgen; bei vorausgehder Einigg (insb in Fällen nach 1204 Anm 2c) gilt § 929 Anm 2c entspr (KG JW **25**, 1523). – **b)** Bestellg dch **Besitzkonstitut** (vgl § 930) ausgeschl. Umdeutg in SichergsÜbereign (§ 930 Anm 4) mögl, wenn EigtÜbertr u RVerh gem § 868 ernsth gewollt. Auf ScheinGesch (zB Sichergskauf, vgl RG **62**, 126) zur Verdeckg der Verpfändg sind PfdRVorschr anwendb (§ 117 II); sind diese nicht erfüllt, so werde Eigt- noch PfdRErwerb. Mangels BesEinräumg nichtige Verpfändg nicht in SichergsÜbereign umdeutb, wenn diese nicht gewollt (BGH WPM **56**, 258); aber uU in ZbR.

2) Einigg zw Eigtümer u PfdGläub; Verpfändg dch Nichteigtümer wirks nach § 1207 od § 185 (RG **93**, 230). Sie muß die Bestellg eines PfdR (§ 1204 Anm 1) für den PfdGläub (keine Bestellg zG Dritter; RG **124**, 221), das Pfd (§ 1204 Anm 2) u die gesicherte Fdg (§ 1204 Anm 3) umfassen (RG **136**, 422). Sie ist abstr dingl RGesch. Einigg ist formfrei, auch bei Verpfändg für fremde Schuld (Dresden OLG **5**, 323). Sie kann dch Bezugn auf AGB erfolgen (RG **126**, 348); vgl AGB-Banken 19 II u ADSp 50 (Einf 7).

3) Übergabe (I 1) des Pfd (bzw von TradPap), Stellvertretg nicht mögl (and bei Einigg nach § 854 II). Bei Fehlen Umdeutg in ZbR mögl (OGH NJW **50**, 784).

a) Erfordernisse (vgl auch § 929 Anm 3). **aa)** Eigtümer muß unmittelb Besitz völl aufgeben, darf aber BesDiener bleiben. **bb)** PfdGläub muß unmittelb Besitz gem § 854 I od II (RG DJZ **12**, 1470) erwerben; erfordert HerrschaftsVerh, das für alle, die darauf achten, erkennb ist (RG **77**, 208). Ausreich aber auch Überg an BesMittler (RG **118**, 253) od BesDiener (der zugl Angestellter des Eigtümers sein kann; RG **77**, 209) des PfdGläub; nicht ausreichd, wenn PfdGläub nur BesDiener w (RG **92**, 267). **cc)** Eigtümer muß BesErwerb dch PfdGläub wollen (RG Warn **12**, 433); zB wenn PfdGläub mit Zust des Eigtümers (die nicht schon in EiniggsErkl liegt, RG JW **08**, 681) Besitz ergreift od Besitzer auf Weisg des Eigtümers die Sache dem PfdGläub gibt. Daher erlischt PfdR, wenn PfdGläub Pfd länger als vereinbart besitzt (RG JW **14**, 681).

b) Einzelfälle (vgl auch § 854 Anm 3). **aa) Überg bejaht:** Sachen in verschlossenem Raum (Einzäung) dch SchlüsselÜberg, selbst wenn Eigtümer ins zeitw für best Verrichtgen zurückhält (RG **67**, 422) oder unbenutzten (über verheimlichten vgl § 854 Anm 3) Zweitschlüssel behält (RG **66**, 264); and wenn Eigtümer den Raum wg sof SchlüsselRückg (RG **66**, 258), nur nächtl Verschlusses (RG **77**, 209) od and Zugangs (Dresden SeuffA **66**, 140) wie bish benutzt. Gesonderte Lagerg bei Eigtümer mit Bewachg dch PfdGläub (RG Warn **12**, 433). Beendigg des RücknR des Hinterlegers nach § 367 II 1, 2 bei PfdRBestellg dch Hinterlegg (RG **135**, 274; RGRK Anm 7). **bb) Überg verneint:** Auftr an Dritten

1194

(auch mit Zust des Eigtümers), die noch im Besitz des Eigtümers verbleibde Sache für PfdGläub zu beaufsichtigen u zu verwalten (RG **74**, 146). Überg von Legitimationspapieren über Einlagerg, wenn Eigtümer bei Ausliefg mitwirken muß (RG Warn **13**, 293). Lagerg mit PfdTafel bei Eigtümer in unverschließb Einzäung (RG **74**, 146). Einbringg in Raum, dessen Schlüssel vom PfdGläub dem Eigtümer überlassen (RG **67**, 424; vgl auch aa).

4) Bloße Einigg genügt, wenn PfdGläub schon Besitzer (**I 2**) od Mitbesitzer iS § 1206 (RG SeuffA **85**, 115). Mittelb Besitz genügt, sofern Verpfänder nicht BesMittler ist (RG **118**, 250; Rittner JZ **65**, 274); zB Verpfändg der MitEigtAnteile im Girosammeldepot ruhder Wertpapiere (vgl RGRK Anm 19).

5) Übertragg des mittelb Besitzes u Anzeige (II), zB bei Verpfändg schon verpfändeter Sache. Eigtümer w damit mittelb Besitzer höherer Stufe, PfdGläub w sein neuer BesMittler u sein alter BesMittler w BesMittler des PfdGläub. Verpfändg von Sachen in Bankfach nicht nach II (da MietVertr), sond nach I od § 1206.

a) Übertragg des mittelb Besitzes dch Eigtümer gem § 870. HerausgAnspr kann bdgt od befristet sein (RG Warn **29**, 11). Anspr aus § 985 nicht abtretb, aber verpfändb (§ 985 Anm 1). Anweisg des Eigtümers an BesMittler, fortan für PfdGläub zu besitzen, u Vereinbg eines BesMittlgsVerh zw diesen ist Überg gem I 1 (BGH NJW **59**, 1536; aA RG Recht **26**, 1109). HerausgAnspr muß best u unterscheidb bezeichnete Sache betreffen, reale Teile einer Sachmenge sind nach Individualmerkmalen u nicht nach Zahl u Menge zu bezeichnen (RG **52**, 385); vgl aber § 1204 Anm 2 c.

b) Anzeige des Eigtümers an BesMittler; bei MitBes an alle, bei gestuftem mittelb Besitz nur an den nächsten. Formfreie empfangsbedüft WillErkl u VfgsHdlg, die BesMittler zur Herausg an PfdGläub ermächtigt u verpflichtet (RG **85**, 436). Sie ist schlüss (RG Warn **29**, 11) od dch Stillschw (RG **89**, 291) erklärb u muß erkennen lassen, daß BesMittler fortan für best Dritten besitzen soll, wobei Angabe der Verpfändg nicht notw (Hbg HRR **33**, 1013). Wg Anzeige beabsichtigter Verpfändg vgl RG Warn **29**, 11; **30**, 69. Eigtümer kann PfdGläub (od Dritten) zur Anzeige bevollm (PfdVertr genügt dazu idR nicht, RG **85**, 437) od Anzeige genehmigen (idR nicht dch bloßes Stillschw, RG SeuffA **86**, 118). §§ 174 (W-Raiser § 163 I 1 b), 409 II anwendb, nicht aber § 409 I 2. Bloße Kenntn des BesMittlers von Verpfändg genügt nicht (RG **89**, 289). Ohne Anzeige kein PfdR nach II, Umdeutg in Gestattg der Befriedigg aus der Sache mögl (KG SeuffA **73**, 226).

1206 *Übergabeersatz durch Einräumung des Mitbesitzes.* **Anstelle der Übergabe der Sache genügt die Einräumung des Mitbesitzes, wenn sich die Sache unter dem Mitverschlusse des Gläubigers befindet oder, falls sie im Besitz eines Dritten ist, die Herausgabe nur an den Eigentümer und den Gläubiger gemeinschaftlich erfolgen kann.**

1) Überg nach § 1205 I 1 dch Einräumg von **qualifiziertem** unmittelb (Mitverschluß) od mittelb (PfdHalterVertr) **Mitbesitz** ersetzb.

2) Mitverschluß von Eigtümer u PfdGläub. Eigtümer darf nicht ohne Mitwirkg des PfdGläub (bzw seines BesDieners od BesMittlers) die tats Sachherrsch ausüben können, wohl aber PfdGläub ohne die des Eigtümers (RG SeuffA **62**, 57); zB zwei Schlösser, für Zweitschlüssel des Eigtümers zum GläubSchloß u Überlassg des GläubSchlüssels an Eigtümer gilt § 1205 Anm 3 b (RG aaO). Gewahrs eines Dritten als BesDiener beider od Verbleib doppelt verschlossener Kassette bei Eigtümer (der ihr Alleinbesitzer wäre) genügen nicht. – An **Schrankfachinhalt** hat die Bank auch bei Mitverschluß keinen MitBes (Celle JW **27**, 73), da SchrankfachVertr MietVertr ist (RG **141**, 99). Daher gelt für Bank dch AGB-Banken 19 II begründb (Dresden BankA **12**, 313) u PfdR aus § 559 entsteht nur für Fdg aus SchrankfachMietvertr; doch kann die Bank aus ZbR (ABG 19 V) vorbehaltl § 242 Zutritt verweigern.

3) Pfandhaltervertrag. Unmittelb Besitzer (Stettin OLG **5**, 323) muß aGrd schuldr Vertr mit Eigtümer u PfdGläub trhd verwahrte Sache nur an beide gemeins (od an einen mit Zust des and) herausgeben dürfen (RG **87**, 41); er braucht VertrZweck nicht zu kennen (RG JW **38**, 867). Vertr zw Eigtümer u PfdHalter zugl zG des PfdGläub ausreichd (zweifelh aber Stgt HRR **29**, 1214, wonach einseit Weisg des Eigtümers an seinen BesMittler, nur an ihn u PfdGläub gemeins herauszugeben, auch genügen soll, wenn BesMittler dies ablehnt), nicht aber Vertr nur zw Eigtümer u PfdGläub (Posen OLG **34**, 219) od PfdHalter u PfdGläub (RG **85**, 439). PfdR erlischt mit Anfechtg des Vertr rückw (RG JW **38**, 869). PfdHalter darf nicht nur BesDiener sein (RG **66**, 261).

1207 *Verpfändung durch Nichtberechtigte.* **Gehört die Sache nicht dem Verpfänder, so finden auf die Verpfändung die für den Erwerb des Eigentums geltenden Vorschriften der §§ 932, 934, 935 entsprechende Anwendung.**

1) Allgemeines. a) § 1207 regelt den **gutgl Erwerb eines VertrPfdR** nach §§ 1205, 1206 (auch bei Verurteilg zur PfdBestellg, ZPO 897 I, 898) vom NichtEigtümer. **b) SonderVorschr. aa)** Nach HGB 366 genügt guter Gl an Vfgs- u (str) Vertretgsbefugn, HGB 367 enthält ges Vermutg gg guten Gl. **bb)** Wg AGB-Banken 19 II u ADSp 50 a vgl Einf 7. **cc)** Nach DepG 4 I 1 besteht eine Fremdvermutg bei Drittverwahrg von WertP (Ausn: DepG 4 II, III), die Hinterleger gg allg PfdR des Drittverwahrers wg aller Fdg aGrd AGB-Banken schützt; § 1207, HGB 366 dadch im Einzelfall nicht ausgeschl, aber Drittverwahrer muß seinen guten Gl beweisen. And hins PfdR des Drittverwahrers für Fdg iS DepG 4 I 2; hier gilt Anm 3 c (RG **133**, 187). DepG 4 gilt auch für Sammelbestandanteile (DepG 9). Wg Ermächtigg des Verwahrers zur Verpfändg vgl DepG 12 u RG **164**, 292. **dd)** PachtKrG 4, 5, 7 (Einf 2 b) LuftfzRG 15 ff (**Einf** 6 a aa).

1195

§§ 1207–1210 3. Buch. 9. Abschnitt. *Bassenge*

2) Entspr anwendb sind: **a) § 932** bei Erwerb nach § 1205 I u § 1206 Anm 2. Im Fall § 1205 I 2 gutgl Erwerb nur mögl, wenn Gläub den Besitz vom Verpfänder erlangte (§ 932 I 2); hierbei ist die tats erstmalige Einräumg, nicht die weitere Belassg dch einen anderen (zB RNachfolger) maßg (RG Warn **29**, 182). Übergv on TradPap steht SachÜberg gleich. **b) § 934** bei Erwerb nach § 1205 II u § 1206 Anm 3. Nicht geschützt wird guter Gl an den mittelb Besitz, so daß bei Abtr nicht bestehden HerausgAnspr PfdR erst mit Erlangg unmittelb Besitzes entsteht. Bei Abtr gemschaftl HerausgAnspr iS § 1206 Anm 3 zwecks Weiterverpfändg kein gutgl Erwerb, weil kein mittelb Besitz iS § 934. **c) § 935** bei Verpfändg gestohlener usw Sachen; vgl aber EG 94 II. **d)** § 933 nicht anwendb, da PfdR nicht dch BesKonstitut bestellb.

3) Gutgläubigk liegt vor, wenn Gläub weder weiß noch inf grober Fahrlk nicht weiß, daß der Verpfänder nicht Eigtümer ist; bei Bösgläubigk Heilg nach § 185 II 1 mögl. § 932 Anm 2 gilt. **a) Einzelfälle** (konkr Umstände maßg), über Verpfändg von Abzahlgssachen vgl Bull BB **63**, 119. **aa)** Gutgl: PfdLeiher bei notarieller eidesstattl Versichg über Eigt (LG Bochum NJW **61**, 1971); Bank, die bei Verpfändg von InhPap dch Erben nicht prüft, ob dieser Alleinerbe (RG **67**, 27), die WertP eines finanzschwachen Kunden verwahrt (RG Recht **19**, 1110) od LombardGesch tätigt (Hbg JW **35**, 440, vgl aber RG **141**, 129); unbeanstandete Ann von WertP ohne Zinsscheinbogen (RG **58**, 162); WerkUntern, der sich Kfz-Brief des zu reparierden Kfz nicht zeigen läßt (BGH **68**, 323). **bb)** Bösgl: Verpfändg zahlreicher neuer Schreibmaschinen dch Händler (Nbg WPM **62**, 95); unbeanstandete Ann zahlreicher neuer Kleidgsstücke dch Leihhaus (LG Hbg MDR **58**, 690). **b) Maßgebl Zeitpunkt:** Entstehg des PfdR, wenn Eigtümer selbst verpfändet hätte (Eintritt der letzten Entstehgsvoraussetzg). **c) Beweislast:** Wer PfdRErwerb des Gläub bestreitet, muß dessen bösen Gl beweisen (RG **133**, 188).

1208 *Gutgläubiger Erwerb des Vorrangs.* Ist die Sache mit dem Rechte eines Dritten belastet, so geht das Pfandrecht dem Rechte vor, es sei denn, daß der Pfandgläubiger zur Zeit des Erwerbes des Pfandrechts in Ansehung des Rechtes nicht in gutem Glauben ist. Die Vorschriften des § 932 Abs. 1 Satz 2, des § 935 und des § 936 Abs. 3 finden entsprechende Anwendung.

1) Allgemeines. a) § 1208 regelt den **gutgl Erwerb des Vorrangs** eines gem §§ 1205–1207 bestellten VertrPfdR vor schon bestehden beschr dinglRechten (Art u EntstehgsGrd gleichgült) Dritter am Pfd. **b) SonderVorschr:** HGB 366 II; PachtkrG 4, 5, 7 (Einf 2 b).

2) Gutgläubigk. a) Liegt vor, wenn PfdGläub weder weiß noch inf grober Fahrlk nicht weiß, daß ältere Rechte bestehen; iü gilt § 1207 Anm 3 entspr. Sie kann auch in Ansehg des Umfangs eines Rechts bestehen (str). **b) Bewirkt,** daß ältere Rechte in bish Rangfolge dem PfdR des Erwerbers nachrangig w. Bei teilw Gutgläubigk gilt dies nur für die von ihr gedeckten Rechte, während die and vorrangig bleiben; entspr bei Gugtläubigk hins des Umfangs. Einschränken: **aa)** Kein Vorrang, wenn Pfd dem dingl Berecht (bei Eigtümer gilt § 1207 Anm 2c) abhgek usw (§ 935). **bb)** Bei Erwerb nach § 1205 I 2 gilt § 1207 Anm 2a entspr (§ 932 I 2). **cc)** Bei Erwerb nach § 1205 II behalten Rechte des mittelb Besitzers Vorrang (§ 936 III).

1209 *Rang des Pfandrechts.* Für den Rang des Pfandrechts ist die Zeit der Bestellung auch dann maßgebend, wenn es für eine künftige oder eine bedingte Forderung bestellt ist.

1) Rangverhältnis. a) Grds: Das ältere Recht hat Vorrang vor dem jüngeren, bei gleichzeitiger Bestellg entsteht Gleichrang (Befriedigg entspr ZVG 10). Gilt bei PfdR aller Art (RG JW **06**, 224; BGH **52**, 99; vgl auch ZPO 804 III) untereinander u überh bei allen beschr dingl Rechten (BGH LM § 559 Nr 1; Hamm OLG **27**, 153) sowie bei nur nach § 185 II 1 wirks Bestellg. Nicht mit dingl (zB RangVorbeh, Vorrangeinräumg) sond nur mit schuldr Wirkg änderb (str; vgl Westermann § 131 2c, Wolf § 8 B IV); nachträgl Rangänderg nur dch Aufhebg des älteren Rechts (jüngere rücken nach) u Neubestellg im letzten Rang mögl, best Rangverhältn nur dch Bestellg in entspr Folge erreichb. **b) Ausn:** § 1208; HGB 366 II, 433, 767 ff, 776 f. **c) SonderVorschr:** PachtkrG 11, 12; DüngemittelG 2 IV, V.

2) Für Rang des **PfdR für bedingte od künftige Fdg** (§ 1204 II) ist Bestellgs- u nicht Entstehgszeit der Fdg maßg, so daß später bestelltes PfdR für schon bestehde Fdg nachrangig ist (RG Warn **12**, 345); zwingde Regelg. Wg § 161 u Unzulässigk von RangVorbeh ist § 1209 entspr anwendb auf Rangverhältn **bedingter od betagter PfdR** (Erm-Ronke Rdn 2; str).

1210 *Umfang der Haftung des Pfandes.* ᴵ Das Pfand haftet für die Forderung in deren jeweiligem Bestand, insbesondere auch für Zinsen und Vertragsstrafen. Ist der persönliche Schuldner nicht der Eigentümer des Pfandes, so wird durch ein Rechtsgeschäft, das der Schuldner nach der Verpfändung vornimmt, die Haftung nicht erweitert.

ᴵᴵ Das Pfand haftet für die Ansprüche des Pfandgläubigers auf Ersatz von Verwendungen, für die dem Pfandgläubiger zu ersetzenden Kosten der Kündigung und der Rechtsverfolgung sowie für die Kosten des Pfandverkaufs.

1) Das Pfd haftet mangels abw Vereinbg (RG LZ **27**, 606) für **jeweiligen FdgsBestand (I 1)**; insb für vertragl u ges Zinsen bis zur PfdVerwertg (im Konk bis zur abgesonderten Befriedigg, Jaeger LZ **16**, 1414), VertrStrafe neben od anstelle der HauptFdg, SchadErs- anstelle ErfüllgsAnspr, Aufwertgs-

(RG **111**, 62) od UmstellgsBetr; für KtokorrentFdg vgl HGB 356. Zusätzl für **Kosten des Gläub (II)**: für Verwendgen (§ 1216) unabhäng von Pers des ErsPflichtigen; zur RVerfolgg gehört auch die pers Klage (HôG MDR **59**, 580), nicht aber Verteidigg gg Klage des Schu auf Herausg.

2) **Rgesch Erweiterg der Fdg,** die aber keine Neuschuld begründen darf. **a)** Ist **pers Schu zugl Eigtümer,** so haftet Pfd für Erweiter auch mit Wirkg gg nachrangige Gläub (insow str), da sie von Anfang an gleichrangig mit urspr Fdg. Gilt auch, wenn Schu Pfd vor Erweiterg veräußert. **b)** Ist **pers Schu nicht zugl Eigtümer,** so haftet Pfd mangels abw Vereinbg nicht für Erweiterg **(I 2)**. Gilt auch, wenn Schu Pfd vor Erweiterg erwirbt. Hält Gläub den Schu gutgl für Eigentümer, so gilt a (Erm-Ronke Rdn 2).

1211 *Einreden des Verpfänders.* I Der Verpfänder kann dem Pfandgläubiger gegenüber die dem persönlichen Schuldner gegen die Forderung sowie die nach § 770 einem Bürgen zustehenden Einreden geltend machen. Stirbt der persönliche Schuldner, so kann sich der Verpfänder nicht darauf berufen, daß der Erbe für die Schuld nur beschränkt haftet.

II Ist der Verpfänder nicht der persönliche Schuldner, so verliert er eine Einrede nicht dadurch, daß dieser auf sie verzichtet.

1) Verpfänder kann aus eigenem Recht Einwdgen gg den Bestand von Fdg u PfdR sowie Einreden aus seinem pers Verh zum Gläub geltd machen. Nach § 1211 kann der Verpfänder, der nicht zugl pers Schu ist, auch (zB dch Klage auf Unterl der PfdVerwertg od auf Feststellg der fehldn VerwertgsBefugn) geltd machen: **a) Einreden des pers Schu gg die Fdg** (zB rechtskr Abweisg der Klage gg den Schu), selbst wenn sie diesem rechtskr aberkannt sind (RG Warn **33**, 35) od dieser auf sie verzichtet hat (II). Ausn: §§ 223 I, 1211 I 2, 1971; VerglO 82 II, KO 193 II. Bei dauernden Einreden gilt § 1254. **b) Einreden des Bürgen** aus § 770 sowie in den Fällen § 770 Anm 4; Verpfänder kann aber nicht mit Fdg des Schu aufrechnen (RG LZ **31**, 777). II gilt hier nicht (vgl § 770 Anm 2, 3; § 1137 Anm 5; Arndt DNotZ **63**, 603).

2) § 1211 gilt ggü Anspr aus §§ 1204 I, 1231, nicht aber ggü § 1227 (Staud-Spreng Rdn 4); auch anwendb auf Eigtümer, der weder Verpfänder noch pers Schu ist (RG JW **12**, 749).

1212 *Erstreckung auf getrennte Erzeugnisse.* Das Pfandrecht erstreckt sich auf die Erzeugnisse, die von dem Pfande getrennt werden.

1) **Bestandteile** des Pfd (iZw auch unwesentl) w vom PfdR erfaßt. PfdR besteht nach Trenng fort; nicht erforderl, daß Verpfänder Eigt od PfdGläub Besitz erlangt. Mit dingl Wirkg nicht vertragl änderb, mögl nur schuldr FreigabeVerpfl. PfdFreih tritt aber ein, wenn Dritter nach §§ 936, 945, 949, 954 (bei nachrangigem AneigngsR wird Eigt mit PfdR belastet erworben), 956 pfdfreies Eigt erlangt.

2) **Zubehör** des Pfd w vom PfdR nur bei bes Verpfändg erfaßt; diese ist bei Mitüberg zu vermuten.

3) **Früchte** des Pfd. **a)** Für Erzeugnisse u aus der Sachsubstanz gewonnene Ausbeute (Planck-Flad Anm 1) gilt Anm 1 (Ausn: § 1213 Anm 1). **b)** And Früchte (zB § 99 III) erfaßt das PfdR nur bei bes Vereinbg.

4) **Surrogate** w nur in den Fällen der §§ 1219 II, 1247, EG 52, OLSchVO 22 I 2 vom PfdR erfaßt. Iü kein PfdR an SchadErs- od VersichergsFdg (RG HRR **34**, 1677) wg Zerstörg des Pfd u kein Anspr entspr § 281 auf PfdRBestellg an ihnen (vgl Einl 5 e vor § 854). ErsPfdR vereinb.

1213 *Nutzungspfand.* I Das Pfandrecht kann in der Weise bestellt werden, daß der Pfandgläubiger berechtigt ist, die Nutzungen des Pfandes zu ziehen.

II Ist eine von Natur fruchttragende Sache dem Pfandgläubiger zum Alleinbesitz übergeben, so ist im Zweifel anzunehmen, daß der Pfandgläubiger zum Fruchtbezuge berechtigt sein soll.

1) **NutzgsPfdR.** PfdGläub erlangt abw von § 1212 **Eigt** an Sachfrüchten gem § 954 mit Trenng u an mittelb Früchten (§ 99 III) dch Übereign der Leistg. Anrechg nach § 1214 II, III. Bei NutzgsPfdR an ges Vermögen ist § 419 nicht anwendb (vgl § 419 Anm 2 a).

2) **Bestellg. a)** Berechtigg muß ausdr od stillschw **vereinbart (I)** sein. Erstreckt sich mangels abw Vereinbg auf alle Nutzgen iS § 100 bis zum Erlöschen des PfdR; Fruchtverteilg § 101. Gewöhnl PfdR in NutzgsPfdR umwandelb u umgekehrt. Bei Nutzgsaneign ohne Vereinbg SchadErsPfl nach § 823; in Klage auf Auskehrg des Nutzgsreinertrags kann Gen liegen (RG **105**, 408). **b)** Vereinbg w bei Verpfändg fruchttragder Sache **vermutet (II).** Gilt auch bei § 1205 I 2 u 1205 II, sobald PfdGläub unmittelb Besitz erlangt. Bei MitBes (§ 1206) bes Vereinbg erforderl. II gilt nicht bei Herausg nach § 1231.

1214 *Pflichten des nutzungsberechtigten Pfandgläubigers.* I Steht dem Pfandgläubiger das Recht zu, die Nutzungen zu ziehen, so ist er verpflichtet, für die Gewinnung der Nutzungen zu sorgen und Rechenschaft abzulegen.

§§ 1214–1217 3. Buch. 9. Abschnitt. *Bassenge*

II Der Reinertrag der Nutzungen wird auf die geschuldete Leistung und, wenn Kosten und Zinsen zu entrichten sind, zunächst auf diese angerechnet.

III Abweichende Bestimmungen sind zulässig.

1) § 1214 ist anwendb bei NutzgsPfdR nach § 1213. Entspr anwendb, wenn PfdGläub Nutzgen ohne Ermächtigg (zB bei ges PfdR) zieht (RG **105**, 409).

2) GläubPflichten (I). a) Nutzgsgewinng mit hierzu notw Verwendgen im Rahmen u nach Regeln ordngsm GeschFührg; keine übermäß Maßn u Aufw. Bei unterl od übermäß Nutzg SchadErsPfl. b) RechenschLegg jederzeit, mind alljährl, aber nicht unnütz u zur Unzeit; §§ 259, 261 gelten.

3) Anrechng (II). Der Reinertrag (bei Eigenverbrauch: gemeiner Verkehrswert abzügl Gewinngs- u UnterhKosten; bei Verwertg: Verkaufspreis abzügl vorgenannter u Verwertgskosten) wird kr G angerechnet, so daß gesicherte Fdg von selbst getilgt w, soweit der Reinertrag sie deckt. Anrechngsfolge: Kosten iS § 1210 II, Zinsen, HauptFdg.

4) Abw Vereinbg (III), zB keine Pfl nach I, wenn dch Fruchtbezug Zinsen abgegolten sein sollen. Zul auch, daß PfdGläub Nutzgen ohne Anrechng behält (vgl Köhler ZMR **71**, 3).

1215 *Verwahrungspflicht.* Der Pfandgläubiger ist zur Verwahrung des Pfandes verpflichtet.

1) VerwahrgsPfl ist Ausfluß des ges SchuldVerh zw Verpfänder u PfdGläub (vgl Übbl 1 c bb). Sie besteht nur, wenn PfdGläub (od ein Dr für ihn) Gewahrs hat; bei §§ 1205 II, 1206 also erst, wenn er unmittelb AlleinBes erlangt. Sie endet mit PfdRückg, auch wenn PfdR vorher erloschen. **Inhalt**: §§ 688 ff entspr anwendb, soweit nicht PfdRVorschr enttgsstehen od sich daraus etwas and ergibt, daß der PfdGläub das Pfd auch zu eigenem Nutzen verwahrt u es nicht aGrd des Vertrauens erhält, sond weil zur PfdRBestellg notw (KG OLG **29**, 380). Deshalb keine HaftgsBeschränkg nach § 690 (KG aaO); Gläub darf Pfd entgg § 691 S 1 in Drittverwahrg geben (RGRK Anm 2) u haftet dann entspr § 691 S 2; VerwendgsErs nach § 1216 statt § 693 (Düss HRR **36**, 726); § 697 nicht anwendb. IdR keine ErhaltgsPfl (vgl aber Anm 1 c zu §§ 1218, 1219), daher keine VersichergsPfl (KG aaO); Tiere sind zu füttern.

2) Verletzg: SchadErsPfl des PfdGläub, Verjährg § 1226. Verpfänder kann Schaden des von ihm verschiedenen Eigtümers geltd machen (Vorbem 6 vor § 249); Eigtümer hat Anspr aus § 823, wobei PfdGläub iRv § 991 II haftet.

1216 *Ersatz von Verwendungen.* Macht der Pfandgläubiger Verwendungen auf das Pfand, so bestimmt sich die Ersatzpflicht des Verpfänders nach den Vorschriften über die Geschäftsführung ohne Auftrag. Der Pfandgläubiger ist berechtigt, eine Einrichtung, mit der er das Pfand versehen hat, wegzunehmen.

1) Verwendgen (Vorbem 2 vor § 994) sind zB Lagerkosten (Düss HRR **36**, 726). § 1216 gilt nicht für Verwendgen zur Nutzgsgewinng od aGrdv Vereinbg mit Verpfänder. a) ErsAnspr nach §§ 683 ff. Unerhebl, od PfdGläub auf eigenen od Nutzen des Verpfänders bedacht war. Kein ErsAnspr, wenn Verpfänder bei Zahlgsunfähigk des Schu u Überlastg des Pfd keinen Nutzen von dessen Erhaltg hat. Verpfänder kann sich nicht dch Preisgabe des Pfd befreien. Verzinsg § 256; WegnahmeR § 258; Verjährg § 1226. Für ErsAnspr haftet Pfd gem § 1210 II. b) Erspfl ist der Verpfänder; der von ihm verschiedene Eigtümer aus GoA od §§ 994 ff, wenn deren Voraussetzgen ihm ggü erfüllt. Eigtümer u Verpfänder sind ggf GesSchu; AusglPfl nach RVerh zw ihnen.

1217 *Rechtsverletzung durch den Pfandgläubiger.* I Verletzt der Pfandgläubiger die Rechte des Verpfänders in erheblichem Maße und setzt er das verletzende Verhalten ungeachtet einer Abmahnung des Verpfänders fort, so kann der Verpfänder verlangen, daß das Pfand auf Kosten des Pfandgläubigers hinterlegt oder, wenn es sich nicht zur Hinterlegung eignet, an einen gerichtlich zu bestellenden Verwahrer abgeliefert wird.

II Statt der Hinterlegung oder der Ablieferung der Sache an einen Verwahrer kann der Verpfänder die Rückgabe des Pfandes gegen Befriedigung des Gläubigers verlangen. Ist die Forderung unverzinslich und noch nicht fällig, so gebührt dem Pfandgläubiger nur die Summe, welche mit Hinzurechnung der gesetzlichen Zinsen für die Zeit von der Zahlung bis zur Fälligkeit dem Betrage der Forderung gleichkommt.

1) Voraussetzgen. a) RVerletzg erfordert nicht SchadEintritt u liegt zB in Verletzg vertragl od ges Pfl, in unbefugter Nutzg od Gebr. b) Abmahng, formlos ohne Androhg der ges RBehelfe mögl. c) Fortsetzg der RVerletzg trotz Abmahng.

2) VerpfänderR; der von ihm verschiedene Eigtümer ist auf §§ 823, 1004 beschr, wobei PfdGläub im Rahmen des § 991 II haftet. a) Anspr auf **Hinterlegg** entspr §§ 372 ff (Vollstr nach ZPO 883). Rückn des Pfd nur mit Zust des Verpfänders. Im Falle HintO 7 gilt § 233. Bei nicht hinterlegb Pfd Abliefrg an gem FGG 165 bestellten Verwahrer, der ggf nach § 1214 verpflichtet. b) Vorzeitige **Einlösg** des Pfd, auch wenn Zeit zG des Gläub bestimmt war. Ist Verpfänder nicht pers Schu, so gilt § 1225. Verpfänder darf bei unverzinsl Fdg entgg § 272 Zwischenzinsen abziehen; Berechng nach Hoffmannscher Methode: zu zahlende Summe $x = $ gesicherte Fdg $-[(x \cdot $ ges Zinssatz $\cdot$ Unterschied an Tagen zw Fälligk u Zahlg): $(100 \cdot 365)']$. c) Übergang von a zu b u umgekehrt zul, solange eines noch nicht vollzogen.

1218 Rechte des Verpfänders bei drohendem Verderb.
I Ist der Verderb des Pfandes oder eine wesentliche Minderung des Wertes zu besorgen, so kann der Verpfänder die Rückgabe des Pfandes gegen anderweitige Sicherheitsleistung verlangen; die Sicherheitsleistung durch Bürgen ist ausgeschlossen.

II Der Pfandgläubiger hat dem Verpfänder von dem drohenden Verderb unverzüglich Anzeige zu machen, sofern nicht die Anzeige untunlich ist.

1) AustauschR des Verpfänders (I), nicht des von ihm verschiedenen Eigentümers (str). **a)** Verderb ist Unbrauchbarwerden dch Substanzveränderg. Wertminderg ist Sinken des Preises inf äußerer Umstände (zB Kursverlust, technische Veraltg) od Substanzveränderg. **b)** Anspr auf Rückg Zug um Zug gg anderw Sicherh im Wert des Pfd zZ der Rückg; geringwertige Sicherh genügt, wenn sie Fdg des PfdGläub deckt. Für SicherhLeistg gelten §§ 232 I, 233–238, 240. **c)** Bei Unvermögen zur SicherhLeistg kann geB § 242 verlangt w, daß PfdGläub das Pfd zum Markt- od Börsenpreis verkauft (kein Verk iS § 1228) u sich aus Erlös befriedigt (RG **74**, 151) od damit and Sicherh anschafft (RG **101**, 47); uU diese VerkPfl auch ohne Anregg des Verpfänders (RG LZ **27**, 1339).

2) AnzeigePfl (II); nicht bei Wertminderg. Bei Verletzg SchadErsAnspr. Für Schaden des vom Verpfänder verschiedenen Eigtümers gilt § 1215 Anm 2 entspr.

1219 Rechte des Pfandgläubigers bei drohendem Verderb.
I Wird durch den drohenden Verderb des Pfandes oder durch eine zu besorgende wesentliche Minderung des Wertes die Sicherheit des Pfandgläubigers gefährdet, so kann dieser das Pfand öffentlich versteigern lassen.

II Der Erlös tritt an die Stelle des Pfandes. Auf Verlangen des Verpfänders ist der Erlös zu hinterlegen.

1) VersteigergsR des PfdGläub (I). **a)** § 1218 Anm 1 a gilt. SicherhGefährdg entspr § 237 S 1; weitere Sicherh (zB Bürgsch) bleiben unberücksichtigt, nur bei PfdR an mehreren Sachen desselben Verpfänders (§ 1222) entscheidet der Gesamtwert. **b)** Öffentl Verst: §§ 383 III, 1220; §§ 1232 (Planck-Flad Anm 2 c; aA Soergel-Augustin Anm 3), 1236 bis 1246 gelten. **c)** Aus § 242 kann sich VerstPfl ergeben (Düss HRR **36**, 726).

2) Erlös (II) tritt hins sämtl RVerh an Stelle des Pfd. PfdGläub hat keinen Anspr auf vorzeitige Befriedigg; bei PfdReife Befriedigg dch Aneignung. Hinterlegg auf eigene Kosten kann nur Verpfänder, nicht der von ihm verschiedene Eigtümer (str) verlangen.

1220 Androhung der Versteigerung.
I Die Versteigerung des Pfandes ist erst zulässig, nachdem sie dem Verpfänder angedroht worden ist; die Androhung darf unterbleiben, wenn das Pfand dem Verderb ausgesetzt und mit dem Aufschube der Versteigerung Gefahr verbunden ist. Im Falle der Wertminderung ist außer der Androhung erforderlich, daß der Pfandgläubiger dem Verpfänder zur Leistung anderweitiger Sicherheit eine angemessene Frist bestimmt hat und diese verstrichen ist.

II Der Pfandgläubiger hat den Verpfänder von der Versteigerung unverzüglich zu benachrichtigen; im Falle der Unterlassung ist er zum Schadensersatze verpflichtet.

III Die Androhung, die Fristbestimmung und die Benachrichtigung dürfen unterbleiben, wenn sie untunlich sind.

1) Androhg u Fristsetzg (I) sind einseit, empfangsbedürft WillErkl. Bei ungerechtf (vgl I 1, III) Unterl bzw Verst trotz SicherhLeistg (I 2) sind Verst u anschl EigtÜbertr unwirks; aber gutgl Erwerb mögl (§ 1244). Außerdem SchadErsPfl des PfdGläub.

2) Benachrichtigg (II). Zeit u Ort bevorstehder Verst sind anzugeben (vgl HGB 373 V). Verpfänder soll mitbieten können. Bei Unterl SchadErsPfl, Verst aber wirks.

1221 Freihändiger Verkauf.
Hat das Pfand einen Börsen- oder Marktpreis, so kann der Pfandgläubiger den Verkauf aus freier Hand durch einen zu solchen Verkäufen öffentlich ermächtigten Handelsmäkler oder durch eine zur öffentlichen Versteigerung befugte Person zum laufenden Preise bewirken.

1) Freihändiger Verkauf statt Verst nach § 1219 nach Wahl des PfdGläub zul; § 1220 gilt entspr. Börsen- od Marktpreis: § 385 Anm 1. Verk hat an einer Stelle stattzufinden, die nach VerkehrsVerh als Börse od Markt des Verwahrgsorts in Frage kommt. PfdGläub darf selbst erwerben, aber nicht unmittelb übernehmen (RG JW **30**, 134). Verk auch an Eigtümer, er erwirbt lastenfrei. Auch wenn laufder Preis nicht erzielt w, erwirbt Käufer Eigt; aber uU SchadErsPfl des PfdGläub.

2) VerkErmächtigte: Handelsmäkler (HGB 93) mit Ermächtigg nach LandesR (zB nds AGBGB 4; rhpf AGBGB 1), Kursmäkler (BörsenG 30, 34). VerstBefugte: GVz (§ 383 III), öff Versteigerer (GewO 34 b V, VerstV), Notare (BNotO 20 III).

1222 *Pfandrecht an mehreren Sachen.* **Besteht das Pfandrecht an mehreren Sachen, so haftet jede für die ganze Forderung.**

1) PfdR an mehreren Sachen entsteht, wenn für dieselbe Fdg anfängl od nacheinander von demselben od verschiedenen Verpfändern mehrere Sachen verpfändet w; ferner nach Trenng von Bestandt (§ 1212 Anm 1).

2) Haftg. a) Jede Sache haftet für gesamte Fdg. Keine Verteilg entspr § 1132 II; aber Vereinbgl zu, daß einzelne Sachen nur in best Höhe haften. **b)** Verpfänder kann keine Sache zurückverlangen, solange PfdGläub nicht voll befriedigt (BGH BB **66**, 179). Ausn nach § 242 mögl, wenn PfdGläub dch restl Pfd ausr gesichert (BGH aaO u **LM** § 610 Nr 1). **c)** WahlR des PfdGläub bei PfdVerk: § 1230.

1223 *Rückgabepflicht; Einlösungsrecht.* ᴵ **Der Pfandgläubiger ist verpflichtet, das Pfand nach dem Erlöschen des Pfandrechts dem Verpfänder zurückzugeben.**

ᴵᴵ **Der Verpfänder kann die Rückgabe des Pfandes gegen Befriedigung des Pfandgläubigers verlangen, sobald der Schuldner zur Leistung berechtigt ist.**

1) RückgabePfl des PfdGläub nach Erlöschen des PfdR (I); BewLast für Erlöschen (vgl dazu Einf 1 b) hat, wer Herausg verlangt. **a) Verpfänder** hat Anspr auf Übertr des Bes am Pfd nebst Erzeugn (auf Herausg an Eigtümer, wenn ihm ggü kein BesR). Holschuld (Karlsr OLG **43**, 18). ZbR des PfdGläub nach § 273, HGB 369 mögl (Bambg SeuffA **64**, 48). Bei schuldh Unmöglichk muß PfdGläub Wert des Pfd ersetzen (RG **117**, 57), bei Verpfändg fremder Sachen den BesWert (RG **116**, 266). – Bei PfdR an Geld keine Aufrechg gg Anspr aus I (Bambg SeuffA **64**, 48), da kein ZahlgsAnspr. **b) Eigtümer**, der nicht zugl Verpfänder, hat Anspr aus § 985; **pers Schu** hat keinen Anspr (RG **116**, 226). **c)** I gilt auch für Herausg des Übererlöses, der nach § 1247 S 2 an Stelle des Pfd tritt (Hbg OLG **35**, 131).

2) EinlösgsR des Verpfänders (II); § 267 II unanwendb. Nur als Ganzes abtretb (RG SeuffA **83**, 84); auch an Eigtümer (RG LZ **26**, 698). Für Eigtümer, der nicht zugl Verpfänder, gilt § 1249. **a)** Anspr auf Rückg Zug um Zug gg volle Befriedig (RG **92**, 281); bei Klage auf Rückg genügt hilfsw Erbieten, die gerichtl festgestellte Schuld zu zahlen (RG **140**, 346). PfdGläub kann ohne Angebot der PfdRückg pers Fdg einklagen (RG Recht **13**, 3258); pers Schu, der zugl Verpfänder, kann Verurteilg Zug um Zug gg PfdRückg verlangen. **b)** War Verpfänder zugl Eigtümer u pers Schu, so erlöschen mit Rückg gg Befriedig Fdg (§ 362) u PfdR (§§ 1252, 1253); war er zugl Eigentümer aber nicht pers Schu, so geht Fdg mit PfdR auf ihn über (§ 1225), das PfdR erlischt jedoch gem § 1256; war er weder Eigtümer noch pers Schu, so geht Fdg mit PfdR auf ihn über (§ 1225).

1224 *Befriedigung durch Hinterlegung oder Aufrechnung.* **Die Befriedigung des Pfandgläubigers durch den Verpfänder kann auch durch Hinterlegung oder durch Aufrechnung erfolgen.**

1) Verpfänder, der nicht pers Schu, kann PfdGläub dch Aufrechng mit eigener Fdg (nicht mit der des Schu) gg PfdGläub od Hinterlegg befriedigen.

1225 *Forderungsübergang auf den Verpfänder.* **Ist der Verpfänder nicht der persönliche Schuldner, so geht, soweit er den Pfandgläubiger befriedigt, die Forderung auf ihn über. Die für einen Bürgen geltenden Vorschriften des § 774 finden entsprechende Anwendung.**

Schrifttum: Hartmaier, AusglFragen bei mehrf Sicherg einer Fdg, Diss Tübingen 1963. – Klinkhammer-Rancke JuS **73**, 671. – Schlechtriem, Festschr v Caemmerer 1978, 1013.

1) Übergang der Fdg auf den Verpfänder (S 1), verzichtb (RG **71**, 329). **a) Verpfänder** muß PfdGläub befriedigt haben, ohne pers Schu zu sein (RG Recht **18**, 245). Daher kein FdgsÜbergang nach S 1, wenn nach HGB 128 haftder Gter, der für Fdg gg Gesellsch Pfd bestellte, PfdGläub befriedigt; aus Grd, zB § 426 II, FdgsÜbergang mögl (RG **91**, 277). Mit **Fdg** geht **PfdR** (wg and SichersgR vgl § 401 Anm 1c) nach §§ 401, 412, 1250 auf Verpfänder über; war er zugl Eigtümer, so erlischt PfdR gem § 1256 u er hat HerausgAnspr aus § 985. War er NichtEigtümer, so hat er HerausgAnspr aus §§ 1227, 985; er erwirbt hier PfdR auch, wenn er bei Verpfändg bösgl war, idR aber AufhebgsAnspr des Eigtümers zB aus § 823. **b)** Befriedigt **pers Schu** (unerhebl ob zugl Verpfänder od Eigtümer) den PfdGläub, so erlöschen Fdg u PfdR (§§ 362, 1252) u für PfdRückg gilt § 1223 Anm 1. **c)** Befriedigt **Eigtümer**, der weder pers Schu noch Verpfänder, den PfdGläub, so gilt § 1249 Anm 3a. **d)** Befriedigt **and Dr**, so Übergang von Fdg u PfdR nach §§ 426 II, 774, 1249 mögl.

2) Entspr Anwendg von § 774 (S 2). a) § 774 I 2: Bei bloßer Teilbefriedigg nur Teilübergang u Erwerb eines dem PfdGläub nachgehden, der Befriedigg entspr PfdR. Bei Teilbefriedigg vor u nach KonkEröffng gilt § 774 Anm 2f entspr. – § 774 I 3: pers Schu behält Einwendgen aus RVerh zum Verpfänder (vgl Übbl 1 c aa), vgl RG **85**, 72; wg Einwand, Verpfänder habe PfdGläub wg GgFdg des pers Schu nicht befriedigen dürfen, vgl RG **59**, 207.

b) Verh mehrerer SichgGeber (vorbehaltl abw Vereinbg). **aa) Mehrere PfdR**: Befriedigt ein Verpfänder, so erwirbt er entspr §§ 774 II, 426 dch PfdR gesicherten kopfteiligen AusglAnspr (hM;

Hüffer AcP **171**, 470 mwN Fußn 18; aA Wolf § 8 E Fußn 25; Becker NJW **71**, 2151 mwN Fußn 41: Ausgl nur bei bes Abrede; Finger BB **74**, 1416: AusglPflichtiger haftet nur mit Pfd, denn der interessengerechte § 426 ist and als § 1173 erweiternd auszulegen. – Gibt Gläub ein Pfd frei, so haftet er einem Verpfänder nicht (Ausn: Verstoß gg Abrede od § 826); § 776 nicht anwendb (RG HRR **42**, 64; krit Westermann § 129 IV 2; aA Finger aaO). **bb) PfdR u Hyp:** Befriedigt ein SichGeber, so gilt aa entspr (Hüffer aaO mwN Fußn 21). **cc) PfdR u Bürgsch:** Bürge hat wg größeren Risikos seiner Haftg gem § 776 das bessere R. Befriedigt er den PfdGläub, so erwirbt er Fdg u PfdR ohne AusglPfl; befriedigt der Verpfänder, so erwirbt dieser Fdg ohne Sicherg dch Bürgsch, denn der Bürge w gem § 776 in Höhe des Wertes des Pfd frei (hM; Kbg SeuffA **76**, 85; Erm-Ronke Rdn 6; aA Weber JuS **71**, 553 mwN Fußn 90: kopfteiliger Ausgl, wobei nach Finger aaO Verpfänder nur mit Pfd haftet; Becker aaO mwN Fußn 41: Ausgl nur bei bes Abrede; Pawlowski JZ **74**, 124: Ausgl nach KausalGesch für SichgBestellg).

3) § 1225 entspr anwendb bei Befriedigg aus dem Pfd (RG Recht **18**, 244), nicht aber bei selbstd RegreßAnspr (RG LZ **17**, 474).

1226 *Verjährung der Ersatzansprüche.* Die Ersatzansprüche des Verpfänders wegen Veränderungen oder Verschlechterungen des Pfandes sowie die Ansprüche des Pfandgläubigers auf Ersatz von Verwendungen oder auf Gestattung der Wegnahme einer Einrichtung verjähren in sechs Monaten. Die Vorschriften des § 558 Abs. 2, 3 finden entsprechende Anwendung.

1) Verj des Anspr des Verpfänders aus § 1215 (nicht and ErsAnspr) beginnt mit PfdRückg; fehlt solche, so Verj zugl mit Verj des RückgAnspr. Verj des Anspr des PfdGläub aus § 1216 beginnt mit Beendigg des RVerh iS Übbl 1 c bb. – Für Anspr des vom Verpfänder verschiedenen Eigtümers bzw gg ihn gelten die allg VerjVorschr.

1227 *Schutz des Pfandrechts.* Wird das Recht des Pfandgläubigers beeinträchtigt, so finden auf die Ansprüche des Pfandgläubigers die für die Ansprüche aus dem Eigentume geltenden Vorschriften entsprechende Anwendung.

1) **EigtAnspr.** Für Besitzer besteht PfdRVermutg (§ 1006), wenn (was nicht vermutet w) PfdFdg besteht; dies gilt auch ggü dem Eigtümer (Hbg SeuffA **60**, 192; aA KG OLG **10**, 127). **a)** Bei BesEntziehg u -Vorenthaltg HerausgAnspr aus § 985 (RG Recht **08**, 3427; BGH WPM **56**, 160) für Pfd u Erzeugn. SchadErsAnspr aus §§ 989 ff; geht vor PfdReife nur auf PfdBestellg am SchadErsBetr. Anspr auf Herausg od Ers von Nutzgen (die nicht Erzeugn) nur im Falle § 1213. – VerwendgsErsAnspr aus §§ 994 ff haben nicht Verpfänder, Eigtümer od pers Schu (W-Raiser § 164 II 6 c), sond nur Besitzer. **b)** PfdGläub hat ferner Anspr aus §§ 1004, 1005. **c)** Bei gemschaftl PfdR gilt § 1011.

2) **Sonstige Rechte. a)** Anspr als Besitzer aus §§ 858 ff, 1007 (RG **57**, 325). **b)** Anspr aus §§ 812, 823 I (Stgt OLG **41**, 185); vgl § 823 Anm 6 a, b. **c)** Anspr aus PfdVertr. **d)** SelbsthilfeR §§ 227 ff. **e)** Rechte aus ZPO 766, 771, 805, 809 bei Pfdg dch Gläub des Verpfänders; zum Schutz von PfdR an EigtAnw in ZwVollstr vgl Frank NJW **74**, 2211.

1228 *Befriedigung des Pfandgläubigers durch Pfandverkauf; Pfandreife.*
I Die Befriedigung des Pfandgläubigers aus dem Pfande erfolgt durch Verkauf.
II Der Pfandgläubiger ist zum Verkaufe berechtigt, sobald die Forderung ganz oder zum Teil fällig ist. Besteht der geschuldete Gegenstand nicht in Geld, so ist der Verkauf erst zulässig, wenn die Forderung in eine Geldforderung übergegangen ist.

1) **Befriedigg des Gläub aus dem Pfd (I),** PfdVerwertg. **a)** Sie erfolgt dch **PfdVerk** nach §§ 1233 ff, Verfallklausel gem § 1229 unzul. Bei vertragl Ausschl des PfdVerk entsteht kein PfdR, uU aber ZbR. Bei Verpfändg von Geld unmittelb Befriedigg dch Aneigng (Hbg Recht **23**, 349). PfdVerk erfordert unmittelb AlleinBes des PfdGläub. **b)** PfdVerwertg ist **Recht,** nicht Pfl des PfdGläub (RG Recht **14**, 3013); vgl aber § 1218 Anm 1 c, § 1219 Anm 1 c. VerwertgsPfl für gewerbl PfdLeiher nach § 9 II VO v 1. 6. 76 (BGBl I 1335). – Unterl der Verwertg begründet WiderspR des pers Schu gg ZwVollstr gem ZPO 777 u Einrede des Bürgen gem § 772 II.

2) **Eintritt der VerkBerechtigg (II),** PfdReife. **a)** Bei **GeldFdg** mit Fälligk, auch nur eines Teils (zB der Zinsen) od wenn Schu nur Zug um Zug zu erfüllen hat. Weitere Voraussetzgen vereinb, jedoch and als bei § 1245 nur mit schuldr Wirkg, so daß vereinbgswidr PfdVerk rechtm ist von § 1242; Ausleggsfrage ob VerkBerechtigg fehlt, solange dem Gläub eines NutzgsPfdR allmähl Befriedigg aus den Nutzgen mögl. Unzul Vereinbarg, die Voraussetzgen der VerkBerechtigg ermäßigt; Vereinbg jederzeit Verwertbark in Vereinbg jederzeitiger Fälligmach dch Gläub umdeutb (KGJ **40**, 293). AnnVerzug des PfdGläub macht PfdVerk nicht unrechtm, aber SchadErsPfl des PfdGläub (RG LZ **30**, 118). – VerwertgsR gewerbl PfdLeiher idR erst 1 Monat nach Fälligk des gesamten Darlehns (§ 9 I VO v 1. 6. 76 (BGBl I 1335). **b)** Bei **NichtGeldFdg** mit Übergang in GeldFdg. In Fällen der §§ 280, 283, 286 muß PfdGläub abwarten, bis Fdg in SchadErsFdg umgewandelt; hat er dagg die Wahl, Geld zu verlangen od war vertragl bei Nichterfüllg Geld zu zahlen, so VerkBerechtigg schon bei Fälligk der Leistg (RGRK Anm 4). BefreigsAnspr des Bürgen wandelt sich in GeldFdg, sobald Bürge belangt w (RG **78**, 34).

1229 *Verbot der Verfallvereinbarung.* **Eine vor dem Eintritte der Verkaufsberechtigung getroffene Vereinbarung, nach welcher dem Pfandgläubiger, falls er nicht oder nicht rechtzeitig befriedigt wird, das Eigentum an der Sache zufallen oder übertragen werden soll, ist nichtig.**

1) **Verfallklausel** ist nichtig, wenn vor PfdREntstehg (Hbg SeuffA **65**, 244) od vor PfdReife (§ 1228 Anm 2) vereinbart; Vereinbg nach PfdReife gült, sofern nicht sittenw. Zwingd vAw zu beachten (Hbg aaO). Entscheid ist Verknüpfg von Nichteinlög u Verfall. **a) Unzul:** Vereinbg einer Wiedereinlösgfrist (Kiel SchlHA **24**, 149); Vereinbg, Pfd bei Nichteinlösg zum Börsen- od Marktpreis zu behalten (Mot **3**, 821); Vereinbg einer ÜbereignsVerpfl als VertrStrafe nach § 342, da § 343 nicht ausreichd schützt. **b) Zul:** Vereinbg, daß es PfdGläub freisteht, Pfd auch bei rechtzeitigem Befriedigungsangebot zu erwerben (RG **130**, 229); unabhäng von Nichtbefriedigg des Gläub übernommene ÜbereignsVerpfl (RG JW **35**, 2886); Vereinbg, Pfd freihänd für sich zu verkaufen (RG Gruch **48**, 414; vgl aber § 1245 II). **c)** Bei Verpfändg von **Geld** ist Verfallklausel in Höhe der Schuldsumme zul; auch ohne sie AneignsR des Gläub (§ 1228 Anm 1a).

2) **Nichtig** ist nur die Verfallklausel; nach BGH NJW **68**, 1134 kann sich aus ihr aber ergeben, daß bei Nichtigk der gesicherten Fdg Anspr aus § 812 gesichert w soll. Ob ganzer PfdVertr nichtig, richtet sich nach § 139, idR wirks u dch Klausel auch nicht wucherisch (RG SeuffA **65**, 62).

1230 *Auswahl unter mehreren Pfändern.* **Unter mehreren Pfändern kann der Pfandgläubiger, soweit nicht ein anderes bestimmt ist, diejenigen auswählen, welche verkauft werden sollen. Er kann nur so viele Pfänder zum Verkaufe bringen, als zu seiner Befriedigung erforderlich sind.**

1) **AuswahlR** ergänzt § 1222. PfdGläub kann vorbehaltl RMißbr frei wählen (BGH BB **66**, 179). Abw Vereinbarg nur mit schuldr Wirkg mögl; von ihr abw Verk daher rechtm, uU aber SchadErsPfl (§ 1243 II).

2) **Übermäßiger Verk** unrechtm (§ 1243 I), vorbehaltl gutgl Erwerbs (§ 1244) unwirks u begründet SchadErsPfl (vgl RG Recht **24**, 1237). Abw Vereinbg zul (RG JW **08**, 142). Anwendb auch bei Sachmenge.

1231 *Pfandherausgabe.* **Ist der Pfandgläubiger nicht im Alleinbesitze des Pfandes, so kann er nach dem Eintritte der Verkaufsberechtigung die Herausgabe des Pfandes zum Zwecke des Verkaufs fordern. Auf Verlangen des Verpfänders hat an Stelle der Herausgabe die Ablieferung an einen gemeinschaftlichen Verwahrer zu erfolgen; der Verwahrer hat sich bei der Ablieferung zu verpflichten, das Pfand zum Verkaufe bereitzustellen.**

1) **HerausgAnspr** des PfdGläub, der nur MitBes (§ 1206) hat, gg den mitbesitzden Verpfänder od den, dem dieser MitBes übertr hat; PfdReife: § 1228 Anm 2. Anspr geht iF § 1206 Halbs 1 auf Einräumg des AlleinBes; iF § 1206 Halbs 2 auf Übertr des mittelb AlleinBes u Ermächtigg des DrittBesitzers, das Pfd an PfdGläub allein herauszugeben (RG JW **38**, 867). Verpfänder hat Einreden aus § 1211. Bei Verpfändg nach § 1205 II hat Gläub den inn abgetretenen HerausgAnspr. – Für Anspr gg Dr gelten die allg Vorschr (zB § 1227). MitBes gleichrangiger Gläub: § 1232 Anm 2.

2) **AbliefergsAnspr** des Verpfänders besteht in beiden Fällen des § 1206, jedoch nur unbeschadet der R des Drittbesitzers. Verwahrer w im Streitfall vom ProzG (FGG 165 gilt nicht) bestellt. Gläub muß Klage ändern, wenn Verpfänder sich ggü Anspr aus S 1 auf S 2 beruft; ggü ZwVollstr des Anspr aus S 1 Verlangen nach S 2 nicht mehr stellb.

1232 *Nachstehende Pfandgläubiger.* **Der Pfandgläubiger ist nicht verpflichtet, einem ihm im Range nachstehenden Pfandgläubiger das Pfand zum Zwecke des Verkaufs herauszugeben. Ist er nicht im Besitze des Pfandes, so kann er, sofern er nicht selbst den Verkauf betreibt, dem Verkaufe durch einen nachstehenden Pfandgläubiger nicht widersprechen.**

1) **Verschiedenrangige PfdR. a)** Besitzt **vorrangiger** Gläub das Pfd, so hat nachrangiger gg diesen niemals HerausgAnspr u kann PfdVerk nicht selbst betreiben (nur sich anschließen). Kann od will vorrangiger Gläub PfdVerk nicht betreiben, so hat nachrangiger AblösgsR aus § 1249. **b)** Besitzt **nachrangiger** Gläub das Pfd, so kann vorrangiger das Pfd zZw des PfdVerk herausverlangen. Kann od will vorrangiger Gläub PfdVerk nicht betreiben, so muß er dem nachrangigen das Pfd zum Verk belassen (RG **87**, 325), hat aber AblösgsR aus § 1249. **c)** Bei rechtm PfdVerk **erlöschen** die and PfdR (§ 1242); Erlös tritt nach Maßg § 1247 an die Stelle des Pfd.

2) **Gleichrangige PfdR. a)** Bei gemschaftl Bes gelten §§ 741 ff; jeder kann Herausg zZw des PfdVerk verlangen (§ 749). **b)** Besitzt einer, so haben die and mind die Stellg nachrangiger Gläub, stets aber MitwirkgsR bei PfdVerk. **c)** Erlös gebührt ihnen nach Maßg ihrer Fdgen (vgl RG **60**, 73).

1233 *Ausführung des Verkaufs.* [1] **Der Verkauf des Pfandes ist nach den Vorschriften der §§ 1234 bis 1240 zu bewirken.**

Pfandrecht an bewegl. Sachen und Rechten. 1. Titel: Bewegl. Sachen §§ 1233–1237

II Hat der Pfandgläubiger für sein Recht zum Verkauf einen vollstreckbaren Titel gegen den Eigentümer erlangt, so kann er den Verkauf auch nach den für den Verkauf einer gepfändeten Sache geltenden Vorschriften bewirken lassen.

Schrifttum: Burkhardt, Der Pfandverkauf, JurBüro **68**, 13.

1) Privater PfdVerk ohne Titel (I). §§ 1234ff regeln das VerkVerf; abw Vereinbg gem § 1245 zul, Abw auch gem § 1246 mögl. Verk erfolgt im eigenen Namen des PfdGläub für Rechng des Verpfänders, VerwertgsR ermächtigt Gläub auch zur Übereign; Gläub w dch Versteigerer vertreten. Wg Sachmängel vgl § 461; für RMängel haftet Gläub, aber Schutz dch §§ 439, 1244, dch § 1242 II verliert RMängelhaftg an Bedeutg.

2) PfdVerk aGrd Titels (II). a) Titel (Urteil, ProzVergl) muß sich gg Eigtümer (nicht gg von ihm verschiedenen Verpfänder od pers Schu; § 1248 aber anwendb) richten u auf Duldg der PfdVerwertg lauten (RG LZ **16**, 1427) u gesicherte Fdg angeben (BGH NJW **77**, 1240). Klage stützt sich auf PfdR, nicht auf Fdg; UrkProz u MahnVerf unzul (str); für Kosten nach ZPO 93 gilt § 1210 II (str). **b)** Gläub kann PfdVerk nach §§ 1234–1240 od nach ZPO-Vorschr (nicht zu verwechseln mit Einf 1 c cc) betreiben. Auch im letzteren Fall Pfändg nicht erforderl, daher ZPO 803–813 unanwendb, wohl aber ZPO 814, 816 I u III–IV (WarteFr läuft ab Vollstrbark des Titels), 817 I–III, 820–823, 825 (str). Anwendb: § 1230 S 2 statt ZPO 818, § 1236 statt ZPO 816 II, § 1239 statt ZPO 817 IV, § 1242 statt ZPO 806, § 1244, 1247 statt ZPO 819, § 1248 (wobei Gutgläubigk zZ des Verk maßg, str), § 1249.

1234 *Verkaufsandrohung; Wartefrist.* I Der Pfandgläubiger hat dem Eigentümer den Verkauf vorher anzudrohen und dabei den Geldbetrag zu bezeichnen, wegen dessen der Verkauf stattfinden soll. Die Androhung kann erst nach dem Eintritte der Verkaufsberechtigung erfolgen; sie darf unterbleiben, wenn sie untunlich ist.

II Der Verkauf darf nicht vor dem Ablauf eines Monats nach der Androhung erfolgen. Ist die Androhung untunlich, so wird der Monat von dem Eintritte der Verkaufsberechtigung an berechnet.

1) VerkAndrohg (I). a) Nach PfdReife (§ 1228 Anm 2) erforderl, um Eigtümer Einlösg zu ermöglichen. Gilt für Verk nach § 1235 I u II, ist aber abdingb (§ 1245). Androhg nur an Eigtümer, dabei gilt EigtVermutg des § 1248 (Ztpkt für Gutgläubigk: Androhg). Ort- und Zeitangabe überflüss, vgl aber § 1237. – Untunlichk richtet sich nach Einzelfall, zB Unkenntn von Eigtümer (vgl RG **145**, 212); BewLast hat PfdGläub. **b)** Bei Verstoß gg § 1234 PfdVerk rechtm, aber SchadErsPfl des Gläub (§ 1243 II), der BewLast hat, daß auch ohne Verstoß kein besseres Ergebn (RG JW **30**, 134). **c)** SonderVorschr HGB 440, 623.

2) Wartefrist (II) ein Monat; nach HGB 368, 371, OLSchVO 22 III eine Woche. Abdingb (§ 1245), Anm 1 b gilt entspr (RG **109**, 327). Wg RealisationsVerk von Kuxen RG **107**, 334.

1235 *Öffentliche Versteigerung; freihändiger Verkauf.* I Der Verkauf des Pfandes ist im Wege öffentlicher Versteigerung zu bewirken.

II Hat das Pfand einen Börsen- oder Marktpreis, so findet die Vorschrift des § 1221 Anwendung.

1) VerkFormen, Verzicht erst nach PfdReife zul (§ 1245 II). **a) ÖffVerst (I)** nach § 383 III. KaufVertr kommt mit Zuschlag zustande (§ 156), Bieter hat keinen Anspr auf Zuschlag; Übereign nach §§ 929 ff; vgl auch § 1233 Anm 1. **b) Freihändiger Verk (II)** statt öff Verst nach Wahl des PfdGläub iF II zul, vgl § 1221 mit Anm. Ebenso iF § 1240 II.

2) Verstoß gg § 1235 macht PfdVerk unrechtm (§ 1243 I), gutgl Erwerb unmögl (§ 1244; RG **100**, 276); auch SchadErsPfl des Gläub (§ 1243 II). Verh zum LadenschlußG im Hinbl auf VerstV 10 IV vgl BGH **LM** LadenschlußG Nr 4.

1236 *Versteigerungsort.* Die Versteigerung hat an dem Orte zu erfolgen, an dem das Pfand aufbewahrt wird. Ist von einer Versteigerung an dem Aufbewahrungsort ein angemessener Erfolg nicht zu erwarten, so ist das Pfand an einem geeigneten anderen Orte zu versteigern.

1) VerstOrt; Ort gleich Ortschaft. Abw Vereinbg zul (§ 1245). Vereinbg über VerwahrgsOrt enthält Abrede über VerstOrt. Ob angem Erfolg zu erwarten und welcher Ort geeignet (S 2), entscheidet PfdGläub nach Treu u Gl, bei Streit das Ger (§ 1246). Bei Verstoß gg § 1236 Verk rechtm, uU SchadErsPfl (§ 1243 II). **VerkOrt** bei Verk zu Markt- od Börsenpreis: § 1221 Anm 1.

1237 *Öffentliche Bekanntmachung.* Zeit und Ort der Versteigerung sind unter allgemeiner Bezeichnung des Pfandes öffentlich bekanntzumachen. Der Eigentümer und Dritte, denen Rechte an dem Pfande zustehen, sind besonders zu benachrichtigen; die Benachrichtigung darf unterbleiben, wenn sie untunlich ist.

§§ 1237–1241   3. Buch. 9. Abschnitt. *Bassenge*

1) Bekanntmachg erfolgt unter Berücksichtigg örtl Übg od bes Vorschr für Versteigerer, vgl für gewerbl PfdLeiher § 9 IV VO v 1. 2. 61, BGBl 58. Allg PfdBezeichng genügt, Benenng der Beteil nicht notw. Verzicht erst nach PfdReife zul (§ 1245 II). Bei Verstoß gg S 1 Verk unrechtm (§ 1243 I), aber gutgl Erwerb mögl.

2) Benachrichtigg an Eigtümer u dingl Berecht, auch an Inh eines AnwR. SonderVorschr: HGB 440 IV, 623 IV. Verzicht vor PfdReife zul (§ 1245 I). Bei Verstoß gg S 2 Verk rechtm, uU SchadErsPfl (§ 1243 II). Rückn der Benachrichtigg steht Unterl gleich. Wg Untunlichk vgl § 1234 Anm 1a.

1238 *Verkaufsbedingungen.* ^I Das Pfand darf nur mit der Bestimmung verkauft werden, daß der Käufer den Kaufpreis sofort bar zu entrichten hat und seiner Rechte verlustig sein soll, wenn dies nicht geschieht.

^{II} Erfolgt der Verkauf ohne diese Bestimmung, so ist der Kaufpreis als von dem Pfandgläubiger empfangen anzusehen; die Rechte des Pfandgläubigers gegen den Ersteher bleiben unberührt. Unterbleibt die sofortige Entrichtung des Kaufpreises, so gilt das gleiche, wenn nicht vor dem Schlusse des Versteigerungstermins von dem Vorbehalte der Rechtsverwirkung Gebrauch gemacht wird.

1) Gesetzl Verkaufsbedinggen (I), abdingb (§ 1245 I); auch für freihänd Verk. Sie sind in den KaufVertr aufzunehmen, da nicht kr G enthalten (and ZPO 817). Barzahlungsklausel: Zug um Zug gg Überg des Pfd. Verwirkgklausel: Gläub hat gem § 360 RücktrR, wenn Barzahlg nicht erfolgt.

2) Rechtsfolgen des Verstoßes (II): Zahlgsfiktion, weder Ungültigk noch SchadErsPfl. Sind die Klauseln nicht im KaufVertr enthalten od übt Gläub bei Nichtzahlg RücktrR nicht rechtzeitig aus, so gilt Kaufpr mit Aushändigg des Pfd an Ersteher als vom PfdGläub empfangen. Dies gilt nur zw Gläub einerseits u Eigtümer, pers Schu u am Pfd dingl Berecht andererseits; gg Ersteher hat Gläub weiterhin KaufAnspr. Wg der gesicherten Fdg u eines Übererlöses vgl § 1247 Anm 2b aa. – Gläub hat ggü Ersteher bei Nichtzahlg auch nach Schluß des VerstTermins RücktrR; dieser Rücktr ggü Eigtümer usw aber belanglos u läßt erwähnte RFolgen unberührt, Gläub w Eigentümer des zurückgegebenen Pfd.

1239 *Mitbieten durch Gläubiger und Eigentümer.* ^I Der Pfandgläubiger und der Eigentümer können bei der Versteigerung mitbieten. Erhält der Pfandgläubiger den Zuschlag, so ist der Kaufpreis als von ihm empfangen anzusehen.

^{II} Das Gebot des Eigentümers darf zurückgewiesen werden, wenn nicht der Betrag bar erlegt wird. Das gleiche gilt von dem Gebote des Schuldners, wenn das Pfand für eine fremde Schuld haftet.

1) Bieten dürfen: betreibder u nichtbetreibder PfdGläub, Eigtümer, Verpfänder, pers Schu, and Dr. § 1239 gilt auch bei freihänd Verk (BayObLG Recht 03, 2549; KGJ 31, 318). **a)** Ersteigert betreibder Gläub selbst, so ist Zuschlag einseit Kausal- u AneignsGesch mit Gutglaubenssschutz nach § 1244. Betreibder Gläub hat Stellg des Erstehers, ist aber nicht zur Barzahlg verpflichtet (and nichtbetreibder Gläub); vielm Regelg wie bei § 1238 II 1. Wg der gesicherten Fdg u eines Übererlöses vgl § 1247 Anm 2b aa. **b)** Ersteigert Eigtümer, so erwirbt er lastenfrei. **c)** Versteigerer u seine Gehilfen vom Mitbieten, auch als Vertr für Dr, ausgeschl; vgl §§ 456 ff.

2) Zurückweisg der Gebote (II) des Eigtümers u des pers Schu, wenn Bietsumme nicht sofort bar belegt w, dch Versteigerer od PfdGläub. Gebot des Verpfänders nur zurückweisb, wenn er zugl Eigtümer od gem § 1248 als solcher gilt. Zurückweisg bis Zuschlag zul, Unterl ohne RNachteile außer § 1238 II für Gläub.

1240 *Gold- und Silbersachen.* ^I Gold- und Silbersachen dürfen nicht unter dem Gold- oder Silberwerte zugeschlagen werden.

^{II} Wird ein genügendes Gebot nicht abgegeben, so kann der Verkauf durch eine zur öffentlichen Versteigerung befugte Person aus freier Hand zu einem den Gold- oder Silberwert erreichenden Preise erfolgen.

1) Gold- u Silbersachen. Feingehalt nicht maßg, solange noch als Gold- od Silbersache ansprechb. Auf bloße Fassg nur anwendb, wenn diese nach VerkAnschauung Haupts (RG Recht 35, 7996). Keine Ausdehng auf and Edelmetalle. Erlös (§ 1247 Anm 2a, b) muß Metallwert zZ der Verst erreichen; Schätzg auf PfdKosten zul, aber nicht erforderl (and ZPO 813). – VerstBefugte iF II: § 1221 Anm 2.

2) Verstoß macht Verk unrechtm (§ 1243 I); gutgl Erwerb nur bei Zuschlag unter Wert in Verst (§ 1244), nicht wenn II verletzt. – Kein Verzicht vor PfdReife (§ 1245 II).

1241 *Benachrichtigung des Eigentümers.* Der Pfandgläubiger hat den Eigentümer von dem Verkaufe des Pfandes und dem Ergebnis unverzüglich zu benachrichtigen, sofern nicht die Benachrichtigung untunlich ist.

1) Benachrichtigg bei jeder Art von Verk formlos nur an Eigtümer bzw den als Eigtümer geltden Verpfänder (§ 1248). Unverzügl: § 121 I. Unnöt, wenn untunl (§ 1234 Anm 1a), Eigtümer selbst Ersteher od VerkVersuch erfolglos. – SonderVorschr: HGB 440 IV, 623 IV.

2) Verstoß ohne Wirkg auf Verk, uU SchadErsPfl (§ 1243 II). – Verzicht vor PfdReife zul (§ 1245 II).

Pfandrecht an bewegl. Sachen und Rechten. 1. Titel: Bewegl. Sachen §§ 1242-1245

1242 *Wirkungen der rechtmäßigen Veräußerung.* I Durch die rechtmäßige Veräußerung des Pfandes erlangt der Erwerber die gleichen Rechte, wie wenn er die Sache von dem Eigentümer erworben hätte. Dies gilt auch dann, wenn dem Pfandgläubiger der Zuschlag erteilt wird.

II Pfandrechte an der Sache erlöschen, auch wenn sie dem Erwerber bekannt waren. Das gleiche gilt von einem Nießbrauch, es sei denn, daß er allen Pfandrechten im Range vorgeht.

1) Rechtmäßige Veräußerg erfordert: **a) PfdR** des PfdGläub (RG **100**, 274), er braucht EigtVerh nicht zu kennen (Dresden OLG **6**, 126). **b) KaufVertr** (bei Verst dch Zuschlagserteilg) u dingl **Erfüllgs-Gesch** nach §§ 929 ff zw PfdGläub u Ersteher; auch iF § 1233 II, ZPO 825 erlangt Erwerber erst mit Überg Eigt (RG **126**, 21). Ersteht betreibder Gläub: vgl § 1239 Anm 1a. **c) Beachtg** der in § 1243 I genannten Vorschr, soweit nicht Abw nach §§ 1245, 1246 zul. Gutgl Erwerb (§ 1244) macht Verk nicht rechtm.

2) Rechtsfolgen: a) Ersteher erwirbt Eigt, das des bish Eigtümers erlischt. Rechte Dr am Pfd erlöschen gem II; allen PfdR vorgehder Nießbr auch bei Gutgläubigk des Erwerbers (§ 936). § 936 III gilt entspr (W-Raiser § 172 IV 3). § 935 nicht anwendb. § 1242 gilt auch, wenn Eigtümer ersteigert. – Über Fortsetzg dingl R am Erlös vgl § 1247. **b)** Wandelt Ersteher (nur bei freihänd Verk mögl, § 461 Anm 1), so lebt PfdFdg wieder auf, PfdGläub erwirbt wieder PfdR u bish Eigtümer wieder Eigt (Nüßgens, Rückerwerb vom NichtBerecht S 170 ff).

1243 *Rechtswidrige Veräußerung.* I Die Veräußerung des Pfandes ist nicht rechtmäßig, wenn gegen die Vorschriften des § 1228 Abs. 2, des § 1230 Satz 2, des § 1235, des § 1237 Satz 1 oder des § 1240 verstoßen wird.

II Verletzt der Pfandgläubiger eine andere für den Verkauf geltende Vorschrift, so ist er zum Schadensersatze verpflichtet, wenn ihm ein Verschulden zur Last fällt.

1) Unrechtmäßige Veräußerg (I). a) Voraussetzgen: Verstoß gg die allg (§ 1242 Anm 1a, b) od die in I genannten bes RechtmäßigkVoraussetzgen, sofern nicht nach §§ 1245, 1246 Abw zul. BewLast: wer sich auf Unrechtmäßigk beruft. **b) Rechtsfolgen**: Wirkgen des § 1242 treten nicht ein, dingl RLage am Pfd bleibt vorbehaltl § 1244 unverändert (RG **100**, 274) u gesicherte Fdg erlischt nicht (RG LZ **21**, 380); vgl § 1247 Anm 1a. SchadErsPfl des PfdGläub bei Versch (insb wenn Erwerber gutgl Eigt erworben) aus §§ 823 ff (RG **100**, 274), uU §§ 990 ff (W-Raiser § 166 Anm 13) oder PfdVertr (Übbl 1 c bb vor § 1204); bei Veräußerg von Gattgssache ist gleichartige zu leisten (RG JW **26**, 2847). BewLast: AnsprInh für Schaden; PfdGläub (idR ohne Berufg auf allg Erfahrgssatz; RG Warn **19**, 194) dafür, daß Schaden entfällt, weil auch bei rechtm Veräußerg kein höherer Erlös (RG JW **30**, 134).

2) Ordnungswidrige Veräußerg (II). a) Voraussetzgen: Verstoß gg and als in I genannte Vorschr sowie gg nach §§ 1245, 1246 getroffene Regelgen. BewLast wie Anm 1a. **b) Rechtsfolgen**: Nur SchadErsPfl nach II, Veräußerg ist rechtsm; vgl auch § 1238 II. BewLast wie Anm 1b.

1244 *Gutgläubiger Erwerb.* Wird eine Sache als Pfand veräußert, ohne daß dem Veräußerer ein Pfandrecht zusteht oder den Erfordernissen genügt wird, von denen die Rechtmäßigkeit der Veräußerung abhängt, so finden die Vorschriften der §§ 932 bis 934, 936 entsprechende Anwendung, wenn die Veräußerung nach § 1233 Abs. 2 erfolgt ist oder die Vorschriften des § 1235 oder des § 1240 Abs. 2 beobachtet worden sind.

Schrifttum: Dünkel, Öffentl Versteigerung u gutgl Erwerb, 1970.

1) Gutgläubiger Erwerb. Hatte Veräußerer kein PfdR od war Veräußerg unrechtm iS § 1243 I, so w Ersteher unter folgden Voraussetzgen geschützt: **a) Veräußerg als Pfand** (bei solcher als Eigt gelten §§ 932 ff unmittelb, auch § 935) entweder nach ZPO aGrd dingl Titels (§ 1233 II), od dch öff Verst (§ 1235 I, auch iF § 1219) od freihänd iF der §§ 1235 II, 1240 II u auch 1221. BewLast: Ersteher. – Bei and Veräußergsarten kein gutgl Erwerb mögl (RG **100**, 274), auch wenn Abw aGrd § 1245, 1246 erfolgte. **b) Guter Glaube** des Erstehers, dh höchstens leicht fahrl Unkenntn vom Fehlen des PfdR od der Unrechtmäßigk iS § 1243 I (RG **100**, 274); guter Gl an Eigt belanglos. BewLast: wer EigtErwerb bestreitet, muß bösen Gl beweisen. – Bei Bösgläubigk hat Ersteher Anspr gem §§ 433, 440. **c) §§ 932-934, 936** müssen iü erfüllt sein. Da § 935 nicht anwendb, auch gutgl Erwerb bei PfdVeräußerg gestohlener usw Sachen, sofern sich nicht aus Kenntn des Diebstahls usw böser Gl hinsichtl PfdRErwerbs ergibt (vgl § 932 Anm 2a).

2) Rechtsfolgen. Erwerb lastenfreien Eigt entspr § 1242 Anm 2a. Dingl RLage am Erlös: § 1247 Anm 1a bb; PfdGläub kann etwaiges PfdR am Erlös verwerten, sobald PfdReife eintritt. Über SchadErsPfl des PfdGläub vgl § 1243 Anm 1b. – In nachträgl Gen der unrechtm Veräußerg dch die am Pfd dingl Berecht kann Vereinbg liegen, Änderg der RLage herbeizuführen, wie sie bei rechtm Veräußerg bestehen würde; dch nachträgl Anordng gem § 1246 ist dies nicht erreichb.

1245 *Abweichende Vereinbarungen.* I Der Eigentümer und der Pfandgläubiger können eine von den Vorschriften der §§ 1234 bis 1240 abweichende Art des Pfandverkaufs vereinbaren. Steht einem Dritten an dem Pfande ein Recht zu, das durch die Ver-

1205

äußerung erlischt, so ist die Zustimmung des Dritten erforderlich. Die Zustimmung ist demjenigen gegenüber zu erklären, zu dessen Gunsten sie erfolgt; sie ist unwiderruflich.

II Auf die Beobachtung der Vorschriften des § 1235, des § 1237 Satz 1 und des § 1240 kann nicht vor dem Eintritte der Verkaufsberechtigung verzichtet werden.

1) **Vereinbargen** nach I betr den Inhalt des PfdR mit dingl Wirkg u bleiben daher im Konk des Eigtümers wirks (RG Gruch **48**, 409). Sie sind zw PfdGläub u Eigtümer (nicht Verpfänder als solcher, vgl aber § 1248) od dessen KonkVerw (RG **84**, 70) zu treffen u formlos gült. **a) Inhalt.** Vereinbg über and Abw als von §§ 1234–1240 od § 1230 S 2 (RGRK Anm 1) nur mit schuldr Wirkg zul, so daß bei Verstoß nur SchadErsPfl aber keine Unrechtmäßigk der Veräußerg (vgl auch § 1228 Anm 2a). Vereinbg nach I können Erleichtergen (eng auszulegen, RG JW **27**, 1467), zB freihänd Verk (RG **84**, 70), od Erschwergen (zB Mindesterlös) enthalten. Bei Erschwergen können RechtmäßigkVoraussetzgen gewollt sein, deren Nichtbeachtg PfdVerk unrechtm machen (aber gutgl Erwerb entspr § 1244 mögl, iZw aber nur Bedeutg von OrdngsVorschr haben, bei deren Verletzg § 1243 II gilt. **b) Zustimmg Dritter (I, 2, 3)**, deren R nach § 1242 II erlöschen. Vor od nach Vereinbg u nur ggü Begünstigtem: bei Erschwerg also ggü Eigtümer, sonst ggü PfdGläub.

2) **Zeitliche Einschränkg.** Verzicht entgg II unwirks, so daß bei Nichteinhalt der genannten Vorschr Veräußerg unrechtm u PfdGläub schadensersatzpfl. – Wg Vereinbg nach erfolgter unrechtm Veräußerg vgl § 1242 Anm 2.

1246 *Abweichung aus Billigkeitsgründen.* I Entspricht eine von den Vorschriften der §§ 1235 bis 1240 abweichende Art des Pfandverkaufs nach billigem Ermessen den Interessen der Beteiligten, so kann jeder von ihnen verlangen, daß der Verkauf in dieser Art erfolgt.

II Kommt eine Einigung nicht zustande, so entscheidet das Gericht.

1) **Anspruch auf Abweichg (I)** nur von §§ 1235–1240 (nicht von § 1234); im Konk uU Pfl des PfdGläub, Zust des KonkVerw zu günstigerer Verwertg als dch PfdVerk nachzusuchen (RG Recht **35**, 160). Interesse aller braucht nicht gleich groß zu sein; genügt, wenn im Interesse des einen ohne Nachteil für and. – Beteil sind: Eigtümer, PfdGläub u sonstige Dr, deren dingl R nach § 1242 II erlöschen würden; nicht aber Verpfänder als solcher (vgl aber § 1248) u pers Schu. Bei Einigg gilt § 1245.

2) **Entscheidg des Gerichts (II)** im StreitVerf der FG nur über Art des PfdVerk; Antragszurückweisg bei Streit über VerkBerechtigg (KGJ **24**, 1). Zustdgk: FGG 166. – Nicht mehr nach PfdVerk (§ 1244 Anm 2).

1247 *Erlös aus dem Pfand.* Soweit der Erlös aus dem Pfande dem Pfandgläubiger zu seiner Befriedigung gebührt, gilt die Forderung als von dem Eigentümer berichtigt. Im übrigen tritt der Erlös an die Stelle des Pfandes.

1) **Voraussetzgen dafür, daß der Erlös dem PfdGläub gebührt:**

a) Rechtm PfdVerk (§ 1242 Anm 1). – Bei **unrechtm** PfdVerk ist zu unterscheiden: **aa)** Hat der Ersteher kein Eigt erworben, so bleibt dingl RLage am Pfd unverändert. Ersteher muß das Pfd u PfdGläub den Erlös herausgeben. **bb)** Hat der Ersteher nach § 1244 Eigt am Pfd erworben, so gilt **S 2**: Bish Eigtümer erwirbt kr G Eigt am Barerlös (bei unbarem Verk die KaufprFdg gg den Ersteher) belastet mit den dingl R, die am Pfd bestanden u dort erloschen sind (§ 1242 II). Hatte der betreibde Gläub unreifes PfdR, so gilt nach Eintritt der PfdReife Anm 2. – SchadErsAnspr des bish Eigtümers bleibt unberührt.

b) Keine vorrangigen Rechte Dritter. – Haben solche bestanden u sind sie erloschen (§ 1242 II), so ist zu unterscheiden: **aa)** Deckt der Erlös nicht mehr als die vorrangigen R, so w der bish PfdEigtümer Eigtümer des Erlöses, an dem sich die vorrangigen R fortsetzen (**S 2**); das PfdR des betreibden Gläub erlischt ersatzlos. **bb)** Soweit der Erlös auch das nachrangige PfdR des betreibden Gläub deckt, gilt Anm 2 mit der Maßg entspr, daß der zur Deckg der vorrangigen R erforderl Teil des Erlöses Übererlös ist (RGRK Anm 2; Staud-Spreng Rdn 4).

2) **Rechtswirkgen, wenn der Erlös dem PfdGläub gebührt:**

a) Barerlös (vom Ersteher bar bezahlter Kaufpr). **aa)** Die **gesicherte Fdg** zuzügl NebenAnspr u Kosten (§ 1210) gilt in Höhe des Erlöses als vom Eigtümer berichtigt (**S 1**). Insow erlischt sie, wenn Eigtümer zugl pers Schu war; andernf geht sie entspr § 1225 (RG Recht **18**, 244/5; aA Ffm JW **31**, 2751: §§ 1249, 268) auf Eigtümer über. **bb)** Der **Erlös** w AlleinEigt des PfdGläub, wenn er die gesicherte Fdg nicht übersteigt (hM; aA Wolf § 8 C II c). Bei Übererlös erwerben PfdGläub u bish Eigtümer MitEigt am Gesamterlös; MitEigtAnteil des bish Eigtümers ist mit den dingl R Dr belastet, die am Pfd bestanden u dort erloschen sind (§ 1242 II). Teilt PfdGläub Erlös kr BefriediggsR auf (vgl RG **63**, 17), so erfassen diese R nur den Teil des bish Eigtümers; Nießbr wandelt sich zu Eigt (§ 1067).

b) Unbarer Erlös (KaufprFdg des PfdGläub gg den Ersteher). **aa)** Hat PfdGläub entgg **§ 1238 I** auf Kredit verkauft, so gilt § 1238 II u die gesicherte Fdg in Höhe des Kaufpr als vom bish Eigtümer berichtigt (**S 1**). Einen Übererlös schuldet der PfdGläub dem bish Eigtümer, dieser Anspr tritt an Stelle des Pfd (**S 2**) u ist mit den dingl R Dr belastet, die am Pfd bestanden u dort erloschen sind (§ 1242 II). Nach Zahlg des Kaufpr an PfdGläub gilt Anm 2a. – Entspr, wenn Gläub selbst ersteht (§ 1239 I 2).

bb) Hat PfdGläub aGrd §§ **1245, 1246** auf Kredit verkauft, so ist seine KaufprFdg gg den Ersteher der Erlös. Für die gesicherte Fdg gilt Anm 2a aa; für die RLage an der KaufprFdg gilt Anm 2a bb entspr. Nach Zahlg des Kaufpr an PfdGläub gilt Anm 2a unmittelb.

1248 Eigentumsvermutung.
Bei dem Verkaufe des Pfandes gilt zugunsten des Pfandgläubigers der Verpfänder als der Eigentümer, es sei denn, daß der Pfandgläubiger weiß, daß der Verpfänder nicht der Eigentümer ist.

1) Eigentumsvermutg. Soweit PfdGläub beim PfdVerk (auch nach § 1233 II; str) dem Eigtümer ggü Handlgen vorzunehmen hat, gilt für ihn der Verpfänder als Eigtümer; insb iF der §§ 1234, 1237, 1239 II, 1241, 1245, 1246 u bei Aushändigg von Übererlös. Nicht anwendb bei Erwerb des PfdR (§§ 1207 1208) od des Pfd (§§ 1239 I, 1244) sowie zG and Beteil.

2) Kenntnis des PfdGläub von NichtEigt des Verpfänders schließt Vermutg aus; grobfahrl Unkenntn unschädl. BewLast: wer sich auf die Kenntn beruft. – Währd Unkenntn abgegebene Erkl muß nach Kenntn nicht ggü Eigtümer wiederholt w; iF § 1233 II Ztpkt des Verk u nicht der RHängigk maßg (str). – Bei Verk trotz Kenntn Unrechtmäßigk nur bei Verstoß gg § 1243 I, iü nur SchadErsPfl.

1249 Ablösungsrecht.
Wer durch die Veräußerung des Pfandes ein Recht an dem Pfande verlieren würde, kann den Pfandgläubiger befriedigen, sobald der Schuldner zur Leistung berechtigt ist. Die Vorschriften des § 268 Abs. 2, 3 finden entsprechende Anwendung.

1) Ablösgsrecht; dingl Natur, bei Verletzg § 823 I (RG **83,** 390). Ausübg zul, sobald pers Schu zur Leistg berecht (§ 271; VerkAndrohg nicht erforderl u solange Pfd Ersteher noch nicht übergeben; bei Zulässigk von Teilleistg (§ 266) auch Teilablösg mögl (vgl Anm 3b). PfdGläub muß entgg § 267 II Leistg auch gg Widerspr des pers Schu annehmen, sonst AnnVerzug (RG **83,** 390). Befriedigg auch dch Aufr (nur mit eigener Fdg des Ablösden) u Hinterlegg (§ 268 II).

2) Ablösgsberechtigte. a) Eigtümer; auch wenn zugl Bürge, da dch Zahlg des Bürgen Hauptschuld nicht erlischt (§ 774). Bei Mehrh von Pfd jeder Eigtümer alleine (RG **83,** 390). – Dch Leistg des Eigtümers, der zugl pers Schu, erlöschen Fdg (§ 362) u damit PfdR (§ 1252); über Leistg des Eigtümers, der zugl Verpfänder vgl § 1223 Anm 2. **b) Dingl Berechtigte,** deren R nach § 1242 II erlöschen würden; auch wenn sie nicht gg pers Mithaftg für die Fdg zugl eigene Schuld bezahlen (RG **70,** 409). Auch Inh des pfdähnl kaufm ZbR (str.) Über AblösgsR des Verpfänders vgl § 1223 Anm 2. **c) Nicht:** wer fremde Schuld nach § 267 bezahlt (RG BayZ **30,** 279); Besitzer als solcher (RG HansGZ **33,** 172); GrdstEigtümer ggü PfdR an Hyp (RG JW **03,** Beil 55); aus § 2034 berecht Miterbe ggü PfdR an and Miterbanteil (RG **167,** 299).

3) Rechtsfolgen. a) Mit Befriedigg des PfdGläub gehen gesicherte Fdg u PfdR (bei Befriedigg dch Eigtümer vgl aber § 1256) auf den aus eigenen Mitteln Ablösden über (§§ 268 III, 412, 401, 1250), u zwar ohne Rücks auf seine Willensrichtg gg alten PfdGläub; erst damit HerausgAnspr gg alten PfdGläub (§ 1251), denn § 1223 II gilt nur für Verpfänder. – Bei Mehrh von Pfd erwirbt voll ablösder Eigtümer eines Pfd ganze Fdg mit allen PfdR, daher alle Pfd an ihn herauszugeben (RG **83,** 390); bei Teilablösg gilt § 1225 Anm 2a hins aller Pfd. Über AusglAnspr unter mehreren Eigtümern vgl § 1225 Anm 2b aa. **b)** Übergang darf nicht zum Nachteil des PfdGläub geltd gemacht w; bei Teilbefriedigg gilt daher § 1225 Anm 2a (Celle NJW **68,** 1139), so daß auch kein Anspr aus § 1251.

4) Anwendb auf Ablösg einer gem § 20 II ZollG gesicherten Zollschuld, wobei für übergegangene öffr ZollFdg ordentl RWeg gegeben (BGH NJW **56,** 1197).

1250 Übertragung der Forderung.
I Mit der Übertragung der Forderung geht das Pfandrecht auf den neuen Gläubiger über. Das Pfandrecht kann nicht ohne die Forderung übertragen werden.

II Wird bei der Übertragung der Forderung der Übergang des Pfandrechts ausgeschlossen, so erlischt das Pfandrecht.

1) Übertragg der Forderg (I) dch RGesch (§ 398), kr G (§ 412) od dch gerichtl Beschl (ZPO 835) bewirkt auch ohne PfdÜberg den Übergang des PfdR **(S 1);** neuer Gläub hat HerausgAnspr (§ 1251). Kein gutgl Erwerb, wenn kein PfdR bestand (Baur § 55 B V 3, Reinicke NJW **64,** 2376; aA Westermann § 132 I 1 b). § 1250 gilt auch iF § 1204 II. Bei Abtr einer TeilFdg od einer von mehreren gesicherten Fdgen haben die Gläub gleichrangige PfdRe. – PfdR für sich alleine nie übertragb **(S 2).** PfdRAbtr idR nicht umdeutb in Abtr der Fdg mit PfdR (RG JW **38,** 44).

2) Ausschluß des Pfandrechtsübergangs (II) bewirkt Erlöschen des PfdR; and bei Abtr einer EinzelFdg aus laufdem KreditVerh (Baur § 55 B VI 1; Westermann § 132 I 1 a). War PfdR mit Rechten Dr belastet, so deren Zust notw (§ 1255 II), sonst Ausschluß unwirks u PfdR übergegangen. – Kein Ausschluß, wenn sich bish Gläub nur Besitz vorbehält. Vorbeh der weiteren PfdVerwertg u Erlösverwendg für eigene Rechng zur Deckg der abgetretenen Fdg enthält keinen Ausschluß, sond Abtr des aus dem Pfd nicht gedeckten Teils der Fdg (RG **135,** 272).

§§ 1251–1253

1251 *Wirkung des Pfandrechtsüberganges.* I Der neue Pfandgläubiger kann von dem bisherigen Pfandgläubiger die Herausgabe des Pfandes verlangen.

II Mit der Erlangung des Besitzes tritt der neue Pfandgläubiger an Stelle des bisherigen Pfandgläubigers in die mit dem Pfandrechte verbundenen Verpflichtungen gegen den Verpfänder ein. Erfüllt er die Verpflichtungen nicht, so haftet für den von ihm zu ersetzenden Schaden der bisherige Pfandgläubiger wie ein Bürge, der auf die Einrede der Vorausklage verzichtet hat. Die Haftung des bisherigen Pfandgläubigers tritt nicht ein, wenn die Forderung kraft Gesetzes auf den neuen Pfandgläubiger übergeht oder ihm auf Grund einer gesetzlichen Verpflichtung abgetreten wird.

1) HerausgabeAnspr (I) in allen Fällen des PfdRÜbergangs geht auf Einräumg gleicher BesArt, wie ihn bish PfdGläub hatte (iF § 1217 auf Abtr des HerausgAnspr gg Verwahrer usw); vgl auch §§ 1227, 985.

2) Rechtsfolgen der Herausgabe (II), nicht schon des RÜbergangs, für **a) Neuen PfdGläub:** Eintritt in Verpfl aus PfdVertr (Übbl 1c bb) ggü Verpfänder **(S 1)**; auch in ges Pfl ggü Eigtümer als solchem (str). Kein Eintritt in bereits entstandene SchadErsVerpfl. War Pfd schon gem § 1217 hinterlegt usw, so muß neuer PfdGläub es dabei belassen; war noch nicht hinterlegt usw, so kann Verpfänder das nur bei Fortsetzg doch den neuen PfdGläubiger verlangen. **b) Bish PfdGläub:** Bürgenhaftg, wenn neuer PfdGläub (od dessen Nachmänner, W-Raiser § 170 II 1) ihn nach II 1 treffde Verpfl verletzt **(S 2)**: daher BesVorbeh (§ 1250 Anm 2) uU zweckm. Gilt nicht bei ges FdgÜbergang u ges AbtrVerpfl **(S 3)**; bei Übertr nach ZPO 835 gilt ZPO 838.

1252 *Erlöschen durch Forderungswegfall.* Das Pfandrecht erlischt mit der Forderung, für die es besteht.

1) Erlöschen der gesicherten Fdg bewirkt Erlöschen des PfdR, sofern nicht SchadErsAnspr an ihre Stelle getreten (§ 1210 Anm 1) od auch künft Fdg gesichert w soll (§ 1204 II). PfdR erlischt iF § 1204 II, wenn feststeht, daß Fdg nicht mehr entstehen kann (RG **145**, 336); zum Erlöschen der zukünft Rückgr-Fdg des Bürgen bei Sicherg des Anspr aus ZPO 945 vgl BGH NJW **71**, 701. Über Verj der Fdg vgl § 223. Mit rückw Wiederaufleben der Fdg (zB bei Anfechtg) lebt auch PfdR wieder auf, sofern Pfd noch nicht zurückgegeben (§ 1253). PfdR erlischt nicht, wenn PfdGläub eine Fdg des Schu gg ihn bezahlt, statt gg gesicherte Fdg aufzurechnen (RG JW **12**, 749). – BewLast: wer Erlöschen geltd macht (RG Recht **07**, 1655). – Über Anspr auf PfdHerausg gg PfdGläub vgl § 1223 Anm 1.

2) Bei **Teilerlöschen** idR kein Anspr auf Rückg entspr Teils mehrerer Pfd (Kbg OLG **5**, 157); and uU bei PfdR an Bargeld bzw Barkaution, wenn RestFdg doch verblieben Betrag gedeckt (Stettin Recht **12**, 595).

1253 *Erlöschen durch Pfandrückgabe.* I Das Pfandrecht erlischt, wenn der Pfandgläubiger das Pfand dem Verpfänder oder dem Eigentümer zurückgibt. Der Vorbehalt der Fortdauer des Pfandrechts ist unwirksam.

II Ist das Pfand im Besitze des Verpfänders oder des Eigentümers, so wird vermutet, daß das Pfand ihm von dem Pfandgläubiger zurückgegeben worden sei. Diese Vermutung gilt auch dann, wenn sich das Pfand im Besitz eines Dritten befindet, der den Besitz nach der Entstehung des Pfandrechts von dem Verpfänder oder dem Eigentümer erlangt hat.

Schrifttum: Schmidt AcP **134**, 61; Weimar MDR **69**, 906.

1) Rückgabe des Pfandes (I) bewirkt Erlöschen des PfdR, auch wenn Fortbestand vorbehalten. Bei Austausch (RG **67**, 423) od WiederRückg an PfdGläub (Celle NJW **53**, 1470) Neubestellg notw.

a) Rückgabe erfolgt iF § 1205 dadch, daß PfdGläub dem Verpfänder od Eigtümer seinen unmittelb od einfl AlleinBes einräumt, od einf MitBes einräumt, zB dch Rückg des PfdRaumschlüssels (RG JW **14**, 681; vgl aber RG **67**, 424); iF § 1206 dch Aufhebg des Mitverschlusses od in Abrede, daß Verpfänder allein Herausg vom PfdHalter verlangen darf, u in Anweisg des PfdGläub an PfdHalter, an Verpfänder allein herauszugeben.

b) Rückg an Eigtümer od Verpfänder notw, nicht an pers Schu dr. Dr. Genügd aber Herausg an KonkVerw (RG Recht **12**, 1481) od BesMittler (RG **92**, 267) des Verpfänders od Eigtümers od an sonstigen Dr auf Anweisg od mit Zust des Verpfänders od Eigtümers (RG **108**, 164).

c) Wille zur Rückg an Verpfänder od Eigtümer als solchen notw, nicht ausreichd Herausg an sie als ges Vertreter eines ZweitPfdGläub od als BesDiener. Natürl Wille ausreichd, GeschFgk nicht erforderl (Erm-Ronke Rdn 2; aA Staud-Spreng Rdn 5; Westermann § 132 III 4). **aa)** RückgMotiv unerhebl, Wille zur PfdRAufhebg nicht erforderl (RGSt **48**, 244). Erlöschen auch bei Rückg zur Leihe (KG OLG **2**, 80), Verwahrg, Reparatur; and bei ganz kurzfristiger Aushändigg. Erlöschen auch bei Rückg infolge Irrtums (zB Fdg sei getilgt) od argl Täuschg (als TatHdlg unanfechtb; uU Anspr auf Neubestellg od ErsLeistg; RG JW **12**, 459; **29**, 2514); nicht aber bei Herausg an Eigtümer, wenn PfdGläub dessen Eigt unbekannt (W-Raiser § 171 I 3c). **bb)** Gibt Dr (zB bish Gläub nach FdgAbtr; W-Raiser § 171 I 3d; TrHänder; RG Warn **14**, 58) heraus, so maßg, ob mit Willen des PfdGläub (RG **57**, 326; Recht **21**, 104). **cc)** Wegnahme dch Verpfänder od Eigtümer mit Zust des PfdGläub ausreichd (RG **67**, 423); auch wenn GVz nach ZPO 883 wegnimmt u an Verpfänder od Eigtümer übergibt.

Pfandrecht an bewegl. Sachen und Rechten. 1. Titel: Bewegl. Sachen §§ 1253-1257

2) Vermutg (II) der Rückg, wenn Verpfänder od Eigtümer unmittelb od and als dch PfdGläub vermittelten unmittelb Besitz hat. Sie gilt für jeden, ist aber widerlegb (ZPO 292); sie gilt nach WiederRückg an PfdGläub nicht mehr (RG JW **12**, 911; vgl W-Raiser § 171 Anm 12).

1254 *Anspruch auf Rückgabe bei Einrede.* Steht dem Pfandrecht eine Einrede entgegen, durch welche die Geltendmachung des Pfandrechts dauernd ausgeschlossen wird, so kann der Verpfänder die Rückgabe des Pfandes verlangen. Das gleiche Recht hat der Eigentümer.

1) Einreden gg das PfdR, sofern sie dauernd bestehen, sind: **a)** Einreden gg das PfdR als solches, zB §§ 821, 853, Verpfl zur Entpfändg, RMißbr. **b)** Einreden gg die Fdg, die der Verpfänder nach § 1211 geltd machen kann, auch wenn pers Schu auf sie verzichtet hat.

2) Rechtsfolge. a) Verpfänder u Eigtümer (dieser auch iF Anm 1b) haben HerausgAnspr als GesGläub (§ 428). Hat Verpfänder BesR, so kann er Leistg an sich u der Eigtümer Leistg an Verpfänder verlangen; hat er kein BesR, so umgekehrt (§ 986). **b)** PfdR erlischt erst mit Herausg (§ 1253). Rechte and PfdGläub bleiben bestehen; sie haben keine Anspr aus § 1254.

1255 *Aufhebung des Pfandrechts.* I Zur Aufhebung des Pfandrechts durch Rechtsgeschäft genügt die Erklärung des Pfandgläubigers gegenüber dem Verpfänder oder dem Eigentümer, daß er das Pfandrecht aufgebe.
II Ist das Pfandrecht mit dem Rechte eines Dritten belastet, so ist die Zustimmung des Dritten erforderlich. Die Zustimmung ist demjenigen gegenüber zu erklären, zu dessen Gunsten sie erfolgt; sie ist unwiderruflich.

1) Pfandrechtsaufgabe (I). Einseit, empfangsbedürft, formlose (auch stillschw mögl) WillErkl ggü Eigtümer od Verpfänder (bei Mehrh ggü allen, Kbg OLG **6**, 275), auch gg den Willen des and; nicht ggü pers Schu. AnnErkl u Rückg nicht erforderl.

2) Zustimmg Dritter (II). Einseit, empfangsbedürft, formlose (auch stillschw mögl) WillErkl vor od nach AufgabeErkl; iü gilt § 1245 Anm 1 b entspr. Ohne Zust Aufgabe unwirks; bei Umgehg dch Rückg (§ 1253) SchadErsAnspr (§ 823) des Dr gg PfdGläub.

1256 *Zusammentreffen von Pfandrecht und Eigentum.* I Das Pfandrecht erlischt, wenn es mit dem Eigentum in derselben Person zusammentrifft. Das Erlöschen tritt nicht ein, solange die Forderung, für welche das Pfandrecht besteht, mit dem Rechte eines Dritten belastet ist.
II Das Pfandrecht gilt als nicht erloschen, soweit der Eigentümer ein rechtliches Interesse an dem Fortbestehen des Pfandrechts hat.

1) Zusammentreffen von PfdR und Eigt ergibt sich, wenn PfdGläub AlleinEigt (nicht nur MitEigt, § 1009) am Pfd erwirbt, od wenn Eigtümer die gesicherte Fdg (zB dch Ablösg nach § 1249 od Abtr nach § 1250) erwirbt.

2) Rechtsfolge. IdR erlischt das PfdR **(I 1). Abw: a)** PfdR erlischt nicht, solange die gesicherte Fdg mit PfdR od Nießbr belastet ist **(I 2)**, auch wenn Eigtümer zugl pers Schu; es erlischt von selbst mit deren Fortfall, wenn es in diesem Ztpkt noch mit Eigt vereinigt. **b)** PfdR gilt als nicht erloschen, soweit Eigtümer rechtl Interesse am Fortbestand hat **(II)**; zB wenn nachrangige R vorrücken würden (vgl auch RG **154**, 382; Eigtümer kann dann Herausg an nachrangigen Berecht ablehnen), wenn Eigtümer vorrangigem PfdR übertr will, wenn NichtEigtümer dem gutgl Eigtümer u später einem Dr PfdR bestellt (W-Raiser § 2 V 3b). Gilt nicht für Dr (BGH **27**, 233: Untergang des VermieterPfdR, wenn MietzinsFdg an SichgEigtümer der dem VermieterPfdR unterliegden Sachen abgetreten w). **c)** §§ 1976, 1991 II, 2143, 2175, 2377.

1257 *Gesetzliches Pfandrecht.* Die Vorschriften über das durch Rechtsgeschäft bestellte Pfandrecht finden auf ein kraft Gesetzes entstandenes Pfandrecht entsprechende Anwendung.

1) Gesetzliches Pfandrecht. a) Beispiele: PfdR des aus Hinterlegg Berecht (§ 233; vgl RG **124**, 219; Henke AcP **161**, 3); des Verm (§ 559); des Verp (§ 585); des Pächters (§ 590); des WerkUntern (§ 647); des Gastw (§ 704); des Kommissionärs (HGB 397); des Spediteurs (HGB 410); des Lagerhalters (HGB 440); HGB 623, 674, 726, 752, 755; BinnSchG 89, 97, 103; FlößG 22, 28; DüngemittelG 1. **b) Nicht** aber PfdR nach ADSp 50 Abs a (BGH **17**, 1: rgesch PfdR) u PfdgsPfdR.

2) Entsprechde Anwendg der §§ 1204 ff, soweit nicht SonderVorschr entggstehen.
a) Entstehg. Sie richtet sich nach SonderVorschr; §§ 1205-1208 sind nicht anwendb, da Wortlaut des § 1257 bereits entstandenes PfdR voraussetzt. **Gutgl Erwerb** nur nach dem nicht entspr anwendb HGB 366 III; iü auch dann nicht entspr § 1207, wenn für Entstehg des ges PfdR Überg notw (zB § 647), denn BesÜberg erfolgt nicht zwecks Vfg über das Eigt, so daß ihr nicht gleiche Legitimationswirkg wie bei § 1207 zukommt (BGH **34**, 153; Düss NJW **66**, 2362; Köln NJW **68**, 304; Lent-Schwab § 67 III 3; Wolf § 8 H; Larenz SchuldR II § 53 III e; Esser SchuldR II § 79 II 3; Fikentscher § 80 II 5 a; Wiegand JuS **74**, 546; alle mwN; aA Degenhart in 34. Aufl; Erm-Ronke Rdn 3; RGRK Anm 2; Soergel-Augustin

1209

§§ 1257–1272

Rdn 3; Baur § 55 C II 2a; Westermann § 133 I; Kunig JR **76**, 12). Die Entstehgstatbestände enthalten auch keine Vfg, so daß ges PfdR nicht nach § 185 entstehen kann (BGH **34**, 125; Köln NJW **68**, 304; aA Bernöhr ZHR **135**, 144; Medicus § 23 III 3 e). Bestellg rgesch PfdR nach § 185 od § 1207 mögl (BGH **68**, 323; vgl. auch Einf 7). – Wg Anspr des WerkUntern auf VerwendgsErs vgl Vorbem 1 c vor § 994.

b) Rang. § 1209 anwendb für ges PfdR untereinander u im Verh zu and PfdR (§ 1209 Anm 1a). Anwendbark des § 1208 entfällt, soweit gutgl Erwerb nicht mögl (Anm 2a). §§ 936, 932, 1208 gelten aber zG gutgl Erwerbers der Sache selbst od rgesch PfdR an ihr.

c) Pfandrechtsverhältn. §§ 1210–1232 sind anwendb (Düss HRR **36**, 726: § 1216; Schlesw SchlHA **56**, 111: § 1218; Hbg SeuffA **65**, 244: § 1229) mit folgden Einschränkgen: § 1215 Bei besitzlosem PfdR nur anwendb, wenn Gläub Pfd in Bes genommen hat (RG **102**, 77; JW **13**, 101), was Schu nicht verlangen kann. §§ 1211, 1224, 1225 nur anwendb, soweit ges PfdR an schuldnerfremden Sachen erwerbb.

d) Verwertg. §§ 1233 ff anwendb (Ffm Rpfleger **74**, 430), insb § 1247 (RG **119**, 269). § 1248 aber nur, soweit ges PfdR an schuldnerfremder Sache erwerbb.

e) Ablösg, Übertragg, Einreden. §§ 1249 (Celle NJW **68**, 1139), 1250, 1251, 1254 sind anwendb.

f) Erlöschen. aa) § 1253 ist anwendb (Celle NJW **53**, 1470), sofern nicht SonderVorschr Ausn vorsehen (zB HGB 440 III). Er gilt nicht bei besitzlosen ges PfdR; hier kann Rückg in Bes genommenen Pfd Aufgabe nach § 1255 bedeuten, auch kann in Überg an PfdGläub statt Verwirklichg des ges PfdR seine Aufhebg unter Bestellg rgesch PfdR liegen (Parteiwille maßg). **bb)** §§ 1252, 1255, 1256 (Celle MDR **65**, 831) sind anwendb.

3) Ges PfdR an **Anwartschaften**: § 929 Anm 6 B d; bedeuts wg Anm 2a bei EigtVorbeh.

1258 *Pfandrecht am Anteil eines Miteigentümers.* ¹ Besteht ein Pfandrecht an dem Anteil eines Miteigentümers, so übt der Pfandgläubiger die Rechte aus, die sich aus der Gemeinschaft der Miteigentümer in Ansehung der Verwaltung der Sache und der Art ihrer Benutzung ergeben.

II Die Aufhebung der Gemeinschaft kann vor dem Eintritte der Verkaufsberechtigung des Pfandgläubigers nur von dem Miteigentümer und dem Pfandgläubiger gemeinschaftlich verlangt werden. Nach dem Eintritte der Verkaufsberechtigung kann der Pfandgläubiger die Aufhebung der Gemeinschaft verlangen, ohne daß es der Zustimmung des Miteigentümers bedarf; er ist nicht an eine Vereinbarung gebunden, durch welche die Miteigentümer das Recht, die Aufhebung der Gemeinschaft zu verlangen, für immer oder auf Zeit ausgeschlossen oder eine Kündigungsfrist bestimmt haben.

III Wird die Gemeinschaft aufgehoben, so gebührt dem Pfandgläubiger das Pfandrecht an den Gegenständen, welche an die Stelle des Anteils treten.

IV Das Recht des Pfandgläubigers zum Verkaufe des Anteils bleibt unberührt.

1) PfandR am **MitEigtAnteil** (§ 1008) w grdsätzl wie PfdR an einer Sache behandelt. **a) Entstehg.** Rgeschäftl dch Einigg u Einräumg des dem Verpfänder zustehden unmittelb MitBes od Übertr des mittelb MitBes unter Anzeige an Besitzer (§ 1205 II); AlleinEigtümer kann auch einen Brucht verpfänden (Staud-Spreng Rdn 4; aA Westermann § 126 I 2), wobei abw von § 1206 Einräumg einf MitBes genügt (W-Raiser § 173 II 1; str). Gesetzl dch Verbindg usw von Sachen desselben od verschiedner Eigtümer, wenn eine zuvor mit PfdR belastet (vgl § 949 Anm 3). Gesetzl PfdR zB wenn Mieter nur MitEigtümer der eingebrachten Sache (RG **146**, 334). **b) Entspr Anwendg.** § 1258 gilt gem § 1273 II auch für GesHandsanteil (RG **83**, 30; **84**, 395), soweit verpfändbar (wg Miterbenanteil vgl § 1276 Anm 2b; wg GesellschAnteil vgl § 719 Anm 2b). **c) SonderVorschr.** PfdR am MitEigt der AnteilsInh an SonderVerm einer KapitalanlageGesellsch nur dch Verpfändg des Anteilsscheins unter Überg des (ev indossierten) Scheins; § 18 III G idF v 14. 1. 70, BGBl 127 (vgl Schuler NJW **57**, 1049). PfdGläub kann nicht Aufhebg der Gemsch verlangen (aaO § 11); RücknAnspr (aaO § 11 II) aber mitverpfändb.

2) TeilhaberR hins Verwaltg (§§ 744–746) u BenutzgsArt (§§ 745, 746) sind zwecks Ausübg des MitBes dem PfdGläub ausschl zugewiesen **(I)**, nicht aber Benutzg selbst, die nach § 743 MitEigtümer zusteht (and iF §§ 1213, 1214). Vereinbgen der MitEigtümer über die BesVerh wirken auch ggü PfdGläub (§ 746; RG **146**, 337).

3) Rechtsfolgen. a) PfdGläub kann Anteil nach Regeln über **PfdVerk** verkaufen **(IV)**. **b)** PfdGläub kann dch Betreiben der **GemschAufhebg** (§§ 749 ff) sich Pfd an Sache selbst od deren Erlös verschaffen. Vor PfdReife kann Aufhebg nur von MitEigtümer u PfdGläub gemeins verlangt w; nach PfdReife von PfdGläub allein, auch ohne Zust des MitEigtümers u ohne Bindg an Vereinbargen, die dieser mit and MitEigtümern über Ausschl der Aufhebg od KündFrist getroffen **(II)**. Rechtskr Schuldtitel nicht erforderl (and § 751 S 2). ErsPfdR an bei Aufhebg an Stelle des Anteils tretden Ggst entsteht nach hM nicht kr G, da PfdGläub nur Anspr auf Bestellg hat („gebührt", III); aA BGH **52**, 99 zur Vermeidg ungerechtf Rangverlustes des VertrPfdR dch unterschiedl Behandlg ggü PfdgsPfdR (vgl dazu Wellmann NJW **69**, 1903; Lehmann NJW **71**, 1545).

1259–1272 *Registerpfandrecht an Schiffen.* Aufgehoben und ersetzt durch das SchiffsRG.

Zweiter Titel. Pfandrecht an Rechten
Einführung

1) Aufbau des 2. Titels. §§ 1273–1278 enthalten allg Vorschr; §§ 1279–1290 enthalten SonderVorschr für PfdR an Fdgen, die § 1291 auf PfdR an Grd-/RentenSch ausdehnt; §§ 1292–1296 enthalten Vorschr für PfdR an WertPap. – Die **Bezeichng der Beteiligten** weicht von der im ZwVollstrR ab: Der aus dem verpfändeten R eine Leistg zu erbringen hat, heißt Verpflichteter (§ 1275) od Schu (§§ 1280 ff), im ZwVollstrR aber DrittSchu; der Verpfänder heißt Gläub, ihm entspricht im ZwVollstrR der (Vollstr)Schu; dem PfdGläub entspricht im ZwVollstrR der (Vollstr)Gläub.

2) Das **VertragsPfdR an Rechten** ist weitgehd dch SichgAbtr (§ 398 Anm 6) ersetzt, auf die §§ 1273 ff nicht anwendb sind (insb Verwertg nach SichgVertr); bedeuts noch dch AGB-Banken 19. – **a) Entstehg** dch RGesch (§§ 1274 I ggf iVm 1280; 1292, 1293) od kr G (zB §§ 233, 585 S 2; 1293 iVm 1257; HGB 399). – **b) Erlöschen** dch Eintritt auflöser Bdgg (§ 158 II); Fristablauf (§ 163); SchuldÜbn ohne Einwilligg des RInh (§ 418); lastenfreier Erwerb (zB § 1292 Anm 1 c aE); rechtm Einzieh (§ 1282); Abtr der gesicherten Fdg mit Ausschl des PfdRÜbergangs (§§ 1273 II, 1250 II); Erlöschen der gesicherten Fdg (§§ 1273 II, 1252); Rückg einer Sache, deren Überg zur Verpfändg notw (§ 1278); PfdRAufhebg (§§ 1273 II, 1255); Vereinigg von PfdR u PfdGgst (§§ 1273 II, 1256); Untergang des PfdGgst (Ausn: § 1276 Anm 1a, § 1281 Anm 2b aa). – **c) Verwertg. aa)** Nach ZwVollstrR aGrd dingl Tit zur Duldg der PfdVerwertg ob RInh bei allen Ren (§ 1277). **bb)** Dch Einzieh ohne Tit gg den Gläub bei Fdgen (§ 1282), Grd-/RentenSch (§ 1291), Order- u InhPap (§ 1294). **cc)** Dch PfdVerk bei OrderPap (§§ 1293, 1228 ff) u freihänd Verk bei InhPap (§§ 1295, 1221). **dd)** Dch ZwVollstr nach ZPO in den PfdGgst aGrd ZahlgsTit gg den pers Schu bei allen Ren.

1273 *Grundsatz.* **I** Gegenstand des Pfandrechts kann auch ein Recht sein.
II Auf das Pfandrecht an Rechten finden die Vorschriften über das Pfandrecht an beweglichen Sachen entsprechende Anwendung, soweit sich nicht aus den §§ 1274 bis 1296 ein anderes ergibt. Die Anwendung der Vorschriften des § 1208 und des § 1213 Abs. 2 ist ausgeschlossen.

1) Recht (I). PfdGgst kann jedes übertragb (§ 1274 II) VermR sein, soweit es nicht grdstgleiches R (zB WEigt; ErbbR; EG 68, 196) od MitEigtAnteil (§ 1258) ist od Verpfändg ges ausgeschl ist (zB Postspargut-haben, PostG 23 IV 2); zB Fdg (auch an einer Fdg gg den PfdGläub; BGH **LM** § 610 Nr 1), GrdSch, AnwR, Miterbenanteil (§ 2033 Anm 2), VerlG 28; GebrMG 13; GeschmMG 3; vgl aber UrhG 29), AktienR, GmbH-Anteile, R aus dem Meistgebot (Zeller ZVG 81 Anm 11). – **a) Verwertbark** des R seiner Art nach dch ZwVollstr (§ 1277) od Einzieh (§ 1282) erforderl. – **b) RGesamth:** § 1204 Anm 2b gilt entspr. – **c) Künftig entstehde Rechte** nur dch vorh Einigg für den Fall der Entstehg verpfändb. PfdR entsteht erst mit ihrer Entstehg, wenn dann die weiteren Entstehgsvoraussetzgen (zB §§ 1274 I 2, 1280) erfüllt sind (RG **68**, 55). Ges Grdlage für Entstehg des R muß bei Verpfändg schon vorhanden sein (RG **134**, 225; BVerwG NJW **57**, 314). Das R muß bestimmb sein; für Verpfändg künft Fdg gilt § 398 Anm 3c, 3d entspr (RG **82**, 227); für Verpfändg künft EigtümerGrdSch gilt § 1163 Anm 4 d, 5 c entspr.

2) §§ 1204 bis 1258 sind mit den sich aus **II** ergebden Einschränkgen auf rgesch u ges PfdR entspr anwendb (eingehd Planck-Flad Anm 2).
a) Anwendbar: §§ 1204 (RG **136**, 424), 1209, 1210 (KG OLG **29**, 377), 1211 (BGH **LM** § 610 Nr 1), 1213 I, 1214, 1219, 1220, 1221 (RGRK § 1227 Anm 4; Walsmann in Anm zu Brsl JW **28**, 2474), 1222, 1223 II (RG DJZ **29**, 442: PfdRAufhebg statt Rückg), 1224, 1225 (RG Recht **18**, 244), 1228 II 1 u 2 (KG OLG **29**, 377), 1229, 1249, 1250, 1252 (RG **100**, 277), 1254 (PfdRAufhebg statt Rückg), 1255, 1256 (RG **154**, 383), 1257, 1258 (vgl dort Anm 1 b).
b) Unanwendbar: 1207 (§ 1274 Anm 1 a aa), 1208 (Ausn: wenn sich Erwerber auf § 892 berufen kann; zB bei falscher Löschg eines PfdR an GrdPfdR), 1212 (vgl aber §§ 1289, 1296), 1213 II (iZw kein NutzgsPfdR an zinstragdem R), 1246.
c) Beschränkt anwendbar: – aa) Wenn PfdR zugl Sache erfaßt (§ 952) od SachÜberg zur PfdRBestellg nöt (§ 1274 I 2): §§ 1205, 1206, 1215, 1216, 1217, 1218, 1223 I (RG **100**, 277), 1226, 1227 (RGRK Anm 8), 1251, 1253. – **bb)** Vorschr über den PfdVerk, wenn dieser dch Vereinbg nach § 1277 zugel (§ 1277 Anm 3) od nach ZPO 844 angeordnet (§ 1277 Anm 2 b).

1274 *Bestellung.* **I** Die Bestellung des Pfandrechts an einem Rechte erfolgt nach den für die Übertragung des Rechtes geltenden Vorschriften. Ist zur Übertragung des Rechtes die Übergabe einer Sache erforderlich, so finden die Vorschriften der §§ 1205, 1206 Anwendung.
II Soweit ein Recht nicht übertragbar ist, kann ein Pfandrecht an dem Rechte nicht bestellt werden.

1) PfdRBestellg (I) erfolgt grdsl nach ÜbertrRegeln. Unwirks Verpfändg uU in VerpflVertr (Übbl 1d vor § 1204; Dresden Recht **10**, 3517) od ZbR (RG **124**, 28) umdeutb.
a) Einigg zw RInh u PfdGläub. – aa) Gutgl Erwerb vom Nichtberecht nur, wenn verpfändetes R selbst gutgl erwerbb, insb nach §§ 892 (KG OLG **46**, 61), 1138, 1155, 2366 u nach WertPapR (W-Raiers § 175 Fußn 20). Sonst nur Erwerb nach § 185 mögl. – **bb) Inhalt.** Die Einigg muß die Bestellg eines PfdR

§ 1274 1, 2

(§ 1204 Anm 1) für den PfdGläub (keine Bestellg zGDr; RG **124**, 221), das Pfd (§ 1273 Anm 1) u die gesicherte Fdg (§ 1204 Anm 3) umfassen (RG **148**, 349). VerpfändgsErkl kann liegen in: AbtrErkl (RG JW **28**, 174), Vorrangeinräumg des Zessionar an PfdgsGläub (RG JW **34**, 221), Vertr über Hinterlegg des HypBriefs bei Notar (RG HRR **32**, 1748). GrdSch nicht als Pfd bezeichnet, wenn AGB als Pfd die in Bes od VfgsGewalt des PfdGläub gelangden „WertGgst" nennt (BGH **60**, 174; dazu Kollhosser JR **73**, 315). – **cc) Form.** Die Einigg bedarf der für die RÜbertr erforderl Form (zB Schriftform gem § 792; Beurk gem GmbHG 15 III); nicht aber der VerpflVertr (Übbl 1 d vor § 1204), selbst wenn für VerpflVertr Formzwang besteht (RG JW **37**, 2118; Ertl DNotZ **76**, 68 zu XII). Verpfändg des AuflAnspr erfordert nicht Form des § 313 (BayObLG **76**, 190 mwN; zust v Koch MittBayNot **76**, 161 u Ertl DNotZ **77**, 81; str). Bei schriftl Erkl muß sich Verpfänder des Schriftstücks so entäußern, daß PfdGläub darüber verfügen kann (RG **148**, 349). Dem Formzwang unterliegt der notw Inhalt der Einigg (RG aaO) einschl etwaiger NutzgsVereinbg nach § 1213. Blankoverpfändg zul; PfdR entsteht ohne Rückwirkg mit vereinbgsgem Ausfüllg (RG JW **28**, 174).

b) Weitere Erfordernisse, sofern für RÜbertr erforderl. – **aa)** GBEintr (§ 873), zB bei Verpfändg einer BuchGrdSch od BuchHypFdg (vgl aber § 1159); nicht aber bei Verpfändg eines AuflAnspr, Eintr (berichtigd) hier nur zul (nicht notw) bei eingetr AuflVormkg (BayObLG **67**, 297). – **bb) Sachübergabe** (I 2), zB des GrdSch-/HypBriefs bei Verpfändg einer BriefGrdSch/BriefHypFdg (vgl aber § 1159). Für die Überg gelten §§ 1205, 1206; unanwendb §§ 1207, 1208, da Sache nicht PfdGgst (Kbg OLG **29**, 379). Verpfändg eines Sparguthabens erfordert nicht Überg des Sparbuchs (RG **124**, 217), einer VersFdg nicht der Police (RG **79**, 306) u eines Anspr gg Leihhaus nicht des PfdScheins (KG OLG **26**, 207). – **cc) Zustimmg Dritter,** zB nach AktG 68 II bei Verpfändg vinkulierter Namensaktie (Hbg OLG **26**, 206).

c) Einzelfälle; vgl auch §§ 1280 (Fdg), 1291 (GrdSch, RentenSch), 1292 (OrderPap), 1293 (InhPap).

aa) AnwartschR. Aus bdgter Übereigng bewegl Sachen dch Einigg u Überg nach §§ 1205 ff; PfdR am AnwR w zum PfdR an der Sache, wenn Verpfänder VollEigt erwirbt (§ 1287 entspr). – Aus **Auflassg:** Bei AnwR iSv § 925 Anm 6 b aa u bb dch Einigg entspr § 925 ohne Anzeige nach § 1280; GBEintr nur zul (nicht notw) wenn bei eingetr AuflVormkg (Vollkommer Rpfleger **69**, 411; LG Mü II Rpfleger **69**, 425). Verpfändg nach GrdstVG nicht erforderl (Mü RdL **60**, 178). Ebso VermR iSv § 925 Anm 6 b cc (krit Vollkommer aaO Fußn 68). – Aus **NacherbR:** § 2108 Anm 5; GBEintr zul (RG **83**, 438) aber nicht notw. – Zum **ErbVertr** vgl aber Übbl 2 vor § 2274.

bb) Hypotheken. Verpfändg der HypFdg, mit ihr entsteht PfdR an allein nicht verpfändb Hyp u ggf am HypBrief (§ 952). PfdR an Fdg ergreift nur bish Rang die nachträgl eingetr Hyp auch ohne Eintr des PfdR (BayObLG DJZ **32**, 685). Bei Erlöschen der Hyp dch Zuschlag ges Übergang des PfdR auf ErsSichgHyp nach ZVG 128 (RG **60**, 221). – **BuchHyp:** Verpfändg der Fdg dch Einigg u Eintr (§§ 1154 III, 873). Bei GesBuchHyp entsteht PfdR erst nach Eintr auf allen GBBlättern (RG **63**, 74). – **BriefHyp:** Verpfändg der Fdg dch Einigg mit schriftl VerpfändgsErkl u BriefÜberg (§ 1154 I). Für die BriefÜberg gelten §§ 1205, 1206 (I 2); Abrede nach §§ 1154 I 1, 1117 II ausreichd bei Anzeige an GBA (W-Raiser § 175 Fußn 15). Schriftform der VerpfändgsErkl ersetzb dch Eintr (§ 1154 II), die ohne Bezug auf EintrBew die gesicherte Fdg (KGJ **33**, 262), nicht aber ihren HöchstBetr (KG OLG **29**, 377), angeben muß. Teilverpfändg nur bei Teilbriefbildg mögl (KGJ **24**, 132).

cc) PfandR. Verpfändg der gesicherten Fdg, mit ihr entsteht PfdR (AfterPfd) an allein nicht verpfändb PfdR. FdgsPfdGläub kann bei PfdReife seiner Fdg entspr § 1231 vom SachPfdGläub Herausg des Pfd verlangen; für VerstErlös gelten §§ 1247, 1287, 1288 II entspr (Westermann § 136 II 6). Vor PfdReife entspr § 1251 Anspr auf MitBesEinräumg.

dd) GmbH-Anteile. Verpfändg dch Einigg idF GmbHG 15 III; Anmeldg nach GmbHG 16 I erst bei PfdVerwertg (§ 1277) nöt (Müller GmbH-RdSch **69**, 6; aA hM). Teilverpfändg trotz GmbHG 17 VI unter Beachtg von GmbHG 17 I zul; kommt es nicht zur Verwertg, so bleibt Anteil ungeteilt (vgl Wiedemann [§ 1068 Anm 4] S 423). AbtrVoraussetzgen nach GmbHG 15 V gelten auch für Verpfändg; VeräußergsGen umfaßt auch Gen zur Verpfändg (aA Gen zur Veräußerg iRv PfdVerwertg vgl dazu Contzen RhNK **67**, 682); TeilverpfändgsGen umfaßt VeräußergsGen für verpfändeten Teil (vgl dazu Contzen aaO). – PfdGläub erlangt kein **MitVerwR** u (auch bei NutzgsPfdR; Müllern aaO 58) kein **StimmR** (RG **157**, 52). Übertr des StimmR nach hM unzul (Müller aaO 9 mwN; aA RG aaO); StimmRVollm zul, hindert aber Verpfänder nicht, selbst zu stimmen u Vollm aus wicht Grd zu widerrufen (Müller aaO 10). – **GewinnAnspr** gilt nicht als mitverpfändet (§ 1273 II 2); NutzgsPfd (bei dem Gewinnanteil dem PfdGläub ohne Rücks auf PfdReife zufließt) jedoch vereinb, dieses von Verpfändg der aus dem GeschAnteil entspringden vermögnsr Anspr (für die § 1279 ff gelten) zu unterscheiden. – Zur Verpfändg einer EinlageFdg vgl BGH **LM** GmbHG § 19 Nr 4; Betr **76**, 1325; LG Osnabr Betr **76**, 286; Pleyer GmbHRdSch **63**, 69; **68**, 164).

ee) Namens- (Rekta-) u **Legitimationspapiere** (Einf 1 a, 3 vor § 793). Verpfändg des verbrieften R in der Form des AbtrVertr (§ 792) mit der Folge des § 952; beim Rektawechsel muß PapÜberg hinzutreten (vgl BGH NJW **58**, 302). Wg Lagerscheins vgl ADSp 48 Bc.

2) Unübertragbare Rechte (II). Soweit die Ausübg eines solchen R überlassen w kann (zB §§ 1059 S 2, 1092 I 2), ist das ÜberlassgsR verpfändb, ohne daß dadch ein PfdR am R selbst entsteht (KGJ **40**, 254). Unübertragbark kann sich ergeben aus: – **a) Gesetz.** ZB § 38; § 400 (auch bdgt pfändb Fdg); §§ 717, 719 (Verpfändg nur zul, wenn GesellschVertr die Übertr od Belastg erlaubt od die MitGter zustimmen; im GB eines GesellschGrdst eingetr, Hamm Rpfleger **77**, 136. Zur Verpfändg eines Kommanditanteils Rümker WPM **73**, 626); §§ 1059, 1092; §§ 514, 1098; subjdingl Re (§§ 1018, 1103 I, 1110) als untrennb vom Grdst; Hyp u PfdR als untrennb von der gesicherten Fdg (Anm 1 c bb u cc); §§ 847, 1300, 1378 III vor Abtretbark; §§ 1419, 1487, 2033 II; unselbstd EinzelR wie AuseinandSAnspr (and Anspr auf AuseinandSGuth, vgl auch Firma od ZeitgsTit RG **95**, 236), vgl auch § 399 Anm 4 u WZG 8; wg VersFdg nicht unpfändb Sache vgl VVG 15 u RG **135**, 159. – **b) Inhalt** (§ 399 Halbs 1). ZB Anspr des Bausparers auf Auszahlg des Baudarlehns (RGRK Anm 11), vgl ferner § 399 Anm 2. – **c) Vertrag** (§ 399 Halbs 2). Vgl § 399 Anm 3 u Einl 5 a dd

1212

vor § 854. Ist bei LebensVersicherg BezugsBerect genannt, so Verpfändg nur mögl, wenn Nenng des Berect widerrufb u ggü Versicherer widerrufen (RG **127**, 269).

3) Unverpfändbarkeit vereinbar, wenn Unübertragbark vereinb (Müller GmbHRdSch **69**, 4; RG HRR **34**, 557).

1275 *Pfandrecht an Recht auf Leistung.* Ist ein Recht, kraft dessen eine Leistung gefordert werden kann, Gegenstand des Pfandrechts, so finden auf das Rechtsverhältnis zwischen dem Pfandgläubiger und dem Verpflichteten die Vorschriften, welche im Falle der Übertragung des Rechtes für das Rechtsverhältnis zwischen dem Erwerber und dem Verpflichteten gelten, und im Falle einer nach § 1217 Abs. 1 getroffenen gerichtlichen Anordnung die Vorschrift des § 1070 Abs. 2 entsprechende Anwendung.

1) RStellg des Schuldners eines verpfändeten LeistgsAnspr. – a) § 404: Schu kann PfdGläub alle Einwdgen enggnhalten, die ihm ggü dem Gläub zustehen. – **b) § 405:** EinwdgsAusschl mögl (RG Warn **14**, 245). – **c) §§ 406, 407:** Kenntn des Schu von AnsprVerpfändg muß nicht dch die nach § 1280 notw Anzeige erlangt sein (RG **52**, 143); Unkenntn dagg trotz Anzeige mögl. Bei Verpfändg eines VergütgsAnspr gilt für Vereinbg zw DienstBerect u DienstVerpfl, nach der letzterer seine Vergütg von abzuliefernden Einnahmen einbehalten darf, § 387 Anm 2 aE entspr. Abgabe eines SchuldAnerk in Kenntn, daß Gläub den Anspr verpfänden will, kann Verzicht auf Aufrechng zG des PfdGläub enthalten (RG **71**, 154). – **d) § 409:** Schu w dem Gläub ggü befreit, wenn er nach Anzeige bei (ihm vom Gläub mitgeteilter) PfdReife an PfdGläub in Unkenntn, daß PfdR (zB inf Untergangs der gesicherten Fdg) erloschen, leistet (v Tuhr DJZ 07, 605; vgl auch § 1288 Anm 2c).

2) GrundPfdR. Bei Verpfändg von **HypFdg** gelten §§ 404ff nur für pers Fdg u rückständ Zinsen/ Nebenleistgen (§ 1159); für dingl Anspr (Hyp) vgl §§ 1156, 1157, 892 (RG Warn **14**, 245) – **Grd/RentenSch** fällt unter § 1275 (§ 1291). Bei Kenntn des PfdGläub vom Nichtbestehen od dch die NachlGgst gesicherten Fdg (vgl dazu § 1191 Anm 3b) kann Eigtümer entspr nach § 1169 Verzicht auf PfdR verlangen (RG LZ **16**, 947). Auch and Einwdgen aus dem RVerh zw Eigentümer u Grd/RentenSchGläub wirken gem §§ 1157, 1192, 892 ggü PfdGläub nur, wenn er sie kannte (RG Warn **34**, 157).

1276 *Aufhebung oder Änderung des verpfändeten Rechtes.* ^I Ein verpfändetes Recht kann durch Rechtsgeschäft nur mit Zustimmung des Pfandgläubigers aufgehoben werden. Die Zustimmung ist demjenigen gegenüber zu erklären, zu dessen Gunsten sie erfolgt; sie ist unwiderruflich. Die Vorschrift des § 876 Satz 3 bleibt unberührt.
^{II} Das gleiche gilt im Falle einer Änderung des Rechtes, sofern sie das Pfandrecht beeinträchtigt.

1) Allgemeines. – a) Keine **Aufhebg** od **Änderg** einer verpfändeten Fdg, wenn Schuld u Fdg sich in derselben Pers vereinigen (Konfusion), denn sie gilt zG des PfdR als fortbestehd (RG **77**, 254; KJG **44**, 292). Zust des PfdGläub erfordert bewußte Erkl (Saarbr JBlSaar **62**, 139); Vfg ohne Zust nur relativ unwirks (BayObLG **67**, 295 mwN). – **b)** Bei **Übertr** des R bleibt PfdR vorbehaltl gutgl Erwerbs, dch § 1276 nicht ausgeschl, bestehen.

2) Einzelfälle.

a) Verpfändg einer MietzinsFdg. Aufhebg des MietVertr ohne Zust des PfdGläub ihm ggü wirks, PfdR ergreift nur bis zur Aufhebg entstandene MietzinsFdg (Posen OLG **31**, 358); rückw Aufhebg od unlautere Ersetzg dch neuen MietVertr ggü PfdGläub aber unwirks. Ebso Veräußerg der Mietsache an Mieter (Mü OLG **33**, 318), da nur Vfg über Mietsache u MietVerh erlischt (so daß keine Konfusion); wg Veräußer an Dr vgl § 573 Anm 2.

b) Verpfändg eines Erbanteils (§ 2033 Anm 2b). Veräußerg des Erbanteils ohne Zust des PfdGläub ihm ggü wirks, da sie (auch bei Gutgläubigk des Erwerbers) PfdR nicht berührt. ErbauseinandS sowie Übertr sämtl Erbanteile auf einen MitE od Dr nur mit Zust des PfdGläub ihm ggü wirks, da mit Beendigg der ErbenGemsch das PfdSubstrat entfällt u PfdGläub nach § 1258 III nur Anspr auf Bestellg eines ErsPfdR gg Verpfänder hat (BayObLG **59**, 58/59). Da die NachlGgst, an denen selbst kein PfdR entsteht, dem Erbanteil erst Inhalt u Wert geben, ist auch eine Vfg aller MitE über NachlGgst nur mit Zust des PfdGläub ihm ggü wirks (BayObLG **59**, 57). Wg Gefahr gutgl Erwerbs PfdR als VfgsBeschrkg bei NachlGrdst eintragb; nach Eintr darf Erwerber eines NachlGrdst od R daran ohne Nachw der Zust des PfdGläub (Nachw aber erforderl für Löschg eines R od wenn dem GBA bekanntes PfdR nicht eingetr) eingetr w (BayObLG **59**, 57/58). ZwVerst eines NachlGrdst erfordert Zust des PfdGläub od DuldgsTit gg ihn (BayObLG **59**, 60); dies gilt aber auch bei ZwVerst auf eines pers Schu hin eines NachlGgst, woran PfdGläub eingetr dingl Berect. – Gilt entspr bei Verpfändg eines PersonalGesellschAnteils (vgl § 1274 Anm 2 a).

c) Verpfändg eines GmbH-Anteils. Nicht unter § 1276 fallen GterBeschl (da PfdGläub kein StimmR hat; RG **139**, 227) u das PreisgabeR nach GmbHG 27 (hM). Bestr, ob Zust des PfdGläub erforderl zur Zust zur AnteilsEinziehg nach GmbHG 34 II, zur AuflösgsKl nach GmbHG 61 u zur Künd (vgl Fischer GmbHRdSch **61**, 27; Müller GmbHRdSch **69**, 8; Wiedemann [§ 1068 Anm 4] S 430).

1277 *Befriedigung durch Zwangsvollstreckung.* Der Pfandgläubiger kann seine Befriedigung aus dem Rechte nur auf Grund eines vollstreckbaren Titels nach den für die Zwangsvollstreckung geltenden Vorschriften suchen, sofern nicht ein anderes bestimmt ist. Die Vorschriften des § 1229 und des § 1245 Abs. 2 bleiben unberührt.

§§ 1277–1281 3. Buch. 9. Abschnitt. *Bassenge*

1) **PfdVerwertg** setzt PfdReife (§§ 1273 II, 1228 II) voraus. Befriedigg nach § 1277 auch mögl, wo §§ 1282, 1291, 1293 ff and Verwertgsarten vorsehen.

2) **Gesetzl Verwertgsart (I).** – **a)** **Dingl Titel** auf Duldg der ZwVollstr in das R (RG **103**, 139) od auf Gestattg der Befriedigg aus dem R nach ZwVollstrVorschr gg den RInh (das ist bei MietzinsFdg bzgl mit Nießbr belasteten Grdst der Nießbraucher; RG **93**, 121); vollstrb Urk nach ZPO 794 I Nr 5, II genügt (KG JW **38**, 2494). Für die VerfKosten haftet das Pfd (§§ 1273 II, 1210 II). AGrd ZahlgsTit wg pers Fdg nur ZwVollstr in das R ohne Rücks auf PfdR (KG HRR **31**, 703). – **b) Befriedigg nach ZwVollstrVorschr** ZPO 828 ff, 857. Trotz schon bestehdem PfdR ist Pfändg erforderl (RG **103**, 139; str); für Rang aber PfdRBestellg maßg. Abw können nicht nach § 1246 angeordnet w. Ordnet das VollstrG nach ZPO 844 öff Verst an, so w die Vorschr über den PfdVerk (insb § 1244) anwendb (KG JFG **6**, 273).

3) **Vereinbarte Verwertgsart (II).** Abw von der ges Verwertgsart (auch Entbehrlichk des dingl Tit) können unter Beachtg von §§ 1229, 1245 II ohne für PfdRBestellg notw Form vereinbart w. Ist PfdVerk vereinbart, so gelten §§ 1243, 1244 (RG **100**, 276; KGJ **40**, 285); § 1244 aber nicht anwendb, wenn von §§ 1233 II, 1235, 1240 II abw Verk vereinbart (§ 1244 Anm 1a).

1278 *Erlöschen durch Rückgabe der Sache.* **Ist ein Recht, zu dessen Verpfändung die Übergabe einer Sache erforderlich ist, Gegenstand des Pfandrechts, so finden auf das Erlöschen des Pfandrechts durch die Rückgabe der Sache die Vorschriften des § 1253 entsprechende Anwendung.**

1) Notwendigk der SachÜberg zur PfdRBestellg: § 1274 Anm 1b bb. – RückgVoraussetzgen: § 1253 Anm 1; RückgVermutg: § 1253 Anm 2. – PfdR an nach § 1292 verpfändeten OrderPap erlischt auch bei Rückg ohne Rückindossament; DchStreichen des PfdIndossaments schafft dann wechselm/scheckm Legitimation für Gläub (RGRK Anm 1).

2) Sonstige Erlöschensgründe: Einf 2b vor § 1273.

1279 *Pfandrecht an Forderungen.* **Für das Pfandrecht an einer Forderung gelten die besonderen Vorschriften der §§ 1280 bis 1290.**

1) §§ 1280–1290 gelten für PfdR an verpfändb Fdgen aller Art; nicht aber (weil keine Fdg) für PfdR an GesellschAnteilen (RG **57**, 414) einschl des Anspr auf Herausg der nach AuseinandS zuzuteilnden Ggst (RG **67**, 331), Erbanteilen (BayObLG **59**, 56), AnwR, Nießbr, dingl Ren (RG **97**, 34) u nicht für SichgsAbtr (Hbg OLG **26**, 203). – Soweit §§ 1280–1290 nichts Abweichendes bestimmen, gelten §§ 1273–1278; für in Order- u InhPap verbriefte Fdgen enthalten §§ 1292 ff weitere SonderVorschr. – Ist die verpfändete Fdg höher als die gesicherte, so iZw die ganze Fdg verpfändet; bei teilb Fdg auch Teilverpfändg mögl (Zunft NJW **55**, 442). Zur Verpfändg von SteuererstattgsAnspr Oswald DRiZ **78**, 18; vgl auch BGH **70**, 75 (Abtr).

1280 *Anzeige an den Schuldner.* **Die Verpfändung einer Forderung, zu deren Übertragung der Abtretungsvertrag genügt, ist nur wirksam, wenn der Gläubiger sie dem Schuldner anzeigt.**

1) **Verpfändgsanzeige.** Neben VerpfändgsVert (§ 1274 Anm 1a) erforderl, wenn zur RÜbertr AbtrVertr ausreichd. § 1280 daher unanwendb, wenn zur RÜbertrag weitere Erfordern wie insb GBEintr od SachÜberg hat (§ 1274 Anm 1b); hier Schutz des Schu nach §§ 1275, 404. Anzeige nicht erforderl, wenn PfdGläub zugl Schu der verpfändeten Fdg (BGH LM § 610 Nr 1). – **a)** Die Anzeige ist **WirksamkVoraussetzg** für Entstehg des PfdR (RG **79**, 306) u löst Wirkg von §§ 1275, 409 aus. Sie ist daher nur mögl, solange VfgsBefugn über die Fdg gegeben, u für KO 7, 15, 30 Nr 1 ist der Ztpkt der Anzeige maßg (RG **79**, 306; JW **02**, 185). Kenntn von Verpfändg ohne Anzeige bedeutgslos (RG **89**, 289). Mangels Anzeige unwirks Verpfändg nicht in Abtr umdeutb (RG **79**, 306); mögl aber ZbR an übergebener Urk (RG **51**, 83) od schuldr BefriediggsR (KG JW **19**, 117). – **b)** Verpfänder ist dem PfdGläub aus VerpflVertr (Übbl 1d vor § 1204) **zur Anzeige verpflichtet** (RG HRR **30**, 216).

2) **Erfordernisse der Anzeige.** – **a)** **Formfreie** empfangsbedürft WillErkl, die schlüss od dch Stillschw erklärb ist u erkennen lassen muß, daß Verpfänder Verpfändg gg sich gelten lassen will (RG **89**, 289); Bezeichng als Abtr unschädl, wenn erkennb Verpfändg gemeint (RG aaO). Vgl aber AO 46 II, VI. Anzeigeabsicht erforderl (RG LZ **33**, 521), nicht aber Kenntn der dingl Wirkg (RG JW **04**, 485). – **b)** **Verpfänder** od sein GesRNachf (RG JW **04**, 485) muß anzeigen, nicht der PfdGläub (RG **79**, 306). Er kann PfdGläub od Dr zur Anzeige bevollm (RG **89**, 289; PfdVertr genügt dazu idR nicht; RG **85**, 437) od Anzeige eines NichtBevollm genehmigen (idR nicht dch bloßes Stillschw; RG SeuffA **86**, 118). Anzeige hat an den derzeit Schu der Fdg od dessen Bevollm zu erfolgen, bei Mehrh an alle (sofern nicht einer EmpfangsVollm hat).

1281 *Leistung des Schuldners vor Pfandreife.* **Der Schuldner kann nur an den Pfandgläubiger und den Gläubiger gemeinschaftlich leisten. Jeder von beiden kann verlangen, daß an sie gemeinschaftlich geleistet wird; jeder kann statt der Leistung verlangen, daß die geschuldete Sache für beide hinterlegt oder, wenn sie sich nicht zur Hinterlegung eignet, an einen gerichtlich zu bestellenden Verwahrer abgeliefert wird.**

1) § 1281 gilt nur **vor PfdReife** (§ 1228 II). Er ist abdingb (§ 1284); zB stillschw dch Gestattg der Unterverpachtg, so daß Unterpachtzins trotz ges PfdR des Verpächters nur an Pächter zu leisten (KG JW 32, 1066).

2) Leistg des Schuldners (S 1) nur an Gläub u PfdGläub gemeins. – **a) Voraussetzgen.** Bei Übereigng einer Sache (entspr bei Übertr eines R) muß die Einigg (Inhalt: EigtÜbertr an Gläub) zw dem Schu auf der einen sowie Gläub u PfdGläub auf der and Seite erklärt w (Blomeyer Rpfleger 70, 228; die hM läßt aber bei bewegl Sachen Einigg zw Schu u Gläub genügen); Zust des PfdGläub zur Einigg zw Schu u Gläub genügt. Eine bewegl Sache muß Gläub u PfdGläub außerdem zu MitBes übergeben w; dabei genügt trotz PfdRErwerb des PfdGläub (§ 1287) einf MitBes, denn Verpfl zu Überg zu MitBes iSv § 1206 würde (soweit überh mögl) Fdg zum Nachteil des Schu verändern. Bei unbewegl Sache genügt Überg zu AlleinBes des Gläub, denn SichgHyp (§ 1287) erfordert nicht Bes (hM; aA Planck-Flad § 1287 Anm 2a). Wirkg: §§ 1287, 1288. – **b) Verstoß. aa)** Leistet Schu in **Kenntn der Verpfändg** an Gläub alleine, so w dieser Eigtümer (Blomeyer aaO; Weidemann NJW 68, 1334; aA für Speziesschuld BayObLG 67, 295; Vollkommer Rpfleger 69, 409 Fußn 17), die Fdg gilt aber ggü dem PfdGläub als fortbestehd (BayObLG aaO); denn „kann nur" bezieht sich nicht auf die dingl sond auf die ErfüllgsWirkg. PfdGläub erwirbt am LeistgsGgst kein PfdR/SichgHyp nach § 1287 (hM; aA Kuchinke JZ 64, 149); er kann bei Gattgsschuld nochmalige Leistg entspr S 1, bei Speziesschuld nur SchadErs vom Schu verlangen (RG 108, 318 bei Veräußerg an Dr). VerpflVertr (Übbl 1 d vor § 1204) kann Anspr gg Gläub auf PfdRBestellg am LeistgsGgst ergeben. **bb)** Leistet Schu in **Unkenntn der Verpfändg** an Gläub alleine, so w er auch ggü PfdGläub frei (§§ 1275, 407). PfdGläub erwirbt am LeistgsGgst PfdR/SichgHyp nach § 1287 (W-Raiser § 176 I; Erm-Ronke § 1287 Rdn 5; aA Planck-Flad § 1287 Anm 1; Staud-Spreng § 1287 Rdn 1). **cc) GBFragen.** Wirkt die Leistg ggü dem PfdGläub nicht befreiend, so darf AuflVormkg, bei der Verpfändg vermerkt, nicht gelöscht w (BayObLG 67, 295). Nach BayObLG aaO (str; vgl KEHE § 20 Rdnr 267–270) darf GBA Aufl zw Schu u Gläub nur vollziehen, wenn abdingb Vereinbg nach § 1284 od Zust des PfdGläub gem GBO 29 nachgewiesen; und bei Verpfändg nach Aufl (BayObLG Rpfleger 76, 421).

3) Leistg verlangen (S 2) können Gläub u PfdGläub unabhäng voneinander aus eigenem R (RG 83, 119; BGH 5, 253). Jeder zur Mitwirkg verpfl (§ 1285), nicht aber zur Einziehg für beide. – **a)** Es kann nur **Leistg an beide** verlangt w; bei Identität von Schu u PfdGläub kann Gläub nicht Leistg an sich verlangen (BGH LM § 610 Nr 1). Hinterlegg: §§ 372 ff, Verwahrerbestellg: FGG 165 (über dessen RStellg Hoche NJW 55, 162); vgl auch § 1217. – **b)** Bei **Klage des PfdGläub** gg Schu gibt PfdR ihm SachBefugn (Heintzmann, Die ProzFührgsBefugn 1970, S 15; Th-P § 835 Anm 2b). Bei Hauptintervention (ZPO 64) des PfdGläub w Gläub u Schu notw Streitgenossen (RG 64, 321).

1282 Leistung des Schuldners nach Pfandreife.

I Sind die Voraussetzungen des § 1228 Abs. 2 eingetreten, so ist der Pfandgläubiger zur Einziehung der Forderung berechtigt und kann der Schuldner nur an ihn leisten. Die Einziehung einer Geldforderung steht dem Pfandgläubiger nur insoweit zu, als sie zu seiner Befriedigung erforderlich ist. Soweit er zur Einziehung berechtigt ist, kann er auch verlangen, daß ihm die Geldforderung an Zahlungsstatt abgetreten wird.

II Zu anderen Verfügungen über die Forderung ist der Pfandgläubiger nicht berechtigt; das Recht, die Befriedigung aus der Forderung nach § 1277 zu suchen, bleibt unberührt.

1) § 1282 gilt nur **nach Pfandreife** (§ 1228 II) u ermöglicht PfdVerwertg ohne VollstrTit gg FdgsInh. Er ist abdingb (§ 1284); auch ohne abdingb Vereinbg ist PfdGläub daneben zur PfdVerwertg nach § 1277 befugt (II Halbs 2).

2) Leistg des Schuldners (I 1) nur an PfdGläub. – **a) Voraussetzgen.** Die Einigg (Inhalt: EigtÜbertr auf Gläub) zw dem Schu u dem PfdGläub als gesr Vertr des Gläub (bei Geld wg § 1288 II im eigenen Namen) erklärt w. Bewegl Sachen sind dem PfdGläub, Grdst dem Gläub zu AlleinBes zu übergeben (vgl § 1281 Anm 2a). Wirkg: §§ 1287, 1288. Schu darf mit Fdg gg PfdGläub (RG 58, 108) u Gläub (§§ 1275, 406) aufrechnen. – **b) Verstoß.** Leistet Schu in Kenntn od Unkenntn der Verpfändg an Gläub, so gilt § 1281 Anm 2b aa bzw bb entspr.

3) EinziehgR des PfandGläub (I 1), kein FdgsÜbergang. Über dieses unselbständ NebenR kann nicht für sich allein verfügt w (aA Dresd SeuffA 57, 96 u hM). Hat Schu rechtm hinterlegt, so hat PfdGläub gg Gläub Anspr auf Einwilligg in Leistg an PfdGläub. – **a) Inhalt.** PfdGläub darf vom Schu Leistg an sich nach Anm 2a in voller Höhe der verpfändeten Fdg (Ausn: I 2) verlangen; darf kündigen (§ 1283 III), mahnen, in Verzug setzen, NebenR geltd machen (ist HypFdg od Grd/RentenSch verpfändet, kann PfdGläub ZwVerst des Grdst betreiben; RG Recht 09, 1518), aufrechnen ggü Fdg des Schu an ihn (RG 58, 109), quittieren (auch löschgsfäh; KGJ 34, 309; BayObLG Recht 12, 1181). Er muß sich Einreden, die Schu gg Gläub zustehen, entggehalten lassen. Vgl auch Anm 3b, § 1275. – **b) VerfahrensR.** PfdGläub hat bei Klage gg Schu SachBefugn (§ 1281 Anm 3b); er muß PfdR sowie Bestand u Fälligk der gesicherten u der verpfändeten Fdg beweisen. Urt in diesem RStreit schafft nicht RKraft zw Schu u Gläub (RG 83, 116). Er ist RNachf des Gläub iSv ZPO 727 (KGJ 42, 4). Er darf Konk des Schu beantragen u die Fdg (auch GeldFdg in voller Höhe) anmelden (Mentzel-Kuhn, KO § 103 Anm 6); er hat allein StimmR, bei ZwVergl aber Mitwirkg des Gläub notw (Mentzel-Kuhn § 182 Anm 3). – **c) Andere Verfüggen (II)** des PfdGläub sind unwirks; insb Abtr (RG 97, 39), Erlaß, Vergl, Novation, Ann an Zahlgs Statt. Wie dch Zahlg getilgt w (Karlsr Vfg 15, 394), kann PfdGläub nicht benachteiligde Vfg mögl, insb wenn dch Vfg über verpfändete GeldFdg die gesicherte Fdg wie dch Zahlg getilgt w (Karlsr Vfg 15, 394).

4) RStellg des Gläub. – **a)** Er kann nur noch **Leistg an PfdGläub** nach Anm 2a verlangen (RG 77, 141) u insow auch kündigen (§ 1283 III), mahnen u in Verzug setzen. PfdGläub kann ihn auch zur Einziehg ermächtigen. Zieht Gläub nach dieser Maßg ein, kann Schu ihm ggü auch mit Fdg gg PfdGläub aufrechnen

§§ 1282–1287   3. Buch. 9. Abschnitt. *Bassenge*

(RG LZ 21, 380). – **b) Keine MitwirksgsPfl** des Gläub ggü PfdGläub (§ 1285 I), aber Sorgf- u MitteilgsPfl des PfdGläub ggü Gläub (§ 1285 II).

5) Abtretg an Zahlgs Statt (I 3), das Verlangen des PfdGläub bewirkt sie noch nicht. PfdGläub gilt, soweit verpfändete GeldFdg besteht, als befriedigt, selbst wenn diese später nicht beitreibb (KG JW 38, 2494 für Abtr einer EigtümerGrdSch). PfdGläub an HypFdg kann sich auf öff Glauben des GB auch berufen, wenn vor Abtr an ihn, aber nach Verpfändg u PfdReife Widerspr gg Richtigk des GB eingetr (RGRK Anm 8).

1283 *Kündigungsrecht.* ¹ Hängt die Fälligkeit der verpfändeten Forderung von einer Kündigung ab, so bedarf der Gläubiger zur Kündigung der Zustimmung des Pfandgläubigers nur, wenn dieser berechtigt ist, die Nutzungen zu ziehen.
² Die Kündigung des Schuldners ist nur wirksam, wenn sie dem Pfandgläubiger und dem Gläubiger erklärt wird.
³ Sind die Voraussetzungen des § 1228 Abs. 2 eingetreten, so ist auch der Pfandgläubiger zur Kündigung berechtigt; für die Kündigung des Schuldners genügt die Erklärung gegenüber dem Pfandgläubiger.

1) Kündigg der verpfändeten Fdg; abdingb (§ 1284). – **Gläub** darf ihm zustehdes KündR vor u nach PfdReife alleine ausüben. Zust des PfdGläub (§§ 182–184) nur, wenn er NutzgsR (§ 1213) hat; §§ 182 III, 111 gelten, wenn Zust ggü Gläub od Künd unter Vorbeh nachträgl Zust erklärt. – **PfdGläub** darf dem Gläub zustehdes KündR nach PfdReife alleine ausüben; gilt nicht für KündR aus VVG 165, da Umwandlg höchstpers GläubR (RGRK Anm 5; str). Vgl auch § 1286. – **Schu** muß ihm zustehdes KündR vor PfdReife ggü PfdGläub u Gläub gemeins ausüben, nach PfdR genügt auch Künd ggü PfdGläub (nicht aber nur ggü Gläub).

1284 *Abweichende Vereinbarungen.* Die Vorschriften der §§ 1281 bis 1283 finden keine Anwendung, soweit der Pfandgläubiger und der Gläubiger ein anderes vereinbaren.

1) Abw Vereinbg zw PfdGläub u Gläub nur mit der Einschrkg aus § 1277 S 2 zul (RG 90, 255); bei od nach PfdRBestellg ohne eine für diese notw Form. Bedarf keiner Anzeige nach § 1280; Schu dch § 1275 geschützt.

1285 *Mitwirkung zur Einziehung.* ¹ Hat die Leistung an den Pfandgläubiger und den Gläubiger gemeinschaftlich zu erfolgen, so sind beide einander verpflichtet, zur Einziehung mitzuwirken, wenn die Forderung fällig ist.
² Soweit der Pfandgläubiger berechtigt ist, die Forderung ohne Mitwirkung des Gläubigers einzuziehen, hat er für die ordnungsmäßige Einziehung zu sorgen. Von der Einziehung hat er den Gläubiger unverzüglich zu benachrichtigen, sofern nicht die Benachrichtigung untunlich ist.

1) EinziehgsR von PfdGläub u Gläub zur Leistg an sie gemschaftl gem § 1281 od Vereinbg (§ 1284) begründet zw ihnen ggseit einklagb MitwirkgsPfl (I), vgl dazu § 1078 Anm 1.
2) EinziehgsR des PfdGläub zur Leistg an sich gem § 1282 od Vereinbg (§ 1284). – **a) EinziehgsPfl** des PfdGläub (II 1); da keine weitergehde InteressenwahrgsPfl, braucht er bei von Dr beantragter ZwVerst nicht zur Deckg der verpfändeten HypFdg mitzubieten (RG JW 10, 20). Notf muß er die Fdg einklagen; aber nicht ohne Kostenvorschuß des Gläub (RG aaO), auf den aber **kein** Anspr (vgl auch § 1210 II); ZPO 841 gilt nicht. Bei schuldh Verletzg SchadErsPfl. Keine Pfl zur Beitreibg der gesicherten Fdg außerh des Pfd (RG 169, 323). – **b) BenachrichtiggsPfl** des PfdGläub (nicht des Schu) hins EinziehgsErgebn, auch über erfolglose Einziehg; nicht schon von Klage. Bei schuldh Verletzg SchadErsPfl.

1286 *Kündigungspflicht des Gläubigers.* Hängt die Fälligkeit der verpfändeten Forderung von einer Kündigung ab, so kann der Pfandgläubiger, sofern nicht das Kündigungsrecht ihm zusteht, von dem Gläubiger die Kündigung verlangen, wenn die Einziehung der Forderung wegen Gefährdung ihrer Sicherheit nach den Regeln einer ordnungsmäßigen Vermögensverwaltung geboten ist. Unter der gleichen Voraussetzung kann der Gläubiger von dem Pfandgläubiger die Zustimmung zur Kündigung verlangen, sofern die Zustimmung erforderlich ist.

1) Hat Gläub nach § 1283 I od abw von § 1283 III (§ 1284) alleiniges KündR, so kann bei Gefährdg der Sicherh PfdGläub vom Gläub Künd (S 1) u Gläub vom PfdGläub nach § 1283 I erforderl Zust (S 2) verlangen. Gefährdg kann schon bei FdgsEntstehg od PfdRBestellg bestanden haben. Klage auf Künd od Zust nur mögl, ZwVollstr nach ZPO 894. Bei schuldh Verletzg der Künd- od ZustPfl SchadErsPfl.

1287 *Wirkung der Leistung (dingl. Surrogation).* Leistet der Schuldner in Gemäßheit der §§ 1281, 1282, so erwirbt mit der Leistung der Gläubiger den geleisteten Gegenstand und der Pfandgläubiger ein Pfandrecht an dem Gegenstande. Besteht die

Leistung in der Übertragung des Eigentums an einem Grundstück, so erwirbt der Pfandgläubiger eine Sicherungshypothek; besteht sie in der Übertragung des Eigentums an einem eingetragenen Schiff oder Schiffsbauwerk, so erwirbt der Pfandgläubiger eine Schiffshypothek.

Schrifttum (zur Verpfändg von AuflAnspr u AnwR aus Aufl): Bergermann, RhNK **69**, 687. – Vollkommer, Rpfleger **69**, 409. – Reuter, MittBayNot **70**, 130.

1) Allgemeines. – a) Wirkgen der Leistg nach §§ 1281, 1282 (über Wirkg einer davon abw Leistg vgl § 1281 Anm 2b, § 1282 Anm 2b): **aa) Verpfändete Fdg u damit PfdR an ihr erlöschen. bb)** Gläub erwirbt den LeistgsGgst (Ausn: § 1288 Anm 2a, b). Für gutgl Erwerb ist bei § 1281 der gute Gl des Gläub maßg; bei § 1282 der des PfdGläub, sofern Gläub nicht schon bei Verpfändg bösgl (Hoche NJW **55**, 162). **cc)** PfdGläub erwirbt ErsPfdR am LeistgsGgst (Ausn: § 1288 Anm 2). PfdR an einer HypFdg wandelt sich bei Erlöschen der Hyp inf ZwVerst in PfdR an Anspr des HypGläub auf VerstErlös u an nach ZVG 128 eingetr SichgHyp (RG **60**, 221). – **b) Entspr Anwendg:** Wandelt sich der PfdGgst in eine Fdg, so entsteht nach allgM krG ein ErsPfdR an der Fdg (zweifelh, § 1288 I 2 spricht gg einen so allg Grds; krit auch Westermann § 137 I 3a). PfdR am GmbH-Anteil soll sich am Anspr auf Einziehgsentgelt (RG **142**, 378),LiquErlös od Abfindg fortsetzen. Zur Frage, ob ein ErsPfdR iF GmbHG 27 sich auf den Erlös od nur den Überschuß erstreckt, vgl Müller GmbHRdSch **69**, 34 Fußn 78, 81; iF GmbHG 27 erlischt PfdR am GeschAnteil ersatzlos. – PfdR am Erbanteil setzt sich am Auseinands an zugeteilten NachlGgst fort (RG **84**, 395).

2) Leistg bewegl Sachen (Ausn: § 1288 Anm 2). Bei § 1281 kann PfdGläub vom Gläub verlangen, daß er ihm AlleinBes od qualifizierten MitBes iSv § 1206 überträgt (Westermann § 137 I 3a); bei Fortdauer einf MitBes erlischt ErsPfdR aber nicht nach § 1253 (Soergel-Augustin Rdz 3; aA W-Raiser § 176 I). Nach PfdReife kann PfdGläub ErsPfdR nach §§ 1228 ff verwerten. – Bestand kein wirks PfdR an dem Pfd, so kein ErsPfdR sond uU ZbR (RG **66**, 24).

3) Leistg eines Grdst od eines Rechts am Grdst.

a) War der **AuflAnspr** verpfändet (mögl bis zur EigtUmschreibg, § 925 Anm 6a), so entsteht mit Eintr des Gläub als neuer Eigtümer krG SichgHyp für PfdGläub, die der Bewilligg des Gläub (notf Klage aus § 894) od nach GBO 22 (Hieber DNotZ **54**, 171) berichtet einzutragen ist. Sie geht einer dem Schu anläßl des Erwerbs bewilligten RestKaufHyp od GrdDbk am RestGrdst im Rang nach (BayObLG **72**, 46). Anderen, für Dr od für sich selbst bewilligten GrdPfdR geht die SichgHyp vor (BGH **49**, 197), da unbelasteter VerschaffgsAnspr verpfändet. – Nach PfdReife kann PfdGläub SichgHyp nach § 1147 verwerten.

b) War das **AnwR/VermR aus der Aufl** (§ 925 Anm 6b) verpfändet, so ist eine Leistg nach §§ 1281, 1282 wg schon erklärter Aufl nicht mehr mögl, gleichwohl entsteht mit Eintr des Gläub als neuer Eigtümer krG entspr § 1287 SichgHyp für PfdGläub (Vollkommer Rpfleger **69**, 409 zu Fußn 36 mwN); für Eintr u Rang gilt Anm 3a. PfdGläub kann dch Nachw der Verpfändg ggü GBA verhindern, daß EigtUmschreibg hinter seinem Rücken erfolgt u damit Verlust der SichgHyp bei Weiterveräußerg mögl w, denn EigtUmschreibg erfordert wg dadurch mögl Beeinträchtigg des PfdGläub dessen Antr od Zust nach § 1276 (KEHE § 20 Rdz 276; Hoche NJW **55**, 654; str). – Nach PfdReife kann PfdGläub SichgHyp nach § 1147 verwerten.

c) War der **Anspr auf Bestellg eines R am Grdst** od der **GBBerichtiggsAnspr** (§ 894) verpfändet, so entsteht mit Eintr des R ErsPfdR an ihm ohne Eintr (Celle JR **56**, 145).

4) Leistg eines eingetr Schiffs/Schiffsbauwerks od Luftfahrzeugs. PfdGläub erwirbt SchiffsHyp (S 2) bzw RegPfdR (LuftfzRG 98 II). – Nach PfdReife kann PfdGläub nach Einf v § 1204 Anm 5b ee, 6a ee verwerten.

1288 *Anlegung eingezogenen Geldes.*

I Wird eine Geldforderung in Gemäßheit des § 1281 eingezogen, so sind der Pfandgläubiger und der Gläubiger einander verpflichtet, dazu mitzuwirken, daß der eingezogene Betrag, soweit es ohne Beeinträchtigung des Interesses des Pfandgläubigers tunlich ist, nach den für die Anlegung von Mündelgeld geltenden Vorschriften verzinslich angelegt und gleichzeitig dem Pfandgläubiger das Pfandrecht bestellt wird. Die Art der Anlegung bestimmt der Gläubiger.

II Erfolgt die Einziehung in Gemäßheit des § 1282, so gilt die Forderung des Pfandgläubigers, soweit ihm der eingezogene Betrag zu seiner Befriedigung gebührt, als von dem Gläubiger berichtigt.

1) Bei Einziehg verpfändeter GeldFdg vor PfdReife (I) gem § 1281 Anm 2a od 2b bb erwirbt der Gläub das Eigt u der PfdGläub ein ErsPfdR am Geld. Danach ggseit MitwirkgsPfl zur mündelsicheren (§§ 1807, 1808; EG 212) Anlegg des Geldes u Anspr des PfdGläub auf Bestellg eines PfdR zB am RückzahlgsAnspr gg die Bank.

2) Bei Einziehg verpfändeter GeldFdg nach PfdReife (II) gem § 1282 Anm 2 ist zu unterscheiden: – **a)** Sofern der eingezogene Betrag dem **PfdGläub ganz gebührt**, wird er Eigtümer des Geldes u die verpfändete Fdg erlischt samt nachrangiger Fdg (Erlöschen der gesicherten Fdg, aber davon Übergang auf Gläub nach §§ 1225, 1273 II, wenn dieser nicht ihr pers Schu war (RG Recht **18**, 246). Fällt der Vertr, auf dem die verpfändete Fdg beruhte (zB VersVertr), später inf Anfechtg weg, so kann der Schu seine Leistg vom PfdGläub kondizieren (Erm-Ronke Rdz 3; RGRK Anm 2; aA KG Recht **35**, 2065). – **b)** Sofern der eingezogene Betrag dem **PfdGläub nur teilw gebührt**, w er u der Gläub entspr § 1247 S 2 MitEigtümer des Gesamtbetrages u der Schu befreit (vgl W-Raiser § 176 II 2; aA Hbg Recht **22**, 1567 u hM: Schu muß überschießenden Betrag nochmals an Gläub zahlen u kann ihn vom AlleinEigtümer gewordenen PfdGläub kondizieren), denn er kann Umfang der EinziehgsBefugn nicht kennen (and daher bei Kenntn). PfdGläub kann sich seinen Anteil kr BefriediggsR aneignen; dch Trenng erhält Gläub mit

§§ 1288–1292   3. Buch. 9. Abschnitt. *Bassenge*

nachrangigen PfdR belastetes AlleinEigt am Überschuß. – **c)** Sofern der eingezogene Betrag dem **PfdGläub gar nicht gebührt** (zB PfdR nicht entstanden od erloschen), wird Gläub Eigtümer des ganzen Betrages u Schu befreit (W-Raiser § 176 II 2); and bei Kenntn des Schu (vgl auch § 1275 Anm 1 d).

1289 *Erstreckung auf die Zinsen.* Das Pfandrecht an einer Forderung erstreckt sich auf die Zinsen der Forderung. Die Vorschriften des § 1123 Abs. 2 und der §§ 1124, 1125 finden entsprechende Anwendung; an die Stelle der Beschlagnahme tritt die Anzeige des Pfandgläubigers an den Schuldner, daß er von dem Einziehungsrechte Gebrauch mache.

1) Zinsen, die nach PfdRBestellg vertragl od gesetzl geschuldet werden u über die Gläub nicht schon vor PfdRBestellg verfügt hat (KG OLG **12**, 286), werden vom PfdR an verpfändeter Fdg krG erfaßt. Die Erstreckg ist vertragl mit dingl (KG OLG **12**, 286) od bloß schuldr (KG Recht **14**, 2878) Wirkg ausschließb; dann nachträgl Zinsverpfändg mögl. Bei Ausschluß des PfdR an HypZinsen ergreift das PfdR aber TilgsgLeistg (RG Recht **14**, 3015). – § 1289 ist unanwendb bei NutzgsPfdR nach § 1213 (RG Warn **14**, 245), bei Verpfändg nur der ZinsAnspr (RG Warn **15**, 85) u bei Verpfändg einer HöchstBetrHyp mit eingerechneten Zinsen (RG Recht **14**, 2877).

2) Wirksam w die Haftg (auch bei ausdrückl Mitverpfändg; RG Warn **14**, 245) erst mit Anzeige des PfdGläub an Schu, daß er von EinziehgsR nach §§ 1281, 1282 Gebr macht. Sie **umfaßt** die nach PfdRBestellg verfallenen u noch nicht eingezogenen Zinsen zurück bis auf ein Jahr vor Anzeige (§ 1123 II) u die künftigen. Vfgen des Gläub nach PfdRBestellg über den ZinsAnspr (Einziehg, Abtr, Verpfändg) sind ggü den PfdGläub nur unwirks, soweit sie sich auf eine spätere Zeit als den zZ der Anzeige laufden bzw folgden KalMonat erstrecken (§§ 1124, 1125).

1290 *Einziehung bei mehrfacher Verpfändung.* Bestehen mehrere Pfandrechte an einer Forderung, so ist zur Einziehung nur derjenige Pfandgläubiger berechtigt, dessen Pfandrecht den übrigen Pfandrechten vorgeht.

1) Mehrheit vertragl PfdRechte. – **a)** Bei **ungleichrangigen** PfdR gewährt nur das erstrangige die Re aus §§ 1281 bis 1283. Nachrangige PfdGläub können nur Leistg an erstrangigen iFv § 1282 bzw an diesen u Gläub iFv § 1281 verlangen; an sich selbst nur mit Zust des erstrangigen (RG SeuffA **69**, 68). Nachrangiger PfdGläub erlangt die Re erst, wenn die vorrangigen (zB inf Befriedigg dch nur teilw Einziehg) ausgeschieden sind (BayObLG SeuffA **57**, 25). – **b)** Bei **gleichrangigen** PfdR kann jeder PfdGläub nur Leistg an alle verlangen (§ 432); gilt auch bei GeldFdg (str), sofern nicht nur verschiedene TeilFdg verpfändet.

2) VertragsPfdRecht u PfändgsPfdRecht. § 1290 gilt nicht, wenn verpfändete Fdg für Dr gepfändet u zur Einziehg überwiesen w, uU BereichergsAnspr gg Dr nach dessen Befriedigg aus der Fdg. Erstrangiger PfdGläub hat (außer bei NutzgsPfdR od wenn PfdgsPfdGläub zugl nachrangiger VertrPfdGläub ist) entspr § 1232 kein WiderprR nach ZPO 771 (RG **87**, 321), wohl aber VorzugsR entspr ZPO 805. – **Mehrh von PfdgsPfdR** ist in ZPO 804, 853 geregelt (dazu Stöber, 2. Kap. Abschn T).

1291 *Pfandrecht an Grund- oder Rentenschuld.* Die Vorschriften über das Pfandrecht an einer Forderung gelten auch für das Pfandrecht an einer Grundschuld und an einer Rentenschuld.

1) Bei Anwendg der Vorschr über das FdgsPfdR steht eine **GrdSch** einer auf Kapitalzahlg gerichteten Fdg (iFv § 1191 II einer solchen, bei der Zinsen u and Nebenleistgn bedungen sind) u die **RentenSch** einer auf Geldrente gerichteten Fdg (bei der eine §§ 1201, 1202 entspr Ablösg bedungen ist) gleich; der GrdstEigtümer w als Schu, die Renten w als Zinsen angesehen. – **a) PfdBestellg** erfordert neben der Einigg über die Verpfändg der Grd/RentenSch (§ 1274 Anm 1a) bei BuchR GBEintr, bei BriefR schriftl VerpfändgsErkl (die dch GBEintr ersetzb) u BriefÜberg (§ 1274 Anm 1 c bb gilt entspr); für InhBriefGrd/RentenSch (§§ 1195, 1199) gilt § 1293. Brief alleine nicht verpfändb (BGH **60**, 174). § 1280 nur bei Verpfändg rückstständ Zinsen u Renten anwendb (vgl § 1159). Verpfändg eines BriefR schon vor seiner Eintr mögl, PfdR w mit Eintr u BriefÜberg wirks (RG Warn **11**, 274). PfdR an dch Grd/RentenSch gesicherter Fdg ergreift Grd/RentenSch nicht (RG **135**, 272). Verpfändg zur Sicherg einer schon dch Hyp am gleichen Grdst gesicherten Fdg zul (KG OLG **45**, 230). – **b)** Über **Anwendbark von § 1197** bei Verpfändg einer EigtümerGrdSch vgl § 1197 Anm 3b. Über Umschreibg der GrdSch auf Eigtümer nach Befriedigg des PfdGläub vgl KG JW **35**, 1641.

1292 *Verpfändung von Orderpapieren.* Zur Verpfändung eines Wechsels oder eines anderen Papiers, das durch Indossament übertragen werden kann, genügt die Einigung des Gläubigers und des Pfandgläubigers und die Übergabe des indossierten Papiers.

1) Für **Orderpapiere** [Wechsel (WG 11 I); Scheck (ScheckG 14 I); Namensaktie (AktG 68 I); Namensinvestmentanteilschein (§ 18 I KAGG idF v 14. 1. 70, BGBl 127); die kaufm OrderPap des HGB 363] bestehen folgde Verpfändgsmöglichk:

a) Verpfändg nach § 1274 dch Einigg über Verpfändg der verbrieften Fdg u Überg des nichtindossierten Papiers nach §§ 1205, 1206 (aA hins Überg E. Wolf § 14 A VIII f 2). PfdGläub erwirbt nur gewöhnl

Pfandrecht an bewegl. Sachen und Rechten. 2. Titel: Pfandrecht an Rechten   §§ 1292–1295

PfdGläubR nach §§ 1273 ff an der Fdg u damit nach § 952 am Papier, so daß er gg Einwendgen nicht wie bei Indossament geschützt (RG SeuffA **80**, 47).

b) Verpfändg nach § 1292 mit offenem PfdIndossament dch Einigg über Verpfändg des Papiers (W-Raiser § 177 II 1a; E. Wolf § 14 A VIII f 1 aa; Stranz, WG 14. Aufl, Art 19 Anm 3; nach aA der Fdg: Erm-Ronke Rdz 3; RGRK Anm 7; Soergel-Augustin Rdz 4; Weber, SichergsGesch S 201) u Überg des indossierten Papiers nach §§ 1205, 1206 (sofern nicht § 1205 I 2 gegeben; RG **126**, 352); Indossament w bei allen OrderPap (hM) dch VerpfändgsVermerk entspr WG 19 I als PfdIndossament (auch blanko) gekennzeichnet. – PfdGläub erwirbt weitergehde Befugn als nach §§ 1273 ff. Er kann alle Re aus dem Papier im eigenen Namen geltd machen (WG 19 I); es gilt die Vermutg von WG 16 I, ScheckG 19, HGB 365 I u Schutz gutgl Erwerbs nach WG 16 II, ScheckG 21, HGB 365 I; Einwdgen des Schu, die sich auf unmittelb Beziehgen zum Gläub begründen (zB dessen Befriedigg), können ihm nur entgegengehalten w, wenn er beim Erwerb bewußt zum Nachteil des Schu handelte (WG 19 II, ScheckG 22, HGB 364 II); Einwdgen gg den Bestand des PfdR sind zul. Da Gläub Eigtümer bleibt, ist PfdIndossament nicht zu außerh des Verpfändgszwecks liegden RHdlgen befugt (§ 1282 Anm 3c); sein Indossament hat nur Wirkg eines VollmIndossaments (WG 19 I); er erwirbt gg Gläub keine wechselm/scheckm Anspr (RG **120**, 210); veräußern darf er nur iFv §§ 1284, 1295.

c) Verpfändg nach § 1292 mit verdecktem PfdIndossament dch Einigg u Überg wie Anm 1b, nur daß Indossament keinen Verpfändgsvermerk enthält (Vollindossament, auch blanko). Das ist Verpfändg u nicht SichgÜbertr (KG JW **25**, 1523), denn nicht Indossament sond der auf Verpfändg gerichtete BegebgsVertr ist maßg (RG SeuffA **80**, 47; RG **117**, 69). PfdGläub erlangt gleiche RStellg wie bei Anm 1b. Trotz seiner Stellg als Eigtümer im AußenVerh bleibt er im InnenVerh PfdGläub u erwirbt gg Gläub keine wechselm/scheckm Anspr (RG **120**, 210; KG JW **25**, 1523). Außer iFv §§ 1284, 1295 keine VeräußergsBefugn (KG JW **25**, 1523); da sein Indossament abw von WG 19 I Vollindossament ist, kann Dr aber von ihm gutgl erwerben.

d) Verpfändg nach § 1274 mit offenem VollmIndossament dch Einigg u Überg wie Anm 1a, nur daß Indossament dch VollmVermerk entspr WG 18 I gekennzeichnet (Baumbach-Hefermehl, WG u ScheckG 11. Aufl, WG 19 Rdz 4; Stranz, WG 14. Aufl, Art 19 Anm 14; aA Soergel-Augustin Rdz 10; Westermann § 138 II 2b; W-Raiser § 177 Fußn 3; hier 35. Aufl), denn BegebgsVertr ist maßg (Anm 1c).

2) Einzelfragen. – a) Soweit PfdR nach **AGB-Banken 19 II** wg DiskontiergsAuftr nicht entstanden (Einf 7b vor § 1204), kann nachträgl (auch stillschw) Verpfändg erfolgen, wozu bloßes Nichtzurückfordern des WertPap idR aber nicht ausreicht (RG **126**, 348); mögl auch Verpfändg nach Anm 1a (Karlsr OLG **44**, 247). – **b)** Verpfändg von **Traditionspapieren** (§ 870 Anm 1b) ist iZw Verpfändg der Ware selbst.

1293 **Pfandrecht an Inhaberpapieren.** **Für das Pfandrecht an einem Inhaberpapiere gelten die Vorschriften über das Pfandrecht an beweglichen Sachen.**

1) Für **Inhaberpapiere** [InhSchVerschreibg (§ 793); InhScheck (ScheckG 5); InhGrd/RentenSchBrief (§§ 1195, 1199); InhAktie (AktG 10 I); InhInvestmentanteilschein (§ 18 I KAGG idF v 14. 1. 70, BGBl 127); InhVerpflSchein (§ 807)] gelten §§ 1204–1258. – **a) Verpfändg** dch Einigg über Verpfändg des Papiers (RG **58**, 10) u Überg des Papiers nach §§ 1205, 1206 (sofern nicht § 1205 I 2 gegeben) ohne Anzeige nach § 1280. In Verpfändg liegt Begebg eines nach in Verkehr gebrachten InhPap (RG JW **13**, 200). Gutgl Erwerb nach § 1207, HGB 367 mögl; DepG zu beachten (§ 1207 Anm 1a cc). Verpfl des PfdGläub zur Zinserhebg u Einforderg neuer Zinsbogen (§§ 1215, 1218, 1219). Schutz des PfdR aus § 1227 dch § 1006 I 2 erschwert. PfdR aus AGB-Banken 19 II gibt scheckm Sicherh nach ScheckG 22 (Stgt WPM **71**, 288). Bei Verpfändg von Aktien bleiben mangels abw Vereinbg Stimm- u BezugsR beim Verpfänder, AGB-Banken 19 II erfaßt letztere aber als selbstd PfdRGgst; entspr gilt für Gratis- u junge Aktien, sobald sie in Bes der Bank gelangen. Bei Aktienumtausch PfdRFortsetzg an neuen Stücken (RG **116**, 203). – **b) Verwertg** dch Verk (§ 1228 ff; oft § 1235 II mit § 1221), dch Einziehg (§ 1294) od nach § 1277.

1294 **Einziehung und Kündigung.** **Ist ein Wechsel, ein anderes Papier, das durch Indossament übertragen werden kann, oder ein Inhaberpapier Gegenstand des Pfandrechts, so ist, auch wenn die Voraussetzungen des § 1228 Abs. 2 noch nicht eingetreten sind, der Pfandgläubiger zur Einziehung und, falls Kündigung erforderlich ist, zur Kündigung berechtigt und kann der Schuldner nur an ihn leisten.**

1) Bei OrderPap (auch bei Verpfändg nach § 1274) u InhPap hat PfdGläub mangels abw Vereinbg (§ 1284) in Erweiterg von § 1281 schon vor PfdReife alleiniges Einziehgs- u KündR, sobald verbriefte Fdg fällig u für Gläub kündb; Schu kann nur an PfdGläub leisten. EinziehgsR vor u nach PfdReife abw von § 1282 I 2 auch über den zur Befriedigg erforderl Betrag hinaus; dann auch R auf Abtr an Zahlgs Statt, dies aber nur iRv § 1282 I 3. § 1285 II anwendb (KG OLG **26**, 207). Wirkg der Einziehg: §§ 1287, 1288.

1295 **Freihändiger Verkauf von Orderpapieren.** **Hat ein verpfändetes Papier, das durch Indossament übertragen werden kann, einen Börsen- oder Marktpreis, so ist der Gläubiger nach dem Eintritte der Voraussetzungen des § 1228 Abs. 2 berechtigt, das Papier nach § 1221 verkaufen zu lassen.**

1) Bei börsen- u marktgängigen OrderPap (auch bei Verpfändg nach § 1274) hat PfdGläub nach PfdReife R auf freihänd Verk nach § 1221 (nicht auf PfdVerst nach § 1235); EinziehgsR nach §§ 1294, 1281 ff u BefriediggsR nach § 1277 bestehen daneben. Auf freihänd Verk §§ 1234 ff anwendb, denn § 1221 ist an

Stelle von § 1235 II angezogen, um doppelte Verweisg zu vermeiden (RGRK Anm 2; str); anwendb auch § 1244 (RG **61**, 333). PfdGläub kann Papier selbst erwerben, es aber mangels abw Vereinbg (bei der § 1229 zu beachten) nicht ohne weiteres zum Börsenkurs behalten.

1296 *Erstreckung auf Zinsscheine.* Das Pfandrecht an einem Wertpapier erstreckt sich auf die zu dem Papiere gehörenden Zins-, Renten- oder Gewinnanteilscheine nur dann, wenn sie dem Pfandgläubiger übergeben sind. Der Verpfänder kann, sofern nicht ein anderes bestimmt ist, die Herausgabe der Scheine verlangen, soweit sie vor dem Eintritte der Voraussetzungen des § 1228 Abs. 2 fällig werden.

1) **PfdR an WertPap** aller Art (Einf 1 vor § 793) erstreckt sich abw von § 1289 auf dazugehörige Zinsscheine usw nur bei MitÜberg. Trotz MitÜberg sind sie dem Verpfänder od Eigtümer (vgl § 1254 Anm 2a) herauszugeben (and bei NutzgsPfdR) u werden damit pfandfrei, wenn sie vor PfdReife fällig w; HerausgAnspr dch AGB-Banken 21 I 2 abbedungen. Hat PfdGläub gem § 1294 vor PfdReife eingezogen, so muß er vorbehaltl § 240 wieder herausgeben. – Entspr anwendb auf Herausg von Zinsscheinen usw bei Hinterlegg von WertPap nach §§ 232 I, 234 II, ZPO 108 ff (RG **72**, 264; Bambg SeuffA **70**, 68).

2) **Selbständiges PfdR an Zinsscheinen** usw zu InhPap mögl; gelten als selbstd InhPap, daher vom HauptPap getrennt verpfändb (RG **77**, 335). Zinserneuerungsscheine dagg nur Zubehörscheine (§ 803 Anm 2b); dennoch HauptPap ohne sie verpfändb, was aber die Ausn bildet (RG **58**, 162).

Viertes Buch. Familienrecht

Bearbeiter: Prof. Dr. Diederichsen, Richter am Oberlandesgericht Celle

Schrifttum

Beitzke, Familienrecht (Kurzlehrbuch), 19. Aufl 1977. – Boehmer, Die Rechtsstellung des Stiefkindes, 1941. – Brand-Hensel, Vormsch-, FamR- u FürsorgeErzSachen in der gerichtl Praxis, 2. Aufl 1963. – Dietz, Familienrecht (Grdriß) 1952. – Dölle, Familienrecht 2 Bde, 1964/65. – Ficker, Recht des bürgerl Namens, Ffm 1950. – Firsching, Familienrecht, München-Berlin, 4. Aufl 1978 (Formularbuch). – Gernhuber, Lehrb des FamRechts, 2. Aufl 1971. – Glaessing, Voraussetzgen der Adoption, 1957. – Henrich, Familienrecht, 2. Aufl 1977. – Lehmann, Die Ehe in der Rspr des RG, Festgabe f d RG III 180 ff. – Maßfeller/Böhmer, Das gesamte Familienrecht, Bd 1, 3. Aufl 1974 ff, Bd 2, 2. Aufl 1965. – Müller-Freienfels, Ehe u Recht 1962; ders, Systemat Einordng des FamR, RabelsZ **37** (1973), 609. – Neuhaus, Europäisches FamR, Festschr Dölle II (1963), 419. – Pfeiffer-Strickert, Komm z PStG, 1961. – R. Schmidt, 2. Aufl 1957 (Lehrb); Dörner, Industrialisierg u FamR, Bln 1974. – Das 1. EheRG, Rechtsanwenderbroschüre, hrsg. v BJM, Bonn 1976. – Schulte, FamR u SozialR, FamRZ **77**, 106. – Münchener Kommentar z BGB, Bd IV, FamR (1977), zit: MüKo/Bearb. – Rolland, 1. EheRG, Komm, Neuwied 1977. – Bergerfurth, Das EheR, 5. Aufl 1977. – Kissel (Hrsg), Ehe u Ehescheidg, Bd 1 u 2, Kronberg/Ts 1977. – Ambrock, Ehe u Ehescheidg, Komm z 1. EheRG, Bln 1977. – Gernhuber, Neues FamR, Tüb 1977. – Müller-Freienfels, Familienrecht im In- u Ausland, Bd I, Ffm 1978. – Kühn/Tourneau (Hrsg), Familienrechtsreform. – Chance einer besseren Wirklichk?, multidisziplinärer Reader, Bielef 1978. – Bastian/Roth-Stielow/Schmeiduch, 1. EheRG, Stgt 1978. – Gastiger/Oswald, Familienrecht, Stgt 1978; Dopffel ZfRV **78**, 1 (Gleichberechtigg); Lüke AcP **178**, 1. – Vgl auch die Schrifttumsangaben bei den einzelnen Titeln, vor der Einl z EheG, sowie die vor dem Allg Teil; wg ält Schrifttum vgl. 30. u fr Aufl.

Einleitung

1) Familie u Ehe sind die wichtigsten Grdlagen des GemeinschLebens. Auf ihnen bauen sich Gemeinde u Staat auf. Sie stehen deshalb unter dem bes Schutz des Staates. Das sprechen auch die Verfassgen des Bundes u der Länder aus, so ua GG 6 I, *Bay* 124, *Hess* 4, *NRW* 4, *RhPf* 23. **Das BGB enthält keine Begriffsbestimmung der Familie**, geht auch nicht von der Familie als Gemeinsch aus, sond behandelt Rechte u Pflichten der Familienmitglieder als EinzelPers. Es sieht daher in der Familie lediglich die Gesamth der dch Ehe u Verwandtsch verbundenen Personen, gebraucht den Begriff aber selbst schon nicht immer einheitl, so enger in § 6 Z 2. Zum FamBegr BVerwG FamRZ **77**, 541. Im engsten Sinn versteht man darunter die Eheg u ihre Kinder, zB im Begr des FamNamens (§ 1355 I nF). Weiter als Familie ist der Begriff der „Angehörigen", zB § 530; vgl auch StGB 11 I Z 1. Die HausGemsch kann auch nichtfamilienangehörige Personen umfassen, §§ 617–619, 1619, 2028; durch die HausGemsch wird ein familienrechtl Verhältn nicht begründet. **FamR iS des BGB** ist der Inbegriff der Vorschr, die die Rechtsverhältnisse der durch Ehe oder Verwandtsch verbundenen Personen regeln. Hierunter wird auch das VormundschR gefaßt, das, historisch gesehen, mit dem eigentl FamR der Gedanke der Herrsch über Personen, die Munt, verbindet. Das FamR enthält personen- wie vermögensrechtl Vorschr.

2) Die Besonderheit des FamR ergibt sich daraus, daß die Familie die wichtigste Zelle des sozialen Organismus ist, die gesetzl Regelg also wie keine andere unmittelb das Leben des Einzelnen, mittelb aber auch den Staat berührt. Das staatl Interesse kommt mannigfach zum Ausdruck, so bes durch das in GG 6 verankerte GrundR, ferner zB in den Einkommensteuer-, Vermögens- und Erbschaftssteuergesetzen, vor allem aber im strafrechtl Schutz, zB StGB 170ff, 217, 218ff, 235ff, 247, 257ff (wg Beleidigg in seiner FamEhre Schönke/Schröder StGB 18. Aufl 6ff vor 185; BGH NJW **51**, 531; **54**, 847); im FamR dadch, daß im GgSatz zu den übrigen Teilen des PrivR die Vorschr **meist zwingendes Recht enthalten;** VertrFreih also nur, soweit ausdrückl anerkannt. – Das BGB hat das FamR nicht in sich abgeschlossen geregelt, sond faßt es als einen Teil des PrivR überhaupt, läßt also die **allg Vorschr** des ersten u zweiten Buches auch hier Anwendg finden, soweit nicht eine Sonderregel wie zB bei der Eheaufhebg, EheG 28 ff, Platz greift oder der bes Charakter des FamR jene ausschließt, vgl § 194 II, §§ 200, 204. – Eine **Sonderstellg** nimmt **das EheG** ein; vgl Einl z EheG, auch Übbl Anm 1 vor § 1297. – **Auf prozessualem Gebiet** ist den Besonderheiten in den Vorschr des 6. Buches der ZPO, §§ 606ff, vgl unten Einf 4 v § 1564 (zB Einschränkg der Parteiherrsch, Wahrheitsermittlg durch das Gericht, Mitwirkg der StA) Rechng getragen. Soweit es sich um die Anerkenng des Bestehens oder Nichtbestehens eines familienrechtl Zustandes handelt (Statusklage), wirkt das Urteil im allg für und gegen alle (ZPO 636a, 638, 640h), soweit ein Anspr aGrd dieses Zustandes geltd gemacht wird (zB Unterhalt), hingegen nur unter den Parteien. Anderers widerstreitet der bes sittl Charakter mancher famrechtl Anspr einer Geltendmachg im Prozeßwege, wie zB der auf den ehel Verkehr, auf Erziehg. Soweit das VormschG tätig wird, was keineswegs nur im eigentl VormschR, sond auf allen Gebieten des FamR, zB §§ 1357, 1629, 1630, EheG 3, geschehen kann, regeln das Verf FGG 1ff, 35ff, 65ff, 69ff, 161f; vgl auch Übbl 5 vor § 1773. Das 1. EheRG hat wesentl Funktionen des VormschG auf das Familiengericht übert (zB §§ 1671, 1672), soweit es sich um ScheidgsFolgesachen (ZPO 623) handelt. – Im **VerwR** ist zB bei der Ausweisg eines Ausl die Elt-Kind-Beziehg zu berücks (BVerwG NJW **75**, 2155).

Nebengesetz ist das **PersonenstandsG** i d Fassg v 8. 8. 57, BGBl 1128, zuletzt geändert dch Art 9 des 1. EheRG u Art 11 des AdoptG, nebst AVO idF v 25. 2. 77, BGBl 377. – Besondere Vorschr für Angehörige der Wehrmacht enthielt die 3. AVO v 4. 11. 39 (ua Ferntrauung, Eheschl vor dem richterl Militärjustizbeamten), RGBl 2163, idF v 17. 10. 42, RGBl 597 (PStVO für die Wehrmacht; hierzu Maßfeller DJ **39**, 1730, StAZ **50**, 184, **42**, 174) u die 4. AusfuErgVO v 27. 9. 44, RGBl 219 (für die davon betroffenen PersStSachen noch von Bedeutg, jedoch Art IV aufgeh). Eine Änderg brachte BGesetz v 15. 1. 51, BGBl 57 (dazu Hoffmann StAZ **51**, 34), die auch in Berlin gilt, G v 13. 12. 51, GVBl 1162. Nach dem 8. 5. 45 ist das PersStR in den Ländern u Zonen vielfach abgeändert u entspr den hervorgetretenen Bedürfnissen ergänzt worden.

Unter Aufhebg dieser Änderungen hat das 2. PStGÄndG v 18. 5. 57, BGBl 518, das Gesetz zT umgestaltet; s dazu Maßfeller FamRZ **57**, 229, StAZ **57**, 214, 237, 305. Wegen der Neufassg oben. – Das PStG v 3. 11. 37, das sich sonst im allg an das PStG v 1875 anschließt, macht die FamZushänge deutl, indem es ein Fam-Buch einrichtet, dessen 1. Teil entspr dem früh Heiratsregister der Beurkundg der Eheschl dient, währd der neu geschaffene 2. die verwandtschaftl Zushänge der einzelnen FamMitglieder darlegt. Das 2. PStGÄndG trennt das FamBuch vom Heiratsregister. Währd dieses am EheschlOrt verbleibt, wird das FamRegister zwar an diesem angelegt, begleitet aber die Eheg zu dem jeweiligen Wohns des Mannes, da es dort am meisten benutzt wird. IPRechtl s auch Übk über die Erteilg gewisser für das Ausland bestimmter Auszüge aus PersStBüchern v 27. 9. 56, über die kostenlose Erteilg von PersStUrk u den Verzicht auf ihre Legalisation v 26. 9. 57, über den internat Austausch von Auskünften in PersStAngelegenheiten v 4. 9. 58; dazu G v 1. 8. 61, BGBl II 1055 (dort auch Text der Übk sowie in StAZ **61**, 250; wg des Inkrafttretens Bek v 8. 1. 62, BGBl II 42–44. Zu den Übk Ficker StAZ **61**, 5, Maßfeller StAZ **62**, 148.

3) Abändergen und Ergänzgen. Im GgSatz zu anderen Teilen des BGB sind im 4. Buch eine größere Reihe zT tiefgreifder Abändergen erfolgt, von denen aber das FamRÄndG (unten k) u das 1. EheRG (unten m) einige wieder aufgeh haben, indem sie zT deren Regelg übernahmen u in die Gesetze selbst einbauten, zT geänderte Regelgen trafen:

a) ReichsG über die religiöse Kindererziehg v 15. 7. 21, abgedr u erläut hinter § 1631.

b) JugendwohlfahrtsG v 9. 7. 22 in der Neufassg v 25. 4. 77, BGBl 633, ber 795; vgl auch § 1666 Anm 8. Neufassg gilt auch in Berlin, G v 5. 5. 77, GVBl Bln 890. Die Bestellg eines Vereins od des JA als Vormd ist dch das G über die rechtl Stellg des nichtehel Kindes, unten l, in das BGB übernommen, so daß für diese Vormsch u ebso die gesetzl AmtsVormsch BGB bis auf die von ihm gemachten Ausn gilt, § 1791a Anm 1.

c) G gegen Mißbräuche bei der Eheschl u der Annahme an Kindes Statt v 23. 11. 33, RGBl 979; aufgeh durch FamRÄndG Art 9 I Abs II Z 1.

d) VO v 31. 5. 34 betr die Vereinheitlichg der Zuständigk in Fam- und NachlSachen, RGBl 472, mit der sich aus der VO zur erweiterten Vereinheitlichg der Zuständigk in FamSachen v 17. 5. 35, RGBl 682, ergebden Ergänzg; aufgeh durch FamRÄndG Art 9 I Abs II Z 2, 3, 5.

e) G über die Änderg und Ergänzg famrechtl Vorschr u über die Rechtsstellg der Staatenlosen v 12. 4. 38, RGBl 380, nebst seiner DurchfVO v 23. 4. 38, RGBl 417; aufgeh durch FamRÄndG Art 9 I Abs II Z 9 u 10.

f) EheG (G zur Vereinheitlichg des Rechts der Eheschl und der Ehescheidg im Lande Österreich und im übrigen Reichsgebiet) v 6. 7. 38, RGBl 807; aufgeh u ersetzt durch KRG 16 v 20. 2. 46, KRABl 77 (EheG 1946); s dazu die Angaben in Einl 1 u 3 vor EheG 1.

g) G über die Änderg von FamNamen u Vornamen v 5. 1. 38, RGBl 9, in Kraft seit dem 1. 1. 38 (s auch Ficker, Recht des bürgerl Namens, Ffm 1950), nebst ErgänzgsG v 29. 8. 61, BGBl 1621. Erledigt haben sich §§ 7 (Widerruf) und 12 (Ermächtigg zum Erl von Vorschr über Führg u Änderg von Vornamen); § 9 ist durch 2. PStGÄndG v 18. 5. 58, BGBl 518, abgeändert. Hierzu die 1. DVO v 7. 1. 38 (betr die mit dem Namensänder befaßten Behörden, Veröffentlichg u Gebühren), RGBl 12 (gilt im *Saarland* seit 1. 10. 58, saarl G v 17. 7. 58, ABl 1171; § 1 in *Hess* durch VO v 4. 5. 49, GVBl 113, ausdrückl aufgeh, aber auch sonst außer Geltg), ferner AllgVerwVorschr der BReg über die Änderg u Feststellg von Familiennamen sowie über die Änderg von Vornamen idF v 14. 12. 60, BAnz Nr 249 (StAZ **61**, 67), nebst der Anlage „Richtlinien für die Bearbeitg der Anträge auf Änderg des Familiennamens", Änd v 8. 5. 63, BAnz Nr 91 (StAZ **178**). Ferner RdErl BMJ v 9. 2. 55, GmBl 47, betr Führg der Bezeichng „Frau" durch Unverheiratete. – I P Rechtl Übk über die Änderg von Namen u Vornamen v 4. 9. 58; dazu G v 1. 8. 61, BGBl II 1055 (dort auch Text des Übk, ferner in StAZ **61**, 258); wg des Inkrafttretens Bek v 8. 1. 62, BGBl II 45. Zu dem Übk Ficker StAZ **61**, 5.

h) G zur Erleichterg der Annahme an Kindes Statt v 8. 8. 50, BGBl 356; aufgeh durch FamRÄndG Art 9 I Abs II Z 19.

i) G üb die Gleichberechtigg von Mann u Frau auf dem Gebiet des bürgerl Rechts v 18. 7. 57, BGBl 609, in Kraft ab 1. 7. 58, übernommen von Berlin durch ÜbernahmeG v 24. 6. 57, GVBl 697, paßt BGB, ZPO, KO, VerglO, FGG, HausratsVO, RPflegerG u KostO dem Grds von GG **3** II: Männer und Frauen sind gleichberechtigt, an. Dieser Grds hatte sich bereits seit dem 1. 4. 53, GG 117 I, dahin ausgewirkt, daß alle entggstehden Bestimmgen außer Kraft traten, BVerfG NJW **54**, 85, auch für Berlin, BGH **25**, 165, so daß bis zum Inkrafttreten des GleichberG insofern **ein gesetzlich nicht geregelter Zwischenzustand** eintrat (Lit: Kropholler, Gleichberechtigg dch RichterR, 1975), währenddessen die Gerichte die Aufgabe hatten, bei jeder Bestimmg zu prüfen, ob sie dem GleichberechtiggsGrds entsprach und verneinendenfalls das entspr Recht zu finden, vgl zB Einf 3 vor § 1363. Die Übergangsbestimmungen des GleichberG haben demgem auch die Regelg währd dieser Zwischenzeit in den neuen Rechtszustand überleiten müssen, Art 8 Abschn I Ziff 3ff, siehe zB Grdzge 5 vor § 1363.

k) G zur Vereinheitlichg u Änderg familienrechtl Vorschr (FamilienrechtsändergsG) v 11. 8. 61, BGBl 1221, übernommen von Berlin durch G v 29. 8. 61, GVBl 1121 (dazu AO der Berliner Kommandantur, GVBl **61**, 1672), bringt zahlreiche Ändergen vor allem auf dem Gebiet des Abstammgs- und Kindesannahmerechtes, sowie dem der EhelichkErkl; vgl auch Einl 3 vor EheG dazu *BaWü* AusfG v 19. 12. 61, GVBl 371 (entspr Abänderg von Art 68 *Wü* AG BGB.

1. Abschnitt. Bürgerliche Ehe. 1. Titel: Verlöbnis **Einl, Einf v § 1297**

l) G über die rechtl Stellg der nichtehelichen Kinder v 19. 8. 69, BGBl 1243; gilt auch in Berlin, Art 12 § 26. Es verbessert die Stellg der nehel Kinder entspr GG 6 V erhebl u stellt die rechtl Verwandtsch des nehel Kindes mit dem Vater dch Streichg von § 1589 II her. Dazu **Regelunterhalts-VO** idF v 30. 7. 76, abgedr Anh §§ 1615f, 1615g.

m) Erstes G zur **Reform des Ehe- u Familienrechts (1. EheRG)** v 14. 6. 76 (BGBl 1421), hins des NamensR in Kraft ab 1. 7. 76, hins der übr Bestimmgen in Kraft ab 1. 7. 77, regelt in Abkehr vom Leitbild der Hausfrauenehe die allg EheWirkgen neu, fügt das ScheidgsR unter gleichzeit Ersetzg des Verschuldens- dch das Zerrüttgsprinzip wieder dem BGB ein einschl des ScheidgsfolgenR, wobei der Versorggsausgleich neu geschaffen w.

n) G über die **Annahme als Kind (AdoptionsG)** v 2. 7. 76 (BGBl 1749) erleichtert zus mit dem AdoptionsvermittlgsG v 2. 7. 76 (BGBl 1762) die Kindesannahme.

o) G zur **vereinfachten Abänderg v Unterhaltsrenten** v 29. 7. 76 (BGBl 2029).

4) Landesgesetzliche Vorbehalte enthalten heute nur noch §§ 1807 III, 1808, EG 137, 212, 218, FGG 189 ff. Fortgefallen sind diese Vorbehalte in §§ 1315 II, 1322 mit der Aufhebg dieser Bestimmgen durch das EheG 1938, ferner die in § 1723 III, EG 134–136, sowie seit 1. 4. 37 die in EG 144–146 infolge HintO 38; die in EG 57, 58 zG des Privatfürsten R, der Hausverfassgen u des LandesR enthaltenen Vorbehalte sind durch die Ländergesetzgebgen (im früh *Pr* das AdelsG v 23. 6. 20, GS 367) gegenstandslos geworden.

5) Übergangsregelgen enthalten EG 198–212, für das GleichberG dessen Art 8 I Z 1–11, für NEhelG dessen Art 12, **die internat privatrechtl Bestimmgen** EG 12–23; wg der ergänzden Vorschr u Staatsverträge Vorbem 2 vor EG 7. **Interlokales Familienrecht** EG 14 Anm 14 vor Art 7 sowie die Anmzu den einzelnen Art.

6) Die Reformbestrebgen, die auf eine Besserstellg der Frau abzielten, haben im GleichberG u im 1. EheRG (Anm 3 i u m) ihren Niederschlag gefunden. Zur Vorgeschichte Einf 2–4 sowie Grdz 1 vor § 1363; ferner Einf 6 vor § 1353 u Einf 2 vor § 1564. Das 2. EheRG (BT-Drucks VI/3453) enthält im wesentl die verfahrensrechtl Bestimmgen ü das FamGericht; es ist in der 7. Legislaturperiode nicht mehr G geworden. Beabsichtigt ist ferner eine Neuregelg des VerlöbnisR, des R der Eheschl u NichtigkGrde (vgl Böhmer StAZ **76**, 242). Dch G über die rechtl Stellg der nehel Kinder (oben Anm 3 l) ist der VerfAuftr (GG 6 V) eingelöst worden. Dem Bedürfn, kinderlosen Ehepaaren u elternlosen Kindern rascher zu helfen, tragen AdoptG u AdoptVermittlgsG (oben Anm 3 n) Rechng. Als Reformanliegen übr geblieben ist die Neuregelg der elterl Gewalt (Einf 4 vor § 1626).

1. Abschnitt. Bürgerliche Ehe

Erster Titel. Verlöbnis

Neueres Schrifttum: Canaris, AcP **165**, 1; Montanari, Verlobg u Verlöbnisbruch, Bern 1974.

Einführung

1) Das BGB gibt keine **Begriffsbestimmg**. Es **versteht unter Verlöbnis a)** den Vertr, durch den sich zwei Personen verschiedenen Geschlechts ggseit versprechen, künftig die Ehe miteinander einzugehen, RG **61**, 267, str; **b)** das dadurch begründete famrechtl GemschVerhältn (Brautstand). Die RNatur des Verlöbnisses ist bestr. Man wird es als durch einen Vertr begründeten, auf spätere Eheschl ausgerichteten **personenrechtl Zusammenschluß besonderer Art** aufzufassen haben. Ähnl Dölle, § 6 III 2 (Vertr mit den durch die Natur des Verlöbnisses gebotenen famrechtl Eigenh), Gernhuber § 8 I 3, Beitzke (Festschr f Ficker, 1967, S 78, bei gleichzeit Auseinandersetzg mit den Theorien), Thönnissen (Grdfragen, Neue Kölner rechtswiss Abhdlgen Heft 33) unter Ablehng des famrechtl Vertrages, dieser vertreten durch Lehmann 3. Aufl S 26 (4. Aufl wie oben), Boehmer MDR **59**, 385, JZ **61**, 267, Staud-Dietz Vorbem 23 ff vor § 1297, denen Canaris AcP **165**, 1 nahesteht, der §§ 1298 ff als einen bes Fall der Vertrauenshaftg ansieht; s dazu die grdsätzl Bedenken von Gaul FamRZ **66**, 626 Anm 13. Nach obiger Auffassg also ergänzende Heranziehg der allg Vorschriften des BGB über Rechtsgeschäfte, RG **98**, 13. Keine Stellvertretg. In der Gesch-Fähigk beschränkte Personen bedürfen der Einwillig oder Genehmigg (stillschweigende genügt) des gesetzl Vertreters; vgl auch §§ 108, 109, 115, 184, währd die Vertreter des famrechtl Vertrages die Verlobg eines Mj ohne Genehmigg des gesetzl Vertreters nicht als schwebend unwirks, sond entspr EheG 30 als zunächst wirks ansehen, Staud-Dietz Vorbem 32 vor § 1297, (sodaß der Zurückbleibende auch Anspr aus § 1298 u § 1300 stellen kann). Geheimer Vorbehalt ist unbeachtl, RG **149**, 148, die zum Schein abgegebene VerlöbnErkl nichtig, § 117. Die Bestimmgen über Anfechtg entfallen da, die bes des Rücktr, die weitergehen, vorgehen, Beitzke JR **47**, 139, Saarbr (LG) NJW **70**, 327 (gilt auch für Einwillig der gesetzl Vertr) gg RG JW **36**, 863. Verlöbn unter einer Bedingg denkb, zB wenn der Geschlechtsverkehr Folgen hat, Hbg OLG **16**, 203. Aber stets zu prüfen, ob Bedingg mit sittl Charakter des Verlöbn vereinb, §§ 134, 138. Häufig wird aber nicht das Verlöbn, sond die Eheschl vom Eintritt eines Termins oder einer Bedingg abhängig sein, was zul ist, RG **80**, 88. Ein voraussichtl behebb Hindern braucht der Gültigk der Verlobg nicht entggzustehen, RG JW **08**, 519. Jedoch Verlobgsversprechen, sich nach Eheschl sofort wieder zu trennen, wg der Verpflichtgen aus § 1353, die nicht abbedungen werden können, sittenwidr; erfolgt das im Hinblick auf ein Kind, dem die Stellg eines ehel verschafft werden soll, so ernstes Versprechen, da anders nicht mögl, wobei sich die Nebenabrede der alsbaldigen Trenng wg § 139 nicht auf das Versprechen als solches auszuwirken braucht, Wiesbaden (LG) FamRZ **65**, 272. Verlöbn mit Verheiratetem grdsätzl nichtig, RG **170**, 72; ebso Verlöbn mit einem Verlobten, u zwar auch in Form des bedingten EheVerspr, RG **105**, 245. Grund: § 138 I; dieser greift aber dann nicht durch, wenn etwa Ehefr eines Verschollenen in Überzeugg von seinem Tode sich verlobt, so auch Schrodt NJW **50**, 733, SchlH OLG NJW **50**, 899.

2) Keine Form. Vorläufiges Zusammenleben, „Miteinandergehen", ggseitiges Geständn der Liebe u anschließder vertraul Verkehr genügen nicht, sond ernstl EheVerspr erforderl, das ggseitig gegeben und angenommen wird, also in Erscheing tritt, Kiel SchlHA **21**, 225. Annahme kann auch in Hdlgen liegen, zB Hingabe der Frau nach EntggNahme des EheVerspr, Warn **17**, 273, ohne daß es auf die Einhaltg der in den Kreisen der Beteiligten übl Formen, zB Ringwechsel, Anzeigen ankäme, RG JW **28**, 3047.

3) Wirkgen. Das Verlöbn begründet die Verpflichtg zur Eheschließg, RG JW **17**, 848, die allerdings weder direkt noch indirekt erzwingb ist. Keine güterrechtl Wirkgen, auch § 1357 nicht entspr anwendb, dort Anm 1; kauft der Bräutigam kraft Auftrags mit Mitteln der Braut die Wohngseinrichtg, so wird im allg angenommen w können, daß er Eigentum für seine Braut erwerben will (§ 667 Anm 3 c); keine UnterhPflicht, so daß auch § 844 II entfällt. Wirkgen aber bei Rücktr, §§ 1298–1300, u Unterbleiben der Eheschl überhaupt, § 1301. Für den Fall, daß die Ehe geschieden w, hat der gesch Eheg iFv § 1575 I einen AusbildsfinanziergsAnspr, falls er vor der Ehe eine Schul- od BerufsAusbildg in Erwartg der Ehe nicht aufgen od abgebrochen hat. Vgl ferner §§ 2077, 2279 (letztw Vfg), §§ 2275, 2276, 2290 (ErbVertr), 2347, 2351, 2352 (Erbverzicht). Mitarbeit im Geschäft des Verlobten reicht f Ann eines GesellschVerhältn nicht aus (BGH FamRZ **58**, 15); ein solches ist aber mögl bei Gründg einer FamHeimstatt f Zukft (Düss DNotZ **74**, 169). Verlöbn gibt Zeugn- u GutachtenverweigergsR, ZPO 383 Z 1 u 2, 385 I, 408 I, StPO 52 I Z 1, 55, 61 Z 2, 63, 76. Der Verlobte ist Angehöriger iS von StGB 11 I Z 1a u passim. Die Brautkinder genießen kein bes Vorrecht, sind also nehel, vgl aber EG 208 II, §§ 1740aff; es kann ihnen u der Braut, deren Verlöbn durch Tod aufgelöst ist, uU im Wege der Namensänderg der FamName des Verstorbenen gewährt werden; Richtl für die Bearbeitg der Anträge auf Änderg des FamNamens, s Einl 3 g zum 4. Buch.

4) Die Beendigg erfolgt durch Eheschl, Tod, Eintritt der auflösden Bedingg, nachträgl Unmöglichk, AufhebgsVertr und Rücktr.

5) Verfahrensrecht. Verlöbnissachen sind keine Ehesachen.

6) Wg des **ÜbergRechts** EG 198 Anm 1, 2; **IPR** EG 13 Anm 8; **Reform** s Carsten StAZ **73**, 81.

1297 *Unklagbarkeit.* I Aus einem Verlöbnisse kann nicht auf Eingehung der Ehe geklagt werden.

II Das Versprechen einer Strafe für den Fall, daß die Eingehung der Ehe unterbleibt, ist nichtig.

1) Der Wille zur Eheschl soll frei sein. Damit würde sich eine Klagbark oder auch nur die mittelb Erzwingbark der Ehe durch eine VertrStrafe nicht vertragen. Vgl auch ZPO 888 II, 894 II. Wohl ist aber Klage auf Feststell des Bestehens oder Nichtbestehens eines Verlöbn mögl, ZPO 256.

1298 *Ersatzpflicht bei Rücktritt.* I Tritt ein Verlobter von dem Verlöbnisse zurück, so hat er dem anderen Verlobten und dessen Eltern sowie dritten Personen, welche an Stelle der Eltern gehandelt haben, den Schaden zu ersetzen, der daraus entstanden ist, daß sie in Erwartung der Ehe Aufwendungen gemacht haben oder Verbindlichkeiten eingegangen sind. Dem anderen Verlobten hat er auch den Schaden zu ersetzen, den dieser dadurch erleidet, daß er in Erwartung der Ehe sonstige sein Vermögen oder seine Erwerbsstellung berührende Maßnahmen getroffen hat.

II Der Schaden ist nur insoweit zu ersetzen, als die Aufwendungen, die Eingehung der Verbindlichkeiten und die sonstigen Maßnahmen den Umständen nach angemessen waren.

III Die Ersatzpflicht tritt nicht ein, wenn ein wichtiger Grund für den Rücktritt vorliegt.

1) Allgemeines. Der Rücktr ist eine einseitige, empfangsbedürftige WillensErkl, die auch stillschweigend (Abbruch des Verkehrs, Einstellg des Briefwechsels) abgegeben w kann. §§ 346 ff sind nicht ohne weiteres anwendb. Ob das Verlöbn fortbesteht, ist nur aus dem Verhalten der Verlobten zueinander zu beurteilen, nicht aber aus ihren Erkl Dritten ggü (scheinb Nachgeben ggü dem Drängen des Vaters), RG **141**, 360. Keine Stellvertretg im Willen. Der in der GeschFgk beschränkte Verlobte bedarf zum Rücktr nicht der Genehmigg seines gesetzl Vertreters, wohl aber zu einem rechtsgült Verzicht auf SchadErsAnspr, der bei Wiederaussöhng vorliegen wird, RG **98**, 13. RücktrErkl nicht einseit widerrufl, Warn **14**, 164. Vertragsmäß Beseitigg mit dem Erfolge, daß Rücktr u seine Folgen ausgeschlossen werden, mögl, so daß bei abermaligem Rücktr dann SchadErs für die ganze Dauer des Verlöbn verlangt w kann, OLG **30**, 33. Die Folge des Rücktr, auch des grdlosen, ist die Aufhebg des Verlöbn; auch der andere Teil ist nicht mehr gebunden, Warn **14**, 164.

2) Folge des grundlosen Rücktritts (nicht aber des Widerrufs, § 109, da dann rechtswirks Verlöbn noch nicht vorliegt): **vertragl SchadErsPflicht des zurücktretenden Verlobten** (also nicht aus einer unerl Hdlg, da AnsprAus VerlöbnBruch durch § 1298 ff geregelt, Düss FamRZ **62**, 429; vgl aber auch Anm 5), RG **163**, 286, wg Nichterfüllg des EheVerspr. Jedoch nicht Erfüllgs-, sond begrenztes negatives Interesse zu ersetzen, KG JW **25**, 2110. Anspr ist übertragb und vererbl. Verzicht zul, soweit § 138 nicht entgg steht. Besonderer Gerichtsstand der des Erfüllgsortes, Brschw JW **36**, 1021, Celle MDR **49**, 368 allg M, vgl im übr § 1300 Anm 1. Keine Anspr bei einverständl Aufhebg des Verlöbns.

3) Ersetzt wird a) dem anderen Verlobten, dessen Eltern sowie Dritten, die an deren Stelle gehandelt haben, zB Pflegeeltern, Freunden, nur der Schaden, der durch die Aufwendgen oder die Eingehg von Verbindlichk entstanden ist, vgl auch §§ 256f. – **b)** Dem Verlobten auch weiterhin der Schaden, der durch sonstige sein Verm oder seine Erwerbsstellg berührde Maßnahmen entstanden ist. Ers für GesundhSchäden inf VerlöbnBruches aus § 1298 nicht gegeben, Warn **23/24**, 181, vgl aber Anm 5. Schaden wird nur insow ersetzt, als Aufwendgen, Eingeh von Verbindlichk und sonstiges den Umständen

Bürgerliche Ehe. 1. Titel: Verlöbnis §§ 1298–1300

nach angemessen war, II u Warn **18**, 76; Ermessensfrage. Maßgebd Zeit der Urteilsfällg, Warn **24**, 181. Keine angemessene Maßn, wenn Steuerberater seine gutgehde Praxis aufgibt, um die VermAngelegenh seiner Verlobten, die er erst kurz vorher kennengelernt hat, zu ordnen, BGH NJW **61**, 1716.

4) **In Erwartg der Ehe** müssen die Aufwendgen usw gemacht sein, also falls sie vernünftigerw unterblieben wären, wenn der VerlöbnBruch vorausgesehen worden wäre, Warn **14**, 254. Ist aber der mangelnde Heiratswille bekannt, so fehlt diese Voraussetzg, Warn **35**, 69. Als in Erwartg der Ehe gemacht w jedoch uU auch solche Aufwendgen angesehen w müssen, die schon gemacht wurden, als das später wirks gewordene Verlöbn noch unwirks war, vgl RG **170**, 72. Ers kann verlangt werden für Anschaffgen aller Art im Hinblick auf die Errichtg eines Haushalts (Vorteilsausgleichg, soweit sie andere Verwendg finden), uU auch Ankauf eines Geschäfts, RG aaO, Kosten für die Veranstaltg der Verlobgsfeier, OLG **14**, 243, für Dienste, wenn sie mit dem freien Beruf oder Gewerbe des Verlobten zushängen, BGH NJW **61**, 1716, Aufgabe des bisherigen Berufs oder der Stellg u damit auch der Verdienstausfall bis zur Wiedererlangg einer entspr Stellg nach Auflösg des Verlöbn (Warn **24**, 181), wenn es sich um eine angemessene Maßn handelt (Anm 3b). Jedoch § 254 II zu berücks, wenn der Betreffde sich nicht um eine Stellg bemüht (Warn **14**, 254). Braut darf Erwerbsstellg im allg erst aufgeben, wenn Heirat nahe bevorsteht (Warn **18**, 76; Mü HRR **38**, 1595). Vgl auch § 1575. **Zu verneinen** bei Aufwendgen, die nur anläßl des Verlöbn mRücks auf den nahen persönl Verkehr erfolgten (Kiel SchlHA **24**, 66), also GelegenhGeschenke im allg, Bewirtgs- u UnterhKosten (Celle OLGZ **70**, 326; Ffm NJW **71**, 470), ferner bei Ausschlag eines günstigeren Heiratsangebots (RG JW **02**, Beil 259) od Aufwendgen f die Schwangersch (OLG **10**, 274), vgl aber § 1615 k u l, Sorge für Kind, solche für ein voraufgehdes Konkubinat (BGH JZ **60**, 320) od in Erwartg der Verlobg (OLG **18**, 249), da es insof an der Ursächlichk fehlt. Tätigk im Gesch von Angehörigen des and Verlobten ist idR zu vergüten (BAG FamRZ **60**, 361).

5) **Weitergehde Ansprüche** aus §§ 823ff nicht ausgeschlossen, zB GesundhSchaden, Täuschg der Braut über die Ernstlichk des EheVerspr, RG Recht **20**, 2861. Hier helfen ebso wie im Falle der von vornherein vorhandenen Ungültigk des Verlöbn (mit einem Verheirateten oder einem bereits Verlobten, vgl Einf Anm 1 vor § 1297) bei Unkenntn des Betroffenen §§ 825, 847 II. Auch gegen Dritten mögl, zB bei arglistiger Zurückziehg der Einwilligg seitens des Vaters, RG **58**, 255.

6) **Kein Anspr aus § 1298 bei wichtigem Grunde des Zurücktretenden,** III, dh bei Vorliegen erhebl Tatsachen, die bei einer sachl, die Umstände des einzelnen Falles berücksichtigend Würdigg geeignet gewesen wären, den zurücktretenden Verlobten von der Eingeh des Verlöbnisses abzuhalten, RG JW **07**, 178. Der Grd kann auch in der eigenen Pers des Zurücktretden liegen, Mü DJ **38**, 198. Hat er ihn aber verschuldet, so bleibt er schadenersatzpfl, da er sich dann auf ihn nicht berufen kann, Königsbg HRR **37**, 555, vgl auch § 1299 Anm 1. Sonst Verschulden unerhebl. Grdsätze über Eheverloßg nicht einmal anwendb, RG JW **07**, 178. Kein ErsAnspr, wenn beide Verlobte RücktrGründe haben, Planck Anm 11. Grd muß zZ des Rücktr, nicht erst nachträgl vorliegen, Warn **14**, 164. Es genügt aber, wenn ein RücktrGrd überh vorliegt, mag auch aus einem and Grde der Rücktr erklärt sein, Mü DJ **38**, 198. **Wichtige Gründe :** Bruch der Verlöbnistreue, Lieblosigk, die ernstl Zweifel an einer späteren rechtl Gesinng aufkommen lassen, Verzögerg der Eheschlg ohne triftigen Grd, Warn **25**, 132, Nichteinhalt eines Verspr, die Religion zu wechseln, Königsbg HRR **38**, 1279, die längere Zeit aufrechterhaltene Täusch der Frau über ihr Alter, KG DR **40**, 1114, Verweigerg der elterl Zustimmg, OLG **30**, 34 (vgl aber auch RG **58**, 254), Weigerg der Braut, dem Mann aufs Land zu folgen, Rostock SeuffA **77**, 38, uU früherer Geschlechtsverkehr der Braut, aber nicht, wenn sie hiervon dem Verlobten Mitteilg gemacht hat, RG JW **07**, 480, oder an ihr früher Notzucht verübt ist, Krankh, soweit sie in absehb Zeit unbehebb ist, RG HRR **33**, 1189, Weigerg, sich bei KrankhVerdacht ärztl untersuchen zu lassen, KG JW **20**, 979, frühere Geschlechtskrankh, jedenfalls wenn sie ernstere Folgen hatte, ernstere Zerwürfnisse zwischen Schwiegereltern und Verlobten, RG Recht **15**, 1098, die Gründe, die zur Anfechtg wg Irrtums od arglistiger Täuschg berechtigen würden (Einf 1 vor § 1297), auch Irrtum über die VermVerhältnisse, RG Recht **08**, 3275, vorausgesetzt, daß der Irrende sich über diese gewissenh erkundigt hatte, nicht nur, wenn seine Erwartgen enttäuscht sind, Naumburg SeuffA **58**, 100. Aus Rücks auf die VermInteressen des and Teils kann niemandem das Festhalten an einem Verlöbn zugemutet werden, Warn **25**, 132.

7) **Beweislast :** Für wichtigen Grd der Rücktretde, RG JW **25**, 2110, währd der Kläger das Vorliegen eines rechtswirks VerlöbnVertr, den Rücktr des and Teils, Schaden u Angemessenh zu beweisen hat.

1299 *Rücktritt aus Verschulden des anderen Teiles.* **Veranlaßt ein Verlobter den Rücktritt des anderen durch ein Verschulden, das einen wichtigen Grund für den Rücktritt bildet, so ist er nach Maßgabe des § 1298 Abs. 1, 2 zum Schadensersatze verpflichtet.**

1) Der SchadErsAnspr hat denselben Inhalt wie in § 1298. Er steht hier dem Zurücktretden zu, dessen Rücktr durch das schuldh (§ 276) Handeln des and veranlaßt ist, muß aber auch gg den gegeben sein, der zwar aus wichtigem, jedoch von ihm verschuldetem Grunde vom Verlöbn zurücktritt. **Beweispflichtig** für das Vorliegen des wicht Grundes hier der Kläger.

1300 *Beiwohnung.* **I Hat eine unbescholtene Verlobte ihrem Verlobten die Beiwohnung gestattet, so kann sie, wenn die Voraussetzungen des § 1298 oder des § 1299 vorliegen, auch wegen des Schadens, der nicht Vermögensschaden ist, eine billige Entschädigung in Geld verlangen.**

II Der Anspruch ist nicht übertragbar und geht nicht auf die Erben über, es sei denn, daß er durch Vertrag anerkannt oder daß er rechtshängig geworden ist.

§§ 1300, 1301

1) Allgemeines. a) Vorschr ist vorkonstitutionelles Recht, BVerfG NJW **72**, 571, u w mit der Begrdg für vereinb mit GG 3 II erkl, sie enthalte kein VorR der Frau, sond schütze weibl Geschlechtsehre (BGH **20**, 195; **62**, 282). Verfehlte Begrdg der ggteiligen Auffassg Hbg MDR **72**, 868; dazu Ott MDR **73**, 104. GleichberG h § 1300 nicht geändert. Nach BGH **28**, 386 soll Nichtgewährg des Anspr aus § 1300 dch ausl Recht gg EG 30 verstoßen; zu Recht aA LG Düss NJW **67**, 2121. **b)** Vorschr gewährt **vertragl SchadErsAnspr** wg Nichterfüllg des EheVerspr, RG LZ **20**, 437, also nicht aus unerl Hdlg. **Grd**: die Hoffng der Braut, die Beiwohng werde ihr keinen Schaden bringen, wird dch den Rücktr des Bräutigams vereitelt u ihre Versorggsaussichten zerstört bzw beeintr, Prot 4, 698. Moderner wohl die Vorstellg, die Bestimmg gleiche des immateriellen Schaden f die grdlose Auflösg des Verlöbn aus, Nürnb FamRZ **72**, 206. Als höchstpersönl Anspr unübertragb u unvererbl, Aufrechng gg ihn nur, wenn durch Vertr anerkannt oder er rechtshäng geworden ist, vgl II. Verzicht mögl, zB bei Aussöhng, bei minderj Verlobten jedoch nur mit Zustimmg des gesetzl Vertreters, RG **98**, 14. Geschlechtsverkehr spricht nicht für Wiederherstellg der Verlobg, da eherechtl Gesichtspunkte hier ausscheiden, Nürnb FamRZ **59**, 114; auch nicht Verzicht auf Anspr. Anspr gehört nicht unter GVG 23a, AG also nicht ohne weiteres zust, OLG **5**, 86; örtl ist bei Anwendg von ZPO 29 das Gericht, an dem der VerlöbnVertr durch Eheschl zu erfüllen ist, nach EheG 15 II 1 zu bestimmen, iZw Wohnort der Braut, KG JW **21**, 1253; aM OLG **20**, 290. **Weitergehende Anspr nicht ausgeschl**, so (abgesehen von §§ 1298, 1299) aus §§ 1615k ff, unerl Hdlg zB Nötigg mit nachfolgdem EheVerspr u VerlöbnBruch, Warn **11**, 259, EheVerspr eines Verheirateten unter Verschweigg dieser Tatsache, RG JW **09**, 415; vgl auch Anm 2 aE u § 1298 Anm 5. Wegen IPR EG 13 Anm 8.

2) Voraussetzgen. a) G ü l t i g e s E h e v e r s p r e c h e n. Nicht schon genügd Beiwohng vor Abschluß eines Verlöbn; der gesetzl Vertreter muß also EheVerspr jedenfalls nach Beiwohng genehmigt haben, RG **61**, 272. Bei Ungültigk des Verlöbn vgl § 1298 Anm 5. – **b)** R ü c k t r i t t ohne wichtigen Grd, § 1298, oder aus Versch des and, das einen wichtigen Grd bildet, § 1299. – **c)** U n b e s c h o l t e n h e i t, bedeutet gleichm für alle Stände und Berufe, RG JW **06**, 65, Unversehrth der Geschlechtsehre, vgl StGB 182. Anspr also auch der Witwe od geschiedenen Frau gegeben, kann selbst dann vorliegen, wenn die Braut den Verlobten zum Geschlechtsverkehr veranlaßte. Bescholtenh aber schon bei unzüchtigem Verhalten mögl, aus dem sich sittl Verdorbenh ergibt, RG **149**, 146. Freiw früherer Geschlechtsverkehr mit and Männern schließt regelm Unbescholtenh aus (Kenntn des Mannes hiervon unerhebl), RG JW **07**, 480, auch mit einem früheren Verlobten, Brschw NJW **53**, 1222 (ausf), aM Düss JMBl NRW **56**, 15, ohne daß das in weiteren Kreisen bekannt geworden zu sein braucht, RGSt **37**, 96 stRspr; ein Bekanntwerden überh („unbescholten") aber erforderl, RG **149**, 147; aM Planck Anm 5, Brschw NJW **53**, 1222, Dölle § 6 VI 3 c. Ein leichter Fehltritt kann durch späteres Wohlverhalten ausgelöscht w, RGRK Anm 4 str. Verlobter kann sich nicht darauf berufen, daß er bereits vor der Verlobg GeschlVerk mit der Braut hatte (RG **170**, 72, stRspr), auch wenn beide vor der Verlobg offen zus gelebt haben (Warn **10**, 388); allerd muß dann Unbescholtenh bei Beginn des GeschlVerk vorgelegen h (RG Recht **05**, 529). Bescholtenh daher, wenn in Scheidg lebde Frau ihrem späteren Verlobten Beiwohng gestattete (KG FamRZ **74**, 444). Die sittl Führg der Braut währd der Verlobg kommt nur für die Beurteilg des RücktrGrdes, die Führg nach Auflösg des Verlöbn überh nicht in Betr, OLG **26**, 210. **Beweislast** hat die Klägerin. Da Unbescholtenh vermutet wird, Beweis erst notw, wenn Tatsachen vorliegen, die auf Bescholtenh hinweisen, hM, vgl auch Bambg FamRZ **67**, 334. – **d)** B e i w o h n g muß gestattet sein, sonst §§ 825, 847 II. Beiwohng erfordert Vereinigg der Geschlechtsteile, aber nicht immissio seminis, OLG **30**, 35. Ob Beiwohng in Erwartg der Ehe erfolgte oder aus einem and BewegGrde, ist gleichgült, Warn **11**, 37. – **e)** S c h a d e n muß durch Auflösg des Verlöbnisses entstanden sein (nicht durch die Beiwohng), Warn **20**, 112 und oben Anm 1. Er braucht daher nicht dch spätere günst Verheiratg der Braut ausgeschl zu w (Warn **36**, 48). Bereitwilligk des Mannes zur Eheschl befreit ijF (aA Warn **14**, 164). GesundhSchaden inf Erregg ü Auflösg des Verlöbn nicht aus § 1300 ersetzb, kann in diesem Zushg aber hins der Größe des erlebten seel Schmerzes berücks w (Warn **23/24**, 181).

3) Bei der **Bemessg der Höhe der Entschädigg**, die nach billigem Ermessen festzusetzen ist, ist hauptsächl zu berücksichtigen, welche Heiratsaussichten der Braut noch verblieben sind, Warn **20**, 112. Die an sich geringeren Heiratsaussichten einer Frau, die sich erst in vorgerückten Jahren verlobt, werden schadenmindernd sein, Ffm JW **25**, 384. Es sind alle einschlägigen Verhältn zu berücksichtigen, persönl Eigenschaften, eigenes Vermögen, Kränkg und seelischer Schmerz, RG LZ **20**, 437, größere Widerstandsfähigk ggü dem Begehren des Verlobten, Ffm JW **25**, 384, daß Beiwohng des Verlobten bereits vor der Verlobg gestattet wurde, RG JW **06**, 425 aber auch RG Gruch **64**, 351. Ersatz kann für alle Schäden verlangt w, die sich zur Zeit des Urteils als Folgen der Auflösg des Verlöbn herausgestellt haben, RG **102**, 384, vgl auch Vorbem 9 vor § 249. Die Entschädigg besteht in einer Geldsumme, eine Rente (§§ 761, 780) kann vereinbart werden.

1301

Rückgabe der Geschenke. **Unterbleibt die Eheschließung, so kann jeder Verlobte von dem anderen die Herausgabe desjenigen, was er ihm geschenkt oder zum Zeichen des Verlöbnisses gegeben hat, nach den Vorschriften über die Herausgabe einer ungerechtfertigten Bereicherung fordern. Im Zweifel ist anzunehmen, daß die Rückforderung ausgeschlossen sein soll, wenn das Verlöbnis durch den Tod eines der Verlobten aufgelöst wird.**

1) Allgemeines. Ein eigenartiger Anwendgsfall der BereicherungsGrdsätze. Da kein SchadErsAnspr, ist der Anspr grdsätzl and Natur als die aus §§ 1298, 1299. Er ist übertragb u vererbl. Steht nur dem Verlobten zu, Dritten ggf §§ 812ff, aM Kiel SchlHA **24**, 66, Vorschr, die auch bei wirks Verlöbn heranzuziehen sind. OLG **42**, 121.

2) Voraussetzgen: a) Gült EheVerspr (Einf 1 vor § 1297) zZ der Schenkg (BGH FamRZ **61**, 361). Bestand früh Ehe noch, so genügt es für die RückFdg gem § 1301, wenn Schenkg selbst nach rechtskr Scheidg erfolgte (wg § 141; vgl Fenn FamRZ **75**, 42) od Gläub die Nichtigk begründden Tats (also Bestehen der fr Ehe) nicht kannte (BGH FamRZ **69**, 474). – **b)** Unterbleiben der Eheschließg aus irgendeinem

Grde. Wird diese wider Treu u Gl verhindert, was nicht ijF v §§ 1298 I, 1299 zu bejahen u vom Empfänger zu beweisen ist (OLG 41, 42), so § 815 anwendb (RG JW 25, 2110; BGH 45, 263; aM Dölle § 6 VII 2: Verweis regele nur Ggst u Umfang der HerausgPfl, nicht deren Voraussetzgen). Anwendb auch §§ 818 ff, mAusn v §§ 819 II, 820. Zurückverlangt w können nur Geschenke, also nicht Brautbriefe od sonst Aufwand, der seinen Grd in dem Verlöbn hat. Umgek braucht es sich nicht um Geschenke im herkömml Sinne zu handeln, so daß Erlaß v SchadErs f Reparaturkosten anläßl eines vom Beschenkten verschuldeten Unfalls hierunter fallen k (Kln NJW 61, 1726). Anstandsgeschenke sind nicht rückforderb (§ 814).

3) **Nachgiebiges Recht.** Auf den Anspr kann, auch stillschweigend, verzichtet w, was bei Tod eines der Verlobten iZw anzunehmen ist.

1302 *Verjährung.* **Die in den §§ 1298 bis 1301 bestimmten Ansprüche verjähren in zwei Jahren von der Auflösung des Verlöbnisses an.**

1) Die Verjährg **beginnt** bei einseit Rücktr mit Wirksamwerden der Erkl, § 130, § 1298 Anm 1, sonst mit der Auflösg. Deshalb kann Eheschl mit Drittem also uU ohne Kenntn des and hiervon Verjährg in Lauf setzen, Staud Anm 2. Ist ein Anspr auch aus unerl Hdlg gegeben, §§ 1298 Anm 5, 1300 Anm 1, so richtet sich deren Verjährg nach § 852, Warn **11**, 259.

Zweiter Titel. Eingehung der Ehe

1303 – 1322 *Aufgehoben durch § 84 EheG 1938, bestätigt durch § 78 EheG 1946. Es gelten jetzt an deren Stelle §§ 1–15 EheG 1946, diese zT wieder aufgehoben dch 1. EheRG.*

Dritter Titel. Nichtigkeit und Anfechtbarkeit der Ehe

1323 – 1347 *Aufgehoben durch § 84 EheG 1938, bestätigt durch § 78 EheG 1946. Jetzt §§ 16–37 EheG 1946, diese 2 T wieder aufgehoben dch 1. EheRG.*

Vierter Titel. Wiederverheiratung im Falle der Todeserklärung

1348 – 1352 *Aufgehoben durch § 84 EheG 1938, bestätigt durch § 78 EheG 1946. Jetzt §§ 38–40 EheG 1946, diese zT wieder aufgehoben dch 1. EheRG.*

Fünfter Titel. Wirkungen der Ehe im allgemeinen

Schrifttum: Bergerfurth, Das EheR, 5. Aufl 1977; Pawlowski DRiZ **76**, 101; Ramm JZ **75**, 505; Böhmer StAZ **76**, 237. – Vgl iü Angaben zum 4. Buch. **Zum 1. EheRG:** Vogel FamRZ **76**, 481; Hillermeier FamRZ **76**, 577; Kniebes DRiZ **76**, 325; Herm Lange JuS **76**, 684; Diederichsen NJW **77**, 217; Lüke Festschr f Bosch 1976 S. 627; Kemper, ZBlJugR **76**, 421 u 478 (Auswirkgn f die Jug-Ämter); Böhmer JR **77**, 45; Bosch FamRZ **77**, 569; Wacke FamRZ **77**, 505; P. Görgens, Die materiellrechtl u kollisionsrechtl Gleichberechtigg der Eheg, Ffm/Mü 1976 (FamRZ **78**, 75); Krollmann/Rinsche, Unternehmer, Eheg, FamUnternehmen, 2. Aufl Bln/Bielef/Mü 1976; Holzhauer JZ **77**, 729.

Einführung

1) **Eherechtsdogmatik.** Die Ehe wurzelt in versch Lebensbereichen u gehört als Ggst wissenschaftl Erörterg der Theologie, Soziologie u and Disziplinen an. Im vorliegden Zushg geht es um den privatrechtl Gehalt der Ehe. **a) Begriff.** Das BGB enthält keine BegrBestimmg der Ehe. Man wird sie als die mit EheschlWillen eingegangene, staatl anerk LebensGemsch zw Mann u Frau bezeichnen können (vgl Beitzke § 6). Daneben werden einz Elemente definitionsmäß hervorgehoben, so wenn die Ehe als die mit den weitestgehden RWirkgen ausgezeichnete GeschlechtsGemsch (Müller-Freienfels, Ehe u Recht S 2) definiert od ihre soziale Bedeutg hervorgehoben w: „Grdlage der Fam u damit LebGrdlage u Ordnngsform der im Staat zugesellt menschl Gemsch" (Dölle § 5 I 2). Als unzeitgem empfunden w heute die metaphys Überhöhg des sozialen u rechtl Phänomens „Ehe" dch den fr IV. Senat des BGH, die er vornehml in ihrer grdsl Unauflösbark gewährleistet sah (BGH **18**, 17; **40**, 249); and schon BGH **52**, 311. Das 1. EheRG bestimmt als GgGewicht gg die Scheidgserleichterg dch die ZerrüttgsVermutgen (§ 1566) in § 1353 I 1 nF ausdrückl, daß **die Ehe auf Lebenszeit** geschl w (BVerfG FamRZ **59**, 417; Vogel FamRZ **76**, 482). Die Ehe ist darüber hinaus stets **Einehe.** Begriffl kann zw 1 Mann u 1 Frau immer nur 1 Ehe bestehen (Hamm FamRZ **75**, 630). Aber im Ausl geschl polygame Ehen sind anzuerk, wenn das HeimatR der Eheg die Mehrehe gestattet (VerwG Gelsenk FamRZ **75**, 338 mAv Jayme; Cullmann FamRZ **76**, 313). Unangebracht ist die Identifizierg der Eheschließg mit dem dadch begründeten RVerhältn: Die Ehe kommt dch Vertr zustande, sie ist aber nicht selbst Vertr, sond bringt die v Staat geschützte LebGemsch zw Mann u Frau hervor, aus der später die Familie erwächst. Vgl ferner § 1353 Anm 1. Das BGB erkennt nur die **bürgerl Ehe** (das EheG hat diese Überschrift bestehen lassen) an. Es gilt also die **obligatorische Zivilehe.** Die kirchl Verpflichtgen bleiben unberührt (§ 1588), wirken aber nicht auf die bürgerl Ehe ein. Ebso ist die Entscheidg geistl Gerichte in Ehesachen ohne weitl Wirkg, wie früher GVG 15 III ausdrückl sagte. **b)** Das Verhältn des vom Staat regulierb Rechtsbegriffs „Ehe" zum **sittlichen Wesen der Ehe** ist als seit jeher problemat eines der bevorzugten Themen der RPhilosophie gewesen u hat

auch im MittelPkt der Diskussion um die mit dem 1. EheRG zunächst einmal abgeschl EheRReform gestanden (vgl bes Mikat u Vogel ZblJugR **76**, 75 ff). Dabei ist der Weg von der obligator Zivilehe ü die Aufgabe patriarchalischer, insb in der HausfrEhe verwirklichter Leitbilder (§ 1356 I 1 aF) bis hin zur Scheidgserleichterg dch Abschaffg des VerschuldensGrdsatzes u Übernahme des ZerrüttgsPrinzips mit seinen scheidsförderl Vermutgen (§§ 1565, 1566 nF) ein ununterbrochenes Fortschreiten zur **Säkularisierg der Ehe,** dem dch die Rspr zum ScheidgsWiderspr (EheG 48 II aF) – wie sich zeigt – nur vorübergehd Einhalt geboten w ist. Währd in and Bereichen (ArbR, MietR) das Denken in der Kategorie des Vertrages als dem Instrument willentl Selbstverwirklichg einem immer stärkeren Statusdenken mit starren Regelmechanismen (Unkündbark uä) Platz macht, weist der in der EheGesetzgebg beschrittene Weg in die entgg-gesetzte Richtg: die Ausgestaltg der ehel LebGemsch bleibt in weiten Bereichen den Ehel überlassen. Es wird sich zeigen, inwiew die Enthaltsamk des GesGebers dch Intensivierg der Rspr ausgeglichen w muß. Das Außerkraftsetzen gesetzl Leitbilder wirft im Komplementärbereich privatautonomer LebGestaltg automat das Probl der RVerbindlichk auf (vgl § 1356 Anm 2a). Das 1. EheRG trägt dem notw innerehel Vertrauensschutz, wie er in § 1353 I 1 verstärkt zum Ausdr kommt, nur dch weitgehde außerehel, näml nach der Scheidg eingreifde Unterh- u VersorggsGarantien Rechng. Der somit weithin sittl Charakter der Ehe findet seinen sichtb Ausdr darin, daß der Verletzg der dch die Ehe begründeten Pflichten einstw als abschließd in den Best des FamR geregelt angesehen w (vgl vor allem den Schutz des räuml-ggständl Bereichs der Ehe in Anm c sowie die HerstellgsKl in Anm 3), so daß auch nicht nachträgl iW einer SchadErsFdg ein Zustand hergestellt w kann, als hätte die Ehe nicht bestanden (BGH **48**, 82). Wg **SchadErsAnspr gg den Ehebrecher** vgl § 823 Anm 6 f; wg der Kosten des EhelkAnfechtgsProz § 1615b Anm 2. Die Ehe bringt zT eindeut Pflichten hervor, wie zB die UnterhPfl, zT nur als Pflichten iR der ehel LebensGemsch, die näherer Konkretisierg bedürfen (§ 1353 Anm 2b). Diese Vorschr selbst hat ähnl Bedeutg wie im SchuldR Treu u Glauben, wobei § 242 uU im FamR auch unmittelb Anwendg findet (vgl zB unzul RAusübg BGH **LM** § 242 D Nr 4). **c)** Das Recht an der ehel LebensGemsch ist ein **absolutes Recht,** dessen Verletzg gem § 823 I (sonstiges Recht) insb naturalrestitutive SchadErsFolgen haben k (RG **72**, 130); ggf auch in § 826 (dort Anm 8 f). So hat jeder Eheg gg den Dritten, der einen von ihnen wider seinen Willen festhält, die Unterlassgs-, auch SchadErsKlage; sa § 845. Der Mann hat SchadErsAnspr gg Dritten, der der Ehefr den FamNamen vorenthält (Königsbg JW **29**, 2096). Mit dem sich aus § 1353 I ergebden Recht auf LebGemsch kann jeder Eheg (nicht nur den BGH **6**, 366 die Ehefr) Angriffe auf den **räuml-ggständl Bereich,** der ihm erst die Entfaltg als Eheg ermöglicht, abwehren **(Ehestörgsklage),** sei es nun ggü dem and Eheg od ggü dem Dr (Gernhuber § 17 II 2; Dölle § 32 II: Folge des PersönlkSchutzes; Struck JZ **76**, 160: Gemeinsamk der Wohng). Die Ehefr kann also die Entferng der Ehebrecherin aus der ehel Wohng u Unterlassg derartiger Störgen erzwingen (BGH **6**, 360; Mü FamRZ **73**, 93), ebso daß der Ehem nicht mit der Geliebten im Mietshaus, in dem sich die Ehewohng befindet, wohnt od sie in seinem Gesch, in dem die Ehefr mitarbeitet, beschäftigt (BGH aaO; **LM** § 823 Af 1 u 2; sa Boehmer FamRZ **55**, 7), selbst dann, wenn das Gesch in einem and Hause liegt u die dort früher mitarbeitde Ehefr sich jetzt fernhält (LG Hbg FamRZ **64**, 265). Ebso kann der Ehem die Entferng des Liebhabers der Frau aus der Wohng, die er verlassen hat, in der sich aber die Kinder befinden, verlangen (LG Saarbr FamRZ **67**, 288). Die Ehefr kann die Entferng der Wirtschafterin verlangen, die ihre Frauenwürde erhebl verletzt, auch wenn keine ehewidr Beziehgen bestehen (BGH **LM** GG 6 Nr 3), währd Brem NJW **63**, 395 die Entferng eines Mannes, den die Ehefr in ihre Wohng zu ihrem Schutz aufgen hat, ablehnt. Verlangt werden kann auch Unterlassg völl unberecht Nachforschen (Dresd HRR **39**, 5). Vgl ü § 1353 Anm 2b ff. Niemals kann aber ein Eheg den and, der ihn verlassen hat od die Ehe bricht, dch Klage auf Unterlassg od dch eine solche, die dazu dient, den and unter entspr Druck zu setzen, unmittelb od mittelb zur Erfüllg seiner ehel Pflichten zwingen. Immer darf es sich nur darum handeln, den in seinem äuß ggständl LebBereich zu schützen, nicht aber einen rechtl Zwang od wirtschaftl Druck zur Wiederherstellg der ehel Gemsch od Unterlassg ehewidr Verhaltens auszuüben (BGH **34**, 84). Denn jeder unmittelb od mittelb staatl Zwang, etwa dch Auferlegg wirtschaftl Nachteile (BGH **46**, 397), ist mit dem sittl Wesen der Ehe unvereinb (BGH **37**, 41). Ein echter Eheschutz ist nicht erreichb (eingehd Dölle § 32 II). Dem Eheg bleiben nur die freil aus demselben Grde unvollstreckb HerstellgsKl (ZPO 888 II) od der ScheidgsAntr. Desh wird im allg auch ein **SchadErsAnspr gg den and Eheg** (BGH **23**, 215 Anfechtgskosten) verneint, u zwar sowohl währd der Ehe (Boehmer AcP **155**, 190; Staud/Hübner Vorbem 55 v § 1353; dafür aber Dölle § 32 III 1; Gernhuber § 17 III 3; Beitzke § 12 III 3; v Hippel NJW **65**, 666), als nach deren Auflösg (Schwab NJW **56**, 1149; RG **72**, 132). Vgl Einf 2 v § 1569. Die RVergleichg legt den Gedanken nahe, daß in dem Maße, wie die rechtl Ehebande, insb dch Erleichterg der Scheidg, gelockert werden, über das SchadErsR ein Ausgleich gesucht wird, vor allem auch dch entspr ErsAnsprüche der Kinder (vgl Jayme, Die Fam im R der unerl Hdlgen, 1971, S 260 u 239; Aden MDR **78**, 536 zum südafrikan R; Rolland Rdn 72 ff). Auf diesem Wege könnte dann nicht nur das Abwicklgsinteresse (Scheidgskosten, Kosten der EhelichkAnfechtg, GesundhEinbußen), sond in gewissem Umfang auch das Bestandsinteresse (entgangener Unterh od Zugewinn, bes Pflege für krankes Kind uä) Ggst erfolgreicher SchadErsKlagen werden. **d)** Die Ehe steht unter bes **staatl Schutz (Art 6 I GG);** iS einmal einer Institutsgarantie u zum and der Freih, die Ehe mit einem selbstwählten Partner einzugehen (BVerfGE **36**, 161). Der Verfassg liegt das Bild der „verweltlichten" bürgerl-rechtl Ehe zGrde, zu dem es gehört, daß die Eheg unter den vom G normierten Voraussetzgen geschieden w können u damit ihre EheschließgsFreih wiedererlangen (BVerfGE **31**, 83). Im Haftvollzug kann der Schutz v Ehe u Fam gebieten, für Besuche von (berufstät) Eheg u Kindern von Untersuchgefangenen Besuchsgelegenh auch außerh der allg Besuchstage zu schaffen (BVerfG NJW **76**, 1311). Den Schutz von GG 6 genießt uU auch eine bigamisch geschl Ehe, wenn die 1. Ehe inzw geschieden ist (LG Ffm NJW **76**, 1096). Abzugsfähig von UnterhLeistgen als außergewöhnl Belastg entspr HöchstBetr (EStG 33a I) mit GG 6 vereinb (BVerfG NJW **76**, 845). Erweiterter Spielraum für Gefangenenbriefe an Eheg (BVerfG NJW **76**, 1929).

2) Ehewirkgen. a) §§ 1353–1362 regeln die **allg privatrechtl Folgen** der Eheschließg in persönl u vermrechtl Beziehg. Sie gelten unabhäng vom Güterstd, wenn auch dch diesen zB hins der Haftg (§§ 1435,

1458 Halbs 2) in einz Fällen Änderungen eintreten können. Sie enthalten iGgs zu den güterrechtl Bestimmgen (§ 1408) fast durchweg **zwingendes Recht** (RG **61**, 153). Keine Verjährg (§ 194 II). Sie sind aber **nicht erschöpfend**: vgl zB Verjährg (§ 204 S 1), EhegErb- u PflichtteilsR (§§ 1931 ff, 2303 II), gemschaftl Testament (§§ 2265–2271), Erleichtergen beim ErbVertr (§§ 2275 II, 2276 II); vgl auch KO 2, 31 Z 2, 32 Z 2, 40 II Z 2; AnfG 3 Z 2 u 4, 11 II Z 2. Ebso finden sich Wirkgen in öffrechtl Vorschr, zB ZeugnVerweigersR; die Eheg sind „Angehörige" iS des StrafR, die Eigensch als Eheg schließt in gewissen Fällen die Strafbark aus (StGB 139 III, 247). Die Best üb den Verlust der dt Staatsangehörigk infolge Eheschl sind dch GG 3 II fortgefallen (Vorbem 7 a vor EG 7). Wg der vermögensrechtl Wirkgen §§ 1363 ff, 1408 ff, 1415, 1483. Die Schutzwirkg des AbzG erstreckt sich auch auf den Eheg des AbzKäufers, wenn dieser DarlMitSchuldn geworden ist (BGH JR **75**, 467 mAv Haase). Dem Versicherer werden Rückgriffsansprüche abgeschnitten (VVG 67 II, RVO 1542 I), selbst bei nachträgl Heirat der Unfallbeteiligten (BGH NJW **77**, 108). **b) Keine Wirkgen der Eheschl aa)** auf die Geschäftsfähigk od Prozeßfähigk des and Eheg. Ein Eheg kann sich aber dch Ehe-Vertr der Verfüggsmacht (§ 1421) begeben. Heirat macht nicht münd; dem gesetzl Vertreter verbleibt Vertretg in Personensorge- (§§ 1633, 1800) u VermSachen, wenn auch die PersFürsorge iü u das VerwendgsR der Kindeseinkünfte mit der Eheschl entfallen (§ 1649 II 2). Der Eheg ist nicht zur Aufsicht über den mj and Eheg iS v § 832 verpfl, kann sich aber ggüb Dritten ggü schadersatzpfl machen, wenn er den gemeingefährl Partner nicht in einer Anst unterbringt (RG **70**, 48). Wg seiner Haftg aus § 831 vgl § 1356 Anm 4 b. **bb)** Die Eigensch als Eheg gibt kein allg Vertretgsrecht des and (arg die sonst überflüss §§ 1429, 1454), sond nur ein solches für Geschäfte des angem LebBedarfs unter den übr Voraussetzgen des § 1357. Grdsätzl also Vollm erforderl. Auftragl GeschFührg zG des and Eheg gibt ebenf keine Vertretgsmacht. **cc)** Rechtsgeschäfte der Eheg miteinander sind mögl, so Darlehen, Schenkg (RG **108**, 122), Gesellsch- u DienstVertr (§ 1356 Anm 4 c u d), aus Auftr (§ 667) kann die Verpfl entstehen, die SchadensfreihKlasse des bei sich versicherten Kfz dem and Eheg herauszugeben (Kln NJW **77**, 1969); Eheverträge (§ 1408); vgl auch § 1408 Anm 3 aE. **c) In anderen Rechtsgebieten: aa)** Im ArbR kein Verstoß gg GG 3 II, wenn in Doppelverdienerehe HaushZulage nur dem ArbN gewährt wird, der überwiegd den finanz Beitr zum Haush leistet (BAG Betr **77**, 1751). **bb)** Im VerwR genügt bei gemeins Inanspruchn beider Eheg, wenn einer der Ehel Widerspr einlegt (BVerwG NJW **76**, 516).

3) Klagen aus der Ehe. Die Ehe ist ein RVerhältn u gewährt als solches die verschiedenartigsten Rechte u Anspr ungeachtet der Tats, daß in einer funktionierden Ehe Klagen prakt unnöt sind. Zu unterscheiden sind die HerstellgsKl u die Kl zur Feststellg des Rechts zum Getrenntleben einerseits u Klagen zur Dchsetzg von vermögensrechtl Anspr, insb also UnterhaltsKl, andererseits. Zur Tendenz, Ansprüchen weiteren Umfang zuzubilligen vgl Rolland Rdn 59 ff. **a) Die Klage auf Herstellg des ehel Lebens** dient der Durchsetzg der sich aus den §§ 1353 ff ergebden Pflichten der Eheg, soweit sie persönl (nicht vermögensrechtl) Natur sind, u ist die dieser Durchsetzg eigentüml Klagemöglichk, die alle Klagen anderer Art ausschließt (RG **151**, 159; **108**, 230; Warn **27**, 138; Anm 1 c). Nicht ausgeschl allerd UnterlassgsKl aus § 823 ggü Angriffen gg das PersönlichkR des and (Oldbg OLGZ **68**, 139). Mit der HerstellgsKl kann zB verlangt werden die Mitbenutzg eines Zimmers (Hamm FamRZ **66**, 450), die Übertr der Leitg des Hauswesens (§ 1356), Führg des FamNamens (§ 1355), die Entfernung der ehebrecher Freundin aus der Wohng (Celle NJW **49**, 625; KG JR **49**, 51) wie umgek die Geliebten der Ehefr (aA wg Umgehg v ZPO 888 II Ffm NJW **74**, 2325), die Unterrichtg über vermrechtl Verhältnisse im allg (vgl § 1353 Anm 2 b dd), nicht dagg die Auskunft ü das Verm im einz etwa zur Vorbereitg des ZugewAusgl, insof § 1379 (Hbg FamRZ **67**, 100). Im KlageAntr u UrtAusspr ist anzugeben, welche ehel Pflicht der Eheg erfüllen soll (RG **97**, 287). In der Klagebegründg braucht aber nicht angegeben zu w, wie u in welcher Art künft das ZusLeben im einz erfolgen soll (Warn **15**, 287). Da der UrtAusspr nicht iW der ZwVollstr verwirklicht w kann (ZPO 888 II), auch nicht mittelb dch der Vertr Strafe (RG **158**, 300) od SchadErs wg NichtErf der ehel Pflichten, ihre Erf iü auch nicht dch ein Selbsthilfe R des Eheg (RG HRR **29**, 1216) od polizeil erzwungen w kann, erschöpft sich der Wert dieser Klage prakt darin, daß dem and Eheg sein Unrecht vor Augen u damit möglicherw eine Wiederherstellg der dem Wesen der Ehe entspr Zustandes herbeigeführt wird, wesh selbst bei Aussichtslosigk ihr rechtl Interesse stets zu bejahen ist (RG **163**, 384; BGH NJW **57**, 300). Nachdem es für die Scheidg auf ein Verschulden nicht mehr ankommt, ist die HerstellgsKl als Vorbereitg für einen ScheidgsAntr bedeutgslos. Das Ggstück zur positiven HerstellgsKl ist (auch auf § 1353 II gestützte) negative **Feststellungsklage, daß die Kl zum Getrenntleben berecht** ist (RG **150**, 70; Düss NJW **65**, 1282; Hamm FamRZ **66**, 341; Schlesw SchlHA **76**, 95; Bergerfurth FamRZ **66**, 107). Ein rechtl Interesse dafür ist auch nach dem 1. EheRG anzuerk, obwohl es für die ScheidgsGrde auf Pflichtverstöße nicht mehr ankommt; aber Kl kann ein Interesse daran haben, Klarh ü die RLage zu erlangen. Die HerstellgsKl ist, auch in ihrer negat Form, ijF **Ehesache** (ZPO 606 ff). Einstw Anordg gem ZPO 620. Verbindg der HerstellgsKl mit ScheidgsAntr u AufhebgsKl ZPO 610. Das HerstellgsUrt schafft nur hins der HerstellgsPfl Rechtskr, nicht hins der ZerrüttgsGrde, aus denen ein VerweigersR hergeleitet wird. Auch bei Abweisg der HerstellgsKl kann aGrd späterer Ereignisse eine neue Kl erhoben w (RG **103**, 346). **b) Vermögensrechtl Ansprüche** sind dagg keine Ehesachen, sond im gewöhnl ZivProz einzuklagen. Das gilt insb für die UnterhZahlg gem §§ 1360, 1361 (Mü NJW **63**, 49) od die Gestattg des Betretens der Wohng u Verbleibens darin, wenn rein vermrechtl (Hamm FamRZ **66**, 449); ferner daß der and Eheg, der unter dem Einfluß seiner im gleichen Hause wohnden Eltern steht, aus u in eine von beiden Eheg ausgesuchte Wohng einzieht (Düss FamRZ **69**, 153). Für Streitigkeiten, die die dch die Ehe begründete UnterhPfl betreffen, ist das FamG ausschließl zuständ (GVG 23 a Z 1). Dagg sind andere vermögensrechtl Streitigk zw den Ehel, zB die Rückzahlg eines Darl, im gewöhnl ZivProz geltd zu machen. Zu beachten ist, daß bei Anhängigwerden der Ehescheidg ein bereits anhängiges Verf ü den Unterh an das mit der Scheidgssache befaßte FamG abzugeben ist (ZPO 621 III 1), womit die UnterhSache automat zur Scheidgsfolgesache wird (ZPO 623, 629 I). Gleichgült ob über die UnterhSache isoliert oder im Entscheidungsverbund entschieden wird, findet die Berufg zum OLG (ZPO 511; GVG 119 I Z 1) u (idR aGrd einer entspr Zulassg) die Rev zum BGH (ZPO 545 I, 621 d I, 629 a II; GVG 133 Z 1) statt.

4) Gesetzesaufbau. Die §§ 1353–1362 enthalten die allg, unabhäng vom Güterstd geltden Ehewirkgen, insb hins des Ehenamens u des Unterh iR der ehel LebGemsch u bei Getrenntleben der Eheg. Die §§ 1363 bis 1390 behandeln das gesetzl, die §§ 1408–1518 das vertragsmäß GüterR. Im Anschl an die Vorschr ü das

GüterRRegister (§§ 1558–1563) hat das 1. EheRG aus dem Jahre 1976 mit Wirkg vom 1. 7. 77 die Vorschr über die Scheidg der Ehe wieder in das BGB eingefügt (§§ 1564–1587p). Sie behandeln die ScheidgsGrde (§§ 1564–1568), den Unterh der gesch Eheg (§§ 1569–1586b) sowie den VersorggsAusgleich (§§ 1587–1587p). Da es sich bei den beiden letzteren um Scheidgsfolgesachen handelt (vgl ZPO 621, 623 I) u zu diesen auch die Regelg der RVerhältn an der Ehewohng u am Hausrat gehört, behandelt die Kommentierg die HausrVO (= 6. DVO z EheG) in Zukft im Anh zu § 1587p. Zu beachten ist, daß die Vorschriften des EheG über das Recht der Eheschließg, über die Nichtigk u Aufhebg der Ehe dch das 1. EheRG, auch soweit sie modifiziert w sind, nach wie vor im EheG befinden.

5) Internationales Privatrecht EG 14; **interlokales Privatrecht** EG 14 Anm 1.

6) Geschichte u Reform. Das GleichberG hat die §§ 1355 ff zT erhebl umgestaltet u damit eine Besserstellg der Ehefr erzielt. Insb wurde die Entscheidungsgewalt des Ehem (§ 1354 aF) gestrichen. Anknüpfd an die Frauenenquête v 14. 9. 66 (BT-Drucks V/909) u den Bericht der BReg ü Maßn zur Verbesserg der Situation der Frau (BT-Drucks VI/3689) verwirklicht das 1. EheRG (amtl Begrdg BT-Drucks 7/650; Bericht u Antr des RAusschusses BT-Drucks 7/4361; weitere Angaben NJW **76**, 1169) die volle, nunmehr auch formale Gleichberechtigg im Bereich der persönl Ehewirkgen iS eines partnerschaftl Verhältn der Eheg, insb dch Einführg des Namenswahlprinzips, Beseitigg des gesetzl Leitbildes der Hausfrauenehe, ferner dch Umstellg des Ehescheidgs R vom Schuld- auf das Zerrüttgsprinzip u Einführg des VersorggsAusgleichs sowie verfahrensrechtl dch Einführg des FamGerichts, die das 2. EheRG (BT-Drucks VI/3453) ihre verfahrenstechn Ergänzg finden soll. Reformbestrebgen zielen auf die Erneuerg des VerlöbnisR, die Einbeziehg des Rechts der Eheschließg in das BGB sowie sozialrechtl die Schaffg einer Hausfrauenaltersversicherg, für die der VersorggsAusgl lediglich eine teilw Vorwegnahme bedeutet.

7) Übergangsvorschriften des BGB EG 199; des GleichberG Art 8 Teil I Z 1 sowie des 1. EheRG Art 12 Z 1, wonach für die persönl Rechtsbeziehgen der Eheg zueinander die Vorschr des 1. EheRG gelten, auch wenn die Ehe vor seinem Inkrafttr geschl w ist. Abweichgen davon sind bei den einz Bestimmgen vermerkt.

8) Eheähnliche PartnerschBeziehgen u Konkubinate haben grdsl u schon m Rücks auf GG 6 I nicht dieselben Wirkgen wie die Ehe. Immerhin sind sie aber auch nicht ohne Rechtswirkgen. Mittelb entsteht für denj, der mit einem geschiedenen Partner zuslebt, dch Wegfall von dessen UnterhAnspr (§ 1579 Anm 2d) eine fakt UnterhVerpfl, die sich insb in dem evtl Verlust auf staatl SozHilfe niederschlagen kann (BSHG **122**, 16). Die Abwicklg auseinandergebrochener Beziehgen richtet sich gewöhnl nach §§ 812ff; mögl sind aber auch gesellschaftsrechtl Beziehgen (Düss FamRZ **78**, 109), so daß die Abwicklg iR der §§ 705ff erfolgt, u gesteigerte Anfdgen iR des Schenkgswiderrufs (Hamm NJW **78**, 224). **Lit**: Roth-Stielow JR **78**, 233. Die Rspr lehnt Anspr aus §§ 843ff iR eheähnl Beziehgen ab, ebso die Einbeziehg des Konkubinatspartners in den Schutzbereich eines MietVertr (Hamm VersR **77**, 531; äuß krit hierzu Scheepers ZRP **78**, 13).

1353 Eheliche Lebensgemeinschaft.

I Die Ehe wird auf Lebenszeit geschlossen. Die Ehegatten sind einander zur ehelichen Lebensgemeinschaft verpflichtet.

II Ein Ehegatte ist nicht verpflichtet, dem Verlangen des anderen Ehegatten nach Herstellung der Gemeinschaft Folge zu leisten, wenn sich das Verlangen als Mißbrauch seines Rechtes darstellt oder wenn die Ehe gescheitert ist.

Schrifttum: Gernhuber FamRZ **59**, 465; Ambrock JR **78**, 1; H. P. Westermann, Mat zum ausl u internat PrivR, hrsg v M-Pl-Inst H. 29 (1978) S 3 (FamWohng).

1) Neufassg dch 1. EheRG Art 1 Z 1, die insb klarstellen soll, daß trotz der im ScheidgsR mit dem Übergang vom Verschuldens- zum Zerrüttgsprinzip verbundenen Erleichterg der Eheauflösg im Grdsatz weiterhin gilt, daß eine **Ehe auf Lebenszeit** geschl wird, **I 1**. Die lebenslange Ehedauer ist untrennbarer Bestandteil des Ehebegriffs iSv GG 6 I (BT-Drucks 7/4361 S 6). Daraus folgt, daß die Verlobten ihre Erkl, die Ehe miteinand schließen zu wollen, nicht unter einer Bedingg od Zeitbestimmg abgeben k (EheG 13 II). Zwingdes Recht; unzul dahin eine Vereinbg, sich nach Eheschl sof wieder scheiden zu lassen (BGH **LM** EheG 48 II Nr 13). Das Recht auf ehel LebGemsch ist weder insges noch teilw verzichtb, insb ist ein Verzicht auf ehel Treue unverbindl (Mot IV, 562; BGH **26**, 199; Kiel SchlHA **46**, 341).

2) Die Verpflichtg zur ehel Lebensgemeinsch, I 2, ist **a)** in einer **Generalklausel** formuliert, die für das EheR eine ähnl Bedeutg hat wie § 242 für das VertrR. Sie macht die Verpflichtg der Eheg zur ehel LebGemsch aus einer rein sittl zu einer rechtl, die gg I vor der Klage auf Herstellg des ehel Lebens gg den and Eheg verfolgt w kann (Einf 3 vor § 1353). Seine Grenze findet dieses Herstellgsverlangen in einer mißbräuchl Ausnutzg od wenn die Ehe bereits gescheitert ist, II. Der and Eheg hat dann ein VerweigergsR. Wiederholte u schwerere Verletzgen der Verpfl zur ehel LebGemsch können zur Zerrüttg der Ehe u zu ihrer Scheidg führen (§ 1565 I). Welche Pflichten sich im einzelnen aus der ehel LebGemsch ergeben, folgte bis zum 1. EheRG im wesentl aus der Rspr zu EheG 43 aF (vgl desh die Anm dazu in diesem Komm bis zur 35. Aufl), sow näml dort als EhescheidgsGrd eine „schwere Eheverfehlg" verlangt wurde. Als mittelb ErkenntnQuelle für die einz Ehepflichten kommt das neue ScheidgsR nur außerh der ZerrüttgsVermutgen (§ 1566) in Frage, wenn das Scheitern der Ehe direkt festgestellt w muß (§ 1565 I 2). Desh war eine Minderh im RAusschuß der Auffassg, der Übergang vom Verschuldens- zum Zerrüttgsprinzip erzeuge die Notwendigk, den Begr der ehel LebGemsch zu konkretisieren (BT-Drucks 7/4361 S 7). Die Anpassg von II an den das neue ScheidgsR beherrschden ZerrüttgsGrdsatz war desh nur im Hinbl auf die HerstellgsKl erfdl. Liegen die Voraussetzgen für eine Weigerg der Herstellg der ehel LebGemsch vor, ist die Kl abzuweisen. I 2 enthält **zwingendes Recht**. Dagg verstoße Vereinbgen sind nichtig, insb also solche über Beschränkg od Ausschl des Geschlechtsverkehrs (Hbg HansGZ **15**, 142), über Getrenntleben (RG **61**, 50) od VermZuwendgen, die ein solches GetrLeben ermöglichen od erleichtern sollen (RG JW **20**, 640). Ausnahmsw können Vereinbgen ü Art u Maß der Leistgen währd der Zeit des wg II berecht GetrLebens getroffen w (RG **109**, 141; JW **14**, 356; sa § 1361 Anm 1), falls die Vereinbg nicht etwa wg ihres sonst Inhalts nichtig ist, so zB bei Verzicht auf Unterh für die Belassg der Kinder bei der Frau (RG SeuffA **66**, 473). Die mit einer über das GetrLeben verbundene Vereinbg über den Güterstd kann gült sein, da § 139 insof keine Anwendg findet (RG **68**, 322).

b) Inhalt. Die ehel LebGemsch umfaßt die gesamten persönl wie die vermögensrechtl (Rolland Rdn 6 mNachw) Verhältn der Eheg zueinander. Das damit umschriebene Wesen der Ehe besteht in der Begründg, Erhaltg u Entfaltg einer engen, grdsätzl alle Lebensbereiche jedes Eheg ergreifden LebGemsch der Ehepartner (BGH **26**, 198), also in der vollst, auf Lebensdauer eingegangenen Verbundenh der Eheg. Nach Auffassg des GesGebers kommt mit dem Begr der ehel LebGemsch die „Partnersch gleichen Rechts und gleicher Pflichten mit bes Anfordergn auf ggseit Rücksichtn u Selbstdisziplin, auf Mitsprache u MitEntsch am besten zum Ausdr" (BT-Drucks 7/4361 S 7). Erhebl Charakterunterschiede, die Enttäuschg eines Eheg ü die Wesensart des and, ü sein Zurückbleiben hinter den eig Erwartgen, berecht noch zu einer Abkehr v ihm (BGH NJW **71**, 704; Bambg FamRZ **75**, 277). Die ScheidsErleichtrg dch Einf des Zerrüttgsprinzips (§ 1565 I 1) u der ZerrüttgsVermutgen (§ 1566) haben grdsätzl nichts an dem **Katalog ehelicher Pflichten** u deren Intensität innerh der bestehden Ehe geänd, mag es auch iR der Frage nach Aufhebg der ehel LebGemsch als Voraussetzg der Zerrüttg wesentl auf die individuelle LebAusgestaltg dch die Eheg ankommen (§ 1565 Anm 2 a). Abgesehen von den wicht Ändergn im Ber der Aufgabenteil in der Ehe (§§ 1356 bis 1360 nF) treten ggü dem bish geltden R keine Ändergn ein (BT-Drucks 7/4361 S 7). Die Fortschreibg der Gleichberechtigg iS ggseit Rücksichtn auf die Belange des and Eheg macht beiden Ehel lediglUU die prakt Dchführg der ehel LebGemsch schwieriger, zB bei der HaushFührg, der beiderseit Erwerbstätig usw.

aa) Die Ehe ist **Geschlechtsgemeinschaft** u verpfl zum ehel Verkehr in Zuneigg, nicht in Gleichgültigk od indem Widerwillen zur Schau getragen w (BGH NJW **67**, 1079); ferner zur ehel Treue unabh davon, daß der Ehebruch als ScheidsGrd abgeschafft w ist (vgl EheG 42 I aF); ebso bleiben and Rfolgen wie zB Disziplinarstrafe bei Ehebruch eines Vorgesetzten mit Ehefr des Untergebenen (BVerwG ZBR **76**, 61); grdsl auch Verpflichtg zur Erzeugg u zum Empfang von Kindern u zu deren Erziehg. Maßnahmen der **Familienplanung** (Einnahme der Pille uä) sollten nur aGrd entspr Vereinbgen der Ehel erfolgen, die jedoch keine rechtl Verbindlichk besitzen. SchwangerschUnterbrechg nur bei gesetzl zugel Indikation, dann aber auch ohne Zust des and Eheg. Zust des and Eheg dagg erfdl bei Sterilisation (aA BGH **67**, 48). **bb)** Eine der Hauptpflichten der Eheg ist die **häusl Gemeinsch** (RG **53**, 340). Grdsl braucht sich kein Eheg mit einer teilw LebGemsch zu begnügen. Desh kann die Berechtig zur Erwerbstätig iSv § 1356 II eingeschränkt w, wenn die Berufstätig nur mögl wäre unter Aufgabe der häusl Gemsch. Nur unter bes Umst kann eine ehel Gemsch ohne die häusl bestehen (RG **95**, 330), so daß im allg die Verurteil zu jener die zur Herstellg der häusl mitumfaßt (RG **137**, 103). Umgek umfaßt die Kl auf Herstellg der häusl Gemsch, die auch nach dem Fortfall v § 1567 mögl bleibt (Kln NJW **66**, 1864), nicht die Verpflichtg zur Herstellg der ehel Gemsch, die ja die häusl Gemsch nur eine der ggs Verpflichtgen der Eheg aus § 1353 I 2 ist. Keine Kl auf Herstellg der häusl Gemsch unter Befreiung von den ehel Pfl (Warn **30**, 36). Aus der Pfl zum ZusLeben ergibt sich die Verpfl, dem and bei sich ein Unterkommen zu besorgen (Celle NJW **56**, 1842 betr ZuzugsGen aus poln besetztem Gebiet). Eheg muß in Wohnungswechsel einwilligen, wenn Aufg der bish Wohng iR vermögensrechtl Auseinandersetzg z billigen ist (BGH MDR **73**, 124). Zul iR einer EheVereinbg der Ausschl der häusl Gemsch; vgl aber Brüggemann FamRZ **78**, 92 sub 3 sowie § 1566 Anm 1. **Wohng u Hausrat** haben die Eheg, sow sich das nicht schon aus dem Güterstd ergibt, einand zum Gebrauch zu überlassen (BGH **12**, 360), auch ein neugebautes Haus, in das sich ein Eheg unter Beibehaltg der bisherigen Wohng zurückziehen will (Brem FamRZ **65**, 77). Auf das Eigt kommt es nicht an (ggf BesitzR iSv § 986, das ggf bis zur Scheidg fortbesteht, BGH NJW **78**, 1529), ebsowen darauf, wer Mieter ist, freil mit der Folge, daß die Kündigg dann auch gg den Nichtmieter wirkt (Baur JZ **65**, 108). Trennt sich ein Eheg ausdrückl mit dem Willen, die EheGemsch nicht wiederherzustellen, so kann er sich bei Wiederbetreten der Wohng nicht auf ehel LebGemsch u sein EltR berufen (BGH NJW **72**, 44). Ein Eheg hat keinen Anspr darauf, daß der äußere ggständl Bereich der Ehe (Einf 1 c vor § 1353) ihm unter allen Umst u zu allen Zeiten im selben Umfang u in ders Art wie bisher erhalten bleibt, wenn der beeinträchtigte Eheg idR auch Verändergn widersprechen kann; es sind dann die beiderseit berecht Interessen abzuwägen (BGH **37**, 38; NJW **72**, 363 bezügl Wohngswechsel). Ausgen von der Überlassg ist das nur f den persönl Gebrauch eines Eheg Bestimmte, zB Zweitwagen nach VerkUnfall des Erstfahrzeugs (Fenn NJW **75**, 684). Über die **Wohnsitzwahl** (§§ 7 ff) entscheiden beide Ehel. Ist nur einer von beiden berufstät, entfällt die Wahlmöglichk, wenn der Beruf an einen best Ort gebunden ist (KrankenhausAnstellg, Praxisübernahme, Richterstelle usw). Der and Teil hat auch dch Beförderungen, Versetzgen uä ausgelöste (vgl aber Anm cc) Wohnortwechsel mitzuvollziehen, da die Förderg des berufl Fortkommens bei Berufstätig nur des einen Eheg ggü Bindgen dch Freundeskreis, GrdBesitz uä Vorrang hat. Sind beide Ehel berufstät, geht die Aufrechterhaltg der häusl Gemsch evtl beamtenrechtl Residenzpflichten vor (arg GG 6 I). **cc) Das ehel Zusammenleben berührende Entscheidgn** sind im ggseit Einvernehmen zu treffen. Keiner der Eheg hat die alleinige (und noch § 1354 aF) ие letzte Entsch. In Fragen, die gemeins zu entscheiden sind, zB Gesuch um Versetzg (Mü FamRZ **67**, 394), hat jeder Eheg auf die Ansicht des and u dessen Belange sowie die der Fam Rücks zu nehmen. Er hat auch etwaige bes (zB wirtschaftl, berufl, hauswirtschaftl) Kenntn des and, soweit sie f die Beurt wicht sein können, zu beachten. Von jedem Eheg muß verlangt w, daß er sich um eine sachl Prüfg bemüht. Ausschlaggebd ist das Wohl der Eheg u der Kinder. Kein Eheg braucht einer mißbräuchl Meing des and zu folgen, kann dann vielm selbst unter Beachtg obiger GesPkte entscheiden u diese Entsch ggf dch HerstellgsKl dem and Eheg ggü dchsetzen. Nicht bei jeder Angelegenh muß der eine Eheg den and fragen. Vielm bewirkt die Ordng, die sich unter den Ehel herausgebildet hat, der also beide zugestimmt haben od die der gesetzl Verteilg der Rechte u Pflichten entspricht (Funktionsteilg), daß insow eigenständ EntschSpielräume f jeden Eheg entstehen. Das gilt insb iR der HaushFührg (§§ 1356 I 2, 1357) u Kindererziehg (§ 1627 Anm 1). Ein Eheg handelt ehewidr, wenn er grdlos (zB dch Entziehg der Schlüsselgewalt gem § 1357 II 1) das dem and zugewiesene TätigkGebiet ungebührl einengt.

dd) Aus I 2 folgt auch die Pfl zum **ggseitigen Beistand** (RG HRR **33**, 1624), insb zur Mithilfe im gemeins Haush (BGH JZ **60**, 371); Nichtalleinlassen der hochschwangeren Frau (Warn **31**, 110); Unterbringg des kranken Eheg in einer HeilAnst (RG **70**, 50); Abhaltg vom Selbstmord (BGHSt **2**, 150; BSG NJW **57**, 1943) od strafb Hdlgen (BGHSt NJW **54**, 1818; krit Geilen FamRZ **61**, 157), aber umgek Abstandn von (Straf- od Steuer-)Anzeigen (BGH MDR **64**, 911); die BeistdsPfl enthält ferner die Verpfl, dem abgeglittenen (zB sücht gewordenen) Eheg zu helfen, wieder zur Gemsch zurückzufinden (BGH FamRZ **67**, 324); übhpt eine Lieblosigkeiten wie tagelanges Schweigen (RG LZ **31**, 768) od umgek dauernde Zänkereien (RG Recht **22**, 71) vermeidde Zuwendg zu dem and Eheg. Die BeistdsPfl erstreckt sich ferner auch darauf, die gemeins **Kinder** zu erziehen, grdsl auch die erstehel des Mannes dch seine 2. Frau (Karlsr FamRZ **61**, 371), das Verhältn zu ihnen zu pflegen u ihnen zu helfen, wo es erfdl ist (Hbg FamRZ **67**, 103), mind aber auf das Verhältn des Eheg zu dessen erstehel Kindern Rücks zu nehmen (RG JW **30**, 986). Aus der ehel LebGemsch sind die Ehel auch zur **Mitwirkg bei der SteuerErkl** zZw der Gesamtveranlagg verpfl (BGH FamRZ **77**, 40; Tiedtke, FamRZ **77**, 686 u **78**, 385 zur Zustdgk der FamG; zu den steuerrechtl Voraussetzgen Osthövener NJW **77**, 1448; Dolle NJW **77**, 2266; LG Zweibr MDR **76**, 144), u zwar auch nach Scheidg der Ehe, wobei ijF u auch für SchadErsAnsprüche wegen Verletzg dieser MitwirkgsPfl das FamG ausschließl zuständ ist (LG Mü II FamRZ **78**, 126). Ferner **AuskunftsPflicht,** dh Verpfl der Eheg dazu, sich (unabh v § 1379) ü ihre VermVerhältn zu unterrichten (Schlesw SchlHA **74**, 112); sa § 1386 III. Nach Scheidg § 1580. Zur **Mitarbeitspflicht** vgl § 1356 Anm 4; zur RechenschaftsPfl § 1357 Anm 3 b. Der Eheg ist außerd verpfl, das Eigt des and, gleichgült welcher Güterstd gilt, vor Schaden zu schützen (RG **64**, 278). **ee)** Ferner stellt die Verpfl zur ehel LebGemsch best Anfordergen an die **eigene PersönlichkGestaltg**. So hat der Eheg in erster Linie Hindernisse, die in ihm selbst begründet sind u die der Verwirklichg der Gemsch entggstehen, zu beseitigen, also sich zB in eine HeilAnst zu begeben (RG **95**, 330), einer Operation zu unterziehen, falls diese nicht lebensgefährl ist u begründete Aussicht auf Erfolg besteht; ebso den Arzt von der SchweigePfl zu entbinden, um dem and Eheg zuverläss Kenntn von seiner (Geschlechts-)Krankh zu verschaffen (OLG **3**, 245); den übermäß Genuß v Medikamenten einzustellen (BGH **43**, 331); Zurückhaltg im Einsatz für die eig GlaubensGemsch zu üben (KG FamRZ **54**, 145; sa BGH **33**, 145; **38**, 317; MDR **65**, 277). Darüberhinaus besteht die Pfl zu einem beiderseits verständnisvollen Eingehen u RücksNehmen auf die Eigenarten des and, sow sie für diesen lebenswicht sind u anerkannt w können (RG **124**, 55); RücksNahme auf das Verhältn des and Eheg zu dessen Kindern u Verwandten; Zurückstell der Beziehgen zur eig Verwandtsch, um die LebGemsch, die das Wichtigere bleibt, nicht zu gefährden (RG HRR **33**, 307); Achtg der polit Anschauungen des and (Schlesw MDR **54**, 417); Abstandn, dem and eig Lebensformen aufzuzwingen (BGH NJW **60**, 1447). **ff)** Die Pflicht zur egal Rücksichtnahme kann auch bedeuten, **vermögensrechtl Ansprüche nicht geltend zu machen,** die den Umst nach dem ehel ZusLeben widersprechen (RG JW **24**, 678; Mü HRR **38**, 1162; BGH **53**, 356), so daß auch der Ehem, der die Frau verläßt, nicht seine Möbel aus der von der Frau benutzten Wohng von sich aus herausnehmen (KG DR **41**, 2000) od das als Ehewohng diende Haus ow verkaufen (Mü FamRZ **69**, 151) od ein Eheg als MitEigtümer TeilgsVollstr beantragen (LG Karlsr FamRZ **66**, 357) od die ehel Wohng auch als Alleinmieter ow kündigen darf (sa § 1361 a u 6. DVOEheG; Hanisch NJW **63**, 1033). Ebsowenig dürfen nach Stellen des ScheidgsAntr Klagen auf Herausg der Ehewohng n § 985 erhoben (BGH **67**, 217) od dem vom Hof gewiesenen Ehem alle ArbGeräte weggen w (Celle FamRZ **71**, 28). Der Künd der Beteiligg an einem Unternehmen dch den and daran beteiligten Ehem kann nicht ow unter Berufg auf das sittl Wesen der Ehe entgg-getreten w; umfaßt die Betätigg im Unternehmen aber den räumlggst LebBereich der Ehefr, so kann sie dch die Künd nicht aus ihm verdrängt w (BGH JZ **61**, 577 mAv Müller-Freienfels). **gg)** Eine **AuskftsPfl** ü die eig VermVerhältn folgt für die nachehel Zeit aus den §§ 1379, 1386 III, 1580, 1587 e I und k I; währd des Bestehens der Ehe ergibt sie sich unmittelb aus § 1353 (vgl NJW **77**, 219; BGH FamRZ **76**, 516; Schlesw SchlHA **74**, 112).

3) Verweigerg der Herstellg der Gemeinschaft, II. Dem Verlangen auf Herstellg der ehel Gemsch braucht ein Eheg nicht nachzukommen, wenn das Verl mißbräuchl od die Ehe bereits gescheitert ist. Die Tats der Zerrüttg ist an die Stelle des früh Rechts zum Getrenntleben getreten (§ 1353 II 2 aF). Die Umst, die das VerweigergsR begründen, muß derj Eheg **beweisen,** der sich darauf beruft (RG **95**, 333); unter bes Umst auch Umkehr der BewLast (RG LZ **23**, 58; Recht **14**, 1470). Liegen AnhaltsPkte für ein VerweigersR vor, so Prüfg vAw (Warn **11**, 38) unter Berücks sämtlicher Umst (Warn **20**, 79). Zul ist die Kl auf Feststellg, daß ein Recht zum Getrenntleben besteht (vgl Einf 3 a vor § 1353). Im Scheidgsstreit ist es idR nicht geboten, iR einer einstw AnO (ZPO 620 Z 5) das GetrLeben zu gestatten, wenn nicht beide Eheg geschieden w wollen (Schlesw SchlHA **76**, 197; sa S 143 u 183). Leben beide Parteien bereits einverständl getr, fehlt es am RSchutzBedürfn (vgl KG FamRZ **72**, 261). Dieses ist vorh, wenn neuer MietVertr zB nur mit einem Eheg abgeschl w soll (Bergerfurth, EhescheidsProz S 69).

a) Mißbrauch liegt vor, wenn das Herstellsverlangen mit der rechten ehel Gesinng nicht vereinb u dem and Teil mRücks auf das sittl Wesen der Ehe nicht zumutb ist (RG JW **35**, 1403). Ob ein Mißbr vorliegt, ist eine von der Beurt des Einzelfalles abh RFrage (Warn **14**, 191). Verschulden des die Herstellg Verlangden ist nicht unbedingt Voraussetzg des Mißbr (RG JW **04**, 409; Warn **17**, 146). Kein mißbräuchl Herstellsverlangen, auch wenn feststeht, daß der Mann bestimmt nicht zurückkehren w (RG **163**, 384) od wenn er ein langjähriges Verhältn eingegangen ist, dem ein Kind entsprossen ist (RG DR **40**, 1142); dann aber idR Anm b. **Einzelfälle:** Verweigerg der GeschlechtsGemsch berecht bei **Untreue,** dh dch tatsächl Anhaltspkte begründeter Verdacht außerehel geschlechtl Beziehgen (RG HRR **31**, 941), zB bei vertrautem Verkehr des Mannes mit einer im Hause wohnden Frau (RG LZ **22**, 118). Späteres Wohlverhalten führt zu Verzeihg mit der Folge einer Wiederherstellg der Rechte aus I 1 od kann gleichw das Scheitern der Ehe nicht verhindern. Auch der begründete Verdacht einer Geschlechtskrankh kann zur Verweigerg berecht, dagg nicht, weil die Frau dch das ZusLeben den Gefahren einer Entbindg ausgesetzt w; dann EmpfängnVerhütg, insb wenn trift Grde gg Nachkommensch bestehen. Verweigerg der häusl Gemsch kann bei **Wohnsitzverlegg** berecht sein, wenn es am neuen Ort an geeign Ehewohng (RG HRR **33**, 1085) u ArbMöglk fehlt (Kblz NJW **49**, 185; sa Mü FamRZ **67**, 394) od auf eine (auch eig) **Krankh** gestützt w, die nicht bl das ZusLeben erschwert, sond es zur unerträgl Last w läßt (RG JW **09**, 891), so eine verschuldete od unversch ansteckde Geschlechtskrankh des and Teils, mag dieser auch versprechen, sich des GeschlVerk zu enthalten. Nicht ijF Mißbr, wenn der klagde Eheg selbst dch eig Verfehlgen zur Zerrüttg beigetragen hat u

Bürgerliche Ehe. 5. Titel: Wirkungen der Ehe im allgemeinen   §§ 1353–1355

heute krank ist, so daß er die Gemsch nur beschrkt verwirklichen k (BGH MDR **57**, 542). Mißbräuchl aber das Verlangen, die aGrd der Untreue des and Teils aufgen rentenberecht Tätigk zZw der Rückkehr aufzugeben (BGH **LM** Nr 13). Ebso bei ledigl subj Befürchtg v Nachteilen (RG JW **04**, 409); weil der Ehem ins Ausland verzieht (RG Gruch **54**, 1031) od wenn ein Eheg den and sonst grdlos verläßt u ihn dann in nicht ernst gemeinter Weise auffordert, ihm zu folgen (Mü FamRZ **66**, 199). Mißbr liegt auch vor bei **Mangel an Fürsorge**, zB mangelh UnterhZahlg, jedoch nicht, wenn die Leistg desh unterbleibt, weil der Mann der Ansicht ist, die Frau habe ihn grdlos verlassen (Warn **17**, 146), ebsowenig bei Notlage u unverschuldeter Arbeitslosigk (RG LZ **31**, 1073); ferner bei **grober Rücksichts- u Lieblosigk** (RG bei grdloser u fahrläss Beschuldigg des and Teils, er hätte sich eines Ehebruchs schuldig gemacht (Warn **20**, 79); bei Weigerg, das erstehel mj (and bei vollj, RG JW **20**, 437) u wartgsbedürft Kind der Frau in die ehel Wohng aufzunehmen (RG Recht **24**, 1124); bei Gefährdg des Kindes inf Verfehlgen des Mannes, wenn die Frau sich desh vom Kind trennen müßte (RG **155**, 292); bei hartnäck Verweigerg ausreichenden WirtschGeldes od Nichteinräumg der gem § 1356 im Haush zukommden Stellg.

b) Ein Anspr auf Wiederherstellg der ehel Gemsch hat ferner wenig Sinn bei einer **gescheiterten Ehe**; das G schließt ihn desh in der 2. Altern v II aus. Für die Frage, ob die Ehe unheilb zerrüttet ist, vgl § 1565 Anm 2. Die endgült Abkehr eines Eheg (Unterhalt eines ehebrecher Verhältn über 7 Mo) genügt auch iR v II für das Feststellen der Zerrüttg. Die 1jähr Trenng v § 1565 II braucht nicht abgelaufen zu sein (Hbg NJW **78**, 644). Iü gilt auch die Vermutg des § 1566 II (BT-Drucks 7/650, S 96), dh die HerstellgsKl ist abzuweisen, wenn die Ehel 3 J getrennt leben. Dagg ist hier die JahresFr des § 1566 I unerhebl, da es an dem dort vorausgesetzten Einverständn der Ehel fehlt. II gilt auch ifV § 1568 I (Rolland Rdn 39).

c) Bei Vorliegen eines **Eheaufhebgsgrundes** stellt das Herstellgsverlangen des zur Aufhebg nicht Berecht einen RMißbr dar, da der AufhebgsBerecht mRücks auf die in der Herstellg liegde Bestätigg sein AufhebgsR verlieren würde (EheG 30 II, 31 II, 32 II, 33 II, 34 II; vgl BayObLG NJW **49**, 221; Nürnb FamRZ **66**, 105); hingg kein WeigergsR, wenn das AufhebgsR erloschen ist (EheG 35), wobei zu berücks ist, daß ein Nichtlaufen der Fr bei häusl Gemsch dem AufhebgsR unbekannt ist. Bei Vorliegen eines **EhenichtigkGrdes** ist die Weigerg iF der Nichtigk nach EheG 21 wg StGB 173 berecht (RG JW **27**, 1209), hingg nicht iF der Namensehe, da die Vereinbg, es nicht zur ehel LebGemsch kommen zu lassen, nichtig ist. Von dem zurückgebliebenen Eheg, der sich im Glauben an den Tod des and wieder verheiratet, wird nicht schon vor NichtigErkl der 2. Ehe (vgl Einf 2 vor EheG 38; EheG 23 Anm 2) Wiederherstellg verlangt w können, obwohl die 1. der nichtigen 2. Ehe vorgeht (Beitzke NJW **50**, 391; Schrodt JR **51**, 44; aA Tüb NJW **50**, 389).

1354 *Entscheidungsbefugnis.* *Aufgehoben durch GleichberG Art. 1 Z 5, vgl § 1353 Anm 2.*

1355 *Gemeinsamer Ehe- und Familienname.* **I** Die Ehegatten führen einen gemeinsamen Familiennamen (Ehenamen).

II Zum Ehenamen können die Ehegatten bei der Eheschließung durch Erklärung gegenüber dem Standesbeamten den Geburtsnamen des Mannes oder den Geburtsnamen der Frau bestimmen. Treffen sie keine Bestimmung, so ist Ehename der Geburtsname des Mannes. Geburtsname ist der Name, der in die Geburtsurkunde der Verlobten zur Zeit der Eheschließung einzutragen ist.

III Ein Ehegatte, dessen Geburtsname nicht Ehename wird, kann durch Erklärung gegenüber dem Standesbeamten dem Ehenamen seinen Geburtsnamen oder den zur Zeit der Eheschließung geführten Namen voranstellen; die Erklärung bedarf der öffentlichen Beglaubigung.

IV Der verwitwete oder geschiedene Ehegatte behält den Ehenamen. Er kann durch Erklärung gegenüber dem Standesbeamten seinen Geburtsnamen oder den Namen wieder annehmen, den er zur Zeit der Eheschließung geführt hat; die Erklärung bedarf der öffentlichen Beglaubigung.

Schrifttum: Graf v Bernstorff FamRZ **63**, 110, 340; **71**, 131; Brintzinger FamRZ **70**, 89, 118; H. Krüger AcP **156**, 232; Müller-Freienfels JZ **57**, 696; Ramm FamRZ **62**, 281; **63**, 337; Sturm FamRZ **73**, 394; v Buch JZ **74**, 445. – **Zum 1. EheRG**: Diederichsen NJW **76**, 1169; Reichard StAZ **76**, 177; Ruthe FamRZ **76**, 409; Breidenbach StAZ **78**, 130 (Aufg des StBeamt bei der Bestimmg des Ehenamens); Brause Betr **78**, 478 (Firma eines EinzelKaufm).

1) Neufassg dch 1. EheRG Art 1 Z 2. Zur Entwicklg der Namensreform Vorbem vor 35. Aufl sowie NJW **76**, 1169 sub I. In Zukft sind **drei Namen** zu unterscheiden: der **Geburtsname**, II 3, ihn bekommt man bei der Geburt von seinen Elt (§ 1616) od iF der nehel Geburt von seiner Mutter (§ 1617 I); er kann sich aber auch später noch ändern, etwa inf Einbenenng (§ 1618) od Adoption (§ 1758 I 1). Daneben gibt es den **Familiennamen**, das ist der Name, auf den es iR famrechtl Vorgänge entscheidd ankommt: Er entsteht als Ehename bei der Eheschl dch Erkl der zukünft Ehel ggü dem StBeamten, wobei die Verlobten nur die Wahl haben, den Geburtsnamen der Frau od denj des Mannes zum zukünft FamNamen beider zu machen, II 1. Treffen sie keine Bestimmg, wird automat der Name des Mannes zum FamNamen der Ehel, II 2. Schließl kommt als Drittes der **Begleitname** hinzu, wenn der Eheg, der iR der Namenswahl zG des Namens seines Partners verzichtet, dem damit festgelegten neuen FamNamen seinen Geburts- od bish geführten FamNamen voranstellt, III. Wer dies tut, verfügt prakt über zwei versch Namen: im FamR gilt immer der FamName allein (vgl §§ 1617 I 2, 1618 I 2, 1737 S 2, 1758 I 2); im Verkehr mit Behörden ist dagg der Begleitname plus dem FamNamen als Name anzugeben. Aus diesem Grde ist iGgs zu MüKo/ Wacke Rdn 8 der FamName mit dem Zu- od Nachnamen im herkömml Sinne. Auch der Notar hat den Begleitnamen zu führen (Kln FamRZ **78**, 680). Zur Behandlg islamischer Zwischennamen Hamm StAZ **78**, 65. – **Übergangsrecht**: Für vor dem 1. 7. 76 geschl Ehen besteht nach dem EheRG keine Möglichk, die Wahl nachzuholen; es soll also insof beim Mannesnamen bleiben (diese Regelg ist inzw vom BVerfG FamRZ **78**, 667 für verfassgswidr erklärt w). Dagg kann die Ehefr, wenn sie nach § 1355 S 2 aF dem Ehenamen ihren Mädchennamen hinzugefügt hat, diesen nunmehr nach der neuen Regelg nach vorn

stellen (1. EheRG Art 12 Z 2); sie kann es aber auch bei der Anfüg belassen. Nur Weglassen ist unzul. Die Voranstellg ist jedoch auch erlaubt, wenn sie bei Eheschl auf die Anfüg verzichtet hat. Schwächen der **Übergangsregelg** werden ob Auslegg des Begr „wicht Grd" iSv NÄG 3 I korrigiert. So erlaubt VG Freibg FamRZ **77**, 321 einer verwitweten, vor dem 1. 7. 76 wiederverh Frau, im Hinbl auf ihre erstehel Kinder den FamNamen 1. Ehe ihrem jetzigen Ehenamen voranzustellen. — Trotz Außerwirksamsetzen v EheG 19 (1. EheRG Art 3 Z 1) ist die bloße **Namensehe** unzul (§§ 1353 I, 134), also eine solche, die nur desh geschl wird, um dem einen Ehegt die Führg des Geburtsnamens des anderen Ehegt zu ermöglichen, ohne daß die ehel LebensGemsch begründet w soll (vgl Ruthe FamRZ **76**, 410; wie hier auch Ambrock JR **78**, 3). — **Namensketten** können dch weitere Eheschließgen entstehen; das G enthält keine Beschrkg auf Doppelnamen. Zu den Kombinationsmöglichkten Ruthe FamRZ **76**, 412. Mit Rücks darauf, daß § 1355 aF nach Auffassg des BVerfG gg GG 3 II verstieß, hat es die **Übergangsregelg,** wonach die Wahl des Frauennamens rückwirkt nicht offensteht, die zw dem 1. 4. 53 u. dem 30. 6. 76 die Ehe geschl haben (1. EheRG Art 12 Z 13b), ebenf für **verfassgswidrig** erkl (BVerfG FamRZ **78**, 667). Bosch FamRZ **78**, 670 plädiert zu Recht für eine entspr Änderg des NÄG.

2) Der Ehename, I. a) Die Eheg führen einen gemeins FamNamen, der, sow damit keine and famrechtl Vorgänge verbunden u ausschließl die Eheg betroffen sind, vom G auch als Ehename bezeichnet w. Mit dem Erfordern eines **gemeinsamen FamNamens** beider Ehel hat sich der GesGeber für das Prinzip der Einheitlichk des Ehe- u FamNamens entsch. Ausgeschl ist danach insb die Möglichk, daß jeder der beiden Ehel bei Eingeh der Ehe seinen bisl geführten Namen beibehält. Sie müssen vielm einen gemeins FamNamen haben, auf den sie sich unter Beschränkg der Auswahl einigen können od den ihnen das G in Form des Mannesnamens als Notlösg bereithält u ggf aufdrängt. Der GesGeber ist davon ausgegangen, daß der dem FamNamen von einem Eheg vorangestellte Begleitname den Grds der Namenseinheitlichk nicht stört, was jedoch gerade im Hinbl auf die Kennzeichnungsfunktion jedes Namens (§ 12 Anm 1 a) problemat bleibt. Wenn der Ehem B heißt u die Ehefr A–B u letztere sich in ihrem Führerschein, bei Hoteleintragen, im Grdbuch usw mit dem Namen A–B kennzeichnen muß, so bleibt von der Einheitlk des FamNamens angesichts so weitgespannter familiärer Betätigg nicht viel üb. Der Grds wird auf den Kopf gestellt, wenn das nehel Kind der verh Frau den Namen des Mannes, näml B, u nicht etwa A–B, bekommt (§ 1617 I 1 u 2). Zum NamensR für **ausländ Ehepartner** EGBGB 14 Anm 4 c.

b) Wahlmöglichkeiten, II. aa) Die Ehel haben die **Alternative,** den Geburtsnamen des Mannes od den¹ der Frau zum gemeins FamNamen zu machen, **II 1.** Zwingdes Recht. Damit ist insb der Weg versperrt, die beiden bisl v ihnen geführten Namen zu einem zweigliedr Namen zu kombinieren, womit der Entstehg neuer Doppelnamen vorgebeugt w sollte (BT-Drucks 7/3119 S 4 u 5). Das hindert die Ehel jedoch nicht, einen v einem Eheg als Geburtsname geführten Doppelnamen zum gemeins Ehenamen zu machen (echter Doppelname). Namen wie „Meyer zum Hofe" od „Graf v Brockdorff-Rantzau" gelten dabei als einfache Namen (BT-Drucks 7/650 S 96). **bb)** Wählb ist, um mißbräuchl Namensübertraggen vorzubeugen (BT-Drucks 7/650 S 97), immer nur der **Geburtsname** eines der Ehel. Das ist der Name, der in die GeburtsUrk des jetzt Verlobten zZ der Eheschl einzutr ist, **II 3.** Maßgebl ist der Ztpkt des Zustandekommens der Ehe. Der Geburtsname ergibt sich näml erst aus dem gesamten Geburtseintrag einschließl später eingetragener Randvermerke bez Adoptionen, EhelichErkl usw (vgl PStG 21, 29–31, 62). Hat zB der nehel geborene A im Alter v 6 J dch Einbenenng den Namen seines Stiefvaters B bekommen (§ 1618 I 1); dann ist „B" sein „Geburtsname". Heiratet er Frl C, so kann Ehename B od C sein, aber nicht mehr A. Entspr bringt eine Frau, wenn sie eine gesch Z, verwitwete Y u geb X ist, bei Verheiratg mit dem Manne M nur den Namen X in die Wahl mit ein. Zum Namen gehören auch **Adelsbezeichngen,** welche die Frau in der jew weibl Form führt (RG **113**, 107; BayObLG BayJMBl **55**, 210; sa Ostwien LZ **30**, 289). Wird der Name einer adl Frau zum gemeins FamNamen der Ehel, führt entspr der Mann das männl Adelsprädikat. **cc) Subsidiärgeltg des Mannesnamens, II 2.** Treffen die Ehel keine Bestimmg ü den Ehenamen, so wird der Geburtsname des Mannes gemeins FamName. Dem GleichberechtiggsGrds ist mit der Einräumg der vorrang Wahlmögl genüge getan. Auf das Motiv für die fehlde Bestimmg kommt es nicht an; II 2 gilt, wenn sich die Ehel nicht einigen konnten ebso, wie wenn sie sich (etwa wg der Einmischg und FamMitglieder) nicht einigen wollten. Die Ehel haben auch dann keine Best getroffen, wenn sie die Entsch ü den FamNamen versehentl unterlassen od einen rechtl unzul Namen (zB eine Namenskombination od einen Phantasienamen) gewählt h. Ist der Mannesname zum gemeins FamNamen geworden, ist äußerl nicht erkennb, ob dies aGrd einer Namenswahl od inf v II 2 geschehen ist.

c) Durchführg der Namenswahl, II 1. aa) Die Bestimmg des Ehenamens erfolgt dch **Erklärg ggü dem Standesbeamten.** Keine GesamtErkl; Einzelerklärgen genügen (Rolland Rdn 5). Soweit WillensErkl, finden RechtsGeschRegeln nur beschränkt Anwendg; keine Irrtumsanfechtg, da NÄG lex specialis (aA Rolland Rdn 10). Die Einzelh des Verfahrens ergeben sich aus EheG 13 a nF. Der StBeamte soll die Verlobten vor der Eheschl befragen, ob sie eine Erkl darüber abgeben wollen, welchen Ehenamen sie führen w. Die Verl haben dann Gelegenh, ihren zukünft gemeins Namen zu best. Reagieren sie auf die Befragg nicht od mit einer unzul Best, die sie auch auf Belehrg hin nicht korrigieren, wird mit der Eheschl automat der Geburtsname des Mannes zum Ehenamen. Die Unterlassg der Befragg hat auf die Wirksamk der Eheschl u damit das Zustandekommen des gemeins Namens keinen Einfl (Soll-Vorschr). **bb)** Die Erkl ü den Ehenamen ist **bei der Eheschließg** abzugeben, praktischerw also vor der Trauung (EheG 14). Zul aber auch die zeitl (etwa bei Bestellg des Aufgebots) vorgezogene Erkl, dagg nicht die Erkl nach Vollzug der Eheschl! (Bln StAZ **77**, 290). Dann nur noch NamÄnderg nach dem NÄG. Zur Ausn bei Eheschl im Ausl EheG 13a II. Wenn II 1 von der Erkl der „Eheg bei der Eheschl" spricht, so zur sprachl Vereinfachg; richt EheG 13 a I. Die nicht neu u nicht gleichzeit Anwesend abgegebenen übereinstimmdn Erkl der beiden Verl sind spätestens mit ihrer ordngsmäß Beurk bindd (BT-Drucks 7/650 S 217). Der Erwerb des zum Ehenamen gewählten Namens tritt für den and Eheg erst mit der Eheschl ein. Unterschr vor dem StBeamten also mit dem neuen FamNamen. **Widerruf** nur bis zur Eheschließg, nicht bis zur Eintragg (Rolland Rdn 9).

d) Folgen. Der dch Wahl od kr G zum gemeins Namen beider Ehel gewordene Ehename genießt für beide Eheg vollen **Namensschutz** (§ 12). Beide haben das R zur Führg des Ehenamens, dem eine ebsolche

Pfl entspricht, so daß jeder v ihnen ggf mit der HerstellsKl darauf hinwirken k (Einf 3 vor § 1353), ebso wie aGrd des allg PersönlkR ein Anspr darauf besteht, daß Dritte sie mit diesem Namen bezeichnen (Einf 1 vor § 1353), selbst nach dem Tode (Mü JW **23**, 132; AG Oplanden FamRZ **68**, 205). Gg den unbefugten Gebrauch des Namens steht jedem der Eheg ein von dem Verhalten des and Teils unabh UnterlassgsAnspr zu, ggf auch ggü dem and Eheg (RG **108**, 230), insb besteht ein Anspr darauf, daß der Mann seine Geliebte nicht als seine Ehefr ausgibt (Warn **27**, 138). Unbeschadet II u III kann derj Eheg, der seinen bish Namen dch die Eheschl verloren h, außerdem des RechtsVerk den alten Namen als Pseudonym führen od ihn dem neuen Namen zusetzen, ohne daß der Eheg dagg mit der HerstellsKl vorgehen k. Jeder kann auch, ohne eine Erkl gem III abzugeben, dem FamNamen dch Zusätze wie „geborene(r)" od „verwitwete(r)" frühere Namen beifügen. Auch wenn sich jmd nur mit dem neuen FamNamen nennt, behält er die Rechte aus § 12 hins des eig Geburtsnamens (RG JW **12**, 338; **25**, 363), hat dann also auch ein BeschwR gg die Berichtigg dieses Namens in PersStReg (KG DR **39**, 448).

3) Beifügg des übergangenen eigenen Namens („Begleitname"), III. Zur Bedeutg des Begleitnamens Anm 1 u 2a. Dort auch zur Behandlg von Altehen. **a)** Der Eheg, der dch die Eheschl den bish geführten Namen einbüßt, kann sich damit begnügen, dem neuen Namen den Zusatz „geb" uä hinzuzufügen (Anm 2 d aE, u zwar auch der Ehem (vgl AG Hbg StAZ **74**, 157 bez ehem DDR-Bürger). Für ein weitergehdes **Interesse an der Namensbeibehaltg**, wie es insb bei Wissenschaftlern, Kaufleuten u Freiberuflern mit eig Praxis vorh sein k, eröffnet III die Möglk, dch Erkl ggü dem StBeamten dem Ehenamen den eig Geburtsnamen od den zZ der Eheschl geführten Namen voranzustellen. Damit „soll erreicht w, daß ein Name, unter dem ein Eheg vor der Eheschl im Berufsleben bekannt gew ist, auch nach der Eheschl in der Reihenfolge der Nachnamen an hervorgehobener Stelle erscheint" (BT-Drucks 7/3119 S 4). Das BeifüggsR ist ein GestaltgsR u besteht unabh von der Zust od sogar einem enttggsthden Willen des and Eheg. Auch ist der Nachw eines rechtl Interesses nicht erfdl. Recht zur Voranstellg auch bei Frauen, die vor dem 1. 7. 76 geheiratet haben, unabh davon, ob sie gem § 1355 S 2 aF ihren Mädchennamen angefügt haben (1. EheRG Art 12 Z 2; Ruthe FamRZ **76**, 412). Voranstellen läßt sich als BeglName immer nur der bish geführte eig Name, der bish geführte eig Name. Worauf die Übergehg zurückzuführen ist, spielt keine Rolle; die Aufn des BeglNamens ist daher auch zul, wenn der Mannesname über II 2 zum Ehenamen gew ist. Bei jmd, der nach III verfahren ist, sind **drei Namensbestandteile** zu unterscheiden: Vorname, FamName u Begleitname. Letzterer ist persönlichgebunden, erlischt also mit dem Tode, zu ist im amtl Verk nicht mit dem FamNamen zu führen; sonst falsche Namensführg (vgl OWiG 111). Es entsteht aus famrechtl Sicht ein unechter Doppelname. Lautet der Ehename Y u führt der eine Eheg gem III den Namen X-Y, so ist er unter diesem vollen Namen beim Einwohnermeldeamt zu registrieren, sein TelephonAnschl ist unter X-Y zu finden u er ist als solcher im Grdbuch einzutragen, u zwar bei MitEigt beider Ehel gesondert. Dagg erscheint der BeglName weder im Heiratseintrag noch verlautbart ihn eine darüber ausgestellte HeiratsUrk (Reichard StAZ **76**, 179). Wo es auf alphabet Reihenfolge ankommt (zB im Proz), ergeben sich neuart Manipulationsmöglk. Ausweis, Reisepaß, Reg u Karteien lassen den Träger eines BeglNamens seinen übr FamAngehörigen uU recht fernrücken. Der and Eheg kann den BeglNamen nur unter den Voraussetzgen des NÄG erwerben. Für die Kombination v Begl- u FamNamen besteht voller Namensschutz iSv § 12. Eine Ablegg des BeglNamens kommt nur nach dem NÄG in Betr; Verlust allerd auch iF der Wiederverheiratg, wodch ein neues WahlR iSv III entsteht. Vgl iü Anm 4.

b) Hinzugef werden kann der Geburtsname od der zZt der Eheschließg sonst geführte Name. Im Ggsatz zu einer reinen Wortlautinterpretation u zu II 1 handelt es sich hier um eine Wahlmöglk. BeglName kann stets nur der Name werden, den der Eheg mit dem ihm fremden neuen FamNamen vor der Eheschl **tatsächl** geführt hat. Das folgt aus der ratio legis (Anm a), wonach die Vorschr dem Erhaltgsinteresse, nicht der Erweiterg der Namensmöglichkeiten Rechng tragen soll. Es können also nicht dch eine frühere Eheschl verloren gegangene Geburtsnamen od nach Ehescheidg abgelegte Namen aus früheren Ehen anläßl der Eingehg einer neuen Verbindg reaktiviert w. Die gtteil Auffassg lag deutl idm der RegEntw zGrde, wonach als BeglNamen jmd den Geburtsnamen „od einen and Namen" anfügen durfte, „den er vor der Eheschl geführt h" (BT-Drucks 7/650 S 6 u 97); der RAusschuß wollte wohl an dieser Wahlmöglk nichts ändern (BT-Drucks 7/3119 S 4 u 11), setzt sich damit aber mit seiner eig Zielrichtg (vgl Anm a) in Widerspr u begünstigt den Eheschließden in einer gg GG 3 I verstoßden Weise gegn demj, der die Möglk, einen früh Namen wiederzuerlangen nur unter den erschwerten Voraussetzgen des NÄG besitzt. Als BeglName kommt nur ein Name in Betr, der nicht Ehename gew ist, so daß bei vollst Namensidentität (zB Müller) eine Verdoppelg ausscheidet; and bei unterschiedl Schreibweise (Meyer-Meier) od Klang- u Wortbilddifferenzen (Róbert-Robért, Schulz-Schulze).

c) Währd der BeglName nach § 1355 S 2 aF von der Frau dem neuen FamNamen hinzugefügt w konnte, was allg iS von Anhängen verstanden wurde (OVG Hbg JZ **56**, 172), sieht III nur die Möglk vor, den vorher geführten Namen dem neuen FamNamen **voranzustellen** (zur Diskussion darü BT-Drucks 7/3119 S 4 u 7/3268 S 3). Die Verbindg von Begl- u FamNamen erfolgt dch Bindestrich.

d) Der Begleitname wird **dch Erklärg ggü dem StBeamten** aufgenommen. Die Aufn bedarf der öff Beglaubiggg, III aE, für die der das FamBuch führde StBeamte zust ist (PStG 15c). Falls ein solches nicht geführt w, ist der StBeamte zust, der die Eheschl beurk hat; ist die Ehe nicht in der BRep od in W-Bln geschl, der StBeamte des StA I in W-Bln (PStG 15c idF des 1. EheRG). Die Erkl ist an keine Fr gebunden, so daß sie auch längere Zt nach der Eheschließg u auch iF der Scheidg nachgeholt w kann (Anm 4), ebso bei vor dem 1. 7. 76 geschl Ehen, so daß verlorener Name u auch bisl gem aF nachgestellter Name jetzt vorangestellt w kann (Böhmer StAZ **76**, 238). Eine bei Eheschl „vM" gen Frau kann desh nach dem Tode ihres 2. Mannes dem bis dahin geführten Ehenamen „W" ihren Geburtsn „vG" voranstellen (AG Flensbg StAZ **78**, 221). Zur Möglichk der Namenswahl bei Eheschließg mit **AusländeIn** vgl Pass StAZ **78**, 15; AG Hbg StAZ **78**, 17; BayObLG StAZ **78**, 41 u 100; AG Nürnbg StAZ **78**, 44; Ffm StAZ **78**, 161.

4) Der verwitwete od geschiedene Ehegatte hat uU ein **vierfaches Wahlrecht**: Grdsätzl behält er den bisl geführten Ehenamen, **IV 1**. Er kann, wenn dies nicht sein Geburts- od bei Eheschl geführter Name ist, diesen jetzt nachträgl dem beizubehaltenden Ehenamen voranstellen (Anm 3d); ferner unter Aufgabe des bisher Ehenamens seinen Geburts- od den zZ der Eheschl geführten Namen als alleinige Bezeichng seiner Pers wieder annehm. Ausgeschl ist es dagg, einen außerh des Ztpktes der Eheschl geführten Namen aufzugreifen, zB den vor einer Adoption geführten eigtl Geburtsnamen oder den sZt abgelegten Namen aus einer Vorehe. Für den Fall der Scheid ist ein R auf **Untersagg der Namensführg** nicht mehr vorgesehen (vgl Ruthe FamRZ **76**, 413). In bes schweren Mißbrfällen (zB versuchter Gattenmord, Ausnutzg des Ehenamens zu betrüger od ehrmindernden Aktionen, Prostitution uä) wird man einen solchen Anspr trotz Abschaffg des EheG 56 nach allg Verwirkgs- u Namensschutzregeln zulassen müssen, wenn der Name des Betroffenen zum Ehenamen gew war. Das NamenswahlR gilt iF der Ehescheid u beim **Tod** des and Eheg, obwohl die vom RAussch (BT-Drucks 7/3119 S 6) unterstellte „gleichwert Interessenlage" nicht recht erkennb ist; bei Auflösg der Ehe dch den Tod bleibt idR eine Bindg zum and Partner bestehen, die iF der Scheid regelmäß fehlt, so daß nicht einzusehen ist, warum es iF der Verwitwg nicht bei IV 1 hätte sein Bewenden haben sollen. Nach der geltden Regelng muß das WahlR auch nach TodesErkl gegeben s. Die Erkl gem IV 2 bedarf der öff Beglaubigg u ist dem StBeamten ggü abzugeben (Anm 3 d). Die Wahl ist endgült. Behält die Frau nach dem Tode ihres Mannes seinen Namen, macht sie sich einer mittelb UrkFälschg (StGB 271) schuld, wenn sie eine 2. Ehe unter ihrem Mädchennamen eingeht (RGSt **60**, 231). Bei Wiederverheiratg kann der dch Eheschl erworbene bish Name nicht neuer FamName werden (II 1), ist aber als BeglName weiterführb (III). Die Ausübg des WahlR ist an keine Fr gebunden.

5) Nachträgl Änderngen des Ehenamens können aGrd verwaltgsrechtl AO gem NÄG od aGrd famrechtlicher Ereign eintreten (Einzelheiten insb ü die verfmäß Beteiligg des von dem Antr auf NamÄnderg betroffenen and Eheg NJW **76**, 1172 sub V). Kein Wechsel des Ehenamens bei Änderg der Staatsbürgsch des and Eheg (BGH **63**, 107). Ändert sich der Ehename bei einem Eheg, so nimmt der and Eheg daran nicht mehr ow teil (and noch nach bish R Ffm FamRZ **67**, 481); so zB, wenn der Ehem ohne Mitwirkg seiner Frau ein NamensändersVerf nach dem NÄG dchgeführt h. Das PersönlkR hat hier ggü dem Einheitlichk-Prinzip (Anm 2a) den Vorrang. Mittelb Namensänderungen können sich ergeben, wenn der Namensänderer verh Abkömmlinge hat. Eine Auswirkg auf den FamNamen der Ehel kann allerd überh nur eintreten, wenn der bei dem EltT geänd FamName zum Ehenamen in der Ehe des Abkömml gew ist. Iü gilt der Grds, daß Namensänderngen in der Vorgeneration sich auf den Ehenamen von Abkömml nur dann erstrecken, wenn der jungen Ehel eine gemeins AnschließgsErkl abgeben (§§ 1617 IV 1, 1618 IV, 1720 S 2, 1737 S 3, 1740f III, 1758 III, 1762 S 2).

1356 *Haushaltsführung und Erwerbstätigkeit.* I **Die Ehegatten regeln die Haushaltsführung im gegenseitigen Einvernehmen. Ist die Haushaltsführung einem der Ehegatten überlassen, so leitet dieser den Haushalt in eigener Verantwortung.**

II **Beide Ehegatten sind berechtigt, erwerbstätig zu sein. Bei der Wahl und Ausübung einer Erwerbstätigkeit haben sie auf die Belange des anderen Ehegatten und der Familie die gebotene Rücksicht zu nehmen.**

Schrifttum: Burckhardt, Ausgl f Mitarbeit eines Eheg im Beruf od Geschäft des and, Bielef 1971; Fenn, Die Mitarbeit in den Diensten FamAngehöriger, Hombg vdH 1970, außerd FamRZ **68**, 291 u Betr **74**, 1052 u 1112; Gernhuber FamRZ **58**, 243 u **59**, 465; Henrich FamRZ **75**, 533; Kropholler FamRZ **69**, 241; Leuze-Ott FamRZ **65**, 20; Lieb, Die EhegMitarbeit im Spannsgfeld zw RGeschäft, Bereicherungs-Ausgl u gesetzl Güterstd, Tüb 1970; Maiberg Betr **75**, 385; Müller-Freienfels, Festschr f Maridakis II 1963 S 357 sowie Festschr f Nipperdey 1965, Bd I, S 625; Ramm JZ **75**, 505; D. Schwab JZ **70, 1**; Diederichsen NJW **77**, 219; Giesen, Ehe, Familie u Erwerbsleben, Paderborn 1977; Kurr FamRZ **78**, 2; Johannsen, Vermögensrechtl AuseinandSetzg unter Eheg nach Auflösg der Ehe bei Gütertrenng, WM **78**, 502.

1) Neufassg dch 1. EheRG Art 1 Z 3. HaushFührg u Erwerbstätigk werden endgült dem ggseit Einvernehmen der Ehel anheimgestellt. Der GesGeber hat es abgelehnt, zugl mit der **Aufhebg des gesetzl Leitbildes der Hausfrauenehe** ein neues Leitbild (beispielsw das der berufstät Ehefr) an dessen Stelle zu setzen (BT-Drucks 7/650 S 75 u 97 sowie 7/4361 S 7; aA Dieckmann FamRZ **77**, 89 aus der Sicht des UnterhR). Damit ist die gesetzl Möglichk geschaffen, daß im Bereich des Ehe- u FamWesens die unterschiedlichsten neuen Lebensstrukturen wachsen. Umgek werden die hergebrachten Lebensformen nicht angetastet, wenn es die Ehel nicht wollen. Die beiderseit volle Erwerbstätigk der Ehel (Doppelverdienerehe) steht fortan genauso unter dem Schutz gesetzlicher Sanktion wie die überkommene Funktionsteilg des allein erwerbstät Ehem u der ganz auf den häusl Bereich beschränkten Ehefr (Hausfrauenehe). Letzere erscheint für best Ehephasen, etwa dann, wenn Kleinkinder od heranwachsende Kinder zu versorgen s, „in bes Weise ehegerecht" (BT-Drucks 7/650 S 98). Mehr als bish (vgl dazu BVerfG FamRZ **75**, 329; BGH **56**, 389; NJW **71**, 1983) soll u wird das Gebiet von **Vereinbarungen der Eheleute** über die Verteilg der innerh der Ehe anfallenden Aufgaben beherrscht w, die vor allem auch hins ihrer rechtl Verbindlichk für die sich im Laufe der Zt entwickelnden u verändernden Eheverhältn schwier jurist Probleme aufwerfen (vgl NJW **77**, 219 u 222). Der GesGeber hat den Bereich vertraglicher Abmachgen auf den ges HaushFührgsBer unabh davon ausgedehnt, daß die Notwendigk, Verträge zw Ehel zu fingieren, iR der Mitarbeit u VermVergemeinschaftgen außerh der Güterstde zu den schwersten u am wenigsten gelösten Probl der Dogmatik u jur Praxis geführt h (Anm 4 c u d).

2) Haushaltsführung, I. Mit der Aufg des Leitbildes der HausfrEhe dch das 1. EheRG obliegt es den Ehel, die mit der Führg des Haush verbundenen Pflichten unter sich aufzuteilen. Erfolgt eine vollst Übertrag auf einen Eheg, so ist die HaushFührg dessen Beruf, den II deutl von der Erwerbstätigk unterscheidet. „Hausfr" ist als Stand eintraggsfäh im Grdbuch (BayObLG Rpfleger **63**, 895). Der **Wert** der Arbeitsleistg wird idR an Hand der Tarifverträge über die Vergütg der im Haush beschäftigten Pers bemessen (vgl Oldbg NJW **77**, 961) mit Zuschlägen zur Berücksichtigg der Selbständigk. Vgl iü §§ 842 ff.

a) **Vertragliche Aufgabenteilg.** Die HaushFührg wird von den Ehel im ggseit Einvernehmen geregelt. Die Hervorhebg soll die gemeins Verantwortg der Eheg für die Versorgg des Haush deutl werden lassen (BT-Drucks 7/650 S 97). Der Fall, daß beide Ehel den Haush versorgen u keiner Mittel für den FamUnterh verdienen will, stellt angesichts der Überantwortg dieses ganzen Bereichs in die Privatautonomie der Ehel keine Regelgslücke dar (BT-Drucks 7/4361 S 25). Kommt es zu keiner Einigg der Eheg über die Haush-Führg, ist jedenf in der kinderlosen Ehe auch die Ehefr idR verpfl, ihre Arbeitskraft im Erwerbsleben zu verwerten (so Dieckmann FamRZ **77**, 89). Die Führg des Haush obliegt dann beiden genau so wie in der vereinb Doppelverdienerehe (vgl BGH FamRZ **74**, 367; Ambrock S 38). **aa) Inhalt.** Die Ehel können die mit der HaushFührg iZshg stehden Aufgaben ggständl od zeitl teilen. Wird die ges HaushFührg einem v ihnen aufgetragen, so leitet dieser den Haush in eig Verantwortg, I 2, u erfüllt damit zugl seine UnterhPfl ggü seiner Fam (§ 1360 S 2). Daraus folgt zugl, daß die so geschaffene Pflichtenverteilg iSv §§ 844, 845 eine solche „kr G" ist. Die Ehel können aber auch einen Schnitt dch die iR der HaushFührg anfallden Tätig-keiten vornehmen u einen Teil dem einen, den and Teil dem and Eheg übertr. Sie haben schließl die Mögk, ein mehr od weniger großes Mischfeld zu lassen, in dem bald der eine, bald der and Eheg die anfallden Arbeiten übernimmt, u zwar einvernehml od (mangels einer von den Ehel für diese Bereiche getroffenen Regelg) iW der Ausspar. Sind beide Eheg erwerbstätig, so werden sie ihren Haush in der Freizeit gemeins od dch entspr Personal versorgen (BT-Drucks 7/650 S 97). **bb) Rechtsnatur.** Ggseit Einvernehmen ist gleich-bedeutd mit vertragl Vereinbg (ebso Lüke, Festschr f Bosch 1976 S 634; Kurr FamRZ **78**, 2; aA Ambrock S 37), auch wenn die Abmachgen in den allermeisten Fällen dch entspr tatsächl Funktionsteilg stillschweigd vorgen w. Es geht in diesem Zushg um die Regelg eigener Lebensinteressen u der entspr RFolgen (etwa § 1360 S 2) dch privatautonomes Handeln der Beteiligten. Es war gerade das Anliegen des 1. EheRG, diesen Bereich der gesetzl Typisierg zu entziehen u dem eig Willen der beteiligten Ehel zu unterwerfen; eine derart Willens-verwirklichg geschieht innerh des gelteden RSystems dch RGeschäfte. Zwar wollte der GesGeb dch die Wahl des Wortes „überlassen" klarstellen, daß die tatsächl Handhabg in der Ehe ohne „förml Einigg" ausreichen sollte (BT-Drucks 7/650 S 98); es steht aber nicht im Belieben des GesGebers, unter der Geltg eines im BGB verankerten dogmat festgefügten RGeschBegr den Bereich rein faktischer Hdlgen auszudehnen, wo es um die gewillkürte Auslösg rechtmäßiger RFolgen geht. Auch die Parallele zu den GüterstdsVereinbgen uä spricht für die Anwendg der Vorschr ü RGeschäfte. Über evtl SchadErsPflichten bzw „Vertragsbruch" bzw aus unerl Hdlg vgl NJW **77**, 218/9. Gg die Anwendbark der „meisten" Vorschr des AT über RechtsGesch MüKo/Wacke Rdn 9. **cc)** Die von den Eheg für die HaushFührg einmal getroff Regelg ist nicht unab-änderl, sond muß bei Ändergen der Verhältn den neuen Anfordergen der ehel Gemeinsch angepaßt w (BT-Drucks 7/650 S 97 f). Der **Widerruf** einer zw den Ehel getroff Regelg (Gernhuber § 19 I; Dölle § 34; Müller-Freienfels JZ **60**, 373) bestimmt sich danach, in welchem Ausmaß die LebInteressen der beiden Ehel dch die vorher Absprache gebunden s. Haben sich die Eheg dazu entschl, die berufl Karriere der Frau voran-zutreiben, so kann sie nicht ow auf die HausfrTätigk verwiesen w, indem der Ehem, der diese Aufgaben bish erfüllt h, plötzl seiners voll erwerbstät w will. Umgek darf ihr die Rückkehr in den Haush nicht ver-wehrt w, wenn sie dch eine Änderg der Sachlage erzwungen w, zB dadch, daß die bisl erwerbstät Ehefr ein Kind erwartet (BT-Drucks 7/650 S 98).

b) **Haushaltsleitung, I 2. aa)** Derj Eheg, dem die HaushFührg überlassen w ist, leitet den Haush **in eigener Verantwortg.** Zwingdes Recht (Rolland Rdn 5). Er ist zur alleinigen HaushFührg berecht, unter-liegt also nicht der Entscheidgsgewalt des and Eheg, der ihm grdsätzl nicht hineinreden, die HaushFührg auch nicht dadch unmögl machen darf, daß er das WirtschGeld verweigert (§ 1360a Anm 2a). Dieser darf auch die HaushFührg nicht grdlos selbst übern od einem Dritten überlassen. Ist der haushführde Eheg dch Krankh od Abwesenh an der HaushFührg zeitw verhindert u übernimmt sie der and Eheg entspr seiner Verpfl aus § 1353 (Anm 2b dd), so darf er auch dann nichts Grdsätzliches in der HaushFührg ändern. Er muß diese dem und Teil auch jederzeit wieder überlassen. Anders nur bei grober MißWirtsch (vgl § 1357 II). Allerd ist die HaushLeitg obj gebunden dch das zur Vfg stehde WirtschGeld u die sonst FamBelange. Da die Ehefr den Haush ggf aus eig Recht führt, hat auch sie allein u nicht mehr der Ehem den SchadErsAnspr wg Behinderg in der HaushFührg (BGH GrS **50**, 304). Wird sie von Drittem getötet, steht dem Ehem nur Anspr wg Beeinträchtigg des Unterh (vgl § 1360 S 2) aus § 844 II, nicht aus § 845 zu (BGH **51**, 111). **bb)** Die HaushFührg ist aber auch zugl eine **Pflicht** dessen, dem sie überlassen w ist (vgl Nürnb FamRZ **67**, 151). Allerd steht sie nicht der Wahrnehmg öff Ämter, wohl aber uU leistgsportl Betätigg entgg; zweckmäß Abreden iS v Anm a. Die Verpfl besteht auch dann noch, wenn die Ehe zerrüttet od Klage erhoben ist (RG Recht **27**, 1193), endet aber mit Aufhebg der ehel Gemsch. Erfolgt letztere grdlos vS des and Eheg, besteht das Pflichtrecht ggü der über Fam fort.

c) **Umfang der Haushaltsführung. aa)** Führg des Haush bedeutet Leitg u Ausführg (vgl RG **152**, 225); sie umfaßt alle Anordngen für das Hauswesen, die das gemschaftl Leben mit sich bringt, hins der Ehel, der Kinder, des Hauspersonals (BGH NJW **60**, 141), ferner Besorgen, die üblicherw dch den haushführden Eheg erledigt w (RG **61**, 78): Kinderbetreuung, Säubern v Wohng u Kleidg, Zubereitg der Mahlzeiten, Erneuerg abgenutzten Hausgeräts u Anschaffg v neuem, soweit zur HaushFührg erfdl, Bezahlg v Rechngen aus Anschaffgen u Dienstleistgen usw. Vgl ü § 1357 Anm 2b. Hingg ist die Einrichtg der Wohng als solche u deren Renovierg nicht Sache der Haushführg. Wieweit der haushführde Eheg selbst Hand anlegen muß, entsch nach der Üblichk der Zuschnitt des Hauses, der von beiden Eheg gemeins bestimmt w (§ 1353 Anm 2b cc) u aus dem sich die Art u Weise der HaushFührg ergibt. **bb) Die Mithilfe des anderen Ehegatten** bestimmt sich nach § 1353 Anm 2b dd, die der Kinder nach § 1619. Entscheidd der Zuschnitt des Hauses, insb die Zahl der Kinder sowie der Umfang der Berufstätigk der Eheg (BGH JZ **60**, 371 mAv Müller-Freienfels; Stgt NJW **61**, 2113). Haben die Ehel die iR der HaushFührg anfallden Aufgaben mehr od mind gleichmäß aufeinand aufgeteilt od von einer Regelg überh abgesehen, weil beide berufstätig sind u blei-ben wollen, so bestimmt sich das Maß der Mithilfe weitgehend nach den jew berufl Anfordergen. Ist zB die Ehefr Lehrerin u unternimmt eine Klassenfahrt, muß ihr Ehem die eig Kinder währd dieser Zt selbständ versorgen (vgl § 1353 Anm 2 b dd). Gesteigerte Mithilfe kann von Rentnern u Pensionären erwartet w (Ambrock S 39).

3) Erwerbstätigkeit, II. a) Beide Eheg sind berecht, erwerbstät zu sein, haben dabei aber auf die Belange des and Eheg u der Familie die gebotene Rücks zu nehmen, u zwar auch hins der Frage, ob überh eine ErwTätigk aufgen w darf (Rolland Rdn 8). Das **Recht** zur ErwTätigk steht v vornh unter der **Schranke der Familienverträglichkeit.** Das wirkt sich auf Altehen, dh solche, die noch unter dem Leitbild der HausfrEhe geschl w sind, uU and aus als auf Neuehen. Die Pfl zur Rücksichtn gebietet ua beiden Eheg, ihre Erwerbstätigk so einzurichten, daß gemschaftl Aufgaben wie die HaushFührg sachgerecht erledigt w können. Eine verstärkte Nachgiebigk erwartet der GesGeber zB von der Ehefr, wenn Kinder zu pflegen od zu erziehen s (BT-Drucks 7/650 S 98). Der Begr der **Familie,** auf die iR der Aufn einer ErwTätigk Rücks zu nehmen ist, umfaßt nicht nur die in der häusl Gemsch mitwohnden FamAngehörigen, sond evtl auch solche Pers, denen ggü eine sittl Verpfl zur Pflege u Betreuung besteht (BT-Drucks 7/4361 S 26). Eine **Verpflichtg** zur ErwTätigk besteht dann, wenn der Erwerb des verdienten Eheg od die sonst Einkfte beider Ehel zum FamUnterh nicht ausreichen (§ 1360 Anm 3 c). Analoge Anwendg v II auf ehrenamtl, polit, sportl u sonst Tätigk (Rolland Rdn 11; § 1353 Anm 2 b ee).

b) Ist die **Haushaltsführg einem der Eheg überlassen,** so steht die Zulässigk, daneben eine Erwerbstätigk aufzunehmen, unter der Einschränkg des Vorrangs der Pflichten in Ehe u Fam; diese dürfen den Berufstätig nicht leiden (vgl BGH FamRZ **59,** 203). Letztere wird daher in erster Linie von der berufl Beanspruch des and Eheg abhängen u davon, inwief die im Haush zu erledigen Aufgaben von diesem mitübernommen w können. Ob die ErwTätigk mit den HaushFührgspflichten vereinb ist, muß objektiv, nicht nach subj Gesichtspkten eines Eheg beurt w. Soweit HaushFührgspflichten nicht betroffen s, ist der damit betraute Eheg uneingeschränkt erwerbsberecht, so idR wie im kinderl Haush. Der Begr des Haush allein gibt dem and Eheg kein Recht, den haushführden Eheg an die Wohng zu binden. Anderers stehen manchen Tätigkeiten unabh v der FamZustimmg obj Schranken entgg, insb all denj, dch die das Kindeswohl gefährdet würde (§ 1666 Anm 4b); sie sind per se unzul. IÜ ist auch im Zwischenbereich prakt jede außerhäusl Tätigk des haushführden Eheg mit gewissen Belastgen u besonderer Unbequemlichk f die Fam verbunden, so daß sie nach Möglk zur Vermeidg v Konflikten nur mit deren Zust übernommen w sollte (Anm 2a). Kommt es zu keiner Einigg zw den Ehel, in die die Kinder (entspr Einf 5 b v § 1626) sinnvollerw einbezogen w sollten, so ist eine obj Abwägg der versch Belange erfdl. Dem haushführden Eheg w es regelm verwehrt sein, an einem and Ort od an einer and Stelle, die ihn den ganzen Tag od sogar saisonweise vom Hause fernhält, eine Tätigk aufzunehmen (§ 1353 Anm 2 b bb). Er kann auch nicht von sich aus die HaushFührg als solche einem Dr übertr, selbst wenn er die Kosten dafür trägt. Kleinkinder stehen einer freiw Ganz- od Halbtagsbeschäftig idR der Mutter entgg; anders höchstens dann, wenn sie von einem and FamMitgl od in einer Tageskrippe ausreich betreut w können. Gehört die Tätigk etwa zGrd einer genossenen Ausbildg oder vorehel Berufstätigk zu den ernsth LebWünschen des haushführden Eheg, muß sich die Fam ggf einschränken. Umgek kann zB von der Frau, die sich f das LebModell der FamMutter u Hausfr entsch hat, ein gewisser Verzicht (Aussetzen währd best Jahre, stundenw Beschäftigg, HeimArb) erwartet w. Eig Verpflichtgen des haushführden Eheg können eine Rolle spielen, so wenn der and Eheg für den Unterh eines Kindes nicht aufkommen will (RG **124,** 54; § 1360a Anm 1 b).

c) Der haushführde Eheg bedarf zum Abschl v Dienst- u ArbVerträgen, aber auch hins der Art der zu übernehmden Tätigk nicht der Genehmigg des and Teils. Selbst wenn er dadch die HaushFührg vernachlässigt, kann der and Eheg seine Stellg (iGgs zu § 1358 aF) nicht kündigen. Sofern Kinder vorh, gilt II grdsl auch bei getrenntlebden Ehel; allerd wird man dem zur HaushFührg verpfl Eheg in dieser Situation einen größeren Spielraum zur selbstdgen LebEntfaltg einräumen. II betrifft nur die Berechtigg; wg evtl Pfl zur ErwTätigk Anm 4a sowie § 1360 Anm 3 c.

4) Mitarbeit od Vermögenseinsatz im Beruf od Geschäft des and Eheg ist zwar iGgs zu § 1356 II aF nach dem 1. EheRG nicht mehr eine gesetzl bes hervorgehobene Verpflichtg, aber in weiten Kreisen der Bevölkerg nach wie vor übl u damit regelgsbedürft (Lit: Diederichsen NJW **77,** 220). Eine Verpfl zur MitArb folgt heute ggf unmittelb aus der iR der ehel LebGemsch anerkannten **Beistandspflicht;** § 1353 Anm 2 b dd; wie hier: Lüke, Festschr f Bosch 1976 S 635; Rolland Rdn 18; Bergerfurth, EheR S 73; Ambrock S 38. Da in diesem Zushg seit Jahrzehnten die famrechtl schwierigsten Probleme auftauchen, die insb die Rspr belasten, wäre es Aufg eines rechts- u sozialstaatl GesGebers gewesen, die MitArbPfl u die aus einer freiwill erfolgten MitArb sich ergebden RFolgen näher zu regeln, sicherlich wesentl über den ZugewinnAusgl allg als unzureich angesehen w. Soweit im flgden Rspr aus den Jahren vor 1977 zitiert w, ist jew zu prüfen, ob das Präjudiz für die dch das 1. EheRG geänd RLage noch aussagekräft ist. Zur Einhaltg der MitArbPfl steht ggf die HerstellgsKl zur Vfg (Einf 3 v § 1353). IjF hängt die MitArbPfl vom Bestehen der häusl Gemsch sowie davon ab, daß der and verpfl Eheg kein HerstellgsVerweigR hat (§ 1353 Anm 3).

a) Voraussetzgen der Mitarbeitspflicht. Nach § 1356 II aF war jeder Eheg verpfl, im Beruf od Gesch des and Eheg mitzuarbeiten, soweit dies nach den Verhältn, in denen die Eheg lebten, übl war. Mit der Abschaffg dieser Bestimmg dch das 1. EheRG sind die Voraussetzgen enger zu ziehen. Grdsätzl verwertet jeder Eheg seine ArbKraft u seine Erm u die Beteiligg des and Eheg u der Fam an dem ArbErgebn erfolgt iR der UnterhPfl (§§ 1360ff, 1601ff) bzw iR des ZugewAusgl (§§ 1371, 1372ff). In AusnFällen besteht aber nach wie vor die **Verpflichtg,** seine berufl Fähigkeiten u seine ArbKraft in den Dienst des and Eheg zu stellen. **aa)** Eine MitArbPfl w immer nur im **Beruf od Geschäft** des and Eheg in Frage kommen; also zB keine Verpfl, für das Hobby od sonst Liebhabereien des and tät zu werden. Nach der frRspr kommen in Betr: Landwirtsch gleichgült, ob größerer od kleinerer Betr (BGH **LM** Nr 13); Handwerk, insb wenn Haus u Betr nicht voneinand trennb sind; Ladengeschäfte geringen Umfangs, auch wenn mit einem HandwerksBetr verbunden (Hamm MDR **64,** 505); aber auch entspr den mitgebrachten Fähigk in gehobeneren Berufen, zB Abn der geschäftl Angelegenheiten bei Künstlern u Wissenschaftlern. MitArbPfl kann auch bestehen, wenn der and Eheg an einem Gesch nur beteiligt (RG **148,** 308; aM PrOVG JW **32,** 1422; sa LAG Leipz DJZ **36,** 265) od Gesellschafter einer das Gesch betreibden OHG od KG ist (BGH **LM** Nr 11). Zum Sonderfall der Dienstleistg eines Ehem in einer v seiner Ehefr u deren Brüdern

1238

betriebenen OHG mit MillUmsätzen BAG NJW 74, 380. **bb)** Nach der früh Fassg v § 1356 II bestand eine Verpfl zur MitArb, wenn diese nach den tats LebVerhältn der Eheg übl war. Nach der ggwärt Gesetzeslage, wonach eine MitArbPfl nur iR der ehel LebGemsch zu erwarten ist, wird sie als Verpflichtg auf gewisse **Zwangssituationen** beschränkt werden müssen: Aufbau eines Anwaltbüros oder einer Arztpraxis (vgl BGH FamRZ 59, 454); Personalmangel od fehlde Mittel f Einstellg einer Hilfskr, so daß uU eine kaufmänn Angest nach Eheschl mit mittelständ Musikwarenhersteller mitarbeiten muß (BGH 46, 385). Bei Krankh u in Notzeiten wurde schon nach der bish RLage aus der BeistandsPfl eine erweiterte MitArbVerpfl angen. Umgek entlastet eig Krankh von einer derart Verpfl ebso wie eig Beschäftigg ot die Möglk dazu, wenn diese besseren Verdienst abwirft; ferner wenn der zur MitArb verpfl Eheg nur eine seiner Ausbildg nicht entspr untergeordnete Tätigk ausüben darf. Bei best Berufen hängt die MitArbPfl davon ab, daß der Verpflichtete die nöt Fertigkeiten besitzt. Die MitArbPfl wird ferner dch I 2 begrenzt, kommt also bei kinderreicher Fam gar nicht od nur noch in ganz beschrktem Umfg in Betr.

b) Rechtsfolgen tatsächlicher Mitarbeit. Ein allg VertretgsR dch den mitarbeitden Eheg ist weder aus der MitArbPfl noch aus der freiw MitArb herzuleiten, weil sie rechtl Ausn sind; es gelten die allg Vertretgsregeln (§§ 164 ff, 1357, HGB 56; sa Einf 2b vor § 1353), so daß sich ein Dr nicht auf MitArb oder MitArbPfl berufen k. Soweit die MitArbPfl besteht, begründet sie entspr Anspr des Eheg auf ArbBeteiligg (Gernhuber § 20 I 6). Dagg trifft den and keine Pfl zur Beschäftigg des arbeitslosen Eheg, schon gar nicht im Interesse v dessen Gläub (BAG FamRZ 73, 626 mAv Fenn). Auf die Erfüllg der MitArbPfl kann verzichtet w (BGH FamRZ 62, 357). Zum SchadErs u MitVersch bei Zulassg zur MitArb vgl Weimar JR 67, 248. Haftg Dr ggü nach den jew Voraussetzgen der §§ 278, 831. Kein SchadErs für NichtErf der MitArbPfl (BGH 23, 217), sond nur HerstellgsKl (Anm 4 aA). Für Beschädiggen in Ausübg der MitArb haften Eheg einand gem § 1359 (RG 148, 303). Zur SchadErsPfl des Dr bei Tötg od Körperverletzg eines Eheg §§ 844f. Von einer Pfl zur Beaufsichtigg der Ehefr kann iGgs zu RG 152, 225 heute nicht mehr gesprochen w. Die Rspr betont in der HaushTätigk u MitArb die „f den im FamVerband Lebden wirtschaftl sinnv Verwertg der eig ArbKraft" u gewährt desh iF der Verletzg dem Verletzten selbst den bisl dem and Eheg aus § 845 zustehden ErsAnspr (BGH 50, 304; 59, 172). Zum ArbEntgelt Anm c u d. Zum UnfallVersSchutz gem RVO 539 II BSG FamRZ 77, 709.

c) Entgeltlichkeit der Mitarbeit. Unabh davon, ob die MitArb des Eheg im Beruf od Gesch des Ehepartners aGrd einer entspr Verpfl (Anm a) od freiwill erfolgt, entsteht das Probl, wie die geleisteten Dienste zu vergüten sind. Aus der Üblichk der MitArb folgt nicht ow deren Unentgeltlichk (Müller-Freienfels, Nipp-Festschr S 631; Gernhuber FamRZ 58, 248; sa BVerfG FamRZ 62, 100). **aa)** Vorrang haben ijF entspr **Vereinbarungen der Eheleute** über die Entgeltlichk, wodch ein Arbeitsverhältn oder ein GesellschVertr (dazu Anm d) zw ihnen zustande kommt. Die aGrd der Gleichberechtigg veränderte Stellg der Eheg zueinander steht solchen ArbVerträgen ebsowenig entgg (BVerfG NJW 57, 417; FamRZ 62, 107) wie der gesetzl Güterstd, bei dem sich ein evtl Zugew erst später (Tod, Scheidg) auswirkt; dieser ist insof nur Mindestberücksichtig (Staud-Hübner 44). Das ArbVerhältn u die entspr Vergütg können stillschweigd u bis zur Grenze v § 1410 forml vereinb w (vgl BGH FamRZ 62, 357). Entscheidd, ob die **Ausleg** des von den Ehel nach außen gezeigten Verhaltens den Abschl eines ArbVertr zwingd nahelegt. Steuerrechtl (Lit: Wägenbauer JZ 58, 396; Hartung NJW 59, 1903) werden idR ArbVerhältn v Eheg nur anerkannt, wenn die vereinb Vergütg auch tats gezahlt wurde (BFH NJW 64, 1646; sa BFH BB 68, 1029). Zur VersichergsPfl v EhegBeschäftigten Schulte BB 75, 472. Kriterien: Eine VergütgsPfl scheidet idR aus bei unbedeutden Hilfsarbeiten, fehlder Bindg an best ArbZeit u wenn kein Gewinn erzielt od der Gew wieder der Substanz zugeführt w (Staud-Hübner 48, 52). Ferner kein Anspr auf Entgelt bei bes Verhältn wie Krieg od längerer Krankh (RG 133, 383), da dann gesteigerte MitArb erfdl. Iü entsch einers der Zushg mit der UnterhPfl des Mitarbeitden (Kropholler FamRZ 69, 244), anderers der erkennb gemachte Wille des mitarbeitden Eheg. Unentgeltlichk ist anzunehmen, soweit die MitArb der UnterhPfl dient u der Betrag nur dazu ausreicht, daß die Fam ihr Auskommen hat, wie in einem LadenGesch od in einer kl Landwirtsch (BGH FamRZ 66, 492). Bleibt der Verdienst zunächst im Gesch stehen, kommt es dementspr darauf an, ob der LohnAnspr dch den von diesem Eheg zu leistden UnterhBeitrag aufgebraucht ist od nicht (Kln JMBlNRW 71, 272). Werden über den FamUnterh hinausgehde Werte geschaffen, so kommt es darauf an, ob bei dem mitarbeitden Eheg ein entspr Vergütgswille vorh ist od ob er sich mit seinem Unterh u dem etwaigen Anteil an dem gemeins erarbeiteten Zugew bescheiden will. BGH 46, 390 stellt für das Fehlen eines solchen Erwerbswillens ebenf auf die Üblk der MitArb ab, dh prakt, daß die MitArb iR des Üblichen grdsl unentgeltl geleistet w. Der Ausgl wird in dem dch seine Leistg erhöhten LebStandard u dem evtl ZugewAnspr gesehen (Erm-Heckelmann 13; krit Hanau AcP 165, 277). Die Entgeltlichk kann sich auch aus den bes Verhältn ergeben, so wenn der mitarbeitde Eheg für ein erstehel Kind zu sorgen k (KG JW 21, 635), ferner bei Schulden des Mitarbeitden (vgl ZPO 850h II; Bobrowski Rpfleger 59, 12); entscheidd ob aus der Sicht eines Dr eine ständ u üblicherw zu vergütde MitArb anzunehmen ist, so daß ehel Beziehgen allenf f die Höhe der Vergütg eine Rolle spielen (BAG NJW 78, 343). **bb)** Eine Schenkg liegt bei Gewährg eines Entgelts in allen diesen Fällen nicht vor; wichtig wg § 531. Verdienst ist entspr den Kosten f die ersparte Hilfskraft zu bemessen (§ 612; RG SeuffA 93, 302); in diesem Umfg auch evtl Anspr aus § 812 I 2 (zu dessen Voraussetzgen RG 158, 383; BGH FamRZ 66, 492; Soerg-Herm Lange 26; Fenn FamRZ 68, 296). Anspr geht, falls nichts and vereinb, auf Zahlg, nicht auf Beteiligg am Verm des and (BGH FamRZ 63, 34). Beweispflichtig für vereinb Entgelt derj, der das behauptet.

d) Ehegattengesellschaft. Was dch die ArbLeistg erworben u nicht für den Unterh verbraucht w, folgt den güterrechtl Bestimmgen, soweit nicht gesellschaftsrechtl Gesichtspkte zur Anwendg kommen (vgl auch § 705 Anm 8; 242 Anm 6 c bb). **aa) Voraussetzgen.** GesellschVerhältn können den gesetzl Güterstd u die Gütertrenng überlagern. Eine EhegGesellsch ist anzunehmen, wenn die Ehel sich aGrd einer auch stillschweigden (aA BFH NJW 59, 70; 66, 567) Übereinkunft in den Dienst einer gemeins, über die Verwirklichg der dch die Ehe gegebenen LebGemsch hinausgehden Aufg gestellt u eine BerufsGemsch gebildet haben (BGH FamRZ 61, 301), was insb dann anzunehmen sein w, wenn bei nicht nur völl untergeordneter u nicht weisgsgebundener MitArb eines Eheg alles in eine Kasse geht, mag Gesch u Konto auch auf den and Eheg lauten (BGH NJW 53, 418; FamRZ 62, 357; LM § 705 Nr 5; BVerwG NJW 59, 2277). Entscheid sind die Umst des Einzelfalles, wobei nicht schon die MitArb im Gesch genügt, wohl aber die im InnenVerh gleichgeordnete Stellg der Eheg u Beteiligg am Gewinn u Verlust (BGH 31, 202). Gesellsch liegt bei Betätigg der Ehefr in Handwerks- u Handelsbetrieben näher als das dort regelm nicht gegebene ArbVerh, das für weisgsgebundene Tätigkeiten, zB Sprechstundenhilfe, typisch ist (BGH FamRZ 61, 212). Hingabe eines größeren GeldBetr regelm nur iZushg mit MitArb ausreichd (BGH FamRZ 63, 280), die Einbringg eines Gesch (Sacheinlage) wird für Gesellsch sprechen (BGH 31, 197). Demgem hat BGH 47, 157 Innengesellsch angenomm, wenn Ehefr ihr Grdst beleiht, um mit dem Ehem eine Gastwirtsch zu betreiben, obwohl der mit der GeschGründg erstrebte Zweck nicht über die Sicherg des FamUnterh hinausging, die MitArb der Ehefr sich auch iRv § 1356 hielt; desgl wenn GroßBetr zwar dem Ehem gehört, Frau aber ihre ganze ArbKraft f die kaufmänn Leitg bei entspr Sachkunde einsetzt (BGH NJW 68, 589). Dagg keine Gesellsch, wenn Eheg beiders Leistgen zur Beschaffg eines FamWohnheims erbringen (BGH NJW 74, 1554); ferner nicht bei Einrichtg einer ärztl Praxis dch Kapitalhilfe u MitArb als SprechStHilfe, wenn Ehem bereits zuvor als Arzt tät war (Ausgl dann aber ggf u heute vom BGH bevorzugt nach den Regeln ü dem Wegfall der GeschGrdlage; BGH NJW 72, 580; 74, 2045). Lösg ü die GeschGrdl auch, wenn Verlobte kurz vor Eheschl ein Haus zu MitEigt kaufen, aber ein Verlobter den bar zu entrichtend Teil des Kaufpreises allein trägt u die Ehe nur kurze Zeit dauert (Düss FamRZ 76, 344). Dagg sind EhegInnenGesellsch wiederum bejaht w bei gemeins Betr einer Berlitzschule (Karlsr FamRZ 73, 649 mAv Fenn) u Errichtg v Eigt- u Mietwohngen zur Schaffg einer dauernden arbfreien Erwerbsquelle, wenn Ehefr ohne eig Kapital Haftg für Finanzierggskredite mitübernommen h (BGH NJW 74, 2278). **bb)** Die **Funktion der stillschw geschlossenen EhegInnenGesellschaften** beschränkt sich auf die AuseinandS im InnenVerh u soll idR ledigl zu einem AbfindgsAnspr des mitarbeitden Eheg nach Auflösg der Ehe führen (BGH WPM 73, 296). Desh entsteht regelm weder eine dingl Beteiligg (Gesamthandsvermögen) noch ist der zukünft obligator AuseinandSAnspr selbst Teil des AnfangsVerm des mitarbeitden Eheg (Brüning NJW 74, 1802). Nach der Form der ZusArb, in der die Einkfte v den Ehel erzielt w, insb der Abrede ü die Gewinnverteilg, bestimmen sich uU die UnterhAnteile (§ 1360) u als Folge davon der Anspr auf Rente aus der Versicherg des and Eheg (BSG NJW 75, 712). Im Außenverhältnis uU Nachteile: Gg einen Schädiger steht dem arbunfäh Eheg iFv § 722 in ein SchadErsAnspr wg GewinnEntgg u Substanzverlust nicht zur Hälfte zu, u so eig Hälfte kann auch der and Eheg nicht Ers verlangen, ebsowenig wie f die fiktiven Kosten einer Ersatzkraft (hins letzterem aA Karlsr FamRZ 75, 341 m instruktiver Anm v Fenn). **cc) Zur Kritik:** Die Abgrenzg zw dem gesetzl Zweck „ehel LebGemsch" iRv § 1353 u dem gewillkürten GesellschZw iSv § 705 ist bisl nicht gelungen, zumal die Rspr beim GesellschZw nicht verlangt, daß es sich um eheffremde Aufgaben handelt, sond anerk, wenn das Vorhaben dchaus auch zugleich den Zwecken der Ehe dient (BGH 47, 163). Die Rspr ist nicht auf einen Nenner zu bringen; der Wille zur Hilfe im Einzelfall ist offenkund (vgl NJW 75, 1804), wenn auch in der neuesten Rspr vielleicht eher eine Tendenz bemerkb ist, die Eheg im Scheidgsfalle an den Härten des ZugewAusgl festzuhalten (§ 1372 Anm 1). Die Konsequenz aus dieser Situation zieht Gernhuber § 20 II 4 sowie FamRZ 58, 243 u 59, 465, indem er statt der Vermutg einer EhegGesellsch einen famrechtl Ausgleichs Anspr unmittelb aus § 1353 herleitet (ebso Braga FamRZ 60, 457; abl Soerg-Herm Lange 24 mw Nachw). Auch die oa Lösg des BGH über die Lehre vom Wegf der GeschGrdlage findet Anhänger (Henrich FamRZ 75, 533; Kühne JR 75, 157 u JZ 76, 487).

5) Rechtsbehelfe. Um die sich aus § 1356 ergebden Pflichten dchzusetzen, kann der Eheg und Eheg nur die HerstellgsKl zur Vfg, wobei Urt nicht vollstreckb ist (ZPO 888 II). Äußerstenf bleibt Scheidg. Ggü Dritten kann der haushführde Eheg, soweit es sich um sein Recht auf HaushFührg handelt (Anm 2), gg Beeinträchtigen mit der UnterlassgsKl vorgehen, da insof absolutes Recht (LG Hann NdsRpfl 49, 18).

1357 *Geschäfte zur Deckung des Lebensbedarfs.* I Jeder Ehegatte ist berechtigt, Geschäfte zur angemessenen Deckung des Lebensbedarfs der Familie mit Wirkung auch für den anderen Ehegatten zu besorgen. Durch solche Geschäfte werden beide Ehegatten berechtigt und verpflichtet, es sei denn, daß sich aus den Umständen etwas anderes ergibt.

II Ein Ehegatte kann die Berechtigung des anderen Ehegatten, Geschäfte mit Wirkung für ihn zu besorgen, beschränken oder ausschließen; besteht für die Beschränkung oder Ausschließung kein ausreichender Grund, so hat das Vormundschaftsgericht sie auf Antrag aufzuheben. Dritten gegenüber wirkt die Beschränkung oder Ausschließung nur nach Maßgabe des § 1412.

III Absatz 1 gilt nicht, wenn die Ehegatten getrennt leben.

Schrifttum: Fahr, Neuregelg der SchlüssGew, Bielef 1962 (Fabricius FamRZ 63, 112); Müller-Freienfels JZ 57, 693; Schlosser FamRZ 61, 287; Thiele FamRZ 58, 115; Struck MDR 75, 449. **Zum 1. EheRG:** Büdenbender FamRZ 76, 662; Diederichsen NJW 77, 221.

1) Allgemeines. a) Zur Entstehgsgeschichte der dch Art 1 Z 6 GleichberG geschaffenen Fassg s Vorbem bis zur 34. Aufl. Die bisl vom Leitbild der HausfrEhe die Ehefr beschrkte „Schlüsselgewalt" für Geschäfte „innerh ihres häusl Wirkungskreises" hat dch das 1. EheRG Art 1 Z 4 die ggwärt Fassg erhalten, wobei subj die VerpflichtgsBefugn auf beide Eheg ausgedehnt u obj statt auf den häusl WirkgsKr auf den angem FamLebBedarf abgestellt w ist. **b) Zweck:** Ist die HaushFührg einem Eheg allein überlassen (§ 1356 I 2), u zwar idR demj, der kein Einkommen hat, so versetzt diesen Geschäft die Rechtsmacht, Geschäfte mit Wirkg auch für den and Eheg zu besorgen, in die Lage, der ihm zugefallenen Aufg gerecht zu w (vgl aber auch § 1360 a II 2) u damit zugl den von ihm geforderten Beitrag zum FamUnterh (§ 1360 S 2) zu leisten (BT-Drucks 7/650 S 98). Da aber die HaushFührg auch ggständl zw den Ehel aufgeteilt w kann (§ 1356 Anm 2 aa), wird die Ehe aus den damit iZshg stehden Rechtsgeschäften zur Rechts-uHaftgsGemsch, der Ehel (krit dazu Büdenbender FamRZ 76, 663; sa Anm d). Der Ausdruck „SchlüssGew" bezieht sich

Bürgerliche Ehe. 5. Titel: Wirkungen der Ehe im allgemeinen § 1357 1, 2

heute nicht mehr auf die umfasste HaushLeitg, sond auf die sich aus dem angem FamLebBedarf ergebde VerpflBefugn jedes Eheg. **c) Konstruktion**: Die VerpflBefugn zu Lasten des and Eheg ist eig R jedes Eheg u im gesetzl Rahmen des FamBedarfs unabh von der Verteilg u dem Umfang der eig HaushFührgsBefugn. Tritt der mit dem Dritten abschließde Eheg als solcher, dh unter Offenbarg seines Status auf, wobei Erkennbark ausreicht (§ 164 I 2), so verpflichtet sich der das Gesch tätigde Eheg selbst (EigenVerpflichtg) u daneben auch den and Eheg dch Stellvertretg (§§ 164 I 1, 1357 I 2). Tritt der Eheg dem Dr ggü jedoch wie jeder and, nicht verheiratete Konsument auf, so wird der and Eheg aus der obj Tatsache, daß es sich um ein Gesch zur Deckg des FamBedarfs handelt, aGrd des dann als gesetzl VerpflichtgsErmächtigg wirken § 1357 I 2 berecht u verpflichtet. **d) Verfassgsrecht**: Zweifelh ist, ob diese ausschließl im GläubInteresse begründete (vgl BT-Drucks 7/650 S 99 oben; Struck MDR **75**, 449) Regelg mit GG 3 I u 6 I vereinb ist (bejahd Büdenbender FamRZ **76**, 774). Stellt man auf die „Schenkg" eines ZweitSchuldn ab (Gernhuber, Neues FamR S 133), kommt sogar GG 2 I u die Gewährleistg der PrivAutonomie ins Spiel. Der Gläub gewinnt unabh v OffenkundigkPrinzip der StellVertr (§ 164 I 1) iRv RGeschäften zur Deckg des FamBedarfs einen zusätzl Schuldn aGrd der bl Tats, daß der VertrPartner verh ist. Ohne daß die Ehe dem Gl vorher erkennb zu sein braucht, w der Eheg des verh VertrPartners zur Zahlg verpfl u damit schlechter gestellt als jeder unverh Dr, für dessen LebBedarf ein und einkauft. Die Eheg muß selbst dann zahlen, wenn er f die HaushFührg zuvor ausreichde Geldmittel zur Verfügg gestellt hatte. Die Benachteiligg von Ehel wird bes deutl ggü Fällen, in denen nach außen der Anschein einer Ehe erweckt w („Onkelehe"). Es ist sehr zu bedenken, ob mit der gesetzl Anerkenng der Doppelverdienerehe die SchlüssGew noch aufrechterhalten w kann. **e) Berechtigg u Haftg**: iR der Geschäftsbesorgg gem § 1357 I 1 wird der and Eheg idR mitberecht (§ 432) u mitverpfl (§ 421), u zwar nicht nur hilfsw od beschrkt u nicht nur hins der vertragl, sond auch der vorvertragl Pflichten. Einzelheiten Anm 3 a. **f)** SchlüssGew hat auch der mj Eheg (EheG 1 II), gilt dagg nicht für Verlobte, in eheähnl Verhältn od bei absolut nichtiger Ehe; bei nichtiger Ehe EheG 27. **g) Zwingendes Recht** in allen Güterständen, also auch nicht dch EheVertr abänderb; aber Möglk zur Beschrkg od Ausschließg gem II. **h) Übergangsrecht**: Für Geschäfte von dem 1. 7. 58 beliebt die subsidiäre Haftg der Ehefr nicht (Arnold FamRZ **58**, 197; aA LG Bln Fam RZ **57**, 320); für vor dem 1. 7. 77 geschl Geschäfte ist die Frau nur unter den Voraussetzgen v § 1357 I 2 aF verpfl. **i)** Da die Berufg auf die SchlüssGew zur Abwehr eigener Verpflichtgen aus selbst abgeschl RGeschäften nicht mehr in Betr kommt, wesh nach der aF die Ehefr die Beweislast für die Vorauss der SchlüssGew trug, wenn sie aus einem von ihr abgeschl RGesch in Anspr gen w (Kass MDR **75**, 666), liegt die BewLast heute bei demj, der sich darauf beruft, also bei Geltdmachg von Berechtigten aus RGeschäften des and Eheg jew der Eheg, bei seiner Inanspruchn der GeschGegner. Für die Umst iSv I 2 aE ist der in Anspr gen Eheg beweispfl.

2) Voraussetzgen u Umfang, I 1 u III. a) Währd sich nach § 1357 aF die Voraussetzg eines **gemeinschaftl Hauswesens** daraus ergab, daß die SchlüssGew nur für Geschäfte galt, die innerh des häusl Wirkskr vorgen wurden, folgt das Erfordern heute aus III: bei Getrenntleben, dh bei Nichtbestehen des häusl Gemsch (§ 1353 Anm 2b bb), entfällt die wechselseit VerpflBefugn. Da Nichtbestehen des Hauswesens im GüterRReg nicht eintragb, muß Dr Bestehen auf eig Gefahr prüfen (Hamm FamRZ **75**, 346). **Begründg** des gemeinschaftl Hauswesens idR dch Schaffg eines Hausstandes (Ehewohng); zu bejahen aber auch bei Leben im Hotel, bei den SchwEltern od wenn sonst eig Haush fehlt; dann aber ggf entspr Einschränkg des Umfangs. Kein Verlust der SchlüssGew dch **vorübergehende Trenng**, ob bei längerer, ist Tatfrage. Entsch der beiderseit Wille zur Aufrechterhaltg der häusl Gemsch, so daß längere AuslReise, Kriegsdienst, Gefangensch, SaisonArb, Strafhaft (Hamm FamRZ **75**, 346) u Unterbringg in HeilAnst (RG Gruch **54**, 1027) der Anwendbark v I nicht entgegstehen brauchen, ebsowenig ehewidr Beziehgen als solche (Hamm aaO). Die SchlüssGew ruht (KG RJA **13**, 120) jedoch, wenn die Ehe im jurist Sinne **getrennt leben**, dh wenn willentl nach außen, dem Partner od Dr ggü, die häusl Gemsch aufgegeben (vgl BGH **4**, 279) od das gemeins Hauswesen aufgelöst w. Zum Begr vgl § 1567 sowie Büdenbender FamRZ **76**, 669. Es kommt nicht darauf an, ob ein Recht dazu besteht (§ 1353 II). Grd u Schuldfrage gleichgült (OLG **6**, 155), ebso, ob jeder von den Haush selbstd fortführt (Brschw OLG **43**, 35). Währd des GetrLebens kein Gutglaubensschutz Dritter (Rolland Rdn 7). Um Wiederaufleben vorzubeugen, ist (und als bei rechtskr Scheidg, KG DJ **34**, 1784) Beschrkg gem II u deren Eintr ins GüterRReg mögl (BayObLG FamRZ **59**, 505; Hbg MDR **57**, 164; aM Hamm MDR **51**, 740), folgericht auch Aufhebg der Beschrkg wg Grdloslgk (Mü JFG **14**, 224; aM OLG **21**, 213). Bringt Ehefr währd GetrLebens Kind ins Krankenhaus, eig Verpfl der Frau; Verpfl des Ehem nicht aus I wg Ruhens der SchlüssGew gem III, wohl aber aus §§ 683, 679, 1601 ff (Bielef FamRZ **67**, 335) Bei Wiederherstellg des ehel Hauswesens lebt SchlüssGew von selbst wieder auf (KG OLG **30**, 40).

b) Die VerpflBefugn erstreckt sich auf die **Geschäfte zur angemessenen Deckg des Lebensbedarfs der Familie.** Da § 1356 I 1 die Regelg der HaushFührg der Vereinbg der Eheg anheimstellt, die HaushFührg des „häusl WirkgsKr" unter den Eheg also wandelb ist u von Fall zu Fall versch sein k, erschien dieser Begr dem GesGeber als der RSicherh abträgl; er wurde desh dch die oa Formulierg ersetzt (BT-Drucks 6/650 S 99). In der Sache ergeben sich daraus Abweichgen von der bisher RLage nur in Randbereichen (vgl insb Anm bb). **aa) Geschäfte.** Die SchlüssGew betrifft nur RGeschäfte, nicht tatsächl Handlgen. Unerhebl, ob für das Gesch ein Bedürfn vorlag, zB bei gleichen Anschaffgen an mehreren Stellen od Doppelkäufen dch beide Eheg, falls nur das einz Gesch den angem LebBedarf der Fam nicht überschreitet (RG **61**, 78); aber uU Mißbr im Innenverhältn. Das Gesch ist nicht desh nichtig, weil der Dr auf Veranlassg des den Vertr schließden Eheg eine falsche Rechng ausgestellt h (RG **101**, 399). Die SchlüssGew bezieht sich auf schuldrechtl wie dingl Geschäfte; sie ermächtigt auch zur Geltdmachg von HerausgAnspr uä. Ferner fallen darunter gewisse Voru FolgeGesch wie Anschreibenlassen (Esn NJW **68**, 1527), es sei denn der aufgelaufene GesBetr kann nur langfrist zurückgezahlt w (LG Saarbr NJW **71**, 626). Keine allg Befugn, den and Eheg iRv **Teilzahlgsgeschäften** zu verpfl. Aber dem Recht auf selbstdge HaushFührg (§ 1356 I 2), das nach außen über § 1357 in Erscheing tritt, muß nach modernen HauswirtschGrdsätzen die Befugn entn w zum Abschl von Ratenkäufen, soweit sie zur Anschaffg v HaushGgsten dienen u die monatl Raten eine für das FamEink zumutb Belastg (zB 24 MoRaten v 115 DM bei einem NettoEink v mtl 1500 DM) darstellen (LG Bln NJW 75, 351), währd bish TeilzahlgsGesch den Ehem nur insow verpfl sollten, als sie im Verhältn zu seinem Eink geringfügg waren (LG Mü NJW 61, 677). Gehört ein Gesch sachl zum angem FamBedarf, so kann es auch auf Reisen vorgen w. **bb)** Der GesGeber hat die ggständl typisierende Betrachtsweise v § 1357 aF wg der Möglichk zur Funktionsaufteil (§ 1356 Anm 2 a aa) preisgegeben u an ihre Stelle eine pseudoempirische u pseudonormat Leerformel gesetzt (krit auch Lüke, Festschr f Bosch 1976 S 636 f). Dem Begr der angem Deckg des **Lebensbedarfs der Familie** lassen sich vom Wortlaut her alle Geschäfte subsumieren, die sich innerh des verfügb FamEinkommens halten. Danach wären ggf auch Grdstückskäufe, Erwerb von Luxuseinrichts Ggstden, Flugreisen uä von der SchlüssGew gedeckt, da sie ow zur „angem" Deckg eines gehobeneren LebBedarfs gehören können. Der GesGeber war aber der Auffassg, daß „Geschäfte größeren Umfangs, die ohne Schwierigkeiten zurückgestellt w könnten", nicht darunter fallen sollen (BT-Drucks 7/650 S 99). In der Formulierg des Gesetzes hat sich diese ratio legis nicht niedergeschlagen. Insb ist nicht ersichtl, inwief aus dem obj Begr „angem Deckg" eine Beschrkg der Bindgsmöglkeiten zL des and Eheg auf Geschäfte gefolgert w kann, die in dieser Ehe von jedem Eheg allein getätigt w dürfen (and Rolland Rdn 14). Trotzdem muß die Neufassg restriktiv dahingeh interpretiert w, daß dem LebBedarf der Fam nur solche Geschäfte angem s, über deren Abschluß vor ihrer Eingeh eine Verständigg zw den Eheg gewöhnl als nicht notw angesehen wird u über die idR auch keine vorher Abstimmg stattfindet. Dieser Ausleg ist schon desh der Vorzug zu geben, weil es sonst gerade bei solchen Dingen, die mit einem erhebl finanziellen Aufwand verbunden sind, zu überraschden Doppelverpflichtgen der Ehel kommen kann. Sie entspricht auch der „Grundhaltg" des 1. EheRG, „daß das ehel Leben nicht nach gesetzl vorbestimmten Verhaltensmustern abläuft, sondern der Übereinstimmg der Eheg abh ist" (BT-Drucks 7/650 S 99). Völlig unerfindl ist, warum das G umgestellt w mußte, wenn die Ersetzg des bish Eingrenzgskriteriums „häusl WirkgsKr" dch den neuen Begr „insow nicht zu einer Veränderg der Rspr führen" sollte (so ausdrückl Kniebes DRiZ 76, 326). Zu beachten ist, daß die im folgd zit Rspr aus der Zeit vor dem 1. EheRG auf den Begr „häusl WirkgsKr" abstellen mußte. Danach gehören zum angem LebBedarf der Fam in erster Linie die **Haushaltsgeschäfte**, wobei sich der Umfang der Zulässigk nicht, da der RSicherh abträgl (BT-Drucks 7/650 S 99), nach der Art u Weise der Aufgabenteil innerh der HaushFührg richtet, sond obj nach dem FamBedarf u äußeren Zuschnitt des Hauswesens (Büdenbender FamRZ 76, 668). Es gehören daher dazu die Beschaffg v LebMitteln, Heizg, Beleuchtg, Hausrat (OLG 21, 212), einschl der Ersetzg v unbrauchb Gewordenem, Anschaffg einz EinrichtgGgste (OLG 40, 65), nicht der gesamten Einrichtg, wohl aber die Beschaffg v Kleidungsstücken f die Fam u den haushführden Eheg selbst (RG 61, 78), f den and Eheg in beschr Umfang (OLG 21, 212), auch f die im Hause lebde erwachsene Tochter (OLG 34, 248), Ausgaben f die Kindererziehg, Spielzeug, Schulbücher u Lernmaterial im übl Rahmen (LG Stgt MDR 67, 45), ferner in AusnSituationen Annahme, Beurlaubg u Entlassg v Hauspersonal (RG JW 06, 460), in ländl Kreisen auch f die Feldwirtsch (Marienderder Recht 06, 1378), uU Untervermietg v Zimmern der Ehewohng (KG JW 32, 3009). Unter § 1357 fällt neben der Beschaffg v Medikamenten, einschl Pille (Itzehoe FamRZ 69, 90; LG Mü FamRZ 70, 314) auch die **Zuziehg eines Arztes** f die Kinder, das Hauspersonal u auch seine Inanspruchn dch den haushführden Eheg selbst (hM BGH 47, 81; aA Dölle I § 45 II 2a; Heesen MDR 48, 238, die jedoch übersehen, daß der höchstpersönl Natur des RGesch das InnenVerhältn zum Arzt bez Einwilligg in Eingriffe, SchweigePfl uä betrifft u nichts über das AußenVerhältn aussagt, wer VertrPartn des Arztes ist). Bei Anwendg v § 1357 nF ijF MitVerpfl des Partn (aA bez aF BGH 47, 83); nach Büdenbender FamRZ 76, 671 f keine Mithaftg des jew und Eheg bei beiderseit Erwerbstätig sowie des nur haushausführden Eheg. Die Ausleg des Verhaltens kann allerd auch ergeben, daß der Betreffde sich nur allein verpfl will, zB wenn der Ehem v der Behandlg nichts erfahren soll. Verpfl des Ehem uU auch für zusätzl Arztkosten bei Wahl der 2. Kl dch die Ehefr (Freibg NJW 76, 375). Wer, wie LG Stgt NJW 61, 972; Döring FamRZ 58, 358 annimmt, daß bei eig Behandlg die Frau sich stets nur selbst verpfl könne, da der Vertr mit dem Arzt insow nicht innerh des Verpflichtgs Rahmens liege, f den haftet der Ehem nicht ü § 1357 I, sond höchstens aus §§ 670, 683. Hat der Ehem als Vater KrankenhausVertr zG eines gemeins Kindes abgeschl, haftet die Ehefr aus Vertr (and im Hinbl auf die aF v 1357 KG FamRZ 75, 423). Anwendg v § 1357 zweifelh, wenn Zahnarztkosten den Monatsverdienst des Mannes übersteigen (Flensb SchlHA 66, 150; Karlsr FamRZ 67, 41). **Nicht in den Rahmen der Schlüsselgewalt fallen**, weil idR gemeins zu besprechde Angelegenh der Ehel, Kauf v Schmuck od kostb Teppichen, das Anmieten der Wohng od eines Ferienappartements (Flensb NJW 73, 1085; Kiel JW 33, 185; aM Celle HRR 32, 237), langfrist Verpachtg (OGH NJW 50, 307), Kündigg eines PachtVertr (BGH NJW 51, 309), Abrechng mit dem Gläub u Abg v Schuldanerkenntn (OLG 18, 254), ProzFührg (Hbg NJW 53, 991), Wechselgeschäft u DarlAufn auch zZw des Haush (RG Recht 07, 840); and uU bei Ratenkäufen (vgl vorstehd Anm aa). Außerh v § 1357 erfolgen ferner Verkauf u Verpfändg v Möbeln, VersichergsVertr (Siegen VersR 51, 168), Beitritt z Mieterverein (AG Münst MDR 70, 142), Empfang der Geldschrankschlüssel des erkrankten Ehem von der HeilAnst (RG JW 10, 574), Sammelbestellgen bei Versandhaus (AG Lüdensch MDR 75, 843). Bei **Überschreitgen des angem Familienbedarfs** haftet der and Eheg nicht. Wollte der Vertr schließde Eheg auch den and verpflichten, so §§ 177, 179 entspr (LG Bln NJW 69, 141). Daß das Gesch innerh des angem FamBedarfs liegt, hat Dr zu beweisen. **cc)** Die für den angem FamBedarf getätigten RGeschäfte sind stets auch mit Wirkg für den and Eheg vorgen, wenn sich nicht **aus den Umständen etwas anderes** ergibt, was der Dr auf eig Gefahr prüfen muß. So ist es mögl, sich auch bei Geschäften zur Deckg des angem FamBedarfs nur allein zu verpflichten (zB ggü Arzt). Das muß dann aber bes zum Ausdruck kommen. Gg die Regelg des § 1357 I sprechde Umst liegen nicht schon vor, wenn die Bezahlg aus Mitteln des das Gesch abschließden Eheg erfolgt (OLG 26, 212), so daß der and Eheg zB vertragl SchadErsAnsprüche auch bei Bargeschäften hat, wenn ein Warenfehler vorlag, anders aber, wenn Ggstände zum eig Gebrauch gekauft w.

c) IdR spielt es keine Rolle, ob der kontrahierde Eheg **im eig Namen od als Stellvertreter** auftritt, um die Wirkg des § 1357 auszulösen. Mögl aber auch die Beschränkg der RWirkgen auf die eig Pers od auf diej des Eheg dch entspr Erkl (Büdenbender FamRZ 76, 667), ggf dch konkludentes Handeln (§§ 133, 157). Bei Minderjährigk eines Eheg §§ 107, 165, 139 (vgl Büdenbender FamRZ 76, 669).

3) Wirkungen. a) Im **Außenverhältnis** werden dch Geschäfte, die iR der SchlüssGew von einem Eheg abgeschl w, **beide Ehegatten berechtigt u verpflichtet, I 2**, gleichgült ob der Abschl dch den Ehem od dch die Ehefr erfolgt u unabh davon, wem die HaushFührg ganz od zu dem Teil obliegt, auf den sich das Gesch bezieht. Zu dem Probl dieser **HaftgsGemsch** iS der §§ 421 ff vgl Büdenbender, FamRZ **76**, 667. War einer der Eheg bei Abschl des Gesch minderj, so wird er nicht verpfl, auch nicht bei ZahlgsUnfähigk des and Eheg (vgl Schlesw SchlHA **65**, 35); andernf würde der Mj dch die Heirat des Schutzes der §§ 107, 179 III verlustig gehen. Wohl aber wird der and Eheg verpfl (vgl § 165). Der vom 1. EheRG geschaffenen gemeins Berechtigg u Verpfl der Eheg entspricht es, wenn sie, sofern sich aus den Umst nichts und ergibt, an Ggsten des angem FamBedarfs über § 1357 auch **gemeinsames Eigentum** (§§ 1008 ff) erwerben (vgl schon Thiele FamRZ **58**, 118 f); für die Auseinandersetzg der Eheg nach Scheidg HausratsVO 8 II (Anh nach § 1587 p), soweit er im gesetzl Güterstd nicht dch § 1370 od iR der GüterGemsch (§§ 1416 ff) entkräftet w. Die währd der Ehe von einem Eheg angeschafften HaushGgstände stehen oRücks auf den Güterstd, also auch bei Gütertrenng, stets im beiderseit MitEigt (Mü NJW **72**, 42). **aa)** Es entsteht aus famrechtl Grdlage eine **FordergsGemsch** mit der Maßg, daß jeder Eheg gem § 432 klageberecht, die Kl jedoch auf Leistg an beide Eheg zu richten ist (Übbl 1 c aa vor § 420). Sachmängelgewährleistgsrechte stehen beiden Eheg zu, SchadErsAnsprüche dem jew Geschädigten. **bb)** Aus Geschäften, die iR des angem FamBedarfs liegen, werden beide Eheg **verpflichtet**. Sie haften für KaufpreisFdgen uä als Gesamtschuldn (§ 421). Auch wenn der haushführde Eheg die Mittel für den angem FamBedarf im voraus zur Vfg gestellt bekommen, aber anderweit ausgegeben hat (§ 1360 a II 2), wird der and Eheg verpfl. Haftg des and Eheg auch für im Zushg mit dem GeschAbschl od der Abwicklg des Gesch begangene Pflichtverletzgen aus culpa in contrahendo od pos VertrVerletzg (§ 278), dagg nicht f unerl Hdlgen, die aus anläßlich des GeschAbschl erfolgen, zB Warendiebstähle; anders uU iFv § 1356 Anm 4 b. Mögl auch BereicherungsAnspr gg den and Eheg (Schlosser FamRZ **61**, 294). **Vollstreckgsrechtl** gelten § 1362 u ZPO 739; für vor dem 1. 7. 77 eingegangene Geschäfte, bei denen die eig Verpfl der Ehefr aus Gesch, die sie iR ihrer obligator HaushFührg abgeschl hat, von der ZahlgsUnfähigk des Ehem abhing, vgl 35. Aufl § 1357 Anm 3 b.

b) Im **Innenverhältnis** übt jeder Eheg die SchlüssGew aus eig Recht aus, soweit ihm die HaushFührg übertr ist (§ 1356 Anm 2 a aa), also bei Übertr der ges HaushFührg auf den einen Eheg ist nur dieser berecht u verpfl, für den angem LebBedarf der Fam Geschäfte zu tätigen, unabh v der Wirksamk entspr Gesch dch den and und Eheg im AußenVerhältn. Bei Aufteilg der versch HaushFührgsfunktionen auf beide Eheg beschrkt sich im Innenverhältn die Befugn, Gesch abzuschließen, auf den zugewiesenen Bereich, zB Besorgg v Kinderkleidg dch die Ehefr, LebMittel dch beide usw. Sow die SchlüssGew reicht, ist der Eheg Weisgen des and nicht unterworfen. Es darf ihm dieses Recht auch nicht verkümmert w; der and Eheg muß also das erforderl WirtschGeld iR seiner UnterhPfl (§§ 1360, 1360a) im voraus zur Vfg stellen. Da die SchlüssGew auch iFv § 1356 I 2 ggü dem häusl WirkgsKr aF eingeschränkt ist (Anm 2 b bb), folgt aus der einhl LebGemsch (§ 1353 Anm 2 b cc), daß der haushführde Eheg den and Teil bei wicht Geschäften, insb dann, wenn deren Dchführg einen größeren Betrag erfordert, der erst zu sparen ist, unterrichten muß u diese selbst sich ijF im gegebenen Rahmen halten müssen. Aus § 1353 kann sich auch RechenschPfl ü die Ausgaben im einz ergeben. Eine HerausgabePfl hins der Erlangten besteht nur iR des MitEigt (Anm a); soweit im Innenverhältn ein Eheg über seine UnterhPfl hinaus zur Anschaffg v HaushGütern beiträgt, besteht, sof nicht § 1360 b gegeben ist, ggf Anspr auf Überlassg zu AlleinEigt. Bei Überschreiten des angem FamBedarfs gelten §§ 677 ff. Ggseit Haftg der Eheg gem § 1359.

4) Beschränkg und Ausschließg der Schlüsselgewalt, II. a) Durchführg erfolgt einseit dch den Eheg od seinen gesetzl Vertreter (OLG **26**, 262), ohne daß jener der Ermächtigg durch die VormschG bedürfte, also ledigl aGrd eig Entschließg, u zwar ggü dem and Eheg od dem Dritten entspr § 168 S 3 (aA KG KGJ **32**, 34: nur ggü dem and) u ist damit wirks, ohne daß es zunächst darauf ankommt, ob die Maßn begründet ist. Der Eheg kann den and also nicht mehr verpflichten; das Recht auf HaushFührg im übr wird dadch nicht beschrkt. Mögl ist, daß Beschränkg od Ausschließg bei Vorliegen eines Grundes dch Zeitgsinserat ausgesprochen wird (RG **60**, 12). Auch zul, wenn wg GetrenntLeb die SchlüssGew ruht (Anm 2a). Sie ist nur berecht, wenn Eheg zur Führg der Geschäfte nicht fäh ist od ernstl Gründe gg seinen guten Willen sprechen. Darauf kann uU ein Mangel an ehel Gesinng hinweisen (RG LZ **32**, 385). Ehebruchsverdacht genügt nicht (KGJ **53**, 20). Die Beschrkg kann zB auch Beschrkg der Geschäfte der Höhe nach, Ausschl gewisser Geschäfte uä erfolgen. Der and Eheg kann also auf diese Weise im Umfg der Ausschließg alleinige EntschBerechtigg im Interesse der Aufrechterhaltg der Ehe verlangen. Begrenzg u Ausschl **Dritten ggü** nur wirks, wenn im GüterRReg eingetr od dem Dr bekannt, **II 2** iVm § 1412. Antragsberecht der ausschließe Eheg allein (§ 1561 II Z 4). RegGericht hat nicht zu prüfen, ob rechtm; sol sich der and Eheg nicht wehrt, besteht Beschrkg zu Recht (RG **60**, 15). In der beiderseit Beantragg der Eintr ist nicht ow eine allerd unzul grdsätzl Ausschließg der SchlüssGew zu sehen (Schlesw NJW **54**, 155). Der Eheg, der die Ausschließg beantragt h, kann Ausschließg u Beschrkg selbst wieder aufheben. **b) Abwehrmittel.** Gg Ausschließg od Beschrkg kann sich der and Eheg dadch wehren, daß er beim VormschG die Aufhebg der Maßn beantragt, weil kein ausreichder Grd vorliegt, was freil nicht mehr mögl, wenn die Ehe rechtskr geschieden ist (KG DJ **37**, 1784). VormschG hat zu untersuchen, ob obj ein solcher Grd vorliegt, dh zZ der Entsch; ein früher vorhandener, dann aber weggefallener führt also zur Aufhebg (Hamm FamRZ **58**, 465; BayObLG FamRZ **59**, 505). Verschulden des in der SchlüssGew beschrkten Eheg nicht erfdl, ebsowenig ein Mißbr auf Seiten des beschränkden od ausschließden Eheg. **c) Verfahrensrecht.** Zustdigk FGG 45; es entsch der Richter (RPflG 14 Z 1). Auch mj Eheg ist selbst antrags- u beschwerdeberecht (FGG 59); RMittel FGG 19, 20, 59, 60 I Z 6; Kosten KostO 97 I Z 1. Das VormschG kann die Maßn ganz od teilw aufheben. Eintritt der Wirksamk der Vfg FGG 53; keine rückw Kraft (OLG **30**, 39). Antr auf Löschg im GüterRReg kann entspr § 1561 III auch vom betroffenen Eheg allein gestellt w, nachdem Entsch des VormschG rechtskr. Eine HerstellgsKl gg die Maßn gem II dürfte am RSchutzBedürfn scheitern (vgl 35. Aufl Anm 5).

1358 **Kündigungsrecht des Mannes bei Diensten der Frau.** Aufgehoben dch Art I Z 7 GleichberG, § 1356 Anm 1. Wg Berechtigg der Frau zur Erwerbstätigk § 1356 Anm 3.

1359 *Umfang der Sorgfaltspflicht.* **Die Ehegatten haben bei der Erfüllung der sich aus dem ehelichen Verhältnis ergebenden Verpflichtungen einander nur für diejenige Sorgfalt einzustehen, welche sie in eigenen Angelegenheiten anzuwenden pflegen.**

Schrifttum: Dieckmann, Zur Haftg unter Eheg, Festschr Reinhardt, 1972, S 51.

1) Allgemeines. Kein zwingendes Recht, Planck Anm 2, Dölle § 44 I 2. Erstreckt sich auf die Erfüll aller sich aus dem ehel Verhältn ergebenden Verpflichtgen, also nicht nur der aus §§ 1353 ff, mithin auch auf den Schaden, den ein Eheg bei Ausübg der sich aus § 1356 II ergebden Pfl dch den and erlitten hat, RG **148**, 303, desgl anläßl der Ausübg der Schlüsselgewalt, § 1357 Anm 3 b, der UnterhPfl, RG **138**, 5, den aus dem zw den Eheg geltden GüterR sich ergebden UnterhPfl, hier jedoch unter den Besonderheiten des § 1435; hingg nicht auf die Geschäfte der Eheg, die nur anläßl der Ehe erfolgen, zB Leihe eines FamSchmucks, od die AuseinandS nach Auflös der Ehe. Grdsl ist § 1359 auch anwendb auf **DeliktsAnspr,** aber nicht, wenn Kfz-Fahrer unter Verstoß gg VerkVorschr den Eheg an Gesundh od Eigt schädigt; wer sich darauf berufen, er pflege gewöhnl die VerkVorschr zu verletzen (BGH **53**, 352; **61**, 101). Doch kann aus § 1353 RPfl folgen, den SchadErsAnspr nicht geltd z machen, wenn sich näml der schädigde Eheg iR seiner wirtschaftl Möglk um einen Ausgl bemüht od der haftde Eheg dch die Inanspruchn wesentl Nachteile erleiden würde, BGH **61**, 105; sa Jayme FamRZ **70**, 389. Entscheidd für die Pfl zur Nichtgeltdmachg das künft opferbereite Verhalten des schuldigen Eheg, so daß Pfl bei Scheidg der Ehe entfällt (BGH **63**, 58). Der AusglAnspr eines Dritten gg den am Unfall mitschuld Eheg (Fahrer) w dch § 1359 nicht berührt, BGH **35**, 322, Ffm NJW **71**, 1993, aM Stoll FamRZ **62**, 64. Stillschweigde vorherige HaftgFreistellg ist idR unzul Fiktion, BGH **41**, 81, Gernhuber § 22 I 4.

2) Umfang der Haftg. Haftg jedenf für grobe Fahrlässigk, vgl § 277.

1360 *Verpflichtung zum Familienunterhalt.* **Die Ehegatten sind einander verpflichtet, durch ihre Arbeit und mit ihrem Vermögen die Familie angemessen zu unterhalten. Ist einem Ehegatten die Haushaltsführung überlassen, so erfüllt er seine Verpflichtung, durch Arbeit zum Unterhalt der Familie beizutragen, in der Regel durch die Führung des Haushalts.**

Schrifttum: Brühl FamRZ **57**, 277; Brühl/Göppinger/Mutschler, UnterhR 3. Aufl, 1. Teil (materielles R) 1973, 2. T (VerfR) 1976; Kalthoener/Haase-Becher/Büttner, Die Rspr der LGe zur Höhe des Unterh, 1975; Möllers Rpfleger **54**, 427; Reinicke DRiZ **58**, 43. **Zum 1. EheRG:** Dieckmann FamRZ **77**, 71; Diederichsen NJW **77**, 221.

1) Art 1 Z 8 GleichberG teilte den bisherigen § 1360 in die §§ 1360–1360 b auf. An Stelle der im wesentl einseit UnterhPfl des Mannes trat die beider Eheg, u zwar nicht nur als ggs, sond als Verpflichtg zur Aufbringg des FamUnterh. Es wird damit das Gesamtinteresse der Eheg u ihrer Kinder betont u die unnatür Aufspaltg des BGB in Unterh ieS, der bei den Ehewirkgen, u ehel Aufwand, der bei den güterrechtl Bestimmgen geregelt war (Boehmer MDR **50**, 390), aufgegeben u beides im Begriff **Familienunterhalt** zusgefaßt. Die UnterhVorschr gelten demgem in ihrem ganzen Umfang **bei jedem Güterstand.** Neufassg dch das **1. EheRG** Art 1 Z 5, wodch Leitbild der HausfrEhe aufgegeben w: Jeder Eheg hat fortan grdsl ein Recht auf Erwerbstätigk (§ 1356 II 1), das nur dch die Rücksichtn auf die FamBelange eingeschrkt w (§ 1356 II 2). Wird einem von ihnen die HaushFührg überlassen, so erfüllt er damit auch seine UnterhPfl ggü der Fam. Voraussetzg f die UnterhPfl ist eine gült, noch bestehde Ehe, ohne daß die Eheg getrennt leben. Bei Getrenntleben entfällt der FamUnterh; die ggseit UnterhPflichten regelt § 1361, diej von geschiedenen Eheleuten sind bis zum EheG **58** ff aF wieder in BGB versetzt w (§§ 1569 ff), die auch bei Aufhebg der Ehe (EheG 37 I) sowie uU bei nichtiger Ehe gelten (EheG 26 Anm 1). Wg der Inanspruchn von Verwandten, falls Eheg zur UnterhLeistg außerstande, vgl § 1608. Ob ein Dritter, der zum FamUnterh beizutragen hat, Ers vom unterhpflichtigen Eheg verlangen kann, richtet sich nach den allg Vorschr (Einf 5 vor § 1601). Dort auch wg ErstattgsPfl bei Unterstützg von öff Mitteln. – Der FamUnterh ist **zwingender Natur;** auch eheverträgl kann eine Eheg nicht auf den Unterh für die Zukunft verzichten, auch nicht teilw (§§ 1360 a III, 1614). Mögl aber formlose **Vereinbargen** über die Art u Weise des Unterh, insb auch darü,wieviel, wenn beide Eheg verdienen, jeder beisteuern soll (Anm 3 b), sowie über den Lebenszuschnitt der Fam. Das kann uU auch Nachteile haben, zB für Eheg § 842 ff (Fenn FamRZ **75**, 344 mNachw). Bedeuts ferner für AVG 43 bez Anspr auf Witwenrente (BSG NJW **75**, 712). Das GrdR auf **freie Berufswahl** (GG 12 I) geht der UnterhPfl nicht vor; unzul also, seinen Beruf aufzugeben, um sich weiter ausbilden zu lassen u dadch seine unterhberecht Angehör der SozHilfe zu überantworten (OVG Münst FamRZ **75**, 60). Vgl dazu auch Anm 3 a sowie § 1603 Anm 2.

2) Rechtliche Natur u Geltendmachg. a) Berechtigg. Aus § 1360 wird nicht die Fam als solche berecht, der auch die Rechtsfähigk dazu fehlen würde, sond ein Eheg erwirbt dadch einen **Anspruch gg den anderen Eheg** auf einen angemess Beitr zum FamUnterh bei entspr eig Verpfl. Jeder Eheg hat also das Recht, den and zum UnterhBeitr für die gemschaftl Kinder anzuhalten (Beitzke FamRZ **58**, 12; Bosch NJW **58**, 1954). Dagg haben die Kinder kein eig Recht aus § 1360 (aA Schade FamRZ **57**, 347); deren UnterhAnspr gg ihre Elt wird dch § 1360 f nicht berührt u regelt sich allein nach §§ 1601 ff, insb § 1606 III. **b)** Entspr der Berechtigg hat jeder Eheg gg den and ein **Klagerecht** (sa § 1629 II). Er kann Zahlg an sich (nicht etwa an eine gemeins Kasse) verlangen, um das Geld dann zweckgem zu verwenden (sa § 1360 a II 2). **Zuständig** f die UnterhKl ist das AG (GVG 23 a Z 2). Aber uU auch HerstellgsKl (Einf 3 vor § 1353), wenn Ehem die Zahlg v WirtschGeld schlechthin verweigert (vgl § 1360 a II sowie § 1357 Anm 3 b) bzw es in unwürd Weise gewährt (RG **97**, 286) od die Frau ihre MitArbPfl bei FamNotstand (unten Anm 3b) bestreitet. Wg Besonderheiten für die vorläuf UnterhRegelg im Ehestreit vgl ZPO 620 ff. **c) Eigenschaften des Anspruchs. Verjähr** in 4 J (§ 197), aber währd des Bestehens der Ehe gehemmt (§ 204). UnterhAnspr nur **bedingt pfändbar** (ZPO 850 b I Z 2 u II) u auch nur insow abtretb u verpfändb (§§ 400, 1274 II), wobei die Abtretbark nach den im Ztpkt der Fälligk gegebenen Tatsachen zu beurt ist. Nur iR der Pfändbark Aufrechng gg die UnterhFdg (§ 394). Zur Pfändbark des TaschengeldAnspr § 1360 a Anm 1 c. Bei Konk des UnterhPflichtigen KO 3 II; vgl iü Einf 3 vor § 1601. Strafrechtl Schutz StGB 170 b. **d)** Zw der ehel (§§ 1360-1361) u der nachehel (§§ 1569 ff) UnterhPfl besteht **Identität** (BGH 20, 127, 134; Karlsr NJW **75**, 314; Aach FamRZ **62**, 138; Esn FamRZ **65**, 218; Gernhuber § 30 II 1; Brühl/Göppinger/Mutschler 1. T Rdn 54; Teplitzky FamRZ **62**, 198 u 446, MDR **62**, 180; MüKo/Richter § 1569 Rdn 7; aA LG FfmRZ **68**, 397; LG Bln JR **63**, 302; Lauterbach in diesem Komm bis zur 32. Aufl mit ausführl Begrdg; Dölle § 41 III 1; Staud-Hübner Rdn 40; Künkel MDR **64**, 639). Begründg: Auch die nachehel UnterhPfl folgt aus der Ehe; auch wenn sie von einem Verschulden abhäng gemacht w, handelt es sich doch nicht um eine delikt SchadHaftg, sond um die im FamR wurzelnde UnterhPfl (Reinhardt, Zulässigk des Verzichts auf den nach Scheidg der Ehe gegebenen UnterhAnspr 1965, S 75 ff), an deren Ursprung auch die übr Modifikationen (zB hinsichtl der Höhe) desh nichts ändern können, weil diese für sich allein ebsowenig wie die verschuldete Eheverfehlg die Fortdauer der UnterhPfl zu rechtfertigen vermöchten. Daß nach Scheidg der Anspr nur auf §§ 1569 ff gestützt w kann u Rückgr auf § 1360 ausgeschl ist, besagt nichts gg die in der Ehe liegde gemeins Quelle beider AnsprGrdlagen; die Fortwirkg erloschener RVerhältn in einz RFolgen ist dem Recht iü auch sonst nichts Unbekanntes. Prakt Bedeutg: Verzug wirkt über Scheidg hinaus fort. Ebso ist Fortführg des vor Scheidg eingeleiteten UnterhProz keine KlÄnd (LG Kln FamRZ **60**, 275). Ein bereits vorh Vollstreckstitel gem §§ 1360 ff BGB behält auch nach Ehescheidg seine Wirksamk; eine neue Kl ist nicht erforderl. Der Schuldn wehrt sich dagg nicht mit der VollstreckgsGgKlage (ZPO 767), sond ggf mit der AbänderungsKl (ZPO 323). Die Gewährg von Sozialhilfe iVm einer Überleitungsanzeige (BSHG 90, 91) macht einen UnterhVerzicht dem SozHilfeträger ggü unwirks (Brühl/Göppinger/Mutschler Rdn 947 unter Berufg auf § 161 I). Zu beachten allerd, daß die Identitätsthese nicht in allen Fällen zu eindeut Ergebn führt; vielm bedarf es verfahrensrechtl bisw einer differenzierenden Beurt (Brühl/Göppinger/Mutschler 1. T Rdn 54). So ist VollstrGgKl zul bei völl Wegfall des UnterhAnspr (Gernhuber S 304 Anm 1).

3) Die Beitragsverpflichtg im einzelnen. Sie besteht für beide Eheg u ist von jedem dch seine Arb u mit seinem Verm zu bestreiten, **S 1**. Das heißt aber nicht, daß sie in gleicher Weise zu leisten od jeder Eheg in gleicher Höhe beizutragen hätte. Sind beide Eheg erwerbstät u haben versch hohe Einkommen, so müssen sie entspr ihren Einkünften beitragen (BGH FamRZ **67**, 380). Zur ggseit Ausbildgsfinanzierg § 1360 a Anm 1 c. Zur Verpfl. im Beruf od Gesch des and Eheg mitzuarbeiten, § 1356 Anm 4. Mangels einer allen Einzelfällen gerecht werdenden bes Vorschr hat der GesGeber es den Ehel überlassen, jew „eine angem Regelg zu finden" (BT-Drucks 7/650 S 100). Die Art u Weise des zu leistdn Unterh ist desh unterschiedl je nachdem, wie die Ehel ihre Ehe ausgestalten. Sie richtet sich insb danach, **welches Leitbild** sie ihrer ehel LebGmsch zGrde gelegt haben. Zur Verbindlichk desselben § 1356 Anm 2 a cc. Der GesGeber hat zwar in den §§ 1356, 1360 S 1 die HausfrEhe als gesetzl Leitmodell aufgegeben, berücksichtigt es aber iR der §§ 1356 I 2, 1360 S 2 auch noch für die Zukunft, währd entspr neue Bestimmgen für den Fall, daß beide Eheg voll od teilw erwerbstät sind (§ 1356 II 1), fehlen. Zu unterscheiden sind 3 Fälle: a) die Ehe, in der ein Teil an das Haus gebunden ist, b) die Ehe, in der beide voll erwerbstät sind, u c) diej, in der einer voll erwerbstät ist u der and Eheg hinzuverdient. Diese modellart Einteilg wird überlagert von der Unterscheidg danach, in welchem Umfg die Eheg unterhaltsrechtl verpfl sind, dch eig Erwerbstätigk zum FamUnterh beizutragen. Auch hier kann es sich um eine volle od um eine Teilzeitbeschäftigg handeln. Die **Wahl einer HausFührgsehe** kann dch äuß Umst eingeschränkt od ausgeschlossen werden. So darf ein Vater, der seinem Kind aus 1. Ehe unterhaltspflichtig ist, nicht als Hausmann in seiner 2. Ehe auf jegl Zuverdienst verzichten; abgestellt wird dann auf das zB dch Zeitungsaustragen erzielb Einkommen (Krfld NJW **77**, 1349; § 1603 Anm 2 b). Daß es damit Ehen verschiedener GestaltgsFreih gibt, ist in Grenzen hinzunehmen; denn auch der UnterhAnspr des Kindes aus 1. Ehe verdient den Schutz des GG Art 6.

a) Die **Haushaltsführungsehe** ist entweder Hausfrauen- od Hausmannsehe, **S 2**, u zeichnet sich dch eine strikte Trenng der Berufssphären beider Ehel aus. Der eine Teil, herkömmlicherw die Ehefr, konzentriert sich ganz auf die HaushFührg; der and Teil, gewöhnl also der Ehem, geht einer Erwerbstätigk nach, um die für den Ehe- u FamBedarf notw Geldmittel zu verdienen. Die HaushFührg dch einen Eheg stellt regelm „eine gleichwert u nicht ergänzgsbedürft BeitrLeistg zum FamUnterh" dar (BT-Drucks 7/650 S 99). Dieses Ehemodell erscheint nach dem Wortlaut des Ges (§ 1356 II 1) ijF fakultativ, erweist sich aber dann, wenn Rücksichtn auf die Belange des and Eheg u der Fam einer Erwerbstätigk entggstehen (§ 1356 II 2) prakt als obligator. „Dadch, daß die HausfrEhe nicht mehr als alleiniges gesetzl Leitbild fixiert w, soll diese Gestaltgsform der ehel Gemsch nicht zurückgedrängt w. Die HausfrEhe erscheint für best Ehephasen – etwa dann, wenn Kleinkinder od heranwachsde Kinder vorh sind – in bes Weise ehegerecht" (Begrdg zum RegEntw, BT-Drucks 7/650 S 98).

aa) Der **verdienende Ehegatte** wird idR einer Erwerbstätigk außerh des Hauses dch Ausüb eines seiner Vorbildg entspr Berufes nachgehen müssen. Er muß also den erforderl GeldBetr aufbringen. Ausnahmsw kommt Arb im Hof der Ehefr in Betr (BGH FamRZ **63**, 281; sa § 1356 Anm 4 a). Zum Umfang seiner Mit-Arb im Haush vgl § 1353 Anm 2 b dd. Zur Sicherstellg des FamUnterh kann **Berufswechsel** od Übern v and Arbeiten verlangt w, sofern dies zumutb erscheint (Stgt FamRZ **72**, 643; Brem NJW **55**, 1606; Celle FamRZ **71**, 106). Unterläßt er es, eine zumutb, wesentl besser bez Tätigk aufzunehmen, so ist f seine UnterhPfl von dem Betr auszugehen, den er ow verdienen könnte (Kln MDR **72**, 869). Unzumutbark besteht, wenn die Aussicht fehlt, eine neue Lebensstellg zu erlangen, ferner f die Dauer der Berufsausbildg. Vgl iü Anm 1 u § 1603 Anm 2. Der verdienstlose Student kann aus dem Eink seiner verdienden Ehefr einen Teil verlangen, ohne daß er auf einen mögl NebVerdienst verwiesen w könnte (Knorn FamRZ **66**, 603). Eine Verpflichtg zur Arb besteht nicht, solange der FamUnterh dch die Einkfte aus dem **Vermögen** aufgebracht w kann. Nur in Notfällen darf dessen Stamm z Unterh verwendet w. Auch das ist ausgeschl, wenn das Verm den Verhältnissen nach unverwertb, zB Rückl für das Alter, nur zu einem Schleuderpreis verwertb od wenn der Verkauf untunl ist, weil dem Eheg die ErwerbsGrdlage entzogen w (Landwirtsch, kaufm Gesch).

bb) Der and Eheg leistet entspr der ihm nach § 1356 I 2 obl **Haushaltsführg** einen gleichwert Beitr, S 2. Damit ist, wenn es sich um eine vollst u nicht nur teilw Überlassg der HaushFührg handelt, seine Beitr-Verpfl abgegolten. Mehreren Berecht (Eheg u Kind) stehen eig Anspr zu (also keine Gesamtgläubigersch), die nach Höhe u Dauer (vgl auch § 844 II) ein selbstd Schicksal haben können (BGH NJW **72**, 1716; FamRZ **73**, 129). Wird die Ehefr dch unerl Hdlg an der Führg des Haush, also an ihrer UnterhLeistg gehindert, so steht ihr selbst, nicht ihrem Ehem der SchadErsAnspr zu (BGH **50**, 304; **51**, 111). Verhinderte HaushTätigk gehört schadensrechtl teils z Erwerbsschaden, teils z Gruppe der vermehrten Bedürfn (BGH NJW **74**, 41). Zur Verpfl, ggf neben od statt der HaushFührg erwerbstät zu werden, Anm c; zur MitArbPfl im Beruf od Gesch des and Eheg § 1356 Anm 4a.

b) Bei (freiwill) Erwerbstätigk beider Eheg, insb auch der Ehefr, spricht man von einer **Doppelverdienerehe**. Eine gesetzl Regelg fehlt bewußt (BT-Drucks 7/650 S 75). Als Alternative zur HaushFührgsEhe ist dieses Ehemodell regelm im Einvernehmen der Eheg zu verwirklichen. Obligator wird es nur bei völl unzureichdem Verdienst des einen Eheg (geringer Umsatz in einem EinzelhandelsGesch, Konkurs, Krankh, Arbeitslosigk uä); vgl aber auch Anm c. Regelgsprobleme bleiben die Aufteilg der HausArb u die Heranziehg zur finanz Beteiligg am FamUnterh. **aa)** Die **Haushaltstätigk** ist auf beide Eheg gleichmäß zu verteilen, soweit beide in abh Arb stehen u die tarifl festgesetzte Stundenzahl arbeiten, aber auch bei beiderseit selbstd ErwTätigk, wie LebensmittelGesch des Ehem u Hebamme (Bambg VersR **77**, 724). Um die Kinder haben sie sich gemeins zu kümmern (BSG FamRZ **77**, 642). Ist die ArbZeit unterschiedl hoch, ändert sich auch die Beteiligg an der HausArb entspr. Besonderen Belastgen des einen Eheg zB in einem freien Beruf ist dch vermehrte Leistgen des berufl weniger in Anspr gen und Eheg Rechng zu tragen. Vorrangig u desh empfehlensw sind entspr Vereinbgen zw den Ehel. **bb)** Der **finanzielle Beitrag zum FamUnterhalt** bestimmt sich nach dem Einkommen beider Eheg (§ 1360a I); die Doppelverdienerehe läßt idR den angem FamBedarf ggü der HaushFührgsehe steigen. Zweckm sind auch hier weiter Vereinbgen zw den Ehel ü die Höhe der finanz Beteiligg an den FamKosten; sie haben Vorrang ggü der dch Lückenausfüllg gefundenen rechtl Regelg (vgl Hamm NJW **69**, 1673). Bei Zuvielleistg § 1360b. Oft hilft Ausslegg des Verhaltens der Eheg. Wird zB SparKto eingerichtet, auf das nur das Eink eines Eheg eingezahlt, währd das des and im Haush verbraucht w, so entsteht BruchtGemsch (BGH FamRZ **66**, 442). Verdient ein Eheg genug, um den vollen FamUnterh zu bestreiten, ist der and ebf voll erwerbstät Eheg grdsl nicht berecht, den dch freiw Tätigk erworbenen Verdienst für sich zu behalten (BGH NJW **74**, 1238). Er hat vielm entspr seinem Eink auch finanziell zum FamUnterh beizutragen. Seine BeitragsPfl verringert sich aber entspr dem Umfang der außerd persönl geleisteten HausArb (BGH NJW **57**, 537). Entscheidd die tats Verhältn: Im Extremfall voller Doppelbelastg mit Haush u Erwerbstätigk würde der eig Verdienst voll verbleiben. In Wirklichk dürfte dann nur bei Teilzeitbeschäftigg in Frage kommen (Anm cc). Um zu einem gerechten InteressenAusgl zu kommen, müssen der Wert der tatsächl erbrachten HaushArb berechnet u Fiktionen gleich starker Belastg beider Ehel vermieden w (vgl Göhring FamRZ **74**, 635). Zu den Modalitäten der hier erforderl Umrechng vgl Brühl/Göppinger/Mutschler 1. T Rdn 511ff. Daß von den Einkünften dem Ehem zurückbleibender eig Verdienst des Ehefr bleibt insb iRv ZPO 850c unberücksichtigt (BAG FamRZ **75**, 488 mAv Fenn). Im Ggsatz zu früh R geht es inf der beiderseit Berechtigg zur Erwerbstätigk (§ 1356 II 1) heute zu Lasten beider Doppelverdiener, wenn die HaushFührg dch bezahlte Hilfe ganz od teilw ersetzt w muß od sonst Verteuergen in der HaushFührg eintreten (zum bish R Hamm FamRZ **62**, 318). **cc)** Von der Doppelverdienerehe ieS ist die **Zuverdienstehe** zu unterscheiden, bei welcher der haushführde Eheg, idR also die Ehefr, einer Teilzeitbeschäftigg nachgeht (HalbtagsArb, HeimArb). Für sie gelten die Ausführgen zur DoppVerdienerehe entspr, es sei denn die Tätigk behindert die HaushFührg nur unwesentl u dient lediglich dazu, dem betr Eheg ein „Taschengeld" zu sichern (zum echten TaschenGAnspr § 1360a Anm 1c). So muß Ehefr, die 600 DM netto iR der Altenbetreuung verdient, davon zum HaushGeld beitragen, wenn Ehem als BuBahnbeamter 2636 DM erzielt (Celle FamRZ **78**, 589).

c) Die **Verpflichtg zur Aufnahme einer Erwerbstätigk** aus Grden der UnterhPfl ist von der Pfl zur MitArb im Beruf od Gesch des and Eheg, die Ausfluß der ehel LebGemsch ist, zu unterscheiden (§ 1356 Anm 4). Dem Recht auf Erwerbstätigk gem § 1356 II 1 korrespondiert ggf gem § 1360 S 1 die Verpfl, eine Erwerbstätigk aufzunehmen, um sich dem Arb die Fam angem zu unterhalten. **aa) HaushFührgsehe**. Eine solche Verpflichtg kann auch dann entstehen, wenn einem Eheg die HaushFührg überlassen ist (§ 1356 I 2), denn dieser erfüllt seine UnterhPfl dadch nur „idR" (S 2). Grdsätzl aber besteht unabh von der Abschaffg des Leitbildes der HausfrEhe gem GG 6 I (zG beider Geschlechter) u gewohnheitsrechtl (zG der Frau) ein erhöhter Vertrauensschutz desj Eheg, dem die HaushFührg überlassen w ist (vgl Anm a mit der amtl Begrdg sowie § 1356 Anm 2 a cc), so daß eine Verpfl, unter gänzl od teilw Aufg der HaushFührg erwerbstät zu werden, AusnFall bleiben muß. Eine derart Verpfl besteht jedoch, wenn α) die ArbKraft des and Eheg zur Deckg seines Beitr nicht ausreicht. Keinesf kann der verdiende Eheg bei genügdem eig ArbEinkommen od ausr sonst Einkften verlangen, daß der haushführde Eheg zur Verbesserg des LebStandards od zum Bestreiten einer best Anschaffg einer Erwerbstätigk aufnimmt, u zwar auch dann nicht, wenn der haushführde Eheg dch eig Tätigk erhebl mehr verdienen könnte, als das an seiner Stelle eingesetzte Hauspersonal kosten würde; ebsowenig, wenn Kinder nicht mehr im Hause sind. Keine Rolle spielt, ob die Erwerbstätigk in den Kreisen übl ist, denen die Ehel angehören (vgl BGH MDR **69**, 564). β) Die Verpflichtg des haushführden Eheg zu eig Erwerbstätigk hängt weiter davon ab, daß die sonst Einkfte des Eheg nicht bzw geringer sind. Vorher sind also sämtl VermErträgnisse, auch die des KindesVerm unter Beachtg der Zweckbestimmg dieser Einkfte (§ 1649), eine Arblosenunterstützg, Pension, Rente, Mieteinnahmen, nicht dagg (wg Zweckgebundenh) eine Behindertenzulage od nur f einen Eheg persönl best Zuwendgen Dritter (Köhler NJW **57**, 940) aufzuwenden. γ) Die Erwerbstätigk muß dem haushführden Eheg zumuten sein (Maßferholz DNotZ **57**, 349), was sich nach dem konkr FamNotstand bestimmt. Das Beharrsinteresse des haushführden Eheg muß umso mehr zurückgestellt w, je größer der Notstand ist. Aber grdsl keine ErwerbsPfl bei mehreren erziehgsbedürft Kindern od Krankh des haushführden Eheg, ebso wie auf dessen Alter u körperl LeistgsFähigk, Vorbildg, zeitl Abstand zur früh Tätigk u die Art der mögl Beschäftigg Rücks zu nehmen ist. Die Verpfl zur

Bürgerliche Ehe. 5. Titel: Wirkungen der Ehe im allgemeinen §§ 1360, 1360a

Erwerbstätig entfällt in dem Umfang, in dem der and Teil seinen Beitr z FamUnterh wieder leisten k.
bb) War der haushführde Eheg längere Zeit voll erwerbstät (Doppelverdiener) od hat er bereits teilw hinzuverdient, so ist ihm die Beibehaltg od WiederAufn einer Erwerbstätigk leichter zuzumuten.

1360a *Umfang der Unterhaltspflicht; Prozeßkosten.* I Der angemessene Unterhalt der Familie umfaßt alles, was nach den Verhältnissen der Ehegatten erforderlich ist, um die Kosten des Haushalts zu bestreiten und die persönlichen Bedürfnisse der Ehegatten und den Lebensbedarf der gemeinsamen unterhaltsberechtigten Kinder zu befriedigen.

II Der Unterhalt ist in der Weise zu leisten, die durch die eheliche Lebensgemeinschaft geboten ist. Die Ehegatten sind einander verpflichtet, die zum gemeinsamen Unterhalt der Familie erforderlichen Mittel für einen angemessenen Zeitraum im voraus zur Verfügung zu stellen.

III Die für die Unterhaltspflicht der Verwandten geltenden Vorschriften der §§ 1613 bis 1615 sind entsprechend anzuwenden.

IV Ist ein Ehegatte nicht in der Lage, die Kosten eines Rechtsstreits zu tragen, der eine persönliche Angelegenheit betrifft, so ist der andere Ehegatte verpflichtet, ihm diese Kosten vorzuschießen, soweit dies der Billigkeit entspricht. Das gleiche gilt für die Kosten der Verteidigung in einem Strafverfahren, das gegen einen Ehegatten gerichtet ist.

1) Umfang des Familienunterhalts, I. Vgl § 1360 Anm 1; Neufassg v II 2 dch 1. EheRG Art 1 Z 6, währd die im RegEntw vorgesehene Versagg des ProzKostVorsch bei RStreitigkeiten, die sich gg den unterhaltspflicht Eheg richten (BT-Drucks 7/650 S 100), vom RAussch abgelehnt w (BT-Drucks 7/4361 S 26), so daß IV unveränd geblieben ist. **a)** Angem Unterh ist der **gesamte Lebensbedarf der Familie**, also alles, was notw ist zur Bestreitg der HaushKosten, der persönl Bedürfn beider Eheg u des LebBedarfs der gemeins Kinder u der ihnen gleichstehden Pers (§§ 1719, 1757), soweit sie unterhberecht sind (§§ 1602, 1603). Zum FamUnterh gehören demgem das **WirtschGeld** u die sonst Gelder für die iR der Haushführg v dem dazu verpfl Eheg zu bestreitden Ausgaben (§ 1356 Anm 2; § 1357 Anm 3b). Das Wirtsch- od HaushGeld hat idR nur den Zweck, dem haushführden Eheg die Besorgg der Geschäfte des tägl Lebens zu ermögl, währd außergewöhnl Anschaffgen u Ausgaben grdsl nicht davon zu bestreiten sind; bei der Bemessg ist jedoch zu berücks, wenn nach der tatsächl Handhabg der Eheg der haushführde Teil auch solche Kosten trägt, die über den übl Rahmen hinausgehen (Celle FamRZ 78, 589). Das **Maß des FamUnterh** bestimmt sich nach dem, was nach den Verhältn beider Eheg f die Bedürfn der Fam erforderl ist, wobei ein obj Maßstab, zB der LebStil gleicher Berufskreise, anzulegen ist u das Eink beider Eheg die Grdlage bildet u die UnterhPfl nach oben begrenzt. Wieweit das Eink ganz aufzuwenden ist, hängt v seiner Höhe u davon ab, ob wesensgeb einmalige Ausgaben, zB Ausbilgskosten der Kinder, zu erwarten sind, die Rücklagen erfdl machen. Übersteigt das Eink den angem Unterh od vereinb die Ehel, was bei Wahrg eines Mindeststandes grdsl zul ist, sparsamer zu leben, so verbleibt beim gesetzl Güterstd der unverbrauchte Rest demj Eheg, der diese Einkfte erzielt h (§ 1364), kommt aber ggf beim Zugew zum Ausgl (§§ 1371, 1372).
b) Zum FamUnterh gehören als **Haushaltskosten** die Aufwendgen f Nahrg, Heizg, Beschaffg des erforderl Wohnraums, nicht aber des Eigt daran, also keine Verpfl zur Beschaffg eines Eigenheims (BGH NJW 66, 2401), wohl aber Anschaffg u Erhaltg der Wohneinrichtg u der erforderl Ggste fürs Haus, wofür ggf Beträge außerh des WirtschGeldes zur Vfg z stellen sind, Bekleidg einschl ArbKleidg v Eheg u Kindern, aber auch nach den LebVerhältn der Ehel Schmuck u Luxusgarderobe, Bambg FamRZ 73, 200, auch einmalige Aufwendgen wie Krankh-, Kur- u Ferienkosten, Düss FamRZ 67, 43, Entlohng u Beköstigg v HausAngest, ferner Ausgaben zur Entspanng u Fortbildg, überh zur Pflege (auch nicht gemeins) geist, polit u kultureller Interessen (evtl aber Anrechng auf TaschenG, vgl unten c), also auch der Beiträge f derart Organisationen, Kirchensteuer, Erziehgs- u Ausbildgskosten der Kinder, § 1610 Anm 4, schließl die Kosten der Altersicherg der Ehel, BGH FamRZ 60, 225. Nicht hierher gehören aber UnterhGelder f **bedürftige Verwandte** des and Eheg (Ausn in § 1459 Anm 3). Der dahin zielde § 1360e RegEntw II, der solchen Verwandten einen direkten Anspr geben wollte, ist zur Vermeidg v Störgen des FamFriedens nicht G gew, Ausschußbericht S 38; s aber § 1371 IV. Handelt es sich um ein **Stiefkind**, für das die Mutter vor der Eheschl selbst gesorgt h, so w im allg eine stillschweigde Vereinbg angen w müssen, daß der Ehem ihr währd des Bestehens des gemeins Haush, Nürnb FamRZ 65, 217, den erforderl Unterh zur Vfg stellt, Düss FamRZ 58, 106, aM Schrade FamRZ 57, 344, so daß wg dieser tatsächl erfolgden Zahlg die SozialBeh nicht z leisten braucht. Da jedoch eine gesetzl UnterhPfl nicht besteht, BGH JZ 69, 704, kann der Stiefvater aus trift Grd die UnterhZahlg einstellen, so daß damit die Hilfsbedürftigk des Stiefkindes iS der Sozialhilfe Bestimmgen weiter gegeben ist, BVerwG MDR 60, 526, sa OVG Lüneb FamRZ 57, 30.
c) Die UnterhPfl erstreckt sich auch auf die **Befriedigg persönlicher Bedürfnisse** der Eheg. Sämtl hierunter fallden LebErleichtergen (eig ArbZimmer, ärztl nicht gebotene Diät, vermehrter Kleiderbedarf usw) unterliegen der obj Beschrkg von Anm a. Umstr ist, ob Ehel innerh einer intakten Ehe einen ggs **AusbildgsfinanziergsAnspr** haben (so Brühl/Göppinger/Mutschler 1. T Rdn 478; Jung FamRZ 74, 516f mwNachw). Vorzug verdient die ggteil hM (Soergel/Siebert/Lange § 1360a Anm 3; Staudinger/Hübner § 1361 Anm 28 ua) jedenf für den Normalfall; anders ist dagg zu entscheiden, wenn es sich ledigl um den Abschl einer begonnenen Ausbildg handelt (Studentenehe). Im Verhältn zu den SchwElt fällt die Ausbildgslast gem §§ 1608 S 1, 1610 II dem Eheg zu (Salzg FamRZ 76, 179). Nach Scheidg Ausbildgsfinanzierg gem § 1575 I. Kein Eheg kann einen best EinkAnteil für sich verlangen, also nicht die ArblosenVers od eine Rente f sich behalten; er hat vielm die Bedürfn der ges Fam entspr zu berücks, selbst wenn der GesBetr f alle nicht ausreicht. Aber zG eines Eheg sind die ihn allein treffden UnterhPflichten anzurechnen, jedenf soweit sie gleichrang sind, zB UnterhAnspr der gesch Ehefr. Ferner hat jeder Eheg Anspr auf einen angem Teil des GesamtEink als **Taschengeld,** dh auf einen GeldBetr, ü den er zur Befriedigg reiner Privatinteressen frei verfügen k, RG 97, 289. Das TaschenG des haushführden Eheg, also iF der HausfrEhe (§ 1360

Anm 3a) der Ehefr, ist regelm ohne nähere Bezifferg im WirtschGeld enthalten (vgl Anm 2a), so wie der verdiende Eheg sein TaschenG einbehält. Andernf hat der nicht verdiende Eheg gg den and einen entspr Anspr. Die Höhe des TaschenG richtet sich nach Verm, Eink, Lebensstil u Zukunftsplang der Ehel, hängt also wesentl v Einzelfall ab. Meier-Scherling FamRZ **59**, 392, nennt 5–7% des MannesEink als Richtsatz. Bergerfurth (EheR S 96) innerh der HaushFührgsehe 5% des NettoEink. Der Anspr ist nicht nach ZPO 850 b II Z 2 bedingt pfändb (so aber Kblz NJW **61**, 2166; Celle NJW **62**, 1731 u MDR **73**, 322; Mü OLG **75**, 58; LG Mü II NJW **76**, 1948), sond, solange die Ehel nicht ihrers den Anspr verselbständigt haben, als untrennb Bestandteil des FamUnterh nach ZPO 851 unpfändb (hM; LG Mü NJW **61**, 1408; LG Esn NJW **62**, 256; LG Bln NJW **67**, 204 u FamRZ **78**, 185). Die GgMeing führt zwangsläuf (vgl Kiel NJW **74**, 2096) zu einer unter dem GleichhGesPkt unvertretb differenzierten Behandlg v überdchschnittl Eink auf der einen sowie mittleren u kleineren Eink auf der and Seite. Im DrSchuProz hat das Ger die Frage der Pfändbark nicht zu entsch, sond die Pfändg aGrd des nur anfechtb Pfdges- u ÜberweisgsBeschl zu beachten (Hamm FamRZ **78**, 602). Keine Pfl des nicht berufstät Eheg, den TaschenGAnspr geltd zu machen, um eine Geldstrafe bezahlen zu können (LG Esn FamRZ **70**, 494). – Der ebenf zum FamUnterh gehörde TaschenG-Anspr der Kinder richtet sich nach deren Alter u dem Eink der Elt.

2) Die Unterhaltsleistg. a) Deren *Art* ergibt sich aus der LebGemsch, **II 1**. Wenn II 2 idF des 1. EheRG die Eheg verpfl, die erforderl Mittel im voraus zur Vfg zu stellen, so sollte damit nur eine Anpassg an die Aufg des Leitbildes der HausfrEhe vorgen w (BT-Drucks 7/650 S 100); iR einer Reform, die die Ausgestaltg der ehel Gemsch ganz dem Einvernehmen der Ehel überläßt, ist sie eigtl überflüss u jedenf auf die Haushführgs- u Zuverdienstehe zu beschränken (§ 1360 Anm a u b cc). Iü darf sich auch der verdiende Eheg nicht damit begnügen, die f den Unterh erforderl Geldmittel bereitzustellen, sond muß sich aktiv darum kümmern, daß die Fam versorgt ist. Der UnterhPfl wird also grdsätzl dch **Naturalleistg** genüge getan u richtet sich auf Wohng, Verpflegg, Bekleidg, VersSchutz (Anm 1), sowie vS des haushführden Eheg (§§ 1356 I 2, 1360 S 2) auf die HaushFührg u die damit zushängden Besorggen, mag das Bewußtsein v dieser GrdVerpflichtg in Zeiten des materiellen Wohlstands auch etwas zurückgetreten sein. Es genügt, wenn die Ehel einander die Möglk geben, den Unterh im Hause z empfangen; die Gewähr des einzelnen Geldrente zw Ehel ist grdsl ausgeschl (Warn **15**, 24). Anders bei Getrenntleben (§ 1361 IV 1). In Analogie hierzu ist Anspr auf Geldrente zu bejahen, wenn keine häusl Gemsch mehr besteht (RG HRR **33**, 1762) od wenn Ehel ohne Trenng in Scheid leben u der Ehem es ablehnt, sich von seiner Frau beköstigen zu lassen (KG NJW **73**, 1130). Der verdiende Eheg hat das **Wirtschaftsgeld**, also mehr als die bloßen HaushKosten (vgl I) wg § 1356 I 2 ohne vorherige Bitte des haushführden Eheg für einen angem Ztraum, der sich nach den eig Verdienstauszahlgen richtet (Maßfeller DNotZ **57**, 350), im voraus zu entrichten, **II 2**. Andernf steht dem and Eheg die LeistgsKlage zu, bei grdsätzl Weigerg des verdienenden Eheg auch die HerstellgsKl (Einf 3 v § 1353). Der haushführde Eheg muß das ihm überlassene, nicht übereignete Geld f den FamUnterh verwenden. Abzügl seines Taschengeldes (Anm 1c) gebühren ihm Ersparn nur in Absprache mit dem Eheg. Trotz § 1356 I 2 besteht in gewissem Umfang RechenschPfl; umgek ist aber übertriebene Kontrolle der Haush-Führg unzul (vgl Nürnb FamRZ **60**, 64). Anspr auf WirtschGeld nicht abtretb u damit un(ver)pfändb (§ 1274 II, ZPO 851); iü gilt ZPO 850d (Esn MDR **64**, 416) u f das WirtschGeld selbst ZPO 811 Z 2.

b) Zeitliche Abgrenzg, III. Wg Geldmachg des UnterhAnspr f die Vergangenh u Vorausleistgen f die Zukft §§ 1613, 1614 III. Verzicht f die Zukft ist unzul, ebso Abfindg. Der UnterhAnspr erlischt mit dem Tode eines der Eheg; vgl iü § 1615.

3) Prozeßkostenvorschuß (PKV), **IV. a)** Die Verpfl, dem and Eheg PKV z leisten, ist trotz ihrer Vorläufigk, vgl Anm d, entspr der systemat Stellg der Vorschr u im Vergl zur VorschußPfl ggü Kindern (von der auch der nicht sorgeberecht EltT belastet bleibt, § 1610 Anm 3) **Ausfluß der UnterhPfl**, BGH FamRZ **64**, 558, u nicht aus der ehel FürsPfl abzuleiten, so aber Künkel FamRZ **64**, 550, Ffm FamRZ **59**, 62. IV gilt sowohl bei Streitigk der Eheg untereinander wie auch eines Eheg gg einen Dritten, ferner in StrafVerf u solchen vor and Gerichten, auch im Verf der freiw u VerwGerichtsbark, OVG Lünebg FamRZ **73**, 146. IV gibt **abschließde Regelg**, BGH **41**, 110, Düss NJW **60**, 2189, aA Pastor FamRZ **58**, 300; weitergehde Verpflgen ergeben sich weder aus § 1353 noch aus der ZPO, die insow kein materielles Recht enthält u folgl die PKVPfl nicht selbst begrden kann. Daher IV nicht anwendb auf RAGeb im ArmRVerf, KG FamRZ **68**, 651. Als Teil des Unterh genießt PKV das VorR von ZPO 850d, aM StJSch ZPO 850d Anm I B 1, LG Essen Rpfleger **60**, 250, LG Aachen FamRZ **63**, 48 (Scheidgsvorschuß). In UnterhSachen kann das ProzGer dch **einstweilige Anordng** die Verpflichtg zur Leistg eines PKV regeln (ZPO 127a, 620 Z 9, 621f; zum Verhältn dieser Vorschr zueinand NJW **77**, 607). Vor Anhängigk einer Ehesache (ZPO 620a II) kann der Anspr auf PKV iW der einstw Vfg (ZPO 935, 940) geltd gemacht w (Düss NJW **78**, 895; aA Oldbg FamRZ **78**, 526). Kein Verlust des Anspr auf PKV, wenn berecht Eheg Vorschub an RAnw aufbringt (Kiel SchlHA **76**, 57; aA Ffm FamRZ **67**, 484; Mü FamRZ **76**, 696).

b) Voraussetzg der VorschußPfl ist zunächst **aa)** eine wirks geschl **Ehe**. Die PKVPfl ist auf den **nachehel UnterhAnspr** der §§ 1569ff auszudehnen (vgl § 1578 I 2). Das verlangt einmal die Qualifizierg der PKVPfl als Unterh (nur als Ausprägg der wechselseit BeistdsPfl käme sie nach EheAuflösg nicht mehr in Betr); zum and ergibt diese Auffassg zwingd aus der Verpflichtg zum Vorschuß auch iR sonstiger Unterh-Anspr (Darmst NJW **74**, 1712; vgl § 1610 Anm 3 c). Der Umkehrschluß, „Eheg" in IV verbiete die Erweiterg der PKVPfl auf NichtEheg, überzeugt nicht, weil § 1360a den sachl u nicht den personalen Umfang der UnterhPfl konkretisiert. (Wie hier: Duisbg FamRZ **60**, 68, LG Köln MDR **61**, 773, Bonn FamRZ **64**, 88, Kassel NJW **65**, 1717, Brühl Rdz 255; aM Ffm FamRZ **70**, 141, Krefeld FamRZ **63**, 256, Wuppt NJW **65**, 869; Düss FamRZ **78**, 124; AG Hanau FamRZ **78**, 419 aus §§ 1360a IV, 1361 IV 4, ZPO 127a analog; Soergel-Herm Lange 19; Dölle I 444 Fn 95). PKV auch für RestitutionsKl gg Scheidgs-Urt (Hamm FamRZ **71**, 651). **bb)** Die PKVPfl hängt weiter davon ab, daß der berecht Eheg **außerstande** ist, die **Kosten des RStreits selbst zu tragen**. Das ist z bejahen, wenn sonst die zu einem angem Leb-Unterh erforderl Mittel nicht unerhebl in Anspr gen w, Hbg NJW **60**, 1768. Ist auch der and Eheg finanziell beengt, so muß der den PKV Fordernde zunächst (wie in ZPO 114) die eig Mittel bis an die Grenze des notw Unterh einsetzen, Hbg aaO. Ob vor Geltdmachg des PKV der VermStamm angegriffen w muß, so Reinicke DRiZ **58**, 44, ist eine Frage der Zumutbark, also unter Billigk-Gesichtspkten zu prüfen. Unzumutb ist die Belastg des GrdBesitzes, Karlsr MDR **58**, 932, idR auch Finanzierg des EhescheidgsStr mit einem prämienbegünst Sparguthaben (Celle MDR **67**, 402); maßgebd inwieweit dem VermStamm zur Proz-Führg bereite Mittel angehören (Karlsr MDR **58**, 932), etwa verneint bei 20 000 DM DarlVergabe u 7000 DM Pfandbriefe (Mü FamRZ **76**, 696). Zur Aufn einer Erwerbstätigk vgl § 1360 Anm 3 c. Bei teilw LeistgsMögk besteht die PKVPfl nur f den Rest. **cc)** Da die PKVPfl nur iR der Billigk besteht, muß der **in Anspr genommene Eheg leistgsfähig** sein. Er braucht sich nicht auf den notw Unterh beschränken z lassen u auf Güter des gehobenen Bedarfs z verzichten, Köln MDR **63**, 680. Ggü der Tilgg v DarlVerbindlken ist die PKVPfl als UnterhLeistg vorrang, Köln MDR **62**, 54. In Betr kommt auch von der gerichtl AO z Zahlg des PKV in Raten iVm einem NachzahlgsBeschl gem ZPO 125, Köln NJW **65**, 1721. **dd)** Die PKVPfl besteht nur für **persönl Angelegenheiten** (dazu Koch NJW **74**, 87). Je weiter dieser Begr gefaßt w, desto weniger kommt das ArmR in Betr u umgekehrt; zu achten ist desh darauf, daß nicht Ehepaare den finanzschwachen Teil vorschicken u auf Kosten der Allgemeinh prozessieren. Der RStr muß eine genügd enge Verbindg zu den persönl Bedürfnissen des Eheg haben; daß wirtschaftl od soz Stellg des Eheg maßgebd beeinflußt ist, reicht für sich allein bei Streit mit Dritten nicht aus, BGH **41**, 111. Auch auf vermögwerte Leistgen gerichtete Anspr können persönl Angelegenh sein, sofern sie ihre Wurzel in der Leb-Gemsch der Eheg haben, BGH **31**, 386. Persönl Angelegenh sind somit Ehe-, Entmündiggs-, Statussachen, ebso solche, die die Gesundh betreffen, auch nach Erlangg einer Invalidenrente, BSozG NJW **60**, 502, Schad-Ers f fehlerh ärztl Behandlg, Ffm FamRZ **67**, 43, Ehre, Freih, Unterh- u ähnl Anspr, Brschw NJW **58**, 1728, u solche betr die Wiederherstellg der Gesundh u ArbKraft, einschl SchmerzG, LG Hagen NJW **59**, 48, desgl AuskVerlangen, um die Auseinandersetzg mit dem and Eheg vorzubereiten, BGH **31**, 384, PKV außerd aber auch vom fruher Ehem, um ZugewAusgl geltd zu machen (Düss FamRZ **75**, 102), ferner Feststellg der Gültigk eines PflichttAnspr, da dieser familiären Bindgen entspringt, Köln FamRZ **61**, 122. Keine persönl Angelegenh dagg die Geltdmachg des gesellschrechtl AuseinandSGuthabens ggü Dritten, BGH **41**, 112. Für **Strafsachen** vgl IV 2. Von **VerwaltgsStreitigken** sind Führerscheinentziehg u Ausweisg persönl Angelegh, Baugenehmiggen idR nicht, wohl aber NachbKlagen gg Baugenehmiggg, wenn das auch vom and Eheg bewohnte Grdst vor Immissionen geschützt w soll, OVG Lüneb FamRZ **73**, 145. **ee)** Da das PKV-Verlangen der Billigk entsprechen muß, darf die beabsichtigte RVerfolgg **nicht mutwillig** od **offensichtl aussichtslos** sein, KG JW **25**, 2147. Keine Prüfg der ProzAussichten wie beim ArmR gem ZPO 114, Ffm FamRZ **59**, 63, Köln MDR **61**, 941, LG Bln FamRZ **66**, 513 (aA Gernhuber § 21 IV 4, Pastor FamRZ **60**, 263), da bei einem beabsicht RStreit gg einen Dritten der vorschußpfl Eheg gewissermaßen in dessen Rolle auftreten müßte, ohne über entspr Kenntn z verfügen. VorschußFdg unbill bei erwiesener unerl Hdlg des Eheg gg den and, KG JW **34**, 1863, wenn das ArmR bereits wg Aussichtslosigk abgelehnt ist. **ff) Umfang:** SchlüssigkPrüfg verlangt Untersuchg, inwieweit die vom RA zu berechnden Gebühren den eingeforderten PKV überh erreichen (Mü FamRZ **76**, 697 m ausführl Bsp).

c) Der **Gerichtskasse ggüber** besteht seitens des und Eheg beim gesetzl Güterstde u Gütertrenng keine Haftg, da im Ggs zu § 1388 aF eine Vorschr fehlt, die GesSchuldnersch der Eheg ggü den Gläub der Frau vorsieht, wohl aber iF der GütGemsch bei RStreitigken des nicht verwaltgsberecht Eheg, §§ 1438 II, 1437 II, desgl bei gemeins Verwaltg, §§ 1460 II, 1459 II.

d) Der PKV ist nur eine **vorläufige KostenPfl**. Diese besteht also nicht mehr, wenn der RStreit vor Zahlg beendet ist; anders, wenn er sich nur in der Haupts erledigt h, RG JW **28**, 59. Da das G die PKVPfl der UnterhPfl zuordnet, ist f den RStr wg des PKV (idR einstw Vfg, f die dem AntrSt das ArmenR zugebilligt w sollte) das AG Abt FamG zust (GVG 23 a Z 2, 23 b I Z 6) u nicht der Ger der Haupts, so Brschw NJW **59**, 2310. In Ehesachen kann das FamG eine einstw AO erlassen (ZPO 620 Z 9). ZwVollstr ist solange zul, wie der Gläub des VorschußAnspr nicht nach dem materiellen R zur Rückzahlg des PKV verpfl ist (Hamm FamRZ **77**, 466). IV enthält keine Regelg, wem die Kosten endgült zur Last fallen. Bei einem Streit der Eheg untereinander ist KostenEntsch maßgebd, aA BGH **56**, 93, bei GütGemsch haften die Eheg mit ihrem VorbehGut, §§ 1443 I, 1465 I, desgl bei RStr des NichtVerw mit Dritten, falls nicht Urt ggü GesGut wirks, §§ 1443 I, 1465 I, jeweils II 1 u 2; sa §§ 1441, 1463 jew Z 3. Beim gesetzl Güterstd u Gütertrenng hat grdsätzl jeder Eheg die ihn aus einem RStr mit dem u Eheg od einem Dritten treffenden Kosten selbst z tragen. Ausgleich nicht im Kostenfestsetzgsbeschl, so die fr hM, sond im ProzWeg mRücks darauf, daß Anspr auf Rückzahlg v materiellrechtl Voraussetzgen abhängt, näml wesentl Besserg der wirtsch Lage des Empf, u Aufrechng ggf ZugewFdg mögl ist (Düss NJW **72**, 830, Mü NJW **72**, 1473, Hbg MDR **73**, 51, Celle NdsRPfl **74**, 137, Schlesw SchlHA **74**, 130). Verrechng dagg im KostenfestsetzgsVerf, wenn die Vorschußzahlgen unstreit, so daß sie auf den etwaigen KostenerstattgsAnspr des Vorschußempfängers zu verrechnen sind (Stgt Just **78**, 107).

1360b **Zuvielleistung.** Leistet ein Ehegatte zum Unterhalt der Familie einen höheren Beitrag als ihm obliegt, so ist im Zweifel anzunehmen, daß er nicht beabsichtigt, von dem anderen Ehegatten Ersatz zu verlangen.

1) Ausleggsregel, eingef dch GleichberG Art 1 Z 8, dem § 1429 aF nachgebildet. Entspr Regelgen in §§ 685 II, 1620. Gilt auch bei getrennt lebden Eheg (§ 1361 IV 3), nicht dagg nach Scheidg (Celle NJW **74**, 504). **Zweck:** Bei freiw Mehrleistg entspricht Ersatzverzicht der LebErfahrg; ferner dient die Ausschaltg ggseit ErstattgsAnspr dem Ehefrieden. Fehlt RückfdgsWille, dann weder § 677 ff noch §§ 812 ff (BGH **50**, 270), auch keine Schenkg, die widerrufl wäre (§ 530, EheG 73). Umgek folgt ErsAnspr bei **Mehrleistg mit Erstattabsicht** nicht aus bes famrechtl AusglAnspr (so Roth-Stielow NJW **70**, 1032, Erm-Bartholomeyczik 1 mNachw), sond – insb nach der Scheidg – aus § 812 I 2, wobei den § 818 III der § 819 I entggwirkt; ferner cessio legis gem § 1607 II 2 (vgl dort Anm 3). **Anwendgsbereich:** Gilt nicht nur für einmalige od lfde BeitrLeistgen, sond auch f Leistgen aus dem VermStamm (Warn **30**, 195) u bei vermehrter MitArb in Beruf od Gesch des and Eheg (bestr).

§§ 1360b, 1361 4. Buch. 1. Abschnitt. *Diederichsen*

2) Widerlegbar. Festzustellen also, ob eine ggteil Absicht zZ der BeitrLeistg vorlag (BGH **50**, 266). Ausdrückl Vorbeh unnöt, kann sich aus den Umst ergeben, zB der Höhe der Leistg (RG JW 09, 660). Der zurückfordde Eheg hat höheren Beitr, als ihm obliegt, zu **beweisen,** desgl, daß zZ der Hingabe Ersatz beabs war.

1361 *Unterhalt bei Getrenntleben.* ^I Leben die Ehegatten getrennt, so kann ein Ehegatte von dem anderen nach den Lebensverhältnissen und den Erwerbs- und Vermögensverhältnissen der Ehegatten angemessenen Unterhalt verlangen. Ist zwischen den getrennt lebenden Ehegatten ein Scheidungsverfahren rechtshängig, so gehören zum Unterhalt vom Eintritt der Rechtshängigkeit an auch die Kosten einer angemessenen Versicherung für den Fall des Alters sowie der Berufs- oder Erwerbsunfähigkeit.

^{II} Der nichterwerbstätige Ehegatte kann nur dann darauf verwiesen werden, seinen Unterhalt durch eine Erwerbstätigkeit selbst zu verdienen, wenn dies von ihm nach seinen persönlichen Verhältnissen, insbesondere wegen einer früheren Erwerbstätigkeit unter Berücksichtigung der Dauer der Ehe, und nach den wirtschaftlichen Verhältnissen beider Ehegatten erwartet werden kann.

^{III} Die Vorschrift des § 1579 Abs. 1 Nr. 2 bis 4, Abs. 2 über die Herabsetzung des Unterhaltsanspruchs aus Billigkeitsgründen ist entsprechend anzuwenden.

^{IV} Der laufende Unterhalt ist durch Zahlung einer Geldrente zu gewähren. Die Rente ist monatlich im voraus zu zahlen. Der Verpflichtete schuldet den vollen Monatsbetrag auch dann, wenn der Berechtigte im Laufe des Monats stirbt. § 1360a Abs. 3, 4 und die §§ 1360b, 1605 sind entsprechend anzuwenden.

1) Vollst Neufassg dch 1. EheRG Art 1 Z 7. Die Grde, die gg die Anknüpfg des nachehel Unterh an das Verschulden sprechen, gelten nach Auffassg des GesGebers in gleicher Weise auch für den Unterh bei Getrenntleben (BT-Drucks 7/650 S 100). **a)** Anders als in § 1360 handelt es sich in § 1361 nicht um den FamUnterh, sond nur um den **ggseitigen Unterh der Eheg,** da die FamEinh dch die Trenng zerfallen ist. Der Unterh für die gemeins Kinder (§§ 1601ff, bes 1606 III) fordert der getrennt lebde Eheg gem § 1629 II (dort Anm 5); dagg keine Berücks v Kindern, die nicht aus der jetz Ehe stammen (Nürnb FamRZ **65**, 217; sa § 1360a Anm 1b). **b)** I enthält den **Grdsatz:** Bei GetrLeben hat sich nicht etwa jeder Eheg selbst zu unterhalten, aber auch nicht jeder Unterh als Entschädig für das GetrLeben od als Strafe f die Trenng zu zahlen, sond es besteht ein ggseit, dh ggf von jedem Eheg gg den and geltd zu machder Anspr, wenn dessen Voraussetzgen vorliegen, auf angem Unterh nach den Lebens-, Erwerbs- u VermVerhältn der Eheg. II gibt eine SchutzVorschr zG des nicht erwerbstät Eheg, III eine solche zG des an sich unterhaltspflichtigen Eheg, währd IV den UnterhModus angibt. Regelg des § 1361 ist erschöpfd; die Vorschr is ind nicht schon wd (anders als die allg Regeln) nur insow anwendb, als sie in Bezug gen sind (IV 4). **c)** Die bei jedem Güterstde geltde Vorschr ist **zwingend** insof, als f die Zukft nicht auf jeden Unterh verzichtet w kann, auch nicht gg Abfindg (vgl § 1614 Anm 2), wohl aber sind Vereinbgen ü Art u Höhe der Zahlgen zul (BGH NJW **62**, 2102 u Anm 4e); die aber bei Verbesserg der Lage des UnterhPflichtigen ErhöhKl (RG **61**, 54), bei entspr Verschlechterg Herabsetzg dch AbänderungsKl nicht hindern können (ZPO 323). Einstellg der Zwangsvollstreckg gem ZPO 707 I, 719 I bei Einlegg eines RechtsM idR unangebracht, da FolgePfl aus der ehel LebGemsch gebietet, daß derj Eheg, der einer ErwTätigk nachgeht, seinem nichterwerbstät Ehepartner für die Übergangszeit bis zur Entsch des RechtsStr unbedingt erforderl Mittel zur Verfügg stellt (KG FamRZ **78**, 413). **d)** Der **Umfang** bestimmt sich nach dem, was nach den Lebens-, Erwerbs- u VermVerhältn der Eheg angem ist. Es entsch nicht mehr wie nach § 1361 aF die Trenngsschuld u auch nicht mehr die Billigk (vgl etwa BGH NJW **69**, 919), da die Abwägg nach der letzteren stets eine Berücksichtigg aller Umst, also auch der TrenngsGrde, ermöglichen u erfordern würde (BT-Drucks 7/650 S 101). Allerd ließ die Rspr auch schon nach § 1361 aF den Lebenszuschnitt entsch, wenn über die Trenngsschuld keine Klarh bestand (KG FamRZ **76**, 90). Der angem Unterh getrennt lebder Eheg besteht regelm in der **Hälfte** des gemeins Eink nach Abzug der FamLasten, was auch dann gilt, wenn die Ehefr das höhere Eink hat (KG NJW **78**, 284). Dieser Grdsatz wird aber sowohl nach oben (dch die Sättiggsgrenze) wie nach unten (Selbstbehalt) dchbrochen. Einschränkgen des Unterhaltsanspr ergeben sich nach § 1369 nF aGrd fehlder Bedürftigk bzw Leistgsfähigk u iRv III. Gefordert w kann also uU der gesamte LebBedarf (vgl im einz § 1360 Anm 1), auch die Befriedigg einmaliger außergewöhnl Bedürfn (Hbg JW **39**, 634), wie notw KrankenhKosten, die aus der mtl UnterhZahlg nicht gedeckt w können (§ 1613 II), da die Rentenhöhe nicht nach derart ungewöhnl Kosten bemessen w kann; ferner uU auch Geld f Beschaffg einer Wohng für die zum GetrLeben gezwungene Frau (Düss NJW **59**, 2311); vor allem aber auch die Kosten einer angem Alters-, Berufs- u ErwerbsunfähigkVersicherg, I 2. Vgl ü Anm 4; für den Umfang gilt außerdem § 1578 entspr (NJW **77**, 222). **e)** Währd eines Scheidgs-, Aufhebgs- u NichtigkStr ist das FamG **zuständig,** das den Unterh iR des § 1361 dch einstw AO regelt (ZPO 620), deren Zulässigk einer UnterhKl nicht das RSchutzBedürfn nimmt (Freibg FamRZ **77**, 201). Iü kann das FamG außerh eines ScheidgsVerf ggf auch einstw Vfg erlassen (GVG 23a Z 2). Ist die Ehe rechtskr geschieden, aufgeh od f nichtig erkl, verliert Vfg od UnterhUrt nicht seine Wirksamk (§ 1360 Anm 2), insb auch nicht f Rückstände. Das ProzGer kann den Unterh, für den dann aber die Bestimmgen der §§ 1569ff maßg sind, auch f die Zeit nach Rechtskr der Scheidg, Aufhebg od Nichtigk vorl dch Beschl regeln (vgl ZPO 620f, 623, 629). **f)** UnterhAnspr grdsl **nicht abtretbar** (LG Mü NJW **76**, 1796). Aber Übergang auf den Träger der SozHilfe dch entspr Überleitgsanzeige (BSHG 90) bzw iRv BAföG 37 (Lit: Seetzen, SozHilfeleistg u UnterhProz, NJW **78**, 1350).

2) Voraussetzgen für den Anspr, I 1: **a) völliges Getrenntleben** bei bestehder Ehe. Zum Begr des GetrLebens s § 1567. Bei nur teilw GetrLeben (zB Weiterwohnen in ehel Wohng, MitArb im Gesch des UnterhPflichtigen, der den HptTeil des Unterh trägt) gilt § 1360a, wobei aber ges Pkte des § 1361 zu berücks sind (BGH **35**, 302). § 1361 gilt auch bei erhobener Scheidgs-, Aufhebgs- u NichtigkKl, bei letzterer wg EheG 23. Vgl iü § 1360a Anm 2a. **b)** Unterh wird nur geschuldet, soweit dies **nach den Lebensver-**

Bürgerliche Ehe. 5. Titel: Wirkungen der Ehe im allgemeinen   § 1361

hältnissen und den Erwerbs- u Vermögensverhältnissen der Eheg angemessen ist. Zu berücks sind grdsl sämtl Umst der Eheg mit Ausn der Gründe, die zur Trenng geführt haben. **aa)** Im Rahmen der Leb-Verhältn ist zunächst nach dem **LebStandard** beider Ehel zu fragen, in dem sie gelebt haben u in dem der Berecht, aber auch der Pflichtige, jetzt lebt (Stgt FamRZ **71**, 255). Bedeuts ferner Alter, GesundhZustd, Zahl u Alter der v dem unterhberecht Eheg zu betreuenden Kinder, Vorbildg, bish LebStellg, so daß von einer Ehefr, deren Ehem eine leitde Stellg innehat od die in dem Gesch ihres Mannes Mitarbeiterin in leitder Position war, nicht das Tätigwerden in erhebl minderer Funktion verlangt w kann; ebso umgek f den bish im Gesch seiner Ehefr mitarbeitden Ehem. Der verstoßenen Ehefr sind v ihrem überdchschnittl verdienden Mann Geldmittel in solchem Umfang zur Vfg zu stellen, daß sie Leben wie früher fortführen kann hins Wohng, Hauspersonal, Besuch kultureller Veranstaltgen, gesellschaftl Verk, Reisen usw (BGH NJW **69**, 919). Die getr lebde Ehefr kann nicht auf den Verdienst als ungelernte Arbeiterin verwiesen w, wenn sie dch Teiln an einem Fortbildgskurs etwa die soz Stellg ihres Ehem erreichen können u will (Celle NJW **62**, 496). Entscheidd ferner, ob u wie lange ein Beruf ausgeübt wurde, pers Opfer, Krankh, eindeut Entsch beider Ehel zG der HausfrEhe. Zur Bedeutg der Ehedauer Anm bb u 3. **bb)** Der UnterhAnspr setzt auf Seiten des Berecht **Bedürftigkeit** voraus (vgl § 1602). Zum Einfl v SonderBed (Zahnprothese) auf lfde Rente Stgt FamRZ **78**, 684. Die UnterhPfl findet ihre obere Grenze an der Angemessenh (§ 1360a I); der getr lebde Eheg soll nicht besser gestellt w als er in Gemsch lebde. Einkünfte aus eig Verm u Arb-Verdienst sind daher idR anzurechnen. Zu berücks sind die Erw-„Verhältn", dh ggf auch die Möglk eines tats vorhandenen, aber nicht ausgenutzten Verdienstes. So wird sich die bish Hausfr alsbald nach einer angem ArbStelle umsehen müssen, wenn der Ehem nur ein geringes Eink hat u sie nicht dch Kinder, Krankh od dgl an der ArbAufn verhindert ist. Aber der nichterwerbstät Eheg kann nur dann auf eine Erwerbstätigk verwiesen w, wenn dies von ihm nach seinen persönl u den wirtschaftl Verhältn beider Eheg erwartet w kann, **II.** Mit dieser **Einschränkg der Pflicht zur Erwerbstätigk** wird zG des unterhaltsberecht Eheg der BedürftigkMaßstab verändert. **Zweck**: Der bish Status des nicht erwerbstät Eheg soll aGrd der Aufhebg der häusl Gemsch nicht nachteil verändert w, weil dadch das endgült Scheitern der Ehe noch gefördert w könnte. Außerdem besteht ein bes Schutzbedürfn des währd des ehel ZusLebens nicht erwerbstät Eheg, der dch die Trenng wirtschaftl stärker gefährdet w. Da es sich in der Mehrzahl der Fälle um Ehefr handeln w, würde der Verzicht auf eine derart SchutzVorschr einen „Rückschritt in der Sicherg des soz Schwächeren" bedeuten (BT-Drucks 7/650 S 101). Welche Erwerbstätigk erwartet w kann, richtet sich nach **sämtl Umständen** des Einzelfalles mit Ausn der Frage nach der Trenngsschuld (vgl aber Anm 3). Im Zweifel dürfen die getr lebden Eheg nicht schlechter gestellt werden als sie stehen würden, wenn sie geschieden wären; darum sind die §§ 1569ff bei der Ausleg heranzuziehen. Aber keine automat Parallelisierg, so daß iGgs zu § 1570 uU auch der Versorgg eines aus einer Vorehe stammden Kleinkindes von der eig Erwerbstätigk entlastet w (Düss FamRZ **78**, 118). Als pers Verhältn sind zu berücks: Alter, Krankh, Gebrechlk, Inanspruchn dch die Kinder (LG Kln FamRZ **58**, 330), auch eines einz Kleinkindes (Hamm FamRZ **76**, 25), insb aber die Tats einer **früheren Erwerbstätigk** gleichgült, ob diese vor od währd der Ehe ausgeübt w ist; sie braucht auch nicht bis in die jüngste Zeit fortgesetzt w zu sein. Ob wg der früh Erwerbstätigk nach der Trenng eine Erwerbstätigk erwartet w kann, soll unter Berücksichtig der **Dauer der Ehe** ermittelt w (BT-Drucks 7/650 S 101). Mit Rücks auf die Erleichterg der Scheidg dch das 1. Ehe-RG kommt es im Ggs zu § 1361 aF nicht darauf an, wie lange die Ehe intakt war, sond darauf, wie lange sie tats gedauert hat (vgl demggü noch LG Ffm FamRZ **76**, 342). Entscheidd also, wie lange sZt Berufstätigk gedauert hat, ob die Kenntnisse noch vorhanden is, die Möglk besteht, eine dahingehde Stellg zu erhalten, u diese auch der soz Stellg der Eheg entspricht (Anm aa). Regelm wird der verdiende Eheg bis zur Aufn der Tätigk dch den bisl nicht erwerbstät Eheg zahlen müssen, darüber hinaus ggf einen Zuschuß, wenn der UnterhBerecht sich schlechter steht als in der Ehe (Nürnb NJW **62**, 919). Hat der Eheg vor kürzerer od längerer Zeit die Erwerbstätigk lediql desh aufgegn, weil der andere den Teil seinen Unterh zahlte, obwohl er gekonnt hätte, so bleibt Bedürftigk bestehen. Ehem kann also die Frau, die wg der Kinder eine eig Berufstätigk nicht hätte auszuüben brauchen, nicht auf den aus ihrer Notlage erworbenen ArbVerdienst verweisen (LG Mü NJW **64**, 409; LG Kln MDR **65**, 215). Umgek kann sie bei einer jungen erwerbsfäh Frau nicht w, auch wenn diese früher erwerbstät war (Kln MDR **61**, 1016). Eine **bisherige Halbtagsbeschäftigg** sollte idR, dh soweit dies mögl ist u keine HindergsGrde (Kinder, Krankh) vorh sind, zur Ganztagstätigk ausgedehnt w (and Stgt FamRZ **78**, 681: nur ausnahmsw). Vgl iü Anm 3a. Abzustellen ist iR der BedürftigkPrüfg ferner auf die **beiderseitige Einkommens- u Vermögenslage**. Bedürftig liegt nicht vor, sol der nicht verdiende Eheg seinen Unterh ausreichd aus den Einkünften seines Vermögens bestreiten k; dagg darf er nicht ow auf den Stamm seines Verm verwiesen w. Fortdauerndes mietfreies Wohnen in einer den eig Elt gehörden Wohng wird unterstellt u verringert die Bedürftigk entspr (Ffm FamRZ **77**, 799). Eig Verbindlkeiten können die Bedürftigk erhöhen (vgl Anm cc). ArbeitslUnterstützg ist zu berücks (and noch Schlesw SchlHA **56**, 356). Wg der hier zu berücks Bedürfn § 1360a Anm 1. Der bish nicht verdiende Eheg ist ijF zu eig Erwerbstätigk verpfl, wenn er es bei Fortbestehen der Gemsch ebenf gewesen wäre (§ 1360 Anm 3 c). **cc)** Auf Seiten des UnterhVerpfl muß **Leistgsfähigkeit** vorliegen (§ 1603). Entscheidd also die Einkfte aus Verm u das, was er verdient od auch verdienen könnte (KG FamRZ **69**, 605; sa § 1360 Anm 3a aa sowie § 1603 Anm 2). Der verdiende Eheg hat keinen Anspr darauf, seinen vollen angem Unterh zu behalten u den Berecht auf den Rest od auf Inanspruchn der SozHilfe zu verweisen (Stgt FamRZ **78**, 590 L). Der allein verdiende Eheg bekommt zur Erhaltg seiner Arbeitskr u zur Deckg seines notw eig Bedarfs vorrangig einen an den jew Sozialhilfesätzen (1976 rd 580 DM f einen led ArbN ohne Miete) orientierten leicht erhöhten **Selbstbehalt**, damit seine ArbeitsKr u ArbFreude erhalten bleiben (Düss NJW **77**, 392 m krit Anm Mutschler u Morawietz FamRZ **77**, 397 u 546); aA AG Neuss NJW **78**, 644: keine Besserstellg gg haushführdem Eheg, weil die Ehe eines SchicksalsGemsch der einand gleichberecht Partner darstellt, so daß Selbstbehalt des UnterhSchu ggü Eheg mtl 650 bis zu $1/3$ des bereinigten (dh um die bes Belastgen verminderten) NettoEink des UnterhSchu ausmacht. And auch KG NJW **77**, 1689, das jegl Bevorzugg des allein verdienden Eheg aus dem GesPkt der Gleichwertigk der HausfrTätigk (hier: 5 Töchter!) ablehnt. Bei höherem Eink müssen dem Pflichtigen Rücklagen f eine angem Altersversorgg zugebilligt w (Schlesw SchlHA **66**, 185). Zu berücks sind ferner **andere Verbindlkeiten,** insb auch anderweit UnterhPflichten (BT-Drucks 7/650 S 101). Berücks von Ratenverpflichtgen bis zur Grenze verstänt Anschaffgen (Düss FamRZ **74**, 90). Keine Berücksichtigg v Krediten zur Anschaffg eines PKWs, wenn dieser nicht zwingd notw gebraucht w (Ffm FamRZ **77**, 799). Hotelpächter, der mtl nur 528 DM erwirtschaftet, darf in seinem Betr keine GeschFührerin beschäftigen (Mü FamRZ **74**, 601). Zum Begr des Selbstbehalts § 1603 Anm 1. Ffm FamRZ **78**, 433 orientiert die Höhe an den UnterhSätzen v BAföG 13, 14a; verläßt die UnterhPfl die Wohng: 625 DM; im umgek Fall darf er damit rechnen, daß die ehel LebGemsch wieder aufgen w (KG NJW **78**, 274); er darf die bish Ehewohng voll weiter finanzieren, vorab alle bish FamLasten (Unterh ggü mj Kindern, einverständl begründete hohe Schuldverbindlichkten usw) bestreiten u behält danach mind noch 430 DM (Ffm FamRZ **78**, 433). Im Rahmen des Selbstbeh sind auch bes Umst (schwere körperl Arb, hoher Verschleiß an Berufskleidg, gesellschaftl Verpflichtgen) zu berücks, so daß ein HüttenArb 700 DM behalten darf (Saarbr FamRZ **78**, 501). **dd)** Die **Beweislast** richtet sich nach den BewMöglkeiten, so daß UnterhBerecht die Voraussetzgen des Anspr einschließl seiner Bedürftigk, der Verpfl seine Leistgs-Unfähigk nachw muß.

3) Herabsetzg des UnterhAnspr aus Billigkeitsgründen, III. Die Loslösg des UnterhAnspr von Verschulden (Anm 1) muß zur selben Beschränkg des TrenngsUnterh führen wie sie für den Unterh nach der Scheidg gilt; der GesGeber läßt die dort vorgesehene **Härteklausel** des § 1579 daher auch hier gelten. Wg Einzelh vgl die dort Anm. Der an sich begründete UnterhAnspr entfällt od wird umfangmäß eingeschränkt („soweit") unter folgd **Voraussetzgen: a)** Die Inanspruchn des Verpfl muß **grob unbillig** sein, was dann anzunehmen ist, wenn eine der gesetzl Grde des § 1579 I vorliegt. Allerd ist jF immer eine **konkrete BilligkAbwägung** dchzuführen, insb auch im Verf der einstw AnO (ZPO 620 Z 6), so daß der Ausschl des Unterh nicht in Betr kommt, (mRücks auf § 1570), wenn die Ehefr schwanger ist od wenn die Versagg des Unterh den UnterhBerecht zwingt, von heute auf morgen die sehr teure bisherige Ehewohng aufzugeben. Entscheidd uU, wenn von den beiden Eheg u ggf uu zu welchen Grden den ScheidgsAntr stellt. § 1361 ist teils vom § 1360, teils von den §§ 1569 ff her zu interpretieren. Im einz gilt folgds: **Ziff 1** des 1579 I wird in III nicht ausdrückl genannt; eine amtl Begrdg dafür fehlt (BT-Drucks 7/650 S 101 u 7/4361 S 27). Da nach § 1361 der Unterh iR einer (noch) bestehenden Ehe geleistet w, konnte rein begriffl nicht auf die **kurze „Ehedauer"** Bezug genommen werden. Verfehlt wäre desh ein UmkehrSchl, daß wg der Aussparg v Z 1 die Kürze der „Ehedauer" bis zur Stellg des ScheidgsAntr überh keine Beachtg finden dürfte. IÜ ist iW eines *arg a maiore ad minus* zu schließen: wenn schon nach II die geringe Dauer der Ehe zum völl Ausschl des UnterhAnspr führen kann, so muß ders Umst wenigstens auch eine Einschrkg des Anspr zulassen (aA Brem NJW **78**, 1864 offenb m Rücks auf die hohen Einkfte des Ehem). Nicht ausschlaggebd ist, ob der an sich unterhberecht Eheg noch in jugendl Alter steht od nicht. Das in ZusLeben der Eheg zum Ausdr kommde, im Ergebn aber nur kurze Funktionieren der Ehe soll jedoch jedenf nicht zu einem Rentnerdasein auf Kosten des and Teils verhelfen. Der „Ehedauer" wird die Zt zugerechnet, in der der Berecht ein gemschaftl Kind versorgte, was iRv § 1361 nur dann bedeuts wird, wenn sich die Eheg nach kurzem ZusLeben getrennt h, ohne sich scheiden zu lassen, der anspruberecht Eheg sich zunächst selbst versorgt h u später bei fortbestehender Ehe Unterh begehrt. **Z 2: Straftat** ggü dem Verpfl od seinen Angehörigen; vgl §§ 1611 I, 2333 Z 3. **Z 3: Mutwillige Herbeiführ der Bedürftigk** iSv Anm 2 b bb, zB Ausschlagg einer angebotenen Verdienstmöglk, Selbstverstümmelg, Wohngswechsel aufs Land mit entspr Verringerg der Anstellungschancen. Mutwille setzt Bezug zur UnterhPfl des and Eheg voraus; daher nicht aur Selbstmordversuch, Aufg einer unzumutb Anstellg uä. **Z 4: Schwerwiegder and Grd** liegt vor, wenn Trenng ohne äuß Anlaß aus reiner Laune heraus geschieht od wenn Ehefr die Fam verläßt u damit dem Ehem neben seinen BerufsPfl die volle HaushFührg u Kindererziehg zufällt (BT-Drucks 7/650 S 101 f). IdR keine Bedürftigk bzw Einwand aus § 1579 Z 4, wenn Ehefr mit den mj Kindern od kinderlos mit einem and Mann zulebt (Brem NJW **78**, 1331 Nr 15 u 16; AG Lörrach FamRZ **78**, 412). Vgl iü die Komm zu § 1579! **b)** Trotz Vorliegens einer der Z 1–4 besteht UnterhPfl fort, wenn dem Berecht eine Erwerbstätigk dch die Pflege od Erziehg eines **gemeinschaftl Kindes** verwehrt ist (III iVm § 1579 II). Die Abwesenh dieses Umst ist also negat Voraussetzg f die Abwehr des UnterhAnspr. Eine kurze Ehedauer, die mutw Herbeiführg der Bedürftigk usw allein stehen dem Anspr nicht entgg, wenn der unterhberecht Eheg gemeins Kinder betreut. Pflege u Erziehg liegen nicht vor, wenn sich das Kind in einem Internat befindet od sonst von Dr (zB den GroßElt) versorgt w. Die bl Möglk, das Kind wegzugeben u selbst berufstät zu werden, schließt UnterhAnspr nicht aus.

4) UnterhZahlg erfolgt **a)** auch bei wöchentl Entlohng des Verpfl in Form einer mtl im voraus z zahlden **Geldrente, IV 1 u 2.** Zum Umfang der Verpfl vgl Anm 1 d. Die Rente umfaßt nur den „laufd" Unterh u schließt einmalige Zahlgen wg SondBedarfs (vgl § 1613 II) nicht aus (BT-Drucks 7/650 S 102). Umgek ist bisw nur ein Zuschuß zu zahlen (Anm 2b bb). Sow Ehel innerh der Wohng getrennt leben u der Ehem die Wohngsmiete bezahlt, erfüllt er insow mte die UnterhPfl (Schlesw SchlHA **78**, 98). Von der Rechtshängigk eines ScheidgsVerf an gehören auch die Kosten einer angem **Versicherg** für den Fall des Alters sowie der Berufs- u Erwerbsunfähigk zum Unterh, **I 2.** Mit dieser Best soll eine Lücke in der „sozialen Biographie" eines Eheg geschl w, da der VersorggsAusgl nur die Zeit bis zur RHängigk des ScheidgsAntr erfaßt (§ 1587 II) u die in § 1578 III vorgesehene Verpfl, mit dem Unterh auch die Kosten einer angem Alters- sowie Berufs- u ErwerbsunfähigkVers zu tragen, erst ab Rechtskr des ScheidgsUrt gilt (BT-Drucks 7/4361 S 27). AnO geg I 2 nicht iW einstw AnO, da wg der Möglk der Nachzahlg keine akuten Nachteile zu befürchten s (Saarbr FamRZ **78**, 501; and offenb Karlsr FamRZ **78**, 501). Zur Höhe der VersUnterh § 1578 Anm 3. I 2 gilt analog, wenn Eheg nicht getr leben u Scheidg aus § 1565 I 1 begehren. **b)** Der **Höhe** nach hat die Ehefr (entspr der HaushFührg dch den Ehem dieser) nach der „Düss Tab" (Stand: 1. 1. 77, abgedr NJW **77**, 289) ohne unterhberecht Kinder gg den erwerbstät Mann Anspr auf: a) bis zu $^2/_5$ von dessen NettoEink; b) wenn sie pflichtgem arbeitet od Rentn ist: ca $^1/_3$ des UnterschiedsBetr beider NettoEink, falls das des Ehem höher ist; c) bei freiw Berufstätigk: $^1/_2$ ihres NettoEink wird ihr als Bonus abzugsfrei belassen, dann wie b) od wie zu a) abzügl ihres um den Bonus vermind NettoEink. Gg den nicht erwerbstät Ehem (Rentn, Pensionär) hat sie ohne eig Eink

Bürgerliche Ehe. 5. Titel: Wirkungen der Ehe im allgemeinen   §§ 1361, 1361a

Anspr auf ca ³/₇ des Eink des Ehem; hat sie sonst Eink od arbeitet sie, gilt die Regelg wie b) u c). Versorgt die Frau unterhbrecht Kinder, wird vorab der KindesUnterh vom NettoEink des Ehem abgezogen. **Selbstbehalt** des UnterhPflichtigen: mind 650 DM bis ca ⅓ des NettoEink. Überläßt getrennt lebder Ehem der Ehefr die Ehewohng, so darin stillschw ÜberEink (Anm 1 c), daß Ehem dann die Wohng auch instandzuhalten (BGH NJW 62, 2102). Mögl überh vertragl Abänderg; Anm e. Zum **Kindesunterhalt** § 1610 Anm 1. **c) Tod.** Der Verpfl schuldet den vollen MoBetrag auch dann, wenn der Berecht im Laufe des Mo stirbt, **IV 3.** Ist im voraus gezahlt (IV 2), kein § 812; Rückstände fallen in die Erbmasse. Stirbt der Verpfl, gilt Entsprechdes. **d) Gesetzl Verweisen, IV:** Wg der zeitl Abgrenzg (§§ 1613–15) vgl § 1360a Anm 2b; zum ProzKostVorsch § 1360a Anm 3. PKV unbill, wenn Ehefr Mann u Kinder verläßt, um mit einem and zuzuleben, eig Eink hat u der Ehem Schulden iHv 113000 DM hat (Schlesw FamRZ 77, 814). Für Zuvielleistgen gilt § 1360b, wobei allerd gerade das GetrLeben ein Umst sein k, der gg die Absicht spricht, sa die gg die Absicht spricht. AuskunftsPfl nach § 1605; konsequenter (wg Loslösg v Trenngsschuld, sa Verweisg auf § 1575 in III) wäre § 1580 gewesen. Auch umgek besteht zL des UnterhBerecht AuskftsPfl (allerd zum früh R: LG Düss FamRZ 76, 218 mAv Mutschler). Zustdg gem ZPO 621 I Z 5 das FamG. Auskfts- u UnterhBegehren können iW der StufenKl miteinand verbunden w (AG Hbg FamRZ 77, 814). **e) UnterhVereinbgen** für die Zeit des Getrenntlebens sind grdsätzl wirks, soweit sie nicht Sittenwidrk enthalten, zB sofort ScheidgsKl zu erheben (Hbg MDR 72, 53; Gernhuber § 21 Z 6, 7). Mögl aber Überlassg der Wohng (dazu Anm b) sowie Abmachg, daß zT Geld-, zT Naturalleistg, zB kostenlose Benutzg eines KleinPkw (BGH FamRZ 65, 125), geschuldet s soll, wobei letztere Art der Leistg aus wicht Grd kündb bleibt (BGH aaO). Vgl iü Anm 1 c.

1361a *Hausratsverteilung bei Getrenntleben.* ¹ Leben die Ehegatten getrennt, so kann jeder von ihnen die ihm gehörenden Haushaltsgegenstände von dem anderen Ehegatten herausverlangen. Er ist jedoch verpflichtet, sie dem anderen Ehegatten zum Gebrauch zu überlassen, soweit dieser sie zur Führung eines abgesonderten Haushalts benötigt und die Überlassung nach den Umständen des Falles der Billigkeit entspricht.

II Haushaltsgegenstände, die den Ehegatten gemeinsam gehören, werden zwischen ihnen nach den Grundsätzen der Billigkeit verteilt.

III Können sich die Ehegatten nicht einigen, so entscheidet das zuständige Gericht. Dieses kann eine angemessene Vergütung für die Benutzung der Haushaltsgegenstände festsetzen.

IV Die Eigentumsverhältnisse bleiben unberührt, sofern die Ehegatten nichts anderes vereinbaren.

Vorbem. Eingefügt durch GleichberG Art 1 Z 8. Früher in § 1361 I aF geregelt; jedoch hatte der Mann nur ihm entbehrl Sachen herauszugeben.

1) Allgemeines. Voraussetzg Getrenntleben, § 1361 Anm 1, gleichgültig, aus welchem Grunde, vgl jedoch Anm 2. Bezieht sich ledigl auf den ehel Hausrat, HausratsVO 1 Anm 2 b (Anh z § 1587 p). Ggsatz: die zum persönl Gebr eines Eheg bestimmten Ggstände, vgl ebda, die er ohne weiteres herausverlangen kann, kann sich auf einzelne Gegenstände beziehen (anders §§ 8, 9 HausratsVO), BayObLG FamRZ 72, 465. Über die Ehewohng kann dch einstw AnO entschieden w, sobald eine Ehesache (ZPO 606 I) anhäng ist (ZPO 620 Z 7); die Vorschr sind zugl materiellrechtl Grdlage für die Entsch (Gesetzeslücke!). Wird die Ehewohnung einem Eheg ganz zugewiesen, sof Beschw (ZPO 620 c S 1). Erfolgt Hausratszuteilg gem ZPO 620, so auch § 1361 a zu beachten (Celle NJW 59, 2125). **Zuteilg der Ehewohng** vor Einleitg des ScheidgsVerf analog III, IV u HausrVO 18a (Anh 1587p) zul (Ffm NJW 78, 545; aA Stgt FamRZ 78, 686: in AusnFällen einstw Vfg); zustdg das FamG, nicht ProzAbt (Ffm NJW 78, 545; aA Brem NJW 78, 2102). **Zustdg** für Kl auf Herausg des persönl Bed ist nicht das FamG, sond das ProzG (Düss FamRZ 78, 358). Eine einstw Vfg auf Herausg von HaushGgsten ist unzul; in Eilfällen einstw AnO gem HausrVO (Düss FamRZ 78, 358).

2) Herausgabepflicht, I, II, IV. Grundsätzl entscheidet das Eigentum. Der Eigtümer kann also vom anderen Eheg die ihm gehörenden Sachen, was er darzutun hat, herausverlangen. Reicht der Hausrat für den zurückbleibenden od den sich trennenden Eheg nicht aus, so ist jeder Eheg verpflichtet, **dem anderen unbeschadet seines Eigentums Stücke zu überlassen.** Voraussetzg dafür ist aber, daß dieser sie zur Führg eines abgesonderten Haushalts benötigt, also nicht, wenn der Eheg in ein möbliertes Zimmer in der elterl Wohng zieht, nicht Möbel zum Zwecke der Zimmervermietg, Dresd SeuffA 75, 184. Transportkosten zu Lasten desjenigen, der die Herausg verlangt, KG JW 20, 713, uU (Schuldfrage) auch des andern, Hamm HRR 29, 1732, vgl aber auch Ffm NJW 60, 1768. Durch die Herausg wird der Eheg unmittelbarer Besitzer (wichtig wg ZPO 739); er hat auch die Pflegekosten, KG OLG 21, 215. Entscheidend für das HerausgVerlangen ist weiter, daß die Billigkeit unter besonderer Berücksichtigg jedes Einzelfalls, vgl auch HausratsVO 9 (abgedr Anh II EheG), der Billigkeit entspricht. Zu berücks also Entbehrlichkeit bei dem Eheg, von dem Herausg verlangt w, ob der Fordernde bisher diese ihm nicht gehörden Ggste überwiegd od längere Zeit nicht benutzt hat (BayObLG NJW 72, 949). Entscheidd ferner Verm u Einkünfte zur Beurteilg einer Neuanschaffg, wobei mögl, daß ein Eheg zwar ein Stück herauszugeben hat, das für den und einen bes FamWert besitzt, dieser aber einen gleichwert Ggst anschaffen muß. Vor allem aber ist berücks, bei welchem Eheg sich mj unverheiratete Kinder befinden, weiterhin die Schuldfrage. So wird die Ehefr, die die Ehewohng verläßt, weil der Mann dort die Ehebrecherin aufgen hat, nicht nur die eig Sachen verlangen können, sond auch, daß ihr der Mann eine den früh Verhältn entspr Wohng einrichtet, anderers wird der Mann, der die Frau in der Ehewohng zurückläßt u an der Trenng die Alleinschuld trägt, nur wirkl Entbehrliches verlangen können, Einf 1 vor § 1353, aM Ffm NJW 60, 1768, das den BilligkGesichtspunkt zu wenig berücksichtigt. Die Teilg der HaushaltsGgstände, die den Eheg gemeinsam gehören, II, wofür die Vermutg der HausratsVO 8 II herangezogen w kann, Ffm NJW 60, 1768, vgl aber auch bei gesetzl Güterstd § 1370, erfolgt ebenf nach Billigk unter Beachtg obiger Gesichtspunkte. Einigen sich die Eheg über die Verteilg der Ggstände nach I und II, so werden durch diese Einigg die Eigtumsverhältnisse

1253

§§ 1361a, 1362   4. Buch. 1. Abschnitt. *Diederichsen*

nicht berührt, IV. Weder im Fall der Scheidg noch des Todes eines Eheg steht also aGrd dieser Verteilg schon fest, wer Eigtümer ist; Beweis natürl nicht ausgeschl, jedoch keine Berufg auf § 1006. Mögl aber auch, daß die Eheg bei der Verteilg auch eine EigtZuteilg vornehmen wollten, was dann der Behauptende zu beweisen hat. Allerdings wird sehr oft das HerausgVerlangen sich gerade auf die ihm gehörende erstrecken; ein ZurückbehaltsR wg Verwendgen, § 1000, wird durch § 1361a nicht ausgeschl, außer wenn es geradezu der Billigk widerspricht, KG FamRZ **60**, 71. HerausgAnspr höchstpersönl u **unpfändbar**.

3) Rechtsbehelfe, III. Mangels Einigg entscheidet das **AmtsG als Gericht der freiwilligen Gerichtsbark** nach § 18a HausratsVO, eingefügt durch GleichberG Art 5. Offizialmaxime FGG 12. Im Ggsatz zur HausratsVO 1, 2, 8 trifft das Gericht keine endgültige EigtZuteilg, sond teilt die Ggstände **nur zur vorl Benutzg während der Trenng** zu, wobei es für eine solche von dem anderen Eheg gehörenden Ggständen auch eine Benutzungsgebühr festsetzen kann, nicht muß; auch insofern sind BilligkGesichtspunkte ausschlaggebend. Befinden sich die Eheg im Eherechtsstreit, so kann auf Antrag auch das FamG die Benutzg des Hausrats (ebso auch der Ehewohng, in bes Fällen aber auch § 1353 Anm 4), Hamm FamRZ **68**, 648, durch AO einstweilen regeln; diese AO bleibt, anders als eine vor dem EheRStreit getroffene Regelg durch das AG, auch nach der Scheidg bis zu einer anderen Regelg bestehen (ZPO 620 Z 7, 620f).

1362 *Eigentumsvermutungen.* I Zugunsten der Gläubiger des Mannes und der Gläubiger der Frau wird vermutet, daß die im Besitz eines Ehegatten oder beider Ehegatten befindlichen beweglichen Sachen dem Schuldner gehören. Diese Vermutung gilt nicht, wenn die Ehegatten getrennt leben und sich die Sachen im Besitze des Ehegatten befinden, der nicht Schuldner ist. Inhaberpapiere und Orderpapiere, die mit Blankoindossament versehen sind, stehen den beweglichen Sachen gleich.

II Für die ausschließlich zum persönlichen Gebrauch eines Ehegatten bestimmten Sachen wird im Verhältnis der Ehegatten zueinander und zu den Gläubigern vermutet, daß sie dem Ehegatten gehören, für dessen Gebrauch sie bestimmt sind.

Schrifttum: B a u r FamRZ **58**, 252; H. M ü l l e r, Zwangsvollstreckg gg Eheg (1970).

1) Fassg Art 1 Z 8 GleichberG. **Zweck:** Die Gläub eines Eheg sollen vor einer Verschleierg der EigtLage dch ein ZusWirken beider Eheg bewahrt w (BGH NJW **76**, 238). Zwingdes Recht, das bei jedem Güterstd gilt. Da jedoch bei GüterGemsch grdsätzl alle Ggstände Gesamtgut sind, also gemeinschaftl Verm beider Eheg (§ 1416), greift die Vermutg des § 1362 erst ein, wenn feststeht, daß die Sache nicht zum GesGut gehört. § 1006 gilt ggü § 1362 nicht (RG SeuffA **62**, 367). Im Konk entfällt KO 45 (BVerfG FamRZ **68**, 437; sa Brox FamRZ **68**, 406); es gilt allein § 1362. Der KV kann nicht statt Geltdmach seiner gesetzl AuskftsRe gg den GemSchu von dessen Ehefr Auskft über eine Leistg verlangen, die sie angebl in anfechtb Weise aus dem Verm des GemSchu empfangen hat (BGH NJW **78**, 1002). Die Rechtsvermutgen des § 1362 sind **widerlegbar** (ZPO 292). VermögensVerzeichn dazu weder erforderl, noch immer ausreichd. Vezeichn des § 1377 begründet nur eine Vermutg im Verhältn der Ehel zueinand. Auch nicht ausreichd Eintr im GüterRReg (KG OLG **12**, 203). Mit § 1362 kann Nachweis für StGB 289 nicht geführt w (RGSt **36**, 332). Zur Einschrkg v § 1362 bei iRv § 1357 erworbenen Ggständen Büdenbender FamRZ **76**, 671. **IPR** EG 16 II.

2) Bewegl Sachen im Besitz eines oder beider Eheg, I. Die Vermutg gilt sowohl zG der Mannes- wie der FrauenGläub, jedoch nicht im Verhältn der Eheg zueinander; insof § 1006 I, RG **84**, 49. Gilt aber also zG eines KonkVerw bei unentgeltl Vfgen des GemSchu ggü seinem Eheg, BGH MDR **55**, 92, ferner bei Sichergsübereigng, RG **80**, 62. Die Vermutg erstreckt sich auf alle **bewegl Sachen**, auch auf Geld, denen die Inhaber- u Orderpapiere, die mit Blankoindossament versehen sind, gleichgestellt werden, I 3, nicht aber auf Grdstücke, Fordergen. Die bewegl Sachen müssen sich **im Besitz** eines Eheg od beider befinden. Zugunsten der oben genannten Gläub hat das die Vermutg zur Folge, daß die Sache als Eigt des Eheg angesehen wird, der als Schu in Anspr genommen wird. Ist ein Eheg also Schu u hat er Sachen des andern im Alleinbesitz, so wird bis zum Nachweis des Ggteils vermutet, daß er Eigtümer ist; entspr bei ZwVollstr, unten Anm 4. **Die Vermutg des I** gilt nicht, wenn die Eheg **getrennt leben**. Dem Gläub des Mannes hilft also bei dessen Sachen, die sich bei der Frau befinden, zB weil sie der Mann an die Frau nach § 1361a herausgeben mußte, § 1362 nicht; denn die Vermutg spricht für das Eigt der Frau. Werden die Eheg als GesamtSchu in Anspr genommen, Getrenntleben ohne Wirkg wg § 1006. **Vermutg** wird **widerlegt** durch Nachweis, daß die Sachen vom NichtSchuEheg erworben sind, ohne daß dieser den Fortbestand seines Eigt beweisen müßte (BGH NJW **76**, 238). Nicht ausreichd, daß der NichtSchu gekauft hat, da das für den anderen geschehen sein kann (Warn **20**, 43; vgl auch § 1370). Ist das Eigt des NichtSchu nachgewiesen, so kann sich Gläub bei trotzdem erfolgenden Zugriffen schadensersatzpfl machen (RG JW **11**, 368).

3) Sachen ausschließl zum persönl Gebrauch eines Eheg, II. Sie dürfen also nicht auch zum Gebr des anderen bestimmt sein. Gemeint sind Kleider, Schmucksachen, Arbeitsgeräte; vgl auch § 1477 Anm 2. Auf den **Besitz** kommt es hier nicht an, der andere Eheg kann also Besitzer sein, auch ein Dritter, so daß ein Eheg nur mittelbaren Besitz hat. Vermutg gilt, anders als I, sowohl **im Verhältnis der Eheg zueinander wie auch zu den Gläub** eines od beider Eheg. Kraft der Vermutg wird der Eheg als Eigtümer angesehen, zu dessen Gebr die Sachen bestimmt sind. **Widerlegg der Vermutg** durch Nachweis, daß der Eheg, zu dessen ausschließl persönl Gebr die Sachen bestimmt sind, Eigt an ihnen nicht erworben hat, zB wenn ernstl vereinbart ist, daß alle Schmucksachen, die die Frau vom Mann erhält, sein Eigt bleiben, KG OLG **44**, 67, nicht aber, wenn der Mann ihm gehörige Schmucksachen vorbehaltlos zum Gebr überläßt, RG **99**, 152. Auch von der Frau nach Belieben getragene Schmucksachen sind nicht ausschl zu ihrem persönl Gebr bestimmt, wenn sie als Kapitalanlage dienen sollen, BGH NJW **59**, 142. **Zu beweisen** hat der Eheg, daß die Sachen zu seinem ausschließl Gebr bestimmt sind, der andere od dessen Gläub dann aber nicht nur sein Eigt, sond auch daß der erstgenannte Eheg trotz der Bestimmg der Sachen zu seinem ausschließl Gebr Eigt nicht erworben hat; daß Frauenschmuck im allg der Frau gehöre, kann nur neben and BewMomenten verwendet w, nicht aber als Vermutg, die entkräftet w müßte, BGH FamRZ

Bürgerliche Ehe. 6. Titel: Eheliches Güterrecht § 1362, Einf v § 1363

71, 25. II gilt auch nach Auflösg der Ehe bis zur Beendigg der Auseinandersetz, BGH 2, 82, und nach dem Tode eines Eheg im Verhältn der Erben zu den NachlGläub, Mü OLG 42, 142.

4) Verfahrensrechtliches. Soll eine ZwVollstr gg einen Eheg in Sachen, hins deren die EigtVermutg des § 1362 I gilt, durchgeführt werden, so kann der andere Eheg sich nicht auf seinen Besitz od Gewahrsam daran berufen, also dann nicht gem ZPO 808, 809, 883 widersprechen; denn für diese Sachen gilt nur der EhegSchu als Gewahrsamsinhaber oder Besitzer, ZPO 739. Es genügt also der Titel gg einen Eheg. Der andere Eheg hat die Widerspruchsklage, ZPO 771, insof, als er sein Eigt geltd macht, wobei er dann die Vermutgen des § 1362 zu entkräftigen hat. Würde ein derartiger Nachweis schon ggü dem VollstrOrgan u demgemäß insof die Erinnerg nach ZPO 766 zugelassen, so Baur FamRZ 58, 253, Brennecke NJW 59, 1260, so würde jenem etwas zugemutet, was er vielfach nicht leisten kann, stünde aber auch im Widerspr damit, daß für die Durchführg der ZwVollstr, also alle Hdlgen des GVz, nur der Schu als Gewahrsamsinhaber u Besitzer gilt, ZPO 739, Baumb-Lauterbach ebda Anm 2 A. Sind beide Ehegatten Schuldner aus verschiedenen Titeln, so kann also dieselbe Sache gepfändet werden; entscheidend dann das wirkl Eigt, sonst die Priorität, Baur aaO. Spricht die Vermutg des II für einen Eheg, so ist Pfändg des Ggstandes für die Gläub des anderen Eheg unzulässig. Das auch bei I 2, so daß in diesen Fällen allerdings Erinnerg, ZPO 766, gegeben. Gehört die bewegl Sache zum Gesamtgut, was bei allg GütGemsch vermutet wird, Anm 1, so ist ein Titel gg den od die verwaltenden Ehegatten erforderl, ZPO 740; verwaltet nur ein Eheg, so kann der nicht verwaltende entspr ZPO 739 sich nicht auf seinen Besitz od Gewahrsam berufen, Baumb-Lauterbach ZPO 740 Anm 3 B. Rechte Dritter werden durch die Regelg von ZPO 739 nicht berührt.

Sechster Titel. Eheliches Güterrecht

Schrifttum: Berent, ZugewGemsch der Eheg, Breslau 1915; Heinemann Gruch 70, 496, 537; Michaelis, Die Güterstde in der Praxis, Diss Hbg 1968; Müller-Freienfels, Nachehel VermögAusgl, Festg f Häkan Nial, Stockholm 1966, S 404; Litfin BB 75, 1213 (zu § 5 ErbStG); Knobbe-Keuk, Festschr f Bosch 1976 S 503(ErbschSteuerG); Paulick, Festschr f Bosch 1976 S 763 (SteuerR); Lieb, in: Beiträge z dt u israel PrivR 1977, S 177. Wg ält Lit 30. u früh Aufl.

Einführung

1) Das BGB machte mit einem Schlage der vor 1900 in Deutschland auf dem Gebiete des Güterrechts herrschenden Buntscheckigkeit ein Ende. Es verwarf das Regionalsystem, indem es das GüterR einheitl gestaltete u entspr seiner patriarchalischen Einstellg zum ordentl gesetzl Güterstd den der ehemännl Verw und Nutzg erhob, der in der Form der VerwGemsch schon vorher das in Deutschland verbreitetste GüterR war. Um aber den Besonderheiten der einzelnen Gegenden und der herrschenden Gewohnh Rechng zu tragen, regelte es weiter eine Reihe von Güterrechtstypen, die allg GütGemsch, §§ 1437–1518, die ErrungenschGemsch, §§ 1519–1548, und die FahrnisGemsch, §§ 1549–1557, zu denen noch als hilfsweise geltender gesetzl Güterstand die Gütertrenng kam. Für das ehel GüterR stellte es den Grundsatz der Vertragsfreiheit auf, § 1432 aF (§§ 1363 I, 1408 nF). Die Verlobten od Eheg konnten also bestimmen, welcher von diesen Güterstden für sie gelten sollte; sie konnten ihn auch währd der Ehe ändern.

2) Als Folge vielfacher Kritiken, so von Otto v Gierke zum 1. Entw u der Vorschläge des Juristentages auf seinen Taggen in Heidelberg, 1924, Lübeck, 1931, u Frankfurt, 1950, aber auch der Arbeiten der JustizVerw vieler Länder, die im wesentl die güterrechtl Besserstellg der Frau zum Ggstand hatten, zeichneten sich 2 Wege ab: die Verbesserg des Erb- u Pflichtteils der Frau od ein Anteil an dem in der Ehe Erworbenen. Auf Grund von Vorarbeiten von Hagemeyer (Denkschrift im Auftrage des BJM vgl Schrifttum B z 4. Buch 20. Aufl) wurde 1952 ein RegEntw vorgelegt (BTDrucks 3802), der aber vom damaligen BT nicht verabschiedet wurde.

3) Am 1. 4. 1953 trat insof ein **neuer Rechtszustand** ein, als nach GG 117 I das dem GG 3 II entgggstehende Recht nur bis zum 31. 3. 53 in Kraft blieb, es nunmehr also außer Kraft trat u mangels eines AnpassgsG u Sache der Gerichte war, die Normen auszuscheiden, die mit dem GleichberechtiggsGrds nicht in Einklang standen, auch das Recht entspr fortzubilden; bestätigt durch BVerfG NJW 54, 65. Ab 1. 4. 53 war demnach nach der bei weitem herrschenden Meing an Stelle des gesetzl Güterstandes der ehemännl Verw u Nutznießg Gütertrenng getreten, 16. u früh Aufl Einl 7 z 4. Buch Grdz 4 vor § 1363, bei den übrigen Güterständen die Verw, falls so vereinbart, durch den Mann od die Frau mögl, sonst aber eine Obliegenh beider Eheg, 16. u früh Aufl Grdz 3 vor § 1437, Vorbem 4 vor § 1519, Vorbem 2 vor § 1549.

4) Dieser Rechtszustand war auch deshalb unbefriedigend, weil das Frauenvermögen zwar nicht mehr unter der ehemännl Verw stand, die Ehefr, die nicht selbst erwarb, bei Auflösg der Ehe aber leer ausging, die Gerichte auch nicht in der Lage waren, die dem Rechng tragende ErrungenschGemsch als gesetzl Güterstd anzunehmen, BGH NJW 53, 1345. Nach Klärg der verschiedenen Möglichk (vgl dazu K. H. Neumayer RabelsZ 53, 376, rechtsvergl) entschied sich auch der 1954 vorgelegte 2. RegEntw BTDrucks 224 für die ZugewinnGemsch als gesetzl Güterstd (s dazu Grdz 4 vor § 1363; grdsätzl dagg Hübner AcP 151, 416), also eine AusgleichsFdg gegen den währd der Ehe durch einen Ehegatten erzielten höheren Zugewinn, und zwar in jedem Fall der Eheauflösg. Die ErrungenschGemsch, die ihrem Grdgedanken nach als gesetzl Güterstd nahelag, lehnte der Entw in ausführl Stellgnahme, S 34ff, wg der Verdinglichg durch die Gesamtgutsbildg, die damit verbundene für die Frau gefährl Haftgserstreckg, wg der wirtschaftl Schwerfälligk, die eine Folge der aGrd der Gleichberechtigg möglicherw gegebene Verwaltg durch beide Eheg sein würde, und vor allem der Schwierigk der Auseinandersetzg ab; ablehnend schon BGB Mot IV, 151. Aus einem Teil dieser Gründe hielt er auch die GütGemsch als gesetzl Güterstd für ungeeignet, S 33. Der Entw sieht letztere aber als Wahlgüterstd vor, nicht mehr jedoch ErrGemsch und FahrnisGemsch. Der FamRUnterausschuß, Drucks 3409/57, hat dann die Anm 2 genannten beiden Lösgen insof vereinigt, als er den im RegEntw vorgesehenen Ausgleich der ZugewGemsch grdsätzl nur für die Fälle der Auflösg

1255

der Ehe, die nicht durch Tod erfolgen, vorsieht, § 1372, währd bei Eheauflösg durch Tod der Ausgleich durch Erbteilserhöhg des überl Eheg bewirkt wird, § 1371 I. Der Ausschußbericht enthält ferner abw von der RegVorlage für die GütGemsch sowohl eine Regelg für die Verwaltg des Gesamtgutes durch einen, §§ 1422ff, wie durch beide Eheg, §§ 1450ff. Der Vorschlag des Ausschusses ist bis auf eine geringfügige Änderg, § 1371 IV, im **GleichberG** Gesetz geworden, **das vom 1. 7. 58 ab gilt.** Eine spätere Änd zu § 1371 IV bringt Art 1 Z 2 NEhelG.

5) Der 6. Titel in der Fassg des GleichberG enthält, entspr seiner bisherigen Einteilg, aber unter Wegfall einiger §§, unter I die Bestimmgen über das gesetzl GüterR, §§ 1363–1390, unter II das vertragsmäßige GüterR, und zwar zunächst dessen allg Vorschr, §§ 1408–1413, die Vorschr über die Gütertrenng, § 1414, sodann die über die GütGemsch einschl der fortgesetzten GütGemsch, §§ 1415–1518 (ErrGemsch u FahrnisGemsch, früher §§ 1519–1557 sind weggefallen) und schließt unter III mit Bestimmgen über das GüterrechtsReg, §§ 1558–1563. **Ergänzt** werden die güterrechtl Bestimmgen durch §§ 1356–1362 des Ehewirkgsrechts, insb über die Haftg der Eheg gegeneinander, § 1359, vgl aber §§ 1435, 1467, u die EigtVermutgen, § 1362. Im Konkurs ist den Besonderh des GüterR durch KO 2, 45, 218, 236, 236a–c, im VerglVerf durch VerglO 114–114b Rechng getragen. Die AuseinandSVorschr werden bei Scheidg der Ehe durch die HausratsVO ergänzt (erläut hinter EheG). Nach Abschaffg v StGB 170a kein **strafrechtl** Schutz der FamHabe mehr.

6) Verfahrensrecht. Vgl zunächst Einf 3 v § 1353. Anspr aus dem ehel GüterR sind vermögensrechtl Art (RG **144,** 160), also keine Ehesachen iSv ZPO 606 I. Es gelten mithin die allg Bestimmgen mit der Besonderh, daß sämtl Anspr aus dem ehel GüterR, auch die AusglFdg des § 1378, **Familiensachen** sind (ZPO 621 I Z 8 u 9), für die das FamG ausschließl zust ist. Sie können als isolierte EhewirkgsAngelegenh nach dem ProzR geltd gemacht w od – auf Antr – als ScheidgsFolgesache, im Ehescheidg (ZPO 623, 629 I). Vgl Diederichsen NJW **77,** 652. Iü gelten die allg Bestimmgen (ZPO 624 III). Das Verf gem §§ 1382, 1383 ist ein solches des FGG (ZPO 621 a). Wird über die güterrechtl Fragen im EntschVerbund entschieden, ergeht ein Urt, das insges mit der Berufg u Rev, bei Teilanfechtg dch das jew dem Verf entsprechde RMittel angefochten w (Einzelh NJW **77,** 659). Besonderh ergeben sich auch in der ZwVollstr, und zwar bei Vollstr gg Eheg im allg, ZPO 739, wie im Falle der allg GütGemsch, §§ 740 bis 745, 774, 860, 999 idF des GleichberG. Verfahrensrechtl Best im Gebiet der nichtstreitigen Gerichtsbark FGG 45 (Zust des VormschG), 53 a (Einigg bei Ausgleich des Zugewinns), 99 (AuseinandS bei GütGemsch), 161 (GüterR-Register), GBO 33, 34, ferner die HausratsVO für die ihr unterliegenden Ggstände. **Nicht** vor das FamG gehören Anspr, die sich aus einer zw ihnen vereinb Gütertrenng ergeben (Düss FamRZ **78,** 129).

7) Die landesrechtl Vorbehalte, EG 57, 58, sind außer Geltg.

8) Zum **Rechtszustand in der DDR,** in der als gesetzl Güterstd die ErrungenschGemsch gilt, vgl Brunner, Einf in das R der DDR (1975) S 161; Wirsing, Das ehel GüterR der DDR, Tüb 1973 (FamRZ **75,** 364). Wg der interlokalen Fragen EG 15 Anm 1.

9) Internationales Privatrecht EG 15, 16, vgl auch Anh zu EG 15.

10) Übergangsrecht des BGB EG 200, des GleichberG Art 8 Teil I Z 2–7, s dazu Grdz 5 vor § 1363, § 1413 Anm 4, Grdz 2 vor § 1414, Grdz 3 vor § 1415, bei § 1519.

I. Gesetzliches Güterrecht

Grundzüge

Schrifttum: Haegele Rpfleger **64,** 242, FamRZ **66,** 594 (Entwicklg von Schrifttum u Rspr); v Olshausen FamRZ **77,** 361 (HöfeO); s auch bei §§ 1365, 1371.

1) Unter gesetzl Güterrecht versteht das BGB die Ordng der güterrechtl Verhältnisse unter Eheg, die kraft Gesetzes mangels einer andersartigen ehevertragl Vereinbg eintritt. Das war **bis 31. 3. 53** der Güterstd der ehemännl Verw u Nutzn, §§ 1363–1425 aF. An seine Stelle trat vom **1. 4. 53** bis **zum 30. 6. 58** der damalige außerordentl gesetzl Güterstd, die Gütertrenng (vgl Einf 3), §§ 1426–1431 aF, den damals der I. Untertitel „Gesetzl Güterrecht" mitumfaßte, allerdings der neuen Rechtslage angepaßt. Vom **1. 7. 58** ab ist gesetzl Güterstd die **ZugewinnGemsch,** §§ 1363–1390 nF. Außerordentl gesetzl Güterstand ist auch nach der Neuregelg die **Gütertrenng.** Die Neufassg reiht sie zwar nicht mehr dem Untertitel I „Gesetzl Güterrecht" ein (früher unter „5"). Sie tritt aber auch von Gesetzes wg ein, wenn die Eheg den gesetzl Güterstd ehevertragl ausschließen od aufheben, ohne einen anderen Güterstd zu bestimmen, ebso wenn sie den Ausgleich des Zugewinns ausschließen od die GütGemsch aufheben, § 1414, ferner wenn auf vorzeitigen Ausgleich des Zugewinns od Aufhebg der GütGemsch erkannt ist, §§ 1388, 1449, 1470; vgl auch § 1414 Anm 1. Da der gesetzl Güterstd die Regel ist, kann der Richter mangels ggteiliger Behauptgen, die der Behauptende zu beweisen hat, von ihm ausgehen; das gilt auch für den Grundbuchrichter.

2) Der Untertitel ist anders als der entspr des BGB in der Neufassg nicht unterteilt. Er **gliedert sich** in die allg Vorschriften, §§ 1363–1370, den Ausgleich des Zugewinns im Todesfall, § 1371, u in anderen Fällen, §§ 1372–1390, hier insb auch im Falle eines vorzeitigen Ausgleichs, §§ 1385–1389.

3) Im Güterstd der ZugewinnGemsch behält jeder Eheg sein Vermögen in seinem Eigentum, auch seiner eigenen Verw, §§ 1363 II, 1364. Jeder Eheg zieht auch selbst die Nutzn, wenn er insow die Verpflichtg zur Verwendg im Interesse der Familie hat, § 1360. Eine gemschaftl Vermögensmasse entsteht also nicht, auch nicht bei der Auflösg der Gemsch zum Zwecke der Teilg. Vielmehr erhält der Eheg, bei dem ein Zugew nicht vorhanden od dessen Zugew kleiner als der des Eheg ist, eine Ausgleichsforderg, § 1378, sofern die Ehe nicht durch Tod aufgelöst wird. Dabei werden zum Zwecke der Berechng bei jedem Eheg unterschieden: das Anfangsvermögen, § 1374, und der Zugew, § 1373, die aber beide nur Rechngsgrößen sind. Eine dingl Beteiligg besteht nur im Erbfall durch pauschale Erhöhg der Erbschaft um $^1/_4$, § 1371 I. Trotzdem ist der Güterstd der ZugewGemsch nicht als Gütertrenng anzusprechen; denn durch die ZugewGemsch treten stärkere Bindgen ein. Jeder Eheg ist in zweifacher Hinsicht in seiner Rechtsbefugnis beschränkt (weitere Verfüggsbeschränken bestehen nicht): Er kann nicht wie bei jener über sein Vermögen im Ganzen ohne Gen des anderen Eheg verfügen, §§ 1365 bis 1367. Ebensowenig ist das hinsichtl ihm gehörender HaushaltsGgstände zuläss, § 1369. Wird dennoch ohne Gen verfügt, so ist ein Vertr, der ungenehmigt bleibt, ebso wie ein einseitiges RGesch unwirks, §§ 1366 IV, 1367. Diese Unwirksamk kann der andere Eheg auch ggü dem Dritten geltd machen, §§ 1368, 1369 III. Einer willkürl Vermögensverrnindergg wird dadurch entgegengewirkt, daß beim Ausgleich dem Endvermögen des Eheg seine übermäßigen unentgeltl Zuwendgen, die von ihm verschwendete Vermögen u alles das hinzugerechnet wird, was in absichtl Benachteiliggshandlgen sich nicht mehr in seinem Endvermögen befindet, § 1375 II: außerdem kann der geschädigte Eheg das dem Dritten in Benachteiliggsabsicht Zugewendete uU von diesem zurückfordern, § 1390; in diesen Fällen sowie im Falle einer ungenehmigten Vfg über das Vermögen im Ganzen hat der geschädigte Eheg, um ihn vor weiteren Schäden zu schützen, Anspr auf vorzeitigen ZugewAusgl, ebso, wenn sich der andere Eheg ohne ausreichenden Grd beharrlich weigert, ihn über den Bestand seines Vermögens zu unterrichten, § 1386. Andererseits kann die Erfüllg der AusglPfl verweigert werden, wenn der andere Eheg seinen wirtschaftl Verpflichtgen, die sich aus dem ehel Verhältn ergeben, längere Zeit schuldh nicht nachgekommen ist od sonst eine grobe Unbillig vorliegt, § 1381 II.

4) Haben die Eheg in kleinen od mittleren Vermögensverhältn angefangen u zus od jeder für sich erworben od auch die Frau sich auf die HaushFührg beschränkt, wird die ZugewGemsch einen **gerechten Ausgleich** herbeiführen, der bes dann notw erscheint, wenn ein Eheg im Gesch od Beruf des and Eheg mitgearbeitet hat (§ 1356 Anm 4). **a)** Im einz ergeben sich aber flgde Pkte der **Kritik** (Lit: Müller-Freienfels JZ 57, 685; Thierfelder FamRZ 59, 389): **aa)** Der Schematismus der **erbrechtl Lösg** (§ 1371) sieht davon ab, ob tatsächl ein Zugew erzielt od dieser sogar auf Seiten des Längerlebden entstanden ist. Damit werden die (ggf auch vorehel) Kinder des vorverstorbenen Eheg benachteiligt (Ferid FamRZ 57, 70; Lange NJW 57, 1381). Als unzureichd empfunden w auch die Nichtanrechng von Vorausempfängen sowie die bl AusbildgsVerpfl für Stiefkinder (§ 1371 Anm 2 u 3). Zur Kritik der erbrechtl Lösg im einzelnen sa Braga FamRZ 57, 334; Ulmer NJW 58, 170; Bärmann JZ 58, 225; Schopp FamRZ 65, 409. **bb)** Die von der ZugewGemsch unterstellte Trenng der Gütermassen beider Eheg wird währd der Ehe idR dch zahlreiche **Zuwendgen der Eheg untereinander** überspielt, so daß der gleichförmige ZugewAusgl auch iF der Ehescheidg zu Ungerechtigkeiten führt. Man muß sich jedoch im klaren darüber sein, daß es zu den Zielen des neuen gesetzl Güterstds gehörte, bei der VermAuseinandSetzg im Interesse der RKlarh den Streit darüber auszuschließen, ob u in welchem Maße ein Eheg an dem VermErwerb des and wirtschaftl beteiligt war (BGH **65**, 320). Ggü diesem and AusglMöglichkten, insb auch BereicherngsAnsprüche (BGH NJW 76, 2131) ausschaltden AusschließlichkPrinzip (§ 1372 Anm 1) hat die Rspr aber gleichwohl andere, insb gesellschaftsrechtl Lösgen neben dem ZugewAusgl für unverzichtb angesehen (§ 1356 Anm 4 d). **cc)** Dogmat unbefriedigt sind die versch Nullsetzgen (§ 1373 Anm 1), die wirtschaftl Beteiligng am Zugew die jew Eheg zunächst oft ins Leere gehen lassen. Streitig können sich auch bei Abschätzg der VermWerte (§§ 1374 ff) ergeben, die die Grdlage für die **Berechnung des Zugewinns** sind, da die Ansichten der Sachverst hierüber oft auseinandgehen können. Inhabern von größeren Betrieben wird die Unsicherh der Bewertg u damit die Ungewißh über die Höhe der AusglFdg, aber auch die Höhe des Erbteils u die Notwendigk der Bilanzierg nicht willkommen s. Bes Bedenken bestehen gg die ZugewGemsch bei Beteiligng eines Eheg an einer Personalgesellsch wg der diese belastden hohen Auszahlgsverpflichtgen, wenn der and Eheg Auskehrg des Zugew verlangen k (Tiedau MDR 57, 645; sa Tiefenbacher BB 58, 565). Gütertrenng mit testamentar Versorgg des Eheg wird daher manche vorzuziehen s. Ähnl hat der Verbd des nds Landvolks den gesetzl Güterstd abgelehnt h (RdL 57, 645). **b)** **Abhilfe.** Jeder Verlobte muß prüfen, ob dch **Ehevertrag** (§§ 1408 ff) der gesetzl Güterstd ausgeschl od abgeändert w soll. Eine nicht minder schwier Frage ist für jeden Eheg, ob u ggf welche **letztwilligen Verfüggen** er für seinen Todesfall treffen soll, ebso, ob er, wenn seine Ehe dch Tod aufgelöst wird, die **Erbschaft antreten od ausschlagen** soll (vgl Maßfeller Betr 57, 624). Die Überleggen zur richt Anpassg an den individuellen Fall werden meist nicht ohne sachverstd Beratg dchzuführen sein.

5) Aus dem **Übergangsrecht des GleichberG**, ebso aus seinem Art 8 II (SchlußVorschr) Z 4 ergibt sich mit aller Deutlichk, daß die Regeln des GleichberG erst mit dem 1. 7. 58 in Kraft trat. Demgemäß war eine sinngem Anwendg des neuen gesetzl Güterstandes auf die früh Zeit unzul; ebso BGH FamRZ 58, 416. Sie würde nur die vom G gezogenen zeitl Grenzen verwischen.

In den **heutigen gesetzl Güterstand** wurden Ehen, für die am 31. 3. 53 gesetzl Güterstand galt, **übergeleitet** durch:

GleichberG Art 8 I Z 3.
¹ *Haben die Ehegatten am 31. März 1953 im Güterstand der Verwaltung und Nutznießung des Mannes gelebt, so gelten, soweit die Ehegatten nichts anderes vereinbart haben, vom Inkrafttreten dieses Gesetzes an die Vorschriften über den Güterstand der Zugewinngemeinschaft.*

II *Jeder Ehegatte kann bis zum 30. Juni 1958 dem Amtsgericht gegenüber erklären, daß für die Ehe Gütertrennung gelten solle; § 1411 des Bürgerlichen Gesetzbuchs in der Fassung dieses Gesetzes gilt entsprechend. Die Erklärung ist dem Amtsgericht gegenüber abzugeben, in dessen Bezirk der Mann seinen Wohnsitz hat; hat der Mann im Geltungsbereich dieses Gesetzes keinen Wohnsitz, so ist das Amtsgericht Schöneberg in Berlin-Schöneberg zuständig. Die Erklärung muß gerichtlich oder notariell beurkundet werden. Das Amtsgericht hat die Erklärung dem anderen Ehegatten nach den für die Zustellung von Amts wegen geltenden Vorschriften der Zivilprozeßordnung bekanntzumachen. Auf den Lauf der Frist sind die für die Verjährung geltenden Vorschriften der §§ 203, 206 des Bürgerlichen Gesetzbuchs entsprechend anzuwenden. Auf Ersuchen des Amtsgerichts wird, wenn einer der Ehegatten dies beantragt, in das Güterrechtsregister eingetragen, daß die Ehegatten in Gütertrennung leben.*

Diese Vorschrift wird **ergänzt durch FamRÄndG Art 9 II Z 6**:

Ist die auf Grund des Artikels 8 I Nr. 3 Abs. 2 des Gleichberechtigungsgesetzes vor dem 1. Juli 1958 beurkundete

Erklärung eines Ehegatten deshalb unwirksam, weil sie von einem Rechtspfleger beurkundet worden ist, so kann der Ehegatte bis zum 31. Dezember 1961 dem Amtsgericht gegenüber erklären, daß für die Ehe Gütertrennung eintreten solle. Für die Erklärung gilt Artikel 8 I Nr. 3 Abs. 2 des Gleichberechtigungsgesetzes entsprechend. Mit der Zustellung an den anderen Ehegatten tritt Gütertrennung ein.

a) Allgemeines. EG 200 geht von der Unwandelbark des Güterstandes aus. Das GleichberG hat diesen Grds verlassen, da der frühere gesetzl Güterstd den veränderten sozialen Verhältnissen nicht mehr entspricht, leitet vielm in den neuen gesetzl Güterstd der ZugewGemsch, §§ 1363 ff, über u zwar nicht nur die Ehen, für die einmal der früh gesetzl Güterstd gegolten hat, sond auch die, für die er bei Weiterbestehen gegolten hätte, Z 4, überbrückt also den Zwischenzustand seit 1. 4. 53. Z 5 läßt schließl den neuen gesetzl Güterstd für die Ehen gelten, bei denen der früh gesetzl Güterstd aus bestimmten Gründen von Gesetzes wg nicht eintreten konnte od endete. Der neue gesetzl Güterstd wird aber den Eheg, die vor Verkündg des GleichberG geheiratet haben, nicht aufgezwungen; sie können vielm die neue Regelg mit der Wirkg ausschließen, daß Gütertrenng iS des GleichberG gilt, Z 3 II. Diese **Möglichkeit des Ausschlusses war seit dem Tage nach Verkündung des Gesetzes gegeben,** GleichberG Art 8 II Z 4, also dem 22. 6. 57, da **Art 8 I Z 3 II** u die Z 4 u 5 (letztere abgedr u erläut Grdz 2 vor § 1414), soweit sie darauf Bezug nehmen, seitdem **in Kraft sind.** Die Ausschlußmöglichk bestand grdsätzl jedoch nur bis zum Inkrafttreten des GleichberG, also bis zum 30. 6. 58 einschl, so daß mit dem 1. 7. 58 Klarheit gegeben war, welche Ehen in den neuen gesetzl Güterstd übergeleitet sind u für welche Gütertrenng gilt. Wegen der Erstreckg der Frist in gewissen Fällen durch FamRÄndG unten d.

b) Umfang der Überleitg, I. Der Güterstd aller Ehen, die vor dem 1. 4. 53 geschlossen wurden, also dem Tag des Inkrafttretens des GleichberGrdsatzes, GG 3 II, 117 I, und damit des Außerkrafttreten des gesetzl Güterstandes der ehemännl Verw u Nutzg, 16. u früh. Aufl Einl 7 zum 4. Buch u Grdz 4 vor § 1363 aF, BVerfG NJW **54**, 65, BGH NJW **53**, 1345, wurde in den neuen gesetzl Güterstd übergeleitet. Das gilt also auch, soweit für diese Ehen in der Zwischenzeit inf Außerkrafttretens des ord gesetzl Güterstandes der subsidiäre Güterstd des BGB, die Gütertrenng, galt, 16. u früh Aufl Grdz 4 vor § 1363 aF; denn Z 5 I, der des Bestimmgen für die Ehen trifft, in denen Gütertrenng gilt, läßt Z 3, die in Abs 1 genannten Ehen, unberührt. In den neuen gesetzl Güterstd übergeleitet wurden auch die Ehen, die in der Zeit des Zwischenzustandes, also vom 1. 4. 53 – 30. 6. 58 geschlossen werden, Z 4. **Ausgenommen von der Überleitg** sind die Ehen, in denen die Eheg etwas anders vereinbart haben, bei denen also ein EheVertr vorliegt, § 1363 I, Z 5 I, 6, 7. War der früh gesetzl Güterstd ehevertragl vereinbart, etwa im Übergang von einem Wahlgüterstd, so Vertragswille entscheidend. Wurde gerade die gesetzl Regelg der ehemännl Verw u Nutzn für geeignet gehalten u sollte gerade sie vereinbart werden, so verbleibt es bei dieser, also bei den Bestimmgen des früheren gesetzl Güterstandes; GG 3 II steht nicht entgg, da privatrechtl Bindgen in Abweichg von ihm getroffen werden können, Knur DNotZ **53**, 237, Reinicke NJW **53**, 684, Dölle JZ **53**, 360. Ergibt die Ermittlg des Vertragswillens hingg, daß die Parteien nur den gesetzl Güterstd als solchen vereinbaren od nochmals vertragl feststellen wollten, daß dieser gilt, so folgen ihre güterrechtl Beziehgen auch dessen Veränderngen; so auch Celle DNotZ **57**, 589, NJW **58**, 1974. Insb wird das bei den ehevertragl Vereinbargen der Fall sein, durch die „der gesetzl Güterstd wiederhergestellt" werden sollte; aM Weber DNotZ **57**, 578. Wollen künftige Ehegattin Eheg in dem Wahlgüterstd der ehemännl VerwuNutzn leben, so ist, falls nicht ein EheVertr der erstgenannten Art vorliegt, das nur noch ehevertragl mögl, da insof die Vertragsfreih nicht eingeengt wird. Jedoch nicht mögl Vereinbg, daß dieser Güterstd als solcher gelten solle; es sind vielm die dann gültigen Bestimmgen im einzelnen in den EheVertr aufzunehmen, § 1409 Anm 1.

c) Wirkg der Überleitg. Der gesetzl Güterstd der ZugewGemsch gilt ab 1. 7. 58, dem Tag des Inkrafttretens des Gesetzes. Erst von diesem Tag ab kann ein Zugew entstehen. Das Vermögen der Eheg an diesem Tage gilt also als Anfangsvermögen, § 1374, das zweckmäßigerw vorher aufzuzeichnen ist; denn anderf wird vermutet, daß das ganze Endvermögen eines Eheg sein Zugew ist, insof also sogar ein vor dem 1. 7. 58 eingetretener Gewinn, wenn nicht bei der AuseinandS vom in Anspr genommenen Eheg nachgewiesen w kann, daß dieser am 1. 7. 58 bereits vorhanden war, § 1377 Anm 4. Wurde die Ehe 1. 7. 58 od später durch Tod beendet u die erbrechtl Lösg gewählt, § 1371 I, so tritt die Abgeltg des Zugewinns, also die Erhöhg des Ehegattenerbteils um $1/4$ ein, so daß es dann nicht darauf ankommt, ob überh ein Zugew vorhanden u wann er entsteht, § 1371 Anm 4. Wird hingg ausgeschlagen, § 1371 III, so ist nur das ab 1. 7. 58 Gewonnene Zugew, § 1371 Anm 5. Die Ehefr kann dem Ehem die Verwaltg ihres Verm weiter überlassen, § 1413, was sich aber, um spätere Unklarheiten zu vermeiden, nur nach Aufstellg eines Inventars empfiehlt, §§ 1374, 1377 besonders III. Wegen Abwicklg des früh gesetzl Güterstandes der Verw u Nutzg s 24. u früh Aufl.

d) Ausschließg des gesetzlichen Güterstandes, II. Das G zwingt den Eheg, die unter einem andern Recht ihre Ehe geschl haben, den neuen gesetzl Güterstd nicht auf. Jeder Eheg konnte ohne Mitwirkg des anderen erklären, daß für die Ehe Gütertrenng gelten solle. War ein Eheg in der GeschFgk beschränkt, konnte er diese Erkl nur selbst abgeben, bedurfte dazu aber der Zustimmg seines gesetzl Vertreters, war dieser im Vormd, so war außerdem die Gen des VormG erforderl; war ein Eheg geschäftsunfähig, so war zur Abgabe der Erkl der gesetzl Vertreter, jedoch nur mit Gen des VormschG befugt, § 1411 entspr, II 1. Erkl mußte gerichtl oder notariell beurkundet sein, § 128 Anm 1, um zu ermöglichen, den Eheg bei ihrer Abgabe zu beraten; Beglaubigg genügt nicht. Soweit gerichtl Beurkundg erfolgte, war der Richter zust, da in RPflG 23 nicht aufgeführt, BGH NJW **64**, 356. Da aber verhältnismäßig häufig Erklärgen vom RPfleger beurkundet u daher unwirks waren, § 8 IV nF), eröffnete FamRÄndG die Möglichk, noch bis zum 31. 12. 61 (diese Bestimmg war bereits am 19. 8. 51 in Kraft getreten) eine wirksame Erkl abzugeben, FamRÄndG Art 9 Abschn II Z 6. Wird Erkl notariell beurkundet, mußte dem AmtsG eine Ausfertigg, nicht nur eine beglaubigte Abschrift, übersandt werden, da die Erkl dem zuständigen AmtsG ggüber abzugeben ist. Zuständig allein AmtsG, in dessen Bezirk der Ehem seinen Wohnsitz hat, falls er einen solchen in der BRep nicht hatte, AmtsG Berlin-Schöneberg; Wohnsitz der Frau unerhebl, auch für den zweiten Fall. Jedoch schadet die Abgabe ggü einem unrichtigen AmtsG nicht, wenn dieses sich für zust hielt, BGH **36**, 197. Abzugeben war sie bis zum 30. 6. 58, mußte also noch den Eingangsstempel des AmtsG von diesem Tage erhalten haben; ausnahmsw später bei Vorliegen der Voraussetzgen von §§ 203, 206, auch bei Versehen des Notars, falls der Erklärende hieran unbeteiligt, KG FamRZ **59**, 250. Soweit sie entspr FamRÄndG wirks nachgeholt wird, dementspr Eingang beim AmtsG bis 31. 12. 61. AmtsG kann bei Verspätg Erkl nicht zurückweisen, da keine EntschBefugn; darüber vielm nur im Prozeßweg zu entscheiden, Hamm Rpfleger **58**, 347, Düss FamRZ **59**, 250 aM Jansen Rpfleger **58**, 376. Durch die Erkl wird bewirkt, daß die Eheg vom 1. 7. 58 ab in Gütertrenng iS des GleichberG leben, Grdz vor § 1414; handelt es sich um eine gemäß FamRÄndG wirks nachgeholte Erkl, trat Gütertrenng ab 1. 7. 58, hier also rückwirkd ein; auch hier kann Zustell nach dem 31. 12. 61 erfolgen. Jeder Eheg kann beim AmtsG eine entspr Eintragg ins Güterrechtsregister beantragen; Bekanntmachg nach § 1562.

e) **Saarland.** GG 3 II ist dort erst am 1. 1. 1957 in Kraft getreten. Dementsprechend tritt an die Stelle des 1. 4. 53 der 1. 1. 57, GleichberG Art 8 I Z 11.

f) **Überleitg von zwischen dem 1. 4. 1953 und dem 1. 7. 1958 geschlossenen Ehen:**

GleichberG Art 8 I Z 4. Haben die Ehegatten die Ehe zwischen dem 1. April 1953 und dem Inkrafttreten dieses Gesetzes geschlossen, so gelten die Vorschriften der Nummer 3; haben die Ehegatten die Ehe erst nach der Verkündung dieses Gesetzes geschlossen, so gilt Nummer 3 Abs. 2 nicht.

6) Wg Überleitg des Güterstandes von Vertriebenen u SowjZonen- bzw DDR-Flüchtlingen, die jetzt in BRep sich für gewöhnl aufhalten, aber in einem and Güterstd leben, EG 15 Anh II.

1363 *Zugewinngemeinschaft.* ^{I} Die Ehegatten leben im Güterstand der Zugewinngemeinschaft, wenn sie nicht durch Ehevertrag etwas anderes vereinbaren.

^{II} Das Vermögen des Mannes und das Vermögen der Frau werden nicht gemeinschaftliches Vermögen der Ehegatten; dies gilt auch für Vermögen, das ein Ehegatte nach der Eheschließung erwirbt. Der Zugewinn, den die Ehegatten in der Ehe erzielen, wird jedoch ausgeglichen, wenn die Zugewinngemeinschaft endet.

Vorbem. Neu GleichberG Art 1 Z 9.

1) **Allgemeines.** § 1363 stellt fest, wann der gesetzl Güterstd der ZugewGemsch eintritt, I, und gibt deren Wesen kurz wieder, II.

2) **Der Personenkreis, I.** Ehegatten, die ehevertragl nichts anderes, also insb auch die, die nichts vereinbart haben, leben im gesetzl Güterstd. Mögl auch, daß im gesetzl Güterstd im Übergang von einem anderen vereinbart wird, § 1408. Übergangsrechtl werden ferner folgende Ehen in den gesetzl Güterstd **überführt**: a) wenn die Eheg am 31. 3. 1953 im damaligen gesetzl Güterstd der Verw u Nutzn gelebt haben, sofern sie nichts anderes vereinbart haben od ein Eheg bis zum 30. 6. 58 dem AG ggü erklärt hat, daß Gütertrenng gelten solle, GleichberG Art 8 I Z 3; – b) wenn die Eheg in der Zeit vom 1. 4. 53 bis zum 30. 6. 58 geheiratet haben, ohne etwas anderes ehevertragl vereinbart zu haben, u falls die Eheschl bis zum 21. 6. 57 erfolgt ist, auch nicht bis zum 30. 6. 58 von einem Eheg dem AG ggü erklärt worden ist, daß Gütertrenng gelten solle, GleichberG Art 8 I Z 4; – c) wenn die Gütertrenng des BGB an Stelle des damaligen ordentl gesetzl Güterstandes der Verw u Nutzn eingetreten ist, weil eine in der GeschFgk beschränkte Frau die Ehe ohne Einwillig ihres gesetzl Vertreters geschlossen hatte, § 1364, die Verw u Nutzn des Mannes wg Eröffng des Konk über sein Verm, § 1419 aF, oder deshalb geendet hat, weil der Mann für tot erklärt od der Ztpkt seines Todes gem VerschG 39 festgestellt worden ist, § 1420 aF, er aber am 1. 7. 1958 noch gelebt hat, vorausgesetzt, daß in den zu c genannten Fällen kein Eheg dem AG ggü bis zum 30. 6. 58 (in den Art 9 Abschn II Z 6 FamRÄndG genannten Fall bis zum 31. 12. 61) erklärt hat, es solle Gütertrenng gelten, GleichberG Art 8 I Z 5 II. Vgl Grdzge 5 vor § 1363 u Grdz 2 vor § 1414.

3) **Beginn des gesetzl Güterstandes.** Falls kein EheVertr abgeschl wird, von Gesetzes wegen mit der Eheschl, I, sonst mit Abschluß eines dahingehenden Ehevertrages. In den übergangsrechtl zu Anm 2 genannten Fällen am 1. 7. 58, u zwar auch für den Fall der bis 31. 12. 61 wirks nachgeholten Erkl, Grdz 5d und f.

4) Wegen **Beendigg des gesetzl Güterstandes** §§ 1371 Anm 1, 1372 Anm 2.

5) **Das Wesen der Zugewinngemeinschaft,** II, besteht darin, daß eine dingl Beteiligg eines Eheg am Vermögen des anderen weder währd des Bestehens der Gemsch noch bei ihrer Beendigg, außer bei einer solchen durch den Tod, § 1371, eintritt. Jeder Eheg bleibt also Alleineigentümer seines Vermögens auch desjenigen, das ein Eheg nach der Eheschl erwirbt. In der Verw seines Vermögens ist jeder Eheg selbständig, § 1364, allerdings mit gewissen Beschrkgen, §§ 1365 ff, vgl auch Grdz 3 vor § 1363. Jeder Eheg **haftet allein mit seinem Vermögen** für seine vor od währd der Ehe entstandenen Verbindlichk, ist also nicht verpflichtet, für die des anderen Eheg einzustehen. Die beiden Vermögensmassen bleiben getrennt; jeder Eheg kann mit dem anderen RGeschäfte abschließen, Einf 2c vor § 1353. Auch der Gewinn, der einem Eheg im Laufe der Ehe zufällt, bleibt in dem betreffenden Vermögen und damit in der alleinigen Vfgsgewalt dieses Eheg; vgl aber auch § 1375 II. Erst bei Beendigg der ZugewinnGemsch wird der Zugewinn, § 1373, ausgeglichen. Das geschieht im Fall der Beendigg durch Tod durch Erhöhg des gesetzl Erbteils um $^1/_4$, ohne daß es darauf ankäme, ob ein Zugew erzielt wurde, § 1371 I, in den anderen Fällen der Beendigg, § 1372, durch einen Ausgleich des Teils des Zugewinns, den ein Ehegatte mehr als der andere erzielt hat. Auf diesen Ausgleich, der nur in Geld gefordert w kann, besteht **lediglich ein schuldrechtl Anspr**. Diese Ausgleichg läßt ein dingl Recht nicht entstehen, § 1378.

§§ 1363–1365 4. Buch. 1. Abschnitt. *Diederichsen*

6) Vertragl Änderg der ZugewinnGemsch. Die ZugewGemsch kann nicht nur durch EheVertr überh ausgeschaltet werden, in gewissen Grenzen auch mögl, den gesetzl Güterstd abzuändern. Das ist nicht schon dann der Fall, wenn ein Eheg dem andern die Verw seines Verm überläßt, § 1413, was formlos geschehen kann. Ehevertragl können insb hinsichtl des Zugewinns u Art u Höhe seines Ausgleichs Bestimmgen getroffen werden, § 1408 Anm 4; nur wenn der ZugewAusgleich überh ausgeschl wird, entfällt der gesetzl Güterstd, es tritt Gütertrenng ein, § 1414.

1364 **Selbständige Vermögensverwaltung.** Jeder Ehegatte verwaltet sein Vermögen selbständig; er ist jedoch in der Verwaltung seines Vermögens nach Maßgabe der folgenden Vorschriften beschränkt.

Vorbem. Neu, GleichberG Art 1 Z 9.

1) Allgemeines. Zum gesetzl Güterstd überh § 1363 Anm 5. Jeder Eheg ist hinsichtl seines Verm selbständig u steht dem anderen Eheg so ggü, kann also mit ihm auch in rechtsgeschäftl Beziehgen treten, Einf 2c vor § 1353. Jeder Eheg handelt grundsätzl im eigenen Namen, für den anderen nur insow, als ihm Vollm gegeben ist. Kann auch stillschw geschehen, was Umst dann ergeben müssen; keiner solchen bedarf es nur für Geschäftsbesorggen der Frau im Rahmen der Schlüsselgewalt, § 1357 I.

2) Verwaltungsrecht. Jeder Eheg verwaltet sein Vermögen selbständig, kann demgemäß Vfgen allein treffen, auch solche über einen eintretenden Zugew, § 1363 Anm 5. Ein Eheg kann aber die Verw seines Vermögens od eines Teiles dem andern überlassen, was formlos geschehen kann, aber soweit das nicht ehevertragl ausgeschl ist, jederzeit widerrufen w kann, § 1413. Rechtsstreitigkeiten führt jeder Eheg allein. Es bedarf, da die Vermögensmassen getrennt bleiben, auch keines Duldgstitels zu § 739. Soweit ein nicht getrennt lebender Eheg Besitz, Gewahrsam, Mitbesitz od Mitgewahrsam an Vermögensstücken des anderen hat, kann er sich bei einer ZwVollstr gg den anderen nicht darauf berufen, ZPO 739. Erwerben die Eheg gmschaftl Vermögen, so ist, sofern nichts anderes vereinbart wird, was formlos geschehen kann, auch die Verw gemeinsam; denkbar ist aber auch ein gesellschaftsähnl Verhältn, insb wenn es sich um ein gemeinsames od gemeins betriebenes ErwerbsGesch handelt, vgl Anm 1356 Anm 3.

3) Beschränkgen der Verwaltg enthalten §§ 1365–1369. Verpflichtsgeschäfte, die das Vermögen im ganzen zum Ggst haben, ebso wie die darauf gerichteten Erfüllgsgeschäfte ohne Gen des anderen Eheg sind unwirks, § 1365; desgl Vfgen u darauf gerichtete Verpflichtgen bzgl Gegenstände des ehel Haushalts, § 1369. Weitere Ausnahmen von § 1364 bestehen nicht. Jedoch ergeben sich aus ZugewGemsch weitere mittelbare Bindgen, Einf 4 vor § 1363; wg solcher aus der LebensGemsch Einf 1 vor § 1353.

1365 **Einschränkung der Verfügungsmacht über Vermögen im ganzen.**
I Ein Ehegatte kann sich nur mit Einwilligung des anderen Ehegatten verpflichten, über sein Vermögen im ganzen zu verfügen. Hat er sich ohne Zustimmung des anderen Ehegatten verpflichtet, so kann er die Verpflichtung nur erfüllen, wenn der andere Ehegatte einwilligt.
II Entspricht das Rechtsgeschäft den Grundsätzen einer ordnungsmäßigen Verwaltung, so kann das Vormundschaftsgericht auf Antrag des Ehegatten die Zustimmung des anderen Ehegatten ersetzen, wenn dieser sie ohne ausreichenden Grund verweigert oder durch Krankheit oder Abwesenheit an der Abgabe einer Erklärung verhindert und mit dem Aufschub Gefahr verbunden ist.

Schrifttum: Bärmann AcP **157**, 159; Beitzke Betr **61**, 21 (GesellschVerträge); Braga FamRZ **67**, 652; Eiselt JZ **60**, 562; Fischer NJW **60**, 937 (GesellschVerträge); Haegele Rpfleger **59**, 4, 242; Koeniger DRiZ **59**, 372; Lorenz JZ **59**, 105; de la Motte, Güterrechtl VerwBeschränkg u UnternehmensR, Kieler Diss 1966; Meyer-Stolte FamRZ **59**, 228; Mülke AcP **161**, 129; Müller-Freienfels JZ **57**, 692 (kritisch); Reinicke BB **60**, 1002 (GesellschVerträge), Betr **65**, 1351 (Rspr des BGH); Riedel Rpfleger **61**, 261, MDR **62**, 4, DRiZ **63**, 182; Rittner FamRZ **61**, 1 (Handelsrecht); Schulz-Kersting JR **59**, 81, 134; Tiedau MDR **58**, 378, **59**, 79, 253, **61**, 721; Dtsch Notartag **1961** S 97; Tubessing BB **66**, 829; Westermann FamRZ **67**, 645 (Bankgeschäfte); Wörbelauer NJW **60**, 793; Tiedtke FamRZ **75**, 65; Finger JZ **75**, 461; Sandrock, Festschr f Bosch 1976 S 841; Krauter/Panz, BWNotZ **78**, 75.

Vorbem. Neu, GleichberG Art 1 Z 9; zu I vgl § 1444 aF, § 1423 nF, zu II vgl § 1447 aF = § 1426 nF.

1) Allgemeines. Beschränkg des Verwaltgsrechts, das grdsätzl jeder Eheg selbständig ausübt, § 1364. Absolutes Veräußerungsverbot, BGH **40**, 218. Schutzbestimmg im Interesse der FamGemsch u zur Erhaltg der wirtschaftl Grundlage der Familie, Ausschußbericht S 6. Also nicht allein, um den anderen Eheg vor Gefährdg seines AusglAnspr zu schützen. Da Eheg aber frei über ihre güterrechtl Beziehgen bestimmen können, kann ehevertragl, § 1412 Anm 2b, auch auf diese VfgsBeschränkg verzichtet werden, Riedel DRiZ **63**, 185, Dölle § 52 IV, Lange FamRZ **64**, 546, vgl BGH **41**, 370 (nicht eintraggsfähig), Knur DNotZ **57**, 463, der S 470 eine Beschränkg des § 1365 auf bestimmte Ggstände im Interesse des RVerkehrs nicht für mögl hält, vgl § 1408 Anm 4; dagg Mülke AcP **161**, 160. Auf Widerruf der Einwilligg, im einzelnen Falle, Anm 4, kann, da keine Änderg des Güterstandes, formlos verzichtet werden, Reinicke BB **57**, 565. § 1365 kommt auch dann, wenn die Eheg ab 1. 7. 58 im gesetzl Güterstd leben, § 1363 Anm 2, bei Rechtsgeschäften, die vorher rechtsgültig abgeschlossen sind, mit Rücks auf den Zweck des Gesetzes zur Anwendg; auch das vorher gültig abgeschlossene Verpflichtgsgeschäft kann nach dem 1. 7. 58 wg I 2 u des famschützenden Zweckes der Bestimmg nur mit Einwilligg des anderen Eheg erfüllt werden, Knur DNotZ **57**, 453 Anm 9, Schultz-Kersting JR **59**, 84, ferner Bosch FamRZ **59**, 240, der mit Recht darauf hinweist, daß der Eheg verpflichtet ist, die Zustimmg des anderen, ggf nach § 1365 II, herbeizuführen; aM Maßfeller-Reinicke Anm 5, Bade NJW **58**, 1957, Krüger-Breetzke-Nowack Anm 2, RGRK 21,

1260

Haegele Rpfleger **59**, 10, Scherer FamRZ **62**, 413, BayObLG FamRZ **59**, 241, Oldbg DNotZ **59**, 545, Celle NJW **62**, 743 (gilt auch, wenn Angebot erst nach dem 1. 7. 58 angenommen), Saarbr FamRZ **62**, 260, Augsbg (LG) DNotZ **58**, 421, Dortm (LG) DNotZ **58**, 550 (Rechtswirksamk hinge dann vom Zufall der Eintragg vor od nach dem Stichtag ab; der Ges bedarf eines festen Termins bringt Zufälligk mit sich), Darmst (LG) NJW **59**, 103, die in der Anwendg von I 2 eine Rückwirkg sehen wollen, auch könnten I 1 u 2 nur zus betrachtet werden, ebso Tiedau MDR **59**, 80; ein nichtssagender Einwand, zumal I 1 u 2 gleichgeordnete Tatbestände enthalten, auch § 878 grdsätzl auf den Zeitpunkt der Rechtsänderg hinweist; vgl auch BGH FamRZ **58**, 417. § 1365 unanwendbar, wenn ein Verlobter ein solches Verpflichtgsgeschäft einging (I 2: „ohne Zust des anderen Eheg") u vor Eheschl erfüllt wird. Bei Verstoß gg § 1365 Klagemöglich auf vorzeitigen ZugewAusgleich, § 1386 II. Bei GrdstVeräußerg muß Notar ggf über die VfgsBeschrkg des § 1365 aufklären (BGH **64**, 246).

2) Einwilligungsbedürftig sind RGeschäfte, dch die sich ein Eheg zur Vfg über sein **Vermögen im ganzen**, vgl § 311, verpflichtet. **I 1.** Gemeint ist das AktivVerm, so daß die Vorschr auch auf RGeschäfte eines überschuldeten Eheg anwendb ist. Anders als bei § 311 ist § 1365 aber nicht berührt, wenn bl ein Bruchteil des Verm Ggst des RGesch ist, Hamm NJW **59**, 104, Düss JMBl NRW **59**, 53; das ergibt sich aus dem GesZweck sowie dem Gebr des Wortes „Verm" in §§ 1376, 1377, Schulz-Kersting JR **59**, 135, Tiedau MDR **59**, 81 gg Hoche NJW **58**, 2069. Über die ZustBedürftigk als solche entscheidet **ZeitPkt** des GeschAbschl, Hamm JMBl NRW **60**, 269, vgl iü Anm 2b aE. **Beweislast** für Voraussetzgen des § 1365 nicht beim VertrGegner, so aber Dölle § 52 I 1, Mülke AcP **161**, 158, sond bei demj, der sich auf die Nichtigk beruft, BGH NJW **65**, 910. Umstr ist die Behandlg v **Verträgen über EinzelGgstände: a)** Nach der Gesamttheorie ist § 1365 entspr § 311 nur auf RGeschäfte anzuwenden, die das Verm en bloc zum Ggst haben, Rittner FamRZ **61**, 10, Tiedau MDR **61**, 721. Da diese Auslegg den II ebso wie § 1367 zweckl erscheinen lassen würde u den GesZweck, Anm 1, nicht erfüllt, hat sich die Einzeltheorie dchgesetzt, wonach zustbedürft auch RGeschäfte über Einzelstücke sind, wenn sie das ganze od **nahezu das ganze Vermögen** ausmachen, BGH **35**, 135, **43**, 174. Bei Erwerb verschiedener VermStücke kommt es für die größere VermStück betr RGesch § 1365 zur Anwendg, Dölle § 52 I 1. Iü genügt es, wenn die Verpfl im wesentl das ganze Verm des Eheg betrifft, also nur Ggstände v verhältnismäß untergeordneter Bedeutg übr bleiben, RG **137**, 349. Feste Grenzen für diesen **Wertvergleich** wünschenswert, Soergel-Herm Lange 15, Gernhuber JZ **66**, 193, währd Staud-Felgentraeger 26 gleitde Quoten je nach der Größe des Verm empfehlen. ZustimmgsBedürftigk ist angen worden, wenn die zurückbehaltenen Werte 25 %, Schulz-Kersting JR **59**, 138, Riedel Rpfleger **61**, 266, ca 16 %, Hamm RdL **66**, 103 (HofÜberg), ca 15 %, Schlesw SchlHA **60**, 258, bzw 30 % des GesamtVerm ausmachten, LG Bln FamRZ **73**, 146. Ebso wesentl sonst Verm GesellschAnteil v 100000 DM ggü GrdBesitz v 590000 DM, vgl VorInst BGH FamRZ **66**, 22. Das Verm im ganzen ist nicht betroffen, wenn zwar das einz VermStück v Wert veräuß w, aber ausr Einkommen (Lohn-, Pensions- od RentenAnspr) vorh ist, das die wirkl ExistenzGrdl bildet, da die EinkQuelle als solche (so BGH FamRZ **67**, 383 für einen gewerbl Betr) ebenf zum Verm rechnet, Ffm NJW **60**, 2003, Hbg MDR **61**, 690, aA Brem NJW **60**, 825, Riedel Rpfleger **61**, 262, DRiZ **63**, 183 Anm 9, Gernhuber § 35 II 6, Soergel-Herm Lange 18. Bsp einer Kapitalisierg zZw des VermVergl KG NJW **76**, 717. Jedoch können zum Nachw nicht unerhebl sonst Vermögens kleinere Renten nicht rechnerisch kapitalisiert u dann dem Verm zugeschlagen w (Ffm NJW **60**, 2190; Karlsr FamRZ **61**, 317). Nicht zu berücks ferner noch nicht fäll RentenAnspr (BGH Betr **75**, 1744). Sämtl Ggste sind in den WertVergl nur insow einzubeziehen, als sie pfändb sind, weil der SchutzZw des § 1365 weiter geht als der VollstrSchutz (Ffm NJW **60**, 2190, Riedel Rpfleger **61**, 262, MDR **62**, 6, DRiZ **63**, 184), währd nach aA der pfändgsfreie Teil mitberücks w soll (KG NJW **76**, 717; Gernhuber § 35 II 6; Soerg-H Lange 17). § 1365 gilt auch f Vfgen gg **Entgelt**, da das Ges nicht auf eine wirtschaftl Einbuße abstellt (BGH **35**, 145). Unberücks bleibt also das, was an die Stelle des VermGgst tritt, da es nur auf die Vfg ankommt, nicht auf das GgGesch (Eiselt JZ **60**, 563, Beitzke Betr **61**, 23, Mülke AcP **161**, 161, Gernhuber § 35 II 11; aA Wörbelauer NJW **60**, 795, der alle Umsatz- u AnlageGesch v § 1365 ausnehmen will, od Boesebeck Betr **58**, 1147, Fischer NJW **60**, 939, Rittner FamRZ **61**, 1, Tiedau MDR **61**, 724, Reinicke BB **60**, 1004, die im einz mit Abweichgen voneinand wg der verbleibden Beteiligg das Einbringen des Verm in eine KapGesellsch grdsl für zustfrei halten). Wird als GgLeistg für GrdstÜbereignung dieses Grdst belastet, so bedarf die Belastg keiner Zust (entspr § 1821 I 2 Anm 2a, Hamm FamRZ **59**, 6). § 1365 gilt ferner nicht für Vfgen iW der ZwVollstr, zB hins des Antr eines Eheg-Gläub auf TeilgsVerst nach Pfändg des GesellschAnteils an einem FamGrdst (MüKo/Gernhuber 55 mNachw; Hbg NJW **70**, 952; aA Krfld MDR **76**, 843) od ErbbauR (LG Brschw NJW **69**, 1675). Desh läßt sich aus dem ZwVollstrR aber auch kein Arg gg die Einzeltheorie gewinnen (aA Liebs AcP **175**, 28). ZustBedürftigk beschränkt sich nicht auf best typ RGeschäfte wie HofÜberg uä, geht umgk aber auch nicht weiter als die Vorschr begriffl voraussetzt. Daher gehören nicht hierher die Führg eines RStreits ü RGesch des § 1365, Vfgen v Todes wg (BGH FamRZ **69**, 323), Eingeh v ZahlgsVerbindlkten, die nicht unter § 1365 fallen, selbst wenn dadch das ganze Verm aufgezehrt w kann (Weimar MDR **62**, 696, Riedel DRiZ **63**, 186, aA Mülke AcP **161**, 144), aus dems Grde nicht die Abgabe eines Gebotes in der ZwVersteigerg (Freibg Rpfleger **73**, 302), ferner nicht Garantien (Ffm MDR **68**, 923), Bürgsch, SchuldÜbern, falls nicht UmgehgsAbsicht vorliegt (vgl RG **54**, 284, Karlsr FamRZ **61**, 317). **Einzelfälle** zustimmgsbedürft RGeschäfte, falls es im wesentl um das ganze Verm des Eheg geht: HofÜberg, Überlassg des Anwesens gg Altenteilsrente, Geschäftsverkauf, Einbringg v Grdst od vermGgsten in eine Gesellsch, Bewillig einer AuflassgsVormerkg, weil schon das VerpflGesch der Zust des and Eheg bedarf (aA BayObLG NJW **76**, 574; Tiedtke FamRZ **76**, 320). Ebso Kündigg zwecks Auflösg der Gesellsch u AuseinandS, Eiselt JZ **60**, 564, Beitzke Betr **61**, 25, ferner aGrd ausdehnder Auslegg v „Verfügg" die Zustimmg zu gesellschvertragl Änd der Abfindgs-Bedingen, Fischer NJW **60**, 942, bei Preisgabe nahezu des ges Verm, Gernhuber § 35 II 11 & Heckelmann, Abfindgsklauseln in GesellschVertr, 1973, verlangt die Zustimmg des and Eheg zu jeder anfängl od nachträgl AbfKlausel, wenn der AbfAnspr das GesamtVerm darstellt u über ihn insges verfügt w. Zustbedürft ist weiterh ein ErbAuseinandSVergl, wenn GesHandsEigt in vollem Umfang auf einen Miterben übergehen u die übr Miterben in Geld abgefunden w sollen, BGH **35**, 135, dagg nicht bei realer Aufteilg eines Grdst unter den Miterben entspr dem GesamtHdsAnteil gem §§ 2042, 752, Mü FamRZ **71**, 93, od Teilg dch Verk gem § 753, vgl Reinicke Betr **65**, 1351. Zust uU erforderl bei Löschg einer Hyp, LG Brem FamRZ **59**, 244, freiw Rückgängigmachen eines GrdstKaufs, Oldbg MDR **65**, 485, Belastg des Grdst unter Ausschöpfg des (restl) GrdstWerts, BayObLG NJW **60**, 821, Verwertg, nicht dagg Begrdg einer EigtGrdSch, Hamm DNotZ **60**, 320. Nicht zustbedürft (aber uU Verstoß gg § 1353, vgl dorts Anm 3 aE) ist der Antr auf Teilgs-Versteigerg zZw der Aufhebg einer MitEigtGemsch, da keine Vfg, KG NJW **71**, 711; für analoge Anwendg v § 1365: Celle FamRZ **61**, 30, Karlsr FamRZ **70**, 194, Köln NJW **71**, 2312, Schlesw SchlHA **72**, 184, Saarbr Rpfleger **74**, 275, Dölle § 52 I 1. Keine Zust erforderl für Abänderg der Bezugsberechtigg einer LebVers (BGH FamRZ **67**, 383); ferner nicht für „Verfüggen" über die ArbKraft, zB Künd eines ArbVerhältn (Finger JZ **75**, 468). **b)** Währd die obj Theorie den Tatbestd, daß das RGesch rein äußerl prakt das ges Verm erfaßt, genügen läßt, LG Bln FamRZ **59**, 65, LG Brem FamRZ **59**, 244, Schulz-Kersting JR **59**, 138, Lorenz JZ **59**, 106, Weimar NJW **60**, 2002, Beitzke Betr **61**, 22, Gernhuber § 35 II 6 u JZ **66**, 192, macht die herrschde **subj Theorie** die Gleichsetzg v EinzelGgsten mit dem Verm im ganzen davon abhäng, daß der Dritte positiv weiß od zumindest die Verhältn kennt, aus denen sich ergibt, daß dch das RGesch ü den einen Ggst im wesentl das ganze Verm erfaßt w, BGH **43**, 177, FamRZ **69**, 322, Hamm NJW **60**, 1466 Ffm NJW **60**, 2002, Reinicke NJW **57**, 890, Finke MDR **57**, 515, Riedel DRiZ **63**, 185. In den Anfdgen härter läßt Mülke AcP **161**, 149 parallel zu § 419 ua Kennen-müssen des Erwerbers genügen u wendet Braga FamRZ **67**, 652 die Grdsätze über den GutglErw vom Nichtberecht an. Aufteilg der VermÜbertr in versch Verträge spielt keine Rolle. Falls erst mehrere ErwVorgänge zus das Verm im ganzen erfassen, muß jeder Erwerber um den Erw des and wissen, Hamm NJW **60**, 1466. Maßgebder **Zeitpkt** f die Kenntn ist die Vollendg des REerwerbs, also bei Grdst Eintr im Grdbuch, u zwar auch dann, wenn vorher Aufl-Vormkg eingetr war, weil GutglSchutz sich nicht auf die Freih v VfgsBeschrkgen iSv § 1365 bezieht (Osnabr FamRZ **73**, 652; zustimmd Herm Lange JuS **74**, 766; aA Futter NJW **76**, 551, der allerd selbst die bes Schutzwürdigk der betr Ehg einräumt. Mit Rücks auf diese ist die unterschiedl Ausleg ggü § 419 dch BGH **55**, 105 hinzunehmen); iGgs dazu stellt Tiedtke FamRZ **75**, 65 auf den Ztpkt des Abschl des obligator Vertr ab, was jedoch nicht mit I 2 vereinb ist, wo abgesehen von vor Eintr des Güterstd u damit zustfrei abgeschl Verpfl eindeut auf den VfgsVorgang abgestellt ist.

3) Rechtsgeschäfte ohne Einwilligg. Geht ein Eheg ohne Einwilligg eine solche Verpflichtg ein, ist sie nur wirks, wenn sie vom anderen genehmigt wird, § 1366 I, IV; wg Herbeiführg der Gen des schwebd unwirksamen Vertrags durch den Dritten u seine Möglichk, den Vertr zu widerrufen § 1366 II, III. Ist Einwilligg zum Verpflichtgsgeschäft erteilt, so deckt das auch die Erfüllg. Ohne Zust, die aber auch ersetzt w kann, II, darf der Eheg nur erfüllen, wenn der andere Eheg einwilligt, I 2; das gilt auch, wenn das Verpflichtgsgeschäft vor dem 1. 7. 58 liegt, Anm 1. Erfüllt Eheg ohne diese Einwilligg, so ist die Vfg unwirks, und zwar, wenn die Erfüllg in mehreren Geschäften erfolgt, jede Vfg über Bestandteile des Vermögens. Es handelt sich nicht um ein relatives, sond um ein absolutes Veräußergsverbot, BGH FamRZ **64**, 25, Reinicke NJW **57**, 890, Hamm Rpfleger **59**, 349, aM Frank NJW **59**, 135 gg ihn Hartung NJW **59**, 1020, so daß § 135 II, also die Vorschr über den Rechtserwerb von Nichtberechtigten unanwendb, vgl auch § 135 Anm 1. Da der gutgläub Dritte nicht geschützt wird (wohl aber der Vierte, der von Dritten derartiges erwirbt, Köln OLGZ **69**, 171), muß er sich in solchen Fällen selbst vergewissern, ob sein VertrGegner ein Eheg ist, der im gesetzl Güterstd lebt; ebso Reinicke BB **57**, 566, Krüger-Breetzke-Nowack Anm 3. GüterrechtsReg od auch Grundbuch geben hierüber keine Auskunft. Vgl auch § 1368 Anm 2. Nicht nur der Eheg, der verfügt hat, sond auch der andere Eheg ist berechtigt, die sich aus der Unwirksamk der Vfg ergebenden Rechte geltd zu machen, § 1368, BGH FamRZ **64**, 25. Denkbar aber SchadErsFdgen des getäuschten Dritten aus §§ 823 II, 826, jedoch nicht wg Nichterfüllg, sond nur negatives Interesse, also Herstellg der Lage, als wenn er nicht abgeschl hätte; vgl auch § 1368 Anm 2. Auch kein ErfüllgsAnspr, wenn sich der abschließende Eheg verpflichtet hat, für die Gen einzustehen, Reinicke BB **57**, 567 (Dölle § 52 I 1 neigt zu culpa in contrahendo); aber mögl, daß er sich verpflichtet, ggf die Ersetzg der Zust durch das VormsG nachzusuchen. **Einseitige Rechtsgeschäfte**, die ohne Einwilligg vorgenommen werden, sind unwirks, § 1367. Der andere Eheg kann bei Vornahme von RGeschäften ohne die erforderl Zust auf vorzeitigen Ausgleich des Zugewinns klagen, § 1386 II Z 1.

4) Die Einwilligg des anderen Eheg, §§ 182 ff, bedarf keiner Form, auch wenn der Vertrag formbedürftig ist; ebso KG NJW **62**, 1062; kann auch durch schlüss Hdlg gegeben werden, zB durch Mitunterzeichng: grundbuchl Nachweis aber in Form des GBO 29. Die Einwillig kann sowohl dem anderen Eheg wie dem Dritten ggüber erklärt werden; anders im Fall des § 1366 III. Hat ein Eheg dem anderen die Verw seines Verm überlassen, so liegt darin noch nicht die Einwilligg, wohl aber bei Erteilg einer GeneralVollm, die regelm wegen der Legitimation gegeben sein wird, vgl KG RJA **16**, 292. Bis zur Vornahme des Geschäfts kann der Eheg, der seine Einwilligg gibt, diese Einwilligg widerrufen, was sowohl dem Eheg wie dem Dritten erklärt w kann, § 183, vgl bei VollmErteilg aber auch §§ 170 ff. Auf Zust kann ein Eheg gg den andern nicht klagen, sond nur II. Durch die Einwilligg, § 183, wird das Gesch bei Vornahme von vornherein wirks, so daß Widerruf des VertrGegners, § 1366 III, dann nicht mögl. Durch seine Einwilligg wird der andere Eheg nicht verpflichtet. Stirbt der Eheg, dessen Zustimmg erforderl ist, so ist Geschäft damit wirks; stirbt der abschließende Eheg, bedarf es weiter der Zustimmg, die auch weiter durch VormschG ersetzt w kann, Dittmann DNotZ **63**, 707.

5) Ersetzg der Zustimmg, II, also der Einwilligg zu künft u der Gen bei bereits abgeschl Gesch (§§ 183 184). **a)** RGesch muß den **Grundsätzen einer ordngsmäßigen VermVerwaltg entsprechen.** Die Ordngsmäßigk ist am FamInteresse zu orientieren; Maßstab ist der sorgs Wirtschafter mit rechter Gesinng (vgl KG OLG **34**, 250). Nicht notw, daß das Gesch zur ordngsmäß Verwaltg erforderl ist (BayObLG FamRZ **63**, 521). Danach keine ZustErsetzg, wenn das Gesch für den Eheg zweckm od vorteilh ist, also seinen persönl Interessen entspricht, auch nicht, wenn nur ein Kind davon Vorteil hätte, zB der EltT ihm so eine Ausstattg zukommen lassen will, ohne daß auch die and gesichert sind. Anders, wenn Eheg die Landwirtsch od das Gesch nicht mehr betreiben kann, die rechte Leitg also fehlt; wenn der Sohn, dem der

Hof übergeben wird, nicht nur die Elt, sond auch die Geschwister genügd versorgt od abfindet; od bei dauernd getrenntlebden Ehel Verkauf eines geringe Rendite abwerfden Mietshauses, um EigtWohng zu erwerben (BayObLG NJW **75**, 833). **b)** Die Zustimmg des and Eheg muß ohne ausreichden Grd verweigert w. Entscheidd dafür ist der Ztpkt der vormschgerichtl Entsch (BGH NJW **78**, 1380; BayObLG NJW **68**, 1335). **Verweigerg** der Zust ausdrückl, dch Widerruf (§ 183), bei Erteilg unter Bedingg (vgl KG OLG **4**, 346) od so, daß sie nicht in der für das Gesch gehör Form nachgewiesen w kann; FeststellgsKl gg den and Eheg dann zu umständl. **Ohne ausreichden Grd:** Zu Recht wird Zust verweigert, wenn das RGesch die Interessen des zustberecht Eheg nicht innerh der gegebenen Möglichk u wie übl berücksichtigt od wenn es ihm sogar schädl ist. Das kann auch vorliegen, wenn zu befürchten ist, daß der Ertrag voraussichtl nicht im Interesse der Fam verwendet od Unterh gefährdet wird. Mit Rücks auf den Schutzzweck (Anm 1) Verweigerg uU auch dann berecht, wenn AusglAnspr dch das RGesch nicht gefährdet würde (FamAusschußBer S 6); erst recht natürl, wenn künft AusglAnspr **konkret** (etwa inf persönl Unzuverlässigk des verfügden Eheg, bei Anlagen u Beteiligen mit gesteigertem Risiko) gefährdet w (BayObLG NJW **75**, 833). Persönl Gründe, auch ideeller Art wie dem, daß das GesamtVermGesch den FamFrieden zu beeinträchtigen droht (Hamm FamRZ **67**, 573), können ausreichen (Reinicke BB **57**, 566). Aber nicht unsachl Grde; dann Verweigerg ohne ausr Grd: Eheg will dch die Nichterteil etwas für sich erzwingen, zB Wiederherstell der ehel Gemsch od eine vermögrechtl Besserstell, auf die kein Anspr besteht (Hamm JMBl NRW **62**, 47). Geringere Anfdgen an die GenErsetzg bei dauerndem Getrenntleben der Ehel (BayObLG NJW **75**, 833). Es reicht iR des ErsetzgsVerf aus, wenn sich aus den gesamten Umst bei Prüfg aller bereits vorliegden ErkenntnMittel konkrete AnhPkte dafür ergeben, daß ein AusglAnspr besteht, der dch die Wirksamk der VermVfg gefährdet würde (BGH NJW **78**, 1380). − Dem Verweigerungsfall steht gleich, wenn der and Eheg dch Krankh od Abwesenh **an der Abgabe** der Erklärg **verhindert** ist. Dauernde Verhinderg nicht erfdl; genügd, daß Zust nicht rechtzeit eintreffen kann (vgl RG **103**, 126). Hinzukommen muß dann aber, daß mit Aufschub Gefahr verbunden, was sachl zu beurteilen ist; Ansicht des Eheg nicht ausreichd, zB bevorstehende Scheidg, AusglFdg jedoch nur dch Verwertg zu befriedigen, für die gerade besonders günstige Gelegenh. Ersetzg der Zust auch, wenn gesetzl Vertreter des Eheg sie verweigert; bei Krankh od Abwesenh dann aber Pflegerbestellg.

6) Verfahren. Statt Kl auf Zust gg den and Eheg sieht das G ein bes Verf zur Ersetzg der Zust vor. Die Ersetzg hat dieselbe Wirkg wie die Zust des Eheg; s aber § 1366 III 3. Der ErsetzgsAntr kann (unter Ang der wesentl Einzelh des Gesch) vor od nach Abschl des Vertr gestellt w. Zustd ist ausschl das VormschG (FGG 45), auch nach Inkrafttr des 1. EheRG (Oldbg FamRZ **78**, 130), u zwar auch bei HofÜbergVertr. Es entsch der Richter, RPflG 14 Z 6. Antrberecht ist allein der abschl Eheg, nicht der Dritte. Im InnenVerh zu diesem kann allerd der vertragschl Eheg die Verpfl übernehmen, auf die Zust od deren Ersetzg hinzuwirken. Dann Kl des Dritten auf AntrStellg u ggf Vollstr gem ZPO 888. Das AntrR ist vererbl. Tod des AntrStellers unterbricht das Verf nicht. Der Erbe kann das ErsetzgsVerf gg den zustpfl Eheg fortführen (LG Mannh DNotZ **69**, 372). Ist zustpfl Eheg selbst Erbe, kann er Antr zurücknehmen (BayObLG DNotZ **63**, 732). Vor Entsch über den Antr ist Anhörg der Beteiligten zweckm, aber für die Wirksamk der Entsch unerhebl (BayObLG **5**, 417). Kommt die Ger z dem Ergebn, daß kein Fall v § 1365 vorl, ein ErsetzgsVerf also nicht erforderl war, erteilt es ein entspr **Negativattest.** Da damit bez des zustbedürft Gesch der Anschein der RWirksamk entsteht, kann dagg der zustberecht Eheg Beschw einlegen mit dem Ziel, den ErsetzgsAntr zurückzuweisen (LG Bln FamRZ **73**, 146). Iü kann das VormschG die Zust nur ersetzen od die Ersetzg abl, nicht aber teilw ersetzen (KG JW **34**, 908) od an die Stelle des beantr ein and Gesch setzen. Die Ersetzg kann aber unter Bdggen od **Auflagen,** wodch der ausr Grd der Weigerg ausgeräumt w, erfolgen (BayObLG FamRZ **63**, 521; aA Staud-Felgentraeger Rdn 88). Unzul ledigl vorzeit ZugewAusgl, da dies den zustberecht Eheg des gesetzl vorgesehenen Entscheidszwanges (§§ 1385, 1386) entheben würde (Gernhuber § 35 IV 3; BayObLG NJW **75**, 833; aA Nienbg NdsRpfl **64**, 252). Entsch w mit Rechtskr wirks, FGG 53, jedoch hat VormschG bei Gefahr im Verzuge die Möglk, die sof Wirkg der stattgebden Entsch anzuordnen; dann wird sie mit Bekanntg an den AntrSteller wirks, FGG 53 II. Gg Ablehng einf Beschw, FGG 20, bei Stattgeben sofortige, FGG 60 Z 6. ProzGer ist an die Entsch des VormschG gebunden (Kassel OLG **15**, 404). Gebühren, KostO 97 I Z 1.

7) Dem Grundbuchamt gegenüber muß die Einwilligg od Gen in gehöriger Form nachgewiesen werden, GBO 29, vgl auch Anm 5 b. Hingg ist der Nachweis, daß die Vfg nicht in Erfüllg einer Verpflichtg, über das Verm im ganzen zu verfügen, im allg nicht od nicht in grundbuchl Form zu verlangen, Augsb (LG) DNotZ **58**, 550, Bln (LG) FamRZ **59**, 65, Bielefeld (LG) FamRZ **59**, 245, Nürnb-Fürth (LG), Oldbg (LG), Itzehoe (LG) sämtl FamRZ **59**, 247, Maßfeller-Reinicke Anm 4, Ach-Gr-Beitzke Anm 5, RGRK 20, Tiedau MDR **58**, 379, Kehrer Justiz **58**, 119, Haegele Rpfleger **59**, 9; aM Krüger-Breetzke-Nowack Anm 8ff, denen die Praxis nur vereinzelt, BayObLG NJW **59**, 243, folgt: Nachweis, daß keine Vfg über Verm im ganzen od daß nicht verheiratet; aber das dürfte, wie zu zugeben müssen, idR sehr schwierig sein, auch den Verk außerordentl erschweren, zudem kann auch das GBA von der Erfahrgstatsache ausgehen, daß eine solche Vfg selten ist, vgl KG OLG **21**, 10, auch von der Regel der selbständigen Vfgsbefugnis jedes Eheg, § 1364; nach jener Ansicht müßte, sofern die weite Auslegg des Vermögens, Anm 2, vertreten wird, zudem in vielen Fällen nunmehr zusätzl der FamStand nachgewiesen werden, so daß also auch der Vermögensverkehr des Unverheirateten durch § 1365 betroffen wäre, Schulz-Kersting JR **59**, 81. Deshalb vom GBA nur Nachweis zu fordern, wenn Anhaltspunkte für § 1365 gegeben sind, der GBRichter also begründete Zweifel in dieser Richtg hat, die sich aber bestimmte Anhaltspunkte stützen u sich nicht nur aus den Eintraggsunterlagen zu ergeben brauchen; ebso BGH **35**, 135, BayObLG NJW **60**, 821, Brem NJW **60**, 825, Meyer-Stolte FamRZ **59**, 233, dort auch über die Form des Nachweises. Handelt es sich um einen einzelnen Ggst, der das ganze Verm ausmacht, so müssen sowohl Anhaltspunkte dafür wie auch für die subj Seite, Anm 2, gegeben sein, BayObLG NJW **67**, 1614. Bei Vfgen nacheinander kommt es auf die letzten an (Riedel Rpfleger **61**, 266: Zustimmgsbedürftig die letzten 30% des Wertes).

Hat GBRichter fälschlicherw das genehmiggsbedürft Geschäft ohne Gen eingetragen, kann er unter den Voraussetzgen von GBO 53 I 1 AmtsWiderspr eintragen, wie auch betroffener Eheg Widerspr erwirken kann, Hamm Rpfleger **59**, 349.

1366 *Genehmigung von Verträgen.* I Ein Vertrag, den ein Ehegatte ohne die erforderliche Einwilligung des anderen Ehegatten schließt, ist wirksam, wenn dieser ihn genehmigt.

II Bis zur Genehmigung kann der Dritte den Vertrag widerrufen. Hat er gewußt, daß der Mann oder die Frau verheiratet ist, so kann er nur widerrufen, wenn der Mann oder die Frau wahrheitswidrig behauptet hat, der andere Ehegatte habe eingewilligt; er kann auch in diesem Falle nicht widerrufen, wenn ihm beim Abschluß des Vertrages bekannt war, daß der andere Ehegatte nicht eingewilligt hatte.

III Fordert der Dritte den Ehegatten auf, die erforderliche Genehmigung des anderen Ehegatten zu beschaffen, so kann dieser sich nur dem Dritten gegenüber über die Genehmigung erklären; hat er sich bereits vor der Aufforderung seinem Ehegatten gegenüber erklärt, so wird die Erklärung unwirksam. Die Genehmigung kann nur innerhalb von zwei Wochen seit dem Empfang der Aufforderung erklärt werden; wird sie nicht erklärt, so gilt sie als verweigert. Ersetzt das Vormundschaftsgericht die Genehmigung, so ist sein Beschluß nur wirksam, wenn der Ehegatte ihn dem Dritten innerhalb der zweiwöchigen Frist mitteilt; andernfalls gilt die Genehmigung als verweigert.

IV Wird die Genehmigung verweigert, so ist der Vertrag unwirksam.

1) Allgemeines. Währd ohne erforderl Einwilligg vorgen einseit RGeschäfte unwirks sind, § 1367, läßt der dch GleichberG Art 1 Z 9 eingef § 1366 jeden, also den obligatorischen wie den dingl, ohne Einwilligg geschl **Vertrag schwebend unwirks** sein, dh es können daraus bis zur Erteilg der Gen od ihrer Ersetzg keine Rechte hergeleitet w. Allerd kann sich der vertragl Eheg nicht einseit lösen, wohl aber umgekehrt die Ersetzg der Zustimmg betreiben, § 1365 II. Der and Eheg hat die Möglichk, einen vorteilh erscheinen Vertr dch Gen vollwirks werden z lassen, § 1365 Anm 4, od einem nachteiligen Vertr die Gen z verweigern; dann Möglk der ZustErsetzg, § 1365 Anm 5. Der Dritte hat ein in § 1366 II 2 eingeschränktes WiderrufsR bzw die Möglk zur Beschleunigg der Entscheidg, Anm 3. § 1366 gilt auch bei Vfgen über HaushGgstde, § 1369 III.

2) a) Die Genehmigg des zustimmgsberechtigten Eheg, die ohne Aufforderg nach III sowohl dem Eheg wie dem Dr ggü erklärt w kann u unwiderrufl ist, § 184 Anm 1, läßt den Vertr ex tunc wirks w, **I**. Endet der gesetzl Güterstd währd der Schwebezeit, §§ 1371 Anm 1, 1372 Anm 2, so ist z unterscheiden: Der **Tod** des zustberecht Eheg läßt den Vertr ohne Gen wirks werden, da eine Bindg gem § 1365 I 1 nicht mehr besteht. Stirbt der abschließe Eheg, so besteht schwebe Unwirksamk fort, der Vertr ist noch genehmiggsbedürft, u zwar auch, wenn der überlebde Eheg Alleinerbe des Verfügden ist (Karlsr FamRZ **78**, 505; Reinicke BB **57**, 567f). Auch bei **Scheidg der Ehe** w der Vertr nicht automat ex nunc wirks (BGH NJW **78**, 1380; aA BayObLG NJW **72**, 1470), da der ZugewAusgl für den zustberecht Eheg sonst ungünst w kann (Reinicke NJW **72**, 1786, Herm Lange JuS **70**, 503f), insb bei konkr Gefährdg des ZugewAusglAnspr (Karlsr FamRZ **76**, 695); ausr aber auch, daß die Gefährdg eines etwaigen ZugewAusglAnspr sich nicht ausschließen läßt (BGH NJW **78**, 1380).

b) Die Verweigerg der Genehmigg, die ebfalls dem Eheg wie dem Dr ggü erkl w kann, macht den Vertr endgült unwirks, **IV**, sofern die Gen nicht nach § 1365 II ersetzt w. Der Vertr bleibt unwirks auch nach Beendigg des Güterstd. Das gilt sowohl, wenn der Güterstd dch den Tod eines Eheg aufgelöst w, Reinicke NJW **73**, 305, als auch dann, wenn der Güterstd dch Scheidg beendet w, Reinicke NJW **72**, 1786, aA BayObLG NJW **72**, 2272. Mit der Verweigerg der Gen ist auch der abschließde Eheg nicht mehr gebunden. Er kann also, da auch eine vorgen Vfg unwirks ist, dem Dr etwa schon übergebene Ggstde zurückfordern, § 985. Kein Schutz des guten Glaubens. Aber endgült Unwirksamk eröffnet den Weg der Umdeutg, § 140, in ein and RGeschäft, zB Konversion eines GrdstÜberg- in einen ErbVertr, BGH NJW **64**, 347.

3) Während des Schwebezustandes hat der Dritte zwei Möglichkeiten:

a) Er kann **bis zur Genehmigg widerrufen, II.** Insofern ist er an keine Frist gebunden. Sein Recht erledigt sich erst mit Gen od deren Verweigerg. Ferner muß man Verzicht auf das Recht annehmen, wenn der Dritte gemäß III auffordert; ebso Reinicke BB **57**, 567. Es besteht nicht, wenn der andere Eheg von vornherein eingewilligt hatte, § 1365 Anm 4, mag das auch dem Dritten unbekannt sein. Der Widerruf erfolgt nur ggü dem VertrGegner. **Voraussetzgen des Widerrufsrechts sind : aa)** Der Dritte darf nicht gewußt haben, daß sein VertrGegner verheiratet ist; ob aus Fahrl, unerhebl; oder **bb)** dem Dritten war das zwar bekannt, aber der abschließde Eheg behauptete der Wahrh zuwider (obj WahrhWidrigk genügt, bei subj §§ 823, 826 mögl, s auch § 1368 Anm 2), der andere Eheg habe eingewilligt. Kannte der Dritte beim VertrAbschluß die Unrichtigk dieser Behauptg, so entfällt sein WiderrufsR. Hat der abschließde Eheg wahrheitswidrig erklärt, es bedürfe keiner Gen, weil er in Gütertrenng lebe, so liegt keine der beiden Voraussetzgen vor; WiderrufsR entfällt, der Dritte hätte sich Klarheit durch das GüterrechtsReg verschaffen können. Folge des Widerrufs: das RGesch kann nicht mehr genehmigt werden; der Abschluß ist wirkgslos. Etwa schon Übergebenes besitzt der Dritte ohne RechtsGrd.

b) Der Dritte kann den abschließenden Eheg auffordern, die erforderl Genehmigg des anderen Eheg zu beschaffen, III, um den Schwebezustand zu beenden. Dann wird eine dem abschließenden Eheg (nicht aber solche ggü dem Dritten) vorher vom andern Eheg etwa erklärte Gen od Verweigerg der Zust unwirks: natürlich nicht aber die vor VertrSchluß gegebene Einwilligg, die für die Aufforderg keinen Raum läßt, auch wenn der Dritte von der Einwilligg nicht wußte, § 1365 Anm 4. Die Gen kann der andere Eheg nunmehr nur noch innerhalb von 2 Wochen nach Empfang der Aufforderg, § 130, deren vertragl

Bürgerliche Ehe. 6. Titel: Eheliches Güterrecht §§ 1366—1368

Verlängerg aber mögl ist, Knur DNotZ **57**, 453, und nur dem Dritten ggüber erklären, andernf gilt sie als verweigert. Rechtsfolge Anm 2. Genehmigg entfällt aber, Aufforderg also ohne Wirkg, wenn Güterstd innerh dieser 2 Wochen endet. Wird Gen durch VormschG ersetzt, § 1365 Anm 6, so hat, wenn Aufforderg nach III ergangen ist, sein Beschl nur Wirksamk, wenn er vom abschließenden Eheg dem Dritten innerh der Zweiwochenfrist mitgeteilt wird.

4) Genehmigg, Widerruf, Verweigerg, Aufforderg sind einseitige empfangsbedürftige Willenserklärgen. An eine Form, insb die des RGeschäfts, zu dem sie hinzutreten, sind sie nicht gebunden. Genehmigg u Verweigerg sind unwiderrufl, RG **139**, 118.

1367 *Einseitige Rechtsgeschäfte.* Ein einseitiges Rechtsgeschäft, das ohne die erforderliche Einwilligung vorgenommen wird, ist unwirksam.

1) Entspr §§ 1448 I, 1398 aF = § 1427 I nF neu dch Art I Z 9 GleichberG. Es handelt sich um einseit RGeschäfte iRv § 1365 I, da nur für diese Gen erforderl. Als einseit RGeschäfte der selten prakt werdden Vorschr könnten etwa Anfechtg, Künd, Rücktritt, Stundg in Betr kommen, allenf auch, wenn ein Dritter als Nichtberecht ein RGesch nach § 1365 vorgen hat u der Eigtümer-Eheg das RGesch genehmigt. § 1367 gilt auch bei Vfgen über Ggstde des ehel Haush, § 1369.

2) Einseitige Rechtsgeschäfte mit Einwilligg des anderen Ehegatten. Der Dritte, dem ggü das RGeschäft vorgenommen wird, kann es mit UnwirksamkFolge zurückweisen, wenn der Eheg, der es vornimmt, ihn nicht von der Einwilligg des anderen Eheg in Kenntnis setzt. Ebenso dann, wenn ihm die Einwilligg nicht in schriftl Form nachgewiesen wird, § 182 III iVm § 111 S 2; zur Nachreichg muß dem Eheg die Möglichk gegeben werden, RG **50**, 212. Die Zurückweisg entfällt, wenn der andere Eheg den Dritten von seiner Einwilligg in Kenntnis gesetzt hatte, ebda S 3. Ist Einwilligg erfolgt, weist der Dritte aber das RGesch, ohne daß er in Kenntn gesetzt wird, nicht zurück, so ist es voll wirks, § 111 Anm 1. Dem GBA ggü muß die Einwilligg des anderen Eheg in grundbuchl Form spätestens mit der Erkl zugehen, vgl KG OLG **7**, 53.

3) Einseitige Rechtsgeschäfte ohne Einwilligg des anderen Ehegatten. Hat er seine Zustimmg nicht vor Vornahme des RGeschäfts gegeben, so daß sie also spätestens bei dessen Vornahme vorliegt, so ist es unheilb unwirks; also auch keine RFolgen nach Beendigg des Güterstandes. Bestätigt es der Eheg, der es vorgenommen hat, später, so ist das als erneute Vornahme anzusehen.

1368 *Geltendmachung der Unwirksamkeit.* Verfügt ein Ehegatte ohne die erforderliche Zustimmung des anderen Ehegatten über sein Vermögen, so ist auch der andere Ehegatte berechtigt, die sich aus der Unwirksamkeit der Verfügung ergebenden Rechte gegen den Dritten gerichtlich geltend zu machen.

Schrifttum: B a u r FamRZ **58**, 256; B r o x FamRZ **61**, 281.

1) Neu entspr § 1449 aF = § 1428 nF dch Art 1 Z 9 GleichberG. **Schutz**Vorschr für den Eheg, der nicht eingewilligt hat, da nur so sein Interesse am Vermögen od den HaushGgstden (§ 1369 III) sichergestellt ist. Er kann auch auf vorzeit Ausgl klagen (§ 1386 II Z 1).

2) Stellg des Dritten. Der Dritte kann sich nicht auf die Vorschriften über den Erwerb vom Nichtberechtigten berufen. Er muß bei den Geschäften über Vermögen im ganzen oder Ggständen des ehel Haushalts damit rechnen, daß ihm ein Eheg ggübertritt, bei derlei Geschäften also vergewissern, ob das der Fall ist od nicht, § 1365 Anm 3. K e i n S c h u t z d e s g u t e n G l a u b e n s, ebso Maßfeller Betr **57**, 499, Finke JR **57**, 162 (aM Franck NJW **59**, 135, eingeschränkd Boehmer FamRZ **59**, 84), auch nicht, wenn der der verfügende Eheg, der sich dann aber schadensersatzpfl machen würde, §§ 823 II, 826, das wider besseres Wissen versichert; auch §§ 309, 307 greifen ein, Boehmer FamRZ **59**, 6, § 1365 Anm 3. Da es sich um den gesetzl Güterstd handelt, von dem jeder ausgehen muß, liegt es hier anders als in § 1422 Anm 5 dargelegt.

3) Stellg des nicht verfügenden Eheg. Hat er nicht zugestimmt, ist auch seine Zust nicht durch das VormschG ersetzt worden, § 1365 II, ist es nicht nur das Verpflichtgeschäft, sond ebso die darauf hin vorgenommene Vfg unwirks, § 1365 Anm 3. Die Rechte aus dieser Unwirksamk kann auch der nicht zustimmende Eheg geltd machen. Er kann also die Ggstände vom Dritten herausverlangen, indem er im eigenen Namen auf Herausg an den Eheg od auch an sich klagt; das letztere nehmen auch Maßfeller-Reinicke Anm 2, Zunft NJW **58**, 131 an, zutr bes dann, wenn der verfügde Eheg die Sache nicht mehr zurücknehmen will, während Krüger-Breetzke-Nowack Anm 1 nur Klage auf Herausg an den bisherigen Eigtümer zulassen wollen, was aber prakt auf Schwierigkeiten stoßen kann, vgl oben u auch Rimmelspacher NJW **69**, 1998; so grdsätzl auch Dölle § 52 III 3; Köln FamRZ **59**, 460: nur an beide Eheg od einen Sequester, Staud-Felgentraeger Rdnr 35: nur an den Kl. Grundbuchm Rückübertragg wird immer nur auf den früh EigtümerEheg erfolgen können. Ob das Urteil, das ein Eheg erzielt, auch für und gg den anderen wirkt, so Reinicke BB **57**, 568, Maßfeller-Reinicke Anm 3 unter Hinweis auf das Schriftt zu dem ähnl § 1449 aF, ist zweifelh; denn es handelt sich bei den Rechten der Eheg um selbständige Rechte; die Rückforderrechte haben Schutzcharakter. Dieser würde aber in Frage gestellt, wenn etwa ein Eheg durch schlechte Prozeßführg dem anderen das RückforderungsR aus der Hand schlagen könnte, so auch Erman-Bartholomeyczik Anm 4b, Brox FamRZ **61**, 284, Gernhuber § 35 VI 2. Hat der Kl ein obsiegdes Urt erstritten, so hat es RechtskrWirkg dahin, daß nicht anders entschieden w kann, kann aber dem and Eheg nicht die Möglichk rauben, zu klagen, um selbst die Vollstr in die Hand zu nehmen, Staud-Felgentraeger Rdn 43. Gläub wird sich also nur durch negative Feststellgsklage gegen nochmalige Inanspruchn schützen können, Baur FamRZ **58**, 257, Gernhuber § 35 IV 2. Der Eigtümer kann das Erlangte wieder in Besitz nehmen, behält auch weiter die Verw wg §§ 1363 II, 1364; Ausnahme § 1361a I 2. Der nicht zust Eheg kann sein Recht in jeder zur Vfg stehenden VerfArt geltd machen, also auch Arrest, einstw Vfg, negative Feststellgsklage, Widerspr gg ZwVollstr, ZPO 771, Grundbuchberichtigg, Wahrnehmg der

Rechte ggü VerwBehörden u dgl. Der Dritte hat kein ZurückbehaltgsR, aM Dölle § 52 III 3, auch nicht wg des gezahlten Kaufpreises, den er nur von seinem VertrGegner, nicht auch dem anderen Eheg zurückfordern kann; desgl nicht wg eines SchadensAnspr, Anm 1, dagg Boehmer FamRZ **59**, 6.

4) Stellg des verfügenden Ehegatten. Auch er kann die Rechte aus der Unwirksamk der Vfg geltend machen, ohne daß dem Dritten ein ZurückbehaltgsR zustünde, hM, auch RGRK Anm 15, aA Stettin JW **30**, 1013, desgl Boehmer FamRZ **59**, 81. Ein Verzicht des verfügenden Eheg auf Klage od KlageAnspr bindet den and Eheg nicht, s auch Bosch FamRZ **58**, 86. Wegen SchadErsPfl oben Anm 2 u § 1365 Anm 3.

1369 *Verfügungen über Haushaltsgegenstände.* I **Ein Ehegatte kann über ihm gehörende Gegenstände des ehelichen Haushalts nur verfügen und sich zu einer solchen Verfügung auch nur verpflichten, wenn der andere Ehegatte einwilligt.**

II **Das Vormundschaftsgericht kann auf Antrag des Ehegatten die Zustimmung des anderen Ehegatten ersetzen, wenn dieser sie ohne ausreichenden Grund verweigert oder durch Krankheit oder Abwesenheit verhindert ist, eine Erklärung abzugeben.**

III **Die Vorschriften der §§ 1366 bis 1368 gelten entsprechend.**

Schrifttum: Bärmann AcP **157**, 159; Boehmer FamRZ **59**, 1, 81; Hartung Vfgsbeschränkgen bei ehel Hausrat, 1962; Rittner FamRZ **61**, 185; Scheld Rpfleger **73**, 280; Ziege NJW **57**, 1579, **58**, 131; Zunft NJW **58**, 130; Weimar JR **78**, 180 (Kfz).

1) Die dch GleichberG Art 1 Z 9 neue, iü nachgieb (§ 1365 Anm 1) Vorschr enthält die zweite Einschränkg der selbständ VerwBefugn über das eig Verm, § 1364. **Zweck**: Bestandsschutz für die stoffl Substanz des FamZusLebens; erst in zweiter Linie Sicherg des ZugewAusglAnspr. Liegt MitEigt vor, muß der and Eheg bei Vfgen ohnehin mitwirken. Dagg zul ZwVollstr in im MitEigt stehde HausrGegenst, obwohl Hausgut sonst im prakt Ergebn zu einer SonderVermMasse würde (K. Schmidt NJW **74**, 323 gg Krefeld NJW **73**, 2304). Die ratio legis erzwingt entspr Anwendg des § 1369 auf die Veräußerg od Belastg von HaushGgständen, die **dem and Eheg gehören** (stark umstr, Vorbem 4 v § 932; wie hier Köln MDR **68**, 586, Schlesw SchlHA **74**, 111, Lorenz JZ **59**, 107, Erm-Bartholomeyczik 8, Gernhuber § 35 III 1; aA Rittner FamRZ **61**, 193, Soergel-Herm Lange 16). Wirks Verpfl vor Eheschließg macht Vfg zustfrei (Soergel-Herm Lange 4; aA Bosch FamRZ **59**, 241). Bei Trenng § 1361a; § 1369 gilt nicht weiter (Gernhuber § 35 III 4; aA BayObLG FamRZ **60**, 156), da sowohl **Getrenntleben** wie HausrVerteilg selbst dem Zweck der Vorschr zuwiderlaufen. Bei **Scheid** nicht mehr § 1369; die bis dahin schwebd unwirks Vfg wird analog § 185 II wirks (Saarbr OLGZ **67**, 6). Nun nur Teilg nach HausrVO 1, 8ff (abgedr Anh II zu EheG), in deren Rahmen auch die berecht Belange des and Eheg zu berücks sind (Hamm FamRZ **72**, 297). Bei Tod § 1932. Das Eigt wird dch § 1369 nicht berührt; desgl nicht das VerwR, soweit es nicht ohnehin (vgl § 1356 I 1) der Frau zusteht.

2) Die Beschrkg des § 1369 bezieht sich auf bestimmte Objekte u auf best Handlgen. **a) Ggstände des ehel Haushalts, I,** sind alle Sachen, die dem ehel Haush (Hauswirtsch u familiäres ZusLeben) dienen, zB WohngsEinrichtg, HaushWäsche, Radio, Fernseher, Gartenmöbel, auch Nahrgsmittel, Brennmaterial (sa HausrVO 1 Anm 2). § 1369 gilt für einz Ggstände wie auch für Sachgesamtheiten, zB Sichergsübereigng der Wohngseinrichtg (BayObLG FamRZ **60**, 156), aber nicht eine solche anläßl des Kaufs des Ggst (Bielefeld MDR **63**, 760). EigtLage unerhebl (vgl Anm 1), so daß auch unter EigtVorbeh gekaufte Möbel unter die VfgBeschrkg fallen (Saarbr OLGZ **67**, 4), ebso der MitEigtAnteil an gemeins Sachen, nicht aber Rechte schlechthin wie schuldrechtl Anspr auf Lieferg v HaushGgständen (aA Erm-Heckelmann 5), das ArbVerhältn der Hausgehilfin, so daß ein Eheg (auch iRv § 1357) auch allein kündigen k (Rittner, FamRZ **61**, 188). Ebso Kündigung der dch einen Eheg allein angemieteten Wohng ohne Zust dch den and (LG Stgt FamRZ **77**, 200); Ausschl der Kündigg dagg evtl nach § 1357 nF (vgl Anm dorts). Unter die Bestimmg fallen ferner nicht die dem **persönl Gebrauch** nur eines Eheg bestimmten Sachen, auch die für seinen Beruf erforderl. Bei Kfz, Haustieren usw ist also zu differenzieren (vgl Hbg MDR **61**, 260). Entscheidd die **Zweckbestimmg** (Widmg) innerh der einzelnen Ehe. Desh bezieht sich § 1369 auch auf Luxus- u überfl Ggstände, aber zB nicht auf ererbte, zur Veräußerg best Möbel od als VermAnlage gedachte Ggstände (Soergel-Herm Lange 11). Ändg der Zweckbestimmg dch beide Eheg mögl. Nicht dem ehel Haush dienen auch Ggstände, die m Rücks auf die Trenng bes angeschafft w sind, wohl aber umgek diej, die im Hinbl auf die Errichtg eines Haush besorgt wurden. ErsatzAnspr (etwa aus HausrVersicherg) gehören ebenf hierher (Boehmer FamRZ **59**, 4, Dölle § 53 II; aA Rittner FamRZ **61**, 190), auch (nach der ratio legis) das BesitzR an geliehenen od gemieteten Sachen (aA Lorenz JZ **59**, 108), aber selbstverstdl nur, soweit es wie bei der Veräußerg um die Herauslösg aus dem ehel Haush geht, nicht bei iR des Schuldverhältn liegden Maßn wie Kündigg, Rückg usw. – **b) Einwilliggsbedürftig, I,** sowohl das VerpflGesch wie die Vfg, nach dem Sinn v § 1369 auch dann, wenn Verpfl nicht, wie zB bei GebrÜberlVerträgen, auf eine Vfg gerichtet ist. Zu beachten, daß als lex specialis das HaushFührgsR (§ 1356 I 1) dem haushführden Eheg einen weiteren Spielraum schafft als dem and Eheg, dieser auch nicht etwa mit der BesitzschutzKl (§§ 861, 866) wieder einengen kann (anders Soergel-Herm Lange 22, der § 1369 als Sonderregel vorgesehen läßt). Es geht aber nicht darum, daß das HaushFührgsR die Befugn gäbe, die gem § 1369 erforderl Zust des and Eheg zu ersetzen (so im Ansatz Gernhuber § 35 IV 2), sond dieses macht die Zust überh überfl. Hins Erforderlich der Zust kein Gutglaubensschutz (vgl Anm 4). Wg Anwendbark v § 1369 bei Trenng, Scheid u Tod vgl Anm 1. Trotz des von § 1365 abw Wortlauts ist idR anzunehmen, daß die **Einwilligg** zum VerpflGesch auch die Erfüllg deckt, Knur DNotZ **57**, 452 Anm 5. Wg der Einwilligg des Eheg iü § 1365 Anm 4. Längeres Zuwarten mit der Geltendmachg der Unwirksamk wird im allg als Zustimmg aufgefaßt w müssen.

3) Ersetzg der Zustimmg des andern Eheg, II. Vorauss Krankh bzw Abwesenh od ZustVerweigerg ohne ausreichd Grd. Entscheidd die GesamtUmst des Einzelfalls; unerhebl, ob Gesch den Grdsätzen einer ordngsmäß Verwaltg entspricht. ZustErsetzg danach in Notfällen u bei Entbehrlichk des Ggst, es sei denn, die GgLeistg ist unangem niedr, es besteht die Besorgn, der Eheg werde den Erlös unsachgem verwenden od es ist sonst eine Schädigg des – auch bl ideellen (Hamm FamRZ **57**, 572, BayObLG FamRZ **68**, 317) – FamInteresses zu besorgen (vgl BayObLG FamRZ **60**, 157). Vgl iü § 1365 Anm 5b; wg des Verf dort Anm 6.

4) Fehlende Zustimmg trotz ZustBedürftigk führt zur Anwendg der §§ 1366 bis 1368, **III**. Wg der Gen vgl § 1366, Unwirksamk einseit RGeschäfte ohne Einwilligg § 1367. Von Dritten kann der and Eheg die übergebenen Ggstände herausverlangen, § 1368 Anm 4. Der gute Glaube des Dritten wird nicht geschützt, § 1365 Anm 3, 1368 Anm 2. Desh SchadErs aus §§ 823 II, 826 nur in seltenen AusnFällen denkb, Haftg aus culpa in contrahendo gar nicht (Zunft NJW **58**, 130; aA Ziege NJW **57**, 1581), da sonst Normzweck mittelb gefährdet würde: Handelt es sich um HaushGgstände, so muß VertrPartner sich stets Gewißh darü verschaffen, ob der Gegner verh ist od der Eheg vorliegt; er muß behauptete Gütertrenng im GüterRReg nachprüfen (anders von einer streng subj Theorie aus, vgl Scheld Rpfleger **73**, 280). An eine Frist ist die Geltdmachg der Unwirksamk nicht geknüpft (vgl aber Anm 2b). Bei Nichteinhaltg des § 1369 kann unter den Voraussetzgen des § 1386 II Z 2 iVm § 1375 II vorzeit ZugewAusgl verlangt w.

1370 *Ersatz von Haushaltsgegenständen.* **Haushaltsgegenstände, die an Stelle von nicht mehr vorhandenen oder wertlos gewordenen Gegenständen angeschafft werden, werden Eigentum des Ehegatten, dem die nicht mehr vorhandenen oder wertlos gewordenen Gegenstände gehört haben.**

Vorbem. Neu, GleichberG Art 1 Z 9; ähnl § 1382 aF.

1) Ersatzbeschaffg. Bezieht sich nur auf HaushaltsGgstände; dazu § 1369 Anm 2. Wertlosigk nicht wörtl, sond bereits dann, wenn Ggst den persönl Zwecken des Eheg nicht mehr genügt, Düss (LG) NJW **72**, 60; daher nicht Anschaffg gleichartiger od gleichwertiger, BayObLG FamRZ **70**, 31, Ggstände erforderl, insb also nicht, wenn Ggstände alter durch solche neuer Art ersetzt werden, zB Kühlschrank, neue Waschmaschine für alte Wascheinrichtg; also gleichgültig, aus welchem Grunde die alten Ggstände nicht mehr brauchbar waren. Vgl auch Nürnb FamRZ **64**, 297. Vgl auch HausratsVO, EheG Anh, dessen § 8 II dem § 1370 nachgeht, KG FamRZ **68**, 648.

2) Eigentum am Ersatzgegenstand hat der Eheg, dem der ersetzte bisher gehörte. Es wird also die in aller Regel gewollte Folge zum G erhoben, so daß durch die Vorschr verhindert wird, Ermittlgen darüber anzustellen, ob Ersatz gewollt war; vielm EigtErwerb durch den bisherigen Eigtümer ohne weiteres. Also gleichgültig, mit wessen Mitteln die Ggstände erworben wurden.

3) Beweislast. Der Eheg, der die Ggstände für sich in Anspr nimmt, braucht nur zu beweisen, daß er gleiche Ggstände gehabt hat, sie nicht mehr vorhanden od wertlos geworden sind. Damit kann auch Vermutg des § 1362 I 1 widerlegt werden. Bei der Verteilg des Hausrats nach Scheidg wird bei derartigen HaushaltsGgständen das AlleinEigt eines Eheg iS von HausratsVO 8 II feststehen. Wird behauptet, daß Ggstände entgg der Regel nicht Ersatz sein sollen, so muß der Behauptende das eindeutig nachweisen. Andrerseits muß nicht nur ein Ersatzgswille, sond auch eine Ersetzg stattgefunden haben, Staud-Felgenträger Rdn 11ff, Roll SchlHA **71**, 78.

1371 *Zugewinnausgleich im Todesfall.* I **Wird der Güterstand durch den Tod eines Ehegatten beendet, so wird der Ausgleich des Zugewinns dadurch verwirklicht, daß sich der gesetzliche Erbteil des überlebenden Ehegatten um ein Viertel der Erbschaft erhöht; hierbei ist unerheblich, ob die Ehegatten im einzelnen Fall einen Zugewinn erzielt haben.**

II **Wird der überlebende Ehegatte nicht Erbe und steht ihm auch kein Vermächtnis zu, so kann er Ausgleich des Zugewinns nach den Vorschriften der §§ 1373 bis 1383, 1390 verlangen; der Pflichtteil des überlebenden Ehegatten oder eines anderen Pflichtteilsberechtigten bestimmt sich in diesem Falle nach dem nicht erhöhten gesetzlichen Erbteil des Ehegatten.**

III **Schlägt der überlebende Ehegatte die Erbschaft aus, so kann er neben dem Ausgleich des Zugewinns den Pflichtteil auch dann verlangen, wenn dieser ihm nach den erbrechtlichen Bestimmungen nicht zustünde; dies gilt nicht, wenn er durch Vertrag mit seinem Ehegatten auf sein gesetzliches Erbrecht oder sein Pflichtteilsrecht verzichtet hat.**

IV **Sind erbberechtigte Abkömmlinge des verstorbenen Ehegatten, welche nicht aus der durch den Tod dieses Ehegatten aufgelösten Ehe stammen, oder erbersatzberechtigte Abkömmlinge vorhanden, so ist der überlebende Ehegatte verpflichtet, diesen Abkömmlingen, wenn und soweit sie dessen bedürfen, die Mittel zu einer angemessenen Ausbildung aus dem nach Absatz 1 zusätzlich gewährten Viertel zu gewähren.**

Schrifttum: H. Lange NJW **57**, 1381, **58**, 288; Braga FamRZ **57**, 334; Ferid NJW **60**, 121 (Pflichtteilszuwendg); Johannsen FamRZ **61**, 17 (erbrechtl); Knur, Probleme der ZugewGemsch, 1959; Müller-Freienfels JZ **57**, 686 (insb Vergleich der güterrechtl und erbrechtl Lösg); Rittner DNotZ **57**, 483 (zu IV), **58**, 181; Reinicke NJW **58**, 121, 932; Reinicke Betrieb **60**, 1445 (Pflichtteil), Betr **65**, 1354 (Rspr des BGH); Haegele Justiz **57**, 390; Boehmer NJW **58**, 524; derselbe FamRZ **61**, 41 (zu IV); Bärmann AcP **157**, 181; Hampel FamRZ **58**, 162; Thiele FamRZ **58**, 393; Maßfeller Betrieb **58**, 563; Niederländer NJW **60**, 1737, Sturm NJW **61**, 1435; Keuk Betr **74**, 982; Schmitz Betr **74**, 2322 (ErbschSteuerG); Werner FamRZ **76**, 249.

1) Neu dch Art 1 Z 9 GleichberG; IV auf erbersatzberecht Abkömmlinge ausgedehnt dch Art 1 Z 2 NEhelG. **Inhalt:** § 1371 regelt die Beendigg des gesetzl Güterstdes dch Tod eines Eheg, der bei TodesErkl widerlegb vermutet w (Maßfeller Betr **57**, 499). I enthält die **erbrechtl Lösung**, näml den Ausgl des

Zugew durch Erhöhg des Erbteils des überl Eheg um $^1\!/_4$, das ggf dch eine Ausbildungshilfe an erbberecht Abkömmlinge des Verstorbenen, die nicht seiner Ehe mit dem Überlebden entstammen, beschwert wird, **IV.** Damit sind im Interesse des Familienfriedens die Schwierigkeiten, die sich bei Ermittlg des Wertes des Anfangs- u Endvermögens ergeben können, ausgeschaltet, allerd auch eine Lösg gewählt worden, die die Abkömmlinge sehr benachteiligt, uU auch das FamVermögen in familienfremde Hände kommen läßt; vgl das Beispiel bei Braga FamRZ **57**, 335; zur Kritik dieser Lösg Grdz 4 vor § 1363 und Schrifft dort, ferner Dölle § 54 II. Der Überlebde wird dingl am Nachl beteiligt und an dessen ordngsmäßder Verwaltg u Verwertg interessiert, währd bei Gewährg einer AusglFdg mit ihrer baldigen Geltdmachg, uU ohne Rücks auf den Nachl zu rechnen wäre. **II** behandelt die Fälle, in denen der Überlebde weder Erbe geworden, noch mit einem Vermächtn bedacht worden ist, **III** die bes Folgen der Ausschlagg, einen Unterfall von II. Diese Fälle werden hin den Fällen mit ZugewAusgl den Fällen gleichgestellt, in denen der gesetzl Güterstd nicht durch Tod beendet wird, § 1372 (**güterrechtl Lösg**). § 1371, insb **die Erhöhg des gesetzl Erbteils um** $^1\!/_4$, **gilt nur**, wenn die Eheg im Zeitpkt des Todes eines von ihnen im Güterstd der ZugewGemsch gelebt haben, §§ 1363–1370, also nicht bei Gütertrenng, GüterGemsch od einem sonstigen Güterstd, auch nicht, wenn der gesetzl Güterstd zw ihnen früher einmal gegolten hat. Wegen ehevertragl Abänderngsmöglichk § 1408 Anm 4. Wegen des Nachweises, daß der Erblasser im gesetzl Güterstd gelebt hat, bei der Erbscheinbeschaffg § 2356 II; da sich der Erbteil der Eheg nach dem Güterstd richtet, hat ihn der Nachlaßrichter vAw zu ermitteln, § 2358. Eine Nachprüfg früherer Testamente im Hinbl auf die neue Rechtslage ist zweckm; dazu Rupp NJW **58**, 12. Wird ehevertragl bestimmt, daß der Zugew einem Eheg nicht in der gesetzl Höhe, sond geringer zufließen soll, berührt das die erbrechtl Lösg der Höhe nach nicht, Knur DNotZ **57**, 471, Maßfeller Betrieb **58**, 564. In den Ländern der fr Brit Zone iFv II u III HöfeO 12 X idF v 26. 7. 76 (BGBl 1934) hins Stundg usw beachten.

2) Die erbrechtl Lösung, I. Der Grds des I kommt nur zur Anwendg, wenn der überl Eheg berufener Erbe, vgl § 1948, od Vermächtnisnehmer ist, was für den gesetzl Erben aus I, im übrigen sich durch Umkehrschluß aus II ergibt. So auch BGH **37**, 58 (Alleinerbe aGrd Testaments), Hbg FamRZ **61**, 318, dazu Dittmann DNotZ **62**, 173, ferner Reinicke Betrieb **60**, 1445 gg Niederländer NJW **60**, 1741, vgl auch Anm 4 B. Ausreichend Berufg zum Vor- od Nacherben, ebso Eintreten als Ersatzerbe, auch Einsetzg auf ein noch so kleines Vermächtn (von BGH **42**, 191 dahingestellt gelassen), da es mit Rücksicht auf die schemat gesetzl Lösg nicht auf den Willen des Erbl, der vielleicht eine möglichste Beschränkg gewollt hat, ankommen kann. Anordnungen des Erblassers werden durch die gesetzl Regelg aber nicht berührt; dem Überlebenden steht es jedoch frei, sich damit zufrieden zu geben od auszuschlagen; dann II, III. Es erfolgt also auch keine Ergänzg des durch Testament bestimmten Erbteils od Vermächtnisses iS von I, FamRAusschBer S 21 (mit ausführl Begr), wohl kann aber dann eine Auffüllg auf Pflichtteilshöhe entspr der Höhe des gesetzl Erbteils, I, in Betr kommen. Weitere Voraussetzg, daß der Erbfall frühestens am 1. 7. 57 eingetreten ist; für die Berechng des Erbteils maßg ist auch in diesem Falle der gesamte Nachl, also einschl eines etwa vorher erzielten Zugewinns (der bei einem Ausgl in sonstigen Fällen, § 1372, außer Betr bleibt, GleichberG Art 8 I Z 3–5: „gelten vom Inkrafttreten dieses Gesetzes an"), eine Folge der pauschalen Abgeltg, Grdz 5c vor § 1363. Der gesetzl Erbteil des Überlebenden wird **um ein Viertel erhöht**: der Überlebende wird also am Nachlaß dingl beteiligt, Anm 1, währd in den sonstigen Fällen der Beendigg des gesetzl Güterstandes der Eheg nur eine Fdg auf Ausgleich des Zugewinns erhält, §§ 1372, 1378. Die Erhöhg erfolgt in jedem Fall, auch wenn ein Zugew überh nicht erzielt worden ist od der Überlebende sonst, § 1372, selbst ausgleichspfl gewesen wäre, weil er den höheren Zugew erzielt hat. Diese Folge, die insb für die nicht aus der Ehe mit dem Überlebenden stammenden Kindern unerfreul sein kann, vom den Überlebenden nicht beerben kann, kann nur durch letztw Vfg ausgeschaltet werden; ein Recht des Miterben auf Herabsetzg wg grober Unbillig entspr § 1381 gibt das G nicht. Demgemäß beträgt der **gesetzl Erbteil nach I** neben Abkömmlingen $^1\!/_4 + ^1\!/_4 = ^1\!/_2$, neben Eltern u deren Abkömmlingen u neben Großeltern $^1\!/_2 + ^1\!/_4 = ^3\!/_4$, § 1931 iVm I; treffen Abkömmlinge von Großeltern mit diesen zus, entspr mehr, § 1931 I 2. Der überl Eheg wird Vollerbe: Demgemäß erhöht sich auch sein **Pflichtteilsanspruch**, § 2303 II, auf $^1\!/_4$ des Nachlasses neben Abkömmlingen, auf $^3\!/_8$ (im Falle von § 1931 I 2 höher) in anderen Fällen (**großer Pflichtteil**). Der geringer als Erbe, § 2305, od als Vermächtnisnehmer Eingesetzte, § 2307, hat dann den PflichttErgänzgsAnspr bis zu dem nach I erhöhten Pflichtt. Dieser ist ferner für die Beurteilg der Pflichttöhe in den Fällen der §§ 2306 I 1, 2318 II, III maßg; vgl auch Anm dort. Kann der erhöhte Pflichtt geltd gemacht w, entfällt die AusglFdg, die der güterrechtl Lösg angehört. Unabhängig von dem Erbteil wird der Voraus gewährt, § 1932. Anders als bei den Fällen des ZugewAusgleichs in den sonst Fällen, §§ 1372, 1380, findet auch dann, wenn dem überl Eheg vom Verstorbenen Zuwendgen gemacht worden sind, eine Anrechng auf das zusätzl Viertel nicht statt; er ist zur Ausgleich nicht verpflichtet, FamRAusschBer S 20. Hat ein Eheg also bereits vom anderen Eheg zu Lebzeiten eine Zuwendg erhalten, die ganz oder zT den ZugewAusgl vorwegnimmt, so kann der Anfall des erhöhten Erbteils nur testamentarisch ausgeschaltet werden, zB durch Ausschluß von der Erbfolge od durch Beschränkg auf den Pflichtteil, II, auf den auch Vorempfänge sich bei entspr Bestimmg angerechnet w müssen, § 2315. Der Pflichtt errechnet sich nach dem um die AusglFdg gekürzten Nachlaß, Reinicke Betrieb **60**, 1267 gegen RGRK § 1378 Anm 19ff (gleichrangig). Während der erhöhte Erbteil erforderlichenf idR durch Klage geltd zu machen ist, hat bei einem Hofe iS der HöfeO hierüber das LwGericht zu entscheiden, § 1 Z 5 LwVG, da die Erhöhg dann die AbfindgsFdg des Eheg, § 12 HöfeO, betrifft, Lange NJW **57**, 1506.

3) Eine Beschwerg des zusätzlichen Erbteils findet hinsichtl der **Ausbildgskosten** zG der Stiefkinder u deren Abkömmlingen statt, **IV**, die nach dem Verstorbenen erbberechtigt sind, also zG von seinen Kindern aus früheren Ehen, auch wenn eine Ehe nichtig war, § 1591 I 1 Halbs 2, von seinen legitimierten, §§ 1719, 1723, 1736, 1740f, u durch ihn an Kindes Statt angenommenen Kindern, §§ 1741, 1757; ist die Frau verstorben, auch zB von deren nehel Kindern, § 1705, und deren Kindern, ist der Mann verstorben, von dessen erbersatzberecht Kindern u deren Abkömmlingen, § 1934a. Die Abkömmlinge müssen im konkreten Fall erbberechtigt, nehel erbersatzberecht sein; es darf also weder Enterbg, Erbverzicht noch Erbunwürdigk oder auch Ausschließg, § 1924 II, vorliegen, noch dürfen sie ausgeschlagen haben, Boehmer FamRZ 61, 47; daß sie testamentarisch bedacht sind, steht nicht entgg, RGRK Anm 41, Johannsen FamRZ 61, 164, aM Rittner DNotZ 57, 490, Boehmer aaO, da beide auch eine testamentarische Entziehg für mögl halten, obwohl doch der Anspr nach IV eine kraft G eingetretene Belastg des durch I begünstigten Eheg ist („ist verpflichtet"). Voraussetzg für den Anspr ist Bedürftigk des Kindes, wobei auch hier ein Unterschied zwischen mj u vollj Kindern zu machen sein wird, § 1602: kann das Kind seine Ausbildg zT bestreiten, so ist der überl Eheg nur für den Rest verpflichtet, ist ein anderer zur Tragg dieser Kosten verpflichtet, zB ein noch lebender Elternteil, und können sie von diesem ganz oder zT erlangt werden, so besteht die Verpflichtg des Überl in dem Maße nicht, vgl auch *HöfeO* idF v 20. 7. 76 (BGBl 1933); aM Rittner DNotZ 57, 494, Boehmer FamRZ 61, 48, Soergel-Vogel Anm 38. Verpflichtet aber die Ehefr bzgl des nehel Kindes ihres Ehem ,Kemper ZBlJR 72, 17 (21). Beschwert wird das zusätzl gewährte Viertel, I, nicht auch der erhöhte Pflichtteil. Wert zZ des Erbfalles entscheidet, vgl §§ 2311 ff. Der überl Eheg muß gesetzl Erbe geworden sein. Ist er das nicht, so entfällt die Verpflichtg aus IV; demnach auch nicht gegeben, wenn überl Eheg TestErbe od Vermächtnisnehmer ist, da das zusätzl Viertel nur dem gesetzl Erben gewährt wird, Anm 2. IV auch nicht, wenn PflichttErhöhg wegen I eintritt, Anm 2. Der überl Eheg kann durch Ausschlagg den Eintritt der Verpflichtg verhindern, jedoch ist eine Ausschlagg nur der Erbteilserhöhg nicht mögl, § 1950. Sie ist eine Nachlaßverbindlichk, eine Art gesetzl Vermächtnis, Braga FamRZ 57, 340, Staud-Felgentraeger 130, aM Rittner DNotZ 57, 497, Boehmer aaO. Die Beschwerg tritt von vornherein nur für das zusätzl Viertel ein („aus dem nach Abs 1 zusätzl gewährten Viertel zu gewähren"), so daß es der sonstigen erbrechtl Haftgsbeschränkg nicht bedarf. Jedoch darf der überl Eheg dadch nicht an seinem VermBeteiligg gebracht werden, Staud-Felgentraeger Rdn 106. Umfang der Verpflichtg: die gesamten Ausbildgskosten, die angemessen sind, dh dem Stand der Eltern, bei nehel Kindern dem beider Eltern, § 1615c, u der Begabg des Kindes, § 1610 Anm 4, entsprechen müssen; können auch in einer Summe gefordert werden. Hierher gehören auch die Kosten, die erforderl sind, damit der Begünstigte sich der Ausbildg unterziehen kann. Bei Inanspruchn durch mehrere Abkömmlinge anteilig. Vgl auch Rittner NotZ 57, 483, Johannsen FamRZ 61, 163, Boehmer FamRZ 61, 41.

4) Die güterrechtl Lösung, II, tritt ein, wenn der überl Eheg weder (gesetzl od testamentar, BGH 37, 58) Erbe wird noch mit einem Vermächtn bedacht ist (BGH 42, 182, Reinicke Betr 65, 1354); ferner analog bei gleichzeit Tod beider Ehel (etwa inf Flugzeugunglücks), weil eine Erhöhg des Erbteils hier ausscheidet; aA BGH NJW 78, 1855 u Werner FamRZ 76, 251, wonach sich der jew Nachlaß auf das Verm im Todes-Ztpkt beider Erblasser beschrkt, was im Ergebn innerh der ZugewGemsch zu sehr die Gütertrenng auf Kosten des ZugewAusgl betont u die MitArb am Zugew außer Acht läßt. Die Kommorientenvermutg VerschG 11 steht der Analogie zu II nicht entgg; zu einem echten ZugewAusgl muß es nach dem Grdg Prinzip der §§ 1363 ff immer dann kommen, wenn nicht ausdrückl die erbrechtl Lösg vorgeschrieben ist. Unmittelb Anwendg v II, wenn ErbR ausgeschl ist, weil zZ des Todes des Erbl die Voraussetzgn f die Scheidg od Aufhebg der Ehe bestanden u der Erbl die Scheidg beantr od ihr zugest bzw Kl auf Aufhebg der Ehe erhoben h, § 1933, ihm der Pflichtt entzogen ist, § 2335, die Erbunwürdiggk festgestellt wird, §§ 2339 ff, bei Erbverzicht, § 2346, bei Ausschluß von der Erbfolge, der iZw nicht anzunehmen ist, wenn der überl Eheg auf Pflichtt gesetzt ist, § 2304, was für den zuerst versterbenden Eheg, der keinen od einen geringeren Zugew als der andere Eheg erzielt hat, ein geeignetes Mittel ist, um den anderen Eheg nicht zum Schaden der Kinder zusätzlich in dem vergrößerten Umfang des I an seinem Nachlaß teilnehmen zu lassen; denn ein derartiges Auf-den-Pflichtt-Setzen ist regelm (sonst müßte er, um zur güterrechtl Lösg zu kommen, ausschlagen, Anm 5) die Bestimmg, daß der PflichttBerecht nicht Erbe sein soll, § 2304, so daß er auch nicht etwa den großen Pflichtt erhält, ebso BGH 42, 182, RGRK Anm 18, Maßfeller-Reinicke Anm 7 ff, Gernhuber § 37 III 2, Oldbg FamRZ 64, 299, aM Ferid NJW 60, 126, Boehmer NJW 58, 526 (erhöhter Pflichtt). II liegt schließl auch vor bei Ausschlagg der Erbschaft od des Vermächtnisses. In allen diesen Fällen wird der Zugew ebso, wie wenn der Güterstd nicht durch den Tod beendet wird, ausgeglichen; es gelten also die darauf bezügl Vorschr, soweit sie nicht etwa wg ihrer Besonderh entfallen, §§ 1373 – 1383, 1390; besondere Vorschr hins der Verjährg bei Beendigg des Güterstandes durch Tod §§ 1378 IV 3, 1390 II 2. Anders als nach I hier mithin entscheidend, daß Zugew des verstorbenen Eheg den des Überl übersteigt, § 1378. Die AusglFdg des überl Eheg ist eine Nachlaßverbindlichk (ErblSchuld, § 1967 Anm 2) mit Vorrecht vor Pflichtt, Vermächtnissen u Auflagen, KO 226; sie ist also bei Berechng des Pflichtteils abzusetzen, § 2311 Anm 2. Sie besteht grdsätzl auch in den Fällen des ScheidgsAnspr des Verstorbenen aus Schuld des Überl, da ihre Entstehg nicht abhängig von Schuld ist, sond nur von den Voraussetzgn des § 1378 I. Mögl aber Verweigerg wg grober Unbilligk, § 1381, die regelm bei Erbunwürdigk vorliegen wird. Mit der erbrechtl Lösg entfällt auch die nur durch sie begründete Erhöhg des Pflichtteils. Es bleibt also bei der Hälfte des sich nach § 1931 ergebenden Erbteils, § 2303, soweit das PflichttR überl besteht **(kleiner Pflichtteil)**; ebso BGH 42, 182. Demgemäß ist dann auch der Pflichtt der anderen PflichttBerechtigten größer, da er durch eine Erhöhg des Erbteils des überl Eheg nach I nicht mehr herabgedrückt wird; Pflichtt des einzigen Kindes, das bei der erbrechtl Lösg nach I $1/4$ der Erbsch ist, beträgt bei II also $3/8$.

Streitfragen zur Auslegg von II und III. Die obige Auslegg von II, daß dem überl Ehegatten, wenn er nicht Erbe wird u ihm auch kein Vermächtnis zusteht, nur der kleine Pflichtt zukommt, wobei es ihm dann überlassen bleibt, den ZugewAusgl nach §§ 1373 ff zu wählen, halten Reinicke NJW 58, 121, 932, Hampel FamRZ 58, 162, Thiele FamRZ 58, 393, Maßfeller Betrieb 58, 563, Maßfeller-Reinicke Anm 9, Krüger-Breetzke-Nowack Anm 5 u 8, RGRK 18, Erman-Bartholomeyczik § 2303 Anm 11, Dölle § 57 II 3c, für zutreffd, ebenso BGH 42, 182; dazu Lange NJW 65, 369. Sie beziehen also „in diesem Falle" auf den der Enterbg (ebso bei Ausschlagg). Demgegü liest H. Lange NJW 57, 1381 Anm 10, 58, 288 Abs II dahin, daß der kleine Pflichtt bei Enterbg nur dann eintritt, wenn der überl Eheg auch von der ihm gegebenen Möglichk, den ZugewAusgl zu verlangen, Gebr gemacht hat, so daß also „in diesem Falle" sowohl die Enterbg wie das Verlangen des ZugewAusgleichs zur Voraussetzg hat. Entfällt der letztere, indem der Überlebende davon absieht, den ZugewAusgl zu verlangen, oder ein solcher nicht in Betr kommt, so bleibt es nach dieser Meing bei dem großen Pflichtt des I. Diese Ansicht teilen Müller-Freienfels JZ **57**, 689, Rittner DNotZ **58**, 181, Beitzke FamRecht § 13 III 4, ebso bei Ach-Gr Anm 3 u 8. Bärmann AcP **157**, 187, Haegele Justiz **57**, 390. Die Fassg läßt tatsächl beide Ausleggen zu; vielleicht liegt es rein sprachl sogar näher, ,,in diesem Falle" auf den gesamten 1. Halbs zu beziehen. Die Materialien geben keine eindeutige Lösg, wenn auch offenbar die Lange vorschwebende Möglichk für den überl Eheg, den kleinen Pflichtt u den ZugewAusgl zu wählen od auf den letzteren zu verzichten u damit den großen Pflichtt zu erlangen, nicht Ggst der Beratg war. Es darf aber nicht übersehen werden, daß der RegEntw von der güterrechtl Lösg als der gerechteren ausging, erst durch den Ausschuß die erbrechtl Lösg, und zwar als schematischer Ausgl des Zugewinns, hineingebracht worden ist, § 1371 mithin nicht eine Verstärkg des PflichtteilsR des überl Eheg zum Ziele hat, sond auch seiner ledigl güterrechtl abschichten will (I: ,,wird der Ausgleich des Zugewinns dadurch verwirklicht"). Die erbrechtl Lösg, die zwar als Normalfall angesprochen wird, darf also nicht, wovor Hampel u Thiele aaO warnen, dahin erweitert werden, daß, wie Lange will, dem überl Eheg der erhöhte Pflichtteil zusteht, wenn er den ZugewAusgl nicht wählt; das wäre eine Verstärkg des ErbR des überl Eheg, die dann aber eigenartigerweise nur für den im gesetzl Güterst lebenden Eheg zum Grds erhoben wäre, nicht aber für alle Eheg, ohne daß erkennbar wäre, warum diese Bevorzugg gerade nur für jenen einzutreten hätte. Hier würde die güterrechtl Zwecksetzg des § 1371 durch die erweiterte Ausleg gesprengt. Demgemäß wird auch der Ansicht Boehmers NJW **58**, 524, der zunächst Lange beipflichtet, für den Fall der Ausschlag außer in den Fällen der §§ 2306 I 2, 2307 aber nur den kleinen Pflichtt geben will, insow er von obiger Ansicht abweicht, nicht zu folgen sein. Kritisch zu Lange u Boehmer, aber auch zu der Anm 1, 2 u 4 A gegebenen Ausslegg Niederländer NJW **60**, 1737; ausgehd davon, daß das BGB, vgl §§ 2310, 2326, 2325 III Halbs 1, eine willkürl Bestimmg des Pflichtteils, wie sie nach obigen Ausleggen mögl ist, nicht zuläßt, will er nur den kleinen Pflichtt, bemessen nach dem nicht erhöhten Erbteil, geben. da I nur vom gesetzl Erbteil, nicht aber auch von den Fällen spreche, in denen der Erbl die erbrechtl Stellg seines Eheg durch letztw Vfg bestimmt habe, das zusätzl Viertel in I aber auch nicht in jeder Beziehg einem normalen Erbteil gleichstehe, aaO 1740, 1743. Diese Lösg, die zugegebenermaßen nicht mit den Materialien u damit mit der Absicht des Gesetzgebers in Einklang steht, widerspricht aber auch dem Grds, daß der Pflichtteil die Hälfte des gesetzl Erbteils ist, § 2303 I 2, die Erhöhg um ein Viertel jedoch ausdrückl als solche des gesetzl Erbteils bezeichnet wird, II; sodann bleibt unbeachtet, daß II u III von den Fällen sprechen, in denen der überl Eheg nicht Erbe wird, so daß also für die grdsätzl Lösg des I, der jene gegenübergestellt sind, nur die Fälle des berufenen Erben, vgl § 1948 I, übrigbleiben, wie bisher auch nicht in Zweifel gezogen wurde. Gegen Niederländer auch Dölle § 55 II 1 Anm 16, Reinicke Betrieb **60**, 1445, Hampel FamRZ **60**, 461, **61**, 287; kritisch zu diesem Sturm NJW **61**, 1435, ohne aber Niederländer in allem zu folgen.

5) Die Ausschlagg insbesondere, III; zur Ausslegg s auch Anm 4 B. Zur Ausschlagg im allg §§ 1942 ff. Auch sie fällt unter II, da der überl Eheg dann nicht Erbe wird; es gilt also das Anm 4 Gesagte auch hier. III gibt ledigl einige Sonder Best, Dölle § 56 II 3d Anm 24 (Unterfall des II). Im Falle einer Ausschlagg steht dem Eheg ein Pflichtt grdsätzl nicht zu (Ausnahme § 2306 I 2). III Halbs 1 gibt abw von dieser Regel des BGB dem ausschlagenden Eheg, vorausgesetzt, daß er in ZugewGemsch bis zum Tode seines Eheg gelebt hat, stets die (kleinen Anm 4) Pflichtteils Ansprüche, damit er ein schutzw Interesse an der Ausschlagg haben kann (vgl unten) u in seiner Entschließg, ob er die Erbsch ohne AusglFdg oder die AusglFdg ohne Erb-, aber mit Pflichtteil wählen will, frei sein soll. Für III ist zu unterscheiden: dem Eheg ist ein Erbteil hinterlassen, der geringer als der Pflichtt ist; nimmt er an, so hat er den ErgänzgsAnspr in Höhe des Wertes des Fehlbetrages des Pflichtteils, jedoch keine ausglForderg, Anm 2; schlägt er aus, so hat er Anspr auf die AusglFdg, §§ 1371 II, 1378, u den Pflichtt, jedoch nur den nicht erhöhten, II, vgl Anm 4. Übersteigt der Erbteil nicht die Hälfte des gesetzl Erbteils u nimmt er an, so gelten außerdem Beschrkgen u Beschwergen dieses Erbteils als nicht angeordnet, § 2306 I 1 u II. Ist der hinterlassene Erbteil aber größer als der gesetzl (erhöhte) Pflichtt nach I und beschwert, so kann sich der Erbe hiervon nur befreien, wenn er ausschlägt u seinen (nicht erhöhten, II) Pflichtt verlangt, § 2306 I 2; außerdem steht ihm dann die AusglFdg zu. Ist der Eheg auf den Pflichtt gesetzt u ist das entgg der Regel des § 2304 eine Erbeinsetzg oder Vermächtniszuwendg, dort Anm 1 u oben Anm 4, will er aber die güterrechtl Lösg wählen, so muß er, gleichgültig, wie hoch die Zuwendg ist, ausschlagen. Eine Ausnahme von der Regel des III Halbs 1, daß der Ausschlagende in jedem Falle den Pflichtteil erhält, besteht dann, wenn der überl Eheg durch Vertr mit dem anderen Eheg auf sein gesetzl ErbR einschl Pflichtt od nur auf diesen verzichtet hat, § 2346, um dem Erbl volle Vfgsfreiheit auch hins seines Pflichtteils zu geben; dann hat er, wenn er durch letzw Vfg des Verstorbenen Eheg Erbe wird u er diese Erbschaft ausschlägt, keinen PflichttAnspr mehr, III Halbs 2. Für den Fall der Ausschlagg eines Vermächtnisses gibt § 2307 I 1 stets den Anspr auf den Pflichtteil. Dem überl Eheg steht also frei, den gesetzl Erbteile od die Erbeinsetzg anzunehmen, od durch Ausschlagg, die bei Verlust dieses Rechts fristgerecht zu erfolgen hat, §§ 1943 ff, auch § 1954, die güterrechtl Lösg zu wählen. Er wird das besonders dann tun, wenn er auf weniger als den Pflichtt eingesetzt ist. Hat er mehr erhalten, ist er gemäß § 2306 I, II beschränkt od beschwert, so wird es darauf ankommen, ob diese Beschrkgen einschätzt, u zwar in Abwägg dessen, daß er durch die Ausschlagg an Stelle der dingl Beteiligg am Nachlaß nur den Pflichtt u eine Fdg auf Ausgleich des Zugew erhält, bei dem die Feststellg der Höhe zu Streitigk führen kann, Grdz 4 vor § 1363, daß Vorempfänge anzurechnen sind, §§ 1380, 2315, auch die Erfüllg der AusglFdg bei grober Unbilligk verweigert w kann, § 1381. Vorteilhaft kann die Ausschlagg bei gesetzl Erbfolge sein, wenn eine Erhöhg des AusglFdg bei noch nicht vorhandenem größeren Vermögen zB durch Hinzurechng von erhebl unentgeltl Zuwendgen eintreten muß, § 1375 II, da bei der erbrechtl Lösg eine solche Hinzurechng nicht stattfindet. Hingg empfiehlt sich sonst eine Ausschlagg im allg für den gesetzl Erben wg seiner dingl Beteiligg am Nachlaß nicht; ein Interesse, die AusglFdg zu erlangen, kann aber auch wg der ggü Pflichtt u Vermächtn, KO 226 II Z 4, 5, günstigeren Stellg im Konk, § 1378 Anm 1, vorliegen sein (bei Eintritt der Überschuldg erst nach dem Erbfall; sonst § 1378 II), worauf Baur FamRZ **58**, 256 hinweist. Vgl zu Obigem die Zahlenbeispiele von Maßfeller Betr **57**, 624 ff, der auch, Betr **58**, 563, darauf hinweist, daß die Ausschlagg wirtschaftl idR erst dann interessant wird, wenn der ZugewAnspr mehr als $^6/_7$ der Erbsch beträgt, da der überl Eheg sich bis zu dieser Höhe des Zugewinnes als gesetzl Erbe besser od jedenf nicht schlechter steht.

1372 *Zugewinnausgleich in anderen Fällen.* **Wird der Güterstand auf andere Weise als durch den Tod eines Ehegatten beendet, so wird der Zugewinn nach den Vorschriften der §§ 1373 bis 1390 ausgeglichen.**

1) Eingef dch Art 1 Z 9 GleichberG. Im Ggs zu § 1371, der den ZugewAusgl bei Beendigg des gesetzl Güterstds dch Tod regelt, ordnet § 1372 für die sonst Beendiggsarten die **güterrechtl Lösung** an, für die in den §§ 1373–1390 genaue Regeln gegeben w. Zum GerechtigkGehalt Grdz 4 v § 1363; sa § 1373 Anm 1 u 2. Die güterrechtl Lösg geht davon aus, daß das Verm der Eheg getrennt, also selbstd geblieben ist u nach Beendigg des Güterstds ein Ausgl stattfindet. Für diesen gilt das **AusschließlichkPrinzip**, dh es kommen daneben grdsätzl keine and AusglRegelgen aus ungerechtf Bereicherg (BGH NJW **76**, 2131 = JR **77**, 22 mAv Kühne), Wegfall der GeschGrdlage uä wg der in der Ehe untereinand gemachten Zuwendgen zur Anwendg (BGH **65**, 320). Nur wenn eine Interessen- u Vermögensvergemeinschaftg stattgefunden hat, die über § 1353 hinausgeht, kommen gesellschaftsrechtl GesPkte in Betr (§ 1356 Anm 1 aE). Rechte u Anwartschaften auf eine Versorg wg Alters od Invalidität würden als Verm an sich ebenf unter den ZugewAusgl fallen; für sie gilt aber seit dem 1. 7. 77 der **Versorggsausgleich** (§§ 1587–1587 p). Haben Eheg an einem **Grundstück je zur Hälfte MitEigtum**, so erfolgt idR im Zuge der Scheidg Aufhebg der Gemsch (§§ 749 ff), ggf dch Versteigerg des Grdst (§ 753). Ggf ist von der Möglk des ZPO 628 I 3 analog Gebrauch zu machen, weil die Versteigerg bereits einen dem EntschVerbund sonst unbekannten endgült Zustand schaffen würde. Hat ein Eheg dem and dessen GrdstHälfte im wesentl unentgeltl zugewendet, ist die ZwVersteigerg uU unzul u das Grdst herauszugeben; der and Eheg erhält dann entspr ZugewAusgl od, falls dieser nicht vorh ist, eine bes Entschädig (BGH **68**, 299). Nach Kühne FamRZ **78**, 221 lassen §§ 1374 ff, 1380 die Rückabwicklg v Zuwendgen aGrd der GeschGrdlage bzw § 812 unberührt. Entsprechd läßt etwa auch Schlesw FamRZ **78**, 247 iGgs zu BGH NJW **76**, 328 u 2131 den RückgewährAnspr aus § 812 I 2 (2. Alt) zu, wenn KZ-Entschädigg zum Ausbau eines der Ehefr gehörden Hauses verwendet u die Ehe später geschieden wurde. Anwendg der §§ 1372 ff auch bei gleichzeitg Tod der Ehel (§ 1371 Anm 4), dh AusglAnsprüche fallen in die Erbmasse.

2) **Beendigg des gesetzl Güterstandes außer durch Tod.** In Betracht kommt die Beendigg durch rechtskr Scheidg, Eheaufhebg, EheG 37 I, u Umst auch durch NichtigErkl der Ehe, EheG 26 I (falls das nicht der Fall ist, Einf 1 b vor EheG 16), durch rechtskr Urteil auf vorzeitgen Ausgl der ZugewGemsch, §§ 1385–1388, u durch EheVertr, wenn nachträgl ein anderer Güterstd vereinbart, wenn er aufgehoben, wenn der Ausgl des Zugewinns ausgeschl wird, § 1414; eine Änd des ZugewAusgl kann aber im GüterRReg nicht eingetr w, BGH **41**, 370. Für den Fall der Scheidg enthält § 1384, für den des vorzeitigen Ausgleichs § 1387, für sämtl hier genannten Beendiggsfälle außer dem durch EheVertr enthalten §§ 1389, 1390 IV Sondervorschriften. Wegen der verfrechtl Seite Baur FamRZ **62**, 509.

1373 *Begriff des Zugewinns.* **Zugewinn ist der Betrag, um den das Endvermögen eines Ehegatten das Anfangsvermögen übersteigt.**

1) **Zugewinn** ist nach der dch GleichberG Art 1 Z 9 eingef BegrBestimmg des § 1373 der Betrag, um den das EndVerm, § 1375, das AnfangsVerm (zuzügl des später v Todes wg, mRücks auf ein künft ErbR, dch Schenkg od als Ausstattg Erworbenen), § 1374, übersteigt, also der nach Begleichg des Unterh u anderer Ausgaben im Verm eines Eheg verbliebene Überschuß, der währd der Ehe erworben w ist. Beachte: **a)** Der Zugew ist nur **Rechnungsgröße.** Weder bildet der gemeins od dch einen Eheg vor Beendigg des Güterstds erworbene Zugew eine bes VermMasse eines od auch beider Eheg, noch wird anläßl der Beendigg eine VermMasse gebildet, die dann aufgeteilt würde. Der gesetzl Güterstd kennt vielm nur 2 VermMassen, die des Mannes u der Frau. Jeder dieser VermMassen fließt auch der Zugew zu, den der betr Eheg machte, u bleibt, sofern er nicht wieder verloren am end od aufgebraucht wird, in ihr u damit in der VfgsGewalt des gewinnden Eheg, § 1363 II, bis aGrd der vom and Eheg mit der Beendigg des Güterstds erworbene AusglFdg der ZugewAusgl an diesen ausgekehrt w, § 1378. – **b)** Das AnfangsVerm wird mind mit 0 bewertet, so daß zB bei einer Verschuldg von 10000 DM bei Beginn des Güterstds u einem EndVerm v 20000 DM der Zugew nur 20000, nicht 30000 DM beträgt, § 1374 Anm 2. **c)** Auch der **Zugewinn** beträgt mind 0, dh er kann **nie eine negative Größe** sein; Verluste eines Eheg sind insow nicht auszugleichen (Mü FamRZ **76**, 26). Betrug zB das AnfVerm der Frau 50000 DM u hat sie am Schluß der Ehe 20000 DM Schulden, währd ihr Mann 80000 DM Zugew erzielt hat, so ist nicht etwa die Differenz auszugleichen, also 100000 DM, sond die Fr bekommt nur 40000 DM. Damit evtl verbundene Ungerechtigkeiten, daß ein Eheg auf Kosten des and, der zB zZw des Unterh Schulden macht, den eig Zugew erhöht, lassen sich nur dch vorherige vertragl Sicherge n (Darl, Gesellsch) vermeiden.

2) Zum GerechtigkGehalt des ZugewAusgl s Grdz 4 vor § 1363. Keine Verpfl der Eheg, ihr Verm so zu verwalten, daß möglichst großer Zugew erzielt w; vgl aber die (unzureichden, Schopp Rpfleger **64**, 69) SchutzVorschr des §§ 1375 II, 1384, 1386, 1388, 1390. Umgek ist unerhebl, ob der Zugew erarbeitet wurde. Ggü der Feststellg des AnfangsVerm bei Berechng des EndVerm sich ergebde höhere od niedrigere Bewertgen von WirtschGütern wirken sich ebenf vorteilh od nachteil für den ausgleichsberecht Eheg aus. Das EndVerm kann dem Betrag nach das AnfangsVerm übersteigen, weil währd des Güterstds VermGgstände erworben wurden, bereits bei Ehebeginn vorhandene wertvoller geworden sind od der Bewertg zGrde gelegte Geldwert geringer geworden ist, BGH **61**, 387. Vgl zur Bewertg § 1376.

1374 *Anfangsvermögen.* I **Anfangsvermögen ist das Vermögen, das einem Ehegatten nach Abzug der Verbindlichkeiten beim Eintritt des Güterstandes gehört; die Verbindlichkeiten können nur bis zur Höhe des Vermögens abgezogen werden.**

II **Vermögen, das ein Ehegatte nach Eintritt des Güterstandes von Todes wegen oder mit Rücksicht auf ein künftiges Erbrecht, durch Schenkung oder als Ausstattung erwirbt, wird nach Ab-**

zug der Verbindlichkeiten dem Anfangsvermögen hinzugerechnet, soweit es nicht den Umständen nach zu den Einkünften zu rechnen ist.

Schrifttum: Brünig NJW **74**, 1802; Buchwald BB **58**, 493; Müller-Freienfels, Festg f Nial 428 ff (krit).

Vorbem. Neu, GleichberG Art 1 Z 9.

1) Allgemeines. Da Zugew der Betrag ist, um den das Endvermögen das Anfangsvermögen übersteigt, § 1373, gibt § 1374 den Begriff des Anfangsvermögens, dh des ledigl rechnerischen Sondervermögens jedes Eheg, an dem der andere Eheg für die Berechng seines AusglAnspr nicht teilnimmt. Wegen der Berechng des Anfangsvermögens § 1376 I, III, IV, wg seiner Feststellg § 1377. Nachgiebiges Recht; Eheg können also ehevertragl, § 1408, den Zeitpkt für die Berechng des AnfangsVerm vor der Ehe od der Eheschl legen, Hbg NJW **64**, 1077, sie können vor der Ehe od währd des Güterstandes abweichende Bestimmg über die Zugehörigk zum Anfangsvermögen treffen, so, daß die Einkünfte aus einer bestimmten Erwerbsart od ein bestimmter Vermögensteil, zB Einkünfte aus einer Erbschaft, Nebenerwerb des Mannes, Erwerb der Frau dem Anfangsvermögen, also ohne Ausgleichsmöglichk zugeschlagen w sollen. Wird aGrd derartiger Vereinbgen der Eintritt eines ZugewAusgleichs überh unmögl, so handelt es sich in Wirklichk um eine solche der Gütertrenng, § 1414; anders wenn er zwar mögl bleibt, tatsächl aber bei den Resteinkünften nicht eintritt.

2) Anfangsvermögen, I, ist die Summe des Wertes aller Vermögensstücke, die einem Eheg bei Eintritt des Güterstandes, § 1363 Anm 3, gehören. Gemeinsames Vermögen, zB Hochzeitsgeschenke an beide Eheg, ist jedem von ihnen mit der auf ihn fallenden Quote zuzurechnen. Die in diesem Zeitpkt bestehenden Verbindlichk werden mit ihrem im damaligen Zeitpkt bestehenden Wert abgerechnet, jedoch nur soweit, daß ein Minus nicht entsteht. Wenn die Schulden die Aktivmasse übersteigen, ist also das Verm nicht mit der dann noch verbleibenden Schuldsumme negativ anzusetzen; es beträgt vielmehr wenigstens 0. Das beeinflußt ausschlaggebd die Berechng des Zugewinns. Sind näml bei Eintritt des Güterstandes die Schulden um 20 000 DM größer als das Aktivvermögen, so ist bei einem Endvermögen von 10 000 DM ein Zugew nur in dieser Höhe vorhanden, kann also auch nur in dieser Höhe zur Berechng der AusglFdg herangezogen werden, obwohl dieser Eheg auch 20 000 DM Schulden abgedeckt, also tatsächl 30 000 DM hinzugewonnen hat; der Zugewinn kann also nie höher als das Endvermögen sein; Ausnahme § 1375 II, da andernf dieser Eheg mit einer AusglFdg belastet w könnte, für die ein GgWert in seinem Vermögen nicht vorhanden ist. Hat der andere Eheg, der ohne Vermögen, aber auch ohne Schulden angefangen hat, ebenf 30 000 DM hinzuerworben, so sind 30 000–10 000 DM auszugleichen; der erste EheG hat eine Ausgleichs Fdg von 10 000 DM. Zum AnfangsVerm eines Eheg auch das, was ihm der and Eheg vorehel schuldet, Hbg NJW **64**, 1076.

3) Vermögenserwerb nach Eintritt des Güterstandes, II. An dem in II genannten unentgeltl VermErwerb, zu dem der andere Eheg nichts hinzugetan hat, soll er nicht teilhaben, er ist also wie das Anfangsvermögen bei der Berechng des Zugewinns u damit der AusglFdg ein außer Betr bleibender Wert; erreicht wird das durch Zuschlag zum Wert des Anfangsvermögens, das aber auch hier mit mindestens mit 0 angenommen wird, so daß seine etwaige Verschuldg für die Zurechng außer Betr bleibt. Ist also zZ des Erwerbs nach II der erwerbende Eheg überschuldet, zB mit 5000 DM, so wird trotzdem die von ihm gemachte Erbsch mit ihrem vollen Betrag von 20 000 DM als AnfangsVerm eingesetzt; die 5000 DM Schulden gehen zu Lasten eines erst später eintretenden Zugewinns, Anm 2, auch FamR AusschußBer S 9 u die Zahlenbeispiele bei Reinicke BB **57**, 761, aM Gernhuber § 36 II 4 (Erwerb gleicht zunächst vorhandene Schulden aus). Hinzuzurechnen ist **a) der Erwerb von Todes wegen.** Kann erfolgen aGrd gesetzl Erbfolge, §§ 1922 ff, Erbeinsetzg durch Testament od ErbVertr, §§ 1937, 1941, aGrd eines Vermächtnisses, § 1939, od als Pflichtt, §§ 2303 ff. Hierher gehört auch der AuseinandSAnspr, Anwartsch auf Nacherbfolge, Anspr auf Vermächtnis, das aGrd eines Vergleichs in einem ErbschStreit Erlangte, BayObLG 4, 604. – **b) Erwerb mit Rücksicht auf ein künftiges Erbrecht,** zB GutsüberlassgsVertr. Gewährg von GgLeistgen zB Erbverzicht ohne Bedeutg. Aber auch in der Rechtsform des Kaufs kann Verm mRücks auf ein künft ErbR erworben w, wenn dem Käufer im Hinbl auf seine sonst Erbenstellg besondere Vorteile eingeräumt w sind (BGH **70**, 291 für Übertr v PrivKlinik v Vater auf Sohn). – **c)** Dch **Schenkg.** Vorauss wie § 516, also Einigk über Unentgeltlk, was bei Zuwendungen unter Ehel nicht ow anzunehmen ist (Karlsr FamRZ **74**, 306). Schenkgen an beide Eheg werden gemeinschaftl Verm; wg Zurechng Anm 2. Echte Schenkgen eines Eheg an den and können wirtschaftl vorweggenommener ZugewAusgl s. Wird Schenkg bei Scheidg widerrufen (EheG 73), so muß ihr Wert vom AnfangsVerm des bedachten Eheg wieder abgesetzt u dem AnfVerm des Schenkgebers, wenn dieses dadurch verringert w sollte, sonst dessen Zugew zugesetzt werden; es muß rechnerisch die VermLage beider Eheg ohne die Schenkg wiederhergestellt werden. Erfolgte die Zuwendg mit der Bestimmg einer Anrechng auf die AusglFdg, § 1380 I, so wird diese einem Widerruf der Schenkg vorzuziehen sein, wenn dem anderen Eheg eine AusglFdg zukommt. – **d) Ausstattung,** § 1624.

Zu a–d): Verbindlichkeiten sind abzuziehen; Bewertg § 1376 III. Sind diese größer als der Erwerb, tritt zB der Eheg eine überschuldete Erbsch an, so wird dieser Verlust nicht auf Rechng des Anfangsvermögens, also durch dessen Verminderg ausgeglichen; dieses bleibt unverändert. Das ergibt sich daraus, daß II nur von Vermögen, worunter er nur Aktivvermögen versteht, wie I Halbs 2 eindeutig ergibt, spricht u demgemäß nur von Hinzurechng, ferner daraus, daß auch sonst eine Verschuldg das Anfangsvermögen nicht verringert, stets also zunächst mit dem Zugewinn abverdient werden muß, dieser bis zur vollen Schuldenhöhe dann mithin nur dem verschuldeten Eheg zugute kommt (Ausnahme ledigl § 1375 II); ebenso Reinicke BB **57**, 761. Wie dem anderen Eheg die Einkünfte eines solchen Erwerbs zugute kommen, so muß er auch derartige Verluste mittragen. Nicht hinzuzurechnen ist der Erwerb nach a–d, wenn er nach den Umst nach zu den Einkünften zu rechnen ist, zB Haushaltszuschüsse, Kosten für Erholgsreise, für Krankenhausaufenthalt, Weihnachtsgratifikationen, Nadelgeld. Bei der Beurteilg entscheiden wirtschaftl Gesichtspunkte, die Absicht des Zuwendenden, die Verhältnisse des Empfangenden u der Anlaß der Zuwendg. Ein solcher Erwerb vergrößert nicht das Anfangsvermögen, wird vielm, soweit er nicht für den FamUnterhalt verbraucht wird, Zugewinn.

Bürgerliche Ehe. 6. Titel: Eheliches Güterrecht **§§ 1374, 1375**

4) Weitere Hinzurechngen zum Anfangsvermögen finden nur dann statt, wenn die Eheg das ehevertragl bestimmt haben (Anm 1). Keine Analogie zu II bei Lottogewinnen (BGH **68**, 43). Ein Dritter kann bei der Zuwendg nicht bestimmen, daß etwas zum Anfangsvermögen gehört; es wäre aber auch unnötig, da derartige Zuwendgen ohnehin nach II zum Anfangsvermögen gehören. Haben die Eheg etwa ehevertragl bestimmt, daß ein solcher Erwerb dem Anfangsvermögen nicht zugerechnet w soll, also später bei der Berechng als Zugew anzusehen ist, kann der Dritte ledigl den Erwerb davon abhängig machen, daß die Eheg insof ihre vertragl Bestimmg ändern. Mit Rücks darauf, daß es auf den Wert des Anfangsvermögens zZ des Eintritts des Güterstandes zuzügl des Erwerbs nach II ankommt, bleiben nicht nur etwaige Wertsteigergen od Vermindergen der damaligen VermStücke, ihre Veräußerg, Verlust, Wert des Ersatzerwerbs od ihr sonstiges Schicksal außer Betr; denn es handelt sich bei dem ermittelten Wert des Anfangsvermögens ledigl um eine Rechngsgröße; die ermittelte Zahl bleibt für die Berechng des Zugewinns, § 1373, ein für allemal maßg, § 1376 I. Vgl § 1376 Anm 3.

1375 *Endvermögen.* I Endvermögen ist das Vermögen, das einem Ehegatten nach Abzug der Verbindlichkeiten bei der Beendigung des Güterstandes gehört. Die Verbindlichkeiten werden, wenn Dritte gemäß § 1390 in Anspruch genommen werden können, auch insoweit abgezogen, als sie die Höhe des Vermögens übersteigen.

II Dem Endvermögen eines Ehegatten wird der Betrag hinzugerechnet, um den dieses Vermögen dadurch vermindert ist, daß ein Ehegatte nach Eintritt des Güterstandes
1. unentgeltliche Zuwendungen gemacht hat, durch die er nicht einer sittlichen Pflicht oder einer auf den Anstand zu nehmenden Rücksicht entsprochen hat,
2. Vermögen verschwendet hat oder
3. Handlungen in der Absicht vorgenommen hat, den anderen Ehegatten zu benachteiligen.

III Der Betrag der Vermögensminderung wird dem Endvermögen nicht hinzugerechnet, wenn sie mindestens zehn Jahre vor Beendigung des Güterstandes eingetreten ist oder wenn der andere Ehegatte mit der unentgeltlichen Zuwendung oder der Verschwendung einverstanden gewesen ist.

1) Eingef dch GleichberG Art 1 Z 9. § 1375 bestimmt den Umfang des Endvermögens, als den and Rechngsfaktor, der zur Errechng des Zugew erforderl ist (§ 1373). Nachgieb Recht; ehevertragl kann das EndVerm anders bestimmt w (sa § 1374 Anm 1).

2) **Endvermögen, I 1,** ist das Vermögen, das einem Eheg bei Beendigg des Güterstandes gehört; Berechng § 1376 II. **Gegenstand des Zugewinns** ist mit Ausn v § 1374 II u dem, was in den VersorggsAusgl fällt (vgl § 1587 III), grdsätzl alles, was an Verm innerh der Ehezeit hinzuerworben ist: eine Lebensversicherg unterliegt dem ZugewAusgl auch dann, wenn sie zu dem Zweck abgeschl wurde, um den gesetzl AngestVersPfl befreit zu w (BGH **67**, 262); für die Zeit nach Inkrafttr des 1. EheRG (1. 7. 77) ist zu beachten, daß der ZugewAusgl nur noch für LebVersichergen auf Kapitalbasis erfolgt, währd solche auf Rentenbasis dem VersorggsAusgl (§§ 1587 III, 1587 a II Z 5) unterliegen. Weiterh unterliegen dem ZugewAusgl auch Anspr, so Bezüges eines Soldaten auf Zeit, die er bei seinem Ausscheiden als Übergangsbeihilfe u Übergangs-Geb erhält, soweit die Anwartsch währd der Ehe erworben ist (Brem NJW **71**, 1661; Nürnb MDR **77**, 577; aA Oldbg FamRZ **76**, 346 hins Übergangsgebühren gem SVG 11 sowie Hamm FamRZ **78**, 121 hins Übergangsbeihilfe gem SVG 12, sof Anwartsch bereits bei Eingeh der Ehe rechtl gesichert war); dagg nicht der Wert künft gesetzl Renten- u PensionsAnspr (vgl Krfld NJW **74**, 368), da sie dem VersorggsAusgl unterliegen (§ 1587 Anm 2a), ebsowenig LebVersichergen auf Rentenbasis (§ 1587 a II Z 5) im Ggs zu solchen auf Kapitalauszahlg, auch wenn zZw der Altersversorgg (Nürnb NJW **76**, 899). Die Verbindlkten sind abzuziehen, jedoch (wie sich aus I 2 ergibt) idR nur soweit, als AktivVerm vorh ist; das AnfVerm kann also grdsl äußerstenf 0 betragen, nicht passiv sein. Schulden bleiben mithin insof außer Betr, als sie das Aktivvermögen überschreiten (§ 1373 Anm 1 c). Unerhebl ist, ob im Endvermögen noch dieselben Ggstände od Ersatzstücke des Anfangsvermögens vorhanden sind, überh welches Schicksal dieses gehabt hat, § 1374 Anm 4, also auch ob es ganz verloren gegangen od sich vollst, den Ggständen u Werten nach, verändert hat. Bei Berechng des Zugewinns werden nur Werte, nicht Ggstände verglichen; auch das Endvermögen ist eine reine Rechngsgröße.

3) **Dem Endvermögen hinzurechnen, II,** sind folgende von einem Eheg nach Eintritt des Güterstandes eingetretene VermÄnderg, um zu verhindern, daß die Erzielg eines Zugewinns u damit ein Ausgl gg den andern Eheg vereitelt wird: **a) Unentgeltl Zuwendgen, II Z 1.** Dahin gehören nicht nur Schenkgen, sond auch Stiftgen, ferner Ausstattgen, insow sie übermäßig sind, vgl Einf 1 vor § 516 u §§ 516 Anm 2, 4, 1624 Anm 4. Schenkg kann auch bei Vertr zG Dritter vorliegen, § 516 Anm 1; gemischte Schenkg, § 516 Anm 7, ist nur mit dem als Schenkg anzusehenden Betrag hinzuzurechnen. Abfindungsklauseln in GesellschVertr, wonach beim Ausscheiden eines (Eheg)Gesellschafters u Fortsetzg der Gesellsch unter den übr eine Abfindg (§ 738 Anm 2 c) nur teilw oder überh nicht stattfinden soll, stellt nur dann eine unentgeltl Vfg zG der MitGesellschafter dar, wenn sie nicht für alle Gter gleich gilt (Erm-Bartholomeyczik § 1375 Rdn 8, § 1376 Rdn 6–10); dagg für vollen Schutz Heckelmann, Abfindungsklauseln in GesellschVertr (1973) mit Beginn der 10-J-Frist iSv III bei Ende des Güterstds (ebso Reuter JuS **71**, 289; differenziert Karsten Schmidt FamRZ **74**, 521). Schenkgen an den andern Eheg bleiben schon wg III außer Betr; zur Anrechng § 1380. Wird die Schenkg anläßl der Scheidg widerrufen, EheG 73, so kommt sie bei Rückgewähr in das Vermögen des Schenkers zurück, was sich auf seinen Zugew auswirkt, der bis dahin ohne Zurechnungsmöglichk verminderte. Keine Hinzurechng findet statt, wenn mit der unentgeltl Zuwendg einer sittl Pflicht oder einer auf den Anstand zu nehmden Rücks entsprochen wurde; s dazu §§ 534 Anm 2, 3, 1425 II. Einer solchen entspricht auch die aus Billigk gebotene Schenkg zur Wahrg des FamFriedens, vgl KG JW **36**, 393; hierher gehört auch die Ausstattg, sofern sie nicht übermäß ist. Hinzuzurechnen **b) was verschwendet wurde**; vgl § 6 Anm 3, **c)** Vermindergen durch **Handlgen, die in Benachteiliggsabsicht vorgenommen**

wurden, vgl auch § 2287 Anm 2 b; mehr als Vorsatz erforderl, RG **57**, 162. Muß als Erfolg gewollt, vgl Warn **29**, 165, braucht aber nicht ausschließ BewegGrd zu sein. Ausreich, daß Benachteilig vom Eheg erkannt u für den Fall des Eintritts der Benachteiligg des and Eheg gewollt ist (dolus eventualis); Erkenntn allein genügt nicht, RG **126**, 297.

4) Gemeinsames zu 3a–c, II, III. Schadensersatzforderg en auf Grund unerlaubter Handlg en, für die RegEntw I eine gleiche Regelg traf, fallen nicht unter II, müssen also von beiden Eheg getragen werden. Da Verbindlichkeiten vom EndVerm abzuziehen sind, I 1, genügt es für II, daß eine Verbindlichk nach Z 1–3 bei Beendigg des Güterstandes eingegangen ist; die Hinzurechng bewirkt jedoch, daß praktisch ein Abzug nicht stattfindet. Bestand eine solche Verbindlichk bereits bei Eintritt des Güterstandes (SchenkgsVerspr also in der Form des § 518, sonst II), wurde sie aber erst später erfüllt, so belastet sie nicht das End-, sond das Anfangsvermögen, § 1374 I, so daß II nicht zum Zuge kommt. Praktische Bedeutg von II aber gering, da, um die Gläub nicht zu benachteiligen, Höhe der AusglFdg durch den Wert des Vermögens begrenzt wird, und nach Abzug der vorhergehenden Verbindlichk vom 15000 ohne Deckg. Verhalten nach II gibt uUmst Klage auf vorzeitigen ZugewAusgl, § 1386 II; mit Rechtskr des Urteils tritt Gütertrenng ein, § 1388. Keine Hinzurechng, wenn Vermögensminderg mindestens 10 Jahre vor Beendigg des Güterst eingetreten ist. Da die Eingeh der Verbindlichk zur VermMinderg genügt, kommt es auf Zeitpkt der Eingeh an; die Erfüllg kann weniger als 10 Jahre zurückliegen. Auch keine Hinzurechng, wenn der andere Eheg mit der unentgeltl Zuwendg oder Verschwendg einverstanden war, III. **Beweispflichtig** für diese Tatsachen der Eheg, der sich darauf beruft.

5) Passives Endvermögen, I 2. Von dem Grds, daß die Schulden nur bis zur Höhe des Endvermögens abgezogen werden, Anm 2, macht I 2 eine Ausnahme, wenn ein Dritter vom benachteiligten Eheg in Anspr genommen w kann, weil dem Eheg gemäß § 1378 II eine AusglFdg nicht zusteht, § 1390. Es wäre folgendermaßen zu rechnen: Unterstellt AnfangsVerm 0. Bei Beendigg des Güterstandes Aktivvermögen 15000 DM, Schulden 20000 DM = Endvermögen – 5000 DM zuzügl 10000 unentgeltl Zuwendg = + 5000 DM. Die Hälfte ist die ausgefallene AusglFdg bei einem AnfangsVerm dieses u einem Zugewinn des geschädigten Eheg von 0; durch Zahlg von 2500 DM könnte also der Dritte eine Herausg des Erlangten abwenden, § 1390 I 2; vgl Zahlenbeispiele bei Maßfeller Betr **57**, 502.

1376 *Wertermittlung des Anfangs- und Endvermögens.* I Der Berechnung des Anfangsvermögens wird der Wert zugrunde gelegt, den das beim Eintritt des Güterstandes vorhandene Vermögen in diesem Zeitpunkt, das dem Anfangsvermögen hinzuzurechnende Vermögen im Zeitpunkt des Erwerbes hatte.

II Der Berechnung des Endvermögens wird der Wert zugrunde gelegt, den das bei Beendigung des Güterstandes vorhandene Vermögen in diesem Zeitpunkt, eine dem Endvermögen hinzuzurechnende Vermögensminderung in dem Zeitpunkt hatte, in dem sie eingetreten ist.

III Die vorstehenden Vorschriften gelten entsprechend für die Bewertung von Verbindlichkeiten.

IV Ein land- oder forstwirtschaftlicher Betrieb, der bei der Berechnung des Anfangsvermögens und des Endvermögens zu berücksichtigen ist, ist mit dem Ertragswert anzusetzen; die Vorschrift des § 2049 Abs. 2 ist anzuwenden.

Schrifttum: Buchwald BB **58**, 493; Fichtelmann NJW **72**, 2118 (zu § 10d EStG); Kohler NJW **63**, 225; Kröger BB **71**, 647; Müller-Freienfels, Festg f Nial 438; Stuby FamRZ **67**, 181; Thierfelder FamRZ **63**, 328; Lenzen BB **74**, 1050 (GesellschBeteiligg); v Maydell, Geldschuld u Geldwert, Mü 1974, S 306 ff; Bachmann, BewertgsGrdsätze, Diss Mainz 1970; Schlebusch, Probl der Bewertg, Diss Münst 1966; O. Werner DNotZ **78**, 66.

1) Allgemeines. Währd § 1373 den Begr des Zugew u §§ 1374f angeben, wie die Rechnungsgrößen Anfangs- u EndVerm gebildet werden, gibt § 1376 deren Bewertg an. Nachgieb Recht; Abänd bei Eintr od währd des Güterstdes dch EheVertr.

2) Grundsatz I–III. Die Bewertg erfolgt mit dem Wert, den die VermGgstände u die Verpflichtgen im Bewertungszeitpkt haben; maßgbd ist der **Verkehrswert** (Ausnahme IV), soweit sich die Eheg nicht auf einen bestimmten Wert des AnfangsVerm geeinigt haben, was zweckm ist, oder sich hins des EndVerm einigen. Geschieht das nicht, so kann sich der Kaufmann nicht auf den Buchwert, der GrdstEigtümer nicht den EinhWert berufen; auch die Steuerwerte nicht maßg. Keine Anerkenng stiller Reserven. Einzusetzen der Firmenwert. Beim Betrieb entscheidd also die AuseinandSWerte (vgl Buchwald BB **58**, 494). Bei einer Handelsvertretg kommt es darauf an, ob ihr Wert dch Übertr bzw Vererbg obj realisierb ist; bei alleiniger Nutzbark dch den Handelsvertreter gilt zugewinnmäß dasselbe wie für die Stellg eines unselbstd Erwerbstätigen, dessen Einkommensquelle ebenf unberücks bleibt (BGH **68**, 163). Ebso ist bei einem Vermessgs-IngBüro zu prüfen, ob überh ein innerer Wert (good will) angen w kann, u zwar aGrd der Feststellg, ob Praxisverkäufe vorkommen zu einem über dem Sachwert der Praxiseinrichtg liegden Preis u ob sie übl sind (BGH FamRZ **77**, 40). Auch bei kleineren HandwerksBetr (Bäckerei) darf nur dann in Wert angelegt w, wenn Betriebe der in Frage stehden Art als Ganzes veräußert u dabei Preise erzielt w, die über den reinen Substanzwert hinausgehen (BGH **70**, 224). Zu Abfindgsklauseln in GesellschVertr § 1375 Anm 3a. Bei der Bewertg v Heimstätten ist der obj Erwerbspreis (RHeimstG 15) anzusetzen; zu berücks also, daß Heimstätter in der freien Vfg ü dieses Eigt beschr ist, anderers kommt es auf die im Augenbl der Bewertg realisierb Veräußerbark nicht an, sond dann allenf Stundg gem § 1382 (BGH NJW **75**, 1021). Dauerrechte sind zu ka-

Bürgerliche Ehe. 6. Titel: Eheliches Güterrecht §§ 1376, 1377

pitalisieren, Versichergen mit dem Zeitwert anzusetzen. Bei bedingten Rechten § 2313, obwohl nicht genannt, entspr anzuwenden, Erman-Bartholomeyczik Anm 4, RGRK Anm 13, Gernhuber § 36 IV 5; vgl auch Müller-Freienfels Ehe u Recht S 204 (Versichergs- u PensionsAnspr), aM Maßfeller-Reinicke Anm 6 (Schätzwert). **Maßgebende Zeitpunkte** sind für das Anfangsvermögen, § 1374 I, der Eintritt des Güterstandes, § 1363 Anm 3, für die übergeleiteten Güterstände, § 1363 Anm 2, der 1. 7. 58, also das Inkrafttr des GleichberG, Art 8 I Z 3–5, erläut Grdz 5 vor § 1363; für dem AnfangsVerm zuzurechnendes Vermögen, § 1374 II, der Zeitpkt des Erwerbs. Diese Zeitpunkte sind auch für die Bewertg von Verbindlichkeiten, die das Anfangs- od das hinzuzurechnende Vermögen belasten, maßg; entscheidd also weder der Zeitpkt ihrer Entstehg noch ihrer Erfüllg. Fällt eine solche Verbindlichk später weg, zB durch Erlaß, so ändert das am AnfangsVermWert nichts. Schwebt hingg währd des Stichtages ein RStreit über die Verbindlichk u stellt sich später heraus, daß sie nie bestanden hat, so ist die bei Aufstellg des Anfangsvermögens, § 1377, angesetzte Verbindlichk zu streichen, so daß sich das Anfangsvermögen um diesen Posten erhöht; es ermäßigt sich, wenn sich später herausstellt, daß das AnfangsVerm mit einer Verbindlichk belastet war, die erst später erkannt od geltd gemacht wurde, eine Rückstellg aber nicht erfolgt war. Desgl kann Berichtigg von Verbindlichk Berichtigg des Anfangsvermögens ergeben, sofern nicht etwa echte Gewinne od Verluste vorliegen; denkbar dann auch, Verbindlichk für Zwecke der Anfangsbilanz zu einem geschätzten Wert anzusetzen, der als feste Rechngsgröße bestehen bleiben soll. Wegen der BewLast für die Größe des Anfangsvermögens § 1377 Anm 4. Für das Endvermögen maßgebender Zeitpunkt ist der der Beendigg des Güterstandes, § 1372 Anm 2. Wird er durch Scheidg od vorzeitig beendet, so gelten die früher liegenden Zeitpunkte der §§ 1384, 1387. Ist bei Berechng des Endvermögens eine Wertminderg ihm hinzuzurechnen, § 1375 II, so ist der Wert im Zeitpkt der Verminderg maßg. Wird aber zB die Schenkg bis zur Beendigg des Güterstandes widerrufen u zT zurückgewährt, so entfällt insoweit die Wertminderg, § 1374 Anm 3 c, ebso bei einer Wiedergutmachg im Falle des § 1375 II Z 3. Bei der Beendigg des Güterstandes vorhandene Verbindlichkeiten werden mit dem Wert in dem Zeitpunkt angesetzt, der für die Berechng des Endvermögens maßg ist. Beim aktiven Handelsvertreter ist der AusglAnspr gem HGB 89 b am Stichtag eine bl Chance u hat noch keinen VermWert (BGH 68, 163).

3) **Wertschwankungen.** Vgl zunächst § 1373 Anm 2 aE. Es handelt sich bei Anfangs- u EndVerm ledigl um für den Stichtag festgestellte Rechngsgrößen, vgl § 1373 Anm 1. Wird also das zum Anfangs-Verm eines Eheg gehörige Grdst währd des Güterstdes wertvoller, so ist das echter Wertzuwachs, also Zugew, der ggf zum Ausgl führt. Dagg ist die allein dch den Kaufkraftschwund des Geldes eingetretene nominale Wertsteigerg des AnfangsVerm nur **unechter Zugewinn,** der nicht auszugleichen ist, BGH 61, 385, Anm Herm Lange JZ 74, 295; Hamm FamRZ 73, 654; denn die Werterhöhg ist hier nur scheinb, näml die Folge davon, daß bei der Differenzrechng Anfangs- u EndVerm mit einem äußerl gleichen, in Wahrh aber unterschiedl Maßst bewertet w. Die ehel LebGemsch rechtfertigt es nicht, die im allg als VermVerlust zu verbuchde Geldentwertg zum Vorteil des insow dann ausgleichsberecht Eheg ausschließen zu lassen, aA Godin MDR 66, 722. Aus dem Prinzip des Nominalismus, § 245 Anm 2, folgt ledigl die Erfüllbark v GeldBetr- od Geldsummenschulden zum Nennwert in der gesetzl WährgsEinh, dagg nicht, daß ein erst später entstehder AusglAnspr zu einer Beteiligg an einem nicht währd des Güterstdes hinzugewonnen od veränderten Sachwert führt, BGH 61, 392. Die rechnerische Berücksichtigg des KaufkrSchwundes der DM erfolgt unter Heranziehg des statist Jahrbuchs für die BuRep Dtschl dadch, daß man nach der Formel „(Wert des AnfVerm bei Beginn des Güterstds × LebenshaltgsIndex zum Ztpkt der Beendigg des Güterstds) : LebenshIndex zZt des Beginns des Güterstds" den EinsatzBetr für das AnfangsVerm gewinnt, der dann von dem Wert des EndVerm abgezogen wird, den realen Zugew ergibt, BGH 61, 393; Gernhuber § 36 IV 6; krit Stuby FamRZ 67, 187; Beitzke § 14 IV 3 c, wg der Beziehg der Indexzahlen auf verbrauchb Güter. Vgl iü § 1381 Anm 2 d. Bei Berücks des KaufkrSchwundes sind nicht EinzelGgstde herausgreifb, sond ist auf das gesamte AnfVerm abzustellen (BGH WPM 75, 28). Nach Werner DNotZ 78, 71 ist zw den verschiedenen Formen der Werterhöhg nicht zu unterscheiden u daher ijF kein Zugew.

4) **Land- und forstwirtschaftlicher Betrieb, IV.** Abweichd vom Grds, Anm 2, wird dieser nicht mit dem Verkehrs-, sond dem Ertragswert angesetzt. Voraussetzg hierfür aber, daß dieser Betrieb sowohl beim Anfangs-, vgl auch § 1374 II, wie beim Endvermögen zu berücksichtigen ist. Er ist also – ggf nachträgl, § 1377 – für das AnfangsVerm mit dem Verkehrswert anzusetzen, wenn er währd des Güterstandes verkauft wurde. Wird zu einer bestehenden Landwirtsch ein Grdst dazu od ein solches abverkauft, so ist dieses Stück mit dem Verkehrswert anzusetzen, Maßfeller Betr **57,** 500, nicht der ganze Betrieb. Wegen Enmittlg des Ertragswertes § 2049 Anm 2.

1377 *Verzeichnis des Anfangsvermögens.*

I Haben die Ehegatten den Bestand und den Wert des einem Ehegatten gehörenden Anfangsvermögens und der diesem Vermögen hinzuzurechnenden Gegenstände gemeinsam in einem Verzeichnis festgestellt, so wird im Verhältnis der Ehegatten zueinander vermutet, daß das Verzeichnis richtig ist.

II Jeder Ehegatte kann verlangen, daß der andere Ehegatte bei der Aufnahme des Verzeichnisses mitwirkt. Auf die Aufnahme des Verzeichnisses sind die für den Nießbrauch geltenden Vorschriften des § 1035 anzuwenden. Jeder Ehegatte kann den Wert der Vermögensgegenstände und der Verbindlichkeiten auf seine Kosten durch Sachverständige feststellen lassen.

III Soweit kein Verzeichnis aufgenommen ist, wird vermutet, daß das Endvermögen eines Ehegatten seinen Zugewinn darstellt.

Vorbem. Neu, GleichberG Art 1 Z 9.

1) **Allgemeines.** Da seit Beginn des Güterstandes idR längere Zeit verstrichen sein wird, erleichtert § 1377 die Feststellg des Ausgangspunktes für die Berechng des Zugewinns, indem er Beweiserleichterngen an die Aufstellg eines Inventars knüpft; die Aufnahme eines derartigen Verzeichnisses also empfehlenswert, vgl auch Anm 4. Aber keine Verpflichtg zu seiner Aufstellg. Gesetz überläßt es vielm den Eheg, ob sie

sich ggseitig über den Bestand ihres AnfangsVerm Ausk geben wollen. Eine solche Verpflichtg besteht auch nicht währd des Bestehens des Güterstandes, da das zu einer Quelle von Streitigk werden könnte, sond erst nach seiner Beendigg, § 1379 S 1. Wohl kann uU aber die Verweigerg der Unterrrichtg über den Bestand des Vermögens Klage auf vorzeitigen ZugewAusgl zur Folge haben, § 1386 III.

2) Inhalt des Verzeichnisses, I, soll denBestand u den Wert des Anfangsvermögens, §§ 1374 I, 1376 I, also auch die Angabe der Verbindlichk enthalten; desgl die dem Vermögen hinzuzurechnenden Ggstände, § 1374 II, u deren Wert zZ des Erwerbs, § 1376 I.

3) Die Aufnahme des Verzeichnisses, II. Es ist, damit es Wirkg für die spätere Berechng des Zugewinns hat, Anm 4, gemeinsam aufzustellen. Jeder Eheg kann die Mitwirkg des anderen verlangen; notf im Prozeßwege, ZPO 888 I, jedoch muß die MitwirkgsPfl auch dann als erfüllt angesehen w, wenn der andere Eheg Vorbehalte macht, die mit Rücks auf die spätere Benutzg des Verzeichnisses zweckmäßigerw zu begründen sind, Buchwald BB **58**, 493. Zur Mitwirkg genügt nicht Übersendg eines solchen Verzeichnisses an den anderen Eheg od Vorlage; die Eheg od ihre Bevollmächtigten müssen vielm persönl zusammenkommen, auf Verlangen muß das Vermögen in seinen einzelnen Vermögensteilen nachgewiesen und das Verzeichnis unter Angabe des Tages von beiden Teilen unterzeichnet werden, RG **126**, 106. Auch öff Beglaubigg der Unterzeichng kann verlangt werden, § 129 Anm 1. Jeder Eheg, also auch der andere, kann verlangen, daß das Verzeichnis durch die zust Behörde, den zust Beamten od Notar aufgenommen wird, § 1035. Jeder Eheg kann auf seine Kosten den Wert der VermGgstände und Verbindlichk unter Beachtg von § 1376 durch Sachverst feststellen lassen; er hat auch die Kosten vorzuschießen. Erwirbt ein Eheg Verm, das dem AnfangsVerm zuzurechnen ist, § 1374 II, Ergänzg des Verzeichnisses zweckmäßig, um III auch insof zu vermeiden.

4) Wirkung, I, III. Die Aufstellg eines solchen Verzeichnisses bewirkt, daß im Verhältnis der Eheg zueinander seine Richtigk bis zum Beweise des Ggteils durch den bestreitenden Eheg vermutet wird, I; die Eheg können aber auch vereinbaren, daß von der vorgenommenen Bewertg ausgegangen werden soll, eine andere ausgeschl wird, so daß dann der Beweis der Unrichtigk, soweit diese Erkl nicht etwa wg §§ 119 ff anfechtbar ist, entfällt. Ist kein Verzeichnis aufgenommen, so wird, solange GgBeweis nicht geführt, vermutet, daß ein AnfangsVerm nicht vorhanden war, die gesamte EndVerm eines Eheg also sein Zugewinn ist, III. Es genügt dann bei der AuseinandS für die Begründg der AusglFdg die Darlegg des Endvermögens des anderen Eheg, die der fordernde Eheg gemäß § 1379 durchsetzen kann, und die des eigenen Zugewinnes. Es empfiehlt sich also, daß alle Eheg, die seit dem 1. 7. 58 im gesetzl Güterstd leben, für diesen Tag ein AnfangsVerm aufstellen od es schleunigst nachholen.

1378 *Ausgleichsforderung.* **I** Übersteigt der Zugewinn des einen Ehegatten den Zugewinn des anderen, so steht die Hälfte des Überschusses dem anderen Ehegatten als Ausgleichsforderung zu.

II Die Höhe der Ausgleichsforderung wird durch den Wert des Vermögens begrenzt, das nach Abzug der Verbindlichkeiten bei Beendigung des Güterstandes vorhanden ist.

III Die Ausgleichsforderung entsteht mit der Beendigung des Güterstandes und ist von diesem Zeitpunkt an vererblich und übertragbar. Eine Vereinbarung, die die Ehegatten während eines Verfahrens, das auf die Auflösung der Ehe gerichtet ist, für den Fall der Auflösung der Ehe über den Ausgleich des Zugewinns treffen, bedarf der notariellen Beurkundung; § 127a findet auch auf eine Vereinbarung Anwendung, die in einem Verfahren in Ehesachen vor dem Prozeßgericht protokolliert wird. Im übrigen kann sich kein Ehegatte vor der Beendigung des Güterstandes verpflichten, über die Ausgleichsforderung zu verfügen.

IV Die Ausgleichsforderung verjährt in drei Jahren; die Frist beginnt mit dem Zeitpunkt, in dem der Ehegatte erfährt, daß der Güterstand beendet ist. Die Forderung verjährt jedoch spätestens dreißig Jahre nach der Beendigung des Güterstandes. Endet der Güterstand durch den Tod eines Ehegatten, so sind im übrigen die Vorschriften anzuwenden, die für die Verjährung eines Pflichtteilsanspruchs gelten.

Schrifttum: Bärmann AcP **157**, 171; Harms FamRZ **66**, 585; Reinicke Betr **60**, 1267; Thiele FamRZ **58**, 395; Behrens MDR **78**, 194 (Auswirkg auf EinkSteuer).

1) GleichbergG Art 1 Z 9; III 1. EheRG Art 1 Z 8. Wird der Güterstd auf and Weise als dch Tod beendet, § 1372, od kommt bei Beendigg dch Tod die güterrechtl Lösg in Betr, § 1371 Anm 4, so w der Zugew jedes Eheg berechnet, §§ 1373 ff, u der Betr, um den der Zugew eines Eheg den des and übersteigt, dch Beteiligg des and am Überschuß dem and zugewinnden Eheg ausgeglichen, **I**. Die Ursache f den höheren Zugew ist ohne Belang, da der Ausgl in der LebGemsch seinen Grd hat; berufl MitArb u hausfraul Tätigk stehen gleich; desh Ausgl auch bei unentgeltl MitArb der Frau, § 1356, bei Arb des Mannes auf dem Hof seiner Mutter, BGH NJW **66**, 2111. Eine dingl Beteiligg findet im Ggsatz zur erbrechtl Lösg, nicht statt; auf den Ausgl besteht lediglich eine **auf Geld gerichtete persönl Forderg**. Daran ändert auch § 1383 nichts, wonach auf Antr das VormschG best Ggstde in Anrechng auf die AusglFdg übertragen k. Das Interesse an der Übertr v Sachen ist genügd dch die ggständl Teilg des **Hausrats** gewahrt, HausratsVO 8 ff. Die AusglFdg **entsteht** erst mit Beendigg des Güterstd, § 1372 Anm 2. Vor diesem Ztpkt sind Vfgen darü od entspr Verpfl dazu, auch aufschieb bedingte, nichtig, § 134, **III**; vgl aber Anm 4a u b. Beendigg des Güterstd macht die AusglFdg ferner vererbl u übertragb, III, währd Pfändbk entgg ZPO 851 beschränkt bleibt, ZPO 852 II. Die AusglFdg ist **sofort fällig**, § 271 I, kann jedoch auf Antr dch FamG gestundet w, § 1382. Sie ist konkursrechtl nicht bevorzugt, KO 61 Z 6; für ZwangsVergl KO 183, VerglO 75. Umgek geht sie aber auch nicht den gewöhnl NachlFdgen nach, Reinicke Betr **60**, 1269, hat also auch nicht den schlechteren Rang des PflichttAnspr, KO 226 II Z 4. Wg § 1372 haben iF des Todes des sonst AusglBerecht dessen Erben keine AusglFdg, aA Bärmann AcP **157**, 172 ff.

2) Höhe der Ausgleichsforderg. Die AusglFdg beträgt nach I iVm den Vorschr ü Anfangs- u EndVerm (§§ 1374–1376), wonach der Zugew zunächst f jeden Eheg getrennt festzustellen ist, die Hälfte des Zugew-Überschusses des Ehg. Diese starre Lösg ist als Ausgl gewählt w, daß Eheg mittelb auch an dem Verlust des and beteiligt sind, §§ 1374 Anm 2 u 4, 1376 Anm 3. Wg Ausgl v Härten hins der Höhe § 1381, Stundg § 1382. Um die Gläub des and Eheg z schützen, kann die AusglFdg nie höher sein als die zur Vfg stehde Aktivmasse des ausglpflichtigen Eheg, **II**. Die Gläub gehen der Fdg vor. Das w prakt iFv § 1375 II, wenn der EndVerm der Betr zugerechn wird, um den das Verm verringert w ist; Bsp § 1375 Anm 4. Für die ausgefallene AusglFdg kann sich der berecht Eheg iFv § 1390 gg den Dritten Ersatz verschaffen, § 1375 Anm 5. ZahlenBspe bei Reinicke BB **57**, 760.

3) Verjährg, **IV**, in Anlehng an § 2332; wg Einzelh dorts Anm 2. Zur Beschleunigg der Abwicklg u wg Gefahr unvermeidb BerechngsSchwierigk nach längerer Zeit ist die VerjFrist auf **3 Jahre** bemessen. Sie beginnt mit dem Ztpkt, in dem Eheg von der Beendigg des Güterstd erfährt. Bei Beendigg dch Scheidg u gleichstehden Fällen, § 1372 Anm 2, sowie bei Erwirkg eines Urt auf vorzeit Ausgl, § 1388, entscheid also, wann berecht Eheg v rechtskr Urt Kenntn erlangt. Mündl Mitteilg genügt. Ebso RechtsMVerzicht in Anwesenh der Parteien (Celle FamRZ **78**, 414). Nicht notw Kenntn v der AusglBerechtigg; hierv wird sich Eheg vielm sof gem § 1379 die erforderl Kenntn verschaffen müssen. Ohne Kenntn verj die Fdg in 30 J seit Beendigg des Güterstd. Für Unterbrechg u Hemmg gelten die allg Vorschr, §§ 202 ff; mithin Hemmg dch Stundg, §§ 1382, 202 I, od bei vorzeit Ausgl, §§ 1385 ff, solange Ehe besteht, § 204. Unterbrechg dch Anerkennng, die auch in der Erteilg der Auskunft nach § 1379 liegen k, nicht dagg dch Erhebg der AuskKl, vgl RG **115**, 27; also StufenKl, ZPO 254, erforderl. Zu den Erfordern der demnächst Zustellg iSv ZPO 261 b III aF = 270 III nF Celle FamRZ **78**, 414. Wird Güterstd dch Tod beendet u wählt der überl Eheg die güterrechtl Lösg, § 1371 Anm 4, so gelten außerd auch die VerjVorschr ü den PflichtAnspr entspr, **IV** 3. Zur Kenntn v der Beendigg des Güterstd, dh dem Tod des and Eheg, muß also ggf auch die v der letztw Vfg hinzukommen, § 2332 I, dch die der Überl enterbt od zur Ausschlagg veranlaßt w. Keine VerjHemmg dadch, daß AusglFdg nicht nach Ausschlagg gelten gemacht w kann k, § 2332 III. Steht dem Bekl nicht nur als AusglBerecht, sond auch als AusglPflichtigem ein Anspr gg den Kl auf AuskErteilg ü das EndVerm zu, so kann diesem Anspr die Verj seiner eig AusglFdg nicht enttgstehen, Mü NJW **69**, 881.

4) Vertragl Abänderg. Zwingend ist II, Anm 2; ferner wg § 225 keine Erschwerg der Verj der Ausgl-Fdg IV. **a)** Vor Beginn u **vor Beendigg des Güterstandes** ist die gesetzl Regelg des § 1378 dch formgebundenen EheVertr abänderb, §§ 1408, 1410. Darin kann der ZugewAusgl ganz ausgeschl w, dann gilt Gütertrenng, § 1414; ob Aufrechterhaltg lediql der §§ 1365 ff zul ist str, vgl Soergel-Gaul § 1408 Rdn 18. Dagg kann die Beteiliggsquote herauf- od herabgesetzt w. Zul also statt der Hälfte geringerer Teil des Überschusses, Ausschl der Überschreitg eines best HöchstBetr, best Quote des Überschusses vorab u für den Rest hälft Teilg, Ausschl bestimmter VermMassen v der AusglPfl uä. Unberührt bleibt erbrechtl Regelg, § 1371 I, Knur DNotZ **57**, 473. Nichtigk gem § 310 od Wertgsanalogie, Maßfeller Betr **57**, 738, Gernh § 32 III 9, scheidet aus, weil § 1408 lex specials, ähnl Dölle § 61 V, Erm-Bartholomeyczik 9. Aber mögl Nichtigk einer auf Erhöhg der AusglQuote gerichteten Vereinbg, wenn Gläub eines Eheg od dessen erbberecht Verwandte benachteiligt w (§ 138 I. IdR aber keine GläubAnfechtg des Ändergs-, sond allenf des nachfolgden AuseinandSVertr, vgl BGH **57**, 126. – **b)** Auch Abänderngn **anläßlich des Ehescheidgsverfahrens** sind grdsätzl zul, bedürfen aber seit dem 1. EheRG ebenf der not Beurk bzw iRv § 127 a der Aufn der Erkl in das gerichtl VerglProt, **III** 2. Damit ist der Tendenz, ScheidgsVereinbgn ü die vermrechtl AuseinandS nicht unnöt u erschweren, Rechng getragen; ein Bedürfn, darüber hinaus forml Vereinbgn ü den ZugewAusgl zuzulassen, wird entgg BGH **54**, 38 nicht mehr anerk (BR-Drucks 266/1/71 S 8f). Ein unwirksamer privatschriftl Verzicht auf den ZugewAusgl wird auch nicht über § 242 desh wirks, weil RechtsmittelVerz gg das ScheidgsUrt nur mRücks auf den ZugewAusglVerz ausgesprochen wurde (vgl BGH FamRZ **77**, 37). Iü droht bei Übervorteilg nach wie vor Nichtigk n § 138 II bzw bei mangelnd vorheriger Unterrichtg Anfechtg n § 123 (BGH **54**, 43). – **c) Nach Beendigg des Güterstandes** kann über den AusglAnspr nach allg Vorschr verfügt w. Die früh Ehel können anläßl des Ausgl formlos jede Art Vereinbg ü den Ausgl treffen. Einschränkg in II, vgl Anm 2. Verzicht erfordert Vertr, § 397, in dem ggf eine n § 528 rückforderb Schenkg liegt, Gernhuber § 36 V 4.

1379 *Auskunftspflicht bei Beendigung des Güterstandes.* [I] Nach der Beendigung des Güterstandes ist jeder Ehegatte verpflichtet, dem anderen Ehegatten über den Bestand seines Endvermögens Auskunft zu erteilen. Jeder Ehegatte kann verlangen, daß er bei der Aufnahme des ihm nach § 260 vorzulegenden Verzeichnisses zugezogen und daß der Wert der Vermögensgegenstände und der Verbindlichkeiten ermittelt wird. Er kann auch verlangen, daß das Verzeichnis auf seine Kosten durch die zuständige Behörde oder durch einen zuständigen Beamten oder Notar aufgenommen wird.

[II] Hat ein Ehegatte die Scheidung beantragt oder Klage auf Aufhebung oder Nichtigerklärung der Ehe erhoben, gilt Absatz 1 entsprechend.

1) Neu dch GleichberG Art 1 Z 9; II eingef dch 1. EheRG Art 1 Z 9. Kein AuskR (auch nicht in Analogie, Düss OLGZ **65**, 271) hins des AnfangsVerm, da dieses von jedem Eheg nachgewiesen w muß, sofern keine Aufstellg gemacht w ist (vgl § 1377). Um aber eine evtl AusglFdg berechnen zu können, bedarf jeder Eheg der Kenntn des EndVerm des anderen. Nur insofern ist mit dem gesetzl Güterstd eine OffenbarsPfl hins des eig Verm verbunden. Zuständ für AuskftsKl das **FamG**. Beschw gg Festsetzg eines Zwangsgeldes zur Erzwingg der Auskft gem ZPO 888 zum FamSen des OLG (Düss FamRZ **78**, 129).

2) Auskunftspflicht besteht für beide Eheg wechselseit nach Beendigg des Güterstds u, um über Scheidg u Scheidgsfolgen einheitl u gleichzeit entscheiden z können (BR-Drucks 266/1/71 S 9), nach ScheidgsAntr bzw Kl auf EheAufhebg od -NichtigErkl, **II**. AuskftsPfl besteht auch dann, wenn ein R besteht, die AusglFdg gem § 1381 zu verweigern (BGH **44**, 163), u auch nach schwersten Eheverfehlgn

(Nürnb FamRZ **64**, 440), entfällt jedoch dann, wenn dem Verlangden ganz klar erkennb, daß kein Zugew erzielt wurde (Mü NJW **69**, 881), nicht jedoch schon aGrd kurzer Dauer der Ehe od weil Gemsch nicht in vollem Umfang hergestellt w konnte (BGH NJW **72**, 433). **a) Umfang:** Die Angaben iR dieser allg AuskftsPfl müssen so bestimmt sein, daß der and Eheg die VermWerte ungefähr selbst ermitteln kann (Celle NJW **75**, 1568). Die geschuldete Auskft muß eine ordngsmäß Zusammenstell des EndVerm (Aktiva u Passiva) sein, daß daraus die ZugewAusglFdg errechnet w kann (Hamm FamRZ **76**, 631); dagg keine Angaben über einz VermTransaktionen, bei Aufklärgsweigerg dann aber ggf eidesstattl Bekräftig der vorgelegten Verzeichn (BGH FamRZ **76**, 516). **b)** Davon zu unterscheiden ist das zusätzl R der **Wertermittlg** iSv I 2: Die Eheg haben sich ein BestandsVerzeichn vorzulegen (§ 260 I), das auch die Werte u Verbindlichk (§ 1376 II, III) enthält, die erforderlichenf unter Heranziehg v Sachverst zu ermitteln sind. Die Kosten hierfür trägt entspr § 1377 II der die Beiziehg Veranlassde (KG FamRZ **74**, 91); dagg trägt *(arg e contrario)* in allen und Fällen, in denen eine Wertfeststellg dch Sachverst nicht verlangt w, die Kosten der Auskft der dazu Verpflichtete (BGH **64**, 63). Der and Eheg kann verlangen, bei Anfertig des Verzeichn (auch nachträgl) zugezogen zu werden, ferner (außer bei geringer Bedeutg) Abgabe einer eidesstattl Vers, wenn Grd zu der Ann besteht, daß das Verzeichn nicht mit der erforderl Sorgf aufgestellt ist (§ 260 II, III). Vgl iü die Anm zu dem entspr § 2314. Wg der Aufn des Verzeichn dch Notar od zust Beamten § 1377 Anm 3. Erfüllt der and Eheg seine Verpfl nicht, so Stufenklage (ZPO 254), die auch wg Unterbrechg der Verjährg zweckm (§ 1378 Anm 3); sa §§ 259–261 Anm 4 a, 6.

1380 *Anrechnung von Vorausempfängen.* I Auf die Ausgleichsforderung eines Ehegatten wird angerechnet, was ihm von dem anderen Ehegatten durch Rechtsgeschäft unter Lebenden mit der Bestimmung zugewendet ist, daß es auf die Ausgleichsforderung angerechnet werden soll. Im Zweifel ist anzunehmen, daß Zuwendungen angerechnet werden sollen, wenn ihr Wert den Wert von Gelegenheitsgeschenken übersteigt, die nach den Lebensverhältnissen der Ehegatten üblich sind.

II Der Wert der Zuwendung wird bei der Berechnung der Ausgleichsforderung dem Zugewinn des Ehegatten hinzugerechnet, der die Zuwendung gemacht hat. Der Wert bestimmt sich nach dem Zeitpunkt der Zuwendung.

Vorbem. Neu, GleichberG Art 1 Z 9.

1) Allgemeines. Zuwendgen zwischen Eheg, die über den Wert von GelegenhGeschenken hinausgehen, erfolgen meist, um den anderen Eheg sicherzustellen; sie werden im allg dem AnfangsVerm des anderen Eheg zuzurechnen sein, § 1374 II. IdR stellen sie die vorweggenommene Erfüllg einer etwa gegebenen AusglFdg dar. Würden sie bei Berechnung der Zugewinne nicht berücksichtigt, so erhielte der begünstigte Eheg neben der Zuwendg die ungekürzte AusglFdg. Eine Anrechnung erfolgt, außer wenn der Güterstd durch Tod beendigt ist u die erbrechtl Lösg eintritt, § 1371 Anm 2, od es nicht bestimmt ist, auch nicht I 2 eingreift. Die Zuwendgen müssen zw Eheg erfolgt sein, also nicht zw Verlobten, auch nicht unter einem and Güterstd gemacht worden sein, Staud-Felgenträger, Rdn 11, 12, insb also nicht vor Beginn des gesetzl, aM RGRK Anm 10.

2) Die Anrechng, I. Anrechnungspflichtig sind entspr dem Zweck der Vorschr nur unentgeltl Zuwendgen unter Lebenden, wobei unerhebl, ob sie aus dem Anfangsvermögen, § 1374 Anm 2, 3, od dem Zugew stammen, u nur dann, wenn vor od bei der Zuwendg durch einseitige, empfangsbedürftige Erkl die Anrechng bestimmt wurde; spätere Bestimmg erfordert das Einverständn beider Eheg. Ist eine solche Bestimmg nicht getroffen, so erfolgt bis zum Beweis des ggteiligen Willens des zuwendenden Eheg die Anrechng, I 2, vgl auch Motzke NJW **71**, 182. Ausgenommen von der Anrechng Gelegenheitsgeschenke, die den Wert von nach den Lebensverhältnissen der Eheg übl Geschenken nicht übersteigen, also Geburtstags-, Weihnachtsgeschenke u dgl; für Höhe obj Maßstab entspr Eheg u ihren Verhältnissen. Nicht gleichbedeutend mit das übl Maß übersteigenden Geschenken überh, FamRAusschußBer S 12; denn darunter kann in begüterten Kreisen auch eine Lebensversicherg, eine kostbare Zimmereinrichtg fallen; sie ist jedoch kein GelegenhGeschenk, also anzurechnen.

3) Die Anrechngsweise, II; s auch Brüning NJW **71**, 922. Sie erfolgt entspr § 2315 II durch Zurechng des zugewendeten Betrages (handelt es sich um ein Grdst, der Wert zZ der Schenkg des Grdst) zum Zugew des Zuwendenden; von einem sich so ergebenden ausgleichspflichtigen Zugew wird die Zuwendg auf die Hälfte des begünstigten Eheg angerechnet. Beispiel: Zuwendgen von 10000 DM an Ehefr, die ohne Zugewinn ist; hat der Mann Anfangsvermögen von 40000 DM und Zugewinn von 20000 DM, so sind diesem 10000DM zuzusetzen; Ausgleich also nach einem Mannszugewinn von 30000 DM, so daß Ehefrau 15000 DM — 10000 DM Anrechng = 5000 DM erhält. Der Wert der Zuwendg ist mit dem Wert zZ ihrer Hingabe anzusetzen, II 2, vgl auch § 1376 I, über den sich die Eheg anläßt der Hingabe auch geeinigt haben können, was dann zweckmäßigerw in einem Verzeichnis niederzulegen ist, § 1377 I.

1381 *Leistungsverweigerung wegen grober Unbilligkeit.* I Der Schuldner kann die Erfüllung der Ausgleichsforderung verweigern, soweit der Ausgleich des Zugewinns nach den Umständen des Falles grob unbillig wäre.

II Grobe Unbilligkeit kann insbesondere dann vorliegen, wenn der Ehegatte, der den geringeren Zugewinn erzielt hat, längere Zeit hindurch die wirtschaftlichen Verpflichtungen, die sich aus dem ehelichen Verhältnis ergeben, schuldhaft nicht erfüllt hat.

Schrifttum: v Godin MDR **66**, 722; Kleinheyer FamRZ **57**, 283; Koeniger DRiZ **59**, 80; Thiele JZ **60**, 394.

1) Allgemeines. Neu dch GleichberG Art 1 Z 9. § 1378 I bestimmt als AusglAnteil des and Eheg am überschießden Zugew des ausglpfl Eheg starr die Hälfte, da dies der SchicksalsGemsch am besten entspricht, eine Festsetzg dch den Richter bei Uneinigk über die Höhe eine Quelle v Streitigk wäre u den Richter vor eine schwer lösb Aufg stellen würde. Diese Lösg kann aber in manchen Fällen einem gerechten Ausgl grob widersprechen. Für sie gibt § 1381 ein VerweigsR, dh eine dauernde **Einrede** gg die AusglFdg, nicht aber gg die AuskPfl, § 1379 Anm 2, BGH FamRZ **65**, 554. Voraussetzg ist, daß die Dchsetzg der AusglFdg ein grob unbill Ergebn brächte, Anm 2. Schwier Zahlglage reicht nicht aus; dafür kommt Stundg in Betr, § 1382. Die Rechtsfolge ist die Herabsetzg („soweit") od der gänzl Ausschl der AusglFdg. Abbedingg v § 1381 dch EheVertr unzul, Erm-Bartholomeyczik 6, aM Beitzke § 14 V, zul aber Verzicht auf die entstandene Einr, vgl § 1378 III. Bei Beendigg der ZugewGemsch dch Tod steht LeistgsVerweigR iFv § 1371 II u III dem Erben zu.

2) Voraussetzg für das Verweigersrecht ist **grobe Unbilligk** des ZugewAusgl. Die Gewährg der dem and Eheg zustehden Hälfte muß in vollem Umfang od zT dem GerechtigkEmpfinden in unerträgl Weise widersprechen, was nur in AusnFällen zutrifft u genaue Prüfg sämtl Umst erforderl macht. Der BGH stellt die von ihm formulierten Sondertatbestde im konkreten Fall sachverhaltsmäß oft selbst wieder in Frage, vgl BGH **46**, 343, NJW **70**, 1600. § 1381 schafft keine allg Korrekturmöglk, die in § 1378 I getroffene starre Regelg in individuell zu findde Lösgen zurückzuverwandeln, so daß auch das dch bes Tüchtigk Erworbene auszugleichen ist. Eine Typisierg ist wünschenswert, aber nicht dchführb in Anknüpfg an dem ZugewAusgl fremde GesPkte wie ScheidgsTatbestde, Kleinheyer FamRZ **57**, 283, od gar § 242, Thiele JZ **60**, 394. Vor allem jedoch darf sie nicht daran hindern, stets sämtl Umst des einz Falles z berücks. Eheverfehlngen sind nicht mehr zu berücks, wenn die Ehe im Einverständn beider Eheg ohne Klärg der Schuldfrage bei beiderseit gleicher Schuld gesch w ist (BGH FamRZ **77**, 38). **a)** Ein Bsp f grobe Unbilligk gibt **II**; der Eheg, der den geringeren Zugew hat, soll bei eigener, länger andauernder **schuldhafter Nichterfüllg seiner wirtschaftl Verpflichtgen,** die sich aus der Ehe ergaben, nicht auch noch Anspr auf ZugewAusgl haben. Ist der Mann schuldh seiner Arbeit nicht nachgegangen, hat er nicht genügd f Unterh gesorgt od hat er trotz ausr Verdienst nicht seinen Teil zum FamUnterh beigesteuert, einen übergroßen Teil f sich verbraucht, u hat umgk die Frau f die Fam gesorgt u Rücklagen aus ihrer Arb machen können, die sie vielleicht nur desh aufgen h, so hat der Mann keinen Anspr auf einen Teil v ihnen. Hat anderers die Frau ihre HaushPfl nicht erfüllt, § 1356 I 1, od sich ihrer MitArbPfl entzogen, § 1356 II, so gilt das gleiche, vgl § 1360 S 2. Hat sie den Haush schuldh nur unzureich versehen, so wird jedenf der volle Ausgl unbill sein. Wg Klage auf vorzeit Ausgl in diesem Fall § 1386 I. – **b)** Jegl **schuldhafte Beeinflussg der Vermögenslage** zu Lasten des ausglpfl Eheg, insb also die Tatbestde v § 1375 II Z 2 u 3, soweit die Zurechng zum EndVerm zB wg Nichtberechenbark der Summen unterblieb, od and den Zugew beeinträchtigde Eheverfehlngen, Verzögerg der ScheidgsKl über den Ztpkt des eigtl ZugewEintr hinaus, LG Fbg FamRZ **63**, 647, aM Nürnb FamRZ **64**, 440. Auch schuldh VermVerluste können einen VerweigR begründen, insb bei leichtsinn GeschGebaren des AusglBerecht selbst. Dagg begründet § 1381 nicht schon der Konk als solcher; sa § 1386 Anm 1. Unbilligk jedoch mögl, wenn ein Eheg alles Erworbene ausgegeben, der and Eheg aber stets gespart h, Maßfeller-Reinicke Anm 7. – **c)** Sonstige **grobe Pflichtverletzgen ggü dem anderen Eheg,** soweit sie einen gewissen Bezug zum Verm aufweisen, zB Berücks der Kosten des Ehescheidgs- u AnfechtgsProz, Bosch FamRZ **66**, 565, ferner bei Erbunwürdigk, § 2339, od wenn ein Eheg dch pflichtwidr Verhalten den and Eheg zur Erhebg der ScheidgsKl bestimmt, um günst ZugewAusgl zu erzielen (BGH **46**, 352); ferner Inanspruchn des Eheg auf Unterh für das Ehebruchskind, dessen Ehelk später erfolgr angefochten w ist (Hamm FamRZ **76**, 633). Ehewidr Verh ausschließl auf nicht wirtsch Gebiet reicht nach dem GrdGedanken des ZugewAusgl nicht aus; § 1381 ist nicht als Scheidgsstrafe gedacht, Gernhuber § 36 V 6. And die Rspr, die bei grobe u über längere Zeit erstreckte rein persönl PflVerstöße, zB jahrel schw Ehebr od Verschw vorehel GeschlechtsVerk mit Vater des Ehem, AG Schweinf NJW **73**, 1506, uU genügen lassen will, BGH **46**, 352. Auf jeden Fall wäre dann umgek z berücks, wenn der Ehebrecher den Zugew des and Eheg unmittelb, § 1356 II, od mittelb miterarbeitet h. – **d) Unechter Zugewinn,** dh der scheinb Zugew aGrd der Geldentwertg ist iGgs zur 33. Aufl sowie Reinicke BB **57**, 763; Soergel-Lange § 1376 Rn 9; Mü NJW **68**, 798, kein Anwendgsfall v § 1381, da der KaufkrSchwund ein wirtschaftl Sachverh von universaler Bedeutg ist, BGH **61**, 390; sa § 1376 Anm 3. – **e)** Einen VerweigGrd kann dagg die **eigene Versorggslage des AusglPflichtigen** liefern, da der ZugewAusgl auch dem Sicherstellg des Eheg dienen soll. Ausgl des Zugew kann danach unterbleiben, wenn der Schuldn dch Zahlg soweit dem AusglGläub unterhaltsberecht wird u seine unterhaltsrechtl VersorggsLage auf die Dauer in Frage gestellt würde; eine solche Überschreitg der Opfergrenze ist ihm nicht zumutb, wenn umgek die VersorggsLage des AusglGläub bei Nichterfüllg der AusglFdg ungefährdet bleibt, BGH NJW **73**, 749. Negative Voraussetzg: Die Herabsetzg od Stundg od beides zu würden nicht genügen, um dch die Befriedigg des AusglAnspr eintretde Gefährdg der wirtsch Existenz des Schuldn zu vermeiden, BGH NJW **70**, 1600. – **f)** Grdsl können auch überobligationsmäß **MehrLeistgen** des AusglSchuldners **währd der Ehe** grobe Unbilligk begründen, so zB wenn währd relativ kurzfr ZusLeben der Ehel der AusglBerecht wirtschaftl kaum etwas beiträgt, aus dem Verm des and Eheg fabrikneue PKWs finanziert bekommt u sich um gemeins krankes Kind unzureich gekümmert hat, LG Wiesbaden FamRZ **73**, 658. Dagg gleichen sich Leistgen ggü den vorehel Kindern des and Eheg ggseit aus, Hamm FamRZ **73**, 656.

3) Verfahrensrechtliches. Bekl muß sich ggü der AusglKl auf VerweigR berufen (Einrede!) u Vorliegen v VerweigGrden, Anm 2, beweisen. Zul aber auch, § 1381 iW negat FeststellgsKl, ZPO 256, geltd z machen. Es entsch das FamG. Bei ZugewAusgl in Unkenntn des LeistgVR § 813 I 1, Soergel-Herm Lange § 21.

1382 *Stundung der Ausgleichsforderung.* **I** Das Familiengericht kann eine Ausgleichsforderung, soweit sie vom Schuldner nicht bestritten wird, auf Antrag stunden, wenn die sofortige Zahlung den Schuldner besonders hart treffen würde und dem Gläubiger eine Stundung zugemutet werden kann.

II Eine gestundete Forderung hat der Schuldner zu verzinsen.

§ 1382

III Das Familiengericht kann auf Antrag anordnen, daß der Schuldner für eine gestundete Forderung Sicherheit zu leisten hat.

IV Über die Höhe der Verzinsung und über Art und Umfang der Sicherheitsleistung entscheidet das Familiengericht nach billigem Ermessen.

V Soweit über die Ausgleichsforderung ein Rechtsstreit anhängig wird, kann der Schuldner einen Antrag auf Stundung nur in diesem Verfahren stellen.

VI Das Familiengericht kann eine rechtskräftige Entscheidung auf Antrag aufheben oder ändern, wenn sich die Verhältnisse nach der Entscheidung wesentlich geändert haben.

Schrifttum: Gerold NJW **60**, 1744.

1) GleichbergG Art 1 Z 9; 1. EheRG Art 1 Z 10 ersetzt „VormschG" dch „FamG" u läßt letzten Halbs von V wegf. § 1381 gibt die Möglichk eines Härteausgleichs ggü der Fdg u ihrer Höhe, § 1382 ggü ihrer sofortigen Fälligk (§ 1378 Anm 1). Verweigerg gem § 1381 nur mögl, wenn die dch § 1382 gegebenen Möglk erschöpft sind (BGH NJW **70**, 1600). Stundg nur mögl bei ZugewAusgl gem §§ 1372ff u dem insof gleichgestellten gem § 1371 II, ferner bei vorzeit ZugewAusgl n §§ 1385, 1386, nicht aber bei Erhöhg des gesetzl Erbteils nach § 1371 I, da dann ErbauseinandSetzg.

2) Voraussetzgen der Stundg, I. Erforderl Antrag des Schu, der für die ganze Fdg od für einen Teil gestellt, auch im Zushang mit einer Verweigerg, § 1381, vorgebracht w kann, V. Die sofortige Zahlg muß ihn besonders hart treffen, so wenn sie seinen GeschBetrieb gefährdet, er Vermögensstücke verschleudern müßte. Hinzukommen muß aber, daß die Stundg auch dem Gläub zuzumuten ist. Stets zu berücksichtigen, daß Gläub nach dem Grdgedanken der ZugewGemsch an dem Zugew mitverdient hat, ihm Stundg nur ausnahmsw („besonders hart") zuzumuten ist. Zu verneinen also, wenn dieser zB auf die AusglFdg angewiesen ist; anderf kann für die Zumutbark wesentl sein die Schuld des Gläub an der Scheidg, § 1381 Anm 2, wie auch die Schuld des Schu od sein wirtschaftl Verhalten ggü seinem geschiedenen Eheg einer Stundg entggwirken kann. Das FamG wird bei der Abwägg der Interessenlage ggf die Parteien auf die Möglichk der Übertragg von VermGgständen hinweisen, § 1383 Anm 2.

3) Zuständigkeit und Verfahren bei unstreitiger Ausgleichsforderg, I-IV. Zuständig FamG, GVG 23b I Z 10, ZPO 621 I Z 9. Örtl Zustdgk FGG 45; sa ZPO 621 II, III, FGG 64a. Es handelt sich um eine besondere Art der richterl Vertragshilfe. Mündl Verhandlg; FamG hat auf gütl Einigg hinzuwirken, FGG 53 a. Bei VerglAbschluß NiederSchr entspr ZPO 160 III Z 1, 159. In den Vergl kann außer der StundgsVereinbg und der Verzinsg der gestundeten Fdg, II, auch die Verpflichtg des Schu zur Zahlg der Ausgleichsforderg, desgl die Übertragg bestimmter Ggstände auf den Gläub in Anrechng auf seine Fdg, § 1383, aufgenommen werden, FGG 53a I. Aus dem Vergl ist die ZwVollstr, die nach den Vorschr der ZPO erfolgt, mögl, FGG 53a IV. In dem Vergl des FamG kann auch ein etwa anhängiger RStreit über die AusglFdg, V, beigelegt werden. Einigen sich die Parteien nicht, so entscheidet das FamG, nachdem es die gemäß I erhebl Tatsachen vAw festgestellt hat, FGG 12. Es kann auf Stundg bis zu einem bestimmten Termin od auf Ratenzahlg erkennen. Auf Antrag des Gläub kann es auch die Verpflichtg des Schu zur Zahlg der AusglFdg aussprechen, FGG 53a II. Anzuordnen ist die Verzinsg, II, über deren Höhe das FamG ebso wie über eine vom Gläub beantragte SicherhLeistg nach billigem Ermessen entscheidet, IV; es ist also bezgl der Verzinsg nicht an § 246, bezgl der SicherhLeistg nicht an §§ 232ff gebunden, IV. FamG kann erforderlichenf währd des Verf einstw AOen treffen, die nur mit der EndEntsch angefochten w können, FGG 53a III. Seine Entsch wird erst mit der Rechtskr (FGG 53a II 1), iR des EntschVerbundes darüber hinaus erst mit Rechtskr des Scheidgsausspruchs wirks (ZPO 629d). Iü ist danach zu unterscheiden, ob das FamG iR einer selbstd FamSache (ZPO 621 I Z 9) od iZushg mit der Scheidg im EntschVerbund (ZPO 623, 629) entscheidet: im ersten Fall entscheidet der Rpfleger (GgArg aus RpflG 14 Z 2); dagg Beschw binnen Notfr v 1 Mo (ZPO 621 I, III) zum OLG. Daneben ist ein StundgsAntr bei unbestr AusglFdg auch innerh des EntschVerbundes mögl; dann entsch der FamRichter bei stattgebder Scheidg einheitl dch VerbundUrt (ZPO 629 I). **Rechtsbehelfe:** Anfecht zus mit der Scheidg dch Berufg (ZPO 511), dagg keine Rev (ZPO 629 a I). Gg die Entsch n § 1382 in selbstd FamSache befr Beschw (ZPO 621e I, III); weitere Beschw allenf als UnzulässigkBeschw (ZPO 621e II 2).

4) Zuständigkeit bei streitiger Ausgleichsforderg, V. Soweit die AusglFdg streitig ist, insb also soweit ein VerweigersR geltd gemacht u deshalb das Gericht angerufen wird (§ 1381 Anm 3), kann Schu Stundgsantrag beim FamilienG stellen, zweckmäßiger als Hilfsantrag u spätestens in der letzten Tatsacheninstanz. Darüber ist iR des EntschVerbundes (ZPO 623, 629) od auch bei selbstd Geltdmachg des AusglAnspr als FamSache (ZPO 621 Z 8) im Urteil zu entscheiden (ZPO 629 I od 621 a II). Es entsch ijF der Richter (RpflG 14 Z 2). Die nachträgl Anrufg des FamG wg Stundg der AusglFdg, über die ein RStreit geschwebt hat u rechtskräftiges Urt vorliegt, ist unzulässig; der Antr muß abgewiesen werden, da das G ausdrückl („nur") die Anrufg verschiedener Gerichte ausschließt (wg einer Ausnahme Anm 5). Auch das Prozeßgericht hat auf Verzinsg – bei entspr Antrag – zu erkennen, II; ebso werden, wenn G auch nur den FamRichter nennt, III und IV betr Höhe der Verzinsg u SicherhLeistg entspr anzuwenden sein. **Rechtsbehelfe:** In der Verbindg mit Anfecht der Entsch ü die AusglFdg od im EntschVerbund Berufg zum OLG; bei isolierter Anf nur der Entsch ü den StundgsAntr Beschw z OLG (ZPO 621 a II 2, 621e, 629a II).

5) Nachträgliche Aufhebg od Änderg der Stundgsentscheidg, VI. Die eigene Entsch, denen auch die vor dem FamG abgeschlossenen Vergleiche, soweit sie die Stundg betreffen, Anm 3, gleichstehen müssen, sowie die Entsch des ProzeßG – das ist nach dem 1. 7. 77 stets das FamG – über die Stundg (aber natürl nur diese) kann FamG aufheben od ändern, wenn sich die Verhältnisse nach der früheren Entsch wesentl geändert haben. Es genügt also nicht jede Änderg, wohl aber nachträgl eingetretene ArbUnfähigk des Gläub, drohender VermVerfall des Schu, allg Verteuerg der Lebenshaltgkosten, bes günstige Anlagemöglichk auf Seiten des Gläub, Beerbg des Schuldners, wobei dann in der seinen Pers liegenden Gründe wegfallen, sich seine Erben auch nicht auf eigene ungünstige Vermögensverhältnisse berufen können, Gerold NJW **60**, 1744. Die Ändergen können also sowohl in der Person der Parteien wie in

den allg Verhältnissen liegen; sie können für die Hinausschiebg des endgültigen Zahltermins oder die Höhe der Ratenzahlg von Bedeutg sein. Haben die Verhältnisse bereits zur Zeit der StundgsEntsch vorgelegen, so Änderg unzuläss; die Stundg kann nicht auf diesem Wege ein zweites Mal zur Entsch gestellt werden, auch dann nicht, wenn sie fehlerh war. So auch, wenn sich im ersten Verf die Änderg der Verhältnisse deutl abzeichnete, vgl auch RG **126**, 242. Alles das gilt insb auch für den vor dem ProzeßG versäumten Stundgsantrag. Lag aber währd des Verf vor dem ProzeßG Anlaß für eine Stundg überh nicht vor u hat sich die Lage des Schu erst nach dem Ztpkt, in dem letztmalig der Stundgsantrag hätte gestellt w können, wesentl geändert, so muß er auch trotz **V** beim FamG erstmalig gestellt w können, weil Schu sonst ohne Grund schlechter gestellt wäre, als wenn Fdg unstreitig; ebso Maßfeller Betr **57**, 527: das FamG erkennt dann erstmalig auf Stundg. Demgemäß wird man auch beim FamG ggü dem Urteil des ProzeßG unter den Voraussetzgen nach VI VollstrSchutzantrag nach ZPO 765a, 813a, ZVG 30a zulassen müssen, Baur FamRZ **58**, 255, aM Gernhuber § 36 V 8 Anm 4 (ZPO 775 Z 2 entspr). RBehelf wie Anm 3.
6) Einstweilige Anordngen. Solche kann FamG, falls dafür ein Bedürfn besteht, treffen, FGG 53a III 1; insb also bei einer voraussichtl Änderg der StundgsEntsch zG des Schu die ZwVollstr vorl einstellen. Hat das ProzeßG erster Instanz auf Stundg mit Ratenzahlg erkannt, so richtet sich die Einstellg der ZwVollstr wg der ersten Raten, für die ein vorl vollstreckbarer Titel besteht, nach den zivilprozessualen Regeln. Die einstw AO des FamG kann nur mit der Entsch angefochten werden, FGG 53a III 2.

1383 *Übertragung von Vermögensgegenständen.* **I** Das Familiengericht kann auf Antrag des Gläubigers anordnen, daß der Schuldner bestimmte Gegenstände seines Vermögens dem Gläubiger unter Anrechnung auf die Ausgleichsforderung zu übertragen hat, wenn dies erforderlich ist, um eine grobe Unbilligkeit für den Gläubiger zu vermeiden, und wenn dies dem Schuldner zugemutet werden kann; in der Entscheidung ist der Betrag festzusetzen, der auf die Ausgleichsforderung angerechnet wird.
II Der Gläubiger muß die Gegenstände, deren Übertragung er begehrt, in dem Antrage bezeichnen.
III § 1382 Abs. 5 gilt entsprechend.
Schrifttum: Meyer-Stolte Rpfleger **76**, 6.
1) Eingef dch Art 1 Z 9 GleichberG; 1. EheRG Art 1 Z 11 ersetzt „VormschG" dch „FamG" u fügt III hinzu. Die AusglFdg ist eine GeldFdg (§ 1378 Anm 1); § 1383 ändert daran nichts (arg I Halbs 2). Daß Schu seinerseits der AusglVerpfl dch Herg bestimmter Ggstde verringern u Gläub zur Annahme verpflichtet w könnte, sieht das G nicht vor (vgl aber § 1378 Anm 4).
2) Voraussetzgen. Der Gläub kann über die Zuteilg nach HausratsVO 8 f hinaus Interesse an der Zuteilg von Ggständen haben, zu denen gerade er eine ganz bes Beziehg hat, währd das beim Schu nicht der Fall ist. Der Gläub kann aber, um einer langwierigen Abwicklg zu entgehen, die zudem vielleicht bei der Vermögenslage des Schu erhebliche Unsicherheiten in sich birgt, auch ganz od teilw eine Abwicklg in Sachwerten vorziehen. In beiden Fällen kann für ihn bei anderer Handhabg eine grobe Unbilligk gegeben sein. Sein Begehren aber nur dann berechtigt, wenn die Zuteilg dem **S c h u z u z u m u t e n** ist. Das wird in beiden Fällen im allg zu verneinen sein, wenn es sich etwa um Ggstände handelt, die lange in der Familie des Schu waren. Immerhin kann im zweiten Fall die Ablehng eines derartigen Naturalausgleichs ohne ausr Grd die Abweisg des Stundgsantrags des Schu zur Folge haben, wenn dadurch nämlich die Härte der baldigen Zahlg für ihn ganz od zT entfällt; demgemäß kann der Gläub einen Stundgsantrag mit seinem Erbieten, zT erfüllsw Statt anzunehmen, uU auffangen. „Gr Unbilligk" verlangt strengen Maßst, so daß Übertr v Ferienhaus in Österr abgel w (Hamm FamRZ **78**, 687).
3) Verfahrensrecht. Zust FamG (GVG 23b Z 10, ZPO 621 I Z 9); es entscheidet der Rpfleger u nur iFv III der Richter (RPflG 14 Z 2; dazu Habscheid NJW **70**, 1776). Erforderl **Antrag** des Gläub. Ist Zugew-AusglFdg str, dann Aussetzg des Verf od Zurückweisg des Antr, dagg nicht Entsch unter Vorbehalt (Kln FamRZ **76**, 28). Antr muß Ggste, die übertr w sollen, bestimmen, also genügd eindeut bezeichnen. § 1383 ist Recht des Gläub; dem Ger fehlt daher die rechtsgestaltde EntschMacht wie nach der HausratsVO. Desh kann es beim Versuch, eine gütl Einigg herbeizuführen, auf die Hinnahme anderer Ggste hinwirken, ist aber ohne Antr nicht befugt, in der Entsch and Ggste zu übertr. In der Entsch ist der Betrag anzugeben, der mit der Übertr v abgegolten ist. Wg FGG 53a (s § 1382 Anm 3). Ist auf Übertr eines Grdst rechtskr erkannt, so gilt damit die EiniggsErkl vS des Schu als abgegeben (ZPO 894, FGG 53a IV), so daß der GrdbuchRPfleger einzutr hat; daneben Nachw der notariell beurk EiniggsErkl des AusglGläub erfdl (Meyer-Stolte Rpfleger **76**, 6). Wg Rechtsbehelfen § 1382 Anm 3 u 4.

1384 *Berechnungszeitpunkt bei Scheidung.* Wird die Ehe geschieden, so tritt für die Berechnung des Zugewinns an die Stelle der Beendigung des Güterstandes der Zeitpunkt der Rechtshängigkeit des Scheidungsantrags.
1) Abweichder Berechnungszeitpunkt für den Zugewinn (GleichberG Art 1 Z 9; 1. EheRG Art 1 Z 12 stellt v „KlErhebg" auf „ScheidsAntr" um) zur Dchführg des Entscheidsverbundes (ZPO 623, 629). Noch früherer BerechngsZtpkt bei vorzeit Ausgl (§ 1387). Nach § 1376 II wird das EndVerm, das für die Beurteilg der Höhe des Zugew maßg ist (§ 1373) nach dem Stichtag der Beendigg des Güterstdes berechnet; das wäre die Rechtskr des ScheidsUrt (§ 1372 Anm 2). Um zu verhindern, daß der ausgleichspflicht Eheg den Zugew zum Nachteil des and zu verringern sucht, u da auch kein Grd besteht, den and Eheg an einer weiteren Zugew zu beteiligen, wenn ein Verf eingeleitet ist, das mit der Scheidg der Ehe endet, ist in diesem Falle für die Berechng des EndVerm u damit des Zugew jedes der beiden Eheg der **Zeitpkt des Scheidgsantrags** maßgebd (ZPO 253 I, 622 nF). Das gilt auch bei längerem Ruhen des ScheidsVerf (Karlsr Just **76**, 33) od wenn Antr zwar abgewiesen od zurückgen, die Ehe aber auf WiderAntr geschieden w (BGH **46**, 215; Heckelmann FamRZ **68**, 59; vgl aber Reinicke BB **67**, 521; aA RGRK 9; Staud-Felgentraeger 7). Eine Veränderg des Zugew zw Einreichg der AntrSchrift bei Ger u ihrer Zustellg ist analog

ZPO 270 III zu berücks, aber nicht, wenn AntrSt selbst die Zustell verhindert, weil diese dann nicht mehr „demnächst" erfolgt (Günther FamRZ **71**, 231; aA Neumann-Duesberg FamRZ **70**, 561; **71**, 233). Unerhebl der Ztpkt des Beginns des Getrenntlebens (vgl aber §§ 1385, 1387). Der Anspr auf einen best Zugew kann dch einstw Vfg gesichert w (Ullmann NJW 1, 1294). Die Beendigg des Güterstdes selbst tritt nicht mit Stellg des ScheidgsAntr, sond erst mit Rechtskr der Urt (ZPO 629 nF) ein, so daß auch dann erst die AusglFdg entsteht (§ 1378 III). Mehr als sein Verm nach Abzug der Verbindlk braucht der AusglPflichtige aber auch hier nicht herauszugeben (§ 1378 II), so daß die Vorverlegg des BerechngsZtpktes uU wirkgsl wäre. Desh kann der ausglberecht Eheg ggf SicherhLeistg verlangen (§ 1389), möglicherw auch ggü Dr (§ 1390 IV).

2) Gleichgestellte Fälle. Wie die Scheid ist auch die Eheaufhebg, EheG 37 I, unter den Voraussetzgen von EheG 26 auch die Ehenichtigk zu behandeln. Entspr anwendb ferner, wenn der ausgleichspfl Eheg nach Einleitg des ScheidgsVerf stirbt u der ScheidgsAntr zur Scheid geführt hätte, bei dem überl Eheg auch die Voraussetzgen von § 1371 II vorliegen; ebso Reinicke BB **57**, 763, Gernhuber § 36 III 1 Anm 1, Heckelmann FamRZ **68**, 65, aM RGRK (Scheffler) Anm 11ff, Dölle § 61 IX 2 Anm 76 (AusnahmeVorschr kann nicht ausdehnd ausgelegt werden).

1385 Vorzeitiger Ausgleich bei Getrenntleben. Leben die Ehegatten seit mindestens drei Jahren getrennt, so kann jeder von ihnen auf vorzeitigen Ausgleich des Zugewinns klagen.

1) Zu §§ 1385, 1386. Eingefügt dch GleichberG Art 1 Z 9; 1. EheRG Art 1 Z 13 änd § 1385 dahin, daß vorzeit ZugewAusgl nicht mehr von einem Recht auf GetrLeben abhäng ist (vgl BT-Drucks 7/650 S 102). Vorzeit Ausgl des Zugew vertragl od im Klagewege. Streitwert, ZPO 3, wg der Vorteile auch für den bekl Eheg idR ¼ des zu erwartden ZugewAusgl (BGH NJW **73**, 369). GestaltgsKl, für die AuskftsKl nicht ausreicht. Gesetz kennt nur in den §§ 1385, 1386 genannten Fälle der ZugewGemsch **auf einseitiges Verlangen;** es handelt sich um eine erschöpfde Aufzähl. Sie tritt auch nicht bei Entmündigg, Pflegerbestellg, §§ 1910, 1911, od Konk eines Eheg ein. Kein vorzeit Ausgl bei gewagten Geschäften od solchen, die den bish Zugew ganz od zT auf Spiel setzen. Ebso gibt Überschuldg keinen BeendiggsGrd für den gesetzl Güterstd, vgl aber § 1386 II. Keine Aufhebg des gesetzl Güterstd dch einstw Vfg, da dann ein endgült Zustd geschaffen würde; denkb aber das Verbot einz Hdlgen.

2) Vorzeitiger Ausgleich bei Getrenntleben. Letzteres berecht nicht schlechthin zum vorzeit Ausgl, sond nur, wenn es mind 3 J angedauert hat (dazu Otten FamRZ **58**, 447). **Zweck**: Mit Aufhebg der ehel Gemsch fehlt die Grdlage für eine Beteiligg am Zugew; 3-J-Frist soll eine Trenng nur um des vorzeit ZugewAusgl willen verhindern (BT-Drucks 7/650 S 102). Besonders der Eheg, der den niedrigeren Zugew gemacht hat, wird ein Interesse am vorzeitigen Ausgl haben. Aber auch der Eheg, der ausgleichen müßte, wird, wenn er weiteren Zugew zu erwarten hat od von den Beschrkgen, §§ 1365 ff, frei sein will, die ZugewGemsch beenden, auch ein VerweigergsR, § 1381, festgestellt wissen wollen. Verbindg v ZugewAusgl, Auskft u Zahlg dch StufenKl (ZPO 254; Schlesw SchlHA **75**, 104).

1386 Vorzeitiger Zugewinnausgleich in sonstigen Fällen. I Ein Ehegatte kann auf vorzeitigen Ausgleich des Zugewinns klagen, wenn der andere Ehegatte längere Zeit hindurch die wirtschaftlichen Verpflichtungen, die sich aus dem ehelichen Verhältnis ergeben, schuldhaft nicht erfüllt hat und anzunehmen ist, daß er sie auch in Zukunft nicht erfüllen wird.

II Ein Ehegatte kann auf vorzeitigen Ausgleich des Zugewinns klagen, wenn der andere Ehegatte
1. ein Rechtsgeschäft der in § 1365 bezeichneten Art ohne die erforderliche Zustimmung vorgenommen hat oder
2. sein Vermögen durch eine der in § 1375 bezeichneten Handlungen vermindert hat
und eine erhebliche Gefährdung der künftigen Ausgleichsforderung zu besorgen ist.

III Ein Ehegatte kann auf vorzeitigen Ausgleich des Zugewinns klagen, wenn der andere Ehegatte sich ohne ausreichenden Grund beharrlich weigert, ihn über den Bestand seines Vermögens zu unterrichten.

1) Allgemeines. § 1386 will vor einem schädl Verhalten des and Eheg schützen. Er enthält drei Fälle der vorzeit Auflösg. Vgl iü § 1385 Anm 1.

2) Schuldhafte Nichterfüllg der wirtschaftl Verpflichtgen, I, die sich aus dem ehel Verhältn ergeben, dazu § 1381 Anm 2, berechtigt zur Klage auf vorzeitigen Ausgl, wenn das längere Zeit hindurch geschehen ist, worunter eine geraume, nicht zu knappe Zeitspanne zu verstehen, und ferner anzunehmen ist, daß Eheg sie auch in Zukunft nicht erfüllen wird. Das auch dann zu bejahen, wenn der Mann einmal Unterh zahlt, einmal wieder nicht od die Frau nur ab u zu ihren Hausfrauenpflichten nachkommt, ohne daß Anzeichen für eine wirkl Änderg des Verhaltens gegeben sind; das eine längere Zeit hindurch beibehaltene Verhalten wird also oft die Annahme nahelegen, daß es auch weiterhin geschieht. Entscheidd die Sachlage bei der letzten mdl Verhandlg der letzten Tatsacheninstanz. Geschützt wird durch I vor allem der ausgleichspfl Eheg, der mit der vorzeitigen AusglKlage, durch die der andere Eheg vom künftigen Zugew ausgeschl wird, vgl § 1387, auch die Feststellg verbinden kann, daß er trotz seines gehabten Zugewinns zum Ausgl nicht verpflichtet ist, § 1381.

3) Ausgleichgefährdendes Verhalten, II. Verfügt ein Eheg ohne Einwilligg des anderen über sein Verm im ganzen, § 1365, macht er übermäßige unentgeltl Zuwendgen an Dritte, verschwendet er sein Verm od benachteiligt er den andern Eheg, § 1375 II, u ist eine **erhebl Gefährdg der künftigen Ausgleichsforderg** zu besorgen, kann auf vorzeitigen Ausgl geklagt werden. Das vor allem dann der Fall, wenn zu befürchten ist, daß das vorhandene Verm die AusglFdg nicht deckt, § 1378 II; dabei wird auch das künft Verhalten u die allg Möglichk von Verlusten, die gerade bei der bes Erwerbsart des Eheg eintreten

Bürgerliche Ehe. 6. Titel: Eheliches Güterrecht §§ 1386–1389

können, nicht außer Betr bleiben; der ausgleichsberecht Eheg braucht dann das vergrößerte Risiko für seine Fdg nicht hinzunehmen. KlageR auch bei Besorgnis weiterer Verletzgen. Klagevoraussetzg aber nicht, daß eine AusglFdg wirkl vorhanden ist („künftige"). Klage entfällt selbst bei erhebl Gefährdg der künftigen AusglFdg, wenn der andere Eheg mit der unentgeltl Zuwendg od der Verschwendg einverstanden war od 10 Jahre seit dem das Vermögen vermindernden Verhalten vergangen sind, § 1375 II.

4) Verweigerg der Unterrichtg über das Vermögen, III. Beim gesetzl Güterstand besteht zwar eine ausdrückl AuskPfl über das Vermögen nur nach seiner Beendigg, § 1379, vgl auch § 1377 Anm 1. In einer richtigen LebensGemsch wird jeder Eheg den anderen über den Bestand seines Vermögens unterrichten. Das ist nicht so weitgehd wie die AuskPfl, § 1379 Anm 2; insb ist daraus nicht ein Recht auf Einsicht in die Geschäftsbücher zu folgern. Erforderl aber Angaben des Eheg über die wesentl Bestandteile seines Vermögens, deren Wert, auch Verbleib. Nachweis u Angaben bis ins einzelne können nicht gefordert w; G spricht auch nur von Unterrichtg, also einseitigem Angeben. Klagevoraussetzg außerdem, daß Eheg sich ohne ausreichenden Grund weigert; weigert könnte begründet sein, wenn zu befürchten, daß der andere Eheg einen unlauteren od, wenn auch nur fahrläss, geschäftsschädigenden Gebr von den Angaben machen könnte. Die Weigerg muß beharrl sein; entscheid also der feste Wille des Verweigernden; Wiederholg nicht erforderl, wird aber Anzeichen sein. Es besteht dann der Verdacht, daß der Eheg sich seiner Verpflichtg entziehen will, den anderen Eheg an dem, was er in der Ehe erwirbt, zu beteiligen. FamRAusschußBer S 13. Weigerg muß noch bei der letzten TatsVerhandlg vorliegen.

1387 *Berechnungszeitpunkt bei vorzeitigem Ausgleich.* Wird auf vorzeitigen Ausgleich des Zugewinns erkannt, so tritt für die Berechnung des Zugewinns an die Stelle der Beendigung des Güterstandes der Zeitpunkt, in dem die Klage auf vorzeitigen Ausgleich erhoben ist.

1) Eingef dch GleichberG Art 1 Z 9. Der **abweichende BerechngsZeitpkt für den Zugewinn** gilt für die Fälle der §§ 1385, 1386. **Zweck:** Es soll verhindert w, daß nach Klageerhebg der Zugew zum Nachteil des and Eheg verringert od; desh Abweichg v § 1376 II. Berechng des EndVerm u damit des Zugew bereits auf den Ztpkt der KlErhebg (ZPO 253 I, V). Tatsächl endet aber auch hier der Güterstd erst mit Rechtskr des Urt (§ 1388), so daß auch erst dann die AusglFdg entsteht (§ 1378 III). Jedoch bleibt, falls Kl dchdringt, der Zugew beider Eheg nach dem Ztpkt der KlErhebg außer Betr. Wird auch auf Scheidg geklagt, so ist ggf gem ZPO 621 III an das FamG der ScheidgsSache zu verweisen, dieses hat aber den Ztpkt der früh KlErhebg zGrde zu legen, sofern diese Kl dchdringt (§ 1384 Anm 2); uU Rückn der Kl auf vorzeit ZugewAusgl empfehlensw, wenn Ausgl gem § 1384 günstiger. Ztpkt der Rechtskr des Urt f den Stichtag des Zugew unerhebl. Vgl ferner §§ 1384, 1385 jew Anm 1. Aufhebg der ZugewGemeinsch dch ProzVergl läßt Ztpkt der KlErhebg nur dann maßgebl s, falls GestaltgsKl auf vorzeit ZugewAusgl erhoben war (Zweibr OLG **74,** 214).

1388 *Eintritt der Gütertrennung.* Mit der Rechtskraft des Urteils, durch das auf vorzeitigen Ausgleich des Zugewinns erkannt ist, tritt Gütertrennung ein.

Vorbem. Neu, GleichberG Art 1 Z 9.

1) Die Rechtskraft des Urteils auf vorzeitigen Zugewinnausgleich hat zur Folge, daß der gesetzl Güterstd endet. Am Zugew vom Berechnungsstichtag an, § 1387, nehmen die Eheg nicht mehr teil, da das idR nur weiteren Streit ergeben würde; so also auch, wenn ein Eheg weiter im Beruf od Geschäft des anderen Eheg mitarbeitet, falls nicht ein gesellschähnl Verhältn anzunehmen ist, § 1356 Anm 3; dieses wird bei Fortsetzg der Mitarbeit durch die Klage nicht ohne weiteres berührt, die dann nur die Wirkg einer Sicherstellg des bisher Erworbenen hätte. Güterrechtl tritt mit Rechtskraft des Urteils Gütertrenng ein. Söhnen sich die Eheg zB nach Getrenntleben wieder aus, so Fortsetzg der ZugewGemsch nur ehevertragl mögl.

2) Wirkg gegen Dritte. Eine §§ 1449 II, 1470 II entspr Vorschr fehlt; vgl auch Meyer FamRZ **57,** 285. Erman-Bartholomeyczik Anm 1 u Maßfeller-Reinicke § 1412 Anm 6 rechtfertigen das damit, daß Rechte Dritter nicht beeinträchtigt werden, weil beim gesetzl Güterstd ein Eheg Dritten ggü nicht mehr Rechte hat als bei Gütertrenng. Das mag zutreffen. Der Rechtsverkehr ist durch die Unterlassg des Gesetzgebers aber insof erschwert, als der Dritte sich über die Behauptg des verfügenden Eheg, er lebe in Gütertrenng, die Vfgsbeschrkgen der §§ 1365, 1369 gälten für ihn nicht, aus dem Register keine Klarh verschaffen kann. Auch eine solche Gütertrenng muß deshalb als eintraggsfähig angesehen werden, Vorbem 2b vor § 1558, ebso Dölle §§ 46 II 2c, 62 III 1, 65 III 4.

1389 *Sicherheitsleistung.* Ist die Klage auf vorzeitigen Ausgleich des Zugewinns, auf Nichtigerklärung oder Aufhebung der Ehe erhoben oder der Antrag auf Scheidung der Ehe gestellt, so kann ein Ehegatte Sicherheitsleistung verlangen, wenn wegen des Verhaltens des anderen Ehegatten zu besorgen ist, daß seine Rechte auf den künftigen Ausgleich des Zugewinns erheblich gefährdet werden.

1) Neu dch GleichberG Art 1 Z 9; Fassg 1. EheRG Art 1 Z 14. **Sicherheitsleistg** kann sowohl bei Erhebg der Klage auf vorzeit Ausgl (§§ 1385, 1386) als auch bei einer solchen NichtigErkl od Eheaufhebg, insb aber auch iF eines Antr auf Scheidg (ZPO 622) verlangt w, um eine Benachteiligg zu verhindern. Berecht ist nicht nur der Kl od AntrSt, sond auch der and Eheg. Erfolgt grdsl dch Klage, Sicherhtg kann aber auch einstw Vfg erfordern; unzul dagg Arrest (KG FamRZ **74,** 310). **Voraussetzgen:** Erhebg der AusglKlage (ZPO 253 I, V) u Besorgn erhebl Gefährdg des zu erwartden Ausgl dch den and; Tatfrage. Wird insb bei § 1386 II zu bejahen s, aber auch bei § 1386 III, da dort G von Benachteiligsverdacht ausgeht (§ 1386 Anm 4). Höhe der Sicherh richtet sich nach der zu sichernden vermutl Fdg, hins deren Höhe der and Eheg iRv § 1379, also ggf auch schon nach Beantragg der Scheidg, zur AuskErteilg verpflichtet ist. Soweit ein

Eheg eigenmächtig sich Ggstände angeeignet hat, entfällt in dieser Höhe sein Anspr auf SicherhLeistg. Art der SicherhLeistg §§ 232ff; § 1382 IV gilt hier nicht. Abzulehnen, wenn Klage offensichtl aussichtslos, einstw Vfg auf Widerspr aufzuheben, wenn sich Aussichtslosigk im HauptVerf herausstellt. Der Ausgleichs-Anspr kann nur durch SicherhLeistg, nicht durch Arrest od einstw Vfg gesichert werden, da er erst mit Rechtskr entsteht, § 1378 III, Hbg NJW **64**, 1078, Bartholomeyczik JZ **65**, 500, aM Furtner NJW **65**, 375 gg hM; ebensowenig ein Anspr auf Übertragg eines bestimmten Ggstandes, Bartholomeyczik aaO; ist genügende Sicherh nicht erlangb, so Arrest mögl, ebenso Hbg aaO.

1390 *Ansprüche des Ausgleichsberechtigten gegen Dritte.*

I Soweit einem Ehegatten gemäß § 1378 Abs. 2 eine Ausgleichsforderung nicht zusteht, weil der andere Ehegatte in der Absicht, ihn zu benachteiligen, unentgeltliche Zuwendungen an einen Dritten gemacht hat, ist der Dritte verpflichtet, das Erlangte nach den Vorschriften über die Herausgabe einer ungerechtfertigten Bereicherung an den Ehegatten zum Zwecke der Befriedigung wegen der ausgefallenen Ausgleichsforderung herauszugeben. Der Dritte kann die Herausgabe durch Zahlung des fehlenden Betrages abwenden.

II Das gleiche gilt für andere Rechtshandlungen, wenn die Absicht, den Ehegatten zu benachteiligen, dem Dritten bekannt war.

III Der Anspruch verjährt in drei Jahren nach der Beendigung des Güterstandes. Endet der Güterstand durch den Tod eines Ehegatten, so wird die Verjährung nicht dadurch gehemmt, daß der Anspruch erst geltend gemacht werden kann, wenn der Ehegatte die Erbschaft oder ein Vermächtnis ausgeschlagen hat.

IV Ist die Klage auf vorzeitigen Ausgleich des Zugewinns oder auf Nichtigerklärung, Scheidung oder Aufhebung der Ehe erhoben, so kann ein Ehegatte von dem Dritten Sicherheitsleistung wegen der ihm nach den Absätzen 1 und 2 zustehenden Ansprüche verlangen.

Vorbem. Neu, GleichberG Art 1 Z 9.

1) Allgemeines. Der AusglAnspr wird der Höhe nach im Interesse der Gläub des AusglPflichtigen durch den Wert seines Vermögens begrenzt, das nach Abzug der Verbindlichk bei Beendigg des Güterstandes vorhanden ist, § 1378 Anm 2. Wird nach § 1375 II dem EndVerm des AusglPflichtigen die durch ihn veranlaßte VermMinderg hinzugerechnet, ist es mögl, daß die AusglFdg ganz od zT ausfällt, § 1375 Anm 4. § 1390 gibt dem ausgleichsberechtigten Eheg einen Anspr gg den dritten Empfänger. Der Eheg geht ihm vor, um zu verhindern, daß sein Anspr durch unentgeltl Hingabe von VermGgständen an den Dritten, I, oder in unlauterem ZusWirken mit ihm, II vereitelt wird. Gleichgültig, ob EndVerm aktiv od passiv ist, § 1375 I 2 u dort Anm 5. § 1390 kann ehevertragl nicht ausgeschl werden.

2) Anspruch bei unentgeltlichen Zuwendgen, I. Wegen unentgeltl Zuwendg § 1375 Anm 3a. Das Vorliegen von § 1375 Z 1 genügt nicht; die Zuwendg muß in der Abs gemacht sein, den ausgleichsberechtigten Dritten zu benachteiligen. Kenntnis des Empfängers von BenachteiliggsAbs nicht erforderl. AnfG 3 hilft nicht, da Fdg insoweit sie durch das Verm des Pflichtigen nicht gedeckt ist, nicht zur Entstehg gelangt, Eheg also insoweit auch nicht Gläub wird. Zur Berechng, insb der Möglichk eines negativen End-vermögens u des Ausfalls des Berechtigten § 1375 Anm 4 u 5. Der Berecht hat, soweit nach § 1378 II seine AusglFdg nicht zur Entstehg gelangt ist, Anspr auf Herausg nach den Vorschr der **ungerechtfertigten Bereicherg**, §§ 812 insb 818 ff. Der Dritte kann statt der Herausg Zahlg des fehlenden Betrages, der der Zuwendg an ihn entspricht, wählen.

3) Anspruch bei anderen Rechtshandlgen, II, die in BenachteiliggsAbs vorgenommen wurden, vgl § 1375 Anm 3c; hier jedoch nur, wenn auch dem Dritten die Benachteiliggsabsicht **bekannt** war. Hierfür genügt ein Annehmen od Kennenmüssen nicht; erforderl, daß der Dritte von der Benachteiligs-Abs des Eheg gewußt hat, u zwar im Zeitpkt der Vornahme der RechtsHdlg, wobei bei Notwendigk mehrerer Hdlgen zur Vollendg der Zeitpkt entscheidet, in dem die RWirkg eintritt. BewLast für die Kenntnis hat der Eheg.

4) Verjährg des Anspruchs gegen den Dritten, III. In 3 Jahren seit Beendigg des Güterstandes § 1372 Anm 2; unerhebl, wann der Berecht Kenntnis davon erhält. Endet der Güterstd durch Tod u hat der überl Eheg die güterrechtl Lösg gewählt, § 1371 Anm 4, 5, keine Hemmg der Verj deshalb, weil der Anspr erst nach Ausschlagg der Erbsch od des Vermächtnisses, also erst nach Ablauf der Sechswochenfrist, § 1944, geltd gemacht w kann; vgl auch § 1378 Anm 3 u § 2332 Anm 3.

5) Sicherheitsleistg, IV. Hat ein Eheg Klage auf vorzeitigen Ausgl des Zugewinns oder auf Scheidg, Aufhebg, NichtigErkl seiner Ehe gg seinen Eheg erhoben, kann er gleichzeitig vom Dritten, der herausgabepflichtig nach I oder II ist, SicherhLeistg verlangen, ohne daß er Gefährdg seines Anspr darzutun braucht, den das G offensichtl unterstellt. Vgl im übrigen § 1389 Anm 1.

1391–1407 fallen weg, GleichberG Art 1 Z 9.

II. Vertragsmäßiges Güterrecht
Grundzüge

Aus dem neueren **Schrifttum:** M i k a t , Festschr Felgentraeger (1969), S 323; D. Schwab, Gestaltgs-Freih u Formbindg im EheVermR u die EheRef, DNotZ-SondH **77**, 51.

1) Der das ehel GüterR beherrschende **Grundsatz der Vertragsfreiheit**, vgl Einf 1 vor § 1363, bietet die Möglichk, die durch das G bis ins einzelne durchgebildete GüterGemsch od auch die Gütertrennung durch EheVertr zu vereinbaren, aber auch in einzelnen Bestimmgen Abweichgen von diesen zu treffen, ebso wie einzelne Bestimmgen der ZugewGemsch geändert w können, zB §§ 1363 Anm 6, 1374 Anm 1, 1375 Anm 1, 1378 Anm 2, vgl auch § 1412 Anm 4. Auch die ZugewGemsch kann ehevertragl zB bei Übergang von der Gütertrenng od GütGemsch vereinbart werden; vgl auch § 1388 Anm 1. Die ehevertragl Vereinbargen brauchen sich auch nicht an den GleichberGrds, GG 3 II, zu halten, Reinicke NJW **53**, 683, Dölle JZ **53**, 360, Knur DNotZ **57**, 466, Finke MDR **57**, 579. Vgl auch § 1421. ErrGemsch u FahrnisGemsch hat der Gesetzgeber des GleichberG im Ggsatz zum BGB nicht mehr geregelt; über die Möglichk ihrer Vereinbg § 1409 Anm 1. – Im Verhältn der Ehegatten zueinander hat derjenige das Vorhandensein einer ehevertragl Bindg zu beweisen, der sich darauf beruft. Der Dritte wird durch die Bestimmg über die Eintragg ins GüterrechtsReg geschützt, § 1412. Wg der Übergangsbestimmgen und IPR vgl § 1413 Anm 4, Grdzg 2 vor § 1414, Grdzg 3 vor § 1415 u bei § 1519.

1. Allgemeine Vorschriften

1408 *Ehevertrag; Grundsatz der Vertragsfreiheit.* I Die Ehegatten können ihre güterrechtlichen Verhältnisse durch Vertrag (Ehevertrag) regeln, insbesondere auch nach der Eingehung der Ehe den Güterstand aufheben oder ändern.

II In einem Ehevertrag können die Ehegatten durch eine ausdrückliche Vereinbarung auch den Versorgungsausgleich ausschließen. Der Ausschluß ist unwirksam, wenn innerhalb eines Jahres nach Vertragsschluß Antrag auf Scheidung der Ehe gestellt wird.

Schrifttum (zur vertragl Gestaltg der VersorggsAusgl): Reinartz NJW **77**, 82; Hoffmann NJW **77**, 235; Bergerfurth FamRZ **77**, 440; Kniebes/Kniebes DNotZ **77**, 269; Rhode NJW **77**, 1764; D. Schwab DNotZ SonderH **77**, 51; Schön BWNotZ **77**, 153, 165; Sachs BWNotZ **77**, 51; Langenfeld NJW **78**, 1503; Friederici AnwBl **78**, 159; Reinartz DNotZ **78**, 267 mit Klauselmustern S 274ff; (vgl iü LitAngaben Einf v § 1587 u zu § 1587 o).

1) Allg. GleichberG Art 1 Z 9 übernimmt wörtl den bisher § 1432; 1. EheRG Art 1 Z 15 fügt II an. Auch für den Abschl des EheVertr gelten die allg Grdsätze. Demgemäß Bedingg, Zeitbestimmg, Anfechtg mögl. Vertragsparteien sind die Eheleute, die kraft ausdrückl gesetzl Bestimmgen einen EheVertr auch nach Eingeh der Ehe abschließen, also sich auch verpflichten können, nach einer gewissen Zeit Gütertrenng zu vereinbaren, RG **68**, 322; ferner die Verlobten („auch nach"), nicht aber Dritte, die zB der Verlobten etwas schenken, BayObLG **4**, 179. Für den GeschUnfähigen handelt der gesetzl Vertreter, der jedoch GütGemsch weder vereinbaren noch aufheben kann, § 1411 II. Der beschränkt GeschFähige bedarf der Zustimmg seines gesetzl Vertreters u dieser, sofern es ein Vormd ist, der Genehmigg des VormschG in den Fällen des § 1411 I, die sonst nicht erforderl ist; den EheVertr kann der Vertreter nicht abschließen, § 1411 I 3. Stellvertretg zul, auch Abschl durch den von der Frau bevollm Ehem, RG **79**, 282. Die Form ergibt sich aus § 1410 (zur Gültigk ist Registereintragg nicht erforderl), die Wirkg ggü Dritten aus § 1412. Im Verhältn untereinander können die Eheg auch Rückwirkg, jedoch nur mit schuldrechtl Wirkg vereinbaren, Colmar RJA **5**, 190. Der EheVertr, dch den Eheg an Stelle der allg GütGemsch Gütertrenng vereinb, kann von künft Gläub nicht angefochten w, gegebenenf aber der AuseinandersetzgsVertr, BGH **57**, 123, soweit er mit einer VermEntäußerg verknüpft ist, RG Gruch **52**, 1167, vgl § 1437 Anm 3aE. Das ist nicht schon dann der Fall, wenn nur ehevertragl vereinbart wird, was mit einer Klage gefordert w könnte, (§§ 1447f, 1469, RG **57**, 87), auch ist selbst bei großer VermVerschiedenh die Vereinbg der GüterGemsch keine Schenkg (BayObLG Recht 1909 Nr 1909), kann aber eine sein, wenn etwa anschließd Gütertrenng vereinbart wird (RG **87**, 303). Keine Anfechtg bei Vereitelg od Minderg der UnterhAnspr der Verwandten (Köln OLG **9**, 448, Hbg OLG **30**, 49, RGRK Anm 27; sehr str); ggf §§ 823 I, 826.

2) Dauer des Ehevertrages. Auch hier gelten die allg Grdsätze. Er kann also nicht einseitig aufgehoben werden, auch nicht bei Getrenntleben; demgemäß kann sich auch der zur Scheidg Berecht auch nicht der güterrechtl Anspr des anderen mit der ArglEinrede erwehren, RG JW **13**, 1037. Wird die Ehe nicht geschl, so entfällt der Vertr; wird sie für nichtig erkl, so entfällt an sich die Voraussetzg. Es gelten jetzt aber, wenn auch nur ein Eheg bei der Eheschl gutgl war, Scheidgsfolgen, wenn er nicht die NichtigkFolgen wählt, vgl EheG 26 Anm 3, 4. Bei Scheidg fällt der EheVertr für die Zukunft weg; ebso bei Aufhebg, EheG 37.

3) Gegenstand des Ehevertrages ist die Regelg der vermögensrechtl Verhältn der Eheg iS des 6. Titels u der im Anschl an die Ehescheidg vorgesehene VersorggsAusgl iS des 7. Titels (§§ 1587ff). **a)** Zur Regelg der **güterrechtl Verhältnisse** der Eheg od Verlobten gehören nicht solche, die sich aus den persönlichen Ehewirkgen, §§ 1353–1362, ergeben, wie Verträge über die UnterhPfl, Abmachgen über die Höhe der BeitragsPfl, § 1360, Anstellg der Frau gg Gehalt im Geschäft des Mannes, RG Recht **15**, 2516. Werden sie in einem EheVertr mitgeregelt, so gelten trotzdem insof nicht §§ 1408ff, sond die Ehewirkgsvorschr. Sind solche mitgeregelte Vereinbgen nichtig, so entscheidet über die Gültigk des Ehevertrages § 139. Ebensowenig gehören hierher Verträge über die vermögensrechtl Verhältnisse der Ehegatten nach Aufhebg des Güterstandes, RG DJZ **08**, 647, soweit sie nicht etwa ändernd in den bestehende GüterR eingreifen. Künft Gläub (anders § 1480) können nach Abänderg des Güterstdes sich nicht auf den früheren, ihnen günstigeren berufen u deshalb anfechten, BGH **57**, 126. Die Abgrenzg gegenüber sonstigen vermögensrechtl Verhältnissen der Eheg, die zw ihnen ebenf bestehen können, stößt oft auf Schwierigkeiten. Entscheidend ist, ob die Regelg das GüterR gerade als solches verändert, RG Gruch **63**, 616, wobei die Änderg allg sein od auch nur für einen einzelnen Ggstand gelten kann, RG JW **11**, 154, ud ob die Ehegatten diese auch treffen können, ohne gerade als Ehegatten u damit güterrechtl gebunden zu sein, so zB eines gemeins GrdStErwerbs für einen Hausbau, wobei zB Gemsch, Gesellsch, aber auch Auftr u Vollm vorliegen kann, was auch die Umst ergeben können, BGH FamRZ **69**, 78, vgl auch Staud-Felgentraeger 9. Ein **Ehevertrag** liegt **vor** bei Aufhebg od Änderg des gesetzl Güterstandes, bei Vereinbg der GütGemsch od eines anderen Güterstandes, bei Wiederherstellg des gesetzl od vertragl Güterstandes nach seiner Ausschließg od Änderg; bei Verträgen, die die Zugehörigk zum Vorbehaltsgut ändern, RG **87**, 59. Als EheVertr ist auch anzusehen, was wg § 2276 II wichtig, die Vereinbg des sonst ohnehin geltenden gesetzlichen Güterstandes durch Verlobte, vgl RG **133**, 20, die Bestätigg einer früheren vertragl Regelg über den Güter-

§ 1408 3

std, KG RJA **15**, 287, die Klarstellg des gesetzl Güterstandes bei Zweifeln, RGRK Anm 3 zu § 1432 aF, die Vereinbg, daß zwar der gesetzl Güterstd, aber mit dem zZ des VertrSchlusses sich ergebenden Inhalt gelten, spätere gesetzl Änderungen also ausgeschl bleiben sollen, Celle FamRZ **61**, 446. Aus dem oben hervorgehobenen Grunde **hingegen kein Ehevertrag**: einzelne Schenkgen, falls diese den Güterstd nicht etwa umgestalten, RG **108**, 124, Gewähr von Darlehn, RG **78**, 207, TrHdVerhältn, Warn **15**, 135, GesellschVertr hins einzelner VermStücke, RG HRR **40**, 1236, Geschäftseinlage.

b) Ausschließg des Versorggsausgleichs, II. aa) Abgesehen v ParteiVereinbgen iZushg mit der Scheidg (§ 1587 o) gibt § 1408 II den Ehel allg, dh vor der Eheschließg od währd des Bestehens der Ehe, die Möglichk, den VersorggsAusgl (= VA) iS der §§ 1587 ff auszuschließen, **S 1**. Zum Gesetzeszweck Hillermeier FamRZ **76**, 580, unter Betong der bes BeratgsPfl der Notare (§ 1410; BeurkG 17); vor der Ehe vor überei1ten u unzweckmäß Entschlüssen zu bewahren (sa Reinartz NJW **77**, 82 f). **Nachteile des Ausschl**: (1) Der Ausschl des VA bringt die Gefahr mit sich, jegliche Alters- u Invaliditätsversorgg zu verlieren; er schneidet den bei einer späteren Scheidg evtl AusglBerecht iF, daß dieser keine eig Rechte aus der SozVers hat, von allen deren Leistgen (RehabilitationsMaßn, Renten an Versicherte u Hinterbliebene, KrankenVersSchutz bzw Beiträge zur KrVers) ab. Das gilt insb für die Geschiedenen-Witwen-Rente (RVO 1265), die mit dem 1. 7. 77 weggefallen ist (vgl Kniebes/Kniebes DNotZ **77**, 294). (2) Der Ausschl führt uU auch zum Verlust v ZugewAusglAnsprüchen (§ 1414 S 2). (3) Ggf kann der Ausschl des VA dch entspr UnterhPflichten abgefangen w (§§ 1569 ff), die sich iF des Todes des UnterhPflichtigen gg dessen Erben fortsetzen (§ 1586 b I). Fehlt es jedoch an einer entspr Erbmasse, so ist wiederum zu beachten, daß für Scheidgen ab 1. 7. 77 die Gesch-Wwen-Renten weggefallen sind. Für Beamte vgl dagg BeamtVG 22. **bb) Inhaltl zulässig** ist grdsätzl nur der Ausschl, nicht dagg sonst Abänderngen des VA, u zwar auch nicht solche, die iR eines ScheidgsVerf zugelassen sind (so ohne AusnMöglk Ambrock S 85; Maier DAngVers **76**, 445; Voskuhl/Pappai/Niemeyer S 10; D. Schwab DNotZ-SondH **77**, 62; Rohde NJW **77**, 1763; Friederici AnwBl **78**, 160; aA Reinartz NJW **77**, 83; v Maydell FamRZ **77**, 181; Kniebes/Kniebes DNotZ **77**, 284; Ruland 594; Langenfeld NJW **78**, 1505). Gg die Übertr v § 1587 o hierher spricht eindeut der Wortl (,,Ausschl") u das RSicherhBedürfn; jeder Eheg muß währd der Ehe wissen, ob er mit dem VA rechnen kann od nicht. Nur unter diesem GesPkt ist erfolderl Vertrauensschutzes sind ausnahmsw **Modifikationen** zuzulassen: Zul u von des Bedeutg desh der VA-Ausschl mit RücktrVorbehalt (Langenfeld NJW **78**, 1505) od unter einer Zeitbestimmg od Bedingg, zB derj, daß einer der Eheg sich im Alter mit seinem eig Verm angem versorgen kann; daß eine zu erwartde Erbsch anfällt (Reinartz NJW **77**, 83); daß eine ausgeübte Erwerbstätigk (Doppelverdienerehe!) fortgesetzt w wird. Unter Berücks u iR des angegebenen Prinzips zuläss auch der Ausschl des VA bezügl Randversorggen, wie zB der Verzicht auf Einbeziehg einer kaum ins Gewicht fallden betriebl Ruhegeldzusage. Grdsl dürften auch keine Bedenken bestehen gg ein Ausweichen auf den schuldrechtl VA (Kniebes/Kniebes DNotZ **77**, 286 f; vgl aber zu dessen Nachteilen § 1587 f Anm 1). Zul auch die Vereinbg eines RücktrR, das auch wiederum auf best RücktrGrde beschränkt w kann (Kniebes/Kniebes DNotZ **77**, 288). Unzul den Ausschl bei ungeklärter Erwerbslage; ferner der Verzicht auf den VA für den Scheidgsfall, aber Dchführg des VA für den Fall, daß der ausglpflicht Eheg nach der Scheidg stirbt (vgl NJW **77**, 223). Läßt man den teilw od einseit Ausschl des VA zu, so treten Schwierigk auf hins der Frage, ob § 1414 S 2 gilt u Gütertrenng eintritt, sowie hins der Dchführg des VA gem FGG 53 d (vgl Kniebes/Kniebes DNotZ **77**, 285 f). Der vollst Ausschl des VA ist iRd verfehlt bei der HaushFührgs- u Zuverdienstehe (vgl § 1360 Anm 3 a u b cc). Allerd ist die These v Ruland NJW **76**, 1715, der Ausschl des VA sei unsittl, sof nicht gleichzeit eine anderweit Sicherg des schwächeren Eheg vereinb w ist, allg auf Ablehng gestoßen (Scheld JurPrax **77**, 11; Kniebes/Kniebes DNotZ **77**, 284; Hoffmann NJW **77**, 235; MüKo/Kanzleiter Rdn 19). Einmal können ggf §§ 1569 ff helfen (Reinartz NJW **77**, 82); zum and müßte vor Abwäggen gem § 138 die Dauer der Ehe bekannt sein. Es dürfte aber keinem Zweifel unterliegen, daß die Rspr ähnl, wie sie den Unzulänglichkeiten des ehel GüterR dch die Ann v EhegInnengesellschaften abgeholfen hat, Versorgungsausbeutgen etwa über die Lehre vom Wegf der GeschGrdlage korrigiert; denn nach der eindeut Wertg der §§ 1587 ff gehören die auch nur von einem Eheg in der Eheczeit erworbenen Versorggstitel wirtschaftl beiden Ehem. Problemat daher auch die Änderg der AusglQuote beim öffentl VersorggsAusgl (krit unter prakt GesPkten auch Langenfeld NJW **78**, 1506). Um Überraschgen dch nachträgl Anfechtgen (zB gem § 119 II) vorzubeugen, empfiehlt es sich, die jew Motivationen der Eheg in den VertrText mit aufzunehmen, zB daß die Eheg eine Doppelverdienerehe ohne Kinder zu führen beabsichtigen od daß sie sich kirchl Eheauffassgen verpfl fühlen, eine HausfrEhe führen wollen u der VA nur wg entspr gesellschaftsrechtl Verpflichtgen der Ehem ausgeschl w soll (krit zu dieser Empfehlg Reinartz DNotZ **78**, 271). **cc) Wirkg**: Schließen die Eheg den VA aus, so tritt automat Gütertrenng ein (§ 1414 S 2), auch wenn die Eheg diese Wirkg nicht bedacht od gewollt hatten (dann allerd Anfechtgsmöglk n § 119 I). Der gesetzl Güterstd u damit der Zugew-Ausgl bleibt dagg erhalten, wenn sich aus dem EheVertr etwas and ergibt. Braucht nicht ausdrückl zu geschehen, sond kann sich auch aGrd einer Auslegg (§ 157 BGB) ergeben. Im Zweifel lassen alle Vereinbgen, die den VA nicht einschränkgslos ausschließen, sond nur iR einer Modifikation, den gesetzl Güterstd unangetastet. Empfehlensw die ausdrückl Best im EheVertr, welcher Güterstd im Zukft gelten soll, ebso wie Isoliergsklausel iSv § 139 bei Verbindg mit and Regelgen angebrachtist (Langenfeld NJW **78**, 1504). **dd) Wiederherstellg des VersorggsAusgl**: Der Ausschl des VA steht unter einer **Sperrfrist** von 1 Jahr; er ist unwirks, wenn innerh v 1 J nach VertragsSchl Antr auf Scheidg der Ehe gestellt w, **S 2**. Zwingdes Recht (Ruland Rdn 591); nach Gelsenk FamRZ **78**, 598 wg Verstoßes gg GG 2, 14 verfassgswidr. Der Ausschl des VA steht unter der auflösden Bedingg (§ 158 II) der Stellg des ScheidgsAntr (Kniebes/Kniebes DNotZ **77**, 288). **Zweck**: Sinnvoll ist die JahresFr angesichts des langs Anwachsens v VersorggsAnwartsch eigtl nur für Ehel nach längerer Ehedauer; in einer kriselnden Ehe soll ein Versöhnungsversuch, den der scheidgswill Eheg nur gg Vereinbg des VA-Ausschl zu unternehmen bereit ist, nicht einseit zu Lasten des and Eheg gehen; denkb auch, den Ausschl nach § 1408 sogl mit einer dch den Scheidgsfall bedingten Vereinbg gem § 1587 o zu verbinden (Reinartz DNotZ **78**, 272). Die Fr soll verhindern, daß ,,die Möglk, den VA in einem EheVertr auszuschließen, mRücks auf eine bevorstehde Scheidg der Ehe mißbraucht wird" (BT-

Drucks 7/4694 S 13; Rolland § 1587 o Rdn 7; zu eng daher insow Ruland Rdn 591). Zweifelsfragen bei der Ausleg sind desh aus dem bes Schutzbedürfn des an sich ausglbrecht Eheg zu entsch. Erfolgte der Ausschl dch Verlobte, beginnt die JahresFr frühestens mit der Eheschl (D. Schwab DNotZ-SondH **77**, 66; aA MüKo/Kanzleiter Rdn 20). Evtl Genehmiggen wirken auf den Ztpkt des VertrSchl zurück (§ 184 I). Vormschgerichtl Gen gem § 1411 (*arg* § 1408 II: In einem „EheVertr"; vgl aber Bergerfurth FamRZ **77**, 441). Für die Zerstörg des VA-Ausschl kommt es nicht auf das Stellen des ScheidgsAntr in der mündl Verhdlg (ZPO 624 III, 273, 137 I) an (so Kniebes/Kniebes DNotZ **77**, 288; Ruland Rdn 592), sond auf die Einreichg der AntrSchrift (Maier S 22; Rolland Rdn 8; Voskuhl/Pappai/Niemeyer S 11; Bergerfurth FamRZ **77**, 441 f m ausführl Begrdg; Reinartz DNotZ **78**, 282), weil sonst die Einhaltg der JahresFr von der Terminierg dch das FamG abhinge, auf die der Eheg keinen Einfl hat, so daß sich die best Fr dadch für ihn in eine unbest verkürzen würde. Wird der ScheidgsAntr später zurückgen, bleibt es nach dem bes SchutzZw von II 2 bei der Unwirksamk des Ausschl (ebso Rolland § 1587 o Rdn 8; aA Reinartz NJW **77**, 83; Bergerfurth FamRZ **77**, 442; Ruland Rdn 593). Der ausgleichsbercht Eheg, der – evtl nur um die Ehe zu retten u dem and Teil Versöhnungsversuche zu erleichtern – auf den VA verzichtet hat, kann nicht gezwungen w, die Ehe dch eig Antr aufzulösen, nur um den inzw als verfehlt erkannten Ausschl des VA rückgäng machen zu können. Nicht überzeugd daher MüKo/Kanzleiter Rdn 21, der auf die Ernstlichk des ScheidgsAntr abstellen will. Insow kommt dem II 2 Charakter eines an eine bes Form gebundenen Rücktr zu; der VA-Ausschl wird daher auch unwirks, wenn der and Eheg ScheidgsAntr stellt. Ein erneuter VA-Ausschl bedarf wiederum not Beurk. Wird der Ausschl des VA gem II 2 rückgäng gemacht, entfällt auch die Wirkg v § 1414 S 2, dh es tritt automat der gesetzl Güterstd in Kraft (v Maydell FamRZ **77**, 181). Für zweitl Verfügen gilt § 161 (Rolland Rdn 17; Kniebes/Kniebes DNotZ **77**, 288). Nach FrAblauf ggf noch § 138 od **Anfechtg** (§§ 119, 123), wenn zB der dch den VA-Ausschl begünstigte Ehem von Anfang an nicht die Absicht hatte, auf seine Geliebte zu verzichten; wenn im Anschl an den VA-Verzicht entsprechde Vermögensumschichtgen vorgenommen wurden, die den fortbestehden Anspr auf ZugewAusgl schmälern uä. Vgl MüKo/Kanzleiter Fn 56, der auf die Frage des Bevorstehens der Scheidg § 119 I anwenden will. – **dd) Übergangsregelg.** Im Rahmen der dch § 1408 nF gelassenen DispositionsFreih sind auch Vereinbgen über den Ausschl des VA, die vor dem 1. 7. 77 formgerecht getroffen w sind, wirks; die Fr des II 2 beginnt allerd erst am 1. 7. 77 (Reinartz NJW **77**, 84; Bergerfurth FamRZ **77**, 441; D. Schwab DNotZ-SondH **77**, 66). Nach 1. EheRG Art 12 Z 3 III gilt der VersorggsAusgl ferner nicht für Ehen, in denen der an sich ausglberecht Eheg vor InkrTr des 1. EheRG forml (Ruland Rdn 608 mNachw) dch Übertr v VermGgstden für künft Unterh-Anspr endgült abgefunden w ist od der VA Ggst eines entspr Vertrages war. Als Vertrag kommen nur Vereinbgen in Betr über an sich auszugleichde Versorggsanrechte, also nicht Verträge über den gänzl Ausschl des VA (Reinartz NJW **77**, 84; Kniebes/Kniebes DNotZ **77**, 283). Es sollen lediglich solche Altverträge aufrecht erhalten w, bei denen nach dem Inhalt der Vereinbg ein Bedürfn für eine zusätzl Sicherg des wirtschaftl schwächeren Eheg nicht besteht (BT-Drucks 7/4361 S 79 f).

4) Vertragsfreiheit und ihre Schranken. Vgl auch § 1409 Anm 1, Knur DNotZ **57**, 459 ff, Dölle § 43 C III (ausführl). An dem Grds der VertrFreih hat das GleichbergG nichts geändert, so daß auch eine solche Regelg gewählt w kann, die dem GleichhGrds nicht entspricht, Grdz 1 vor § 1408. Die Eheg sind frei in zeitl, Anm 1, wie inhaltl Beziehg. Auch der Inhalt des gesetzl Güterstandes kann also vertragl geändert werden. Mögl zB Vereinbg einer anderen AusglQuote als der Hälfte, Maßfeller Betr **58**, 564, aM Gernhuber § 32 III 9, Befreiung von der Vfgsbeschrkgen der §§ 1365, 1369, dort Anm 1 u BGH NJW **64**, 1795, Lange FamRZ **64**, 546 auch dahingehd, daß zB nur bei dem MannesVerm (mit Rücks auf seine Tätigk) die Befreig eintreten soll, Knur DNotZ **57**, 470 Anm 42, Änderg der Bestimmgen über das Anfangs- od Endvermögen, anderer Ztpkt für Bewertg des AnfangsVerm, Hbg NJW **64**, 1078, Annahme eines Anfangsvermögens, das noch garnicht vorhanden ist, wodurch sich der begünstigte Eheg einen bestimmten Voraus sichert, andere Bewertungsmaßstäbe als die des § 1376, insb hins der Berücksichtig von Wertschwankgen, Einigg über die heranzuziehenden Sachverst, Zahlgsvereinbg für den Ausgl, andere Arten des Ausgleichs, etwa eine Rente, Nießbr, Abschichtg mit einem bestimmten VermStück, Ausschließg der erb- od güterrechtl Lösg für den Erbfall, Ausschließg od Beschrkg des ZugewAusgleichs im Fall der Scheidg, Lange FamRZ **64**, 546, Johannsen LM § 1412 Nr 1, vgl auch Kohler BB **59**, 929, des Zugewinns aus GeschVerm, Finke MDR **57**, 579, aus einer bestimmten Arbeit, einer Erfindg, die Herausnahme bestimmter Ggstände aus dem Ausgl, zB den Firmenwert; allerdings kann hins solcher Herausnahmen bei einem späteren Ausgl leicht der Einwurf erhoben werden, daß für das herausgenommene VermStück unverhältnismäßig mehr als für das sonstige Gut getan worden wäre, also § 1375 II Z 3, so daß Ausschl des gesetzl Güterstandes oft vorzuziehen. Die völlige Ausschließg des Zugewinns bewirkt Gütertrenng, § 1414, s dort. Für die Vertr-Freih bestehen jedoch folgende **Beschränkgen: a) allg Art**, §§ 134, 137, 138 I od weil die Vereinbg mit dem Wesen der Ehe unvereinb wäre, nichtig zB eine Abänderg der zum Schutze Dritter getroffenen Vorschr, § 1437II, aber auch, daß die AusglFdg in unbegrenzter Höhe nicht höher als das aktive Endvermögen zur Entstehg kommen kann, § 1378 Anm 2, ebso Finke MDR **57**, 579; unzulässig demgemäß auch der ehevertragl Ausschluß der Rechte der Abkömmlinge, die nur von einem der Eheg abstammen, § 1371 IV, ebso Gernhuber § 37 IV 8, RGRK Anm 18, aM Dölle § 57 IV 2 Anm 5; in diese kann nur ihr Elternteil durch letztw Vfg, ErbVertr eingreifen. – **b) Besondere Beschränkgen** enthalten §§ 1409, 1518. – **c)** Die Frage, ob nur die **ehevertragl Bestimmg, die im Widerspruch mit dem von den Ehegatten vereinbarten Güterrecht steht,** unwirks ist od ob sie den ganzen Vertr unwirks macht, wird in dieser Allgemeinh verneint w müssen, da § 1414 diese Folge selbst dann nicht eintreten läßt, wenn bei Bestehen des gesetzl Güterstandes der ZugewAusgl ausgeschl wird, dann vielm Gütertrenng eintritt; ebso Finke MDR **57**, 580. Es wird also bei Bestimmgen, die dem bestehenden od gewählten Güterstd widersprechen, durch Ausslegg zu ermitteln sein, welche Art GüterR tatsächl besteht, vgl § 1418 Anm 2, ob die Bestimmgen nicht derart widerspruchsvoll sind, daß das nicht mögl ist, § 1421 Anm 1, oder ob der VertrTyp feststeht, es sich aber um zu ihr zwingd gehörige Nebenbestimmgen handelt, wie zB über den Zeitpkt des Entstehens der Ausgl-Fdg u die Unmöglichk, vorher sich zu einer Vfg über sie zu verpflichten, § 1378 III; vgl auch § 1428 Anm 1.

Jedenfalls widerspricht die Überlassg der Verwaltg beider Vermögen an einen Eheg nicht dem gesetzl Güterstd, selbst wenn damit eine Vfgsbefugn verknüpft wird, da sein Zweck, der ZugewAusgl, dadurch nicht geändert wird; wohl aber eine Bindg der Eheg entspr §§ 1365, 1369 bei Gütertrenng, da einer solchen Bindg § 137 entggsteht, RGRK 15, Dölle § 43 C 2 III b (bei aa), aM 24. Aufl. Die vom Gesetz zur Wahl gestellten Güterstde können also mannigf abgeändert werden; aber frei ausgestaltete andersartige GüterVertrtypen nicht mögl, Dölle § 43 C III b (bei cc), Gernhuber § 32 III, Beitzke FamRZ § 12 IV 4, weitergehd Zöllner FamRZ **65**, 113.

1409 *Beschränkung der Vertragsfreiheit.* I Der Güterstand kann nicht durch Verweisung auf ein nicht mehr geltendes oder auf ein ausländisches Gesetz bestimmt werden.

II **Hat ein Ehegatte zur Zeit der Eheschließung oder, falls der Vertrag später geschlossen wird, zu dieser Zeit seinen Wohnsitz im Ausland, so kann auf ein an diesem Wohnsitz geltendes Güterrecht verwiesen werden.**

Vorbem. I entspricht wörtl § 1433 I aF; II stellt außer sprachl Ändergen gleichm auf beide Eheg ab, GleichberG Art 1 Z 9.

1) Grdsätzl besteht VertrFreih, vgl aber auch § 1408 Anm 4, insb kann auf eine der VertrTypen des BGB im ganzen verwiesen werden. Um der bis 1900 gerade auf dem Gebiete des ehel GüterR bestehenden Vielgestaltigk zu steuern, macht aber eine Verweisg auf ein nicht mehr bestehendes oder ausl Güter R schlechtthin den EheVertr nichtig, § 134; es gilt dann der gesetzl Güterstd. Von I werden auch die bisherige Err- u FahrnisGemsch betroffen, Übbl 5 Abs 1 letzter S vor § 903, Haegele FamRZ **59**, 315, Dölle § 43 C III c (bei bb), Gernhuber § 32 III; jedoch kann eine diesem Güterstd ähnl Wirkg durch Vereinbg von GüterGemsch u des eingebrachten Gutes als VorbehGut erzielt werden, RGRK § 1408 Anm 34, Clamer NJW **60**, 563. Eine Ausn von I besteht nur im Falle des II, wobei gleichgültig, ob das ausl Recht gesetzl od vertragsmäßiges GüterR ist. Es kann auch auf GewohnR beruhen. Es muß aber an dem Wohns des Eheg zZ der Eheschl bzw des VertrSchlusses gelten, auch müssen die Vorschr des BGB gem EG 15 überh zur Anwendg kommen, vgl dazu Anm dort. Registereintragg bei II durch den Richter, RPflAG 14 Z 1.

1410 *Form des Ehevertrags.* **Der Ehevertrag muß bei gleichzeitiger Anwesenheit beider Teile zur Niederschrift eines Notars geschlossen werden.**

Vorbem. Übernimmt wörtl § 1434, GleichberG Art 1 Z 9. „Vor Gericht oder vor einem Notar" dch jetzige Fassg ersetzt, BeurkG 56 III.

1) In Erweiterg von § 128, RG **69**, 133, ist **für den Abschl des EheVertr vorgeschrieben a)** gleichzeitige (also keine Beurkundg des Angebots, dem dann erst die Annahme folgt) **Anwesenheit beider Teile;** jedoch nicht persönl Abschluß. Vertretg durch Bevollmächtigten mögl; wg gesetzl Vertreter § 1411. Weder Vollm noch Gen bedürfen der Form des § 1410, § 167 II, 182 II.

b) Abschluß des Ehevertrages, vgl dazu § 1408 Anm 3, vor dem Notar, BeurkG 56 III. Der Form bedarf auch der Vorvertrag, RG **48**, 186. Es genügt aber für den Abschl eines EheVertr der ProzVergl, RG LZ **19**, 641, ebso für seine Aufhebg. Die ehevertragl Form genügt anderers auch für den mit ihm in derselben Urkunde verbundenen ErbVertr, § 2276 II. Der EheVertr, der gg § 1410 verstößt, ist nichtig, § 125.

1411 *Eheverträge beschränkt Geschäftsfähiger und Geschäftsunfähiger.*
I **Wer in der Geschäftsfähigkeit beschränkt ist, kann einen Ehevertrag nur mit Zustimmung seines gesetzlichen Vertreters schließen. Ist der gesetzliche Vertreter ein Vormund, so ist außer der Zustimmung des gesetzlichen Vertreters die Genehmigung des Vormundschaftsgerichts erforderlich, wenn der Ausgleich des Zugewinns ausgeschlossen oder eingeschränkt oder wenn Gütergemeinschaft vereinbart oder aufgehoben wird. Der gesetzliche Vertreter kann für einen in der Geschäftsfähigkeit beschränkten Ehegatten keinen Ehevertrag schließen.**

II **Für einen geschäftsunfähigen Ehegatten schließt der gesetzliche Vertreter den Vertrag; Gütergemeinschaft kann er nicht vereinbaren oder aufheben. Ist der gesetzliche Vertreter ein Vormund, so kann er den Vertrag nur mit Genehmigung des Vormundschaftsgerichts schließen.**

Vorbem. Vgl § 1437 aF; neu gefaßt u erweitert, GleichberG Art 1 Z 9.

1) **Vertragsabschluß durch beschränkt Geschäftsfähige, I.** Beschränkt GeschFähige können einen EheVertr nur selbst abschließen; der gesetzl Vertreter, gleichgültig, ob die Eltern, § 1629, oder ein Vormd, sind zum Abschl eines Ehevertrages abweichd von den allg Vorschr niemals befugt, wobei ohne Bedeutg, welchen Inhalt er hat, I 3; hat Vertreter abgeschl, so § 177. Der gesetzl Vertreter muß zustimmen, I 1. Ist der gesetzl Vertreter ein Vormund, so bedarf er seiners der Gen des VormschG, §§ 1828–1830, wenn der ZugewAusgl ausgeschl od eingeschränkt od GütGemsch vereinbart od aufgehoben werden soll: bloße Ändergen des GüterGemschEhevertrages, falls darin nicht tatsächl eine Aufhebg liegt, Planck § 1437 aF Anm 9 fallen nicht hierunter. Ebenso beim Pfleger, § 1915. Zuständigk FGG 43 II; es entscheidet der RPfleger, RPflG 3 Z 2a.

2) **Vertragsabschluß eines Geschäftsunfähigen, II.** Hier schließt der gesetzl Vertreter den EheVertr ab, II 1. Er kann Eheverträge jeder Art abschließen, also auch ZugewGemsch aufheben od den ZugewAusgl ausschließen; nicht befähigt ist er ledigl zum Abschl eines Ehevertrages, durch den GütGemsch vereinbart od aufgeh wird, wohl aber zu Abändergen. Ist der gesetzl Vertreter ein Vormd, so Gen des VormschG erforderl, II 2; wg Zustdgk Anm 1.

Bürgerliche Ehe. 6. Titel: Eheliches Güterrecht § 1412

1412 *Wirkung gegenüber Dritten.* [I] Haben die Ehegatten den gesetzlichen Güterstand ausgeschlossen oder geändert, so können sie hieraus einem Dritten gegenüber Einwendungen gegen ein Rechtsgeschäft, das zwischen einem von ihnen und dem Dritten vorgenommen worden ist, nur herleiten, wenn der Ehevertrag im Güterrechtsregister des zuständigen Amtsgerichts eingetragen oder dem Dritten bekannt war, als das Rechtsgeschäft vorgenommen wurde; Einwendungen gegen ein rechtskräftiges Urteil, das zwischen einem der Ehegatten und dem Dritten ergangen ist, sind nur zulässig, wenn der Ehevertrag eingetragen oder dem Dritten bekannt war, als der Rechtsstreit anhängig wurde.

[II] Das gleiche gilt, wenn die Ehegatten eine im Güterrechtsregister eingetragene Regelung der güterrechtlichen Verhältnisse durch Ehevertrag aufheben oder ändern.

1) Art I Z 9 GleichberG übernimmt § 1435 aF unter Anpassg an den neuen Güterstd. Zur Wirksamk des EheVertr bedarf es einer Eintr im GüterRReg nicht (Königsbg OLG **15**, 406), ebso wie auch die Eintr für einen unwirks EheVertr keine heilde Wirkg hat (anders § 313 S 2). Der Dritte kann aber davon ausgehen, daß zw Eheleuten der gesetzl Güterstd gilt. Abweichung sind ihm ggü (anders zwischen den Ehegatten) nur wirks, wenn sie eingetragen sind od ihm bekannt waren **(I)**. Daß anderers eine von der Eintr abweichde Regelg getroffen w ist, damit braucht der Dr nicht zu rechnen, sol diese Vereinbg nicht eingetr ist, es sei denn, sie ist ihm sonst bek geworden **(II)**. Kein Schutz des guten Glaubens hingg bei § 1368. Ähnl Regelg in EheG 27.

2) Anwendgsgebiet. a) Ehevertragl Ausschließg des gesetzl Güterstdes, so daß Gütertrenng gilt (§ 1414). Eintr zul (BGH FamRZ **76**, 443). Auch bei Beendigg kr Ges ist Eintr sinnvoll (vgl § 1388 Anm 2). – **b)** Ehevertragl Änderg des gesetzl Güterstd, der als solcher bestehen bleibt (Grdz 1 vor § 1408); wird dabei Zugew ausgeschl, tritt Gütertrenng ein (§ 1414). – **c)** Ehevertragl Aufhebg der im GüterRReg eingetragenen vertragl Regelg, also zB bei Aufhebg der GütGemsch u gesetzl Eintritt subsidiären Güterstdes mangels anderer Vereinbg (§ 1424). Ebso (vgl §§ 1449 II, 1470 II) bei Beendigg der eingetragenen Regelg kraft G (§§ 1447–49, 1469, 1470). – **d)** Ehevertragl Änderg der im GüterRReg eingetragenen vertragl Regelg, auch bei Änderg der VerwaltgsBefugn, ebso die kr AnO eintretde Änderg (§ 1418 II Z 2, 3, IV). – **e)** Entspr anwendb: Beschrkg od Ausschl der Schlüsselgewalt (§ 1357 II 2), Einspruch u Widerruf der Einwilligg zum selbstdgen Betr eines ErwerbsGesch (§§ 1431 III, 1456 III).

Nicht anwendbar, wenn eine vertragl od aus anderen Gründen eingetretene Regelg, die an sich der Eintragg bedurft hätte, aber nicht eingetragen wurde, aufgeh od geändert wird, Planck Anm 3 zu § 1435 aF. Der Dritte ist gg Veränderngen selbst dann nicht geschützt, wenn er von dem ursprüngl Zustand, zB der nicht eingetragenen GütGemsch, auf die sich ein Eheg verlassen hat, die nun aber aufgeh ist, durch die Ehel Kenntnis erlangt hat, aber Haftg aus Erweckg eines Rechtsscheins od § 826 mögl.

3) Voraussetzgen für die Wirksamkeit der Veränderngen. Entweder **a)** muß die Eintragg (auf die Bekanntmachg od die Kenntnis des Dritten von der Eintragg kommt es nicht an) im GüterRRegister, §§ 1558 ff, zZ der Vornahme des Rechtsgeschäftes, bei genehmiggsbedürftigen Geschäften also zZ des Abschlusses (nicht der Genehmigg), RG **142**, 59, RGRK Anm 23, oder des Eintritts der Rechtshängigkeit bestehen. Eintrag muß vollst sein, vgl dazu auch Schlegelberger FGG 161 Anm VII, anderer § 1421 Anm 2. Einzutragen ist zB bei GütGemsch die VerwBefugnis, § 1421, so auch Dölle § 68 III, aM Haegele Justiz **57**, 431, bei VorbehGut nicht nur die Tats, daß solches vorhanden ist, sond auch die letztw Vfg, die Anordng des Zuwendenden, § 1418 II Z 2, ferner die genügend deutl Bezeichng der Ggstände, zB Erwerbsgesch, Landgut, nicht aber alles im einzelnen dazu Gehörige; denn die Eintragg wirkt dann bereits, wenn bei der im Verkehr aufzuwendenden Sorgf ihre Tragweite in allg erkannt w kann. Es kann auch auf ein bei den Registerakten befindl Verzeichnis Bezug genommen werden, § 13 Bundesratsbestimmg v 3. 11. 98. Oder

b) der Dritte hat Kenntnis von den Veränderngen, auch wenn sie nicht eingetragen sind. Auch hier genügt Kenntn der tatsächl Verhältnisse im allg, ohne daß der Dritte im einzelnen alle rechtl Folgergen daraus zu ziehen braucht; Kennenmüssen genügt so.

4) Der Schutz erstreckt sich nur auf den Dritten in seinem Verhältnis zu den Ehegatten, so daß zB, falls GütGemsch nicht eingetragen ist, auch bei gemschaftl Verwaltg u Gesamtgut trotz ZPO 740 II ein Urt gg einen Eheg zur ZwVollstr genügt u ZPO 739 zur Anwendg kommt. Ellw BWNotZ **75**, 149 wählt den Weg der Titelerstreckg analog ZPO 742, 727. Schutz erstreckt sich nicht auf die Ehegatten untereinander, Anm 1, auch nicht Dritte untereinander, die im Vertrauen auf die Richtigk der Eintragg miteinander ein RGesch abschließen. Ferner nur auf Einwendgen gg RGeschäfte u Urteile, nicht aber einen Erwerb durch ZwVollstr, Hbg OLG **30**, 42; ebsowenig bei Anspr aus unerl Hdlg od gesetzl UnterhR. In diesen Fällen kommt es also stets auf die Sachlage an. – Der Dritte kann sich auf die Eintragg, so wie sie aus dem Register hervorgeht, berufen, um davon abweichende Einwendungen zu entkräften, muß sich freilich dann auch solche, aus dem zu seinen Gunsten angenommenen GüterR enggehalten lassen. Auch äußert sich der Schutz nur darin, daß die Wirksamk des RGeschäfts od Urteils nach dem Registerstande beurteilt wird, ermöglicht aber nicht Befriedigg aus dem Vermögen des anderen Eheg, das dann seinem Zugriff unterlegen hätte, vgl Colmar OLG **11**, 282; im Fall des II versagt der Schutz ferner, wenn die Eintragg nicht der wirkl Sachlage entspricht, zB ein nichtiger EheVertr eingetragen ist, da auch dann die wahre Sachlage gilt u die falsche Eintragg zu Lasten des Dritten geht. Anders also §§ 892 ff, die ebso wie §§ 932, 936 ihre Wirkgen behalten, selbst wenn nach dem Registerstande der Erwerb nicht wirks wäre, zB steht die Eintragg der GütGemsch dem Erwerb von dem im GB als Alleineigtümer eingetr Eheg nicht entgg, RGRK Anm 22. Vgl auch § 1422 Anm 5.

5) Ende des Schutzes: mit der Änderg der Eintragg der Scheidg, Aufhebg, Nichtigk der Ehe, vgl auch EheG 27, mit der Wohnsitzverlegg des Mannes ohne Eintrag an seinem neuen Wohnsitz, § 1559.

1289

1413 *Widerruf der Überlassung der Vermögensverwaltung.* Überläßt ein Ehegatte sein Vermögen der Verwaltung des anderen Ehegatten, so kann das Recht, die Überlassung jederzeit zu widerrufen, nur durch Ehevertrag ausgeschlossen oder eingeschränkt werden; ein Widerruf aus wichtigem Grunde bleibt gleichwohl zulässig.

Vorbem. Umgestalt des § 1430 aF, GleichberG Art 1 Z 9. ÜbergangsR des GleichberG Anm 4.

1) Allgemeines. Jeder Eheg kann dem andern sein Verm zur Verw überlassen. Bestimmg gilt allg, also auch für ZugewGemsch u GüterGemsch; für diese auch § 1422 Anm 2.

2) Überlassg der Vermögensverwaltg erfolgt ausdrückl, kann aber auch stillschw, u zwar bei Eingehg der Ehe od auch später, muß aber stets freiw geschehen. Keine Vermutg für Überlassg, auch nicht, wenn ein Eheg das Verm des andern in Händen hat. Hat der Mann nach dem 1. 4. 53 das Frauengut weiter verwaltet, so muß er beweisen, daß er über die Einkünfte frei, § 1430 S 1 aF, verfügen konnte, BGH **31**, 204. Für Überlassgsvermutg iS des § 1413 nF nicht ausreichd, daß Eheg in gutem Einvernehmen leben, RG Recht **17**, 64, wohl aber längere Duldg der VerwMaßnahmen. Ist ein Eheg in GeschFähig beschränkt, bedarf er zur Überlassg der Einwillig seines gesetzl Vertreters, tritt Beschrkg währd Überlassg ein, so § 672 entspr, Anm 3. Überlassg bedarf nicht der ehevertragl Form, ebsowenig nachträgl Abänderngen, die grdsätzl jederzeit stets ebso wie der Widerruf der Überlassg mögl sind. Wenn dieser ausgeschl od eingeschränkt w soll, ist das jedoch nur durch EheVertr mögl, da es sich dabei um eine schwerwiegende Entsch handelt, die das GüterR als solches ändert; ein solcher Ausschluß würde zB den Güterstd der ZugewGemsch dem früh der Verw u Nutzn annähern. Auch für den Fall des ehevertragl Ausschlusses des Widerrufes bleibt dieser aus wichtigem Grunde mögl, zB bei dauerndem Verstoß des Verwalters gg seine Verwendgspflichten hins der Einkünfte, verweigerter RechenschLegg, Einleitg der Scheidgsklage.

3) Rechtsstellg des Verwalters. Richtet sich nach dem der Überlassg zugrunde liegenden RVerhältn, das meist ein auftragsähnl sein wird, §§ 662ff, mögl aber auch entspr DienstVertr mit GeschBesorgg, § 675. Der Verw hat also den Weisgen zu folgen, § 665, Auskunft zu geben, § 666, er hat alles, was er aus der GeschBesorgg erlangt, herauszugeben, § 667 (auch Offenbargseid nach § 260 mögl); verwendet der Verw Einkünfte für sich, so hat er die Beträge zu verzinsen, § 668, anderers kann er Ersatz für Aufwendgen verlangen, § 670, auch Vorschuß gemäß § 669. Anders als nach § 672 erledigt sich die Verw-Übertragg mit seinem Tod, iZw auch bei Konkurs des Überlassenden, KO 23. Durch Überlassg wird der Verw Besitzer; Verw kann sich demgemäß auch ggü dem anderen Eheg verbotener Eigenmacht erwehren, Dresd JW **21**, 686. Zu ordnungsgemäßer Verwaltg gehört, daß Verw aus den Einkünften des ihm übertragenen Gutes die dieses belastenden Zahlgen begleicht, vgl auch § 1649 I 1. Jedoch wird er deshalb nicht persönl verpflichtet, seine Pfl erschöpft sich insof auch dem anderen Eheg ggü mit der Erschöpfg der Einkünfte, was er ggf nachzuweisen hat. Er muß außerdem die erforderl Ersatzanschaffgen machen u dafür sorgen, daß die VermEinkünfte, soweit erforderl u nicht etwa ggteilige Weisgen vorliegen, dem FamUnterh zufließen, § 1360 I. Verw ist hins der gezogenen Nutzgen rechenschaftspflichtig. Der andere Eheg kann aber auch auf Rechngslegg verzichten. Ohne besonderen Auftrag darf Verw nicht VermStamm angreifen, da das nicht zur VermVerw gehört. Das gilt auch für das Angreifen des VermStamms zu FamUnterhZwecken. Im Dulden derartiger Vfgen seitens des Verw kann aber eine Ermächtigg liegen, Warn **20**, 14. Gemäß § 1359 nur beschränkte Haftg des Verw dem andern Eheg ggü, aM Dölle § 43 C V 2 a: § 276, da AuftragsR. Dritten ggü wird der überlassende Eheg nur im Rahmen der von ihm dem Verw gegebenen Vollm verpflichtet. Stellt sich Überlassg als Bestellg zu einer Verrichtg dar, so haftet der Überlassende Dritten nur gem § 831 für Hdlgen des verw Eheg, RG **91**, 363.

4) Im Übergang zum GleichberG gilt:

GleichberG Art 8 I Z 2. *Hat die Frau vor Inkrafttreten dieses Gesetzes ihr Vermögen ganz oder teilweise der Verwaltung des Mannes überlassen, so bestimmen sich die Rechtsbeziehungen der Ehegatten, die sich aus der Überlassung ergeben, nach den Vorschriften des Bürgerlichen Gesetzbuchs in der Fassung dieses Gesetzes.*

Nach § 1430 aF konnte die Ehefr, die in Gütertrenng lebte, ihrem Ehem die Verwaltg ihres Verm (ebso wie ab 1. 7. 58 nach § 1413 n F) überlassen. Das hatte nach der Regelg des BGB die Folge, daß der Ehem die Einkünfte dieses Verm, soweit sie nicht für die mit einer ordngsmäßigen Verwaltg verbundenen Ausgaben verbraucht wurden, nach freiem Ermessen verwenden konnte. Schon seit Inkrafttr des GleichberGrdsatzes (1. 4. 53) war diese Bestimmg aber nur noch dahin anzuwenden, daß, abgesehen von ihrer Anwendgsmöglichk auf eine VermÜberlassg auch an die Ehefr, der Eheg, dem überlassen wurde, soweit nicht eine andersartige Vereinbg getroffen war, nach den Weisgen des Überlassenden zu verfahren hatte. Die Einkünfte, die nicht für die Verwaltg verbraucht wurden, waren also für den Unterh u ehel Aufwand zu verbrauchen, ein Überschuß dem Eigtümer herauszugeben, wobei auftragsähnl Grdsätze galten. Vgl Vorbem zu § 1430 aF der 16. u früh Aufl. I Z 2 enthält demggü keine Abweichg, stellt lediglich klar, daß eine frühere Überlassg Rechte u Pflichten nach § 1413 gibt. Dadurch, daß diese Vorschr in die allg Vorschr des vertragsmäßigen GüterR aufgenommen ist, ergibt sich aber, daß sie auch für die ZugewGemsch Geltg hat, wie auch eine Überlassg der Verwaltg des VorbehGuts bei GütGemsch mögl ist, § 1413 Anm 1. Hinsichtl des Widerrufs entspricht die Regelg der früh Rechtspr.

2. Gütertrennung

Grundzüge

1) Wesen der Gütertrenng. Den Inhalt der Gütertrenng regelt GleichberG ebsowenig wie das BGB. Ihr Wesen besteht darin, daß sich die Eheg in vermögensrechtl Beziehg wie Unverheiratete gegenüberstehen. Es gibt nur zwei Vermögensmassen, das Mannes- u Frauenvermögen. Jeder verwaltet sein

Vermögen allein, soweit er nicht die Verw dem andern überläßt, § 1413. Jeder nutzt auch allein, soweit er nicht aus den Einkünften zum FamUnterh, beizutragen hat, § 1360. Jeder Eheg hat grdsätzl Alleinbesitz an seinen Sachen, RG JW **14**, 147; **22**, 93, der andere nicht Mitbesitz. Auf Grund der ehel LebensGemsch hat aber ein Eheg regelm dem anderen (anders bei Getrenntleben od wenn dem anderen Eheg der Beherrschgswille fehlt, § 854 Anm 2) Wohngs- u Hausratsbenutzg zu gestatten (§ 1353 Anm 2 b bb), so daß es iR ohne ausdrückl Vereinbg des stillschweigenden Abschl eines entspr Gebrauchsüberlassgsvertrages nach Art der Leihe nicht bedarf (Rolland § 1353 Rdn 13; and noch BGH **12**, 380). Für die Durchführg der ZwVollstr gilt allerdings im Rahmen der Vermutg des § 1362 nur der Schu als GewahrsInhaber od Besitzer, ZPO 739. Überläßt ein Eheg zum Verm des anderen gehörige Sachen einem Dritten, so sind sie iS von § 935 abhanden gekommen, vgl Hbg OLG **43**, 354. Eheg können RGeschäfte miteinander abschließen, Einf 2 c vor § 1353 u § 1408 Anm 3 aE. Jeder Eheg führt seinen RStreit allein u bedarf einer Vollm, wenn er einen solchen des anderen Eheg führt. Trotz der völligen Selbständigk legt das Wesen der Ehe dem Eheg doch auch weitgehende Verpflichtgen zG der Familie u des andern Teils auf, die sich aus §§ 1353–1362 ergeben. Insbes haben beide zum FamUnterh, jeder in seiner Weise, beizutragen, § 1360, wobei iZw angenommen wird, daß für die Hingabe eines Mehr der Wille, Ersatz zu verlangen, fehlt, § 1360 b. Die Eheg sind ferner einander zur Mitarbeit in Beruf u Geschäft verpflichtet, § 1356 II, hier allerdings nicht mit Aussicht des ZugewAusgleichs, §§ 1371 I, 1378, so daß sie auf andere Sichergen, insbes gleiche Beteiligg an gemeins Erworbenen nach gesellschaftsähnl Grdsätzen, § 1356 Anm 3, werden bedacht sein müssen. Auch die ehel LebensGemsch u die daraus folgende Rücks aufeinander legt einer RAusübg in vermögensrechtl Beziehg gg den andern Eheg Schranken auf, Einf 1 vor § 1353. Eine Vfgsbeschränkg bzgl des Hausrats besteht nicht; Beiseiteschaffen der FamHabe nicht mehr strafb (fr StGB 170a). Wg ehevertragl Vfgsbeschränkgen § 1408 Anm 4; gg Dritte aber nur so weitgeh wie bei ZugewinnGemsch wg § 137.

2) Übergangsrechtlich zum GleichberG gilt:

GleichberG Art 8 I Z 5. ^I Leben die Ehegatten zur Zeit des Inkrafttretens dieses Gesetzes im Güterstand der Gütertrennung des Bürgerlichen Gesetzbuchs, so gilt die Gütertrennung dieses Gesetzes. Die Vorschriften der Nummern 3 und 4 bleiben unberührt.
^II Die Ehegatten leben im Güterstand der Zugewinngemeinschaft, wenn die Gütertrennung eingetreten ist, weil
a) eine in der Geschäftsfähigkeit beschränkte Frau die Ehe ohne Einwilligung ihres gesetzl Vertreters geschlossen hat,
b) die Verwaltung und Nutznießung des Mannes geendet hat, weil über sein Vermögen der Konkurs eröffnet worden ist, oder
c) die Verwaltung und Nutznießung des Mannes geendet hat, weil der Mann für tot erklärt oder der Zeitpunkt seines Todes nach den Vorschriften des Verschollenheitsgesetzes festgestellt worden ist und er zur Zeit des Inkrafttretens dieses Gesetzes noch gelebt hat.
^III Die Vorschriften der Nummer 3 Abs. 2 sind anzuwenden.

a) Überleitg in die Gütertrenng des GleichberG, I. Sie findet nur bei Ehen statt, für die Gütertrenng ehevertragl vereinbart wurde. Anlaß für diese Vereinbg gleichgültig, vgl auch Finke MDR **57**, 583; also auch dann, wenn Eheg aus Gründen der Sicherh in der Zeit seit 1. 4. 53 den dann ohnehin geltenden gesetzl Güterstd der Gütertrenng ehevertragl festlegten. Es gilt die Gütertrenng, die sich nach dem GleichberG ergibt, Grdz 1 vor § 1414.

b) Überleitg in den gesetzlichen Güterstand der ZugewGemsch. Nicht betroffen von I u demgemäß in den gesetzl Güterstd übergeleitet werden **a)** die Ehen, für die ab 1. 4. 53 ohne vertragl Vereinbarbarg als gesetzl Güterstd inf Inkrafttretens des GleichberGrdsatzes Gütertrenng von Gesetzes wegen galt, 16. u früh Aufl Grdz 4 vor § 1363 aF. Für diese gilt Z 3 I u Z 4, die gemäß I 2 unberührt bleiben. Die Überleitg in den gesetzl Güterstd der ZugewGemsch erfolgte am 1. 7. 58, falls nicht in einem der Eheg bis zum 30. 6. 58 (oder gemäß FamRÄndG Art 9 Abschn II Z 6 in dem dort genannten Falle bis zum 31. 12. 61, Grdz 5 d u f vor § 1363) erklärte, daß Gütertrenng gelten soll, Z 3, Grdz 5 d vor § 1363, sowie 5 a wg des sofortigen Inkrafttretens von Z 3 II; für die Ehen, die ab 22. 6. 57 geschl sind, war das einseitig jedoch nicht mögl, Z 4, dort Anm 5 f. – **b)** Ehen, bei denen nach BGB Gütertrenng in bestimmten Fällen von Gesetzes wegen eintrat, II, und nicht der damalige gesetzl Güterstd. Der Gesetzgeber stellt diese in II aufgezählten Fälle denen der Z 3 I gleich. Vgl zu a (Eheschließg der in GeschFgk beschränkten Frau ohne Einwillig des gesetzl Vertreters) §§ 1426, 1364 aF, zu b (Konkurseröffng über Mannesvermögen) §§ 1426, 1419 aF, zu c (Überleben der TodesErkl od des Todeszeitpunkts durch den Mann) §§ 1426, 1420 aF. Auch hier gilt ab 1. 7. 58 der gesetzl Güterstd der ZugewGemsch, sofern nicht eine AusschließgsErkl gemäß Z 3 II od FamRÄndG, vgl oben, abgegeben wurde; s Grdz 5 d vor § 1363. Das Recht des BGB ließ noch in anderen Fällen Gütertrenng von Gesetzes wg eintreten, näml wenn der Güterstd der Verw u Nutzn durch Urt aufgeh wurde, § 1418 aF, ebso bei den Wahlgüterständen, §§ 1470, 1542, 1545, 1549 aF. In diesen Fällen, die II nicht erwähnt, da in das Ergebn des RStreits nicht eingegriff w soll, bleibt es bei der Gütertrenng. Ebenso müssen die Fälle beurteilt werden, in denen bei der ErrGemsch sonst noch Gütertrenng eintrat, §§ 1543, 1544 aF (Konkurs u Überleben der TodesErkl seitens des Mannes); dafür, daß diese Fälle in den neuen gesetzl Güterstd überzuleiten wären, so Weber DNotZ **57**, 572, fehlt jeder gesetzl Anhalt; es gilt § 1547 aF.

1414 *Eintritt der Gütertrennung.* Schließen die Ehegatten den gesetzlichen Güterstand aus oder heben sie ihn auf, so tritt Gütertrennung ein, falls sich nicht aus dem Ehevertrag etwas anderes ergibt. Das gleiche gilt, wenn der Ausgleich des Zugewinns oder der Versorgungsausgleich ausgeschlossen oder die Gütergemeinschaft aufgehoben wird.

1) Entspricht § 1436 aF; neugef dch GleichberG Art 1 Z 9, S 2 dch 1. EheRG Art 1 Z 16. **Gütertrenng tritt ein a)** bei Ausschließg des gesetzl Güterstandes im EheVertr vor Eheschl, ohne daß Gütertrenng ausdrückl vereinbart zu sein braucht; – **b)** bei Aufhebg des gesetzl Güterstandes, ohne daß im EheVertr ein and Güterstd vereinbart w; – **c)** bei ehevertragl Ausschließg des Zugewinns, wenn die Eheg im gesetzl Güterstd leben, da dann die der ZugewGemsch eigentüml vermögensrechtl Gemsch entfällt. Damit entfällt dann auch die erbrechtl Lösg im Falle der Beendigg der Ehe durch Tod, § 1371 I; also kein erhöhter Erb- od Pflichtteil. Gütertrenng tritt nur dann nicht ein, wenn der GüterVertr etwas anderes ergibt. Das ist aber nicht schon dann der Fall, wenn die Beschrkgen der §§ 1365, 1368 trotzdem gelten sollen, wohl aber, wenn der ZugewAusgl nur für den Fall der Scheidg ausgeschl w soll, da dann kein völliger Ausschl. Ebenso wenn nur die erbrechtl Lösg des ZugewAusgl, § 1371 I, ausgeschl wird, § 1408 Anm 4; – **d)** mit Ausschluß des VersorggsAusgl (§§ 1414 S 2, 1587 ff) idR, aber nicht zwingd (Einzelheiten NJW **77**, 223). Ausdrückl od iW dch Auslegg festzustellder Konkludenz kann auch bei gänzl Ausschl des VersorggsAusgl der gesetzl (!) Güterstd der ZugewGemsch beibehaltg des vereinbg bedarf es hierzu nicht (aA Reinartz NJW **77**, 83). Zur Zulässigk des VA-Ausschl unter Beibehaltg des gesetzl Güterstds vgl NJW **77**, 223; – **e)** bei Aufhebg der GüterGemsch, ohne daß im aufhebenden EheVertr ein anderer Güterstd vereinbart ist; – **f)** mit Rechtskraft des Urt, durch das auf vorzeitigen Ausgl der ZugewGemsch erkannt ist, § 1388 Anm 2; – **g)** mit Rechtskraft des AufhebgsUrt bei bisheriger GüterGemsch, §§ 1449 I, 1470 I; – **h)** durch einseitige Erklärg, die jeder Eheg bis zum 30. 6. 58 (in dem FamRÄndG Art 9 Abschn II Z 6 genannten Falle bis zum 31. 12. 61, Grdz 5 d u f vor § 1363) dem AmtsG ggü abgeben kann, wenn die Eheg am 31. 3. 53 im damaligen gesetzl Güterstd der Verw u Nutzn gelebt haben, ebso wenn sie ohne EheVertr zw dem 1. 4. 53 u dem Verkündgstag des GleichbergG (21. 6. 57) die Ehe geschlossen haben, GleichbergG Art 8 I Z 3, 4; desgl in den Fällen der Z 5, abgerd u erläut Grdz 5 vor § 1363 u 2 vor § 1414; – **i)** bei ehevertragl Vereinbarg der Gütertrenng. Nur in den Fällen h und i wird vereinbart od erklärt, daß Gütertrenng gelten soll, in den Fällen a–g tritt sie von selbst als **subsidiärer Güterstand** ein. In den Fällen a–g braucht auch aus dem Register nicht ersichtl zu sein, daß Gütertrenng gilt, wohl aber der rechtl Vorgang, aGrd dessen sie von Gesetzes wg eintritt, so daß für den Dritten Erkennbark besteht; vgl auch § 1412 Anm 2, 1449 II, 1470 II. Die Überleitg des früheren Güterstandes in Gütertrenng (oben g) braucht nicht, kann aber auf Antrag eines Eheg eingetragen werden, GleichbergG Art 8 I Z 3 II, 4, 5 II.

2) Gütertrenng endet durch Tod, Scheidg, Aufhebg, NichtigErkl der Ehe, ferner durch EheVertr. Gütertrenng schließt die Begrdg einer EhegInnenGesellsch nicht aus (BGH WPM **73**, 1242).

3. Gütergemeinschaft

Schrifttum : Tiedtke FamRZ **76**, 510.

Grundzüge

1) Die Regelg des BGB und ihre Änderg durch das Gleichberechtiggsgesetz. Die GütGemsch, vom BGB „allg GütGemsch" im Ggsatz zu der jetzt im G nicht mehr aufgenommenen ErrGemsch u FahrnisGemsch genannt, war vor 1900 in Norddeutschland (vor allem Ost- u Westpreußen, Posen, Pommern, Schlesw-Holstein, Westfalen), Hessen, Bay, Teilen des Rheinlandes und Thüringens weit verbreitet. Das BGB hat sie trotzdem, vor allem wg des geringen Schutzes der Frau, nicht zum gesetzl Güterstd erhoben. Zum Für u Wider vgl Mot IV 147 ff. An dieser Grundeinstellg zur GütGemsch hat sich auch heute nichts geändert, Begr zum RegEntw II S 33, Bericht des FamRAusschusses S 4, Schrifttumsverzeichn vor Einl vor § 1297. – Bei der GütGemsch, die nur durch EheVertr, § 1415, vereinb w kann od kraft der landesgesetzl Überleitg, EG 200 Anm 1, eintreten konnte u deren Vereinbg regelm keine Schenkg ist, § 1408 Anm 1, da es idR an der Einigg über die unentgeltl Zuwendg fehlt, wird das eingebrachte u später erworbene Vermögen der Eheg gemschaftl Vermögen, **Gesamtgut**, §§ 1416, 1419, dessen Einkünfte vor denen des VorbehGutes zum FamUnterh, § 1360, zu verwenden sind, § 1420, u das nach der Regelg des BGB grdsätzl der Verw des Mannes unterlag, § 1443 aF, die allerdings zG der Frau in bes wichtigen Fällen eingeschränkt war, §§ 1444–1448 aF, auch einige Sonderrechte ähnl wie beim früh gesetzl Güterstd der Frau vorbehielt, §§ 1449–1454 aF. Der Mann war für die Frau für seine Verw nur in AusnFällen verantwortl, § 1456 aF. Durch das **GleichbergG** ist die Stellg der Frau grdsätzl geändert worden, indem es die Verw des Gesamtgutes durch einen der Eheg vorsieht, also durch den Mann od die Frau, §§ 1422 ff, od durch beide gemschaftl, §§ 1450 ff. Eheg sollen das im EheVertr bestimmg, enthält dieser keine Bestimmg, so haben beide Eheg die Verw, § 1421. **Neben dem Gesamtgut sind noch 4 weitere Vermögensmassen mögl :** Sondergut des Mannes u der Frau, VorbehGut des Mannes u der Frau, §§ 1417, 1418. Ebenso wie das Vermögen sind auch die **Schulden** grdsätzl gemeinsame, §§ 1437 ff, 1459 ff, sie sind Gesamtgutsverbindlichkeiten; neben diese Haftg tritt aber für die Schulden des nicht verwaltenden Eheg, die dem GesGut zur Last fallen, noch die persönl Haftg des verw Eheg, bei gemschaftl Verw die persönl Haftg beider Eheg, §§ 1437 II, 1459 II. Mit Rücks auf die Verschiedenh der Verbindlichkeiten u der Vermögensmassen bedarf es im Innenverhältn einer AusglPfl, §§ 1441–1446, 1463–1466. Die Beendigg tritt mit Auflösg der Ehe, EheVertr od Urteil, §§ 1447–1449, 1469, 1470, ein. Danach kommt es zur Auseinandersetzg, dh es liegt zunächst ebenf eine Gemschaft zur gesamten Hand vor, § 1471, in der die Verw gemeins geführt wird, § 1472; nach Berichtigg der Verbindlichkeiten aus der Masse wird der Überschuß geteilt, §§ 1475, 1476. Erfolgt die Auflösg der Ehe durch den Tod eines Ehegatten, so tritt nach der Änderg des GleichbergG bei beerbter Ehe **fortgesetzte GüterGemsch** nicht mehr ohne weiteres, sond nur dann ein, wenn es die Eheg im EheVertr vereinbart haben, §§ 1483–1518, vgl Vorbem vor § 1483.

2) Der Inhalt der 3. Abteilg ist durch das GleichbergG dahin geändert, daß Mann u Frau gleichgestellt worden sind, Anm 1. Dem trägt die Änderg der bisherigen Bestimmg Rechng, die im wesentl sonst unverändert geblieben sind, soweit sie Verweisgen auf Vorschr des früh gesetzl Güterstandes enthalten, jedoch ergänzt sind. Hinzugefügt sind solche über die gemeins Verw des Gesamtgutes. Die Abteil enthält jetzt allg Vorschr, §§ 1415–1421, die über die Verw des Gesamtgutes durch den Mann u die Frau, §§ 1422–1449, die gemschaftl Verw des Gesamtgutes durch die Eheg, §§ 1450–1470, die AuseinandS des Gesamtgutes, §§ 1471–1482, die fortgesetzte GütGemsch, §§ 1483–1518.

3) Übergangsrecht des BGB EG 200, des GleichberG Art 8 I Z 6:

GleichberG Art 8 I Z 6. [I] *Leben die Ehegatten zur Zeit des Inkrafttretens dieses Gesetzes im vertraglichen Güterstand der allgemeinen Gütergemeinschaft des Bürgerlichen Gesetzbuchs, so gelten die Vorschriften dieses Gesetzes über die Gütergemeinschaft; haben die Ehegatten die Fortsetzung der Gütergemeinschaft nicht ausgeschlossen, so gilt diese als vereinbart.*

[II] *Haben die Ehegatten die allgemeine Gütergemeinschaft vor dem 1. April 1953 vereinbart, so wird das Gesamtgut weiterhin vom Mann verwaltet; haben sie die Gütergemeinschaft später vereinbart, so bleibt die Vereinbarung der Ehegatten über die Verwaltung des Gesamtgutes maßgebend.*

a) **Grundsatz. Eheverträge bleiben bestehen.** Das gilt auch für die alleinige Verwaltgsbefugnis des Ehemannes, die sich vor dem 1. 4. 53 aus der damaligen RLage ergab, da privatrechtl Vereinbgen abweichd von GG 3 II getroffen w können, GleichberG Art 8 I Z 3, erläut Grdz 5 vor § 1363. Eine Überleitg u damit ein Eingriff in die Verträge erfolgt nur insow, als ab 1. 7. 58 nur die GütGemsch aGrd des GleichberG bestehen soll, zumal die neue u die alte Regelg sich sehr stark decken; Unterschiede bes bei §§ 1435, 1468 nF. Wegen des *Saarlandes* s Grdz 5 e vor § 1363.

b) **Überleitg der vor dem 1. 4. 53 vereinbarten allg GütGemsch, II.** Der Inhalt des Ehevertrags erleidet nur insof eine Veränderg, als ab 1. 7. 58 §§ 1416–1449 nF, jedoch mit der Maßg gelten, daß der Ehemann nach wie vor die alleinige Verwaltg hat, ferner, daß fortgesetzte GütGemsch, falls sie im Vertrage nicht ausgeschl ist, als vereinbart gilt, I Halbs 2, vgl auch § 1483.

c) **Überleitg der seit dem 1. 4. 53 vereinbarten GütGemsch.** Hinsichtl der Verwaltg gilt das Vereinbarte. Ergibt sich das nicht aus dem Vertrage, so ist der dahin gehende Wille der Eheg zu ermitteln, der sich an Hand der bisherigen Übg im allg leicht feststellen läßt; notf gilt gemeins Verwaltg. Im übrigen treten an Stelle der früh Bestimmgen über die allg GütGemsch die über die GütGemsch idF des GleichberG, also §§ 1416–1420 u §§ 1422 ff oder 1450 ff. Bezügl der fortgesetzten GütGemsch vgl b. Soweit Eheg nach Verkündg des GleichberG (21. 6. 57), aber vor seinem Inkrafttreten „GütGemsch iS des GleichberG" vereinbart haben, ist die Vereinbg wirks, auch durchaus iS des Gesetzgebers; ebso Dortm (LG) NJW **57**, 1481. § 1409 I, aus dem Haegele FamRZ **57**, 286 folgern will, daß dann alle Vorschr des Gesetzes in den Vertr aufgenommen w müßten, steht schon seinem Wortlaut, aber auch dem Sinn nach nicht entgg; so auch Meyer u Weirich, FamRZ **57**, 399 ff. Bis zum Inkrafttr des GleichberG, 1. 7. 58, konnte auch GütGemsch alten Rechts vereinbart werden, ohne daß § 1433 I aF (jetzt § 1409 I) verletzt wurde, BVerwG NJW **66**, 1332.

d) **Gilt landesgesetzl allg GütGemsch als gesetzlicher Güterstand,** vgl EG 200, wie es noch in seltenen Fällen vorkommt, so sind die Best der §§ 1437 ff aF GG 3 II anzupassen, wie das schon bisher der Fall war; GleichberG trifft hierzu keine Regelg; ebso Dölle § 66 IV Anm 45. Also gemeins Verwaltg. Siehe dazu 16. u früh Aufl Grdz 3 vor § 1437 u die dort in Bezug genommenen Vorbem.

a) Allgemeine Vorschriften

1415 Vereinbarung durch Ehevertrag. Vereinbaren die Ehegatten durch Ehevertrag Gütergemeinschaft, so gelten die nachstehenden Vorschriften.

Vorbem. Neu, GleichberG Art 1 Z 9.

1) Eintreten der Gütergemeinschaft. Nur durch Ehevertrag, § 1408. Wegen der Form § 1410, des Abschlusses durch einen in der GeschFgk Beschränkten § 1411 I; ein GeschUnfähiger kann auch durch seinen gesetzl Vertreter GütGemsch nicht vereinbaren. Um Wirkg gegen Dritte zu haben, bedarf der EheVertr, durch den gleichzeitig der gesetzl Güterstd ausgeschl wird, § 1363 I, ebso wie eine Änderg, so Übergang von Gütertrenng zur GütGemsch, der Eintragg ins GüterRReg, § 1412.

2) Beendigg der Gütergemeinschaft außer durch EheVertr u Tod eines Eheg, § 1482, auch durch Urteil auf Aufhebgsklage §§ 1447–1449, 1469. In letzterem Falle tritt Gütertrenng, §§ 1449, 1470, ein. Nicht aus anderen Gründen, § 1447 Anm 1, insb Wegfall der GeschGrdlage, wenn zB ein Eheg unter den gesetzl Voraussetzgen vom ErbVertr zurücktritt, BGH **29**, 129, durch Konkurs, KO 2. Falls im EheVertr vereinbart, so schließt sich an die GütGemsch beim Tode eines Eheg fortgesetzte GütGemsch an, § 1483.

1416 Gesamtgut. [I] Das Vermögen des Mannes und das Vermögen der Frau werden durch die Gütergemeinschaft gemeinschaftliches Vermögen beider Ehegatten (Gesamtgut). Zu dem Gesamtgut gehört auch das Vermögen, das der Mann oder die Frau während der Gütergemeinschaft erwirbt.

[II] Die einzelnen Gegenstände werden gemeinschaftlich; sie brauchen nicht durch Rechtsgeschäft übertragen zu werden.

[III] Wird ein Recht gemeinschaftlich, das im Grundbuch eingetragen ist oder in das Grundbuch eingetragen werden kann, so kann jeder Ehegatte von dem anderen verlangen, daß er zur Berichtigung des Grundbuchs mitwirke. Entsprechendes gilt, wenn ein Recht gemeinschaftlich wird, das im Schiffsregister oder im Schiffsbauregister eingetragen ist.

§§ 1416, 1417   4. Buch. 1. Abschnitt. *Diederichsen*

1) Vorschr aGrd v Art 1 Z 9 GleichberG an Stelle v § 1438 aF. Dch die GütGemsch entsteht eine **Gemeinschaft zur gesamten Hand** (RG **129**, 120), also nicht etwa eine neue RPersönlichk; vielm sind beide Eheg Eigtümer. Aus der GütGemsch folgt nicht eine allg VertreterEigensch des einen für den und Eheg (RG **89**, 360). Zur Verwaltg § 1421. Neben der GütGemsch ist weitere Gesamthand, zB in Form einer off HandelsGesellsch, nur dch Begrdg v VorbehGut (§ 1418) in der Form des § 1410 mögl (BGH **64**, 79 mAv Beitzke FamRZ **75**, 574; Schünemann FamRZ **76**, 137; aA Tiedtke FamRZ **75**, 675). Bei rechtswidr Eingr in das Gesamtgut ist jeder Eheg verletzt, also auch zur Stellg des StrafAntr (StGB 77) berecht (RGSt **34**, 64). Solange GütGemsch besteht, keine Vfg über den Anteil, keine Quotenrechte, kein Anspr auf Teilg. An Gesamtgutssachen kann ein Recht für einen Eheg nicht begründet w (KG RJA **14**, 81), außer wenn es sich um Sondergut handelt (wie beim Nießbr, Colmar OLG **15**, 410) od das EheVertr dch VorbehGut zum VorbehGut bestimmt od die GütGemsch beendet, aber noch nicht auseinandergesetzt ist (KGJ **26** A 130).

2) Umfang des Gesamtgutes, I. Hierzu gehört das gesamte Mannes- u Frauenvermögen, sowohl das eingebrachte wie das währd der Ehe erworbene; also auch die Erbsch eines Eheg, der andere wird damit aber nicht Miterbe, BayObLG **2**, 223, die AusglFdg aus einer früheren ZugewGemsch, der Anteil am Gesamtgut einer beendigten fortgesetzten GütGemsch aus früh Ehe, RG **125**, 347 hM, vgl auch § 1417 Anm 2, die Anwartsch auf das unter EigtVorbeh Gekaufte, auch wenn der Erwerb erst nach Aufhebg der GütGemsch eintritt, RG JW **25**, 353, die Nutzgen des Gesamtguts u des Sondergutes, das aus Ehestandsdarlehen Beschaffte, Freund JW **38**, 1785, 2654; vgl auch KG DJ **41**, 829. Nicht zum Gesamtgut gehören Sondergut, § 1417, u VorbehGut, § 1418. Nach der in den **Ländern der früh BrZ** geltenden Höfeordng, ABlMR (BrZ) 505, kann ein Hof zum Gesamtgut gehören, § 1 I, 8 IV HöfeO, SchlHOLG DNotZ **62**, 425. – **Für die Zugehörigkeit zum Gesamtgut besteht eine Vermutg**, die Zugehörigk zu einer anderen VermMasse ist also vom Behauptenden zu beweisen.

3) Der Eintritt der Gesamtguteigenschaft, II, (vgl dazu auch W. Hofmann, FamRZ **72**, 117); vollzieht sich **kraft Gesetzes**, ohne daß es noch einer rechtsgeschäftl Übertragg (Übergabe, Auflassg) bedürfte, u zwar bei einem EheVertr vor Eheschl mit dieser, bei einem EheVertr währd der Ehe mit Abschluß des Vertrages, bei Erwerb nach Abschluß mit dem Erwerb; trotzdem so der SchadErsAnspr eines Eheg zum Gesamtgut gehört, können doch nicht Anspr aus dem Mitverschulden des anderen hergeleitet werden, RG SeuffA **71**, 31, Dölle § 67 I 1 b Anm 24. Der Erwerb kraft G hat zur Folge, daß es auf den Willen des Erwerbenden, für die Gemsch zu handeln, auf sein Wissen um ihr Bestehen ebsowenig ankommt, RG **90**, 288, wie darauf, ob er für die Gemsch od sich selber abschließt. Handelt er in eig Namen, so erwirbt er zwar selbst Eigt, das aber unmittelb zum gemschftl Eigt wird, RG **84**, 327, Eintragg ins Grdbuch also ohne Zust des anderen Eheg, BayObLG MDR **54**, 306. Beim Erwerb vom Nichtberechtigten, §§ 982ff, allein Gutgläubigk des erwerbenden Ehegatten erhebl; Bösgläubigk des anderen Ehegatten unschädl, RG Gruch **47**, 667. II **anwendbar** bei Umwandlg von VorbehGut in Gesamtgut, Colmar OLG **7**, 54, bei Grdst also Auflassg erforderl, KGJ **52**, 140.

4) Gütergemeinschaft im Grundbuch, Schiffs- oder Schiffsbauregister, III; S 2 hinzugefügt durch VO v 21.12.40, RGBl 1609 Art 2. Die GütGemsch ist im Grdbuch einzutragen, GBO 47. Es genügt aber nicht der Vermerk „leben in ehel Gemeinschaft". Nachweis dem GBA ggü nach GBO 19, 33, 34. Mit Rücks auf den Erwerb kraft G wird das GB, in dem nur ein Berechtigter eingetragen ist, in den Anm 3 genannten Zeitpunkten unrichtig, so daß der nicht eingetragene Eheg von dem anderen die Mitwirkg zur Berichtigg verlangen kann, GBO 22, 33, 34; erforderlichenf Ersetzg, ZPO 894. Keine Einwilligg nach GBO 19. Auch Eintragg eines Widerspruchs mögl, RG **108**, 281. Vgl auch §§ 894–896. Der Eingetragene kann die Berichtigg durch Nachweis der Unrichtigk des Grundbuchs nach GBO 22 betreiben. Einer Mitwirkg des anderen bedarf es dann nicht; will der nicht verw Eheg eingetragen werden, so steht das VerwR des anderen nicht entgg, vgl KG JW **34**, 1580, ebso ist die RLage zu beurteilen, wenn auch der andere Eheg verwberechtigt ist. Die Kosten sind GesGutsverbindlichkeiten. Die Eintragg von Bruchteils-Eigt bei Grdst, das ins Gesamtgut fällt, ist vom GBRichter abzulehnen, RG **155**, 344. Keiner vorherigen Grdbuchberichtigg bedarf es bei Vfg über ein nur für einen Eheg eingetragenes Recht, KG JFG **1**, 293 unter Aufgabe der früh Rspr, RGRK Anm 13. Wegen der alsbaldigen Pfl zur Grdbuchberichtigg vgl GBO 82. Erwirbt ein Gatte für sich, so kann er das Recht ohne Zust des anderen sofort auf den Namen beider als Gesamtgut eintragen lassen (allgM; BayObLG DNotZ **76**, 174). Entspr gilt bei Eintraggen im Schiffs- u Schiffsbauregister, VO v 15.11.40, RGBl 1499, und wg des Registers VO v 19.12.40, RGBl 1591, idF v 26.5. 51, BGBl 360; ebso bei Luftfahrzeugen, LuftfzG 98 II.

1417   *Sondergut.*   **I** Vom Gesamtgut ist das Sondergut ausgeschlossen.

II Sondergut sind die Gegenstände, die nicht durch Rechtsgeschäft übertragen werden können.

III Jeder Ehegatte verwaltet sein Sondergut selbständig. Er verwaltet es für Rechnung des Gesamtgutes.

1) Fassg gem Art 1 Z 9 GleichberG entspr § 1439 aF mit der Maßg, daß SondGut der Frau dch diese verwaltet w. Wg der versch VermMassen Grdz 1 v § 1415. Dch EheVertr kann SondGut nicht begründet w, auch nicht dch Bestimmg des VermZuwenders. Verwandlg von SondGut in Gesamtgut ist auch ehevertragl nicht mögl, wohl aber in VorbehGut. Eintr der SondGutsEigensch ins Grdbuch unzul.

2) Der Umfang des Sondersguts, II, ist gesetzl erschöpfd festgelegt: es gehören nur die dch RGesch unübertragb Ggstände dazu, also zB nicht abtretb u unpfändb Fdgen (§§ 399, 400); unpfdb Gehalts- u UnterhAnspr iSv ZPO 850ff (Posen OLG **8**, 336); der Anteil an der OHG, auch wenn er von einem Eheg dch Einbringg eines zum Gesamtgut gehördn VermStückes erworben wird (BGH **LM** § 260 Nr 1); ebso der Anteil an KG als persönl haftder Gesellschafter (BGH **57**, 128), so daß steuerrechtl der and Eheg an Einkften

1294

daraus nicht beteiligt ist (BFH BB **61**, 778); der SchmerzGAnspr (RG **96**, 96) u derj aus § 1300, sol sie nicht dch Vertr anerk od rhäng geworden s (§§ 847 I 2, 1300 II); die SchadRente aus §§ 843, 844; Nießbr (§ 1059); pers Dienstbark (§ 1092); die Rechte aus §§ 1103 II, 1111 II; der Anteil an der bestehen fortgesetzten Güt-Gemsch (BayObLG **5**, 107 u 287; str); schließl das UrheberR. **Nicht hierzu gehören** Rechte, die nicht ihrem Wesen nach, sond nur kr ParteiVereinbg od auch nur wg Zugehörig zu einem Vermögensinbegriff unübertragb sind. Demgem fallen ins GesGut: die dem Vorerben angefallene Erbsch; der Anteil am ungeteilten Nachl gem § 1416 II (BayObLG OLG **41**, 55); ebso der Erbhof mit Wegfall des RErbhG, falls er nicht zum VorbehGut erklärt war (BayObLG NJW **53**, 224; sa Lutter AcP **161**, 163); die Nutzgen aus unübertragb Rechten; das AuseinandSGuthaben od die Abfindg nach Auflösg einer PersGesellsch (RG **146**, 282); die sonst ErsatzAnspr aus § 843, wie Heilgs- od Instandsetzgskosten (RG **151**, 286); pers Dienstbark, soweit sie f beide Ehel gemeins bestellt w wie zB WohnR (BayObLG JW **32**, 3005), od Reallast f die Ehel als GesamtBerecht (BayObLG **67**, 480).

3) Rechtliche Behandlg. Jeder Eheg bleibt Eigtümer seines Sonderguts, das er auch selbst verwaltet, demgemäß auch selbst RStreitig führt. Die Verw erfolgt für Rechng des Gesamtgutes. Die Nutzgen fallen diesem zu, soweit sie durch RGesch übertragen w können, II; sie sind ebso wie die des GesGutes in erster Linie zum FamUnterh zu verwenden. Soweit die Lasten aus den Einkünften des Sondergutes beglichen zu werden pflegen, trägt sie das Gesamtgut, §§ 1440 S 2, 1442 S 1, 1462 S 2, 1464 S 1. Wegen der Haftg des Sondergutes §§ 1437 Anm 3, 4, 1459 Anm 3.

1418 *Vorbehaltsgut.*
I Vom Gesamtgut ist das Vorbehaltsgut ausgeschlossen.
II Vorbehaltsgut sind die Gegenstände,
1. die durch Ehevertrag zum Vorbehaltsgut eines Ehegatten erklärt sind;
2. die ein Ehegatte von Todes wegen erwirbt oder die ihm von einem Dritten unentgeltlich zugewendet werden, wenn der Erblasser durch letztwillige Verfügung, der Dritte bei der Zuwendung bestimmt hat, daß der Erwerb Vorbehaltsgut sein soll;
3. die ein Ehegatte auf Grund eines zu seinem Vorbehaltsgut gehörenden Rechtes oder als Ersatz für die Zerstörung, Beschädigung oder Entziehung eines zum Vorbehaltsgut gehörenden Gegenstandes oder durch ein Rechtsgeschäft erwirbt, das sich auf das Vorbehaltsgut bezieht.

III Jeder Ehegatte verwaltet das Vorbehaltsgut selbständig. Er verwaltet es für eigene Rechnung.

IV Gehören Vermögensgegenstände zum Vorbehaltsgut, so ist dies Dritten gegenüber nur nach Maßgabe des § 1412 wirksam.

Vorbem. Fass GleichberG Art 1 Z 9; übernimmt inhaltl unverändert §§ 1440, 1441 aF (letzterer teilw in § 1420) unter Aufnahme der Verweisgen auf §§ 1369, 1370, 1431 I aF in den Gesetzestext.

1) Allgemeines, II, III. Jeder Eheg kann VorbehGut haben; vgl auch Grdz 1 vor § 1415. Es bleibt in seinem alleinigen Eigentum, fällt also nicht ins Gesamtgut. Eheg hat das alleinige Verw u VfgsR, ist auch bei gemeinsamer Benutzg unmittelbarer Besitzer, vgl RG JW **22**, 93 sowie § 1362 u dort Anm 1; Besitzübertragg auf den anderen Eheg wie auf jeden Dritten, RG ebda. Verwaltg erfolgt für eigene Rechng; die Nutzgen fallen also dem Eheg zu, sie sind nur hilfsw, also erst nach den Einkünften des Gesamtgutes zum FamUnterh zu verwenden, § 1420; dort auch wg der etwa erforderl Verwendg des Stammes. Zur ZwVollstr genügt ein Titel gg den Eigtümer, für die ZwVollstr gilt hins des VorbehGuts ZPO 739. **Dritten ggüber** gilt VorbehGutseigensch, also auch Begründg u Aufhebg nur unter Voraussetzgen des § 1412, s dort; Registereintragg also auch bzgl des VorbehGutes aGrd Bestimmg Dritter u der Ersatzstücke.

2) Begründg von Vorbehaltsgut, I. Erschöpfende Aufzählg; keine ausdehnende Ausleg, vgl RG **87**, 100. Demgemäß fallen persönl GebrGgstände nicht in das VorbehGut; § 1362 gilt dafür nicht, dort Anm 1. Ebsowenig der Arbeitsverdienst; was ein Eheg in einem von ihm betriebenen Erwerbsgeschäft, §§ 1431, 1456, erwirbt, wird Gesamtgut, soweit der EheVertr nichts anderes bestimmt. Würde bestimmt, daß das ggwärtige u künftige Verm VorbehGut werden soll, so läge in Wahrh vertragl Vereinbg der Gütertrenng vor, § 1408 Anm 4c, vgl auch BayObLG **3**, 562. Durch EheVertr kann VorbehGut überh ausgeschl, eine dahingehende Bestimmg eines Dritten also unwirks gemacht werden, Stgt JW **32**, 1402. Wegen der Umwandlg von Sondergut in VorbehGut § 1417 Anm 1. VorbehGutseigensch kann nur durch EheVertr geändert werden, § 1408.

3) Im einzelnen, II. Vorbehaltsgut ist nur
a) das durch Ehevertrag dazu Erklärte, Z 1. Mögl für einzelne Ggstände, für Inbegriff von Ggständen ohne besondere Aufzählg, RG JW **16**, 834, nach dem ErwerbsGrd. Das muß auch bei Schenkgen unter Eheg gelten, ebso Planck-Unzner § 1440 aF Anm 5, Gernhuber § 38 V 2 Anm 3, aM KG RJA **6**, 53. Die Ggstände bedürfen aber der rechtsgeschäftl Übertragg im einzelnen, vgl jedoch auch BayObLG **6**, 297. Eine solche auch erforderl, wenn durch EheVertr ein Stück des Gesamtguts zum VorbehGut erklärt wird.

b) Durch Bestimmg Dritter, Z 2. Erfolgt ohne, auch gg den Willen der Betroffenen, wobei genügt, wenn klar erkennb, daß nicht Gesamtgut w soll, also nicht schon, wenn als Zuschuß bezeichnet. Vorbeh-Gut tritt ohne weiteres ein, kann aber, da durch die Bestimmg das UmwandlgsR nicht genommen w kann, durch EheVertr zu Gesamtgut gemacht werden. Dies führt aber dann, wenn Durchf der Bestimmg Bedingg für die Hinterlassensch od Zuwendg ist, zu deren Verlust.

aa) Erwerb von Todes wegen kann erfolgen durch Erbfolge, §§ 1922ff, 1937, also auch aGrd eines Erbvertrages, § 2299, ferner durch Vermächtn, § 1939, od als Pflichtt, §§ 2303 ff. Die Bestimmg muß in der für jene erforderlichen Form erfolgen, §§ 1937, 2299, 2301, ohne daß aber eine eigentl letztw Zuwendg vorzuliegen braucht, zB Belassg bei der gesetzl Erbfolge; auch braucht Bestimmg u Zuwendg nicht in derselben Vfg zu erfolgen. Annahme od Ausschlagg der Erbsch, des Vermächtnisses, der Verzicht auf den PflichtT erfolgt durch Eheg allein, Aufhebg u Anfechtg der letztv Vfg richten sich nach den erbrechtl Bestimmgen. Ist das sämtl dem Eheg aus dem Nachl anfallende Vermögen für VorbehGut erklärt, so ist auch der AuseinandSAnspr VorbehGut; ebso gehört dahin die Anwartsch auf die Nacherbfolge, der Anspr auf das Vermächtnis, auch das aGrd eines Vergleichs in einem ErbschStreit Erlangte, BayObLG **4**, 604. Die Bestimmg als Beschwerg des PflichttBerechtigten, § 2306, nur dann anzusehen, wenn die VorbehGutseigenschaft als Bedingg für die Hinterlassenschaft gesetzt ist, vgl oben. – **bb) Erwerb unter Lebenden.** Die Bestimmg bedarf keiner besonderen Form, sogar stillschw mögl, Hbg Recht **18**, 1007, kann aber nicht nach, sond nur bei der Zuwendg erfolgen, RG Recht **15**, 2515, also auch vorher, ebso Gernhuber § 38 V 3 Anm 5, wenn bei der Zuwendg irgendwie erkennbar darauf Bezug genommen wird. Unentgeltlich nur, was der Eheg unentgeltl erwirbt; nicht entggsteht, wenn Entgelt von anderer Seite, auch vom anderen Eheg kommt, vgl RG **171**, 83. Hierher rechnen nicht nur Schenkg, sond auch die die Vermögensverhältnisse des Vaters od der Mutter nicht übersteigende Ausstattg, § 1624, vgl RG **80**, 217; aber nicht Leistgen in Erfüll einer RechtsPfl.

c) Ersatzstücke, Z 3, gibt Eigtümer des VorbehGuts die Möglichk, sich dieses ungeschmälert zu erhalten und es, erforderlichenf auch gg den Willen des anderen, frei zu verwalten, RG **72**, 165. In Betracht kommen nur **drei Erwerbsarten: aa) auf Grund eines zum Vorbehaltsgut gehörenden Rechtes;** gleichgültig, ob kraft G, zB Früchte, Zuwachs, oder durch RGesch, durch das der Inhalt des Rechts verwirklicht wird, zB Mietzinsen, Erfüllg von Fdgen, auch der Lotteriegewinn, wenn das Los zum VorbehGut gehört, aber nicht der urspr Erwerb, also zB der GrdstErwerb durch Ausschlußurteil, RG **76**, 360; ebenso RGRK Anm 30. **bb) Ersatz für Zerstörg, Beschädigg, Entzieh,** zB Entschädigg für die Zwangsenteignng, Anspr wg ungerechtfertigter Bereicherg aus dem VorbehGut, Versichergssummen. **cc) Durch Rechtsgeschäft, das sich auf das Vorbehaltsgut bezieht.** Nicht erforderl ist, daß mit Mitteln des VorbehGuts erworben wird, sond wirtschaftlicher Zusammenhang genügend, vgl RG **87**, 100. Dieser muß aber in objektiver und subjektiver Beziehg vorhanden sein, dh das RGesch muß mit dem VorbehGut gegenständl in Beziehg gebracht w können u außerdem muß es für das VorbehGut abgeschl werden (die Absicht allein genügt nicht). Das muß erkennb sein unter Heranziehg aller Umstände, dies also Tatfrage, braucht aber nicht ausdrückl mitgeteilt zu werden, vgl RG **92**, 139. Liegt vor zB bei Verkauf von VorbehGut, Abtretg von Fdgen aus Mitteln des VorbehGuts, vgl RG LZ **22**, 649, Vergleich über Unfallversicherg im Rahmen des Erwerbsgeschäfts, vgl RG **72**, 165, Kauf von Inventar aus Mitteln des VorbehGuts. Besondere Wichtigk erhält die subj Seite, wenn das RGesch von dem Eheg, dem die Verwaltg des VorbehGuts überlassen ist, § 1413, vorgenommen wird. Erwirbt er zwar mit Mitteln des VorbehGuts, aber im eigenen Namen für sich, so kein VorbehGut, RGSt **40**, 176, sond Eigt des Eheg, der das verwendete Geld nach § 812 zurückzuerstatten hat.

1419 *Gemeinschaft zur gesamten Hand.* **I** Ein Ehegatte kann nicht über seinen Anteil am Gesamtgut und an den einzelnen Gegenständen verfügen, die zum Gesamtgut gehören; er ist nicht berechtigt, Teilung zu verlangen.

II Gegen eine Forderung, die zum Gesamtgut gehört, kann der Schuldner nur mit einer Forderung aufrechnen, deren Berichtigung er aus dem Gesamtgut verlangen kann.

Vorbem. Fass GleichberG Art 1 Z 9. Inhaltl gleich § 1442 aF.

1) Allgemeines. Die GütGemsch ist keine BruchteilsGemsch, wie zB das MitEigt, §§ 1008 ff, sond als Gemsch zur gesamten Hand entspr der Gesellsch, vgl § 719, gestaltet. Auch die Vorschriften über Gesamtschuldner u Gesamtgläubiger, §§ 420–430, sind unanwendbar, RGRK Anm 4 ff. Vgl auch Übbl 1 c bb vor § 420.

2) Vfg über den Anteil am Gesamtgut, I. Diese ist ebso wie die über den Anteil an den einzelnen Ggständen nichtig; ebso die Vfg über den Anteil bei beendeter GütGemsch vor der AuseinandS, § 1471 II. Gemäß I sind unwirks auch die Vfg über den Anspr auf AuseinandS, KG JW **31**, 1371, nicht aber nach beendeter GütGemsch die Vfg über den Anspr auf das AuseinandSGuthaben, RGRK Anm 12. Wirks auch die in diesem Ztpkt, aber vor durchgeführter Auseinandersetzg eingegangene Verpflichtg, bestimmte Gegenstände, die ihm zufallen werden, einem Dritten zu überlassen, RGRK Anm 14. Unwirks wg § 306 der Verpflichtg zur Vfg über seinen Anteil am GesGut od einem GesGutsGgst, Dölle § 69 III Anm 12; jedoch wird man mit Blume JW **25**, 374 eine Verpflichtg zur Übertragg eines Rechtes aus der GütGemsch nach deren Auflösg für wirks halten müssen. Der Anteil ist unpfändb, ZPO 860 I, gehört nicht zur Konkursmasse, KO 1. Zulässig aber die Beschlagnahme nach StPO 290, BayObLG **21**, 296. Wegen der Möglichk von Sonderrechten eines Ehegatten am GesGut § 1416 Anm 1 aE. Von Todes wg kann der Eheg über seinen Anteil verfügen, aber nur, wenn fortgesetzte GütGemsch nicht eintritt, BayObLG **60**, 254; vgl auch § 1487 Anm 2. Auch die Teilg währd Bestehens der GütGemsch ist verboten. Es bleibt nur die Aufhebgsklage, §§ 1447 ff, 1469 f. Vfg ü Grdst iRv § 2113 II zul, da sonst auch eig GesGutsAnteil blockiert wäre (BGH NJW **76**, 893).

3) Aufrechng, II. Unzulässig ist nur die einseitige Aufrechng des Gläub gg eine GesGutsFdg, dazu vgl §§ 1437–1440, 1459–1462, nicht aber der AufrechngsVertr, also Aufrechng im Einverständn mit den Eheg. Diese können gg GesGutsverbindlichkeiten auch mit Fdgen aufrechnen, die nicht zum GesGut gehören.

1420 *Verwendung zum Unterhalt.* Die Einkünfte, die in das Gesamtgut fallen, sind vor den Einkünften, die in das Vorbehaltsgut fallen, der Stamm des Gesamtgutes ist vor dem Stamm des Vorbehaltsgutes oder des Sondergutes für den Unterhalt der Familie zu verwenden.

Bürgerliche Ehe. 6. Titel: Eheliches Güterrecht §§ 1420–1422

Vorbem. Neu, GleichberG Art 1 Z 9.

1) Allgemeines. GleichberG hat den Unterschied von Unterh u ehel Aufwand aufgegeben u kennt nur noch den FamUnterhalt; die BeitragsPfl der Eheg hierzu regelt § 1360, dort auch Anm 1. Notwendig bleibt aber eine Regelg der Verwendg der Einkünfte, wenn, wie bei der GütGemsch, verschiedene Verm-Massen vorhanden sind. § 1420 gilt ohne Rücks darauf, wer das GesGut verwaltet u ergänzt für den Fall der GütGemsch § 1360.

2) Reihenfolge der Verwendg für den Familienunterhalt. Zunächst sind hierfür die Einkünfte, die in das GesGut fallen, zu verwenden, insb also auch der ArbVerdienst beider Eheg, auch aus einem zum Ges-Gut gehörenden Erwerbsgeschäft, ferner Einkünfte aus zu diesem gehörenden VermStücken, wie einem Mietshaus, GrdstPacht u dgl, auch die aus dem Sondergut eines Eheg, § 1417 Anm 3. Einkünfte aus den andern VermMassen sind diese selbst sind nur hilfsweise, also wenn die Einkünfte des GesGuts nicht ausreichen, zu verwenden, u zwar in folgender Reihenfolge: zunächst die Einkünfte des VorbehGutes jedes Eheg, reichen auch diese nicht aus, der Stamm des GesGutes, sodann, einander gleichstehd, der Stamm des Vorbeh-Guts od Sonderguts, u zwar, soweit es sich um die Einkünfte des VorbehGuts, den Stamm des Vorbeh- od Sonderguts handelt, entspr den Erwerbs- u VermVerhältnissen der Eheg, § 1606 III.

1421 *Verwaltung des Gesamtgutes.* **Die Ehegatten sollen in dem Ehevertrag, durch den sie die Gütergemeinschaft vereinbaren, bestimmen, ob das Gesamtgut von dem Mann oder der Frau oder von ihnen gemeinschaftlich verwaltet wird. Enthält der Ehevertrag keine Bestimmung hierüber, so verwalten die Ehegatten das Gesamtgut gemeinschaftlich.**

1) Verwaltgsbestimmg. GleichberG Art 1 Z 9 beseitigte Verw des GesGut dch den Mann, so daß nunmehr eine nur im EheVertr zu treffde Bestimmg darüber notw ist; unzureich Überlassg n § 1413, sa § 1422 Anm 2. Mögl Verw dch einen Eheg, also Mann od Frau, Einzelh §§ 1422–1449. Mögl ferner die schwerfälligere u uU richterl Eingreifen erfordernde gemschaftl Verwaltg, §§ 1450–1470, die gilt, wenn Eheg im EheVertr ü VerwBefugn keine Bestimmg getroffen h. Vgl aber § 1456 u Beck DNotZ **62**, 348. AuseinanderS, §§ 1471 ff u fortgesetzte GütGemsch in beiden Fällen gleich. Unzul, vgl § 1408 Anm 4c, wg Gefahr widersprechender AOen ist Vereinbg selbstd VerwR jedes Eheg, BayObLG NJW **68**, 896, aA Mikat, Festschr Felgentraeger 327 f; ebso abwechselnde Verw, mögl jedoch ggs auch stillschw Bevollmächtigg.

2) Ins Güterrechtsregister ist außer GütGemsch auch VerwBefugn einzutragen, § 1412 Anm 3. Bei fehler Eintr muß Dritter v gemschaftl VerwBefugn ausgehen. Im Grdbuch w VerwBefugn nicht eingetr; üü § 1416 Anm 4. Bei Eintr der GütGemsch vor 1. 4. 53 VerwR des Ehem, zw 1. 4. 53–1. 7. 58 gemschaftl Verw, sa BayObLG FamRZ **58**, 219, evtl VerwVereinbg gilt fort, GleichberG Art 8 Z 6 II, Grdz 3 vor § 1415.

b) Verwaltung des Gesamtgutes durch den Mann oder die Frau

1422 *Inhalt des Verwaltungsrechts.* **Der Ehegatte, der das Gesamtgut verwaltet, ist insbesondere berechtigt, die zum Gesamtgut gehörenden Sachen in Besitz zu nehmen und über das Gesamtgut zu verfügen; er führt Rechtsstreitigkeiten, die sich auf das Gesamtgut beziehen, im eigenen Namen. Der andere Ehegatte wird durch die Verwaltungshandlungen nicht persönlich verpflichtet.**

Vorbem. Fass GleichberG Art 1 Z 9; unter Anpassg an GleichberG = § 1443 aF.

1) Rechtsstellg des Verwalters. Ihm steht allein die Verw des GesGutes zu; er ist dadurch auch verpflichtet, alles Zweckdienl zur Erhaltg des GesGutes zu tun. Er hat zB ein vorhandenes StimmR im Interesse des GesGutes auszuüben, Fdgen rechtzeitig geltd zu machen, Schulden zu bezahlen, den Ges-Gut gehörigen Ggstände in polizeimäßigem Zustand zu erhalten, für Versichergen, wo es angebracht ist, Sorge zu tragen, aber auch Hdlgen u RGeschäfte vorzunehmen, die das GesGut verbessern könnten, ggf auch auf die Zust des anderen Eheg hinzuwirken, § 1426. Er führt **Verw aus eigenem Rechte im eigenen Namen**, auch mit Wirkg für das GesGut, nicht aber mit Wirkg für den anderen Eheg persönl, u zwar auch dann nicht, wenn er die gemäß §§ 1423 ff erforderl Zust gegeben hätte, S 2. Handeln im Namen des nicht verwaltenden Eheg u damit dessen persönl Verpflichtg nur bei Vollm od Genehmigg, §§ 164, 167, 174, andernf gelten §§ 177–180; denn der **Verw ist nicht Vertreter des nicht verwaltenden Eheg**, vgl RG SeuffA **71**, 31. Mit Wirkg für das GesGut kann er **Verpflichtgsgeschäfte eingehen u üb GesGut verfügen**, vgl Übbl 3d vor § 104, § 1812 Anm 3, ohne der Zust des anderen Eheg zu bedürfen, insof allerdings mit den Ausnahmen der Geschäfte der §§ 1423–1425; vgl auch §§ 1426–1428, 1434. **Einseitige Rechtsgeschäfte**, die Aktiva des GesGuts betreffen, können wirks nur ihm ggü vorgenommen werden, Kbg OLG **18**, 172, währd solche, die Passiva betreffen, soweit sie sich auf eine Verbindlichk des nicht verwaltenden Eheg beziehen, allerdings auch mit ggü vorzunehmen, andernf reichen sie nur ggü Verw u GesGut, Planck Anm 14 b zu § 1443 aF. Die Zahlgseinstellg des Verw wirkt hins des GesGutes auch als die des nicht verwaltenden Eheg, nicht aber umgekehrt, KO 2 I. Der Verw ist dem anderen Eheg ggü zur ordngsmäßigen Verw verpflichtet, allerdings mit der Haftgseinschränkg des § 1359, hat auf Verlangen auch Ausk zu erteilen, uU Ersatz zu leisten, § 1435; vgl auch § 1447 Z 1, 3, 4.

2) Die Rechtsstellg des nicht verwaltgsberechtigten Ehegatten. Er ist von der Verw des GesGuts ausgeschl, ein WiderspR gg Vfgen des Verw hat er nicht, Kbg OLG **2**, 70; ist es die Frau, so behält sie aber

§§ 1422, 1423   4. Buch. 1. Abschnitt. *Diederichsen*

ihre Rechte aus der Schlüsselgewalt, § 1357. Eine selbständige Stellg hat er nur in den Fällen §§ 1428–1433, außerdem ist seine Zust bei bes bedeutsamen RGeschäften erforderl, §§ 1423–1425, die allerdings ersetzt w kann, § 1426. Der Verw kann dem anderen Eheg aber in einzelnen Fällen die Verw übertragen, vgl RG **60**, 147; sofern das nicht ehevertragl geschehen ist, kann er die Ermächtigg jederzeit widerrufen. Soweit eine Ermächtigg nicht vorliegt, sind **Vfgen des nicht verw Eheg** über Ggstände des GesGuts solche eines Nichtberechtigten, §§ 177–180. Vfgen von Todes wg werden davon aber nicht betroffen. Nimmt der nicht verwberechtigte Eheg eine zum GesGut geschuldete Leistg an, die versehentl an diesen Eheg bewirkt wird, so wird dadurch die GesGutsFdg nicht getilgt. Da der Eheg aber für GesGut erwirbt, I 1, BereichergsAnspr des Leistenden gg GesGut, BGH NJW **57**, 1635; vgl auch § 1434 Anm 1. **Rechtsgeschäftl verpflichten,** u zwar auch zu Vfgen über das GesGut, kann sich der andere Eheg auch ohne Zust des Verwalters, demgemäß also auch verklagt werden, da seine GeschFgk durch den Güterstd nicht berührt wird. Hierdurch werden aber weder das GesGut noch der Verw verpflichtet, falls er nicht etwa zustimmt od das Geschäft ohne Zust für das GesGut wirks ist, § 1438. Hingg fließt der Erwerb aus diesem Geschäft dem GesGut, zu, von dem es nur nach den Vorschriften über die ungerechtf Bereicherg herausverlangt w kann, § 1434. Demgemäß also mögl GrdstErwerb durch den nicht verwberechtigten Eheg unter Übernahme der darauf lastenden Hypotheken, KGJ **30** A 207. GBA muß entspr dem § 1416 Anm 4 Gesagten eintragen, auch wenn an ihn in Erfüll eines von ihm ohne Zust des Verwalters geschlossenen Kaufvertrages aufgelassen ist, u zwar als GesGut, nicht, außer wenn VorbehGut, auf den Namen eines Eheg, BayObLG MDR **54**, 306, vgl RG **155**, 344.

3) Besitz. Durch Eintritt der GütGemsch erlangt der verw Eheg den Besitz nicht von Gesetzes wg, wohl aber ein Recht auf Inbesitznahme der zum GesGut gehörigen Ggstände; das Recht richtet sich gg alle, auch gg den anderen Eheg, der auch Ausk- u OffenbargsPfl hat, §§ 260, 261 (keine Selbsthilfe, auch nicht Berechtigg zur Aufhebgsklage; dort aber einstw Vfg mögl); BesitzR des Verw, selbst bei Getrenntleben, da Anspr aus § 1361a nur schuldrechtl. Nach der Inbesitznahme durch den Verw, die im allg mit der Einbringg der Sachen erfolgen wird, hat nichtverwberechtigter Eheg nur mittelbaren Besitz, RG **105**, 20, außer bei den zu seinem persönl Gebr bestimmten Sachen. Der Verw kann sich der Eigenmacht des anderen Eheg gü erwehren, vgl RG BayZ **10**, 382; wg Erwerbsgeschäfts des nicht verwberechtigten Eheg § 1431.

4) Rechtsstreitigkeiten. a) Aktivprozesse. Der **Verwalter** führt den Prozeß auch bei den in §§ 1423 bis 1425 genannten RGeschäften **im eigenen Namen,** klagt auf Leistg an sich allein, RG **67**, 265, muß aber hervorheben, daß es sich um GesGut handelt. Zur Klage im Namen des anderen Eheg bedarf er dessen Vollm, Anm 1. Soweit ProzeßHdlgen eine Vfg enthalten, zB der Vergl, bedarf er im Rahmen der §§ 1423 bis 1425 der Zust des anderen Eheg, nicht aber (im Außenverhältnis) bei der Anerkenntnis od Verzicht, da ProzHdlgen, ZPO 54, BGH **LM** ZPO 306 Nr 1. Dem nicht verwberechtigten Eheg fehlt bei Rechtsstreitigk für das GesGut außer in den Fällen der §§ 1428–31, 1433 die Aktivlegitimation. Stimmt der Verw aber der Prozeßführg des anderen Eheg zu (wieweit diese Zust auch mit der Prozeßführg verbundenen Vfgen deckt, ist Ausleggsfrage), so kann dieser im Namen des Verw od im eigenen klagen, vgl RG **148**, 247 hM, und Leistg an den Verw od nach Wahl des Bekl an diesen od sich selbst verlangen, vgl RG **60**, 146. Er kann auch gemschaftl mit dem Verw klagen, vgl RG JW **10**, 818.

b) Passivprozesse. Der Verwalter ist legitimiert, die Zust des anderen Eheg ist selbst dann nicht erforderl, wenn es sich um ein RGeschäft gem §§ 1423–1425 handelt, RG **69**, 177. **Zur ZwVollstr** ist ein Urteil gg den Verw erforderl u genügd, ZPO 740 I. Ist der andere Eheg persönl Schuldner, so kann gg ihn geklagt werden, Urteil hat aber keine Wirkg gg GesGut; anders wenn Verw zugestimmt hat od seine Zust gemäß 1438 nicht erforderl ist, RG **56**, 77. Auch wenn der andere Eheg nicht persönl Schuldner, kann gg ihn auf Duldg der ZwVollstr in das GesGut im Hinbl auf ZPO 743 geklagt werden; hingg steht der mittelbare Besitz einer ZwVollstr nicht entgg, so daß deshalb kein Duldgstitel, Baumb-Lauterbach ZPO 740 Anm 3 B a. Bei Klage gg beide Eheg sind diese hins der Gesamtgutsverbindlichk notwendige Streitgenossen, ZPO 62.

Zu a u b: Das im RStreit des Verw ergangene Urteil wirkt auch für u gg den anderen Eheg, aber nur hins des GesGutes, vgl S 2. Soweit der andere Eheg nicht Kl od Bekl ist, ist er Dritter, also auch Zeuge, RG **67**, 266.

5) Schutz Dritter. Handelt der Verw §§ 1423–1425 zuwider, so gelten für den Rechtserwerb vom Nichtberechtigten die allg Vorschriften; ebso Krüger-Breetzke-Nowack § 1423 Anm 2. Soweit grobe Fahrlk, BGH **10**, 16, erhebl ist, zB § 932 II (anders bei § 892, wo maßg, ob der Verfügende als AlleinEigtümer eingetragen u ob Dritter weiß, daß jener in GütGemsch lebt, vgl RG **117**, 189), liegt sie regelm vor, wenn GütGemsch u Verw im GüterRReg eingetragen; vgl § 1412 Anm 4. Ebenso Dölle § 71 I Anm 3, Gernhuber § 38 VII 11. Entsprechendes gilt, wenn der nicht verwberechtigte Eheg § 1422 zuwiderhandelt.

1423 Geschäfte über das Gesamtgut im ganzen.

Der Ehegatte, der das Gesamtgut verwaltet, kann sich nur mit Einwilligung des anderen Ehegatten verpflichten, über das Gesamtgut im ganzen zu verfügen. Hat er sich ohne Zustimmung des anderen Ehegatten verpflichtet, so kann er die Verpflichtung nur erfüllen, wenn der andere Ehegatte einwilligt.

Vorbem. Fassg GleichberG Art 1 Z 9, übernimmt inhaltl § 1444 unter Anpassg an GleichberGrds u die Fassg des § 1365 I.

1) Der Einwilligg des nicht verwberechtigten Ehegatten, die auch stillschw gegeben w kann, vgl auch § 1365 Anm 4, bedarf die Verpflichtg zur Vfg über GesGut im ganzen, dazu § 1365 Anm 2, nicht aber die Prozeßführg über derartige Geschäfte, § 1422 Anm 4, Vfgen von Todes wg, sowie ein der Beschrkg der §§ 1423ff nicht unterliegendes RGesch, selbst wenn durch dessen Erfüll das GesGut aufgezehrt würde,

Bürgerliche Ehe. 6. Titel: Eheliches Güterrecht §§ 1423-1425

RG **54**, 283, falls nicht etwa § 1423 umgangen w sollte, Karlsr FamRZ **61**, 317. Wegen des Schutzes des gutgläubigen Dritten § 1422 Anm 5. Der ohne Einwilligg handelnde Verwalter wird, soweit nicht unerl Hdlg vorliegt, auch nicht persönl verpflichtet; wohl aber der nicht verwberechtigte Eheg im umgekehrten Falle, § 1422 Anm 2. Durch Erteilg der Einwilligg verpflichtet sich der andere Eheg nicht persönl, § 1422 Anm 1, wohl aber Verw, der zustimmt, §§ 1438 I, 1437 II. Ehevertragl Ausschluß zul, soweit es sich um entgeltl Geschäfte handelt, vgl § 1365 Anm 1; ebso Gernhuber § 32 III 6 Anm 3.

1424 *Geschäfte über Grundstück, Schiff oder Schiffsbauwerk.* Der Ehegatte, der das Gesamtgut verwaltet, kann nur mit Einwilligung des anderen Ehegatten über ein zum Gesamtgut gehörendes Grundstück verfügen; er kann sich zu einer solchen Verfügung auch nur mit Einwilligung seines Ehegatten verpflichten. Dasselbe gilt, wenn ein eingetragenes Schiff oder Schiffsbauwerk zum Gesamtgut gehört.

1) GleichbergG Art 1 Z 9; Inhalt = § 1445 aF. **Zweck**: Sicherg der Fam gg Verlust des die ExistenzGrdl bildden Grdbesitzes. Nicht zwingd, sond (abgesehen v unentgeltl Vfg, aA LG Siegen NJW **56**, 671) dch EheVertr abänderb, RG **159**, 363, da sonst Umgehg dch GeneralVollm. Betrifft nur Vfgen unter Lebden. ProzführgsR u Schutz v Dr § 1422 Anm 4 u 5. Einwilligg des nicht verwberecht Eheg, sa § 1423 Anm 1, kann auch forml (anders ggü GBA, GBO 22) u ohne Kenntn v der Notwendigk der Einwilligg, RG **108**, 281, gegeben w.

2) Vfg über Grdstück, eingetr Schiff, Schiffsbauw, **ErbbauR**, ErbbauRVO 11, sowie landesrechtl gleichstehde Rechte, EG 196. Begr der Vfg Übbl 3d s.v § 104, § 1812 Anm 3. **Hierunter fallen** Veräußerg, auch wenn Vertr vor Eintr der GütGemsch geschl wurde, Belastg, auch v ErbbauR, BGH NJW **68**, 496, VormkgsBewilligg, aA BayObLG NJW **57**, 1521, Grdbuchberichtigg, KG RJA **11**, 76, Teilg eines im MitEigt eines Eheg u Dr stehden Grdst, Erbauseinanders od Vfg ü ErbschAnteil, wenn ein Grdst dazu gehört, Bewilligg höherer HypZinsen, BayObLG SeuffA **69**, 201; **nicht** die Vfg ü einen VertrR, zB Löschg einer Hyp, KG OLG **3**, 226, Übern bestehder Hyp beim GrdstErwerb, KG RJA **2**, 91, Belastg des Grdst beim Erwerb z Zweck der Sicherstellg des Kaufpr mit Hyp, RG **69**, 177, od Nießbr, BGH NJW **57**, 1187, Umwandlg v Grdschulden u Hyp, Vermietg u Verpachtg. Iü § 1821 Anm 2a. Jeder Eheg kann ohne Zust des and die Auflassg entggnehmen, BayObLG MDR **54**, 306. Wg Eintr § 1416 Anm 4.

3) Verpflichtg zur Vfg iSv Anm 2 erfordert ebenf Zust, da die Verpfl des Verw GesGutsverbindlk wäre, § 1437, u damit doch den and Eheg belasten würde. Unwirks desh Umgehgsgeschäfte wie Übern einer VertrStrafe, Posen SeuffA **62**, 233, od der Haftg f die Erteilg der Einwilligg des and Eheg, Planck § 1445 Anm 21, aM RG JW **24**, 539. Zustbedürft auch Nebenabreden wie Zusicherg der GrdstGröße, RG JW **03** Beil 125, so daß ein derart fehlerh Vertr beide Eheg nicht bindet. Wohl aber Haftg gem § 463, wenn Verw allein bei Vorverhdlgn falsche Zusicherg gegeben u dann beide Eheg abgeschl haben, RG **99**, 121. Einwilliggsfrei ist der Weiterverkauf eines Grdst dch den Verw, auf das er einen AnsprR hatte, vor Auflassg u Eintr, RG **111**, 187, wenn also nur ü den schuldrechtl Anspr verfügt w, selbst wenn dieser dch Vormkg gesichert ist, BGH MDR **71**, 916.

1425 *Schenkungen.* I Der Ehegatte, der das Gesamtgut verwaltet, kann nur mit Einwilligung des anderen Ehegatten Gegenstände aus dem Gesamtgut verschenken; hat er ohne Zustimmung des anderen Ehegatten versprochen, Gegenstände aus dem Gesamtgut zu verschenken, so kann er dieses Versprechen nur erfüllen, wenn der andere Ehegatte einwilligt. Das gleiche gilt von einem Schenkungsversprechen, das sich nicht auf das Gesamtgut bezieht.
II Ausgenommen sind Schenkungen, durch die einer sittlichen Pflicht oder einer auf den Anstand zu nehmenden Rücksicht entsprochen wird.

1) GleichbergG Art 1 Z 9; Inhalt = § 1446 aF. **Zweck**: Schenkgen liegen idR außerh ordngsgemäßer Verw u sollen dch nur mit Zust des and EheG erfolgen. Zwingde Vorschr, KGJ **52**, 109. GBA hat ohne Berücks v GBO 29 nach allg Erfahrgssätzen das zugrde liegde VerpflGesch darauf z prüfen, ob die beantr Eintr schenkgshalber erfolgt, KG OLG **33**, 341, od dch II gerecht ist, BayObLG HRR **35**, 1314. Wg Einwilligg des and Eheg § 1423 Anm 1, aber keine Ersetzg, § 1426; Folgen der ZuwiderHdlg §§ 1427, 1428, 1434, 1435 S 3, 1447 Z 1, sa § 1423 Anm 1; auch der gutgl Beschenkte ist herausgabepflichtig, § 816 I 2. Wg § 1804 sind Schenkgen des Verw, außer gem II, nicht mögl, wenn and Eheg unter Vormsch steht, RG **91**, 40.

2) Ob iSv I 1 u II Schenkg vorliegt, § 516, ist den Umst z entnehmen, kann also auch gegeben sein bei BürgschÜbern, RG **54**, 284, Sichergsabtretg einer Hyp, BayObLG HRR **35**, 1314, Löschg einer EigtümerGrdSch, KG OLG **33**, 341, vgl § 2113 Anm 2, Ausstattg, soweit sie nach § 1624 Schenkg ist od zB vom Vater dem Kind der Frau aus früh Ehe gegeben w, sofern nicht Anstandsschenkg, § 534, vorliegt, II. Auch die Vfg, dch die wirks abgegebenes SchenkgsVerspr erfüllt w, bedarf der Einwilligg des and Eheg. Gemschaftl Schenkg kann Verwalter allein widerrufen, § 530.

3) Das Schenkgsversprechen, I 2, bedarf der Einwilligg des and Eheg, u zwar gleichgült, ob etwas aus GesGut, Sonder- od VorbehGut versprochen w, da für sämtl Verbindlk das GesGut haftet, § 1437, das nicht belastet w soll. Anders nur, wenn inf der Übereign eine schuldrechtl Verpflichtg nicht entstehen kann, wenn also zB der Verwalter aus seinem VorbehGut etwas schenkw übereignet, wobei auch das gg I 2 verstoßde SchenkgsVerspr wirks w kann.

1426 *Ersetzung der Zustimmung des anderen Ehegatten.* Ist ein Rechtsgeschäft, das nach den §§ 1423, 1424 nur mit Einwilligung des anderen Ehegatten vorgenommen werden kann, zur ordnungsmäßigen Verwaltung des Gesamtgutes erforderlich, so kann das Vormundschaftsgericht auf Antrag die Zustimmung des anderen Ehegatten ersetzen, wenn dieser sie ohne ausreichenden Grund verweigert oder durch Krankheit oder Abwesenheit an der Abgabe einer Erklärung verhindert und mit dem Aufschub Gefahr verbunden ist.

1) GleichberG Art 1 Z 9; Inhalt = § 1447 aF. Vgl auch wg der Voraussetzgen § 1365 Anm 5; wg des Verf dort Anm 6. Keine Ersetzg iF einer Schenkg aus dem GesGut, § 1425. **Ordngsmäßige Verwaltg** ergibt sich aus ZweckmäßigkErwäggen u den wirtsch Interessen der Fam, KG OLG **34**, 250. Zu ihr kann auch die Gewährg einer Ausstattg gehören, BayObLG **23**, 160. Ausr **WeigergsGrd** wirtsch Nachteilig f and Eheg uä, § 1365 Anm 5b. Wg Verhinderg dch Abwesenh § 1911 Anm 2a bb. Kein eig AntrR des Dritten, KG JFG **9**, 40. Verwalter kann aber aGrd des RGesch dem Dritten ggü zur Herbeiführg der Ersetzg verpfl sein, Posen Recht **02**, 40; Vollstreckg eines solchen Urt nach ZPO 888, Posen OLG **4**, 367. Für Unterlassg der Herbeiführg der Ersetzg haftet Verwalter im Innenverhältn aus § 1435. Genehmigg ist auch dann einzuholen, wenn noch and behördl Gen fehlen, da diese unabhäng voneinander sind, BayObLG NJW **55**, 1719. Ersetzg erfolgt dch Richter des VormschG, RPflG 14 Z 6, u hat dieselbe Wirkg wie die dch den and Eheg gegebene Zust, verpflichtet ihn also nicht persönl, § 1422 Anm 1.

1427 *Rechtsfolgen fehlender Einwilligung.* I Nimmt der Ehegatte, der das Gesamtgut verwaltet, ein Rechtsgeschäft ohne die erforderliche Einwilligung des anderen Ehegatten vor, so gelten die Vorschriften des § 1366 Abs. 1, 3, 4 und des § 1367 entsprechend.

II Einen Vertrag kann der Dritte bis zur Genehmigung widerrufen. Hat er gewußt, daß der Ehegatte in Gütergemeinschaft lebt, so kann er nur widerrufen, wenn dieser wahrheitswidrig behauptet hat, der andere Ehegatte habe eingewilligt; er kann auch in diesem Falle nicht widerrufen, wenn ihm beim Abschluß des Vertrages bekannt war, daß der andere Ehegatte nicht eingewilligt hatte.

1) GleichberG Art 1 Z 9; entspricht § 1448 aF. Vgl § 1366 Anm 1, 2, 3b, 4 u § 1367 Anm. Währd des SchwebeZustd kann Dritter zur Beschaffg der Gen auffordern, I iVm § 1366 III, od iRv II widerrufen. Die Ersetzg dch das VormschG iFv §§ 1423, 1424, vgl § 1426, muß nach Aufforderg innerh 2 Wo v Verwalter dem Dritten mitgeteilt w. Widerruf vS des Dritten nur ggü dem VertrGegner, II 1; inhaltl Entsprechg zu II 2 in § 1366 II, dort Anm 3a. Ist Gen verweigert, so ist das RGesch auch nicht dch Beendigg der GütGemsch wirks. Läuft dagg die 2-Wo-Frist noch u erhält Verwalter den VfgsGgst bei der AuseinanderS, so wird die Vfg wirks, § 185 II 1. Bei Unwirksamk des RGesch kann Verwalter den Ggst selbst zurückfordern, ohne daß ihm ein ZurückbehaltgsR entgegesetzt w könnte, § 1434 Anm 1 aE. Keine persönl Verpfl des Verwalters dch ein solches Gesch, § 1423 Anm 1.

1428 *Verfügungen ohne Zustimmung.* Verfügt der Ehegatte, der das Gesamtgut verwaltet, ohne die erforderliche Zustimmung des anderen Ehegatten über ein zum Gesamtgut gehörendes Recht, so kann dieser das Recht gegen Dritte gerichtlich geltend machen; der Ehegatte, der das Gesamtgut verwaltet, braucht hierzu nicht mitzuwirken.

1) GleichberG Art 1 Z 9; entspricht § 1449 aF. Ausn v § 1422, dort Anm 4a, Schutz des and Eheg gg iSv §§ 1423-25 unbefugte RGeschäfte des Verwalters. Zwingd Recht. Klage im eig Namen auf Herausg an sich selbst od den Verwalter, der die Sache anschließd iF wieder in Besitz nimmt. Schutz Dritter § 1422 Anm 5. Bei gutgl Erwerb dch Dritten fällt evtl BereichAnspr, § 816 I 2, unter § 1428. Nach dem Zweck des **RevokationsR** kein ZurückbehR des Dritten wg der ins GesGut bewirkten GgLeistg, hM, aA Dölle §§ 70 VI 4 u 71 II 3. Verwalter kann auch seiners klagen, § 1427 Anm 1 aE. Urteile ohne RechtskrWirkg, str, Soergel-Gaul 6 mNachw. Haftg des GesGuts f die Kosten der Revokation, § 1438 II, die aber nur aGrd eines Urt gg den Verwalter geltend gemacht w kann, ZPO 740 I.

1429 *Notverwaltungsrecht.* Ist der Ehegatte, der das Gesamtgut verwaltet, durch Krankheit oder durch Abwesenheit verhindert, ein Rechtsgeschäft vorzunehmen, das sich auf das Gesamtgut bezieht, so kann der andere Ehegatte das Rechtsgeschäft vornehmen, wenn mit dem Aufschub Gefahr verbunden ist; er kann hierbei im eigenen Namen oder im Namen des verwaltenden Ehegatten handeln. Das gleiche gilt für die Führung eines Rechtsstreits, der sich auf das Gesamtgut bezieht.

1) GleichberG Art 1 Z 9; Inhalt = § 1450 aF. **Notverwaltgsrecht** f einz RGesch, die sich auf das GesGut beziehen, einschließl §§ 1423-25. Dagg keine allg Vertretgsbefugn, RG **89**, 360; sa Einf 2b vor § 1353. Der nichtverwaltgsberecht Eheg ist nicht verpfl, aber kann handeln od klagen, u zwar entw gem § 164 I 1, so daß nicht er, sond der Verwalter u das GesGut verpfl w, § 1437, od im eig Namen, so daß er dann außerd auch persönl verpfl, währd das Erworbene iiF ins GesGut fällt. Kosten wie § 1428 Anm aE. Hat Eheg sich iR des NotVerwR auf RStreit eingelassen, so kann er nicht zurück, Stettin OLG **4**, 404; vgl aber § 1433 Anm 2. **Voraussetzg**: Verhinderg (nicht bloßes Nichtwollen, RG **103**, 126, dann § 1430) des Verwalters wg Krankh od Abwesenh; ferner obj Gefahr im Verzug zZ der Vorn des Gesch, zB drohde Verjährg; s § 1365 Anm 5.

Bürgerliche Ehe. 6. Titel: Eheliches Güterrecht §§ 1430, 1431

1430 *Ersetzung der Zustimmung des Verwalters.* **Verweigert der Ehegatte, der das Gesamtgut verwaltet, ohne ausreichenden Grund die Zustimmung zu einem Rechtsgeschäft, das der andere Ehegatte zur ordnungsmäßigen Besorgung seiner persönlichen Angelegenheiten vornehmen muß, aber ohne diese Zustimmung nicht mit Wirkung für das Gesamtgut vornehmen kann, so kann das Vormundschaftsgericht die Zustimmung auf Antrag ersetzen.**

1) GleichberG Art 1 Z 9; Inhalt = § 1451 aF. Die zwingde **SchutzVorschr** zG des nichtverwaltgsberecht Eheg gibt ihm die Möglk, zur Sicherstell notwend persönl Belange das GesGut in Anspr z nehmen, indem Zust des Verwalters ersetzt w. Kein KlageR des Dritten auf Zust; der and Eheg hat erforderl Zust selbst herbeizuführen. **Verfahren** vgl § 1365 Anm 6.

2) Voraussetzgen: a) Zu den **persönl Angelegenh**, vgl § 1360a Anm 3, gehört auch Kündigg eines Mietverhältn, um den Ehestörer z entfernen, BayObLG NJW **65**, 348. **b)** Das RGesch darf nicht bloß zweckm od vorteilh, sond muß **notw** s, wie zB Ausstattg des erstehel Kindes. **c)** Der Eheg braucht zur Vorn des RGesch die **Zust des Verw,** damit es dem GesGut ggü wirks werden kann, § 1438 I, zB Verwertg v GesGut zur Beschaffg v Mitteln f die persönl Angelegenh, ProzKostVorsch f ScheidgsStr, Aufn v Darl, wenn die flüss Mittel nicht ausreichen, § 1360a IV. Zust z RStreit nicht erforderl, da GütGemsch ProzFgk nicht berührt; Kostenhaftg des GesGuts § 1438 II. **d) Verweigerg ohne ausr Grd,** also Nichtwollen des Verwalters; sonst § 1429; sa § 1365 Anm. 5.

3) Wirkg. Ersetzg kann nur f das RGesch im ganzen erfolgen, KG JW **34**, 908, sonst Ablehng. Sie hat die Wirksamk des Gesch ggü dem GesGut zur Folge. Im Ggs zu § 1429 tritt der nicht verwberecht Eheg nur im eig Namen auf. Wirkg wie § 1429 Anm.

1431 *Selbständiges Erwerbsgeschäft.* ¹ **Hat der Ehegatte, der das Gesamtgut verwaltet, darin eingewilligt, daß der andere Ehegatte selbständig ein Erwerbsgeschäft betreibt, so ist seine Zustimmung zu solchen Rechtsgeschäften und Rechtsstreitigkeiten nicht erforderlich, die der Geschäftsbetrieb mit sich bringt. Einseitige Rechtsgeschäfte, die sich auf das Erwerbsgeschäft beziehen, sind dem Ehegatten gegenüber vorzunehmen, der das Erwerbsgeschäft betreibt.**
II **Weiß der Ehegatte, der das Gesamtgut verwaltet, daß der andere Ehegatte ein Erwerbsgeschäft betreibt, und hat er hiergegen keinen Einspruch eingelegt, so steht dies einer Einwilligung gleich.**
III **Dritten gegenüber ist ein Einspruch und der Widerruf der Einwilligung nur nach Maßgabe des § 1412 wirksam.**

1) GleichberG Art 1 Z 9. Inhalt = § 1452 aF. Der nichtverwberecht EheG bedarf zur Aufn eines ErwerbsGesch keiner Einwilligung des and, sa § 1356 I 2, unterliegt jedoch bzgl des GesGuts den VfgsBeschrkgen, § 1422 Anm 2, die bestehen bleiben, wenn Verwalter in den Betr des ErwGesch nicht eingewilligt od die Einwilligg widerrufen hat, III. **Zweck** also: Einwilligg des Verwalters befreit and Eheg v den Beschrkgen des § 1422. Ohne Einwilligg haftet GesGut grdsl nicht, es sei denn, Einspr gg den Betr od Widerruf waren bei der Rechtshängigk eines RStreits gg den Nichtverwalter nicht eingetr; f Verwalter dann nur WidersprKl, ZPO 774. Wg Haftg des GesGuts nach § 1440 S 2 u des Verwalters persönl bis zur Beendigg der GütGemsch, § 1437 II (im InnenVerh gilt § 1441 Z 2), ist Einwilligg des Verwalters auch dann erhebl, wenn ErwGesch zum VorbehGut gehört.

2) Selbständiges Erwerbsgeschäft (Begr § 1822 Anm 4) liegt nur vor, wenn Eheg verantwortl Unternehmer im wirtschaftl Sinne (also nicht Arzt od RA, RG **144**, 2) ist, ohne Rücks darauf, ob er selbst arbeitet od sich eines Bevollm (Prokurist) bedient, es sei denn, dies ist der verwberecht Eheg u das ErwGesch gehört z GesGut. Selbst ErwGesch aber, wenn Eheg mit AlleinGeschFührgsBefugn, HGB 115 I, ein z GesGut gehör ErwGesch als OHG betreiben, ferner die Teilhaberschaft an OHG selbst bei ausgeschl Vertretg, RG **127**, 114, ebso die Beteiligg als persönl haftder Gesellschafter an einer KG, nicht aber die bloße Kapitalanlage als Kommanditist, stiller od GmbH-Gesellschafter.

3) Die forml, auch stillschw mögl u iFv II (also bei Kenntn, nicht bloß fahrl Unkenntn) unterstellte u inhaltl nicht beschränkb **Einwilligg des Verwalters** bewirkt, daß es seiner Zust zu einz RGeschäften u RStreitigk nicht mehr bedarf, die der GeschBetr mit sich bringt, vgl HGB 343, 344, dh (sa § 112) alle gewöhnl, aber auch außergewöhnl Geschäfte iR des GeschBetr wie Übern des HandelsGesch vom ausgeschiedenen Gesellschafter, BayObLG OLG **43**, 356, od GrdstVeräußerg, dagg nicht GeschAufg selbst od Auflösg der OHG, RG **127**, 115. In Abweichg v § 1422 Anm 1 sind einseit RGeschäfte, die sich auf das ErwGesch beziehen, ijF dem GeschInh ggü vorzunehmen, I 2. Der nichtverwberecht Eheg ist f alle RStreitigk iR des GeschBetr aktiv u passiv legitimiert; ZwVollstr ins GesGut, ZPO 741; sa § 1433 Anm. 2. Verw k Einwendg, es handle sich nicht um GeschSchuld, nur iW der WidersprKl erheben, ZPO 774. Das im GeschBetr Erworbene fällt ins GesGut. Haftg beider Eheg u des GesGuts, §§ 1438 I, 1437 II, u zwar auch über die Beendigg der GütGemsch hinaus, da die Verbindlk dem GesGut zur Last fallen, § 1442 S 2.

4) Jederzeit mögl sind forml **Einspruch** gg den Betr des ErwGesch u ebso **Widerruf** der Einwilligg. Mißbr jedoch ScheidgsGrd u Grd f AufhebgsKl, § 1447 Anm 3 Z 1. Erklärg ggü dem nichtverw Eheg, aber zur Wirksamk ggü Dritten Eintr im GüterRReg notw, III, auf eins Antr des Verwalters, § 1561 Z 3. Folge: Haftg v GesGut u Verwalter ausgeschl, Anm 1.

1301

1432 *Annahme einer Erbschaft; Ablehnung von Vertragsantrag oder Schenkung.* I Ist dem Ehegatten, der das Gesamtgut nicht verwaltet, eine Erbschaft oder ein Vermächtnis angefallen, so ist nur er berechtigt, die Erbschaft oder das Vermächtnis anzunehmen oder auszuschlagen; die Zustimmung des anderen Ehegatten ist nicht erforderlich. Das gleiche gilt von dem Verzicht auf den Pflichtteil oder auf den Ausgleich eines Zugewinns sowie von der Ablehnung eines Vertragsantrags oder einer Schenkung.

II Der Ehegatte, der das Gesamtgut nicht verwaltet, kann ein Inventar über eine ihm angefallene Erbschaft ohne Zustimmung des anderen Ehegatten errichten.

1) GleichberG Art 1 Z 9; entspricht § 1453 aF. Die in I genannten RGesch sind **persönlicher Art** u bedürfen desh nicht der Zust des Verwalters. Für die mit dem Erwerb verbundenen Verbindlk haften gleichw GesGut, § 1448 I, u Verw, § 1437 II. Persönl, freil nicht vertretgsfeindl Gesch sind Erbverzicht, § 2346, Ausschlagg, §§ 1945, 1953, 2176, 2180, sowie Annahme v Erbsch od Vermächtn, §§ 1946ff, 2180, die, soweit nicht VorbehGut, §§ 1418 II Z 2, 1439, z GesGut werden, da sie f die NachlSchulden haften. Desh kann auch Verwalter HaftgsBeschrkg herbeiführen, §§ 1970, 1975, 1990ff, 2014ff, 2186, KO 218, VerglO 113, ZPO 780. Nicht zustbedürft ferner Anfechtg v Ann od Ausschlagg, §§ 1954ff, 2308, Verzicht auf Pflicht §§ 2303ff, od ZugewAusgl aus einem früh gesetzl Güterstd, §§ 1378 III, 1371 II, III u schließl die Ablehng, eines VertrAntr u v Schenkgen. In beiden Fällen kann der NichtVerwalter auch ohne Zust des Verwalters annehmen, was nicht ggü GesGut wirks w, § 1422 Anm 2, obwohl das so Erworbene darein fällt, § 1416 I, währd es umgek nur aus Bereicherg haftet, § 1434. Außerh v § 1418 II Z 2 ist Widerruf ggü Verwalter z erkl, § 531, da GesGut betroffen.

2) **Inventar** können beide Eheg ohne ggs Zust errichten, II. Die InvFrist ist ggü dem Verwalter z bestimmen, § 2008 I. Das dch einen Eheg errichtete Inv wirkt auch f den and Eheg, ebso das v einem Eheg erwirkte GläubAufgebot u AusschlUrt, ZPO 999.

1433 *Fortsetzung eines Rechtsstreits.* Der Ehegatte, der das Gesamtgut nicht verwaltet, kann ohne Zustimmung des anderen Ehegatten einen Rechtsstreit fortsetzen, der beim Eintritt der Gütergemeinschaft anhängig war.

1) GleichberG Art 1 Z 9; Inhalt = § 1454 aF. In Ausn v § 1422 Anm 4 führt der nichtverwberecht Eheg in eig Namen einen bei Eintr der GütGemsch **anhängigen RStreit** weiter. Aber Umstellg des Antr auf Leistg an Verw, ZPO 265 analog. Urt wirkt f u gg Verw, der als NebIntervenient beitreten kann, ZPO 66 (hM: 69) wg ZPO 265 II. Erteilg der VollstrKl f den Verw, ZPO 742. Haftg des GesGuts § 1438. Vergl, Verzicht, Aufrechng mit einer z GesGut gehör Fdg nur mit Zust des Verw, da der NichtVerw ü GesGut, zu dem der eingekl Anspr gehört, § 1416 I, nicht verfügen k.

2) § 1433, Anm 1, **entspr anwendb** bei Führg eines RStr iFd Verhinderg des Verw, § 1429, u Wegfall der Verhinderg währd des RStr, ferner bei Fortführg eines RStr f das mit Zust des Verw betriebene selbständ ErwerbsGesch, § 1431, nach Widerruf der Zust.

1434 *Ungerechtfertigte Bereicherung des Gesamtgutes.* Wird durch ein Rechtsgeschäft, das ein Ehegatte ohne die erforderliche Zustimmung des anderen Ehegatten vornimmt, das Gesamtgut bereichert, so ist die Bereicherung nach den Vorschriften über die ungerechtfertigte Bereicherung aus dem Gesamtgut herauszugeben.

1) An Stelle v § 1455 aF dch GleichberG Art 1 Z 9. **GrdGedanke:** Alles, was ein Eheg währd der Ehe dch Leistg v Drittem erwirbt, wird GesGut (§ 1416), währd das vom and Eheg nicht gen RGesch als solches dem GesGut ggü unwirks ist; daher Heraus aus dem GesGut gem §§ 812ff. Bei Bereicherg in sonst Weise §§ 812ff unmittelb. Als RGesch des Verw kommen allenf Gesch nach §§ 1423–25 in Betr, sofern Zust des and Eheg nicht ersetzt worden ist (§ 1426); denn daraus haften weder GesGut noch Verw persönl (§ 1423 Anm 1). Wohl aber eben Haftg v GesGut u Verw (§ 1437 II) aus ungerechtf Bereicherung. RGesch des and Eheg (außer iFv §§ 1429, 1431, 1432) ohne Zust od ZustErsetzg (§ 1430) verpflichten zwar den nicht verwberecht Eheg persönl, nicht aber das insof allenf ungerechtf bereicherte GesGut (§ 1422 Anm 2); VertragsHaftg mit VorbehGut schließt hier BereichersgHaftg des GesGuts nicht aus (Colmar OLG 8, 336). Hat nicht verwberecht Eheg dch Ann der Leistg ü eine GesGutsFdg verfügt, so fließt die Leistg ins GesGut, ohne daß dch die Ann die Fdg getilgt würde. Für die Bereicherg haftet der nicht verwberecht Eheg nicht persönl; sie kann nur gg den Verw geltd gemacht w (BGH NJW 57, 1635; sa § 1422 Anm 2). Kein ZurückbehaltgsR des Dritten ggü dem die Unwirksamk des RGesch geltd machden Eheg (aA Stettin JW 30, 1013), wohl aber Möglk der Aufrechng mit dem BereichergsAnspr.

1435 *Pflichten des Verwalters.* Der Ehegatte hat das Gesamtgut ordnungsmäßig zu verwalten. Er hat den anderen Ehegatten über die Verwaltung zu unterrichten und ihm auf Verlangen über den Stand der Verwaltung Auskunft zu erteilen. Mindert sich das Gesamtgut, so muß er zu dem Gesamtgut Ersatz leisten, wenn er den Verlust verschuldet oder durch ein Rechtsgeschäft herbeigeführt hat, das er ohne die erforderliche Zustimmung des anderen Ehegatten vorgenommen hat.

1) GleichberG Art 1 Z 9 hat Pflichten u Haftg des Verw iSv § 1456 aF verstärkt. Entgg der früh Regelg ist der Verw dem and Eheg f die Verwaltg des GesGuts verantwortl. Analoge Anwendg iFv § 1429 mRücks auf die allg Fassg („der Eheg"). Abdingb. Bei Mißbr der VerwBefugn § 1447 Z 1.

Bürgerliche Ehe. 6. Titel: Eheliches Güterrecht **§§ 1435-1437**

2) Pflichten des Verwalters. a) Ordnmäß Verwaltg des GesGuts, dh treuhänderisch im Interesse der Ehe (Einf 1 vor § 1353), Erhaltg u Mehrg des GesGuts (vgl RG **124**, 325); aber Ehe keine ErwerbsGemsch, also: Sicherg der GesGutsGgste vor Gefahr (RG **76**, 136); Erfüllg v UnterhPfl ggü dem and Ehg (RG Warn **16** Nr 21). Mißbr des VerwR liegt vor bei Umgehg v § 1424 dch Unterwerfg unter sof ZwVollstr iSv ZPO 740 (BGH **48**, 369). – **b)** Pfl zur **Auskunftserteilg** u auch **Unterrichtg**, S 2, iW der LeistgsKl erzwingb (§§ 260, 261; ZPO 888, 889); ZPO 888 II steht nicht entgg (Gernhuber § 38 VI 6 Fn 2). RSchutz-Bedürfn jedoch nur bei begrdtem Anlaß. Untersch zu § 1379, weil im gesetzl Güterstd jeder Ehg sein Verm selbst verwaltet. – **c) Ersatzpfl**, S 3, ohne zusätzl Verschulden bei Zustimmungsbedürftigk (§§ 1423–25) u sonst bei Verschulden, wobei jedoch zu berücks, daß jede Verwaltg Risiken enthält, ferner § 1359, evtl Ausgl dch and günstigere Gesch od ErsAnspr gg Dritte. ErsLeistg erst nach Beendigg der GütGemsch (§ 1446).

1436 *Verwalter unter Vormundschaft.* Steht der Ehegatte, der das Gesamtgut verwaltet, unter Vormundschaft, so hat ihn der Vormund in den Rechten und Pflichten zu vertreten, die sich aus der Verwaltung des Gesamtgutes ergeben. Dies gilt auch dann, wenn der andere Ehegatte zum Vormund bestellt ist.

1) Neufassg v § 1457 aF dch GleichberG Art 1 Z 9. Dch (vorl) **Vormsch u Pflegsch** (§§ 1896, 1906, 1909–11, 1915) wird der Güterstd nicht berührt; aber AufhebgsKl (§ 1447 Z 1, 4). Ausübg der Verwaltg dch Vormd, für den §§ 1793 ff gelten (KG HRR **33**, 203); er verpfl das GesGut (§ 1437), Haftg ggü Mdl n § 1833, dem and Ehg ggü n § 1435. Ist der and Eheg Vormd, S 2, so handelt er im Namen des Verw. Gem §§ 1423–25 erfdl Zust erteilt er sich unabh v § 181 selbst (hM). Haftg aus § 1833, ohne § 1359.

1437 *Gesamtgutsverbindlichkeiten; persönliche Haftung.* ¹ Aus dem Gesamtgut können die Gläubiger des Ehegatten, der das Gesamtgut verwaltet, und, soweit sich aus den §§ 1438 bis 1440 nichts anderes ergibt, auch die Gläubiger des anderen Ehegatten Befriedigung verlangen (Gesamtgutsverbindlichkeiten).
II Der Ehegatte, der das Gesamtgut verwaltet, haftet für die Verbindlichkeiten des anderen Ehegatten, die Gesamtgutsverbindlichkeiten sind, auch persönlich als Gesamtschuldner. Die Haftung erlischt mit der Beendigung der Gütergemeinschaft, wenn die Verbindlichkeiten im Verhältnis der Ehegatten zueinander dem anderen Ehegatten zur Last fallen.

1) Die §§ 1437–44, die dch GleichberG Art 1 Z 9 den §§ 1459–65 aF entnommen w sind, regeln die **Schuldenhaftg** innerh der GütGemsch, u zwar §§ 1437–40 das Außenverhältn der Eheg zu den Gläub mit Ausn in §§ 1438–40, die §§ 1441–44 das Innenverhältn zw den Eheg. Es gibt entspr dem **Gesamthandsprinzip** (§§ 1416 Anm 1, 1419) allein Verbindlkten der Eheg, nicht des GesGuts; dieses u die SonderVerm der Eheg sind nur HaftgsObjekt. Solche persönl Verpfl eines oder der Eheg heißen **Gesamtgutsverbindlichk** (§§ 1437, 1459), wenn dafür das GesGut haftet. Für gemeins eingegangene Verbindlk gelten die allg Vorschr, insb also § 427. Die unter Ehel vereinb Beschrkg der Haftg ggü Dritten ist nichtig; zul dagg eine die Haftg auf das GesGut beschrkde od dessen Haftg ausschließde Vereinbg mit dem Gläub. § 1437 bestimmt als **Prinzip** die gesamtschuldner (§§ 421 ff) Haftg des GesGuts, I, u (als Ggstück zu seiner umfassden Verw-Befugn) des Verw, II, auch für die Schulden des nicht verwbrecht Eheg.

2) GesGutsVerbindlichkten sind: a) sämtl Schulden des Verw, unabh vom EntstehgsGrd od -Ztpkt u davon, ob sie sich auf sein Vorbeh- od SondGut beziehen. Ggf § 1357; – **b)** grdsl auch sämtl Schulden des and Eheg, unabh vom (vertragl od gesetzl) RGrde, also auch die aus unerl Hdlg, Rückgewähr aGrd AnfG (RG Gruch **48**, 1017), u unabh vom LeistgsGgst, also auch Verpfl zum Herausg (RG JW **04**, 176), ferner alle vor Eintr der GütGemsch entstandenen, die danach entstandenen nur nach Maßg der §§ 1438–40, insb also nicht bei Fehlen der erfdl Zust (§ 1438 I). **Beweislast** für Nichtvorliegen einer GesGutsVerbindlk bei dem Behauptden; Besonderh § 1438 Anm 2.

3) Persönl Haftg des Verwalters mit Vorbeh- u Sondergut für: **a)** alle in seiner Pers entstandenen Schulden (Anm 2a); – **b)** die Schulden des and Eheg (Anm 2b) als GesamtSchu neben ihm; Ausn §§ 1438-40, dann Haftg gem Anm 4. Bei Beendigg der GütGemsch FortHaftg f dem GesGut auch im Verhältn der Eheg zueinand zur Last fallde Schulden (vgl §§ 1441–44, f die übr Wegf der Haftg (II 2). Beweisl beim Verw; ggf ZPO 767. Grd der Beendigg gleichgült; zul also auch Vereinbg der Beendigg zZw, sich dieser Haftg im Hinbl auf eine best Verpfl des and Eheg z entziehen (Hbg OLG **30**, 49).

4) Persönl Haftg des Nichtverwalters mit Vorbeh- u (soweit pfändb) SondGut für: **a)** die in seiner Pers entstandenen GesGutsVerbindlk, also soweit Verw als Bevollm aufgetreten ist (Mü OLG **14**, 228); – **b)** die in seiner Pers entstandenen Verbindlk, soweit nicht GesGutsVerbindlk (Anm 3 b). Keine Haftg f die pers Schulden des Verw, auch nicht die in dessen Pers entstandenen GesGutsVerbdlk (RG **89**, 364); Ausn § 1480.

5) Zur **Zwangsvollstreckg** ins GesGut genügt grdsl Urt gg den Verw (ZPO 740 I), selbst wenn er ohne Zust des and Ehg nicht vfg durfte (RG **69**, 181), ferner auch iFv §§ 1428/29. Hat nicht verwberecht Eheg Gewahrs, Klage gg ihn nicht erfdl, da Gewahrs kein WiderspR gibt (bedeuts aber f ZPO 743). Vgl ü §§ 1431, 1433 Anm 3 u 1. Verurt des Verw zur Duldg der ZwVollstr ins GesGut wirkt wie LeistgsUrt (RG JW **09**, 321, SeuffA **65**, 16), Urt zur Zahlg aus GesGut gibt aber auch nur R zur Vollstr in dieses.

6) Dch den **Konkurs** des Verw keine Auflösg der GütGemsch, aber Anspr auf AuseinandS (§ 1447 Z 3). GesGut gehört zur KonkMasse (KO 2 I); KO 16, 51 unanwendb. Übr Bleibdes wird wieder GesGut. Beschrkg des KonkVerw §§ 1423/24. Konk des NichtVerw erstreckt sich nicht auf GesGut (KO 2 I 2), auch Anteil am GesGut gehört nicht zur Masse (KO 1 I, ZPO 860 I). Verw hat hins GesGut AussondR. AufhebgsKl nur iFv § 1448.

1438 *Haftung des Gesamtgutes.* I Das Gesamtgut haftet für eine Verbindlichkeit aus einem Rechtsgeschäft, das während der Gütergemeinschaft vorgenommen wird, nur dann, wenn der Ehegatte, der das Gesamtgut verwaltet, das Rechtsgeschäft vornimmt oder wenn er ihm zustimmt oder wenn das Rechtsgeschäft ohne seine Zustimmung für das Gesamtgut wirksam ist.

II Für die Kosten eines Rechtsstreits haftet das Gesamtgut auch dann, wenn das Urteil dem Gesamtgut gegenüber nicht wirksam ist.

1) Haftg des GesGuts f Verbindlk des Verw folgt aus § 1437 I; § 1438 enthält Einschrkg der Haftg des GesGuts f Verbindlk des nicht verwberecht Eheg. Mit der beschrkten Haftg aus RGesch des nicht verwberecht Eheg bringt § 1438 die **1. Ausn** vom Grds des § 1437 I, daß das GesGut auch f die Schulden des nicht verwberecht Eheg haftet. Haftg uneingeschrkt f vor Eintr der GütGemsch entstandene Verbdlk (§ 1437 Anm 2b), für solche danach hingg nur, wenn a) VerwZust erteilt od ersetzt (§ 1430) od b) RGesch auch ohne Zust wirks (§§ 1429/31/32/34, 1357). Dann gleichgült, ob RGesch Ges-, Vorbeh- od SondGut des nicht verwberecht Eheg betr (Ausn § 1439); es haften GesGut u Verw (§ 1437 II 1). Beweis für a od b, wer sich darauf beruft. Vereinbg ü HaftgsBeschrkg mit Gläub § 1437 Anm 1, dagg nicht zw Ehel; zul Erteilg der Zust unter dieser Bedingg.

2) **Prozeßkosten** des Verw sind GesGutsVerbdlk (Haftg § 1437 I); II erweitert Haftg für Kosten aus Ziv-, Straf-, Verw- u FGGVerf auch des nicht verwberecht Eheg, selbst wenn Urt nur gg ihn wirkt, dh Proz wg Vorbeh- od SondGut bzw Gesch, dem Verw nicht zugest hat. PKV § 1360a IV.

1439 *Keine Haftung bei Erwerb einer Erbschaft.* Das Gesamtgut haftet nicht für Verbindlichkeiten, die durch den Erwerb einer Erbschaft entstehen, wenn der Ehegatte, der Erbe ist, das Gesamtgut nicht verwaltet und die Erbschaft während der Gütergemeinschaft als Vorbehaltsgut oder als Sondergut erwirbt; das gleiche gilt beim Erwerb eines Vermächtnisses.

1) Als **2. Ausn** v § 1437 I keine Haftg des GesGuts f iRd GütGemsch anfallde ErbschErwerbskosten (§§ 1967 ff, 2130, 2147, 2192, öff Abgaben, VorbehPfl, EheG 70), soweit Erw als Vorbeh- (§ 1418 II Z 2) od SondGut (§ 1417, zB GesellschAnt, RG **146**, 282). Zust des Verw nicht erfdl. Wg Haftg § 1437 Anm 4.

1440 *Haftung für Vorbehaltsgut oder Sondergut.* Das Gesamtgut haftet nicht für eine Verbindlichkeit, die während der Gütergemeinschaft infolge eines zum Vorbehaltsgut oder Sondergut gehörenden Rechtes oder des Besitzes einer dazu gehörenden Sache in der Person des Ehegatten entsteht, der das Gesamtgut nicht verwaltet. Das Gesamtgut haftet jedoch, wenn das Recht oder die Sache zu einem Erwerbsgeschäft gehört, das der Ehegatte mit Einwilligung des anderen Ehegatten selbständig betreibt, oder wenn die Verbindlichkeit zu den Lasten des Sondergutes gehört, die aus den Einkünften beglichen zu werden pflegen.

1) Als **3. Ausn** v § 1437 I keine Haftg des GesGuts (S 1) f Verbindlk des nicht verwberecht Eheg aus zum Vorbeh- od SondGut gehörigen Ggstden: Steuern, ungerechtf Bereicherg, Reallast, Haftg aus §§ 833, 836. Dagg GesGutsVerbindlk bei Erweiterg der UnterhPfl dch Vorbeh- od SondGut (§ 1604 S 2); Innenverhältnis § 1441 Z 2.

2) Ausn: Haftg des GesGuts (S 2) bei Zugehörigk zu einem v Verw gen, zum VorbehGut gehörden selbstdg ErwGesch (§ 1431 Anm 1) u Verbindlk iRv § 1417 III 2, also Erhaltgs- u NutzgsGewinngsKosten, öff u priv Lasten, Versicherg.

1441 *Schuldenhaftung im Innenverhältnis.* Im Verhältnis der Ehegatten zueinander fallen folgende Gesamtgutsverbindlichkeiten dem Ehegatten zur Last, in dessen Person sie entstehen:

1. die Verbindlichkeiten aus einer unerlaubten Handlung, die er nach Eintritt der Gütergemeinschaft begeht, oder aus einem Strafverfahren, das wegen einer solchen Handlung gegen ihn gerichtet wird;
2. die Verbindlichkeiten aus einem sich auf sein Vorbehaltsgut oder sein Sondergut beziehenden Rechtsverhältnis, auch wenn sie vor Eintritt der Gütergemeinschaft oder vor der Zeit entstanden sind, zu der das Gut Vorbehaltsgut oder Sondergut geworden ist;
3. die Kosten eines Rechtsstreits über eine der in den Nummern 1 und 2 bezeichneten Verbindlichkeiten.

1) Vgl zunächst § 1437 Anm 1. Der der GütGemsch zGrde liegde Gedanke, daß die Ehel auch vermögensrechtl auf Gedeih u Verderb verbunden s, läßt grdsl alle GesGutsVerbindlk dem GesGut zur Last fallen; **Grdsatz**: GesGutsVerbindlk = GesGutsLasten. Die §§ 1441-44 sind **Ausnahmen** davon. Wird eine solche Verbindlk aus dem GesGut getilgt, so ist zu diesem Ersatz zu leisten (§§ 1445/46; sa §§ 1475 II, 1476 II). § 1441 abdingb.

2) Zum GesGut Ersatz zu leisten ist gem **Z 1**: iFv §§ 823 ff, StrafVerf, PrivatKl. Verbindlk sind: SchadErs, Buße, Geldstrafe, StrafVerf- u VerteidigerKosten, währd Haftkosten dem UnterhVerpfl zur Last fallen (§ 1360). Gilt nur für vor Eintr der GütGemsch begangene unerl Hdlg, sonst endgült Belastg des GesGuts (§ 1437 Anm 2). **Z 2**: Verbindlk des nicht verwberecht Eheg, soweit sich RGesch auf sein Vorbeh- od

Bürgerliche Ehe. 6. Titel: Eheliches Güterrecht   §§ 1441–1445

SondGut bezieht u mit Zust des Verw od (aGrd der §§ 1429/31/32, sa § 1440 S 2) ihm ggü wirks ist. Nicht hierher gehören §§ 1439, 1440 S 1, da dafür das GesGut überh nicht haftet. Verbindlk des Verw bez seines Vorbeh- od SondGuts fallen ihm selbst zur Last. Jeder Eheg trägt die dch Besitz v VorbehGut begrdten od erweiterten UnterhPfl (§ 1440 Anm 1). Im Ggs zu Z 1 auch vor Eintr der GütGemsch entstandene Verbindlk. **Z 3**: RStrKosten wg Angelegenh der Z 1 od 2 unterliegen dens Grdsätzen; sonst § 1443. Ausn zu Z 2 u 3 § 1442.

1442 *Verbindlichkeiten des Sondergutes und eines Erwerbsgeschäfts.* Die Vorschriften des § 1441 Nr. 2, 3 gelten nicht, wenn die Verbindlichkeiten zu den Lasten des Sondergutes gehören, die aus den Einkünften beglichen zu werden pflegen. Die Vorschriften gelten auch dann nicht, wenn die Verbindlichkeiten durch den Betrieb eines für Rechnung des Gesamtgutes geführten Erwerbsgeschäfts oder infolge eines zu einem solchen Erwerbsgeschäft gehörenden Rechtes oder des Besitzes einer dazu gehörenden Sache entstehen.

1) Ausn v § 1441 Z 2 u 3 bei zum SondGut (§ 1417) gehörden Verbindl der Art von § 1440 Anm 2b od § 1431 Anm 2, soweit ErwGesch f Rechng des GesGuts geführt w, es also zum Ges- od SondGut (§ 1417 III 2) gehört, nicht aber zum VorbehGut.

1443 *Prozeßkosten.* ⁱ Im Verhältnis der Ehegatten zueinander fallen die Kosten eines Rechtsstreits, den die Ehegatten miteinander führen, dem Ehegatten zur Last, der sie nach allgemeinen Vorschriften zu tragen hat.

ⁱⁱ Führt der Ehegatte, der das Gesamtgut nicht verwaltet, einen Rechtsstreit mit einem Dritten, so fallen die Kosten des Rechtsstreits im Verhältnis der Ehegatten zueinander diesem Ehegatten zur Last. Die Kosten fallen jedoch dem Gesamtgut zur Last, wenn das Urteil dem Gesamtgut gegenüber wirksam ist oder wenn der Rechtsstreit eine persönliche Angelegenheit oder eine Gesamtgutsverbindlichkeit des Ehegatten betrifft und die Aufwendung der Kosten den Umständen nach geboten ist; § 1441 Nr. 3 und § 1442 bleiben unberührt.

1) Weitere Ausn v § 1441 Anm 1 hins Kosten v RStreitigk, soweit nicht §§ 1441 Z 3, 1442 eingreifen. Für Dritte handelt es sich um GesGutsVerbindlk (§ 1438 II). PKV § 1360a IV.

2) Kosten aus RStreitigk der Eheg untereinand, I, fallen nach ProzGesetzen od Vereinbg den Eheg selbst zur Last. Ist Verw dazu außerstde, trägt sie das GesGut.

3) Bei RStreitigk eines Eheg mit einem Dritten, II, bleibt es beim Grds § 1441 Anm 1, wenn den Verw die Kosten treffen (Ausn: § 1441 Z 3), dh sie fallen dem Gesamtgut zur Last. Bei Kosten zL des nicht verwberecht Eheg Überwälzg auf GesGut iFv §§ 1428/29/31/33, ferner §§ 1437/38, 1440 S 2, sofern nicht § 1441 Z 3 od RStreit aussichtslos. Kostenlast beim nicht verwberecht Eheg also für RStreitigk aus RGesch, denen Verw nicht zugest hat.

1444 *Kosten der Ausstattung der Kinder.* ⁱ Verspricht oder gewährt der Ehegatte, der das Gesamtgut verwaltet, einem gemeinschaftlichen Kind aus dem Gesamtgut eine Ausstattung, so fällt ihm im Verhältnis der Ehegatten zueinander die Ausstattung zur Last, soweit sie das Maß übersteigt, das dem Gesamtgut entspricht.

ⁱⁱ Verspricht oder gewährt der Ehegatte, der das Gesamtgut verwaltet, einem nicht gemeinschaftlichen Kind eine Ausstattung aus dem Gesamtgut, so fällt sie im Verhältnis der Ehegatten zueinander dem Vater oder der Mutter zur Last; für den Ehegatten, der das Gesamtgut nicht verwaltet, gilt dies jedoch nur insoweit, als er zustimmt oder die Ausstattung nicht das Maß übersteigt, das dem Gesamtgut entspricht.

1) Die dispositive Vorschr regelt Verhältn der Eheg (auch iFv § 1429) bei Gewährg einer **Ausstattg** (§ 1624 Anm 1), zu der Einwilligg des and Eheg nicht erfdl, solange Ausstattg das den Umst entspr Maß nicht übersteigt, dh keine Schenkg vorliegt (§§ 1624 I, 1425).

2) Ausstattg **a) an gemschaftl Kind**, I, fällt dem GesGut zur Last (§ 1441 Anm 1), auch Übermaßausstattg, wenn and Eheg zugest hat; **b) an nicht gemschaftl Kind** dch den Verw, II, belastet grdsl Vorbeh- u SondGut v Vater bzw Mutter, v Verw ijF. Handelt es sich um Kind des NichtVerw, so fällt diesem zur Last ohne seine Zust nur die angem Ausstattg; das Mehr ist dann Schenkg des Verw aus dem GesGut, für die Verw Ersatz leisten muß (§ 1435 S 3); ÜbermaßZuwendg ist unwirks (§§ 1425/27/28).

1445 *Ausgleichung zwischen Vorbehalts-, Sonder- u. Gesamtgut.* ⁱ Verwendet der Ehegatte, der das Gesamtgut verwaltet, Gesamtgut in sein Vorbehaltsgut oder in sein Sondergut, so hat er den Wert des Verwendeten zum Gesamtgut zu ersetzen.

ⁱⁱ Verwendet er Vorbehaltsgut oder Sondergut in das Gesamtgut, so kann er Ersatz aus dem Gesamtgut verlangen.

1) **Ersatzleistg.** Entspricht § 1466 aF; Fassg u Anpassg GleichberG Art 1 Z 9. Änd dch forml EheVertr zul. **Zweck**: Währd bei Verwendg v GesGut in VorbehGut des nicht verwberecht Eheg u umgek eine ErsLeistg nur über unger Bereicherg, Auftr u GoA in Betr kommt, gibt § 1445 **verschuldens- u entreicherungsunabhängigen** Anspr. Verwendet also der Verw GesGut in sein VorbehGut (entspr ZugehörigkVer-

1305

mutg § 1416 Anm 2), insb wenn ihm die Verbindlk zur Last fällt (§§ 1441 f), so hat er den Wert des Verwendeten zum GesGut zu ersetzen, **I.** Bei Verschulden: § 1435 S 2. Ebso kann er im umgk Fall Ersatz aus dem GesGut verl, **II.** Aber bei Verwendg auf Unterh evtl §§ 685, 1360 b (vgl BGH **50**, 266). Zu ersetzen der Wert zZ der Verwendg. Fälligk § 1446.

1446 *Fälligkeit des Ausgleichsanspruchs.* **I** Was der Ehegatte, der das Gesamtgut verwaltet, zum Gesamtgut schuldet, braucht er erst nach der Beendigung der Gütergemeinschaft zu leisten; was er aus dem Gesamtgut zu fordern hat, kann er erst nach der Beendigung der Gütergemeinschaft fordern.

II Was der Ehegatte, der das Gesamtgut nicht verwaltet, zum Gesamtgut oder was er zum Vorbehaltsgut oder Sondergut des anderen Ehegatten schuldet, braucht er erst nach der Beendigung der Gütergemeinschaft zu leisten; er hat die Schuld jedoch schon vorher zu berichtigen, soweit sein Vorbehaltsgut und sein Sondergut hierzu ausreichen.

1) Entspr inhaltl § 1467 aF; GleichbergG Art 1 Z 9. Die Vorschr bezieht sich auf alle Fälle, in denen ein Eheg obligator, nicht dingl (Hbg OLG **21**, 232) etwas zum GesGut od dem and schuldet, also iFv § 1445 usw. Zinsen §§ 288, 291; Verjährg § 204.

2) Grdsatz: Erst die Beendigg der GütGemsch läßt **Schulden** v Verw u NichtVerw an das GesGut fäll w; anders soweit Vorbeh- u SondGut zur Berichtigg ausreichen, was Verw nicht erst bei der ZwVollstr, sond bereits im Proz beweisen muß (Hbg OLG **14**, 228). **Fordergen** an das GesGut vS des Verw fäll bei GütGemschEnde, vS des and Eheg nach allg Grdsätzen. Hinausschub der Fälligk hindert nicht FeststellgsKl, Arrest u einstw Vfg (Kbg OLG **2**, 70).

1447 *Aufhebungsklage des nicht verwaltenden Ehegatten.* Der Ehegatte, der das Gesamtgut nicht verwaltet, kann auf Aufhebung der Gütergemeinschaft klagen,

1. wenn seine Rechte für die Zukunft dadurch erheblich gefährdet werden können, daß der andere Ehegatte zur Verwaltung des Gesamtgutes unfähig ist oder sein Recht, das Gesamtgut zu verwalten, mißbraucht;
2. wenn der andere Ehegatte seine Verpflichtung, zum Familienunterhalt beizutragen, verletzt hat und für die Zukunft eine erhebliche Gefährdung des Unterhalts zu besorgen ist;
3. wenn das Gesamtgut durch Verbindlichkeiten, die in der Person des anderen Ehegatten entstanden sind, in solchem Maße überschuldet ist, daß ein späterer Erwerb des Ehegatten, der das Gesamtgut nicht verwaltet, erheblich gefährdet wird;
4. wenn der andere Ehegatte entmündigt ist und der die Entmündigung aussprechende Beschluß nicht mehr angefochten werden kann.

1) Dch GleicherG Art 1 Z 9 wurden §§ 1468–1470 zu den **§§ 1447–1449**. Abgesehen v den hier gen Fällen endigt GütGemsch auch dch EheVertr u EheAuflösg (vgl EheG 5 Anm 2 b). Fortges GütGemsch bei Tod eines Eheg nur iFv entspr EheVertr (§ 1483). Tatsächl od gestattetes Getrenntleben, Konk, Pflegerbestellg u TodesErkl haben als solche keine auflöse Wirkg. Kehrt f tot Erklärter zurück, gilt GütGemsch weiter (außer bei Wiederverheiratg). Angesichts der gesetzl fest umgrenzten AufhebgsGrde AufhebgsKl auch nicht wg Verletzg der VertrPflichten od Fortfall der GeschGrdlage (BGH **29**, 135). Wg der Wirkg der EheNichtigk EheG 26 Anm 3, 4. Aufhebg hat ScheidgsWirkgen (EheG 29). Nach Beendigg der GütGemsch Anspr auf GrdbuchBerichtigg (Colmar OLG **9**, 331; sa § 1416 Anm 4).

2) § 1447 ist **SchutzVorschr** zG des nicht verwberecht Eheg. Vertragl Ausschl unzul (§ 138). Vermögensrechtl Anspr, keine Ehesache. Verw kann bis zur letzten mdl Verh KlageVorauss beseitigen; Folge des Anerbietens, aufhebden EheVertr abzuschließen, unter sof Anerk: ZPO 93. Wird Ehe währd des RStreits aufgelöst, ist Haupts erledigt. Ausübg der Verw kann eingeschränkt, uU ganz untersagt w; dagg wg konstitutiver Wirkg v § 1449 keine vorl Aufhebg der GütGemsch dch einstw Vfg.

3) Die einzelnen Fälle. Z 1: Verwaltgsunfähig bei dauernder Abwesenh ohne entspr VollmErteilg, da § 1429 keine ausr Abhilfe; ferner iFv § 1910 u wenn obj ordngsmäß Verwaltg fehlt (wg der dann wahrscheinl Auswirkg auf FamUnterh Z 2). Verschulden nicht erfdl. Mißbr bei Gesch der §§ 1423–25 ohne Zust des and Eheg, ferner bei BenachteiligAbs od Verstößen gg § 1435. Hinzukommen muß eine erhebl Gefährdg der Rechte des and Eheg f die Zukft, dh die Besorgn, daß der gefährdde Zustd andauert od gefährdde Hdlgen weiterhin in Aussicht stehen; entscheidd Sachlage zZ der letzten mdl Verh. Tatfrage; Berücksichtigg des Verhaltens des Verw. **Z 2:** Verletzg der Pfl, zum FamUnterh (dh für Eheg u gemschaftl Kinder) beizutragen (§ 1360), schon dann, wenn nicht mind in dem sich aus einer ordngsmäß Verwaltg ergebden Umfang zum Unterh beigetr w. Vgl iü zu Z 1. **Z 3:** Starke, nicht nur drohde (Hbg OLG **12**, 313) Überschuldg des Verw (nicht v dessen VorbehGut), wobei gleichgült, ob die GesGutsverbindlkeiten im Verhältn der Eheg zueinand dem Verw zur Last fallen od nicht. Verschulden nicht erfdl (Hbg OLG **8**, 337). Späterer, aber nicht notw schon in Aussicht stehder Erwerb des NichtVerw muß erhebl gefährdet s. **Z 4:** Abgesehen v vorl Vormsch (dann idR Z 1) genügt jede Entmündigg. Maßgebl Ztpkt nicht WirksWerden des die Entmündigg aussprechen Beschl (ZPO 661, 683), sond Ablauf der MoFrist f die AnfechtgsKl (ZPO 664, 684) bzw deren rechtskr Abweisg. Bei Aufhebg der Entmündigg kein Aufleben der GütGemsch, sond neuer EheVertr notw.

1448 *Aufhebungsklage des Verwalters.* Der Ehegatte, der das Gesamtgut verwaltet, kann auf Aufhebung der Gütergemeinschaft klagen, wenn das Gesamtgut infolge von Verbindlichkeiten des anderen Ehegatten, die diesem im Verhältnis der Ehegatten zueinander zur Last fallen, in solchem Maße überschuldet ist, daß ein späterer Erwerb erheblich gefährdet wird.

1) Zunächst § 1447 Anm 1. Als Ggstück zu § 1447 Z 3 **Aufhebgsklage des Verw** zZw der Befreiung v Verbindlkeiten iSv § 1437 Anm 3 b, dh aus unerl Hdlg des NichtVerw usw (§§ 1441–44); dagg nicht solche, für die dieser nur mit seinem Vorbeh- u SondGut haftet (§§ 1438–40). Verschulden nicht erfdl. Erhebl Gefährdg, wenn späterer Erwerb zur Deckg herangezogen w müßte. Wirkgen des AufhebgsUrt § 1449 I u Erlöschen der VerwHaftg (§ 1437 II 2).

1449 *Wirkung des Aufhebungsurteils.* I Mit der Rechtskraft des Urteils ist die Gütergemeinschaft aufgehoben; für die Zukunft gilt Gütertrennung.

II Dritten gegenüber ist die Aufhebung der Gütergemeinschaft nur nach Maßgabe des § 1412 wirksam.

1) Zunächst § 1447 Anm 1. **GestaltgsUrt**, also keine vorl Vollstreckbark; auch nicht Verj unterworfen, da kein Anspr iS v § 194. **Wirkgen:** Mit Rechtskr (s aber § 1479) Eintr der Gütertrenng, nicht der Zugew-Gemsch (zu den Mot Soergel-Gaul 2); ferner Erlöschen der Haftg des Verw (§ 1437 II 2). Zur Wirkg gg Dritte Eintr im GütRReg erfdl (§ 1412); AntrR jedes Eheg ohne Mitwirkg des and (§ 1561 II Z 1). Eintr jedoch nur, wenn GütGemsch selbst eingetr war. GütTrenng auch dann, wenn ScheidgsUrt im Wiederaufn-Verf aufgeh w (Stgt SJZ **49**, 115).

c) Gemeinschaftliche Verwaltung des Gesamtgutes durch die Ehegatten

1450 *Gemeinschaftliche Verwaltung durch die Ehegatten.* I Wird das Gesamtgut von den Ehegatten gemeinschaftlich verwaltet, so sind die Ehegatten insbesondere nur gemeinschaftlich berechtigt, über das Gesamtgut zu verfügen und Rechtsstreitigkeiten zu führen, die sich auf das Gesamtgut beziehen. Der Besitz an den zum Gesamtgut gehörenden Sachen gebührt den Ehegatten gemeinschaftlich.

II Ist eine Willenserklärung den Ehegatten gegenüber abzugeben, so genügt die Abgabe gegenüber einem Ehegatten.

1) Die §§ **1450–1470** eingefügt dch GleichberG Art 1 Z 9; das früh Recht kannte keine gemschaftl Verw des GesGuts dch beide Eheg, sond nur die AlleinVerw dch den Mann. Heute führt fehlde Vereinbg automat zur gmschaftl Verw (§ 1421 S 2).

2) **Rechtsstellg der Ehegatten.** Vorschr entspr § 1422; sa den iR der AuseinandS der GütGemsch entspr § 1472 I u dort Anm 1. **a)** Die Eheg können für das GesGut jeder allein erwerben (§ 1416 I 2), iü aber nur **gemeinschaftl handeln.** Braucht nicht gleichzeit zu geschehen. Der and Eheg kann auch (konkludent) genehmigen; stillschw Zust insb dann, wenn ein Eheg dem and prakt die Verw in best Angelegh überläßt. Genehmigt der and nicht, so Unwirksamk gem § 1460 I; aber § 179 bzgl Vorbeh- u SondGut des Handelnden; iü Haftg des GesGuts iFv §§ 1454–56. Verweigerg der Mitwirkg zu RGeschäften, die eine ordngsmäß Verw mit sich bringt, berecht zur AufhebgsKl (§ 1469 Z 2). Zu unwiderrufl Verteilg der VerwGeschäfte in Ehe-Vertr erfdl (§ 1413), ebso bei unwiderrufl GeneralVollm. Drittwirkg nur gem § 1412. Anders hingg bei widerrufl Bevollmächtig f einz Gesch od die jederzeit widerrufl Überlassg eines Teils der Verw (vgl RG **133**, 351 f). Bei Alleinerwerb v Grdst dch einen Eheg zu dessen Gunsten Vormerkg zul (BayObLG NJW **57**, 1521), aber Anspr des and auf Berichtig (§ 1416 III). **b)** Soweit Geschäfte das GesGut angehen, kann grdsätzl auch nur **beiden Ehegatten gemeinsam ggü gehandelt** w; Ausn: II (ähnl HGB 125 II 3). **c)** Aus der Verpfl zum gemschaftl Handeln folgt die Pfl zur **Mitwirkg** (§ 1451) u die Notwendigk v deren Ersetzg dch das VormschG (§ 1452). Absehen ferner notw iFv §§ 1454, 1455 u 1458.

3) **VerwaltgsGgstände: a)** Das GesGut betreffde **Rechtsgeschäfte** (Ausn § 1455) sind von beiden gemeins abzuschließen. Gilt (arg „insb") für Verträge u einseit WillErkl; insb müssen die Ehel auch Verfügen, zB GrdschAbtretg (BayObLG DNotZ **63**, 49), gemschaftl vornehmen; fehlt die erforderl Einwillig, dann § 1453 I. Schuldverträge verpfl beide Eheg (GesGutsverbindlk, § 1459 II). Zur Wirksamk v WillErkl ggü beiden Eheg genügt Abgabe ggü einem von ihnen, II, zB VertrAnn, Anfechtg, Aufrechng, Künd. Entspr steht Kenntn eines Eheg (WillMängel, Bösgläubigk usw) der Kenntn beider gleich. Für Anfechtbark genügt also Irrt eines der Eheg. II gilt nicht für Zustellgen. **b)** Jeder Eheg hat Anspr auf Einräumg v **Mitbesitz** (§ 866) an den zum GesGut gehörden Ggst, jedoch nicht bzgl persönl GebrauchsGgst. GesGutsVermutg (§ 1416) geht § 1362 vor (dort Anm 1). **c)** Das GesGut betreffende **Rechtsstreitigk** haben beide gemschaftl zu führen (notw Streitgenossen, ZPO 62). ZwVollstr in GesGut nur bei Titel gg beide Eheg (ZPO 740 II); nicht ausr DuldgsTitel gg and Eheg (Deggendorf FamRZ **64**, 49).

4) **Schutz Dritter** § 1412. VerwBefugn ergibt sich aus dem GütRReg; fehlt eine solche Eintr, sind beide Eheg berecht (§§ 1421 Anm 2, 1412 Anm 3 a).

1451 *Mitwirkungspflicht beider Ehegatten.* Jeder Ehegatte ist dem anderen gegenüber verpflichtet, zu Maßregeln mitzuwirken, die zur ordnungsmäßigen Verwaltung des Gesamtgutes erforderlich sind.

1) Zunächst § 1450 Anm 1. Statuierg der ggseit, nicht Dr ggü bestehd (vgl BGH NJW **58**, 2061) **Mitwirkgspflicht** beider Eheg (sa § 1472 Anm 2) ist erfdl, da grdsätzl nur beide Eheg gemschaftl zur Verw berufen s. Über Umfg u Art der Mitwirkg § 1450 Anm 2 u 3. Erfdl ist Mitwirkg zu allen, entspr Verpfl aber nur zu den Maßn iR einer ordngsm Verw; dazu §§ 1426 Anm 1, 1435 Anm 2. Aus § 1451 ergibt sich Verpfl jedes Eheg dem and ggü zur ordngsm Verw, evtl zu Übertr v Befugnissen (§ 1450 Anm 2 a). Mitwirkgspfl entfällt iFv §§ 1450 II, 1454–56. Keine Klage auf Mitwirkg; aber iF grdloser Weigerg Ersetzg dch VormschG (§ 1452) bzw uU AufhebgsKl (§ 1469 Z 2).

1452 *Ersetzung der Zustimmung.* I Ist zur ordnungsmäßigen Verwaltung des Gesamtgutes die Vornahme eines Rechtsgeschäfts oder die Führung eines Rechtsstreits erforderlich, so kann das Vormundschaftsgericht auf Antrag eines Ehegatten die Zustimmung des anderen Ehegatten ersetzen, wenn dieser sie ohne ausreichenden Grund verweigert.

II Die Vorschrift des Absatzes 1 gilt auch, wenn zur ordnungsmäßigen Besorgung der persönlichen Angelegenheiten eines Ehegatten ein Rechtsgeschäft erforderlich ist, das der Ehegatte mit Wirkung für das Gesamtgut nicht ohne Zustimmung des anderen Ehegatten vornehmen kann.

1) Zunächst § 1450 Anm 1. Da die Eheg grdsl gemeins handeln müssen (§ 1450 Anm 2), muß das VormschG eingreifen, falls ein Eheg seine Mitwirkg grdlos verweigert. Zwingdes Recht. **Ersetzg der Zustimmg** erfolgt dch den Richter (RPflG 14 Z 6) u hat die Wirksamk des Gesch od RStreits dem GesGut u dem verweigernden Eheg ggü zur Folge (§§ 1459 II 1, 1460 I). Zustdgk u Verf § 1365 Anm 6. AntrR beider Eheg, nicht des Dr. Bei Nichterstzg unterbleibt das Sond- u VorbehGut des handelnden Eheg.

2) Rechtsgeschäft od RStreit, I, soweit zur ordngsm Verw des GesGuts erfdl (dazu §§ 1426 Anm 1, 1435 Anm 2). Grdlose Verweigerg genügt (dazu § 1365 Anm 5); Gefahr braucht mit dem Aufschub nicht verbunden zu sein. ZustErsetzg auch bei RStreit (§ 1450 Anm 3 c), dessen ErfolgsAuss zu prüfen ist, u zwar dch Begrdg einer alleinigen ProzführgsBefug des handelnden Eheg, ggf auch Ersetzg der Zust zu verfrechtl Erkl wie Vergl, KlRückn u dgl. Ausr Grd für ZustVerweigerg auch ideelle Motive, zB bei Klage gg Sohn das Verhältn des Verweigernden zu diesem (Celle FamRZ **75**, 621).

3) Persönl Angelegenh, II (dazu § 1360 Anm 3 b). UmkehrSchl zu § 1452 I: RStreitigk in pers Angelegh ohne Zust des and Eheg zul (BayObLG FamRZ **65**, 49). Zur ordngsmäß Besorgg § 1430 Anm 2.

1453 *Verfügung ohne Einwilligung.* I Verfügt ein Ehegatte ohne die erforderliche Einwilligung des anderen Ehegatten über das Gesamtgut, so gelten die Vorschriften des § 1366 Abs. 1, 3, 4 und des § 1367 entsprechend.

II Einen Vertrag kann der Dritte bis zur Genehmigung widerrufen. Hat er gewußt, daß der Ehegatte in Gütergemeinschaft lebt, so kann er nur widerrufen, wenn dieser wahrheitswidrig behauptet hat, der andere Ehegatte habe eingewilligt; er kann auch in diesem Falle nicht widerrufen, wenn ihm beim Abschluß des Vertrages bekannt war, daß der andere Ehegatte nicht eingewilligt hatte.

1) Zunächst § 1450 Anm 1. Zu I vgl § 1427 Anm 1 u Weiterverweisgen. Bezieht sich nur auf Vfg, weil schuldrechtl Verpfl iGgs zu § 1427 I schon mangels Mitwirkg des and Eheg für GesGut unwirks sind (vgl § 1450 Anm 2 u 3 a). Gutglaubensschutz (§§ 892 f, 932 ff) eingeschränkt wg MitBes (§§ 935, 1450 Anm 3 b).

2) Zu II vgl § 1427 II u § 1366 II sowie dort Anm 3 a.

1454 *Verwaltungsrecht bei Verhinderung eines Ehegatten.* Ist ein Ehegatte durch Krankheit oder Abwesenheit verhindert, bei einem Rechtsgeschäft mitzuwirken, das sich auf das Gesamtgut bezieht, so kann der andere Ehegatte das Rechtsgeschäft vornehmen, wenn mit dem Aufschub Gefahr verbunden ist; er kann hierbei im eigenen Namen oder im Namen beider Ehegatten handeln. Das gleiche gilt für die Führung eines Rechtsstreits, der sich auf das Gesamtgut bezieht.

1) Zunächst § 1450 Anm 1. Notverwaltgsrecht u (wg § 1451) –Pfl. Wg Entsprechg s § 1429 u Anm. RGeschäfte (auch ProzFührg) des nicht verhinderten Eheg im eig Namen berechtigen u verpfl GesGut. RStreit gg ihn wg ZPO 740 II unzweckmäß. Weitergehde Befugn bzgl tatsächl Handeln § 1455 Z 10.

1455 *Verwaltungshandlungen ohne Mitwirkung des anderen Ehegatten.* Jeder Ehegatte kann ohne Mitwirkung des anderen Ehegatten

1. eine ihm angefallene Erbschaft oder ein ihm angefallenes Vermächtnis annehmen oder ausschlagen;
2. auf seinen Pflichtteil oder auf den Ausgleich eines Zugewinns verzichten;
3. ein Inventar über eine ihm oder dem anderen Ehegatten angefallene Erbschaft errichten, es sei denn, daß die dem anderen Ehegatten angefallene Erbschaft zu dessen Vorbehaltsgut oder Sondergut gehört;
4. einen ihm gemachten Vertragsantrag oder eine ihm gemachte Schenkung ablehnen;

Bürgerliche Ehe. 6. Titel: Eheliches Güterrecht §§ 1455–1459

5. ein sich auf das Gesamtgut beziehendes Rechtsgeschäft gegenüber dem anderen Ehegatten vornehmen;
6. ein zum Gesamtgut gehörendes Recht gegen den anderen Ehegatten gerichtlich geltend machen;
7. einen Rechtsstreit fortsetzen, der beim Eintritt der Gütergemeinschaft anhängig war;
8. ein zum Gesamtgut gehörendes Recht gegen einen Dritten gerichtlich geltend machen, wenn der andere Ehegatte ohne die erforderliche Zustimmung über das Recht verfügt hat;
9. ein Widerspruchsrecht gegenüber einer Zwangsvollstreckung in das Gesamtgut gerichtlich geltend machen;
10. die zur Erhaltung des Gesamtgutes notwendigen Maßnahmen treffen, wenn mit dem Aufschub Gefahr verbunden ist.

1) Zunächst § 1450 Anm 1. Die Vorschr enthält iR der §§ 1454–56 die 2. Ausn vom Grdsatz der gemeins Verw des GesGuts dch beide Eheg (§ 1450). Hdlgen gem § 1455 wirken trotz der allein Vornahme dch einen Eheg für u gg das GesGut. Beweislast beim Handelnden.

2) Zustimmgsfreiheit gem Ziff 1 u 2: Ann u Ausschlagg v Erbsch u Vermächtn sowie Verzicht auf Pflichtteil u ZugewAusgl in Übereinstimmg mit § 1432 I (vgl dort Anm 1). Z 3: Inventarerrichtg wg Haftg ijF einer dem Eheg (nicht dem Vorbeh- od SondGut) angefallenen Erbsch; InvFr auch ggü dem NichterbenEheg (§ 2008 I). Vgl iü § 1432 Anm 2. Z 4: Ablehng v VertrAntr od Schenkg als pers Angelegenh (§ 1432 I 2 u Anm 1). Z 5 u 6 aus der Natur ihrer Zielrichtg ggü dem and Eheg: Vorn eines sich auf das GesGut beziehen ein- od zweiseit RGesch jeder Art wie Künd, Mahng, Löschgsbewillig zG des VorbehGuts des and Eheg; ferner gerichtl Geltdmachg eines zum GesGut gehörden Rechts gg den and Eheg. KlageAntr: Leistg zum GesGut. Z 7: Fortsetzg eines schon bei Eintr der GütGemsch anhäng RStr (§ 1433 u Anm). Wg der Folgen zG des and Eheg evtl ZPO 69. Z 8: Alleiniges RevokationsR iGgs zu § 1428 (vgl Anm dort u § 1453) mit automat RechtskrErstreckg. Kosten des RStreits § 1460 II. Z 9: WidersprR ggü der ZwVollstr in das GesGut gem ZPO 732, 766, 767, 771 (bei Verstoß gg ZPO 740 II), 773, 884, 781–86. Das entspr Recht des and Eheg bleibt unberührt. Z 10: Notw Maßn zur Erhaltg des GesGuts (§ 1472 u Anm 2). Erweiterg ggü § 1454 auf tatsächl Maßn, die Vermindergn u Schaden vom GesGut abwenden können. Fehlt Gefahr, so allenf § 1452 I bei RGeschäften u RStr.

1456 *Selbständiges Erwerbsgeschäft eines Ehegatten.* I Hat ein Ehegatte darin eingewilligt, daß der andere Ehegatte selbständig ein Erwerbsgeschäft betreibt, so ist seine Zustimmung zu solchen Rechtsgeschäften und Rechtsstreitigkeiten nicht erforderlich, die der Geschäftsbetrieb mit sich bringt. Einseitige Rechtsgeschäfte, die sich auf das Erwerbsgeschäft beziehen, sind dem Ehegatten gegenüber vorzunehmen, der das Erwerbsgeschäft betreibt.
II Weiß ein Ehegatte, daß der andere ein Erwerbsgeschäft betreibt, und hat er hiergegen keinen Einspruch eingelegt, so steht dies einer Einwilligung gleich.
III Dritten gegenüber ist ein Einspruch und der Widerruf der Einwilligung nur nach Maßgabe des § 1412 wirksam.

1) Zunächst § 1450 Anm 1. 3. Ausn v Grds des § 1450. Zwingd im Interesse des VerkSchutzes (vgl Zöllner FamRZ 65, 118). Entspricht § 1431 (vgl Anm dort). Zum gemeins Betr eines ErwGesch dch beide Eheg Beck DNotZ **62**, 348.

1457 *Ungerechtfertigte Bereicherung des Gesamtgutes.* Wird durch ein Rechtsgeschäft, das ein Ehegatte ohne die erforderliche Zustimmung des anderen Ehegatten vornimmt, das Gesamtgut bereichert, so ist die Bereicherung nach den Vorschriften über die ungerechtfertigte Bereicherung aus dem Gesamtgut herauszugeben.

1) Zunächst § 1450 Anm 1. BereicherungsHaftg des GesGuts (§ 1434 u Anm). Rechtsfolgenverweis. GesGut haftet auch im Innenverhältn (*arg e contrario* § 1463).

1458 *Vormundschaft über einen Ehegatten.* Solange ein Ehegatte unter elterlicher Gewalt oder unter Vormundschaft steht, verwaltet der andere Ehegatte das Gesamtgut allein; die Vorschriften der §§ 1422 bis 1449 sind anzuwenden.

1) Zunächst § 1450 Anm 1. **Minderjährigk u Vormsch** (§§ 1773, 1896), der vorl Vormsch (§ 1906) u Pflegsch (§§ 1909–11, 1915) gleichstehen, führen iGgs zu § 1436 zur **alleinigen Verwaltg** dch den and Eheg mit der Folge, daß statt §§ 1450 ff die §§ 1422–49 gelten, insb hins der Haftg § 1437 u nicht § 1459; damit verringerte pers Haftg des Mündels (vgl §§ 1459 Anm 2, 1437 Anm 4). Verlust der VerwBefugn vGw; desh keine ÄndergsEintr hins der VerwBefugn im GüterRReg. Bei Entmündigg außerd AufhebgsKl (§ 1469 Z 5). Haben beide Eheg gesetzl Vertr, dann gemschftl Verw dch diese.

1459 *Gesamtgutsverbindlichkeiten; persönliche Haftung.* I Die Gläubiger des Mannes und die Gläubiger der Frau können, soweit sich aus den §§ 1460 bis 1462 nichts anderes ergibt, aus dem Gesamtgut Befriedigung verlangen (Gesamtgutsverbindlichkeiten).

§§ 1459–1462 4. Buch. 1. Abschnitt. *Diederichsen*

II **Für die Gesamtgutsverbindlichkeiten haften die Ehegatten auch persönlich als Gesamtschuldner. Fallen die Verbindlichkeiten im Verhältnis der Ehegatten zueinander einem der Ehegatten zur Last, so erlischt die Verbindlichkeit des anderen Ehegatten mit der Beendigung der Gütergemeinschaft.**

1) Zur Entstehg u Bedeutg der §§ 1450–70 vgl zunächst § 1450 Anm 1. Die **§§ 1459–1462** entsprechen den §§ 1437–40 bei der EinzelVerw (vgl jew deren Anm) u regeln die **Haftg ggü Dritten** nach den gleichen Grdsätzen wie bei der Verw des GesGuts dch einen Eheg. Nach dem Grds v § 1459 sind sämtl Schulden jedes einz Eheg GesGutsverbindlkten (I) u für diese wiederum haften beide Eheg als GesamtSchu (II). In dieser Verknüpfg liegen Gefahren, die nur dch drei Ausn abgeschwächt w sind: Uneingeschrkt dchgeführt würde dieses Prinzip nämlich dazu führen, daß Eheg dch konkurrierde VerwRechte sich wechselseit unbeschrkt verschulden könnten, was bewußt vermieden w sollte (BT-Drucks II/3409 S 25 f; BayObLG NJW **68**, 896). Vielm wird die Haftg des GesGuts dch die Ausnahmen der §§ 1460–62 mittels zusätzl Voraussetzgen eingeschrkt, insb dch die Zustimmgserfordern bei einseit eingegangenen Schuldverpflchtgen (§ 1460). Trotzdem liegt die Gefahr dieser Art v GütGemsch noch in persönl Haftg für und Verbindlichkten, weil jeder Eheg dch die Person des and ohne eig Zutun mit schwerwiegden Schulden belastet w kann (Anm 2), die sich nur dch Beendigg des Güterstd wieder beseitigen lassen (II 2).

2) **Gesamtgutsverbindlichk** sind grdsätzl alle Schulden von Ehem u Ehefr gleichgült: welcher Art (Geld, Sachen, sonst Leistgen); ob aus Vertr, Delikt usw; aus der Zeit vor Eintr der GütGemsch; auch UnterhVerpfl des and Eheg, so daß die hins Stiefkindern gemachte Einschrkg in § 1360 a Anm 1 b entfällt; NachlSchulden, wenn die Erbsch nicht ins VorbehGut (§ 1418 II Z 2), sond ins GesGut fällt (§ 1416 I). Wird etwas zur GesGutsVerbindlk, **haften** beide u insb also auch der and Eheg automat **als GesamtSchu persönlich** mit jew Vorbeh- u SondGut (sa §§ 1437 Anm 4, 1438 Anm 1). Die prakt Bedeutg liegt vor allem darin, daß das Bestehen einer GesGutsVerbindlk materiellrechtl im Proz gg nur inzidenter festgestellt w kann (BGH FamRZ **75**, 405; aA Tiedtke FamRZ **75**, 538). Die pers Haftg erlischt erst mit Beendigg der GütGemsch (§ 1470), jedoch nur f die Verbindlk der §§ 1463–65. Abw Vereinbg mit Gläub mögl.

3) **Zwangsvollstreckg** setzt Titel gg beide Eheg voraus (ZPO 740 II); vgl iü § 1450 Anm 3 c. **Konkurs** über das Verm eines Eheg berührt GesGut nicht (KO 2 II); aber selbstd Konk ü GesGut (KO 236 a–c). Vgl auch VerglO 114 a u b.

1460 *Haftung des Gesamtgutes.* I **Das Gesamtgut haftet für eine Verbindlichkeit aus einem Rechtsgeschäft, das ein Ehegatte während der Gütergemeinschaft vornimmt, nur dann, wenn der andere Ehegatte dem Rechtsgeschäft zustimmt oder wenn das Rechtsgeschäft ohne seine Zustimmung für das Gesamtgut wirksam ist.**

II **Für die Kosten eines Rechtsstreits haftet das Gesamtgut auch dann, wenn das Urteil dem Gesamtgut gegenüber nicht wirksam ist.**

1) Zunächst § 1459 Anm 1. Ggü der starken Ausdehg der GesGutsverbindlkten (§ 1459 Anm 1 u 2), die m Rücks auf die gemschaftl Verw (§§ 1450 Anm 2, 1451 Anm 1) die Regel bilden, beschrkt § 1460 die **Haftg des Gesamtguts aus Rechtsgeschäften** eines Eheg auf die Fälle, in denen der and Eheg zugestimmt hat, **I**, bzw in denen diese Zust dch das VormschG ersetzt w (§ 1452). Bei unerl Hdlg auch iRv RGeschäften (wofür allerd Täuschg über den Güterstd nicht ausr) haftet GesGut u damit auch der unbeteiligte Eheg (§ 1459 Anm 2), ebso bei rechtsgeschäftl Verbindlk, die ohne Zustimmg des and wirks sind (§§ 1454–56) bzw vor dem Eintr der GütGemsch entstanden, ferner ijF aus unger Bereicherg des GesGuts (§ 1457).

2) **Kosten eines RStreits, II**, eines od beider Eheg stets GesGutsverbindlk (sa § 1438 Anm 2). Zul Erstreckg eines KostFestsetzgsBeschl auf den and Eheg (Ellw FamRZ **76**, 152 L = BWNotZ **75**, 126). Ein gg die bekl Ehefr erlassener KostenfestsetzgsBeschl kann bei gemeins Verwaltg des GesGuts auf den klagden Ehem umgeschrieben w (Nürnb JurBüro **78**, 762).

1461 *Keine Haftung bei Erwerb einer Erbschaft.* **Das Gesamtgut haftet nicht für Verbindlichkeiten eines Ehegatten, die durch den Erwerb einer Erbschaft oder eines Vermächtnisses entstehen, wenn der Ehegatte die Erbschaft oder das Vermächtnis während der Gütergemeinschaft als Vorbehaltsgut oder als Sondergut erwirbt.**

1) Zunächst § 1459 Anm 1. Erwirbt ein Eheg Erbsch od Vermächtn vor Beginn der GütGemsch, so GesGutsverbindlk (§ 1416 I 1) u damit persönl Haftg des and Eheg auch f die NachlaßSchu (§ 1459 Anm 2). Einschränkg der Haftg lediglich bei Erwerb währd der GütGemsch; s aber § 1457.

1462 *Haftung für Vorbehalts- oder Sondergut.* **Das Gesamtgut haftet nicht für eine Verbindlichkeit eines Ehegatten, die während der Gütergemeinschaft infolge eines zum Vorbehaltsgut oder zum Sondergut gehörenden Rechtes oder des Besitzes einer dazu gehörenden Sache entsteht. Das Gesamtgut haftet jedoch, wenn das Recht oder die Sache zu einem Erwerbsgeschäft gehört, das ein Ehegatte mit Einwilligung des anderen Ehegatten selbständig betreibt, oder wenn die Verbindlichkeit zu den Lasten des Sondergutes gehört, die aus den Einkünften beglichen zu werden pflegen.**

1) Zunächst § 1459 Anm 1. Haftg jedes Eheg für Verbindlk des and aus der Zeit vor Beginn der GütGemsch, mögen die Ggstände dann auch ehevertragl Vorbeh- od SondGut sein (§ 1459 Anm 2). Dagg keine Haftg des GesGuts für Verbindlk, die währd der GütGemsch zL des Vorbeh- oder SondGutes eines Eheg gehen; Unterausnahme in S 2, weil SondGut für Rechng des GesGuts verwaltet w (§ 1417 III 2).

§ 1463 Haftung im Innenverhältnis.
Im Verhältnis der Ehegatten zueinander fallen folgende Gesamtgutsverbindlichkeiten dem Ehegatten zur Last, in dessen Person sie entstehen:
1. die Verbindlichkeiten aus einer unerlaubten Handlung, die er nach Eintritt der Gütergemeinschaft begeht, oder aus einem Strafverfahren, das wegen einer solchen Handlung gegen ihn gerichtet wird;
2. die Verbindlichkeiten aus einem sich auf sein Vorbehaltsgut oder sein Sondergut beziehenden Rechtsverhältnis, auch wenn sie vor Eintritt der Gütergemeinschaft oder vor der Zeit entstanden sind, zu der das Gut Vorbehaltsgut oder Sondergut geworden ist;
3. die Kosten eines Rechtsstreits über eine der in den Nummern 1 und 2 bezeichneten Verbindlichkeiten.

1) Zunächst § 1450 Anm 1. Vgl iü die Anm zu § 1441, ferner §§ 1464–66.

§ 1464 Verbindlichkeiten des Sondergutes und eines Erwerbsgeschäfts.
Die Vorschriften des § 1463 Nr. 2, 3 gelten nicht, wenn die Verbindlichkeiten zu den Lasten des Sondergutes gehören, die aus den Einkünften beglichen zu werden pflegen. Die Vorschriften gelten auch dann nicht, wenn die Verbindlichkeiten durch den Betrieb eines für Rechnung des Gesamtgutes geführten Erwerbsgeschäfts oder infolge eines zu einem solchen Erwerbsgeschäft gehörenden Rechtes oder des Besitzes einer dazu gehörenden Sache entstehen.

1) Zunächst § 1450 Anm 1. Vgl iü Anm zu § 1442.

§ 1465 Prozeßkosten.
I Im Verhältnis der Ehegatten zueinander fallen die Kosten eines Rechtsstreits, den die Ehegatten miteinander führen, dem Ehegatten zur Last, der sie nach allgemeinen Vorschriften zu tragen hat.

II Führt ein Ehegatte einen Rechtsstreit mit einem Dritten, so fallen die Kosten des Rechtsstreits im Verhältnis der Ehegatten zueinander dem Ehegatten zur Last, der den Rechtsstreit führt. Die Kosten fallen jedoch dem Gesamtgut zur Last, wenn das Urteil dem Gesamtgut gegenüber wirksam ist oder wenn der Rechtsstreit eine persönliche Angelegenheit oder eine Gesamtgutsverbindlichkeit des Ehegatten betrifft und die Aufwendung der Kosten den Umständen nach geboten ist; § 1463 Nr. 3 und § 1464 bleiben unberührt.

1) Zunächst § 1450 Anm 1. Vgl iü Anm zu § 1443. Der dort f den RStreit des NichtVerw mit einem Dr ausgesproch Grds, daß dieser Kosten tragen muß (§ 1443 II 1), gilt hier f jeden Eheg, II 1.

§ 1466 Ausstattung nicht gemeinschaftlicher Kinder.
Im Verhältnis der Ehegatten zueinander fallen die Kosten der Ausstattung eines nicht gemeinschaftlichen Kindes dem Vater oder der Mutter des Kindes zur Last.

1) Zunächst § 1450 Anm 1. Die Kosten der Ausstattg f ein nicht gemeinschaftl Kind trägt der EltT des Kindes, u zwar auch, wenn der and Eheg zugestimmt h u sie das dem GesGut entspr Maß nicht übersteigt. Vgl iü § 1444. Ausstattg gmschaftlicher Kinder § 1450.

§ 1467 Ausgleichung zwischen Vorbehalts-, Sonder- u. Gesamtgut.
I Verwendet ein Ehegatte Gesamtgut in sein Vorbehaltsgut oder in sein Sondergut, so hat er den Wert des Verwendeten zum Gesamtgut zu ersetzen.

II Verwendet ein Ehegatte Vorbehaltsgut oder Sondergut in das Gesamtgut, so kann er Ersatz aus dem Gesamtgut verlangen.

1) Zunächst § 1450 Anm 1. Vgl iü Anm zu § 1445.

§ 1468 Fälligkeit des Ausgleichsanspruchs.
Was ein Ehegatte zum Gesamtgut oder was er zum Vorbehaltsgut oder Sondergut des anderen Ehegatten schuldet, braucht er erst nach Beendigung der Gütergemeinschaft zu leisten; soweit jedoch das Vorbehaltsgut und das Sondergut des Schuldners ausreichen, hat er die Schuld schon vorher zu berichtigen.

1) Zunächst § 1450 Anm 1. Vgl iü Anm zu § 1446. Für Fdgen ggü dem GesGut gelten die allg Grdsätze. Die Fälligk v Schulden eines Eheg zum GesGut schiebt § 1468 hinaus. Herausg v Sachen sofort.

§ 1469 Aufhebungsklage.
Jeder Ehegatte kann auf Aufhebung der Gütergemeinschaft klagen,
1. wenn seine Rechte für die Zukunft dadurch erheblich gefährdet werden können, daß der andere Ehegatte ohne seine Mitwirkung Verwaltungshandlungen vornimmt, die nur gemeinschaftlich vorgenommen werden dürfen;

2. wenn der andere Ehegatte sich ohne ausreichenden Grund beharrlich weigert, zur ordnungsmäßigen Verwaltung des Gesamtgutes mitzuwirken;
3. wenn der andere Ehegatte seine Verpflichtung, zum Familienunterhalt beizutragen, verletzt hat und für die Zukunft eine erhebliche Gefährdung des Unterhalts zu besorgen ist;
4. wenn das Gesamtgut durch Verbindlichkeiten, die in der Person des anderen Ehegatten entstanden sind und diesem im Verhältnis der Ehegatten zueinander zur Last fallen, in solchem Maße überschuldet ist, daß sein späterer Erwerb erheblich gefährdet wird;
5. wenn der andere Ehegatte entmündigt ist und der die Entmündigung aussprechende Beschluß nicht mehr angefochten werden kann.

1) Zunächst § 1450 Anm 1. Entspricht § 1447. Erschöpfde u zwingde Aufzählg der **Aufhebgsgründe**. Der SondKonkurs über das GesGut (KO 236 a–c) beendet die GütGemsch ebsowenig wie der Konk ü das Verm eines Eheg (KO 2 II) oder der Wegfall der GeschGrdlage zB bei Rücktr von einem mit einem EheVertr verbundenen ErbVertr od auch eine pos VertrVerletzg (BGH **29**, 135). Keine Aufhebg des Güterstdes dch einstw Vfg (§ 1447 Anm 2; vgl iü dort Anm 1).

2) Ziff **1 u 2**: Verstoß gg die Pfl zum gemschaftl Handeln dch eigenmächt Handeln (Z 1) bzw beharrl Weigerg zur MitArb (Z 2). Im Ggs zur ZustErsetzg zu EinzelGesch (§ 1452) in Z 2 beharrl Sichversagen (§ 1451 Anm 1). In Z 1 (vgl § 1450 Anm 2) genügt die Möglk einer Gefährdg (vgl § 1447 Anm 3). **Z 3 u 5**: § 1447 Anm 3. **Z 4**: § 1448 Anm 1. Überschuldg des SondVerm des and Eheg nicht ausr.

1470 *Wirkung des Aufhebungsurteils.* **I** Mit der Rechtskraft des Urteils ist die Gütergemeinschaft aufgehoben; für die Zukunft gilt Gütertrennung.
II Dritten gegenüber ist die Aufhebung der Gütergemeinschaft nur nach Maßgabe des § 1412 wirksam.

1) Zunächst § 1450 Anm 1. Vgl iü § 1449 mit Anm. Rechtsgestaldtes AufhebgsUrt bewirkt Gütertrenng.

d) Auseinandersetzung des Gesamtgutes

Vorbemerkung vor §§ 1471–1481

1) §§ 1471–1473 regeln den RZustand von der Beendigg der GütGemsch bis zur **Auseinandersetzg**, §§ 1474–1481 währd dieser. Die Vorschriften über die Gemeinschaft sind mit den sich aus §§ 1471 ff ergebenden Abweichgen anwendbar. Beendiggsgründe §§ 1447 Anm 1, 1469f. §§ 1471 ff gelten stets, § 1482, außer wenn fortges GütGemsch vereinbart oder die Ehe durch Tod aufgelöst wird, § 1483. Der Eintritt der AuseinandSGemsch wird ins Grdbuch im Wege der Berichtigg eingetragen, KGJ **50**, 150. **Verfahren**: FGG 99. Das AmtsG (der Richter, soweit das RPflG 16 Z 8 fordert) vermittelt auf Antr die AuseinandS, FGG 86–98, soweit das LandesR diese Aufgabe nicht anderen Behörden (Notaren) zuweist, FGG 193; vgl dazu BNotO v 24. 2. 61, BGBl 97, § 20 IV; ferner *Pr* FGG 21; *Bay* NachlG v 9. 8. 02 Art 4, 6, 8, *ÜbergG* Art 36, NachlO 120 ff; *Wü* AGBGB 73 ff, *Ba* FGG 33, 35; *Hess* FGG v 12.4.54, GVBl 59, §§ 24 ff, *Nds* FGG v 14. 5. 58, GVBl 117, Art 14. Kosten KostO 116. Kommt es zu keiner Einigg, so bleibt nur die AuseinandSKlage, vgl § 1471 Anm 1. Nach der in den **Ländern der früh BrZ** geltenden HöfeO, AblMR (BrZ) 505, § 1 IV, kann nach Aufhebg od Scheidg der Ehe jeder Eheg im Grdbuch die Löschg der Eigenschaft als EhegHof beantragen; im übrigen § 1477 II. Umstellg der AuseinandSVerbindlichkeiten 1 : 1, UmstG 18 Z 3.

1471 *Auseinandersetzung.* **I** Nach der Beendigung der Gütergemeinschaft setzen sich die Ehegatten über das Gesamtgut auseinander.
II Bis zur Auseinandersetzung gelten für das Gesamtgut die Vorschriften des § 1419.

Vorbem. Sprachl geändert, GleichberG Art 1 Z 9.

1) Recht auf Auseinandersetzg, I. Jeder Eheg hat nach Beendigg der GütGemsch, §§ 1447 Anm 1, 1469f, ein Recht auf AuseinandS hins des GesGuts, das er, soweit es nicht zur Einigg kommt, vgl Vorbem, im Klagewege durchsetzen kann. Das gilt auch für die an Stelle des verstorbenen Eheg getretenen Erben, Posen OLG **36**, 198, § 2039 Anm 2, sofern nicht der Fall der fortges GütGemsch gegeben ist, § 1483. Dieses Recht ist auch nicht einseitig verzichtbar, RG **79**, 345, wohl ist aber seine vertragl Beschrkg mögl, RG **89**, 292 str (aber nicht die vertragl Ausschließg, RGRK Anm 8), in entspr Anwendg von § 749 II, III, vgl auch Vorbem, kann aber die AuseinanderS bei Vorliegen eines wichtigen Grundes auch dann verlangt werden. Vgl auch §§ 750, 751. Verlangt der allein schuldig geschiedene Eheg die AuseinandS, so ist das auch dann nicht sittenw, wenn das GesGut durch die Tätigk des anderen erworben ist, Warn **25**, 58.

2) Die Fortdauer des Gesamthandverhältnisses, II, bis zur AuseinandS in Form einer **Liquidationsgemeinschaft** ergibt sich aus der entspr Anwendg von § 1419 auch dort wg der sich daraus ergebenden Folgergen. § 1419 erstreckt sich auch auf den Erwerb der Früchte, RG Gruch **49**, 955. Wegen der wesentl Unterschiede der LiquidationsGemsch von dem bisher geltenden GesHandVerh §§ 1472f, vgl auch RG **136**, 21; der Erwerb der Ehegatten fließt nunmehr (Ausn § 1473) nicht mehr zum GesGut. Die in der Pers eines Ehegatten entstehenden Verbindlichkeiten werden nicht mehr GesGutsverbinlichkeiten. Außer-

Bürgerliche Ehel. 6. Titel: Eheliches Güterrecht **§§ 1471, 1472**

dem ist die ZwVollstr in den Anteil am GesGut (im ganzen, nicht an den einzelnen Ggständen) nunmehr mögl, ZPO 860 II. Dieser gehört demgemäß auch zur KonkMasse, KO 1 I. AuseinandS zw den Anteilberechtigten außerh des Konkurses, KO 16 I, 51.

3) Ist an der Auseinandersetzg eine Erbengemeinschaft beteiligt, vgl Anm 1, so doppeltes GesHandVerh am Nachl u GesGut. Für jedes gelten dessen bes Vorschriften. Der Miterbe kann über seinen Anteil am Nachl, § 2033 I, und damit mittelbar über den entspr GesGutsanteil verfügen, OLG Colmar **32**, 408. Vor der AuseinandS ist NachlGgstd ledigl der Anteil als solcher, RG **136**, 21; InvFrist, § 1994, kann also erst nach Teilg gesetzt werden.

1472 *Gemeinschaftliche Verwaltung des Gesamtguts.* I Bis zur Auseinandersetzung verwalten die Ehegatten das Gesamtgut gemeinschaftlich.

II Jeder Ehegatte darf das Gesamtgut in derselben Weise wie vor der Beendigung der Gütergemeinschaft verwalten, bis er von der Beendigung Kenntnis erlangt oder sie kennen muß. Ein Dritter kann sich hierauf nicht berufen, wenn er bei der Vornahme eines Rechtsgeschäfts weiß oder wissen muß, daß die Gütergemeinschaft beendet ist.

III Jeder Ehegatte ist dem anderen gegenüber verpflichtet, zu Maßregeln mitzuwirken, die zur ordnungsmäßigen Verwaltung des Gesamtgutes erforderlich sind; die zur Erhaltung notwendigen Maßregeln kann jeder Ehegatte allein treffen.

IV Endet die Gütergemeinschaft durch den Tod eines Ehegatten, so hat der überlebende Ehegatte die Geschäfte, die zur ordnungsmäßigen Verwaltung erforderlich sind und nicht ohne Gefahr aufgeschoben werden können, so lange zu führen, bis der Erbe anderweit Fürsorge treffen kann. Diese Verpflichtung besteht nicht, wenn der verstorbene Ehegatte das Gesamtgut allein verwaltet hat.

Vorbem. Fassg GleichberG Art 1 Z 9 unter Übernahme des bisher in Bezug genommenen § 1424 aF (in III u IV) u Anpassg an GleichberGrds.

1) Gemeinschaftliche Verwaltg, I. Die Verw des GesGuts steht den Ehegatten nunmehr bis zum AuseinandSTag, nicht nur beim Zeitpkt der ÜbernahmeErkl, Stgt NJW **50**, 70, gemeins zu. Ein wesentl Unterschied macht sich also nur bei bisheriger Verw durch einen Eheg bemerkbar. § 1422 entfällt dann u damit auch die mit diesem in Zushang stehenden §§ 1423–1425. Aus der gemeinsamen Verw ergibt sich das Recht des anderen Eheg, der bisher nicht mitverwaltet hatte, auf Ausk, Nürnb OLG **24**, 13, ohne daß der bish Verwalter ein ZurückbehaltgsR hätte, wenn er dem anderen sich den Besitz eigenmächtig verschafft hat, Hbg OLG **34**, 254, Urkundeneinsicht, Hbg OLG **2**, 484, Verpflichtg des bish Verwalters zum Offenbargseid gemäß § 260, Hbg OLG **9**, 152 vgl aber Staud Anm 1 a; beide Ehegatten sind gleichberechtigt, RG **136**, 19. Entspr § 748 tragen Kosten u Lasten die Eheg im Verhältn zueinander zur Hälfte. Wegen der Nutzgen § 1473. Auch der Eheg, der nicht bisher mitverwaltet hatte, kann verlangen, daß ihm der Mitbesitz eingeräumt wird, Hamm SeuffA **72**, 13. **Vfgen über Gesamtgut**, also auch die Verpachtg, RG **136**, 22, haben gemeins (also gemeinschaftl od mit Zust des anderen) zu erfolgen; Ausnahmen III 2. Halbs, IV; andernf §§ 177, 182–185, RG **139**, 122, § 2040 Anm 2. Demgemäß ist an beide Eheg zu leisten, jeder Eheg kann nur Leistg an beide fordern od aber Hinterlegg od Ablieferg an einen Verwahrer für beide in entspr Anwendg von § 2039, Warn **13**, 150, BGH FamRZ **58**, 459. Einseitige Rechtsgeschäfte sind beiden Ehegatten ggü vorzunehmen. Die Verpflichtungsbeschrkgen, die nur in der Verw durch einen Eheg ihren Sinn haben sind weggefallen, vgl oben. Jeder verpflichtet aber, sofern er nicht Vollm des anderen hat, nur sich selbst, also weder den anderen persönl noch das GesGut, ZwVollstr wg eines solchen Geschäftes in den Anteil am GesGut des demgemäß Verpflichteten, ZPO 860 II, RG Recht **26**, 1680, in das GesGut jedoch dann, wenn die Eheg sich gemeinschaftl verpflichten, § 427. In der Zust liegt noch keine VollmErteilg. **Rechtsstreitigkeiten** sind von den Eheg gemeins zu führen, RG **108**, 285. Ausnahmen wie bei der Vfg; dort (vgl oben) auch wg des Klageantrags. Klagen wegen Zahlung aus dem Gesamtgut sind wg ZPO 743 – **a)** auf Leistg gg beide oder – **b)** auf Leistg gg den einen u Duldg der ZwVollstr gg den anderen zu richten. a) kommt in Betr, wenn der bisher nicht verwberechtigte Eheg für die GesGutsverbindlichk auch persönl haftet; ist das nicht der Fall, kann er nur auf Duldg in Anspr genommen werden, da die AuseinandS nichts an seiner Haftg ändert u er dadurch auch nicht Vertreter des GesGuts wird, RG **89**, 360. Vgl auch ZPO 744 wg Umschreibg des Titels gg den bisherigen Verwalter auch gg den anderen Eheg.

2) Mitwirkgspflicht (III). Haftung aus § 1359. Keine Möglichk der Ersetzg durch VormschG, dann vielm nur Klage auf Mitwirkg gegeben. Zu dieser Pfl kann auch die Zurverfügungstellg des Unterhalts gehören, RG Gruch **49**, 955; ebso die Duldg der ZwVollstr, RG **118**, 131, RGRK Anm 33. Ohne Mitwirkg kann jeder Eheg die zur Erhaltg des GesGuts (wozu auch dessen Fest- und Sicherstellg gehört) notwendigen Maßregeln treffen, also zB GesGutsFdgen, notf im Klagewege, von Dritten herausverlangen, (auch Klage des einen Eheg gg den anderen ist mögl, RG **48**, 269), Antr auf Grdbuchberichtigg, vgl Vorbem vor § 1471, stellen, HansGZ **21**, B 107, nicht aber Zahlg der Pachtzinsen an sich allein verlangen, Mü OLG **30**, 49. Ein Dritter kann sich auf die MitwirkgsPfl nicht berufen, BGH FamRZ **58**, 459.

3) Fortführg der Verwaltg bei Gutgläubigk, II. II von besonderer Bedeutg bei bisheriger Verw durch einen Eheg; der gutgläubige Verwalter soll geschützt werden, auch der Dritte. Verwalter bleibt also im Falle seiner Gutgläubigk, § 122 II, berechtigt (aber nicht verpflichtet), die Verw fortzuführen, u zwar sowohl dem anderen Eheg wie dem Dritten ggü. Tritt die Beendigg inf Scheidg ein, so genügt die Kenntn von dieser, die von deren Folgen nicht erforderl, vgl Augsbg OLG **40**, 75; ebenso bei Eheaufhebg. Bei RGesch mit Dritten müssen der Verw u der Dritte gutgl hins der durch die Beendigg weggefallenen VerwBefugnis sein; sie dürfen also nicht glauben, daß der Verwalter kraft eigener Vfgsbefugnis handelte, die in Wirklichk nicht gegeben war, vgl RG **136**, 23. Verwalteten beide Eheg bisher schon gemschaftl, so entfällt § 1450 II, Anm 1 (einseitige RGeschäfte); bei Vorliegen von II jedoch auch die nur einem Eheg ggü abgegebene WillErkl wirks. Bei Fehlen der Gutgläubigk des Eheg §§ 177 ff .677. Haftg § 1359.

4) Fortführg der Verwaltg nach dem Tode eines Ehegatten, IV. TodesErkl steht gleich. Fortführg kommt nur in Betr, wenn der überl Eheg bisher allein od gemeins verwaltet hat, IV 2. NotVerwR des anderen Eheg, § 1429, hier nicht anwendbar. Fortführg der Verw findet im Interesse der Erben statt u entfällt daher bereits, wenn diese selbst Fürsorge treffen können. Daher überh nur bei Gefahr im Verzuge gegeben; dazu §§ 1365 Anm 5, 1429 Anm 1. Gefahr braucht nicht nur vermögensrechtl Natur zu sein. Wegen ordnsmäßiger Verw vgl §§ 1365 Anm 5, 1426 Anm 1. Im Ggsatz zu II besteht hier eine Verpflichtg zur Verw. Vgl auch § 672. Für Haftg auch hier § 1359, da Fortdauer der Pflichten als Eheg.

1473 *Surrogation.* I Was auf Grund eines zum Gesamtgut gehörenden Rechtes oder als Ersatz für die Zerstörung, Beschädigung oder Entziehung eines zum Gesamtgut gehörenden Gegenstandes oder durch ein Rechtsgeschäft erworben wird, das sich auf das Gesamtgut bezieht, wird Gesamtgut.

II Gehört eine Forderung, die durch Rechtsgeschäft erworben ist, zum Gesamtgut, so braucht der Schuldner dies erst dann gegen sich gelten zu lassen, wenn er erfährt, daß die Forderung zum Gesamtgut gehört; die Vorschriften der §§ 406 bis 408 sind entsprechend anzuwenden.

Vorbem. Fassg GleichberG Art 1 Z 9; nur sprachl Ändergen.

1) Allgemeines, I. Ausnahme von der Regel, daß sonst nach der Beendigg der GütGemsch bis zur AuseinandS (nur für diese Zeit gilt § 1473, Vorbem vor § 1471) jeder Eheg für sich erwirbt, zB die Nutzgen des Sonderguts jetzt dem Eigtümer dieses Guts zufallen, vgl § 1417 Anm 3. Gemäß § 1473 I gehören also der Zinserwerb aGrd eines zum GesGut gehörenden Rechts zu, während, RG Gruch **49**, 958, desgl währd GütGemsch auf Abzahlg gekaufte Ggstände, auch wenn die Abzahlg erst nach deren Beendigg aber vor der AuseinandS erfolgte, RG JW **25**, 353. Das Erworbene fällt kraft G ohne besondere Übertragg ins GesGut.

2) Die drei Erwerbsarten: – a) auf Grund eines zum Gesamtgut gehörenden Rechtes; gleichgültig, ob kraft G, zB Früchte, Zuwachs, od durch RGesch, zB Mietzinsen, Erfüllg von Fdgen, auch der Lotteriegewinn, nicht aber der originäre Erwerb wie GrdstREerwerb durch Ausschlußurteil, vgl RG **76**, 360. **– b) Ersatz für Zerstörg, Beschädigg, Entzieh,** zB Entschädigg für Enteign, Anspr wg ungerechtf Bereicherg, Versicherungssumme. **– c) Durch Rechtsgeschäft, das sich auf das Gesamtgut bezieht.** Nicht erforderl, daß auch mit Mitteln des GesGutes erworben wird, sond wirtschaftl Zushang genügd, vgl RG **92**, 142. Muß sowohl in objektiver wie subjektiver Beziehg vorhanden sein; das RGesch muß also mit dem GesGut ggständl in Beziehg gebracht w können, es muß aber auch für das GesGut tatsächl abgeschl werden (Absicht allein genügt nicht). Das muß erkennb sein unter Heranziehg aller Umstände, braucht aber dem andern nicht ausdrückl mitgeteilt zu werden, vgl RG **92**, 139. Liegt vor zB bei Verkauf von GesGut, Abtretg von Fdgen aus Mitteln des GesGuts, Kauf mit Mitteln des GesGuts.

3) Schutz Dritter, II. Ist Beendigg der GütGemsch ins GüterRReg eingetragen, so müßte der Dritte die Zugehörigk der Fdg zum GesGut stets gg sich gelten lassen, § 1412 I, braucht es nach § 1473 II aber nur dann, wenn er von Zugehörigk wirkliche Kenntnis erlangt hat. Kennenmüssen steht nicht gleich. Voraussetzg aber, daß es sich um eine durch RGesch erworbene Fdg handelt.

1474 *Durchführung der Auseinandersetzung.* Die Ehegatten setzen sich, soweit sie nichts anderes vereinbaren, nach den §§ 1475 bis 1481 auseinander.

Vorbem. Fassg GleichberG Art 1 Z 9; nur sprachl geändert.

1) Grdsätzl regelt sich die AuseinandS nach §§ 1475–1481, BayObLG **13**, 651. Über das Verf Vorbem vor § 1471 und bei diesem Anm 1. Die Eheleute können aber auch eine **Vereinbarg** über die AuseinandS treffen, durch diese aber nicht die Rechte Dritter (§ 1480) beschränken. Soweit diese Vereinbg nur die nach der Beendigg der GütGemsch vorzunehmende AuseinanderS betrifft, ist sie **kein EheVertr**, bedarf also auch nicht der Form des § 1410, RG **89**, 292, wohl aber derjenigen, die die in der Vereinbg enthaltenen RGeschäfte erfordern, Warn **22**, 55. Übernimmt ein Eheg bei unbeerbter Ehe das GesGut gg Abfindg der übrigen Erben, so handelt es sich um eine Vfg dieser Erben über ihren NachlAnteil, § 2033 I, vgl auch § 1471 Anm 3, so daß es keines besonderen Übertragsgaktes für die einzelnen Ggstände bedarf u die Umschreibg der Grdstücke im Wege der Berichtigg durchgeführt w kann, KG RJA **3**, 262. Im übrigen bedarf es aber bei Zuteilg eines Grdstücks an einen Eheg der Auflassg, RG **57**, 432.

1475 *Berichtigung der Gesamtgutsverbindlichkeiten.* I Die Ehegatten haben zunächst die Gesamtgutsverbindlichkeiten zu berichtigen. Ist eine Verbindlichkeit noch nicht fällig oder ist sie streitig, so müssen die Ehegatten zurückbehalten, was zur Berichtigung dieser Verbindlichkeit erforderlich ist.

II Fällt eine Gesamtgutsverbindlichkeit im Verhältnis der Ehegatten zueinander einem der Ehegatten allein zur Last, so kann dieser nicht verlangen, daß die Verbindlichkeit aus dem Gesamtgut berichtigt wird.

Bürgerliche Ehe. 6. Titel: Eheliches Güterrecht §§ 1475–1477

III **Das Gesamtgut ist in Geld umzusetzen, soweit dies erforderlich ist, um die Gesamtgutsverbindlichkeiten zu berichtigen.**

Vorbem. Fassg GleichberG Art 1 Z 9; nur sprachl Änderg en.

1) Berichtigg der Gesamtgutsverbindlichkeiten, I, II; vgl wg dieser §§ 1437, 1459. Dazu gehören auch die ErsatzAnspr aus §§ 1445 II, 1446 I, 1467 II. Der ersatzpfl Eheg kann ggf mit ErsAnspr aufrechnen. Die Berichtigg erfolgt durch Erfüllg, §§ 362ff, 372ff, 387ff, 397. Diese kann jedoch der Eheg, dem die GesGutsverbindlichk im InnenVerh allein zur Last fällt, §§ 1441–1444, 1463–1466, aus dem GesGut nicht verlangen (II); wohl aber der andere, der wg seiner sonst eintretenden Haftg aus § 1480 daran im Interesse hat. Dieser hat dann den Anspr aus § 1476 II gg den Eheg, dem die Verbindlichk allein zur Last fällt. Soweit eine GesGutsverbindlichk noch nicht fällig oder streitig ist, dh also auch dann, wenn unter den Eheg darüber Streit herrscht, wem sie zur Last fällt, auch bei außergerichtl Streit, wird das zur Berichtigg Erforderl zurückbehalten u bleibt weiter in gemeinsamer Verw, § 1472; also keine Hinterlegg od SicherhLeistg. Da es sich um eine Schutzvorschr für die Eheleute handelt, kann nur diese darauf Anspr, nicht Dritte. Reicht das GesGut nicht aus, verhältnismäßige Befriedigg der Gläub; aber keine Haftg aus § 1480, wenn vollstreckbare Titel zunächst, die übrigen Anspr nach der Reihenfolge der Anmeldg befriedigt werden, RGRK Anm 19. Wg der Haftg der Eheg untereinander § 1481.

2) Verwertg des Gesamtgutes, III, vgl dazu §§ 753, 754, findet statt, soweit es zur Berichtigg der GesGutsverbindlichk erforderl ist, vgl auch § 733 III, RG **73**, 41. Das ist auch der Fall bei ErsAnspr eines Ehegatten an das GesGut, Mot 4, 412ff; da er Geld verlangen kann, braucht er nichts in Natur zu übernehmen, § 1477 II.

1476 *Teilung des Überschusses.* I **Der Überschuß, der nach der Berichtigung der Gesamtgutsverbindlichkeiten verbleibt, gebührt den Ehegatten zu gleichen Teilen.**

II **Was einer der Ehegatten zum Gesamtgut zu ersetzen hat, muß er sich auf seinen Teil anrechnen lassen. Soweit er den Ersatz nicht auf diese Weise leistet, bleibt er dem anderen Ehegatten verpflichtet.**

Vorbem. Fassg GleichberG Art 1 Z 9; nur sprachl geändert.

1) Die Teilgsmasse bildet der Überschuß, I, der sich nach Berichtigg der GesGutsverbindlichk u Zurückbehaltg des dafür etwa Erforderl, sowie Übernahme bestimmter Ggstände durch einen Eheg, §§ 1475 I, 1477 II, ergibt. Hinzuzurechnen ist aber das, was ein Eheg zum GesGut schuldet, §§ 1435 S 3, 1441–1444, 1445 I, 1446, 1463–1466, 1467 I, 1468, 1477 II. Für Entnahmen bedeutgslos, ob sie mit od ohne Einwillig des and Eheg erfolgt sind, BGH **57**, 129. Von diesem Überschuß gebührt jedem Eheg die Hälfte, gleichgültig, wieviel er eingebracht od währd der GütGemsch erworben hat; Ausn § 1478.

2) Anrechng, II. Hat ein Eheg Ersatz zum GesGut zu leisten, vgl Anm 1, so muß er sich bei der Teilg diese Summe auf seinen Anteil anrechnen lassen, hat aber auch ein Recht darauf, daß eine solche Verrechng erfolgt, so daß er nur zur Berichtigg von GesGutsverbindlichkeiten zum GesGut Ersatz zu leisten braucht. Übersteigt die Schuld des Eheg sein Teilgsguthaben, so haftet er dem anderen Eheg insof persönl, also auch mit seinem VorbehGut. Andere Vereinbgen mögl, § 1474.

1477 *Durchführung der Teilung.* I **Der Überschuß wird nach den Vorschriften über die Gemeinschaft geteilt.**

II **Jeder Ehegatte kann gegen Ersatz des Wertes die Sachen übernehmen, die ausschließlich zu seinem persönlichen Gebrauch bestimmt sind, insbesondere Kleider, Schmucksachen und Arbeitsgeräte. Das gleiche gilt für die Gegenstände, die ein Ehegatte in die Gütergemeinschaft eingebracht oder während der Gütergemeinschaft durch Erbfolge, durch Vermächtnis oder mit Rücksicht auf ein künftiges Erbrecht, durch Schenkung oder als Ausstattung erworben hat.**

Vorbem. Fassg GleichberG Art 1 Z 9; nur sprachl geändert.

1) Grundsatz, I. Entspr anwendbar sind §§ 752–754, 755 II, III, 756, 757. § 755 I ist durch § 1475 ersetzt. Grsdätzl erfolgt die Teilg also in Natur, § 752, hilfsw durch Verkauf, § 753. Steht auf einer Seite eine Erben-Gemsch, so ist die Teilg in Natur vorzunehmen, wenn 2 Teile mögl sind. Die ErbenGemsch hat sich dann ihrers nach erbrechtl Grdsätzen auseinanderzusetzen, RGRK Anm 2. Wegen Beteiligg an einer OHG vgl RG **146**, 284. Eine Fdg ist nur dann zu verkaufen, wenn die Einziehg noch nicht erfolgen kann, § 754.

2) Übernahme von Gegenständen, II. Gilt nur, wenn nichts anderes vereinb ist, § 1474 u Anm sowie Warn **22**, 55. Keine ÜbernahmePfl. Ein Recht auf Übernahme besteht für jeden Eheg und, da es sich nicht um ein höchstpersönl Recht handelt, auch seine RNachfolger, RG DJZ **24**, 141, sowie die TestVollstr, RG **85**, 4, jedoch nur – **a)** bei den ausschl zum persönl Gebrauch des übernehmenden Eheg bestimmten Sachen, das sind hier nur bewegl, die ihrem Zweck u den Umst nach allein dem persönl Gebr des Eheg zu dienen bestimmt sind. Es muß eine ganz persönl Beziehg bestehen. Daß dem anderen Eheg Mitgebrauch gelegentl gestattet wurde, steht nicht entgg, vorausgesetzt, daß sie nicht bestimmtmäßig auch dem anderen Eheg dienen sollten. Beim ArbGerät besteht die persönl Beziehg der Frau nicht schon durch den Bereich der ihr im Rahmen des § 1356 I 1 obliegenden Arbeiten, also bzgl Kochgeschirr, Nähmaschine, vgl Dresd SeuffA **57**, 243, wohl aber für die Sachen, die in ihrem Erwerbsgeschäft gebraucht werden. – **b)** Das von ihm in die GütGemsch Eingebrachte; dazu genügt aber nicht, daß ein Ggst nur zT eingebracht, im übrigen aber erst währd der GütGemsch hinzuerworben ist, RG JR Rspr **25**, 780, – **c)** das währd der Güt-

Gemsch durch Erbfolge, Vermächtnis, mit Rücksicht auf ein künftiges Erbrecht, Schenkg Ausstattg Erworbene. Nicht aber die Surrogate, Hbg OLG **7**, 405. Liegen die Voraussetzgen bei beiden Eheg vor, so heben sich beide Rechte auf.

3) Die Durchführg der Übernahme. Ihre Geltdmachg erfolgt durch formlose Erkl (einseitiges empfangsbedürft RGesch) ggü dem anderen Eheg od der vermittelnden Behörde. Sie ist unwiderrufl und bis zur Beendigg der AuseinandS mögl, geht auch nicht dadurch verloren, daß schon Teilgsklage in anderer Richtg erhoben ist, Augsbg SeuffA **77**, 3. Sie ist ausgeschlossen, wenn gerade dieser Ggstd einem Gläub des GesGuts herauszugeben ist, wenn seine Verwertg zur Schuldentilgg, die stets vorgeht, erforderl ist, § 1745 Anm 2; das ist aber dann nicht der Fall, wenn zu diesem Zweck die Verwertg eines anderen Ggstands mögl ist, RG **85**, 9. Die Übernahme gehört zu den Vorbereitgn der Aufteilg der Masse u kann deshalb schon dann verlangt werden, wenn sicher feststeht, daß der Ggst nicht zur Schuldendeckg, § 1475, benötigt wird, RG **85**, 10. Ist das nicht der Fall, so kann der Eheg auch nicht der auf Antr des anderen eingeleiteten ZwVerst widersprechen, RG **73**, 41. Zum Erwerb durch den Eheg ist noch die Übereignng erforderl, BayObLG JFG **3**, 312; vgl aber auch § 1474 Anm 1. Nachw des neuen Gläub bei einer zum GesGut gehörigen Hyp, Grund- u Rentenschuld ggü dem GBA GBO 36, 37, 99. Der übernehmende Eheg hat den Wert zu ersetzen, vgl auch § 1476 Anm 1 u 2, und zwar zZ der Übernahme, allg M; denn ÜbernahmeR umfaßt nur Bestand zu diesem Zeitpkt, nicht etwa den des Abschlusses des Gütervertrages, Stgt NJW **50**, 70. Falls Einigg nicht zustande kommt, Ermittlg durch von den Ehegatten beauftragten Sachverst, notf im Klagewege; keine Anwendg von FGG 164, BayObLG JW **23**, 759.

1478 *Auseinandersetzung nach Scheidung.* ⁱ Ist die Ehe geschieden, bevor die Auseinandersetzung beendet ist, so ist auf Verlangen eines Ehegatten jedem von ihnen der Wert dessen zurückzuerstatten, was er in die Gütergemeinschaft eingebracht hat; reicht hierzu der Wert des Gesamtgutes nicht aus, so ist der Fehlbetrag von den Ehegatten nach dem Verhältnis des Wertes des von ihnen Eingebrachten zu tragen.

ⁱⁱ Als eingebracht sind anzusehen
1. die Gegenstände, die einem Ehegatten beim Eintritt der Gütergemeinschaft gehört haben;
2. die Gegenstände, die ein Ehegatte von Todes wegen oder mit Rücksicht auf ein künftiges Erbrecht, durch Schenkung oder als Ausstattung erworben hat, es sei denn, daß der Erwerb den Umständen nach zu den Einkünften zu rechnen war;
3. die Rechte, die mit dem Tod eines Ehegatten erlöschen oder deren Erwerb durch den Tod eines Ehegatten bedingt ist.

ⁱⁱⁱ Der Wert des Eingebrachten bestimmt sich nach der Zeit der Einbringung.

1) Fassg unter Einbeziehg der bish in Bezug genommenen u aufgehobenen Bestimmg der ErrGemsch gem GleichberG Art 1 Z 9 u 1. EheRG Art 1 Z 17, wodch ScheidgsVersch als Voraussetzg ii IV ganz weggefallen ist. **Zweck**: § 1478 ist eine auf einer BilligkErwägg beruhde Ausn von § 1476 I, um denj, der weniger eingebracht hat u dch sein Verhalten nicht nur die Auflösg der Ehe, sond auch die Beteiligg an dem vom and Eheg in die Ehe eingebrachten Verm erzwingen könnte, nicht noch Vorteile daraus ziehen zu lassen (BT-Drucks 7/650 S 102 f). Das gleiche gilt bei Aufhebg der Ehe, die GleichberGFassg nicht mehr erwähnt, deren Folgen aber nach denen der Scheidg zu bestimmen s (EheG 37). Die Neufassg der Vorschr dch 1. EheRG stellt ferner klar, daß auch eine der Beendigg der GütGemsch nachflgde Scheidg das WahlR der Eheg auf Wertersatz des Eingebrachten auslösen k; an der sachgemäß Ausübg des R zur Aufhebg der GütGemsch würde ein Eheg gehindert, müßte er, wie befürchtet worden, mit einem früheren Erfolg der AufhebgsKl das bei Scheidg zustehde WahlR einzubüßen (BT-Drucks 7/650 S 103). Kein zwingdes Recht (and der 36. Aufl); da wg § 1376 IV bei landwirtschaftl Betrieben ein ZugewAusgl prakt nicht stattfindet u da anderers § 1478 dem einheiratdn Eheg iF der Ehescheidg mit dem Hof als eingebr Gut die Substanz seiner oft langjähr ArbLeistg wieder entzieht, bedarf es der Möglk, iR eines EheVertr Regelgn für die AuseinandS des Gesamtgutes nach der Scheidg zu treffen. Mit der sich aus § 1478 ergebden Maßg bleiben die Vorschr ü die AuseinandS unberührt (RG **73**, 41); also auch das ÜbernahmeR des § 1477 II (BGH NJW **52**, 1330). Das GesHandsVerh (§ 1471 Anm 2), dauert auch hier bis zur AuseinandS fort (BayObLG **20**, 422). Vor Rückerstattg des Werts des Eingebrachten müssen erst die GesGutsVerbindlichk gem § 1475 berichtigt s (Augsb SeuffA **77**, 3), außer wenn der Ggst zur Schuldendeckg nicht benötigt w (§ 1477 Anm 3).

2) Ist die Ehe geschieden, hat jeder Eheg das Recht, die AuseinandS zu gestalten. Macht einer der Ehel von diesem **Wahlrecht** Gebrauch, ist auch der and daran gebunden; sie müssen sich nicht ü das einzuschlagde Verf einigen, sond können beide **a)** es bei der Regel des § 1476 I belassen od **b)** verlangen, daß jedem der Wert des in die GütGemsch Eingebrachten, also nach Abzug der eingebrachten Schulden (Stettin HRR **36**, 1505), zurückerstattet wird (I). Der **Anspr geht nur auf Wertersatz**, nicht auf Rückgabe des Eingebrachten; das schließt den ÜbernahmeR aus § 1477 II nicht aus (vgl auch Anm 1 aE). Insofern ist dieser Wert zZ der Übernahme zur Teilgsmasse zu ersetzen (§ 1477 Anm 3), währd der Wert des Eingebrachten sich nach der Zeit der Einbringg bestimmt, III. Das ist bei Errechng eines etwaigen Überschusses (Zahlenbeispiel bei Planck Anm 10), der nach Zurückerstattg des Wertes des Eingebrachten an beide Eheleute verbleibt u beiden zur Hälfte zugute kommt, zu berücksichtigen. Ein evtl FehlBetr fällt nicht mehr, nach der Fassg des GleichberG, jedem zur Hälfte zur Last, sond im Verhältn zum Wert des Eingebrachten (BT-Drucks 7/650 S 103). Das WahlR kann bis zur Beendigg der AuseinandS ausgeübt werden u geht auch durch eine anders gerichtete Klage nicht verloren (Hbg OLG **6**, 280). Es ist vererblich. Geldentwertg ist zu berücksichtigen (§ 589 Anm 2).

3) Eingebracht sind:
a) Die Ggstände, die dem Eheg beim Eintritt der GütGemsch gehört haben, **Ziffer 1**; auch wenn Erwerb unter einer Bedingg erfolgte u Bedingg erst nach Beginn der GütGemsch eintrat, str.

Bürgerliche Ehe. 6. Titel: Eheliches Güterrecht §§ 1478–1480

b) Erwerb von Todes wg, mit Rücks auf ein künftiges ErbR, Schenkg, Ausstattg, **Ziffer 2**; vgl § 1374 Anm 3. Ob der Erwerb den Umst nach zu den Einkünften zu rechnen ist, vgl auch § 2050 II, ist nach wirtschaftl Gesichtspunkten, nach der Abs des Zuwendenden, den Verhältnissen des Empfangenden u dem Anlaß der Zuwendg zu entscheiden. Hierher zB Haushaltszuschüsse, Kosten für Erholgsreise, Krankenhausaufenthalt, Weihnachtsgratifikationen, Nadelgeld.

c) Mit dem Tode des Eheg erlöschende Rechte, zB Leibrente, oder durch den Tod eines Eheg bedingte Rechte, **Ziffer 3,** zB Lebensversicherg, deren Fälligk der Versicherte erlebt.

4) Nach der in den **Ländern der früh BrZ** geltenden HöfeO, § 1 V 1, verliert ein EhegHof diese Eigensch mit der RKraft der Scheidg.

1479 *Auseinandersetzung nach Aufhebungsurteil.* Wird die Gütergemeinschaft auf Grund der §§ 1447, 1448 oder des § 1469 durch Urteil aufgehoben, so kann der Ehegatte, der das Urteil erwirkt hat, verlangen, daß die Auseinandersetzung so erfolgt, wie wenn der Anspruch auf Auseinandersetzung in dem Zeitpunkt rechtshängig geworden wäre, in dem die Klage auf Aufhebung der Gütergemeinschaft erhoben ist.

Vorbem. Fassg GleichberG Art 1 Z 9; sprachl geändert.

1) Der Eheg, der das Urteil erwirkt hat, kann als Auseinandersetzgszeitpunkt wählen – **a)** den der Beendigg der GütGemsch, also Rechtskr des Aufhebgsurteils, §§ 1449 I, 1470 I, – **b)** den in § 1479 genannten Zeitpkt, so daß dann zB Grdstücke, die währd des AufhebgsRStreits erworben werden, nicht ins GesGut fallen, Kbg HRR **38**, 1113, ebso RGRK Anm 5; Wahlr bis Beendigg der AuseinandS. § 1479 entspr § 1387, vgl auch dort. Besonderre Wirkgen: Erwerb fällt bis auf § 1473 I nicht mehr ins GesGut. Wirkg aber nur zw den Eheg, vgl aber auch § 755 II, nicht ggü Dritten. Eheverträgl Ausschluß der Vorschriften ist nichtig, wohl aber Verzicht auf das schon entstandene WahlR formlos mögl, RGRK Anm 4.

1480 *Haftung nach der Teilung gegenüber Dritten.* Wird das Gesamtgut geteilt, bevor eine Gesamtgutsverbindlichkeit berichtigt ist, so haftet dem Gläubiger auch der Ehegatte persönlich als Gesamtschuldner, für den zur Zeit der Teilung eine solche Haftung nicht besteht. Seine Haftung beschränkt sich auf die ihm zugeteilten Gegenstände; die für die Haftung des Erben geltenden Vorschriften der §§ 1990, 1991 sind entsprechend anzuwenden.

Vorbem. Fassg GleichberG Art 1 Z 9; sprachl geändert.

1) Allgemeines. Vor der Teilg sind zunächst die GesGutsverbindlichkeiten zu berichtigen, §§ 1475 Anm 1, 1476 Anm 1. Geschieht das nicht, gleichgültig aus welchem Grunde, RG HRR **28**, 1883, so greift im Verhältn zu Dritten eine erweiterte Haftg Platz, § 1480, die auch im InnenVerh ihre Wirkgen äußert, § 1481. Das dem Dritten gegebene Recht aus § 1480 schließt aber auch eine Anfechtg des AuseinandSVertrages nicht aus, RG Gruch **50**, 382. § 1480 kann durch die Eheg nicht ausgeschl werden. § 1480 kommt wg der Haftg jedes Eheg für alle GesGutsverbindlichk, § 1459 Anm 3, bei der GütGemsch mit gemeinsamer Verw nur insof in Betr, als die persönl Haftg mit Beendigg der GütGemsch erloschen war, § 1459 II 2.

2) Voraussetzungen

a) Die Teilg des Gesamtguts ist erfolgt. Das ist der Fall, wenn GesGut als solches nicht mehr besteht u dessen einzelne Bestandteile einem Eheg als SonderEigt zugewiesen sind, RG **75**, 295; ein Rest von Ggständen mit unerhebl Wert kann unberücksichtigt bleiben, RG **89**, 366. Doch ist die Feststellg der Beendigg der Teilg Tatfrage. Sie ist auch erfolgt, wenn einzelne Ggstände vereinbargsgemäß unverteilt bleiben, also MitEigt vorliegt, RG JW **17**, 102, wenn einem alles zugeteilt ist, RG **75**, 295, nicht aber schon mit der Zuweisg einzelner Ggstände, RG **89**, 407.

b) Die Gesamtgutsverbindlichkeiten, vgl dazu §§ 1437 Anm 2, 1459 Anm 2, sind nicht berichtigt, dh es ist ein Rest übriggeblieben, was aber dann nicht der Fall ist, wenn das Erforderl zurückbehalten wurde, § 1475 I 2.

c) Dem nicht persönl haftenden Ehegatten muß etwas aus dem Gesamtgut zugeteilt sein. Das ist aber nicht der Fall, wenn er unentgeltl verzichtet od dafür aus einem anderen Vermögen, jedoch nicht dem GesGut, etwas erhalten hat, RG **75**, 295. Beweist er, daß er nichts, dh auch nichts Unpfändbares, Hamm OLG **14**, 230, aus dem GesGut erhalten hat, so ist die Klage aus § 1480 abzuweisen, RG **89**, 360. Der Haftg kann er sich aber nicht durch Aufgabe des einmal Zugeteilten entziehen, RG **89**, 367.

3) Wirkgen. Persönl Haftung als GesSchuldner, §§ 421–425, auch des bisher nicht persönl Haftenden, also des nicht verwberechtigten Eheg, Anm 1, für die in der Pers des Verwalters entstandenen GesGutsverbindlichk, § 1437 Anm 2a, des Verwalters od eines der bisher gemschaftl verwaltenden Eheg, sofern deren Haftg mit der Beendigg der allg GütGemsch erloschen ist, §§ 1437 II 2, 1459 II 2, von neuem, §§ 1437 Anm 3b, 1459 Anm 3. Zur Geltdmachg der Rechte aus § 1480 gg den bisher nicht persönl haftenden Eheg bedarf es gem ZPO 750 I eines vollstreckbaren Titels gg ihn; gg den bisher schon haftenden Eheg genügt nicht; bloße Duldg nicht ausreich. Der aus § 1480 in Anspr Genommene kann aber in entspr Anwendg der §§ 1990, 1991 die **Befriedigg verweigern**, soweit das ihm aus dem GesGut Zugeteilte nicht ausreicht (S 2); denn er haftet nur mit den ihm zugeteilten Ggständen, muß also diese dem Gläub zur Vollstreckg herausgeben, RG Gruch **48**, 1021. Diese HaftgsBeschrkg muß er sich aber im Urt vorbehalten lassen, ZPO 786, 780 I; vgl auch ZPO 781, 785.

1317

1481 *Haftung der Ehegatten untereinander.* I Wird das Gesamtgut geteilt, bevor eine Gesamtgutsverbindlichkeit berichtigt ist, die im Verhältnis der Ehegatten zueinander dem Gesamtgut zur Last fällt, so hat der Ehegatte, der das Gesamtgut während der Gütergemeinschaft allein verwaltet hat, dem anderen Ehegatten dafür einzustehen, daß dieser weder über die Hälfte der Verbindlichkeit noch über das aus dem Gesamtgut Erlangte hinaus in Anspruch genommen wird.

II Haben die Ehegatten das Gesamtgut während der Gütergemeinschaft gemeinschaftlich verwaltet, so hat jeder Ehegatte dem anderen dafür einzustehen, daß dieser von dem Gläubiger nicht über die Hälfte der Verbindlichkeit hinaus in Anspruch genommen wird.

III Fällt die Verbindlichkeit im Verhältnis der Ehegatten zueinander einem der Ehegatten zur Last, so hat dieser dem anderen dafür einzustehen, daß der andere Ehegatte von dem Gläubiger nicht in Anspruch genommen wird.

Vorbem. Fassg GleichberG Art 1 Z 9; unter Ausdehg auf die GütGemsch mit gemschaftl Verw u Anpassg an den GleichberGrds.

1) Allgemeines. Regelt die Folgen einer nach § 1480 mögl Inspruchn im Innenverh. Die EinstandsPfl des § 1481 gibt dem Eheg nur ein Recht auf Befreiung (RückgriffsR) bei Fälligk, § 426 Anm 2, nicht aber sofort, ebsowenig ein Recht auf SicherhLeistg od dem Dritten ggü die Einrede der Vorausklage.

2) Bisherige Verwaltg durch einen Ehegatten, I, III. Der nicht verwberechtigte Eheg hat dem Verwalter für die GesGutsverbindlichk einzustehen, die ihm im InnenVerh zur Last fallen, III iVm §§ 1441–1444. Dabei bleibt außer Betr, wieviel der nicht verwberechtigte Eheg aus dem GesGut erhalten hat. Im übrigen, dh also auch bei Verbindlichk, die im Endergebn dem GesGut zur Last fallen, hat der Verwalter dem anderen Eheg dafür einzustehen, daß dieser nicht über das aus dem GesGut Erlangte (gleichgültig, ob es noch vorhanden ist), auch dann aber nicht höher als bis zur Hälfte der Verbindlichk in Anspr genommen wird. Den dann noch vorhandenen Rest hat der Verw zu tragen.

3) Bisherige gemeinschaftliche Verwaltg, II, III. Jeder Eheg hat dem anderen für solche Verbindlichk einzustehen, die ihm im InnenVerh zur Last fallen, III iVm §§ 1463–1466. Im übrigen hat jeder Eheg die Hälfte der GesGutsverbindlichk zu tragen, demgemäß dem anderen dafür einzustehen, daß er nicht höher von einem Gläub in Anspr genommen wird. Auf den Wert des aus dem GesGut Erhaltenen kommt es in keinem Falle an.

1482 *Eheauflösung durch Tod.* Wird die Ehe durch den Tod eines Ehegatten aufgelöst, so gehört der Anteil des verstorbenen Ehegatten am Gesamtgut zum Nachlaß. Der verstorbene Ehegatte wird nach den allgemeinen Vorschriften beerbt.

Vorbem. Geändert, GleichberG Art 1 Z 9.

1) Allgemeines. Die Regelg des BGB ließ, wenn Abkömmlinge vorhanden sind, regelm fortges Güt-Gemsch eintreten; nur wenn Abkömmlinge nicht vorhanden waren, gehörte der Anteil des verstorbenen Eheg zum Nachlaß. Das gilt auch weiterhin, wenn die Eheg am 1. 7. 58 im Güterstd der allg GütGemsch lebten u die fortges GütGemsch nicht ausgeschl haben, GleichberG Art 8 I Z 6 I, Grdz 3 vor § 1415. Wird GütGemsch erst ab 1. 7. 58 vereinb, so tritt fortges GütGemsch nur noch ein, wenn das im EheVertr gesagt ist, § 1483. Die Regel gibt § 1482; grdsätzl gehört demnach der Anteil des Verstorbenen zum Gesamtgut, also auch beim Vorhandensein von Abkömmlingen. Im Geltgsbereich der HöfeO **(Länder der früh BrZ)** fällt bei einem EhegHof der Anteil des Erblassers dem überlebden EheG als Hoferben zu, HöfeO 8 I idF v 26. 7. 76 (BGBl 1933). Wg des früh Rechts 35. Aufl.

2) Wirkgen. Es gelten keine Besonderheiten. Der Anteil des Verstorbenen am GesGut, ebso wie sein Vorbeh- u Sondergut, gehört zum Nachl (im Ggsatz zur fortgesetzten GütGemsch, § 1483 I), es gelten die allg erbrechtl Bestimmgen, §§ 1922ff. Die Erben des Verstorbenen haben sich mit dem überl Eheg nach §§ 1471–1481 auseinanderzusetzen; vgl auch § 1471 Anm 3.

e) Fortgesetzte Gütergemeinschaft

Vorbemerkung

1) Die fortges GütGemsch, die nur noch AGrd EheVertr eintritt, § 1482 Anm 1, deren Vorschriften aber zwingenden Charakter haben, § 1518, **geht von dem Gedanken aus**, Mot IV 426ff, Prot IV 304ff, daß es dem überl Eheg, der bisher in GütGemsch gelebt hat, bis zu seinem Tode, seiner Wiederverheiratg, §§ 1493, 1494, od der durch seine Erkl herbeigeführten Ablehng od Aufhebg, §§ 1484, 1492, erspart bleiben soll, dem gemschaftl Abkömmlingen sofort ihren Anteil am GesGut herauszugeben. Es findet vielm eine Vereinigg des GesGuts in seiner Pers statt, die bisher bestehende Gemsch setzt er mit den gemschaftl Abkömmlingen fort, **wobei er die rechtliche Stellg des allein verwaltenden Ehegatten, die anteilsberechtigten Abkömmlinge die des anderen Ehegatten haben,** § 1487 I. Erbrechtl Gesichtspunkte scheiden mithin für das Gesamtgut aus, § 1483 I 3. Dieses wird vielm als Hausvermögen den Fam-Mitgliedern überlassen u soll ihnen mögl erhalten bleiben, BayObLG 22, 5, vgl RG 125, 351. Die fortges

Bürgerliche Ehe. 6. Titel: Eheliches Güterrecht **Vorbem v § 1483, § 1483**

GütGemsch unterscheidet **4 Vermögensmassen**: das GesGut, § 1485, das Vorbeh- u Sondergut des überlebenden Eheg, § 1486, die Vermögen der anteilsberechtigten Abkömmlinge.

2) Ins Güterrechtsregister wird die fortges GütGemsch nicht eingetragen, da dieses nur über die währd der Ehe bestehenden güterrechtl Verhältnisse Ausk gibt, Vorbem 2a vor § 1558. Wegen der Eintragg ins **Grundbuch** vgl § 1485 Anm 3.

3) Landesrecht. *Hess* LandgüterO v 1. 12. 47, GVBl **48**, 12, § 24: Bei Landgut im MitEigt der Eheg verbleibt Verw dem Längstlebenden, der aber mit Zust der Erben des Verstorbenen schon zu seinen Lebzeiten Landgut auf einen der gemschaftl Nachkommen übertragen darf. **Länder der früh BrZ**: HöfeO § 8 III: Gehört ein EhegHof zum GesGut, so kann der überl Eheg die GütGemsch mit den Abkömml fortsetzen. Wird die fortgesetzte GütGemsch anders als dch Tod des überlebden Eheg beendet, so wachsen jenem – abweich von §§ 1497 ff – die Anteile der Abkömmlinge an. Wird sie dch den Tod des überlebden Eheg aufgelöst, so findet die normale AuseinandS statt.

1483 *Eintritt der fortgesetzten Gütergemeinschaft.* I Die Ehegatten können durch Ehevertrag vereinbaren, daß die Gütergemeinschaft nach dem Tode eines Ehegatten zwischen dem überlebenden Ehegatten und den gemeinschaftlichen Abkömmlingen fortgesetzt wird. Treffen die Ehegatten eine solche Vereinbarung, so wird die Gütergemeinschaft mit den gemeinschaftlichen Abkömmlingen fortgesetzt, die bei gesetzlicher Erbfolge als Erben berufen sind. Der Anteil des verstorbenen Ehegatten am Gesamtgut gehört nicht zum Nachlaß; im übrigen wird der Ehegatte nach den allgemeinen Vorschriften beerbt.

II Sind neben den gemeinschaftlichen Abkömmlingen andere Abkömmlinge vorhanden, so bestimmen sich ihr Erbrecht und ihre Erbteile so, wie wenn fortgesetzte Gütergemeinschaft nicht eingetreten wäre.

Vorbem. Geändert, GleichberG Art 1 Z 9.

1) Voraussetzgen. Die Fortsetzg der GütGemsch muß im Ehevertrag vereinbart sein, § 1482 Anm 1. Sind dann beim Tode eines Eheg gemschaftl Abkömmlinge vorhanden, so wird zw ihnen, soweit sie im Falle der gesetzl Erbfolge als Erben berufen wären, §§ 1923, 1924, **(beerbte Ehe)**, also nicht, wenn bei allen die Voraussetzgen der §§ 1506, 1511, 1517 vorlägen, aber gleichgültig, ob sie mj, vollj, verheiratet od ledig sind **(anteilsberechtigte Abkömmlinge)**, u dem überl Eheg die GütGemsch fortgesetzt. §§ 1933, 2077, 2279 sind nicht entspr anwendbar. Fortges GütGemsch tritt also (außer im Fall des § 1509) auch dann ein, wenn der verstorbene Eheg zZ seines Todes auf Scheidg zu klagen berecht war; dagg nicht if der Berechtigg zur EheaufhebgsKl, nachdem 1. EheRG in § 1509 S 2 vorgel hat. § 1483 unterscheidet: **a)** Es sind nur gemschaftl Abkömmlinge vorhanden (I), **b)** es sind auch einseitige Abkömmlinge des Verstorbenen (nicht anteilsberechtigte Abkömmlinge) vorhanden (II).

2) Es sind nur gemeinschaftliche Abkömmlinge vorhanden, I, vgl §§ 1589, I, 1591, 1719, 1722, 1757 II, 1762, nicht hierhin gehörig das für ehel erklärte Kind des Mannes, § 1737; zZ des Todes vorhanden ist auch ein Abkömmling, der in diesem Zeitpkt nur erzeugt war, § 1923 II. Wird er tot geboren u wäre es der einzige Abkömml gewesen, so § 1482. Sind nur gemschaftl Abkömmlinge vorhanden, gehört der Anteil des Verstorbenen zum GesGut der fortges GütGemsch, § 1485 I, und nicht zum Nachl, I 3. Eine AuseinandS findet nicht statt. Über seinen Anteil am GesGut konnte der Verstorbene also nicht testieren. Eine Beerbg des Verstorbenen erfolgt nur hinsichtl seines Vorbehalts- und Sonderguts. ErsatzAnspr aus diesen beiden VermMassen zum GesGut u umgekehrt sind sofort zu berichtigen, §§ 1445, 1467, 1468, desgl die Verbindlichk des Erblassers, die ihm im InnenVerh zur Last fielen, §§ 1441–1444, 1463–1466. Der Erbteil des überl Eheg wird GesGut, § 1485 I, der der Abkömmlinge fällt in ihr Vermögen, § 1485 II. Die Ausgleich von **Vorempfängen**, §§ 2050–2057, findet nur hins des aus dem Vorbeh- od Sondergut Erhaltenen statt, hins des aus dem GesGut Erhaltenen aber erst bei Beendigg der fortges GütGemsch, § 1503 II. Auch bei Ergänzg des **Pflichtteils**, §§ 2325–2332, sind nur Vorbeh- u Sondergut zu berücksichtigen. Da diese allein den Nachl bilden, können die gemschaftl Abkömmlinge u der überl Eheg auch darauf ihre Erbenhaftg beschränken, §§ 1975 ff. Ist also Vorbeh- u Sondergut nicht vorhanden, so erhalten die NachlGläub bei Erhebg der Einrede aus § 1990 nichts, falls sie nicht auch GesGutsGläub sind.

3) Es sind neben den gemeinschaftlichen auch einseitige Abkömmlinge des Verstorbenen vorhanden, II. So Kinder aus früheren Ehen; vgl ferner §§ 1705, 1737 I 2, 1757 I. Dann ändert sich für den überl Eheg u die gemschaftl Abkömml nichts, die nicht gemschaftl Abkömml erben hingg so, als wenn fortges GütGemsch nicht eingetreten wäre, dh sie erben nicht nur aus dem Vorbeh- u Sondergut des Verstorbenen, sond auch aus dem GesGut, so daß ihr Anteil daran auch zu ihrem Nachl gehört. Die Auseinandersetzg, die gemäß § 1471 zunächst mit ihnen zu erfolgen hat, ist nicht schon die Teilg des Nachlasses, vgl § 2060 (diese erfolgt erst zw den einseitigen Abkömmlingen untereinander), sond eine güterrechtl Abschichtg, Planck Anm IV 6; vgl auch § 1471 Anm 3. Durch die AuseinandS wird der Eintritt der fortges GütGemsch nicht aufgeschoben, sond sie besteht sofort, Anm 1, ohne daß aber der den einseitigen Abkömmlingen zufallende Anteil in das GesGut fällt, § 1485 I. Keine AuseinandS, wenn die einseitige Abkömml nur Pflichtt-Berechtigter od VermächtnNehmer ist, BayObLG **5**, 85. Der Wert seines Anteils wird dann erforderlichenf geschätzt. In dem Umfange, in dem der einseitige Abkömml aGrd seines ErbR Rechte am GesGut hat, kann der Erblasser auch über dieses letztw verfügen, da es insof so anzusehen ist, als ob die fortges GütGemsch nicht bestünde. Er kann also in diesem Rahmen auch einen anderen, auch einen anderen Abkömml od den überl Eheg als Erben einsetzen, BayObLG **50/51**, 383 hM. Anders als Anm 2 sind auch **Vorempfänge**

1319

aus dem GesGut zur Ausgleichg zu bringen, von den gemschaftl Abkömmlingen aber nur soweit, als das ggü den Nichtanteilsberechtigten erforderl ist, vgl § 1503 II. Ebso sind Zuwendgen aus dem GesGut bei der PflichttErgänzg zu berücksichtigen. Die einseitigen Abkömml haften mit allem, was ihnen zugefallen ist, für die NachlVerbindlichk, jedoch mit der Möglichk der Beschrkg auf den Nachl, §§ 1975, 1990.

1484 Ablehnung der fortgesetzten Gütergemeinschaft.
I Der überlebende Ehegatte kann die Fortsetzung der Gütergemeinschaft ablehnen.

II Auf die Ablehnung finden die für die Ausschlagung einer Erbschaft geltenden Vorschriften der §§ 1943 bis 1947, 1950, 1952, 1954 bis 1957, 1959 entsprechende Anwendung. Steht der überlebende Ehegatte unter elterlicher Gewalt oder unter Vormundschaft, so ist zur Ablehnung die Genehmigung des Vormundschaftsgerichts erforderlich.

III Lehnt der Ehegatte die Fortsetzung der Gütergemeinschaft ab, so gilt das gleiche wie im Falle des § 1482.

1) Allgemeines. I, Nur der Ehegatte hat das einseitige Ablehnungsrecht, das auch nicht ausgeschl w kann, § 1518. Wegen der Abkömml §§ 1491, 1517, 1495.

2) Entspr Anwendg erbrechtl Vorschriften, II. Eine ausdrückl Annahme ist nicht erforderl. Erfolgt eine Annahme, zu der nach dem VormSchG auch unter den Voraussetzgen von II 2 nicht erforderl ist, so kann nicht mehr abgelehnt werden, vgl §§ 1943f. Die Frist zur Ablehng beginnt erst mit der Kenntn vom Eintritt der fortges GütGemsch, auch wenn die Unkenntnis auf Rechtsirrtum beruht, nicht mit der Kenntnis vom Tode, ebso BGH **31**, 209, Planck, Anm 5b str. Auf die Verkündg einer letztw Vfg kommt es nicht an, da die fortges GütGemsch nicht durch jene angeordnet w kann; § 1944 II 2 ist also unanwendb, RG Recht **24**, 1002. Für den Konk vgl KO 9. Vgl im übrigen §§ 1943–1947, 1950, 1952, 1954–1957, 1959. Steht der überl Eheg unter elterl Gewalt od Vormsch, so muß der gesetzl Vertreter die Ablehng erklären od ihr zustimmen, das VormschG genehmigen, §§ 1643, 1828ff.

3) Wirkg: Vgl § 1482 Anm 2. Ein Eheg kann für den Fall, daß der Überlebende fortges GütGemsch ablehnt, von Todes wg über das GesGut verfügen.

1485 Gesamtgut.
I Das Gesamtgut der fortgesetzten Gütergemeinschaft besteht aus dem ehelichen Gesamtgute, soweit es nicht nach § 1483 Abs. 2 einem nicht anteilsberechtigten Abkömmlinge zufällt, und aus dem Vermögen, das der überlebende Ehegatte aus der Nachlasse des verstorbenen Ehegatten oder nach dem Eintritte der fortgesetzten Gütergemeinschaft erwirbt.

II Das Vermögen, das ein gemeinschaftlicher Abkömmling zur Zeit des Eintritts der fortgesetzten Gütergemeinschaft hat oder später erwirbt, gehört nicht zu dem Gesamtgute.

III Auf das Gesamtgut finden die für die eheliche Gütergemeinschaft geltenden Vorschriften des **§ 1438 Abs. 2, 3** entsprechende Anwendung.

Vorbem. § 1438 II, III offensichtl Redaktionsfehler (früh Zählg) statt § 1416 II, III.

1) Zum Gesamtgut gehört (I, II) a) das bisherige GesGut der allg GütGemsch, vgl §§ 1416 I, 1435 S 3, 1445, 1446, 1467, abzügl desjenigen, was einem nicht gemschaftl Abkömml zufällt, § 1483 Anm 3. und ein etwa auf Pflichtt gesetzter gemschaftl Abkömml zu fordern hat, § 1511 II;

b) das Vermögen, das der überl Eheg aus dem Nachl des verstorbenen Ehegatten erhält, also auch Vermächtnis u Pflichtt, vgl § 1483 Anm 2, ferner was der Überlebende nach dem Eintritt der fortges GütGemsch erwirbt, vgl §§ 1416 Anm 2, 1473 Anm 1, insb also auch die Nutzgen, auch die seines Sonderguts nicht aber des Vorbehguts. Hingg nicht Vorbeh- u Sondergut des überl Ehegatten, § 1486, das Vermögen des Abkömmlings, gleichgültig, wann es erworben ist; desgl nicht die Nutzgen den letztgenannten Vermögen. **Länder der früh BrZ:** Wegen der Zugehörigk eines EhegHofes zum GesGut vgl Vorbem 3 vor § 1483.

2) Wirkg. Es besteht Gesamthandseigentum, RG **129**, 120. Die Zugehörigk des Vermögens des überl Ehegatten wird vermutet, das Ggteil hat der zu beweisen, der das behauptet, § 1416 Anm 2.

3) Grundbucheintragg. Das Bestehen der fortges GütGemsch wird ins GB eingetragen, § 1416 III, GBO 35 II, 47. Zu den übrigen Fragen, insb der entspr Anwendg von GBO 40 u der Entbehrlichk der Zust der Abkömmlinge zur Umschreibg, KG JW **35**, 2515 vgl § 1416 Anm 4. Eine Eintragg ins **Güterrechtsregister** findet nicht statt, Vorbem 2 vor § 1483. Ins **Handelsregister** kann nur der überl Eheg als Inhaber des zur fortges GütGemsch gehörigen Handelsgeschäftes eingetragen werden, KG JFG **6**, 193.

1486 Vorbehaltsgut; Sondergut.
I Vorbehaltsgut des überlebenden Ehegatten ist, was er bisher als Vorbehaltsgut gehabt hat oder was er nach § 1418 Abs. 2 Nr. 2, 3 als Vorbehaltsgut erwirbt.

II Sondergut des überlebenden Ehegatten ist, was er bisher als Sondergut gehabt hat oder was er als Sondergut erwirbt.

Vorbem. Fassg GleichberG Art 1 Z 10; inhaltl ohne Änderngen.

Bürgerliche Ehe. 6. Titel: Eheliches Güterrecht §§ 1486–1488

1) Vorbehaltsgut des überlebenden Ehegatten, I, ist nur sein bisheriges VorbehGut u das, was er nach § 1418 II Z 2, 3 noch erwirbt. Solches kann also weder durch Vertr mit den Abkömmlingen entstehen, noch kann im EheVertr bestimmt werden, daß ein bestimmter Erwerb, wenn er währd der fortges Güt-Gemsch eintritt, VorbehGut w soll, § 1518. Die Nutzgen des VorbehGuts bleiben VorbehGut, § 1418 II Z 3.

2) Sondergut des überlebenden Ehegatten, II, vgl § 1417 u Anm. Es wird durch den überl Eheg verwaltet; Nutzgen fallen dem GesGut zu.

3) Vorbehalts- und Sondergut der Abkömmlinge kommt wg § 1485 II nicht in Betr, da deren Vermögen insof durch die fortges GütGemsch nicht berührt wird.

1487 *Rechtsstellung des Ehegatten und der Abkömmlinge.*
I Die Rechte und Verbindlichkeiten des überlebenden Ehegatten sowie der anteilsberechtigten Abkömmlinge in Ansehung des Gesamtgutes der fortgesetzten Gütergemeinschaft bestimmen sich nach den für die eheliche Gütergemeinschaft geltenden Vorschriften der §§ 1419, 1422 bis 1428, 1434, des § 1435 Satz 1, 3 und der §§ 1436, 1445; der überlebende Ehegatte hat die rechtliche Stellung des Ehegatten, der das Gesamtgut allein verwaltet, die anteilsberechtigten Abkömmlinge haben die rechtliche Stellung des anderen Ehegatten.

II Was der überlebende Ehegatte zu dem Gesamtgut schuldet oder aus dem Gesamtgut zu fordern hat, ist erst nach der Beendigung der fortgesetzten Gütergemeinschaft zu leisten.

Vorbem. Fassg GleichberG Art 1 Z 10; inhaltl unverändert.

1) Allgemeines. Für die Rechte u Verbindlichkeiten des überl Ehegatten verweist § 1487 auf die §§ 1419, 1422–1428, 1434, 1435 S 1, 3, 1436, 1445. Der überl Eheg, gleichgültig, ob er bisher Verwalter, Mitverwalter od nicht verwberechtigter Eheg war, hat die rechtl Stellg des Verwalters bei der GütGemsch, die anteilsberechtigten Abkömml die des anderen Eheg: Sie haben nicht nur eine Anwartsch, sond ein selbständiges Recht am GesGut. RG **75**, 414. Nicht anwendbar sind §§ 1429–1433, 1435 S 2, 1446, zT mit Rücks auf die Stellg der Abkömml, zT weil andere Vorschriften, §§ 1488, 1489, 1500, 1487 II, an ihre Stelle getreten sind. Die Verpflichtg des überl Eheg zur Gewährg von Unterh od einer Ausstattg an die Abkömmlinge richtet sich nach den allg Vorschriften. Der Unterh für diese ist keine Last des GesGuts, RG JW **07**, 23; vgl auch § 1649, aM Nürnb Recht **20**, 2869, RGRK Anm 48. Der überl Eheg kann Mittel aus dem GesGut für die oben genannten Zwecke verwenden. AusglPfl § 1499 Z 3.

2) Entspr Anwendg im einzelnen, I, vgl im übrigen die Anm zu obengenannten §§. Zu § 1419: Ebso wie die allg GütGemsch ist die fortges GütGemsch eine Gemeinschaft zur gesamten Hand, RG **129**, 120; keiner der Beteiligten kann also über seinen Anteil am GesGut u an den einzelnen dazu gehörigen Ggständen verfügen. Anteile unpfändbar, ZPO 860 I 2, ebso vor Beendigg der fortges GütGemsch dem einem anteilsberechtigten Abkömml nach deren Beendigg zustehende Anteil, vgl RG JR Rspr **26**, 1362 str, RGRK Anm 64, aM BayObLG SeuffA **62**, 183, wohl aber das AuseinandSguthaben, vgl § 1497 Anm 2. Der überl Eheg kann über seinen Anteil am GesGut letztw verfügen, soweit nicht Rechte der Abkömml verkürzt w, KG JW **31**, 1369; denn das VfgsVerbot des § 1419 gilt nur für solche Geschäfte unter Lebenden, nicht für Vfgen von Todes weg, BGH FamRZ **64**, 423; vgl auch BayObLG **60**, 254 sowie Daimer DJ **41**, 106. Zu § **1422**: Der überl Eheg hat Besitzschutz auch ggü den Abkömmlingen, die nur mittelbaren Besitz haben. Er führt die RStreitigk im eigenen Namen. Zu §§ **1424–1456**: Die Zust muß von allen Abkömmlingen erteilt werden. Die Übernahme der Haftg für die Zust der Abkömmlinge durch den überl Eheg verstößt nicht gg die guten Sitten, RG JW **24**, 539. Ist der Abkömmling mj od steht er unter Vormsch, so richtet es sich nach den insof geltenden Vorschr, zB §§ 1643, 1821 I Z 1, ob auch die Gen des VormschG erforderl ist, Karlsr RJA **17**, 22. Ist der überl Eheg selbst der gesetzl Vertreter, so ist er durch § 181 nicht gehindert, die Erkl für die Kinder abzugeben, BayObLG DNotZ **52**, 163, aM KG JFG **2**, 283. Ist der Abkömmling verheiratet, so bestimmt sich das für ihn geltende GüterR, ob auch sein Eheg zustimmen muß, KG SeuffA **59**, 184. Dabei ist zu beachten, daß bei der GütGemsch der Anteil an der fortges GütGemsch zum Sondergut gehört, § 1417 Anm 2. Erforderlichenf Ersetzg der Zust des Eheg durch das VormschG, KG JFG **8**, 275, wofür Richter zust, RPflG 14 Z 6; eine solche ist aber unzul, wenn die GgLeistg nicht wieder dem GesGut zufließt, es sich insof um eine AuseinandS handelt, Mü JFG **23**, 52. Durch die Ersetzg der Zust eines verheirateten Abkömmlings gem § 1426 wird auch die Zust seines Eheg, die nach dem in Betr kommenden Güterstd erforderl ist, mit ersetzt, KG HRR **32**, 1925. Gebühren nach KostO 97 Z 2. Die Rechte aus § **1428** hat nur der Abkömml, der nicht zugestimmt hat; er muß Leistg an das GesGut verlangen, RGRK Anm 45. § **1435 S 1, 3**: Zur ordngsmäßigen Verw gehört im allg nicht die Übertragg des GesGuts an einen Abkömml, um die anteilen auszuzahlen, KG OLG **42**, 88 Anm 2; anders wenn der überl Eheg das GesGut nicht mehr halten kann, BayObLG **14**, 624, Erschwerg allein genügt nicht, BayObLG **22**, 5. Zur Unterrichtg u AuskErteilg über die Verw ist der überl Eheg nicht verpflichtet (S 2 nicht in Bezug genommen).

3) Fordergen und Schulden des überl Eheg, gleichgültig, ob diese vor od nach Eintritt der fortges GütGemsch entstanden sind, sind erst nach deren Beendig fällig. Hingg sind Schulden und Fdgen des verstorbenen Eheg an bzw gg das GesGut sofort zu berichten. Hinsichtl der Abkömml gelten die allg Vorschriften.

1488 *Gesamtgutsverbindlichkeiten.*
Gesamtgutsverbindlichkeiten der fortgesetzten Gütergemeinschaft sind die Verbindlichkeiten des überlebenden Ehegatten sowie solche Verbindlichkeiten des verstorbenen Ehegatten, die Gesamtgutsverbindlichkeiten der ehelichen Gütergemeinschaft waren.

1) Gesamtgutsverbindlichkeiten der fortges GütGemsch sind a) sämtl Verbindlichk des überl Eheg, gleichgültig, wann sie entstanden sind u ob sie vor Eintreten der fortges GütGemsch solche der GütGemsch waren, also zB auch die, die sein Vorbeh- u Sondergut betreffen, ferner die UnterhPfl ggü seinem Kinde, KG JW 37, 3159. – **b)** Die Verbindlichk des verstorbenen Eheg, die Gesamtgutsverbindlichk der ehel GütGemsch waren, gleichgültig, ob sie im InnenVerh der Eheg dem GesGut zur Last fielen, §§ 1441–1444, 1463–1466; ist der nicht verwberechtigte Eheg der Überlebende, mithin alle Verbindlichk des Verwalters, § 1437 Anm 2 a, ist der Verwalter der Überlebende, alle Verbindlichk des anderen Eheg, soweit sie nicht wg §§ 1438–1440 bei fortges GütGemsch ausscheiden, § 1437 Anm 2 b. Entspr gilt bei Mitverwaltg, vgl § 1459 Anm 3; keine GesGutsverbindlichkeiten nur die des verstorbenen Eheg gem §§ 1460–1462. Soweit der Verw überlebt u Erbe des anderen Eheg ist, würde er u damit auch das GesGut (wegen a) auch für sämtl Verbindlichkeiten des Verstorbenen haften. Haftg des GesGuts kann er durch Ausschlagg der Erbsch, so daß er also nur am GesGut beteiligt bleibt, od durch Beschrkg seiner Erbenhaftg, §§ 1975 ff, ausschließen. Verbindlichk der anteilberechtigten Abkömmlinge sind niemals GesGutsverbindlichk.

2) Zwangsvollstreckg und Konkurs. Zur ZwVollstr ins GesGut ist ein gg den überl Eheg ergangenes Urteil genüg u erforderl, ZPO 745 I. Ist der Verwalter der Überlebende, so kann aus einem währd der allg GütGemsch gg ihn ergangenen vollstreckbaren Titel sofort in das GesGut vollstreckt werden. Im Konkurs des überl Eheg gehört das GesGut zur KonkMasse, eine AuseinandS findet nicht statt, KO 2 III u I. Besonderh KO 236, 214–234. Der Konk der Abkömmlinge berührt das GesGut nicht, KO 2 III, I 2.

1489 *Persönliche Haftung für die Gesamtgutsverbindlichkeiten.* **I** Für die Gesamtgutsverbindlichkeiten der fortgesetzten Gütergemeinschaft haftet der überlebende Ehegatte persönlich.

II Soweit die persönliche Haftung den überlebenden Ehegatten nur infolge des Eintritts der fortgesetzten Gütergemeinschaft trifft, finden die für die Haftung des Erben für die Nachlaßverbindlichkeiten geltenden Vorschriften entsprechende Anwendung; an die Stelle des Nachlasses tritt das Gesamtgut in dem Bestande, den es zur Zeit des Eintritts der fortgesetzten Gütergemeinschaft hat.

III Eine persönliche Haftung der anteilberechtigten Abkömmlinge für die Verbindlichkeiten des verstorbenen oder des überlebenden Ehegatten wird durch die fortgesetzte Gütergemeinschaft nicht begründet.

1) Allg. Währd § 1488 den Umfang der GesGutsverbindlichkeiten der fortges GütGemsch angibt, regelt § 1489 die persönl Haftung für jene.

2) Persönl Haftg des überl Ehegatten, I, II. Dieser haftet für die GesGutsverbindlichkeiten der fortges GütGemsch, § 1488 Anm 1, persönl. Anders als in § 1437 II 2 endet diese Haftg nicht mit der Beendigg der fortges GütGemsch. Es besteht nach II aber die Möglichk der **Haftgsbeschränkg**, und zwar zum Schutze **a)** des überl Ehegatten gg den Zugriff auf sein nicht zum GesGut gehöriges Vermögen, falls das GesGut nicht ausreicht, **b)** des GesGutsGläub, denen der überl Eheg bei Beginn der fortges GütGemsch nicht persönl haftete, gg den Zugriff der Gläub auf das GesGut, die diese Möglichk erst wg § 1488, dort Anm 1, erlangt haben. Voraussetzg der Haftbeschrkg ist aber, daß der überl Eheg nicht etwa schon ohne den Eintritt der fortges GütGemsch persönl gehaftet hätte, also daß er entweder währd der ehel GütGemsch nicht persönl gehaftet hat (so bei dem nicht verwberechtigten Eheg, vgl § 1437 Anm 4) od nicht mehr persönl haftet (so in den Fällen der §§ 1437 II 2, 1459 II 2) u kein sonstiger persönl HaftgsGrd vorhanden ist, zB als Erbe. Diese Haftg aus § 1489 II bildet einen neuen selbständigen HaftgsGrd, so daß die Haftgsbeschrkg auch dann geltd gemacht w kann, wenn der überl Eheg von Anfang an persönl haftete, aber nur wg § 1489 II in Anspr genommen wird, RG 148, 249, Haftgsbeschrkg entspr §§ 1967 ff. An Stelle des Nachlasses tritt mithin das GesGut im Bestande zZ des Eintritts der fortges GütGemsch, also einschl Surrogate, § 1473, und der etwa aus der Verw des überl Eheg den GesGutsGläub zustehenden Anspr, § 1978 I u II, aber ohne Berücksichtigg des späteren Erwerbs, § 1485 I. **Mittel der Haftgsbeschrkg**: GesGutsverwaltg, §§ 1975, 1981–1988, GesGutskonkurs, § 1975, KO 236, UnzulänglichkEinreden aus §§ 1989, 1990, aufschiebende Einreden aus §§ 2014, 2015, Aufgebot der GesGutsGläub, ZPO 1001, Verlust der Haftgsbeschrkg, §§ 2005, 2006, Vorbeh der beschränkten Haftg im Urteil, ZPO 305 II, ZwVollstr ZPO 786.

3) Haftg der Abkömmlinge, III. Keine persönl Haftg, soweit diese sich nicht aus anderen Gründen ergibt, zB als Erben, Bürgen, gemschaftl Verpflichtg.

1490 *Tod eines Abkömmlings.* Stirbt ein anteilsberechtigter Abkömmling, so gehört sein Anteil an dem Gesamtgute nicht zu seinem Nachlasse. Hinterläßt er Abkömmlinge, die anteilsberechtigt sein würden, wenn er den verstorbenen Ehegatten nicht überlebt hätte, so treten die Abkömmlinge an seine Stelle. Hinterläßt er solche Abkömmlinge nicht, so wächst sein Anteil den übrigen anteilsberechtigten Abkömmlingen und, wenn solche nicht vorhanden sind, dem überlebenden Ehegatten an.

1) Der Anteil des verstorbenen Abkömmlings ist **unvererblich**, so daß dieser weder über ihn von Todes wg verfügen konnte, noch der Anteil zu seinem Nachlasse gehört. Die Erben, also auch der Eheg des Abkömmlings, KGJ **44**, 108, erhalten davon nichts, den Gläub des Verstorbenen haftet der Anteil nicht, vgl auch § 1487 Anm 2 (zu § 1419). Die fortges GütGemsch wird vielm mit den Abkömmlingen des Verstorbenen fortgesetzt, die im Falle der gesetzl Erbfolge als seine Erben berufen wären (zB § 1924 III, wg § 1503 I einschl der erst nach dem Tode des verstorbenen Eheg erzeugten Abkömmlinge, RGRK Anm 7ff), soweit sie nicht nach §§ 1491, 1506, 1511, 1517 ausgeschl sind. Sind solche Personen nicht vorhanden, so wächst der Anteil des Verstorbenen den übrigen Abkömmlingen (nicht dem überl Eheg) nach Maßg von deren gesetzl ErbR nach dem verstorbenen Eheg an, § 1503, und zwar mit dingl Wirkg; denn das GesGut ist ein FamVermögen, das den FamMitgliedern erhalten bleiben soll u an dem nicht zu der Fam des verstorbenen u überl Ehegatten Gehörige keinen Teil haben, Vorbem 1 vor § 1483. Der Anteil des letzten Abkömmlings wächst dem überl Eheg an. Ein nehel Kind ist nicht gesetzl Erbe u erhält infolge nur einen Anspr auf Wertabfindg (Heilbr ZBlJugR **75**, 315; Stgt JR **76**, 196 mAv Bökelmann). Das alles gilt entspr dem GrdGedanken des § 1490 nur bei bestehder fortges GütGemsch; stirbt der anteilsberecht Abkömml nach Beendigg der fortges GütGemsch, ist § 1490 trotz § 1497 I unanwendb. Das dann bestehde Recht an der AuseinandersetzgsGemsch ist nach allg Grdsätzen vererbl, BayObLG MDR **67**, 673. – **Länder der früh BrZ**: vgl § 1482 Anm 1.

1491 Verzicht eines Abkömmlings.

I Ein anteilsberechtigter Abkömmling kann auf seinen Anteil an dem Gesamtgute verzichten. Der Verzicht erfolgt durch Erklärung gegenüber dem für den Nachlaß des verstorbenen Ehegatten zuständigen Gerichte; die Erklärung ist in öffentlich beglaubigter Form abzugeben. Das Nachlaßgericht soll die Erklärung dem überlebenden Ehegatten und den übrigen anteilsberechtigten Abkömmlingen mitteilen.

II Der Verzicht kann auch durch Vertrag mit dem überlebenden Ehegatten und den übrigen anteilsberechtigten Abkömmlingen erfolgen. Der Vertrag bedarf der notariellen Beurkundung.

III Steht der Abkömmling unter elterlicher Gewalt oder unter Vormundschaft, so ist zu dem Verzichte die Genehmigung des Vormundschaftsgerichts erforderlich.

IV Der Verzicht hat die gleichen Wirkungen, wie wenn der Verzichtende zur Zeit des Verzichts ohne Hinterlassung von Abkömmlingen gestorben wäre.

1) Allgemeines. Währd § 1517 den Verzicht vor Eintritt der fortges GütGemsch behandelt, handelt § 1491 von dem Verzicht nach diesem Zeitpkt. Er kann durch Vertr nicht ausgeschl werden, § 1518, str. Dem Abkömml wird dadurch die Möglichk gegeben, durch Abschichtg etwas zu erlangen; denn der Verzicht kann von einer GgLeistg abhängig sein, RG **75**, 263. Für das als solche aus dem GesGut überlassene Grdst gelten §§ 434, 439 II, RG SeuffA **86**, 167.

2) Form, I–III. Der Verzicht kann erfolgen **a) einseitig** ggü (also auch schriftl) dem für den verstorbenen Eheg zuständigen NachlG, FGG 72, 73, und zwar auch durch einen Bevollm. Die VerzichtErkl muß in öff beglaubigter Form erfolgen, §§ 129, 125. Mitteilg des NachlGerichts nur Ordngsvorschr. FGG 16 braucht nicht eingehalten zu werden, RGRK Anm 7,

b) durch Vertrag mit dem überl Eheg u den anteilberechtigten Abkömmlingen. Wegen der Form des Vertrages § 128; „gerichtl" Beurk dch BeurkG 56 I gestrichen.

Zu a und b: Der unter elterl Gewalt od Vormsch stehende Abkömml bedarf zum Verzicht der Gen des VormschGs, III, §§ 1643 III, 1828ff, Zustdg FGG 36, 43. Ob der verheiratete Abkömml der Zust seines Eheg bedarf, richtet sich nach seinem GüterR, vgl § 1487 Anm 2 (zu §§ 1423–1426). Der Verzicht, der auch unter einer Bedingg erfolgen kann, ist bis zur Beendigg der AuseinandS zul, BayObLG MDR **52**, 41, muß sich auf den ganzen Anteil erstrecken.

3) Wirkg. Anwachsg mit dingl Wirkg wie bei § 1490 Anm 1, wobei sich der Verzicht auch auf die Abkömmlinge des Abkömmlings erstreckt; deshalb auch Verzicht zG Dritter od eines bestimmten Anteilsberechtigten unzul. Wegen der Anwachsg mit dingl Wirkg § 419, ZPO 729 unanwendbar, Mü (LG) MDR **52**, 44. Verzichten alle Abkömmlinge, so ist die fortges GütGemsch beendet. Verzicht kann wg GläubBenachteiligg angefochten werden. Stettin JW **34**, 921, RGRK Anm 8, aM Planck Anm 14.

1492 Aufhebung durch den überlebenden Ehegatten.

I Der überlebende Ehegatte kann die fortgesetzte Gütergemeinschaft jederzeit aufheben. Die Aufhebung erfolgt durch Erklärung gegenüber dem für den Nachlaß des verstorbenen Ehegatten zuständigen Gerichte; die Erklärung ist in öffentlich beglaubigter Form abzugeben. Das Nachlaßgericht soll die Erklärung den anteilsberechtigten Abkömmlingen und, wenn der überlebende Ehegatte gesetzlicher Vertreter eines der Abkömmlinge ist, dem Vormundschaftsgerichte mitteilen.

II Die Aufhebung kann auch durch Vertrag zwischen dem überlebenden Ehegatten und den anteilsberechtigten Abkömmlingen erfolgen. Der Vertrag bedarf der notariellen Beurkundung.

III Steht der überlebende Ehegatte unter elterlicher Gewalt oder unter Vormundschaft, so ist zu der Aufhebung die Genehmigung des Vormundschaftsgerichts erforderlich.

1) Vgl auch § 1484. Die Aufhebg kann nur ggü allen Abkömmlingen erfolgen. Zu ihr verpflichtet ist der überl Eheg vor seiner Wiederverheiratg, wenn ein Abkömmling mj oder bevormundet ist, § 1493 II. Sie hat die Beendigg der fortges GütGemsch, also die AuseinandS zur Folge; anders § 1491 Anm 3. Wiederherstellg der fortges GütGemsch nicht mögl. Vgl im übrigen § 1491 Anm 2. § 1492 III gilt nicht für die Abkömmlinge.

1493 *Wiederverheiratung des überlebenden Ehegatten.* I Die fortgesetzte Gütergemeinschaft endigt mit der Wiederverheiratung des überlebenden Ehegatten.

II Der überlebende Ehegatte hat, wenn ein anteilsberechtigter Abkömmling minderjährig ist oder bevormundet wird, die Absicht der Wiederverheiratung dem Vormundschaftsgericht anzuzeigen, ein Verzeichnis des Gesamtguts einzureichen, die Gütergemeinschaft aufzuheben und die Auseinandersetzung herbeizuführen. Das Vormundschaftsgericht kann gestatten, daß die Aufhebung der Gütergemeinschaft bis zur Eheschließung unterbleibt und daß die Auseinandersetzung erst später erfolgt.

1) **Allgemeines. I.** Beendigg der fortges GütGemsch mit der Folge der AuseinandS, § 1497, tritt von selbst ein. Keine Einkindschaftg, die dem BGB fremd ist; Wiederherstellg der fortges GütGemsch erfolgt auch nicht, wenn Ehe nichtig.

2) **Pflichten des überl Ehegatten, II.** Gilt auch, wenn die fortges GütGemsch zwar beendigt ist, der überl Eheg sich aber vor der AuseinandS verheiraten will, BayObLG JFG 1, 56. Das VormschG (Zustdgk FGG 36, 43, RPfleger, RPflG 3 Z 2a) kann gestatten, daß die Aufhebg bis zur Eheschließg unterbleibt (darüber hinaus nicht, da die fortges GütGemsch dann kraft G endet, I) u die AuseinandS erst später erfolgt. Aufschiebendes Ehehindernis, EheG 9; dort auch das vom VormschG auszustellende Zeugnis. Die Mitteilg an das VormschG hat der überl Eheg auch dann zu machen, wenn er nicht die elterl Gewalt hat od Vormd ist. Ist er das, so bestehen neben § 1493 seine Pflichten aus §§ 1683, 1845. Das Verzeichnis muß vollständig die VermStücke u auch die Schuldverbindlichkeiten, RGRK Anm 5, aM Staud-Felgentraeger Anm 12, enthalten, ist aber Belege od einen Rechenschaftsbericht, dem § 1487 (zu § 1435) entggstehen würde. Vgl auch § 1682. Ist das Verzeichnis ungenügd, so kann das VormschG nicht ein solches wie bei § 1682 II 1 verlangen, sond nur das Zeugn nach EheG 9 verweigern. Wegen der Aufhebg der GütGemsch § 1492, wg der AuseinandS, die durchzuführen ist, §§ 1497 ff.

1494 *Tod des überlebenden Ehegatten.* I Die fortgesetzte Gütergemeinschaft endet mit dem Tode des überlebenden Ehegatten.

II Wird der überlebende Ehegatte für tot erklärt oder wird seine Todeszeit nach den Vorschriften des Verschollenheitsgesetzes festgestellt, so endet die fortgesetzte Gütergemeinschaft mit dem Zeitpunkt, der als Zeitpunkt des Todes gilt.

Vorbem. Fassg GleichberG Art 1 Z 11; Anpassg an den derzeitigen Rechtszustand.

1) **Tod, I.** Beendigg kraft G, keine Abänderg mögl, § 1518. AuseinandS §§ 1497 ff. Der Anteil des Ehegatten am GesGut gehört zu seinem Nachl, bei NachlKonk zur KonkMasse, BayObLG OLG 33, 341.

2) **Todeserklärg, II,** der die Feststellg des Todeszeitpunktes gleichsteht, VerschG 39 ff. Die fortges GütGemsch endigt in dem im Beschluß festgesetzten Zeitpkt des Todes, VerschG 9, 23, 44, auch wenn der Eheg lebt. Wird der Beschl aufgeh, weil der Verschollene die TodesErkl überlebte, so werden damit ihre Wirkgen rückw beseitigt u es so angesehen, als wenn eine Beendigg nie eingetreten wäre, ebenso RGRK Anm 5. Entspr gilt für den Fall der nachträgl Feststellg eines anderen Todeszeitpunkts.

1495 *Aufhebungsklage eines Abkömmlings.* Ein anteilsberechtigter Abkömmling kann gegen den überlebenden Ehegatten auf Aufhebung der fortgesetzten Gütergemeinschaft klagen,

1. wenn seine Rechte für die Zukunft dadurch erheblich gefährdet werden können, daß der überlebende Ehegatte zur Verwaltung des Gesamtgutes unfähig ist oder sein Recht, das Gesamtgut zu verwalten, mißbraucht;
2. wenn der überlebende Ehegatte seine Verpflichtung, dem Abkömmling Unterhalt zu gewähren, verletzt hat und für die Zukunft eine erhebliche Gefährdung des Unterhalts zu besorgen ist;
3. wenn der überlebende Ehegatte entmündigt ist und der die Entmündigung aussprechende Beschluß nicht mehr angefochten werden kann;
4. wenn der überlebende Ehegatte die elterliche Gewalt über den Abkömmling verwirkt hat oder, falls sie ihm zugestanden hätte, verwirkt haben würde.

1) **Inhaltl Angleichg** an § 1447 idF des GleichberG Art 1 Z 11. Währd der überl Eheg Möglk der Aufhebg nach § 1492 hat, müssen Abkömmlinge **AufhebgsKlage** erheben. Streitw, ZPO 3, ca die Hälfte vom Anteil am GesGut, BGH NJW 73, 50. Klageberecht jeder ist, aber nur der anteilsberecht Abkömml, Begr § 1483 Anm 1, u zwar zu Z 1, 2, 4 derj, in dessen Pers die Voraussetzgen vorl, zu Z 3 jeder Abkömml. Klage trotz Anerbietens z Abschl eines AufhebgsVertr dch überl Eheg führt zur Kostentragg n ZPO 93, VertrSchluß nach Klageerhebg zur Erledigg der Haupts. AufhebgsGrde erschöpfd geregelt; also nicht genügd Volljährigk, Verheiratg des Abkömml, Konk des überl Eheg.

2) **Die einzelnen Fälle.** Verschulden nicht erforderl. **Z 1–3** vgl § 1447 Z 1, 2, 4. AufhebgsGrd des § 1447 Z 3 scheidet aus, da der spätere Erwerb der Abkömml nicht in die fortges GütGemsch fällt. **Z 1**: Nießbr ist RechtsBegr. Ausreichd, wenn das Gesamtverhalten des überl Eheg die nöt Beachtg der Rechte des Ab-

Bürgerliche Ehe. 6. Titel: Eheliches Güterrecht   §§ 1495–1498

kömml vermissen läßt, so wenn er sich sof ZwVollstr unterwirft, um die Notwendigk v dessen Einwilligg z umgehen, §§ 1487, 1424, BGH **48**, 369. **Z 4**: Verwirkg der elterl Gew, § 1676, nicht ihr Ruhen, §§ 1673ff, od § 1666; bei § 1666 II aber evtl § 1495 Z 2. Geschützt ist auch der vollj Abkömml (arg „zugestanden hätte").

1496 *Wirkung des Aufhebungsurteils.* **Die Aufhebung der fortgesetzten Gütergemeinschaft tritt in den Fällen des § 1495 mit der Rechtskraft des Urteils ein. Sie tritt für alle Abkömmlinge ein, auch wenn das Urteil auf die Klage eines der Abkömmlinge ergangen ist.**

1) Urteil mit rechtsgestaltender Wirkg, keine vorl Vollstreckbark; vgl im übrigen § 1449 Anm 1. Im Falle seines Beitritts ist der andere Abkömml streitgenössischer Nebenintervenient, ZPO 69, 61. Der Zeitpunkt der Klageerhebg ist für die AuseinandS erheblich, §§ 1498, 1479.

1497 *Rechtsverhältnis bis zur Auseinandersetzung.* **I Nach der Beendigung der fortgesetzten Gütergemeinschaft setzen sich der überlebende Ehegatte und die Abkömmlinge über das Gesamtgut auseinander.**

II Bis zur Auseinandersetzung bestimmt sich ihr Rechtsverhältnis am Gesamtgut nach den §§ 1419, 1472, 1473.

Vorbem. Fassg GleichberG Art 1 Z 12; inhaltl nicht geändert.

1) Allgemeines. I. Jeder Beteiligte hat einen klagbaren Anspr auf AuseinandS. Eine solche muß in den Fällen der §§ 1492–1495 stattfinden. Sterben od verzichten jedoch alle Abkömmlinge, so wachsen ihre Anteile dem überl Eheg an, §§ 1490 Anm 1 aE, 1491 Anm 3, so daß es keiner AuseinandS bedarf; ebso im Falle der Beerbg des überl Eheg durch den einzigen Abkömml, KG JFG **1**, 358, u in den **Ländern der früh BrZ** hins des EhegHofes, § 1490 Anm 1. Durch die AuseinandS wird das Erb- u PflichttR der Abkömmlinge ggü dem überl Eheg nicht berührt. Der Vormd od Pfleger, der für einen Beteiligten bestellt ist, bedarf für die Auseinands einer Gen des VormschG gemäß § 1822 Z 2 nicht, RGRK Anm 23, da in § 1822 nicht genannt; Gen des VormschG aber bei damit zuhängenden Grdstücksgeschäften, KGJ **38**, A 219. Wegen des Verf vgl Vorbem vor § 1471. Die LiquidationsGemsch wird auf Antr ins GB eingetragen.

2) Rechtsverhältnis der Teilhaber am Gesamtgut, II; zu § 1419: Vgl § 1471 Anm 2. Das GesHandVerh dauert als LiquidationsGemsch bis zur AuseinandS fort. Keine Abtretg des AuseinandSanspruchs, da als Vfg über den Anteil unzul, KG JW **31**, 1371, wohl aber des Anspr auf das AuseinandSGuthaben, in den sich die unwirksame Vfg über den Anteil umdeuten läßt, BGH FamRZ **66**, 443, auch Verzicht auf Anteil bis zur AuseinandS mögl, § 1491 Anm 2. Auch jetzt keine persönl Haftg der Abkömmlinge, Hbg SeuffA **75**, 31; vgl aber §§ 1498, 1480. Wegen Pfändbark u Konkurs vgl § 1471 Anm 2 aE. ZwVollstr ZPO 745 II. Wegen LiquidationsGemsch u MiterbenGemsch § 1471 Anm 3. **Zu § 1472:** Die Verw steht dem überl Eheg u den Abkömmlingen gemeins zu, RG **139**, 121; jedoch Klage eines Abkömmlings auf Ersatz zum GesGut mögl, RGRK Anm 16, vgl § 1472 Anm 1. Inwieweit die verheirateten Abkömml der Mitwirkg ihrer Ehegatten bedürfen, entscheidet das für sie geltende GüterR, RG **125**, 347. Die Erben des überl Eheg sind zur Ausk verpflichtet, §§ 681, 666, wenn dieser sich die Verw allein angemaßt hat, Warn **28**, 42. Zur Mitwirkg zu Maßnahmen einer ordngsmäßigen Verw, § 1472 III, kann auch die Duldg der ZwVollstr in das GesGut seitens der Abkömmlinge gehören, RG **148**, 250, RGRK Anm 12.

1498 *Durchführung der Auseinandersetzung.* **Auf die Auseinandersetzung sind die Vorschriften der §§ 1475, 1476, des § 1477 Abs. 1, der §§ 1479, 1480 und des § 1481 Abs. 1, 3 anzuwenden; an die Stelle des Ehegatten, der das Gesamtgut allein verwaltet hat, tritt der überlebende Ehegatte, an die Stelle des anderen Ehegatten treten die anteilsberechtigten Abkömmlinge. Die in § 1476 Abs. 2 Satz 2 bezeichnete Verpflichtung besteht nur für den überlebenden Ehegatten.**

Vorbem. Fassg GleichberG Art 1 Z 12 unter Anpassg an den GleichberGrds.

1) Allgemeines. Es gilt Entspr wie bei der AuseinandS nach Beendigg der GütGemsch. Wenn auch die beiden Eheg für die AuseinandS keine abweichenden Anordngen treffen können, § 1518, so können das entspr § 1474 jedoch die Beteiligten, Planck Anm 2, allgM. Durch die Teilg des GesGuts verlieren die Abkömml nicht ihr ErbR ggn den überl Eheg. **Umstellg** der AuseinandSVerbindlichkeiten 1:1, UmstG 18 Z 3.

2) Die einzelnen Vorschriften. § 1475 II wird durch §§ 1499, 1500 ergänzt. **§ 1476 I:** Die eine bei der AuseinanderS vorhandene Hälfte des Überschusses erhält der Eheg, die andere die Abkömml, die nach § 1503 unter sich teilen. Das ErbR des überl Eheg ggü dem verstorbenen wird also nicht berücksichtigt, BayObLG **13**, 619, ebsowenig wenn einseitige Abkömmlinge einen Teil des GesGuts bei Eintritt der fortges GütGemsch erhalten haben, § 1483 Anm 3. **§ 1476 II 2** bezieht sich nur auf den überl Eheg, § 1498, 2, weil die Abkömml durch die fortges GütGemsch persönl nicht verpflichtet werden, § 1497 Anm 2. An Stelle des **§ 1477 II** (ÜbernahmeR) treten §§ 1502, 1515. **§ 1480:** In diesem AusnFalle können also auch die Abkömml persönl verpflichtet werden; vgl aber auch §§ 1481, 1500. Eine Einbuße hat der überl Eheg zu tragen.

1499 *Verbindlichkeiten zu Lasten des überlebenden Ehegatten.* Bei der Auseinandersetzung fallen dem überlebenden Ehegatten zur Last:
1. die ihm bei dem Eintritte der fortgesetzten Gütergemeinschaft obliegenden Gesamtgutsverbindlichkeiten, für die das eheliche Gesamtgut nicht haftete oder die im Verhältnisse der Ehegatten zueinander ihm zur Last fielen;
2. die nach dem Eintritte der fortgesetzten Gütergemeinschaft entstandenen Gesamtgutsverbindlichkeiten, die, wenn sie während der ehelichen Gütergemeinschaft in seiner Person entstanden wären, im Verhältnisse der Ehegatten zueinander ihm zur Last gefallen sein würden;
3. eine Ausstattung, die er einem anteilsberechtigten Abkömmling über das dem Gesamtgut entsprechende Maß hinaus oder die er einem nicht anteilsberechtigten Abkömmlinge versprochen oder gewährt hat.

1) Allgemeines. Das BGB geht von dem unausgesprochenen **Grundsatz** aus, daß alle GesGutsverbindlichkeiten der fortges GütGemsch auch im InnenVerh, das §§ 1499, 1500 allein behandelndem GesGut zur Last fallen. §§ 1499, 1500 bringen 2 Ausnahmen, die zu beweisen hat, wer sich darauf beruft.

2) Die einzelnen Fälle. Ziffer 1: Betrifft die vor Eintritt der fortges GütGemsch entstandenen Ges-Gutsverbindlichk. Da währd der ehel GütGemsch das GesGut für alle Verbindlichk des Verwalters, bei gemschaftl Verw beider Eheg haftet, §§ 1437 I, 1459 I, betrifft Halbs 1 als früh Verw durch einen Eheg nur die Verbindlichk des nicht verwberechtigten Eheg als Überlebenden aus §§ 1438–1440, bei früh gemeinsamer Verw die Verbindlichk aus §§ 1460–1462, soweit sie den Überlebenden treffen. Wegen Halbs 2 vgl §§ 1441–1444, 1463–1466. – **Ziffer 2**: Vgl §§ 1441, 1442, 1443 I, 1463, 1464, 1465 I. – **Ziffer 3**: Vgl §§ 1444, 1466. – Wegen des Verlangens des Abkömmlings ggü dem überl Eheg, den auf seinen Anteil am GesGut entfallenden Vierteljahrsbetrag der Abgabeschuld zum Lastenausgleich aus seinem GesGutsanteil zu zahlen od ihm zu ersetzen, LAG 72.

3) Wirkg. Der überl Eheg kann Berichtigg aus dem GesGut nicht verlangen, §§ 1498, 1475 II, ggf ErsLeistg zum GesGut, §§ 1487, 1445 I, 1467 I.

1500 *Verbindlichkeiten zu Lasten der Abkömmlinge.* I Die anteilsberechtigten Abkömmlinge müssen sich Verbindlichkeiten des verstorbenen Ehegatten, die diesem im Verhältnisse der Ehegatten zueinander zur Last fielen, bei der Auseinandersetzung auf ihren Anteil insoweit anrechnen lassen, als der überlebende Ehegatte nicht von dem Erben des verstorbenen Ehegatten Deckung hat erlangen können.

II In gleicher Weise haben sich die anteilsberechtigten Abkömmlinge anrechnen zu lassen, was der verstorbene Ehegatte zu dem Gesamtgute zu ersetzen hatte.

1) Allgemeines. Ausnahme von dem Grds § 1499 Anm 1 zu Lasten der Abkömml. BewLast wie dort. Die Erbenhaftg der Abkömml wird durch § 1500 nicht berührt.

2) Anrechng. Wegen der Verbindlichk, die dem verstorbenen Eheg zur Last fallen, vgl §§ 1441–1444, 1463–1466, wg seiner ErsPfl zum GesGut §§ 1445, 1446, 1467, 1468. Wegen der Anrechng vgl § 1476 Anm 2; jedoch keine persönl Haftg der Abkömml wg § 1489 III. Hat der überl Eheg von den Erben des verstorbenen Eheg Deckg erlangt od hätte er sie erlangen können (gleichgültig, aus welchem Grunde er unterlassen hat, sie zu erlangen), so entfällt die AnrechngsPfl; desgl wenn der überlebende den verstorbenen Eheg beerbt hat, RGRK Anm 5.

1501 *Anrechnung von Abfindungen.* I Ist einem anteilsberechtigten Abkömmlinge für den Verzicht auf seinen Anteil eine Abfindung aus dem Gesamtgute gewährt worden, so wird sie bei der Auseinandersetzung in das Gesamtgut eingerechnet und auf die den Abkömmlingen gebührende Hälfte angerechnet.

II Der überlebende Ehegatte kann mit den übrigen anteilsberechtigten Abkömmlingen schon vor der Aufhebung der fortgesetzten Gütergemeinschaft eine abweichende Vereinbarung treffen. Die Vereinbarung bedarf der notariellen Beurkundung; sie ist auch denjenigen Abkömmlingen gegenüber wirksam, welche erst später in die fortgesetzte Gütergemeinschaft eintreten.

1) Anrechng, I. § 1501 bezieht sich nur auf den Verzicht nach § 1491, nicht § 1517; einseitiger od VerzichtsVertr, bei dem die Abfindg aus dem GesGut (auf einen solchen aus anderen VermMassen bezieht § 1501 sich nicht) die GgLeistung ist, RGRK Anm 6, Staud-Felgentraeger Anm 1,3. Da der Anteil des verzichtenden Abkömmlings den übrigen anteilsberechtigten Abkömmlingen anwächst, §§ 1491 IV, 1490 S 3, bringt § 1501 den Ausgl dergestalt, daß die Abfindg von dem auf die Abkömmlinge entfallenden Anteil abgezogen, vgl auch § 2055, der Anteil des überl Eheg also nicht belastet wird. Für den ungedeckten Teil aber keine persönl Haftg der Abkömml. Ausgleich unter den Abkömml § 1503.

2) Abweichende Vereinbarg, II. Wegen der Form § 1491 Anm 2b. Wird die Vereinbg erst nach der Aufhebg der fortges GütGemsch getroffen, so ist sie nicht formbedürftig. Ist der überl Eheg gesetzl Vertreter des Abkömmlings, Pflegerbestellg erforderl, §§ 1629 II, 1795, 1909; der Pfleger bedarf wg § 1822 Z 2 der Gen des VormschG nur, wenn die Vereinbg die Verteilg der Abfindg im Verh der Abkömmlinge zueinander betrifft, § 1503 III, Planck Anm 5, da das erbrechtl Charakter hat, RGRK Anm 12.

Bürgerliche Ehe. 6. Titel: Eheliches Güterrecht §§ 1502–1505

1502 *Übernahmerecht des überlebenden Ehegatten.* I Der überlebende Ehegatte ist berechtigt, das Gesamtgut oder einzelne dazu gehörende Gegenstände gegen Ersatz des Wertes zu übernehmen. Das Recht geht nicht auf den Erben über.

II Wird die fortgesetzte Gütergemeinschaft auf Grund des § 1495 durch Urteil aufgehoben, so steht dem überlebenden Ehegatten das im Abs. 1 bestimmte Recht nicht zu. Die anteilsberechtigten Abkömmlinge können in diesem Falle diejenigen Gegenstände gegen Ersatz des Wertes übernehmen, welche der verstorbene Ehegatte nach § 1477 Abs. 2 zu übernehmen berechtigt sein würde. Das Recht kann von ihnen nur gemeinschaftlich ausgeübt werden.

1) **Übernahmerecht des überl Ehegatten, I.** Es ist weiter als in § 1477 II. Der überl Eheg kann es also zur Teilg kommen lassen, §§ 1498, 1477 I, od das GesGut od einzelne dazu gehörige GgStände übernehmen, u zwar zum gemeinen Wert im Zeitpkt der Übernahme, den er gem § 1492 durch Aufhebg der fortges GütGemsch selbst bestimmen kann. Er hat aber kein ÜbernahmeR ggü den einseitigen Abkömmlingen des verstorbenen Ehegatten, RG **118**, 388. Für die Durchführg der Übernahme gilt das § 1477 Anm 3 Gesagte. In den **Ländern der früh BrZ** kein ÜbernahmeR am EhegHof, HöfeO § 8 I 2, IV. – Das ÜbernahmeR des überl Eheg ist unvererbl, der Eheg kann aber letztw bestimmen, daß der zum Erben eingesetzte Abkömml in die Übernahme durch einen anderen willigt, BGH FamRZ **64**, 425.

2) **Übernahmerecht der Abkömmlinge, II**; vgl auch § 1515. Das ÜbernahmeR des überl Ehegatten entfällt, wenn die fortges GütGemsch durch Urteil aufgeh wird, § 1495, oder sich die Aufhebgsklage nach Erhebg erledigt u sie begründet gewesen wäre, §§ 1498, 1479, vgl RGRK Anm 5, 6 str; dann haben die Abkömmlinge ein solches, das auch vererbl ist u nur von ihnen gemschaftl ausgeübt w kann; MehrhBeschl genügt also nicht. Umfang des ÜbernahmeR § 1477 Anm 2.

1503 *Teilung unter den Abkömmlingen.* I Mehrere anteilsberechtigte Abkömmlinge teilen die ihnen zufallende Hälfte des Gesamtguts nach dem Verhältnisse der Anteile, zu denen sie im Falle der gesetzlichen Erbfolge als Erben des verstorbenen Ehegatten berufen sein würden, wenn dieser erst zur Zeit der Beendigung der fortgesetzten Gütergemeinschaft gestorben wäre.

II Das Vorempfangene kommt nach den für die Ausgleichung unter Abkömmlingen geltenden Vorschriften zur Ausgleichung, soweit nicht eine solche bereits bei der Teilung des Nachlasses des verstorbenen Ehegatten erfolgt ist.

III Ist einem Abkömmlinge, der auf seinen Anteil verzichtet hat, eine Abfindung aus dem Gesamtgute gewährt worden, so fällt sie den Abkömmlingen zur Last, denen der Verzicht zustatten kommt.

1) **Teilg unter den Abkömmlingen, I.** Abänderbar im Rahmen der §§ 1512–1516. An Stelle der vor der Beendigg der fortges GütGemsch verstorbenen Abkömml treten die durch sie mit dem verstorbenen Eheg verwandten Abkömml, vgl §§ 1924, 1927. Anteilsberechtigte Abkömml §§ 1483 Anm 1 u 1482 Anm 1.

2) **Ausgleichg des Vorempfangenen, II.** Gemschaftl Abkömmlinge haben zZ der Beendigg der GütGemsch nur Vorempfänge aus dem Vorbeh- u Sondergut des verstorbenen Eheg ausgeglichen, die Ausgleichg hins des GesGuts erfolgt erst jetzt, § 1483 Anm 2; waren auch einseitige Abkömmlinge vorhanden, so erfolgte nur diesen ggü die Ausgl des Vorempfangenen sofort, die Ausgleichg untereinander unterblieb zunächst ebenf, § 1483 Anm 3. Nunmehr ist das Vorempfangene, dh was der Abkömml aus dem GesGut vom verstorbenen od überl Eheg erhalten hat, auszugleichen entspr §§ 2050, 2051 I, 2053–2057. Abweichende Anordngen der Ehegatten sind unwirks, § 1518. Keine AusglPfl ggü dem überl Ehegatten.

3) **Verzicht eines Abkömmlings, III.** Vgl §§ 1491, 1501; nicht § 1517. Vgl weiterhin § 1501 Anm 1.

1504 *Haftungsausgleich unter Abkömmlingen.* Soweit die anteilsberechtigten Abkömmlinge nach § 1480 den Gesamtgutsgläubigern haften, sind sie im Verhältnisse zueinander nach der Größe ihres Anteils an dem Gesamtgute verpflichtet. Die Verpflichtung beschränkt sich auf die ihnen zugeteilten Gegenstände; die für die Haftung des Erben geltenden Vorschriften der §§ 1990, 1991 finden entsprechende Anwendung.

1) Wird bei Teilg eine GesGutsverbindlichk nicht berichtigt, haften die Abkömml den Gläub persönl, § 1498 Anm 2. Werden sie über den sich aus S 1 ergebenden Bruchteil von den Gläub in Anspr genommen, können sie von den übrigen Abkömml Ersatz verlangen. Diese haften jedoch nicht als GesSchu u nur entspr der Größe ihres Anteils am GesGut. Wegen der Haftgsbeschrkg vgl § 1480 Anm 3 aE.

1505 *Ergänzung des Anteils des Abkömmlings.* Die Vorschriften über das Recht auf Ergänzung des Pflichtteils finden zugunsten eines anteilsberechtigten Abkömmlinges entsprechende Anwendung; an die Stelle des Erbfalls tritt die Beendigung der fortgesetzten Gütergemeinschaft, als gesetzlicher Erbteil gilt der dem Abkömmlinge zur Zeit der Beendigung gebührende Anteil an dem Gesamtgut, als Pflichtteil gilt die Hälfte des Wertes dieses Anteils.

1) § 1505 trifft Vorsorge gg eine Verkürzg des Anteils des Abkömmlings am GesGut über §§ 1512ff hinaus durch Schenkgen. Es wird so angesehen, als ob der verstorbene Eheg erst zZ der Beendigg der fortges

GütGemsch gestorben wäre, vgl § 1503 I. Nur entspr Anwendg von §§ 2325–2332, weil kein wirklicher Erbfall, Vorbem 1 vor § 1483; da Schenkungen ohne Zust zurückgefordert w können, § 1425 Anm 1, sind hier nur solche des Verwalters mit Zust des anderen Eheg, sowie bei gemschaftl Verw solche beider Eheg zu berücksichtigen. Die Schenkg gilt im allg als von jedem Eheg zur Hälfte gemacht, vgl § 2331. Nachlaß iS jener Bestimmgen ist die Hälfte des GesGuts zZ der Beendigg der fortges GütGemsch, Hbg HansGZ **33** B 590. Die Verjährg des Anspr auf PflichtErgänzg, § 2332, beginnt erst nach Beendigg der fortges GütGemsch, RG JW **11**, 996. Den Anspr kann jeder Abkömml für sich geltd machen. Auf die Beendigg der fortges GütGemsch nach *westfäl* ProvRecht (G v 16. 4. 1860) ist § 1505 nicht anwendbar, RG JW **11**, 996, vgl auch RG **60**, 165. §§ 2325–2332 finden im übrigen auf den ErgänzgsAnspr hins des Vorbeh- u Sonderguts des verstorbenen Eheg unmittelbar Anwendg, § 1483 Anm 2; ebso wenn der überl Eheg stirbt.

1506 *Anteilsunwürdigkeit.* Ist ein gemeinschaftlicher Abkömmling erbunwürdig, so ist er auch des Anteils an dem Gesamtgut unwürdig. Die Vorschriften über die Erbunwürdigkeit finden entsprechende Anwendung.

1) Allgemeines. § 1506 bezieht sich nur auf die Anteilsunwürdigk von gemschaftl Abkömmlingen, § 1482 Anm 2, ggü dem (erst-) verstorbenen Eheg, ist aber auch entspr anwendbar bei Erbunwürdigk des überl Eheg, Planck Anm 17, Dölle § 81 VI 2 b, aM RGRK Anm 4. Erbunwürdigk hat Anteilsunwürdigk ohne weiteres zur Folge (S 1), diese kann aber, wenn die Feststellg der Erbunwürdigk unterblieb, auch allein festgestellt werden.

2) Die entspr anzuwendenden Vorschr. Vgl §§ 2339–2345. Erblasser im Sinne dieser Vorschr ist nur der erstverstorbene Eheg, Anm 1. Verfügen von Todes wg, § 2339, sind auch die gemäß §§ 1511 bis 1515 sowie die zu diesen erforderl Zustimmgserklärgen des anderen Eheg, aM RGRK Anm 8 str. Der GesGutsanteil des Erbunwürdigen kommt den anderen Abkömml, auch den einseitigen zugute, § 2344 II.

1507 *Zeugnis über Fortsetzung der Gütergemeinschaft.* Das Nachlaßgericht hat dem überlebenden Ehegatten auf Antrag ein Zeugnis über die Fortsetzung der Gütergemeinschaft zu erteilen. Die Vorschriften über den Erbschein finden entsprechende Anwendung.

1) Entspr Anwendg von §§ 2353ff, mit Rücks auf die erbrechtl Besonderheiten hingg nicht §§ 2357, 2363, 2364, 2368.

2) Der Antrag. Zuständiges NachLG FGG 72, 73, EG 147. Antragsberechtigt ist – **a)** bei bestehender fortges GütGemsch mit Rücks auf das allein ihm zustehende VerwR nur der überl Eheg, Hbg OLG **14**, 234, ferner wg GBO 35 II der Gläub, der im Besitz eines vollstreckbaren Titels ist, ZPO 792, 896, vgl auch GBO 14, 40; – **b)** nach beendigter fortges GütGemsch jeder Abkömml für sich, KG JW **35**, 1437, auch jeder der Erben des zweitverstorbenen Ehegatten, KG OLG **40**, 155 Anm 1 d; ein Fortsetzgszeugn, das nur über die fortgesetzte GütGemsch Auskunft gibt, kommt dann nicht in Betr. Vorzulegen ist der EheVertr sowie der urkundl Nachw (Standesregisterauszüge) über den Tod des Ehegatten u das Vorhandensein gemschaftl Abkömmlinge, die im Falle der gesetzl Erbfolge als Erben berufen wären, § 1483 I. Gemäß § 2356 ist ua eidesstattl zu versichern, daß eine Aufhebg der Vereinbg nach § 1483 od die Fortsetzg ausschließende Vfgen, §§ 1509, 1511, 1516, nicht vorliegen, KG OLG **18**, 271, und daß kein RStreit über das Bestehen der fortgesetzten GütGemsch anhängig ist.

3) Das Zeugnis enthält Name, Stand u Wohnort beider Ehegatten, Todestag des Verstorbenen, Bescheinigg, daß nach dessen Tod zw dem überl Eheg u den gemschaftl Abkömmlingen die GütGemsch fortgesetzt worden ist, ferner, falls das Zeugnis erst nach beendigter fortges GütGemsch beantragt wurde, den Vermerk, daß diese inzwischen beendigt worden ist; ebso können, wenn das von rechtl Bedeutg ist, auch dann noch Angaben berichtigt werden, BayObLG **54**, 79. Zweckmäßig, aber nicht erforderl, auch die Namen der gemschaftl Abkömmlinge; zul auch Berichtigg des Zeugnisses, daß ein gemschaftl Abkömml weggefallen, KG OLG **7**, 58, u sich alle Anteile in der Hand des überl Eheg vereinigt haben, KG OLG **26**, 318. Erforderl auch Angabe der nicht gemschaftl Abkömmlinge u Bruchteil des früh GesGuts, das nunmehr GesGut der fortges GütGemsch ist, KG DNotZ **34**, 616. Schweigen darüber beweist, daß nur gemschaftl Abkömmlinge vorhanden, KgJ **34** A 229. Nicht in das Zeugnis gehört die Größe der Anteile der Abkömmlinge, KG OLG **43**, 361 Anm 1. Auch Negativzeugnisse sind zu erteilen, KG RJA **13**, 154. Zeugnis u Erbschein sind voneinander unabhängig, KG OLG **6**, 319, können auch verbunden werden, KG OLG **14**, 237. Ein Erbschein ist auch zu erteilen, wenn Vorbeh- u Sondergut nicht vorhanden ist, KG OLG **7**, 364. Einsichtnahme in das Zeugnis FGG 78, 85. Zust für Zeugnis der fortges GütGemsch der Rechtspfleger, RPflG 3 Z 2 c. Gebühren KostO 109, 107. Landesrechtl AusfVorschriften *Pr* AGBGB 66, *Bay* NachlO v 20. 3. 03 §§ 49–58, 60, 61, *Wü* JMVfg v 14. 9. 99 § 43, *Ba* RPO v 1. 3. 07 §§ 231ff.

4) Wirkg. Dch Zeugn wird nur bewiesen, daß fortges GütGemsch eingetreten ist (KG OLG **6**, 319); ob sie noch fortbesteht, darüber muß Dritter sich selbst Gewißh verschaffen. Haftg aus § 839 nur f Schäden aus der Verwendg eines unricht Zeugn, nicht dagg aus falscher Beurt der RLage (BGH **63**, 35).

1508 (entfällt, GleichberG Art 1 Z 13; ließ Ausschließg der fortgesetzten GütGemsch durch EheVertr zu, während jetzt stets Vereinbarg für ihr Eintreten erforderl, § 1483 u § 1482 Anm 1.)

1509 *Ausschließung der fortgesetzten Gütergemeinschaft durch letztwillige Verfügung.* Jeder Ehegatte kann für den Fall, daß die Ehe durch seinen Tod aufgelöst wird, die Fortsetzung der Gütergemeinschaft durch letztwillige Verfügung ausschließen, wenn er berechtigt ist, dem anderen Ehegatten den Pflichtteil zu entziehen oder

auf Aufhebung der Gütergemeinschaft zu klagen. Das gleiche gilt, wenn der Ehegatte auf Aufhebung der Ehe zu klagen berechtigt ist und die Klage erhoben hat. Auf die Ausschließung finden die Vorschriften über die Entziehung des Pflichtteils entsprechende Anwendung.

1) S 2 eingef dch 1. EheRG Art 1 Z 18. § 1509 bezieht sich auf den Fall der Beendigg der Ehe dch Tod (Wirkg § 1510), nicht dch Scheidg od Eheaufhebg, da diese ohnehin die GütGemsch beendigen. Bisl war str, ob § 1933 aF entspr anwendb ist (35. Aufl § 1483 Anm 1 aE); Einfügg v S 2 klärt, daß Berechtigg zur EheAufhebgsKl Grd für die Ausschließg der Fortsetzg der GütGemsch s kann, dagg die ScheidgsLage als solche nicht. Ausschließg ggü den Abkömmlingen § 1511.

2) Voraussetzgen. a) Formell. Die Ausschließg muß durch letztw Vfg, dh jede einseitige Vfg von Todes wg § 1937, also auch durch eine einseitige Vfg, KGJ **51**, 170, in einem ErbVertr, § 2299, erfolgen. – **b) Materiell. aa)** Berechtigg zur PflichttEntziehg dem anderen Ehegatten ggü, §§ 2335–2337, die zZ der Errichtg der letztw Vfg vorliegen u angegeben werden muß, § 2336 II; **bb)** Berechtigg, auf Aufhebg der GütGemsch zu klagen, §§ 1447, 1448, 1469, wodurch das PflichttR nicht berührt wird. Wohl kann aber in dem Ausschl der fortges GütGemsch die PflichttEntziehg liegen. Keine Eintragg der Ausschließg ins GüterRReg, KG OLG **40**, 79.

1510 Wirkung der Ausschließung.
Wird die Fortsetzung der Gütergemeinschaft ausgeschlossen, so gilt das gleiche wie im Falle des § 1482.

1) Wegen der Wirkgen der Ausschließg nach § 1509 vgl § 1482 Anm 2. Die Nichtigk der Ausschließg kann jeder geltd machen, KG OLG **6**, 163.

1511 Ausschließung eines Abkömmlings.
I Jeder Ehegatte kann für den Fall, daß die Ehe durch seinen Tod aufgelöst wird, einen gemeinschaftlichen Abkömmling von der fortgesetzten Gütergemeinschaft durch letztwillige Verfügung ausschließen.

II Der ausgeschlossene Abkömmling kann, unbeschadet seines Erbrechts, aus dem Gesamtgute der fortgesetzten Gütergemeinschaft die Zahlung des Betrags verlangen, der ihm von dem Gesamtgute der ehelichen Gütergemeinschaft als Pflichtteil gebühren würde, wenn die fortgesetzte Gütergemeinschaft nicht eingetreten wäre. Die für den Pflichtteilsanspruch geltenden Vorschriften finden entsprechende Anwendung.

III Der dem ausgeschlossenen Abkömmlinge gezahlte Betrag wird bei der Auseinandersetzung den anteilsberechtigten Abkömmlingen nach Maßgabe des § 1500 angerechnet. Im Verhältnisse der Abkömmlinge zueinander fällt er den Abkömmlingen zur Last, denen die Ausschließung zustatten kommt.

1) Allgemeines. Währd §§ 1509, 1510 den Ausschl der fortges GütGemsch überh regeln, sind in §§ 1511 ff die Möglichkeiten der Bestimmg der Rechte der Abkömmlinge ggü der fortges GütGemsch durch letztw Vfg eines Ehegatten erörtert. Anordnungen gemäß §§ 1511 ff können auch für den Fall getroffen werden, daß der Abkömml einer anderen ihm vom Erblasser auferlegten Beschrkg, zB einer Teilgsanordng widerspricht, RG LZ **15**, 1657.

2) Die Ausschließg, I. Sie erfolgt durch letztw Vfg, vgl § 1509 Anm 2a, u zwar auch stillschw, zB durch ggseitige Erbeinsetzg seitens der Ehegatten, KGJ **26** A 57, od Einsetzg des überl Ehegatten als Vorerben, der Abkömmlinge als Nacherben, KG ebda. Die Ausschließg kann sich auch auf alle gemschaftl Abkömmlinge, § 1482 Anm 2, erstrecken, KG OLG **40**, 78, auch auf noch nicht geborene od erzeugte, es kann der an der fortges GütGemsch Beteiligte, aber auch ein Abkömml, der für den Fall von dessen Tod an seine Stelle träte, ferner der Abkömml samt seinen Abkömmlingen ausgeschlossen werden. Die Ausschließg aller Abkömml bleibt selbst dann wirks, wenn der Erbe ausschlägt; sie kann auch unter einer Bedingg erfolgen, Mü JFG **13**, 357; sie steht im Belieben des Eheg, anders § 1513. Der andere Eheg muß zustimmen, § 1516. Die Ausschließg kann also nur zu Lebzeiten beider Eheg, niemals einseitig, insb nicht mehr seitens des überl Eheg, erfolgen. Voraussetzg ist, daß die Ehe gerade durch den Tod des Verfügenden aufgelöst wird. Stirbt der andere, so ist Ausschließg ohne Wirkg; ebso, wenn die Ehe aus anderen Gründen ihr Ende findet.

3) Wirkgen.

a) Dem ausgeschlossenen Abkömmling gegenüber, **II.** Der Ausgeschlossene gilt als vor der Beendigg der fortges GütGemsch gestorben, an seine Stelle treten seine anteilsberechtigten Abkömml, § 1503 Anm 1, soweit diese nicht auch ausgeschl sind, Anm 2. Der Ausgeschlossene kann seinen Pflichtt-Anspr ggü dem GesGut (da sein ErbR ggü Vorbeh- u Sondergut unberührt bleibt, § 1483 Anm 2, bleiben diese bei der Berechng außer Betr) entspr Geldbetrag, § 2303 I 2, sofort verlangen (nur schuldrechtl Anspr). Maßgebd für die Berechng ist der Wert des GesGuts zZ der Beendigg der GütGemsch. Gegenteilige Anordngen seitens des Eheg sind unwirks, § 1518. Vgl im übrigen §§ 2303 ff. Unanwendbar §§ 2304–2306. Ausscheidet der, § 1517, nicht aber der, der nach § 1491 verzichtet hat, ebensowenig die ausgeschlagen haben, durch letztw Vfg ausgeschlossen, erbunwürdig sind. Die Verpflichtg zur AuskErteilg u Vorlegg eines Verzeichnisses hat nur der überl Eheg mit Rücks auf das gemäß §§ 1487 I, 1422 nur ihm zustehende VerwR, RGRK Anm 17. Pfändbark des Anspr nach ZPO 852 I.

b) Hinsichtl des Anteils des ausgeschlossenen Abkömmlings. Er fällt seinen an seine Stelle tretenden Abkömmlingen zu, Anm 3a; sind diese auch ausgeschl, wächst er den übrigen an, § 1490 S 3, sind solche nicht vorhanden od sind sie alle ausgeschl, Anm 2, so dem überl Eheg, § 1490 S 3, dh die fortges GütGemsch tritt überh nicht ein, vielm gilt § 1482, vgl § 1482 Anm 1, BayObLG **13**, 613. Die Zuwendg des Anteils des Ausgeschlossenen an einen anderen ist unzul, § 1514.

c) Anrechng des gezahlten Betrags gegenüber den Abkömmlingen, III. Die Anrechng erfolgt nicht nach § 1500, sond § 1501 (Redaktionsversehen), Staud Anm 9a. Vgl im übrigen § 1503 III u 1501 Anm 1.

1512 *Herabsetzung des Anteils.* **Jeder Ehegatte kann für den Fall, daß mit seinem Tode die fortgesetzte Gütergemeinschaft eintritt, den einem anteilsberechtigten Abkömmlinge nach der Beendigung der fortgesetzten Gütergemeinschaft gebührenden Anteil an dem Gesamtgute durch letztwillige Verfügung bis auf die Hälfte herabsetzen.**

1) **Voraussetzgen.** Die Kürzg muß durch letztw Vfg erfolgen, vgl § 1509 Anm 2a, der der andere Eheg zustimmen muß, § 1516. Wegen der materiellen Voraussetzgen vgl § 1511 Anm 2 aE, der anteilsberechtigten Abkömmlinge § 1483 Anm 1.

2) Vgl auch § 1511 Anm 1. Die **Kürzg des Anteils** kann erfolgen a) durch Belastg des Anteils mit einer Geldsumme, wodurch die Höhe des Anteils nicht verändert wird, b) durch Herabsetzg des Anteils bis auf die Hälfte. Der Abkömml behält auch dann die Rechte aus §§ 1419, 1472, 1473, 1497 weiter, wenn er dann auch bei der AuseinandS nur einen entspr kleineren Teil erhält, aber auch entspr geringere Lasten zu tragen hat, der Eheg kann ihn also nicht ledigl auf eine (schuldrechtl) GeldFdg in Höhe der Hälfte seines Anteils verweisen, RG **105**, 243; anders § 1511 Anm 3a. Eine Herabsetzg über die Höhe des Anteils hinaus ist unwirks. Als Wirkg der Herabsetzg tritt Anwachsg gemäß § 1490 S 2 und 3 ein. Über die Möglichk der Zuwendg an einen Dritten vgl § 1514.

1513 *Entziehung des Anteils.* I **Jeder Ehegatte kann für den Fall, daß mit seinem Tode die fortgesetzte Gütergemeinschaft eintritt, einem anteilsberechtigten Abkömmlinge den diesem nach der Beendigung der fortgesetzten Gütergemeinschaft gebührenden Anteil an dem Gesamtgute durch letztwillige Verfügung entziehen, wenn er berechtigt ist, dem Abkömmlinge den Pflichtteil zu entziehen. Die Vorschriften des § 2336 Abs. 2 bis 4 finden entsprechende Anwendung.**

II **Der Ehegatte kann, wenn er nach § 2338 berechtigt ist, das Pflichtteilsrecht des Abkömmlinges zu beschränken, den Anteil des Abkömmlinges am Gesamtgut einer entsprechenden Beschränkung unterwerfen.**

1) **Entziehung, I.** Vgl § 1512 Anm 1. Wegen der allg Voraussetzgen vgl § 1512 Anm 1. Berechtigg zur PflichtEntziehg §§ 2333, 2337. Wirkung: Währd des Bestehens der fortges GütGemsch bleibt der Beteiligte in der sich aus § 1487 ergebenden Stellg. Nach ihrer Beendigg fällt das ihm Entzogene demjenigen zu, dem der Eheg bestimmt hat, § 1514, sonst den Abkömml bzw dem überl Eheg nach § 1490 S 2 und 3. Dafür haftet der Abkömml für die GesGutsverbindlichk bei der AuseinandS nicht, auch keine Anrechng, §§ 1499, 1500.

2) **Beschränkg in wohlmeinender Absicht, II.** Wegen der Voraussetzgen vgl § 1512 Anm 1 und § 2338. Entspr Beschrkg bedeutet Einsetzg der Erben des Abkömmlings als Nacherben u Ernenng eines Verwalters (TestVollstreckers), Planck Anm II 5 str. Auch in diesem Falle bleibt der Abkömml währd des Bestehens der fortges GütGemsch Beteiligter. Beschränkte ZwVollstr ZPO 863 III.

1514 *Zuwendung des entzogenen Betrags.* **Jeder Ehegatte kann den Betrag, den er nach § 1512 oder nach § 1513 Abs. 1 einem Abkömmling entzieht, auch einem Dritten durch letztwillige Verfügung zuwenden.**

1) Wegen der letztw Vfg vgl § 1509 Anm 2a, Zustimmg des anderen Eheg erforderl, § 1516. Es kann nur ein Geldbetrag zugewendet werden, der entweder zahlenmäßig bestimmt ist od dem Wert des entzogenen Anteils entspricht, nicht aber einer od ein Ggst des GesGuts. Der Dritte kann nicht Beteiligter der fortges GütGemsch werden. Die Zuwendg kann nach Beendigg der fortges GütGemsch geltd gemacht werden; auf sie sind die Vorschriften über Vermächtnisse, §§ 2147ff, entspr anwendbar. Dritter kann auch der überl Eheg od ein Abkömml sein.

1515 *Übernahmerecht eines Abkömmlings.* I **Jeder Ehegatte kann für den Fall, daß mit seinem Tode die fortgesetzte Gütergemeinschaft eintritt, durch letztwillige Verfügung anordnen, daß ein anteilsberechtigter Abkömmling das Recht haben soll, bei der Teilung das Gesamtgut oder einzelne dazu gehörende Gegenstände gegen Ersatz des Wertes zu übernehmen.**

II **Gehört zu dem Gesamtgut ein Landgut, so kann angeordnet werden, daß das Landgut mit dem Ertragswert oder mit einem Preise, der den Ertragswert mindestens erreicht, angesetzt werden soll. Die für die Erbfolge geltenden Vorschriften des § 2049 finden Anwendung.**

III **Das Recht, das Landgut zu dem in Absatz 2 bezeichneten Werte oder Preise zu übernehmen, kann auch dem überlebenden Ehegatten eingeräumt werden.**

1) **Übernahmerecht der Abkömmlinge, I, II.** Wegen der Voraussetzgen § 1512 Anm 1. Anteilsberechtigte Abkömml § 1483 Anm 1. Das ÜbernR nach § 1515 hat vor dem § 1502 die Vorrang. Landgut, § 2049 Anm 1, ist das zum selbständigen landwirtschaftl Betrieb eingerichtete Gut, KG JFG **1**, 83, im Ggsatz zum Grdst. Ertragswert § 2049 II; ferner EG 137. **Länder der früh BrZ:** Ist das Landgut ein EhegHof, so können die Eheg nur gemeins den Hoferben bestimmen; haben die Eheg eine solche Best nicht getroffen od wiederaufgeh, so kann der überlebde Eheg den Hoferben allein bestimmen, HöfeO 8 II idF v 26. 7. 76 (BGBl 1933). Wg Durchführg der Übern vgl § 1477 Anm 3. ÜbernR ist vererbl.

Bürgerliche Ehe. 6. Titel: Eheliches Güterrecht §§ 1515–1518

2) **Übernahmerecht des überl Ehegatten, III.** § 1502 II, vgl dort auch Anm 2, ist insof entspr anwendbar, als die Anwendg ggstandslos wird, wenn die fortges GütGemsch durch Urteil aufgeh ist, § 1495.

1516 *Zustimmung des anderen Ehegatten.* I Zur Wirksamkeit der in den §§ 1511 bis 1515 bezeichneten Verfügungen eines Ehegatten ist die Zustimmung des anderen Ehegatten erforderlich.

II Die Zustimmung kann nicht durch einen Vertreter erteilt werden. Ist der Ehegatte in der Geschäftsfähigkeit beschränkt, so ist die Zustimmung seines gesetzlichen Vertreters nicht erforderlich. Die Zustimmungserklärung bedarf der notariellen Beurkundung. Die Zustimmung ist unwiderruflich.

III Die Ehegatten können die in den §§ 1511 bis 1515 bezeichneten Verfügungen auch in einem gemeinschaftlichen Testamente treffen.

1) Auf die Zust sind §§ 182–184 entspr anwendbar. Sie ist auch dann erforderl, wenn die letztw Vfg für den anderen Eheg vorteilhaft ist. Sie muß zu Lebzeiten des Verfügden gegeben werden u ist unwiderrufl. Der zustimmende Eheg kann aber trotzdem später die Fortsetzg der GütGemsch ablehnen, § 1484. Die ZustErkl muß notariell beurkundet sein, §§ 128, 125 (gerichtl Beurk dch BeurkG 56 I gestrichen). Der Zust gleichzuachten ist es, wenn die Ehegatten die Vfgen gemäß §§ 1511–1515 in einem gemschaftl Test, § 2265, treffen (III), desgl im ErbVertr, §§ 2275 II, 2276 II; die einseitige letztw Vfg des Zustimmden genügt nicht, BayObLG 28, 318. Die Zust kann nicht durch einen Vertreter abgegeben werden, wohl ist aber Vertretg in der Erkl denkbar. Ein GeschUnfähiger kann mithin nicht zustimmen. Der Widerruf der letztw Vfg bedarf nicht der Zust.

1517 *Verzicht eines Abkömmlings auf seinen Anteil.* I Zur Wirksamkeit eines Vertrags, durch den ein gemeinschaftlicher Abkömmling einem der Ehegatten gegenüber für den Fall, daß die Ehe durch dessen Tod aufgelöst wird, aus seinen Anteil am Gesamtgute der fortgesetzten Gütergemeinschaft verzichtet oder durch den ein solcher Verzicht aufgehoben wird, ist die Zustimmung des anderen Ehegatten erforderlich. Für die Zustimmung gelten die Vorschriften des § 1526 Abs. 2 Satz 3, 4.

II Die für den Erbverzicht geltenden Vorschriften finden entsprechende Anwendung.

1) Unterschied zu § 1491 dort Anm 1. Gemeinschaftl Abkömml § 1482 Anm 2. Zustimmg § 1516 Anm 1. Es gelten aber nicht § 1516 II 1 und 2. Die ZustErkl des anderen Eheg ist dann nicht erforderl, wenn der VerzichtsVertr durch beide abgeschl ist. Nur in diesem Falle behält der VerzichtsVertr beim Tode des anderen Eheg seine Wirkg, vgl auch § 1511 Anm 2 aE. Erbverzichtsvorschr §§ 2346 ff. Der VerzichtsVertr erstreckt sich mangels ggteiliger Bestimmg auch auf die Abkömml des Verzichtenden, § 2349. Wird zG eines Dritten verzichtet, § 2350 I, so kann das nur der überl Eheg od ein anteilsberechtigter Abkömml sein; ebso Dölle § 81 VI 2 C (cc), RGRK Anm 21, aM Planck-Unzner Anm 13, da Verzicht wie Wegfall vor dem Tode des verstorbenen Eheg angesehen wird, dann aber der Verzicht nicht dem anderen, sond einem Abkömml zu Gute gekommen wäre.

1518 *Zwingendes Recht.* Anordnungen, die mit den Vorschriften der §§ 1483 bis 1517 in Widerspruch stehen, können von den Ehegatten weder durch letztwillige Verfügung noch durch Vertrag getroffen werden. Das Recht der Ehegatten, den Vertrag, durch den sie die Fortsetzung der Gütergemeinschaft vereinbart haben, durch Ehevertrag aufzuheben, bleibt unberührt.

Vorbem. S 2 hinzugefügt durch GleichberG Art 1 Z 14.

1) Allgemeines. Wirtschaftl ersetzt der Anteil der Abkömml am GesGut insof ihr ErbR. § 1518 schützt sie vor einer Verkürzg dieses Rechtes über die sich in dieser Richtg für die Eheg aus §§ 1511 bis 1515 ergebenden Möglichk hinaus; vgl auch § 1509. Mittelbar können allerdings auch Beschrkgen über §§ 1511 ff hinaus erreicht werden, vgl § 1511 Anm 1 aE und KG JW 31, 1369. Der überl Eheg kann über seinen Anteil am GesGut des fortges GütGemsch letztw verfügen.

2) Unzulässige Anordnungen. Unzulässig, also nichtig, § 134, sind alle Anordngen der Ehegatten, die mit den §§ 1483–1517 in Widerspr stehen, mögen sie durch letztw Vfg, Erb- od EheVertr getroffen sein, und zwar auch dann, wenn dadurch die Abkömmlinge besser gestellt werden, RG JW 16, 43; zul aber, wie S 2 klarstellt, die Aufhebg des Ehevertrags, durch die die fortges GütGemsch von den Eheg angeordnet wurde, § 1483; auch die Aufhebg muß durch EheVertr geschehen. Soweit Nichtigk vorliegt, kann sie von den Abkömmlingen u dem überl Eheg geltd gemacht werden, KG OLG 6, 162. Einseitig kann also der eine Eheg den anderen nicht zum Alleinerben einsetzen, Warn 08, 163, vgl aber auch § 1511 Anm 2, ebenso unzul die Befreiung des überl Eheg von den sich aus §§ 1423–1425 gem § 1487 ergebenden Beschrkgen, und zwar auch dann, wenn der Verwalter, soweit zul, von dem GütGemsch von diesen befreit war, ebso Dölle § 81 II, die Beschrkg des VerwRechts des überl Eheg (§§ 1487, 1422) durch Überweisg der Verw an einen TestVollstr, die Verweigg des Abkömml auf einen schuldrechtl Anspr nach dem Tode des Letztverstorbenen, RG 105, 242, vgl aber auch § 1511. Zulässig aber der Vertr des überl Eheg mit einem Dritten, zB die Beschrkg seines VerwRechts zG des TestVollstr, RG JW 16, 43, die Vfg des überl Eheg von Todes wg über seinen Nachlaß, also auch seinen Anteil am GesGut, BGH NJW 64, 2298.

4. Errungenschaftsgemeinschaft

1519–1548 entfallen, GleichberG Art 1 Z 15. Über die Möglichk, auch weiterhin Err-Gemsch ehevertragl zu vereinbaren, § 1409 Anm 1. **Übergangsrechtl** gilt:

GleichberG Art 8 I Z 7. *Leben die Ehegatten zur Zeit des Inkrafttretens dieses Gesetzes im vertraglichen Güterstand der Errungenschafts- oder Fahrnisgemeinschaft des Bürgerlichen Gesetzbuchs, so bleiben, soweit die Ehegatten nichts anderes vereinbart haben, die Vorschriften maßgebend, die vor dem 1. April 1953 für diese Güterstände gegolten haben.*

1) Überleitg findet nicht statt, da GleichberG diesen Güterstd nicht mehr regelt, wenn er auch weiter mögl bleibt. Errungensch- od FahrnisGemsch gelten unverändert §§ 1519ff, 1549ff aF, also Alleinverwaltg des Ehemanns, der das in den Güterstd eingebrachte Gut der Frau verwaltet, §§ 1525 II, 1550 II aF, so daß auch die in bezug genommenen, im übrigen aufgehobenen Vorschr des Güterstandes der ehemännl VerwNutzn anzuwenden sind. Anwendbar bleiben insof weiterhin die früh Bestimmgen anderer Gesetze, die diese beiden Güterstände betreffen, zB ZPO 740, 742–744 aF, KO 2 aF. Die Ehefr eines selbstd Handelsvertreters ist nicht Mitunternehmerin (BFH BB **77**, 329).

2) Wegen des **Saarlandes** gilt statt des 1. 4. 1953 der 1. 1. 57, GleichberG Art 8 I Z 11, abgedr hinter EheG.

5. Fahrnisgemeinschaft

1549–1557 entfallen, GleichberG Art 1 Z 15. Über die Möglichk, auch weiterhin FahrnisGemsch ehevertragl zu vereinbaren, § 1409 Anm 1. Übergangsrechtl gilt GleichberG Art 8 I Z 7 (erläut bei §§ 1519–1548).

III. Güterrechtsregister

Vorbemerkung

1) Die Eintragg im Güterrechtsregister bewirkt, daß der Dritte die eingetragene Tats gg sich gelten lassen muß, auch wenn er sie nicht kennt; denn da die Eintragg ihm die Möglichk bietet, sich von der Tats Kenntnis zu verschaffen, § 1563, hat er die Folgen der Nichtkenntnis zu tragen. Auf der Veröffentlichg der Eintragg, § 1562, kommt es nicht an. Ist die Tats nicht eingetragen, so muß der Dritte sie nur dann gg sich gelten lassen, wenn er sie kennt, § 1412. Jeder Eheg hat also ein Interesse an der Eintragg. Desgl an der Berichtigg einer Eintragg, deren Unrichtigk ihm bekannt ist; denn jene muß er dann nach Treu u Gl gegen sich gelten lassen. Anders als zB im HandelsReg, FGG 132, keine Erzwingg der Eintragg durch den Registerrichter. Die Eintragg hat nur beurkundenden Charakter; dem GüterRReg kommt öffentl Glaube nicht zu; vgl § 1412 Anm 4. Gibt auch nur Ausk über die güterrechtl Verhältnisse des Bestehens der Ehe. Vgl ferner Anm zu § 1412.

2) Der Kreis der **eintraggsfähigen Tatsachen** beschränkt sich entgg BGH **41**, 370 nicht auf solche, dch deren Nichtkenntn Dritte benachteiligt w können (so jetzt BGH **66**, 203 mit krit Anm v Gottschalg NJW **76**, 1741 auf VorleggsBeschl Celle NdsRPfl **75**, 236). Es kann nicht der Sinn des GleichberG sein, die häufigste EheVertr, die Vereinbg der Gütertrenng, nicht mehr registrierfäh ist. Der Zweck des GüterRReg ist neben dem VerkSchutz auch die VerkErleichterg (Celle aaO). **a) Eintraggsfähig** sind danach: **aa)** Ehe-Vertr, deren Änderg u Aufhebg, u zwar auch, wenn sie dch Urt erfolgt (§§ 1412 II, 1449 II, 1470 II, EG 16 I), VorbehGutsEigensch (§ 1418 IV); – **bb)** Änderg u Ausschließg des gesetzl Güterstdes zZw v § 1412 (BGH NJW **76**, 1258), u zwar auch die dch Urt (§ 1388 Anm 2); – **cc)** Beschränkg u Ausschl der SchlüsselGew (§ 1357 II); – **dd)** Einspr gg den Betrieb eines ErwerbsGesch bei GütGemsch u Widerruf der Einwilligg (§§ 1431 III, 1456 III); – **ee)** als Konsequenz aus BGH NJW **76**, 1258 u iGgsatz zu BGH **41**, 377 jetzt wohl auch die Beseitigg der VfgsBeschrkg des § 1365 I od die Änderg des ZugewAusgl. – Vgl iü auch Anm z § 1412 u § 1408 Anm 3. – **b) Nicht eintraggsfähig** sind: in sich widerspruchsvolle EheVertr (Colmar RJA **6**, 55; vgl aber auch § 1408 Anm 4c); der Eintritt der fortges GütGemsch, da das GüterRReg nur über Tats währd des Bestehens der Ehe Auskft gibt (BayObLG Recht **16**, 1135); die Aufhebg einer vertragl Regelg, wenn letztere sZt nicht eingetr w ist (§ 1412 Anm 2 aE). – **c)** Der RegRichter hat nicht zu **prüfen,** ob die abgegebenen Erklärgen, soweit sie inhaltl zul sind, zutreffen (KGJ **45** A 194). Der Nachweis der Eheschl kann dch die HeiratsUrk, aber auch dch die Beurkundg des Notars in der notariellen Urk (§ 1410) erbracht w, daß ihm die VertrSchließden als Ehel bekannt s (KG OLG **30**, 134). Die Eintr nicht eintraggsfähiger Tats ist vom RegRichter abzulehnen. – **d)** Eine Eintr wird **wirkgslos** dch eine entspr GgEintr od auch dch eine jener widersprechde Eintr. Eine Eintr büßt ihre spätere Wirksamk nicht etwa dadch ein, daß sie bereits vor der Eheschl erfolgt ist (aM KG RJA **1**, 12: unzul).

3) Ergänzende Vorschriften. Die formellen Vorschriften der §§ 1558–1563 finden ihre Ergänzg in FGG 161, 162, 127–130, 142, 143, dem BundesratsBeschl v 3. 11. 98, ZBl 438, abgeändert durch Beschl des Reichsrats v 24. 1. 24, RMBl 22, und den ergänzenden landesrechtl Vorschriften: Pr FGG 29 I u AV v 6. 11. 99 idF v 25. 2. 24 sowie AV v 19. 5. 26; *Bay* JM Bek v 20. 3. 99; *Wü* MinVfg v 9. 11. 99 idF v 14. 7. 10; *Ba* FGG 18, 19, RegisterVO v 2. 1. 00; *Hess* AG FGG 54, Bek v 7. 8. 99, 15. 12. 99, 4. 2. 25. Vgl im übrigen auch GBO 33, 34. Internationales Privatrecht EG 16. Kosten: KostO 81.

Bürgerliche Ehe. 6. Titel: Eheliches Güterrecht §§ 1558–1561

1558 *Zuständiges Registergericht.* ¹ **Die Eintragungen in das Güterrechtsregister haben bei dem Amtsgericht zu geschehen, in dessen Bezirke der Mann seinen Wohnsitz hat.**
II Durch Anordnung der Landesjustizverwaltung kann die Führung des Registers für mehrere Amtsgerichtsbezirke einem Amtsgericht übertragen werden.

1) Anknüpfg der Zustdgk an den MannesWohns ist eine vom GleichhGrds unberührte OrdngsVorschr (Arnold MDR **53**, 328). **Zuständig ist das Amtsgericht,** in dessen Bezirk der Mann seinen Wohns hat (§§ 7–11), u zwar zu der Zeit, in der die Eintr erfolgen soll (KG RJA **1**, 13). Aber trotz WohnsWechsels Fortdauer der bisher Zustdgk (wg § 1559 S 2) bei Löschgen wie zB Aufhebg der GütTrenng (Hbg MDR **75**, 492). Bei mehreren Wohns genügt die Eintr an einem (aM Staud 1b). Ist ein Eheg Kaufm u befindet sich seine Handelsniederlass nicht im Bezirk des für den Wohns zustdigen RegGer, so treten die Wirkgen der Eintr in Ansehg der auf den Betr des Handelsgewerbes sich beziehden RVerhältnisse nur ein, wenn die Eintr auch im GüterRReg des für den Ort der Handelsniederlass zust Ger erfolgt ist (EGHGB 4). Der RegRichter der Handelsniederlass ist an die Eintr im Reg des Wohns nicht gebunden (Hbg OLG **12**, 308). Auch bei einem Kaufm ist aber für die güterrechtl Verhältnisse allein das GütRReg maßg (RG **63**, 245). Fehlt der InlandsWohns, so ist auch keine Eintr mögl; dem Dr kann also nur seine Kenntn der güterrechtl Verhältn entggehalten w (§ 1412). Wg Verlegg des Wohns § 1559; Eintr bei ausl Eheg EG 16 I. Über die eintraggsfäh Tatsachen Vorbem 2, zur Wirkg der Eintr Vorbem 1. Eintr bei einem unzust Ger ist unwirks.

2) **Zuständig der Rechtspfleger,** RPflG 3 Z 1 e, jedoch VorlagePfl, wenn Anwendg von nicht im Geltgsbereich des RPflG geltdes Recht in Betr kommt, also nicht bei Staatenlosen, auf die Recht der BRep anzuwenden, vgl EG 29 u Anh.

1559 *Verlegung des Wohnsitzes.* **Verlegt der Mann nach der Eintragung seinen Wohnsitz in einen anderen Bezirk, so muß die Eintragung im Register dieses Bezirkes wiederholt werden. Die frühere Eintragung gilt als von neuem erfolgt, wenn der Mann den Wohnsitz in den früheren Bezirk zurückverlegt.**

1) **Verlegg des Wohnsitzes,** dh seine Aufgabe. Sonst liegt bei Neubegründg eines Wohnsitzes mehrfacher Wohns vor, § 1558 Anm 1. Durch **Verlegg des Wohnsitzes,** also Aufgabe u Neubegründg, verliert die bisherige Eintragg ihre Wirkg, und zwar auch dann, wenn im Inland kein neuer Wohnsitz begründet wird, desgl wenn bei mehrfachem Wohns gerade der Wohns im Bezirk des Registergerichts aufgegeben wird, bei dem die Eintragung erfolgte, RGRK 2. Die bisherige Eintragg ist aber wg des mögl Wiederauflebens nicht zu löschen, S 2; ist sie gelöscht, so kann sie natürl nicht wiederaufleben. Die Wiederholg der Eintragg muß beim Registergericht des neuen Wohnsitzes erfolgen. Antrag § 1561 II Z 2. Bei Verlegg der Niederlassg eines Kaufmanns, vgl auch § 1558 Anm 1, gilt EGHGB 4 II.

1560 *Antrag auf Eintragung.* **Eine Eintragung in das Register soll nur auf Antrag und nur insoweit erfolgen, als sie beantragt ist. Der Antrag ist in öffentlich beglaubigter Form zu stellen.**

1) **Der Antrag.** Die Eintragg soll nur auf Antrag erfolgen. Die Ehegatten haben es also in der Hand, ob sie überh eintragen lassen (keine Zwangsgewalt des Gerichts, Vorbem 1 vor § 1558). Ihr Antrag umgrenzt auch den Umfang der Eintragg, so daß sie also die Teile des Ehevertrags bestimmen können, die eingetragen w sollen. Demgemäß genügt auch die teilw Vorlegg des Ehevertrags, aus der sich aber die Gültigk des Vertrages ergeben muß.

2) **Form des Antrags.** Öffentl beglaubigte Form, § 129, BeurkG 39 ff, andernf Nichtigk des Antr, s Anm 3, so daß dann die trotzdem erfolgte Eintragg ohne Antr erfolgt ist. Das Formerfordern besteht auch, wenn der Güterstd dch Urteil od Konkurs aufgeh wurde. Der Antrag kann mit dem EheVertr verbunden werden, kann also auch schon vor Eheschl gestellt werden, Vorbem 2 aE vor § 1558, ist aber vor Eintragg nachzuweisen. Der Notar, der die EintraggsErkl beurkundet od beglaubigt (Beurkundg des Ehevertrags, der keinen Eintraggsantrag enthält, genügt nicht, Colmar OLG **17**, 368), gilt zur Stellg des Eintraggsantrages als ermächtigt, FGG 161, 129. Der Form des S 2 bedarf der durch den Notar gestellte Antrag nicht, KGJ **21** A 88. Der Notar hat ein selbständ BeschwerdeR, Hbg RJA **1**, 153. Der Antrag kann auch durch einen Bevollm gestellt werden.

3) **Die Eintragg.** Der Registerrichter (wg der Zustdgk des Rechtspflegers § 1558 Anm 2) hat die Zustdgk, die formellen Voraussetzgen der Anmeldg u inhaltl Zulässigk zu prüfen, nicht aber, ob der angegebene Inhalt zutreffd ist, Vorbem 2 vor § 1588; dort auch wg der zu führenden Nachweise. Die Fassg der Eintragg bestimmt der Regierrichter, BayObLG **3**, 562; es genügt zB Eintragg, daß Gütertrenng, GütGemsch gelten soll. Vor jeder Eintragg, zB der Wiederholg, sind die Voraussetzgen selbständig zu prüfen, § 1559 Anm 1, selbst dann, wenn die Eintragg vom ProzG angeordnet ist, Darmst RJA **3**, 31. Form der Eintragg FGG 161, 130. Die Eintragg behält auch dann ihre Wirkg, wenn sie ohne ordnungsmäßigen Antrag, Anm 2, erfolgt ist, da § 1560 nur Ordnungsvorschr. Die Eintragg ist dann aber wg Unzulässigk vAw zu löschen, FGG 161, 142, 143. Außerdem Haftg des Beamten mögl, § 839.

1561 *Antragserfordernisse.* ¹ **Zur Eintragung ist der Antrag beider Ehegatten erforderlich; jeder Ehegatte ist dem anderen gegenüber zur Mitwirkung verpflichtet.**
II Der Antrag eines Ehegatten genügt
1. zur Eintragung eines Ehevertrages oder einer auf gerichtlicher Entscheidung beruhenden Änderung der güterrechtlichen Verhältnisse der Ehegatten, wenn mit dem Antrage der Ehe-

1333

vertrag oder die mit dem Zeugnis der Rechtskraft versehene Entscheidung vorgelegt wird;
2. zur Wiederholung einer Eintragung in das Register eines anderen Bezirks, wenn mit dem Antrag eine nach der Aufhebung des bisherigen Wohnsitzes erteilte, öffentlich beglaubigte Abschrift der früheren Eintragung vorgelegt wird;
3. zur Eintragung des Einspruchs gegen den selbständigen Betrieb eines Erwerbsgeschäfts durch den anderen Ehegatten und zur Eintragung des Widerrufs der Einwilligung, wenn die Ehegatten in Gütergemeinschaft leben und der Ehegatte, der den Antrag stellt, das Gesamtgut allein oder mit dem anderen Ehegatten gemeinschaftlich verwaltet;
4. zur Eintragung der Beschränkung oder Ausschließung der Berechtigung des anderen Ehegatten, Geschäfte mit Wirkung für den Antragsteller zu besorgen (§ 1357 Abs. 2).

1) Geänd dch GleichberG Art 1 Z 16; 1. EheRG Art 1 Z 19 erweitert den vorher nur zG des Ehem geltden § 1357 II auf beide Eheg u macht infolgd III zu II Z 4. Antragsbefugnis § 1560, Form Anm 2, dort auch wg des AntrR des Notars. Aussetzg der Eintragg FGG 161, 127. Benachrichtigg FGG 161, 130 II, Beschwerde bei Zurückweisg FGG 19, 20 II. Kosten der Eintragg KostO 29, 81, 86.

2) Antrag eines Ehegatten, II, genügt – **a)** zur Eintragg eines Ehevertrages, wenn der EheVertr vorgelegt wird, vgl § 1560 Anm 1, – **b)** zur Eintragg einer auf einer gerichtl Entsch beruhenden Änderung der güterrechtl Verhältnisse, §§ 1388 Anm 2, 1449 II, 1470 II. Dann muß aber die Entscheidg mit RechtskrZeugnis vorgelegt werden. Wegen Unzulässigk der Änderg der güterrechtl Verhältnisse im Wege der einstw Vfg §§ 1385 Anm 1, 1447 Anm 2, 1469 Anm 1; – **c)** zur Wiederholg der Eintragg bei einem anderen RegGericht, vgl § 1559. Dann muß jedoch eine öff beglaubigte Abschr der früh Eintragg vorgelegt werden, die nach Aufgabe des bisherigen Wohnsitzes erteilt ist, deren Erteilg durch Polizeibescheinigg nachzuweisen ist; – **d)** zur Eintragg des Einspruchs gg selbständ Betrieb eines Erwerbsgeschäfts, ebso zur Eintragg des Widerrufs der Einwilligg zu einem derartigen Geschäft, falls die Eheg in GütGemsch leben, §§ 1431, 1456. Antragsberechtigt bei Verw durch einen Eheg dieser, bei gemeinschaftl Verw der Eheg, welche das Erwerbsgeschäft nicht betreibt. Es genügt die Anmeldg als solche, da die Erkl formlos dem anderen Eheg ggü abgegeben werden; Form § 1560 S 2; – **e)** bei Entziehg der SchlüssGew (§ 1357 II); Antr in Form des § 1560 genügt. Hebt VormschG auf, so Antr des and Eheg; jedoch Nachw der Rechtskr erfdl (FGG 53, 60 I Z 6, 31). Einzelh § 1357 Anm 4.

3) Antrag beider Ehegatten ist in allen übrigen Fällen erforderl, insb also bei Eintragg der Vorbeh-Gutseigenschaft, § 1418, soweit sie nicht aus EheVertr hervorgeht. Der andere Eheg ist zur Mitwirkg verpflichtet u kann darauf verklagt werden mit der sich aus ZPO 894 ergebenden Wirkg.

4) Übergangsrechtlich Eintragg auf Ersuchen des Amtsgerichts, vor dem ein Eheg die einseitige Erkl abgegeben hat, daß Gütertrenng gelten soll, GleichberG Art 8 I Z 3–5, erläut Grdz 5 vor § 1363.

1562 *Öffentliche Bekanntmachung.* **I** Das Amtsgericht hat die Eintragung durch das für seine Bekanntmachungen bestimmte Blatt zu veröffentlichen.

II Wird eine Änderung des Güterstandes eingetragen, so hat sich die Bekanntmachung auf die Bezeichnung des Güterstandes und, wenn dieser abweichend von dem Gesetze geregelt ist, auf eine allgemeine Bezeichnung der Abweichung zu beschränken.

1) Bis auf die zu II genannten Fälle ist die ganze Eintragg bekanntzumachen. Das Unterbleiben der Bekanntmachg beeinträchtigt nicht die Wirksamk der Eintragg, die demgemäß auch nicht vom Zeitpkt der Veröff abhängt. Bekanntmachg hat auch dann zu erfolgen, wenn die Änderg aGrd eines Urteils od kraft Gesetzes eintritt, vgl § 1561 Anm 2b.

1563 *Registereinsicht.* Die Einsicht des Registers ist jedem gestattet. Von den Eintragungen kann eine Abschrift gefordert werden; die Abschrift ist auf Verlangen zu beglaubigen.

1) Die Einsicht ins GüterRReg, für die Kosten nicht erhoben werden, KostO 90, steht jedem frei, ohne daß er ein berechtigtes Interesse glaubh zu machen braucht, anders bei Einsicht in die Registerakten, FGG 34. Von dem Nachweis eines solchen ist auch das Verlangen nach einer Abschr nicht abhängig. Zur Registereinsicht gehört auch die Einsicht in die Schriftstücke, auf die die Eintragg Bezug nimmt, § 13 BR-Bestimmg v 3.11.98 (ZentralBl 438). Wg der dch das RegGericht auszustellenden Zeugn vgl FGG 162, GBO 33, 34.

Siebenter Titel. Scheidung der Ehe

Schrifttum: Dieckmann ZRP 71, 193; Kühn ZRP 75, 163; Rheinstein, Marriage, Divorce and the Law, 1972 (AcP **173**, 370). **Zum 1. EheRG:** D. Schwab FamRZ **76**, 491; Vogel FamRZ **76**, 481; Hillermeier FamRZ **76**, 578; Diederichsen NJW **77**, 273, 601 u 649 (letztere zum VerfahrensR); Bergerfurth, Der EhescheidgsProz in Stichworten, 3. Aufl, Esn 1977; Die dtsche und EheVerf, 4. Aufl, Esn 1977; Ambrock, Ehe u Ehescheidg, Bln 1977; Lynker, Das neue ScheidgsR, Kln 1977; Göppinger, Vereinbgn anläßl der Ehescheidg, 3. Aufl 1978; Lüke, Festschr f Bosch 1976 S 637; D. Schwab, Handb des ScheidgsR, Mü 1977; Rolland, 1. EheRG, Komm, Neuwied 1977; Bosch FamRZ **77**, 573; Damrau NJW **77**, 1169 (Konventionalscheidg) u NJW **77**, 1620; Jauernig FamRZ **77**, 761 (VerfR); Brüggemann FamRZ **78**, 91; Wacke FamRZ **78**, 217 (rechtsvergleich frz R); Lynker JurBüro **78**, 305 (Konventionalscheidg) u 651 (Rechtsm in FGG-Sachen); Bastian/Roth-Stielow/Schmeiduch, 1. EheRG, Stgt 1978; Graßhof u Jauernig FamRZ **78**, 323 u 566 (Rechtsmittel); Holzhauer JZ **77**, 732; Kissel DRiZ **78**, 133 (ÜberleitgsR); Kemper ZBlJugR **77**, 411 (Aufg des JugA);

Rolland SGb **78**, 1; Bischof MDR **78**, 716 (Zustdgk in KostenSa); Konzen JR **78**, 362 (Verbund); Henrich Festschr f Ferid 1978 S 525.

Einführung

1) Allgemeines. Die Scheid ist einer der Gründe der Auflösg einer Ehe (vgl EheG 5 Anm 2 b); wg der Unterschiede von der Aufhebg vgl Einf 2 vor EheG 28. Aufhebg der ehel Gemsch od Trenng von Tisch u Bett kennt das BGB nicht mehr.

2) Geschichte. Zur histor Entwicklg des mat ScheidgsR in Dtschld vgl BT-Drucks 7/650 S 62 ff. Das BGB von 1900 hatte das EhescheidgsR in den §§ 1564–1587 geregelt; diese Bestimmgen wurden dch § 84 des EheG von 1938 aufgeh, was § 78 des EheG von 1946 bestätigte. Es gelten bis zum 30. 6. 77 die §§ 41–73 EheG v 1946. Das 1. EheRG vom 14. 6. 76 fügt die ScheidgsBestimmgen unter völl Umwandlg der ScheidgsVoraussetzgen wieder in das BGB ein. Zu den grdsätzl Unterschieden des EheG 1946 ggü dem EheG 1938 vgl 35. Aufl Einl 2 vor EheG 1.

Das **EheG 1946** unterschied Scheidg wg Verschuldens, wobei als Scheidgsvoraussetzgen der Ehebruch (EheG 42 aF) und Eheverfehlgen (EheG 43 aF) in Betr kamen, von der Scheidg aus and Grden, näml Ehewidrigkeiten, die auf geist Störg beruhten (EheG 44 aF), Geisteskrankh (EheG 45 aF), ansteckder od ekelerregder Krankh (EheG 46 aF), wobei in den letzten Fällen die Scheidg zur Vermeidg von Härten versagt w konnte (EheG 47 aF). Im Prinzip sicherte das **Verschuldensprinzip** demj Eheg, der sich innerh der ehel LebensGemsch nichts zuschulden kommen ließ, den Bestand der Ehe u damit auch weitgeh eine entspr unterhaltsrechtl Versorgg u altersmäß Sicherg. Nur scheinb durchbrochen wurde dieses Prinzip dch EheG 48 I aF, wonach bei 3-jähr Aufhebg der häusl Gemsch u einer unheilb Zerrüttg der ehel Verhältn jeder Eheg Scheidg der Ehe begehren konnte. Doch durfte die Ehe auch in diesem Fall gg den Widerspr des and Eheg, der an der Ehe festzuhalten bereit war, nicht geschieden w, sofern der die Scheidg begehrde Eheg die Zerrüttg ganz od überwieg verschuldet hatte (EheG 48 II aF). Dem Verschuldensprinzip entsprachen ferner der Verlust evtl Scheidgsrechte inf Verzeih (EheG 49 aF) u Fristablauf (EheG 50 aF); insb aber war der SchuldAusspr, der in das ScheidgsUrt aufzunehmen war (EheG 52 aF), weitgeh maßgebd für die **Scheidgsfolgen**: So konnte der allein od überwiegd für schuld erklärten Frau von dem Manne die Weiterführg seines Namens untersagt w (EheG 56 aF); umgek mußte der allein od überwiegd f schuld erklärte Mann seiner geschiedenen Frau den nach den LebVerhältnissen der Eheg angem Unterh gewähren, soweit deren Einkünfte aus dem Verm od die Erträgnisse einer Erwerbstätig nicht ausreichten, währd die Frau ihrers dem gesch Manne nur Unterh zu gewähren brauchte, wenn dieser außerstande war, sich selbst zu unterhalten (EheG 58 aF). Abgesehen von der prakt Durchsetzbark war dieser UnterhAnspr insb der gesch Frau nur dann gefährdet, wenn sie sich wiederverheiratete (EheG 67 aF) od nach der Scheidg eines schweren Verfehlg gg den Verpflichteten schuld machte bzw einen ehrlosen od unsittl Lebenswandel führte (EheG 66 aF).

Konkrete Reformpläne zur Änd des EhescheidgsR existierten seit der 6. Legislaturperiode des BT, so der RegEntw eines 1. EheRefG (BT-Drucks VI/2577), desgl eines 2. EheRefG (BR-Drucks 77/72); vgl ferner die Vorschläge der EheRKommission beim BJM, 1970. Im selben Jahre beschäftigte sich auch der 48. DJT mit der Frage, ob es sich empfehle, Gründe u Folgen der Ehescheidg neu zu regeln (Gutachter: Hedwig Maier-Reimer u A. Lüderitz). Vgl zur Reformdiskussion die umfangreichen Schrifttumsangaben 35. Aufl Übbl 7 vor EheG 41. In der 7. Legislaturperiode legte die BReg erneut einen GesetzesEntw vor (BT-Drucks 7/650), der ein wechselvolles Schicksal hatte (wg Einzelheiten vgl NJW **76**, 1169 sub I), bevor er als 1. EheRG in seinem ScheidgsR am 1. 7. 77 in Kraft treten konnte. Grundanliegen der Reform war es, iR der Scheidgsvoraussetzgen das Schuldprinzip dch das **Zerrüttgsprinzip** abzulösen (BT-Drucks 7/650 S 75). Das 1. EheRG stellt als einz ScheidgsGrd nur noch auf das Scheitern der Ehe ab. Auch die **Scheidgsfolgen** (Familienname, Unterh, Altersversorgg) werden von der Schuldfrage gelöst. Als neuart Regelgsproblem hat der GesGeber den sog **Versorggsausgleich** aufgegriffen, dh die Aufteilg der währd des Bestehens der Ehe von den Eheg erworbenen Anwartschaften u Aussichten auf eine Versorgg wg Alters od Berufs- bzw Erwerbsunfähigk (§§ 1587 ff). Ein rechtspolit Aspekt dieses Entscheidgsverbundes („Ehekonkurs") ist der, daß niemd eine neue Ehe eingehen soll, bevor nicht die Folgen der vorausgegangenen gescheiterten Ehe bereinigt sind (Böhmer StAZ **76**, 241).

3) Verfassgsbeschwerden von in Scheidg lebden Eheg, die sich allg gg das 1. EheRG, insb gg die Scheidgsfolgen wie UnterhRegelg u VersorggsAusgl, richten, sind unzul (BVerfG NJW **78**, 259). Gg die Verfassungsmäßigk der Grdkonzeption des neuen ScheidgsR bestehen keine Bedenken (Hbg NJW **78**, 1982). Die **Wirkgen der Scheidg** sind nur zT im 7. Titel dargestellt, näml der Unterh des gesch Eheg (§§ 1569 ff) u der VersorggsAusgl (§§ 1587 ff). Das NamensR der gesch Eheg ergibt sich aus § 1355 IV; Zustdgk des StBeamten zur Beglaubigg u Entggnahme der entspr Erkl PStG 15c. Für die elterl Gewalt über Kinder aus der gesch Ehe gilt § 1671, für den VerkehrsR des dabei übergangenen EltTeils § 1634. Güterrechtl kommen beim gesetzl Güterstd die §§ 1372 ff, 1384 zur Anwendg, bei GütGemsch hat AuseinandS zu erfolgen (in den Ländern der früh *brZ* hins des EhegHofes HöfeO v 24. 4. 47 idF des 2. HöfeOÄndG v 29. 3. 76, BGBl 881, § 1 IV). Die allg Ehewirkgen (§§ 1353–1362) entfallen mit der Scheidg ebso wie Erb- u Pflichtteilsrechte ggü dem and Eheg (§§ 1931 ff, 2077, 2268, 2279, 2303 II), zT schon mit Stellg des ScheidgsAntr (§ 1933). Mit Rechtskr des ScheidgsUrt entfällt auch die Verjährgshemmg für Ansprüche der Eheg ggeinander (§ 204 S 1). Die Scheidg ist im FamBuch einzutr (PStG 14 Z 2). Eine aGrd der Eheschließg erworbene Staatsangehörigk wird dch die Scheidg nicht beeinflußt. Die Bezugsberechtigg aus einer LebensVers bleibt idR bestehen (BGH NJW **76**, 222; vgl Hoffmann FamRZ **77**, 222). Wird das ScheidgsUrt dch Wieder Aufn des Verf od RestitutionsKl beseitigt (ZPO 578 ff), so kommt zwar das ScheidgsUrt mit rückw Kraft in Fortfall, aber unter Anerkenng seines zeitweil Bestandes, macht also eine ZwVerst von Grdstücken anläßl der AuseinandS nicht wirkgslos (Stgt SJZ **49**, 115). Wg SchadErsAnsprüchen Einf 1c vor § 1353 u Einf 2 vor § 1569. Zu den sozialversichergsrechtl Auswirkgen der Ehescheidg (KrankenVers, RentenVers) vgl Hufer NJW **77**, 1272. KFZ-Vers-SchadFreihKl ist herauszugeben (LG Kln

Einf v § 1564 3, 4   4. Buch. 1. Abschnitt. *Diederichsen*

NJW **77**, 1969). BürgschErkl für künft Schulden des Eheg erstreckt sich nicht auf neue, nach ScheidgsAntr gewährte Darlehen (Brschw FamRZ **78**, 111).

4) Verfahrensrecht. Es gelten die bes Bestimmgen des 6. Buches der ZPO; vielf abgeändert, zuletzt dch das **1. EheRG**, welches das **Familiengericht** eingeführt hat, um für die Scheid u deren Folgen einheitl Zustdgken schaffen zu können (BT-Drucks 7/650 S 78). Zur gerichtsorganisator Stellg der FamG BGH NJW **78**, 1531; äußerst krit dazu Jauernig FamRZ **78**, 675; Kissel NJW **77**, 1034; P. Müller NJW **77**, 2201. Zum Richterbild Theile DRiZ **77**, 274; Leonardo DRiZ **77**, 353. Bei den **Amtsgerichten** werden entspr **Abteilgen für Familiensachen** gebildet (GVG 23b); zum Verhältn zu den übr Abteilgen Kissel NJW **77**, 1034. Das FamG ist mit einem **Einzelrichter** besetzt, der idR außer mit den FamSachen iSv GVG 23b I nur noch mit VormschSachen befaßt w darf (Kissel DRiZ **77**, 113). **a)** **Familiensachen** sind die in GVG 23b I Z 1–10, ZPO 606 I 1, 621 I Z 1–9 aufgeführten Angelegenh, über die das FamG entsch, also Regelg des SorgeR, des VerkR, der KindesHerausg, die UnterhPfl ggü dem Eheg u den ehel Kindern, Versorggs- u ZugewAusgl sowie die Regelg der Wohngs- u HausrVerhältn. Im einz bereitet die Zustdkg-Abgrenzg einers zur allg ProzAbt des AG, anderers zum VormschG, aber auch zu den übr Abteilgen des AG erhebliche Schwierigken. Vgl Einf 6 v § 1601. Keine Zustdgk des FamG in ZwVollstrVerf (Düss NJW **78**, 1012, auch nicht f Streitgken aus Vereinbgen, die neben famrechtl Fragen auch andere (gesellschaftsrechtl) Anspr regeln (Hamm FamRZ **78**, 346); für Kl auf Herausg v Ggsten des persönl Bedarfs iSv § 1361a (Düss FamRZ **78**, 358); für schuld- od sachenrechtl Ansprüche außerh des GüterR wie Abwickig v FamGrdst (Hamm NJW **78**, 1923); ferner nicht iR eines Anspr auf Unterlassg der Zeugenbeeinflussg in einer FamSache (Ffm MDR **78**, 315); wohl aber FamG zust im ArrestVerf zur Sicherg v Unterh-Anspr ehelicher Kinder u des gesch Eheg (Ffm NJW **78**, 1012; aA Hamm NJW **78**, 57) sowie zur Sicherg v ZugewAusglAnspr (Schlesw SchlHA **78**, 70); Zustdgk des FamG auch iRv DrittSchuProzessen über FamSachen (Hamm FamRZ **78**, 602); ferner für Anspr aus anläßl der Ehescheidg getroffenen Vereinbgen bezügl der gesetzl UnterhPfl iSv GVG 23b I 2 Z 5 u 6, ZPO 621 I Z 4 u 5 (BGH NJW **78**, 1811; KG FamRZ **78**, 348 L; Mü FamRZ **78**, 601 u 704; sa jew Vorb zu §§ 1569, 1601; aA Hamm FamRZ **78**, 197 u für das ÜbergangsR Oldbg FamRZ **78**, 347); dagg nicht für rein vertragl UnterhVereinbgen zw Ehel (BGH NJW **78**, 1924); wohl aber f eine Kl auf Erstattg v einem gemeins Kind gewährten Unterh (Schlesw SchlHA **78**, 69); schließl auch f BereicherungsKl wg zuviel gezahlten Unterh, auch wenn es um KiUnterh geht, den der and EltT aGrd einer vertragl Scheidgsfolgenregelg empfangen hat (BGH NJW **78**, 1531). Das FamG ist zust für die WiederAufn des Verf in einer FamSache (Brschw NdsRpfl **78**, 14); ebso für VollstrGgKl (BGH NJW **78**, 1811; Hamm FamRZ **78**, 523 u NJW **78**, 281; aA Stgt NJW **78**, 1272) u f die auf ProzKostVorsch dafür gerichtete einstw AnO (Düss FamRZ **78**, 427); gleichfalls ist einstw iE im Maßn gem FGG 33 zur Dchsetzg einer von einem und in- od ausländ Ger getroffenen Entsch ü den persönl Verk betreffen (BGH FamRZ **78**, 330) od das KlauselVerf gem ZPO 732, 768 (Düss FamRZ **78**, 427); weiter für Anspr auf Rückzahlg eines ProzKostVorsch (Mü FamRZ **78**, 601); für KostenfestsetzgsVerf, die zu einer FamSache gehören (BGH FamRZ **78**, 585; KG MDR **78**, 766). Vgl iü hins ZusatzVerf jew Vorbem vor §§ 1569ff, 1601ff usw bzw die Anm zum VerfR bei §§ 1634, 1671 usw. Zum **Streitwert** vgl Karlsr NJW **73**, 1003; Berücks aller Umst des Einzelfalls (Umf u Bedeutg der Sache, Verm- u Einkommens-Verh der Parteien); sa Schlemmer SchlHA **73**, 22. **b) Prozeßfähig** ist auch der in der GeschFähigk beschr Eheg; für den GeschUnfäh kann nur der gesetzl Vertr die Kl oder ScheidsAntr stellen, wozu er der Gen des VormschG bedarf (ZPO 607). **c)** Das Verf vor dem FamG ist, obwohl es vor dem AG stattfindet, **Anwaltsprozeß** (ZPO 78 I 2), wobei der Bevollm einer bes, auf das Verf gerichteten Vollm bedarf (ZPO 609). **d) Örtl zustdg** ist der Reihe nach das FamG des gemeins gewöhnl Aufenth der Eheg, des gewöhnl Aufenth eines Eheg mit den gemeins mj Kindern, des letzten gemeins gewöhnl Aufenth der Eheg, sof einer v ihnen noch dort wohnt, schließl des gewöhnl AufenthOrt des Bekl u des Kl (im ScheidgsVerf richtiger: AntrSt u AntrGegner!); ZPO 606. Im Ggsatz zur Abgabe iR des ÜbergangsR (BGH NJW **78**, 887) ist der VerweisgsBeschl eines FamG wg örtl Unzustdgk in einer isolierten FamSache gem ZPO 281 bindd (BGH **71**, 15), dagg nicht bei Verweisg an örtl u sachl unzuständ Ger (BGH NJW **78**, 1163) sowie auch f den örtl Zustdgk im Verhältn zw ProzG u FamG (BGH FamRZ **78**, 584; aA Oldbg FamRZ **78**, 344; Stgt FamRZ **77**, 720; Jauernig FamRZ **77**, 681 u 761). **e)** Dem Verf ging bisl ein Sühneversuch voraus (ZPO 608–610 aF), den das 1. EheRG abgeschafft h. Das Ger soll aber vAw das ScheidgsVerf **aussetzen,** wenn Aussicht auf Fortsetzg der Ehe besteht (ZPO 614 II). AnO der Aussetzg muß mit konkr Anhaltspkten für die Aussicht auf eine Fortsetzg der Ehe begründet w (Düss FamRZ **78**, 609). Keine Aussetzg, wenn damit lediglich die Auflösg der Ehe bezweckt od erleichtert w soll, etwa i Hinbl auf §§ 1566, 1568 II (Kln FamRZ **76**, 698); wohl aber AnO des Ruhens des ScheidgsVerf gem ZPO 251 I, wenn wg § 1565 II nur eine kurze Zeitspanne überbrückt w soll (Karlsr NJW **78**, 1388). **f)** Das Verf auf Scheidg wird dch Einreichg einer **Antragsschrift** anhäng, nicht mehr wie bisher dch Kl (ZPO 622 I); statt ScheidgsKl u -Bekl heißt es AntrSt u AntrGegn (ZPO 622 III). Unzul die Verwendg eines Formulars (Celle FamRZ **78**, 257; krit Friederici MDR **78**, 725); ebso ein bedingter ScheidgsAntr (Ffm FamRZ **78**, 432). **Notwendiger Inhalt:** Angaben über gemschaftl mj Kinder, Vorschlag zur Regelg des elterl SorgeR, Angaben über anderweit Anhängigk von FamSachen (ZPO 622 II) sowie iF **einverständl Scheidg** iZushg mit der Zerrüttgsvermutg nach § 1566 die Mitteilg, daß der und Eheg sich ebenf scheiden lassen will, ein übereinstimmder Vorschlag der Eheg bez der elt Sorge u der VerkRRegelg sowie über die Regelgn der UnterhPfl ggü einem Kinde, der RechtsVerh an der Ehewohng u am Hausrat (ZPO 630). Zur Frage, ob der Zwang zur Folgeneinigg iSv ZPO 630 auch in and Fällen einverständl Scheidg gelten soll, Bergerfurth FamRZ **76**, 582; Diederichsen NJW **77**, 655; Scheld JR **78**, 49. Von den nach ZPO 630 III erforderl Titeln ist iF eines UnterhVerzichts (§ 1585c) ein Titel überfl (AG Ettl FamRZ **78**, 340). Nicht mehr erfdl dagg die Angabe ü letzten ehel Verk (Evans- v Krbek u Bergerfurth FamRZ **77**, 528/29). FamSachen betreffd die elt Gew, den pers Verk, die Herausg des Kindes an den and EltT, die UnterhPfl, den VersorggsAusgl, die Anspr aus dem ehel GüterR, insb also auf den ZugewAusgl usw (ZPO 621) sind als **Folgesachen** im sog **Entscheidungsverbund** zus mit der Scheidgssache zu verhandeln u zu entsch (ZPO 623, 629). Einzelheiten über diese Verbindg ZPO

Bürgerliche Ehe. 7. Titel: Scheidung der Ehe **Einf v § 1564** 4

624, 626 ff. Zul die Geltdmachg v UnterhAnsprüchen der Kinder iW der Prozeßstandsch (§ 1629 III). Verf nach § 1672 wird zwar gem ZPO 621 III an das mit der Scheidssache befaßte Ger abgegeben, aber nicht in den Verbund einbezogen, soweit die Entsch nicht für den Fall der Scheidg zu treffen ist (Celle FamRZ 78, 622), wenn also Unterh vom ScheidsGegn begehrt w (vgl iü § 1671 Anm 7, 1672 Anm 1). Folgesachen sind nur Ehewirkgsangelegenheiten (vgl NJW 77, 604); diese können aber auch Ggst eines selbstd Verf vor dem FamG sein, wobei sich das Verf dann jew nach der dafür best VerfOrdng richtet (ZPO 621, 621 a, FGG 64 a). Ausstrahlg des ScheidgsVerf aber auch in and Bereiche, so daß zB Kl auf Herausg der Ehewohng kr Eigt währd des EheProz unzul ist (BGH **67**, 217). Wird ein ScheidgsAntr abgewiesen, so werden die Folgesachen ggstandslos (ZPO 629 III 1). Eine Mitwirkg des StaatsAnw ist iGgs zu ZPO 607 aF nicht mehr vorgesehen. **Abtrenng von Folgesachen,** dh Auflös des EntschVerbundes, nur gem ZPO 627, 628, beispielsw zZw baldiger Legitimierg eines nehel Kindes des Mannes nach langjähr Trenng der Ehel (Ffm FamRZ 78, 363). Gg eine die Abtrenng ablehnde Entsch des FamG keine Beschw (Hbg FamRZ **78**, 42 u MDR 78, 148; Düss FamRZ **78**, 123; Karlsr FamRZ 78, 362). Verweigern die Eheg Mitwirkg beim VersorggsAusgl, keine Abtrenng (AG Karlsr-D MDR **78**, 757) u damit keine Scheidg. **g)** Das Verf ist weitgehd **der ParteiVfg entzogen.** Das Ger soll ggf dch Ordngsgeld erzwingb das persönl Erscheinen der Parteien anordnen u sie anhören (ZPO 613). Bei Ausbleiben ledigl Festsetzg eines Ordngsmittels (ZPO 227b II Z 3, 141 III); Auferlegen der Mehrkosten gem ZPO 380, 619 III nur nach förml Beschl zu erscheinen (Schlew JurBüro **78**, 283). Anerkenntn, Erkl über die Erheblichk von Urk, BeeidiggsVerzicht, gerichtl Geständn haben nicht die übl Wirkgen (ZPO 617), sond sind vom Ger frei zu würdigen; ein VersäumnUrt gg den Gegner ist unzul (ZPO 612 IV). Das Ger hat vielm auch unabh vom Parteivorbringen, also auch dch Heranziehg von Tats, die die Parteien nicht vortragen, u dch Erhebg nicht beantragter Beweise die Wahrh zu ermitteln (ZPO 616); bei Widerspr des ScheidgsAntrSt od des WiderAntrSt Berücksichtigt aber nur, wenn Tats der Aufrechterhaltg der Ehe dienen (ZPO 616 II). **h)** Abgesehen vom EntschVerbund (Anm f) können mit dem ScheidgsAntr nur die Aufhebgs- u HerstellgsKl **verbunden** w; desgl können nur diese als WiderKl erhoben w (ZPO 610). **i)** Nach bisher Recht hatte die Abweisg der ScheidgsKl **Ausschlußwirkg** für alle Tats, die in dem früheren RStreit geltd gemacht w konnten (ZPO 616 aF). Die Abkehr von dem auf dem Verschuldensprinzip aufbauenden, dch einz Eheverfehlgen begründeten subj ScheidgsR machte eine derart Vorschr überflüss. Daß die Ehe gescheitert ist, läßt sich in einem neuen ScheidgsAntr auch mit Umst belegen, über die bereits rechtskr entsch w ist (zur StreitGgstProblematik Diederichsen ZZP **91**, 397; Schlosser FamRZ 78, 319). **j)** Über den Bestand der Ehe kann **nur einheitl entschieden** w. Also nicht mehrere widersprechde Anträge, zB auf Herstellg u Scheidg, wohl aber hilfsw od iW des WiderAntr des and Eheg. Ebsowen kann über die AufhebgsKl entschieden, das ScheidgsVerf aber ausgesetzt w (RG JW **24**, 46). Derart VerfFehler sind auch in der RevInst vAw zu berücks (RG **107**, 350). Wird dem ScheidgsAntr stattgegeben, so ergeht die Entsch über Folgesachen **einheitl dch Urteil** (ZPO 629 I). Vor Rechtskr des ScheidgsAusspr werden die Entsch in Folgesachen nicht wirks (ZPO 629 d). **k)** Wird auf Scheidg erkannt, sind die **Kosten** der ScheidgsSache u der gleichzeit entsch Folgesachen ggeinander aufzuheben (ZPO 93 a). **l)** Trotz einheitl Urt sind die Folgeregelgn selbst anfechtb mit dem außerh des ScheidgsVerf vorgesehenen **Rechtsmittel,** also Berufg zu UnterhRegelg, Beschw gg SorgeRRegelg usw. Einzelregelgen können also getrennt in Rechtskr erwachsen (vgl ZPO 621 e, 629 a II). Lit: Graßhof FamRZ **78**, 323. Beschw gg isolierte SorgeRRegelg gem FGG 21 II auch dch Erkl zu Prot des UrkBeamten (Düss FamRZ **77**, 744 u desh iGgs zur RechtsMEinlegg unter Aufrechterhaltg des Verbundes (Ffm FamRZ 78, 608) ohne Anwalt mögl (BGH NJW **78**, 1165; FamRZ 78, 232; Celle NdsRpfl **78**, 54; v Hornhardt FamRZ **78**, 170). Gg die iR einer Ehesache getroff einstw AnO, wie zB ü die Herausg eines Kindes an den and EltT od die Zuweisg der Ehewohng, ist die sofort Beschw zum OLG (GVG 119 Z 2) gegeben, die auch innerh der EinleggsFr zu begründen ist (Celle NJW **78**, 1635); zT sind die AO unanfechtb (ZPO 620 c), was nicht verfassgswidr ist (Mü NJW **78**, 1635). Bei den **isolierten FGG-FamSachen** findet op ZwEntscheidgen die einf Beschw (FGG 19 I) statt (Lit: Rolfs FamRZ **78**, 477; Roth-Stielow ZBlJugR **78**, 110); ZPO 621 e steht nicht entgg, da er nur für EndEntsch gilt (Bassenge FGG 2. Aufl § 64 a IV 2; Hamm FamRZ **77**, 744 m zust Anm Sedemund-Treiber; **78**, 361 u 441; Mü FamRZ **77**, 749; Stgt FamRZ 78, 192; KG FamRZ **78**, 269; Schlesw SchlHA **78**, 103; Karlsr FamRZ **78**, 270; Kln FamRZ **78**, 533), u zwar auch bei KostBeschw in FamSachen (Kblz DAVorm **78**, 276), da eine Notwendigk, unangem Verzögergen in der Hptsache dch eine Beschrkg v RechtsM zu verhindern, bei isolierten FamSachen nicht besteht (Düss FamRZ **78**, 141; aA Stgt FamRZ **77**, 750, 816 u 826; **78**, 57 u NJW **78**, 173; KG FamRZ **78**, 57; Bambg FamRZ **78**, 731). Teilw wird die Anfechtbark einstweiliger AnO außerh des Verbundes in entspr Anwendg v ZPO 620 c auf die dort genannten Fälle beschrkt (Düss FamRZ **77**, 825; Stgt Just **78**, 32; Celle FamRZ **78**, 140 einschließl der Ablehng einer einstw AO; Kln FamRZ **78**, 530) bzw die Zulässigk der Beschw entspr ZPO 620 c von der persönl Anhörg der Beteiligten abhäng gemacht (Stgt NJW **78**, 279). Gg das ScheidgsUrt selbst sind isolierte od iVm einem Angriff gg eine and VerbundsachenEntsch **Berufg zum OLG** (GVG 119 Z 1), zu beschr Zulassg Revision zum BGH (GVG 133 Z 1, ZPO 546) zul. EndUrt des OLG, bei denen die RevVoraussetzgen der ZPO 621 d nicht vorliegen, werden mit der Verkündg **rechtskräftig** (Ffm FamRZ **77**, 715; Karlsr Just **76**, 362 u FamRZ **78**, 42; Hamm FamRZ **78**, 195; Karlsr FamRZ **78**, 124; Schlesw FamRZ **78**, 610; aA Münzberg NJW **77**, 2058; Celle FamRZ **77**, 132), so daß sie nicht für vorl vollstreckb zu erkl sind. Aber Rechtskr eintr im EntschVerbund bei Regelg des Sorge- u VerkR von 14 j Kindern mRücks auf deren BeschwR (FGG 59) erst nach entspr RechtsMVerzicht od Fristablauf (Mü FamRZ **78**, 614 m RedAnm). Der StBeamte orientiert sich freil am RechtskrVermerk zum ScheidgsUrt (Reichard StAZ **78**, 190). Entscheid für den **Rechtsmittelweg** ist, ob es um eine FamSache iSv GVG 23 b I, ZPO 621 I geht, u nicht, ob die anzufechtde Entsch vom FamG, VormschG od von der allg ProzAbt stammt (BGH NJW **78**, 890 u 1925 sowie FamRZ **78**, 227 u 330; Hamm FamRZ **78**, 197 u 355; Düss FamRZ **78**, 198 u 524; Ffm NJW **78**, 896; aA Mü FamRZ **78**, 50 u 603; Zweibr FamRZ **78**, 356; Oldbg FamRZ **78**, 457; Jauernig FamRZ **77**, 682 u 763; Bosch FamRZ **78**, 356, wonach der FamSen des OLG auch zust ist, wenn das FamG fehlerh über eine NichtFamSache entsch hat). Entscheidet FamG in einer NichtFamSache dch Urt, ist BerufgsInst das LG (BGH NJW **78**, 1924 m abl Anm Jauernig FamRZ **78**, 674).

Allerd kann bei Fehlern des Ger auch das dann an sich zuläss RechtsM eingelegt w, so zB Beschw gg Entsch des VormschG in VerkRAngelegenh, über die dann aber das OLG entsch (BGH FamRZ **78**, 330). Entscheidet das FamG versehentl in einer NichtFamSache, führt die zuläss Beschw zum OLG zur Aufhebg u Zurückverweisg an das AG (Zweibr MDR **78**, 677). **m) Einstweilige Anordngen** hins der elterl SorgeR über gemschaftl mj Kinder können währd des Proz dch das FamG ohne Antr getroffen w, wobei aber das Verf gem § 1672 Vorrang hat (Düss FamRZ **78**, 604; vgl iü § 1671 Anm 7 a u § 1672 Anm 1). Einstw AnO ferner über das VerkR, die Herausg des Kindes, GetrLeben, Herausg von HaushGgständen, UnterhAnspr usw aGrd eines entspr Antr (ZPO 620). Der Antr ist zul ab Anhängigk der Ehesache bzw Einreichg des ArmRGesuchs (ZPO 620a II 1); davor evtl einstw Vfg zB wg ProzKostVorsch (Düss NJW **78**, 895; aA Oldbg FamRZ **78**, 526). Bei schriftl Dchführg (ZPO 620a II 2) kein Anwaltszwang; auch nicht in der BeschwInst (Ffm FamRZ **77**, 799). Einstw AO über **elterl Sorge** ist zu begründen (Celle FamRZ **78**, 54), sofern die Entsch nicht dem übereinstimmden Begehren der Beteiligten entspricht. Die bl Bezugn auf den Bericht des JugA reicht nicht aus (Düss FamRZ **78**, 56). Materiellrechtl richtet sich die Entsch nach §§ 1671, 1672 (aA Mü FamRZ **78**, 54: nur Richtlinie, u zwar iW der Analogie auch, wenn Elt noch nicht getrennt leben. Die Regelg des **persönl Verkehrs** kann im Verf der einstw AnO nicht dch Vergl erfolgen, der gem ZPO 888, 890 vollstreckb wäre u Androhgen v Zwangsgeld mit der sofort Beschw (ZPO 793) anfechtb sein ließe (aA Kblz FamRZ **78**, 605). Klage auf Eheg- (Hamm MDR **78**, 852) bzw **Kindesunterhalt** zul, auch wenn einstw AnO mögl (Düss FamRZ **78**, 118, 121 u 192; Hamm NJW **78**, 2103; Freibg FamRZ **77**, 201; AG Hbg FamRZ **77**, 814), u zwar auch nach Erlaß einer einstw AnO wg 2. Altern v ZPO 620f (Brem NJW **78**, 2103). Einstw AnOen betr die **Ehewohng** gem HausrVO 13 IV (Anh zu § 1587p). Zuweisg der Ehewohng zur alleinigen Benutzg dch einen Eheg dch einstw AnO sollte im EheProz nur bei Vorliegen besonderer Grde geschehen (Düss FamRZ **78**, 604) u ist ledigl gerechtf, wenn dem AntrSt aGrd des Verhaltens des AntrGegn ein weiteres ZusLeben in der ehel Wohng für die Dauer des ScheidgsVerf schlechterdings unzumutb u eine räuml Trenng nicht mögl ist (Schlesw SchlHA **78**, 20; Karlsr FamRZ **78**, 132 u 711). Entsprechendes gilt für das in der Sache gleichbedeutde Verbot des weiteren Betretens der Ehewohng dch einen Eheg, das nur äußerstenf, als letzte Maßn, wenn auf u Art u Weise eine unmittelb Gefahr für Leib, Leben od Gesundh des and Eheg od der Kinder nicht beseitigt w kann, in Betr kommt (Ffm FamRZ **78**, 53), in solchen Fällen dann aber auch ggf vor Einleitg des ScheidgsVerf (Ffm FamRZ **78**, 191). Zuweisg der Ehewohng an Ehefr mit 7j schulpflicht Sohn, wenn Ehem ohneh überwiegd berufsbedingt auf Reisen ist u sich venerisch infiziert hat (Karlsr FamRZ **78**, 132). Nach Vogel FamRZ **78**, 224, Brem NJW **78**, 2102 u Kln NJW **78**, 1335 ist vor Einleitg des ScheidgsVerf nicht das FamG aGrd § 1361a, HausrVO 18a analog zust (so Ffm NJW **78**, 545), sond hat ggf das ProzGer eine einstw Vfg (ZPO 935, 940) zu erlassen. Der Antr auf gänzl Zuweisg der Ehewohng dch einstw AnO ist gem ZPO 620 Z 2, 620a II 1 aber jedenf zul, sobald ein Gesuch um Bewilligg des ArmR für ein noch nicht anhäng gemachtes ScheidgsVerf eingereicht ist (AG Lörrach NJW **78**, 1330). Düss FamRZ **78**, 523 läßt iF des GetrenntL der Ehel das FamG über die Herausg von **Hausrat** iW der einstw Vfg entsch, u zwar dch einheitl Entsch auch dann, wenn es gleichzeitig um einz Ggste des persönl Bed geht. Ferner kann iW der einstw AnO verfügt w, daß aus der Ehewohng bereits entfernte Ggste dorthin zurückzubringen bzw herauszugeben sind (Ffm FamRZ **78**, 53f). Lit: Bülow-Stössel MDR **78**, 465. Wg **Rechtsbehelfen** gg einstw AnO Anm Buchst l. **Änderung einstweiliger AnOrdnungen** dch das FamG sind zT auf Antr, zT vAw mögl (ZPO 620b). Aus diesem Grde scheidet VollstrGgKl aus (Hbg NJW **78**, 1272). Einstw AnOen treten automat beim Wirksamwerden einer anderwt Regelg außer Kraft (ZPO 620f). Maßregeln hins der PersSorge bleiben damit zB auch nach Erledigg des RStreits so lange in Geltg, bis die Entscheidg in der Folgesache „elterl Gew" rechtskr geworden ist. Kommt das FamG in seiner endgült Entsch allerd zu einem and Ergebn über die Verteilg des SorgeR, so empfiehlt sich idR eine vorherige Korrektur der einstw AnO (ZPO 620b I 1). Zur Zulässigk der ÄndersAntr iRv ZPO 620b vgl KG FamRZ **78**, 431. Nach Rechtskr des ScheidgsUrt darf OLG die eig einstw AnO nicht mehr abändern (Saarbr FamRZ **78**, 430). Im Verf der einstw AnO keine bes KostenEntsch (ZPO 620g). **n)** Weg der **Benachrichtigg** des VormschG u StA von der Scheidg AktO 38 Z 5b u c. **o)** Zum **Übergangsrecht** im Bereich des VerfR vgl außer Anm 6 Sedemund-Treiber DRiZ **77**, 103; Diederichsen NJW **77**, 660; Jauernig DRiZ **77**, 206; Brüggemann FamRZ **77**, 584; Petersen SchlHA **77**, 125. ZPO 630 findet in der ÜbergangsZt in der BerufsInst keine Anwendg (Vogt FamRZ **77**, 778; aA Rolfs FamRZ **78**, 169).

5) Internationales Privatrecht EG 17; **interlokales PrivR** Vorbem 14 v EG 7 u EG 17 Anm 7.

6) Wg **Übergangsvorschriften** vgl 1. EheRG Art 12 Z 3 ff. Iü s auch die Hinweise iR der Anm zu den einz Vorschr des neuen ScheidgsR. Das am 1. 7. 77 in Kraft getretene ScheidgsR gilt auch für vor diesem Ztpkt geschl Ehen (1. EheRG Art 12 Z 3 I), was sowohl für Altehen als auch alt-anhäng Ehescheidgssachen **verfassgskonform** ist (BVerfG **47**, 85, 93 = FamRZ **78**, 173 sowie 670/1). Der UnterhAnspr eines Eheg, dessen Ehe nach den bish geltden Vorschr gesch w ist, bestimmt sich auch künft nach bisherigem R. Vgl zu den insow fortgeltden §§ 58 ff EheG von 1946 den 35. Aufl; soweit neue Rspr zu diesen Bestimmungen ergeht, wird sie in dieser u nächsten Aufl berücksichtigt. Noch unter dem alten R getroffene UnterhVereinbgen bleiben unberührt (1.EheRG Art 12 Z 3 II). Ebso kommt ein VersorggsAusgl bei den vor dem 1. 7. 77 gesch Ehen nicht in Betr (1.EheRG Art 12 Z 3 III; nicht verfassgswidr: BVerfG NJW **78**, 629). Das LG Mü NJW **76**, 1637 mAv Graf v Westphalen FamRZ **76**, 525 (sa Lüke NJW **76**, 1826), hatte desh einen ScheidgsProz bis zum Inkrafttr des 1. EheRG ausgesetzt (aufgeh dch Mü NJW **76**, 1850 = FamRZ **76**, 634 mAv Dieckmann; gg die Aussetzg ferner Hamm NJW **76**, 2352; Schlesw SchlHA **76**, 196; KG FamRZ **77**, 51; Brschw FamRZ **77**, 132; Brem FamRZ **77**, 399; Kln JMBl NRW **76**, 264; BVerfG NJW **77**, 31). Der VersorggsAusgl bleibt aber auch für Ehen, die nach dem Inkrafttr des 1. EheRG gesch w, außer Betr, wenn der Eheg, der einen AusglAnspr hätte, vor dem 1. 7. 77 gestorb ist oder dem anderen Eheg vor dem Inkrafttr des 1. EheRG dch Übertr von VermögensGgsten für künft UnterhAnspr endgült abgefunden w ist od wenn die nach den Vorschr des 1. EheRG auszugleichden Anwartschaften od Aussichten auf eine Versorgg Ggst eines vor dem 1. 7. 77 abgeschl Vertr sind (1. EheRG Art 12 Z 3 III). Soweit die Vorschr über den VersorggsAusgl auch für Ehen gelten, die vor dem 1. 7. 77 geschl w sind, kann das FamG auf Antr des AusglVerpflichteten den AusglAnspr herabsetzen, wenn Ehe allein wg des Widerspr des and Eheg gem EheG 48 II aF nicht gesch w durfte u die uneingeschränkte Dchführg des Ausgl für ihn auch unter Berücksichtigg der Interessen des and Eheg grob unbillig wäre. Der AusglAnspr darf um nicht mehr als die Hälfte des auf die TrenngsZt entfallden Anspr herabgesetzt w (1. EheRG Art 12 Z 3 III). Die Scheidg kann als Altehe nach neuem Recht ist als solche nicht grdgesetzwidr; der verfassgsrechtl Angriff ist ggf gg die Übergangsregelg zu richten (Kblz NJW **78**, 54). Für einen **vor Inkrafttreten des 1. EheRG anhängig gewordenen Rechtsstreit** gilt aGrd von 1. EheRG Art 12 Z 7 ua folgdes: Mündl Verhdlgen, die vor dem 1. 7. 77 geschl worden waren, sind wieder zu eröffnen, es sei denn, es ist vor dem 1. 7. 77 eine dn Inst beendde Entsch ergangen (Kln FamRZ **77**, 719). Das LG hatte Scheidgssachen, nicht auch Verf auf Herstellg des ehel Lebens (Düss FamRZ **77**, 720), an das AG (FamG) zu verweisen, u zwar auch dann, wenn das Verf zum Ruhen gebracht w war (Saarbr FamRZ **78**, 521) od nach dem Tod einer Partei (Saarbr FamRZ **78**, 522). Zur Bindg solcher VerweisgsBeschl auch bei VerfVerstößen Stgt FamRZ **77**, 720; dagg keine Bindg iSv ZPO 281 in der örtl Zustdgk (BGH NJW **78**, 887). Für letztere gilt im ÜberggsR die einmal begründete Zustdgk fort (BGH NJW **78**, 867). Tatsachen, die erst dch das 1. EheRG erhebl geworden sind, können noch in der RevInst vorgebracht w. Folgesachen, die innerh des 1. Mo nach Inkrafttr des 1. EheRG anhäng werden, was auch für Scheidgsfolgesachen gilt, die gem ZPO 623 III vAw eingeleitet w (Ffm NJW **78**, 894), währd die Scheidgssache in der RMittelInst schwebt, werden noch in das ScheidgsVerf einbezogen. Hat das RechtsMGer auf Scheidg erkannt, kann das FamG, wenn Folgesachen bei ihm anhäng sind, den ScheidgsAusspr vorzeit für wirks erklären (1. EheRG Art 12 Z 7d). Die Weigerg kann mit der Beschw nicht angefochten w (Hbg FamRZ **78**, 42). Zum RechtskrZeugn Schlesw FamRZ **78**, 610. Nach Erlaß des ScheidgsUrt dch das OLG ist in solchen Fällen für einstw AnO das FamG zust (Stgt FamRZ **78**, 123). Über die gem Art 12 Z 7d anhäng gemachten Folgesachen ist gleichzeit zu verhandeln u zu entsch; die Abtrenng einzelner Folgesachen ist grdsl unzul (KG FamRZ **78**, 609). Ein Urt in einer Ehesache, das aGrd der bish geltden Vorschr ergangen ist, steht der Berufg auf solche Tatsachen nicht entgg, die erst dch das 1. EheRG erhebl geworden sind (1. EheRG Art 12 Z 8). Soweit die Ehel schon vor dem Inkrafttr des 1. EheRG getrennt gelebt haben, wird dies auf die Fristen iSv §§ 1566, 1568 II angerechnet. Über den **negativen Kompetenzkonflikt** zw LG u AG einers, ProzAbt u FamG anderers entscheidet entspr ZPO 36 Z 6 das OLG. **Rspr:** Für elt Gew FamG zust (Kblz NJW **77**, 1736; aA Karlsr FamRZ **77**, 733 unter dem GesPkt der perpetuatio fori: VormschG; ebso Stgt FamRZ **77**, 821, wonach Abgabe nur aus wicht Grd zul). Für vor dem 1. 7. 77 eingereichte, erst danach zugestellte UnterhKl ausschließl Zustdgk des FamG (Düss FamRZ **78**, 127), dagg ProzAbt des AG zust, wenn UnterhProz vor dem 1. 7. 77 rechtshäng (Düss FamRZ **78**, 128; Hbg DAVorm **77**, 735 u FamRZ **78**, 424; KG MDR **78**, 497; Schlesw SchlHA **77**, 189). Abänderg der Verpfl des Vaters vor dem 1. 7. 77, zHd der Mutter Unterh f ehel Kind zu zahlen, keine FamSache (Oldbg FamRZ **78**, 347). Den UnterhAnspr ehelicher Kinder bringen ebenf vor das FamG (Oldbg FamRZ **77**, 726; Hamm FamRZ **77**, 727 (nur bei entspr Geschäftsverteilg), auch hins des RechtsMZugs KG FamRZ **77**, 729 (aA KG FamRZ **77**, 728: BerufgsZustdgk beim LG). Für Kl auf ZugewAusgl weiterhin LG zust (Brschw FamRZ **77**, 726). Läßt man die Rechtskr schon mit Verkündg des OLG-Urt eintreten (Anm 4 Buchst l) hindert auch Anhängigm von Scheidgsfolgesachen gem 1. EheRG Art 12 Z 7d Eintr der Rechtskr nicht (Ffm FamRZ **77**, 715). Für die **Zulässigk der Berufg** (Beschwer) ausr, wenn Scheidgsfolgen nach neuem Recht angestrebt w (Ffm FamRZ **77**, 798; **aA** BGH FamRZ **78**, 328). Beschwer auch bei Scheidg aus EheG 48 vorh (Kln FamRZ **78**, 40); ebso bei antragsgemäßer Scheidg aus EheG 42, 43 (Hamm NJW **78**, 277; Ffm NJW **78**, 892; **aA** BGH NJW **78**, 887; Oldbg NJW **78**, 170). Für vor dem Inkrafttr des 1. EheRG geschiedene Ehen kann daher RechtsM eingelegt u auf den Wegf des SchuldAusspr beschrkt w (Karlsr FamRZ **77**, 716); Folge nach Stgt FamRZ **77**, 646: Prüfg der §§ 1564ff. **Rechtsmittelgericht** (Lit: Jauernig, Meier u Weber DRiZ **77**, 206, 277 u 371) nach neuem Recht das OLG, so in UnterhStr (Düss FamRZ **77**, 723; Kblz FamRZ **77**, 724; KG FamRZ **77**, 818; BGH NJW **78**, 889 = FamRZ **78**, 227 mAv Jauernig), u zwar auch dann, wenn Berufg in der UnterhSache sich gg ein Urt des AG richtet (BGH FamRZ **78**, 231). Ebso Beschw gem §§ 1671, 1696 (BGH NJW **78**, 427 = FamRZ **78**, 102 m abl Anm Jauernig; BGH FamRZ **78**, 329 u 492; Zweibr FamRZ **77**, 729; Celle Rpfleger **77**, 368); Beschw gg die Androhg v ZwGeld iRv § 1634 (Kln FamRZ **77**, 735; Kblz FamRZ **77**, 736); Beschw in HausrSachen (Zweibr FamRZ **78**, 45); desh auch keine weitere Beschw mehr zum OLG in HausrSachen (Oldbg NJW **78**, 47). Nach Auffassg anderer Gerichte beurteilt sich die Zulässigk u der RechtsMWeg nach altem Recht (Kln FamRZ **77**, 722 u 729), so daß Berufg in UnterhStr an OLG verworfen w (Brschw FamRZ **77**, 724); Beschw iRv § 1671 weiterh an LG (KG FamRZ **77**, 734; and trotzdem LG Bln FamRZ **77**, 817); iRv §§ 1671, 1696 weitere Beschw (BayObLG FamRZ **77**, 741 u **78**, 144) an OLG (Hamm FamRZ **77**, 828; BayObLG FamRZ **77**, 741; Celle u Oldbg FamRZ **77**, 742; Düss FamRZ **77**, 827; aA Hamm FamRZ **78**, 618); ZwGeldBeschw iRv § 1634 an LG (BayObLG FamRZ **77**, 736). Zur Entsch über eine Beschw, die nach dem 1. 7. 77 gg eine Entsch des AG (iRv § 1671) eingelegt wurde, ist das OLG zust (BGH NJW **78**, 891). Bereits vor dem 1. 7. 77 eingelegte RechtsM werden dagg nach alter Zustdgk entschieden, ebso ErstBeschw in FGG-Sachen vom LG abzuschließen ist (Ffm JurBüro **78**, 107); ebso bei Beschw gg Entziehg der elt Gew (Hamm FamRZ **77**, 742); dann aber weitere Beschw zum OLG auch, wenn Entsch des LG nach dem 30. 6. 77 ergangen ist (BGH NJW **78**, 126; Celle NdsRpfl **77**, 211; aA Hamm FamRZ **78**, 618), zB hins elt Gew (Oldbg u Düss FamRZ **77**, 742 u 744), Besuchsregelg (Düss FamRZ **77**, 827; Brschw NdsRpfl **77**, 211); ebso vor dem 30. 6. 77 zum LG eingelegter ErstBeschw betr Ehewohngssachen (ZPO 621 I Z 7) sofort weitere Beschw zum OLG bzw BayObLG gem FGG 27ff (BayObLG FamRZ **78**, 599). Zur **Hemmg der Wirksamk des ScheidgsAusspr trotz Rechtskr** u den standesamtl Folgen StAZ **78**, 75 u Bek des Bayer StMinInn StAZ **78**, 167. **Lit** zum Übergangsrecht: Bosch FamRZ **76**, 407, insb auch zur Frage, ob Scheidg nach altem od neuem R „günstiger" ist. Graf v Westphalen FamRZ **76**, 525 zum Beschl des LG Mü; Göppinger NJW **77**, 1041 u Behne NJW **77**, 1625 zum EhescheidsVerf in der BerufgsInst; Brüggemann FamRZ **77**, 582. **Unterhalt** gem § 1361, nicht §§ 1569ff (Mü NJW **78**, 1814). Im Falle des **Todes** eines Eheg nach rechtskr Scheidg aber vor der Entsch ü den gem Art 12 Z 7d des 1. EheRG anhängg gem VersorggsAusgl gilt die Ehe als dch den Tod aufgelöst, so daß ein VersorggsAusgl nicht stattfindet (KG NJW **78**, 1812).

I. Scheidungsgründe

1564 *Scheidung durch Urteil.* **Eine Ehe kann nur durch gerichtliches Urteil auf Antrag eines oder beider Ehegatten geschieden werden. Die Ehe ist mit der Rechtskraft des Urteils aufgelöst. Die Voraussetzungen, unter denen die Scheidung begehrt werden kann, ergeben sich aus den folgenden Vorschriften.**

1) Fassg 1. EheRG Art 1 Z 20; früher EheG 41. **a) Scheidg nur durch Urteil, S 1.** Ausgeschl ist mithin in der BRep die Privatscheidg, Scheidg dch Ausspr des StBeamten od dch ein geistl Gericht, gleichgült, ob es sich um In- od AuslFall handelt (RG **102**, 126; Warn **21**, 25; EG 17 Anm 2 b). Dasselbe gilt für Dtsche im Ausland, so daß also die früh dort mögl Scheidg von Dtschen dch Privatscheidg vor dem sowjetruss StBeamten keine Wirkg in Dtschld hatte (RG **136**, 142). § 1564 gilt aber nicht für die AuslScheidg im Ausland, also auch nicht für die Anerk solcher Scheidgen (FamRÄndG Art 7 § 3; Stgt NJW **71**, 994; Baumb/Lauterb/Albers/Hartmann ZPO 328 Anm 7). **b)** Scheidg setzt das **Bestehen einer Ehe** voraus. Auch eine aufhebb Ehe kann gesch w (sa EheG 29 Anm 3), ebso eine nichtige Ehe (Einf 1 b v EheG 16), nicht aber eine Nichtehe (EheG 11 Anm 5; 23 Anm 4). **c)** Das ScheidgsVerf (vgl ZPO 606 ff, 622 ff) wird nur auf Initiative eines Eheg eingeleitet. Früher geschah das dch Erhebg der ScheidgsKl, heute auf **Antrag eines od beider Eheg,** weil die ZerrüttgsScheidg keine Rollenverteilg iS des herkömml ZivProz gestattet (BT-Drucks 7/650 S 91). Außerdem soll über ScheidgsSache u Folgesachen (wie Unterhaltsregelg, elterl Gewalt über mj Kinder usw) gleichzeitig verhandelt u entsch w, was die Eigenart des neuart ScheidgsVerf weiter hervorhebt (Einzelh Einf 4 v § 1564). Die strikt einseit Scheidg (Betreiben der Scheidg dch einen Eheg, der zudem auch noch die ScheidgsGrde geliefert hat) hält Roth-Stielow FamRZ **77**, 766 für verfassgswidr. **d)** Trotzdem wird die Ehe auch weiterh dch **Urteil** gesch, nicht etwa, weil es an einer entspr „Klage" fehlt, dch Beschl.

2) **Auflösg der Ehe mit Rechtskraft des Urteils, S 2.** Das Urt ist **rechtsgestaltend.** Desh auch VollstreckgsGgKl (ZPO 767) unzul (RG **100**, 98). Mit dem Rechtskräftigwerden (vgl dazu ZPO 705) ist die Ehe aufgelöst, u zwar mit Wirkg für die Zukunft. Wg der Wirkgen im einz Einf 3 vor § 1564. Von der rechtskr Scheidg ist der StBeamte zu benachrichtigen (Einf 4 n vor § 1564). Die Scheidg ist im FamBuch zu vermerken (PStG 14 Z 2). Wiederaufnahmeverf mit dem Ziel der rückw Beseitig des ScheidgsUrt ist zul (EheG 5 Anm 2). Auch das **erschlichene Urteil** löst die Ehe auf (RG JW **38**, 1262) u zwar auch das ausl, sofern es anerkannt w (KG DR **41**, 2201; EG 17 Anm 6 b aa). Der Eheg, der an dem sittenw Handeln nicht mitgewirkt hat, kann iW des SchadErs (§ 826) verlangen, vermögensrechtl so gestellt zu werden wie bei bestehen gebl Eheg, also, wenn er seinen UnterhAnspr verloren h, entspr §§ 1360, 1360a, 1361 unterhalten zu w (KG JW **38**, 1168), wenn er dch das Urt unterhpflichtig geworden ist, den Anspr des and mit der ArglEinr abwehren (RG JW **26**, 1148). Haben beide Eheg zugewirkt, so müssen sie die UrtWirkgen hinnehmen (RG DJ **36**, 1657). Vgl iü § 826 Anm 8 f u o. Nachdem die Scheidgsfolgen sich nicht mehr nach den ScheidgsGrden richten, bedarf es für die Berufg der formellen Beschwer (and zum fr R BGH NJW **72**, 1710).

3) Die **Scheidgsvoraussetzgen** ergeben sich erschöpfd aus den §§ 1565–1568, **S 3.** Trotz der amtl Überschr vor § 1564 gibt es **nur noch einen einzigen Scheidgsgrund,** näml den, daß die Ehe gescheitert ist (§ 1565 I 1). An die Stelle der Aufzählg einz Scheidgsgründe in EheG 42–48 aF ist damit eine **Generalklausel** getreten. Allerd kann die **Scheitern der Ehe auf dreifache Weise bewiesen** werden: einmal dch den unmittelb Nachw, daß die LebGemsch der Eheg nicht mehr besteht u erwartergemäß auch nicht wiederhergestellt w kann (§ 1565 I 2); sodann mittelb dch die beiden Zerrüttgsvermutgen nach 1- bzw 3-jähr GetrLeben der Ehel (§ 1566), das im ersten Fall für eine Scheidg auf beiderseit Wunsch der Eheg, im zweiten Fall auch für die Scheidg gg den Willen des and Eheg ausreicht. Die übr Vorschr sind entw begriffl Bestimmgen (§§ 1565 I 2, 1567) od schränken das an sich gegebene ScheidgsR dch zusätzl Erfordern ein. So kann eine Ehe, in der die Ehel noch nicht 1 J getrennt leben, nur gesch w, wenn die Fortsetzg der Ehe für den AntrSt aus in der Pers des and Eheg liegden Grden eine unzumutb Härte darstellen würde (§ 1565 II). Ferner wird das Erfordern des GetrLebens bei einseit Scheidgsinteresse nur eines Eheg auf 5 J heraufgesetzt, wenn dies wg des Vorhandenseins mj Kinder notw ist od weil die Scheidg für den and Eheg eine unzumutb Härte bedeuten würde (§ 1568). Das materielle ScheidgsR berücksichtigt also **Härtefälle** in doppelter Weise: vor Ablauf einer 1jähr TrenngsFr zG des aus der Ehe herausstrebden Eheg (§ 1565 II) u umgek iS der Ehebindg zG desj Eheg, der die Scheidg ablehnt. Stellt man auf die versch **Fristen** ab, so ergibt sich das folgde Bild: Eine Ehe kann idR nur gesch w, wenn die Ehel 1 J getrennt gelebt h; eine Scheidg davor setzt voraus, daß die Fortsetzg für den die Scheidg begehrden Eheg unzumutb ist (§ 1565 II). Haben die Ehel 1 J getr gelebt, so sind sie im beiderseit Einverständn ow zu scheiden (§§ 1565 I 1, 1566 I). Fehlt es an einem solchen Einverständn, dh ist einer der Ehel gg die Scheidg, so kann der and Eheg diese gleichwohl dchsetzen, wenn die Ehel 3 J getr gelebt haben (§§ 1565 I 1, 1566 II). Ggf verlängert sich diese Frist auf 5 J, wenn mj Kinder vorh sind od auf Seiten des sich gg die Scheidg wehrden Eheg ein Härtefall vorliegt (§ 1568).

1565 *Zerrüttungsprinzip; Mindesttrennungsdauer.* [I] **Eine Ehe kann geschieden werden, wenn sie gescheitert ist. Die Ehe ist gescheitert, wenn die Lebensgemeinschaft der Ehegatten nicht mehr besteht und nicht erwartet werden kann, daß die Ehegatten sie wiederherstellen.**

[II] **Leben die Ehegatten noch nicht ein Jahr getrennt, so kann die Ehe nur geschieden werden, wenn die Fortsetzung der Ehe für den Antragsteller aus Gründen, die in der Person des anderen Ehegatten liegen, eine unzumutbare Härte darstellen würde.**

Schrifttum: Görgens FamRZ **78**, 647 (zu II).

Bürgerliche Ehe. 7. Titel: Scheidung der Ehe § 1565 1, 2

1) Eingef dch 1. EheRG Art 1 Z 20. Die Vorschr führt den reinen **Zerrüttgsgrundsatz** als einz Scheidgs-Grd an Stelle der in den EheG 42ff aF aufgezählten versch ScheidgsGrde (vgl Einf 2 v § 1564) ein. Grdlage für die Auflösg der Ehe für die Zukft ist nicht mehr ein dem einz Eheg zum Vorwurf gemachtes ehewidr Verhalten, sond der Umst, daß die Ehe – aus welchen Gründen auch immer – gescheitert ist. Es kann desh grdsl auch derj Eheg die Scheidg beantr, auf dessen Verhalten die Zerrüttg ganz od teilw zurückzuführen ist (BT-Drucks 7/4361 S 28). And als nach früherem R hat das ehel Wohl- od Fehlverhalten grdsl auch keine Konsequenzen für die Verteilg der nachehel Lasten. Eine Ehe ist oRücks auf ein Verschulden eines od beider Eheg an der Zerstörg der ehel Gemsch immer dann zu scheiden, wenn sie gescheitert ist, **I 1**. Allerd wird die Ehe nicht vAw gesch, sond nur auf Antr eines od beider Eheg (§ 1564 S 1); den Ehel steht es also auch frei, die Ehe trotz ihres Scheiterns (etwa aus religiösen Grden od um der gemeins Kinder willen) weiterzuführen. Dem Prinzip der Ehefreundlichk trägt auch § 1567 II Rechng, indem kürzere Zeiten, in denen die an sich getrennt lebden zZw der Versöhng nochm zusleben, in die für die Scheidg so wicht Trenngsfristen (§ 1566) nicht mit einbezogen w. Bei Vorliegen der Voraussetzgen ist zu scheiden; die „kann"-Formulierg trägt ledigl den §§ 1565 II, 1568 Rechng (D. Schwab FamRZ 76, 492). Zul ist es, die Scheidg auch nach 1jähr Trenng statt auf § 1566 I auf I stützen, vor allem, wenn sie sich ü die Scheidgsfolgen nicht einigen können (Kln FamRZ 78, 25). Doch müssen Umgehen von ZPO 630 vermieden w (Bergerfurth FamRZ 76, 582; 77, 227; sa Diederichsen ZZP 91, 397). Der GesGeb hat dem Ausdr „Zerrüttg" im GesText **das Wort „Scheitern" vorgezogen,** weil es besser kenntl mache, „daß das Mißlingen der Ehe auch dch einen schicksalh Verlauf, auf den die Eheg keinen Einfl haben, od dch die Unvereinbark ihrer Charaktere bewirkt w kann u ein Unglück f beide Partner ist" (BT-Drucks 7/650 S 104). Keineswegs soll mit dem Ausdr „Scheitern" den Jahren, in denen die Ehe gelungen war, der Wert abgesprochen w; vielm ist der gesetzl Formulierg auch desh der Vorzug gegeben w, weil das Wort „Scheitern" deutlicher besagt, „daß nur ein endgült Zerstörgszustand der Ehe die Scheidg rechtfertigen könne" (BT-Drucks 7/4361 S 27/28). In der Sache selbst besagen „Scheitern" u „Zerrüttg" dasselbe (ebso Ambrock S 93; aA Rolland Rdn 6: „gradueller Unterschied"), weshalb im folgenden Kommentar an dem hergebrachten Ausdr festgehalten wird (krit auch Gernhuber, Neues FamR S 98). Das G gibt eine begriffl Umschreibg des Ehescheiterns, I 2, u erschwert die Scheidgsvoraussetzgen für den aus der Ehe herausstrebben Eheg, wenn die Ehel weniger als 1 J getrennt gelebt haben, II. Scheitern iSv § 1565, dh geschieden werden, kann auch die von Anfang an zerrüttete Ehe (ausführl D. Schwab FamRZ 76, 498). Zw den verschiedenen Scheiternsformen besteht **kein Rangverhältnis;** insb kommt der gesetzl Vermutg in § 1566 II kein Vorrang zu (Kln NJW 78, 1009; aA Lüke NJW 78, 139). Ein **Verschulden** eines Eheg am Scheitern der Ehe behält Bedeutg iR der §§ 1565 II, 1568, 1579, 1587c, d und h sowie 1381, ggf auch SchuldAusspr gem ausländ R (Mü NJW 78, 1117; aA Ffm FamRZ 77, 813). Die Zerrüttgsscheidg als solche ist **verfassgskonform** (Kln NJW 78, 167 u 1009).

2) Die Ehe ist nach der gesetzl Begriffsbestimmg **gescheitert,** wenn 2 Voraussetzgen erfüllt sind: die Ehel haben keine LebGemsch mehr u ihre Wiederherstellg ist auch nicht mehr zu erwarten, **I 2**. Der Begr der LebGemsch ist nicht ident, sond weiter als der häusl Gemsch iS der §§ 1565 II, 1567. Das Scheitern der Ehe kann damit begründet w, daß die ehel Verbundenh dem AntrSteller selbst, dem and Eheg oder beiden fehlt (D. Schwab FamRZ 76, 497), darf aber **nur aGrd konkreter Umst,** die sich den gesetzl Erfordernissen einpassen, angen w. Allg gehaltene Formulierungen, insb die bl Rechtsbehauptg der „unheilb Zerrüttg" reichen dafür nicht aus (Brem FamRZ 77, 808 zur erforderl Substantiierg). Das ScheidgsUrt hat vielm im einz darzulegen, inwief die LebGemsch der Eheg nicht mehr besteht u warum keine Aussicht mehr besteht, daß die Eheg sie wiederherstellen. Der FamRichter wird dieser Mühe ledigl dann enthoben, wenn die Vermutgstatbestände des § 1566 eingreifen; in diesem Falle ist allein die 1- bzw 3jähr TrenngsFr festzustellen. In der Praxis wird die Scheidg aGrd fristgemäßen GetrLebens eine wesentl größere Rolle spielen als die Scheidg nach dem GrdTatbestd. Dieser behält jedoch seine Bedeutg für die Fälle, in denen ein Eheg od auch beide gesch w möchten, bevor sie 1 Jahr getr gelebt haben (§ 1565 II); ferner wenn nach 1jähr GetrLeben der eine Eheg gg den Willen des and gesch w will; schließl kommt es auf das Scheitern der Ehe auch dann an, wenn wg der mj Kinder od aus HärteGrden die 5-J-Fr maßg ist (§ 1568). Die Beurteilg, ob eine Ehe gescheitert ist, setzt eine Retrospektive (Eheanalyse) u eine Prognose dch den Richter voraus:

a) Die Aufhebg der Lebensgemeinschaft. Währd das EheG 1946 auf eine dem Wesen der Ehe entsprechde LebGemsch abstellte u damit ein obj Ehebild voraussetzte (vgl BGH **26**, 198 ff), soll die Frage, ob eine Ehe gescheitert ist, „nur im Einzelfall unter Berücksichtigg der Eigenart der Eheg, ihrer soz u wirtschaftl Lage, ihrer sittl Einstellg, ihres Alters, ihres Gesundh ua Umst beurteilt w" (BT-Drucks 7/650 S 105). Es kommt auf das Maß der Gemeinsamkeiten an, das sich die Ehel erhalten haben. Der Richter muß desh **die LebVerhältn der Eheg im Einzelfall prüfen.** „Er darf daraus, daß einz Merkm üblichen ehel Zus-Lebens fehlen, noch nicht schließen, daß die LebGemsch der Eheg nicht mehr besteht; denn es kann sein, daß ein solches Merkm nicht zur LebGemsch dieser Eheg gehört" (BT-Drucks 7/650 S 105). Diese Prüfg sollte nicht eingeschränkt w; desh hat der GesGeb die umfassde LebGemsch der Eheg zum AusgangsPkt für die Beurteilg gemacht u nicht die **häusl Gemsch,** die nur ein Teil von jener ist, so daß sie fehlen kann, ohne daß desh die LebGemsch der Eheg aufgeh zu sein braucht (BT-Drucks 7/650 S 105). Umgek kann trotz Bestehens der häusl Gemsch die Ehe gescheitert sein (Karlsr NJW 78, 1534). Für die Scheidg kommt es nicht darauf an, ob die Aufhebg der LebGemsch als erhebl od ernstl Geschehen erfolgt ist; letztl muß auch die Ehe gesch w, in welcher sich ein Eheg der ehel LebGemsch aus Grden, die allein in seiner Pers liegen, entzieht. Auch kommt es für den GrdTatbestd nicht darauf an, wie lange die ehel LebGemsch aufgehoben ist.

b) Die Vorausschau, daß die Wiederherstellg der ehel LebGemeinsch nicht zu erwarten ist, läßt sich nur treffen, wenn der Richter sich Klarh über den Charakter u die Veranlagg der beteiligten Eheg verschafft, also den Privatbereich der Eheg zum Ggst einer gerichtl Untersuchg macht, uU sogar Sachverst (Psychologen, Eheberater) heranzieht (sa ZPO 614 V). Diese Nachteile mag die zur Scheidg entschlossenen Eheg veranlassen, die Fristen des § 1566 abzuwarten. Die Vorhersage, daß die Ehe endgült gescheitert ist, kann nur aGrd verschiedener **Schritte** erfolgen. Der Richter muß sich darüber im klaren sein, welchen Maßstab hinsichtl der Belastbark einer Ehe er anlegen will. Er muß wissen, welche Umstände überh geeignet sind, eine Prognose über die künft Eheentwicklg zu stützen. Und schließl hat er dem Zeitmoment Rechng zu tragen. Die Prognose selbst ist im wesentl eine Frage **tatrichterlicher Würdigg** u daher nur bedingt revisibel (BGH NJW 78, 1810). **aa)** Der **Maßstab** ergibt sich einmal **objektiv** aus den Mindestanfordergen an eine auf ggs Liebe, Achtg u Treue aufgebaute LebGemsch (vgl § 1353 Anm 2b; sa D. Schwab FamRZ **76**, 495f mit zutreffder Stellgnahme zG des personalen, dh auf die psycholog Gegebenheiten der Eheg Rücks nehmden, statt des funktionalen ZerrüttgsBegr, nach welchem eine Ehe erst dann gescheitert ist, wenn sie ihre soziale Funktion, zB die Kindererziehg, nicht mehr erfüllen k). Die Zerrüttg muß so tief sein, daß die Wiederherstellg einer dem Wesen der Ehe entspr LebGemsch nicht erwartet w kann. Es ist also an Hand äußerer Umst festzustellen, welchen Grad die Zerrüttg der Ehe erreicht hat. Denn die Eheg können nicht schlechthin dch eine eigenwill Gestaltg ihres Ehelebens quasi über die Ehe als Institution verfügen (vgl GG 6 I). Ob die betr Ehe aber dch die ehewidr Umst od das pflichtwidr Verhalten eines od beider Eheg gescheitert ist, so daß die Wiederherstellg einer dem Wesen der Ehe entspr LebGemsch nicht mehr erwartet w kann, ist weitgehend aus der Persönlichk der beiden Eheg, also unter **Berücksichtigg subjektiver Gegebenheiten** zu entscheiden. Da die konkr Ehe zu beurteilen ist u nicht ein Abstraktum, ist auf die Besonderheiten des Falles abzustellen, also auf Alter, Beruf, Charakter u bisherige Ehegestaltg. Bei Heirat im Greisenalter ist ein milderer Maßstab anzulegen (Mü FamRZ **68**, 198). Eine auf ständ Reibereien u Lieblosigkeiten beschr Gemsch kann iS der vom G verlangten Individualanalyse die LebGemsch dieser Eheg sein (Schlesw SchlHA **78**, 37). Auch die Ehe zw Dirne u Zuhälter kann zerrüttet w (vgl dazu 35. Aufl EheG 43 Anm 6). Das Scheitern der Ehe kann nur unter Berücksichtigg des Gesamtverhaltens beider Eheg festgestellt w, insb sind Stärke des Verletzgswillens, Schwere des Mangels an ehel Gesinng des Verletzden, Beweggründe, aber auch der Wirkg auf verletzten Eheg im Verhältn zu einem normal empfindden Eheg (vgl RG JW **28**, 903; BGH **4**, 186) zu prüfen. Von bes Bedeutg sind in diesem Zushg **eigene Verfehlgen** des AntrGegn. Sie können sowohl zu einer Verstärkg des Eindrucks beitragen, daß die Ehe gescheitert ist, als auch umgek dazu, die Toleranzschwelle dieser ehel LebGemsch herabzusetzen. Belanglos, ob nur einer der beiden Eheg, AntrSt od AntrGegn, od beide Eheg die Ehe als zerrüttet ansehen, da die ehel Gesinng nicht auf beiden Seiten geschwunden zu sein braucht (BGH **4**, 186). Die Zerrüttg muß nicht einmal auf seiten des AntrSt vorliegen (and noch RG **164**, 324). Umgek reicht die bloße Erkl des AntrSt, er werde nicht mehr zu seiner Fam zurückkehren, zum Bew des Scheiterns der Ehe nicht aus (BGH NJW **78**, 1810), wenn auch die **einseitige Zerrüttg** ausreicht, etwa zu völligem Verlust des Gefühls der inneren Bindg an den and Eheg (Stgt FamRZ **78**, 690). Der AntrSt muß vielm Tatsachen vortragen u ggf beweisen, aus denen der Richter den Schluß ziehen k, daß diese Absicht unumstößl ist. **Unüberlegt od übereilt gestellten Scheidgsanträgen** darf der Richter nicht nachgeben. Auch wenn beide Eheg gesch sein wollen, ist das nur ein Indiz für das Scheitern der Ehe (BT-Drucks 7/650 S 107). Der Richter kann trotzdem zu dem Schluß kommen, daß die Ehe noch nicht gescheitert ist, so daß der ScheidgsAntr abzuweisen ist. Er hat eine Entsch darüber zu treffen, ob die dch die vorgetragenen Ehewidrigkeiten u die sonst der Ehe entggstehden Umst ausgelöste **Ehekrise überwindbar** ist od nicht, wobei in der amtl Begrdg ausdrückl betont w, daß die Vermeidg der Scheidg u die Aussöhng der Eheg regelmäß in deren eig Interesse, im wahren Interesse der Kinder u demj der Gesellsch liege (BT-Drucks 7/650 S 105). Entscheidd, ob die Eheg sich innerl voneinand gelöst haben (Bergerfurth, EheR S 204). Das FamG darf die Ehe nur scheiden, wenn beiden od mind einem Eheg jegl **Versöhnungsbereitschaft** fehlt; dies ist im Urt festzustellen (vgl NJW **77**, 275). Nach der Rspr sind iF der Scheidg nach dem GrdTatbestd des I 1 **strenge Maßstäbe** anzulegen, damit nicht der mit den Vermutgen des § 1566, insb dessen II, verfolgte Zweck unterlaufen w (Ffm FamRZ **77**, 801). Anderers ist die Ehe auch dann gescheitert, wenn der getrennt lebde Eheg trotz des ehezerstören Alkoholismus dem and Eheg aGrd des bisherigen gemeins Schicks nach wie vor eine allgmitmenschl Achtg entggbringt (Schlesw SchlHA **78**, 81). **bb) Zerrüttgsursachen.** Bei der Eheprognose ist auf die Zerrüttgsursachen einzugehen (BT-Drucks 7/650 S 106); es muß erwogen w, ob diese Ursachen voraussichtl nur vorübergehd od auf Dauer wirks sein w; ob eine Änderg des LebensUmst in Sicht ist, welche die Einstellg der Eheg zueinander positiv beeinfl könnte (RG **169**, 280); bei neuen erot Bindgen eines Eheg muß deren Ernsthaftigk u Dauer geprüft w, weil scheidgsreif nicht die Ehen in der Krise, sond die zerstörten Ehen sind (D. Schwab FamRZ **76**, 496). Eine Ehe kann nur dann als gescheitert angesehen w, wenn aGrd bestimmter Ereign od Umst die LebGemsch von einem od auch von beiden Eheg aufgeh w ist u ihre Wiederherstellg nicht mehr erwartet w kann. Die Umst, die zur Trenng geführt haben, brauchen nicht dieselben zu sein, aGrd derer die Herstellg der ehel LebGemsch in der Zukunft als ausgeschl erscheint. IjF muß es sich aber um Umst von einigem Gewicht handeln. Eine bes Verletzlichk des auf Scheidg drängden Eheg ist unbeachtl. Naturgemäß kommen hier dieselben Grde in Betr, die schon unter der Herrsch des VerschuldensGrds zur Scheidg führten (vgl 35. Aufl EheG 42–48 mit Anm). Wicht ist jedoch zu beachten, daß in Zukft nicht mehr der Mechanismus: Setzen eines ScheidgsGrdes dch Eheverfehlg – Verlust dch Verzeihg od FrAblauf (vgl EheG 49ff) maßg ist, sond daß es darauf ankommt festzustellen, ob der obj als ZerrüttgsUrsache in Betr kommde Umst auch nach den Eheverhältn der betroffenen Ehe geeignet ist, eine günst Prognose für diese Ehe auszuschließen. In diesem Sinne gibt es iGgs zum früh Recht **keine absoluten Scheidgsgründe** mehr. Nach EheG 42 I aF hatte ein Eheg ein R auf Scheidg, wenn der and Eheg die Ehe brach (RG **164**, 270; BGH **18**, 195). Nach neuem R bedarf es dgg der Feststellg, daß der Ehebruch die Ehe zerstört hat, was beispielsw dann nicht der Fall ist, wenn der and Eheg den Ehebruch subj nicht ehezerstörd empfunden h od wenn der ihn der Bereitsch erkennb ist, dem and Eheg zu verzeihen. Da die Scheidgsfolgen sich nicht mehr nach den ScheidgsGrden richten, ist das Ger an die Reihenfolge, in der sie von den Parteien vorgebracht w, nicht gebunden und auch nicht auf solche vorgetragenen Gründe beschränkt. Vielm hat das Ger eine **umfassende Prüfpflicht** (Kblz FamRZ **78**, 31); es kann auch vAw die Aufn v Beweisen anordnen u nach Anhörg der Eheg auch solche Tats berücksichtigen, die von ihnen nicht vorgebracht sind (ZPO 616 I). Allerd kann das Ger gg den Widerspr des die Auflösg begehrden Eheg nicht vorgebrachte Tatsachen nur insow berücksichtigen, als sie geeignet s, der Aufrechterhaltg der Ehe zu dienen (ZPO 616 II). Der die Scheidg betreibde Eheg kann also dch ausdrückl Widerspr verhindern, daß best Komplexe des ehel ZusLebens in das Verf eingeführt w, die ehezerstörd gewirkt haben; damit übernimmt er allerd selbst das Risiko, daß das Fam-

G die sonst vorgetragenen Grde als nicht ausreichd ansieht, um das endgült Scheitern der Ehe zu bejahen. Da es nach dem 1. EheRG für die Rechtsfolgen nicht mehr darauf ankommt, weshalb eine Ehe gesch w, entfällt auch die Unterscheid zw vorwerfb Eheverfehlen (EheG 43 aF) u obj Ehestörgen wie Krankh usw, die ebenf zur Scheidg berecht (EheG 44ff aF). Die Zerrüttgsursachen stehen nach dem neuen R vielm alle auf einer Stufe u lassen allenf unterschiedl Prognosen über ihre Kompensierbark innerh der konkr Ehe zu. Entscheidd ist, daß das FamG eine **individualisierte Zerrüttgsdiagnose** anstellt, dh in jedem Einzelfall feststellt, ob ein generell als Zerrüttgsgrd geeigneter Umst gerade auch im konkr Fall das Scheitern der Ehe herbeigeführt hat (vgl NJW **77**, 274). Einzelfälle vgl Anm 3. **Der Scheidg stehen nicht entgg** einmalige Zärtlichkten; sachl Briefe; Besuch des todkranken Eheg im Krankenh (Schlesw FamRZ **77**, 802). **Beweislast** für sämtl scheidsbegünstigden Umst beim AntrSt, für die ehebegünstigden Umst beim AntrGegner. **cc)** Währd das fr EheR dem **Zeitablauf** insof Rechng trug, als bestehe ScheidgsRechte dch FrAblauf verloren gehen konnten od die Ehe dch die Eheverzeihg verursachte Störg des ehel ZusLebens kraft Verzeihg zu überwinden vermochten (EheG 49, 50 aF), verlangt die Feststellg, daß die Wiederherstellg der LebGemsch nicht erwartet w kann, eine bes Berücksichtig des Zeitmoments. So wie ein ZusLeben über kürzere Zt zZw der Versöhng der Ehel die Trenngsfristen nicht unterbricht (§ 1567 II), so können auch zurückliegde Ereign, obwohl sie von dem verletzten Eheg verziehen w, in die Zukunft fortwirken u eine für die Ehe insges ungünst Prognose begründen. Daß die ehel Gemsch ihrem Sinn u Zweck nach aufgelöst u auch nicht wiederherstellb ist, läßt sich desh nicht schon darum verneinen, weil der verletzte Eheg nicht sofort ScheidgsAntr gestellt hat (RG JW **16**, 1192), sich nicht sof getrennt hat (RG JW **14**, 179) od sogar zunächst auf Herstellg geklagt hat (RG LZ **23**, 555). Ohne daß dies eine Rückkehr zu den absoluten ScheidgsGrden bedeutet, wird es eine Reihe von Fällen geben, in denen die Schutzfunktion der Ehescheidg eine sofort Scheidg gebietet, zB bei Morddrohgen, wiederholter Störgen dch nächtl Telefonanrufe uä. Umgek wäre es dagg widersprüchl, grdsl eine individuelle Eheprognose zu verlangen, den FamRichter von der Erforschg der Ursachen der Eheerrüttg aber zu entlasten, wenn die Eheg bereits 1 J getrennt gelebt haben (so jedoch Damrau NJW **77**, 1621 f).

3) Einzelfälle von Zerrüttgsursachen (vgl Anm 2b bb). Der im folgden gegebene Katalog ist im wesentl an Hand der Voraussetzg einer „schweren Eheverfehlg" iSv EheG 43 aF entwickelt u nahezu unverändert aus früh Aufl übernommen worden. Die hier angeführten Fälle können nach Einführg des Zerrüttgsprinzips (vgl Einf 2 v § 1564) infolgedessen nur noch **Indizien** dafür sein, daß eine Ehe gescheitert ist. In ernsth Zweifelsfällen sind die Fristen v § 1566 abzuwarten (Bergerfurth, EheR S 204). Das FamG hat jew im Einzelfall zu prüfen, ob der Umst für sich genommen ausreicht, um die Wiederherstellg der ehel LebGemsch zw den Eheg ausgeschl zu betrachten. Der Begr des Scheiterns ist inhaltsgleich mit dem Begr der unheilb Zerrüttg iSv EheG 43, 48 I aF (Vogel FamRZ **76**, 483). Prakt Bedeutg wird der Katalog vor allem in denj Fällen haben, in denen der scheidsunwill Eheg dem und Teil die 3- od 5-JahresFr der §§ 1566 II, 1568 aufzwingen will. Es wird ausdrückl darauf hingewiesen, daß **das folgde Verzeichnis nur Orientiershilfe** sein soll (vgl Fuchs, Das neue ScheidgsR 1976, S 48). Es gibt nicht die persönl Meing des Autors wieder; insb kommt es für die Feststellg, daß eine Ehe gescheitert ist, iGgs zum fr Recht nicht auf ein Verschulden an. Hins der Zerrüttverursachg iSv II läuft es prakt doch wieder auf die Schuldfrage hinaus (Böhmer StAZ **76**, 238).

Abneigg, unüberwindl, reicht nach Einführg des Zerrüttgsprinzips aus (vgl BT-Drucks 7/4361 S 28: „Unvereinbark ihrer Charaktere").

Abtreibg; es genügt uU der Versuch, auch mit untaugl Mitteln. Kein ScheidgsGrd bei rechtl zugelassener Indikation. Zerrüttg, wenn der Mann gg den Willen der Frau eine Unterbrechg der Schwangersch vornehmen lassen will.

Anderweitige Lebensverbindg, soweit sie ernsthafter u dauerhafter Natur ist u vermutet werden kann, daß der AntrSteller voraussichtl nicht mehr zu seinem Eheg zurückfinden w (D. Schwab FamRZ **76**, 498, Ffm FamRZ **77**, 801), insb wenn der AntrSt den Dr heiraten will, wenn Kinder aus dieser Verbindg stammen uä. Im Ggs zum Ehebruch (s diesen) kann sich nach dem 1. EheRG der Ehebrecher selbst auf die uU nur von ihm dokumentierte Zerrüttg berufen.

Anzeigen: stets, wenn wissentl od fahrl falsch erstattet. Grdsl aber auch sonst Anzeigen (RG HRR **33**, 1198), außer, wenn sie zur Wahrg berechtigter Interessen gemacht w. Das kann aus der Erwägg heraus geschehen, nicht in die angezeigte Sache hineingezogen zu w, aber auch zB Anz einer falschen eidesstattl Offenbversicherg od um Unterh zu erlangen (BGH MDR **64**, 911). Dch unbewiesene Verdächtigg werden idR keine eig Rechte wahrgn (BGH NJW **63**, 1618). Allenf kann die Anzeige dch ehewidr Verhalten des and jene in milderem Licht erscheinen lassen (BGH FamRZ **64**, 493). Regelm Eheverfehlg Anz bei der SteuerBeh (Warn **34**, 126), desgl – bes schwerwiegd – bei Arbeitgeber od Vorgesetzten, um den Eheg in seiner Stelle zu schädigen (RG Recht **30**, 2230); keine Wahrg berecht Interessen, wenn das dch die Anz eingeleitete StrafVerf nicht als Material für den Scheidgsstreit herbeischaffen soll (RG JW **13**, 990). Ausschlaggebend stets die Gesinng (vgl RG LZ **22**, 714), wenn zB Haß od Rache die Beweggründe sind; zu berücksichtigen aber natürl auch, wenn sich der Eheg in berecht Empörg ü ihm Angetanes hat hinreißen lassen. Auch die Drohg mit einer Anzeige kann ehewidr sein.

Aufhebg der häusl Gemeinsch; früher selbstd ScheidgsTatbestd (EheG 48 aF), nach dem 1. EheRG vornehml Grdlage für die unwiderlegb Vermutg, daß die Ehe gescheitert ist (§ 1566). Vgl ü oben Anm 2a; sa böswill Verlassen.

Ausplaudern von Intimitäten aus dem Eheleben (Warn **26**, 215). Mitteilgsbedürfn der Frau nicht anzuerkennen, BeleidiggsAbs nicht erforderl.

Ausräumen der Wohnung, Einf 1 vor § 1353, vgl Kiel JW **33**, 2071.

Benachteiligg des Vermögens der Frau, vgl RG HRR **29**, 203, od des Mannes.

Beleidiggen erhebl Art. Im allg wird eine einmalige nur genügen, wenn die BegleitUmst sie bes schwer erscheinen lassen (RG JW **20**, 438). Erschwerd die Gegenwart Dritter, insb Untergeordneter oder der Kin-

§ 1565 3

der, wenn dabei etwa noch die auch sonst nöt Zurückhaltg nicht gewahrt w, RG HRR **29**, 711 (Geschlechts-Verk). Keine Entschuldigg, wenn sie **während des Scheidgsstreits** begangen, zB i d Schriftsätzen enthalten sind (RG JW **28**, 903). Aber keine Eheverfehlg, wenn in Wahrberechtigter Interessen, dh zur Durchführg des Rechts des Behaupten. Aber nicht, wenn höchst leichtfert od gar wider besseres Wissen aufgestellt (Warn **20**, 115). Beleidigend zB grundlose Bezichtigg des Ehebruchs (Warn **34**, 137), unbegründetes Bestreiten der Vatersch (RG HRR **29**, 1320), Zumutg perversen Verkehrs (RG JW **35**, 2714), grundloses Beobachtenlassen dch Detektive (RG Recht **24**, 1127), grundlose Entziehg der Schlüsselgewalt (Warn **19**, 41), ZeitgsAnz: „Für Schulden meiner Frau komme ich nicht auf" (Warn **29**, 26), Aussetzen einer Belohng für Nachw einer Eheverfehlg (RG JR Rspr **26**, 2345), Aufforderg zum ehel Verk an den getrennt lebdn Eheg ohne Wiedervereiniggswillen (Warn **29**, 64), Beleidigg Dritter, dch die gleichzeit der and Eheg getroffen w (RG HRR **28**, 2091).

Beschimpfgen, grobe oder fortwährde, zB Schuft, Betrüger, erfolgen niemals zur Wahrg berecht Interessen; vgl auch „Beleidiggen". Grobe Beschimpfgen bleiben auch für die Bevölkergsschichten Eheverfehlgen, die ihre Worte nicht sorgs zu wählen pflegen (Ffm NJW **48**, 267).

Beschimpfen der Angehörigen des anderen Eheg (RG **124**, 54; RG Recht **28**, 2478).

Böswill Verlassen (vgl BayObLG NJW **49**, 221). Ermahng im allg notwend; aber ein best FrAblauf od (wie § 1567 aF) HerstellgsUrt nicht mehr erforderl. Sache des richterl Erm also, welche Zeit verstrichen s muß, um Verlassen als ehezerstörde Eheverfehl zu bewerten (vgl RG **159**, 353; **160**, 32). Ggf genügt Erkl des haushführden Eheg, dem erwerbstät Eheg nicht folgen zu wollen (Düss NJW **51**, 845). Fehlt dem verlassenen Eheg selbst der Wille zur Wiederherstellg, so kann das für eine endgült Zerrüttg sprechen, aber auch für eine wechselseit Herabsetzg der Anfordergn der Eheg an die ehel Gemsch. Keine Zerrüttg auch in bes gelagerten Fällen, zB Gefährdg des GesundhZustandes (BGH **LM** EheG 48 Nr 27), begründeter Verdacht auf Untreue (BGH FamRZ **56**, 82), Verweigerg der im Hause zukommden Stellg.

Drohungen. Auch nicht ernstl gemeinte, soweit sie beabsichtigtermaßen den and ängstigen sollen, RG LZ **30**, 827.

Duldung der Unzucht der Frau seitens des Mannes (RG JW **28**, 903), der Tochter (RG LZ **31**, 495, vgl auch Warn **11**, 39).

Ehebruch (nach EheG 42 aF absoluter ScheidsGrd) ist Vollziehg des Beischlafs mit einer dritten Person and Geschlechts, also Vereinigg der Geschlechtsteile. Als ZerrüttgsGrd können beischlafsähnl Handlgn u versuchter Ehebr ausreichen. Ob Vorsatz (RG **150**, 384) od Fahrlässigk (RG **120**, 35) vorh, mag für Zerrüttg unerhebl sein. Aber man wird den Ehebr als EhezerstörgsGrd nicht anerkenn, wenn der Eheg sich im Auslands-Scheid, die dann nicht anerkannt w, nicht mehr für verheiratet hielt (KG DR **39**, 1015); bei Unzurechnungsfähigk inf Schizophrenie (Kln NJW **64**, 2211); ferner bei Opfern von Notzuchtsverbrechen; wenn eine wirkl Zwangslage bei außergewöhnl seel Druck bestanden hat (BGH JZ **51**, 719) od der Eheg zumindest glaubt, sich im Notstand zu befinden (Warn **32**, 140; OGH NJW **49**, 183). Der Ehebr bleibt als Zerrüttgsursache ferner außer Betr, wenn er endgült verziehen v der and Eheg darüber hinweggekommen war od wenn der and Eheg ihn von vornh nicht als ehezerstörd empfunden h (Kiel SchlHA **46**, 450; BGH **18**, 195).

Ehrloses oder unsittl Verhalten braucht sich nicht gg den and Eheg zu richten. Die ehrlose Hdlg, zB betrügerischer Bankrott, kann sogar im Interesse der Familie begangen sein (vgl Warn **12**, 435). **Ehrlos ist** eine Hdlg, die den allg Ehrbegriffen (Ggsatz: Standes-, Berufsehre) zuwiderläuft; kann auch bei einer kleinen Straftat vorliegen, wobei die ehrlose Gesinng im strafrechtl Sinne nicht erforderl (Mü MDR **61**, 850). **Unsittl Verhalten** ist Verh, das mit den entspr sittl Anschauungen, vgl § 138 Anm 1, nicht in Einklang zu bringen ist. Unsittl umfaßt mehr als unzücht (Warn **14**, 86). — Unter diese Begriffe fallen vor allem die Begehg bestimmter einigermaßen gravierder strafb Hdlgen. Die Bestrafg ist nicht ScheidsGrd, sond das ehrlose od unsittl Verh als solches; Bestrafg also auch nicht Voraussetzg der Scheidg, wie auch die Tilgg der Strafe dch Amnestie an dem ScheidgsGrd nichts ändert.

Eigenmächtiges Vorgehen eines Eheg. Da m Rücks auf die Gleichberechtigg beide Eheg in Dingen der Ehe zu entscheiden haben (§ 1353 Anm 2b cc), können sich häufde Eigenmächtigkeiten ZerrüttgsGrd sein, auch wenn subj der ScheidgsGegner seine Ansicht für gut halten konnte (Celle NJW **54**, 1526 betr WohnsBestimmg). Es war bereits nach altem R eine Eheverfehlg, wenn die Ansicht des and Eheg überh nicht beachtet od dieser überh nicht befragt wurde, ebso, wenn es sich um güterrechtl GesamtVerw handelt od um die Erziehg der Kinder. Keinesf kann sich aber der Haustyrann darauf berufen.

Einverständliche Scheidungsabsicht, u sei sie noch so ernsth erklärt, reicht für sich genommen nie aus (arg § 1566 I), wohl aber kann sie ein zusätzl Indiz für die Zerrüttg s (D. Schwab FamRZ **76**, 497; Schröder FamRZ **77**, 1333).

Enttäuschung legitimer Verhaltenserwartgen dch den and Eheg wie der Ausschließlichk sexueller Beziehgen, der häusl Gemsch, gemeins Verantwortg f die Kinder usw. Maßgebl, in welchem Umfang die vor od in der Ehe erweckten Hoffngen dch das ggwärt Verhalten enttäuscht werden (D. Schwab FamRZ **76**, 497 f). Ggf auch Eheaufhebg (EheG 32, 33).

Entziehg der Kinder, wenn das trotz Abmahng geschieht (vgl § 1632 II).

Familienplanung ist Sache beider Eheg (§ 1353 Anm 2b aa), so daß keiner berecht ist, die Ehe zu zerstören, weil der and Teil etwa seinen Wunsch nach Kinderlosigk nicht teilt. Weigerg, Verhütgsmittel (Pille) zu nehmen, braucht nicht mit gesundheitl Gefahren begründet zu w.

Erklärg des AntrStellers, er werde nicht mehr zu seiner Familie zurückkehren, auch wenn das FamG den ScheidgsAntr abweise, nicht ausr (Bergerfurth, EheR S 204).

Geistige Störg mit der Folge einer Ehezerrüttg war bereits gem EheG 44 aF ein selbstd ScheidsGrd. Sie liegt vor, wenn aus einem abnormen Gemüts- od Geisteszustand, auf dessen medizin Klassifizierg es nicht ankommt (Warn **42**, 86), Hdlgen od Unterlassgen zwangsläuf erwachsen, die ein gesunder Mensch nicht begehen würde. Geisteskrankh nicht erfdl: genügd uU nervöse Störgen von längerer Dauer (RG **161**,

Bürgerliche Ehe. 7. Titel: Scheidung der Ehe § 1565 3

106), AffektHdlgen aGrd solcher Störgen (BGH **1**, 132), überh krankh Zustände, die die volle Zurechngsfähigk ausschließen, wie Hysterie, Neurasthenie, leichtere Psychopathie, krankh Eifer- od Zanksucht, Rauschgift, unwiderstehl Trunksucht, nicht aber chron Gehirnhautentzündg verbunden mit Gliederstarre u Gliederzittern, sol kein krankh Geistes- od GemütsZustd vorh, sich der Vorgang nur im körperl Bereich abspielt (BGH **LM** EheG 32 Nr 1); and wenn körperl Zustd geist Störgen auslöst (BGH **43**, 334), überh krankhbedingtes Versagen, das nicht auf einer geist Störg beruht (Hbg MDR **64**, 57), nicht Hdlgen im Affekt, die auch ein völl Gesunder vornehmen könnte; Hdlgen müssen vielm erhebl hiervon abweichen (RG DR **42**, 1020). Ausreichd dagg, wenn die geist Gemsch inf Besserg des Zustd des Gestörten zwar wiederhergestellt, die Ehe aber dch sein Verhalten derart zerrüttet ist, daß eine ihrem Wesen entspr LebGemsch trotzdem nicht wieder zu erwarten ist. Zur geist Störg als ZerrüttgsGrd iSd 1. EheRG s D. Schwab FamRZ **76**, 498.
 Geisteskrankh, dch die die geist Gemsch zw den Eheg aufgeh ist, berecht unabh vom EntmündiggsVerf (§ 6 I Z 1) zur Auflösg der Ehe. Das setzt nicht völl Verblödg, auch nicht den Verlust des Bestehens der ehel Bandes (aA Mikat FamRZ **64**, 6), sond nur eine Geistesverfassg voraus, die den kranken Eheg unfäh macht, Anteil an dem körperl u geist Wohl des and Eheg u der Kinder zu nehmen (RG **98**, 295; Warn **17**, 233). Das noch vorhandene Bewußtsein, verheiratet zu sein, genügt nicht. Der Kranke muß mit dem Gesunden noch zu einem gemeins Erleben kommen können. Das ist dann nicht mehr der Fall, wenn sich der GeistesZustd des Erkrankten als unüberwindl Hindern gemeins Denken u Empfinden enttggstellt (BGH **44**, 112). Also zu verneinen, wenn die Krankh in Schüben auftritt, zw diesen aber immer wieder Zeiten weitgehd geist Gesundh liegen (KG FamRZ **69**, 606). Die geist Gemsch setzt nicht die Möglichk der körperl Vereinigg, auch nicht die häusl Gemsch voraus, kann also noch bestehen, wenn der kr Eheg sich in der IrrenAnst befindet (vgl RG **100**, 109). Umgek kann auch bei Interesse f die Fam die geist Gemsch dch Wahnvorstellgen ausgeschl s (RG **97**, 340). Für die Prognose der Wiederherstellg der ehel LebGemsch braucht nicht die völl Aussichtslosigk festgestellt zu w, weil der Arzt vor dieser Feststellg oft zurückschrecken w. Es genügt, daß nach dem derzeit KrankhBild die Wiederherstellg nicht zu erwarten ist. Daß die Krankh eine best Dauer gehabt hat, wird für die Scheidg nicht vorausgesetzt.
 Gerichtl Geltendmachg vermögensrechtl Ansprüche gg den anderen Eheg, selbst Ladg zur eidesstattl OffenbargsVers, zB um UnterhAnspr durchzusetzen (Warn **16**, 140), braucht kein ZerrüttgsGrd zu sein (RG HRR **33**, 1087); wohl aber, wenn kein begründeter Anlaß vorhanden, also Mangel an ehel Gesinng vorliegt (vgl RG JW **17**, 656).
 Getrenntleben über längere Zt, aber innerh der Fristen v § 1566 I od II, nur in Verbindg mit gravierden and ZerrüttgsUmst (D. Schwab FamRZ **76**, 497); nicht ausr dagg die einjähr Trenng als solche, da sonst die zusätzl Erfordern v § 1566 I, ZPO 630 umgangen w (aA Damrau NJW **77**, 1621 f).
 Glaubenswechsel s Rücksichtnahme.
 Gleichgeschlechtl Verkehr des Mannes wie der Frau (RG HRR **28**, 1708; Kiel SchlHA **46**, 450).
 Haß aS des AntrSt ebso wie seine Überzeugg, die AntrGegn hasse seinen Sohn aus 1. Ehe (BGH NJW **78**, 1810).
 Heimliche Tonbandaufnahmen von Äußergen des and Eheg (Düss FamRZ **55**, 362, KG bei Schulze Rspr z UrhR KGZ 4 m Anm Neumann-Duesberg).
 Heimliches Beobachtenlassen durch Dritte in der gemeinsamen Wohnung, außer vielleicht in Notwehrlage; unzuläss, um Lieblosigk od Gehässigk nachweisen zu können, so daß der Dritte auch nicht vernommen w darf (BGH NJW **70**, 1848).
 Herabsetzende Äußerg gegenüber Dritten; üble Nachrede. Der Eheg muß auf das Ansehen des and bedacht sein. Dgg verstößt er dch Verbreitg von Verdächtiggen u Verleumdgen (RG HRR **28**, 1422), Bezichtigg eines ehrlosen od unsittl Verhaltens, bes erschwert vor GeschFreunden, Vorgesetzten, Angestellten (BGH FamRZ **65**, 35), wie überhaupt, wenn er ohne Not Dritten Vorgänge mitteilt, die den and herabsetzen müssen, auch wenn sie wahre sind, wenn er ihn dem Gespött preisgibt oder seine Mängel in schonglosen Ausdrücken mitteilt (RG JR Rspr **27**, 130). Insb aber natürl, wenn unwahre Anschuldiggen verbreitet w, mag das auch nicht wissentl, sond nur fahrl geschehen (RG JW **13**, 95); der ganze Gl schützt nicht (RG LZ **20**, 862), auch nicht ein weibl Mitteilgsbedürfn (Warn **13**, 148). Bes erschwert Herabsetzg vor den Kindern (RG HRR **29**, 711). Verdachtsäußerg ggü dem Arzt, vom and Eheg angesteckt zu sein, im allg keine Eheverfehlg (RG LZ **19**, 155). Aber zu untersuchen, aus welchem Grde die Äußergen erfolgten, mildernd, wenn Folge erhebl Kränkgen (BGH FamRZ **65**, 35). S auch „Anzeigen".
 Homosexualität, ggf auch deren Vorwurf (Hamm FamRZ **78**, 190).
 Kinderlosigk, unverschuldete, scheidet als ScheidgsGrd aus; es trifft vielmehr den and Eheg, der sich daraufhin lossagt, ein Versch (BGH FamRZ **63**, 242).
 Krankheit, insb wenn **ansteckend od ekelerregend.** Selbstd ScheidgsGrd gem EheG 46 aF. Bspe: Gesichtskrebs, unheilb Ekzeme bes schwerer Art, Syphilis, künstl Darmausgang (RG **165**, 352), Hauttuberkulose (Lupus) (RG DR **41**, 1078). ÜbertrGefahr nicht erfdl. Ekelerregd: obj Maßstab: auf bes Empfindlichk des and Eheg kommt es nicht an. Notwend Hilfe bei Verrichtg der Notdurft macht eine solche Hilflosigk noch nicht ekelerregd (Schlesw SchlHA **51**, 175). Parkinsonsche Krankh u Gehirnhautentzündg mit Gliederzittern gehören nicht hierher (Nürnb FamRZ **61**, 526; BGH **LM** EheG 46 Nr 1). Die Heilg od Beseitig der Ansteckgsgefahr darf in absehb Zeit nicht erwartet w können. Also chron Krankh. SachverstGA. Nicht erfdl, daß die Heilg schlechterdings ausgeschl ist.
 Lebensnachstellg, auch ggü Dritten.
 Lieblosigkeit ggü dem Eheg (Mangel an ehel Gesinng, Mißachtg), zB **dauernde Zänkereien** (RG Recht **22**, 71), dauerndes Parteinehmen gg den and Eheg, Duldg der unberecht Einmischg von Verwandten (Warn **33**, 10), wenn Frau hinter dem Rücken des Mannes LebensVers auf seinen Tod nimmt (RG HRR **32**, 1303), den erstehl, dem Manne feindl gesinnten Sohn in der ehel Wohng aufnimmt u zu ihm hält (RG Recht **29**, 249), wiederholtes tagelanges Schweigen (RG LZ **31**, 768), kühle Behandlg, nur notwendigste Antworten, Alleinlassen der hochschwangeren Frau (Warn **31**, 110), heimliche Tonbandaufnahmen von Äußergen des

§ 1565 3

and Eheg (Düss FamRZ **55**, 362), fortwährdes Drängen auf Scheidg (RG Recht **29**, 2395), völl Gleichgültigk im ehel Verkehr, Inversuchg-Führen des and Eheg, um einen ScheidsGrd zu erlangen (Warn **18**, 119), Lieblosigk **ggü den Kindern** (Warn **13**, 204), u zwar auch ggü den Stiefkindern (Warn **15**, 86; RG **124**, 54, vgl aber auch § 1353 Anm 2).

Medikamente, übermäßger Genuß, BGH **43**, 331.

Mißhandlgen, dh die Zufügg körperl Schmerzen. Wesentl sind auch hier die Umst. Leichte Mißhandlgen können dch Wiederholg zu schweren w. Mißhandlgen können auch den Tatbestd der (tätl) Beleidigg erfüllen (RG JR Rspr **27**, 806). Im üb können auch leichte Mißhandlgen eine schwere Eheverfehlg sein (RG JW **31**, 1343).

Religion der Kinder, eigenmächt Vorgehen (RG JW **31**, 1347).

Wird **Rücksichtnahme** in erhebl Umfang verletzt, so regelm ZerrüttgsUrs, zB Unduldsamk, Mangel an Bereitsch, auf den Ehepartner einzugehen, Versuch, diesem die eig Anschauungen u Lebensformen aufzuzwingen (BGH NJW **60**, 1447). Ein Eheg muß in gewissem Grade auch die pol Überzeugg des and achten u darf sie nicht absichtl verletzen (SchlHOLG MDR **54**, 417); Bewahrg des eigenen Volkstums ist keine Eheverfehlg (Nürnb FamRZ **61**, 526). Anderers darf ein Eheg sich nicht derart für seine GlaubensGemsch einsetzen, daß darunter das ehel Leben erhebl leidet (KG FamRZ **54**, 145). Allerd steht wg GG 4 Glaubenswechsel, auch zu einer Sekte, jedem Eheg frei; dieser kann aber z ZerrüttgsGrd w (BGH **33**, 145), wenn damit Unduldsamk gg den and Eheg, heiml Beeinflussg der Kinder u Entfremdg verbunden ist (BGH **38**, 317; MDR **65**, 277 Zeugen Jehovas); es ist bes Rücksichtn des die GlaubensEinh der Ehe Aufgebden notw (Stgt FamRZ **55**, 256; Celle FamRZ **63**, 183). Derartige Entsch widersprechen nicht dem GrdR der GlaubensFreih (BVerfG JZ **64**, 363). Zur Scheidg wg Glaubenswechsels Müller-Freienfels JZ **64**, 305, 344 (eingehend).

Schuldenmachen; unwirtschaftl Verhalten, insb bei wirtschaftl Gefährdg der Ehe (RG Recht **19**, 1496); im allg Abmahng erforderl (Warn **21**, 146), nicht aber, wenn das Schuldenmachen hinter dem Rücken des and Eheg erfolgt (Warn **14**, 295). Ob Vermögen vorhanden ist, ist idR gleichgült; and, wenn ein Eheg mit Grd annehmen konnte, daß der and seine Ausgaben billigen würde.

Strafbare Hdlgen fallen im allg unter ehrloses Verhalten; s dort. Wird Bestrafg u Sichergsverwahrg nicht als ehezerstör empfunden, so auch keine Scheidg, wenn AntrSt später dann die lange Dauer der Verwahrg erkennt (RG **165**, 115).

Trunksucht, dh unbezwingb Hang z Trinken (RG JW **36**, 376), auch unterh des Grads v BGB 6 Z 3 (RG Gruch **57**, 410). Nicht, wenn Möglk einer bald Besserg u WiederHerst der LebGemsch z erwarten, es sei denn Eheg hat dch das Trinken die wirtschaftl Grdlage der Fam erschüttert od allg die Achtg verloren. Schuldvorwurf liegt auf der Hand (BGH **43**, 329; StAZ **75**, 65); bei krankh Alkoholismus kann er darin liegen, daß zur Bekämpfg der AlkSucht nichts unternommen w (Ffm FamRZ **72**, 566). Verschuldensfrage hier uU für die Prognose iSv Anm 2 b bedeuts.

Übertriebene geschlechtl Anfordergen, Münch SeuffA **67**, 15. Verweigert, soweit Übertreibg vorliegt, nicht ehewidr.

Unnatürlicher Geschlechtsverkehr, wenn der and Teil seine Abneigg dagg zu erkennen gibt, er aber trotzdem fortgesetzt w (vgl RG HRR **28**, 1808); Einwilligg der Frau aber nicht ohne weiteres schon aus ihrer Duldg zu schließen (Warn **27**, 118). Bei gleichzeit Verweigerg des normalen Verkehrs liegt Verweigerg des GeschlechtsVerk überh vor (Warn **24**, 129).

Unsauberkeit (RG Recht **20**, 2872), sei es am eigenen Leibe, sei es im Haush, Abmahng u ein gewisser Grad erforderl (RG JR Rspr **27**, 704).

Verletzg der ehel Treue, vgl Ehebruch. Die ehel Treue muß auch währd der ganzen Dauer der Ehe, also auch nach eingetretener Entfremdg, auch währd des ScheidgsProz gehalten w (RG JW **28**, 3039); leben die Eheg seit Jahren getrennt, so ist kein so strenger Maßstab wie sonst anzulegen (Warn **13**, 368, aber auch Warn **27**, 144); es kann auch nicht in jedem Umgang eines Eheg mit einer and Pers des and Geschlechts schon ein ZerrüttgsGrd gesehen w (Celle FamRZ **74**, 312). Ist jedoch der Argwohn des and Eheg nicht unbegründet, so ist die weitere Aufrechterhaltg des Verk ein ZerrüttgsGrd (RG **138**, 73). Eine bes weitgehde Verpflichtg in dieser Hinsicht hat der Eheg, dem ein Ehebruch od eine ehel Untreue nachgesehen worden ist (Warn **34**, 126). UU muß der Eheg auch bei beschr Wohnverhältn sich ein unverdächt Quartier suchen (OGH NJW **49**, 144). Schwere Verletzgen der ehel Treue sind zB gesehen worden im Absteigen in einem Hotel mit einer als Ehefr bezeichneten Pers (RG **108**, 233), Meldg auf Heiratsgesuche u Einsetzen solcher, auch wenn das ScheidgsVerf schon schwebt (RG LZ **30**, 646; s aber auch Celle FamRZ **61**, 311), Verlobg bei bestehder Ehe (Warn **30**, 15), aber nicht schon in gelegentl Besuchen des Ehem bei einer dritten Person ohne bes Vertraulichk (Stgt DRZ **49**, 187).

Verletzg der Unterhaltspflicht, vgl §§ 1360, 1361. AntrSt muß beweisen, daß der and Eheg nicht den angemessenen Unterh gewährt.

Vernachlässigg des Hauswesens, falls das trotz Ermahng beharrl geschieht u Vernachlässigg erhebl ist (KG, FamRZ **69**, 421); geschieht sie böswill, so bedarf es keiner Ermahng (Warn **13**, 203). Unerhebl, ob VermVerhältnisse etwa Beschaffg einer leitden HausAngest zulassen (vgl auch RG Recht **19**, 1504). Macht der Mann der Frau Pflichterfüllg dch andauernde schlechte Behandlg schwer, so kann uU sein ScheidgsR entfallen (vgl Warn **13**, 327).

Vernachlässigg der Kindererziehg, Duldg unzieml Verk der Töchter mit Männern, insb natürl von unzücht Verk, Warn **23**, 18. Im allg Ermahng erforderl; vgl aber auch RG **126**, 173.

Verweigerg des ehel Verkehrs. Dieser gehört zu den ehel Pflichten, § 1353 Anm 2; heft Widerstand kann also schon genügen (Warn **14**, 59), ohne daß es auf die Dauer der Verweigerg ankommt (Warn **30**, 16); genügd auch ein derartiger Widerstand, daß ordngsm Beischlaf nicht mögl ist (Warn **14**, 59), Gleichgültigk u Widerwillen, der zur Schau getragen wird, zynische Behandlg des GeschlechtsVerk (BGH NJW **67**, 1079). Selbstverschuldete Impotenz steht der Verweigerg gleich. Unnatürl GeschlechtsVerk: vgl

Bürgerliche Ehe. 7. Titel: Scheidung der Ehe §1565 3, 4

dieses Stichwort. Anwendg empfängnisverhütender Mittel gg den Wunsch des and (Warn 14, 23), außer wenn es geschieht, um die Gefahr kranker Nachkommensch zu vermeiden (vgl Warn 18, 58), oder aus ähnl Gründen. Keine Eheverfehlg, wenn **Verweigerg berechtigt,** zB bei Vorliegen eines ScheidgsGrdes gg den and Eheg, aus Alters- od GesundhGründen; auch im letzteren Falle aber Verweigerg als unberecht anzusehen, wenn dch ungefährl Operation Abhilfe mögl (vgl Warn 16, 142; RG HRR 32, 1216), vorausgesetzt, daß bei Beseitigg des Hindernisses dch diese eine Zerrüttg der Ehe behoben od vermieden u eine wahre ehel Gemsch voraussichtl hergestellt wird (BGH NJW 67, 293). Darf ein Eheg aus trift Grd Nachkommensch verweigern, so gestattet ihm das nicht ohne weiteres auch die Verweigerg des Geschlechts-Verk. Kein WeigergsR aus rel Gründen (RG JW 24, 45). – Besteht ein WeigergsR u erzwingt der Mann den Beischlaf, so EhezerrüttgsGrd (Warn 15, 289).

Verweigerg der Mitarbeit seitens des and Eheg, soweit er dazu im Rahmen von § 1356 Anm 4 verpflichtet ist, vgl dort.

Vorwerfen von verziehenen Eheverfehlgen kann EhezerrüttgsGrd werden, wenn die Vorwürfe ständ u grundlos wiederholt w (RG JW 36, 1961; vgl auch Warn 30, 75).

Weigerg, dem haushführenden Eheg die ihm im Hause zukommende Stellg einzuräumen; im Verhältn zur Mutter vgl RG DRZ 28 Nr 23; den Töchtern RG JR Rspr 27, 1398. Unbegründete Beschrkg der Schlüsselgewalt; vgl auch „Beleidiggen". Demgemäß kein böswill Verlassen, wenn Frau das Haus verläßt (SchlHOLG SchlHA 55, 61).

Weigerg, Kinder zu erzeugen oder zu empfangen (Ffm NJW 48, 303); vgl auch Verweigerg des ehel Verk. ScheidgsGrd entfällt nur bei wirkl trift Grde, insb wenn Geburt für Frau mit Lebensgefahr verbunden, aber auch aus Grden großer wirtschaftl Not od wenn mehrere Kinder vorh. Die gewöhnl Gefahren einer Geburt muß Frau auf sich nehmen. EhezerrüttgsGrd uU auch die Vornahme der Sterilisierg; vgl aber auch Warn Recht 19, 1493 (Gefahr im Verzuge).

Widernatürl Unzucht, vgl den früheren StGB 175b.

4) Scheidg bei Trenng unter 1 Jahr, II. Die Vorschr verschärft die Scheidgsvoraussetzgen bei Ehen, in denen die Eheg noch nicht 1 J getrennt leben, u läßt die Scheidg nur dann zu, wenn die Fortsetzg der Ehe aus in der Pers des and Eheg liegden Grden eine unzumutb Härte darstellen würde. Zur Diskrepanz zu § 1353 II Bln-Charl FamRZ 78, 186. Die Bestimmg wird erst, wenn die Scheidg auf das nachgewiesene Scheitern der Ehe (§ 1565 I) gestützt w, nicht dagg iFv § 1566, da dort TatbestdsMerkm die 1jähr Trenng ist, an der es hier gerade fehlt. IdR ist vor Anwendg v II festzustellen, ob die Ehe iSv I gescheitert ist (Kblz FamRZ 78, 31); krit dazu Oldbg FamRZ 78, 188 u NdsRpfl 78, 53; vgl dagg aber zB die ow einleuchtde gedankl Trenng Brschw NdsRpfl 78, 30. Keine Anwendg v II, dh Scheidg ohne TrenngsFr, wenn die Ehe überh nur den Zweck verfolgte, dem türk Ehem eine AufenthErlaubn zu verschaffen (Bln-Charl FamRZ 78, 38). Die Bestimmg des II ist zG des an der Ehe festhaltden Eheg SchutzVorschr, zG des scheidgswill Eheg Härteklausel. Sie war weder vom RegEntw noch v RAussch vorgesehen, sond geht auf den BR zurück. **Zweck:** Grdsätzl gibt II keine absolute Scheidgssperre für nicht getrennt lebde Eheg, sond schafft nur eine Erschwern für den Fall der Nichttrenng (Schlesw NJW 78, 52). Die uneingeschränkte Generalklausel des § 1565 I 1 ermöglicht die sofort einseit Aufkündigg der Ehe, da eine Zerrüttung auch einseit herbeigeführt w kann (Verstoßg). Der Scheidgswillige hätte es in der Hand, dch eig Verhalten den ZerrüttgsTatbestd selbst zu schaffen. Die Vorschr dient also dazu, die Scheid iF des RMißbr zu verhindern, entspr dem allg RGrds, daß niemand aus eig RVerletzgn für sich günst RFolgen herleiten k (BT-Drucks 7/4694 S 7; Kblz FamRZ 78, 33). Anderers bezweckt II nicht die formale Aufrechterhaltg einer inhaltlos gewordenen Ehe (Stgt FamRZ 78, 690). Heute wird der Zweck der Vorschr eher darin gesehen, die Ernsthaftigk des Scheidgswillens sichtb werden zu lassen (D. Schwab FamRZ 76, 504), dh **leichtfertige Scheidgen zu verhindern** (Rolland Rdn 34; Brüggemann FamRZ 78, 93). Allerd können übertrieben strenge Anfordergen die Eheg zu frühzeit zu einer vollständ Trenng nötigen u damit einen unerwünschten mittelb Zwang zur Ehezerstörg ausüben (Schlesw SchlHA 77, 187). Folge der ratio legis: II ist nicht auf streit Scheidgen beschrkt, sond ist auch bei einverständl Scheidg zu prüfen (Kln FamRZ 77, 717); insb hat II auch den Zweck, verdeckten Konventionalscheidgen entggzuwirken (Schlesw SchlHA 78, 50). Das ScheidgsR aus II unterliegt nicht der Verwirkg, so daß einem Eheg, der ein grob ehefeindl Verhalten des and Eheg längere Zeit ertragen u in der ehel Gemsch ausgeharrt hat, nicht entgg gehalten w kann, er hätte die Trenng schon früher vollziehen können (Mü NJW 78, 49). **b) Voraussetzgen** für die Scheidg innerh der Sperrfrist: **aa) Die Eheg leben noch nicht 1 J getrennt.** Entscheidd ist das GetrLeben, nicht die Dauer der Ehe. Im Ergebn kommt die Dauer der Ehe und Eheg nicht die unzumutb Härte nachweisen k, der vom RegEntw abgelehnten SperrFr nach der Eheschließg gleich (BT-Drucks 7/650 S 108). Für das GetrLeben gilt § 1567, insb auch dessen II (Hamm FamRZ 78, 190). Scheidg aber auch ohne jegl Trenng zul (Oldbg NJW 78, 1266; Karlsr FamRZ 78, 592). **bb) Die Fortsetzg der Ehe muß für den AntrSt eine unzumutbare Härte darstellen.** Die Härte muß sich auf die Fortsetzg der Ehe, auf das Weiter-miteinander-verheiratet-sein, nicht bl auf die Fortsetzg des ehel ZusLebens beziehen (Düss FamRZ 77, 804; Mü FamRZ 78, 29; Ffm FamRZ 78, 191 u ausführl NJW 78, 892; Gernhuber, Neues FamR S 113; aA D. Schwab FamRZ 76, 504; Schlesw NJW 78, 51 sowie SchlHA 77, 200 u 78, 98 m ausführl Begrdg; Oldbg NJW 78, 1266 = FamRZ 78, 188 u NdsRpfl 78, 53). Die Grenze zw diesen beiden ggsätzl Positionen wird allerd verwischt, wenn die Scheidg innerh von 1 J GetrLeben zugelassen w, weil im konkr Fall schlechthin jede Aussicht auf eine Wiederherstellg der ehel LebGemsch fehlt u es sinnl wäre, einen solchen Eheg zur Aufrechterhaltg eines inhaltslos gewordenen Ehebandes zu zwingen (so Stgt FamRZ 77, 807; sa Anm aa aE). Anderers erlauben Zweck u Fassg der Vorschr nicht, allein darauf abzustellen, ob die Fortsetzg der Ehe „auf Dauer" unzumutb ist (so Rolland Rdn 34). Es muß sich um Zerrüttungsgründe besonderer Art od um des Schweregrad iSv II handeln. Zum Verhältn I u II D. Schwab FamRZ 76, 503f; Diederichsen NJW 77, 275; Brüggemann FamRZ 78, 93 mNachw. Gewöhnl werden dieselben Umst iSv I u II maßgebl sein. Notw ist das aber nicht. Es braucht nicht einmal ein KausalZushg zw ihnen zu bestehen (Ffm FamRZ 78, 115). Aus den GMaterialien kann für die erst im VermittlgsAussch formulierte Bestimmg des II nicht gefolgert w, daß idR ein Härtefall gem II bei Vorliegen eines der in

Anm 3 genannten Umst (Ehewidrigk iSv EheG 43 aF) gegeben ist (Düss FamRZ **77**, 804; Brem FamRZ **77**, 808; Saarbr FamRZ **78**, 114; Ffm NJW **78**, 169 u FamRZ **78**, 115; aA Damrau NJW **77**, 1622); andernf wäre die eindeut als Ausn gedachte u formulierte Vorschr des II in ihr Ggteil verkehrt u der Regelfall (Ffm FamRZ **78**, 191). An die Ausleg des Begr „unzumutb Härte" sind **strenge Anforderungen** zu stellen (Kln FamRZ **77**, 717; Stgt FamRZ **77**, 807; Mü NJW **78**, 49). Die Stellg als II u das Wort „nur" weisen eindeut darauf hin, daß eine Ausnahmesituation ggü der ijF gescheiterten Ehe u dem grdsätzl Erfordern der 1j Trenng gegeben sein muß (Ffm MDR **78**, 317). Voraussetzg für die Scheidg nach II ist der Nachw, daß es dem scheidgswill Eheg aGrd der aufgetretenen Widrigkeiten nicht zuzumuten ist, mit der Scheidg bis zum Ablauf von 1 J Getrenntleben zu warten. Es braucht sich unter dem GesPkt der Häufigk nicht um eine Ausn-Situation iR des soz Tatbestds Ehe zu handeln (Mü FamRZ **78**, 113); unzumutb ist die Härte auch nicht erst dann, wenn der and Eheg Abscheu verdient u die Fortsetzg der Ehe mit ihm eine Strafe wäre (Stgt NJW **78**, 275). Daß es einer reichen Partei leichter fällt, nach außen hin ein GetrLeben dch Beziehen einer and Wohng herbeizuführen, muß iR der Ausleg des Begr der unzumutb Härte berücksichtigt w (Kln NJW **78**, 645). Iü aber kann vom Zweck der Vorschr her weniger auf das subj UnzumutbarkEmpfinden des verletzten Eheg abgestellt w, weil darauf ohnehin schon der ScheidgsEntschl u die Zerrüttg basiert (Ffm NJW **78**, 892). Die Umst, die eine unzumutb Härte begründen sollen, sind von dem Eheg, der sich darauf beruft, zu substanziieren, so daß die schlichte Behauptg, der Ehem habe die AntrSt im angetrunkenen Zustd geschlagen, nicht ausreicht (Schlesw SchlHA **78**, 36). **c) Umstände nach II können sein:** Heftige Schläge u Aussperren aus der Wohng (Schlesw SchlHA **77**, 171); ehebrecher Beziehgen u mehrmalige Mißhandlgen (Stgt NJW **77**, 1542); dauernde Verweigerg des GeschlechtsVerk; ein längeres intimes Verhältn mit einem Dr, oRücks darauf, ob u inwieweit dieses bereits in der Öfflk bekannt geworden ist (Düss FamRZ **78**, 27; Hamm NJW **78**, 168; Saarbr FamRZ **78**, 415); zB wenn Ehefr mit dem Kind auszieht u ½ J mit einem Dr in wilder Ehe lebt (Mü FamRZ **78**, 113); Brschw NdsRpfl **77**, 247 läßt 3 Mo genügen; festgestellt werden muß aber stets die Absicht des and Eheg, die Ehe dadch zu zerstören, dh den Ehepartner endgült zu verlassen. Der in der eheähnl Verhältn lebde and Eheg muß den Rückkehr in seine bisher Fam unabänderl abl (Karlsr NJW **78**, 53). Unerhebl angebl Festhalten an der Ehe, wenn das außerprozessuale Verhalten (wechselnde Geschlechtspartner) jede Bindg an den AntrSt verleugnet (Stgt Just **78**, 107). Umstde nach II sind ferner Gewalttätigkten wie Zufügen v Gehirnerschütterg (Brem FamRZ **77**, 807); AlkoholMißbr, Anspucken u Mißhdlgen, selbst bei 5 Ki (Düss FamRZ **77**, 804); Vertrinken des für den FamUnterh notw Geldes (Schlesw NJW **78**, 51); Wasserlassen als Folge übermäß Alkoholkonsums (Mü NJW **78**, 49); wenn eine VermögensAuseinandSetzg schon stattgefunden hat, Eingehen einer festen anderweit Bindg (Lörrach FamRZ **78**, 116); Verlassen des Ehem, der mit 4 kl Kindern aus 1. Ehe allein bleibt (Bln-Charl FamRZ **78**, 186); wenn der AntrSt bei völl zerrütteter Ehe (Gefahr v Tätlichkten) längere Zeit getrennt leben müßte (Stgt Just **77**, 379); GeschlechtsVerk mit 19j vorehelicher Tochter der Ehefr (Schlesw SchlHA **77**, 187); Bedrohg nach Gewalttaten im Rausch (Schlesw SchlHA **77**, 188); monatelanges Wohnen bei and dch Heiratsannoncen gefundenen Frauen (Schlesw SchlHA **78**, 98); unbekannter Aufenth des and Eheg im Anschl an die Erkl, die Ehel sähen sich zum letzten Mal (Celle NdsRpfl **77**, 208). **d)** Die Umstände, auf welche die Unzumutbark gestützt wird, müssen gerade **in der Person des anderen Eheg** liegen. Das bedeutet, daß der and Eheg, ohne daß es hierfür auf ein Verschulden ankäme, auf seiner Seite ZH EhezerrüttgsGrd gesetzt (vgl Anm 3) od doch wenigstens entscheidd zum Scheitern der Ehe beigetragen haben muß. Gravierende Verhaltensweisen des and Eheg können auch nach räuml Trenng fortwirken u die Aufrechterhaltg der Ehe unzumutb machen, wenn der AntrSt in seiner ehel Gesinng schwer getroffen ist (Düss FamRZ **78**, 26). **Beantragen beide Ehel** außerh der JahresFr von § 1566 I **übereinstimmend die Scheidg** (§ 1564 I 1) od stimmt der and Eheg dem ScheidgsAntr zu (vgl ZPO 630 I Z 1 u II), so ist grdsätzl die unzumutb Härte auf beiden Seiten festzustellen u nicht etwa von II überh abzusehen u die Ehe ggf allein aGrd v I zu scheiden (Stgt NJW **78**, 546; Hensler Just **77**, 72; Diederichsen NJW **77**, 275; aA die 36. Aufl; Schröder FamRZ **77**, 767; Kblz FamRZ **78**, 33; Karlsr FamRZ **78**, 590, wo sich die beiderseit Unzumutbark aber bereits aus den ZerrüttgsUmst ergab). Diese Auffassg zieht aus dem zusätzl Zweck von II, Scheidgen vor Ablauf eines TrenngsJ überh zu erschweren, die Folgerg, daß bei übereinstimmdem Scheidgsbegehren beider Eheg vor Ablauf v 1 J GetrLeben in der Pers jedes Eheg Grde nach II geltd gemacht w müssen (Stgt NJW **77**, 1542; Düss FamRZ **78**, 26 u 27; KG FamRZ **78**, 34; Hamm FamRZ **78**, 28; Kblz FamRZ **78**, 31; Brüggemann FamRZ **77**, 582). Liegen aber die Voraussetzgen v II für den ScheidgsAntr eines Eheg in bes gravierender Weise vor, dann kann die Ehe auf seinen Antr hin ohne Abweig des Antr des and Eheg geschieden w, auch wenn bei diesem kein Härtefall gegeben ist (Stgt NJW **78**, 52/430 mAv Heinz/Stillner). **e) Umstde nach II sind nicht** Verletzg der ehel Treue schlechthin (Ffm FamRZ **78**, 115; aA Düss FamRZ **78**, 27); uU ehebrecher Beziehgen, wenn AntrSt selbst in einem eheähnl Verhältn mit einem Partner lebt (Hamm NJW **78**, 168; Schlesw SchlHA **78**, 50); mangelnd UnterhLeistgen u abstrakter Vorwurf „übelster" Beschimpfg (Saarbr FamRZ **78**, 114); Ablehng einer angebotenen Versöhng bei Überraschg des and Eheg mit eig ehewidr Beziehgen (Brschw NdsRpfl **78**, 30); zum Kegelngehen nach Rückkehr des and Eheg aus dem Krankenh (Stgt NJW **77**, 546); überh vergleichsw harmlose Umst wie Lieblosigkten, ständ Reibereien, wiederholte Aushäusigk, Nachlässigkten, Unverständn f die Belange des and Eheg od der Wunsch, eine neue Ehe einzugehen, auch wenn aus dieser Verbindg bereits ein Kind hervorgegangen ist. Provoziert od veranlaßt ein Eheg dch eig Fehlverhalten Umst, die er nicht als ScheidgsR aus II geben würden, zB wiederholtes Fremdgehen des Ehem veranlaßt die Ehefr zu eigener ehewidr Beziehg, so liegt aS des Ehem kein Härtefall vor.

1566 *Zerrüttungsvermutungen.* **I** Es wird unwiderlegbar vermutet, daß die Ehe gescheitert ist, wenn die Ehegatten seit einem Jahr getrennt leben und beide Ehegatten die Scheidung beantragen oder der Antragsgegner der Scheidung zustimmt.

II Es wird unwiderlegbar vermutet, daß die Ehe gescheitert ist, wenn die Ehegatten seit drei Jahren getrennt leben.

Bürgerliche Ehe. 7. Titel: Scheidung der Ehe § 1566 1–3

Schrifttum: Habscheid, Festschr f Bosch 1976 S 355; Schlosser FamRZ **78**, 319 (einverständl Scheidg u StreitGgst); Brehm JZ **77**, 596; Scheld JR **78**, 49 (Standort v ZPO 630).

1) Fristenscheidung, eingef dch 1. EheRG Art 1 Z 20, je nachdem ob die EheL die Scheidg gemeins betreiben od nur einer von beiden; im ersteren Fall wird vermutet, daß die Ehe bereits nach 1 Jahr zerrüttet, im zweiten, daß sie nach 3 J gescheitert ist. § 1566 gibt keinen selbstd ScheidgsGrd; gesch wird stets aus § 1565 I 1, also weil die Ehe zerrüttet ist. Geändert wird ledigl das **Beweisthema:** Statt des unmittelb Nachw, daß die Ehe gescheitert ist, muß das Getrenntleben von 1 bzw 3 Jahren sowie ggf die ScheidgsZustimmg dch den and Eheg nachgewiesen w (vgl NJW **77**, 276). Die Vermutgen sind **unwiderleglich,** dh der Bew des GgTeils ist ausgeschl (ZPO 292 S 1). Desh hält Habscheid aaO S 370 den § 1566 in beiden Absätzen f unvereinb mit GG 6 I. Zu den ehefeindl Folgen einer bl widerlegb Vermutg vgl BT-Drucks 7/4361 S 12; Vogel FamRZ **76**, 483. Das Ger kann also iFv I nicht die Feststellg treffen, daß die Ehe trotz des 1-jähr GetrLebens der EheL noch zu retten sei u desh die Scheidg verweigern, ebsowen wie iFv II der an der Ehe festhaltde Eheg mit dem Nachw zugelassen w, die Ehe sei trotz der 3-jähr Trenng der Eheg noch nicht gescheitert. Er hat ledigl die Möglichk, die derzeit Scheidg dch Anwendg von § 1568 zu vermeiden. Ferner kann das FamG vAw das ScheidgsVerf aussetzen, wenn Aussicht auf Fortsetzg der Ehe besteht (ZPO 614 II 1); allerd darf das Verf nicht gg den Widerspr beider Eheg ausgesetzt w, wenn die Eheg länger als 1 J getrennt leben (ZPO 614 II 2). Die Aussetzg darf einmal wiederholt w, insges aber die Dauer von 1 J u bei mehr als 3-jähr Trenng sogar nur von 6 Mo nicht überschreiten (ZPO 614 IV). **Zweck:** Die gesetzl Vermutg entlastet den Richter davon, vAw alle Tats u Umst zu erforschen, die für od gg die unheilb Zerrüttg der Ehe sprechen u Bew darüber zu erheben; die richterl Entsch wird erleichtert u besser vorhersehb. Dem AntrSt wird die unangenehme Last abgen, die ehel Verhältn dem Ger bis in Einzelh offenzulegen (BT-Drucks 7/650 S 109). Die **Einhaltg der Trenngsfristen** ist vom Gericht genau zu untersuchen (BT-Drucks 7/4361 S 12). Lassen sich die in Frage kommden Daten nicht feststellen, bleibt nur Scheidg nach § 1565 I 1. Zur Nichtberücksichtigg von Trenngsunterbrechgen vgl § 1567 Anm 3. Liegen bei Rhängigk des ScheidgsAntr die FristVoraussetzgen des § 1566 nicht vor, Abweisg des Antr auf Scheidg als unbegründet mögl; also kein Weitersparen von Fristen innerh des Verfahrens im Vertrauen auf die Länge des Proz. Liegen die Voraussetzgen des 1- bzw 3-jähr GetrLebens aber bis zum Schluß der letzten mündl TatsVerhdlg vor, dann Scheidg, auch wenn Teile der Frist erst im Verlauf des Verf abgelaufen s. Eine Scheidg aGrd der Trenngsfristen kommt nicht in Betr, sond nur eine solche nach dem GrdTatbestd des § 1565 I 1, wenn iR der §§ 1353ff von den EheL eine **Ehe ohne häusl Gemsch** geplant war, zB Schauspieler, Strafgefangener, langfr Auslandsbeschäftigg u sonst Doppelwohngen (Brüggemann FamRZ **78**, 91; aA Schwab Handb Rz 122).

2) Einverständliche Scheidg nach 1 Jahr Getrenntleben, I. Ggü der Konventionalscheidg muß 1-jähr Trenng der Eheg hinzutreten, wodch übereilten Scheidgen insb jüngerer Ehel vorgebeugt w soll (BT-Drucks 7/650 S 112 u 7/4361 S 11). GetrLeben von 1 Jahr gem § 1567 ersetzt den Nachw des Scheiterns der Ehe iSv § 1565 I 1. GgBew ausgeschl (Anm 1). **Scheidgserschwerg** aber auch in diesem Fall dadch, daß das FamG dem ScheidgsAntr nur stattgeben darf, wenn es zugleich auch über bestimmte **FamFolgesachen** (ZPO 621 I), also über die Regelg der elterl Gewalt, dessen persönl Verk mit dem Kinde, dessen Herausg, des Unterh ggü diesem u ggf dem and Eheg, der Ehewohng u des ehel Hausrats, der Anspr aus dem ehel GüterR usw, **mitentscheidet,** u zwar entweder, wie hins der Regelg der elt Gew, vAw (ZPO 623 III) od soweit dies von einem Eheg rechtzeitig begehrt w, auf Antr (ZPO 623 I). **Voraussetzgen: a) Einjähriges Getrenntleben** vgl Einzelheiten § 1567. **b)** Unbeschadet des ZPO 622 muß bereits die **ScheidgsAntragsschrift** (mit der Folge, daß dadch der Entscheidgsverbund zwingend wird) enthalten: den **übereinstimmenden Vorschlag der Eheg** zur Regelg der elt Gewalt über ein gemschaftl Kind sowie zur Regelg des persönl Verk mit dem nicht sorgeberecht EltT, ferner die Einigg der Eheg über die Regelg der ggseit Unterhpfl sowie derj ggü den Kindern u einen Regelgsvorschlag bezügl Ehewohng u Hausrat (ZPO 630 I Z 2 u 3). Nach Schlosser FamRZ **78**, 319 handelt es sich hierbei um materiellrechtl Scheidgsbedinggen, nicht um ZulässigkVoraussetzgen eines bes Verf der einverständl Scheidg (ebso Brehm JZ **77**, 596). Das Ger soll dem ScheidgsAntr ferner erst stattgeben, wenn die Eheg ü die UnterhPflichten u die RVerhältn an Ehewohng u Hausrat einen vollstreckb Schuldtitel geschaffen haben (ZPO 630 III). Die einverständl Scheidg der Eheg setzt also mehr voraus als nur die Einsicht, nicht zueinand zu passen; die Ehel müssen vielm hins der gen Folgesachen untereinand ein Einverständn erzielen. Gelingt ihnen dies nicht, bleibt nur die Scheidg nach dem GrdTatbest des § 1565 I 1 (vgl BT-Drucks 7/650 S 113). Der Einiggszwang ist zwingdes Recht (BT-Drucks 7/4361 S 70). Einvernehmen über einz Frage reicht nicht aus. Die erleichterte Scheidg gem §§ 1565 I 1, 1566 I setzt Übereinstimmg der Ehel in sämtl Folgesachen des ZPO 630 I 2 u 3 voraus. Andernf bleibt den Ehel der Nachw, daß ihre Ehe gescheitert ist, nicht erspart, worauf der Richter über Folgesachen iRv ZPO 623 III vAw entscheidet; od sie müssen, wenn ihnen der Nachw der vollst Zerrüttg ihrer Ehe nicht gelingt, zwei weitere Jahre getrennt leben (§ 1566 II). Antr bzw Zust iRv § 1566 I bewirken per se nie eine unwiderlegl Vermutg der Zerrüttg, so daß bei späterer einseit Zurückn v Antr od Zust automat aus § 1565 I gesch w müßte (so aber Kniebes DRiZ **76**, 327, die aber das RechtsInst der Vermutg verkennt). **c)** Grdlage der Scheidg gem I ist der **Scheidgskonsens der Ehegatten,** so daß allenf nach § 1565 geschieden w kann, wenn die Eheg nicht im Einvernehmen, sond unabh vom gleichen Endziel mit verschiedener Begründg die Scheidg betreiben (Brüggemann FamRZ **78**, 97). Der korrespondierde **ScheidgsAntr** setzt anwaltl Vertretg voraus, nicht dagg die Zustimmg zur Scheidg. Zustimmg muß grdsl ausdrückl erfolgen; nur in AusnSituationen reicht schlüss Verhalten aus. Insb bedeutet Mitwirkg bei der ScheidgsfolgenVereinbg nicht ow Zust zur Scheidg (AG Mosbach FamRZ **77**, 810). Wird sie währd des Verf widerrufen (ZPO 630 II 1), so (mangels entspr Sachvortrags zu § 1565 I 1) keine Umdeutg des ScheidgsAntr in einen solchen auf Scheidg aGrd Zerrüttg; aber Umstellg mögl (NJW **77**, 655).

3) Einseitige Scheidg nach 3 Jahren Getrenntleben, II. Will nur ein Eheg gesch w, so besteht nach 3-jähr GetrLeben der EheL die Vermutg, daß die Ehe gescheitert ist. Sie wird dann auf den einseit Antr

1349

nur eines Eheg auch **gg den Willen des anderen Eheg** geschieden, unabh davon, ob der Nachw iSv § 1565 I 1 zu führen wäre, daß die Ehe gescheitert ist. Wg der Verlängerg der Frist auf 5 J iFv § 1568 vgl Anm 1. Einer Einigg der Ehel über die Folgesachen wie in Anm 2 bedarf es hier nicht; das FamG entscheidet darüber ggf vAw. Im Ggsatz zu Kln NJW 78, 167 ist eine verfassgskonforme Auslegg von II (unwiderlegl Vermutg!) nicht mögl; die Vorschr ist entweder mit GG 6 I vereinb od nicht.

1567 *Getrenntleben.* I Die Ehegatten leben getrennt, wenn zwischen ihnen keine häusliche Gemeinschaft besteht und ein Ehegatte sie erkennbar nicht herstellen will, weil er die eheliche Lebensgemeinschaft ablehnt. Die häusliche Gemeinschaft besteht auch dann nicht mehr, wenn die Ehegatten innerhalb der ehelichen Wohnung getrennt leben.

II Ein Zusammenleben über kürzere Zeit, das der Versöhnung der Ehegatten dienen soll, unterbricht oder hemmt die in § 1566 bestimmten Fristen nicht.

1) Die dch das 1. EheRG Art 1 Z 20 eingef Vorschr enthält eine **gesetzl Bestimmg des Begriffes „Getrenntleben"**. Im Ggs zum früh R kommt es für die Rfolgen nicht mehr darauf an, ob ein R zum GetrLeben besteht od nicht (vgl § 1353 II). Die Auslegg muß sich an der Funktion orientieren, die dem Getrennt nach dem neuen ScheidgsR zukommt; die Rspr zu EheG 48 aF ist nur noch bedingt verwertb (Mü FamRZ 78, 596). Begriffl entscheidd das Nichtzusammenleben der Eheg an einer gemschaftl Wohnstätte wobei gewisse Individualisierg der Intensität der häusl Gemsch (Landwirts-, Schauspielerehepaare usw) notw (D. Schwab FamRZ 76, 499). Das GetrLeben ist ein rein fakt Zust, seine Herbeiführg erfolgt dch RGesch, sond ist Realakt; die Aufhebg der häusl Gemsch setzt eine willensbedingte Hdlg voraus (BT-Drucks 7/650 S 113), so daß Trennen der Eheg gg ihren Willen so lange kein GetrLeben bewirken, wie nicht mind einer von ihnen dch sein Verhalten nach außen zum Ausdr bringt, daß er die häusl Gemsch nicht wieder aufzunehmen wünscht; zB freiwill Unterlassen der Rückkehr nach Beseitig der Zwangslage. Bloßes Hinnehmen der Trenng reicht also nicht aus. Die sich an das GetrLeben anknüpfenden **Rechtsfolgen** beruhen ebenf ausschließl auf dem Gesetz (vgl §§ 1357 III, 1361, 1361a, 1385, 1566, 1629, 1672, 1678, 1679). Zur Abgrenzg ggü der Aufhebg der LebGemsch § 1565 Anm 2a. Eine der wichtigsten Rfolgen des GetrLebens liegt darin, daß die Einhaltg bestimmter Trenngsfristen (von 1 bzw 3 Jahren) scheidgswill Ehel den Nachw erspart, daß ihre Ehe gescheitert ist (§ 1566). Grdsl bleiben die ehel Pflichten währd des GetrLebens erhalten; aber evtl ist das Verlangen vS desj Eheg, der die Heimtrenng herbeigeführt hat, mißbräuchl (vgl § 1353 II m Anm). Leben die Eheg bei Gütertrenng getr, ohne daß mit einer Wiederherstellg gerechnet w kann, so braucht das Verlangen eines Eheg, der Eigentümer des Grdst u der Wohlg ist, der and möge diese herausgeben, nicht rechtsmißbräuchl zu s (Stgt NJW 70, 101). Keine güterrechtl Wirkgen (RG JW 13, 1058); vgl aber § 1385. Steuerrechtl Einzelveranlagg, EStG 26 I (BFH NJW 73, 2079). EigtVermutgen nur noch eingeschränkt wirks (§ 1362 I 2). **Klarheit über das GetrLeben** (wicht wg § 1566) verschafft sich ein Eheg dch die Aufforderg an den and Teil, die Gemsch wieder herzustellen (vgl Einf 3 v § 1353 sowie § 1353 Anm 2 b bb). Rfolgen sind mit dieser Auffdg nicht mehr verbunden (zur früh LRage 35. Aufl EheG 50 Anm 4 b).

2) Begriffl erfordert das GetrLeben obj das Nichtbestehen der häusl Gemsch u subj die Trenngsabsicht (BT-Drucks 7/650 S 114; sa NJW 77, 277). Die Eheg **leben** iS des Gesetzes **getrennt** unter **zwei Voraussetzgen, I 1: a) Nichtbestehen der häusl Gemeinsch.** Es gilt der **Grdsatz der totalen Trennung**: Mit Rücks auf die Zerrüttgsvermutgen des § 1566 müssen die Gemeinsamkeiten grdsätzl in allen Lebensbereichen aufgegeben sein (Ffm FamRZ 78, 595), so daß kein GetrenntL, wenn Ehem im Wintergarten schläft, die Ehefr diesen aber in Ordng hält usw (Kln FamRZ 78, 34). Für I 2 reicht es nicht aus, wenn die Eheg, u sei es auch nur der Kinder wg, noch das SchlafZi teilen, gemeins essen u teilw auch gemeins die Freizeit verbringen (Celle NdsRpfl 77, 247). Abzulehnen ist die Auffassg, daß es für die Trenng der Ehel genüge, wenn wesentliche Merkm der häusl Gemsch nicht mehr vorlägen (so Damrau, NJW 77, 1623; Schwab Hdb Rz 130; wie hier Brüggemann FamRZ 78, 92). Lediglich wenn aus wirtschaftl Notwendigkeit gewisse Dienstleistgen, wie sie auch Untermietern ggü erbracht w, forterbracht werden, braucht das der Ann einer Trenng nicht entgegzustehen (Mü FamRZ 78, 596); allerd wird man in solchen Fällen andere Hinweise für die Einstellg der ehel LebGemsch iü verlangen müssen iS echter Verzichtleistgen, um dem and Teil aus dem Wege zu gehen. Erforderl ist eine vollkommene tatsächl Trenng der Eheg. Das ist insb dann der Fall, wenn sie versch Wohngen bezogen haben, was man für das GetrLeben ijF voraussetzen muß, wenn die Ehel sich dies wirtschaftl leisten können. Aber auch, wenn die Ehel **noch in derselben Wohng leben,** kann die häusl Gemsch aufgeh sein, sofern nur ein Zustand herbeigeführt ist, der eine vollst Trenng bedeutet, **I 2,** zB wenn die Ehel innerh der bisher ehel Wohng bei gemeins Benutzg von Küche, Bad uä die Zimmer unter sich aufgeteilt haben. Getrennt Schlafen u Essen genügt nicht (BGH FamRZ 69, 80). Hingg spricht Tätigk, die nur den Kindern zugute kommt, ebenso auch eine solche in der Landwirtsch od dem Gesch des and Eheg noch nicht gg die Aufhebg (RG 167, 301). Läßt AntrSt sich ausschließl von seiner Mutter versorgen, steht dem Getrenntl uU nicht einmal entgg, wenn Ehel bisw gleichzeit am Tisch essen (BGH NJW 78, 1810). Aufhebg aber zu verneinen, wenn die Frau weiterh für den Mann kocht u dieser gelegentl in der Wohnung übernachtet (RG 163, 277). Zu den Erfordern des GetrLebens in ders Wohng Einzelheiten bei D. Schwab FamRZ 76, 502. Eine Entfremdg der Eheg ist begriffl nicht erfdl. Zu unbest Damrau NJW 77, 1623, der für I 2 nur verlangt, daß als maßgebl empfundene Gemeinsamkeiten nicht mehr bestehen. Trenng innerh der Wohng ist leichter glaubh, wenn mRücks auf Mißhdlgen das Bemühen der Ehefr, jedem vermeidb Kontakt mit dem Ehem aus dem Wege zu gehen, die innere Wahrscheinlichk für sich hat (Hamm FamRZ 78, 511). **b) Trenngsabsicht.** Die Aufg der häusl Gemsch muß sogleich od später dem nach außen in Erscheing tretden Willen mind eines der beiden Eheg entsprechen, der mit dem and nicht mehr zusleben will. GetrLeben setzt voraus, daß ein Eheg die häusl Gemsch erkennb nicht herstellen will, weil er die ehel LebGemsch ablehnt. Ausziehen aus der Ehewohng, um einen gewissen Abstand zu gewinnen, ausreichd (D. Schwab FamRZ 76, 500). Ob die TrenngsAbs einseit

Bürgerliche Ehe. 7. Titel: Scheidung der Ehe §§ 1567, 1568

od wechselseit vorh ist, ist unerhebl; nur muß sie gerade in der Pers desj Eheg gegeben sein, der die räuml Trenng aufrechterhält. Bei beiderseit Trenngswillen entscheidet iRv § 1566 der zuerst geäußerte Wille. Die Abs, die Trenng herbeizuführen, muß **erkennbar** hervorgetreten sein, was insb dann wicht ist, wenn die Trenng zunächst aus beruft Grden erfolgte u der Wille zur Aufg der häusl Gemsch erst später hinzukommt (BGH 4, 279). Der Wille muß eindeut nach außen hervortreten, Einstellg des Briefwechsels genügt im allg nicht (BGH **LM** EheG 48 I Nr 7). Dem and Eheg muß der Entschluß nicht unbedingt mitgeteilt werden (BT-Drucks 7/650 S 114). Irrtümer in diesem Bereich unerhebl. Wer nach außen getr lebt, kann sich (etwa iRv §§ 1361 od 1672) nicht auf das Fehlen der TrenngsAbs berufen, ebsowen wie umgek derj sich auf § 1566 stützen kann, der irrtüml geglaubt hat, er lebe vom and Eheg getr. Glaubte ein Eheg, der and sei tot, so fehlt es am Aufhebswillen (Brschw FamRZ **54**, 51). Wg dieses Willenserfordern ist die häusl Gemsch nicht aufg, wenn die Abwesenh eines Eheg ausschließ auf berufl, geschäftl, gesundheitl od ähnl Grden beruht, wenn also die Trenng nach den bestehden LebVerhältnissen dem regelmäß Lauf der Dinge entspricht (RG DR **40**, 449). Monate- od jahrelange Abwesenh zB des Wissenschaftlers, Geschäftsmannes, Schauspielers (RG **164**, 332), Seemanns, Ing, Gefangenen einer FreihStrafe (BGH **38**, 266), auch wenn ein Eheg sich schon iZtpkt der Eheschließg in Strafhaft befand (KG FamRZ **78**, 342), od aGrd schwier WohngsVerhältn (RG DRZ **26** Nr 1025) od der polit Verhältn (Zurückbleiben in Oberschlesien, BGH **LM** EheG 48 I Nr 7) bedeutet regelmäß keine Aufhebg der häusl Gemsch, so daß bei Schwierigkeiten, sich nach der Rückkehr wieder aneinand zu gewöhnen, Fristen gem § 1566 von neuem zu laufen förml Trenng zu laufen beginnen. Getrenntleben aber zu bejahen, wenn iR eines AuslandsAufenth ein Eheg dem and mitteilt od sonst nach außen kundtut, an der ehel LebGemsch nicht mehr festhalten zu wollen od wenn Ehem seine Frau, die ihm Homophilie vorwirft u das Haus zu sprengen versucht, aus dem Sudan nach Hause schickt (Hamm FamRZ **78**, 190). Die Auslegg der Vorschr hat sich überh daran zu orientieren, daß die Trenng Grdlage für die Vermutg sein soll, daß eine Ehe dann gescheitert ist, wenn eine Trenng „in ehefeindl Abs" andauert (vgl BT-Drucks 7/650 S 114). Umgek kann das Vorhandensein des Willens zum GetrLeben so deutl sein, daß darüber Mängel in der tats Trenng nicht ins Gewicht fallen (vgl Anm a zu I 2). Ebso entscheidet der Wille, wenn häusl Gemsch nie bestanden hat (BGH **38**, 266).

3) **Trennungsfristen** sind genau festzustellen (§ 1566 Anm 1 aE). Haben die Eheg nach einer Zeit der häusl Trenng die Gemsch wieder aufgen u sich dann erneut, so wird die erste TrenngsZt nicht zur 1- od 3-J-Fr des § 1566 zugerechnet, vielm beginnt die Fr von neuem zu laufen (Kumulierungsverbot). Dagg soll ein **Zusammenleben über kürzere Zeit** die Trennungsfristen nicht unterbrechen bzw deren Zusammenzählg nicht ausschließen, II, um den Ehel Versöhnungsversuche zu erleichtern u sie nicht dadch davon abzuhalten, die häusl Gemsch wieder aufzunehmen, daß sie befürchten müßten, wg Mißlingens dieses Versuches die „angesparten" Fristvorteile einzubüßen (BT-Drucks 7/650 S 114). Gilt für § 1565 II entspr (Kniebes DRiZ **76**, 326; Damrau NJW **77**, 1624). Die ehefreundl Zielsetzg der Vorschr hat die Auslegg zu bestimmen; aA D. Schwab FamRZ **76**, 501, der II einschränkd auslegen will. Versöhnungsversuch von der **echten Versöhng** zu unterscheiden, die ggf keine TrenngsFr erfordert. Bl Versuch eindeut, wenn Rückkehr unter Bedingng (zB daß Trinkerei aufgegeben w) od Befristg (Urlaub uä). Nach Damrau NJW **77**, 1624 sollen auch echte Versöhngen die TrenngsFr nicht unterbrechen, wenn innerh kürzerer Frist doch wieder eine Trenng herbeigeführt w. Die Ablehng der im GesetzgbgsVerf diskutierten Änd von II in eine Kann-Bestimmg (vgl BT-Drucks 7/4361 S 28) hat angesichts der unbest RBegriffe keinerlei Bedeutg. Die ZusRechng der Trenngsfristen od deren Versagg bleibt Sache des Einzelfalles. **a) ZusLeben über kürzere Zeit** liegt auch vor bei verhältnismäß längerem Zusammensein, sofern die Relation zu den jew maßgebl Trenngsfristen gewahrt bleibt. Bei den 3 Jahren von § 1566 II mag selbst ein mehrmonat ZusWohnen noch als kürzere Zeit gelten. Entscheidd auch die ZerrüttgsGrde (vgl § 1565 Anm 3). Wiedervereinigg nach geringfüg TrenngsAnlässen berecht nicht zur Annahme einer echten Versöhng als nur schwerwiege Grde zur Trenng geführt haben. Wollen es die Ehel dann doch noch einmal „miteinand versuchen", so II, wenn sie scheitern. Ow unberücksichtigt bleiben gelegentl Besuche od ein von vornh zeitl begrenztes ZusSein (RG **160**, 284; HRR **41**, 114) od wenn beide Eheg in dem GewerbeBetr, dessen Küche die Frau besorgt, verköstigt w (RG HRR **42**, 102). Zu berücks ferner, wann innerh des FrLaufs die vorübergehde Wiedervereinigg stattgefunden hat; je nach dem Charakter des betr Eheg kann Unterbrechg der Trenng am Anfang od gg Ende der Fr bes Bedeutg haben. **b) ZusLeben soll der Versöhnung dienen**, dh es muß subj die Abs vorliegen, die Ehe zu retten, indem die häusl Gemsch wiederhergestellt w. Dahinter stehde weitere Motive schließen die AussöhngsAbs nicht aus, wie WiederAufn des and Eheg aus Mitleid, Rückkehr aus einer persönl Notsituation uä.

1568 *Härteklauseln.* I Die Ehe soll nicht geschieden werden, obwohl sie gescheitert ist, wenn und solange die Aufrechterhaltung der Ehe im Interesse der aus der Ehe hervorgegangenen minderjährigen Kinder aus besonderen Gründen ausnahmsweise notwendig ist oder wenn und solange die Scheidung für den Antragsgegner, der sie ablehnt, auf Grund außergewöhnlicher Umstände eine so schwere Härte darstellen würde, daß die Aufrechterhaltung der Ehe auch unter Berücksichtigung der Belange des Antragstellers ausnahmsweise geboten erscheint.

II Absatz 1 ist nicht anzuwenden, wenn die Ehegatten länger als fünf Jahre getrennt leben.

Schrifttum: Ambrock FamRZ **78**, 314; Görgens FamRZ **78**, 647.

1) Die dch 1. EheRG Art 1 Z 20 eingef Bestimmung gibt aGrd von **zwei Härteklauseln** die Möglichk, die Scheidg abzuwenden, obwohl die Ehe gescheitert ist, I. Als Grde für die Aufrechterhaltg der Ehe werden nur das Interesse **minderjähriger Kinder**, die aus der Ehe hervorgegangen s, u die **für den and Eheg persönl untragbare Härte der Scheidg** anerkannt. Dagg hat der GesGeber die Einführg einer allg RMißbrKlausel abgelehnt, da sie eine Rückkehr zum Verschuldensprinzip bedeutet hätte (BT-Drucks

1351

§ 1568 1–3

7/650 S 117). Dem ScheidgsInteresse des AntrSt wird aber wieder der Vorrang eingeräumt, wenn die Eheg länger als **5 Jahre getrennt leben, II.** Diese Fr ist absolut in dem Sinne, daß eine Scheidg auch gg den Willen des and Eheg ijF nach 5 J GetrLeben zu erzwingen ist. Der Härteeinwand hat teils Einrede-, teils Einwendgscharakter: Berücksichtigg der Kindesinteressen vAw (Bergerfurth FamRZ 77, 357), dagg der „außergewöhnl Umst" nur, wenn sie von demj Eheg, der die Scheidg ablehnt, vorgebracht sind (ZPO 616 III). Voraussetzg für die Anwendg der Härteklauseln ist eine gescheiterte Ehe. Sie gelten sowohl iFv § 1565 I 1 als auch iFv § 1566 II, dagg nicht iFv § 1566 I, wenn beide Eheg übereinstimmd die Scheidg wollen (BT-Drucks 7/650 S 116); allerd kann die Zust zur Scheidg bis zum Schluß der mündl Verhdlg, auf die das Urt ergeht, widerrufen w (ZPO 630 II 1) mit der Folge, daß dann auch der Weg frei ist für eine Berufg auf § 1568. Doch wird unter diesen Umst kaum je ein Härtefall vorliegen. Trotz Formulierg als Soll-Vorschr muß FamG bei Vorliegen der Voraussetzgen Ehescheidg ablehnen. Subsumtion unter die sprachl verdorbene Bestimmg nicht mögl. Eindeut ist lediql, daß sie **nur in krassen AusnFällen** Anwendg finden soll (NJW 77, 278); unricht daher D. Schwab FamRZ 76, 504, der m Rücks auf die zeitl Begrenzg des Härteeinwands gem II auch weniger schwerwiegde Gründe als Härten anerkennen will. Lüke (Festschr f Bosch 1976 S 642 f) hält die 2. Alt der Härteklausel für unvereinb mit GG 2 I; aber auch wenn die EheschließgsFreih aus GG 6 I abgeleitet w (BVerfG **29,** 179; **31,** 58; **36,** 146), kann dies immer nur für die 1.Eheschl gelten, währd diese ggü weiteren Eheschließgswünschen ihrers den Bestandsschutz des GG 6 I genießt. Insow wird dann GG 2 I dch GG 6 eingeschränkt (Ambrock FamRZ 78, 314).

2) Aufrechterhaltg der Ehe im Interesse minderjähriger Kinder. Währd der RegEntw eine bes Schutzklausel zG von Kindern, die aus der Ehe stammten, für überflüss ansah (BT-Drucks 7/650 S 118 f), ist es auf Betreiben des BR doch noch zu einer Berücksichtigg des Kindeswohls gekommen (BT-Drucks 7/4694 S 9). Die Vorschr ist AusnBestimmg, so daß die Ehescheidg nicht allg m Rücks auf das Vorhandensein mj Kinder versagt w darf. Empfehlensw uU Einschaltg des JugA (Kemper ZBlJugR 77, 414). **a)** Zu berücksichtigen sind nur die aus der zur Scheidg anstehenden Ehe hervorgegangenen mj **Kinder,** gleichgült ob sie bereits **in der Ehe geboren** w od dch Verheiratg des Vaters mit der Mutter ehel geworden s (§ 1719). Entspr ihrem Schutzzweck ist die Vorschr auch zGv Kindern anzuwenden, die von beiden Eheg adoptiert w sind (§ 1754 I), dagg nicht auf Stiefkinder, vor- u außerehel Kinder, auch wenn sie einbenannt (§ 1618) od dch EhelichErkl legitimiert w sind (§§ 1736, 1740f). Das Gesetz stellt pauschal auf die **Minderjährigkeit** der Kinder ab; das Schutzbedürfn besteht aber vor allem bei Kleinkindern u währd der Pubertät. Anderers ist es unzul, die Vorschr auf mj Kinder bis zum Alter von 14 Jahren zu beschränken, weil sonst die 5-J-Fr von II sich auch zum Schutz von Volljähr auswirken könnte. Auch ein 17-jähr Jugendl benötigt uU Schutz vor der Scheidg der Ehe seiner Elt (Selbstmordgefahr). Vgl iü Anm 4. Ist der Mj seiners verheiratet (EheG 1 II), scheidet § 1568 aus. Die Interessen mehrerer mj Kinder an der Scheidgsresistenz der Ehe erhöhen. **b)** Die Aufrechterhaltg der Ehe muß **aus besonderen Gründen ausnahmsweise notwendig** sein. Das „ausnahmsw" ist eine dogmat überflüss Redundanz; auch die „bes Grde" sind sprachl kaum förderl, da es sich von selbst versteht, daß die aus dem Kindesinteresse „notw" Erhaltg der Ehe nur unter bes Umst in Betr kommt. Das allg Interesse, das Kinder daran haben, daß ihre Elt sich nicht scheiden lassen, ist hierbei außer Acht zu lassen; die normalerw mit einer Scheidg für die Kinder verbundenen psycholog u wirtschaftl Nachteile wie sie mit einem evtl Wohngswechsel, dem endgült od dch das VerkehrsR kompensierb Verlust eines EltT, der Aufn einer Erwerbstätigk dch die Mutter uä verbunden sind, müssen hingen w. Die Scheidg hat aber zu unterbleiben, wenn das Kind sonst in eine schwere Identitätskrise geriete, wofür die bloße Anhänglichk an einen od auch beide EltTeile nicht ausreicht. Abzuwägen ist die abstrakte freie PersönlichkEntfaltg des aus der Fam hinausstrebden Eheg gg die konkret voraussehb Schäden u Nachteile, die das Kind dch die Trenng seiner Elt erleidet bzw sich auch selbst zufügt. Zu berücks auch, daß idR der die Scheidg anstrebde EltT schon wg der Fristen der §§ 1566, 1568 II (weiterhin) getr leben wird; das kann im Einzelfall zur Anwendg od Ablehng von I führen. IjF muß pos festgestellt w, daß die Aufrechterhaltg der elterl Ehe zum Wohl des Kindes tatsächl beizutragen vermag u darüber hinaus notw ist. Für die prakt Anwendg ist die Vorschr weitgehd verfehlt, weil sie nicht eindeut festlegt, inwiew der scheidgswill Eheg um egoist Ziele willen sich der für die Fam übernommenen Verantwortg entziehen darf. Härtefall zB, wenn als Folge der Scheidg gesellschaftl, insb schulische Diskriminierngen zu befürchten sind; wenn dch die Ehescheidg der Unterh der Kinder gefährdet würde; nicht dagg das Interesse an Vergrößerg von Erbansprüchen, Vermeidg einer neuen Eheschl eines EltT.

3) Schwere Härte für den Scheidgsgegner. Da die Scheidg, wenn auf seiten des einen Eheg ein absoluter Scheidgswille vorhanden ist, nicht endgült abgewendet w kann (vgl II), kann der **Zweck** dieser Härteklausel nur darin liegen, dem and Eheg Zeit zu geben, sich auf die neue Situation einzustellen (BT-Drucks 7/4361 S 13). Die Vorschr gewährt also nur einen zeitl begrenzten Ehebestandsschutz. Beschrkt man die Anwendbark der Härteklausel auf die Scheidg zur Unzeit (so aA Schlesw NJW **78,** 53; aA Ambrock FamRZ **78,** 317), so ist die Konsequenz, daß Scheidg innerh der 5 J begehrt w kann, sobald die Umstellg auf die neue Situation als abgeschl anzusehen ist (arg: „wenn u soll"). Die Ablehng der Scheidg muß das einz Mittel sein, um den Eheg vor einer für ihn dch die Scheidg entstehenden nicht erträgl Lage zu bewahren (BT-Drucks 7/650 S 116). **a)** Ob der Eheg, der nicht gesch sein will, eine Scheidg bes **hart betroffen** würde, beurteilt sich nach seinem Wesen, seiner geist od körperl Veranlagg, seiner Stellg u seinen Leistgen in der ehel Gemsch u den LebUmst, in die er dch die Scheidg eintreten würde; entscheid ist der ungewöhnl Einzelfall. Die Lage, in der sich die Eheg befinden, muß auch für eine gescheiterte Ehe ungewöhnl sein; das wird dch das Merkm zum Ausdr gebracht, daß die Härte auf **außergewöhnlichen Umständen** beruhen muß (BT-Drucks 7/650 S 116). Beispiele aus der amtl Begründg: Schwere Krankh, Alleinlassen zu einer Zeit besonderer Schicksalsschläge, schicksalhafter Verlauf der Ehe, in AusnFällen die planmäß, einseit u bewußte Zerströg der Ehe dch einen der Eheg. Härtefall ferner, wenn Eheg aus dem Betrieb hinausgedrängt w soll, der ihm LebInhalt ist (D. Schwab FamRZ **76,** 506). Entgg dem ausdrückl Ausschl im RegEntw u dch den RAussch (BT-Drucks 7/650 S 117 u 7/4361 S 13) können herbei auch wirtschaftl

Interessen berücks w; allerd ist zu beachten, daß der Ausgl materieller Härten idR im ScheidsfolgenR geschieht u ausr geschehen kann. **Keine Härtefälle** bei Festhalten an der Ehe allein aus VersorggsGrden; um einen jetzt noch nicht gegebenen nachehel UnterhTatbestd zu verwirklichen bzw den VersorggsAusgl zu eig Gunsten zu verbessern; weil man dch die Scheidg seine gesellschaftl Stellg verliert (aA D. Schwab FamRZ **76**, 505 f); weil eine geschiedene Frau es in einem kl Ort künft schwer haben würde (Hamm FamRZ **77**, 802); weil psych labiler Alkoholiker sich Halt von der Ehe verspricht (Schlesw NJW **78**, 53); eine auch schon vor der 2jähr Ehe vorhandene HerzKrankh (Düss FamRZ **78**, 36). Nicht ausreichd, daß der scheidgsunwill Eheg sein Lebensschicks ganz dem Eheg untergeordnet (Verzicht auf Kinder) hat; es können keine Härten berücksichtigt w, die bereits dch das Zerbrechen der Ehe selbst entstanden sind (BT-Drucks 7/650 S 116; Kblz FamRZ **77**, 791). Ferner kein Fall der 1. Altern bei bl moral Versagen, etwa wenn ein Ehem sich aus der Ehe löst u es unterläßt, seiner Frau bei der Betreuung eines nervenkranken Kindes die notw Unterstützg zuteil w zu lassen (Celle FamRZ **78**, 508). **b)** Zu berücks sind bei der Abwägg auch die **Belange des AntrSt**. Es kommt darauf an, für wen die Härte, gesch od nicht gesch zu w, überwiegt (BT-Drucks 7/650 S 117). **c)** Die Aufrechterhaltg der Ehe muß **geboten erscheinen**. Das ist weniger als das „notw" iSv Anm 2b, so daß auch geringeren Krisen als Selbstmordverdacht, neurot Schäden u dgl Rechng getragen w kann. Es können aber immer nur eheinterne Umst den Ausschlag geben. Keine Aufrechterhaltg der Ehe also bei bloßer Eifersucht, wenn neue Eheschließg verhindert w soll. IjF ist Vorausssetzg für die Anwendg von I, daß der Eheg, der sich auf die Härteklausel beruft, aus innerer Bindg an der Ehe festhält (BT-Drucks 7/4694 S 9), währd es nicht darauf ankommt, ob der AntrSt bei Versagg der Scheidg zum ehel Eheg zurückkehrt (Ambrock FamRZ **78**, 318).

4) Zeitliche Schranken ergeben sich für die Berufg auf die Härteklauseln des I einmal relativ u zum and absolut: **a)** Der AusnCharakter der Scheidgsschranke rechtfertigt es nur, sie so lange anzuwenden, wie die bes Härte vorliegt. Entfällt der Umst, der den ScheidgsAntr zum Scheitern brachte, so kann der Eheg nunmehr erneut auf Scheidg antragen (BT-Drucks 7/650 S 116). Hat sich zB das mj Kind an die VerkRegelg iR der §§ 1672, 1634 gewöhnt, so mag die Ehe gesch w; ebso wenn der Scheidgsgegner seinerseits neuen Anschl gefunden h. **b)** Ohne Rücks darauf, ob die Härte, die das Ges vermeiden will, über die Fr hinaus andauert, ist die Ehe **nach 5-jährigem Getrenntleben** der Ehel zu scheiden, **II**. Dabei spielt es keine Rolle, wie diese Fr sich zusammensetzt, ob also der AntrSt von vornherein abwartet, bis die Trenng sich auf 5 J beläuft, od ob er die Scheidg schon nach 3 J zu erlangen versucht u den Antr nach 2 weiteren J wiederholt. Iü gilt das zu § 1567 Anm 3 Gesagte. Den endgült Ausschl v Härtefällen wird teils als mit GG 6 I unvereinb angesehen (Bosch FamRZ **76**, 401; **77**, 574; AG Sulingen FamRZ **77**, 793 – VorlageBeschl), teils wird erwogen, ihn über § 242 abzumildern (Hillermeier FamRZ **76**, 579).

II. Unterhalt des geschiedenen Ehegatten

Einführung

Schrifttum: Bosch DRZ **47**, 82; Brühl/Göppinger/Mutschler, UnterhaltsR, 3. Aufl, 1. T 1973, 2. T (VerfR) 1976; Furler, Der UnterhAnspr des gesch Eheg, Bln 1941; Lauterbach DR **40**, 1543. Zum **1. EheRG**: Christian ZBl JugR **76**, 321; Engelhardt JZ **76**, 506 (Altfälle); Hillermeier FamRZ **76**, 579; Schumacher MDR **76**, 881; Kniebes DRiZ **76**, 327; Diederichsen NJW **77**, 353; Dieckmann, Festschr f Bosch 1976 S 119 sowie FamRZ **77**, 81 u 161; Holzhauer JZ **77**, 73; Göppinger, Vereinbgen anläßl der Ehescheidg, 2. Aufl 1977; Köhler, Handb des UnterhR, 4. Aufl Mü 1977; Holzhauer JZ **77**, 734; Gitter SGb **77**, 469 (Auswirkung auf die SozLeistgen). Vgl iü LitAngaben Einf v § 1564 sowie zu § 1585 c.

1) Vermögensrechtl Wirkgen der Scheidg im allg. Insof regeln §§ 1569 ff nur das UnterhR der gesch Eheg u die UnterhVerträge (§ 1585 c). Ergänzt werden die Bestimmgen dch § 1629 II. Wg der vermögensrechtl Wirkgen im übr Einf 3 vor § 1564. Diese einschließl des UnterhR gelten **auch bei Eheaufhebg** (EheG 37 I, 39 II 2 nF) **und Ehenichtigk** (EheG 26 I nF). Der vor dem 1. 7. 77 schuldlos gesch **BeamtenEhefr** ist nach dem Tode des gesch Ehem ein UnterhBeitr bis zur Höhe des gesetzl Witwengeldes insow zu gewähren, als ihr der Verstorbene zZ seines Todes Unterh zu leisten hatte, wobei aber eine später eingetretene od eintretde Änd der Verhältn berücks w kann (BBG 125 II idF v 1. 10. 61, BGBl 1802). Bei einer UnterhVereinbg tritt der Dienstherr nur in die danach gegebene Verpflichtg ein, verst Beamten ein, jedoch nicht über den nach dem G zustehden HöchstBetr hinaus (BVerwG DVBl **63**, 553). Ist die Ehe der Beamtenfrau dch ihre TodesErkl aufgelöst (EheG 38) u verheiratet sich der Beamte wieder, so hat sie nach dessen Tode Anspr auf einen UnterhAnspr entspr BBG 125 II, III (BVerwG FamRZ **72**, 258). Hat die BeamtenWwe wieder geheiratet u w die neue Ehe aufgelöst od für nichtig erkl, so erhält sie oRücks, ob eine Schuld trifft od nicht, wieder das Witwengeld, auf das jedoch die aGrd der neuen Ehe etwa erworbene Versorggs- od UnterhAnspr angerechnet w (BBG 164 III). S zu diesen Fragen auch Becker FamRZ **64**, 232. Für Ehen, die vor dem 1. 7. 77 gesch w sind, ändert sich daran auch dann nichts, wenn der Pensionsfall erst sehr viel später eintritt (1. EheRG Art 12 Z 3 III); vgl iü Einf 6 v § 1564. Für nach dem gen Ztpkt gesch Ehen gilt der VersorggsAusgl gem §§ 1587 a II Z 1, 1587 b II (vgl § 1587 b Anm 3).

2) Rechtsnatur des Unterhaltsanspruchs des gesch Eheg. Es handelt sich nicht um eine Scheidgsstrafe, sond um eine Nachwirkg der Ehe, also einen **familienrechtl UnterhAnspr**, so daß zB vorhandene UnterhTitel aus der Zeit vor der Scheidg aufrechterhalten bleiben können (KG FamRZ **78**, 420; vgl iü § 1360 Anm 2c), u ggf iW der Abändergs Kl gem ZPO 323 anzupassen sind (Kblz FamRZ **78**, 254); nicht dagg dch VollstrAbwehrKl gem ZPO 767 (KG FamRZ **78**, 420). Krit zu der die Scheidg überdauernden „Unterhaltsehe" Holzhauer JZ **77**, 73. Neben dem ges UnterhAnspr kann ein **Schadensersatzanspruch** aus § 823 bestehen (Einf 1c vor § 1353), zB wenn der gesch Eheg mit einer GeschlechtsKrankh angesteckt w ist (RG **85**, 335). Kommt aber nur insow in Betr, als Schaden nicht schon dch den UnterhAnspr gedeckt ist; insb kann nicht iW des SchadErs verlangt w, was der Geschiedene bei bestehder Ehe hätte (Planck § 1578, 19). Ein SchadErsAnspr aus § 826 ist gegeben, wenn sich der Mann dch Veräußerg seines Verm od wesentl Teile zur Erfüllg seiner UnterhVerpflichtg unfäh macht; auch gg den ihm behilfl Dritten (RG **74**, 224). Der Mann muß sich so behandeln lassen, als wenn er die Veräußerg nicht vorgen hätte (RG SeuffA **77**, 6). Vgl auch AnfG 3 Z 1; StGB 170b. Wg SchadErsAnspr bei Erschleichg des ScheidsUrt § 1564 Anm 2.

3) Wegen **Besonderheiten des UnterhAnspr** vgl Einf 3 vor § 1601; wg der **Ersatzansprüche Dritter** dort Anm 5. Zu **SozHilfeleistg** (BSHG 90) u UnterhProz Seetzen NJW **78**, 1350; zum Verhältn v **öffltrechtl Ausbildsförderg** (AFG 38, 40; BAföG 36, 37) zum nachehel UnterhAnspr vgl Dieckmann FamRZ **77**, 92f. Vgl iü Einf 5b vor § 1601.

4) **Verfahrensrechtl.** Vgl zunächst Einf 4 vor § 1564. Zur Erleichterg des Vortrags in UnterhProzessen vgl das Schema eines Fragebogens bei Petersen SchlHA **78**, 77. **a)** Der UnterhAnspr des gesch Eheg ist **Scheidsfolgesache**, so daß bei rechtzeit AntrStellg darü zugleich mit der Scheidssache zu verhandeln u zu entsch ist (ZPO 621, 623). Späteren Änderg w dch ZPO 323 Rechng getragen. Vgl iü § 1585 Anm 2. UnterhTitel aus der Zeit vor der Scheidg gelten fort (Anm 2 sowie § 1360 Anm 2c); Berücksichtigg der §§ 1570 ff dann iR einer **AbänderngsKl** gem ZPO 323 **innerh des ScheidsgVerbundes** (Deisenhofer FamRZ **78**, 168 mit Formuliergsvorschlag für den Antr). Dagg unterliegt eine für die Dauer des Getrenntlebens erhobene UnterhAbändergsKl nicht dem EntschVerbund mit einem nachfolgden ScheidsgAntr (Celle NdsRpfl **78**, 31). **b)** Der UnterhAnspr kann aber auch **selbständig geltend gemacht w**, was beispielsw immer dann der Fall sein muß, wenn die UnterhBerechtigte sich erst nach der Scheidg einstellt, wie erst dann ein Kind pflegebedürft wird, eine ehebedingte Krankh zum Ausbruch kommt uä. Zustdgk des FamG auch bei gem BSHG 90, 91 (Stgt NJW **78**, 57) od BAföG 37 übergeleiteten UnterhAnspr; ebso für DrittschuldnProz, in denen der Kl eine gepfändete UnterhFdg der Schuldnerin gg ihren Ehem geltd macht (Hamm FamRZ **78**, 602); ferner für ArrestVerf zur Sicherg v UnterhAnspr des gesch Eheg (Ffm NJW **78**. 1012). Dagg ist das FamG nicht zust für einen Streit aus einem (nicht zur Regelg der gesetzl UnterhPfl gescht) LeibrentenVertr iSv §§ 759 ff (Kblz JurBüro **78**, 758). **c)** UnterhAnsprüche gehören oRücks auf ihre Höhe vor das AG (GVG 23a Z 2), u zwar vor das dort zu bildde FamG (GVG 23b I Z 6). Das gilt auch für vertragl UnterhAnsprüche, die an die Stelle von gesetzlichen getreten sind (RG **149**, 29). **d)** Die UnterhPfl kann währd des ScheidsgStreits vom Ger dch **einstw AnO** geregelt w (ZPO 620 Z 6); der Beschl kann auf Antr aufgeh od geändert w (ZPO 620 b) u tritt beim Wirksamwerden einer anderweit Regelg od bei Rückn der Kl od des ScheidsgAntr automat außer Kraft (ZPO 620f). Nach erfolgl Antr (ZPO 620c S 2). UnterhKl im ordtl ProzWege zul (KG FamRZ **78**, 685), ebso wie negat FeststellgsKl (KG FamRZ **78**, 718). **e)** **Prozeßkostenvorschuß** muß der unterhaltspflicht Eheg nach rechtskr Scheidg ebso leisten wie währd der Ehe, da Ausfluß der Unterhalts-, nicht der ehel FürsorgePfl (vgl § 1360a Anm 3a; aA Krfld FamRZ **63**, 256) u ProzKostVorsch unter den Voraussetzgen v § 1360a IV 1 Sonderbedarf iSv § 1585 b ist. **f)** Die gerichtl Geltmachg des ScheidsgUnterh erfolgt dch **UnterhKlage**; das Verf ist das der ZPO (vgl ZPO 621 I Z 5, 621a), auch innerh des EntschVerbundes u hins der RMittel. Die Stellg eines unbeziff KlAntr ist m Rücks auf die Unklarh des neuen UnterhR auch ohne Gefahr v Kostennachteilen (vgl ZPO 93a) zul (ebso Brühl/Göppinger/Mutschler, UnterhR 3. Aufl 2. T, S 21 f). Vgl aber auch Einf 6 v § 1601.

5) **Internationales Privatrecht** EG 17 Anm 5; **interlokales PrivatR** EG 17 Anm 7.

6) **Übergangsregelung.** Vgl auch Einf 6 v § 1564. (Lit: Engelhardt JZ **76**, 576; Brüggemann FamRZ **77**, 583).

1. EheRG Art 12 Nr 3 Abs 2. *Der Unterhaltsanspruch eines Ehegatten, dessen Ehe nach den bisher geltenden Vorschriften geschieden worden ist, bestimmt sich auch künftig nach bisherigem Recht. Unterhaltsvereinbarungen bleiben unberührt.*

a) Maßgebl die Scheidg gem EheG 42 ff aF, auch wenn die Rechtskr des ScheidsgUrt erst nach dem 1.7.77 eintritt. Fortgeltg der EheG 58 ff insges, also auch hins Verwirkg usw. Zur Kommentierg der Bestimmgen vgl § 35. Aufl; sie sind ggf auch noch nach vielen Jahren anzuwenden (zur neueren Rspr vgl die Anm zu EheG 58 ff in dieser Aufl). Ob UnterhAnspr gem §§ 1570 ff nF begründet wäre, spielt keine Rolle. Ebso behält UnterhAnspr, wem Unterh gem EheG 58 ff zugesprochen ist, auch wenn er nach §§ 1570 ff keinen UnterhAnspr hätte. Da es nach bish Recht aber oft auf die Billigk ankommt, ist nicht auszuschließen daß die Rspr Einzelheiten der unterschiedl UnterhRegelgen angleicht. Es entscheidet das FamG. Wird eine Ehe nach dem 1.7.77, also nach den §§ 1564 ff nF geschieden, gelten die § 1569 ff auch für solche Ehen, die vor dem Inkrafttr des neuen UnterhR gesch w sind. Zur Konkurrenz von UnterhAnsprüchen aus Altscheidgn mit solchen aus Neuehen § 1582 Anm 1 aE. Zu übergangsrechtl Problemen des § 1579 Brüggemann FamRZ **77**, 584.

b) Unterhaltsvereinbargen, die unter der Herrsch der §§ 58 ff, 72 EheG aF geschl w sind, bleiben bestehen. Das gilt insb für den **UnterhVerzicht,** auch wenn nunmehr nach den §§ 1570 ff Unterh verlangt w könnte. Auch idR keine Anfechtg wg Unkenntn der Rechte nach dem 1. EheRG. Entspr gelten UnterhVereinbargen fort, die einen UnterhAnspr einräumen, wo er nach §§ 1570 ff fehlen würde. Vgl iü § 1585 c Anm 1. Die Unterschiedlichk der AnsprVoraussetzgen gem § 1361 aF u EheG 58 führt iR der Abänderg zur **vollen Neubestimmg** des Anspr auch dann, wenn die frühere Regelg des Anspr dch Vergl erfolgt ist (Kblz FamRZ **78**, 254).

1. Grundsatz

1569 *Anspruch auf Unterhalt.* **Kann ein Ehegatte nach der Scheidung nicht selbst für seinen Unterhalt sorgen, so hat er gegen den anderen Ehegatten einen Anspruch auf Unterhalt nach den folgenden Vorschriften.**

1) Die dch 1. EheRG Art 1 Z 20 eingef Vorschr spricht den **Grdsatz** aus, daß ein gesch Eheg dann Anspr auf Unterh hat, wenn er nicht für sich selbst sorgen kann. Keine selbstd AnsprGrdl; die UnterhBerechtigg

ergibt sich vielm erst aus den §§ 1570 ff. Ggü dem Vorschlag, zur Vermeidg von RegelgsLücken eine Generalklausel zum Vorteil des unterhaltsbedürft gesch Eheg einzuführen (BT-Drucks 7/4694 S 11), folgt das 1. EheRG dem RegEntw u dem Vorschlag des RAusschusses, den UnterhAnspr in **Einzeltatbeständen** aufzuführen (BT-Drucks 7/650 S 122 u 7/4361 S 16), wobei sich allerd der 6. Tatbestd (§ 1576) als AuffangVorschr darstellt, bei der es für den Unterh wesentl auf BilligkGesichtspkte ankommt. Die bisher Regelg der EheG 58 ff beruhte vor allem auf zwei GrdGedanken: a) Der Anspr auf Unterh hängt von der Scheidgsschuld des and Eheg ab; b) die UnterhPfl besteht unabh davon, wann die BedürfnLage eintritt, ggf also auch ohne zeitl u ursächl Zushg mit der Ehe. Demggü verfolgt das 1. EheRG die Abkehr vom Verschuldensprinzip (Einf 2 v § 1564) auch in der Ausgestaltg des nachehel UnterhR: a) Jeder Eheg ist nach der Scheidg grdsl gehalten, für sich selbst zu sorgen (**Grdsatz der Eigenverantwortg**). b) Wenn aber eine BedürfnLage in Verbindg mit der Ehe steht, ist der and Eheg unterhaltspflichtig (**Grdsatz der Mitverantwortlichk**). Zum RechtsGrd der nachehel UnterhPfl (ehebedingte Bedürftigk, Vertrauen, nachehel Solidarität) vgl Dieckmann FamRZ 77, 86 mNachw. Das Netz der UnterhTatbestde ist so dicht geknüpft, daß die Selbstunterhaltg aGrd eigener Erwerbsleistg prakt nur in drei Fallgruppen in Betr kommt: die Scheidg einer Doppelverdienerehe (§ 1360 Anm 3 b), beim Auseinandergehen eines jungen, kinderl Ehepaares u nach verhältnismäß kurzer Ehedauer (vgl NJW**77**, 353; KG FamRZ **78**, 692). Die für die UnterhPfl erforderl Verbindg zur Ehe besteht insb dann, „wenn die Einigg der Eheg über die Arbeitsteil in der Ehe (vgl § 1356 Anm 1) nach der Scheidg zum Nachteil eines Eheg fortwirkt, weil er seine wirtschaftl Lage eng an seinen Partner geknüpft hat, indem er arbeitsteilig die Verwaltg des hauswirtschaftl Bereichs übernommen u auf eine Sicherg dch eig Erwerbstätigk verzichtet hat" (BT-Drucks 7/650 S 121 f). Im nachehel UnterhR wird der Schutz der HaushFührgsehe (§ 1360 Anm 3 a) dch das 1. EheRG, das ihre Resistenz ggü der Scheidg geschwächt hat, insof wieder gestärkt, als unterhaltsberecht ggf auch derj Eheg ist, der den Haush geführt hat, obwohl auf ihn die Ehezerrüttg zurückgeht. Hält der gesch Eheg, dem die Kinder zugesprochen sind (§ 1671) es für besser, sich ganz diesen zu widmen, worauf er ein R hat, wenn es nicht solche aus 1.Ehe sind (and noch Hamm FamRZ **69**, 109 zum fr Recht), so kann sich der leistgsfäh and Eheg nicht darauf berufen, daß der unterhaltsberecht Eheg auch noch erwerbstät sein könnte, wenn die Besorgg der Kinder den gesch Eheg annähernd ganz in Anspr nimmt (§ 1570). Entsprechd wird auf die Mitverantwortlichk des leistgsfäh Eheg bei Alter, Krankh, Arbeitslosigk, nachgeholter Ausbildg u unter best BilligkAspekten abgestellt (§§ 1571–1573, 1575, 1576). War aber UnterhLeistg währd der Ehe ausgeschl, entsteht – abgesehen vom Fall des § 1570 – ohne Verbesserg der wirtschaftl Verhältn unabh von der Wirksamk der Vereinbg iR der Ehe (vgl § 1360 Anm 1) kein UnterhAnspr nach Scheidg (vgl LSG Bad-Württ Just **73**, 363). Der UnterhTitel enthält idR **keine zeitl Beschränkg** (Brühl/Göppinger/Mutschler Unterh, 3. Aufl, 2. T, Rdn 1437). Korrektur ggf nach ZPO 323, 767. Anders, wenn UnterhPfl von vornh nur vorübergehd besteht, zB Betreuung eines 14-jähr, der nach 2 J zur See gehen w.

2) Schema des nachehelichen UnterhAnspr. a) Als **AnsprGrdlage** ist je nachdem, ob der den UnterhAnspr zur Entstehg bringende Tatbestd für sich genommen ausreicht, die UnterhPfl zu begründen, od ob er nur an and, originäre UnterhTatbestde anknüpft, zw **Stammunterhalt u Anschlußunterhalt** zu unterscheiden. UnterhAnsprüche wg Kindesbetreuung (§ 1570), wg Alters od Krankh im Ztpkt der Scheidg (§§ 1571 Z 1, 1572 Z 1) sowie wg Nichterlangg einer angem Erwerbsstellg (§ 1573 I) od zZw der Nachholg einer Ausbildg (§ 1575) begründen aus sich heraus den UnterhAnspr im Anschl an die Scheidg; in den übr Fällen (§§ 1571 Z 2 u 3, 1572 Z 2–4, 1573 III u IV) wächst der UnterhAnspr dem gesch Eheg erst im Anschl an eine anderwärt begründete od (iFv § 1573 IV od § 1586 a I) sogar nicht vorhandne UnterhPfl zu. § 1576 kann bald Stamm-, bald AnschlUnterh sein. Der unterhaltsbedürft Eheg kann also die versch AnsprGrdlagen miteinander **kombinieren**, zB Betreuung eines gemeins Kindes läßt Halbtagsbeschäftigg zu, aber es ist keine Stellg zu finden, od **nacheinander** abrufen, zB zunächst Kindesbetreuung, dann Krankh, dann Alter (vgl NJW **77**, 354). Davon zu unterscheiden ist die **Konkurrenz** der UnterhTatbestände; zB eine kränkl Frau betreut die gemeins Kinder, Unterh gem §§ 1570, 1572; od die zunächst erwerbstät Frau, die außerd die Kinder betreut, wird arbeitslos (§§ 1570, 1573). Die Überlagerg der versch AnsprGrdlagen ist desh wicht, weil der Tatbestd der Kindesbetreuung in wesentl Pkten privilegiert ist (§ 1570 Anm 1). Zu den sich daraus ergebden Schwierigkeiten Derleder/Derleder FamRZ **77**, 591. Die anspruchsbegründen Tatsachen sind Kindesbetreuung (§ 1570), Alter (§ 1571), Krankh (§ 1572), Arbeitslosigk (§ 1573), Ausbildg (§ 1575) u Billigk (§ 1576). Die AnsprGrdlagen sind in den §§ 1570 ff abschließd aufgezählt (Kniebes DRiZ **76**, 327). Wg and AnsprGrdlagen u Ansprüche vgl Anm f. **b)** Entspr § 1602 setzt der nachehel UnterhAnspr auf seiten des gesch Eheg **Bedürftigkeit** voraus (§ 1577). **c)** Auf seiten des UnterhPflichtigen muß entspr § 1603 **Leistgsfähigkeit** vorhanden sein (§ 1581). **d)** Anspruchshindernde bzw -vernichtde **Einwendgen** können sich aus der kurzen Ehedauer, Straftaten ggü dem UnterhSchuldn u ähnl ergeben (§ 1579), dagg nur in AusnFällen aus einer neuen Eheschließg aS des UnterhVerpflichteten (§§ 1582, 1583) u nur iF mangelnder Leistgsfähigk aS des UnterhSchuldn aus der Tats, daß der unterhaltsberecht Eheg eigene unterhaltspflicht Verwandte hat (§ 1584). Dagg erlischt der UnterhAnspr mit der Wiederheirat od dem Tod der Berecht (§ 1586 I), wiederum iGgs zum Tod der Verpflichteten, der die UnterhVerpflichtg zur Nachlaßverbindlichk werden läßt (§§ 1586 b, 1967). **e) Umfang u Art der UnterhLeistg** ergeben sich aus den §§ 1578, 1585, wobei neben dem in Form einer Rente zu leistden laufden Unterh auch Sonderbedarf (vgl § 1585 b I) bezahlt w muß. **f)** An die Stelle des gesetzl UnterhAnspr kann eine von dem Eheg für die Zeit nach der Scheidg getroffene Vereinbg, idR also ein **Scheidgsvergleich**, als AnsprGrdlage treten (§ 1585 c). Ferner treten neben die gesetzl od vertragl begründeten, auf Unterh gerichteten PrimärAnspr **Sekundäransprüche** in Gestalt von solchen auf **Auskunft** über Vermögen u Einkünfte (§ 1580), **SicherhLeistg** (§ 1585 a) u ggf **SchadErsatz wg Nichterfüllg der UnterhPflicht** (§§ 280, 286, 1570 ff, 1585 b II, 1586 II), wobei die letzteren von den SchadErsansprüchen wg Verletzgen vor od iR der Scheidg zu unterscheiden sind (vgl dazu Einf 2 vor § 1569).

3) Im Ggs zum innerehel UnterhR (§ 1360 Anm 1) ist ein **Unterhaltsverzicht** für die Zeit nach der Ehe grdsätzl zuläss (vgl § 1585 c). Der Verzicht kann iR eines ScheidgsVergl erklärt w od auch schon bei der

Eheschließg für den Fall der Scheidg, um Ehen von wirtschaftl anfäll Personen zu ermöglichen (vgl NJW 77, 223).

2. Unterhaltsberechtigung

1570 *Unterhalt wegen Betreuung eines Kindes.* Ein geschiedener Ehegatte kann von dem anderen Unterhalt verlangen, solange und soweit von ihm wegen der Pflege oder Erziehung eines gemeinschaftlichen Kindes eine Erwerbstätigkeit nicht erwartet werden kann.

Schrifttum: Derleder/Derleder FamRZ 77, 587.

1) Eingef dch 1. EheRG Art 1 Z 20. Dem Eheg gebührt Unterh, wenn er nicht erwerbstät sein u damit nicht für sich selbst sorgen kann, weil er ein gemschaftl Kind der gesch Ehel erzieht oder pflegt. Sämtl Erfordern dieser Best sind bei Geltdmachg des UnterhAnspr vom UnterhBerecht nachzuweisen; es besteht keine Vermutg, daß ein mj Kind die Erwerbstätigk ausschließt (BT-Drucks 7/650 S 122). Vgl iü § 1569 Anm 2. AnschlußUnterh evtl gem §§ 1571 Z 2, 1572 Z 2, 1573, 1576 S 1. Vgl ferner die **Erziehgsrente** nach RVO 1265a, AVG 42a, RKnG 65a (Einf 4 v § 1587). Beachtg verdient ijF der Umst, daß aGrd v § 1570 die Entsch ü das SorgeR eine wesentl vermögensrechtl Komponente enthält (vgl NJW 77, 354). Zudem ist der Anspr in mehrf Hins ggü den übr UnterhTatbestden **privilegiert** (vgl §§ 1577 IV 2, 1579 II, 1582 I 2 u 3, 1586a I).

2) Voraussetzgen: a) Gemeinschaftl Kind. Vgl zunächst § 1568 Anm 2a. Dch nachfolge Ehe legitimierte sowie adoptierte Kinder stehen gleich, nicht dagg vor- u außerehel Kinder nur eines Eheg (aA zum früh R Hamm FamRZ 69, 109) sowie gemschaftl Pflegekinder (Dieckmann FamRZ 77, 93) od Stiefkinder (ausführl zu letzteren BT-Drucks 7/650 S 123 u 7/4361 S 29). Vorschr aber auch anzuwenden, wenn nachehel geborenes Kind vom gesch Eheg stammt. **b) Notwendigk von Pflege od Erziehg. aa)** Dieselben Begriffe der **Betreuung** wie in § 1606 III. Die Formulierg wurde gewählt, um zum Ausdr zu bringen, daß der UnterhAnspr nach Beendigg der Erziehg des Kindes bei Eintr der Volljährigk fortbestehen kann, wenn das Kind weiterhin der Pflege bedarf (BT-Drucks 7/650 S 122). Betreuung muß beim unterhberecht Eheg erfolgen u ihn ans Haus binden, da sonst Erwerbstätigk mögl. Betreuung iR des VerkR reicht nicht aus. **bb) Notwendigk.** Die Begrdg des UnterhAnspr aus § 1570 kann nicht allein vom Willen des sorgeberecht EltT abhängen; desh ist es nicht allein der freien Entsch dieses EltT überlassen, ob er neben der Kindesbetreuung einer ErwTätigk nachgehen will. Vielm sind objektive GesPkte mitzuberücks: wie die Mögk von Teilzeitbeschäftigg, Kindertagesstätten, dagg nicht unbedingt Ganztagsschulen (vgl dazu MüKo/Richter Rdn 9 ff). Für schematisierte Betreuungsbedürftigk nach Alter u Entwicklgsstand des Kindes (also ErwTätigk unzumutb bei Kind im Vorkindergartenalter, idR auch im Kindergartenalter, ggf im 1. SchulJ usw) plädieren Derleder/Derleder FamRZ 77, 589 f, allerd modifiziert dch einen mit dem Alter des Kindes wachsden Zwang zur berufl Reintegration u die evtl Unsicherh privater UnterhVersorgg dch den gesch Eheg. Pflege u Erziehg müssen erforderl sein; rein tatsächl dem anderweit versorgten Kind erbrachte Leistgen zählen nicht (arg „wg"). Man muß sich darüber im klaren sein, daß über den UnterhAnspr nach § 1570 prakt dch weiterhin die elterl Gew gem § 1671 entsch w, obwohl die Vermutg, daß ein Eheg eine ErwTätigk nicht aufnehmen könne, wenn er ein gemschaftl Kind betreut, abgelehnt w ist (BT-Drucks 7/4361 S 29; Ambrock S 135). Von einem EltT, der 2 Kinder im Alter v 8 u 11 J betreut, kann regelm keine ErwTätigk erwartet w (Stgt FamRZ 78, 693). Die Notwendigk braucht nicht im Ztpkt der Scheidg zu bestehen; sie kann später eintreten, wieder wegfallen u neu entstehen. Auch die schwangere, bei der Scheidg noch nicht unterhberecht Frau soll Unterh bekommen, wenn einige Zeit danach das Kind geboren u von ihr betreut wird. Dasselbe gilt, wenn ein Eheg das zuvor bei dem and Eheg, bei Verwandten od in einem Heim untergebrachte Kind erst später zu sich nimmt u betreut (BT-Drucks 7/650 S 122). Aber nur soweit aGrd der Verteilg od dch Übertr der elterl Gew od dch Aufg vS des and Eheg Verpfl dazu besteht. Wird eine (angem) ErwTätigk aufgegeben, löst das den UnterhAnspr aus § 1570 nur aus, wenn die Betreuungsbedürftigk des Kindes dafür **ursächl** war (Dieckmann FamRZ 77, 94), also nicht wenn Kündigg aGrd von ArbUnlust, Streit mit dem Chef od den Mitarbeitern uä erfolgte. Dagg ergibt sich aus dem G kein allg Kausalitätserfordern (aA Dieckmann FamRZ 77, 94), so daß die Privilegien des § 1570 (Anm 1) auch dann eingreifen, wenn der UnterhBerecht zunächst wegen der Betreuung der Kinder gearbeitet hat u erst später nach den §§ 1571, 1572, 1573 usw unterhaltsbedürft wird, weil er einen Unfall erleidet usw. Eine Halbtagstätigk u die Versorgg eines einz schulpflichtigen Kindes ohne weitere Verpflichtgen ist für eine alleinstehde Mutter zumutb (AG Mainz NJW 78, 707). Diese Grdsätze gelten heute auch für den gesch Ehem. Werden ihm die Kinder nach der Scheidg zugesprochen (§ 1671) u versorgt er sie selbst, so hat er gg seine ehem Frau auch persönl einen UnterhAnspruch. War Erziehg abgeschl u bedarf das Kind etwa inf eines Unfalls mit Dauerschäden erneut der Pflege, so lebt UnterhAnspr wieder auf. Auch kann sich der wg des einen Kindes entfallde Anspr wg eines and Kindes unmittelb od nach einer Unterbrechg fortsetzen (BT-Drucks 7/650 S 123). Grdsätzl besteht ein Recht, die Kinder selbst zu betreuen; es besteht keine Verpfl, Pflege u Erziehg über weite Strecken einem Erzieher od Hauspersonal zu überlassen, um selbst erwerbstät sein zu können. Die Scheidg kann Anlaß geben, den iR der Ehe verfolgten LebPlan (vgl § 1356 Anm 2a u § 1360 Anm 3) zu korrigieren u nach vorheriger Erwerbstätigkeit in den Haush zu wechseln u umgek. **c) Betreuung als Hindergsgrund für die eigene Erwerbstätigk.** Erweist sich die Pflege u Erziehg des Kindes iSv Anm b bb als notw, so hindert das idR die eig Erwerbstätigk; sie kann dann von dem gesch Eheg nicht erwartet w. Soweit der unterhberecht Eheg trotz dieser Voraussetzg einer Erwerbstätigk nachgeht, muß er sich daran festhalten lassen, es sei denn die ErwTätigk wurde nur aus Not aufgen, nicht wider der und Eheg nicht zahlte. Führt gesch Eheg unter Betreuung des eig Kindes nächsten Angehör od Dritten den Haush, muß er sich angem Geldentschädig u Naturalleistgen dafür in gewissem Umfang anrechnen lassen (BayObLG FamRZ 62, 121); denn zu Lasten des unterhaltspflicht Eheg kann die kostenlose Hilfe für Dr nicht gehen. Ist dem Eheg trotz der Pflege- od ErziehgsAufg eine ErwTätigk zuzumuten, so

Bürgerliche Ehe. 7. Titel: Scheidung der Ehe **§§ 1570, 1571**

kann er nicht auf jede, sond nur auf eine angem ErwTätigk verwiesen w (§ 1574). Ggf kann UnterhVerpfl Eingeh einer Teilzeitbeschäftigg verlangen u bei Weigerg den Unterh entspr kürzen (arg „soweit"). Besteht ein Erziehgs- od PflegeR iSv Anm 2 b, wird der unterhaltsberecht EltT aber **an der Betreuung tatsächl gehindert**, kommt es darauf an, inwiew Aussicht besteht, die Betreuung wieder aufzunehmen. Einweig des Kindes in HeilAnst, FürsorgeErziehg, Strafverbüßg, Wechsel in ein Internat, Ausziehen (auch vor Erreichg der Volljährigk) mit eig Wohngnahme können endgült sein u den UnterhAnspr erlöschen lassen (evtl aber Fortsetzg nach § 1571 Z 2). KrankenhAufenth, Besuche bei Verwandten, Ferienaufenthalte, Reisen sind idR vorübergeh u berühren bei kein länger Dauer den UnterhAnspr gem § 1570 nicht. Wird der unterhaltsberecht Eheg dch Umst an der Betreuung gehindert, die in seiner eig Pers liegen (wie Strafhaft, Krankh u dgl), kommt es ebenf darauf an, ob die Hindern vorübergeher Natur sind. Ggf Ablösg des UnterhAnspr dch denj nach § 1572 Z 2. Keine Notwendigk der Betreuung mehr bei erwachsenem u nicht mehr in der Ausbildg befindl Kind. Vgl zur Grenzziehg § 1610 Anm 4. Danach aber ggf UnterhAnspr n § 1571 Z 2.

1571 *Unterhalt wegen Alters.* **Ein geschiedener Ehegatte kann von dem anderen Unterhalt verlangen, soweit von ihm im Zeitpunkt**
1. der Scheidung,
2. der Beendigung der Pflege oder Erziehung eines gemeinschaftlichen Kindes oder
3. des Wegfalls der Voraussetzungen für einen Unterhaltsanspruch nach den §§ 1572 und 1573
wegen seines Alters eine Erwerbstätigkeit nicht mehr erwartet werden kann.

1) Die dch das 1. EheRG Art 1 Z 20 eingef Vorschr verfolgt den **Zweck,** den in der Ehe nicht erwerbstät Eheg nicht schlechter zu stellen als den erwerbstätigen, denn dieser erlangt mit Erreichg der Altersgrenze idR einen Anspr auf Altersversorgg. Eine Erwerbstätigk soll dann auch dem bisl nicht erwerbstät Eheg nicht mehr zugemutet w. Die UnterhBerechtig aGrd des Alters ist entw (wie iF der Scheidg nach längerer Ehedauer) originär od (wie zB beim UnterhAnspr im Anschluß an die Kindererziehg) derivativ (§ 1569 Anm 2a). Der **UnterhAnspr wg Alters hängt** unbeschadet der Voraussetzgen in § 1569 Anm 2 **von dreierlei ab**: vom Alter (Anm 2), vom Vorliegen des EinsatzZtpktes (Anm 3) u dav, daß wg Alters eine Erwerbstätigk nicht mehr erwartet w kann (Anm 4). Der GesGeber hat es abgelehnt, etwa eine Vermutg dahingeh aufzustellen, daß eine bei Scheidg 55-jähr Frau keine angem Erwerbstätigk mehr zu finden vermag. Denn es ist für die Frau unverhältnmäß leichter nachzuweisen, daß sie keine angem ErwTätigk findet, als für den Mann der umgek Nachw (BT-Drucks 7/650 S 123). Der Nachw angemessener aber fehlgeschlagener Bemühgen (dch Zeitgsanzeigen, ArbAmt, Vorstellg usw) reicht aus. Versagt § 1571, dann UnterhAnspr ggf nach §§ 1572, 1573, 1575, 1576. Iü ist das LebAlter auch bei Feststellg dessen, was als angem Erwerbstätigk anzusehen ist, zu berücks (§ 1574 Anm 2 c). Ausbildg, Fortbildg od Umschulg kann nicht mehr verlangt w, wenn sie dch das inzw erreichte Alter des gesch Eheg überholt würde (§ 1574 Anm 3b). Zum Verhältn von AltersUnterh u VersorggsAusgl vgl NJW 77, 355.

2) Alter. Im Ggs zu den Anspr aus der SozVersicherg wird hier kein best Alter vorausgesetzt, unterhalb dessen ein UnterhAnspr ausgeschl wäre. Vielm kommt es auf die altersmäß Erwerbsunfähigk an. Die Best gibt auch dem gesch Eheg einen UnterhAnspr, der vor Erreichen der f eine Versorgg maßgebl Altersgrenze wg seines LebAlters, insb nach einer langen Berufsunterbrechg, nicht mehr in eine angem ErwTätigk (vgl § 1574 II) vermittelt w kann (BT-Drucks 7/650 S 123). Dann ggf Kosten für eine AltersVersicherg Teil des LebBedarfs (§ 1578 Anm 3). Auf die Dauer der Ehe kommt es nicht an. Die Best ist nicht erfdl, daß der unterhaltsberecht Eheg währd der EheZt mit dem and Eheg gemeins alt geworden ist (Düss FamRZ 78, 342: Eheschl mit 76 bzw 65 J). Ist das Alter nur vorübergeher HindergsGrd, dann Unterh gem § 1573 I. Entscheidd sind entw die obj Umst, wenn die Ausübg eines Berufes zB an ein best Alter geknüpft ist (Tänzerin, Mannequin), od die subj Umst, wo sdaß zB die WiederAuf einer Tätigk als Krankenschwester wg der damit verbundenen seel Belastgen altersbedingt unzumutb u somit nicht zu erwarten sein mag. Die altersbedingte Freistellg von der einen Berufstätigk befreit aber nicht von der Verpfl, and iSv § 1574 II angem Tätigkeiten aufzunehmen.

3) Einsatzzeitpunkte. Das Alter (od iFv § 1572 die Krankh) berecht noch nicht für sich allein; vielm muß de Unzumutbark der Aufn einer Erwerbstätigk gerade zu den Ztpkten bestehen, dh am Ende der Ehe od in deren Nachwirkgsbereich, so daß etwa der Anspr auf Unterh wg Kindererziehg gem § 1570 nach Abschl der Erziehgstätigk von einem solchen aus § 1571 Z 2 abgelöst w kann. RGrd für die UnterhLeistg ist dann nicht mehr die Erziehg der gemschaftl Kinder, sond das Alter des gesch Eheg iVm den nachehel erbrachten, aber in der Ehe wurzelnden ErziehgsPflichten. Denn bei der Kindererziehg u -pflege handelt es sich um eine Aufg, die beiden Eheg aus der Ehe erwachsen ist, aber nur von einem Eheg aGrd v § 1671 nach der Scheidg für beide fortgeführt wird (BT-Drucks 7/650 S 129). **a) Ziff 1: Scheidg.** Maßgebl der Ztpkt, in dem die Entsch über den ScheidgsAntr rechtskr wird. Vorher UnterhVerpfl nach §§ 1360, 1361, die ggf dch einstw AnO geregelt w kann (ZPO 620 Z 6). Bereits bestehender UnterhTitel weiter verwendb (§ 1360 Anm 2 d). Die Scheidg spielt in diesem Zushg lediglich eine Rolle zur Fixierg des Ztpkts; scheidgsbedingte Erwerbsunfähigk allenf gem § 1572 Z 1 zu berücks. **b) Z 2: Beendigg der Betreuung eines gemeinschaftl Kindes,** weil dieses sich selbst macht, zB auszieht (ggf auch vor Erreichg der Volljährigk), in eine HeilAnst eingewiesen w, stirbt, adoptiert w uä. Vgl § 1570 Anm 2. **c) Z 3: Wegfall der AnsprVoraussetzgen nach den §§ 1572, 1573.** Bekommt der Eheg Unterh, weil er bei Scheidg od als die Kinder nicht mehr erziehgsbedürft waren krank war, dann würde dieser Anspr entfallen, wenn der Eheg wieder gesund wird. Entsprechd, wenn er Unterh nach § 1573 bezogen hat, weil er keine angem ErwTätigk zu finden vermochte. Z 3 berücksichtigt die Situation, daß der Eheg im Augenbl seiner Gesundg bzw dem Angebot einer ihm angem Beschäftigg altersmäß nicht mehr zu arbeiten braucht. Insof löst dann der UnterhAnspr aus Z 3 denj nach §§ 1572, 1573 ab.

1357

4) Nichterwartg der Erwerbstätigk. Die Aufn einer Erwerbstätigk kann wg Alters ausgeschl sein unter obj u subj Gesichtspkten (vgl bereits Anm 2). Sie ist schlechthin nicht mehr zu erwarten bei Erreichg der berufsspezifischen Altersgrenzen. IÜ entscheiden der ArbMarkt, die örtl Gegebenheiten, wobei Wohns-Wechsel idR verlangt w kann, die zeitl Umst als obj Gegebenheiten, die persönl Disposition, Belastbark, Dauer der Berufsfremdh, aber auch psych Widerstandskraft als subj Kriterien. Ggf ist Teilzeitbeschäftigg zu erwarten. Tritt der AltersUnterh an die Stelle eines TeilUnterhAnspr (§ 1569 Anm 2) zB wg Kindesbetreuung mit teilw zumutb Erwerbstätigk, so wird die vorhandene Bedarfslücke nicht etwa dch § 1570 geschl (Dieckmann FamRZ 77, 95).

1572 *Unterhalt wegen Krankheit oder Gebrechen.* Ein geschiedener Ehegatte kann von dem anderen Unterhalt verlangen, solange und soweit von ihm vom Zeitpunkt
1. der Scheidung,
2. der Beendigung der Pflege oder Erziehung eines gemeinschaftlichen Kindes,
3. der Beendigung der Ausbildung, Fortbildung oder Umschulung oder
4. des Wegfalls der Voraussetzungen für einen Unterhaltsanspruch nach § 1573

an wegen Krankheit oder anderer Gebrechen oder Schwäche seiner körperlichen oder geistigen Kräfte eine Erwerbstätigkeit nicht erwartet werden kann.

1) Der Zweck der dch 1. EheRG Art 1 Z 20 eingef Vorschr ist es, die auf eine innerh der Ehe od des ihr noch zugerechneten nachehel Rahmens erworbene Krankh zurückzuführde Erwerbsunfähigk dch Gewährg eines UnterhAnspr gg den and Eheg auszugleichen. Die Anwendg der Best ist an **drei Voraussetzgen** geknüpft: an das Vorliegen einer Krankh od gleichgestellter Leiden (Anm 2), zum sog EinsatzZtpkt (Anm 3), u daran, daß aGrd der Behinderg eine ErwTätigk nicht erwartet w kann (Anm 4).

2) Krankheit. Zum Begr vgl § 616 Anm 3a. Unfallfolgen u Körper- bzw GesundhVerletzgen iSv § 823 gehören dazu. Doch ist der Begr im Hinbl auf die Erwerbsunfähigk enger als der KomplementärBegr Gesundh. Ebenf von der Zielsetzg der Vorschr her kommen nur solche körperl od seel Erkrankgen in Betr, die nicht nur vorübergehder Natur sind. Wer erwerbstätig ist, kann wg kurzfrist KrankenhAufenthalte, Kuren uä einen Anspr aus 1572 selbst dann nicht herleiten, wenn die Krankh ehebedingt ist. Das Kriterium der dauerh Beeinträchtigg setzt jedoch nicht voraus, daß nur unheilb Erkrankgen den UnterhAnspr entstehen lassen. Auch braucht der Eheg nicht schlechthin erwerbsunfäh zu sein. Schließl ist nicht erforderl, daß die Krankh dch bes körperl od seel Belastgen währd der Ehe hervorgerufen w ist. Es genügt, wenn die Krankh (zB aGrd eines Unfalls) in die Ehezeit od in die ihr gleichstehde Zeit der Nachehe fällt, auch wenn keinerlei Zushg mit der ehel LebGemsch besteht; denn bis zum Ztpkt der Scheidg teilen die Eheg ihr gemeins Schicksal noch in einem solchen Umfang, daß der leistgsfäh für den kranken Eheg einstehen muß (BT-Drucks 7/650 S 124). Ausreichend, wenn die Krankh im EinsatzZtpkt schon bestand, aber noch nicht erkannt war. Das gilt jedoch nicht für die bl KrankhVeranlagg, ebsowenig für eheferne Verschleißerscheingen. Sie können nicht mehr als Nachwirkgen der Ehe u damit als ausgleichsbedürft angesehen w. Erfdl ist also ein unmittelb Zushg mit der Ehe, aber keine Ehebedingth der Krankh. Einer Krankh stehen entspr den VersorggsGrdsätzen der RVO, AVG, BBG, BRRG andere **Gebrechen od Schwäche** der körperl od geist Kräfte gleich (BT-Drucks 7/650 S 124).

3) EinsatzZtpkte. Wg Ziff 1, 2 u 4 vgl § 1571 Anm 3 mit der Maßg, daß an Stelle des Alters „Krankh" zu lesen ist. Bei Z 2 reicht aus, wenn die Krankh nach Scheidg, aber währd der Kindererziehg erworben w ist. **Z 3: Beendigg der berufl Bildg** (zu den Formen vgl § 1610 Anm 4a insb dd-ff) ermöglicht normalerw Übern der unterhaltsrechtl Eigenverantwortg (vgl § 1569 Anm 1). Ist der Eheg zu diesem Ztpkt aber krank, so muß der and Eheg trotz der Scheidg wiederum beispringen; denn die aus der Ehe fortleitde Mitverantwortlichk (§ 1569 Anm 1) wirkt nach, wenn der Eheg, um sich selbst unterhalten zu können, sich ausbilden, fortbilden od umschulen läßt (BT-Drucks 7/650 S 124).

4) Zur Nichterwartg der Erwerbstätigk vgl zunächst § 1571 Anm 4, obwohl die Grenzen hier noch schwieriger zu ziehen sind als dort. Nicht vorausgesetzt wird, daß die Krankh od das ihr gleichstehde Leiden den gesch Eheg schlechthin erwerbsunfäh macht. Der Anspr ist bereits dann gegeben, wenn der gesch Eheg eine angem Tätigk (§ 1574) nicht auszuüben in der Lage ist (BT-Drucks 7/650 S 124). Dasselbe gilt, wenn der gesch Eheg, obgleich er krank war, in Überschätzg seiner Kräfte eine Erwerbstätigk übernimmt, die er nach einiger Zeit wieder aufgeben muß. Hins der subj Kriterien der persönl Zumutbark gelten ähnl Grdsätze, wie sie iR der SchadMindergsPfl bei Körper- u GesundhSchäden entwickelt w sind (§ 254 Anm 3 cc u dd). Der Unterh wird nur geschuldet, „sol u soweit" die ErwTätigk nicht erwartet w kann. Übt der gesch Eheg zu Beginn der Krankh bereits eine ErwTätigk aus, die ihm eine nachhaltige UnterhSicherg bietet, so entfällt § 1572 (vgl Anm 2). Aber auch, wenn die Krankh überwunden ist, besteht kein UnterhAnspr mehr. Ggf kann der gesch Eheg auf eine TeilErwTätigk verwiesen w.

1573 *Unterhalt bis zur Erlangung angemessener Erwerbstätigkeit.* I Soweit ein geschiedener Ehegatte keinen Unterhaltsanspruch nach den §§ 1570 bis 1572 hat, kann er gleichwohl Unterhalt verlangen, solange und soweit er nach der Scheidung keine angemessene Erwerbstätigkeit zu finden vermag.

II Reichen die Einkünfte aus einer angemessenen Erwerbstätigkeit zum vollen Unterhalt (§ 1578) nicht aus, kann er, soweit er nicht bereits einen Unterhaltsanspruch nach den §§ 1570 bis 1572 hat, den Unterschiedsbetrag zwischen den Einkünften und dem vollen Unterhalt verlangen.

Bürgerliche Ehe. 7. Titel: Scheidung der Ehe § 1573 1, 2

III **Absätze 1 und 2 gelten entsprechend, wenn Unterhalt nach den §§ 1570 bis 1572, 1575 zu gewähren war, die Voraussetzungen dieser Vorschriften aber entfallen sind.**

IV **Der geschiedene Ehegatte kann auch dann Unterhalt verlangen, wenn die Einkünfte aus einer angemessenen Erwerbstätigkeit wegfallen, weil es ihm trotz seiner Bemühungen nicht gelungen war, den Unterhalt durch die Erwerbstätigkeit nach der Scheidung nachhaltig zu sichern. War es ihm gelungen, den Unterhalt teilweise nachhaltig zu sichern, so kann er den Unterschiedsbetrag zwischen dem nachhaltig gesicherten und dem vollen Unterhalt verlangen.**

1) UnterhaltsAnspr weg unzureichender Wiedereingliederung ins Arbeitsleben. Die dch 1. EheRG Art 1 Z 20 eingef Best gewährt dem gesch Eheg eine Bedürfnislage im Nachwirkgsbereich der Ehe UnterhAnspr in 7 Fällen, denen allen gemeins ist, daß der gesch Eheg zu einem best EinsatzZtpkt keine angem Erwerbstätig zu finden vermag. **Fall 1:** Der gesch Eheg findet nach der Scheidg trotz entspr Bemühen keine angem Tätigk, I. **Fall 2:** Der Eheg übt zZ der Scheidg eine nicht angem Tätigk aus; er gibt sie mRücks auf § 1574 auf, I. **Fall 3:** Der Eheg behält die nicht angem Tätigk bei bzw nimmt eine solche auf; sol angem Tätigk nicht zu finden, ggf Anrechng iRv § 1577 II 2, sonst voller UnterhAnspr, I. **Fall 4:** Der Eheg findet eine angem Tätigk, zieht daraus aber kein angem Einkommen; der leistgsfäh und Eheg hat den UnterschiedsBetr aufzubringen, II. **Fall 5:** Der gesch Eheg bezog vom and Teil Unterh wg Erziehg eines gemschaftl Kindes, wg Alters, Krankh od nachgezogener Ausbildg, für den inzw die Grdlage entfallen ist, ohne daß in diesem Augenbl eine angem Tätigk od angem Einkfte daraus zu finden sind, III. **Fall 6:** Der gesch Eheg hat eine Zeitlang eine angem, aber, wie sich herausstellt, nicht dauerh ErwTätigk ausgeübt; er muß sie wieder aufgeben, IV 1. **Fall 7:** Nach unterhaltsrechtl angem ErwTätigk reduziert sich das Einkommen etwa ii KurzArb uä; der leistgsfäh Eheg muß UnterschiedsBetr zahlen, IV 2. – **Zweck:** Die Schwierigk, nach Scheidg der Ehe eine geeignete Tätigk zu finden, hängt mit der Arbeitsmarktlage, der Konjunktur od der techn Entwicklg (Automation) zus; eine darauf zurückzuführde BedürfnLage steht idR aber auch iZushg mit der Ehe, weil sie darauf beruht, daß der Eheg währd der Ehe aGrd einverständl Arbeitsteilg (vgl § 1356 Anm 2; § 1360 Anm 3a) nicht od nur teilw erwerbstät gewesen ist u sich desh nach der Scheidg zunächst im unterhaltsrechtl befriedigte ErwTätigk bemühen muß (BT-Drucks 7/650 S 125). – **Negative Voraussetzg** aller Anspr aus § 1573 ist, daß ein UnterhAnspr nicht bereits nach den §§ 1570–1572 besteht. Wenn der gesch Eheg ein gemschaftl Kind zu versorgen hat od wg Alters od Krankh eine ErwTätigk nicht zu erwarten ist u er aus diesem Grd bereits Unterh von dem gesch Partner bekommt, so bedarf es einer weiteren AnsprGrdl nicht mehr. Die versch Anspr unterscheiden sich dadch, daß anders als bei den vorgelagerten UnterhGründen der gesch Eheg iFv § 1573 sich um eine angem ErwTätigk bemühen muß (Anm 2b). Allerd können sich Überschneidgen ergeben, wenn auch der altersod krankheitsbedingt nicht zu voller ErwTätigk verpfl Eheg zu einer Teilzeitbeschäftigg verpfl ist; vermag er iR dieser Verpflichtg keine angem ErwTätigk zu finden, gilt insow § 1573.

2) Unterhalt wg Fehlens einer angem Erwerbstätigk nach der Scheidg, I. Der UnterhAnspr besteht, sol u soweit der gesch Eheg nach der Scheidg keine angem ErwTätigk zu finden vermag. **a)** Der Anspr setzt zunächst voraus, daß der Eheg im Ztpkt der Scheidg **nicht od nicht voll erwerbstätig** ist. Dadch soll dem währd der Ehe nicht erwerbstät gewesenen Eheg der Anspr auf einen den wirtschaftl Verhältn der Eheg im Ztpkt der Scheidg entsprechden Unterh so lange eingeräumt w, bis er dch eine angem ErwTätigk sich selbst unterhalten kann. Es kommt nicht darauf an, ob der Eheg gerade wg der Ehe nicht erwerbstät gewesen ist. Ebsowenig, wie lange er vor der Scheidg nicht erwerbstät war; gg mutwill (zB währd des GetrLebens der Ehel im Hinbl auf die bevorstehde Scheidg) herbeigeführte Bedürftigk hilft § 1579 I Z 3. Da der gesch Eheg nur eine angem Tätigk aufzunehmen braucht (§ 1574), ist die Voraussetzg von I auch erfüllt, wenn er eine währd der Ehe u während des GetrLebens ausgeübte, nicht angem ErwTätigk aufgibt; er soll nach der Scheidg nicht verpfl sein, diese evtl zur Steigerg des FamEinkommens übernommene Tätigk fortzusetzen. Eine dch diese Niederlegg eingetretene BedürfnLage löst daher den Anspr aus § 1573 aus, weil Opfer, die mRücks auf die bestehde Ehe erbracht wurden, jetzt nicht mehr erwartet w können (BT-Drucks 7/650 S 125). Die dadch hervorgerufene Bedürftigk wird aber auch dann berücks, wenn der Eheg die ihm nicht angem Tätigk unabh von der wirtschaftl Belangen der Familie ausgeübt hat, zB um sich ein Taschengeld zu verschaffen od weil ihm die Arb Vergnügen bereitete. **b)** Weitere Voraussetzg des Anspr ist, daß der gesch Eheg nach der Scheidg **keine angemessene Erwerbstätigk zu finden** vermag. Was als angem ErwTätigk in Betr kommt, ergibt sich aus § 1574. Vgl die Anm dort. Dem Eheg darf keine Tätigk angesonnen w, die seine frühere soz Lage ungünst verändern würde (BT-Drucks 7/650 S 125). Dch die Formulierg „zu finden vermag" soll zum Ausdr gebracht w, daß der Eheg sich um eine ErwTätigk bemühen muß. Die Tats allein, daß er nicht erwerbstät ist, soll den Anspr nicht auslösen; es muß vielm hinzukommen, daß seine Bemühen, eine ErwTätigk aufzunehmen, erfolglos geblieben sind (BT-Drucks 7/650 S 125). Über den Umfang der Bemühgen vgl § 1574 Anm 4. Eine unangem ErwTätigk, deren Einkfte sich der unterhaltsberecht Eheg ijF anrechnen lassen muß, braucht er zG einer angem Erwerbstätigk nur aufzugeben, wenn ihm diese nachgewiesen w. **c)** Maßgebl **Zeitpkt** für I ist die Scheidg. Doch steht diesem Ztpkt gleich, wenn eine angem ErwTätigk bei Abschluß der Erziehg eines gemschaftl Kindes, nach Heilg einer angem ErwTätigk entgegenstehden Krankh usw nicht zu finden ist, **III.** Die BedürfnLage daraus, daß der zunächst aus and Gründen unterhaltsberecht Eheg nicht sogleich eine angem ErwTätigk findet, steht noch im Zushg u innerh des Nachwirkgsbereichs der Ehe (BT-Drucks 7/650 S 127). Hat allerd der Eheg vor III Unterh bezogen, um eine bessere Ausbildg zu erlangen, als er vorher hatte, so bleibt diese inzw erworbene Steigerg seiner berufl Möglichkeiten bei der jetzt fäll Suche nach angem ArbMöglichkeiten außer Betr (§ 1575 III). Hat der unterhaltsberecht Eheg zZw des § 1575 einen ehedem sicheren ArbPlatz aufgegeben u findet nun keine Stellg, so ist der UnterhAnspr gem § 1579 I Z 4 zu kürzen, da das Risiko des Bildgsstrebens u der Fehlprognose nicht einseit vom UnterhPflichtigen getragen w soll (Dieckmann FamRZ 77, 93). Für den Fall schließl, daß eine zunächst erlangte angem ErwTätigk nachträgl ganz od teilw entfällt, gilt nicht I, sond IV (vgl Anm 4). Indem das G den Ztpkt der Scheidg für maßgebl erkl, kommt es dem Wortlaut nach nicht darauf an, ob die Bedürftigk ehebedingt ist; wer wg Vorstrafen od alkoholbedingter Unzuverlässigk schon währd der Ehe keine Anstellg fand, könnte danach vom and Ehg selbst dann Unterh verlangen, wenn dieser sich gerade wg dieser Umst scheiden läßt. Abhilfe über § 1579 I Z 3 u 4 (vgl Dieckmann FamRZ **77**, 88 f; § 1579 Anm 2d). **d) Dauer.** Im Ggs zu Vorschlägen, die im GesGebgsVerf gemacht w sind, besteht der Anspr unbefristet, dh ohne feste zeitl Beschränkg, aber inhaltl begrenzt, näml nur, **solange u soweit** keine angem ErwTätigk zu finden ist. Von der Stellenzusage bis zum Dienstantritt hat der UnterhPflichtige weiter zu zahlen, auch wenn anderweit ebenf eine angem, früher zugängl ErwTätigk angeboten war. Ggf geht der UnterhAnspr gem I in einen solchen nach §§ 1570-1572 über, wenn näml nach der ergebnisl Suche nach angem Beschäftigg ein gemschaftl Kind zu erziehn ist od wg Alters od Krankh eine ErwTätigk nicht erwartet w kann. Hat der gesch Eheg eine ihm eröffnete, iSv § 1574 angem ErwTätigk ohne zureichde Grde wie Krankh, Alter usw ausgeschlagen, so entfällt von da an die UnterhVerpfl des and Eheg. Es tritt voll die Eigenverantwortg des gesch Eheg in Kraft (§ 1569 Anm 1). Allerd gilt das nicht, wenn der Eheg zulässigerw das Angebot x ausschlägt, um das Angebot y anzunehmen, u dieses sich anschließd aus Grden, die nicht in der Pers des gesch Eheg liegen, zerschlägt od wenn nach Ablauf einer vereinb Probezeit das ArbVerhältn vS des ArbGebers gelöst w. Bei Einkommen unterhalb des angem Unterh verbleibt TeilAnspr gg den and Eheg gem II (Anm 3).

3) AufstockgsAnspr, II. Übt der unterhaltsberecht gesch Eheg bei Scheidg eine angem ErwTätigk aus od findet er sie später u reichen die Einkünfte daraus zum vollen Unterh iSv § 1578 nicht aus, so hat der and leistgsfäh Eheg den UnterschiedsBetr zw der Einkften u dem vollen Unterh dch Zahlg einer entspr Geldrente (§ 1585 I 1) auszugleichen. **Zweck**: Die Vorschr schafft somit einen Anreiz, auch solche Tätigkeiten zu übernehmen, die den angem Unterh nicht in vollem Umf erbringen, u entspricht insof dem Grds der Eigenverantwortg; indem der and Eheg verpfl bleibt, die Differenz zum angem Unterh zu zahlen, entspricht die Best dem Grds der Mitverantwortlichk (§ 1569 Anm 1). Krit zur Lebensstandardgarantie des II Dieckmann FamRZ **77**, 86; es sei nicht einzusehen, warum bei einem Berufsgefälle zw dem Eheg der eine dem and einen EinkommensAusgl zahlen soll; in der Tat wird man die Vorschr wg der Freigabe der Scheidg an GG 3, 6 und 14 messen u evtl iW verfassgskonformer Ausleg auf best Fallgruppen reduzieren müssen. Unter II fallen sowohl die Fälle, in denen der Eheg voll berufstät ist, aber ungünstiger bezahlt w, als das seiner Ausbildg od dem bish LebStandard der Ehel entspricht, wie auch die Fälle einer iF einer Teilzeitbeschäftigg, in denen der Verdienst ow unterh des nach § 1578 angem Unterh bleibt. Auch hier kann es zu einer Kombination von Ansprüchen aus §§ 1570-1572 mit einem solchen aus II kommen, wenn der gesch Eheg zB wg eines zu erziehden gemschaftl Kindes nur eine Halbtagsbeschäftigg annehmen kann u diese nicht iS des insges angem Unterh vergütet wird. In einem solchen Fall erhält er sowohl von dem and Eheg nicht einen einheitl UnterhBetrag nach II, sond die ihm (zB wg des Wegfalls der Pfl zur Stellensuche) günstigeren UnterhBeträge gem §§ 1570-72 zuzügl des unter Berücks der eig Einkfte verbleibden UnterschiedsBetr zum angem GesamtUnterh (BT-Drucks 7/650 S 127). Zu einem sozialen Problem können die Fälle werden, daß gesch Eheg zu bill verfügb ArbKräften werden, weil der and Eheg aus seinem Einkommen die UnterschiedsBetr zu einem angem Unterh aus eig Tasche nachstrecken muß, es ist desh davon auszugehen, daß II nicht gilt, wenn die dem unterhaltsberecht Eheg gezahlte Vergütg nicht den angem, dh idR den üblicherw für derart ArbLeistgn gezahlten Löhnen od Gehältern entspricht, sof sich der UnterhBerecht ohne Not auf die niedrigere Bezhlg eingelassen hat (Dieckmann FamRZ **77**, 87 Fn 48a).

4) Nachträgl Verlust der angemessenen Erwerbstätigk, IV. Verliert der unterhaltsberecht Eheg eine zunächst gefundene angem ErwTätigk ganz od teilw wieder, so kann das in den Bereich seiner Eigenverantwortg od in den Bereich der Mitverantwortg des ehem Eheg fallen (vgl § 1369 Anm 1); je nachdem erneuert sich sein UnterhAnspr od hat er für sich selbst zu sorgen. Der GesGeber hat den Verlust der angem ErwTätigk nach Scheidg ebso wie die Nichterlangg einer derart Stellg währd einer best Karenzzeit (vgl Anm 2c) als zum Nachwirkgsbereich der Ehe gehörd angesehen u die Entsch darüber, ob der Verlust der Einkommensquelle von dem gesch Eheg selbst zu tragen od dch einen entspr UnterhAnspr gg den leistgsfäh Eheg auszugleichen ist, danach getroffen, ob es dem gesch Eheg gelungen war, seinen Unterh dch die ErwTätigk nach der Scheidg **nachhaltig zu sichern.** Vgl zu diesem Begr, der in den §§ 1575 I u 1577 IV wiederkehrt, Vogt FamRZ **77**, 105, sowie unten Anm 4 a cc. Entscheidd ist die Eigng der jew ErwTätigk zu eben diesem Zweck; nach der wörtl Anwendg der Vorschr müßte der and Eheg stets Unterh zahlen, weil es bei Wegfall der ErwTätigk dem gesch Eheg eben offensichtl nicht gelungen ist, den Unterh zu sichern. Darauf kann es aber nicht ankommen (vgl Anm a cc). **a) Voraussetzgen, S 1: aa)** Der gesch Eheg muß **nach der Scheidg** einer **angem ErwTätigk** nachgegangen sein. Unerhebl, ob sie bereits vor der Scheidg begonnen hatte od erst danach. Handelte es sich bei der weggefallenen Beschäftigg nicht um eine angem ErwTätigk (vgl Anm 1), verbleibt es ohnehin bei I; iF der Anrechng gem § 1577 II 2 dagg IV 1 analog. **bb) Unverschuldeter Wegfall der Einkfte aus der ErwTätigk** gleichgült, ob aGrd Entlassg, Konkurses des Unternehmens, eig Unfalls (ohne Ersatzberechtigg) od ähnl. Entscheidd ledigl, daß der Wegfall der Einkfte dem gesch Eheg nicht vorwerfb ist (arg „trotz seiner Bemühgen"), so daß Anspr auch dann zu bejahen ist, wenn der gesch Eheg die ArbStelle wieder verliert, weil er dch die jahrelange Unterbrechg seiner Berufstätigk währd der Ehe den Anforderg der übernommenen Tätigk nicht gerecht w kann; ebenf wg seines Alters an der weiteren Ausübg der übernommenen u zunächst zufriedenstelld bewältigten Tätigk gehindert ist; weil eine alte Krankh wieder hervortritt u ihm eine weitere ErwTätigk vorerst unmögl macht (Bspe aus BT-Drucks 7/650 S 127). Dagg findet IV 1 keine Anwendg, wenn der gesch Eheg die angem Tätigk von sich aus kündigt, wenn eine neue Stelle zu haben; wenn er schuldh KündiggsGrde setzt usw. **cc)** Der Unterh darf dch die ErwTätigk **nicht nachhaltig gesichert** gewesen sein. War er das, so kommt der Wegfall der bish Anstellg kein Anspr gg den früh Eheg mehr in Betr; vielm ist der gesch Eheg in diesem Fall selbst dafür verantwortl, seinen Unterh zu verdienen. Zum Begr der Nachhaltigk (sa §§ 1575 I, 1577 IV) Vogt FamRZ **77**, 105. Nachhalt war die Sicherg nur, wenn der gesch Eheg eine Dauerbeschäftigg hatte, nicht nur eine vorübergehde Tätigk. Das kann auch bei Saisonarbeiten der Fall sein, wenn Wiederbeschäftigg sicher. Entscheidd, ob nach obj Maßstab u allg LebErfahrg die übernommene ErwTätigk als nachhalt angesehen w konnte, wobei es auf die tatsächl Dauer der Tätigk nicht entscheidd ankommt, sond darauf, ob zu erwarten war, die Tätigk werde auf Dauer ausgeübt w können. Bei der Ausleg des Begr „nachhaltig" ist auf die Rspr zu BEG 75, der dens Ausdr verwendet, zurückzugreifen (BT-Drucks 7/650 S 127). Danach ist die Tätigk nicht nachhalt, die der gesch Eheg in Überschätzg seiner Leistgsfähigk, etwa trotz Alters od Krankh übernimmt u nach einiger Zeit wieder aufgeben muß; die in Unkenntn einer bereits vorhandenen Krankh aufgen w; die bes krisenanfäll ist (BGH RzW **58**, 267); für die der gesch Eheg nur noch über unzureichende Berufserfahrungen verfügt, die nur ein schwankdes Einkommen verspricht, so daß eine nachhalt UnterhSicherg nur vorliegt, wenn die Tätigk eine Zeitlang ein stetiges Einkommen erbringt (BGH RzW **63**, 274). Maßstab für die Beurteilg der nachhalt Sicherg ist, ob ein vergleichbarer Dritter die Wahl des Berufes od des ArbPlatzes unter gewöhnl Umst ebenf getroffen hätte, so daß die Notwendigk eines Stellenwechsels od gelegentl Arbeitslosigk die nachhalt Sicherg des Unterh nicht ausschließen (Dieckmann FamRZ **77**, 90). Auf die Doppelverdienerehe findet IV 1 grdsl keine Anwendg (Dieckmann aaO). **dd) Ausreichende Bemühungen** um eine nachhaltige Sicherg versprechde ErwTätigk (§ 1574 Anm 4). Die Sicherg muß trotz der Bemühgen nicht gelungen sein. Bezieht sich vor allem auf die Erlangg der ErwTätigk selbst, gilt aber auch dafür, die einmal erlangte ArbStelle nicht selbstverschuldet einzubüßen (Anm bb). Übernimmt der gesch Eheg eine ErwTätigk, von der feststeht, daß sie voraussichtl nicht auf Dauer ausgeübt w kann, darf er sich nicht darauf berufen, diese Tätigk sei nicht nachhalt gewesen, wenn er bei entspr Bemühungen eine and Tätigk gefunden hätte, die ihm eine nachhaltige Sicherg gewährt hätte (BT-Drucks 7/650 S 128). Den Schutz des IV verliert, wer sich mit Jobs durchschlägt od seinen ArbPlatz inf Straftaten, Pflichtwidrigk uä verspielt (Dieckmann FamRZ **77**, 90).

b) Teilverlust der nachhaltigen Unterhaltssicherung führt zu einem Anspr auf Zahlg des UnterschiedsBetr zw dem nachhalt gesicherten u dem vollen Unterh, S 2. Unterhaltspflichtiger Eheg kann von dem gesch Eheg den Wechsel in eine Stellg mit einer Vergütg, die dem angem GesamtUnterh entspricht, bei Zumutbark verlangen. **Bsp**: Angem Unterh = 1200 DM; Eink aus nachhalt gesicherter Erwerbstätigkeit = 900 DM; RestAnspr gem II = 300 DM. Wird der gesch Eheg zB entlassen, behält er den Anspr auf 300 DM, bekommt aber auch unterhaltspflicht Eheg nicht mehr. Eine Überleitg des Anspr auf die Träger von Arbeitslosen- od Sozialhilfe (AFG 140; BSHG 90) scheidet mRücks auf die Zweckbestimmg des Auffüllanspr aus, der den ehel LebStandard gewährleisten soll (so zu Recht Dieckmann FamRZ **77**, 87).

1574 Angemessene Erwerbstätigkeit.
I Der geschiedene Ehegatte braucht nur eine ihm angemessene Erwerbstätigkeit auszuüben.

II Angemessen ist eine Erwerbstätigkeit, die der Ausbildung, den Fähigkeiten, dem Lebensalter und dem Gesundheitszustand des geschiedenen Ehegatten sowie den ehelichen Lebensverhältnissen entspricht; bei den ehelichen Lebensverhältnissen sind die Dauer der Ehe und die Dauer der Pflege oder Erziehung eines gemeinschaftlichen Kindes zu berücksichtigen.

III Soweit es zur Aufnahme einer angemessenen Erwerbstätigkeit erforderlich ist, obliegt es dem geschiedenen Ehegatten, sich ausbilden, fortbilden oder umschulen zu lassen, wenn ein erfolgreicher Abschluß der Ausbildung zu erwarten ist.

Schrifttum: Schumacher DRiZ **76**, 343.

1) Das Prinzip der Eigenverantwortlichk verpflichtet den gesch Eheg dazu, nach der Scheidg für den eig Unterh selbst zu sorgen; von diesem Grds werden in den §§ 1570ff Ausnahmen gemacht für den Fall notwend Kindererziehg, wg Alters, Krankh usw (§ 1569 Anm 1). Die dch 1. EheRG Art 1 Z 20 eingef Vorschr des § 1574 enthält für den Fall, daß der gesch Eheg dem Grunde nach verpflichtet ist, seinen Unterh selbst aufzubringen, eine **inhaltl Beschränkg der Verpflichtg zur Aufnahme einer Erwerbstätigk** auf angem berufl Beschäftigen. Die Bestimmg enthält somit keine selbst AnsprGrdl, sond ist bloße HilfsVorschr für die TatbestdsMerkmale „ErwTätigk nicht erwartet w kann" u „kann Unterh verlangen, soweit" usw in den §§ 1570ff. Der gesch unterhaltsbedürft Eheg kann von dem leistgsfäh und Eheg nicht auf jede, sond nur auf eine bestimmte ErwTätigk verwiesen w. Die Beschränkg geschieht dch das Wort „angem", **I**. Es wird in II dch fünf Merkmale konkretisiert u in III dch die Verpflichtg zur Ausbildg, Fortbildg od Umschulg erweitert. Die hier aufgeführten Verpflichtgen sind ihrer RNatur nach **Obliegenheiten** (Einl 4 vor § 241); ihre Nichtbeachtg führt zum Verlust des UnterhAnspr gg den leistgsfäh früh Eheg. Insges kommen **drei** solcher **Verpflichtgen im eig Interesse** in Betr: sich um die Erlangg einer angem, den Unterh nachhalt sichernden ErwTätigk zu bemühen (§ 1573 Anm 4a dd; unten Anm 4); die so erlangte ErwTätigk nicht dch eig verantwortbares Versagen zu gefährden (§ 1573 Anm 4a bb) u sich ggf der Ausbildg seiner Fähigkeiten zu unterziehen, um für eine solche angem ErwTätigk geeignet zu sein (Anm 3).

2) Der gesch Eheg muß prinzipiell, soweit er nicht dch die §§ 1570–1572 entlastet wird, nach dem Grds der Eigenverantwortg (§ 1569 Anm 1) eine ErwTätigk auch dann aufnehmen, wenn er iR einer HaushführgsEhe (§ 1360 Anm 3a) währd der Ehe nicht erwerbstät war. Auf seinen Arbeitswillen kommt es nicht an. Jeder ist nach seinen Kräften verpflichtet. Der gesch Eheg braucht aber nur eine ihm angem ErwTätigk auszuüben. Die **Angemessenheit der Erwerbstätigk, II,** bestimmt sich nach fünf verschiedenen teils obj, teils subj Merkmalen. Trotz dieser KonkretisiergsHilfe bleibt die Entscheidg immer Sache des Einzelfalles u der Berücksichtigg seiner konkr Umst (BT-Drucks 7/650 S 128). Nach Dieckmann FamRZ **77**, 88 ist die Frage, ob eine best ErwTätigk angem ist, auch unter dem Gesichtspkt des AufstockgsAnspr (§ 1573 II) zu beantworten, und es wird von daher oft die Rückkehr in den früher ausgeübten Beruf unabhäng von der erreichten Berufsstellg des unterhaltspflicht Eheg zumutb sein. Als gesetzl **Leitgesichtspunkte** sind in

§ 1574 2 4. Buch. 1. Abschnitt. *Diederichsen*

Betr zu ziehen: **a)** Die **berufl Ausbildg,** die der gesch Eheg vor od in der Ehe genossen hat, auch wenn sie erst währd der Ehe od nach ihrer Scheid abgeschl worden ist, seien es handwerkl, kaufmänn, akadem od sonst Berufe. Es muß unter obj u subj GesichtsPkten sinnvoll sein, an die frühere Ausbildg anzuknüpfen, also vom wirtschaftl Standpkt aus, etwa unter dem Aspekt zukünft Berufschancen, unter Berücks der körperl u psych Leistgsfähigk des gesch Eheg usw. Hat er die Ausbildg noch nicht abgeschl, ist ggf der Abschl nachzuholen, als Pfl iRv III od als Anspr darauf iRv § 1575. Eine Beschäftigg ist zumutb, wenn sie zwar außerh des erworbenen Berufsbildes liegt, aber dessen Status angem ist (BT-Drucks 7/650 S 126).

b) Zu berücks sind ferner die bei Scheid vorhandenen (Schumacher DRiZ **76,** 343) **Fähigkeiten** des gesch Eheg, also die Geschicklichk u das Können, das er aGrd seiner Ausbildg od gerade auch unabh von ihr in der Ehe od im Beruf od Gesch des and Eheg (vgl § 1356 Anm 4) od eines Dritten, zB iR einer Teilzeitbeschäftigg währd der Ehe, erworben hat. Dabei ist an Fähigkeiten gedacht, die mangels besonderer Ausbildg die berufl Qualifikation ausmachen (BT-Drucks 7/650 S 128). So kann eine kaufmänn Angest, die mit einem RAnw verh war, uU als Bürovorsteherin in einer AnwKanzlei tät werden, od ein Handwerker, der in einen Hotelbetrieb hineingeheiratet hat, nach der Scheid als Hotelier tät bleiben. Eig Kinder lassen trotz ganz andersgearteter berufl Herkunft den Zugang zu den sozialpfleger Berufen (Kindergärtnerin, Aushilfslehrerin, SozHelferin uä) zu. Eine Krankenschwester, die in der Ehe Abitur gemacht hat u studiert, braucht nach der Ehe dieses Studium nicht aufgeben (KG FamRZ **78,** 692). Der GesGeber hat aber nicht nur an Fähigkeiten gedacht, die den dch die Ausbildg erworbenen soz Status überragen; angemessen in diesem Sinne ist nicht nur eine Tätigk, die der konkr Ausbildg u den konkr Fähigkeiten entspricht, sond auch jede Tätigk, die zwar außerh des erworbenen Berufsbildes liegt, aber dessen Status angem ist (BT-Drucks 7/650 S 128). Es mag daher für jemanden, der eine abgeschl Ausbildg als Mechaniker besitzt, dchaus angem sein, nach jahrelanger MitArb in einem FriseurGesch als Friseur weiter tät zu sein. **c)** Sofern die Jahre nicht schon der Aufn einer ErwTätigk schlechthin entggstehen (§ 1571), ist eine ErwTätigk nur angem, wenn sie dem **Lebensalter** des gesch Eheg entspricht. So kann zB eine Tätigk, die erhebl körperl od psych Kräfte erfordert, im Hinbl auf das LebAlter nicht mehr angem sein, währd nach den übr Merkmalen die Ausübg dieser ErwTätigk zu erwarten wäre. Bei manchen Berufen kann eine WiederAufn des alten Berufes schon nach den dafür aufgestellten od praktizierten Alterserfordernissen ausscheiden (Pilot, Mannequin, Schauspielerin), bei and scheitert die Rückkehr an der inzw nicht mehr vorhandenen Leistgsfähigk (Berufssportler, Masseuse, Krankenschwester, Landwirt). **d)** Zu berücks ist ferner der **Gesundheitszustand** des gesch Eheg. Er soll nicht auf ErwTätigkeiten verwiesen w können, die seinem GesundhZustand nicht angem sind. Eine ehem Sekretärin braucht bei einem schweren Bandscheibenschaden, der ihr eine sitzde Tätigk verbietet, nicht in ihren alten Beruf zurück, ebsowenig jmd in einen stehd ausgeübten Beruf, der beinamputiert ist (Zahnarzt, Friseuse uä). Am häufigsten werden hier zwischenzeitl eingetretene Unfallfolgen die Ausübg des erlernten Berufes unmögl machen. Gesundheitliche Hindern, die eine wesentl schlechtere Position ggü Mitbewerbern darstellen, reichen aus. **e)** Die von dem gesch Eheg zu übernehmende ErwTätigk muß schließl auch **den ehelichen Lebensverhältnissen entsprechen.** Dieser GesPkt dient dazu, ehebedingten Statusänderg im UnterhaltsR Rechng zu tragen (vgl dazu treffd Schumacher DRiZ **76,** 344). Anderers weist Ambrock S 171 zu Recht darauf hin, daß sich de soz Verhältn vielf gewandelt haben (vgl auch Dieckmann FamRZ **77,** 88). **aa)** Desh kommt es entscheid auf die **Dauer der Ehe** an. Mit zunehmder Ehedauer sollen die ehel LebVerhältn immer mehr berücks werden, so daß sie nach einer Ehe von langer Dauer mehr als die and Merkmale die Angemessnh einer Erwerbstätigk bestimmen. Das führt dazu, daß ein Eheg, dessen ehel LebVerhältnisse seinen selbst erworbenen berufl Status erhebl übersteigen, nach längerer Ehe oft eine den ehel LebVerhältn angem ErwTätigk nicht mehr finden wird. Darin liegt eine Bevorzugg der Frauen, deren Ehemänner einen außerordentl berufl Aufstieg erreicht haben. Würden sie bei der Scheid darauf verwiesen, eine ErwTätigk anzunehmen, deren Angemessnh sich allein nach ihrer Ausbildg u ihren Fähigkeiten bestimmt, so würde insow der Wert ihrer Leistgen für die Verbesserg der ehel LebVerhältn unberücks bleiben (BT-Drucks 7/650 S 129). Nach 20 Ehej braucht die gesch Frau eines gutsituierten Arztes, RAs, Kaufmanns nicht mehr in ihren erlernten Beruf als Sekretärin, kaufmänn Angest, med-techn Assistentin uä zurückzukehren. Da es auf die ehel LebVerhältn ankommt, kann in diesem Zushg berücks werden, in welchem Umfang sie an dem Aufbau der Praxis, des Gesch usw persönl od dch Entlastg ihres Mannes in and Bereichen beteiligt war, so daß die Rückkehr in den früh Beruf evtl auch schon nach verhältnismäß kurzer Ehedauer auszuschließen ist od umgek trotz erhebl langer Ehe uU zumutb erscheint. Entspr braucht der gesch Ehem, der von Beruf kaufmänn Angest ist u in dem Mill-Unternehmen seiner SchwiegerElt als Direktor beschäft war, uU nicht in seinen alten Beruf zurück; ebso der Filmstatist, dessen Frau inzw RegDirektorin gew ist usw. IjF soll verhindert w, daß dem gesch Eheg nach der Scheid eine ErwTätigk angesonnen w, die im Hinbl auf seinen, auch von ihm erarbeiteten **Lebenszuschnitt in der Ehe** nicht mehr angem wäre (BT-Drucks 7/650 S 129). Umgek gilt dies aber auch für Heiraten unter Stand, soweit der and Teil dch seine ErwTätigk das LebNiveau der Familie bestimmt hat. Wer sich als Akademiker von seinem Eheg, der als ungelernter Arbeiter tät ist, unterhalten läßt, hat bei Scheitern der Ehe keinen Anspr darauf, nur in seinem erlernten Beruf als Lehrer, Jurist usw tät zu sein, sond muß ggf jede gebotene Arb annehmen. Ggüber der Ehedauer können auch die and Faktoren (Alter, Ausbildg usw) dchschlagen: eine gesunde 35j Frau wird idR den Unterh dch eig Arbeit bestreiten können (Ambrock S 171). Entsprechde Vorbildg zu einem Beruf (Sprechstundenhilfe, KrankGymnastin, kaufmänn Angest, Handwerker) kann, wenn er auch ausgeübt ist, dazu führen, daß damit festgelegt ist, was iSv II als angem anzusehen ist, so daß der and Eheg nur die Bedarfsspitzen zum bish aus der Ehe gewohnten LebStandard zu tragen braucht. Vgl Ambrock S 172: „Im Ergebn werden ... nur ältere Nurhausfrauen zeitl unbeschrkt UnterhLeistgen fordern können, Frauen in mittleren LebJahren für eine ÜbergangsZt od je nach den Umst bis zur Eingliederg in das ErwLeben." **bb)** Die das Niveau der als angem in Betr kommden ErwTätigk bestimmde Ehedauer wird idR zG des gesch Eheg theoret verlängert, indem iR der ehel LebVerhältn auch die Dauer der **Pflege od Erziehg gemeinschaftlicher Kinder** (vgl § 1570) Berücksichtigg findet, da es sich hierbei um eine ehebedingte Aufgabe beider Eheg handelt, die prakt nur von einem wahrgen w. Es erscheint desh geboten, diese Zeit der nachehel Kinderbetreuung der

1362

Bürgerliche Ehe. 7. Titel: Scheidung der Ehe § 1574 2–4

Ehedauer gleichzustellen, so daß die ehel LebVerhältnisse um so stärker zu berücks sind, je länger die Kinderbetreuung gedauert hat, mag auch die Ehe selbst nur von kurzer Dauer gewesen sein (BT-Drucks 7/650 S 129). Zur Dauer der Kindesbetreuung § 1570 Anm 2c. Ein auswärts wohnder Student bedarf keiner Betreuung. An nachehel Statussteigergen des unterhpflichtigen Eheg darf sich der unterhberecht Eheg nicht mehr orientieren.

3) Der gesch Eheg ist iR seiner Bemühungen um die Erlangg einer angem Beschäftigg (Anm 4) ggf gehalten, sich **ausbilden, fortbilden od umschulen** zu lassen, soweit dies zur Aufn einer angem Erw-Tätigk erforderl ist u ein erfolgreicher Abschl der Ausbildg zu erwarten ist, **III.** Die Vorschr behandelt die Verpflichtg des gesch Eheg, eine Ausbildg zu machen; den entspr Anspr gewährt § 1575. – **VerfassgsR**: Fragl ist (aA Göppinger S 72; MüKo/Richter Rdn 11), ob III mit GG 2 I vereinb ist, soweit sich auf die HaushFührgsEhe (§ 1360 Anm 3a) einlasse Eheg unter der Geltg des GG I erwarten darf, daß diese Entsch nicht nachträgl von Gesetzes wg für verfehlt erklärt w. So wünschenswert es ist, daß der gesch Eheg die ihm verbleibden LebChancen nutzt, so wenig einsicht ist es, daß er dies zur Erlangg materieller Vorteile tun und die and Eheg tut (so die amtl Begrdg in and Zushg BT-Drucks 7/650 S 125 f), der seinerseits so weiterleben darf wie bisher. Ein Eheg, der bereit war, seine Intelligenz u Tatkraft in den Dienst der Fam zu stellen, darf nicht gezwungen w, dies auch noch nach Scheidg zu tun. Eine rigorose Anwendg von III kann außerd einen großen Teil der in den vorangehden Vorschr zG des nicht leistgsfäh gesch Eheg geschaffenen UnterhAnspr wieder in Frage stellen. – Die **Kosten** der (Zusatz-)Ausbildg hat der and Eheg zu übernehmen (§ 1575). Keine Rückzahlg nach Abbruch der Ausbildg wg § 812 I 2 (mind § 818 III), unabh von den Grden. – **Rechtsfolgen** der Unterlassg: Erzwingb ist die Erfüllg der Obliegenh nicht; der Einwand führt aber zur Herabsetzg bzw zum gänzl Fortfall der UnterhPfl. – **Voraussetzgen: a)** Als Ziel der **Ausbildg, Fortbildg od Umschulg** kommen nur anerkannte Berufsbilder in Betr (vgl § 1610 Anm 4). Die Begr Fortbildg u Umschulg haben dieselbe Bedeutg wie im AFG (BT-Drucks 7/650 S 132). Obj Hindern wie numerus clausus uä dürfen nicht vorhanden, ein dafür erforderl Wohngswechsel muß zumutb sein. Der Beruf muß den Neiggen des gesch Eheg entsprechen, wobei dch eine vor der Ehe einmal eingeschlagene Berufsrichtg keine Vermutgen entstehen. Der gesch Eheg kann wählen zw Aufn einer neuen Ausbildg od der Fortsetzg einer vorzeitig abgebrochenen. Auf keinen Fall kann der gesch Eheg von dem leistgsfäh Teil auf den für diesen wirtschaftl günstigsten Weg verwiesen od in dauerndem Wechsel von einer Ausbildg in die and getrieben werden, was ohnehin nicht empfehlensw ist, wenn der and Eheg gem § 1575 den den bisher LebVerhältn der Ehel angem Unterh zu zahlen hat u nicht etwa nur den § 1610 II entsprechenden. Eine währd der Ausbildg angebotene angem Beschäftigg braucht der UnterhBerecht nicht anzunehmen, es sei denn es handelt sich um eine sichere Stellg (Dieckmann FamRZ **77**, 90). Schließl kann der and Eheg die Aufn einer Berufsausbildg od Umschulg nur im angem zeitl Abstand von der Scheidg od den ihr gleichstehden EinsatzZtpkten verlangen. Bei absehb Fristen für Kindererziehg, Heilg einer Krankh usw bedarf es einer rechtzeit ggseit Abstimmg, was nach Erlangg der BerufsbildgsFreih geschehen soll; sonst evtl Verwirkg des Einwandes auch bei III. **b)** Die Aufn der Ausbildg muß **für eine angem ErwTätigk erforderlich** sein. Es darf mit der vorhandenen Berufsausbildg eine angem ErwTätigk nicht zu erlangen sein; EinstellgsStop u sonst schlechte ArbMarktlage reichen hierfür nicht aus, es sei denn Bessergen sind nach menschl Voraussicht ausgeschl. Ebso gehen schlechte Berufsaussichten in dem angestrebten Fach zu Lasten des leistgsfäh Eheg; denn unter der Voraussetzg von Anm c sind bei guten PrüfgsErgebn auch die Einstellgsquoten nicht gleich Null. Dagg trägt der and Eheg nicht das Risiko, daß nach Vollzug der Ausbildg eine Anstellg in dem neuen od besser qualifizierten Beruf auch tatsächl gefunden wird (§ 1575 III). III gilt ferner nicht für die Fälle, in denen der unterhaltsberecht Eheg bei Beendigg seiner Ausbildg ein Alter erreicht haben würde, in dem eine ErwTätigk von ihm nicht mehr erwartet w kann. **c) Die Erwartg eines erfolgreichen Abschlusses** hängt nicht allein von den geist u körperl Fähigkeiten, also von der Intelligenz u einer Anlage für die berufsspezif Geschicklichkeiten ab, sond auch von den äuß Umst wie der Tats, daß der gesch Eheg noch Kinder (auch vorehel) zu betreuen hat, sei es auch nur in den Ferien, daß sein GesundhZustand nicht ausreicht, daß er sich nicht in der Gemütslage für ein richtiges Lernen befindet. Auf keinen Fall es jedoch, will man die Obliegenh nicht aufheben, darauf ankommen, ob der gesch Eheg die erforderl Bereitsch zur Ausbildg, Fortbildg od Umschulg besitzt.

4) Bemühungen um Erlangg einer angem Erwerbstätigk. In verschiedenen Bestimmgen wird der gesch Eheg verpflichtet, bei Gefahr des Verlustes von UnterhAnspr gg den früheren Eheg sich um die Erlangg einer angem Beschäftigg zu kümmern (vgl § 1573 Anm 2b u 4a dd), was auch in denj Fällen gilt, in denen von dem gesch Eheg trotz Kindererziehg, Alters, Krankh usw („soweit") eine daneben herlaufde ErwTätigk verlangt wird (§§ 1570, 1571, 1572, 1576). Der Eheg bestreitet dieser Obliegenh (Anm 1) nach, wenn er angem Anstrenggen unternimmt, um die ihm zumutb ErwTätigk zu finden u aufnehmen zu können. Vorstellgen beim ArbAmt, ZeitgsAnnoncen, Bewerbgen auf Anzeigen, Vorstellgsbesuche, probeweiser ArbBeginn, Wiederherstellg der Gesundh u was sonst üblicherw unternommen wird, um eine Beschäftigg zu finden, muß auch von dem gesch Eheg erwartet w. Auf der and Seite ist er nicht gehalten, Dinge zu tun, die von vornh aussichtslos sind, wie eine Bewerbg auf einen Chefsekretärinnenposten bei bl Verpflichtg zu einer Halbtagsbeschäftigg, od die ihm für den Fall ihrer Verwirklichg aus and Gründen nicht zumutb sind, wie zB Bemühgen, auswärts eine HalbtagsStellg zu bekommen, wenn ihm im Hinbl auf die hohen WohngsKosten, das Klima, das schul Leistgen des zu betreuenden Kindes od Ähnliches ein Wohngswechsel nicht angesonnen w kann. Angesichts des sonst drohden Verlustes des UnterhAnspr sind die Anforderngen nicht zu hoch anzusetzen; umgek dürfen sie aber im Hinbl auf die Eigenverantwortg des gesch Eheg u der angestrebten Entlastg des leistgsfäh Eheg nicht nachläss gehandhabt w. Es muß das ernsth Bemühen, den angem Unterh, auch wenn nur eine TeilVerpflichtg besteht, selbst zu besorgen, in jeder Hins deutl erkennb werden. Ist wie iFv § 1573 eigtl eine ganztgl ErwTätigk zu finden, Obliegenh des gesch Eheg, so sind von ihm erhöhte Anstrenggen zu unternehmen, um die berufl Stellg zu finden.

§ 1575 *Ausbildung, Fortbildung oder Umschulung.* ¹ Ein geschiedener Ehegatte, der in Erwartung der Ehe oder während der Ehe eine Schul- oder Berufsausbildung nicht aufgenommen oder abgebrochen hat, kann von dem anderen Ehegatten Unterhalt verlangen, wenn er diese oder eine entsprechende Ausbildung sobald wie möglich aufnimmt, um eine angemessene Erwerbstätigkeit, die den Unterhalt nachhaltig sichert, zu erlangen und der erfolgreiche Abschluß der Ausbildung zu erwarten ist. Der Anspruch besteht längstens für die Zeit, in der eine solche Ausbildung im allgemeinen abgeschlossen wird; dabei sind ehebedingte Verzögerungen der Ausbildung zu berücksichtigen.

II Entsprechendes gilt, wenn sich der geschiedene Ehegatte fortbilden oder umschulen läßt, um Nachteile auszugleichen, die durch die Ehe eingetreten sind.

III Verlangt der geschiedene Ehegatte nach Beendigung der Ausbildung, Fortbildung oder Umschulung Unterhalt nach § 1573, so bleibt bei der Bestimmung der ihm angemessenen Erwerbstätigkeit (§ 1574 Abs. 2) der erreichte höhere Ausbildungsstand außer Betracht.

1) Ausbildungsunterhalt. Die dch 1. EheRG Art 1 Z 20 eingef Bestimmg ist bewußt den dch BAföG u AFG geschaffenen staatl Ausbildungsfördergsleistgen an die Seite gestellt u bietet **ggü der öff-rechtl Förderg** (zum beiderseit Verhältn Dieckmann FamRZ 77, 92 f) einen doppelten Vorteil: der zu gewährde Unterh ist an den ehel LebVerhältn zu bemessen u damit in vielen Fällen höher als die pauschalierten Leistgen nach den öffrechtl Vorschr; zum and gelten im UnterhR nicht die für die staatl Förderg vorgesehenen Altersgrenzen (BT-Drucks 7/650 S 131). Leistgen nach öfftl Recht, die der Staat iW des Rückgr von dem privatrechtl UnterhVerpflichteten zurückverlangen kann, sind keine den Unterh mindernden Einkfte iSv § 1577 I. Von der etwa im BAföG verankerten Subsidiarität der staatl Ausbildungsförderg ggü privatrechtl UnterhAnspr ist für gesch Eheg bewußt keine Ausn gemacht w (BT-Drucks 7/4361 S 30). Dagg können nicht subsidiäre staatl od Leistgen Dritter (zB für Fortbildg u Umschulg nach dem AFG od aGrd von Stipendien) auf den UnterhAnspr angerechnet w, so daß sich insow die Bedürftigk des Berecht verringert. – § 1575 behandelt den **Anspruch** auf AusbildsUnterh; eine entspr Obliegenh, also Ausbildslast des gesch Eheg sieht § 1574 III vor. – Der UnterhAnspr zur Fortsetzg der Ausbildg wird demj Eheg gewährt, der im Zushg mit der Ehe eine Ausbildg nicht aufgen od abgebrochen hat, I; ferner wenn er sich fortbilden od umschulen lassen will, um die dch die Ehe eingetretenen Nachteile auszugleichen, II. Das dadch erreichte höhere Berufsniveau bleibt allerd außer Betr, wenn der Eheg keine dem neuen Ausbildsstand entsprechde Beschäftigg findet u desh den and Eheg weiterh auf Unterh in Anspr nimmt, III. Ist der gesch Eheg bereits aus and Gründen wie Krankh usw unterhaltsberecht, kann er von dem unterhaltspflicht Eheg die zusätzl entstehdn Kosten für die Ausbildg usw iRv § 1578 II verlangen. Ebenf nur die Ausbildskosten, nicht dagg der Unterh wird geschuldet, wenn neben der Ausbildg einer Berufstätigk nachgegangen wird (vgl BVerwG FamRZ 76, 242 iF des Besuchs eines Abendgymnasiums). – Ziel der Ausbildg ist die Erlangg einer **angemessenen Erwerbstätigk.** Dabei geht es iGgs zu § 1574 II um die Ausbildg, Fortbildg od Umschulg der entwickelb Anlagen (Schumacher DRiZ 76, 346).

2) Fortsetzg der dch die Ehe unterbrochenen Ausbildg, I. Wer in Erwartg der Ehe od währd der Ehe eine Schul- od Berufsausbildg nicht aufnimmt od unterbricht, soll vom and Eheg Unterh verlangen können, wenn er diese od eine entspr Ausbildg wieder aufnimmt. Zum Unterh gehören nach § 1578 I auch die Kosten dieser Ausbildg. Der Anspr setzt – soweit dieser anzuerkennen ist – den innerehel AusbildsfinanziergsAnspr (§ 1360 a Anm 1 c) für die Zeit nach der Scheidg der Ehe fort; iü entsteht er als echte Nachfolgewirkg einer gescheiterten Ehe unter dem MitverantwortgsGesichtspkt (§ 1369 Anm 1) originär. Stehen iR einer Doppelverdienerehe beide Eheg auf gleicher Stufe (zB RPfleger), kann nach der Scheidg keiner auf Kosten des and das Studium aufnehmen, auch wenn dieses bei einem od beiden wg der Ehe unterblieben ist, nicht weil sich die Anspr ggseit aufheben (so Dieckmann FamRZ 77, 91 f), sond weil die Scheidg zwangsläuf den LebStandard senkt (§ 1578 Anm 2). **a) Voraussetzgen, S 1: aa) Schul- od Berufsausbildg.** Wg der Altersgrenze von EheG 1 II werden idR nur höhere Schulen od Fachschulen, insb Berufsfachschulen in Betr kommen, aber auch Abendschulen, Fernunterrichtslehrgänge u Praktika; bei der Berufsausbildg betriebl Lehren, FortbildgsMaßn zZw des berufl Aufstiegs, Hochschulstudium usw (vgl die ZusStellg BT-Drucks 7/650 S 130). **bb)** Die Schul- od Berufsausbildg muß **in Erwartg der Ehe od während der Ehe abgebrochen** sein. Von einem Abbruch im Hinbl auf die Ehe kann nur dann die Rede sein, wenn die Leistgen in der Schule od Berufsausbildg zu der berecht Erwartg Anlaß gaben, daß das Ausbildgsziel bei Fortsetzg der Ausbildg erreicht w wäre. Das Gesetz macht einen Unterschied danach, ob die Ausbildg vor od in der Ehe abgebrochen wurde. Bei einem Abbruch in der Zeit vor der Eheschließg muß nachgewiesen w, daß die Nichtvollendg der Ausbildg von der bevorstehenden Eheschließg veranlaßt war. Dies braucht nicht der einzige Anlaß gewesen zu sein. Voraussetzg ernsth Heiratsabsicht. Es genügt, wenn der Verlobte ArbStelle an einem Ort hat, wo die begonnene Ausbildg mangels Schule od AusbildgsAnst von dem and Teil nach der Eheschl ohnehin nicht fortgesetzt werden könnte. Kein Fall von I, wenn die Ausbildg abgebrochen wurde, bevor der Ehepartner überh bekannt war od während der Ehe aus vom familienrechtl irrelevanten, rein fur Wohn- u LebGemsch. Wird die Ausbildg dagg in die Ehe hineingezogen u dann währd der Ehe abgebrochen, so bedarf es nicht des Nachweises, daß die Ausbildg w e g e n der Ehe unterbrochen wurde, weil diese Verknüpfg nur schwer festzustellen wäre. Der GesGeber hat daher bewußt in Kauf genommen, daß auch solche Eheg nachträgl ihre Berufsausbildg vom leistgsfäh und Eheg bezahlt bekommen, bei denen andere Gründe, wie zB Unzufriedenh mit dem zunächst angestrebten Beruf, ursächl für den Abbruch waren (BT-Drucks 7/650 S 131). Nach dem Willen des GesGebers Finanzierg der nachgeholten Ausbildg selbst dann, wenn der gesch Eheg währd der Ehe die Ausbildg gg den Willen des and Eheg abgesetzt hat; in AusnFällen kann allerd die Geltdmachg des Anspr aus I ein venire contra factum proprium darstellen u desh scheitern. Dem Abbruch steht die **Nichtaufnahme** einer Schul- od Berufsausbildg gleich. Kommt immer nur für feste Berufspläne

Bürgerliche Ehe. 7. Titel: Scheidung der Ehe § 1575 2–4

in Betr, deren Verwirklichg bereits in die Wege geleitet w war. Strenge Anfordergen. Bloße u insb unrealistische Berufswünsche scheiden von vornh aus. BewLast für die Abs, eine best Schule zu besuchen od einen Beruf zu ergreifen, liegt bei demj Eheg, der Anspr aus I herleitet. IdR muß Schulanmeldg uä vorgelegen haben; iü dürfen keine obj Hindernisse vorhanden gewesen sein wie eine den numerus clausus eines Studiums nicht überwindende mangelh Abiturnote. **cc) Aufnahme der Ausbildg.** Grdsl wird es sich um dieselbe handeln, die sZt nicht begonnen od abgebrochen wurde, auch wenn best Stufen wiederholt werden müssen. Es reicht aber auch eine entspr Ausbildg. Die Entsprechg bezieht sich nicht auf das Fach: also statt Arzt nur med techn Ass od statt Dipl-Ing nur Ing, obwohl auch eine derart Minderausbildg uU unter I fällt, wenn sie die weiteren Voraussetzgen erfüllt, insb eine dauerh ErwStellg gewährleistet (Anm ff); sond Entsprechg zielt auf Statusidentität: Wer zum Besuch der Universität entschlossen war od bereits ein Studium begonnen hatte, kann jetzt statt des urspr gewählten Faches sich einer and Disziplin zuwenden, selbst wenn in der urspr gewählten Fachrichtg bereits best Erfordernisse für die Zulassg zum Examen erreicht worden waren. Grenze etwas weiter als iR von § 1610 Anm 4a dd zu ziehen. Ein im wesentl abgeschl Studium kann nur fortgesetzt w; keine Wiederholg des Studiums in einem and Fach auf Kosten des and Eheg. Mögl aber, von dem an den bisher Eheverhältn orientierten angem Unterh einen Teil zurückzulegen, um das nicht mehr von I erfaßte Ende der Ausbildg damit zu finanzieren, so daß der and Eheg sich uU nicht prinzipiell dem Beginn eines vollst neuen Studiums widersetzen k. **dd)** Die (Wieder)Aufnahme der Ausbildg muß **sobald wie möglich** erfolgen. Kein best EinsatzZpkt. Desh maßgebd die Scheidg od iFv §§ 1570 u 1572 regelmäß das Ende der Erziehg od der Krankh; soweit damit vereinb, muß mit der Ausbildg aber auch früher angefangen w, so daß insow nur die Ausbildgskosten gem § 1578 II zusätzl anfallen. Vom Ztpkt, zu dem Ausbildg mögl ist, keine best Frist, weil Gründe denkb sind, die den Berecht daran hindern, innerh der ersten Monate nach Scheidg usw die Ausbildg zu beginnen, ohne daß er dafür verantwortl ist, zB bei zeitl ungünst Beginn eines best Fachschullehrgangs (BT-Drucks 7/650 S 131). Warte- u Überleggsfristen sind berecht; zul daher die zweitl Pflege eines schwer erkrankten Angehör, der Versuch, zu Angehör zu ziehen, etwa um deren in einer Doppelverdienerehe groß werdde Kinder zu betreuen, selbst wenn dadch beispielsw der Semesterbeginn versäumt w. Ggf hat der UnterhBerecht ZwZeiten (zB Beginn des Studienjahres 3/4 J nach der Scheidg) dch eigene nicht unbedingt angemessene (Dieckmann FamRZ **77**, 91) ErwTätigk zu überbrücken. **ee)** Die Ausbildg muß zu einem Beruf führen, der zu einer **nachhaltigen Unterhaltssicherung** führt (vgl dazu § 1573 Anm 4 a cc). **ff)** Der **erfolgreiche Abschluß der Ausbildg** muß zu erwarten sein. Die vorhandenen Zeugn aus der vollzogenen AusbildgsZt müssen aus der damaligen Sicht die Voraussicht eines erfolgreichen Abschl rechtfertigen. Keine Fachgutachten über die jetzige Leistgsstärke. Wohl aber sind die Umst zu berücks, die in der ZwZeit eingetreten und einen erfolgreichen Abschl der Ausbildg aus jetziger Sicht uU entggstehen: Alter, schwere VerkUnfälle od Krankheiten mit bleibend Schäden; psych Labilität; anderweit zeitraube Beschäftigen, auf die zu verzichten keine Bereitsch besteht. Dagg nicht: zweitl Desinteresse an dem Ggst der früheren Berufsausbildg; Nichtentsprechg von ehel LebStellg u Ausbildg, so daß zB auch dann Fortsetzg eines abgebrochenen Studiums zu finanzieren ist, wenn der klagsfäh Eheg nicht Akademiker ist (BT-Drucks 7/650 S 131). Für den Fall, daß eine angem Berufsausbildg nicht mehr erreichb ist, weil ein erfolgreicher Abschl der Ausbildg nicht zu erwarten ist, kann, insb wenn sich der unterhaltsberecht Eheg nicht mehr zutraut, Finanzierg der Ausbildg auch für einen minderen als angem Beruf verlangt w. Die Berufssicherh hat Vorrang vor der Angemessenh, so daß der verpflichtete Eheg die Zahlg der Berufsausbildgskosten u des dafür notw Unterh nicht unter Berufg darauf verweigern darf, der angestrebte Beruf biete keinen angem Unterh; er bleibt in diesem Fall vielm gem § 1573 II zur Zahlg des UnterschiedsBetr verpfl od hat nach dem DurchlässigkPrinzip (§ 1610 Anm 4 a dd) die Weiterbildg zu finanzieren; der Verlust der Selbstvertrauens in die eig Fähigkeit kann als typ ehebedingte Folge einer Zerrüttg angesehen w und gehört damit in den Nachwirkgsbereich der Ehe, für den der leistgsfäh Eheg ebenf einstehen muß. Der Anspr ist nicht erfolgsabh; keine Rückzahlg bei nicht bestandenen Prüfgen, wohl aber ZPO 323 bei (wiederholtem) Nichtbestehen v ZwPrüfgen (MüKo/Richter Rdn 13). **b) Dauer, S 2.** Der Anspr besteht längstens für die Zeit, in der eine solche Ausbildg im allg abgeschl wird, also zB nicht Mindeststudiendauer, sond mittlere Studiendauer (Einzelheiten § 1610 Anm 4 a dd). Es gilt ferner das Ggseitigk-Prinzip, wonach Unterhaltsberecht ggf nachweisen muß, daß er den von dem and Eheg gezahlten Unterh tats zur Ausbildg verwendet (vgl § 1610 Anm 4 a cc). Die Dauer der Ehe ist zu berücks, weil fortgeschrittenes LebAlter u als deren Folge Ausbildgsverzögergen eine Überschreitg der allg Ausbildgsdauer in Einzelfällen rechtf (BT-Drucks 7/650 S 131).

3) Unterhalt für u Kosten von einer **Fortbildg od Umschulung** braucht der leistgsfäh Eheg dem gesch Eheg nur zu zahlen zum Ausgleich ehebedingter Nachteile, **II.** Im Ggs zu § 1574 III, wo Ausbildg, Fortbildg u Umschulg iR der Obliegenheiten des gesch Eheg zugefaßt sind, werden sie hier wg unterschiedl Behandlg getrennt: **a) Dauer** von Fortbildg u Umschulg sind nicht bes geregelt; sie richten sich nach den Anfdgen des ArbMarktes, nach öff Recht idR 2 Jahre; bei berufsbegleitendem Unterricht keine zeitl Begrenzg. **b)** Weiter müssen Fortbildg u Umschulg den Zweck haben, **dch die Ehe erlittene Nachteile** auszugleichen, um den Anspr nicht allein von einer Willensentschließg des gesch Eheg abhängen zu lassen. Der Eheg, der wg der HaushFührg in langjähr Ehe nicht für seinen berufl Aufstieg sorgen konnte, den er bei ununterbrochener ErwTätigk erfahrgsgem erzielt hätte, soll sich nicht auf eine nach § 1574 an sich angem ErwTätigk verweisen lassen müssen (BT-Drucks 7/650 S 132). Aber kein Ersatz der Kosten für einen 2. Beruf, auch wenn dieser währd des Bestehens der Ehe geplant war, wenn gesch Eheg für einen Beruf, der ihn angem ernähren kann, voll ausgebildet ist (Bielef NJW **73**, 2211; aA Dieckmann FamRZ **77**, 92, der stattd auf die Zumutbark abstellt).

4) Rückstufung bei Arbeitslosigk, III. Wer trotz Aus-, Fortbildg u Umschulg keine angem ErwTätigk findet u desh weiterhin Unterh von dem and Eheg bezieht, soll den auf Kosten des and Eheg erzielten höheren Ausbildgsstand diesem ggü nicht geltd machen dürfen, weil es nicht gerechtfertigt erscheint, den verpflichteten Eheg mit dem Risiko zu belasten, ob der UnterhBerecht die Berufsstellg erlangt, zu der er sich hat ausbilden lassen (BT-Drucks 7/650 S 132). Nach dieser beschränkten Zielsetzg der Vorschr gilt III nicht, wenn die Ausbildg von Dritten, von den Elt od vom Staat, ohne Rückgriff gg den and Eheg finanziert w ist. Findet der ausgebildete Eheg keine Stellg, dann uU Kürzg des Unterh gem § 1579 I Z 4.

1576 *Unterhalt aus Billigkeitsgründen.* **Ein geschiedener Ehegatte kann von dem anderen Unterhalt verlangen, soweit und solange von ihm aus sonstigen schwerwiegenden Gründen eine Erwerbstätigkeit nicht erwartet werden kann und die Versagung von Unterhalt unter Berücksichtigung der Belange beider Ehegatten grob unbillig wäre. Schwerwiegende Gründe dürfen nicht allein deswegen berücksichtigt werden, weil sie zum Scheitern der Ehe geführt haben.**

1) Positive Billigkeitsklausel. Auf Betreiben des BR dch 1. EheRG Art 1 Z 20 eingef. Es soll sichergestellt w, daß jede ehebedingte UnterhBedürftigk erfaßt wird u es dch das in den §§ 1570-1575 verwirklichte Enumerationsprinzip nicht zu Ungerechtigkeiten kommt, weil nicht ausgeschl wäre, daß eine Ehefr keinen Unterh bekommt, die in der Ehe weit über ihre Rechtspflichten hinaus dem Ehem od sonst FamAngehör ggü besondere Leistgen erbracht od Belastgen auf sich genommen hat u dann mit der Scheidg konfrontiert wird (BT-Drucks 7/4361 S 17). Um zu verhindern, daß das ScheidgsVerschulden in die UnterhTatbestände Einlaß findet, ist in S 2 ausdrückl gesagt, daß die Gründe, die zum Scheitern der Ehe geführt haben, nicht allein deswegen berücks w dürfen; denn Fehlverhalten im menschl Bereich soll nicht zu wirtschaftl Sanktionen führen (BT-Drucks aaO). Die Vorschr zwingt nicht dazu, die Zerrüttgsursachen ausfind zu machen, um damit die Sachverhalte ausschließen zu können, die nach S 2 nicht berücks w dürfen; vielm ist lediglich zu prüfen, ob ein von den Eheg, der Unterh nach § 1576 begehrt, vorgetragener bes Umst desh nicht zu berücks ist, weil er ein Fehlverhalten im personal-mitmenschl Bereich darstellt (BT-Drucks 7/4361 S 31). S 2 soll sicherstellen, daß der Unterh ausschließl nach wirtschaftl Gesichtspkten gewährt wird (BT-Drucks 7/4361 S 32). Keine Ausdehng der UnterhTatbestde der §§ 1570 ff auf dem Wege über § 1576 (vgl zum LückenProbl Schumacher MDR **76**, 882 f; Diederichsen NJW **77**, 357), so daß kein Unterh wg Betreuung eines Stiefkindes des UnterhPflicht verlangt w kann. Zum Ausschl des UnterhAnspr aus BilligkGrden (negative BilligkKlausel) vgl § 1579.

2) AnsprVoraussetzgen: a) Die Aufn einer ErwTätigk kann von dem gesch Eheg aus and Gründen als Alter, Krankh usw nicht erwartet werden, sofern diese **sonstigen Gründe schwerwiegend** sind. Es kommen alle möglichen, auch Verbindgen von Grden in Betr mit Ausn derj, die zum Scheitern der Ehe geführt haben; diese dürfen nicht für sich allein berücks w, S 2. Beispiele: MitArb im Beruf od Gesch des and Eheg (§ 1356 Anm 4); Tod od gefährl Krankh eines (ggf auch nicht gemschaftl) Kindes; Hilfestellgen ggü dem and Eheg nach der Scheidg; Abnahme der gemschaftl Kinder über längere Zeiten, wenn dem and Eheg die elterl Gewalt zugesprochen war; Pflege od besondere, insb aufopferungsbereite Zuwendg zu Angehör des and Eheg vor od nach der Scheidg; das loyale Verhalten in Zeiten besonderer Bedrängn (Teilen der Emigration; Nichtabwenden iF einer längeren Strafhaft); starke finanz Belastgen aus der Zeit der Ehe bzw dem Nachwirkgsbereich der Ehe zB dch Unterstützg von gemschaftl Kindern, so daß die eig Einkfte gebunden sind. **b)** Die Versagg des UnterhAnspr muß unter Berücksichtigg der Belange beider Eheg **grob unbillig** sein. Dies setzt eine Abwägg der beiderseit Belange voraus, wobei sich die Waagschale eindeutig zG des unterhaltsberecht Eheg senken muß, was idR bei den unter a) angeführten Grden der Fall sein wird, wenn der and Eheg den Unterh ohne Schwierigkeiten aufbringen kann. Je entsaggsvoller das iRv § 1576 angeführte Verhalten des gesch Eheg ist, desto leichter sind dem and Eheg aber auch nachehel finanz Opfer zumutb. Insges muß es sich jedoch um gewisse AusnFälle handeln. Die Vorschr darf nicht zu einem allg BilligkUnterh abgeflacht w, wonach immer derj Eheg dem and Unterh schuldet, der ihn leichter aufbringen kann als der and. Gründe, die iR von § 1579 zum Ausschl des UnterhAnspr führen würden, stehen iR von § 1576 bereits der Begründg eines UnterhAnspr entgg. Die Vorschr bezieht sich nicht nur auf ehebedingte UnterhBedürftigk (aA Hillermeier FamRZ **76**, 579; vgl NJW **77**, 357 Fn 43; ausführl Dieckmann FamRZ **77**, 97 f). **c) Umfang u Dauer.** Der UnterhAnspr kommt nur in Frage, **soweit u solange** die ErwTätigk nicht erwartet w kann. Das hängt von der Schwere u Dauerhaftigkeit der geltd gemachten Umst ab. Nur in den seltensten Fällen wird auf § 1576 ein UnterhAnspr gestützt w können, der dann in einen solchen nach § 1571 mündet; wohl aber kommt das in Betr, wenn zw der Erreichg der Altersgrenze u dem Scheidgs- od sonst EinsatzZtpkt nur ein verhältnismäß kurze Zeitspanne liegt u die ErwTätigk den gesch Eheg beispielsw zu einem vorübergehenden Wohngswechsel zwingen würde.

1577 *Einkünfte und Vermögen des Unterhaltsberechtigten.* **I Der geschiedene Ehegatte kann den Unterhalt nach den §§ 1570 bis 1573, 1575 und 1576 nicht verlangen, solange und soweit er sich aus seinen Einkünften und seinem Vermögen selbst unterhalten kann.**

II Einkünfte sind nicht anzurechnen, soweit der Verpflichtete nicht den vollen Unterhalt (§ 1578) leistet. Einkünfte, die den vollen Unterhalt übersteigen, sind insoweit anzurechnen, als dies unter Berücksichtigung der beiderseitigen wirtschaftlichen Verhältnisse der Billigkeit entspricht.

III Den Stamm des Vermögens braucht der Berechtigte nicht zu verwerten, soweit die Verwertung unwirtschaftlich oder unter Berücksichtigung der beiderseitigen wirtschaftlichen Verhältnisse unbillig wäre.

IV War zum Zeitpunkt der Ehescheidung zu erwarten, daß der Unterhalt des Berechtigten aus seinem Vermögen nachhaltig gesichert sein würde, fällt das Vermögen aber später weg, so be-

steht kein Anspruch auf Unterhalt. Dies gilt nicht, wenn im Zeitpunkt des Vermögenswegfalls von dem Ehegatten wegen der Pflege oder Erziehung eines gemeinschaftlichen Kindes eine Erwerbstätigkeit nicht erwartet werden kann.

Schrifttum: Dieckmann FamRZ 77, 98.

1) Bedürftigkeit bei eigenen Einkünften u eig Vermögen. Die dch 1. EheRG Art 1 Z 20 eingef Vorschr betr den gesch Eheg, der dem Grde nach einen UnterhAnspr gg den and Eheg gem §§ 1570 ff hat; § 1577 regelt nicht das Erlöschen dieser UnterhAnspr, sond bestimmt ledigl, in welchem Umfang der gesch Eheg sich Einkfte u vorhandenes Verm auf den UnterhAnspr anrechnen lassen muß (BT-Drucks 7/650 S 135). I enthält den Grds der Anrechng von Einkften u Verm, wobei III von letzterem wieder eine Ausn für den Fall macht, daß die VermVerwertg unwirtschaftl od unbill ist; II u IV regeln Einzelheiten der Anrechng, näml die Anrechnung bei nicht voller UnterhLeistg vS des Verpflichteten u Einkften, die den vollen Unterh übersteigen, sowie den späteren Wegfall eines im EinsatzZtpkt den Unterh scheinb sichernden Vermögens. Zur Klärg der beiderseit EinkommensVerhältnisse AuskAnspr gem § 1580. **Beweislast** für fehlde Einkfte trägt der UnterhBerecht wg des Grds der Eigenverantwortg (Holzhauer JZ 77, 74).

2) Grundsatz der Anrechng, I. Grdsl sind Einkfte, die der unterhaltsberecht Eheg hat, ebso wie sein Vermögen auf den UnterhAnspr gg den and Eheg anzurechnen; dh dessen Verpflichtg mindert sich um den Betr, der zum Unterh des Berecht aus dessen eig Einkften u Verm zur Verfügg steht. **a) Einkünfte** sind alles, was dem gesch Eheg dch eig Arbeit, aus seinem Verm od aGrd von Freigebigkeiten Dritter, sei es auch aGrd eig Leistgen wie Stipendien, Preise uä zufließt. Eine Anrechng scheidet aus, soweit die Beträge nur darlehensw zur Vfg gestellt w od wenn weitere Leistg im Belieben des Dr steht (RG 72, 199); ferner keine Anrechng von nach BVersG, RVO, BeamtVG usw (Nachw bei Jung FamRZ 74, 534) wiederauflebden Hinterbliebenenrenten, so daß eine Wwe im Verhältn zu ihrem gesch 2.Ehem iSv § 1577 als einkommensl anzusehen ist (BSG NJW 72, 735; Flensbg FamRZ 74, 533 zu EheG 58 I aF). Der Berecht muß sich die Einkfte anrechnen lassen, die er ziehen könnte, aber nicht zieht (RG JW 12, 351), zB Leerstehenlassen von Mietwohng. **b)** Der gesch Eheg muß grdsl auch, bevor er den and Eheg in Anspr nehmen kann, ein **vorhandenes Vermögen verwerten**, um seinen Unterh aufzubringen. Es sind also nicht nur die Zinsen aus einem Kapital zu verwerten, sond das Kapital selbst, soweit die Einkfte daraus zum Unterh nicht ausreichen. Verm iS dieser Bestimmg ist nicht nur der Bes erheblicher Werte, die den ges Unterh des Berecht nachhalt zu sichern geeignet wären (so iFv IV), sond alles, was iZushg u im Vergleich zu dem von dem and Eheg sonst aufzubringenden monatl GeldBetr wesentl ins Gewicht fallen würde. Solange der JahresUnterhBetr nicht erreicht wird, läßt sich von Verm nicht sprechen. Dann aber sind auch EinzelGgste Vermögens, zB Hausrat, wenn die Verwertg zur Erziel von Unterh wirtschaftl gerechtf ist (RG SeuffA 73, 137). **Zugewinn** (§ 1378) ist nach Billigk auf den UnterhAnspr anzurechnen (vgl NJW 77, 358 Fn 63), wobei aber zu berücks ist, daß dem UnterhPflichtg sein ZugewAnteil ggf ungeschmälert bleibt. Auch steht es dem UnterhBerecht zu, gewisse Rücklagen für Not- u KrankhFälle zu behalten. **c)** Der unterhaltsberecht Eheg hat keinen UnterhAnspr, **soweit er sich aus den Einkften u dem Verm selbst unterhalten kann**. Maßst der gesamte sich nach den früh LebVerhältnissen der Ehel richtde LebBedarf (§ 1578); der gesch Eheg muß also aGrd seiner Einkfte allein od zuzügl der von dem and Eheg noch zu zahlden UnterhBeträge den gesamten LebBedarf decken können. Der and Eheg hat also ggf die Differenz aufzubringen. In best Umfang dürfen Einkfte vorweg zur Tilgg von Schulden, UnterhLasten uä verwendet w, wodch sich die Last des UnterhVerpflichteten entspr vergrößert; denn umgek würde dies auf seiner Seite dch Herabsetzg seiner Leistgsfähigk ebenf berücks. Zu den Grenzen vgl § 1361 Anm 2 b cc. **d)** Umfang u Dauer dieser Beschränkg des UnterhAnspr hängen davon ab, wie lange u in welcher Höhe die Einkfte dem unterhaltsberecht Eheg zufließen bzw das Verm reicht (arg „sol u soweit"). Bes gesetzl Beachtg hat der **Wegfall des Vermögens nach Scheidg** gefunden, **IV**. Der Grds besagt, daß wenn das Verm nach einer im Ztpkt der Scheidg nachträgl anzustellden Prognose dem UnterhBerecht eine nachhalt UnterhSicherg bot, die sich in der Zukft gleichwohl als trügerisch erwiesen hat, so entfällt der UnterhAnspr, **S 1**. Der Wegfall des Verm steht in keinem Zushg mit der Ehe, wird also von deren Nachwirkgen nicht erfaßt, so daß es ungerecht wäre ein derart Risiko des gesch Eheg im UnterhR abzusichern (BT-Drucks 7/650 S 136). Zur Nachhaltigk § 1573 Anm 4 a cc. Dieser EinsatzZtpkt der Scheidg verschiebt sich entspr der allg Regelg des § 1570, wenn im Ztpkt des VermWegfalls von dem Eheg wegen der Pflege od Erziehg eines gemschaftl Kindes eine ErwTätigk nicht erwartet w kann, **S 2**, da die ErziehgsZt als Nachwirkg der Ehe vollst der Ehedauer hinzugerechnet wird u dies auch für den VermWegfall gelten soll.

3) Für den **Umfang der Anrechnung** gibt das Gesetz mehrere Richtlinien, u zwar unterschiedl, ob es sich um Einkfte od um Verm handelt. **a) Einkünfte** sind nicht anzurechnen, soweit der Verpflichtete nicht den vollen Unterh leistet, dessen Maß sich nach § 1578 richtet, **II 1** (vgl § 1361 Anm 2 b bb). Gleichgült, woher die Einkfte stammen (aA Dieckmann FamRZ 77, 101 u MüKo/Richter Rdn 13: nur Einkfte aus ErwTätigk) u in welchem Maße sie unterhalb der fäll UnterhBetr bleiben od diesen übersteigen; S 2 gilt insow nicht, da S 1 StrafVorschr zL des säumigen UnterhSchuldn, der vorleistgspflichtig ist (§ 1585 I 2). Vgl demggü die in Bspen differenzierde Lösg von Dieckmann FamRZ 77, 99. Verzug erforderl. IÜ sind Einkfte, die den vollen Unterh übersteigen, insow anzurechnen, als dies unter Berücksichtigg der beiderseit wirtschaftl Verhältn der Billigk entspr, **II 2**. Freiw Zuwendgen Dritter sind idR nicht anzurechnen oRücks darauf, ob sie einmalig od in Rentenform geschehen, denn sie sollen gewöhnl den LebStatus des Bedachten verbessern, nicht aber dem rechtl zur UnterhZahlg verpflichteten gesch Eheg zugute kommen. **Eigener Arbeitsverdienst** des UnterhBerecht aus angem Erwerbstätigk, die nach den §§ 1570 ff nicht erwartet w kann, so wie nicht angem ErwTätigk verbleibt ohne weiteres gleich; den vollen Bedarf (einschließl dessen, was der UnterhVerpfl zahlt) übersteigde Einkfte sind nach Billigk anzurechnen. **Bsp**: Eine Fr mit 2 gemschaftl Ki erhält v unterhpflicht Ehem nur 60% ihres Bedarfs; als Nachtschwester verdient sie

50% ihres Bed hinzu. Nach Billigk anzurechnen sind 10% (vgl Kniebes DRiZ **76**, 329). Eine Anrechng sollte auch dann stattfinden, wenn dch die Tätigk die Grdlage des UnterhAnspr, also zB die Erziehg od Pflege gemeinschaftl Kinder, die HeilgsChancen bei Krankh usw beeinträchtigt od der gesch Eheg dch die eig ErwTätigk im Verhältn zum unterhaltsverpfl Eheg erhebl bevorzugt wird. IdR führt eig Arb des UnterhBerecht zu einer Kürzg des GrdUnterhAnspr (arg „soweit" in §§ 1570 ff). Ebso Anrechng, wenn UnterhVerpflichtetem die Zahlg des Unterh an den gesch Eheg etwa inf anderweit UnterhPflichten schwerfällt, sein eig ArbVerdienst zurückgegangen ist, hohe Geldstrafen bezahlen zu müssen uä. Einkfte aus Verm sind idR anzurechnen, es sei denn der Eheg kommt seiner UnterhPfl ebenf aus VermEinkften nach; dann Abwägg der EinzelUmst. **b)** Zur **Anrechnung von Vermögen** vgl bereits Anm 2 b. Den Stamm des Verm braucht der Berecht dann nicht anzugreifen, wenn die **Verwertg unwirtschaftl od** unter Berücksichtigg der beiderseit wirtschaftl Verhältnisse **unbillig** wäre, **III**. Gilt auch für die Veräußerg einz VermBestandteile wie Aktien, Grdstücke u dergl zur Unzeit (arg „soweit"); UnterhBerecht braucht nicht seinen MitEigtAnteil an einem belasteten HausGrdst, das von dem and Eheg allein bewohnt wird, kurzfristig zu verkaufen (Celle NdsRpfl **77**, 209). Unwirtschaftl ist die Verwertg dann nicht, wenn der Erlös für die voraussichtl LebDauer des Berecht zum Unterh ausreicht (RG **97**, 278; Marienwerder OLG **26**, 236; LG Mü Rpfleger **49**, 567). Die unwirtschaftl VermVerwertg wird dem Berecht auch dann nicht zugemutet, wenn sie bill wäre (aA Dieckmann FamRZ **77**, 101). Unbill ist es idR, wenn der unterhaltsberecht Eheg sein Verm auflösen müßte, währd der and Eheg die UnterhPfl aus seinen laufden Einkften erfüllen kann. Erforderl ist ein gerechter Ausgleich zw den beiderseit Interessen (BT-Drucks 7/4361 S 32).

4) Beweislast. UnterhBerecht hat den Mangel an Einkften u ArbErtrag nachzuweisen, weil sie zur Bedürftigk gehören, ferner die Angemessenh der Forderg (vgl RG JW **11**, 454) sowie die Unwirtschaftlichk der VermVerwertg. Der UnterhVerpflichtete muß seine Leistungsunfähigk beweisen (RG Recht **19**, 1512); ferner, daß er iSv II den vollen Unterh leistet. Der Beweiserleichterg für Abwäggen dient § 1580.

1578 **Maß des Unterhalts; Lebensbedarf.** **I** Das Maß des Unterhalts bestimmt sich nach den ehelichen Lebensverhältnissen. Der Unterhalt umfaßt den gesamten Lebensbedarf.

II Zum Lebensbedarf gehören auch die Kosten einer angemessenen Versicherung für den Fall der Krankheit sowie die Kosten einer Schul- oder Berufsausbildung, einer Fortbildung oder einer Umschulung nach den §§ 1574, 1575.

III Hat der geschiedene Ehegatte einen Unterhaltsanspruch nach den §§ 1570 bis 1573 oder § 1576, so gehören zum Lebensbedarf auch die Kosten einer angemessenen Versicherung für den Fall des Alters sowie der Berufs- oder Erwerbsunfähigkeit.

Schrifttum: Bartsch JZ **78**, 180 (Kosten angemessener Kranken- u AltersVers); Friederici NJW **77**, 2250 (Sicherg der Altersrente des Berecht).

1) Die §§ 1570–1573, 1575 u 1576 geben an, wann dem gesch Eheg gg den leistgsfäh and Eheg ein UnterhAnspr zusteht. § 1577 regelt die Bedürftigk. Währd sich die inhaltl Gestaltg des UnterhAnspr (Rente) aus den §§ 1585 ff ergibt, bestimmt die dch das 1. EheRG Art 1 Z 20 eingef Vorschr des § 1578 **Maß und Umfang des zu leistenden Unterhalts,** u zwar einmal im Hinbl auf den dabei anzuwendden Maßst (ehel LebVerhältnisse), zum and hins der einzubeziehden Kosten (für Versicherungen usw). Der Grds ergibt sich aus I 2: Der Unterh umfaßt den gesamten LebBedarf; dessen Höhe wiederum richtet sich nach den ehel LebVerhältnissen, I 1. Zum LebBedarf werden eine ganze Reihe von Kosten gerechnet, die heute selbstverständl sind, so vor allem solche einer angem Kranken- u Alters- sowie Berufs- od ErwerbsunfähigkVersicherg, II u III, aber auch die Kosten für eine Schul- od Berufsausbildg, ferner für Fortbildg od Umschulg, soweit für diese BildgsMaßn eine Verpflichtung (§ 1574 III) od ein Anspr (§ 1575) des gesch Eheg besteht, II.

2) Das **Maß des Unterhalts** bestimmt sich **nach den ehel Lebensverhältnissen, I 1**. Keine sachl Änd ggü dem, was früher als „angem Unterh" bezeichnet wurde (vgl EheG 58 aF). **Zweck:** Die Berücksichtigg der ehel LebVerhältn wird bes den Fällen gerecht, in denen dch gemeins Leistg der Eheg ein höherer soz Status erreicht w ist, an dem auch der nicht erwtät gewesene Eheg teilnehmen muß (BT-Drucks 7/650 S 136). Im Ggs zu § 1610 I entsch nicht der LebZuschnitt des Bedürft, sond Beruf, Eink- u VermLage beider Parteien. Dabei ist ein obj Maßstab anzulegen, also weder auf ein sehr kostspiel Leben abzustellen noch auf ein übertrieben sparsames. Es ist eine sicher voraussehb künft Entwicklg ist mitzuberücks, etwa eine ges od vertragl festgelegte Gehaltserhöhg (RG **75**, 124), insb Stellenanhebgen (nicht Beförderungen) im öff Dienst (Dieckmann FamRZ **77**, 84), Minderg der ArbKraft (RG **152**, 356), aber nicht zeitl bestimmb, jedoch in weiter Ferne liegde Umstde wie Volljk eines Kindes in mehr als 8 J (BSozG FamRZ **72**, 635). Angem Unterh der gesch Frau iRv RVO 1265 idR 1/3 bis 3/7 des GesamtnettoEink der Eheg (BSozG NJW **71**, 1333), auch wenn unterhpfl Ehem nicht mehr berufstät ist (BSozG FamRZ **72**, 634). Zur Höhe des Anspr vgl auch § 1361 Anm 2b. Grdsätzl steht dem gesch unterhberecht Eheg die **Hälfte der Einkünfte** zZ der Scheidg zu, berichtigt um die höhere Steuerbelastg u nach Abzug eines PauschalBetr für den ErwTätigen, etwaiger UnterhBeträge für Kinder od gleichrang Berechtigte sowie eines etwaigen SondBedarfs des UnterhPflicht (Stgt FamRZ **78**, 693). Renten u Pensionen sind desh mit der gemachten Einschrkg grdsl zu halbieren. Iü wird dadch der UnterhAnspr auf etwa 40% des NettoEink des UnterhPflicht begrenzt (MüKo/Richter 11). Bei höheren Eink verbleibt dem UnterhPflicht dagg mRücks auf seinen dann anzunehmden höheren Berufseinsatz 4/7. Bei UnterhAnsprüchen ggü Spitzenverdienern besteht eine **Sättiggsgrenze,** so daß abgesehen von einem evtl SondBedarf iR des nachehel Unterh idR nicht mehr als zw 3000 u 5000DM geschuldet w sollte. Eine solche Sättiggsgrenze gibt es nicht, wenn der unterhberecht Eheg, zB dch jahrelangen persönl Einsatz im Handelsunternehmen des and Eheg, an dem Zustandekommen der hohen Einnahmen aktiv mitgewirkt hat. Dabei ist iF des ZerrüttgsNachw grdsätzl auf den **Zeitpkt der Scheidg** abzustellen. Eine zeitw Veränderg der LebVerhältn bei der Scheidg, zB ein anläßl der Scheidg vollzogener Ortswechsel mit der Folge veränderten Verdienstes, soll nicht berücks werden, sond es soll auf das Gesamtbild der ehel LebVerhältnisse ankommen. Zum Begr der ehel LebVerhältn gehört eine gewisse Dauer, so daß nur vorübergeh Änderugen, insb Verschlechtergen, die LebVerhältn noch nicht beeinträchtigen (BT-Drucks 7/650 S 136). Wird die Ehe daher aGrd der TrenngsVermutgen (§§ 1566, 1568 II) gesch, ist der **Ztpkt der Trenng** zGrde zu legen u ggf (zB bei absichtl Verelendg der Fam) ein noch früherer, zB bei langjähr Trenng der Ehel u völl Auseinanderleben (*arg* „ehel LebVerhältn"). Umstden u Verhältnissen die zZt des Urt nicht voraussehb waren, kann später über ZPO 323 Rechng getragen w (RG **145**, 120 u 307); an einer nicht mit voller Sicherh voraussehb Erhöhg des Eink des and Eheg nimmt der Berecht aber nicht teil (RG DJ **42**, 627; KG DR **41**, 1843), bei einem Beamten also nicht an MehrEink inf Beförderg, soweit sie nicht planmäß war (Regelbeförderg), od sonstigem Mehrerwerb nach der Scheidg. Nicht vorausberechenb Aufstieg iF des Wechsels vom Lehrer an höherer Schule zum Prof an Pädagog Hochschule (LG Ffm FamRZ **76**, 342). EinkSchwankgen sind nicht einzubeziehen, weil Maßstab die „ehel LebVerhältn" sind, nicht aber die der Geschiedenen. Bei der **Doppelverdienerehe** (§ 1360 Anm 3 b) ist der LebStandard, in welchem die Ehel gelebt haben, idR auf die ErwTätigk beider Eheg zurückzuführen. Wählt jetzt zB derj Eheg, dem die Kinder zugesprochen w (§ 1671), unter Ausscheiden aus dem ErwLeben den Unterh gem § 1570, od ist er gezwungen, ihn aGrd der §§ 1571–1573 od 1575, 1576 in Anspr zu nehmen, so entscheidet der von den Einkften des and Eheg aufrechterhaltde LebZuschnitt. Ebso bleiben Drittmittel, zB Zuschüsse der Elt ob SchwElt, außer Betr, ferner uU Einkfte aus KapitalVerm (soweit es im ZugewAusgl scheidgsmäß abschließl berücks wird), schließl gelegentliche **Nebeneinnahmen** insb des nacheehel UnterhBerecht, die dieser währd der Ehe (zB als Fotomodell, Messestandsekretärin, schriftstellerischer Tätigk od aus einer Boutique) hatte, die aber nach der Scheidg aGrd der Kinderpflege od wg Aufn einer Dauerbeschäftigk nicht mehr in Betr kommen (ausführl dazu Dieckmann FamRZ **77**, 84 f). War die Ehe nur von kurzer Dauer, so kann der Unterh nach der Härteklausel (§ 1579 I Z 1) ermäßigt w.

3) Der Unterh umfaßt den **gesamten Lebensbedarf, I 2.** Nur noch den des gesch Eheg, nicht denj gemschaftlicher Kinder, der sich nach § 1610 II selbstd entwickelt, auch wenn der gesch Eheg die Kind gem § 1570 betreut; dieser ist vielm nach §§ 1626 II, 1671 geltd zu machen; wg Geldmachg vor Entsch ü elterl Gew § 1629 Anm 5. Zum Umfang des EhegLebBedarfs vgl § 1360 a Anm 1 c; zur Befriedigg persönl Bedürfnisse § 1361 mAnm sowie § 1610 Anm 3. Der Eheg muß sich Einkfte u Verm im Umf von § 1577 anrechnen lassen. Zum Unterh gehört der gesamte LebBedarf, also auch evtl Mehrbedarf, soweit er iR der beiderseit LebVerhältn angem ist: Notwend Kurkosten bei dauerndem Leiden (RG JW **11**, 155), auch wenn Krankh dch grobe Fahrlässigk verursacht, zB inf Unfalls; and bei vorsätzl Verursachg (§ 1579 I Z 3); LebBedarf ferner Unterh zZw der Ausbildg (§ 1575) sowie die Kosten dafür (II); **ProzKostenVorsch** (§ 1360 a Anm 3 b aa mNachw); nicht hingg Rücklagen für das Alter (RG **152**, 359), vgl insoed jedoch III u §§ 1587ff. Zum LebBedarf gehören auch die Kosten für eine angem **Krankenversicherg** u die Kosten einer Schul- od Berufs**Ausbildg**, einer Fortbildg od Umschulg, **II**, gleichgült, ob die Ausbildg von dem gesch Eheg (§ 1575) od vom UnterhVerpflichteten verlangt wird (§ 1574 III) od ob sie neben den HindergsGrden für eine eig ErwTätigk des berecht Eheg (§§ 1570ff) herläuft. Bei der KrVers sind 3 Fälle zu unterscheiden: (1) Bei ausschließl Vers der Ehg in der gesetzl KrVers kann der unterbrecht gesch Eheg iRv RVO 176b I Z 1 innerh best Zeit der gesetzl KrVers beitreten. Für die WeiterVers des UnterhBerecht müssen zusätzl Kosten aufgewendet w. (2) Ebso bei gesetzl KrVers mit priv ZusatzVers, auf die auch der gesch Eheg weiterh Anspr hat (Bartsch JZ **78**, 181). (3) Bei ausschließl privater KrVers entsteht keine zusätzl finanz Belastg. Ein zusätzl Nachteil ergibt sich f Beamte, Richter u BuBahnbeamte, da sich die Beihilfesätze nach dem FamStand richten. Zum LebBedarf zu rechnen sind schließl die Kosten einer angem **Alters- sowie Berufs- od ErwerbsunfähigkVersicherg, III**, soweit der gesch Eheg Unterh wg Betreuung eines gemschaftl Kindes, wg Alters, Krankh, Arbeitslosigk aus Billigk bezieht. **Zweck:** Wird der gesch Eheg nach der Scheidg unterh berufstät, kann er auf den ihm übertr Anrechten aus dem VersorggsAusgl (§§ 1587ff) aufbauen u seine VersorggsChancen dch eig Beiträge erhöhen. Übt er aber aus den angegebenen Grden keine ErwTätigk aus, würde eine Lücke in seiner „soz Biographie" entstehen. Um dies zu vermeiden, verpflichtet III den leistgsfäh Eheg, dem UnterhBerecht auch die Beiträge zu zahlen, die dieser für eine angem Alters- u Invaliditätsvers braucht, u zwar o Rücks darauf, ob die Erwartg besteht, daß der UnterhBerecht später einmal wieder ins Berufsleben zurückkehren wird (BT-Drucks 7/650 S 136). Zweckgebundene UnterhBestandteile; Verpflichteter kann Nachw verlangen, daß VersBeiträge abgeführt w; bei nicht zweckgerechter Verwendg kann Schu die Beiträge unmittelb an den Versichergsträger abführen (so auch Dieckmann, FamRZ **77**, 103). Ist die Ehe zB auch desh gesch, weil der unterhaltsberecht Eheg nicht mit Geld umgehen konnte, so kann bereits im UnterhUrt Leistg an den Versorgsträger ausgesprochen w (*arg*: Versorgungsgedanke). Werden die für die Altersvorsorge angesetzten UnterhBetr zweckwidr verwendet, wird der UnterhPflicht insow später frei (Karlsr FamRZ **78**, 501). Auch iFv §§ 1571 u 1572 war es notw, die VersKosten zum Unterh zu rechnen, da der in § 1571 verwendete Begr „wg seines Alters" mit der Altersgrenze der gesetzl RentenVers nicht ident u so zB in der WeiterVers auch nach Erreichen der Altersgrenze in Betr kommt u da auch Krankh nicht gleichbedeutd ist mit der in der gesetzl RentenVers verwendeten Ausdr der Berufs- u ErwUnfähigk, so daß die Kosten der Vers zum LebBedarf gerechnet w müssen (BT-Drucks 7/650 S 137). Zum Konflikt zw Aufstockg der dch den VersorggsAusgl eingetretenen Minderg der eig Versorgg mit der Verpfl aus III vgl Einf 8 v § 1587. Die **Höhe des Vorsorgeunterhalts** bestimmt sich danach, dem UnterhBerecht eine seinem derzeit Unterh entsprechende Altersrente zu sichern (so aber Karlsr FamRZ **78**, 501 mAv Morawietz mit ausführl Berechnungsschema), weil der den ehel LebVerhältn angem Unterh im Alter nicht allein iW der Altersversorgg gewährleistet wird, sond ggf dch eine Kombination mit entspr fortdauernden u nur umfangmäß geminderten UnterhLeistgen des UnterhPflicht (vgl Einf 1 v § 1587). Vielm ist der an den UnterhBerecht geleistete Unterh wie Eink aus rentenversichergs-

pflicht ErwTätigk zu behandeln, so daß der UnterhPflicht 18% des angem UnterhBetr zusätzl iRv III (ebso gem § 1361 I 2) zahlen muß. Nur so läßt sich sinnv dem Umst Rechng tragen, daß eine UnterhPfl nach den §§ 1570ff nicht den gesamten Bedarf des UnterhBerecht zu befriedigen braucht (vgl „sol u soweit…") u daß der UnterhVerpfl eben nicht dazu verpfl ist, fehlde Berufstätigk des and Eheg vor u währd der Ehe versorggsrechtl zu kompensieren. Es ist sinnvoller, statt schon im Dchschnittsfall auf § 1581 zurückgreifen zu müssen (vgl die Bspe bei Bartsch JZ 78, 183), bei dem ebenf gerade die erforderl Alterssicherg nicht erreicht w kann, von realist Zahlenvorstellgn auszugehen u die angem Alterssicherg des UnterhBerecht ggf mit Hilfe der Altersversorgg des UnterhSchuldn unterhaltsrechtl zu gewährleisten. Wie hier auch Rolland 11. Nach D. Schwab Handb Rdn 334 ist zunächst der Versorggsbedarf festzustellen, was aber auf prakt Schwierigk stößt u eine Entsch erst im Anschl an den VersorggsAusgl zuläßt. Bartsch JZ 78, 182 will die angem Alterssicherg am BruttoEink des UnterhPflicht messen u sodann den UnterhBerecht teilw für die Alterssicherggsbeiträge heranziehen.

1579 *Ausschluß des Unterhaltsanspruchs bei grober Unbilligkeit.* I Ein Unterhaltsanspruch besteht nicht, soweit die Inanspruchnahme des Verpflichteten grob unbillig wäre, weil

1. die Ehe von kurzer Dauer war; der Ehedauer steht die Zeit gleich, in welcher der Berechtigte wegen der Pflege oder Erziehung eines gemeinschaftlichen Kindes nach § 1570 Unterhalt verlangen konnte,

2. der Berechtigte sich eines Verbrechens oder eines schweren vorsätzlichen Vergehens gegen den Verpflichteten oder einen nahen Angehörigen des Verpflichteten schuldig gemacht hat,

3. der Berechtigte seine Bedürftigkeit mutwillig herbeigeführt hat oder

4. ein anderer Grund vorliegt, der ebenso schwer wiegt wie die in den Nummern 1 bis 3 aufgeführten Gründe.

II Absatz 1 gilt nicht, solange und soweit von dem Berechtigten wegen der Pflege oder Erziehung eines gemeinschaftlichen Kindes eine Erwerbstätigkeit nicht erwartet werden kann.

Schrifttum: Scheld FamRZ 78, 651 (zu Z 4).

1) Die **negative Härteklausel im Unterhaltsrecht,** eingef dch 1. EheRG Art 1 Z 20, schließt den UnterhAnspr unter best Umst aus im Ggsatz zu § 1576, der einen UnterhAnspr aus BilligkRücks begründet (vgl § 1576 Anm 2 b). **Zweck:** Es ist notw, UnterhAnsprüche in schwerwiegdn Fällen auszuschließen; das soll aber nicht dazu führen, daß das Schuldprinzip in der unterhaltsrechtl AuseinandS wieder auflebt (BT-Drucks 7/4361 S 32). – Keine schemat Begrenzg der UnterhPfl auf notdürft Unterh od Beschneiden der UnterhAnspr hins der verschuldeten Mehrbedarfs (EheG 65 aF) bzw schlechthin Verwirkg bei unsittl LebWandel (EheG 66 aF), sond Anpassg der UnterhVerpflchtg an die Umst des Einzelfalles. Der UnterhAnspr wird bei Vorliegen eines der GrdTatbestde der §§ 1571–1573, 1575 in vier Fällen ausgeschl, näml in Anbetr der kurzen Dauer der Ehe sowie aus den GesPkten der ObliegenhVerletzg (vgl § 1574 Anm 1) bzw Verwirkg: wg einer ehebezogenen Straftat, wg mutwill Bedürftigk od aus einem ähnl schwerwiegden Grd (I). Die AusschlTatbestde können auch zu einer bloßen Minderg des UnterhAnspr führen (arg. „soweit"), stehen aber ihrerseits noch einmal unter der Einschränkg, daß eine ErwTätigk wg der Kindespflege od -erziehg ausgeschl ist (II). Wg der grdsätzl Nichtberücksichtigg des ScheidgsVerschuldens ist es für den Ausschl des UnterhAnspr nicht schlechthin unbeachtl, ob es sich um Verfehlgn aus der Zeit vor der Scheidg od um solche aus der Zt danach handelt. Teilw verkörpert § 1579 ein prinzipwidr Abstellen auf Grde, die zum Scheitern der Ehe geführt haben mögen, wie insb bei Straftaten iSv Z 2 od der mutwill herbeigeführten Bedürftigk iSv Z 3; teilw handelt es sich um nachehel Umst, so vornehml iRv Z 4. Treten Umst iS der Ziff 2–4 nach Rechtskr eines Urt gem §§ 1570ff ein, dann ZPO 323. Der gesch Eheg kann sich iFv § 1579 auch nicht an seine Verwandten halten (§ 1611 III analog). Die VerwirkgsTatbestde führen idR zum endgült Verlust des UnterhAnspr, aber nicht hins der im Ztpkt der Verwirkg schon geschuldeten Beträge (Hbg MDR **56,** 295). – **Beweispflichtig** für I der UnterhVerpfl mit Ausn v Z 3, wo sich der Berecht hins der Mutwilligk entlasten muß, ebso BewLast für II bei dem Berecht. – Zum **Übergangsrecht** vgl Einf 6 vor § 1564; wg Ausschl des UnterhAnspr bei selbstverschuldeter Bedürftigk u Verwirkg bei Altehen vgl 35. Aufl EheG 65, 66. Grdsätzl spielt es keine Rolle, ob die unterhaltsschmälernden Tatbestde des § 1579 bereits vor dem 1. 7. 77 verwirklicht w sind (Brüggemann FamRZ **77,** 584 m Bspen).

2) Ausschlußtatbestände, I. Die Bestimmg macht den Ausschl des UnterhAnspr davon abhäng, daß auf der WirklichkEbene obj Sachverhalte wie kurze Ehedauer, vorsätzl Delikte usw gegeben sind u daß um dieser Tatbestde willen die Inanspruchnahme des UnterhVerpflichteten auf der WertgsEbene grob unbill wäre. **Grobe Unbilligk** setzt vor voraus, daß der Berecht in der Lage ist, seinen Unterh auch nur zu Teilen selbst zu verdienen, so daß negat Härteklausel auch eingreift, wenn der bedürft Eheg der Sozialhilfe anheimfällt. Grobe Unbilligk aber umso eher zu bejahen, je besser die Chancen des dem Grde nach UnterhBerecht sind, für sich selbst aufzukommen, mag das auch nur der notdürft Unterh sein. **a) Ziff 1: Kurze Ehedauer** (vgl dazu bereits § 1574 Anm 2e aa) liegt absolut vor, wenn die Ehe zB nur wenige Monate bestanden hat; iü ist für die Frage der gr Unbilligk eine Relation herzustellen zw der EheZt u der Dauer einer evtl Berufsunterbrechg bzw and Umst. War die Ehefr zB 4 Jahre von einer insges 5 J dauernden Ehe erwerbstät, so kann es grob unbill sein, wenn sie jetzt aGrd der relativ kurzen Unterbrechg der Berufstätigk Unterh verlangt. Entscheidd die Dauer der Ehe, wobei maßgebd die Rechtshängigk des ScheidgsAntr ist (Düss FamRZ **78,** 342), nicht die Zeit des ZusLebens; kein UnterhAnspr also, wenn nach 15jähr Konkubinat eine dann gesch Ehe bereits innerh 1 J wieder gesch w, wohl aber, wenn umgek bei längerer Ehe die Eheg nur kurze Zt zugelebt haben. Dann aber idR wohl § 1577. Von anderen wird die „kurze Dauer" aus einem Vergl mit der Dchschnittsdauer aller gesch Ehen, dh zZ 7–8 J (so MüKo/Richter Rdn 9), bzw mRücks auf § 1353 I 1 nach der Lebenserwartg der Partner interpretiert (so Dieckmann

FamRZ 77, 104). Den UnterhBerecht interessieren jedoch keine Statistiken; die Verkürzg eines an sich begründeten UnterhAnspr ist mRücks auf die Dauer der Ehe nur gerechtf, wenn der UnterhBedürft gerade wg der Kürze der Ehedauer an seine vorehel Berufstätigk anknüpfen kann. Ehedauer von 6 J bei Eheschließg erst im vorgerückten Alter (76 u 65 J) mRücks auf die ursprüngl Lebenserwartg nicht kurz (Düss FamRZ 78, 342). Die Trenngsfristen des § 1566 sollten bei Beurt der Frage, ob eine Ehe kurz war, außer Betr bleiben, soweit die Eheg sich währd des GetrLebens auf die Scheid einstellen u vorbereiten konnten u mußten. In die EheZt rechnerisch einzubeziehen ist die Zt, in welcher der Berecht wg der Pflege od Erziehg eines gemschaftl Kindes Unterh verlangen konnte (§ 1570). Eine schon nach wenigen Mo Dauer gesch Ehe kann für den AusschlTatbestd desh die virtuelle Dauer von 18 J u länger bekommen. Die Vorschr war unabh v II notw, um den UnterhAnspr aus § 1570 nicht unter Berufg auf die negat Härteklausel abrupt enden zu lassen in den Fällen, in denen ein FortsetzgsUnterh gem §§ 1571–1573, 1575 mangels Alters, Krankh usw ausscheidet. Prakt bedeutet die Best also, daß wg kurzer Ehedauer die UnterhSperre nicht eintritt, wenn keine gemschaftl Kinder zu versorgen sind. **b) Z 2: Straftaten** gg den Verpflichteten od einen von dessen nahen Angehör (sa §§ 1611 I, 2333 Z 3). Als Delikte kommen nur Verbrechen, dh rechtswidr Taten, die im Mindestmaß mit einer FreihStrafe von 1 Jahr od mehr bedroht sind (StGB 12 I), wie Mord, Totschlag (auch der Versuch), od Vergehen, dh rechtswidr Taten, die im Mindestmaß mit einer geringeren FreihStr oder mit GeldStr bedroht sind (StGB 12 II), wie Körperverletzg, Diebstahl u Unterschlag, unabh davon, daß AntrDelikte (StGB 247), weil sonst mittelb Zwang zur Strafverfolgg. Sämtl Beteiligssformen. Wg StGB 170b Anm d. Bes bedeuts der Betrug (StGB 263), wobei aber zB Verschweigen eigener ehebrecher Beziehgen bei Abschl eines ScheidsVergl nicht ausr (vgl BGH FamRZ 73, 182). Bei den Vergehen muß es sich darüber hinaus um bes schwere vorsätzl Vergehen handeln, was nicht innerh der Straftaten eine Abschichtg nach RGütern erfordert, sond den Bezug zum UnterhVerpflichteten. Danach berecht fahrl Tötg eines Angehör ebsowenig zur UnterhVerweigerg wie eine gewöhnl UrkFälschg od Untreue. Bes schwere Fälle aber stets dann anzunehmen, wenn der verbrecher Wille seinen Vorteil gerade aus der familienrechtl Beziehg sucht, also der Straftat unter Ausnutzg des familiären Vertrauens geschieht usw. Währd das StrafR dies idR als Grd für eine Einschränkg des staatl StrafAnspr behandelt, bewirkt seine Ausnutzg iR der nachehel UnterhBerechtigg regelmäß eine Verwirkg des UnterhAnspr iSv Z 2. Rechtskr Verurteilg nicht erforderl, aber ggf für die zivilrechtl BewWürdigg verbindl. Keine Berufg mehr auf Z 2 nach rechtskr Freispruch, es sei denn dieser erfolgte wg Unzurechnungsfähigk; denn auch dann ist nicht einzusehen, warum der Eheg für den Unterh aufkommen sollte; auch wirkt sich hier das grdsl Absehen vom (Scheidgs)Verschulden aus. Die Straftat muß sich **gg den Verpflichteten** selbst **od einen nahen Angehörigen** richten. Es reicht aus, wenn sie auch eine der gen Personen verletzt, mag auch der Hauptgeschädigte ein Dr sein. Zum Begr des Angehör vgl Einl 1 v § 1297. Grobe Beleidiggen ggü der neuen Fam des Verpfl ausreichd (BGH NJW 75, 1558), ebso unerl Abtreibg eines gemschaftl Kindes. Nah sind Angeh nur, soweit sie dem UnterhVerpflichteten nahestehen, so daß es nicht auf den Grad der Verwandtsch, sond auf die soz Verbundenh ankommt. **c) Z 3: Mutwillige Herbeiführg der Bedürftigk** (vgl bereits § 1361 Anm 3a) liegt im allg nicht vor, wenn die Scheidg selbst (u damit mittelb auch die Bedürftigk) mutw herbeigeführt w, wohl aber, wenn ein Eheg angesichts der bevorstehenden Scheidg seine bis dahin ausgeübte ErwTätigk aufgibt, um nach der Scheidg einen UnterhAnspr zu erlangen (BT-Drucks 7/650 S 138), es sei denn es handelte sich um eine nicht angem ErwTätigk (§ 1573 Anm 2). Mutw Bedürftigk in Extremfällen auch dann, wenn Haush grdlos verlassen wird (vgl Anm d). Es muß sich um eine unterhaltsbezogene Mutwilligk handeln, zB Verlust des Arbeitsplatzes inf Trunks od Arbeitsscheu; daggn nicht Unvorsichgk immStraßenVerk oder beim Sport (aA Schumacher MDR 76, 884). **d) Z 4** gewährt dem FamG einen Ermessensspielraum, „um Ergebnisse zu vermeiden, die der allg GerechtigkErwartg zuwiderlaufen" (Vogel RamRZ 76, 484). Damit bezieht sich die AusschlußVorschr im gleichen Maße auf innerehel wie auf nachehel Vorgänge (vgl auch Dieckmann FamRZ 77, 104f). **Ebenso schwerwiegende Gründe** wie in Z 1–3 setzt voraus, daß es sich um gravierende ehe-, familien- od unterhaltsbezogene Umst handelt, die in den Verantwortgs- od Risikobereich des UnterhBerecht fallen. Entspr der GrdTendenz des 1. EheRG sollen aber grdsätzl nur solche Umst in Betr kommen, die nicht das eigtl ScheidgsVerschulden betreffen. Aber in gew Umfang Ausnahmen von diesem Grds erforderl (aA Holzhauer JZ 77, 78), insb für die Fälle, in denen die häusl Gemsch aus reiner Laune aufgegeben wird u der erwerbstät Eheg beispielsw neben seinen Berufspflichten mit der vollen Last der HaushFührg u Kindererziehg sitzengelassen w (vgl BT-Drucks 7/650 S 138 u § 1361 Anm 3a). Für den Anwendgsspielraum der negat BilligkKlausel der Z 4, die erst im VermittlgsAusschuß formuliert w ist, kommt es entscheid auf das Zeugn der daran beteiligten Politiker an. So sollen UnterhAnsprüche nach dieser Vorschr ausgeschl s, wenn das **Verschulden am Scheitern der Ehe ganz klar nur bei einem Ehegatten** liegt (Hillermeier FamRZ 76, 579). Voraussetzg für den (evtl auch nur teilw) Ausschluß ist aber eine gewisse Evidenz der Verschuldenssituation. Da es sich um eine AusnVorschr handelt, muß es sich um ein schwerwiegdes Fehlverhalten handeln (KG FamRZ 78, 685; Schumacher MDR 76, 884). Weiter ist ferner, daß das Verschulden dann keine Rolle mehr spielt, wenn der schuld Eheg die Kinder zugesprochen erhält (II). **UnterhPflVerletzgen** fallen, soweit sie strafb sind, bereits unter Z 2; iü stehen sie, soweit es sich zB um die Vernachlässig der HaushFührg od der Sorge für die Kinder währd der Ehe handelt, den sonst Verletzgen der ehel Pflichten gleich, dh es kann darauf die Verweigerg des Unterh nicht gestützt w (BT-Drucks 7/4361 S 32; u lebenspolit richtiger der RegEntw BT-Drucks 7/650 S 138). Werden die PflVerletzgen aber nachehel fortgesetzt od frisch begangen, dann Z 4; es geht nicht an, daß nach § 1570 Unterh verlangt wird, wenn der gesch Eheg seiner BetreuungsPfl nur unvollst nachkommt. Trotz Aufhebg von EheG 66 aF gehört hierher auch der nach außen hervortrete u die Interessen des unterhaltspflicht Eheg berühre **ehrlose od unsittl Lebenswandel**, also das bes groben Verstöße gg die Sittenordng (BGH 31, 216). Der UnterhVerpfl braucht zB nicht den Nachw zu führen, daß der UnterhBerecht als Prostituierte (Schlesw SchlHA 77, 170), Zuhälter od Rauschgifthändler nicht mehr bedürftig ist, sond kann sich auf Z 4 berufen; uU genügt ein begründeter Verdacht. Da es nur auf die grobe Unbilligk der InAnspruchn des UnterhVerpflichteten ankommt, läßt sich die Verwirkg jetzt aber auch umgek, im Ggs zum bish Recht (vgl 35. Aufl EheG 66 Anm 2), von einem sittl Vorwurf ggü dem UnterhBerecht lösen. Der UnterhVerpflichtete ist nicht verpfl, eine **neue**

LebGemsch seines geschiedenen Eheg, wenn auch nur mittelb, mitzufinanzieren. Der Staat kann nicht dazu seine Hand reichen, daß ein Eheg unter Aufrechterhaltg der vermögensrechtl Vorteile aus der Eheschließg die Partnerwahl korrigiert (ausführl NJW **77**, 358; im Ergebn ebso Dieckmann FamRZ **77**, 105; Bosch FamRZ **77**, 577; Schlesw SchlHA **77**, 170; AG Pinneberg FamRZ **78**, 119; AG Lörrach FamRZ **78**, 545; Brem NJW **78**, 1331 Nr 15 u 16; AG Lörrach FamRZ **78**, 412; AG Mainz FamRZ **78**, 499). MüKo/Richter Rdn 17 läßt in solchen Fällen den UnterhAnspr an § 1577 I scheitern. Die Bedürftigk kann aber zB nicht verneint w, wenn die Ehefr mit einem verdienstl Maler zuslebt (vgl AG Mainz FamRZ **78**, 499). Auf diese Weise sind jedoch bei einer WohngsGemsch die Lebenshaltungskosten anteil zu tragen, so daß sich der angem LebBedarf des gesch Eheg mind reduziert: so bei ZusLeben mit pensioniertem Akademiker (and noch Celle NdsRpfl **75**, 69); wenn die Heirat vermieden w, um mit den UnterhZahlgen des gesch Ehem die bish Schulden des neuen Partners abzutragen (Krfld FamRZ **62**, 27); in aller Regel bei längerem ZusLeben der gesch Frau mit einem Verheirateten, insb wenn aus der Verbindg ein Kind hervorgegangen ist (Wiesb FamRZ **55**, 23; Esn FamRZ **65**, 512). Dagg nicht, wenn 51jähr auf Eheschl mit 72jähr Herzkranken verzichtet, nach dessen Tod sie der SozHilfe zur Last fallen würde (Heilbr FamRZ **74**, 255). Für die Aberkenng des UnterhAnspr spielt es keine Rolle, ob der UnterhBerecht das Konkubinat später beendet od überh erst nach der Scheidg aufnimmt. Z 4 dient schließl de **Korrektur gesetzl begründeter UnterhAnsprüche** unter dem Gesichtspkt der Billigk, so um dem Vorbestraften od Alkoholiker Ansprüche wg Nichterlanng einer Erwerbsstell abzuschneiden (§ 1573 Anm 2c) od um dem unterhaltsberecht Eheg jedenf einen Teil des nachehel Ausbildgsrisikos aufzuladen (§ 1573 Anm 2c; § 1575 Anm 4).

3) Umfang der Unterhaltsbegrenzg. Im Grds schließt das Vorliegen eines der in I Z 1–4 genannten Umst den UnterhAnspr insges u für immer aus, es sei denn die zum Ausschl führden Grde werden zB dch Nichtigk- od RestitutionsUrt (ZPO 579, 580) korrigiert. Änderg in Einzeln führen dagg nicht zur Abänderg einer aGrd v § 1579 ergangenen Abweisg der UnterhKl, so daß es beispielsw nicht ausreicht, wenn nach strafrechtl Verurt ein nachträgl Straferlaß ausgesprochen w od nach mutw Herbeiführg der Bedürftigk der ehem ArbGeber inzw in Konk gegangen ist. Das BilligkUrt, von welchem der Ausschl der UnterhBerechtigg abhängt, kann aber auch zu einer Versagg des Unterh auf Zeit, die bis zum od nach Ablauf einer best Frist, führen, wie er insb auch umfangmäß beschnitten w kann (*arg* „soweit"), so daß je nach der Schwere der Verfehlgen ein Abschlag von dem eigtl geschuldeten Unterh vorzunehmen ist. Ausschl u Kürzg des UnterhAnspr stehen unter der erneuten Einschränkg, daß wg der **Pflege od Erziehg eines gemeinschaftl Kindes** eine ErwTätigk nicht erwartet w kann. **II.** Das Vorhandensein eines oder mehrerer von dem grdsl unterhaltberecht Eheg zu betreuenden Kinder hindert also die Anwendg der negat Härteklausel nicht schlechthin, sond im Anschl an die Feststellg der UnterhBerechtigg im Grds ist zu entsch, in welchem Umf der Unterh wg grober Unbilligk entfällt (I), sodann für den Fall der Bejahg zu klären, in welchem Umf (*arg* „sol u soweit") dem UnterhBerecht trotzdem Unterh zu zahlen ist, weil er wg der Kindererziehg keiner ErwTätigk nachgehen k (II). Nach AG Pinnebg FamRZ **78**, 119 u AG Lörrach FamRZ **78**, 412 ist II **verfassgswidrig**, weil diese Norm die Berücksichtigg eines UnterhVersaggsGrdes generell ausschließt u im Widerspr zu GG 6 I eine allg Eheschließgsfeindlichk zu erzeugen geeignet ist.

1580 *Auskunftspflicht.* **Die geschiedenen Ehegatten sind einander verpflichtet, auf Verlangen über ihre Einkünfte und ihr Vermögen Auskunft zu erteilen. § 1605 ist entsprechend anzuwenden.**

1) Die dch 1. EheRG Art 1 Z 20 eingef Bestimmg ergänzt das neue ScheidgsUnterhR dch einen entspr **AuskunftsAnspr.** Denn nur bei Kenntn von den Einkften des and Eheg ist es mögl, die versch Voraussetzgen der UnterhBerechtigg hinreich genau zu ermitteln. Zur AuskftsPfl iR der bestehden Ehe § 1353 Anm 2b dd aE, währd des GetrLebens § 1361 Anm 4d. Der AuskAnspr besteht wechselseit, also sowohl dem UnterhBerecht ggü wie dem UnterhVerpflichteten. Zum Umfang vgl §§ 259–261 m Anm.

3. Leistungsfähigkeit und Rangfolge

1581 *Unterhalt nach Leistungsfähigkeit.* **Ist der Verpflichtete nach seinen Erwerbs- und Vermögensverhältnissen unter Berücksichtigung seiner sonstigen Verpflichtungen außerstande, ohne Gefährdung des eigenen angemessenen Unterhalts dem Berechtigten Unterhalt zu gewähren, so braucht er nur insoweit Unterhalt zu leisten, als es mit Rücksicht auf die Bedürfnisse und die Erwerbs- und Vermögensverhältnisse der geschiedenen Ehegatten der Billigkeit entspricht. Den Stamm des Vermögens braucht er nicht zu verwerten, soweit die Verwertung unwirtschaftlich oder unter Berücksichtigung der beiderseitigen wirtschaftlichen Verhältnisse unbillig wäre.**

1) Mangelnde Leistungsfähigk des Verpflichteten. Die an Stelle v EheG 59 aF dch 1. EheRG Art 1 Z 20 eingef Bestimmg reduziert den auf den nach den ehel LebVerhältn stets bestimmenden gesamten LebBedarf (§ 1578 I) gerichteten UnterhAnspr für den Fall unzureichder Leistgsfähigk aS des verpflichteten Eheg auf den **Billigkeitsunterhalt** und schränkt die Verpflichtg zur Verwertg des Vermögensstamms unter wirtschaftl u BilligkGesPkten ein. Identität des UnterhAnspr bleibt trotz der „Umwandlg" (RegEntw BT-Drucks 7/650 S 139) erhalten, so daß gg einen vorhandenen Titel gem ZPO 323, nicht gem ZPO 767 vorzugehen ist.

2) Voraussetzgen der Einschränkg der UnterhPflicht, S 1. a) Der Verpflichtete muß **außerstande** sein, dem Berecht den angem Unterh zu gewähren, wobei es auf seine Erwerbs- u VermVerhältn ankommt. Vgl dazu § 1603 Anm 2 u 3a, insb zur Unterlassg zumutbarer ArbLeistgen u zur unberecht Aufg des Berufs zZw weiterer Ausbildg, wobei in solchen Fällen auf die bei vernünft Verhalten erzielb Einkfte abzustellen ist. Vorhandenes Verm ist nutzbring anzulegen. Ist für beide Eheg keine angem ErwTätigk zu finden, so müssen sie sich ggf beide mit einer minderen Stellg zufrieden geben. Verdient der unterhaltpflicht Eheg nur saisonmäß (Maurer), so muß er Rücklagen machen. Zu berücks sind die **sonstigen Verpflichtgen** des UnterhSchuldn (vgl dazu § 1603 Anm 3b), was allerd bei größeren Verpflichtgen einen vernünft Tilggsplan voraussetzt. Hinsichtl **Zusammentreffen mit anderweitigen UnterhPflichten** ist zu unterscheiden: Wg des Verhältn zur UnterhPfl ggü einem neuen Eheg vgl § 1582. Dagg hat der UnterhAnspr des gesch Eheg mit UnterhAnsprüchen von mj Kindern, mögen sie nun aus der 1. Ehe, einer neuen Ehe od nehel sein, gleichen Rang (BT-Drucks 7/4361 S 33). Ggü vollj od verheirateten Kindern u den übr Verwandten des Verpflichteten geht der gesch unterhaltsberecht Eheg dagg vor (§ 1609 II 2). Vgl iü § 1584. Wg Berücks von Ratenverpflichtgen u and Verbindlichkeiten vgl auch § 1361 Anm 2b cc. Keine Berufg auf Pfl zur Entrichtg von Beiträgen iR des VersorggsAusgl (§ 1587 d Anm 2 a). Zur Aufstockg von iR des VersorggsAusgl geteilter RentenAnwartsch Einf 8 v § 1587. Außerstande ist der unterhaltpflicht Eheg an sich so lange nicht, wie er noch verwertb Vermögen besitzt. Trotzdem braucht er an den Stamm des Verm nur unter best Voraussetzgen zu verwerten (Anm 3). **b)** Die Zahlg der vollen, an sich begründeten UnterhLeistg muß den **eigenen angemessenen Unterhalt des Berechtigten gefährden.** Für die Angemessenh entscheidd nicht mehr der zZ der Scheidg, sond der zZ der Klage angem Unterh, der sich also nach den dann vorliegden LebVerhältn des Verpflichteten bemißt. Der angem LebBedarf als Schranke für die UnterhVerpfl ggü dem gesch Eheg wohnt dem System einer wechselseit, an gleiche Voraussetzgen gebundenen UnterhPfl nach Aufg der Anknüpfg an das ScheidgsVerschulden zwangsläuf inne (BT-Drucks 7/650 S 139). **Gefährdg** ist gegeben, wenn dasjenige, was dem Verpflichteten unter Berücks seiner sonstigen Verpflichtgen einschließl der aus §§ 1570 ff verbleibt, unter dem für ihn angem Unterh liegt. Die Gefahr muß zumindest in nächster Nähe liegen. Ist sie erst nach Festsetzg des Unterh gem § 1578 eingetreten, so ZPO 323. Erfolgte die Festsetzg währd des ScheidgsStr gem ZPO 620 Z 6, dann ZPO 620b I 1 bzw 620 f. **Selbstbehalt** (§ 1603 Anm 1) ggü dem geschiedenen Eheg iHv 50% zuzügl zum Mindestbehalt (§ 1603 Anm 4) v 625 DM beträgt 950 DM mtl (Ffm FamRZ **78**, 433).

3) Verwertg des Vermögensstammes, S 2. Aus S 1 ergibt sich, daß der UnterhVerpflichtete, um seine UnterhPfl zu erfüllen, auch sein Verm einsetzen muß. Dies gilt uneingeschränkt für die VermErträgnisse. Dagg braucht er den VermStamm nur beschränkt anzugreifen. **a) Unwirtschaftlichk** liegt vor, wenn dch die Verwertg des Verm die Leistgsfähigk des Verpflichteten nicht od nicht auf eine gewisse Dauer hergestellt würde od wenn der Verkauf von VermGgständen einstw nur erhebl unter Wert dchführb wäre. **b)** Eine **unbillige Härte** soll sein, wenn dch die Verwertg des Verm eine erhebl Unsicherh in der wirtschaftl Existenz des Verpflichteten selbst eintreten würde (BT-Drucks 7/650 S 141), dagg nicht, daß den Verpflichteten die Belastg mit der UnterhPfl besonders hart trifft (dann uU § 1579). Im Ggs zu § 1579 muß sich die Härte iRv § 1581 gerade aus dem VerwertgsZwang ergeben, etwa weil der UnterhSchuldn eine bes Beziehg zu dem VermGgst hat, die das Interesse an der Erhaltg des Ggst auch ggü dem Interesse des Berecht an der Dchsetzg des UnterhAnspr vorrang erscheinen läßt.

4) Rechtsfolgen. Die Bemessg der LeistgsPfl erfolgt nach **BilligkeitsGrdsätzen.** Es sind also zunächst die sonstigen Verpflichtgen fest- u für diese ein Tilggsplan aufzustellen, wobei alle Möglichkeiten einer ratenw Tilgg, Hinausschiebg nicht so dringl Verpflichtgen u dgl auszunutzen sind (vgl RG JW **10**, 16). Für die Zuteilg des Verbleibens sind die Bedürfn, Verm- u ErwerbsVerhältn beider Eheg zu berücks, die dringen Bedürfn stärker als die übrigen. Ist der Bedarf der gesch Eheg anders nicht aufzubringen, sind von beiden im Grdsatz **erhöhte Anstrengen u Opfer** zu erwarten. Auch dem unterhaltsberecht Eheg sind dann gesteigerte Bemühgen um Erlangg einer ErwTätigk, Abstriche am bish LebStandard uä zumutb. Es wird dann uU auch die Aufnahme einer ErwTätigk verlangt w können, die iü nach Ausbildg, Fähigkeiten, Alter u den ehel LebVerhältn unter Berücks der Ehedauer u der Kindererziehg als unzumutb angesehen wäre. Entspr muß sich der UnterhGläub evtl auch freiwill Zuwendgen Dr anrechnen lassen (vgl RG JW **17**, 288). Zu berücks sind (auch aS des Verpflichteten) sämtl Umst des Einzelfalles, so daß auch die gesundheitl Leistgsfähigk, Zumutbark v Wohnsitzverlegen zur Erlangg einer (besser bezahlten) ArbStelle uä in Erwägg gezogen w müssen. Insb der UnterhVerpflichtete muß seine ErwFähigk stärker anspannen, also noch mehr als es die ohnehin nach §§ 1570ff bestehde Pfl zur ErwTätigk schon gebietet (vgl RG **101**, 209; Warn **18**, 141). Bei **Unterlassg zumutbarer ErwTätigk** (vgl § 1603 Anm 2) kommt es auf das erzielb, nicht auf das tatsächl erzielte Eink an (BT-Drucks 7/650 S 140 f; Dieckmann FamRZ **77**, 162). In gleicher Weise sind an die Pfl zur VermVerwertg strengere Maßstäbe anzulegen. So mag uU ein Verkauf von VermGgsten unter Wert, der den Bedarf des Berecht auf Dauer sicherstellt, od die Veräußerg eines wertvollen FamErbstücks dch den UnterhBerecht eher angebracht sein als eine Inanspruchn des Verpflichteten, die auf dessen eig Bedarf keine Rücks nimmt (BT-Drucks 7/650 S 140). Im großen u ganzen verlangt der AusgangsPkt des neuen ScheidgsR aber auch hier in Bezug auf die Verwertg des VermStammes keine allzu großen Unterschiede zw UnterhGläub u -Schuldn, so daß auch zG des ersteren in gew Umfang S 2 gelten muß. Sämtl Faktoren sind ggeinander abzuwägen. Zu den BilligkErwäggen gehört aber auch, wen die Schuld an der Scheidg trifft. Bei Gefährdg des angem Unterh kann die UnterhPfl insges erlöschen od jedenf so lange, bis sie dch Veränderg der Umst wieder erfüllt w kann. Bei bloß teilw Gefährdg kann eine teilw Befreiung angebracht sein. Niemals aber kann aGrd von § 1581 der UnterhBerecht mehr erhalten, als ihm nach den §§ 1570ff zustünde (vgl Warn **13**, 399). Hat der an sich Verpflichtete sein Verm seinen Kindern übertr, so sind diese iR des Verpflichteten selbst verpflichtet (vgl BGH **LM** EheG 60 Nr 1). Im Anschl an wirtschaftl Gesundg des UnterhSchu keine Nachzahlgen. Bei Ändergen in der Leistgsfähigk ZPO 323.

1582 *Zusammentreffen von Ansprüchen eines geschiedenen und eines neuen Ehegatten.* I Bei Ermittlung des Unterhalts des geschiedenen Ehegatten geht im Falle des § 1581 der geschiedene Ehegatte einem neuen Ehegatten vor, wenn dieser nicht bei entsprechender Anwendung der §§ 1569 bis 1574, § 1576 und des § 1577 Abs. 1 unterhaltsberechtigt wäre. Hätte der neue Ehegatte nach diesen Vorschriften einen Unterhaltsanspruch, geht ihm der geschiedene Ehegatte gleichwohl vor, wenn er nach § 1570 oder nach § 1576 unterhaltsberechtigt ist oder die Ehe mit dem geschiedenen Ehegatten von langer Dauer war. Der Ehedauer steht die Zeit gleich, in der ein Ehegatte wegen der Pflege oder Erziehung eines gemeinschaftlichen Kindes nach § 1570 unterhaltsberechtigt war.

II § 1609 bleibt im übrigen unberührt.

Schrifttum: Diederichsen NJW 77, 361.

1) Die dch 1. EheRG Art 1 Z 20 eingef Vorschr regelt die **Unterhaltskonkurrenz nach Wiederverheiratg des unterhaltspflicht Eheg**, wenn also der gesch u der neue Eheg von dem unterhaltsverpflichteten Eheg Unterh verlangen, ohne daß dieser in der Lage ist, beide Ansprüche zu befriedigen. **a) Zweck:** Die Regel soll zuverläss ausschließen, daß der neue Eheg vor dem gesch Eheg des Verpflichteten bevorzugt wird. Bevor der gesch Eheg bei mangelnder Leistgsfähigk des UnterhSchu einer Schmälerg seines Unterh ausgesetzt w, muß erwartet w, daß der neue Eheg des Verpflichteten zur Sicherstellg des eig Unterh seine Möglichkeiten in gleichem Maße ausschöpft, wie es dem gesch Eheg obliegt (BT-Drucks 7/650 S 142 f). Dem neuen Eheg ist es zuzumuten, diese ihm vorgehe UnterhVerpflichtung in Kauf zu nehmen; denn mit dem Bestehen einer derart Verpflichtg muß er rechnen, wenn er mit einem gesch Eheg die Ehe schließt (BT-Drucks 7/650 S 143 u 7/4694 S 12). Anderers verlangt der Schutzbedürftigk auch der neuen Ehe eine differenzierte Lösg (BT-Drucks 7/4361 S 33). Die Möglichk, eine HaushFührgsehe (§ 1360 Anm 3a) zu wählen, wird den Eheg der neuen Ehe nach der geltden Regelg oft nicht mehr offenstehen. In manchen Fällen wird in der neuen Ehe auch auf Kinder verzichtet w müssen, weil der 2. Eheg seinen Unterh nur dch fortdauernde eig ErwTätigk sichern kann (so wörtl mit der amtl Begründg BT-Drucks 7/650 S 143). Dagg bestehen nach der amtl Begrdg keine verfassgsrechtl Bedenken: Jeder Eheg könne nur iR seiner finanz Möglichkeiten, die auch dch einmal übernommene Verpflichtgen in einer 1.Ehe beschrkt sein können, neue Pflichten übernehmen (BT-Drucks 7/650 S 144). GG 6 I läßt jedoch Ehen 2. Kl nicht zu; die Vorrangregelg erscheint insb für diej Fälle verfassgsrechtl bedenkl, in denen der 1. Eheg die Ehe (schuldh) zerstört hat (sa Dieckmann FamRZ 77, 163). Auf UnterhAnsprüche gem §§ 58 ff EheG aF ist I 2 analog anzuwenden, dh im Verhältn zu UnterhAnsprüchen des neuen Eheg gelten sie als privilegiert (vgl NJW **77**, 361 Fn 103). § 1582 gilt auch bei Mehrfachscheidgn.

2) Grundsätze. Der nach § 1360 bestehde UnterhAnspr des neuen Eheg bleibt außer Betr, wenn der neue Eheg sich aus Einkften einer eig ErwTätigk, sonstigem Einkommen od Verm selbst unterhalten könnte, wobei an die Ausnutzg der ErwTätigk u des Verm dieselben Anfordergen wie für den GeschiedenenUnterh gestellt w (BT-Drucks 7/650 S 143). Das Konkurrenzproblem setzt zweierlei voraus: Einmal muß dem gesch Eheg gg den wiederverheirateten Eheg ein UnterhAnspr nach den §§ 1570–1573, 1575, 1576 zustehen, wobei sich für ihn abgesehen von S 2 keine Unterschiede daraus ergeben, aus welcher Vorschr sich sein UnterhAnspr herleitet. Zum and betrifft die Regelg nur den Fall des § 1581, setzt also voraus, daß der unterhaltspflicht Eheg den UnterhPflichten aus der alten u der neuen Ehe nicht zugleich nachkommen kann. Ist der verpflichtete Eheg voll leistgsfäh, so taucht das Probl der UnterhKonkurrenz nicht auf. **a)** Es besteht allerd für den gesch Eheg nur ein **relativer Vorrang**, dh ein solcher, der nur über bestimmte Stufen erreicht wird. Als **Faustregel** ließe sich allerd auch sagen: der unterhaltsbedürft Eheg hat ggü einem neuen Eheg seines gesch Partners absoluten Vorrang in zwei Fallgruppen: a) wenn der neue Eheg zwar Unterh bezieht, aber nicht unterhaltsberecht wäre, wenn er seiners gesch würde (I 1); b) der gesch Eheg geht dem neuen Eheg unterhaltsrechtl vor, wenn er Unterh wg Kindesbetreuung od aus Billigk bezieht od seine Ehe von langer Dauer war (I 2). Im einzelnen u genauer gilt folgendes: **1. Stufe:** Der neue Eheg hätte wenn er jetzt gesch würde, gg den and Eheg keinen UnterhAnspr; in diesem Falle bezieht der gesch Eheg trotz der bestehenden neuen Ehe, innerh deren der Verpflichtete nach § 1360 unterhaltspflicht ist, alleinUnterh von seinem früh Ehepartner, dessen neuer Eheg also bei der Beurt ganz außer Betr bleibt. Es sind dies die Fälle, in denen der neue Eheg selbst erwerbstät ist od es nach den §§ 1570 ff doch iF, daß seine Ehe jetzt gesch würde, werden müßte, weil keine Kinder zu betreuen sind, weder sein Alter noch eine Krankh seiner ErwTätigkeit entgegenstehen usw. Ggü dem jungen, gesunden, kinderlosen u erwerbsfäh neuen Eheg genießt also der gesch 1.Eheg, soweit er selbst unterhaltsberecht ist, so etwas wie einen absoluten Vorrang, I 1. **2. Stufe:** Dem neuen Eheg stünde hypothet der ScheidgsUnterh zu, weil er alters- od krankhbedingt nicht erwerbstät w könnte usw. Auch dann behält der gesch Eheg den Vorrang, wenn er seinen UnterhAnspr alternativ auf die zusätzl (zu den §§ 1571, 1572 usw) erforderte Voraussetzg einer langen Ehedauer (der die KindesbetreuungsZt rechnerisch zugeschlagen wird, I 3) od auf bes qualifizierte AnsprGrdlagen stützen kann, näml darauf, daß er wg der Betreuung eines Kindes (§ 1570) unterhaltsberecht ist bzw daß er BilligkUnterh (§ 1576) bezieht, I 2. Selbst ggü dem alten, kranken, kinderbetreuenden od nicht erwerbsfäh neuen Eheg setzt sich der UnterhAnspr des gesch Eheg also dch, wenn er sich auf die lange Ehedauer, die Kinderbetreuung od auf die pos BilligkKlausel stützt. Bezieht der gesch Eheg dagg Unterh nach Bestimmgen, zB weil er keine angem ErwTätigk zu finden vermag (§ 1573), u hat der neue Eheg Kinder zu betreuen, so besteht gleicher Rang zw den beiden UnterhAnsprn. **3. Stufe:** Sind Kinder des unterhaltspflicht Eheg vorhanden, spielt es keine Rolle, ob sie aus der gesch od einer neuen Ehe stammen od nehel sind; das Gesetz macht aber einen Unterschied, ob sie mj sind, denn mit diesen steht der bish u der neue Eheg gleich, währd beide den vollj od verheirateten Kindern sowie den übr Verwandten des unterhaltspflicht Eheg vorgehen (§ 1609 II). Diese Bestimmg bleibt, wie es heißt: „iü" unberührt, **II**, so daß im Verhältn zu mj unverheirateten Kindern sich ein Vorrang des gesch Eheg vor dem neuen Eheg nach den Stufen I u II herausstellen kann mit folgender Rangfolge: gesch Eheg u mj unverh Kinder, dann der neue Eheg. Bei Hinzutreten volljr od verh Kinder ergibt sich dagg folgde Reihenfolge: gesch Eheg u mj unverh Kinder, dann der neue Eheg, anschl die vollj od verh Kinder; allerd beides unter der Voraussetzg, daß der gesch Eheg vor dem neuen Eheg des UnterhPflichtig gem § 1582 I 1 od 2 intern den Vorrang hat. **b)** Ist der gesch Eheg teilw erwerbspflichtig, so gilt sein Vorrang nur mit dem dann noch zu beanspruchten UnterhBetr. Entspr gilt die Gleichrangigk auch bei einer eig Erwfähigk des neuen Eheg auf der 2. Stufe; ist er trotz Kinderbetreuung zu einer ErwTätigk in der Lage, wird der deswegen anzusetzde Betr von seinem UnterhBedarf abgezogen. Bei der Erwerbstätigk-Hypothese aS des neuen Eheg ist sein evtl Anspr auf AusbildgsUnterh (§ 1575) nicht zu berücks, dh der gesch Eheg hätte dieser Begründg des UnterhAnspr ggü stets den Vorrang. Grd: Innerh der Ehe besteht nur in AusnFällen ein AusbildgsFinanzAnspr (§ 1360a Anm 1c); der Anspr aus § 1575 entsteht aber in seinen sachl Voraussetzgen erst mit der Scheidg, denn erst dann besteht − etwa iGgs zur Kinderbetreuung − ein Anlaß, die zG der HaushFührg getroffene Entsch zu korrigieren. Wird die neue Ehe geschieden, bleibt die Rangfolge zw 1. u 2. Eheg untereinander u auch im Verhältn zu einem 3. Eheg erhalten.

3) Unterhaltsvorrang mangels ScheidsUnterhBerechtigg auf seiten des neuen Eheg, I 1. Der früh Eheg bleibt ggü dem neuen Eheg vorrang unterhaltsberecht, wenn dem 2. Ehegp des Unterhaltsverpflichteten die Voraussetzgen fehlen, unter denen er seiners iF der Scheidg Unterh begehren könnte. Da die 2. Ehe in Wirklichk noch besteht, kommt nur eine entspr Anwendg der UnterhVorschriften des ScheidgsR in Betr. Liegen die Voraussetzgen für eine UnterhGewährg vor, sind die Unterh Anspr des 1. u 2. Eheg den UnterhSchuldn gleichrang, sofern nicht der 1. Eheg den Vorrang nach I 2 erlangt. Bei der Prüfg, ob die Erfordern des ScheidgsUnterh in der Pers des neuen Eheg erfüllt sind, müssen alle diej Voraussetzgen unbeachtet gelassen w, die mangels tatsächl Scheidg nicht erfüllt sein können, wie zB der Ztpkt der Scheidg n § 1572 Z 1 od die nachhalt UnterhSicherg dch ErwTätigk iSv § 1573 IV, ebso der Ausbildgszwang gem § 1574 III, zumal der virtuell entspr UnterhAnspr neuen Eheg n § 1575 aus der UnterhHypothese ausgeklammert wird. Fragwürd ist, warum der beim gesch Eheg iRv I 2 privilegierte UnterhAnspr aus § 1576 in der Pers des 2. Eheg nur zur Gleichrangigk führen u, falls auch der 1. Eheg seinen Anspr daraus herleitet, sogar wieder nachrang w soll.

4) Vorrang wg Kindesbetreuung, Ehedauer u für den BilligkUnterhalt, I 2. a) Ggü dem an sich unterhaltsberecht neuen Eheg genießt der UnterhAnspr des gesch Eheg Vorrang, soweit er auf die **Betreuung gemeinschaftlicher Kinder** gestützt w, u zwar selbst dann, wenn der neue Eheg ebenf Kinder zu erziehen od zu pflegen hat. Währd die Kinder aus versch Ehen ihrers unterhaltsrechtl gleichgestellt sind (§ 1609 I), sind es ihre unterhaltsbedürft Elt nicht; hier hat der gesch Eheg den Vorrang ggü dem neuen Eheg. **Grd:** Ein gesch Eheg, der Kinder aus der gesch Ehe betreut, erfüllt damit eine Aufg, für die der UnterhPfl als anderer EltTeil ebenf aufzukommen hat. Das gibt seinem UnterhAnspr eine so starke Grdlage, so daß die Billigk verlangt, ihm den Vorrang zu verleihen (BT-Drucks 7/650 S 143). **b)** Vorrang hat auch der auf die pos **BilligkKlausel** gestützte UnterhAnspr (§ 1576), weil dieser überh nur in solchen Fällen in Betr kommt, in denen aS des gesch Eheg ein erhebl, bes schutzwürd Vertrauen vorliegt, das dem UnterhAnspr des neuen Eheg von vornh den Rang abläuft. **c)** Auch dadch, daß die gesch **Ehe lange bestanden** hat, verstärkt sich die Grdl des UnterhAnspr so, daß es unbill wäre, dem unterhaltsbedürft gesch Eheg das Maß von Sicherg vorzuenthalten, das ihm ein Vorrang gewährt. Je länger eine Ehe dauert, um so stärker ist die Frage der wirtschaftl Sicherg des Eheg, der den Haush führt, mit dem Bestand dieser Ehe verbunden; denn er hat wg dieser Aufg seine berufl Entwicklg u anderweit soziale Sicherg vernachläss müssen. Der Eheg, der sich vielleicht 20 Jahre lang allein dem Haush im Vertrauen darauf gewidmet hat, daß sein Unterh dch die Ehe gesichert ist, soll in dieser Erwartg nicht getäuscht w, wenn er nach der Scheidg aus ehebedingten Grden nicht für sich selbst sorgen kann. Da die Ehe auf LebensZt angelegt ist, soll er nicht gezwungen s, den Einsatz seiner ArbKraft in der Ehe schon von der bloßen Möglk bestimmen zu lassen, daß die Ehe später scheitert (so die amtl Begrdg BT-Drucks 7/650 S 143). Wenn Kinder aus der Ehe hervorgegangen sind, wird in den meisten Fällen die weitere Pflege od Erziehg der Kinder von der gesch Frau übern, die vor der Scheidg Hausfr war u nach der Scheidg wg der Pflege od Erziehg der Kinder nicht erwerbstät werden kann. Es entspricht der Billigk, die Zt, in der ein Eheg nach der Scheidg desh nicht erwerbstät sein k, wie die Zt der Ehedauer zu behandeln, **I 3.** Eine ErwTätigk wird in dieser Zt aus Grden, die in der Ehe liegen, nicht aufgenommen. Um den Kindern aus gesch Ehen auch nach der Scheidg eine möglich gute Entwicklg zu sichern, soll sich kein Eheg bei der Entsch, ob er die Pflege od Erziehg der Kinder übernimmt u ob er daneben noch erwerbstät sein kann, von der Sorge bestimmen lassen, daß sein Unterh anschließd dch Ansprüche eines weiteren Eheg des Verpflichteten gefährdet w könnte (BT-Drucks 7/650 S 143f).

5) Zur **Berechng des vorrangigen Unterhalts** vgl BT-Drucks 7/4361 S 33 f sowie Diederichsen NJW **77**, 362 mit einem weiteren Bsp. Zu beachten ist, daß die verschied Methode der Selbstbehalt des Verdieners u der tatsächl Bedarf der UnterhBerecht nach den tatsächl Bedürfn, den Lebensverhältn usw, also weitgehd freihänd, festgelegt w; bei gutem Verdienst ist er höher, bei schlechtem niedriger. Der Selbstbehalt des UnterhPflicht wird so festgesetzt, daß ein Anreiz bestehen bleibt, erwerbstät zu bleiben (vgl Düss FamRZ **77**, 203; krit Mutschler FamRZ **77**, 398). Zum Bed der Kinder vgl § 1610 III. Iü ist zu beachten, daß bei dem verschied Berechnen auf einen Teil mehr entfallen kann als für ihn bei Festlegg seines Bed angesetzt wurde (vgl das Bsp NJW **77**, 362); dann erhöht dies nicht etwa seinen Bed, sond er bekommt den angesetzten Betr. Zur Bedeutg der Bedarfstabellen in diesem Zushg vgl § 1610 Anm 1. Bei der Errechng des Unterh nach §§ 1581, 1582 ist zunächst der Selbstbehalt des UnterhVerpflichteten festzustellen. Der danach verbleibde, für die UnterhZahlgen verfügb Betr ist in 2 Berechnungsstufen auf die UnterhBerecht zu verteilen. In einer 1. Berechnungsstufe wird der den mj Kindern zustehde Unterh festgestellt. In dieser Berechng wird der Bedarf aller Kinder u aller unterhaltsberecht Eheg berücks. In einer 2. Berechngsstufe wird der Unterh des gesch Eheg ermittelt. In diese Berechng ist nur der Bedarf des gesch Eheg u der Kinder einzubeziehen. Der Bedarf des späteren Eheg des UnterhVerpflichteten bleibt hier unberücks. Bleibt, nachdem vom

1375

verfügb Einkommen des UnterhVerpflichteten der Unterh der Kinder u der Unterh des fr Eheg abgezogen w sind, noch ein RestBetr, so erhält ihn der neue Eheg. **Bsp**: Einkommen des unterhaltsverpfl Mannes 1800 DM. Unterhaltsberecht sind wie gesch Ehefr u die 2. Frau mit einem Bedarf von je 600 DM sowie je ein Kind aus der 1. u 2. Ehe mit einem Bed von je 200 DM. Beträgt der eig angem Bedarf des Ehem 700 DM, so ist er iHv 1100 DM leistgsfäh. 1. Berechngsstufe: Ermittlg des Unterh der Kinder. Der für UnterhZahlgen verfügb Betr v 1100 DM ist im Verhältn 600:600:200:200 aufzuteilen. Auf jedes Kind entfällt danach $1/8$; der UnterhAnspr jedes Kindes beträgt also 137,50 DM. 2. Berechngsstufe: Ermittlg des Unterh der gesch Frau. Der für UnterhLeistgen verfügb Betr v 1100 DM u die Kinder zu verteilen (600:200:200). Die gesch Frau erhält, da der zur Verfügg stehde Betr für alle zu berücksichtigden Pers ausreicht, ihren vollen Unterh iHv 600 DM. Nach Abzug der UnterhAnspr der Kinder iHv insges 275 DM u der gesch Ehefr iHv 600 DM verbleibt von dem für Unterh Zahlgen verfügb Betr ein Rest von 225 DM. Dieser RestBetr steht dem neuen Ehefr des unterhaltsverpfl Mannes zu. Gg diese Berechngsmethode hat Dieckmann FamRZ 77, 163 f vor allem eingewendet, der Selbstbehalt des Mannes sei ohne gesetzl Grdlage (vgl aber §§ 1581, 1603) u die Gleichstellg von gesch Eheg u Kindern verlange eine Nachberechng (vgl dagg jedoch die Auslegg des Begr Eheg in § 1609 Anm 2).

1583 *Gütergemeinschaft mit neuem Ehegatten.* Lebt der Verpflichtete im Falle der Wiederheirat mit seinem neuen Ehegatten im Güterstand der Gütergemeinschaft, so ist § 1604 entsprechend anzuwenden.

1) Leistgsfähigk bei GüterGemsch in der neuen Ehe. Die dch 1. EheRG Art 1 Z 20 eingef Bestimmg regelt den Fall, daß der unterhaltspflichtige Eheg nach der Scheidg wieder geheiratet hat u mit dem neuen Eheg im Güterstd der GütGemsch (§§ 1415 ff) lebt. Regelsproblem ist, ob das Gesamtgut (§ 1416) für die UnterhSchulden des früher schon einmal verh Eheg haftet. Die Vorschr bestimmt die entspr Anwendg von § 1604, wobei statt „Verwandten" gelesen werden muß: „Verwandte od früherer Eheg". Für die Bewertg der Leistgsfähig bleibt es bei der sich innerh der neuen Ehe ergebde UnterhPfl (§ 1360) außer Betr (vgl dazu § 1582). Wg Einzelheiten vgl Anm zu § 1604.

2) Zu unterscheiden sind 2 Fälle: a) Nur der unterhaltspflicht gesch Eheg hat seinen 1. Eheg zu versorgen u evtl daneben noch Kinder od and Verwandte. In diesem Fall bestimmt sich seine Leistgsfähigk dem gesch Eheg ggü so, wie wenn das GesGut dem unterhaltspflicht Eheg allein gehörte (§ 1604 S 1 analog). Das kann zu einer erhebl Verbesserg der UnterhSituation auf seiten des gesch Eheg führen. **b)** Auch der and Eheg der 2. Ehe hat für Verwandte od einen früh Eheg zu sorgen. Jetzt ist der Unterh aus dem GesGut so zu gewähren, wie wenn die Bedürft zu beiden Eheg in dem VerwandtschVerhältn ständen, auf dem die UnterhPfl des verpflichteten Eheg beruht (§ 1604 S 2 analog). Das bedeutet, daß dem wieder verheirateten UnterhSchuldn seine UnterhVerpflichtg zwar das GesGut als Verm zugerechnet w; seine Leistgsfähig iS des UnterhR braucht dadch aber nicht größer zu werden, weil auch die UnterhPflichten des neuen Eheg mitberücks w müssen, wobei sehr schnell die Grenze der nach § 1581 zu bestimmden Leistgsfähigk des UnterhSchuldn erreicht w kann. Da die dem neuen Eheg ggü unterhaltsberecht Personen im VerwandtschGrad an die dem gesch Eheg UnterhVerpflichtigen angeglichen w (§ 1604 S 2), wird dessen UnterhAnspr nur von solchen Pers bedroht, die mit ihm gleichrang sind (vgl § 1582 Anm 2a), dh also von mj unverheirateten Kindern u einem früh Eheg des neuen Ehepartners des UnterhSchu (BT-Drucks 7/650 S 144).

1584 *Rangfolge mehrerer Unterhaltspflichtiger.* Der unterhaltspflichtige geschiedene Ehegatte haftet vor den Verwandten des Berechtigten. Soweit jedoch der Verpflichtete nicht leistungsfähig ist, haften die Verwandten vor dem geschiedenen Ehegatten. § 1607 Abs. 2 ist entsprechend anzuwenden.

1) Die dch 1. EheRG Art 1 Z 20 an Stelle v EheG 63 aF eingef Bestimmg betrifft das **Zusammentreffen von UnterhAnsprüchen** des gesch Eheg gg den früh Ehepartner u gg eig Verwandte. **Grdsatz** ist, daß der unterhaltspflichtige gesch Eheg vorrang haftet. Nur wenn er nicht leistgsfäh ist, haften vor ihm, S 2. IÜ gilt für die Fälle der verhinderten od erschwerten Dchsetzg die allg Ersatzhaftgsregel mit ihrem gesetzl FdgsÜbergang, S 3. Ist der gesch Eheg, weil es an den Voraussetzgen der §§ 1570ff fehlt, ggü dem and Eheg nicht unterhaltsberecht, dann haften die Verwandten nach den allg Vorschr (§§ 1601ff, vor allem § 1606). Hinsichtl des ZusTreffens verschiedener Verpflichtgen vgl § 1581 Anm 2 a.

2) Die **vorrangige Haftg des geschiedenen Eheg ggü Unterhaltspflichten von Verwandten, S 1,** erscheint um so mehr gerechtfert, als die UnterhTatbestde der §§ 1570 ff jedenf überwiegd eine ehebedingte Bedürftigk voraussetzen. Für diese Ehefolgen einzustehen, ist dem gesch Eheg eher zuzumuten als den unterhaltspflicht Verwandten des Berecht (BT-Drucks 7/650 S 144).

3) Dagg haften die Verwandten des unterhaltsberecht Eheg iF der **Eigenbedarfsgefährdg des verpflichteten Eheg** vorrang, S 2. Das Opfer, notfalls auch unter Einschränkg des eig angem Bedarfs Unterh zu leisten (§ 1581), kann von dem Verpflichteten billigerw nur dann verlangt w, wenn der Bedarf des Berecht anders nicht zu decken ist. Sind in einem solchen Fall aber unterhaltspflicht Verwandte des berecht Eheg vorhanden, so besteht kein Bedürfn für die Inanspruchn des verpflicht Eheg. Der **Austausch des Haftgsvorrangs** entspricht iü der Rangfolge iR der bestehden Ehe (BT-Drucks 7/650 S 144f) u bringt damit die Identität des innerehel u nachehel UnterhAnspr zum Ausdr (vgl § 1360 Anm 2 d). **a)** Die Verwandten haften nur, soweit die UnterhLeistg dch den gesch Eheg dessen **eigenen angemessenen Unterhalt gefährden** würde. Wg Einzelheiten § 1581 Anm 2 b. Kann der UnterhPflichtige wenigstens einen Teil des dem and Eheg zustehden Unterh ohne Gefährdg des eig Bedarfs erbringen, so bleibt es insow bei seiner vorrang Haftg. Nur wg des Restes kann u muß sich der Berecht dann an seine unterhaltspflicht Verwandten halten (BT-Drucks 7/650 S 145). **b)** Die **Verwandten haften vorrangig;** das bedeutet, daß sie gg den unterhalts-

Bürgerliche Ehe. 7. Titel: Scheidung der Ehe   §§ 1584–1585a

verpfl Eheg keinen ErsatzAnspr haben, u zwar auch nicht rückwirkd in dem Falle, daß sich nachträgl seine VermLage bessert. Dann nur Rückkehr zum Prinzip des S 1 für die Zukunft. AbändergsKl gem ZPO 323. Beweispflichtig für die Leistgsunfähigk des unterhaltsverpfl Eheg im RStreit gg die in Anspr genommenen Verwandten der unterhaltsberecht Eheg. Ist unterhaltspflicht Verwandte nicht vorh, so haftet wiederum der unterhaltspflicht gesch Eheg. Vgl auch § 1608 Anm 2 b.

4) Ersatzhaftg der Verwandten bei erschwerter Dchsetzbark des UnterhAnspr, S 3. a) Ist die RVerfolg bezügl des UnterhAnspr des gesch Eheg im Inland ausgeschl od erhebl erschwert, so haften die Verwandten dem gesch Eheg subsidiär auf Unterh (§ 1607 II 1 entspr). Das kann der Fall sein, wenn ein inländ Urt im Ausl vollstreck w müßte od wenn sich der unterhaltspfl Eheg der Dchsetzg des UnterhAnspr dch ständ Wechsel von Aufenth u Arbeitsplatz od dch Nichtausnutzg einer an sich bestehden Erwerbsmöglk entzieht. Wg Einzelh § 1607 Anm 3. **b) Gesetzl Forderüberrgang.** Da iF der Leistgsunwilligk der UnterhSchuldn unterhaltspflicht bleibt, geht der UnterhAnspr des gesch Eheg kraft Gesetzes auf den an seiner Stelle leistden Verwandten über (§ 1607 II 2 entspr), wobei der Übergg nicht zum Nachteil des Berecht geltd gemacht w darf (§ 1607 II 3 entspr).

4. Gestaltung des Unterhaltsanspruchs

1585 *Art der Unterhaltsgewährung.* **I** Der laufende Unterhalt ist durch Zahlung einer Geldrente zu gewähren. Die Rente ist monatlich im voraus zu entrichten. Der Verpflichtete schuldet den vollen Monatsbetrag auch dann, wenn der Unterhaltsanspruch im Laufe des Monats durch Wiederheirat oder Tod des Berechtigten erlischt.

II Statt der Rente kann der Berechtigte eine Abfindung in Kapital verlangen, wenn ein wichtiger Grund vorliegt und der Verpflichtete dadurch nicht unbillig belastet wird.

1) Art der Unterhaltsgewährung. Die dch 1. EheRG Art 1 Z 20 an Stelle von EheG 62 aF eingef Bestimmg regelt, in welcher Weise der nach den §§ 1570 ff dem Grde nach u nach den §§ 1581 ff der Höhe nach bestimmte Unterh zu leisten ist, näml grdsätzl dch Geldrente, I 1, in AusnFällen auch dch Kapitalabfindg, II.

2) Unterhaltsrente in Geld, I 1. Die UnterhLeistg erfolgt nur in Geld; § 1612 I 2 hier nicht anwendb. Eine andere Art der Leistg kann aber vereinb w (§ 1585 c). Im Ggs zur aF ist jetzt vom „laufden" Unterh die Rede, um klarzustellen, daß der Berecht uU neben der Rente auch eine einmalige Zahlg wg Sonderbedarfs (§ 1585 b I) verlangen k (BT-Drucks 7/650 S 146). Anders als iFv § 1602 (vgl dort Anm 1) ist grdsl davon auszugehen, daß die **Rente lebenslängl zu gewähren** ist, es sei denn, es ist bereits bei Beschaffg des UnterhTitels absehb, daß die Unterh-Berechtigg iS der §§ 1570ff zu einem best Zpkt mit Sicherh entfällt. Das ist etwa der Fall, wenn bei Unterh wg der Erziehg eines normal entwickelten 15jähr Kindes (§ 1570) schon jetzt feststeht, daß nach 3 Jahren die Betreuung beendet sein w u der gesch Eheg anschließd auch keinen Unterh gem §§ 1571 ff verlangen w, weil er in seinen früh Beruf zurückgehen kann. Zeitl beschränkter UnterhTitel ebenf ausreich iFv § 1575 bei festen Ausbildungszeiten, wenn § 1573 auszuschließen. Aufhebg bzw Abänderg des UnterhTitels bei Veränderngen der die UnterhPfl begründden Umst gem ZPO 323. Die Zahlg findet **monatl im voraus** statt, **I 2**, also jew zum 1. eines jeden Mo. Der UnterhSchuldn hat den geschuldeten Betr auf das vom Berecht angegebene Konto zu überweisen. Der Verpflichtete schuldet den vollen MonatsBetr auch für den Mo, in dem der Berecht wieder heiratet od stirbt, **I 3**, obwohl der UnterhAnspr in diesen Fällen grdsl erlischt (§ 1586 I).

3) Abfindg in Kapital, II. Statt der Rente kann der Berecht eine Kapitalabfindg verlangen, wenn ein wicht Grd dafür vorliegt u der Verpflichtete dadch nicht unbill belastet w. **Zweck**: Es gehört zum Ziel des neuen ScheidgsR, auch die wirtschaftl Verbindg beider Ehel so bald wie mögl zu lösen, damit jeder von ihnen unbelastet einen neuen Lebensweg beschreiten k (BT-Drucks 7/650 S 146). Nur der Berecht kann die Abfindg verlangen, nicht der Verpflichtete gg den Willen des UnterhGläub, um ihn nicht den Risiken der wirtschaftl Entwicklg auszusetzen. Regelg dh Vertr jederzeit, auch nachdem Rente bereits zu laufen begann (§ 843 Anm 6), mögl (§ 1585c). Kapitalabfindg kann verlangt w, **a)** wenn ein **wichtiger Grd** vorliegt, zB um dem UnterhBerecht eine selbstd Stellg (ErwerbsGesch) zu ermöglichen, nicht mehr dagg zur Ermöglichg einer Ausbildg, soweit darauf ein selbstd UnterhAnspr (§ 1575); wohl aber bei Auswanderg. Wird Abfindg unmittelb vor Wiederheirat gezahlt, dann ggf § 812 I 2. **b)** Der Verpflichtete darf dadch **nicht unbillig belastet** werden, dh er muß die geforderte Abfindg unschwer leisten können (BT-Drucks 7/650 S 146).

1585a *Sicherheitsleistung.* **I** Der Verpflichtete hat auf Verlangen Sicherheit zu leisten. Die Verpflichtung, Sicherheit zu leisten, entfällt, wenn kein Grund zu der Annahme besteht, daß die Unterhaltsleistung gefährdet ist oder wenn der Verpflichtete durch die Sicherheitsleistung unbillig belastet würde. Der Betrag, für den Sicherheit zu leisten ist, soll den einfachen Jahresbetrag der Unterhaltsrente nicht übersteigen, sofern nicht nach den besonderen Umständen des Falles eine höhere Sicherheitsleistung angemessen erscheint.

II Die Art der Sicherheitsleistung bestimmt sich nach den Umständen; die Beschränkung des § 232 gilt nicht.

1) Zweck der dch 1. EheRG Art 1 Z 20 an Stelle v EheG 62 I 2 eingef Vorschr ist es, dem UnterhBerecht einen Anspr auf SicherhLeistg ohne weitere Voraussetzgen zu gewähren, da derj, der sich seiner UnterhPfl zu entziehen sucht, die entspr Anstalten idR so treffen wird, daß sein Vorgehen dem Betroffenen so lange wie mögl verborgen bleibt u es dann für SicherhMaßn in aller Regel zu spät sein wird (BT-Drucks 7/650 S 146). Der grdsl voraussetzgslose Anspr auf SicherhLeistg, I 1, entfällt bei fehlder Gefährdg der UnterhLeistg od unbill Belastg des UnterhPflichtigen, I 2. Sinn der neuen Regelg war es, dafür dem Verpflichteten die BewLast aufzuerlegen. II legt die Art der SicherhLeistg fest, I 3 bestimmt die Höhe des zu sichernden Betr.

2) Der **Anspr auf SicherhLeistg** entsteht mit der UnterhVerpflichtg u ist dieser akzessor, **I 1**. Es bedarf nicht des Nachw eines bes SichergsGrdes, daß sich der Schuldn seiner UnterhPfl zu entziehen sucht, zB sein Verm auf einen Dritten verschiebt uä. Ist aber nicht schon bei Verurteilg zur Entrichtg der UnterhRente auf SicherhLeistg erkannt worden, so kann der Berecht nunmehr nur noch SicherhLeistg verlangen, wenn sich die VermögensVerhältn des Verpflichteten erhebl verschlechtert haben; dasselbe gilt für eine spätere Erhöhg der ursprüngl bestimmten Sicherh (ZPO 324 nF). Die Verpfl zur **SicherhLeistg entfällt**, wenn – wofür UnterhVerpflichteter BewLast trägt –, für die UnterhLeistg **keine Gefährdg** besteht, was regelm dann der Fall ist, wenn der UnterhPflichtige über eine feste ArbStelle u geregeltes Einkommen verfügt, od die SicherhLeistg den Verpflichteten **unbillig belasten** würde, **I 2**. Letzteres kann der Fall sein, wenn jmd, der eine selbstd Tätigk ausübt, seine wirtschaftl Existenz in Frage gestellt sieht, wenn dch Anfdg seiner SicherhLeistg sein Kredit entspr stark eingeschränkt w (BT-Drucks 7/650 S 146).

3) **Höhe der SicherhLeistg, I 3.** Die Vorschr geht bei dem Betr, für den Sicherh zu leisten ist, von dem einfachen JahresBetr der UnterhRente als **Regelhöhe der Sicherh** aus. Dieser obj Maßstab soll dem Ger die Festsetzg der Sicherh erleichtern u trägt dem SicherhBedürfn des Unterh Berecht insof ausreichd Rechng, als die Sicherh für den Notfall eine ZugriffsMögl eröffnet, die von den laufdn, auch iW der ZwVollstr erfolgdn Zahlgen unberührt bleibt (BT-Drucks 7/650 S 147). Für UnterhZahlgen von geringerer Dauer ist eine niedrigere Sicherh zu leisten. Eine die Regelhöhe überschreitde Sicherh kommt unter **besonderen Umständen** in Betr, zB bei Gefährdg des UnterhAnspr dch verschwenderische Lebensführg.

4) Die **Art der SicherhLeistg** richtet sich nach den Umst, wobei die Beschrkgen auf best Formen, wie sie § 232 vorsieht, nicht gilt, **II**. Der Richter kann also auf eine and sich bietde Art der SicherhLeistg auferlegen od zulassen, wobei dem Ger ein möglichst weiter Spielraum gelassen w soll, um den Umst des Einzelfalles gerecht zu werden (BT-Drucks 7/650 S 147). Neben den Möglkeiten von § 232 kommen in Betr: Verpfändg der Anspr aus einer LebensVers, Bürgsch zahlgskräft Verwandter des UnterhSchuldn. Dagg kann die Abtretg künft Lohn- od GehaltsAnspr nicht angeordnet w, da sie über die bl Sicherg der UnterhFdg hinausgehen würde, auch nicht ggü dem bösw Schuldn (BT-Drucks 7/650 S 147 f).

1585b *Unterhalt für die Vergangenheit.* **I** Wegen eines Sonderbedarfs (§ 1613 Abs. 2) kann der Berechtigte Unterhalt für die Vergangenheit verlangen.

II Im übrigen kann der Berechtigte für die Vergangenheit Erfüllung oder Schadensersatz wegen Nichterfüllung erst von der Zeit an fordern, in der der Unterhaltspflichtige in Verzug gekommen oder der Unterhaltsanspruch rechtshängig geworden ist.

III Für eine mehr als ein Jahr vor der Rechtshängigkeit liegende Zeit kann Erfüllung oder Schadensersatz wegen Nichterfüllung nur verlangt werden, wenn anzunehmen ist, daß der Verpflichtete sich der Leistung absichtlich entzogen hat.

1) Im allg kann **Unterhalt für die Vergangenheit** nicht verlangt w. Die dch 1. EheRG Art 1 Z 20 eingef Vorschr macht von diesem Grds im Verhältn der gesch Eheg zueinand **3 Ausnahmen**, näml hins von Sonderbedarf, **I**, sowie hins des allg UnterhAnspr vom Ztpkt des Verzuges bzw der Rechtshängigk an, **II**, wobei die beiden letzteren Anspr einschließl entspr SchadErsAnspr wg Nichterfüllg auf 1 Jahr vor der Rechtshängigk begrenzt sind, soweit nicht auf seiten des UnterhSchuldn Absicht vorliegt, **III**. **Zweck**: Die Befriedigg von Bedürfnissen einer zurückliegder Zeit ist nicht mögl u desh besteht im Grds keine Notwendigk, darauf gerichtete UnterhAnsprüche fortbestehen zu lassen. Die strikte Einhaltg dieses Grds würde aber dazu führen, daß Bestand u Verwirklichg von UnterhAnsprüchen weitgehd der Willkür des Verpflichteten anheimgegeben würden (BT-Drucks 7/650 S 148).

2) **Sonderbedarf, I,** (zB Kosten einer unerwarteten Operation) entsteht uU, ohne daß es nach den tats Gegebenheiten mögl ist, den Verpflichteten zuvor in Verzug zu setzen od ihn zu verklagen; desh Regelg wie in § 1613 III; dortselbst auch zum Begr u der Einschrkg gem **III**.

3) **Sonstiger Unterh für die Vergangenh** od SchadErs wg Nichterfüllg kann nur nach Begründg von SchuVerzug od Rechtshängigk des UnterhAnspr geltd gemacht w, **II**. Es soll verhindert w, daß der Verpflichtete dch Nichtleistg währd der Zt, für die der Unterh bestimmt ist, willkürl auf den Bestand des UnterhAnspr einwirken k (BT-Drucks 7/650 S 149). Verzug §§ 284 f; gehts Rhängigk dch KlErhebg ZPO 263. SchadErs beispielsw wg Inansprchn eines Kredites (Zinsen), Spätfolgen einer verschleppten Krankh usw.

4) **Absichtlicher Leistgsentzug, III.** Auch bei Verzug des UnterhSchuldn muß der gesch Eheg weiter um seine Anspr besorgt bleiben; er hat sie, wenn er sie verwirklichen will, spätestens innerh 1J rechtshäng zu machen. Diese zeitl Einschrkg fällt fort, wenn sich der Verpfl der Leistg absichtl entzogen hat, weil der so handelnde Eheg keinen Schutz verdient (BT-Drucks 7/650 S 149). Gilt für UnterhAnspr, darauf gestützte SchadErsAnspr u SonderBed. Vors genügt nicht; ausreichd aber die Anführg von Tats, die auf Abs hindeuten (arg „anzunehmen ist").

1585c *Unterhaltsverträge.* Die Ehegatten können über die Unterhaltspflicht für die Zeit nach der Scheidung Vereinbarungen treffen.

Schrifttum: Brühl/Göppinger/Mutschler, UnterhR, 3. Aufl, 2. Teil 1976 Rdn 1470 ff; Göppinger, Vereinbgen anläßl der Ehescheidg, 2. Aufl 1977; Reinhardt, Zulässigk des UnterhVerzichts auf den nach Scheidg der Ehe gegebenen UnterhAnspr, 1966 (dazu Huhn FamRZ **67**, 267); Wächter FamRZ **76**, 253; Ruland MDR **76**, 453; Diederichsen NJW **77**, 362; Dieckmann FamRZ **77**, 164.

1) Dch 1. EheRG Art 1 Z 20 wörtl aus EheG 72 S 1 aF übern; EheG 72 S 2 u 3 ohne sachl Änderg weggelassen. Die bes Bedeutg der Best liegt in der Zulassg der UnterhVerträge, die vor der Scheidg für die

Zeit nach ihr abgeschl w, womit zugl klargestellt w, daß die den nachehel Unterh regelnden Bestimmgen nachgieb Recht enthalten. **Zweck:** Die Vorschr trägt dem Bedürfn Rechng, eine rechtl gesicherte Versorggsmöglichk dch Vereinbg vor der Scheidg zu geben. Zur Vermeidg unnöt Streits im ScheidgsVerf u im Interesse der Ausschl späterer UnterhStreitigkeiten erscheint eine möglichst frühzeit u endgült vertragl Lösg der unterhaltsrechtl Beziehgen der Eheg für die Zeit nach der Scheidg sogar erwünscht (BT-Drucks 7/650 S 149). Das VerfR sieht vor, daß die Scheidgsfolgen grdsl gleichzeit mit dem Ausspr der Scheidg zu regeln sind (ZPO 623). Der Zielsetzg, den ScheidgsAusspr möglichst nicht ohne Regelg der Scheidgsfolgen zu tun, wird in bes Maße eine Vereinbg der Parteien ü die Scheidgsfolgen gerecht (BT-Drucks aaO). Nach wie vor wg § 1587 o beachtenswert die Mahng v Peters JZ 73, 354, zur Vorsicht mit UnterhVerzichten bei der Ehescheidg, soweit die Frau damit auch Anspr auf Hinterbliebenenrente aus der SozialVers unwiderrufl aufgibt. – **Übergangsrecht:** UnterhVerträge, die vor dem Inkrafttr des EheG 1938 abgeschl sind, sind als gült anzusehen, soweit sie nicht rechtskr für nichtig erkl waren (RG **159**, 157). Unter der Geltg von EheG 72 aF geschl UnterhVereinbgen bleiben unberührt (1.EheRG Art 12 Z 3). Vgl iü Einf 6 b vor § 1569.

2) Unterhaltsverträge a) im allg. Wg der UnterhVerträge für die Zeit des Bestehens der Ehe vgl § 1360 Anm 1. **Für die Zeit nach der Scheidg** der Ehe abgeschl UnterhVerträge sind gült, soweit nicht etwa ihr Inhalt im Einzelfall gem §§ 134, 138 gg das Ges od die guten Sitten verstößt (Anm 3) od es sich um bloße Wiederholg eines vor der Scheidg abgeschl nichtigen UnterhVergl handelt (vgl Anm 4); und wenn der nachträgl Abschl auf neuem Entschl beruht (OGHBrZ NJW **49**, 144). Anspr aus der vertragl Regelg bleibt jedenf iSv EStG 12 Z 2 gesetzl Anspr (BFH NJW **74**, 1351; sa RG **145**, 305; **166**, 381; BGH **31**, 218). Regeln Eheg vor od nach dem noch nicht rechtskr Urt vergleichsw den Unterh, so kann sich der Verpflichtete gem ZPO 767 darauf berufen, daß der Vergl auch ausgefallen wäre, wenn er von der fr schweren Eheverfehl des Begünstigten gewußt hätte (BGH JR **70**, 60 mAv Bökelmann); dabei dürfte freilich der Befriedszweck des Vergl zu kurz kommen, da das geradezu zum Anfechten des Vergl reizt u das ScheidgsVerf nochmals erstehen läßt, in dem eine derart OffenbargsPfl nicht besteht. **b) Unterh-Vereinbgen eines Dritten mit einem Eheg** für den Fall von dessen Scheidg werden von § 1585 c nicht erfaßt; dann vielm, da fremde Einflüsse auf den Bestand der Ehe fernzuhalten, die früh Rspr heranzuziehen, die im allg vor Scheidg abgeschl Verträge desh für nichtig ansh, weil sie abgeschl seien, um den and Eheg zur Scheidg zu bewegen (vgl Warn **13**, 3; **19**, 93). Der Dr darf dann ledigl wirtschaftl Sicherstell des Eheg für den Fall der Scheidg bezwecken, dh äußere Hindernisse bei der Verwirklichg des dch den Eheg bereits gefaßten Scheidgsentschlusses beseitigen, nicht den Eheg aber in der Entschließg zur Scheidg beeinflussen wollen; sonst ggf Nichtigk nach § 138 (BGH NJW **51**, 268). Wenn aber BGH MDR **58**, 22 die Sicherstellg dch Bürgsch der Ehestörerin als unsittl ansehen will, so kann dem aus den Gründen der Bejahg der EhestörgsKl (Einf 1 vor § 1353) nicht beigetreten w; die Ehestörerin erfüllt eine sittl Pfl, wenn sie ihrerseits die Ehefr, die die Stellg so sicher aufgibt, entschädigt (ebso Boehmer MDR **58**, 4; Bosch FamRZ **57**, 301). Widerspruchsvollerw erkennt BGH eine solche Pfl einer Frau, die nicht Ehestörerin ist, also keine Schuld gg die Ehefr auf sich geladen hat, an (BGH FamRZ **56**, 311). Keine Bedenken bestehen, wenn die vermutl 2. Ehefr ihre UnterhVerpflichtg nach dem Ableben des scheidgswill UnterhVerpflichteten regelt (BGH NJW **62**, 1294). Zul auch Freistellgsversprechen eines Dritten im UnterhVerpfl des scheidgswill Eheg ggü dessen Kind (KG FamRZ **74**, 449). **c) Kinder** erwerben aus dem ScheidgsVgl der Elt bis zum 1. 7. 77 materiell einen Anspr, wenn es sich um einen Vertr zG eines Dr handelt (BSG NJW **71**, 726; LG Stgt DAVorm **76**, 220), was nur dann zutrifft, wenn ein EltT dem Kind einen über den gesetzl UnterhAnspr hinausreichenden vertragl Anspr einräumt (Hanisch NJW **71**, 1018; Hiendl NJW **72**, 712). Befindet sich das Kind in der Obhut eines EltT, kann dieser die UnterhAnspr aus §§ 1601ff iW der Prozeßstandsch verfolgen u entspr Vergl abschließen (§ 1629 II u III), ohne daß Kind beitreten kann od muß (§ 1629 Anm 5 b cc). Ab 1. 7. 77: § 1629 III nF. **d) Ggstand des Vertrags** können Abänderg en von §§ 1570 bis 1585b sein, dch die das gesetzl Maß bestimmt, aber auch von der gesetzl Grdl abgewichen w, zB UnterhZusagen für best Fristen od Jahre unabh von den Vorausetzgen der §§ 1570ff. Zu Wertsichergsklauseln § 245 Anm 5; Göppinger S 91. Es kann auf die Zahlg v Unterh nach der Scheidg teilw od überh **verzichtet** w, was nicht sittenwidr ist (Düss FamRZ **55**, 293), auch nicht im Hinbl auf eine öff Fürs-Pfl, die etwa einmal entstehen könnte (Lüdtke NJW **55**, 293; Hampel FamRZ **60**, 421; Bielef NJW **58**, 185). Die Rechtslage hat sich dch das 1.EheRG nicht geänd; sie dient der Verbessergen der UnterhBerechtigg nicht dem Schutze v Verwandten od SozHilfeträgern (Dieckmann FamRZ **77**, 165). Ist aber der Verzichtde bereits einmal von SozHilfe unterstützt u ÜberleitgsAnz gem BSHG 90,91 gemacht w, so ist derart Verzicht dem FürsVerband ggü ohne Wirkg (BGH **20**, 127). Der UnterhVerz macht iR der einverständl Scheidg den vollstreckb Schuldtitel iSv ZPO 630 überfl (AG Ettl FamRZ **78**, 340). Der UnterhVerzicht hat nach Abschaffg der Geschiedenen-Witwen-Versorgg dch das 1. EheRG nurmehr eine beschränkte Fernwirkg für die eig Altersversorgg. Zu beachten ist, daß ein UnterhVerz auch die Beiträge zur eigenen Altersicherg umfaßt (vgl § 1578 III). Iü berührt er nicht die abgeleiteten Geschiedenen-Hinterbliebenenversorgg der sich dem VersorggsAusgl nach § 1587 I 2 entziehden Entschädiggssysteme (RVO 592; BVG 42). Unterhaltsrechtl Bedeutg hat in diesem Zushg auch der UnterhBeitr gem BeamtVG 22 II, der als Ausgl für einen inf Tod ausbleibden schuldrechtl VersorggsAusgl gewährt w. Verzicht ist auch keine Schenkg. Ebsowenig die Übern von UnterhaltsVerpflichtgen zur Erleichterg der Scheidg (RG DR **41**, 2611). § 1585c gilt nicht nur für reine UnterhVerträge, sond auch für sonstige im Hinbl auf die bevorst Scheidg geschl vermögensrechtl Abk (BGH **41**, 168), zB Erbverträge (RG HRR **40**, 1105), Übereignen auf Kinder, wobei § 139 entscheidet, ob die Nichtigk des sonst Vertr auch diesen VertrTeil ergreift (BGH FamRZ **67**, 35). **e)** Die UnterhVerträge bedürfen an sich keiner besonderen **Form.** Wird aber unter Verzicht auf ZPO 323 eine Rente versprochen, so § 761 (RG **150**, 390). Zur Ablehng des Erfordernisses notarieller Beurk BT-Drucks 7/4361 S 34. Für **Proz-Vergl** im EhescheidgsVerf besteht Anwaltszwang. Das FamG hat zwar nicht die Protokollierg eines die Scheidg erleichternden Vergl abzulehnen, wenn nicht beide Parteien dch einen RAnw vertreten sind (aA Celle OLGZ **75**, 353); aber es kommt nur bei beiderseit anwaltl Vertretg ein VollstrTitel (ZPO 794 I Z 1) zustande (Karlsr Just **76**, 169). **f) Nach Vertragsschluß veränderte Umstände** sind, soweit der Vertr od

§§ 1585 c, 1586   4. Buch. 1. Abschnitt. *Diederichsen*

seine Ausleg das nicht ausschließen, zu berücks, wenn es sich um eine wesentl Veränderg handelt (RG **145**, 119). Allerd wird eine Verbesserg der wirtschaftl Lage des Verpflichteten nach der Scheidg, wenn sich nicht aus dem Vertr etwas Ggteiliges ergibt, im allg unbeachtl sein (RG **75**, 127; Kass NJW **75**, 267). Hingg ist die Wiederverheiratg des Berecht als derartige wesentl Veränderg anzuerkennen (RG JW **29**, 583), kann aber vertragl auch ausgeschl w (RG DRZ **31** Nr 411). Vgl auch Einf 4 vor § 1601. Wurde vertragl auf Unterh nach Rechtskr des ScheidgUrt verzichtet, so lebt der UnterhAnspr auch bei Notlage nicht wieder auf (BayObLG FamRZ **67**, 224). Entspr schließt Verzicht auf AbänderngsKl ZPO 323 aus (LG Hbg FamRZ **75**, 497). **g)** Der Anspr auf **SicherhLeistg** (§ 1585a) ist zwar nur für die gesetzl UnterhPfl vorgesehen, kann aber bei der vertragl gegeben sein, wenn Anspr gefährdet (RG Recht **20**, 2432). Nach ZPO 620 Z 6 kann nur nicht nach den §§ 1360 ff, 1570 ff bestehder Anspr dchgesetzt w, nicht aber, wenn die UnterhFrage von dieser gesetzl Grdl losgelöst wurde (BGH **24**, 276). Vgl auch ZPO 620 f.

3) Nichtigk von UnterhVerträgen bei Gesetzesverstößen (§ 134) u **Sittenwidrigk** (§ 138), die sich aus dem Inhalt der Vereinbg od aus den sonstigen Umst des Fallen ergeben k. Regelmäß ist die gesamte Vereinbg nichtig (BGH **41**, 170; aA Hennsler Just **77**, 72). Zur Sittenwidrigk des UnterhVerzichts im Hinbl auf öff-rechtl Versorggsleistgen Anm 2. Keine Sittenwidrigk, wenn dch eine UnterhVereinbg die Scheidg erleichtert od ermöglicht worden ist, dh bei Vorliegen eines ZerrüttgsGrdes der Entschl zur Scheidg (etwa in der Form, der Scheidg nach 1 Jahr GetrLeben zuzustimmen, § 1566 I) erst dch eine vertragl UnterhSicherg vS eines Eheg bei dem and herbeigeführt wird; erst ein grobes MißVerh der übernommenen Verpflichtgen zu den vorhandenen Mitteln, welches nicht schon ein Überschreiten der gesetzl UnterhHöhe, könnte hier sittenw sein, also nicht, wenn dies Verlangen der Ehefr, die die Ehe aufgibt, zwar die gesetzl UnterhHöhe überschreitet, sich aber in hierfür zu billigden Grenzen hält (RG **159**, 157); andernf nur Teilnichtigk hins des überschießden Betr (§ 139). BGH MDR **58**, 23 nimmt volle Nichtigk an; dagg auch Boehmer MDR **58**, 6; Bosch FamRZ **57**, 301. Keine Sittenwidrigk, wenn RMittelverzicht von bindder Zusage vermögensrechtl Art abhäng gemacht w (RG HRR **40**, 1105), sofern dabei den Belangen der Kinder genügd Rechng getragen, auch nicht, wenn damit Sorgerechtsübereinkunft verbunden würde (§ 1671 Anm 2). Sittenwidr aber zB, wenn der Mann sich von seinen UnterhVerpflichtgen freistellen läßt, um nunmehr dch eine Ehebrüche die Ehefr zur Stellg des ScheidgsAntr zu veranlassen u sich dch ihren Verzicht die wirtschaftl Grdl für das ZusLeben mit der Ehebrecherin sichert (vgl RG **108**, 213). Die Eheg-Vereinbg ist nichtig, wenn die Eheg im Zushg mit der Vereinbg einen nicht od nicht mehr bestehden Scheidgs-Grd geltd gemacht hatten (so ausdrückl EheG 72 S 3 aF); die Nichtigk folgt heute unmittelb aus §§ 134, 138 (BT-Drucks 7/650 S 149). Die Eheg müssen sich also iZushg mit der UnterhVereinbg, ohne daß das dort niedergelegt zu werden braucht, darüber einig geworden sein, die Scheidg mit Hilfe eines nicht vorhandenen ScheidgsGrdes herbeizuführen, wobei Geltdmach gerade aGrd der Vereinbg nicht nachgewiesen zu w braucht (BGH **41**, 169; zB wenn die Abfassg beleidigder Briefe vereinb, für die Eheverfehlg od die Aufhebg der häusl Gemsch ein falscher Ztpkt angegeben w. Hingg nicht die Vereinbg, daß der and Eheg die Erhebg des Widerspr (§ 1566 I) od die Ablehng der Scheidg aus Grden des § 1568 unterlassen soll; denn die Berufg darauf unterliegt ohnehin seiner Vfg. Ebsowenig, wenn sich die Parteien dahin einigen, einen ZerrüttgsGrd aus Grden der Schong od im Interesse der Kinder nicht geltd zu machen, wie überh die Beschrkg des Vorbringens auf bestimmte ZerrüttgsGrde zul ist (vgl RG DR **42**, 1185); ebso RMittelverzicht (RG **159**, 189) u Verpflichtg hierzu (BGH **28**, 45), sofern dch ihn nicht etwa eine Scheidg aufrechterhalten w soll, die auf nicht vorhandenen ZerrüttgsGrden beruht (RG **163**, 91). Die Geltdmach eines nicht od nicht mehr vorhandenen ZerrüttgsGrdes führt auch dann zur Nichtigk der Vereinbg, wenn die Ehe aus einem anderen, wenn auch nicht vorgebrachten Grde hätte gesch w müssen, da dann tats aus einem nicht vorhandenen Grde gesch wurde (BGH **41**, 171 gg RG **168**, 275). Eine nach erschlichener Scheidg getroffene Unterh-Vereinbg ist gült, ebso die Wiederholg eines vor der Scheidg geschl Abk (RG **163**, 285). Zur **Anfechtg** der UnterhVereinbg wg Täuschg vgl BGH FamRZ **73**, 182 sowie § 123 Anm 2.

4) Tritt Nichtigk der UnterhVereinbarg ein, so gilt § 817. Auch das ErfGesch ist nichtig (RG **145**, 154). Zahlgen im Bewußtsein der Nichtigk keine Bestätigg (RG **150**, 383).

5. Ende des Unterhaltsanspruchs

1586 **Wiederheirat oder Tod des Berechtigten.** **I** Der Unterhaltsanspruch erlischt mit der Wiederheirat oder dem Tod des Berechtigten.

II Ansprüche auf Erfüllung oder Schadensersatz wegen Nichterfüllung für die Vergangenheit bleiben bestehen. Das gleiche gilt für den Anspruch auf den zur Zeit der Wiederheirat oder des Todes fälligen Monatsbetrag.

1) An Stelle v EheG 67, 69 eingef dch 1. EheRG Art 1 Z 20. **Wiederverheiratg od Tod des Unterh-Berechtigten** bringen seinen UnterhAnspr zum Erlöschen, I. Soweit ein bereits begründeter UnterhAnspr noch nicht erfüllt ist, bleibt er bestehen, II. Das Gesetz trifft iGgs zu EheG 69 II aF keine Regelg mehr über die **Bestattgskosten**; diese (auch die der Feuerbestattg, RG **139**, 394) trägt der Erbe (§ 1968). Sind sie von ihm nicht zu erlangen, gilt an sich § 1615 II ggü Verwandten. Soweit Unterh von früheren Eheg aufgebracht wurde, muß er trotz Abschaffg der diesbezügl Best des EheG für die Bestattgkosten aufkommen; die Auffassg der amtl Begründg BT-Drucks 7/650 S 150, die Kosten einer Sterbeversicherg könnten als Teil des Lebensbedarfs von dem UnterhSchuldn verlangt w, ist abzulehnen, denn sonst müßte – wenn eine solche Vers nicht abgeschl w soll – der Berecht schon zu LebZten die Kosten für seine Bestattg zZw der Rücklage von dem Unterhpflichtigen verlangen können. Außerd widerspricht der RegEntw sich selbst, wenn er die Prämien der SterbeVers dem UnterhSchu auferlegen will, die Sicherstell der BestattgsKosten aber als eig Vorsorge des Berecht erklärt. Die dadch enstandene Gesetzeslücke ist dch entspr Anwendg v § 1615 II zL des unterhaltspflichtig Eheg zu schließen.

2) Mit der **Wiederverheiratg** setzt ein neuer UnterhAnspr gem §§ 1360ff ein. Der bisherige entfällt, auch wenn in der neuen Ehe des bisl dem 1. Eheg ggü UnterhaltsBerecht jetzt dieser für den finanziellen LebBedarf der neuen Fam aufkommen muß, also die bish Rente (§ 1585 I 1) nicht ersetzt wird. Wiederheirat selbstd ErlöschensGrd, **I.** UnterhAnspr lebt auch nicht mehr auf, wenn die neue Ehe dch Tod des 2. Eheg, Wiederverheiratg nach TodesErkl, Aufhebg od Scheidg aufgelöst w, wenn die Nichtigk u iF der Auflösg unter den Voraussetzgen des § 1586a. § 1586 enthält nachgieb Recht; Weiterzahlg des Unterh trotz Wiederverheiratg kann also vereinb w (vgl Warn **20**, 114; § 1585c Anm 2f). Zur Wiederheirat des Verpflichteten u dem Einfluß auf seine UnterhVerpflichtg vgl §§ 1582, 1583. Der UnterhAnspr erlischt ferner iF des **Todes** des UnterhGläub. Ein UnterhBedarf entsteht nicht mehr. Wg der Bestattgskosten Anm 1. Zum Tod des Verpflichteten § 1586b.
3) Fortbestehen des UnterhAnspr, II. In Übereinstimm mit der Regelg beim VerwandtenUnterh (§ 1616 I) bleiben Ansprüche auf UnterhRückstände u auf SchadErs wg Nichterfüllg der UnterhPfl auch nach dem Tod des UnterhGläub bestehen (vgl § 1585b) u können ggf von seinem Erben weiterverfolgt w. Das gleiche gilt für die bei Wiederheirat od Tod fäll Monatsrate (§ 1585 I 3).

1586a *Wiederaufleben des Unterhaltsanspruchs.* **I** Geht ein geschiedener Ehegatte eine neue Ehe ein und wird die Ehe wieder aufgelöst, so kann er von dem früheren Ehegatten Unterhalt nach § 1570 verlangen, wenn er ein Kind aus der früheren Ehe zu pflegen oder zu erziehen hat. Ist die Pflege oder Erziehung beendet, so kann er Unterhalt nach den §§ 1571 bis 1573, 1575 verlangen.
II Der Ehegatte der später aufgelösten Ehe haftet vor dem Ehegatten der früher aufgelösten Ehe.
Schrifttum: Dieckmann FamRZ **77**, 165.

1) Wiederaufleben des UnterhAnspr trotz Wiederheirat iF der Scheidg der neuen Ehe, eingef dch 1. EheRG Art 1 Z 20, als Ausn zu § 1586 I kommt nur für den Fall des § 1570 in Betr, wenn also der Berecht Kinder aus der Ehe zu pflegen od zu erziehen hat, deren od ElT er jetzt auf Unterh in Anspr nimmt, **I 1.** Die Voraussetzgen des Wiederauflebens können bereits im Ztpkt der Auflösg der neuen Ehe gegeben sein od auch erst später eintreten. Unterh gem § 1570, solange Betreuung dauert; anschließd UnterhAnspr uU aus §§ 1571–1573 od 1575, **I 2**, aber nur als AnschlUnterh (§ 1569 Anm 2), so daß kein Unterh aus § 1573 geschuldet w, wenn die Betreuung eines älteren Kindes die ErwTätigk nicht hindert (vgl wg Einzelh Dieckmann FamRZ **77**, 167). Desh sind Alter, Krankh usw nie für sich genommen, also unabh von der Kindesbetreuung, ausreichd, um den dch die Wiederverheirat erloschenen UnterhAnspr gg den früh Eheg erneut entstehen zu lassen.

2) Zusammentreffen von UnterhAnsprüchen aus mehreren Ehen, II. Währd der RAusschuß eine entspr Kollisionsnorm ablehnte (BT-Drucks 7/4361 S 35), ist sie auf Betreiben des BR ins 1. EheRG aufgenommen worden (BT-Drucks 7/4694 S 12), um gesamtschuldnerische Haftg mehrerer Exgatten zu vermeiden (Hillermeier FamRZ **76**, 579). Subsidiarität der Haftg des Eheg aus der früher aufgelösten Ehe gilt nur für den Fall der Kinderbetreuung u des darauf gg den ehem Eheg gestützten UnterhAnspr; dagg spielt es keine Rolle, woraus der UnterhAnspr gg den späteren Eheg begründet w. Die Zahl der Ehen spielt keine Rolle, auch nicht, wenn gg einen ZwischenEheg kein UnterhAnspr besteht. Zurücktreten der UnterhFdg gg den früh Eheg auch dann, wenn von diesem zB 2, vom nächsten Eheg nur 1 Kind zu betreuen ist. Die Kollision kann auch nur teilw bestehen, so wenn gg 2. Eheg ein UnterhAnspr nur zu $^1/_3$ des LebBedarfs besteht, gg den 1. Eheg dagg ein voller UnterhAnspr.

1586b *Tod des Verpflichteten.* **I** Mit dem Tod des Verpflichteten geht die Unterhaltspflicht auf den Erben als Nachlaßverbindlichkeit über. Die Beschränkungen nach § 1581 fallen weg. Der Erbe haftet jedoch nicht über einen Betrag hinaus, der dem Pflichtteil entspricht, welcher dem Berechtigten zustände, wenn die Ehe nicht geschieden worden wäre.
II Für die Berechnung des Pflichtteils bleiben Besonderheiten auf Grund des Güterstandes, in dem die geschiedenen Ehegatten gelebt haben, außer Betracht.
Schrifttum: Dieckmann FamRZ **77**, 168.

1) An Stelle von EheG 70 aF eingef dch 1. EheRG Art 1 Z 20. Wird eine Ehe dch Tod aufgelöst, so erlischt damit die ggseit UnterhPfl der Eheg für die Zukft (§§ 1615 I, 1360a III). Ist die Ehe gesch, so geht die UnterhPfl iF des Todes des Verpflichteten nicht unter, sond als Nachlaßverbindlichk auf die Erben über. **Grd** für diese unterschiedl Regelg: Der Eheg hat grdsl erbrechtl Ansprüche an den Nachlaß, die zumindest wirtschaftl betrachtet ein Äquivalent für den verlorenen Unterh darstellen; da der gesch Eheg von solchen gesetzl Anspr ausgeschl ist, muß als Ers die **passive Vererbrelick seines UnterhAnspr** anerkannt w (BT-Drucks 7/650 S 151). Vertragl Abänderg en zul (RG **162**, 301). Wg des VersorggsAusgl §§ 1587ff; wg der VersorggsAnspr der gesch BeamtenEhefr nach bish Recht vgl Einf 1 vor § 1569. Die BeitragsPfl gem EheG 60 III aF endet beim Tode des Verpflichteten, nicht dagg ein LeibrentenVerspr (Karlsr NJW **62**, 1774).
2) Übergang der Unterhaltspflicht auf die Erben, I 1. Da NachlVerbindlichk, HaftgsBeschrkg gem §§ 1967ff, ZPO 780 mögl (RG **162**, 300); bei fortgesetzter GütGemsch gem § 1489 (vgl auch §§ 1488, 1499, 1500). Die Verbindlichk der Erben ist keine familienrechtl mehr, sond ist erbrechtl; trotzdem iS spezieller Vorschr noch als „gesetzl UnterhAnspr" anzusehen (vgl Einf 3 vor § 1569).
3) Umfang von Erbenverpflichtg u -haftg. Gilt auch bei vertragl Regelg des Unterh, soweit nicht von gesetzl Unterh abgewichen w sollte (OGH NJW **49**, 145). **a) Wegfall der Beschränkg des UnterhAnspr wg Leistungsunfähigk, I 2.** Mit dem Tod des UnterhSchuldn kommt seiner Leistgsfähigk keine Bedeutg mehr zu (§ 1581). Mußte sich der Berecht bish im Hinbl auf den Eigenbedarf des Verpflichteten od den Bedarf weiterer UnterhBerechtigter mit einem BilligkUnterh begnügen, soll er nunmehr den vollen angem Unterh verlangen können (BT-Drucks 7/650 S 151f). Auch die Bedürfn mj od unverheirateter

Kinder od eines neuen Eheg des Verpflichteten bleiben jetzt außer Betr, da deren UnterhAnspr mit dem Tode des UnterhSchu erloschen sind (§§ 1615 I, 1360a III). Deren Belangen wird dch die Beschrkg der ErbenHaftg in I 3 hinreichd Rechng getragen. **b)** Vorausetzg der ErbenHaftg bleibt weiterhin die **Bedürftigk des Berechtigten**. Insb sind Ändergen, die sich aGrd des Todes des Verpflichteten ergeben, mitzuberücks, etwa der Erwerb öff-rechtl od privatrechtl VersorggsAnspr, LebensVers uä, soweit dadch der angem LebBedarf des UnterhBerecht sichergestellt wird (BT-Drucks 7/650 S 152). **c) Beschränkte Erbenhaftg, I 3.** Währd sich der Berecht n EheG 70 aF eine Herabsetzg der Rente nach Billigk gefallen lassen mußte, begrenzt I 3 die Haftg des Erben auf den fiktiven Pflichtteil des UnterhBerecht. Der gesch Eheg soll nicht mehr erhalten, als er gehabt hätte, wenn seine Ehe statt dch Scheidg dch den Tod des Verpflichteten aufgelöst worden wäre (BT-Drucks 7/650 S 152). **Berechng** des fiktiven Pflichtt als Haftqsuote: Fingiert wird zunächst der Fortbestand der gesch Ehe bis zum Tode des Verpflichteten. Auszugehen ist somit vom GesamtNachl, nicht etwa von dem Verm, das der UnterhSchu zZt der Scheidg der Ehe besessen hat. FiktionsZtpkt führt ferner dazu, daß evtl Wiederheirat des Verpflichteten unberücks bleibt. Entsprechendes gilt, wenn 2 unterhberecht gesch Eheg u ein überlebder Eheg zustreffen. Die Regelg führt dazu, daß die HaftsQuote für den früheren Eheg immer größer ist als die HaftsQuote od der Pflichtt für den späteren (BT-Drucks 7/650 S 153). **d) Nichtberücksichtigg güterrechtlicher Besonderheiten, II.** Da der Güterstd auf die Höhe des einem Eheg gg den and zustehden UnterhAnspr währd der Ehe u nach Scheidg ohne Einfluß ist, ist es unangebracht, die HaftqsQuote des Erben je nachdem, in welchem Güterstd die gesch Ehel gelebt haben, unterschiedl zu bemessen; abgesehen davon ist im Güterstd der ZugewGemsch der Zugew nach Scheidg schon ausgeglichen (BT-Drucks 7/650 S 154).

III. Versorgungsausgleich
Einführung

Schrifttum: Belchaus FamRZ **73**, 341; Bürgle FamRZ **73**, 514; Freimuth, Jansen ua FamRZ **70**, 441; Gitter FamRZ **74**, 237; Langkeit, Soziale Sicherg der nicht berufstät Frau, GA zum 47. DJT 1968; Leonardy DRiZ **76**, 38; Ruland, Familiärer Unterh u Leistgen der sozialen Sicherh, 1973; ders FamRZ **75**, 148; Maier DAngVers **74**, 321; **76**, 435 u **77**, 5; ders, VersorggsAusgl in der RentenVers, Komm, hrsg v der BfA u dem Verbd Dt RentVersTräger, Bln 1977; Fenge, Betriebl AltersVersorgg **76**, 35; Gerschermann, Die Alterssicherg der gesch Frau in der gesetzl RentenVers der Arbeiter u Angest, Diss Freibg 1976; Plagemann DAngVers **76**, 337 u NJW **77**, 844; Solcher DRV **76**, 205; Fischer Betr **76**, 2351 (Betriebl Altersversorgg); Herm. Plagemann RiA **76**, 209 (BeamtVersorgg); Böhmer StAZ **76**, 240; Christian ZBlJugR **76**, 321; Ruland NJW **76**, 1713; Belchaus MDR **76**, 793; Voskuhl/Pappai/Niemeyer, VersorggsAusgl in der Praxis, 1976; Niemeyer/Voskuhl BArbBl **76**, 325; Voskuhl Betr **76**, 2337 u DRiZ **76**, 338; Hillermeier FamRZ **76**, 579; Reinartz FamRZ **77**, 81; v Maydell FamRZ **77**, 172; Laudor NJW **77**, 141; Hoffmann NJW **77**, 235 u FamRZ **77**, 222 (Bezugsberechtigg aus LebensVers); Rolland, 1. EheRG, Komm 1977; Schusinski/Stifel NJW **77**, 1264 (BarwertVO); Schmalhofer DÖD **77**, 97 (Scheidg von Beamten); Bartsch NJW **77**, 1324 (Auswirkg im BeamtR); Kniebes/Kniebes DNotZ **77**, 269; Labus BB **77**, 1041 (Steuerl Fragen); Plagemann/Plagemann WPM **77**, 438; Hufer NJW **77**, 1272; Münchner Komm, 1977 (zit: MüKo/Maier m Rdn); Ruland/Tiemann, Der VersorggsAusgl, NJW-Schriftenreihe XX, 1977 (zit: Ruland m Rdn); Bergerfurth, Der EhescheidgsProz, 4. Aufl 1977, S 200; Bergner DtRentVers **77**, 1 (Darstellg nach Art eines Lexikons!); D. Schwab, Handb des VersorggsR, Mü 1977; Körber, Betriebl Altersversorgg **77**, 125 (DirektVers); H. Bogs, Betriebl Altersversorgg **77**, 88; Steinbauer MittBayNot **76**, 197; Maßfeller/Böhmer, Das ges FamR, 3. Aufl (mit Graphik); Wolfg. Müller NJW **77**, 1745 (Verfassgswidrigk bei Altehen); Bergner NJW **77**, 1748 (RentAuskft, -schätzg); Erman/Ronke, Handkomm zum BGB, NachtragsH zur 6. Aufl 1977; D. Schwab FamRZ **77**, 701 u 768 (LitHinweise, VerfassgsR); Schmeiduch FamRZ **77**, 773 (VersorggsAusgl bei schon bestehdem RentBezugsR des AusglBerecht); Trey/Schwab FamRZ **77**, 11 (priv RisikoVers); Bogs FamRZ **78**, 81 (Verfassg u System); Bürgle FamRZ **78**, 388 (VersorggsAusgl bei Scheidgen mit AuslBerührg); Bley SGb **77**, 261 (SozGerichtsbark); Schmidbauer/Wellner, Der VersorggsAusgl, 1977; Rohde NJW **77**, 1763 (Vertragl Ausschl); Tiemann/Ferger NJW **77**, 1989 (EinkSteuer); Plagemann/Plagemann NJW **77**, 1989 (Sachverh mit AuslBerührg); Friederici NJW **77**, 2250 (Sicherg der Altersrente des Berecht nach VersorggsAusgl); Udsching NJW **78**, 289 (Haftgsrisiken); Trey NJW **78**, 307 (Zusatzversorgg des öff Dienstes); Langenfeld NJW **78**, 1503 (Vereinbgen); Glockner AnwBl **78**, 125 (Berechng); Friederici AnwBl **78**, 159 (Vereinbgen); Böhmer AnwBl **78**, 123 (Scheidg v Rentnern); Plagemann SGb **78**, 54 u 96; Bergner SGb **78**, 133; Ruland ZRP **78**, 107 (Auswirkgen auf Alters- u Hinterbliebenensicherg); Reinartz DNotZ **78**, 267 (Vereinbg); Meierkamp SGb **78**, 186; Zimmermann, Der VersorggsAusgl bei betriebl Altersversorgg, Ffm 1978; Glockner/Böhmer, VersorggsAusgl bei Scheidg, Hdlg 1978; Eckert NJW **78**, 2084. – **Tabellen für 1978:** Voskuhl/Pappai/Niemeyer, VersorggsAusgl in der Praxis, Beih 1978; Ruland, Rechengrößen u Tab zur Dchführg des VAG, BeiH 1978 zu H 28 der NJW-Schriftenreihe; Bergner NJW **78**, 143 u 2138 (für 1. u. 2. HalbJ 1978). – **Berechnungsbogen** zur selbständ Ermittlg v RentAnsprüchen Betr **78** Beil Nr 5.

1) Verhältnis von Unterhaltspflicht u Versorggsausgleich. Mit der Scheidg entfällt der größte Teil der mit der Eheschließg verbundenen Rechtswirkgen (Einf 3 vor § 1564). Bestehen bleibt unter den Voraussetzgen der §§ 1569ff die UnterhaltsPfl, dh die Verpflichtg, für den laufden Lebensbedarf des gesch Eheg aufzukommen, soweit er außerstande ist, sich selbst zu unterhalten. Daneben ergibt sich als selbständ, aus der Scheidg entstehde, also bei intakter Ehe nicht zur Entstehg gelangde Wirkg der Eheauflösg der VersorggsAusgl. Dch ihn sollen zG des gesch Eheg die Nachteile ausgeglichen werden, die damit verbunden sind, daß er innerh der Ehe keinen od nur einen geringeren Beitrag für eine eigene Alters- u Invaliditätsversorgg geleistet hat als der and Eheg. Letzterer muß im Extremfall die Hälfte der währd der Dauer der Ehe aufgebauten Versorggsanrechte an den gesch Eheg abgeben od vergüten. Der VersorggsAusgl wird bereits zusammen mit der Scheidg vollzogen (Einf 4 e vor § 1564), kommt aber uU sehr viel später, näml mit Er-

Bürgerliche Ehe. 7. Titel: Scheidung der Ehe **Einf v § 1587** 1–3

reichen der Altersgrenze od im Invaliditätsfall zum Tragen. Wirtschaftl betrachtet soll er im Regelfall den bis dahin evtl geleisteten Unterh erübrigen. Doch kommt es für den VersorggsAusgl bei Scheidg nicht darauf an, ob eine UnterhPfl besteht. Auch derj Eheg, der nach dem Scheitern der Ehe eine Erwerbstätigk aufnimmt, hat ein Recht auf VersorggsAusgl, sofern dessen Voraussetzgen gegeben sind. Umgek ist die Ablösg der UnterhRegelg dch den Eintritt der Versorgg bei Erreichen der Altersgrenze nicht notw; mögl ist auch, daß der UnterhAnspr ganz od teilw fortbesteht. Die UnterhVerpflichtg bleibt unabh von dem Eingreifen der Versorgg erhalten, also trotz Erreichens der Altersgrenze, wenn die Versorgg nur einen Teil des angem Unterh deckt, auf den der gesch Eheg nach den §§ 1569 ff einen Anspr hat. Die aGrd des VersorggsAusgl erlangten Zahlgen mindern unterhaltsrechtl ledigl die Bedürftigk des UnterhBerecht (§§ 1569, 1577 I). Der unterhaltspflicht Eheg hat also dem and Eheg den im Verhältn zu dem angem Unterh verbleibden UnterschiedsBetr zu zahlen, wobei allerd zu berücksichtigen sein kann, daß der UnterhPflichtige nunmehr seiner pensioniert od rentisiert ist u ein geringeres Einkommen als zZ seiner Erwerbstätigk bezieht. Auch gehören zum LebensBed des UnterhBerecht jetzt nicht mehr die VersKosten iSv § 1578 III. Unterhaltsähnlichen Charakter hat der schuldrechtl VersorggsAusgl der §§ 1587f–1587n (vgl Einf 3c sowie § 1587g Anm 1).

2) Geschichte. Lit: Ruland 1. Kap sowie bereits NJW **76**, 1713 sub I 2 m weit Nachw; zum 1. EheRG allg Einf 2 vor § 1564. Der Gedanke eines Rentensplittings geht auf Planken, Die soziale Sicherg der nicht-erwerbstät Frau, 1961, S 89 zurück. Im Jahre 1970 legte das BJM einen DiskussionsEntw zur „Reform des Rechts der Ehescheidg u der Scheidgsfolgen" vor (zum VersorggsAusgl §§ 27–32; Begründg S 141 ff), dem ein unveröffentlichter ReferentenEntw folgte, der in den §§ 1587–1587j des Entw (Begrdg S 218 ff) ledigl einen schuldrechtl VersorggsAusgl in Aussicht stellte. Im Jahre 1971 wurde der RegEntw eines 1. EheRG vorgelegt (BR-Drucks 266/71; BT-Drucks VI/2577), der neben dem schuldrechtl VersorggsAusgl den WertAusgl bei Rentenanwartschaften vorsah u dch den Entw eines 2. EheRG (BR-Drucks 77/72; BT-Drucks VI/3453) ergänzt wurde, der die sozialrechtl VerfahrensVorschr enthielt. Beides faßte der in den 7. BT eingebrachte RegEntw eines 1. EheRG (BR-Drucks 260/73; BT-Drucks 7/650) zusammen, erweitert um den Gedanken einer fiktiven Nachversicherg bei Beamten (vgl dazu bereits Krause/Ruland ZSR **69**, 273). Nachdem die Ausschüsse den Entw vor allem in der Behandlg der betriebl Altersversorgg umgestaltet hatten, wurde der Vorschlag des Rechtsausschusses (BT-Drucks 7/4361, speziell zum VersorggsAusgl S 18 ff) mit wenigen Modifikationen vom BT verabschiedet. Der BR hat am 30. 1. 76 den VermittlgsAusschuß angerufen (BR-Drucks 1/76), der vor allem die Möglichk von Vereinbgen der Eheg im Bereich des VersorggsAusgl eröffnete (BT-Drucks 7/4992), woraufh das 1. EheRG in dieser Form von BT u BR gebilligt wurde (BT-StenBer 7/16407 ff; BR-StenBer **76**, 128 ff). Wesentlicher Antrieb für die Gestaltg gerade des VersorggsAusgls waren die **Mängel der bisherigen Regelg**, die vor allem darin gesehen wurden, daß entspr der Rollenfixierg der Ehefrau auf den Haushalt idR ausschließl der Ehem eine eigenständ Alters- u Invaliditätsversorgg erwarb, an der die Frau in einer intakten Ehe partizipierte, die der Mann aber iF der Ehescheidg mit aus der Ehe nahm u von der die Ehefr in Form der Geschiedenenwitwenrente nur kann etwas auf sich ziehen konnte, wenn sie aGrd gesetzl Verpflichtg, weil sie an der Scheidg kein od doch nicht das überwiegde Versch traf (EheG 58), od freiwilliger Leistgen zu seinem UnterhVerband gehörte (RVO 1265; AVG 42). Hinterließ der geschiedene Mann eine Witwe, so mußte seine 1. Ehefr mit dieser auch noch die Rente entspr der jew Ehedauer teilen. (RVO 1268 IV; AVG 45 IV). Zur Fortgeltg dieser Regelg für vor dem 1. 7. 77 gesch Ehen Einf 8 vor § 1587.

3) Grundgedanken u Konstruktionen des Versorggsausgleichs. Der VersorggsAusgl ist kein einheitl Rechtsinstitut, in ihm verbinden sich zudem ganz unterschiedl Zielsetzgen. Die Vorschriften darüber sind nur zT zwingdes Recht, insb können die Eheg Vereinbgen über den VersorggsAusgl treffen (§ 1587o). Leitdes **Prinzip** des VersorggsAusgl ist, daß der Eheg, der in der Ehe die werthöheren Versorggsanrechte u -aussichten angesammelt hat, die Hälfte des Wertunterschiedes an den and Eheg auskehren muß. Zu diesem Zweck sind sämtliche währd der Ehe begründeten od aufrechterhaltenen ausgleichspflicht Versorggsberechtigen zu bewerten (Einzelh § 1587a Anm 3).

a) Begriffliches. Der VersorggsAusgl bezieht sich auf die **Versorgg** der Eheg wg Alters, Berufs- od Erwerbsunfähigk. Der Begr wird nicht näher definiert, so daß dch die Bezugnahme auf die verschiedenen Versorggsregelgen jew deren Voraussetzgen, zB für den Eintr des Versorggsfalles, u Folgen, zB bezügl des Umfangs der Versorgg, gelten. Entspr der allg Bedeutg des Ausdr versteht es in iR des VersorggsAusgl um die Anrechte auf Sicherg des LebensUnterh für Invaliden, Ruheständler u Hinterbliebene unabh davon, auf welcher RechtsGrdlage die erwarteten finanziellen Leistgen beruhen. Zur Versorgg gehören also Beamtenpensionen ebso wie Renten aus der gesetzl RentenVers od aus der betriebl Altersversorgg (Einzelh § 1587 Anm 2). Wesentliche Probleme des VersorggsAusgl haben ihren Urspr in der auf die Rentenreform v 1957 zurückgehden **Dynamisierg der Renten**. Unter dynam Renten versteht man solche, die dch die Anpassg an die Entwicklg der Löhne, der volkswirtschaftl Produktivität od anderer Bezugsgrößen den Rentner an dem Wachstum des Sozialprodukts teilnehmen lassen. Die Ruhestandsbezüge eines Beamten machen einen best Prozentsatz des Endgehalts der betr Gehaltsklasse aus, die Pension ist damit dynam. Nicht dynam sind Renten, die auf bestimmte Festbeträge lauten. Im Rahmen des VersorggsAusgl sind die nicht-volldynam Versorggsanrechte in dynam umzurechnen. **Dynamische Leistgen sind** die Renten aus der gesetzl RentVers, die alljährl dch G angepaßt w (RVO 1272; AVG 49); die Altershilfe f Landwirte (GAL 4 I 2); die Versorggsbezüge der Beamten dch Koppelg an die Dienstbezüge (BeamtVG 70), die ihrers wiederum regelmäß angepaßt w (BBesG 14); diese Anpassgen werden in der Zusatzversorgg des Bundes u der Länder übernommen (§ 56 der VBL-Satzg); für betriebl Altersrenten besteht eine Anpassgs-ÜberprüfgsPfl des ArbG (BetrAVG 16), wodch diese aber nicht zu dynam Leistgen w. **Nichtdynamische Leistgen sind** vor allem private Lebensversichergen idR, ein großer Teil der betriebl Altersversorgg, Renten od Rententeile aus Steigergsbeträgen für Beiträge der HöherVers (RVO 1272 III). Die **Umrechnung** in dynam Versorggen erfolgt gem § 1587 III u IV nach dem Prinzip, daß man errechnet, welches Altersruhegeld in der gesetzl RentVers man bekäme, wenn man die nichtdynamisierte Versorgg – idR also deren Deckgskapital od ihr nach der BarwertVO zu ermittelnder Barwert – als Beitrag zur gesetzl RentVers einzahlen würde (wg Einzelh vgl Ruland Rdn 178 ff). – Das G spricht, um Gesetzeslücken zu vermeiden, kumuliert u alterniert von Leistgen, Versorgg, VersorggsAnwartsch, Anrechten u Aussichten auf Versorgg; insb der Ausdr Aussicht soll klarstellen, daß es für die AusglPfl nicht darauf ankommt, daß bereits währd der Ehe eine gesicherte Anwartsch begründet worden ist, so daß etwa auch Pensionszusagen genügen, die unter best Voraussetzgen noch widerrufen w können (BTDrucks 7/650 S 155). Im folgden wird als zusammenfassbar Ausdr für alle ausgleichspflichtigen Rechtspositionen u Aussichten der Begr **Versorggstitel** verwandt. – Der VersorggsAusgl findet nur für die währd der Ehezeit (§ 1587 Anm 3) angesammelten Versorggstitel statt. Läßt sich für die Ehezeit ein realer Zuwachs an Anwartschaften feststellen, so fällt dieser Zuwachs in den VersorggsAusgl. Endpunkt der von der Bewertg erfaßten Anrechte ist der Monatsletzte vor Eintr der Rechtshängigk der ScheidgsAntr. Er wird im folgden als **Bewertgsstichtag** bezeichnet. – Obwohl der VersorggsAusgl idR vom FamG vollzogen wird (vgl § 1587b), so daß ein Tun od Unterlassen des AusglVerpflichteten, das Ggst eines LeistgsAnspr ist (vgl §§ 194, 241), zweifelh sein könnte, ist von einem zum VersorggsAusgl verpflichteten **Grundverhältnis** auszugehen, als dessen Ausfluß beispielsw Nebenpflichten wie die AuskPfl (§ 1587e I) erscheinen u das den RechtsGrd f § 812 für das Behaltendürfen der Rentenanwartschaften nach deren Übertr od Begründg abgibt. Erst die Annahme eines solchen GrdVerhältn rechtfertigt auch die Parteidisposition (§ 1587o). Von and wird ein Anspr nur iFv § 1587b III bejaht (so Plagemann NJW **77**, 844; wie hier Ruland Rdn 478).

b) **Zweck des Versorggsausgleichs.** In erster Linie wird der VersorggsAusgl von dem Gedanken einer Teilhabe an der von beiden Eheg währd der Ehezeit geschaffenen Alters- u Invaliditätssicherg getragen. Versorggstitel werden ganz od zT währd der Ehe erworben u aufgefüllt. Als Vermögenswerte müßten sie eigentl dem ZugewinnAusgl (§§ 1372ff) unterliegen, was bislang jedoch an der prakt Durchführbark scheiterte. Dch das 1. EheRG wird der **ZugewAusglGedanke** jetzt auch auf den Versorggstitel ausgedehnt (näher dazu BT-Drucks 7/4361 S 18f). Daß in § 1360 die Leistgen der Eheg in der Ehe auch bei einer Aufteilg der Aufgaben in die des Verdieners u die des Haushaltsführden jedenf für den Bereich des FamUnterh als gleichwert anerk werden, rechtfertigt es, auch die in der Ehe begründeten Aussichten u Anrechte auf eine spätere Versorgg, deren Zweckbestimmg die Sicherstellg künft Unterh ist, als auf einer gemeins Lebensleistg beider Eheg beruhd anzusehen u nach Scheidg der Ehe beide Eheg an dieser Sicherg in Zukunft gleichmäß zu beteiligen (BT-Drucks 7/650 S 155). Daneben steht der **Versorggsgedanke**: Es war das erklärte Ziel der Reform, unter Beseitigg der Mängel des bish Rechts (dazu Einf 2 v § 1587 aE) vor allem der gesch Frau eine eigenständ soziale Sicherg zu verschaffen (BT-Drucks 7/4361 S 18). Bei dieser Betrachtgsweise tritt der Umst zurück, daß die Versorggstitel u die zu erwartde Versorgg selbst formal dem VermBereich eines der Eheg zugeordnet sind. Der mit dem Versorggstitel verfolgte Zweck, dem künft Unterh beider Eheg zu dienen, rechtfertigt es ebenf, iF der Scheidg den and Eheg nunmehr unmittelb an den Versorggsanrechten zu beteiligen, nachdem eine mittelb Beteiligg dch Auszahlg der Rente usw nur an den einen Teil mit automat Befriedigg aus der Versorggsbedürfn des Teils nach Auflösg der Ehe nicht mehr in Betr kommt. Darüber hinaus entspricht es dem Sozialstaatsgebot, die ehebedingten Lasten auf beide Eheg gleichmäß zu verteilen u dem sozial Schwächeren wenigstens eine **soziale Grundsicherg** in Form v Ansprüchen an die gesetzl Alters- u InvaliditätsVers zu verschaffen (BT-Drucks 7/4361 S 19). Dch Einbeziehg der währd des GetrLebens (§ 1587 II) u aus VermZuwachs ohne Ehebezug in der Ehe erworbenen Versorggswerten schießt das G über die eig rechtspolit Begrdg hinaus (D. Schwab FamRZ **77**, 769).

c) Für die **konstruktive Durchführung des Versorggsausgleichs** bedient sich das 1. EheRG mehrerer verschiedener Gestaltgsformen bzw Methoden. Am nächsten hätte in allen Fällen die ggständl Teilg sämtlicher vorhandenen Versorggstitel gelegen, weil damit auch im Ausgleich selbst die Qualität der rjew Versorgg erhalten bliebe. Auszugleichen ist, was in der Ehezeit an Versorgg hinzugekommen ist; das sind zB in den gesetzl RentenVersicherern Werteinheiten, in der privaten LebensVers ein best Deckskapital u in der betriebl AltersVersorgg ein nach einer noch zu erlaßden VO ermittelter Barwert. Die reale Teilg dieser Versorggswerte verbot sich jedoch bei manchen von ihnen, so schied die Teilg von LebensVers zB unter dem Gesichtspkt aus, daß damit uU ein unzuläss Kontrahierszwang zL der Versicherer verbunden wäre (BT-Drucks 7/4361 S 39). Tendenziell **verläuft der VersorggsAusgl stets zur Rentenversicherg** (BT-Drucks 7/4361 S 19 unter II 4c, sa S 48; Ruland NJW **76**, 1718). Beim Zusammentreffen verschiedener Versorggstitel können die versch Ausgleichsformen auch nebeneinand angewandt w; angestrebt ist jedoch, daß nur ein einmaliger Ausgl vorgenommen w (§ 1587b III 3). Der VersorggsAusgl erfolgt in von zwei Gruppen: als **Wertausgleich** in öff-rechtl Form (§ 1587b I, II od III) od subsidiär als **schuldrechtlicher Versorggsausgleich** iR der §§ 1587f bis 1587n (v Maydell FamRZ **77**, 175). Im einzelnen sind zu unterscheiden (vgl BT-Drucks 7/4361 S 19f): **aa)** Beim **Rentensplitting** erfolgt der Ausgleich „dinglich", näml dch reale Aufteilg der bei beidseitig erfolgenden Versorggswerte übersteigenden Sozialrente auf beide Eheg. Da eine von ihnen der Versorggstitel bereits zusteht, kann sich das FamG damit begnügen, die Rente zur Hälfte des Wertunterschieds auf den versorggsrechtl schlechter stehden Eheg zu **übertragen** (§ 1587b I 1). Die Versorggsrechte werden also ggständl geteilt. Diese Form des WertAusgl kommt nur bei Renten u Rentenanwartschaften der gesetzl RentenVers, also in der Arbeiter- u AngestVers sowie bei der Knappsch, vor, nicht dagg bei and Versorggstiteln wie Beamtenpensionen, Lebensversicherern, betriebl Altersversorgen usw. Da der Ausgl in öffentl Positionen des einen Eheg eingreift, bestimmen sich die Einzelh nach den Vorschr über die gesetzl RentenVers (§ 1587b I 2). **bb)** Von **Quasi-Splitting od fiktiver Nachversicherg** spricht man iFv § 1587b II. Bei dieser Form des VersorggsAusgl **begründet** das FamG mit seiner Entsch zG des ausgleichsberecht Eheg in Höhe des AusglBetr Rentenanwartschaften in einer gesetzl RentenVers. Das G sieht das Quasi-Splitting nur für die Fälle vor, in denen **Beamtenpensionen** od diesen gleichgestellte Versorggstitel auszugleichen sind. **cc)** Als Zwischenstufe zw den bish genannten Formen des VersorggsAusgl u der folgden erscheint die **Anordng der Entrichtg von Beiträgen zur Begründg von Rentenanwartschaften** (§ 1587b III 1). Hier wird der ausgleichspflicht Eheg dch Anordng des FamG dazu verurt, im Umfang des AusglBetr dch Zahlg an eine gesetzl RentenVers Rentenanwartschaften zG des ausgleichsberecht Eheg zu begründen. Es handelt sich um die Schaffg einer ZahlgsPfl an einen Dritten, iGgs zum schuldrechtl VersorggsAusgl, der eine ZahlgsVerpflichtg dem AusglBerecht ggü begründet. Ein weiterer Unterschied liegt darin, daß die Beiträge sof zu entrichten sind, währd der schuldrechtl VersorggsAusgl

Zahlgspflichten erst mit dem Versorggsfall auslöst. **dd)** Für den **schuldrechtlichen Versorggsausgleich** ist kennzeichnd, daß der Eheg, dessen auszugleichde Versorgg diej des and Eheg übersteigt, letzterem als Ausgl eine Geldrente in Höhe der Hälfte des UnterschiedsBetr, die **sog Ausgleichsrente, zu zahlen** hat (§ 1587g I 1). Währd der versichergsrechtl VersorggsAusgl zusammen mit od im Anschluß an die Scheidg erfolgt, findet der schuldrechtl VersorggsAusgl entspr dem Versorggszweck erst mit Eintritt der Invalidität od mit dem Erreichen der Altersgrenze statt u wenn mind der ausgleichspflicht Eheg eine Versorgg erlangt hat (Einzelh § 1587g Anm 2b). Der schuldrechtl VersorggsAusgl ist nur subsidiär, er gilt nur dann, wenn der WertAusgl nicht auf oa Weise dchgeführt w kann. Die Fälle sind in § 1587f Z 1–5 abschließd aufgeführt. **ee)** Schließl können die Ehel im Zushg mit der Scheidg eine Vereinbg über den Ausgl von Versorggstiteln schließen, bei der sie zwar nicht Rentenanwartschaften übertr od begründen, wohl aber iF, daß diese AusglFormen von G wg eingreifen würden, zB den schuldrechtl VersorggsAusgl wählen können (§ 1587 o).

d) Spezifische Schwierigkeiten ergeben sich für den VersorggsAusgl daraus, daß es angesichts der Verschiedenartig der zw den Ehel auszugleichden Versorggstitel außerordentl kompliziert ist, den wirkl Wert der in Frage stehden VersorggsAnwartsch od -aussicht zum Bewertgsstichtag festzustellen. Dies ist aber desh erforderl, weil dem gesch Eheg mit den geringeren Versorggswerten nur so viel von denj des and Eheg zukommen soll, wie in der Zeit, in welcher die Ehe bestanden hat, an Werten geschaffen wurde. Infolgd muß iR des bürgerl Rechts berücksichtigt w, auf welche Weise eine Alters- u Invaliditäts-versorgg (sozial-)versichergswirtschaftl aufgebaut wird; dh derj, der sich mit dem VersorggsAusgl beschäftigt, muß sich mit den verschiedenart Strukturen des Altersvorsorge vertraut machen. Insow wird das SozialR zum Ggst des bürgerl R. Gäbe es nur das eine Modell einer einheitl Versorgg, die jedem Erwerbsät im Invaliditätsfall od nach Erreichen der Altersgrenze in der Höhe zustände, in der er entspr Werteinheiten währd seines Arbeitslebens angesammelt hätte, würde es keine bes Schwierigkeiten machen, an Hand der währd der Dauer der Ehe aufgebrachten Beiträge festzustellen, wieviel von der Versorgg innerh der Ehe „erkauft" wurde. In Wirklichk bauen sich die verschiedenen Versorggstitel wertmäß höchst unterschiedl auf; es herrscht ein für den Laien nicht mehr überschaubarer Formen- u Methodenreichtum. Abgesehen davon, daß die Erlangg der Versorgg von zahlreichen sonst Voraussetzgen, wie zB einer bestimmten Dauer der Betriebszugehörigk, abhängen kann, variiert sie idR auch in ihrer Höhe nach der insges zurückgelegten Dienstzeit, nach den einzelnahlen Beträgen usw. Versorggsleistgen, die am Anfang der Versorggsberechtigg für den Versorggsfall ganz niedr sind, können an Hand bestimmter Faktoren wie Dienstzeiten, Beitragsleistgen usw gleichmäß steigen; sie können aber auch in den Hauptjahren der Berufstätigk od innerh der Gesamtlaufzeit am Anfang klein gehalten w, um erst zum Schluß hin die volle Versorggsleistg zu entfalten. Wenn die Ehe des Berecht innerh der ersten Hälfte der Laufzeit eines derart strukturierten Versorggsaufbaus fallen würde, so bekäme der ausgleichsberecht and Eheg, obwohl er im Ergebn auch zu der am Ende ausgezahlten vollen Versorggsleistg beigetragen hat, nur einen Bruchteil des von ihm miterarbeiteten Wertes ausgeglichen. Umgek verhält es sich bei der ruhegehaltsfäh Dienstzeit des Beamten, da hier die Gefahr besteht, daß die regelmäß am Anfang liegde Berecht im versorggsrechtl Ausgl zL des Ausgleichspflicht überbewertet wird. Damit weder das eine noch das and eintritt, sond ein Ausgl zu dem wirkl wirtschaftl Wert erfolgt, den ein Versorggsanrecht besitzt, hat das 1. EheRG in § 1587a II genaue Bewertgsrichtlinien für die verschiedenen Versorggsarten gegeben.

4) Technik des Versorggsausgleichs. Dieser vollzieht sich in mind zwei großen, gedankl voneinander zu trennden Abschnitten: der Ermittlg des auszugleichden Wertunterschiedes u dem eigtl Vollzug des WertAusgl (vgl Ruland, NJW **76**, 1715 sub III 1 u 2). Noch deutlicher wird der gedankl Mechanismus, wenn man die einzelnen Schritte weiter differenziert. Dann vollzieht sich der VersorggsAusgl über insges 4 Stufen: Auf der **1. Stufe** werden ggständl die für die Eheg bestehden Versorggstitel ermittelt. Die Feststellg erfolgt für jeden Eheg getrennt. Die nicht unter den VersorggsAusgl fallden Rechtspositionen werden ausgeschieden (vgl dazu § 1587 Anm 2). Nachdem so der Ggst eines evtl Ausgl feststeht, muß auf einer **2. Stufe** dessen Wert ermittelt werden, u zwar wiederum für jeden Eheg gesondert (dazu § 1587a Anm 3). Versorggstitel verschiedener Art sind hierbei zusammenzurechnen, da es nur auf die Feststellg ankommt, wem von den Eheg die höheren Versorggswerte zustehen. War der eine Eheg nie erwerbstät, so kann es sein, daß sich für ihn der Wert 0 ergibt u die auszugleichden Versorggsanrechte allein bei dem and Eheg liegen. Die auf diese Weise für jeden Eheg ermittelten AusglWerte werden nunmehr auf der **3. Stufe** miteinander verglichen. Ergibt sich keine Differenz, weil beide AusglWerte gleich hoch sind, findet im Ergebn (§ 1587b III 3) ein VersorggsAusgl nicht statt. Jeder Eheg behält, was er an Anrechten hat, unabh davon, ob die Versorgg des einen viell gewisse, ausgleichsrechtl aber nicht erfaßb Vorteile ggü der Versorgg des and Eheg bietet. Ergibt sich dagg zG des einen Eheg ein höherer Versorggswert als bei dem and, so findet auf der **4. Stufe** der Ausgl dieses Wertunterschiedes zG des versorggsmäß schlechter gestellten Eheg statt. Dieser bekommt – u das ist der eigtl VersorggsAusgl – die Hälfte des ermittelten Wertunterschiedes (§ 1587a I 2). Wie dies im einz geschieht, dh zur konstruktiven DchFührg des VersorggsAusgl, dazu oben Anm 3c.

5) Verfahrensrecht. Für den VersorggsAusgl zust sind die bei den AG zu bilddn FamG (GVG 23b I Z 7, ZPO 621 I Z 6). Örtl Zustdgk FGG 45 I. Als Folgesache ist hierüber gleichzeit u zusammen mit der Scheidgssache zu verhandeln u, sof dem ScheidgsAntr stattgegeben w, zu entscheiden (ZPO 623 I 1). Allerd kann hins des VersorggsAusgl das Verf ausgesetzt u dem ScheidgsAntr schon vorher stattgegeben w, wenn ein Rechtsstr über den Bestand od die Höhe einer auszugleichden Versorgg vor einem and Gericht anhäng ist (ZPO 628 I Z 2). Das VersorggsAusglVerf ist ein solches der **freiw Gerichtsbark** (FGG 53b bis 53g, ZPO 621a I). Das FamG entscheidet **ohne Antrag,** dh vAw (ZPO 623 III), was mit dem GG vereinb ist (Gelsenk FamRZ **78**, 598). Zu beachten ist aber, daß innerh der Entsch über den Versorggs-Ausgl in flgden Fällen ein **Antr erforderl** ist: §§ 1587b IV, 1587d I u II, 1587e I, 1587f. Die Entsch über den VersorggsAusgl ergeht dch Beschl; nur wenn dem ScheidgsAntr stattzugeben u gleichzeit über Folgesachen zu entsch ist, ergeht die Entsch einheitl dch Urt (ZPO 629 I). Das FamG soll sowohl iF des versichergsrechtl als auch des schuldrechtl VersorggsAusgl (§§ 1587b, 1587f) mit den Beteiligten mündl verhandeln (FGG 53b I). Die jew Sozialversicherungsträger bzw Träger der Versorggslast iF der Beamtenversorgg sind an dem Verf zu beteiligen (FGG 53b II 1), insb kann das FamG bei ihnen über Grd u Höhe der Versorggsanwartschaften **Auskünfte** einholen; sämtl hierfür zuständ Behörden, RentenVers-Träger, ArbGeber, VersGesellschaften u sonst Stellen sind verpflichtet, den gerichtl Ersuchen Folge zu leisten (FGG 53b II 2 u 3). Zu beachten ist, daß die Auskft des RentVersTrägers nicht erkennen läßt, ob Beiträge drittfinanziert sind u desh gem § 1587 I 2 auß Betr bleiben. Wg der **Adressen** der SozVers-Träger vgl Bergner DtRentVers **77**, 103; Ruland Rdn 69. Nach der 2. VO ü die Erteilg v Rentenauskünften an Versicherte der gesetzl RentVers (abgedr § 1587o Anm 1) ist **Auskft auch ggü Rechtsanwälten** zu erteilen. Die Ausk ist mangels Bindgswirkg in keinem Fall VerwAkt; aber aGrd Versorggs-Ausgl RSchutzBedürfn für Kl gg Versorggsträger auch aS des nicht versicherten Eheg anzuerk. Bei Nichtkenntn des Versorggsträgers hilft nur § 1587e I. Ebso, wenn ein Eheg sich weigert mitzuwirken, insb die Vordrucke für Anträge zu Kontenklärg nicht ausfüllt; dann kein Zwangsgeld gem FGG 33 (Stgt NJW **78**, 547; Düss FamRZ **78**, 423; Bergner SGb **78**, 133; Meierkamp SGb **78**, 188; aA Vogel FamRZ **78**, 391; Friederici MDR **78**, 196); auch nicht Entziehg des ArmR (Kblz NJW **78**, 2040). Versagen beide Eheg ihre Mitwirkg, ist dies nicht etwa ein Arg für FGG 33 od ein Fall für ZPO 628, sond dann ist den Ehel die Scheidg zu versagen (AG Karlsr-Durl MDR **78**, 757). Der VersorggsAusglZwang ist nur in dch den Scheidgswillen der Ehel bedingter. Im Rahmen des famgerichtl VersorggsAusgl formelle Beteiligg des Versorggsträgers; dieser kann zur Erläuterg evtl gegebener Ausk geladen w, gg die Entsch des FamG ü den VersorggsAusgl steht ihm ein eig BeschwR zu. Zum Kreis der Beteiligten gehören auch die iR der Abfindg betroff priv VersTräger (§ 1587 l III 2). Besteht unter den Beteiligten Streit ü den Bestand od die Höhe einer VersorggsAnwartsch od -aussicht, so kann das Ger das Verf über den VersorggsAusgl aussetzen u einem od auch beiden Eheg eine Frist zur Erhebg der Kl bestimmen; wird die Kl nicht erhoben kann das in dem gesonderten Verf zu klärde Vorbringen unberücksichtigt gelassen w (FGG 53 c I 1 u 2). Ist bereits ein Rechtsstr über einen Versorggstitel anhäng, so hat das FamG das Verf auszusetzen (FGG 53 c II); über die Scheidg kann in diesem Falle vorweg entschieden w (ZPO 628 I Z 2). Abtrenng der Entscheid über den VersorggsAusgl auch gem ZPO 628 I Z 3 bei unzumutb Härte inf außergewöhnl Verzögerg; die Ablehng einer Vorwegentscheid über den ScheidgsAntr ist jedoch nicht anfechtb (Saarbr FamRZ **78**, 344). Soweit die Eheg den VersorggsAusgl gem § 1408 II ausgeschl od gem § 1587o eine vom FamG genehmigte Vereinbg darüber getroffen haben, findet eine Entscheid über den VersorggsAusgl nicht statt (FGG 53d S 1). Die Entsch des FamG ü den VersorggsAusgl muß begründet w (FGG 53b III). Entscheidgen, die den VersorggsAusgl betreffen, werden erst mit der Rechtskr wirks (FGG 53g I). Da der VersorggsAusgl zu den Familiensachen gehört (ZPO 621 I Z 6), ist **2. Instanz** nicht das LG (GVG 72), sond **das Oberlandesgericht** (GVG 119 Z 1 u 2). Das Rechtsmittel gg eine VersorggsAusglEntsch des FamG richtet sich nach dem Umfang der Anfechtg: ist die Vorentsch als Verbundentscheid über ScheidgsAntr u Folgesachen in Gestalt eines Urt ergangen (ZPO 629 I), so ist gg das Urt insges bzw gg den ScheidgsAusspr u eine od mehrere Entsch in Folgesachen mit der Berufg vorzugehen, dagg mit der Beschw, wenn diese sich nur gg den vom FamG getroffenen VersorggsAusgl richtet (ZPO 621e, 629a II). Beschwerdeberecht sind im VersorggsAusglVerf auch die Vers- u Versorggslastträger (FGG 19, 20, 53b II; ZPO 621e); jedoch muß die Beschw dch einen beim OLG zugelassenen RA eingelegt w (Ffm FamRZ **78**, 608). Erfolgte die VersorggsAusgl-Entsch isoliert dch Beschl des FamG (ZPO 628), ist das Rechtsmittel die Beschwerde. Rechtskräft Entscheidgen u Vergleiche ü den VersorggsAusgl werden nach den Vorschr der ZPO vollstreckt (GVG 53g III). **Haftg des FamRichters** nach § 839 II bez der Entsch gem § 1587b (v Maydell FamRZ **77**, 183), dagg § 839 I hins der Gen gem § 1587o II (Lit: Udsching NJW **78**, 289).

6) Internationales Privatrecht EGBGB 17 Anm 5. Nach AG Hbg FamRZ **78**, 421 ist der nach § 1587b dchzuführde VersorggsAusgl ausschließl dem öff Recht zuzuordnen, so daß eine internationalprivatrechtl Anknüpfg ausscheidet. Vgl iü § 1587a Anm 3 B Ziff 2 aE u vor allem Bergner SGb **78**, 138; ferner Plagemann/Plagemann NJW **77**, 1989.

7) Übergangsrecht. Die materiellrechtl Vorschriften über den VersorggsAusgl sind am 1. 7. 77 in Kraft getreten (1. EheRG Art 12 Z 13a). Der VersorggsAusgl gilt auch für Ehen, die vor dem 1. 7. 77 geschl w sind, aber nach dem Inkrafttr nach neuem Recht gesch w. Verfassrechtl Bedenken gg diese Einbeziehg der Altehen, insb im Hinbl auf den EigtSchutz öff-rechtl Versorggsanwartschaften (vgl BT-Drucks 7/4361 S 21 u 7/469 S 22), weiter hins der persönl Gestaltgs-Freih, des GleichbehandlgsGrds, des Schutzes der Fam u der hergebrachten Grdse des Beamtentums lassen sich jedenf in Bezug auf die Altehen nicht aw mit dem Hinw auf die gleichzeit eingeräumte DispositionsFreih der Eheg (§§ 1408 II, 1587 o sowie 1. EheRG Art 12 Z 3 III) ausräumen (vgl v Maydell FamRZ **77**, 184; Dieckmann Festschr f Bosch S 134; Ambrock S 253 u 622; sa Ruland NJW **76**, 1720; zur GgMeing Rolland Vorbem v § 1587 Rdn 10 ff), da bei den Altehen eine derart DispositionsFreih prakt nicht bestand, sei es daß die Eheg ohnehin bereits zerstritten waren, sei es daß sie erst dch das Ges in einen solchen Streit geraten w könnte, auf evtl VersorggsAusglAnspr zu verzichten (vgl § 1408 Anm 3 b aa). Zur Aussetzg v EhescheidgsVerf vor Inkrafttr des 1. EheRG Einf 6 v § 1564.

1. EheRG Art. 12 Ziff. 3 Abs. 3. *Die §§ 1587 bis 1587p des Bürgerlichen Gesetzbuchs in der Fassung von Artikel 1 Nr. 20 sind auf Ehen, die nach den bisher geltenden Vorschriften geschieden worden sind, nicht anzuwenden. Das gleiche gilt für Ehen, die nach dem Inkrafttreten dieses Gesetzes geschieden werden, wenn der Ehegatte, der nach den Vorschriften dieses Gesetzes einen Ausgleichsanspruch hätte, von dem anderen vor Inkrafttreten dieses Gesetzes durch Übertragung von Vermögensgegenständen für künftige Unterhaltsansprüche endgültig abgefunden worden ist oder wenn die nach den Vorschriften dieses Gesetzes auszugleichenden Anwartschaften oder Aussichten auf eine Versorgung Gegenstand eines vor Inkrafttreten dieses Gesetzes abgeschlossenen Vertrages sind. Soweit die Vorschriften über den Versorgungsausgleich auch für Ehen gelten, die vor Inkrafttreten dieses Gesetzes geschlossen worden sind, kann das Familiengericht auf Antrag des Ausgleichsverpflichteten den Ausgleichsanspruch herabsetzen, wenn die Ehe allein wegen des Widerspruchs des anderen Ehegatten (§ 48 Abs. 2 des Ehegesetzes) nicht geschieden werden durfte und die uneingeschränkte Durchführung des Ausgleichs für ihn auch unter Berücksichtigung der Interessen des anderen Ehegatten grob unbillig wäre. Der Ausgleichsanspruch darf um nicht mehr als die Hälfte des auf die Trennungszeit entfallenden gesetzlichen Anspruchs herabgesetzt werden.*

a) Freistellg vom VersorggsAusgl, S 1. Die Vorschr stellt die **Altehen,** also solche Ehen, die nach den bisher geltenden Vorschr (EheG 42ff aF) gesch worden sind, von dem VersorggsAusgl frei. Die §§ 1587 bis 1587 p sind auf sie **nicht anzuwenden.** Es gibt dafür auch keine Ersatzregelg. Vielm gelten insow die bish Bestimmgen fort, dh hins des nachehel Unterh EheG 58ff, der nach dem Ausscheiden des unterhaltspflicht Eheg aus dem Erwerbsleben ggf aus der Pension od Rente weitergezahlt w muß, hins der Geschiedenen-Witwenrente (RVO 1265) u der Versorgg der gesch Frau eines Beamt (BBG 125 aF). Maßg ist die Scheidg nach den bish geltden Vorschr u nicht, wann das ScheidgsUrt rechtskr geworden ist (Bergner DRV **77**, 86f; Voskuhl/Pappai/Niemeyer S 93; v Maydell FamRZ **77**, 183). Ist zB die RechtsmFr am 14. 7. abgelaufen, ohne daß Berufg gg das ScheidgsUrt des LG eingelegt w ist, so wird dessen Entsch rechtskr; ein VersorggsAusgl findet nicht statt. Ist dagg vor dem 1. 7. 77 od auch danach fristgerecht Berufg od Rev eingelegt worden, so hat das OLG bzw der BGH ab 1. 7. 77 das neue materielle Recht anzuwenden (1. EheRG Art 12 Z 3 I); auch wenn das vorinstanzl Urt bestätigt w, ist die Ehe gleichw nicht „nach den bish geltden Vorschr gesch", weil die Scheidg iiF nur nach den §§ 1564 ff nF erfolgen darf. Insof hat auch ein VersorggsAusgl stattzufinden. Dabei ist jedoch folgdermaß zu unterscheiden: Schwebt die Scheidgssache noch beim FamG, so hat dieses den VersorggsAusgl vAw dchzuführen (ZPO 623 III). Ist die Scheidgssache, die vor dem 1. 7. 77 anhäng geworden ist, dagg bereits in der RechtsmInst anhäng, so kommt es zum VersorggsAusgl nur, wenn er innerh 1 Monats nach Inkrafttr des 1. EheRG anhäng gemacht wird.

1. EheRG Art. 12 Ziff. 7 d. Werden innerhalb eines Monats nach Inkrafttreten dieses Gesetzes Folgesachen der in § 621 Abs. 1 der Zivilprozeßordnung bezeichneten Art anhängig, während die Scheidungssache in der Rechtsmittelinstanz anhängig ist, so wird der Scheidungsausspruch nicht wirksam, bevor nicht über die Folgesachen erstinstanzlich entschieden ist; das Familiengericht kann den Scheidungsausspruch vorher für wirksam erklären, wenn die Voraussetzungen des § 628 Abs. 1 Satz 1 der Zivilprozeßordnung gegeben sind.

Diese Vorschr ist in mehrf Hins problemat. Das Hinausschieben der Wirksamk des in der Berufgs- od RevInst erlassenen ScheidgsUrt setzt voraus, daß **innerhalb 1 Monats** nach dem Inkrafttr des 1. EheRG, also nach dem 1. 7. 77 die Folgesache anhäng gemacht w sein muß. Es handelt sich hierbei nicht um eine NotFr, da sie nicht als solche bezeichnet w ist (ZPO 223 III); das aber würde bedeuten, daß sie nach den Gerichtsferien weiter- u erst am 30. 9. 77 abläuft (ZPO 223 I u II, GVG 199). Richtigerw wird man darin aber eine materielle AusschlFr sehen müssen, die den nachträgl Entscheidgsverbund (vgl Einf 4 j vor § 1564) nur innerh einer tatsächl Fr von 1 Mo ermöglicht. Sodann ist problemat, ob es für den an sich vAw dchzuführden VersorggsAusgl (vgl ZPO 623 III) hier ausnahmsw eines **Antr** bedarf, damit das FamG tät w. Die Frage wird man mRücks auf den AusnCharakter des Art 12 Z 7d bejahen müssen. – Die im Prinzip uneingeschränkte Dchführg des VersorggsAusgl bei Neuscheidgen bedeutet, daß auch solche Versorggsanrechte auszugleichen sind, die vor dem Inkrafttr des 1. EheRG begründet worden sind (BT-Drucks 7/650 S 232; MüKo/Maier Einf v § 1587 Rdn 76).

b) Vorherige Verträge über Unterhaltsabfindg u Versorggen, S 2. Vgl zunächst § 1408 Anm 3 b dd. Die Freistellg von dem sonst vAw erfolgdn Dchführg des VersorggsAusglVerf gilt ferner für **Neuscheidgen**, also für solche Ehen, die nach dem Inkrafttr des 1. EheRG nach dessen Vorschriften (also nach den §§ 1565 ff nF) gesch werden, unter der Voraussetzg, daß der sonst ausgleichsberecht Eheg von dem anderen vor dem 1. 7. 77 dch Übertr von VermögensGgständen für künft UnterhAnspr endgült abgefunden w ist, od wenn die nach den §§ 1587 ff nF an sich auszugleichdn VersorggsTitel Ggst eines vor Inkrafttr des 1. EheRG abgeschl Vertr waren. Es handelt sich hierbei um zwei Alternativen, die jede für sich von der Dchführg des VersorggsAusgl entbinden. Der VersorggsAusgl ist gleichw dchzuführen, wenn die Vertr nicht wirks od angefochten w sind. Die Eheg können seine Ausschlußwirkg auch dch actus contrarius beseitigen, so daß der VersorggsAusgl dann vAw dchzuführen ist. In beiden Varianten müssen die Vertr über die Abfindg u die Versorgg **vor Inkrafttreten des 1. EheRG,** also vor dem 1. 7. 77 gesch w sein. Rückdatierg unzul. Trotz des Wortlauts („Abfindg") kommt es in beiden Fällen nur auf die Begrdg wirksamer Verpflichtgen an, nicht dagg auf den Abschl vorgesehener VermÜbertrVorgänge, da der Ztpkt dafür häuf (zB bei der Übereigng von Grdst) nicht von den Parteien abhängt. Die Vereinbg über Abfindg u Versorgg können **formlos** getroffen w sein (Ruland Rdn 608 mNachw; vgl aber auch den Hinw v Maydells, FamRZ **77**, 181f, daß der verzichtde Eheg bei Scheidg nach dem 1. 7. 77 keine abgeleitete soziale Sicherg iF der Geschiedenen-Wwenrente erhält). Die beiden Verträge unterscheiden sich ihrem Inh nach nur dadch, daß der eine primär auf den künft Unterh, der and dagg in erster Linie auf die Versorgg zielt. **aa)** Voraussetzg für die Nichtanwendg der Vorschr ü den VersorggsAusgl ist die **endgültige Abfindg** für UnterhAnsprüche. Die Eheg brauchen nicht die Abfindg des VersorggsAusgl im Sinn gehabt zu haben, so daß auch Verträge die AusschlWirkg entfalten können, die lange vor der Reform u o Rücks auf sie gschl w sind. Dann u bei sonst Außerachtlassen des jetzt geltden VersorggsAusgl möglicherw aber Anfechtg. Keine Bedeutg, daß der Umf der UnterhAnspr nach den EheG 58ff mit dem der §§ 1569 ff nF nicht kongruent ist. Die Abfindg führt nur dann zum Ausschl des VersorggsAusgl, wenn sie dch **Übertragg von VermögensGgständen** erfolgt ist. Der bl UnterhVerzicht genügt nicht (Ambrock S 622), obw das G kein Äquivalenzerfordern aufstellt; dem Sinn des G nach muß es sich aber um eine VermÜbertr handeln, dch die (entspr der EheZt) der LebBedarf des an sich ausglberecht Eheg nachhaltig gesichert wird (vgl. Voskuhl/Pappai/Niemeyer S 93). Die übertragenen Ggstde brauchen wertmäß nicht iR des VersorggsAusgl zu erlangden Versorggsanrechten zu entsprechen; ggf aber § 138 u Anfechtg bei Irrtümern od Täuschgen ü den zugewendeten Wert. IjF muß der eigtl AusglBerecht begünstigt w sein; ist das nicht der Fall (etwa inf eines Irrtums über vorh Versorggswerte) u hat in Wirklichk der AusglVerpflichtete etwas od (iR einer VermAuseinandersetzg) mehr zugewendet erhalten, so liegt eine Abfindg nicht vor und der VersorggsAusgl ist vorzunehmen. **bb)** Ein VersorggsAusgl unterbleibt ferner, wenn die nach den Vorschr des 1. EheRG auszugleichden Versorggstitel **Ggstand eines Vertrages** zw den Eheg gewesen sind. Die in Betr kommden Versorggsanrechte ergeben sich aus § 1587 Anm 2 a. Nicht erforderl, daß sämtliche vorh VersorggsTitel berücks worden sind, so daß es nichts schadet, wenn zB eine private zeitl begrenzte BerufsunfähigkVers vergessen wurde. Es müssen aber doch jedenf die wesentl Versorggswerte bedacht w sein, iiF also Versorggsanrechte aus der gesetzl RentVers, BeamtPensionen, betriebl Ruhegeldzusagen, berufsständ Versorggen u (auch kleinere) PrivatVers.

Trotz des weiten Wortlauts („Ggst eines Vertr") führt nicht jede Vereinbg, die die Versorgg berührt, zum Ausschl des VersorggsAusgl, sond nur eine solche, bei der nach ihrem Inh ein Bedürfn für eine zusätzl Sicherg des wirtschaftl schwächeren Eheg nicht besteht (BT-Drucks 7/4361 S 79f; Reinartz NJW 77, 84; Kniebes/Kniebes DNotZ 77, 283; sa § 1408 Anm 3b dd). Im Ergebn muß es sich also um Vereinbgen handeln, die iRv § 1587 o II 4 die Gen des FamG erhalten würden. And dagg v Maydell FamRZ 77, 182 Fn 99, wonach bestimmte materielle Voraussetzgen für die Wirksamk der Vereinbg nicht erforderl sind. Vgl zur Zulässigk eines Verzichts auch Plagemann DAngVers 76, 343). Schwächere Anforderg en auch bei Voskuhl/Pappai/Niemeyer S 94: die anzulegden Maßst dürfen nicht so streng sein wie bei § 1587 o II 4.

c) Herabsetzg des AusglAnspr im Falle nicht erfolgter Heimtrenngsscheidgn, S 3. Da ab 1. 7. 77 das neue ScheidgsR anzuwenden ist, u zwar auf sämtl Ehen unabh davon, aus welchen Grden die Scheidg bish unterblieben ist (1. EheRG Art 12 Z 3 I), sind vom VersorggsAusgl auch solche Ehen betroffen, in denen die Ehel bereits seit Jahren getrennt leben. In solchen Fällen trifft der GrdGedanke des Versorggs-Ausgl, daß die Alters- u Invaliditätsvorsorge auf der gemeins ArbLeistg beider Eheg beruht (Einf 3 b vor § 1587), oft nicht zu; anderers verdient das Vertrauen des and Eheg auf die Fortgeltg der den Versorggs-schutz gewährleistd EheVorschr in gewissem Umf Schutz (BT-Drucks 7/4361 S 80). Wenn die Ehe allein wg des Widerspr des and Eheg (EheG 48 II aF) nicht gesch w durfte u die uneingeschränkte Dchführg des VersorggsAusgl für den scheidgswill Eheg unzumutb wäre, kann das FamG den AusglAnspr ermäßigen. In Betr kommt immer nur eine **Herabsetzg,** nie der vollst Ausschl des VersorggsAusgl. Für den Umf der Minderg können die Maßst des §§ 1587c, 1587 h herangezogen w. Der AusglAnspr darf in **nicht mehr als die Hälfte** des auf die TrenngsZt entfallenden gesetzl Anspr herabgesetzt w, **S 4.** Um diese Hälfte zu ermitteln, ist ein Zeit-Zeit-Verhältn anzuwenden (Voskuhl/Pappai/Niemeyer S 94), dh es werden die in der EheZt erworbenen Anwartsch in dem Verhältn aufgeteilt, das der TrenngsZt zur gesamten EheZt entspricht, nicht etwa werden die aus der Zt des ZusLebens der Ehel ausgeglichen u die in der TrenngsZten erworbenen herabgesetzt (AG Stgt NJW **78**, 1010). **Voraussetzgen** der Herabsetzg: **aa)** Die Ehe darf allein **wg des Widerspr des and Eheg** nach EheG 48 II aF **nicht geschieden** w sein. War der scheidgswill Eheg berecht, aus einer and Vorschr die Ehescheidg dchzusetzen, kommt die Herabsetzg nicht in Betr. Auf seine Motive für die Nichtgeltdmachg kommt es nicht an. Das FamG hat die Scheidgsvoraussetzgen nach EheG 48 aF einschließl des WiderspR u der Frage seiner präsumtiven Geltdmachg sorgfält dch zu prüfen (Ambrock S 622). Nicht erforderl, daß eine ScheidgsKl nach altem Recht erhoben, zurückgen bzw abgewiesen worden ist (Bergner DRV **77**, 87). Es genügen die Voraussetzgen des EheG 48 I u II (BT-Drucks 7/4361 S 80); nach dem Sinn der Vorschr muß es als ausr angesehen werden, wenn die 3jähr Trenng beim Inkrafttr des 1. EheRG abgelaufen od nahezu abgelaufen war. Dagg keine Herabsetzg bei nur 1- od 2jähr GetrLeben der Eheg, auch wenn die 3-J-Fr nach dem 1. 7. 77 dch Fortdauer der Trenng erfüllt wird. **bb)** Die uneingeschränkte Dchführg des VersorggsAusgl muß für den ausgleichspflicht Eheg auch unter Berücksichtigg der Interessen des and Eheg **grob unbillig** sein. Die Grde der §§ 1587c, 1587h greifen hier nicht ein, weil sie bereits den VersorggsAusgl beseitigen od einschränken es insow dann am Tatbestd der ÜbergangsVorschr fehlt. Ggf desh aber doppelte Herabsetzg über die Grenze von S 4 hinaus. Grobe Unbilligk kann bejaht werden bei genügdem eig Verm des AusglBerecht; wenn er in der Zeit des GetrLebens nach Erhebg der ScheidsKl aus EheG 48 I aF dch den and Eheg seiners (wg § 1587 II) nicht auzugleiche Versorggsanrechte erworben hat; wenn er dies dch NichtAufn einer ow zumutb Erwerbstätig bösw unterlassen hat (Ulm NJW **78**, 2038), währd das gewöhnl Vertrauen auf die Fortgeltg des bish Versorggsschutzes dch die Ehe respektiert w (BT-Drucks 7/4361 S 80). Innerh des Herabsetzgs-rahmens bleibt eine TrenngsZt von 3 Jahren aGrd § 1566 II, EheG 48 aF außer Betr, ferner Zeiten, in denen familienbezogene Aufgaben, wie zB die Betreuung gemeins Kinder, erfüllt wurden (AG Stgt NJW **78**, 1010). **cc)** Die Herabsetzg erfolgt nur aGrd eines entspr, uU eingeschränkten (AG Ulm NJW **78**, 2038) **Antrags** des AusglVerpflichteten. Auch hilfsw Bezifferg unnöt; zul aber der Antr, bestimmte Versorggs-titel nicht od gerade umgek aS des AusglBerecht einzubeziehen. **d)** Im Hinbl auf die Unklarh der Voraussetzgen hält Düss NJW **78**, 2159 die S 3 u 4 für **verfassgswidr** (VorlageBeschl).

8) Der Versorggsausgleich im System sozialer Sicherg. (Lit: Ruland NJW 76, 1715 sub II 3). Solange es keine Hausfrauenrente gibt, ist der haushaltsführde Ehe in seiner Altersversorgg von der Sicherg des and Eheg abhäng. Bleibt die Ehe intakt, genießt derj, der keine eig Alters- u Invaliditätsvorsorge getroffen hat, über den and Teil idR eine ausreichde Versorgg. Im Scheidgsfall soll diese Abhängigk nach dem 1. EheRG aufhören. Der bish ungesicherte Eheg soll eine eig Versorgg erhalten. Das geschieht in der Hauptsache dch Übertr von Rentenanteilen des Eheg od dch Begründg neuer selbständ Rentenanwartschaften zG des ausgleichsberecht Eheg. Die RentenAnwartsch, die bis dahin Vorsorge für 2 Personen bedeutete, wird ggständl od wirtschaftl in 2 völlig voneinand getrennte u auch in der weiteren Entwicklg wechselseit unabhäng Stammanwartschaften aufgeteilt bzw bei and Formen der Altersvorsorge wird zG des ausgleichsberecht Eheg eine eig RentenAnwartsch in der SozVers begründet od die entspr Beiträge dafür bereitgestellt. Da die meisten geschiedenen Ehen nur von kurzer Dauer sind u der Versorggs-Ausgl sich jew nur auf die währd der Ehe erworbenen Versorggstitel erstreckt, stellen die so von dem ausgleichsberecht Eheg erworbenen Versichergsanwartschaften **nur eine Grundsicherung** dar, die weiter ausgebaut w muß. Dies geschieht, sofern der ausgleichsberecht Eheg nicht auch zugl unterhaltsberecht ist (§§ 1570ff), idR dadch, daß er einer rentenversicherg spflicht Erwerbstätig nachgeht. Da die Zeit der Haush-Führg zG des AusglBerecht bei der Ermittlg der **Halbdeckg** aus den dch den VersorggsAusgl gewonnenen RentAnwartsch nicht als BeitrZt angerechnet w (vgl Maier DAngVers **77**, 10 f), kann sich dies bei langer Ehe-Zt dahin auswirken, daß die Ehefr die Halbdeckg auch dann nicht mehr erreichen kann, wenn sie sogl nach der Scheidg erwerbstät wird (v Maydell FamRZ **77**, 179). Bei Wiederheirat od ausreichden Einkünften aus Verm u dgl können die VersBeiträge auch anderweit aufgebracht w. Ist der gesch Eheg aber zB wg der Betreuung gemeinschaftl Kinder od aus Altersgründen zu einer Erwerbstätigk nicht verpflichtet, sond dem and Eheg ggü unterhaltsberecht, so gehören zu seinem Lebensbedarf gem § 1578 III auch die Kosten einer angem Alters- u Invaliditätssicherg, so daß iR der UnterhPfl auch die entspr Beiträge zur Auffüllg der RentenVers geleistet w müssen (vgl schon BGH FamRZ **60**, 225; ausführl Ruland, Familiärer Unterh

S 217 ff). Ist der unterhaltspflicht Eheg dazu nicht ohne Gefährdg seines eig angem Unterh in der Lage, **geht der laufde Unterh der Altersvorsorge vor**, u zwar auch iF v § 1587 b III (aA Dieckmann FamRZ **77**, 161 Fn 158 a), weil der VersorggsAusgl schuldrechtl nachgeholt w kann (§ 1587 f Z 3), währd sonst im Extremfall dem UnterhBerecht zwar eine Altersversorgg aufgebaut wird, in deren Genuß er aber nicht mehr gelangt, weil es ihm in der Zeit davor an Unterh gebricht. Reichen die zur Verfüg stehden Beträge nicht aus, um die Rentenanwartschaften des unterhaltsberecht Eheg u des unterhaltspflicht Eheg gleichzeit aufzustocken (vgl § 1578 Anm 3), so müssen die dafür vorhandenen Beträge gleichmäß auf beide Eheg aufgeteilt w, da jeder von ihnen nur einen Anspr auf angemess Unterh hat, so daß keiner von beiden berecht ist, unter Schmälerg des angem Unterh des and die eig Altersversorgg aufzubessern. Haben die Eheg bei demselben VersTräger ihr Kto, so macht dieser sich nicht schadensersatzpflichtig, wenn die dch den VersorggsAusgl eingetretene Minderg auf dem Kto des UnterhSchuldn gem RVO 1304a VI, AVG 83a VI, RKnG 96a VI ausgeglichen wird, währd entspr Beitragseingänge auf dem Kto des iW des VersorggsAusgl zu seiner RentenAnwartsch gekommenen and Eheg ausbleiben. Tritt der Versicherngsfall ein u reicht die bis dahin aufgebaute Versorgg zum angem Unterh nicht aus, so ist von dem geschiedenen and Eheg bei Vorliegen der Voraussetzgen des §§ 1569 ff daneben (weiterhin) Unterh zu zahlen (vgl Einf 1); ggf beginnt also jetzt für den Eheg eine UnterhPfl zu tragen, die vorher, weil sich der gesch Eheg bis zum Eintr der Invalidität od Erreichen der Altersgrenze selbst unterhalten konnte, nicht bestand. Im Zushg mit dem VersorggsAusgl kann scheidgsstrateg die **Wahl des ScheidgsZtpkts** von erhebl Bedeutg sein: Bezieht der ausgleichspflicht Eheg bereits eine Pension od eine Rente, der ausglberecht Eheg dagg noch nicht, so wird die Rente od Pension in der bisherigen Höhe weitergezahlt, bis der ausglberecht Eheg seiners eine Rente erhält (BeamtVG 57 I 2; RVO 1304a IV 2). Ein Beamter, der sich mit 64 J scheiden läßt, erhält also mit 65 J ijF die nach Dchführg des Quasi-Splittings gekürzte Pension, währd er, wenn er erst nach seiner Pensionierg geschieden wird, die volle Pension beziehet (Besitzstandswahrg), bis auch seine gesch Frau Rente bezieht. Diese Dispositionsmöglk ist vor allem bei Eheg mit erhebl Altersunterschied wicht (v Maydell FamRZ **77**, 179 Fn 65). Die abgeleitete Hinterbliebenensicherg (Einf 2) bleibt für Ehel, die nach dem 1. 7. 77 gesch werden, grdsl nur noch in den Entschädiggssystemen, zB iR der UnfallVers bestehen, weil u soweit ihre Leistgen nicht unter den VersorggsAusgl fallen (§ 1587 I 2). Vgl iü auch BeamtVG 22 II. Der ausgleichsberecht Eheg wird mit der iR der Scheidg erworbenen Invaliditäts- u Alterssicherg **abgefunden**; die Geschiedenenwitwenrente des bisl geltden R (RVO 1265) entfällt künft. Ergänzt wird die soziale Sicherg der gesch, nicht wiederverheirateten Frau dch die **Erziehgsrente**, die sie nach dem Tode ihres gesch Ehem in Höhe der Erwerbs- od BerufsunfähigkRente erhält, sofern sie waisenrentenberecht Kinder zu erziehen od zu versorgen hat (RVO 1265a; AVG 42a; RKnG 65a). Die Erziehgsrente wird quasi aus eigener Versicherg der Frau gewährt. Ein UnterhBeitr für gesch BeamtenWwen kann es nach BeamtVG 22 kommen. Zu einer sozialpolit fragwürd **Kumulierung von VersorggsLeistgen** kann es kommen, wenn ein gesch Eheg über den VersorggsAusgl Rentenanwartschaften erwirbt u aGrd einer 2. Ehe Witwer- bzw Witwenrenten.

9) Zur **Würdigg u Kritik** des VersorggsAusgl Ruland NJW **76**, 1720 sub V; v Maydell FamRZ **77**, 184 zum VersorggsAusgl als Vorstufe einer Partnerrente zur Zeit der HaushFührg. Zu den **verfassgsrechtl** Bedenken BT-Drucks 7/4361 S 21 f; Rolland S 479; D. Schwab FamRZ **77**, 768; Bogs FamRZ **78**, 85; Ipsen, Festschr f Ipsen 1977 S 69. **Vorlagebeschlüsse:** AG Altena FamRZ **77**, 794 (mit wicht Falldifferenzierg!); Hamm NJW **78**, 761; Celle NJW **78**, 1333 (im Hinbl auf Altehen; aA Celle NJW **78**, 1983); Gelsenk FamRZ **78**, 598 (im Hinbl auf §§ 1408 II 2, 1587 o II 3); AG Ffm MDR **78**, 664 (im Hinbl darauf, daß bei 22j Ehedauer die Nur-Hausfr auf die Erfüllg der Wartezeit beschrkt bleibt). AG Hagen hält die §§ 1587 ff für verfassgswidr, hat aber mRücks auf die bereits anhäng VerfassgsBeschw v einem VorlageBeschl abgesehen u entspr ZPO 148 ausgesetzt (FamRZ **78**, 516; ebso Oldbg NJW **78**, 2160). Zur „ZugewGemschIdeologie" Dieckmann, Festschr f Bosch S 134 ff. Zum Probl der unterschiedl Besteuerg der einz Versorggsanwartsch mit dem Ergebn, daß die den AusgleichspflichtigenuT in den AusglBerecht treffde Steuerlast unterschiedl hoch ist, BT-Drucks 7/4361 S 21 f u 37 sowie Ruland Rdn 176. Der gesch Eheg büßt im Zushg mit der Scheidg uU die Hälfte der ihm zur Vfg stehden Versorggswerte ein, näml dann, wenn der and Eheg selbst keinerlei Alters- u Invaliditätssicherg besitzt. Das ist aber vor allem iR einer HaushFührgsehe (§ 1360 Anm 3a) der Fall, die wenn eine solche Ehe gesch wird, verstehen sich der wirtschaft Eheg am schlechtesten. Indem damit möglicherw mittelb ein Zwang zur Doppelverdienerehe geschaffen w, ergeben sich Bedenken im Hinbl auf GG 3 I u 6 I; die HaushFührgsehe wird nicht nur einkommensmäß ggü der Doppelverdienerehe benachteiligt, sond auch im VersorggsAusgl, obwohl der Gesetzgeber sie selbst in ihrer typ Gestalt, näml solange Kinder aufzuziehen sind, als die geeignetste Lebensform ansieht (BT-Drucks 7/650 S 98; vgl § 1360 Anm 3a). Keine Bedenken bestehen dagg, daß innerh des Gesamtsystems des VersorggsAusgl das **Splitting endgült** ist, dh daß die iW des VersorggsAusgl übertr Anwartsch selbst dann nicht wieder an den AusglPflichtigen zurückfallen, wenn der Begünstigte vor Erhalt einer Rente seiners gestorben ist (Böhmer AnwBl **78**, 124). Ein schwerwiegender Einwand ist nur, daß das rechtspolit Begründg den VersorggsAusgl allein die HaushFührgsEhe trägt, nicht dagg die Doppelverdienerehe (D Schwab DNotZ-SondH **77**, 61). Daß in einem solchen Fall die unterschiedl hohen Versorggstitel das Ergebn einer partnerschaftl Lebensleistg beider Eheg sei, ist reine Ideologie u verfassgsrechtl bedenkl, insb iHinbl auf Altehen (D. Schwab FamRZ **77**, 772). Grdsl zu begrüßen ist die versorggsrechtl Sicherstellg des nicht verdienten Eheg nach Scheitern der Ehe. Fragwürd bleibt lediglich der vom Gesetzgeber dafür gewählte, für das bürgerl Recht eines Rechtsstaates viel zu schwier Form, wobei insb die dch die Einbeziehg des VersorggsAusgl in das ScheidgsVerf damit zwangsläuf verbundenen VerfVerzögergen zu ernsten Bedenken Anlaß gibt (Wannagat SGb **77**, 515). Wesentl einfacher u nicht minder effektiv wäre der Ausbau der Geschiedenenwitwenrente in Richtg auf ein schuldfreies UnterhaltsR gewesen. – Schwierigkeiten bereitet das ZusSpiel von FamG u VersorggsTräger, insb wenn es um Ausktfe von kleineren Unternehmen ü betriebl Ruhegeldzusagen geht. Wünschenswert wäre eine verbindl Vorklärg der Höhe der zur Vfg stehden Versorggswerte aGrd einer verbindl Auskft bzw eines entspr SchuldAnerk des VersorggsTrägers und im Streitfalle entspr Entscheidgn der Sozial-, Arbeits- od allg Zivilgerichte, statt der im G vorgesehenen Aussetzg des Verf mit weithin ungeklärter Funktion insb des SozVersTrägers. Zu den Schwierigk des Verf sa v Maydell FamRZ **77**, 182. Das Probl

einer späteren **Korrektur rechtskräftiger VersorggsAusglEntscheidgen** ist unvollständ geregelt (D. Schwab FamRZ 77, 771f sowie vor allem Bergner SGb 78, 134).

1. Grundsatz

1587 *Voraussetzungen.* I Zwischen den geschiedenen Ehegatten findet ein Versorgungsausgleich statt, soweit für sie oder einen von ihnen in der Ehezeit Anwartschaften oder Aussichten auf eine Versorgung wegen Alters oder Berufs- oder Erwerbsunfähigkeit der in § 1587a Abs. 2 genannten Art begründet oder aufrechterhalten worden sind. Außer Betracht bleiben Anwartschaften oder Aussichten, die weder mit Hilfe des Vermögens noch durch Arbeit der Ehegatten begründet oder aufrechterhalten worden sind.

II Als Ehezeit im Sinne der Vorschriften über den Versorgungsausgleich gilt die Zeit vom Beginn des Monats, in dem die Ehe geschlossen worden ist, bis zum Ende des Monats, der dem Eintritt der Rechtshängigkeit des Scheidungsantrags vorausgeht.

III Für Anwartschaften oder Aussichten, über die der Versorgungsausgleich stattfindet, gelten ausschließlich die nachstehenden Vorschriften; die güterrechtlichen Vorschriften finden keine Anwendung.

1) Die dch 1. EheRG Art 1 Z 20 eingef Vorschr bringt in I 1 das **Prinzip des Versorggsausgleichs** (vgl dazu Einf 3 vor § 1587) u klärt einige **Grundbegriffe**, näml den der ausgleichspflichtigen Anwartschaften od Aussichten, insb, was nicht darunter zu rechnen ist, I 2, sowie den Begr der Ehezeit, II. Endl enthält die Bestimm den **Grdsatz der Ausschließlichk des VersorggsAusgl**, der besagt, daß Versorggstitel, soweit sie dem VersorggsAusgl unterliegen, nicht (mehr) dem ZugewAusgl (§§ 1372ff) unterworfen sind, III. Umgek gilt der VersorggsAusgl als allg Folge der EheGemsch **unabhängig vom Güterstand**, in dem die Eheg gelebt haben (BT-Drucks 7/4361 S 19). Der **Anwendgsbereich** des VersorggsAusgl ist größer als § 1587 erkennen läßt. Er gilt auch für **nichtige Ehen** (EheG 26 I), setzt dann aber einen Antr voraus (Ruland Rdn 33), ebso iF der **Aufhebg der Ehe** (EheG 37 I, 39) u – eingeschränkt – iF der Doppelehe (vgl EheG 20, 26 III).

2) **Gegenstand des Versorgungsausgleichs, I 1,** sind a) alle **Versorggen,** d. h. bereits ausgezahlte Pensionen, Renten (Celle FamRZ 78, 597), betriebl Ruhegelder usw (arg § 1587 II Z 1: Bei einer „Versorgg" usw) sowie sämtl **Anwartschaften od Aussichten auf eine Versorgg wg Alters od Berufs- od Erwerbsunfähigk.** Der Hinw auf § 1587a II ist wg dessen erst dch den RAusschuß eingefügten AuffangTatbestd in V überflüss (MüKo/Maier Rdn 8). Währd die RegEntw die AusglPfl grdsätzl auf die Anwartschaften beschränken u einen Ausgl dann versagen wollte, wenn im Ztpkt der Scheid einer der Eheg eine Versorgg bereits erlangt hatte (vgl BT-Drucks 7/650 S 161f), greift dch 1. EheRG eine VersorggsAusgl auch bei schon im Auszahlgsstadium getretenen Versorggen (Düss FamRZ 78, 123) u schränkt ihn in § 1587b III 1 aE lediglich insof ein, daß der AusglBerecht keine Beiträge zu einer RentenVers mehr verlangen kann, wenn in seiner Pers bereits der VersFall eingetreten ist (BT-Drucks 7/4361 S 42; sa RVO 1304a IV 2; AVG 83a IV 2; RKnG 96a IV 2). Ein Splitting od Quasi-Splitting erfolgt also auch dann, wenn beide verfahrensbeteiligten Ehel bereits im Pensions- od Rentenalter stehen (Bergner SGb 78, 134; Böhmer AnwBl 78, 123 m Hinw auf die beiden Ausn in § 1587b III u IV). Ein Pensionär od Rentn braucht von seiner Altersversorgg lediglich dann nichts abzugeben, wenn sie nicht währd der Ehe aufgebaut wurde, entw weil die EheZt vor Beginn des Versorggsaufbaus abgelaufen war od weil die Ehe erst nach Eintr der RentAuszahlg geschl w war (Düss FamRZ 78, 342). Von einer **Anwartsch** wird iF eines in der Grde u der Höhe nach rechtl gesicherten Anspr gesprochen, nach Erfüllg weiterer Voraussetzgen (zB einer best DienstZt) eine Versorgg zu erhalten (Voskuhl/Pappai/Niemeyer S 15). **VersorggsAussichten** sind dagg noch keine rechtl gesicherten Anspr, gewähren aber bei normaler Entwicklg später eine Versorgg (zur Problematik der Abgrenzg Bergner SGb 78, 134). Bsp ist die RPosition des ArbN, dessen betriebl Altersversorgg dch ein Unterstützgskasse dchgeführt w, die auf ihre Leistgen keinen RAnspr gewährt (§ 1 I BetrAVG). Vollrechte, Anwartschaften u Aussichten lassen sich zusfassd als **Versorggstitel** kennzeichnen (vgl Ruland Rdn 48: „Anrechte"). Welche Versorggstitel im einz ausgleichspflichtig sind, ergibt sich aus der Bezugn auf § 1587a II; dort sind die verschiedenen iR des VersorggsAusgl zu berücksichtigenden Vermögenswerte aufgezählt. Die Bezugn ist jedoch nicht abschließd (Rolland Rdn 5; v Maydell FamRZ **77**, 175); daß auch und Versorgen zu berücks sind, ergibt sich aus § 1587a V. Ausgleichspflichtig sind nur Versorggen wg Alters, Berufs- od Erwerbsunfähigk. Für eine **Altersversorgg** ist kennzeichnd, daß die Leistg von einer best Altersgrenze bis zum (zeitl unbest) Tode des Begünstigten zugesagt wird. Die **Berufsunfähigk** ist die Minderg der individuellen berufl Erwerbsfähigk, wobei die Voraussetzg des SozVersR, daß die ErwFähigk um mehr als die Hälfte ggü der eines gesunden Berufsgenossen gemindert s muß, hier nicht gilt (Ruland Rdn 50). **Erwerbsunfähig** schließl liegt vor, wenn der Betroff inf Krankh, Gebrechen od Schwäche seiner körperl od geist Kräfte auf nicht absehb Zeit überh keine, also auch nicht mehr in einem and Beruf, ErwTätigk mehr ausüben kann (vgl RVO 1247 II). Auf die Ausgestaltg der Versorgg im einz kommt es nicht an; auch reicht es aus, wenn sie nur gg eins der Risiken absichert (Voskuhl/Pappai/Niemeyer S 14; Ruland Rdn 52). Krit zur Einbeziehg auch solcher Versorggstitel in den VersorggsAusgl, die iZtpkt des Ausgl noch keine gesicherten wirtschaftl Werte darstellen, D. Schwab FamRZ 77, 771. Im einz gehören nach der Aufzählg des G unter den VersorggsAusgl:

aa) Bereits gewährte Versorggen und Versorgganwartschaften aus einem öffrechtl DienstVerhältn od aus einem ArbVerhältn mit Anspr auf Versorgg nach beamtenrechtl Vorschriften od Grdsätzen (§ 1587a II Z 1). Ausgleichspflicht sind danach die **Pensionen von Beamten,** Richtern auf Lebenszeit, Berufssoldaten u sonst Personen, die in einem auf LebensZt begründeten öff-rechtl ArbVerhältn stehen u beamtenrechtl gleichgestellt sind, insb also die Dienstordnungsangestellten der SozVersTräger; nicht Gerichtsreferendare (ggf IV), wohl aber kommunale Wahlbeamte (and nach der urspr Fassg BT-Drucks 7/650 S 161). Emeritenbezüge entpflichteter Professoren, Versorggsbezüge der Bu- u LaMinister, der parlamentar Staatssekr, des WehrBeauftr, der Abgeordneten des BT, der Landtage usw (Ruland Rdn 58), Versorggsbezüge der Geistlichen u sonst Bediensteten der als öff-rechtl Körpersch anerk ReligionsGemschaften. **bb) Renten od Rentenanwartschaften aus einer der drei gesetzl Rentenversichergen**, die den gesetzl Rentenanpassgen unterliegen (§ 1587a II Z 2), also alle Anrechte auf Berufs- od ErwerbsunfähigkRente sowie Altersruhegeld nach der ArbeiterrentenVers (RVO), der AngestRentenVers (AVG) u der Bundesknappsch (RKnG). Unter diese Rubrik fallen also alle PflichtVers der ihr unterliegden Arbeiter, Angest, Seeleute, Bergleute usw, auch KnappschAusglLeistgen n RKnG 98a (Ruland Rdn 58); schließl Renten aus der gesetzl RentVers, die nur desh gezahlt w, weil der Versicherte inf eines ArbUnfalls oder einer Wehrdienstbeschädig bzw gleichgestellter Umst die WarteZt fiktiv erfüllt hat (RVO 1252; AVG 29), weil die Vorsorge- die Entschädiggselemente überwiegen (Ruland Rdn 60). **cc)** Alle Leistgen, Anwartschaften od Aussichten auf **Leistgen der betriebl Altersversorgg** (§ 1587a II Z 3), unabh von den Formen, in denen sie auftreten können (BT-Drucks S 38; vgl auch BetrAG 1), also innerbetriebl Ruhegelder, aber auch Ansprüche u Anrechte gg Unterstützgs- u Pensionskassen od sonst überbetriebl Einrichtgen, sowie gg Unternehmen der LebensVers aus Direktversichergen iR der betriebl Altersversorgg u selbstd Kapitalversichergen (trotz Nichtberücksichtigg in der BarwertVO), da hier der Versorggszweck eindeut ist (v Maydell FamRZ **77**, 175; Fischer Betr **76**, 2352; Ruland Rdn 66; zweifelnd Voskuhl/Pappai/Niemeyer S 28). Hierunter fallen insb also auch die Versorggsleistgen, die dch gemeins Versorggseinrichtgen für einz Wirtsch- od Unternehmensgruppen aufgebracht w, bei denen die Teiln an der Versorggseinrichtg dch einen Beschäftiggswechsel innerh der angeschl Unternehmen nicht berührt w (BT-Drucks 7/650 S 158 u 7/4361 S 38). **Ausnahme:** freiw Versichergen in der RentenVers, zB des GeschFührers einer GmbH, die bereits unter bb) fallen. **dd) Sonstige Renten od ähnliche wiederkehrde Leistgen**, die der Versorgg wg Alters od Berufs- bzw Erwerbsunfähigk zu dienen bestimmt sind, od Anwartschaften od Aussichten hierauf (§ 1587a II Z 4), soweit sie rein beitragsbezogen sind, wie Anrechte auf die Altershilfe für Land- u Fortswirte – einschließl der Landabgabenrente (GAL 41 ff), trotz ihres teilw strukturpolit Charakters (Ruland Rdn 62; aA Maier 4; Voskuhl/Pappai/Niemeyer S 14) –, Renten aus berufsständ Versorggseinrichtgen zB der Ärzte od aus der Zusatzversorgg der VersorggsAnst des Bundes u der Länder; mit der Zusatzversorgg wird für die Angest u Arbeiter im öff Dienst zusätzl zur Sozialrente (sog VBL-Renten) eine Versorggsrente geschaffen, so daß die Gesamtversorgg des ArbN sich zu einem vorherigen Einkommen etwa so verhält wie beim Beamten das Ruhegehalt zum Gehalt (Schaub/Schusinski/Ströer § 41). Ferner sind hiernach ausglpflichtig Beiträge der HöherVers (RVO 1261, 1272 III; AVG 38, 49 III), der hüttenknappschaftl ZusatzVers im Saarl (vgl BT-Drucks 7/4361 S 39). **ee)** Renten od Rentenanwartschaften **auf Grd eines Versichergsvertrages,** der zur Versorgg des Versicherten wg Alters, Invalidität, auch wenn Zeitrente od kombiniert m HinterblVersorgg, eingegangen wurde (§ 1587a II Z 5), aber nur solche auf Rentenbasis, auch wenn es sich um eine befreiende LebensVers handelt (vgl BGH **67**, 262), dagg nicht diej auf Kapitalbasis (auch wenn auf Rentenbasis umstellb), weil sich hier der VersorggsZw nicht eindeut feststellen läßt (BT-Drucks 7/650 S 158; v Maydell FamRZ **77**, 175; Plagemann SGb **78**, 55 zum ManipulationsArg v Ruland NJW **76**, 1716). Ferner gehören hierher Leistgen aus der priv UnfallVers, soweit sie keinen EntschädiggsCharakter haben (v Maydell FamRZ **77**, 176; aA Maier DAngVers **76**, 439). **ff) Sonstige Leistgen u Anwartschaften,** die der Alters- u Invaliditätssicherg dienen (vgl § 1587 V), insb ausländ u internationale Versichergen u Versorggswerke (v Maydell FamRZ **77**, 176), Leibrenten, die der Altersicherg dienen u nicht unentgeltl sind (Ruland Rdn 63; aA Voskuhl/Pappai/Niemeyer S 14), u Altenteilsansprüche (Rolland Rdn 12; v Maydell FamRZ **77**, 176; aA Maier DAngVers **76**, 439; Ruland NJW **76**, 1713, anders Rdn 67).

b) Nicht versorggsausgleichspflichtig sind Anwartschaften od Aussichten, die weder mit Hilfe des Vermögens noch dch Arb der Eheg begründet od aufrechterhalten w sind, **I 2.** Dch **Arbeit** sind diej Versorggstitel begründet, die dem Eheg allein als Folge seiner Beschäftigg (als Beamter, ArbN usw) zustehen. **Mit Hilfe des Vermögens** sind Altersversorggen geschaffen, die ausschließl od zusätzl zu und Mitteln entstehen, zB priv RentenVers, Nachentrichtg v Beiträgen zur gesetzl RentVers, HöherVers. Ausgleichspflichtig ist nur die Versorgg, die mHv Verm geschaffen w ist, das innerh der EheZt erworben wurde (Ruland Rdn 55; aA Voskuhl/Pappai/Niemeyer S 16). Nicht ausgleichspflichtig sind selbst BerufsunfähigkVersichergen, da ihre Aufrechterhaltg jew nur auf dem Bezug beruht, so daß kein echter Versorggswert anwächst (BR-Drucks 191/77 S 13f); und dagg iF der Invalidität (vgl Anh II zu § 1587a, BarwertVO § 1 Anm 2 b). Weiterhin unterliegen nicht der AusglPfl Waisenrenten (BR-Drucks 191/77 Beschl S 6), die zB iR einer betriebl Altersversorgg versprochene Hinterbliebenenversorgg, da der VersorggsAusgl ja eine eigenständ Versorgg schaffen soll (Schusinski/Stifel NJW **77**, 1265), alle Entschädiggsleistgen (BT-Drucks 7/650 S 155), zB aus der UnfallVers, nach dem BVG, BEG, BSeuchG, HäftlHilfeG, LAG, AltsparerG usw (vgl Ruland Rdn 59), SchadErsRenten od DienstunfallFürsLeistgen u unfallbedingte Versorggserhöhgen bei öff-rechtl Dienstverhältn (§ 1587a II Z 1 S 4); private Zuwendgen Dritter, zB Schenkg einer LebensVers, Rente aus einem Solidaritätsfonds; Ansprüche auf wiederaufgelebte Hinterbliebenenrenten (zB RVO 1291 I, II) od -pensionen (BBG 164 III); einmalige Abfindgen, soweit es sich nicht um die Kapitalisierung von RentenAnspr iSv § 1587 I 1 handelt (Ruland NJW **76**, 1716 Fn 46). Nicht iR des VersorggsAusgl ausgleichspflichtig sind im Ggs zu Versorggsrenten (§ 1587a II Z 5) auch Kapitalversichergen (VVG 165 II), weil bei ihnen eine Abgrenzg nach dem Bestimmgszweck u damit auch eine Zuordng zum Bereich der Versorgg nicht mögl erscheinen (BT-Drucks 7/650 S 158); sie unterliegen dem ZugewAusgl (§ 1375 Anm 2). Dem VersorggsAusgl unterliegen weiterhin nicht Zinserträge aus Kapital und Vermietg, weil sie nicht auf Invalidität od Alter beruhen (Bergner DRentVers **77**, 91). Bei GrdstVerkäufen auf Leibrente uä kommt es darauf an, ob zeitl unabsehb Altersversorgg od Sonderform der Ratenzahlg beabsichtigt ist (vgl Anm 2a ff). Draußen vor bleiben ferner dementspr Kaufpreisraten aus einer Verm- od Unternehmensveräußerg, Deputate (iGgs zum Altenteil der Landwirte), Künstlerhilfen u ähnl Ehrensolde, Abfindgen (Ruland Rdn 59; Voskuhl/Pappai/Niemeyer S 14). Noch nicht unverfallb betriebl VersorggsAnwartsch werden im schuldrechtl VersorggsAusgl ausgeglichen (§ 1587f Z 4). Zur **Nachentrichtg** v RentVersBeitr für die EheZt Anm 3.

3) Ehezeit, II. Ehedauer u versorggsrechtl relevante Erwerbstätigk brauchen sich nicht zu decken. Vom AusglPrinzip (Einf 3 v § 1587) her ist es aber ledigl gerechtfertigt, den Eheg an dem Zugew an Alterssicherg teilhaben zu lassen, der innerh der Ehe, also sol die Ehe dauerte, erworben wurde. Bei mehrf Ehe mit dem

Partner VersorggsAusgl nur iR der nach dem 1. EheRG geschiedenen Ehe. Anders als iF des UnterhAnspr (§ 1578 Anm 2) ist es für den VersorggsAusgl ohne Bedeutg, ob die Eheg zus od getrennt gelebt haben (BT-Drucks 7/4361 S 36 m ausführl Begründg). § 1385 ist nicht entspr anwendb (Voskuhl/Pappai/Niemeyer S 17; Ruland Rdn 32). Der Begründg von Versorggstiteln währd der Ehezeit steht deren Aufrechterhaltg gleich, sofern die Bedinggen für die spätere Versorgg wenigstens teilw währd der Ehezeit erfüllt w sind. Anderers bleiben Versorggen, auf die ein Anrecht od eine Aussicht erst nach Scheidg der Ehe begründet wurde, für den VersorggsAusgl selbst dann außer Betr, wenn für die Bemessg einer solchen Versorgg Zeiten angerechnet werden, die in die Ehe fallen (BT-Drucks 7/650 S 155). Desh ist es erforderl, die Ehezeit zu bestimmen. **Beginn:** Um in den Fällen, in denen die Ehe nicht am Monatsersten geschl w ist, komplizierte Berechnngen zu vermeiden, ist in die Ehezeit jew der volle Monat einzubeziehen, in dem die Ehe schon bestanden hat. Eine am 23. 3. geschl Ehe ist für den VersorggsAusgl daher als schon am 1. 3. eingegangen, u zwar auch dann, wenn sich später herausstellt, daß der MoAnfang für den erwerbstät Eheg versorggsrechtl bes wicht war. **Ende:** Die Ehezeit endet an sich erst mit der Rechtskr des ScheidgsUrt (§ 1564 S 2). Für den VersorggsAusgl gilt dagg ein bes Begr der Ehezeit; die Ehezeit dauert danach nur bis zum Ende des Monats, der dem Eintr der Rechtshängigk des ScheidgsAntr vorausgeht. Wird der ScheidgsAntr dem and Eheg am 19. 5. zugestellt, dann läuft die Ehezeit, vorausgesetzt die Ehe wird gesch, bis zum 30. 4. **Zweck** des Abstellens auf den Eintr der Rechtshängigk: Ohne diese Vorschr wäre die Zeit bis zur Rechtskr des ScheidgsUrt in die Wertberechng der währd der Ehe erworbenen Versorggtitel einzubeziehen. Das FamG soll den VersorggsAusgl aber nach Möglichk gleichzeit mit den ScheidgsAusspr regeln (ZPO 623 I 1). Eine Ausk des SozVersTrägers bzw der Dienstherrn wird es indessen nur erhalten können, wenn es einen best Stichtag für die Berechng bezeichnet. Der Tag der Rechtskr ist idR nicht voraussehb. Um die unerwünschte Folge auszuschließen, die richterl Festsetzg des VersorggsAusgl vom HauptVerf abzutrennen u in ein NachVerf zu schieben, mußte der Bewertsstichtag nach vorn gezogen werden (BT-Drucks 7/650 S 156). Die Lücke in der sozialen Biographie des ausglberecht Eheg wird dadch geschl, als währd der Dauer des ScheidgsVerf einen Anspr auf angem SozVers hat (§ 1361 I 2). Zum Begr Bewertsstichtag Einf 3a vor § 1587. **Andere Bewertsstichtage** sind aGrd von § 1587c Z 1 od auch § 242 mögl (BR-Drucks 191/77 Beschl S 7f). So ist iF des Ruhens des ScheidgsVerf (ZPO 251) nicht der Ztpkt der Rechtshängigk maßgebd, weil sonst uU Umstände, die ihren Grund in einem längeren Ruhenszustd wäre, so mRücks auf den Zweck des VersorggsAusgl auf den Ztpkt der Wiederanrufg des FamG, dh den davorliegden Monatsletzten, abzustellen (AG Stgt NJW **78**, 646; aA AG Ulm NJW **78**, 2037). Bei mehrf Wiederanrufg entscheidd die verfahrensbeendde. Gg Mitteilg, daß FamG (nach Ruhen eines früh ScheidgsVerf) eine and EheZt zGrde legen werde, keine Beschw (Düss FamRZ **78**, 515). Unzul auch die ZwEntsch ü die maßgebl EheZt (Stgt NJW **78**, 1489). Bei der **Nachentrichtg von RentVersBeiträgen** werden im VersorggsAusgl nur die Beitr berücks, die währd der EheZt für in die EheZt fallde Zeiten entrichtet sind, dh werden Beiträge im ScheidgsVerf od nachher für die EheZeit nachentrichtet, fallen sie (auch iFv ZPO 628 I Z 2) nicht in die EheZt; umgek erfaßt der VersorggsAusgl auch keine Beiträge, die in der EheZt für Zeiten davor entrichtet w (Voskuhl/Pappai/Niemeyer S 16 u 139; v Maydell FamRZ **77**, 176; am ausführlichsten dazu mit der Unterscheidg v 6 Fallgruppen Ruland Rdn 140 ff). Gg das **Für-Prinzip** mit guten Grden Trey NJW **78**, 1361. Aber die VersTr können ihre RentAuskfte nur auf der Grdlage des FürPrinz erteilen. Eine am Prinzip des § 1587 I 2 orientierte differenzierde Lösg (vgl dazu Bergner SGb **78**, 136) setzt dann voraus, daß die Eheg dem FamG mitteilen, daß bst Werteinheiten, die in die EheZt fielen, nicht auf der gemeins Leistg der Eheg währd der EheZt beruhen, worauf dann das FamG über Nichtberücksichtigg entsch muß (vgl Bergner aaO mBspen). Für den VersorggsAusgl ist das **Prinzip der Gleichwertigkeit** aller Ehe- u Versorggsaufbauzeiten maßgebd. Es spielt keine Rolle, ob das Anrecht in der EheZt **begründet** wird, so daß zB auch ein Beamter ausglpflichtig ist, der erst nach den zur Erlangg der Höchstpension erforderl ruhegehaltsfäh Dienstjahren heiratet. Das GleichwertigkPrinz gilt aber auch umgekehrt: Die Umrechng des jew VersorggsAufbaus auf die GesamtZt u dann auf das Verhältn zur EheZt (vgl § 1587a II Z 1 S 2 u 3, RVO 1304 II usw) gewährleistet, daß unabh davon, ob eine Versorgg sich rasch (zB BeamtVersorgg) od langs (zB priv LebensVers) aufbaut, **jede EheZt versorggsrechtl** im Prinzip **gleich** viel erbringt gleichgült, ob sie am Anfg, in der Mitte od am Ende der Berufstätigk des Ausgleichspflicht liegt (von nach der EheZt liegden Beförderggen uä einmal abgesehen). Bei gleicher beruf Stellg des AusglPflicht bekommt der ausgleichsberecht Eheg also für gleiche EheZten dieselben AusglBeträge; war der Ehem zB zweimal verheiratet, von 35–45 J u von 48–58 J, so erhalten Ehefr I u Ehefr II Anwartschaften in gleicher Höhe. Wer 2 × mit dem AusglPflicht verh war, erhält f beide EheZten nacheinand VersorggsAusgl (vgl bereits BSG FamRZ **77**, 394). Da der VersorggsAusgl endgült ist, behält die Ehefr bei einer neuerl Eheschl mit ihrem früh Eheg die ihr übertr Anwartsch. – II entscheidet nicht darüber, in was der VersorggsAusgl dchgeführt w, dh über die **Qualität** der auszugleichden Versorgg. Ist der AusglPflicht am Ende der EheZt Beamter, scheidet er aber vor der letzten mdl Verhdlg aus u wird nach nachversichert, so erfolgt der Ausgl dch Splitting. Ebso ist die Frage der Verfallbark einer betriebl Altersversorgg nach dem Ztpkt der letzten mdl Verh zu beantworten (§ 1587 a II Z 3 S 3; sa Ruland Rdn 154).

4) Ausschließlichkeitsgrdsatz, III. Für Versorggstitel, die gem Anm 2a dem VersorggsAusgl unterliegen, gelten ausschließlich die §§ 1587–1587 p; es finden weder daneben noch an ihrer Stelle andere Vorschr Anwendg, so daß zB Versorggswerte, die aGrd von § 1587 c außer Betr bleiben, nicht iR des ZugewAusgl ausgeglichen w müssen. Entsprech unterbleibt der ZugewAusgl auch insow, als die Eheg den VersorggsAusgl dch Vereinbg ausgeschl haben, sog AbsoluthGrds (Ruland Rdn 29).

2. Wertausgleich von Anwartschaften oder Aussichten auf eine Versorgung

1587 a *Ausgleichspflichtiger Ehegatte; auszugleichende Versorgungsansprüche.* [1] Ausgleichspflichtig ist der Ehegatte mit den werthöheren Anwartschaften oder Aussichten auf eine auszugleichende Versorgung. Dem berechtigten Ehegatten steht als Ausgleich die Hälfte des Wertunterschiedes zu.

Bürgerliche Ehe. 7. Titel: Scheidung der Ehe § 1587a

II Für die Ermittlung des Wertunterschiedes sind folgende Werte zugrunde zu legen:
1. Bei einer Versorgung oder Versorgungsanwartschaft aus einem öffentlich-rechtlichen Dienstverhältnis oder aus einem Arbeitsverhältnis mit Anspruch auf Versorgung nach beamtenrechtlichen Vorschriften oder Grundsätzen ist von dem Betrag auszugehen, der sich im Zeitpunkt des Eintritts der Rechtshängigkeit des Scheidungsantrags als Versorgung ergäbe. Dabei wird die bis zu diesem Zeitpunkt zurückgelegte ruhegehaltfähige Dienstzeit um die Zeit bis zur Altersgrenze erweitert (Gesamtzeit). Maßgebender Wert ist der Teil der Versorgung, der dem Verhältnis der in die Ehezeit fallenden ruhegehaltfähigen Dienstzeit zu der Gesamtzeit entspricht. Unfallbedingte Erhöhungen bleiben außer Betracht. Insofern stehen Dienstbezüge entpflichteter Professoren Versorgungsbezügen gleich und gelten die beamtenrechtlichen Vorschriften über die ruhegehaltfähige Dienstzeit entsprechend.
2. Bei Renten oder Rentenanwartschaften aus den gesetzlichen Rentenversicherungen, die den gesetzlichen Rentenanpassungen unterliegen, ist der Betrag zugrunde zu legen, der sich bei Eintritt der Rechtshängigkeit des Scheidungsantrags aus den in die Ehezeit fallenden anrechnungsfähigen Versicherungsjahren als Altersruhegeld ergäbe; seine Ermittlung richtet sich im einzelnen nach den Vorschriften über die gesetzlichen Rentenversicherungen.
3. Bei Leistungen, Anwartschaften oder Aussichten auf Leistungen der betrieblichen Altersversorgung ist,
    a) wenn bei Eintritt der Rechtshängigkeit des Scheidungsantrags die Betriebszugehörigkeit andauert, der Teil der Versorgung zugrunde zu legen, der dem Verhältnis der in die Ehezeit fallenden Betriebszugehörigkeit zu der Zeit vom Beginn der Betriebszugehörigkeit bis zu der in der Versorgungsregelung vorgesehenen festen Altersgrenze entspricht, wobei der Betriebszugehörigkeit gleichgestellte Zeiten einzubeziehen sind; die Versorgung berechnet sich nach dem Betrag, der sich bei Erreichen der in der Versorgungsregelung vorgesehenen festen Altersgrenze ergäbe, wenn die Bemessungsgrundlagen im Zeitpunkt des Eintritts der Rechtshängigkeit des Scheidungsantrags zugrunde gelegt würden;
    b) wenn vor dem Eintritt der Rechtshängigkeit des Scheidungsantrags die Betriebszugehörigkeit beendet worden ist, der Teil der erworbenen Versorgung zugrunde zu legen, der dem Verhältnis der in die Ehezeit fallenden Betriebszugehörigkeit zu der gesamten Betriebszugehörigkeit entspricht, wobei der Betriebszugehörigkeit gleichgestellte Zeiten einzubeziehen sind.

Dies gilt nicht für solche Leistungen oder Anwartschaften auf Leistungen aus einem Versicherungsverhältnis zu einer zusätzlichen Versorgungseinrichtung des öffentlichen Dienstes, auf die Nummer 4 Buchstabe c anzuwenden ist. Für Anwartschaften oder Aussichten auf Leistungen der betrieblichen Altersversorgung, die im Zeitpunkt des Erlasses der Entscheidung noch nicht unverfallbar sind, finden die Vorschriften über den schuldrechtlichen Versorgungsausgleich Anwendung.
4. Bei sonstigen Renten oder ähnlichen wiederkehrenden Leistungen, die der Versorgung wegen Alters oder Berufs- oder Erwerbsunfähigkeit zu dienen bestimmt sind, oder Anwartschaften oder Aussichten hierauf ist,
    a) wenn sich die Rente oder Leistung nach der Dauer einer Anrechnungszeit bemißt, der Betrag der Versorgungsleistung zugrunde zu legen, der sich aus der in die Ehezeit fallenden Anrechnungszeit ergäbe, wenn bei Eintritt der Rechtshängigkeit des Scheidungsantrags der Versorgungsfall eingetreten wäre;
    b) wenn sich die Rente oder Leistung nicht oder nicht nur nach der Dauer einer Anrechnungszeit und auch nicht nach Buchstabe d bemißt, der Teilbetrag der vollen bestimmungsmäßigen Rente oder Leistung zugrunde zu legen, der dem Verhältnis der in die Ehezeit fallenden, bei der Ermittlung dieser Rente oder Leistung zu berücksichtigenden Zeit zu deren voraussichtlicher Gesamtdauer bis zur Erreichung der für das Ruhegehalt maßgeblichen Altersgrenze entspricht;
    c) wenn sich die Rente oder Leistung nach einem Bruchteil entrichteter Beiträge bemißt, der Betrag zugrunde zu legen, der sich aus den für die Ehezeit entrichteten Beiträgen ergäbe, wenn bei Eintritt der Rechtshängigkeit des Scheidungsantrags der Versorgungsfall eingetreten wäre;
    d) wenn sich die Rente oder Leistung nach den für die gesetzlichen Rentenversicherungen geltenden Grundsätzen bemißt, der Teilbetrag der sich bei Eintritt der Rechtshängigkeit des Scheidungsantrags ergebenden Rente wegen Alters zugrunde zu legen, der dem Verhältnis der in die Ehezeit fallenden Versicherungsjahre zu den insgesamt zu berücksichtigenden Versicherungsjahren entspricht.
5. Bei Renten oder Rentenanwartschaften auf Grund eines Versicherungsvertrages, der zur Versorgung des Versicherten eingegangen wurde, ist,
    a) wenn es sich um eine Versicherung mit einer über den Eintritt der Rechtshängigkeit des Scheidungsantrags hinaus fortbestehenden Prämienzahlungspflicht handelt, von dem Rentenbetrag auszugehen, der sich nach vorheriger Umwandlung in eine prämienfreie Versicherung als Leistung des Versicherers ergäbe, wenn in diesem Zeitpunkt der Versicherungsfall eingetreten wäre. Sind auf die Versicherung Prämien auch für die Zeit vor der Ehe gezahlt worden, so ist der Rentenbetrag entsprechend geringer anzusetzen;
    b) wenn eine Prämienzahlungspflicht über den Eintritt der Rechtshängigkeit des Scheidungsantrags hinaus nicht besteht, von dem Rentenbetrag auszugehen, der sich als Leistung des

§ 1587a 1, 2

Versicherers ergäbe, wenn in diesem Zeitpunkt der Versicherungsfall eingetreten wäre. Buchstabe a Satz 2 ist anzuwenden.

III Bei Versorgungen oder Anwartschaften oder Aussichten auf eine Versorgung nach Absatz 2 Nr. 4, deren Wert nicht in gleicher oder nahezu gleicher Weise steigt wie der Wert der in Absatz 2 Nr. 1 und 2 genannten Anwartschaften, sowie in den Fällen des Absatzes 2 Nr. 5 gilt folgendes:
1. Werden die Leistungen aus einem Deckungskapital oder einer vergleichbaren Deckungsrücklage gewährt, ist das Altersruhegeld zugrunde zu legen, das sich ergäbe, wenn der während der Ehe gebildete Teil des Deckungskapitals oder der auf diese Zeit entfallende Teil der Deckungsrücklage als Beitrag in der gesetzlichen Rentenversicherung entrichtet würde;
2. werden die Leistungen nicht oder nicht ausschließlich aus einem Deckungskapital oder einer vergleichbaren Deckungsrücklage gewährt, ist das Altersruhegeld zugrunde zu legen, das sich ergäbe, wenn ein Barwert der Teilversorgung für den Zeitpunkt des Eintritts der Rechtshängigkeit des Scheidungsantrags ermittelt und als Beitrag in der gesetzlichen Rentenversicherung entrichtet würde. Das Nähere über die Ermittlung des Barwertes bestimmt die Bundesregierung durch Rechtsverordnung mit Zustimmung des Bundesrates.

IV Bei Leistungen oder Anwartschaften oder Aussichten auf Leistungen der betrieblichen Altersversorgung nach Absatz 2 Nr. 3 findet Absatz 3 Nr. 2 Anwendung.

V Bemißt sich die Versorgung nicht nach den in den vorstehenden Absätzen genannten Bewertungsmaßstäben, so bestimmt das Familiengericht die auszugleichende Versorgung in sinngemäßer Anwendung der vorstehenden Vorschriften nach billigem Ermessen.

VI Stehen einem Ehegatten mehrere Versorgungsanwartschaften im Sinne von Absatz 2 Nr. 1 zu, so ist für die Wertberechnung von den sich nach Anwendung von Ruhensvorschriften ergebenden gesamten Versorgungsbezügen und der gesamten in die Ehezeit fallenden ruhegehaltfähigen Dienstzeit auszugehen; sinngemäß ist zu verfahren, wenn die Versorgung wegen einer Rente oder einer ähnlichen wiederkehrenden Leistung einer Ruhens- oder Anrechnungsvorschrift unterliegen würde.

VII Für die Zwecke der Bewertung nach Absatz 2 bleibt außer Betracht, daß eine für die Versorgung maßgebliche Wartezeit, Mindestbeschäftigungszeit, Mindestversicherungszeit oder sonstige zeitliche Voraussetzungen im Zeitpunkt des Eintritts der Rechtshängigkeit des Scheidungsantrags noch nicht erfüllt sind; Absatz 2 Nr. 3 Satz 3 bleibt unberührt. Dies gilt nicht für solche Zeiten, von denen die Anrechnung beitragsloser Zeiten oder die Rente nach Mindesteinkommen in den gesetzlichen Rentenversicherungen abhängig ist.

VIII Bei der Wertberechnung sind die in einer Versorgung, Rente oder Leistung enthaltenen Zuschläge, die nur auf Grund einer bestehenden Ehe gewährt werden, sowie Kinderzuschläge und ähnliche familienbezogene Bestandteile auszuscheiden.

Schrifttum: Schusinski/Stifel, Technik des VersorggsAusgl mit Hilfe der Barwert-VO, NJW 77, 1264.

1) Eingef dch 1. EheRG Art 1 Z 20. Inhalt: Die Vorschr bestimmt die Pers des Ausgleichspflichtigen, I 1, u den Umfang der AusglPflicht in Höhe der Hälfte des Wertunterschiedes der von beiden Eheg gehaltenen Versorggstitel, I 2. Sodann werden für die verschiedenen Arten ausgleichspflichtiger Versorggsanrechte u -aussichten die für die Ermittlg des Wertunterschiedes maßgebden, dh zugrde zu legden Werte festgesetzt, II. Einer AnpassgsVorschr bedürfen ferner die Versorggsanrechte, die gar nicht od nur unvollkommen dynamisiert sind, weil sonst qualitative Unterschiede der versch zum Ausgl gelangden Versorggswerte unberücksichtigt gelassen werden müßten, III. Einer solchen Anpassg an eine kontinuierliche Wertsteigerg bedarf es insb auch bei Leistgen der betriebl Altersversorgg, weil diese dch hierin gestaltet u somit die Schwierigk dem VersorggsAusgl entzogen w könnten, IV. Entspr war eine Bestimmung notw, die bei Benutzg eines im Gesetz nicht berücksichtigten Bewertgmaßstabs die dadch begründeten Versorggsleistgen dem VersorggsAusgl unterwirft, weil sonst wiederum dch die Wahl von Wertanhäufgen außerh der Ehe der VersorggsAusgl insges zu umgehen wäre, V. Für die Wertberechng werden mehrere, ein u demselben Eheg zustehde Versorggsanrechte zusammengezählt, VI. Versichergsrechtl werden best Zeiten erst nach Erfüllg weiterer Voraussetzgen berücksichtigt; iR des VersorggsAusgl müssen sie gleichwohl voll mitbewertet w, soweit sie in die Ehezeit fallen, da sie im Ergebn die dem Eheg zufließde VersorggsLeistg mittragen, VII. Schließl sind bei der Wertberechng die ehe- u familienbezogenen Zuschläge auszuscheiden, VIII.

2) Feststellg u Höhe der Ausgleichspflicht, I. Das Gesetz geht davon aus, daß beiden Eheg Versorggsanwartschaften od -aussichten zustehen; ein Ausgl findet aber auch dann statt, wenn nur einer von ihnen erwerbstät war u desh auch nur in seiner Pers Versorggsanrechte bestehen. Haben beide Eheg Versorggstitel, so geschieht der Ausgl nach einem festen gedankl Schema (Einf 4 vor § 1587). Nachdem in einem 1. Schritt der Kreis der ausgleichsfäh Versorggsanrechte für jeden Eheg getrennt festgestellt w ist (§ 1587 Anm 2), werden in einem 2. Schritt wiederum für jeden Eheg getrennt die vorhandenen Versorggsanrechte bewertet, wobei bestimmte gesetzl in II festgelegte Bewertungsgrundsätze einzuhalten sind (Anm 3). In einem 3. Schritt ist nunmehr festzustellen, welcher von den beiden Eheg die werthöheren Versorggstitel besitzt; denn der versorggsrechtl besser gestellte ist dem and Eheg ausgleichspflichtig, **S 1.** Da die Bewertg an Hand fester DM-Beträge geschieht, ergeben sich auf dieser Stufe keine Schwierigkeiten. In einem 4. Schritt schließl muß jetzt der VersorggsAusgl selbst vorgen werden: Dem berecht Eheg steht als Ausgl die Hälfte des Wertunterschiedes zu, **S 2.** Der Ausgl erfolgt je nach der Art der auszugleichden Versorggstitel auf die Weise, daß Rentenanwartschaften in den gesetzl Rentenversichergen zugunsten des ausgleichsberecht Eheg übertr, begründet od Entrichtg von Beiträgen geschaffen werden bzw in anderer Weise, insb dch einen schuldrechtl VersorggsAusgl (Überbl in Einf 3c vor § 1587; Einzelh in § 1587b).

Bürgerliche Ehe. 7. Titel: Scheidung der Ehe § 1587a 2, 3

3) Bewertg, II. Zur Feststellg des Wertunterschiedes der Versorggstitel beider Eheg bedarf es der Bewertg jedes einz Versorggsanrechts. Als Wert sind im Grds die aGrd des Anrechts od der Aussicht für den Bewertgsstichtag (Einf 3a vor § 1587) **fiktiv errechneten Versorggsleistgen** anzusetzen. Für die erfaßten Versorggsarten ist dabei jew ein den Eigenarten der betr Versorgg angepaßter UmrechngsMaßstab vorgesehen (BT-Drucks 7/650 S 156). Das Gesetz gibt für die bei der Ermittlung des Wertunterschiedes zGrde zu legenden Werte genaue Bewertgsrichtlinien, die immer in derselben Weise anzuwenden sind, also unabh davon, wie im Ergebn der VersorggsAusgl zu vollziehen ist. Selbst für den schuldrechtl VersorggsAusgl (§§ 1587f–1587n) gelten im Prinzip dieselben Grdsätze (§ 1587g II 1). Die **Bewertgsmethode** ist entweder ein BerechngsVerf (wie in II, III u IV) od, soweit solche Berechngen nach der Gestaltg der Versorggszusage nicht vorgen w können, geschieht die Bewertg nach billigem Erm (wie in V). In den Normalfällen, dh soweit nicht bereits Versorgg geleistet wird, richtet sich die Bewertg nach den fiktiv errechneten Versorggsleistgen, die im Ztpkt des Eintr der Rechtshängigk des ScheidsAntr hätten erbracht werden müssen. Im Falle einer erneuten Scheidg geht die Berechng von dem dch den früh VersorggsAusgl geminderten od erhöhten Versorggsbestand aus.

A. Negativkatalog der bei der Bewertg nicht zu berücksichtigden Umstände: Für alle Arten von Versorggen gilt gleichmäß, daß für die Zwecke der Bewertg außer Betr bleibt, daß der Versorgg maßgebl **Wartezeit, MindestbeschäftiggsZt od ähnl zeitl Voraussetzgen** am Bewertgsstichtag (Einf 3a vor § 1587) **noch nicht erfüllt** sind, **VII 1.** Vgl für die gesetzl RentVers RVO 1246 III, 1247 III, 1248 VII; AVG 23 III, 24 III, 25 VIII; f die Altershilfe der Landwirte GAL 3 III, für die Zusatzversorgg des öff Dienstes § 38 der VBL-Satzg; f die BeamtVersorgg BeamtVG 4 I 1 Z 1. Diese Zeiten werden also bei der Bewertg voll mitberücksichtigt; ihre versicherungswirtschaftl Sperrwirkg bleibt außer Betr, weil das andernf zu einer Nichtberücksichtigg effektiver Versorggswerte führen u damit die Vergleichsrechng insb bei jüngeren Ehel u in Fällen kurzer Ehedauer willkürl verzerrt würde (BT-Drucks 7/650 S 159). – Das Gesetz stellt in diesem Zushg jedoch zweierlei klar: Zum einen bleibt es für die **noch verfallbaren Anwartschaften u Aussicht auf eine betriebl Altersversorgg** von II Z 3 S 3 bei dem dort vorgesehenen schuldrechtl VersorggsAusgl, **VII 1 zweiter Halbsatz**, obwohl sie in ihren Voraussetzgen den soeben behandelten Warte- u MindestBeschäftiggzeiten ähnl sind u es von daher nahegelegen hätte, sie genauso wie die Versorggsanwartschaften aus der gesetzl RentenVers zu behandeln. Zum and bleiben solche Zeiten, von denen die Anrechng beitragsloser Zeiten od die Rente nach Mindesteinkommen in den gesetzl RentenVers abhäng ist, dh insb die **Ausfallzeiten**, in denen die Entrichtg von Pflichtbeiträgen wg berechtigter Untätigk (Schulausbildg, Krankh, Schwangersch, Arbeitslosigk) nicht erwartet w konnte (RVO 1259; AVG 36), nicht „außer Betr"; sie sind jedoch nur unter den bes sozialversicherungsrechtl Voraussetzgen bei der Bewertg zZw des VersorggsAusgl mitzuberücks, **VII 2. Zweck:** Die uneingeschränkte Anrechng der in die Ehe fallenden Ersatz-, Ausfall- u Zurechnungszeiten würde zu einer entspr Erhöhg der fiktiv zu berechnden Rente u damit zu einer Überbewertg des in Frage stehden AnwartschR führen, wenn die Ehe etwa nur in die Ersatzzeit fällt od iF früher Invalidität bei den Zurechnungszeiten. Um das zu verhindern, müssen jedenf für die Berücksichtigg von Ausfallzeiten die bes versicherungsrechtl Voraussetzgen erfüllt sein, bezogen auf die Rechtshängigk des ScheidsAntr (BT-Drucks 7/650 S 157): Ausfallzeiten werden iR der Ermittlung der anrechnungsfäh VersJahre (RVO 1258) mitgerechnet, wenn sie mind zur Hälfte mit Beiträgen für eine rentenversicherungspflicht Beschäftigg belegt sind (RVO 1259 III). Unter diesen Voraussetzgen der **Halbbelegg** sollen sie auch iR der VersorggsAusgl mitgerechnet w. Entsprechendes gilt für die der Renten nach Mindesteinkommen (ArVNG Art 2 §§ 55a, 55b; AnVNG Art 2 §§ 54b, 54c). An diesen starren zeitl Voraussetzgen ist festzuhalten, auch wenn absehb, daß eine noch nicht anrechenb AusfallZt später anrechenb sein w, auch wenn im Augenbl nur wenige Monate fehlen (Ruland Rdn 171; and Laudor NJW **77**, 142); umgek sind Ausfallzeiten auch dann anzurechnen, wenn abzusehen ist, daß die augenblickl noch vorhandene Halbbelegg künft wegfallen w (Maier DAngVers **77**, 6). – Die Versorgg enthält vielf **familienbezogene Bestandteile** wie Erhöhungsbeträge aGrd bestehder Ehe, Kinderzuschläge uä. Diese Bestandteile müssen, soweit sie nicht gerade mRücks auf die gesch Eheg des Ausgleichspflichtigen gewährt w sollen, für die Wertberechng ausscheiden, **VIII.** Im einz ist iGgs zum Angest (Ruland Rdn 168) beim Beamten der Ortszuschlag für Alleinstehde (BBesG 40 I u III) zGrde zu legen, auch wenn der gesch Beamte den Ortszuschl der Stufe 2 behält (AG Pforzh FamRZ **78**, 699), bei der Altershilfe f Landwirte das Altersgeld f Unverheiratete (GAL 4 I 1), ebso bei der Landabgaberente (GAL 44 I 1); Kinderzuschüsse zu den Renten der gesetzl RentVers bleiben außer Betr (RVO 1262; AVG 39). – Zur **Nichtbeachtg von Anrechngs- u RuhensVorschriften** iSv VI vgl Anm 6c bb.

B. Durchführg der Wertberechng. Wird eine Versorgg bereits gewährt, weil die Ehe nach Erreichen der Altersgrenze od nach Eintritt der Invalidität gesch w, so ist der Betr zGrde zu legen, der dem Eheg am Bewertgsstichtag (Einf 3a vor § 1587) zusteht. Bes Probleme ergeben sich aber, wenn bislang nur Anwartschaften auf eine spätere Versorgg bestehen u die Versorgg ledigl iR des VersorggsAusgl der rechnerischen Aktualisierg bedarf. Die in diesem Zushg erforderl Berechnngen des Versorggswertes sind je nach der Art der Versorgg unterschiedl. IjF ist aber auszugleichen nur derj Teil der Versorgg, der dem Verhältn der in die Ehezeit fallden versorggsrechtl anerkannten Beschäftiggszeit zu deren Gesamtzeit entspricht.

Ziff 1: Bei einem Anrecht auf eine **beamtenrechtl Versorgg** od eine dieser gleichgestellten Versorgg (vgl § 1587 Anm 2 a aa) ist von dem Betrag auszugehen, der sich im Ztpkt des Eintr der Rechtshängigk des ScheidsAntr als Versorgg ergäbe. Dabei wird die bis zu diesem Ztpkt zurückgelegte ruhegehaltsfäh Dienstzeit um die Zeit bis zur Altersgrenze erweitert u aus der so festgestellten Gesamtzeit der auf die Ehe entfallde Anteil der DienstZt festgestellt. Lit: Darstellg der BeamtVersorgg speziell im Hinbl auf den VersorggsAusgl bei Voskuhl/Pappai/Niemeyer S 150; Ruland Rdn 109 ff. Bei der Bildg der **Gesamtzeit** sind die oft vorgezogenen Altersgrenzen von Polizeibeamten, Soldaten usw zu beachten (Voskuhl/Pappai/Niemeyer S 153; Ruland Rdn 222). Entscheidndes Probl ist die **unterschiedl Bewertg der Dienstzeit des Beamten.** Sein Ruhegehalt besteht gem BeamtVG 14 in einem Prozentsatz der ruhegehaltsfäh Dienstbezüge, der

§ 1587a 3

seiner Höhe nach von der Anzahl der zurückgelegten Dienstjahre abhängt. Dabei führen die früheren ruhegehaltsfäh Dienstjahre zu einem prozentual stärkeren Ansteigen des Ruhegehalts als die späteren; die vor Eintr in den Ruhestand zuletzt zurückgelegten Jahre lassen ggf wg Erreichens des Höchstsatzes das Ruhegehalt überh nicht mehr steigen. Für den VersorggsAusgl soll die unterschiedl Bewertg der DienstZt keine Rolle spielen. Da das Ruhegehalt insges erst mit dem Ende der Dienstzeit erdient ist, ist die in die Ehe fallende DienstZt von der gleichen Bedeutg wie alle anderen. Eine Zuordng bestimmter Teile des Ruhegehalts zu best Abschnitten der ruhegehaltsfäh DienstZt wäre also nicht sachgerecht. Dch die vom G vorgeschriebene Berechnungsmethode soll vermieden w, daß die PensionsAnwartsch zu hoch bewertet wird, was man täte, wenn man auf den Betrag abstellte, um den das auf den Bewertgsstichtag errechnete Ruhegehalt ggü dem auf den Ztpkt der Eheschließg errechneten gestiegen ist, od wenn man das Anrecht mit dem Betr eines unter ausschließl Berücksichtigg der in die Ehe fallden ruhegehaltsfäh DienstZt ermittelten Ruhegehalts bewertete. Umgek würde der Eheg, der den Beamten erst heiratet, nachdem dieser bereits die höchste Dienstaltersstufe innerh seiner Besoldgsgruppe erreicht hat, iF der Scheidg gar keinen VersorggsAusgl bekommen, weil über die schon erlangten 75% der ruhegehaltfäh Dienstbezüge in der Ehe nichts an Pensionsanwartschaften hinzugewonnen wurde. Die pro-rata-Rechng erfolgt auch dann, wenn der Beamte den höchstmögl Ruhegehaltssatz von 75% schon allein aGrd der in der EheZt zurückgelegten DienstZt erreicht h (AG Pforzh FamRZ **78**, 699). Die amtl Begründg des RegEntw gibt folge Modellrechng für das in Ziff 1 beschriebene BewertgsVerf: Beträgt die ruhegehaltsfäh DienstZt unter Einbeziehg der bis zur Vollendung des 65. Lebensjhr noch ausstehenden Zeit 40 Jahre, von denen 10 J in die Ehe fallen, und beläuft sich das auf den Bewertgsstichtag unter Berücks von 40 Dienstjahren errechnete Ruhegehalt auf 1000 DM, so beträgt der Wert des in den Ausgl fallden Anrechts $1/4$ von 1000 DM, gleich 250 DM (BT-Drucks 7/650 S 156 f). Will man auch noch das eben als bekannt unterstellte Ruhegehalt errechnen, so läßt sich das an dem folgden **Bsp** (nach Ruland NJW **76**, 1716 Fn 48) verdeutlichen: 40j Beamter, 20 ruhegehaltsfäh Jahre, mtl Eink 2000 DM, Scheidg nach 9jähr Ehe. Auf seiten des Mannes ergibt sich ein Versorggswert iHv 300 DM nach folgder **Formel,** wobei beim Einkommen vom Ortszuschlag für Geschiedene auszugehen (VIII) u zu beachten ist, daß der DoppelPkt jew die Anwendg der Formel auf das eben erwähnte Bsp anzeigt:

$$\frac{\text{Ehedauer: 9}}{\text{GesamtZt: 20 + 25}} \times \frac{\text{Eink: 2000} \times \text{Steigerggssatz gem BeamtVG 14 I: 75}}{100} = 300$$

Die Dynamisierg der BeamtPensionen folgt aus BeamtVG 70 ff; das Ruhegehalt wird bei einer allg Erhöhg der Dienstbezüge entsprch angepaßt. Da ordtl u außerordtl Professoren nach Erreichen der Altersgrenze u der damit erfolgden Entpflichtg weiterhin ihre Dienstbezüge erhalten, bedurfte es der Klarstellg, daß die beamtenrechtl Regelg des VersorggsAusgl auch für sie gilt; dies ist dch Gleichsetzg dieser Dienstbezüge mit den Versorggsbezügen der übr Beamten geschehen (BT-Drucks 7/650 S 157). Bei der Bewertg bleiben unfallbedingte Erhöhgen außer Betr, ebso Beurlaubgen unter Befreiung von den Dienstbezügen. Hins des Zusammentreffens mehrerer Versorggsanrechte, etwa wenn ein Ruhestandsbeamter aus einer erneuten Verwendg im öffDienst Ruhegehalt bezieht, VI, vgl Anm 6. Zur Versorggsbewertg beim Bezug eines RuheGeh wg **Dienstunfähigk** Ruland Rdn 224 f; bei Versorggs in **einstw Ruhestand** Ruland Rdn 226. – **Anwendungsbereich**: Die Bewertungsmethode von Ziff 1 bezieht sich nicht nur auf Beamte, Richter, Soldaten, Professoren, Dienstordngsbeamte usw (vgl § 1587 Anm 2 a), sond auch auf Zusagen privater ArbGeb u Vereine, zB Versorggsbetriebe, Sparkassen, Heilstätten, Anstalten u Schulen, TÜV usw (vgl Voskuhl/Pappai/Niemeyer S 23), wobei zu beachten ist, daß hier dem PrivatR unterliegde Anstellgsverhältnisse lediql dem Bewertgsmodus von Beamten unterworfen w; die Angest, denen die Behdlg nach beamtenrechtl Grdsätzen zugesagt w ist, werden dadch nicht etwa zu Beamten. Der VersorggsAusgl wird desh ggf dch Splitting od AnO der Entrichtg v Beitr vollzogen, dh nach § 1587 b I od III, niemals dagg nach II.

Ziff 2: Bei Renten od Rentenanwartschaften aus den **gesetzl Rentenversichergen,** die den gesetzl Rentenanpassgen unterliegen, wird der Betr zGrde gelegt, der sich am Bewertgsstichtag (Einf 3 a vor § 1587) aus den in der Ehezeit fallden anrechngsfäh VersJahren als Altersruhegeld ergäbe. Seine Ermittlg richtet sich im einz nach den Vorschr über die gesetzl RentenVers. Allerd bleibt für die Zwecke der **Bewertg von Rentenanwartschaften** außer Betr, ob im Ztpkt der Bewertg bereits die Wartezeiten für das Altersruhegeld erfüllt sind (vgl oben Anm 3 A). Zur AuskPfl der RentenVersTräger Einf 5 vor § 1587. Zum Verständn der Berechng sind GrdKenntnisse des SozVersR unerläßl [Lit: Bley, SozialR 1975, S 171; Jäger, SozVersR, 7. Aufl, S 165 ff; Schulin, SozVersR Düss 1976; Schaub/Schusinski/Ströer, Altersvorsorge, 1976, S 8; Maier DAngV **74**, 327; speziell im Hinbl u für das Verständn des VersorggsAusgl: Voskuhl/Pappai/Niemeyer S 137; Bergner DtRentVers **77**, 1 ff; Ruland Rdn 68 ff]. Die für die Rentenhöhe maßgebl **Rentenformel** ist keine gesetzliche mathemat Größen, sond die Kurzfassg des Inhalts von RVO 1253–1258 u AVG 30–35. Für die Berechng der Rente (R) sind 4 Faktoren maßg: (1) der Prozentsatz (P), der das Verhältn des Bruttoarbeitsverdienstes des Versicherten zum Durchschnittsverdienst aller Versicherten, Arbeiter u Angest, ohne Lehrlinge, ausdrückt. (2) Die allg BemessgsGrdlage (B), dh das durchschnittl Bruttojahresarbeitsentgelt aller Versicherten der Arb- u AngestVers im Mittel des 3jähr Zeitraums vor dem Kalenderjahr, das dem Eintr des VersFalles vorausgegangen ist. (3) Die Zahl der Versichergsjahre (Vj) u (4) der Steigergssatz (St) der Rente, der bei Berufsunfähig 1% u bei Erwerbsunfähig u Alter 1,5% beträgt. Die Jahresrente ist das rechnerische Produkt dieser 4 Faktoren; danach ist die mtl $R = [(P \times B) \times (Vj \times St)] : 12$. **Bsp**: Der Arbeiter A hat währd seiner ganzen BeschäftiggsZt dchschnittl 130% des dchschnittl Bruttoarbeitsentgelts aller Versicherten verdient. Bei einer VersDauer von 50 J ergibt sich bei einem VersFall 1977 u einer allg BemessgsGrdlage v 20161 DM folgdes mtl Altersruhegeld:

$$\frac{130 \times 20161}{100} \times \frac{50 \times 1{,}5}{12 \times 100} = 1638{,}08 \text{ DM}$$

Die einz **Faktoren der Rentenformel** erfüllen eine ganz unterschiedl Funktion: Die Vj sollen sicherstellen, daß sich in der Höhe der Rente niederschlägt, wie lange Zeit der Versicherte dch eig Beiträge die Vers-

Bürgerliche Ehe. 7. Titel: Scheidung der Ehe §1587a 3

Gemsch mitgetragen hat. Dch B wird die Rente am dchschnittl Verdienst der noch im Erwerbsleben Stehden gehalten, wobei die 3-J-Spanne konjunkturbedingte Spitzen- od Niedrigverdienste ausgleichen soll. Mit Hilfe des unterschiedl Steigerssatzes läßt sich rentenmäß dch Auswerfg einer niedrigeren Rente erfassen, daß der bl BerufsUnfäh mit seiner verbliebenen ArbeitsKr noch hinzuverdienen kann (Schulin S 155). P schließl drückt in einer Prozentzahl aus, ob der Versicherte in seinem ges VersLeben im Verhältn zum Dchschnittsverdienst aller Versicherten ($= 100\%$) darüber od darunter gelegen hat. Von dieser auf das ges Versleben bezogenen Zahl, die sich allerd aus dem Mittel der ProzZahlen aller einz BeitrJahre errechnet, ist der Begr der **Werteinheiten** (WE) zu unterscheiden. Die RentVers rechnet mit WE u schreibt diese jew dem Kto des Versicherten gut, um auf diese Weise bei den jew Rentenanpassgen die WE aus den versch Jahren gleichmäß an der Angleichg teilnehmen zu lassen, was bei der Notierg in DM nicht so einf wäre. WE sind der VerhältnWert, der sich für jedes Jahr aus der Gßüberstellg des versicherten Individualentgelts mit dem BruttoArbEntgelt aller Versicherten ergibt (RAnwenderbroschüre S 227). Betrug iJ 1975 das Individual-Entgelt von X zufäll genauso viel wie das DchschnEntgelt aller Angest u Arbeiter iJ 1975, näml 21 808 DM (vgl Tab der DchschnVerdienste Bergner DRentVers **77**, 58), so hat er in diesem Jahre 100 WE erworben. Hat X stattdessen 30 800 DM verdient, so hat er im Verhältn zu den übr ArbN 141,23% u erhält bei entspr BeitrLeistg 141,23 WE für dieses Jahr auf seinem Kto gutgeschrieben, näml

$$\frac{30\,800 \times 100}{21\,808} = 141{,}23 \text{ WE}$$

(vgl Bergner DRentVers **77**, 101 f). Aus der Summe der WE lassen sich aGrd von Berechnungsformeln die Höhe des entspr RentenBetr u des Betr, der als Beitrag aufzuwenden wäre, um so viele WE zu erwerben, errechnen, wie umgek auch, wenn diese Beträge vorgegeben sind, die dem entsprechde Zahl von WE. Zur Erleichterg dieser Umrechngen gibt der BMA am Ende jeden Kalenderjahres gem RVO 1304 c III; AVG 83 c III bestimmte Umrechngsfaktoren bekannt (vgl Anh I zu § 1587 a).

Die **Ermittlg des auf die Ehezeit entfallenden Altersruhegeldes** geschieht in 2 Stufen: zunächst wird das Altersruhegeld aus allen Zeiten berechnet, anschließd erfolgt die Berechng des Ehezeitanteils (vgl Maier, § 83 AVG Anm 2.1 u 2.2; Ruland Rdn 234 ff). Für die Bewertg eines Versorggsanrechts iR des Versorggs-Ausgl soll die Beschrkg auf die in die Ehe fallden anrechnungsfähigen VersJahre nur für den bei der Rentenberechng anzuwendenden Zeitfaktor maßgebd sein. Für die der Ermittlg der „Scheidgs-Rente" zGrde zu legde persönl BemessgsGrdlage P sind sämtl, also auch die vor der Ehe liegden VersJahre mit heranzuziehen (BT-Drucks 7/650 S 157). Somit ist nach dem oben geschilderten Verf zunächst der Betr zu ermitteln, der sich am Bewertgsstichtag (Einf 3 a vor § 1587) aus den in die Ehezeit fallden anrechnungsfäh VersJahren fiktiv als Altersruhegeld ergeben würde. Die anrechnungsfäh VersJahre ergeben sich dabei nach den maßgebl sozialversicherungsrechtl Vorschr aus einer Zusammenrechng von Beitragszeiten, Ersatzzeiten (ua Militärdienstzeiten), Ausfallzeiten aGrd von Krankh, Arbeitslosigk sowie bestimmten Ausbildgszeiten u schließl Zurechnungszeiten, dh Zeiten zw dem Eintr des VersFalles wg Berufs- od Erwerbsunfähigk u der Vollendg des 55. LebensJ (RVO 1260; AVG 32; RKnG 58), gem RVO 1304 I, AVG 83 od RKnG 96. Sodann ist der sich danach ergebe MonatsBetr des Altersruhegeldes mit dem Verhältn zu vervielfältigen, in dem die Summe der bei der Ermittlg der für den Versicherten maßgebden RentenbemessgsGrdlage zGrde gelegten VerhältnWerte (sog Werteinheiten) für in die Ehezeit fallde u nach RVO 1304 I berücksichtige Zeiten zu der Summe der insges zGrde gelegten Werteinheiten steht (RVO 1304 II 1; vgl BT-Drucks 7/650 S 226). Nimmt man in obigem Bsp ein fiktives Altersruhegeld von abgerundet 1200 DM an u weiterhin, daß in der Ehezeit $^1/_3$ aller WE zurückgelegt worden sind, so ergibt sich für den A als der für seine Pers den VersorggsAusgl zGrde zu legde Betr v 400 DM. Hat seine Ehefr ihrers gar keine eig VersorggsTitel, so ist der auf die Ehezeit fallde Anteil der Anwartsch des A zur Hälfte auf Frau A zu übertr. Hat sie dagg ein eig Versorggsanrecht im Werte von 100 DM, so kommen nur 300 DM vS des A zum Ausgl. In die Bewertg sind nur Renten u Rentenanwartschaften einzubeziehen, die den gesetzl Rentenanpassgen unterliegen, also nicht solche Renten od Rententeile, die aus Steigerungsbeträgen für Beiträge der Höherversicherg bestehen (RVO 1261, 1272 III; AVG 49 III); für sie gilt Z 4 c. Beiträge der HöherVers u freiw Beiträge sind einzubeziehen, wenn sie nach dem Bewertgsstichtag, aber noch für die Ehezeit entrichtet w sind, sog Für-Prinzip (ausführl dazu MüKo/Maier Rdn 141; Bergner DRentVers **77**, 49). Bei der **Bewertg bereits bezogener Renten** ist zusätzl zu beachten, daß auch hier die Berechng gem RVO 1304 dchzuführen ist. Im Hinbl auf die Berechnungsdaten (Ende der Ehezeit; bis dahin zurückgelegte anrechenb VersJahre; Berücksichtigg inzw eingetretener RÄndergen) handelt es sich auch hier um ein fiktives Altersruhegeld. RVO 1243 II 5, 1254 II 2, AVG 30 II 5, 31 II 2 u RKnG 53 III 5 u V 2 finden keine Anwendg, weil keine Rentenumwandlg vorliegt. Dem FamG ist als auf die Ehezeit entfallde RentenAnwartsch der Betr mitzuteilen, der sich bei der Berechng gem RVO 1304 unter Zugrundelegg des Bewertgsstichtages (Einf 3 a vor § 1587) als fiktivem VersFall ergäbe. Es w auf das fikt Altersruhegeld abgestellt; trotzdem sollten mitgeteilt werden ein evtl tats höherer Rentenzahlbetrag u bei einer Zeitrente deren Wegfalldatum (wg § 1587a V).

In der **anwaltlichen Praxis** wird häuf eine **Schätzung der RentenAnwartsch** dch den RAnw ausreichen, so daß ein Mandant eine genügd klare Vorstellg von den sozialversicherungsrechtl Folgen einer evtl Scheidg gewinnen kann, ohne daß dch den RA eine Auskft von dem SozVersTräger eingeholt zu werden braucht. Das R dazu sieht die 2. VO ü die Erteilg v Rentenauskünften an Versicherte der gesetzl RentVers (BR-Drucks 298/77) vor; zu Recht wird aber davor gewarnt, daß ein umfangr Gebrauchmachen von diesem AuskftsR im Ergebn dazu führen würde, daß sich die Erteilg der RentAuskfte an die FamGe u damit die eigtl ScheidgsVerf verzögern (Bergner DRentV **77**, 55). Zur prakt Dchführg von Schätzgen im Bereich der gesetzl RentVers vgl Bergner DRV **77**, 58ff u NJW **77**, 1748; **78**, 143 mit den Tab f 1978; Ruland Rdn 255 ff.

Eine Bewertg nach Z 2 ist ausgeschl, wenn VersZeiten in der DDR einbezogen w müssen, weil der in der DDR zuständ VersTräger mangels den RVO 1304, AVG 83, RKnG 96 entsprechder Vorschriften die Höhe der in den VersorggsAusgl einzubeziehenden Versorgg nicht ermitteln kann (AG Lüneb NdsRpfl **78**, 14). Entsprechd unterbleibt der VersorggsAusgl in Fällen mit **inetrnationalem** Einschlag: bei Scheidg ausländ

§ 1587a 3

Eheg, auch wenn sie in Dtschl wohnen u der dt SozVers angehören (AG Emmerich NJW 78, 498), bei Scheidg griech Staatsangehöriger (AG Hann NJW 78, 1117 L), bei Scheidg einer dt Frau von einem Iraker (AG BlnCharl NJW 78, 1116), einem Italiener (AG Hbg FamRZ 78, 421) od Tschechoslowaken (AG Wunsiedel FamRZ 78, 513). Nach Bürgle FamRZ 78, 388 ist ein VersorggsAusgl nur dchzuführen, wenn ihn das HeimatR beider Eheg vorsieht; allerd ist auch nach seiner Auffassg die Ausklammerg ausländ Versorggen nicht vertretb, wenn sie dem dtschen Eheg zustehen. Vgl iü EGBGB 17 Anm 5 u Bergner SGb 78, 138 mit entspr Falldifferenzierrgen.

Ziff 3: Bei VersorggsLeistgen der **betriebl Altersversorgg** (§ 1587 Anm 2 a cc; Lit: Schaub/Schusinski/ Ströer S 44; speziell im Hinbl auf den VersorggsAusgl: Voskuhl/Pappai/Niemeyer S 157; Ruland Rdn 120 ff) wird danach unterschieden, ob am Bewertgsstichtag (Einf 3 a vor § 1587) die Betriebszugehörigk andauert od nicht. Dagg spielt es keine Rolle, ob es sich um eine **unmittelbare Versorggszusage** handelt, die auf eine Eigenverpflichtg des ArbGeb zielt (BetrAVG 7 I 1), od um eine **mittelbare Versorggszusage,** bei der wiederum auf Kosten des ArbGeb zG des ArbN eine LebensVers abgeschl w (BetrAVG 1 II), sog Direktversicherglseistgen, od bei der die Zusage auf Pensions- od Unterstützgskassenleistgen (BetrAVG 1 III bzw IV) gerichtet ist. Solche Kassen sind rechtsfäh VersorggsEinrichtungen zZw betriebl Altersversorggen; der Unterschied liegt darin, daß nur die PensKasse dem ArbN bzw seinen Hinterbliebenen einen RAnspr auf ihre Leistgen gewährt. Zum Zustandekommen betriebl Ruhegeldzusagen dch G, TarifVertr, BetrVereinbg od EinzelArbVertr vgl Ruland Rdn 121. Für den VersorggsAusgl trifft das G flgde Unterscheidg: **a) Bei andauernder Betriebszugehörigk,** die weder von einem BetrÜbergg (§ 613 a), einer Fusion od VermÜbertr (AktG 359) noch von Krankh, Urlaub od Streik berührt u zT gesetzl fingiert w (SVG 8 III; ArbPlSchG 6 II, 12; ZDG 78; Einzelh bei Ruland Rdn 272 f, 278), wird der Versorggsteil in den Ausgl einbezogen, der als währd der Ehezeit erworben angesehen w kann. Dieser Teil soll sich aus einer Berechng pro rata temporis ergeben. Zu diesem Zweck wird die zugesagte volle Versorgg nach dem Verhältn der in die Ehezeit fallden BetrZugehörigk zu der insges möglichen BetrZugehörigk gekürzt. Dabei sind der BetrZugehörigk gleichgestellte Zeiten (zB gem SoldVersG 8 III od ArbPlSchG 6 II) einzubeziehen. Die Versorgg berechnet sich iü nach dem Betr, der sich bei Erreichen der in der Versorggsregel vorgesehenen festen Altersgrenze ergäbe, wenn die BemessgsGrdlagen im Ztpkt des Eintr der Rechtshängigk des ScheidgsAntr zGrde gelegt würden, also nach dem am Bewertgsstichtag gezahlten Lohn od Gehalt. **Grd:** Die Höhe der vollen betriebl Altersversorgg läßt sich längere Zeit vor Erreichen der Altersgrenze häufig noch nicht feststellen, vor allem bei gehaltsabhäng Zusagen, die sich nach einem best Prozentsatz des unmittelb vor dem Ausscheiden erzielten ArbEntgelts bemessen od bei Gesamtversorggszusagen, bei denen der Berechnungsmaßstab ebenf nicht vorauszusehen ist. In diesen Fällen sind daher die BemessgsGrdlagen zZ des Bewertgsstichtages zGrde zu legen (BT-Drucks 7/4361 S 38). Das Berechnungsprinzip ist demj von BetrAVG 2 nachgebildet; die dem Berecht zugesagte volle Versorgg, die er bei Erreichen der Altersgrenze erlangen würde, wird nach dem Verhältn der in die EheZt fallden zu der insges mögl BetrZugehörigk gekürzt (vgl dazu u zum flgden Ruland Rdn 275 ff). Der Umfang der Versorgg ergibt sich aus der jew maßgebl RGrdlage (TarifVertr, Vereinbg usw). Läßt sich die **BemessgsGrdlage** für die Versorgg (Gehalt, Berechnungsfaktoren der gesetzl RentVers) für den Ztpkt ihrer Fällig (dh der Altersgrenze des Begünst) zZ der Scheidg noch nicht absehen, sind die BemessgsGrdlagen **des EheZtEndes** maßg (Z 3 a letzter Halbs). **Bsp:** ArbN X geb 18. 7. 33; BetrZugehörigk seit 10. 8. 62. Nicht dynam mtl Alters- u Invaliditätsrentenzusage pro Jahr der BetrZugehörigk iHv 1,5% des letzten Gehalts. Gehalt aE dem BetrAVG 2: 3200 DM; EheZt 1. 4. 60–30. 9. 77. (1) Berechng der maximalen Versorgg: Höchstdauer der BetrZugehörigk (analog § 1587 II!) 1. 8. 62–30. 6. 98 bei Zugrdelegg einer Altersgrenze v 65 J = 35 J u 11 Mo = 431 Mo. Berechng der ges Versorgg (lt Vertr auf Jahre!) auf 35 J BetrZugehörigk: 35 × 0,015 × 3200 = 1680 DM. (2) Berechng des in der EheZt erworbenen Versorggsanteils: Max BetrZugehörigkDauer = 431 Mo; davon EheZt = 15 J u 2 Mo = 182 Mo, ins Verhältn zueinand gesetzt:

$$1680 \times \frac{182}{431} = 709{,}42 \text{ DM}$$

(3) Dieser Betr findet nun noch nicht unmittelb Eingang in der Aufstellg der Versorggswerte beider Eheg iR des VersorggsAusgl, sond muß zunächst noch zZw der Gleichstellg mit dynam Versorggstiteln abgezinst w; vgl dazu die BarwertVO u die Bekanntm des BuArbMin v 1. 12. 76 (Anh I u II zu § 1587a). Zur Dynamisierg des errechneten Wertes vgl Anm 4 zu § 1 sowie Anm 3 a zu § 2 BarwertVO (Anh II zu § 1587 a). **b) Bei vorheriger Beendigg der Betriebszugehörigk** ist der Teil der erworbenen Versorgg zGrde zu legen, der dem Verhältn der in die Ehezeit fallden BetrZugehörigk zu der gesamten BetrZugehörigk entspricht, wobei wiederum der BetrZugehörigk gleichgestellte Zeiten (vgl unter a) einzubeziehen sind. Die Beendigg kann dch Erreichen der Altersgrenze, Eintr der Invalidität od Ausscheiden aus dem Betr vor Eintr des Versorggsfalles mit unverfallb Versorggsanrecht verursacht w sein. In diesen Fällen ist die Höhe der erworbenen Anspr u Anrechte bekannt, so daß sie zGrde gelegt w können, ohne daß hierfür hypothet Berechnen für einen zukünft Ztpkt erfdl wären (BT-Drucks 7/4361 S 38). Der für die Berechng pro rata temporis maßgebl Kürzungsquotient ergibt sich hier aus dem Verhältn von in die Ehezeit fallder BetrZugehörigk zu der gesamt (in der Vergangenh liegenden) BetrZugehörigk. **Bsp:** Ausscheiden nach 25 J (= 300 Mo) BetrZugehörigk; unverfallb nichtdynam Alters- u Invaliditätsversorgg ab 65. LebJ iHv 800 DM; jetziges Alter 53 J. Kongruenz zw EheZt u BetrZugehörigk: 120 Mo. In der EheZt daher erworben:

$$800 \times \frac{120}{300} = 320 \text{ DM}$$

Auch dieser Betr muß wieder zZw der Umrechng in einen dynam Wert abgezinst w (vgl den Hinw auf den Anh im Bsp zu Anm a). **Zu a und b:** Bestimmte Versorggsleistgen werden von diesem Ausgleich wieder ausgen, näml solche aus einer zusätzl Versorggseinrichtg des öff Dienstes (§ 1587 Anm 2 a dd), auf die Ziff 4 c anzuwenden ist, u für Anwartschaften od Aussichten auf Leistgen der betriebl Altersversorgg, die im Ztpkt des Erlasses der Entscheidg noch nicht **unverfallbar** sind; auf sie findet der schuldrechtl VersorggsAusgl Anwendg (§§ 1587 a II Z 3 **S 3**, 1587 f Z 4; dort Anm 2). Zur Verfallbark stellt das G Mindesterfordern auf (vgl BetrAVG 1), so daß die Betroff die Unverfallbark schon früher eintreten lassen können, was auch iR des VersorggsAusgl zu beachten ist (Ruland Rdn 123). Dch diese Regelg soll vermieden w, daß ein ArbN wg eines im Ztpkt der Ehescheidg noch unsicheren (weil möglicherw später dch Ausscheiden aus dem Betr wieder fortfallenden) Versorggsanrechtes hohe wirtschaftl Belastgen dch Entrichtg von Beiträgen zur gesetzl RentenVers zu tragen hat (BT-Drucks 7/4361 S 38). Iü findet III Z 2 Anwendg, **IV**, dh zum Ausgl ungleichmäßiger Wertsteigergen ist das Altersruhegeld zGrde zu legen, das sich ergäbe, wenn ein Barwert der Teilversorgg für den Ztpkt des Eintr der Rechtshängigk des ScheidgsAntr ermittelt u als Beitrag in der gesetzl RentenVers entrichtet würde. Bei Versorggseinrichten für einzelne Wirtsch- od Unternehmensgruppen, bei denen die Teilnahme an der Versorggseinrichtg dch einen Beschäftiggswechsel innerh der angeschl Unternehmen nicht berührt w, ist die gesamte bei den der Versorggseinrichtg angeschl Unternehmen zurückgelegte BeschäftiggsZt maßg (BT-Drucks 7/650 S 158). Reine Invalidenversorggen werden, wenn noch kein VersFall vorliegt, allenf im schuldrechtl VersorggsAusgl ausgeglichen (D. Schwab FamRZ **78**, 12 sowie Handb Rz 573; aA Trey FamRZ **78**, 11). – Im Ggs zur gesetzl RentenVers u zur BeamtVersorgg lassen sich betriebl Ruhegeldzusagen im VersorggsAusglVerf uU **leicht verheimlichen**. Angesichts ihrer tatsächl Verbreitg insb bei Großbetrieben haben FamG (vgl FGG 12) u RAe zur Vermeidg von Regreßansprüchen desh ijF bei der Ermittlg der Versorggstitel auf die Möglk des Bestehens ausgleichspflichtiger Versorggszusagen zu achten. Deren Verschweigen ist ProzBetrug (StGB 263). – **Anwendungsbereich**: Nach Z 3 ist auch die Zusatzversorgg des öff Dienstes (§ 1587 Anm 2 a dd) zu bewerten (Rolland Rdn 96; Ruland Rdn 270), soweit nicht II Z 4 c anzuwenden ist; zu solchen Leistgen, die sich nach einem Bruchteil entrichteter Beiträge bemessen, gehören ua die VersRente der §§ 37 I b, 44 I, 44 a VBL-Satzg, § 26 der VersorggsAnst der dt KultOrchester, § 29 der Satzg dt Bühnen (Ruland Rdn 271). – Zu den Schwierigk der Berechng des Anrechts aus einer Gesamtversorggszusage Ruland Rdn 293 ff, zur Berechng einer VBL-Rente aaO Rdn 300; Trey NJW **78**, 307.

Ziff 4 gibt zus mit V Auffangregeln für die Bewertg von Versorggstiteln; die Vorschr faßt eine Anzahl **sonstiger Rentenanrechte u ähnliche wiederkehrende Leistgen** zur Versorgg wg Alters, Berufs- od Erwerbsunfähigk zusammen. Die Art der Benenng ist unmaßgebl. Für die Anwendg der Vorschr werden vornehml Anrechte auf unmittelb od mittelb betriebl Ruhegeldleistgen, auf Renten aus berufsständ Versorggseinrichtgen sowie Renten aus der Zusatzversorgg der VersorggsAnst des Bundes u der Länder in Betr kommen (BT-Drucks 7/650 S 157; Lit: Schaub/Schusinski/Ströer S 244; Ruland Rdn 125 ff), soweit sie rein beitragsbezogen sind u nicht bereits unter Z 3 fallen, aber auch die Altershilfe für Landwirte nach dem GAL, (vgl dazu Kirchner, Soziale Sicherh in der Landwirtsch **77**, 497), Renten u Rententeile aus Steigerungsbeträgen für Beiträge der Höherversicherg, u insb Renten aus ausländ SozVersicherign, Versorggen aus internat Organisationen, Leibrenten usw (Ruland NJW **76**, 1717; vgl auch § 1587 Anm 2a dd). Für die Bewertg dieser Versorggstitel wird auf die verschiedenen Bemessgsarten der Renten abgestellt. Steigt der Wert der Versorgg nicht in gleicher od nahezu gleicher Weise wie der Wert von Beamtenpensionen u Renten aus der gesetzl RentenVers, so ist die Berechnungsangleichg gem III zu beachten (Anm 4). **a)** Bemißt sich die Rente od Leistg ausschließl **nach der Dauer einer Anrechngszeit**, so ist der Betr der Versorggsleistg zGrde zu legen, der sich aus der in die Ehezeit fallden AnrechngsZt ergäbe, wenn bei Eintr der Rechtshängigk des ScheidgsAntr der Versorggsfall eingetreten wäre. Die Bewertg entspricht dem in Z 2 angewandten Prinzip. Solche rein zeitabhäng Renten od Leistgen, bei denen der Versorgg ausschließl von der Dauer der Zugehörigk zu der Versorggseinrichtg abhängt, kommen prakt nicht vor, zumal für die betriebl Altersversorgg II Z 3 u für die Fälle, in denen die zeitabhäng Leistg aus einem DeckgsKap gewährt w, III Z 1 Vorrang haben (Ruland Rdn 325). **b)** Bemißt sich die Rente od Leistg **nicht od nicht nur nach der Dauer einer Anrechngszeit u auch nicht nach den für die gesetzl Rentenversichergen** geltenden Grdsätzen (Buchst d) od anders ausgedrückt: Steigt die RentAnwartsch währd der VersZeit ähnl wie bei den BeamtPensionen in ungleichen Stufen an, wie vor allem die Altershilfe für Landwirte nach dem GAL (BT-Drucks 7/4361 S 38), so wird der TeilBetr der vollen bestimmgsmäß Rente od Leistg zGrde gelegt, der dem Verhältn der in die Ehezeit fallden Zeit der Ermittlg der Rente od Leistg zu berücksichtigden Zeit zu deren voraussichtl Gesamtdauer bis zur Erreichg der für das Ruhegehalt maßgebl Altersgrenze entspricht. Weitere Bspe bieten die berufsständ Versorggseinrichtgen der freien Berufe, also der Ärzte, Apotheker usw (Maier S 91). In der grdsl nach Z 3 zu behandelnden betriebl Altersversorgg werden teilw feste, nicht nach der Dauer der BetrZugehörigk variable Renten gezahlt, wobei die Teiln an der Versorggseinrichtg nach Ablauf einer best WarteFr ggf mit Begründg des BeschäftiggsVerhältn beginnen kann. Für solche Fälle ist – soweit nicht bereits Z 3 eingreift – eine Bewertg des AnwartschR ähnl in der Z 1 angebracht. Da die Versorggsleistg im Hinbl auf die Beschäftigg insgesamt gewährt w, kann das Anrecht od die Aussicht hierauf nur zu dem Teil als in der Ehe begründet angesehen w, der dem Verhältn der in die Ehe fallden Zeit der Beschäftigg zu deren voraussichtl Gesamtdauer, dh unter Hinzurechng auch einer noch ausstehden Zeit bis zur Erreich der für das Ruhegehalt maßgebl Altersgrenze, entspricht. Daher ist das dem Ausgl unterliegde Anrecht mit einem verhältnismäß TeilBetr der vollen bestimmgsmäß Rente od Leistg zu bewerten (BT-Drucks 7/650 S 157f). Ob nach der Berechng noch eine Dynamisierg erfdl ist, III (Anm 4), richtet sich danach, ob die auszugleichde Leistg nach ihrer RGrdlage an wirtschaftl Veränderungen angepaßt w muß, wie zB das Altersruhegeld für Landwirte (GAL 4 I 2); dann ist eine Dynamisierg nicht mehr notw (Ruland Rdn 333). **c)** Bemißt sich die Rente od Leistg nach einem **Bruchteil entrichteter Beiträge** – ein solches Bemessgsprinzip gilt zB gem § 44 I der Satzg der VersorggsAnst des Bundes u der Länder für die Zusatzversorgg im öff Dienst oder bei der HöherVers –, so wird der Betr zGrde gelegt, der sich aus für die Ehezeit entrichteten Beiträgen ergäbe, wenn bei Eintr der Rechtshängigk des ScheidgsAntr der VersorggsAusgl eingetreten wäre. Der Wert des AnwartschR entspricht also der Rente, die bei Eintr des Versorggsfalles im Zeitpkt der Scheidg aus den für Zeiten der Ehe entrichteten Beiträgen zu zahlen wäre (BT-Drucks 7/650 S 158). Sol ein VersFall nicht vorliegt, kommt bei reinen Invalidenversichergen ein öff-rechtl VersorggsAusgl nicht in Betr, später allenf ein schuldrechtl (D Schwab FamRZ **78**, 12 u Handb Rz 586; aA Trey FamRZ **78**, 11). **d)** Bemißt sich die Rente od Leistg nach den **für die gesetzl Rentenversichergen geltenden Grdsätzen,** was vor allem für die hüttenknappschaftl Zusatzversichergen im Saarl gilt, dann wird der TeilBetr der sich am Bewertgsstichtag (Einf 3a vor § 1587) ergebden Rente wg Alters zGrde gelegt, der dem Verhältn der in die Ehezeit fallden Versichergsjahre zu den insges zu berücksichtigden VersJahren entspricht. Dabei bleibt auch hier für die Zwecke der Bewertg außer Betr, ob im Ztpkt der Scheidg die Wartezeit für die Rente bereits erfüllt ist. Für die Ermittlg der gesamten bis zum Bewertgsstichtag erworbenen Rente sind sämtliche dem Rentensystem innewohnden Faktoren zGrde zu legen, also auch die vor der Ehe liegden Versjahre mit heranzuziehen. Für die Ermittlg des sich aus der Ehe ergebden RententeilBetr ist dagg auf das Verhältn der in der Ehe angesammelten Werteinheitensumme zu der Gesamtsumme der von Versicherten angesammelten Werteinheiten abzustellen (BT-Drucks 7/4361 S 39).

Ziff 5 : Bei Renten u Anwartschaften darauf aGrd eines privaten VersVertrages, also **Lebensversichergen auf Rentenbasis,** ist wieder zu unterscheiden je nachdem, ob die PrämienzahlgsPfl aus dem VersVerhältn über den Eintritt der Rechtshängigk des ScheidgsAntr hinaus fortbesteht oder nicht. Ungleichmäß Wertsteigerungen werden dch III ausgeglichen (Anm 4). Es geht in diesem Zushg nur um Anrechte auf Versorggsrenten; Kapitalversichergen (VVG 165 II) unterliegen dem ZugewAusgl (§§ 1372 ff). Gleichgült ist, von wem der VersVertr geschl w ist. Es wird nicht vorausgesetzt, daß der Versorggsempfänger selbst VersNehmer ist, so daß Z 5 auch die Fälle erfaßt, in denen ein Dritter eine VersorggsVers abgeschl hat, aus der die Leistgen unwiderrufl an den auszgl Eheg erfolgen sollen (BT-Drucks 7/650 S 158); ggf hat dieser auszugleichen, anderfl wäre der WiderrufsBerecht. Soweit dies allerd vS des ArbGebers als Form der betriebl Altersversorgg geschehen ist, erfolgt die Bewertg nach Ziff 3. Ferner unterliegt eine vS eines Dr dem einen Eheg unentgeltl zugewendete LebensVers überh keiner AusglPfl (§ 1587 I 2). Die Lösg, auch Anwartschaften aGrd eines privaten Vertrages real zu teilen, wurde vom Gesetzgeber verworfen (zur Begrdg vgl BT-Drucks 7/4361 S 39). Zum **Anwendgsbereich** vgl zunächst § 1587 Anm 2 a ee. Nach Z 5 werden vor allem Berufs- u ErwUnfähigkRenten bewertet sowie entsprche ZusatzVers, bei denen kein DeckgsKapital anwächst, sol das Risiko noch nicht eingetr ist; AltersVers, deren Leistgen ausschließl aus einem DeckgsKap gewährt w, sind nach III Z 1 als der speziellen Regg zu bewerten (Ruland Rdn 315). **a) Fortbestehen der Prämienzahlgspflicht** führt dazu, daß von dem RentenBetr auszugehen ist, der sich nach vorheriger Umwandlg in eine prämienfreie Versicherg als Leistg des Versicherers ergäbe, wenn in diesem Ztpkt der VersFall eingetreten wäre (vgl VVG 174 II). Dieser Umrechng bedarf es desh, weil die Anwartschaften in der gesetzl RentenVers aGrd der höheren Leistgen teurer sind als Anwartschaft auf eine Altersrente in einer privaten LebensVers (ZahlenBspe bei Böhmer StAZ **76,** 240). An Stelle des vertragl RentenBetr ist daher von dem Betr auszugehen, der sich für das Alter des Eheg, auf den die Vers genommen ist, als Rentenleistg des Versicherers ergäbe, wenn die bis zur Scheidg auf die Vers entfallde Prämienreserve als einmalige Prämie angesehen würde. Die bl Gleichsetzg des AnwartschR aus einer solchen Vers mit dem RentenBetr, wie er sich bei Eintr des VersFalles im Ztpkt der Scheidg ergäbe, wäre nicht sachgerecht, weil der Anspr des Versicherten auf den damit in Ansatz gebrachten Gesamtwert der vereinbarten VersLeistg von der weiteren Prämienzahlg abhängt, also zT erst dch weitere, nachehel Leistgen erworben wird (BT-Drucks 7/650 S 158). Sind auf die Vers Prämien auch für die Zeit vor der Ehe gezahlt w, so ist der Renten-Betr entspr geringer anzusetzen. **b)** Bei bereits **beendigter Prämienzahlgspflicht** wird von dem RentenBetr ausgegangen, der sich als Leistg des Versicherers ergäbe, wenn in diesem Ztpkt der VersFall eingetreten wäre. Eine PrämienzahlgsPfl besteht dann nicht mehr, wenn der VersFall bereits eingetreten ist, sowie bei Versichergen mit einmaliger Prämie, wenn diese schon geleistet ist, od bei sonst Versichergen nach Umwandlg in eine prämienfreie Vers (VVG 174). In diesem Falle ist der Anspr aus der Anwartsch auf die vertragl VersLeistg bereits voll erworben, so daß der Wert des AnwartschR für die Zwecke des Ausgl mit dem RentenBetr gleichgesetzt w kann, der sich bei Eintr des VersFalles am Bewertgsstichtag als Leistg des Versicherers ergäbe (BT-Drucks 7/650 S 158). Auch hier ist von einem entspr geringeren Wert auszugehen, wenn auf die Vers Prämien bereits für eine Zeit vor der Ehe geleistet w sind.

4) Anpassung ungleichmäßiger Wertsteigerungen an volldynamische Versorggssysteme, III. Während manche Versorggsanrechte dynamisiert sind, dh zB den steigden Einkommen angepaßt werden, wie Anwartschaften auf Beamtenpension od auf eine Rente aus der gesetzl RentenVers (vgl Einf 3a vor § 1587), bleiben and Ansprüche gleichs statisch, indem sie nicht mitsteigen od -fallen. Das gilt vornehml für Anspr aus betriebl Altersversorgg od aus einer priv Versicherg. Für sie bedarf es daher einer qualitativen Angleichg, wobei das Gesetz danach unterscheidet, ob die Leistgen aus einem Deckgskapital od einer vergleichb Deckgsrücklage gewährt werden soll od nicht. Die Umrechng zZw der Dynamisierg erfolgt dabei in beiden Ziff so, daß von dem Altersruhegeld auszugehen ist, das sich ergäbe, wenn man das tatsächl od fiktiv zu errechnde Deckgskapital für die auszugleichde Versorgg als Beitrag zur gestzl RentenVers entrichten würde; damit liegen für alle Versorggsanrechte Werte vor, die einander qualitativ entsprechen u desh miteinander vergleichb sind (BT-Drucks 7/4361 S 39 f). Das Ziel, dem dynamisierten Versorggswert entsprechde Werte zu gewinnen, ist also in beiden Ziff dasselbe; nur um den (dann hypothetisch in die gesetzl RentVers einzuzahlden) Ausgangswert festzustellen, bedarf es unterschiedlicher Methoden: Ist bereits ein Deckgskapital od eine Deckgsrücklage vorh, aus der die Versorgg gewährt w soll (Ziff 1), so kann man diesen Betr zur Ermittlg der entspr SozVersRente verwenden; fehlt es daran (Ziff 2), so ist zunächst der Barwert des betr Versorggstitels festzustellen. **a)** Bei Leistgen, die **aus einem Deckgskapital od einer vergleichbaren Deckgsrücklage** gewährt werden, ist das Altersruhegeld zGrde zu legen, das sich ergäbe, wenn der währd der Ehe gebildete Teil des Deckgskapitals od der auf diese Zeit entfallde Teil der Deckgsrücklage als Beitrag zur RentenVers entrichtet w wäre. **Ziff 1.** Man stellt also fest, wie viele Werteinheiten der ArbRentVers od AngestVers mit diesem DeckgsKap od dieser Deckgsrücklage zu „kaufen" wären. Zum Begr der WertEinh Anm 3 B Ziff 2. Die für die Umrechng erforderl Faktoren, näml zur Umrechng v DeckgsKapital in WE u der WE in eine RentAnwartsch, werden jährl bekanntgemacht (RVO 1304c III; AVG 83c III; vgl Anh I zu § 1587 a, Nr 5 u 2 der Bek). **Bsp :** Bei einem DeckgsKap (das nach dem gen Geschäftsplan des VersUntern zu berechnen ist u von diesem iW der Auskfnt n FGG 53 b II erfragt w kann) iHv 4000 DM errechnet sich bei einem Ende der EheZt iJ 1977 dch Multiplikation mit dem Faktor 0,0254749 aus Nr 5 der Bek v 1. 12. 76 die Summe der für das DeckgsKap erzielb WE; diese selbst werden dch den Faktor 0,2520125 in die RentAnwartsch umgerechnet (= 25,68 DM mtl). Zur Berechng der Rente mit Hilfe der WE u der RentFormel vgl Ruland Rdn 184 ff. **b)** Werden die Leistgen **nicht od nicht ausschließl aus einem Deckskapital** od einer Deckgsrücklage gewährt, so ist der Barwert der Versorgg für den Bewertgsstichtag (Einf 3 a vor § 1587) zu berechnen; alsdann wird festgestellt, welche Rente sich ergäbe, wenn dieser Barwert bzw die Deckgsrücklage als Beitrag zur gesetzl RentenVers entrichtet würde **Ziff 2**. Um die Berechng des Barwertes zu erleichtern, sind die Berechngsfaktoren dch RechtsVO der BReg bestimmt, um eine Wertermittlg auch ohne versichergsmathemat Kenntnisse zu ermögl (BT-Drucks 7/4361 S 40). Die **BarwertVO** v 24. 6. 77 ist im Anh II zu § 1587 a abgedr u kommentiert. Sie arbeitet mit BerechngsTab ähnl wie zu RVO 604 S 2, 616 I 2, 1295 S 4.

5) Wertbestimmg nach billigem Ermessen, V. Bemißt sich die Versorgg nicht nach den rechnerischen Bewertgsmaßstäben der II bis IV, so bestimmt das FamG die auszugleichde Versorgg in sinngemäßer Anwendg der Berechngsbewertg nach billigem Erm. Dieser **Auffangtatbestand** erscheint notw, weil es angesichts der Vielzahl unterschiedlicher Versorggstitel, insb auch im internat Ber, u der unüberschaubaren Zahl von Berechnungsmodalitäten unmögl erscheint, alle Berechnungsmodalitäten im G aufzuführen u für sie geeignete Bewertgsmaßstäbe zu entwickeln. V eröffnet den Gerichten die Möglichk, in Fällen, die im G nicht ausdrückl geregelt sind, die Bewertg in sinngemäß Anwendg der vorhandenen Vorschr nach billigem Erm vorzunehmen u damit eine dem Einzelfall gerecht werdde Lösg zu finden (BT-Drucks 7/4361 S 40). Entspr dieser Zielsetzg kommt die Bestimmg nur zur Anwendg, wenn sich für den zu bewertden Versorggstitel aus den vorstehden Absätzen kein BewertsMaßst ergibt; keine Anwendg also, wenn die Bewertg nach II bis IV auf tatsächl, rechnerische od rechtl Schwierigk stößt, etwa weil ein ArbGeber od ein SozVersTräger seiner AuskPfl nach FGG 53b II nur unvollkommen genügt od, weil ein SozialVers-Abkommen mit der DDR fehlt, die Feststellg des Umfangs der AusglPfl unmögl ist (AG Lüneb NdsRpfl **78**, 14). Die Bewertg erfolgt gem V bei privaten, nicht aus einem DeckgsKap gezahlten RentVersichergen mit fortbestehder PrämienzahlgsPfl; Leibrenten zZw der Altersversorgg u AltenteilsAnspr, die weder von der Dauer einer AnrechngsZt noch von BeitrZahlgen abh sind; Versorgg der BTAbgeordneten (Ruland Rdn 336).

6) Ein **a) Zusammentreffen mehrerer Versorggsanwartschaften, VI,** kommt insb im BeamtR vor, so wenn ein Ruhestandsbeamter aus einer nochmaligen Verwendg im öff Dienst Eink bezieht (BeamtVG 53); wenn aus einer solchen doppelten Verwendg im öff Dienst mehrere Versorggsbezüge (Pensionen) zutreffen (BeamtVG 54); wenn neben Versorggsbezügen aus einem BeamtVerhältn Renten aus der gesetzl RentVers zu zahlen sind (BeamtVG 55) od wenn innerstaatl Versorggsbezüge mit einer Versorgg aus zwstaatl od überstaatl Verwendg zutreffen (BeamtVG 56). Entspr kann eine Rente aus der gesetzl RentVers mit einer solchen aus der gesetzl UnfallVers od mit Arbeitslosengeld zutreffen. **b)** Die **Rechtsfolgen** eines derart ZusTreffens sind unterschiedl. In den seltensten Fällen stehen die Auszahlgen unberührt nebeneinand; in den meisten Fällen werden die Versorggen nur bis zu einem best **Höchstbetrag** gewährt u der übr Teil der Versorgg **ruht**. So werden die früheren VersorggsBezüge eines erneut im öff Dienst verwendeten Ruhestandsbeamten nur bis zu einer Höchstgrenze gezahlt (BeamtVG 54 II, 50 I), ebso bei zwstaatl od überstaatl Verwendg (BeamtVG 56) u wenn der Ruhestandsbeamte nebenher noch ArbEink als öff Dienst bezieht (BeamtVG 53). Entspr ruht eine Rente aus der gesetzl RentVers teilw, wenn sie mit einer UnfVersRente (RVO 1278 I; AVG 55 I) od mit ArbeitslSgeld (RVO 1278, 1283; AVG 56, 60) zutrifft. **c)** Für die **Auswirkgen auf den VersorggsAusgl** ist zu unterscheiden, ob die konkurrierden Versorggen jew für sich genommn ausgleichspflichtig sind od nicht. Ferner geht es stets nur um den Ausgl des in die EheZt fallden Teils, wem. KonkurrenzProbl taucht nur auf, wenn mind ein Teil der beiden Versorggen in die EheZt fällt (vgl BT-Drucks 7/650 S 158). **aa)** Bei einem ZusTreffen v versch Versorggsarten, bei denen **für jede einzeln die Voraussetzgen für die AusglPfl gegeben** sind, finden etwaige Anrechngs- u RuhensVorschr Anwendg. Das folgt insof aus VI, als es sich um VersorggsAnwartsch iSv II Z 1, also um ausglpflichtige, handeln muß u die Wertfeststellg „nach Anwendg v RuhensVorschr" erfolgen soll. VI übernimmt also die Berechnungsmethode der BeamtGe u der gesetzl RentVers in denj Fällen, in denen die Voraussetzgen der AusglPfl für jede der zutreffden Versorggsarten vorliegen (Ambrock Bem III). Wenn es ferner heißt, daß von den „gesamten" Versorggsbezügen u der „ges" DienstZt auszugehen ist, so ist wiederum zu unterscheiden: Für die Ermittlg des Wertes des Gesamtversorggsanrechts sind die versch Versorggswerte teils zuzurechnen, teils ist bei Verschiedenartigk die jew Berechnungsmethode anzuwenden. So ist iFv BeamtVG 54 die Berechng gem II Z 1 auf der Grdlage der GesamtAnwartsch dchzuführen; die versch Versorggswerte sind zuzurechnen; **Bsp:** Hat der Beamte aus der neuen Verwendg in der EheZt eine Anwartsch v 600 DM u eine ehezeitl, nach Anwendg der RuhensVorsch gekürzte Anwartsch aus dem bish Verwendg iHv 300 DM, so beträgt die in den Ausgl einzustellde GesAnwartsch 900 DM (zur Frage der Erstattg bei versch Versorggsträgern Rolland Rdn 41 f). Dagg ist iFv BeamtVG 55 od 56 die Berechng getrennt vorzunehmen, näml f die RentAnwartsch gilt II Z 2, für diej BeamtVersorgg gilt unter Berücks der RuhensVorschr II Z 1; erst die beiden Teilresultate sind zu einem GesamtAusglBetr zuzurechnen. Wiederum zu differenzieren ist iFv BeamtVG 53: Getrennte Berechng ist erfdl, wenn der Beamte aus der EheZt eine Anwartsch auf beamtrechtl Versorgg erlangt hat, zB wg Versetzg in den einstw Ruhestand (BeamtVG 4 I Z 3), u ebenf in der EheZt VerwendgsEink bezieht aus einem weiteren BeamtVerhältn, weil sich das neue Gehalt auf die 1. VersorggsAnwartsch nicht auswirkt. **bb)** Dagg wird sein RuheGeh gekürzt, wenn er iZtpkt der Scheidg Versorgg u VerwendgsEink nebeneinand bezieht (BeamtVG 53); hier bleibt VI auß Betr, dh die RuhensVorschr werden nicht berücks, soweit das außerhalb des VersorggsAusgl stehde VerwendgsEink das ausglpflichtige RuheGeh schmälert (Rolland Rdn 45 ff). In solchen Fällen, in denen ausglpflichtige **mit nicht ausgleichspflichtigen Versorggen zutreffen,** finden die Anrechngs- u RuhensVorschr keine Anwendg (Voskuhl/Pappai/Niemeyer S 40), weil es unvertretb wäre, „wenn die RuhensVorschr im Verhältn zum ausglberecht Eheg dazu führen würden, daß er mit seinem AusglAnspr ganz od teilw ausfiele, ohne gleichzeit an dem VermZuwachs zu partizipieren, der Ursache des Ruhens war" (Rolland Rdn 48; zur Begrdg vgl auch Ruland Rdn 210). Entspr wirkt sich das Ruhen des Altersruhegeldes auf den VersorggsAusgl nicht aus, wenn es mit einer Rente aus der gesetzl UnfVers zustrifft (RVO 1298; AVG 55). Nicht berücks werden schließl auch andere RuhensVorschr wie zB bei AuslAufenth (RVO 1317; AVG 55) od bei einem Verzicht auf Sozialleistgen (Ruland Rdn 211).

Anhang I zu § 1587a

A.

Bekanntmachung zu § 1304 c RVO

Bekanntmachung von Rechengrößen zur Durchführung des Versorgungsausgleichs in der gesetzlichen Rentenversicherung

Vom 1. Dezember 1976

(Bundesanzeiger 1976 Nr. 233 S. 4)

ergänzt durch Bekanntmachung vom 7. November 1977 (Bundesanzeiger Nr. 212)*)

Gemäß § 1304c Abs. 3 der Reichsversicherungsordnung, § 83c Abs. 3 des Angestelltenversicherungsgesetzes und § 96b des Reichsknappschaftsgesetzes, alle in der Fassung des Ersten Gesetzes zur Reform des Ehe- und Familienrechts vom 14. Juni 1976 (Bundesgesetzbl. I S. 1421) gebe ich die Umrechnungsfaktoren bekannt, die zur Durchführung des Versorgungsausgleichs in der gesetzlichen Rentenversicherung benötigt werden. Die Endergebnisse aus den Berechnungen sind auf zwei Dezimalstellen auszurechnen; die zweite Stelle ist dabei um 1 zu erhöhen, wenn in der dritten Stelle eine der Ziffern 5 bis 9 erscheinen würde.

1. Umrechnen einer Rentenanwartschaft in Werteinheiten

Eine nach § 1587b BGB übertragene, begründete oder zu begründende Rentenanwartschaft wird in Werteinheiten umgerechnet, indem sie mit dem für das Kalenderjahr, in dem der Versicherungsfall als eingetreten gilt, maßgebenden Umrechnungsfaktor vervielfältigt wird.

Kalenderjahr, in dem der Versicherungsfall als eingetr. gilt	Umrechnungsfaktor für ArV/AnV	KnRV	Kalenderjahr, in dem der Versicherungsfall als eingetr. gilt	Umrechnungsfaktor für ArV/AnV	KnRV
1967	9,422850	6,979049	1973	5,983098	4,431306
1968	8,699435	6,443585	1974	5,379960	3,984578
1969	8,179959	6,058913	1975	4,842615	3,586502
1970	7,753441	5,742806	1976	4,362764	3,231355
1971	7,294611	5,402891	1977	3,968057	2,938907
1972	6,662225	4,934100	1978	3,702332	2,742020

2. Umrechnen von Werteinheiten in eine Rentenanwartschaft

Werteinheiten werden in eine Rentenanwartschaft umgerechnet, indem sie mit dem für das Kalenderjahr, in dem der Versicherungsfall als eingetreten gilt, maßgebenden Umrechnungsfaktor vervielfältigt werden.

Kalenderjahr, in dem der Versicherungsfall als eingetr. gilt	Umrechnungsfaktor für ArV/AnV	KnRV	Kalenderjahr, in dem der Versicherungsfall als eingetr. gilt	Umrechnungsfaktor für ArV/AnV	KnRV
1967	0,1061250	0,1432860	1973	0,1671375	0,2256671
1968	0,1149500	0,1551931	1974	0,1858750	0,2509676
1969	0,1222500	0,1650461	1975	0,2065000	0,2788232
1970	0,1289750	0,1741309	1976	0,2292125	0,3094677
1971	0,1370875	0,1850861	1977	0,2520125	0,3402625
1972	0,1501000	0,2026712	1978	0,2701000	0,3646946

3. Umrechnen von Werteinheiten in Beiträge

Werteinheiten werden in Beiträge umgerechnet, indem sie mit dem für das Jahr der Beitragsentrichtung maßgebenden Umrechnungsfaktor vervielfältigt werden.

Jahr der Beitragsentrichtung	Umrechnungsfaktor für ArV/AnV	KnRV
1977	39,2544	51,79165
1978	42,0030	55,4177

*) Geändert und berichtigt durch die unter B und C abgedruckten Bekanntmachungen, die in dem unter A abgedruckten Text bereits berücksichtigt sind.

Bürgerliche Ehe. 7. Titel: Scheidung der Ehe **Anh I zu § 1587a**

4. Umrechnen von Beiträgen in Werteinheiten

Beiträge werden in Werteinheiten umgerechnet, indem sie mit dem für das Jahr der Beitragsentrichtung maßgebenden Umrechnungsfaktor vervielfältigt werden.

Jahr der Beitragsentrichtung	Umrechnungsfaktor für	
	ArV/AnV	KnRV
1977	0,0254749	0,0193081
1978	0,02380782	0,01804478

5. Umrechnen von Barwerten, Deckungskapitalien und vergleichbaren Deckungsrücklagen in Werteinheiten

Barwerte, Deckungskapitalien oder vergleichbare Deckungsrücklagen werden in Werteinheiten umgerechnet, indem sie mit dem für das Kalenderjahr, in dem der Versicherungsfall als eingetreten gilt, maßgebenden Umrechnungsfaktor vervielfältigt werden.

Kalenderjahr, in dem der Versicherungsfall als eingetreten gilt	Umrechnungsfaktor	Kalenderjahr, in dem der Versicherungsfall als eingetreten gilt	Umrechnungsfaktor
1967	0,0773958	1973	0,0372082
1968	0,0673877	1974	0,0340101
1969	0,0611606	1975	0,0303665
1970	0,0542552	1976	0,0272585
1971	0,0496862	1977	0,0254749
1972	0,0440857	1978	0,02380782

Die Werteinheiten werden nach Nummer 2 mit dem Umrechnungsfaktor für ArV/AnV in eine Rentenanwartschaft umgerechnet; in diesem Fall ist das Zwischenergebnis aus Nummer 5 nicht zu runden.

6. Errechnen des Höchstbetrags der für die Ehezeit möglichen Rentenanwartschaft

Der Höchstbetrag nach § 1587b Abs. 5 BGB wird errechnet, indem die auf die Ehezeit entfallenden Kalendermonate mit dem für das Kalenderjahr, in dem der Versicherungsfall als eingetreten gilt, maßgebenden Umrechnungsfaktor vervielfältigt werden.

Kalenderjahr, in dem der Versicherungsfall als eingetreten gilt	Umrechnungsfaktor	Kalenderjahr, in dem der Versicherungsfall als eingetreten gilt	Umrechnungsfaktor
1967	1,7684670	1973	2,7851793
1968	1,9155268	1974	3,0974210
1969	2,0371740	1975	3,4411160
1970	2,1492394	1976	3,8195971
1971	2,2844261	1977	4,1995363
1972	2,5012664	1978	4,5009464

B.

Bekanntmachung zur Änderung der Bekanntmachung der Bezugsgrößen für die Sozialversicherung und zur Ergänzung der RV-Bezugsgrößenverordnung 1978

Vom 12. Juli 1978

(Bundesanzeiger 1978 Nr. 137,

berichtigt durch Bekanntmachung vom 2. August 1978 (Bundesanzeiger Nr. 151)

Auf Grund des § 1304c Abs. 3 der Reichsversicherungsordnung, des § 83c Abs. 3 des Angestelltenversicherungsgesetzes und des § 96b des Reichsknappschaftsgesetzes gebe ich bekannt:

Der Abschnitt „E. Rechengrößen zur Durchführung des Versorgungsausgleichs" in der Bekanntmachung der Bezugsgrößen für die Sozialversicherung und zur Ergänzung der RV-Bezugsgrößenverordnung 1978 vom 7. November 1977 (BAnz. Nr. 212 vom 11. November 1977) wird als Folge von Rechtsänderungen im 21. Rentenanpassungsgesetz durch folgende Fassung ersetzt:

„E. Rechengrößen zur Durchführung des Versorgungsausgleichs

Die Nummern 1 bis 6 ergänzen die Bekanntmachung des Bundesministers für Arbeit und Sozialordnung vom 1. Dezember 1976 (BAnz. Nr. 233 vom 10. Dezember 1976).

1. Umrechnen einer Rentenanwartschaft in Werteinheiten

Eine nach § 1587b BGB übertragene, begründete oder zu begründende Rentenanwartschaft (DM/Mon.) wird, wenn

a) *der Versicherungsfall im ersten Halbjahr 1978 eingetreten ist, mit dem Faktor*
ArV/AnV = 3,702332 oder KnRV = 2,742020,

1403

b) der Versicherungsfall im zweiten Halbjahr 1978 eingetreten ist, mit dem Faktor
$ArV/AnV = 3{,}797228$ oder $KnRV = 2{,}812335$

in Werteinheiten umgerechnet.

2. Umrechnen von Werteinheiten in eine Rentenanwartschaft
Werteinheiten werden, wenn
a) der Versicherungsfall im ersten Halbjahr 1978 eingetreten ist, mit dem Faktor
$ArV/AnV = 0{,}2701000$ oder $KnRV = 0{,}3646946$,
b) der Versicherungsfall im zweiten Halbjahr 1978 eingetreten ist, mit dem Faktor
$ArV/AnV = 0{,}2633500$ oder $KnRV = 0{,}3555764$

in eine Rentenanwartschaft (DM/Mon.) umgerechnet.

3. Umrechnen von Werteinheiten in Beiträge
Werteinheiten werden mit dem Faktor
$ArV/AnV = 42{,}00300$ oder $KnRV = 55{,}41770$

in Beiträge (DM/Jahr) umgerechnet, wenn diese Beiträge 1978 entrichtet sind.

4. Umrechnen von Beiträgen in Werteinheiten
Beiträge, die
a) für das erste Halbjahr 1978 entrichtet sind, werden mit dem Faktor
$ArV/AnV = 0{,}02380782$ oder $KnRV = 0{,}01804478$,
b) für das zweite Halbjahr 1978 entrichtet sind, werden mit dem Faktor
$ArV/AnV = 0{,}02227122$ oder $KnRV = 0{,}01688017$

in Werteinheiten umgerechnet.

5. Umrechnen von Barwerten, Deckungskapitalien und vergleichbaren Deckungsrücklagen in Werteinheiten
Barwerte, Deckungskapitalien und vergleichbare Deckungsrücklagen, werden, wenn
a) der Versicherungsfall im ersten Halbjahr 1978 als eingetreten gilt, mit dem Faktor 0,02380782,
b) der Versicherungsfall im zweiten Halbjahr 1978 als eingetreten gilt, mit dem Faktor 0,02227122

in Werteinheiten umgerechnet.

6. Errechnen des Höchstbetrags der für die Ehezeit möglichen Rentenanwartschaft
Der Höchstbetrag nach § 1587b Abs. 5 BGB wird errechnet, indem die auf die Ehezeit entfallenden Kalendermonate, wenn
a) der Versicherungsfall im ersten Halbjahr 1978 als eingetreten gilt, mit dem Faktor 4,5009464,
b) der Versicherungsfall im zweiten Halbjahr 1978 als eingetreten gilt, mit dem Faktor 4,3884644

vervielfältigt werden."

C.
Berichtigung der Bekanntmachung zur Änderung der Bekanntmachung der Bezugsgrößen für die Sozialversicherung und zur Ergänzung der RV-Bezugsgrößenverordnung 1978

Vom 2. August 1978

(Bundesanzeiger 1978 Nr. 151)

Die veröffentlichte Fassung der Nummern 3 und 4 des mit der Bekanntmachung zur Änderung der Bekanntmachung der Bezugsgrößen für die Sozialversicherung und zur Ergänzung der RV-Bezugsgrößenverordnung 1978 vom 12. Juli 1978 (BAnz. Nr. 137 vom 26. Juli 1978) neugefaßten Abschnitts E der Bekanntmachung vom 7. November 1977 ist wie folgt zu berichtigen:

4. Umrechnen von Beiträgen in Werteinheiten
Beiträge (DM/Jahr), die 1978 entrichtet sind, werden mit dem Faktor $ArV/AnV = 0{,}02380782$ oder $KnRV = 0{,}01804478$ in Werteinheiten umgerechnet.

5. Umrechnen von Barwerten, Deckungskapitalien und vergleichbare Deckungsrücklagen in Werteinheiten
Barwerte, Deckungskapitalien und vergleichbare Deckungsrücklagen werden, wenn der Versicherungsfall 1978 als eingetreten gilt, mit dem Faktor 0,02380782 in Werteinheiten umgerechnet.

Anhang II zu § 1587a

Verordnung zur Ermittlung des Barwerts einer auszugleichenden Versorgung nach § 1587a Abs. 3 Nr. 2 und Abs. 4 des Bürgerlichen Gesetzbuchs (Barwert-Verordnung)

Vom 24. Juni 1977 (BGBl I S. 1014)

Schrifttum: Schusinski/Stifel NJW 77, 1264.

Einführung

1) Die BarwertVO wurde aGrd der Ermächtigg in § 1587a III Z 2 S 2 erlassen. **Zweck:** Sie dient der Umrechng von stat Versorggstiteln in dynam Versorggsanrechte. Die auf die EheZt entfallden u in den Ausgl einzubeziehenden Versorggstitel müssen, um miteinand vergleichb zu sein, einheitl in Monatsrenten ausgedrückt w. Die MoRente kann aber nicht in allen Fällen unmittelb aus der Anwartsch errechnet w,

Bürgerliche Ehe. 7. Titel: Scheidung der Ehe **Anh II zu § 1587a**

weil sonst der dahinterstehde Versorggswert u damit ein wesentl GesPkt des AusglGedankens unberücks bliebe (Amtl Begrdg, BR-Drucks 191/77 S 11). Die BarwertVO ermöglicht nun an Hand von 4 Tabellen, den Barwert nichtdynam VersorggsTitel festzustellen, um mit seiner Hilfe dann die daraus hypothet zu gewinnde SozVersRente (vgl § 1587a III Z 2 S 1 u IV) zu errechnen, was wiederum nach der jew Bek der BMA (vorstehd Anh I zu § 1587a) geschieht. Die BarwertVO gilt nur für nicht volldynamisierte Versorggs leistgen. Zur Frage, welche Anrechte ggständl in Betr kommen vgl § 1 Anm 2. Für ihre Bewertg wird danach **unterschieden,** ob es sich um eine jew zeitl unbegrenzte Versorgg wg Alters und Berufs- od Erwerbsunfähigk (§ 2 II iVm Tab 1), um eine isolierte Altersversorgg (§ 2 III iVm Tab 2), um eine Versorgg nur wg Berufs- od ErwUnfähigk (§ 2 IV iVm Tab 3), um eine zeitl begrenzt laufde Versorgg wg Alters, Berufs- od ErwUnfähigk, jew mit den sich aus § 2 ergebden Kombinationen (§ 3 I u II 1) od um eine Versorgg allein wg Berufs- od ErwUnfähigk nur bis zu einem best Höchstalter (§ 3 II 2) handelt; ferner danach, ob eine bereits laufende Versorggsleistg nur dch den Todesfall (§ 4 I iVm Tab 4) od zeitl anders begrenzt ist (§ 4 II). Anders gruppiert gibt § 2 die Bewertg für lebenslange nazugsVersorggsLeistgen, § 3 diej für zeitl begrenzt lfde Leistgen, § 4 für bereits laufde Leistgen u § 5 eine Höchstbetragsregelg.

2) Bewertgsprinzipien. Soweit für die als Versorgg zu zahlden Renten ein Deckgskapital gebildet w, läßt sich das in der gesetzl RentVers hypothet ergebde mtl Altersruhegeld ermitteln, indem man feststellt, was sich als SozVersRente ergäbe, wenn das DeckgsKap als Beitr in die gesetzl RentVers eingezahlt würde (§ 1587a III Z 1). Wird dagg für die Versorgg kein DeckgsKap gebildet, so muß der best Barwert ermittelt w, den dieses Anrecht besitzt, u dieser wird dann – wiederum hypothet – in die gesetzl RentVers eingezahlt (§ 1587a III Z 2 S 1). Der Ermittlg dieses Barwertes dient die BarwertVO mit ihren verschiedenen Tabellen. Vor Anwendg der Tab sind diej Teile der Versorgg auszuscheiden, die nicht in der EheZt erworben sind. Die in den Tab festgelegten Faktoren (Vervielfacher, Werte) beruhen auf versichergsmathemat Grdsätzen. Zu berücksichtigen, daß der Wert einer Versorgg der Gesamtwert der wahrscheinl noch ausstehdn Versorggsleistg ist, vermindert um noch zu erbringde Beiträge. Da beides vom Lebensalter der Versicherten abhängt, sind die Kapitalisierunsfaktoren entsprechd zu staffeln, wobei zusätzl der Zinseffekt zu berücks ist (BR-Drucks 191/77 S 15). Die Berechng des Barwertes erfolgt dch die Vervielfachg der zu erwartden od bereits laufden Jahresrente mit dem Vervielfacher, der in der für die best Versorggsart vorgesehenen Tab angegeben ist (sa § 1 Anm 4). Dabei kann es in AusnFällen dazu kommen, daß der fiktive RentVersBetr trotz der Dynamisierg größer ist als die Ausgangsversorgg. Um dies zu verhindern, enthält § 5 eine Höchstbetragsregelg.

Auf Grund des durch Artikel 1 Nr. 20 des Ersten Gesetzes zur Reform des Ehe- und Familienrechts vom 14. Juni 1976 (BGBl. I S. 1421) eingefügten § 1587a Abs. 3 Nr. 2 und Abs. 4 des Bürgerlichen Gesetzbuchs in der im Bundesgesetzblatt Teil III, Gliederungsnummer 400-2, veröffentlichten bereinigten Fassung verordnet die Bundesregierung mit Zustimmung des Bundesrates:

§ 1. Barwert zur Errechnung des Versorgungsausgleichs. (1) *Für die Ermittlung des Wertunterschiedes ist bei*

a) den in § 1587a Abs. 2 Nr. 3 des Bürgerlichen Gesetzbuchs bezeichneten Leistungen oder Anwartschaften auf Leistungen der betrieblichen Altersversorgung,

b) den in § 1587a Abs. 2 Nr. 4 des Bürgerlichen Gesetzbuchs bezeichneten sonstigen Renten oder ähnlichen wiederkehrenden Leistungen, die der Versorgung wegen Alters oder Berufs- oder Erwerbsunfähigkeit zu dienen bestimmt sind, oder Anwartschaften hierauf

das Altersruhegeld zugrunde zu legen, das sich ergäbe, wenn ihr Barwert als Beitrag in der gesetzlichen Rentenversicherung entrichtet würde. Dies gilt nicht, wenn ihr Wert in gleicher oder nahezu gleicher Weise wie der Wert der in § 1587a Abs. 2 Nr. 1 und 2 des Bürgerlichen Gesetzbuchs bezeichneten Versorgungen und Anwartschaften (volldynamische Versorgungen) und sie daher mit diesen unmittelbar vergleichbar sind; dies gilt ferner nicht in den Fällen des Buchstaben b, wenn die Leistungen ausschließlich aus einem Deckungskapital oder einer vergleichbaren Deckungsrücklage gewährt werden. Einer Anwartschaft steht die Aussicht auf eine Versorgung gleich.

(2) *Absatz 1 ist entsprechend anzuwenden, wenn die Leistungen aus den in § 1587a Abs. 2 Nr. 5 des Bürgerlichen Gesetzbuchs bezeichneten Renten oder Rentenanwartschaften auf Grund eines Versicherungsvertrages nicht oder nicht ausschließlich aus einem Deckungskapital oder einer vergleichbaren Deckungsrücklage gewährt werden.*

(3) *Der Barwert ist nach Maßgabe der folgenden Vorschriften aus den Tabellen zu ermitteln, die dieser Verordnung anliegen.*

1) Vgl zunächst § 1587a Anm 4. Die Vorschr des § 1 bestimmt den sachl Anwendgsbereich der BarwertVO, dh sie legt fest, auf welche Versorggstitel die BarwertVO anzuwenden ist (I 1 u II). Das sind einmal die Leistgen der betriebl Altersversorg (§ 1587a II Z 3), ferner die versch sonst Renten od ähnl wiederkehrden Leistgen des AuffangTatbestd § 1587a II Z 4 u schließl die priv VersVerträge (§ 1587a II Z 5). Nach dieser Aufzählg werden von der Bewertg dch die BarwertVO wiederum ausgen sämtl Versorggsanrechte, die bereits voll dynamisiert sind (I 2 erster Halbsatz) od diej von § 1587a II Z 4 (also der Leistgen, deren Höhe sich nach der Dauer einer Anrechngszeit od nach einem Bruchteil entrichteter Beiträge bemißt usw), die ausschließl aus einem Deckgskapital od einer vergleichb Deckgsrücklage gewährt w (I 2 zweiter Halbs). Die schwierige Gliederg des I erklärt sich ua daraus, daß der VO-Geber bei der Versorgg nur für den Fall der Invalidität unterscheiden wollte: die betriebl Versorggszusagen sollten ijF ausgeglichen werden, weil sie nach § 1587a II Z 3 S 3 ohnehin nur in den VersorggsAusgl einbezogen w, wenn sie unverfallb sind, so daß sie einen tatsächl Versorggswert darstellen, auch wenn der ArbN aus dem Betrieb ausscheidet (§ 2 Anm 5), währd bei der priv BerufsunfähigkVers (vgl dazu Anm 2b sowie § 1587 Anm 2b) vor Eintr des VersFalles kein DeckgsKap vorh ist (BR-Drucks 191/77 S 14f). Schließl verpflichtet III dazu, bei der Ermittlg des Barwertes die übr Vorschr der BarwertVO anzuwenden u die ihr beigefügten Tabellen zu benutzen.

1405

2) Sachlicher Anwendgsbereich. Umrechngspflichtig nach der BarwertVO sind gem I u II: **a)** dem Verwirklichungsgrad nach alle Versorggen, Anwartschaften u Aussichten darauf, **I 3** (vgl § 1587 Anm 2a), sowie **b)** dem Ggst nach: **aa)** Alle Anrechte auf Versorgg wg Alter u Invalidität; § 1 I 1a erwähnt zwar iGsatz zu Buchst b nur die betriebl „Alters"Versorgg, meint aber sämtl VorsorgeMaßn, also alle Versorggsanrechte, für die kein Deckgskapital gebildet ist u deren Wert nicht od in nahezu gleicher Weise steigt wie die Anwartschaften u Leistgen in der gesetzl RentVers. Das sind die Versorggstitel iSv § 1587a III Z 2 u II Z 4, also die privaten RisikoVers (§ 1587a III Z 2) sowie vor allem die berufsständ Versorggseinrichtgen wie zB die Versorggswerke der Ärzte, Notare usw, soweit sie nicht (ausnahmsw) Zusagen auf dynamisierte Renten bieten (§ 1587a II Z 4); ferner die nicht voll dynam Leistgen der betriebl Altersversorgg (§ 1587a II Z 3 u IV), gleichgült ob sie wg Alters und Berufs- od ErwUnfähigk od nur für den Alters- oder Invaliditätsfall versprochen sind. Nach dem Entw der BarwertVO sollten die nicht volldynam Leistgen der betriebl Altersversorgg gem § 1587a IV stets nach der BarwertVO kapitalisiert w, also gleichgült, ob im Einzelfall eine Betriebsrente od ein der Versorgg dienender KapitalBetr gezahlt w soll. Nach dieser Auffassg hatte der GesGeber, wie sich aus der Verweisg des § 1587a IV auf III Z 2 S 2 ergibt (Schusinski/Stifel NJW **77**, 1264) eine einheitl Regelg für den in der Prax wicht Bereich der betriebl Altersversorgg schaffen wollen (Amtl Begrdg, BR-Drucks 191/77 S 12). Demggü ist in der endgült Fassg der BarwertVO der urspr vorgesehene § 4 gestrichen worden. Begrdg: Der VersorggsAusgl ist seiner ganzen Anlage nach auf laufde Versorggen abgestellt, nicht auf einmal zu erbringde Kapitalleistgen. Davon dürfte trotz der allg Fassg des § 1587a II Z 3 („Leistgen der betriebl Altersversorgg") wg § 1587 I 1 keine Ausn gemacht w. Außerd könnte die Einbeziehg von KapLeistgen der betriebl Altersversorgg in den VersorggsAusgl größte Schwierigk mit sich bringen, wenn die KapLeistg bereits vor dem Ende der EheZt ausgezahlt w ist (BR-Drucks 191/77 Beschl S 6f mit weit Einzelh). Kein Deckgskapital entsteht bei der selbstd Berufsunfähigk-Vers (Anm bb). Sie ist vor dem VersFall nicht ausglpflichtig (BR-Drucks 191/77 S 13f); doch ist die bereits laufende Invaliditätsrente nach der BarwertVO umzurechnen (§ 1587a III Z 2). **bb)** Dagg **unterliegen** der UmrechngsPfl nach **der BarwertVO** diej Versorggstitel **nicht**, die überh nicht ausgleichspflichtig sind (§ 1587 Anm 2b) sowie solche Anrechte, deren Wert in gleicher od nahezu gleicher Weise steigt wie SozVersRenten od BeamtPensionen, **I 2 erster Halbsatz**. In diesen Fällen ist nach Sinn u Zweck der Regelg des VersorggsAusgl eine Umrechng der Anwartsch in Anwartschaften der gesetzl RentVers nicht sachgerecht, da die volldynam Anwartschaften der betriebl Altersversorgg mit denen aus der gesetzl RentVers bereits vergleichb Größen darstellen. Die Umrechng mit einem best Kapitalisiergsfaktor würde dazu führen, daß die vorhandene Gleichwertigk beseitigt wird (BR-Drucks 191/77 S 13). Zu diesen dynamisierten Rentenanrechten, die somit der BarwertVO nicht unterliegen, gehören beispielsw: idR Renten aus der Zusatzversorgg des öff Dienstes, die Altershilfe f Landwirte (vgl Einf 3a vor § 1587), ferner auch Versorggen iS des § 1587a II Z 4, die nach beamtenrechtl Grdsätzen od der gesetzl RentVers entspr gewährt w, zB innerh der berufsständ Versorggswerke. Solche dynam Versorggen sind nicht nach der BarwertVO zu kapitalisieren, sond mit ihrem monatl RentBetrag unmittelb in die AusglRechng einzusetzen (BR-Drucks 191/77 S 12). **„Volldynamisch"** bedeutet, daß sowohl die Anwartschaften als auch die Leistgen regelmäß der allg Einkommensentwicklg angepaßt w (BR-Drucks 191/77 S 12). Soweit Versorggsleistgen nach ihrer gesetzl od satzgsmäß Ausgestaltg dynam sind, kommt es nicht darauf an, daß der Anpassgssatz der gleiche ist wie derj in der gesetzl RentVers od in der BeamtVersorgg. Auch ist eine jährl Anpassg nicht gesetzl vorgeschrieben. Nicht ausreichd aber, wenn eine berufsständ Versorggseinrichtg hinter den Anpassgen der Altersruhegelder od BeamtPensionen ständ zurückbleibt (Ruland/Tiemann Rdn 182) od wenn es dem Ermessen des Versorggsträgers überl ist, ob, wann u mit welchem Anpassgssatz er angleicht wil (Voskuhl/Pappai/Niemeyer S 36). – Ferner werden von der BarwertVO ausgen u unterliegen der UmrechngsPfl nicht diejenigen nicht (voll) dynam Versorggen iSv § 1587a II Z 4 („sonstige Renten"), die **ausschließl aus einem DeckgsKap od einer vergleichbaren Deckgsrücklage** gewährt w, was der gesetzl Regelg in § 1587a III entspricht (BR-Drucks 191/77 S 16), **I 2 zweiter Halbsatz**. Bei priv RentVersichergen wird für den Fall des Alters stets ein DeckgsKap aus den von den Versicherten eingezahlten Beiträgen gebildet, so daß hier ohne Ausn nach § 1587a III Z 1 verfahren w kann, also die Umrechng in ein Altersruhegeld der gesetzl RentVers an Hand des geschäftsplanmäß DeckgsKap erfolgt (BR-Drucks 191/77 S 13). **Kein Deckgskapital** in diesem Sinne entsteht bei der selbstd BerufsunfähigkVers, also wenn ein privater VersVertrag nur für den Fall der Invalidität abgeschl wird. Die Aufrechterhaltg der Vers beruht bei den jew letzten Beitr, so daß die Vers keinen echten Versorggswert darstellt, der im VersorggsAusgl berücksichtigt w könnte. Erst iF der Invalidität wird vom Versicherer ein DeckgsKap gebildet, das aber nicht als Grdlage für eine Umrechng nach § 1587a III Z 1 genommen w kann, da es im wesentl nicht aus den Beiträgen des Versicherten gebildet wird (BR-Drucks 191/77 S 14). Die Beschränkg des 2. Halbs auf den Buchst b bedeutet nicht, daß die aus einem DeckgsKap od einer vergleichb Deckgsrücklage gewährte betriebl Altersversorgg nach der BarwertVO umgerechnet w; der VO-Geber konnte sich vielm in Halbs 2 mit dem Buchst b begnügen, weil bereits über die Verweisg in § 1587a IV auf III Z 2 sichergestellt war, daß die aus einem DeckgsKap od einer vergleichb Deckgsrücklage gewährten betriebl Altersversorgg nicht nach der BarwertVO zu bewerten sind, denn das ist in § 1587a III Z 2 negatives TatbestMerkm („werden die Leistgen nicht od nicht ausschließl . . .").

3) Für die **privaten Rentversichergsverträge** (§ 1587a II Z 5) gelten die Grdsätze des I entsprechd, soweit die Versorggsleistgen aGrd des VersVertr nicht od nicht ausschließl aus einem DeckgsKap od einer vergleichb Deckgsrücklage gewährt w, **II**. Da für Altersrenten stets Deckgsrücklagen aus den Beitr der Versicherten gebildet w, bleiben hierfür nur die reinen **Berufsunfähigk Versichergen** übr. Aber auch sie sind nach der BarwertVO nur zu kapitalisieren, wenn bereits Leistgen daraus gewährt w, das versicherte Risiko also eingetreten ist (BR-Drucks 191/77 S 16f; Anm 2b bb). Zum maßgebl Zeitpkt § 1587 Anm 3.

4) Der Barwert ist jew nach den der VO beigegebenen **Tabellen** zu errechnen. Vgl dazu Einf 2 vor § 1. Andere BerechngsGrdlagen sind unzul (MüKo/Maier § 1587a Rdn 354). Soweit eine Versorgg wg Alters-, Berufs- od ErwUnfähigk zugesagt ist, gilt Tab 1. Soweit nur eine Altersversorgg versprochen w ist, gilt

Bürgerliche Ehe. 7. Titel: Scheidung der Ehe **Anh II zu § 1587a**

Tab 2. Wurde nur eine Versorgg wg Berufs- od ErwUnfähigk, dagg keine Altersversorgg zugesagt, ist Tab 3 anzuwenden. Tab 4 schließl gilt für sämtl Versorggsleistgen, also gleichermaßen für isolierte od kombinierte Versorggszusagen wg Alters, Berufs- od ErwUnfähigk, vorausgesetzt, daraus wird bereits eine Leistg gewährt. Zum maßgebl Ztpkt § 1587 Anm 3. Es gibt darüber hinaus bereits Tabellen, die alle mit der BarwertVO iVm der Dynamisierg zusammenhängden Berechnungen zusammenfassen, so daß man den entspr RentenBetrag nur noch mit dem Wert aus der jew maßgebl Tab multiplizieren muß, um die Höhe des entspr Altersruhegeldes der gesetzl RentVers zu erhalten (vgl Ruland/Tiemann Rdn 203ff). Währd also nach der BarwertVO iVm der Bek des BMA (Anh I zu § 1587a) mind 4 Rechenvorgänge dchzuführen sind - näml 1. Umrechng der MoRente in eine JahresRente; 2. Errechng des Kapitalwertes dieser Jahresrente mit Hilfe der Tab der BarwertVO; 3. Umrechng des KapWertes in Werteinheiten der gesetzl RentVers mit Hilfe der Nr. 5 der Bek des BMA; 4. Umrechng der WE in eine SozVersRente aGrd der Nr 2 der Bek des BMA (vgl das Bsp in Anm 3a zu § 2) – reduzieren sich diese Berechngen nach den Ruland'schen Tabellen auf eine einzige Rechng.

§ 2. Barwert einer Anwartschaft auf lebenslange Leistungen. (1) Der Barwert einer Anwartschaft auf eine lebenslange Versorgungsleistung wird ermittelt, indem der Jahresbetrag der nach § 1587a Abs. 2 Nr. 3 oder 4 des Bürgerlichen Gesetzbuchs auszugleichenden Versorgung mit dem Kapitalisierungsfaktor vervielfacht wird, der sich aus den anliegenden Tabellen 1 bis 3 ergibt.

(2) Ist eine Versorgung wegen Alters und Berufs- oder Erwerbsunfähigkeit zugesagt oder besteht aus sonstigen Gründen hierauf eine Anwartschaft, so ist die Tabelle 1 anzuwenden. Für jedes Jahr, um das der Beginn der Altersrente vor der Vollendung des 65. Lebensjahres liegt, sind die Werte der Tabelle 1 um 8 vom Hundert, mindestens jedoch auf die in Absatz 3 Satz 1 und 2 ergebenden Werte, zu erhöhen. Für jedes Jahr, um das der Beginn der Altersrente nach der Vollendung des 65. Lebensjahres liegt, sind die Werte der Tabelle 1 um 5 vom Hundert zu kürzen, höchstens jedoch um 25 vom Hundert.

(3) Ist nur eine Altersversorgung zugesagt oder besteht aus sonstigen Gründen hierauf eine Anwartschaft, so ist die Tabelle 2 anzuwenden. Für jedes Jahr, um das der Beginn der Altersrente vor der Vollendung des 65. Lebensjahres liegt, sind die Werte der Tabelle 2 um 14 vom Hundert zu erhöhen. Für jedes Jahr, um das der Beginn der Altersrente nach der Vollendung des 65. Lebensjahres liegt, sind die Werte der Tabelle 2 um 9 vom Hundert zu kürzen, höchstens jedoch um 75 vom Hundert.

(4) Ist nur eine Versorgung wegen Berufs- oder Erwerbsunfähigkeit zugesagt oder besteht aus sonstigen Gründen hierauf eine Anwartschaft, so ist die Tabelle 3 anzuwenden. Für jedes Jahr, um das das Höchstalter für den Beginn der Rente wegen Berufs- oder Erwerbsunfähigkeit vor der Vollendung des 65. Lebensjahres liegt, sind die Werte der Tabelle 3 um 6 vom Hundert zu kürzen. Für jedes Jahr, um das das Höchstalter nach der Vollendung des 65. Lebensjahres liegt, sind die Werte der Tabelle 3 um 6 vom Hundert zu erhöhen. Der erhöhte Wert darf jedoch nicht den Vervielfacher übersteigen, der sich bei Anwendung der Tabelle 1 ergäbe. Bei einer steigenden Anwartschaft richtet sich der Jahresbetrag der auszugleichenden Rente nach der Versorgung, die sich bei Eintritt der Berufs- oder Erwerbsunfähigkeit im Höchstalter ergäbe.

1) Die Vorschr erfaßt sämtl Versorggstitel auf **lebenslang laufende Leistgen**, dh auf solche, die im Ggs zu § 3 nicht zeitl begrenzt sind, sond deren Lauf erst mit dem Tode des Begünstigten endet. I spricht den BerechngsGrds aus, daß der Barwert einer auszugleichden Versorgg dch Vervielfachg des JahresrentenBetrs der erwarteten Rente mit einem in der Tab angegebenen Faktor zu ermitteln ist. Sodann wird nach dem Inhalt der Versorgg, dh dem abgedeckten Risiko, unterschieden: II behandelt die umfasde Versorgg, näml die Kombination von Alters- u Invaliditätsversorgg; III die reine Altersversorgg u IV die reine Invaliditätsversorgg.

2) Für alle **Lebenslangversorggen** gilt, daß zur Ermittlg des Barwertes einer nach § 1587a II Z 3 od 4 ausgleichspflichtigen Versorgg deren JahresBetr mit einem bei Versorggen aus den in den Anlagen zur BarwertVO mitgeteilten Tab 1–3 ergibt, **I.** Der RechtsGrd für die jew Leistg spielt keine Rolle, so daß es gleichsteht, ob die Versorgg dch Vereinbg zugesagt wurde od ein Anspr darauf rechtl anders, zB kraft G, begründet ist.

3) Auf die **Versorggen wg Alters- und Berufs- od Erwerbsunfähigk** ist zunächst **a)** die **Tab 1** anzuwenden, II 1. Sind zB einem ArbN mit Erreichg des 65. LebJ mtl 400 DM BetrRente zugesagt, ist er am Ende der EheZt iJ 1976 (§ 1587 II) 54 J alt u gehörte er bereits 10 Jahre vor seiner Eheschl dem Betr an, so ist zunächst (vgl Einf 2 v § 1) der in der EheZt erworbene, allein ausgleichspflichtige Teil der Rente festzustellen. Unterstellt man, daß die GesamtZt der BetrZugehörigk 40 Jahre sein würde, so sind innerh der EheZt von Gesamtrente $400 \times \frac{30}{40} = 300$ DM erworben. Davon ist auszugehen. Der JahresBetr der in der EheZt erworbenen BetrRente beträgt dann $300 \times 12 = 3600$ DM. Dieser Betr ist mit dem für das Alter von 54 J angegebenen Faktor 4,9 zu multiplizieren, dh $3600 \times 4,9 = 17640$. Je näher das LebAlter an die vorgesehene Altersgrenze heranrückt, desto größer wird der Vervielfacher u damit der KapWert der Versorgg (vgl Einf 2 v § 1). Der Betr v 17640 DM ist der Barwert, den eine BetrRente v mtl 300 DM hat, die mit 65 J ausbezahlt w soll, wenn der Begünst im BewertgsZtpkt 54 J alt ist. Dem entsprechen nach Nr 5 der in Anh I zu § 1587a abgedr Bek des BMA dch Multiplikation mit dem Umrechnungsfaktor 0,0272585 des Jahres 1976 = 480,83994 Werteinheiten. Dieses Zwischenergebn ist nicht zu runden. Die errechneten WE werden nach Nr 2 ders Bek mit dem Umrechnungsfaktor für Arbeiter u Angest aus dem Jahre 1976 in eine RentAnwartsch umgerechnet, also $480,83994 \times 0,2292125 = 110,21$ DM MoRente.

b) Wird der Versorggsleistg früher od später als mit 65 J ausbezahlt, so muß im Anschl an die Multiplikation mit dem Vervielf aus Tab 1 der gewonnene Betr nochmals verändert w, näml **erhöht**, wenn der Beginn der Altersrente vor Vollendg des 65.LebJ liegt, u **gekürzt**, wenn die Rente erst nach Vollend der gen Altersgrenze ausbezahlt w soll, II. Der **Zweck** dieser Regelg liegt wiederum darin, den sich nach der Frist bis zum Anfall der Versorgg richtden Kapitalwert der in Aussicht stehenden Rente an die herangezogenen od hinausgeschobenen Verfallzeiten anzupassen (Einf 2 v § 1). Dementspr sind für jedes Jahr, um das der Beginn der Altersrente **vor der Vollendg des 65. LebJ** liegt, die Werte (= Vervielf) der Tab 1 um 8%, mind jedoch auf die sich nach III 1 u 2 ergebenden Werte, zu erhöhen, **II 2**. Es ist also zunächst der Barwert nach der Tab 1 iVm der Faktorenerhöhg zu berechnen. **Bsp:** Ein 55-jähr soll mit 60 J eine (auf die EheZt entfallende) Jahresrente von 6000 DM erhalten. Sein Vervielf der Tab 1 ist 5,1. Dieser Wert ist für jedes Jahr, um das der Beginn der Altersrente vor der Vollendg des 65. LebJ liegt, also für 5 J, um 8% zu erhöhen. Zu rechnen ist also 5 × 8% = 40% von 5,1 = 2,04. Um diesen Betr ist der TabWert zu erhöhen, also 5,1 + 2,04 = 7,14. Mit diesem Faktor ist an Stelle von 5,1 die Jahresrente zu multiplizieren. Ist so der KapWert (= 42840 DM) festgestellt, muß zusätzl zur Kontrolle die Berechng nach Tab 2 dchgeführt w. **Zweck** der Mindesterhöhg: Die Barwerte für eine Versorgg wg Alters- und Berufs- od ErwUnfähigk dürfen nicht geringer sein als die Barwerte für eine Versorgg nur wg Alters. Dies wäre ohne den Zusatz aber zB der Fall im soeben gebrachten Bsp. Nach Tab 1 käme ein Barwert in Betr, der dem 7,14-fachen JahresBetr der Rente entspricht, währd sich im selben Fall unter Anwendg von Tab 2 der 7,31-fache JahresBetr ergibt, näml 4,3 + 5 × 14% (BR-Drucks 191/77 Beschl S 3). Nach dem Grds der Mindesterhöhg ist der letztere Wert maßg. – Für jedes Jahr, um das der Beginn der Altersrente **nach der Vollendg des 65. LebJ** liegt, sind die Werte der Tab 1 um 5% zu kürzen, höchstens jedoch um 25%, **II 3**. Es ist entspr wie oben dargestellt zu verfahren.

4) Auf die isolierte Altersversorgg ist die **Tab 2** anzuwenden, **III 1**. Die Vervielfacher u damit die Ergebn der Kapitalisierg sind hier etwas niedriger als in Tab 1, weil eine Versorgg, die neben der Alterssicherg auch das Invaliditätsrisiko abdeckt, naturgem wertvoller ist. Für jedes Jahr, um das der Beginn der Altersrente vor der Vollendg des 65. LebJ liegt, sind die Werte der Tab 2 um 14% zu erhöhen, **III 2**. Für jedes Jahr, um das der Beginn der Altersrente nach der Vollendg des 65. LebJ liegt, sind die Werte der Tab 2 um 9% zu kürzen, höchstens jedoch um 75%, **III 3**.

5) Vgl zunächst § 1 Anm 1. Für die **isolierte Invaliditätsversorgg** (Berufs- od Erwerbsunfähigk) gilt die **Tab 3, IV 1. Zweck**: Bei den betriebl (zu den privatversichergsmäß vgl § 1587 Anm 2b mit Weiterverweisen) Versorggszusagen nur für den Fall der Invalidität ist ggü der Altersruhegeldzusage zu berücks, daß die Wahrscheinlichk für den Eintr des Risikos erhebl niedriger anzusetzen ist, so daß der Zusage also einen geringeren Versorggswert besitzt als ein Anrecht auf eine gleich hohe Altersrente (BR-Drucks 191/77 S 14); ist der Risikofall aber bereits eingetreten, so gilt § 4. Die TabWerte sind um 6% zu kürzen für jedes Jahr, um das das Höchstalter für den Beginn der Rente vor der Vollendg des 65. LebJ liegt, **IV 2**, u entspr um 6% zu erhöhen für jedes Jahr, um das das Höchstalter nach der Vollendg des 65. LebJ liegt, **IV 3**. Der erhöhte Wert darf jedoch nicht den Vervielf übersteigen, der sich bei Anwendg v Tab 1 ergäbe, **IV 4**, so daß ijF eine Kontrollrechng nach Tab 1 dchzuführen ist (vgl die BspRechng Anm 3a u b). Bei einer **steigenden Anwartsch** richtet sich der JahresBetr der auszugleichden Rente nach der Versorgg, die sich bei Eintr der Berufs- od ErwUnfähigk im Höchstalter ergäbe, **IV 5**.

§ 3. Barwert einer Anwartschaft auf zeitlich begrenzt laufende Leistungen. (1) *Zur Ermittlung des Barwerts einer Anwartschaft auf eine zeitlich begrenzt laufende Leistung ist zunächst nach § 2 zu verfahren. Der danach ermittelte Betrag ist gemäß Absatz 2 zu kürzen.*

(2) *Für jedes Jahr, um das die in der Versorgungsregelung vorgesehene Laufzeit 10 Jahre unterschreitet, ist ein Abschlag von 10 vom Hundert vorzunehmen. Wird eine Versorgung allein wegen Berufs- oder Erwerbsunfähigkeit nur bis zu dem in der Versorgungsregelung vorgesehenen Höchstalter gewährt, ist ein Abschlag von 50 vom Hundert vorzunehmen, wenn sich nicht nach Satz 1 ein höherer Kürzungsbetrag ergibt. Der Barwert ist jedoch nicht höher als die Summe der vom Ende der Ehezeit an noch zu erwartenden Leistungen, wenn unterstellt wird, daß der Versorgungsfall zum Ende der Ehezeit eingetreten ist.*

1) Ggst der Vorschr sind die Versorggen **auf zeitl begrenzt laufende Leistgen**. Die Feststellg des Barwertes erfolgt in zwei Schritten: zunächst ist festzustellen, welchen Wert die Versorggsleistg hätte, wenn sie lebenslang zu gewähren wäre (I); sodann wird dieser Wert je nach der Dauer der Laufzeit gekürzt (II).

2) Die (hypothet) **Feststellg des Barwertes der Lebenslangleistg** erfolgt gem I 1 nach den verschiedenen Absätzen von § 2 je nachdem, welchen Inhalt das Versorggsversprechen hat: bei Versorggen wg Alters u Invalidität gilt § 2 II mit Tab 1, bei isolierter Altersversorgg § 2 III mit Tab 2 und bei isolierter Invaliditätsversorgg § 2 IV mit Tab 3. **Bsp:** Der VersorggsBerecht ist bei Eheende (§ 1587 II) 47 J alt; für den Fall der Invalidität ist für 3 Jahre eine mtl Rente v 500 DM zugesagt. Maßg für die Barwertberechng ist § 2 IV mit Tab 3. Danach ist der JahresBetr der Rente mit dem Faktor 2,0 zu multiplizieren (= 12000 DM). Da nichts gesagt ist, kann davon ausgegangen werden, daß das Höchstalter 65 J sein soll u somit Kürzgen od Erhöhgen der TabWerte ausscheiden. Der nach § 2 ermittelte Betr für eine Lebenslangversorgg ist nun aber zu kürzen, **I 2** (vgl Anm 3).

3) Kürzung. Die Feststellg des Barwertes nach § 2 hat nur hypothet Wert, da § 2 für die Lebenslangversorgg gilt. Bei zeitl begrenzt lfden Leistgen ist der LebenslangBetr nach **II** zu kürzen. Doch gilt dies nur für Renten mit einer kürzeren LaufZt als 10 J; bei längeren LaufZten scheidet eine Kürzg aus. Solche Renten sind wie Lebenslangversorggen zu behandeln, sofern sie auch kein Höchstalter vorsehen. Die Kürzg erfolgt nach feststehden Prozentsätzen, näml 10% (pro Jahr) bzw 50% (des GesamtBetr). Anwartschaften auf eine reine Invaliditätsversorgg werden je nach der Art ihrer zeitl Begrenzg entw nach II 1 od nach II 2 gekürzt. Die in Frage kommden Abschläge richten sich nach Anm a u b; außerd ist in HöchstBetr festgesetzt (Anm c). **a) Die zeitl Begrenzg** der Versorggsleistg wird idR dadch berücks, daß für jedes Jahr, um das die in der Versorggsregel vorgesehene Laufzeit 10 J unterschreitet, ein Abschlag von 10% vorzunehmen ist, **II 1**. Der **Grd** für die 10-J-Begrenzg liegt darin, daß die DchschnittsLaufZt einer lebenslangen Rente sich nach der Statistik auf ca 10 J erstreckt, so daß eine Rente mit längerer LaufZt prakt einer lebenslangen Rente gleichkommt; in diesen Fällen wäre also eine Kürzg nicht mehr gerechtf (BR-Drucks 191/77 S 18). **Bsp** (Fortsetzg v Anm 2): Die LaufZt v 3 J unterschreitet 10 J um 7 J. Der Barwert der Lebenslang-

Bürgerliche Ehe. 7. Titel: Scheidung der Ehe **Anh II zu § 1587a**

versorgg ist also um 70% zu kürzen (12000 × 70 : 100 = 8400); kürzt man um diesen Betr die Lebenslangversorgg, so bleibt ein Barwert von 3600 DM. Wird dieser über die Bek des BMA (Anh I zu § 1587a) Nr 5 u 2 unter Annahme eines Eheendes iJ 1977 umgerechnet, so ergibt sich ein in einer SozVersRente ausgedrückter MonatsBetr iHv 1,93 DM. **b)** Wird eine Versorgg allein wg Berufs- od ErwUnfähig nur bis zu dem in der Versorggsregel vorgesehenen **Höchstalter** gewährt (§ 2 Anm 5), ist ein Abschlag von 50% vorzunehmen, wenn sich nicht nach S 1 ein höherer KürzgsBetr ergibt, **II 2. Zweck:** Der Wert einer Anwartsch auf eine reine Invaliditätsversorgg, die längstens bis zu dem in der Versorggsregel festgelegten Höchstalter gewährt wird, ist erhebl geringer als der Wert einer lebenslang zu gewährende Versorgg dieser Art; die Kürzg um 50% entspricht dem geringeren Wert (BR-Drucks 191/77 S 18). Hat man die isolierte Invaliditätsversorgg gem § 2 Anm 5 errechnet u gem § 3 II 2 gekürzt, so ist eine Kontrollrechng nach § 3 II 1 (Anm a) dchzuführen. Ist der dabei ermittelte KürzgsBetr größer als der nach Anm b errechnete, so gilt der Abschlag der Kontrollrechng, **II 2 aE.** Es gilt also jew der höhere KürzgsBetr od anders gesagt der niedrigere Barwert (BR-Drucks 191/77 Beschl S 4). Zusätzl enthält II 3 nochmals eine Begrenzg des Barwerts. **c) Höchstbetrag.** Der Barwert ist in den Fällen von II 2 u 3 nie höher als die Summe der vom Ende der EheZt an noch zu erwartenden Leistgn, wenn unterstellt wird, daß der Versorggsfall zum Ende der EheZt eingetreten ist, **II 3.** Das entspricht § 4 II 3. **Zweck:** Bei zeitl beschränkten Leistgen ist auch unter Anwendg der KürzgsVorschr des II nicht auszuschließen, daß der Barwert höher ist als die Summe der noch ausstehenden Leistgen. (BR-Drucks 191/77 Beschl S 5). **Bsp:** Der AusglPflichtige ist am Ende der EheZt 64 J u 9 Mo alt; er hat eine Versorggszusage wg Invalidität, aus der jedoch Leistgn nur bis zur Vollendg des 65. LebJ zu gewähren sind. Tritt am Ende der EheZt der Versorggsfall ein, so hat er höchstens noch 3 MoBeträge zu erwarten. Als Barwert ergäbe sich aber ein Betr v 4,8 MoBeträgen (MoBetr × 12 × Vervielf 0,8 × 50%).

§ 4. Barwert einer laufenden Leistung. (1) *Der Barwert einer bereits laufenden lebenslangen Versorgungsleistung wird ermittelt, indem der Jahresbetrag der nach § 1587a Abs. 2 Nr. 3, 4 oder 5 des Bürgerlichen Gesetzbuchs auszugleichenden Leistung mit dem Kapitalisierungsfaktor vervielfacht wird, der sich aus der anliegenden Tabelle 4 ergibt.*

(2) *Zur Ermittlung des Barwerts einer bereits laufenden Versorgungsleistung, die zeitlich begrenzt ist, ist zunächst nach Absatz 1 zu verfahren. Von dem danach ermittelten Betrag ist für jedes Jahr, um das die Restlaufzeit 10 Jahre unterschreitet, ein Abschlag von 10 vom Hundert vorzunehmen. Der Barwert ist jedoch nicht höher als die Summe der vom Ende der Ehezeit an noch zu erwartenden Leistungen.*

1) Währd die §§ 2–3 die Fälle behandeln, in denen das versicherte Risiko noch nicht eingetreten ist, regelt § 4 die Fälle, in denen **bereits Leistgn aus der Versorggszusage gewährt** werden. Nach dem Grd der Versorggsleistg (Alter od Invalidität) braucht hier nicht unterschieden zu werden. Es kommt entscheidd auf die Höhe der lfden Leistgn an (BR-Drucks 191/77 S 19 zu § 5 des Entw). I behandelt die laufden lebenslangen Leistgn; II die schon laufden, zeitl begrenzten Versorggsleistgn. **Zeitpkt:** Der Entw sah in I u II 1 jew vor, die „laufde" Versorgg auf die Zeit „vor Erlaß der VersorggsAusgl" zu bezogenen. Nach der Fassg der VO ist dagg für die Frage, ob eine Versorgg bereits zu laufen begonnen hat, auf das Ende der EheZt abzustellen (§ 1587 II aA MüKo/Maier § 1587a Rdn 379). § 1587a II Z 3 S 3, der auf den Ztpkt des EntschErlasses abstellt, betrifft nur die Unverfallbark. Ausnahmsw kann der Richter auf andere Ztpkte abstellen, zB iRv § 1585c (BR-Drucks 191/77 Beschl S 7f).

2) Der Barwert einer bereits laufden **lebenslangen Versorggsleistg** wird dadch ermittelt, daß der JahresBetr nach § 1587a II Z 3, 4 od 5 auszugleichden Leistg mit dem Kapitalisiergsfaktor der **Tab 4** vervielfacht wird. Anschließd ist wie in § 2 Anm 3a zu verfahren.

3) Eine bereits laufde, **zeitlich begrenzte Versorggsleistg** wird in einem doppelten BerechngsVerf kapitalisiert. **a)** Zunächst ist nach I zu verfahren, dh es wird der Barwert festgestellt, als sei die Versorgg lebenslang, **II 1.** Vgl Anm 2. **b)** Hat man den Kapitalwert einer hypothet bereits laufden, zeitl begrenzten Lebenszeitversorgg errechnet, so ist von dem ermittelten Betr für jedes Jahr, um das die RestlaufZt 10 J unterschreitet, ein Abschlag von 10% vorzunehmen, **II 2.** Zur Begrdg der 10-J-Fr u wg eines Bsp vgl § 3 Anm 3a. **c) Höchstgrenze:** Der Barwert ist nicht höher als die Summe der vom Ende der EheZt an noch zu erwartenden Leistgn, **II 3.** Zum Zweck der Vorschr § 3 Anm 3c. **Bsp:** Bei einem 64jähr, der bis zur Vollendg des 65. LebJ eine Rente bezieht, ist der Barwert nach Tab 4 iVm § 4 II gleich 11,04 Monatsbeträgen (MoBetr × 12 × Vervielf 9,2 × 10%). Der Barwert kann aber nicht höher sein als der Kapitalwert der Versorgg; er würde hier ohne die Höchstgrenze jedoch höher liegen (BR-Drucks 191/77 Beschl S 5).

§ 5. Höchstbetrag des Barwerts. *Der nach den vorstehenden Vorschriften ermittelte Barwert ist soweit zu kürzen, als im Einzelfall die Entrichtung des Barwerts als Beitrag in der gesetzlichen Rentenversicherung aus dieser zu einer höheren Rente führen würde, als sie der Berechnung des Barwerts zugrunde gelegen hat.*

1) Die vom RAusschuß eingef Vorschr setzt einen zu ermittelnden **Höchstbetrag des Barwertes** fest. Sie kommt nicht zur Anwendg, wenn bereits die immanenten HöchstBetrRegelgn (§§ 2 II 2 u 3, III 3, IV 4, 3 II 3 u 4 II 3) ein Überschreiten des dynamisierten Betr ggü der Ausgangsversorgg verhindern. **Zweck:** Die Umrechng nicht volldynamisierter Versorggn in eine Rente der gesetzl RentVers über den Barwert soll die Vergleichbark bewirken. Diese ist aber dann nicht mehr gegeben, wenn die Umrechng einen höheren in der gesetzl RentVers ergibt, als der Nennwert der umzurechnden Rente ausmacht. Da dies nach den bish Bestimmgen der BarwertVO iVm der Bek des BMA (Anh I zu § 1587a) eintreten kann u die gesetzl Ermächtigg zum Erlaß der BarwertVO jedenf nicht die Befugn zur Erhöhg des Wertes einer stat Rente bei der Umrechng erfaßt, bedurfte es einer entspr Restriktion (BR-Drucks 191/77 Beschl S 8f mit einem RechngsBsp, wonach eine bereits laufde Monatsrente von 100 DM nach der Dynamisierg einen MoBetr von 102,51 DM ergibt).

§ 6. Berlin-Klausel. Diese Verordnung gilt nach § 14 des Dritten Überleitungsgesetzes in Verbindung mit Artikel 12 Nr. 12 des Ersten Gesetzes zur Reform des Ehe- und Familienrechts auch im Land Berlin.

§ 7. Inkrafttreten. Diese Verordnung tritt am 1. Juli 1977 in Kraft.

Anlage 1
Tabelle 1. Barwert einer Anwartschaft auf eine lebenslange, nicht volldynamische Versorgung wegen Alters und Berufs- oder Erwerbsunfähigkeit (§ 2 Abs. 2)

Der Vervielfacher ist auf den Jahresbetrag der auszugleichenden Versorgung anzuwenden

Lebensalter zum Ende der Ehezeit	Vervielfacher	Lebensalter zum Ende der Ehezeit	Vervielfacher
bis 25	1,0	45	3,0
26	1,1	46	3,2
27	1,1	47	3,3
28	1,2	48	3,5
29	1,3	49	3,7
30	1,3	50	3,9
31	1,4	51	4,2
32	1,5	52	4,4
33	1,6	53	4,6
34	1,7	54	4,9
35	1,8	55	5,1
36	1,9	56	5,4
37	2,0	57	5,7
38	2,1	58	6,0
39	2,2	59	6,3
40	2,3	60	6,6
41	2,4	61	7,0
42	2,5	62	7,4
43	2,7	63	7,8
44	2,8	64	8,4
		ab 65	9,0

Anmerkung: Für jedes Jahr, um das der Beginn der Altersrente vor der Vollendung des 65. Lebensjahres liegt, sind die Werte dieser Tabelle um 8 vom Hundert, mindestens jedoch auf die sich nach Tabelle 2 und der Anmerkung hierzu ergebenden Werte, zu erhöhen, für jedes Jahr, um das der Beginn der Altersrente nach der Vollendung des 65. Lebensjahres liegt, um 5 vom Hundert, höchstens aber um 25 vom Hundert, zu kürzen.

Anlage 2
Tabelle 2. Barwert einer Anwartschaft auf eine lebenslange, nicht volldynamische Altersversorgung (§ 2 Abs. 3)

Der Vervielfacher ist auf den Jahresbetrag der auszugleichenden Versorgung anzuwenden

Lebensalter zum Ende der Ehezeit	Vervielfacher	Lebensalter zum Ende der Ehezeit	Vervielfacher
bis 25	0,7	45	2,3
26	0,8	46	2,4
27	0,8	47	2,6
28	0,9	48	2,7
29	0,9	49	2,9
30	1,0	50	3,1
31	1,0	51	3,3
32	1,1	52	3,5
33	1,1	53	3,7
34	1,2	54	4,0
35	1,3	55	4,3
36	1,3	56	4,6
37	1,4	57	4,9
38	1,5	58	5,2
39	1,6	59	5,6
40	1,7	60	6,1
41	1,8	61	6,5
42	1,9	62	7,0
43	2,0	63	7,6
44	2,1	64	8,3
		ab 65	9,0

Anmerkung: Für jedes Jahr, um das der Beginn der Altersrente vor der Vollendung des 65. Lebensjahres liegt, sind die Werte dieser Tabelle um 14 vom Hundert zu erhöhen, für jedes Jahr, um das der Beginn der Altersrente nach der Vollendung des 65. Lebensjahres liegt, um 9 vom Hundert, höchstens aber um 75 vom Hundert, zu kürzen.

Bürgerliche Ehe. 7. Titel: Scheidung der Ehe **Anh II zu § 1587a, § 1587b**

Anlage 3
Tabelle 3. Barwert einer Anwartschaft auf eine lebenslange, nicht volldynamische Versorgung wegen Berufs- oder Erwerbsunfähigkeit (§ 2 Abs. 4)

Der Vervielfacher ist auf den Jahresbetrag der auszugleichenden Versorgung anzuwenden

Lebensalter zum Ende der Ehezeit	Vervielfacher
bis 29	0,6
30 bis 39	1,0
40 bis 45	1,5
46 bis 51	2,0
52 bis 60	2,4
61 bis 62	1,9
63	1,4
64	0,8
ab 65	0,4

Anmerkung: Für jedes Jahr, um das das Höchstalter für den Beginn der Rente wegen Berufs- oder Erwerbsunfähigkeit vor der Vollendung des 65. Lebensjahres liegt, sind die Werte der Tabelle um 6 vom Hundert zu kürzen, für jedes Jahr, um das das Höchstalter nach der Vollendung des 65. Lebensjahres liegt, um 6 vom Hundert zu erhöhen. Der erhöhte Wert darf bei der Tabelle 3 jedoch nicht den Vervielfacher übersteigen, der sich bei Anwendung der Tabelle 1 ergäbe.

Anlage 4
Tabelle 4. Barwert einer bereits laufenden lebenslangen, nicht volldynamischen Leistung (§ 4)

Der Vervielfacher ist auf den Jahresbetrag der auszugleichenden Versorgung anzuwenden

Lebensalter zum Ende der Ehezeit	Vervielfacher	Lebensalter zum Ende der Ehezeit	Vervielfacher
bis 25	6,7	61	9,6
26	7,0	62	9,5
27	7,3	63	9,3
28	7,6	64	9,2
29	7,9	65	9,0
30	8,1	66	8,7
31	8,4	67	8,5
32	8,6	68	8,2
33	8,8	69	7,9
34	9,0	70	7,7
35	9,2	71	7,4
36	9,5	72	7,1
37	9,7	73	6,9
38	9,9	74	6,6
39	10,1	75	6,4
40	10,2	76	6,1
41	10,3	77	5,9
42–53	10,4	78	5,6
54–55	10,3	79	5,4
56	10,2	80	5,1
57	10,1	81	4,9
58	10,0	82	4,7
59	9,9	83	4,5
60	9,8	84	4,3
		ab 85	4,0

1587b **Übertragung und Begründung von Rentenanwartschaften durch das Familiengericht.** I Hat ein Ehegatte in der Ehezeit Rentenanwartschaften in einer gesetzlichen Rentenversicherung im Sinne des § 1587a Abs. 2 Nr. 2 erworben und übersteigen diese die Anwartschaften im Sinne des § 1587a Abs. 2 Nr. 1, 2, die der andere Ehegatte in der Ehezeit erworben hat, so überträgt das Familiengericht auf diesen Rentenanwartschaften in Höhe der Hälfte des Wertunterschiedes. Das Nähere bestimmt sich nach den Vorschriften über die gesetzlichen Rentenversicherungen.

II Hat ein Ehegatte in der Ehezeit eine Anwartschaft im Sinne des § 1587a Abs. 2 Nr. 1 gegenüber einer der in § 6 Abs. 1 Nr. 2, § 8 Abs. 1 des Angestelltenversicherungsgesetzes genannten

§ 1587 b 1

Körperschaften oder Verbänden erworben und übersteigt diese Anwartschaft allein oder zusammen mit einer Rentenanwartschaft im Sinne des § 1587a Abs. 2 Nr. 2 die Anwartschaften im Sinne des § 1587a Abs. 2 Nr. 1, 2, die der andere Ehegatte in der Ehezeit erworben hat, so begründet das Familiengericht für diesen Rentenanwartschaften in einer gesetzlichen Rentenversicherung in Höhe der Hälfte des nach Anwendung von Absatz 1 noch verbleibenden Wertunterschiedes. Das Nähere bestimmt sich nach den Vorschriften über die gesetzlichen Rentenversicherungen.

III Soweit der Ausgleich nicht nach Absatz 1 oder 2 vorzunehmen ist, hat der ausgleichspflichtige Ehegatte für den Berechtigten als Beiträge zur Begründung von Anwartschaften auf eine bestimmte Rente in einer gesetzlichen Rentenversicherung den Betrag zu zahlen, der erforderlich ist, um den Wertunterschied auszugleichen; dies gilt nur, solange der Berechtigte die Voraussetzungen für ein Altersruhegeld aus einer gesetzlichen Rentenversicherung noch nicht erfüllt. Das Nähere bestimmt sich nach den Vorschriften über die gesetzlichen Rentenversicherungen. Nach Absatz 1 zu übertragende oder nach Absatz 2 zu begründende Rentenanwartschaften sind in den Ausgleich einzubeziehen; im Wege der Verrechnung ist nur ein einmaliger Ausgleich vorzunehmen.

IV Würde sich die Übertragung oder Begründung von Rentenanwartschaften in den gesetzlichen Rentenversicherungen voraussichtlich nicht zugunsten des Berechtigten auswirken oder wäre der Versorgungsausgleich in dieser Form nach den Umständen des Falles unwirtschaftlich, soll das Familiengericht den Ausgleich auf Antrag einer Partei in anderer Weise regeln; § 1587o Abs. 1 Satz 2 gilt entsprechend.

V Der Monatsbetrag der nach Absatz 1 zu übertragenden oder nach Absatz 2, 3 zu begründenden Rentenanwartschaften in den gesetzlichen Rentenversicherungen darf zusammen mit dem Monatsbetrag der in den gesetzlichen Rentenversicherungen bereits begründeten Rentenanwartschaften des ausgleichsberechtigten Ehegatten den in § 1304a Abs. 1 Satz 4, 5 der Reichsversicherungsordnung, § 83a Abs. 1 Satz 4, 5 des Angestelltenversicherungsgesetzes bezeichneten Höchstbetrag nicht übersteigen.

1) Die dch 1. EheRG Art 1 Z 20 eingef Bestimmg regelt die **Vollziehg des Versorggsausgleichs dch das FamGericht.** Zum gedankl Zushg vgl Einf 4 vor § 1587 sowie § 1587a Anm 2. Der öffrechtl VersorggsAusgl dch Splitting, Quasi-Splitting usw findet auch statt, wenn der AusglVerpflichtete (allein od auch der AusglBerecht) schon Pensionär od Rentn ist (§ 1587 Anm 2). Die eigentl Dchführg des VersorggsAusgl erfolgt, unter Vorgabe bestimmter Höchstbeträge, V, entweder dch TeilÜbertr einer RentenAnwartsch, I, dch Begründ einer Rentenanwartsch in einer gesetzl RentenVers, II, ggü diesen beiden Formen des VersorggsAusgl subsidiär dch die Anordng, entsprechde Beiträge zu zahlen, um zG des ausgleichsberecht Eheg eine RentenAnwartsch in einer gesetzl RentenVers zu begründen, III, od bei Unwirtschaftlichkeit dieser Ausgleichsformen in anderer Weise, IV. Neben dem versicherungsrechtl Formen des VersorggsAusgl steht der schuldrechtl VersorggsAusgl (§§ 1587f–1587n) sowie beide überlagernd der VersorggsAusgl dch ParteiVereinbg (§ 1587o). Die mit dem versichergsrechtl VersorggsAusgl verfolgten **Ziele:** Das versorggsmäß Schicksal des AusglBerecht soll von dem des Verpflichteten gelöst u er auch bis zum Eintritt einer Versorggsberechtigg des Verpflichteten gg Invaliditätsfälle sichergestellt sein. Die früheit Lösg der wirtschaftl Verkettg soll Streit vermeiden u die persönl Beziehungen entspannen. Der Verpflichtete soll sich rechtzeit über die eig versorggsmäß Lage klarwerden u seine Versorggstitel ggf wiederaufstocken (BT-Drucks 7/650 S 159). Der gesetzl VersorggsAusgl erfolgt stets nur bis zur **Hälfte des Wertunterschiedes** der für beide Eheg gesondert errechneten Versorggsanwartschaften (§ 1587a Anm 2). Beläuft sich bei dem haushaltsführden Eheg erworbene Versorggswert mangels einer eig Erwerbstätigk auf 0, so steht ihm die Hälfte der von dem and Eheg erworbenen Versorggsanwartschaften zu. Wg der Höchstbetragsregelg Anm 6. Die Einzelheiten der Übertragg u Neubegründg von Rentenanwartschaften in der gesetzl RentenVers sowie der Anordng der dafür zu zahlden Beiträge bestimmen sich jew nach den Vorschr ü die gesetzl Versicherungen (RVO, AVG, RKnG). Die Vorschr des § 1587b sind nicht konsistent anwendb ohne flgde **Verständnishilfen:** (1) Zw den versch Absätzen von § 1587 b besteht (mit Ausn v III 3) eine feste Rangfolge; I hat Vorrang vor II, dieser vor III. Arg: „nach Anwendg v I" (II 1 aE); „sow der Ausgl nicht nach I od II vorzunehmen ist" (III 1). Bei Anwendg v I u II darf jedoch der iW des Splitting od Quasi-Splitting entzogene Betrag nie höher sein als der AusglPfl überh. (2) Der VersorggsAusgl soll sich immer nur in einer Richtg vollziehen, näml vS des Ausgl-Pflicht auf den AusglBerecht; nicht soll dieser verpfl werden, gg Ansprüche zB nach III iWv I eigene, wertvollere (da schon existente!) RentAnwartschaften einzubüßen. Arg aus III 3: es findet immer nur ein „einmaliger", nie ein wechselseit Ausgl statt. Das bedeutet: Vorweg ist stets festzustellen, w e r von den beiden Eheg ausglpflichtig ist (Bergner DtRentVers **77**, 97). Dies geschieht dadch, daß man in I u II statt „Hat ein Eheg . . ." liest: „Hat der a u s g l p f l i c h t i g e Eheg . . .", wie es auch in III heißt. Dens Gedanken bringt die Formulierg zum Ausdr: bei Anwendg v I u II kann (wg III 3!) die Prüfg, ob der ausglberecht Eheg „an sich" die Voraussetzgen v I u II erfüllt, entfallen (Bergner DtRentVers **77**, 100). (3) Auf seiten des AusglBerecht sind die Anwartsch aus gesetzl RentVers u der BeamtVersorg stets als Einh zusammenzufassen; es spielt also keine Rolle, ob er von dieser od jener bzw von beiden Arten Versorggstitel besitzt (Rechtsanwenderbrosch S 252). I u II sind daher so zu lesen: „u übersteigen diese (dh gesetzl RentVers od BeamtVersorgg; ergänze jew: für sich allein!) die Anwartsch iS des § 1587 a II Nr 1, 2 (nicht: „od" iS des wechselseit Ausschl, sond „u/od"!), die der and Eheg . . . erworben hat". (4) Ein „übersteigen" iSv I u II liegt auch dann vor, wenn der AusglBerecht seiner überh keine Anrechte in der BeamtVersorgg od RentVers erworben hat (BT-Drucks 7/4361 S 40; Voskuhl/Pappai/Niemeyer S 43; Rolland Rdn 4; Ruland Rdn 343). Zur Kontroverse, ob dies auch dann gilt, wenn der Berecht Anrechte zB aus einer LebVers od betriebl Ruhegeldzusage besitzt, vgl Anm 2. Die Übertr od Begründg einer RentAnwartsch nach I od II ist auch dann mögl, wenn einer der Eheg od beide bereits das Rentenalter erreicht haben (Celle FamRZ **78**, 597).

2) Übertragg bestehender Renten(anwartschaften) aus gesetzl Rentenversichergen ("Rentensplitting"), I 1. Der VersorggsAusgl wird sich nach Schätzgen des BArbMin in 80% der Fälle in dieser Form vollziehen. Tatbestd: Ausgleichspflichtige Rente aus der Arb- od AngestVers bzw BKnappsch. Die AusgleichsPfl bezieht sich auf aktuelle Renten ebso wie auf Rentenanwartschaften (§ 1587 Anm 2a), auch wenn im folgden vornehml von Anwartsch die Rede ist, dh ein RentSplitting ist auch dann vorzunehmen, wenn einer vo den beiden Eheg od auch beide Rente od der AusglBerecht Pension beziehen (Ruland Rdn 348). **a) Grundsatz.** Hat ein Eheg in der Ehezeit Rentenanwartschaften in einer gesetzl RentenVers iSv § 1587 a II Z 2 (vgl § 1587 Anm 2 a bb) erworben u übersteigen diese die Anwartschaften iS der Z 1 u 2 des § 1587 a II, also vor allem die zu erwartden Beamtenpensionen u Anwartschaften aus der gesetzl RentenVers, die der and Eheg in der Ehezeit erworben hat, so erfolgt der VersorggsAusgl dadch, daß das FamG auf den versorggsrechtl benachteiligten Eheg Rentenanwartschaften in Höhe der Hälfte des Wertunterschiedes überträgt. **b) Voraussetzgen.** Das Rentensplitting setzt grdsätzl voraus, daß die in der Ehezeit erworbenen Versorggstitel des einen Eheg höher sind als die des and Eheg. Das ist trotz der mißverständl Ausdrucksweise des G ("übersteigen ... die Anwartsch ..., die der and Eheg ... erworben hat") auch dann der Fall, wenn der ausgleichsberecht Eheg überh keine Versorggstitel besitzt (BT-Drucks 7/650 S 160 u 7/4361 S 40 u 42). Weiterhin muß aS des Ausgleichspflichtigen eine Rente od RentenAnwartsch aus einer dtschen gesetzl RentenVers vorhanden sein; **andere Versorggstitel können nicht real geteilt werden.** Das gilt auch für ausländ Rentenanwartschaften, u zwar selbst dann, wenn die dortigen SozVersGesetze das Splitting ebenf vorsehen, weil damit HohBefugnisse wahrgen w. Zu ausländ Rentenanwartschaften iü EG 17 Anm 5. Das Splitting setzt ferner voraus, daß die dafür vorgesehenen Versorggstitel aus der gesetzl RentenVers insges höher sind als der Wert der dem and Eheg aus gesetzl RentenVers u Beamtenversorgg zustehden Versorgg. Andere Versorggstitel werden wohl iR der Frage nach der AusgleichsPfl, also bei der Wertberechng berücksichtigt; iR der Frage nach dem Rentensplitting bleiben sie dagg außer Betr. Die Rententeilg beschr sich auf die Fälle, in denen dem and Eheg gar keine od Versorggstitel ebenf aus der gesetzl RentenVers od aus der beamten- od quasi-beamtenrechtl Versorgg (§ 1587 Anm 2 a aa u bb) zustehen. Im Hinbl auf den ggf **unterschiedl Sicherheitsgrad der verschiedenen Versorggsanrechte** wird dem AusglVerpflichteten dagg nicht zugemutet, beispielsw den Wert eines uU widerrufl Anrechts auf eine Betriebspension dch Übertr risikofreier Anwartschaften auszugleichen. Desh sind nicht die Gesamtwerte der für jeden Eheg begründeten Versorggsberechtiggen, sond der Wert der dem Verpflichteten zustehden AnwartschRechte in der gesetzl RentenVers einers u der Wert der Anrechte des Berecht aus der Beamten- u der gesetzl Arb- u AngestVersorgg anderers miteinander zu vergleichen. Und nur wenn die Anrechte des Ausgleichspflichtigen aus der gesetzl RentenVers den Wert der genannten Versorgg des AusglBerecht, also innerh dieser engeren Auswahl von Versorggstiteln, übersteigen, findet das Rentensplitting statt. **Bsp** (nach BT-Drucks 7/650 S 159f): Hat der Verpflichtete dem Ausgl unterliegde Anwartschaften iHv 200 DM in der gesetzl RentenVers sowie betriebl Ruhegeldzusage iHv 100 DM, währd dem Berecht Anrechte aus der privaten RentenVers im Wert vo 200 DM vorhanden sind, findet ein Ausgl dch Übertr von Rentenanwartschaften gem I nicht statt (sond Ausgl nach III). Wären im gleichen Bsp für den Berecht überh keine Anrechte begründet gewesen, müßten an ihn AnwartschRechte der gesetzl RentenVers im Wert v 100 DM übertr (u außerd noch der betriebl Ruhegeldzusage ausgeglichen) werden. Nach Bergner (DtRentVers 77, 101) ist die Auffassg v BT-Drucks 7/650 S 159 f dch BT-Drucks 7/4361 S 40 überholt, wo es heißt, die Voraussetzgen für ein Splitting lägen auch dann vor, "wenn der and (ausglberecht) Eheg keine Anrechte dieser Art (näml aus der gesetzl RentVers od BeamtVersorgg) erworben hat". Bergner ergänzt sinngem: "wohl aber andere Versorggsanrechte aus der betriebl Altersvorsorge, LebVers usw"; demggü ist auf den Beweggründen des BT-Drucks 7/4361 S 40 hinzuweisen, in welchem der RAussch ganz iS der hier vertretenen Auslegg ausführt, Splitting finde statt, "nur wenn der Wert der Rentenanrechte allein, die ein Eheg erworben hat, den Gesamtwert der Rentenanrechte u der Anrechte aus einem öff-rechtl Dienst-Verhältn des and Eheg übersteigt". Die Kontroverse ist von erhebl prakt Bedeutg, weil sie das Splitting zG der AusglBerecht in der Entrichtg v Beiträgen zur gesetzl RentVers immer dann ermöglicht, wenn der ausglberecht Eheg außerh der klass dynam Versorgg eine Alters- u Invaliditätsvorsorge getroffen hat. – Am leichtesten lassen sich die Fälle verstehen, in denen beide Eheg ledigl gesetzl Rentenanwartschaften haben. **Bspe:** Hat ein Eheg einen Versorggswert iHv 120 DM aus der gesetzl RentenVers u der and Eheg iHv 50 DM ebenf aus der gesetzl RentenVers, so bekommt letzterer unter der Voraussetzg, daß beide in dieser Titel voll innerh der Ehezeit erworben wurden, die RentenAnwartsch des ausgleichspflicht Eheg iHv 35 DM überschrieben. – Hat der and Eheg gar keine eig Versorggstitel, wird ihm die RentenAnwartsch zur Hälfte, also iHv 60 DM, übertr. – Das Splitting findet auch statt, wenn im Verhältn zur Beamtenversorgg die gesetzl Rentenanwartschaften überwiegen. **Bspe:** Stehen dem Ehem aus der gesetzl RentenVers Versorggswerte iHv 100 DM, der Ehefr aus der BeamtenVersorgg solche iHv 60 DM zu, erhält die Frau iW des Splittings Versorggswerte iHv 20 DM in der gesetzl RentenVers übertr. – Hat der Ehem aus der gesetzl RentenVers Versorggswerte iHv 100, die Ehefr 20 aus der gesetzl RentenVers u 60 aus der BeamtenVersorgg, erhält sie über das Splitting wiederum Versorggswerte iHv 10 aus der gesetzl RentenVers ihres Mannes übertr (die beiden letzten Bspe nach BT-Drucks 7/4361 S 42). – Hat ein Eheg in der Ehe zwar die höheren Versorggstitel aus der gesetzl RentenVers erworben, ist er aber wg der Einbeziehg sämtlicher Versorggsberechtiggen in den VersorggsAusgl selbst ausgleichsberecht, erfolgt kein Rentensplitting, sond ein einmaliger Ausgl gem III 3 (vgl Anm 4b). Dabei kann, wenn die verschiedenen Versorggstitel beider Eheg si ggeinander ausgeglichen sind, der VersorggsAusgl sogar ganz unterbleiben. **Bsp:** Die Ehefr hat 60, der Ehem 20 DM aus der gesetzl RentenVers. Hat der Ehem daneben noch 100 DM aus der Beamtenversorgg u die Frau weitere 60 aus einer betriebl Altersvorsorgg, so unterbleibt ein Ausgl, obwohl die Anwartschaften der Ehefr aus der SozVers die des Ehem überwiegen. **Bei verhältnismäß geringen AusglWerten** kann Übertr entfallen, IV (vgl Anm 5); währd der RegEntw in diesem Zushg vorsah, daß die Übertr von Anwartschaften nicht stattfinden sollte, wenn der zu übertragde Teil eine Monatsrente von 13 DM nicht überschritt (BT-Drucks 7/650 S 160), stellt das G jetzt allg auf die Wirtschaftlichk ab

§ 1587b 2, 3

(BT-Drucks 7/4361 S 40 f). **c)** Die **Durchführg der realen Rententeilg** erfolgt als Scheidsfolgesache (ZPO 621 I Z 6) dch das FamG **von Amts wegen**, also ohne entspr Antr (BT-Drucks 7/4361 S 40), zus mit dem ScheidsAusspr einheitl dch Urt (ZPO 629 I). **Tenoriergsvorschlag:** „Die zG des (der) ... (folgt Name, GebDatum u -ort sowie VersNr des ausgleichspflicht Versicherten) begründete Rente(nAnwartsch) ... (folgt Bezeichng des Versorggstitels mit den entspr Daten) bei ... (folgt SozVersTräger) wird in Höhe von DM ... (folgt AusglBetrag), bezogen auf den ... (folgt Bewertgsstichtag) auf das (bzw: ein zu begründdes) Kto bei ... (folgt SozVersTräger) zG des (der) ... (ausglberecht Eheg) übertr." Genaue Namensangaben in der UrtFormel erfdl, weil Bezugn auf „AntrSteller", „Kl" usw unnöt Fehlerquellen beim SozVersTräger eröffnen würden. VersZeiten werden nicht gesondert übertr (vgl unten d). Weitere Tenoriergsvorschläge: Rechtsanwenderbrosch S 256; Rolland Rdn 19 a; Ruland Rdn 353: „Von dem Kto Nr ... des ... bei ... werden auf das Kto Nr ... des ... bei ... Anwartsch auf das Altersruhegeld iHv mtl ... DM, bezogen auf den (letzter Tag der EheZt), übertragen". Haben die Parteien von der Möglichk Gebrauch gemacht, eine Vereinbg ü den VersorggsAusgl zu treffen, beschr sich die Tätigk des FamG auf die Genehmigg der Vereinbg od deren Versagg (§ 1587 o II 3); eine Übertr von RentenAnwartsch kommt in diesem Falle auch dann nicht in Betr, wenn ihre Voraussetzgen vorliegen (FGG 53 d). Prozessual kann das Verf hins des VersorggsAusgl ausgesetzt w, sof über den Bestand od die Höhe einer auszugleichnden Versorgg vor einem and Ger ein RechtsStr anhäng ist (ZPO 628 I Z 2). Umgek kann iF der Unklarh auch das Ger einem od beiden Eheg eine Fr zur Erhebg der Kl bestimmen (FGG 53 c I 1). Die Entsch des Ger ü den VersorggsAusgl ist zu begründen. Bei Abweisg des ScheidgsAntr kann der VersorggsAusgl seiner Natur entspr entgg ZPO 629 III 2 nicht als selbstd FamSache fortgeführt w. Vgl iü zum Verf Einf 5 vor § 1587. **d) Rechtsfolgen** (Lit: Ruland Rdn 365 ff). Die Rente od RentenAnwartsch geht im Umfang ihrer Übertr mit der Rechtskr der Entscheidg des FamG auf den and Eheg über (FGG 53 g I, ZPO 629 d). Die Entsch des FamG ist endgült. Bindg daran also auch dann, wenn sich später Fehler herausstellen, zB daß aGrd fehlerhafter Angaben dch den VersTräger oder sonstiger Versehen zu viel od zu wenig übertr w ist. Evtl Haftg des FamR (Einf 5 v § 1587). Dagg keine Bindg des RentenVersTrägers, wenn das FamG mehr Rentenanwartschaften übertr hat, als der Verpflichtete am Bewertgsstichtag besaß. Der Tod des ausgleichsberecht Eheg vor Fällig der übertr RentenAnwartsch läßt diese nicht an den urspr Inhaber zurückfallen; vielm verfällt sie entspr ihrem VersorggsCharakter; vgl demgü § 1587e II u IV. Die versicherungsrechtl Folgen des Splittings ergeben sich aus RVO 1304a, AVG 83a u RKnG 96a. Entspr dem auszugleichnden Betr werden auf dem VersKto des Ausgleichspflichtigen als Lastschr Werteinheiten abgebucht u auf dem ggf neu zu errichtden Kto des AusglBerecht gutgeschrieben. Zust dafür ist der jew SozVersTräger (RVO 1304c I, II; AVG 83c I, II). Zu beachten ist, daß § 1587a VII nur für die Berechng des Wertunterschiedes gilt, nicht dagg für Rentenzuteilungsmodalitäten aS des AusglBegünstigten. Hinsichtl der Erfüll der Wartezeiten verlängern sich die VersZeiten (RVO 1304a V; AVG 83 a V; RKnG 96a V). Entspr höher ist die absolute Belastg des AusglPflichtigen im VersFall (RVO 1304a IV; AVG 83 a IV; RKnG 96a IV). Zum Schutz des AusglVerpflichteten, der im Ztpkt des Rentensplittings bereits eine Rente erhält, tritt eine Minderg dieser Rente erst ein, wenn er selbst eine neue Rente od der AusglBerecht auch die Rente aus dem VersorggsAusgl bezieht (RVO 1304a IV 2; AVG 83 a IV 2; RKnG 96a IV 2). Aus dem Fehlen einer Vorschr wie III 1 2. Halbs ist iW des Umkehrschlusses zu folgern, daß dch das Splitting auch eine bereits lfde Rente des AusglBerecht mit Ablauf des Mo nach Eintr der Rechtskr zu erhöhen ist (Voskuhl/Pappai/Niemeyer S 114; Ruland Rdn 396, 397; Schmeiduch FamRZ **77**, 773; aA Bergner DRtVers **77**, 15; SGb **78**, 137 mBspen). Schutz des SozVersTrägers gem § 1587p. Der AusglVerpflichtete kann die Minderg seiner RentenAnwartsch ganz od teilw dch Entrichtg von Beiträgen ausgleichen (RVO 1304a VI; AVG 83a VI; RKnG 96a VI).

3) Neubegründg von Rentenanwartschaften in einer gesetzl Rentenversicherg („fiktive Nachversicherg"), II. In den Gesetzesmaterialien wird dafür der Ausdr **Quasi-Splitting** verwandt (BT-Drucks 7/4361 S 42). Gg die Verwendg des Ausdr „fikt NachVers" Bergner DtRentVers **77**, 95 Anm 1, weil der Begr bedeutgsmäß besetzt sei; das 1. EheRG hat die Fälle fiktiver NachVers aber um denj einer pauschalierten NachVers erweitert u außerd ist der Ausdr plastischer (Ruland Rdn 19 Fn 1). Tatbestd: Ausgleichspflichtige Beamtenpension. Betrifft den Fall, daß ein Eheg als Beamter od ArbN in einem beamtenähnl DienstVerhältn Versorggsanrechte erworben hat, die allein od zusammen mit Anrechten in einer gesetzl RentenVers einen höheren Wert erreicht haben als die von dem and Eheg erworbenen Anrechte aus einem öff-rechtl DienstVerhältn u in einer gesetzl RentenVers (BT-Drucks 7/4361 S 41). **a)** Bei **Beamten** u den ihnen gleichgestellten Personen (§ 1587a II Z 1) kommt, sofern sie ausgleichspflichtig sind, eine Realteilg ihrer beamtenrechtl VersorggsAnspr aus beamtenrechtl Grden sowie desh nicht in Betr, weil nur bei einer Entrichtg von Beiträgen zur gesetzl RentenVers der Ausbau der hiermit begründeten Anwartsch dch eine Tätigk, die die VersPfl auslöst, od dch eine freiw Vers mögl ist (BT-Drucks 7/650 S 160), dh der gesch Eheg könnte die ihm übertr PensionsAnwartsch, eben weil er nicht selbst Beamter ist, gar nicht ausbauen. Aus diesem Grde mußte hier eine and Form des VersorggsAusgl gefunden w; das G hat sich für den Weg entschieden, daß das FamG für den ausgleichberecht Eheg im Umfange des AusglBetr Rentenanwartschaften in einer gesetzl RentenVers begründet. **b) Voraussetzgen.** Der ausgleichspflicht Eheg muß Beamter sein od diesem gem § 1587a II Z 1 gleichstehen. Die AusglPfl muß sich ausschließl auf eine Versorgg od VersorggsAnwartsch aus einem öff-rechtl DienstVerhältn od aus einem solchen, das diesem gleichgestellt ist (zu beiden § 1587 Anm 2 aa), herleiten od aus dem öff-rechtl VersorggsVerhältn und einer Versorgg bzw VersorggsAnwartsch aus einer gesetzl RentenVers. Die Bezugn der in AVG 6 I Z 2, 8 I genannten Körperschaften u Verbände grenzt den Kreis der insow in Betr kommden Versorggsanrechte genauer ab (BT-Drucks 7/4361 S 41). Die fiktive NachVers findet auch statt, wenn der and Eheg überh keine eig Versorggstitel hat. **Bsp:** Hat die gesch Ehefr gar keine, der gesch Ehem dagg Pensionsansprüche iHv 100 DM, so begründet das FamG zG der Ehefr Versorggsanwartschaften iHv 50 in einer gesetzl RentenVers. – Hins der Berücksichtig des unterschiedl SicherhGrades der verschiedenen Versorggstitel u der hervorgehobenen Behandlg von Beamtenpensionen u Anrechten aus der gesetzl RentenVers gilt das in Anm 2b Gesagte entspr. **Bspe:** Steht dem einen Eheg ein beamtenrechtl Versorggswert iHv 1200 zu, dem and Eheg ein solcher aus einer gesetzl RentenVers iHv 800, so erfolgt der Wert-Ausgl zG des ausgleichsberecht Eheg dadch, daß für ihn eine zusätzl RentenAnwartsch in einer gesetzl RentenVers iH des AusglBetr von 200 DM begründet w. Das gleiche würde gelten, wenn ihm der Versorggswert von 800 DM iR der gesetzl RentVers zustünde. – Hat der Ehem aus der gesetzl RentenVers Versorggswerte iHv 20 u aus der Beamtenversorgg iHv 80, macht der UnterschiedsBetr 50 aus, sof die Ehefr über keinerlei Alterssicher verfügt. In diesem Fall erhält sie Rentenanwartschaften in der gesetzl RentenVers iHv insges 50, u zwar 40 über das Quasi-Splitting des II u 10 über das direkte Splitting des I. – Ist der Ehem wie im vorigen Bsp ausgestattet, hat jetzt aber auch die Ehefr Rentenanwartschaften in der gesetzl RentenVers iHv 30, so werden Splitting u Quasi-Splitting nicht etwa pro rata kombiniert, sond die Frau erhält iW des Quasi-Splittings Rentenanwartschaften iH des AusglBetr von 35 in der SozialVers begründet (BT-Drucks 7/4361 S 43). – Beim **Zusammentreffen** einer grdsätzl iW der fikt NachVers auszugleichenden BeamtenVersorgg **mit and Versorggstiteln** ist zu unterscheiden. Die Worte ,,nach Anwend von I noch verbleibden WertUnterschiedes" sollen bewirken, daß immer dann, wenn bei dem einen od and Eheg Anwartschaften in einer gesetzl RentenVers erwachsen sind, zunächst geprüft wird, ob insof eine WertÜbertr nach I stattzufinden hat. Erst das auch nach Anwend von I noch bestehde Wertgefälle soll dch AnwartschBegründg ausgeglichen w (BT-Drucks 7/4361 S 41). Bei Hinzutreten noch weiterer Versorggstitel ist III 3 zu beachten. **Bsp**: Stehen dem ausgleichspflicht Eheg außer einer BeamtenVersorgg im Werte von 1200 noch Versorggswerte iHv 300 aus einer gesetzl RentenVers zu, dem and Eheg dagg eine Anwartsch in der SozialVers iHv 800, so wird für letzteren unter Übergehen von I demgem II eine RentAnwartsch iHv 350 fikt begründet. **c) Durchführg**: Die RentenAnwartsch in der gesetzl RentenVers wird dch die Entsch des FamG begründet; das Urt bzw der Beschluß des FamG wirkt also konstitutiv. **Tenoriergsvorschlag**: ,,Zugunsten von . . . (folgt ausgleichsberecht Eheg) wird bei . . . (folgt Bezeichng des SozVersTrägers) eine RentenAnwartsch iHv . . . (folgt Ausgleichswert) bezogen auf den . . . (folgt Bewertgsstichtag) begründet. Die Begrdg der RentenAnwartsch erfolgt iR des VersorggsAusgl zu Lasten des . . . (folgt Amtsbezeichng u Name des ausgleichspflicht Eheg). Dienstherr ist . . . (folgt genaue Bezeichng der Anstellgsbehörde des ausgleichspflichtigen Eheg)." Die letzteren Angaben sind erforderl, um dem SozVersTräger die Geltdmachg seiner Aufwendgen, die ihm dch die Begrdg der RentenAnwartsch entstehen, zu erleichtern. Zur Tenoriery sa Rechtsanwenderbrosch S 257; Ruland Rdn 411. **d) Folgen** (Lit: Ruland Rdn 413ff). Sind aGrd eines vom FamG gem II vorgen rechtskr VersorggsAusgl Rentenanwartschaften in einer gesetzl RentenVers begründet worden, so bedeutet dies, daß der Berecht, obwohl er keine Beiträge zu der gesetzl RentenVers entrichtet hat, als in dem Zweig der Arb- od AngestVers versichert gilt, in dem sein Kto geführt bzw errichtet w (RVO 1304c I 1; AVG 83c I; die Bezugn des G auf das ,,Kto des Verpflichteten" hat nur iF des Rentensplittings einen Sinn, nicht dagg iF der fiktiven NachVers, soweit der gesch Beamte kein Kto bei einem SozVersTräger hat). Nach Eintr des VersFalles erhält der AusglBerecht Rentenleistgen entspr der für ihn aus dem VersorggsAusgl begründeten RentenAnwartsch, u zwar auch dann, wenn er bereits eine Rente bezieht, wie ein UmkehrSchl aus III 1 2. Halbs ergibt (Schmeiduch FamRZ 77, 773). Die Aufwendgen, die dem VersTräger aGrd der nach II begründeten Rentenanwartschaften entstehen, werden von dem zust Träger der VersorggsLast, also dem Dienstherrn des Beamten, erstattet (RVO 1304b II 2; AVG 83b II 2). Entspr werden dem ausgleichspflicht Beamten automat die Versorggsbezüge gekürzt (BeamtVG 57 I 1), nicht dagg seine Dienstbezüge, u zwar auch dann nicht, wenn dem ausgleichsberecht Eheg vor der Pensioniergg des Verpfl eine Rente gewährt w. Bezieht auch der Beamte selbst schon Ruhegehalt, so erfolgt die Kürzg erst, wenn aus der Vers auch dem ausglberecht Eheg eine Rente gewährt w (BeamtVG 57 I 2). IjF kann der Beamte die Kürzg seiner Versorggsbezüge dch Zahlg entspr Kapitalbeträge an seinen Dienstherrn vermeiden (BeamtVG 58). Beim Ausscheiden des Beamten aus dem BeamtenVerhältn wird er mit entspr geringeren Werten nachversichert (AVG 124 VIII). Bei Änd der Berechngsgrößen wird auf Antr der zu leistde Betr neu festgesetzt (FGG 53e III).

4) Zahlgsanordng zur Begründg von Rentenanwartschaften, III. Tatbestd: Betriebl Altersversorgg, einschließl der Zusatzversorgg des öff Dienstes, u LebensVers. **Verfassgswidrig** nach Bogs FamRZ 78, 89. **a)** Soweit der Ausgl nicht gem I od II vorzunehmen ist, dh vor allem in denj Fällen, in denen Anwartschaften auf eine unverfallb betriebl Altersversorgg od aus privaten LebensVersVerträgen auszugleichen sind (BT-Drucks 7/4361 S 41), hat der ausgleichspflicht Eheg für den Berecht als Beiträge zur Begründg von Anwartschaften auf eine best Rente in einer gesetzl RentenVers den Betr zu zahlen, der erforderl ist, um den Wertunterschied auszugleichen, **S 1**. Zu den Grden, warum hier von einem Splitting abgesehen wurde, vgl BT-Drucks 7/4361 S 39; ein Quasi-Splitting schied aus, weil ein AufwendgsErs entspr RVO 1304b II 2 bei diesen Versorggstiteln nicht in Betr kommt. Der Anspr ist iGgs zum ZugewAusglAnspr (§ 1378; ZPO 852 II) weder übertragbar (§ 399) noch pfändb (ZPO 851 I); auch die Aufrechng ist ausgeschl, nicht dagg ein ZurückbehaltgsR (§ 273) zB aGrd eines Anspr aus § 1587e (Ruland Rdn 488). Die zu begründde Anwartsch muß wertmäß der Hälfte des Wertunterschiedes zu den beiderseit Anrechten u Aussichten auf eine auszugleichde Versorgg entsprechen (BT-Drucks 7/650 S 160). Stehen beispielsw dem Ehem aus einer betriebl Altersversorgg Versorggswerte iHv 100 DM zur Vfg, währd die Ehefr nichts hat, sind im Scheidsfalle dem Manne Geldmittel zur Schaffg von Versorggswerten iHv 50 DM aus der gesetzl RentenVers zur Vfg zu stellen (theoret; prakt weniger aGrd v § 1587a III, IV). Die ZahlgsPfl des AusglSchuldn richtet sich in ihrer Höhe nach dem (fiktiven) Deckgskapital, dh dem nach der BarwertVO (§ 1587a IV iVm III Z 2) berechneten KapitalBetr (Einmalbeitrag) u ist dazu bestimmt, zG des Berecht in der Arb- od AngestVers Rentenanwartschaften zu begründen (RVO 1304c I 2; AVG 83c I 2). Die **Höhe des jew erforderl Kapitalaufwandes** läßt sich den im Anh I zu § 1587b mitgeteilten Tabellen entnehmen. – Der Ausgl dch Entrichtg von Beiträgen gilt nur, sol der Berecht die Voraussetzgen für ein Altersruhegeld aus einer gesetzl RentenVers noch nicht erfüllt, **S 1 zweiter Halbsatz**. Tut er das, findet der schuldrechtl VersorggsAusgleich statt (§ 1587f Z 1), da in den gesetzl Rentenversichergen Beiträge nur im Hinbl auf ein künft entstehdes Risiko wirks gezahlt w können (BT-Drucks 7/4361 S 41). Das Altersrisiko kann für den Berecht dch Einzahlg nicht mehr abgesichert w, da es bereits eingetreten ist (Böhmer AnwBl 78, 124;

§ 1587 b 4

Schmeiduch FamRZ 77, 774 zu den Konsequenzen, daß eine entspr Vorschr in I u II fehlt). Bsp des schuldrechtl VersorggsAusgl einer Rente aus der HöherVers iSv § 1587a II Z 4c gem §§ 1587f Z 1, 1587b III 1, 2. Halbs AG Ulm NJW 78, 278. Die Verurteilg zur Entrichtg v Beiträgen ist mRücks auf RVO 1233 IIa, 2, 1254 I a 3 (Bindgswirkg des erteilten RentBescheids) erst dann ausgeschl, wenn der dem Berecht erteilte RentBescheid bindd geworden ist, wenn also der Bescheid bis zur letzten mündl Verh zugegangen ist (vgl SGG 77, 84 I; Voskuhl/Pappai/Niemeyer S 49; Bergner DtRentVers 77, 96; Ruland Rdn 429). — Trotz der Formulierg der Bestimmg als AnsprGrdl gibt sie im Unterschied zum schuldrechtl VersorggsAusgl (§ 1587g I 1) **keinen Anspr auf Zahlg** an den ausgleichsberecht Eheg, sond der VersorggsTräger muß **an einen SozialVersTräger** zahlen. Ihrer **Rechtsnatur** nach handelt es sich dabei um Beiträge besonderer Art (RVO 1304a u b), nicht um solche iS der RVO 1385ff; auch keine BeitrZeiten (RVO 1250 I a). I ü echter ZahlgsAnspr des AusglBerecht, gerichtet auf Zahlg an Dr; ZwVollstr nach ZPO (FGG 53g III). Das FamG wendet die Bestimmg, wenn deren Voraussetzgen vorliegen, vAw an; es bedarf keines bes Antr. Allerd können die Parteien über den nach III durchzuführenden VersorggsAusgl eine Vereinbg schließen (§ 1587 o); liegt eine solche aber nicht vor, entsch das Ger ü den Anspr auf Entrichtg von Beiträgen (BT-Drucks 7/4361 S 41). In die EntschFormel ist der Träger der gesetzl RentenVers, an den Zahlg zu leisten ist, zu bezeichnen (FGG 53e I) u außerd der Betr aufzunehmen, der für die Begründg der AnwartschRechte von dem ausgleichspflichtigen Eheg aufzubringen ist (BT-Drucks 7/4361 S 41). **Tenoriergsvorschlag:** „Der Antr-Gegner (od AntrSt, je nachdem, wen die AusglPfl trifft; iü besser den Namen des ausgleichspflichtigen Eheg) wird verpflichtet, bezogen auf den . . . (folgt Bewertgsstichtag) den Betr von . . . (folgt Rentenkapitalisierungs-Betr) zur Begrdg von Anwartschaften auf eine Rente iHv . . . (folgt der AusglBetr) zG seines gesch Eheg . . . an . . . (folgt gem FGG 53 e I Bezeichg des SozVersTrägers) zu leisten." Weitere Formulierungen Rechtsanwenderbrosch S 257; Ruland Rdn 434. Die Entsch ist, soweit sie im Verbund ergeht (ZPO 623, 629 I), ein LeistgsUrt; sonst erfolgt die Verurteilg zur Zahlg dch Beschl (vgl ZPO 628, FGG 53 b). Der ausgleichspflichtige Eheg kann den iR der Nachentrichtg aufzubringende GesamtBetr, der sich idR auf mehrere tausend DM belaufen wird (vgl § 1587 d Anm 1), entw z B dch Veräußerg vorhandener WertGgste auf einmal zahlen od in Raten (§ 1587 d I 2); in AusnFällen kann das FamG das Ruhen der Verpflichtg anordnen (§ 1587 d I 1), u zwar ggf auch nachträgl. Die Höhe der dann erforderl Beiträge wird jew für das folgde Kalenderjahr bekanntgegeben (RVO 1304 c III). Zum Kapitalaufwand, der erfdl ist, um einen best DM-Betr als Rente in der SozVers zu kaufen, vgl die im Anh I zu § 1587b abgedr Tab. Wg der damit für den AusglPflichtigen verbundenen wirtschaftl Belastg vgl § 1587 d Anm 1. Desh ist die Begründg von Rentenanwartschaften dch Entrichtg von Beiträgen vor allem bei Ehen, die nach längerer Dauer gesch w, nur dann mögl, wenn der ausgleichspflichtige Eheg in gesunden wirtschaftl Verhältnissen lebt; Bedeutg dürfte der VersorggsAusgl dch Beitragsentrichtg daher insb für Ehen mit kürzerer Dauer gewinnen (BT-Drucks 7/650 S 163). Würde die ZahlgsPfl den ausgleichspflicht Eheg unbill belasten od stellt sich das nach rechtskr Feststellg der ZahlgsVerpflichtg heraus, so kann das FamG das Ruhen der Verpflichtg anordnen (§ 1587d). Werden die Berechnungsgrößen geändert, nach denen sich der von dem AusglPflichtigen aufzubringde Betr errechnet, so wird der zu leistde Betr auf Antr neu festgesetzt (FGG 53 e III). Zust Rpfleger (RpflG 14 Z 2 a. a.); Tenor des Beschl: „Herr (Frau) . . . ist aGrd des Urt (Beschl) des FamG (OLG, BGH) in . . . — AktZ . . . — verpfl, an die . . . (Bezeichng des VersTrägers) zur Begrdg v Anwartsch auf ein Altersruhegeld iHv . . ., bezogen auf den . . . (Ende der EheZt), zG des . . . (Name des ausglberecht Eheg) den Betr v . . . DM zu zahlen. Der von Herrn (Frau) . . . (Name des ausglpflicht Eheg) zu zahlde Betr wird ab . . . (Datum der Änderg der Berechnungsgröße) auf . . . DM neu festgesetzt" (Bergner DtRentVers 77, 9; Ruland Rdn 440). Hat der ausgleichspflichtige Eheg die ihm auferlegten Zahlen zur Begründg von Rentenanwartschaften in einer gesetzl RentenVers nicht erbracht, so findet ersatzw der schuldrechtl VersorggsAusgl statt (§ 1587f Z 3). **b) Verhältnis zu anderen Ausgleichsformen.** Der Ausgl gem III kommt an Stelle von I u II od auch in Ergänzg zu diesen in Betr. Sind überh nur Versorggsrechte iSv § 1587 II Z 1 u 2, also aus der Beamtenversorgg u aus der gesetzl RentenVers, im Spiel, erfolgt der Ausgl dch Splitting od Quasi-Splitting je nach dem Überwiegen des einen od and Versorggstyps. Bestehen daneben unverfallb Anrechte aus einer betriebl Altersversorgg od eine LebensVers, die aber wertmäß ggü der Beamten- u Rentenversorgg von untergeordneter Bedeutg sind, dann erfolgt hins dieser Werte zusätzl ein Ausgl gem III. Kommen diese und Versorggswerte aber an diej aus der Beamten- od gesetzl RentenVersVersorgg heran od übersteigen sie sie gar, dann findet allein der Ausgl nach III statt. Nach I an sich zu übertragde od nach II an sich zu begründde Rentenanwartschaften sind in den Ausgl gem III einzubeziehen; im Wege der Verrechng ist **nur ein einmaliger Ausgleich** vorzunehmen, III 3. Dadch soll gewährleistet werden, daß der Eheg, der bei einer Gesamtbetrachtg des Wertes aller auszugleichden Versorggsanrechte ausgleichspflichtig ist, nicht etwa vorab über I Anwartschaften in einer gesetzl RentenVers übertr bekommt, im GgZug aber seinerseits dch Beitragsentrichtg Anwartschaften in einer gesetzl RentenVers gem III zu begründen hat. Es soll vielm ausschließl dch BeitrEntrichtg nur der Wertunterschied ausgeglichen w, der sich bei der Ggüberstellg aller Versorggsanrechte ergeben hat (BT-Drucks 7/4361 S 41 f). **Bsp:** Dem Ehem stehen aus einer betriebl Altersversorgg Versorggswerte iH v 100 zu, der Ehefr solche aus der gesetzl RentenVers iHv 20. An sich wären Versorggswerte iHv 10 auf den Ehem iW des Splitting zu übertr; er selbst hätte dann seinerseits gem III Versorggsanwartschaften iHv 50 dch Leistg von Beiträgen zur gestzl RentenVers zG der Ehefr zu begründen. Aber über III 3 wird der Ausgl auf eine einheitl Zahlgsanordng iHv 40 beschränkt (BT-Drucks 7/4361 S 43). Vgl iü auch die Bspe in Anm 2b u 3b. **c) Die Verpflichtg erlischt** mit dem Tode des Berecht (§ 1587e II), ferner, sobald gem § 1587g I 2 der schuldrechtl VersorggsAusgl verlangt w kann (§ 1587e III), dagg nicht mit dem Tode des Verpflichteten (§ 1587 e IV). Zahlt der AusglBerecht selbst die Beitr, was versrechtl zul ist (Bergner DtRentVers 77, 9; Rolland § 1587 d Rdn 7), hat er gg den AusglPflicht einen ErstattgsAnspr gem §§ 670, 683, 679 (Ruland Rdn 454). **d)** Zu den versichergsrechtl Folgen RVO 1304 b I. Am bedeutsamsten ist in diesem Zushg das Institut der **Bereiterklärg**: sie steht der BeitrEntrichtg gleich (RVO 1304 b I 3), dh sie verschafft dem Berecht einen sofort VersSchutz; umgek braucht der Verpflichtete nur den zZ der BereitErkl maßgebl DMBetr für den Ankauf der WertEinh aufzubringen, so daß er uU erhebl spart. Die BereitErkl ist dem FamG (Bergner DtRentVers 77, 9) od dem SozVersTräger ggü abzugeben (sa SGB

16); sie begründet keine Verpfl, sond erhält Rechte, wenn unverzügl, dh idR binnen 3 Mo, die Beitr gezahlt w. Die BereitErkl kann auch hilfsw für den Fall der Verurt gem III abgegeben w; die Fr beginnt mit dem Urt.

5) Ausgleich in anderer Weise, IV. Der VersorggsAusgl muß nicht immer dch Übertr od Neubegründg von Rentenanwartschaften erfolgen. Neben dem schuldrechtl VersorggsAusgl (§ 1587f Z 5) kann das FamG einen Ausgl auch in anderer Weise vornehmen, wenn sich die Übertr od Begründg von Rentenanwartschaften in der gesetzl RentenVers voraussichtl nicht zG des Berecht auswirken würde od der VersorggsAusgl in dieser Form nach den Umst des Falles unwirtschaftl wäre. **a) Voraussetzgen** für den anderweit VersorggsAusgl: **aa) Voraussichtl nicht vorteilhafte Auswirkg** für den Berecht. Es genügen Anzeichen, sichere Prognose nicht erfdl. Ausr, wenn vorauszusehen, daß der Berecht die kleine Wartezeit v 60 Monaten nie erreichen wird; ist in einem solchen Fall gleichwohl fiktive NachVers erfolgt, kann der ArbNAnteil der Beiträge zurückverlangt w (RVO 1303 X; AVG 82 X). Für die Auslegg des „voraussichtl" kommt es nicht darauf an, ob die nachteilige Entwicklung von dem Berecht erst noch betrieben w muß, wie bei einem ggü einer Studienassessorin ausgleichspfl Rechtsreferendar, der später Richter werden will (Schwetzingen NJW **78**, 55). Vorteilslosigk auch, wenn die Rente des Berecht ruht, weil sie mit einer Unfallrente zustrifft u der WertAusgl nur den ruhden Teil der Rente vergrößern würde (Ruland Rdn 464). Ein VersorggsAusgl findet zunächst nicht statt, wenn der ausgleichsberecht Eheg in der DDR wohnt u die Dchführg des VersorggsAusgl mangels SozialVersAbkommens mit der DDR nur zur Folge hätte, daß der ausgleichspflicht Eheg einen Teil seiner (ErwUnfähigk)Rente verliert, ohne daß dieser dem AusglBerecht zugutekommt (AG Lüneburg NJW **78**, 379f). Umgek ist auch bei geringfüg AusglBetrag der VersorggsAusgl dchzuführen, etwa wenn sich dadch die kleine Wartezeit zur Erlangg einer Berufs- od ErwUnfähigkRente verringert, wobei zu berücksichtigen ist, daß die kl WarteZt auch dch Entrichtg freiwilliger Beiträge (RVO 1233 I) erfüllt w kann (AG Lüneb NJW **78**, 379). Der voraussichtl unvorteilh Auswirkg steht alternativ die **Unwirtschaftlichkeit** des gewöhnl VersorggsAusgl gleich. Das kann einmal unter allg GesichtsPkten, also obj, der Fall sein, wenn zB absehb ist, daß die Renten der betr Versorgg bei voll Geldwertverfall prakt ohne Wert sein w. Obj unwirtschaftl sind auch Minirenten, die unverhältnismäß starken Verwaltungsaufwand erfordern. Es genügt aber auch Unwirtschaftlichk nach den Umst des Falls, dh nach den persönl Gegebenheiten des Berecht, wenn zB der AusglBerecht u der AusglVerpflichtete ausschließl Anrechte auf eine Beamtenversorgg besitzen u dem AusglBerecht mit Anwartschaften in einer gesetzl RentenVers nicht gedient wäre (BT-Drucks 7/4361 S 42); auch eine geplante Auswanderg kann die Begründg einer Rente unzweckmäß machen; ferner eine schon erfolgte Festlegg in der Strukturierg der eig Altersversorgg, so daß beispielsw demj, der schon eine LebensVers hat, mit deren Aufstockg mehr gedient ist, als wenn er nunmehr zusätzl in der gesetzl RentenVers eine verhältnismäß kleine RentenAnwartsch eingeräumt erhält. **bb) Antrag einer Partei,** also nicht des Berecht, sond auch des Ausgleichspflichtigen. Die Zweckmäßigk eines solchen Antr wird sich idR erst im Laufe des AusglVerf herausstellen, nachdem die Grdlagen für den VersorggsAusgl offen liegen. **b) Rechtsfolge: VersorggsAusgl in and Weise.** Echte Ermächtigg, keine bl Verweis auf § 1587f Z 5. In aller Regel wird das FamG auf den schuldrechtl VersorggsAusgl (§ 1587f Z 5) ausweichen. Unzul ledigl die gesetzl nicht vorgesehene Begründg od Übertr von Anwartschaftsrechten in der gesetzl RentenVers (2. Halbs iVm § 1587 o I 2). Denkb daher das Splitting von LebensVers, sof der VersVertr eine solche reale Teilg vorsieht; ferner die Übertr gegenwärtiger VermWerte wie Grdstücke, Wertpapiere od auch die Einräumg von GrdPfandrechten, sofern damit ein echter Versorggswert, dh eine Sicherg auf längere Sicht verbunden ist. Kann trotz § 1378 vor allem iZushg mit dem ZugewAusgl sinnvoll sein.

6) Ausgleichshöchstbetrag, V. Der MonatsBetr der gem I zu übertragden od gem II u III zu begründden Rentenanwartschaften in den gesetzl RentenVers darf zusammen mit dem MoBetr der in den gesetzl RentenVers bereits begründeten Rentenanwartschaften des ausgleichsberecht Eheg den in RVO 1304 a I 4 u 5 bzw AVG 83 a I 4 u 5 bezeichneten HöchstBetr nicht übersteigen. Auch in diesem Falle findet nur der schuldrechtl VersorggsAusgl statt (§ 1587b Z 2). **Zweck:** Es soll verhindert werden, daß der ausgleichsberecht Eheg dch den VersorggsAusgl mehr Rentenanwartschaften erhält, als er im günstigsten Fall hätte erreichen können, wenn er währd der ganzen Ehedauer versichert gewesen wäre (BT-Drucks 7/650 S 161). Der sich aus der Rentenformel u dem mtl Höchstsatz der persönl BemessgsGrdlage errechnde HöchstBetr, der sich aus RVO 1255 I, AVG 32 I ergibt, wonach die persönl RentBemessgsGrdlage höchstens bis zum doppelten der iJ des VersFalles geltden allg BemessgsGrdl zu berücks ist, so daß sie 200% = 200 WertEinh pro Jahr nicht überschreiten kann (vgl § 1587 a Anm 3 B Ziff 2), wird jährl bekanntgegeben (vgl RVO 1304 c III; AVG 83 c III). In den Ausköften der SozVersTr (FGG 53 II) wird der jew HöchstBetr unter Berücks der Ehedauer nach RVO 1304 a I 4 ausgewiesen. Auch dch ParteiVereinbg können höhere Anwartschaften nicht begründet w (arg § 1587 o I 2). Vgl dazu Maier Komm S 124 u 277.

Anh I zu § 1587b

4. Buch. 1. Abschnitt. *Diederichsen*

Anhang I zu § 1587b

Tabelle zum Verhältnis von monatlicher Rente, Werteinheiten, Monaten für die Wartezeit und dem erforderlichen Kapitalaufwand

(Quelle: Bergner, NJW 78, 143)

1. Übertragene, begründete oder zu begründende Rentenanwartschaft (RAnw.) DM (mtl.)	2. Werteinheiten (WE) bei Ende der Ehezeit im Jahre			3. Wartezeitmonate (WE: 6,25), ggf. begrenzt auf Ehezeitmonate (abzüglich Vers.-Zeit in der Ehezeit)* Ende Ehezeit			4. Erforderlicher Kapitalaufwand zur Begründung einer Rentenanwartschaft oder zum Ausgleich einer Lastschrift im Jahre		
	1976 (RAnw. × 4,362764)	1977 (RAnw. × 3,968057)	1978 (RAnw. × 3,702322)***	1976	1977	1978***	1978 (WE × 39,2544) 1976	1977** Ende Ehezeit 1977	1978 (WE × 42,0030) bei Ende Ehezeit 1977 1978***
1	4,36	3,97	3,70	1	1	1	171,15	155,84	166,75	155,41
2	8,73	7,94	7,40	2	2	2	342,69	311,68	333,50	310,82
3	13,09	11,90	11,11	3	2	2	513,84	467,13	499,84	466,65
4	17,45	15,87	14,81	3	3	3	684,99	622,97	666,59	622,06
5	21,81	19,84	18,51	4	4	3	856,14	778,81	833,34	777,48
6	26,18	23,81	22,21	5	4	4	1 027,68	934,65	1 000,09	932,89
7	30,54	27,78	25,92	5	5	5	1 198,83	1 090,49	1 166,84	1 088,72
8	34,90	31,74	29,62	6	6	5	1 369,98	1 245,93	1 333,18	1 244,13
9	39,26	35,71	33,32	7	6	6	1 541,13	1 401,77	1 499,93	1 399,54
10	43,63	39,68	37,02	7	7	6	1 712,67	1 557,61	1 666,68	1 554,95
20	87,26	79,36	74,05	14	13	12	3 425,34	3 115,23	3 333,36	3 110,32
30	130,88	119,04	111,07	21	20	18	5 137,62	4 672,84	5 000,04	4 665,27
40	174,51	158,72	148,09	28	26	24	6 850,29	6 230,46	6 666,72	6 220,22
50	218,14	198,40	185,12	35	32	30	8 562,95	7 788,07	8 333,40	7 775,60
60	261,77	238,08	222,14	42	39	36	10 275,62	9 345,69	9 999,13	9 330,55
70	305,39	277,76	259,16	46	45	42	11 987,90	10 903,30	10 995,13	10 885,50
80	349,02	317,44	296,19	56	51	48	13 700,57	12 460,92	12 827,30	12 440,87
90	392,65	357,13	333,21	63	58	54	15 413,24	14 018,92	14 659,89	13 995,82
100	436,28	396,81	370,23	70	64	60	17 125,91	15 576,54	16 492,48	15 550,77
200	872,55	793,61	740,47	140	127	119	34 251,43	31 152,68	15 000,53	31 101,96
300	1 308,83	1 190,42	1 110,70	210	191	178	51 377,34	46 729,22	18 325,07	46 652,73
400	1 745,11	1 587,22	1 480,93	280	254	237	68 503,25	62 305,37	36 649,72	66 203,50
500	2 181,38	1 984,03	1 851,17	350	318	297	85 628,76	77 881,91	54 974,79	77 754,69
600	2 617,66	2 380,83	2 221,40	419	381	356	102 754,67	93 458,05	73 299,86	93 305,46
700	3 053,93	2 777,64	2 591,63	489	445	415	119 880,19	109 034,59	91 624,50	108 856,23
800	3 490,21	3 174,45	2 961,87	559	508	474	137 006,10	124 611,13	100 002,00	124 407,43
900	3 926,49	3 571,25	3 332,10	629	572	534	154 132,01	140 187,28	133 336,42	139 958,20
1000	4 362,76	3 968,06	3 702,33	699	635	593	171 257,53	155 763,81	150 003,21	155 508,97
									166 670,42	

*) § 1304a V RVO/§ 83a V AVG. – Beispiel: Ehezeit 100 Monate; E (ausgleichsberechtigter Ehegatte) war in der Ehezeit 17 Monate rentenversichert. Begründung einer Rentenanwartschaft für E nach § 1587b II BGB von mtl 300 DM. Diese Gutschrift ergibt bei einem fiktiven Versicherungsfall 1978 ungerechnet 178 Monate für die Wartezeit. Dieser Wert ist auf die Ehezeit von 100 Monaten zu kürzen; E war aber während der Ehezeit bereits 17 Monate versichert. Aus den Versorgungsausgleich ergeben sich somit nur (100 – 17 =) 83 Wartezeitmonate.
**) Diese Werte des Jahres 1977 sind im Jahr 1978 dann noch maßgebend, wenn 1977 eine „Bereiterklärung" nach § 1304b I 3 RVO/§ 83b I 3 AVG oder nach § 1304a VI RVO/§ 83a VI AVG abgegeben wurde und die Beiträge „unverzüglich" (idR innerhalb von 3 Monaten) nach rechtswirksamer Feststellung der Ausgleichsverpflichtung gezahlt werden.
***) Tabellen für das 2. Halbjahr 1978 bei Bergner NJW 78, 2138.

Anhang II zu § 1587b
Tabelle zum Verhältnis von Barwert oder Deckungskapital und monatliche dynamische Rente
(**Quelle**: Bergner, NJW 78, 147)

Ein Deckungskapital oder Barwert von DM	entspricht einer mtl. dynamischen Rente bei Ende Ehezeit			Ein Deckungskapital oder Barwert von DM	entspricht einer mtl. dynamischen Rente bei Ende Ehezeit		
	1976	1977	1978*		1976	1977	1978*
100	0,62	0,64	0,64	6 000	37,49	38,52	38,58
200	1,25	1,28	1,29	7 000	43,74	44,94	45,01
300	1,87	1,93	1,93	8 000	49,98	51,36	51,44
400	2,50	2,57	2,57	9 000	56,23	57,78	57,87
500	3,12	3,21	3,22	10 000	62,48	64,20	64,30
600	3,75	3,85	3,86	20 000	124,96	128,40	128,61
700	4,37	4,49	4,50	30 000	187,44	192,60	192,91
800	5,00	5,14	5,14	40 000	249,92	256,80	257,22
900	5,62	5,78	5,79	50 000	312,40	321,00	321,52
1 000	6,25	6,42	6,43	60 000	374,88	385,20	385,83
2 000	12,50	12,84	12,86	70 000	437,36	449,40	450,13
3 000	18,74	19,26	19,29	80 000	499,84	513,60	514,44
4 000	24,99	25,67	25,72	90 000	562,32	577,80	578,74
5 000	31,24	32,10	32,15	100 000	624,80	642,00	643,05

*) Tabellen für das 2. Halbjahr 1978 bei Bergner NJW 78, 2138.

1587c Ausschluß des Versorgungsausgleichs.
Ein Versorgungsausgleich findet nicht statt,
1. soweit die Inanspruchnahme des Verpflichteten unter Berücksichtigung der beiderseitigen Verhältnisse, insbesondere des beiderseitigen Vermögenserwerbs während der Ehe oder im Zusammenhang mit der Scheidung, grob unbillig wäre; hierbei dürfen Umstände nicht allein deshalb berücksichtigt werden, weil sie zum Scheitern der Ehe geführt haben;
2. soweit die Berechtigte in Erwartung der Scheidung oder nach der Scheidung durch Handeln oder Unterlassen bewirkt hat, daß ihm zustehende Anwartschaften oder Aussichten auf eine Versorgung, die nach § 1587 Abs. 1 auszugleichen wären, nicht entstanden oder entfallen sind;
3. soweit der Berechtigte während der Ehe längere Zeit hindurch seine Pflicht, zum Familienunterhalt beizutragen, gröblich verletzt hat.

1) Härteklausel, eingef dch 1. EheRG Art 1 Z 20. Wie beim Anspr auf nachehel Unterh (§ 1579) tritt ein **Verlust des Versorggsausgleichsrechts** unter Billigk- u VerwirkgsGesichtspkten ein. Der VersorggsAusgl findet nicht statt, wenn er unter Berücksichtigg verschiedener Umst grob unbill wäre, Ziff 1; soweit der Berecht im Hinbl auf die Scheidg ausgleichspflichtige Versorggsanwartschaften aufgegeben hat, Z 2, u soweit der Ausgleichsberecht während der Ehe familienbezogene UnterhPflichten gröbl verletzt hat, Z 3. Die Härteklausel kann auch ggf nur hins eines Teils der AusglVerpflichtg eingreifen (BT-Drucks 7/650 S 162). Unerhebl auch, in welchem Güterstd die Eheg gelebt haben (vgl BT-Drucks 7/4361 S 43f). Unzul ist es, von einem korrigierten Zweck des VersorggsAusgl (vgl Einf 3b vor § 1587) die Härteklausel zu benutzen, den VersorggsAusgl nur bei Bedürftigk u iR einer individuellen Zumutbark-Prüfg zuzulassen (so D. Schwab FamRZ 77, 770). Eine erweiterte BilligkKlausel enthält die **Übergangsregelg** in Art 12 Z 3 III des 1. EheRG, wodch das FamG befugt w, auf Antr des AusglVerpflichteten den AusglAnspr herabzusetzen, wenn die Ehe allein wg des Widerspr des and Eheg gem EheG 48 II aF nicht gesch w durfte (sog Altfälle) u die uneingeschrkte Dchführg des Ausgl für ihn auch unter Berücksichtigg der Interessen des and Eheg grob unbill wäre.

2) Die den VersorggsAusgl ausschließde **grobe Unbilligk, Z 1,** ist an Hand bestimmter Umst festzustellen; allg BilligkErwäggen reichen nicht aus. Zu berücks sind in erster Linie **die beiderseitigen Verhältn,** insb des Vermögenserwerbs währd der Ehe od im Zushg mit der Scheidg. Hat bei beiderseit Erwerbstätigk der eine Eheg seinen gesamten, iR des Unterh nicht benötigten Verdienst zum Aufbau einer Alterssicherg verwendet, währd der and Eheg den Verdienst zur VermVermehrg verwendet hat, so trifft der Ausgl der einen Eheg iR des VersorggsAusgl, den and iR des ZugewAusgl. Auch wenn zB dch glückl Geldanlagen das AktivVerm des einen Eheg erhebl gewachsen ist, besteht kein Anlaß, ihn von dem VersorggsAusgl abzuschneiden, sol der and Eheg iR des ZugewAusgl an dieser überproportionalen Gütervermehrg beteiligt w. Allerd den Fehlspekulationen iR des ZugewAusgl zL beider Eheg, währd die von einem Eheg geschaffene Altersversorg idR weniger krisenanfäll u damit auch für den Ausgl sicherer ist. Härtefälle sind nur in eng zu begrenzden Ausnahmefällen zuzulassen (BT-Drucks 7/4361 S 43). Immer muß es sich um grobe Unbilligkeiten handeln, wenn der VersorggsAusgl nicht stattfinden soll, wobei Maßstab der Zweck des VersorggsAusgl sein muß: Ist ein Eheg dch anderweit Verm auch für sein Alter ausr gesichert, so kann es grob unbill sein, dem and Eheg die für ihn allein ausreichde Altersversorgg zu verkürzen, sofern er zB dch die Beschäftiggslage od andere wirtschaftl Umst daran gehindert ist, die ihm verbleibden Versorggsanwartschaften wieder zu einer stabilen Alterssicherg aufzustocken. In diesem Zushg können sämtl Umst des Einzelfalles, insb Veranlagg, GesundhZustand, Verdienstmöglichkeiten usw berücksichtigt w; dagg nicht bestimmte Umst allein desh, weil sie **zum Scheitern der Ehe geführt** haben, wohl aber iZushg mit and Umst, so daß ein Umst nicht schon desh unberücks bleiben muß, weil er auch mit zum Scheitern der Ehe beigetragen hat. **Härtefälle liegen vor,** wenn ein Eheg in der Ehezeit eine ausgleichspflichtige Versorgg erlangt hat, der and aber nicht, weil er früh Unfallrentner wurde u Unfallrenten nicht ausgleichspflichtig sind (Belchaus FamRZ **73**, 342; Ruland NJW **76**, 1719); wenn bei Gütertrenng der eine Eheg sein Verm (in Form v KapitalVers, Grdbesitz, Wertpapieren uä) vermehrt u nur der and Eheg eine ausgleichspflicht Versorgg begründet hat (BT-Drucks 7/650 S 162 u 7/4361 S 43; Leonardy DRiZ **75**, 256; Ruland, Familiärer Unterh S 415; v Maydell FamRZ **77**, 180); wenn ein Eheg dem and dch versicherngspflicht Erwerbstätigk das Studium ermöglicht, nach dessen Abschl die Ehe gesch wird (BT-Drucks 7/4361 S 43 u 7/4694 S 17); wenn die Dchführg des VersorggsAusgl dazu führen würde, daß die Frau Anwartsch auf wohlhabden iran Kaufm übertr müßte (Hbg NJW **78**, 278); bei Strafhaft eines Eheg währd der Gesamtdauer der Ehe (AG Cham FamRZ **78**, 37); wenn Eheschließg gg Zahlg v 1000 DM ausschließ den Zweck verfolgte, dem türk Ehem ein AufenthR in der BuRep zu ermögl (Bln-Charl FamRZ **78**, 38); bei **kurzer Ehedauer,** etwa wenn die Ehe gem EheG 32 nach 2 Mo wieder aufgeh (AG Kamen FamRZ **78**, 122), nach 4monat ZusLeben binnen 1 J geschieden w, u beide Eheg währd der Ehe mit gleich hohem Eink erwerbstät waren (AG Cham FamRZ **78**, 598), bzw wenn die Ehe nach 4 Mo geschieden w u die ausgleichspflicht Ehefr dch Aufbringg der geldl Mittel den Ehem in die Lage gesetzt hat, sich der Betreuung seiner Kinder aus erster Ehe zu widmen (AG Bln-Charl FamRZ **78**, 186). Dagg stellt für Übergangsscheidgen Art 12 Z 3 III 4 des 1. EheRG (Einf v § 1587) die stärkste auf der Dauer der Ehe bezogene Kürzg dar (Celle FamRZ **78**, 518). Jedoch **nicht,** wenn Eheg getrennt gelebt haben, weil sonst Eheg ihre AusglPfl manipulieren könnten (Ruland NJW **76**, 1719 Fn 81). Auch keine Herabsetzg, wenn der AusglPflicht währd der Trenng überh keinerlei Anwartsch mehr erworben hat (AG Ulm NJW **78**, 278). Im Wege verfassgskonformer Auslegg (EigtSchutz) behandelt AG Mü NJW **78**, 1011 aber den allg Tatbestd als Anwendungsfall von Z 1, daß bei kinderloser Ehe beide Eheg voll berufstät waren u gemeins den Haush versorgt u etwa gleich viel verdient haben; ähnl AG Düss NJW **78**, 2039, wenn bei kinderl Ehe u beiderseit Berufstätigk die Eheg keinerlei ehebedingte berufl Nachteile erlitten haben u ihr Eink nicht allzu beträchtl voneinand abweicht (1760 bzw 1400 DM).

3) Verwirkg des Versorggsausgleichs dch Aufgabe eigener Versorggsanwartschaften, Z 2. Der VersorggsAusgl scheidet aus, soweit der Berecht in Erwartg der Scheidg od nach der Scheidg dch Handeln od Unterlassen bewirkt hat, daß ihm zustehde Anwartschaften od Aussichten auf eine Versorgg, die nach § 1587 I auszugleichen wären, nicht entstanden od entfallen sind. **a) Vergrößerg der eig AusglBerechtigg:** Z 2 betrifft ausschließl den Fall, daß dch Einwirken auf Versorggsberechtigungen für den und Eheg rechnerisch die AusglPfl begründet od vergrößert worden ist. Bewußt nicht geregelt wurde der Fall, daß das Entstehen einer AusglPfl dch Einwirken auf Versorggstitel verhindert wird. Eine AusglBerechtigg vermag also nicht dadch begründet zu werden, daß der and Eheg dch sein Handeln den Verlust von Versorggstiteln bewirkt hat. Grd: notwend Erhaltg der wirtschaftl EntscheidgsFreih u der berufl Mobilität (BT-Drucks 7/650 S 162 f). Es kommt für die Anwendg von Z 2 nicht darauf an, ob der AusglBerecht dch aktives Tun od dch Unterlassen die VersorggsAnwartsch eingebüßt hat. Erlaß (§ 397) steht der Versäumg von Fristen, Hinnahme einer ungerechtf Kündigg uä gleich. Der Verzicht auf wirtschaftl wertlose Anwartschaften ist dagg belanglos, also ohne Nachteile für den AusglBerecht. So Voraussetzg ist ein Handeln, das **in bewußtem Zushg mit der Scheidg** geschieht (BT-Drucks 7/650 S 162 u 7/4361 S 44), also mind bedingter Vorsatz aS des Berecht, daß dch das eig Verhalten die AusglPfl des and Eheg entsteht. Geringfüg Versäumnisse u zurückliegde Ereignisse bleiben außer Betr, so wenn ein Eheg irgendwann einmal in der Ehezeit unter Verlust seiner noch unverfallb Aussicht auf eine betriebl Altersversorgg den ArbGeber gewechselt hat od eine Stelle nicht angen wurde, die ein höheres Entgelt u damit eine höhere Vers zur Folge gehabt hätte. Ferner kein Fall von Z 2, wenn Versorggsverlust im Zushg mit scheidgsbedingtem Wohngswechsel eintritt (Ruland NJW **76**, 1719). **c)** Der VersorggsAusgl braucht nicht schlechthin zu entfallen, sond nur, „soweit" die eig Versorgg entfällt. Für die Bewertg (§ 1587a Anm 3) ist also die weggefallene Versorggsberechtigg so zu behandeln, als hätte der ausgleichsberecht Eheg nach wie vor noch darauf einen Anspr.

4) Verletzg der Unterhaltspflicht, Z 3. Diese Beschrkg folgt aus dem GrdGedanken des VersorggsAusgl, der sich gerade daraus rechtfertigt, daß die auszugleichden Versorggstitel dch beiderseit Aufgabenerfüllg in der Ehe von beiden Eheg gemeins erzielt w sind (BT-Drucks 7/650 S 163). In Betr kommt die Verletzg der UnterhPfl dem and Eheg ggü (§§ 1360, 1361), wie auch ggü gemschaftl Kindern (§§ 1601 ff). Strafbark u Bestrafg gem StGB 170b nicht erfdl. Die UnterhPfl muß über längere Zeit, also nicht nur vorübergehd od gelegentl verletzt w sein; das ist überh nicht der Fall, wenn der UnterhPflichtige unabh von den Grden nur beschr leistgsfäh war. Verschulden erfordert (*arg* „gröbl"). Gröbl Verletzg verlangt Nichtleistg in größerem Umfg, also nicht bei Streit über UnterhSpitzen. Z 3 greift auch nicht stets schon dann ein, wenn sich ein Eheg der vereinb Aufgabenteilg innerh der Ehe (vgl § 1356 Anm 2a) entzieht; haben die Eheg aber über längere Zeit mit einer best Aufgabenteilg gelebt, dann ggf AnscheinsBew hins der zw ihnen getroffenen Aufgabenverteilg u entspr der UnterhPflichtverletzg (BT-Drucks 7/4361 S 44).

1587 d Ruhen der Verpflichtung zur Begründung von Rentenanwartschaften. I Auf Antrag des Verpflichteten kann das Familiengericht anordnen, daß die Verpflichtung nach § 1587b Abs. 3 ruht, solange und soweit der Verpflichtete durch die Zahlung unbillig belastet, insbesondere außerstande gesetzt würde, sich selbst angemessen zu unterhalten und seinen gesetzlichen Unterhaltspflichten gegenüber dem geschiedenen Ehegatten und den mit diesem gleichrangig Berechtigten nachzukommen. Ist der Verpflichtete in der Lage, Raten zu zahlen, so hat das Gericht ferner die Höhe der dem Verpflichteten obliegenden Ratenzahlungen festzusetzen.

II Das Familiengericht kann eine rechtskräftige Entscheidung auf Antrag aufheben oder ändern, wenn sich die Verhältnisse nach der Scheidung wesentlich geändert haben.

Bürgerliche Ehe. 7. Titel: Scheidung der Ehe §§ 1587d, 1587e

1) Ein **Ruhen der Ausgleichspflicht** kommt nur bei der Verpflichtg zur Entrichtg von Beiträgen (§ 1587b III) in Betr; erfolgt der VersorggsAusgl dch Rentensplitting od fiktive NachVers (§ 1587b I u II), so wirkt die AusglPfl unbedingt mit Rechtskr des Urt bzw Beschl (ZPO 629d). Für den schuldrechtl VersorggsAusgl gilt § 1587h. Der dch 1. EheRG Art 1 Z 20 eingef § 1587d bestimmt, daß auf Antr des Verpflichteten das FamG anordnen kann, daß die Verpflichtg aus § 1587b III, also die Zahlg zur Begründg von Rentenanwartschaften, ruht, solange u soweit der Verpflichtete dch die Zahlg unbill belastet würde. Darüber hinaus hat das FamG auch weitere Gestaltungsmöglichkeiten wie die AnO von Ratenzahlgen, wobei es dch rechtskr Entscheiden nicht gehindert w, einer wesentl Änderg der Verhältn nach der Scheidg Rechng zu tragen. Die Verpflichtg zur Entrichtg von Beiträgen iSv § 1587b III kann insb dann, wenn der Ausgleichspflichtige sof zur Zahlg des GesamtBetr verurteilt wird (vgl § 1587b Anm 4a), zu einer **erhebl Belastg des Verpflichteten** führen. Zur Begründg einer Monatsrente von 200 DM war bereits iJ 1973 ein Beitragsaufwand v 32360 DM erforderl (BT-Drucks 7/650 S 160). Die Begrdg einer RentenAnwartsch v 100 DM kostete 1974 den Betr von 15818 DM. Vgl dazu die im Anh I zu § 1587b abgedr Tab. Mit jeder Rentenanpassg steigt auch der bei der Nachentrichtg aufzubringe KapitalBetr (Ruland NJW 76, 1718). Niedriger wird er nur, wenn die Lebenshaltungskosten sinken würden. **Zweck** der Vorschr: Es geht nicht an, die soziale Sicherg des einen Eheg um den Preis der wirtschaftl Existenz des and Eheg zu erkaufen (BT-Drucks 7/650 S 163).

2) Voraussetzgen der Anordng. a) Der Verpflichtete muß dch die Zahlg **unbillig belastet** werden, was zunächst voraussetzt, daß der Verpflichtete zur Aufbringg der für die Beitragsentrichtg erforderl Mittel (u sei es auch nur mit Hilfe einer KreditAufn) grdsl in der Lage ist. Grobe Unbilligk würde vorliegen, wenn er gezwungen würde, seine wirtschaftl Betätigg grdlegd zu ändern, etwa eine selbstd Tätigk zG einer abhäng Beschäftigg aufzugeben (BT-Drucks 7/650 S 163); ferner nach dem gesetzl Bsp insb dann, wenn er dch die Zahlgen außerstande gesetzt würde, sich selbst angem zu unterhalten (§ 1581 Anm 2b) u seinen gesetzl UnterhPflichten ggü dem gesch Eheg u den mit diesem gleichrang Berechtigten, also seinen Kindern u in AusnFällen auch seinem neuen Eheg ggü (§ 1582 Anm 2a), nachzukommen. Der laufde Unterh für die eig Pers, für den gesch Eheg, soweit er unterhberecht ist, u für die gesetzl gleichgestellten Pers hat also Vorrang ggü der Zahlgverpflichtg zZw des VersorggsAusgl. Leistgen gem § 1578 III teilen den Rang der jew UnterhPfl; Rentenanwartschaften der geschiedenen Ehel sind bei beschränkten Mitteln zum Unterh anteilig aufzustocken (Einf 8 vor § 1587). Iü kann sich der Verpflichtete ggü UnterhAnsprüchen des AusglBerecht (§§ 1570 ff) nicht im Hinbl auf die Verpflichtg zur Entrichtg von Beiträgen auf seine mangelnde Leistgsfähigk berufen, weil sonst der unterh- u ausgleichsberecht Eheg gezwungen wäre, die Begründg eigener Rentenanwartschaften mit dem gleichzeit Wegfall von UnterhAnsprüchen selbst zu bezahlen (BT-Drucks 7/650 S 163). Ggf u iGgs zu § 1381 S 2 hat der Verpfl auch auf den Stamm seines Verm zurückzugreifen (Voskuhl/Pappai/Niemeyer S 60; Ruland Rdn 445). Zur unbill Belastg vgl iü die Nachteile des als AuffgTatbestd drohnden schuldrechtl VersorggsAusgl (§ 1587f Anm 1) sowie die Lit zu EheG 62 II aF. **b)** Die AnO, daß die Zahlgspflicht ruht, erfolgt nur auf **Antrag** des Verpflichteten, ebso Erlaubn zur Ratenzahlg, weil allein im Interesse des verpfl Eheg.

3) Anordngen des FamGerichts. Das FamG kann das **Ruhen** der Zahlgsverpflichtg anordnen, u zwar „sol u soweit" der Verpflichtete dch die Zahlg unbill belastet würde, dh zeitl bis die unbill Belastg voraussichtl behoben ist; um ggf Überprüfgen zu ermöglichen, sind zweckmäß AnO, die ein monatsweises u nur in AusnFällen auf Jahre bemessenes Ruhen vorsehen. Leitder GesPkt muß sein, daß der gesch Eheg einen Anspr auf den VersorggsAusgl hat, dessen Dchsetzg ihm nur in AusnFällen erschwert od unmögl gemacht w darf. Umfangmäß kommt nicht nur die Aussetzg der ZahlgsPfl insgesamt in Betr, sond auch ein Ruhen von best Teilbeträgen. Ggf Verpflicht zur DarlehensAufn, Verk von Grdst uä; Maßst ist ders wie in § 1581 S 2. Ist der Verpflichtete in der Lage, **Raten** zu zahlen, so hat das FamG die Höhe der zumutb Teilzahlgen festzulegen, **I 2**. Sie müssen angesichts einer jährl Verteuerg des Kaufpreises von WertEinh um 6–10% nicht allzu knapp ins Gewicht fallen (Ruland Rdn 446 m weit Einzelh). Tritt währd der Ratenzahlg der VersFall ein, so können nur die bis dahin gezahlten Raten bei der Berechng der Rente berücksichtigt w; dem Berecht bleibt hins des noch nicht erbrachten Teils nur der schuldrechtl VersorggsAusgl (§ 1587 f Z 3). Die Entsch über den WertAusgl wird aufgeh (FGG 53 f). Das FamG kann eine **rechtskr Entscheidg** unabh von ZPO 318 u gleichgült, ob es sich um eine Entsch iü die ZahlgsPfl als Folgesache des ScheidgsVerf (ZPO 621 I Z 6, 623 I) handelt, auf Antr **aufheben od ändern**, wenn sich die Verhältn nach der Scheidg wesentl geändert haben. **II.** Bezieht sich auf die Entsch ü das Ruhen u die Ratenzahlgen, nicht dagg auf die GrdEntsch nach § 1587 b III. Entscheidd sind nicht die Verhältn „nach der Scheidg", sond im Anschl an die Entscheidg des FamG ü den RuhensAntr. Zur Wesentlichk einer Änderg vgl ZPO 323. Bspe für die Aufhebg der RuhensAnO: Lottogewinn, Erbsch, Erlaß gravierder Schulden; Bspe für die nachträgl AnO: Konk, Arbeitslosigk.

4) Begriff des Ruhens. Das FamG ordnet ledigl das Ruhen der Verpflicht an. Im Ggs zum ZugewAusgl, bei dem neben der Stundg der AusglFdg (§ 1382) diese bei grober Unbilligk auf die Einrede des AusglSchuldn auch ganz entfallen kann (§ 1381), ruht die Verpfl hier nur. Die Verjährg ist gehemmt (§ 202 II). Der AusglPflichtige gerät nicht in Verzug, braucht auch keine Verzugszinsen zu zahlen. Aber die für die Rentenbegründg erforderl Beträge sind nach Besserg der wirtschaftl Verhältn des Verpflichteten in vollem Umfg nachzuzahlen, dh in dem von vornh vorgesehenen GesamtBetr od nunmehr gem I 2 auf Raten ermäßigt. Bei einer Änd des Beitragssatzes muß der Verpflichtete höhere Beträge aufbringen, um den vom Ger festgesetzten RentenBetr zu erreichen. Stirbt der AusglBerecht in der ZwZeit, so erlischt der AusglAnspr (§ 1587e II).

1587e *Auskunftspflicht; Erlöschen des Ausgleichsanspruchs.*
^I Für den Versorgungsausgleich nach § 1587b gilt § 1580 entsprechend.
^{II} Mit dem Tode des Berechtigten erlischt der Ausgleichsanspruch.
^{III} Der Anspruch auf Entrichtung von Beiträgen (§ 1587b Abs. 3) erlischt außerdem, sobald der schuldrechtliche Versorgungsausgleich nach § 1587g Abs. 1 Satz 2 verlangt werden kann.

§ 1587e 1–5   4. Buch. 1. Abschnitt. *Diederichsen*

IV Der Ausgleichsanspruch erlischt nicht mit dem Tode des Verpflichteten. Er ist gegen die Erben geltend zu machen.

Schrifttum: Schäfer MDR **77**, 990.

1) Die dch 1. EheRG Art 1 Z 20 eingef Bestimmg betrifft Randbereiche des VersorggsAusgl. So haben beide Eheg auch hins zu VersorggsAusgl u den damit in Zushg stehden VermFragen einen wechselseit AuskAnspr, I. Mit dem Tode des Berecht erlischt ein noch nicht vollzogener Anspr auf VersorggsAusgl, II. Der Anspr auf Entrichtg von Beiträgen zum Aufbau einer Altersversorgg (§ 1587 b III) erlischt außerd, sobald der schuldrechtl VersorggsAusgl gem § 1587g I 2 verlangt w kann, III. Dagg erlischt der Ausgl-Anspr nicht mit dem Tode des Verpflichteten, sond ist nunmehr gg dessen Erben geltend zu machen, IV.

2) Der **Auskunftsanspruch, I,** den jeder Eheg unabh von dem Verhalten des and Eheg hat, wird gewährt, damit sich die Beteiligten über die beiderseits begründeten Anrechte u Aussichten auf eine auszu-gleichde Versorgg Klarh verschaffen können (BT-Drucks 7/650 S 163). Gilt unabh davon, ob ScheidgsAntr gestellt ist, ggf auch bei funktionierder Ehe (vgl § 1353 Anm 2 b dd), weil davon Entscheidgn ü eigene Altersvorsorge u der Entschluß, sich scheiden zu lassen bzw dem Scheidgsbegehren des and Eheg zuzustimmen, abhängen können (ebso v Maydell FamRZ **77**, 177). Der AuskftsAnspr besteht auch währd eines an-häng Verf (Schäfer MDR **77**, 990). Bes wicht ist der AuskftsAnspr hins betriebl Ruhegeldzusagen, die prakt bei einem großen Teil der ArbN insb von GroßUntern gegeben sind u im VersorggsAusgl nur be-rücks w können, wenn der Berecht (der idR der AusglPflicht ist!) sie offenbart. Verbindg mit AuskKl wg UnterhAnspr (§ 1580) obj Klagenhäufg. Anders Hamm u Kblz FamRZ **78**, 700/702, die den Auskfts-Anspr als NebenAnspr zum VersorggsAusgl dch Beschl besch. Ausschließl Zuständigk des FamG (ZPO 621 I Z 6). **Inhalt:** Pfl zur richt u vollständ Ausfüllg der Formulare (Hamm FamRZ **78**, 700). Üb die Pfl zur Vorlage von Belegen u zur Versicherg der Richtigk der Auskft an Eides statt §§ 1587 e I, 1580, 1605 I 2 u 3, 260f. AuskPfl ggü dem Ger u dessen Recht zur Einsichtn in schriftl Unterlagen gem FGG 12 u 15. Die AnO des FamG an einen Eheg, dem Ger Auskft über für den VersorggsAusgl erhebl Umstde zu geben, insb die bei der BfA erhältl Vordrucke für Anträge auf Kontenklärg (Klärg des VersVerlaufs, Feststellg der Beitragszeiten, Ersatz- u AusfallZten usw) vollständ ausgefüllt vorzulegen, ist **nicht dch Zwangsgeld** (FGG 33) **erzwingb** (Stgt FamRZ **78**, 192; Bambg JurBüro **78**, 135; aA AG Lörrach NJW **78**, 1267). *Arg:* Das VersorggsAusglVerf ist erst dch den RA zu einem solchen des FGG geworden, ohne daß die Konsequenzen voll bedacht w sind (vgl BT-Drucks 7/4361 S 24). Angesichts der sonst leerlaufden AuskftsAnspr könnte es nur dann Aufg des FamG sein, das AusglVerf in jedem Stadium in die Hand zu nehmen, wenn es zugleich die Scheidg zu fördern hätte. Der Nachteil, daß ein Eheg den and zur Erhebg der AuskftsKl zwingen u die Scheidg hinauszögern kann, muß aber als Folgelast der Verheiratetseins u des Entscheidgsverbundes hingenommen w. Der gg den and Eheg gerichtete AuskftsAnspr ist nicht zu ver-wechseln mit dem **Auskftsrecht des FamG ggü dem Versorggsträger** (FGG 53 b II); vgl dazu Einf 5 v § 1587. Ggü dem Versorggsträger unterschiedl Auskftsrechte der Eheg: Auskftsberecht ist iJF nur der unmittelb Begünstigte ggü dem Dienstherrn des Beamten bzw ArbGeb des ArbN aus deren Fürs-Pfl (Voskuhl/Pappai/Niemeyer S 25 u 31); ggü dem SozVersTräger nur gem RVO 1325 II, AVG 104 II iVm § 3 der VO v 22. 12. 75 (BGBl 3184) entgg SGB 15 I eingeschrkt (vgl Ruland Rdn 164). Zum Auskfts-Anspr des Versicherten ggü seinen RA § 1587o Anm 1.

3) Der **Tod des Berechtigten** läßt den AusglAnspr erlöschen, **II**, weil sich damit die Notwendigk, für diesen eine eigenständ Alters- u Invaliditätssicherg zu begründen, erledigt (BT-Drucks 7/650 S 163 f). Gilt iF des Ausgl dch Entrichtg von Beiträgen zu einer gesetzl RentenVers (§ 1587b III), ebso wenn Anwart-schÜbertr od -begründg in Betr kommen (§ 1587b I u II) u noch nicht vollzogen sind (BT-Drucks 7/4361 S 45), was prakt jedoch nur iFv ZPO 628 in Betr kommt. Ausn § 1587 k II 2. Tod des Berecht vor Rechtskr des ScheidgsUrt erledigt den Rechtsstr (ZPO 619) u hindert das Wirksamwerden der Entsch ü den VersorggsAusgl; der AusglVerpflichtete behält sämtl Versorggstitel ungeschmälert. Dagg macht der Tod des Berecht rechtskr vollzogene Maßn des VersorggsAusgl nicht rückgäng, so daß zB nach einem wirks Ren-tensplitting der übertr Rentenanteil nicht etwa wieder an den weiterlebden ausgleichspflichtigen Eheg zu-rückfällt, auch wenn dieser die ihm verbliebene VersorggsAnwartsch nicht wieder aufgestockt hat. Die über-tr od neu begründete RentenAnwartsch geht vielm abgesehen von evtl Hinterbliebenenversorgg kraft Zweckerreichg unter. Auch **Wiederheirat** des Berecht beseitigt VersorggsAusgl (iGgs zu § 1586 I) nicht, auch nicht die erneute Eheschl mit dem AusglPflichtigen.

4) Erlöschen dch Wechsel zum schuldrechtl VersorggsAusgl, III. Der Anspr auf Entrichtg von Beiträgen zum Aufbau einer Altersversorgg (§ 1587b III) erlischt ebenf, sobald aGrd des Eintritts des VersFalles (§ 1587g I 2) der schuldrechtl VersorggsAusgl verlangt w kann. Andernf könnte gleichzeit aus der Entsch über die Entrichtg von Beiträgen u aus der Entsch über den Anspr aus dem schuldrechtl Ver-sorggsAusgl vollstreckt werden u dies zu einer untragb Belastgen des Verpflichteten führen. Außerd nützen die zwangsw eingetriebenen Beiträge dem Berecht jetzt nichts mehr, nachdem bei ihm die Voraussetzgn für den Bezug einer Rente bereits vorliegen u eine Vers ausscheidet (BT-Drucks 7/4361 S 45). Soweit nun-mehr der schuldrechtl VersorggsAusgl stattfindet (vgl § 1587f Z 3), hebt das FamG seine auf § 1587b III gegründete Entsch wieder auf (FGG 53f).

5) Der **Tod des Verpflichteten** wirkt grdsätzl nicht befreiend; der AusglAnspr ist nunmehr gg die Erben geltd zu machen, **IV**. Für die Erben gelten die Regeln ü die Prozeßstandschafter, obwohl sie es im eigtl Sinne iFv § 1587 b I u II nicht sind (vgl Ruland Rdn 484; Rolland Rdn 9; and Göppinger, Vereinbgen S 376 Fn 7). Denn IV betrifft nicht nur den Anspr auf Entrichtg v Beitr zu einer gesetzl RentVers (§ 1587 b III), sond auch § 1587 b I u II. Stirbt der AusglVerpflichtete nach rechtskr Scheidg, gelten ZPO 619, 629 a (vgl Anm 3); eines VersorggsAusgl bedarf es hier nicht, weil der AusglBerecht in vollem Umfang die Witwer- bzw Witwenversorgg des jew Versorggstitels des verstorbenen Ausgleichspflichtigen erhält. Evtl bereits getroffene Ruhensanordngn (§ 1587d) bleiben einstw bestehen, sof nicht unbeschrkte Erben-Haftg eingetreten ist. Dagg keine analoge Anwendg, soweit Erben selbst unbill belastet od außerstande gesetzt würden, Unterh aufzubringen, da ratio legis des § 1587d die frühere, auch nach Scheidg fortwirkde

Bürgerliche Ehe. 7. Titel: Scheidung der Ehe §§ 1587e, 1587f 1, 2

personenrechtl Bindg zw Berecht u Verpflichtetem ist, an der es ggü den Erben fehlt (BT-Drucks 7/4361 S 45). Diesen bleiben als SchutzMaßn DürftigkEinr, Antr auf NachlKonk od NachlVerw (§§ 1953 I, 1975, 1990). Stirbt der AusglVerpflichtete, nachdem die Entsch ü den VersorggsAusgl rechtskr geworden ist, kann sich IV nur auf die Entrichtg v Beitr (§ 1587 b III) beziehen, da die beiden and Formen des Wert-Ausgl bereits dch das GestaltgsUrt des FamG vollzogen sind. Nur wenn das FamG die Ehe vor der an sich zum Minimalverbund gehörden Entsch ü den VersorggsAusgl rechtskr gesch hat (ZPO 628, 623 III), besteht das aufzuteilde Versorggsanrecht des Verstorbenen fiktiv über seinen Tod hinaus (Ruland Rdn 484).

3. Schuldrechtlicher Versorgungsausgleich

1587f *Antrag auf schuldrechtlichen Versorgungsausgleich; Voraussetzungen.* In den Fällen, in denen
1. die Begründung von Rentenanwartschaften in einer gesetzlichen Rentenversicherung mit Rücksicht auf die Vorschrift des § 1587b Abs. 3 Satz 1 zweiter Halbsatz nicht möglich ist,
2. die Übertragung oder Begründung von Rentenanwartschaften in einer gesetzlichen Rentenversicherung mit Rücksicht auf die Vorschrift des § 1587b Abs. 5 ausgeschlossen ist,
3. der ausgleichspflichtige Ehegatte die ihm nach § 1587b Abs. 3 Satz 1 erster Halbsatz auferlegten Zahlungen zur Begründung von Rentenanwartschaften in einer gesetzlichen Rentenversicherung nicht erbracht hat,
4. in den Ausgleich Leistungen der betrieblichen Altersversorgung auf Grund solcher Anwartschaften oder Aussichten einzubeziehen sind, die im Zeitpunkt des Erlasses der Entscheidung noch nicht unverfallbar waren,
5. das Familiengericht nach § 1587b Abs. 4 eine Regelung in der Form des schuldrechtlichen Versorgungsausgleichs getroffen hat oder die Ehegatten nach § 1587o den schuldrechtlichen Versorgungsausgleich vereinbart haben,

erfolgt insoweit der Ausgleich auf Antrag eines Ehegatten nach den Vorschriften der §§ 1587g bis 1587n (schuldrechtlicher Versorgungsausgleich).

Schrifttum: Vgl zunächst Einf v § 1587; Schmalhofer DÖD **77**, 145 (Geschiedenen-UnterhBeitr nach dem BeamtVG).

1) Die dch 1. EheRG Art 1 Z 20 eingef **GrundVorschr für den schuldrechtl VersorggsAusgl** bestimmt enumerativ die **fünf Tatbestände**, in denen bloß in obligationsmäß VersorggsAusgl stattfindet. Abschließde Aufzählg (BT-Drucks 7/4361 S 45). Allen Fällen ist gemeins, daß bei ihnen der an sich vorrangige versichergrechtl VersorggsAusgl dch Rentensplitting, fiktive NachVers od Anordng von Beitragsleistg zu einer gesetzl RentenVers (§ 1587b I–III), wenn auch aus unterschiedl Grden (zur Begrdg des SubsidiaritätsPrinz vgl Ruland Rdn 492), nicht stattfinden kann od soll. Die Vorschr hat sofern sie an andere Tatbestde anknüpft, im wesentl eine Klarstellgsfunktion. Dch das Wort „insow" wird festgelegt, daß der schuldrechtl VersorggsAusgl nur für den Teil der auszugleichden Versorgg stattfindet, für den die Voraussetzgen dieser Vorschr vorliegen; iü bleibt es beim öff-rechtl VersorggsAusgl zw den Eheg (BT-Drucks 7/4361 S 46). Die Art u Weise, in welcher der schuldrechtl VersorggsAusgl erfolgt, bestimmen die §§ 1587g–1587n. Insb setzt er ijF, u zwar auch dann, wenn er bereits iZushg mit der ScheidgsVerf vorgen w soll (Vogel FamRZ **76**, 487; Böhmer StAZ **76**, 241), den **Antrag eines Eheg** voraus. Die Einleitg des Verf vAw erschien hier nicht mögl, weil dem Ger die Tatsachen, die den AusglAnspr auslösen (§ 1587g) nicht bekannt werden (BT-Drucks 7/4361 S 46). Über die Fälle, in denen auch der **schuldrechtl VersorggsAusgl unzulässig** bleibt, vgl § 1587 i Anm 1; die **Nachteile des schuldrechtl VersorggsAusgl** sind vor allem: (1) Der Ausgl findet nur auf Antr statt. (2) Währd der AusglBerecht beim WertAusgl im Prinzip u idR (näml abgesehen von § 1587b III) sogl mit der Scheidg Versorggswerte zugewendet erhält, erfolgt der schuldrechtl VersorggsAusgl erst, wenn beide Eheg eine Versorgg erlangt haben od doch wenigstens der AusglPflichtg (§ 1587g I 2). Die Eheg bleiben also trotz der Scheidg aneinander gebunden. Daraus folgt ferner, daß der AusglBerecht die Versorgg nicht nach seinen eig Versorgdbedürfn erhält. (3) Die Zahlg der AusglRente hängt iF des Todes des AusglPflicht von der Leistgsfähigk seines Nachlasses ab (§ 1587k Anm 3) bzw davon, ob das Versorggswerk, dem der verstorbene ausgleichspflicht Eheg angehörte, entsprechde Hinterbliebenenleistgen zG des gesch Eheg vorsieht. Das ist nach BeamtVG 22 II der Fall, im allg aber wohl (zB bei Versorggswerken von WirtschUnternehmen od freiberufl Vereinigen) ausgeschl (Böhmer AnwBl **78**, 124). (4) Der schuldrechtl VersorggsAusgl schneidet den AusglBerecht von wicht Leistgen der gesetzl RentVers (Hinterbliebenenrenten, RehabilitationsMaßn, KrankenVersSchutz bzw Beiträge zur KrankVers) ab. **Voraussetzgen des schuldrechtl VersorggsAusgl:** (1) Überhang an Versorggstiteln aS eines Eheg (§§ 1587 I, 1587a I 1). (2) Es muß ein Fall v § 1587f vorliegen. (3) Beim AusglPflichtigen muß der Versorgd Versorggsfall eingetreten sein (§ 1587g I 2). (4) Auch der AusglBerecht muß entw eine Versorgg erlangt haben od wg Krankh eine angem Beschäftigg nicht ausüben können od das 65. J vollendet haben (§ 1587g I 2). (5) Der AusglVerpfl muß noch leben (UmkSchl aus §§ 1587e IV, 1587k, 1587m). (6) Antrag (§ 1587f). (7) Es darf keiner der AusschlTatbestd des § 1587h vorliegen.

2) Die Tatbestände des schuldrechtl VersorggsAusgleichs. Der schuldrechtl VersorggsAusgl findet nur in den folgden 5 Fällen statt (Enumerationsprinzip). **Ziff 1:** Die **Begründg von Rentenanwartschaften** in einer gesetzl RentVers ist mRücks darauf, daß der Berecht bereits einen VersFall darstellt, **nicht mehr mögl** (§ 1587b III 1 zweiter Halbsatz). Wenn der Berecht schon die Voraussetzgen für ein Altersruhegeld erfüllt, ist eine „Versicherg" insow schon begriffl ausgeschl. Insof bleibt nur noch der schuldrechtl VersorggsAusgl übr. Maßgebl der Schluß der mdl Verhdlg. Vollendet der Berecht das 65. LebJ nach Eintr der Rechtskr, so § 1587e III, FGG 53f analog (Böhmer StAZ **76**, 241). Vgl iü § 1587b Anm 4a. **Ziff 2:** Die Übertr od Begründg von Rentenanwartschaften in einer gesetzl RentVers ist mRücks darauf ausgeschl, daß sonst der in § 1587b V bezeichnete **zulässige Rentenhöchstbetrag überschritten** wäre, dh wenn auf dem Kto des Berecht für die Ehezeit das 2-fache der allg BemessgsGrdlage (= 200 Werteinheiten pro Jahre) erreicht

1423

ist (RVO 1255 I; AVG 32 I). Vgl iü § 1587b Anm 6. **Ziff 3**: Der ausgleichspflicht Eheg hat die ihm zur Begründg von RentenAnwartsch in einer gesetzl RentenVers **auferlegten Zahlgen** iSv § 1587b III 1 erster Halbsatz **nicht erbracht**. Auch hier bleibt, da es zur Begrdg der RentenAnwartsch nicht mehr kommen kann, nur übr, den ausglberecht Eheg dch den schuldrechtl VersorggsAusgl quasi zu entschädigen. Vgl iü § 1587b Anm 4a. Findet der Ausgl nunmehr gem Z 3 schuldrechtl statt, hebt das FamG die auf § 1587b III gegründete Entsch auf (FGG 53f). Unerhebl ist, aus welchen Grden die Zahlg unterblieben ist. **Ziff 4**: Versorggstitel aGrd der **betriebl Altersversorg**, die im Zeitpkt der Entsch des FamG über die Scheidg u den VersorggsAusgl (ZPO 629 I, 621 I Z 6) **noch verfallbar** u damit in ihrer Realisierg bei Erreichen der Altersgrenze zum Bewertgsstichdatum (Einf 3a vor § 1587) unsicher sind, lassen sich, will man das Risiko vermeiden, daß der ausgleichsberecht Eheg etwas vergütet bekommt, was im Ergebn gar keinen echten Versorggswert bot, nur iW des schuldrechtl Ausgl im Ztpkt der tatsächl erbrachten Versorgg verrechnen (§ 1587a II Z 3 S 3). Vgl iü § 1587a Anm 3 B Z 3. **Ziff 5**: Das FamG kann in den Fällen, in denen sich die Übertr od Begründg von Rentenanwartschaften voraussichtl **nicht zG des Berecht auswirken** würde od der VersorggsAusgl in dieser Form nach den Umst des Falles **unwirtschaftl** wäre (§ 1587b IV) eine Regelg in der Form des schuldrechtl VersorggsAusgl getroffen (vgl § 1587b Anm 5) od die Eheg haben selbst den **schuldrechtl VersorggsAusgl vereinbart** (§ 1587o m Anm).

1587g *Anspruch auf Rentenzahlung.* **I** Der Ehegatte, dessen auszugleichende Versorgung die des anderen übersteigt, hat dem anderen Ehegatten als Ausgleich eine Geldrente (Ausgleichsrente) in Höhe der Hälfte des jeweils übersteigenden Betrags zu entrichten. Die Rente kann erst dann verlangt werden, wenn beide Ehegatten eine Versorgung erlangt haben oder wenn der ausgleichspflichtige Ehegatte eine Versorgung erlangt hat und der andere Ehegatte wegen Krankheit oder anderer Gebrechen oder Schwäche seiner körperlichen oder geistigen Kräfte auf nicht absehbare Zeit eine ihm nach Ausbildung und Fähigkeiten zumutbare Erwerbstätigkeit nicht ausüben kann oder das fünfundsechzigste Lebensjahr vollendet hat.

II Für die Ermittlung der auszugleichenden Versorgung gilt § 1587a entsprechend. Hat sich seit Eintritt der Rechtshängigkeit des Scheidungsantrags der Wert einer Versorgung oder einer Anwartschaft oder Aussicht auf Versorgung geändert oder ist eine bei Eintritt der Rechtshängigkeit des Scheidungsantrags vorhandene Versorgung oder eine Anwartschaft oder Aussicht auf Versorgung weggefallen oder sind Voraussetzungen einer Versorgung eingetreten, die bei Eintritt der Rechtshängigkeit gefehlt haben, so ist dies zusätzlich zu berücksichtigen.

III § 1587d Abs. 2 gilt entsprechend.

1) Die dch 1. EheRG Art 1 Z 20 eingef Vorschr bestimmt, daß der **schuldrechtl VersorggsAusgl dch Zahlg einer Geldrente** erfolgt, u zwar in Höhe der Hälfte des jew übersteigden Betr, I 1, an Stelle des eigtl geschuldeten versicherungsrechtl VersorggsAusgl (§ 1587a I 1), II 1. Der Anspr auf die AusglRente entsteht erst dann, wenn beide Eheg eine Versorgg erlangt haben od nur der ausgleichspflicht Eheg, währd der Berecht wg Krankh uä auf nicht absehb Zeit eine ihm zumutb Erwerbstätig nicht ausüben kann od er das 65. LebensJ vollendet hat, I 2. Nachträglichen Änderngen des Wertes von VersorggsAnwartschaften usw kann jetzt noch Rechng getr w, II 2, wobei das FamG an die rechtskr gewordenen Vorentscheidgen nicht gebunden ist, III. **Rechtsnatur**: Der schuldrechtl VersorggsAusgl begründet einen **unterhaltsähnl Anspr** auf eine Geldrente (BT-Drucks 7/4361 S 47), was zB i § 1587k I zum Ausdr kommt; anderers setzt der Anspr aS des Berecht keine Bedürftigk voraus (vgl aber § 1587h Z 1). Da die Höhe der AusglRente sich nach dem Umfg der in der Ehe erworbenen Versorggstitel bemißt, reicht sie idR, vor allem auch nach einer nur kurzen Ehe, zum angem Unterh des AusglBerecht nicht aus, so daß der ausgleichspfl Eheg unter den Voraussetzgen der §§ 1570ff daneben regulären Unterh leisten muß (Einf 1 vor § 1587). Der schuldrechtl VersorggsAusgl ist jedoch kein echter Unterh, insb hängt er nicht von der Bedürftigk des and Eheg ab (vgl aber § 1587h).

2) Ausgleichsrente, I. Der schuldrechtl VersorggsAusgl geschieht dadch, daß an die Stelle der an sich geschuldeten Teilhabe an den vorhandenen Versorggstiteln des ausgleichspflicht Eheg bei Erreichen der Altersgrenze bzw in den Fällen, in denen sonst eine vorzeit Rentisierg stattfindet, wertmäß eine entspr Geldschuld tritt. Der ausgleichspflicht Eheg hat dem AusglBerecht eine Geldrente zu zahlen. Da dies aber aus seiner eig Versorgg geschehen soll, dh die Geldmittel dafür verwendet w sollen, die ihm aGrd seiner eig Altersvorsorge zufließen, entsteht die ZahlgsPfl erst, wenn der ausglpflicht Eheg seinerseits gg den SozialVers-Träger, gg seinen Dienstherrn, ArbGeber usw einen Anspr auf Versorgg erlangt hat. **a)** Die **Höhe der Geldrente** richtet sich nach dem an sich geschuldeten, aus den Gründen von § 1587f Z 1–5 aber nicht möglichen „dingl" VersorggsAusgl, näml auf die Hälfte des Wertunterschieds der von beiden Eheg in der Ehezeit jeweils erworbenen Versorggstitel, **I 1**. Für die Ermittlg des auszugleichden Versorggwertes gilt § 1587a entspr, **II 1**, dh der Wertunterschied ist wie beim echten VersorggsAusgl zu ermitteln (vgl § 1587a Anm 3). Allerd ist nach dem Bewertgsstichtag (Einf 3a vor § 1587) eingetretenen Änderngen jetzt Rechng zu tragen: Hat sich der Wert einer Versorgg od einer Anwartsch od Versorggsaussicht geändert bzw sind Versorggen weggefallen od hinzugekommen, so ist dies jetzt grdsl zu berücks, **II 2**, beispielsw wenn eine am Bewertgsstichtag noch verfallb betriebl Altersversorg inzw unverfallb geworden ist. Dasselbe Ziel verfolgt die Formulierg „des jew übersteigenden Betr" in I 1; auch dadch kommt zum Ausdr, daß sich der ZahlgsAnspr seiner Höhe nach den jew Veränderngen der in den Ausgl einbezogenen Versorggstitel anpaßt (BT-Drucks 7/650 S 166). Im einz sind 3 Fälle zu unterscheiden (vgl zum flgden Ruland Rdn 505 ff): (1) Sind die Voraussetzgen des schuldrechtl VersorggsAusgl **bereits iZtpkt der letzten mdl Verhdlg** gegeben, so findet die Bewertg wie beim WertAusgl statt (II 1), u die Hälfte der Wertdifferenz wird als AusglRente geschuldet. (2) Treten die Voraussetzgen des schuldrechtl VersorggsAusgl erst einige Zeit **nach der Scheidg** ein, ist

Bürgerliche Ehe. 7. Titel: Scheidung der Ehe §§ 1587g, 1587h

von den bei der Scheidg festgestellten Werten auszugehen, sofern ein WertAusgl überh stattgefunden hat. Wertänderungen ist nur iRv II 2 Rechng zu tragen. Sie liegt nicht in einer nachehel Beförderg des Beamten, auch wenn dadch nachträgl seine in der EheZt erlangte Versorgg aufgebessert w (Bergner DtRentVers **77**, 77; Voskuhl/Pappai/Niemeyer S 73), wohl aber, wenn der Wert eines Versorggsanrechts die geänd wirtschaftl Verhältn angepaßt w ist. So ist eine in der EheZt erworbene PensionsAnwartsch um die zwzeitl prozentuale Erhöhg anzupassen (entspr BeamtVG 58 II); bei einer Anwartsch auf eine Rente der gesetzl RentVers sind die auf die EheZt fallden WertEinh in die zZ der Entsch ü die AusglRente maßgebl RentFormel einzusetzen (vgl RVO 1304; AVG 83) usw (vgl Einzeln u Beispe bei Ruland Rdn 510ff). Ist ein Teil v VersorggsAnwartsch iW des WertAusgl ausgeglichen w u ein and Teil im schuldrechtl Ausgl noch auszugleichen u stellt sich jetzt heraus, daß iR des WertAusgl aS des Ausgl Verpfl zuviel in Ansatz gebracht w ist, zB weil iGgs zur urspr Annahme Wartezeiten nicht erfüllt od Halbbelegg weggefallen ist, so ist dies iR des schuldrechtl VersorggsAusgl zu korrigieren (Rolland Rdn 8; Ruland Rdn 521; aA Voskuhl/Pappai/Niemeyer S 73). (3) Hat iR der Scheidg überh kein WertAusgl stattgefunden, so ist auch eine **Bewertg der Versorggstitel** unterblieben u findet **erstmals mit der Entsch über die Höhe der AusglRente** statt. Die Bewertg erfolgt in einem doppelten Verf: zunächst werden die Werte zum Ende der EheZt (§ 1587 II) ermittelt; anschließd werden diese Werte erforderlichenf, nämlich iF zwzeitlicher Änderungen, wie in der vorigen Nr beschrieben angepaßt. – Bei der Anpassg der AusglRente an eine **wesentl Änderg der Verhältn** ist das FamG dch frühere Entsch zur AusglRente (u nur zu dieser!) nicht gebunden, **III**. Solche Änderungen liegen vor, wenn die Höhe der AusglRente um mind 10% verändert würde dadch, daß ein weiteres VersorggsR schuldrechtl auszugl ist, daß eine Berufsunfähigk- in eine Altersrente umgewandelt wurde, daß ein Versorggsanrecht, das bei der Versorggsrente berücks worden war, weggefallen od umgek erhöht w ist usw (vgl Ruland Rdn 526). – **b) Fälligkeit, I 2.** Die Rente dient der Versorgg. Sie kann infolged erst dann verlangt w, wenn beide Eheg die typ VersorggsTatbestd erfüllen, also 1. Fall: beide eine Versorgg erlangt haben; 2. Fall: der ausgleichspflichtige Eheg eine Versorgg erlangt hat u der ausgleichsberecht und Eheg wg Krankheit od anderer Gebrechen od körperl od geistiger Schwäche (Invalidität) auf nicht absehb Zeit eine ihm nach Ausbildg u Fähigk zumutb Erwerbstätigk nicht ausüben kann. 3. Fall: der ausgleichspflichtige Eheg hat eine Versorgg erlangt, der ausgleichsberecht und Eheg das 65. LebensJ vollendet. Daggl löst ein Versichergsfall allein in der Pers des AusglBerecht den Ansp auf die AusglRente nicht aus. Die **Versorgg**, die der ausgllpflicht Eheg erlangt hat, muß überh von VersorggsAusgl erfaßt s, dh unter § 1587 I fallen; desh ist die Voraussetzg nicht erfüllt, wenn die ausgezahlte Versorgg außerh der Ehe begründet w ist, wenn die Versorgg im Bezug einer Entschädiggsleistg (zB einer Unfallrente) besteht od wenn die bezogene Versorggsleistg schon iW des WertAusgl (§ 1587b I, II u III) berücks worden ist (Ruland Rdn 496). **Erlangt** haben bedeutet bindde Festsetzg, nicht Erfüllg der jew AnsprVorauss (so Voskuhl/Pappai/Niemeyer S 70), so daß der AusglBerecht das Risiko einer Hinausschiebg der Altersgrenze (RVO 1248 IV; AVG 25 VI), aber umgek auch den Vorteil hat, daß der AusglPflicht auf einen vorzeit RentBezug angewiesen ist (Ruland Rdn 497). **c)** Wg Abtretg von Versorggsbezügen vgl § 1587i I; wg Anspr auf Ausk, monatsweiser Zahlg u Zahlg im Wiederverheiratgs- bzw Todesfalle sowie wg Verzug u Erfüllg für die Vergangenh vgl § 1587k Anm 2.

3) Verfahren. Nur **auf Antrag** (§ 1587f Anm 1), auch wenn der schuldrechtl Ausgl bereits währd des ScheidgsVerf festgestellt w (Böhmer StAZ **76**, 241). Angesichts der umständl gesetzl Voraussetzgen, die sich nicht alle in den Tenor aufnehmen lassen, kommt kein LeistgsUrt, sond nur ein WertfeststellgsUrt iR des Entscheidgsverbunds (ZPO 629 I) in Betr. Wg der Teiln an der Dynamisierg lassen sich endgült Beträge zZtpkt der Scheidg noch nicht nennen; üi kann der schuldrechtl VersorggsAusgl auch noch ganz entfallen. **Tenor**: „Es wird festgestellt, daß dem AntrSt (-Gegner) am ... (folgt der Bewertgsstichtag; vgl Einf 3a vor §1587) eine Versorgg iHv mtl ... DM (folgt der AusglBetrag) als schuldrechtl auszugleichde Versorgg zusteht." Die Entsch ist ggf nicht endgül; entspr Vorbehalts bedarf es wg III iVm § 1587d I nicht, doch ist seine Aufn in den Tenor zweckmäß. Bei Erfüllg der Voraussetzgen für den schuldrechtl VersorggsAusgl später ggf LeistgsKl. **Tenor**: „Der (Die) ... (Name des ausglpflicht Eheg) hat an die (den) ... (Name des ausglberecht Eheg) ab dem ... eine mtl AusglRente nach § 1587 g I 1 BGB iHv ... DM zu zahlen." Angabe v § 1587g im Tenor wg § 1587i. ÄndergsMöglk gem III; **Tenor** des AnpassgsBeschl: „Der (Die) ... (Name des ausglpflicht ist dch Beschl (Urt) den ... (AktZ: ... - verurt, an die (den) ... (Name des ausglberecht Eheg) eine mtl AusglRente nach § 1587g I 1 BGB iHv ... DM zu zahlen. Der zu zahlde Betr wird ab ... auf ... DM neu festgesetzt." (Vgl Ruland Rdn 529f).

1587 h *Ausschluß des Ausgleichsanspruchs.* Ein Ausgleichsanspruch gemäß § 1587 g besteht nicht,

1. soweit der Berechtigte den nach seinen Lebensverhältnissen angemessenen Unterhalt aus seinen Einkünften und seinem Vermögen bestreiten kann und die Gewährung des Versorgungsausgleichs für den Verpflichteten bei Berücksichtigung der beiderseitigen wirtschaftlichen Verhältnisse eine unbillige Härte bedeuten würde. § 1577 Abs. 3 gilt entsprechend;
2. soweit der Berechtigte in Erwartung der Scheidung oder nach der Scheidung durch Handeln oder Unterlassen bewirkt hat, daß ihm eine Versorgung, die nach § 1587 auszugleichen wäre, nicht gewährt wird;
3. soweit der Berechtigte während der Ehe längere Zeit hindurch seine Pflicht, zum Familienunterhalt beizutragen, gröblich verletzt hat.

1) Die dem § 1587c entsprechde Vorschr wurde vom 1. EheRG Art 1 Z 20 eingef u ordnet den **Verlust des Ausgleichsanspruchs in 3 Fällen** an, näml soweit der Berecht seinen angem Unterh ow aus eig Mitteln bestreiten kann und der VersorggsAusgl für den and Teil eine unbill Härte bedeuten würde, Z 1; soweit der Berecht eig ausgleichspflichtige Versorggen aufgegeben od ihre Entstehg verhindert hat, Z 2; schließl der Fall, daß der Berecht währd der Ehe längere Zeit hindch seine Pfl, zum FamUnterh beizutragen, gröbl verletzt hat. Vgl im einz die Anm zu § 1587c.

2) Fehlende Bedürftigk, Ziff 1. Der weniger weitgehde AusschlTatbestd überschneidet sich mit § 1587c Z 1, so daß das Probl entsteht, ob in Fällen, in denen der WertAusgl ausgeschl wäre, der schuldrechtl VersorggsAusgl stattfinden kann. Da letzterer subsidiär ist, muß § 1587c Z 1 analog gelten (Rolland § 1587h Rdn 4). **a)** Grdsätzl hängt der VersorggsAusgl nicht davon ab, daß der AusglBerecht iS des UnterhaltsR bedürftig ist (§ 1602 I). Eine Durchbrechg dieses Grds erschien aber aus BilligkGrden angebracht, wenn der Berecht seinen angem Unterh auch im Alter od trotz Krankh ow bestreiten kann u die Gewährg des UntersPfl für den Verpflichteten in Anbetr der beiderseitl wirtschaftl Verhältn eine unbill Härte bedeuten würde. Dann Wegfall der ZahlgsPfl, uU auch nur hins eines TeilBetr (BT-Drucks 7/650 S 166). Bestreiten des eig Unterh aus eig Mitteln ggf auch, wenn nach Wiederheirat UnterhAnspr gg den neuen Eheg besteht (Ruland NJW **76,** 1720). **b)** Zusätzl zur Bedürfnislosigk muß die AusglVerpflichtg aS des Verpflichteten eine **unbillige Härte** bedeuten. Dieses zusätzl Merkm unterscheidet den ZahlgsAnspr aus dem schuldrechtl VersorggsAusgl von einem regulären UnterhAnspr (vgl § 1587g Anm 1). Die Härte muß wirtschaftl bedingt sein u soll nicht daraus hergeleitet w, daß der Berecht schuldh das Scheitern der Ehe verursacht hat. Zu berücks sind schließl die **beiderseitigen wirtschaftl Verhältnisse,** die jeden von den Eheg treffden Verbindlichkeiten, insb auch UnterhPflichten. Maßg f die unbill Härte der Ztpkt der Geltdmachg der AusglRente; treten später entspr Umst ein, Abänderg gem §§ 1587d II, 1587g III (arg „soweit"). Hins der Verwertg des VermStammes gilt § 1577 III entspr.

3) Verhinderg des Entstehens eigener Versorggsansprüche dch den Berechtigten, Z 2. Es bedarf einer weitergehden Ausschlußklausel als in § 1587c Z 2, da sich die AusglPfl beim schuldrechtl Versorggs-Ausgl nach den schließl gewährten Versorggen bestimmt, also auch dch einen nach der Scheidg erfolgden Wegfall von Versorggsanrechten berührt wird (BT-Drucks 7/650 S 167). Verhindert also ein Eheg nach Scheidg der Ehe die Verwirklichg eines Anrechts od einer Aussicht auf Versorgg, wird er sich, soweit es um die eig AusglBerechtigg geht, ijF so behandeln lassen müssen, als ob ihm eine Versorgg, wie sie aGrd der erworbenen Anrechte zu erwarten war, gewährt würde. Dieser generelle Ausschl des AusglAnspr rechtfertigt sich daraus, daß dies für die VersorggsBerechtigung ursächl Verhalten des Eheg nach Ehescheidg allein seinem Risikobereich zuzuordnen ist. Für Einwirkgen auf Versorggsberechtiggen währd bestehder Ehe soll es dagg auch hier darauf ankommen, ob sie in einem bewußten Zushg mit der bevorstehden Scheidg gestanden haben (BT-Drucks 7/650 S 167).

4) Wg **Vernachlässig der UnterhPfl** vgl § 1587c Anm 4. Analoge Anwendg bei Verletzg der nachehel UnterhPfl (Ruland Rdn 539).

1587 i *Abtretung von Versorgungsansprüchen.* I Der Berechtigte kann vom Verpflichteten in Höhe der laufenden Ausgleichsrente Abtretung der in den Ausgleich einbezogenen Versorgungsansprüche verlangen, die für den gleichen Zeitabschnitt fällig geworden sind oder fällig werden.

II Der Wirksamkeit der Abtretung an den Ehegatten gemäß Absatz 1 steht der Ausschluß der Übertragbarkeit und Pfändbarkeit der Ansprüche nicht entgegen.

III § 1587d Abs. 2 gilt entsprechend.

1) Eingef dch 1. EheRG Art 1 Z 20. IdR erfolgt der schuldrechtl VersorggsAusgl dch Zahlg einer Geldrente (§ 1587g I 1). Der Berecht kann aber auch vom Verpflichteten in Höhe der laufden AusglRente **Abtretg der in den Ausgleich einbezogenen Versorggansprüche** verlangen, die für den gleichen Zeitraum fällig geworden sind od fällig werden, I. Im Ggs zu § 1585a I 2 bedarf es hier keiner Einschränkg der Abtretg, weil damit für den Verpflichteten keinerlei Nachteile verbunden sind; idR sind seine Verhältn dem ZahlgsSchuldn ohnehin bekannt, insb wenn sich die Anspr gg öff Rechtsträger richten. Nachteile für Beruf od Fortkommen sind kaum noch zu befürchten, weil seine berufl Laufbahn bei Versorggsgewährg regelmäß abgeschl ist (BT-Drucks 7/650 S 167). Dch die Abtretg wird der prakt Unterschied zum eigentl VersorggsAusgl beseitigt; denn damit wird der AusglBerecht Inhaber des RentenAnspr gg die RentenVers usw. Da zw Abtretbark u Pfändbark Parallelität besteht, kann der AusglBerecht den RentenAnspr des Verpflichteten auch iW der ZwVollstr pfänden; RechtsschutzBedürfn dafür vorh, wenn er bereits im Besitz eines Vollstreckgstitels ist, währd er nach I erst auf Abtretg klagen müßte. Der Wirksamk der Abtretg an den Eheg steht der Ausschl der Übertragbark u Pfändbark als Ausn zu §§ 399, 400 nicht entg, II. An Dritte darf der VersorggsAnspr nach wie vor nicht abgetreten w. Das FamG kann auch hier, da der Anspr auf eine AusglRente in seiner Bedeutg einem UnterhAnspr nahekommt (BT-Drucks 7/4361 S 47) entspr ZPO 323 eine rechtskr Entscheid auf Antr aufheben od ändern, wenn sich die Verhältn nach der Scheidg wesentl geändert haben, III (vgl § 1587d Anm 3). Stirbt der Berecht, so erlischt der AusglAnspr; die nach § 1587i I abgetretenen Anspr gehen nicht unter, sond fallen an den Verpflichteten zurück (§ 1587k II 2).

2) Der **Abtretgsanspruch, I,** kann im Streitfall zugleich mit dem entspr ZahlgsAnspr gerichtl geltd gemacht werden (vgl ZPO 260). Dadch ist es mögl, das zw den gesch Eheg insow bestehde Rechtsverhältn in einem einz Verf abschließd zu bereinigen (BT-Drucks 7/650 S 167). Die AbtretgsPfl bezieht sich nur auf die in den Ausgl einbezogenen VersorggsAnspr. Also keine Abtretg von Versorggsansprüchen, die vor od nach der Ehezeit (§ 1587 II) erworben w sind. Darüber hinaus ist die AbtretgsPfl dahin beschr, daß die einz Raten der Versorggsbezüge nur jew wg u in Höhe der für den gleichen Zeitabschnitt wie die Bezüge der zu entrichtden AusglRente abgetreten w müssen. Sind Rückstände so aufgelaufen, weil der AusglAnspr erst nachträgl geltd gemacht wird od der AusglSchuldn nicht gezahlt hat, so kann desh nicht Abtretg des Anspr auf künft Versorggsbezüge verlangt w; es gelten vielm die allg Dchsetzgsregeln.

3) Ausschluß der allg Übertraggsbeschränkgen, II. Versorggsansprüche dürfen idR kr Gesetzes nicht übertr w (vgl § 400; ZPO 850 II u III b); daneben kann die Abtretg privatrechtlicher Versorgungsansprüche (also zB betriebl Ruhegeldszusagen) dch Vereinbg zw Gläub u Schuldn ausgeschl w (§ 399). Allen diesen Beschrkgen kann die Abtretg wg des Anspr auf AusglRente von der Natur dieses Anspr her nicht unterworfen sein. Soll der Anspr die soziale Unbilligk, die in dem einseit od verschieden großen Anwachsen von

Versorggsanrechten für eine gemschaftl Lebensleistg liegt, tatsächl ausgleichen, so muß der Anspr unbeschr dchsetzb sein u insb zu einer unbeschr Abtretg entsprechder Versorggsansprüche an den Berecht führen können (BT-Drucks 7/650 S 168). Da es sich hier um nichts anderes als ein „nachgeholtes Splitting" handelt, liegt auch kein Widerspr darin, daß § 1587h Z 1 den angem Unterh des AusglVerpflichteten schützt, währd der AusglBerecht n § 1587 i II in den dch die Pfändgsfreigrenzen zG des Schuldn gezogenen Schutzraum eindringt (BT-Drucks 7/4361 S 47).

1587k Anwendbare Vorschriften; Erlöschen des Ausgleichsanspruchs.
[I] Für den Ausgleichsanspruch nach § 1587g Abs. 1 Satz 1 gelten die §§ 1580, 1585 Abs. 1 Satz 2, 3 und § 1585b Abs. 2, 3 entsprechend.

[II] Der Anspruch erlischt mit dem Tod des Berechtigten; § 1586 Abs. 2 gilt entsprechend. Soweit hiernach der Anspruch erlischt, gehen die nach § 1587i Abs. 1 abgetretenen Ansprüche auf den Verpflichteten über.

1) Die dch 1. EheRG Art 1 Z 20 eingef Bestimmg enthält für den AusglAnspr nach § 1587g I 1 **Verweisgen auf and Vorschriften**, I, u regelt den Fall des Todes des Berecht, II.

2) Der schuldrechtl VersorggsAusgl unterliegt den Vorschr des allg SchuldR; er entspricht weitgehd dem nachehel UnterhAnspr, in den er nach Erreichen der Altersgrenze uä ganz od zT übergeht (§ 1587g Anm 1 sowie Einf 1 vor § 1587). Desh finden die Vorschr über den UnterhAnspr des gesch Eheg auf den schuldrechtl AusglAnspr weitgehd entspr Anwendg, **I**. So haben beide Eheg einen **AuskunftsAnspr** hinsichtlich ihrer Einkünfte u ihres Verm gg den and Eheg, soweit davon der AusglAnspr abhängt (§ 1580 m Anm). Die Rente ist **mtl im voraus zu zahlen**; u der Verpflichtete schuldet den vollen MonatsBetr auch dann, wenn der Berecht im Laufe des Mo **wieder heiratet od stirbt** (§ 1585 I 2 u 3). Ist der Verpflichtete seinen Verbindlichkeiten aus dem schuldrechtl VersorggsAusgl nicht nachgekommen, kann der Berecht Erfüll bzw SchadErs wg Nichterfüll auch noch **für die Vergangenh** verlangen, soweit sich der AusglPflichtige in Verzug (§§ 284, 285) befand od der AusglAnspr rechtshängig (ZPO 263) geworden war (§ 1585b III), allerd auch hier mit der Einschrkg, daß für mehr als 1 J vor der Rechtshängigk fäll gewordene AusglAnsprüche Erfüll u SchadErs wg Nichterfüll nur verlangt w kann, wenn anzunehmen ist, daß der Verpflichtete sich der Leistg absichtl entzogen hat (§ 1585b III). Vgl dazu § 1585b Anm 3 u 4.

3) Mit dem **Tod des Berechtigten** erlischt der AusglAnspr, **II 1**, da nunmehr eine Versorgg nicht mehr erforderl. Bezieht sich lediglich auf den RentenAnspr gem § 1587g I 1; wg des allg VersorggsAusglAnspr vgl § 1587e II. Der beim Tode angebrochne MonatsBetr wird voll geschuldet (§§ 1585 I 3, 1587k I). Ansprüche auf Erfüll od SchadErs wg Nichterfüll für die Vergangenh bleiben bestehen. Soweit danach der Anspr erlischt, fallen die iRv § 1587i I abgetretenen Anspr an den Verpflichteten zurück, **II 2**. Automat Rückfall ohne Entsch der FamG od Kondiktion gg die Erben; gleichw ausgezahlte Beträge können aus dem Nachl gem § 812 zurückverlangt w. Anders als der UnterhAnspr (§ 1585 I 3) bleibt der RentenAnspr iF der **Wiederheirat** des Berecht unberührt; der schuldrechtl VersorggsAusgl soll dem Berecht fehlde eigne Versorggsansprüche ersetzen, eig Versorggsberechtiggen würden dch eine Heirat aber ebenf nicht berührt (BT-Drucks 7/650 S 168). Im Ggs zu den §§ 1586b I, 1587e IV fehlt eine ausdrückl Bestimmg über die Folgen beim **Tod des Verpflichteten**. Im Ggs zur 36. Aufl w man mit Rolland Rdn 6 aus dem unterhaltsähnl Charakter des Anspr den § 1586b analog anwenden u den Anspr ggü dem Nachlaß des AusglPflicht fortbestehen lassen, obwohl der schuldrechtl Ausgl an sich aus der eig Versorgg des Verpfl geleistet w soll u diese mit seinem Tode wegfällt.

1587l Abfindung künftiger Ausgleichsansprüche.
[I] Ein Ehegatte kann wegen seiner künftigen Ausgleichsansprüche von dem anderen eine Abfindung verlangen, wenn dieser hierdurch nicht unbillig belastet wird.

[II] Für die Höhe der Abfindung ist der nach § 1587g Abs. 2 ermittelte Zeitwert der beiderseitigen Anwartschaften oder Aussichten auf eine auszugleichende Versorgung zugrunde zu legen.

[III] Die Abfindung kann nur in Form der Zahlung von Beiträgen zu einer gesetzlichen Rentenversicherung oder zu einer privaten Lebens- oder Rentenversicherung verlangt werden. Wird die Abfindung in Form der Zahlung von Beiträgen zu einer privaten Lebens- oder Rentenversicherung gewählt, so muß der Versicherungsvertrag vom Berechtigten auf seine Person für den Fall des Todes und des Erlebens des fünfundsechzigsten oder eines niedrigeren Lebensjahres abgeschlossen sein und vorsehen, daß Gewinnanteile zur Erhöhung der Versicherungsleistungen verwendet werden. Auf Antrag ist dem Verpflichteten Ratenzahlung zu gestatten, soweit dies nach seinen wirtschaftlichen Verhältnissen der Billigkeit entspricht.

1) Entspr der Regelg beim nachehel UnterhAnspr (§ 1585 II) kann der AusglBerecht nach der dch 1. EheRG Art 1 Z 20 eingef Bestimmg von dem ausgleichsverpfl Eheg die **Abfindg künftiger AusglAnsprüche** verlangen, wenn der AusglSchuldn dadch nicht unbillig belastet wird, I. Das entspricht dem Ziel des 1. EheRG, die Ehel nach der Scheidg endgült auseinanderzubringen, was dch den schuldrechtl VersorggsAuslg wg des Fortbestehens ggseitiger Ansprüche nicht gelungen ist. Außerd wird das mit dem schuldrechtl VersorggsAusgl angestrebte **Ziel**, dem Berecht eine Stellg zu verschaffen, als wenn er selbst versorggsberecht wäre, in 2 Fällen nicht erreicht: näml wenn bei ihm selbst die Voraussetzgen des Versorggsfalls (zB Berufsod Erwerbsunfähig) eintreten, bevor der AusglPflichtige eine Versorgg erlangt; er hat dann allenf UnterhAnsprüche. Ungesichert bleibt der AusglBerecht aber auch für den Fall, daß der verpflichtete Eheg vor ihm verstirbt u eine Hinterbliebenenversorgg nicht gewährt wird. Diesen Nachteilen zu begegnen, eröffnet § 1587 l einen Weg (BT-Drucks 7/650 S 168f). Es empfiehlt sich, die Abfindg des nachehel UnterhAnspr (§ 1585 II), sof ein obligatorischer VersorggsAnspr bestehen bliebe, mit der Abfindg dafür zu verbinden. Abfindg kommt nur in Betr, wenn ein VersorggsAusgl dch Nachentrichtg von Beiträgen (§ 1587b III) obj nicht mögl ist (BT-Drucks 7/650 S 169). Das Gesetz räumt dem AusglBerecht für den Fall, daß der Verpflichtete dadch nicht unbill belastet wird, einen Anspr ein, I. Außerd trifft es, um Übervorteilgen des Berecht auszuschließen, Bestimmgen über die Höhe der Abfindg, II, sowie über die Form der Abfindg, III. **Kein Abfindgsrecht des Verpflichteten**, weil sie idR nicht voll zum Aufbau einer Versorgg ausreicht, wie sie der Berecht aGrd des VersorggsAusgl erhalten würde. Der Verpflichtete ist dadch nicht unbill belastet, weil es ihm unbenommen bleibt, dch Abschl einer privaten RentenVers Vorsorge dafür zu treffen, daß ihm bei Eintr des Versorggsfalles ausreiche Mittel zur Vfg stehen (BT-Drucks 7/650 S 169). Die Abfindg wird **an Erfüllgs Statt** gewährt (§ 364 I), so daß der Berecht das Risiko der mit der Abfindg begründeten sozialen Sicherg trägt (§ 1587n).

2) **Voraussetzgen des Abfindungsanspruchs, I. a)** Abfindg kann nur verlangt werden wg der **künftigen AusglAnsprüche**; für Vergleiche über Rückstände gelten die II u III nicht. **b)** Die Abfindg darf den AusglPflichtigen **nicht unbillig belasten.** Dieselbe Einschränkg des AbfindgsAnspr wie in § 1587d Anm 2 a. Bei Prüfg der Frage, ob eine unbill Belastg vorliegt, ist die Möglichk von Ratenzahlgen (III 3) in die Abwägg einzubeziehen.

3) **Höhe der Abfindg, II.** Die Bestimmg entspricht § 1587o des RegEntw (vgl BT-Drucks 7/650 S 169f). Grdlage der Bemessg ist der gem § 1587g II ermittelte **Zeitwert** der beiderseit Versorggstitel; dch die Bezugn wird insb sichergestellt, daß die nach Eintr der Rechtshängigk des ScheidsAntr eingetretenen Wertänderungen berücksichtigt w. Zeitwert bedeutet also Wert im Ztpkt der AbfindgsEntsch (BT-Drucks 7/4361 S 47). Die Bewertg der versch Versorggstitel richtet sich nach deren jew Eigenheiten. Es gelten über § 1587g II 1 die Bestimmgen von § 1587a. Bei einer Versorgg aus einem öff-rechtl DienstVerhältn muß daher für die Abfindg die Summe der Beiträge maßg sein, die für eine Nachversicherg in der gesetzl RentenVers für die gesamte in der Ehe fallde ruhegehaltsfäh Dienstzeit aufzuwenden wäre. Die Höhe der Beiträge richtet sich nach der Höhe der jew gezahlten Bezüge. Bei als ruhegehaltsfäh anerk Dienstzeiten, in denen nur ein UnterhZuschuß uä gezahlt wurde (BBG 112–116a), ist von den zu diesem Ztpkt gezahlten Dienstbezügen auszugehen. Für die Berechng sind jew die vollen NachVersBeiträge einschl des ArbGeberAnteils anzusetzen. Entspr ist bei Anwartschaften aus der gesetzl RentenVers zu verfahren. Für Ers- u Ausfallzeiten in der Ehe sind Beträge iH der vor diesen Zeiten zuletzt entrichteten Beiträge od, wenn zuvor Beiträge nicht entrichtet worden sind, in der Höhe anzusetzen, in der im Anschl an die Ersatz- u Ausfallzeit währd der Ehe der erste Beitr entrichtet w ist. Bei den sonst Versorggen ist entspr zu verfahren. Fehlt eine Anknüpfgsmöglk wie bei den beitragslosen Versorggseinrichtungen, so ist darauf abzustellen, welche Beiträge bei Begründg od Aufrechterhaltg einer gleichwert Anrechts in der privaten RentenVers für die in der Ehe fallde Anrechngs- od BeschäftiggsZt aufzuwenden gewesen wäre (vgl im einzelnen BT-Drucks 7/650 S 169f, deren sachl Inh die Fassg von II nur sprachl vereinfachen sollte, BT-Drucks 7/4361 S 47).

4) **Form der Abfindung, III.** Dem Zweck der Abfindg, dem Berecht eine eigenständ Zukunftssicherg aufzubauen, entspricht die Zweckbindg für die Anlage der Abfindg. Desh Anspr auf Barabfindg ausgeschl. Abfindg nur in Form der Zahlg von Beiträgen zu einer gesetzl RentenVers od priv VersVers; kein volles WahlR: BeitrEntrichtg zur SozVers nur, wenn die gesetzl RentVers eine solche Möglk vorsehen (Maier S 155f). Die für die priv LebVers notw Voraussetzgen, näml der Abschl eines entspr VersVertr, sind vom Berecht zu schaffen. Um sicherzustellen, daß die Anlage der Abfindg zu einer ähnl ZukunftsSicherg führt, wie sie die gesetzl RentenVers bieten, muß der VersVertr vom Berecht auf seine Pers für den Fall des Todes u des Erlebens des 65. od eines niedrigeren LebensJ abgeschl sein u vorsehen, daß Gewinnanteile zur Erhöhg der VersLeistgen verwendet w (BT-Drucks 7/650 S 169). Die Vorschr enthält kein Verbot der Barabfindg; die Parteien können Barabfindg vereinb, das FamG sie nach § 1587b IV anordnen (Ruland Rdn 549). Die AnO von **Ratenzahlgen, S 3**, soll ausschließen, daß das Abfindgsverlangen schon daran scheitert, daß dem Verpflichteten die Leistg der Abfindg in einer Summe nicht mögl ist (BT-Drucks 7/650 S 169). Nur auf **Antr**, weil FGG-Verf (BT-Drucks 7/4361 S 48).

1587 m Tod des Berechtigten.
Mit dem Tod des Berechtigten erlischt der Anspruch auf Leistung der Abfindung, soweit er von dem Verpflichteten noch nicht erfüllt ist.

1) Eingef dch 1. EheRG Art 1 Z 20. Im Ggs zum RegEntw (BT-Drucks 7/650 S 170) keine allg zeitl Befristg des Anspr auf Abfindg, sond allg VerjährgsVorschr, da eine Ausschlfrist mit dem Ziel nicht vereinb, jedem Eheg eine eigenständ, von der Versorgg des and Eheg unabhäng Versorgg zu verschaffen (BT-Drucks 7/4361 S 48). Aber mit dem **Tod des Berechtigten** erlischt der Anspr auf Leistg der Abfindg, soweit er von dem Verpflichteten noch nicht erfüllt ist. Denn wenn der Berecht stirbt, entfällt jeder Grd für eine weitere Abfindgsleistg; daher kein Übergang des Anspr auf die Erben (BT-Drucks 7/650 S 170). Wie iFv § 1587k I wird man allerd auch hier wg SchadErsAnspr § 1585b II analog anwenden müssen. Hins des Todes des Verpflichteten vgl § 1587k Anm 3.

1587 n Anrechnung auf Unterhaltsanspruch.
Ist der Berechtigte nach § 1587 l abgefunden worden, so hat er sich auf einen Unterhaltsanspruch gegen den geschiedenen Ehegatten den Betrag anrechnen zu lassen, den er als Versorgungsausgleich nach § 1587g erhalten würde, wenn die Abfindung nicht geleistet worden wäre.

1) Eingef dch 1. EheRG Art 1 Z 20. Abgefundene AusglAnsprüche sind **auf den Unterhalt anzurechnen.** Da die Abfindg nicht notwendigerw eine Versorgg iH des VersorggsAusgl gewährleistet, bedarf es einer Regelg, die sicherstellt, daß eine Doppelinanspruchnahme des abfindgn Verpflichteten ausgeschl ist. Hat sich der Berecht wg der künft AusglAnsprüche abfinden lassen, so muß ihn allein das wirtschaftl Risiko treffen, ob bei Eintr des Versorggsfalles eine Versorgg iH der AusglRente besteht (BT-Drucks 7/650 S 170). Soweit neben dem urspr geschuldeten VersorggsAusgl noch UnterhAnsprüche bestanden hätten (Einf 1 vor § 1587), bleiben diese trotz der Abfindg bestehen.

4. Parteivereinbarungen

1587 o *Vereinbarungen über den Ausgleich; Form.* ⁱ Die Ehegatten können im Zusammenhang mit der Scheidung eine Vereinbarung über den Ausgleich von Anwartschaften oder Anrechten auf eine Versorgung wegen Alters oder Berufs- oder Erwerbsunfähigkeit (§ 1587) schließen. Durch die Vereinbarung können Anwartschaftsrechte in einer gesetzlichen Rentenversicherung nach § 1587b Abs. 1 oder 2 nicht begründet oder übertragen werden.
ⁱⁱ Die Vereinbarung nach Absatz 1 muß notariell beurkundet werden. § 127a ist entsprechend anzuwenden. Die Vereinbarung bedarf der Genehmigung des Familiengerichts. Die Genehmigung soll nur verweigert werden, wenn unter Einbeziehung der Unterhaltsregelung und der Vermögensauseinandersetzung offensichtlich die vereinbarte Leistung nicht zur Sicherung des Berechtigten für den Fall der Erwerbsunfähigkeit und des Alters geeignet ist oder zu keinem nach Art und Höhe angemessenen Ausgleich unter den Ehegatten führt.

Schrifttum: Reinartz NJW 77, 81; Plagemann NJW 77, 844; Kniebes/Kniebes DNotZ 77, 290; Bergner NJW 77, 1748; Rohde NJW 77, 1763; Friederici AnwBl 78, 159; Udsching NJW 78, 289 (Haftgsrisiken); Plagemann SGb 78, 98; Reinartz DNotZ 78, 284.

1) Die dch 1. EheRG Art 1 Z 20 eingef Bestimmg stellt die **Privatautonomie im Bereich des VersorggsAusgl** wieder her. Die Eheg können im Zushg mit der Scheid eine Vereinbg über den Ausgl von Anwartschaften od Anrechten auf eine Versorgg wg Alters od Berufs- bzw Erwerbsunfähigk schließen. **Zweck:** Der VersorggsAusgl ist im Zushg mit dem ehel GüterR zu sehen, das ebenf der RegelgsFreih der Eheg unterliegt (vgl die Darstellg der MinderhMeing in BT-Drucks 7/4361 S 22). Vereinbgen gem § 1587o können **zweckmäßig** sein, wenn der WertAusgl gem § 1587b I bis III ohnehin nur zu einer unzureichenden Versorgg führt bzw die Versorgg des ausgleichspflicht Eheg inf des VersorggsAusgl unzureichd würde od wenn umgek der ausgleichsberecht Eheg bereits ausreichd gesichert ist (Reinartz NJW 77, 81) bzw mehr erhalten soll als er über den WertAusgl erhalten würde. Haben die Eheg den VersorggsAusgl nach § 1408 II ausgeschl od nach § 1587o eine dann vom FamG genehmigte Vereinbg getroffen, findet insow eine Entsch über den VersorggsAusgl nach § 1587b nicht statt (FGG 53d S 1). Um die Eheg beraten u eine solche Vereinbarg schließen zu können, müssen die Beteiligten Kenntn ü die Höhe der erworbenen Anwartschaften haben. Desh sieht die 2. VO ü die Erteilg v Rentenauskünften an Versicherte der gesetzl RentVers vom 5. 8. 77 (BGBl 1486) das Recht auf **Auskunftserteilg ggü Rechtsanwälten** vor. Währd die §§ 2 u 3 die Berlinklausel u das Inkrafttr am 11. 8. 77 betreffen, lautet

§ 1 AuskunftsVO (1) *Versicherten ist auf Antrag, der durch einen Rechtsanwalt zu stellen ist, den sie schriftlich zur Vertretung ihrer Interessen in einer Ehescheidungsangelegenheit bevollmächtigt haben, Auskunft über die Höhe der entsprechend § 1304 der Reichsversicherungsordnung, § 83 des Angestelltenversicherungsgesetzes und § 96 des Reichsknappschaftsgesetzes für die bisherige Ehezeit zu berechnenden Anwartschaft auf Altersruhegeld zu erteilen; dem Antrag ist die Vollmacht des Rechtsanwalts beizufügen. Die Berechnung der Anwartschaft kann auf die dem Versicherungsträger vorliegenden Versicherungsunterlagen beschränkt werden.*

(2) Absatz 1 gilt für Versicherte, deren Ehegatte durch einen in seiner Ehescheidungsangelegenheit bevollmächtigten Rechtsanwalt Auskunft über die Höhe der Rentenanwartschaft gemäß § 1587e Abs. 1 des Bürgerlichen Gesetzbuchs verlangt, mit der Maßgabe entsprechend, daß eine Vertretung durch einen Rechtsanwalt nicht erforderlich ist, wenn das Auskunftsverlangen des Ehegatten vom Versicherten durch beglaubigte Abschrift oder beglaubigte Vervielfältigung des Auskunftsersuchens und der Vollmacht des Rechtsanwalts des Ehegatten nachgewiesen wird; § 33 Abs. 4 Nr. 1 des Verwaltungsverfahrensgesetzes vom 25. Mai 1976 (BGBl. I S. 1253), geändert durch Artikel 7 Nr. 4 des Adoptionsgesetzes vom 2. Juli 1976 (BGBl. I S. 1749), gilt.

(3) Versicherten ist auf Antrag auch dann Auskunft zu erteilen, wenn der Antrag durch einen Notar gestellt wird, den sie ersucht haben, eine Vereinbarung über den Versorgungsausgleich entsprechend § 1587o des Bürgerlichen Gesetzbuchs zu beurkunden. Dem Antrag ist eine Vollmacht zur Einholung der Auskunft beizufügen.

Zur amtl Begrdg BR-Drucks 298/77. Die RentAuskft nach der AuskftsVO ist idR nutzlos; sie muß zwangsläuf v einem unzutr Stichtag (§ 1587 II) ausgehen u idR auch ein ungeklärtes VersKto, d eins mit erhebl Lücken im VersVerlauf, zugrdelegen, so daß es für die Beteiligten oft wesentl sinnvoller sein wird, die in Betr kommden Versorggswerte zu **schätzen**. Genaue Anleitg dazu mit entspr Bspen u Tab bei Bergner NJW 77, 1748. **Voraussetzgn** f die Auskftserteilg ggü dem VerfBevollm des scheidgswilligen Eheg: **a)** Eine **Ehescheidungsangelegenh** entsteht mit der Konsultation eines RA. Es braucht noch keine feste Scheidgsabsicht zu bestehen. Ebsowenig ist Kenntn des and Eheg erforderl. **b)** Die Auskft kann nur dch einen **RAnw** od **Notar** eingeholt w. Letzterer ist jedoch nicht schlechth zur Auskftseinholg befugt, sond nur iR der Beurk einer Vereinbg gem § 1587o II 1 (AuskftsVO II 1). Nicht erfdl, daß die Vereinbg inhaltl bereits vorliegt; denn ihr Inh soll sich ja erst nach der Auskft richten. **c)** Dem Auskftsersuchen ist eine **schriftl Vollmacht** beizufügen (AuskftsVO 1 S 1 aE, III 2), die auf die Vertretg in der Ehescheidgs-Angelegenh gerichtet ist. Die Vollm braucht nicht die der ZPO 609, 624 I zu sein, muß aber klarstellen, daß sie aus EhescheidgsGrden erteilt w ist. Mißbräuchl Umgehg des RVO 1325 I u der dazu erlassenen VO v 22. 12. 75 (BGBl 3184), wonach nur rentennahe Jahrgge ggü den RentVersTrägern auskftsberecht sind, ist nicht auszuschließen. Da die Vereinbg nach § 1587o in den meisten Fällen inhaltl noch gar nicht fixiert sein k, wenn ein Notar die Auskft einholt, bedarf es in seiner Vollm nur des Hinw, daß er mit der Vorbereitg einer Vereinbg beauftragt ist. **d)** Das Auskunftsersuchen richtet sich auf die Information über die Rent(Anwartsch) des **Mandanten selbst.** Soll dagg od besser entsprechd zur Feststellg des iSv 1587 I 1 ausgleichspflicht Eheg eine Auskft über die RentAnwartsch **des anderen Eheg** eingeholt werden, so besteht materiellrechtl gg diesen ein entspr Anspr auf Auskft (§§ 1580, 1587e I). Damit nun der and Eheg nicht seiners doch gezwungen w, einen Anwalt zu nehmen (vgl dazu Diederichsen NJW 77, 605f), ermöglicht AuskftsVO 1 II ihm, dem Auskftsverlangden des scheidgswill Eheg auch ohne Hinzuzieh eines Anw nachzukommen.

§ 1587 o 1–3

Der VersTräger gibt ihm (nicht dem eigtl an der Auskft interessierten Eheg) Ausk, wenn er eine beglaubigte Vervielfältigg des AuskErsuchens u der Vollm des Anw vorlegt, wobei der Abschr Ablichtgen, Lichtdrucke usw gleichstehen (VwfG 33 IV Z 1) u der RA die Abschriften seiner Schriftsätze selbst beglaubigen darf (vgl VwVfG 34; Th-P ZPO 210 Anm).

2) Zeitpunkt. Die Eheg können in einem jederzeit zu schließden notariell beurk (§ 1410) EheVertr dch eine ausdrückl Vereinbg auch den VersorggsAusgl ausschließen (§ 1408 II 1). Vgl dazu § 1408 Anm 3b. Wenn sich aus dem EheVertr nichts and ergibt, hat der Ausschl des VersorggsAusgl die Folge, daß zw den Ehel Gütertrenng eintritt (§ 1414 S 2). Allerd ist der gänzl Ausschl des VersorggsAusgl unwirks, wenn innerh 1 Jahres nach VertrSchl die Scheidg der Ehe beantragt w ist (§ 1408 II 2). IÜ können die Eheg auch „im Zushg mit der Scheidg" über den gesetzl VersorggsAusgl Vereinbgen treffen, also sow vor wie nach Stellg des ScheidgsAntr, auch noch nach Scheidg, wenn dem ScheidgsAntr vorab stattgegeben w ist (ZPO 628), dagg nicht mehr, wenn über den VersorggsAusgl in Form einer Entsch gem § 1587b I, II od III rechtskr (FGG 53g I, ZPO 629d) entsch wurde (Plagemann NJW 77, 844). Nach Rechtskr können Vereinbgen gem § 1587o insb nicht getroffen w, wenn der ausgleichspflicht Eheg gem § 1587b III zur BeitrZahlg in die gesetzl RentenVers verurteilt worden ist (aA Ruland NJW 76, 1715; Reinartz NJW 77, 82), wohl aber wenn der schuldrechtl VersorggsAusgl stattfindet. Unzul die Erteilg der Gen vor Einreich des ScheidgsAntr (Kniebes/Kniebes DNotZ 77, 293).

3) Zulässiger Inhalt einer VersorggsAusglVereinbarg, soweit sie iR der Scheidg getroffen w. IjF muß die Ausleg von II gewährleisten, daß nicht der an sich ausgleichsberecht Eheg nur desh auf Versorggsanrechte verzichtet, weil er nur so das primär verfolgte u wg der Schaffg v ZPO 628 versperrte Ziel, sofort von dem and Eheg loszukommen, erreichen kann. Bei der Kontrolle gem II 4 unterscheidet Udsching zw der Prüfg der Vorsorgeeigng u der Prüfg der Angemessenh (NJW 78, 290); doch führt das insb bei kurzen Ehen nicht weiter. **a)** Der entschädiggslose gänzl Ausschl jeglichen VersorggsAusgl **(Verzicht)** ist (*arg* § 1408 II 2 u „vereinb Leistg") grdsätzl unzul (Reinartz hat seine NJW 77, 82 begrdete Auffassg inzw aufgegeben DNotZ 78, 285f; aA auch Ruland NJW 76, 1715; D. Schwab DNotZ-SondH 77, 67 Fn 42; Rohde NJW 77, 1763; Bergner NJW 77, 1753; AG Münst 78, 1592 allerd mit der Einschrkg, daß der Schutzgedanke des VersorggsAusgl auch iF einer nackten ggseit VerzichtsErkl beider Eheg die AngemessenhPrüfg gem II erfordert). Auch ist es sittenwidr u damit eine solche Vereinbg nichtig (§ 138 I), die den and Eheg uU im Alter zum SozHilfefall w läßt (vgl Ruland NJW 76, 1715). Schlechthin unzul ferner die Vereinbg einer fiktiven NachVers, I 2. Nichtig auch entspr Vereinbgen über die Höhe des Splitting u der fikt NachVers. Grd: Über seine öff-rechtl Versorggsanwartschaften konnte der Versicherte bzw Beamte auch bish nicht frei verfügen. Diese Befugn soll ihm aus sozialpolit Grden auch künft nicht zustehen (BT-Drucks 7/650 S 171). Eine Vereinbg kann sich also nur darauf erstrecken, daß der Berecht auf die Übertr von Anwartschaften od die fikt NachVers bzw die Begründg von RentenAnwartsch verzichtet. Im Ggsatz dazu läßt AG Ulm NJW 78, 2037 Vereinbg über Erhöhg der AusglQuote im RentAusgl zu. **b) Zulässig** die Vereinbg des schuldrechtl VersorggsAusgl (§ 1587f Z 5), ferner die Vereinbg des Ausgl dch Zahlg eines Betr als Beiträge zur Begründg v RentAnwartschaften in der gesetzl RentVers (§ 1587b III, FGG 53d II), Einkauf in der priv RentVers, Übertr v GrdBesitz od Unternehmensbeteiligen, Zusage erhöhter UnterhRente (Kniebes/Kniebes DNotZ 77, 291). Zul die Vereinbg der Verpflichtg zur Zahlg von Beiträgen zur Begründg von Anwartschaften in der gesetzl RentenVers (*arg* FGG 53e II, RVO 1304b I 1), wobei das FamG dann allerd die LeistgsFähigk des AusglPflicht überprüfen muß (Udsching NJW 78, 292); sowie die Beschrkg auf den schuldrechtl VersorggsAusgl (§ 1587f Z 5); ebso entspr Vereinbgen zur Höhe. Für die Vereinbg der Lösg gem § 1587b III 1 genügt es, wenn die Eheg die Begrdg einer best mtl Rente vereinbaren. Ist ein Eheg aGrd einer solchen Vereinbg verpflichtet, für den and Zahlgen zur Begründg von RentenAnwartsch in einer gesetzl RentVers zu leisten, so wird der dafür erforderl Betr vom Rechtspfleger errechnet u gesondert festgesetzt (vgl FGG 53e II); damit ist dann ein vollstreckgsfäh Titel vorh (BT-Drucks 7/4361 S 72). Zul ferner die Vereinbg, bestimmte (zB ausländ) BeitrZeiten in der gesetzl RentVers gg eine entspr Erhöhg der UnterhZahlgen unberücksichtigt zu lassen, um RStr gem FGG 53c zu vermeiden. **Maßstab** für die Beurteilg der materiellen Rechtfertig der Abweich vom gesetzl vorgesehenen VersorggsAusgl ist die **Versorggsgewährleistg**, dh ob die vereinbarte Leistg unter Einbezieh der UnterhRegelg u der VermAuseinandS offensichtl zur Sicherg des Berecht für den Fall der Erwerbsunfähigk u des Alters geeignet ist u zu einem nach Art u Höhe angem Ausgl unter den Eheg führt, II 3. Es kommt also auf die Eignung der vereinb Leistg für die Sicherg des Berecht an, nicht auf deren Höhe, weil nach verhältnismäß kurzer Ehedauer keine für die Altersversorgg ausreichde Absicherg erwartet w kann (BT-Drucks 7/4361 S 49). Desh genügt uU u insb bei kurzen Ehen die Zahlg eines GeldBetr (Plagemann SGb 78, 98). Das Wort „offensichtl" soll den Vereinbgsspielraum der Eheg erweitern u das Ger von der Verpflichtg entbinden, in jedem einz gelben Vergleich zw der vereinbarten zu der gesetzl vorgesehenen Leistg vorzunehmen (BT-Drucks 7/4361 S 49). Herabsetzg der AusglQuote statt $1/2$ auf 45% (= Begrdg von RentAnwartsch iHv mtl 1762 DM) zul, wenn AusglVerpflichteter gem 1. EheRG Art 12 Z 3 III 1 Herabsetzg des AusglAnspr verlangen konnte, eine Manipulation zL des RentVersTrägers nicht ersichtl ist u die ausglberecht Ehefr mehr erhält als iR des ihr zustehden UnterhAnspr (AG Düss NJW 78, 647). Zul ferner der Verzicht auf Berücksichtigg einer ausgleichsmindernden sozialversicherungspflicht Tätigk v $3\frac{1}{2}$ Mo bei 15jähr Ehe u AusglPfl eines BuWehroffiziers iHv mtl 466 DM (AG Mosbach FamRZ 77, 810). IjF ist auch ein Verzicht zul, wenn u insow der VersorggsAusgl ohnehl (etwa gem § 1587c) ausgeschl wäre (vgl AG Kamen FamRZ 78, 122). Waren beide Eheg währd der gesamten EheZt (7 J) berufstät (Verdienst des Ehem: 1600 DM, der Ehefr: 1150 DM) u haben sie dadch selbstd Anwartschaften in der gesetzl RentVers erworben, kann die Gen für einen ggseit Verzicht nicht versagt w (AG Stgt NJW 78, 893). In einem Dchschnittsfall kann das FamG an die Stelle einer langwierigen exakten RentBerechng eine bereits im ersten Termin mögl RentSchätzg setzen (Groß-Gerau NJW 77, 2166); allerd kann die Beurt, ob es sich um einen DchschnFall handelt, oft nicht ohne Hilfe des VersorggsTr erfolgen (Udsching NJW 78, 291). **c)** Der VersorggsAusgl gem I 1 **vollzieht sich** dch AnO der Teilg bzw Begründg v Renten bzw RentAnwartsch

Bürgerliche Ehe. 7. Titel: Scheidung der Ehe §§ 1587o, 1587p

iSv § 1587b I u II, wobei I 2 nicht entggsteht, weil das Splitting bzw Quasi-Splitting vS des FamG geschieht (vgl AG Düss NJW 78, 647), in AusnFällen auch gem § 1587b III, ferner dch eine selbstd Leistg des eigtl ausgleichspflicht Eheg (Übertr v VermBestandteilen, Mehrzahl v Unterh usw) od iR der VermAuseinandersetzg insgesamt (Übereign eines Grdst zZw der UnterhAbfindg, des Zugew- u VersorggsAusgl uä). Bei der Überprüfg sind nur wirtschaftl Umst zu berücks; persönl Unzuverlässigk des UnterhVerpflichteten darf nicht dazu führen, daß man sich mit einem aktuellen Weniger zufriedengibt, wo das Mehr fragwürdig ist. So kann ein Ausschl des VersorggsAusgl gerechtfert sein, wenn dem ausgleichsberecht Eheg dafür eine andere adäquate Sicherg eingeräumt wird, wie zB hinreichdes Verm, ausr (zB dch Bürgsch) gesicherte UnterhZusage uä.

4) Form. Die Vereinbg bedarf der notariellen Beurk, **II 1**, welcher der gerichtl Vergl auch hier gleichgestellt ist (§ 127a), **II 2**. Dadch wird eine angem Beratg der Parteien vor Abschluß der Vereinbg sichergestellt u für das Tätigwerden des VersTrägers eine sichere Grdlage über das Vereinbarte geschaffen (BT-Drucks 7/650 S 171). Der Notar hat die Beteiligten ggf an einen Rentenberater weiterzuverweisen (BT-Drucks 7/4361 S 49). Soweit der FamRichter die Protokollierg übernimmt, trifft ihn die **BelehrgsPfl** v BeurkG 17, 1 II (Udsching NJW 78, 294). Darüber hinaus bedarf die Vereinbg, vor allem um den Ausgl-Berecht v Übervorteilen zu schützen (BT-Drucks 7/4361 S 49), der **Genehmigg des FamGerichts, II 3**, das dabei den in Anm 3 beschriebenen Mastst anzulegen hat. Eine bl oberflächl Prüfg ist nicht ausreichd (Udsching NJW 78, 290). Prüfungsmaßst ist im Prinzip das, was bei Dchführg des VersorggsAusgl zG des AusglBerecht herauskommen würde. Die GenMöglk soll dem FamG, das auch von sich aus auf eine derart Vereinbg hinwirken kann, Gelegenh geben, unter Einbeziehg der Unterh- u ZugewAusglRegelg zu einer für beide Eheg gerechteren Verteilg des Verm zu gelangen (vgl Reinartz NJW 77, 82). Nach Gelsenk FamRZ 78, 598 ist II 3 verfassgswidr. Die iR der Gen berücksichtigten übr VermFragen brauchen nicht Ggst eines im Entscheidgsverbund anhängigen Verf zu sein. IdR entbindet der AusglVorschlag der Eheg das FamG nicht davon, die Auskünfte der Versorggsträger einzuholen (Udsching NJW 78, 291f). Daß sich der Eingang derselben hinauszögern kann, stellt für sich genommen noch keinen Grd für eine Abtrenng des VersorggsAusglVerf gem ZPO 628 I Z 3 dar (aA AG Ettl FamRZ 78, 340). Die Gen ist zu versagen, wenn die Vereinbg keinen angem VersorggsAusgl gewährleistet. Nicht erfdl, daß die gesetzl AusglFdg u die vereinb Leistg in ihrem Wert genau übereinst (Kniebes/Kniebes DNotZ 77, 292). Wird die Gen versagt, so finden die §§ 1587–1587n Anwendg. Die Eheg haben auch die Möglk, neue Vereinbgen an die Stelle der mißbilligten zu setzen; ebso können Anregen des FamG zur Änderg der Vereinbg noch iR des GenVerf berücks w. Wird die gen Vereinbg später, dh im Anschl an die Scheidg von den Parteien geänd, so bedarf auch dies der Gen des FamG. Genehmigg liegt auch dann nicht, wenn Vergl vor dem FamG geschl w, in dessen Mitwirkg, vielm bedurf es der gesonderten Gen des Vergl dch das FamG, die aber zus mit dem ScheidgsUrt (ZPO 629 I) erteilt w kann (AG Mosbach FamRZ 77, 810; and noch die 37. Aufl). Ausnahmsw vor einem and Ger iR eines anderweit Verf in einen ProzVergl einbezogene Vereinbg über den VersorggsAusgl bedarf ebenf der Gen dch das FamG. Die Verweigerg der Gen ist nicht selbstd anfechtb (FGG 53d S 2), u zwar auch nicht iVm der Beschw gg die Ablehng der VorwegEntsch über den ScheidgsAntr iRv ZPO 628 I Z 3 (Saarbr FamRZ 78, 344). **Zeitpkt**: Keine VorabGen v VersorggsAusgl außerh eines anhäng ScheidgsVerf; vielm bleibt hier nur der Weg des § 1408 (Friederici FamRZ 78, 655).

5) Rechtsfolgen. An Parteivereinbgen über den VersorggsAusgl, die formgült geschl u vom FamG genehmigt w sind, ist der VersTräger, sobald die Ehe rechtskr gesch ist, gebunden, es sei denn die Vereinbg hat einen absolut unzul Inhalt, zB bei einem vom FamG nicht beachteten Verstoß gg I 2, od ist aGrd von §§ 134, 138, 142 I nichtig. Letztere Einschränkg ist erforderl, weil der FamRi idR Manipulationen zu Lasten der SolidarGemsch der in den gesetzl RentenVers Versicherten u der öff-rechtl Dienstherren nicht zuverläss erkennen u dch Versagg seiner Gen ausschließen kann (vgl BT-Drucks 7/4361 S 48). Bei Fehlen einer Klausel, daß sich der Ausgleichsverpflichtete der sof ZwVollstr unterwirft (ZPO 794 I) muß aus der Vereinbg geklagt w, falls sich der Verpflichtete weigert, den Ausgl auf die versprochene Art vorzunehmen. Begründet die Vereinbg die Verpfl zur Zahlg v Beitr zur gesetzl RentVers (§ 1587b III), so ist der hierfür erforderl Betr dch das FamG festzusetzen (FGG 53e II). Dabei ist der Träger der gesetzl RentVers, an den die Zahlg zu leisten ist, zu bezeichnen (FGG 53e II 2 iVm I). Ändern sich die Berechnungsgrößen, so wird der zu leistde Betr auf Antr neu festgesetzt (FGG 53e III analog).

5. Schutz des Versorgungsschuldners

1587p *Leistung an den bisherigen Renteninhaber.* Sind durch die rechtskräftige Entscheidung des Familiengerichts Rentenanwartschaften in einer gesetzlichen Rentenversicherung auf den berechtigten Ehegatten übertragen worden, so muß dieser eine Leistung an den verpflichteten Ehegatten gegen sich gelten lassen, die der Schuldner der Versorgung bis zum Ablauf des Monats an den verpflichteten Ehegatten bewirkt, der dem Monat folgt, in dem ihm die Entscheidung zugestellt worden ist.

1) Die dch 1. EheRG Art 1 Z 20 eingef Bestimmg dient dem **Schutz des Versichergsträgers vor der Gefahr der doppelten Leistg**, in Anlehng an § 407, der nur ggü privaten LebensVers unmittelb anwendb wäre. Um möglichen, sachl nicht gerechtfertigten Benachteiligen der Träger der gesetzl RentenVers zuvorzukommen, soll der RentenVersTräger mit befreiender Wirkg an den bisher Gläub der Rentenleistg zahlen dürfen, bis er dch Zustellg der Entsch von dem Übergang des Rechts od der Anwartsch Kenntn erlangt hat, wobei der SchuldnSchutz mRücks auf die Verwendg elektronischer Datenverarbeitgsanlagen einen Mindestspielraum von 1 Mo eine HöchstZt von fast 2 Mo nach Zustellg der Entsch eingeräumt erhalten hat (BT-Drucks 7/4361 S 50). Ein solcher Schutz ist nur noch beschrkt erfdl, nachdem die VersTr Beteiligte des VersorggsAusglVerf geworden sind. Iü kommt es nicht unbedingt auf die Rechtskr, sond iHinbl auf ZPO 629d auf die Wirksamk der Entsch über den VersorggsAusgl an (Bergner SGb 78, 141).

Anhang zu § 1587p
Verordnung über die Behandlung der Ehewohnung und des Hausrats
(6. Durchführungsverordnung zum Ehegesetz)
Vom 21. 10. 1944 (RGBl I 256/BGBl III 404-3)

Einleitung

Schrifttum: Hoffmann-Stephan, HausratsVO im Komm z EheG 2. Aufl 1968, S 795 ff; Kuhnt AcP **150**, 130 ff; Vogel, JR **49**, 430; Siegelmann, HausratsVO (Komm), Münster 1949; Lill, Ehewohng u Hausrat im FamR europäischer Staaten, Bielef 1974.

1) Allgemeines. Die VO, amtl Begr DJ **44**, 278ff, erging inf der Wohnraumverknappg anläßl des Krieges u der Schwierigk der Beschaffg von Möbeln u sonstigem Hausrat. Sie ist weiter gült, Einl v EheG 1 Anm 3. Das früh Recht enthielt hins der Wohng keine Bestimmg; vgl dazu aber RG DJ **43**, 591. Hins der Möbel u des Hausrats entschied das Eigt; bei MitEigt der Eheg mangels Einigg Teilg dch Verkauf, § 753, eine für beide Teile unerwünschte Folge, der nur gelegentl entgegengetreten wurde, KG DJ **41**, 829 (hins des dch Ehestandsdarlehen Beschafften). VO hilft dem ab, schafft insb auch Möglichk, für die Wohng das Verh zum Vermieter zu regeln. VO wird dch GleichberG Art 5 u FamRÄndG Art 5 (§§ 3 II, 8 II, 13 I, 14, 16 III, 19 I, 21 IV, 24, 25, 27 II), ferner oft hins des Wegfalls von Verweisen auf österr Bestimmgn geändert. Änderg dch 1. EheRG Art 11 Z 3, wobei in der Überschr der VO die Worte „nach der Scheidg" gestrichen u insb in § 11 die Zuständigk des FamG neu begründet wurde; iü Änderg der §§ 1, 2, 3, 5, 6, 12, 13, 14, 18, 23; § 19 fällt weg. Dch die VereinfachgsNov zur ZPO wurde eine Verweisg in § 11 geänd.

2) Verfahren. Das 1. EheRG behandelt die Benutzg der Ehewohng u des Hausrats als **Scheidgsfolgesache,** über die zusammen mit dem Ausspr der Scheidg entschieden w soll (ZPO 621 I Z 7, 623 I, 629 I). Wg der notwendigerw rechtsgestaltenden Tätigk des Richters, VO 2, ist das Verf ein solches der **freiw Gerichtsbark,** VO 13 I. VO enthält also außer den materiellen Vorschr, VO 1-10, auch solche ü das Verf, VO 2, 11 bis 19, u die Kosten, VO 20-23. Wg **einstweiliger Anordngn** im EheVerf Einf 4f, m vor § 1564. Entscheidet FamG über einen Antr auf Zuteilg einer Ehewohng in einem gesonderten Verf, also nicht als Folgesache, so unterliegt die Beschw nicht dem AnwZwang (Stgt Just **78**, 169).

3) Anwendbarkeit. VO ist nicht nur im Falle der Scheidg, sond sinngem auch nach Aufhebg u Nichtig-Erkl der Ehe, vgl EheG 37 I, 26 I, anzuwenden, VO 25, nicht aber bei Auflösg der Ehe dch Tod, OGHBrZ NJW **50**, 593, so daß dann auch ein nach der HausratsVO bereits eingeleitetesVerf nicht fortgesetzt w kann, Münster (LG) NJW **47/48**, 344, Hamm NJW **65**, 872.

4) Für die Länder der früh BrZ hält § 30 VO zur Ausf des EheG v 12. 7. 48, VOBlBrZ 210, VO ausdrückl aufrecht u bringt geringfüg Textänderg; vgl VO 14. In der **DDR** dch § 27 Nr 14 EGFamGB v 20. 12. 65 aufgeh u dch §§ 39-41 FamGB ersetzt.

5) In Kraft seit dem 1. 11. 44.

6) Die Überschriften der §§ sind im G vorgesehen.

1. Abschnitt. Allgemeine Vorschriften

§ 1. *Aufgabe des Richters.* *(1) Können sich die Ehegatten anläßlich der Scheidung nicht darüber einigen, wer von ihnen die Ehewohnung künftig bewohnen und wer die Wohnungseinrichtung und die sonstigen Hausrat erhalten soll, so regelt auf Antrag der Richter die Rechtsverhältnisse an der Wohnung und am Hausrat.*

(2) Die in Absatz 1 genannten Streitigkeiten werden nach den Vorschriften dieser Verordnung und den Vorschriften des Zweiten und des Dritten Titels des Ersten Abschnitts im Sechsten Buch der Zivilprozeßordnung behandelt und entschieden.

1) Allgemeines, I. VO 1 umschreibt die **Aufgaben des Richters,** der bei nicht erfolgter Einigg nach der Scheidg angerufen w kann. Für die Zeit vor der Scheidg gilt also der Mietvertr, hins der Möbel u des Hausrats der güterrechtl Bestimmgn, die dch VO nicht abgeändert w. Da die Zuweisg von Ggständen oft von deren Eigt abhängt, VO 8 II, 9, wird Richter der freiw Gerichtsbark, Anm 3, häufig das als Vorfrage mitentscheiden müssen, soweit nicht die Vermutg VO 8 II hilft. Die Eigentumskl für einz Ggstände vor dem ProzG ist dann ausgeschlossen; so auch Kuhnt aaO 147 gg amtl Begr. Auch einer Feststellgskl würde das Rechtsschutzinteresse fehlen.

2) Die zu regelnden Verhältnisse a) an der Wohng, VO 3-6, **b) an der Wohngseinrichtg u dem Hausrat,** VO 8-10, das sind alle - nicht also nur die notw - zum Hausrat gehörenden Gegenstände, die „nach den Verm- u LebensVerh der Eheleute für die Wohng, Hauswirtsch u ihr Zusammenleben bestimmt sind", Kuhnt aaO 132. Also insb die Wohngseinrichtg, Geschirr, Wäsche, das für die Kinder notwend Hausgerät, auch Rundfunkgerät, Klavier (falls nicht für Beruf eines Eheg bestimmt, BayObLG **52**, 279), Bücher, die der Unterhaltg oder allg Belehrg dienen, Gartenmöbel und dgl. nicht das Grdst-Zubeh, wie Badewanne, eingebaute Möbel, wohl aber PKW, sofern er von der ges Fam (Einkauf, Schulbesuch usw) benutzt w (KG FamRZ **75**, 164; Karlsr FamFZ **76**, 93), Wohnwagen (LG Stgt FamRZ **78**, 703). Trotz des in der Körperliche abzielenden Wortes „Hausrat" wird man auch Benutzgsrechte, Herausgabeansprüche wg HausratsGgständen gg Dritte, auch solche aus §§ 1369, 1368, BayObLG FamRZ **65**, 331, aus VorbehKauf, BayObLG FamRZ **68**, 320, aM SchlHOLG SchlHA **53**, 139, das VO 10 II übersieht, Ansprüche aus Versichergn, Rechte an bestimmten HausratsGgständen im Hinblick auf Ansprüche, die im LastenausgleichsVerf geltd gemacht w sollen, BGH NJW **58**, 1293 (aM Hamm NJW **55**, 427), soweit nicht schon die EntschädiggsBeh verteilt hat, Ffm NJW **59**, 2267, aber auch die Zuteilg eines Teils der gewährten Hausratsentschädigg, KG FamRZ **60**, 240, also Rechte zu ihm rechnen müssen,

Bürgerliche Ehe. 7. Titel: Scheidung der Ehe **Anh zu § 1587p**

da zu ihm auch Ggstände gehören können, VO 8 III, 9 I, so daß also der Begriff sich mit dem der in § 1932 genannten, zum ehel Haushalt gehörenden Ggstände deckt; ebso Kuhnt aaO 133. Hingg nicht SchadErsAnspr, so daß also ErsAnspr für anderw verbrauchte Hausratsentschädig außer Betr bleibt, vgl Celle MDR **60**, 504, ebenso für unbefugte Vfgen des and Eheg vor der Scheidg, Ffm NJW **63**, 594, Hamm FamRZ **71**, 31. Vorhanden ist hingg auch der Hausrat, den ein Eheg für sich beiseite geschafft hat, SchlHOLG SchlHA **57**, 207. Vorhandensein solange anzunehmen, als nicht Ggteil nachgewiesen, Vogel JR **49**, 431. EigtVerhältnisse, auch die güterrechtl, bleiben für die Begriffsbestimmg außer Betr. Nicht zum Hausrat gehörig das zum persönl Gebrauch eines Eheg Bestimmte, wie Kleider, Schmucksachen, Familienandenken, Sammlgen, SparkBücher, das zur Berufsausübg Notwendige; insof also Klage erforderl, vgl auch Fachinger MDR **49**, 75. Bei LuxusGgständen im Haushalt kommt es auf den Lebenszuschnitt der Eheg an, so daß uU auch kostb KunstGgstände Hausrat sein können. Vorräte an Nahrgsmitteln, Heizmaterialien gehören nicht zum Hausrat im eigentl Sinne; wohl aber die VO entspr anzuwenden sein, Kuhnt aaO 133, Michaelis NJ **49**, 110. Keinesf kann im Verf nach der HausRVO die Güter-Gemsch hinsichtl des GrdBesitzes auseinandergesetzt, § 1471, dchgeführt w; nur die Besitz- u NutzgsVerhältnisse an den gemeinsamen Räumlichk können geregelt w, BayObLG FamRZ **71**, 34. Die **richterl Regelg ergreift** den Hausrat, der entweder beiden Eheg gemeins gehört, VO 8 I, für den gemeins Haushalt angeschafft, VO 8 II, oder wenigstens währd der Ehe in der Benutzg des nicht eigentumsberecht Gatten gestanden hat, VO 9 I. Es kommt auf den Umfang des Hausrats zZ der Trenng, nicht der Rechtskr des ScheidsgUrt an; auf Letzteres stellt Kuhnt aaO 135 ab, so daß er auch zur Verteilg des für getrennte Haushaltsführg Angeschafften kommt. Dieses wird aber unter keine der drei in der VO genannten Kategorien fallen, auch würde es nicht verstanden w, wenn das für eine neue LebFührg Erworbene dem and zugeteilt würde (aM Schlesw SchlHA **53**, 139, Münster JMBlNRW **56**, 101, KG FamRZ **74**, 196); auch Hoffmann-Stephan 20 stellen auf den Ztpkt der Rechtskr des Urt ab, nehmen aber die nach der Trenng erworbenen Ggste aus. Haben sich die **Eheg geeinigt**, so ist für eine richterl Entsch kein Raum. Eine teilw Einigg ist zu beachten, § 8 Anm 4. Daher Zustdgk des FamG bei Verpfl zur Freistellg v Anspr des Möbelhdlers wg Lieferg v Ersatzmobiliar (Ffm FamRZ **74**, 197). Ist ein Eheg rechtskr zur Herausgabe eines Ggstandes an den and verurteilt, so ist Hausratsrichter hieran gebunden, Bonn FamRZ **63**, 366. Haben die Eheg die Wohnräume verteilt, gewisse Räume zur gemeins Benutzg bestimmt, so auch insof Einigg, so daß Richter zu deren Verteilg nicht angerufen w kann, Hamm FamRZ **59**, 21. Bei Streit, ob Einigg erfolgt ist, Anm 3. – A u f z ä h l g in I a b s c h l i e ß e n d, kann also nicht entspr auf Grdstücke der Eheg angewendet w, OGH BrZ NJW **49**, 107.

3) Ausschließliche Zustdgk, II. Das FamG ist ausschließl zust. Werden Ansprüche gem I in einem Rechtsstreit geltend gemacht, so hat das ProzG die Sache an das zust FamG abzugeben, VO 18 I 1. Z u s t ä n - d i g das FamG, dh das Gericht, bei dem das ScheidgsVerf anhängig ist (VO 11 I), andernf das FamG, in dessen Bezirk sich die gemeins Wohng der Eheg befindet (VO 11 II 1). Hingg Prozeßgericht zust, wenn Parteien ü A u s f ü h r g d e r V e r e i n b a r g streiten, Celle NJW **47/48**, 591, zB Zahlg eines Betr, auf den sich Eheg geeinigt haben, Saarbr NJW **67**, 1616; nicht aber, wenn Einigg selbst bestritten wird, da Vorfrage, BayObLG JZ **53**, 643, Bremen FamRZ **63**, 366, aM Michaelis NJ **49**, 110. Von einem Vergl über die Benutzg der Ehewohng können die Eheleute sich nicht ohne weiteres lossagen, wenn allerdings § 1 auch dann eingreift, falls der Vermieter nicht zustimmt, Celle NJW **64**, 1861. Keine Einigg bei Teilg unter Vorbeh, SchlHOLG SchlHA **52**, 187, ebensowenig im allg bei Ausziehen eines Eheg unter Mitnahme einiger Ggstände u Belassg der übr bei dem anderen. Kommt FGGRichter zur Feststellg, daß Einigg erfolgt ist, so kann er nicht mehr entscheiden, Hamm FamRZ **59**, 21.

4) Um das Verf in Gang zu bringen, ist ein **Antrag** erforderl. Liegt ein solcher Antr vor, ist das FamG ungeachtet etwaiger EinzelAntr verpfl, die Verteilg aller HausratsGgstde zu regeln, ü deren Verbleib die Parteien sich nicht geeinigt haben (Ffm FamRZ **77**, 400). A n t r a g s b e r e c h t i g t jeder Eheg, nicht aber die Erben, da nur das Band, das zw den Eheg bestand, die dch die VO ermöglichte Regelg rechtfertigt, so daß auch ein anhäng Verf nach dem Tode eines Eheg nicht mit den Erben fortzusetzen ist, Hamm FamRZ **65**, 220. Der Antr ist den Beteiligten zuzustellen, § 7. Auch dann noch zul, wenn die Beteiligten, zB der Vermieter, der Einigg der gesch Eheg nicht zustimmen, da diese sonst nicht zu verwirklichen, BayObLG NJW **53**, 1914. Ein schwebendes Verf wird dch den Tod eines Eheg beendet; ebso Hamm NJW **65**, 872. Demgem muß kein ÄndergsVerf, VO 17, nach dem Tode eines Eheg. So auch Kuhnt aaO 157. Gg den Erben also nur Herausgabekl. A n t r a g s f r i s t unbeschränkt; jedoch kann Richter nach Ablauf eines Jahres nach Rechtskr der Scheidg nicht mehr in Rechte des Vermieters, VO 5, 6 II, oder eines Drittbeteiligten eingreifen, VO 12, was aber nicht ausschließt, daß er die Rechte der gesch Eheg im InnenVerh regelt, wenn deren Rechtsstellg zu Dritten dadch nicht berührt w, KG FamRZ **60**, 444. Die Jahresfrist wird dch die KlErhebg beim ProzG, Anm 3, gewahrt, VO 18 II. Wg der allg Fristenhemmg § 202 Anm 1.

§ 2. Grundsätze für die rechtsgestaltende Entscheidung. *Soweit der Richter nach dieser Verordnung Rechtsverhältnisse zu gestalten hat, entscheidet er nach billigem Ermessen. Dabei hat er alle Umstände des Einzelfalls, insbesondere das Wohl der Kinder und die Erfordernisse des Gemeinschaftslebens, zu berücksichtigen.*

1) Rechtsgestaltende Entsch; deshalb Verf der freiw Gerichtsbark, VO 13 I. Es handelt sich um eine A r t d e r r i c h t e r l V e r t r a g s h i l f e. Zunächst ist auf eine gütl Einigg hinzuwirken, VO 13 II. Entscheid erfolgt nach billigem Erm, vgl auch VO 8 I u dort Anm 1, was jedoch nicht für die Vorfrage der EigtFeststellg gilt, aM Vogel JR **49**, 433, u ist für Gerichte u VerwBeh bindend, VO 16 I 2; Änderg u Begründg von MietVerh bedarf nicht der nach and Vorschr etwa notwend Genehmigg, VO 16 II, w Antr ein Jahr nach Rechtskr des ScheidsgUrt gestellt, aber der Zust des Vermieters, VO 6 II, 12. Richter muß auf die derzeit WohnVerh Rücksicht nehmen. Er kann dch AO gem § 15 HausratsVO (lex specialis ggü ZPO 721) eine Räumungsfrist gewähren, Karlsr NJW **59**, 342. Abänderung einer Entsch, also Verlängerg od Abkürzg, bei wesentl Änderg der tats Verh, soweit zur Vermeidg einer unbilligen Härte erforderl, VO 17 I, so daß ZPO 721 III u V nicht zur Anwendg kommen, Schmidt-Futterer NJW **67**, 1308; kann auch inf Wiederheirat gegeben sein, SchlHOLG JR **49**, 448, ebso bei den Voraussetzgen der Wiederaufnahme, SchlHOLG SchlHA **49**, 269. Mögl auch eine AusglZahlg, vgl §§ 8 III, 9 II 2, für den weichenden Mieter, zB daß der verbleibende

Eheg die Umzugskosten des and zu zahlen hat, BayObLG FamRZ **65**, 513; **70**, 35. Entsch erfolgt regelm nach mündl Verhandlg, bei der Beteiligte, vgl für den Streit um die Wohng VO 7, anzuhören sind, soweit das mögl ist (VO 13 II). **Zurückbehaltgsrechte** aus and Fdgen wie zB ZugewAusglAnspr mit dem Zweck der HausratsVO nicht vereinb (BayObLG FamRZ **75**, 421; Münst JMBl NRW **56**, 101). Im Ggsatz zu ZPO § 301 sind **Teilentscheidgn** idR nicht zul (Siegen FamRZ **76**, 698).

2) Zu berücksichtigende Umstände. Es sind alle Umst des Einzelfalles zu berücksichtigen, die VO 2 Genannten sind nur bes hervorgehoben („insbesondere"); maßgebend der Ztpkt der Beschlußfassg, BayObLG **56**, 370. § 2 bindet Gericht auch, falls Parteien übereinst Verteilgswünsche äußern, wenn diese auch nicht völl unberücksichtigt bleiben sollen, SchlHOLG SchlHA **52**, 187. Wohl der Kinder steht an erster Stelle, so daß dem sorgeberecht Eheg meist auch die Wohng u der für die Kinder erforderl Hausrat zuzuweisen sein w. Erfordernisse des GemeinschLebens: ein Eheg soll zB nicht der Möglichk beraubt w, an oder in der Nähe seiner Arbeitsstelle zu wohnen; zu berücksichtigen auch die bessere Einfügg eines Eheg in die HausGemsch, seine wirtschaftl Lage im Hinblick auf die Höhe des Mietzinses, auch des zur HausGemsch gehörenden Kindes nur eines Eheg, Hbg NJW **54**, 1892, Wohnraumbedarf infolge Wiederverheiratg, Stgt OLGZ **68**, 125. Die Ursachen der Eheauflösg sollen nach der Neufassg dch 1. EheRG nicht mehr berücksichtigt w (vgl zur früh Fassg 35. Aufl). Trotzdem wird man auch heute noch sagen dürfen, daß im allg der ehebrecherischen Eheg dem Mitehebrecher nicht zu weichen braucht (ähnl BayObLG **50/51**, 449). Weitere Umst, die zu berücksichtigen sind, sind die EigtVerh am Hause für die Wohng, VO 3, Aufwendgen, die ein Eheg allein für die Wohng erbracht hat, Beschaffg einer geeigneten Ersatzwohng, Wohnbedürfnisse, die wirtsch Verhältnisse beider Ehel, BayObLG FamRZ **65**, 513, das Vorliegen einer Dienst- oder Werkwohng, VO 4, die Notwendigk der Wohng für den LebensUnterh (zB Wohng auf dem Pachthof), die Tats, daß ein Eheg die Wohng schon vor der Eheschl bewohnte, daß nahe Angeh in demselben Hause wohnen, hins des Hausrats ebfalls die EigtVerh, VO 8, 9, die Tats, daß ein Eheg auf die Benützg der Ggstände angewiesen ist, VO 9 I, sich der and leichter bestimmtes Hausgerät beschaffen kann, sei es seiner wirtschaftl Stellg, sei es seinen Beziehgen nach, die Größe des zur Verfügg stehenden Wohnraumes u dergl.

2. Abschnitt. Besondere Vorschriften für die Wohnung

§ 3. Wohnung im eigenen Hause eines Ehegatten. (1) Ist einer der Ehegatten allein oder gemeinsam mit einem Dritten Eigentümer des Hauses, in dem sich die Ehewohnung befindet, so soll der Richter die Wohnung dem anderen Ehegatten nur zuweisen, wenn dies notwendig ist, um eine unbillige Härte zu vermeiden.

(2) Das gleiche gilt, wenn einem Ehegatten allein oder gemeinsam mit einem Dritten der Nießbrauch, das Erbbaurecht oder ein dingliches Wohnrecht an dem Grundstück zusteht, auf dem sich die Ehewohnung befindet.

1) Alleineigentum oder Miteigentum mit einem Dritten, I. Bis zur Scheid hat der Eheg ein Recht zum Besitz iSv § 986 (§ 1353 Anm 2b bb). Danach aber soll grdsätzl das Eigentum geachtet werden. Zuweisg der Wohng an den Nichteigentumsberecht also nur zur Vermeidg einer unbilligen Härte, zB bei Siedlgshaus mit öff Zuschuß für Kinderreiche bei Verbleib der Kinder bei dem Nichteigtuemer, Stgt OLGZ **68**, 126. Eigt (WohngsEigt) kann aber nicht begründet w, Hamm JMBl NRW **58**, 103. Gründe der Eheauflösg u Nähe der Arbeitsstelle, VO 2 Anm 2, werden bei § 3 nicht immer durchschlagen, da es sich um eine Ausnahmeregelg handelt („nur"); anders allerd, wenn der unterhaltspfl Eheg etwa seinen GewerbeBetr in dem Hause hat u dadurch seine Existenz oder sogar die UnterhMöglichk für die Kinder ernstl gefährdet würde. Auch die mit Wohngsaufbaudarlehen aGrd des KrGefEntschG gebaute Wohng kann dem daraus nicht Berecht zugewiesen werden, wie auch die Herkunft des Mieterdarlehns für die Zuweisg nicht ausschlaggeb ist, BayObLG MDR **64**, 506. Wg der Festsetzg des MietVerh, VO 5 II. Das Pachtrecht an einem Kleingarten mit Wohnlaube kann der gesch Ehefr, die nicht Mitglied des Kleingartenvereins ist, nicht zugewiesen w, da Pacht nicht unter die HausratsVO fällt, wohl aber das Wohnrecht an einer solchen Wohnlaube, wie auch an Wohngen u Behelfsheimen, BGH **LM** Nr 1 gg SchlHOLG JR **50**, 502. Der Kleingartenverein u die Eigtümer, auf deren Grd u Boden Wohngen u Behelfsheim stehen, sind nach VO 7 zuzuziehen; ebso bei GenossenschWohng, KG NJW **55**, 185, auch BayOLG **55**, 56 unter Aufgabe von NJW **53**, 1589.

2) Bei beschränktem dingl Recht nur eines Eheg oder zus mit einem Dritten, **II**, gilt das gleiche.

3) Bei Miteigentum der Ehegatten ist der Richter frei. Er wird idR einem die Wohng zuweisen u eine dem MitEigtAnteil der and angemessene AusglZahlg festsetzen (Oldbg FamRZ **65**, 277), auch iR einer einstw AnO (ZPO 620 Z 7), wenn die Eheg seit Jahren getrennt leben, verbunden mit dem Verbot an den and Eheg, die Ehewohng zu betreten (Ffm MDR **77**, 145).

4) Wegen des Verfahrensrechts VO 5 Anm 3.

§ 4. Dienst- und Werkwohnung. Eine Wohnung, die die Ehegatten auf Grund eines Dienst- oder Arbeitsverhältnisses innehaben, das zwischen einem von ihnen und einem Dritten besteht, soll der Richter dem anderen Ehegatten nur zuweisen, wenn der Dritte einverstanden ist.

1) Eine Änderg in der Benutzg einer Dienst- oder Werkwohng soll nur mit Zust des Dienstherrn oder der Werksleitg, die am Verf zu beteiligen sind, VO 7, erfolgen, gleichgült ob nur ein Eheg oder beide in dem Dienst- oder ArbeitsVerh stehen. Dieses muß im Ztpkt des Verf bestehen, SchlHOLG SchlHA **55**, 281. „Soll nur" kommt einem Verbot des Gegenteiligen gleich, aM Hamm Rpfleger **51**, 640.

§ 5. Gestaltung der Rechtsverhältnisse. (1) Für eine Mietwohnung kann der Richter bestimmen, daß ein von beiden Ehegatten eingegangenes Mietverhältnis von einem Ehegatten allein fortgesetzt wird oder daß ein Ehegatte an Stelle des anderen in ein von diesem eingegangenes Mietverhältnis eintritt. Der Richter kann den Ehegatten gegenüber Anordnungen treffen, die geeignet sind, die aus dem Mietverhältnis herrührenden Ansprüche des Vermieters zu sichern.

Bürgerliche Ehe. 7. Titel: Scheidung der Ehe **Anh zu § 1587p**

(2) Besteht kein Mietverhältnis an der Ehewohnung, so kann der Richter zugunsten eines Ehegatten ein Mietverhältnis an der Wohnung begründen. Hierbei setzt der Richter den Mietzins fest. Ist dieser neu zu bilden, so soll der Richter vorher die Preisbehörde hören.

Vorbem. Das Bestimmungsrecht des Richters verstößt nicht gg GG, BayObLG NJW **61**, 317; der Eingriff ist die Folge einer ohne Entschädig zul sozialen Bindg, vgl BGH **6**, 270.

1) Umgestaltung des Mietverhältnisses, I. Hat ein Eheg allein oder beide zus, § 535 Anm 3 g, gemietet, so kann der Richter bestimmen, daß der and Eheg oder einer von ihnen das Mietverh fortsetzt; kann sich auch auf den Hausgarten erstrecken. Richter entsch nach billigem Erm unter Berücksichtigg der VO 2 Anm 2 genannten Gesichtspkte; also auch Ausgleichzahlg an den weichenden Eheg, der am Ausbau beteiligt war, mögl, BayObLG NJW **60**, 102, MDR **65**, 912, vgl auch SchlHOLG SchlHA **55**, 25 (keine Abfindg, sond Ausgleichzahlg nach Art einer Nutzgsentschädigg), ablehnend Celle NJW **54**, 1893. Keine Nachholg der AusglZahlg iR der HausratsTeilg (Mannh Just **76**, 515). Ehewohng ist auch die vom Eheg gekündigte, wenn der and noch darin wohnt, BayObLG NJW **57**, 62. Mit der Rechtskr der Entsch tritt der and Eheg in den Mietvertr als Alleinmieter ein, VO 16 I, wird also auch der Vermieter gebunden, der Beteiligter an dem Verf ist, VO 7; der gesch Eheg, der bisher Mit- oder Alleinmieter war, w von diesem Ztpkt an von seinen vertragl Verpflichtgen als Mieter frei; das PfandR des Verm an den Möbeln des Ausziehenden erlischt. Um eine Schlechterstellg des Verm inf der wirtschaftl ungünstigeren Lage des neuen Mieters zu verhindern, kann der Richter ggü beiden Eheg Anordngen treffen, die die Ansprüche des Verm sichern, also zB die Mithaftg für die Miete des unterhaltspfl ausziehenden Eheg oder SicherhLeistg dch den verbleibenden Eheg anordnen. Diese Anordngen werden Teil des alten MietVertr, in den der verbleibende Eheg eintritt, u den der Richter sonst nur mit Zust der Beteiligten ändern kann („fortgesetzt wird", „eintritt"). Vorstehendes gilt auch bei UntermietVerh. Zul aber auch Festsetzg des Eintrittes des and Eheg in den alten MietVertr mit rückw Kraft, wenn der and Eheg diesen im Hinblick auf das Scheidgsverf gekündigt hatte; Eigenbedarfsgesichtspkte des Verm bleiben dann idR außer Betr, BayObLG NJW **61**, 317.

2) Neubegründg eines Mietverhältnisses, II. Bestand zw dem Verm u dem Eheg, dem die Wohng zugewiesen w, noch kein MietVertr, wird also eine Wohng in eig Haus des and, VO 3, od in einem solchen, das im MitEigt beider Eheg steht, zugewiesen, ferner iF der NeuBegründg eines MietVerh an einer Teilwohng, VO 6 II, kann der Richter ein MietVerh zw dem Eigtümer u dem Eheg, der die Wohng erhalten h, begründen; auch Begründg eines befristeten MietVerh mögl, BayObLG NJW **57**, 62, für das die Sozialklausel des § 556b, nicht jedoch der Bestandsschutz des WoRKSchG Art 1 § 2 gilt, BayObLG FamRZ **74**, 17. Bei MitEigt der Eheg an Wohng u Zuweisg an einen v ihnen hat dieser NutzgsEntschädig an and z zahlen, BayObLG **53**, 49, u zwar aus MietVerh od NutzgsVerh aus MitEigtümerGemsch, BayObLG FamRZ **74**, 22.

3) Verfahrensrechtliches. Der Verm ist am Verf zu beteiligen, VO 7. Wg des Ehemannes der wiederverheirateten Frau VO 7 Anm 2. Der neue Vertr, VO 3, 5 II, oder die Alleinfortsetzg u der Eintritt des Eheg, dem die Wohng zugewiesen wird, in den Vertr des and wird mit Rechtskr der Entsch wirks, VO 16 I, ohne daß die Änderg u Begr des Mietverh dch den Richter einer sonstigen Gen, öffrechtl oder privatrechtl, bedarf, VO 16 II; and beim Vergleich. In der Entsch, die einem Eheg allein die Wohng zuweist, muß gleichzeitig der and zur Räumg verurteilt w. S auch VO 12.

§ 6. Teilung der Wohnung. (1) *Ist eine Teilung der Wohnung möglich und zweckmäßig, so kann der Richter auch anordnen, daß die Wohnung zwischen den Ehegatten geteilt wird. Dabei kann er bestimmen, wer die Kosten zu tragen hat, die durch die Teilung und ihre etwaige spätere Wiederbeseitigung entstehen.*

(2) *Für die Teilwohnungen kann der Richter neue Mietverhältnisse begründen, die, wenn ein Mietverhältnis schon bestand, an dessen Stelle treten. § 5 Abs. 2 Sätze 2 und 3 gelten sinngemäß.*

1) Teilung der Wohng wird oft auch heute noch das einzig Mögliche sein; dazu gehört auch eine Verteilg des Nebenraums. Die Anordng der Teilg muß, soweit Herstellg von Baulichkeiten erforderl, mit den baupolizeil Vorschr in Einklang stehen. Die Wohngsteilg kann unter den Voraussetzgen von VO 17 nach Anhörg der WohngsBeh wieder beseitigt w, VO 17 III. VO 6 gilt auch für Untermietverh.

2) Bezügl der Neugestaltg der Mietverträge, VO Anm 2, 3, 12 Anm 1. Bestand ein Mietvertr für die nunmehr geteilte Wohng, so endet jener mit der Rechtskr der Entsch, VO 6 II, 1, 16 I.

§ 7. Beteiligte. *Außer den Ehegatten sind im gerichtlichen Verfahren auch der Vermieter der Ehewohnung, der Grundstückseigentümer, der Dienstherr (§ 4) und Personen, mit denen die Ehegatten oder einer von ihnen hinsichtlich der Wohnung in Rechtsgemeinschaft stehen, Beteiligte.*

1) Allgemeines. Eine rechtsgestaltende Entsch wird in den Fällen von VO 3–6 oft nur mögl sein, wenn auch weitere Personen am Verf beteiligt w, die richterl Entsch auch gegen sie Rechtskraftwirkg hat. VO 7 gibt hierzu die Möglichk u zählt die Personen auf, die an einem derart Verf beteiligt sein können; hierzu gehört bei Zuteil einer GenossenschWohng auch die Genossensch, § 3 Anm 1. Der Richter wird also, soweit sie in einem Verf beteiligt sind (so auch der Verm bei Wohngsteilg, BayObLG **55**, 202), ihnen den Antr zustellen: ihre ausdrückl Benennung dch die Parteien ist nicht erforderlich, da ihnen VO die Rolle als Beteiligte zuweist („sind Beteiligte"). Einverständn mit Zuteil nur beim Verm in dem § 12 genannten Fall erforderl, Hbg NJW **54**, 1892, KG HW **54**, 172, also nicht bei Zuweisg zur Weiterbenutzg in einem Eheg, KG FamRZ **60**, 443, der einer nur im Innenverh zw gesch Eheg wirks Regelg, wonach der and die Wohng zu räumen hat, KG NJW **61**, 78. Erkl des Verm, nicht mit dem Eheg, dem Wohng zugewiesen, abschließen od Wohng gleich wieder kündigen zu wollen, grdsätzl unbeachtl, außer wenn mit großer Wahrscheinlichk damit zu rechnen, daß Wohng dem Eheg, dem zugeteilt w soll, alsbald wieder entzogen wird, Mannh (LG) FamRZ **66**, 450. Beteiligte berecht, Rechtsmittel, VO 14, einzulegen, FGG 20, wie auch die SchutzVO auf sie Anwendg findet, VO 13 V; anderers haben sie kein Vollstreckrecht, Hamm JMBl NRW **52**, 27. Da Entsch erst wirks wird, wenn Rechtskr ggü allen Beteiligten eingetreten

1435

ist, bleibt die Sache in der Schwebe, sofern nicht allen Beteiligten zugestellt ist, Hamm JMBl NRW **48**, 119. Rechtsmißbrauch, wenn zwischen dem Verm u einem Eheg Rechtsstreit wg der Wohng schwebt und Hausratsverf anhängig gemacht w, um so Entsch gg Verm als Beteiligten zu erzielen, SchlHOLG SchlHA **52**, 134.

2) Rechtsgemeinschaft eines Eheg mit einem anderen hins der Wohng besteht zB, wenn der oder die Eheg Hauptmieter oder Untermieter sind, im Verh zum Unter- oder Hauptmieter. Eine solche aber auch gegeben zu dem Ehem der in der Wohng verbliebenen wiederverheirateten Frau. Im Wohngszuteilgs-Verf nicht beteiligt ist ein Heimstättenausgeber (Brschw OLG **74**, 354); ebsowenig mj Kinder der gesch Eheg (BayObLG FamRZ **77**, 467).

3. Abschnitt. Besondere Vorschriften für den Hausrat

§ 8. *Gemeinsames Eigentum beider Ehegatten.* (1) *Hausrat, der beiden Ehegatten gemeinsam gehört, verteilt der Richter gerecht und zweckmäßig.*

(2) *Hausrat, der während der Ehe für den gemeinsamen Haushalt angeschafft ist, gilt für die Verteilung (Absatz 1) auch dann, wenn er nicht zum Gesamtgut einer Gütergemeinschaft gehört, als gemeinsames Eigentum, es sei denn, daß das Alleineigentum eines Ehegatten feststeht.*

(3) *Die Gegenstände gehen in das Alleineigentum des Ehegatten über, dem sie der Richter zuteilt. Der Richter soll diesem Ehegatten zugunsten des anderen eine Ausgleichszahlung auferlegen, wenn dies der Billigkeit entspricht.*

1) Allgemeines. VO 8–10 enthalten die bes Vorschr für den Hausrat. Darunter fällt auch die VO 1 genannte Wohngseinrichtg, wie sich aus den dort gebrauchten Worten „und sonstigen Hausrat" ergibt. Vgl im übr VO 1 Anm 2b. An den güterrechtl Eigentumsverhältnissen wird nichts geändert, vgl aber auch VO 8 II. Ein Eingriff in Verträge mit Dritten erfolgt nicht, VO 10, so daß diese, and als bei der Vorschr für die Wohng, an derart Verf nicht Beteiligte sind. Die Bedeutg von VO 8 besteht darin, daß eine Auseinandersetzg dch Verkauf, § 753, vermieden wird u die Verteilg der Ggstände unmittelb an die Eheg erfolgt. Da es sich weder um eine Fdg, ZPO 851, noch ein Vermögensrecht handelt, kann der Auseinandersetzgs„anspruch" auch nicht gepfändet w, Nathan JR **48**, 110. Die **Verteilg** hat gerecht u **zweckmäßig** zu erfolgen, vgl auch VO 2 Anm 1 u 2. Also auch Umst zu berücksichtigen, zB wenn Bew des Alleineigentums nicht ausreichen, zB wenn ein Ggstand einem Eheg bes zugedacht war, aus seinen Ersparn angeschafft, von ihm für sich allein fast ausschließl benutzt wurde. Keine Zuweisg an Dritte.

2) Art der Verteilung. a) Beiden Eheg gemeinsam gehörender Hausrat, I, gleichgült, ob es sich um MitEigt nach Bruchteilen oder um eine GesamthandsGemsch handelt, wird vom Richter unter Berücksichtigg der VO 2 Anm 2 genannten Gesichtspkte nach billigem Erm verteilt. Dahin gehören auch ErsStücke, selbst wenn sie wertvoller sind, BayObLG FamRZ **70**, 31. **b) Während der Ehe für den gemeins Haushalt angeschaffter Hausrat, II,** gilt für die Verteilg auch im Falle der ZugewGemsch, soweit nicht § 1370 eingreift, oder Gütertrenng als gemeins Eigt, nicht aber bei Auflösg der Ehe dch Tod, OGHBrZ NJW **50**, 593, wird also ebso zu behandeln. Dch diese widerlegb Vermutg wird eine oft schwierige BewErhebg ü die idR unklaren EigtVerhältn derart Ggstände unnöt, die meist zu dem Wert der Sache in keinem Verh stehen. Die **Vermutg ist nur dann widerlegt**, wenn das AlleinEigt **feststeht**, wenn also der Ggstand bes für einen Eheg angeschafft wurde. Das aus EhestandsDarl Angeschaffte steht im MitEigt, KG DJ **41**, 829. Daß das AlleinEigt regelm nur dann feststeht, wenn es zw den Parteien außer Streit ist, so Kiel JR **48**, 344, ist zu eng; damit würden dem begehrenden Eheg unbeschr Möglichkeiten auf das Eigt des and eingeräumt w. **Beweisaufnahme** vielmehr im allg nur ü die vorgenannten Punkte. Machen sich die Eheg die übl Geschenke von HaushaltsGgständen oder erhält einer ein solches von Dritten, so genügt diese Tats grdsätzl für das Feststehen des AlleinEigt, da das regelm für den gemeins Haushalt geschieht; so auch Celle NdsRpfl **60**, 231. **Anschaffg** ist nur entgeltl Erwerb; da die Anschaffg für den gemeins Haushalt erfolgt sein muß, bleibt das für getrennte Haushaltsführg Angeschaffte außer Betr; vgl auch VO 1 Anm 1b.

c) Anschaffungen vor der Ehe. Jeder Hausrat, den einer der Verlobten vor der Ehe im Hinblick auf diese angeschafft hat, der dann aber erst nach der Eheschl zT od ganz bezahlt worden ist, wird entspr VO 8 II zu behandeln sein, da auf ihn dieselben gesetzgeberischen Erwäggn zutreffen, Kuhnt aaO 138, aM SchlHOLG SchlHA **57**, 207 (wenig überzeugend). And natürl die Aussteuer, die die Braut für sich beschaffte, um sie in die Ehe einzubringen, u die sie währd der Ehe aus eigenen Mitteln abzahlte; and auch bei ZugewGemsch die Ersatzbeschaffg von HausratsGgständen, § 1370, dort Anm 1.

3) Wirkg der Zuteilg, III. Mit der Rechtskr der Entsch wird die Gemsch aufgelöst u erwirbt der Eheg, an den die Zuteilg erfolgt, **Alleineigentum**. Die Rechte Dritter mit Ausnahme des VermPfandR, VO 5 Anm 1, bleiben unberührt, VO 10 I („im Innenverhältn"); bestand kein Eigt, so kann es auch durch Zuteilg nicht übergehen. Erhält ein Eheg mehr als der and, so ist jenem eine **Ausgleichszahlg** entspr dem Mehrwert aufzuerlegen, wenn das der Billigk entspr, die u Umst auch dch Gegenstände aus dem AlleinEigt des and erfolgen kann, BayObLG FamRZ **70**, 31. VO 2 S 2 zu beachten; der Verkehrswert der Mehrleistg braucht also keineswegs erreicht zu w. Bei dieser Zahlg können aber nicht SchadErsAnspr eines Eheg gg den and für unbefugte Vfgen vor der Scheidg berücksichtigt w, VO 1 Anm 2; ebsowenig Zahlg anteiliger Miete, wenn Eheg unabh von § 5 sich über die Benutzg der früheren Ehewohng einig sind (Mannh Just **76**, 515).

4) Verfahrensrechtliches. Teilw Einigg der Eheg muß der Richter achten, sie auch bei der Entsch ü den Rest berücksichtigen, Kuhnt aaO 147, BGH **18**, 143, SchlHOLG SchlHA **57**, 207. An Anträge der Parteien ist Gericht nicht gebunden; sie sind nur Vorschläge. Keine Eigentumskl bzgl einz Hausratsstücke, da FGVerf ausschließl, VO 1 Anm 1 u 3, sofern Antr nach VO 1 vorliegt. Für Feststellgskl würde deshalb auch Feststellgsinteresse fehlen. BewErhebg vAw, VO 13 I, FGG 12. Festzustellen im Hinbl auf die verschiedene Regelg für AlleinEigt u gemeins Angeschafftes vor allem die EigtVerhältn, soweit es sich um

Bürgerliche Ehe. 7. Titel: Scheidung der Ehe **Anh zu § 1587p**

wertvollere Ggstände handelt, deren Zuteilg wesentl beeinflußt u für die der Herausgabepflichtige Geldersatz nicht oder nur mit Mühe leisten könnte, auch deren Vorhandensein. Im üb ist es Sache des Eheg, dem zugeteilt ist, sich den Ggstand dch ZwVollstr, VO 16 III, oder bei Nichtvorhandensein Geldersatz i ProzWeg zu verschaffen. Eine Zuteilg „soweit vorhanden" ist unzul, da sie keine klaren Verh schafft, Fbg Rpfleger **50**, 568; es muß über die einz dch das Verf betroffenen Ggstände entschieden w, BGH aaO. § 286 ist auf den Beschl nicht anwendb.

§ 9. Alleineigentum eines Ehegatten. (1) *Notwendige Gegenstände, die im Alleineigentum eines Ehegatten stehen, kann der Richter dem anderen Ehegatten zuweisen, wenn dieser auf ihre Weiterbenutzung angewiesen ist und es dem Eigentümer zugemutet werden kann, sie dem anderen zu überlassen.*

(2) *Im Falle des Absatzes 1 kann der Richter ein Mietverhältnis zwischen dem Eigentümer und dem anderen Ehegatten begründen und den Mietzins festsetzen. Soweit im Einzelfall eine endgültige Auseinandersetzung über den Hausrat notwendig ist, kann er statt dessen das Eigentum an den Gegenständen auf den anderen Ehegatten übertragen und dafür ein angemessenes Entgelt festsetzen.*

1) Voraussetzungen. Ausnahmevorschr, also eng auszulegen. Erstreckt sich nur auf **notwendige Gegenstände**, dh solche, die obj gesehen, für das Leben des Antragstellers unentbehrl sind, also Bett u die notwendigsten Einrichtgggstände, Geschirr sowie Bett- u Küchenwäsche, aber auch für solche, die der Eheg, der sie begehrt, braucht, um seine Arbeit verrichten zu können. Dabei nicht nur zu berücksichtigen, ob sie überh zZ zu haben sind, sond auch, ob und wann sie sich der Eheg nach seiner Einkommens- und Vermögenslage beschaffen kann; danach ggf ihre Rückgabe zu bestimmen. Der Eheg, der die Ggstände entbehrt, muß nicht nur auf die **Weiterbenutzg** angewiesen sein, sond die Überlassg muß dem and Eheg auch zugemutet w können. Das zu bejahen, wenn es im Interesse der Kinder liegt, zB das für deren Berufsausbildg notwend Klavier, nicht aber, wenn die Ehefr das Bett u sonstige Ggstände dem Mann, der mit der Ehebrecherin zusammenlebt, überlassen soll.

2) Art des Eingriffs in das Alleineigentum des and Eheg, II. Es kommen nur die Begr eines Mietverh oder EigtÜbertragg in Betr; etwas anderes will „kann" in S 1 nicht sagen. Begr eines unentgeltl Leihverh also nicht statt, LG Itzehoe SchlHA **48**, 162. **a)** *Mietverhältnis* wird mit Rechtskr der richterl Entsch begründet VO 16 I; ein Mietzins ist festzusetzen; Mietverh zweckm zu befristen. Aufrechng des UnterhAnspr des unterhaltsberecht Eheg gg eine solche MietzinsFdg zul. **b)** Voraussetzg der **Eigentumsübertragung**, daß im Einzelfall eine endgült Auseinandersetzg ü den Hausrat erforderl ist, zB wenn die Begr eines Mietverh nur Anlaß zu neuen Streitigk gibt od zugeteilte Ggstände bald verbraucht sind (Geschirr, Wäsche) u ihre Rückschaffg auf ganz bes Schwierigk stoßen würde. Mit dem Aussspr der Eigt-Übertragg — keine Gewährleist, da kein Vertr — ist ein angemessenes Entgelt festzusetzen; unentgeltl Übertragg unzul. Angemessenes Entgelt ist nicht dasselbe wie Verkehrswert; so Kuhnt aaO 139 mit Recht gg LG Itzehoe aaO. § 2 S 2 gilt auch hier. **Zu a u b**: Die Eheg können die richterl AO iW der Parteivereinbarg abändern. Änderngsbefugn des Richters, VO 17.

§ 10. Gläubigerrechte. (1) *Haftet ein Ehegatte allein oder haften beide Ehegatten als Gesamtschuldner für Schulden, die mit dem Hausrat zusammenhängen, so kann der Richter bestimmen, welcher Ehegatte im Innenverhältnis zur Bezahlung der Schuld verpflichtet ist.*

(2) *Gegenstände, die einem der Ehegatten unter Eigentumsvorbehalt geliefert sind, soll der Richter dem anderen nur zuteilen, wenn der Gläubiger einverstanden ist.*

1) Im Innenverhältnis kann dch den Richter die Verpflichtg zur Zahlg anders bestimmt w. Wird also ein Eheg an Stelle des and allein verpflichtet, so hat er diesen freizustellen; aGrd der richterl Festsetzg kann der Freizustellende, aber in Anspr genommene Eheg Leistgskl gg den and erheben. Auf Grund der richterl AO wird Vollstr nicht mögl sein, da sie den Anspr idR nicht zahlenmäßig angeben wird. Die Schulden müssen **mit dem Hausrat zusammenhängen**, also zB Instandsetzgskosten.

2) Die Gläubigerrechte bleiben unberührt; jedoch kann der Richter zB bestimmen, daß der Eheg, dem zugeteilt w, den erst später fällig werdenden Kaufpreisrest sofort zahle. Natürl können aber die Gläubigerrechte nur dann geändert w, wenn Gläub zustimmt. Eine solche Zust soll bei Zuteilg an den Eheg oder nur einen der beiden Haftenden eingeholt w, wenn es sich um einen **Verkauf unter Eigentumsvorbehalt** handelt, II, da der Gläub im allg an dem Verbleib der Sache interessiert sein wird.

4. Abschnitt. Verfahrensvorschriften

§ 11. Zuständigkeit. (1) *Zuständig ist das Gericht der Ehesache des ersten Rechtszuges (Familiengericht).*

(2) *Ist eine Ehesache nicht anhängig, so ist das Familiengericht zuständig, in dessen Bezirk sich die gemeinsame Wohnung der Ehegatten befindet. § 606 Abs. 2, 3 der Zivilprozeßordnung gilt entsprechend.*

(3) *Wird, nachdem ein Antrag bei dem nach Absatz 2 zuständigen Gericht gestellt worden ist, eine Ehesache bei einem anderen Familiengericht rechtshängig, so gibt das Gericht im ersten Rechtszug das bei ihm anhängige Verfahren von Amts wegen an das Gericht der Ehesache ab. § 281 Abs. 2, 3 Satz 1 der Zivilprozeßordnung gilt entsprechend.*

1) Die sachl Zuständigk des AG ist eine ausschließl, VO 1 II u dort Anm 3 sowie VO 18. FamG auch zuständ für AnO einer RäumgsFr, ebso für deren Verlängerg (Mü NJW **78**, 548).

§ 12. Zeitpunkt der Antragstellung. *Wird der Antrag auf Auseinandersetzung über die Ehewohnung später als ein Jahr nach Rechtskraft des Scheidungsurteils gestellt, so darf der Richter in die Rechte des Vermieters oder eines anderen Drittbeteiligten nur eingreifen, wenn dieser einverstanden ist.*

1) Vgl VO 14. Wg der Fristberechng bei zunächst erhobener Klage VO 18 II. VO 12 schließt aber nicht eine Regelg im Verh der Eheg untereinander aus, BayObLG FamRZ **70**, 35; nur der Mietvertr, VO 6 II, kann ohne Zustimmg des Verm nicht mehr geändert w, KG FamRZ **60**, 444, aM Wiesb FamRZ **63**, 94, da dch Änderg der Nutzgsverhältn das Vermieterinteresse getroffen wird, so wenn die Wohng in 2 HaushGemsch aufgeteilt w, BayObLG NJW **70**, 329. Bln FamRZ **63**, 95 läßt den weichenden Eheg hins seiner Verpflichtgen ggü dem Verm dch den verbleibenden Eheg freistellen.

§ 13. Allgemeine Verfahrensvorschriften. (1) *Das Verfahren ist unbeschadet der besonderen Vorschrift des § 621 a der Zivilprozeßordnung eine Angelegenheit der freiwilligen Gerichtsbarkeit.*

(2) *Der Richter soll mit den Beteiligten in der Regel mündlich verhandeln und hierbei darauf hinwirken, daß sie sich gütlich einigen.*

(3) *Kommt eine Einigung zustande, so ist hierüber eine Niederschrift aufzunehmen, und zwar nach den Vorschriften, die für die Niederschrift über einen Vergleich im bürgerlichen Rechtsstreit gelten.*

(4) *Der Richter kann einstweilige Anordnungen treffen.*

(5) *Solange ein Verfahrensbeteiligter Betroffener im Sinne des Artikels 1 der Schutzverordnung vom 4. Dezember 1943 (RGBl. I S. 666) ist, darf das Verfahren nur durchgeführt werden, wenn dem Betroffenen die Mitwirkung möglich und unter Abwägung der Interessen aller Beteiligten zuzumuten ist oder wenn der Betroffene zustimmt. Im übrigen sind die Vorschriften der Schutzverordnung sinngemäß anzuwenden.*

1) Vgl VO 2 Anm 1. Wg **einstw AnO** Einf 4 m vor § 1564. Gg Zuweis der Ehewohng an einen Eheg allein iW der einstw AnO im Entscheidsverbund (ZPO 623) sof Beschw (ZPO 620 c). Wg Rechtsmitteln iR isolierter einstw AO Einf 4 Buchst l vor § 1564; Stgt FamRZ **77**, 816 u Düss FamRZ **78**, 257 lassen auch gg Zuweis der Ehewohng Beschw nicht zu. Ebso hins Hausratsteilg iü (Hamm FamRZ **78**, 257). Wg der älteren Rspr u Lit vgl 37. Aufl.

§ 14. Rechtsmittel. *Eine Beschwerde nach § 621 e der Zivilprozeßordnung, die sich lediglich gegen die Entscheidung über den Hausrat richtet, ist nur zulässig, wenn der Wert des Beschwerdegegenstandes fünfhundert Deutsche Mark übersteigt.*

1) Fassg 1. EheRG Art 11 Z 3. Zur Anfechtbark von ZwischenEntsch Göppinger JR **62**, 47. Ist über einen nicht vor das FamG gehör Anspr entschieden, ist Beschw unabhäng vom BeschwWert gegeben (Ffm NJW **63**, 554). Iü Prüfg, ob BeschwWert v 300 DM erreicht ist, vAw (Zweibr FamRZ **76**, 699). Im Verf über die Zuteilg der Ehewohng geschiedener Ehel ist die unselbstd AnschlBeschw statth (BayObLG FamRZ **78**, 599 VorlageBeschl). Weitere Beschw ZPO 621 e II 2 u 3.

§ 15. Durchführung der Entscheidung. *Der Richter soll in seiner Entscheidung die Anordnungen treffen, die zu ihrer Durchführung nötig sind.*

§ 16. Rechtskraft und Vollstreckbarkeit. (1) *Die Entscheidungen des Richters werden mit der Rechtskraft wirksam. Sie binden Gerichte und Verwaltungsbehörden.*

(2) *Die Änderung und die Begründung von Mietverhältnissen durch den Richter bedarf nicht der nach anderen Vorschriften etwa notwendigen Genehmigung.*

(3) *Aus rechtskräftigen Entscheidungen, gerichtlichen Vergleichen und einstweiligen Anordnungen (§ 13 Abs. 4) findet die Zwangsvollstreckung nach den Vorschriften der Zivilprozeßordnung statt.*

§ 17. Änderung der Entscheidung. (1) *Haben sich die tatsächlichen Verhältnisse wesentlich geändert, so kann der Richter seine Entscheidung ändern, soweit dies notwendig ist, um eine unbillige Härte zu vermeiden. In Rechte Dritter darf der Richter durch die Änderung der Entscheidung nur eingreifen, wenn diese einverstanden sind.*

(2) *Haben die Beteiligten einen gerichtlichen Vergleich (§ 13 Abs. 3) geschlossen, so gilt Absatz 1 sinngemäß.*

(3) *Will der Richter auf Grund der Absätze 1 oder 2 eine Wohnungsteilung (§ 6) wieder beseitigen, so soll er vorher die Gemeinde hören.*

1) FamG zust für Verlängerg v RäumgsFr (Mü NJW **78**, 548).

§ 18. Rechtsstreit über Ehewohnung und Hausrat. (1) *Macht ein Beteiligter Ansprüche hinsichtlich der Ehewohnung oder des Hausrats (§ 1) in einem Rechtsstreit geltend, so hat das Prozeßgericht die Sache insoweit an das nach § 11 zuständige Familiengericht abzugeben. Der Abgabebeschluß kann nach Anhörung der Parteien auch ohne mündliche Verhandlung ergehen. Er ist für das in ihm bezeichnete Gericht bindend.*

(2) *Im Falle des Absatzes 1 ist für die Berechnung der im § 12 bestimmten Frist der Zeitpunkt der Klageerhebung maßgebend.*

1) Gg AbgabeBeschl des LG gem VO 18 Beschw zul (Kln JMBlNRW **73**, 221; Karlsr FamRZ **76**, 93 m zutr Begrdg) gem ZPO 567 (Schlesw SchlHA **74**, 169).

§ 18a. Getrenntleben der Ehegatten. *Die vorstehenden Verfahrensvorschriften sind sinngemäß auf die Verteilung des Hausrats im Falle des § 1361 a des Bürgerlichen Gesetzbuchs anzuwenden.*

Bem. Eingef dch GleichbergG Art 5. Zul die Zuteilg der Ehewohng auch schon vor Einleitg des Scheidgs-Verf wg der SperrFr des § 1565 II (Ffm NJW **78**, 545). Vgl iü Einf 4 m vor § 1564.

§ 19. Einstweilige Anordnung in Ehesachen. (*Aufgehoben dch 1. EheRG Art 11 Ziff 3; einstweilige AnO gem ZPO 620 Ziff 7.*)

1) Entsch auch ü Schweizer FerienEigtWohng (KG FamRZ **74**, 198). Rauchverbot (Celle FamRZ **77**, 203).

5. Abschnitt. Kostenvorschriften

§§ *20–23* (hier nicht abgedruckt)

6. Abschnitt. Schlußvorschriften

§ 24 Übergangsregelung. (aufgeh, FamRÄndG Art 5 Z 7)

§ 25 Aufhebung und Nichtigerklärung der Ehe. *Wird eine Ehe aufgehoben oder für nichtig erklärt, so gelten die §§ 1–23 sinngemäß.*

§ 26 Verhältnis zur Zweiten Kriegsmaßnahmenverordnung. (aufgeh, FamRÄndG Art 5 Z 7)

§ 27 Inkrafttreten. Geltungsbereich. (1) *Diese Verordnung tritt am 1. November 1944 in Kraft.*

(2) (aufgeh, FamRÄndG Art 5 Z 7)

Achter Titel. Kirchliche Verpflichtungen

1588 Die kirchlichen Verpflichtungen in Ansehung der Ehe werden durch die Vorschriften dieses Abschnitts nicht berührt.

1) Das BGB behandelt nur die bürgerl Ehe, vgl Überschrift des 1. Abschnitts vor § 1297. Die kirchl Verpflichtgen der Kirchenangehörigen bestimmen sich nach den innerkirchl Gesetzen u Ordngen.

Zweiter Abschnitt. Verwandtschaft

Schrifttum: Feder, Das VerwandtschRecht einschl des Rechts der unehel Kinder, 1905; Haiden, Das Familien- u VormschR, 1906; Philler, Die Rechtsstellg der Kinder nach dem BGB, 1906; Siebert, Elterl Gewalt u Gleichberechtigg, NJW **55**, 1; Stöcker, Abschaffg der NEhelk, ZRP **75**, 32; Kleineke, Das R auf Kenntn der eig Abstammg, Diss Gött 1976. Vgl auch die allg SchriftAngaben vor der Einl des 1. u 4. Buches. Allg Schrifttum zur NEhelReform Einf 4 vor § 1705, ferner vor den §§.

Überblick

1) **Inhalt u Systematik des 2. Abschnitts „Verwandtschaft".** Der VerfassgsAuftr, Art 6 V GG, den nehel Kindern die gleichen Bedingen für ihre leibl u seel Entwicklg u ihre Stellg in der Gesellsch zu schaffen wie den ehel Kindern, hat den Gesetzgeber veranlaßt, das Recht des nehel Kindes nicht mehr in einem bes Titel zuzufassen (früherer 6. Titel), sond letzteres neben das R des ehel Kindes zu stellen u, soweit mögl, gemeins Best jeweils vorauszuschicken. So enthält der 2. Titel „Abstammung" sow die ehel, §§ 1591–1600, wie die nehel Abstammung, §§ 1600a–o, der 3. Titel „UnterhPfl" sow die allg Vorschr, §§ 1601–1615, wie die Besonderheiten für das nehel Kind u seine Mutter, §§ 1615a–o, der 4. Titel „Rechtsverhältn zw den Eltern u dem Kinde im allg", §§ 1616–1625, Vorschr sowohl für das ehel wie nehel Kind. Es folgt als 5. Titel die „Elterl Gewalt über ehel Kinder", §§ 1626–1698b, als 6. Titel „Elterl Gewalt über nehel Kinder", §§ 1705–1712. Der 7. Titel „Legitimation nehel Kinder" (I. Dch nachfolgde Ehe, §§ 1719, 1722; II. Dch EhelErkl auf Antr des Vaters, §§ 1723–1739; III. Auf Antr des Kindes, §§ 1740a–1740g) u der 8. Titel „Annahme an Kindes Statt", §§ 1741–1772, schließen sich an. Eröffnet wird der 2. Abschn mit den 2 allg Vorschr über Verwandtsch u Schwägersch, die nunmehr das nehel Kind auch mit dem Vater verwandt sein lassen, § 1589 Vorbem, u damit dieses neben das ehel stellen. Zur neuen Systematik Bosch FamRZ **69**, 510, Lange NJW **70**, 297; vgl weiterhin Einf 2 vor § 1705.

2) **Begriff der Verwandtschaft.** Die Verwandtschaft des BGB iS der Überschrift des 2. Abschn, vgl auch Einl 1 vor § 1297, umfaßt **a)** die auf Abstammg beruhde Blutsverwandtsch (Verwandtsch ieS, § 1589, also einschl der nehel), **b)** die Verwandtsch inf Eheschl (ScßWägersch, § 1590), **c)** die auf Dekret beruhde (Annahme als Kind, §§ 1741ff). Sie geht also über die durch Blutbande vermittelte hinaus. Der Begriff wird für das BGB **abschließend geregelt**. Das BGB kennt also nicht die auf Taufe u Patensch beruhde geistl Verwandtsch, macht auch keinen Unterschied zw Verwandtsch aus dem Mannes- od Frauenstamm. Weitergehd: Angehörige, da hierzu auch der Eheg, Verlobte gehören, vgl §§ 530, 1969. Wegen der **Blutsverwandtschaft** iS von EheG 4 vgl dort Anm 2. Zum Recht des **Stiefkindes** vgl Boehmer, Die Rechtsstellg des Stiefkindes, 1941; Becker RdJB **75**, 250.

3) **Sprachgebrauch.** Wg Verwandten Anm 1 u § 1589 Anm 1. Leibl Verwandte (§ 1766) sind die in § 1589 Genannten. Abkömml (§§ 1483ff, 1924ff) sind sämtl Verwandte absteiger Linie. Kinder sind die Abkömml 1. Grades, ehel wie ne. Iü werden die Begr Eltern, GroßElt im allg übl Sinne gebraucht. Geschwister sind ohne Unterschied die voll- u halbbürtigen.

4) **Anwendg des Begriffs außerhalb des BGB:** Gemäß EG 33 auch in GVG, ZPO, StPO, KO, AnfG, ferner den nach dem BGB in Kraft getretenen Gesetzen zB FGG, JWG, BVerwPflG, BVerwG NJW **63**, 314, auch in den späteren Landesgesetzen, desgl für die **Länder der früh BrZ** in der HöfeO. Ob der verwandtschBegriff früherer Gesetze dasselbe bedeutet, ergibt die Auslegg; andersartiger Begriff also im StGB 11 (vgl RGSt **60**, 246). Ausleggsfrage auch bei rechtsgeschäftl WillErklärgen (KG OLG **4**, 135; vgl auch Warn **15**, 121).

5) **Rechtl Bedeutg der Verwandtschaft** für UnterhPfl, §§ 1601ff, RechtsVerh zw Eltern u Kindern, §§ 1616ff, ErbR, §§ 1924ff, und PflichtR, §§ 2303ff, Berufg zum Vormd, §§ 1776, 1899, 1900, Auswahl als Vormd, § 1779 II 3, Anhörg von Verwandten bei gewissen Gelegenheiten, §§ 1695 I, 1847, 1862 I 2, 1897, 1915, anderers Ausschließg der Vertretgsmacht des gesetzl Vertreters bei RGeschäften des Kindes od Mündels mit seinen Verwandten, §§ 1629 II 1, 1795, Ausschließg von der Mitwirkg als Richter, Notar, UrkBeamter, zB BeurkG 3 I Z 3, 6 Z 3 und 4, 7 Z 3, ZPO 41 Z 3, StPO 22 Z 3, desgl in vielen anderen Gesetzen. Die nächste Verwandtsch begründet ein Eheverbot, EheG 4, 21.

6) **Klage auf Feststellg des Verwandtschaftsverhältnisses** iRv ZPO 256 mögl; fällt nicht unter ZPO 640ff, es sei denn es geht um die Abstammg (Einf 2b v § 1591; § 1593 Anm 3). Kl auf Feststellg des Nichtbestehens eines Elt-Kind-Verhältn darf nicht wg fehlden RSchutzInteresses abgewiesen w (BGH NJW **73**, 51).

7) **Übergangsrechtl** bestimmt sich **a)** das VerwandtschVerh seit dem 1. 1. 00 nach BGB, BayObLG **1**, 583. **b) Weiteres Übergangsrecht** enthält das NEhelG.

NEhelG Art 12 § 1
Die rechtliche Stellung eines vor dem Inkrafttreten dieses Gesetzes geborenen Kindes und seiner Verwandten bestimmt sich für die Zeit nach dem Inkrafttreten dieses Gesetzes nach dessen Vorschriften, soweit sich nicht aus den §§ 2 bis 23 ein anderes ergibt.

Bem. Das NEhelG geht von dem Grds aus, langandauernde Rechtsverhältnisse, auch wenn sie unter dem alten R begründet sind, nach neuem Recht weiterlaufen zu lassen. Dadurch wird vermieden, daß 2 versch Regelgen je nach dem Ztpkt der Entstehg des Rechtsverhältnisses nebeneinander gelten. Ist also die alte Regelg dch eine neue ersetzt, gilt die neue; Ausn Art 12 §§ 10 u 11, s Anh I zu § 1924 u bei EG 208, 209. An der bisherigen rechtl Beurteilg ändert die Neuregelg für die Zeit vor der GÄnd grdsätzl nichts, so daß zB rückständ UnterhBeträge aus der Zeit vor Inkrafttr des NEhelG nicht nach § 1615i gestundet od erl w können (Begr RegEntw). Andrers ist das nehel Kind jetzt mit dem Vater u dessen Verwandten verwandt, § 1589 Anm 3. Wg der §§ 2–23 NEhelG s Verzeichn der abgedr G u VOen.

c) **Internationales Privatrecht** EGBGB 18–22. **Interlokales Privatrecht** EG 18 Anm 7.

Erster Titel. Allgemeine Vorschriften

1589 *Verwandtschaft.* Personen, deren eine von der anderen abstammt, sind in gerader Linie verwandt. Personen, die nicht in gerader Linie verwandt sind, aber von derselben dritten Person abstammen, sind in der Seitenlinie verwandt. Der Grad der Verwandtschaft bestimmt sich nach der Zahl der sie vermittelnden Geburten.

1) Wg des Begr der Verwandtsch vgl Übbl 2, des Geltgsgebiets Übbl 4 v 1589. Die Vorschr behandelt nur die Verwandtsch ieS, die in der Abstammg (Einf 1 v § 1591), also dem Blutbande ihren Grd hat. Der frühere II, wonach das nehel Kind u sein Vater nicht als verwandt galten, ist dch Art 1 Z 3 NEhelG gestrichen w.

2) **Verwandtschaft in gerader und in Seitenlinie; Gradesnähe, I.** In gerader Linie sind Personen miteinander verwandt, deren eine von der anderen abstammt, in der Seitenlinie diejenigen, die nicht in gerader Linie verwandt sind, aber von derselben Pers abstammen, zB Geschwister. Das gilt für die ehel wie nehel Personen, da auch die nehel Geburt Verwandtsch vermittelt. Ehelich sind auch durch nachfolgende Ehe legitimierte Kinder § 1719, u Kinder aus nichtigen Ehen, § 1591. Die Nähe der Verwandtsch wird durch die Zahl der sie vermittelnden Geburten bestimmt, die also bei Verwandtsch in der Seitenlinie über den gemschaftl Stammvater bzw die gemschaftl Stammmutter hinweg gezählt w muß. Demgemäß sind die Eltern mit den Kindern im 1., die Enkel mit den Großeltern im 2. Grad in gerader Linie, Geschwister, gleichgült, ob ehel od nehel geboren, im 2. Grad in der Seitenlinie, Geschwisterkinder im 4. Grad in der Seitenlinie verwandt. Die Verwandtschaft entsteht stets erst durch die Geburt, also die Leibesfrucht ist nicht verwandt.

3) **Die Verwandtschaft des nehel Kindes insbesondere.** S dazu auch Einf vor § 1705. Nach Wegfall des bisherigen II gilt der bisherige I (jetzt § 1589) auch für das nehel Kind, ergibt also die rechtl Verwandtsch zw dem nehel Kind u seinem Vater sowie deren Verwandten, vgl Art 12 § 1 NEhelG (abgedr Übbl 7b). Mehrere nehel Kinder derselben Mutter u desselben Erzeugers sind vollbürt (fr nur halbbürt) Geschwister. W das nehel Kind auf Antr des Vaters für ehel erkl, § 1723, so erstrecken sich nunmehr diese Wirkgen auch auf die Verwandten des Vaters, da § 1737 weggefallen.

1590 *Schwägerschaft.* **I** Die Verwandten eines Ehegatten sind mit dem anderen Ehegatten verschwägert. Die Linie und der Grad der Schwägerschaft bestimmen sich nach der Grade und dem Grade der sie vermittelnden Verwandtschaft.

II Die Schwägerschaft dauert fort, auch wenn die Ehe, durch die sie begründet wurde, aufgelöst ist.

1) **Allgemeines.** Geltgsgebiet Übbl 4 vor § 1589, rechtl Bedeutg ebda Anm 5.

2) **Schwägerschaft, Gradnähe, I.** Ein Eheg ist mit den Verwandten des anderen verschwägert, dh also mit seinen Schwiegereltern (aufsteigende Linie), den Kindern des anderen Eheg (Stiefkinder, absteigende Linie) u den in der Seitenlinie mit seinem Eheg Verwandten, § 1589 Anm 2. Dch die Aufhebg von § 1589 II besteht also auch eine Schwägersch des nehel Kindes u seiner Verwandten mit der Ehefr seines Vaters u deren Verwandten sowie der Ehefr des nehel Kindes zu dessen Vater u seinen Verwandten. Hingg **keine Schwägerschaft** zw den Eheg selbst, den Verwandten eines Eheg mit den Verwandten des anderen, den Verschwägerten eines Eheg mit dem Anderen, dem Eheg des Annehmden mit dem Angenommen, wohl aber iGgsatz zu § 1763 aF zw dem Eheg des Kindes mit dem Annehmden, § 1754. **Voraussetzg der Schwägerschaft ist eine gültige Ehe**; deshalb auch keine Schwägersch aGrd eines Verlöbnisses, einer Nichtehe, EheG 11 Anm 5, einer für nichtig erkl Ehe; solange die Nichtigk auf NichtigkKlage nicht ausgesprochen ist, wird Ehe u damit Schwägersch als bestehend angesehen, RGSt 41, 113. Der Eheg ist mit den Verwandten des anderen Eheg **in dem Grade verschwägert,** wie dieser mit ihnen verwandt ist.

3) **Dauer der Schwägerschaft, II**: Die Auflösg der Ehe, vgl auch EheG 4, beendet die Schwägersch nicht, die durch die Ehe begründet wurde. Hingg kann eine Schwägersch nach Auflösg der Ehe nicht mehr entstehen; mithin ist der erste Ehem nicht mit den Kindern seiner früh Frau aus 2. Ehe verschwägert.

Zweiter Titel. Abstammung
Einführung

Schrifttum: Beitzke/Hosemann/Dahr/Schade, VaterschGutachten für die gerichtl Praxis, 2. Aufl 1965; Glage NJW **70**, 1223; Grumbrecht, Beweis der „offb Unmöglk" der Vatersch, 1967; Hummel (Hrsg), Die medizin VaterschBegutachtg mit biostatist Beweis, Stgt 1961; ders, NJW **64**, 1291; **71**, 1072 sowie FamRZ **69**, 19; Keiter NJW **53**, 291; **67**, 1500; Oepen NJW **70**, 499; Pietrusky, Blutgruppengutachten, 2. Aufl, Mü 1956; ders, NJW **49**, 617; Ponsold (Hrsg), Lehrb der gerichtl Medizin, 3. Aufl 1967, S 509ff; Ritter FamRZ **73**, 121; Roth-Stielow, Der Abstammgsprozeß, Mü 1974; Schade, VaterschGutachten, 2. Aufl, Gött 1965; Spielmann/Seidl NJW **73**, 2228; Vogel NJW **65**, 1993; Zimmermann, Forensische Blutgruppenkunde, Bln 1975; NJW **73**, 13 u 546; Schlosser FamRZ **76**, 6; Hummel FamRZ **76**, 257 u DAVorm **77**, 499; Maier NJW **76**, 1135; Goedde ua NJW **76**, 2296; Gerhardt, Das „non liquet" im KindschVerf, Festschr f Bosch 1976 S 291; Johannsen, Festschr f Bosch 1976 S 469; vgl iü Lit zu § 1600o; zu älterer Lit bis zur 34. Aufl § 1591 Anm 4 aE.

Verwandtschaft. 2. Titel: Abstammung **Einf v § 1591** 1–3

1) Inhalt. Der 2. Titel behandelt die Abstammg, worunter das G nicht die Herkunft aus der Vorfahrenreihe, sond enger diej von best Elt, also das Kind-Elt-Verhältn, versteht. Danach wird zw ehel (§§ 1591 ff) u nehel Abstammg (§§ 1600 a ff) unterschieden. Währd das BGB urspr (im 6. Titel, §§ 1705 ff aF) die rechtl Stellg der unehel Kinder zusaßte, systematisiert das NEhelG (Überbl 1 v § 1589) in der Weise, daß Abstammg, Unterh, Name u ErbR des nehel jew im Anschl an die entspr Verhältn des ehel Kindes geregelt w. So geschieht es auch bei der Abstammg (vgl §§ 1591 ff, 1600 a ff). Dch die Abstammg wird der **Personenstand** vermittelt, dh die Zugehörigk zu einer best Fam. Die dafür maßgebden Umst (Geburt, Heirat, Tod, Adoption, Legitimation, Scheidg) u die damit zushängden Umst (Staatsangehörigk) werden urkdsmäß dch das PStG geregelt.

2) Verfahrensrechtliches. a) Der **Beweis für die Abstammg** wie auch über die Eheschl der Elt wird bei ordngsgemäßer Führg des Geburts- u des FamBuches (PStG 60) sowie dch die begl Abschr aus diesem, ferner dch tsandesamtl Urk (PStG 66) erbracht; jedoch ist der Nachw der Unrichtigk der beurkundeten Tatsache zul. Die Geburt eines Kindes ist dem Standesbeamten, in dessen Bez es geboren ist, binnen 1 Wo anzuzeigen (PStG 16). Um alle Geburten zu erfassen, ist die AnzeigePfl eingehd geregelt (PStG 17–19 a). Es erfolgt sodann Eintr im Geburtenbuch, u zwar wird eingetragen Vor- u FamName der Elt, deren Beruf, Wohnort sowie religiöses Bekenntn, Ort, Tag u Stde der Geburt, Geschlecht u Vorname des Kindes sowie der Vor- u FamName des Anzeigden nebst dessen Beruf u Wohnort (PStG 21). Bei Zwillings- u Mehrgeburten ist jede Geburt besonders einzutragen, wobei die Eintragen auch die Zeitfolge der Geburten erkennen lassen müssen (PStG 23). An Randvermerken wird vom StBeamten die Anerkenng der Vatersch (PStG 29) eingetr sowie wenn die Abstammg od der Name des Kindes geändert w (PStG 30, 31 a), ferner die Legitimation des Kindes dch nachfolge Heirat (PStG 31).

b) Die **prozessuale Feststellg** des Bestehens od Nichtbestehens eines Elt-Kind-Verhältn zw den Parteien, die Anfechtg der Ehelichk, Wirksamk einer Anerkenng der Vatersch u deren Anfechtg sind **Kindschaftssachen** u unterliegen verfahrensrechtl bes Bestimmgen (ZPO 640–641 k). Zust ist das AG (GVG 23 a); die Berufg geht an das OLG (GVG 119 Z 1). Die Zustdgk des VormschG regeln FGG 43, 36. Im EhelAnfechtgsProz klagt der Ehem gegen die Kindesmutter gg das Kind (§ 1594), die Elt des Ehem (§ 1595 a) od das Kind selbst (§ 1596). Streithilfe dch einen Dr, der als Vater des Kindes benannt w, ist zul (Celle FamRZ **76**, 158). Im VaterschProz gem §§ 1600 a, 1600 n, 1600 o klagt idR das nehel Kind auf Feststellg der Vaterschaft gg einen best Mann; dieser kann aber auch seinerseits negat AbstammgsKl erheben, wogg die posit FeststellgsWiderkl des Kindes zul ist (Hbg DAVorm **75**, 231). Im Verf gem § 1600 n w das Kind dch einen Amtspfleger vertreten; die elterl Gew der Mutter ruht (§ 1630), so daß sie im Proz nicht als gesetzl Vertreterin, sond als Zeugin zu vernehmen ist (KG DAVorm **77**, 174). Die BewVorschriften sind den wiss Anfdgen angepaßt. So gibt ZPO 372 a die Möglichk der Vorn einer Blut- bzw erbkundl **Untersuch auch gg den Willen** des Untersuchten (auch bei Zeugen Jehovas; Düss FamRZ **76**, 51); GG 2 II steht wg S 3 nicht entgg (BVerfG JZ **56**, 406). Keine zwangsw BlutprobenEntn bei einem Toten ZZw des WiederaufnVerf (Düss FamRZ **78**, 206). Die Untersuch muß nach den anerk Grdsätzen der Wissensch Aufklärg des Sachverh versprechen (Stgt FamRZ **61**, 490; Weber NJW **63**, 574). WeigersgsR, wenn dem zu Untersuchenden die Untersuch nach ihrer Art od den Folgen ihres Ergebn für ihn od die in ZPO 383 I Z 1–3 gen Angehör nicht zuzumuten ist od wenn GesundhNachteile zu besorgen sind. Bei einer EhelkAnfechtg kann sich die Mutter der Blutentnahme nicht dch Berufg auf eine neurot Spritzenphobie entziehen (aA Kblz NJW **76**, 379); ebensowenig (bei Vorliegen einiger Hinweise wie Vornamensidentität mit dem gesuchten Mann, Wohns am Urlaubsort der Kindesmutter) der als Vater in Anspr genommene Mann (Stgt DAVorm **75**, 619). Über die Voraussetzgen, eine unzul Blutentnahmeweiger iR der BewWürdigg zu berücks Hbg DAV **76**, 49.

3) Abstammgs- od Vaterschaftsbeweis. Währd die Pers der Mutter in aller Regel feststeht, spielt die Feststellg der Vatersch in der Praxis eine große Rolle. Bei einem in die bestehde Ehe hineingeborenen Kind, das allein aGrd dieser Tats als ehel angesehen w (§ 1591 I 1), wird die Nichtabstammg dch sog EhelichkAnfechtgsKl geltd gemacht (§ 1593); ihr Erfolg hängt v dem Nachw ab, daß es den Umst nach offenb unmögl ist, daß die Frau das Kind v dem Manne empfangen h (§ 1591 I 2). Beim nehel (also außerh einer gült Ehe geborenen) Kind geht es umgek um die Suche nach dem Vater. Sofern die Vatersch nicht anerkannt w (§§ 1600 a–1600 m), ist sie gerichtl festzustellen (§§ 1600 a, 1600 n), u zwar ggü dem Manne, der das Kind gezeugt hat (§ 1600 o I). In beiden Verf, also bei der EhelkAnfechtg wie bei der gerichtl Feststellg der Vatersch, tauchen unabh v der Verschiedenh der ProzZiele dieselben BewAufgaben auf: beim **positiven VaterschBeweis** wird ein best Mann als Erzeuger des Kindes nachgewiesen, währd beim **negativen VaterschBeweis** ein best Mann als Vater beweismäß ausgeschl w (vgl Brschw DAVorm **78**, 125). Ggü der früh Mehrverkehrseinrede (§ 1717 I 1 aF), mit der die Inanspruchn als Zahlvater idR verhindert w konnte, ist es heute von großer Bedeutg, daß dch Ausschl der Vatersch auch verschiedener Mehrverkehrer die Vatersch eines best Mannes sicher festgestellt w kann (Bsp: Kln DAVorm **75**, 347). – Vor der eigtl VaterschBew zu klären, ob die Mutter mit dem EvtlVater geschlechtl verkehrt h (vgl § 1591 Anm 3, § 1600 o Anm 2 a); iJF muß dem Bestreiten des Mannes, der Mutter in der EmpfängnZt beigewohnt zu h, nachgegangen w (BGH **40**, 375). Daran knüpft der eigtl VaterschBew an, näml der Nachw, daß das Kind aus dieser Beiwohng stammt; er ist idR nur mit Hilfe entsprechender Sachverst zu führen. Hierfür sind best **Beweismethoden** entwickelt w (vgl unten Anm a bis d), die untereinand unterschiedl BewWert haben (unten Anm e).

a) Tragezeitgutachten ziehen Schlüsse aus der Verbindg v SchwangerschDauer (mittlere TrageZt eines vollreifen Kindes 268 Tg) u den Reifemerkmalen des Kindes. Ungeeign für den pos VaterschNachw; wohl aber läßt sich bei ungewöhnl kurzen od lange TrageZten die Vatersch (eines zB währd best Monate abwesden Mannes) ausschließen bzw die Vatersch eines Mannes für wahrscheinlicher als die eines and erklären. Wg Einzelheiten vgl § 1592 Anm 1.

b) Blutgruppenuntersuchgen beruhen auf der Vererblichk v Bluteigenschaften, die serolog genau identifizierb u klassifizierb, beim Neugeborenen bereits voll entwickelt u von Alter, Geschlecht u Umwelt unabh sind, ferner kaum Mutationen unterliegen. Stammen best Bluteigenschaften des Kindes nicht von der Mutter, muß es sie vom Vater haben. Das BlutGrGA ermöglicht den negat VaterschBew, wenn näml auch die als Vater bezeichnete Pers nicht ü die betr BlutMerkm verfügt; dagg ist seine Aussagekraft für den posit VaterschBew wissenschaftl noch umstr. Vor Ablauf von 3 Mo soll nach Blutübertraggen uä keine forensische BlutGrUntersuchg dchgeführt w (BGesAmt DAVorm **76**, 194). „Stumme Gene", dh bei den BewPers nur verdeckt vorhandene Anlagen, lassen sich dch Einbeziehg v Elt, GroßElt, Geschw usw in die Abstammgsuntersuchgen aufdecken (Pulverer DAVorm **77**, 424).

aa) Das BlutGrGA bedient sich jew spezifischer **BlutGrSysteme,** von denen die ABNull-Gruppe die bekannteste ist. Ein Kind mit der BlutGr AB hat zB von einem EltTeil das Merkm A, v dem and das B-Merkm geerbt. Besitzt es dagg die BlutGr 0, so muß es diese v beiden Elt haben; allerd kann das 0-Merkm bei der Elt auch verdeckt vorh s, wenn sie näml zu den BlutGr A0 u B0 gehören. Dagg wäre in diesem Fall jmd der BlutGr AB als EltT ausgeschl. Die BlutGrBestimmg erfolgt mit Hilfe v Antigenen, indem man dem Blut artfremde Eiweißstoffe zufügt u dadch die Bildg v Antikörpern verursacht. Die dabei auftretden Verklumpgen u Niederschläge sind jew für best Antigene typ u lassen so die Einteilg in versch BlutGr zu. Das Vorhandensein eines best Merkm drückt man mit einem großen Buchst (Symbol) aus, sein Fehlen dch ein entspr kleinen; 80% der mitteleurop Bevölkerg verfügt zB über das Merkm P, entspr sind 20% P-negativ, dh p. Unterschieden werden heute über 15 BlutGrSysteme mit mehr als 100 antigenen BlutMerkm, die sich aus der Wand der weißen od roten Blutkörperchen, aus deren Zellinnern od aus dem Blutwasser isolieren lassen. Vollen **Ausschlußwert** besitzen in versch Systemen die folgden Blutmerkmale: Im AB0-System A, B, AB u 0 mit den UnterGr A_1 u A_2 (BGH **12**, 22), A_1B, A_2B; ADA^1 (Kln DAVorm **75**, 28) u ADA^2, AK^1 u AK^2 (BGesAmt DAVorm **72**, 197); im Rhesus-System Rh u die Rh-UnterGr C, Cc (BGH **21**, 337), C^w sowie D, Dd, E u Ee (Bielef NJW **58**, 713; Brem MDR **57**, 421); im Duffy-System Fya, Fyb (Stgt NJW **68**, 2295; Hamm NJW **69**, 559); die SerumMerkm Gc^1 u Gc^2 (KG NJW **64**, 2210; Schmidt NJW **64**, 2200), Gm^1, $Gm^{1,2}$, Hp^1, Hp^2 (BGH FamRZ **66**, 447) u InV^1; im Kell-System K bzw k; im MNSs-System die Merkm M, N, MN (BGH **2**, 6) kombiniert mit Ss (Schlesw SchlHA **62**, 261; Waldsh NJW **61**, 1972) od S allein (Düss FamRZ **64**, 448); PGM^1 u PGM^3 (BGesAmt DAVorm **76**, 193); Se; SEPA, SEPB u SEPC (DAVorm **76**, 17). Zusätzl Ausschlußfähig nehmen Ritter (FamRZ **73**, 121) ua an für die Gene Ik^a u Ik^b im Kidd-System (Spielmann DAVorm **69**, 94); acP; 6-PCM u PGD (Bender DA-Vorm **73**, 414); GPT (BGesAmt DAVorm **74**, 228; Stgt DAVorm **74**, 559; Hbg DAVorm **75**, 231); GT; Tf u PGJ; vgl ferner zu P/p: Mayser DAVorm **53**, 2; Hermann DAVorm **54**, 186; Lauer DAVorm **56**, 5; BGesAmt DAVorm **63**, 154; zu Pt^A u Pt^B: Zimmermann S 12. Zum **HL-A-System** vgl BGesA DAVorm **73**, 415 u **76**, 66 (Hiller ebdort 67 u 267); BGH NJW **76**, 1793; Rittner/Baur NJW **76**, 1778 sowie Gumbel NJW **77**, 1486 zur LeistgsFähigk des HL-A-Systems u zu den Bedingten für HL-A-Gutachter; vorausgesetzt wird Langzeiterfahrg (Brem DAVorm **76**, 483 u **77**, 24; ferner Schlesw DAVorm **76**, 270; Bender DAVorm **76**, 326; Baitsch DAVorm **73**, 411; Rittner DAVorm **74**, 599 u **75**, 138; Zweibr DAVorm **75**, 232; AG Esn FamRZ **75**, 227; Düss DAVorm **76**, 73; Hbg MDR **76**, 46; AG Freudenst DAVorm **76**, 73; Hbg DAVorm **77**, 166; pos VaterschNachw bei GewUnzucht (Stgt NJW **76**, 1158) sowie unter Brüdern Hbg NJW **76**, 375 (dazu BGH DAVorm **76**, 28). Zu weiteren Faktoren: Roth-Stielow S 83. Ausschl der Vatersch im EheanfechtgsProz mH des Es-D-Systems u des HLA-Systems (Brem NJW **78**, 1202). Vollen NegativBew bringt der doppelte Ausschl in den HL-A-Merkm A 3 u B 12 (KG DAVorm **78**, 28 m ausführl Begrdg); umgek eine VaterschWahrscheinlk v 99,993% bei gemeinsamk in dem seltenen Haplotypus A 10, B 18 Bender (DAVorm **78**, 178). Bei BlutGr ohne anerk AusschlWert Einholg von ZweitGA erfdl (vgl Mannh MDR **61**, 323 u NJW **62**, 680). Zum posit VaterschBew aGrdv Gleichheiten der BlutMerkm bei Kind u Vater vgl Kln MDR **62**, 309; Teplitzky NJW **63**, 382. Zur Prädikatierg von W-Werten Hummel DAVor **77**, 499; sa Anm e.

bb) Verzeichnisse v **Gutachtern** werden in regelmäß Abständen veröfftl (DAVorm **76**, 559; Just **75**, 83; JMBl NRW **76**, 253; JBl RhPf **76**, 231). Die Blutbegutachtg erfolgt nach den jew gült **Richtlinien des BGesundhAmts**, BGesBl **70**, 149 (abgedr auch bei Zimmermann S 85); **72**, 31, **77**, 326 (abgedr auch JMB-NRW **78**, 13). Dort auch über Prüfg der Testseren, Kontrollen, Fehlerquellen. Bes wicht die Identifizierg von Probanden insb dch Fingerabdrücke (DAVorm **75**, 81; Zimmermann S 61). Über neuere Erkenntn betr des Ausschlußwertes einzelner BlutMerkm ist ggf eine Äußerg des BGesAmts herbeizuführen. Um offenb Unmögl der Vatersch feststellen zu können, muß der GAer über ausreichde Kenntn u Erfahrgen verfügen. Ehe eine BlutGr zum Nachw der offb Unmöglk genügt, muß eine Testserie bei mind 500 Familien (BGBl **69**, 329) zu einem in 99,8% der Fälle richt Ergebn führen. Zu geringeren Anfdgen im 6-PGD-System KG DAVorm **75**, 414. Die Feststellg des **Beweiswerts** naturwissenschaftl Erfahrgssätze (zB des Systems der SEP) ist nur beschr revisibel (BGH NJW **73**, 1411). Schließt BlutGrGA fehlerfrei Vatersch aus, so hat es bei den anerkannten BlutGr absolute BewKraft, woran auch abw Ans eines einz Sachverst nichts änd k (BGH NJW **54**, 1336). GgBew dann nicht mögl, daß auch nicht zu erheben; Angriff allein gg die Fehlerfreih der Begutachtg mögl (BGH **2**, 6). Sind seit Erstattg neue Blutsysteme entdeckt w, so kann ein hierauf gestützter BewAntr nicht zurückgewiesen w (BGH NJW **64**, 1184). Vgl ferner RestitutionsKl gem ZPO 641 i (auf ehel Kinder allerd nicht anwendb). Versehen des Sachverst, das Unterlassg der RMittelEinlegg zur Folge h, kann WiedereinsetzgsGrd s (RG **159**, 109).

c) Beim **erbkundlichen Gutachten** ergibt sich Vorhandensein od Nichtbestehen der Blutsverwandtsch daraus, daß charakterist deskriptive Merkm u MerkmKomplexe (wie Formg v Kopf u Gesicht, Pigmentierg der Augen u Haare, Feinstruktur der Iris, Morphologie der Nasen- u Mundregion, aber auch Enzymvarianten des Blutserums od die Schmeckfähigk f best chem Substanzen) sich von einer Pers auf eine v ihr abstammde vererben. Das erbbiolog GA kann entw im Zushg mit and BewMitteln, insb der BlutGrUntersuchg (RG JW **38**, 1113; Brem NJW **63**, 397) od auch für sich allein (BGH **7**, 116) den Nachw dafür liefern, daß eine best Pers als Erzeuger ausgeschl ist (RG DR **41**, 787), was auch bei Einmannsachen mögl sein kann (Kln MDR **58**, 337; Hamm NJW **62**, 679), od umgek als Erzeuger in Betr kommt, wobei posit VaterschNachw in Einmannsachen selbst bei Prostituierten f mögl gehalten w (KG FamRZ **70**, 419). Dabei gibt es FamÄhnlichkten, die äußerl (phänotyp) zu Tage treten, u solche, die nur im Erbgut (genotyp) vorh sind u verdeckt vererbt w, was zB bei der EvtlVatersch v Brüdern bedeuts ist (vgl KG DAVorm **74**, 611).

Währd bei monomeren, dh dch 1 Gen vererbb ÄhnlkMerkm eine Generation übersprungen w kann, werden die meisten Merkm der normalen Morphologie (wie zB die Fußsohlenhautleisten) polymer, dh unter Mitwirkg mehrerer Gene vererbt, so daß jeder Erbgang zu einer Weiterentwicklg der Muster führt. Der **Beweiswert** dieses Verf (Keiter NJW **65**, 1995) hängt naturgem von der Stärke der Mutter-Kind-Ähnlk ab (Kblz DAVorm **75**, 227). Ausgeschl bei Mongoloiden (DAVorm **76**, 400). Zum Wirbelsäulen-Vgl: Mü FamRZ **69**, 655; Lenz MDR **49**, 323; Clauberg JR **50**, 356; Roth-Stielow S 95. Im früh Kindesalter führt die erbbiolog Untersuchg zu keinen sicheren Ergebn, so daß RStreit insofern auszusetzen ist (ZPO 640 f); dagg Beschw (ZPO 252), wenn noch and Möglichk bestehen, um Entscheidgserheblk zu klären (Stgt ZBlJugR **67**, 27). Erbbiolog GA beruht bei der ÄhnlichkForschg u kann nur von bes geeigneten Sachverst erstattet w. **Verzeichnisse solcher Sachverstdigen** werden dch die LJustVerw veröffentl (DAVorm **76**, 567; Just **75**, 83; JMBl NRW **76**, 265). Will Ger v GA-Ergebn abweichen, so darf es nicht mangelnde Sachkunde erkennen lassen; zunächst ist Sachverst nochmals zu befragen (BGH **LM** 286 ZPO (3) Nr 14).

d) Die in Anm a bis c beschriebenen GAen lassen sich jew ergänzen dch **statistische Beweisverfahren**, die Aussagen darüber machen, mit welcher Wahrscheinlichk eine Pers als Vater bejaht od ausgeschl w kann. **aa)** Währd die Anwendg statist Methoden beim geburtshilfl GA (Hummel/Stegmann/Hellwig S 83) die Ausn bleibt, ist die statist Auswertg beim serolog GA die Regel. Zur Aufteilg in Basis- u weiterführde GAen (serolog **Zweistufen-Begutachtg**) bei der serolog Abstammgs-Expertise vgl Hummel Just **74**, 107; Rittner NJW **74**, 590. Die Errechng eines Prozentsatzes der VaterschWahrscheinlichk legt zunächst eine GrdWahrscheinlk fest, etwa in der Weise, daß gesagt wird, in 50% der Fälle, die zur Begutachtg gelangen, ist der Bekl auch tats der Vater (vgl Brschw DAVorm **78**, 351; Hummel DAVorm **78**, 347). In Wirklk liegt der ProzentS wesentl höher. Die Berechng der VaterschPlausibilität geht sodann aus entw von der Konstellation Kind-Mutter-fragl Vater (Terzette) oder derj Kind-Mutter, um aus dieser Dublette den Schluß zu ziehen, ob dazu der Mann als Vater paßt (zur Kritik der versch Verf Hummel BGesBl **69**, 379; Hummel S 48). Das heute gebräuchlichste Verf ist die 1938 entwickelte WahrscheinlichkAnalyse von **Essen-Möller**. Bestimmte Merkm bzw MerkmKomplexe, die bei einem Kind festgestellt w, kommen mit einer feststellb relativen Häufigk (Frequenz) bei den wirkl Vätern solcher Kinder (X) vor, aber auch, selbstverstdl in geringerem Umfang, in der Gesamtbevölkerg bei den Nichtvätern (Y). GrdAnnahme der WahrscheinlichkAnalyse ist nun, daß Väter u Nichtväter gleich häuf zur Untersuchg gelangen (krit dazu Roth-Stielow S 87); die a priori angenommene VaterschWahrscheinlk läßt sich dann in einem Koeffizienten ausdrükken: X/Y = 1, dh die Wahrscheinlk, Vater zu sein, ist prinzipiell für jeden gleich od beträgt 50%. Dieses Verhältn ändert sich aber, sobald ein best Merkm (dh im GA: eines best Kindes) in der Gruppe der Väter u Nichtväter in unterschiedl Frequenz auftritt. Kommt ein Merkm bei 100 wahren Vätern 17× u bei Nichtvätern 3× vor, so tritt es bei 200 Präsumptivvätern (also der Summe v Vätern u Nichtvätern) 17+3 = 20× auf. Die Wahrscheinlich (W) einer Vatersch läßt sich daher in einem Koeffizienten definieren: $W = \frac{X}{X+Y}$. Dch Einsetzen der BspZahlen ergibt sich unter rechnerischer Auflösg der ProzZahlen für den Probanden (dh im VaterschProz: f den Bekl) der W-Wert v $\frac{0{,}17}{0{,}17+0{,}03} = 85\%$. Das bedeutet: Würde der Richter in allen Fällen den als EvtlVater nominierten Mann als Erzeuger bezeichnen, so würde das bei 100 Fällen 15× ein Nichtvater, 85× der Erzeuger sein. Dch Kombinationen von selteneren Merkm sind höhere W-Werte zu erzielen, die der GAer in Tabellen (Hummel) ablesen kann. Signifikante W-Werte sind überh nur 99,0–99,8% = „Vatersch höchst wahrschl"; darüber ist die „Vatersch prakt erwiesen"; währd W-Werte zw 10 u 90% ohne Aussagekraft s („Vatersch unentschieden"); in solchen Fällen sind die beim Kind festgestellten Merkm in der Gesamtbevölkerung zu häufig. **bb)** Auch erbbiolog GAen können dch Heranziehg biometr (mathemat-statist) Methoden ergänzt w, was zumindest zur Kontrolle zweckmäß s kann (Kln NJW **65**, 202; Hamm ZBlJugR **68**, 117; Hummel/Baitsch S 53; Wichmann NJW **63**, 383; Baitsch/Schwarzfischer DAVorm **65**, 66 u 236; Keiter NJW **67**, 1500).

e) **Beweiskonkurrenzen.** (Lit: Zum **Beweiswert** des Blut- u ÄhnlichkGA Roth-Stielow NJW **77**, 2114; des anthropolog-erbbiolog GA Oepen/Ritter NJW **77**, 2107. Grdsätzl ist zunächst eine **BlutGr-Untersuchg** anzuordnen. Deren Ergebn hat Vorrang uU vor den TragzeitGA (Ffm DAVorm **76**, 29) u idR vor den erbkundl Befunden (BGH NJW **51**, 558; Schlesw NJW **68**, 1188; sa Roth-Stielow S 91). Zum WahrscheinlichkBegr Hummel DAVorm **77**, 639 u NJW **78**, 576. Zur Verwendg von Wahrscheinlk(=W)-Werten u zu ihrer Verbalisierg (zB W $\geq$ 99,73% bedeutet: „Vatersch prakt erwiesen") vgl Hummel DAVorm **77**, 499. Zum Vorrang zweier serostatist GA mit E-M-Wert v 99,9% ggü widersprechen, aber auf geringer MerkmAuffälligk beruhden erbbiolog GAen Stgt NJW **74**, 1482; sa Kln DAVorm **75**, 344. Allg zum Vorrang biostatist GAen, wenn sie aGrd absolut anerkannter AusschlTypen erfolgen, Kln NJW **66**, 405. VaterschFeststellg im WiederAufnVerf trotz zweier erbbiologischer GAen mit negat Ergebn aGrd serolog VaterschWahrscheinlichk v 99,93 %(AG Passau DAVorm **78**, 299). Umgek können ggü unentschiedener E-M-Wahrscheinlk zwei **ÄhnlichkGAen** den Ausschlag geben (BGH NJW **76**, 368). Zu deren Bedeutg bei der VaterschFeststellg ggü Syrern Kln DAV **76**, 37. ÄhnlkGA kann auch ggü anderen Zeugenaussagen dchaus BewKraft haben (BGH FamRZ **61**, 306), auch in Einmannfällen. Aber ÄhnlkGA nur einzuholen, wenn alle and Möglk erschöpft s (BGH FamRZ **56**, 150) u weitere Klärg des Sachverh davon zu erwarten ist. IdR ist es bl HinweisGA (Kln DAVorm **76**, 348). Das ist trotz eidl Bestreitens der Kindesmutter auch dann der Fall, wenn ihre Glaubwürdigk angegriffen w, da dch ein eindeut ÄhnlkGA diese erschüttert würde (BGH NJW **64**, 1179). Keine unzul Vorwegn der BewWürdigg, wenn bei hoher VaterschWahrscheinlk u Fehlen konkreter AnhaltsPkte für MehrVerk das Ger von der Untersuchg weiterer BlutMerkm absieht (BGH FamRZ **75**, 682 u 683). Kommen unterschiedl EmpfängnDaten in Betr, muß das Ger prüfen, welche Angabe die größere Wahrscheinlichk für sich hat; ungünstige u günst Ergebn der versch GAen müssen ggeinand abgewogen w (BGH FamRZ **77**, 538). Vgl iü § 1600o Anm 2b aa.

Zur **Kombination** der Resultate medizinischer GA im AbstammgsProz s Hummel DAVorm **76**, 121 u **77**, 239; Wuermeling DAVorm **77**, 126. Zur Superfecundatio (Doppelschwangersch inf Befruchtg v 2 Eiern dch 2 Väter) Rittner DAVorm **78**, 96.

I. Eheliche Abstammung

Vorbemerkung

1) Der Untertitel stellt die **Voraussetzgen der ehel Abstammg** auf (§ 1591) u gleichzeit die Vermutg, daß der Mann innerh der EmpfängnZt (§ 1592) der Frau beigewohnt hat (§ 1591 II 1). Das währd der Ehe geborene Kind wird also als ehel angesehen, falls nicht seine Ehelichk mit der Begründg angefochten wird, daß es den Umst nach offenb unmögl ist, daß die Frau das Kind von dem Manne empfangen hat. Die Anfechtg der Ehelichk kann der Mann (§ 1594), nach seinem Tode unter den Voraussetzgen des § 1595a seine Elt, unter denen des § 1596 I das Kind mit der Anfechtgskl (§ 1599) geltd machen. An deren Stelle tritt nach dem Tode des Kindes u dem des Mannes (hier aber nur für das Kind) der Antr beim VormschG (§ 1599 II).

1591 *Ehelichkeitsvoraussetzungen; Vaterschaftsvermutung.* I Ein Kind, das nach der Eheschließung geboren wird, ist ehelich, wenn die Frau es vor oder während der Ehe empfangen und der Mann innerhalb der Empfängniszeit der Frau beigewohnt hat; dies gilt auch, wenn die Ehe für nichtig erklärt wird. Das Kind ist nicht ehelich, wenn es den Umständen nach offenbar unmöglich ist, daß die Frau das Kind von dem Manne empfangen hat.

II Es wird vermutet, daß der Mann innerhalb der Empfängniszeit der Frau beigewohnt habe. Soweit die Empfängniszeit in die Zeit vor der Ehe fällt, gilt die Vermutung nur, wenn der Mann gestorben ist, ohne die Ehelichkeit des Kindes angefochten zu haben.

1) I 1 Halbs 2 dch Art 1 Z 1 FamRÄndG eingef, wofür EheG 25 I seine Wirkg verliert (FamRGÄnd Art 9 I 1 u III). Ein Kind, das währd der Ehe od innerh v 302 Tg nach ihrer Auflösg geboren ist, ist bis zur rechtskr Feststellg seiner NEhelichk ein eheliches (§ 1593). § 1591 gibt die Voraussetzungen in einzeln u regelt die BewFragen. Bei Totgeburten gelten §§ 1591ff nicht, so daß Ehem RegreßAnspr ohne vorher Ehelk-Anfechtg hat (and Gernhuber § 45 I 4 Anm 3). Die Regeln über die Ehelichk sind zwingd; NEhelichk kann also nur nach Anfechtg der Ehelk u rechtskr Feststellg, nicht dch Anerkenng aller Beteiligten geltd gemacht w (RG DJ **38**, 1317).

2) Voraussetzgen der ehelichen Abstammg: a) Geburt währd der Ehe od innerh von 302 Tagen nach ihrer Auflösg, **b)** Empfängnis vor od währd der Ehe, **c)** Beiwohng des Mannes innerh der Empfängniszeit, § 1592, die also währd u vor der Ehe liegen kann. **d)** Ursächl Zushang zw c, b und a. Die nichtige Ehe steht hier der fehlerfreien gleich; ohne Bedeutg also auch, ob Eltern gut- od bösgläubig.

3) Beiwohng des Mannes innerh der Empfängniszeit wird vermutet, **II**. Fällt die Empfängniszeit, § 1592, in die Zeit vor der Ehe, so greift die Vermutg nicht durch, wenn der Mann anficht, II 2; ggü der Anfechtg muß also die Beiwohng vor der Ehe vom Kinde bewiesen werden; kann es diesen Beweis nicht führen, greift Anfechtg durch, Beitzke FamR § 24 I 3. Die Vermutg der Beiwohng gilt aber dann, wenn der Mann vor der Geburt des Kindes gestorben ist, RG LZ **15**, 977. Ist der Mann für tot erkl, so wird die Vermutg der Beiwohng, II 1, durch die Vermutg, daß der Mann in dem im Beschl über die TodesErkl bezeichneten Zeitpkt verstorben ist, beseitigt, RG **60**, 199, Staud-Lauterbach Anm 10 ff, lebt aber wieder auf, wenn er zurückkehrt. Vermutg kann durch einfachen Gegenbeweis, den der Anfechtende zu führen hat, dann also auch das Kind, § 1596, entkräftet werden, Staud-Lauterbach Anm 22, zust Brüggemann FamRZ **64**, 342; Nachweis, daß der Mann nicht beigewohnt haben kann, also nicht erforderl, RG JW **21**, 26. Keine Entkräftg, wenn Eheg getrennt leben, ScheidsVerf schwebt od ausgesetzt, ZPO 620, Getrenntleben gestattet ist, ZPO 627; aber Umkehr der BewLast bei Getrenntleben denkbar, Warn **31**, 127.

4) Offenbare Unmöglichkeit, daß die Frau das Kind von dem Manne empfangen hat, I 2. Den Umst nach offenbar unmögl ist es dann, wenn die Folgerg der Nichtehelichk derartig zwingd ist, daß die Annahme des Ggteils mit dem gesunden Menschenverstande unvereinbar ist, BGH **7**, 116 (zu der Ausdrucksweise der Anthropologen Harrasser NJW **50**, 564). Also zwar strenge Anforderg an den Beweis zu stellen, doch dürfen diese nicht überspannt werden, so daß „große Wahrscheinlichk" (der Mediziner, der sich bewußt ist, daß Fehlerquellen immer gegeben sein können, vermeidet den Ausdruck der absoluten Sicherh, vgl auch BGH **7**, 120) genügt, RG **167**, 271, OGH **3**, 359; vgl auch Staud-Lauterbach Anm 24ff. Nicht ausreichd sind Nachweis des Gebrauchs empfängnisverhütender Mittel, coitus interruptus, jahrelange Kinderlosigk bei dauerndem Geschlechtsverkehr, Warn **31**, 144, Getrenntleben, regelähnl Blutgen, Ähnlichk des Kindes mit einem dritten Mann, mit dem Frau währd der Empfängniszeit Geschlechtsverkehr hatte, vgl aber auch unten. Hingg kann offenbare Unmöglichk nachgewiesen werden durch Abwesenh, vgl § 1593 Anm 1, oder Zeuggsunfähigk des Mannes (jedoch mehrere Untersuchgen erforderl, Blutgruppenuntersuch sicherer, BGH FamRZ **56**, 149), Schwangersch der Frau vor dem Geschlechtsverkehr mit dem Manne, Warn **13**, 373, durch den Reifegrad (vollständige Ausreifg erfordert 240 Tage) des Kindes, RG JW **10**, 477, Neust MDR **58**, 241 (Gewicht im Verhältn zur Tragezeit), auch Döring NJW **66**, 374 (Tragzeitgutachten – zahlreiche SchrifttAngaben, desgl Entsch bei Beitzke im Lehrb S 573), Zugehörigk zu einer anderen Rasse, Blutgruppenunters u erbbiolog Gutachten. Es sind alle BewMöglichkeiten des Für u Wider zu erschöpfen (Inquisitionsmaxime, ZPO 640, 622 I), RG DR **41**, 643, 2197, vgl auch Teplitzky NJW **65**, 334, Schröder FamRZ **65**, 178, sowie Anm 4 b, s auch BGH NJW **64**, 1184 (Ergänzg früheren Gutachtens aGrd neuerer Forschsergebnisse).

5) Die Ehelichk eines aus **künstlicher Befruchtg** hervorgegangenen Kindes unterliegt an sich den normalen Regeln. Jedoch wird wg des AusnCharakters der Zeugg die Ungewißh zu Lasten des Kindes

Verwandtschaft. 2. Titel: Abstammung **§§ 1591–1593**

gehen müssen (Dölle Festschr f Rabel I S 194 sowie § 87 I 3; vgl auch Luther FamRZ **60**, 429; **61**, 160; Giesen FamRZ **65**, 248; ders, Künstl Insemination als eth u rechtl Problem, 1962; Kötz RabelsZ **69**, 748). Wg Beschrkg der EhelichkAnf als unzul RAusübg § 242 Anm 4d (KindschR), § 1594 Anm 3.

1592 *Empfängniszeit.* I Als Empfängniszeit gilt die Zeit von dem einhunderteinundachtzigsten bis zu dem dreihundertundzweiten Tage vor dem Tage der Geburt des Kindes, mit Einschluß sowohl des einhunderteinundachtzigsten als des dreihundertundzweiten Tages.

II Steht fest, daß das Kind innerhalb eines Zeitraums empfangen worden ist, der weiter als dreihundertundzwei Tage vor dem Tage der Geburt zurückliegt, so gilt zugunsten der Ehelichkeit des Kindes dieser Zeitraum als Empfängniszeit.

1) Empfängniszeit. Berechng §§ 187 I, 188, Tag der Geburt nicht mitgerechnet; bei ungewöhnl langer Dauer der Geburt der Tag, an dem für gewöhnl der Geburtsvorgang beendet gewesen wäre, Mü JW **29**, 2291, bei Zwillingen Geburt des 1. Kindes. II: Keine Vermutg für die Ehelichk; vielm muß das bewiesen werden; schärfste Beweisanfordergn, da eine über 302 Tage hinausgehde Tragezeit äußerst selten: offenb Unmöglichk bei einer Tragezeit von 332 Tagen, Flensbg (LG) SchlHOLG **56**, 350. Nachw der längeren Tragzeit kann auch im Verf zur Berichtgg des Geburtenbuches geführt w, Hamm OLGZ **65**, 106. Kürzere SchwangerschDauer wird zT anerk (Döhring NJW **66**, 376; Gernhuber § 45 VII 3; Beitzke in Beitzke/Hosemann ua S 10; vgl aber auch Hosemann ebda S 40), insb bei obj Merkmalen extremer Frühgeburt (Kblz DAVorm **76**, 194); zu einer TrageZt von weniger als 181 Tg (25 Wo) vgl Dehnert DAVorm **76**, 612. VaterschNachw bei einer TrageZt von 27 u 28 Wo AG Schweinf DAVorm **76**, 630.

2) Tabelle zur Berechng der Empfängniszeit. Nur das Schema der Tabelle für jeden Monatsersten eines Normaljahres wird nachstehd angegeben. Die übrigen Tage sind durch entspr Fortzählen jeder Spalte leicht zu ermitteln. In Schaltjahren ist, wenn die Geburt in die Zeit v 1. März bis einschl 28. August fällt, dem Anfangs- und Endtage in der Tab je 1 Tag, wenn sie dagg in die Zeit v 29. Aug bis einschl 27. Dez fällt, nur dem Anfangstag 1 Tag zuzuzählen; fällt die Geburt auf den 29. Febr, so ist Empfängniszeit 3. Mai bis einschl 1. Sept.

Geburtstag	Empfängniszeit vom	bis	Geburtstag	Empfängniszeit vom	bis	Geburtstag	Empfängniszeit vom	bis
1. Jan	5. März	4. Juli	1. Mai	3. Juli	1. Nov	1. Sept	3. Nov	4. März
1. Febr	5. April	4. Aug	1. Juni	3. Aug	2. Dez	1. Okt	3. Dez	3. April
1. März	3. Mai	1. Sept	1. Juli	2. Sept	1. Jan	1. Nov	3. Jan	4. Mai
1. April	3. Juni	2. Okt	1. Aug	3. Okt	1. Febr	1. Dez	2. Febr	3. Juni

1593 *Geltendmachung der Unehelichkeit.* Die Unehelichkeit eines Kindes, das während der Ehe oder innerhalb von dreihundertundzwei Tagen nach Auflösung oder Nichtigerklärung der Ehe geboren ist, kann nur geltend gemacht werden, wenn die Ehelichkeit angefochten und die Unehelichkeit rechtskräftig festgestellt ist.

1) Fassg FamRÄndG Art 1 Z 2. Zweck: Vor rechtskr Feststellg ist niemandem die Berufg auf die NEhelk erlaubt, auch nicht incidenter (etwa dem Ehem, der AnfKl erhoben hat). Einzelheiten unter c. Die Vorschr schränkt also den Wirkgsbereich der Unehelichk ein, aber wiederum auch nur iR ihrer Tatbestds-Voraussetzgen. Zuläss daher die Berufg auf die NEhelk außerh der zeitl Begrenzg (unten Anm b) u soweit gar keine „Geltdmachg" iSv § 1593 vorliegt (unten Anm c). Geltdmachg liegt insow auch nicht vor bei der Anfechtg selbst. **a) Anfechtgsberechtigt** sind der Ehem (§ 1594) o Rücks darauf, ob er die elt Gewalt hat; nach seinem Tode seine Elt bzw bei eig Unehelichk seine Mutter (§§ 1595a, 1599 I); das Kind unter den Voraussetzgen der §§ 1596, 1598, wobei mRücks auf § 1934c zugl auch die VaterschFeststellgsKl gem § 1600n erhoben w kann (KG DAVorm **77**, 606); **jedoch nicht** (krit dazu wg GG 3 II Gernhuber § 45 II 2 mNachw), der nehel Erzeuger u iGgs zu § 1595a aF der StaatsAnw. Stirbt der Mann währd des Proz, so Aufn des Verf dch seine Elt (ZPO 640g); vgl iü § 1599 II 2. Bei Tod des Kindes § 1599 II 1. **b)** Geltdmachg der NEhelk hat zur Voraussetzg die Anfechtg der Ehelk (§ 1599 I u II) u ihre rechtskr Feststellg (Anm 2), sowie **Geburt des Kindes in bestimmtem Zeitraum,** näml währd der Ehe od innerhlb v 302 Tagen nach deren Auflösg. Die NEhelk eines nicht binnen dieser ZtSpanne geborenen Kindes kann unbeschr geltd gemacht w. Demgem sind auch die Voraussetzgen des § 1592 im Verf zur Berichtigg des Geburtenbuches (PStG 47) festzustellen (Hamm OLGZ **65**, 106). Unbeschr Geltdmachg auch bei dem Kind, das nach dem in der TodesErkl festgestellten Ztpkt empfangen ist (BVerfG NJW **59**, 1028; Neust NJW **52**, 940). Erfolgt TodesErkl erst nachträgl, so kann das mangels Feststellg des Todes das zunächst als ehel geltde Kind wg VerschG 9 I 1 nehel werden, was dann v jedermann geltd gemacht w kann (BSozG FamRZ **60**, 438 u 440). Auch iü ist der Bew des TodesZtPkts unerläßl (Düss StAZ **74**, 209). **c)** Vor rechtskr EhelichkAnfecht ist die **Berufg auf die NEhelichkeit** unzuläss. Das gilt selbst dann, wenn unter den ProzBeteil feststeht, daß das Kind unehel ist (RG **157**, 356). Solange auch kein Ers für vom Scheinvater dem Kinde gewährten Unterh (vgl § 1615b Anm 2, § 200 Anm 2 sowie Verweis Einf 1 vor § 1353 aE). Im ScheidgsProz unzul die Berufg darauf, das Kind sei im Ehebruch erzeugt, da zum Nachw des Ehebruchs Geltdmachg der NEhelk dann doch notw Gedankenglied (BGH **45**, 356; aM Gernhuber § 45 I 7; Beitzke § 22 III). Keine Berücks der außerehel Abstammg bei Verteilg der elt Gewalt iFv § 1671 (Schwoerer JZ **62**, 443; Boehmer

§§ 1593, 1594

JZ **62**, 731; Gernhuber § 45 I 5; aA BayObLG NJW **62**, 740). Auch iR der Überleit von UnterhAnsprüchen auf den SozHilfeTräger begründet die nicht rechtskr festgestellte Nichtabstammg keinen Härtefall (LG Kln DAVorm **74**, 651). Da das Kind bis zur Feststellg des Ggteils als ehel gilt, kann es den die Ehelichk-Anfechtg betreibden Vater auf Unterh in Anspr nehmen vor dem FamG (Stgt DAVorm **78**, 217) u auch bei eig AnfKlage ProzKostVorschuß vom Scheinvater verlangen (KG NJW **71**, 197; § 1610 Anm 3 c. Zu dessen späterer Erstattg BGH NJW **64**, 2151; **68**, 446). Trotz Beseitigg des AnfR des StaatsAnw (Anm 1 a) als Vertreter allgem Interessen ist auch ein Dr iRv SchadErsAnspr gem §§ 823, 826 an § 1593 gebunden (Staud-Lauterbach 16; sa BGH MDR **60**, 210). Hängt von Ehelichk anderer RStreit ab, so Aussetzg (ZPO 153). Dagg steht § 1593 der SchadErsKl gg RA wg Versäumg der AnfFr (§ 1594) nicht entg (aA Kln NJW **67**, 1090 m abl Anm Dunz; sa Tiedtke FamRZ **70**, 232). Die Pflichtwidrigk des RA führt dazu, daß Ehem sich nicht mehr auf die NEhelk des Kindes berufen kann. Da die Feststellg der Wahrh dch den RA verhindert w ist, muß nunmehr diesen das Aufklärgsrisiko treffen, da sonst seine pos VertrVerletzg ohne Sanktion bliebe (vgl ähnl Gedanken in BGH **61**, 118). Er würde sich mit seinem eig Verh in Widerspr setzen, wenn er sich auf die fehlde Dchführg des AnfProz berufen. Zul ferner die Anerkenng der nehel Vatersch unter der RBdgg wirksamer EhelkAnf, da das keine „Geltdmachg" der NEhelk u Anerk für das Kind (wg § 1600c u ErbR) ausschließl nützl, insb iF des Todes des ne Vaters vor Rechtskr des AnfUrt (aM Staud-Lauterbach 15; sa § 1600b Anm 2). Ferner liegt in der Übergehg des Kindes in der HofNachf keine Geltdmachg der N-Ehelk, wenn die Tats der außerehel Abstammg zur Entfremdg v Vater u Tochter geführt hat (Northeim FamRZ **76**, 93 mAv Ahrens).

2) Rechtskräftig festgestellt wird die NEhelk, falls die Anf der Ehelichk dch Kl erfolgt (§ 1599 I), dch das rechtskr gewordene stattgebde Urt im StatusProz (Anm 1 a) bzw dch Beschl des VormschG (§ 1599 II; FGG 56c, 60 I Z 6). Bei vorheriger Zurückn der AnfKl od des Antr beim VormschG gilt § 1599 III; bei Tod einer ProzPart währd des Verf keine Rechtskr inter omnes (ZPO 628, 640 g u h). **Wirkg:** Bei Abweisg der AnfKl pos Feststellg der Ehelichk inter omnes; Geltdmachg der Nichtabstammg auch aGrd anderer AnfRechte (Anm 1a) ausgeschl, es sei denn die Abweisg erfolgte wg Versäumg der AnfFr (vgl § 1596 II iGgs zu § 1594 II od IV). Umgek gilt das Kind nach rechtskr Feststellg dchgeführter Anf mit Rückwirkg auf den Tag der Geburt als **nichtehelich**. Randvermerk im Geburtenbuch (PStG 30); dieser ist für die WiederAufn des EhescheidgsProz Urk iSv ZPO 580 Z 7 b (KG NJW **76**, 245; aA BGH **34**, 77). Der Beginn der Fr für die RestitutionsKl wird dch § 1593 aufgehalten (Nürnb NJW **75**, 2024). Ab jetzt kann sich (wg der allg Bindg) jedermann auf die NEhelk berufen. Das Kind verliert UnterhAnspr geg den Scheinvater (BayObLG NJW **61**, 1414) u kann stattdessen Unterh vom Ehebrecher verlangen; im Verf auf Feststellg der nehel Vatersch gg einen Dr scheidet der ehel Scheinvater als Erzeuger des Kindes aus (Mü NJW **77**, 341). Dieses steht unter der elterl Gewalt der Mutter, der grdsätzl ein Pfleger (JugAmt) zur Seite steht (§§ 1705 1706, 1709). Wg UnterhErsAnspr des Scheinvaters s Verweisg in Anm 1c. Für dessen RGeschäfte gelten §§ 177ff. – **Wiederherstellg der Ehelichk** dch RestitutionsKl analog ZPO 641i (BGH **61**, 186).

3) Klage auf Feststellg der nehel Vaterschaft (§ 1600n) ist iGgs zum VaterschAnerk (Anm 1c) immer erst nach rechtskr Feststellg der NEhelk mögl. Daneben auch keine Kl gg den Vater aus ZPO 256 auf posit Feststellg der Vatersch, um der EhelkAnf zuvorzukommen od weil StBeamter Ehehindern des EheG 4 I unterstellt (aM Beitzke § 22 III; Gernhuber § 45 IX 2). Da KlAbweisg aus der NEhelk führen würde, wäre damit die Befriedgsfunktion der §§ 1591, 1593 unterlaufen. Zul dagg posit FeststellgsKl für die außerh der ZtGrenze geborenen Kinder (Anm 1 b), da hier die Vermutg der §§ 1591 I, 1592 nicht gilt.

1594 *Anfechtungfrist für den Ehemann.* **I** Die Ehelichkeit eines Kindes kann von dem Mann binnen zwei Jahren angefochten werden.

II Die Frist beginnt mit dem Zeitpunkt, in dem der Mann Kenntnis von den Umständen erlangt, die für die Unehelichkeit des Kindes sprechen. Sie beginnt frühestens mit der Geburt des Kindes.

III Auf den Lauf der Frist sind die für die Verjährung geltenden Vorschriften der §§ 203, 206 entsprechend anzuwenden.

Schrifttum: Grünkorn, Die Frist zur Anfechtg der Ehelichkeit, Diss Gött 1978.

Vorbem. A. Fassg durch FamRÄndG Art 1 Z 3. Abs IV dieserFassg (Begrenzg der Anfechtg auf 10 Jahre seit Geburt) dch Art 1 Z 6 NEhelG gestrichen. Zeitl Beschrkg der EhelkAnf mit dem GG vereinb (BVerfG NJW **75**, 203). **Übergangsrechtlich** wird dem durch **NEhelG Art 12 § 4** Rechng getragen:

Die Anfechtung der Ehelichkeit wird nicht dadurch gehindert, daß die Frist nach § 1594 Abs. 4 oder nach § 1595a Abs. 3 des Bürgerlichen Gesetzbuchs in der bisher geltenden Fassung beim Inkrafttreten dieses Gesetzes bereits abgelaufen war. Der Zeitraum vom Ablauf dieser Frist bis zum Inkrafttreten dieses Gesetzes wird in die Anfechtungsfristen nach § 1594 Abs. 1, § 1595a Abs. 1, 2 des Bürgerlichen Gesetzbuchs in der bisher geltenden Fassung nicht eingerechnet.

Wg der bisher geltden Fassg s 28. u fr Aufl. Ist die 10-JahresFr, die von der Kenntn des Mannes unabhäng war, bereits abgelaufen, so bleibt die Anfechtg trotzdem mögl, S 1. Nach § 1594 II beginnt die Fr mit Kenntn des Mannes. Mit Rücks auf den Ablauf der 10-JahresFr war eine Anfechtg nicht mehr zuläss, infolgedessen auch die Einhaltg der AnfechtgsFr nach I nicht mögl. Nach S 2 bleibt die Zeit vom Ablauf der Fr bis zum Inkrafttr des NEhelG auf die Fr nach I außer Betr. Ebso für § 1595a.

B. Das AnfechtgsR des Mannes ist eine Folge der stets gegebenen Unsicherh der Erzeugg des Kindes durch ihn, die der Gesetzgeber durch §§ 1591, 1592 überbrückt hat. AnfR also nicht Ausfluß des bish Rechtes des Mannes als Oberhaupt der Familie; daher von GG 3 II nicht berührt. Ebenso Finke NJW **53**, 613, Beitzke JR **62**, 88, SchlHOLG NJW **54**, 156, Hamm FamRZ **55**, 140, Düss NJW **58**, 712, aM H. Krüger NJW **54**, 1509, Gernhuber § 45 II 2, Essen (LG) FamRZ **55**, 263, zweifelnd H. Lange NJW **62**, 1699. Wie oben, Standpkt des FamRÄndG, Bericht des Rechtsausschusses (zu Drucks 2812) S 3, Schwarzhaupt FamRZ **61**, 330.

Verwandtschaft. 2. Titel: Abstammung **§§ 1594–1595a**

1) Natur der Frist I, III. Durch Nichteinhaltg der Frist, die jetzt 2 Jahre beträgt (früher ein Jahr), erlischt AnfechtgsR, also **Ausschlußfrist**; jedoch die Verjährgsbestimmgen der §§ 203, 206 entspr anwendbar. Stillstand der RPflege u Verhinderg durch höhere Gewalt wird also nicht miteingerechnet; so auch OGH **3**, 168. Fristhemmg s gemäß § 4 G v 28. 12. 50, BGBl 821, § 202 Anh, vgl auch Brschw MDR **50**, 350, Halle NJ **50**, 408. AnfechtgsFr gehemmt, bis für das bekl Kind ein ProzPfleger bestellt ist (Kln DAVorm **76**, 348). Hat Ehem währd Fristhemmg Kind als das seine gelten lassen, sind auch innere Beziehgen zw beiden entstanden, kann Anfechtg RechtsMißbr s (BGH **LM** § 1598 Nr 2; s aber auch Anm 3). Höhere Gewalt (dazu auch § 203 Anm 1) bei plötzl Krankh (Hbg HansRGZ **36**, B 29), unzutr bzw mißverständl behördl od gerichtl Auskünften (Hamm FamRZ **77**, 551), uU auch, wenn aus dem Kriege zurückkehrder Ehem sich darauf verlassen hat, daß das nach dem Gesetz ehel Kind dch Führg einer Vormsch wie ein nehel behandelt w (RG JW **27**, 1195); wenn Mann nicht feststellen k, ob Kind überh noch lebt (Celle NdsRpfl **61**, 31); nicht Strafhaft (Schlesw SchlHA **49**, 367). Fristhemmg auch dch Verzögerg des Pflegerbestellg od der Entscheid ü die Armenrechtsgesuch vS des Ger (Warn **36**, 40) od bei unricht PersStBeurkundg (RG **160**, 92). Versch des Prozeßbevollm ist dem AnfechtgsKl zuzurechnen (BGH **31**, 347 gg RG **158**, 360); Beweis der Nichteinhaltg der Frist hat das Kind zu führen, so daß, falls Nichteinhaltg nicht erwiesen, Klage nicht abgewiesen w kann (BGH **LM** Nr 1). Anfechtg dch Klageerhebg beim AG, GVG 23a Z 1; RechtsmittelG das OLG, GVG 119 Z 1. Durch Klageerhebg vor dem unzust Gericht wird Frist gewahrt, wenn verwiesen wird (vgl BGH **35**, 374).

2) Frist, II, III. Beginn frühestens mit der Geburt, keinesf aber eher, als bis der Mann von ihr erfährt, BGH **10**, 111. Erforderl zunächst, daß er weiß, daß die Geburt in die Ehe od in die 302 Tg nach Auflösg od NichtigErkl fällt, RG JW **38**, 2017. Sodann muß er von den Umst **Kenntn erlangen**, die obj im Verdacht der NichtEhelk begrden, dh die den Schluß auf die Abstammg für jeden Verständ nahelegen, RG **162**, 18. Hinsichtl dieser Umst muß Gewißh, nicht bloß ein Verdacht bestehen, BGH NJW **73**, 1875. Danach reicht zur Ingangsetzg der Fr aus die Kenntn von Ehebr der Frau währd der EmpfängnZt, RG **163**, 72, bei gleichzeit ehel Verk vgl Stgt DAV **74**, 103, Vollreife ist nur 7 Mo TragZt, BGH **9**, 336, Neust MDR **61**, 769, Geburt des Kindes 11 Mo nach dem letzten ehel Verk, Köln MDR **58**, 165, sowie signifikante abweichde Erbmerkmale, Augenfarbe uä, Hamm NJW **60**, 2244. Kenntn eines Ehebr setzt AnfFr dann nicht in Gang, wenn die Möglichk einer nehel Empfängn ganz fern liegt, dh wenn der ehebrecher Verk unter BegleitUmst stattfindet, nach denen eine Empfängn in hohem Maße unwahrscheinl ist, wie uU GeschlVerk währd der Monatsblutg der Frau (BGH NJW **78**, 1629). Eine bereits in Gang gesetzte Fr entfällt wieder, wenn die Überzeugg von den maßgebl Umst (etwa unter dem Eindr beeideter Aussagen) verständigerw aufgegeben w durfte (BGH **61**, 195). Erschwerte Voraussetzgen dafür, wenn die Ehefr GeschlVerk mit einem and Mann währd der EmpfängnZt eingestanden hat (BGH ZBlJugR **76**, 414). Falsche Schlußfolgergen hindern FrAblauf nicht, zB wenn er trotz obj begründeter Zweifel das Kind für ehel hält, ebsowenig Rechtsunkenntn etwa, daß Kind auch ohne Anfechtg als nehel gelte (BGH **24**, 134). Ferner läuft die Fr (auch iSv § 203) unabh vom Stand medizin Forschg (BGH NJW **75**, 1465 mAv Braun NJW **75**, 2196). **Beweislast:** Es gilt der eingeschrkte UntersuchgsGrds (ZPO 616 I, 640 I, 640d); Nichterweislichk der Kenntn geht zL des Kindes. Nennt der Vater einen best Ztpkt der KenntnErlangg, so ist es Sache des bekl Kindes nachzuweisen, daß der Vater schon früher von Umst Kenntn erlangt hat, die gg die Vatersch sprechen (Kblz DAVorm **76**, 632). Die BewLast dafür, welchen KenntnStand der Ehem der Mutter iZtpkt der Geburt des Kindes hatte, trifft das Kind (BGH NJW **78**, 1629). Beruft sich der AnfBerecht auf den Wegfall seiner urspr vorhandenen Kenntn maßgeblicher Umst (BGH **61**, 195), so ist er beweispflicht (mißverständl BGH FamRZ **78**, 495). Zur FrWahrg genügt Einreich der EheAnfKl bei Ger innerh v § 1594, wenn Zustellgsmangel gem ZPO 295 geheilt w (BGH NJW **72**, 1373).

3) Fristversäumg hindert Feststellgsklagen jeder Art, Frantz DR **43**, 65. **Anerkenng beseitigt Anfechtgsrecht nicht**, auch Verzicht auf Anf unerhebl, BGH **2**, 130, Beitzke JR **62**, 85, Schwoerer NJW **61**, 2291, unrichtig Köln NJW **61**, 2312; denn durch das FamRÄndG § 6 v 12. 4. 38, Einf 2 vor § 1591, wurden die §§ 1596 II 2, 1598, 1599 aF aufgeh. Ein dahingehender Wille gewinnt nur durch Verstreichenlassen der Frist od nach dem Tode des Mannes, § 1595a II 2, seine Bedeutg. Anfechtg aber rechtsmißbräuchl, wenn Ehem mit heterologer Insemination einverstanden war, Giesen, Die künstl Insemination (1962) S 189, Gernhuber § 45 X 4.

1595 *Höchstpersönliche Anfechtung.* I Die Anfechtung der Ehelichkeit kann nicht durch einen Vertreter erfolgen. Ist der Mann in der Geschäftsfähigkeit beschränkt, so bedarf er nicht der Zustimmung seines gesetzlichen Vertreters.

II Für einen geschäftsunfähigen Mann kann sein gesetzlicher Vertreter mit Genehmigung des Vormundschaftsgerichts die Ehelichkeit anfechten. Hat der gesetzliche Vertreter die Ehelichkeit nicht rechtzeitig angefochten, so kann nach dem Wegfalle der Geschäftsunfähigkeit der Mann selbst die Ehelichkeit in gleicher Weise anfechten, wie wenn er ohne gesetzlichen Vertreter gewesen wäre.

1) Höchstpersönliches Recht. Keine Vertretg im Willen. ProzVollm ZPO 640 I, 613.
2) Mängel der Geschäftsfähigkeit. Der beschränkt GeschFähige wird wie ein unbeschränkt GeschFähiger behandelt. Für den GeschUnfähigen erfolgt die Anf durch den Vertreter für die Personensorge, also nicht den AbwesenhPfleger, § 1911. Vormschgerichtl Gen muß vor Ablauf der Frist dem gesetzl Vertreter erteilt sein, § 1828: Fristeinhaltg nicht erforderl, wenn Ehem nach Klageerhebg geschäftsunfähig wird, RGRK Anm 4. Wird der Ehem beschränkt od voll geschäftsfähig, so schadet ihm der Unterlassg der Anf durch den gesetzl Vertreter nicht, II 2, es läuft also die 2-JahresFr neu, § 1594 Anm 2. Das gilt aber nicht für den Nachfolger des säumigen Vertreters. Gen nach II 1 dch RPfleger, RPflG arg e contrario 14 Z 3a.

1595a *Anfechtungsrecht der Eltern des Mannes.* I Hat der Mann bis zum Tode keine Kenntnis von der Geburt des Kindes erlangt, so können die Eltern des

§§ 1595a, 1596

Mannes die Ehelichkeit anfechten. Nach dem Tode eines Elternteils steht das Anfechtungsrecht dem überlebenden Elternteil zu. War der Mann nichtehelich, so steht das Anfechtungsrecht nur seiner Mutter zu. Die Eltern können die Ehelichkeit nur binnen Jahresfrist anfechten. Die Frist beginnt mit dem Zeitpunkt, in dem ein Elternteil Kenntnis vom Tode des Mannes und der Geburt des Kindes erlangt. Auf den Lauf der Frist sind die für die Verjährung geltenden Vorschriften der §§ 203, 206 entsprechend anzuwenden.

II Ist der Mann innerhalb von zwei Jahren seit der Geburt des Kindes gestorben, ohne die Ehelichkeit des Kindes angefochten zu haben, so ist die Vorschrift des Absatzes 1 anzuwenden. Das Anfechtungsrecht der Eltern ist ausgeschlossen, wenn der Mann die Ehelichkeit des Kindes nicht anfechten wollte.

III Die Vorschriften des § 1595 Abs. 1, Abs. 2 Satz 1 gelten entsprechend.

Vorbem. Fassg zunächst FamRÄndG Art 1 Z 4 an Stelle des bisherigen § 1595a (AnfR des Staatsanw), der ersatzlos entfallen ist. NEhelG streicht bisherigen III (keine Anfechtg später als 10 Jahre nach Geb), verlängert AnfechtgsFr in I von 6 Mon auf 1 Jahr u fügt S 3 in I ein. **Übergangsrecht** § 1594 Vorbem A.

1) Allgemeines. Nach dem Tode des Mannes steht seinen Eltern noch ein zeitl kurz befristetes AnfR zu. Wäre der anfechtsberecht Mann selbst ein nehel Kind, so wären seine Eltern, nach Aufhebg des § 1589 II seine Mutter u sein nehel Vater, der aber idR seinem Kind ferngestanden haben wird. Der Zusatz I 3 stellt insofern also den alten Zustand wieder her, als er dem väterl Elternteil des nehel anfechtsberecht Mannes kein subsidiäres AnfechtgsR gibt.

2) Anfechtgsberechtigt, I, II, sind nach dem Tode des Mannes seine Eltern. Beide müssen die Klage erheben („die Eltern"); notwendige Streitgenossen, ZPO 62. ProzVollm also von beiden, ZPO 640 I, 613. Ist ein Elternteil gestorben, hat der überlebende das AnfR; war der anfechtsberecht Mann nehel, so Anm 1. Anfechtg kann nicht durch einen Vertreter erfolgen. Der in der GeschFähigk beschränkte Elternteil gilt als voll geschäftsfähig, § 1595 I, auch prozeßfähig, ebso Brühl FamRZ 62, 11; ist der Elternteil geschäftsunfähig, so bedarf sein gesetzl Vertreter der Gen des VormschG, § 1595 II 1; läßt dieser die Frist verstreichen, so kann der Elternteil die Anf nach Gesundg nicht mehr nachholen, da § 1595 II 2 hier nicht anwendbar. § 206 trifft nicht zu.

3) Ein Anfechtungsrecht der Eltern ist nur gegeben, wenn a) der Mann bis zu seinem Tode keine Kenntnis von der Geburt des Kindes erlangt hatte, I 1. Kennenmüssen unerhebl. Klagevoraussetzg, von den Eltern zu beweisen. b) Oder der Mann innerh von zwei Jahren seit Geburt des Kindes gestorben ist, ohne angefochten zu haben, II 1, für ihn also die AnfFrist noch lief, § 1594 II 2. Entscheid nur der Zeitpkt der Geburt, nicht ob Mann Kenntnis von Umst erlangt hat, die für die NEhelichk sprechen, § 1594 II 1, also ob die Frist für den Mann überh schon zu laufen begonnen hat. Gesetz unterstellt vielm, daß im Falle II 1 keine Vermutg für den Willen des Mannes, das Kind als sein eigenes gelten lassen zu wollen, spricht; kann aber durch den Nachweis widerlegt werden, daß der Mann die Ehelichk des Kindes nicht anfechten wollte, II 2, also Nachweis der Kenntnis des Mannes von der NEhelichk, nicht nur der Umst, die bei objektiver Beurteilg für diese sprechen, § 1594 Anm 2, u seines Entschlusses, von einer Anf abzusehen. Beweispflichtig das Kind.

4) Frist, I. Ein Jahr. Beginn mit dem Zeitpkt der Kenntnis sowohl vom Todeszeitpkt des Mannes als auch der Geburt des Kindes; entscheid also der, an dem auch das zweite Ereignis (Tod od Geburt) zur Kenntnis gekommen ist u zwar, da bereits die Kenntnis eines Elternteils genügt, zur Kenntnis desselben Elternteils („und", vgl Staud-Lauterbach Anm 13). Die Frist läuft auch dann, wenn den Eltern die Umst, die für die NEhelichk des Kindes sprechen, nicht bekanntgeworden sind. Wird der Mann für tot erkl od der Zeitpkt seines Todes festgestellt, VerschG 23, 44, so Fristhemmg entsprechd § 203 II bis zur Rechtskr des Beschlusses. Auch sonst Fristhemmg unter den Voraussetzgen von §§ 203, 206, I 6.

5) Die Anfechtg erfolgt durch Klageerhebg beim AG, § 1594 Anm 1, gg das Kind, § 1599 I, nach dem Tode des Kindes durch Antrag beider Eltern od des überl Elternteils od iF des I 3 der Mutter des Mannes bei dem VormschG, § 1599 II 1.

6) Tod des Mannes während des Anfechtgsrechtsstreites. Der RStreit ist in der Haupts erledigt, wenn kein Elternteil mehr lebt, ZPO 640g I, 628. Lebt auch nur ein Elternteil, so wird der RStreit unterbrochen, ZPO 640g, 239. Die Eltern (notw Streitgenossen, Anm 2), der überl Elternteil, die Mutter des nehel anfechtsberecht Mannes können das Verf aufnehmen, ZPO 250, jedoch nur innerh eines Jahres seit Unterbrechg, aM Gernhuber § 45 IV 2: seit Kenntnis wenigstens eines EltT von der Geburt u dem Tod des Mannes, widrigenf die Haupts auch dann als erledigt anzusehen ist, ZPO 640g III. Stirbt das Kind, so ist Haupts stets erledigt, gleichgült, ob es Kl od Bekl war. Die Elt haben für den bekl Mann kein AufnahmeR. Vgl auch § 1599 Anm 2a.

1596 Anfechtungsrecht des Kindes.

I Das Kind kann seine Ehelichkeit anfechten, wenn

1. der Mann gestorben oder für tot erklärt ist, ohne das Anfechtungsrecht nach § 1594 verloren zu haben,
2. die Ehe geschieden, aufgehoben oder für nichtig erklärt ist oder wenn die Ehegatten seit drei Jahren getrennt leben und nicht zu erwarten ist, daß sie die eheliche Lebensgemeinschaft wiederherstellen,
3. die Mutter den Mann geheiratet hat, der das Kind gezeugt hat,
4. die Anfechtung wegen ehrlosen oder unsittlichen Lebenswandels oder wegen einer schweren Verfehlung des Mannes gegen das Kind sittlich gerechtfertigt ist oder
5. die Anfechtung wegen einer schweren Erbkrankheit des Mannes sittlich gerechtfertigt ist.

II In den Fällen des Absatzes 1 Nr. 1 bis 3 kann das Kind seine Ehelichkeit nur binnen zwei Jahren anfechten. Die Frist beginnt mit dem Zeitpunkt, in dem das Kind von den Umständen, die für seine Unehelichkeit sprechen, und von dem Sachverhalt Kenntnis erlangt, der nach Absatz 1 Nr. 1, 2 oder 3 Voraussetzung für die Anfechtung ist. Die für die Verjährung geltenden Vorschriften der §§ 203, 206 sind entsprechend anzuwenden.

Vorbem. Fassg FamRÄndG Art 1 Z 4: § 1596 aF jetzt § 1599 (geändert). NEhelG Art 1 Z 8 hat I Z 3 redaktionell geändert. – S auch Dölle Festschr für Maridakis (1963) S 179.

1) Allgemeines. Das AnfR des Kindes ist auf die aufgezählten Fälle beschränkt. Erfolgt durch Klageerhebg, § 1599 I, ZPO 640 II Z 2, nach dem Tode des Mannes durch Antr beim VormschG, § 1599 II. Stirbt das Kind währd des RStreits, in dem es Kl ist, so stets Erledigg der Haupts, § 1595a Anm 6. Hat der Mann bereits eine AnfKlage durchgeführt, so wirkt das abweisende Urt auch für das Kind, ZPO 640h S 1, sodaß es auch von seiner Klageberechtigg nach I Z 2–5 nicht mehr Gebr machen kann; so wohl auch Baur FamRZ 62, 511 Anm 41. BGH 43, 94 läßt eine nach fr Recht rechtskr abgewiesene AnfKlage der StA einer Wiederholg durch das Kind trotz ZPO 643 (jetzt § 640 h) nicht entggstehen.

2) Die Fälle der Anfechtgsberechtigg, I. AnfR des Kindes nur gegeben, **a)** wenn Mann gestorben od für tot erkl ist, da dann eine Störg des FamFriedens nicht mehr zu befürchten, Z 1; **b)** wenn die Ehe geschieden, aufgeh, für nichtig erkl worden ist; auch wenn sie durch Wiederheirat nach TodesErkl aufgelöst wurde, EheG 38 II, Beitzke JR 62, 87. Ferner wenn die Ehegatten seit drei Jahren getrennt sind u eine Wiederherstellg der ehel LebensGemsch nicht zu erwarten ist, Z 2; insof ähnl EheG 43 S 1, 48 I, s dort Anm 6 u Anm 3; allerdings tiefgreifende Zerrüttg hier nicht Tatbestdsmerkmal, wird aber idR Grd der langen Trenng sein. **c)** Wenn die Mutter den Erzeuger geheiratet hat; denn nur nach durchgeführter Anfechtg wird das Kind durch nachf Ehe legitimiert, Z 3. **d)** Bei ehrlosem od unsittl Lebenswandel des Mannes od wenn er sich eine schwere Verfehlg gg das Kind hat zuschulden kommen lassen, Z 4, vorausgesetzt, daß die Anfechtg sittl noch gerechtfertigt ist, was bei langem Zurückliegen, allerd nicht bei Nachwirkgen für das Kind, der Fall sein kann. Es wird unter den Tatbestd des § 1666 vorliegen. Hat sich aber das Verhalten des Mannes gebessert, liegt die schwere Verfehlg gg das Kind lange zurück u wirkt nicht mehr nach, so wird AnfR zu verneinen sein. **e)** Das ProzG hat nachzuprüfen, ob Anfechtg sittl gerecht ist, das VormschG, § 1597 I, ob Anfechtg im Interesse des Kindes liegt. Wenn der Mann an einer schweren Erbkrankh leidet u sich daraus die sittl Rechtfertig der Klage für das Kind ergibt, zB wenn im Interesse seiner Heiratsaussichten gezeigt w soll, daß ein verwandtschaftl Zushang nicht gegeben ist. Erbkrankheiten ua angeborene Schwachsinn, Schizophrenie, manisch-depressiver Irrsinn, erbl Fallsucht, Veitstanz, schwere erbl Mißbildg, nicht Lungentuberkulose, BayObLG FamRZ 68, 257. Stets SachverstGutachten erforderl. Bei d und e sind auch die berecht Interessen des Mannes (langjährige Erziehg, Unterh, Verbundenh mit dem Kind) zu berücksichtigen.

3) Anfechtgsfrist, II. Nur die Anfechtg nach den Tatbestden I Z 1–3 (oben Anm 2a–c) ist fristgebunden, also binnen 2 J geltd z machen (Anm 1). **Fristbeginn:** Kenntn des Kindes von den Umst, die für seine NEhelick sprechen (§ 1594 Anm 2) u von einem Sachverhalt iSv I Z 1–3. Die Fristen können also für die versch Tatbestde unterschiedl laufen. Regelm kommt es auf die **Kenntn des gesetzl Vertreters** des Kindes an (§ 166 I); läßt dieser Frist verstreichen (§ 1598), so ist das Kind bis zur Volljährigk ehel (Kblz FamRZ 64, 89; Neust FamRZ 65, 80). Entscheid die Kenntn desj gesetzl Vertr, der auch befugt ist, das Kind in dem EhelichkAnfRStreit rechtswirks zu vertreten (Kln DAVorm 76, 638). **Hemmg** des in Gang gesetzten Fristlaufs iFv §§ 203, 206, insb also wenn es an der gesetzl Vertretg des Kindes fehlt, so nach Ehescheidg vor Übertr der elterl Gew auf die Mutter (KG FamRZ 74, 380), da die währd der Ehe nur unvollst Vertretgsm (§§ 1629 II 1, 1795 I Z 3) mit der Scheidg nicht automat wg Fortfalls der vorher angen Befangenh zur Vollvertretg erstarkt (§ 1629 Anm 5; aA Gernhuber § 50 III 4, Beitzke § 26 III 2 a). **Beweislast** für Nichteinhaltg der Frist: bekl Vater (KG FamRZ 74, 380). Eine zeitl Begrenzg der Anfechtg nach Z 4 u 5 ist in keinem Falle vorgesehen; hier kann aber ZtAblauf die Zulässigk der Anf insofern beeinfl, als ihre sittl Rfertigg schwinden kann (Verwirkg).

1597 *Anfechtung durch den gesetzlichen Vertreter des Kindes.* I Ist das Kind minderjährig, so kann der gesetzliche Vertreter des Kindes die Ehelichkeit mit Genehmigung des Vormundschaftsgerichts anfechten.

II *(Aufgehoben durch VolljkG Art 1 Z 5.)*

III Will ein Vormund oder Pfleger die Ehelichkeit anfechten, so soll das Vormundschaftsgericht die Genehmigung nur erteilen, wenn die Mutter des Kindes einwilligt. Die Einwilligung kann nicht durch einen Vertreter erklärt werden. Ist die Mutter in der Geschäftsfähigkeit beschränkt, so bedarf sie nicht der Zustimmung ihres gesetzlichen Vertreters. Die Einwilligung der Mutter ist nicht erforderlich, wenn sie geschäftsunfähig oder ihr Aufenthalt dauernd unbekannt ist, wenn sie die elterliche Gewalt verwirkt hat oder das Unterbleiben der Anfechtung dem Kinde zu unverhältnismäßigem Nachteile gereichen würde.

IV Ist das Kind volljährig, so gilt § 1595 entsprechend.

1) Die Vorschr (idF Art 1 Z 4 FamRÄndG) gibt die sachl-rechtl Voraussetzgen für die Anf dch das mj Kind, soweit sie seine Pers betreffen; wg der prozessualen Voraussetzgen ZPO 640 b, der auch für das Kind als Bekl gilt.

2) Anfechtg durch das minderjährige Kind, I, II.

a) Sie erfolgt durch den gesetzl Vertreter nach Gen durch das VormschG (Richter, RPflG 14 Z 3 a), das dabei das Mündelinteresse zu berücksichtigen hat, ohne daß dieses der Prozeßrichter nochmals zu prüfen hätte; kann sich allerdings mit der Prüfg der sittl Rechtfertigg der Anfechtg, § 1596 I Z 4 u 5, berühren. VormschG muß JA hören, JWG 48a I Z 2. Genehmigg Klagevoraussetzg; ist aber auf Beschw auch noch

§§ 1597–1599   4. Buch. 2. Abschnitt. *Diederichsen*

währd der AnfKlage nachprüfbar, Ffm NJW **64**, 1864. Gesetzl Vertreter des Kindes, das ja zunächst als ehelich gilt, nach dem Tode des Mannes regelm die Mutter, § 1681; sie kann es auch sein nach Scheidg, Aufhebg der Ehe u bei Getrenntleben, wenn ihr die elterl Gewalt übertragen ist, §§ 1671, 1672, Düss OLGZ **65**, 275, vgl auch BGH **LM** ZPO 640 Nr 18. Hat sie der Scheinvater allein, so ist gem §§ 1629 II 2, 1796 II zur Entscheid darüber, ob die Ehelichk des Kindes angefochten w soll, ein Pfleger nur zu bestellen, wenn im Einzelfall zw dem Kind u dem personensorgeberecht Vater ein erhebl InteressenGgs besteht (BGH NJW **75**, 345; aA Lauterbach bis zur 34. Aufl). Am **Kindeswohl** orientiert verdient die Zugehörigk zur Gemsch der VaterFam Vorrang vor der Klärg der wirkl Abstammg. Umgek Gen der EhelkAnf, wenn Kind mit 43j Mutter u 26j arbeitsl SozPädagogen familienähnl zuslebt (Bln DAVorm **76**, 640).

b) Die Herabsetzg der VolljkGrenze macht das Erfordern der Einwilligg des 18jährigen überfl; es gilt § 1598.

c) Mitspracherecht der Mutter, III. Ist die Mutter gesetzl Vertreter, so wird sie ihr Interesse selbst wahrnehmen. Gereicht dem Kinde das Unterbleiben der Anf zu unverhältnismäßigem Nachteil, so kann das VormschG dem Vertretg unter den Voraussetzgen des § 1666 insof entziehen nach Anm 5, od nach §§ 1629 II 2, 1796 vorgehen u einen Pfleger bestellen u die Gen erteilen, ohne daß es der Einwilligg der Mutter bedarf. In den anderen zu a genannten Fällen der Bestellg eines Pflegers oder Vormundes soll der Wille der Mutter geachtet, die Gen also nur erteilt werden, wenn die Mutter ihre Einwilligg erklärt, was, da höchstpersönl Recht, nicht durch einen Vertreter im Willen geschehen kann, jedoch nicht, wenn die Mutter in der GeschFgk beschränkt ist, so daß sie dann nicht der Zust ihres gesetzl Vertreters bedarf. Ihre Einwilligg ist nur nicht erforderl, wenn sie geschäftsunfäh, ihr Aufenth dauernd unbekannt ist, wenn sie die elterl Gewalt verwirkt hat, § 1676, od das Unterbleiben der Anf dem Kinde zu unverhältnismäßigen Nachteil gereicht, III 4. Auch bei III hat VormschG in jedem Falle MdlInteresse zu berücksichtigen; das JA ist zu hören, JWG 48a I Z 2. Entsch dch RPfleger, RPflG arg e contrario 14 I Z 3a.

3) Anfechtg durch das volljährige Kind, IV, vgl auch § 1598, erfolgt durch dieses selbst. Ist es in der GeschFgk beschränkt, so bedarf es nicht der Zust seines gesetzl Vertreters, § 1595 I 2, also auch nicht der Mutter, wenn diese es ist. Ist es geschäftsunfähig, so bedarf die Anfechtg durch den gesetzl Vertreter der Gen des VormschG; bei Fristversäumg § 1595 II 2.

1598 *Anfechtung durch das Kind nach Volljährigkeit.* **Hat der gesetzliche Vertreter eines minderjährigen Kindes in den Fällen des § 1596 Abs. 1 Nr. 1 bis 3 die Ehelichkeit nicht rechtzeitig angefochten, so kann das Kind, sobald es volljährig geworden ist, seine Ehelichkeit selbst anfechten; die Anfechtung ist nicht mehr zulässig, wenn seit dem Eintritt der Volljährigkeit zwei Jahre verstrichen sind.**

Vorbem. Eingefügt durch Art 1 Z 5 FamRÄndG.

1) Fristversäumg durch den gesetzlichen Vertreter. In den Fällen § 1596 I Z 1–3 läuft eine 2-Jahresfrist, die, da idR das Kind noch mj sein wird, durch den gesetzl Vertreter, § 1597 Anm 2a, gewahrt w muß. Hat er die Frist verstreichen lassen, so läuft ab Volljährigk des Kindes eine neue 2-Jahresfrist, innerh deren das Kind selbst anfechten kann. Das Volljährige kann auch eine Anf gemäß § 1596 I Z 4, 5 nachholen, da hierfür eine Fristbegrenzg nicht gegeben ist, § 1596 Anm 3.

1599 *Anfechtung durch Klage oder Antrag.* **I Der Mann und die Eltern des Mannes fechten die Ehelichkeit des Kindes durch Klage gegen das Kind, das Kind ficht die Ehelichkeit durch Klage gegen den Mann an.**

II Ist das Kind gestorben, so wird die Ehelichkeit durch Antrag beim Vormundschaftsgericht angefochten. Dasselbe gilt, wenn das Kind nach dem Tode des Mannes seine Ehelichkeit anficht.

III Wird die Klage oder der Antrag zurückgenommen, so ist die Anfechtung der Ehelichkeit als nicht erfolgt anzusehen.

Vorbem. Eingefügt durch Art 1 Z 5 FamRÄndG.

1) Anfechtg seitens des Mannes. a) Das Kind lebt, I. Anfechtg, dh Ausübg eines GestaltgsR durch einen verfrechtl Akt (aM Gaul FamRZ **63**, 631, der die rechtsgeschäftl Seite leugnet, desgl Ffm FamRZ **64**, 520: bloße ProzHdlg; wie hier Gernhuber § 45 VI 1 Fußn 2, RGRK 9. Aufl § 1596 Anm 2) erfolgt durch Klage gg das Kind, ZPO 640 II Z 2, auch im Wege der Widerklage im Rahmen von ZPO 640c. Zust AG, GVG 23a Z 1, Rechtsmittelinstanz OLG, GVG 119 Z 1, örtl Zustdgk ZPO 640a, falls kein allg Gerichtsstand. AnfFrist 2 Jahre, § 1594. Bei beschränkter GeschFgk od GeschUnfähigk des Mannes § 1595, ZPO 640b. Stirbt der Mann währd des RStreits, so wird der RStreit unterbrochen, beide Eltern od den Elternteil, war der Mann nehel, die Mutter, können ihn innerh eines Jahres aufnehmen, ZPO 640g u § 1595a Anm 6. Sind beide Eltern gestorben od stirbt das Kind, so ist AbstammgsRStreit in der Haupts erledigt, ZPO 640g, 628. **b) Das Kind ist gestorben, II.** Anfechtg erfolgt durch Antr beim VormschG. Er geht auf Feststellg, daß das Kind nicht das des Kl ist, u bringt ein Verf vor dem VormschG in Gang. Keine bes Form, Frist wie zu a. War bereits Klage erhoben u ist diese durch den Tod des Kindes in der Haupts erledigt, oben a, so muß die Frist durch die Klage als gewahrt angesehen werden, Maßfeller StAZ **61**, 246, falls Antr demnächst beim VormschG gestellt wird. Zustdgk FGG 43, 36. Es entscheidet der Richter, RPflG 14 Z 3a. VormschG wird im übrigen vAw tätig, FGG 12, doch kann Mann die Verwendg von ehelkeitsfeindl Tats, nicht vorgebracht werden, widersprechen, ZPO 640d entspr. Ungeklärtes geht zu Lasten des AntrSt. Die Vfg des VormschG, in der es über die Ehelichk entscheidet, wird erst mit Rechtskr wirks, FGG 56c. Gegen die Vfg sofortige Beschw, FGG 60 I Z 6, u zwar bei Stattgeben durch jeden, dessen Recht durch die Vfg beeinträchtigt, FGG 20 I; bei Ablehng nur Mann beschwerdeberechtigt, FGG 20 II. Kosten für Verf beim VormschG KostO 94 I Z 7.

2) Anfechtung seitens der Eltern. a) Das Kind lebt, I. Stirbt ihr Sohn währd eines AnfRStreits, so können die Eltern innerh eines Jahres den mit dem Tode des Mannes unterbrochenen RStreit aufnehmen, ZPO 640 g, s § 1595a Anm 6. Haben sie selbst (od der überl Elternteil) ein AnfR, § 1595a, so ist von ihnen Klage gg das Kind zu erheben. Klagefrist ein Jahr, § 1595a Anm 4. Bei beschränkter GeschFgk od Gesch-Unfgk §§ 1595a III, 1595 I, II 1. Stirbt währd des RStreits der noch überl Elternteil od stirbt das Kind, so Erledigg der Haupts, ZPO 640 I, 628. Die Haupts erledigt sich auch, wenn der Mann Bekl im AnfRStreit war u stirbt, da ZPO 640g dann nicht eingreift. In diesem Fall kann das Kind beim VormschG seine Ehelichk anfechten, falls nicht, wie dann meist, der Mann selbst vor dem Tode des Mannes durch Klageerhebg anfechten wollte, § 1595 a II. Erheben die Eltern Klage, kann das Kind, wenn es auch anfechten will, seiners nur Widerklage erheben, ZPO 640 c, damit 2 Verf, die sich möglicherw widersprechen, vermieden werden, ebso Gernhuber § 45 VI 5 Fußn 3; das etwa beim VormschG vom Kind schon anhängig gemachte Verf hat sich dann erledigt, RGRK Anm 10. **b) Das Kind ist gestorben, II.** Haben die Eltern ein selbstd Anfechtungs R § 1595 a, u trifft sie sich aus § 1595 a II 2 ergebde Einschränk nicht, so können sie Antr beim VormschG stellen, II 1. Wg FrWahrg bei schon vorher laufdem RStreit oben Anm 1 b.

3) Anfechtg seitens des Kindes. a) Der Mann lebt, I. Kl gg den Mann, auch dch WiderKl, ZPO 640c, soweit sie wg FrAblaufs iF der Zurückn der Kl v Bedeutg sein kann, Köln NJW 72, 1721 mwN, aA Schlesw NJW 63, 766. Frist, soweit eine solche in Betr kommt, 2 J. KlErhebg, falls Kind mj, nur mit Gen des VormschG, § 1597, ZPO 640b, wenn vollj, §§ 1597 IV, 1598. Tod des Kindes bewirkt Erledigg der Haupts, § 1595a Anm 6; es könnte nur noch der Mann u nach dessen Tod seine Elt anfechten, falls Anf-Fristen noch nicht abgelaufen, die dch die Kl des Kindes nicht gewahrt w. **b) Der Mann ist gestorben, II.** Das Kind ficht dch Antr beim VormschG an; auch hier FrWahrg dch die etwa schon vorher gg ihn erhobene Kl, die sich dch den Tod in der Haupts erledigt h. Die Elt können den RStr, in dem er Bekl war, nicht aufnehmen. Wg Verf, Entsch, Kosten Anm 1 b.

4) Zurücknahme der Klage oder des Antrags, III, hat zur Folge, daß die Anf als nicht erfolgt angesehen wird. Rückwirkende Beseitigg, vgl auch § 212 I. Kann also, falls Frist noch läuft, wiederholt werden, da in Rücknahme weder Verzicht noch Anerkenntnis zu sehen ist, zumal der ein solches vorsehende § 1598 aF bereits durch Art 2, § 6 FamRÄndG v 12.4.38 aufgeh ist u von einer Wiedereinführg ausdrückl abgesehen wurde, Begr RegEntw zu Art 1 Nr 5 FamRÄndG.

1600 *Ehelichkeit bei Wiederverheiratung der Mutter.* **I** Wird von einer Frau, die eine zweite Ehe geschlossen hat, ein Kind geboren, das nach den §§ 1591, 1592 ein eheliches Kind sowohl des ersten als des zweiten Mannes wäre, so gilt es als eheliches Kind des zweiten Mannes.

II Wird die Ehelichkeit des Kindes angefochten und wird rechtskräftig festgestellt, daß das Kind kein eheliches Kind des zweiten Mannes ist, so gilt es als eheliches Kind des ersten Mannes.

III Soll geltend gemacht werden, daß auch der erste Mann nicht der Vater des Kindes ist, so beginnt die Anfechtungsfrist frühestens mit der Rechtskraft der in Absatz 2 bezeichneten Entscheidung.

Vorbem. Fassg Art 1 Z 6 FamRÄndG.

1) Zweite Ehe der Frau. Wird von einer Frau, die eine zweite Ehe eingegangen ist, wobei unerhebl bleibt, aus welchem Grunde die erste Ehe aufgelöst ist, nach dem weiten Wortlaut sogar, ob sie überh aufgelöst ist, innerh von 302 Tagen, § 1592, ein Kind geboren, so wäre es nach § 1591 ein eheliches Kind sowohl des 1. wie des 2. Mannes. I entscheidet diesen Konflikt dahin, daß es dann – entspr der allg Lebenserfahrg – als das des 2. Mannes gilt. Dieser kann die Ehelichk aber unter den allg Voraussetzgen, §§ 1593, 1594, 1599, anfechten. Wird rechtskr festgestellt, daß das Kind nicht das des 2. Ehemannes ist, so wird vermutet, daß es das Kind des 1. Mannes ist, II, der nach Rechtskr jenes Urt auch seiners die Ehelichk anfechten kann. In diesem Falle beginnt die Frist, abgesehen von der in § 1594 II erforderten Kenntn, an Stelle der dort genannten Geburt des Kindes frühestens mit der Rechtskr der Entsch, die die Unehelichk des Kindes ggü dem 2. Mann feststellt.

II. Nichteheliche Abstammung

Vorbemerkung

Schrifttum: Rupp-v. Brünneck StAZ **70**, 226; Odersky, NichtehelichenG (Komm) 3. Aufl 1973; Schnitzerling, Recht d nehel Kindes (Komm) 1970; Lange NJW **70**, 298; Firsching Rpfleger **70**, 9; Beitzke Lehrb § 23; Niclas ZBlJR **70**, 43; Knur FamRZ **70**, 269; Göppinger DRiZ **70**, 143; Schöps, Die personenrechtl RBeziehgen zw dem unehel Vater u seinem Kinde (Hbg 1973); Czapski StAZ **74**, 108; krit Stöcker, Abschaffg der Nichtehelk – notw Revision einer Reform, ZRP **75**, 32; Johannsen/Hummel, VaterschFeststellg bei nehel Abstammg, Hdlbg 1977; s weiter vor § 1705 u bei den einzelnen Vorschr.

1) Der II. Untertitel regelt die nehel Abstammg unter möglichster Annäherg an die ehel, also die Feststellg der Vatersch, die, and als bisher, Wirkg für u gg alle hat, § 1600a. Hierzu genügt die Anerkenng als solche, ohne daß sie einer gerichtl Bestätigg bedarf, §§ 1600a-e, aber, ähnl wie die Ehelichk, angefochten w kann, §§ 1600g-m. Erfolgt eine Anerkenng nicht, so bleibt nur Klage, §§ 1600n, um die nehel Vatersch mit Wirkg für u gg alle feststellen zu lassen. Verfahrensrechtl ZPO 640 ff, insb 641 ff. Sachl zust AGe, GVG 23a Z 1, **Berufg an OLG**, GVG 119 Z 1 (was bes z beachten ist, nachdem BVerfG FamRZ **73**, 442 die Anwendg v ZPO 232 II in Statussachen gebilligt hat), u zwar auch dann, wenn AG in einem Urt zugleich über Feststellg der Abstammg u UnterhLeistg entschieden h, BGH NJW **73**, 849. Zum Streitwert bei einer solchen Klagenverbindg vgl KG NJW **73**, 1950. In Kraft ab 1. 7. 70. Sa § 1600n Anm 1.

2) Übergangsrecht: (der 2. Untertitel ist erst dch das NEhelG eingefügt worden):

NEhelG Art 12 § 2 *Unter welchen Voraussetzungen ein Mann als Vater anzusehen ist, wird auch für Rechtsverhältnisse, die sich nach dem bisher geltenden Recht bestimmen, nach den Vorschriften dieses Gesetzes beurteilt.*

Bem. Art 12 § 1, abgedr Einf 7 b vor § 1589, ergibt nur, daß die Frage nach der Vatersch für ein vor Inkrafttr des NEhelG geb Kind von diesem Ztpkt an nach dem NEhelG zu beantworten ist. § 2 dehnt die Geltg der Neuregelg zurück. Auch für RVerh, die sich nach dem bisher geltden Recht richten, sollen die Voraussetzgen, ob der Mann als Vater anzusehen ist, nach dem NEhelG beurteilt w. Die Best der Vatersch soll also bei sämtl RVerh ohne die in § 1 vorgesehene Abgrenzg (vor od nach Inkrafttr) vorgenommen w. Ausn Art 12 § 11 u bereits rechtskr entschiedene Sachen; hingg § 2, wonach das RVerh sich weiter auswirkt, auch wenn die sZt Beteiligten gestorben sind (Begr RegEntw). Keine Identität des StreitGgste; für die Feststell der Vatersch nach neuem R hat ein vor dem 1.7.70 ergangenes (abweisdes) GiltvaterschUrt keine Wirkg (Oldbg DAVorm **76**, 494).

1600a *Feststellung der Vaterschaft.* **Bei nichtehelichen Kindern wird die Vaterschaft durch Anerkennung oder gerichtliche Entscheidung mit Wirkung für und gegen alle festgestellt. Die Rechtswirkungen der Vaterschaft können, soweit sich nicht aus dem Gesetz ein anderes ergibt, erst vom Zeitpunkt dieser Feststellung an geltend gemacht werden.**

Neues Schrifttum: Bökelmann StAZ **70**, 246; Breidenbach StAZ **78**, 221; u oben Vorbem.

1) Allgemeines. Eingef dch Art 1 Z 9 NEhelG. Überleitg Anh nach § 1600 o. Nur dch Anerkenng od gerichtl Entsch, die auch nach einer Annahme an Kindes Statt erfolgen können, Engler ZBlJR **72**, 194, kann die Vatersch des nehel Kindes mit Wirkg für u gg alle festgestellt w. Die Feststellg der Vatersch ist Voraussetzg f alle Anspr ggü dem nehel Vater, insb den Anspr auf Unterh, BGH NJW **73**, 1367, Erbersatz-Anspr, §§ 1934 a ff, auch gewisser Anspr der nehel Mutter gg den nehel Vater, §§ 1615 k ff. Währd das ehel Kind in die Ehe hineingeworen w, § 1593, hat die Notwendigk der VaterschFeststellg beim nehel Kind eine Sperrwirkg: Bis zu diesem Ztpkt kann niemand geltd machen, daß jemand Vater eines best nehel Kindes ist. Es besteht allerd kein Zwang zu jener Feststellg, wenn auch die Nichtausnutzg dieser Möglichk eine große Verantwortg zur Folge hat. In AusnFällen ist denkb, daß der Vertr des Kindes sich mit einer ihm sicher genug erscheinden UnterhVereinbg zufrieden gibt, wenn zB auf seiten des Vaters ein trift Grd besteht, die AbstammgsVerh nicht bekannt w zu lassen (RegEntw). Zu Fällen mit **AuslBerührg** EGBGB 21 sowie das im Anh dorts abgedr Haager ÜberEink.

2) Voraussetzgen einer rechtsgült Anerkennung in den §§ 1600 b–e. Anerkannt w kann nur ein nehel Kind. Zul allerd die Anerk für den Fall wirks EhelichkAnf (§ 1593 Anm 1 c). Als Folge der Feststellgswirkg ggü jedermann (S 1 aE) ist eine Anerkenng unzul, wenn die Vatersch bereits dch einen and anerkannt wurde (§ 1600 b III). Mögl bleibt die Anerkenng, wenn das Kind auf Anerkenng der Vatersch bereits ggü einen Dritten klagt, § 1600 n, wodch sich dann diese Kl erledigt. Anerkenng ist nur zu Lebzeiten des Kindes mögl; nach seinem Tode Feststellg der Vatersch nur dch das VormschG, § 1600 II; vgl aber auch § 1600b II. Die wirks Anerkenng genügt. Sie hat konstitutive Bedeutg für die Feststellg der Vatersch. Sie bedarf weder einer gerichtl Nachprüfg, noch einer solchen Bestätigg. Keine Erzwingg der Anerkenng. Ist das Kind der Ans, daß sein nehel Vater seine Mutter geheiratet hat, so kann es, wenn dieser nicht anerkannt hat, nur auf Feststellg klagen, § 1600 n I, um die Wirkgen der Legitimation, § 1719, herbeizuführen. Ist die Anerkennung unricht, so können sie der Mann, der anerkannt hat, die Mutter u das Kind (nach dem Tode des Mannes dessen Eltern) anfechten, § 1600g, u damit die wirkl Rechtslage wiederherstellen. Die Anerkenng hat aber für ein derart Verf die Vermutg zur Folge, daß das Kind von dem Mann, der anerkannt hat, erzeugt ist. Diese Vermutg kann grdsätzl nur dch den vollen GgBew entkräftet w, § 1600m. Eine Unwirksamk der Anerkenng kann der Mann nur unter den Voraussetzgen des § 1600 f I geltd machen. Nach Anerkenng kann dem Vater uUmst ein VerkR zugebilligt w, § 1711. Unterh ist, soweit das noch nicht geschieht, zu zahlen u zwar auch der, der vor der Anerkenng fäll geworden ist, § 1615k, dh also auch für die Vergangenh; desgl Entbindgskosten, § 1615k, u Unterh für die Mutter, § 1615 l.

3) Gerichtliche Feststellg. Wird die Vatersch nicht anerkannt, soll aber deren RWirkg mit Wirkg für u gg alle festgestellt w, so kann das nur auf Kl dch rechtskr Urt geschehen, § 1600 n I, nach dem Tode des Mannes od des Kindes dch Beschl des VormschG, § 1600n II. Die Kl eines Mannes, daß das Kind von ihm gezeugt ist, ist nur dann zul, wenn das Kind weder ehel, § 1593, noch von einem and Mann anerkannt ist, S 1, vgl auch § 1600b III. Entspr gilt für die Kl des Kindes. Es handelt sich um eine KindschSache, in der auch auf Antr des Klägers das Ger gleichzeit mit dem Bestehen der Vatersch den Bekl verurteilen kann, dem Kinde den RegelUnterh zu leisten. ZPO 643. Berufg für beide Antr dann z OLG, vgl Anm 1 vor § 1600a. Das Bedürfn nach Klärg des AbstammgsVerh reicht als FeststellgsInteresse nicht aus. Zust das AG, GVG 23a Z 1. Verf mit Inquisitionsmaxime, ZPO 640ff. Die Vatersch ist stets einheitl u vorbehaltlos festzustellen; unzul also die Feststellg mit der Beschrkg auf bestimmte, sich aus ihr ergebde RWirkgen (Teilvatersch), BGH **60**, 247, NJW **73**, 2251. Das **Urt wirkt für und gegen alle**, S 1, also ein das Bestehen der Vatersch rechtskr feststelldes Urt wirkt auch gg einen Dritten, der die nehel Vatersch für sich in Anspr nimmt, selbst wenn er am RStreit nicht teilgen hat, ZPO 641k. Gebunden ist iRv StGB 170b auch der **Strafrichter** (Stgt NJW **73**, 2305, Hamm NJW **73**, 2306, sa Eggert MDR **74**, 445), u zwar auch wg NEhelG Art 12 § 3 I an ein vor Inkrafttr ergangenes UnterhZahlgsUrt (Ffm FamRZ **74**, 162). Zum Verhältn von Vatersch-Feststellg u **Adoption** vgl BT-Drucks 7/5087 S 15 = DAVorm **77**, 311.

4) Wirkung. Sowohl die Anerkenng wie die gerichtl Feststellg bewirken in gleicher Weise für u gg alle, daß der Anerkennde od der gerichtl Festgestellte, der Bekl, aber auch Kl sein kann, der Vater des Kindes ist. Der Standesbeamte vermerkt die Vatersch am Rande des Geburtseintrages des Kindes, PStG 29 I, bei ausl Erzeuger mit Angabe seiner Staatsangehörigk (Hamm NJW **75**, 499 L). Bevor eine wirks Anerkenng vorliegt od die Vatersch rechtskr festgestellt ist, kann sich niemand auf die Vatersch des Mannes

Verwandtschaft. 2. Titel: Abstammung §§ 1600a–1600d

berufen, S 2; insb kann gg ihn eine UnterhKl nicht erhoben w, so daß also versch Ergebnisse im Abstammgs- u UnterhVerf nicht mehr mögl sind; damit ist auch eine Feststell der Zahlvatersch in Fortfall gek. Eine **Ausnahme** von dem Grds des S 2 enthält § 1615o hinsichtl des KindesUnterh für die ersten 3 Monate, desgl für die Entbindgskosten u den Unterh der Mutter; vgl auch ZPO 641 d u e. Ausnahmen auch §§ 1740 e, II, 1934 c (dazu Knur FamRZ **70**, 270), ferner EheG 4, StGB 173 (Blutschande), aM Odersky VI 4. Mögl gleichzeit Feststellg der Vatersch u Verurteilg zum RegelUnterh, ZPO 643. § 1600a verhindert aber nicht das Entstehen zB des UnterhAnspr, § 1615 o, wenn er auch erst nach Feststellg der Vatersch geltd gemacht w kann. Eine **Vorwirkg** entsteht auch insofern, als vor Feststellg der Vatersch eines Verstorbenen das ne Kind als unbek Erbe iSv § 1960 anzusehen ist (Stgt NJW **75**, 880).

1600b *Anerkennungserklärung.* **I Eine Anerkennung unter einer Bedingung oder einer Zeitbestimmung ist unwirksam.**
II Die Anerkennung ist schon vor der Geburt des Kindes zulässig.
III Ist die Vaterschaft anerkannt oder rechtskräftig festgestellt, so ist eine weitere Anerkennung unwirksam.

1) **Rechtsnatur u Bedeutg der Anerkenng.** Eingef dch Art 1 Z 9 NEhelG. Das VaterschAnerkenntn ist ein einheitl, dh es gibt keine Teilvatersch (BGH **64**, 133). Es ist Wissens- u WillensErkl zugleich, daß der Anerkennende aGrd seiner Beiwohng in der EmpfängnZt das Kind als von ihm erzeugt ansieht. Daher die verstärkte Vermutg des § 1600m S 1, die nur dch GgBew entkräftet w kann. Die Erkl, die einseit, nicht empfangsbedürft u unwiderrufl ist, wie aus der Sache folgt (also nur unwirks, § 1600 f, od anfechtb, §§ 1600g ff, sein k), enthält aber auch rgeschäftl Elemente, so daß Gesichtspkte der WillErkl, §§ 1600h II, 1600m S 2 nicht ganz außer Betr bleiben können. Vgl auch die entspr Behandlg in NEhelG Art 12 § 3.
Die **Bedeutg der Anerkenng** besteht in ihrer Wirkg auf die Stellg des Kindes für u gg alle, § 1600a. Anders als § 1718 aF schließt sie jedoch nicht die Einr des MehrVerk aus, sond begründet nur die Vermutg des § 1600m S 1, die aber dch vollen GgBew entkräftet w kann. Entspr dieser Bedeutg kann der Anerkennde die Anerkenng allein erklären; sie ist **höchstpersönl**, § 1600 I. Bevollmächtigg ist ausgeschl, § 1600 III. **Formbedürft** § 1600e. Bedeutg hat die Anerkenng ferner für die UnterhVerpfl, § 1600a Anm 4, bzgl der Abwehr der Anerkenng dch Dritte, III. Ist das Anerkenntn unwirks, was nur iFv § 1600f in Betr kommt, so kann es immerhin ein Geständn der Beiwohng enthalten.

2) **Bedingungs- u zeitbestimmgsfeindlich, I.** Vgl Einf 6 vor § 158. Zuläss ein Anerkenntn für den Fall, daß Anfechtgsstreit die NEhelk des Kindes ergibt (§ 1593 Anm 1 c); sa § 209 II DA für die StBeamten, wonach derart Anerk vorläuf zu den Akten gen w. Sonst **Zusätze** sind hins der Wirksamk des Anerk nach § 139 zu beurt (BGH **64**, 129); derj, die Wirkgen des Anerk sollten sich auf das dt Recht beschr, ist zul, soweit damit weitergehde Wirkgen eines ausländ Rechts abgeschnitten w sollen (BGH StAZ **75**, 309).

3) Eine **Anerkennung vor der Geburt des Kindes, II,** ist entgg dem bisherigen RZustand im Interesse der bald Klärg des PersStandes mögl. Bei Fehl- od Totgeburt erledigt sich diese Anerkenng, nicht aber die Kosten für die Entbindg u die UnterhKosten für die Mutter vor u nach der Geburt, §§ 1615 k u l, ggf auch nicht die Beerdiggskosten, §§ 1615 m, n.

4) **Keine weitere Anerkenng, III.** Eine solche verbietet sich schon mRücks auf die Wirkg der Feststellg der Vatersch für u gg alle (§ 1600 a S 1), die nicht dch einen Privatakt aufgeh w kann. Sie wäre erst dann mögl, wenn die bish Anerkenng unwirks (§ 1600 f) od mit Erfolg angefochten wäre (§§ 1600 g ff), was aber dch einen Dr nicht mögl ist (§ 1600 g I; sa ZPO 641 k), od das die Vatersch rechtskr feststellde Urt im WiederAufnVerf aufgeh w (sa ZPO 641 i). Zur Behandlg gleichwohl im Geburtenbuch vermerkter Doppelanerkenngen vgl BayObLG StAZ **75**, 14.

1600c *Zustimmung des Kindes.* **I Zur Anerkennung ist die Zustimmung des Kindes erforderlich.**
II Die Zustimmung ist dem Anerkennenden oder dem Standesbeamten gegenüber zu erklären.

1) Eingef dch Art 1 Z 9 NEhelG. **Zweck**: Das Kind braucht sich den Anerkennden nicht als Vater aufzwingen zu lassen; es kann sich gg die Anerkenng dch einen (auch ausländ, BGH FamRZ **75**, 273; Düss FamRZ **73**, 213) Nichterzeuger wehren. Ohne Zustimmg ist die Anerkenng unwirks, § 1600 f. Umgek trägt das ZustErfordern dem Interesse des Kindes daran Rechng, daß Vatersch alsbald feststeht, währd andernf ein längeres Verf notw wäre.

2) Die **Zustimmg** ist eine einseit empfangsbedürft WillErkl. Zust erfolgt dch das Kind, I, für dieses, soweit erforderl, dch seinen ges Vertr, § 1600d II. Eine Zust der Mutter verlangt das G nicht. Sie kann demgemäß auch nicht widersprechen, sond nur anfechten, § 1600g, so daß sie statt auf den kürzeren Weg der Zust, vgl § 1747 I 1, auf den längeren der Anfechtg verwiesen bleibt. Krit hierzu auch Lange NJW **70**, 297. Keine Erklärg der Zust dch einen Bevollm, § 1600d III. Die Zust kann dem StBeamten wie dem Anerkennden ggü erkl w, II, ähnl §§ 1726 II, 1748 I. Zust zul auch vor der Anerkenng, auch vor der Geburt des Kindes, vgl § 1600b II, dann dch einen Pfleger, § 1912 I 2. Wg Beurk § 1600e. Da eine Anerkenng nach dem Tode des Kindes nicht mehr mögl ist, die Feststellg der Vatersch dann vielm dch das VormschG erfolgt, § 1600n II, entfällt auch die Zustimmg.

1600d *Geschäftsunfähigkeit; beschränkte Geschäftsfähigkeit.* **I Wer in der Geschäftsfähigkeit beschränkt ist, kann nur selbst anerkennen; er bedarf hierzu der Zustimmung seines gesetzlichen Vertreters. Für einen Geschäftsunfähigen kann sein gesetzlicher Vertreter mit Genehmigung des Vormundschaftsgerichts anerkennen.**
II Für ein Kind, das geschäftsunfähig oder noch nicht vierzehn Jahre alt ist, kann nur sein gesetzlicher Vertreter der Anerkennung zustimmen. Im übrigen kann ein Kind, das in der Geschäfts-

fähigkeit beschränkt ist, nur selbst zustimmen; es bedarf hierzu der Zustimmung seines gesetzlichen Vertreters.

III Anerkennung und Zustimmung können nicht durch einen Bevollmächtigten erklärt werden.

1) Eingef dch Art 1 Z 9 NEhelG; Herabsetzg des Alters in II 1 von 18 J dch AdoptG Art 1 Z 2 h. Krit zu letzterem Bosch FamRZ **76**, 406, weil nunmehr bei Versagg der Zust dch die Jugdl das JA gg den anerkennden Mann auf VaterschFeststellg klagen muß. Einschränkg der GeschFähigk des **Anerkennenden**, I. Da es sich bei der Anerkenng um eine WissensErkl mit rechtsgeschäftl Elementen handelt, § 1600b Anm 1, trifft § 1600 d I in S 1 u § 107 entspr Regelg; beim beschr GeschFäh, insb dem Mj, muß also sein ges Vertr, in der Regel also beide Eltern, auf der pers- wie vermrechtl (Unterh) Vertr, der Anerkenng zust, S 1. Andernf ist die Anerkenng unwirks, § 1600 f. Die Anerkenng des voll GeschFähigen muß dch den Anerkennden selbst erfolgen, also **höchstpersönl**, wie sich aus der Sache ergibt. Anerkenng dch einen Vertr in der Erkl, einen Bevollm, III, ist wirkgslos; trifft auch beim gesetzl Vertreter zu.

Form für die Zust des gesetzl Vertr § 1600e I 2. Eine seiner wichtigsten Aufg ist die Nachprüfg, ob schwerwiegde Grde gg die Vatersch sprechen, § 1600o II. Ist der Vater **geschäftsunfäh**, so läßt das G tr der höchstpersönl Natur die Anerk dch den gesetzl Vertr zu, aber nur mit Gen des VormschG, zust RPfleger, RPflG 3 Z 2a, der seiner vor Erteilg der Gen w prüfen müssen, ob eine Vatersch vorliegt. Genehmigg des VormschG vor Anerkenng erforderl, § 1831; sonst diese unwirks, Lange NJW **70**, 299, Göppinger DRiZ **70**, 143. Frist für die Zust des gesetzl Vertreters des Anerkennenden § 1600e III.

2) Ist der isV § 1600 c I zustimmgsberecht **Kind** geschunfäh od mj, so muß der gesetzl Vertreter zust, II, idR also das JA (§§ 1706 Z 1, 1709). Bei 14–17jähr Jugendlichen bedarf es der Zust des gesetzl Vertr zu deren Zust. Ist zustberecht die mit dem Anerkennenden verheiratete Mutter, so gelten §§ 1629, 1795, so daß Pfleger zu bestellen ist (Gymnich StAZ **74**, 165). Nachträgl Zust gült (§ 184). Das in der GeschFgk beschr Kind über 18 J muß höchstpersönl zust (Bevollmächtigg ausgeschl, III; s Anm 1), wozu es aber seiners der Zust des gesetzl Vertr bedarf. Gen des VormschG in keinem Fall v II erfdl. Frist für Zust § 1600 e III.

1600e Form der Erklärungen.
I Die Anerkennungserklärung und die Zustimmungserklärung des Kindes müssen öffentlich beurkundet werden. Die Zustimmung des gesetzlichen Vertreters zu einer solchen Erklärung ist in öffentlich beglaubigter Form abzugeben.

II Beglaubigte Abschriften der Anerkennungserklärung sind außer dem Standesbeamten auch dem Kind und der Mutter des Kindes zu übersenden.

III Die Zustimmung des Kindes und seines gesetzlichen Vertreters sowie die Zustimmung des gesetzlichen Vertreters des Anerkennenden können bis zum Ablauf von sechs Monaten seit der Beurkundung der Anerkennungserklärung erteilt werden. Die Frist beginnt nicht vor der Geburt des Kindes.

Vorbem. Eingefügt dch Art 1 Z 9 NEhelG.

1) Anerkennungs- u Zustimmungserklärung. Mit Rücks auf die Bedeutg der Anerkenng der Vatersch fordert das G für die Anerkenngs-, § 1600b Anm 1, u ZustimmgsErkl des Kindes, § 1600c, öffentl Beurkundg, I 1. Die Urk muß also dch einen Notar, BeurkG 1, 8 ff, AmtsG, BeurkG 62 Z 1 (ZustErkl des Kindes allerd nicht erwähnt, aber wohl auch gemeint, Firsching Rpfl **70**, 15), StBeamten, PStG 29a, BeurkG 58, vom LJA ermächtigte Beamte u Angestellte der JA, JWG 49 I 1, BeurkG 59. Im Ausl die dtsch Berufskonsuln u die vom AA ermächtigten AuslStBeamten, § 16 G v 14. 5. 36, 1. AuslPStG v 4. 5. 1870. Bei Beurk dch eine ausl Beh kommt es darauf an, ob diese nach OrtsR, EG 11, zust od diese Behörden als den zust dtsch Behörden gleichwert anzusehen sind, Dölle FamR § 107 I 3, Beitzke StAZ **61**, 335. Die ZustErklärgen des ges Vertr, § 1600d I u II, sind in öffentl beglaubigter Form abzugeben, § 129, also dch Notar, BeurkG 40, BKonsuln, KonsG 17, StBeamten möglich, PStG 29a I 2. Auch die Zust des ges Vertr zur Anerkenng seitens des Mannes, der nach § 114 beschr gesfäh ist, § 1600 d I 1, ebso zur Zust des Kindes, das älter als 18 Jahre ist, § 1600 d II 2, bedarf der öff Beglaubigg. Alle diese Erklärgen können in einem gerichtl Verf, die Anerkenng der Vatersch betr, auch in der mdl Verh zur Niederschr des Ger erklärt w, ZPO 641c. Wenn die Beurk auch dch die damit verbundene Belehrg dem Anerkennden die Bedeutg der Sache vor Augen führen soll, so ergibt sich dadch für die Richtigk der Anerkenng nichts. GgBew, § 1600m, bleibt mögl. Mit der Anerkenng kann die UnterhVerpfl (entspr ZPO 643) anerkannt w, ZPO 794 I Z 5, 642c Z 2, die aber nur dann wirks ist, falls das auch bei der Anerkenng der Fall ist.

2) Kenntnis von der Anerkennungserklärung, II, die ja keine empfangsbedürft WillErkl ist, § 1600b Anm 1, erhalten die StBeamte, vgl auch PStG 29 II, sowie Mutter u Kind dch die beurk Stelle, die begl Abschr der AnerkenngsErkl übersendet. Mutter u Kind erhalten damit nicht nur sichere Kenntn, sond mit dem Ztpkt des Bekanntw der Erkl beginnt für die Mutter die AnfechtgsFr, § 1600h IV. Anerkenng in geheimer Urk iGgs zu früher (Maßfeller StAZ **61**, 125) nicht mehr mögl (Ffm FamRZ **72**, 657; Hanau DAVorm **74**, 653).

3) Frist für Erteilung der Zustimmungen, III. Es ist im GgSatz zum bisherigen Recht nicht erforderl, daß die Zust des ges Vertr des Anerkennden bereits im Ztpkt der Anerkenng vorliegt, wenn das auch oft der Fall sein wird u dem Beurkundden die Pfl erwächst, den Anerkennden hierauf hinzuweisen. Zuläss also, daß zB ein in der GeschFgk beschr Kind, § 1600 d II 2, vor der Zust seines ges Vertr seiners zustimmt. Möglichk der Zust aber befristet: 6 Monate seit Beurk der AnerkenngsErkl, von der Mutter u Kind Nachricht dch die beurkundde Stelle erhalten haben, II. Ist Anerkenng schon vor der Geburt erfolgt, § 1600 b II, so FrBeginn erst mit der Geburt, III 2.

Verwandtschaft. 2. Titel: Abstammung §§ 1600f–1600h

1600f *Unwirksamkeit der Anerkennung.* **I** Die Anerkennung ist nur dann unwirksam, wenn sie den Erfordernissen der vorstehenden Vorschriften nicht genügt oder wenn sie angefochten und rechtskräftig festgestellt ist, daß der Mann nicht der Vater des Kindes ist.

II Sind seit der Eintragung in ein deutsches Personenstandsbuch fünf Jahre verstrichen, so kann nicht mehr geltend gemacht werden, daß die Erfordernisse der vorstehenden Vorschriften nicht vorgelegen haben.

1) Eingef dch Art 1 Z 9 NEhelG. Die Anerkenng wirkt für u gg alle (§ 1600a). Ihre Beseitigg (vgl §§ 1600g ff) u damit die Wiederherstellg des fr Zustands setzt die Klage des Vaters, Kindes od der Mutter, ggf deren Antr beim VormschG, u ein entspr rechtskr Urt voraus. Anders ist es iFv § 1600f: Ist die Anerk unwirks, gilt sie als nicht erfolgt, ohne daß es eines bes Verf bedarf. Zul allerd FeststellsgKl (ZPO 640 II Z 1); wenn Wirksamk Vorfrage ist, dann Aussetzg (ZPO 154). Konvaleszenz des unwirks Anerk ausgeschl, Anerkenng muß wiederholt w; § 1600b III steht nicht entgg. UnwirksamkGrde in § 1600f abschließd (arg „nur"). Desh führt das bewußt wahrheitswidr VaterschAnerk i Ggs zum früh R nicht zur Unwirksamk (Krefeld DAVorm **74**, 261; sa Köln NJW **74**, 953), sond nur zur Anfechtg, die hier dch Klage erfolgen muß (§ 1600l) u mit der dch die obj Unrichtigk der Anerkenng geltd gemacht w (Odersky III 3c). Insofern kann auch der bei Anerkenng Bösgläub anfechten, hat aber die Vermutg des § 1600m S 1 gg sich. Sa § 1600g Anm 1. Iü setzt die AnfechtgsKl eine Anerkenng iS der §§ 1600a ff voraus; sie ist unzul bei bl Aufgabe der Verteidigg im VaterschProz mit anschließder Verurteilg (Stgt DAVorm **75**, 548).

2) **Gründe der Unwirksamkeit. a)** Die Anerkenng muß nach Art u Weise, hinsichtl der Zust des Kindes u ihrer Erkl, ebso der ges Vertr sowie der Gen des VormschG, soweit es beteiligt ist, ferner der Rechtzeitig der Erkl u der Form den Vorschr der §§ 1600b–e entspr, u zwar sämtl. Ist das der Fall, so liegt eine rwirks Anerkenng vor, mag sie auch inhaltl unricht od gar bewußt falsch sein. Hier bliebe nur Anfechtg, die aber hier nicht den Mann grdsätzl nicht Willensmängel, sond nur die objektive Unrichtigk der Anerkenng u damit die Entkräftg der Vermutg des § 1600 m S 1 zum Ggst haben kann, Odersky III 3 c. Vgl auch § 1600 g Anm 1. Für die erforderl ZustErkl w man aber §§ 119 ff gelten lassen müssen, Lange NJW **70**, 299 Anm 23. – Die oben genannten UnwirkskGrde können 5 Jahre nach Eintr in ein dtsch PersStandsbuch nicht mehr geltd gemacht w, **II**. Erfolgte die Eintr in ein nichtdtsch Buch, so ist die Geltdmachg der Unwirksamk unbefristet. **b)** Unwirks ist die Anerkenng auch dann, wenn dch Kl od Antr beim VormschG angefochten u rechtskr festgestellt ist, daß der Mann nicht der Kindsvater ist. AnfechtgsBerecht auch hier § 1600 g; also nicht der wirkl Vater seines fälschl anerkannten Kindes. Keine weiteren Erschwernisse für den Mann als § 1600 m.

1600g *Anfechtungsberechtigte.* **I** Berechtigt, die Anerkennung anzufechten, sind der Mann, der die Vaterschaft anerkannt hat, die Mutter und das Kind.

II Ist der Mann innerhalb eines Jahres seit dem Wirksamwerden der Anerkennung gestorben, ohne die Anerkennung angefochten zu haben, so können die Eltern des Mannes anfechten. § 1595a Abs. 1 Satz 2, 3, Abs. 2 Satz 2 gilt entsprechend.

1) Eingef dch Art 1 Z 9 NEhelG. Ist die Anerkenng der Vatersch fehlerfrei u damit wirks (vgl § 1600f Anm 1), steht demj, der sie nicht gelten lassen will, nur die Anf zur Vfg. Die Anf wird iW der **Statusklage** (§ 1600l I, ZPO 640 II Z 2) dchgeführt. Nur dch ein rechtskr Urt, worin festgestellt w, daß der Mann nicht der Vater des Kindes ist, kann die Wirkg des Anerk für u gg alle (§ 1600a) wieder beseitigt u die Anerkenng unwirks w (§ 1600f I). Vorschr § 1600g bestimmt den Kreis der **Anfechtgsberechtigten** (Anm 2). Eines bes, über die obj Unrichtigk des Anerk hinausgehden **Anfechtgsgrundes** bedarf es nicht. Die wirks Anerkenng hat die Vermutg zur Folge, daß das Kind von dem anerkennden Manne gezeugt ist (§ 1600 m S 1). Diese Vermutg muß also entkräftet w. Das kann, außer iF des § 1600 m S 2, nicht dch Anf wg eines Willensmangels (§§ 116 ff) bei Abg der AnerkErkl, sond nur dch den Nachw geschehen, daß das Kind nicht das des Anerkennden, die Anerkenng also unricht ist.

2) Der Kreis der AnfBerecht ist beschr. **Anfechtungsberechtigte,** sind **a)** der Mann, der anerkannt hat. An weitere Voraussetzgen zB Kenntn von neuen Tats ist seine Anf nicht geknüpft. Sie wird sogar dadch nicht ausgeschl, daß er wissentl unricht anerkannt hat. Die Erben des Mannes sind, abgesehen von den Eltern, unten d, nicht anfberecht. **b)** Die Mutter hat ein AnfR, da der Mann dch die Anerkenng ein VerkR erlangen kann, § 1711, auch eine EhelichkErkl mögl wird, § 1723. **c)** Das Kind, obwohl seine Zust zur Anerkenng erforderl war, § 1600c. Bes AnfGrde, vgl § 1596, sind nicht vorgesehen. Weiteren Pers außer den Eltern, unten d, steht ein AnfR nicht zu, auch nicht dem, der seiners behauptet, der Vater des Kindes zu sein; vgl auch ZPO 641 k. **d) Die Eltern** haben zu Lebzeiten des Mannes kein AnfR, obwohl sie als dessen Erben UnterhSchu w können. Sie erhalten aber ein selbständiges AnfechtgsR, wenn der Mann innerh eines Jahres seit dem Wirksamwerden der Anerkenng, dh dem Ztpkt, in dem allen Erfordern der Anerkennung, §§ 1600b ff, vor allem auch § 1600e III, genügt ist, starb, ohne bis dahin seine Anerkenng angefochten zu haben, **II**. Dieses AnfR bleibt nach dem Tode eines ElternT beim Überlebden; wenn der Mann, der anerkannt hat, selbst nicht ehel ist, hat es nur seine Mutter, II 2. Die Eltern haben aber kein AnfR, wenn der Mann die Ehelichk des Kindes nicht anf wollte, II 2 iVm § 1595a II 2; vgl auch dort Anm 3b. Sind beide Eltern gestorben, so geht dieses AnfR nicht auf die Erben der Eltern über, auch wenn sie UnterhSchu w könnten, sond erlischt. Stirbt der Mann im Laufe eines AnfStreites, so können die Eltern od der übr gebliebene klageberecht ElternT den dch den Tod unterbrochenen RStreit binnen eines Jahres aufnehmen, § 640g.

1600h *Anfechtungsfristen für Mann, Eltern und Mutter.* **I** Der Mann, der die Vaterschaft anerkannt hat, seine Eltern und die Mutter des Kindes können die Anerkennung binnen Jahresfrist anfechten.

1455

§§ 1600h, 1600i   4. Buch. 2. Abschnitt. *Diederichsen*

II Für den Mann beginnt die Frist mit dem Zeitpunkt, in dem ihm die Umstände, die gegen die Vaterschaft sprechen, bekannt geworden sind. Leidet die Anerkennungserklärung unter einem Willensmangel nach § 119 Abs. 1, § 123, so endet die Frist nicht, solange nach den §§ 121, 124, 144 ein Anfechtungsrecht bestehen würde.

III Für die Eltern des Mannes beginnt die Frist mit dem Zeitpunkt, in dem einem Elternteil der Tod des Mannes und die Anerkennung bekannt geworden sind.

IV Für die Mutter des Kindes beginnt die Frist mit dem Zeitpunkt, in dem ihr die Anerkennung bekannt geworden ist.

V Die Fristen beginnen nicht vor der Geburt des Kindes und nicht, bevor die Anerkennung wirksam geworden ist.

VI Auf den Lauf der Fristen sind die für die Verjährung geltenden Vorschriften der §§ 203, 206 entsprechend anzuwenden.

Vorbem. Eingefügt dch Art 1 Z 9 NEhelG.

1) Gemeinsam ist den Anfechtgsfristen des § 1600h: Sie betragen ein Jahr, **I**, u sind AusschlFr. Die VerjVorschr der §§ 203, 206 sind entspr anwendb, **VI**. Ist die Fr aus Versch des ProzBevollm versäumt worden, so geht das zu Lasten des AnfBerecht, vgl BGH 31, 342. Fristen beginnen nicht vor der Geburt des Kindes, auch nicht vor der Wirksamk der Anerkenng, **V**; vgl dazu § 1600f Anm 2. Liegt diese vor der Geburt, Beginn also mit der Geburt, § 1600b II. Gewahrt w die Fr dch rechtzeit, ZPO 261b III, Einreich der Kl od Antr beim VormschG, § 1600l; auch wenn das AG od VormschG nicht zust ist, ist die Fr gewahrt, falls das Ger an das zust verweist u nicht abweist, vgl § 1594 Anm 1 a E.

2) Fristbeginn für den Mann II. S 1 entspricht § 1594 II 1; s dort Anm 2 wg des Ztpkts, in dem Kenntn von Umst, die gg die Vatersch sprechen, erlangt ist. Als solche kommen vor allem MehrVerk in der Empfängnzt in Betr. Leidet die AnerkenngsErkl unter einem Willensmangel nach § 119 I, ist sie dch argl Täusch od Drohg, § 123, zustande gekommen, soll die Fr gemäß I u II 1 nicht eher ablaufen, als sie nach den allg Vorschr, §§ 121, 124, 144 abgelaufen wäre. Wenn also ein Willensmangel nicht die Unwirksamk der AnerkenngsErkl zur Folge hat, § 1600f Anm 2, so w doch dich diese FrErstreckg dem Rechng getragen.

3) Fristbeginn für die Eltern, III. Entspr § 1595a I. Ausschlaggebd Kenntn von Tod des Mannes u der Anerkenng, die wirks sein muß. Erforderl die Kenntn mind eines ElternT von beiden Ereign, § 1595a Anm 4.

4) Fristbeginn für die Mutter, IV. Der Ztpkt, in der ihr die Anerkenng bekannt geworden ist; vgl § 1600e II.

1600i *Anfechtungsfrist für das Kind.* **I** Das Kind kann binnen zwei Jahren anfechten, nachdem ihm die Anerkennung und die Umstände bekannt geworden sind, die gegen die Vaterschaft sprechen.

II Hat die Mutter des Kindes den Mann geheiratet, der das Kind anerkannt hat, und ist die Anerkennung im Zusammenhang mit der Eheschließung oder nach der Eheschließung erfolgt, so kann das Kind, falls die Ehe geschieden, aufgehoben oder für nichtig erklärt ist, noch binnen zwei Jahren, nachdem ihm die Scheidung, Aufhebung oder Nichtigerklärung bekannt geworden ist, anfechten. Dies gilt entsprechend, wenn die Ehegatten seit drei Jahren getrennt leben und nicht zu erwarten ist, daß sie die eheliche Lebensgemeinschaft wiederherstellen.

III Hat die Mutter einen anderen Mann geheiratet und hat dieser das Kind gezeugt, so kann das Kind noch binnen zwei Jahren, nachdem ihm dies bekannt geworden ist, anfechten.

IV § 1600h Abs. 5, 6 gilt entsprechend.

V Die Anfechtung ist auch nach Ablauf der Frist zulässig, wenn sie wegen einer schweren Verfehlung des Mannes gegen das Kind, wegen ehrlosen oder unsittlichen Lebenswandels oder einer schweren Erbkrankheit des Mannes sittlich gerechtfertigt ist.

Vorbem. Eingefügt dch Art 1 Z 9 NEhelG.

1) Allgemeines. Währd bei bestehder Ehe das AnfR des Kindes im Interesse der Ehe eingeschränkt ist, § 1596, fällt hier diese Rücksichtn weg. Es ist ebso wie der Vater, der anerkannt hat, u ebso wie die Mutter zur Anf der Anerkenng berecht, § 1600g, u ist diesen ggü hinsichtl der Fr für die Geltdmachg, daß der Mann nicht sein Vater ist, begünstigt.

2) Die Regelfrist beträgt 2 Jahre, um dem Kind eine ausr Überleggzeit zu gewähren, so insb auch, ob der wirkl Vater w ermittelt w können, dessen Zahlgskraft u Willigk für das weitere Schicksal des Kindes im allg ausschlaggebd sind. Wg des Bekanntwerdens der Umst § 1600h Anm 2. Für diese Fr u sämtl and dieses § gelten §§ 203, 206, jedoch tritt an Stelle von § 206 bei mj Kindern, die vollj w, § 1600k IV 2.

3) Fristen in besonderen Fällen. a) Die Mutter heiratet den Mann, der im Zushang mit der Eheschl od nach dieser ihr Kind anerkannt hat, obwohl es nicht sein Kind ist. W diese beabsichtgte FamGemsch dch Scheidg, Eheaufhebg od NichtigErkl zerstört, hat das Kind, auch wenn die RegelFr schon abgelaufen sein sollte, eine neue AnfFr von 2 Jahren, die mit dem Bekanntwerden des Kindes von der Scheidg, Aufhebg od NichtigErkl beginnt. Ebso, wenn die Eheg seit 3 Jahren getrennt leben u eine Wiederherstellg der ehel LebensGemsch nicht zu erwarten ist, vgl § 1596 Anm 2b, EheG 43 Anm 4,6, 50 Anm 4b. **b)** Wenn die Mutter den Erzeuger des Kindes geheiratet, aber ein and Mann die Vatersch für das Kind bereits anerkannt hat, **III.** Auch hier läuft für das Kind, unabhäng von I, eine bes AnfFr von 2 Jahren. Das Kind erhält dadch die Möglichk, nach erfolgreich dchgeführter Anf der bisherigen Anerkenng, die das verhinderte, § 1600b III, legitimiert zu w, § 1719. Die Fr beginnt, wenn dem Kind die Heirat der Mutter u daß deren Mann sein Erzeuger ist, bekannt wird. Das können versch Ztpkte sein. **c)** Von jeder FrBeschrkg ist die Anf frei, wenn der Mann sich einer schweren Verfehlg gg das Kind schuld gemacht hat od einen ehrlosen od unsittl Lebenswandel führt, vgl § 1596 Anm 2 d, od an einer schweren Erbkrankh leidet, § 1596 Anm 2 e, u in diesen Fällen die Anfechtg auch sittl gerechtf ist, **V**.

1600k *Beschränkte Geschäftsfähigkeit; Geschäftsunfähigkeit.* ^I Wer in der Geschäftsfähigkeit beschränkt ist, kann die Anerkennung nur selbst anfechten; er bedarf hierzu nicht der Zustimmung seines gesetzlichen Vertreters. Für ein in der Geschäftsfähigkeit beschränktes minderjähriges Kind kann nur der gesetzliche Vertreter mit Genehmigung des Vormundschaftsgerichts anfechten.

^{II} Für einen Geschäftsunfähigen kann sein gesetzlicher Vertreter mit Genehmigung des Vormundschaftsgerichts die Anerkennung anfechten.

^{III} Will der Vormund oder Pfleger eines minderjährigen Kindes die Anerkennung anfechten, nachdem die Mutter des Kindes den Mann geheiratet hat, der das Kind anerkannt hat, so gilt § 1597 Abs. 3 entsprechend.

^{IV} Hat der gesetzliche Vertreter eines Geschäftsunfähigen die Anerkennung nicht rechtzeitig angefochten, so kann nach dem Wegfall der Geschäftsunfähigkeit der Anfechtungsberechtigte selbst die Anerkennung in gleicher Weise anfechten, wie wenn er ohne gesetzlichen Vertreter gewesen wäre; dies gilt nicht für das Anfechtungsrecht der Eltern des Mannes, der das Kind anerkannt hat. Hat der gesetzliche Vertreter eines minderjährigen Kindes die Anerkennung nicht rechtzeitig angefochten, so kann das Kind selbst innerhalb von zwei Jahren seit dem Eintritt der Volljährigkeit die Anerkennung anfechten.

1) Eingef dch NEhelG Art 1 Z 9; bisheriges Erfordern der Einwilligg des Kindes ab Vollendg des 18. LebJ (I 2 Halbs 2) mit Herabsetzg der Volljk überfl u desh aufgeh dch VolljkG Art 1 Z 6. Die Anf ist eine **höchstpersönl Handlg** (vgl § 1595). Der beschr GeschFäh ficht demgem selbst an u bedarf nicht der Zust seines gesetzl Vertr, **I 1**; so auch nicht zum RStreit, außer wenn es sich um mj Kind handelt (ZPO 640b). IjF für den RStreit bes Vollm (ZPO 640 I, 613). Anhörg des JA iFv I 2, II, III dch VormsG (JWG 48a Z 2).

2) Anfechtung seitens des minderjährigen Kindes, I 2. Vgl § 1597 Anm 2. Erfolgt für ihn dch seinen persrechtl ges Vertr, also regelm das JA, §§ 1706 Z 1, 1709, mit Gen des VormsG (entspr für die Klage, ZPO 640 b S 2). Es entscheidet der Richter, RPflG 14 Z 3 b. VormschG prüft, ob Anf im Interesse des Mj, auch ob überh aussichtsvoll, ohne letzteres im einzelnen nachzuprüfen. Hat die Mutter den Mann, der die Vatersch anerkannt hat, geheiratet, so darf das VormschG die Anf dch den Vormd od Pfleger nur gen, wenn die Mutter einwilligt, III iVm § 1597 III, der auch im übr entspr gilt, s dort Anm 2c. Versäumt der ges Vertr die AnfFr, § 1600i Anm 2, 3, so läuft für das Kind von seiner Volljährigk ab eine neue 2-JahresFr, IV 2, vgl auch Anm zu § 1598.

3) Anfechtg bei Geschäftsunfähigkeit, II, IV 1 (vgl auch den entspr § 1595 II), erfolgt dch den ges Vertr mit Gen des VormschG; für den RStreit ZPO 640 b entspr. Versäumt der ges Vertr die Fr, so kann nach Wegf der GeschUnfgk der AnfBerechtt, sei es, daß er nicht voll od beschr geschfäh geworden ist, **I 1**, nunmehr selbst anfechten, **IV 1**. Es beginnt für ihn eine neue AnfFr von dem Ztpkt an, in dem er voll od beschr geschfäh geworden ist u die Kenntn von den Umst erlangt hat, die gg seine Vatersch sprechen; § 1600h II. Dieses Wiederaufleben der AnfBerechtigg gilt aber für die Eltern des Mannes, der anerkannt hat, nicht (ebenso bei Anf der Ehelichk, § 1595 Anm 2). IFv II entsch RPfleger, RPflG 3 Z 2a.

1600l *Geltendmachung der Anfechtung.* ^I Der Mann, der die Vaterschaft anerkannt hat, ficht die Anerkennung durch Klage gegen das Kind, das Kind und die Mutter des Kindes fechten die Anerkennung durch Klage gegen den Mann an.

^{II} Ist der Mann oder das Kind gestorben, so wird die Anerkennung durch Antrag beim Vormundschaftsgericht angefochten; jedoch fechten die Eltern des Mannes bei Lebzeiten des Kindes die Anerkennung durch Klage gegen das Kind an.

^{III} Wird die Klage oder der Antrag zurückgenommen, so ist die Anfechtung als nicht erfolgt anzusehen.

Vorbem. Eingefügt dch Art 1 Z 9 NEhelG.

1) Allgemeines. Der dch die Anerkenng für u gg alle wirkde RSchein, daß der Anerkennde der Vater des Kindes ist, § 1600m S 1, kann nur auf Kl, nach Tod des Mannes (Ausn, wenn seine Eltern noch leben) od des Kindes auf Antr beim VormschG, aufgeh w. Kl od Antr haben nicht die damal Erkl des Anerkennden als solche u die Umst der Abg der Erkl zum Ggst, sond die Feststellg, daß das Kind nicht das des Anerkennden ist, die dann wiederum Wirkg für u gg alle hat, ZPO 641 k. Gelingt die Entkräftg der Vermutg des § 1600m S 1 nicht, so wird die Kl abgewiesen; der Mann, der das Kind als das seinige anerkannt hat, gilt weiter mit Wirkg für u gg alle, § 1600a, als der Vater des Kindes, §§ 1600f Anm 2, 1600g Anm 1. Das ist allen AnfKlagen, gleichgült, wer Kläger od Bekl ist, gemeins.

Die Vorschr ist der über die Anf der Ehelichk, § 1599, nachgebildet, stimmt fast wörtl mit ihr überein. Verfahrensrechtl gelten ZPO 640 ff. Mögl die Verbindg der Kl auf Feststellg der Unwirksamk mit der AnfKl, ZPO 640c iVm 640 II Z 1. Inquisitionsmaxime, die aber dch Widerspr des Anfechtenden gg Verwendg nicht vorgebrachter Tats eingeschränkt w kann, soweit diese die Anf unterstützen, ZPO 640c. Ist der Mann od das Kind gestorben, ist also das Verf nur einseit mögl, so Antrag beim VormschG, II. Nur die Anf der Eltern des verstorbenen Mannes wird mit Kl durchgeführt. Die Vfg des VormschG wird entspr dem Urt auf AnfKl erst mit Rechtskr wirks, FGG 56 c I. ProzKosten ZPO 93 c.

2) Anfechtung seitens des Mannes. a) Das Kind lebt, vgl § 1599 Anm 1a. Kl richtet sich gg das Kind, der Mutter ist aber die Kl mitzuteilen, ZPO 640e, u sie zur mdl Verh zu laden. Sie kann dann dem Kind

§§ 1600 l–1600 n   4. Buch. 2. Abschnitt. *Diederichsen*

od dem Mann zur Unterstützg beitreten, ist also streitgenöss Streitgehilfn, ZPO 69, 62; braucht sich aber auch nicht zu beteiligen. **b) Ist das Kind gestorben oder stirbt es während des Rechtsstreits** vgl § 1599 Anm 1b.

3) Anfechtg seitens der Eltern des Mannes, II. Wg ihres selbstd AnfR § 1600g Anm 2d. Bei Lebzeiten des Kindes fechten sie dch Kl gg das Kind an. Ist das Kind gestorben, Antr beim VormschG; es entscheidet der Richter, RPflG 14 Z 3b. Das Kind kann WiderKl erheben, ZPO 640c; RechtsSchBedürfn zu bejahen, da Kläger Kl zurücknehmen kann, III. Vgl im übr § 1599 Anm 2, wg Fortsetzg der Kl des verstorbenen Mannes, § 1600g Anm 2d.

4) Anfechtung seitens des Kindes erfolgt entspr dem § 1599 Anm 3 Gesagten.

5) Anfechtung seitens der Mutter dch Kl gg den Mann, nicht das Kind. Dieses ist jedoch unter Mitteilg der Kl zur mdl Verh zu laden, ZPO 640e S 2. Fr ein Jahr, FrBeginn Bekanntw der Anerkenng, § 1600h I, IV. Die Eltern der Mutter haben keine Möglichk, deren AnfStreit nach ihrem Tode fortzusetzen; stirbt die Mutter, so ist der RStreit erledigt, ZPO 640 I, 628.

1600m *Vaterschaftsvermutung im Anfechtungsverfahren.* **In dem Verfahren über die Anfechtung der Anerkennung wird vermutet, daß das Kind von dem Manne gezeugt ist, der die Vaterschaft anerkannt hat. Die Vermutung gilt nicht, wenn der Mann die Anerkennung anficht und seine Anerkennungserklärung unter einem Willensmangel nach § 119 Abs. 1, § 123 leidet; in diesem Falle ist § 1600 o Abs. 2 Satz 1 und 2 entsprechend anzuwenden. Die Empfängniszeit bestimmt sich nach § 1592.**

Vorbem. Eingefügt durch Art 1 Z 9 NEhelG. **Überleitung** Anh nach § 1600o.

1) Die Vermutg, S 1. And als die Anerkenng nach § 1718aF, der die Berufg auf MehrVerk der Mutter innerh der EmpfängnZt ausschloß, läßt die Anerkenng diese Behauptg u den dahingehden Bew zu. Immerhin schafft die Anerkenng auch hier die Vermutung, daß das Kind vom Anerkennenden gezeugt ist, die nur dch den Bew des vollen GgTeils entkräftet w kann. Schwerwiegde Zweifel an der Vatersch, § 1600o II 2, genügen nicht. GgBew zB, wenn der Anfechtde der Frau überh nicht od jedenf nicht in der EmpfängnZt, für die § 1592 maßg ist, beigewohnt hat. MehrVerk, auch wenn der und Mann nicht ausgeschl w kann, die Behauptg empfängnverhüter Mittel, sei es seitens des Mannes, sei es seitens der Frau, reichen nicht aus, wohl aber erfolgreicher Bew dch Blutgruppe, erbkundl Gutachten § 1591 Anm 4, für den die Untersuchg nach ZPO 372a die Möglichk gibt. Kommt das Ger zu einem non-liquet, so ist kein voller GgBew erbracht; die AnfKlage ist abzuweisen, da der Vermutg nicht entkräftet ist; so auch Gernhuber § 57 IV 6, aM Odersky § 1600 n IV 3 C m IV 5 (Anerkennung unwirks). Ausschl Zust, ZPO 641c.

2) Die Vermutung gilt nicht, wenn die AnerkenngsErkl dch Irrt, § 119 I, Drohg od Täuschg, § 123, zustande gekommen ist, was der Anfechtde zu bew hat. Der Mann hat in dem AnfStreit dann die Stellg, als wenn er die AnerkenngsErkl nicht abgegeben hätte; vielm gilt § 1600 o II S 1 u 2. Es kommt also darauf an, ob der Mann in der EmpfängnZt beigewohnt hat, bejahendenf ob schwerwiegde Zweifel an seiner Vatersch verbleiben. Die Wirkg eines non liquet ist dann anders, § 1600 o Anm 2.

1600n *Gerichtliche Feststellung der Vaterschaft.* **I Ist die Vaterschaft nicht anerkannt, so ist sie auf Klage des Kindes oder des Mannes, der das Kind gezeugt hat, gerichtlich festzustellen.**

II Nach dem Tode des Mannes ist die Vaterschaft auf Antrag des Kindes, nach dem Tode des Kindes auf Antrag der Mutter vom Vormundschaftsgericht festzustellen.

Schrifttum: Reinheimer FamRZ **70**, 123; Damrau FamRZ **70**, 285.

1) Allgemeines. Nach früh Recht stand die Feststellg der biolog Vatersch (AbstammgsKl) neben der zur Begrdg der UnterhVerpfl ausreichden Feststellg der Zahlvatersch (§ 1717 aF); Schwierigk suchte ZPO 644 aF zu beseitigen. Nunmehr gibt es gem § 1600n (eingef dch Art 1 Z 9 NEhelG, Überleitg § 1600 o Anh) nur noch eine Kl mit dem Ziel, den wirkl Vater z ermitteln, wenn nicht Vatersch schon vorher anerk wurde. Das für u gg alle wirkde Urt, vgl § 1600 a bes Anm 3 u 4 ,ist, sofern es die Vatersch feststellt, zugl Grdlage für die UnterhVerpfl des Mannes, zu der auf Antr im selben Verf verurt w kann, ZPO 643. Dieser Antr auf Zahlg v RegelUnterh bleibt auch dann zul, wenn sich Haupts dch Anerk der Vatersch erledigt, Hamm FamRZ **72**, 268. FeststellgsVerf ist KindschSache, ZPO 640, zust das AG, GVG 23a Z 1, ZPO 641a. VerfR ZPO 640ff, 641ff (Inquisitionsmaxime). Bei unbekanntem Aufenth öff Zustellg an den EvtlVaters nach ZPO 203 (Stgt DAVorm **74**, 614). Sobald Kl eingeg, ist einstw Vfg auf UnterhLeistg od entspr SicherhLeistg mögl (ZPO 641d; vgl Brühl FamRZ **70**, 226). Kl schon neben derj aus § 1596 zul (KG DAVorm **77**, 606). Über Berufg zum OLG Anm 1 vor § 1600a.

2) Klageberechtigte, Klagevoraussetzung. Das Kind, für das idR der Pfleger handelt, §§ 1706 Z 1, 1709, gg den Mann, der Mann gg das Kind. Die Mutter hat keine KlBerechtigg, ist aber unter Mitteilg der Klage zum Termin zu laden u hat die Möglichk, als streitgenöss Nebenintervenient beizutreten, ZPO 640e. Voraussetzg jeder Kl ist, daß die Vatersch nicht schon wirks, § 1600f, anerkannt ist, sei es vom Mann od einem Dr, der tatsächl nicht der Vater ist, § 1600a Anm 2, auch § 1600b III, auch kein rechtskr FeststellgsUrt vorliegt; Folge: Wirkg für u gg alle, § 1600a. Klagt das Kind gg den vermeintl Vater, beabsichtigt es aber für den Fall des Unterliegens einen Dr als Vater in Anspr zu nehmen, kann es, solange keine rechtskr Entsch vorliegt, den Dr dch Streitverkündg in den schwebden RStreit mit den andern hineinziehen, ZPO 641b. Die hierzu Berecht klagen auf Feststellg der Vatersch. Ein Feststellgsinteresse des Kindes w immer gegeben sein, des Mannes, wenn er ein Interesse, ZPO 256, dartun kann, also insb, wenn das Kind zur Anerkenng seine Zust versagt, § 1600c, auf die zu klagen nicht mögl ist. KlErhebg jederzeit, keine Befristg. Mögl auch negat FeststellgsKl, die das G ausdrückl zuläßt, ZPO 640, 641h; trotzdem verneinen Gravenhorst FamRZ **70**, 127, Damrau FamRZ **70**, 287 Fußn 37, Rechtsschutzbedürfn, ebso wie die positive VaterschKlage, § 1600 o Anm 2, bei einem non liquet abzuweisen ist, so auch Odersky IV 3 C. Eine Wirkg für u gg alle kommt dann nicht in Betr. Kein RSchutzbedürfn für VaterschFeststellgsKl vS des Kindes, wenn VaterschAnerk vorliegt u lediglich wg Nichterteil der Zust keine Wirksamk erlangt (AG Dillingen DAVorm **77**, 509).

3) Nach dem Tode des Mannes nicht befristeter u unabh vom ErbErsAnspr des § 1934c mit RSchutzinteresse versehener (Düss FamRZ **76**, 226 mAv Bosch) Antr des Kindes auf Feststellg beim VormschG, bei dem der Richter entsch (RPflG 14 Z 3 c); dagg sof Beschw (FGG 60 Z 6) an LG (Celle FamRZ **71**, 379). Wicht für die Geltdmachg erbrechtl Anspr vS des Kindes, nicht etwa Kl gg die Erben des Verstorbenen. Wird FeststellgsKl versehentl beim AG anhäng gemacht, Verweisg an VormschG (BGH NJW **74**, 494). Vor AnO einer BlutUntersuch (ZPO 372a) beweismäß Feststellg des GeschlVerk (Stgt Just **74**, 378). Zu den BlutGrBefunden v Blutsverwandten vgl Hummel DAVorm **77**, 5. **Nach dem Tode des Kindes** hat nur die Mutter das AntrR; bleibt entscheidde Vorfrage in einem Rechtsstr mit dem Mann auf ErsAnspr des Unterh, den sie bisher dem Kinde gewährte. Es entsch der Richter, RPflG 14 Z 3 c. Stirbt einePartei **währd des RStr**, ist Feststellgs- u RegelUnterhBegehren in der Haupts erl u Verf nach II einzuleiten (Stgt FamRZ **73**, 466). Nach dem Tod v **Mann, Mutter u Kind** ist eine gerichtl VaterschFeststellg unzul.

1600o *Gesetzliche Vaterschaftsvermutung.* [I] Als Vater ist der Mann festzustellen, der das Kind gezeugt hat.

[II] Es wird vermutet, daß das Kind von dem Manne gezeugt ist, welcher der Mutter während der Empfängniszeit beigewohnt hat. Die Vermutung gilt nicht, wenn nach Würdigung aller Umstände schwerwiegende Zweifel an der Vaterschaft verbleiben. Die Empfängniszeit bestimmt sich nach § 1592.

Schrifttum: Ankermann NJW **74**, 584; Brühl FamRZ **74**, 66; Büdenbender, Der vorläuf RSchutz dch einstw Vfg u im NEhelR, 1975; ders FamRZ **74**, 289 u **75**, 189; Christian ZBlJugR **74**, 497; Grunsky StAZ **70**, 248; Hummel FamRZ **69**, 21; Leipold FamRZ **73**, 65; Maier FamRZ **73**, 126; Odersky FamRZ **74**, 560 u **75**, 443; Reinheimer FamRZ **70**, 122; Roth-Stielow, Der Abstammgsprozeß, 1974; Schade ZBlJugR **68**, 121; Hausmann FamRZ **77**, 302 (Internat RHilfe u Beweisvereitelg im Ausl). Vgl iü Lit Einf v § 1591.

1) Eingefügt dch Art 1 Z 9 NEhelG. Vgl zunächst Einf v § 1591. Der Grds v I gibt das Ziel des Verf an, dch das Urt den wirkl Vater festzustellen **(biolog Vatersch).** Das allein rechtf die Verbesserg der außerehel Vater-Kind-Beziehg (zB §§ 1711, 1738, 1934 a) u ist auch bei der Auslegg v II 2 zu beachten. Allerd mehren sich die AnhPkte dafür, daß das ne Kind dch die neue VaterschVermutg ggü der früh Regelg eher benachteiligt w, was freil von Anfang an im Regelgshorizont des NEhelG lag (Odersky FamRZ **74**, 561). Dieses setzt - vielleicht voreil - auf die Fortschritte der Wissensch, so daß der Wille des GesGebers, die MehrVerkEinr (§ 1717 aF) zu beseitigen (BT-Drucks V/2370 S 37f), nicht das entscheidde Ausleggprinzip f § 1600 o II 2 sein kann (aA Büdenbender FamRZ **75**, 189). Abgeschafft ist ferner die Feststellg einer auf die Beiwohng innerh der EmpfängnZt gestützten Gilt- od Zahlvatersch (§ 1717 aF). Unzul auch die Feststellg einer auf die UnterhVerpfl des Mannes beschr Vatersch (BGH **60**, 247; NJW **73**, 2251; vgl § 1600 a Anm 3).

2) Beweisfragen. Der Fortschritt im Bereich der medizin Forschg mit ihren modernen Untersuchgsmethoden (Einf 3 vor § 1591) ermöglicht nicht selten den **posit VaterschNachw;** dann ist der Mann unmittelb nach I als Vater festzustellen. So unter normalen Umst bei einer VaterschPlausibilität v 99,85% (BGH FamRZ **74**, 88) od 99,6%, bei der ein GgBew kaum noch in Betr kommt (Bln Schöneb FamRZ **74**, 202), bei einer Plausibilität der Vatersch v 99,87 % (Hbg DAVorm **77**, 166 m ausführl Begrdg zum HL-A-System); ferner bei eindeut Erbanlage, zB erbl Asthma (Oldbg DAVorm **76**, 494). Bei einem W-Wert von 99,8% brauchen GAen über angebl Zeuggsunfähigk nur bei Vorliegen konkreter Anhaltspkte dafür eingeholt zu werden (Bambg DAVorm **77**, 507). Die Möglichk, die Vatersch positiv dch naturwissenschaftl GAen nachzuweisen, erlaubt es nicht mehr, eine VaterschKl unt desh abzuweisen, weil sich die Beiwohng dch Zeugen nicht nachweisen läßt (Kblz DAVorm **78**, 278). Im übr, dh wenn die Vatersch nicht voll bewiesen ist, gibt **II** eine **VaterschVermutg** unter der doppelten Voraussetzg, daß der angebl Vater der Mutter innerh der gesetzl EmpfängnZt beigewohnt hat (Anm a) u daß keine schwerwiegden Zweif an seiner Vatersch verbleiben (Anm b). Das Ger muß beide Wege zur gerichtl Feststellg der Vatersch, I u II, deutl auseinandhalten (BGH NJW **78**, 1684). Die VaterschVermutg des II greift nur ein, wenn flgde **Voraussetzgen** erfüllt sind: **a)** Der in Anspr gen Mann muß der Mutter währd der EmpfängnZt (§ 1592) **beigewohnt** haben, **S 1**, was v Kl zu beweisen ist. Vermutg der Vatersch auch bei Unterschreitg der gesetzl EmpfängnZt mögl bei extremer Frühgeburt (Kblz DAVorm **76**, 194). Für die Beiwohng genügt begriffl ggs Berührg der GeschlTeile so, daß nach den Erfahrgen der Wissensch eine Empfängn mögl ist (Stgt DAVorm **74**, 233). Nicht erfdl der Nachw eines Samenergusses (Hbg DAVorm **74**, 601). Für den Bew der Beiwohng kommen auch die medizin GAen in Betr, doch reichen dafür ein Essen-Möller-Wert v 98% (Ffm DAVorm **75**, 235) u als Ergebn der erbbiolog Begutachtg „Vatersch wahrscheinl" nicht aus (BGH FamRZ **74**, 85), ebsowenig E-M-Wert v 99,2% iVm erbbiolog GA („Vatersch in höchstem Maße wahrscheinl"), wenn die Mutter hins des GeschlVerk bereits einen Meineid geschworen hat (Saarbr DAVorm **76**, 491; zweifelh!); wohl aber eine ungewöhnl BlutZusSetzg (vgl Stgt DAVorm **74**, 234). Zu beachten ist, daß GAen, die dem Richter für die volle VaterschÜberzeugg iSv I nicht ausreichen, auch nicht als Indizien für die VaterschVermutg innerh der EmpfängnZt herangezogen w dürfen (BGH NJW **76**, 369 m wg ZPO 286 abl Anm v Odersky). Der systemat Aufbau des § 1600 o erlaubt es nicht, die nicht mögl Feststellg des Verk innerh der gesetzl EmpfängnZt aGrd der nicht ausreichden AbstammgsGAen zu treffen, um daran dann die Vermutg des II 1 zu knüpfen (Brem DAVorm **77**, 602). Eine unglaubwürd Darstellg der Mutter kann trotz eines E-M-Wertes v 99% zur Verneing der Beiwohng währd der gesetzl EmpfZt führen (Hbg DAVorm **74**, 112). Ist Beiwohng bestr, dann müssen medizin GAen jedenf dann eingeholt w, wenn die Ehe der KiMutter gesch w, weil sie den angebl KiVater des öfteren gg den Willen des Ehem in der ehel Wohng empfangen hat (Saarbr DAVorm **77**, 131).

b) Die Vermutg darf nicht entkräftet w, was einmal dch den GgBew geschehen kann (negat Vaterschbew), daß die Erzeugg „den Umst nach offenb unmögl ist" (§ 1591 I 2 u Anm 4), zum and dadch, daß **schwerwiegde Zweifel an der Vatersch** verbleiben, **S 2**. Dch diesen Kunstgriff kann die Vermutg ausgeschaltet w ohne Einhaltg der Anfdgen, die an den strikten GgBew zu stellen wären. Verbleiben bei der Gesamtwürdigg „nur noch geringe Zweifel an der Abstammg" (RAusschußBer zu Drucks V/4179), dann gilt die Vermutg des II 1 u hat die Feststellg nach I zu erfolgen, so zB wenn nach Essen-Möller Vatersch zu 97% wahrscheinl u erbbiolog GA mit größter Wahrscheinlk bejaht (BGH FamRZ **74**, 87). Bleiben schwerw Zweif, ist die Vermutg gem II 2 erschüttert u die Kl abzuweisen. IjF kann aGrd neuen VaterschGAs Restitutionskl gg das rechtskr VaterschUrt erhoben w (ZPO 641 i). **aa)** Vor Feststellg der Vatersch hat das Ger (*arg* „Würdigg aller Umst" u „Zweif verbleiben") sämtl noch im Lage des Falles vernünftigerw f die Ermittlg des Abstammgsverhältn dienl, dh alle zur Vfg stehden, eine weitere Aufklärg versprechen **Beweise zu erheben** (BGH **61**, 168; NJW **73**, 2250), insb also muß das Ger der Behauptg des angebl KiVaters nachgehen, er sei impotent (BGH FamRZ **77**, 538). Ferner hat es (auch ohne konkr AnhPkte für MehrVerk) serolog GA mit statist Auswertg (KG NJW **74**, 609) einschließl HLA-GA vAw (BGH NJW **78**, 1684) u auch anthropolog GA einzuholen (KG FamRZ **73**, 270; Hbg FamRZ **75**, 107; Brühl FamRZ **74**, 67). Vgl dazu Einf 3 b u c vor § 1591. Von letzterem kann abgesehen w bei einem E-M-Wert v 99,6%, wenn Vatersch zunächst anerk w war (Kblz FamRZ **75**, 50), v 99,7% bei geschiedenem Vater (Hamm DAVorm **75**, 471), ferner (auch bei Fremdstämmigk) bei einem E-M-Wert von 99,85% (BGH FamRZ **74**, 88), dagg wohl kaum bei einem WahrscheinlkWert v 95,5% allein desh, weil die erbbiolog Begutachtg mit schwerw Eingr in PersRechte verbunden ist (BGH FamRZ **74**, 598; aA Bambg DAVorm **74**, 184), u auch nicht bei VaterschPlausibilität v 99,91% bei feststehdem MehrVerk, ohne weitere Aufklärg des LebWandel der Mutter (aA Hbg ZBlJugR **76**, 359). Zum **Beweiswert** der versch GAen sowie zu den Grenzen der BewErhebg Einf 3 e vor § 1591. **bb)** Vor Bejahg v schwerw Zweif iSv II 2 sind **alle Umstände zu würdigen**. Ziel der in II 2 gewählten Formulierg war nicht die Umkehr der nach wie vor das klagde Kind treffden obj **Beweislast** für seine Abstammg vom Bekl; Zweck war vielm, den Richter bei der BewWürdigg freier zu stellen (BT-Drucks V/2370 S 37f), dh sich ggf mit einem geringeren GewißhGrad zu begnügen (BGH **61**, 169). Zur BewlastDogmatik iü vgl Büdenbender FamRZ **75**, 189. Die Erleichterg zu Gunsten des Kinds liegt darin, daß es nicht des Nachw der an Sicherh grenzden Wahrschlk der Vatersch bedarf, sond ein darunter liegder Wahrscheinlk-Grad hierfür ausreichen soll (BGH NJW **74**, 2046). Der hier zu Grde zu legde WahrschlkBegriff ist nicht derj der biostatist Methoden (BGH NJW **76**, 367). Ein E-M-Wert v nur 2% begründet für sich allein schwerw Zweif, schließt aber die VaterschFeststellg nach und Methoden nicht aus; anders Mü DAVorm **75**, 51, das in solchen Fällen Vatersch bejaht u Zahlg der UnterhRente auf SperrKto der JA anordnet. Bei einem WahrscheinlkUrt „Vatersch unentschieden" (zB 79%) od auch „Vatersch wahrscheinl" ist daher erbbiol GA einzuholen; Nichteinholg ist ein die Zurückverweisg begründder VerfMangel (Hbg FamRZ **75**, 107). Es ist Sache des Kindes, den evtl MehrVerkVerdacht auszuräumen. Bei unentschiedener VaterschWahrscheinlk gilt die Vermutg v II 1 nur, wenn keinerlei Grde vorliegen, die Anlaß zu schwerw Zweif geben; die Vermutg hängt demnach davon ab, daß das Kind schwerw Zweif an der Vatersch des Bekl gar nicht erst aufkommen läßt od wieder beseitigt. Die Vermutg gilt nicht bei Ungewißh, ob schwerw Zweif vorh sein könnten, falls weiter aufgeklärt würde (vgl BGH NJW **74**, 2046 u FamRZ **76**, 85 gg Ankermann NJW **74**, 584 u **75**, 592, der den in Anspr gen Mann für alle Umst bewpflichtig ansieht, die beim Ger schwerw Zweif begrden könnten). Anderers kommt es für deren Bejahg umgek nicht darauf an, daß sie der Ann einer offenb Unmöglk nahekommen (BGH NJW **74**, 2250). Bes zu beachten aber, daß die Indifferenzzone zw 90 u 10% Wahrscheinlk weder einen pos noch einen negat Hinw auf die Vatersch geben u desh für die pos Feststellg der Vatersch wertlos sind (Ritter FamRZ **73**, 125; Spielmann/Seidl NJW **73**, 2231; BGH NJW **73**, 2249), was idR daran liegt, daß Mutter u Kind in ihren Eigensch einand weitgehd ähnl sind. In solchen Fällen sind dann die übr Umst ausschlaggebd, zB Glaubwürdigk der KiMutter u ÄhnlkGA (BGH NJW **76**, 368). Ergibt sich aber zB für die Wahrschlk des MehrVerk ein non liquet, so gilt II 2 (BGH NJW **76**, 367). **cc)** Für die Frage, wann II 2 eingreift, ist bl Umschreibgen wie beachtensw, erhebl, gewicht, schwer zu beseitigde Zweif uä unergieb, prozentuale Wahrscheinlk Berechnungen noch kaum sinnv dchführb (Stgt Just **72**, 388), insb je heterogener die BewertgsGrdlagen (naturwiss GAen, Zeugenaussagen usw) sind (Mutschler JR **76**, 115). Auch bei extrem hoher VaterschWahrscheinlk können aGrd des AnhaltsPkte schwerw Zweif bestehen bleiben u umgek (BGH **61**, 172 f). So ist trotz einer VaterschWahrscheinlk v 99,8% bei einem 72jähr einer behaupteten ZeuggsUnfähigk vAw genauso nachzugehen wie dem behaupteten MehrVerk (BGH NJW **74**, 1428). Entscheidd ist, **welche Tatsachen** geeignet sind, beim Richter schwerw Zweif an der Vatersch zu begründen. Odersky S 168: ungewöhnl niedr Zeitspanne zw Beiwohng u Geburt des voll ausgereiften Kindes, Abstammg v Bekl nach erbbiol GA „sehr unwahrschl", geringe Wahrscheinlk der Vatersch nach versch GA, nachweisl Beiwohng an den sterilen Tagen der Frau, Mutter bezeichnete früher einen and Mann als Vater Lüderitz FamRZ **66**, 615; GebrMachen v ZeugnVerwR dch die Mutter (Karlsr DAVorm **74**, 449), ferner wenn Kind im System GPT den Phänotypus GPT 2, seine Mutter GPT 2-1 u der angebl Vater GPT 1 hat (Stgt ZBlJugR **77**, 177); dagg kaum je der Einwand, empfängnverhütde Schutzmittel gebraucht zu h (BGH FamRZ **74**, 644), wohl aber wenn WahrscheinlkWert nach E-M v 55%, dann vielm erbbiol GA (Düss DAVorm **74**, 109). Der Untersuchgs-Grds (ZPO 640 I, 622 I) zielt auf Klärg der biolog Abstammg. Desh nicht einf derj als Vater festzustellen, für den relativ die größte Wahrscheinlk spricht (BGH **61**, 174), es sei denn unter Brüdern (KG DAVorm **74**, 611) od sonst nahen Verwandten (vgl auch Anm ee). **dd)** Kein unzul AusforschgsBew, wenn **Verdacht auf Mehrverkehr** der Kindesmutter geäußert w ohne Benenng eines MehrVerkZeugen (Düss FamRZ **71**, 452). GA-Einholg entfällt jedoch, wenn Bestreiten des InAnsprGen offensichtl grdlos ist (Celle NJW **71**, 1086; Roth-Stielow Just **72**, 211) od wenn gewicht Anzeichen f die Vatersch des Bekl, aber keine f den MehrVerk (Stgt FamRZ **72**, 584; MDR **73**, 52; Karlsr Just **72**, 357). **Indizien** für MehrVerk: Sof Hingabe dch die Mutter; gleichzeit Intimverhältn zu and (als Erzeuger ausgeschl) Mann (KG FamRZ **74**, 467). **ee)** Aber auch der

bewiesene Mehrverkehr begründet nicht ow schwerw Zweif, sie müssen vielm dch weitere Untersuchgen erhärtet w (KG FamRZ **71**, 97). Zunächst ist zu klären, ob ein angen MehrVerk vom Ztpkt her mit den ReifeMerkm des Kindes übereinstimmt (Mutschler JR **76**, 115). Entscheiden kann in solchen Fällen die relativ höhere VaterschWahrscheinlk bei einem Mann (BGH StAZ **74**, 325). Bei markanten posit Abstammgshinweisen wird der BewWert eines EinMann-GA auch dch bewiesenen MehrVerk nicht erschüttert (Stgt Just **73**, 20). Absehen v erbbiolog GA nur, wenn davon keine Änd des bish BewErgebn zu erwarten ist (Düss DAVorm **74**, 554). Desh uU keine Dchführg eines entspr BewBeschl bei einem W-Wert v 99,7% (Karlsr DAVorm **74**, 557; zur Kontroverse um die dort zGrde gelegte AusschlWahrscheinlk Hummel DAVorm **74**, 597; Ritter DAVorm **75**, 12). **ff)** Ist MehrVerk zwar nicht bewiesen, aber auch nicht auszuschließen (sog **mögl Mehrverkehr**) und erbringen die GA keinen deutl Hinw auf die Vatersch, so sind schwerw Zweif nach dem GesZweck nicht ausgeräumt (Düss FamRZ **71**, 377 u ähnl 379; Kblz DAVorm **75**, 225). Dagg VaterschFeststellg bei VaterschWahrscheinlk v 98% u 99,94% (Hbg DAVorm **75**, 229), ja sogar v 94% zul, weil Akt richterlicher BewWürdigg (BGH FamRZ **76**, 85). Für Ann des MehrVerk genügt WahrscheinlkUrt (Leipold FamRZ **73**, 73), wobei LebWandel der Mutter zu berücks ist. Ob für schwerw Zw an der Vatersch eines Türken ein E-M-Wert v 21% iVm der bl Möglk eines MehrVerk der Mutter ausr (so BGH NJW **73**, 2250), ist selbst zweifelh (vgl die Kritik v Maier NJW **74**, 605; KG NJW **74**, 605). Umgek vermag ein hohes WahrscheinlkUrt (98,5%) für sich gen nicht die Glaubwürdigk der Aussage der Mutter z erhöhen, keinen MehrVerk gehabt zu h, u damit ow ein erbbiolog GA z ersetzen (BGH NJW **74**, 606 m krit Anm Maier NJW **74**, 1427). Die bloße Möglk eines MehrVerk in der Empfängnzt begründet jedoch nie schwere Zweif. **gg)** Der Nachw, daß die Mutter eine leicht zugängl, zu wechselndem GeschlVerk neigde Pers ist (**Dirneneinwand**), führt stets zu II 2; dann ist iGgs z BGH FamRZ **77**, 706, der es genügen lassen will, wenn dch die BewAufn die Bedenken gg die Vatersch soweit ausgeräumt werden, daß nur noch geringe Zweif verbleiben, posit VaterschBew erforderl (KG MDR **70**, 765; Nürnb FamRZ **71** 533), der nach dem Gesagten nicht mit einem E-M-Wert v 70% geführt w kann (Karlsr FamRZ **74**, 263), wohl aber mit einem E-M-Wert v 99,97% (Stgt DAV **75**, 621) u selbst bei Prostituierter aGrd seltener ÄhnlichkMerkm (Karlsr DAVorm **74**, 446) od aGrd eines E-M-Wertes v 99,6% (Brschw DAV **76**, 43) bzw 99,65% unter Berücks des sex Verhaltens der Mutter (Stgt NJW **76**, 1158). Celle FamRZ **71**, 375 hält in derart Fällen Zweif nicht für ausgeräumt, wenn der angebl Erzeuger dch BlutgrGA nicht auszuschließen ist u das erbbiol GA z Ergebn „Vatersch sehr wahrschl" kommt (aA BayObLG FamRZ **73**, 463, das II 2 außerd auch dann ablehnt, wenn Empfängn in der prämenstruellen Phase unterstellt w muß). Über die Verwendbark serostatistischer Ergebn in Dirnenfällen entscheidet der Tatrichter (BGH NJW **77**, 2120). Zum BewWert biostatistischer GAen in Dirnenfällen Hummel DAVorm **78**, 347. **hh)** Zu zusätzl Schwierigkten mit **ausländischen** Bevölkergsgruppen vgl Kln NJW **73**, 562. Die biostat Auswertg v BlutgrGAen bei Beteiligg v Türken bejaht KG FamRZ **75**, 285 u DAV **76**, 32; ebso Brem DAVorm **76**, 483 (iGgs zu Hbg NJW **73**, 2255; Oldbg DAVorm **73**, 486), v Koreanern Hummel DAVorm **75**, 469, v Mittelfranzosen Kblz DAVorm **76**, 622, v Spaniern Karlsr DAVorm **76**, 627. Keine schwerw Zweif, wenn Bekl (zB dch Verlegg seines Aufenth ins Ausl) serostatist u erbbiol GA vereitelt (Stgt Just **74**, 375 sowie DAVorm **75**, 372; Mü DAVorm **80**, 354; und Karlsr FamRZ **77**, 341 bei einem E-M-Wert v 85% in einem VorProz). ZPO 444 auch, wenn angebl Vater in der Türkei die Blut-Untersuchg (ZPO 372a) verweigert (Hbg DAVorm **76**, 625). **ii)** Zum VaterschNachw bei **Mongolismus** vgl Pfeiffer DAVorm **77**, 163 u AG Lüb DAVorm **77**, 210. **jj)** Mit der **Revision** ist Entsch des Tatrichters nur angreifb wg Verstoßes gg VerfVorschr, Denkgesetze od Erfahrgssätze sowie wg Zugrdelegg eines zu hohen od zu geringen IrrtRisikos (BGH **61**, 169); krit iS einer erweiterten Revisibilität Büdenbender FamRZ **75**, 194.

Anhang
Übergangsrecht zur Anerkennung und Aufhebung der Vaterschaft.

NEhelG Art 12 § 3 *¹ Hat ein Mann vor dem Inkrafttreten dieses Gesetzes in einer öffentlichen Urkunde seine Vaterschaft anerkannt oder in einem vollstreckbaren Schuldtitel sich zur Erfüllung eines Anspruchs nach § 1708 des Bürgerlichen Gesetzbuchs verpflichtet, so ist er als Vater im Sinne dieses Gesetzes anzusehen. Das gleiche gilt, wenn ein Mann in einer rechtskräftigen Entscheidung, die vor dem Inkrafttreten dieses Gesetzes erlassen worden ist, zur Erfüllung eines Anspruchs nach § 1708 des Bürgerlichen Gesetzbuchs verurteilt worden ist. Die vorstehenden Vorschriften sind nicht anzuwenden, wenn beim Inkrafttreten dieses Gesetzes sowohl der Mann als auch die Mutter und das Kind verstorben sind.*

II Die Vaterschaft kann durch Klage oder Antrag auf Feststellung, daß der Mann nicht der Vater des Kindes ist, angefochten werden. Berechtigt anzufechten sind der Mann, die Mutter und das Kind sowie nach dem Tode des Mannes auch seine Eltern, seine überlebende Ehefrau und seine Abkömmlinge, nach dem Tode des Kindes auch sein überlebender Ehegatte und seine Abkömmlinge. Nach dem Tode eines Elternteils steht das Anfechtungsrecht dem überlebenden Elternteil zu. § 1600k Abs. 1 bis 3 u § 1600l des Bürgerlichen Gesetzbuchs sowie die Vorschriften der Zivilprozeßordnung über die Anfechtung der Anerkennung der Vaterschaft sind entsprechend anzuwenden; die Vorschriften über das Anfechtungsrecht der Eltern des Mannes gelten dabei für seine überlebende Ehefrau und seine Abkömmlinge sinngemäß. Es wird vermutet, daß der Mann der Mutter in der Empfängniszeit beigewohnt hat; im übrigen bestimmt sich die Vermutung der Vaterschaft nach § 1600o Abs. 2 des Bürgerlichen Gesetzbuchs. Für das Verfahren über die Anfechtung der Vaterschaft durch Antrag beim Vormundschaftsgericht gilt § 94 Abs. 1 Nr. 7 der Kostenordnung entsprechend.

1) Überleitde VaterschVermutg, I. Verfassgsrechtl bedenkenfrei (BGH NJW **73**, 996) knüpft das G überleitd die Vermutg der Vatersch an die Anerkennq gem § 1718 aF, sofern sie nach damal R wirks abgegeben war (was bei einem bewußt wahrwidr Anerk wg § 134, StGB 169 nicht der Fall ist (Kln NJW **74**, 953); ferner an VerpflErkl gem § 1708 aF, auch wenn gleichzeit VaterschAnerk abgelehnt w (Brüggemann iR ablehnender Anm zu Siegen DAVorm **74**, 657); ebso an eine Verurteilg, im str od VersäumnVerf, zur

UnterhZahlg nach § 1708 aF, u zwar auch bei ausländ Erzeuger (BGH NJW 73, 950). Das G stellt damit diese Akte des fr R der Anerkenng u gerichtl Entsch der Vatersch nach § 1600a ff gleich. Der Mann ist als Vater iS des NEhelG anzusehen; das Kind kann ow alle RWirkgen geltd machen, die das neue G an Anerkenng od Verurt knüpft. Vollstreckb Schuldtitel liegt auch dann vor, wenn in der Urk der Erklärde nicht als Erzeuger des Kindes bezeichn ist (Stgt Just 73, 175). Mehrere Anerkenntn blockieren sich ggseit (BayObLG JZ 78, 609); bei Doppel-Anerkenntn ist also (wg § 1600e III 1) nicht analog § 1600c I das Anerk wirks, dem das Kind zugestimmt h (so Jochem FamRZ 73, 77), sond eine neue Feststell der Vatersch zu betreiben (Bürgle FamRZ 73, 79); so auch Odersky FamRZ 74, 564 iFv parallelen Anerk u Urt. Bei zwei miteinand unvereinb VaterschVermutgen ist Art 12 § 3 I NEhelG unanwendb u VaterschFeststellg gem §§ 1600a ff erfdl (Karlsr DAVorm 76, 174). Beim alten RZust bleibt es, wenn sämtl Hauptbeteil (Mann, Kind u Mutter) bei Inkrafttr des G verstorben sind, I 3.

2) Die Anfechtg, II, ist erhebl erleichtert, da die fr Feststellg nicht die Sicherh bietet, auch die Auswirkgen jetzt viel weiter gehen, zB ErbAnspr, Verk des Mannes mit dem Kind, erweiterte UnterhPfl. Der Kreis der AnfBerecht ist erhebl weiter: Mann, nach seinem Tode auch seine Eltern, seine überlebde Ehefr u seine Abkömml, das Kind u nach seinem Tode auch sein überlebder Eheg u seine Abkömml. Falls nur ein ElternT lebt, dieser. Bei mangelnder GeschFgk gilt § 1600k I–III. Gg wen die AnfKl zu richten ist, § 1600 l. Die überlebde Ehefr u die Abkömml des Mannes richten ihre Kl zu Lebzeiten des Kindes gg dieses, sonst Antr ans VormschG, § 1600 l II. Verfrechtl ZPO 640ff, bes ZPO 641ff. Die Kl ist eine FeststellgsKl, daß der Mann nicht der Vater des Kindes ist. Für den, der gemäß § 1718 aF anerkannt hat, wird in diesem RStreit die Einr des MehrVerk nicht ausgeschl. Im Ggs zu 1600h keine Fr zur KlErhebg, die uU dch Auslegg festzustellen ist, Stgt FamRZ 73, 385, od zum Stellen des Antr (BGH NJW 75, 1232; Brem DAVorm 77, 24). Infolge der fr Anerkenng, Verurteilg od freiw Unterwerfg w allerd zG des Kindes vermutet, daß der Mann mit der Mutter in der EmpfängnZt Verk gehabt h, vgl Hbg FamRZ 70, 668, was auch für den in iFv nichtfr des NEhelG anhäng gewordene RechtsStr gilt, BGH NJW 73, 996. Für die Entkräftg der Vermutg gilt § 1600o II (vgl dort Anm 2), einschließl der dort fixierten BeweisGrdsätze, so daß zB auch ohne dringdn MehrVerk-Verdacht erbbiolog GA einzuholen ist (aA KG FamRZ 74, 101). Die erfolgr VaterschAnfechtg n Art 12 § 3 II NEhelG hat dies Wirkgen wie eine Anf gem § 1600f (Esn DAVorm 76, 690). Anfechtg hat aber nicht die Wirkg, daß aus einem rechtskr UnterhUrt fr R ZwVollstrV einstw eingestellt w (Düss NJW 72, 215; Kln NJW 73, 195). Gg VaterschAnfKl WiderKl des Kindes auf posit VaterschFeststellg unzul (Düss MDR 73, 675). Zum UrtTenor bei unentscheidb, aber vor Inkrafttr des NEhelG anerkannter Vatersch AG Pass DAVorm 75, 26; Düss FamRZ 76, 645.

Dritter Titel. Unterhaltspflicht

Einführung

Schrifttum: Brühl/Göppinger/Mutschler, UnterhR, 3. Aufl 1973; Brühl FamRZ 66, 541 (zum ne Kind); Damrau FamRZ 70, 288; Firsching, Rpfleger 70, 41; Niclas ZBlJR 70, 10, 47; Knur FamRZ 70, 271; Lange NJW 70, 300; Richter FamRZ 70, 280; Göppinger JR 69, 404; v Hülsen FamRZ 66, 431; Kalthoener/Haase-Becher/Büttner, Rspr der LGe zur Höhe des Unterh, 1975; Köhler, HBuch des UnterhR, 4. Aufl 1977; Schrade FamRZ 57, 342; D. Schwab FamRZ 71, 1 (UnterhAnspr u sein Verhältn zur öff Ausbildgsförderg); Ruland, FamUnterh u Leistgen der soz Sicherh, 1973 (dazu Jung FamRZ 74, 173); Tempel, Berücks v SozVersicherungs- u KinderGLeistgen im UnterhR, 1974 (dazu Jung FamRZ 74, 428); Franz NJW 75, 1634 (FamLastAusgl u EinkSt; Puls DAVorm 75, 561; Ruthe FamRZ 77, 30 (Adoption); Puls DAVorm 76, 537 u 601 (Unterh währd u nach der Scheidg); Münder ZBlJugR 78, 29 (Aufziehgskosten); Barth ZBlJugR 78, 49 (Betreuungsleistg der Mutter); Seetzen NJW 78, 1350 (SozHilfe). **Zur Reform:** Jung FamRZ 75, 398; Lüderitz FamRZ 75, 610; Huvale ZBlJugR 76, 381.

1) Rechtl Natur. Der gesetzl UnterhAnspr ist begründet im FamR, näml dem verwandtschaftl Verhältnis, Übbl 4 vor § 1589; soweit er aber auf eine Leistg gerichtet ist, ist er schuldrechtl Natur; vgl auch § 1615 d. Die gesetzl UnterhPfl erschöpft sich nicht in einem einmaligen Geschehen, sond stellt einen dauerden, sich fortsetzden Zustand dar; der UnterhAnspr gelangt also so oft zur Entstehg, als die Voraussetzgen, aber auch nur, so oft sie vorliegen, RG 46, 68; daher die Unwirksamk des Verzichts für die Zukunft wie der Vorausleistgen, § 1614. AbfindgsVertr des nehel Kindes aber mögl, § 1615e. UnterhPfl abgesehen v Ausn (sa Anm 4) **zwingend** (vgl § 1360 Anm 1). Insb keine Entbindg davon mRücks auf GG Art 12 I; Berufsfortbildg rangiert hinter der UnterhPfl (OVG Münst FamRZ 75, 60). Neben der UnterhPfl können die Elt insb ihren aufsichtsbedürft Kindern ggü **schadensersatzpflichtig** werden (vgl § 1664).

2) Inhalt und Anwendgsgebiet. §§ 1601ff betreffen im allg nur die verwandtschaftl Unterhaltspflicht, also die der Kinder, ehel u nehel, Enkel, Urenkel gg ihre Eltern, Großeltern, Urgroßeltern sowie umgekehrt, vgl §§ 1589 Anm 2, 1601 Anm 2, des durch EhelichkErkl legitimierten Kindes u seiner Abkömmlinge ggü dem Vater u umgekehrt, §§ 1739, 1740f, des angenommenen Kindes u Annehmden ohne die sich aus §§ 1763, 1766 aF ergebenden Einschränkgen u unabh u selbst dann, wenn das AdoptVerhältn fakt bereits längere Zeit nicht mehr bestanden hat (AG Böblingen DAVorm 76, 649). Ergänzt, zugl aber auch über den 3. Titel hinaus erstreckt werden die Vorschr durch die Verpflichtg der Eheg, die Familie angemessen zu unterhalten, §§ 1360 bis 1360b, u die Verwendg der Einkünfte bei GütGemsch, § 1420, sowie die aus dem Kindesvermögen zum Kinder-, ggf FamUnterh, § 1649, die UnterhVorschr bei Getrenntleben der Eheg, § 1361, geschiedener Eheg, §§ 1569ff bzw bei Altscheidgen EheG 58–70, 72, nach NichtigErkl der Ehe, EheG 26, nach Aufhebg der Ehe, EheG 37, 39 II 2. Im ErbR ergeben sich UnterhPflichten aus §§ 1963, 1969, 2141; in den **Ländern der früh BrZ** VersorggsAnspr aus HöfeO §§ 12, 14 II. Nach HöfeO 12 VI idF v. 29. 3. 76 (BGBl I 881) hat der Hoferbe dem mj Miterben die Kosten des angem LebBedarfs u einer angem BerufsAusbildg zu zahlen u ihm zur Erlangg einer selbstd LebStellg od bei Eingehg einer Ehe eine angem Ausstattg zu gewähren. Bei UnterhVerpfl eines Dr nur AusfallHaftg des Hoferben (HöfeO 12 VIII). ErgänzgsVorschr aus dem SchuldR enthalten §§ 519, 528, 529, 679, 683, 685 II, 829 u vor allem §§ 843 IV, 844 II.

Der dritte Titel ist in **2 Untertitel** eingeteilt. Mit Rücks auf die Gleichstellg der nehel mit den ehel Kindern enthält der I. Untertitel die für alle Kinder geltden allg Vorschriften, §§ 1601–1615, der II. Untertitel, §§ 1615a–o, die bes Vorschr für das nehel Kind u seine Mutter, die die bisherigen Best über die UnterhPfl des nehel Vaters, §§ 1708 aF ff, ersetzen. Problemat ist, ob sich aus dieser Zweispurigk f das nehel Kind unterschiedl hohe UnterhAnspr ergeben je nachdem, ob es den RegUnterh plus Zuschl geltd macht od sich auf den allg UnterhAnspr beruft (so LG Bln DAVorm 75, 354).

3) Besonderheiten des UnterhaltsAnspr. Mit Rücks auf die Wichtigk der UnterhRegelg für die Allgemeinh u den Betroffenen ist die Verletzg der Unterhaltspflicht von besonderen Folgen begleitet, vgl §§ 1386 I, 1447 Z 2, 1469 Z 2, 1495 Z 3, 1666 II, 2333 Z 4, 2334. Für nehel Kinder w der Regelbedarf von der BReg mit Zust des BRats festgesetzt, § 1615 f II. Danach richtet sich der Regelunterhalt, auf den statt auf einen UnterhUrt erkannt u der der Höhe nach im Beschl festgesetzt, Anh 1615 g, bei Änd des Regelbedarfs auch neu festgesetzt w kann, ZPO 642 ff. Gesetzliche UnterhRenten sind grdsätzl unpfändbar, ZPO 850 b I Z 2, auch die Rückstände, BGH **31**, 218; demgemäß keine Abtretg, § 400, keine Aufrechng gg sie, § 394; die Bezüge aus der Rente sind nur pfändb, wenn aus dem übrigen bewegl Verm Befriedigg nicht zu erlangen u die Pfändg billig ist, ZPO 850 b II; vgl auch ZPO 850 d und i. Der Verj ist der gesetzl UnterhAnspr hins der künft Leistgen nicht unterworfen, § 194 II, Rückstände verjähren in 4 Jahren, jedoch Hemmg der Verj von UnterhAnspr zw Eheg währd des Bestehens der Ehe u zw Eltern u Kindern währd der Minderjährigk der Kinder, §§ 197, 204, 205, auch des nehel im Verhältn zum Vater; läuft Verj bei einem solchen, Hemmg ab 1. 7. 70, da nunmehr famrechtl, Niclas ZBlJR **70**, 226. Im Konk des Unterhaltspflichtigen können UnterhAnspr für die Zukunft ge geltd gemacht w, soweit der GemSchu als Erbe des Verpflichteten haftet, KO 3 II. Vgl auch § 1613 Anm 3. Bei Tötg des UnterhVerpflichteten hat der Berecht SchadErsAnspr gg den Dritten (§ 844 II); bei Tötg eines nehel Vaters in Höhe des RegelUnterh bzw bei Mitverschulden des Getöteten iH einer Quote des RegelUnterh (Ulm FamRZ **76**, 225). Strafrechtl Schutz StGB 170b. Zur **UnterhPfl als Vermögensschaden** Vorbem 2d vor § 249, insb bei fehlgeschlagener Sterilisation Düss NJW **75**, 595; Freibg NJW **77**, 340. Die wirtschaftl Belastg der Elt dch UnterhVerpflichtgen ggü ihren Kindern ist mangels eines anderweit Ausgl im EinkStR zu berücks, sog **Familienlastenausgleich** (BVerfG FamRZ **77**, 120).

4) Vertragl Unterhaltsregelg. Hat sie nur die gesetzl UnterhPfl zum Ggst (sonst §§ 1601 ff unanwendbar), so wird der Charakter der Verpflichtg nicht durch die vertragl Feststellg geändert, RG **164**, 65. Es gelten auch dann die Vorschr für den gesetzl UnterhAnspr, also auch das Anm 3 Ausgeführte. Auch Schriftlichk gem § 761 dann nicht erforderl. Mögl, daß durch einen derartigen Vertr, falls sich nicht ausdrückl od stillschw aus ihm Ggteiliges ergibt, die zu zahlenden Beträge unabhängig von den Verhältnissen der Beteiligten endgültig festgelegt werden, was aber kaum je geschehen w; sind über Veränderungen Vereinbgen getroffen, so gelten diese, KG DR **41**, 1844. Selbst dann (ebso im Falle eines Leibrenten Vertr) kann aber der Schu sich auf so wesentl Veränderngen berufen, die die GeschGrdlage berühren u den Endzweck beider Parteien zu vereiteln geeignet sind, RG DR **40**, 2163; vgl dazu eingehd Lauterbach DR **40**, 2165. Durch Vereinbgen können niemals die gesetzl UnterhAnspr Dritter eingeschränkt od die gesetzl Rangfolge der UnterhAnspr solcher Personen geändert werden. Diese Anspr sind also bei Verf gemäß ZPO 323 s im Rahmen von § 242, soweit sie mind gleichrangig sind, mitzuberücksichtigen. Die Einwirkg von Gesetzesänderngen ist durch VertrAuslegg zu ermitteln, RG **165**, 31. Sind Vereinbgen über Veränderngen nicht getroffen, wird also zu ermitteln sein, ob die Regelg endgültig sollte, was bei der Abfindg regelm zutrifft; diese kann dann auch nicht mit dem Hinweis auf eine veränderte GeschGrdlage angegriffen werden; anders aber bei fortlaufender Zahlg, wenn vertragl nur Höhe u Zahlweise des gesetzl Unterh geregelt wurde, bes bei tiefer eingreifenden Änderngen des Gesetzgebers. So Berücksichtigg von nachträgl gesetzl Regelg des Kindergeldes i W ergänzter VertrAuslegg (BGH **70**, 151). Eigene ExistenzGrdlage des Verpflichteten muß stets gewahrt bleiben, RG DR **41**, 780. Regelmäßig wollen die Beteiligten den Fortdauer der vertragl Verpflichtg zur Übernahme des Unterh von Stiefkindern § 1360a Anm 1, des AbfindgsVertr bei nehel Kindern § 1615e.

5) Ersatzanspr Dritter. a) Bei geleistetem Unterh ist z unterscheiden: Soweit gesetzl FdgsÜbergang stattfindet, §§ 1607 II 2, 1615b I 1, besteht daneben kein Anspr aus GoA od unger Bereicherg, da Interessewahrg bzw UnterhSchu befreit w; iü würden selbst ErsatzAnspr gesetzl fixiertem GläubSchutz, §§ 1607 II 3, 1615b I 2, bzw SchuSchutz § 1613 I, 197, widersprechen. Die Verneinung solcher Anspr macht ihre systemat zweifelh Anpassg an famrechtl Erfordern, wie zB die Unterwerfg des Anspr aus GoA od Bereicherg unter § 1613, vgl LG Bielefeld NJW **72**, 1864, Hegmann FamRZ **73**, 435, v vornherein überflüss. In AusnFällen denkb bleiben neben der cessio legis Anspr aus § 826, zB wenn sich jemand seiner UnterhPfl entzieht in der Absicht, den nach § 1607 I ersatzw Haftdgen zu belasten. – Anspr aus Auftr, GoA u Kondiktion können jedoch entstehen, wenn Dr in der Absicht leistet, die UnterhSchuld z tilgen, § 267, also f den UnterhSchu die diesem obl Leistg z bewirken; hier steht v vornherein das Interesse des UnterhSchu im VorderGrd: GroßElt übern zB zeitw den Unterh f Enkel, um dem eig Kind den Aufbau einer wirtsch Existenz z ermöglichen. IjF kann ein Anspr aus GoA od ungerer Bereicherg nur in den Grenzen der §§ 1612 II 1, 1613 entstehen; bei der Aufn jüngerer Geschwister kommen ErsatzAnspr also erst in Betr, wenn die Elt nicht mehr auf der Rückkehr bestehen u mit dem dann automat in Geld geschuldeten Unterh in Verzug geraten sind (Ffm FamRZ **76**, 705). Berufstät Elt haften dem Großvater, bei dem das Enkelkind untergebracht ist, gem § 1606 III 1 anteilig, Hamm FamRZ **73**, 40. Aber kein ErsAnspr eines Eheg f den Kindern gewährten Unterh, wenn er diese dem and Eheg widerrechtl vorenthält (RG Recht **23**, 1018; sa § 814). Keine AusgleichsPfl unter Geschw, wenn ein Kind allein die gemeins Mutter unterhalten hat u die Voraussetzgen v § 1607 II fehlen (zweifelh arg-e-contrario des AG Hbg FamRZ **74**, 657). Für die Entscheidg über solche ErsatzAnspr Dritter ist nicht das FamG, sond das ProzGer zuständ: so bei Kl der GroßElt auf Ersatz v Aufwendgen f die Betreuung eines Kindes gg den unterhaltspflicht Vater (Mü FamRZ **78**, 348). **b)** Hat UnterhBerecht aus öff Mitteln Unterstütz erh, BSHG idF v 18. 9. 69, BGBl 1688, so kann der Träger der SozHilfe Ersatz von dem dem Hilfeempfänger UnterhPflichtigen verlangen, indem er durch schriftl Anz an den UnterhPflichtigen den Übergang des Anspr auf sich bewirkt, wovon er aber aus Härtegründen für den Pflichtigen absehen kann (BSHG 90, 91). Lit: Seetzen, SozHilfeleistg u UnterhProz, NJW **78**, 1350. Die bl RWahrgsanzeige läßt die privatrechtl UnterhAnspr des SozHilfeEmpf unberührt (Düss MDR **75**, 843). Ein Verzicht auf Unterh der Berecht ggü dem Verpflichteten hat im Verhältn zum Träger der SozHilfe keine Wirkg, wenn dieser die UnterhPflichtigen vom Übergang des UnterhAnspr benachrichtigt hatte, BGH **20**, 127. Dch Leistgen der SozHilfe wird der UnterhVerpflichtete nicht befreit (BSHG 2 II; LG Stgt DAVorm **75**, 428; sa Weinbrenner FamRZ **63**, 269). Die Gefahr doppelter Inanspruchn aGrd v BSHG 91 II besteht nicht (Hamm FamRZ **78**, 420). Ist die SozHilfe od eine and Versicherg mit ihren Zahlgen für den fälschlicherw für tot erklärten Kriegsteilnehmer eingetreten, indem sie UnterhZahlgen leistete, kann sie von ihm das Gezahlte nur bei Vorliegen von §§ 823, 826 zurückfordern, nicht aus unger Bereicherg od GoA (BGH NJW **63**, 579, v Caemmerer NJW **63**, 1402). Zum Kindergeld vgl § 1602 Anm 2c.

6) Verfahrensrecht. Vgl zunächst Einf 4 v § 1564 u Einf 4 v § 1569; Schema eines Fragebogens zur Erleichterg des Vortrags in UnterhSachen bei Petersen SchlHA **78**, 77. Zuständ ist das AG (GVG 23 a Z 2), für die gesetzl UnterhPfl ggü einem ehel Kind das FamG (GVG 23 b I Z 5), u zwar auch im ArrestVerf (Ffm NJW **78**, 1012) sowie auch nach Überleitgsanzeige gem BAföG 37 (OVG Lünebg FamRZ **75**, 598; Mü FamRZ **78**, 48) bzw and Bestimmgen wie BSHG 90, JWG 82 (Hamm FamRZ **77**, 727; Stgt NJW **78**, 57; Schlesw SchlHA **78**, 57), od wenn der gesetzl Anspr dch Vertr geregelt ist (KG JW **25**, 380); and allerd, wenn eine selbstd Vereinbg über „UnterhLeistg" keine Grdlage in der gesetzl UnterhPfl hat (Hamm FamRZ **78**, 197). Die Zustdgk des FamG entfällt ferner bei UnterhKlage gg den Vermögensübernehmer des UnterhVerpfl, etwa die Ehefr des unterhaltspflicht Vaters, wenn nur über die VermÜbern gestr wird (Mü NJW **78**, 550); ebso für Kl nach ZPO 767, wenn nur zu entsch ist, ob rechtskr feststehde UnterhAnspr getilgt sind (Brschw NdsRpfl **78**, 13; aA Stgt NJW **78**, 1272: das früh ProzGer des 1. RZuges). Dagg Zustdgk des FamG für BereichergsKl bei zuviel gezahltem Unterh (BGH FamRZ **78**, 582; Mü FamRZ **78**, 48 f; Hamm NJW **78**, 550) iGgs zu Streitigk der gesch Ehel über den vertragl Freistellg von der gesetzl UnterhPfl ggü ehel Kind, für die das ProzGer zust ist (Mü FamRZ **78**, 198; Stgt NJW **78**, 1273). UnterhAnsprüche ehelicher Kinder gg ihre **GroßElt** sind keine FamSachen iSv GVG 23b I, ZPO 621 I u gehören desh vor die allg ZivilProzAbt des AG (BGH FamRZ **78**, 585; Celle FamRZ **78**, 49; Oldbg FamRZ **78**, 128; Düss FamRZ **78**, 200). Auch bei freiw Zahlg v Teilbeträgen besteht ein RSchutzBedürfn für einen VollstrTitel über den gesamten UnterhBetr (KG FamRZ **76**, 90), schon um ggf am vereinf AnpassgsVerf (§ 1612a) teiln zu können (Stgt Just **77**, 462). UnterhKl erfordert **bezifferten Klageantrag** (and iRv Einf 4 v § 1569, sol in der ÜbergangsZt die BewertgsMaßst unklar s). Bei Unklarh über Leistgsfähigk zunächst **AuskftsKl** gem § 1605 (Düss FamRZ **78**, 134). Klage auf künft Entrichtg mögl (ZPO 258), aber nicht als NachFdg zu einer bereits entschiedenen UnterhKl, zu deren Zt nur eine Teil-Klage war (Frankth FamRZ **72**, 399), u schon gar nicht f eine längst rechtskr abgeschl Sache (Fbg FamRZ **72**, 397). Wg der Klageberechtigg f das Kind bei GetrenntLeb der Elt: § 1629 II, bei gesch Ehe: § 1671. Einer wesentl Änd der Verhältn (zum Regelbedarf Anm 3) kann trotz urteilsmäß Festsetzg dch **Abänderungsklage** (ZPO 323; Gabius NJW **76**, 313) Rechng getragen w, wobei nicht Festsetzg wie bei einer ErstKl erfolgen darf (wg der Rechtskr des fr Urt), sond von dem bisherigen Urt auszugehen ist (Arzt FamRZ **66**, 395). Ebso, wenn auch mit Einschränkgen (Anm 4), bei Anspr aus Vergl gem ZPO 794 I Z 1 od vollstreckb Urk, bei denen von den damaligen Abschlußvoraussetzgen auszugehen ist. ZPO 323 gilt nicht für AbfindgsVertr (RG **141**, 200). Außergerichtl Vergl Anm 4. Geltdmachg des UnterhAnspr auch dch **einstw Anordng bzw Vfg** mögl (§ 1615o; ZPO 620 ff, 940), außerd bei schwebder VaterschKl im AnO (ZPO 641d). Ggf SicherhLeistg dch Bankbürgsch (Stgt Just **75**, 436). Einstw AnO für zukünft KindesUnterh unter dem GesPkt der Subsidiarität der SozHilfe auch, wenn SozHilfeTräger UnterhAnspr übergeleitet hat (Stgt Just **78**, 109). Der im Verf nach ZPO 627 aF abgeschl Vergl kann bei veränderten Verhältn dch eine neue AnO ersetzt w (Kiel JR **47**, 61). Vorläuf Vollstreckbark ZPO 708 Z 6. Weg Unpfändbark Anm 3. Rechtsmittel zum LG (GVG 72).

7) Übergangsbestimmgen enthält das EG nicht (vgl RG **46**, 65; EG 199 Anm 1). Nach Inkrafttr des **GleichberG** (1. 7. 58) bestimmen sich die RVerhältn zw Elt u Kindern nach diesem (GleichberG Art 8 I Z 8). Das **NEhelG** bringt ÜbergBest für entschiedene u schwebde UnterhProzesse (Art 12 §§ 14 ff), wobei dann aber wesentl, daß der Aufenth des UnterhVerpflichteten bekannt ist (Mannh NJW **71**, 198). Für vor dem Inkrafttr des NEhelG (1. 7. 70) gestorbene Väter gelten auch hins der Höhe (§§ 1712, 1708 aF fort (Hann DAVorm **75**, 51), wobei im AusnFall nach altem u neuem Recht gg die Erben v Vater u Großvater Unterh- u ErbAnspr geltd gemacht w können (BGH NJW **77**, 1338 zu Kln DAVorm **75**, 624). Wg der vermögensrechtl Anspr aus einem EinkindschVertr vgl EG 209 Anm 3. Dch einen ScheidgsfolgenVergl, der den Unterh der Kinder regelte, ist vor der Inkrafttr des **1. EheRG** kein die Kinder bindder Titel geschaffen worden (Schlesw SchlHA **78**, 37); and in Zukft gem § 1629 III.

8) Internationales Privatrecht EG 19 Anm 1; wg Haager UnterhÜbereink Anh EG 21. **Interlokales PrivR** EG 21 Anm 8.

9) Reform. Geplant ist die Einrichtg v **Unterhaltsvorschußkassen** zur Sicherg des Unterh v Kindern alleinstehnder Mütter u Väter (BT-Drucks 8/1952 v 22. 6. 78; sa DAVorm **78**, 433). Zur Hambger UnterhVorschKasse Görgens JZ **78**, 422.

I. Allgemeine Vorschriften

1601 *Verwandte in gerader Linie.* Verwandte in gerader Linie sind verpflichtet, einander Unterhalt zu gewähren.

1) Allgemeines. Auch die UnterhPfl zw Eltern u Kindern beruht nicht auf der elterl Gewalt, sond auf dem verwandtschaftl Verhältnis, Einf 1, so daß für die UnterhPfl gleichgültig ist, ob die Eltern diese Gewalt haben od nicht. Der UnterhAnspr wird nicht schon erfüllt durch dahingehende Vereinbg des Verpflichteten mit einem Dritten, RG JW **12**, 1062, sond durch tatsächl Gewährg des Unterhalts, mag diese auch aGrd eines solchen Vertr durch einen Dritten erfolgen, Warn **23/24**, 19.

2) Der Kreis der Verpflichteten. Verpflichtet sind die in gerader ab- u aufsteigender Linie miteinander Verwandten ohne Rücks auf den Grad der Verwandtsch; vgl auch § 1606. Nicht unterhaltspflichtig sind Verwandte in der Seitenlinie, also Geschwister, ebsowenig Verschwägerte, also auch nicht der Stiefvater ggü den Stiefkindern, BGH NJW **69**, 2007, uU aber mittelbar im Rahmen seiner Verpflichtgen ggü seiner Ehefr, § 1360 a Anm 1. Soweit aber Geschwister u Verschwägerte selbst Leistgen erbracht haben, können sie sie nicht zurückfordern, da sie einer sittl Pfl entsprechen, § 814.

1602 *Unterhaltsberechtigte.* ¹ Unterhaltsberechtigt ist nur, wer außerstande ist, sich selbst zu unterhalten.

II Ein minderjähriges unverheiratetes Kind kann von seinen Eltern, auch wenn es Vermögen hat, die Gewährung des Unterhalts insoweit verlangen, als die Einkünfte seines Vermögens und der Ertrag seiner Arbeit zum Unterhalte nicht ausreichen.

Schrifttum: Kunz, Einfl v Schenkgen auf Bedürftigk, FamRZ **77**, 692.

1) Vorbem zu §§ 1602, 1603. Sie geben die Voraussetzgen für das Eintreten der UnterhPfl. Bei mehreren UnterhBerechtigten § 1609. Wegen des Verfahrensrechts Einf 6 vor § 1601. Kläger hat **zu beweisen** die Verwandtsch, § 1601, und seine volle od teilweise (§ 1610) Bedürftigk, RG JW **04**, 295 (die Behauptg des Bekl, der Kl habe eigene UnterhBeschaffgsmöglichk, ist nur substanziiertes Bestreiten, also ohne Einwirkg auf die BewLast, vgl § 1602 II), die Dauer seiner Bedürftigk, RG JW **16**, 836, da im allg eine Verurteilg zur UnterhZahlg unstatth ist, vielm zunächst nur bis zum vollendeten 18. LebensJ (so auch Düss [LG] ZBl JugR **64**, 248, aM 28. Aufl, da erst dann im allg Ausbildg beendet) zu erstrecken sein wird, Augsbg (LG) FamRZ **70**, 90, s auch § 1615 f; bei wesentl Ändergen hilft beiden Teilen ZPO 323, nehel Kindern auch ZPO 642 b. Der Beklagte hat seine Leistgsunfähigk, § 1603 I, nachzuweisen, ferner, daß vorher od zugl mithaftende andere Verpflichtete vorhanden sind, die seine Inanspruchnahme ausschließen od verringern. Sind die Bekl die Eltern mj unverheirateter Kinder, so können sie, abgesehen von § 1602 II, die Einwendgen aus § 1603 II 2 erheben. Der Kl hat dann zu beweisen, daß die anderen Verwandten leistgsunfäh sind, RG **57**, 69. Erst dann ist die gesteigerte UnterhPfl der Eltern nach § 1603 II 1 gegeben.

2) Bedürftigk, I. Nur wer außerstande ist, sich selbst zu unterhalten, ist unterhberecht. **a)** Bedürftigk setzt voraus **aa) Vermögenslosigk**, so daß etwa. vorhandenes Verm zu verwerten ist (Warn **21**, 101), aber keine ganz unwirtschaftl Verwertg (vgl BGH FamRZ **57**, 120), wohl aber Einziehg ausstehder Fdgen (Warn **08**, 221), auch wenn sie aus einem zG des Berecht geschl Vertr des UnterhPflichtigen mit einem Dritten herrühren (Warn **16**, 284; sa § 1601 Anm 1). Auch etwaiger Kredit ist dch den Verpfl in Anspr zu nehmen (RG JW **07**, 674). Geringe Kapitalreserve für Krankh uä schließt Bedürftigk nicht aus. **bb) Erwerbsunfähigk.** Der Berecht hat seine ArbKraft zu verwerten (vgl § 1360 Anm 3 a, 1603 Anm 2). Grdlose Aufg der Arb macht nicht bedürft. Standesvorurteile sind unbeachtl. Jedoch muß die Übernahme der Arb dem Berecht zumutb sein (RG JW **17**, 42). Daher nicht ow Verpfl zum Abbruch begonnener Ausbildg (sa § 1610 Anm 4). Erwerbsunfähigk bei Krankh, einer Mutter bei Aufsichts- u Wartgsbedürftigk mehrerer Kinder, einer Tochter, die die kranke Mutter in väterl Haush vertritt (vgl RG **99**, 114). **b) Freiwillige Leistg Dritter** befreit nicht von der UnterhVerpfl, ebsowenig, wenn Kind bei einem wohlhabden Stiefvater wohnt (KG DR **41**, 1161) od die aus öff Mitteln gewährte Unterstützg (Einf 5 b vor § 1601), denn niemand braucht sich auf Almosen verweisen zu lassen (RG **72**, 199); anders, falls der Dr gewillt u dauernd imstande ist, den Unterh zu leisten (RG **105**, 166; aA Gernhuber § 41 II 2). Der UnterhBerecht, der **Sozialhilfe** bezieht, kann für die Zukft seine gesetzl UnterhAnspr geltd machen u nicht darauf verwiesen w, daß er weiter SozHilfe in Anspr nehmen könne (Stgt MDR **77**, 1020). **c) Kindergeld** (Lit: Marburger ZfF **76**, 100) soll die UnterhLast des UnterhVerpflichteten erleichtern, aber nicht den UnterhAnspr des Kindes erhöhen (BGH **70**, 151) u ist desh kein Einkommen des Kindes (BSG NJW **74**, 2152), aber der Anspr eines EltT auf Kindergeld begründet dessen Leistgsfähigk iSv § 1603, u zwar selbst dann, wenn für das UnterhBerecht kein Kindergeld gezahlt wird, diese aber als Zählkinder bei der weiteren Nachkommensch des UnterhVerpflichteten mitgerechnet w (AG Flensb DAVorm **76**, 228). Zur Unterscheidg zw Zahl- u Zählkindern Morawietz FamRZ **77**, 373. Bei nehel Kindern erfolgt, falls beide Elt kindergeldberecht sind, Anrechng zur Hälfte (§ 1615g). Geboten ist die analoge Anwendg dieser Regelg auf das ehel Kind (so auch Düss Tab NJW **77**, 290 für Mj, bei Vollj dagg Anrechng ganz), da die Verhältn des ehel u nehel Kindes sich vollst gleichen; Abweichgen hat bisl noch niemand angeführt (Bosch FamRZ **75**, 589; Bln u Nürnb-F DAVorm **76**, 84 u 358; Wiesb DAVorm **76**, 225; Hamm DAVorm **78**, 283; Schlesw SchlHA **78**, 52; Puls DAVorm **75**, 578; Büttner NJW **76**, 662; de lege ferenda: de With DAVorm **76**, 471). Ebso jetzt Düss NJW **78**, 1590 sowie BGH **70**, 151, der aber Analogie zu § 1615g verneint, weil es sich bei den UnterhLeistgen ggü ehel

Kindern dem.Grds nach um individuell zu bemessden Unterh handelt u nicht um schemat RegelUnterh. Um einen individuellen Ausgl bemüht sich Hamm DAVorm **78**, 445. Für gar keine Anrechng: LG Bln DAVorm **76**, 227. Für Anrechng von $^1/_3$: Heilbr Just **76**, 209; für volle Anrechng auf den UnterhAnspr des Kindes gg seinen Vater: Kaisersl, Bonn u Duisbg FamRZ **75**, 704ff. Dementspr keine Anrechng v Waisenrente analog § 1615g III (LG Hbg DAVorm **76**, 218); wohl aber analog § 4 RegUnterhVO (vgl Anh §§ 1615f, 1615g) Anm 1 Nichtanrechng v KiGeld, wenn and Kind Zählkind (Hamm FamRZ **78**, 459; Ffm FamRZ **78**, 721; Bielef DAVorm **77**, 194; aA Düss FamRZ **78**, 611 m ausführl Begrdg). Bei mehreren Kindern gleichmäß Verteilg des KiGeldes auf die Kinder (Saarbr FamRZ **78**, 724). Zu Kindergeld u EinkSteuer Hoffmann/Schneider NJW **75**, 1956. Zur Berücksichtigg der Kindergeldzahlg u Wegfall der steuerl Freibeträge nach verbindl Festlegg der UnterhPfl in einem ScheidgsfolgenVergl BGH FamRZ **77**, 461. Zur Bestimmg des BezugsBerecht f das KiGeld gem BKGG 3 III u IV vgl Karlsr DAVorm **77**, 138 sowie § 1615g Anm 1. Der Anrechng unterliegt nicht das zum Ausgl für erhöhten Bedarf an geistig u körperl Behinderte gez **Landespflegegeld** (Mainz DAVorm **78**, 448), wohl aber muß sich ein ehel Kind eine **Waisenrente** anrechnen lassen, die es nach seinem Stiefvater erhält (Hamm DAVorm **78**, 453). **d) Eigene Einnahmen des Kindes** sind grdsätzl auf seinen UnterhAnspr anzurechnen, indem sie seine Bedürftigk verringern. Anderes ist idR zugleich auch ein großzügigeres Taschengeld anzusetzen, so daß eine Sechzehnjähr von 100 DM, die sich die Zeitgsaustragen verdient, die Hälfte unangerechnet behalten darf (Hbg DAVorm **78**, 187). **e) Verschulden** der Bedürftigk hindert UnterhBerechtigg nicht; s aber § 1611.

3) Erhöhte Unterhaltspflicht der Eltern II, ist ggü mj, unverheirateten Kindern gegeben. Ein Kind ist auch nach Auflösg der Ehe nicht unverheiratet, RGRK Anm 17; anders nach NichtigErkl der Ehe, ebenso Staud-Gotthardt Anm 47, vgl auch Einf 1 b vor EheG 16, aM RGRK Anm 17 (da durch Eheschl ebenf aus engerem FamKreis ausgeschieden). Daß den Eltern die elterl Gewalt zusteht od das Kind hauszugehörig ist, ist nicht Voraussetzg, § 1601 Anm 1. Das Kind braucht zwar nicht den Stamm seines Vermögens anzugreifen (Ausn im Falle der Leistgsunfähigk der Eltern, § 1603 II 2, vgl auch oben Anm 1), muß aber die Einkünfte seines Vermögens, wozu auch die Abfindg gem § 844 II gehört, RG **151**, 101, u sonstige Einkünfte, Schrade FamRZ **57**, 346, wobei freilich zu berücksichtigen ist, daß das Kindesvermögen zu erhalten ist, § 1649 I, es sich hier also nur um die Einkünfte aus dem Kindesvermögen abzügl der VerwKosten handeln kann, § 1649 Anm 2a. Kraft der elterl Gewalt können die Eltern das Kind zur Arbeit anhalten, vgl BayObLG **3**, 24; ein ArbVerdienst entlastet die Verpflichteten, soweit der Bedürft ihn nicht iS seines Verdienstes verbraucht u ein geringes Taschengeld benötigt (Lehrling), Saarbr (LG) NJW **69**, 1766.

4) Im allg keine **RückFdg** geleisteten gesetzl Unterhalts seitens des Verpflichteten bei Besserg der Verhältnisse des Unterstützten; denn der Grd zur Zahlg ist durch die spätere Besserg nicht weggefallen, RGRK Anm 29. Anders wenn es sich nur um ein Helfen aus einer von vornherein als vorübergehd anzusehen Notlage handelt od die VermLage unrichtig eingeschätzt wurde, zB Unkenntnis einer Rentenberechtigg, RGRK Anm 28, 29. Dann liegt Darl bzw § 812 vor. Bei Täuschg durch den Berechtigten hilft auch im Falle der urteilsmäßigen Festsetzg § 826. Wegen ErsAnspr Dritter vgl Einf 5 vor § 1601.

1603 *Voraussetzungen der Unterhaltsverpflichtung.* **I** Unterhaltspflichtig ist nicht, wer bei Berücksichtigung seiner sonstigen Verpflichtungen außerstande ist, ohne Gefährdung seines angemessenen Unterhalts den Unterhalt zu gewähren.

II Befinden sich Eltern in dieser Lage, so sind sie ihren minderjährigen unverheirateten Kindern gegenüber verpflichtet, alle verfügbaren Mittel zu ihrem und der Kinder Unterhalte gleichmäßig zu verwenden. Diese Verpflichtung tritt nicht ein, wenn ein anderer unterhaltspflichtiger Verwandter vorhanden ist; sie tritt auch nicht ein gegenüber einem Kinde, dessen Unterhalt aus dem Stamme seines Vermögens bestritten werden kann.

1) Vgl zunächst § 1602 Anm 1, insb wg BewLast. Für die UnterhPfl der Eheg untereinander gilt nicht § 1603, sond §§ 1360, 1361. Wg des UnterhAnspr des mj Miterben, der zu den Kindern des Erblassers eines Hofes od zu den Geschw des Hoferben gehört, in den Ländern der früh BrZ vgl HöfeO 12 VI. Läßt sich der Unterh nicht bereits anhand der Kenntn ü das Eink der UnterhVerpflichteten bemessen, besteht ein entspr **Auskunftsanspruch** (§ 1605). Zu steuerrechtl Fragen iR der EinkFeststellg Puls DAVorm **75**, 72 u 141.

2) Leistgsfähigk des Verpflichteten, I. Entspr dem bei § 1602 Anm 2 Gesagten kommt es bei der Beurteilg der Leistgsfähigk an auf: **a)** das **Vermögen** des Verpflichteten, dessen Stamm uU angegriffen w muß (RG JW **07**, 674), soweit dabei nicht etwa der angem Unterh gefährdet wird; der Verpflichtete muß uU Kredit in Anspr nehmen (RG SeuffA **63**, 162), auch seine Fdgen geltd machen, zB RückFdgsAnspr aus einer Schenkg (RG LZ **15**, 1096). Bei befreiter VorErbsch kommt es auf den Nachl an (Rostock OLG **33**, 344). Kein Recht, auf Kosten des UnterhBerecht Vermögensbildg zu betreiben; desh kann UnterhSchuldn dem Berecht Verbindlichkeiten für eine EigtWohng nicht entgegenhalten (Hbg DAVorm **78**, 295). Künft Verm nur bei naheliegdem sicheren Erwerb zu berücks (vgl RG JW **04**, 295). Nicht zu berücks solches Verm, über das der Pflichtige nicht verfügen kann. Veräußert der Pflichtige Vermögen, um sich der UnterhPfl zu entziehen, so ist die Veräußerg als nicht geschehen anzusehen (§ 826). Unterhaltsrechtl unzul ist es auch, sein Einkommen zZw der Vermögensbildg festzulegen u sich ggü dem UnterhBerecht auf Leistgs-Unfähigk zu berufen (AG Hbg DAVorm **76**, 162). Anfechtg mögl bei einem AuseinandSVertr unter Eheg mit unberecht hoher Zuweisg an den einen (RG **57**, 81; Zweibr OLGZ **65**, 305). – **b)** die **Einkünfte** des Verpflichteten, also auch die Zinsen des vom TestVollstr verwalteten Nachl (RG LZ **18**, 1268), verschleiertes ArbEink iSv ZPO 850h I (Schlesw SchlHA **57**, 30). Von seinen mtl Nettoeinkünften darf der alleinstehde UnterhVerpfl zur Sicherstellg einer ausreichden Lebensbasis iW des sog **Selbstbehalts** einen Teil seiner Einkfte zur eig Versorgg beanspruchen. Auszugehen ist vom **bereinigten Nettoeinkommen**, dh bestimmte Beträge sind nochmals vorweg abzuziehen: bei Freiberuflern u höher Verdienenden Beiträge zu einer eig angem KrankenVers u Altersvorsorge, währd bei Nichtselbständ davon ausgegangen w, daß die

Verwandtschaft. 3. Titel: Unterhaltspflicht § 1603 2, 3

dem UnterhSchu zur Vfg stehden Einkfte bereits um die SozBeiträge vermindert s; gewisse Werbgskosten, insb Fahrtkosten zur ArbStelle (Hamm DAVorm **78**, 199), vor allem bei Gehbehinderg (Hamm DAVorm **78**, 280); Schulden, soweit sie sich der UnterhBerecht auch bei intakter Fam entgghalten lassen müßte u idR nur iR eines Tilggsplans (Anm 3b); dagg idR nicht Kosten für eine Aufwartefrau (Hamm DAVorm **78**, 280), der Ortszuschlag, Beiträge für eine LebensVers sowie für SchadensVers wie Unfall, priv HaftPfl usw (Schlesw SchlHA **78**, 81). Der Selbstbehalt berücks ferner einen gewissen Vorrang des Verdienden, um seine Arbeitsfreude zu erhalten (Düss NJW **77**, 392; Ffm FamRZ **78**, 433; aA KG NJW **77**, 1689). Es wird nicht an den in den BuLändern unterschiedl gestaffelten SozHilfesätzen (BSHG 22) u auch nicht an den Pfändgsfreigrenzen (ZPO 850c u d) orientiert, sond in Anlehng an die Beträge von BAföG 13, 14a festgesetzt, u zwar unterschieden nach der famrechtl Stellg des UnterhBerecht (grdlegd Ffm FamRZ **78**, 433): ggü mj unverheirateten Kindern (Anm 4); ggü vollj Kindern (Anm 3a); ggü der geschiedenen Ehefr (§ 1581 Anm 2b) u iF des GetrenntL der Eheg (§ 1361 Anm 2b cc). **Überstundenvergütg** wird zur Hälfte berücks (Hamm NJW **78**, 547 u DAVorm **78**, 199). **Vermögenswirksame Leistgen** mindern die Eink dagg nicht; da der UnterhSchuldn über diese Betr aber zZ nicht ow verfügen kann, kann als Ausgl etwa Sparzulage unberücks bleiben (Hamm DAVorm **78**, 199). Bei **Unterlassg zumutbarer ArbLeistgen** ist auf die imaginären Einkfte abzustellen (Warn **31**, 108; sa § 1360 Anm 1 u 3 a), so zB bei RAnw mit angebl 134 DM Einkften aus seiner Praxis: 1800 DM (Augsbg DAVorm **78**, 462). Das gilt auch bei nicht zwingd gebotenem **Berufswechsel** in weniger gut bezahlte ArbStelle (LG Hbg DAVorm **75**, 187); bei Mithilfe im Gesch des Eheg statt entlohnter anderweit Tätigk (AG Hbg-Alt DAVorm **75**, 251; LG Kblz DAVorm **76**, 87; Paderb DAVorm **76**, 223); bei NichtAufg der ArbStelle zZw zumutb Tauschs mit einer besseren (MöGladb FamRZ **69**, 38); bei Übern der Hausmannsrolle in einer neuen Ehe (Krfld NJW **77**, 1349; sa § 1360 Anm 3a), auch wenn dadch der Ehefr eine bessere Ausbildg ermöglicht w soll (Gött DAVorm **77**, 771). Kein Recht, mRücks auf das GrdR der freien Berufswahl (GG 12 I) zwecks **weiterer Ausbildg** den Beruf aufzugeben u seine Angeh der SozHilfe zu überantworten (OVG Münst FamRZ **75**, 60). Unterhaltsrechtl nicht anerkannt wird daher die Aufg einer Tätigk als Ingenieur (Schlesw SchlHA **77**, 201) od als Musiker u KfzMechaniker zG eines Studiums, auch bei UnterhVerpfl ggü nehel Kind (Kstz DAVorm **77**, 386). Zum böswill Unterlassen anderweit Erwerbs dch Aufn eines Studiums iRv HGB 74 c I 1 vgl BAG VersR **75**, 551. Bei ohne zureichdn Grd studierdem Chemotechniker wird 2000 DM mtl Eink unterstellt (Lüneburg DAVorm **78**, 207); DiplIng darf nicht 3. Studium aufn (BrschwDAVorm **78**, 209). Der UnterhSchu muß nachweisen, daß er alle Möglichkten ausgeschöpft hat, eine ArbStelle zu finden; bloße Meldgen beim zuständ ArbAmt genügen nicht (LG Karlsr NJW **77**, 540 L). Grdsl hat der UnterhPflicht zG aller UnterhBerecht, auch nehelicher Kinder, seine Arbeitskr so gewinnbringd wie eben mögl einzusetzen (LG Kln DAVorm **78**, 137). Verpfl zur Zahlg v RegUnterh (§ 1615f) an nehel Kind geht der Erlangg einer Zweitausbildg vor (AG Brschw DAVorm **74**, 621). Dagg muß ein Kind kurzfrist Minderg seines UnterhAnspr hinnehmen, sofern dem UnterhPflichtigen dch das ArbAmt eine wirtschaftl sinnvolle UmschulgsMaßn zugebilligt wurde (LG Kln DAVorm **75**, 35). Eine Aufg der Erwerbstätigk dch den UnterhVerpfl kann dem UnterhBerecht ausnahmsw auch dann entggehalten w, wenn sie nur für eine verhältnismäß kurze Zeit (2J) erfolgt u dem Zweck dient, dem Ehe zweitl Ausbildg sich anerkennensw Aufstiegsmöglichkten zu verschaffen, zB vom einf in den mittleren Dienst bei der BuPost (Düss FamRZ **78**, 256). Hingg werden **nicht gefordert unwirtschaftl Maßnahmen** wie verlustreicher Verkauf des nicht genügde Einkfte abwerfden Gesch (RG Recht **11**, 3330); bei einem Studenten KreditAufn unmittelb vor dem Examen (LG Hbg DAVorm **75**, 305) bzw Abbruch des Studiums (Warn **21**, 128), es sei denn nach 30 Sem (AG Hamm DAVorm **75**, 45). Zur UnterhPfl von Studenten vgl allg Barth ZBlJugR **76**, 343. Unberücks bleiben ferner jederzeit entziehb freiw Zuwendgen Dr (RG LZ **21**, 304) sowie Erwerb aus unsittl Geschäften, soweit damit deren Fortsetzg vorausgesetzt w, es sei denn der UnterhSchu tut dies von sich aus. Berücksichtigg von Sonderzulagen nur, soweit nicht dch den VerwendgsZw aufgebraucht w. Befreiend wirken kann auch die **verschuldete Leistgsunfähigk** insb Unfall od Strafhaft, nicht aber wenn letztere gerade wg StGB 170b (LG Bln DAVorm **75**, 43) od wg versuchten Totschlags an der Mutter des unterhberecht Kindes erfolgt (LG Hbg DAVorm **77**, 770). **Konkurrieren mehrere unterhaltsberechtigte Kinder** miteinand, hat der BetreuungsUnterh ggü dem Kleinkind idR Vorrang, so daß eine Mutter nicht gezwungen ist, zG eines nicht bei ihr aufwachsden Kindes eine Erwerbstätigk aufzunehmen (Stgt FamRZ **78**, 724; KG FamRZ **78**, 726).

3) Bei **Gefährdg des eigenen angemessenen Unterhalts, I,** findet die UnterhVerpflichtg ihr Ende; bei teilw Gefährdg tritt teilw Befreiung ein. Die and verpflichteten Verwandten treten ein (§ 1607 I). Der später wieder leistgsfäh gewordene Verpflichtete braucht nicht nachzuzahlen. Bei Änderg in der Leistgsfähigk ZPO 323. Zum angem Unterh vgl § 1610 I (für die gesch Eheg hingg § 1578 Anm 2). Eine schon bestehde Beeinträchtigg wird nicht gefordert (RG JW **01**, 321), jedoch sind fernliegde Erwartgen dieser Art nicht zu berücksichtigen (RG JW **04**, 295). Erschwerg der Erlangg einer nit gewissl wirtschaftl Selbständigk ist noch keine Gefährdg (Posen Recht **06**, 727). **a) Selbstbehalt** (Anm 2b) ggü vollj Kindern nach der Düss Tab (§ 1610 Anm 1) idR 1000 DM (ebso Hamm DAVorm **78**, 199) bis ca $1/3$ des NettoEink; nach Ffm FamRZ **78**, 434 mind 950 DM. **b)** Bei der Beurteilg der Leistgsfähigk sind die **sonstigen Verbindlichkeiten des Verpflichteten** zu berücksichtigen, dh alle, auch die aus § 1609 II, EheG 58ff aF od vermeidb Schulden, auch solche, die in nächster Zeit fäll w (vgl RG LZ **15**, 1096), nicht jedoch die nach od im Hinbl auf die bestimmt zu erwartde Inanspruchn dch den UnterhBerecht unverständigerw (BayObLG NJW **61**, 38) eingegangenen Verpflichtgen; ihnen ggü hat die UnterhPfl ijF Vorrang. Anschaffgen im priv Bereich muß der UnterhSchuldn in einem maßvollen Rahmen halten, so daß er für KfzMechan ein Kredit iHv 14000 DM nicht berücks wird (Hamm DAVorm **78**, 358). Auch iü darf die Berücksichtigg nicht so erfolgen, daß die Verbindlichk zum Nennbetrage eingesetzt werden, sondern nur iR eines vernünft **Tilggsplans** (RG LZ **21**, 654; AG Hbg DAVorm **75**, 39), wobei nur solche Verpflichtgen einbezogen w können, die vor dem Ztpkt eingegangen wurden, zu dem der UnterhSchu mit seiner Inanspruchn rechnen mußte (Stgt DAVorm **77**, 246). An dritte Gläub darf der UnterhSchu iü nur bis zur Höhe der gesetzl festgelegten Pfdgs-

Grenze (ZPO 850c) zahlen, so daß dem UnterhBerecht ijF (vgl ZPO 850d) ein gewisser Unterh verbleibt (Schlesw DAVorm **78**, 203). Wg der Berücksichtigg v Kindergeld § 1610 Anm 1, § 1615g.

4) Erweiterte Unterhaltspflicht der Eltern gegenüber mj unverheirateten Kindern, II. Unverheiratet vgl § 1602 Anm 3. Die Erweiterg der Verpflichtg tritt dadurch ein, daß sie nicht vor der Gefährdg des angem Unterh Halt machen, sond (nach Abzug der Schulden) **alle verfügbaren Mittel** heranzuziehen sind, mithin Einschränkg der Elt auf das zur Existenz unbedingt Erforderl (RG JW **03**, Beil 29). Bei der gleichmäß Verteilg ist auf die Erhaltg der ArbKraft des Ernährers Rücks zu nehmen (vgl RG **57**, 76; Celle NdsRpfl **76**, 261). UnterhSchu muß notf aber auch Beschäftiggen annehmen, die seinem bish Werdegang nicht entspr (AG Hann DAVorm **74**, 391). Zur Sicherstellg des UnterhBedarfs ist ggf unbelastetes Grdst zu verwerten (AG Ravbg DAVorm **76**, 229). **Selbstbehalt** (Anm 2b) ggü mj unverh Kindern nach der Düss Tab (§ 1610 Anm 1) wenigstens 550 DM; nach Ffm FamRZ **78**, 434 mind 625 DM; Düss NJW **77**, 392 600 DM zuzügl 325 DM für Miete; Hamm NJW **78**, 547 u DAVorm **78**, 191 mind 650 DM; KG NJW **78**, 274 rd 670 DM; AG Günzbg DAVorm **78**, 194 DM 711; Düss *(3. Sen)* NJW **78**, 1590 in **Fortführg der Düss Tab**: 600 DM bis in den höheren EinkommensGr $^1/_3$ des NettoEink; daneben keine bes Berücksichtigg der Miete, die vielm aus dem Selbstbehalt von 600 DM zu decken ist. **Keine erweiterte Unterhaltsverpflichtg, – a)** wenn der Unterh des Kindes aus dem Stamm seines eig Vermögens bestritten w kann (Ausn v § 1602 II); hinterlegtes Verm (§ 1667 II 4) ist vom VormschG freizugeben (BayObLG **1**, 315); – **b)** wenn and leistgsfäh Verwandte vorhanden sind; Beweislast § 1602 Anm 1.

1604 *Einfluß des Güterstandes.* Besteht zwischen Ehegatten Gütergemeinschaft, so bestimmt sich die Unterhaltspflicht des Mannes oder der Frau Verwandten gegenüber so, wie wenn das Gesamtgut dem unterhaltspflichtigen Ehegatten gehörte. Sind bedürftige Verwandte beider Ehegatten vorhanden, so ist der Unterhalt aus dem Gesamtgut so zu gewähren, wie wenn die Bedürftigen zu beiden Ehegatten in dem Verwandtschaftsverhältnis ständen, auf dem die Unterhaltspflicht des verpflichteten Ehegatten beruht.

Vorbem. Durch GleichberG Art 1 Z 17 der bisherige I gestrichen; im übrigen inhaltl unverändert.

1) Allgemeines. § 1604 regelt die Besonderheiten, die sich für die Bemessg der Leistgsfähigk des Verpflichteten mit Rücks auf die GütGemsch ergeben. Bei dem gesetzl Güterstd der ZugewGemsch keine Besonderh. – Entspr anwendbar bei Wiederverheiratg des Verpflichteten, EheG 68.

2) Gütergemeinschaft; §§ 1437ff, 1459ff. Der Verpflichtete wird unter Außerachtlassg der Rechte des anderen Eheg insof als AlleinEigtümer des GesGutes angesehen. Hat ein Eheg Sonder- od VorbehGut, so sind diese Vermögensmassen nur bei der Beurteilg seiner eigenen Leistgsfähigk zu berücksichtigen. Auch wenn die UnterhPfl bei der GütGemsch durch den Besitz von Sonder- od VorbehGut begründet worden ist, ist sie eine GesGutsverbindlichk, §§ 1437 I, 1459 I, wg des Innenverhältnisses vgl §§ 1441 Z 2, 1463 Z 2. Für die Verpflichtgen des nicht verwberechtigten Eheg haftet auch der andere persönl, bei gemeinschaftl Verw haften beide persönl, §§ 1437 II 1, 1459 II 1; Erlöschen dieser Haftg vgl §§ 1437 II 2, 1459 II 2. Sind vgü beiden Eheleuten UnterhBerechtigte vorhanden, S 2, so werden sie als mit beiden Eheg verwandt angesehen u danach die Rangordng der Berechtigten aufgestellt, § 1609.

1605 *Auskunftspflicht.* ¹ Verwandte in gerader Linie sind einander verpflichtet, auf Verlangen über ihre Einkünfte und ihr Vermögen Auskunft zu erteilen, soweit dies zur Feststellung eines Unterhaltsanspruchs oder einer Unterhaltsverpflichtung erforderlich ist. Über die Höhe der Einkünfte sind auf Verlangen Belege, insbesondere Bescheinigungen des Arbeitgebers, vorzulegen. Die §§ 260, 261 sind entsprechend anzuwenden.

II Vor Ablauf von zwei Jahren kann Auskunft erneut nur verlangt werden, wenn glaubhaft gemacht wird, daß der zur Auskunft Verpflichtete später wesentlich höhere Einkünfte oder weiteres Vermögen erworben hat.

1) Die dch 1. EheRG Art 1 Z 21 eingef Vorschr normiert den schon vorher von der gerichtl Praxis gewährten **Auskunftsanspruch** von Verwandten in gerader Linie. Hinsichtl der AuskPfl unter Eheg § 1353 Anm 2 b dd; nach Scheidg § 1580, bez Versorgg § 1587 e I. **Zweck:** Der UnterhBerecht u der -Verpflichtete sollen sich rechtzeit Gewißh über die ggseit Einkommens- u VermVerhältn verschaffen können, soweit dies zur Feststellg eines UnterhAnspr od einer UnterhVerpfl erforderl ist. Dadch werden die Beteiligten in die Lage versetzt, einen RechtsStr zu vermeiden od in einem Proz ihre Fdgen recht zu bemessen u zu begründen u Einwendgen vorzubringen (BT-Drucks 7/650 S 172). Es besteht keine allg OffenbargsPfl hins des Verm (Stgt FamRZ **78**, 717).

2) Voraussetzgen, I 1. a) Verwandte in gerader Linie § 1589 Anm 2. Der AuskAnspr besteht wechselseit, also unabh davon, wer von wem Unterh begehrt, ob Kinder von Elt od umgek, u unabh davon, ob als UnterhGläub od -Schuldn. Die AuskPfl besteht nicht ggü Verwandten in der Seitenlinie, also etwa ggü Geschwistern, auch wenn von deren Leistgsfähigk zB die Höhe der eig UnterhPfl ggü den Elt abhängt. **b)** AusktsPfl bezieht sich auf **Einkünfte u Vermögen**, nicht auf and Umst, insb keine AuskPfl bezügl des Einkommens von Ehepartnern od Kindern des Verwandten. Die Ausk soll sich nicht ijF auf die gesamten Einkfte u das ges Verm erstrecken, sond muß nur insow erteilt w, wie sie zur Feststellg eines UnterhAnspr od einer UnterhVerpfl **erforderl** ist (BT-Drucks 7/650 S 172). Die AusktsPfl besteht auch (wg ZPO 323), wenn ein UnterhTitel bereits vorliegt (Stgt Just **78**, 74). **Umfang:** Der AuskftsPflicht hat idR über seine EinkVerhältn für die Zeit etwa der letzten 12 Mo vor KlErhebg Auskft zu erteilen. Die Bescheinigg des ArbGeb muß v diesem unterzeichnet s (Stgt FamRZ **78**, 717). Der Arbeitslose erfüllt mRücks auf seine Verpfl, die eig Arbeitskr iR des Zumutb auszunutzen (§ 1603 Anm 2b), seine AuksftsPfl nicht schon dadch, daß er den Antr auf Zahlg v ArbeitslGeld od -Hilfe vorlegt (Stgt Just **78**, 74). Steht von vornh nur ein beschrkter UnterhAnspr in Frage, weil der UnterhBerecht über eig Eink verfügt, so erstreckt sich die AuskPfl nur auf die diese UnterhSpitze betreffde Leistgsfähigk.

3) Zusatzverpflichtgen. Über die Höhe der Einkfte sind auf Verlangen **Belege,** insb Bescheinigen des ArbGebers, **vorzulegen, I 2.** Zur Dchsetzg besonderer Titulierg erfdl (Düss FamRZ **78**, 717). Dagg nicht Vorlage der SteuerErl od KtoAuszüge von Banken uä. Die entspr Anwendg der §§ 260, 261, **I 3**, bedeutet, daß der AuskPflichtige dem Berecht ein **Verzeichnis** seiner Einkfte u Ausgaben **vorzulegen** u, sof Grd zu der Annahme besteht, daß das Verzeichn nicht mit der erforderl Sorgf aufgestellt w ist, eine entspr **eidesstattl Versicherg** abzugeben hat. **Verstoß gg die AuskftsPfl:** Schuldh Nichterfüllg der AuskPfl verpflichtet zum **SchadErsatz** (Bln-Charl DAVorm **75**, 363) bzw kann das Ger von dem vom UnterhKl behaupteten NettoEink (bei Zahnarzt: 10000 DM) ausgehen (Wuppt DAVorm **78**, 457).

4) Beschränkg der AuskftsPfl, II. Grdsl soll die Ausk erneut nur nach Ablauf v 2 J seit der letzten Ausk verlangt w können, da ein erneutes AuskVerlangen nur der Abänderg der UnterhRente dienen soll, sich innerh dieser Fr aber idR die Lebenshaltkosten u die Löhne u Gehälter nicht in dem nach ZPO 323 vorausgesetzten Umfg ändern (BT-Drucks 7/650 S 172). Bei Vergl Ztpkt v dessen Abschl maßgebd (Stgt FamRZ **78**, 717).

1606 *Reihenfolge der Unterhaltsverpflichteten.* I Die Abkömmlinge sind vor den Verwandten der aufsteigenden Linie unterhaltspflichtig.

II Unter den Abkömmlingen und unter den Verwandten der aufsteigenden Linie haften die näheren vor den entfernteren.

III Mehrere gleich nahe Verwandte haften anteilig nach ihren Erwerbs- und Vermögensverhältnissen. Die Mutter erfüllt ihre Verpflichtung, zum Unterhalt eines minderjährigen unverheirateten Kindes beizutragen, in der Regel durch die Pflege und Erziehung des Kindes.

Schrifttum: Derleder/Derleder, Persönl Betreuung u BarUnterhPfl, NJW **78**, 1129.

Vorbem. II 2 durch GleichberG Art 1 Z 19 gestrichen u III neu angefügt; EheG 71 hat sich damit erübrigt (GleichberG Art 8 II 1); ein gesch Eheg hat gg den und keinen eig Anspr auf Leistg v Unterh für gemschaftl Kinder (Hamm NJW **75**, 1711; aA Hbg FamRZ **75**, 503). NEhelG Art 1 Z 11 ersetzt III, streicht I 2 u gibt II jetzige Fassg.

1) Allgemeines. Vor den in § 1606 genannten Verwandten ist der Eheg unterhaltspfl, § 1608, auch der geschiedene, soweit er überh unterhaltspfl ist, EheG 63 I, 58 ff, im Falle der Kindesannahme der Annehmende, dem Kinde vor den leibl Verwandten aufsteigder Linie, § 1766. Voraussetzg für die Inanspruchn des Verwandten ist, daß der vor ihm Haftende nicht leistgsfähig ist od daß die Rechtsverfolgg bgg diesen im Inlande ausgeschl od erhebl erschwert ist; dann tritt der nach ihm Haftende ein, § 1607, soweit er leistgsfähig ist. Mehrere UnterhPflichtige können als Streitgenossen in Anspr genommen werden, ZPO 59 ff, was sich zur Vermeidg der verschiedenen Berechng der Anspr empfiehlt.

2) In erster Linie sind die Abkömmlinge, vgl Übbl 2 vor § 1589, unterhaltspflichtig, ehel wie unehel, § 1589 Anm 3. Sie haften nach Gradesnähe, nicht wie bish nach der gesetzl Erbfolgeordng. Unter den Abkömml haften die näheren vor den entfernteren, II, also Kinder vor den Enkeln.

3) In zweiter Linie sind die Verwandten aufsteigder Linie unterhaltspfl, u zwar die näheren vor den entfernteren. Sind mehrere gleich nah verwandt, so haften sie wie die Elt (Anm 4 a) anteil nach ihren Erwerbs- u VermVerhältn, also nicht als GesamtSchu. Aber AusfallHaftg (§ 1607 I) bei vollem od teilw Entfallen der UnterhPfl bei dem einen (§ 1603 I). Der Art nach brauchen die Leistgen nicht gleich zu sein (arg III 2). Tatsächl Betreuung entlastet aber auch die GroßElt nicht, zum BarUnterh beizutragen (Limbg DAVorm **78**, 359). Studieren beide Elt, haben für pflegebedürft nehel Kind beide GroßElt anteil aufzukommen oberücks der Betreuungsleistgen dch die Mutter (AG Hbg DAVorm **74**, 395). Aber III 2 analog, wenn Kind von der einen Großmutter aufgezogen w. Vor Inspruchn der GroßElt ist die LeistgsUnfähigk der Elt des (nehel) Kindes zu beweisen (Darmst DAVorm **75**, 481). GroßElt müssen nur dann f den Unterh eines Enkels aufkommen, wenn von beiden EltTeilen nicht der ausreichde Unterh zu erlangen ist; II hat Vorrang ggü § 1607 I (Schweinf DAVorm **77**, 196).

4) Die Eltern haften als **a)** gleich nahe Verwandte der aufsteigden Linie **gleichrangig,** aber wg der subj unterschiedl Vorauss der UnterhPfl (vgl § 1603) nicht als GesamtSchu, sond nur anteil (krit dazu Beitzke § 24 I 4 a). Das gilt auch für die Berufsausbildskosten (Brhaven FamRZ **77**, 72; Hamm **75**, 72). Allerd haftet der Vater des nehe Kindes für den RegelUnterh vorrang vor der Mutter (§ 1615 f). Ebso bei einem ehel Kind, wenn es beim Vater lebt u dieser in einer UnterhVereinbg die UnterhLast allein übern hat; die mutter haftet dann erst bei LeistgsUnfähigk des Vaters (Lüb MDR **77**, 493 zweifelh). Auch iF des Todes eines EltT Ausfallhaftg des and EltT (LG Stgt FamRZ **68**, 215; sa unten c). Unerhebl, ob die Elt elt Gewalt haben u ob Kind vollj. Strafrechtl Sicherg StGB 170 b, wobei Einspringen des einen für den and EltT diesen uU nicht entlastet (Stgt FamRZ **61**, 179, Hamm FamRZ **64**, 581). Die Barleistgen des Vater u die Kindesbetreuung dch die Mutter sind grdsätzl **gleichwertig** u umgek (BGH NJW **78**, 753; BSG FamRZ **68**, 458). Der **Umfang** der Haftg richtet sich individuell nach den Erwerbs- u VermVerhältn jedes EltT (§ 1603), so daß die Leistgen der Elt idR keinesw gleich s werden. – **b) Die Mutter,** auch die nehel u diese ggf dch Einspringen von Verwandten (LG Kblz DAVorm **76**, 407), genügt ihrer UnterhPfl regelm dch die Führg des Haush u die darin eingeschlossene tatsächl Versorgg des Kindes, solange dies mj u unverh ist, **III 2,** währd der Vater den Unterh dch seine Erwerbstätigk aufbringen muß, soweit nicht evtl Einkfte aus dem KindesVerm u dessen Arb ausr (§§ 1649, 1602 II). Bei Leistgsunfähigk des Vaters haftet vor dessen Elt die Mutter, deren Privileg insow entfällt (AG Hbg DAVorm **75**, 249). Ist das Kind dauernd außer Hause od in einer Anst untergebracht, so daß die RegelVersorgg gem III 2 ausscheidet, ist das entw, wenn die Ehel zusleben, wg § 1360 unerhebl, od die (auch ne) Mutter hat ihrer UnterhPfl ebenf gem III 1 nachzukommen (BVerfG NJW **69**, 1617). Die Erwerbstätigk beider Elt führt jedoch nicht automat zu einer Verteilg des UnterhBedarfs des Kindes anteil nach dem beiderseit ArbEink (so aber LG Köln FamRZ **70**, 91). Zu den verschiedenen Bewertgs-Maßst für tatsächl Betreuungsleistgen vgl Derleder/Derleder NJW **78**, 1130. Bei **eigener Berufstätigk** der Mutter kommt es vielm auf das Ausmaß der dch sie tatsächl geleisteten od (bei Einspringen von Verwandten uä) ihr persönl zurechenb Betreuung des Kindes iSv III 2 an: Mindert sich die Pflegeleistg, so ist diese in Geld zu schätzen u dem Barbedarf hinzuzurechnen (vgl LG Hanau DAVorm **76**, 279). Grdsl anders Derleder/Derleder NJW **78**, 1133, nach deren Auffassg eig Eink des SorgeBerecht sich überh nicht auf den Bar-UnterhAnspr dem and EltT ggü auswirkt u mit der Berufstätigk verbundene Betreuungsminderleistgen allenf sorgerechtl Konsequenzen haben sollen. Aber auch wenn man berücks, daß die Mutter nicht verpfl ist, einer ErwTätigk nachzugehen, kommt man nicht daran vorbei, daß die Zeit u Kraft (im wesentl) eben nicht der Pflege des Kindes, sond der Erzielg v Eink widmet (Stgt NJW **78**, 1166). IjF ist anrechenb, u zwar zur Hälfte (BGH **70**, 151; § 1602 Anm 2c), das der Mutter ausgezahlte Kindergeld. Die Mutter kann sich außerd auf III 2 nicht zurückziehen, sobald sie ein deutl über dem angem LebensBed liegdes Eink (1300 DM) hat, währd der Vater zu einem weiteren Unterh nur unter Verringerg seines schon ohnehin unter dem angem LebUnterh liegden ihm zVfg stehden Eink (809 DM) zahlen kann (Hamm DAVorm **78**, 190). Ist das Kind einen Teil des Tages bei einer **Tagesmutter** untergebracht, muß der sorgeberecht, berufstät EltT dafür aufkommen; dem and EltT ggü entstehen dadch keine höheren UnterhAnspr (Schwalbach DAVorm **77**, 43). Befinden sich die Kinder in einem Internat u sind beide Elt berufstät, so Verteilg der UnterhLast zw Vater u Mutter im Verhältn 3/5 zu 2/5 (AG Duisbg DAVorm **76**, 353). Wird die mütterl Sorge u Pflege ausr gewährt, bleibt das ArbEink der geschiedenen Mutter, soweit es das des Vaters nicht nachhalt übersteigt, grdsl außer Betr (Wiesb FamRZ **74**, 199); doch gilt das nicht bei 17- u 12j Töchtern, die bei sonst nicht mehr angem Unterh des Vaters sich zu $1/3$ ihres UnterhBedarfs an die Mutter halten müssen (KG FamRZ **77**, 818), u wohl kaum bei 15jähr u GanztagsbeschäftigG der Mutter (and Hann DAVorm **76**, 501, wobei iR des „overprotection" § 1634 berücks w muß). Keine Anrechng dagg bei 11jähr, dessen Schulzeit sich mit der ArbZt der Mutter deckt, wenn Vater 1572 DM u Mutter 600–700 DM verdient (Schlesw SchlHA **78**, 51). Allerd ist eine Gefährdg des angem eig Unterh beider EltTeile möglichst zu vermeiden, so daß nur zeitw Versorgg zur Tragg der finanz UnterhLast führen kann (Stgt FamRZ **73**, 383). Eine ZuschußPfl kann auch bestehen bei hohem LebStandard der bei der Mutter lebden Kinder (LG Bln FamRZ **69**, 546) od beachtl Verm der ne Mutter, wenn diese wg des Alters der Kinder tats kaum noch in Anspr gen wird (Mü FamRZ **74**, 205). Sind die Elt geschieden u geht die Mutter, bei der das Kind lebt, einem Erwerb nach, so muß sie sich ajF am Entgelt für eine BetreuungsPers beteiligen (Augsbg FamRZ **70**, 90). Ist die Mutter berufstät (Bardame) u leben die Kinder beim Vater, so befreit ihn die tatsächl Betreuung nicht völl von einem finanz Beitr (LG Bln DAVorm **74**, 124). Iü gilt III 2 für den **Vater,** der das Kind betreut (vgl § 1356 I 2; § 1360 Anm 3a u § 1570 Anm 2b) analog (Gesetzeslücke des 1. Ehe-RG). – c) Das Risiko der tatsächl Verwendg auf den Unterh trägt der UnterhPflichtige; der UnterhAnspr des Kindes n §§ 1602, 1610 bleibt dch die HaftgsRegelg unberührt. Genügt also der Ehem seiner BeitrPfl zum FamUnterh, indem er seiner Ehefr genügd WirtschGeld gibt (§ 1360a II 2), verbraucht diese es aber nicht bestimmgsgemäß, so ist er dadch von der UnterhPfl für den Ztraum, für den es bestimmt war, nicht frei, vielm behält das Kind den Anspr gg den Vater, weil es nicht unter der Unzuverlässigk eines EltT leiden darf, hat dann aber AusglAnspr gg den and EltT, der in 4 J (§ 197) verjährt (BGH **31**, 329). Antr des Kindes auf die von beiden Elt geforderte Summe, die dann vom Ger auf die Elt verteilt w (Gernhuber § 42 II 4), ist unzul, weil es dem AntrGrds (ZPO 253 II 2, 308 I 1) nicht entspricht. – d) **Klageberechtigt** ist das völlj Kind in eig Namen; steht es unter elt Gew u leben die Elt getrennt, derj EltT, der die gesetzl Vertretg f das Kind hat (§ 1629 Anm 5); dementspr die ne Mutter (§ 1705), u falls das Kind einen Pfleger hat, dieser (§ 1706 Z 2). Leben die Elt nicht getrennt, so kann das mj Kind gg einen EltT nur dch einen Pfleger vorgehen (§ 1629 II 1 iVm § 1795 I Z 1, 3). Es kann auch ein EltT für das im Haush befindl Kind den FamUnterh einklagen, der dann an den Kl zZw der Versorgg des Kindes zu zahlen ist (§ 1360 Anm 2). Klagt das Kind gg beide Elt, so Wahl zw AG des allg Gerichtsstdes v Vater od Mutter (ZPO 35a); diese dann Streitgenossen (ZPO 59).

1607 *Ersatzhaftung.* **I** Soweit ein Verwandter auf Grund des § 1603 nicht unterhaltspflichtig ist, hat der nach ihm haftende Verwandte den Unterhalt zu gewähren.

II Das gleiche gilt, wenn die Rechtsverfolgung gegen einen Verwandten im Inland ausgeschlossen oder erheblich erschwert ist. Der Anspruch gegen einen solchen Verwandten geht, soweit ein anderer Verwandter den Unterhalt gewährt, auf diesen über. **Der Übergang kann nicht zum Nachteile des Unterhaltsberechtigten geltend gemacht werden.**

1) **Allgemeines.** Ersatzhaftg der nacheinander Verpflichteten; wg der Reihenfolge § 1606. Entspr anwendbar, wenn mehrere mitverpflichtet sind u die Voraussetzgen von I oder II vorliegen, so daß also dann die Verpflichtg des od der anderen entspr erweitert wird, RG **52**, 193; auch bei Vater u Mutter, § 1606 Anm 4. Der UnterhBerechtigte muß beweisen, daß die anderen leistgsunfähig sind, § 1602 Anm 1. Vorschr ü den RegelUnterh (§ 1615 f) auf die Ersatzhaftg der GroßElt nicht anwendb (Schweinf DAVorm **74**, 617).

2) **Ersatzhaftg bei Leistgsunfähigk, I.** Wegen der Leistgsunfähigk vgl § 1603 Anm 2 und 3. Da die Leistgsunfähige nicht unterhaltspfl ist, § 1603 I, hat der ErsVerpflichtete auch keinen ErsAnspr gg ihn, wenn dieser wieder zu Vermögen kommt. Der ErsVerpflichtete kann nur für die Zukunft, also nicht für die Beträge in Anspr genommen werden, die von seinem Vormann nicht beigetrieben w konnten, Staud-Gotthard Anm 10.

3) Ersatzleistg bei erschwerter Durchsetzbark des Anspr, II, dh wenn **a)** die RVerfolgg, auch Zw-Vollstr, gg den Verpflichteten im Inland ausgeschl ist, zB mangels einer inländischen Zustdgk, – **b)** irgendwie erhebl erschwert ist, Warn **10**, 286, zB wenn der Verpflichtete bösw seine ArbKraft nicht ausnutzt, RG SeuffA **62**, 112, sa § 1603 Anm 2, od sonst die Pfändg fruchtl erscheint; häuf Wechsel des Wohnsitzes genügt (AG Alsf DAVorm **74**, 519). Anders als bei I besteht hier also die UnterhVerpfl, so daß der ersatzw in Anspr Genommene einen ErsAnspr gg den eigentl Verpflichteten von Gesetzes wg (§§ 399ff entspr anwendbar, § 412) erhält, RG **126**, 181. Soweit es sich dabei um einen ersatzw in Anspr gen Verwandten handelt, II u § 1608, kann der Verwandte gg den eigentl UnterhVerpflichteten mit dem Vorrecht von ZPO 850d vorgehen, da der ersatzw in Anspr gen Verwandte einen unmittelb gg ihn gerichteten UnterhAnspr hat. Hat die Ehefr statt des in erster Linie verpflichteten Ehem den Unterh des Kindes geleistet, so Überg auf die Mutter nach II 2, wenn sie die Abs hatte, vom Ehem Ers zu verlangen, § 1360b (BGH **50**, 270), u bei Leistg nach Scheidg (Celle NJW **74**, 504). And aber, wenn der SozHilfeträger, SozHG 90, 91, eingesprungen ist; dann hat der übergegangene Anspr nicht mehr die Natur des Unterh, Dölle § 86 V 4 (ohne die ob Unterscheidg), Gernhuber § 41 IV 4, aM bzgl § 1613 Staud-Gotthardt Anm 33, BGH **43**, 8 läßt dahingestellt; Kropholler FamRZ **65**, 417 will § 1613 dann nicht mehr gelten lassen, wenn Schuldner von den Tatsachen, die FdgsÜbergang auslösen, erfährt, Inverzugsetzen u Klageerhebg genügen aber jedenf. Es gilt auch nicht ZPO 850d, wohl aber § 197, RG **72**, 341, also kurze Verjährg, BGH **31**, 329, Karlsr OLGZ **65**,137; vgl auch Baumbach-Lauterb ZPO 850d Anm 1. Der Übergang kann nicht zum Nachteil des Berecht geltd gemacht werden. UnterhPflichtige Verwandte können weder aus entspr Anwendg von II u § 1608 S 3, noch aus ungerechtf Bereicherg seitens des Eheg, der den Unterh des anderen getragen hat, nach NichtigErkl der Ehe u Erkl nach EheG 26 II in Anspr genommen werden, BGH **43**, 11. Wg ErsatzAnspr Dritter neben II s Einf v § 1601 Anm 5.

1608 *Vorrang der Haftung des Ehegatten.* **Der Ehegatte des Bedürftigen haftet vor dessen Verwandten. Soweit jedoch der Ehegatte bei Berücksichtigung seiner sonstigen Verpflichtungen außerstande ist, ohne Gefährdung seines angemessenen Unterhalts den Unterhalt zu gewähren, haften die Verwandten vor dem Ehegatten. Die Vorschriften des § 1607 Abs. 2 finden entsprechende Anwendung.**

1) Zur Vorgeschichte der Best Vorb 35. Aufl. § 1608 gibt die Stellg des Eheg innerh der UnterhPflichtigen bei bestehder Ehe an. Wg der UnterhPfl nach Scheidg, NichtigErkl u Aufhebg im Verhältn zu derj der and Verwandten vg 1584, EheG 26, 37, 39 II 2. Das ZusTreffen des Anspr des Eheg mit denen and Bedürftiger regelt § 1609 II.

2) Reihenfolge. Falls der Eheg unterhaltspfl ist, gilt folgendes: **a) In erster Linie** ist ein Eheg dem and Eheg zum Unterh verpfl (§§ 1360, 1361). Das gilt ggü § 1610 II auch für die BerufsAusbildg (§ 1360a Anm 1c). **b) In zweiter Linie**: Eine vorl Grenze findet die UnterhPflicht des Eheg in seiner Leistgsfähigk (S 2 u § 1603 Anm 2 u 3; aM RG JW **04**, 176). Dann haften bei Bedürftigk des Berechtigten die Verwandten, u zwar iF des S 2 ohne einen ErsAnspr gg den Eheg, an dessen Selle sie treten, zu haben (§ 1607 Anm 2), aber nur iR der Verpflichtg des Eheg (BGH **41**, 113). Die Verwandten können verlangen, daß der Eheg, für den sie eintreten, einen Tilggsplan seiner Schulden aufstellt, der möglichst seine UnterhPflicht berücksichtigt, auch wenn er für den and Eheg schon eine hohe Versicherg eingegangen ist (Warn **17**, 249). Zu den sonst Verpflichtgen zählt nicht die UnterhPfl ggü dem nehel Kind (§§ 1603 Anm 3, 1609 Anm 2). Der Leistgsunfähigk steht der Fall des § 1607 II gleich, 3; hier aber ErsAnspr (vgl auch § 1607 Anm 3). Beweispflichtig für die Leistgsunfähigk des and Eheg ist der den Unterh in Anspr nehmende Eheg (vgl RG **67**, 60, ferner § 1602 Anm 1).

1609 *Reihenfolge bei mehreren Bedürftigen.* ^I **Sind mehrere Bedürftige vorhanden und ist der Unterhaltspflichtige außerstande, allen Unterhalt zu gewähren, so gehen die minderjährigen unverheirateten Kinder den anderen Kindern, die Kinder den übrigen Abkömmlingen, die Abkömmlinge den Verwandten der aufsteigenden Linie, unter den Verwandten der aufsteigenden Linie die näheren den entfernteren vor.**

^{II} **Der Ehegatte steht den minderjährigen unverheirateten Kindern gleich; er geht anderen Kindern und den übrigen Verwandten vor. Ist die Ehe geschieden oder aufgehoben, so geht der unterhaltsberechtigte Ehegatte den volljährigen oder verheirateten Kindern sowie den übrigen Verwandten des Unterhaltspflichtigen vor.**

Vorbem. I neu gefaßt durch Art 1 Z 12 NEhelG.

1) Auf das **Vorhandensein mehrerer Bedürftiger** kann der Verpflichtete sich nur berufen, wenn der Vor- od Mitberechtigte seine UnterhAnspr auch tatsächl geltd macht. Leistet ein Dritter, wenn auch freiw, so wird der Unterstützte nicht berücksichtigt, RG JW **04**, 340. § 1609 kommt auch zur Anwendg, wenn ein Vor- u Mitberechtigter erst später seinen Anspr geltd macht; mit der sich aus § 1613 ergebenden Einschränkg kann er dann auch von dem anderen Berechtigten für seine Kosten Erlangte nach §§ 812ff herausverlangen, Mü OLG **30**, 58, Dölle § 86 VI, RGRK Anm 3, aM Gernhuber § 41 V 4 Fußn 3, währd dem Verpflichteten gg ein rechtskr Urteil, das ihn bei der neuen Sachlage zu hoch belastet, ZPO 323 hilft.

2) Rangordnung. Bei ZusTreffen mehrerer Gleichberechtigter erfolgt Teilg des zur Vfg Stehenden nach Köpfen, jedoch unter Berücksichtigg des Bedarfs des Berechtigten u seiner etwaigen sonstigen Mittel, mithin nicht ohne weiteres zu gleichen Teilen. Es gilt folgende Rangordng, wobei zw ehel u nehel kein Unterschied besteht: **a)** Zunächst die mj unverheirateten Kinder, denen der Eheg (Mann od Frau) gleichsteht. Unter den Begr „Eheg" gehören (arg § 1582 II) alle Ehepartner des Unterhaltspflicht, die ehem (geschiedenen) u der ggwärt; sonst läßt sich der Vorrang des gesch Eheg vor dem neuen Eheg nicht verwirklichen (vgl § 1582 Anm 5). Die mj unverh Kinder stehen untereinand in gleichem Rang, gleichgült, aus welcher Ehe sie stammen (aA Herm Lange JuS **76**, 686); auch § 1582 I bevorzugte gesch Eheg bestimmt den Rang aller mj Kinder (Dieckmann FamRZ **77**, 163 Fn 171). Entsprechdes gilt für die übr in § 1608 Anm gen Fälle. Den vollj od verheirateten, § 1602 Anm 3, Kindern u den übrigen Verwandten geht er vor, II 2. – **b)** Nach den mj Kindern u dem Eheg kommen die anderen Kinder, sowohl vollj wie verheiratete, vgl § 1606 Anm 2. – **c)** Danach folgen die übrigen Abkömml, also Enkel u Urenkel. – **d)** Schließl folgen die Anspr der Verwandten aufsteigender Linie nach Gradesnähe, die sich gem § 1589 S 3 errechnet. BerechngsBsp Ffm FamRZ **78**, 721.

1610 *Angemessener Unterhalt.* I Das Maß des zu gewährenden Unterhalts bestimmt sich nach der Lebensstellung des Bedürftigen (angemessener Unterhalt).

II Der Unterhalt umfaßt den gesamten Lebensbedarf einschließlich der Kosten einer angemessenen Vorbildung zu einem Beruf, bei einer der Erziehung bedürftigen Person auch die Kosten der Erziehung.

III Verlangt ein eheliches Kind, das in den Haushalt eines geschiedenen Elternteils aufgenommen ist, von dem anderen Elternteil Unterhalt, so gilt als Bedarf des Kindes bis zur Vollendung des achtzehnten Lebensjahres mindestens der für ein nichteheliches Kind der entsprechenden Altersstufe festgesetzte Regelbedarf. Satz 1 ist entsprechend anzuwenden, wenn die Eltern nicht nur vorübergehend getrennt leben oder ihre Ehe für nichtig erklärt worden ist.

Schrifttum: Blanke FamRZ **69**, 394; Knorn FamRZ **64**, 618; Rassow FamRZ **69**, 515; Schwab FamRZ **71**, 1; Jung FamRZ **74**, 513; Puls DAVorm **75**, 568.

1) Vorbem zu §§ 1610, 1611. Das BGB bestimmt das Maß des z gwährden Unterh grdsätzl nach der Lebensstellg des Bedürft (and EheG 58 I, wo LebVerhältn beider Eheg entsch). Bei gehobener LebStellg also auch höhere Bedürfn (LebensAnspr). Das **Bedürfn richtet sich nach dem eig LebStand**, so daß zB der Anspr jedes Sohnes aus dem „höheren Bürgerstand" auf Hochschulbildg, RG Recht **09**, 3790, ebsowenig auf Verständn stoßen kann wie die Rücksichtn auf den bes FamGlanz, RG JW **13**, 1108. Auch das in der Ausbildg befindl Kind h keinen Anspr auf eine über den angemess Unterh bes gehobene LebGestaltg entspr den Eltern, BGH NJW **69**, 920. Im Ggsatz zu § 1610 steht § 1611 I, vgl dort Anm 1. Bei Änd der Verhältn hilft ZPO 323. Richtlinien f die Höhe des Unterh versuchen Göhring FamRZ **69**, 512, u Rassow FamRZ **69**, 515, z entwickeln. RegelUnterh aus der Situation des nehel Kindes zu erklären (§ 1615f Anm 1); desh trotz vergleichb Situation keine schemat Anwendg auf Kinder aus gesch Ehen (aA LG Zweibr DAVorm **76**, 289). Vgl jetzt auch § 1610 III. **Bedarfstabellen:** Die am RegelUnterh des nehel Kindes orientierten u auf die NormalFam mit 2 Kindern abgestimmten **UnterhRichtsätze** der „Düss Tabelle" (Stand: 1. 1. 77, abgedr NJW **77**, 289, JMBl NRW **76**, 283 u DAVorm **77**, 28; vgl dazu Kemper ZBlJugR **75**, 194) zB belassen dem UnterhPflichtigen ggü Mj mind 550 DM (in der Fortführg der Tab dch den 3. Sen des OLG Düss NJW **78**, 1590 erhöht auf 600 DM; vgl § 1603 Anm 4), iü idR mind 1000 DM bis ca $1/3$ seines NettoEink, welches ihn iü einer von 7 Gruppen zuordnet (bis 1300–5000 DM) u den KindUnterh nach 3 AltersGr gestuft (1–6, 6–12, 12–18) zw 155 u 475 DM mtl schwanken läßt. Die in der Sp rechts daneben aufgeführten Zuschläge iHv 10–100% beziehen sich auf die nehel Väter der verschiedenen EinkommensGr. Für höhere EinkGr u den Unterh f ehel Kinder ab 18 J läßt auch diese Tab die Umst des EinzFalles entsch, etwa daß wg abgeschl Ausbildg, Bundesswehr uä kein od wg Ausbildg, Krankh usw ein erhöhter UnterhBedarf besteht. Der notw GesamtUnterh eines nicht am Wohnort der Elt Studierden beträgt idR 660 DM; Ausbildgshilfe wird voll angerechnet. Vgl iü § 1361 Anm 4. Wird die der Düss Tab zGrde liegde PersZahl nicht erreicht od überschritten, erfolgt die Korrektur nicht dch Heranziehg der höheren od niedrigeren Einkommensgruppe, sond im Verhältn der zGrde gelegten 4 Pers zu der tatsächl BedarfsGemsch (Marbg DAVorm **77**, 35). Eine Gruppierung nach Einkommen statt wie bish nach BerufsGr (vgl DAVorm **76**, 277) nimmt nunmehr auch die „Kölner Tab" vor (Stand 1. 11. 76, abgedr NJW **77**, 1143 = DAVorm **77**, 252). Vgl außerd die noch stärker nach Einkommens- u Altersstufen differenzierde „Berliner Tab" des KG NJW **77**, 289 = DAVorm **77**, 82, ferner die Heidelberger Bedarfstabelle 1976 (DAVorm **76**, 461), die UnterhSätze des LG Kass DAVorm **77**, 4 sowie den Zwickauer Schlüssel, nach welchem das NettoEinkommen des Vaters im Verhältn 4 (heute 3) : 2 : 1 auf ihn selbst, die Ehefr u pro Kind aufgeteilt w (LG Stgt NJW **58**, 1730; Ravbg DAVorm **76**, 96). Bisw werden auch die Regelsätze des BSHG 22 (abgedr in DAVorm **78**, 79) od des BAFöG zGrde gelegt (Wiesb DAVorm **76**, 99). IjF ist vor schemat Schematisierg zu warnen (LG Stgt FamRZ **74**, 469 u Anm 2). Strenge Schematisierg nach irgdeinem Schlüssel ist ijF unzul (Celle NdsRpfl **76**, 261). Die Tab können ledigl als Orientiergshilfe bei der Bedarfsermittlg im Einzelfall dienen (KG FamRZ **77**, 818). Dabei legen immer mehr OLGe ihren UnterhBerechnngen die Düss Tab zGrde (Ffm FamRZ **78**, 433; Mü FamRZ **78**, 435; Hamm FamRZ **78**, 459 u DAVorm **78**, 191; Schlesw SchlHA **78**, 51). Grdsätzl Kritik an der Düss Tab u ein eigenstand BerechngsVerf gibt AG Günzbg DAVorm **78**, 194. Zum UnterhBedarf Minderj die Hbger UnterhTab DAVorm **78**, 73 (77). Zur Dckg des UnterhBedarfs eines 12j, in einfachen LebVerhältn aufwachsden Kindes reichen 250 DM aus (Bln DAVorm **77**, 680). LebBedarf eine 17j Lehrlings mtl 400–420 DM, worauf allerd die LehrlVergütg mit voller Umf anzurechnen ist (Bln DAVorm **78**, 204). LebBedarf eines 9j Kindes einer Fachärztin für Neurologie u Psych u eines ltden KrankenhAnästhesisten mit garantiertem JahresEink v 130000 DM, beträgt 600 DM (Hann DAVorm **78**, 454). Die BedarfsTab behalten ihre Bedeutg im Verhältn gesch Elt zu ihren Kindern; heiratet der unterhaltpflichtig EltT neu, wird bei mangelnder Leistgsfähigk (§ 1581) dch die versch Rangverhältn in § 1582 I 2 u II iVm 1609 II die Proportionalitätsberechng nach Art des Zwickauer Schlüssels zwingd (vgl NJW **77**, 361 f u § 1582 Anm 5). Zum **Kindergeld** § 1602 Anm 2c.

2) Lebensstellg des Bedürftigen, I. Der Begriff der Lebensstellg iS einer angemessenen Lebensführg (vgl aber auch Anm 1) bestimmt auch anderwärts das Maß der Anspr, vgl zB §§ 1360a, 1708. Zu berücksichtigen sind die gesamten Einkommens- u VermVerhältnisse des Berechtigten, auch (wenn auch mit gewisser Vorsicht, Anm 1) die Lebensstellg seiner verstorbenen Familie, RG JW **17**, 155. Konnte sich der Bedürftige in seiner bish Lebensstellg wirtschaftl nicht behaupten, so wird sie ihm im allg auch nicht mehr zukommen. Für die Lebensstellg der verheirateten Frau ist der Lebenszuschnitt der Familie, des mj Kindes, die der Eltern maßgebd. Für das nehel Kind die beider Eltern (§ 1615c). Aber auch erzieherische GesichtsPkte zu berücks, die selbst bei einem sehr wohlhabden Vater durchaus eine Begrenzg nach oben zulassen (BGH NJW **69**, 920; LG Bln DAVorm **75**, 42). In diesem Sinne gibt es eine **Sättigungsgrenze** insb für Unterh-Anspr von Jugendl, deren Bedarf nicht schemat an dem Eink beider Elt bemessen w kann, sond sich eher an dem zu orientieren hat, was auch and Jugendl der betreffden Altersgruppe zur Verfügg steht, wobei die BAföG-Richtsätze einen groben AnhaltsPkt liefern. Nicht geeignet erscheint die Formel des LG Wuppt DAVorm **78**, 457, wonach die Obergrenze des UnterhBedarf dort liegt, wo der lfd gezahlte Unterh für die Lebensführg nicht mehr in sinnv Weise verbraucht w kann, sond der Vermögensbildg dient, u wonach diese Grenze für ein 9j Mädchen bei 500 DM noch nicht erreicht ist.

3) Der UnterhAnspr erstreckt sich nach dem dch VolljkG Art 1 Z 6a neu gef II auf den **gesamten Lebensbedarf** einschließl der Kosten f die Erziehg u Berufsausbildg (Anm 4). Der Unterh kann Zeitschwankgen unterliegen, so daß auch sicher zu erwartde Ausgabensteigergen einzubeziehen s (Warn **08**, 325). **a)** Maßg ist stets nur der **eigene** LebBedarf des Berecht, so daß auf dem Umweg ü den UnterhAnspr nicht Erweiterg der in den §§ 1601ff festgesetzten Grenzen erreicht w kann. Desh bedeutgslos, wenn Berecht seiners UnterhVerpfl ggü Frau u Kindern hat (RG LZ **18**, 217). – **b) Umfang:** Zum LebBedarf gehören neben den zum Leben unentbehrl Aufwendgen f seine reine LebErhaltg (Nahrgsmittel, Wohng) auch Krankenunkosten, währd VersBeitr aus der UnterhRente zu zahlen s (BGH **26**, 217; aM Hamm ZBlJugR **61**, 28), ferner in angem Umfg Aufwendgen zur Pflege geist Interessen (MusikUnterr, Bücher, Theater, Radio ua) u sonstiger Belange (Sport, VereinsBeitr usw). Zur Berechng bei mj ehel Kindern Bursch NJW **68**, 429. – **c)** Zum **ProzKostenVorschuß** (PKV) vgl zunächst § 1360a IV, der die gesetzl Wertg für die Einbeziehg in die UnterhPfl enthält (vgl dort Anm 3; Roth-Stielow NJW **65**, 2046). Der Anspr auf PKV ist als Sonderbedarf danach weder personell auf mj Kinder (so Beitzke § 24 I 5, Soergel-Herm Lange 6) noch sachl auf Angelegenh der PersSorge (so Arnold FamRZ **56**, 5) beschränkt. Er besteht zG der Kinder ggü ihren Elt, aber auch umgek (Celle NJW **56**, 1158; aA Pohlmann NJW **56**, 1404) u hat Vorrang ggü der ArmenRBewilligg (LG Bln DAVorm **75**, 378), auch im Verhältn des nehel Kindes zu seiner Mutter für die VaterschFeststellgsKl (Karlsr Just **76**, 429). **Voraussetzgen** aber: **aa)** daß es sich um eine persönl lebwicht Angelegenh handelt. Dazu gehören idR nicht HaftPfl- u ErbschProz, wohl aber UnterhStr (Darmst NJW **74**, 1712), auch wenn es um die Titulierg bisl freiw gezahlten Unterh geht (Freibg FamRZ **78**, 437), Ehescheidg (Düss FamRZ **75**, 45), EhelkAnf (Mot IV 697, BGH **57**, 234; aA Kblz FamRZ **76**, 359), RFolgen eines Bruchs des LehrVertr (BAG FamRZ **67**, 149), auch RStreit ü schwere Unfallfolgen, deren Beseitigg od Entschädigg nicht bereits v dritter Seite erfolgt u desh f das weitere Leben ausschlaggebd ist (Bambg MDR **53**, 556, BSozG NJW **70**, 352), Kriegsdienstverw (BVerwG FamRZ **74**, 370). – **bb)** Ferner darf die RVerfolgg nicht mutwil od offensichtl aussichtsl sein (Ksl MDR **60**, 623). – **cc)** Der RStreit darf nicht eig Interessen des Verpfl verletzen od sonst für ihn **unzumutbar** sein. Damit ist die Billigk, auf welche die Rspr abstellt (BGH NJW **64**, 2152, BVerwG FamRZ **74**, 370), konkretisiert. Das ist zB der Fall, wenn in einem EltT auf PKV zur Dchführg der Ehescheidg von dem and EltT in Anspr gen wird (Köln FamRZ **59**, 20, Celle NJW **63**, 1363). – **d)** Der Begr LebBedarf ist keinesw allumfassd etwa iS der gesamten wirtschaftl Existenz (Mü NJW **50**, 602). Nicht zum LebBedarf gehören desh Schulden, zB eig UnterhVerpfl (Anm a) od Befreiung des Kindes von seiner Kostenverbindlk ggü dem ProzGegner, es sei denn aus LebBedarfsstreitig (Dortm NJW **58**, 1593), Haftkosten, Altersrücklagen (RG **152**, 359) Auf dem Umweg über II kann auch nicht ein AussteuerAnspr zugebilligt w, da § 1620 aF ersatzl gestrichen.

4) Der dem UnterhPflichtigen zur Last fallde UnterhBedarf umfaßt auch die **Erziehgs- und Ausbildgskosten.** Der hierauf gerichtete Anspr besteht seiner Natur u der Zielsetzg des VolljkG nach trotz des entggstehden Wortlauts nur im Verh der Kinder zu den Elt, dagg nicht umgek. Ein mit seinem Beruf unzufriedener Vater kann ebsowenig wie die geschiedene Mutter von ihren Kindern Umschulg bzw Nachholg einer Berufsausbildg verlangen. Das gleiche gilt, wenn sich ein Berufswechsel etwa inf eines Unfalls od des wirtschaftl Zusbruchs des v den Elt betriebenen Gesch als notw erweist. § 1610 II gilt für ehel wie ne Kinder (Hann FamRZ **76**, 380). Wichtig ferner 3 Gesichtspkte: die Leistgsfähigk der Elt, ggf deren finanz Verpflichtgen (Eigenheim); keine automat Gleichstellg nichtstudierder mit Abitur-Kindern; evtl Verlust beachtlicher AufstiegsChancen im mittleren Dienst ggü wachsden Anstellgsschwierigkeiten bei Akademikern (Stgt FamRZ **76**, 383).

a) Angemessene Vorbildg zu einem Beruf. Das VolljkG v 1974 hat diesen Anspr (auf Betreiben des BR; Drucks 284/74), um eine unterhrechtl Schlechterstellg der Jugdl dch die Herabsetzg der Volljk zu vermeiden, von der Voraussetzg der Erziehgsbedürftigk gelöst, so daß die Elt heute die Berufsausbildgskosten auch f ihre volljg u damit v Rechts wg als nicht mehr erziehgsbedürft anerkannten Kinder tragen müssen. Gleichwohl bleibt das pädagog Moment auch für den hier fragl LebAbschnitt dch die vom G verwendete Ausdrucksweise im prakt Ergebn voll erhalten. Der UnterhVerpfl braucht lediglich die Kosten einer „angemessenen" Berufsvorbildg aufzubringen. Darin stecken subj wie obj Modifikationen des AusbildgsAnspr. Da es sich um einen KostenÜbernAnspr handelt, bestimmt sich die LeistgsPfl der Elt an den obj für eine best Ausbildg erforderl Kosten, so daß sie v uU vor Erreichg der Volljk aGrd des elterl Eink höhere UnterhAnspr mit Eintr der Volljk auf die erforderl Betr herabsinkt. Anspr auf Berufsausbildg haben Söhne wie Töchter in gleicher Weise; ein AussteuergsAnspr der Töchter (§ 1620 aF) besteht nicht mehr. **aa)** Gefordert werden können nur die Ausbildgskosten für einen **Beruf,** dh ein innerh der Gesellsch an best Merkmalen verfestigtes TätigkFeld, das zugleich zur Sicherg des eig LebUnterh u desj einer Fam geeignet ist. Damit scheiden Anspr insoweit aus, als Berufsziele angestrebt w, die keinen gefestigten Ausbildgsgang aufweisen

(Schriftsteller, Funktionär, problemat OVG Hbg FamRZ 78, 447: Schulpsychologe) bzw als sozial minderwert gelten (Dirne, Eintänzer). Voraussetzg ist ferner, daß der Berecht ein konkr Berufsziel anstrebt, wenn auch eine allg Orientiergsphase (etwa zu Beginn eines UnivStudiums) dchaus als wünschensw erscheinen mag. – **bb)** Die **Berufswahl** (Lit: Münder ZBlJugR **75**, 286; Güllemann MDR **75**, 793) muß angem sein. Welcher Beruf dies im Einzelfall ist, bestimmt sich einers nach der Leistgsfähigk der Elt, anders nach Neiggen u Begabg des Kindes (BR-Drucks 284/74 unter Bezugn auf Schwab FamRZ **71**, 7). Die Elt sind nicht verpfl, außerh der öff AusbildgsFörderg größere finanz Opfer f die Ausbildg des Kindes auf sich zu nehmen. Das gilt insb dann, wenn sich mehrere Kinder in der Ausbildg befinden. Speziell zu den Studienkosten Kübler JZ **66**, 736. Solange das Kind **minderjährig** ist, bestimmt der SorgeBerecht den Beruf.Maß ist das Kindeswohl. Die Auswahl wird sich also auf solche Berufe beschränken, in denen das Kind entspr den zur Vfg stehden (finanziellen, örtl usw) Möglichkeiten u entspr seinen Anlagen etw Tüchtiges, sein Leben Sicherstelldes u allg Wertvolles leisten kann (vgl Dronsch JZ **62**, 347). Die Elt dürfen mit ihrem Kind weder zu ehrgeiz noch umgek einer deutl Begabg ggü unangem nachläss sein. Zum SorgeRMißbr in dieser Beziehg § 1666 Anm 4a. Bes Bedeutg wird hier regelmäß dem Wunsch des Kindes zur Entfaltg vorhandener Anlagen zukommen, schon um einem evtl Anspr auf ZweitAusbildg (Anm ff) nach Erreichg der Volljk v vornh zuvorzukommen. Dagg bleiben bei **volljährigen** Kindern die Wünsche der Elt prinzipiell außer Betr, so daß sie die Ausbildgsfinanzierg unter dem Gesichtspkt versagen können, der Sohn solle statt zu studieren das väterl Gesch übern od erst einmal etw Prakt erlernen uä. Nicht entscheid auch der Stand der Elt, so daß der Berecht in Selbstverantwortg einen gehobeneren wie auch einen niedrigeren Berufsstand anstreben kann. Der Berecht hat seine Berufsziele mit den Elt zu besprechen, aber die eigtl Entscheidgg trifft er grdsl allein (Düss FamRZ **78**, 613). Angem ist ein v ihm erwählter Beruf allerd nur dann, wenn er seinen intellektuellen u konstitutionellen Anlagen entspricht. **Eignung** auch Erfordern iR des BAFöG (OVG Bln FamRZ **76**, 559). Wer aGrd schlechter schul Leistgn die Schule verlassen mußte, kann nicht (etwa mit Hilfe v NachhilfeUnterr) auf eine UnivAusbildg lossteuern. Düss FamRZ **78**, 613 hat Dreher mit 1335 DM MoEink zur Zahlg v 250 DM mtl Unterh an seinen 19jähr Sohn verurt, der im 8. Kl nicht versetzt worden war, eine Elektrolehre abgebrochen hatte u jetzt in die 12. Kl mit unterschiedl Noten (2 Fächer „mangelh") versetzt w war, mRücks auf die Schwierigk der versch Schulsysteme. Die Elt sind nicht verpfl, begabgsmäß abwegige Berufswünsche ihrer Kinder zu finanzieren u sich so zu Gehilfen offensichtlicher Fehlentwicklgen u zwangsläuf Enttäuschgen zu machen. Über die Angemessenh eines Berufswunsches wird es naturgem am leichtesten zu unterschiedl Auffassgen zw Elt u Kindern kommen. Zur Entsch darüber ist für über 18jähr nicht mehr das VormschG zust (vgl § 1666 Anm 4 a), sond das ProzGer iR des UnterhStreits, in dem incidenter ü die Frage entschieden w muß, ob der f eine best Ausbildg begehrte Unterh angem ist od nicht. Das Ger wird diese Frage selten ohne Sachverst entsch können u Berufsberater sowie Berufsvertreter ü die spezif BegabgsErfordern des gewählten Faches hören müssen. Halten die Elt das Kind wg körperl Schwäche f einen best Beruf für ungeeign, muß ein medizin Sachverst die Belastbark des Berecht klären. Kein Grd zur Versagg der Ausbildg sind ungünst Anstellgsaussichten, da die Elt das ArbPlatzrisiko nach Abschl der Ausbildg nicht zu tragen brauchen (Anm dd). Auch die ZwZeit bis zur Erlangg zB eines Studienplatzes zur Finanzierg eines Karenzstudiums fällt nicht unter II, so daß die Notw einer zeitl Überbrückg bis zum Beginn der eigtl Ausbildg kein Grd ist, die Ausbildg in diesem Beruf zu unterbinden. – **cc)** Da die Kosten für die Berufs-„vorbildg" aufzubringen sind, kann die Zahlg davon abh gemacht w, daß die Ausbildg den jeweils hierfür aufgestellten Plänen einigermaßen entspr absolviert wird. Es herrscht das **GgseitigkPrinzip:** Dem Anspr auf eine uU kostspielige, den Anlagen entspr Ausbildg korrespondiert die Verpfl des UnterhBerecht, mit gebotener Sparsamk u PflTreue dem selbstgesteckten Ziel nachzustreben. Ausgeschl ist es danach auch, daß der Berecht Zahlg der für eine best Berufsausbildg erforderl Summe verlangt, die so finanzierte Zeit jedoch zu and Zwecken (Reisen, Jobs, Bummeln, andersart Ausbildg usw) ausnutzt. Den unterhpflichtigen Elt steht infolged das Recht u einer gewissen **Kontrolle** der Berufsvorbereitg zu ebso wie iRv § 1612 II 1 auch dem volljj Kind ggü eine gewisse Überwachg der Lebensführg zul ist (Brem NJW **76**, 2265). Freil darf nicht kleinl Erfüll des AusbildgsSolls verlangt w, vielm ist dem UnterhBerecht ein gewisser Spielraum in der Gestaltg seiner berufl Bildg auch hier einzuräumen. So kann ein einmaliger Wechsel des Studienorts der Ausbildg dchaus förderl sein, so daß damit verbundene Verzögergen u Mehrkosten hinzunehmen sind. Entspr gilt im Ausl-Studium (Konstanz FamRZ **62**, 198). Umgek muß sich der Berecht bei Verschlechterg der wirtschaftl Verhältn seiner Elt (RG LZ **21**, 306) od eig Verstößen gg das GgseitigkPrinz auf einen weniger kostspieligen Beruf od Ausbildgsort verweisen lassen (KG OLG **16**, 1). – **dd) Ausbildgdauer.** Die UnterhPfl läuft gdsl bis zur **Erreichg des Regelabschlusses** (GesellenPrüfg, Diplom). Angerechnete Semester aus dem Studium einer früheren Fachrichtg sind unterhaltsrechtl zum Abzug zu bringen (vgl OVG Münst FamRZ **76**, 297). Auch fallen die über die ordtl (nicht: Mindest-)Studienzeit hinausgehden Kosten grdsl nicht den Elt zu Last (Warn **15**, 146). Ausn: Unterbrechg der Ausbildg dch Krankh od iRv § 1619 (sa Anm ee). Zu dem im Anschl an das Examen Notw gehört eine gewisse BewerbgsFrist, doch nicht schlechthin das Warten auf Anstellg (Warn **13**, 237). Die Zust der Elt zu einer best Berufsausbildg verpfl diese, die Kosten bis zum RegelAbschl auch dann zu tragen, wenn sie dem Berufswunsch urspr nicht hätten zuzust brauchen (vgl Augsbg FamRZ **63**, 448). Nichtbestehen der Prüfg ist grdsl Risiko des UnterhBerecht, berecht iü auch nicht nach BAföG zur Förderg üb die Fördergshöchstdauer hinaus (OVG Münst FamRZ **76**, 296); also kein Philosophiestudium nach Scheitern in der AbschlPrüfg der gehobenen FinanzVerw (LG Zweibr FamRZ **75**, 296). Ausn bei nicht zu vertretd Versagen (AG Karlsr DAVorm **74**, 523). Die Promotion gehört idR nicht zum RegAbschl u braucht infolged nur bei nachgewiesener hervorragder Begabg u fin Leistgsfähigk der Elt bezahlt zu w (and nach BAföG: BVerwG FamRZ **78**, 73). Entspr gilt für and Formen der **Weiterbildung** in der anfängl gewählten Fachrichtg, selbst nach einem UmwegSem (Hann FamRZ **76**, 380). Weiterbildg setzt Bestehen des vorangehden AbschlExamens voraus (vgl BVerwG FamRZ **78**, 72). Die **Verurteilg der Elt** zur Übern der Kosten für weiterführde Ausbildgen nach Überleitg gem BAFöG 37 ist in jüngster Zt **rückläufig.** So hat BGH **69**, 190 = FamRZ **77**, 629 mAv Bosch = NJW **77**, 1774 mAv Diederichsen = JZ **77**, 798 mAv Wahrendorf (Auswirkgen n BAföG) die klageabweisde Entsch von Stgt FamRZ

Verwandtschaft. 3. Titel: Unterhaltspflicht § 1610 4

76, 383 bestätigt, wonach es für die privatrechtl UnterhPfl der Elt nicht auf die BAFöG-Förderungsrichtlinien ankommt u auch nicht auf eine automat Gleichstell nichtstudierter Kinder mit Geschw mit Abitur, sondern wesentl auf die echte Begabg des Kindes u auf die wirtschaftl Leistgsfähigk der Elt unter Berücksichtig ihrer finanz Verpflichtgen (Eigenheim). Problemat die Berücks eines evtl Verlustes beachtlicher Aufstiegschancen im mittleren Dienst ggü wachsden Anstellgsschwierigkeiten bei Akademikern (so LG Rvsbg in der erstinstanzl Entsch, vgl Bosch, FamRZ **76**, 383). Ferner verlangt LG Hbg FamRZ **77**, 277, das Kind müsse dem UnterhPflichtigen möglichst frühzeit Gelegenh geben, sich auf eine langjähr Ausbildgsfinanzierg einzurichten; die Kosten einer auch im Gemeininteresse veranstalteten Bildgspolitik dürften dann nicht der in begrenzten Verhältn lebden DchschnittsFam auferlegt w. Das LG Duisbg FamRZ **77**, 351 verneint UnterhPfl für Psychologiestudium, wenn die Elt 1 680 DM verdienen (Vater Buchhalter) u die Tochter nach dem Studium der Sozialpädagogik als JugBildgsreferentin 1150 DM verdient hat. Wurde zweimal vergebl versucht, das erstrebte Ausbildgsziel (mittlere Reife) zu erreichen, kann von unzureichden Fähigkeiten des UnterhBerecht ausgegangen w (Hamm FamRZ **78**, 446). Eine abgeschl, die persönl Anlagen aber nicht voll ausschöpfde Erstausbildg ist ow fortzusetzen (Prinzip der Durchlässigk), so daß bei finanz Leistgsfähigk der (auch nehel) Elt erfolgr Realschüler Finanzierg der höh Handelsschule (Duisbg FamRZ **75**, 236), HauswirtschLehrerin Fortbildg zur Berufsschullehrerin, Gärtnergeselle zum Gartenbauarchitekten (Ulm FamRZ **64**, 634 im Anschl an RG JW **10**, 477), Hotelier fremdsprachl Zusatzausbildg (BGH VersR **69**, 350), Ingenieur (auch über den 2. Bildgsweg) Ausbildg zum Dipl-Ing (OVG Bln FamRZ **74**, 608; LG Brschw FamRZ **76**, 122; Traunst FamRZ **76**, 123), insb nach Erlaß des Vordiploms (Hann FamRZ **76**, 380), dagg nicht, wenn Sohn an der Universität gescheitert ist u AbschlExamen als grad ElektroIng nur mit dchschnittl Erfolg bestanden w (Oldbg FamRZ **78**, 444), Stadtinspektorin z Juristin (Bln FamRZ **76**, 122; and Stgt FamRZ **76**, 381, wo ohne bes BildgsReserve von der bloß formalen StudienMöglk Gebrauch gemacht w war), Buchdrucker auch nach 1 J Berufstätigk, da Lehre Voraussetzg f Studium dieser Fachrichtg, Ausbildg zum Werbefachm (Bln FamRZ **77**, 71). Großhandelskaufm Ausbildg auf Fachoberschule zum IndustrieKaufm (Hdlbg DAVorm **77**, 434) verlangen kann u auch die Kosten einer MeisterPrüfg übern werden müssen (Frankenthal NJW **62**, 808). Dagg nicht ausr der bl Zusgh zw Erst- u ZweitAusbildg, zB Studium der BetrWirtsch u WirtschIng (VG Bln FamRZ **74**, 484), Jurastudium nach Graduierg zum BetrWirt (Hag NJW **76**, 111). Kein Anspr auf Finanzierg eines Studiums der SozPädagogik, wenn nach Aufg der Oberschule wg mangelnd Leistgn Ausbildg zum Schriftsetzer u anschl Werbegrafiker ermöglicht wurde (Mü OLG **76**, 216). Der FördergsAnspr besteht außerd nur, solange noch ein **zeitl Zusammenhg** mit der GrdAusbildg vorh ist. Der zeitl Zushg mit der GrdAusbildg ist bejaht w trotz 4jähr Unterbrechg mit AuslandsAufenth unter dem GesPkt, daß die Unterbrechg nur zum Nachteil gereichen dürfe, wenn der UnterhBerecht während dieser Zt sinnl Mittel des Verpfl in Anspr gen hätte od diesen die Verschiebg der UnterhLast wesentl härter trifft (Hdlbg DAVorm **77**, 434). Am zeitl Zushg fehlt es, wenn Kindergärtnerin als Sekretärin tät war, 3 Jahre im Ausl lebte usw (Mü FamRZ **76**, 59) od wenn nach AusbildgsAbschl eig GewerbeBetr aufgemacht wurde (Niebüll FamRZ **74**, 487). Das Erfordern des zeitl Zushgs hat mit der Verwirkg nichts zu tun, so daß zusätzl Dispositionen vS des UnterhPflichtei nicht vorauszusetzen s (aA Mü FamRZ **76**, 60); denn Ausbildg verlangt schon ihrem Begr nach eine gewisse Kontinuität. – ee) Aus der Natur der geist Entwicklg zu einem best Beruf hin sind zur Ausbildg (abweichd von Anm dd) in gewissem Umfang auch Umwege zu rechnen, auf denen das endgült Berufsziel erreicht w. Aus diesem Grde kann sich die KostenPfl der Elt bei einem **Wechsel des Ausbildgsziels** in gewissen Grenzen ggü der berufsspezif Normalbelastg erweitern (iGgs zur staatl AusbildgsFörderg, die einen wicht Grd für einen Fachrichtgswechsel verlangt; vgl zB die bes harte Entsch OVG Münst FamRZ **76**, 295). Voraussetzg ist jedoch eine vS des Berecht verständ begründete u mit einer klaren Berufsalternative verbundene Entsch. Bricht er eine begonnene Ausbildg ab, ohne zum Beginn einer best und entschlossen zu s, od arbeitet er auch in der neuen Ausbildg ohne Energie, so können die Elt ihre UnterhZahlgen einstellen. Ein Studienwechsel an der Univ wird idR nur nach dem 1. od 2. Sem in Betr kommen u in der 2. Hälfte des Studiums überh ausgeschl sein. Der UnterhBerecht hat dann nur die Wahl zw der Fortsetzg der begonnenen Ausbildg, deren Abbruch u der Selbstfinanzierg einer and. – **ff)** Ein Anspr auf KostenÜbern f eine **zweite Ausbildg** besteht (im Ggs zur bl Weiterbildg iSv Anm dd; krit zu dieser Unterscheidg BGH **69**, 190 = FamRZ **77**, 629 mAv Bosch = NJW **77**, 1774 mAv Diederichsen) grdsl nicht, sofern die Elt mit der ersten Berufsausbildg ihrer Verpfl in angem Weise nachgekommen s (AG Schweinf DAVorm **75**, 50; LG Hbg FamRZ **75**, 114). Das Kind ist dann nicht mehr außerstande, sich selbst zu unterhalten (§ 1602 I). Das gilt bei mangelnder Berufseigng u -neigg ebso wie bei Fehlen angem Verdienstmöglk in dem erlernten Beruf u auch dann, wenn in dem Beruf eine zunächst dch den Elt nicht erwartete BildgsFähigk herausstellt **(Spätentwickler)** od weil die Leistgsanforderungen f best Berufe erhebl gesenkt wurden. So keine UnterhPfl für Ausbildg eines Speditionskaufmanns zum Arzt, wenn der Jugendliche vor der Wahl der Lehre zweimal an der Erlangg der mittleren Reife gescheitert war (Nürnbg FamRZ **77**, 70). Demggü stellt LG Ffm FamRZ **76**, 62, auf Zielstrebigk u Erfolg in der neuen Berufsausbildg ab. Ein UnterhAnspr besteht, wenn qualifizierte Ausbildg (zunächst) wg mangelnder Leistgsfähigk der Elt abgebrochen w (Brhaven FamRZ **77**, 72). Kein UnterhAnspr, wenn Schlosser Schauspieler (Brschw OLG **40**, 79), ausgebildeter Journalist dch Studium der Archäologie, Kunstgeschichte usw Denkmalspfleger (AG Hbg FamRZ **74**, 664), Industriekaufmann Volksschullehrer (Lünebg FamRZ **76**, 61) w will od graduierter Ing Lehrer (Wuppt FamRZ **76**, 378), Sozialarbeiter Jurist (Hann NJW **77**, 908) od ein Elektromechaniker nach Erwerb des Abiturs, um techn Offizier zu werden, unter dem Einfl einer Freundin Psychologe, wenn Vater kaufmänn Angest (Lünebg FamRZ **76**, 379). Dagg besteht R auf eine Zweitausbildg, wenn der Berufswechsel sich als erforderl erweist (RG **114**, 54), weil der UnterhBerecht aus körperl od geist Grden (zB dch Unfall) den Anfdgen des erlernten Berufes nicht mehr gewachsen ist; aber auch wenn die Elt ihn der ihnen zustehden PersSorge nicht in einen Beruf gedrängt haben, in dem sich das Kind aGrd einer ausgeprägten u auch in der ZwZeit gepflegten Sonderbegabg nicht wohlfühlt. Ferner umfaßt UnterhAnspr die Zweitausbildg, wenn der Berecht alsbald nach Abschl der Lehre planmäß u ohne Verzögerg die Voraussetzgn f ein inzw erfolgr begonnenes (Pädagogik)Studium erworben hat (Lüb FamRZ **76**, 715), auch wenn damit den Elt prakt das Risiko aufgebürdet wird, daß Erleichtergen im Zugang zu best Berufen nachträgl u von Staats wg geschaffen w (hier: Erlangg der fachspezif

Hochschulreife ohne Abitur). Allerd ist Voraussetzg dann eine nutzb **Bildgsreserve** für den neuen Beruf; das Gebrauchmachen v der formalen Studienmöglichk reicht nicht aus (LG Stgt FamRZ **76**, 381; Hann NJW **77**, 908). Weitere Rspr bei Jung FamRZ **74**, 517. - **gg)** Die Ausbildgskosten werden beim Volljidr dch Zahlg einer mtl **Rente** an den UnterhBerecht getragen, deren Höhe sich nach dem Eink der Elt eines (vgl Anm 1), anderers nach den Richtlinien der staatl AusbildgsFörderg bestimmt. Wohnt der Berecht am Ausbildgsort bei seinen Elt (was diese ggf über § 1612 II verlangen kann, vgl Jung FamRZ **74**, 516, währd OVG Kblz FamRZ **74**, 225 sogar Zugfahrten vom Heimatort Koblenz u Studienort Mainz für zumutb hält), reduziert die Naturalleistg den Anspr uU auf ein Taschengeld. Zur Bestimmung des Kindes dch die Art der UnterhGewährg s § 1612 II; ggü vollj Kindern tritt der ErziehgsZw jedoch in gewissem Umfg zurück (Hdlbg DAVorm **75**, 176). Zusage eines best Monatswechsels schafft keine klagb Verpfl, die im Konk angemeldet w kann (Kiel OLG **21**, 247). Zureichder **eigener Verdienst** od sonst Einkommen des Berecht ist nach Billigk auf die Verpfl der Elt anzurechnen. Gelegentl NebEinnahmen, insb aus FerienArb, sollten, solange sich keine Kollisionen iSv Anm cc ergeben, dem Berecht voll verbleiben. Anderers hat er kein R, dch Kombination der versch EinkQuellen den eig LebStandard aGrd v II über denj der Elt zu verbessern. Von einem Studenten kann, außer bei dürft Verhältn der Elt, nicht verlangt w, daß er einen Teil der Studienkosten selbst verdient (Wiesb FamRZ **57**, 455). Aber keine Bedürftigk iSv § 1602, wenn Ausbildg (zB Abendgymnasium) die ArbKraft des Auszubildden nicht voll in Anspr nimmt u gleichzeit Berufstätig mögl ist (VerwG Kass FamRZ **75**, 655). Auch der **Ehegatte** haftet vor den Elt (§ 1608 S 1; § 1360a Anm 1c).

b) Der Unterh umfaßt bei einer der Erziehg bedürft Pers auch die **Erziehgskosten.** Erzbedürftig ist der UnterhBerecht bis zur Erreichg der Volljk (§ 2). Zu den Erziehgszielen u -mitteln § 1631 Anm 2-5. Die dabei entstehden Kosten sind iR ihrer UnterhPfl v den Elt zu tragen (vgl Anm 3b). Zu beachten jedoch deren BestimmgsR, so daß Inspruchn hins Kosten f eine Bildgsreise einer Oberprima nach Israel (Wiesb FamRZ **64**, 637) zweifelh. Bedienen sich die Elt zur Erziehg fremder Hilfe, gleichgült ob freiw (Internat) od aGrd staatl Eingriffs (§ 1666 Anm 8), fallen grdsl ihnen die Kosten dafür zur Last. Zu den ErzKosten gehören auch Mehraufwendgen zum Ausgl angeborener od erworbener gesundheitl od geist Mängel u Fehlentwicklgen (TaubstummenAnst, Rehabilitation nach Unfall, krankheitsbedinger NachhilfeUnterr usw).

5) Regelbedarf für Kinder aus geschiedenen Ehen od bei Getrenntleben der Eltern, III. Die dch das 1. EheRG Art 1 Z 22 eingef Bestimmg bezweckt ein Verbesserg der RStellg des ehel Kindes u eine Verringerg der Zahl der AbändergsKl (BT-Drucks 7/4361 S 51). Die Gleichstellg von ehel u nehel Kindern erfolgt nur, soweit eine vergleichb Situation vorliegt, wenn näml die Elt getrennte Haushalte führen, das Kind bei dem einen EltTeil, gleichgült ob Vater od Mutter, lebt u es gg den and EltTeil einen UnterhAnspr geltd macht. Nur iR dieser Fallgestaltg soll dem Kind die Darleggs- u BewLast für die Höhe seines Unterh genommen w; es soll mind den für ein nehel Kind der entspr Altersstufe festgesetzten **Regelbedarf** (§ 1615f) verlangen können. III wird künftig eine den Altersstufen des § 1 RegelUnterhVO (Anh zu §§ 1615f, 1615g) entsprechde altersmäß Abstufg erforderl machen (BT-Drucks 7/4791 S 12). Die UnterhVerpflichtg beider Elt wird dadch nicht verändert. Das Kind kann einen höheren UnterhBed als den RegelBed geltd machen, wobei dann allerd die EinkHöhe des UnterhVerpflichteten berücksichtigt w (Bambg JurBüro **78**, 133); umgek bleibt dem in Anspr gen EltTeil unbenommen, zB die mangelnde Bedürftigk des Kindes aGrd eigener VermögensEinkfte geltd zu machen. Trotz „gilt" keine Fiktion, sond bl Vermutg. Die Vorschr gilt nur, wenn die Elt gesch sind (§ 1564), **S 1**, od wenn sie getr leben (§ 1567), **S 2**, od die Ehe für nichtig erkl w ist (EheG 23). Ferner muß das Kind in den Haush des einen gesch Eheg aufgen w. Gilt auch, wenn ein Internat besucht wird u in der Lehre ist, ebso wenn es mit dem einen EltT bei dessen Eltern lebt, dagg nicht, wenn es bei den GroßElt od sonst Verwandten untergebracht ist.

1611 *Beschränkung oder Wegfall der Unterhaltsverpflichtung.* **I** Ist der **Unterhaltsberechtigte durch sein sittliches Verschulden bedürftig geworden, hat er seine eigene Unterhaltspflicht gegenüber dem Unterhaltspflichtigen gröblich vernachlässigt oder sich vorsätzlich einer schweren Verfehlung gegen den Unterhaltspflichtigen oder einen nahen Angehörigen des Unterhaltspflichtigen schuldig gemacht, so braucht der Verpflichtete nur einen Beitrag zum Unterhalt in der Höhe zu leisten, die der Billigkeit entspricht. Die Verpflichtung fällt ganz weg, wenn die Inanspruchnahme des Verpflichteten grob unbillig wäre.**

II Die Vorschriften des Absatzes 1 sind auf die Unterhaltspflicht von Eltern gegenüber ihren minderjährigen unverheirateten Kindern nicht anzuwenden.

III Der Bedürftige kann wegen einer nach diesen Vorschriften eintretenden Beschränkung seines Anspruchs nicht andere Unterhaltspflichtige in Anspruch nehmen.

Vorbem. Fassg I, II dch Art 1 Z 13 NEhelG. Gilt ab 1. 7. 70.

1) Allgemeines. Vgl § 1610 Anm 1. Entspr Vorschr EheG 65, 66. Nur in AusnFällen völl Wegfall des Unterh, sonst UnterhHerabsetzg (Beitr). Beides kommt aber bei mj unverheirateten Kindern nicht zur Anwendg, **II**; jedoch haben die Eltern iF des § 1612 II gewisse Möglichk, auf den Lebensstil u damit die UnterhKosten einzuwirken. Auch dieser Unterh umfaßt den gesamten Lebensbedarf, § 1610 Anm 3, einschl der Ausbildgs-, RG JW **07**, 711, u FürsErziehgskosten, KG OLG **16**, 245. Die aus der Pers erwachsden Bedürfnisse des Bedürft können also eine Steigerg herbeiführen, KG OLG **15**, 415. Bewpflichtig für das Vorliegen von § 1611 ist der Verpfl, RG JW **11**, 405. Tritt nach dessen Verurteilg zur UnterhZahlg ein Tatbestd nach § 1611 ein, so ZPO 323; dem steht auch eine vertragsm UnterhVerpfl nicht entgg, BayObLG OLG **39**, 4. Der Bedürft kann dch Inanspruchn anderer UnterhPflichtiger die Beschrkg nicht ausgleichen, **III**.

2) Die Fälle der Beschränkung und Entziehung, I. Auf das Recht, dem Pflichten zu entziehen, wie bisher, stellt die Neufassg nicht mehr ab. Sie nennt folgde Fälle: **a)** Der UnterhBerecht ist dch sein sittl, nicht nur einfaches Versch bedürft geworden, zB Trunksucht, Spiel. Die Folgen des sittl Versch müssen noch fortdauern. Bei Unterbrechg des KausalZushang entfällt § 1611, RG JW **10**, 477, so wenn zw dem Lebenswandel u der Bedürftigk kein Zushang besteht. Der Tatbestd von § 2333 Z 5 allein genügt also nicht zur Beschrkg des Unterh. **b)** Gröbl Vernachlässig der eigenen UnterhPfl des nunmehr Bedürft ggü dem jetzt Verpfl, zB der Vater hat sich seiner UnterhPfl ggü dem nehel Kind mit Erfolg böswill entzogen (Beisp des RegEntw). **c)** Der Bedürft hat sich vorsätzl einer schweren Verfehlg gg den UnterhPflichtigen od einen seiner nahen Angeh, § 530 I, schuld gemacht. Die Verfehlg braucht sich gg den Verpfl selbst nicht zu richten.

Nur Beitr zum Unterh, der der Billigk entspr. Zu berücks also Schwere der Verfehlg, insb des sittl Versch, aber auch der Erziehgsfehler des Verpfl, seine Belastg u die Länge der Dauer im Verhältn zu seiner Leistgsfähigk. Einen gewissen Anhalt können auch die amtl Unterstützgssätze geben. Nur wenn im Einzelfall dieser Beitr, der auch zeitl beschr w kann, aus bes Grden grob unbill wäre, kann er ganz wegfallen. Die Beschrkg od der gänzl Wegfall geschieht aus familienrechtl Grden, so daß eine mögl Belastg der öff Hand hier zurücktreten muß (Begr RegEntw). Für geschiedene Eheg EheG 65, 66.

3) Der Ehegatte wird nicht mehr genannt, so daß § 1611 auf ihn unanwendb. Bei Getrenntleben Unterh nach Billigk, § 1361 I, so daß auch Eheverfehlgen herangezogen w können. Für gesch Eheg EheG 65, 66.

1612 *Art der Unterhaltsgewährung.* **I** Der Unterhalt ist durch Entrichtung einer Geldrente zu gewähren. Der Verpflichtete kann verlangen, daß ihm die Gewährung des Unterhalts in anderer Art gestattet wird, wenn besondere Gründe es rechtfertigen.

II Haben Eltern einem unverheirateten Kinde Unterhalt zu gewähren, so können sie bestimmen, in welcher Art und für welche Zeit im voraus der Unterhalt gewährt werden soll. Aus besonderen Gründen kann das Vormundschaftsgericht auf Antrag des Kindes die Bestimmung der Eltern ändern. Ist das Kind minderjährig, so kann ein Elternteil, dem die Sorge für die Person des Kindes nicht zusteht, eine Bestimmung nur für die Zeit treffen, in der das Kind in seinen Haushalt aufgenommen ist.

III Eine Geldrente ist monatlich im voraus zu zahlen. Der Verpflichtete schuldet den vollen Monatsbetrag auch dann, wenn der Berechtigte im Laufe des Monats stirbt.

Schrifttum: Bosch, Festschr f Schiedermair 1976, S 51; Wiesner FamRZ **77**, 28; Eb Schwerdtner NJW **77**, 1268; Zenz ZRP **77**, 195; Kumme ZBlJugR **77**, 417; Moritz RdJB **77**, 264 (elterl BestR ggü Vollj).

Vorbem. III durch GleichberG Art 1 Z 20 geändert. II 3 dch Art 1 Z 14 NEhelG hinzugefügt.

1) Grundsätzlich, I 1: Entrichtg einer Geldrente. Im Urt ist ihre Dauer zeitl zu begrenzen, § 1602 Anm 1. Andere Art der Unterhaltsgewährg (zB volle od teilweise Naturalleistg, wg § 1614 aber nicht Abfindg), wenn besondere Gründe, sei es nun in seiner od der Berechtigten Pers vorliegen, zB dieser unwirtschaftl ist od für den Verpflichteten eine Gewährg in Geld unverhältnism schwieriger ist als in Natur, **I 2.** Jedoch genügen ZweckmäßigkGründe od die Tats, daß die Naturalverpflichtg für den Verpflichteten billiger ist, für sich allein nicht. Der Verpflichtete hat das Verlangen derart zu stellen, daß er dem Berechtigten ein einzelnen mitteil, wie er die Durchführg denkt, ihm auch das etwa erforderl Reisegeld für die Durchführ des Planes zur Vfg stellt, RGRK Anm 1. Bei Weigerg kann das ProzeßG angerufen werden, KG JW **34**, 2999. Liegt ein Urt auf Geld- od Naturalleistg vor, so hilft bei Änderg der Verhältnisse ZPO 323. Bisw besteht auch ein Recht des UnterhPflicht, Unterh anders als in Geld zu erbringen. Wenn die Eheg bei der Wohng getrennt leben u der Ehem die Wohngsmiete bezahlt, dann erfüllt er damit zT seine UnterhPfl (Schlesw SchlHA **78**, 98).

2) Unterhaltsgewährg von Eltern an unverheiratete Kinder, II 1. Das sind aber nicht solche, deren Ehe aufgelöst ist, § 1602 Anm 3, wohl aber alleinige Entsch eines Elternteils, wenn die Eltern getrennt leben, wobei die Best ggü dem zum Geltendmachen berecht Elternteil erklärt w kann, KG OLGZ **71**, 68. Der unterhaltspfl Elternteil, hat nach seinem Ermessen, gleichgültig, ob das Kind vollj od hausangehör ist, ob ihm SorgeR zusteht od nicht, (in letzterer Falle aber nur für die Zeit der Hausangehörigk) ein BestimmgsR, in welcher Art u für welche Zeit im voraus der Unterh gewährt werden soll; s auch Knorn FamRZ **66**, 392. Kann auch noch im VollstreckgsVerf, ZPO 767, ausgeübt werden, Hbg Recht **13**, 1891. **Zweck:** Dch die Bestimmg der Naturalpflegg im Hause soll den Elt ein weitergehder Einfluß verschafft w, als das bei UnterhGewährg in Geld mögl ist (KG JW **35**, 1438). Der Vorschr kommt nach der Herabsetzg des volljkAlters erhöhte Bedeutg zu (AG Mettmann FamRZ **75**, 709); LG Brem NJW **76**, 1750 = FamRZ **76**, 458 m krit Anm v Bosch legt so aus, daß die Elt mit der Art der UnterhGewährg heute nicht mehr erzieherische Zwecke verbinden dürfen, wenn das Kind vollj geworden ist. Verweisg des vollj Kindes auf Unterh in Natur gerechtf, wenn Elt dadch wirtschaftl entlastet w und eine nach ihren Einkommensverhältn sonst unvermeidl Beschrkg ihres eig Lebenszuschnitts gemildert w, wobei persönl Spanngen od Entfremdg eine Änderg der getroff UnterhBestimmung nicht ohne w rechtfertigen (Karlsr NJW **77**, 681). Ebso Brem NJW **76**, 2265 = FamRZ **76**, 642 (u 702) im Verf der weit Beschw gg den zit Beschl des LG Brem, wobei eine gewisse Überwachg der Lebensführg des UnterhBerecht unter dem Einflußn vS der Elt f zul erklärt w; außerd kann das Kind nicht Unterh in Form einer Geldrente verlangen, wenn die Zerrüttg des familiären Verhältn selbst verursacht hat. In diesem Sinne nunmehr auch LG Brem FamRZ **77**, 654. Ausdrückl betont LG Hbg NJW **77**, 201, die dch § 1612 II 1 gegebene Einflußmögl, die unbedachte Entscheidgen des Kindes verhindern und erschweren soll, sei gerade nach Herabsetzg des VolljkAlters sinnvoll; II 1 soll sicherstellen, daß die Elt Einfl auf die Lebensführg u das Verhalten des Kindes nehmen können (Ffm FamRZ **76**, 705). Der Berecht kann seinen UnterhAnspr dann nur dch Ann der angebotenen Sachleistgn verwirkl; tut er das nicht, haben die Elt ihrer UnterhPfl gleichwohl genügt (OVG Kblz FamRZ **74**, 226). Mangels Verzugs auch keine ErsatzAnspr gg die Elt, wenn das Kind sich im Haush v Verwandten versorgen läßt (Ffm FamRZ **76**, 705). Ein mj unverh Kind verliert seinen UnterhAnspr, wenn es gg den

§§ 1612, 1612a   4. Buch. 2. Abschnitt. *Diederichsen*

Willen der Elt außerh des EltHauses Wohng nimmt (LG Hagen NJW **75**, 263 L; Brühl-Göppinger-Mutschler Rdz 169). Das ergibt sich aus dem Zweck v II 1 u der Abhilfemögl v II 2; die GgMeing führt dazu, daß das mj Kind den Elt die Form des zugewendeten Unterh entgg § 1612 aufzwingen könnte. § 1611 II gibt für die hier abgel Auffassg nichts her, da es bei der Frage v Natural- od GeldUnterh um die Art u Weise des zu leistden Unterh geht, nicht wie in § 1611 II um den Bestand der UnterhPfl. Es können an Stelle der gesetzl vorgesehenen Geldleistgen nicht einzelne Naturalleistgen treten, auch dann nicht, wenn der and EltT das AufenthBestimmgsR hat (KG JW **34**, 2999). Die Bestimmg muß den gesamten LebBedarf umfassen. Zul auch die Bestimmg, daß das Kind den Unterh in Natur- od GeldUnterh zB von dem Gutsübernehmer in Empfang nehmen soll (KGJ **53**, 25), od von der Mutter, die die Versorgg aus vom Vater gezahlten Mitteln übern hat (Warn **13**, 188). Bei Geldzahlgen auch Bestimmg eines längeren Ztraums als von einem Mo (wg § 1614 aber immer nur eines angemessenen) mögl. – Ungült Bestimmg bei Anordng von etwas Unausführb, so daß das Kind den Unterh nicht entggnehmen kann (RG **57**, 77), so wenn das Kind wg seines jugendl Alters den Rückkehrwillen nicht haben kann (RG JW **01**, 871), zB bei der Mutter in der DDR lebt od es sich in einer Irrenanstalt befindet, überh wenn sich Kind nicht aus eigenem Versch weigert (RG **57**, 77), solange Mutter Kind dem Vater vorenthält (BayObLG **58**, 13). Der Nichtsorgeberecht kann nicht best, daß das mj Kind gg den Willen des Sorgeberecht den Unterh im Haus des Verpfl entggzunehmen habe, da er damit das AufenthBestimmgsR des Sorgeberecht verletzt. I 2 gilt nur solange, als das Kind in den Haush des Nichtsorgeberecht aufgenommen ist, II 3. Handelt es sich um ein nehel Kind, das in den väterl Haush aufgen ist, so braucht der RegelUnterh, der in Geld zu entrichten ist, nicht gezahlt zu w, § 1615 f I 1. An seine Stelle tritt die Unterbringg u Verpflegg beim Verpfl. Wird gg II 3 verstoßen od etwas Unausführbares angeordnet, so gilt der UnterhGewährg trotz des Angebots als verweigert, der Berecht kann sofort beim ProzG auf Unterh klagen, RG JW **11**, 53 und Anm 3. Hat hingg der Elternteil eine zuläss Bestimmg getroffen, so ist er befreit, wenn das Kind den Unterh nicht in der bestimmten Form entggnimmt, B wegläuft (Hbg SeuffA **68**, 238). Unzul Verkürzg der KindesUnterhAnspr iRv ScheidgsVergl, vgl § 1614 Anm 1.

3) Ändergsbefugnis des VormschG, II 2, nur dann, wenn eine an sich zuläss Bestimmg vorliegt (KG JW **34**, 2999); sonst Klage vor dem ProzG (vgl Anm 2). **Zust** ist das VormschG, nicht (trotz Fassg v GVG 23b I Z 5, ZPO 621 I Z 4: Streitig, die die UnterhPfl „betreffen") das FamG (vgl aber Bosch FamRZ **77**, 55); der gedankl Zushg zu § 1666 ist ebso stark wie zum UnterhR. De lege ferenda ist einheitl Zustdgk des FamG wünschenswert. Voraussetzg ist nur Vorliegen **besonderer Umstände**, die dem wohlverstandenen Interesse des Kindes zuwiderlaufen: Ohrfeigen u Herabwürdigg der fast vollj Tochter dch den Vater (BayObLG NJW **77**, 680), fehlde Toleranz ggü der sich vom streng kathol EltHaus unter dem Einfl eines Schulfreundes emanzipierenden Tochter (Ffm NJW **77**, 1297), bes unerquickl FamVerhältnisse (KG OLG **42**, 90), unangem Überwachsmaßn der Elt (Brühl/Göppinger/Mutschler Rdn 178), Aufzwingen des EltWillens ggü 25jähr Sohn (KG NJW **69**, 2241). Enge Auslegg: gelegentl Erziehungsfehler reichen nicht aus (Kln NJW **77**, 202, das darüber hinaus tiefgreifde, vom Kind nicht verschuldete Entfremdg verlangt). Bes Gründe können zB fehlen, wenn bei 18jähr Schulabschluß u Auszug aus dem EltHaus absehb sind (AG Mettmann FamRZ **75**, 709). Ebsowenig reicht der Wunsch nach selbstd LebFührg aus (Mannh NJW **76**, 245 L). Zweifelh bei Schulrelegation wg 3 × Nichterreichen des Klassenziels u befriedgden schul Leistgen außerh des EltHauses (Mannh DAVorm **76**, 102). Zustdgk FGG 43, 36; RPfleger entsch (RPflG 3 Z 2a), sofern nicht Elt unterschiedl Auffassg s (RPflG 14 Z 5). Antr- u BeschwR FGG 59. Pflegerbestellg nicht erfdl (Hbg OLG **2**, 93). Zum Umfg der gerichtl ErmittlgsPfl iRv FGG 12 Ffm FamRZ **78**, 259. Gebühren KostO 94 I Z 1. Das VormschG hat über die Art u Zeitabschnitte der UnterhzlLeistg (KGJ **53**, 25) u die kalendermäß Termine (KG HRR **28**, 1710). Insof ist das ProzGer zust (KG JW **36**, 679), vor dem auch Berufg auf LeistgsUnfähigk (BayObLG Recht **09**, 3091). VormschG kann auch noch währd des UnterhProz entsch; ZPO 263 gilt nicht (Mannh DAVorm **76**, 102). ProzG ist gebunden, sow Entsch des VormschG sich in den zuläss Grenzen hält (RG JW **03**, Beil 29); umgek ist sie nicht vollstreckb, sond kann nur im Klageweg verwirklicht w.

4) Zahlgsweise, III. Soweit die Eltern nichts anderes bestimmen konnten, Anm 2, ist die Geldrente für 1 Monat vorauszuzahlen, entspr der Einkommenslage kann aber auch Zahlg für kürzere Abschnitte gestattet werden. Fällig jew MoAnfang, nicht Geburtsdatum des Kindes (LG Bln DAVorm **76**, 299). Kein ArmR für Kl, den Vater, der den Unterh regelm in der Mitte des Mo zahlt, zur Zahlg am MoAnfang zu zwingen (Schlesw SchlHA **78**, 19). Entscheidd für die Haftg der mtl Zahlgsabschnitt, der dem Gläub den Monatsanfang erlebt, vgl § 760 III: auf Wegfall der Bedürftigk nicht anwendbar. Vgl auch § 1614 II.

1612a *Anpassung von Unterhaltsrenten.*

I Ist die Höhe der für einen Minderjährigen als Unterhalt zu entrichtenden Geldrente in einer gerichtlichen Entscheidung, einer Vereinbarung oder einer Verpflichtungsurkunde festgelegt, so kann der Berechtigte oder der Verpflichtete verlangen, daß der zu entrichtende Unterhalt gemäß den Vorschriften des Absatzes 2 der allgemeinen Entwicklung der wirtschaftlichen Verhältnisse angepaßt wird. Die Anpassung kann nicht verlangt werden, wenn und soweit bei der Festlegung der Höhe des Unterhalts eine Änderung der Geldrente ausgeschlossen worden oder ihre Anpassung an Veränderungen der wirtschaftlichen Verhältnisse auf andere Weise geregelt ist.

II Ist infolge erheblicher Änderungen der allgemeinen wirtschaftlichen Verhältnisse eine Anpassung der Unterhaltsrenten erforderlich, so bestimmt die Bundesregierung nach Maßgabe der allgemeinen Entwicklung, insbesondere der Entwicklung der Verdienste und des Lebensbedarfs, durch Rechtsverordnung (Anpassungsverordnung) den Vomhundertsatz, um den Unterhaltsrenten zu erhöhen oder herabzusetzen sind. Die Verordnung bedarf der Zustimmung des Bundesrates. Die Anpassung kann nicht für einen früheren Zeitpunkt als den Beginn des vierten auf das Inkrafttreten der Anpassungsverordnung folgenden Kalendermonats verlangt werden. Sie wird mit der Erklärung wirksam; dies gilt nicht, wenn sich die Verpflichtung zur Unterhaltszahlung aus einem Schuldtitel ergibt, aus dem die Zwangsvollstreckung stattfindet.

III Der Unterhaltsbetrag, der sich bei der Anpassung ergibt, ist auf volle Deutsche Mark abzurunden, und zwar bei Beiträgen unter fünfzig Pfennig nach unten, sonst nach oben.

IV Von der in einer Anpassungsverordnung vorgesehenen Anpassung sind diejenigen Unterhaltsrenten ausgeschlossen, die in den letzten zwölf Monaten vor dem Wirksamwerden der Anpassung festgesetzt, bestätigt oder geändert worden sind.

V Das Recht des Berechtigten und des Verpflichteten, auf Grund allgemeiner Vorschriften eine Änderung des Unterhalts zu verlangen, bleibt unberührt.

Schrifttum: Franz FamRZ **76**, 65 u **77**, 24; Köhler NJW **76**, 1532; sa DAVorm **75**, 450 u **76**, 377; Schroeder JurBüro **76**, 1281 u 1435; Arnold JR **77**, 138; Brüggemann, G zur vereinf Abänderg v UnterhRenten, Hdlbg 1976; Timm NJW **78**, 745 (Verhältn zur AbänderungsKl); Puls DAVorm **78**, 235 (ebso); Binschus ZfF **77**, 244.

1) Dynamisierung von Unterhaltsrenten Minderjähriger. Eingef dch Art 1 UntÄndG. In der vollständ Fam vollzieht sich der Ausgleich zw EinkÄnderg u UnterhAnspr gleitd; sind UnterhKlagen erforderl, kommt nur eine „hinkende" Anpassg in Betr. § 1612a soll eine Erleichterg dadch schaffen, daß er eine schemat Anpassg in einem vereinfachten Verf zuläßt. Die AbänderungsKl gem ZPO 323 gewährte unterhaltsberecht ehel Kindern nur einen unzulängl Schutz ggü UnterhTiteln, die von der wirtschaftl Entwicklg überholt wurden, näml inf steigder Einkfte des Unterhaltspflichtigen u stärkerem Anwachsen des Lebensbedarfs aS des unterhaltsberecht Kindes. Ferner ist eine Angleichg an die vereinf Regelg bei nehel Kindern beabsichtigt (BT-Drucks 7/4791 S 7). Aber keine Übern des RegelUnterh (§ 1615f), weil bei ehel Kindern noch häufiger mit Abweichgen vom RegelUnterh gerechnet w müßte (BT-Drucks 7/4791 S 8); daher Gleichstellg nur hins eines UnterhMindestbedarfs (§ 1610 III). Die Dynamisierg erfolgt an Hand der AnpassgsVO, die von der BReg aGrd der in II 1 enthaltenen Ermächtigg mit Zust des BR, II 2, in Abständen erlassen wird, iW **prozentualer Angleichg** der UnterhRenten an erhebl Änderg der allg wirtschaftl Verhältn. Erleichtert wird die Anpassg, wenn iRv § 1610 III künft eine den Altersstufen des § 1 RegelUnterhVO (abgedr Anh zu §§ 1615f, 1615g) entsprche altersmäß Abstufg des RegelBed erfolgt. Im Prinzip entspr diese Ausgestaltg damit doch der Änderg des RegelUnterh im NEhelR, wenn auch mit der notw Abweichg von festen (absoluten) Regelsätzen (Lepsius DAVorm **76**, 179). Unabh von der Möglk, dch AnpassgsErkl od iW des vereinf Verf die UnterhRente der wirtschaftl Entwicklg anzupassen, bleibt für UnterhGläub wie -Schu das Recht bestehen, aGrd der allg Voraussetzgen von Bedürftigk u Leistgsfähigk (§§ 1602, 1603) eine Änd des UnterhTitels iW der AbändKl gem ZPO 323 zu verlangen, **V.** Zur Einschränkg dieser Bestimmg vgl aber Anm 4. RSchutzinteresse f AbänderungsKl, die ausschließl auf Veränderg der allg wirtschaftl Verhältn gestützt w, aber auch, wenn es sich um einen älteren Titel handelt (Schlesw SchlHA **78**, 57). UntÄndG gilt auch in Bln (GVBl Bln v 10. 8. 76, S 1705).

2) Die Anpassung erfolgt nur unter best Voraussetzgen u in best Art u Weise. **a) Voraussetzgen, I 1: aa)** Der Dynamisierg unterliegen nur **Unterhaltsansprüche**, nicht and Verbindlichkeiten, auch nicht langfristige, ratenweise zu begleichde od bei sonst Ähnlichk mit einem UnterhAnspr. **bb)** Die vereinf Anpassg von UnterhRenten erfolgt nur zG unterhaltsberecht **Minderjähriger**, also für Kinder u Jugdliche unter 18 J, weil es dem münd Bürger überlassen bleiben kann, dch gütl Einigg od im KlWege eine Ändg seiner UnterhRente durchzusetzen, währd dem insow schutzbedürft Mj diese Handlgsfähigk fehlt (BT-Drucks 7/4791 S 7). Es kommt nicht darauf an, ob der Mj als Empfänger der Zahlg in dem Titel ausgewiesen ist; entscheidd allein, daß der UnterhRente iw darin bestimmt ist (BT-Drucks 7/5311 S 4). **cc) Unterhaltstitel.** Die Anpassg gilt für UnterhRenten, die in einer gerichtl Entsch, einer Vereinbg od einer VerpflUrk festgelegt sind, also für alle UnterhUrteile, Vergleiche, insb auch solche iRv EheG 72 aF od §§ 1585c, 1629 III 2, ZPO 794 I Z 1 geschlossene, VerpflUrk iSv ZPO 794 I Z 5, die gem KonsG 10 sowie die von Beamten u Angest der JugÄmter gem JWG 50 aufgen Urk. Dch die Einbeziehg von UnterhVereinbgen, die nicht Ggst eines VollstrTitels sind, in die Regelg sollen außergerichtl Einiggen erleichtert w. Es braucht sich dabei nicht um schriftl, nicht einmal um ausdrückl getroffene Vereinbgen zu handeln (Arnold JR **77**, 139). **dd) Von der erleichterten Anpassg ausgenommen** sind die Fälle, in denen eine Änd der festgelegten UnterhRente vertragl ausgeschl od die Anpassg an die Veränderg der wirtschaftl Verhältn auf and Weise geregelt ist, **I 2.** Letzteres ist zB bei den auf RegelUnterh lautden Titeln der Fall; die Anpassg aGrd der Neufestsetzg des RegelBed erfolgt hier im Verf gem ZPO 642b. Auch erscheint es nicht gerechtfertigt, Titel u Vereinbgen, die eine Anpassg an sich ändernde wirtschaftl Verhältn ausschließen od nach den bes Umst des Einzelfalles regeln, der gröberen schemat Anpassg zu unterwerfen. Ferner keine zusätzl Anpassg, soweit eine UnterhRente in Anlehng an die Düss, Kölner Tabellen usw neu festgesetzt w (Bambg JurBüro **77**, 133). Stillschweigder **Ausschluß der künftigen Anpassg** etwa, wenn iR eines ProzVergl od einer sonst Vereinbg die UnterhRente für das Kind in einer die gesetzl Anspr offensichtl erhebl übersteigden Höhe festgelegt w ist (Arnold JR **77**, 140). Im Einzelfall kann allerd trotz einer solchen AusschlußKlausel der Änd aGrd Wegfalls der Gesch-Grdlage uä mögl bleiben (vgl BT-Drucks 7/4791 S 12), sof die AusschlKlausel nicht bereits gem §§ 134, 1614 I überh nichtig ist; ihre Berücksichtigg in der endgült Fassg des UntÄndG ist eine gesetzgeber Fehlleistg (vgl Köhler NJW **76**, 1532). Weitere Einschrkgen aGrd des IPR. Neben diesen allg Ausn von der Anpassg sind im konkr Fall diejenigen UnterhRenten von der Anpassg ausgeschl, die in den letzten 12 Mo vor dem Wirksamwerden der Anpassg festgesetzt, od dem UnterhGläub bestätigt od geänd w sind, **IV.** Das G geht davon aus, daß iR derart Bestätiggen od Änderngen idR auch bevorstehde wirtschaftl Veränderngen berücksichtigt w sind. Der Ztraum der Bestandsfestigk einer solchen Vereinbg beginnt mit dem 4. Mo nach dem Inkafttr einer neuen AnpassgsVO, so daß Vereinbgen ü Änderngen von UnterhRenten usw abgesehen v ZPO 323 (vgl V) minds 15 Mo Bestand haben. Ztpkt der Abänderg ist der Ztpkt der individuellen Anpassg maßg, so daß zB, wenn die AnpassgsVO seit 1. 11. 77 wirks ist, Umstellg zum 8. 12. 77 verlangt w kann, wenn zu diesem Ztpkt der zgrdeliegde Titel älter als 12 Mo ist (Hann DAVorm **78**,305). Auf diese Weise nimmt der UnterhBerecht auch an solchen amtl Anpassgen teil, die innerh der SperrFr wirks werden, u braucht nicht bis zur nächsten Anpassg zu warten (Brüggemann Komm § 1612a Rn 64; aA Darmst DAVorm **78**, 306; Heilbr DAVorm **78**, 477; MüKo/Köhler 7). Die GgMeing berücks zu wenig, daß ZPO 323 den Zufall, wann die maßgebl Ztpkte liegen, nicht auszugleichen vermag u damit große Ungerechtigkeiten entstehen können. **b) Rechtsfolgen.** Liegen die Anpassgsvoraussetzgen vor, so kann der Berecht bzw der Verpflichtete verlangen, daß der zu entrichtde Unterh gem II u der AnpassgsVO der allg Entwicklg der wirtschaftl Verhältn angepaßt wird. **aa)** Der Anspr steht **sowohl dem UnterhGläub wie dem UnterhSchuldn** zu; die Herabsetzg von UnterhRenten kann in Zeiten wirtschaftl Rezession u Arbeitslosigk ggü den in der Ggwart dringlicheren Heraufsetzgen dchaus größere Bedeutg erlangen. **bb)** Der zu entrichtde Unterh wird nach Maßg des II, also jew in Höhe des dch die AnpassgsVO bestimmten Anpassgssatzes, der allg WirtschEntwicklg angeglichen. Es ergibt sich aGrd der AnpassgsVO jew eine **prozentuale Erhöhg od Verminderg der UnterhRente**, wobei der bei der Anpassg errechnete UnterhBetr auf volle DM abzurunden ist, III. **cc)** Die Anpassg kann „verlangt" w; sie vollzieht sich also nicht unmittelb kr RVorschr, sond die AnpassgsVO begründet iZushg mit dem G ledigl einen verhaltenen Anspr auf den angepaßten Unterh, der iW der Vereinbg zw den Beteiligten od mit Hilfe des Ger dchzusetzen ist (BT-Drucks 7/4791 S 21). Dagg kein Anspr auf Anpassg (entspr Wandlg beim Kauf); das G ist widersprüchl; II 4 deutet auf **Gestaltgsrecht**; unklar auch Arnold JR **77**, 139 („einseit RGesch"). Die Frage ist ziemi bedeutgslos, weil idR Anm ee) gelten wird. **dd)** Die Anpassg wird mit dem Zugang (§ 130) der **Anpassgserklärg** des AnpassgsBerecht wirks, **II, 4**, dh von diesem Ztpkt an schuldet der UnterhVerpflichtete den sich nach der AnpassgsVO ergebden höheren (od im umgek Fall den niedrigeren) UnterhBetr. Kommt der UnterhSchuldner der geänderten UnterhPflicht nicht nach, ggf Verzugsfolgen (§§ 284ff). Der Anpassg dch bl Erkl unterliegen dagg nicht titulierte UnterhRenten; für sie gilt: **ee)** Liegt ein **Vollstreckgstitel** vor, so erfolgt dessen Abänderg nach dem vereinfachten Verf der ZPO 641l bis t. Beruht die UnterhVerpflichtg auf einer nicht in vollstreckb Form getroffenen Vereinbg, so erleichtert die materiellrechtl Regelg des § 1612a immerhin noch eine außergerichtl Einigg; beim Scheitern einer gütl Regelg muß der angepaßte Unterh eingeklagt w.

3) Anpassungsverordg, II. Die Vorschr enthält die Ermächtigg der BReg, dch RechtsVO mit Zust des BR den Anpassgssatz zu bestimmen, **S 1**. Dieser Satz ist nach Maßg der allg Entwicklg, wobei insb die Einkommen u die LebensBed als Indikatoren fungieren, festzulegen. Die AnpassgsVO darf die ermittelten Werte weder erhebl über- noch unterschreiten. Aus prakt Gründen soll die AnpassgsVO stets einen vollen Vomhundertsatz ausweisen u in Betr komm de Dezimalbrüche auf- od abrunden. Die Zust des BR, **S 2**, ist unter dem GesPkt vorgesehen, auf regionale Besonderheiten in der wirtschaftl Entwicklg hinzuweisen (BT-Drucks 7/4791 S 13). Die Anpassg kann nicht für einen früheren Ztpkt als den Beginn des 4. auf das Inkrafttr der jew AnpassgsVO flgden Kalendermonats verlangt w, **S 3**. Damit ist eine Fr von mind 3 Mo zw dem Inkrafttr der VO u dem Wirksamwerden der ÄndSätze gewährleistet, um den Betroffenen die Möglk zu einer gütl Einigg u den JugÄmtern ausreich Gelegenh zur Überprüfg der Fälle zu geben (BT-Drucks 7/4791 S 13). Unterläßt der AntrSteller jeden Versuch einer gütl Einigg, drohen kostenrechtl Nachteile (ZPO 641o I 2). Eine AnpassgsVO ist erstmals innerh von 6 Mo nach dem 1. 1. 77 zu erlassen u umfaßt die Änderen der allg wirtschaftl Verhältn, die seit dem 1. 7. 75 eingetreten sind. Aus diesem Grd müssen Kinder, die schon längere Zeit auf einem zu niedrigen UnterhSatz „sitzen geblieben" sind (vgl de With DAVorm **75**, 451), um nicht dauerh zu kurz zu kommen, **zunächst den vorhandenen Unterhaltstitel im Wege der AbändergsKl korrigieren** (Köhler NJW **76**, 1533). Die Anpassg altrechtlicher, dh vor dem 1.7.75 begründeter, UnterhTitel iW des vereinf Verf zur Abänderg v UnterhTiteln ist zul; das unterhaltsberecht Kind muß in der Lage sein, sich mit der dch die Dynamisierungsnovelle begründeten verfahrensrechtl Vorteil zu begnügen unabh davon, welche Aussichten eine AbändergsKl böte (vgl RedNotiz DAVorm **77**, 420). Später soll jew spätestens nach 2 J geprüft w, ob die Voraussetzgen für eine erneute Anpassg vorliegen. Die Ermächtigg ist in mehrfacher Hins begrenzt. Eine Anpassg muß jew inf erheblicher Änderg der allg wirtschaftl Verhältn erfdl sein; das soll verhindern, daß AnpassgsVOen zu häufig erlassen w, weil damit eine übermäß Belastg der Gerichte u JugÄmter verbunden wäre. Zum Ztpkt der 1. AnpassgsVO vgl de With DAVorm **77**, 162. **Die AnpVO lautet:**

Verordnung zur Anpassung der Unterhaltsrenten für Minderjährige
(Anpassungsverordnung 1977 – AnpV 1977)
Vom 22. Juni 1977 (BGBl I 977)

Auf Grund des § 1612a Abs. 2 des Bürgerlichen Gesetzbuchs in der im Bundesgesetzblatt Teil III, Gliederungsnummer 400-2, veröffentlichten bereinigten Fassung, der durch Artikel 1 des Gesetzes zu vereinfachten Abänderung von Unterhaltsrenten vom 29. Juli 1976 (BGBl. I S. 2029) eingefügt worden ist, in Verbindung mit Artikel 5 § 1 des vorbezeichneten Gesetzes vom 29. Juli 1976 verordnet die Bundesregierung mit Zustimmung des Bundesrates:

§ 1. Die Unterhaltsrenten für Minderjährige können nach Maßgabe des § 1612a des Bürgerlichen Gesetzbuchs um zehn vom Hundert erhöht werden.

§ 2. [Berlinklausel]

§ 3. Diese Verordnung tritt am 1. Juli 1977 in Kraft.

4) Verfahrensrecht. Bei UnterhFdgen, über die bereits ein zur ZwVollstr geeigneter Titel vorliegt, genügt eine materiellrechtl Regelg zur Anpassg der UnterhRenten nicht. Das UntÄndG gibt desh in den ZPO 641l–641t ein **vereinfachtes Verfahren** zur Abändg von UnterhTiteln. Soweit UnterhTitel in diesem Verf abgeändert w können, fehlt es in Zukft an RSchutzbedürfn für eine AbändKl, es sein denn die Anpassg im vereinf Verf würde zu einem UnterhBetr führen, der wesentl von dem Betr abweicht, der der Entwicklg der bes Verhältn der Parteien Rechng trägt (ZPO 323 V). Um den höchstmögl Grad an Rationalisierg zu erzielen, ist die AbÄndKl in Zukft nur zul, wenn das vereinf Verf nicht ausreicht (BT-Drucks 7/4791 S 10 u 14). Bezieht man § 1612a auf die allg wirtschaftl Verhältn u ZPO 323 auf die bes persönl Verhältn, besteht nur ausnahmsw Vorgreiflichk (so Timm NJW **78**, 745); allerd empfiehlt es sich iF, daß AbändersKl er-

Verwandtschaft. 3. Titel: Unterhaltspflicht §§ 1612a–1614

hoben w muß, sogl auch die allg prozentuale Anpassg vorzunehmen. Das Verf gilt für UnterhUrt u sonstige vollstreckgsfäh UnterhTitel (ZPO 641 l I u II). Zustdgk des AG des allg Gerichtsstds (ZPO 641l III); es entsch der RPfleger (RPflG 20 Z 10). Anträge u Erklärgen können vor dem UrkBeamten der GeschStelle abgegeben w; das G sieht ausdrückl die Verwendg bundeseinheitlicher **Formulare** vor (ZPO 641 r u 641 t). Die **VordruckVO** v 24. 6. 77 (BGBl 978 = DAVorm **77**, 419) sieht Vordrucke für die nichtmaschinelle u solche f die maschinelle Bearbeitg vor. Bei maschineller Bearbeitg bedarf es keiner Unterschr unter der gerichtl Entsch. Einzelheiten regelt ein vom BJustizMin zu erlassder Verfahrensablaufplan (ZPO 641 s). Der Antr muß bei Gefahr nicht anfechtb Zurückweis einen best Inhalt haben u mit einer Ausfertigg des abzuändernden Titels versehen sein (ZPO 641 m). Der AntrGegner ist in seinen Einwendgen beschrkt (ZPO 641 o). Liegen die Voraussetzgen dafür vor, wird der Titel nach Ablauf v 2 Wo nach Mitteilg des Antr an den Gegner ohne mdl Verhdlg dch Beschl abgeänd; gg den Beschl Erinnerg (RPflG 11), hilft Richter nicht ab, sof Beschw, mit der nur geltd gemacht w kann Unstatthaftigk des vereinf Verf, falsche Berechng des AbändBetr, falscher Ztpkt für die Wirksamk der Abänd u unricht Festsetzg der Kosten (ZPO 641p). Keine weitere Beschw. Bei Nichtberücksichtigg der individuellen Verhältn der Parteien od abweichden Vereinbgen kann der AntrGegner binnen 1 Mo nach Zustellg des AbändBeschl iW der Kl Abänd des letzten im vereinf Verf ergangenen Beschl verlangen (ZPO 641 q). Ein abweichdes Urt hat rückwirkde Kraft. Die Kl des AntrGegners auf Abänderg des im vereinf Verf ergangenen AnpassgsBeschl ist FamSache iSv GVG 23b I 2 Z 5, ZPO 621 I Z 4 (Ffm FamRZ **78**, 348).

1613 *Unterhalt für die Vergangenheit.* I Für die Vergangenheit kann der Berechtigte Erfüllung oder Schadensersatz wegen Nichterfüllung nur von der Zeit an fordern, zu welcher der Verpflichtete in Verzug gekommen oder der Unterhaltsanspruch rechtshängig geworden ist.

II Wegen eines unregelmäßigen außergewöhnlich hohen Bedarfs (Sonderbedarf) kann der Berechtigte Erfüllung für die Vergangenheit ohne die Einschränkung des Absatzes 1 verlangen. Der Anspruch kann jedoch nach Ablauf eines Jahres seit seiner Entstehung nur geltend gemacht werden, wenn vorher der Verpflichtete in Verzug gekommen oder der Anspruch rechtshängig geworden ist.

Schrifttum: Brüggemann, SchuldnVerzug in der gesetzl UnterhPfl, Festschr f Bosch 1976, S 89.

1) II eingef dch NEhelG Art 1 Z 15. § 1613 bezieht sich auf UnterhPfl gem §§ 1601 ff, derj der Eheg währd bestehder Ehe, §§ 1360 f, ErsAnspr aus § 1607 II 2, hingg nicht aus § 843, RG **148**, 71, aus §§ 823, 826, RG **164**, 69. Zu. Anspr Dritter aus GoA u unser Bereicherg Einf 5a vor § 1601. Für UnterhAnspr geschiedener Ehel enthält EheG 64 eine entspr Vorschr. Wg der jenen Gleichbehandelten EheG 26, 37, 39 II 2. Zum fr Recht vgl BVerfG FamRZ **69**, 465. Besonderh f die ErsFdgen des SozHilfeTrägers, Einf 5b vor § 1601, § 1607 Anm 3, BSHG 90 f.

2) Grdsätzl kann **für die Vergangenh kein Unterhalt** gefordert w, auch nicht, wenn desh Schulden gemacht wurden. Anders uU bei nehel Kindern (§ 1615d). **Ausnahmen: a)** wenn der Verpfl in Verzug gekommen ist (§§ 284, 285). Auch bei UnterhAnspr kein automat Verzug. Rechtswahrgnzeige des Soz-Hilfeträgers (BSHG 91 II) od iRv BAföG 37 IV wirkt nicht zG des UnterhBerecht als Mahng (Düss FamRZ **78**, 436). Der Berecht kann Erfüllg, Verzugsschaden, auch SchadErs wg Nichterfüllg u Zinsen verlangen (§§ 286, 288, 291). IdR dagg keine Verzinsg von UnterhRückständen (DAVorm **75**, 453). Keine derart Ansp ferner, wenn sich der Berecht außerstande gesetzt hat, die ordngsgemäß angebotene Leistg in Empfang zu nehmen (§ 1612 Anm 2; sa § 1360a II); auch nicht, wenn ein Dr für den Verpfl leistet, wenn das aus Freigebigk gg den Verpfl geschieht (Mot IV 706 f); and bei Freigebigk gg den Berecht (§ 1602 Anm 2b). – **b)** der UnterhAnspr rechtshängig ist (ZPO 263, 281, 696 II, 700); – **c)** bei vertragl festgelegten UnterhAnspr (RG **164**, 65; Stgt Just **78**, 168); – **d) Sonderbedarf**, II (Lit: Puls DAVorm **75**, 574), weil dieser plötzl u der Höhe nach zunächst nicht abschätzb auftritt. Liegt nicht vor, wenn unregelm, aber nicht außergewöhnl hoch wie Kleidg, leichte Erkrankgen, auch nicht, wenn regelm, aber außergewöhnl hoch wie bes Ausbildg, Kosten für ein dauernd krankes Kind, da dieser Bedarf voraussehb u entspr bei der UnterhRente zu berücks. Geltdmachg nur bis 1 Jahr seit Entstehg, darüber hinaus, wenn vor Ablauf des Jahres in Verz gesetzt od der Anspr rechtshäng geworden ist. Entsteht der Sonderbedarf, weil die Mutter ihrer SorgePfl schuldh nicht nachgekommen ist, § 1664, treffen den Vater nicht die dadch verursachten Mehrkosten, Stgt (LG) FamRZ **65**, 518, Dölle § 103 IIIc, Staud-Göppinger § 1708 aF Anm 88a, aM Gernhuber § 59 IV 3. (Der eintretde Vater hat RückgrAnspr gg die in 1. Linie verpflichtete Mutter). Liegt die Schuld beim Kind, so tragen beide Eltern nach ihren Kräften, Dölle aaO. ProzKostenvorschuß (§ 1610 Anm 3) kann Sonderbedarf sein, Kosten einer kieferorthopäd Behdlg sind Sonderbedarf (Bad Kreuzn DAVorm **74**, 516).

Hat der **Träger der SozHilfe** gezahlt, vgl Einl 5b vor § 1601, so kann er für die Vergangenh Zahlgen vom UnterhPflichtigen verlangen, wenn er entweder diesen in Verzug gesetzt od dch unverzügl Anzeige, BSHG 91 II, jenem die Gewährg der SozHilfe mitgeteilt hat, Brschw (LG) NJW **67**, 985; Erhöhgen der geleisteten Unterh können nur in Höhe des jeweils mitgeteilten Betrages gefordert w, Nürnbg OLGZ **66**, 269.

3) Besonderheiten des Anspr. An u für sich gilt auch hier das Einf 3 vor § 1601 Gesagte. Auf den Anspr für die Vergangenh kann aber verzichtet, vgl Hbg OLG **30**, 65, er kann ge- und vererbt, § 1615 I, im Konk des Verpflichteten geltd gemacht werden, KO 3 II. Verjährg §§ 197, 201, bei Sonderbedarf § 194 I.

1614 *Verzicht auf den Unterhaltsanspruch; Vorausleistung.* I Für die Zukunft kann auf den Unterhalt nicht verzichtet werden.

II Durch eine Vorausleistung wird der Verpflichtete bei erneuter Bedürftigkeit des Berechtigten nur für den im § 760 Abs. 2 bestimmten Zeitabschnitt oder, wenn er selbst den Zeitabschnitt zu bestimmen hatte, für einen den Umständen nach angemessenen Zeitabschnitt befreit.

1) Mit Rücks auf die sittl Grdl der UnterhPfl, Einf 1 vor § 1601, u das öff Interesse, RG **86**, 268, **zwingde Vorschr**. Ausn für AbfindgsVertr des nehel Kindes, § 1615e. § 1614 gilt auch für den UnterhAnspr der Eheg, §§ 1360, 1361; hins geschiedner Eheg u ihnen Gleichgestellter vgl § 1585c Anm 2. Zul jedoch **Freistellgsvereinbarg**, dh die ErfüllgsÜbern dch einen EltT ggü dem and, etwa bei EheScheidg; iR dann kein Wegfall der GeschGrdl bei erhöhtem UnterhBedarf des Kindes (Stgt Just **74**, 14). Keineswegs ist aber uniges das Kind dch einen ScheidgsVergl seiner Elt gehindert, erhöhten UnterhBedarf gg diese dch Kl geltd zu machen (LG Bln FamRZ **73**, 98; Fbg FamRZ **74**, 463). Eine Freistellsvereinbg ist nichtig (§ 138), wenn sie die GgLeistg für die Überlassg des SorgeR sein sollte (Spandau DAVorm **77**, 511).

2) Kein Verzicht für die Zukunft, I: gleichgült, ob vollst od teilw (RG JW **02**, 72), entgeltl od unentgeltl (RG JW **05**, 682), ob die Parteien den (obj vorliegden) Verzicht gewollt haben (RG JW **19**, 825), der Verzichtde zZ der Abgabe der Erkl nicht bedürftig war od der Vertr (bzw Vergl) vormgschgerichtl genehmigt war (RG **50**, 96); unzul mithin auch Abfindgs- u SchiedsVertr (ZPO 1025). Wg vertragl Übern der UnterhPfl dch Dr § 1602 Anm 2 b. § 1614 widerstreitde Vertr sind wg § 134 ow nichtig. Hins des gesetzl UnterhAnspr ist vertragl Regelg nur innerh des gesetzl gelassenen Spielraums der Angemessenh zul (Warn **19**, 69); unterschreiten die vereinb Beträge das gesetzl Maß, gilt § 1614 (Kiel DAVorm **76**, 93). Zum UnterhAnspr v Eheg § 1361 I, bei Scheidg § 1569 ff. Verzicht auch mögl für die Vergangenh (§ 1613 Anm 3). § 1614 gilt nicht für das gesetzl Maß überschreitde Festsetzen.

3) Vorausleistg, II. Der über den in § 760 II genannten Zeitabschnitt (im allg 3 Monate, vgl aber auch § 1612 Anm 4) hinaus Leistende handelt auf eig Gefahr, muß also nochmals leisten, wenn nach Ablauf des Zeitabschnitts Bedürftigk vorliegt. Wegen des BestimmgsR der Eltern vgl § 1612 Anm 2.

1615 Erlöschen des Unterhaltsanspruchs.

I Der Unterhaltsanspruch erlischt mit dem Tode des Berechtigten oder des Verpflichteten, soweit er nicht auf Erfüllung oder Schadensersatz wegen Nichterfüllung für die Vergangenheit oder auf solche im voraus zu bewirkende Leistungen gerichtet ist, die zur Zeit des Todes des Berechtigten oder des Verpflichteten fällig sind.

II Im Falle des Todes des Berechtigten hat der Verpflichtete die Kosten der Beerdigung zu tragen, soweit ihre Bezahlung nicht von den Erben zu erlangen ist.

1) Allgemeines. Höchstpersönl Anspr. Mit dem Tode des Berechtigten od Verpflichteten muß deshalb der Anspr wegfallen, weil die Voraussetzgen in deren Pers vorliegen müssen. Entspr anwendbar auf Eheg, § 1360 A III, hingg nicht bei Geschiedenen, vgl EheG **69**, 70, u den ihnen Gleichgestellten, EheG **26**, 37, 39 II 2. Gilt auch für das nehel Kind (§ 1615 a); ist nehel Vater vor Inkrafttr des NEhelG gestorben u hat er sein nehel Kind zum Alleinerben eingesetzt, so ist für die Berechng des Pflichtt der Wwe der UnterhAnspr des Kindes gem § 1712 aF, NEhelG Art 12 § 10 als NachlVerbindlk anzusetzen (BGH NJW **75**, 1123). § 1615 ist im Falle des Todes des Schenkers entspr anwendbar (§ 528 I 3).

2) Der UnterhaltsAnspr erlischt, I, außer wenn es sich um Anspr für die Vergangenh handelt, vgl § 1613 Anm 2, od bereits fällige Leistgen handelt, § 1612 Anm 4.

3) Beerdiggskosten für den Berechtigten, II. Sind diese (auch die einer Feuerbestattg) von dem an sich verpflichteten Erben, § 1968, nicht zu erlangen, was nicht erst durch fruchtlose ZwVollstr nachgewiesen zu werden braucht, so hat sie der UnterhVerpflichtete im Rahmen der §§ 1610, 1611 zu tragen. Danach bemißt sich auch, ob er die Leiche an einen Ort der Grabstätte anderer FamMitglieder schaffen lassen od ein Grabdenkmal setzen lassen muß, RG **139**, 393. Der UnterhVerpflichtete erlangt in dem Falle des II einen ErsAnspr gg den Erben. Zu den Bestattgskosten iF der nachehel UnterhaltsPfl vgl § 1586 Anm 1.

II. Besondere Vorschriften für das nichteheliche Kind und seine Mutter

Schrifttum: S Einf vor § 1601. Ferner (zum VerfR): K e m p e r FamRZ **73**, 520; O d e r s k y FamRZ **73**, 528; Lüderitz, Festschr f Bosch 1976 S 613 (§ 641d ZPO).

1615a Anwendung der allgemeinen Vorschriften.

Für die Unterhaltspflicht gegenüber nichtehelichen Kindern gelten die allgemeinen Vorschriften, soweit sich nicht aus den folgenden Bestimmungen ein anderes ergibt.

1) Eingefügt dch NEhelG Art 1 Z 16. Vgl iü zunächst Einf v § 1601, zur **Übergangsregel** dort Anm 7. Währd das BGB in seiner bisher Fassg den UnterhAnspr nehel Kinder rein schuldrechtl auffaßte (§§ 1708 ff aF), führt das NEhelG die UnterhPfl ggü nehel Kindern auf ihre natürl Grdlage, die familienrechtl zurück, wie schon in der Systematik (Untertitel der allg UnterhVorschr) zum Ausdr gebracht wird, daß näml die UnterhPfl ggü nehel Kindern die allg UnterhVorschr unter Verwandten unmittelb zur Anwendg kommen. Ehel u nehel Kinder stehen sich also unterhrechtl gleich. So auch bei Pfändg gg den Pflichtigen, ZPO 850 d II a, b, bei ProzKostenvorschuß (KG FamRZ **71**, 44; vgl § 1610 Anm 3). Die für die nehel Kinder bestehenden SonderVorschr passen lediglich ihrer UnterhAnspr ihrer bes Lage an. Zur Verbindg mit der AbstammgsFeststellgsKl vgl § 1600 a Anm 3. **Ist der Vater nicht festgestellt worden,** hat die Mutter dch Erwerbstätigk u persönl Betreuung f das Kind zu sorgen; zur Berücks der Mitversorgg dch GroßElt BGH FamRZ **76**, 143.

2) Unterhaltsrechtliche Folgen für die nehel Kinder. Unterhberecht ist das nehel Kind, wenn es sich nicht selbst erhalten kann, § 1602 I; eine Altersgrenze besteht nicht, jedoch hat der Vater bis zum vollendeten 18. LebensJ des Kindes grdsätzl den RegelUnterh zu zahlen, außer wenn das Kind in den väterl Haush aufgen ist, § 1615f I. Bis zu jenem Ztpkt bleibt die Leistgsfähigk des Vaters, die sonst seine Verpfl beeinflußt, § 1603, außer bei Zutreffen des § 1615h grdsätzl außer Betr. Im Rahmen des § 1606 III

Verwandtschaft. 3. Titel: Unterhaltspflicht §§ 1615 a–1615 d

ist auch die Mutter unterhaltspflichtig, desgl die Voreltern von Vater u Mutter, §§ 1601, 1606 II, falls sie zur Leistg imstande sind, § 1603. Alle diese Pers sind auch den Abkömml des Kindes unterhaltsverpflichtet u umgekehrt; denn entspr § 1601 ist die UnterhVerpfl ganz allg ggs.

1615b *Übergang des Unterhaltsanspruchs.* I Der Unterhaltsanspruch des Kindes gegen den Vater geht, soweit an Stelle des Vaters ein anderer unterhaltspflichtiger Verwandter oder der Ehemann der Mutter dem Kinde Unterhalt gewährt, auf diesen über. Der Übergang kann nicht zum Nachteile des Kindes geltend gemacht werden.
II Absatz 1 gilt entsprechend, wenn ein Dritter als Vater dem Kinde Unterhalt gewährt.

Schrifttum: Engel, Rückgriff des Scheinvaters wg UnterhLeistgn, 1974; Stoterfoht FamRZ **71**, 341.

1) Neu dch Art 1 Z 16 NEhelG. Währd § 1709 II aF den UnterhAnspr nur bei Befriedigg dch die Mutter od unterhpfl mütterl Verwandte auf diese übergehen ließ, zieht § 1615 b unter Berücks der zu dieser Frage entwickelten Rspr den Kreis viel weiter. Da der UnterhAnspr des Kindes übergeht, bleiben ihm auch seine rechtl Besonderh. Verfrechtl ZPO 644. Zustdg ProzGer, nicht FamG (Mü FamRZ **78**, 349).

2) Forderungsübergang kraft Gesetzes, § 412. Bei Unterh seitens der Eltern od des Vaters Verwandten in aufsteigder Linie (Großeltern), ebso seitens des Ehem der Mutter (Stiefvater), I, od seitens des als Vater geltden Ehem der Mutter, II. Desgl auf den Mann, der die Vatersch anerkannt, aber mit Erfolg angefochten hat, der als Vater dch Urt festgestellt ist, wenn Urt im WiederAufnVerf aufgeh wurde, der auf einstw Vfg od AnO hin, § 1615 o, ZPO 641 d, od auch sonst als Vater geleistet hat, zB ohne ausdrückl Anerkenng, aber von der wirkl Vater zu sein. Übergang jedoch nur im Rahmen, in dem der Vater leisten mußte, §§ 1615 f aber auch h. Anspr darf grdsl nicht dadch beeinträchtigt w, daß der Schu sein Eink auf eine Vermögensbildg (Hausbau) verwendet (Kblz FamRZ **77**, 68). Übergang von Geburt od UnterhLeistg an. §§ 1593, 1600a stehen der Entstehg des Anspr nicht entgg, wohl aber seiner Geltdmachg, BGH **24**, 12, solange das Kind als ehel Kind aGrd von § 1591 ff angesehen w. Übergang an den Vatersch gem § 1600a mit Wirkg für u gg alle noch feststeht. Zur UnterhLeistg, deren Erstattg der Scheinvater v Erzeuger verlangen kann, gehört nicht nur der ProzKostVorsch f die AnfKl, BGH NJW **64**, 2151, **68**, 446, sond sämtl iZshg mit dem EhelichkAnfProz entstandenen Kosten, BGH **57**, 229; sa § 1610 Anm 3. Vierj Verj, § 197, beginnd, wg §§ 1593, 1600a, nicht vor Rechtskr des AnfUrt, BGH **48**, 361. Erhält Scheinvater v der Pers des Erzeugers erst später Kenntn, beginnt Verj erst von diesem Ztpkt an, Kblz FamRZ **60**, 365. Die Reihenfolge der UnterhVerpflichteten ergibt außer für den RegelUnterh § 1606. Bringt den Unterh der Träger der SozHilfe auf, kann dieser den Überg des Anspr auf sich dch schriftl Anz an den Verpflichteten bewirken, BSHG 90f. II trifft auf ihn nicht zu, da er nicht als Vater leistet.

3) Nicht zum Nachteil des Kindes, I 2. So zB, wenn Vater dch Befriedigg der übergegangenen Anspr für die Zukunft das Kind nicht mehr unterhalten könnte, KG RJA **16**, 15. Besteht die Möglk, daß der UnterhSchu in der Lage ist, sow den lfd, als auch den auf den Dr übergegangenen UnterhAnspr zu befriedigen, wird erst im VollstrVerf entsch, ob Übergg zum Nachteil des Kindes (Kblz FamRZ **77**, 68).

1615c *Bemessung des Unterhalts.* Bei der Bemessung des Unterhalts ist, solange das Kind noch keine selbständige Lebensstellung erlangt hat, die Lebensstellung beider Eltern zu berücksichtigen.

Schrifttum: Euler FamRZ **72**, 623; Frank-Zeller FamRZ **71**, 354; Mutschler FamRZ **72**, 345 u 624; Rassow FamRZ **71**, 562 u 628.

1) Nach § 1708 aF war für die Bemessg des Unterh die LebStellg der Mutter maßg. Nach § 1615 f w heute als MindUnterh der RegelUnterh geschuldet; darüber hinaus bemißt sich nach dem dch Art 1 Z 16 NEhelG eingef § 1615 c der konkr zu zahlde Unterh nach der LebStellg **beider Eltern.** Bei geringer Differenzierg hins Eink u soz Schicht Gleichstellg der Elt, LG Stgt FamRZ **74**, 472. Primär ist abzustellen auf die Eink-Verhältn der Elt, LG Wuppt DAVorm **74**, 512. Zur Schematisierg dch Zuschläge zum RegUnterh § 1615 f Anm 1. Bei unterschiedl Niveau entscheidet also nicht der jew günst LebStandard (so LG Hbg DAVorm **73**, 25, 30) bzw derj des Vaters (so LG Düss FamRZ **71**, 537; Bruchsal DAVorm **75**, 425), sond das Mittel der LebStellg beider Elt (hM; Leutkirch FamRZ **71**, 536; Heilbr Just **74**, 86; Ruthe FamRZ **73**, 485 Fn 5 mwNachw; aA Kemper ZBlJugR **75**, 197; Puls DAVorm **75**, 565; Derleder/Derleder NJW **78**, 1134). Aber zu berücks, wieviel Kinder jeder EltT zu unterhalten hat (Lüneb NJW **73**, 2112). § 1615 c berecht schon im Hinbl darauf, daß ein EltT anderweit verheiratet sein kann, nicht dazu, von dem Betr auszugehen, den das Kind als BarUnterh verlangen könnte, wenn diese Elt verh wären u zusleben würden (aA Wuppt DAVorm **78**, 288). Bei Verhältn prakt Arzt/Krankenschwester Zuschl v 110% (LG Bambg DAVorm **76**, 78); leitder KrankenhAnästhesist/Fachärztin f Neurologie 200% (Hann DAVorm **78**, 454). Zur **Sättiggsgrenze** des Kindesbedarfs § 1610 Anm 2. Nicht ausgeschl ist, daß sich dabei eine uU unzuträgl Heraushebg des ne güü noch vorh Halbgeschw u eine gew Verbesserg des Lebens der ges Fam, in der das Kind lebt, ergibt, ebso UnterhÄndergen zB dch Heirat der Mutter. Der Vater hat ggf die Mittel f eine gehobene Ausbildg, ausr KrankVers u dgl zur Vfg zu stellen. Ggü Anspr auf Finanzierg weiterführenden Studiums ist Hinw auf die niedrigere LebStellg der Mutter unzul (LG Kln DAVorm **75**, 37). Für Mehrkosten dadch, daß sie das Kind nicht bei sich aufn will, hat Mutter aufzukommen (Duisb MDR **67**, 765). Der Unterh w geschuldet, bis das Kind einkommensmäß eine **selbstd LebStellg** erlangt h, dh dch Beruf, Eink, Verm od (bes bei Töchtern) Heirat unabhängig gew ist. Begrenzg iü wie bei ehel Kindern; vgl § 1602 Anm 2b.

1615d *Unterhalt für die Vergangenheit.* Das Kind kann von seinem Vater Unterhaltsbeträge, die fällig geworden sind, bevor die Vaterschaft anerkannt oder rechtskräftig festgestellt war, auch für die Vergangenheit verlangen.

§§ 1615 d, 1615 e

Vorbem. Ersetzt § 1711. Eingefügt dch Art 1 Z 16 NEhelG.

1) Allgemeines. Vorschr, die über § 1613 I hinausgeht, erforderl, weil der Inanspruchn des richt Vaters § 1593 entggsteht od der zunächst unbekannte Vater festgestellt w muß, § 1600n; vgl auch § 1615b Anm 2.

2) Nachzahlung der früher fällig gewordenen Unterhaltsbeträge. Keine Verjährg währd der Minderjährigk, § 204. Nachzahlg gilt nur für die vor Anerkenng od rechtskr Feststellg fäll gewordenen Beträge. Deren Stundg u Erlaß § 1615i, ZPO 642e, f. Fälligk automat vom Tage der Geburt an, auch wenn die blutmäß Abstammg erst Jahre nach der Geburt im StatusProz festgestellt w (SozG Hbg DAVorm 77, 142), jew zum 1. jeden Monats, so daß es iGgs zu § 1613 wed des Verzugs noch der Rechtshängigk bedarf, damit das ne Kind UnterhAnspr gg seinen nachträgl festgestellten Vater geltd machen kann (Hbg DAVorm 76, 404). § 1615d auch auf Sonderbedarf, § 1613 II, sofern er vorher entstanden ist, zu beziehen. Auch § 1615b auf die vorher entstandenen Anspr anwendb. Für nach Anerkenng od rechtskräft Feststellg entstehde Anspr gilt § 1613 I (LG Mü FamRZ 74, 473).

1615e *Vereinbarungen für die Zukunft; Abfindungsverträge.* ^I **Das Kind kann mit dem Vater sowie mit den Verwandten des Vaters eine Vereinbarung über den Unterhalt für die Zukunft oder über eine an Stelle des Unterhalts zu gewährende Abfindung treffen; das gleiche gilt für Unterhaltsansprüche des Vaters und seiner Verwandten gegen das Kind. Ein unentgeltlicher Verzicht auf den Unterhalt für die Zukunft ist nichtig.**
^{II} **Die Vereinbarung bedarf, wenn der Berechtigte nicht voll geschäftsfähig ist, der Genehmigung des Vormundschaftsgerichts.**
^{III} **Ein Abfindungsvertrag, der zwischen dem Kinde und dem Vater geschlossen wird, erstreckt sich im Zweifel auch auf die Unterhaltsansprüche des Kindes gegen die Verwandten des Vaters.**
^{IV} **Diese Vorschriften gelten für die Unterhaltsansprüche der Abkömmlinge des Kindes entsprechend.**

1) Allgemeines. § 1615e dehnt die Möglk v Vereinbgen f die Zukunft u Abfindungsverträgen über die dch §§ 134, 1614 gegebenen Grenzen aus. Eingef an Stelle v § 1714 aF dch Art 1 Z 16 NEhelG. Zum ÜbergangsR vgl Anm 5.

2) Anwendungsbereich. Die Vorschr bezieht sich: **a) auf Vereinbgen über den lfd zukünftigen Unterhalt**, also ü Art, Höhe, Beschränkg auf best ZtRaum, zB währd der Ausbildg od evtl vorübergehder Berufstätigk (MöGladb DAVorm 76, 90). Wg ZPO 323 empfehlensw, die für die Höhe der Verpfl bestimmden Umst (EinkHöhe usw) genau festzulegen. Sinnv auch Errichtg einer vollstreckb Urk (ZPO 794 Z 1 od 5). Bloße Bestätig der UnterhPfl ist deklarator Anerk, keine Vereinbg, die dem § 1615e unterfällt (KG NJW 71, 434, LG Bln FamRZ 72, 316; § 1822 Anm 6b); and dagg Vereinbgen, die in Abweichg vom Normalfall des RegUnterh die bes eingeschränkte Leistgsfähigk des Vaters berücks (LG Bln DAVorm 74, 460) od Verpfl „bis auf weiteres" wegfallen lassen, auch wenn gem § 1615 h Herabsetzg des UnterhBetr auf Null beanspr w konnte (KG FamRZ 73, 275). - **b) Abfindungsverträge**, zB bei Auswandrg des Vaters, bezwecken idR die Abgeltg sämtl UnterhAnspr, so daß diese endgült u auch kein Raum mehr für GeschGrdl od ZPO 323 bleibt. Denkb aber auch, daß nur ein Betr hingegeben w, der sich aus der Kapitalisierg der bis zu einem best Ztpkt zu zahldn UnterhRente ergibt, BGH 2, 379. Ein AbfindgsVertr kann vor der Geburt des Kindes geschl w, vgl § 1912 Anm 2, der sich bei Totgeburt od Geburt v Zwillingen erledigt, vgl § 1914. Wenn bei Abschl Unsicherh über die Vaterschft bekannt war u die Voraussetzg der Vaterschft sich nachträgl als falsch erweist, Odersky VI 3. Wg der f die materielle Zulässigk maßgebdn Erwäggn vgl Anm 3b. Gen der Abfings-Vereinbg dch RPfleger, RPflAG 3 Z 2a.

3) Einschränkgen. a) Nichtig ist ein **unentgeltl Verzicht f die Zukunft**, I 2, auch wenn er vormschgerichtl gen wäre. Insb kann die nehel Mutter nicht den Erzeuger v UnterhPfl ggü dem Kind freistellen (Hamm FamRZ 77, 556). Der Begr „unentgeltl" setzt voraus, daß dem Verzicht obj ganz od teilw eine GgLeistg fehlt u subj sich die VertrPart dessen bewußt s, BGH 5, 305. Trifft zu, wenn aus EntggKommen die Betr absichtl zu niedr festgesetzt w od bei Teilverzicht (gemischte Schenkg, § 516 Anm 7); evtl § 139. Unentgeltlichk liegt auch dann vor, wenn die GgLeistg ein Verzicht auf persönl Verk darstellen soll (LG DA-Vorm 77, 325). Auf schon fäll gewordene UnterhBetr findet § 1615e keine Anwendg (arg „Unterh f d Zukft"). Aber weder Mutter noch Pfleger, § 1706 Z 2, können in Vertretg des Kindes Schenkgen machen, §§ 1641, 1804, 1915 I. Entgeltlichk ist gewährleistet, soweit ein **Vergleich**, § 779, die Ungewißh über Vaterschft, UnterhPfl od deren Höhe beseitigt, vgl Odersky VI. Allerd muß der Beamte u Pfleger hier der Gen des VormschG schon nach § 1643, 1706 Z 2, 1915, 1822 Z 12; ü vgl b. Erleichterte Beurkdg dch ermächt Beamten des JA, JWG 49 I 2. Vollstr aus der Urk, wenn sich der Schu der sof ZwVollstr unterworfen h; vollstrb Ausf erteilt JA, JWG 50. Wg Stundg u Erlaß rückständ UnterhBeträge § 1615i. – **b)** Ist der **Berechtigte nicht voll geschäftsfähig**, so bedarf jede Vereinbg über den Unterh f die Zukunft, auch der gerichtl Vergl, RG 56, 333, od ein AbfindgsVergl über die SchadErsAnspr aus § 844 II, aA AG Gemünden FamRZ 72, 659, der Gen des VormschG, II. Für das VormschG, das sich der Unterstützg des JA bedient, JWG 48, ist das Wohl des Kindes maßgebd. Es sind die GesamtUmst z ermitteln, also Alter u GesundhZustd der Beteiligten, die derzeit Erwerbs- u VermVerhältn des Vaters, die jetzige u künft LebStellg der Mutter, der voraussichtl Erziehungsaufwand, das evtl ProzKostRisiko (KG FamRZ 73, 275). Die Angemessenh der GgLeistg für die zukünft UnterhAnspr beurteilt sich insb nach der voraussichtl Entwicklg der Bedürfn, bei einem Kind, das kurz vor der Adoption steht, also unter dem GesPkt, daß die UnterhPfl damit erlischt (§ 1755 nF), wobei eine evtl Aufhebg der Adoption außer Betr bleiben k (LG Kln DAVorm 77, 134). Evtl Vorteile (sof Kapitalerwerb) stehd gg Nachteile (Geldentwertg) abzuwägen. Bei der Abfindg muß KapAuszahlg sicher sein. Grdsätzl ist der f den Berecht weniger gefahrvolle Weg zu wählen, RG 85, 418, so daß im allg bei NichtSofZahlg UnterwerfgsKlausel, ZPO 794 I Z 5, notw ist, Göppinger DRiZ 70, 148.

4) Personenkreis. Die UnterhPfl v Verwandten in gerader Linie, § 1601, läßt auch entspr Vereinbgen zw diesen Pers zu, I, wobei ein AbfindgsVertr zw dem Kind u seinem Vater, § 1600a, iZw auch die Anspr

Verwandtschaft. 3. Titel: Unterhaltspflicht §§ 1615e, 1615f

des Kindes ggü den väterl Verwandten erledigt, III, u ebso die Anspr seiner Abkömmlinge gg den Vater u dessen Verwandte, IV, nicht aber, wg der Unzulk des Vertr zu Lasten Dritter, die UnterhAnspr der Verwandten gg das Kind u dessen Abkömmlinge, falls diese sich nicht am Vertr beteiligt haben, Firsching Rpfleger **70**, 47.

5) Übergangsrechtlich:

NEhelG Art 12 § 5 *Ein Vertrag zur Abfindung des Unterhaltsanspruchs, der vor dem Inkrafttreten dieses Gesetzes zwischen dem Kinde und dem Vater oder dem Erben des Vaters geschlossen worden ist, erstreckt sich im Zweifel nicht auf die Unterhaltsansprüche des Kindes gegen die Verwandten des Vaters und auf den Unterhalt, der dem Kinde nach Vollendung des achtzehnten Lebensjahres zu gewähren ist.*

Bem. Da vor Inkrafttr das NEhelG ein UnterhAnspr gg die väterl Verwandten nicht bestand, §§ 1601, 1589 II aF, das nehel Kind zudem grdsätzl nur einen UnterhAnspr bis zur Vollendg des 18. Jahres hatte, § 1708 aF, gibt Art 13 § 5 die Auslegsregel, daß dch fr Abfindgverträge UnterhAnspr, die über den fr gesetzl vorgesehenen Umfang hinausgehen, iZw nicht erfaßt w; denn sie waren fr nicht vorhanden.

1615f *Regelunterhalt; Festsetzung des Regelbedarfs.* I Bis zur Vollendung des achtzehnten Lebensjahres hat der Vater dem Kinde mindestens den Regelunterhalt zu zahlen; dies gilt nicht, solange das Kind in den väterlichen Haushalt aufgenommen ist. Regelunterhalt ist der zum Unterhalt eines Kindes, das sich in der Pflege seiner Mutter befindet, bei einfacher Lebenshaltung im Regelfall erforderliche Betrag (Regelbedarf), vermindert um die nach § 1615g anzurechnenden Beträge. § 1612 Abs. 1 Satz 2 ist auf den Regelunterhalt nicht anzuwenden.
II Der Regelbedarf wird von der Bundesregierung mit Zustimmung des Bundesrates durch Rechtsverordnung festgesetzt. Er kann nach dem Alter des Kindes und nach den örtlichen Unterschieden in den Lebenshaltungskosten abgestuft werden.

1) Allgemeines. Eingef dch Art 1 Z 16 NEhelG als Ers f § 1708 aF. Grdsätzl stehen ehel u nehel Kinder sich jetzt hinsichtl des UnterhAnspr gleich. Im Grds entscheiden also §§ 1602, 1603. Lediglich zur Erzielg einer gewissen Gleichmäßigk u um dem Kind Erschwergen, näml zeitraube UnterhProzesse, vgl §§ 1602, 1603, 1606 III, z ersparen, schuldet der Vater dem nehel Kind bis zu dessen vollendeten 18. LebJ **mind den Regelunterhalt**. Nach Vollendg des 18. LebJ gelten die allg Grdsätze, insb die §§ 1602, 1610, so daß die begonnene Ausbildg auf Kosten des nehel Vaters abgeschl w darf (Hdlbg DAVorm **75**, 190). Der Reg-Unterh nach § 1615 f (vgl dazu die im Anh zu § 1615 g abgedr VO) ist nur der MindestUnterh, den ein ne Vater zu leisten hat, wenn jede ElTeile der untersten EinkKlasse zuzurechnen s. Dabei geht man von einem DchschnittsEink von mtl 900-1035 DM aus. Der tats zu leistde Unterh kann darunter liegen od darüber: Berücks der Belange des Vaters dch Herabsetzg, Stundg od Erlaß in §§ 1615 h, i; umgek erhöht sich die Verpfl dann, wenn das nach der LebStellg beider Elt angem ist, das Kind noch keine selbstd LebStellg erl hat, § 1615 c, u die Erhöh geleistet w kann, § 1603. Das Kind kann entw einen **prozent Zuschl zum RegelUnterh** verl, ZPO 642d. Die „Düss Tab", § 1610 Anm 1, sieht nach der jew Eink-Gruppe, zu welcher der Vater gehört, Zuschl zw 10 u 100% vor. Die „Heidelberger Bedarfstabelle 1976" (DAVorm **76**, 461) unterscheidet 7 NettoEinkGruppen zw 1300 u 4800 DM u gewährt Zuschläge zum RegBedarf zw 10 u 100%. Bei A-13-Besoldg der Mutter u mtl Eink des UnterhPflichtigen v mind 3000 DM gewährt LG Hbg DAVorm **75**, 301 Zuschl iHv 100% zum RegUnterh. 70% Zuschl zum RegUnterh bleibt auch, wenn Studiendirektor inf Pensionierg nur noch 75% seiner Bezüge erhält (Heilbr DAVorm **78**, 212). Bei Zahnarzt mit mtl NettoEink iHv 10000 DM 250% Zuschl (Wuppt DAVorm **78**, 457). Der UnterhSchu kann sich dch willkürl Verringerge seines Eink nicht seiner angem UnterhPfl entziehen (§ 1603 Anm 2 u 4, § 1615h Anm 2). Oder das Kind erhebt Klage auf best UnterhBetr, insb bei **Sonderbedarf** wie schwere Erkrankg (Gött NJW **55**, 224), Heimunterbringg wg Krankh (LG Hbg FamRZ **61**, 35), Geisteskrankh (LG Brschw NJW **65**, 351). Umstell eines bezifferten UnterhTitels auf den RegelUnterh u umgek in den Grenzen von ZPO 323 zul (Gieß FamRZ **73**, 548). I 2 geht davon aus, daß sich das Kind in der **Pflege der Mutter** befindet. Bedient sie dazu dritter Pers, muß sie die dadch entstehenden Kosten selbst tragen, so wenn eine Nervenärztin mit eig Praxis ihren 9j Sohn v einer Haushälterin betreuen läßt (Hann DAVorm **78**, 454).

2) Regelunterhalt, I. Diesen soll der Vater des Kindes vorrang vor der Mutter u ohne Berücksichtigg des Eink mindestens leisten, grdsätzl auch ohne sich auf seine Leistgsunfähigk od Nichtbedürftigk des Kindes, Odersky II, J. Müller ZBlJR **71**, 139 gg Bursch ZBlJR **71**, 88, berufen zu können. Ausgl § 1615h, vgl aber auch BVerfG NJW **69**, 1917. Ermäßigen im Rahmen des § 1615g. Diese Art LeistgsVerpfl endet mit Vollendg des 18. LebensJ des Kindes, also dem Ztpkt, in dem angenommen w kann, es sich selbst erhalten kann. Soweit Unterh über das 18. LebensJ hinaus erforderl ist, ist Eigenverdienst des Kindes, zB eine Praktikantenvergütg (LG Oldbg DAVorm **75**, 36), heranzuziehen u grdsätzl die Leistgsfähigk des Vaters zu berücksichtigen, §§ 1602, 1603. Ende der UnterhPfl § 1615. Die Höhe des Regel-Unterh best sich nach dem Betr, der zum Unterh eines Kindes, das sich in der Pflege der Mutter befindet, bei einfacher Lebenshaltg erforderl ist (Regelbedarf), vermindert um die Beträge, die § 1615 g ergeben. Erhöhte Kosten, die dch Unterbringg an anderer Stelle, zB in einem Heim, notw w, sind darin nicht berücks, Anm 1. RegUnterh ist in Geld zu zahlen (§ 1612 I 1). Zul Abrundg des Betr analog RegUnterhVO 5 (Bln DAVorm **75**, 552). Eine Gewährg im Unterh und Art ist nur mögl in Kl auf Zahlg des RegUnterh abzuweisen, wenn das Kind **in den väterlichen Haushalt aufgenommen** ist, I 1 aE, § 1612 II 3, was in sämtl Fällen familienähnl ZusLebens der Fall ist (KG FamRZ **75**, 712). UnterhKl dann nicht schlüss (Wuppt DAVorm **76**, 355).

3) Festsetzg des Regelbedarfs, II, der für die Höhe des RegelUnterh maßg ist, erfolgt dch RechtsVO der BReg (abgedr Anh zu §§ 1615f, 1615g), mit Zustimmung des BRats, die sich ihrers von statist BAmt alle 2 J ein GA zur Höhe des Regelbedarfs erstatten läßt (NEhelG Art 12 § 24). u nach LebAlter u bei größeren örtl Unterschieden auch in den Lebenshaltungskosten abstufen kann.

4) Verfahrensrechtliches. UnterhAnspr können nur gg jemand geltd gemacht w, der die Vatersch anerkannt hat od dessen Vatersch gerichtl festgestellt ist, § 1600 a. Ein Anspr auf einen RegUnterhVollstreckgs-Titel besteht auch dann, wenn der Vater den RegUnterh vollst u regelm entrichtet (Kemper DAVorm 74, 577 m RsprNachw; aA Flensbg FamRZ 74, 541); also nicht ZPO 93. Zust das AG, GVG 23 a Z 2. Das nehel Kind kann statt auf einen best UnterhBetr auf Leistg des Regelunterhalts klagen, ZPO 642, gegebenenfalls zuzügl eines Zuschlags, Anm 2, od abzügl eines Abschlags § 1615h, die in Prozenten des Regelbedarfs auszudrücken sind, ZPO 642d. Wird auf VaterschKl des Kindes das Bestehen der nehel Vatersch festgestellt, so ist der Bekl auf Antr gleichzeit zur Leistg des RegelUnterh zu verurteilen, ZPO 643. Eine solche Verurteilg hat den Vorteil, daß der RegelUnterh, der sich nach dem von der BReg festgesetzten Regelbedarf richtet, ohne Rechtskr des Urt – iF des ZPO 642 genügt vorläuf Vollstreckbark, nicht aber nach ZPO 643 II – dch Beschl des Rpflegers (RPflG 20 Z 11) gg den Erinnerg, bei Nichtabhilfe sof Beschw stattfindet, dem Betrage nach festgesetzt w (ZPO 642a, 643 II). Wird der Regelbedarf geändert, II, so wird bei einem nach ZPO 642a festgesetzten RegelUnterh dieser auf Antr dch den RPfleger neu festgesetzt, wobei eine maschinelle Bearbeitg wie die vereinfachte Verf zur Abänd von UnterhRenten (§ 1612a Anm 4) weitgehd auch hier angewandt w (ZPO 642a V). Zust für die Festsetzg u Neufestsetzg ist das AG des allg GerStands, bei bl Änderg des gerichtl FestsetzgsBeschl das AG, das diesen erlassen hat (BGH DAVorm 78, 270), in Bayern AG Nürnb (VO des BayJustMin v 9. 5. 78, GVBl 330). Gg Festsetzg befristete Erinnerg, RPflG 11 I 2. Ist zugleich mit der Feststellg des Vatersch UnterhUrt auf das Doppelte des Regelbedarfs ergangen, ZPO 643, so ist AbändergsKl für beide Parteien mögl, um einen höheren od niederen Unterh, Erlaß od Stundg rückständ Beträge, § 1615d, zu erwirken, ZPO 643a. Vgl auch § 1615i Anm 5. Besteht aus fr Zeit ein Unterh-Urt, so Klage auf RegelUnterh unzuläss; mögl nur Antr auf Feststellg des RegelUnterh aGrd des fr Urt (NEhelG Art 12 § 14; Verden FamRZ 71, 45); aber RSchutzBedürfn für AbändergsKl nach ZPO 323 gegeben, wenn Zuschläge zum RegelUnterh geltd gem w, (Trier FamRZ 73, 107). Vgl iü Anm 1 vor § 1600a, bes auch zur Berufg zum OLG.

1615 g *Anrechnung von Kindergeld u. ä. auf den Regelbedarf.* **I** Das auf das Kind entfallende Kindergeld, Kinderzuschläge und ähnliche regelmäßig wiederkehrende Geldleistungen, die einem anderen als dem Vater zustehen, sind auf den Regelbedarf zur Hälfte anzurechnen. Kindergeld ist jedoch nur dann anzurechnen, wenn auch der Vater die Anspruchsvoraussetzungen erfüllt, ihm aber Kindergeld nicht gewährt wird, weil ein anderer vorrangig berechtigt ist. Leistungen, die wegen Krankheit oder Arbeitslosigkeit gewährt werden, sind nicht anzurechnen.

II Eine Leistung, die zwar dem Vater zusteht, aber einem anderen ausgezahlt wird, ist in voller Höhe anzurechnen.

III Waisenrenten, die dem Kinde zustehen, sind nicht anzurechnen.

IV Das Nähere wird von der Bundesregierung mit Zustimmung des Bundesrates durch Rechtsverordnung bestimmt.

Schrifttum: Jung, Anrechng v KinderG u Vergünstiggen des „FamLastenAusgl" auf den RegBed eines ne Kindes n § 1615g, Diss Gießen 1971; Lüdtke - Handjery NJW **75**, 1635; Mümmler JurBüro **77**, 304.

1) Eingef dch Art 1 Z 16 NEhelG; sa die RegelUnterhVO im Anh. **Zweck:** Vater haftet f den Regel-Unterh vorrang, um das Kind sicherzustellen. Um jedoch Herabsetzgsklagen, § 1615h, zu vermeiden, ist der Vater, soweit die Sicherstellg des Kindes bereits dch Sozialleistgn geschieht, zu entlasten. Das geschieht dch deren Anrechng auf den RegelUnterh. Dh die Leistgen sind bei der Titulierg abzuziehen, nicht erst in der ZwVollstr, wobei der Bruchteil der anzurechnden Leistgn bei Errichtg des RegelUnterhTitels, dagg die betragsmäß Höhe im FestsetzgsVerf nach ZPO 642a, 642b zu bestimmen ist (Regbg FamRZ **77**, 343); anders aber, wenn Kindergeld f die UnterhFdg des Kindes gepfändet w ist (LG Bochum Rpfleger **73**, 248). Vgl iü § 4 RegUnterhVO (Anh zu §§ 1615f, 1615g). **Beweislast** für die gem § 1615g anrechenb Beträge liegt beim Vater (Brüggemann DAVorm **73**, 211; Schweinf DAVorm **76**, 85; Wuppt DAVorm **77**, 191; aA Kiel DAVorm **73**, 210). Die Bestimmng, wer das KiGeld **ausgezahlt erhält**, trifft das VormschG (BKGG 3 III, IV; vgl LG Karlsr DAVorm **76**, 598 sowie § 1602 Anm 2c). Soll der nehel Vater Bezugsberecht sein, muß das dem Wohl aller (auch seiner ehel) Kinder entsprechen (Düss DAVorm **77**, 333).

2) Umfang der Anrechnung. Auf den Regelbedarf, § 1615g II, zur Hälfte anzurechnen ist auf das Kind entfallde Kindergeld, wobei BKGG 12 IV 1 (gleichmäßige Verteilg bei mehreren Kindern) zu beachten, allerd nur, wenn der Vater auch die AnsprVoraussetzgen erfüllt, also mind 1 Kind hat u ihm das Geld nur desh nicht gewährt w, weil ein and gem BKGG 3 II u III, vorrangig ist, anzurechnen ferner Kinderzuschläge aGrd des BesoldgsR, TarifR u ähnl regelmäß wiederkehrde Geldleistgen. Entscheidd, ob sie der Deckg eines Bedarfs dienen, der im Regelbedarf enthalten ist, so daß eigtl auch der zur Deckg des Wohnbedarfs gewährte Ortszuschlag der Beamten od öff Angestellten, wenn er sich infolge des nehel Kindes erhöht, hierher gehört, ebso der Sozialzuschlag der im öff Dienst Tätigen, die beide jedoch gem RegelUnterh VO 2 I Z 2 von der Anrechng ausscheiden (Kiel DAVorm **77**, 190). Voraussetzg für die Anrechng, daß ein and als der Vater sie für das Kind erhält, also meistens die Mutter, bei der sich das Kind aufhält, aber auch ein Dritter, zB die Pflegeeltern. Nicht erforderl, daß der Dritte dem Kind unterhaltspflichtig ist. Erhält der Vater die obigen Leistgn, so kann Anrechng nicht erfolgen, da sie ihm zur Leistg des RegelUnterh zur Vfg stehen; demgem müssen sie ihm aber voll angerechnet w, wenn sie ihm zwar zustehen, aber einem and voll ausgezahlt w, II, zB dem JA od Zahlg an eine and Pers od Stelle als den Vater auf AnO des ArbAmtes, BKGG 12 III; denn das entspr dem einer Leistg aus dem Verm des Vaters, II. Erhält die Mutter für 3 Kinder erhöhtes KiGeld, ist die Hälfte des auf das nehel Kind entfallden Betr anzurechnen (Mü II DAVorm **77**, 188). Über die Auswirkg der Anrechng auf den RegelUnterh Baumb-Lauterb § 642 d Anm 3 ZPO. Zum Einfluß von BKGG 12 IV bei Anrechng des Kindergeldes Odersky Rpfleger **74**, 41.

Verwandtschaft. 3. Titel: Unterhaltspflicht **Anh zu §§ 1615 f, 1615 g**

3) Nicht anrechnungsfähig sind Leistgen, die die Mutter od das Kind wg Krankh od Arbeitslosigk erhält, I 3, ebsowenig die einem Kind zustehde Waisenrente, III. Nicht in Betr kommen ferner Leistgen der Sozialhilfe, BSHG 2, ebsowenig Steuervorteile.

4) Ermächtigung der BundesRegierung, IV. Sie bestimmt mit Zust des BRats dch RechtsVO die anrechenb Leistgen im einzelnen, auch bei bes Tatbestden, so wenn bereits eine Aufteilg der Leistg vorgen ist.

Anhang zu §§ 1615 f, 1615 g
Verordnung zur Berechnung des Regelunterhalts
(Regelunterhalts-Verordnung)

v. 27. 6. 1970, BGBl I 1010, geänd dch VO v. 13. 6. 1972, BGBl I 894 (RegelbedarfVO 1972), geänd dch VO v. 15. 3. 1974, BGBl I 748 (RegelbedarfVO 1974) sowie v. 30. 7. 1976, BGBl I 2042 (RegelbedarfsVO 1976)

Schrifttum: Amtl Begr BRDrucks 271/70, 211/72, 24/74 (sa DAVorm **74**, 3); Berner Rpfleger **70**, 275; Schröder JurB **70**, 813; Mutschler FamRZ **72**, 345; Kemper, FamRZ **72**, 490; Odersky Rpfleger **74**, 209; Schroeder JurBüro **76**, 1163 u **77**, 608.

Einführung

1) VO gibt aGrd der Ermächtiggen in §§ 1615 f II, 1615 g IV **AusführgsVorschriften** zu den genannten §§, § 1615 f Anm 3, § 1615 g Anm 4.

2) Die Festsetzg des Regelunterhalts erfolgt dch den RPfleger im BeschlVerf, wenn auf Leistg des RegelUnterh erkannt ist, ein entspr gerichtl Vergl od eine notarielle Urk vorliegt, in der der Vater sich zur Zahlg des RegelUnterh verpflichtet u der Festsetzg eines solchen unterworfen hat, ZPO 642 c. IF der gewöhnl UnterhKlage genügt bereits ein vorl vollstrb Urt, ZPO 642 a, iF der gleichzeit Feststellg der Vatersch muß das Urt rechtskr sein, ZPO 643 II. In diesem NachVerf w nur über die Höhe des Regel-Unterh nach den Vorschr der VO entschieden, nicht aber über dessen Erhöhg („mindestens", § 1615 f) od Herabsetzg, § 1615 h. Das ist Sache des ProzGer, § 1615 f Anm 4, § 1615 h Anm 4, ZPO 642 d, 643 a I. Wohl kann aber im BeschlVerf eine Neufestsetzg des RegelUnterh stattfinden, wenn sich der RegelBedarf ändert, ZPO 642 b I.

3) VO ist am 1. 7. 70 in Kraft getreten (§ 7); gilt auch in Bln (§ 6). RegBedVO 1972 galt ab 1. 10. 72, RegBedVO 1974 gilt ab 22. 3. 74 (§ 3 RegBedVO 74), auch in Bln (§ 2 RegBedVO 74), unverändert §§ 2–4 der VO 1970. Sachl Ändergs der RegBedVO 74 lediglich in § 1 in zwei Pkten: Während das im FamVerband lebde ehel Kind lfd an EinkSteigergen der unterhpflichtigen Elt teilnimmt, ist das ne Kind ggü seinem Vater auf eine nachträgl Anpassg der UnterhRente beschränkt. Die dadch begrdte Benachteiligg wird dch die Neufestsetzg der RegBedSätze ausgeglichen. Ferner erhält die Neufassg des § 1 der RegBedVO auch die früher geltden RegBedSätze, um der Praxis einen leichteren Überblick zu verschaffen u bei der Berechng von UnterhRückständen das Aufsuchen mehrerer VOen zu ersparen.

1 *Festsetzung des Regelbedarfs.* Der Regelbedarf eines Kindes (§ 1615 f Abs. 1 Satz 2 des Bürgerlichen Gesetzbuchs) beträgt

1. bis zur Vollendung des sechsten Lebensjahres
 a) für die Zeit vom 1. Juli 1970 bis zum 30. September 1972 monatlich 108 Deutsche Mark;
 b) für die Zeit vom 1. Oktober 1972 bis zum 31. Mai 1974 monatlich 126 Deutsche Mark;
 c) für die Zeit vom 1. Juni 1974 bis zum 31. Oktober 1976 monatlich 144 Deutsche Mark;
 d) ab 1. November 1976 monatlich 165 Deutsche Mark;

2. vom siebten bis zur Vollendung des zwölften Lebensjahres
 a) für die Zeit vom 1. Juli 1970 bis zum 30. September 1972 monatlich 132 Deutsche Mark;
 b) für die Zeit vom 1. Oktober 1972 bis zum 31. Mai 1974 monatlich 153 Deutsche Mark;
 c) für die Zeit vom 1. Juni 1974 bis zum 31. Oktober 1976 monatlich 174 Deutsche Mark;
 d) ab 1. November 1976 monatlich 200 Deutsche Mark;

3. vom dreizehnten bis zur Vollendung des achtzehnten Lebensjahres
 a) für die Zeit vom 1. Juli 1970 bis zu 30. September 1972 monatlich 156 Deutsche Mark;
 b) für die Zeit vom 1. Oktober 1972 bis zum 31. Mai 1974 monatlich 180 Deutsche Mark;
 c) für die Zeit vom 1. Juni 1974 bis zum 31. Oktober 1976 monatlich 204 Deutsche Mark;
 d) ab 1. November 1976 monatlich 237 Deutsche Mark.

1) Vgl zunächst Einf Anm 3. VO 1 setzt den **Regelbedarf** für ein Kind fest, das sich in der Pflege der Mutter befindet, bei einf Lebenshaltg. RegBedarf nicht dasselbe wie RegUnterh, da die nach § 1615 f anzurechnden Beträge, die VO 2 nennt, darauf anzurechnen sind, § 1615 f I 2. VO 2 stimmt also den Regelbedarf auf den einzelnen Fall ab. Neufestsetzg findet nur statt bei Änd des Regelbedarfs, also Neufestsetzg von VO 1 dch BReg, § 1615 f II, ebso bei Änd der Berechng des Betr maßgebdn Umst, zB Änd der anzurechnden Bezüge, VO 2. Voraussetzg außerdem, daß diese Umst erst nach der Festsetzg gemäß ZPO 642 a eingetreten sind, Baumb-Lauterbach ZPO 642 b Anm 2.

2) Die Ermittlg des Regelbedarfs folgt keiner bestimmten Methode, da diese nicht zu einem zuverläss Ergebn führen würde, berücks aber die bekannten (Warenkorb verschiedener Gegden, die Gerichtspraxis, ferner die Angaben des Dt Vereins für öff u priv Fürs, die Regelsätze der Sozialhilfe, die Aufwendgen für ehel Kinder, Statistik von WirtschBerechngen priv Haush.) So ausgehd von einem DurchschnEink des

Anh zu §§ 1615f, 1615g

ne Vaters von mtl 900–1035 DM (vgl DAVorm 74, 3), ist der dchschnittl RegBed ab 22. 3. 74 neu festgesetzt w. Von einer Berücks örtl Unterschiede (§ 1615 f II 2) wurde abgesehen. Wg Zuschl zum RegUnterh u Herabsetzg vgl § 1615 f Anm 1 u 2.

2 *Anrechnung von Leistungen.* I *Auf den Regelbedarf sind nach Maßgabe des § 1615g Abs. 1 Satz 1 und 2 des Bürgerlichen Gesetzbuchs die folgenden Leistungen anzurechnen:*
1. das Kindergeld und Ersatzleistungen des Arbeitgebers in Höhe des Kindergeldes (§§ 1, 7 Abs. 6 des Bundeskindergeldgesetzes);
2. der Kinderzuschlag, der nach dem Recht des öffentlichen Dienstes oder in entsprechender Anwendung dieses Rechts gewährt wird, nicht jedoch Kinderanteile im Ortszuschlag und der Sozialzuschlag;
3. Kinderzulagen und ähnliche Leistungen, die auf Grund von Tarifverträgen, Personalordnungen, Satzungen, Betriebsvereinbarungen, Einzelarbeitsverträgen oder entsprechenden Regelungen gewährt werden, wenn sie als Leistungen für Kinder ausgewiesen sind und ihr Betrag gleichbleibend ist;
4. der Kinderzuschuß zum Altersruhegeld in den gesetzlichen Rentenversicherungen (§§ 1248, 1262 der Reichsversicherungsordnung; §§ 25, 39 des Angestelltenversicherungsgesetzes; §§ 48, 60 des Reichsknappschaftsgesetzes) und nach bundes- oder landesrechtlichen Vorschriften, die diese Vorschriften für anwendbar erklären;
5. der Kinderzuschlag zur Unterhaltshilfe und zur Beihilfe zum Lebensunterhalt aus dem Härtefonds nach § 269 Abs. 2, §§ 301, 301a des Lastenausgleichsgesetzes oder nach Vorschriften anderer Gesetze, die diese Vorschriften für anwendbar erklären.
II *Die in Absatz 1 Nr. 2 und 3 bezeichneten Leistungen sind nicht anzurechnen, wenn sie wegen Dienst-, Berufs- oder Erwerbsunfähigkeit oder wegen einer Gesundheitsstörung gewährt werden. Die in Absatz 1 Nr. 4 bezeichneten Leistungen sind nicht anzurechnen, solange das Altersruhegeld wegen Arbeitslosigkeit vorzeitig gewährt wird (§ 1248 Abs. 2 der Reichsversicherungsordnung; § 25 Abs. 2 des Angestelltenversicherungsgesetzes; § 48 Abs. 2 des Reichsknappschaftsgesetzes).*
III *Die Vorschriften der Absätze 1 und 2 gelten entsprechend, wenn auf Grund einer außerhalb des Geltungsbereichs dieser Verordnung erlassenen Vorschrift für das Kind eine Leistung gewährt wird, die einer der in Absatz 1 bezeichneten Leistungen vergleichbar ist.*
IV *Wird in den Fällen des Absatzes 1 Nr. 2 und 3 nach inländischen Vorschriften oder Regelungen für das Kind eine höhere Leistung gewährt, weil der Berechtigte sich außerhalb des Geltungsbereichs dieser Verordnung aufhält, so ist die Leistung nur in Höhe des Betrages zu berücksichtigen, der dem Berechtigten im Inland zustehen würde.*

1) Anrechng. Der Regelbedarf, dessen Höhe § 1 bestimmt, vermindert sich um die Sozialleistgen, soweit sie den Unterh des Kindes decken. § 2 I nennt diese Leistgen abschließend, § 2 II die Fälle, in denen eine Anrechng nicht stattfindet. Allg ist davon auszugehen, daß nur regelm wiederkehrde Geldleistgen, § 1615g I 1, anzurechnen sind, also nicht einmalige od unregelm gewährte od vorübergehde Leistgen, dh auch nicht solche, die für weniger als 6 Monate gewährt sind, amtl Begr S 29. Wg der Höhe der Anrechng § 1615g Anm 2.

2) Angerechnet wird, I:
Z 1. Kindergeld u Ersatzleistgen des Arbeitgebers, §§ 1, 7 VI BKGG, § 1615g Anm 2. Leistgn, zB solche aGrd von Tarifverträgen. Es muß sich um regelm wiederkehrde Leistgn handeln.
Z 2. Kinderzuschlag nach dem Recht des öffentl Dienstes od entsprecher Zuschlagsgewährg, so der aktiven Beamten, Richter, Berufssoldaten od Soldaten auf Zeit, VersorggsBerecht neben Ruhegehalt u Witwengeld, zB § 156 II BBG, 47 II SoldVersorggsG gewährte, desgl Angestellten u Arbeitern des öff Dienstes gewährte, ebso die aGrd von Tarifverträgen für Praktikanten, Lehrlinge, Anlernlinge, Schülern in der Krankenpflege, für VersorggsBerecht der Versorggsanstalt des Bundes u der Länder, überh wo es sich um Leistgn handelt, die demselben Zweck wie der Kinderzuschlag dienen, wenn sie als solcher ausgewiesen sind u ihr Betr unmittelb aus dem Ges od der die Grdlage für die Leistg bildden Regelg ablesb ist, BRDrucks 271/70 S 32, 33. Bezeichng als Kindergeld aber nicht erforderl. Nicht angerechnet w Kindergeld im Ortszuschlag u demgemäß auch nicht der Sozialzuschlag, der an Stelle des kinderbezogenen Teile des Ortszuschlags gewährt wird. Das schließt aber nicht aus, daß diese Leistgn bei einer Kl auf Erhöhg od Herabsetzg des RegelUnterh, § 1615h, berücks w.
Z 3. Kinderzulagen u ähnl Leistgn aGrd von Tarifverträgen, Satzgen, Einzelarbeitsverträgen u entspr Regelgen. Voraussetzg, daß die Zulagen als Leistg für Kinder ausgewiesen u der Betr gleichbleibt, also weder einmalig od nur vorübergeh, noch ein Betr, der im voraus nicht feststellb od bestimmb ist. Daß er aGrd neuer Vereinbg sich ändert, steht einer Anrechng nicht entgg.
Z 4. Kinderzuschuß zum Alters- od Knappschafts-Ruhegeld in den gesetzl Rentenversichergen, ebso wenn diese Vorschr bundes- oder landesrechtl für anwendb erklärt w. Ausgeschl von der Anrechng ist der Kinderzuschuß, wenn er nach denselben Vorschr zur Rente wg Erwerbs- od Berufsunfähigk gewährt w, § 1615g I 3. Ebso bei vorzeit Gewährg von Altersruhegeld wg Arbeitslosigk, weil der Versicherte, der das 60. LebensJ vollendet u die Wartezeit erfüllt hat, seit mind einem Jahr ununterbrochen arbeitslos ist, RVO 1248 II, AVG 25 II, RKG 48 II; denn dann Gewährg wg Arbeitslosigk, § 1615g I 3, VO 2 II, so daß Anrechng bis zum 65. LebensJ (Erreichg des Rentenalters) unterbleibt.
Z 5. Kinderzuschlag zur Unterhaltshilfe u Beihilfe zum Lebensunterhalt aus dem Härtefond, LAG 269 II, 301, 301a, ebso aGrd anderer G, die diese Vorschr für anwendb erklären, zB § 10 des 14. LAG ÄndG, § 12 FlüchtlhilfeG, § 44 I, V ReparationsschädenG.

3) Nicht angerechnet werden, II, vgl auch oben Anm 1, Leistgen nach I Z 2 u 3, die **a)** wegen Krankh, § 1615g I 3, dh solche, die wg GesundhStörgen gewährt w, mag es sich dabei um ein Leiden inf eines Unfalls, ein akutes od ein chron Leiden handeln, demgemäß also alle Leistgen der gesetzl Kranken- od UnfallVers, auch wenn die Verletztenrente als Dauerrente festgestellt od zu einer solchen geworden ist,

RVO 1585, 622 II. Nicht anzurechnen auch Kinderzuschläge an Schwerbeschädigte, § 33b BVersG, da auch das als KrankhZustand anzusehen, ebso wenn diese Vorschr für entspr anwendb erklärt, zB § 80 SoldVersG v 20. 2. 67, BGBl 201. Alle in den gesetzl RentenVers gewährten Kinderzuschüsse zur Rente wg Berufs- od Erwerbsunfähig sind nach dem Zweck der Anrechng anzurechn, das wg des Kindes erhöhte Übergangsgeld währd der Durchf von Maßnahmen zur Erhaltg, Besserg od Wiederherstellg der Erwerbsfähigk, RVO 1241, AVG 18, RKG 40. Die Nichtanrechenbark schließt aber die Berücksichtigg bei einem Antrage bei Herabsetzg des Unterh unter den RegelUnterh nicht aus, weil der Bedarf des Kindes dch den Kindeszuschuß nicht ganz gedeckt ist; amtl Drucks 271/70 S 28. **b)** Leistgn wegen Arbeitslosigkeit, dh alle FamZuschläge, die für das Kind nach dem ArbeitsfördergsG gewährt w, auch die Zuschläge zum Kurzarbeitergeld, AFG 68 IV, zum Schlechtwettergeld, AFG 77 II, deren Anrechng meist schon entggsteht, daß sie nur vorübergeh gewährt u nur nachträgl berechnet w. Ebso bei Gewährg von UnterhGeld währd beruf Fortbildg od Umschulg bei Ausfall von mind einem Drittel der regelm ArbZt, AFG 41 II, 44 I. **c)** Leistgn der Sozialhilfe, vgl BSHG 2. **d)** Steuervorteile u and mit Rücks auf das Kind gewährte Vergünstiggen, da keine Leistgn, Drucks 271/70 S 29.

4) Entsprechende Anwendung, III, bei einer Leistg, die mit einer der in I bezeichneten Leistg vergleichb ist, also von Voraussetzgn abhängt, die denen der nach I anrechenb Leistgn entsprechen (vgl auch die ähnl Regelg in BKGG 8 I Z 3) u aGrd einer Vorschr gewährt w, die in der BRep nicht gilt. Also dann, wenn Kind in BRep, der für die Leistg BezugsBerecht im Ausland od der DDR lebt od bei einer supranationalen Organisation im Inland beschäftigt ist, zB als Angehöriger des Nato-Zivilpersonals, Art 30 NatoZivilpersonalO, ebso wenn der BezugsBerecht u das Kind im Ausland leben. Voraussetzg, daß UnterhStatut dtsches Recht, EG 21 Anm 3a. Entspr anwendb, dann aber ebso II.

5) Höhere Leistg für das Kind bei Aufenthalt der Berechtigten außerhalb des Geltgsgebietes der VO, IV. Erhält dieser, um den dadch entstehden Mehraufwand auszugleichen, gleichgült, ob das Kind ebenf außerh des Geltgsgebietes sich aufhält od nicht, nach dtscher Vorschr einen höheren Kinderzuschlag od eine höhere Kinderzulage, I Z 2, 3, so w diese Leistg nur in dem Umfang auf den RegelUnterh angerechnet wie nach inländ Regelg; nur dann bleibt die höhere Kinderzulage dem Kinde, währd bei voller Anrechng der Vater einen ungerechtf Vorteil hätte.

3 *Anrechnung bei Auszahlung an einen anderen.* *Eine Leistung, die dem Vater für das Kind zusteht, jedoch einem anderen ausgezahlt wird (§ 1615g Abs. 2 des Bürgerlichen Gesetzbuchs), ist dann auf den Regelbedarf anzurechnen, wenn sie nicht zu den Leistungen gehört, die nach § 2 anzurechnen sind.*

Bem. AusfVorschr zu § 1615g II. Handelt es sich um Leistgn, die zwar dem Vater zustehen, also zu dessen Verm gehören, aber einem and ausgezahlt w, § 1615g Anm 2, so Anrechng auf den Regelbedarf in vollem Umfang, Hamm (LG) NdsRpfl 72, 39, auch dann, wenn sie nicht zu den nach § 2 anrechenb Leistgn gehören, da sie einer Zahlg aus dem Verm des Vaters gleichstehen; so auch die wg Krankh od Arbeitslosigk des Vaters für das Kind; desgl wenn Kind dch die Sozialhilfe wg Bedürftig des Vaters unterhalten, diese aber auf AnO dem Träger der SozHilfe ausgezahlt w, da es sich hier um dessen Entlastg auf Kosten des Vaters handelt.

4 *Keine Anrechnung von dem anderen zustehende Leistung.* *Steht eine Leistung für das Kind dem Vater und einem anderen anteilig zu oder steht neben der einem anderen zustehenden Leistung auch dem Vater für das Kind eine Leistung zu, so ist die dem anderen zustehende Leistung nicht auf den Regelbedarf anzurechnen. Dies gilt auch dann, wenn die dem Vater zustehende Leistung nicht zu den Leistungen gehört, die nach § 2 anzurechnen sind.*

Schrifttum: Kemper ZblJugR 76, 158; Binschus ZfF 76, 125.

1) Keine Anrechnung der wg des Kindes einem anderen, meistens also der Mutter, zustehden Leistg, gleichgült, ob sie die Hälfte ausmacht od einen größeren Teil. Der Regelbedarf soll dadch dem Kinde nicht verkürzt w (Augsbg FamRZ 72, 385). Wird das nehel Kind als Zählkind beim Vater berücks sich dadch sein KindergeldAnspr, so ist das eine Leistg iSv § 4, so daß die Anrechng ausscheidet (Pass DAVorm 75, 200; Nürnb DAVorm 75, 271; Lüb u Bremerhaven DAVorm 75, 367; Regbg u Darmst DAVorm 75, 473/5; LG Oldbg u Wuppt DAV 75, 635/7; LG Augsbg u LG Ffm DAVorm 76, 294/5; Freibg DAVorm 76, 646; Hbg DAVorm 77, 40; Bambg DAVorm 77, 136; Ravbg DAVorm 77, 187; LG Karlsr u Bad Kreuzn DAVorm 77, 281; Frankth, Kblz u Duisbg DAVorm 77, 675ff; sa BVerfG DAVorm 78, 327; **aA** LG Kleve NJW 77, 2362). Ebso – allerd mit berecht Kritik an der ges Regelg – LG Hanau DAVorm 77, 392. Nach LG Würzbg NJW 78, 1167 ergibt sich dieser Grds auch schon aus § 1615g I 2. Das gilt jedoch nur dann, wenn die nehel Kinder des Vaters älter als seine ehel Kinder sind u ein and (Mutter, PflegeElt) vorrang kindergeldberecht ist (vgl DAVorm 75, 221). Für die Anrechng kommt es nur darauf an, ob dem Vater für das Kind eine Leistg zusteht, nicht darauf, ob er von diesem Anspr Gebrauch macht (Würzbg DAVorm 77, 390 u NJW 78, 1167). Nichtanrechng auch dann, wenn die dem Vater zustehde Leistg nicht zu den nach § 2 anrechenb, § 2 VO Anm 3, gehört wie der Kinderzuschuß zur Rente wg Erwerbs- u Berufsunfähig od die Kinderzulage zur Verletztenrente aus der UnfallVers, Drucks 271/70 S 41. Der Vater ist bereits dch seine Hälfte entlastet. Vgl LG Lüdtke-Handjery NJW 75, 1635. Für § 4 kommt es nicht darauf an, ob die für das Kind beim nehel Vater u dem Dr gezahlten Beträge gleich hoch sind (Jung gg LG Landsh FamRZ 75, 506). Leistg iSv 4 auch der erhöhte Ortszuschlag (AG Heilbr DAVorm 76, 298; Mannh DAVorm 76, 411; LG Hbg DAVorm 77, 283; Ellw DAVorm 77, 516; aA Ellw DAVorm 77, 388; Bonn DAVorm 78, 363/430 m abl Anm v Kemper), ebso der Sozialzuschlag (LG Kblz DAVorm 77, 440). Wg ehel Kinder vgl § 1602 Anm 2c.

5 *Abrundung.* *Der Betrag, der sich bei der Anrechnung von Leistungen ergibt, ist auf volle Deutsche Mark abzurunden, und zwar bei Beträgen unter fünfzig Pfennig nach unten, sonst nach oben.*

1) Abrundg auch bei Zuschlägen zum RegUnterh (LG Hann DAVorm 75, 45).

6 Diese Verordnung gilt nach § 14 des Dritten Überleitungsgesetzes vom 4. Januar 1952 (Bundesgesetzblatt I S 1) in Verbindung mit Artikel 12 § 26 des Gesetzes über die rechtliche Stellung der nichtehelichen Kinder auch im Land Berlin.

7 Diese Verordnung tritt am 1. Juli 1970 in Kraft.
1) Bezieht sich auf VO 1970, VO 1974 gilt ab 22. 3. 74. Vgl Einf 3 vor RegUnterhVO.

1615h *Herabsetzung des Regelunterhalts.* I Übersteigt der Regelunterhalt wesentlich den Betrag, den der Vater dem Kinde ohne Berücksichtigung der Vorschriften über den Regelunterhalt leisten müßte, so kann er verlangen, daß der zu leistende Unterhalt auf diesen Betrag herabgesetzt wird. Vorübergehende Umstände können nicht zu einer Herabsetzung führen. § 1612 Abs. 1 Satz 2 bleibt auch in diesem Falle unanwendbar.
II Die Herabsetzung des Unterhalts unter den Regelunterhalt läßt die Verpflichtung des Vaters, dem Kinde wegen Sonderbedarfs Unterhalt zu leisten, unberührt.

1) Der ne Vater hat grdsätzl oRücks auf seine Leistgsfähigk mind den RegelUnterh zu leisten (§ 1615f). Diese starre Regelg wird dch die **Ausnahmevorschrift** (dch Art 1 Z 16 NEhelG eingef) § 1615h aufgelockert, jedoch nur für den Fall, daß der Vater wesentl zu hoch belastet w. Dieses Erfordern u das Außerachtlassen bl vorübergeher Umst (I 2) sollen ein häuf Hin- u Herschwanken des Unterh mit jedesmaligem neuen Verf verhindern, weil sie dem Sinn des RegUnterh (§ 1615f Anm 1) widersprächen. An dem RegUnterh als solchem (§ 1615f Anm 2) ändert § 1615h nichts (I 3). Wenn dieser aber nach 18 Jahren entfällt, gelten unmittelb die HerabsetzgsMöglkten der §§ 1602, 1603, 1615c auch dann, wenn vorher Zuschlag gezahlt wurde. Die Herabsetzg kommt auch neben der Anrechng v Kindergeld in Betr (Kiel DAVorm **78**, 466).

2) Voraussetzg ist, daß der Vater dch den RegUnterh **wesentl mehr leistet**, als er sonst (dh gem §§ 1601ff) leisten müßte. Sache des Einzelfalles. Zu berücks sind: sonstige UnterhVerpfl (vgl BVerfG NJW **69**, 1342 u 1617), auch ggü und nehel Kindern (diese dürfen nicht besser gestellt w als die ehel), erwerbsmindernde körperl od geist Gebrechen des Vaters, längere Strafhaft (LG Saarbr FamRZ **73**, 108), zB 3 J (Ba-Ba DAVorm **76**, 115). Bei Prüfg seiner Leistgsfähigk darf der ne Vater auch einen Teil der Einkfte, die auf außergewöhnl Anstrenggen (literar Tätigk eines Beamten, Übern des unbeliebten Arbeitens uä) beruhen, vorweg in Abzug bringen, um nicht jeden Anreiz f außergewöhnl Einsatz verloren gehen zu lassen (Odersky FamRZ **74**, 565). Eig Einkommen des Kindes kann zur Herabsetzg führen (Bursch ZBlJR **71**, 88; sa §§ 1615a, 1602 II); ebso wenn die Mutter wesentl besseres Eink als der Vater hat, so daß die Regel des § 1606 III 2 ihre UnterhPfl zur Zeit unzureichd umschreibt. Vgl iü § 1603 Anm 4. Dagg rechtfertigen Belastgn dch Hausbau auch bei kinderreicher Fam eine Reduzierg des RegUnterh **nicht** (Northeim DAVorm **76**, 112); ebso ist uU niedr tatsächl Verdienst belanglos, da vom UnterhSchu verlangt w muß, daß er seine Fähigk in wirtschaftl sinnvoller Weise einsetzt, um seiner UnterhPfl in angem Höhe nachzukommen (Bln DAVorm **74**, 393; § 1603 Anm 2b). Desh hindert Übertr eines gut gehden ElektroGesch auf Ehefr nicht die Festsetzg angem Zuschl (Arnsbg DAVorm **74**, 465). Zweitstudium ist kein Grd zur Herabsetzg des RegelUnterh (Münst DAVorm **76**, 647).

3) Der **Sonderbedarf** (§ 1613 II) w dch eine Herabsetzg nicht betroffen, **II**. Doch langdauernder u sehr hoher SondBedarf (zB langer KrankenhAufenth) kann auf die Festsetzg des Abschlags vom RegUnterh zurückwirken (vgl §§ 1615a, 1603).

4) Verfahrensrecht. Vgl § 1615f Anm 4. Folgde Fälle sind zu unterscheiden: **a)** Über Höhe u Ändergen der UnterhPfl können Amtspfleger (§ 1706 Z 2) u Vater sich in vollstreckb Urk **einigen**. Die Verpfl zur Zahlg eines dem RegUnterh entspr Betrags iR eines Vergleichs bedeutet hins neuer RegBedVO keine Neufestsetzgssperre iSv § 1615h (Gö DAVorm **74**, 469). **b)** Erfolgt die Verurteilg zum **RegUnterh zugl mit der VaterschFeststellg** (ZPO 643), so Möglk zur Herabsetzg erst dch bes Kl (ZPO 643a I). **c)** Beim **gewöhnl UnterhProz** (ZPO 642, 642a) kann, um AbändergsKl zuvorzukommen, von vornh RegUnterh abzgl eines Abschlags verlangt w (ZPO 642d). Umgek sind vS des Bekl HerabsetzgsGrde, die bereits zZ des UnterhKl bestehen, dort geltd zu machen (ZPO 767 II). Ist der Unterh erst einmal dch Urt u Beschl festgestellt, so kann er nur noch unter den Vorauss v ZPO 323 im KlWege herabgesetzt w. **d)** Nach **Änderg der RegUnterhVO** (§ 1615f II) jew Neufestsetzg dch Beschl (ZPO 642b), wobei in diesem Verf (selbst begründete) HerabsetzgsAntr nicht berücks werden können (Stade DAVorm **74**, 674).

1615i *Stundung und Erlaß rückständiger Unterhaltsbeträge.* I Rückständige Unterhaltsbeträge, die fällig geworden sind, bevor der Vater die Vaterschaft anerkannt hat oder durch gerichtliche Entscheidung zur Leistung von Unterhalt verpflichtet worden ist, können auf Antrag des Vaters gestundet werden, soweit dies der Billigkeit entspricht.
II Rückständige Unterhaltsbeträge, die länger als ein Jahr vor Anerkennung der Vaterschaft oder Erhebung der Klage auf Feststellung der Vaterschaft fällig geworden sind, können auf Antrag des Vaters erlassen werden, soweit dies zur Vermeidung unbilliger Härten erforderlich ist. Der Erlaß ist ausgeschlossen, soweit unbillige Härten durch Herabsetzung des Unterhalts unter den Regelunterhalt für die Vergangenheit oder durch Stundung vermieden werden können.
III Hat ein Dritter an Stelle des Vaters Unterhalt gewährt und verlangt der Dritte vom Vater Ersatz, so gelten die vorstehenden Vorschriften entsprechend. Die Bedürfnisse und die wirtschaftlichen Verhältnisse des Dritten sind mit zu berücksichtigen.

Vorbem. Eingefügt dch Art 1 Z 16 NEhelG.

1) Rückständige Unterhaltsbeträge, dh die vor der Anerkenng od der rechtskr Verurteilg zur Unterh-Zahlg fäll geworden sind; der UnterhAnspr entsteht mit der Geburt. Rückstände entstehen demgem auch, bevor die unricht Anerkenng auf Anf, § 1600 l, oder die rechtskr gerichtl Feststellg der Vatersch, § 1600 n, iW der WiederAufn, ZPO 641 i, beseitigt od die Ehelichk eines Kindes mit Erfolg angefochten ist, § 1599.

2) Stundung, I. BilligkEntsch. In Betr kommen insb Ratenzahlgen. Zu berücksichtigen, daß sofortige Zahlg den Vater bedeutd schwerer trifft, als eine laufde, zudem Steuerermäßiggen u Kindergeld für solche Rückstände im allg nicht erlangt w können. Umst des Einzelfalles maßg, also die sonst Verpfl des Vaters, seine wirtschaftl Lage, ferner aus welchen Grden die Rückstände aufgelaufen sind, insb ob der Vater sich der Feststellg seiner Vatersch entzogen hat, sie bes erschwert hat od ob er, da ein Dritter zunächst als Vater festgestellt u in Anspr gen wurde, mit seiner Vatersch nicht zu rechnen brauchte. Keine Stundg von Rückständen, die nach Anerkenng od gerichtl Entsch, Urt u auch einstw Vfg, fäll geworden sind.

3) Erlaß, II. Ggü Stundg erhebl erschwerte Voraussetzgen. Stets vorher zu prüfen, ob nicht Stundg od Herabsetzg des RegelUnterh für die Vergangenh genügen. Es muß auch dann noch eine unbillige Härte vorliegen. Wesentl, von wann ab der Vater mit seiner Inanspruchn rechnen mußte. Deshalb Erl überh nur mögl, wenn die UnterhBetr länger als ein Jahr vor Anerkenng oder Erhebg der VaterschKl fäll geworden sind. Summierg v Rückständen zG v Polenaussiedler reicht nicht aus (Augsbg DAVorm **75**, 493). Kein Erlaß, wenn UnterhVerpflichteter zum Bademeister u Masseur ausgebildet wird u erwartet w kann, daß er nach Abschl der Ausbildg neben dem lfd Unterh Rückstände abzahlen kann (Ksel DAVorm **78**, 361).

4) Unterhaltszahlung durch Dritten, III. Die Vorschriften über Stundg u Erlaß gelten auch für die Rückstände, die dadch entstanden sind, daß ein Dritter an Stelle des Vaters den Unterh geleistet hat, zB der Ehem der Mutter, der zunächst das Kind für das seinige hielt, bis auf Anf festgestellt wurde, daß ein and der Vater ist, Anm 1, od auch aus GeschFührg ohne Auftr u daß dieser Dr, auf den der UnterhAnspr übergegangen ist, § 1615 b, nunmehr Ers aus diesem Gesichtspkt od ungerechtf Bereicherung verlangt; ebso Odersky § 1615 k Anm II 4, aM Brüggemann FamRZ **71**, 143 II a, der § 843 IV heranzieht. In diesem Falle sind nicht nur die wirtsch u sonstigen Verhältnisse des Vaters, Anm 3, sond auch die des Dr zu berücks.

5) Verfahrensrechtliches. Ebso wie die Herabsetzg des Unterh w Stundg u Erlaß iW der Kl geltd gemacht; zust AG GVG 23a Z 2. Der auf Unterh vom Kind verklagte Vater muß das bereits im Unterh-Proz tun, um nicht mit seinem Vorbringen, er sei zur Zahlg der Rückstände nicht fäh, ausgeschl zu w, ZPO 767 II. Ein bes StundgsVerf gibt es nicht, so daß also auch bei gerichtl Vergleich od Urk nach ZPO 794 I Z 5 Stundg in den Urk, ZPO 642 c, berücksichtigt w muß. Das Ger kann die Stundg des rückständ Unterh von einer SicherhLeistg abhäng machen, ZPO 642 e. Änd sich nach der Entsch, die der Herabsetzg stattgegeben hat, die Verhältn wesentl nach der einen od and Seite od kommt der Vater mit einer UnterhLeistg in Verzug, so kann ohne mdl Verh auf Antr die Berecht der früheren StundgsEntsch geändert w, wogg od Beschw zuläss, ZPO 642 f. Zust RPfleger RPflG 20 Z 10. Ist Stundg abgelehnt, so ist nichts mehr zu ändern. Läuft ein Verf nach ZPO 323, vgl ZPO 642 f I 2, od 643 a, so kann dort der Stundgs- od ErlaßAntr geltd gemacht w, im Verf nach ZPO 323 nur, wenn die Änderg nach Schluß der letzten Verhdlg eingetreten ist, ZPO 323 II.

§§ 1615 i, 1615 k

1615 k *Entbindungskosten.* **I** Der Vater ist verpflichtet, der Mutter die Kosten der Entbindung und, falls infolge der Schwangerschaft oder der Entbindung weitere Aufwendungen notwendig werden, auch die dadurch entstehenden Kosten zu erstatten. Dies gilt nicht für Kosten, die durch Leistungen des Arbeitgebers oder durch Versicherungsleistungen gedeckt werden.

II Der Anspruch verjährt in vier Jahren. Die Verjährung beginnt, soweit sie nicht gehemmt oder unterbrochen ist, mit dem Schluß des auf die Entbindung folgenden Jahres.

Schrifttum: Brüggemann FamRZ **71**, 143; Christian ZBlJugR **75**, 449.

Vorbem. Eingefügt dch Art 1 Z 16 NEhelG.

1) Allgemeines. Tritt an Stelle von § 1715 aF (Sechswochenkosten) u erweitert die Verpfl des Vaters, der als solcher feststeht, § 1600 a. Gilt, gleichgült, ob es sich um ein scheinehel od totgeborenes Kind handelt (Brüggemann FamRZ **71**, 142); wg Fehlgeburt auch § 1615 n. Zurechnungsfähigk des Schwängerers unerhebl (Dölle § 104 I 3).

2) Kosten der Entbindung. Eine auf G beruhde Entschädigg eigener Art, vererbl, übertragb, pfändb, da nicht UnterhAnspr, den § 1615 I behandelt, u der daher den ihm eigenen Regeln folgt, die sich nicht mit denen des Unterh decken, sodaß Anspr aus § 1615 k von denen aus § 1615 l zu unterscheiden ist, zB entbindgsbedingter KrankenhausAufenth, II, u Ersatzkr im Gesch, §1615 l II 3, Brüggemann FamRZ **71**, 148. Anderers haften auch die Erben des Vaters, der vor der Geburt gestorben ist, § 1615 n. Der Vater hat die Kosten der Entbindg zu erstatten, also nicht nur die Kosten für Arzt, Klinik, falls Entbindg in einer Klinik erfolgte, auch die inf einer Komplikation bes hohen Kosten, ferner die für Hebamme, Pflegerin, Medikamente, nicht aber die Babyausstattg, weil diese zu den UnterhKosten des Kindes gehört. Da die Lebensstellg beider Eltern maßg ist, § 1615 c, hat der vermögde Vater die Kosten einer besseren Klinikklasse zu tragen, als sich etwa aus einer geringeren Lebensstellg der Mutter ergibt. Entstehen dch Schwangersch od Entbindg weitere Aufwendgen, die notw waren, so hat auch diese der Mann zu tragen. Keine zeitl Grenze. In Betr kommen vor allem ärztl Untersuchgen, Krankh, die mit der Schwangersch zushängen, bes Bekleidg der Mutter. Ersetzt w (and § 1715 aF I 2, der aber für vor dem 1. 7. 70 entstandenen Kosten weiter gilt, Mü (LG) FamRZ **71**, 48) nur die wirkl entstandenen Kosten. Der Anspr ermäßigt sich daher auch um die Leistgen, die die Mutter von and Stellen erhält (also keine Verweisg auf derart Anspr, bei Vorhandensein mehrerer, insb subsidiärer, Brüggemann FamRZ **71**, 144), also um Zahlgen aGrd der Sozial- od einer PrivatVers, ebso um die Beihilfe für Frauen in Beamtenstellg od im öff Dienst, aGrd von TarVerträgen, auch freiw Leistgen (Brüggemann

FamRZ **71**, 144), jedoch nicht um die Leistgen der SozHilfe, da sie nur subsidiär gezahlt w. Bei Einverständn der Mutter Beratg u Unterstützg dch JA, JWG 52 III. Hat ein Dr, der nicht der Vater des Kindes ist, § 1615 i Anm 4, die sich aus § 1615 k ergebden Kosten gezahlt, so hat er einen Anspr gg den Vater, § 1615 l III 4, ZPO 644 II. Verpflichtg zur Zahlg der Entbindgskosten kann beauftragter Beamter des JA beurk; Vollstr daraus, wenn Vater sich daraus sof ZwVollstr unterwirft; vollstrb Ausf erteilt Beamter des JA, JWG 49, 50.

3) Verjährung, II. 4 Jahre. Hemmg solange nicht anerkannt od Vatersch rechtskr festgestellt, da bis zu diesem Ztpkt der Verpflichtete die Leistg verweigern kann, § 202 I, vgl auch RG **136**, 193. Unterbrechg §§ 208 ff. Beginn mit dem Schluß des Jahres, das auf die Entbindg folgt.

1615 l *Unterhalt der Mutter aus Anlaß der Geburt.*

I Der Vater hat der Mutter für die Dauer von sechs Wochen vor und acht Wochen nach der Geburt des Kindes Unterhalt zu gewähren.

II Soweit die Mutter einer Erwerbstätigkeit nicht nachgeht, weil sie infolge der Schwangerschaft oder einer durch die Schwangerschaft oder die Entbindung verursachten Krankheit dazu außerstande ist, ist der Vater verpflichtet, ihr über die in Absatz 1 bezeichnete Zeit hinaus Unterhalt zu gewähren. Das gleiche gilt, wenn die Mutter nicht oder nur beschränkt erwerbstätig ist, weil das Kind anderenfalls nicht versorgt werden könnte. Die Unterhaltspflicht beginnt frühestens vier Monate vor der Entbindung; sie endet spätestens ein Jahr nach der Entbindung.

III Die Vorschriften über die Unterhaltspflicht zwischen Verwandten sind entsprechend anzuwenden. Die Verpflichtung des Vaters geht der Verpflichtung der Verwandten der Mutter vor. Die Ehefrau und minderjährige unverheiratete Kinder des Vaters gehen bei Anwendung des § 1609 der Mutter vor; die Mutter geht den übrigen Verwandten des Vaters vor. § 1613 Abs. 2, § 1615 d und § 1615 i Abs. 1, 3 gelten entsprechend. Der Anspruch erlischt nicht mit dem Tode des Vaters.

IV Der Anspruch verjährt in vier Jahren. Die Verjährung beginnt, soweit sie nicht gehemmt oder unterbrochen ist, mit dem Schluß des auf die Entbindung folgenden Jahres.

Schrifttum: Brüggemann FamRZ **71**, 145.

Vorbem. Eingefügt dch Art 1 Z 16 NEhelG.

1) Allgemeines, III, IV. UnterhAnspr der Mutter; also nicht vererbl, soweit es sich nicht um rückständ od fäll handelt, § 1615 I, nur bedingt pfändb, ZPO 850 b Z 2. Anderers erlischt er nicht mit dem Tode des Vaters, III 5, auch nicht, wenn der Vater vor der Geburt gestorben ist, § 1615 n. Er besteht (and nach § 1715 aF) nur unter denselben Voraussetzgen wie ein UnterhAnspr unter Verwandten, III 1, ist also nicht schuld-, sond famrechtl Anspr, von der Bedürftigk der Berecht, wobei auf VersLeistgen Rücks zu nehmen, was § 1615 k allerd ausdrückl sagt, ebso bei Fortzahlg des ArbEntgelts MutterSchGeld oder der Krankenkasse, Brüggemann FamRZ **71**, 146, u der Leistgsfähigk der Verpflichteten abhäng, §§ 1602, 1603. Die Verpfl des Vaters geht der Verpfl der Verwandten der Mutter vor, III 2. Sind mehrere Bedürft vorhanden u ist der Vater nicht imstande, auch der Mutter den Unterh nach § 1615 l zu gewähren, § 1609 I, so müssen im Hinbl auf Art 6 I GG der Anspr der Ehefr u der mj unverheirateten Kinder vorgehen. Der Anspr der Mutter rangiert aber vor Anspr and unterhaltsberecht Verwandter des Vaters, III 3. Der UnterhAnspr kann auch für die Vergangenh geltd gemacht w, § 1615 d entspr, § 1613 II (Sonderbedarf), jedoch mit der Einschränkg, daß das nach Ablauf eines Jahres seit seiner Entstehg nur dann mögl ist, wenn vorher der Verpflichtete in Verz gek oder der Anspr rechtshäng geworden ist, III 4. Rückständ Unterh, der vor der Anerkenng der Vatersch od Rechtskr auf Zahlg von Unterh fäll geworden ist, kann auf Antr des Vaters gestundet w; eine solche Stundg ist auch mögl, wenn ein Dr an Stelle des Vaters Unterh gewährt hat u Ers verlangt, III 4 iVm § 1615 i I u III, s dort Anm 2 u 4.

2) Der UnterhaltsAnspr, I, II, besteht nur aus Anlaß der Schwangersch od Entbindg u ist eine Entsch der Mutter dch den Vater, daß sie infolgedessen ihrer Erwerbstätigk nicht nachgehen kann. In der Regel hat der Vater der Mutter für die Zeit von 6 Wochen vor bis 8 Wochen nach der Geburt Unterh zu gewähren, für diese Zeit ohne Rücks darauf, ob die Mutter selbst einem Erwerb nachgeht, es kann oder nicht. Mögl aber eine **Verlängerg der Unterhaltszahlg** bis zu 4 Monaten vor der Entbindg u bis spätestens 1 Jahr nach ihr, II 3. Wieweit die Verlängerg ganz oder zum Teil erforderl ist, entscheidet der Einzelfall. Voraussetzg für jede Verlängerg ist die Ursächlichk der Schwangersch od Entbindg dafür, daß die Mutter außerstande ist, einem Erwerb nachzugehen, endet aber 1 Jahr nach der Entbindg, II 3; wg Unterscheid von den Entbindgskosten § 1615 k Anm 2. Bei einer sonstigen Krankh währd der Schwangersch od im Gefolge kann der EntschGedanke ebsowenig zur Anwendg kommen wie dann, wenn ein Erwerbsschaden nicht entsteht, zB dch eine Witwenpension od sonstige Rente gesichert ist. Aber Anspr auch, wenn die Mutter nicht od nur beschr erwerbsfäh ist, weil das Kind sonst nicht versorgt w könnte. Das liegt aber nicht im Belieben der Mutter; es muß im Interesse des Kindes erforderl sein, weil eine and Versorgg, zB in einer Tagesheimstätte, nicht vorhanden ist od nicht ausreicht. Die BewLast für das Vorliegen einer der Voraussetzgen von II hat die Mutter. Die Höhe des Unterhalts richtet sich nach dem Ausfall (nach der Lebensstellg, so Odersky II 3, die aber doch idR für den Ausfall bestimmend ist), so daß bei teilw Aufn der Erwerbstätigk eine Ergänzg entspr dem fr Eink zu zahlen ist; desgl die Kosten für das Aufsuchen einer neuen Stellg, wenn die fr wg der Schwangersch od Entbindg aufgegeben w mußte. War die Mutter selbständ tät, kann auch Aufwand f eine Hilfskraft zu zahlen sein mit den für UnterhAnspr geltden Einschränkgen, insb auch der zeitl Grenze v § 1615 l II 3 (Büdenbender FamRZ **74**, 410). Demggü gewährt Waldshut NJW **73**, 1417 Kosten f Arztpraxisvertretg nach § 1615 k. Wg Beurk einer VerpflErkl dch JA u Vollstr daraus § 1615 k Anm 2.

3) Verjährung, IV. Mit § 1615 k gleichlautd; s dort. Wie nach § 1615 k kann Anspr erst geltd gemacht w, wenn Vatersch feststeht, § 1600 a; ebso Göppinger JR **69**, 405, Firsching Rpfleger **70**, 47. Vorher einstw Vfg, § 1615 o II.

1615 m *Beerdigungskosten für die Mutter.* **Stirbt die Mutter infolge der Schwangerschaft oder der Entbindung, so hat der Vater die Kosten der Beerdigung zu tragen, soweit ihre Bezahlung nicht von dem Erben der Mutter zu erlangen ist.**

Vorbem. Eingefügt dch Art 1 Z 16 NEhelG.

Bem. Die Beerdiggskosten, § 1968 Anm 1, treffen an sich den Erben. Nur, wenn ihre Bezahlg von dem Erben nicht zu erlangen ist, hat der Vater subsidiär diese Kosten zu tragen. Höhe der Kosten unter Berücksichtigg der Lebensstellg der Mutter. Der Tod muß als Folge der Schwangersch od Entbindg eingetreten sein. Keine Kostentragg des Vaters, wenn Tod inf Abtreibg der Mutter, außer wenn Vater daran beteiligt.

1615 n *Tod des Vaters; Tot- und Fehlgeburt.* **Die Ansprüche nach den §§ 1615 k bis 1615 m bestehen auch dann, wenn der Vater vor der Geburt des Kindes gestorben oder wenn das Kind tot geboren ist. Bei einer Fehlgeburt gelten die Vorschriften der §§ 1615 k bis 1615 m sinngemäß.**

Vorbem. Eingefügt dch Art 1 Z 16 NEhelG.

1) Der **Tod des Vaters**, auch der vor der Geburt des Kindes, ändert nichts an der Verpfl, die Entbindgskosten u damit zuhängde weitere Aufwendgen, § 1615 k, Unterhalt für die Mutter, § 1615 l, Beerdiggskosten für sie, wenn sie infolge der Schwangersch od Entbindg gestorben ist, § 1615 m, zu tragen; sie treffen seine Erben. Entspr bestimmt für den Unterh der Mutter § 1615 l III 5, dort Anm 1.

2) Tot- und Fehlgeburt. Auch in diesen Fällen trägt der Vater, ggf seine Erben, die Entbindgskosten nebst etwaigen weiteren Aufwendgen, § 1615 k, Unterh für die Mutter, § 1615 l, u die Beerdiggskosten, § 1615 m. Allerd w eine Feststellg, wer Vater ist, mangels einer Anerkenng vor der Geburt, § 1600 b II, schwierig sein. Es muß dann die Vermutg des § 1600 o helfen. Erstattg der Kosten f Fehlgeburt auch dann, wenn sie Folge eines gg den Willen des nehel Vaters dchgeführten SchwangerschAbbruchs war (AG Brake FamRZ **76**, 288).

1615 o *Einstweilige Verfügung gegen den Mann.* **I Auf Antrag des Kindes kann durch einstweilige Verfügung angeordnet werden, daß der Mann, der die Vaterschaft anerkannt hat oder der nach § 1600 o als Vater vermutet wird, den für die ersten drei Monate dem Kinde zu gewährenden Unterhalt zu zahlen hat. Der Antrag kann bereits vor der Geburt des Kindes durch die Mutter oder einen für die Leibesfrucht bestellten Pfleger gestellt werden; in diesem Falle kann angeordnet werden, daß der erforderliche Betrag angemessene Zeit vor der Geburt zu hinterlegen ist.**

II Auf Antrag der Mutter kann durch einstweilige Verfügung angeordnet werden, daß der Mann, der die Vaterschaft anerkannt hat oder der nach § 1600 o als Vater vermutet wird, die nach den §§ 1615 k, 1615 l voraussichtlich zu leistenden Beträge an die Mutter zu zahlen hat; auch kann die Hinterlegung eines angemessenen Betrages angeordnet werden.

III Eine Gefährdung des Anspruchs braucht nicht glaubhaft gemacht zu werden.

1) Entspr § 1716 aF eingef dch Art 1 Z 16 NEhelG. Währd die einstw AO nach ZPO 641 d den laufden Unterh sicherstellt u zwar solange, bis das Kind gg den Mann einen and (nicht nur vorläuf vollstreckb) Titel über den Unterh hat, die AO aufgeh w (ZPO 641 e I) od außer Kr tritt (ZPO 641 f), ermöglicht die einstw Vfg nach § 1615 o abgesehen von der Sicherg der Mutter im GeburtsZtraum die **Sicherstellg des Kindesunterhalts für die ersten 3 Monate**. Unterh braucht noch nicht fäll zu sein, da die einstw Vfg bereits vor der Geburt beantr u erlassen w kann, auch für Rückstände. Dagg keine Vfg nach § 1615 o nach Ablauf der 3 Mo od für UnterhRückstde (LG Düss FamRZ **72**, 48). **Zuständig** f Erlaß der Vfg das AG (GVG 23a Z 3) als ausschließl zust Ger der Haupts (ZPO 802, 937). **Berufg** bei separatem UnterhProz zum LG (GVG **72**; LG Düss FamRZ **75**, 279) od (entspr dem nach ZPO 643 in den StatusProz eingebetteten UnterhProz) zum OLG (GVG 119 Z 1; Kln NJW **72**, 829; aA Brühl/Göppinger/Mutschler, 2. T, Rdn 1630/31). Zu dieser StrFrage vgl Göppinger FamRZ **75**, 196; Büdenbender, Vorl RSchutz dch einstw Vfg u einstw AO im NEhelR (1975) sowie FamRZ **75**, 281 mwN. Anwendg des MeistbegünstiggsGrdsatzes (vgl Rosenberg-Schwab § 136 II) auch auf Fehler des GesGebers hins der funktionellen Zustdgk läßt f die Berufg ein dopp Zustdgk v LG u OLG gegeben sein (so im Ergebn auch Odersky II 1). Hinterlegg iFv I u II bei dem für die Mutter zust AG (HinterlO 1 II).

2) Einstweilige Verfügg zG des Kindes, I. Um bald UnterhZahlg sicherzustellen, w and als sonst (vgl § 1615 f Anm 4) für derart Zahlgen darauf verzichtet, die Vatersch des in Anspr Genommenen rechtskr feststeht. **a)** Es genügt für die einstw Vfg auf Zahlg des Unterh f die ersten 3 Mo neben der **Glaubhaftmachg** der Schwangersch u des Ztpkts der Geburt der Nachw, daß der Mann anerkannt hat od nach § 1600 o II als Vater vermutet w, weil er der Mutter währd der EmpfängnZt beigewohnt h. Entgegng: Glaubhaftmachg schwerwiegder Zweifel (§ 1600 o II 2). **b)** Glaubhaftmachg der Gefährdg des UnterhAnspr f die ersten 3 Mo nicht erforderl (LG Düss FamRZ **72**, 48). **c)** Einstw Vfg für UnterhAnspr nur in dem dch § 1615 o materiell beschr **Umfang** zul, also gewöhnl RegelUnterh f die ersten 3 Mo (§ 1615 f), der die SäuglingsErstaustattg umfaßt (LG Düss FamRZ **75**, 279 m abl Anm Büdenbender), od voraussichtl (zB bei festgestellten Embryonalschäden) entstehder Sonderbedarf (§§ 1615 a, 1601, 1610 II). **d) Geltdmachg** des vor der Geburt vorgezogenen UnterhAnspr des Kindes erfolgt dch die Mutter od (unabh von § 1912) dch den Pfleger (I 2), zu dessen Gunsten mit der Geburt des Kindes ggf ein Wechsel der VertretgsBefugn eintritt (ZPO 241 I, §§ 1706 Z 2, 1709); vgl Büdenbender FamRZ **75**, 283.

3) Einstw Verfügg zG der Mutter, II, für die Anspr aus §§ 1615 k, 1615 l, ohne daß es auch hier der Glaubhaftmachg der Gefährdg bedarf. AntrSteller u Zahlgempfänger ist die Mutter, bei deren Minderjährigk ihr gesetzl Vertreter (Elt, Vormd).

Vierter Titel. Rechtsverhältnis zwischen den Eltern und dem Kinde im allgemeinen

Einführung

Schrifttum: Beitzke, FamRZ **58**, 7; Donau MDR **57**, 709, **58**, 6; Habscheid Rpfleger **57**, 326; Haegele Just **58**, 44; Paulick FamRZ **58**, 1.

1) Der 4. Titel behandelt das RVerh zw Eltern u Kindern im allg, ehel wie nehel, Übbl 1 vor § 1589, also ohne Rücks auf deren Alter, währd die Titel 4 u 5 die elterl Gewalt zum Inhalt haben, welche die Minderjährigk des Kindes, §§ 2, 3 voraussetzt u vormundschaftl ausgestaltet ist. Wg der Systematik Übbl 1 vor § 1589.

2) Ergänzende Bestimmgen. Die Vorschr des I. Untertitels haben ihren Grd in dem Verwandtsch-Verh von Eltern u ehel Kind. Denselben RGrd haben ua den Wohnsitz des ehel Kindes betr, § 11, Verj von Anspr zw Eltern u Kindern, § 204, nach heutiger allg Auffassg das VerkR, § 1634, dort Anm 1, die EinwilliggsErkl zur EhelErkl, §§ 1727, 1740b, u zur Kindesannahme, §§ 1746, 1747, der UnterhAnspr, §§ 1601ff, Einwirkg der Eltern auf die Bestellg des Vormunds, Einsetzg des FamRats, §§ 1776ff, 1858ff, Berufg der Eltern zur Vormsch über Volljg, § 1899, Erb- u PflichtR, §§ 1924ff, 2303, der ErbersatzAnspr, § 1934a. Das Kind hat ein ZeugnisverweigersR, ZPO 383 I Z 3; StPO 52 I Z 3; das Verhältn zw Eltern u Kindern beeinflußt die Strafbark gewisser Hdlgen, vgl zB StGB 181 I Z 2, 221 II, 235, 247 II, 257 II.

3) Internationales Privatrecht EG 19, 20. **Interlokales Recht** EG Art 19 Anm 6. **DDR** FamGB 42ff.

4) Übergangsregelung des BGB EG 203; des **GleichberG** v 18. 7. 57, BGBl 609, Art 8 I Z 8 s 28. u fr Aufl.

1616 Familienname des ehelichen Kindes. Das eheliche Kind erhält den Ehenamen seiner Eltern.

Schrifttum: Diederichsen NJW **76**, 1169; Reichard StAZ **76**, 177; Ruthe FamRZ **76**, 413.

1) NEhelG Art 1 Z 18 fügte „ehel" hinzu; 1. EheRG Art 1 Z 23 beseitigt die hins ihrer Vereinbark mit dem GleichberGrds zweifelh Maßgeblichk des FamNamens des Vaters (vgl Vorb 35. Aufl). Das G hält an der **Namensgleichheit von Eltern und Kind** fest u sieht vor, daß das Kind den FamNamen (§ 1355 I) trägt. Das kann der Name des Vaters od (iGgs zur aF) derj der Mutter sein (§ 1355 II). Der Begleitname, den EltT gem § 1355 III dem gemeins Ehenamen vorangestellt hat, teilt sich in keinem Fall dem Kinde mit. Wg des NamensR im allg § 12. § 1616 enthält **zwingendes Recht.** Das ehel Kind hat das Recht u die Pfl, den Ehenamen seiner Elt zu tragen. Gilt auch für Kinder aus nichtigen Ehen (§ 1591 I 1 Halbs 2). Wg des Namens des nehel Kindes § 1617, des legitimierten §§ 1719, 1737, 1740f II, des angen § 1757. Vor- u FamNamen des Findelkindes bestimmt die zust VerwBehörde (PStG 25). Wg der Staatsangehörigk des ehel Kindes im Verhältn zu derj seiner Elt vgl RuStAG 4 I, 16 II, 19, 23, 27ff.

2) Familienname. a) Erwerb. Das ehel Kind erhält den Ehe-, besser: den FamNamen seiner Elt, also den aGrd von § 1355 II zum Ehenamen gewordenen Namen des Vaters od der Mutter. Die Adelsbezeichng ist Teil des Namens, demn Kinder ihn auch in der weibl Form führen (RG **113**, 107); vgl iü § 1355 Anm 2 b. Wg des Hofnamens vgl VerwVorschr v 18. 12. 51, GMBl 267. Maßg der FamName der Elt zZ der Geburt des Kindes. Führen die Elt keinen gemeins FamNamen, gilt § 1355 I 2 analog (Celle StAZ **77**, 312). **b) Nachträgl Ändergen.** Dch die Aufhebg od Scheidg der elterl Ehe wird das NamensR des Kindes selbst dann nicht berührt, wenn als Folge der Scheidg oder vor der Eheschließg geführten FamNamen wieder annimmt (§ 1355 IV 2), mag es sich dabei auch um denj EltT handeln, bei dem das Kind lebt. Wiederherstellg der Namensgleichh mit diesem EltT nur iW des NamÄndVerf nach dem NÄG. Im Ggs zur ausführl Regelg der Teiln des nehel Kindes an der NamensÄnd seiner Mutter (§ 1617) trofft das 1. EheRG hins der NamensÄnd aS der Elt des ehel Kindes keine Regelg. Zur Lückenausfüllg: 1. Grds: Erst nach der Änd des Ehenamens seiner Elt kann sich der FamName des ehel Kindes ändern. Namensändergen aGrd einer Legitimation (§§ 1719, 1737, 1740f II) verändern lediglich die Geburtsnamen des betr EltT; war dieser zum Ehenamen der Elt geworden, so ändert er sich nur, wenn auch der and Eheg einverstanden ist (§§ 1617 IV, 1720, 1737 S 3, 1740 f III). Wird ein EltT als Kind angen, erstreckt sich die NamensÄnd wiederum nur über den and Eheg auf das Kind (§ 1757). Wird der FamName der Elt dch VerwAkt geändert (Antr beider EheG erfdl!), so nimmt das Kind grdsl an der NamensÄnd teil; die Wirkg kann auch in der Entsch ausgeschl werden (NÄG 4). 2. Grds: Ändern die Elt gemeins ihren Ehenamen, nimmt das ehel Kind daran teil, aber analog EheG 13a III ab vollendetem 14. LebJ nur aGrd einer entspr AnschließgErkl (NJW **76**, 1173; ebso Ruthe FamRZ **76**, 413). Eine NamensÄnd des Kindes ist ijF im Geburten- u auch im FamBuch einzutr (PStG 21, 30 I). Ändern Mutter od Vater ihren FamNamen (nach Scheidg od Verwitwg) dch Wiederverheiratg, nehmen ihre erstehel Kinder an dieser Änd nicht teil; der neue Ehepartner kann den Kindern auch nicht seinen Namen erteilen, § 1618 I nicht entspr anwendb (KG NJW **71**, 846). Aber in diesen **Stiefkinderfällen** auch bei regelmäß UnterhLeistg des leibl Vater erleichterte Annahme eines wicht Grdes iSv NÄG 3 I (OVG Bln StAZ **75**, 161). **c) Verlust des FamNamens.** Der FamName kann aufgegeben werden bei der Eheschl (§ 1355 II); doch kann dann der als FamName verloren gehde Name als Begleitname beibehalten w (§ 1355 III). Nach Scheidg kann der früh FamName wieder angen w (§ 1355 IV 2). Verlust des FamNamens ferner dch Adoption (§ 1757 I 1); aber Möglk, dem neuen Namen den früh FamNamen hinzuzufügen (§ 1757 II 1); dch NamensÄnd aGrd eines VerwAktes nach dem NÄG (Einl 3g vor § 1297 u Ficker, Recht des bürgerl Namens S 138ff).

3) Vornamen (Lit: Seibicke, Vornamen, Ffm 1977). Deren Erteilg ist Ausfluß des PersSorgeR; sie steht beiden Elt gemeins zu (§§ 1626 II, 1627). Erfolgt formlos, Eintr im Geburtenbuch nur deklarator (BayObLGZ FamRZ **62**, 475); zur Erzwingg der Eintr ggf PflegerBestellg (AG Brem StAZ **74**, 130). Können sich die Eltern ü den Vornamen nicht einigen, so bleibt die Möglk, daß das Kind keinen Vornamen trägt. Es muß sich um einen wirkl Namen, wenn auch einen abgekürzten, handeln; auch ausl Namen können gegeben w (Münst NJW **65**, 1231; Celle FamRZ **75**, 634 „Malaika-Vannina"; LG Mü I StAZ **76**, 370 „Ranjana", dagg nicht „Chandra-Gupta"; doch sind dabei die Transliterationsregeln einzuhalten, dh die Umschreibg erfolgt buchstabengetreu, nicht dem Klang nach (LG Hbg StAZ **77**, 227; Bielef StAZ **77**, 199 „Sonja", nicht „Ssonia"), selbst wenn sie im Ausl als Vornamen ungebräuchl sind (AG Lünebg StAZ **76**, 205 „Taiga"). Zul ferner die Metallbezeichng „Lanthan" als 3. Vorname (AG Karlsr StAZ **77**, 49). Knaben ist ein männl (einz Ausn: Maria als Beiname), Mädchen ein weibl zu geben (BGH **30**, 134); unzul „Heike" allein, weil er keinen Schluß auf ein best Geschlecht zuläßt (Oldbg StAZ **75**, 44); ebso Tolkiens „Galadriel", selbst iVm „Gesche" (Kln StAZ **77**, 105). Bei Erwerb der dt Staatsangehörigk bleiben geschlechtsfremde Vornamen erhalten (LG Mü StAZ **74**, 154 „Magda"). Anstößige, unverständl u FamNamen sind als Vornamen nicht zu geben. Zul: „Winnetou" (AG Darmst StAZ **75**, 134); unzul: „Schanett" (AG Brschw StAZ **74**, 156); „Grammophon" (LG Hbg StAZ **73**, 165); „Pan" (Brschw StAZ **78**, 184). Das NamensgebgsR der Elt ist also nur dch die allg Sitte u Ordng beschränkt, so daß insb NamGebg anzuerkennen, die Ausdruck echter FamTradition ist u altes Herkommen pflegt (BGH **29**, 256 „ten Doornkaat"). Die Änderg des Vornamens, auch die Umstellg, erfolgt nur dch hoheitl Akt gem NÄG bzw iR der Adoption (§ 1757 II). Auch hier ist die Änd im Geburten- u FamBuch zu vermerken. Zu den Voraussetzgn f eine Berichtigg vgl Wuppt StAZ **74**, 182. Wg der namensrechtl Bestimmgen überh Einl 3 zum 4. Buch.

1617 Familienname des nichtehelichen Kindes.

^I Das nichteheliche Kind erhält den Familiennamen, den die Mutter zur Zeit der Geburt des Kindes führt. Als Familienname gilt nicht der gemäß § 1355 Abs. 3 dem Ehenamen vorangestellte Name.

^{II} Eine Änderung des Familiennamens der Mutter erstreckt sich auf den Geburtsnamen des Kindes, welches das fünfte Lebensjahr vollendet hat, nur dann, wenn es sich der Namensänderung anschließt. Ein in der Geschäftsfähigkeit beschränktes Kind, welches das vierzehnte Lebensjahr vollendet hat, kann die Erklärung nur selbst abgeben; es bedarf hierzu der Zustimmung seines gesetzlichen Vertreters. Die Erklärung ist gegenüber dem Standesbeamten abzugeben; sie muß öffentlich beglaubigt werden.

^{III} Eine Änderung des Familiennamens der Mutter infolge Eheschließung erstreckt sich nicht auf das Kind.

^{IV} Ist der frühere Geburtsname zum Ehenamen des Kindes geworden, so erstreckt sich die Namensänderung auf den Ehenamen nur dann, wenn die Ehegatten die Erklärung nach Absatz 2 Satz 1 und 3 gemeinsam abgeben. Für den Namen von Abkömmlingen des Kindes gelten Absatz 2 und Absatz 4 Satz 1 entsprechend.

Schrifttum: Zum NehelG vgl 35. Aufl; zum 1. EheRG s LitAngaben zu § 1616. Pentz StAZ **77**, 294.

1) Die dch Art 1 Z 19 NEhelG den § 1706 aF ersetzde Bestimmg ist dch 1. EheRG Art 1 Z 24 erneut geändert w. Der beherrschde Gedanke ist der **Namenseinklang von Mutter u heranwachsendem Kind,** zumal in der Schule die Verschiedenh des Kindes- vom Mutternamen dem Kind schädl sein kann. Im VorderGrde soll die Aufg des Geburtsnamens stehen, das Individuum zu kennzeichnen, nicht dessen Abstammg (vgl dazu Hansen FamRZ **68**, 428). Erst iRv Namensänderngen bei der Mutter wird stufenweise dem Kindeswillen Rechng getragen.

2) Grundsatz, I. Das nehel Kind erhält den FamNamen, den die Mutter zZ der Geburt des Kindes führt, **S 1.** FamName ist entweder der Geburtsname der Frau od ein Name, den sie dch Legitimation, Adoption od Eheschl erworben hat, im letzteren Fall sogar auch dann, wenn die Ehelichk des Ehebruchskindes erfolgreich angefochten u die Ehe gesch wird, die Mutter aber den bish, vom Manne stammden Ehenamen beibehält. Das nehel Kind erhält dagg nicht den Begleitnamen, den sie Mutter bei der Eheschl dem zum Ehenamen gewählten Namen des Ehem vorangestellt hat, **S 2** (§ 1355 Anm 3). Heiratet die A den B u wird B zum Ehenamen, währd die Ehefr sich A-B nennt, so bekommt ihr nehel geborenes od dch EhelkAnfechtg nehel gewordenes Kind den Namen B; den Namen A bekommt es nur, wenn die Frau nach Ehescheidg diesen wieder angen hat u schon bei Geburt des Kindes führt. In keinem Fall erhält es den Namen A-B, es sei denn iW des NamÄndVerf nach dem NÄG. Der Begleitname teilt sich dem nehel Kind analog S 2 auch dann nicht mit, wenn die Mutter nach § 1355 aF ihren Mädchennamen dem Mannesnamen hinzugefügt hat (Reichard StAZ **76**, 182). IjF unerhebl, ob NEhelk erst aGrd Anfechtg eintritt (§ 1593), weil Kind im Ehebruch erzeugt ist (Simitis StAZ **70**, 257). Den **Vornamen** (vgl § 1616 Anm 3) bestimmt die Mutter als Ausfluß des SorgeR (§§ 1626 II, 1705 S 2); vgl § 1616 Anm 3.

3) Änderung des Mutternamens. a) Die **Tatbestände** nachträglicher NamÄnderg der Mutter sind vor allem, wenn die Mutter selbst nehel war, die Einbenenng u die Legitimation dch nachfolgde Ehe der GroßElt des Kindes od auf Antr des Vaters od der Mutter selbst (§§ 1618 I, 1720, 1737, 1740 f II 1), ferner die Adoption der Mutter (§ 1757 I 1) oder der Fall des EheG 13a III, wenn die Elt der nehel Mutter im Ausl gelebt haben. Hauptfall wird derj sein, daß die Mutter nach Ehescheidg ihren Mädchennamen od einen vor der Ehe geführten Namen zB aus einer früh Ehe wieder annimmt (§ 1355 IV 2). Dieser früh Name kann sich auf das nehel Kind der Frau erstrecken, nicht dagg auf Kinder aus der gesch od einer früheren Ehe (§ 1616 Anm 2b). Eine Änd des FamNamens der Mutter inf Eheschließg erstreckt sich nicht auf das nehel

Kind, **III.** Dh wenn die nehel Mutter heiratet u der Name des Ehem zum Ehe- u FamNamen wird, so behält das ne Kind den urspr Namen der Mutter; es kann aber vom Stiefvater einbenannt w (§ 1618). **b)** Die **Erstreckg der Änderg des Mutternamens auf das Kind** geschieht nach bestimmten Altersstufen (Schulbeginn, EntschReife) u sonst Umst (eig Ehe des Kindes) gestuft. Da die NamensÄnd an keine Fr gebunden ist (vgl beispielsw § 1355 Anm 4 aE), bedarf es der Feststellg, daß sich die Erfordern aS des Kindes nach dessen jew Alter richten. Auch bei ihm ist die Anschließg nicht fristgebunden; ist darüber aber, wenn auch dch Vertreter, entschieden w, so ist die Entsch endgült. Zweckmäß daher eine Herbeiführg der Kindes-Entsch, sobald sich der Name der Mutter geändert hat. Iü kommt die Änd des Kindesnamens als Folge einer NamensÄnd bei der Mutter nur in Betr, wenn das Kind den bish Namen noch führt (Reichard StAZ 76, 182). **aa)** Bis zur Vollendg des 5. LebJ nimmt das ne Kind an einer Änderg des Mutternamens ohne weiteres teil, obw das G dies im Ggs zur aF nicht mehr ausdrückl bestimmt. **bb)** Danach hat das Kind ein WahlR, ob es den bish Namen weiterführen will oder die NamÄnd der Mutter mitmachen will. Eine nach Vollendg des 5. LebJ eintretde NamÄnd aS der Mutter wirkt nicht aus, wenn es nicht der NamÄnd anschließt, **II 1.** Die Anschließg erfolgt dch öff beglaubigte Erkl (§ 129; JWG 49 I Z 4) ggü dem StBeamten, **II 3.** Zu dessen Zustdgk PStG 31 a I. Im Alter von 5 bis 14 J wird das Kind hierin dch seinen gesetzl Vertreter, also dch einen Pfleger (§§ 1706 Z 1, 1705 S 2, 1630 I) od seine Mutter (§§ 1705, 1707), vertreten. Ab Vollendg des 14. LebJ kann das Kind die Erkl, wenn auch unter Zust des gesetzl Vertr, nur selbst abgeben, **II 2.** II ist auf vor dem 1. 7. 70 geborene Kinder nicht anwendb (Ffm StAZ 77, 282); die Vorschr gilt nicht für einbenannte Kinder (Pentz StAZ 77, 294). **cc)** Mit Eintr der Volljährigk (§ 2) hängt die Namenserstreckg ausschließl vom Willen des nehel Kindes ab, währd § 1617 II 2 aF die NamErstreckg auf das Kind nach Vollendg des 18. LebJ überh ausschloß. **dd)** Ist das nehel Kind bereits seines verheiratet, gelten Anm bb u cc, sof der Ehename der Name des ud Eheg ist; das ne Kind hat dann nur die Möglk, seinen Geburtsnamen u damit evtl seinen Begleitnamen (§ 1355 III) zu ändern. War dagg der Name des nehel Kindes zum Ehenamen von dessen Ehe geworden, dann setzt die Erstreckg der NamensÄnd in der Pers der Mutter voraus, daß auch der andere Schwiegerkind gemeins mit dem nehel geborenen Eheg die AnschließgsErkl abgibt, **IV 1. c)** Auf ehel od nehel Abkömml der den Namen ändernden Großmutter erstreckt sich eine NamensÄnd nur wiederum unter den in Anm b erläuterten Zustimmgserfordernissen, **IV 2**; ggf sind also Zustimmgen mehrerer Generationen erfdl, damit sich die NamensÄnd bis ins 3. Glied fortpflanzt. Auf die Regelg II bis IV wird in zahlreichen and Vorschr verwiesen (vgl §§ 1618 IV, 1720 S 3, 1737 S 3, 1740f III, 1757 I 4).

4) Übergangsrechtlich gilt

NEhelG Art 12 § 6 [I] *Für den Familiennamen eines Kindes, das vor dem Inkrafttreten dieses Gesetzes geboren ist, gilt § 1617 des Bürgerlichen Gesetzbuchs nicht.*

[II] *Führt die Mutter seit der Geburt des Kindes einen Ehenamen, so hat jedoch das Vormundschaftsgericht dem Kinde auf seinen Antrag den Ehenamen der Mutter zu erteilen, wenn dies dem Wohle des Kindes nicht widerspricht. Ein minderjähriges Kind, welches das vierzehnte Lebensjahr vollendet hat, kann den Antrag nur selbst stellen; es bedarf hierzu der Zustimmung seines gesetzlichen Vertreters. Die Verfügung, durch die das Vormundschaftsgericht dem Kinde den Ehenamen der Mutter erteilt, wird erst mit der Rechtskraft wirksam.*

[III] *Ist dem Kind auf Grund des Absatzes 2 der Ehename der Mutter erteilt worden, so gilt § 1617 Abs. 2 des Bürgerlichen Gesetzbuchs entsprechend.*

a) Grundsatz I. Bisher, § 1706 I aF, erhielt das nehel Kind den Familiennamen der Mutter, ist diese verheiratet, ihren Mädchennamen, § 1706 II 1 aF. Um dem Kind, das vor dem 1. 7. 70 geboren ist, einen Namenswechsel zu ersparen, der bei Anwendung des § 1617 iVm Art 12 § 1 eintreten würde, w solche Kinder der Regelg des § 1617 I nicht unterworfen.

b) Um die Namensgleichheit zwischen Kind u Mutter trotzdem zu erreichen, die § 1617 zum Ziel hat, besteht die Möglichk der Einbenenng, § 1618; eine weitere schafft **II**, indem es **dem Kind ein Antragsrecht** gibt, ihm den Ehenamen der Mutter zu erteilen; **aa)** Voraussetzg hierfür, daß die Mutter denselben Ehenamen wie zZ der Geburt des Kindes noch fortführt, wobei zwzeitl Andersnamigk (EheG 55 II) keine Rolle spielt (Hof DAVorm 73, 692; Odersky FamRZ 74, 565), **bb)** daß das dem Wohl des Kindes nicht widerspricht, II 1, was zB zu verneinen, wenn die Mutter sich um das Kind nicht kümmert, das Kind unter seinem bisherigen Namen herangewachsen ist; eher zu bejahen sein kann, wenn das Kind infolge eigener Verheiratg jetzt einen and Namen führt, LG Mü FamRZ 71, 199. Da die Namenserteilg dem Kindeswohl widerspr muß, w von der Vermutg auszugehen sein, daß der Antr dem Kindeswohl entspr, falls das Ggteil nicht festgestellt w kann. Auf Zust des gleichnam geschied Ehem der Mutter kommt es nicht an, Karlsr MDR 73, 228. Durchbenenng zul, wenn ne Mutter ihrers gem NEhelG Art 12 § 6 neuen Namen ihrer Mutter erhält, AG Hbg StAZ 73, 167. – **Verfahren.** Erteilg der VormschG; zust RPflG 3 Z 2a. Zustdgk FGG 43, 36. Wg II 2 oben Anm 3. Erteilg wirks erst mit Rechtskr der Vfg, II 3. Keine Nachprüfg der sachl Richtigk im Verf nach PStG 45 II, Hamm FamRZ 73, 157.

c) Weitere Angleichung III. Währd II den Fall trifft, daß die Mutter inzw verheiratet ist u das G dem Kind den Weg zur Namensgleichh mit der verheirateten Mutter dch Erteilg seitens des VormschG auf Antr des Kindes eröffnet, gibt III dem Kind dch Bezugn auf § 1617 II die Möglichk auch dann, wenn die Mutter infolge Auflösg od Nichtigk der Ehe ihren Ehenamen verliert, die Namensgleich mit der Mutter wieder herzustellen, § 1617 Anm 3. Heiratet die Mutter, ist eine erneute Namensänderg dch Einbenenng zul (Bochum, StAZ 78, 245).

d) Im Ggs zum NEhelG enthält das 1. EheRG keine ausdrückl ÜbergangsVorschr in diesem Ber; aus Art 12 Z 11 geht jedoch hervor, daß in der obigen Bestimmg, sow darin auf § 1617 Bezug gen w, dessen nF anzuwenden ist.

Verwandtschaft. 4. Titel: Eltern u Kinder § 1618

1618 *Einbenennung des nichtehelichen Kindes.* I Die Mutter und deren Ehemann können dem Kinde, das einen Namen nach § 1617 führt und eine Ehe noch nicht eingegangen ist, ihren Ehenamen, der Vater des Kindes seinen Familiennamen durch Erklärung gegenüber dem Standesbeamten erteilen. Als Familienname gilt nicht der gemäß § 1355 Abs. 3 dem Ehenamen vorangestellte Name. Die Erteilung des Namens bedarf der Einwilligung des Kindes und, wenn der Vater dem Kinde seinen Familiennamen erteilt, auch der Einwilligung der Mutter.

II Ein in der Geschäftsfähigkeit beschränktes Kind, welches das vierzehnte Lebensjahr vollendet hat, kann seine Einwilligung nur selbst erteilen. Es bedarf hierzu der Zustimmung seines gesetzlichen Vertreters.

III Die Erklärungen nach Absatz 1 und 2 müssen öffentlich beglaubigt werden.

IV Ändert sich der Familienname des Vaters, so gilt § 1617 Abs. 2 bis 4 entsprechend.

Schrifttum: Diederichsen NJW **76**, 1175; A. Koumaros, Die Einbenenng des ne Kindes, Diss Freibg 1976; Ruthe FamRZ **76**, 414; Simon StAZ **74**, 197.

1) Namenserteilg an nehelichem Kind. Vorschr an Stelle v § 1706 II 2 aF eingef dch Art 1 Z 19 NEhelG; Neufassg dch 1. EheRG Art 1 Z 25. **Einbenennung** ist ausschließl die Erteilg des Namens in der Weise, daß der Name des Einbenennden an die Stelle des vom Kind bish geführten Namens tritt. Unzul die Bildg v Doppelnamen (Stgt FamRZ **71**, 534). Namenserteilg hat weder Rechte noch Pflichten des Stiefvaters zur Folge. Der Ehem der Mutter u auch der nehel Vater des Kindes können diesem ihren Namen erteilen, **I. Zweck**: Namensgleichh aller zu einer fakt Familie gehör Personen, um sie nach außen nicht in Erscheing treten zu lassen; vS des ne Vaters Möglk zur Tarng eines Konkubinats (vgl Odersky I) sowie zur (ggü der eigtl Legitimation auf den Namen beschränkten) Anerk eines nehel Kindes dch seinen Vater (zu den versch sozialen Situationen der Einbenennung vgl NJW **76**, 1175). Fakt Namensgleichh läßt sich auch dadch erzielen, daß bei der Eheschließg des nehel Mutter deren FamName, den auch ihr ne Kind trägt, zum Ehenamen gewählt wird (§ 1355 II 1). Einbenenng ist einseit RGesch; Eintr im Geburtenbuch (Anm 2b) wirkt deklarator (BayObLG FamRZ **64**, 458). Zu unterscheiden von der EhelichErkl (§§ 1723ff), der wg der Fassg der AbstammgsUrk der Vorzug vor der bl Einbenenng gegeben w sollte (Evans- v Krbek FamRZ **75**, 324).

2) Erfordernisse: a) Das nehel Kind muß den **Namen der Mutter** führen, dh den FamNamen, den die Mutter bei der Geburt des Kindes hatte (§ 1617 Anm 2). Ist das Kind bereits einbenannt, schließt das eine weitere Einbenenng nicht aus (Engler FamRZ **71**, 79; Simitis StAZ **70**, 259; aA Kln StAZ **75**, 191; Lüb DAVorm **76**, 694 mit einer in diesem Zushg ungerechtf Betong des gesetzgeberischen Willens; Staud/Göppinger § 1706 aF Rdn 27; Odersky I; Pentz StAZ **77**, 294); ebsowenig die vorher Adoption des Kindes dch seine ne Mutter vor deren Eheschl (Ffm FamRZ **68**, 48). Hat die Mutter nach Scheidg ihren Mädchennamen wieder angen, ist das Kind diesem NamWechsel aber nicht gefolgt (§ 1617 Anm 3), so besteht nach dem eindeut GesZweck v § 1618 gleichwohl analog die Möglk, es dch den 2. Ehem der Mutter einbenennen zu lassen. Analogie zu § 1617 II, falls die die Einbenenng veranlassde Ehe der Mutter nach kurzer Zeit wieder aufgelöst w (Engler FamRZ **71**, 80; Gernhuber § 58 II 4; aA Odersky V). Dagg entfällt von der ratio legis her die Einbenenng nach dem Tod des Kindes u wenn es **selbst eine Ehe eingegangen** ist, auch wenn diese inzw wieder aufgelöst ist. Im Falle der Einbenennung dch den Vater ist entspr der Legitimationsfunktion dieser Einbenenngsart die Einbenennung auch dann noch mögl, wenn das Kind bereits verh ist od war; in diesem Fall gilt dann § 1617 IV analog. Anders Ruthe FamRZ **76**, 414, die das Erfordern der Nichtverehelichg des Kindes auf die beiderseit u die einseit Einbenennung dch den Vater allein bezieht. **b)** Namenserteilg **dch die Mutter u deren Ehemann** (beiderseit Einbenennung) **od dch den Vater** des Kindes (einseit Einbenenng). Keiner schließt den and aus (Engler FamRZ **71**, 81). Zustimmg der Ehefr des einbenennden Vaters od seiner Verwandten nicht erforderl; deren evtl Widerspr unbeachtl. Rechtl Bedenken dagg bei Engler FamRZ **71**, 80; Anhörg gem GG 103 I geboten (Odersky III 6). Da es bei der einseit Einbenennung auf die gesonderte Zust der Mutter iSv I 3 nicht ankommt, stellt sich das Probl einer ErgänzgsPflegsch nicht (and AG Hbg DAVorm **77**, 133). **c) Name.** Bei der Stiefvatereinbenennung wird dem Kinde der Ehename seiner Mutter u seines Stiefvaters erteilt; keine Einbenennung erfdl, soweit dies der Name der Frau ist. Bei der einseit Einbenenng fällt das Kind den Namen seines nehel Vaters, auch wenn dieser verh ist u sein Ehename von seiner Frau stammt. In keinem Fall kann iW der Einbenenng der Begleitname (§ 1355 III) auf das Kind übertr w, **I 2.** Heißt das Kind wie seine Mutter A u nennt sich diese nach der Eheschl mit dem B mit dem Doppelnamen A-B, so erhält ihr Kind dch die Einbenenng den Namen B. Bei der einseit Einbenennung heißen Mutter u Kind A, der nehel Vater von Geburt C u, seit er mit Frau D verheiratet ist, C-D; dch Einbenenng bekommt das Kind jetzt den Namen D; seine Mutter heißt weiterhin A od, wenn sie sich zweitl verheiratet hat, evtl B. **d) Einwilligg des Kindes** u in dem Falle, daß seine Mutter mit dem einbenennden Mann nicht verheiratet ist, auch die **Einwilligg der Mutter, I 3.** Die Einwilligg der Mutter ist nicht ersetzb (KG FamRZ **78**, 733). Im Ggs zu § 183 braucht die Erkl des Kindes der EinbenennngsErkl der Elt nicht vorherzugehen (aA Reichard StAZ **76**, 182). Ist das Kind noch nicht 14 J alt, erfolgt die Einwilligg dch seinen gesetzl Vertr (§ 1617 Anm 3). Die nehel Mutter kann bei voller elterl Gew zugl mit ihrer EinbenenngsErkl auch die Einwilligg des mj geschäftsunfäh Kindes erkl, ohne daß es einer ErgänzgsPflegsch bedarf (BayObLG FamRZ **77**, 409; Mannh MDR **77**, 1018). Nach Erreich dieser Altersgrenze erklärt mj Kind seine Einwilligg selbst in Pers, **II 1**, wozu die Zustimmg seines gesetzl Vertr hinzukommen muß, **II 2.** Ist das Kind über 14, aber geschunfäh, kann es die Einwilligg nicht selbst sond nur dch seinen gesetzl Vertr abgeben (Engler FamRZ **71**, 79). Zur Einbenennung eines Vollj ist Zust der Mutter nicht mehr erfdl, da Legitimation u Adoption eines Vollj mit ihren stärkeren Wirkgen ebenf ohne elterl Einwilligg mögl (§ 1768 I; LG Hbg StAZ **72**, 206; Beitzke StAZ **69**, 289; aA Staud/Göppinger § 1706 aF Rdn 28). Bei der Einbenenng dch den nicht od anderweit verheirateten Vater des Kindes muß die **Mutter des Kindes** zustimmen, **I 3**. Das entspr ihrer natürl Beziehg zum Kind, gleichgült, ob sie die elt Gewalt hat od nicht. Ist sie gestorben, entfällt ihre Einwillig; desgl wenn sie inf GeschUnfähigk od unbekanntem Aufenth dauernd außerstande dazu ist (ähnl Interessenwertg in § 1748).

3) Ändert sich der Name des einbenennenden Vaters, gilt § 1617 II bis IV, **IV.** Wann das der Fall ist, dazu § 1617 Anm 3a; zu den Voraussetzgen, unter denen sich die NamÄnd auf das Kind erstreckt, § 1617 Anm 3b. Nimmt die **Mutter** nach Scheidg der Ehe ihren Mädchennamen wieder an, Rückwechsel beim Kind analog § 1617 II ausgeschl (AG Hbg StAZ **75**, 341).

4) Verfahren. a) Erklärgen v Ehem od ne Vater, Mutter u Kind, nicht dagg des bl zustimmden gesetzl Vertr, müssen **öfftl beglaubigt** w, **III** (§ 129, JWG 49 I Z 4); erfolgt dch den ermächtigten Beamten des JA (JWG 49 I Z 4) od dch den StBeamten (PStG 31 a). Gebührenfrei (KostO 55 a). **b) Zuständig** zur EntggN sämtl Erkl wie auch zu deren Beglaubigg der StBeamte, der die Geburt des Kindes beurk hat. Falls Geburt nicht im Geltsbereich des PStG beurk, ist zust der StBeamte des StAmts I in Bln-West (PStG 31 a). StBeamte trägt einen Randvermerk im Geburtenbuch ein (wg Wortlt Evans-v Krbek FamRZ **75**, 322). **c)** Die dem StBeamten ggü abzugebde Erkl w **wirksam** im Ztpkt des Eingangs. Namensertelg dch den ne Vater schon vor der Geburt des Kindes zul (Karlsr FamRZ **74**, 603 m krit Anm Otto StAZ **74**, 269). Erkl bleibt wirks, auch wenn der Erklärde vor deren Eingang stirbt (Ffm ZBlJugR **62**, 270). Geht die EinbenenngsErkl vor der „Einwilligen" ein, so wäre die auf §§ 111 S 2, 182 III ausgespr Zurückweisg ein in diesem Bereich unangebrachter Formalismus; vielm ist vom GesZweck u von der Interessenlage her davon auszugehen, daß der Einbenennde seiner Erkl Wirksamk bis zum Eingg der and Zustimmgen verleihen will (vgl BayObLG FamRZ **64**, 457; Gernhuber § 58 II 4: teleolog Reduktion des § 111).

1619 *Dienstleistungspflicht in Haus und Geschäft.* **Das Kind ist, solange es dem elterlichen Hausstand angehört und von den Eltern erzogen oder unterhalten wird, verpflichtet, in einer seinen Kräften und seiner Lebensstellung entsprechenden Weise den Eltern in ihrem Hauswesen und Geschäfte Dienste zu leisten.**

Neues Schrifttum: Fenn, Die Mitarbeit in den Diensten Familienangehöriger, 1970, sowie Betr **74**, 1052 u 1112; Günther, Rechtsverhältnis zwischen Bauer u mitarbeitendem Sohn, 1966 (Bd 3 d Schriftenreihe des Inst f Landwirtschaftsrecht, Göttingen); Klunzinger FamRZ **72**, 70; Leuze-Ott FamRZ **65**, 15.

1) Allgemeines. Der bisher § 1617 ist dch Art 1 Z 20 NEhelG z § 1619 gew. Die Vorschr umgrenzt die DienstleistgsPfl des Hauskindes, von welcher die Elt das Kind freistellen, aber nicht dch endgült Verzicht, der nichtig wäre, entbinden können. Vereinbg einer Vergütg zul, Anm 4. Der Anspr auf Dienstleistg ist weder übertragb noch vererbl u unterliegt auch nicht der Verj, § 194 II. Die Anspr des Kindes auf eine spätere, gleichviel aus welchem Grde zugesagte Vergütg verjähren nach § 196 I Z 8 in 2 J, BGH NJW **65**, 1224. Ein Abkömml h einen AusglAnspr iFv § 2057a. – Für Länder der früh BrZ vgl HöfeO 12 VII.

2) Voraussetzgen. a) Das Kind muß dem Hausstand angehören, dh es muß im elterl Hausstand seinen Lebensmittelpkt haben, RGRK Anm 1, braucht aber nicht unbedingt dort gerade zu wohnen. Gleichgültig, ob das Kind mj, vollj od verheiratet ist (RAG JW **30**, 440, BGH LM Nr 1a). Das gilt auch nach heutiger Rechtslage bei 24jähr Sohn, der im MühlenBetr seiner Mutter mitarbeitet (BGH **69**, 380). In landwirtschaftl Lebensverhältnissen, wo der Sohn auch früher auf dem Hof gearbeitet hat, wird die Vermutg eher für rein familien- als für schuldrechtl Beziehgn hins der Mitarbeit sprechen, BGH NJW **58**, 706, oft auch wenn er verheiratet ist, außer wenn eine eigene WirtschFührg der Beziehgn anders erscheinen lassen, auch Anm 4. Die Eltern haben aus Gründen der Dienstleistg nach § 1619 keinen Anspr auf Verbleiben des Kindes im Elternhause, BayObLG RJA **12**, 88 (erging zum entspr § 1617 aF). Keine Hausangehörigk bei FürsErziehg des Kindes, BayObLG **13**, 21. Zwischen Onkel u Neffen wird, auch wenn die sonstigen Voraussetzgen des § 1619 vorliegen, kein ebenso entspr familienrechtl Verhältn hergestellt, RAG DJ **37**, 1814, auch nicht zw Stiefvater u Stiefkind, da § 1619 Blutsverwandtschaft voraussetzt, Nürnb FamRZ **60**, 119, wohl aber, wenn die Eltern des Kindes unverheiratet zusleben, od das Kind im Hausstand eines der Eltern lebt.

b) Das Kind muß von den Eltern erzogen werden; das setzt also voraus, daß die Eltern od ein Elternteil das PersSorgeR haben, §§ 1631 I, 1626 I, § 1706, so daß insof nur mj Kinder in Betr kommen; **oder von den Eltern unterhalten werden,** was auch bei Vollj mögl ist, §§ 320 ff, BGH FamRZ **73**, 299. Dabei kommt es auf den Wert der Leistgen beider Seiten nicht an; nicht Leistg u GgLeistg iS v § 320 ff, BGH FamRZ **73**, 299.

3) Wirkg. a) Der **Umfang** der DienstleistgsPfl des Kindes bestimmt sich einers nach den körperl u geist Fähigk des Kindes, also Alter, Gesundh, Erziehgsbedürftigk u LebStellg, zB ob es sich in der Ausbildg befindet, anderers nach dem Bedarf der Elt. In einf Verhältn ab 14 J ca 7 WoStd, BGH FamRZ **73**, 536. Erhöhte Pfl zur Mithilfe, wenn beide Elt berufstät sind, BGH NJW **72**, 1718. Es kann sich um Dienste gewöhnl od höherer Art, zB als BetrLeiter handeln, sofern sie nur iR des Hauswesens od Gesch der Elt fallen, RG **162**, 119; iZshg mit der ErziehgsPfl der Elt ist es gleichgült, ob die Dienste erforderl sind, BayObLG **3**, 47. Gg Mißbr schützt sich der Vollj dch Verlassen des Hauses, zG Mj Einschreiten des VormschG, § 1666. – **b)** Bei **unberechtigter Weigerg** des Kindes ist DienstleistgsPfl iW der ZwVollstr nicht dchsetzb, ZPO 888 II. Gg mj Kind können angem Zuchtmittel angewendet od Unterstützg des VormschG beantr w, § 1631 II. – **c)** Was dch die Kindesleistg erworben wurde, gehört dem erziehgsberecht EltT; gewöhnl entscheiden die Eigt- u Nutzgsverhältn im Betr; sa § 845. Zur Vergütg des Kindes u dessen Erwartg, später den elterl Betr zu übern, Anm 4. Haftg auch des vollj Kindes § 1664 analog, Gernhuber § 47 I 5. **d)** Wird das Hauskind verletzt, steht den Elt, sow ein eig Anspr des Kindes (§ 842) nicht erhoben w u es seine Arbeitskr dch Aufn einer zumutb Erwerbstätigk nicht zu verwerten vermag, ein **Ersatzanspruch** wg entgangener Dienste zu (BGH NJW **78**, 159).

Verwandtschaft. 4. Titel: Eltern u Kinder §§ 1619–1624

4) Vertragl Verhältn zwischen Eltern u Kind. a) Die Dienstleistg nach § 1619 hat eine rein famrechtl Grdl; sie w auch nicht dch die UnterhLeistg der Elt zu einer entgeltl, RG **99**, 115, u erreicht dch Fortfall ihrer Voraussetzgen ohne Kündigung ihr Ende. Zuwendgen der Elt aGrdv § 1619 sind keine Schenkg, Gernhuber § 47 I 6, aber ggf f Unterh z verwenden, §§ 1602 II, 1649 I 2. Daneben – das famrechtl Verhältnis überlagernd bzw ersetzend, BGH FamRZ **73**, 299 – kann zw Kind u Elt ein Schuldverhältn, meist ein (heute auch steuerl anerk, BFH NJW **55**, 1615, **62**, 2321) **Dienstvertrag,** bestehen, wofür jeweils derj die Beweislast h, der Rechte daraus herleitet. Verpfl zum Abschl ggf nach § 826; iü Anm 3. Währd RAG JW **34**, 1062 noch v einer Vermutg „stärkster Art" zG ausschließlicher FamRBeziehg ausging, sa RG **162**, 116, geht heute die (allerd wg ihrer Rückwirkg auf § 845 noch vielf zurückgestellte) Tendenz eher umgek in Richtg auf eine Vermutg zG des Bestehens eines Dienst- od ArbVerhältn, weil die MitArb erwachsener Hauskinder auf rein famrechtl Grdl selten gew ist, vgl BGH NJW **72**, 431, FamRZ **73**, 298. Aber noch sind entscheidd die Umst des Einzelfalles; unten b. Ausdrückl VertrSchluß w, abgesehen v Handelsgesellsch, selten sein, Annahme stillschwgden VertrSchlusses, BGH NJW **65**, 1224, läuft nicht stets auf eine Fiktion hinaus; vielm ist der Vertr eine jurist Kategorie mit einem best GerechtigkGehalt, um bestehde Sozialverhältnisse angem z bewerten. Verhalten sich die Beteil obj wie VertrParteien, dann geschieht ihnen nicht Unrecht, wenn sie auch rechtl als solche behandelt w. Fiktion ist vielm umgek meistens die Vorstellg, in rechtsunkund, insb ländl Kreisen sei ein evtl VertrWille der Beteiligten „feststellb", so etwa noch BGH NJW **72**, 430. Oft w es sich um atyp VertrVerhältn handeln, bei denen die GgLeistg in der (Aussicht auf) BetrÜbern besteht, aA Soergel-Herm Lange 13. ZPO 850h II fingiert Vergütgsabrede zG der Gläub des Dienstleistdn, um Lohnschiebgen entggzuwirken. Zust ArbG als ProzG. Seltener wird Annahme eines GesellschVerh zw Elt u Kind gerechtf s, BGH FamRZ **66**, 25, **72**, 558. – **b) Vertragl Verhältn bejaht** bei größerem Betr, der auf bezahlte Kräfte zugeschnitten, bei früh anderweiter bezahlter Tätigk des Kindes, RAG JW **34**, 1935, wenn es normal bez ArbKraft ersetzt, vgl LAG Baden SJZ **50**, 594, Tätigk als Prokurist, Leiter d Betr, der eine Vergütg auch tragen k, RAG JW **34**, 2650. VertrAnnahme unabweisb, Fenn S 445 ff, wenn Anmeldg zur SozVers erfolgt ist, aA Karlsr FamRZ **57**, 271, od Zuwendgen als BetrAusg verbucht u Lohnsteuer abgeführt w (BSG FamRZ **56**, 357), dagg nicht Meldg des Sohnes als Mitarbeiter bei der Berufsgenossensch gem RVO 661 (BGH **69**, 380). Starke Indizien sind abgeschl Berufsausbildg bzw Volljährigk des Kindes, ÜbergVerspr bei mittelständ Unternehmen u landwirtschaftl Betrieben, Günther S 63 ff, Einsetzen der vollen ArbKraft dch Bauernsohn, aA RAG JW **33**, 2081, WeiterArb des Sohnes auf dem Hof nach Heirat, aA RAG JW **33**, 2408, BGH NHW **58**, 706, wenn trotz erhebl Belastg vom „Recht auf Weggang", oben a, kein Gebr gemacht w, Verzicht auf and Erwerbsmögl uä. **Abzulehnen** ist VertrVerhältn idR, wenn Vater mit Rücks auf seine EinkVerhältn eine bezahlte Kraft nicht halten könnte, BGH FamRZ **73**, 299, u jedenf dann, wenn mj Kinder in übl Rahmen f die Elt tät sind, zB 14 j Schüler in der FamWohng 8 WoStd (FinG Bln FamRZ **76**, 286). **c)** Zuständ für Anspr aus familienhaften BeschäftiggsVerhältn auch iRv ZPO 850h II das **ArbGer** (BGH **68**, 127).

1620 *Schenkungsvermutung bei Aufwendungen des Kindes.* Macht ein dem elterlichen Hausstand angehörendes volljähriges Kind zur Bestreitung der Kosten des Haushalts aus seinem Vermögen eine Aufwendung oder überläßt es den Eltern zu diesem Zwecke etwas aus seinem Vermögen, so ist im Zweifel anzunehmen, daß die Absicht fehlt, Ersatz zu verlangen.

Vorbem. Bisher § 1618; 1620 dch Art 1 Z 20 NEhelG.

1) Auslegsregel für freiwillliger Beitragsleistg, RG HRR **33**, 1423. Voraussetzgen: **a)** Volljährigk; **b)** Hausangehörigk wie § 1619 Anm 2a; **c)** Aufwendgen des Kindes, gleichgültig, ob aus seinen Einkünften od Verm, zur Bestreitg des Haushalts. Also nicht zB zur Deckg von Schulden der Eltern, die mit diesem nichts zu tun haben. Keine Ausdehng auf andere Leistgen. Wirkg: iZw wird angenommen, daß ErsLeistg nicht verlangt w soll; ähnl §§ 685 II, 1360b. Da die Ausleggsregel aber auf dem gesetzgeberischen Gedanken des Ausgleichs für die Vorteile des Kindes aus der Teilnahme am Haushalt beruht, kann sich zB aus der Unverhältnismäßigk der Leistgen auch der Vorbeh einer ErsFdg ergeben.

1619 a F *Überlassung der Verwaltung des Kindesvermögens.* Entfallen durch GleichberG Art 1 Z 21.

Bem. Überläßt das dem elterl Hausstand angehörige vollj Kind einem Elternteil die Verw seines Vermögens, so gelten die allg Vorschr, insb §§ 662 ff. Wegen der VermEinkünfte des mj Kindes § 1649.

1620–1623 a F *Aussteuer.* Entfallen gemäß GleichberG Art 1 Z 21.

Bem. Der AussteuerAnspr der Töchter ist ersatzlos gestrichen worden, da heute die Berufsausbildg auch für die Töchter im allg üblich geworden ist, so daß darauf auch die Tochter einen Anspr hat, § 1610 Anm 4. Vgl auch Schwarzhaupt FamRZ **57**, 65. Demggü wollen Bosch FamRZ **57**, 194, **58**, 292, Donau MDR **57**, 710, Paulick FamRZ **58**, 3 einen solchen Anspr aus § 1610 II für die Töchter herleiten, die sich durch eigene Mittel od die ihres Ehemannes eine Wohngseinrichtg usw nicht beschaffen können. Das scheitert an der ersatzlosen Streichg; im übr dürften die Töchter, die unverschuldet ohne Berufsausbildg od eigenen Verdienst sind, heute selten geworden sein. Auch in SowjZ weggefallen, OG DDR NJ **52**, 551.

1624 *Ausstattung aus dem Elternvermögen.* [1] Was einem Kinde mit Rücksicht auf seine Verheiratung oder auf die Erlangung einer selbständigen Lebensstellung zur Begründung oder zur Erhaltung der Wirtschaft oder der Lebensstellung von dem Vater oder der Mutter zugewendet wird (Ausstattung), gilt, auch wenn eine Verpflichtung nicht besteht, nur insoweit als Schenkung, als die Ausstattung das den Umständen, insbesondere den Vermögensverhältnissen des Vaters oder der Mutter, entsprechende Maß übersteigt.

1499

§ 1624 1-5

II **Die Verpflichtung des Ausstattenden zur Gewährleistung wegen eines Mangels im Rechte oder wegen eines Fehlers der Sache bestimmt sich, auch soweit die Ausstattung nicht als Schenkung gilt, nach den für die Gewährleistungspflicht des Schenkers geltenden Vorschriften.**

1) **Allgemeines.** Begriff Anm 2. Die Ausstattg kann Tochter u Sohn, gleichgült, ob ehel od nehel, gegeben werden. **Ausstattg** ist weiter als Aussteuer, die von den Eltern der Tochter anläßl der Heirat zur Einrichtg eines Hausstands gegeben wird, auf die heute ein Anspr mehr besteht, vgl Bem zu § 1620 aF. Auch steuerl Anerk nur, wenn die Elt zu dieser Zuwendg sittl verpfl sind, woran es aber fehlt, wenn sie ihrer Tochter eine angem Berufsausbildg haben zuteil w lassen (Hess FinG FamRZ **78**, 272). – Die Ausstattg kann nur von den Eltern den Kindern gegeben werden; § 1624 auf Zuwendgen Dritter also unanwendbar, RG **62**, 275. Ob Schenkg vorliegt, entscheidet § 516. Die Ausstattg kann auch eine derartige Zuwendg Dritter kann im Verhältn von Leistg u GgLeistg stehen, RG SeuffA **62**, 61, ist aber unsittl, wenn dadurch der Empf zur Heirat einer vom Zuwendenden Geschwängerten bewogen w soll, RG **62**, 278. § 1624 auch anwendbar bei AusstattgsVerspr ggü dem Schwiegersohn, wenn sich aus der Zusage ergibt, daß die Tochter die Bedachte sein soll, wovon Umst zu meistens anzunehmen sein wird, RG FamRZ **63**, 451, auch wenn der Schwiegersohn gem § 328 I ein eigenes Recht auf Leistg erhält, RG **67**, 206. Über die Anrechng einer Ausstattg, die ein in einer GütGemsch lebender Eheg gewährt, vgl §§ 1444, 1466, das Recht aus Übernahme bei AuseinandS §§ 1477 II, 1502 II 2, die AusglPfl § 2050 I.

2) **Gegenstand der Ausstattg** ist nach dem G das, was dem Kinde mit Rücks auf seine Verheiratg od auf die Erlangg einer selbständigen Lebensstellg zur Begründg od Erhaltg der Wirtsch od der Lebensstellg von den Eltern zugewendet wird. Ist das der Fall, wobei es auf eine solche Notwendigk nicht ankommt, so wird eine Ausstattg nicht dadch ausgeschlossen, daß sie einem noch ledigen oder geringer ausgestatteten Kinde zur Gleichstellg mit anderen gegeben werden soll; das Ausstattgversprechen entfällt auch nicht bei dem Tode des Versprechenden, weil § 2050 die Möglichk eines Ausgleichs der Vorempfänge der and Miterben bietet, BGH **44**, 91. Auch unbewegl Sachen u Rechte können Ggst der Ausstattg sein, also auch Renten, RG **79**, 267, ohne daß die Form des § 761 gewahrt sein müßte, Gernhuber § 48 II 2, Zuschüsse aus § 2050 I, wenn sie zum Zwecke einer Ausstattg gegeben werden, RG **67**, 207, wobei die dortige Unterscheidg zw Zuschuß u Ausstattg für § 1624 unerhebl ist, RG **79**, 267, uU die Einräumg der stillen Teilhabersch, RG JW **38**, 2971, Nadelgeld, Warn **14**, 166, GrdstNutzgrechte, RG **121**, 13, Rechte auf freie Wohng, Warn **20**, 98, auch das zur Verbesserg der Wirtsch od Lebensstellg des Kindes, RG HRR **29**, 608, zur Sicherg des Bestands der Ehe (Deckg der Schulden des Schwiegersohns) Gegebene, RG JW **12**, 913, ist Ausstattg. Wesentl also die Absicht, ohne daß erhebl, ob Zuwendg tatsächl erforderl, RG JW **06**, 426, od Geber durch die Zuwendg auch noch Steuern sparen will, RG HRR **29**, 608. Auch mit einem entgeltl Geschäft kann eine Ausstattg verbunden sein, zB Gutsübergabe, RG **54**, 111, nicht zurückzuzahlender, aber verzinslicher Betrag, Warn **17**, 58. Die Ausstattg kann vor od nach der Eheschl versprochen od gegeben werden, Warn **20**, 98, Staud-Gotthardt Anm 5; also nicht § 814. Unanwendbar deshalb auch KO 32 Z 1, AnfG 3 Z 3, Staud-Gotthardt Anm 25, aM Gernhuber § 48 I 5, der nur sittl Idee, aber nicht Pflicht annimmt (Unterscheidg wenig überzeugd).

3) **Keine Rechtspflicht** zur Gewährg einer Ausstattg (Ausn in den Ländern der früh BrZ: HöfeO 12 VI), sond nur sittl Pfl. Klagbar aber, wenn ein **Ausstattgsversprechen** vorliegt; das zu verneinen, wenn Verheiratg od Erlangg einer selbständigen Lebensstellg noch nicht in Aussicht steht, KG FamRZ **63**, 449. Es kann auch unter der stillschw Voraussetzg gleichbleibender Zuschußbedürftigk u günstiger VermLage des Verpflichteten abgegeben sein, RG JW **16**, 588, u zwar auch bei einer einmaligen Kapitalzahlg für die Zeit bis zur Erfüllg, RG **141**, 360. Ausstattgsversprechen wird unwirks, wenn der damit verfolgte Zweck nicht mehr erreicht w kann, KG FamRZ **63**, 449; das ist aber nicht schon bei Tod des Berechtigten nach Eheschl der Fall, RGRK Anm 10; auch nicht, wenn Eheg später getrennt leben, Warn **20**, 98, wohl aber, wenn Ehe nach kurzer Dauer geschieden wird, KG FamRZ **63**, 450, ebso wenn Berechtigter den Verpflichteten mitbeerbt, wenn der Verpflichtete seine Einwilligg zur Ehe zurückzieht, vgl Warn **13**, 374. Die währd der ersten Ehe gezahlte Rente kann für die zweite nicht ohne weiteres verlangt werden, KG OLG **12**, 322. Vgl auch Anm 5.

4) **Ausstattg und Schenkg.** Keine Schenkg, wenn die Ausstattg das den Umst insb den VermVerhältnissen des Gewährenden entspr Maß nicht übersteigt; maßg der Zeitpkt des Versprechens, RG **141**, 359. Beweispflichtig für die Übermäßigk, wer sie behauptet, Warn **20**, 98. Auch eine **übermäßige Ausstattg** ist nicht ohne weiteres Schenkg, RG JW **08**, 71. Dazu muß § 516 I erfüllt sein, der entfällt, wenn auch nur ein Teil das Versprechen als Zuschuß od Abgeltg zu den durch die Eheschl übernommenen Lasten aufgefaßt hat, RG **62**, 273, insb die Ehe durch die Ausstattg erst ermöglicht w sollte. Das ist auch bei Zuwendgen Dritter zu beachten, Anm 2. Gegenseitiger Vertr besonderer Art, wenn Angehörige eines Verlobten sich zur Tilgg seiner Schulden bei Mitgiftgewährg seitens des Angehörigen des anderen verpflichten, Warn **11**, 174. Mögl auch, daß Versprechen im Verhältn zu einem Eheg Schenkg, zum anderen entgeltl Vertr ist, RG JW **13**, 278. Betr VorbehGut § 1418 II Z 2.

5) **Rechtl Behandlg der Ausstattg.** Soweit nach dem zu Anm 4 Gesagten eine Schenkg nicht vorliegt (liegt sie vor, so kommt § 1624 nicht in Betr, s aber auch § 2050 Anm 3a), bedarf die Ausstattgs Verspr keiner Form, falls nicht etwa der Ggst eine solche bedingt, wie bei Überlassg eines Grdst, § 313 (wg Umdeutg eines wg § 313 ungültigen Vertrages in NießbrBestellg, RG **110**, 391), Versprechen einer Leibrente, § 761; diese aber nur gegeben bei Einheitlichk des Rentenrechts, das von dem RGrunde seines Entstehens nicht mehr unmittelb abhängig, RG **67**, 210, also nicht bei Abhängigk der einzelnen Zahlgen von den Verhältnissen der Beteiligten, Warn **11**, 266 und Anm 3. Die SchenkgsGrdsätze sind für die Ausstattg im allg ausgeschl, insb also Notbedarfseinrede, § 519, Rückfdg, §§ 528 f, und Widerruf, §§ 530 ff, auch KO 63 Z 4, RG JW **16**, 588; anwendb aber laut ausdrückl Vorschr, II, die GewlAnspr für eine Schenkg, §§ 523 f, auch Ausstattg unter Aufl denkbar, RG JW **29**, 2594. Der Anspr auf Ausstattg ist iZw übertragbar, RG JW **07**, 511, in jedem Falle pfändbar; Verjähr 30 Jahre.

1625 *Ausstattung aus dem Kindesvermögen.* Gewährt der Vater einem Kinde, dessen Vermögen seiner elterlichen oder vormundschaftlichen Verwaltung unterliegt, eine Ausstattung, so ist im Zweifel anzunehmen, daß er sie aus diesem Vermögen gewährt. Diese Vorschrift findet auf die Mutter entsprechende Anwendung.

1) Ausleggsregel. Bei Herausg des Kindesvermögens durch die Eltern kann iZw die gewährte Ausstattg auf dieses angerechnet werden. Voraussetzg aber, daß Vater u Mutter od einer von ihnen als Inh der elterl Gewalt od ein Vormd od Pfleger Vermögen des Kindes verwalten, §§ 1626 II, 1638, 1793, 1897, 1915; Überlassg des Vermögens durch das vollj Kind genügt nicht. Auf das nehel Kind nur anwendb, wenn ausnahmsw das Verm des Kindes der Verw des Vaters unterliegt.

Fünfter Titel. Elterliche Gewalt über eheliche Kinder
Einführung

Schrifttum: Gernhuber FamRZ 62, 89; Lenz-Fuchs DNotZ SondHeft z NotTg 73, 49 [zur Reform]; Müller-Freienfels, Vertretg beim Rechtsgeschäft, Tübingen 1955, S 335 ff; Schwerdtner AcP 173, 227; Schwoerer FamRZ 58, 41; Strätz FamRZ 75, 541; Münder JuS 76, 74 (schul Ausbildg); sa Einf v § 1616; Dittmann ZBlJugR 77, 187 (1. EheRG); P. Görgens, Die materiellrechtl u kollisionsrechtl Gleichberechtigung der Eheg, Ffm/Mü 1976 (FamRZ 78, 75); Becker ZBlJugR 78, 300.

1) Ursprung. Der das FamR in alter Zeit beherrschende Begriff war die munt (= schützende Hand), das Mundium, die Vormundschaft. Später erfolgte die auch heute noch bestehende Scheidg in: „Gewalt der Eltern" und „Versehg der Vormünder", Nürnb Ref v 1564, XIII; Stobbe-Lehmann DtschPrivR 3 Aufl IV § 267. Das BGB erwähnt die elterl Gewalt ua in §§ 4, 1484 ff, 1999 ff, 2290, 2347 und behandelt sie in §§ 1626 bis 1698 b, währd §§ 1617, 1747, EheG 3 Elternrechte besonderer Art betreffen.

2) Bedeutg. Die Erziehg der Kinder ist ein natürliches Recht u die oberste Pflicht der Eltern. Ihr Wille gibt den Ausschlag. Jedoch kann es ihnen durch Richterspruch entzogen werden. So kennzeichnen u grenzen die meisten neuen Verfassgen das Recht u die Pfl der Eltern ab u stellen sie unter Verfassgsschutz; GG 6, *BaWü* 12, *Bay* 126, *Hess* 55, *RhPf* 25. **Nach dem BGB** ist die elterl Gewalt ein dem Interesse des minderj Kindes dienendes SchutzVerh (Schutzgewalt); es ist ein absolutes Recht iS des § 823 I, RG 141, 320, allg M, vgl auch § 1632. Umfaßt Rechte u Pflichten, § 1626 II, ist unverzichtbar, Ausn §§ 1690, 1671 II, 1672, unübertragbar (es sei denn bzgl der Ausübg), unvererbl, Mü JFG 14, 38, aber der Ausübg nach nicht unentziehbar. Das Kind untersteht dieser Gewalt, nicht wie ein Ggst, § 273, nicht wie eine Sache, §§ 854, 867, sond als inf seiner Jugend hilfsbedürftiger Mensch. Die Gewalt der Eltern über das Kind ist ihnen nicht um ihrer selbst willen, sond **im Interesse des Kindes auferlegt**; es sind pflichtgebundene Rechte (Dietz), entspr ihrer Entstehg aus dem Mundium. Ggsatz: patria potestas, eine grdsätzl unbeschränkte Herrschaftsmacht. Demgem spricht auch das BGB nicht von „väterlicher Gewalt". Die **elterl Gewalt des BGB** hat vormschaftl Charakter. Der elterl Gewalthaber ist aber freier gestellt als der Vormd u Pfleger. Das **VormschG** beaufsichtigt nicht fortlaufd, sond greift erst ein, wenn es Anlaß dazu erhält, dann aber vAw und mit Ordngsstrafbefugnis, FGG 33, Mü JFG 14, 465; §§ 1629–1632, 1634, 1639, 1642–1645, 1666–1675, 1678–1697, vgl aber auch Anm 5; im Falle des § 1627 Anm 2 auf Antrag. Soweit der Anspr der Kindes auf sachgemäße Betreuung u Erziehg, § 1631, von den Eltern nicht erfüllt wird, tritt öffentliche Jugendhilfe ein, JWG 1 III. Deren Organe sind die **Jugendämter**, die im VormschWesen, ferner bei der ErzBeistandsch, FreiwErzHilfe u FürsErz mitzuwirken haben, JWG 4 Z 2, 3 u JWG 37 ff, 55 ff (SchlußAnh). Hier greift die Sorge des Staates ein; vgl auch wg Schutzes der Jugend in der Öffentlichk BundesG v 27. 7. 57, BGBl 1058.

3) Nur auf eheliche Kinder, das sind die in der Ehe u bis zum 302. Tag nach deren Auflösg einschl der Kinder aus nichtigen, aufgeh u geschied Ehen unmittelbar; wg der legitimierten Kinder vgl §§ 1719, 1736, 1740 f, für die einige Besonderh gelten. Für das nehel Kind gelten die Vorschr des 5. Titels im Verhältn zu seiner Mutter entspr, § 1705 S 2, soweit sich aus dem 6. Titel nichts and ergibt.

4) Das GleichberG hat den Titel stark umgestaltet u einbezogen die das RVerh zw Elt u Kindern betr Bestimmgen insb des EheG (25 II, III, 40, 74, 75). Die elterl Gewalt steht nunmehr grdsätzl beiden Elt zu (§ 1626 I); die Mutter tritt also nicht nur hilfsw ein (§ 1684, 1685 aF.) Jeder EltT hat auf die Auffassg des and Rücks zu nehmen. Abgeschafft die elt Nutzg am KindesVerm (vgl § 1649). Zum ÜbergangsR Einf 4 v § 1616. Zur **Reform** liegt der Entw der BReg zu einem G zur NeuRegelg des R der elterl Sorge vor (BT-Drucks 7/2060, jetzt 8/111, vgl DRiZ 77, 152), dessen Ziel es vor allem ist, dem mj Kind entspr seiner Einsichtsfähigk Mitwirkgsrechte bei der Dchfuhrg elterl Sorgemaßn zu verschaffen (Lit: Bosch FamRZ 73, 505 mwNachw in Fn 193; Beitzke ZBlJugR 73, 21; Gerhardt ZRP 74, 19; Stöcker ZRP 74, 211; Strätz FamRZ 75, 548; Manfr Hinz, Kindesschutz als RSchutz u elterl SorgeR, Paderb 1976; Giesen FamRZ 77, 594; Knöpfel FamRZ 77, 600; Ossenbühl FamRZ 77, 533; Walt Becker, Festschr f Bosch 1976 S 37; Coester-Waltjen ZRP 77, 177; Diederichsen FamRZ 78, 461 mwNachw; Lüderitz AcP 178, 263; Dieckmann AcP 178, 298). Vgl ferner den AlternativEntw der FamRKomm des Juristenbundes, Neues elterl SorgeR Bielef 1977; vgl dazu Lüderitz FamRZ 78, 475; Becker ZBlJugR 78, 300.

5) Grundgesetz. a) Pflege u Erziehg der Kinder ist das natürl Recht der Elt u stehen unter bes Verf-Schutz, GG Art 6 II, *BaWü* 12, *Bay* 126, *Hess* 55, *RhPf* 25; z EltBegr des GG Rüfner FamRZ 63, 153. Dieses R gibt den Elt die individuelle ErzBefugn mit Vorrang ggü dem Staat. Gg den Willen der Elt ist dessen Eingreifen nur zul, wenn es gesetzl erlaubt ist; sa JWG 1 II 2. Das EltR gibt den Elt also ein **Abwehrrecht ggü staatl Eingriffen in ihr ErziehgsR**, soweit diese nicht dch GG 6 II 2 gedeckt s (BVerfG 4, 52, **7**, 320; sa Becker FamRZ 61, 104). Die individuelle Sexualerziehg gehört zum elterl ErziehgsR (BVerfG NJW 78, 807; sa Oppermann JZ 78, 289). Zum SexKundeUnterricht VGH Ba-Württ Just 76, 86. Elt, die sich der Verantwortg f die Erziehg u Pflege des Kindes entziehen, können sich ggü solchen Eingriffen z

Einf v § 1626, § 1626   4. Buch. 2. Abschnitt. *Diederichsen*

Wohle des Kindes (Wächteramt des Staates) nicht auf ihr EltR berufen (BVerfG FamRZ 68, 578; Engler FamRZ 69, 63). Verlust der elterl Gew der Substanz (iFv § 1676) od der Ausübg nach ist die Folge; zur Unterscheidg Beitzke FamRZ 58, 9, Göppinger FamRZ 59, 402. – b) Das KindesGrdR auf **freie Entfaltg der Persönlichk**, GG Art 2 I, begrenzt das elterl ErzR mit wachsder Einsichtsfähigk u Reife des Kindes, so daß das Kind in dem Maße, wie die Fremderziehg dch Selbsterziehg abgelöst w soll, Anspr auf sachl begründete Entscheidgn der Elt h (§ 1666 Anm 4 b); nach Überschreitg des 14. LebJ die gewalts Wegnahme gem GG 2 I unzul ist (§ 1632 Anm 3 a) usw. Verfehlt dagg der Versuch Schwerdtners AcP 173, 242–45, die aus Grden der RSicherh auf klare Altersbegrenzgn angewiesene GeschFähigk dch Annahme einer GrdRMündigk im Bereich des PersönlichkSchutzes aus den Angeln z heben. Vgl auch Stöcker ZRP 74, 211 mwN der neueren Lit. Zu Recht weist Strätz FamRZ 75, 549 auf die Gefahr der Aushöhlg der elt Sorge hin, deren Einschränkg das Kind vermehrt der Beeinflussg dch Dr ausliefert. Veröffentlichg v NacktAufn einer 16j bedarf neben der gesetzl Vertr dann nicht mehr der Einwilligg der Mj, wenn sich diese nur gg die geringe Höhe des Verwertgsentgelts wehrt (BGH NJW 74, 1947). KindesGrdRe können auch dem **Vollzug** (ausländ) vormschgerichtl Entscheidgn entggstehen (BayObLG NJW 74, 2183).

1626 *Elterliche Gewalt.* **I** Das Kind steht, solange es minderjährig ist, unter der elterlichen Gewalt des Vaters und der Mutter.
II Der Vater und die Mutter haben, soweit sich aus den folgenden Vorschriften nichts anderes ergibt, kraft der elterlichen Gewalt das Recht und die Pflicht, für die Person und das Vermögen des Kindes zu sorgen; die Sorge für die Person und das Vermögen umfaßt die Vertretung des Kindes.

1) Allgemeines. Fassg GleichberG Art 1 Z 22; sa Einf vor § 1626. Der Titel stellt an die Spitze die Bestimmg ü die regelm Dauer der elterl Gew, ü die zu ihrer Ausübg Berecht u Verpflichteten, ihre grdsätzl Stellg zueinander u den Inhalt der elterl Gew.

2) Die elterl Gewalt beginnt, I, mit der Geburt des Kindes; Vorwirkg § 1912. **Sie endet** für beide Eltern mit der Volljährigk od VolljährigkErkl, §§ 2, 3, mit dem Tode des Kindes, § 1698b; Eheschl der Tochter beendet die elterl Gewalt nicht, sond schränkt nur die PersSorge ein, § 1633, so auch freilich in geringerem Maß, bei Verlobten, Saarbr FamRZ 70, 319. Auf Seiten eines Elternteils endet die elterl Gewalt mit seinem Tode, § 1681 I, seiner TodesErkl od Feststellg seiner Todeszeit, §§ 1677, 1681 II, durch Verwirkg, § 1676, od KindesAnn seitens eines Dr, § 1765 I, ja dch bloße Bestimmg des VormschG nach Scheidg der Eltern od bei Getrenntleben, §§ 1671, 1672, ledigl hins der VermVerwaltg dch Konk, § 1670 I; vgl jedoch auch Einf 5. Die zweite Eheschl eines Elternteils ist auf seine elterl Gewalt ohne Einfluß, vgl auch § 1683. Sie kann bei Bestellg eines Vormundes od Pflegers auch der andere Elternteil nicht ausüben, wenn ein Elternteil sie durch Verwirkg verloren hat, indem der VormVerw auch bei Konk des anderen Teiles, §§ 1680, 1679; vgl auch Anm 3. Die elterl Gewalt ruht bei GeschUnfähigk, beschränkter GeschFähigk u Feststellg längerer Verhinderg, §§ 1673–1675. Mögl ist auch eine Beschrkg od Entziehg der Ausübg einzelner Bestandteile der elterl Gewalt (Pers-, VermFürsorge, Vertretg), §§ 1634 II 2, 1666, 1667, 1669, 1670, 1684, 1690. Durch Entziehg sämtl Bestandteile kann tatsächl auch die Ausübg der elterl Gewalt, KGJ 47, 39; Entziehg kann auch auf elterl Gewalt des anderen Elternteils Rückwirkg haben, §§ 1680, 1679. Sind Eltern nicht vorhanden (Vollwaisen, Findelkinder), ist ein Vormd zu bestellen, § 1773.

3) Zur Ausübg berechtigt u verpflichtet sind beide Eltern, I, II. Es hat also jeder Elternteil Pers- und VermSorge in allen ihren Bestandteilen, vgl auch § 1627; die Vertretg ist gemeins. Können die Eltern sich in wichtiger Angelegenh nicht einigen, kann das VormschG angerufen werden, § 1627 Anm 2. Mögl Trennng der einzelnen Bestandteile u damit Einschränkg der Ausübg der elterl Gewalt in den Fällen der §§ 1666 ff, 1634 II, ferner sofern das VormschG bei nicht erzielter Einigg der Eltern angerufen wird u einem von ihnen die Sorge in dieser Angelegenh überträgt, § 1627 Anm 2. Soweit ein Elternteil an der Ausübg der elterl Gewalt tatsächl verhindert ist od sie ruht, §§ 1673–1675, übt sie der andere Teil allein aus, § 1678, ebso wenn ein Elternteil gestorben ist, § 1681; dasselbe kann (aber muß nicht) der Fall sein, wenn ein Elternteil die elterl Gewalt verwirkt hat, § 1679, sowie bei dem von Gesetzes wg eintretenden Verlust der VermVerw inf Konkurses, § 1670 I, od deren Entziehg durch das VormschG, § 1680; ebso bei Scheidg, § 1671 I, aber auch IV 2, mögl auch bei dauerndem Getrenntleben der Eltern, § 1672. Eine Beschrkg der Ausübg der elterl Gewalt tritt bei der Bestellg eines Beistandes ein, §§ 1685, 1687, 1690. Dasselbe ist hins einzelner Angelegenheiten der Fall, in denen die Vertretg durch die Eltern ausgeschl ist, § 1629 II; es muß Pflegerbestellg erfolgen, §§ 1909, 1630. **Kein Elternteil kann auf die Ausübg der elterlichen Gewalt verzichten;** denn er hat darauf nicht nur ein Recht, sond ist dazu auch verpflichtet, RG JW 25, 2115, KG FamRZ 55, 295, Einf 2 vor § 1626; Ausn §§ 1690, 1671 II, 1672. Mögl aber, die Ausübg dem anderen Elternteil od Dritten (Verwandten, Schulen, Internat, Pflegeeltern) auf jederzeitigen Widerruf, Mü HRR 36, 263, tatsächl od rechtl durch unvollk Verbindlichk, RG JW 35, 2896, zu überlassen. Abreden, die Widerruf ausschließen, nichtig. § 1626 kein SchutzG iS von § 823 II; die elterl Gewalt als solche aber ein absolutes Recht, Einf 2 vor § 1626. Haftg der Eltern ggü dem Kinde, § 1664, Dritten ggü idR nur § 832, RG 53, 314 (wg § 823 RGRK § 832 Anm 2), die Dritten dem Kinde ggü § 844.

4) Inhalt der elterlichen Gewalt, II. Sie umfaßt sowohl die Personen-, §§ 1631–1634, wie die Vermögenssorge, §§ 1638–1649, 1682, 1683, 1698, 1698a und b. Das SorgeR besteht in beiden Fällen aus der tatsächlichen Sorge u dem Vertretgsrecht.

a) Die tatsächliche Sorge für die Person. Hierzu gehört die Erziehg u Beaufsichtigg des Kindes, die AufenthBestimmg, § 1631, die Anwendg von Zuchtmitteln, der HerausgAnspr, § 1632, die Sorge für das Impfen, den Schulbesuch, SchulpflichtG v 6. 7. 38, RGBl 799, die Geburtsanzeige, die Erteilg des Vornamens, § 1616 Anm 3, sowie der Antr auf Namensänderg, die Bestimmg über die religiöse Erziehg, vgl RKEG 1, 3, die Berufswahl, vgl aber auch Anm 4 c, der Verkehr mit den Kindern, § 1634, die Regelg des Verkehrs der Kinder, demgemäß auch deren Schutz vor Belästigg, so der Tochter durch Liebhaber, Kblz

NJW **58**, 951, Köln FamRZ **63**, 447, SchlHOLG FamRZ **65**, 224 (nur im Klagewege gg Dritten erzwingb), Verbot des Umgangs mit einem bestimmten Mann, Tüb (LG) FamRZ **67**, 108, Veranlassg ärztl Betreuung, vgl auch § 1627 Anm 1, woraus dem Kind (Vertr der Eltern mit Schutzwirkg für das Kind, Gernhuber § 53 II 2) vertragl Anspr bei verschuldeten Behandlgsfehlern erwachsen, aber auch der sorgeberecht Elternteil bei notwend Aufnahme von unfallverletztem Kind in Krankenhaus, die er schuldh unterlassen hat, aus GeschFührg ohne Auftrag verpflichtet sein kann, Köln NJW **65**, 350, ferner Zahlg des Prozeßkostenvorschusses in lebenswichtigen Sachen, § 1610 Anm 3. Die Einwilligg in die VolljährigkErkl, § 4 II, ist ein höchstpersönl Recht der Eltern u entspringt nicht dem SorgeR, BayObLG NJW **62**, 301; vgl auch §§ 3–5 Anm 2c. Über die Ersetzg der Zustimmg eines EltT zum Erwerb der dt Staatangehörig dch ein ehel Kind entscheidet das VormschG, nicht das FamG (Oldbg NdsRpfl **78**, 32).

b) **Die Vertretg in Personensorgesachen**, vgl auch § 1629, umfaßt jedes Handeln mit RWirkg für das Kind, zB Antr auf Entm, ZPO 646ff, TodesErkl, VerschG 16 II, Stellg des Strafantrags gem StGB 77 III, 77d II (hierzu Kohlhaas NJW **60**, 1, Boeckmann NJW **60**, 1938, BGH FamRZ **60**, 197, BayObLG FamRZ **61**, 176), die Ermächtigg, ein Erwerbsgeschäft zu betreiben od ein Dienstverhältn einzugehen, §§ 112, 113, Übernahme von Schiffsdiensten, Abschl eines Lehrvertrages (Ausn JWG 69 IV), die Einwilligg zur Operation, KG JFG **13**, 35, von der nur ganz ausnahmsw abgesehen w kann, vgl BGH **29**, 33 (Eltern in SowjZ, Kind fast volljährig), dazu kritisch Boehmer MDR **59**, 705, ablehnd Bosch FamRZ **59**, 203, aber Einwilligg zur Blutentnahme nicht erforderl, ZPO 372a, Einwilligg zur Eheschl (EheG 3 I, 30), Mitwirkg bei Einbenenng, EhelichErkl, Annahme als Kind (§§ 1706 Z 1, 1729, 1746 I 2, 1747ff, 1757 II, 1760 V, 1762 I 2, 1765 II 2, 1768 II 1 u 2), die Option für die dt Staatsangehörigk gem RuStAG 3 I 1 (BayObLG FamRZ **76**, 161), wobei über die Ersetzg der Zust eines EltT nach wie vor das VormschG, nicht das FamG entscheidet (Oldbg NdsRpfl **78**, 32), sowie der Antr auf Entlassg aus dem Staatsverbande (RuStAG 19); ferner die Vertretg in RStreitigkeiten, soweit sie PersSorgesachen betreffen, so im AbstammgsRStreit (KG JR **62**, 264), bei der UnterhKlage (BGH NJW **53**, 1546, Karlsr DJ **41**, 507, Bosch SJZ **50**, 630, Lauterbach DR **40**, 1056, Soergel-Siebert-Lange § 1631 Anm 24, überwM, aM KG NJW **51**, 318, RG DR **45**, 52); ebso in Verwaltgs-, StrafVerf u ZivProz, insb hins StrafAntr u ZeugnVerw, wenn dem Kind die Verstandesreife f dessen Bedeutg noch abgeht (vgl § 1629 Anm 4, 5a, 6). Auf Grd des EltR eingelegte RMittel können v den Elt nur einvernehml zurückgen w, so daß bei einseit BerufgsZurückn Berufg anhäng bleibt u sachl zu bescheiden ist (so die zutr RedAnm zur ggt Auff OVG Münst FamRZ **75**, 44). – Die Unterscheidg der Vertretg von der tatsächl PersSorge hat Bedeutg für §§ 1633, 1673 II 2, 1679 I, 1680, 1685f, EheG 3 II, ZPO 620ff.

c) Bei der **Vermögenssorge** (§ 1638: VermVerw) ist der HdlgsSpielraum der Elt v dem ggstdl Bereich ihrer Einflußn z unterscheiden. **aa) TätigkFormen:** Hdlgsmäß umfaßt die VermSorge alle tatsächl u rechtl Maßn, die darauf gerichtet s, das KindesVerm zu erhalten, zu verwerten u zu vermehren, KGJ **47**, 39, gleichgült ob die Elt in eig od im Namen des Kindes, in eig od dessen Interesse handeln, Erm-Ronke 17. Die Elt sind zur VermSorge bis zur Grenze der Zumutbark verpfl, BGH **58**, 19, die allerd nicht so weit geht, daß sie ein vom Kind erebtes ErwerbsGesch unentgeltl fortführen müssen. Die Elt haben das Recht, die z KindesVerm gehörden Sachen in Besitz z nehmen (arg § 1698 I). Ferner berecht die VermSorge zur Vertretg, vgl RG **144**, 251, insbes auch in RStreitigk. **Einschränkgen** der Verpfl- u VfgsFreih: Erwerb bewegl Sachen mit Mitteln des Kindes führt z dingl Surrogation, § 1646. Schenkgen, § 1641, sind idR wicht Gesch, § 1643, VermÜberlassg an das Kind, § 1644, z Beginn neuer ErwerbsGesch, § 1645, unterliegen Beschrkgen bzw bedürfen der vormschgerichtl Gen. Anlegg v Geld hat gem § 1642 z erfolgen; Einkünfte aus KindesVerm sind in best Weise zu verwenden, § 1649. Schlechthin ausgeschl ist ein Tätigwerden der Elt in Angelegenh, in denen ein Pfleger best ist, § 1630. Bei VermZuwendgen dch Dritte kann die elterl VermSorge v gänzl ausgeschl, § 1638, od dch entspr AnO beschrkt w, § 1639. ZuwiderHdlgen führen ggf zu Erstattgs- u SchadErsAnspr des Kindes, §§ 812ff, 1664. Zum Verhältn v KindesVerm u Berufswahl RG JW **31**, 1348, Feuchtwanger JW **32**, 1351; evtl müssen die f Pers u das Verm SorgeBerecht zuswirken, vgl § 1630. – **bb) Zum KindesVerm gehören** das Verm als solches (GrdBesitz, Wertpapiere usw) sowie Einkünfte daraus u (trotz § 113 I) was das Kind aus Arb, KG JFG **14**, 426, od selbst GeschBetr erwirbt. Desgl grdsl Renten, vgl Hamm FamRZ **74**, 31, sowie § 1642 Anm 1. **Verwaltgsfrei** sind dagg uU Zuwendgen v dritter Seite, § 1638, ferner die v dem Kind iRv § 112 erworbenen u wieder im Betr verwendeten Mittel, ebso Guthaben aus LohnKto, sofern Elt der Eröffng u Vfg darüber (dch Überweisg, Scheck) zugest haben, vgl § 113 Anm 4, Capeller BB **61**, 453, BGH LM § 990 Nr 12.

1627 Ausübung der elterlichen Gewalt.
Die Eltern haben die elterliche Gewalt in eigener Verantwortung und in gegenseitigem Einvernehmen zum Wohle des Kindes auszuüben. Bei Meinungsverschiedenheiten müssen sie versuchen, sich zu einigen.

Schrifttum: Vgl bei § 1628.

Vorbem. Eingefügt durch GleichbergG Art 1 Z 22.

1) Grundsätze. Die Eltern stehen bei Ausübg der elterl Gewalt **gleichrangig nebeneinander**. Sie üben sie grdsätzl **gemeinschaftlich** aus. Im allg wird aber zw den Eltern eine natürliche oder vereinbarte **Aufgabenteil** eintreten. Im Rahmen dieser Teilg kann der Eheg allein handeln. Der andere Eheg wird sie achten müssen, wenn auch jederzeit begründeter Widerruf mögl ist; nach RGRK Anm 13 Begr nicht erforderl, was mit S 2 nicht im Einklang. Auch Gernhuber FamRZ **65**, 228, fordert neue Einigg, also doch Aussprache. Auch der Alleinhandelnde muß demgemäß bei seinem Handeln die bekannten od mutmaß Wünsche des anderen berücksichtigen, darf also die ihm vom anderen eingeräumte od sich aus den Verhältnissen ergebende (eilige Sachen, zB Unterbringg im Krankenhaus, woraus sich dann auch Haftg des anderen Eheg für die Kosten ergeben kann, LG Bln NJW **61**, 973) Möglichk des Alleinhandelns nicht dazu benutzen, Ansichten durchzusetzen, von denen er wußte od annehmen mußte od konnte, daß sie mit den Absichten des anderen nicht in Einklang stehen; denn jede Ausübg der elterl Gewalt soll im gegenseitigen Einvernehmen erfolgen; ebso Gernhuber § 50 I 1 (in der Ausübg ihrer Rechte aneinander gebunden), in der Begr abw Staud-Donau Anm 14ff, im Ergebnis ebenso. Be wichtigen

Angelegenheiten wie Schulbesuch, Ausbildgsgang, Unterbringg am dritten Ort, religöse Erziehg, RKEG 1, ebso die Art der Erziehg im allg u dgl, ist die Ansicht der Eltern aufeinander abzustimmen. ist die Ansicht des anderen vor einer solchen Entsch nicht bekannt, so muß sie vorher eingeholt werden; jedes eigenmächtige Handeln widerspricht dem Grds des § 1627. Haben sich die Eltern geeinigt, so kann der eine Teil auch für den anderen die Erkl abgeben, BayObLG FamRZ 61, 176; einer Einigg bedarf es aber natürl dann nicht, wenn die Eltern nicht als Vertreter handeln, sond für sich selbst, BayObLG FamRZ 61, 178 (Strafantrag wg Kindesentführg). Ergibt sich eine **Meinungsverschiedenheit,** so müssen die Eltern versuchen, sich zu einigen. Der Versuch muß also dahin gehen, auch der Ansicht des anderen Rechng zu tragen, wobei **Richtschnur für die Entschließg das Wohl des Kindes** sein muß; an ihm ist zu prüfen, welcher Ansicht im Rahmen der gegebenen Möglichkeiten der Vorzug zu geben oder wie die Ansichten abzuändern sind. Zum Einiggsversuch sind beide Eltern schon deshalb verpflichtet, weil ist in eigener Verantwortg steht; staatl Hilfe steht nur in außergewöhnl Fällen zur Vfg, Anm 2. Selbst bei gleichguten Gründen für seinen Standpkt wird aber jeder Elternteil zu bedenken haben, ob nicht seine Stellg als Eheg verpflichtet, davon abzusehen, die Angelegenh einer familienfremden Stelle zu unterbreiten u damit darzutun, daß das Eheband nicht od nicht mehr stark genug war, die Meingsverschiedenh zu überwinden, was dann in einem etwaigen späteren Scheidgsstreit insb bei Wiederholgen wesentl w kann.

2) Falls Einigg nicht möglich, ist, wie auch BVerfG § 1628 Vorbem B, sagt, das **VormschG anzurufen.** Dieses greift aber nur auf A n t r a g eines Elternteils ein u im Hinbl auf GG 6 II („zuvörderst") nur in bes Fällen; denn das VormschG nimmt lediglich das „Wächteramt" der staatl Gemsch wahr, dessen verfassgsrechtl Sinn es ist, objektive Verletzgen des Kindeswohles zu verhüten, also auch unabhängig von einem Versch der Eltern, BVerfG aaO. Daraus ergibt sich, daß es sich um eine für das Kind wichtige S a c h e handeln muß, wie Art der Ausbildg, Bestimmg des Religionsbekenntnisses, RKEG 2 I, Anlegg des Kindesvermögens, wenn es größeren Umfang hat u nicht Ausschl der Elternverwaltg, § 1638 I, vorliegt, AufenthBestimmg, Stgt (LG) NJW 61, 273, vgl auch BayObLG FamRZ 58, 144; zu eng Schwoerer NJW **59,** 2091, der nur bei objektiv vorliegendem Mißbrauch VormschG einschalten will, im Grds ablehnd Bosch FamRZ **59,** 410, 415. Bei verhältnism unwichtigen Dingen ist vielm das Anrufen des VormschG eine Entsch abzulehnen, ebso Gernhuber § 50 II 3, Köln FamRZ **67,** 293, sonst wäre schließl die Ausübg der elterl Gewalt beim VormschG. Sie bleiben im Schoß der Familie u ggf unentschieden, können aber immerhin in einem späteren ScheidgsVerf unter dem Gesichtspkt der Uneinsichtigk des Eheg eine Rolle spielen, oben Anm 1 aE. Bei Beurteilg der Wichtigk ist aber stets auch die Wirkg der Uneinigk auf das Kind zu berücksichtigen. Aus der dem VormschG durch GG 6 II 2 zugewiesenen Stellg ergibt sich ferner, daß es keine e i g e n e Entsch fällen, sond nur den Standpkt eines Elternteils gutheißen kann, ebso Lange NJW **61,** 1891, RGRK Anm 4, Müller-Freienfels JZ **57,** 695; aM für den Zustand nach 1. 4. 53 Siebert NJW **55,** 4; Dölle § 91 III 2d billigt VormschG nur ganz ausnahmsw eigene EntschGewalt zu, wenn nicht zugewartet werden darf, entspr §§ 1693, 1846; Beitzke JR **59,** 404 will eine eigene Entsch dort, wo es unmittelb Maßnahmen ergreifen darf u bei reinen RFragen; Staud-Donau § 1628 Anm 26: Entsch an den Fall angepaßt. Nicht ausgeschl wird, daß das VormschG im Wege der Einigg die Ansicht eines Elternteils od auch diese in abgeänderter Form verwirklicht. Gefährden Elternvorschläge Kindeswohl, so Verwerfg beider, Gernhuber § 50 II 4 Anm 4. Keine Entsch des VormschG über eine „Meingsverschiedenh", wo G eine eigene unersetzb Entsch des Elternteils fordert, wie bei RKEG 4 II 1, dort Anm 2c und Fulda (LG) FamRZ **60,** 281, vgl auch JWG 56 Anm 2 (Ausschaltg der vom G geforderten Freiwilligk). – Erst wenn Uneinigk bestehen bleibt, also auch wenn zu ersehen ist, daß ein Elternteil einer Einigg zuwiderhandeln wird, hat VormschG dem Elternteil, dessen Meing es beitritt, die Sorge einschl der Vertretg des Kindes für diese streitige Angelegenh, allein zu übertragen, um den Streit zu beheben, mehr nicht, Hamm OLGZ **66,** 249, RGRK Anm 10; kann bei zu erwartender dauernder Meingsverschiedenh, zB Art u Weise des Schulbesuchs, auch für längere Zeit geschehen. Mögl auch unter einer Aufl, die der Meing des anderen Elternteils entnommen ist, so daß das VormschG auf diese Weise einen Kompromiß herbeiführt. Anders nur, wenn § 1666 vorliegt, der aber Versch erfordert, dort Anm 2, so daß der Weg über § 1666, den das BVerfG andeutet, bei gegebener Gesetzeslage ausscheidet; eine ausdehnende Anwendg von § 1666 ohne Versch schlösse zudem wg der Weite seines Gefährdgstatbestandes die Gefahr in sich, daß das VormschG die ihm durch GG 6 II 2 gezogenen Grenzen bei nur subsidiären Eingreifens im Einzelfall überschreitet; dagg auch Arnold FamRZ **59,** 428. Eine **Sonderregelg** besteht bei Verweigerg der Einwilligg zur Eheschl durch einen (od beide) Elternteil, EheG 3 III, s dort.

3) Verfahrensrechtliches. Zuständigk FGG 43, 36, also idR das Ger, in dessen Bezirk das Kind seinen Wohns hat, mithin das der Eltern od des Elternteils, der das Kind vertritt, § 11; vgl auch bei § 1629. Es entscheidet der Richter, RPflG 14 Z 5. Erforderl ist der Antr eines Elternteils od beider. Einfache Beschw des beschwerten Elternteils, FGG 19, 20. Anhörg der Eltern, § 1695. Änderngsmöglich der Entsch durch VormschG, § 1696. Gebühren KostO 94 I Z 4.

1628 *Entscheidungsrecht des Vaters.*
I Können sich die Eltern nicht einigen, so entscheidet der Vater; er hat auf die Auffassung der Mutter Rücksicht zu nehmen.

II Das Vormundschaftsgericht kann der Mutter auf Antrag die Entscheidung einer einzelnen Angelegenheit oder einer bestimmten Art von Angelegenheiten übertragen, wenn das Verhalten des Vaters in einer Angelegenheit von besonderer Bedeutung dem Wohle des Kindes widerspricht oder wenn die ordnungsgemäße Verwaltung des Kindesvermögens dies erfordert.

III Verletzt der Vater beharrlich seine Verpflichtung, bei Meinungsverschiedenheiten den Versuch einer gütlichen Einigung zu machen und bei seinen Entscheidungen auf die Auffassung der Mutter Rücksicht zu nehmen, so kann das Vormundschaftsgericht der Mutter auf Antrag die Entscheidung in den persönlichen und vermögensrechtlichen Angelegenheiten des Kindes übertragen, wenn dies dem Wohle des Kindes entspricht.

Verwandtschaft. 5. Titel: Eltern u eheliche Kinder   §§ 1628, 1629

Schrifttum: Beitzke JR **59**, 401; Bosch FamRZ **59**, 413; Arnold FamRZ **59**, 425; Schwoerer NJW **59**, 2089; Genzmer MDR **60**, 881; Lange NJW **61**, 1889.

Vorbem. A. Eingefügt durch GleichberG Art 1 Z 22.

B. Das BVerfG, NJW **59**, 1483 = FamRZ **59**, 416 (s auch BGBl **59** I 633), hat **§ 1628** (zus mit § 1629 I) **für nichtig erklärt**, da sie GG 3 II widersprechen. So schon 18. u früh Aufl (dort auch weitere Nachw der Meinen, vgl auch die ZusStellg bei Bosch FamRZ **59**, 265). Das BVerfG stellt insbes auch fest, daß die Zurücksetz der Mutter, also die Verletzg von GG 3 II, nicht durch übergreifende verfassgsrechtl Gesichtspunkte, näml die Einh der Fam u das Kindeswohl, GG 6 I u II, gerechtfertigt werden; es hat damit den Haupteinwand gg die Verfassgswidrigk der genannten Bestimmung entkräftet. Kritisch zur Entsch Beitzke JR **59**, 401, Bosch FamRZ **59**, 406, entgegnend Genzmer MDR **60**, 881.

C. Solange nicht der Gesetzgeber eingreift (zu einer Neuregelg Schwoerer NJW **59**, 2089, Bosch FamRZ **59**, 415, Arnold FamRZ **59**, 425, Beitzke JR **59**, 405, zu der vom BVerfG erwähnten entspr schwedischen Regelg Simson JZ **59**, 695), ist also, ähnl wie nach Eintreten des gesetzlosen Zwischenzustandes seit 1. 4. 1953, jetzt aber unter Berücksichtig der übrigen Vorschr des GleichberG u der durch dieses geschaffenen Gesetzeslage die **Lücke zu schließen**; vgl dazu § 1627 Anm 2.

1629 *Vertretung des Kindes.* I Die Vertretung des Kindes steht dem Vater zu; die Mutter vertritt das Kind, soweit sie die elterliche Gewalt allein ausübt oder ihr die Entscheidung nach § 1628 Abs. 2, 3 übertragen ist.

II **Der Vater und die Mutter können das Kind insoweit nicht vertreten, als nach § 1795 ein Vormund von der Vertretung des Kindes ausgeschlossen ist. Leben die Eltern getrennt oder ist die Scheidung ihrer Ehe beantragt, so kann, wenn eine Regelung der Sorge für die Person des Kindes noch nicht getroffen ist, der Elternteil, in dessen Obhut sich das Kind befindet, Unterhaltsansprüche des Kindes gegen den anderen Elternteil geltend machen. Das Vormundschaftsgericht kann dem Vater und der Mutter nach § 1796 die Vertretung entziehen.**

III **Ist die Scheidung der Ehe der Eltern beantragt, so kann ein Elternteil, solange die Scheidungssache anhängig ist, Unterhaltsansprüche des Kindes gegen den anderen Elternteil nur im eigenen Namen geltend machen. Ein von einem Elternteil erwirktes Urteil und ein zwischen den Eltern geschlossener gerichtlicher Vergleich wirken auch für und gegen das Kind.**

Schrifttum: Vgl bei § 1628. Fastrich, Vertretg des mj Kommanditisten in der Fam-KG, 1976.

1) I eingef dch GleichberG Art 1 Z 22 u für nichtig erklärt dch BVerfG NJW **59**, 1483 = FamRZ **59**, 416 iZushg mit § 1628 im Hinbl auf GG 3 II; vgl Vorb B v § 1628 u wg der dch den Vater allein seit dem 1. 7. 58 vorgen Vertretgshandlgen Anm 7. II u III eingef dch 1. EheRG Art 1 Z 26. Die **Vertretg ist ein Teil des Sorgerechts** (§ 1626 II). Die elterl Gew bezieht sich zunächst auf das Innenverhältn der Elt zu ihrem Kind (§ 1626); dessen Rechtsbeziehgn zu Dritten (Außenverhältn) werden im rechtsgeschäftl Bereich dch Hdlgen der Elt bestimmt, wenn diese iS der §§ 164ff im Namen des Kindes handeln; die erforderl Vertretgsmacht der Elt beruht auf §§ 1626 II Halbs 2, 1629. Nach Aufhebg von § 1629 I steht fest, daß die **Vertretg beiden Eltern gemeinsam zusteht** (Beitzke JR **59**, 404; BGH **30**, 309 für die Zeit nach dem Außerkrafttr des der Gleichberechtigg widersprechenden Rechts; Hamm NJW **59**, 2215f die Zt nach NichtigErkl von I). Die Vertretg erstreckt sich so weit, als das SorgeR der Elt reicht, also nicht, soweit beiden Elt die Sorge entzogen ist, aber auch nicht, soweit sie sonst das Kind nicht vertreten können, II 1. Ist nur ein EltT sorgeberecht (§§ 1671, 1672, 1678, 1681), hat er die Alleinvertretg; ebso wenn ein EltT allein die Sorge für die Pers od das Verm des Kindes hat (§ 1671 IV 2) od ihm die Sorge für eine bestimmte Angelegenh übertr ist (§ 1627 Anm 2), überh, wenn der and EltT an der Vertretg verhindert ist, so im EhelichkAnfProz die Mutter nach Scheidg, soweit VormsG bzw FamG nicht and Regelg trifft od Pfleger bestellt ist (BGH MDR **58**, 316). Mögl des Bevollmächtigg des and EltT, sei es für das einz Gesch, sei es für einen Kreis von Geschäften. Insb bei Geschäften minderer Bedeutg, aber auch sonst, kann diese stillschw erfolgen, so vor allem dann, wenn die Elt die Vertretg nach Lebenskreisen aufgeteilt haben (vgl §§ 164ff). Anzeichen für stillschw Ermächtigg auch, wenn Kind dch Vater ins Krankenh gebracht w, die Mutter das duldet od dch widerspruchslose Besuche gutheißt (LG Bln JR **61**, 263) od umgek. Nimmt nur ein EltT das RGesch vor, ohne dch den and ausdrückl od stillschw zu seiner Vertretg bevollmächtigt zu sein, so § 177ff; RLage wie in Anm 7 B. Regelmäß wird das für den EltT in schwerwiegen Sachen bei Widerstreben des and der Anlaß zur Anrufg des VormschG sein (§ 1627 Anm 2).

2) Der **Vater u die Mutter zusammen** (Gesamtvertretg) sind in dem Anm 1 genannten Umfang **gesetzliche Vertreter des Kindes**, also berechtigt, mit Wirkg für u gg das Kind zu handeln, § 164, Rechtsstreitigk zu führen, Erklärgen abzugeben, §§ 107ff, u entggzunehmen, § 131. Ob die Vertretgsberechtigten im eig Namen od in dem des Kindes handeln, sich od dieses verpflichten wollen, steht bei ihnen; doch ersteres anzunehmen bei Arztbeauftragg, wenn das auch eigenen BehandlgsAnspr des Kindes nicht ausschließt, RG **152**, 175, vgl auch § 1357 Anm 2, letzteres bei gerichtl Geltdmachg geboten, RG **146**, 232; denn sie können im eig Namen weder Rechte des Kindes geltd machen, noch über sie verfügen, vgl auch RGRK Anm 2. Eltern können Vollm erteilen u sich in den gesetzl Rahmen, §§ 112, 113, ihrer Vertretereigenschaft begeben, RG **135**, 372. Das Kind haftet nach §§ 278, 254 für vertragl Versch des Vertreters, RG **149**, 8, nicht aber für dessen unerl Hdlgen; § 831 nicht anwendbar, § 831 Anm 3. Jeder Elternteil haftet dem Kinde nach § 1664 u Dritten nach § 832, diese ihnen nach § 823, § 1632 Anm 1. Vertretg des Kindes auch nach der Scheidg dch beide Eltern, bis zur Übertr der elterl Gewalt auf einen Elternteil. Deshalb ist bis zu diesem Ztpkt auch die Dchführg einer EhelichkAnfechtgsKl nicht mögl, Brschw FamRZ **68**, 40.

3) Die Vertretgsmacht steht beiden Eltern zu, soweit sie nicht mit dem SorgeR im Einzelfall dem andern Eheg allein übertragen, § 1627 Anm 2, od entzogen ist od nicht ausgeübt w darf, §§ 1629 II, 1630, 1638, 1666, 1669, 1670, 1675. Ein Elternteil kann den and aber auch bevollmächtigen, sow er das VertretgsR hat; auch Duldgs- u AnscheinsVollm, § 173 Anm 4, denkb; jedoch will LArbG Düss FamRZ 67, 47 bloßes Schweigen der Mutter nicht als solche gelten lassen. Tatsächl wird es darauf ankommen, ob ein Eheg bestimmte Verrichtgen stets allein vornimmt u der and das weiß (Funktionsteilg). Die Vertretgsmacht ist **grdsätzl unbeschränkt**, soweit sie nicht durch HdlgsBefugn des Kindes bei höchstpersönl Geschäften eingeschränkt ist, §§ 1411 I 3, 1728 I, 1729 I, 1740 c, 1748 II, 1751 II, 1755, 2064, 2229, 2271 I 1, 2274, 2275 II, 2282 II, 2284, 2290 I, 2256 I, 2347 II 1, 2351, od die Gewalthaber an die Gen des VormschG gebunden sind, §§ 112, 1484 II 2, 1491 III, 1492 III, 1517 II, 1639 II, 1642 II, 1643–1645, 1667 II 4, 1683, 1751, 1755, 1770, 2290 III, 2291 I 2, 2347 I, II 2, RuStAG 19.

4) Kraft Gesetzes ausgeschlossen, II 1, ist die Vertretgsmacht (aber nicht die Verw als solche, vgl aber auch § 1796) in gewissen Fällen, um eine mögl Gefährdg der Kindesinteressen (die tatsächl Gefährdg greift II 3 ein) zu verhüten, vgl § 1795 u Bem dort; der gesetzl Vertreter kann grdsätzl ebsowenig wie ein anderer Vertreter mit sich selbst im eig Namen ein RGesch abschließen, §§ 1795 II, 181, mag die Erkl (wie die Anfechtg aus § 2079) auch einer Behörde, zB NachlG, RG **143,** 352, od dem GrdBuchamt, KG JFG **1,** 377, **2,** 288, Staud-Donau 43, ggü abzugeben sein. Es kann auch der Gewalthaber die Abtretg einer Kindes-Hyp nicht sich selbst ggü genehmigen, RG BayZ **22,** 44, nicht dem Kindesvertreter bzgl eines Grdst bewilligen, KG Recht **30** Nr 55, § 1795 I Nr 2, vgl aber auch RG **157,** 32, nicht selbst Erbauseinandersetzg vornehmen (BGH **21,** 229), wobei gleichgült, ob Auseinandersetzg aus mehreren RGesch besteht, die nicht alle unter II fallen, wenn alle zus eine Einh bilden sollen (BGH FamRZ **68,** 246). Für den Ausschl beider Elt von der Vertretgsmacht reicht es, wenn nur ein EltT VertrtPartner bzgl des Kindes ist (BayObLG FamRZ **76,** 168 L). EltT kann auch nicht als gesetzl Vertreter RGeschäfte mit dem and EltT od Verwandten tätigen (KG JFG **12,** 120, § 1795 I Z 1), so daß bei Gründg einer FamGesellsch jedes Kind einen Pfleger erhalten muß (BayObLG FamRZ **59,** 126), auch für Grdg einer stillen Gesellsch (BFH Betr **74,** 365), Errichtg einer KG od GmbH unter Schenkg eines KG-Anteils bzw sof Volleinzahlg des Stammkapitals (aA Gernhuber § 51 III 8). Der § 181 greift jedoch **nicht** ein bei AuseinanSetzgsVergl der Kinder aus der 2. Ehe des Vaters, vertreten durch ihre Mutter, mit dem Kind 1. Ehe, da diese nur verschwägert, Hamm FamRZ **65,** 86, nicht wenn der Elternteil die Sparkassenguthaben der Kinder zur Tilgg eigener Schulden verwendet (dann aber uU Einschreiten nach § 1666, RG **75,** 359), bei HypBewilligg auf KindesGrdst mit Vorrang vor Hyp eines Elternteils, da die Nachteile des Rangrücktritts unmittelb den Vertreter selbst treffen, KG JFG **12,** 289, bei ZustErkl seitens des als Vorerben eingesetzten gesetzl Vertreters ggü dem durch die Vfg Begünstigten, also einem Dritten, Hamm NJW **65,** 1490 str, bei Schenkg eines unbelasteten Grdst an das Kind, BGH **15,** 168, KG JFG **13,** 300 unter teilw Aufgabe von KGJ **45,** 238, § 107; auch nicht bei belastetem Geschenk (Grdst mit Hyp, bewegl Sachen mit Nießbrauch), Mü JFG **18,** 115 (bei Schenkg unter Auflage, Pfleger zu bestellen, Mü JFG **23,** 234). Wenn das RGesch dem Kind ausschließl rechtl Vorteile verschafft, ist weder § 181 (BGH **59,** 236; sa § 181 Anm 2c bb) noch § 1795 I Z 1 (BGH FamRZ **75,** 480 mAv Schmidt) anwendb. Solange die Reduktion der VertretgsBeschrkg auf eindeut Fälle bloßer Kindesbegünstigg erstreckt w, entfällt der für die Normanwendg entscheidde Schutzzweck. Das gilt auch für die schenkw Einräumg der RückzahlgsFdg eines nicht gegebenen Darlehens (Hamm FamRZ **78,** 439). Erst recht keine Anwendg der §§ 1795 Z 1, 1629, wenn gar kein RGesch vorliegt wie bei der Zustimmg der Mutter zur Einbenennung gem § 1618 (AG Hbg DAVorm **75,** 63)od Entsch darüber, ob Kinder vom überl Eheg Auszahlg des Pflichtt verlangen sollen. In diesen Fällen aber uU § 1666 (BayObLG **63,** 132). Dagg automat VertretgsAusschl entspr § 1795 I Z 3 hins Gesetzg-VerwR bei Verdacht auf Straftat des EltT gg das Kind (Stgt NJW **71,** 2238). Hins der and EltT vgl Anm 5. Iü sind **Rechtshandlgen** eines Gewalthabers **außerhalb** seiner **Vertretgsmacht** nur schwebd unwirks mit der Möglk heilder Gen (§§ 177, 185) dch den Pfleger (KG JFG **12,** 121) od das inzw vollj gewordene Kind (RG Warn **37,** 22). Von Ges wg gilt das LJA währd der Ausführg der FürsErz als gesetzl Vertreter für das Arb- u BerufsausbildgsVerhältn des Kindes, so daß die Elt die Vertretg so lange nicht ausüben (JWG 69 Anm 4).

5) Wirkg des gesetzl Ausschlusses auf den anderen Elternteil, II 1. Ist ein EltTeil von der Vertretgsmacht gem II 1 ausgeschl, so ist es **grundsätzl** auch der and (BayObLG FamRZ **60,** 33), gleichgült, ob § 1795 auf ihn zutr od nicht (arg „der Vater u die Mutter"). § 1678 nicht anwendb, da rechtl u tats Verhinderg. Soll in derart RGesch vorgen werden, so haben die Elt dem VormschG unverzügl Anzeige z machen (§ 1909 II), das einen Pfleger bestellt (§§ 1693, 1909 I). So kann im EhelichkAnfProz nach der Scheidg die Mutter das Kind nur vertreten, wenn ihr die elt Gew übertr ist (BGH NJW **72,** 1708). Pflegerbestellg gem II 3 bleibt mögl (vgl KG FamRZ **74,** 380; Celle FamRZ **76,** 97). **Ausnahmen: a)** Kein automat Ausschl des VertretgsR in Verf wg Straftaten des and EltT ggü dem Kinde hins **StrafAntr u ZeugnVerweigerg** (vgl das vorzügl begrdte Urt Stgt NJW **71,** 2237; sa LG Ffm FamRZ **74,** 378). Aber bei offensichtl Feindseligk ggü dem verdachtsbelasteten EltT Entziehg u Pflegerbestellg gem §§ 1629 II 2, 1796, weil dann die Gefahr nicht genügder Berücks des Kindeswohls bei der Entscheidg ü die Geltendmachg zB des Zeugn-VerwR besteht. Vgl iü Anm 6. – **b)** Trotz § 1795 I Z 1 u 3 kann ein getrennt od in Scheidg lebder Eheg **UnterhaltsAnspr des Kindes gg den and EltT** geltd machen, wenn er, wie idR, Vertretgsmacht hat (Anm 1). Folgde Situationen sind zu unterscheiden: **aa)** Das FamG kann über die gesetzl UnterhPfl ggü einem ehel Kind iR des ScheidgsVerf auf Antr eine einstw AnO treffen (ZPO 620 Z 4). Über den Unterh-Anspr des ehel Kindes wird ferner als Folgesache zusammen mit dem ScheidgsUrt entschieden (ZPO 623 I 1, 621 I Z 4, 629 I). Die vorher erlassene anderslautde einstw AnO tritt dann außer Kraft (ZPO 620 f). **bb)** Die Eheg leben getrennt (§ 1567); das FamG hat gem § 1672 die elt Gew einem EltT zugewiesen. Dieser kann den UnterhAnspr im Namen des Kindes gg den and EltT geltd machen. **cc)** Die Elt leben getr (§ 1567) od es ist ScheidgsAntr gestellt (§ 1564 S 1), ohne daß bisl eine Regelg nach § 1672 getroffen wurde; auch jetzt kann ein Eheg gg den and den UnterhAnspr des Kindes geltd machen, II 2. Unterschied zu aa): Die einstw AnO ist nur für das ScheidgsVerf vorgesehen, gilt also nicht iF des GetrtLebens der Ehel; ferner geht

Verwandtschaft. 5. Titel: Eltern u eheliche Kinder § **1629** 5–7

es hier uU um eine (vorbehaltl ZPO 323) endgült Regelg. Der EltT klagt bei GetrLeben im Namen des Kindes od im eig Namen den UnterhAnspr des Kindes ein. Um auszuschließen, daß das Kind als Partei am EhescheidgsVerf seiner Elt beteiligt wird, anderers eine rechtskr Entsch zustande kommt, wird die Geltdmachg des KinderUnterh iR des ScheidgsVerf auf die gesetzl Prozeßstandsch beschränkt (BT-Drucks 7/650 S 174/76). Klagebefugt ist nur derj EltT, in dessen **Obhut** sich das Kind befindet. Zu diesem Begr JWG 51 II. Es kommt auf die tats Verhältn an. Das Kind kann sich in der Obhut eines EltT auch dann befinden, wenn beide Eheg noch in einer Wohng leben. Es kommt dann darauf an, wer von beiden sich vor dem and des Wohls der Kinder annimmt, zB in der Weise, daß er sich tatsächl um den Unterh kümmert (BT-Drucks 7/650 S 175). Ausreich auch, wenn EltT das Kind auf eig Kosten woanders, insb bei Verwandten untergebracht hat. Ist eine Regelg ü die PersSorge getroffen w (Fall bb), geht diese vor; die trotzdem ausgeübte Obhut ist idR rechtswidr. Höhe: Mind RegelUnterh (§ 1610 III 1 u 2). Das In ProzStandsch erstrittene UnterhUrt wirkt für u gg das Kind. Entspr gilt für einen zw den Elt geschl **gerichtl Vergl**, III 2. Im Ggs zur fr Regelg (vgl KG NJW **73**, 2032; Gerhardt JZ **69**, 691) kann u braucht es der RStreit seiner Elt nicht mehr beizutreten, um aus dem zw seinen Elt geschl ProzVergl vollstrecken zu können (vgl § 1585 c Anm 2 c). **dd)** Für die Zeit nach der Scheidg gilt Regelg der §§ 1671, ZPO 621 I Z 4, 623, 629. **ee)** Ist die Sorge demj Eheg übertr (§ 1672), der das Kind nicht genügd unterhält, so muß der and Eheg sich zunächst die PersSorge (§ 1626 Anm 4 b) übertr lassen, also eine Änd der bish SorgeRVerteilg herbeiführen (§ 1672 u § 1671 Anm 7 e). Hat aber das Kind UnterhAnspr auch gg diesen und EltT im Hinbl auf dessen eig Verm, dann § 1796 II (Köln OLG **66**, 580). Pfleger auch erforderl, wenn Kind gg beide Elt klagt (§ 1606 Anm 3). Davon zu unterscheiden: Über § 1360 kann zB die Mutter zusammen mit dem FamUnterh auch den des Kindes geltd machen; iRv § 1361 (vgl dort Anm 1) nur den eig. II 2 ggf analog auch nach Scheidg der Elt bis zur Regelg gem § 1671 (Bielef NJW **75**, 2020).

6) Entziehg der Vertretgsmacht dch VormschG, II 3, gem § 1796 (vgl die Anm dort) in Einzelgelegenh od für bestimmten GeschKreis, dagg nicht im ganzen, weil dies nur nach §§ 1666 I, II, 1670, 1760 II mögl. Ggü dem automat VertretgsAusschl gem II 1 (vgl Anm 4 u 5) ist Voraussetzg für die Pflegerbestellg gem II 3 ein **erheblicher Interessengegensatz** zw den Elt bzw einem EltT u dem Kind. Es muß eine derart Verschiedenh der beiderseit Belange gegeben s, daß die Förderg des einen Interesses nur auf Kosten des and geschehen kann. **Beispiele:** GgüStehen als Gläub u Schu, außer bei Selbstausbildg (§ 1631 Anm 2); uU KindesStrafAntr gg den and EltT u ZeugnVerwR in einem solchen Verf (Anm 4 u 5 a, ferner § 1626 Anm 4 b), ijF wenn Elt im eig Ehestreit der Aussagebereitsch des Kindes, dem zur Beurteilg der Bedeutg des ZeugnVerwR die erforderl Verstandesschärfe fehlt, zustimmen sollen (BayObLG NJW **67**, 207); gemeins betriebene Teilgversteigerg (ZVG 180); **dagg nicht,** wenn Vater der zu Erben eingesetzten Kinder TestVollstr ist (Mannh MDR **77**, 579); uU zeuggsunfäh Vater, dem iRv 1671 das elterl SorgeR zugeteilt wurde, Erhebg der EhelkAnfKl des Kindes aus § 1596 nicht betreibt (LG Hof DAVorm **78**, 296); iRv **Prozessen** nicht schon bei bl prozessualer Unvereinbark von iU materiell widerstreiten Interessen (Dresd JW **31**, 1380), wohl aber wenn sich Elt u Kind in der gleichen ProzRolle befinden u sie unterschiedl Interessen an einer best SachverhFeststellg bzw Kostenverteilg haben (desh falsch KGJ **42**, 20 iF der Grafen Kwilecki) od wenn der Klagvortrag mit der Vertretg des Kindes unvereinb ist (vgl KGJ **42**, 15). Entziehg bei einem EltT zieht nicht unbedingt eine solche bei dem and nach sich, wenn auch oft empfehlensw. IjF geht Wahrg des FamFriedens materiellen Interessen vor (KG JFG **13**, 183), auch bei Geltdmachg des Pflichtteils (KG JW **36**, 2748; BayObLG **63**, 135). Zur Vertretg des Kindes dch die Mutter iR der EhelkAnf dch den Vater Anm 5. **Zustdgk** FGG 35, 36, 43; Beschw FGG 19, 59; entsch RPfleger, RPflG 3 Z 2 a. Kein BeschwR der Elt od der nicht gesetzl berufenen Verwandten aus FGG 20 gg Auswahl od Ablehng der Entlassg des Pflegers (KG JFG **16**, 314; **19**, 94), aus FGG 57 Nr 9 nur, wenn auch die PersSorge betroffen (s auch FGG 57 II!); gg PflegschAnordng als solche dagg BeschwR gegeben (BayObLG **67**, Nr 31). Anhörg § 1695. Gebühren KostO 94 I Z 4.

7) Vertretg durch den Vater allein nach dem 1. 7. 1958. Dazu auch Sturm RGesch u verfassgswidriges Gesetz (Schriftenreihe der wissensch Gesellsch für PersStandswesen Bd 3, 1962).

A. Durch die Entsch des BVerfG ist I für nichtig, also niemals zu Recht bestehd erkl worden, da die Entsch deklaratorische, nicht konstitutive Wirkg hat. Unrichtig also, wenn Götz NJW **59**, 1811 von einer rückw Beseitigg spricht. In allen RGeschäften, die der Vater für das Kind unter Berufg auf I vorgenommen hat, war **das Kind nicht richtig vertreten.** Götz u ihm folgend Schwoerer NJW **59**, 2093 wollen nun aus §§ 115, FGG 32, BBG 14 den allg Satz herleiten, daß im Interesse der RSicherh die RWidrigk eines Hoheitsaktes keinen Einfluß auf die Gültigk der auf ihm beruhenden RHdlgen hat, wenn jemandem durch diesen Hoheitsakt die Befugn zu rechtserheblichem Handeln eingeräumt wird. Ein solcher Rechtssatz besteht in dieser Allgemeinh jedenf insow nicht, als die RWidrigk von Hoheitsakten auf verfassgswidrigem Recht beruht. Die Wirkg der NichtigErkl einer Norm regelt BVerfGG 79, wonach lediglich nicht mehr anfechtbare Entsch (mit Ausn von Strafurteilen) unter allerdings stark eingeschränkter Wirkg unberührt bleiben, demgem dann also auch die aGrd solcher Entsch vorgenommenen RHdlgen. Beruht hingg die RHdlg unmittelbar auf einer verfassgswidrig verliehenen Befugn u ist die verleihende Entsch noch anfechtbar od gar frei abänderbar, FGG 18 I, so würde bereits dann der vermeintl Rechtssatz an BVerfGG 79 II 1 seine Grenze finden, Geiger BVerfGG 79 Anm 4, ganz abgesehen davon, daß § 115, FGG 32 hier ohnehin deshalb nicht herangezogen w könnten, weil sie Einsetzg in einem gesetzl geordneten Verf voraussetzen, RG **141**, 271.

Jedenfalls können über die eng gezogenen Grenzen des BVerfGG 79 II 1 hinaus bereits Entsch keine Wirkg haben, keinesf aber RHdlgen, die sich lediglich auf eine verfassgswidrige Norm stützen, da BVerfGG 79 ihre Rechtsbeständigk nur nach anordnet, sie auch nicht anordnen kann; denn damit würde er vorliegend GG 3 II für alle diese RHdlgen ausschalten, also das GG ändern, wozu ihm die Kraft fehlt. Noch weniger ist hierzu der dem G, in erster Linie also dem GG unterworfene Richter befugt. Dem steht auch nicht der Gesichtspkt des die Rechtsstaatlichk ebenf beherrschenden Grds der RSicherh, BVerfG NJW **58**, 97, entgg, da mit dem Eintritt des GleichberGrdsatzes eine gewisse Rechtsungewißh zulässigerw, BVerfG NJW **54**,

§§ 1629, 1630   4. Buch. 2. Abschnitt. *Diederichsen*

67, in Kauf genommen w mußte, die dann zwar in der Frage der Vertretgsmacht gemäß GG 3 II durch die Praxis dahin eingeschränkt wurde, daß nach hM beide Eltern für die Übergangszeit als vertretgsberechtigt angesehen wurden, zB BGH NJW **59**, 2111, der Gesetzgeber dann aber trotzdem den Stichentscheid des Vaters anordnete, eine Bestimmg, die von Müller-Freienfels JZ **57**, 694, Krüger-Breetzke-Nowack Anm 1 ff, Koehn SchlHA **58**, 6, Donau MDR **57**, 712, 18. u früh Aufl Vorbem B, wohl auch Beitzke FamR § 26 I 3 als GG 3 II widersprechd angesehen wurde, währd BayObLG FamRZ **58**, 67, Bosch FamRZ **57**, 192, Paulick FamRZ **58**, 2 Einklang mit GG 3 II annahm. Die Rechtsungewißh bestand also fort, da GesetzesR dem VerfassgsR nicht vorgeht u auf seine Verfassgsmäßigk zu prüfen ist, auch ein G bei solchem Widerstreit der Meingen mit der Vermutg der Übereinstimmg mit dem GG für sich haben kann, mag es auch formell ordngsgemäß zustande gekommen sein. Gegenüber dieser PrüfgsPfl versagt auch die von Schwoerer NJW **58**, 1956, **60**, 1419 vorgeschlagene Heranziehg von § 1698a, ganz abgesehen davon, daß auch eine analoge Heranziehg eine zunächst ordngsmäßig gegebene Vertretgsmacht erfordern würde, die hier nie vorhanden war. S zu den verfassgsrechtl Fragen Arndt NJW **59**, 863, 2145. Die nach V vom Vater für das Kind vorgenommenen **VertretgsHdlgen sind also nicht wirksam.** Ebenso BGH **39**, 45, Bosch FamRZ **59**, 413f, 430, Beitzke JR **59**, 405, Staud-Donau Anm 87f, dagg Götz NJW **60**, 1334.

B. Der **Vater handelte als Vertreter ohne Vertretgsmacht**; Verträge sind schwebend unwirksam, § 177, können aber durch im allg formfreie, § 182 II, RG **118**, 170, Gen der Mutter, RG **112**, 220, freilich mit WiderrufsR des GeschGegners bis dahin, wirks werden. Es genügt die Erkl der Gen ggü dem Vater, wobei es auf ein noch vorhandenes Einverständnis des Vaters mit diesem Geschäft in diesem Zeitpunkt wg seiner Bindg nicht ankommen dürfte, Boehmer JZ **60**, 7, Schwoerer NJW **60**, 1421 aM die herrsch M RG **81**, 329, BGH MDR **59**, 571, § 178 Anm 3; anders allerdings im Falle des § 1750, dort Anm 1. Wegen des Lehrvertrages Einf 7b aE vor § 611. Der Gesichtspkt der AnscheinsVollm kann hier, da ein Handeln im Einklang mit u angenommen w muß, nicht herangezogen werden. Tritt die Mutter nicht bei, überträgt auch das angerufene VormschG die Alleinsorge u damit die Alleinvertretg nicht dem Vater, § 1627 Anm 2, ein Verfahren, zu dem bei Aufforderg des GeschGegners innerh der 2-Wochenfrist des § 177 II auch kaum Zeit sein wird, so ist damit der Schwebezustand beendet, das Gesch ist unwirks. Haftg des Vaters nach BGH **39**, 51 aus BilligkGründen verneinen, Staud-Donau Anm 91 § 179 II hier nicht anwendbar sein lassen; dann trägt aber der GeschGegner das ganze Risiko der falschen gesetzgeberischen Maßnahmen, da die Staatshaftg, § 839, sich auf unerl Hdlgen von Beamten beschränkt. In einem Zurückverlangen der Leistg durch die Eltern sieht Sturm, wenn eine gewisse Zeit vergangen ist, Rechtsmißbrauch (Verwirkg) (S 72), insb bei DauerschuldVerh; gg ein Verlangen des Dritten spräche, daß jedenf prima facie von einer Zust der Mutter ausgegangen w müsse (84); letzterem ist schwerlich in dieser Allgemeinh zuzustimmen. Einseitige RGeschäfte waren grdsätzl unzul, § 180 S 1. Da aber der GeschGegner regelm die vom Vater behauptete Vertretgsmacht nicht beanstandet haben wird, gilt dann auch hier dasselbe wie bei Verträgen, § 180 S 2; desgl bei einseitigen Geschäften, die ggü dem Vater vorgenommen wurden, § 180 S 3. Hat der Vater allein für das Kind eine Erbsch ausgeschlagen, so wird man für die Fristlauf den Gesichtspkt der höheren Gewalt, §§ 1944 II, 203, heranziehen können, Bosch FamRZ **59**, 414.

C. Hat der **Vater das Kind prozeßrechtl vertreten** u ist die Entsch nicht mehr anfechtbar, so bleibt sie bestehen, BVerfGG 79 II 1, zust Lange NJW **61**, 1895; eine Wiederaufnahme kommt für zivilrechtl Entsch nicht in Betr, wie durch Umkehrschluß aus § 79 I folgt; ebso Staud-Donau Anm 97 aM Bosch FamRZ **59**, 414, Beitzke JR **59**, 405: ZPO 579 Z 4. Ist die Entsch noch anfechtbar, bedarf es der Gen od des Beitritts der Mutter.

8) **Prozeßstandschaft im Scheidgsverfahren**, III 1. Eingef dch 1. EheRG Art 1 Z 26. Die Vorschr regelt die Art u Weise, wie der UnterhAnspr bei anhäng Ehescheidgssachen (Einf 4 v § 1564) geltd zu machen ist. **Zweck:** Die Prozeßstandsch, die der zur Geltdmachg des UnterhAnspr des Kindes befugte EltT für das Kind ausübt, schließt aus, daß das Kind in einer Folgesache förml als Partei am ScheidgsVerf seiner Elt beteiligt w (BT-Drucks 7/650 S 176). Begehren beide Elt das SorgeR ü das Kind, hängt die Anwendbark der Bestimmg von der endgült Regelg ab. Die ProzStandsch gilt nicht, auch nicht iR der einstw AnO gem ZPO 620ff, für vollj Kinder, die bei einem der Eheg leben (AG Altena FamRZ **78**, 56).

1630   *Einschränkung der elterlichen Gewalt bei Pflegerbestellung.*   I Das Recht und die Pflicht der Eltern, für die Person und das Vermögen des Kindes zu sorgen, erstreckt sich nicht auf Angelegenheiten des Kindes, für die ein Pfleger bestellt ist.

II Steht die Sorge für die Person oder die Sorge für das Vermögen des Kindes einem Pfleger zu, so entscheidet das Vormundschaftsgericht, falls sich die Eltern und der Pfleger in einer Angelegenheit nicht einigen können, die sowohl die Person als auch das Vermögen des Kindes betrifft.

Vorbem. Fassg GleichberG Art 1 Z 22 unter ZusFassg von §§ 1628, 1629 aF.

1) **Stellg des Pflegers, I.** Pflegerbestellg, § 1909 I, III, mögl bei §§ 1629 II, 1638, 1666 bis 1670, 1671 V, 1684, 1693 – Sorgerechtspfleger – beschränkt im Umfang des Wirkgskreises das Fürs- u VertretgsR (und damit insow das BeschwR, KG JW **36**, 2935) der Eltern, die anzeigepflichtig, § 1909 II. Für den Pfleger gilt VormschR, §§ 1915, 1916, also GenPfl nach §§ 1821ff, nicht nach § 1643. Handeln die Eltern trotzdem in Vertretg des Kindes, gelten §§ 177ff, RG **93**, 337. Wegen Beendigg der Pflegsch § 1918, 1919. War Pfleger nur wg § 181 bestellt, so ist nur insow die Vertretgsmacht, nicht aber die Vermögenssorge als solche ausgeschl, RG **144**, 246.

2) **Anwendgsfälle, II.** In allen Fällen, in denen die PersSorge einen den Eltern u die VermVerwaltg andrers einem Pfleger zusteht, ebso umgekehrt, hat bei einzelner Meingsverschiedenh das VormschG zu entscheiden, wenn die Streitfrage die beiden Fürsorgegebiete, § 1626 Anm 4, betrifft, Mü JFG **15**, 136, zB

Verwandtschaft. 5. Titel: Eltern u eheliche Kinder §§ 1630, 1631

das Maß der zum Unterh zu verwendenden Mittel (dann ggf Anwendg der Grdsätze v § 1649 I 1, BayObLG FamRZ **75**, 219), Verbringg des Kindes in eine Kuranstalt usw, vgl auch § 1798. II enthält allg Grds u gilt auch, wenn Pfleger nur eine bestimmte Vermögensmasse verwaltet, die für persönliche Angelegenh herangezogen w soll, § 1638, sowie bei Streit zw nach § 1673 II sorgeberechtigtem, in der GeschFgk beschränkten Elternteil u vermögensverwaltendem Pfleger od Vormd, vgl KGJ **33** A 9; anders bei einer Meingsverschiedenh, die nur die PersSorge betrifft, § 1673 II. Keine (auch nicht entspr) Anwendg bei Streit zw dem gar nicht sorgeberechtigten Stiefvater u Vormd, Vater u Ehem, § 1633, (nehel) Mutter u Vormd, wenn der Streit nicht das Vermögen, sond nur die Pers betrifft, zB die Abführg von Unterhaltsgeldern, Mü aaO, vgl aber auch § 1673 II 3 Halbs 2; anders bei der Frage der Verwendg der bereits angelegten Beträge, BayObLG SeuffA **64**, 180, od bei Streit über die Höhe der Aufwendgn für das Kind, KGJ **33** A 9; vgl auch §§ 1686, 1687, 1707.

3) Meingsverschiedenheit zB zwischen den Eltern u Pfleger darüber, welche Beträge im einzelnen (für Verpflegg, Kleidg) erforderl sind. Ist Pfleger mit der Entnahme der erforderl Mittel aus dem Kindesvermögen für den Unterh, § 1603 II 2, nicht einverstanden, betrifft also der Streit die UnterhPflicht als solche od die Haftg des Kindesvermögens für den Unterh, so ist ProzG zust, KG Recht **16** Nr 1150. Bei andauerndem Streit ist Pfleger zu entlassen od das Sorgegebiet des Gegners ihm mitzuübertragen, vgl auch KG JFG **14**, 426. Ist ein Elternteil der Meing des Pflegers, so gilt das zu § 1627 Anm 2 Gesagte entspr; will VormschG dem Pfleger Recht geben, wird es also die Entsch in der Frage, soweit sie von den Eltern zu entscheiden ist, demjenigen Elternteil übertragen, der die Meing des Pflegers vertritt, wodurch dann eine Entsch nach § 1630 überflüssig wird. Vgl dazu auch Donau MDR **58**, 8.

4) Das Vormundschaftsgericht, FGG 43 II, 53, 58, 59, 60 I Nr 6, ersetzt mit der Entsch, die durch den Richter zu erfolgen hat, RPflG 12 Z 5, die Zust desjenigen, dem es unrecht gibt. Innerhalb der von den Streitteilen gezogenen Grenzen (zB Bestimmg der Höhe eines zum Unterh erforderl Zuschusses) kann es selbständig entscheiden, KGJ **33** A 10. Beschw ist sofortige, bei Ablehng einfache Beschw, FGG **53**, 20, Mü JFG **15**, 136; BeschwR, wenn Vfg Pers u Vermögen betrifft, hat für Kind jeder gesetzl Vertreter ohne Rücks darauf, ob sie seinen Wirkgskreis betrifft, FGG 58 II. Außerdem hat der gesetzl Vertreter für die Pers des Kindes eigenes BeschwR im Rahmen von FGG 57 I Z 9. Anhörg des Jugendamts zweckm, JWG 48 I 1. – Gebühren: KostO 93, 94 I Z 4, 96, 131 III.

1631 *Inhalt des Personensorgerechts.* ^I Die Sorge für die Person des Kindes umfaßt das Recht und die Pflicht, das Kind zu erziehen, zu beaufsichtigen und seinen Aufenthalt zu bestimmen.
^{II} Das Vormundschaftsgericht hat die Eltern auf Antrag bei der Erziehung des Kindes durch geeignete Maßregeln zu unterstützen.

1) Die alle persönl Angelegenheiten des Kindes umfassde **Personensorge** (sa Einf vor § 1626) als rechtl Befugn, nicht nur als tatsächl ausgeübte Macht, ist in dem dch GleichberG Art 1 Z 22 neu gefaßten § 1631 inhaltl umschrieben (vgl unten Anm 2–4; unvollständ: vgl § 1616 Anm 3, § 1634 Anm 1c; ferner gehört dazu die Geldmachg des UnterhAnspr, BGH NJW **53**, 1546, **55**, 217) u dch StGB 235 (Kindesraub) geschützt, RG JW **35**, 3108. Umgek kann sich auch der AufsPflichtige strafbar, StGB 143 u 170 d, od haftb, § 832, machen. Die PersSorge richtet sich auf das Kind; dessen RBeziehgn nach außen werden v den Elt mittels der gesetzl Vertretg, § 1629, geregelt. Ausgeschl ist die willkürl Aufg des SorgeR, da unverzichtb § 1626 Anm 3. Gg Mißbräuche ist das Kind dch § 1666 geschützt; vgl dort Anm 4. Wg FürsErziehg, dch die das Recht zur Erziehg, Beaufsichtigg u AufenthBestimmg entfällt, JFG 2, 74, JWG 69 III. Über Maßregeln der Elt u solcher des VormschG zur Unterstützg der elterl Erziehg s Anm 5. Wg MeingsVerschiedenheiten der Elt § 1627 Anm 2.

2) Erziehg ist die Sorge für die sittl, geist u körperl Entwicklg des Kindes, der Inbegr aller pädagog Maßn, dch die das Kind zur Mündigk (Erwachsensein) gelangen soll. Hierzu gehört die Bestimmg von Konfession (dazu das nachstehd abgedr RKEG v 15. 7. 21), Sport, Unterhaltg, Schul- u Berufswahl des Kindes (§ 1610 Anm 4 a; Kramer JZ **74**, 90), einschließl des LehrVertrAbschl (§ 1629 Anm 1). Bei Selbstausbildg bedarf SorgeBerecht der Lehrbefugn, Jena JW **27**, 1223. Erforderl bes Vertrag, doch nicht Pflegerbestellg. Das ErziehgsR der Elt genießt Vorrang ggü dem Staat, GG 6 II, wird jedoch eingeschrkt dch die GrundRMündigk des Kindes selbst, dazu Einf 5 b vor § 1626. Bisw findet die er Gew auch ihre Schranke am öff Recht (zB Schul- u Impfzwang, WehrPfl, Strafhaft, aber auch dch das JWG, vgl Anm 1 sowie Einf 2 u 5 a vor § 1626). Einweisg in TaubstummenAnst, BayObLG BayZ **33**, 340. Dagg kein eig ErzR des Lehrherrn, zB bezügl religiöser Beeinflussg (OVG Kblz FamRZ **57**, 98).

3) Die **Beaufsichtigg** dient dem Schutz des Kindes u iRv § 832 dem Schutz Dritter. Notwendigk ist nach Alter u Verständigk des Kindes unterschiedl. **a)** Das **Aufsichtsrecht** gibt den Elt die Befugn, den Verk des Kindes mit Dritten zu bestimmen u ggf dch **Umgangsverbote** zu unterbinden. Lit: Münder RdJB **75**, 146. Voraussetzg, daß beide Elt den Umgang mißbilligen, Schlesw FamRZ **65**, 224. Dchsetzg ggü dem Dritten mittels einstw Vfg, LG Hbg FamRZ **58**, 141, u UnterlassgsKl, deren RSchutzInteresse v der Erfolgsprognose unabh ist, LG Stgt MDR **64**, 56, u die aus dem gewohnh-rechtl Schutz absoluter Rechte, den auch die elt Gew genießt, herzuleiten ist. Die Grenze ist nicht die Fähigk des Jugendl, eine eig sachgerechte Entscheidg zu treffen, vgl Reuter FamRZ **69**, 625, auch nicht zweifelh Übertraggn soziolog Erhebgn in die jur Dogmatik, so Klocke JuS **74**, 75, od die Drohg einer ernstl Schädigg des Kindes, Gernhuber § 49 VI 5, Soergel-Herm Lange 23, sond nach der eindeut WertEntsch des GesGebers die MißbrSchranke des § 1666, die sich allerd mit dem Älterwerden zG des Kindes verschiebt u erfordert, daß der dem Kindeswillen entggstehde Wille der Elt sich in den Jahren vor Erreichg der Volljährigk auf trift u sachl Grde stützt, wobei wirtschaftl Opfer der Elt erhöhte PflAnforderngn auch der Kinder begründen können, Hamm FamRZ **74**, 136. Als Grde kommen (ohne automat Billigg der Ergebn der zit Entscheidgn) in Betr: Verschiebg der LebPhasen, zB

§ 1631, Anh zu § 1631 4. Buch. 2. Abschnitt. *Diederichsen*

7 J ält Frau mit 2 Kindern will 18 jähr heiraten (Nürnb FamRZ **59**, 71 vor Herabsetzg des Volljährigk-Alters) od Verk einer 15 jähr mit einem 19 jähr, LG Stgt MDR **64**, 56, bzw überh mit wesentl ält verheirateten Mann, LG Hbg FamRZ **58**, 141; Versuch, eine Jugendl der elt Einflußn vollk zu entziehen, Hann NJW **49**, 625; GeschlVerk mit 15 jähr Tochter u Fortsetzg auch nach deren Verlobg mit and Mann, Tüb FamRZ **67**, 108; Verurt zu 2 J FreihStrafe wg Raubes, KG MDR **60**, 497; Rauschgiftmilieu, Hamm FamRZ **74**, 136. Dagg nicht: negat grapholog Gutachten ü 28 jähr Dr rer pol, Kblz NJW **58**, 951; Schutz einer mj Tochter vor jegl Verk mit einem best Manne (aA Köln FamRZ **63**, 447; LG Mü NJW **62**, 809); Abschneiden jegl soz Kontaktes aus schul Grden (Wiesb FamRZ **74**, 663). IjF ist es im Interesse eines wirks Konfliktabbaus empfehlensw, vor der Entscheid der Sachargumente v Elt u Kind zu hören, § 1695, u ggf ggeinander abzuwägen. Eine wirks Verlobg des Kindes schließt absolutes Umgangsverbot aus, Saarbr NJW **70**, 327. Mit Rücks auf die Herabsetzg des VolljkAlters besteht nach Brem FamRZ **77**, 555 kein Anlaß mehr für eine Einschränkg des EltR, sex Beziehgn ihrer noch nicht 18 j Tochter zu einem gesch 23 jähr ohne geregelte Beschäftigg zu unterbinden. – **b)** Die **Aufsichtspflicht** gebietet Bewahrg des Kindes vor Schaden u Schutz gg Schädigg dch gefährl Spielsachen, Schußwaffen, Gift, Feuer (Aufbewahrg v Zündhölzern: BayObLG NJW **75**, 2020), alkoholbedingte Fahruntüchtigk (BGH LM § 832 Nr 1). Elt müssen sich darum kümmern, wie das Kind seine Freizeit gestaltet (BGH FamRZ **58**, 274). Von bes Bedeutg heute die allg Vorbereitg des Kindes auf den StraßenVerk, die jedoch konkr Beaufs nicht erübrigt (Köln VersR **69**, 44). Aufs ü vollj, geisteskrankes Kind (RG **92**, 127). Vgl iü § 832 Anm 6, §§ 840 II, 1664, zur Haftg des Kindes § 1629 Anm. 2.

4) Recht u Pflicht zur **Aufenthaltsbestimmg** betrifft die Bestimmg v Wohnort u Wohng (zu unterscheiden vom Wohnsitz, vgl § 11 mit Anm), Auswahl v Anstalten, Internaten, Kurorten, Verhinderg der Auswanderg. Unterbringg in geschl Anstalt wg Geisteskrankh usw (iGgs zu GG 104 II u zum Vormd, § 1800 II, BVerfG NJW **60**, 811) auch ohne richterl AO zul, BayObLG FamRZ **63**, 577, LG Stgt FamRZ **61**, 325; für Erfordern vormschgerichtl Gen auch in diesem Falle Franke NJW **60**, 1370, Erdsiek NJW **60**, 1386. Jeder EltT kann auch hier nach II behördl, auch polizeil (KG Recht **13**, 209), Hilfe beanspr, zB zur Ermittlg des Aufenth des Kindes (vgl auch JWG 71 IV), zur Zurückbringg des entlaufenen Kindes u zu dessen AufenthWechsel. Bei mangelnder AufenthBestimmg hat Kind Anspr auf Aufn ins EltHaus; bei Vernachlässigg Einschreiten gem § 1666 Anm 4b.

5) Die Elt können zur Erzieh selbstd die **geeigneten Maßnahmen** ergreifen u sich hierbei vom VormschG unterstützen lassen. **a) Elterliche ErziehgsMittel** (§ 1631 II 1 aF sprach von Zuchtmitteln) sind Ermahngn, Verweise, Ausgehverbote, Knapphalten, Taschengeldentzug. Sie können v jedem EltT gg das Kind in eig Vollstreckg angewendet w, Weimar MDR **64**, 21, auch Einschließg, unmittelb Gewalt (zB Wegnehmen v Streichhölzern) **u körperl Züchtigg**, jedoch nur iR des dch den ErziehgsZweck gebotenen Maßes, also unter Rücksichtn auf Gesundh u seel Verfassg des Kindes; sonst Mißbr iSv § 1666 u strafb, RGSt **41**, 98. In schwereren Fällen vorher Abstimmg mit dem and EltT erforderl, § 1627 Anm 1. Kein allg ZüchtiggsR Dritter, u zwar auch nicht zur Abwehr v Angriffen u zur sof Sühne grober Ungehörigk aus GoA od StPO 127, Saarbr NJW **63**, 2379; and für seltene AusnFälle Soergel-Herm Lange 13. Übertragg auf Pflege- od StiefElt, KG JW **17**, 656, od HilfsPers wie Kindergärtnerin mögl, aber nicht automat auf Lehrherrn (ausdr Verbot körperl Züchtigg in GewO 127a, HdwO 24 II) od Lehrer, dem aber als äußerstes Mittel, wenn es zur Aufrechterhaltg der Diziplin notw u auch angem ist, ein eig ZüchtiggsR gewohn-rechtl zusteht, BGHSt **11**, 241, Schlesw NJW **56**, 1002, Hann NJW **56**, 1690, allerd nicht in bay Berufsschule, BGHSt **12**, 62. AOen iRd Erziehg werden v den Elt nicht dch Klage (zB AO auf Rückkehr od Verlassen des EltHauses) u Vollstr dchgesetzt. Elt können aber, um dem tatsächl, nicht rechtl Widerstand des Kindes zu begegnen, staatl Hilfe (JugA, Polizei, VormschG) in Anspr nehmen, sa KGJ **49**, 26. – **b)** Das **VormschG**, das jeder EltT anrufen kann u das hier ausschließl zust ist, Köln MDR **60**, 51, hat die Elt zu **unterstützen**, II, Schnitzerling FamRZ **57**, 291, auch Ausl, KG JFG **19**, 50. UnterstützgsMaßn erledigen sich vor der Heirat der Tochter, BayObLG FamRZ **62**, 77. **Erfordernisse: aa)** Jederzeit widerrufl Antr der Elt, an den VormschG jedoch nur insoweit gebunden ist, als es wohl weniger, aber nicht mehr tun darf, als verlangt w. – **bb)** Maßn muß zuläss s, zB Vorladg des Kindes (erzwingb dch ZwGeld, FGG 33, od Vorführg), Vermahng, notfalls Verbringg in Erz- u BessergsAnst, KGJ **22** A 39, falls SorgeBerecht das beantragt, JWG 63, 69 III. Nicht zu verwechseln mit Unterbringg gem § 1666 I 2 (FürsErziehg), JWG 64, u mit den Zuchtmitteln des JGG. Unzul sind StrafMaßn wie JugArrest. JugA kann mit der Ausführg der AOen betraut w, JWG 48c. – **cc)** Eingreifen des VormschG nicht schon gerechtf, wenn Mißbr des elterl SorgeR iSv § 1666 nicht vorliegt, so Neust FamRZ **64**, 575, sond positiv erforderl, daß Maßn erwiesenermaßen veranlaßt, Karlsr OLGZ **66**, 583, u dem Wohle des Kindes dienl ist, KG NJW **65**, 870. KostSchu ist AntrSteller, nicht das Kind (Lüb JR **74**, 330).

Anhang zu § 1631 BGB

Gesetz über die religiöse Kindererziehung

Vom 15. Juli 1921 (RGBl 939, 1263)

RKEG 1 Über die religiöse Erziehung eines Kindes bestimmt die freie Einigung der Eltern, soweit ihnen das Recht und die Pflicht zusteht, für die Person des Kindes zu sorgen. Die Einigung ist jederzeit widerruflich und wird durch den Tod eines Ehegatten gelöst.

Schrifttum. Engelmann, Komm, 1922, Kahl, Konfession der Kinder aus gemischter Ehe, 1895, Kipp, Festgabe f Kahl 1923 S 3ff, Klein LZ **23**, 217f, Perels LZ **21**, 637ff, 665ff, v d Pfordten, Komm 1922, Potrykus ZBlJugR **59**, 100, Glässing FamRZ **62**, 350, Listl FamRZ **74**, 74 (AdoptionsR).

1) Allgemeines. G überläßt heute grdsätzl religiöse Kindererziehg der freien Einigg der Eltern, weil nur bei Geltg dieses Grdsatzes die Gewissensfreih gewährleistet erscheine u in ihm zugl der Grds der Gleichberechtigg der Eltern enthalten sei. So auch GG 7 II. RKEG gilt als BundesR fort; zu Unrecht zweifelnd BVerwG NJW **63**, 1171. G entsch nur bei Streit der Eltern od zw ihnen u dem Kind, nicht aber im Streit

Verwandtsch. 5. Titel: Eltern u ehel. Kinder (Relig. Kindererziehg) **Anh zu § 1631**

eines Erziehgsberecht über die Zugehörigk des Kindes zu einer Kirche; insofern Sache der streitigen Gerichtsbark, in RKEG 5 nur eine Vorfrage hierzu geregelt, Brschw FamRZ **65**, 228.

2) **Das Recht der religiösen Erziehg** ist ein Ausfluß des Personensorgerechts, § 1626 Anm 4, das nach § 1666, RKEG 3 I, entzogen w kann wie dieses. Dieses Recht ist aber auch dann, wenn die öff Jugendhilfe die FamErziehg unterstützt od ergänzt, stets zu beachten, JWG 3 I 3, u zwar auch bei einer etwa im Wege der FreiwErzHilfe od FürsErz notwendigen Unterbringg seitens des LJAmtes in einer Familie od Heim, JWG 71 Anm 2. Die rel Erziehg beginnt regelm mit der Taufe u endet mit der Volljährigk, KG JFG **7**, 90. Bei der mj Tochter schon früher mit ihrer Heirat, § 1633; vgl auch RKEG 5. Die **freie** (also ohne Rücks auf Vereinbgen, unzulässige Einflüsse Dritter, kirchl Schranken od eine sonstige Zwangslage, vgl Traunstein (LG) FamRZ **60**, 37) **Einigg der ehel Eltern** (gemeinsame Adoptiveltern § 1757 II, Mü JR 27 Nr 1429, nicht: Pflege-, Stiefeltern, nehel Eltern) erzeugt eine familienrechtl unvollkommene Verbindlichk, vgl §§ 2ff, die daher jederzeit frei widerrufl ist, RKEG 4, jedoch nur in den Schranken von RKEG 2 II. Einigg kann schon vor Geburt, aber auch erst nach dieser vorliegen, auch dearart, daß der eine Elternteil zB die Taufe in einer bestimmten Konfession veranlaßt, der andere das duldet; Voraussetzg dann also, daß der andere Elternteil die Maßnahmen des Veranlassenden kennt. Da Einigg rechtl Willensakt (Kipp), keine Einigg mit einem GeschUnfähigen mögl; ebso liegt es, wenn die PersSorge eines Elternteils ruht, ihm entzogen ist, er sie verwirkt hat, §§ 1674 I, 1676, 1666 I. Ist ein Elternteil in der GeschFgk beschränkt u liegt ein sonstiger Fall des § 1673 II vor, so daß die elterl Gewalt ruht, ist insb die Mutter mj, so Einigg mögl, da dem Elternteil dann laut ausdrückl Bestimmg SorgeR bleibt. Wegen der Entsch von Meingsverschiedenh RKEG 2 Anm 1.

3) **Der Tod eines Gatten** hebt Ehe u Einigg auf u gewährt dem Überlebenden, § 9 S 2, das freie BestimmgsR, Kipp Festgabe S 26, 29, Mü JFG **14**, 455, das er dann auch durch letztwillige AO betätigen kann, BayObLG JFG **6**, 66, aM BGH **5**, 61. TodesErkl ist Tod gleichzustellen. **Scheidg** löst von der Bindg der Einigg, damit auch von den Beschrkgen von RKEG 2 II („während bestehender Ehe") u gibt dem nach § 1671 I Sorgeberechtigten das freie AbändergsR; jedoch auch Pflegerbestellg, § 1671 V, od Entziehg mögl, § 1666, Mü JFG **14**, 52. Hat der geschiedene EheG das SorgeR u damit die religiöse Erziehg des Kindes, so darf der andere Elternteil dieses Recht nicht durch abweichende religiöse Beeinflussg des Kindes antasten, BayObLG NJW **61**, 1581.

RKEG 2 ᴵ Besteht eine solche Einigung nicht oder nicht mehr, so gelten auch für die religiöse Erziehung die Vorschriften des Bürgerlichen Gesetzbuchs über das Recht und die Pflicht, für die Person des Kindes zu sorgen.

ᴵᴵ Es kann jedoch während bestehender Ehe von keinem Elternteil ohne die Zustimmung des anderen bestimmt werden, daß das Kind in einem anderen als dem zur Zeit der Eheschließung gemeinsamen Bekenntnis oder in einem anderen Bekenntnis als bisher erzogen, oder daß ein Kind vom Religionsunterricht abgemeldet werden soll.

ᴵᴵᴵ Wird die Zustimmung nicht erteilt, so kann die Vermittlung oder Entscheidung des Vormundschaftsgerichts beantragt werden. Für die Entscheidung sind, auch soweit ein Mißbrauch im Sinne des § 1666 des Bürgerlichen Gesetzbuchs nicht vorliegt, die Zwecke der Erziehung maßgebend. Vor der Entscheidung sind die Ehegatten sowie erforderlichenfalls Verwandte, Verschwägerte und die Lehrer des Kindes zu hören, wenn es ohne erhebliche Verzögerung und unverhältnismäßige Kosten geschehen kann. Der *§ 1847 Abs. 2* des Bürgerlichen Gesetzbuchs findet entsprechende Anwendung. Das Kind ist zu hören, wenn es das zehnte Jahr vollendet hat.

1) **Besteht keine Einigg**, I, dh war sie nie vorhanden u haben die Eltern bei der Eheschl kein gemeinsames Bekenntnis gehabt (sonst II), so gelten die Bestimmgen über die PersSorge. Die Eltern haben also eine Einigg zu versuchen, § 1627. Bleibt die Meingsverschiedenh bestehen, so entscheidet VormschG, § 1627 Anm 2; vgl auch Anm 3. Das will Glaessing FamRZ **62**, 350 für die Taufe nicht gelten lassen, da durch deren Unterbleiben das Kindeswohl ie, sond erst nach Entsch über Teilnahme am Religionsunterricht gefährdet w könne, zudem § 2 I nicht Entsch des VormschG hierfür vorgesehen habe, da 1921 der Vater idR das SorgeR gehabt habe, so auch Dölle § 93 III 1, der erst bei der Einschulg infolge der dann mögl Gefährdg des Kindeswohles eine Anrufg des VormschG für zuläss hält. Hofmann, FamRZ **65**, 63, hält ein solches Eingreifen, freilich, ohne zu überzeugen, wg GG 4 I, II für verfwidrig, da verfrechtl Ermächtigg fehle. Jedenf trifft I auch hier zu, die Hinausschiebg, die Glässing u Dölle wollen, ändert grdsätzl nichts, die Gefährdg des Kindeswohls ist nicht Voraussetzg für die Entsch des VormschG, III, § 7 S 1; dagg auch Staud-Donau Anm 4ff. Wie hier Soergel-Siebert-Lange § 1631 Anm 7. Einigg besteht auch nicht, wenn Kind unehel, Mü JFG **14**, 49. Ebso wenn eine Einigg zwar bestand, zZ der Taufe aber **nicht mehr besteht**, wenn also bei nicht gemeins Bekenntnis zZ der Eheschl zwar zunächst eine Einigg erzielt, diese aber durch einen Elternteil widerrufen wurde, § 1 S 2. Wird das Kind hinter dem Rücken eines Elternteils entgg II in einem anderen Bekenntnis erzogen, so kann das dieser mit Zust des anderen ändern, da sonst der gesetzwidrig Handelnde seine Meing unter Gesetzesumgehg durchsetzen könnte, Kipp S 14, KG OLG **43**, 369, Hamm MDR **50**, 351, aM Holthöfer MDR **50**, 352, Soergel-Siebert-Lange § 1631 Anm 6, Staud-Donau Anm 17 (beide Anrufg des VormschG). Letzterer Ansicht wird man aber dann zustimmen müssen, wenn das widerrechtl durch einen Elternteil bestimmte RelBekenntnis tatsächl schon längere Zeit die rel Erziehg des Kindes bestimmt hat, da Einigg gg das auch hier vom VormschG ausschlaggebend zu beachtende Kindeswohl wäre, so auch Stgt FamRZ **55**, 143.

2) **Grenzen des Bestimmgs- und Abändergsrechts, II.** II gibt an, was der nach I entscheidgsberechtigte Eheg nicht kann. Zustimmg des anderen Ehegatten also erforderlich bei Abweich anläßl der Erstbestimmg vom gemschaftl Bekenntnis der Eheg zZ der Eheschl, bei Bekenntniswechsel u bei Abmeldg vom Religionsunterricht. Sorgeberechtigt u damit auch Zust erforderl des Eheg, der in der GeschFgk beschränkt ist, § 1 Anm 2. **Anrufg des Vormundschaftsgerichts,** wenn Zust versagt wird od wenn

sie nicht zu erlangen ist, wenn also – **a)** eine Einigg rechtlich nicht in Betracht kommt, weil der andere Elternteil nicht sorgeberechtigt ist, RKEG 1 Anm 2 (aM Ermer-Kipp-Wolff § 132 II c), ein Elternteil also allein die PersSorge ausüb t u es sich um eine Erstbestimmg handelt, der berechtigte Elternteil aber eine andere Rel als die gemeinsame der Eltern zZ der Eheschl bestimmen will; – **b)** das Kind in einem anderen Bekenntnis als bisher, dh dem letzten, KG OLG **42**, 123, erzogen w soll, also eine Einigg gemäß § 1 zustande gekommen war, diese aber, aus welchem Grunde auch immer, geändert w soll, der andere Elternteil hierzu aber eine rechtswirksame Zust nicht geben will od wg GeschUnfgk, Verwirkg od Entziehg nicht geben kann (Fortwirkg der Einigg), RKEG 1 Anm 2; – **c)** das Kind vom RelUnterricht abgemeldet w soll, eine rechtl wirksame Einigg aber aus den b genannten Gründen nicht erzielt w kann, Kipp Festgabe 22ff, Engelmann § 2 VI 2. – ,,Bisheriges Bekenntnis'' setzt voraus, daß darüber bereits eine äußerl in Erscheing getretene Bestimmg getroffen war, vgl KG OLG **42**, 124, zB durch Taufe. Unter Religionsunterricht ist der in der damals geltenden WeimRV Art 149 II gedachte RelUnterricht in der Schule zu verstehen, Perels LZ **21**, 644, so daß II auch zutrifft, wenn Weitererziehg in derselben Rel an anderer Stelle geplant ist, ebso Staud-Donau Anm 19. Abmeldg von Bekenntnisschule u gleichzeitige Anmeldg bei Einheitsschule, sofern diese ebenf RelUnterricht hat, fällt nicht darunter. Die Zust ist empfangsbedürftige WillErkl, §§ 104, 116, 130, 183, 184, die Vertretg nicht zuläßt.

3) Das Vormundschaftsgericht III, entscheidet dch den Richter, RPflG **14** Z 19 auf Antr, § 7 S 2, jedes Elternteils, wenn die Zust nicht zu erlangen od verweigert wird. Es hat regelm unter Anhörg der III 3 Genannten, (§ 1847 II ist weggefallen), zweckm auch von Pfarrer u Jugendamt, zu prüfen, ob das Verhalten einer Seite Mißbr darstellt, ohne daß ein solcher aber Voraussetzg für die Entsch wäre, u dann weiter, ob das Verhalten den Erziehgszwecken zuwiderläuft, ohne daß es auf den richterl Überlegg sein muß, nicht etwa die Entsch einer religiösen Gewissensfrage. Maßstab das Wohl des Kindes, das nicht in Gewissensnot u seelische Erschütterg gebracht w darf, Mü JFG **14**, 50. Im Zweifel bisherige Erziehgsform beizubehalten, KG ZBlJugR **XXVIII**, 194. Maßgebd aber auch obj Merkmale, wie Herkommen der Familie, möglichst gleiches Bekenntnis der Geschwister. Kirchenrechtl Strafen sind unbeachtl, Mü JW **27**, 2231. Wenn Heußner FamRZ **60**, 10 im Anschluß an Bosch FamRZ **59**, 411 den Meingswiderstreit von Eheg einer Mischehe für injustiziabel ansieht, so ist damit nichts gewonnen; soll das Kind religionslos bleiben od soll der Eheg tatsächl die Bestimmg haben, der das Kind – wider den Willen des anderen – zur Taufe bringt? Auch dann werden sich im Kindesinteresse Entsch finden lassen zB nach dem vorherrschenden Bekenntn der Gegend, Beschrkg der konfessionellen Verschiedenh auf die Eltern, also Erziehg der Geschwister im gleichen Bekenntn, vgl Traunstein (LG) FamRZ **60**, 37, dagg Heußner FamRZ **60**, 201 (wenig überzeugt); wie hier Gernhuber § 53 I 5. Wegen in Betr kommender Gesichtspunkte der Bestimmg durch VormschG auch Staud-Donau Anm 5. Ein von keinem Elternteil gewünschtes Bekenntnis kann VormschG nicht festsetzen, da es ggü den Eltern keinesfalls freier gestellt ist, als bei Vormd u Pfleger, § 3 II; Engelmann § 2 VI 7, str; vgl auch GG 6 II u § 1627 Anm 2. Gegen die Entscheidg findet einfache **Beschwerde**, FGG 19, 20 (nicht: 60 I Nr 6) der Eltern, aus FGG 57 I Nr 9 auch seitens der Pfarrämter, Mü JFG **12**, 150, u Jugendämter statt.

RKEG 3 I Steht dem Vater oder der Mutter das Recht und die Pflicht, für die Person des Kindes zu sorgen, neben einem dem Kinde bestellten Vormund oder Pfleger zu, so geht bei einer Meinungsverschiedenheit über die Bestimmung des religiösen Bekenntnisses, in dem das Kind erzogen werden soll, die Meinung des Vaters oder der Mutter vor, es sei denn, daß dem Vater oder der Mutter das Recht der religiösen Erziehung auf Grund des § 1666 des Bürgerlichen Gesetzbuchs entzogen ist.

II Steht die Sorge für die Person eines Kindes einem Vormund oder Pfleger allein zu, so hat dieser auch über die religiöse Erziehung des Kindes zu bestimmen. Er bedarf dazu der Genehmigung des Vormundschaftsgerichts. Vor der Genehmigung sind die Eltern sowie erforderlichenfalls Verwandte, Verschwägerte und die Lehrer des Kindes zu hören, wenn es ohne erhebliche Verzögerung oder unverhältnismäßige Kosten geschehen kann. Der § 1847 Abs. 2 des Bürgerlichen Gesetzbuchs findet entsprechende Anwendung. Auch ist das Kind zu hören, wenn es das zehnte Lebensjahr vollendet hat. Weder der Vormund noch der Pfleger können eine schon erfolgte Bestimmung über die religiöse Erziehung ändern.

1) Meingsverschiedenheiten zwischen Vormund (Pfleger) u Elternteil, §§ 1673 II, 1693, 1707. Die Meing des Elternteils geht vor, es sei denn, daß Mißbr vorliegt, § 1666, RKEG 7, od bei Religionswechsel aus unsachl Beweggründen (Verärgerg, Schikane), Mü JFG **14**, 52. Im Falle der Entziehg des rel ErziehgsR gilt I.

2) Bei alleinigem Sorgerecht des Vormunds (Entziehg, Tod beider Eltern od der unehel Mutter, Verwirkg, Ruhen, ohne daß der andere Elternteil SorgeR, u zwar auch nicht in dem beschränkten Umfange, wie zB § 1673 II, hat, s §§ 1666, 1676, 1679, 1773 II) ist dieser, unbeschadet der §§ 1801, 1909, allein berechtigt, zu bestimmen, in welchem Bekenntn (Weltanschauung) das Kind zu erziehen ist; bedarf hierzu (nicht nötig zu jeder einzelnen Anordg; Engelmann § 3 IV 2a) der Gen des VormschG, es entsch der Richter, RPflG **14** Z 10. Sein BestimmgsR entfällt aber, wenn eine Bestimmg bereits getroffen war, II 6. Eine frühere Bestimmg ist unabänderl, KG JFG **3**, 120, und kann höchstens nach § 1666 nachträgl beseitigt werden, RGRK Anm 2. Beseitigg, auch wenn die frühere Bestimmg ungesetzl, vgl RKEG 2 Anm 1. Taufe ist Bestimmg, BayObLG JFG **12**, 149, desgl Beschneidg, BayObLG **61**, 238.

RKEG 4 Verträge über die religiöse Erziehung eines Kindes sind ohne bürgerliche Wirkung.

1) Ohne bürgerl Wirkg (unwirksam), aber möglicherw nicht ohne bürgerl-rechtl Folgen (Eheaufhebg, Scheidg, RG Recht **25** Nr 459, vgl auch EheG 43a Anm 13 ,,Religion der Kinder'', ,,Rücksichtnahme''; doch ohne Folgen eine mit Wissen des anderen Eheg zum Schein der Kirche gegebene Verpflichtg).

Verwandtschaft. 5. Titel: Eltern u eheliche Kinder Anh zu § 1631, § 1632

RKEG 5 Nach der Vollendung des vierzehnten Lebensjahrs steht dem Kinde die Entscheidung darüber zu, zu welchem religiösen Bekenntnis es sich halten will. Hat das Kind das zwölfte Lebensjahr vollendet, so kann es nicht gegen seinen Willen in einem anderen Bekenntnis als bisher erzogen werden.

1) Das Selbstbestimmungsrecht des Kindes entwickelt sich **in drei Stufen**, §§ 2 III S 5; 3 II S 5; 5 S 1 und 2. Bisheriges Bekenntnis ist das, in dem das Kind tatsächl erzogen worden ist, auch wenn das nicht auf gesetzm Weise zustande gekommen ist, BayObLG JFG **8**, 83 gg KG OLG **43**, 269; vgl auch § 2 Anm 1 a E. Es muß aber ein von einem Elternteil gesetzmäßig od nicht gesetzmäßig bestimmtes od von ihnen zugelassenes, nicht aber ein ganz anderes sein; denn § 5 wird durch GG 7 II dahin eingeschränkt, daß die Erz-Berechtigten weiter ein BestimmgsR über die Rel des Kindes haben; vgl auch BVerwG NJW **63**, 1171. Wurde Kind 12 Jahre lang nicht konfessionell, aber nach § 6 erzogen, so braucht es sich plötzliche Bekenntniserziehg nicht gefallen zu lassen, S 2; s auch Kipp Festschr 47.

RKEG 6 Die vorstehenden Bestimmungen finden auf die Erziehung der Kinder in einer nicht bekenntnismäßigen Weltanschauung entsprechende Anwendung.

1) Weltanschauung. Gleichstell ist Folge des Grdsatzes der Glaubens- u Gewissensfreih. Rel Erziehg setzt begriffl nicht Erziehg in einem „Bekenntnis" voraus, kann also auch trotz Unterlassen der Taufe, Fernhalten vom RelUnterricht einer bestimmten Konfession vorliegen.

RKEG 7 Für Streitigkeiten aus diesem Gesetz ist das Vormundschaftsgericht zuständig. Ein Einschreiten von Amts wegen findet dabei nicht statt, es sei denn, daß die Voraussetzungen des § 1666 des Bürgerlichen Gesetzbuchs vorliegen.

1) Vormundschaftsgericht, FGG 5, 7, 36, 43. Vor dieses gehören auch Streitigkeiten über die Zugehörigk des Kindes zu einer Kirche, VerwG Brschw FamRZ **63**, 446. Es entscheidet der Richter, RPflG 14 Z 19. Kein Einschreiten vAw; aber Vorgänge aus RKEG können im Verf bei § 1666 herangezogen werden, RKEG 3 Anm 1. ErmittlgsPfl, FGG 12, gilt auch hier, Mü JFG **14**, 52. Beschwerde vgl § 2 Anm 3.

RKEG 8 (enthält Außerkraftsetzg von Landesrecht und EG Art 134)

RKEG 9 u 10 Wegen Zeitablaufs bedeutgslos.

1632 *Anspruch auf Herausgabe des Kindes.* [I] Die Sorge für die Person des Kindes umfaßt das Recht, die Herausgabe des Kindes von jedem zu verlangen, der es den Eltern widerrechtlich vorenthält.

[II] Verlangt ein Elternteil die Herausgabe des Kindes von dem anderen Elternteil, so entscheidet das Familiengericht.

1) Fassg v I u Hinzufügg v II dch GleichberG Art 1 Z 22; 1. EheRG Art 1 Z 27 ersetzt VormschG dch FamG. Das auf der elterl Gewalt beruhde AufenthBestR (§ 1631) begründet den nach Analogie der EigtKl (§ 985) ausgestalteten HerausgAnspr (v Blume JW **24**, 539). Dagg gibt es nicht ein R zum Besitz an dem Kind (Kipp § 79 IV; anders beiläuf RG **122**, 27) u keinen Besitzschutz analog § 861 bei eigenmächt Wegn dch einen EltT währd des ScheidsRStr; für RückgPfl allein entscheid das Kindeswohl (Düss FamRZ **74**, 99). Einbruch in elt Gewalt dch Dritte w als Muntbruch bestraft (StGB 235) u macht gem § 823 I schadensersatzpfl (RG **141**, 320). Hält das Kind gg den Willen der Elt bei sich völl passiv verhaltnen Dritten auf, so ist das keine widerrechtl Vorenthaltg (LG Kln FamRZ **72**, 376). Anspr erlischt bei Verheiratg des Kindes (§ 1633, StGB 238).

2) Anspruchsinhaber ist der sorgeberechtigte Elternteil idR also Vater u Mutter zus, auch dann, wenn ihm die Vertretg nicht zukommt, §§ 1671, 1672, 1673 II 2. **Verpflichtet zur Herausgabe** ist jeder, der das Kind in seinem unmittelbaren (bei Verheimlichg an dritten Ort) mittelbaren Gewalt hat u die Wiedererlangg durch den Berecht verhindert, RG Warn **33** Nr 43. Wird die Herausg **vom anderen Elternteil** verlangt, so entscheid, ob dieser allein od auch das AufenthBestimmgsR hat od nicht. Verlangen also unberechtigt, wenn dieses Recht dem die Herausg Verlangenden entzogen, § 1666, od nicht zusteht, §§ 1671, 1672, berechtigt, wenn es der Verlangende allein hat. – **Widerrechtlichkeit** scheidet aus, wenn Vorenthaltg v öff R beruht (SchulPfl, FreiwErzHilfe, FürsErz, JWG 71, Strafhaft, einstw Vfg, RG Warn **16** Nr 53). Ein **Zurückbehaltgsrecht**, § 273, findet niemals statt.

3) Geltendmachg der Herausg **a) ggüber dem Dritten nur im Klagewege**, BGH MDR **60**, 912, u zwar idR von beiden an beide Elt, wenn beide sorgeberecht, Anm 1; mögl aber auch Klage eines EltT auf Herausg an sich u den EltT; ist der and zur Mitwirkg nicht bereit, Herausg an sich selbst, Celle FamRZ **70**, 201. Vollstr ZPO 883, 888. Bei dauerndem Getrenntleben der Eltern § 1672, nach Scheidg § 1671. Gilt auch für nehel Mutter, § 1707 Anm 2, ggü dem JA, nicht aber ggü Erzeuger, da dieser EltT; es gilt § 1632 II analog, Karlsr FamRZ **72**, 589. Verlangt das JugA an Stelle der verstorbenen Mutter das nehel Kind von dem nehel Vater u dessen Mutter heraus, so II u I, wobei jedoch ü die Frage, ob die Herausg im wohlverstandenen Interesse des Kindes liegt, allein das FamG entsch (Oldbg DAVorm **76**, 503). Der vom Kind die Herausg gerichtete Widerstand k nicht iW der ZwVollstr (ZPO 883, 888) gebrochen w (BGH FamRZ **75**, 276), sond nur dch direkte Einwirkg der Elt auf das Kind u deren Unterstützg dch das VormschG (KG FamRZ **66**, 155), das analog JWG 48 c das JugA bzw den GVz heranziehen k (Hamm DAVorm **75**, 168). Ab 14 J Wegn gg den erkl Willen des Kindes auch im Hinbl auf GG 2 I bedenkl (BGH FamRZ **75**, 276). Leistet 11jähr Kind auch nach angem Einwirkg noch weiter Widerstand gg die Herausg an seine Mutter, darf der GVz den Widerstand nicht mit Gewalt brechen (AG Springe NJW **78**, 834). Rechtsmißbrauch kann vom Dritten eingewendet w, nicht aber, daß Sorgeberechtigter dem Interesse des Kindes zuwiderhandele od sein SorgeR mißbrauche, da darüber VormschG entscheidet, BGH **LM** § 1707 aF Nr 1, KG FamRZ **65**, 449, Stgt FamRZ **72**, 264, bei dem Eingreifen aus § 1666 veranlaßt w kann, im Ggs zudem bei Streit der Eltern mit den Pflegeeltern um ein natürl Recht der Eltern handelt, Celle FamRZ **70**, 201. Das HerausgR wird grdsl nicht dadch beeinträchtigt, daß sich das Kind bei PflegeElt befindet, die es gut versorgen (BayObLG FamRZ **76**, 232; **78**, 135; Karlsr ZBlJugR **59**, 112; s aber § 1666 Anm 4a). — b) **Verlangt ein Elternteil das Kind vom andern heraus**, so entsch FamG, **II**, nach Anhörg der JA, JWG 48a Z 3. Diese Neuregelg vermeidet, daß FamG ü die Verteilg der elt Gew eine and Entsch trifft u damit der Entsch des ProzG ü die Herausg den Boden entzieht. II gilt auch, wenn Vater das für ehel erklärte Kind von ne Mutter herausverlangt (BGH **40**, 1), wenn AmtsVormd Herausg seines Mdls von dessen nehel Vater verlangt (Oldbg NdsRpfl **73**, 238; Hamm NJW **74**, 954), oder der vom FamG gem § 1671 V bestellte Vormd (KG NJW **78**, 894) od Pfleger von dessen nehel Vater verlangt (Oldbg NdsRpfl **73**, 238; Hamm NJW **74**, 954), oder der vom FamG gem § 1671 V bestellte Vormd (KG NJW **78**, 894) od Pfleger von dem Elt, wobei FamG überprüfen muß, ob die Entsch ü die SorgeREntzieh zur Vermeidg der Gefährdg des Kindeswohls geändert w muß (KG NJW **70**, 1793). AO der Herausg aber keine reine VollstrMaßn, sond Kindeswohl entsch; sind im SorgeRVerf alle Gesichtspunkte für die Herausg geprüft, wird sich Prüfg darauf beschränken können, ob derZtpkt richtig gewählt od das Verlangen mißbräuchl ist, keinesf kann dem herausgabeverpflichteten Elternteil zugegeben w, mit erzieherischen Mitteln, die ihm ja gerade nicht zustehen, auf das Kind einzuwirken, sein Widerstreben gg die Zuteilg aufzugeben (Hamm FamRZ **67**, 296); sind damals Gesichtspunkte für Herausg nicht erörtert, hat FamG diese bes zu prüfen (BayObLG **63**, 191). Da in Entsch auf Herausg in diesen Fällen gleichzeit Ablehng eines Mißbrauchs, § 1666, liegt, auch BeschwR nach FGG 57 I Z 8, zB Großeltern, gegeben (BayObLG NJW **65**, 1716). Ist einem EltT zugeteilt (§ 1671), kann FamG Herausg dch vorl AO ablehnen, wenn Grd für vorübergehde Vorenthaltg des Kindes besteht od die Verhältnisse im Interesse des Kindeswohls eine Nachprüfg verlangen u die endgült Entsch nicht abgewartet w kann (Stgt OLGZ **66**, 471; aM KG FamRZ **71**, 585: im allg AnO erst nach Abschl der Ermittlgen). Es besteht auch kein Grds, daß Kind, das vom and EltT weggenommen ist, ohne Rücks auf sein Wohl wieder zurückgebracht w müßte (KG NJW **70**, 149). — Zul **Einwendg**, das HerausgVerlangen enthalte SorgeRMißbr iSv § 1666, weil zB inf starker Entfremdg Störg der psych Entwicklg beim Kind zu befürchten. Unzul dagg Ablehng der Herausg iVm VerkRegelg gem § 1634 (Stgt FamRZ **75**, 106).

4) Verfahrensrecht. Urt gem I gg SicherhLeistg vorl vollstreckb (Zweibr MDR **75**, 851). II ist FamSache (ZPO 621 I Z 3); Erzwingg der Herausg dch ZwGeld od Gewalt (FGG 33). Verhängg einer Ordngsstrafe setzt Verschulden voraus; ausreichd, wenn dem SorgeBerecht die tatsächl Mögl verschafft w, die 7—10jähr abholbereiten Kinder mitzunehmen (Mannh Just **76**, 431). Zustdgk FGG 43, 36; es entsch der Richter (RPflG 14 Z 7). Über Herausgabeverlangen des Vormd entsch FamG in II, soweit ErsetzgsR des VormschG dch FamG in II die Verweisg in § 1800 I übersehen hat (vgl BT-Drucks 7/650 S 176); die Zustdgk des FamG ergibt sich aber aus dem SachZushg jedenf dann, wenn die VormdBestellg eine Scheidgsfolgemaßn gem § 1671 V ist (KG FamRZ **78**, 351; MüKo/Hinz Rdn 25). Dagg ist VormschG zustd, wenn JugA als Pfleger die Herausg des Kindes von Elt verlangt, dem PersSorge gem § 1666 entzogen ist (Oldbg u KG FamRZ **78**, 706); ebso bei Herausg eines nehel Kindes (Kln FamRZ **78**, 707; währd Schlesw FamRZ **78**, 708 Zustdgk des ProzG offenhält). **Rechtsbehelfe** iRv II: iR des EntschVerbundes Berufg u Rev; bei isolierter Anf des VerbundUrt nur wg II u bei Anf einer Entsch n II als selbst FamSache Beschw (ZPO 621e I, 629a II) binnen 1 Mo ab Zustellg (ZPO 621e III Z 1) zum OLG (GVG 119 I 2). Beschw unzul, wenn Kind dch II herausgegeben ist (Oldbg FamRZ **78**, 437). Gg den Erlaß od die Ablehng einstw AnOen auf Herausg des Kindes ist die Beschw unabh v ZPO 621e, 620c gem FGG 19 zul (Hamm FamRZ **78**, 441). Weitere Beschw als VerwerfgsBeschw bzw nach Zulassg zum BGH (ZPO 621e II, 629a II, GVG 133 Z 2); die erweiterte BeschwBerechtigg für jeden Interessierten entfällt (ZPO 57 I Z 4a III, 64a III, ZPO 621e), läßt jedoch die BeschwBerechtigg des JugA unberührt. Zul **einstw AnO** innerh des EntschVerbundes (Einf 4f v § 1564) gem ZPO 620 Z 3 od gem FGG (vgl Bassenge FGG 2. Aufl § 24 Anm 4). Sof Beschw dagg (ZPO 620c) od (trotz ZPO 621e) in entspr Anwendg von ZPO 620c eingeschränkt, so daß Beschw unzul gg Ablehng einer einstw AnO (Düss FamRZ **77**, 825; vgl iü Einf 4 v § 1564).

1633 Einschränkung der Personensorge durch Heirat.
Die Sorge für die Person eines Minderjährigen, der verheiratet ist oder war, beschränkt sich auf die Vertretung in den persönlichen Angelegenheiten.

1) Geänd dch VolljkG Art 1 Z 7. **Schutzvorschrift** zG 16 u 17jähr Söhne u Töchter, die vor Eintr der Volljk eine Ehe eingehen. Denn im Ggs z früh R, wo der Sohn vor Eheschließg f volljk erkl wurde u zum Gemeinen R, wonach Heirat die Frau münd machte (ebso evtl nach dessen HeimatR bei Eheschl mit Ausl, RG **91**, 407), kann das VormschG heute beiden Geschlechtern Befreiung vom VolljkErfordern erteilen (EheG 1 II nF). Die elt Gew wird dadch nicht beseit, sond nur eingeschrkt. Hins der tatsächl PersSorge steht der Mj einem volljk gleich. **Wiederauflösg der Ehe** (auch NichtigErkl) noch vor Eintr der Volljk ändert an dem dch die Eheschl eingetretenen Zustand nichts; die elt Gew lebt nicht wieder zu vollem Umfang auf u erstreckt sich auch nicht auf die Enkel (für sie gelten §§ 1673 II, 1671, 1681).

2) Die Gewhaber, idR also die Elt, behalten die **Vermögenssorge**, vgl § 1626 Anm 4c (Ausn: EheVertr mit VerwR des and Eheg gem §§ 1411, 1421), haben aber den Überschuß der Einkünfte aus dem KindesVerm (§ 1649 II 2) u bei Volljk das Verm (§ 1698) herauszugeben. Geltdmachg v UnterhAnspr gg Eheg des Kindes, aber (wg ZPO 612 I) nicht bei Antr auf einstw AO z Regelg der Unterh (ZPO 627). Bei Meingsverschiedenh zw Gewhaber u Kind sowie bei Mischtatbestden (teils Pers-, teils VermSorge) Entsch des VormschG analog § 1630.

3) Dagg wird die **tatsächl Fürsorge** (§ 1626 Anm 4a) dch die Eheschl **eingeschränkt**. Es entfällt (mit Ausn der Vertretg) die PersSorge u damit auch das ErziehgsR (Darmst NJW **65**, 1235). Kein Übergang dieser Rechte zur Erziehg, Beaufsichtigg, AufenthBest usw auf den Eheg des Kindes, sond im Verh der Ehel zueinand gelten §§ 1353ff. Entspr hat Eheg kein R, dem Kind den Verk mit seinen Elt zu untersagen. Aus-

Verwandtschaft. 5. Titel: Eltern u eheliche Kinder §§ 1633, 1634

geschl AO der ErzBeistandsch od freiw ErzHilfe (JWG 64 Anm 2). In einem Verf zZw der Übertr der PersSorge auf Pfleger gem § 1671 V führt Eheschl der Tochter zur Erledigg der Haupts (Hamm FamRZ 73, 148). Die Elt behalten eine Art VerkR (Staud-Donau 10; aA Erm-Ronke 2) u die Vertretg in PersSorgesachen (§ 1626 Anm 4b), zB Vertretg bei StrafAntr (StGB 65 I). Benötigt Eheg Zust des Kindes, muß er sich an Gewhaber wenden.

1634 *Persönlicher Verkehr mit dem Kind.* I Ein Elternteil, dem die Sorge für die Person des Kindes nicht zusteht, behält die Befugnis, mit ihm persönlich zu verkehren.
II Das Familiengericht kann den Verkehr näher regeln. Es kann ihn für eine bestimmte Zeit oder dauernd ausschließen, wenn dies zum Wohle des Kindes erforderlich ist.

Schrifttum: Giesen NJW 72, 227; Neuhaus FamRZ 72, 279; Simon FamRZ 72, 485; Vollertsen, ZBlJugR 77, 230; Dürr, VerkRegelg gem § 1634 BGB, Stgt 1977.

1) Dem nicht sorgeberecht EltT bleibt das **Recht zum persönl Verkehr** (VerkR). Fassg GleichberG Art 1 Z 22; 1. EheRG Art 1 Z 27 ersetzt VormschG dch FamG. Verfassgskonform, BVerfG NJW 71, 1447, BayVerfGH NJW 73, 1644. – a) Müß Streit um **Deutg** des VerkR als Teil der PersSorge (arg „behält"), RG 153, 238, Gernhuber § 53 III 1, als natürl EltR, Beitzke FamRZ 58, 10, Dölle § 98 I 1, od als bl Ausdr der persönl Verbundenh zw EltT u Kind, Simon FamRZ 72, 485. IjF stehen sich Verk- u PersSorge iRv § 1634 als selbstd, sich ggseit beschränkde Rechte ggü, BGH NJW 69, 422. Soweit das der VerkZweck erfordert, wird das PersSorgeR eingeschränkt, KG JFG 12, 79. Umgek muß das VerkR, dem eine VerkPfl nicht entspricht, bisw als das schwächere Recht dem stärkeren SorgeR weichen, wenn näml dch Ausübg des VerkR diej des SorgeR, zB bei einer Umsiedlg ins Ausl, unmögl gemacht würde, RG 141, 321, Neust FamRZ 63, 300. Widerstrebt VerkBerecht der Auswanderg, so ist vor Paßerteilg Entsch des FamG notw (BayObLG JR 57, 141); sa § 1696 Anm 2. Ebso ist bei Ausweisg des VerkBerecht dessen VerkR z berücks, OVG Münster FamRZ 69, 35. – b) Das VerkR ist subj Recht iSv § 823 I, das seinem **Inhalt** nach nicht darauf gerichtet ist, das Kind zu erziehen (denn dieses Recht hat der sorgeberecht EltT, § 1631), od den and EltT z überwachen, KG DR 40, 980. Das VerkR soll vielm dem **Berechtigten** die Möglk geben, sich v der Entwicklg u dem Wohlergehen des Kindes lfd z überzeugen u die zw ihnen bestehenden natürl Bande z pflegen, BGH NJW 69, 422. Desh VerkR auch ggü Säugling, ebso wie es auf die Umst nicht ankommt, die zum Verlust des PersSorgeR geführt haben u denen ggf über II 2 dch geeign Maßn des FamG Rechng z tragen ist, so daß VerkR der geschied od getr lebde Eheg h, der nicht sorgeberecht ist, §§ 1671, 1672, der Ehebrecherin, Stgt FamRZ 59, 296, die Prostituierte, Brschw MDR 62, 132; ferner wenn die Ehe für nichtig erkl od aufgeh ist, EheG 37 I, selbst bei Entziehg, § 1666, Ruhen u Verwirkg der elterl Gew, § 1676. Anders nur iF der KindesAnn, vgl § 1755. VerkR steht beiden EltT zu, wenn das PersSorgeR einem Pfleger übertr ist, § 1671 V, BayObLG NJW 64, 1324. Entspr anwendb ist § 1634 auch, wenn die Elt bei bestehder Ehe u getrennt lebens PersSorge tatsächl getrennt ausüben, aber Antr aus § 1672 nicht stellen, hM, BayObLG NJW 63, 2276, KG FamRZ 65, 154, aA Gernhuber § 53 III 8, Merkert NJW 64, 1059, mit der Begrdg, die Analogie führe zu einem „verfassgswidr Eingriff in die elterl Gew". Davon kann jedoch solange keine Rede sein, als die Elt selbst als GrdRTräger es sind, die der kleinen Entsch des FamG (iü regelm nur über die Ausgestaltg des Verk mit dem gemeinschaftl Kind) den Vorzug geben u solange es ihnen freisteht, jederzeit die große Entsch nach § 1672 herbeizuführen, besonds zG der hM ein arg a maiore ad minus, sofern man, wie Gernhuber, das VerkR als Rest der PersSorge auffaßt, Anm a. – c) VerkR ist höchstpersönl, unverzichtb EltR, RG JW 25, 2115, u kann auch der Ausübg nach niemandem, insb auch nicht den **Großeltern**, überlassen w, KG RJA 15, 96, denen ihrers kein VerkR zust (BayObLG 63, 293; aA Birk FamRZ 67, 306). Die Beziehungen zu ihnen liegen im allg aber im Interesse der Enkelkindes u müssen desh aufrechterhalten u gepflegt w, BayObLG NJW 65, 1716, so daß § 1666 vorliegt, wenn Elt das ihnen zustehde EntschR ü diesen Verk mißbrauchen, Düss FamRZ 67, 340, was regelm der Fall ist, wenn ein EltT ohne verständ Grd den Verk seines Kindes mit den GroßElt unterbindet (Brschw FamRZ 73, 268) od bei 12j Enkel nach dem Tod des Vaters (BayObLG FamRZ 75, 279). Unterbindet der SorgeBerecht mißbräuchl jegl persönl Verk zw Enkelkindern u GroßElt, so kann ihm insow die elt Gew entzogen u eine gerichtl Besuchsregelg getroffen w (Mannh DAVorm 77, 323). Aber kein Mißbr, wenn erhebl Spanngen bestehen, zB dadch, daß Großmutter eigenmächt in die Erziehg eingreift (KG FamRZ 70, 209). – **De lege ferenda** sollte die Zustdgk des FamG auf die Entsch über das VerkR iRv ZPO 621 I Z 2, also soweit es sich unmittelb um eine Scheidgsfolgesache handelt, beschränkt bleiben (vgl § 1632 Anm 4).

2) Die **Verkehrsregelg** richtet sich nach dem Willen der Elt od w dch das FamG getroffen. Ist der VerkBerecht mit dem Vorschl des PersSorgeBerecht nicht einverstanden u können sich die Elt ü die Ausübg des Verk auch nicht einigen, dazu Giesen NJW 72, 225, so regelt das FamG den Verk ausschließl unter dem Gspkt des Kindeswohls. Bei FürsErz bestimmt der ErzBeh den Verk, KG ZBlJR 28, 329. Bei Gefährdg des ErzZwecks kann von einer Mitteilg des Unterbringgsorts iF der FürsErz abgesehen w, JWG 71 Anm 3. a) Die VerkRegelg kann unter den Elt **vereinbart** w, insb kann dies anläßl der Einigg der geschied Elt ü die Zuteilg des SorgeR an einen EltT geschehen, § 1671 II. Vereinbg schon mit Rücks auf diese Koppelg für beide Teile bindd, aA BayObLG FamRZ 65, 618, u in AusnFällen dch Ordngsstrafen erzwingb, Anm 4 c. Haben die Elt sich geeinigt, so können sie gemeins eine and Regelg treffen. Einseit Widerruf aus Grden des Kindeswohls dagg unzul; abweichde Regelg kann nur dch Entsch des FamG erreicht w (Karlsr FamRZ 59, 70). – b) **Eingreifen des FamilienG**, II 1, soweit eine Einigg der Elt nicht vorliegt, aber auch bei Mißbr, ohne Antr (BayObLG NJW 66, 1322), u stets nur im Interesse des Kindes. II entspr anwendb, wenn SorgeR zwar beiden Elt zusteht, tatsächl aber nur von einem ausgeübt w (KG FamRZ 65, 154; BayObLG NJW 66, 1322). **Unerheblich** für die dch das FamG zu treffde VerkRegelg ist früh SchuldAusspr od ob VerkBerecht seiner UnterhPfl nachkommt (Celle ZBlJR 54, 86; Düss ZBlJR 55, 274); ebsowen Bindg an bes Wünsche des SorgeBerecht (BVerfG NJW 71, 1447; BGH 51, 219). Zur Berücksichtigg eines enttggstehnden Kindeswillens Anm 3b. – Das FamG ist zur Regelg des VerkR u zu dessen zwangsw Dchsetzg

1515

auch **ggü Dritten** (Groß-, PflegeElt) zust, in deren ständ Obhut sich das Kind befindet; der verkberecht EltT braucht sich nicht auf den KlWeg verweisen zu lassen (Bln FamRZ **75**, 637).

3) Inhalt der VerkRegelg. a) Diese betrifft den **Kontakt des Kindes mit dem VerkBerechtigten**, also auch den BriefVerk, KG DR **42**, 526, der ggf untersagt w kann, KG FamRZ **68**, 262, idR aber umgek auch nicht nur ersatzw an Stelle der persönl Begegng zugelassen w sollte, Staud-Schwoerer 15f, aA Dölle § 98 I 3. VerkR des Inhaftierten kann sich auf Zusend v Fotos reduzieren, LG Bln FamRZ **73**, 147, um sich ü die Entwicklg des Kindes zu informieren. § 1634 deckt nicht AO bzgl dem Kind zu machder Geschenke, KGJ **34** A 23 (sie sind in mäß Umfang zul), od Benachrichtigg ü das Befinden des Kindes. Störgen des Verk dch den sorgeberecht EltT können Maßn gg diesen nach § 1666 auslösen. Das VormschG [jetzt: FamG] regelt, falls erforderl, den Verk erschöpfd nach Zeit, Ort u Art, vgl BayObLG FamRZ **65**, 156. Es hat darauf zu achten, daß in das Recht des SorgeBerecht nicht mehr, als unbedingt erforderl, eingegriffen w, KG HRR **35**, 351. Oberster Grdsatz für die Entsch ist das **Kindeswohl**; Richtschnur für die Regelg im einz sind somit, vgl § 1671 Anm 3, das FördergsPrinz u das der Einheitlk u Gleichmäßigk der Erzieh. Das FamG hat darauf zu achten, daß nicht angebl SchutzMaßn zum Wohl des Kindes in Wirklichk nur der Schong des sorgeberecht EltT dienen, so daß zB Ausschl der Ggwart der GroßElt, die früher das Kind 2 J betreut haben, idR nicht gerechtf ist (Stgt NJW **78**, 380). **aa) Häufigkeit** (bei Getrenntleben im allg etwas mehr als nach Scheidg, BayObLG FamRZ **66**, 455): Grdsl **period Verkehr** von jeweils kurzer Dauer die beste Lösg, damit Besuch möglichst bald zur festen Gewohnh w kann, BayObLG **57**, 134, ein- od zweimal im Mo einige Stden, BayObLG NJW **64**, 1324, mtl 1 WoEnde, Karlsr OLGZ **67**, 468; bei großer Entferng jeden 2. Mo 1 WoEndBesuch bei nicht sorgeberecht EltT (Mannh Just **76**, 475); Ergänz des period Verk dch Ferienbesuch nur bei NichtBeeintr der ErzKontinuität (LG Bln FamRZ **73**, 99; KG FamRZ **78**, 728); bei weiter Entferng, insb wenn VerkBerecht im Ausl lebt, als Ersatz jährl einmaliger Ferienbesuch von ca 2 Wo (BayObLG **51**, 530); iü ZusZiehg v mtl VerkR zu $\frac{1}{4}$jährl Wo-End-Besuchen mit Übernachten erst ab Schulreife (Heilbr Just **74**, 425). Bleibt Kind längere Zeit bei dem and Teil, braucht dieser insow keinen Unterh an den SorgeBerecht zu zahlen (LG BLn FamRZ **72**, 217). An Festtagen gehört das Kind zum SorgeBerecht (Mü JW **39**, 290); nach Mannh MDR **61**, 1016 soll Kind an 2. Festtagen zum VerkBerecht (aA Heilbronn Just **73**, 433, damit Elt sich nicht ggseit ausstechen). Bei zwingenden HindergsGrden in der Pers des Kindes Verschiebg des Besuchs auf den nächstmögl entspr WoTag, weil sonst Gefahr der Umgeh des natürl BesuchsR (Heilbronn Just **74**, 126). Dagg keine allg Ersatzregelg f KrankhFälle (LG Karlsr DAVorm **75**, 243). – **bb) Ort:** Grdsl Wohng des VerkBerecht (BayObLG FamRZ **65**, 156). Falls Besuch des Kindes dort untunl, kann Verk an drittem Ort (JugAmt, Pfarrer) angeordnet w, jedenf möglichst nicht im Hause des SorgeBerecht (OLG **43**, 370), es sei denn die Elt vermögen sich ohne Feindseligk zu begegnen. – **cc)** Bei der **Art und Weise** der Ausgestaltg des VerkR, sa Anm 2b, ist in erster Linie darauf zu achten, daß das Kind dch den Verk keine Schädiggen erleidet, zB sich nicht bei dem kranken VerkBerecht ansteckt (KGJ **53**, 30), od sonst gefährdet wird, zB dch ungünst Einflüsse auf labiles Kind bei Besuchen des in Strafhaft befindl Vaters (KG FamRZ **68**, 260). Mögl desh auch Verbot religiöser od konfessioneller Einflußn, (BayObLG NJW **61**, 1581), od best Themen (Scheidg!) zu berühren, außerh der BesuchsZt mit dem Kind zu sprechen (Hamm FamRZ **66**, 254). VerkBerecht hat außer in Notfällen auch nicht das R, das Kind ärztl untersuchen zu lassen, ebsowen bei einer vom SorgeBerecht veranlaßten ärztl Untersuch anwesd zu s, (Stgt FamRZ **66**, 256). Umgek hat im Interesse eines natürl, unbefangenen ZusSeins mit dem VerkBerecht der SorgeBerecht kein R, bei dem Verk dabei zu s; wohl aber AO der Anwesenh einer Pflegerin bei Kind im Säuglingsalter, (BayObLG JFG **5**, 76), od einer **AufsichtsPers** (Überwachgspfleger, JFG **15**, 253), wenn sonst das Wohl des Kindes gefährdet wäre, (Hamm NJW **67**, 446), zB bei ansteckender Krankh od wenn nach der Persönlk des VerkBerecht u seiner inneren Einstellg dem Kinde ggü ihm nicht das Vertrauen enttgebracht w kann, daß er ohne Beaufsichtigg den VerkZweck wahren würde, (KG JR Rspr **27**, 1897). Zu Besonderheiten bei Verfeindg der Eltern Anm b. Der sorgeberecht EltT kann die **Anwesenheit Dritter** (zB der GroßElt des Kindes) währd der Dauer des periodl Verk nicht verbieten, insb verlangt Kindeswohl in aller Regel nicht, daß vor Ankunft des Kindes der neue LebGefährte des VerkBerecht entfernt w (BGH **51**, 224), mag dieser auch für das Scheitern der EltEhe verantwortl gewesen s (Weber FamRZ **73**, 285), weil eine ungezwungene Begegng mit dem VerkBerecht sich am besten in dessen natürl Umgebg verwirkl läßt. Maßgebd die Verständigk der Ki u ob sie den Dr als störend empfinden (KG FamRZ **78**, 729). Sind Geschwister nicht bei demselben EltT untergebracht, so ist darauf Rücks zu nehmen, daß sich die Geschw sehen können (JFG **2**, 80, Dölle § 98 I 3).
b) Das FamG kann den **Verkehr zeitweise oder dauernd ausschließen, II 2.** Entscheid für solche Einschränkgen ist allein das Kindeswohl. Zu berücks, daß unter diesem GesPkt von Psychologen das VerkR überh in Frage gestellt, Lempp NJW **63**, 1661, u iü ein uU häufigerer Ausschl des VerkR, als es ggwärt Praxis entspricht, empfohlen w, Giesen NJW **72**, 225. Desh muß beiden Elt nachdrückl (evtl im Empfehlg therapeutischer Maßn) klar gemacht w, daß der Konflikt, der zum Scheitern ihrer Ehe geführt h, auf keinen Fall in das Kind projiziert w darf. Dem Kinde ggü verdient der ehem Eheg nach wie vor Respekt; das Kind merkt bei der gebotenen Zurückhaltg selbst am schnellsten, wer von seinen beiden Elt es seel am meisten fördert. So keine Ausschließg des Verk allein der **Verfeindg der Eltern** wg, da sie keine StrafMaßn gg einen EltT s soll BayObLG **57**, 134, wohl aber, wenn sie einz Mittel ist, die Abwanderg des Kindes vom SorgeBerecht zum besuchsberecht EltT in Nachahmg eines älteren Geschw zu vermeiden (Stgt NJW **78**, 1593) od Verhetzgen des Kindes gg den SorgeBerecht zu verhindern (Schlesw SchlHA **57**, 101); bei umgek Verhalten des SorgeBerecht ggü VerkBerecht Maßn nach § 1666; der SorgeBerecht kann dch Zwang zu einer Beeinflussg des Kindes gg den VerkBerecht abgehalten w (Mü JFG **14**, 464). IdR führen Spanngen zw den Elt jedoch allenf zu einer Beschrkg des VerkR, zB auf 1 Besuch im Mo, trotz enger persönl Bindgen des Kindes zum VerkBerecht (Heilbr Just **74**, 126). Bedenkl, bei Klein- u SchulKindern den VerkR generell auszuschließen, wenn die Elt ihre Scheidg innerl noch nicht bewältigt haben (so Ravbg DAVorm **76**, 417). Solange Kind dadch nicht gefährdet w, auch keine Ausschließg, wenn geschied EltT außerehel Beziehgen unterhält, Schlesw MDR **57**, 420, od verkberecht Mutter der Prostitution nachgeht, Brschw MDR **62**, 132. Der völl Ausschl des Verk ist nur in bes schweren Fällen gerechtf, wenn keine and Mittel zum

Verwandtschaft. 5. Titel: Eltern u eheliche Kinder § 1634

Schutz des Kindes vorh sind (muß „erforderl sein"), Hamm FamRZ 66, 317, sa Karlsr FamRZ 58, 332, was das FamG verpflichtet, alle gegebenen Möglkten zu prüfen, Brschw MDR 62, 132, zB ZusSein in Anwesenh Dritter, Celle ZBlJR 62, 56, u Anm a cc. Ein dem BesuchsR **entggstehder Kindeswille** ist grdsl in dem Sinne beachtl, daß das Ger den Grden dafür dch eig Anhörg des Kindes nachzugehen hat. Ob das Kind selbst den and EltT besuchen will od nicht, darauf kommt es allerd nicht ow an (BayObLG FamRZ 65, 158); denn auch die Pflege der FamBande gehört zum Wohl des Kindes (sa Strätz FamRZ 75, 546). Der SorgeBerecht hat die Pfl, den Widerstand des Kindes zu überwinden, u kraft seiner Autorität auf die Besuche hinzuwirken (Mü JFG 14, 468), also dch erzieher Einwirkg das Kind zum Besuch zu veranl (Ffm FamRZ 66, 258; Tüb DAVorm 74, 193). Aber den Grden für eine solche Abneigg muß das FamG unter Prüfg der Einsichtsfähigk des Kindes für die Bedeutg eines solchen Verk nachgehen, Ffm FamRZ 68, 661, insb dch persönl Eindruck u Anhörg des JA, Düss FamRZ 69, 664, ob sie in der Pers des SorgeBerecht liegen, welchen Grad der Ablehng u welche Folgen der Verk für das Kind hat, BayObLG ZBlJR 68, 145, so auch bei Abänderg der VorEntsch dch BeschwG, KG FamRZ 70, 93. Bei ernsth Gefahr von Gesundh-Schäden muß Besuch unterbunden w, Mannh NJW 72, 950. Bei einem annähernd erwachsenen Kind w die VerkRegelg dagg umgek auf die Wünsche des Kindes Rücks nehmen, Hamm FamRZ 65, 83, insb erscheint Bejahg des VerkR dann untunl, wenn das Kind sich aus guten Grden sträubt, den and EltT zu besuchen (LG Mü FamRZ 71, 311), zB 13j Mädchen, wenn verkberecht Vater wg sex KindesMißbr vorbestraft ist (Ravbg DAVorm 75, 243). IjF muß der Versuch untern w, dem Kind (gleich welchen Alters) die getroffene Entsch plausibel zu machen. Die Ausübg des zugebilligten BesuchsR geschieht unabh von einem evtl enggstehden Kindeswillen (AG Ravbg DAVorm 75, 242). Erzwingg des VerkRAusschl wie beim Umgangsverbot (§ 1631 Anm 3a) dch Kl od einstw Vfg (Ffm FamRZ 75, 218).

c) Die **Anordngen,** die jederzeit abänderb sind (auch durch ein anderes inzw zust gewordenes VormschG [jetzt: FamG], KG JW 29, 1752), müssen vollst, vollziehb u vollstreckb sein, vgl Anm 4; insb müssen sie genaue u erschöpfde Anweisgen über Zeit, Ort, Häufigk, Abholg, ggf Überwachg des Kindes enthalten, KG DFG 37, 66. Mit Ausführg der AOen kann auch JA betraut werden, JWG 48.

4) Verfahrensrechtliches. a) Für die VerkRegelg **zuständig** ist ausschließl das FamG (ZPO 621 I Z 2), u zwar auch ü die Frage, ob VerkR überh besteht, arg II 2 (KG MDR 52, 616); ebso für die Ermächtigg des gem § 1671 V bestellten Pflegers, den Elt den Unterbringsort des Kindes nicht mitzuteilen (Oldbg FamRZ 78, 268). Es entsch der Richter, RPflG 14 Z 16. FamG auch zustdg für **einstw AnO** ü VerkR (ZPO 620 Z 2); nur auf Antr, es sei denn iR einer selbstd FamSache (zB § 1672). Dagg Eingreifen des FamG gg Mißbr des VerkR vAw (Kblz DAVorm 78, 276). Desh auch keine vergleichsw Regelg des Verk dch die Elt mit der Folge der ZPO 888, 890, 793 (aA Kblz FamRZ 78, 605). Verf ü VerkR ist FGG-Sache (ZPO 621 a I). Das FamG kann seine einstw AnOen jederzeit ändern ebso wie eine vor dem ProzGer vergleichsw getroffene Regelg (BayObLG NJW 65, 399). Steht getrennt lebden od geschiedenen Ehel die elt Gewalt noch gemeins zu, dann evtl § 1634 analog für den EltT, bei dem sich das Kind nicht befindet (Kln FamRZ 78, 727). **b)** Im **Verfahren vor dem FamGericht,** sa § 1671 Anm 7, sind die Elt z hören, wovon nur aus schwerw Grden abgesehen w darf, § 1695, ebso das JA (JWG 48a Z 4), u zwar auch f den Wohns des EltT zuständige JA, bei dem das Kind sich nicht aufhält (Hamm FamRZ 65, 83). Fühlgn mit dem Kind geboten insb bei Besuchsverweigerg fast erwachs Jugdlicher (vgl Düss FamRZ 69, 664, KG FamRZ 70, 93); bei Verstoß gg zwingd gebotene Anhörg eines 14j Kindes Aufhebg u Zurückverweisg (Schlesw SchlHA 77, 191). Wirksamk der Entsch mit Bekanntg, FFG 16. Ausführg v AO gem II 1 dch JA, JWG 48a Z 4. **c)** Die AOen des FamG w erzwungen nicht im ProzWege, sond dch betragsmäß wenigstens umrissene („bis zu 1000 DM"), BGH FamRZ 73, 622, LG Bln FamRZ 73, 267, schon in die familiengerichtl AO ausdrückl (Bln FamRZ 76, 285) aufzunehmde u von Zuwiderhdlg unabhängige, KG FamRZ 66, 318, Karlsr FamRZ 67, 229, Androhg v **Zwangsgeld,** FGG 33. Gilt nicht f eine im ScheidgsVerf vergleichsw getr Regelg, wohl aber möglicherw f einen vor dem FamG nach § 1671 abgeschl Vergl, sofern dieses ihm eindeut den Charakter einer gerichtl Vfg gegeben h (Hamm OLGZ 67, 466); jedoch keine Erzwingg seitens des BeschwG (BayObLG FamRZ 68, 663). Zur VerkRegelg u OrdngsStr ggü Dritten Anm 2b. Vor Festsetzg ist die OrdngsStr anzudrohen, dch Beschl od Aufn in die zu vollziehde Vfg. Bei wiederkehrden Zuwiderhdlgsmöglichkeiten (monatl BesuchsR) keine Wiederholg der Androhg erfdl (Stgt Just 78, 112). Androhg muß im Tenor ein eindeut Ge- od Verbot enthalten, also ü Art, Ort u Zeit des Verk (BayObLG FamRZ 71, 184); denn nur dann ist der für die Festsetzg erforderl Schuldvorwurf zu machen (Düss FamRZ 78, 619). Dagg kann ausdrückl Gebot, das Kind zur Abholg bereitzuhalten u es an den and EltT herauszugeben, fehlen (KG FamRZ 77, 405). Auch für die nachträgl Androhg (BayObLG FamRZ 78, 203) sowie für die Festsetzg des Zwangsgeldes ist das FamG zust (BayObLG FamRZ 77, 736; KG FamRZ 78, 440). Mögl Änd der BesuchsRRegelg im BeschwWege führt nicht automat wg Wegfalls des Beuge-Zw zur Aufhebg des ZwGeldes (Hamm FamRZ 75, 639). **d)** Gg die Entsch des FamG eint Dch **Beschwerde** (ZPO 621e I, 629a II), u zwar auch gg die Verhängg eines Zwangsgeldes iGgs zu ZPO 621e I gem FGG 19ff (Mü FamRZ 77, 824). BeschwBerecht sind der die PersSorge Ausübde u der VerkBerecht, FGG 20, JA u sonst Pers iRv FGG 57 I Z 9, ferner das Kind, FGG 59, so daß ab 14 J auch ihm zugestellt w muß (Mü FamRZ 78, 614). Hat die personensorgeberecht Mutter die Angelegenh bereits wahrgn, so fehlt dem Stiefvater RSchutzInteresse f eig Beschw (KG NJW 68, 1679). Sachl Entscheidg über ein zuläss RechtsM eines Beteiligten erst, wenn RechtsMFr für die übr Beteiligten ggf abgelaufen ist (Mü FamRZ 78, 614). Kein Verbot einer reformatio in peius (Schlechterstellg) des BeschwFührers, da Wohl des Kindes maßg (KG FamRZ 68, 664). Weitere Beschw wg VerkRegelg, wenn das OLG sie zugelassen hat (ZPO 621e II); gg Erzwingg der OrdngsStr, da Verhängg der OrdngsStr selbstd VerfahrensGgst (BGH FamRZ 73, 622, KG FamRZ 78, 42). Weitere Beschw auch, wenn beiden Elt elterl Gew zusteht u Besuchsregelg erforderl ist (aA Düss FamRZ 72, 41), od GroßElt Recht zu Umgang eingeräumt w (Brschw FamRZ 73, 268); Einschrkg der BeschwBerechtigg n FGG 57 I Z 9, II, 64a III, ZPO 621e. Vgl iü auch § 1632 Anm 4. Gebühren vgl § 1671 Anm 7. **e)** Zuläss, insb iFv II 2 (LG Mü DAVorm 76, 210), **einstw AnO.** Dagg nach hM auch im isolierten AnOVerf keine Beschw zul (Stgt FamRZ 77, 826 mNachw; sa Einf 4 v § 1564). Vgl iü ZPO 620 Z 2, 620b I 1.

1517

5) Verkehrskosten. Über sie entsch das ProzG, BayObLG JFG **5**, 76; das FamG kann allenf vorläufige Regelg treffen, JFG **14**, 34. Regelmäßig werden solche Kosten dem Verkehrsberecht zur Last fallen, Hbg OLG **11**, 296, vgl auch Endemann JW **33**, 2080 str, zT können sie aber auch unter dem Gesichtspkt des Unterhalts zu beurteilen sein, vgl BayObLG JFG **5**, 76.

1635–1637 (aufgehoben durch § 84 EheG 1938, bestätigt durch § 78 EheG 1946)

1638 Beschränkung der Vermögensverwaltung.
I Das Recht und die Pflicht, für das Vermögen des Kindes zu sorgen (Vermögensverwaltung), erstreckt sich nicht auf das Vermögen, welches das Kind von Todes wegen erwirbt oder welches ihm unter Lebenden unentgeltlich zugewendet wird, wenn der Erblasser durch letztwillige Verfügung, der Zuwendende bei der Zuwendung bestimmt hat, daß die Eltern das Vermögen nicht verwalten sollen.

II Was das Kind auf Grund eines zu einem solchen Vermögen gehörenden Rechtes oder als Ersatz für die Zerstörung, Beschädigung oder Entziehung eines zu dem Vermögen gehörenden Gegenstandes oder durch ein Rechtsgeschäft erwirbt, das sich auf das Vermögen bezieht, können die Eltern gleichfalls nicht verwalten.

III Ist durch letztwillige Verfügung oder bei der Zuwendung bestimmt, daß ein Elternteil das Vermögen nicht verwalten soll, so verwaltet es der andere Elternteil. Insoweit vertritt dieser das Kind.

Vorbem. Fassg unter Berücksichtigg des GleichberGrdsatzes GleichberG Art 1 Z 22; sonst unverändert.

1) Allgemeines. Vermögenssorge, § 1626 Anm 4c, umfaßt Verwaltg, § 1638 I, u Vertretg, § 1629, die grdsätzl beiden Eltern gemeins obliegt; Entziehg od Ausschluß der Vertretg allein ist mögl u berührt Verw als solche nicht, RG **144**, 251; vgl im übrigen § 1629 Anm 3, 4. Die VermSorge ermächtigt zu Besitznahme, Erhaltg, Vfg, Eingehg von Verpflichtgen, Erwerb, § 1642 I, Prozeßführg. VerwR kein SachenR, daher nicht eintragbar, KGJ **49**, 211. VerwaltgsHdlg dient der Erhaltg u Mehrg des Vermögens. **Eltern** können **frei verfügen**, soweit sie nicht gesetzl, zB § 1643, beschränkt, RG **108**, 365, Siber JhJ **67**, 122. Grundsätzl unterliegt gesamtes KindesVerm, jedoch nicht das verwaltgsfreie, **I**, der elterl Verw. Unverzichtbar (da auch Pflicht), § 1626 Anm 3, und nur der Ausübg nach übertragbar. Eltern od einer von ihnen Besitzmittler des Kindes, aber nicht hins des verwaltgsfreien Vermögens (Dresden LZ **22**, 420). Zur Erlangg von **Steuervorteilen** muß KapitalVerm so übertr w, daß zB die Elt zB das von ihnen für die Kinder eingerichteten Sparkonten wie deren Verm verwalten (BFH NJW **77**, 695 u 864).

2) Ausschließg der Verwaltg, I, III (auch ein Elternteil den anderen, III, zB bei Ausstattg RG **80**, 217), muß in letztw Vfg od bei Zuwendg (formlos) erfolgen, § 1418 Anm 3b. Ausdrückl nicht nötig, zB Bitte um Pflegerbestellg (auch des Zuwendenden selbst, Mü JFG **21**, 181). Aber noch keine Ausschließg, wenn nach bish Recht Nutznießg ausgeschl, Dortm (LG) NJW **59**, 2264. **Folge :** Ausschl der Verw von Anfang an, vgl auch Einf 5 vor § 1626, Beitzke FamRZ **58**, 9. Pflegerbestellg, § 1909, notw (soweit nicht III), aber nicht zul zur dauernden Überwachg der elterl Verwaltg; Zuwendender hat Recht, Pfleger zu bestimmen, § 1917, nicht die Eltern, die kein BeschwR, vgl BayObLG **30**, 275. Ist nur ein Elternteil ausgeschlossen, verwaltet der andere Elternteil allein, vertritt insoweit auch das Kind, III. Wegen einer vor dem 1. 7. 1958 getroffenen Bestimmung Anm 4. Die Ausschließg der Verw betrifft auch die Einkünfte die also nur bestimmgsgemäß verwendet w dürfen. Verwendg nach § 1649 II entfällt dann regelm, dort Anm 1. – Eltern können aber annehmen od ausschlagen, da keine VerwAkte, Karlsr OLGZ **65**, 260, Dölle § 94 II 5a, aM RGRK (Scheffler) Anm 7. Kind haftet aus RGesch der Eltern als Vertretener auch mit verwaltgsfreiem Gut, Siber JhJ **67**, 146. – VerwR der Eltern auch ausgeschl, soweit das eines etwaigen **TestVollstr** reicht, erstreckt sich auch auf PflichtteilsAnspr des Kindes od das zur Erfüllg dieses Anspr Geleistete, Hamm OLGZ **69**, 488. Eltern können gg diesen Erbenrechte des Kindes geltd machen, zB §§ 2215, 2217, vgl auch Dortm (LG) NJW **59**, 2264, sofern nicht Pfleger nach I zu bestellen. Eltern od einer von ihnen kann auch selbst TestVollstr sein, vgl KG JFG **11**, 52.

3) Ersatzstücke, II. Vgl dazu § 1418 Anm 3c.

4) Übergangsrecht. Ist eine Bestimmg gemäß I vor dem 1. 7. 58 getroffen, so greift **GleichberG Art 8 I Z 9** ein:

Hat vor dem Inkrafttreten dieses Gesetzes ein Erblasser oder ein Dritter gemäß § 1638 Abs. 1 des Bürgerlichen Gesetzbuchs bestimmt, daß der Vater das dem Kinde zugewendete Vermögen nicht verwalten soll, so bleibt auch die Mutter von der Verwaltung ausgeschlossen, es sei denn, daß nach dem ausdrücklichen oder mutmaßlichen Willen des Erblassers oder des Dritten etwas anderes anzunehmen ist.

Bei der **Bestimmg** ist Erblasser od Dritter von der damaligen Ansicht od vermeintl RLage ausgegangen, wonach nur der Vater verwaltgsberechtigt war. Aber anzunehmen, daß er dann, wenn er die Rechtsentwicklg vorausgesehen hätte, auch die VerwBefugnis der Mutter ausgeschl hätte, § 1638 III nF also nicht zutrifft. Dem trägt Z 9 mit der Maßg Rechng, daß ein anderer Wille zu beachten ist. **Entscheidend** ist nicht, wann Erbfall eintritt od die Zuwendg anfällt, sond wann die Bestimmg getroffen wurde.

1639 Beschränkung der Verwaltung durch Bestimmung Dritter.
I Was das Kind von Todes wegen erwirbt oder was ihm unter Lebenden unentgeltlich zugewendet wird, haben die Eltern nach den Anordnungen zu verwalten, die durch letztwillige Verfügung oder bei der Zuwendung getroffen worden sind. Kommen die Eltern den Anordnungen nicht nach, so hat das Vormundschaftsgericht die erforderlichen Maßregeln zu treffen.

Verwandtschaft. 5. Titel: Eltern u eheliche Kinder §§ 1639–1643

II **Die Eltern dürfen von den Anordnungen insoweit abweichen, als es nach § 1803 Abs. 2, 3 einem Vormunde gestattet ist.**

Vorbem. Fassg unter Berücksichtigg des GleichberGrdsatzes GleichberG Art 1 Z 22; sonst nur sprachl Ändergen.

1) Beschränkg, keine Entziehg, daher keine Pflegerbestellg, Stettin OLG **30**, 79. Vgl im übrigen Anm zu § 1803. Zustdgk des VormschG FGG 43, 36. Es entsch der RPfleger, RPflG 3 I 2a.

1640 entfällt, GleichberG Art 1 Z 22; jetzt § 1682.

1641 *Schenkungsverbot.* **Die Eltern können nicht in Vertretung des Kindes Schenkungen machen. Ausgenommen sind Schenkungen, durch die einer sittlichen Pflicht oder einer auf den Anstand zu nehmenden Rücksicht entsprochen wird.**

Vorbem. Fassg unter Berücksichtigg des GleichberGrdsatzes GleichberG Art 1 Z 22; sonst unverändert.

1) Schenkgen, §§ 516, 1804, aus KindesVerm (uU auch Rangrücktritt KG DNotZ **27**, 530, Celle OLG **8**, 75), können Eltern nicht vornehmen, auch nicht solche des Kindes genehmigen, Stgt FamRZ **69**, 39; ausgenommen Anstandsschenkgen, §§ 534 Anm 2, 3, 1804 Anm 2. Verstoß bewirkt Unwirksamk; also auch keine Gen durch volljj Gewordenen, sond nur Neuvornahme (vgl auch KG JFG **13**, 187: vormschgerichtl Gen bei aus BilligkGründen gebotener Schenkg im Interesse des FamFriedens). RGesch bleibt gültig, wenn keine eigentl Schenkg. Nachweis, daß keine Schenkg, bedarf nicht der Form des GBO 29, KG JW **37**, 2597. Schenkg im Namen der Eltern od eines von ihnen widerrechtl, §§ 523, 816 I 2, 1664, aber § 932. Schenkg an Kind §§ 1638, 1639.

1642 *Anlegung von Geld.* I **Die Eltern haben das ihrer Verwaltung unterliegende Geld des Kindes nach den für die Anlegung von Mündelgeld geltenden Vorschriften der §§ 1807, 1808 verzinslich anzulegen, soweit es nicht zur Bestreitung von Ausgaben bereitzuhalten ist.**

II **Das Vormundschaftsgericht kann den Eltern eine andere Anlegung gestatten. Die Erlaubnis soll nur verweigert werden, wenn die beabsichtigte Art der Anlegung nach Lage des Falles den Grundsätzen einer wirtschaftlichen Vermögensverwaltung zuwiderlaufen würde.**

1) Die dch GleichberG Art 1 Z 22 neu gefaßte Vorschr verpfl die Elt, **Bargeld,** dh Metall- u Papiergeld, oRücks auf Herkft, so auch UnterhÜberschüsse aus Impfschadenrente, Hamm FamRZ **74**, 31, mündelsicher (vgl §§ 1807, 1808 sowie VO v 7. 5. 40, RGBl 756) u zinstrag **anzulegen, I.** Dagg keine Pfl, unsichere Werte in mündelsichere umzuwandeln, zB Wertpapiere, GeldFdgen, KG JFG **8**, 54, aA ErmRonke 1; ggf jedoch Prüfg iRv § 1643 iV Einschreiten des VormschG gem § 1667. Dann ausnahmsw auch Sperrvermerk hins Sparbuch, KG DFG **37**, 12, Ffm FamRZ **63**, 453, währenddessen sonst Unzulässigk aus der Unanwendbark der §§ 1809, 1810, 1814 folgt. Sammeldepot zul, VO v 29. 9. 39, RGBl 1985; aber keine Lombardierg v Wertpapieren, RG Warn **41**, 2. Bei Gesamthand ist wg der sonst eintretden DrittBindg nur ein der Quote des Kindes entspr Teil, sond nicht zB das ganze ErbschGeld gem § 1642 anzulegen, Gernhuber § 54 IV 2 Fn 4, and hM im Anschl an KG OLG **4**, 359. Bei Verstoß gg I Haftg gem § 1664, ferner Kontrolle dch VormschG gem §§ 1667, 1669. AnlagePfl entfällt, soweit Geld zur Bestreitg v lfd u außergewöhnl Ausgaben, insb Krankenhaus, Kur uä, bereitzuhalten ist. Wg Unterh vgl § 1649.

2) Mit Erlaubnis des VormschG, II, auch andere Anlegg (in Form von GeldFdgen, zB Darl, Aktienankauf, KG JFG **17**, 209, RentenVers) unter Aufrechterhaltg der Grdsätze §§ 1807, 1808 statth, so wenn ohne wesentl Beeinträchtigg der Sicherh der Anlegg ein höherer Ertrag (Zinsen, Dividenden) zu erzielen, KG JFG **11**, 70, die Verhältnisse des Einzelfalles od die allg wirtschaftl Verhältnisse eine anderweit Anlage geboten erscheinen lassen, Saarbr OLGZ **70**, 212; vgl auch § 1811 Anm 1. Bezieht sich nicht auf Anlegg in Sachwerten (Grdstücken, Erwerbsgeschäften), KG JFG **14**, 501; insow nach II eine Erlaubn erforderl, uU aber nach § 1643 I; ev ErsPfl, vgl Anm 1. Einschreiten des VormschG dann, § 1667, wenn dch Art der Anlegg Kindesinteressen gefährdet, Ffm NJW **53**, 67. Bei Schenkg v Geld, das erst später ausgezahlt w soll, uU nicht Geldschenkg + DarlGewährg, sond nicht genehmiggspflicht Fordergsschenkg (Mannh Just **76**, 259). Zustdgk des VormschG FGG 43, 36; es entsch der RPfleger, RPflG 14, 3 Z 2a. Gebühren KostO 94 I Z 3.

1643 *Genehmigungspflichtige Rechtsgeschäfte.* I **Zu Rechtsgeschäften für das Kind bedürfen die Eltern der Genehmigung des Vormundschaftsgerichts in den Fällen, in denen nach § 1821 Abs. 1 Nr. 1 bis 4, Abs. 2 und nach § 1822 Nr. 1, 3, 5, 8 bis 11 ein Vormund der Genehmigung bedarf.**

II **Das gleiche gilt für die Ausschlagung einer Erbschaft oder eines Vermächtnisses sowie für den Verzicht auf einen Pflichtteil. Tritt der Anfall an das Kind erst infolge der Ausschlagung des Elternteils ein, der das Kind vertritt, so ist die Genehmigung nur erforderlich, wenn dieser neben dem Kinde berufen war.**

III **Die Vorschriften der §§ 1825, 1828 bis 1831 sind entsprechend anzuwenden.**

Vorbem. Fassg unter Berücksichtigg des GleichberGrdsatzes GleichberG Art 1 Z 22; sonst nur sprachl Änderg. I im übrigen in der Fassg der SchiffsRegDVO v 21. 12. 40, RGBl 1609.

1) Allgemeines. Die VermVerw der Eltern, § 1626 Anm 4, ist hins gewisser außergewöhnl Geschäfte im Kindesinteresse durch gerichtl GenPfl beschränkt, ohne Rücks darauf, ob die Eltern sie vornehmen od mit ihrer Einwilligg das Kind. Sie sind aber freier gestellt als der Vormd. So scheiden von den

§§ 1643, 1644   4. Buch. 2. Abschnitt. *Diederichsen*

im § 1821 angeführten Fällen aus: Nr 5 (entgeltl Erwerb von Grdst) und von § 1822 die Nr 2, 4, 6–7, 12, 13 (erbschaftl Erklärgen – dafür § 1643 II –, Pacht-, Lehr- u Dienstverträge, Vergleiche – soweit nicht ihrem Ggstd nach genehmiggspfl, RG **133**, 259 –, Minderg von Sicherheiten, vgl aber § 1642). Über Fdgen des Kindes können die Eltern frei verfügen, insb sie einziehen, § 1643 mit § 1812. Jedoch findet, was oft übersehen, der § 1821 II in § 1822 Nr 10 seine selbstverständl Beschrkg, RG **76**, 93; s auch §§ 1644, 1645. Ein neben den Eltern bestellter Pfleger untersteht ausschließl VormschR, § 1915. Wegen eines Beistandes §§ 1685, 1687. Zur Prozeßführg Gen nicht erforderl, § 1821 Vorbem 1 b; auch nicht, wenn gg Mj vollstreckt wird, BayObLG MDR **53**, 561. – Wegen der Erforderlichk der vormschgerichtl Gen bei Geschäften der Pers-Sorge § 1629 Anm 3.

2) Genehmigungspflichtig
a) Vfgen über Grundstücke und Grundstücksrechte od Verpflichtg dazu (jedoch mit Ausn von Hyp, Grd-, Eigtümergrundschulden, also auch nicht deren Löschg, SchlHOLG SchlHA **63**, 273), § 1821 I Nr 1–4, II; also **Veräußerg** und **Belastg** vorhandenen Grdbesitzes u der ihm gleichgestellten Anspr (also auch Rückgängigmachg des GrdstKaufvertrages, RG Warn **26**, Nr 70), währd des GrdstErwerb allein § 1821 Nr 5 Platz greift, demnach für Eltern nicht gilt, RG **108**, 364. Da Eltern GrdstKaufVertr schuldrechtl frei ausgestalten können, bedürfen sie auch nicht der Gen zur – gleichzeitig mit GrdstErwerb erfolgenden – Belastg des gekauften Grdstücks mit RestkaufgeldHyp (Stade MDR **76**, 224), Nießbr od HypÜbern auf Kaufpr (§ 1822 Nr 10 trifft letzteres nicht, Kipp § 115 II 13), RG **110**, 176, BGH **24**, 372; aber auch gleichzeit Verpflichtg zu wiederkehrden Leistgen, wenn sie länger als 1 Jahr nach Eintritt der Volljährigk des Kindes fortdauern sollen, Kln MDR **65**, 296, sa § 1822 Anm 6. – **b)** Verpfl zur Vfg über Verm od angefallene Erbsch od künft gesetzl Erb-, Pflichtteil im ganzen sowie zur Vfg ü den Anteil an einer Erbsch, § 1822 Z 1. – **c)** Nach II 1 Erbsch- od VermächtnAusschlagg, §§ 1945, 1953, 2080, sa § 1371 III, PflichtVerzicht, AnnAnfechtg, § 1957 I, NacherbschAusschlagg, § 2142. Bei spekulat Entscheiden ist RisikoVergl notw, vgl zur Ausschlagg ererbter DDR-Grdstücke Waldshut Just **74**, 127. SonderVorschr II 2 (Engler FamRZ **72**, 7): Genfrei bei Erbanfall an Kind, wenn Anfall inf Ausschlagg dch einen EltT, Wuppertal MDR **55**, 37, Ffm NJW **62**, 52, ebso bei Ausschlagg einer dem Kinde durch Ausschaltg des Gewalthabers angefallenen Nacherbsch vor deren Eintritt, KGJ **53**, 33, hingg genehmigungsbedürftig, wenn der ausschlagende Elternteil auch vertretgsberechtigt ist u er neben dem Kind berufen war, Hamm NJW **59**, 2215. Also GenPfl, falls vertretgsberechtigter Vater u Kind nebeneinander Erben der Mutter sind u Vater ausschlägt. Genehmigg erforderl, wenn Kind durch Ausschlagg schlechter zG des Ausschlagden gestellt w, Ffm NJW **55**, 446, so auch Staud-Engler § 22, aM Gernhuber § 52 V 4 Anm 3, od die Ausschlagg für das Kind die Voraussetzg für den Eintritt der gesetzl Erbf des Elternteils unter Ausschl des Kindes schafft, Ffm OLGZ **70**, 81. – **d) Erwerbsgeschäft**, § 1822 Nr 3, zB Beitritt zur GmbH, zu einer Genossensch (Hamm FamRZ **66**, 456), zur unentgelt Aufn v Kindern in eine FamPersGesellsch vgl Brox, Festschr f Bosch 1976 S 75; vgl aber auch § 1822 Anm 10, Umwandlg (Umwandlg **9**, 12, 14); Grdst sein ErwerbsGesch, dahingestellt RG **133**, 11, vgl auch § 1645. Keine Gen bei stiller Beteiligg unter Risikoausschluß, BGH **LM** Nr 2. Unzulässige Rechtsausüb denkbar, wenn sich inzwischen vollj gewordene Miterben, die sZt von ihrer Mutter vertreten waren, nach vielen Jahren, in denen sie das RGesch als wirks behandelt haben, auf frühere GenBedürftigk berufen, BGH LM **1829** Nr 3. – **e) Miet- oder PachtVertrag über Volljährigkeit hinaus**, § 1822 Nr 5; Arbeitsleistgen – s Nr 7 – keine wiederkehrenden Leistgen, Kaskel JW **29**, 1263. § 139 auch in zeitl Hins anzuwenden, RG **114**, 39. – **f) Gewagte Geschäfte**: Kreditaufnahme, Nr 8, Schuldverschreibg, Nr 9, Prokura, Nr 11, insb **Übernahme einer fremden Verbindlichkeit**, Nr 10, also Bürgsch, Schuldübernahme, Wechselverbindlichk, Sichergsübereigng, RG HRR **36** Nr 336, Warn **41**, 2, Eintritt in verpflichtende Verträge, also nicht, wenn wie bei HypÜbernahme, das Kind nach dem Vertr die Leistg als eigene bewirken soll, RG **133**, 13. – Wegen der Einzelheiten vgl Erläut zu §§ 1821ff.

3) Genehmiggsfrei insb GrdstErwerb, Anm 2, Rangrücktritt (s aber § 1641 Anm 1), HypVfg (auch **Unterwerfg**, hM), Eintragg einer ZwangsHyp, ZPO 866, für Dritten auf KinderGrdst, Vergl u Erbteil (sofern nicht genehmiggspfl RGesch, zB über Grdstücke, enthaltend), Verpflichtg zum AufwendgsErs od Mäklerlohn für DarlBeschaffg, BGH **LM** Nr 1, Dienst- u ArbVerträge; § 113 findet in § 1822 Nr 7 seine Ergänzg, RArbG JW **29**, 1263.

4) Genehmigg, III, s §§ 1828–1831. Maßgebd Kindesinteresse; demgemäß hat dieses auch den Vorrang bei einer Pflichtenkollision des Kindes u seines gesetzl Vertr, der seine GrdstHälfte zus mit der des Kindes verkauft, den VormschRi aber auf das für diese ungünst Gesch hinweist u die erteilte Gen dem Vertragsgegner nicht mitteilt, § 1829, BGH **54**, 71. Genehmigg des schriftl Vertrages deckt mdl Nebenabrede nicht, RG **132**, 78; kann auch allg, § 1825, u im voraus erteilt werden, wobei die Einzelheiten der Vereinbg den Beteiligten zu überlassen sind, RG Warn **19** Nr 59. Nachweis der mündelsicheren Anlage des Verkaufserlöses kann nur im Falle des § 1667 aufgegeben werden, Ffm NJW **53**, 67, FamRZ **63**, 453; sonst sind derartige die HdlgsFreih der Eltern beschränkende Aufl unzul, Gernhuber § 52 III 9. – Zustdgk FGG 43, 36; Richter entsch iFv § 1822 Z 1–3, 12, § 1823, RPflG 14 Z 9. Änderg der vormschgerichtl Vfg FGG 55 I, 62. Sachprüfg nur bei offenbarer Nichtigk des ganzen Geschäfts zu versagen, KG JFG **14**, 250. Gebühren KostO 95 I Z 1. – Genehmigg des Volljährigen, § 177 II 2, ersetzt die des VormschG, RG **130**, 128.

1644 **Überlassung von Vermögen an das Kind.** Die Eltern können Gegenstände, die sie nur mit Genehmigung des Vormundschaftsgerichts veräußern dürfen, dem Kinde nicht ohne diese Genehmigung zur Erfüllung eines von dem Kinde geschlossenen Vertrages oder zu freier Verfügung überlassen.

Vorbem. Fassg unter Berücksichtigg des GleichberGrdsatzes GleichberG Art 1 Z 22; sonst nur sprachl Änderg.

1) Verhindert Umgehg des § 1643 u stellt Tragweite des § 110 (s dort) klar, BayObLG **17**, 128. Verstoß bewirkt Nichtigk. Entspricht § 1824.

Verwandtschaft. 5. Titel: Eltern u eheliche Kinder §§ 1645-1649

1645 *Neues Erwerbsgeschäft.* Die Eltern sollen nicht ohne Genehmigung des Vormundschaftsgerichts ein neues Erwerbsgeschäft im Namen des Kindes beginnen.

Vorbem. Fassg unter Berücksichtigg des GleichberGrdsatzes GleichberG Art 1 Z 22; sonst unverändert.

1) Erwerbsgeschäft erfordert auf selbständigen Erwerb gerichtete Berufstätigk, RG **133**, 11; vgl auch §§ 1431, 1823. Genehmiggpflichtig nur Neugründg (auch bei schon erfolgtem Betriebsbeginn), nicht aber Fortsetzg, Erweiterg, Auflösg (anders § 1823) vorhandenen od später zugefallenen Geschäfts. Genehmigg, für die Kindesinteresse maßg, wohl selten geboten, da ganz außergewöhnl Geschäft, KO OLG **21**, 264. Da Sollvorschr, Gründg ohne Gen wirks, Kind Kaufmann (RGSt **45**, 5 betraf anderen Tatbestand). Registerrichter darf aber Nachweis der Gen verlangen (aM KG OLG **1**, 288), da auch er Regelwidrigk verhindern muß, vgl Baumb-Duden HGB 8 Anm 4; auch Prüfg, wer Inhaber, KG RJA **13**, 231. – Einschreiten des VormschG nach §§ 1667 ff (Entziehg, Pflegerbestellg, zumal bei Schiebgen, Senf JW **31**, 2223) Genehmigg kein Ersatz für die etwa nach §§ 1643, 1822 Nr 3 nötige. Zuständig für Gen FGG 43, 36; es entsch der RPfleger, RPflG 3 Z 2a, arg e contrario 14 Z 9. Gebühren KostO 95 I Z 2.

1646 *Erwerb mit Mitteln des Kindes; Surrogation.* ¹ Erwerben die Eltern mit Mitteln des Kindes bewegliche Sachen, so geht mit dem Erwerb das Eigentum auf das Kind über, es sei denn, daß die Eltern nicht für Rechnung des Kindes erwerben wollen. Dies gilt insbesondere auch von Inhaberpapieren und von Orderpapieren, die mit Blankoindossament versehen sind.

II Die Vorschriften des Absatzes 1 sind entsprechend anzuwenden, wenn die Eltern mit Mitteln des Kindes ein Recht an Sachen der bezeichneten Art oder ein anderes Recht erwerben, zu dessen Übertragung der Abtretungsvertrag genügt.

Vorbem. Fassg unter Berücksichtigg des GleichberGrdsatzes GleichberG Art 1 Z 22; sonst unverändert.

1) Inhalt enger als Wortlaut, Siber, JhJ **67**, 166, 168, indem bei Erwerb namens (und damit so gut wie immer für Rechng) des Kindes dieses das Eigt schon nach § 164 erlangt, RG **126**, 115. Bei Handeln im eig Namen u für eigene od für Rechng eines Dritten werden Gewalthaber selbst berechtigt. Eigenerwerb ist ihnen aber, entgg § 164 II, verwehrt, wenn sie zwar im eig Namen, aber mit Mitteln u für Rechng des Kindes erwerben; GgBew zul, KG OLG **22**, 158. Nicht für Kindesrechng, wenn Eltern, dh beide, das Erworbene für sich behalten wollen; dann aber Kind Anspr auf Ersatz der aufgewandten Mittel, im Konk des Elternteils freilich nur KonkFdg, KO 61 Z 5, sonst AussondergsR, KO 43, Bei Fdgserwerb sind §§ 412, 406–410 anwendbar, RG HansGZ **34**, B 156. Bei Grdstücken Verpflichtg zur Übertragg auf das Kind, wenn Erwerb für Rechng des Kindes gewollt, RG **126**, 117.

1647 entfällt, GleichberG Art 1 Z 22; vgl jetzt § 1670.

1648 *Ersatz von Aufwendungen.* Machen die Eltern bei der Sorge für die Person oder das Vermögen des Kindes Aufwendungen, die sie den Umständen nach für erforderlich halten dürfen, so können sie von dem Kinde Ersatz verlangen, sofern nicht die Aufwendungen ihnen selbst zur Last fallen.

Vorbem. Fassg unter Berücksichtigg des GleichberGrdsatzes GleichberG Art 1 Z 22; sonst unverändert.

1) Jede vermeintl pflichtmäßige VerwHdlg (§ 1664, Siber JhJ **67**, 117) jedes Elternteils in Ausübg (auch nur teilw) zustehenden SorgeR gibt ErsAnspr wg der Auslagen (nicht für Dienste, Zeitverlust), sofern sie nicht als UnterhLeistg an den, §§ 1601 ff, den Eltern zur Last fallen; wird idR der Fall sein, außer wenn es sich um Auslagen für das KindesVerm handelt, die sonst aus dessen Einkünften beglichen werden, § 1649 I 1. Währd der Verw ErsLeistg an sich selbst nach §§ 1629 II 1, 181 zul, nach Beendigg Klage erforderl. VormschG nicht zust, BayObLG Recht **16** Nr 1916. – Da Eltern kraft SorgeR, also nicht ohne Auftr handeln, kann ihnen § 685 II nicht entgegengehalten werden, Kipp § 80 VII 6; unrichtig Bundschuh Recht **17**, S 380. Nur wenn ein Elternteil kein SorgeR hat, Ersatz nach §§ 677–687, 812. vgl auch §§ 1698, 273, 274, 204 S 2, 205.

1649 *Verwendung der Einkünfte des Kindesvermögens.* ¹ Die Einkünfte des Kindesvermögens, die zur ordnungsmäßigen Verwaltung des Vermögens nicht benötigt werden, sind für den Unterhalt des Kindes zu verwenden. Soweit die Vermögenseinkünfte nicht ausreichen, können die Einkünfte verwendet werden, die das Kind durch seine Arbeit oder durch den ihm nach § 112 gestatteten selbständigen Betrieb eines Erwerbsgeschäfts erwirbt.

II Die Eltern können die Einkünfte des Vermögens, die zur ordnungsmäßigen Verwaltung des Vermögens und für den Unterhalt des Kindes nicht benötigt werden, für ihren eigenen Unterhalt und für den Unterhalt der minderjährigen unverheirateten Geschwister des Kindes verwenden, soweit dies unter Berücksichtigung der Vermögens- und Erwerbsverhältnisse der Beteiligten der Billigkeit entspricht. Diese Befugnis erlischt mit der Eheschließung des Kindes.

Schrifttum: Zöllner FamRZ **59**, 393.

1) Allgemeines. Zur VermSorge der Elt u entspr VfgsEinschrkgen vgl zunächst § 1626 Anm 4c. Die Nutznießg des Vaters aGrd seiner elterl Gew, §§ 1649 ff aF, hat GleichberG Art 1 Z 22 als unzeitgem wegfallen lassen. Die Einkünfte aus dem KindesVerm verbleiben also dem Kinde, I; sie unterliegen ledigl der

Verwaltg dch die Elt, § 1626 II. Deren Gläub haben iGgs zu früher keinen Zugriff mehr darauf. Um innerh des Fam einen verschiedenen LebZuschnitt zu vermeiden, also daß für das begüterte Kind wesentl mehr aufgewendet w als für seine Elt od Geschw, ermöglicht II eine Verwendg auch für diese. § 1649 bringt die Ertragsquellen (Verm, Arbeit, ErwerbsGesch) u auf der Seite und Seite die Verwendgszwecke (ordngsmäß Verw, Unterh des Kindes, der Elt u Geschw) in eine best Ordng, Erm-Ronke 1. Das Ges folgt dabei dem **Prinzip**, daß das KindesVerm grdsl zu erhalten ist u nicht für den Unterh od die Erhöhg des LebStandards aufgebraucht w soll, so daß sich die Regelg hier auf die Verwendg der der Verwaltg jedenf eines EltT unterliegden **Einkünfte** des Kindes beschränkt; vgl iü §§ 1602 II, 1603 II 2. Das VermErhaltgsPrinzip gilt auch iFv § 1630 (BayObLG FamRZ **75**, 219).

2) Reihenfolge der Verwendg: a) Aus den Einkünften aus dem KindesVerm, § 1626 Anm 4c bb, sind zunächst die **Ausgaben für eine ordngsmäß Verwaltg des KindesVerm** zu decken, I 1, also alle Kosten, die bei sorgs Wirtsch im Interesse des KindesVerm anfallen, dh Reparaturen, Versichergen, Steuern, Abgaben u dgl. Gehört z KindesVerm ein ErwerbsGesch od die Beteiligg an einem solchen, § 1431 Anm 2, u hat es mit Verlust gearb, so werden die später erzielten Überschüsse zunächst zur Auffüllg des KapitalKtos bis zur alten Höhe zu verwenden s, Maßfeller DNotZ **57**, 367, aA Zöllner FamRZ **59**, 396. – b) Ein verbleibder **Überschuß** aus den KindesVermEinkften ist **für den Unterhalt des Kindes** z verwenden, I 1, also zur Abdeckg desj Teils des FamUnterh, § 1360, der auf das Kind entfällt. Die Aufwendgen für das Kind haben sich trotz des eig Zuschusses iRd allg Zuschnitts, § 1360 a I u Anm 1, den die Elt bestimmen, zu halten, wenn es auch natürl ist, daß dieser dadch uU etwas angehoben w. Zur Bemessg bei wohlhabd 13j mietfrei lebden Mädchen (400 DM mtl) vgl BayObLG FamRZ **75**, 219. Jedenf kann sich das Kind nicht darauf berufen, daß ihm ein LebZuschn angem sei, § 1610 I; anders evtl, wenn das Kind nicht mehr in der Fam lebt. Soweit Überschuß z Unterh verwendet w, entfällt UnterhAnspr des Kindes gem § 1602. – c) Sind Einkünfte aus dem KindesVerm nicht vorh od reichen sie nicht aus, dann können die Elt die **Einkünfte des Kindes aus seiner Arbeit** od einem ihm gestatteten ErwerbsGesch, §§ 112, 113, **für dessen Unterhalt** verwenden, I 2. Die Elt dürfen also nicht aus dem Arb des Kindes Erworbenen für ihren eig u den Unterh der and Kinder verwenden. Bei Einkünften aus dem KindesVerm, die die Kosten ordngsmäß Verw übersteigen, verbleibt der ArbVerdienst dem Kind insofern, als der Überschuß aus jenen Einkünften zur Deckg seines Unterh ausreicht; sa § 1602. Analog I 2 sind Renten zu behandeln, also grdsl ebenf f den Unterh zu verwenden, vgl Hamm FamRZ **74**, 31. – d) Ausnahmsw dürfen **Einkunftsüberschüsse** aus dem **Kindesvermögen**, u nur aus diesem, statt daß sie gem § 1642 angelegt w, **für den Unterhalt von Eltern u Geschwistern** Verwendg finden, II 1. Die Vorschr gilt also v vornh nicht für ArbEinkünfte od Renten, Hamm FamRZ **74**, 31. **aa) Voraussetzgen:** Verwendg z Unterh nur zG der Elt selbst sowie der unverh mj Geschw, vollod halbbürt, nicht v StiefGeschw. Unzul also Zuschuß an die verh Schwester des Kindes, ebso Verwendgen für die Ausbildg des vollj Bruders. Verwendg zZw des AngehörigenUnterh nur, wenn das der **Billigk** entspr, was nach den Verm- u Erwerbsverhältn aller Beteiligten zu beurt ist. Bedürftigk der Elt iSv § 1602 I nicht erforderl, da Kind dann ohnehin unterhpflichtig ist. Sind die Elt aber in guten VermVerhältn, erscheint idR Ansammlg der Überschüsse gem § 1642 angem. Ein Verbrauch f den Kindes-Unterh auch unangem, wenn die Aufwendgen f die Gesundh od (auswärt) Ausbildg des Kindes erforderl. – **bb)** II gibt den Elt lediglich Befugnis („können") zu der bezeichneten Verwendg der VermÜberschüsse. Ob sie davon Gebr machen, steht in ihrem freien Erm. Insb haben die and Geschw keinen Anspr darauf. Befugn endet mit der Volljährigk od mit der Eheschl des Kindes, II 2.

3) Bei Beendigg od Ruhen der elterl Gew, § 1626 Anm 2, brauchen die Elt anläßl der Herausg des KindesVerm über dessen Nutzg nur insow **Rechenschaft** abzulegen, als Grd zur Ann besteht, daß sie gg § 1649 verstoßen haben, § 1698 II. Volle RechenschPfl aber hins der Verwendg des ArbEink des Kindes, LG Krefeld FamRZ **65**, 281. RückFdg der an die Geschw gezahlten Beträge in den Grenzen des § 1649 II ausgeschl, bei Überschreitg BereicherungsAnspr, Donau MDR **57**, 711, wofür jedoch §§ 818 u 818 III zusätzl Schranken s können, vgl Paulick FamRZ **58**, 6; sa Bosch FamRZ **57**, 195, **58**, 292. **Haftg** der Elt uU gem §§ 819, 1664.

1650–1663
entfallen; GleichberG Art 1 Z 22; betrafen bisher die Nutzn des Vaters am KindesVerm, vgl § 1649 Anm 1.

1664
Haftung der Eltern. **¹** Die Eltern haben bei der Ausübung der elterlichen Gewalt dem Kinde gegenüber nur für die Sorgfalt einzustehen, die sie in eigenen Angelegenheiten anzuwenden pflegen.

² Sind für einen Schaden beide Eltern verantwortlich, so haften sie als Gesamtschuldner.

1) II neu, Fassg I dch GleichberG Art 1 Z 22. § 1664 hat 2 Funktionen: im Verhältn des Kindes zu seinen Elt gibt die Vorschr eine AnsprGrdl f evtl SchadErsAnspr; daneben bedeutet sie für and (zB delikt) HaftPflNormen eine HaftgsErleichterg zG der Elt, die gem § 277 evtl nur für Vorsatz u grobe Fahrl haften. **Grund:** FamGemsch ist HaftgsGemsch. Gewalthaber beweispfl für Grad der Sorgf in eig Angelegenh. HaftgsBeschränkg gilt f das ges Gebiet der elterl Gew, dh Pers- u VermSorge einschließl Vertretg. Voraus-setzg: elt Gew; jedoch analoge Anwendg bei tatsächl Ausübg dch den nicht sorgeberecht EltT. Jeder EltT haftet nur für eig Verschulden, nicht auch für das des and Teils. Sind beide Elt verantwortl, so GesSchu; Ausgleich gem § 426. Währd Bestehens der Gewalt Geltdmachg des Anspr dch Pfleger, nicht dch den and EltT (§ 1629 II). Vgl iü §§ 204, 1833. ErsatzAnspr des Kindes schließt Vorgehen gem § 1666 nicht aus. **§ 1664 gilt nicht** (also Haftg auch bei nur einfacher Fahrlk): a) für Schäden aus Verletzg der **AufsichtsPfl** ggü dem Kinde, arg: Schutzzweck der obj zu bestimmden AufsPfl, bei der eigenübl Sorgf überdies ausscheidet (sa RG **53**, 312; **75**, 253; Karlsr VersR **77**, 232). Soweit Gewalthaber Ausübg Dritten überläßt, haftet er für diese n § 278; nur soweit er Hdlgen dch and (RA, Arzt) zu veranlassen h, Haftg gem § 1664 für eigensorgfält Auswahl u Überwachg (vgl § 1793 Anm 4). b) iR der nicht iZshg mit der elt Gew stehenden delikt Haftg der

Elt ggü ihrem Kinde, insb also bei von ihnen verschuldeten **VerkUnfällen** entspr § 1359 Anm 1 (Böhmer MDR **66**, 648; Karlsr Just **76**, 511; aA Freibg VersR **66**, 476). c) Für die Haftg aus einem zw Elt u Kind geschl **Vertrag**; es gelten die jew VertrGrdsätze.

1665 entfällt, GleichberG Art 1 Z 22.

1666 *Gefährdung des Kindeswohls.* I Wird das geistige oder leibliche Wohl des Kindes dadurch gefährdet, daß der Vater oder die Mutter das Recht der Sorge für die Person des Kindes mißbraucht, das Kind vernachlässigt oder sich eines ehrlosen oder unsittlichen Verhaltens schuldig macht, so hat das Vormundschaftsgericht die zur Abwendung der Gefahr erforderlichen Maßregeln zu treffen. Das Vormundschaftsgericht kann insbesondere anordnen, daß das Kind zum Zwecke der Erziehung in einer geeigneten Familie oder in einer Erziehungsanstalt untergebracht wird.
II Das Vormundschaftsgericht kann einem Elternteil auch die Vermögensverwaltung entziehen, wenn er das Recht des Kindes auf Gewährung des Unterhalts verletzt hat und für die Zukunft eine erhebliche Gefährdung des Unterhalts zu besorgen ist.

Schrifttum: Gernhuber FamRZ **73**, 229; Hirsch, Entzug u Beschränkg des elterl Sorgerechts, 1965; Lempp ZblJugR **74**, 124; Mnookin FamRZ **75**, 1; Quambusch RdJB **73**, 364; N. Höhne, Gerichtl Kontrolle elterl FehlEntsch, Diss Ffm 1974; W. Becker, Festschr f Bosch 1976 S 37; Münder RdJB **77**, 358; Diederichsen FamRZ **78**, 466; Vormbaum RdJB **77**, 373 (Abschaffg des ZüchtiggsR); Quambusch RdJB **78**, 202 (Reform).

1) Die §§ 1666ff u JWG 55ff besagen, wann das **staatl Wächteramt** (GG 6 II 2) eingreift, die §§ 1666, JWG 62ff, wann das Kind den Erziehgsberecht entzogen w kann (GG 6 III). § 1666 ist verfassgskonform (BayObLG FamRZ **78**, 135) u erübrigt RFolgen aus eig GrdRMündigk des Mj; vgl dazu Diederichsen FamRZ **78**, 462 sowie Einf 5b vor § 1626. – § 1666 betrifft **subjektive Ungeeignetheit** des Gewalthabers, die Sorge für das gefährdete Kind weiterhin auszuüben (KG OLG **12**, 329); bei obj Behinderg: §§ 1673–1675, 1678, 1693. Anwendb auf Vater u Mutter, auch die nehel (§§ 1705, 1707), nicht dagg gg Dritte. Gilt in erster Linie bei bestehder Ehe. Bei Getrenntleben der Elt, **Ehescheidg** u -aufhebg gelten §§ **1671, 1672** als SonderVorschr; Entziehg der elt Gew gem § 1666 macht Entscheidg n § 1671 nicht entbehrl (Stgt FamRZ **75**, 591). Bei der Regelg des SorgeR nach der Scheidg bleibt § 1666 außer Betr (KG FamRZ **59**, 256; BayObLG **61**, 264); später sind idR die Ändergsmöglichk aus § 1696 mit ihren leichteren Voraussetzgen gegeben (Schwoerer FamRZ **58**, 91; sa § 1671 Anm 1. Eine vor Eheauflösg gem § 1666 getroffene Maßregel bleibt in Kraft (KG JFG **5**, 59), bis das FamG n § 1671 entscheidet. Auch später sind Einzelanordngen aus § 1666 mögl, wenn eine Änderg der SorgeRZuteilg zu weit ginge (KG JFG **22**, 219; Staud-Göppinger 19, 20). Diese selbst ist aber immer nur iRv §§ 1696, 1671 V zul (Stgt FamRZ **75**, 592). Ggü Anrufg des VormschG wg Meingsverschiedenh iS von § 1627 Anm 2 ist § 1666 die stärkere Vorschr, weil dort Antr erforderl, hier aber das VormschG vAw einschreitet. Bei einverständl Handeln der Elt gg Kindeswohl also kein Einschreiten des VormschG, soweit nicht § 1666 vorliegt. – **Voraussetzg:** Versch des Sorgeberecht, Kindesgefährdg u Zushg zw beiden. Bloße ZweckmäßigkGrde wie bei § 1671 genügen nicht. Im Hinbl auf das verfassgsrechtl geschützte EltR muß bei einem Konflikt zw PflegeElt u leibl Elt eines Kindes die Anwendg v § 1666 die seltene Ausn bleiben (BayObLG FamRZ **77**, 473). Krit zur Formel vom Kindeswohl aus psycholog u sozialwiss Sicht: Mnookin FamRZ **75**, 1. – § 1666 auch ggü **Ausländern** u Staatenlosen (BayObLG JR **54**, 145). – Wg ErzBeistandsch, FreiwErzHilfe, FürsErz vgl JWG 55ff nebst Anm, wg JugGerMaßn Einl 2 vor JWG 55; sa § 1631 Anm 1.

2) Als ungeschriebenes Tatbestdsmerkmal ist nach hM **Verschulden** des SorgeBerecht an Kindesgefährdg erforderl, u zwar auch iRv II, erforderl u im einz festzustellen (FGG 12), wobei VormschG vom JA gem § 1694, JWG 48 I 1 zu unterstützen ist (KG FamRZ **65**, 158; BayObLG **65**, 1 u FamRZ **77**, 474; **78**, 135; RGRK 3; Dölle § 96 II 2b); aA Stgt FamRZ **74**, 538 mit dem beachtl psycholog Arg, daß Schuldvorwürfe die Situation der Beteiligten eher erschweren, Gernhuber § 49 VIII 3 mit dem arg e contrario, daß der Gesetzestext eine Schuld an ehrlosem o unsittl Verhalten fordert, Staud-Göppinger 194ff sowie Müller-Freienfels Ehe u Recht S 293 Anm 3 im Hinbl auf JWG 55, 57, 64, die kein Versch erfordern; aber da handelt es sich schlechthin um Schutz des Jugendl, die Maßn nehmen den Elt nicht das SorgeR (unten Anm 8), währd § 1666 das SorgeR der Elt einschränkt, so daß von GG 6 II ausgegangen w muß u Beschrkgen nur bei persönl Versagen der Elt gerechtf sind. Iü zeigen die Mißbr- u VernachlässiggsBspe (Anm 4), daß praktisch kaum ein Unterschied besteht. Nicht ausreich unverschuldete Krankh (Tbc), Mittellosigk, Wohngsnot, wohl aber eigensinnige Verweigerg der Operation, der Ansteckgsverhüt, anderweitiger Unterbringg des gefährdeten Kindes trotz ausreichder Belehrg, nicht aber schon ohne weiteres, wenn Mutter sich weigert, Kind Pflegeeltern, denen Erlaubn versagt ist, JWG 28, wegzunehmen (BGH NJW **56**, 1434). Der bloßer Schädigg wohlverstandenen Kindesinteresses ohne Schuld (Gebrechlichk, Schwachsinn, Geisteskrankh) §§ 1673–1675, 1693. Wo das Kindesinteresse ein Einschreiten erfordert, wird sich aus der Uneinsichtigk in das Erfordernis fast immer ein Verschu feststellen lassen; etwa auch, wenn taubstumme Mutter Kind allein aufziehen will (vgl § 1674 Anm 1). Die Beseitigg des VerschuldensErfordern ist ein Hauptanliegen der **Reform** (Einf 4 v § 1626). Sinnvoller erscheint es demggü, zum Schutze der Elt gg Erziehgsübergriffe des Staates am Erfordern persönlicher Vorwerfbark festzuhalten u zum Schutze des Kindes für bestimmte sozialtyp Situationen (medizin Betreuung, unangem Züchtigg, Dauerpflegsch usw) verschuldensunabhängige EingriffsTatbestde zu schaffen (Diederichsen, FamRZ **78**, 470).

3) **Kindesgefährdg**, verursacht durch Versch, u zwar begründete, gegenwärtige Besorgn der Gefährdg des geistigen od leibl Kindeswohls, s auch JWG 55 Anm 2, ferner Lempp NJW **63**, 1659, Schwoerer NJW **64**, 5; auch kurz zurückliegende od nahe bevorstehende Gefährdg genügd, so zB Gefährdg inf un-

sittl Treibens schon bei 3 ½ jährigem Kind mögl, BayObLG ZBlJugR **54**, 28. VormschG muß bei ungeklärtem Sachverhalt prüfen, ob zunächst einstw Anordng, Anm 7, zu erlassen ist. Mißbr des elt SorgeR, Kindesvernachlässigg u ehr- u sittenl Verhalten konkretisieren das **Kindeswohl**, auf das es auch bei Maßn nach § 1666 entscheidd ankommt. Vgl zu diesem Begr § 1671 Anm 3; positive Kriterien des KiWohls nennt Becker ZBlJR **78**, 302; iü aber ist der Begr zu unbestimmt, um auf ihn allein entspr dem Reformvorhaben (Einf 4 v § 1626) Eingriffe in das elterl ErziehgsR zu stützen (Diederichsen FamRZ **78**, 467).

4) Pflichtverletzg liegt vor bei **a) Sorgerechtsmißbrauch,** dh Ausnutzen der elterl Gew zum Schaden des Kindes: übermäß Züchtigg, zB Schläge gg 1-j Tochter (Stgt FamRZ **74**, 538, dazu Münder RdJB **75**, 21), auch deren Duldg dch u EltT od Dritten; Abhalten v Impfen, pos Weigerg, das Kind operieren od eine Bluttransfusion vornehmen zu lassen (BayObLG FamRZ **76**, 43), od Ablehng psychiatr Untersuchg bei Fehlentwicklg eines Jugendl zum Sonderling (KG FamRZ **72**, 646), aber nicht, wenn nur die Eigng eines best Arztes in Frage steht (Stgt FamRZ **66**, 256); Ausbeutg der ArbKraft, Anhalten z Betteln od sonst strafb Hdlgen, zur Unzucht [die StrafFreih nach dem 4. StrRG (Erzieherprivileg) ändert das Zugänglichmachen pornograph Darstellgen od das Verkuppeln noch nicht Sechzehnjähr (dazu Becker/Ruthe FamRZ **74**, 508) schließt Maßn nach § 1666 nicht aus]; staatsfeindl Beeinflussg; Abhalten v Schulbesuch, zB dch Schulabmeldg (Karlsr FamRZ **74**, 661); unnöt schroffer Wechsel in der (religiösen) Erziehg, wodch beim Kind Verwirrg, Gewissensnot, schwere seel Erschütterg hervorgerufen w (BayObLG NJW **63**, 590); dch Bruch einer Vereinbg nach RKEG 2 (s Anh zu § 1631), Saarbr DRZ **50**, 518); hyster Tobsuchtsanfälle (LG Lübeck FamRZ **55**, 270); Ausweisg aus dem EltHaus in blinder Wut (KG OLGZ **67**, 219), od ohne anderweit Unterbringg (Köln NJW **48**, 342); Trenng vom Vater dch Mutter, die Namensänderg beantragt, obwohl jenem nichts vorzuwerfen ist (Ffm NJW **55**, 1725; Celle FamRZ **61**, 33); Trenng v Mutter od Verhinderg des Briefwechsels (KG JFG **12**, 93) od des Verkehrs (RG **153**, 243), uU auch mit den GroßElt (KG OLGZ **70**, 297); Näheres dazu § 1634 Anm 1c; wg mißbräuchl Umgangsverbote vgl § 1631 Anm 3a; HeraushausVerlangen nach § 1632 I iFv § 1681, wenn die Gefahr besteht, daß inf des unvorbereiteten Übersiedlgsbegehrens das bei dem StiefelternT od den PflegeElt aufgewachsene Kind seel entwurzelt (Karlsr Just **75**, 29; Ravbg DAVorm **75**, 57; Gernhuber FamRZ **73**, 238f; Thieme FamRZ **74**, 111; illustratives GgBsp: Hamm DAVorm **75**, 156), bzw nach § 1632 II (BGH **40**, 11; BayObLG NJW **65**, 1716; insb wenn Mutter zu ihrer 8-jähr Tochter keinerlei Beziehg u schon 6 and mj Kinder bei Fremden hat aufwachsen lassen, BayObLG FamRZ **74**, 139; mißbilligensw Einwirkg auf die Willensbildg einer 16j schwangeren Tochter, indem der Vater erklärt, sie mind bis zur Geburt des Kindes aus dem Hause zu werfen (AG Dorsten DAVorm **78**, 131); Hineinzwingen in unglückl Ehe, KG StAZ **42**, 12, od ungeeign Beruf, aber nicht schon, wenn Vater Tochter entgg ihrem Wunsch v der Schule abgehen u in einen v ihr frei gewählten Beruf eintreten läßt, Schlesw SchlHA **57**, 280, od Elt nur das Studium best Fächer (zB Soziologie) wg Verwahrlosgsgefahr verbieten, Köln FamRZ **73**, 265 (von unzutr verkürztem Sachverh geht die Krit v Kramer, JZ **74**, 90 aus); weiterhin wohl kaum die Versagg der Mitwirkg an einem verwaltungsgerichtl Verf ggden einem mittelm bis schlechten Schüler erteilte Zeugn, prinzipiell and wohl Hamm FamRZ **74**, 29; ferner nicht ow das Verlangen des gem § 1671 übergangenen EltT, auf den die elterl Gew gem § 1681 übergegangen ist, das Kind solle zu ihm übersiedeln (Kln FamRZ **72**, 647) od Einwilligg in VolljährigkErkl, da diese nicht Ggst der PersSorge ist, § 1626 Anm 4a, bzw die Verweigerg der Einwilligg für den Eingeh der Ehe, die EheG 3 III gibt. Im Konflikt zw leibl Elt u **Pflegeeltern** muß die Anwendg des § 1666 seltene Ausn bleiben (BayObLG FamRZ **76**, 163); so daß türk Elt ihr dtsprach Kind mit in die Türkei nehmen dürfen; 57- bzw 47jähr Elt dürfen (nach entspr Übergangszeit) ihr 3½jähr Kind von PflegeElt zurückverlangen, wenn sie Einwilligg zur Adoption in Depression u unter dem Einfl v Medikamenten erteilt haben (BayObLG FamRZ **78**, 135); keine Entziehg des AufenthBestimmgsR, wenn nehel Mutter sich weigert, das Kind den PflElt wegzunehmen, denen die PflegeErlaubn (JWG 28) versagt w ist (BGH NJW **56**, 1434), wohl aber, wenn labile, leicht überforderte Mutter sensibles Kind PflegeElt wegn will, bei denen es seit seiner Geburt gut versorgt w (Wuppt DAVorm **76**, 415). Um einen gleitden Übergang von dem PflegeElt auf die leibl Elt zu ermögl, ist letzteren uU neben dem AufenthBestimmgsR insow auch das ErziehgsR zeitw zu entziehen (BayObLG FamRZ **78**, 135). Bei starken Störgen des Kindes kann der leibl Mutter auch das BesuchsR entzogen w (AG Karlsr DAVorm **78**, 386). Bei größeren Kindern (14 u 17 J) kann iF der §§ 1671, 1681 beim Tode des Vaters die Option zG der **Stiefmutter** den Ausschlag geben (Ravbg StAZ **75**, 317), od **b) Vernachlässigg** bzgl Ernährg, Pflege, insb wenn Kind dann der öff Fürs od der von Verwandten anheimfällt (Düss FamRZ **64**, 456); Nichtvorsprechen in der Klinik dch drogensücht Mutter, wenn früh Kind bereits nach 4 Mo verstorben ist (Hanau DAVorm **77**, 513); pass Unterlassen jegl ärztl Behdlg od gebotener Unterbringg in einer Anst; Kleidg, Wohng, zB Duldg des Herumtreibens, mangelnh Beaufsichtigg auch des regelm Schulbesuchs, Duldg ungünst Einflüsse Dritter, auch des and EltT, insb dessen Verstöße gg § 1666, überh Verkümmerg ordtl Lebensführg, KG JFG **14**, 425 (Abgrenzg zu II!); schleppde UnterhZahlg (Düss FamRZ **64**, 456); unvollständ Geburtsanzeige (§ 1616 Anm 3), od **c)** bei eig **ehrlosen od unsittlichen Verhalten,** wofür allg Anschauung, nicht die des SorgeBerecht maßgebd ist. Bzgl Gefährdg ist Kindesalter, KG FamRZ **65**, 160, u Grad seiner geist Entwicklg v Bedeutg, zB keine Gefährdg einjähr Kindes dch Ehebr od Unzucht der Mutter, wenn Kind in Pflegestelle, Hbg HansGZ **35**, B 371, uU aber dauernder Umgang der sorgeberecht Mutter mit verheiratetem Mann, LG Mü ZblJR **68**, 87, od bei Trunks, Zuhälterei, größerer Freiheitsstrafe.

5) Maßregeln, in deren Auswahl bei **I** grdsätzl keine Beschrkg, KG JFG **14**, 425, aber stets nur die unbedingt erforderl; Ermahng, Entziehg des AufenthBestR, vgl auch § 1671 Anm 1, Ge- u Verbote, zB die Geliebte ständig in der auch von Mutter u mj Tochter benutzten Wohng wohnen zu lassen, Hamm JMBl NRW **62**, 243, Beschrkg od **Entziehg der Ausübg der Personensorge,** Vorbem 5 vor § 1626, u AO, daß sie **dem anderen Elternteil allein** (§§ 1680, 1679 I 1) bzw bei nehel Mutter dem JugA (LG Bln DAVorm **75**, 385) zusteht; denn eine solche AO muß gleichzeitig mit der entziehn Maßn ergehen, da sonst Unklarh, auch § 1679 I entggsteht, BayObLG **62**, 277. Übertragg auf nach § 1909 zu bestimmenden **Pfleger,** falls sie auch dem anderen Elternteil nicht zu belassen ist, §§ 1680, 1679, weil der ungünst Einfluß des schuldigen Elternteils anders nicht fernzuhalten ist, KG FamRZ **65**, 159. Ist PersSorge entzogen, haben

Eltern auch kein BeschwR in PersSorgesachen des Kindes aus FGG 57 I Z 9, BGH **LM** Nr 5. Entziehg kann ganz od in einzelnen Bestandteilen (AufenthBestimmgsR – wg der sich aus dieser EinzelMaßn ergebden Schwierigkeiten Certain ZBlJR **68**, 104 –, VerkR, Mü JFG **15**, 288, Berufswahl) allein od iVm Entziehg der **Vertretung der Person** (für Abschluß von Lehr- u Arbeitsverträgen, Schulan- u abmeldung, RG **129**, 23, Einwilligg in Operation) erfolgen. Immer **zu beachten,** daß Maßregel **erforderlich** sein muß, also keine Entziehg des SorgeR, wenn die der AufenthBestimmg, keine Entziehg der AufenthBestimmg als solcher, wenn die Beschränkg der Bestimmg hinsichtl eines bestimmten Ortes, BayObLG **65**, 1, keine Entziehg der Vertretg, wenn die des SorgeR od einzelner Sorgerechtsteile, KG StAZ **42**, 13, genügt, KG JFG **21**, 11, vgl auch BGH **8**, 137 u Vorbem 1 vor JWG 55 (SchlußAnh); **Grdsatz des geringsten Eingriffs:** Desh zeitl Beschränkg der PersSorgeEntziehg vorrang zul ggü AbänderngsVerf gem § 1696 (aA Stgt FamRZ **74**, 538); bei Unterbringg in Sonderschule Ersetzg der Zust ausreichd, BayObLG MDR **62**, 132. Elterl Gewalt im ganzen durch Fortnahme sämtl Einzelbestandteile (Personen- u Vermögenssorge, Vertretg in beiden Angelegenheiten) praktisch entziehbar (I und II kombiniert), dann **Vormund** nöt, § 1773, wenn das auch bei and Elternteil geschieht, § 1679. GG 6 II steht Maßregeln nach § 1666 nicht entgg, BVerfG NJW **54**, 1761. – **Unterbringg,** I 2; Stelle muß durch VormschG bestimmt bezeichnet werden, KG JFG **12**, 94, nicht aber, wenn FürsErz angeordnet wird, da LJA dann AufenthBestimmg hat, JWG 71 Anm 2, 69 Anm 3b. Ist aGrd I 1 Pfleger bestellt u hält dieser Unterbringg für zweckm, so ist Auswahl seine Sache. Nicht zul Entziehg des SorgeR, I 1, u gleichzeitig AO der Unterbringg, KG JFG **12**, 94. Unzulässig auch Pflegerbestellg, damit FreiwErzHilfe ungestört durchgeführt w kann, Hamm ZBlJug **58**, 177, Gött NJW **55**, 1596, da damit AO der FürsErz, möglicherw auch die Zust des Sorgeberecht umgangen wird, JWG 62 Anm 2 aE. Die Inanspruchn öff Mittel steht AOen nach § 1666 nicht entgg (BGH **8**, 137); grdsätzl gehören Kosten zum Lebensbedarf des Kindes, so daß Unterhaltspflichtiger sie zu tragen hat. Nach Unterbringg des Kindes bei einer PflegeFam Ausschluß des BesuchsR u Verweigerg der Kindesadresse zul (AG Hbg DAVorm **77**, 457), aGrd einer entspr Ermächtigg dch das VormschG (BayObLG StAZ **77**, 162).

6) **Verletzg des Unterhaltsrechts,** II, §§ 1601ff, 1610, 1615f, setzt auch schuldh Kindesgefährdg voraus, jedoch nicht ggwärtiges KindesVerm, BayObLG FamRZ **64**, 638. **Zweck:** Beseitigg der Gefährdg u Sicherstellg der bestimmgsgemäßen Verwendg des Kindesvermögens, § 1649, auch des zu erwartenden, künftigen für dessen Unterh. Gilt auch, wenn der nach § 1602 nicht unterhaltspflichtige Vater dem Kinde nicht von dessen **Arbeitsverdienst** hinreichende Beträge zur UnterhBestreitg beläßt, da hier Einschreiten aus I oder §§ 1667, 1669 (mangels VermGefährdg) nicht mögl, KG JFG **14**, 427. Als Maßregel wird hier meist die Entziehg der Ausübg der VermVerw ggü dem einen Elternteil, Einf 5 vor § 1626, genügen, wenn sich der andere Elternteil ausreichd durchsetzen kann; oft wird bei diesem aber, auch wenn das nicht der Fall ist, Beistandsbestellg genügen, § 1685, wenn er sie beantragt. Eine AO, der unterhaltspflichtige Vater möge sich eine besser bezahlte Stellg suchen, ist wg GG 2, 12, eine solche, der Vater möge zur Erleichterg der Wirtschaftführg zur Familie zurückkehren, wg GG 11 unzul, Hbg FamRZ **57**, 426.

7) **Verfahren.** Eingreifen setzt Antr nicht voraus (KG JFG **14**, 234), sond geschieht **von Amts wegen.** Zwingd Anhörg der Elt (§ 1695) u des JA (JWG 48a I Z 5), sonst Aufhebg (Hamm FamRZ **74**, 29). Ermittlgen (FGG 12) dürfen nicht ausschl dem JA übertr w, dessen Berichte die eig Ermittlgen des VormschG nicht ersetzen können (KGJ **38** A 86). JA muß sich aber gutachtl über die zu ergreifden Maßn äußern (Mü JFG **8**, 67; JWG 48 Anm 4 u 2). VormschG kann, wenn nach Sachlage formlose Ermittlgen nicht genügen, BewAufn anordnen (FGG 15); das Unterbleiben ist in derart Fällen nachprüfb ErmFehler (KG NJW **61**, 2066; Düss FamRZ **68**, 260). Anwesenh eines EltT bei BewAufn nicht erforderl. VormschG ist nicht befugt, iRv § 1666 psychiatr Untersuchg eines EltT anzuordnen (Stgt FamRZ **75**, 167). Dauern die Ermittlgen längere Zeit, so ist bei GlaubhMachg (zB dch JugABericht) u dringdem Bedürfn auch **einstw Anordng** des VormschG möglich (AG **20**, 249), zB bei unmittelb bevorstehder Entlassg des Kindes aus der Klinik u Drogensucht der Mutter (Hanau DAVorm **77**, 513) od Ermächtigg des AufenthPflegers, dem sorgeberecht EltT, dem das AufenthBestimmgsR entzogen w ist, den Aufenth der Kinder nicht mitzuteilen (BayObLG FamRZ **77**, 752). Aber kein schemat Vorgehen, sond auch hier genaue Prüfg des Einzelfalls (Hbg NJW **56**, 1156). Vorläuf AO kann auch längere Zt bestehen bleiben (Brschw OLGZ **66**, 83). Auch hier JA u Elt zu hören; wenn letzteres unterbleiben mußte, jedenf nach Erlaß der AO (Hbg NJW **66**, 1156). – **Zustdigk** FGG 43, 36. Es entsch der Richter (RPflG 14 Z 8). **BeschwerdeR** der Elt (FGG 20), Angehörigen (FGG 57 Nr 8) u gem FGG 59 des Kindes (Hamm FamRZ **74**, 29; Stgt FamRZ **74**, 540), auch gg vorl Maßn. Ausnahmsw neue Tats in weiterer Beschw (Karlsr FamRZ **77**, 148). Kosten KostO 94 I Z 3; zahlgspflicht ist Gewalthaber; keine KostenFreih bei Zurückweisg der Beschw des betr EltT, da KostO 131 III dann nicht gilt. Dchführgskosten gehören zum Unterh; anders § 1667 III. – **Keine Rechtskraft;** denn VormschRichter weder an eig Entscheidg gebunden, § 1696, noch an die des ProzG (HerausgUrteil, vgl aber auch § 1632 Anm 3a, wohl aber umgek.

8) **Maßnahmen nach JWG,** JWG 55ff (SchlußAnh) sind in ihren Auswirkgen auf das SorgeR der Eltern nicht denen nach § 1666 gleichzusetzen. **Erziehgsbeistandsch,** JWG 55, soll die Sorgeberechtigten bei der Erziehg unterstützen, setzt also eine gewisse Bereitsch von ihnen voraus, die im Antr zum Ausdruck kommt; ähnl **FreiwErzHilfe,** JWG 62; beides also keine Maßnahmen nach § 1666, zumal sie vom JA gewährt werden, was auch wg des Beistandscharakters für die angeordnete ErzBeistandsch, JWG 57, gilt. In keinem Fall, auch nicht in dem der **FürsErz,** wird den Eltern das SorgeR entzogen; es bleibt unberührt, jedoch kann es in Falle der FürsErz zT nicht ausgeübt werden, JWG 69 Anm 4 u § 1629 Anm 4 aE. Es wird im Interesse des Erziehungszwecks ausgeschaltet, vgl RG **98**, 247; Karlsr JFG **4**, 28. Bei Aufhebg der FürsErz lebt Ausübg des SorgeR wieder auf, falls Kind noch minderjährig, vgl JWG 75. FürsErzVerf macht solches aus § 1666 ggstandslos. Vgl im übrigen Erläut zum JWG (SchlußAnh). – Auch **Jugendgericht** kann im StrafVerf – neben Zuchtmitteln (Verwarng, Auferlegg bes Pflichten, Jugendarrest) - Erziehungsmaßregeln (Weisgen, Erziehgsbeistandsch, FürsErz) anordnen, JGG v 11. 12. 74, BGBl 3427, §§ 9ff, 13ff. S auch Einl 2 vor JWG 55.

1667 *Gefährdung des Kindesvermögens.* I Wird das Vermögen des Kindes dadurch gefährdet, daß der Vater oder die Mutter die mit der Vermögensverwaltung verbundenen Pflichten verletzt oder in Vermögensverfall gerät, so hat das Vormundschaftsgericht die zur Abwendung der Gefahr erforderlichen Maßregeln zu treffen.

II Das Vormundschaftsgericht kann insbesondere anordnen, daß die Eltern ein Verzeichnis des Vermögens einreichen und über die Verwaltung Rechnung legen. Die Eltern haben das Verzeichnis mit der Versicherung der Richtigkeit und Vollständigkeit zu versehen. Ist das eingereichte Verzeichnis ungenügend, so kann das Vormundschaftsgericht anordnen, daß das Verzeichnis durch eine zuständige Behörde oder durch einen zuständigen Beamten oder Notar aufgenommen wird. Das Vormundschaftsgericht kann auch, wenn Wertpapiere, Kostbarkeiten oder Buchforderungen gegen den Bund oder ein Land zu dem Vermögen des Kindes gehören, dem Elternteil, der das Kind vertritt, die gleichen Verpflichtungen auferlegen, die nach den §§ 1814 bis 1816, 1818 einem Vormund obliegen; die Vorschriften der §§ 1819, 1820 sind entsprechend anzuwenden.

III Die Kosten der angeordneten Maßregeln trägt der Elternteil, der die Maßregeln veranlaßt hat.

Vorbem. Fassg unter Berücksichtigg des GleichberGrdsatzes u Ausschaltg der väterl Nutzn, GleichberG Art 1 Z 22; sonst nur sprachl Ändergen.

1) Voraussetzg: Pflichtwidriges, das KindesVerm ernstlich gefährdendes Verhalten, zB nachlässige ProzeßfBführg, od ein gleichermaßen gefährdender, wenn auch unverschuldeter VermVerfall, KG JW **32**, 1387, wie ständig fortschreitende VermVerminderg, fruchtlose Vollstreckgn, Wechselproteste; Konk s § 1670. Verschulden nicht erforderl. Gefahr der Verminderg u des ordngswidrigen Verbrauchs der Kindesgelder; er braucht noch nicht eingetreten zu sein, Eintritt des Schadens muß aber naheliegen, Ffm NJW **53**, 67, FamRZ **63**, 453. Anhörg § 1695.

2) Maßregeln, soweit geboten u vom G zugelassen, Neust MDR **55**, 479, zB Aufl, einen geeign ProzBevollm für den KindesRStreit zu bestellen, KG JFG **22**, 179, Verzeichnis des Kindesvermögens, aber nicht für GesGut bei fortges GütGemsch, BayObLG JFG **1**, 58, Rechngslegg durch beide Eltern gemeins aus Gründen des Kindesschutzes, II; also nicht Pflegerbestellg, da es sich hier nur um mangelhafte VermVerwaltg handelt, nicht um eine Verhinderg an dieser, KGJ **35** A 11. Wegen der Aufnahme des Verzeichnisses durch zust Behörde, Beamten od Notar § 1377 Anm 3. Auch kann Gewalthaber nach § 1667 immer nur **in der Art der Verwaltgsbetätigg beschränkt** (zB durch **Sperrvermerk**) u gerichtl Aufsicht unterstellt, die VermVerwaltg als solche muß ihm aber grdsätzl belassen w. Sperranweisg an die ktoführde Spark bewirkt keine Sperre des Sparbuchs des Mj (BayObLG FamRZ **77**, 144). **Entziehg der Ausübg,** vgl auch Einf 5 vor § 1626, nur als äußerste Maßregel nach § 1669, KG JFG **15**, 19. Verbot der Einziehg des Kindeslohns daher nach § 1667 nicht mögl. Lücke schließt erweiternde Anwendg des § 1666, vgl dort u KG JFG **14**, 427. Neben 1667 Arrest nach ZPO 916ff denkbar, RG JW **07**, 203; vgl auch § 1668. Wg Verf § 1666 Anm 7, Entsch des RPflegers RPflG 3 Z 2a; Kostentragg III. Gebühren KostO 94 I Z 3.

1668 *Sicherheitsleistung.* I Sind die nach § 1667 Abs. 2 zulässigen Maßregeln nicht ausreichend, so kann das Vormundschaftsgericht dem Elternteil, der das Vermögen des Kindes gefährdet, Sicherheitsleistung für das seiner Verwaltung unterliegende Vermögen auferlegen. Die Art und den Umfang der Sicherheitsleistung bestimmt das Vormundschaftsgericht nach seinem Ermessen.

II Bei der Bestellung und Aufhebung der Sicherheit wird die Mitwirkung des Kindes durch die Anordnung des Vormundschaftsgerichts ersetzt. Die Kosten trägt der Elternteil, der durch sein Verhalten die Bestellung der Sicherheit veranlaßt hat.

Vorbem. Fassg unter Berücksichtigg des GleichberGrdsatzes GleichberG Art 1 Z 22; bisheriger § 1672 als II übernommen, sonst unverändert.

1) Zweck: Nach vergebl Versuch der Maßnahmen aus § 1667 od wenn diese allein nicht ausreichen, vgl auch KGJ **33** A 32, soll dem betreffenden Elternteil die Möglichk gegeben werden, wenigstens auf dem Wege der SicherhLeistg der Entziehg § 1669, abzuwenden, KG JFG **15**, 19. Mündelsperrvermerk, § 1667 Anm 2, zB **nicht ausreichend,** wenn nachteilige Vfgen über sonstige Einkünfte od Grdstücke zu befürchten. Art der SicherhLeistg nicht an §§ 232ff gebunden; deren Erzwinggg nur nach § 1669, nicht nach FGG 54. **Kind hat daher keinen gesetzlichen Hypothekentitel am Elterngrundstück.** HypBestellg kann zwar nach I Elternteil aufgegeben, Bewilligg nur durch die in § 1669 genannten Mittel erzwungen werden, dort S 2, Planck Anm 4, aM 23. Aufl; auch FGG 54 ist, anders als bei § 1844, nicht anwendb. Zustdgk FGG 43, 36; RPfleger entsch, RPflG 3 Z 2a. Anhörg der Elt § 1695.

2) Vertretg des Kindes bei Sicherheitsbestellg, II. Pflegerbestellg, §§ 1629 II, 1909, soll im Interesse der Eilbedürftigk vermieden werden. VormschG stellt Antr bei GBA in Vertretg des Kindes auf Eintrag der von dem Elternteil bewilligten Hyp, GBO 13, da FGG 54 nicht anwendbar. Gilt auch bei Änderg § 1844 II, nicht aber, wenn SicherhLeistg vertragl od freiw (also nicht auf Veranlassg des VormschG nach § 1668) erfolgt war od elterl Gewalt beendet ist, §§ 1773, 1822 Nr 13. Kosten, KostO 94 I Z 3, trägt der Elternteil, dessen Verhalten die Maßnahmen notw gemacht hat, II 2.

1669 *Entziehung der Vermögensverwaltung.* Kommt ein Elternteil den nach den §§ 1667, 1668 getroffenen Anordnungen nicht nach, so kann ihm das Vormundschaftsgericht die Vermögensverwaltung entziehen. Durch andere Maßregeln darf es die Sicherheitsleistung nicht erzwingen.

Vorbem. Fassg unter Berücksichtigg des GleichberGrdsatzes u der jetzt anderen Systematik des Untertitels GleichberG Art 1 Z 22; sonst nur sprachl Ändergen.

Verwandtschaft. 5. Titel: Eltern u eheliche Kinder §§ 1669–1671

1) Äußerstes Zwangsmittel, grdsätzl erst nach Durchführg wenigstens einer der in §§ 1667, 1668 vorgesehenen Maßregeln anzuordnen, KG JFG **22,** 179 (JFG **15,** 19 teilw aufgegeben). Erscheint die Maßregel, zB Verlangen einer SicherhLeistg, zwecklos, dann sofortige Entziehg zul, KG aaO. **Nichterfülllg** aus § 1667 II setzt voraus, daß überh kein Verzeichnis eingereicht; nicht ausreichd, wenn solches unrichtig od unvollst ist, KG HRR **35,** 17. Verschulden des Gewalthabers nicht erforderl. Zustdgk FGG 43, 36; es entsch der RPfleger, RPflG 3 Z 2a. Anhörg § 1695. Kosten KostO 94 I Z 3.

2) Folgen. Herausgabe des Vermögens, § 1698; Pflegerbestellg § 1909. Bei nachträgl Pflichterfülllg Aufhebg, § 1696, nach freiem Ermessen.

1670 *Konkurs.* ^I Die Vermögensverwaltung eines Elternteils endet mit der Rechtskraft des Beschlusses, durch den der Konkurs über sein Vermögen eröffnet wird.

^{II} Ist das Konkursverfahren aufgehoben, so kann ihm das Vormundschaftsgericht die Verwaltung wieder übertragen.

Schrifttum: Knöchlein Rpfleger **58,** 5.

Vorbem. Fassg unter Berücksichtigg des GleichberGrdsatzes GleichberG Art 1 Z 22; in II nur sprachl Ändergen. Von § 1647 aF hierher übernommen.

1) Konkurs eines Elternteils, I (KO 108, 71–73), beendet die Ausübg seiner VermVerw u VermVertretg, Einf 5 vor § 1626, auch wenn Kindesgut nicht vorhanden, KGJ **38** A 15, u zwar von Gesetzes wegen. § 1670 trifft auch zu, wenn Elternteil Teilhaber einer OHG, KGJ **43,** 36. Herausgabe § 1698. VormschG hat zu prüfen, ob eine AO, daß die VermSorge allein dem anderen Elternteil zusteht, mit dem Wohle des Kindes vereinbar ist; bejaht es das, so trifft es diese AO, andernf bestellt es einen Pfleger, wodurch auch der andere Elternteil die VermSorge verliert, §§ 1680, 1679; vgl auch § 1680 Anm 1. Elterl Gewalt des Betroffenen (ggf auch des anderen) bleibt im übr unberührt. Der Betroffene hat keine VermVerw, wenn Kind im Lauf des Verf, er erwirbt sie, wenn es nach Beendigg, KO 163, 190, 204, geboren wird, Jaeger-Lent KO § 25 Anm 12. VermVerfall § 1667 I.

2) Wiederübertragg, II, nach Ermessen des VormschG, im BeschwWege nachprüfbar, aM BayObLG **2,** 407.

3) Zustdgk, FGG 43, 36. Ob Pflegsch anzuordnen, Entsch des RPflegers, RPflG 3 Z 2a. Anhörg der Elt § 1695.

1671 *Elterliche Gewalt nach Scheidung der Eltern.* ^I Wird die Ehe der Eltern geschieden, so bestimmt das Familiengericht, welchem Elternteil die elterliche Gewalt über ein gemeinschaftliches Kind zustehen soll.

^{II} Von einem gemeinsamen Vorschlag der Eltern soll das Familiengericht nur abweichen, wenn dies zum Wohle des Kindes erforderlich ist.

^{III} Haben die Eltern keinen Vorschlag gemacht oder billigt das Familiengericht ihren Vorschlag nicht, so trifft es die Regelung, die unter Berücksichtigung der gesamten Verhältnisse dem Wohle des Kindes am besten entspricht.

^{IV} Die elterliche Gewalt soll in der Regel einem Elternteil allein übertragen werden. Erfordert es das Wohl des Kindes, so kann einem Elternteil die Sorge für die Person, dem anderen die Sorge für das Vermögen des Kindes übertragen werden.

^V Das Familiengericht kann die Sorge für die Person und das Vermögen des Kindes einem Vormund oder Pfleger übertragen, wenn dies erforderlich ist, um eine Gefahr für das geistige oder leibliche Wohl oder für das Vermögen des Kindes abzuwenden.

^{VI} Die vorstehenden Vorschriften gelten entsprechend, wenn die Ehe der Eltern für nichtig erklärt oder aufgehoben worden ist. Haben die Eltern innerhalb von zwei Monaten nach Rechtskraft des Urteils, durch das die Ehe für nichtig erklärt oder aufgehoben worden ist, keinen Vorschlag gemacht, so trifft das Familiengericht die Regelung, die unter Berücksichtigung der gesamten Verhältnisse dem Wohle des Kindes am besten entspricht.

Schrifttum: Schwoerer FamRZ **58,** 433; Müller-Freienfels JZ **59,** 339, 396; Treitz, Verteilg der elt Gew bei Auflösg der EltEhe u bei dauernd GetrLeben der Elt (Bln 1974); Boxdorfer RdJB **74,** 260; Strätz FamRZ **75,** 541; Lüderitz FamRZ **75,** 605; Knieper JZ **76,** 158; Coester FamRZ **77,** 217; Dittmann ZBlJugR **77,** 187; Buschmann RdJB **77,** 282.

1) Zur Fassg dch Art I Z 22 GleichberG Vorbem bis 35. Aufl; Neufassg dch 1. EheRG Art 1 Z 28 trägt der Abschaffg des Verschuldensprinzips iR der Ehescheidg (§ 1565) Rechng. Zur Verfassgsmäßigk VorlageBeschl des LG Brem FamRZ **77,** 402. Da die Kindesbetreuung nach § 1570 einen selbstd UnterhAnspr ggü dem and Eheg begründet, muß das FamG besonders darauf achten, daß die Elt od ein EltT dem Ger nicht Umstände vorspiegeln, die angebl das Kindeswohl betreffen, in Wirklichk aber der Erlangg oder der Vermeidg von UnterhAnspr bzw -pflichten aus § 1570 dienen. Das Ger hat in seiner Begrdg der SorgeREntsch ijF ausdrückl zu dieser Gefahr der Interessenkollision Stellg zu nehmen (vgl NJW **77,** 354). § 1671 regelt, weitergeh als EheG 74 aF, die **Übertragg der elterl Gewalt** in ihrem gesamten Umfang auf einen **EltT.** Zum Verhältn zu GG 6 II Beitzke FamRZ **58,** 9 u Einf 5 vor § 1626. Grdsätzl erhält der betr Eheg

1527

§ 1671 1, 2

Pers- und VermSorge einschließl der Vertretg des Kindes (§ 1626 II). Von dieser Regel darf nur dann abgewichen w, wenn es das Kindeswohl erfordert, **IV**. Allg ZweckmäßigkErwäggen reichen hierfür nicht aus. Die Verteilg muß sich vielm als notw erweisen, weil sie allein mRücks auf die verschiedenart Eigng der Elt das Kindeswohl wahrt (KG FamRZ **62**, 434), so, wenn die Mutter die Voraussetzgen für eine Verw des vorhandenen Kindesvermögens nicht erfüllt u der Vater mRücks auf seine Beschäftigg (Reisetätigk) sich der Kindeserziehg nicht widmen kann u sie Dr überlassen müßte (sa Anm 4). Mögl wiur die Abspaltg der Pers- od der VermSorge als solcher (einschl der zugehörigen Vertretg), nicht einz Bestandteile der beiden Sorgerechte, **IV 2** (Hamm FamRZ **58**, 145). Aus diesem **Grdsatz der Unteilbark** ist es zB unzul, dem Vater eine Zustimmgsbefugn zur Wohnsitzwahl od ein Recht zur Überprüfg der Schulzeugn vorzubehalten (Mü FamRZ **78**, 620); ferner das PersSorgeR auf die den Zeugen Jehovas angehörde Mutter mit Ausn der R zur rel Kindererziehg u zur Bestimmg einer Bluttransfusion (BayObLG FamRZ **76**, 43). Doch kann das R zur rel Erziehg Anlaß geben, dem and Teil überh das SorgeR zu übertr (BayObLG NJW **63**, 590). Teilgen des PersSorgeR lassen sich auch jederzeit dch gleichzeit od spätere AnO nach § 1666 erreichen (BayObLG FamRZ **63**, 192), zB in Form einer gesonderten Übertr des AufenthBestR (KG ZBlJR **71**, 138). Unzul sind Teil-Entsch, in denen ledigl die Nichtzuteilg der elterl Gew ausgesprochen, die Zuteilg auf den und Teil, einen Vormd od Pfleger aber offengelassen w (BayObLG FamRZ **68**, 268). Auch dem mj EltT kann die elterl Gew übertr w; da er aber das Kind bis zu seiner eig Volljährigk nicht vertreten, die VermSorge auch nicht ausüben kann (vgl § 1673 II), ist bis zu diesem Ztpkt ein Vormd zu bestellen, ebenso dem ihm die PersSorge zusteht (BayObLG **67**, 283; LG Stgt FamRZ **65**, 335 mAv Schwoerer). – Findet eine Trenng statt, so wird entspr der überwiegenden bish Meing, § 1626 Anm 4b, die Geltdmachg des Unterhaltsanspruchs der PersSorge zuzurechnen sein. Der UnterhAnspr des Kindes kann durch einen Elternteil gg den anderen geltd gemacht werden, wenn dem die elterl Gewalt nach Scheidg dem Elternteil übertragen ist, § 1629 Anm 5b. Wg des Verhältnisses des § 1671 zu § 1666 dort Anm 1; dieser wird durch § 1671 weitgehd ausgeschaltet. § 1671 bezieht sich nur auf **gemeinschaftliche Kinder**, **I**; das sind auch die durch Eheschl legitimierten, § 1719, gemschaftl angenommenen (§ 1754 I). – § 1671 gilt nur, wenn beide Eltern noch leben, da er nur die Verteilg der elterl Gew der Eheg zum Ggst hat; bei Tod eines Elternteils § 1681; auch unten Anm 5 aE. Er gilt nicht nur bei Scheidg, sond auch bei **Aufhebg**, EheG 37 I; wg der SorgeRverteilg bei Ehen, die dch TodesErkl durch Wiederverheiratg aufgelöst worden sind, § 1681 II 3. § 1671 auch, wenn elterl Gewalt des einen geschiedenen Elternteils ruht, da sie sonst bei Wegfallen des Grundes hierfür wieder ausgeübt w könnte (Bonn NJW **64**, 1136); wenn sie beim Berecht ruht, § 1678 II. Wegen des Übergangs bei Verwirkg durch den Berecht § 1679 II. Wegen der Kinder aus nichtigen Ehen unten Anm 6. Bei Getrenntleben der Eltern § 1672. Ist Kind im Ztpkt der Entsch adoptiert, so Übertr der elterl Gewalt auf einen Elternteil sachl unwirks (BayObLG FamRZ **68**, 257).

2) Vorschlag der Eltern, II, früher „Einigg", ohne daß damit etwas anderes gesagt werden sollte. Der Vorschlag der Elt ist entgg der aF im Ggs zu VI nicht mehr an eine Fr gebunden, da die Entsch über die elterl Gew Scheidgsfolgesache ist u als solche zus mit dem ScheidgsAusspr erfolgen soll (ZPO 621 I Z 1, 623 I 1, 629 I). Die Elt haben mit dem Antr auf Scheidg anzugeben, ob sie dem Gericht einen Vorschlg zur Regelg der elterl Gewalt unterbreiten wollen (ZPO 622 II Z 2). Damit haben die Eltern die Möglichk, sich über die Zuteilung der elterl Gewalt zu einigen. Vorschlag muß iF einverständlicher Scheidg in der AntrSchr enthalten s (ZPO 630 I Z 2), iü in der mündl Verh gemacht w, um Entscheidgsverbund zu gewährleisten (ZPO 621, 623, 629). 2-Mo-Frist v III aF aus diesem Grd abgeschafft. Frühzeitiger Vorschl der Elt auch sinnv u maßgebd iR einstw AnO (ZPO 620, insb S 2). Mögl auch Mitteilg eines EltT an das Ger u Zust des and, der dazu gehört wird, od gerichtl Vergl im Scheidgsstreit, auf den sich nur ein EltT beruft, BGH **33**, 54, was auch noch im BeschwVerf geschehen kann, BayObLG NJW **64**, 1134. Bei einem solchen Vorschlag im gerichtl Vergl allein Willensbildg der Eltern maßgebd, RA ist nur Vertreter in der Erkl, KG ZBlJR **66**, 267. Vorschläge nach der Scheidg kommen nur iF v ZPO 628 I Z 3 in Betr; das FamG muß dann jedoch eine noch nicht gem ZPO 620 Z 1 getroffene einstw AnO nachholen (ZPO 628 II). Die Wirksamk einer Vereinbg der Elt bezügl der elt Gew wird nicht davon berührt, wenn sie die Scheidg erleichtert od erst ermöglicht hat, wohl aber, wenn sie aus eigensüchtigem Interesse der Elt gg das Wohl des Kindes getroffen w. Für Kl aus ScheidgsVergl bez II besteht kein RSchutzBedürfn (Kiel FamRZ **76**, 536). **Inhalt des Vorschlags** kann nur sein, daß die elterl Gew auf einen Eheg übergehen soll, od auch, daß die PersSorge dem einen, die VermSorge dem and zustehen soll, nicht aber bei dieser Verteilg ein EltT die gesamte gesetzl Vertretg haben sollte, Hamm ZBlJR **72**, 202, auch nicht, daß die elt Gew insges (LG Köln FamRZ **74**, 99; aA Evans-v Krbek FamRZ **75**, 20) od die PersSorge beiden zustehen, BayObLG FamRZ **64**, 523, Celle NJW **60**, 151, BayObLG FamRZ **60**, 365, aM Schwoerer ebda (aber II hat keine selbständ Stellg neben I, der die Zuweisg an einen EltT anordnet), nicht daß der Wille des Kindes maßg sein soll, BayObLG NJW **69**, 429, nicht daß sie bis zu einem best Ztpkt, zB 1 J (BayObLG FamRZ **76**, 534), einem EltT zustehen u dann, falls Elt sich nicht einigen, FamG entscheiden, BayObLG FamRZ **65**, 51, od daß sie einem Dritten zustehen soll. Letztere AO nur iRv V. Zeitl Aufteilg der elt Gew daher auch in nur in geeign AusnFällen zul (Ffm NJW **62**, 920; Hamm FamRZ **64**, 577; aA Karlsr MDR **77**, 756). Unwirks Vereinbg des Gewaltwechsels bei Wiederverheiratg des and EltT; Berufg darauf aber als AbänderngsAntr iSv § 1696 anzusehen (BayObLG FamRZ **76**, 38). Unzul auch, daß FamGer bei jeder MeingsVerschiedenh mit dem and Eheg entscheiden soll, da der EltT, dem übertr ist, allein zu entsch hat, Neust FamRZ **64**, 91. Statt der an sich wünschensw **gemeinsamen elterl Gewalt** (vgl Evans-vKrbek FamRZ **75**, 20; **77**, 371) lassen sich dch entspr Bevollmächtigg des übergangenen EltT die Nachteile der gesetzl AusschließlkRegelg ausgleichen. Unbeachtl der Vorschlag, daß einem EltT allein die elt Gew eingeräumt, dem and aber deren Ausübg ohne zeitl Begrenzg im wesentl überlassen w soll (Kln FamRZ **77**, 62). AG Tüb DAVorm **76**, 424 hat elt Gew auf beide EltTeile übertr, nachdem diese 3 J nach der Scheidg immer noch zusammen lebten; ebso Wiesb FamRZ **77**, 60 bei offenb gutem Einvernehmen der gesch Elt über das jew Wohl der Kinder. Die Übertr (besser: Belassg) der elterl Gew auf beide Elt läßt nunmehr auch schon nach ggwärt Recht Düss FamRZ **78**, 266 zu, wenn sich für diese Lösg beide EltTeile u das zuständ JugA ausgesprochen haben u der Vater sein kaufmänn Unternehmen in der Nähe der Wohng der Kinder betreibt. De lege ferenda für Beibehaltg der gemeins elterl Sorgeberechtigg auch Diederichsen, FamRZ **78**, 473, da nach der Konzeption des § 1565 die Ehezerrüttg überh nichts mit der Erziehg der Kinder zu tun zu haben braucht. Unwirks u ohne die Rückwirkg des § 139 auf die übr Abmachgen der Elt ist eine Abrufklausel, wonach ein EltT die elt Gewalt mit der Maßg zugeteilt bekommen soll, daß der and sie jederzt für sich in Anspr nehmen könne, wenn er wolle (Stgt Just **74**, 128). Mögl aber Vereinbg, daß das Kind sich bei dem EltT, der nicht die elt Gewalt hat, noch eine Zeitlang aufhalten soll, zB das Kleinkind bei der Mutter; ferner Vereinbg ü das VerkR, § 1634, den Ausbildgsgang des Kindes. Die Einigg der Elt findet in dem Vorschl ihren Ausdr, wobei Erkl genügt, daß gg Vorschl des and keine Einwendgen gemacht w, LG Landau FamRZ **67**, 405. Vorbehaltl der Gen des FamG, BGH **33**, 58, sind die Elt an die von ihnen einmal getroffene Vereinbg **gebunden.** Allerdings kann sie übereinstimmd widerrufen w, BayObLG FamRZ **67**, 403, wobei Aufhebg freil noch nicht in voneinander abweichden ÄndWünschen liegt, BayObLG **67**, 59; ferner ist eins Anfechtg zul, Köln FamRZ **72**, 574, sowie Wegf der GeschGrdl, Köln FamRZ **64**, 524, Karlsr FamRZ **68**, 266, wofür jedoch nicht ausreicht, daß die VerkRegelg nicht wie beabsicht dchgeführt w, BayObLG FamRZ **66**, 249. Da die EiniggsMitwirkg höchstpersönl ist, kommt es auch bei Einschaltg eines Vertreters f die Frage, ob im Willensmangel vorliegt, nur auf die Elt an, KG FamRZ **66**, 153. Rückt ein EltT von der zunächst übereinstimmd vorgeschlagenen Regelg wieder ab, so ist dies Anlaß zur bes sorgfält Prüfg des KiWohls (Kblz DAVorm **78**, 313). Beantragt der eine EltT entgg der urspr Einigg der Elt, ihm die elt Gew zu übertr, so ist die dagg gerichtete Klage des and EltT unzul (Schlesw SchlHA **77**, 115). Vorschl der beschr GeschFäh ist mögl, aber dch GeschUnfäh mögl. Die persönl Beziehgen zw Elt u Kindern dürfen nicht wirtschaftl Tauschobjekt in der Art sein, daß sich Vater die SorgeR gg UnterhFreistellg abkaufen läßt (AG Spandau, DAVorm **77**, 511). Eine Übertr der elterl Gew dch den FamRichter liegt noch nicht deshalb vor, weil die Elt den Vorschlag bei ihm niedergeschrieben u er diese Niederschr unterschrieben hat, BayObLG FamRZ **66**, 247. Der **Maßstab, den das Familiengericht anzulegen hat, ist das Kindeswohl;** es ist zunächst davon auszugehen, daß Elt, die sich geeinigt haben, selbst am besten das Kindeswohl gewahrt haben w u das Gericht nicht mehr, als unbedingt erforderl, in FamDinge eingreifen soll. Infolgedessen darf das FamGer von dem Vorschlag der Elt nur a b w e i c h e n, wenn das für das Kindeswohl erforderl ist, Anm 1, dh trifft, das Wohl des Kindes nachhalt berührde Gründe vorliegen, deren Außerachtlassg die Entwicklg des Kindes ungünst beeinflussen würden, ohne daß gerade eine Gefährdg od eine obj Schädigg seines geistigen od leibl Wohles od seines Vermögens vorzuliegen braucht, KG FamRZ **58**, 423 (unter Herausarbeitg des Stärkegrades „zum Wohl des Kindes erforderl" durch Vergl der §§ 1696, 1671 III 2 u früh § 74 I, II EheG), also nicht schon, wenn seine anscheinde Zweckmäßigk widerlegt ist, BayObLG NJW **63**, 589. Das gilt für die von den Eltern vorgeschlagene Verteilg der elterl Gewalt nach Pers- u Verm-Sorge. Der SchuldAusspr bleibt hier unberücks; aus ihm kann sich auch ergeben, daß eine und als die vorgeschlagene Regelg für das Kindeswohl erforderl ist; jedoch sind Eheverfehlgen nicht als solche, sond immer nur im Hinbl auf die Eigng des EltT für die Erziehg des Kindes zu werten. Kein ausr Grd für die Abweichg vom EltVorschl, daß EltT, auf den elt Gew übertr w soll, minderjähr (Bienwald NJW **75**, 959).

3) Entscheidg des Familiengerichts ohne Vorschlag der Eltern, III. Billigt das FamGer den Vorschl nicht od haben die Elt einen Vorschl nicht vorgel od können sie sich nicht einigen, trifft das FamG die Regelg, die dem **Kindeswohl** am besten entspricht. Es hat dabei vAw die ges Verhältn zu berücks u das Für u Wider abzuwägen. Das Wohl des Kindes bedeutet dasselbe wie in JWG 1 I das R des Kindes „auf Erziehg zur leiblichen, seelischen u gesellschaftl Tüchtigk". Entscheidd allein die Belange des Kindes, nicht „moralische Anrechte" eines EltT auf das Kind (aA Erm-Ronke 24); ebsowen wie Alter u Geschlecht des Kindes ein Vorrecht des einen od and EltT begründen (BayObLG FamRZ **75**, 226). Das FamGer hat stets z beachten, daß es sich um die Regelg eines Einzelfalles handelt. Gleichwohl geben best Grd- u Erfahrgssätze wertvolle Orientiergshilfen: **a)** Nach dem **Fördergsprinzip** erhält derj EltT die elterl Gew, von dem das Kind f den Aufbau seiner Persönlich die meiste Unterstützg erwarten k, insb bei Kleinkindern ist zu bevorzugen, wer das Kind dens betreuen **kann,** nicht dagg wer nach der Scheidg rasch wieder geheiratet hat (Stgt FamRZ **76**, 282). Dabei können äußere Umste (soziale Stellg, Berufsausbildgs-Chancen, Güte der Unterbringg, Verpfleggsmöglichk), aber noch mehr seel u geist Gegebenh entscheiden. Im Falle der Trenng können unterschiedl, sich eigtl ergänzde Erziehgsziele v Mutter (emotional) u Vater (leistgsbezogen) uU als gleichwert behandelt w (Ffm FamRZ **78**, 261). Die Vertrauth des Kindes mit einem EltT ist unbeachtl nur, wenn dieser des Kind dem und nicht abwend sein w h. In aller Regel h hier die Mutter aGrd dauerh gefühlsm Bindgen einen Vorsprung vor dem Vater, Müller-Freienfels JZ **59**, 399. Desh auch Übertr auf mj Mutter, BayObLG NJW **68**, 452. Ist BezugsPers die Großmutter, von der berufstät Vater das Kind betreuen läßt, erh er elterl Gew, auch wenn Mutter das Kind versorgen kann, LG Waldshut Just **73**, 139. Für Geschwister besteht keine Vorschr, daß sie demselben EltT bleiben sollen. Teilg angebracht bei Abneigg eines EltT gg ein Kind. **b)** Da Erziehg Aufbauen v Verhaltenskonstanten bedeutet, ist f die Entw des Kindes idR die Lösg am vorteilhaftesten, welche die **Einheitlichk u Gleichmäßigk der Erziehg** am wenigsten stört (Kln OLG **73**, 181; FamRZ **76**, 32). Psycholog instruktiv Lempp NJW **63**, 1659. Das FamG hat desh die zukünft Entw z berücks u darf seine Entsch nicht nur auf vorübergehdes Verh stützen (BayObLG FamRZ **62**, 165). Auch keine Aufspaltg der elterl Gew; abgesehen v IV kann über fehldes wirtschaftl Verständn bei größerem KindesVerm Beistdsbestellg hinweghelfen, § 1685. Die Notwendigk, jeden unnöt Wechsel zu vermeiden, verbietet es, die elterl Gew auf einen EltT nur bis zu einem best Ztpkt z übertr, von dem an sie dann dem and EltT zufallen soll (BayObLG FamRZ **65**, 51; Ffm NJW **62**, 920; aA KG FamRZ **67**, 294); wohl aber kann derj EltT, dem die elterl Gew zuteil w, bei AuslandsAufenth, Wohngsschwierigk, Krankh od SäuglAlter des Kindes dem and EltT die tatsächl Sorge f das Kind begrenzte Zeit überlassen (Dölle § 97 IV 2). Das Kontinuitätsinteresse verlangt ferner, daß bei gleich guten Verhältn das Kind bei dem EltT bleibt, bei dem es bisher war (BayObLG NJW **53**, 626; FamRZ **78**, 261; s unten c). Versch religiöse Bekenntn der Elt sind ebenf nur unter dem GesPkt der Stetigk der Erziehg zu berücks. **c) Einzelfälle.** Berücks der tatsächl Abstammg trotz § 1593 (BayObLG JZ **62**, 442 m abl Anm Schwoerer). **Kindeswille:** Welches Gewicht ein vom Kind geäuß

§ 1671 3–5　　　　　　　　　　　　　　　4. Buch. 2. Abschnitt. *Diederichsen*

Wunsch hat, hängt von dessen Alter u Motiven ab (vgl Schwoerer NJW **64**, 6). Er bleibt uU unberücks, wenn eine massive Beeinflussg dch den einen EltT u dessen Elt vorliegt (Ffm FamRZ **78**, 261). Sein Wille k aber den Ausschl geben, wenn die Verhältn bei beiden Elt gleich gut sind (Karlsr OLG **66**, 449). Bei einem normal entwickelten 15jähr ist die erforderl Einsichtsfähigk idR vorh (BayObLG FamRZ **77**, 650). Wechsel v 3 Kindern in die Stadt nach Scheidg einer Landwirtsche (Ravbg DAVorm **76**, 419). Weg Sektenzugehörigk eines EltT BayObLG NJW **76**, 2017. Bricht eine Ehefr aus einer 15j glückl Ehe aus, so kann auch mRücks auf den Charakter ihres neuen Partners das SorgeR über alle 4 Ki dem Vater zugeteilt w (AG Tettnang DAVorm **77**, 670).

4) Im Ggs zu III 2aF ist die Zuteilg der elterl Gew unabhäng davon, wen von den beiden Eheg die **Schuld an der Scheidg** trifft. Der immer wieder zitierte **Grdsatz**, daß eine schwere Eheverfehlg noch nichts über die erzieherischen Fähigkten eines EltT aussagt (BayObLG FamRZ **77**, 751), gilt nur im Hinbl auf Verfehlgen dem Eheg ggü, also schon dann nicht, wenn sie sich auch auf die Kinder erstreckt od ausschließl ihnen ggü geäußert haben. Zur Notwendigk, in der Praxis des JugA weiterhin von der Scheidgsschuld auf die **Elternschuld** zu schließen, vgl Kemper ZBlJugR **77**, 413. Zur Bedeutg der Gleichsetzg von Scheidgsschuld u EltSchuld an Hand von Erfahrgen aus der DDR vgl Coester FamRZ **77**, 217. Nach der bish Fassg sollte das VormschG die elt Gewalt demj Eheg übertragen, der schuldlos geschieden wurde; nur wenn schwerwiegde Gründe dafür sprachen, sollte sie dem allein für schuld erklärten Eheg übertr w. Die in diesem Zushg ergangene Rspr behält ihre Bedeutg hins der Auslegg des Merkm „Kindeswohl"; denn darauf wurde iR der schwerwiegden Grde schon bisl abgestellt (zuletzt BGH **66**, 334), etwa in der Weise, daß Gefahr der Unterbrechg des seel Kontakts (sog Trenngsempfindlichk) gg Erziehgsunfähigk abzuwägen ist (Düss FamRZ **73**, 316), od Übertr auf alleinschuld Teil gerechtf ist (Stgt FamRZ **57**, 27), ebso bei lieblosem Benehmen des schuldl EltT od dessen 2. Eheg gg das Kind; aber Verschulden nicht erforderl, ausr Krankh wie multiple Sklerose (KG FamRZ **68**, 263), auch psych Störgen (KG DR **39**, 1000), Auswanderg des berecht EltT (Neust FamRZ **63**, 300), dauernde berufl Abwesenh eines Schiffskapitäns (Oldbg FamRZ **65**, 335), und zwar auch dann, wenn schuldl Vater wg vieler Reisen die Ausübg der SorgeR der Mutter überläßt, die gut f das Kind sorgt (aA-BGH NJW **52**, 1254), od wenn Übersiedlg zum Schuldlosen seel Dauerschaden beim Kind nach sich zieht (Hbg FamRZ **60**, 123); jedoch noch kein schwerw Grd iSv III 2 aF, daß schuldl EltT mj ist (Bienwald NJW **75**, 959) od wenn Zuteilg an den schuldl EltT f das Kind mit gewissen Schwierigk verbunden sein w, weil schuld Teil das Kind bish gut erzogen h u dieses sich gg den and Teil einstw ablehnd verhält (Hbg FamRZ **59**, 255), nicht ausr ferner bessere wirtschaftl od Wohnverhältn (BGH **3**, 53, NJW **52**, 1254), wenn iSv III 2 bevorrecht EltT auf VorR verzichtet (KG NJW **68**, 362), das ev Kind dem kath EltT zugeteilt w muß u umgek (BayObLG **50/51**, 421), es sei denn, das Kind w dadch in Gewissensnot gebracht u seel Erschütterungen ausgesetzt (Fbg JR **50**, 370), was allg zu vermeiden ist (Karlsr JZ **59**, 365). Desh kommt wesentl Bedeutg dem **Willen des ält Kindes** zu (LG Karlsr DAVorm **74**, 625), wobei es auf den Grad der Einsichtsfähigk des zB 11j Kindes ankommt (Oldbg NdsRpfl **77**, 24). Doch darf der Wille nicht zu Lasten des schuldl geschied EltT manipuliert worden s (BayObLG FamRZ **75**, 169). **Kinderpsycholog Gutachten** vermag dem Ger die Entsch nicht abzunehmen; dem GAer sind präzise Fragen zu stellen (Stgt FamRZ **75**, 105). **ÜbergangsR:** Bis z 1. 7. 77 Vorrang des schuldl EltT z beachten (BayObLG FamRZ **76**, 532).

5) Übertragg an Pfleger oder Vormund, V, wenn erforderl, um Gefahr für das geist od leibl Wohl od für das Verm des Kindes abzuwenden. Also scharfe Anforderungen wie in § 1666, vgl dort Anm 1, 3, 4, aber im Ggs dazu **kein Verschulden** erforderl. Es entspricht GG 6 III, daß ein Kind nur dann von der Fam getrennt w, wenn die ErzBerecht versagen. Soweit Kindeswohl einheitl zu beurt, obliegen (etwa bei Bestellg v Verwandten zum Vormd) auch Auswahl u Bestellg des Vormds grdsl dem FamG (aA BayObLG NJW **78**, 55); doch kann es diese Aufg auch an das VormschG delegieren. Kann beiden Elt weder Pers-, noch VermSorge übertr w, dann Vormd, § 1773, sonst Pfleger, § 1909, wodch jedoch das VerkR der Elt, § 1634, nicht berührt w. Da es sich um eine Regelg im Anschl an die Scheidg handelt, ist Voraussetzg, daß beide Elt leben. Lebt nur ein EltT, so hat er kraft Ges die elterl Gew, § 1681 I, die ihm nur über § 1666 gen w kann, BayObLG FamRZ **57**, 177. Da den Elt nur das unbedingt Erforderl gen w darf, ist auch die Übertr einz Bestandteile, vgl § 1666 Anm 5, mögl, BayObLG NJW **64**, 1419, wenn dadch Gefahr f das Kind ausgeschl w. Übertr der PersSorge auf Pfleger bei sittl bedenkl Lebensführg der Mutter, Hamm FamRZ **73**, 148, ZusLeben eines EltT mit einem Verheirateten, KG FamRZ **68**, 98, u Nichteigng des and EltT, aber nicht unbedingt, wenn Kind sehr an dem ersten EltT hängt, KG NJW **68**, 1680. Kommt die elterl Gewalt des Eheg, dem sie allein übertr wurde, auf nicht absehb Zeit zum Ruhen, so hat FamG diese zwar auf Antr dem and zu übertr, § 1678 II; würde hierdch das Kindeswohl gefährdet, kann gemäß V Abs V nach Abs V auf den EltT absehen u die elterl Gewalt einem Vormd übertr. **Wegfall der Voraussetzgen** des V führt automat, also unabh vom Interesse des Kindes an einer Änd der Regelg, zur Aufhebg der Vormsch- bzw PflegschAnO. Begründg dafür umstr: Unmittelb Folge von V (KG FamRZ **68**, 262); § 1919 direkt od analog (Staud-Schwoerer Rdn 129) od VoraussWegfall ist trift Grd iSv § 1696 (Stgt FamRZ **75**, 221). Nach Hamm FamRZ **67**, 412 anschließd Bindg an früh Vorschlag der Elt. Vgl iü Anm 7 e. Ist ein Vormd od Pfleger bestellt u **stirbt** einer der gesch Eheg, so bleibt es bei der Entsch des FamG; § 1681 I kann angesichts der Entsch des FamG die die Eigng beider Elt verneinte, keine Wirkg haben. Für die Pflegsch ergibt sich das aus § 1919, muß aber auch für die Vormsch gelten; so auch Staud-Schwoerer Anm 128, Hamm NJW **54**, 1814, Dölle § 97 VIII 1, dieser allerd mit der Einschränkg, daß die Bestellg nur aufrecht erhalten w kann, wenn § 1666 vorliegt (aber nicht einzusehen, warum die einmal erfolgte Prüfg dch eine and ersetzt w müßte, das Kindeswohl ist doch das gleiche); aM Hildesh NJW **66**, 1220 (Pflegsch wird mit dem Tode eines EltT wirkgslos). Spätere EhelichkAnfechtg berührt VormschBestellg nicht, so daß nicht etwa Maßn gem § 1666 gg die nach § 1705 entstandene elt Gew der Mutter erfdl (Nürnbg DAVorm **74**, 622). Ist gem V das JugA zum Vormd best worden, Entlassg nur gem § 1887 mögl (BayObLG MDR **77**, 140).

Verwandtschaft. 5. Titel: Eltern u eheliche Kinder § 1671 6, 7

6) Übertragg der elterl Gewalt bei Ehenichtigk u Eheaufhebg, VI. Voraussetzg rechtskräft Nichtig-Erkl (EheG 23) od Aufhebg der Ehe (EheG 37 I). Es gilt das Anm 1–5 Gesagte. Da die Folgen der Ehenichtig u der Eheaufhebg and als bei der Scheid nicht als Folgesache (vgl ZPO 621, 623 I 1) zugleich mit dem ScheidgsAntr verhandelt u entschieden w, mußte für den Vorschlag der Elt über die Verteilg der elt Gewalt eine AusschlFr bestimmt w. Die 2-Mo-Fr entspricht der bisherigen Regelg des III aF.

7) Verfahrensfragen. Über die Verteilg der elterl Sorge entscheidet das **Familiengericht** im Zushg mit der Ehescheid. Als **Scheidgsfolgesache** (ZPO 621 I Z 1, 623 I 1) ist die Entsch aus § 1671 in mehrf Hins privilegiert (ZPO 620 S 2, 630 I Z 2). **a)** § 1671 gilt für die Zeit nach der Ehescheid. Davor kann **während des Scheidsverfahrens** bei entspr Antr eine vorl Regelg dch das FamGer ergehen, welche die tatsächl PersSorge u die Vertretg in PersSorgesachen zum Ggst haben kann (ZPO 620 Z 1). Dch solche **einstw Anordngen** kann das FamG auch Vormd od Pfleger bestellen, dessen Auswahl allerd dem VormschG obliegt (KG NJW **78**, 648). Da diese einstw Anordngen bis z Abschl des ScheidgsVerf wirks bleiben (ZPO 620f, 629d), sind auch nach rkräft Scheid anderweit VerkRegelg erstrebde Rechtsmittel zul, BayObLG NJW **70**, 1645 L. Dagg nicht nach § 1696 Fortsetzg des nach § 1672 begonnenen, aber unabgeschl Verf, vgl dort Anm 1. Zum Verhältn zu § 1672 dorts Anm 1 aE. Vgl iü Einf 4m vor § 1564. **b)** Für das **Verf nach § 1671** gelten die FGG 35ff. Es ist Scheidsfolgesache (ZPO 621 I Z 1, 623 I), gilt als FGG-Sache (ZPO 621a). Soweit nicht bereits als Scheidsfolgesache zus mit dem ScheidsAntr über die elterl Gew entschieden w ist, was vor allem bei Ehen, die vor dem 1. 7. 1977 gesch werden od wo Kinder nach der Ehescheid geboren w, in Frage kommt, gelten FGG 35 ff unmittelb. Das Verf ist dann v Amts wg einzuleiten (ZPO 623 III) u dem Richter vorbehalten, RPflG 14 Z 15. Ggf erneute **Zustdgk-Prüfg**, Hamm OLGZ **66**,, 125. Entscheidd KindesWohns, evtl DoppelWohns, BGH FamRZ **67**, 606, § 11 Anm 1, mit der Folge, daß den Elt 2 FamGe zur Wahl stehen. FGG 5 erst bei Nichteinigg der Elt, Hamm FamRZ **69**, 105; iü Vorrang des zuerst tät gew FamG, Karlsr FamRZ **69**, 657. Notf entsch AufenthOrt des Mdls zZ, in welchem das Ger mit der Sache befaßt w, FGG 43, 36. Wohns des Vaters maßgebd, wenn ihm die elterl Gew zusteht, auch wenn Kind vereinbgsgem noch gewisse Zeit bei der Mutter verbleiben soll, Karlsr FamRZ **66**, 243. PflegBest nicht erforderl, RG **62**, 132, aber zul, RG **50**, 34. Das FamG hat unbefristete (Ausn: ZPO 630 I Z 2) Einigg der Elt nach III zu prüfen. Sind die Kinder unter den Elt aufgeteilt, ist Einigg f jedes Kind, evtl dch die getrennte Beschl, BGH FamRZ **67**, 609, selbstd zu beurt, Köln OLGZ **66**, 210. Ermittlgn vAw, FGG 12, u zwar erschöpfd, auch dch BeschwGer, Brschw MDR **49**, 622, auch des von der Mutter verborgen gehaltenen Aufenth des Kindes (KG NJW **69**, 1356). Die Vorn tiefenpsycholog Explorationen iR der KindeswohlPrüfg steht unter der Einschrkg des Verhältnismäßigk-Grds (Stgt ZBlJugR **75**, 131). **Anhörg der Elt** erfdl (§ 1695 I); Abweichg davon nur bei klarliegdn Verhältn zul, etwa wenn der FamRichter mit den Umst des Falles aus einem and Verf vertraut ist (Stgt FamRZ **77**, 821). Wg FGG 12 ab gewissem Alter (10 J) auch die iü ins Erm gestellte persönl Fühlng mit dem Kind erfdl, § 1695 II (Karlsr FamRZ **68**, 170). Anhörg des Kindes idR in Abwesenh der Elt u der ProzBevollm, denen iR des rechtl Gehörs ledigl das Ergebn mitzuteilen ist (Schlesw SchlHA **77**, 191). Soll der inzw wieder verheiratete Vater das SorgeR erhalten, so ist es unerläßl, dem Verhältn des Kindes zur Stiefmutter, idR dch deren Anhörg, besondere Aufmerksamk zu widmen (Oldbg NdsRpfl **77**, 24). Anhörgsmodalitäten s § 1695 Anm 2. Das JA ist stets z hören (JWG 48a I Z 6), auch bei bl Gen der Einigg n II, wenn Elt an verschd Orten wohnen, beide JugÄmter, od sogar zusätzl ein drittes, wenn das Kind an einem and Ort seinen Aufenth hat (Celle NdsRpfl **50/51**, 330), od währd des Verf seinen AufenthOrt wechselt (Hamm FamRZ **66**, 453). Bei Unterl Aufhebg der Anordng (Md JFG **13**, 335). **Inhalt:** Der Beschl kann auf Billig der elterl Einigg, deren Ablehng, auf Übertr der elterl Gew an einen der beiden Elt od an den Vormd od von Teilen an den Pfleger, aber nicht auf Unterbringg bei einer dr Pers lauten. Unzul auch negat TeilEntsch, zB daß dem einen ElT elterl Gew nicht zugeteilt w (BayObLG FamRZ **68**, 267), od UnterhRegelg. Der Beschl bedarf grdsl der **Begründg** (Mannh MDR **73**, 139); die bl Bezugn auf den Bericht des JA führt zu Zurückverweig (Düss FamRZ **78**, 56). Er wird abwesden Elt ggü wirks nur dch Zustellg, vgl ZPO 621c, FGG 16, sonst gilt weiter GesVertretg (Hamm FamRZ **69**, 548). Gebühren KostO 94 Z 4. Pflicht des JA zur Beratg u Unterstützg des sorgeberecht EltT bleibt bestehen, JWG 51 I. Gibt der bisherige SorgeBerecht das Kind nicht heraus, so erzwingt FamG die **Herausgabe** dch Zwangsgeld od Gewalt, § 1632, FGG 33 II; also bes Beschl. Gg verfunbeteil Dritte ist Kl erforderl, KG FamRZ **55**, 295. **c)** Beschl nach § 1671 ist mit einf **Beschwerde** anfechtb (ZPO 621e, 629a II; FGG 57 Z 9, 20). Anfechtgsberecht sind die Elt, auch die mj Mutter (BayObLG MDR **69**, 396), das JA, das über 14 J alte Kind (FGG 59; BayObLG FamRZ **75**, 169), uU auch Dr wie die GroßElt (Hamm FamRZ **67**, 413); iFv IV entfällt das BeschwR der Elt (Ffm OLGZ **69**, 401); BeschwR gg die Auswahl der Vormds gibt Hamm FamRZ **77**, 478. Bei Mehreren Kindern TeilBeschw zul (BayObLG FamRZ **75**, 169). Beschrkg des RMittels auf die Pers- od VermSorgeEntsch zul (BayObLG NJW **75**, 1422). Für den außerh des Entscheidgsverbundes eingelegte Beschw (ZPO 621e) kein Anwaltszwang (Celle FamRZ **78**, 139). Weitere Beschw BayObLG FamRZ **69**, FGG 27; Einschränkg der Beschw-Berechtig gem FGG 57 II, 64a III, ZPO 621e; vgl § 1632 Anm 4. Zur **Verwirkg** des BeschwR s Ffm FamRZ **68**, 100. **d)** Entfällt die Voraussetzg der Vormd- oder PflegerBestellg auch nur bei einem der gesch Eheg, so ist Vormd (Pfleger) z entlassen u das SorgeR jenem z übertr, KG FamRZ **62**, 435. Iü vgl wg **Änderg** der AO dch das FamG § 1696. Keine Korrektur der SorgeREntsch über § 1666; zur Dchführg einer jugendpsychiatr Untersuchg ggf PflegerbestellG (Stgt FamRZ **76**, 538). Es müssen triff, das Kindeswohl nachhalt berühre Gründe vorliegen, KG FamRZ **59**, 253. Aber auch § 1671 dabei zu berücks, § 1696 Anm 1, da sonst die gesamte Regelg des § 1671 mit seinen verschiedenen Graden („erforderl", „schwerwiegende Gründe", „erforderl zur Gefahrabwendg") nur zu einer vorläuf würde, die durch das Interesse „des Kindes" iS von § 1696 bei anderem Ausgg, dessen von Ztpkt dieses bestimmen kann, eingeebnet würde; wie hier auch Gernhuber § 56 VI 2, unzutreffd Krüger-Breetzke-Nowack Anm 20, die V nur bei erster Regelg (später nur §§ 1666, 1669 usw) für anwendb halten; zu berücks auch, daß Änderg meist nicht im Interesse des Kindes liegen. Lag also eine Einigg vor, so ist auch bei geänderten Verhältnissen II anzuwenden, eine Abweichg von der urspr Einigg mithin nur zul, wenn es das Kindeswohl erfordert;

§§ 1671, 1672   4. Buch. 2. Abschnitt. *Diederichsen*

insb kann ein EltT nicht auf diese Weise die frühere Einigg beiseite stoßen, vgl auch Fbg DRZ **50**, 207. III 2 auch im Falle der Änd (außer bei Einigg, Anm 2) zu beachten, BayObLG **50/51**, 664, aM Fbg Rpfleger **51**, 83. Auch bei Änd sind die Elt zu hören, desgl das Jugendamt, JWG 48 I 2. Schädigg des Kindes braucht nicht in Aussicht zu stehen, vgl KG DR **41**, 153. Bei **Wiederheirat** der Elt erledigen sich Regelgen gem I bis IV von selbst, währd eine gem V angeordnete Vormsch doch bes Beschl aufzuheben ist (Hamm NJW **72**, 262 u FamRZ **78**, 262); die bis zur 37. Aufl vertretene GgMeing, wonach sich der ZuteilgsBeschl mit der Eheschl ohne förml Aufhebg erledigt (Stgt FamRZ **76**, 537), berücks nicht genügd, daß Verteilg ein Staatsakt ist u kann zur RUnsicherh führen. Vgl iü auch §§ 1915, 1882. Es gelten wieder §§ 1626 ff (BayObLG Rpfleger **65**, 231). e) Zum **ÜbergangsR** nach dem 1. EheRG vgl BayObLG FamRZ **77**, 650 sowie Einf 4 o vor § 1564. Da III nF auch für vor dem 1. 7. 77 gesch Ehen gilt, hat der nichtschuld gesch Eheg in keinem Fall mehr ein Vorrecht bei der erstmaligen gerichtl Regelg des SorgeR (BGH NJW **78**, 1260).

1672 *Elterliche Gewalt bei Getrenntleben der Eltern.* **Leben die Eltern nicht nur vorübergehend getrennt, so bestimmt das Familiengericht, welchem Elternteil die elterliche Gewalt über ein gemeinschaftliches Kind zustehen soll. Das Gericht entscheidet nur auf Antrag eines Elternteils. Die Vorschriften des § 1671 Abs. 2 bis 4 gelten entsprechend.**

1) Neufassg dch 1. EheRG Art 1 Z 29. Leben die Elt nicht nur vorübergehd getrennt, bringt die gemein Ausübg der elterl Gew, § 1626 I, meist Unzuträglkten mit sich, die zu Meingsverschiedhten u Anrufg de FamG führen, § 1627 Anm 2. Diese Schwierigk beseitigt § 1672 mit der Möglk, die elterl Gew einem EltT zuzuteilen. Schon vorher kann der EltT, bei dem sich das Kind befindet, das JA um Beratg u Unterstützg angehen, JWG 51. Wenn die Elt wieder zusleben, verliert die Entsch nach § 1672 nicht ihre Wirkg, da sie nicht auf die Dauer des Getrenntlebens beschr ist, BayObLG NJW **71**, 197. Kommt es z EheAufhebgs-, Nichtigk- od **Scheidgsverfahren**, gehen der Regelg gem § 1672 evtl einstw Anordnungen des FamG gem ZPO 620 Z 1 vor. Übertr der elterl Gew auf einen Teil w nicht mit der rechtskr Ehescheidg, sond erst mit dem Erl einer vorläuf od endgült Entscheidg gem § 1671 unwirks. Ist das Verf gem § 1672 bei Eintr der Rechtskr der Ehescheidg wg Einlegg der Beschw noch nicht abgeschl, ist dieses Verf in der Haupts erledigt; es verbleibt nicht etwa bei der v FamG getroffenen Regelg, aA Erm-Ronke, 17, sond es ist das Verf nach § 1671 einzuleiten, Stgt FamRZ **70**, 207; KG FamRZ **73**, 42. – Das FamG ist verpfl, BayObLG NJW **69**, 430, § 1672 entspr anzuwenden, falls die elterl Gew eines EltT ruht, §§ 1673, 1674, od ein EltT an der Ausübg tatsächl verhindert ist, § 1678 IV, wodch die elterl Gew auf den EltT der Substanz, nicht nur der Ausübg nach übertr w. FamG wird nur auf **Antrag** hin tät, S 2, der VerfVoraussetzg, nicht SachAntr ist, so daß FamG die elterl Gew dem Vater auch dann übertr kann, wenn die getrennt lebde Mutter ohne GgAntr des Vaters Übertr der elterl Gew auf sich beantr h (Kln NJW **73**, 193; Celle FamRZ **78**, 622). Zul sind iRv § 1672 auch vorläufige Anordnungen, wobei die entscheidgserhebl Tatsachen keines vollen Beweises bedürfen (Zweibr FamRZ **73**, 315). **Einstw AnOen** (ZPO 620 S 1 Z 1) sind jedoch nur zul, wenn sie wg der bes Umst des Einzelfalles notw sind; wenn ein EltT vor Abschl des EheProz eine EndEntsch erreichen will, muß er ein Verf nach § 1672 einleiten (Düss FamRZ **78**, 604). Anderers kann die elterl Sorge im ScheidgsVerf auch dann einstw geregelt w, wenn die Voraussetzg des § 1672, dh ein nicht nur vorübergehdes GetrenntL, nicht festgestellt ist (Schlesw SchlHA **78**, 20). Der Unterschied zw der Entsch gem § 1671 iVm ZPO 620 I Z 1 u § 1672 liegt in § 1696 u ZPO 620b, 620f sowie darin, daß die Entsch im § 1672 uU außerh des EntschVerbundes getroffen w kann. Nach Einleitg des ScheidgsVerf kommt ein solches n § 1672 nicht mehr in Betr, u idR empfiehlt es sich auch, bereits eingeleitete in den EntschVerbund einzubeziehen (vgl iü ZPO 627).

2) Entsprechende Anwendg von § 1671. Voraussetzgen: Nicht nur vorübergehdes Getrenntleben der Elt; dazu § 1567. FamGer greift nur auf Antr eines EltT ein, der auch zurückgezogen w kann, so daß weiteres fam-gerichtl Verf entfällt, wenn nicht FamGer Anlaß zum Eingreifen vAw aus und rechtl Gründen dadurch erhält (insb § 1666); dann Abgabe an VormschG. Mögl auch Antr wg nur eines Kindes, BayObLG MDR **60**, 673. Auch hier hat der elterl Vorschlag über die Zuteilg der elterl Gewalt den Vorrang, § 1671 II. Er kann zugleich mit dem Antr eingereicht werden; auch getrennt lebde Elt können an fam-gerichtl Billigg einer solchen Einigg ein Interesse haben, um den and Teil zu binden; auch wg §§ 1679, 1680 im Hinbl auf § 1679 II. Liegt keine Einigg vor, wird das FamGer nach Einreichg des Antr eines Eheg nachfragen bzw warten, ob der, der zu hören ist, sich anschließt, anderfn nach Ermittlg entscheiden, welche Regelg dem Kindeswohl am besten entspricht, falls die Elt sich nicht vor der Entsch doch noch einigen, Schwoerer FamRZ **58**, 443 u § 1671 Anm 2. Vor Entsch, auch bei Einigg, immer JA zu hören, JWG 48a I Z 6. Es entsch der Richter, RpflG 14 Z 15. Mögl **Aufspaltg der inhaltl Regelg**: Dem einem EltT wird der Ausübg der Pers-, dem and die der VermSorge übertr, Hamm FamRZ **58**, 145; Antr kann auf die Regelg der PersSorge beschr w, KG NJW **73**, 1046. Fragwürd ist eine weitere Aufspaltg des SorgeR, zB Übertr nur des AufenthBestR auf einen EltT (Stgt NJW **58**, 1972; Hamm MDR **76**, 492: unzul). Ist ein Verf gem § 1672 anhäng, so ist Grdlage für eine vorläuf AnO § 1672 auch dann, wenn dadch nur ein Teil des PersSorgeR (zB AufenthBestR) einem EltT zur allein Ausübg übertr w, ohne daß es des Rückgr auf § 1666 bedarf (KG FamRZ **77**, 475). Unzul die Zurückweis des Antr mit der Begr, eine Änd des derzeit Zustd entspräche nicht dem Wohl des Kindes, BayObLG NJW **69**, 430. Dem nicht mehr sorgeberecht EltT kann ein **InformationsR** betr die Entwicklg der Kinder zugestanden w (AG Gemünden FamRZ **77**, 408). Eine AO, daß die Sorge einem Vormd od Pfleger zu übertr ist, kann im Verf nach § 1672 nicht getroffen w (§ 1671 V nicht entspr anwendb); nur mögl, wenn das aus anderen Gründen berecht wäre, § 1666 iVm §§ 1680, 1679; s auch § 1679 Anm 2. Ist HerstellgsUrt ergangen, so ist FamG hier gebunden, KG FamRZ **64**, 641.

Verwandtschaft. 5. Titel: Eltern u eheliche Kinder §§ 1673–1675

1673 *Ruhen der elterlichen Gewalt bei rechtlichem Hindernis.* I Die elterliche Gewalt eines Elternteils ruht, wenn er geschäftsunfähig ist.

II Das gleiche gilt, wenn er in der Geschäftsfähigkeit beschränkt ist oder wenn er nach § 1910 Abs. 1 einen Pfleger für seine Person und sein Vermögen erhalten hat. Die Sorge für die Person des Kindes steht ihm neben dem gesetzlichen Vertreter des Kindes zu; zur Vertretung des Kindes ist er nicht berechtigt. Bei einer Meinungsverschiedenheit geht die Meinung des gesetzlichen Vertreters vor; ruht die elterliche Gewalt der Mutter wegen Minderjährigkeit, so geht ihre Meinung der Meinung eines Vormundes oder Pflegers vor.

1) Fassg unter Berücksichtigg des GleichberechtGrdsatzes u GleichberG § 1696 GleichberG Art 1 Z 22; früh § 1676 aF. **Ruhen der elterl Gew aus Rechtsgründen** verhindert deren Ausübg (§ 1675); sie verbleibt währd der Ehe dann allein dem and EltTeil (§ 1678 I). Keine VermHerausg (§ 1698); ist dem and EltTeil die VermVerwaltg gem § 1666 entzogen, dann Pfleger. Ruhdes Recht kann nicht (zB iSv § 1666) mißbr u entzogen w (KG JFG **13**, 265). Das subj Recht bleibt als solches trotz Ruhens bestehen. Wird **Ehe durch Tod** oder **Todeserklärg aufgelöst** u tritt Ruhen der elterl Gewalt bei überl Elternteil ein, so Vormd. Wegen Ruhens der elterl Gewalt bei dem, dem sie nach Scheidg od Getrenntleben allein zusteht, § 1678 II, vgl auch § 1671 Anm 5.

2) Geschäftsunfähigkeit. § 104 Z 2, 3; wenn erforderl, hier auch Ausschließg des VerkehrsR. Der geschäftsunfäh Mutter w man gg die Entsch, daß ihre elterl Gewalt ruht, ein selbstd BeschwRecht einräumen müssen, Düss FamRZ **69**, 663, Hamm OLGZ **71**, 76, vgl § 1910 Anm 5. Bei vorübergehder Störg der Geistestätigk, § 105 II, Anwendung von §§ 1693, 1678.

3) Die beschränkte Geschäftsfähigk eines Elternteils (§§ 106, 114) **od die Pflegerbestellg** (§ 1910 I), **II,** führt dazu, daß EltT kein VertretgsR, sond neben dem gesetzl Vertreter, also idR dem and EltT (§§ 1678 I, 1626 I) od dem Vormd (falls zB der and EltT weggefallen), nur ein **Nebensorgerecht** hat. BeschwR aus FGG 57 I Z 9 nur iR dieses NebSorgeR (KG JFG **16**, 254). Bei Meingsverschiednh geht Auffassg des and EltT vor; Ausn EheG 3 II (s dort Anm 3). Ggü Vormd od Pfleger hat dagg, sofern beschrkte Geschfähigk Folge der Minderjährigk ist, die Meing des mj EltT Vorrang (so zG der mj Mutter ausdrückl § 1673 II 3 aE, dessen Anpassg an den Wegfall der VolljährigkErkl iS der §§ 3–5 aF das VolljkG versäumt hat; vgl Bienwald NJW **75**, 957).

4) Kraft Gesetzes tritt das Ruhen u (bei Wegfall der Voraussetzg) das Wiederaufleben ein; anders § 1674.

1674 *Ruhen bei tatsächlichem Hindernis.* I Die elterliche Gewalt eines Elternteils ruht, wenn das Vormundschaftsgericht feststellt, daß er auf längere Zeit die elterliche Gewalt tatsächlich nicht ausüben kann.

II Die elterliche Gewalt lebt wieder auf, wenn das Vormundschaftsgericht feststellt, daß der Grund des Ruhens nicht mehr besteht.

1) Fassg unter Berücks des GleichberGrds GleichberG Art 1 Z 22; fr § 1677 aF. Voraussetzg **längere tatsächl Verhinderg** an Ausübg der elt Gewalt od ihrer Bestandteile, zB der PersSorge (KG JFG **11**, 54), jedoch mit der Aussicht, daß die elt Gew wieder ausgeübt w kann (Ffm FamRZ **66**, 109). **Fälle:** Strafhaft (KG JW **36**, 1016; BayObLG NJW **75**, 1082). Untersuchgsh nur ausnahmsw (Kln FamRZ **78**, 623), zB bei Giftmordverdacht (BayObLG FamRZ **65**, 283); Auswanderg (BayObLG JW **34**, 1369), währd bei sonst AuslAufenth auf die VerbindgsMögl ankommt (Ffm FamRZ **54**, 21); Kriegsgefangensch; Vermißtwerden od sonst unbekannter Aufenth; bei körperl od geist Erkrankg (Störg, Hysterie, soweit nicht § 1666) auch dann, wenn noch nicht so hochgrad, daß gesetzl Ruhen gem § 1673 die Folge (KG Recht **17** Nr 837), od wenn mit Wiederauftreten (Schüben) zu rechnen; mRücks auf den DistanziergsZweck auch bei bevorstehder Inkognitoadoption (LG Brschw DAVorm **74**, 400; Bchm DAVorm **74**, 627). Nicht ow dagg bei Taubstummh der Mutter (Ffm FamRZ **66**, 109). Vor endgült Feststellg vorl AO zul (KG FamRZ **62**, 200; § 1693 Anm 1). Bei Trunks ohne Entmündig u mangelnder Eigng § 1666. Bei **kürzerer** tatsächl Verhinderg, zB längerem KrankenhAufenth, der Ausübg der elt Gew nicht zuläst, Ausl-Reise ist zwar die Wirkg f den and EltT dieselbe (§ 1678 I); aber keine Feststellg dch VormschG, auch nicht § 1675.

2) Verfahren erfolgt zweistuf: **a) Ermittlg** vAw (FGG 12); gewährt jedoch keine Befugn, einen EltT zu psychiatr Untersuchg zu verpfl (Stgt FamRZ **75**, 167). **b) Feststellg** auch schon bei berecht Zweifeln an der GeschFähigk vorzunehmen (BayObLG Rpfleger **68**, 22). Wird wirks mit Bekanntmach an and EltT (FGG 51), ggf VormdBestellg (BayObLG FamRZ **62**, 74); ebso wenn die elterl Gewalt der nehel Mutter ruht u JA Vormd w (KG FamRZ **72**, 44). **Folge:** § 1675; VermHerausg nur, wenn anderer EltT die Gewalt nicht hat (§ 1698). Kein Raum für AbwesenhPflegsch (KG JFG **17**, 71). Zustdgk FGG 43, 36; es entsch der RPfleger, RPflG 3 I Z 2 a (im Richterkatalog RPflG 14 nicht genannt). Gebühren KostO 95 I Z 2, 96.

3) Beendigg, II, erst durch feststellenden Bescheid des VormschG, der zu seiner Wirksamk Bek an betroffenen Teil bedarf, FGG 51 II, 16 I, aber auch dem anderen, bisher allein Berechtigten zu machen ist. Für ihn gilt bis dahin § 1698 a II. II entspr anwendbar, wenn sich herausstellt, daß I nicht vorlag.

1675 *Wirkung des Ruhens.* Solange die elterliche Gewalt ruht, ist ein Elternteil nicht berechtigt, sie auszuüben.

Vorbem. Fassg unter Berücksichtigg des GleichberGrdsatzes u des Wegfalls der elterl Nutzn, GleichberG Art 1 Z 22. Im übrigen § 1678 aF.

1533

§§ 1675–1678   4. Buch. 2. Abschnitt. *Diederichsen*

1) Bei **bestehender Ehe** übt der andere Elternteil allein die Gewalt aus, § 1678 I; die elterl Gewalt geht nicht verloren, vgl aber § 1672 Anm 1 aE, sie endet nicht, ist aber in ihrer Ausübg gehemmt. Mit **Eheauflösg durch Tod** des Elternteils, dessen elterl Gewalt ruht, erhält der andere Elternteil nunmehr die volle u alleinige elterl Gewalt, § 1681. Ist der Elternteil, dessen Gewalt ruht, der **Überlebende**, so VormdBestellg, § 1673 Anm 1. Wegen Wirkg der Auflösg der Ehe durch Scheidg § 1678 II. Wegen Weiterführg der Geschäfte § 1698a II.

1676 *Verwirkung der elterlichen Gewalt.* ^I Ein Elternteil verwirkt die elterliche Gewalt, wenn er wegen eines an dem Kinde verübten Verbrechens oder vorsätzlichen Vergehens zu Freiheitsstrafe von mindestens sechs Monaten verurteilt wird. Trifft diese Straftat mit einer anderen zusammen und wird auf eine Gesamtstrafe erkannt, so entscheidet die Einzelstrafe, die für die an dem Kind verübte Straftat verwirkt ist.

^{II} Die elterliche Gewalt ist mit der Rechtskraft des Urteils verwirkt.

1) Fassg GleichberG Art 1 Z 22 aStv § 1680 aF; geänd dch 1. StrRG v 25. 6. 69 (BGBl 683) Art 49 sowie I 2 dch EGStGB v 2. 3. 74 (BGBl 469) Art 121 Z 4. **Verwirkg** hat nur die dort aufgeführten Auswirkgen (§§ 1777, 1782, 1852–56, 1868, 1880, EheG 3), nicht aber die übr EltRechte (§§ 1601 ff, 1617, 1747, 1925, 2303); vgl jedoch Einf zu § 2339. MitteilgsPfl des Strafrichters an VormschG, FGG 50. § 1676 gilt entspr auch ggü Elternteil, der nur PersSorge, KG JFG **23**, 351, od nur VermSorge hat. Obwohl die Verwirkg den Verlust der elterl Gewalt der Substanz nach bedeutet, Staud-Engler Anm 16, aM Staud-Göppinger Vorbem 37 vor § 1666, entfällt nicht auch das VerkehrsR, da ein von SorgeR unabhäng natürl ElternR, Einf 5 vor § 1626, § 1634 Anm 1, RGRK Anm 3 u hM, aM Beitzke FamRZ **58**, 9, zweifelnd Lehrb § 27 VI; allerd wird im Falle des § 1676 das VormschG oft § 1634 II 2 anwenden müssen. Bei bestehender Ehe § 1679 I; bei geschiedener hat der andere Elternteil von Gesetzes wg die elterl Gewalt im vollen Umfang, § 1679 II, ebenso wenn das VormschG im Falle des nur vorübergehenden Getrenntlebens die elterl Gewalt dem übertragen hatte, der sie nunmehr verwirkt. Bezügl nicht verletzter Kinder wird idR § 1666 eingreifen. Erfolgt im Wiederaufn-Verfahren Freisprechg od Strafherabsetzg, so hat Elternteil wieder elterl Gewalt; keine Rückwirkg. Durch Amnestie wird Strafe nicht beseitigt. II verstößt nicht gg GG 6 (KG NJW **74**, 1658). Nach elementarer Besserg des EltT RückÜbertr der elt Gew mögl (Evan-vKrbek ZBlJugR **76**, 45).

2) **Verurteilg wegen Vermögensdelikts,** zB Untreue, StGB 266, Verletzg der UnterhPfl, StGB 170b, BayObLG FamRZ **64**, 94, gg Kind genügt; Verwirkg ist zwar eine verhältnismäß starke RWirkg, anderers muß es sich um eine schwere UnterhPflVerletzg handeln, damit § 1676 ausgelöst w, so daß es gerechtf erscheint, Elt, die unabh v § 1603 ihr Kind überh nicht versorgen, auch das SorgeR zu nehmen (ebso LG Saarbr DAVorm **77**, 454; aA Karlsr RJA **3**, 65; Brschw DAVorm **77**, 455; Dortm FamRZ **65**, 446, da Kind nicht unmittelb persönl verletzt, eine so weite Auslegg mit GG 6 II nicht verträgl). Bei mehreren Delikten am Kind entscheidet Gesamtstrafe, dagg Einsatzstrafe bei Straftaten gg mehrere Kinder od ZusTreffen mit nicht am Kind verübten Straftaten.

1677 *Todeserklärung eines Elternteils.* Die elterliche Gewalt eines Elternteils endet, wenn er für tot erklärt oder seine Todeszeit nach den Vorschriften des Verschollenheitsgesetzes festgestellt wird, mit dem Zeitpunkt, der als Zeitpunkt des Todes gilt.

Vorbem. Fassg unter Berücksichtig des GleichberGrdsatzes u Regelg des VerschG, GleichberG Art 1 Z 22; früher § 1679, dessen II nach § 1681 II 2 übernommen wurde.

1) **Todeserklärg und Feststellg des Todeszeitpunktes,** VerschG 1 ff, 23, 39, 44, beendigt Gewalt als solche (weitere Fälle s § 1626 Anm 2) nicht nur, wie bei Ruhen, ihre Ausübg. Folge: der andere Elternteil hat sie von Gesetzes wg vom Todeszeitpkt an allein, § 1681 II 1. AnzeigePfl FGG 50. Hat die elterl Gewalt des anderen Elternteils durch Tod od auf andere Weise ihr Ende gefunden od kann sie nicht ausgeübt werden, VormdBestellg, § 1773.

1678 *Alleinige Ausübung bei tatsächlicher Verhinderung oder Ruhen.* ^I Ist ein Elternteil tatsächlich verhindert, die elterliche Gewalt auszuüben, oder ruht seine elterliche Gewalt, so übt der andere Teil die elterliche Gewalt allein aus; dies gilt nicht, wenn die elterliche Gewalt dem Elternteil nach den §§ 1671, 1672 übertragen war.

^{II} Ruht die elterliche Gewalt des Elternteils, dem sie nach den §§ 1671, 1672 übertragen war, so hat das Familiengericht die Ausübung der elterlichen Gewalt auf Antrag dem anderen Elternteil zu übertragen, wenn keine Aussicht besteht, daß der Grund des Ruhens wegfallen werde.

Schrifttum: Schwoerer FamRZ **58**, 91.

1) Fassg des § 1685 aF dch GleichberG Art 1 Z 22; Neufassg dch 1. EheRG Art 1 Z 30, wodch VormschG gg FamGer ausgetauscht w. § 1678 bringt wie auch §§ 1679–1681 den Grds zum Ausdr, daß inf der Ausübg der elterl Gewalt durch beide Eltern, § 1626 I, dann, wenn ein Elternteil sie nicht ausüben kann, sie nunmehr der andere allein ausübt. Diese Folge tritt teils von G wg, §§ 1678 I Halbs 1, 1679 II, teils nach Prüfg durch das Fam- od VormschG ein, §§ 1678 II, 1679 I, 1680, 1681 II 3.

2) **Ruhen der elterlichen Gewalt oder Verhinderg bei bestehender Ehe, I,** also sowohl Verhinderg aus RGründen, § 1673, wie auch bei tatsächl Verhinderg, hier ohne Unterschied, ob die Feststellg des

1534

Verwandtschaft. 5. Titel: Eltern u eheliche Kinder §§ 1678, 1679

Ruhens durch das VormschG getroffen ist, § 1674, u damit der Elternteil sie auch rechtl nicht ausüben kann, § 1675, od ob es sich um eine kürzere Verhinderg handelt, die dieselbe Folge in tatsächl Beziehg hat, § 1674 Anm 1. **Folge**: Der and EltT übt von Ges wg die elterl Gew allein aus. **Ausnahmen**: Dem nunmehr zur alleinigen Ausübg berecht EltT war die elterl Gew schon vorher entzogen w, §§ 1666, 1671, 1672, was auch bei einer Entzieh des PersSorgeR dch einstw AO gem ZPO 627 gilt, KG FamRZ 73, 152, od sie ruhte gem §§ 1673, 1674. Selbstverstdl Voraussetzg für den Übergg ist, daß der and EltT die elterl Gew ausüben kann u darf. Fehlt es daran, hat, ggf auf Veranlassg des JA, § 1694, das VormschG einzugreifen, § 1693, u einen Vormd z bestellen, § 1773. War dem EltT nur die Pers- od VermSorge entzogen, dann Pflegerbestellg, § 1909.

3) Ruhen der elterlichen Gewalt des geschiedenen oder getrenntlebenden Elternteils, II. Hier bedarf es einer Übertragg durch das FamGer, die nur **auf Antrag des anderen Elternteils** eintritt; wg der Folgen Anm 1. Wird ein Antr nicht gestellt, VormdBestellg, § 1773. In diesen Fällen wird Feststellg des VormschG nach § 1674 erst mit der Übertragg der elterl Gewalt an den and Elternteil, FGG 16, od mit VormdBestellg wirks, § 1789, FGG 51 I. FamGer muß (trotz der Fassg „hat") von der Übertragg absehen, wenn anderer Elternteil etwa seine elterl Gewalt verwirkt hat od sie ihm entzogen worden ist; ebso wenn das zwar nicht geschehen ist, der Tatbestd jedoch gegeben wäre, wenn dieser Elternteil die elterl Gewalt gehabt hätte, da eine Übertragg der elterl Gewalt, die sofort wieder entzogen w müßte, nicht stattfinden kann, Maßfeller DNotZ **57**, 371; dann also VormdBestellg, § 1773. Die Übertragg kann im übrigen nur dann erfolgen, wenn keine Aussicht besteht, daß der Grd des Ruhens wegfällt, zB Elternteil in Heilanstalt ohne Aussicht auf Besserg, Auswanderg. Ist damit zu rechnen, daß der Grd des Ruhens bald wegfällt – dahin gehören auch die Fälle der vorübergehenden tatsächl Verhinderg, Anm 1 u § 1674 Anm 1 –, so keine Übertragg, sond Pflegerbestellg, § 1909; so auch BayObLG FamRZ **62**, 33. Zustdgk FGG 43, 36. Es entsch RPfl, RPflG 3 Z 2a. Gebühren f II KostO 94 I Z 4, III.

1679 *Alleinige Ausübung bei Verwirkung.* I Hat ein Elternteil die elterliche Gewalt verwirkt, so hat das Vormundschaftsgericht anzuordnen, daß die elterliche Gewalt oder die Sorge für die Person oder das Vermögen des Kindes dem anderen Elternteil allein zusteht, soweit dies mit dem Wohle des Kindes vereinbar ist. Andernfalls bestellt es einen Vormund oder Pfleger. Mit der Bestellung verliert auch der andere Elternteil die elterliche Gewalt oder die Sorge für die Person oder das Vermögen des Kindes. Neben dem Vormund oder Pfleger steht ihm nur die tatsächliche Personensorge zu; bei Meinungsverschiedenheiten geht die Meinung des Vormundes oder Pflegers vor.

II Die elterliche Gewalt geht auf den anderen Elternteil über, wenn der Elternteil sie verwirkt, dem sie nach den §§ 1671, 1672 übertragen war.

Schrifttum: Schwoerer FamRZ **58**, 88.

Vorbem. Eingefügt durch GleichbergG Art 1 Z 22. Mit GG 6 III vereinb, KG FamRZ **65**, 161.

1) Verwirkg durch einen Elternteil bei bestehender Ehe, I. Verwirkg tritt nur ein bei Verurteilg wg Verbrechens od Vergehens gg das Kind, § 1676. Bei ZusLeben mit dem unschuldigen Elternteil besteht die Gefahr, daß dieser so unter dem Einfluß des schuldigen steht, daß das Kindeswohl gefährdet ist. Deshalb keine alleinige Ausübg der elterl Gewalt durch den anderen Elternteil kraft G wie bei § 1678 I. I aber nicht anwendb, wenn die Eltern zwar noch verheiratet sind, aber getrennt leben, Hamm NJW **72**, 214. Bei ZusLeben hat Vormundschaftsgericht in jedem Einzelfall zu prüfen, ob die alleinige Ausübg der elterl Gewalt od wenigstens die alleinige Ausübg der Pers- od der VermSorge mit dem Kindeswohl vereinbar, **I 1**. Feststellg, daß andere AO zweckm, wird nicht genügen; es müssen die beiden Zustände abgewogen u geprüft werden, ob das Kindeswohl eine solche AO noch zuläßt. Bejaht VormschG das, so trifft es eine dahingehende AO. Andernfalls bestellt es einen Vormd, § 1773, wenn die Ausübg der elterl Gewalt als solche durch den anderen Elternteil dem Kindeswohl nicht zuträglich würde, sonst einen Pfleger, § 1909, wenn nur für die Ausübg der Pers- od VermSorge diese Voraussetzg zutrifft, so zB wenn der ungünst Einfluß des and Elternteils nicht hinreichd ausgeschaltet werden kann, KG NJW **65**, 871. Im gleichen Maße verliert dann auch der andere Elternteil die Ausübg der elterl Gewalt, **I 3**. Ihm steht in diesem Falle nur noch die tatsächl PersSorge zu, insb hat er das VerkehrsR, aber nicht mehr die AufenthBestimmung, Hamm FamRZ **67**, 416, auch nicht die Vertretg (also nur Nebenrechte). Bei Meingsverschiedenheiten zw ihm u Vormd oder Pfleger geht deren Meing vor. **Bis zur Entscheidg des Vormundschaftsgerichts**, das vorher JA zu hören hat, JWG 48a I Z 7, bleibt jedoch der bish Zustand bestehen. Der unschuldige Elternteil behält also die elterl Gewalt im bish Umfange, Maßfeller DNotZ **57**, 372. Zustdgk FGG 43, 36; es entsch RPfleger, RPflG 3 Z 2a. Gebühren KostO 94 I Z 4, III; AO gem I 1 als bloß feststellend gebührenfrei. Die Bestellg eines Vormd gem I 2 wird dch Scheidg u erneute Eheschließg der Elt nicht berührt; allenf Abänderg nach § 1696, BayObLG FamRZ **74**, 318.

2) Verwirkg durch den geschiedenen od getrenntlebenden Elternteil, dem elterliche Gewalt übertragen, II. In diesem Fall fällt das Bedenken der Gefährdg durch den anderen Elternteil, Anm 1, weg. Infolgedessen übt der andere Elternteil kraft Gesetzes vom Zeitpkt der Rechtskr des Strafurteils, § 1676 II, auch wenn er der an der Scheidg allein Schuldige war, die elterl Gewalt in vollem Umfange aus, Einf 5 vor § 1626, was aber eine Überprüfg des VormschG unter dem Gesichtspkt von § 1671 V nicht ausschließt. War eine Übertragg noch nicht erfolgt, was insb bei Trenng, § 1672, vorkommt, so mit Rücks auf den Wortlaut nicht II, sond AO des VormschG erforderl. Lebten die Eltern im Verwirkgszeitpkt noch zus u wurde Vormd gemäß I bestellt, so hat VormschG nach Scheidg zu prüfen, ob nunmehr Elternteil, der sein ElternR nicht verwirkt hat, dieses ausüben darf, § 1671 III, od der bestellte Vormd (oder Pfleger) wg

1535

§ 1671 V weiter zu belassen ist. Vgl auch Schwoerer FamRZ 58, 89, der mit Recht auf die unzulängl Regelg im Falle einer Übertragg der elterl Gewalt bei Trenng hinweist; denn geht nach späterer Verwirkg jene auf den anderen Elternteil automatisch über, so kann VormSchG nur nach § 1666 eingreifen, da § 1672 die Vormd- od Pflegerbestellg unter den leichteren Voraussetzgen des § 1671 V nicht zuläßt, § 1672 Anm 2.

1680 *Entziehung des Sorgerechts; Ende der Vermögensverwaltung.* Wird die Sorge für die Person oder das Vermögen des Kindes einem Elternteil entzogen oder endet seine Vermögensverwaltung nach § 1670, so gelten die Vorschriften des § 1679 entsprechend.

Schrifttum: Knöchlein Rpfleger 58, 5.

Vorbem. Eingefügt durch GleichberG Art 1 Z 22.

1) Entziehg der elterlichen Gewalt als Ganzes od der Pers- od VermSorge bei bestehender Ehe, §§ 1666 I u II, dort auch Anm 5, 1669, 1684, hat nicht die alleinige Ausübg der elterl Gewalt durch den anderen Elternteil kraft G zur Folge, § 1678 Anm 1; auch hier Prüfg durch VormschG, also VormdBestellg u damit Verlust der elterl Gewalt, wenn VormschG dessen alleinige Ausübg nicht mit dem Wohl des Kindes für vereinbar hält, § 1679 Anm 1, insb weil der ungünstige Einfluß des and Elternteils nur so ausgeschaltet werden kann (Regelg mit GG vereinbar), KG OLGZ **65**, 109. Gleiche Prüfg, wenn nur die PersSorge, § 1666 I, od die VermSorge entzogen wird od diese durch Konk mit Rechtskr des Eröffngsbeschlusses, § 1670 I, ihr Ende gefunden hat; Pflegerbestellg, § 1909, dessen Amtsbefugnis bei Aufhebg des Konk-Verfahrens aber erst mit Aufhebg durch VormschG endet, § 1919, vgl auch § 1918 Anm 1, wenn es dem Elternteil, der in Konk gegangen ist, die VermVerwaltg wieder überträgt; damit wird auch für den anderen Elternteil der volle RZustand wiederhergestellt. Ebenso in den Fällen der Entziehg bei deren Aufhebg, § 1696. Wegen der Kosten § 1679 Anm 1.

2) Sind die Eltern geschieden oder leben sie getrennt u ist durch VormschG einem Elternteil die elterl Gewalt übertragen, §§ 1671, 1672, so bestehen die sich aus dem ZusLeben der Eltern ergebenden Bedenken der Beeinflussg, § 1679 Anm 1, nicht, wenn sie dem bisher berechtigten Elternteil entzogen wird od endet. Die elterl Gewalt od der entzogene Teil, bei Konk die VermVerw, geht also kraft G auf den Elternteil über, dem sie bisher nicht übertragen war, §§ 1680, 1679 II.

1681 *Tod eines Elternteils.* I Ist ein Elternteil gestorben, so steht die elterliche Gewalt dem anderen Teil allein zu.

II Das gleiche gilt, wenn die elterliche Gewalt eines Elternteils endet, weil er für tot erklärt oder seine Todeszeit nach den Vorschriften des Verschollenheitsgesetzes festgestellt worden ist. Lebt dieser Elternteil noch, so erlangt er die elterliche Gewalt dadurch wieder, daß er dem Vormundschaftsgericht gegenüber erklärt, er wolle sie wieder ausüben. Ist seine Ehe durch Wiederverheiratung seines Ehegatten aufgelöst, so gilt § 1671 Abs. 1 bis 5 entsprechend.

Vorbem. Zusammenfassg der §§ 1684 I Z 1, II, 1679 II aF u EheG 40 unter Berücksichtigg des Gleichber-Grdsatzes, GleichberG Art 1 Z 22. Fassg v II 3 dch 1. EheRG Art 1 Z 31.

1) Tod eines Elternteils, I. Die elterl Gewalt steht kr Gesetzes dem lebden EltT allein zu; sie geht also auch kr Gesetzes auf den and EltT über, dem sie nach Scheidg od bei GetrLeben nicht übertr war (§§ 1671, 1672), auch wenn ein Pfleger (§ 1671 V) best war (Hildesh NJW **66**, 1220), so daß es einer vormsgerichtl Übertr nicht bedarf (sa § 1671 Anm 5). Hat überlebder Ehg elt Gew verwirkt (§ 1676 II), kein Übergang, sond VormdBestellg; entspr bei voller Entziehg (§ 1666), währd bei teilw Entziehg der überl EltT den ihm belassenen Teil allein behält, iü aber Pfleger best w. Ruht die elt Gew des Überlebden, VormdBestellg. Die autom Wirkgen des § 1681 I lassen sich iFv §§ 1671/72 gem § 1666 Anm 4 a korrigieren, wenn das Kind, das in einem solchen Verf anzuhören ist (Kln FamRZ **72**, 144), sich weigert, zum and EltT überzusiedeln (Karlsr Just **75**, 29). In solchen Fällen w uU der nicht überlebde StiefEltT, bei dem das Kind lebt, zum Vormd bestellt (Ravbg DAVorm **75**, 57). Kein Fall von § 1666, wenn Kind bei den GroßElt aufwächst u Vater, der mehrf vorbestraft ist, aber sich 7 J straffrei geführt hat, ein TaxiUntern betreibt u das Kind zu sich nehmen will (AG Bruchs DAVorm **77**, 382).

2) Todeserklärg und Todeszeitfeststellg, II, VerschG 1 ff, 23, 39, 44. Beides beendigt die elterl Gewalt, u zwar in dem Zeitpkt, der als Zeitpkt des Todes gilt, § 1677. Wegen der Folgen Anm 1. Lebt der für **tot Erklärte** noch, so kann er durch einfache Erkl ggü dem VormschG die elterl Gewalt wieder erlangen. Wirkg ex nunc; § 1698 a gilt entspr. War die Ehe des Verschollenen dadurch aufgelöst, daß der zurückgebliebene Elternteil wieder geheiratet hatte, EheG 38 II, so bedarf es nunmehr einer Übertragg der elterl Gewalt durch das FamG; es hat also die dem Kindeswohl beste Lösg zu wählen, § 1671 III 1.

1682 *Vermögensverzeichnis.* I Ein Elternteil hat das seiner Verwaltung unterliegende Vermögen des Kindes, das im Zeitpunkt des Todes des anderen Teiles vorhanden ist oder dem Kinde später zufällt, zu verzeichnen, das Verzeichnis mit der Versicherung der Richtigkeit und Vollständigkeit zu versehen und dem Vormundschaftsgericht einzureichen. Bei Haushaltsgegenständen genügt die Angabe des Gesamtwertes.

Verwandtschaft. 5. Titel: Eltern u eheliche Kinder §§ 1682–1684

II Ist das eingereichte Verzeichnis ungenügend, so kann das Vormundschaftsgericht anordnen, daß das Verzeichnis durch eine zuständige Behörde oder durch einen zuständigen Beamten oder Notar aufgenommen wird. Die Anordnung ist für das Vermögen unzulässig, das dem Kind infolge des Todes des anderen Elternteils zufällt, wenn dieser die Anordnung durch letztwillige Verfügung ausgeschlossen hat.

Vorbem. Fassg unter Berücksichtigg des GleichberGrdsatzes, GleichberG Art 1 Z 22; bisher § 1640 aF.

1) Allgemeines. Elternteil soll sich nach Tod des anderen, den VormschG durch Standesamt erfährt, FGG 48, klarmachen, welche Rechte ihm ggü dem vorhandenen Verm zustehen u zG der Kinder das aufzeichnen, was ihnen zukommt, RG **80**, 65. **Zwingend** (Ausn II 2), aber **Voraussetzg**, daß Elternteil VermVerw zusteht, vgl §§ 1669, 1670, 1684, KG JFG **11**, 50; sonst § 1698. Bei Unterlassg der Einreich Entzieh der VermVerw mögl, § 1684, KG HRR **35**, 17, auch Zwangsgeld nach FGG 33, aber keine Offenbargsversicherg. Pflegerbestellg regelm nicht notw, vgl aber Anm 2, 3.

2) Inhalt. Aufzunehmen Aktivvermögen, RG **149**, 172, soweit es der Verw unterliegt. Bei ErbenGemsch zw Elternteil u Kind (od wenn er Vor-, Kind Nacherbe) ganzer Nachl anzugeben; PflichtAnspr des Kindes, Schu, SchuldGrd u der Höhe nach zu verzeichnen, RG **80**, 65, zu dessen Berechng kein Pfleger notw, Hamm FamRZ **69**, 661, wohl uU für dessen Geltdmachg, vgl § 1629 Anm 6. Bei Fortsetzg der GütGemsch, BayObLG JFG **1**, 57, od Vermögenslosigk genügt deren Anzeige. TestVollstr des gemäß § 1682 verpflichteten Elternteils befreit ihn nicht, KG JFG **11**, 52. – Kosten trägt Elternteil. Private Form genügt, aber **II 1**, auch zu Prot des VormschG mögl.

3) Öffentl Inventar, soweit nicht nach II 2 oder §§ 1937, 2299 ausgeschl, regelm durch Notar, BNotO 20 I, aufzunehmen, im übrigen §§ 1035 Anm 1, 129 Anm 1; KostO 94 I Z 3. Nur bei ernstl Bedenken gg Richtigk des Verzeichnisses u bei Gefährdg des Kindesvermögens nach FGG 12 zu ermitteln od Pfleger zu bestellen od nach §§ 1667, 1909 einzuschreiten, RG **80**, 65.

4) Bedeutg des Inventars: BewMittel für Zugehörigk zum KindesVerm u elterl Verw; bei Wiederverheiratg für AuseinandSZeugnis EheG 9 mit § 1683.

1683 *Vermögensverzeichnis bei Wiederverheiratung.* Sind die Eltern des Kindes nicht oder nicht mehr miteinander verheiratet und will der Elternteil, der das Kindesvermögen verwaltet, die Ehe mit einem Dritten schließen, so hat er dem Vormundschaftsgericht anzuzeigen, auf seine Kosten ein Verzeichnis des Kindesvermögens einzureichen und, soweit eine Vermögensgemeinschaft zwischen ihm und dem Kinde besteht, die Auseinandersetzung herbeizuführen. Das Vormundschaftsgericht kann gestatten, daß die Auseinandersetzung erst nach der Eheschließung vorgenommen wird.

1) Zweck der in S 1 dch Art 1 Z 22 NEhelG neugefaßten Vorschr ist, zu verhindern, daß die VermVerhältn des Kindes dch Eheschl des Gewalthabers unübersichtl w. Gilt – abgesehen v der (Wieder)Verheiratg der Elt des Kindes, da kann kein „Dritter" vorh, Schnitzerling StAZ **70** 131 – **für jede neue Ehe** eines ElT, also auch nach Auflösg einer zweiten u weiteren (selbst kinderl) Ehe, da dem Kind zwzeitl Verm zugefallen s kann, KG StAZ **25**, 207. Gilt mithin auch f den heiratden Vater, dessen Kind für ehel erkl ist, für den Annehmden u die nehel Mutter, § 1705 S 2. Voraussetzg, daß der ElT mit dem Kind in VermGemsch lebt; sonst od wenn Verm nicht vorh, genügt Anz. Die elterl Gew wird dch die Eheschl nicht berührt.

2) Für die **Auseinandersetzg** ist erforderl: **a)** ErgänzgsPfleger, §§ 1629 II, 1795, 1909, wogg Beschw des ElT gem FGG 20 I, BayObLGZ **67**, 230; ebso Beschw gg Ablehng des Antr auf Entlassg wg falscher Maßn des Pflegers, aA KG JW **36**, 2935. AuseinandSPflegsch endet mit Ausführg, § 1918 III, ohne AufhebgsBeschl, KG JW **34**, 3001. Nicht Aufg des Pflegers, AuseinandSFdg beizutreiben, KG RJA **17**, 35. – **b)** Vormschgerichtl Gen, §§ 1821, 1822 Z 2. Bei Versagg der Gen od Erteilg unter Bedingg hat nur Pfleger, nicht ElT BeschwR, BayObLG FamRZ **74**, 34. – **c)** VermGemsch u damit AuseinandS zB bei gemschaftl Beerbg des und ElT; dagg nicht zw Vor- u Nacherben, KGJ **43**, 40; bei MitEigt nach Bruchteilen an einem Ggst, BayObLG NJW **65**, 2299; bei bl PflichtAnspr gg ElT, KGJ **44**, 32; bei KG, wenn Vater Komplementär, mj Sohn Kommanditist, LG Nürnb-F FamRZ **61**, 376. AuseinandS ist **zwingd**; iGgs zu §§ 2044, 2045 Ausschl dch Erbl nicht mögl, BayObLG NJW **67**, 2407, str. Wohl aber kann von der Dchführg der Auseinands hins einz NachlGgste abgesehen w, wenn Nachteile für mj Kinder nicht zu befürchten (BayObLG NJW **74**, 1908).

3) Verfahren: Zustdk FGG 43, 36; RPfleger entsch, RPflG 3 I Z 2a; Gebühren KostO 94 I Z 2. **Zwangsmittel:** § 1684, FGG 33, Verweigerg des AuseinandSZeugn u damit aufschiebdes Eheverbot, EheG 9. Bei **Aufschub** der AuseinandS, S 2, vermögensrechtl u persönl Kindesinteressen zu berücks, KG OLG **40**, 78. Widerruf mögl.

1684 *Entziehung der Vermögensverwaltung.* Erfüllt ein Elternteil die ihm nach den §§ 1682, 1683 obliegenden Verpflichtungen nicht, so kann ihm das Vormundschaftsgericht die Vermögensverwaltung entziehen.

Vorbem. Fassg unter teilweiser Verwendg des § 1670 aF u Berücksichtigg des GleichberGrdsatzes, GleichberG Art 1 Z 22.

1) Vgl § 1669; das dort Anm 2 Gesagte gilt entspr. Durch die Wiederverheiratg wird die elterl Gewalt über die erstehel Kinder nicht berührt, § 1683 Anm 1. Heiratet der Elternteil, dem sZt die elterl Gewalt zugeteilt wurde, § 1671, wieder u wird ihm gem § 1684 entzogen, so gelten entspr dem allg Gedanken, daß der andere Elternteil die elterl Gewalt erhält od ausübt, wenn das bei einem Elternteil nicht der Fall sein kann, §§ 1678 ff, vgl auch § 1678 Anm 1, die VermVerw nunmehr auf den anderen Elternteil ohne Anordng des VormschG über. Es greift also § 1680, ferner § 1679 II entspr ein. Lebt dieser Elternteil nicht mehr, Pflegerbestellg, § 1909. Entziehg erst, wenn die Zwangsmittel, §§ 1682 Anm 1, 1683 Anm 3, nichts fruchteten. Zustdgk FGG 43, 36; es entsch RPfleger, RPflG 3 Z 2a. Gebühren KostO 94 I Z 3.

1685 Bestellung eines Beistandes.
I Das Vormundschaftsgericht hat dem Elternteil, dem die elterliche Gewalt oder die Sorge für die Person oder das Vermögen des Kindes allein zusteht, auf seinen Antrag einen Beistand zu bestellen.

II Der Beistand kann für alle Angelegenheiten, für gewisse Arten von Angelegenheiten oder für einzelne Angelegenheiten bestellt werden.

1) Allgemeines. In Anlehng an §§ 1687 Z 2, 1688 I aF geändert dch GleichberG Art 1 Z 22. Anders als früher kann das VormschG einen Beistd nur noch auf Antr, Anm 2, nicht mehr vAw bestellen (Prinzip der Freiwilligk statt Zwangsbeistandsch). Außerd Bestellg nicht mehr nur für die Mutter, sond auch f den Vater. Regelg in §§ 1685–1692. **Zweck:** Beistd wird dem EltT auf dessen Wunsch bestellt, nicht dem Kinde. Keine Überprüfg der Zweckmäßigk (LG Oldbg DAVorm **76**, 675). Beistd hat den EltT als VertrauensPers zu unterstützen, § 1686, zB dch Abn der VermVerw od Geltdmachg v UnterhAnspr, § 1690, u so beizustehen, daß Kindesinteressen am besten gewahrt w. VertretgsR des EltT bleibt bestehen, ist auch (nach Aufhebg der §§ 1687, 1688) nicht mehr dch den Beistd eingeschrkt. Anders iFv §§ 1630, 1690 II 1. BeistdBestellg kann nicht dch Testament ausgeschl w. Beziehgn zw Beistd u Kind bestehen hins der Haftg, § 1691 I, u stärker iFv § 1690. Einen ähnl Aufgabenkreis hat der ErziehgsBeistd gem JWG 55, der dem Kinde bestellt w u dem Mj mit Rat u Tat zur Seite steht (JWG 58), wodch er dem EltT mittelb hilft. Keine Bestellg zum Beistd, soweit JugA iRv JWG 51 zur Hilfeleistg verpfl (AG Karlsr FamRZ **75**, 591). Zur Beendigg der Beistdsch § 1690 Anm 2.

2) Voraussetzungen: a) Dem EltT muß die elterl Gew od auch nur das Pers- od VermSorgeR **allein zustehen**, dh iFv §§ 1676, 1679, 1681, 1705 (für Angelegenh außerh des § 1706). Wg gleicher Interessenlage Bestellg aber auch dann zul, wenn elterl Gew v einem EltT nur allein **ausgeübt** wird, Donau MDR **58**, 8, infolge Ruhens, §§ 1673, 1674, 1678, Entziehg, §§ 1666, 1680, od einer Regelg gem §§ 1671, 1672. Ebso, wenn elterl Gew des and Teils nur zT ausgeübt w kann, §§ 1666, 1669, 1670, 1680, 1684. Beiordng also insb zur Geltdmachg v UnterhAnspr gg den and EltT (§ 1629 Anm 5 b; LG Oldbg DAVorm **74**, 669). – **b)** Der EltT, dem Beistd bestellt w soll, muß **in der Lage** sein, die elterl Gew auszuüben, arg § 1691 II. Desh Bestellg v Vormd, nicht Beistd, bei EntzuL elterl Gew, zB infolge längerer Strafhaft, wie §§ 1674, 1676, Hamm FamRZ **66**, 260. – **c) Antrag** des EltT, u zwar ganz allg auf BeistdBestellg od für gewisse Arten v Angelegenh od nur für einz, zB GrdstVerw, Geltdmachg v UnterhAnspr gg Kindesvater. Antr auf best Zeit od auch unter Bedinggn zul, zB Bestellg einer best Pers, KGJ **34**, 37. Zurückziehg des Antr zul, aber ohne Rückwirkg, § 1690 Anm 2. Keine (gg dch § 1664 sanktionierte) Pflicht zur AntrStellg, zB weil der geschiedene Mutter die VermVerw zufällt, § 1689 II, u sie sich ihr nicht gewachsen fühlt, da Eheg VermVerwaltg auch rechtsgeschäftl einem and, zB einem RA, übertr k, Gernhuber § 52 II 1. VormschG od JA wird dem EltT ggf aber den Antr auf Bestellg eines Beistds anheimstellen; es kann Beistandsch nicht als Maßregel verhängen (vgl dagg PflegerBestellg gem §§ 1671 V, 1666 ff).

3) Verfahren. Zuständigk FGG 36 IV; es entsch RPfleger, RPflG 3 I Z 2, da in RPflG 12 I Z 4 absichtl nicht genannt. Antr beschränkt Befugn des VormschG; es muß Beistd bestellen, auch wenn ihm dies überfl erscheint („hat"), JWG 52. Beistd kann auch JA sein, JWG 52. BeschwR gg Ablehng hat nur AntrSteller, FGG 20 II; Beistd hat sof Beschw, wenn seine ÜbernahmeVerweigerg zurückgewiesen od er gg seinen Willen entlassen w, FGG 60 Z 2, 3. Gebühren KostO 93 I od II, 96. Grdbuchamt kann idR Nachw, daß Beistd nicht bestellt ist, nicht verlangen da Beistandsch Ausn, Soergel-Lange 7, aM KG OLG **12**, 340.

1686 Aufgaben des Beistandes.
Der Beistand hat innerhalb seines Wirkungskreises den Vater oder die Mutter bei der Ausübung der elterlichen Gewalt zu unterstützen; er hat dem Vormundschaftsgericht jeden Fall, in dem es zum Einschreiten berufen ist, unverzüglich anzuzeigen.

1) Fassg GleichberG Art 1 Z 22; allg ÜberwachgsR entfallen; entspricht § 1689 aF. Beist ist GerHelfer u Mittler zw Ger u demj, dem er als Beistd bestellt ist. **Umfang des Wirkgskreises** ergibt sich aus der Bestellg. Ist Beistd für VermVerw bestellt u greift ein Gesch auf diese über (§ 1626 Anm 4c), hat er mitzuwirken. Vertretgsmacht behält EltT. Kann nicht selbst gg Kind einschreiten. Anzeige auch bei Meingsverschiedenh ernster Art; § 1630 gilt hier nicht, and § 1690. Ausk- u EinsichtsR gem § 1799 II.

1687 Genehmigung von Rechtsgeschäften durch den Beistand. (Aufgeh dch Art 1 Z 23 NEhelG)

Verwandtschaft. 5. Titel: Eltern u eheliche Kinder §§ 1688–1691

1688 *Anlegung von Geld.* (Aufgeh dch Art 1 Z 23 NEhelG)

1689 *Aufnahme eines Vermögensverzeichnisses.* Ist ein Vermögensverzeichnis einzureichen, so ist bei der Aufnahme des Verzeichnisses der Beistand zuzuziehen; das Verzeichnis ist auch von dem Beistande mit der Versicherung der Richtigkeit und Vollständigkeit zu versehen. Ist das Verzeichnis ungenügend, so sind, sofern nicht die Voraussetzungen des § 1667 vorliegen, die Vorschriften des § 1682 Abs. 2 entsprechend anzuwenden.

Vorbem. Fassg unter Berücksichtigg des GleichberGrdsatzes, GleichberG Art 1 Z 22; entspricht § 1692 aF.

1) **Fälle** §§ 1667 II, 1682, 1683. Auch hier gilt § 1682 II. Letztwilliger Ausschluß durch Elternteil; § 1682 II 2 hindert jedoch AO amtl Aufnahme bei Vorliegen von § 1667 II 3 nicht, wie die Erwähng des § 1667 ergibt. Mitwirkg des Beistandes nur im Rahmen seines Wirkgskreises, § 1685 II, wenn er also nur für eine GrdstVerw bestellt ist, nur für diese, nicht aber im übrigen.

1690 *Geltendmachung von Unterhaltsansprüchen; Vermögensverwaltung.* I Das Vormundschaftsgericht kann auf Antrag des Vaters oder der Mutter dem Beistande die Geltendmachung von Unterhaltsansprüchen und die Vermögensverwaltung übertragen; die Vermögensverwaltung kann auch teilweise übertragen werden.

II Der Beistand hat, soweit das Vormundschaftsgericht eine Übertragung vornimmt, die Rechte und Pflichten eines Pflegers. Er soll in diesen Angelegenheiten mit dem Elternteil, dem er bestellt ist, Fühlung nehmen.

1) **Allgemeines.** Fassg GleichberG Art 1 Z 22, Art 1 Z 7 FamRÄndG u Art 1 Z 24 NEhelG; entspricht § 1693 aF. Sachl Ausn vom Prinzip der Unverzichtbark u Unübertragbark der elterl Gew. Im Ggs zum Beistd mit der Stellg nach Art eines GgVormd, dessen Aufg es ist, die VermVerw der EltT zu unterstützen, § 1685, erhält der Beistd gem § 1690 die Stellg eines Pflegers mit eig Verwaltg, II 1. Bestellg nur auf **Antrag** des EltT. Beschränkg des Antr iSv § 1852 II od auf Bestellg einer best Pers zul, § 1685 Anm 2, auch für einen best VermTeil od Geltdmachg v UnterhAnspr (ausdrückl Bestimmg erforderl, da dies Teil der PersSorge, § 1671 Anm 1), was insb in Betr kommt, wenn die Mutter Anspr der Kinder ggü dem Vater nicht dchsetzen will, sa § 1685 Anm 2. VormschG braucht im Ggs zu § 1685 dem Antr nicht zu entsprechen („kann"), wenn es Übertr nicht erforderl hält, darf aber über den Antr nicht hinausgehen. Zuständigk FGG 36 IV, 43; Gebühren KostO 93. Es entsch RPfleger, RPflG 3 Z 2a, dagg bei MeingsVerschiedenh zw Beistd u EltT über Verm u Pers des Kindes betr Angelegenh gem § 1630 II der Richter (RPflG 14 Z 5). Kein BeschwR des Vaters gg die gg ihn selbst gerichtete UnterhBeistdsch (LG Bln DAVorm 75, 313).

2) **VermBeistd** ist **gesetzl Vertreter** des Kindes, §§ 1630, 1793, 1915; EltT insow also vor VermVerw u Vertretg in VermAngelegenh, ggf von Geltdmachg der UnterhAnspr ausgeschl, RG 99, 50, sa § 1630 I. **Folgen:** § 1698 (VermHerausg), §§ 1802, 1840f, 1843, 1814, 1836 (Vergütg, RG **149**, 172), 1837ff (Aufsicht), 1793ff (Gen wie bei Vormd), 1915. Beistand soll in allen diesen Fällen mit dem EltT, dem er bestellt ist, Fühlg nehmen, II 2. Nichtbeachtg hat jedoch keinen Einfluß auf die Gültigk seiner Hdlg. UnterhVergl zG des Kindes, vgl EheG 72 Anm 2, kann nicht auf JugA als nachträgl UnterhBeistand entspr ZPO 727 umgeschrieben w, KG NJW **73**, 2032. Verwaltg **endet** mit Zweckerreichg, mit elterl Gew des EltT od deren Ruhen, § 1691 II. Aufhebg nur mit Zust, § 1692, ijF auf Antr des betr EltT, da elterl Gew ohnehin nur auf eig Wunsch hin eingeschrkt worden war, LG Bln FamRZ **73**, 603, Gernhuber § 52 II 3; aA Dölle § 99 VI 1.

1691 *Rechtsstellung des Beistandes.* I Für die Bestellung und Beaufsichtigung des Beistandes, für seine Haftung und seine Ansprüche, für die ihm zu bewilligende Vergütung und für die Beendigung seines Amtes gelten die gleichen Vorschriften wie bei dem Gegenvormund.

II Das Amt des Beistandes endet auch dann, wenn die elterliche Gewalt des Elternteils, dem der Beistand bestellt ist, ruht.

Vorbem. Fassg unter Berücksichtigg des GleichberGrdsatzes, GleichberG Art 1 Z 22; entspricht § 1694 aF.

1) **Allgemeines.** Gilt nur für Beistand mit Stellg eines GgVormundes, § 1690 Anm 1, für den dort auch genannten Pfleger-Beistand gelten PflegerGrdsätze, KG OLG **16**, 28, die aber meist zum gleichen Ergebn führen, vgl aber auch Anm 2.

2) **Wie beim Gegenvormund.** Bestellg wie beim Vormd, § 1792 IV; wg der Benenng eines bestimmten Beistandes § 1685 Anm 2. Aufwendgen, § 1835, **Vergütg** (Ansprüche gg Mdl, Celle NJW **61**, 77) **nur aus besonderen Gründen** bei erhebl Tätigk, KG DFG **37**, 145; s § 1836 I 2; anders VermBeistand nach § 1690, KGJ **34** A 39. Haftg § 1833; Beistand kann sich auf VormschG verlassen, RG Warn **39**, 8. – **Beendigung** der Beistandsch durch Beendigg der elterl Gewalt, §§ 1676, 1677, Tod, aber auch des Teiles, bei dessen Ausübg der Beistand unterstützen sollte, §§ 1666, 1669, 1670 I, 1684, bei Übertragg auf den

anderen Elternteil, §§ 1671 f, ferner bei Ruhen, II; Vormd od Pflegerbestell nötig, §§ 1773, 1909. Beendigg auch durch Kindestod, vgl § 1698b, sowie durch Entlassg des Beistands, §§ 1886 bis 1889, 1895. – Aufhebg § 1692.

1692 *Aufhebung der Beistandschaft.* **Das Vormundschaftsgericht soll die Bestellung des Beistandes und die Übertragung der Vermögensverwaltung auf den Beistand nur mit Zustimmung des Elternteils, dem der Beistand bestellt ist, aufheben.**

1) Fassg gem GleichberG Art 1 Z 22; entspricht § 1695 II aF, dessen I gestrichen wurde. **Aufhebg der Bestellg** auf entspr Antr des EltT, § 1690 Anm 2, iü nur mit Zust des EltT. Erfolgt Aufhebg gg dessen Willen, so ist sie wirks („soll nicht"), sofern sie nicht auf Beschw hin aufgeh w; uU Haftg des Vormsch-Richters, wobei Schaden aber dch neuen Antr des EltT, § 1685, abgewendet w kann, § 254 II. Aufhebg gg den Willen des EltT, wenn er elterl Gew nicht mehr allein ausübt, Donau MDR **58**, 8. Tod od Entlassg des Beistds, §§ 1885 ff, 1691 I, beendet Beistdsch nicht.

2) Zustdgk FGG 43, 36; es entsch RPfleger, RPflG 3 I Z 2a. Beschw FGG 20 I; soweit die Beistdsch die PersSorge betraf, auch das Kind, FGG 59. Gebühren KostO 93, 96.

1693 *Eingreifen des Vormundschaftsgerichts.* **Sind die Eltern verhindert, die elterliche Gewalt auszuüben, so hat das Vormundschaftsgericht die im Interesse des Kindes erforderlichen Maßregeln zu treffen.**

Vorbem. Fassg unter Berücksichtigg des GleichberGrdsatzes GleichberG Art 1 Z 22; früher § 1665.

1) Vorübergehende objektive Verhinderg, tatsächl (Gefangensch, Krankh, vgl auch § 1674 Anm 1) od rechtl (§ 1629 II) Natur, KG OLG **12**, 329, vollst od in einzelnen Beziehgen, KG DFG **43**, 39. Voraussetzg, daß auch der andere Elternteil die Gewalt nicht hat, da dieser sie sonst allein ausübt, § 1678 Anm 1. – Längere od dauernde Verhinderg § 1674, subjektive Ungeeigneth, § 1673. Verhinderg muß festgestellt sein, da sonst Eingreifen unzul, Stgt RJA **11**, 8. In bes Fällen zB offensichtl geistige Erkrankg, deren gutachtl Feststellg aber erhebl Zeit erfordert, ist mit Rücks auf das Wohl des Kindes baldiges Eingreifen zul, KG FamRZ **62**, 200. Muß ein Vormd bestellt werden, weil die elterl Gewalt den Eltern nicht zusteht od sie sie nicht ausüben dürfen, so § 1846.

2) Erforderl Maßregeln (durch Gericht, bei dem das FürsBedürfnis hervortritt, FGG 44, nur vorläufige, KG JFG **14**, 204): Pflegerbestellg, Kindesunterbringg; die endgültige Maßregel soll möglichst nicht erreicht werden, KG FamRZ **62**, 200; es ist nur das unbedingt Erforderl zu tun. Beschwerde FGG 20 I, 57 I Z 8, 9, 59. Anhörg des JA zweckm. Es entsch RPfleger, RPflG 3 Z 2a. Gebühren KostO 95 I Z 3, 96.

1694 *Anzeigepflicht des Jugendamts.* **Das Jugendamt hat dem Vormundschaftsgericht Anzeige zu machen, wenn ein Fall zu seiner Kenntnis gelangt, in dem das Vormundschaftsgericht zum Einschreiten berufen ist.**

Vorbem. Fassg GleichberG Art I Z 22; fr § 1675 gleichlautd mit JWG 48 S 2.

1) Das Jugendamt hat nicht nur die AnzeigePfl, es hat das VormschG auch bei allen PersSorgesachen zu unterstützen, JWG 48a, Vorbem 2 vor § 1849; seine Anhörg erforderl in den JWG 48a genannten Fällen, AnzeigePfl gibt noch kein Recht auf Einschreiten, aber BeschwR, sofern FGG 57 I Nr 9 vorliegt, RG **102**, 285, als Ausfluß der FürsPfl.

1695 *Anhörung von Eltern und Kind.* **I Das Vormundschaftsgericht und das Familiengericht haben vor einer Entscheidung, welche die Sorge für die Person oder das Vermögen des Kindes betrifft, die Eltern zu hören. Sie dürfen hiervon nur aus schwerwiegenden Gründen absehen.**

II Die Gerichte können mit dem Kind persönlich Fühlung nehmen.

1) Fassg unter Berücksichtigg des GleichberGrdsatzes dch GleichberG Art 1 Z 22 entspr § 1673 aF, dessen II gestrichen w; 1. EheRG Art 1 Z 32 fügt FamG hinzu. Die Vorschr enthält den allg GG 103 I entsprechen Grds, daß die Elt, also auch die nehel Mutter, vor jeder Entsch, die die Pers- od VermSorge betrifft, gehört werden müssen. Für den nehel Vater gilt § 1712. **Anhörg des Jugendamts** JWG 48.

2) Anhörg ist Gelegenh zur mdl od schriftl Äußerg (also mdl nicht nötig, wenn schriftl genügd zu Worte gekommen, ebso Ffm FamRZ **60**, 72), formlose Zuziehg zu BewTerminen; Gegenüberstellg, Aussagenmitteilg, erneutes Gehör zu nach Ermessen; in der BeschwInstanz nur bei wesentl neuen Tatsachen. Anhörg in anderen Verfahren genügt nicht, insb nicht durch JA, Karlsr Rpfleger **50**, 567. Zuläss aber dch ersuchtes Gericht u beauftragten Richter, BayObLG **56**, 300, Ffm OLGZ **67**, 345. Vertraul Auskünfte können nur dann verwertet w, wenn sie ihrem Inhalt nach zur Stellgnahme mitgeteilt w, Namensangabe der AuskPersonen aber nur, wenn zur Stellgnahme unerläßl, Ffm FamRZ **60**, 72. In dem ihm übertragenen Verf nimmt der Rechtspfleger die Anhörg vor, RPflG 4 I, sonst der Richter; der Referendar an seiner Stelle nur,

Verwandtschaft. 5. Titel: Eltern u eheliche Kinder §§ 1695–1697

wenn er nach LandesR damit betraut w kann, an Stelle des RPflegers nach mind 6monatiger Ausbildgzeit u Betrauung, RPflG 2 IV. **Unterlassg: Gesetzesverletzg**, FGG 27, auch bei vorl Anordng, Brem NJW **53**, 306, Hbg NJW **56**, 1156, außer wenn schwerwiegende Gründe, vgl § 1671 Anm 4, dagg sprechen, zB die in Betr kommenden Maßregeln unmögl gemacht würden, ohne daß VormschG vorbeugen könnte; scheidet natürl auch aus bei Unmöglichk überh.

3) Fühlnahme mit dem Kind, II. Anders als I ins Ermessen des Gerichts gestellt, kann sich als nötig erweisen, FGG 12. Hat aber, enger als I, durch Vormsch- bzw FamRichter persönl zu erfolgen; das wird wörtl zu nehmen sein, da nur so der Richter den erstrebten Eindruck erzielen kann, aber auch mögl sein, da Gericht des Wohnsitzortes des Kindes zust, FGG 43, 36 bzw ZPO 621 II 2.

4) Akteneinsicht, FGG 34, bei durch Sachlage gerechtfertigtem Interesse, nicht aus Schikane, Neugier, unlauteren Motiven, Mü JFG **15**, 84; auch der Beiakten, BayObLG Recht **13**, 1007. Soweit eine Behörde mit dem Vermerk übersandt, daß die Akten den Beteiligten nicht zugängl gemacht w dürfen, ist durch Vernehmg des betr Beamten der erforderl Stoff zu den Akten zu bringen u den Eltern Abschr des Protokolls zu erteilen; s auch Anm 2. Andernfalls unbenutzbar, da sonst Verweigerg rechtl Gehörs.

1696 *Änderung von Anordnungen des Vormundschafts- und des Familiengerichts.* **Das Vormundschaftsgericht und das Familiengericht können während der Dauer der elterlichen Gewalt ihre Anordnungen jederzeit ändern, wenn sie dies im Interesse des Kindes für angezeigt halten.**

1) GleichberG Art 1 Z 22; Inhalt § 1671 aF; 1. EheRG Art 1 Z 33 ergänzt „FamG". Keine verfassgsm Bedenken, BayObLG FamRZ **62**, 166. Im FGG besteht materielle Rechtskr, dh Bindg an formell rechtskr Entsch, f zukünft Maßn grdsl nicht, vgl Böttcher JZ **56**, 582; Jansen FGGKomm 18 Rdn 4 ff. § 1696 gewährt unabh v FGG 18 I auch ggü Entsch höherer Instanz ein **materielles Abänderungsrecht**, evtl sogar Abänderungs-Pfl, KG JFG **15**, 205. Nach Erschöpfg des RWeges liegt es nicht im Belieben der Beteiligten, über dens StreitGgst ein neues Verf mit der Begrdg in Gang zu bringen, die Gerichte hätten nicht umfassd genug od falsch geurt (AG Bruchs DAVorm **76**, 599).

2) Abänderg idR bei Wegfall der Voraussetzgn f die seinerzeit AO. Bei § 1666 ist Gewähr f Besserg erforderl. Bei **geschiedener Ehe** h sich die Entsch des VormschG bzw FamG iRv § 1671 z halten (Neust FamRZ **63**, 300), also insb III 2 (Karlsr FamRZ **59**, 258; Mannh FamRZ **64**, 93; BayObLG FamRZ **76**, 38) bis 1. 7. 77 sowie des V (KG FamRZ **59**, 256), weil bei Genügenlassen der leichteren Voraussetzgn v § 1696 die sich aus § 1671 ergeben den EltRechte ausgeschaltet w könnten (Schwoerer FamRZ **58**, 440). Entgg § 1671 II aber weder Bindg an früh (Hamm OLG **68**, 226) noch an einen späteren Vorschlag der Elt (BayObLG FamRZ **76**, 41). Unzul Unterbringg des Kindes auf Probe bei nicht sorgeberecht EltT (Hamm NJW **68**, 454), ebso Wiederaufrollg zZw anderer rechtl Beurt ohne Änderg der tatsächl Verhältn (aA Brem MDR **54**, 179), es sei denn die GesGebg od höchstrichterl Rspr haben sich geändert bzw auf den Fall ist jetzt statt des islam das dt Recht anzuwenden (Zweibr FamRZ **75**, 172); iü aber müssen sich maßg Umst geändert h od nachträgl bekannt geworden s (BayObLG NJW **64**, 2306, KG FamRZ **67**, 411). Es muß sich um trift, **das Kindeswohl nachhalt berührde Grde** handeln (KG FamRZ **59**, 253, BayObLG FamRZ **74**, 318), so zB wenn die sorgeberecht Mutter mit einem verheir Mann eheähnl zuslebt, währd Kind beim Vater geordnete Verhältn vorfindet (KG OLGZ **68**, 115) od wenn elt Gew über Kleinkind wg Berufstätigk der Mutter auf den Vater übertr wurde u erstere Beruf aufgibt u wieder verh ist (Stgt FamRZ **76**, 34), **nicht dagg** aGrd v zw den Elt vereinb Abrufklausel (§ 1671 Anm 2, Stgt Just **74**, 128; Karlsr NJW **77**, 1731); Unmöglichmachen der VerkRAusübg dch heiml Auswanderg für sich genommen (Karlsr FamRZ **78**, 201). Keine Entziehg des PersSorgeR, wenn VerkR des Vaters dch Auswandern in die USA (Mannh Just **75**, 232) od dch beabs Umzug der Mutter nach Spanien erhebl erschwert würde u Kinder in BRD bleiben wollen (Kln FamRZ **72**, 572; sa § 1634 Anm 1 a).

3) Das Abändersverfahren ist ein selbstd, nicht etwa Fortsetzg des bisherigen Verf; desh bedarf es (ggf im Ggs zur ErstEntsch) keines Antr u ist die Zustdk neu z bestimmen (BGH **21**, 315; BayObLG FamRZ **64**, 640). Gem § 1671 II unzul Vorschläge können AbändergsAntr iSv § 1696 s (BayObLG FamRZ **76**, 38). Anhörg der Elt zwingd (§ 1695 I), des JugA bei Aufhebg wie Ablehng geboten (vgl JWG 48 a; Mü JFG **13**, 336; Hamm JMBlNRW **63**, 16). BeschwR FGG 57 I Z 8, 59. Weitere Beschw ZPO 621 e II; wg Einschränkg der BeschwBer FGG 57 II, 64 a III u § 1632 Anm 4. Wird iSv § 1671 III 2 aF relevant gewordener SchuldAusspr im WiederaufnVerf geändert, so erfolgt Änd der SorgeRRegelg aGrdv FGG 18, nicht § 1696 (KG FamRZ **59**, 259). Auf Verf n § 1672 folgt nach Eheauflösg Entsch nicht nach § 1696, sond gem § 1671, vgl dort Anm 7 a sowie § 1672 Anm 1 (BayObLG MDR **62**, 737). Mögl auch einstw AO, wenn die endgült Entsch zu spät kommen würde; Dringlk u Voraussetzgn f die Abänderg müssen idF glaubh gem s (BayObLG FamRZ **62**, 34).

1697 *Haftung des Vormundschaftsrichters.* (Aufgehoben dch 1. EheRG Art 1 Z 34.)

1) Vgl Anm bis zur 35. Aufl. Haftg des Staates an Stelle des Beamten § 839 Anm 1 u 2 a. Gilt in gleicher Weise für RPfleger. Aufhebg des § 1697 bedeutet insb Anwendg von § 839 II (Richterprivileg). Wg Haftg für Vormd § 1848. PflVerstoß zB Gen übermäß GrdstBelastgen dch Mutter (BGH VersR **74**, 358). Vgl iü Anm zu §§ 839, 1848.

1698 *Vermögensherausgabe; Rechnungslegung.* I Endet oder ruht die elterliche Gewalt der Eltern oder hört aus einem anderen Grunde ihre Vermögensverwaltung auf, so haben sie dem Kinde das Vermögen herauszugeben und auf Verlangen über die Verwaltung Rechenschaft abzulegen.

II Über die Nutzungen des Kindesvermögens brauchen die Eltern nur insoweit Rechenschaft abzulegen, als Grund zu der Annahme besteht, daß sie die Nutzungen entgegen den Vorschriften des § 1649 verwendet haben.

Vorbem. Fassg von I unter Berücksichtigg des GleichberGrdsatzes, GleichberG Art 1 Z 22; entspricht § 1681 aF. II hinzugefügt.

1) Vermögensherausgabe, I. Durch beide Eltern als GesSchuldner, wenn nicht ein Teil beweist, daß der andere allein besessen hat, vgl Oldbg MDR **62**, 481, bei Volljährigk. Im übrigen bei jeder Beendigg od Ruhen der elterl Gewalt od Aufhören der VermVerw. Haben beide Eltern die elterl Gewalt u verliert sie einer od auch nur die VermVerw, so wird Herausg an den andern Elternteil in allg nicht erforderl sein, da dieser die Sachen ohnehin besitzt, den VermBestand kennt. War aber zB ein Elternteil gestorben od hatte aus einem sonstigen Grunde nur der andere Elternteil die elterl Gewalt od VermVerw, die nunmehr endet, zB § 1670 (Konk dieses Elternteils), § 1676 (Verwirkg nach Scheidg), so hat Herausg an den neuen Gewalthaber stattzufinden, gleichgültig, ob es der nicht betroffene Elternteil, ein Pfleger od Vormd ist. Vermverzeichnis §§ 260, 259, falls Beistand vorhanden, unter dessen Zuziehg, § 1689, RechenschLegg § 1890 Anm 3; Kind ist uU zur Freigabe der Sicherh, § 1668, verpflichtet. Notfalls von ihm im Prozeßwege gg Elt od EltT geltd zu machen. Keine Verwirkg des VermHerausgAnspr bei PflVerletzgen der Elt, zB Verstoß gg § 1682 (Mü NJW **74**, 703). AufsR des VormschG nur ggü Vormd, Pfleger, Beistd (§§ 1837, 1915, 1691).

2) Rechenschaft über Nutzgen des Kindesvermögens, II, ist im allg nicht abzulegen; denn es sollen unerfreul Streitigk zw Eltern u Kind od seinem gesetzl Vertreter vermieden werden. Nur dann, wenn Grd zur Annahme besteht, daß eine Verwendg entgg § 1649 stattgefunden hat, kann Rechensch verlangt werden. Der Grd für diese Annahme muß näher dargelegt, im RStreit, da KlageGrd, notf bewiesen werden. Er ist bereits dann gegeben, wenn von der Verwendgsreihenfolge des § 1649 I abgewichen wird, die VermEinkünfte des Kindes zum Unterh, nicht aber zur ordngsmäßigen Erhaltg des Kindesvermögens verwendet worden sind, ferner Überschuß der Kindeseinkünfte in unbilliger Weise zum Unterh der Eltern u Geschwister verwendet worden ist, § 1649 II.

1698a *Fortführung der Geschäfte nach Beendigung der elterlichen Gewalt.* I Die Eltern dürfen die mit der Sorge für die Person und das Vermögen des Kindes verbundenen Geschäfte fortführen, bis sie von der Beendigung der elterlichen Gewalt Kenntnis erlangen oder sie kennen müssen. Ein Dritter kann sich auf diese Befugnis nicht berufen, wenn er bei der Vornahme eines Rechtsgeschäfts die Beendigung kennt oder kennen muß.

II Diese Vorschriften sind entsprechend anzuwenden, wenn die elterliche Gewalt ruht oder aus einem anderen Grunde die Vermögensverwaltung der Eltern aufhört.

Vorbem. Fassg unter Berücksichtigg des GleichberGrdsatzes, GleichberG Art 1 Z 22; bisher § 1682.

1) Zweck: Schutz der Eltern od des sonstigen gesetzl Vertreters bis zum Zeitpkt der Kenntn od des Kennenmüssens, § 276 I, nicht des Dritten. Diesen schützt guter Glaube nur, wenn gesetzl Vertreter gutgl, RG **74**, 266. Vornahme von Geschäften in Kenntnis von Beendigg, §§ 177 ff, 677 ff. Verpflichtg zur Fortführg ergibt § 1698b.

1698b *Geschäftsbesorgung bei Tod des Kindes.* Endet die elterliche Gewalt durch den Tod des Kindes, so haben die Eltern die Geschäfte, die nicht ohne Gefahr aufgeschoben werden können, zu besorgen, bis der Erbe anderweit Fürsorge treffen kann.

Vorbem. Fassg unter Berücksichtigg des GleichberGrdsatzes, GleichberG Art 1 Z 22; bisher § 1683.

1) Einstweilige Fürsorge für KindesVerm, vgl §§ 1942 ff, 1960. Haftg § 1664, Ersatz § 1648. Kein Recht auf weitere Verwendg der Einkünfte des KindesVerm zum eigenen Unterh od dem der Geschwister des Verstorbenen. – Gilt auch bei TodesErkl des Kindes.

Fünfter Titel. Rechtliche Stellung der Kinder aus nichtigen Ehen

1699–1704 sind aufgehoben durch § 84 EheG 1938, bestätigt durch § 78 EheG 1946, abgedruckt SchlußAnh. Vgl jetzt §§ 1591, 1671 VI, 1719, EheG 37.

Sechster Titel. Elterliche Gewalt über nichteheliche Kinder

Einführung

Neues Schrifttum zum NEhelG: Göppinger JR **69**, 406, FamRZ **70**, 57; Knur FamRZ **70**, 269; Lange NJW **70**, 302; Beitzke Lehrb § 30; Simitis StAZ **70**, 255; Schöps, Die personenrechtl RBeziehgen zw dem unehel Vater u seinem Kinde, Hbg 1973 (FamRZ **75**, 365); Kumme ZblJugR **76**, 242; Zeller, Das Recht des nehel Kindes, Stgt 1976. Vgl auch vor § 1600a.

1) Das Recht des BGB führte den Grds dch „Ein unehel Kind u dessen Vater gelten als nicht verwandt", § 1589 II aF u dort Anm 3. Die Folgergen daraus wurden für das gesamte Verwandtsch- u ErbR gezogen. Die Kritik an dieser Einstellg des BGB ist alt, ebso die Fdg, das Recht mit der biolog Wirklichk in Einklang zu bringen, zumal die medizinische Wissensch dch immer weiter fortgebildete Methoden dieser immer näher gekommen ist, die Feststellg des wirkl Vaters sich also nicht nur wie bei Inkrafttr des BGB mit Vermutgen für die Feststellg der Vatersch u mit der Figur des Zahlvaters, um den Unterh des Kindes zu sichern, § 1717, behelfen mußte. Unerfreuliches ergab sich, als wissenschaftl Erkenntnisse öfters ergaben, daß der Zahlvater nicht der wirkl Vater war, also nicht dieser, sond jener und das Kind unterhielt. Versuche, das iW der Rspr zu ändern, scheiterten, da der BGH anfangs sogar das Feststellgsinteresse für eine derart Abstammungsfeststellg des Zahlvaters verneinte, BGH NJW **53**, 1545. Erst der Gesetzgeber brachte dch das FamRÄndG, das ab 1.1.62 gilt, die Möglichk, den Widerspr zw Status- u UnterhaltsUrt zu beseitigen, ZPO 644 aF, der übergangsrechtl noch von Bedeutg ist, NEhelG Art 12 § 13.

2) Das NichthelG v 19. 8. 1969, das am 1. 7. 1970 in Kraft tritt, bringt nunmehr nach längeren Vorarbeiten u, unterstützt vom Schrifttum, die natürl Ordng entspr dem VerfassgsAuftrag Art 6 V, vgl auch BVerfG NJW **69**, 597, zur Geltg, nachdem bereits die WeimVerf, wenn auch nicht in so dringder Form einen dahingehden Wunsch ausgesprochen hatte. Die **wichtigsten Gedanken der Neuregelg** hat das BJM folgdermaßen zusgefaßt, BAnz Nr 111 v 24. 6. 70:

1. Die alte Bestimmung, nach der das nichteheliche Kind und sein Vater nicht als verwandt gelten, wird ersatzlos gestrichen.

2. Das nichteheliche Kind erhält den Namen, den die Mutter zur Zeit der Geburt des Kindes führt.

3. Die Mutter bekommt die elterliche Gewalt. Wenn sie nichts anderes beantragt, erhält das Kind nur noch in drei Fällen einen Pfleger: bei der Vaterschaftsfeststellung, bei der Regelung des Unterhalts und bei der Regelung des Erbrechts.

4. Der Vater kann die elterliche Gewalt im Wege der Ehelichkeitserklärung erhalten. Er kann auch die Möglichkeit bekommen, das Kind regelmäßig zu besuchen.

5. Das Unterhaltsrecht für nichteheliche und eheliche Kinder wird weitgehend angeglichen. Nach geltendem Recht hatte das nichteheliche Kind gegen seinen Vater im allgemeinen nur bis zur Vollendung des 18. Lebensjahres einen Anspruch auf Unterhalt. Diese Altersgrenze entfällt. Für die Unterhaltshöhe hat die Bundesregierung in einer Verordnung Regelsätze festgesetzt: für Kinder bis zur Vollendung des 6. Lebensjahres auf 108 DM, für Kinder vom 7. bis zum vollendeten 12. Lebensjahr auf 132 DM und für Kinder vom 13. bis zum vollendeten 18. Lebensjahr 156 DM monatlich. Diese Regelsätze werden alle zwei Jahre überprüft werden.

6. Auch im Erbrecht wird das nichteheliche Kind wirtschaftlich einem ehelichen gleichgestellt. Hinterläßt der Vater eine eheliche Familie, so erhält es einen Geldanspruch, den sogenannten Erbersatzanspruch, der im Verhältnis zu den ehelichen Erben gleichwertig ist. Ein nichteheliches Kind zwischen 21 und 27 Jahren kann von seinem Vater einen vorzeitigen Erbausgleich in Geld verlangen.

7. Das neue Recht gilt ab 1. Juli 1970 auch für die bereits lebenden nichtehelichen Kinder, allerdings mit einer Ausnahme; die Neuregelung für das Erbrecht kommt nur dann zum Zuge, wenn die nichtehelichen Kinder nach dem 30. Juni 1949 geboren sind.

Das nichtehel Kind ist also auch rechtl das Kind seines Vaters. Das hat auf die Bestimmgen des BGB weite Auswirkungen. Es wurden Vorschr für die nehel Abstammg, und die Feststellg der Vatersch, §§ 1600a–o, geschaffen, das bestehde UnterhR der neuen Rechtslage angepaßt u ihm bes Vorschr für das nehel Kind u seine Mutter angehängt, §§ 1615a–o. Das RVerhältn zw den Eltern u dem Kinde besteht nicht nur aus allg Vorschr, §§ 1616–1625, die auch das NamensR des nehel Kindes regeln, sond neb Best für die elterl Gewalt über ehel Kinder, §§ 1626–1698b, stehen die entspr für nichtehel Kinder, §§ 1705–1712, denen sich die über die Legitimation, die jetzt nur eine EhelichkErkl auf Antr des Kindes, §§ 1740a–g, ermöglicht, anschließen. Auch für Adoption, Vormsch u Pflegsch ergeben sich viele Ändergen u Anpassgen. Schließl erhält das nehel Kind auch ein (Ersatz-)ErbR, §§ 1934a–e. And als die bisherige Regelg, die die Best für das unehel Kind im 6. Titel auf die §§ 1705–1718 zusdrängte, werden, wie aus Obigem ersichtl, nunmehr jene jeweils an den Titel, der die Vorschr für das ehel Kind enthält, angehängt, vgl Übbl vor § 1589 u Bosch FamRZ **69**, 510 (neue Systematik), so daß das Gesetzbuch auch äußerlich der von der Verfassg angeordneten Angleichg des Rechtes des ehel u nehel Kindes entspr. Umfangreiche verfrechtl Vorschr über das Verf in KindschSachen, ZPO 640–640h, 641–641k, 643, vor allem die Anfechtg der Ehelichk u die Feststellg des Bestehens od Nichtbestehens der Vatersch, sowie VerfVorschr über den Unterh des nehel Kindes, ZPO 642–642f, 643a, ebso Anpassgen des FGG u PStG, ergänzen die sachlrechtl Best. Ba-Wü AusfG v 30. 6. 70, BWGBl 289 (SaBl 1604).

§ 1705

1705 *Elterliche Gewalt der Mutter.* **Das nichteheliche Kind steht, solange es minderjährig ist, unter der elterlichen Gewalt der Mutter. Die Vorschriften über die elterliche Gewalt über eheliche Kinder gelten im Verhältnis zwischen dem nichtehelichen Kinde und seiner Mutter entsprechend, soweit sich nicht aus den Vorschriften dieses Titels ein anderes ergibt.**

1) Fassg Art 1 Z 25 NEhelG; Ausschl des nehel Vaters von der elterl Gew verstößt nicht gg GG (Düss DAVorm **75**, 168). **Nichtehel** ist **a)** ein Kind, das nicht in einer Ehe od innerh von 302 Tagen nach ihrer Auflösg geboren ist, § 1592, **b)** ein Kind aus einer Nichtehe, EheG 11 Anm 5, **c)** ein bisher als ehel geltdes Kind dessen NEhelk dch Urt inf Anf festgestellt w, § 1593, od iF der Legitimation dch nachfolge Ehe der als Vater geltde Mann, den seine Mutter geheiratet hat, als Nichtvater festgestellt wurde, §§ 1600 m, ZPO 641, 641 i, ebso iF der EhelErkl auf Antrag des Vaters, § 1723, der Antr nicht vom richtigen Vater gestellt wurde, schließl, daß der verstorbene ElternT nicht ein ElternT des Kindes entgg dessen Antr, § 1740a, war.

2) Die Stellg des Kindes zur Mutter u zu deren Verwandten ist wie die eines ehel. Es trägt den Namen, den die Mutter zZ der Geburt des Kindes hat, § 1617. Die Mutter hat die elterl Gewalt, solange das Kind mj ist, im Regelfall jedoch eingeschränkt, § 1630 I, dch einen Pfleger, § 1706 (aber auch § 1707), im allg des JA, § 1709. Die Mutter erlangt die elterl Gew über das Kind nicht, wenn dieses dch die EhelichkAnfKl nehel geworden ist u der Mutter bereits vorher die elt Gew gem § 1671 V wg Gefährdg des Kindeswohles entzogen u desh ein Vormd bestellt war (LG Nürnb-Fürth DAVorm **76**, 592). Wg Geltendmachg von RentenAnspr § 1706 Anm 2a E. Bis auf diese Einschränkgen gelten für die Mutter §§ 1626 ff entspr. Ihre Stellg gleicht der einer alleinstehenden ehel Mutter. Sie hat mit diesen Ausn die gesetzl Vertr des Kindes, § 1629, kann also Lehr- u Arbeitsverträge abschließen, in eine Operation, eine Eheschl einwilligen, EheG 3 I. Sie kann das Kind von jedem herausverlangen, § 1632. Sie ist zur Erziehg, Pflege u Beaufsichtigg des Kindes verpfl, best seinen Aufenth, § 1631. Es gelten die Best für die elterl Gewalt bzgl Ruhen, aber auch § 1673 II S 2 u 3, Entziehg, Beschrkg, Verwirkg, sowie die sonstigen Pflichten der Eltern, § 1683 bei Heirat der Mutter. Einschreiten des VormschG unter den Voraussetzgen des § 1666. Aber schon mRücks auf die dem Kinde verlorengehden Anspr SorgeMißbr, wenn Mutter den Vater nicht nennt (RG **169**, 48, BayObLG FamRZ **72**, 521, Karlsr FamRZ **72**, 95). Daß Pfleger seiners bei einem solchen Verh der Mutter od ihrem entspr Wunsch keine Nachforschgen nach dem Vater anstellen darf, so Simitis StAZ **70**, 262, würde ihn einer seiner hauptsächlichsten Aufgaben (§ 1706 Z 1) entziehen, von deren Erfüllg wiederum § 1706 Z 2 u 3 abhängen; nicht ow SorgeRMißbr bei Religionswechsel des Kindes (BayObLG JFG **5**, 48, vgl aber RKEG 5). Ruht die elterl Gew, so wenn die Mutter noch nicht vollj ist (§ 1673 II 1, vgl auch § 1706 Anm 1), Ausübg nicht etwa dch den Vater; es ist ein Vormd zu bestellen (§ 1773); PersSorge der Mutter neben dem Vormd, aber keine Vertretgsmacht, wohl aber Vorrang ihrer Meing bei MeingsVersch (§ 1673 II 2, 3). Wird der Mutter die Pers- od die VermSorge entzogen, so Pflegerbestellg (§ 1909). Die Mutter ist nach dem Vater unterhpflichtig (§ 1606 III 2). Ihr ggü steht das mj unverh nehel Kind im Pfändgsfall in der 1. Rangklasse.

3) Der Vater hat keinerlei elterl Gewalt, ein VerkR mit dem Kind nur, wenn die Mutter ihm ein solches zubilligt; sie bestimmt auch den Umfang, § 1711. Er erhält die elterl Gewalt, wenn er die Mutter heiratet, § 1719, das Kind für ehel erklärt w, sei es auf seinen Antr, § 1723, od, wenn er bei stattgehabtem Verlöbn der Überlebde ist, auf Antr des Kindes, §§ 1740a ff, od wenn der Vater sein Kind an Kindesstatt annimmt, § 1757. Nur in Sonderfällen kann einmal die Vormsch dem Vater übertr w (Begr RegEntw). Im allg ist das ausgeschl, da die Gefahr besteht, daß der Vater dch Aufnahme des Kindes in sein Haus sich in Wirklichk seiner UnterhPfl entzieht od ihr jedenf nicht genügd nachkommt, sich auch Schwierigkeiten für das dann der Mutter zustehde BesuchsR ergeben können, bes wenn der Vater verheiratet ist. Immerhin ist der Vater vor Entsch des VormschG, die die Personen- od VermSorge betreffen, wenn das dem Wohl des Kindes dienen kann, zu hören, § 1712. Der Vater ist an erster Stelle zum Unterh des Kindes verpfl, den er ihm bis zum vollendeten 18. LebensJ mind in Höhe des RegelUnterh, §§ 1615f, g zu leisten hat. Er kann allerd auch herabgesetzt w, § 1615h, wird aber bei Änd des Regelbedarfs neu festgesetzt § 1615ff II, ZPO 642b. Die UnterhPfl besteht nach Vollendg des 18. LebensJ des Kindes weiter, §§ 1601 ff. Entsteht ein Sonderbedarf, zB dch Krankh, Unfall, ist der Vater zur Deckg im Rahmen seiner Kräfte verpfl, § 1613 II. Auch UnterhBeträge, die vor der Feststellg der Vatersch entstanden sind, sind zu zahlen, § 1615d. Der Mutter hat der nehel Vater die Entbindgkosten u weitere Aufwendgen inf Entbindg u Schwangersch, § 1615k, sowie Unterh für die Zeit von 6 Wochen vor u 8 Wochen nach der Entbindg, die bis zu 4 Monaten vor u 1 Jahr nach dieser erstreckt w können, § 1615 l, ggf auch Beerdiggskosten für sie, § 1615m, zu zahlen.

4) Übergangsrechtlich gilt

NEhelG Art 12 § 7 *Steht ein nichteheliches Kind unter Vormundschaft und endet die Vormundschaft mit dem Inkrafttreten dieses Gesetzes, so wird der bisherige Vormund Pfleger. Ist die Ausübung der Obliegenheiten eines Vormunds auf Beamte oder Angestellte des Jugendamts nach § 37 Satz 2 des Gesetzes für Jugendwohlfahrt übertragen worden, so gilt auch die Ausübung der Obliegenheiten eines Pflegers als übertragen.*

Bem. Am Tage des Inkrafttr des NEhelG erhält die nehel Mutter die elterl Gewalt, § 1705, mit der Einschränkg des § 1706; damit ist eine kr Gesetzes bestehde Vormsch beendet, § 1882. Um nicht eine bes Pflegerbestellg vornehmen zu müssen, auch die Erfahrgen des bisherigen Vormd weiter für das Kind zu nutzen, w der bisherige Vormd von Gesetzes wg Pfleger mit dem AufgGebiet des § 1706, waren aber der Mutter vor 1. 7. 70 zB Ausübg der tatsächl PersSorge entzogen, § 1666, so geht auch die bisherige

Ausübg des Vormd hierfür auf Pfleger über, KG OLGZ **71**, 194, vgl auch KG OLGZ **71**, 240, VormschG dasselbe, KG NJW **71**, 710. War Vormd ein Beamter od Angestellter des JA, JWG 37 II, so gelten auch die Pflegerobliegenh als ihm übertr. VormschG muß vAw tät w u entspr neue BestellgsUrk als Pfleger, §§ 1791, 1915, beim Angestellten od Beamten des JA eine Bescheinigg über seine Tätigk als Amtspfleger, JWG 42, jeweils mit TätigkGebiet, § 1706 Z 1–3, ausstellen. War der nehel Mutter Vormd des Kindes, so w sie nicht Pfleger, da sie nicht unter einer weitergehen Aufs des VormschG gestellt w kann, vielm der Fall dem des § 1707 S 1 Z 1 gleichgestellt w muß, Ffm FamRZ **72**, 43, natürl mit Änderungsmöglichk dch das VormschG, KG NJW **71**, 710, Odersky Anm 1, die die Mutter auch anregen kann, Stgt FamRZ **72**, 94. Endet die Vormsch nicht, weil zB die elterl Gewalt der Mutter ruht, so weil sie mj ist, § 1673, oben Anm 2, so bleibt, solange das andauert, alles beim alten. Ebso bleiben auch Entsch nach §§ 1666, 1669, 1674 bestehen. Ist ein Verf nach § 1666 bei Inkrafttr noch nicht beendet, zu prüfen, ob auch PersVertretg zu entziehen. Vormsch gem § 1671 V über scheinehel Kind bleibt auch nach Anfechtg der Ehelichk aufrechterhalten (Nürnb DAVorm **74**, 622).

1706 Aufgaben eines Pflegers für das Kind. Das Kind erhält, sofern es nicht eines Vormunds bedarf, für die Wahrnehmung der folgenden Angelegenheiten einen Pfleger:

1. **für die Feststellung der Vaterschaft und alle sonstigen Angelegenheiten, die die Feststellung oder Änderung des Eltern-Kindes-Verhältnisses oder des Familiennamens des Kindes betreffen,**

2. **für die Geltendmachung von Unterhaltsansprüchen einschließlich der Ansprüche auf eine an Stelle des Unterhalts zu gewährende Abfindung sowie die Verfügung über diese Ansprüche; ist das Kind bei einem Dritten entgeltlich in Pflege, so ist der Pfleger berechtigt, aus dem vom Unterhaltspflichtigen Geleisteten den Dritten zu befriedigen,**

3. **die Regelung von Erb- und Pflichtteilsrechten, die dem Kind im Falle des Todes des Vaters und seiner Verwandten zustehen.**

1) Die Mutter hat die grdsätzl uneingeschränkte elterl Gewalt über das Kind. Da sie aber erfahrgsgem oft einer Reihe bes schwier Fragen nicht gewachsen ist, erhält das Kind v Ges wg vom Ztpkt der Geburt an, wenn nicht schon vorher, § 1708, einen **Pfleger** mit begrenztem AufgKreis („flgd Angelegh"). § 1706 eingef dch Art 1 Z 25 NEhelG. Verfassgskonform (Brem FamRZ **77**, 149). In Prozessen des Pflegers ist Mutter Zeugin (Karlsr FamRZ **73**, 104). Pfleger ist idR das JA, § 1709 S 1. Die Pflegsch entfällt auf vorgeburtl AO des VormschG, § 1707 I Z 1; ebso, wenn die elterl Gew der Mutter ruht, § 1673, insb die Mutter mj ist, § 1705 Anm 2, wenn sie der elterl Gew verwirkt hat, § 1676, wenn ihr die SorgeR entzogen ist, § 1666; denn in diesen Fällen erhält das Kind einen Vormd, § 1773 (Bln-Schöneberg FamRZ **70**, 490); ebso, wenn die Mutter stirbt. War der Mutter vor Inkrafttr des NEhelG die elt Gew übertr w, so bedarf es für RGeschäfte im Ber von § 1706 Z 1–3 keines Amtspflegers (BayObLG FamRZ **76**, 539); war ihr die tatsächl PersSorge gem § 1666 entzogen, so kann das im BeschwVerf nicht auf die VertretgsBefugn ausgedehnt w, wohl erhält aber auf 1. 7. 70 der Pfleger auch die tatsächliche PersSorge (KG FamRZ **70**, 491). Endet die Vormsch, weil Mutter vollj w, so 1710. W das Kind vollj, endet die Pflegsch, § 1918. Die Pflegsch kann aber auch, wenn das dem Wohl des Kindes nicht widerspr, auf Antr der Mutter dch das VormschG aufgeh w, auch bei vorherigem Antr u Entsch nicht eintreten, § 1707 Z 1, ferner kann der Wirkgskreis des Pflegers beschr w, § 1707 Z 3. Anderers kann das VormschG keine Entsch ändern, § 1707 S 3. Dagg ist JA nicht berecht, die Aufhebg der Amtspflegsch zu beantr od entspr Beschw einzulegen (Schlesw SchlHA **74**, 167; sa § 1707 Anm 1). Zust VormschG FGG 36 IV. Wohnortwechsel des nehel Kindes, seiner Mutter u Wechsel des AmtsPflegers bedingen nicht unbedingt Abg der Amtspflegsch (Hamm OLGZ **71**, 81).

2) **Aufgabenkreis des Pflegers.** Er ist dch das G fest umschrieben. Also nicht mögl, dem Pfleger etwa die gesamte VermVerw zu übertr, was sich freil für das Kind bes nachteilig im Falle einer Abfindg, § 1615e, auswirken kann. Genommen kann der Mutter die VermVerw nur unter den Voraussetzgn der §§ 1666 II, 1670, aber im Umfang des § 1706 Z 2 u 3 nach § 1707 SchlußS werden. In den Aufgabenkreis des Pflegers kann die Mutter nicht eingreifen, § 1630 I. Er hat aber mit ihr Fühlg zu halten. Dem Pfleger obliegt **a)** die Feststellg der Vatersch, die oft nur im ProzWege zu erreichen ist, § 1600n, einschl Anerkenng u Anfechtg, ferner die Besorgg aller Angelegenheiten, die die Feststellg u Änderg des Eltern-Kindes-Verhältnisses betreffen, so falls das Kind für ehel erklärt w soll, §§ 1723, 1740a ff. Hierhin gehört auch die Beseitigg der Ungewißh, ob das Kind das der Mutter ist, die es als das ihrige in Anspr nimmt (Kindesunterschiebg), die Mitwirkg bei einer KindesAnn u deren Aufhebg. Soweit bei diesen Angelegenh aber eine Zust der Mutter erforderl ist, beschränkt es sich auf ein R der Mutter, das nicht vom Pfleger im Interesse des Kindes wahrgen w kann. Dem Pfleger obliegt weiter, das Kind in Namensangelegenh, § 1617 II, bei einer Namenserteilg dch den Ehemann der Mutter, § 1618, aber auch § 1757, ebso bei einem Verf auf NamensÄnd nach dem G v 5. 1. 38, RGBl 9, zu vertreten. – **b)** Geltendmachg von UnterhAnsprüchen, sei es im VerhWege über die Zahlg von Unterh in Zukunft, sei es dessen, der bis zur Anerkenng oder Verurteilg aufgelaufen ist, § 1615d, sei es dch Proz, ZPO 642ff od Vollstr. Göppinger will das nur auf solche gg den Vater beziehen, FamRZ **70**, 60; dem steht aber der allg Ausdruck entgg, also auch gg die Mutter u ihre Verwandten, ebso Odersky Anm IV 5 c, aM Göppinger FamRZ **70**, 60, Knur FamRZ **70**, 273, die Gesetzeswortlaut zu eng auslegen; denn die Unterstützg ist da ebso notw; wie hier Beitzke Lehrb § 30 II 2. Hins des Ztpkts, des Umfgs u der Form der Dchsetzg des UnterhAnspr ist der Pfleger nicht an Weisgen der Mutter gebunden, sond entscheidet er in eig Verantwortg (LG Kln DAVorm **77**, 199). Hat er ein Urteil auf Regelunterhalt erwirkt, so obliegt ihm auch die Betreibg seiner Festsetzg, ZPO 642 a u, falls erforderl, seiner Neufestsetzg, ZPO 642 b; ebso wenn auf RegelUnterh gleichzeit mit der Feststellg der nehel Vatersch erkannt ist, ZPO 643 II. In diesem Fall kann

er dch Kl die Abänderg des RegelUnterh betreiben, ZPO 643 a, ebso einer Herabsetzg der UnterhHöhe dch den UnterhVerpflichteten entggtreten oder sich mit ihm einigen, wobei eine Unterwerfg des Verpflichteten, ZPO 794 Z 5, im allg zweckmäß sein w. Auch eine notw Beitreibg ist Sache des Pflegers. Er vertritt das Kind bei der AbändergsKl, ZPO 323, desgl in Verf, die Stundg od Erlaß rückständ UnterhBeträge z Ggst haben, § 1615 i. Ebso auch bei Vereinbarg über eine Abfindg, § 1615e, u unter Eingreifen des VormschG. Die Beträge, die der Pfleger hierbei erlangt, darf er nicht anlegen, da er nur die Anspr geltd zu machen hat; er hat sie an die Mutter, die kr ihrer elterl Gewalt die VermSorge hat, abzuliefern. Dasselbe gilt auch für UnterhBeträge, die gezahlt oder beigetrieben w, hier lediglich mit der Ausn, daß er, wenn das Kind bei einem Dritten entgeltl in Pflege ist, die hierfür notw Beträge unmittelb an den Dr abführen kann. Dritter iS dieser Bestimmg ist nicht der Träger der JugHilfe (OVG Bln FamRZ 75, 350). Nicht unter b fällt die Verteidigg gg UnterhAnspr Dritter, so gg die eines Kindes des NichtEhel, Göppinger FamRZ 70, 61, Geltendmachg von RentenAnspr gg Träger der gesetzl RentenVers für das Kind, BSG FamRZ 71, 530, da es sich insofern nicht um UnterhAnspr iSv § 1707 Z 2 handelt, die Mutter also berecht ist, den Anspr zu erheben (demgem keine ErgänzgsPfl erforderl) od sich einen Beistand bestellen lassen kann, § 1685, KG NJW 71, 944 Odersky § 1706 IV 5 d, demgemäß auch keine Beratg dch JA in diesen Fällen, JWG 51 Anm 1. – c) Regelung von Erb- u Pflichtteilsrechten des Kindes im Falle des Todes des Vaters, §§ 1934 a u ff, 2338 a. Auch hier umfaßt die Regelg nicht die Vermögensverwaltg, wohl aber die ges Abwicklg, die AuseinandS, Geltendmachg v Dr, Verhandlgen mit dem TestVollstr, auch die Ausschlagg, Inbesitznahme des Nachlasses u Abwicklg v NachlVerbindlkeiten, aber nicht Vermögensverwaltg (Bln FamRZ 76, 461).

1707 *Antragsrecht der Mutter.* Auf Antrag der Mutter hat das Vormundschaftsgericht

1. anzuordnen, daß die Pflegschaft nicht eintritt,

2. die Pflegschaft aufzuheben oder

3. den Wirkungskreis des Pflegers zu beschränken.

Dem Antrag ist zu entsprechen, wenn die beantragte Anordnung dem Wohle des Kindes nicht widerspricht. Das Vormundschaftsgericht kann seine Entscheidung ändern, wenn dies zum Wohle des Kindes erforderlich ist.

1) Eingef dch Art 1 Z 25 NEhelG. Gem § 1706 tritt Pflegsch vGw ein; daran ändert sich nur auf Antr der Mutter etwas, sofern nicht bei ihr selbst die Voraussetzgen einer Vormsch vorliegen, § 1706 Anm 1, od sich die Pflegsch dch Volljährigk des Kindes erledigt. Nach Aufhebg der Amtspflegsch ist Mutter gesetzl Vertreterin ihres Kindes u kann nur als Partei vernommen w, Karlsr FamRZ 73, 104. NichtEintr der Pflegsch, Z 1, nur, wenn über dahingehden Antr der Mutter schon vor Geburt des Kindes entsch worden ist, da andernf im Ztpkt der Geburt die Pflegsch vGw eintritt. Mit Aufhebg der Pflegsch, Z 2, erhält Mutter die volle elterl Gew auch in bish dch Pfleger erledigten Angelegenh. Beschrkg des Wirkgskreises des Pflegers, Z 3, zB f Regelg evtl Erb- u PflichttRechte, wenn Vatersch feststeht, der Unterh gezahlt w u dch vollstreckb Urk gesichert ist.

2) Sachl **Voraussetzg** für den vom G begünstigten Wegfall der Pflegsch ist nur, daß er dem Kindeswohl nicht widerspricht, S 2. Es müssen also best Tatsachen gg NichtEintr, Aufhebg od Beschrkg sprechen. (Hamm FamRZ 78, 204). Ist das nicht der Fall, muß dem Antr der Mutter stattgegeben w. Der Aufhebg steht entgg, wenn es selbst dem JugA nur unter gr Schwierigkten gelingt, UnterhAnsprüche zu realisieren (AG Hdlbg DAVorm 78, 69) od wenn Mutter den Namen des Vaters verschweigt, LG Mannh NJW 71, 944, BayObLG NJW 72, 1582, Frankth DAVorm 76, 692; sa § 1705 Anm 2, aA Soergel-Lade 6 mwN, wo jedoch verkannt w, daß die Vatersch keine persönl Angelegenh der Mutter, sond eine solche des Kindes ist, ü die der Mutter keine VfgBefugn zusteht; aA auch Zenz StAZ 74, 281 u 314, die in der Einbeziehg psycholog GesPkte Zustimmg, gerade desh aber in den Reduzierg der Vater-Kind-Beziehg auf ökonom GesPkte Ablehng verdient. In wievielen Verschweigensfällen mag auch der Vater von der Mutter nichts erfahren h? Grdsl kommt Aufhebg der Amtspflegsch nur in Betr, wenn die Feststellg der Vatersch gewährl ist; and jedoch bei einbenanntem 14jähr sensiblem Kind, das den Stiefvater als wirkl Vater ansieht, wenn Realisierg v Anspr gg den Erzeuger zweifelh (Wuppt DAVorm 74, 197). Die Aufrechterhaltg der Zeugenstellg der Mutter in einem nicht abgeschl Abstammgs- u UnterhProz gg den angebl Erzeuger spricht für sich allein nicht gg die Aufhebg der AmtsPflegsch (Hamm FamRZ 78, 204). Verschweigt die Mutter den Namen des Vaters, ist der Unterh für das Kind jedoch gesichert, so Beschrkg der Amtspflegsch auf die in § 1706 Z 1 u 3 gen Aufg (Bad Kreuzn DAVorm 78, 65).

3) Verfahren. Zust VormschG (FGG 36 IV). Kein Eingreifen vAw, also auch kein AntrR des JA (Schlesw DAVorm 74, 668), sond nur auf Antr der Mutter. JA hören (JWG 48 a I Z 8), desgl Mutter (§ 1695) u Vater (§ 1712). Es entsch der RPfleger (RPflG 3 Z 2 a). Beschw gg abl Beschl nur Mutter (FGG 20); KG NJW 72, 113; Bln DAVorm 78, 69); gg stattgebden JA (FGG 57 Z 3) u Kind (FGG 59).

4) Das VormschG hat vAw **Änderg der Entscheidg** vorzunehmen, S 3, wenn dies z Wohl des Kindes erforderl ist, wenn sich also die Verhältnisse zZ der fr Entsch geändert haben, weil zB sZt vorh Unterbringg an dritter Stelle jetzt weggefallen ist u die Mutter aus BerufsGrden die Pflege nicht selbst übernehmen kann od weil Ehem der Mutter das Kind ablehnt. Änd kann aber auch notw w, weil sich die früh Maßn als unzweckm erwiesen h. § 1666 braucht nicht vorzuliegen; S 3 ist auch lex specialis ggü § 1696. Verf wie Anm 3.

1708 *Pflegerbestellung vor der Geburt.* Schon vor der Geburt des Kindes kann das Vormundschaftsgericht zur Wahrnehmung der in § 1706 genannten Angelegenheiten einen Pfleger bestellen. Die Bestellung wird mit der Geburt des Kindes wirksam.

Vorbem. Eingefügt dch Art 1 Z 25 NEhelG.

1) Allgemeines. Schon vor der Geburt kann das JA im Einverständn mit der Mutter die Feststellg der Vatersch dch Ermittlgen od sonstige Maßn vorbereiten, außer wenn schon ein Pfleger für die Leibesfrucht bestellt ist od der Nichteintritt einer Pflegsch, § 1707, angeordnet ist, JWG 52 II. Die Bestellg eines Pflegers vor der Geburt kann sich im Interesse des Kindes, aus dem sie allein erfolgen kann, empfehlen, vgl § 1600a, wenn der Vater zur Anerkenng schon in diesem Ztpkt bereit ist, § 1600b, u nunmehr der gesetzl Vertr des Kindes zustimmen kann, § 1600c. Außerdem antragsberecht zur einstw Vfg nach § 1615 o; denn Wirkgskreis die in § 1706 genannten Angelegenheiten, nicht andere, insb nicht die Rechte der Mutter, §§ 1615k ff.

2) Bestellg erfolgt dch VormschG. Zustdgk FGG 36a; es entsch der RPfleger, RPflG 3 Z 2a. Wirksamk erst mit der Geburt des Kindes, S 2. Das JA kann nicht bestellt w, § 1709 S 2; es w erst mit der Geburt Pfleger. Bestellg ist abzulehnen, wenn das Kind einen Vormd haben muß, zB wenn die Mutter zZ der Geburt mj sein würde, §§ 1774 Anm 1; dann aber § 1774 S 2. Bestellg erledigt sich bei Totgeburt. BeschwR gg Ablehng jeder, der ein rechtl Interesse an der Änd der Vfg hat, FGG 57 I Z 3, gg AO der, dessen R dch die Vfg beeinträchtigt w, FGG 20.

1709 *Jugendamt als Pfleger.* Mit der Geburt des Kindes wird das Jugendamt Pfleger. Dies gilt nicht, wenn bereits vor der Geburt des Kindes ein Pfleger bestellt oder angeordnet ist, daß eine Pflegschaft nicht eintritt, oder wenn das Kind eines Vormunds bedarf. § 1791c Abs. 1 Satz 2, Abs. 3 gilt entsprechend.

Vorbem. Eingefügt dch Art 1 Z 25 NEhelG.

1) Eintreten der Amtspflegschaft, S 1 u 3. Wie bisher mit der Geburt des nehel Kindes das JA Amts-Vormd wurde, w es nunmehr mit der Geburt Pfleger, I, vgl auch JWG 40 I 1, ferner 1791c 1, jedoch nur im Umfang des § 1706. Weiter w die elterl Gewalt der Mutter, § 1705 S 1, nicht eingeschränkt. Ergibt sich die nehel Geburt des Kindes erst später, zB nach dchgeführter AnfKl, § 1593, so w das S 3 das JA Pfleger mit Eintritt der Rechtskr dieses Urt, entspr § 1791c I 2. Endet Pflegsch des JA kr Gesetzes u w Vormsch erforderl, so JA Vormd, § 1791c II. Das VormschG hat, zust JWG 42, dem JA unverzügl eine Bescheinigg über den Eintritt der Pflegsch zu erteilen, S 3 iVm § 1791c III, die bei Beendigg der Pflegsch od Abgabe an and JA zurückzugeben ist. Der Wirkgskreis des JA, § 1706, ist in der Bescheinigg, auch soweit er feststellg-, nicht rechtsbegründde Wirkg hat, zu vermerken, zumal dieser auch eingeschränkt sein kann, § 1707 I Z 3. Die Bescheinigg weist den mit der Ausführg der vormschgerichtl Obliegenh betreuten Beamten od Angestellten des gesetzl vertretden JA aus, JWG 37 S 2. Erteilg dch RPfleger, RPflG 3 Z 2a. Beschw, wenn Erteilg, zB wg Unzustdgk, abgelehnt, FGG 19, 20. Keine Ablehng, wenn Einzelpflegsch beabsichtigt ist, da Eintritt mit Geburt od Rechtskr der Entsch. Dann nur Weg über Entlassg. Die Pflegsch endet, wenn das JA dch VormschG als Pfleger entlassen u ein Einzelpfleger bestellt w, §§ 1915, 1887 I, JWG 39 a, b, wenn das VormschG die Pflegsch aufhebt, § 1707 I 2, mit Volljährigk des Kindes od mit Erledigg des beschr Wirkgskreises des Pflegers, für den er bestellt war, §§ 1707 I Z 3, 1918.

2) Ausnahmen, S 2. Die Pflegsch des JA tritt dann nicht ein, wenn bereits vor der Geburt ein Pfleger bestellt wurde, § 1708, wenn eine Pflegsch nicht eintreten kann, weil ein Vormd notw ist, insb also die Mutter mj ist, § 1706 Anm 1, od das VormschG vor der Geburt angeordnet hat, daß eine Pflegsch nicht eintritt, § 1707 Anm 2.

1710 *Beendigung einer Vormundschaft.* Steht ein nichteheliches Kind unter Vormundschaft und endet die Vormundschaft kraft Gesetzes, so wird der bisherige Vormund Pfleger nach § 1706, sofern die Voraussetzungen für die Pflegschaft vorliegen.

Vorbem. Eingefügt dch Art 1 Z 25 NEhelG.

1) Allgemeines. Vorschr bezweckt, die Kenntnisse des mit den Verhältnissen vertrauten Vormds weiter im Interesse des Kindes zu nutzen. Bezieht sich sowohl auf den EinzelVormd, mag er nun bereits vor der Geburt od später bestellt sein wie auf das JA. Das VormschG bleibt dasselbe, KG ZBlJR **71**, 65. Entspr Regelg, wenn Pflegsch des JA kr Gesetzes endet u Vormsch erforderl w, § 1791c II.

2) Der bisherige Vormund wird Pfleger. Vorliegen müssen aber die Voraussetzgen dafür, daß eine Pflegsch eintreten kann; ihr Eintritt darf also dch das VormschG nicht ausgeschl sein, § 1707 I Z 1. Ferner daß die Vormsch kr Gesetzes endet, also bes dann, wenn die Mutter vollj w od die elterl Gewalt wieder erlangt, § 1706 Anm 1.

1711 *Persönlicher Verkehr des Vaters mit dem Kind.* I Derjenige, dem die Sorge für die Person des Kindes zusteht, bestimmt, ob und in welchem Umfange dem Vater Gelegenheit gegeben werden soll, mit dem Kinde persönlich zu verkehren. Wenn ein persönlicher Umgang mit dem Vater dem Wohle des Kindes dient, kann das Vormundschaftsgericht entscheiden. Es kann seine Entscheidung jederzeit ändern.

II In geeigneten Fällen soll das Jugendamt zwischen dem Vater und dem Sorgeberechtigten vermitteln.

Schrifttum: Reuther ZBlJugR **74**, 464.

1) Allgemeines. Eingef dch Art I Z 25 NEhelG. Im Ggs zu § 1634 I erhält der Vater des ne Kindes kein allg VerkR, rechtspolit dazu Simitis StAZ **70**, 263; krit auch Diederichsen, FamRZ **78**, 474. Anderers w ihm der Verk mit dem Kinde nicht gänzl untersagt, wenn dieser dem **Wohl des Kindes** dient, das somit alleiniger Maßst ist, I 2. UmgangsR abgelehnt bei Verhaltenstörgen des Kindes (AG Hbg ZblJugR **76**, 171); währd der Haft des Vaters (Einbeck DAVorm **78**, 303). Nur wenn dieses überh nicht berührt w, entsch uU Interesse des Vaters, so bei Überlassg eines Photos des Kindes an den in Strafh befindl ausl Vater, LG Landau FamRZ **73**, 604. § 1711 entfällt bei KindesAnn, § 1755 I. **Verfassgsrechtl Bedenken** bei Lange NJW **70**, 298; Hahnzog FamRZ **71**, 337; VorlageBeschl LG Kln FamRZ **77**, 205. LG Mainz wendet über GG 6 V auch gg den Willen der Mutter § 1634 an (FamRZ **78**, 734; sa Diederichsen FamRZ **78**, 474).

2) Bestimmung über das Verkehrsrecht hat allein der PersSorgeBerecht, also idR die Mutter od der Vormd, nicht der Pfleger, zu dessen Wirkgskreis, § 1706, das nicht gehört. Für den Vater gilt § 1634 I nicht. Vielm regelt der SorgeBerecht das Ob, sowie Ort u Art, ferner Häufigk des ZusKommens, vgl § 1634 Anm 2, 3 („Gegenstand der Verkehrsregelg"). Ergeben sich bei den Verhandlgen zw Vater u Mutter Schwierigkeiten, weil zB die Mutter mit dem Vater nicht zuskommen will, od auch ggü einer gütl Einigg, so soll das JA vermitteln, es kann auch außerh jedes vormschgerichtl Verf von sich aus tätig w, außer wenn es einen Verk des Vaters mit dem Kind nicht für dem Kinde zuträgl hält, II. Billigt das VormschG einen Verk, kann es das JA mit der Ausf seiner AnO betreuen, JWG 48c.

3) Eingreifen des Vormundschaftsgerichts, I 2, kann auf Antr des Vaters od auch des SorgeBerecht, der seinen Entschluß beurteilt haben möchte, aber auch vAw erfolgen, so wenn nach Abwägg aller Umst, bei deren Feststellg das JA, das stets zu hören ist, JWG 48a I Z 4, der vom SorgeBerecht bewilligte Verk dem Wohle des Kindes nicht dient; ebso wenn jener keine Bestimmg trifft. Wohl des Kindes obj Maßstab. Gründe des Vaters stets zu prüfen, sein bisheriges Verhalten, seine Lebensführg, ebso die Grde, aus denen der Verk verweigert w, das Verhältn von Vater u Mutter, wobei freil der einseit Wunsch der Mu, den Vater aus ihrem Leben endgült zu streichen, unberücks bleibt (Heilbr Just **74**, 461). Recht auf Umgang nur, wenn dieser für das Kind seel notw ist, was ausgeschl s kann, wenn Großvater als männl BezugsPers vorh (LG Karlsr DAVorm **74**, 561) od wenn die GroßElt das Kind in die Reihe ihrer eig 10, zT sogar jüngeren Kinder integriert haben (AG Bonn DAVorm **78**, 129). Für Verk können sprechen ein gewisses Entbehren des Vaters vS des Kindes, bereits bestehde Beziehgen zw beiden, zB 8jähr eheähnl Zusleben mit der Mutter der v ihm stammden Kinder, LG Köln MDR **73**, 586, geringer Verk der Mutter mit dem Kind, das in einem Heim untergebracht ist. Anderers spricht obj gg ein wirkl Interesse des Vaters, wenn er seiner UnterhPfl, die er ganz od zT erfüllen könnte, nicht nachgekommen ist od nachkommt. Ist das Kind im Begr, sich in eine Familie einzugewöhnen, wenn zB die Mutter einen Dr geheiratet hat u sich zw ihm u dem Kind ein Vater-Kind-Verhältn anbahnt od es in Pflege gegeben ist, dort wie in der Familie gehalten w od das gar die Vorstufe für eine KindesAnn ist, so spricht dies gg ein VerkR. Jede Störg der Verbesserg der Verhältn des Kindes ist jedenf zu vermeiden. VormschG weist den Antr des Vaters auch dann ab, wenn zweifelh, ob das Wohl des Kindes gedient wäre od ebsoviel dafür wie dagg spricht. Mögl, daß Richter einige Male ein ZusKommen des Kindes mit dem Vater bei dem JA probew iW der einstw AO gestattet, Begr RegEntw. Es entsch der Richter, RPflG 14 Z 16. Der Richter kann seine Entsch jederzeit im Interesse des Kindes ändern, I 3; entsprech § 1696, vgl dort. Zustdgk FGG 43 I, 36; auch dann JA zu hören. Beschw des Vaters iS v I 2 FGG 20, der Mutter u des JA FGG 57 Z 9, des Kindes FGG 59; keine weitere Beschw, FGG 63a.

1712 *Anhörung des Vaters.* Das Vormundschaftsgericht soll vor einer Entscheidung, welche die Sorge für die Person oder das Vermögen des Kindes betrifft, den Vater hören, wenn es die Anhörung nach seinem Ermessen für geeignet hält, dem Wohle des Kindes zu dienen.

Vorbem. Eingefügt dch Art 1 Z 25 NEhelG.

1) Bem. Anhörg des Vaters, schriftl od mdl, letztere aktenkund, vor Entsch, die die Sorge für die Pers od das Vermögen des Kindes betr. Es besteht aber kein Recht darauf, and § 1748; entsch, ob die Anhörg dem Wohl des Kindes dient. So auch bei Auskunftsverlangen des Vaters. Also ähnl GesichtsPkte wie § 1711 Anm 3. Wesentl auch das Interesse des Vaters am Kind, ob er bereits Verbindg mit ihm hat od dadch erst erhält. Letzterenf w es kaum dem Wohl des Kindes dienen. Auch hier Interesse des Kindes allein ausschlaggebd. Es entsch der Richter od Rpfleger, je nachdem, um welche Angelegenh auf seiten des Kindes es sich handelt. Verfrechtl wie § 1711 Anm 3. § 1712 entfällt nach Adoption; § 1748 behandelt and Tatbestd.

1713–1718 weggefallen NEhelG Art 1 Z 25.

Siebenter Titel. Legitimation nichtehelicher Kinder

Einführung

1) Das BGB kennt **2 Arten der Legitimation nehel Kinder**: die durch nachfolgende Ehe §§ 1719 ff, und durch EhelichErkl, §§ 1723 ff, beide im übr in ihren Voraussetzgen u Wirkgen verschieden; denn währd die Legitimation durch nachfolgende Ehe kraft G u selbst gg den Willen der Beteiligten eintritt, das Kind zum ehel macht, § 1719, ist bei der EhelichErkl ein Antr des Vaters u die Einwilligg des Kindes nebst der Ehefr des Vaters, §§ 1723, 1725, 1726, od bei Tod des and Verlobten ein Antr des Kindes u die Einwilligg des überlebden ElternT, §§ 1740 a, b, erforderl; die EhelichErkl erfolgt durch das VormschG, aber nur, wenn sie dem Wohle des Kindes entspricht u ihr keine schwerwiegden Gründe entggstehen, §§ 1723, 1740 a. Das Kind, das auf seinen Antr für ehel erklärt worden ist, steht einem dch Eheschl legitimierten gleich, § 1740 f, währd das auf Antr des Vaters für ehel erklärte den rechtl Stellg eines ehel Kindes erlangt.

2) Übergangsrecht EG 209, Art 12 § 11 NEhelG (bei EG 209 abgedr), **internationales Privatrecht** EG 22. Die Vorbehalte zG des Landesherrn u hohen Adels, EG Art 57, 58, sind ggstandslos; da die Adelsbezeichng jetzt ein Teil des Namens ist, hat die Legitimation auch den Erwerb des adligen Namens zur Folge, §§ 1719, 1736, 1740 f, 1616.

I. Legitimation durch nachfolgende Ehe

1719 *Verheiratung des Vaters mit der Mutter.* Ein nichteheliches Kind wird ehelich, wenn sich der Vater mit der Mutter verheiratet; dies gilt auch, wenn die Ehe für nichtig erklärt wird. Wird das Kind vor der Eheschließung als Minderjähriger oder nach § 1772 von einer anderen Person als seinem Vater oder seiner Mutter als Kind angenommen, so treten die in Satz 1 bestimmten Wirkungen erst ein, wenn das Annahmeverhältnis aufgehoben wird und das Verwandtschaftsverhältnis und die sich aus ihm ergebenden Rechte und Pflichten des Kindes zu seinen leiblichen Eltern wieder aufleben.

Schrifttum: Engler StAZ **76**, 159.

1) Fassg unter Einfügg v S 2 dch AdoptG. Die **Legitimation dch nachfolgde Ehe** vollzieht sich and als bei der dch EhelichErkl (vgl Einf 1), näml ohne weiteres kraft Gesetzes u selbst gg den Willen der Elt u des Kindes; auch ohne Rücks, ob dieses mj od vollj ist. Einschrkg nur iF vorheriger Annahme an Kindes Statt, S 2, sowie iF einer unricht VaterschFeststellg (dazu Anm 2a). Zu den namensrechtl Auswirkgen im Verhältn zur Adoption Brschw StAZ **78**, 212.

2) Voraussetzgen. a) Es muß sich um ein **nehel Kind** handeln (§ 1705 Anm 1). Ist das Kind zwar vor der Eheschl gezeugt, aber nach ihr geboren, so ist es ehel (§ 1591); eine Legitimation kommt dann begriffl nicht in Betr. Hingg hört das Kind nicht auf, ein nehel Kind iS der vorliegden Best zu sein, so daß eine Legitimation dch nachf Ehe mögl ist, wenn es von einem leibl EltT od einem Dritten adoptiert w ist; in diesem Fall muß allerd das AnnVerhältn zunächst wieder aufgeh w (§§ 1759 ff, 1764), **S 2**. Kommt es nicht zur Aufhebg der Adoption, bleibt das AnnVerhältn mit seinen Wirkgen bestehen; die Eheschl der leibl Elt des Kindes hat auf dessen rechtl Situation keinen Einfl. Einer Legitimation steht entgg, wenn ein Dr (unrichtigerw) das Kind als seine anerkannt hat od der Vatersch eines and dch Urt rechtskr festgestellt ist, § 1600a (jedenf solange, bis die Anerkenng sich als unwirks herausgestellt, § 1600f, ZPO 640 II Z 1, mit Erfolg der Vatersch angefochten, die gerichtl Feststellg im WiederAufnVerf, vgl auch ZPO 641i, beseitigt ist), ferner wenn die Vatersch eines Dritten durch EhelichErkl festgestellt ist, da diese dann feststeht, bis die Vatersch mit Erfolg angefochten ist, §§ 1735 S 2, 1593, weiterhin wenn das Kind zwar im Ehebruch erzeugt ist, der frühere aber ebso wie das Kind die Anfechtg der Ehelichk unterlassen hat, da es dann das ehel Kind der Frau u des früh Mannes mit Wirkg für u gegen alle ist, § 1593.

b) Vater und Mutter des Kindes müssen heiraten, das Kind also nicht etwa untergeschoben sein. Wer Vater ist, sagt § 1600 a. Er muß also anerkannt haben od als Vater festgestellt sein, was selbst noch nach dessen Tode mögl, § 1600 n II. Erfolgt die Anerk nach Eheschl, so Rückwirkg auf Ztpkt der Eheschl. Die Nichtigk der Ehe der Eltern ändert nichts an der Stellg des Kindes. Handelt es sich um eine **Nichtehe**, EheG 11 Anm 5, 13 Anm 3 b, so bleibt das Kind nehel. Über die RWirkgen des Ausspruchs einer nachträgl Eheschl EheG 13 Anh II § 1 Z 3.

3) Wirkgen. Die Kinder werden, jedoch erst von der Eheschließg ab, Stgt Recht **14**, 493, kraft G ehel Kinder, vgl §§ 1616–1698b, und zwar auch für ihre Abkömml, § 1722. Sie erhalten den Ehenamen der Elt (§ 1616), haben das Recht auf Unterh, §§ 1601 ff, die Erb- u PflichtRecht wie als ehel Kinder, den Verjährgsvergünstigg, § 204, sie teilen den Wohnsitz der Eltern, § 11, beide Eltern haben die elterl Gewalt, erwerben die Staatsangehörigk des anderen Elternteils, RuStAG § 3 Z 2, § 5 mit dem durch das GleichberG geänderten Inhalt; auch die vollj, überw M, auch bereits verheiratete Töchter mit Rücks auf die Gleichberechtigg, Makarov StaatsangehörigkR II 3. Wegen Beendigg der Vormsch Anm 4. Wird später dch Anf der Anerkenng od im WiederAufnVerf festgestellt, daß der Ehem der Mutter nicht der Vater des Kindes ist, so entfallen die Wirkgen der Eheschl ohne weiteres.

4) Personenstandsregister. Entgg der bisherigen Regelg ist eine Feststellg dch das VormschG nicht mehr erforderl, da der Mann, der die Vatersch anerkannt hat od als Vater rechtskr festgestellt ist, Vater mit Wirkg für u gg alle ist, § 1600a. Als solcher ist er im Geburtenbuch nach Anerkenng oder rechtskr Feststellg einzutr, PStG 29, wo auch die Legitimation einzutr ist, sobald die Vatersch feststeht, PStG 31; handelt es sich um eine Legitimation nach ausl Recht, so bedarf es zur Eintr nicht der Voraussetzgen einer Anerkenng od rechtskr Feststellg, wenn nach jenem Recht die RWirkgen ohne diese eintreten, PStG 31 I 2, jedoch muß der StBeamte in diesem Falle die Entsch des AG herbeiführen, ob einzutr ist, PStG 31 II 1. Für das Kind, das bisher unter Vormsch stand, bleibt die Vormsch bis zur Entlassg des Vormds bestehen, § 1883, s auch dort Anm 2. Ebso muß die Pflegsch, § 1706, aufgeh w, § 1919. Die GeburtsUrk bezeichnet das Kind als ehel, PStG 65. Im Geburtenbuch w ein Sperrvermerk eingetr, der zur Folge hat, daß nur Behörden, den nächsten Blutsverwandten u dem Kind selbst eine PersStUrk erteilt od Einsicht in die PersStBücher erteilt w, PStG 61 II.

5) Übergangsrecht:

NEhelG Art 12 § 8 *Hat das Vormundschaftsgericht vor dem Inkrafttreten dieses Gesetzes rechtskräftig festgestellt, daß ein nichteheliches Kind durch die Eheschließung seiner Eltern ehelich geworden ist, oder ist ein nichteheliches Kind vor diesem Zeitpunkt für ehelich erklärt worden, so sind die §§ 2, 3 nicht anzuwenden. Die Anfechtung der Ehelichkeit bestimmt sich unbeschadet des § 4 nach den bisher geltenden bürgerlich-rechtlichen Vorschriften.*

Erl. Hat das VormschG im Verf nach PStG 31 aF vor dem 1. 7. 70 rechtskr festgestellt, daß ein Kind dch die Eheschl seiner Eltern ehel geworden ist, so verbleibt es ebso dabei, wie wenn vor jenem Ztpkt das Kind für ehel erkl worden ist, da in beiden Fällen die Vatersch bereits dch das VormschG nachgeprüft ist. Es sind also Art 12 § 2 vor § 1600a, u § 3, erl Anh nach § 1600o, nicht anzuwenden. Demgem S 2, erfolgt die Anf iF der Legitimation dch nachfolge Ehe gem § 1721 aF, bei EhelErkl nach § 1735a aF, vgl dazu 28. Aufl, jedoch mit der Maßg, daß die Anf entspr Art 12 Z 4 nicht dch Ablauf der ZehnJFr gehindert w, vgl § 1594 Anm 4. NEG Art 12 § 8 gilt auch bei bewußt wahrheitswidrigem VaterschAnerk (Kln FamRZ **76**, 50).

1720 *Erklärung über Namensänderung.* Der nach § 1355 von den Eltern zu führende Ehename erstreckt sich auf den Geburtsnamen eines Abkömmlings, welcher das vierzehnte Lebensjahr vollendet hat, nur dann, wenn er sich der Namensänderung durch Erklärung anschließt. Ist der frühere Geburtsname zum Ehenamen eines Abkömmlings geworden, so erstreckt sich die Namensänderung auf den Ehenamen nur dann, wenn die Ehegatten die Erklärung nach Satz 1 gemeinsam abgeben. § 1617 Abs. 2 Satz 2 und 3 gilt entsprechend.

1) Eingef dch 1. EheRG Art 1 Z 35. **Lit:** Ruthe FamRZ **76**, 414. Das nach § 1719 legitimierte nehel Kind würde an sich gem § 1616 den Eltern den Elt als (neuen) FamNamen erhalten; § 1720 schränkt diesen Grds entspr dem Selbstbestimmgsprinzip des § 1617 II in der Weise ein, daß mit Vollendg des 14. LebJ der Abkömml sich der dch die Eheschl herbeigeführten NamensÄnd anschließen kann, es aber nicht muß. Wird der Name der Mutter iRv § 1355 II 1 zum gemeins Namen der Eheg, so ändert sich für das Kind nichts. Ist der Abkömml bereits selbst verheiratet, verlangt § 1720 für eine NamensÄnd der AnschließgsErkl auch seines Ehepartners, S 2. Für den Fall, daß aus dieser Ehe schon Abkömml vorhanden sind, gilt § 1616 Anm 2b; die Enkel müssen ab 14 J ihrers zustimmen (so auch Ruthe FamRZ **76**, 415). Zur Auswirkg einer Adoption Brschw StAZ **78**, 212.

1721 *Anfechtung der Ehelichkeit.* Weggefallen, Art 1 Z 26 NEhelG.

1722 *Wirkung auf Abkömmlinge des Kindes.* Die Eheschließung zwischen den Eltern hat für die Abkömmlinge des unehelichen Kindes die Wirkungen der Legitimation auch dann, wenn das Kind vor der Eheschließung gestorben ist.

1) Das G spricht hier nur die notw Folge der in § 1719 verordneten Wirkg aus, dort Anm 3. Eine ggteilige Vereinbg wäre unwirks. Die Eheschl macht das nehel Kind rückw zu einem ehel.

II. Ehelicherklärung auf Antrag des Vaters

1723 *Voraussetzungen der Ehelicherklärung.* Ein nichteheliches Kind ist auf Antrag seines Vaters vom Vormundschaftsgericht für ehelich zu erklären, wenn die Ehelicherklärung dem Wohle des Kindes entspricht und ihr keine schwerwiegenden Gründe entgegenstehen.

1) Fassg Art 1 Z 13 FamRÄndG u Art 1 Z 28 NEhelG. Dch die **Ehelicherklärg** (Legitimation) erlangt das nehel Kind, das im Verhältn zur Mutter bereits die Stellg eines ehel Kindes hat (§ 1705 Anm 2), nun auch seinem leibl Vater gegenüber RStatus. Im Ggs zur Einbenennng (§ 1618 Anm 1 a) begründet der Legitimation alle Rechte u Pfl, die der NEhelStatus im Verhältn zw Vater u Kind bish versagte, insb erhält der Vater dadch die elterl Gew. EhelErkl erfolgt auf Antr des Vaters (§§ 1723 ff) od auf Antr des Kindes (§§ 1740a ff), nicht jedoch auf Antr der Mutter (was nach Hildeg Krüger-Breetzke-Nowack Einl Anm 174 aGrd v GG 3 II geboten wäre; sa Dölle JZ **53**, 362).

2) Erfordernisse. a) Es muß sich um ein **nehel Kind** handeln; vgl dazu §§ 1705 Anm 1, 1719 Anm 2a. Der EhelichErkl steht also entgg die Stellg des Kindes als ehel, § 1593, die Legitimation durch nachf Ehe der Mutter mit einem Dritten, der das Kind als das seinige anerkannt hat od als Vater dch rechtskr Urt festgestellt ist, solange bis die Unrichtigk seiner Vatersch dch Urt festgestellt ist, vgl § 1719 Anm 2a, EhelichErkl auf Antr eines Dritten, § 1735, nicht die Ann an Kindes Statt, vgl § 1719 Anm 2a, Staud-Bökelmann Nr 8, RGRK 2, aM Gernhuber § 61 II 5 Anm 4 u 28. Außl, allerd mit dch die vorausgegangene KindesAnn eingeschränkten Wirkgen.

b) Der richtige Vater, dessen Vatersch nach § 1600 a feststeht, muß **c) einen Antrag stellen,** vgl § 1730 (der bis zur EhelErkl auch zurückgenommen w kann).

3) Die Entscheidung des Vormundschaftsgerichts. Sind die Erfordern Anm 2 gegeben, so ist zu prüfen, ob die EhelErkl dem Wohl des Kindes entspr. Auch wenn das zu bejahen ist, so ist sie abzulehnen, wenn schwerwiegde Grde dagg sprechen. Ist das nicht der Fall, so muß das Kind für ehel erklärt w. Das ist weder wie fr Gnadenakt, noch ErmFrage, sond Fürsorgeakt, zu dem das VormschG dann verpflichtet ist. Entsch also **a) Wohl des Kindes.** Ihm w die EhelErkl im allg entspr. Zu prüfen die Grde des Antr u ihr Zutreffen, insb ob der Vater sich um das Kind kümmern w. Das Interesse des Kindes w bei Verbesserg der Unterbringg, Ernährg, Erziehg liegen; jedoch darf die geldl Seite nicht allein ausschlaggebd sein. Soll das Kind bei Dr untergebracht w, so sind die daneren Verhältn insof zu prüfen. Bei Heimunterbringg w im allg einer EhelErkl nichts iW stehen, wohl aber wg § 1765 I, daß das Kind von and Seite adoptiert ist, aM Engler FamRZ 70, 121. Die Verabredg, das Kind bei der Mutter zu lassen, braucht keinesf gg das Kindeswohl zu sprechen, insb wenn Veränderg der Umgebg nicht nützl wäre, RGRK (Schäfer) § 1734 aF Anm 2. Soll das Kind beim Vater untergebracht w, ist bes die Einpassmöglichk zu prüfen. Die Erwägg, daß der Vater die Mutter heiraten, das Kind also dch nachfolge Eheschl legitimiert w könnte, § 1719, so allerd Begr RegEntw, OLGPräs Schlesw FamRZ **61,** 540, Göppinger FamRZ **63,** 274, kann dem Kindeswohl nicht entggstehen, ebso OLGPräs Nürnb FamRZ **58,** 428, Itzehoe (LG) FamRZ **59,** 170, Gernhuber § 61 II 6, Staud-Bökelmann § 1734 aF RdNr 19, Dölle § 111 II, abgesehen davon, daß auch mittelb auf den Heiratswillen der Eltern kein Druck ausgeübt w darf. Zu erwägen aber, daß die Mutter dch die EhelErkl die elterl Gewalt verliert, § 1738 I, u bei Trenng der Elt sie dem Vater im allg verbleibt; deshalb auch Prüfg insofern.
b) Entgegenstehende schwerwiegende Gründe trotz Bejahg von a. Es genügt einer (Mehrzahl ungenau), aber nicht jeder, sond nur, wenn er ggü den für das Wohl des Kindes sprechden Grden ein ganz besonderes Gewicht hat. Abzuwägen alle Umst des Einzelfalls. Solche Grde zB, wenn dch die beabsichtigte Aufn des Kindes in die Familie des Vaters Unfrieden in diese hineingetragen würde (Überwiegen der Interessen der Familie ggü dem nichtehel Kind, GG 6 I u V), das Kind aus einer Verbindg stammt, der ein Eheverbot entggsteht u das bekannt ist. Zur Wirksamk der EhelErkl § 1735.

4) Zuständigkeit und Verfahren. Örtliche Zustdgk des VormschG, in dessen Bezirk der Vater zZ der Einreichg des Antrags seinen Wohns, bei dessen Fehlen Aufenth hat; hat er beides nicht im Bundesgebiet u ist er Deutscher, so ist AmtsG Bln-Schöneberg zust, FGG 43a I, II. Das JA ist zu hören, JWG 48a I Z 9. Es entsch der Richter, RPflG 14 Z 3 e. Es prüft die Ordngsmäßigk des Antrags §§ 1729, 1730, u die Voraussetzgen, desgl ob die erforderl Einwilliggen vorliegen, §§ 1726ff. Die Vfg, die die Ehelichk ausspricht, wird mit der Bekanntmachg an den Vater, nach seinem Tode an das Kind wirks; sie ist unanfechtbar, FGG 56a I. Gegen die ablehnende Vfg einfache Beschw des Vaters, FGG 20 II, nach seinem Tode des Kindes, FGG 56a II, u zwar, wenn es mind 14 Jahre ist, auch durch dieses selbst, FGG 59.

5) Standesamtl Eintragg. Ledigl Randvermerk zum Geburtseintrag (PStG 30 I), da sich PersSt des Kindes verändert hat (zum Wortlt v Geburts- u AbstammgsUrk vgl Evans-v Krbek FamRZ **75,** 322) u dabei Hinw auf Geburtseintrag des Vaters (PStG AVO 39), in dessen FamBuch aber kein Eintrag erfolgt (vgl PStG 15).

1724 *Bedingungsfeindliches Geschäft.* Die Ehelicherklärung kann nicht unter einer Bedingung oder einer Zeitbestimmung erfolgen.

1) Dementsprechd ist auch der Antr od die darin enthaltene Anerkenng, vgl § 1730, unwirks, wenn sie unter einer Bedingg od einer Zeitbestimmg erfolgt. Vgl aber auch § 1735 S 1.

1725 weggefallen, Art 1 Z 30 NEhelG.

1726 *Einwilligung der sonstigen Beteiligten.* I Zur Ehelicherklärung ist die Einwilligung des Kindes und, wenn das Kind minderjährig ist, die Einwilligung der Mutter erforderlich. Ist der Vater verheiratet, so bedarf er auch der Einwilligung seiner Frau.

II Die Einwilligung ist dem Vater oder dem Vormundschaftsgericht gegenüber zu erklären; sie ist unwiderruflich.

III Die Einwilligung der Mutter ist nicht erforderlich, wenn die Mutter zur Abgabe einer Erklärung dauernd außerstande oder ihr Aufenthalt dauernd unbekannt ist. Das gleiche gilt von der Einwilligung der Frau des Vaters.

1) I 1 Fassg VolljkG Art 1 Z 7; II Fassg FamRÄndG Art 1 Z 14. Die **Einwilligg** ist einseit empfangsbedürft RGesch, entw dem Vater od dem VormschG ggü, bei welchem der Antr einzureichen ist (vgl § 1723

§§ 1726–1728   4. Buch. 2. Abschnitt. *Diederichsen*

Anm 4). Entspr § 1724 darf sie nicht unter einer Bedingg od ZeitBestimmg gegeben w; Form § 1730. Auch nach Einreich des Antr, aber nur vor der EhelErkl. Wg Abg dch Vertreter §§ 1728, 1729. Unwiderruflk, II, mit WirksWerden der Einwilligg (§ 130 I); soweit Zust des VormschG erforderl (§ 1728 II), also erst mit Gen des VormschG (KG JFG **6**, 108). Bei mangelnder Einwilligg § 1735.

2) Einwilligg **des Kindes** stets erfdl. Einwilligg **der Mutter** nur, wenn Kind noch mj; Ersetzg dch VormschG § 1727. Einwilligung kann unterbleiben, wenn die Mutter zur Abgabe der Erkl dauernd außerstande, zB bei GeschUnfgk, od ihr Aufenth dauernd unbekannt ist, III. GeschUnfgk u Unbekanntsein des Aufenthalts sind dauernde Hindernisse, wenn das Abwarten ihres Aufhörens die EhelichErkl ungebührl verzögert. Die in der GeschFgk beschr Mutter erteilt die Einwilligg selbst, § 1728 III. Stirbt die Mutter, so geht EinwilliggsR nicht auf ihren nächsten Verwandten über, WüBa VGH JZ **51**, 305. Wird fälschlicherw III angenommen, so § 1735.

3) Die **Einwilligg der Ehefrau des Vaters**. Nicht erforderl, wenn III vorliegt, vgl Anm 3, aber auch nicht nach Scheidg od Aufhebg der Ehe. Bei beschr GeschFgk keine Zust des ges Vertr erforderl, § 1728 III. Wg Ersetzg dch VormschG § 1727 II.

1727 *Ersetzung von Einwilligungen durch das Vormundschaftsgericht.*
I Das Vormundschaftsgericht hat auf Antrag des Kindes die Einwilligung der Mutter zu ersetzen, wenn die Ehelicherklärung aus schwerwiegenden Gründen zum Wohle des Kindes erforderlich ist.

II Das Vormundschaftsgericht kann auf Antrag des Kindes die Einwilligung der Ehefrau des Vaters ersetzen, wenn die häusliche Gemeinschaft der Ehegatten aufgehoben ist. Die Einwilligung darf nicht ersetzt werden, wenn berechtigte Interessen der Ehefrau und der Familie der Ehelicherklärung entgegenstehen.

Schrifttum: Beitzke FamRZ **74**, 553.

1) Gem Art 1 Z 31 NEhelG an Stelle von § 1727 aF. I regelt Ersetzg der Einwilligung der Kindesmutter, II die der Ehefr des Vaters, die für die EhelErkl erforderl sind (§ 1726 I). Dch die Ersetzg der Einwilligung der Mutter wird ihr wider ihren Willen die elt Gewalt entzogen (§ 1738). Keine Bedenken hiergg aus GG 6 II u III, da schwerwiegde Grde für das Wohl des Kindes gefordert w (Anm 2) u RückÜbertr vorgesehen ist (§ 1738 II).

2) **Erfordern der Ersetzg der Einwillig der Mutter** in deren Interesse u weil Zuordng des ne Kindes zum Vater noch die Ausn. Ersetzg muß **aus schwerw Gründen** zum Wohl des Kindes erfdl sein. Zum Verhältn zu and Ersetzgsregelgn treffd Mü I FamRZ **75**, 593. Ersetzg danach, wenn Kind bei der Mutter ernstl körperl od sittl gefährdet ist, zB bei großer Gleichgültigk u ungeordn Wohnverhältn der Mutter (LG Hbg DAVorm **74**, 121); ferner wenn die elt Gew voraussichtl lange Zeit ruht (§ 1674) od ihr nicht mehr zusteht (§ 1676, 1666), wenn die Mutter das Kind nicht mehr haben u in ein Heim geben will. Ersetzg dagg nicht dann, wenn die EhelErkl für das Kind nur vermögensmäß (Neust FamRZ **64**, 459) od sonst vorteilh ist, aber auch die LebVerhältn der Mutter geordnet sind u Erziehg u Ausbildg des Kindes gewährleistet ist (KG DR **39**, 2078).

3) **Ersetzg der Zustimmg der Ehefrau des Vaters, II**, unter den Voraussetzgen, daß **a)** häusl Gemsch der Eheg tatsächl aufgeh ist, § 1353 Anm 4, EheG 50 Anm 4, u **b)** berecht Interessen der Ehefr u der Fam nicht entggstehen. Abwägg erforderl, die auch die allg Voraussetzgen des § 1723 einbeziehen k (Beitzke FamRZ **74**, 558). IdR keine ZustErsetzg, wenn damit prakt die ZweitFam entgg GG 6 I, EheG 48 II u III legitimiert würde, Ffm FamRZ **73**, 664, Hamm FamRZ **74**, 606 (Ausweg dann: § 1618), wohl aber uU, wenn inf Tod der ne Mutter das Kind nur noch den Vater als BezugsPers hat (vgl Mannh FamRZ **73**, 666; aA Hamm FamRZ **75**, 110), die Ehefr selbst kein Interesse am Fortbestehen der Ehe gezeigt hatte od ihre Einwilligg **aus unsachl Grden** versagt (Hamm FamRZ **74**, 606): Im Prinzip muß aber die Ersetzg schon wg der erbrechtl u UnterhFolgen nach der eindeut Wertg des GesGeb Ausn bleiben (BayObLG NJW **74**, 1145). § 1727 II 2 dient allerd nicht dazu, die nur entfernte Möglk einer Wiederherstellg der ehel Gemsch zu wahren; ist dies der einz Grd für die ZustVerweigerg, dann Ersetzg (aA Hamm FamRZ **75**, 110), da EhelErkl als solche der Ehewiederherstellg nicht iW steht u der ggs Verständiggsbereitsch eher nützl sein k.

4) **Verfahren.** Zustdgk FGG 36, 43 a; es entsch der Richter, RPflG 14 Z 3 e. Antragsberechtigt in beiden Fällen das Kind; ist es mj, Zust des gesetzl Vertreters, da FGG 59 nicht anwendb, RGRK Anm 3; ist es geschäftsunfäg od noch nicht 14 Jahre alt, so ist dieser für das Kind antragsberechtigt; vgl auch Brschw FamRZ **64**, 323. Vorherige Anhörg der Mutter, §§ 1695 I, 1705, des JA, JWG 48a I Z 9. Entsch wird mit Rechtskr wirks, FGG 53 I 2, wenn EhelErkl erfolgt ist, nicht mehr geändert w, FGG 55 II, 62. Gegen Ersetzg der Einwilligg hat die Mutter die sof Beschw, FGG 20 I, 53 I 2, 60 I Z 6, gg abweisde Entsch das Kind die einfache (arg FGG 60 I Z 6, 53). Kostenfrei.

1728 *Höchstpersönliches Rechtsgeschäft.* I Der Antrag auf Ehelicherklärung kann nicht durch einen Vertreter gestellt, die Einwilligung der Mutter des Kindes und der Ehefrau des Vaters nicht durch einen Vertreter erteilt werden.

II Ist der Vater in der Geschäftsfähigkeit beschränkt, so bedarf er zu dem Antrag, außer der Zustimmung seines gesetzlichen Vertreters, der Genehmigung des Vormundschaftsgerichts.

III Ist die Mutter des Kindes oder die Ehefrau des Vaters in der Geschäftsfähigkeit beschränkt, so ist zur Erteilung ihrer Einwilligung die Zustimmung des gesetzlichen Vertreters nicht erforderlich.

Vorbem. Fass Art 1 Z 32 NEhelG.

1) Allgemeines. §§ 1728, 1729 entspr im allg dem bisherigen Recht. Jedoch behandelt § 1728 nur die Vertretg des AntrStellers u der einwilligden Frauen, § 1729 die des Kindes bei seiner Einwilligg. Mit Rücks auf die höchstpersönl Natur der Antrags- u der EinwilliggsErkl ist eine Vertretg im Willen, gesetzl od gewillkürte, ausgeschl.

2) Antrag des Vaters, I, II. a) Er kann ihn nur selbst stellen. Ist er geschäftsunfäh, ist Stellg eines Antr nach § 1723 also nicht mögl. Ist er in der GeschFgk beschr, bedarf sein Antr, den er selbst stellen muß, der Zust seines ges Vertr u der Gen des VormschG, II; sie kann auch nach der Beurk, § 1730, erfolgen, KG JFG **6**, 108, aber nicht nach Einreichg des Antr, § 1723, ans VormschG, § 1831, da dann der Antr unwirks gestellt ist, KG OLG **43**, 375 Anm 1 aM Gernhuber § 61 II 10, vgl auch Brem OLGZ **66**, 455, das entgg SchlHOLG SchlHA **58**, 176 dazu neigt, dem Vater ein BeschwR gg die Versagg der vormschgerichtl Gen zur Zust des ges Vertr zu geben. Widerruf der Zust des ges Vertr bis zum Eingang beim VormschG, § 130 Anm 2a, aM Gernhuber § 61 II, 10 unter Berufg auf § 130 I 2. Die Einwilligg des Vormds kann nicht ersetzt w, KG JFG **7**, 80, notf Abberufg, § 1886. Das VormschG prüft hier die Wirkg der EhelErkl auf die Familie des Vaters u seine sonstigen Verhältn, währd die Prüfg nach § 1723 sich auf die Verhältn des Kindes erstreckt, dort Anm 3. Auch hier aber eine Verweigg des Vaters wegen einer Heirat mit der Mutter unzuläss, ebda. **b)** Zuständigk FGG 43, 36. Es entsch der Richter, RPflG 14 Z 3 e, unter Heranziehg aller Umst. Beschw FGG 19, 20. Mängel w im Rahmen von § 1635 geheilt.

3) Einwilligung der Kindesmutter und der Ehefrau des Vaters, I, III. Bei GeschUnfgk nicht erforderl, § 1726 III, bei beschr GeschFgk stets selbst; Zust des ges Vertr nicht erforderl 1, III.

4) Verfahren zu Anm 2. VormschG, Zust FGG 43, 36, hat alle Umst heranzuziehen. Anhörg des JA, JWG 48 I 2. Es entsch der Richter, RPflG 14 Z e.

5) Mängelheilung § 1735.

1729 *Einwilligung des Kindes.* Für ein Kind, das geschäftsunfähig oder noch nicht vierzehn Jahre alt ist, kann nur sein gesetzlicher Vertreter die Einwilligung erteilen. Im übrigen kann das Kind die Einwilligung nur selbst erteilen; es bedarf hierzu, falls es in der Geschäftsfähigkeit beschränkt ist, der Zustimmung seines gesetzlichen Vertreters.

1) Fassg Art 1 Z 32 NEhelG; II aufgeh dch AdoptG. Vgl § 1728 Anm 1.

2) Einwilligung des geschäftsunfähigen oder noch nicht 14 Jahre alten Kindes nur dch den ges Vertr, der also der Gen des VormschG nicht mehr bedarf, da dieses ohnehin anläßl der EhelErkl ein umfassdes PrüfgsR ausübt, § 1723 Anm 3. Persönl Fühlgnahme mit dem Kind dch VormschG entspr § 1695 II. Das beschr gesch Kind über 14 Jahre erteilt die Gen selbst mit Zustimmg seines ges Vertr, I 2.

1730 *Notarielle Beurkundung.* Der Antrag sowie die Einwilligungserklärung der im § 1726 bezeichneten Personen bedarf der notariellen Beurkundung.

1) Bezieht sich nur auf Antr u EinwilliggsErkl nach § 1726, nicht auf die Zust der gesetzl Vertreter nach §§ 1728, 1729. Soweit er aber die Einwilligg für das Kind erteilt, § 1729 I, handelt es sich um die des § 1726 u bedarf sie mithin der Form. Wegen der Beurkundg vgl § 128; gerichtl Beurk dch BeurkG 56 I gestrichen. Auch bei Verletzg der Form Heilg gem § 1735.

1731 *Anfechtbarkeit des Antrags oder der Einwilligung.* Weggefallen, Art 1 Z 33 NEhelG.

1732 *Unzulässigkeit der Ehelichkeitserklärung.* (Aufgeh durch § 22 FamRÄndG v 12. 4. 38, damals ersetzt durch DVO 9 zu diesem G, der durch FamRÄndG 1961 Art 9 I Z 10 aufgeh wurde. S jetzt § 1723 Anm 3).

1733 *Tod des Kindes oder des Vaters.* **I** Die Ehelicherklärung kann nicht nach dem Tode des Kindes erfolgen.

II Nach dem Tode des Vaters ist die Ehelicherklärung nur zulässig, wenn der Vater den Antrag beim Vormundschaftsgericht eingereicht oder bei oder nach der Beurkundung des Antrags den Notar mit der Einreichung betraut hat.

III Die nach dem Tode des Vaters erfolgte Ehelicherklärung hat die gleiche Wirkung, wie wenn sie vor dem Tode des Vaters erfolgt wäre.

Vorbem. II Fassg durch Art 1 Z 15 FamRÄndG, Art 1 Z 29 NEhelG (sprachl Änderg en). In II „das Gericht od" dch BeurkG 56 II Z 1 vor „den Notar" gestrichen.

1) Tod des Kindes, I. Da dch die EhelErkl auf Antr des Vaters das Kind in dessen Familie eingegliedert w soll, würde sie ihren Zweck verfehlen, wenn das Kind nicht mehr lebt. Sie setzt also voraus, daß das Kind noch den Zeitpkt erlebt, in dem sie wirks wird.

2) Tod des Vaters, II, III. Grdsätzl steht auch dieser einer EhelichErkl entgg. Im Interesse des Kindes bleibt sie aber auch dann zul, und hat dieselben Wirkgen wie sonst (III), wenn der Vater den Antr beim VormschG eingereicht, § 1723 Anm 4, oder bei der Beurkundg, § 1730, od nach ihr den Notar mit der Einreichg betraut hat; ein eigenes EinreichgsR hat dieser nicht. Zust u Gen, die nach § 1728 II erforderl sind, können nach dem Tode des Vaters zu dem Antrage nicht mehr erteilt werden, da mit seinem Tode die Vormsch als solche kraft G beendet wird, § 1882 Anm 1 und Vorbem a dazu. Hingg können die Einwilliggs Erkl der übrigen Beteiligten, § 1726, auch nach dem Tode des Vaters ggü dem VormschG erfolgen, mithin auch die Ersetzg der Einwilligg der Mutter u der Ehefr des Vaters durch das VormschG, § 1727.

3) Widerrufsrecht des Vaters. Solange die EhelichErkl nicht wirks ist, kann der Vater seinen Antr widerrufen, § 1723 Anm 2c, nicht mehr aber seine Erben. Hingg sind die EinwilliggsErkl unwiderrufl, § 1726 II.

4) Nachträgl Geschäftsunfähigk des Vaters; vgl § 130 II und III. Es kann aber trotzdem mit Rücks auf den bes Charakter der EhelErkl diese von dem VormschG versagt werden, § 1723 Anm 3. Bei von vornherein vorhandener GeschUnfgk des Vaters vgl § 1728 Anm 2.

1734 *Versagungsgründe.* Weggefallen, Art 1 Z 33 NEhelG; s jetzt § 1723 Anm 3.

1735 *Einfluß von Mängeln.* **Auf die Wirksamkeit der Ehelicherklärung ist es ohne Einfluß, wenn mit Unrecht angenommen worden ist, daß ihre gesetzlichen Voraussetzungen vorlagen. Die Ehelicherklärung ist jedoch unwirksam, wenn durch rechtskräftige gerichtliche Entscheidung festgestellt worden ist, daß der Mann nicht der Vater des Kindes ist.**

Vorbem. Fassg Art 1 Z 34 NEhelG.

1) Heilbare Mängel, S 1. Die gesetzl Stellg des Kindes soll nicht erschüttert werden, wie auch die Vfg des VormschG unanfechtbar u durch dieses nicht abänderbar ist, FGG 56a. Die Vfg deckt deshalb auch alle Mängel, formeller wie materieller Art mit Ausn der aus S 2, ferner wenn VormschG sich bewußt über die gesetzl Voraussetzgen hinweggesetzt hat, BGH LM EG 7ff Nr 7. Jeder Antr ist auf Mangelfreih zu prüfen u bei Mängeln abzulehnen, vgl § 1723 Anm 4. Ist ein ehel Kind, auch wenn die Ehelichk angefochten w könnte (scheinehel), für ehel erkl worden, so ist die EhelichkErkl mangels Obj wirkgslos, vgl dazu Maßfeller StAZ 63, 199. Durch § 1735 wird ein solcher Fehler nicht geheilt, da kein Kind 2 ehel Väter haben kann, Hbg MDR 64, 507, vgl auch § 1723 Anm 2a.

2) Unwirksamkeit der Ehelicherklärung, S 2. Nur ein nehel Kind kann für ehel erkl w. Die Vatersch ist dch Anerkenng od rechtskr Urt festgestellt worden, was bei EhelErkl ledigl nachzuweisen ist, § 1723 Anm 2a, b. Ergibt sich später dch Anf der Anerkenng od im WiederAufnVerf, vgl § 1719 Anm 3, daß der AntrSteller nicht der Vater des Kindes ist, so entfallen die Wirkgen der EhelErkl mit der Rechtskr des Urt; sie ist rückwirkd unwirks. Einer Anf wie nach § 1735 a aF bedarf es nicht mehr.

1735 a *Anfechtung der Ehelichkeit.* Weggefallen, Art 1 Z 35 NEhelG.

1736 *Wirkung der Ehelicherklärung.* **Durch die Ehelicherklärung erlangt das Kind die rechtliche Stellung eines ehelichen Kindes.**

1) Allgemeines. Die Wirkg tritt in dem Zeitpkt ein, in dem EhelErkl dem AntrSt bekanntgemacht wird, § 1723 Anm 4, aber nicht rückw. Durch Vereinbg keine Abänderg mögl. Es gelten also §§ 1626–1698b, zB also auch § 1683 (Vermögensverzeichn bei Heirat des Vaters), so daß sich trotz Wegfalls des § 1740 aF daran nichts geändert hat, mit den sich aus der EhelErkl ergebden Besonderheiten. Die Wirkgen erstrecken sich auf alle Abkömmlinge des Kindes, schon geborene od noch zukünft.

2) Die rechtl Wirkung. Währd früher sich die Wirkgen nicht auf die Verwandten des Vaters erstreckten, ebenf nicht auf dessen Ehefrau u den Eheg des Kindes, § 1737 I aF, ist das Kind inf des Wegfalls von § 1589 II bereits vor der EhelErkl mit diesen verwandt od verschwägert. Eine Einschränkg kann also dch die EhelErkl nicht stattfinden. Wg der Wirkgen für die Mutter u, auf die UnterhPfl des Vaters, § 1739, iF seiner Verheiratg, § 1740. Das VerwandtschVerhältn des Kindes zu den mütterl Verwandten kann ebenf dch die EhelErkl berührt w (bisher § 1737 II, jetzt als selbstverständl gestrichen). Eine etwaige Vormsch über das Kind endigt im Ztpkt des WirksWerdens der EhelErkl, § 1882 Anm 1c. Wg HofErbf in den Ländern der früh BrZ: HöfeO 6 (vgl auch § 1757 Anm 1).

1737 *Familienname des Kindes.* **Das Kind erhält den Familiennamen des Vaters. Als Familienname gilt nicht der gemäß § 1355 Abs. 3 dem Ehenamen vorangestellte Name. Ändert sich der Familienname des Vaters, so gilt § 1617 Abs. 2 bis 4 entsprechend.**

Schrifttum: Ruthe FamRZ 76, 415.

1) Eingef dch 1. EheRG Art 1 Z 36. EhelErkl auf Antr des Vaters gibt dem Kind zugl dessen FamNamen. Die Mitwirkg des Kindes ist über § 1726 gesichert; bis zur Vollendg des 14. LebJ erteilt sein gesetzl Vertreter die Einwilligg, anschließd das Kind selbst (§ 1729). Da Ehename auch der Name der Ehefr des Vaters sein kann (§ 1355 II 1), erhält das Kind uU den Namen einer Familie, mit der es in keiner Weise verwandt ist (krit dazu NJW 76, 1176 Fn 104). Dagg erhält das Kind nicht den Geburtsnamen seines Vaters, soweit dieser Begleitname geworden ist, S 2. Ändert sich der Name des Vaters nach der Legitimation, so gilt § 1617 II bis IV entspr, S 3, dh eine NamensÄnd dch Eheschl hat auf den Kindesnamen keinen Einfl, es behält ggf den Namen der 1. Ehefr seines Vaters; für and NamensÄnd kommt es wesentl auf die Altersstufe des Kindes an (vgl § 1617 Anm 3). Ist das Kind bei der Legitimation bereits verheiratet, bedarf es der AnschließgsErkl seines Eheg (Ruthe aaO).

1738 Verlust der elterlichen Gewalt.
I Mit der Ehelicherklärung verliert die Mutter das Recht und die Pflicht, die elterliche Gewalt auszuüben.

II Das Vormundschaftsgericht kann der Mutter die Ausübung der elterlichen Gewalt zurückübertragen, wenn die elterliche Gewalt des Vaters endigt oder ruht oder wenn dem Vater die Sorge für die Person des Kindes entzogen ist.

III Das Vormundschaftsgericht hat vor der Übertragung das Kind persönlich zu hören, wenn das Kind das vierzehnte Lebensjahr vollendet hat. § 1729 Abs. 2 gilt entsprechend.

Vorbem. Fass Art 1 Z 36 NEhelG. § 1729 II aufgeh dch AdoptG u ersetzt dch § 55c FGG.

1) Verlust der elterlichen Gewalt, I. Durch die EhelichErkl verliert die Mutter die Ausübg der elterl Gewalt, krit hierzu Hoffknecht ZRP 70, 228, vgl auch Bosch FamRZ 70, 296, jene aber nicht ihrem Rechte nach. Da das Recht auf persönl Verk mit dem Kinde aber auch Bestand des natürl ElternR ist u das PersSorgeR nicht zur Voraussetzg hat, verliert die Mutter dieses nicht; darf also idR nicht völlig unterbunden w; andernf § 1666; s § 1634 Anm 1. Vater kann das Kind herausverlangen, BGH 40, 1. Vereinbgen über die Ausübg des VerkR sind gült, soweit ihnen nicht das Wohl des Kindes entggsteht. Trotz des Verlustes des PersSorgeR behält die Mutter ein BeschwR aus dem Gesichtspkt von FGG 57 I Z 9, Stgt FamRZ 62, 208 (Schulausbildg).

2) Rückübertragung der Ausübung der elterlichen Gewalt, II. Die Ausübg der elterl Gewalt kann vom VormschG zurückübert w, wenn **a)** die elterl Gewalt des Vaters endigt, also der Vater stirbt, für tot erkl w, die elterl Gewalt verwirkt, § 1676, sie ihm entzogen w, § 1666, od wenn sie wg GeschUnfgk des Vaters, § 1673 I, od tatsächl Verhinderg auf längere Zeit, § 1674, ruht. Ist der Vater nur in der GeschFgk beschränkt, so behält er hingg das SorgeR, § 1673 II, keine RückÜbertr. Wohl aber, wenn dem Vater das SorgeR entzogen ist, § 1666. Die RückÜbert schließt nicht eine Pflegerbestellg, § 1706, ein, da das Kind nunmehr die rechtl Stellg eines ehel Kindes hat, § 1736.

b) Verfahren. Zust FGG 43, 36. Es entsch der Richter, RPflG 14 V 15. JA ist zu hören, JWG 48a I Z 9. Vor Übertr hat der VormschRichter das über 14 Jahre alte Kind persönl zu hören; es ist also vorzuladen. Der Richter soll sich einen Eindruck von der Wirkg der RückÜbertr auf das Kind verschaffen; dessen Wohl entsch („kann"). Ist das Kind noch nicht 14, so kann das VormschG mit dem Kinde persönl Fühlg nehmen, III 2, vgl § 1695 Anm 3.

1739 Unterhaltspflicht des Vaters.
Der Vater ist dem Kinde und dessen Abkömmlingen vor der Mutter und den mütterlichen Verwandten zur Gewährung des Unterhalts verpflichtet.

1) Allgemeines. § 1739 gilt ohne zeitl Beschrkg, also auch, wenn der Mutter die Ausübg der elterl Gewalt zurückübertr ist, da der Vater keinen wirtsch Vorteil dch sein Verhalten erlangen soll. Am UnterhAnspr von Vater u Mutter ggü dem Kind ändert § 1739 nichts.

2) Vorrangige Verpflichtung des Vaters, da dch ihn freiw enge Beziehgn zum Kind hergestellt wurden. Seine bisherigen UnterhVerpflichtgen, § 1615a ff, ggü dem Kind ändern sich; nicht mehr anwendb die Verpfl des Vaters zum RegelUnterh, § 1615 f; es gelten nunmehr §§ 1601 ff, wobei auch jetzt § 1606 bzgl der Mutter u deren Verwandten zu berücks. Eine Einforderg dch den Pfleger § 1706 Z 2, kann nicht mehr stattfinden, der Vater kann u w in den meisten Fällen die ihm leichtere Leistg in Natur wählen, § 1612 II. Die vorrang Verpfl des Vaters gilt auch ggü Abkömml des Kindes.

1740 Verheiratung des Vaters.
Weggefallen, Art 1 Z 37 NEhelG; s § 1736 Anm 1.

III. Ehelicherklärung auf Antrag des Kindes

1740a Voraussetzungen der Ehelicherklärung.
I Ein nichteheliches Kind ist auf seinen Antrag vom Vormundschaftsgericht für ehelich zu erklären, wenn die Eltern des Kindes verlobt waren und das Verlöbnis durch Tod eines Elternteils aufgelöst worden ist. Die Ehelicherklärung ist zu versagen, wenn sie nicht dem Wohle des Kindes entspricht.

II Die Vorschriften des § 1724, des § 1729 Abs. 2, des § 1730, des § 1733 Abs. 1, 3 und des § 1735 gelten entsprechend.

1) Eingef dch Art 1 Z 38 NEhelG. Währd der Antr des Vaters auf EhelErkl (§ 1723) bezweckt, das Kind in die väterl Fam einzugliedern, w bei EhelErkl auf Antr des Kindes nur etwas verwirklicht, was ohne den Tod eines (od beider) EltT eingetreten wäre: es wäre sonst heute ein ehel Kind. Da der entscheidde Gesichtspkt der §§ 1740 b ff mithin ein ganz and ist, erübrigen sich für SchutzVorschr zG des Kindes u der Fam u ist dem bei der Auslegg Rechng zu tragen. EhelErkl trotz inzw erfolgter Adoption zul (AG Tüb FamRZ **74**, 161).

2) Voraussetzungen. a) Ein **Antrag** des Kindes des Verstorbenen, ggf dch seinen ges Vertr, § 1740 c, **b)** der **Nachw**, daß der verstorbene ElternT mit dem lebden **verlobt** war, dch Zeugen, insb Angeh, Briefe. Es muß ein rechtl wirks Verlöbn vorgelegen haben (Kassel DAVorm **74**, 119; vgl Einf vor § 1297); nicht erforderl schon vor Geburt. Verlöbn mit einem Verheirateten nichtig, Hamm FamRZ **71**, 321. – **c)** Nachw, daß das Verlöbn **durch den Tod aufgelöst** wurde, nicht aus and Grden, zB Übereinkunft, auch stille, worauf ein langes Hinausschieben der Heirat deuten kann.

3) Die Entscheidg des Vormundschaftsgerichts. a) Entscheid ist das **Wohl des Kindes**, I 2. Das w im allg zu bejahen sein, wenn die Mutter die Überlebde ist, bei der sich dann das Kind ohnehin aufhält u von ihr erzogen w. Ist der Vater der Überlebde, zu prüfen Unterbringg, Ernährg, Betreuung, die Einpassgsmöglichk in die Familie des Vaters, insb wenn er anderw geheiratet hat.

b) Zuständigkeit und Verfahren. § 1723 Anm 4 entspr. Es entsch der Richter, RPflG 14 Z 3 e, nach Anhörg des JA, JWG 48 a I Z 9. Mit dem Kinde unter 14 Jahren ann der Richter persönl Fühlg nehmen, II iVm § 1729 II. Wg der anzuhörden Personen § 1740 d. Vfg, dch die Kind für ehel erkl w, w erst mit Rechtskr wirks, FGG 56 b I. Dagg sof Beschwerde, FGG 60 I Z 6, für die § 1740 d genannten Personen, gem FGG 20 II auch Beschw des Kindes, weil zB Einwilligg der Mutter nicht ordngsgemäß, gem FGG 20 I der Mutter. Beide haben demgem auch einf Beschw bei Ablehng. Randvermerk zum Geburtseintrag des Kindes, PStG 30 I, wg der GeburtsUrk PStG 65.

4) Entsprechende Geltung von Vorschriften über die Ehelicherklärung auf Antrag des Vaters, **II**: **§ 1724**, Bedingsfeindlichk, keine Zeitbestimmg, **§ 1729**, II persönl FühlgN des VormschR mit dem unter 14 Jahre alten Kinde, **§ 1730** notarielle Beurk, **1733 I, III** keine EhelErkl nach dem Tode des Kindes, gleiche Wirkg der EhelErkl nach dem Tode des ElternT wie vor seinem Tode, **§ 1735**, Heilg von Fehlern bei gesetzl Voraussetzgn, also auch wenn kein Verlöbnis od dieses nicht dch Tod aufgelöst; hingg keine Heilg u EhelErkl unwirks, wenn Kind nicht das eines ElternT, weil nicht der richt Vater od die richt Mutter, Kind ihr also untergeschoben, vgl auch § 1735 Anm 1 aE. Im übr gelten die bes Vorschr des § 1740 a ff.

1740b *Einwilligung des überlebenden Elternteils.* **I** Zur Ehelicherklärung ist die Einwilligung des überlebenden Elternteils erforderlich. Die Einwilligung ist nicht erforderlich, wenn der überlebende Elternteil zur Abgabe einer Erklärung dauernd außerstande oder sein Aufenthalt dauernd unbekannt ist.

II Die Einwilligung ist dem Kinde oder dem Vormundschaftsgericht gegenüber zu erklären; sie ist unwiderruflich.

III Die Einwilligung kann nicht durch einen Vertreter erteilt werden. Ist der überlebende Elternteil in der Geschäftsfähigkeit beschränkt, so ist zur Erteilung seiner Einwilligung die Zustimmung des gesetzlichen Vertreters nicht erforderlich.

Vorbem. Eingefügt dch Art 1 Z 38 NEhelG.

1) Allgemeines. Einwillig des Überlebden erforderl, weil seine Stellg zum Kinde mit dessen EhelErkl sich ändert. Der Vater bekommt die volle elterl Gewalt, §§ 1616–1698 b, unterhaltsrechtl § 1739 Anm 2, das Kind bleibt ohne Pfleger, falls die Mutter die Überlebde ist; denn das Kind ist ehel, § 1740 f. Der Überlebde hat die uneingeschränkte elterl Gewalt.

2) Einwilligungserklärung des überl Elternteils, vgl auch § 1726 Anm 1, wg der Änd der Stellg zum Kind, Anm 1, erforderl. Dem Kinde od VormschG in notariell beurkundeter Form, §§ 1740 a II, 1730, zu erkl, II. Ist unwiderrufl, § 1726 Anm 1. Keine Ersetzg der Einwilligg dch VormschG mögl, zumal bei Ersetzg der Einwilligg, die sich daraus ersichtl ablehnde Haltg des ElternT, jedenf des Vaters, schwerl mit dem Wohl des Kindes vereinb wäre. Die Einwilligg entfällt dagegen auch, wenn der überl ElternT zur Abg einer Erkl dauernd außerstande od sein Aufenth dauernd unbekannt ist, vgl § 1726 Anm 3.

3) Vertretung bei Erteilung der Einwilligung, III. Kann wg des höchstpersönl Charakters nur vom überl ElternT selbst erteilt w. Das gilt auch, wenn der ElternT in der GeschFgk beschr ist, u zwar ohne daß sein ges Vertr zust müßte. Ist er geschunfäh, so entfällt seine Einwilligg, Anm 2.

1740c *Antragstellung durch das Kind.* Für ein Kind, das geschäftsunfähig oder noch nicht vierzehn Jahre alt ist, kann nur sein gesetzlicher Vertreter den Antrag stellen. Im übrigen kann das Kind den Antrag nur selbst stellen; es bedarf hierzu, falls es in der Geschäftsfähigkeit beschränkt ist, der Zustimmung seines gesetzlichen Vertreters.

Vorbem. Eingefügt dch Art 1 Z 38 NEhelG.

Bem. Gleichlautd mit § 1729 I, s dort. Auch § 1729 II ist anwendb, § 1740 a II.

1740d *Anhörung von Angehörigen.* Das Vormundschaftsgericht hat vor der Ehelicherklärung die Eltern des Verstorbenen und, falls der Vater des Kindes gestorben ist, auch die ehelichen Kinder des Vaters zu hören; es darf von der Anhörung einer

Person nur absehen, wenn sie zur Abgabe einer Erklärung dauernd außerstande oder ihr Aufenthalt dauernd unbekannt ist. War der Verstorbene nichtehelich, so braucht sein Vater nicht gehört zu werden.

Vorbem. Eingefügt dch Art 1 Z 38 NEhelG.

1) Der Kreis der Anzuhörenden. Die Eltern, war der Verstorbene nehel, so nur die Mutter. Ist von den Eltern der Vater des Kindes gestorben, so sind auch dessen ehel Kinder, also die Geschwister des für ehel zu erklärden Kindes zu hören. Von der Anhörg eines dieser Personen darf nur abgesehen w, wenn sie zur Abg einer Erkl dauernd außerstande, also geschunfäh, od ihr Aufenth dauernd unbekannt ist.

2) Wegen Anhörung § 1695 Anm 2. Die anzuhörden Personen haben gg die Entsch ein BeschwRecht, FGG 56b II; vgl auch § 1740a Anm 3b.

1740e *Antragsfristen.* ^I Nach dem Tode des Vaters kann das Kind den Antrag auf Ehelicherklärung nur binnen Jahresfrist stellen. Die Frist beginnt nicht vor der Geburt des Kindes und, falls die Vaterschaft nicht anerkannt ist, nicht vor ihrer rechtskräftigen Feststellung. Auf den Lauf der Frist sind die für die Verjährung geltenden Vorschriften der §§ 203, 206 entsprechend anzuwenden.
^{II} War beim Tode des Vaters die Vaterschaft weder anerkannt noch rechtskräftig festgestellt und auch kein gerichtliches Verfahren zur Feststellung der Vaterschaft anhängig, so kann das Kind den Antrag auf Ehelicherklärung nur stellen, wenn es die Feststellung der Vaterschaft binnen der Frist des § 1934 c Abs. 1 Satz 2 begehrt hat.

Vorbem. Eingefügt dch Art 1 Z 38 NEhelG.

1) Allgemeines. Grdsätzl ist das R des Kindes, die EhelErkl zu beantr, zeitl nicht begrenzt; es ist also zB mögl, einen solchen Antr nach Erreichen der Volljährig zu stellen, auch wenn der ges Vertr ihn nicht gestellt hat od stellen wollte. Ist aber der Vater gestorben, so wird eine Befristg im Interesse der baldigen Klärg der Erbf notw, vgl dazu auch Knur FamRZ 70, 273; denn dch die EhelErkl steht das Kind einem ehel gleich, § 1740f, ist also wie dieses erbberecht. Ausschlaggebd für den FrBeginn ist die Feststellg der Vatersch.

2) Die Frist. Auf ihren Lauf §§ 203, 206 entspr anwendb. **a)** Bis 1 Jahr nach dem Tode falls Vatersch bereits vor dem Tode anerkannt od rechtskr festgestellt, I 1. FrBeginn aber nicht vor Geburt des Kindes u nicht vor Inkrafttr des NEhelG, NEhelG Art 13 § 9 S 2 u unten Anm 3b. **b)** War Vatersch nicht anerkannt u w die Vatersch aGrd des schon bei Lebzeiten des Vaters anhäng Verf erst nach seinem Tode festgestellt, FrBeginn für die JahresFr nicht vor Rechtskr des FeststellsgUrt, da erst dann das Kind zur Stellg eines solchen Antr legitimiert ist, § 1600a. **c)** Lag weder a noch b vor, war also auch kein Verf auf Feststellg der Vatersch anhäng, stirbt aber der Vater vor der Geburt des Kindes od bevor es 6 Monate alt geworden ist, so kann das Kind den Antrag auf EhelErkl nur stellen, wenn es den Antr auf Feststellg der Vatersch, die seinen Antr auf EhelErkl bei entspr Feststellg erst ermöglicht, § 1600n II, binnen 6 Monaten seit dem Erbf od seiner Geburt gestellt hat, § 1934c I 2.

3) Übergangsrechtlich bestimmt

NEhelG Art 12 § 9 *Auf die Ehelicherklärung auf Antrag des Kindes sind, falls der Vater vor dem Inkrafttreten dieses Gesetzes gestorben ist, § 1733 Abs. 3, § 1740e Abs. 2 des Bürgerlichen Gesetzbuchs nicht anzuwenden. Die Frist nach § 1740e Abs. 1 Satz 1 des Bürgerlichen Gesetzbuchs beginnt frühestens mit dem Inkrafttreten dieses Gesetzes.*

Bem. a) Ist der Vater vor Inkrafttreten des NEhelG gestorben, so bleibt es bei der bisherigen erbrechtl Regelg, Art 12 § 10 I NEhelG. Daran ändert auch eine EhelErkl nichts. Demgem entfällt die Anwendg von § 1733 III, der an sich anwendb wäre, § 1740a II, ebso die Befristg nach § 1740e II, die ihren Sinn in der baldigen Klärg der erbrechtl Verhältnisse hat; denn das Kind erlangt kein R am Nachl.

b) Die Frist für den Antrag auf EhelErkl, Anm 2a, beginnt nicht vor Inkrafttr des NEhelG, so daß sich daraus die Zulässigk von Anträgen auf EhelErkl auch für solche Kinder ergibt, die vor dem Inkrafttr des G geboren sind.

1740f *Rechtswirkung der Ehelicherklärung.* ^I Das auf seinen Antrag für ehelich erklärte Kind steht einem Kinde gleich, das durch Eheschließung seiner Eltern ehelich geworden ist.
^{II} Das Kind erhält den Familiennamen des überlebenden Elternteils. Das Vormundschaftsgericht kann dem Kind auf seinen Antrag mit Zustimmung des überlebenden Elternteils den Familiennamen des verstorbenen Elternteils zu erteilen. Als Familienname gilt nicht der gemäß § 1355 Abs. 3 dem Ehenamen vorangestellte Name. Der Antrag kann nur in dem Verfahren über den Antrag auf Ehelicherklärung gestellt werden.
^{III} Führt das Kind den Familiennamen des überlebenden Elternteils und ändert sich dieser Name, so gilt § 1617 Abs. 2 bis 4 entsprechend.

1) I eingef dch Art 1 Z 38 NEhelG, II u III dch 1. EheRG Art 1 Z 37. Die Vorschr regelt die Rechtswirkgen der auf den eig Antr des Kindes erfolgten EhelErkl.

2) Ehelichkeit, I. And als bei dem auf Antr des Vaters für ehel erkl Kind, das die rechtl Stellg eines ehel Kindes erlangt, wobei die Mutter die Ausübg der elterl Gew verliert (§ 1738) u der Vater eine verstärkte UnterhPfl bekommt (§ 1739), steht das auf seinen Antr für ehel erklärte Kind in jeder Beziehg einem dch

§§ 1740f, 1740g, Einf v § 1741   4. Buch. 1. Abschnitt. *Diederichsen*

Eheschl der Elt ehel gewordenen Kind völl gleich (§ 1719 Anm 3). Danach richten sich auch Rechte u Pflichten des überlebden EltT.

3) Kindesname. (Lit: Ruthe FamRZ 76, 415). Grdsatz: Das Kind erhält den FamNamen des überlebden EltT, **II 1**. Das VormschG hat dem Kind jedoch auf seinen Antr mit Zust des überlebden EltT den FamNamen des verstorbenen EltT zu erteilen, **II 2**; kein Ermessen, wenn Antr u ZustErfordern erfüllt sind. Überlebder EltT kann eig Interesse daran haben, weil er über § 1740g ebenf den Namen seines fr Verlobten erhalten kann. Als FamName gilt nicht der Begleitname, **II 3**. Ein solcher ist nur vorh, wenn einer der miteinand verlobten EltTeile vor der Verlobg schon einmal verheiratet war. Da der auf diese Weise ausgeschl BeglName idR der Geburtsname ist (§ 1355 III), entsteht wiederum das unbefriedigde Ergebn, daß das Kind einen iRv § 1355 II 1 bloß angeheirateten Namen erhält, der dem EltT, wie gerade die neue Verlobg, aus der das Kind stammt, zeigt, nichts mehr verbindet. Führt das Kind den FamNamen des überlebden Eheg u ändert sich dieser Name, so gelten die ZustimmgsErfordern u Einschränkgen des § 1617 II–IV entspr, **III**.

1740g *Namensübertragung auf den überlebenden Elternteil.* Im Falle des § 1740 f Abs. 2 Satz 2 bis 4 hat das Vormundschaftsgericht dem überlebenden Elternteil auf dessen Antrag den Familiennamen des Kindes zu erteilen. Die Erteilung ist ausgeschlossen, wenn der überlebende Elternteil nach dem Tode des anderen Elternteils eine Ehe eingegangen ist.

1) Eingef dch Art 1 Z 38 NEhelG. Vom Grdgedanken einer ledigl dch den Tod des Vaters vereitelten Eheschließg der verlobten Elt aus (§ 1740 a Anm 1) u nach EhelWerden des Kindes (§ 1740 f) ist es konsequent, die Namensgleichh auch auf die Mutter z erstrecken, bei der das Kind idR der EltT lebt. Auf Grd von 1. EheRG Art 1 Z 38 gilt das Umgekehrte jetzt auch beim Tod der Mutter für den Vater. Zu Recht kritisiert Ruthe FamRZ 76, 415, daß dadch der überlebde Verlobte den früheren Ehenamen des Verstorbenen, der nicht zugl dessen Geburtsname ist, erhält, was iRv § 1355 II 1, also dch Eheschl, nicht mögl gewesen wäre. Neben der NamensÄnd im VerwWege (OVG Lünebg FamRZ 72, 387) eröffnet § 1740g einen vereinf zivilrechtl Weg über Beschl des VormschG. Analogie zu § 1355 III erlaubt dem überlebden EltT, dch Erkl ggü dem StA dem Namen des Verlobten den Geburts- od den zZ der Namenserteilg geführten Namen voranzustellen (vgl Stgt FamRZ 73, 158). Da §§ 1740 a ff nur die Brautkinder, nicht die nehel Kinder allg betreffen, gibt (evtl zu Unrecht erfolgte) Erteilg des Vaternamens an das Kind nicht automat auch der Mutter einen Anspr auf NamÄnd, da § 1740 g keinen generellen Grds der Namensidentität zw Mutter u ne Kind enthält (BVerwG FamRZ 75, 38).

2) Voraussetzgen: a) Wirks Verlobg beim Tode des EltT. Strenge Anfordergen an den Nachw; bloßes (auch langjähr) ZusLeben nicht ausr. Keine Namenserteilg, wenn Vater des ne Kindes verheiratet war (Hamm FamRZ 72, 151) oder wenn Mutter vor dem Tode des Vaters geheiratet hat. **b)** Tod des und EltT, gleichgült ob Vater od Mutter (Anm 1). **c)** Rechtskr EhelErkl auf Antr des Kindes (§ 1740 a), nicht des Vaters gem § 1723 (Hamm NJW 72, 1088). **d)** Form- u fristl Antr des überlebden EltT. **e)** Fehlen von Hindernissen wie Eheschl des überlebden EltT nach dem Tode des and EltT, **S 3**. Entggstehen schwerwiegender Grde hindert die NamensÜbertr iGgs zur aF nicht mehr; damit unvereinb die Aufrechterhaltg der Zustdgk des Richters statt des RPflegers (Anm 3).

3) VerfahrensR. Zust das VormschG, örtl FGG 43 a III. Es entsch der Richter (RPflAG 14 Z 3 e). BeschwerdeR des Überlebden bei Ablehng FGG 20 II, bei Erteilg für alle Pers, die nach § 1740 d zu hören sind (FGG 56 b II). Die Vfg, dch die der Name des verstorbenen EltT erteilt wird, wird erst mit der Rechtskr wirks (FGG 56 b I), also für die erkennde Ger nicht änderbar (FGG 18 II). Sof Beschw mögl (FGG 60 I Z 6). Die Namenserteilg ist am Rande des Geburtseintrags des Kindes (!) dem überlebden EltT zu vermerken (PStG 30 I nF). Zum Geburtseintrag des überlebden EltT erfolgt kein Randvermerk; der Geburtsname bleibt derselbe. Da keine HeiratsUrk besteht, kann der Überlebde den Nachw über seinen neuen Namen nur dch Vorlage einer GeburtsUrk seines Kindes beweisen (Reichard StAZ 76, 183).

Achter Titel. Annahme als Kind

Einführung

Schrifttum: Bassenge JR **76**, 187; Becker, Annahme an Kindes Statt, Ffm 1950; Beitzke FamRZ **76**, 74 u 507 (Zustdgk); Bosch FamRZ **64**, 401; Engler, Auf dem Weg zu einem neuen Adoptionsrecht, Bielef 1972; ders FamRZ **75**, 125 u 325; Feil RdJ **74**, 115; v Gienanth, Adoption, Zürich/Kln 1974; Glaessing, Voraussetzgen der Adoption, 1957; Heinisch, Beendigg u Nichtigk der Adoption, Ffm 1960; Knur DNotZ **59**, 284; Lüderitz, Adoption, Vorschläge zur Ausleg u Änderg des Rechts der Annahme an Kindes Statt, 1972; Meyer-Stolte Rpfleger **75**, 204; Petra Müller DAVorm **76**, 441; Scheld FamRZ **75**, 326 u DRiZ **76**, 45; Schnitzerling, Adoption, 1960; Zöller FamRZ **75**, 614 (Vorname). **Zum AdoptG 1976:** Beitzke FamRZ **76**, 507 (Zuständigk); Engler FamRZ **76**, 584; Lüderitz NJW **76**, 1865; Schmalhofer DÖD **77**, 1 (Auswirkg auf BeamtVersorgg); Baer/Gross, Adoption u AdVermittlg, Ffm 1976; Bischof JurBüro **76**, 1569; Jos Müller DAVorm **76**, 577 (Sozialrechtl u steuerl Auswirkgen); Binschus ZfF **76**, 193; Kemp DNotZ **76**, 646 (Übergangsvorschr); Oberloskamp DAVorm **77**, 89; Czerner DAVorm **77**, 115; Zawar JuS **77**, 58; Brüggemann ZBlJugR **77**, 199 (Verfahren); Roth-Stielow, AdG, AdVermG, Komm Stgt 1976; Kraiß BWNotZ **77**, 1; Mösenfechtel JugWohl **77**, 154; Napp-Peters, Adoption – Das alleinstehde Kind u seine Familien, 1978; Barth ZBlJugR **78**, 243 (soziolog Daten zur Adoption Mj); Diederichsen StAZ **77**, 301; Schleicher ZfSH **77**, 193 u 358; Bosch FamRZ **78**, 656; Behn ZBlJugR **77**, 463 (ÜbergangsR zur Aufhebg).

Verwandtschaft. 8. Titel: Annahme als Kind **Einf v § 1741**

1) Die **soziale Bedeutg der Adoption** hat sich seit der Entstehg des BGB entscheidd geändert (zur histor Entwicklg Lüderitz NJW **76**, 1865). Die Ann eines Kindes soll nicht mehr den Fortbestand des Namens und des Vermögens sichern, sond einem Kind, das ein gesundes Zuhause entbehren muß, eine Familie geben. Die Adoption ist nach heut Verständn in erster Linie ein Mittel der Fürs für elternlose u verlassene Kinder. Sie sollen in einer harmon u lebenstücht Fam als deren Kind aufwachsen können (BT-Drucks 7/3061 S 1 u 7/5087 S 1). Das **Adoptionsgesetz v 2. 7. 76** (BGBl 1749; für Bln vgl ÜberG v 29. 7. 76 GVBl 1619/20) hat dch Art 1 Z 1 die §§ 1741–1772 völl neu gefaßt u dabei in den Grdzügen **folgende Neuregelungen** verwirklicht: Ziel u Voraussetzg der Ann eines Minderjähr ist, daß sie seinem Wohl dient u die Herstellg eines Elt-Kind-Verhältn zu erwarten ist. Ferner wird das mj Kind in jeder Beziehg wie ein leibl Kind des Annehmden voll in dessen Fam aufgen, so daß die alten VerwandtschVerhältn erlöschen **(Volladoption)**. Einzelheiten § 1754 Anm 1. Als Folge davon kann das zu einem Mj begründete AnnVerhältn nur noch in bes AusnFällen u auch dann nur aufgelöst w, wenn die Auflösg nicht in Einklang mit dem Kindeswohl steht. Damit sollen die neuen Elt u das Kind die Sicherh erhalten, die für ein gedeihl FamLeben notw ist (BT-Drucks 7/3061 S 2). Iü wird das AnnVerfahren vereinfacht; die Ann als Kind wird nicht mehr wie bish (§§ 1750–52 aF) dch Vertrag, sond dch gerichtl Ausspr begründet **(Dekretsystem)**. Das BGB kennt nur die Ann als Kind (bisl: Ann an Kindes Statt), um ein Elt- u KindschVerhältn zu begründen, u zwar ist die Ann dch eine Pers od auch als gemschaftl Kind durch ein Ehepaar (§ 1741 II 1), nicht aber ist die Ann an Enkels Statt (KG HRR **28**, 129) mögl. Um Mißbr zu verhüten, waren im bish Recht Schutzbestimmgen gegeben, zB über den Ausschl des ErbR des Annehmden (vgl §§ 1752, 1759, 1760, 1767, 1771 aF); ebso hatte die Rspr den KindesAnnVertr, der lediql den Namensübergang bezweckt, als nichtigen ScheinVertr behandelt (RG **147**, 225). Das G gg Mißbräuche bei der Ehescl u der Ann an Kindes Statt v 23. 11. 33 (vgl Einl 3c vor § 1297) verbot ausdrückl die AnnBestätigg, wenn ein dem Elt- u Kindesverhältn entspr Verhältn nicht hergestellt w sollte. Nach § 1741 I nF ist dies jetzt zur posit Voraussetzg für die Zulässigk der Ann ausgestaltet. Zur histor Entwicklg der Adoption vgl iü die 35. Aufl. Zum Verhältn von Adoption u **Vatersch-Feststellg** vgl BT-Drucks 7/5087 S 15 = DAVorm **77**, 311.

2) Gleichzeit mit dem AdoptG wurde das **Adoptionsvermittlungsgesetz** v 2. 7. 76 erlassen (BGBl 1762; für Bln ÜberG v 29. 7. 76 GVBl 1619/33). AdoptVermittlg ist das Zusammenführen von Kindern unter 18 J u Personen, die ein Kind annehmen wollen (Adoptionsbewerber), mit dem Ziel der Ann (§ 1). Die AdoptVermittlg ist Aufg des JugA u des LJugA, sof dort AdoptVermittlgsstellen bzw zentrale Adopt-Stellen eingerichtet sind, aber auch des Diakonischen Werks, des Dt Caritasverbandes, der Arbeiterwohlfahrt usw (§ 2), wobei nur Fachkräfte mit der AdoptVermittlg betraut w dürfen (§ 3). Iü besteht ein Vermittlgsverbot, insbes dch Verschaffen von Gelegenh zur Entbindg bei Schwangere mit der Verpfl, dort ihr Kind zur Ann als Kind wegzugeben (§ 5). Ebso sind entspr Zeitgswerbeaktionen untersagt (§ 6). Die AdoptStellen prüfen vAw, für welche Kinder in den Heimen die Ann als Kind in Betr kommt (§ 12); ist ein solches Kind gefunden, beginnt die Vorbereitg der Vermittlg (§ 7); die Annehmden, das Kind u seine Elt werden iR der AdoptHilfe eingehd beraten u unterstützt (§ 9). Das Kind darf erst dann zur Eingewöhng bei den Adoptionsbewerbern in Pflege gegeben werden (AdoptPflege), wenn feststeht, daß die Adopt-Bewerber für die Ann des Kindes geeignet sind (§ 8). Zum bish Recht 35. Aufl.; zur Übergangsregelg AdVermiG 15ff. Vgl iü BT-Drucks 7/3421. Empfehlgen für das Vorgehen der JugÄmter bei Kemper FamRZ **78**, 261.

3) Die **Pflegekindschaft** hat das BGB nicht aufgen (Regelg JWG 27–36; Lit: Giese RdJB **76**, 65; Feil RdJB **76**, 70).

4) Internat PrivatR EG 22; **interlokales PrivatR** EG 22 Anm 5.

5) ÜbergangsVorschr EG 209; bezügl **AdoptG 1976** dorts **Art 12** § 1–10 (Lit: Engler FamRZ **76**, 593; ausführl Erl MüKo/Lüderitz Vorb v 1749 Rdn 42ff; zur steuerl Anerk Oswald FamRZ **78**, 99): Ist der nach den §§ 1741ff aF an Kindes Statt Angenommene im Ztpkt des Inkrafttr des AdoptG, also am 1. 1. 77, volljj, so finden auf das AnnVerhältn grdsl die §§ 1767ff nF Anwendg; Ausn: Auf einen Abkömml des Kindes, auf den sich die Wirkgen der Ann als Kindes Statt nicht erstreckt haben, werden die Wirkgen auch jetzt nicht erstreckt. Ferner führt das von einer Frau angen Kind, wenn es den Namen erhalten hat, den die Frau vor ihrer Verheiratg geführt hat, diesen Namen weiter. Für die erbrechtl Verhältn bleiben die bish geltden Vorschr ebenf maßgebd, wenn der Erblasser vor dem Inkrafttr des AdoptG gestorben ist, insb bleibt ein Ausschl des ErbR in dem AnnVertr unberührt. Ist der nach altem Recht an Kindes Statt Angen im Ztpkt des Inkrafttr des AdoptG **noch minderjährig**, so werden auf das AnnVerhältn **bis zum 31. 12. 77 die bish geltden Vorschr** ü die Ann an Kindes Statt angewandt. Vgl dazu die 35. Aufl. Im Anschl daran werden auf das AnnVerhältn die §§ 1741ff nF angewandt mit den soeben für die Volljj bezügl des ErbR, Namens usw gemachten Einschränkgen. Aber keine Anwendg des AdoptG, wenn ein Annehmder, das Kind, ein leibl EltT eines ehel Kindes od die Mutter eines nehel Kindes erklärt, daß die Vorschr des AdoptG über die Ann Minderjähr nicht angewandt w sollen; die Erkl kann nur bis zum 31. 12. 77 ggü dem AG Bln-Schöneberg abgegeben w u muß notariell beurk sein. Zur Frage der damit verbundenen PersStandsÄnderg Reichard StAZ **78**, 106. Wird eine solche Erkl abgegeben, so finden ab 1. 1. 78 auf das AnnVerhältn die §§ 1767ff nF Anwendg. Hins des Erb- u NamensR gilt das oben Gesagte. Findet das neue MjAdoptR Anwendg, so ist auch der Erwerb der dt Staatsangehörigk mögl, RuStAG 3 Z 3 u 6. Anträge auf Bestätigg eines AnnVertr bzw auf Aufhebg des AnnVerhältn, die am 1. 1. 77 bei dem zust Ger eingereicht od wg denen der Notar mit der Einreichg betraut ist, können nach altem R behandelt w. Die Dchführg der Adoption nach altem Recht setzt voraus, daß sämtliche nach früherem Recht vorgesehenen Voraussetzgen für eine Adoption erfüllt waren (Bln FamRZ **78**, 60). Die nach altem R erteilte Einwilligg zur Adopt dch einen EltT behält auch für das neue R Gültigk, auch iF ihrer Ersetzg; bezog sich die Zustimmg nicht ausdrückl auf die Anwendbark der neuen AdoptVorschr, so kann der EltT bis zum 31. 12. 77 erklären, daß die §§ 1741ff nF nicht angewandt w sollen; es gelten dann die §§ 1767ff nF. Schließl haben AdoptivElt u -kinder die Möglk, die Adoption auf das neue Recht umzustellen; ist der Angen bei Inkrafttr des AdoptG bereits vollj, so gilt § 1772 nF. Das AdoptG trat am 1. 1. 77 auch in Bln in Kraft, ebso das AdoptVermiG (GVBl Bln **76**, 1619 u 1633). Vor dem 1. 1. 77 eingeleitete Adoptionen (AdoptVertr, Bestellg eines Ergängspflegers) können nach diesem Ztpkt nicht mehr nach § 1751 aF genehmigt w (Bln FamRZ **77**, 411); ebsowenig noch Befreiung vom Erfordern der Kinderlosigk gem § 1745a aF (Bln FamRZ **78**, 60). Der nach altem R geschl AdoptVertr, dem das AG die Gen versagt hat, verliert nach dem 1. 1. 77 auch im BeschwVerf jede Wirksamk (Bln FamRZ **77**, 412); die vormschaftsgerichtl Gen kann daher auch nicht mehr im RechtsMZug erteilt w (Hamm FamRZ **78**, 58; and die VorleggsBeschl KG DAVorm **78**, 105; BayObLG FamRZ **78**, 147 L; Kln DAVorm **78**, 101; Ffm FamRZ **78**, 61; Düss FamRZ **78**, 61; Bonn FamRZ **78**, 62). Demggü liegt es nach Kiel DAVorm **77**, 747 im Interesse der VertrBeteiligten, Art 12 § 5 AdoptG weit auszulegen in dem Sinne, daß sich nach Einleitg des gerichtl BestätiggsVerf der gesamte Fortgang des AdoptVerf nach altem Recht bestimmt (im Ergebn ebso Hann DAVorm **78**, 55). Das soll auch dann gelten, wenn die vormschaftsgerichtl Gen od die Befreiung vom Erfordern der Kinderlosigk noch ausstehen u der Annehmde gestorben ist (Kln DAVorm **78**, 101). Die vor dem 1. 1. 77 erklärte Einwilligg der Elt in die Adopt behält ihre Wirksamk für die Ann nach neuem Recht (AdoptG Art 12 § 6), löst jedoch, nicht ab 1. 1. 77 die in § 1751 nF bestimmten präadoptionalen gesetzl RFolgen aus (Lünebg DAVorm **77**, 379; aA Stgt Just **77**, 203). Rechtl perfektioniert werden nach dem 1. 1. 77 auch nur solche AdoptVerträge, bei denen lediglich die Bestätigg dch das zuständ Ger ausstand, nicht dagg solche, in denen außerd zB noch die Befreiung vom Erfordern der Kinderlosigk beantragt wurde (LG Bln DAVorm **77**, 381) od die der vormschgerichtl Gen gem § 1751 I aF bedurften (aA LG Stgt FamRZ **77**, 479: AdoptG Art 12 § 5 analog).

AdoptG Art. 12

§ 1 (1) *Ist der nach den bisher geltenden Vorschriften an Kindes Statt Angenommene im Zeitpunkt des Inkrafttretens dieses Gesetzes volljährig, so werden auf das Annahmeverhältnis die Vorschriften dieses Gesetzes über die Annahme Volljähriger angewandt, soweit sich nicht aus den Absätzen 2 bis 6 ein anderes ergibt.*

(2) *Auf einen Abkömmling des Kindes, auf den sich die Wirkungen der Annahme an Kindes Statt nicht erstreckt haben, werden die Wirkungen der Annahme nicht ausgedehnt.*

(3) *Hat das von einer Frau angenommene Kind den Namen erhalten, den die Frau vor der Verheiratung geführt hat, so führt es diesen Namen weiter.*

(4) *Für die erbrechtlichen Verhältnisse bleiben, wenn der Erblasser vor dem Inkrafttreten dieses Gesetzes gestorben ist, die bisher geltenden Vorschriften maßgebend.*

(5) *Ist in dem Annahmevertrag das Erbrecht des Kindes dem Annehmenden gegenüber ausgeschlossen worden, so bleibt dieser Ausschluß unberührt; in diesem Fall hat auch der Annehmende kein Erbrecht.*

(6) *§ 1761 Abs. 1 des Bürgerlichen Gesetzbuchs in der Fassung dieses Gesetzes ist entsprechend anzuwenden. Die in § 1762 Abs. 2 des Bürgerlichen Gesetzbuchs in der Fassung dieses Gesetzes bezeichneten Fristen beginnen frühestens mit dem Inkrafttreten dieses Gesetzes.*

§ 2 (1) *Ist der nach den bisher geltenden Vorschriften an Kindes Statt Angenommene im Zeitpunkt des Inkrafttretens dieses Gesetzes minderjährig, so werden auf das Annahmeverhältnis bis zum 31. Dezember 1977 die bisher geltenden Vorschriften über die Annahme an Kindes Statt angewandt.*

(2) *Nach Ablauf der in Absatz 1 bestimmten Frist werden auf das Annahmeverhältnis die Vorschriften dieses Gesetzes über die Annahme Minderjähriger angewandt; § 1 Abs. 2 bis 4 gilt entsprechend; die in § 1762 Abs. 2 des Bürgerlichen Gesetzbuchs in der Fassung dieses Gesetzes bezeichneten Fristen beginnen frühestens mit dem Tag, an dem auf das Annahmeverhältnis die Vorschriften dieses Gesetzes anzuwenden sind. Das gilt nicht, wenn ein Annehmender, das Kind, ein leiblicher Elternteil eines ehelichen Kindes oder die Mutter eines nichtehelichen Kindes erklärt, daß die Vorschriften dieses Gesetzes über die Annahme Minderjähriger nicht angewandt werden sollen. Wurde die Einwilligung eines Elternteils zur Annahme an Kindes Statt durch das Vormundschaftsgericht ersetzt, so ist dieser Elternteil nicht berechtigt, die Erklärung abzugeben.*

(3) *Die Erklärung nach Absatz 2 Satz 2 kann nur bis zum Ablauf der in Absatz 1 bestimmten Frist gegenüber dem Amtsgericht Schöneberg in Berlin-Schöneberg abgegeben werden. Die Erklärung bedarf der notariellen Beurkundung; sie wird in dem Zeitpunkt wirksam, in dem sie dem Amtsgericht Schöneberg in Berlin-Schöneberg zugeht; sie kann bis zum Ablauf der in Absatz 1 bestimmten Frist schriftlich gegenüber dem Amtsgericht Schöneberg in Berlin-Schöneberg widerrufen werden. Der Widerruf muß öffentlich beglaubigt werden. § 1762 Abs. 1 Satz 2 bis 4 des Bürgerlichen Gesetzbuchs ist anzuwenden.*

(4) *Eine Erklärung nach Absatz 2 Satz 2 ist den Personen bekanntzugeben, die zur Abgabe einer solchen Erklärung ebenfalls berechtigt sind. Ist der Angenommene minderjährig, so ist diese Erklärung nicht ihm, sondern dem zuständigen Jugendamt bekanntzugeben. Eine solche Mitteilung soll unterbleiben, wenn zu besorgen ist, daß durch sie ein nicht offenkundiges Annahmeverhältnis aufgedeckt wird.*

§ 3 (1) *Wird eine Erklärung nach § 2 Abs. 2 Satz 2 abgegeben, so werden auf das Annahmeverhältnis nach Ablauf der in § 2 Abs. 1 bestimmten Frist die Vorschriften dieses Gesetzes über die Annahme Volljähriger angewandt.*

(2) *Die Vorschriften des § 1 Abs. 2 bis 5 und des § 2 Abs. 2 Satz 1 Halbsatz 3 werden entsprechend angewandt. § 1761 des Bürgerlichen Gesetzbuchs ist anzuwenden. Solange der an Kindes Statt Angenommene minderjährig ist, kann das Annahmeverhältnis auch nach § 1763 Abs. 1, 2 des Bürgerlichen Gesetzbuchs in der Fassung dieses Gesetzes aufgehoben werden.*

§ 4 (1) *Das vor dem Inkrafttreten dieses Gesetzes von einem Deutschen nach den deutschen Gesetzen wirksam angenommene und im Zeitpunkt des Inkrafttretens dieses Gesetzes noch minderjährige Kind erwirbt durch die schriftliche*

Erklärung, deutscher Staatsangehöriger werden zu wollen, die Staatsangehörigkeit, wenn auf das Annahmeverhältnis gemäß § 2 Abs. 2 Satz 1 die Vorschriften dieses Gesetzes über die Annahme Minderjähriger Anwendung finden. Der Erwerb der Staatsangehörigkeit erstreckt sich auf diejenigen Abkömmlinge des Kindes, auf die sich auch die Wirkungen der Annahme an Kindes Statt erstreckt haben.

(2) *Das Erklärungsrecht besteht nicht, wenn das Kind nach der Annahme an Kindes Statt die deutsche Staatsangehörigkeit besessen oder ausgeschlagen hat.*

(3) *Das Erklärungsrecht kann nur bis zum 31. Dezember 1979 ausgeübt werden. Der Erwerb der Staatsangehörigkeit wird wirksam, wenn die Erklärung*

1. *vor dem 1. Januar 1978 abgegeben wird, am 1. Januar 1978;*
2. *ab 1. Januar 1978 abgegeben wird, mit der Entgegennahme der Erklärung durch die Einbürgerungsbehörde.*

(4) *Artikel 3 Abs. 3 Satz 2 und 3, Abs. 4, 5 Satz 1 und 4 und Abs. 7 bis 9 des Gesetzes zur Änderung des Reichs- und Staatsangehörigkeitsgesetzes vom 20. Dezember 1974 (Bundesgesetzbl. I S. 3714) gelten entsprechend.*

(5) *Die Staatsangehörigkeit erwirbt nach den Absätzen 1 bis 4 auch das Kind, wenn ein Annehmender im Zeitpunkt der Annahme an Kindes Statt Deutscher ohne deutsche Staatsangehörigkeit im Sinne des Artikels 116 Abs. 1 des Grundgesetzes war.*

§ 5 Hat im Zeitpunkt des Inkrafttretens dieses Gesetzes der Annehmende oder das Kind den Antrag auf Bestätigung eines Vertrages über die Annahme oder auf Bestätigung eines Vertrages über die Aufhebung der Annahme an Kindes Statt bei dem zuständigen Gericht eingereicht oder bei oder nach der notariellen Beurkundung des Vertrages den Notar mit der Einreichung betraut, so kann die Bestätigung nach den bisher geltenden Vorschriften erfolgen. § 15 Abs. 1 Satz 3 des Personenstandsgesetzes ist in diesem Fall in der bisher geltenden Fassung anzuwenden.

§ 6 (1) Hat vor Inkrafttreten dieses Gesetzes ein Elternteil die Einwilligung zur Annahme eines Kindes an Kindes Statt erteilt, so behält diese Einwilligung ihre Wirksamkeit zu einer Annahme als Kind nach den Vorschriften dieses Gesetzes. Dies gilt entsprechend, wenn das Vormundschaftsgericht die Einwilligung eines Elternteils zur Annahme des Kindes an Kindes Statt ersetzt hat.

(2) Hat der Elternteil bei der Einwilligung nicht ausdrücklich zugestimmt, daß die Annahme nach den Vorschriften dieses Gesetzes mit den sich daraus ergebenden Wirkungen erfolgen kann, so kann er bis zum 31. Dezember 1977 erklären, daß die Vorschriften dieses Gesetzes über die Annahme Minderjähriger nicht angewandt werden sollen. § 2 Abs. 3 gilt für die Erklärung entsprechend. Auf das Annahmeverhältnis werden bis zum Ablauf der in Satz 1 bestimmten Frist, im Fall einer Erklärung nach Satz 1 auch nach Ablauf dieser Frist, die Vorschriften dieses Gesetzes über die Annahme Volljähriger mit der Maßgabe angewandt, daß auf die Aufhebung des Annahmeverhältnisses die Vorschriften der §§ 1760 bis 1763 des Bürgerlichen Gesetzbuchs in der Fassung dieses Gesetzes entsprechend anzuwenden sind. Wird keine Erklärung nach Satz 1 abgegeben, so werden nach Ablauf der in Satz 2 bestimmten Frist auf das Annahmeverhältnis die Vorschriften dieses Gesetzes über die Annahme Minderjähriger angewandt.

§ 7 (1) Die Annahme als Kind nach den Vorschriften dieses Gesetzes über die Annahme Minderjähriger ist auch dann zulässig, wenn der Annehmende und der Anzunehmende bereits durch Annahme an Kindes Statt nach den bisher geltenden Vorschriften verbunden sind. Besteht das Annahmeverhältnis zu einem Ehepaar, so ist die Annahme als Kind nur durch beide Ehegatten zulässig.

(2) Ist der Angenommene im Zeitpunkt des Inkrafttretens dieses Gesetzes volljährig, so wird § 1772 des Bürgerlichen Gesetzbuchs angewandt.

§ 8 Wo auf Vorschriften verwiesen wird, die durch dieses Gesetz aufgehoben oder geändert werden, erhält die Verweisung ihren Inhalt aus den entsprechenden neuen Vorschriften. Einer Verweisung steht es gleich, wenn die Anwendbarkeit der in Satz 1 bezeichneten Vorschriften stillschweigend vorausgesetzt wird.

§§ 9, 10 . . .

6) **Verfahrensrecht.** Das Dekretsystem weist den Ausspr der Annahme u alle weiteren gerichtl Entscheidgen dem VormschG zu. Zust ist das Ger des Wohns od Aufenth (FGG 43 b). Es entsch der Richter (RPflG 14 Z 3 f). Vor Ann eines Mj hat das VormschG eine gutachtl Äußerg der AdVermittlgsstelle bzw des JugA ü die Eigng des Kindes u der Fam des Annehmden einzuholen (FGG 56 d). Persönl Fühlgnahme mit dem noch nicht 14jähr Kind gem FGG 55 c. Der AnnBeschl (§ 1752) wird mit der Zustellg an den Annehmden, nach seinem Tod mit der Zust an das Kind wirks. Er ist unanfechtb u nicht abänderb (FGG 56 e S 2 u 3). Desh darf die Ann ggf erst nach Rechtskr des die Einwillig eines EltT des Kindes, des Eheg des Annehmden od des Vormds od Pflegers des Kindes ersetzden Beschl (FGG 53 I, 60 I Z 6) ausgesprochen w. Gg die Ablehng der Ann Beschw (FGG 20 II), bei gemschaftl Ann auch dch einen Eheg allein (Engler FamRZ 76, 588). Der AnnBeschl muß angeben, auf welche gesetzl Vorschr sich die Ann gründet (FGG 56 e S 1); das bezieht sich auf die MjAdopt (§§ 1754, 1755 I), die Stiefkind- od VerwandtenAdopt (§§ 1755 II, 1756) od die normale (§§ 1767 II, 1770) od modifizierte VolljährAdopt (Engler FamRZ 76, 588). Ebenf darauf beschrkt sich die Beischreibg der Ann in den PersStandsbüchern (PStG 30 I, 15 I 1 Z 3 u 4 sowie II Z 3).

I. Annahme Minderjähriger

1741 *Zulässigkeit der Annahme.* **I** Die Annahme als Kind ist zulässig, wenn sie dem Wohl des Kindes dient und zu erwarten ist, daß zwischen dem Annehmenden und dem Kind ein Eltern-Kind-Verhältnis entsteht.
II Ein Ehepaar kann ein Kind gemeinschaftlich annehmen. Ein Ehegatte kann sein nichteheliches Kind oder ein Kind seines Ehegatten allein annehmen. Er kann ein Kind auch dann

allein annehmen, wenn der andere Ehegatte ein Kind nicht annehmen kann, weil er geschäftsunfähig oder in der Geschäftsfähigkeit beschränkt ist.

III Wer nicht verheiratet ist, kann ein Kind allein annehmen. Der Vater oder die Mutter eines nichtehelichen Kindes kann das Kind annehmen.

1) Die Grundvorschrift des neuen Adoptionsrechts nennt die Voraussetzgen, unter denen die Ann eines Mj als Kind zuläss ist, I, wobei der gesetzl Ausgangsfall der Ann dch eine EinzelPers ist, der vor allem in Betr kommt, wenn der Vater od die Mutter eines nehel Kindes das Kind annimmt (BT-Drucks 7/5087 S 5). Das G behandelt sodann den Regelfall der Adopt, näml die Ann dch ein Ehepaar sowie die Ann dch einen Eheg allein, II, u schließt die Adopt dch eine unverheiratete Pers, insb den Vater od die Mutter eines nehel Kindes, III. Die Ann selbst erfolgte nach § 1741 aF dch einen AnnVertr zw Adoptivkind u AdoptivElt, welcher der Bestätigg dch das VormschG bedurfte. Die Ann erfordert nach neuem R einen Antr des Annehmden u den AdoptionsBeschl des VormschG (§ 1752).

2) Grundvoraussetzgen jeder Annahme, I. a) Die Ann muß dem Wohl des Kindes dienen. Es muß eine merkl bessere Entwicklg der Persönlichk des Kindes zu erwarten sein (MüKo/Lüderitz Rdn 7). Die bloß relative Besserg der Verhältn des Kindes, zB daß es dann (wenigstens vorübergd) nicht mehr in einem Heim zu sein braucht, reicht nicht aus. Der Maßstab ist ders wie bei der Genehmigg des VormschG iRv § 1751 aF (vgl Hbg OLG **5**, 417; Celle ZBlJugR **52**, 122; Hamm FamRZ **68**, 110). Beschl gem § 1752 also nur, wenn mit der Ann eine Verbesserg der persönl Verhältn od der RStellg des Kindes verbunden ist. Keine Versagg der Ann, weil Mutter den Erzeuger nicht nennen will (LG Kln FamRZ **63**, 55). Der Ann eines nehel Kindes dch den Vater steht nicht entgg, daß die Elt heiraten könnten (Mannh NJW **61**, 881; Gö NdsRPfl **63**, 128); dahin gehder Druck auf die Elt ist unzul. Für den AdoptBeschl müssen aber trift, das Kindeswohl im Einzelfall nachhalt berührde Grde vorliegen. So kann Herauslösg aus funktionierdem FamVerband zZw der Nachfolge im Gesch des Onkels wg der damit nicht uU für das Kind verbundenen Konflikte abgelehnt w (Brem DAVorm **74**, 472). Vgl zum Kindeswohl iü § 1666, § 1671 Ann 3 u 4. Der Wunsch eines AdoptBewerbers, vor Ausspr der Ann erst die Vatersch zu klären, ist grdsl nicht zu berücks, wenn dadch eine Verzögerg der Ann eintritt u die Verzögerg dem Wohl des Kindes widerspricht (BT-Drucks 7/5087 S 15); ebso darf der Ausgang eines VaterschFeststellgsVerf nur dann abgewartet w, wenn eine dadch eintretde Verzögerg der Adoption dem KiWohl nicht entggsteht (LG Stgt FamRZ **78**, 147). Einer Adoption des Kindes dch den Ehem seiner Mutter steht grdsl entgg, wenn der Stiefvater den ihm bekannten Namen des nehel Vaters verschweigt, um dessen gesetzl vorgeschriebene Beratg zu verhindern (Bln FamRZ **78**, 148). **b) Hinzukommen** muß die ernsth Aussicht, daß zw dem Annehmden u dem Kind ein **Eltern-Kind-Verhältnis** entsteht. Gemeint ist, wie die Aufrechterhaltg dieses Erfordern auch bei der Ann des eigenen nehelichen Kindes zeigt, nicht die leibl, sond die „soziale Elternsch", dh Fürs u Erziehg, wie sie natürl Elt typischerw leisten (Lüderitz NJW **76**, 1866). Die Herstellgs„erwartg" soll verdeutlichen, daß das Ger die Ann erst aussprechen darf, wenn es zu seiner Überzeugg festgestellt hat, daß die Herstellg eines Elt-Ki-Verhältn beabsichtigt ist u die Voraussetzgen dafür vorliegen (BT-Drucks 7/5087 S 9). Der Wunsch der Zukünft Elt reicht also allein nicht aus; es muß unter obj u subj Gesichtspkten die Prognose gerechtfert sein, daß eine Elt-Kind-Beziehg zw den Beteiligten zustande kommt. Da die Voraussage, daß ein Elt-Kind-Verhältn entsteht, am ehesten aGrd prakt Erfahrgen getroffen w kann, legt § 1744 fest, daß die Ann idR erst ausgesprochen w soll, wenn der Annehmde das Kind eine angem Zeit in Pflege gehabt hat (BT-Drucks 7/5087 S 5). Im Rahmen der Vorbereitg der AdoptVermittlg (Einf 2 v § 1741) ist die Eigng der Bewerber zu prüfen; die Prüfg sollte sich nicht auf Äußerlichkeiten (eig Bett, Sauberk, ausr Versorgg) beschr (Lüderitz NJW **76**, 1866). **c) Weitere Voraussetzgen** der AdoptZulässigk ergeben sich aus den Alterserfordernissen (§ 1743 I-III) u dem Erfordern unbeschr GeschFähigk aS des Annehmden (§ 1743 IV), der Notwendigk der Einwilligg des Kindes (§ 1746) u seiner Elt (§§ 1747, 1748) sowie bei der Annahme durch Adopt des und Eheg (§ 1749). **Nicht verlangt werden besondere Eigenschaften des angenommenen Kindes.** Zul die Ann eig nehel Kindes (§ 1741 III 2), ferner die Ann des eig Enkels, aber nicht an Enkels Statt (Einf 1 v § 1741). Auch die Ann von Kindern, auf die sich die Ann über § 1754 erstreckt, ist zul (vgl Schlesw NJW **61**, 2163). Unzul die Ann des eig ehel Kindes, etwa um den and EltT gem § 1755 I 1 von der elterl Gewalt auszuschließen (Düss JMBl NRW **58**, 58); ebso wenn es sich in Wahrh um ein nehel handelt, die Ehelichk aber nicht angefochten wurde (Dölle § 112 II 1 a Fn 71). Unzul auch die erneute Ann eines adoptierten Kindes vor Aufhebg der bish Ann (§ 1742; sa RG **109**, 246). – Keine Voraussetzg mehr (iGgs zu § 1741 aF) die **Kinderlosigk**; das AdoptG geht davon aus, daß es für das angen Kind förderl ist, wenn es mit Geschwistern heranwächst; zu den gleichwohl bestehenden Beschrkgen bei Vorhandensein von Kindern § 1745 (BT-Drucks 7/3061 S 29). – Schließl wird weder eine Mindestehedauer (dazu BT-Drucks 7/3061 S 28) noch ein Mindestaltersunterschied zw dem Kind u dem Annehmden verlangt. Die Fragen, ob die Ehe Bestand verspricht u ob der Altersunterschied zw dem Kind u dem Adoptierden die Entstehg einer Elt-Kind-Beziehg erwarten läßt, sind bei der Prüfg des Kindeswohls zu berücks (BT-Drucks 7/5087 S 5).

3) Annahme durch Ehegatten, II. a) Nach dem G soll die **gemeinschaftliche Annahme** durch ein Ehepaar die Regel sein; Personen, die nicht miteinander verheiratet sind, ist es nicht gestattet, ein Kind gemschaftl anzunehmen, weil jede and LebensGemsch als die Ehe rechtl nicht abgesichert ist, um eine gemschaftl Ann des Kindes dch ihre Mitgl zu rechtfert (BT-Drucks 7/3061 S 30). Ein **Ehepaar** kann ein ihnen beiden fremdes Kind nur gemschaftl annehmen, **S 1.** Unzul auch die Ann in Stufen, wonach zunächst nur ein Eheg das Kind adoptiert, währd es sich der and erst noch einmal überlegen will. Das Kind soll von vornh zu beiden EltTeilen eine echte Kindbeziehg entwickeln können (Anm 2b). Hat ein Eheg das Kind vor der Eheschl angen, so kann die Adopt von dem and Eheg nachvollzogen w (§ 1742). **b) Annahme dch einen Ehegatten allein** grdsätzl unzul; auch in den AusnFällen setzt sie die Einwilligg des and Eheg voraus (§ 1749 I). Zul jedoch die Ann eines Kindes dch einen Eheg allein, wenn es sich dabei um ein eig nehel Kind od ein ehel, nehel od auch nur adoptiertes Kind seines Eheg handelt, **S 2.** Auch die nehel Mutter kann

Verwandtschaft. 8. Titel: Annahme als Kind §§ 1741-1743

ihr eig Kind adoptieren, was den Sinn hat, die Rechte des leibl Vaters, wie zB das VerkR (§ 1634), auszuschließen. Auch der Ehem der nehel Mutter u damit der Stiefvater des Kindes kann dieses annehmen, wenn er über die bl Namenserteilg (§ 1618) hinausgehen will. Der Ann dieser Form sind keine zeitl Grenzen gesteckt. Die Ann dch den einen Ehega allein ist auch dann erlaubt, wenn in der Pers des and Ehega Hindernisse für eine Adopt vorliegen, sei es daß er geschäftsunfäh od in der Geschäftsfähigk beschr ist (§§ 104, 106, 114), S 3. – Das Kind erlangt iF der Ann des Kindes des and Ehega die Stellg eines gemschaftl ehel Kindes der Ehega (§ 1754 I). Es soll nicht das Kind des einen Ehega u das Stiefkind des and werden, zumal das bürgerl Recht kein bes Recht der Stiefkinder kennt, das geeignet wäre, Konflikte zw StiefElt u Stiefkind zu lösen (BT-Drucks 7/3061 S 28).

4) Annahme durch einen Alleinstehenden, III. a) Auch wer gar nicht verheiratet ist od verh war, kann ein Kind annehmen, S 1, was bes ausgesprochen w mußte, weil hier das Erfordern von I, näml eine Elt-Kind-Beziehg herzustellen, nur für einen EltT gelten kann. Sinnvoll in Fällen, in denen die gemeins Ann eines Adoptivkindes scheitert, weil die Ehe dch Tod od Scheidg aufgelöst wurde, ebso bei Ann eines verwandten Kindes dch eine EinzelPers (BT-Drucks 7/3061 S 30). Unzul dagg die Ann des eig ehel Kindes dch einen EltT nach Scheidg seiner Ehe (Hamm FamRZ 78, 735). **b) Annahme des eigenen nehel Kindes, S 2.** Besser wie im RegE als IV zu lesen (vgl Engler FamRZ 76, 585 f). Besondere Bedeutg kommt der Adopt dch Unverheiratete dadch zu, daß auch jeder EltT eines nehel Kindes dieses annehmen kann. Eingef schon dch Art 1 Z 40 NEhelG; Fassg AdoptG (krit Lüderitz NJW 76, 1866; zur Ann dch die Mutter Engler FamRZ 75, 127, 325 u 76, 17; gg ihn Lehmann-Jessen FamRZ 76, 14). Die Adopt eines nehel Kindes dch den Vater od die Mutter soll dazu beitragen, weniger im rechtl als im tatsächl Bereich liegde Unterschiede zw ehel u nehel Kindern zu verringern od zu beseitigen; außerd wird im Bedürfn des gesehen, weil die Zahl der Väter, die ihre nehel Kinder adoptieren, zunimmt (BT-Drucks 7/5087 S 9). Grd für die KindesAnn dch die Mutter kann sein, die Pflegsch (§ 1706) zu beenden (§ 1754 II), die zwar auf ihren Antr aufgehoben, aber auch wieder angeordnet w könnte (§ 1706 II 2); ferner für jeden von beiden, den Verk des Kindes mit dem and zu verhindern (§§ 1755 I, 1711); zu verbergen, daß der Annehmende ein nehel Kind hatte. Sowohl Vater wie Mutter des nehel Kindes können dieses als Kind annehmen. Aber nicht als gemeins (arg „od"); das nur mögl, wenn beide geheiratet haben (§§ 1741 II, 1754 I). Nimmt Vater an, so für Mutter Verlust der elterl Gewalt (§ 1755 I); umgek verliert Vater bei Ann des Kindes dch die Mutter Re aus §§ 1711, 1712. Zur GeburtsUrk bei Ann dch die Mutter Lehmann-Jessen StAZ 74, 52. Ann dch die led Mutter sollte nur zugelassen w, wenn der nehel Vater das Kind vermögensrechtl befriedigd abgefunden hat (MüKo/Lüderitz Rdn 40).

1742 *Annahme als gemeinschaftliches Kind.* Ein angenommenes Kind kann, solange das Annahmeverhältnis besteht, bei Lebzeiten eines Annehmenden nur von dessen Ehegatten angenommen werden.

1) Grundsatz der Ausschließlichkeit der Adoption. Das Adoptivkind steht in der Gefahr, daß die Elt-Kind-Beziehg, wie sie in § 1741 I erstrebt wird, doch nicht zustande kommt u das Kind dann von AdoptivElt zu AdoptivElt weitergereicht wird. Währd leibl Elt ihr Kind jederzeit zur Ann dch neue Elt freigeben können, haben die Annehmenden diese Befugn nicht (BT-Drucks 7/3061 S 31). Die Abkömmlinge des als Kind Angen können adoptiert w, da auf sie § 1742 nicht anwendb (Schlesw NJW 61, 2163). Keine Beendigg der Ann dch Scheidg der Ehe der AdoptivElt. Vor Aufhebg des früheren gemschaftl Adopt-Verhältn also kein neues gemschaftl mit dem neuen Ehega des Wiederverheirateten (Schlesw SchlHA 61, 22). Krit z § 1742 Engler FamRZ 76, 586, insb unter dem Gesichtspkt der GroßEltKumulation.

2) Zur Vermeidg von Kettenadoptionen beschr das G die Adopt eines bereits angen Kindes auf **3 Ausnahmefälle:** a) Ein angen Kind kann von dem Ehega des Annehmden adoptiert w, was aGrd von § 1741 II 1 nur dann eintreten kann, wenn entweder eine Adopt dch einen Unverheirateten stattgefunden hat (§ 1741 III) od der Adoptierde zuvor anderweit verheiratet war, mit der Folge, daß das Kind nunmehr ein gemschaftl Kind der Ehega ist (§ 1754 I Alt) u das Elt-Kind-Verh hergestellt wird, das nach § 1741 II 1 die Regel sein soll. Eine Einwilligg der leibl Elt ist in diesem Fall nicht mehr erforderl (BT-Drucks 7/3061 S 31). Einer erneuten Adopt steht ferner nichts mehr im Wege, wenn das alte AnnVerhältn aufgeh ist (§§ 1759ff); doch werden diese Fälle als Konsequenz der VollAdopt (Einf 1 v § 1741) wiederum eng begrenzt: b) Eine weitere Ausn vom AusschließlichkGrds sieht § 1763 II b für den Fall vor, daß die AdoptivElt gestorben sind. Auch hier bedarf es nicht der Einwilligg in die neue Ann dch die leibl Elt, weil das VerwandtschVerhältn zu ihnen bereits mit der 1. Adopt erloschen ist; allerd können sie das Kind jetzt adoptieren (LG Oldbg FamRZ 65, 395; BT-Drucks 7/3061 S 31). c) Die Aufhebg des AnnVerhältn u damit eine erneute Ann ist schließl iF des § 1763 II a zugelassen bei Gewährleistg der Pflege u Erziehg dch den and Ehega od einen leibl EltT.

1743 *Alterserfordernisse.* I Bei der Annahme durch ein Ehepaar muß ein Ehegatte das fünfundzwanzigste Lebensjahr, der andere Ehegatte das einundzwanzigste Lebensjahr vollendet haben.

II Wer ein Kind allein annehmen will, muß das fünfundzwanzigste Lebensjahr vollendet haben.

III Wer sein nichteheliches Kind oder ein Kind seines Ehegatten annehmen will, muß das einundzwanzigste Lebensjahr vollendet haben.

IV Der Annehmende muß unbeschränkt geschäftsfähig sein.

1) Die Bestimmg enthält die altersmäß Voraussetzgen für eine KindesAnn u das Erfordern unbeschr GeschFähigk. Das gesetzl vorgeschriebene **Mindestalter des Annehmenden** hängt stark vom Zweck der KindesAnn ab; das BGB verlangte ursprüngl, um die Kinderlosigk zu gewährleisten, ein Mindestalter von 50 Jahren (zur weiteren gesetzl Entwicklg 35. Aufl sowie BT-Drucks 7/3061 S 31). Herabsetzg des Mindestalters aS des Annehmden trägt dem Funktionswandel der Adopt Rechng, echte Elt-Kind-Beziehgen zu ermöglichen, u paßt dazu das Alter des Annehmden dem gewöhnl Alter natürl Elt an. Daß mit eig Kindern nicht mehr gerechnet w kann u danach das Alter des Annehmden (fr 35 J) festzusetzen ist, entfiel als gesetzgeber Grd, nachdem heute wissenschaftl Voraussagen ü die Fortpflanzgsfähigk eines Paares idR frühzeit mögl s. Außerd sollen die AdoptChancen für Heimkinder erhöht w. Die vom G angeführten Daten betreffen jew das **Mindestalter des Annehmden**; nach oben bestehen keine Einschränkgen, so daß auch im GroßEltAlter noch Adopt vorgen w können, sof nur erwartet w kann, daß eine echte Elt-Kind-Beziehg (§ 1741 I) zustande kommt. Das anzunehmde Kind muß mj sein (vgl Überschr vor § 1741); zur Ann Volljähriger §§ 1767 ff.

2) Mindestalter von Ehegatten, I. Das AdoptG fixiert das Alter des Annehmden endgült auf 25 J, um bei einer größtmögl Nachahmg der natürl Elt-Kind-Beziehgen auch dem Kleinkind altersgerechte Elt zu ermöglichen (BT-Drucks 7/421 S 4f u 7/3061 S 31). Bei der Ann eines Kindes dch ein Ehepaar genügt es, wenn der eine Eheg, gleichgült ob Ehem od Ehefr, 25 J alt ist; der and Teil muß dann aber mind 21 J alt sein. Diese Alterserfordernisse gelten nur iFv §§ 1741 II 1 u 1742; in allen and Fällen gilt II.

3) Alter bei Alleinannahme, II, III. Bei der Ann dch eine Pers allein muß diese mind das 25. LebensJ vollendet haben. Nur wenn es sich bei dem zu adoptierden Kind um das nehel Kind od um ein ehel od nehel Kind des and Eheg handelt, wird das erforderl Alter auf 21 J herabgesetzt. Keine Befreiung von diesem Alterserfordern, so daß eine weitere Herabsetzg ausgeschl ist. Bei der Ann verwandter Kinder bleibt es bei der Altersgrenze des II.

4) Unbeschränkte Geschäftsfähigkeit, IV. Die Ann eines Kindes setzt ein Mindestmaß erzieherischer Fähigkeiten voraus, die in aller Regel derj nicht hat, der geisteskrank od deswg od wg and Grde (§ 6) entmündigt ist, weil er selbst hilfsbedürft sein wird (BT-Drucks 7/3061 S 32). Da die Ann nur für Volljähr (§ 2) in Betr kommt, der Adoptierde im günstigsten Fall, näml dem der Ann dch Eheg, also mind 21 J, im Regelfall aber 25 J alt sein muß, ist das Erfordern der GeschFähigk nur in den Fällen einer Entmündigg od wenn bei einem Erwachsenen EntmündiggsGrde vorliegen bedeuts (§§ 6, 104, 114). Ob die Entmündigg zur beschr od unbeschr GeschUnfähigk geführt hat, spielt keine Rolle. Nach Aufhebg der Entmündigg ist Adopt zuläss; hier aber bes sorgfält das Kindeswohl (§ 1741 I) zu prüfen.

1744 *Probezeit vor der Annahme.* Die Annahme soll in der Regel erst ausgesprochen werden, wenn der Annehmende das Kind eine angemessene Zeit in Pflege gehabt hat.

1) Einführg der **Adoptionspflege** dch das AdoptG. Die Bestimmg dient der Erleichterg der gem § 1741 I anzustelldenen Prognose, ob zu erwarten ist, daß zw dem Annehmden u dem Kind eine wirkl Elt-Kind-Beziehg entsteht. War das Kind bereits bei den AdoptivElt in Pflege, läßt sich die Entscheidg für eine gedeihl Fortentwicklg des beiderseit Verhältn viel leichter treffen. Auch die gutachtl Äußerg des JugA od der Adopt-VermittlgsStelle, ob das Kind u die Fam des Annehmden für die Ann geeignet sind (FGG 56d), wird dch Erfahrgen, die innerh einer ProbeZt gemacht w sind, wesentl sachhaltiger ausfallen können (BT-Drucks 7/3061 S 32). Das vorgezogene Pflegeverhältn ist jedoch nicht zwingdes Erfordern; insb bei der Inkognito-Adopt (§ 1747 Anm 2) wird es idR angebracht sein, daß sich das Kind möglichst nur kurze Zeit in öfftl Pflege befindet u rasch den PflegeElt überantwortet wird. Dann steht oft aber auch einer sofort Adopt nichts im Wege, insb wenn Erfahrgen mit den Elt aus früh Pflegefällen vorliegen. Vorherige PflegeErlaubn dch JugA (JWG 28) erfdl. AdoptPflege des nehel Vaters zul; seine Eigng ist wie die anderer Bewerber zu prüfen (Lüderitz NJW **76**, 1868).

2) Welche Zeit **angemessen** ist, richtet sich nach dem Einzelfall. **Zweck** dieser elast Regelg: Eine starre Regelg würde den konkr Verhältn nicht immer gerecht; eine BetreuungsZt wird ausnahmsw auch ganz entfallen können (BT-Drucks 7/3061 S 32). Es ist jedoch auch mögl, daß sich mit der Zeit bestimmte Erfahrgswerte herausstellen. Die Angemessenh richtet sich danach, in welchem ZtRaum schwerwiegde Krisen, die einer Entwicklg des nach § 1741 I geforderten Elt-Kind-Beziehg entstehen, endgült u überwunden w können bzw nicht bewältigt w. Unterschiedl Zeiten je nach der Altersstufe des Adoptivkindes; bei Babys u Kleinkindern dürfte die Gewöhng am raschesten eintreten. Ausländ Rechte schreiben Probe-Zten zw 3 Mo u 3 Jahren vor (BT-Drucks 7/3061 S 32). Das Streben nach letzter Gewißh darf nicht zu einer unangem Dauer der PflegeZt führen. Einer Ausleg, die andere Anforderg nicht entspr, kann der AdoptBewerber dadch begegnen, daß er einen AnnAntr beim zust VormschG stellt; das Ger entscheidet dann darüber, ob im konkr Fall die Voraussetzgen für eine Ann erfüllt sind (BT-Drucks 7/5087 S 10).

3) Das **Pflegeverhältnis während der Probezeit** ist gesetzl nur unvollkommen geregelt. Dchführg des PflegeVerhältn nach JWG 31-36. Die elterl Gewalt der leibl Elt ruht wie bei Einwillig in die Ann; ebso dürfen sie ihr VerkehrsR nicht ausüben (§ 1751 I). Doch gilt das nur für die FremdAdopt (§ 1751 II). Außerd ist der Annehmde dem Kind vor den Verwandten des Kindes zur Gewährg von Unterh verpflichtet (§ 1751 IV). Weitere Folgen: AufsichtsPfl u evtl Haftg gem § 832 I (nicht II) sowie sämtl Funktionen der §§ 1626 ff, soweit sie iR des Pflegeverhältn u der Entwicklg einer echten Elt-Kind-Beziehg sinnvoll sind, weil sonst die notw Erfahrgen gar nicht gewonnen w können, also zB auch § 1619, Züchtigungsrechte in den Grenzen leibl Elternsch. Haftg dem Kind ggü nur iRv § 1664. UnterhVerpflichtg, sol Probepflege besteht, auch mit den gesteigerten Anforderg en der §§ 1602 II, 1603 III. Verstöße iSv § 1666 od sonstige Toleranzüberschreitgen des leibl Elt-Kind-Verhältn belasten die Prognose des § 1741 I in ungünst Sinne.

1745 *Berücksichtigung von Kindesinteressen.* Die Annahme darf nicht ausgesprochen werden, wenn ihr überwiegende Interessen der Kinder des Annehmenden oder des Anzunehmenden entgegenstehen oder wenn zu befürchten ist, daß Interessen des Anzunehmenden durch Kinder des Annehmenden gefährdet werden. Vermögensrechtliche Interessen sollen nicht ausschlaggebend sein.

1) Ausschluß der Annahme auf Grund entgegenstehender Interessen. Währd § 1741 I positiv fordert, daß die Ann im Interesse des anzunehmden Kindes liegen muß, läßt § 1745 negativ die Adopt an entggstehden Interessen scheitern. Die Vorschr ist notw, weil sonst die Belange der Kinder des Annehmden nicht selbstd berücksichtigt würden, sond nur mittelb unter dem Gesichtspkt des Wohls des anzunehmden Kindes iRv § 1741 I (BT-Drucks 7/5087 S 10). Auch wenn es grdsl erwünscht ist, daß der Annehmde Kinder hat (§ 1741 Anm 2c), kann nicht übersehen w, daß Interessen dieser Kinder berührt w, wenn sie nach Wahl der Elt weitere Geschwister bekommen: der Erbteil der vorh Kinder wird verkürzt u auch ihr UnterhAnspr kann beeinträchtigt w. Diese Interessenlage hat nach Auffassg des GesGebers jedoch nicht dazu zu führen, für die Ann die Einwilligg schon vorhandener Kinder zu verlangen, sond es genügt, die Interessen der Kinder des Annehmden im Umfang wie im bish geltden Recht bei der Befreiung vom Erfordern der Kinderlosigk (§ 1745a I aF) prüfen zu lassen (BT-Drucks 7/3061 S 33). Sachl ist der Kreis der dabei zu berücksichtigden Belange nicht eingeschränkt; auch vermögensrechtl Interessen sind zu berücks, sollen aber nicht den Ausschlag geben. Von der Pers des Interessenträgers kommen nur die Belange der **Kinder des Annehmenden** u die Interessen der **Kinder des anzunehmenden Kindes** selbst in Betr. Bei den Kindern des Annehmden ist es unerhebl, ob sie ehel, nehel od ihrers adoptiert sind; dagg bleiben bl einbenannte Kinder (§ 1718) außer Betr. Der and Fall, Kinder des Anzunehmden, wird wei der hier allein in Frage stehenden Mj-Adopt selten vorkommen; da aber nach den Grdsätzen der VollAdopt (Einf 1 v § 1741) der Angen die Verwandtsch zur neuen Fam auch für seine Kinder vermittelt (§ 1754), sind auch deren Interessen zu berücks, wobei es sich allenf um Kleinkinder handeln kann. Bei entspr Interessenkonflikt darf die Ann nicht ausgespr w; eine trotzdem erfolgte Adopt ist jedoch gült.

2) Es muß jew eine **Interessenabwägung** vorgen w, S 1. Sind aS des Annehmden Kinder vorh, sind deren Interessen gg die Belange des Adoptivkindes abzuwägen. Die Ann hat zu unterbleiben, wenn die Interessen der eig Kinder des Annehmden überwiegen oder wenn zu befürchten ist, daß dch die Ann die Interessen des Adoptivkindes dch solche der schon vorh Kinder des AdoptivEltT gefährdet werden. In der 1. Altern genügt es, wenn die entggstehden Interessen der eig Kinder überwiegen; in der 2. Alt müssen die Interessen des Adoptivkindes gefährdet sein; wg § 1741 überflüss Vorschr, da Kindeswohl iJF zu prüfen (Engler FamRZ **76**, 586). AdoptHindernis dch **Überwiegen** wurde darin gesehen, wenn der Vater der Frau angen werden soll, die die Ehe der Mutter des vorhandenen Kindes zerstört hat (Hbg ZBlJugR **54**, 31). Interessenberücksichtigg auch, wenn Ehem das erstehel Kind seiner Frau (BayObLG NJW **51**, 924) od deren nehel Kind (Hbg FamRZ **58**, 340) annimmt u aus der Ehe schon gemeinschaftl Kinder hervorgegangen sind. **Vermögensrechtliche Interessen** sind mit zu berücks (Hamm ZBlJugR **54**, 82), sollen aber nicht ausschlaggebend sein, S 2. Keine Berücksichtigg findet, daß dch neue Geschw rechnerisch eine Schmäler des Erbteils eintritt; ebso wird eine Teilg der finanz Leistgskraft der Elt eine Gefährdg vorhandener Kinder nur darstellen, wenn bes Umst vorliegen (BT-Drucks 7/3061 S 34). Würde aber dch die zusätzl UnterhLast des Annehmden der Unterh der vorh Abkömml gefährdet, so läge darin gleichzeit eine Gefährdg ihres leibl Wohls, die der Ann idR entggsteht. Dch Kinder des Annehmden werden Interessen des Anzunehmden **gefährdet**, wenn die Gefahr besteht, daß das schwächl Adoptivkind von seinen sehr viel stärkeren zukünft Geschwistern gequält w.

3) Verfahrensrechtliches. Im FGG-Verf sind die Beteiligten u ihre gesetzl Vertreter, desgl die leibl Abkömml des Annehmden, außer wenn sie zur Abgabe einer Erkl dauernd außerstande od ihr Aufenth dauernd unbekannt sind, zu hören. Möglichst persönl Anhörg von über 14 J alten Abkömmlingen. Anzuhören auch das JA des gewöhnl AufenthOrtes der mj Abkömml (FGG 68a I, JWG 11). Entspr gilt für and Pers, deren Interessen zu berücks sind.

§ 1746 Einwilligung des Kindes.

I Zur Annahme ist die Einwilligung des Kindes erforderlich. Für ein Kind, das geschäftsunfähig oder noch nicht vierzehn Jahre alt ist, kann nur sein gesetzlicher Vertreter die Einwilligung erteilen. Im übrigen kann das Kind die Einwilligung nur selbst erteilen; es bedarf hierzu der Zustimmung seines gesetzlichen Vertreters.

II Hat das Kind das vierzehnte Lebensjahr vollendet und ist es nicht geschäftsunfähig, so kann es die Einwilligung bis zum Wirksamwerden des Ausspruchs der Annahme gegenüber dem Vormundschaftsgericht widerrufen. Der Widerruf bedarf der öffentlichen Beurkundung. Eine Zustimmung des gesetzlichen Vertreters ist nicht erforderlich.

III Verweigert der Vormund oder Pfleger die Einwilligung oder Zustimmung ohne triftigen Grund, so kann das Vormundschaftsgericht sie ersetzen.

1) Die §§ 1746–1749 bestimmen, wessen Einwilligg für die Adopt vorliegen muß; § 1750 regelt die näheren Einzelheiten der Einwilligg. Währd nach dem bis zum AdoptG v 1976 geltden VertrSystem von der urspr Konzeption der ErwachsenenAdopt aus konsequent das Adoptivkind den AnnahmeVertr (ggf dch seinen gesetzl Vertr) abschließen mußte (§ 1751 aF), beschr sich das Dekretsystem (vgl Einf 1 v § 1741) darauf, daß das Kind seiner Adopt zustimmt. Eine so tiefgreife Ändrg der familienrechtl Verhältn kann nur mit Zust desj erfolgen, der vor allem davon betroffen ist (BT-Drucks 7/3061 S 34). In Betr kommt nur die **vorherige Zustimmg**, nicht die Gen (§§ 183, 184). Der AdoptAntr soll von den neuen Elt ausgehen (§ 1752 I). Es würde den LebensSachverh nicht treffen, wenn das Kind, insb das Kleinkind, das AnnVerf selbst betreiben müßte (BT-Drucks 7/3061 S 34). Das G stuft nach dem Alter des Kindes ab, I. Solange es geschäftsunfäh (also unter 7 J) od noch nicht 14 J alt ist, kann die Einwilligg nur sein gesetzl Vertr erteilen; danach willigt das Kind mit Zust des gesetzl Vertr selbst ein. Nach Vollendg des 14. LebJ steht dem Kind außerd die Möglk zu, die bereits erteilte Einwilligg zu widerrufen, II. Die Verweigerg der Zust des Vormd od Pflegers zur Ann selbst od zur Einwilligg des 14jähr od älteren Kindes kann vom VormschG ersetzt w, III. Bei der VolljährigenAdopt wirkt der Anzunehmde dch seinen Antr mit (§ 1768 I).

2) Einwilligg des Kindes, I. Für das geschäftsunfäh od **noch nicht 14 J alte Kind** erklären seine Elt als gesetzl Vertr die Einwilligg zur Ann (§§ 1626ff). Ist der gesetzl Vertr in der Vertretg verhindert (§ 1795 I Z 1 analog), so Zust nur dch Ergänzgspfleger (so ausdrückl zum neuen AdoptR der ausführl begrdete Beschl LG Stgt FamRZ **77**, 413; Traunst NJW **77**, 2167; die Grde v BGH NJW **71**, 841 treffen weitgehd auch noch auf das neue AdoptR zu; aA Bln FamRZ **77**, 660; LG Saarbr DAVorm **78**, 124; Bonn NJW **77**, 2168; Engler Rpfleger **77**, 274; Brüggemann ZBlJugR **77**, 206 u FamRZ **77**, 656; MüKo/Lüderitz Rdn 5 unter Berufg auf das Dekretsystem; Roth-Stielow NJW **78**, 203 mit der Begrdg, es fehle an einem Interessenkonflikt). Gesetzl haben beide Elt, wenn sie elterl Gewalt haben (§ 1629 Anm 1), sonst der vertretgsberecht EltT. Steht Sorge für Pers u Vermögen verschiedenen Pers zu, so der Vertr für die Pers. Das alles gilt auch für den Vertr des schon vorhandenen Abkömml, auf den sich die Wirkgen erstrecken (§ 1754). Nimmt ein Eheg das Kind des and an, so ist dieser wg § 1629 II 1 von der Vertretg für das Kind ausgeschl, so daß ein Pfleger bestellt w muß (KG JW **35**, 870). Vertr kann sich nicht vertreten lassen (§ 1750 III 1). Fehlen od Unwirksamk der Einwilligg nur unter erschwerten Voraussetzgen AufhebgsGrd (§ 1761). Hat das Kind einen Vormd od Pfleger (zB das nehel gem § 1706 Z 1), so gibt dieser Erkl für das Kind ab, **S 1.** Das noch nicht 14jähr Kind kann seine Wünsche und Vorstellgen bei der Anhörg dch das VormschG vorbringen, wodch sie in die Entsch über das Kindeswohl (§ 1741 Anm 2a) einfließen. Einer Genehmigg der Erklärgen des gesetzl Vertr bzw Vormds dch das VormschG bedarf es anders als bei § 1751 I aF im Dekretsystem (Einf 1 v § 1741) nicht mehr. **Nach Vollendg des 14. LebensJ** kann das Kind die Einwilligg nur selbst erteilen, bedarf hierzu aber noch der Zust seines gesetzl Vertr, **S 2.** Zur gesetzgeberischen Entsch für das Alter von 14 J vgl BT-Drucks 7/3061 S 35. Zust des gesetzl Vertr ist Wahrnehmg nicht eigener Rechte, sond Akt der gesetzl Vertretg, so daß § 1795 eingreift (BGH NJW **71**, 841). Form § 1750 I.

3) Ersetzg der Einwilligg, III, nur von Vormd od Pfleger, also nicht mögl die Ersetzg der Einwilligg des über 14 J alten Kindes, auch wenn es die Adopt ohne trift Grd ablehnt. Ist die Mutter od der Vater od sind beide Elt zur Vertretg des geschäftsunfäh od noch nicht 14jähr Kindes berecht u weigern sie sich, die Einwilligg für das Kind zu erklären, kann die Erkl ebenfalls ersetzt w. Den Elt kann allerd das R zur Vertretg des Kindes in persönl Angelegenheiten entzogen w (§ 1666), wofür die Voraussetzgen vorliegen, wenn die Einwilligg der Elt nach § 1748 ersetzt wurde, idR auch dann, wenn ein EltT die elterl Einwilligg (§ 1747) unwiderrufl (§ 1750 II 2) erklärt hat u sich weigert, die Einwilligg für das Kind zu erklären (BT-Drucks 7/3061 S 35). Bei Verweigerg der Einwilligg des Vormd od Pflegers **ohne trift Grund** keine Entlassg (§ 1886), sond Ersetzg der Einwilligg. Mißbräuchl Verweigerg mag sei Eigennutz, persönl Ressentiments gg die AdoptivElt uä. Es entsch der Richter (RPflG 14 Z 3f). Antr nicht erfdl (krit Bassenge JR **76**, 187). Gg Ersetzg sof Beschw (FGG 53 I 2, 60 I Z 6).

4) Widerruf der Kindeseinwilligg, II, im Ggs zu den binddn Einwilliggen der übr Beteiligten (§ 1750 II 2) zul; die Ann wird dem Wohl des Kindes regelmäß nicht entsprechen, wenn es selbst die Begründg des neuen Elt-Kind-Verhältn nicht mehr will, ehe das Ger entschieden hat (BT-Drucks 7/3061 S 35). Das Kind kann die Einwilligg auch dann widerrufen, wenn sie von seinen Elt, einem Vormd od Pfleger erkl wurde, ehe es 14 J alt war. Der Zust des gesetzl Vertr zum Widerruf bedarf es nicht, **S 3,** da sich das Kind in diesem Fall für seine bish FamBindg entsch (BT-Drucks 7/3061 S 35). Kein Verzicht auf Widerrufsmögl. Der Widerruf bedarf der **öffntl Beurkundg, S 2,** nicht unbedingt notariell, also auch dch das JugA, um zu erreichen, daß das Kind vor der Abg der Erkl von ihm evtl schon vertrauten Sachkund über die Bedeutg u die Folgen des Widerrufs beraten wird u um WiderrufsErklärgen aus einer augenblickl Verärgerg od sonst Mißstimmgen heraus zu verhindern (BT-Drucks 7/5087 S 10).

1747 *Einwilligung der Eltern des Kindes.* I **Zur Annahme eines ehelichen Kindes ist die Einwilligung der Eltern erforderlich.**
II **Zur Annahme eines nichtehelichen Kindes ist die Einwilligung der Mutter erforderlich. Die Annahme eines nichtehelichen Kindes durch Dritte ist nicht auszusprechen, wenn der Vater die Ehelicherklärung oder die Annahme des Kindes beantragt hat; dies gilt nicht, wenn die Mutter ihr nichteheliches Kind annimmt. Der Vater des nichtehelichen Kindes kann darauf verzichten, diesen Antrag zu stellen. Die Verzichtserklärung bedarf der öffentlichen Beurkundung; sie ist unwiderruflich. § 1750 gilt sinngemäß mit Ausnahme von Absatz 4 Satz 1.**

III **Die Einwilligung kann erst erteilt werden, wenn das Kind acht Wochen alt ist. Sie ist auch dann wirksam, wenn der Einwilligende die schon feststehenden Annehmenden nicht kennt.**

IV **Die Einwilligung eines Elternteils ist nicht erforderlich, wenn er zur Abgabe einer Erklärung dauernd außerstande oder sein Aufenthalt dauernd unbekannt ist.**

1) Zunächst § 1746 Anm 1. Da dch die Ann als Kind die natürl VerwandtschVerh aufgeh w (§ 1755 I 1), ist die **Einwilligg der Eltern** erforderl, nicht als Ausfl der elterl Gew, sond als Folge des natürl, in GG 6 geschützten ElternR (BT-Drucks 7/3061 S 36). Als Folge der Ablehng der BlankoAdopt (Anm 3) bedarf es der Einwilligg auch iF einer erneuten Ann (§ 1763 III b). Zur Ersetzg § 1748. Keine Zust sonstiger Verwandter, insb der Geschwister des Adoptivkindes od der **Großeltern,** um die Adopt nicht zu erschweren u weil das Kind völl in der KleinFam lebt, die von den Elt u Kindern gebildet w; dazu gehören die GroßElt (BT-Drucks 7/3061 S 38). Im Hinbl auf die VollAdopt (Einf 1 v § 1741) verfassgsrechtl bedenkl; vgl aber BT-Drucks 7/5087 S 15.

2) Einwilliggsberechtigg. Die Einwilligg ist für jedes mj Kind erforderl. Ohne Bedeutg, ob EltT die elterl Gewalt hat (Engler NJW **69**, 1999; aA Delian NJW **69**, 1332). Einwilligg des EltT liegt darin, wenn er als gesetzl Vertr der Ann od der Kindeseinwilligg gem § 1746 zustimmt (vgl BayObLG **21**, 197). Bei einem **ehel Kind** haben beide Elt einzuwilligen, **I,** auch wenn sie gesch sind, die Ehe aufgeh od für nichtig erkl ist; denn das EltR wird dadch nicht berührt, das Kind bleibt ehel (§ 1591). Bei einem auf seinen Antr dch EhelErkl legitimierten Kind erfordert Einwilligg des überlebden EltT (§ 1740 a), bei einem dch Eheschl legit Kind (§ 1719) auch des Vaters (Celle StAZ **58**, 290); bei einem **nehel Kind** der Mutter, **II 1,** dagg nicht des nehel Vaters (BT-Drucks 7/5087 S 11). Dessen Stellg wird aber dadch gestärkt, daß ein **Dritter** das nehel Kind nicht annehmen kann, wenn der Vater die EhelErkl (§ 1723) od die Ann des Kindes (§ 1741 III 2) beantr hat, **II 2.** Dr ist auch der Stiefvater, der das nehel Kind seiner Ehefr adoptieren will (Bln FamRZ **78**, 67 L). Der nehel Vater ist vom JugA ü seine Rechte zu belehren (JWG 51b); Unterlassg kann bei echter ElternschBereitsch des Vaters AnnAufhebg gem § 1763 I rechtfertigen (aA MüKo/Lüderitz Fn 43.) AdoptPflege des nehel Vaters zul (§ 1744 Anm 1). Nicht ausreichd, wenn der nehel Vater das Kind lediglich bei sich annehmen will, ohne seine rechtl Stellg zu verbessern, weil er ein PflegeVerhältn jederzeit wieder auflösen könnte (BT-Drucks 7/3061 S 37). Ist der Antr des Vaters abgelehnt, kommt die Ann dch Dr wieder in Betr. Der Vorrang des Vaters gilt auch nicht ggü der nehel Mutter, II 2 aE. Auch wenn der nehel Vater das Kind annehmen will, ist die Einwilligg der Mutter erfdl; denn es kann sein, daß sie der Ann dch Dr zustimmen will, nicht jedoch der dch den Vater. Scheitert die Ann dch den nehel Vater am Widerstand der Mutter u ist eine Ersetzg ihrer Einwilligg § 1748 nicht mögl, kommt die Ann nicht zustande (BT-Drucks 7/3061 S 37). Damit der nehel Vater eine DrittAdopt nicht dch einen eig Antr stört, ist vorgesehen, daß er auf sein AntrR unwiderrufl verzichten kann, **II 3.** Seine Erkl bedarf der öff Beurk, kann aber auch vom JugA beurk werden (JWG 49 I Z 5).

3) Zeitpunkt u sachliche Einschränkgen der Einwilligg. Die Einwilligg kann erst erteilt w, wenn das Kind 8 Wo alt ist, **III 1,** um vor allem die frühkindl Schädigg eines Heimkindes (Hospitalismus) schon früher beginnt (BT-Drucks 7/3061 S 37 u 7/5087 S 11f). Vorzeit Einwilligg gibt AufhebgsGrd (§ 1760 II Buchst e). Abgabe des Kindes zur AdoptPflege (§ 1744) schon gleich nach der Geburt mögl. Im VorderGrd sollte allerd die Hilfe für die Mutter stehen (JWG 51a, 52). Darü, wessen Einwilligg erforderl ist, entsch Ztpkt des AnnBeschl (§ 1752 I), nicht der Antr (vgl Celle JR **65**, 138). Erkl der Einwilligg braucht nicht dem AdoptAntr (§ 1752) nachzufolgen (vgl § 1750 Anm 1). Zul ist auch die **Inkognitoadoption,** bei der die Annehmden bereits feststehen, aber den Elt des Kindes unbekannt s, **III 2.** Zu dem daran anknüpfbaren Ausforschgsverbot § 1758 Anm 1. Dem Fall, daß der zunächst vorgesehene AdoptBewerber dch Tod od aus and Grden fortfällt, sollte dch gleichzeit Einwilligg zur Ann ein od mehrere weitere Ehepaare vorgebeugt w; Bedenken dagg bei Lüderitz NJW **76**, 1868. Zu proz Auswirkg auf schwebden VaterschProz Karlsr FamRZ **75**, 507. Unzul ist die bish umstr Blankoadoption, bei der nur eine allg Einwilligg der Elt vorliegt (zur Kontroverse darum vgl 35. Aufl; zur Ablehng dch den GesGeber BT-Drucks 7/3061 S 21 u 7/5087 S 12). Zul ist die Beschrkg der Einwilligg auf best AdoptVerhältnisse, zB Religion der AdoptivElt (Listl FamRZ **74**, 74); denn dabei handelt es sich nicht um ein zukünft ungewisses Ereign, also um eine gem § 1750 II 1 unzul Bedingg (Einf 2 v § 158), sond um eine ggstdl Beschrkg der Erkl auf einen best PersKreis (Dölle 112 III 2e).

4) Wegfall des Einwilliggserfordernisses, IV. Einwilligg eines EltT nicht erfdl, wenn dieser zur ErklAbg dauernd außerstande ist oder sein Aufenth unbekannt ist. Vertretg des EltT als höchstpersönl Entsch unzul. Die Feststellg des Ger, ob die Voraussetzgen für IV vorliegen, wird inzidenter getroffen; nimmt die Ger sie zu Unrecht an, dann Aufhebg der Ann nur unter den Voraussetzgen des § 1760 V. Anwendg bei Findelkindern.

1748 *Ersetzung der Einwilligung eines Elternteils.* I Das Vormundschaftsgericht hat auf Antrag des Kindes die Einwilligung eines Elternteils zu ersetzen, wenn dieser seine Pflichten gegenüber dem Kind anhaltend gröblich verletzt hat oder durch sein Verhalten gezeigt hat, daß ihm das Kind gleichgültig ist, und wenn das Unterbleiben der Annahme dem Kind zu unverhältnismäßigem Nachteil gereichen würde. Die Einwilligung kann auch ersetzt werden, wenn die Pflichtverletzung zwar nicht anhaltend, aber besonders schwer ist und das Kind voraussichtlich dauernd nicht mehr der Obhut des Elternteils anvertraut werden kann.
II Wegen Gleichgültigkeit, die nicht zugleich eine anhaltende gröbliche Pflichtverletzung ist, darf die Einwilligung nicht ersetzt werden, bevor der Elternteil vom Jugendamt über die Möglichkeit ihrer Ersetzung belehrt worden ist und nach § 51a Abs. 1 des Gesetzes für Jugendwohlfahrt beraten worden ist und seit der Belehrung wenigstens drei Monate verstrichen sind; in der Belehrung ist auf die Frist hinzuweisen. Der Belehrung bedarf es nicht, wenn der Elternteil seinen Aufenthaltsort ohne Hinterlassung seiner neuen Anschrift gewechselt hat und der Aufenthaltsort vom Jugendamt während eines Zeitraums von drei Monaten trotz angemessener Nachforschungen nicht ermittelt werden konnte; in diesem Fall beginnt die Frist mit der ersten auf die Belehrung und Beratung oder auf die Ermittlung des Aufenthaltsorts gerichteten Handlung des Jugendamts. Die Fristen laufen frühestens fünf Monate nach der Geburt des Kindes ab.
III Die Einwilligung eines Elternteils kann ferner ersetzt werden, wenn er wegen besonders schwerer geistiger Gebrechen zur Pflege und Erziehung des Kindes dauernd unfähig ist und wenn das Kind bei Unterbleiben der Annahme nicht in einer Familie aufwachsen könnte und dadurch in seiner Entwicklung schwer gefährdet wäre.

Schrifttum: Arndt/Schweitzer ZBlJugR **74**, 201; Oberloskamp FamRZ **73**, 286.

1) Dch AdoptG prakt wörtl übernommen vom § 1747a des Art 1 Z 3 AdoptRÄndG. **Zweck:** Währd fr Ersetzg der Einwilligg der Elt nur ausnahmsw stattfinden sollte, vgl § 1747 III aF, stellte § 1747a in einigen

§ 1748 1–4

f die Praxis bedeuts Fällen das Kindeswohl über das R der natürl Elt u ermöglichte die Ann als Kind auch gg den Willen der leibl Elt. Insb ist das schwer nachzuweise Erfordern der böswill Verweigerg fallengelassen w. § 1748 findet keine Anwendg auf den EvtlVater, dh es bedarf der Einwilligg des angebl Vaters nicht (vgl § 1600 a I 2), solange StatusProz andauert (§ 1747 Anm 2; and Hann DAVorm **76**, 55, das ledigl von der Anhörg absehen will).

2) Ersetzg der Einwilligg verletzt grdsätzl nicht GG 6 II u III, BVerfG NJW **68**, 2233, kann aber, auch bei Inkognitoadoptionen, abgesehen v III, Anm 3, nur unter **drei Voraussetzgen** erfolgen, **I 1. a)** Das G nennt zunächst alternativ zwei tiefgreifde Störgen der Elt-Kind-Beziehg: **aa)** Der verweigernde EltT **verletzt seine Pflichten ggü dem Kind anhaltend gröblich**, was regelm iFv § 1666 Anm 4a u b vorliegt (AG Hbg FamRZ **66**, 576). PflVerletzgen zu bejahen bei lockerem Lebenswandel iVm übermäß Alkoholgenuß, Nichtabholen des Kindes nach der Geburt (Hamm FamRZ **77**, 418); total verwahrlostes Zuhause, wofür grobe Verschmutzg, Vorhandensein verdorbener LebMittel, Fehlen v menschenwürd SchlafGelegenh Merkm sind (LG Hbg DAVorm **78**, 49), ebso zusätzl, wenn Polizei die Mutter schlafd vorfindet, währd Elektroherdplatte glüht (Kiel DAVorm **78**, 384); schwere leibl od seel Vernachlässigg, zB grobe lieblose Behdlg (Ffm FamRZ **71**, 322; Mannh DAVorm **73**, 370); Elt Trinker u Kinder meist in Schmutz sich selbst überlassen (Schwabach DAVorm **74**, 273); GewUnzucht u Strafhaft (Ravbg DAVorm **75**, 306) wg Zuhälterei der Mutter u UnterhEntziehg (was die Nachteilsfrage nicht b präjudiziert; aA Duisbg DAVorm **75**, 432) od Kindesmißhdlg (Blieskastel DAVorm **75**, 434); Unauffindbark nach Strafhaft bei insges 5 nehel Kindern u UnterhEntziehg (Ellw DAVorm **76**, 159); Inkaufnehmen, daß das Kind inf ständ Strafhaft nicht versorgt w (Cuxhav FamRZ **76**, 241). Es genügt obj Gefährdg (KG FamRZ **66**, 266), wie sie bei einer Kombination v Schwachsinn, AlkMißbr u Neigg zu Brandstiftgen gegeben s kann (Hombg DAVorm **76**, 160). Nach der Neufassg (,,anhaltend'' statt ,,dauernd'') kommt es nicht mehr darauf an, ob auch künft Pflichtverletzgen zu erwarten sind (Hamm FamRZ **76**, 462 mit sorgf Begrdg; Erm/Hefermehl § 1748 Rdn 7; and die 35. Aufl u Zweibr FamRZ **76**, 469). Stets muß die PflVerletzg jedoch Ausdr einer Gesinng ggü dem Kind, dh es muß wahrscheinl s, daß sich das Verhalten in dem f die Entw des Kindes entsch Zeitr nicht ändert, arg ,,anhaltd'' (aA MüKo/Lüderitz Rdn 8). Das Gesinngsmoment ist unabh von der Gefahr zukünftiger PflVerletzgen festzustellen. **Nicht ausreichend** Straftaten der Elt, die keine konkr nachteil Folgen für das Kind haben od wenn Kind anderweit (bei PflegeElt) gut untergebracht u versorgt w, selbst bei Verletzg der UnterhPfl durch die Elt (Düss DAVorm **77**, 751). Nach **I 2** können auch **einmalige** bes **schwere PflVerstöße** ausreichen, wie insb die fr ausdrückl aufgeführte Verwirkg der elterl Gew, § 1676, sofern das Kind voraussichtl nicht mehr der Obhut des EltT anvertraut w kann. **bb)** Der verweigernde EltT zeigt dch sein Verhalten seine **Gleichgültigk ggü dem Kind.** Er muß währd der Dauer v wenigstens 5 Mo, vgl II 3, u trotz des Beistands dch das JA, II 1, nach außen erkennb w lassen, daß ihn das Kind u dessen Schicksal nicht interessiert, was zB in dem Verlangen auf Volladoption des Kindes ins Ausland zum Ausdruck kommt (BayObLG FamRZ **76**, 234). Iü reicht obj Eindruck wie beharrl Schweigen aus (Ffm FamRZ **71**, 322), so daß bl Beteuergen des Ggteils nicht genügen. Gleichgültigk daher auch z bejahen, wenn BesitzAnspr auf das Kind keiner echten gefühlsm Bindg entspringen, sond anders motiviert sind, zB Neid, Rachsucht, Böswillgk, schlechtes Gewissen od auch die bl Besorgn um das eig Wohl (Ravbg DAVorm **75**, 56). Feindselige od verwerfl Gesinng aber iGgs zu früher nicht erforderl. Wer, auch dch die Umst gezwungen, sein Kind in ein Heim abgibt, muß dch erhöhte Anstrenggen (regelm Besuche, Heimholg während der WoEnden u Ferien uä) seine persönl Bindg an das Kind unter Beweis stellen, vgl Lüderitz Adoption S. 41. Wer sich als Mutter 4 Mo um die 2½ jähr Tochter, die in ein Pflegeheim gebracht w ist, nicht kümmert, dokumentiert Gleichgültigk (LG Hbg DAVorm **78**, 49). Umgek sind jedoch vorübergehde seel Störgen des EltT zu dessen Gunsten zu berücks. Auch reichen früh erh EhelkAnfKl od Verzicht auf Kontakt, wenn dadch dem Kind Konflikte erspart w sollten, nicht aus (Stgt Just **72**, 316). Schleppde Behdlg des AdoptionsAntr kann Gleichgültigk dokumentieren (AG Tüb FamRZ **73**, 321). Bei Ersetzg wg Gleichgültigk **Beratung** des EltT unverzichtb (Hamm FamRZ **77**, 415). – **b)** Das Unterbleiben der Ann als Kind würde dem Kinde zu **unverhältnismäß Nachteil** gereichen. Das w bei Vernachl des Kindes dch die Elt od die nehel Mutter regelm z bejahen s. Es muß sich um einen im Verhältn z Kindeswohl bes großen Nachteil handeln, zB Fehlen einer kontinuierl Unterbringsmögl, überdchschnittl EntwStörgen dch auf äußerst Pflege, Lüderitz Adoption S 44. Nachteil auch zu bejahen, wenn das Verbleiben des Kindes in der Pflegestelle sichergestellt erscheint, die PflegeElt selbst aber das Kind adoptieren wollen (Darmst DAVorm **77**, 375; aA Düss DAVorm **76**, 157). Nicht ausreichd: Unentschlossenh, keine UnterhZahlg, weil Kind anderweit versorgt w, Verlust wirtschaftl Vorteile (KG FamRZ **66**, 266, OLGZ **69**, 235). Anderers sind die neuen Verhältn in geist u leibl Hins, die Mögl des Ausbildg, der Unterh usw ggü dem bisher Gegebnen in die Waagschale zu werfen. Solche Abwägg setzt Kenntn der neuen Verhältn voraus (BayObLG FamRZ **75**, 232). Zul dürfte es s, ähnl Erwäggen wie in § 1727 anzustellen, Erm-Hefermehl 7. – **c)** Ersetzg erfolgt auf **Antrag des Kindes,** also des über 14 J alten Kindes mit Zust seines gesetzl Vertr (Brschw FamRZ **64**, 323; Gernhuber[2] S 738 Fn 1; aA MüKo/Lüderitz Rdn 25: ohne Zust des gesetzl Vertr), sonst dch diesen, iF auch dch den Amtspfleger (Ravbg DAVorm **75**, 56).

3) Einwilliggsersetzg ferner, **III, a)** bei **dauernder Unfähigk** z Pflege u Erziehg des Kindes wg bes schwerer geist Gebrechen, wofür schw Depressionen u sicherhgefährdde geist Erkrankgen, uU auch wenn sie nur schubw auftreten, genügen. Anderers verlangen die verfassgsrechtl Bedenken gg III (Engler FamRZ **75**, 131) strenge Anfdgen, so daß akute paranoide Schizophrenie mit ausgeprägten Wahnvorstellgen bei sonst Mütterlichk usw uU nicht ausreicht (ausführl Hamm DAVorm **78**, 364). Als Folge der Unfähigk wird ferner vorausgesetzt **b)** die **Notwendigk der Heimunterbringg** f das Kind. Nicht ausr also, wenn Kind bei Verwandten aufwachsen kann, wohl aber, wenn diese selbst das Kind adoptieren wollen. **c)** Die Ersetzg soll schließl unterbleiben, wenn dch die Unterbringg in einem Heim das Kind in seiner Entw nicht **schwer gefährdet,** was jedoch idR z bejahen ist, sofern nicht bes günst Heimplatz z Vfg steht.

4) Im Anschl an die amtl Begrdg (BT-Drucks 7/3061 S 38) w das ErsetzgsVerf als **Zwischenverfahren** bezeichnet. Das ErsetzgsVerf muß rechtskr abgeschl sein, ehe das VormschG die Ann als Kind gem § 1752 aussprechen kann (Celle DAVorm **78**, 383). Zust VormschG FGG 43. Es entsch der Richter, RPflG 14 Z 3f. Anhörg des JA nach pflichtgem Erm des VormschG, JWG 48 S 1; and iFv II, s unten. Der Einwilliggs-ErsetzgsBeschl muß begründet w (LG Hbg DAVorm **78**, 49). Gg abl Beschl einf Beschw des Kindes, FGG 20 II, 59, gg den ersetzden die Beschw des EltT, FGG 20 I, u zwar die sofort, FGG 53 I 1, 60 I Z 6. Rechtskr der ErsetzgsVfg Voraussetzg f Bestätigg. Bei Ersetzg aGrdv bl Gleichgültigk ist vor Ersetzg der EltT dch JA z belehren, z beraten u vor die Ersetzg eine Karenzzeit v 3 Mo zwzuschalten, **II 1**, es sei denn, der AufenthOrt des EltT ist v JA nicht z ermitteln, **2**, od es liegt neben der Gleichgültigk auch ein Fall gröbl PflVerletzg, Anm 2a aa, vor. Erst wenn der ErsetzgsBeschl unanfechtb geworden ist, kann das Ger die Ann aussprechen. Bei VerfMängeln ggf § 1760 V.

1749 *Einwilligung des Ehegatten.* **I** Zur Annahme eines Kindes durch einen Ehegatten allein ist die Einwilligung des anderen Ehegatten erforderlich. Das Vormundschaftsgericht kann auf Antrag des Annehmenden die Einwilligung ersetzen. Die Einwilligung darf nicht ersetzt werden, wenn berechtigte Interessen des anderen Ehegatten und der Familie der Annahme entgegenstehen.
II Zur Annahme eines Verheirateten ist die Einwilligung seines Ehegatten erforderlich.
III Die Einwilligung des Ehegatten ist nicht erforderlich, wenn er zur Abgabe der Erklärung dauernd außerstande oder sein Aufenthalt dauernd unbekannt ist.

1) Vgl zunächst § 1746 Anm 1. Nimmt ein Ehepaar ein Kind gemschaftl an (§ 1741 II 1), liegt im Ann-Antr jedes Eheg zugl die Einwilligg zur Ann des Kindes auch dch den and Eheg. Nimmt ein Eheg das Kind des and Eheg an (§§ 1741 II 2 zweite Alt, 1742), wird regelm in der elterl Einwilligg (§ 1747) die Einwilligg als Eheg liegen. Die bes **Einwilligg des Eheg** ist damit nur notw, wenn ein Eheg sein nehel Kind ann will (§ 1741 II 1 erste Alt) u wenn ein Eheg iFv § 1741 II 2 ausnahmsw nicht allein ann kann, **I 1** (BT-Drucks 7/3061 S 38). Einwilligg kann immer nur für eine bestimmte KindesAnn erfolgen (KG JFG **3**, 126). Erforderl auch die Einwilligg des getrenntlebden Eheg, nicht aber des geschiedenen. Einwilligg des Eheg kann auf Antr ersetzt w, **I 2**, darf aber nicht ersetzt w, wenn berecht Interessen des and Eheg u der Fam der Ann entggstehen, **I 3**. Die Voraussetzgen sind dies wie in § 1727 Anm 3. Ist der and Eheg geschäftsunfäh od sein Aufenth dauernd unbekannt (vgl § 1747 Anm 4), so ist seine Einwilligg nicht erfdl, **III**. Wg der Form der Einwilligg § 1750. Die Erkl muß als vorher Zust (§ 183) vorliegen. Über die Ersetzg entsch der Richter (RPflG 14 Z 3f).

2) **Annahme eines verheirateten Minderjährigen, II.** Bei der Ann Minderjähr wird es selten sein, daß das Kind schon verh ist, läßt sich aber nicht ausschließen (EheG 1 II). Eine Ehe soll die Ann des Kindes nicht verhindern; es muß dann aber die Einwilligg des and Eheg vorliegen, der mit der neuen Fam verschwägert wird (§ 1590). In diesem Fall soll eine Ersetzg der Einwilligg nicht mögl sein, wozu dadch unter sonst der Keim für das Scheitern dieser Ehe gelegt w könnte (BT-Drucks 7/5087 S 13). Die Einwilligg ist nicht erfdl iFv III (vgl Anm 1). Zu den namensrechtl Folgen, die ggf einer bes Zustimmg des Eheg des Kindes bedürfen, § 1757 Anm 1.

1750 *Einwilligungserklärung.* **I** Die Einwilligung nach §§ 1746, 1747 und 1749 ist dem Vormundschaftsgericht gegenüber zu erklären. Die Erklärung bedarf der notariellen Beurkundung. Die Einwilligung wird in dem Zeitpunkt wirksam, in dem sie dem Vormundschaftsgericht zugeht.
II Die Einwilligung kann nicht unter einer Bedingung oder einer Zeitbestimmung erteilt werden. Sie ist unwiderruflich; die Vorschrift des § 1746 Abs. 2 bleibt unberührt.
III Die Einwilligung kann nicht durch einen Vertreter erteilt werden. Ist der Einwilligende in der Geschäftsfähigkeit beschränkt, so bedarf seine Einwilligung nicht der Zustimmung seines gesetzlichen Vertreters. Die Vorschriften des § 1746 Abs. 1 Satz 2, 3 bleiben unberührt.
IV Die Einwilligung verliert ihre Kraft, wenn der Antrag zurückgenommen oder die Annahme versagt wird. Die Einwilligung eines Elternteils verliert ferner ihre Kraft, wenn das Kind nicht innerhalb von drei Jahren seit dem Wirksamwerden der Einwilligung angenommen wird.

1) **Förmlichkeiten der Einwilliggserklärung.** Die Vorschr betrifft die EinwilliggsErkl des Kindes, seiner Elt u die des Eheg des Annehmden. Die Einwilliggen sind bedinggs- u befristsfeindl u mit Ausn derj des Kindes unwiderrufl, **II**. Für ein geordnetes AnnVerf ist es unerläßl, daß erklärte Einwilliggen Bestand haben u der Fortgang des AnnVerf, in dessen Verlauf das Kind regelmäßig schon von den neuen Elt aufgen ist (vgl § 1744), nicht gestört w (BT-Drucks 7/3061 S 39). Verstöße gg II stellen keinen AufhebsGrd dar (vgl § 1760), insb ist für ihre Wirksamk gleichgült, wenn vor Abgabe gemachte Zusagen nicht eingehalten w. Abmachg, daß für eine Einwilligg eine Vergütg gezahlt w soll, nicht ow unsittl (Kiel OLG **46**, 187). Einwilligg muß höchstpersönl abgegeben w, **III 1**, also keine Stellvertretg, bedarf bei beschr GeschFähigk aGrd Geistesschwäche nicht der Zust des gesetzl Vertr, **III 2**, muß gem BeurkG 56 I notariell beurk w, **I 2**, u ist im Dekretsystem (Einf 1 v § 1741) nicht den Beteiligten als VertrParteien ggü abzugeben, sond ggü dem VormschG, **I 1**. Zustdgk FGG 36, 43, 43b. Bei Behördenfeindlichk der Mutter muß deren vor dem Notar abgegebene EinwilligsErkl nicht dem VormschG ggü wiederholt w (Bln DAVorm **77**, 600). Die EinwilliggsErkl werden wirks nicht mit der Abgabe beim Notar, sond erst mit dem Zeitpkt des Zugangs beim VormschG, **I 3**; gebotene Klarstellg, weil die elterl Gew mit der Einwilligg der Elt ruht (§ 1751 I 1). Örtl zustd für die Entggnahme der EinwilliggsErkl ist gem FGG 43b I das WohnsitzG der Annehmden auch dann, wenn diese ihre AdoptAbsicht aufgegeben haben (BayObLG FamRZ **78**, 65). EinwilliggsErkl verlieren ihre Gültigk mit der Zurücknahme des AnnAntr od bei Versagg der Ann, **IV 1**. Die Best geht

davon aus, daß der AnnAntr vor der Einwilligg vorliegt. Das ist jedoch in vielen Fällen unprakt u angesichts der Zulässigk der Inkognitoadoption nicht erfdl (vgl § 1747 Anm 3); Einwilligg kann nach der bei der AdoptVermittlsstelle (Einf 2 v § 1741) geführten Liste der AdoptBewerber erteilt w. Wird die Versagg nicht mit Beschw angefochten, können hins der Gültigk der Einwilligg Unklarheiten auftauchen (Bassenge JR **76**, 187). Iü büßt die EinwilliggsErkl eines EltT ihre Gültigk ein, wenn das Kind nicht binnen 3 J nach Abg der Erkl beim VormschG angen w ist, **IV 2**.

1751 *Ruhen der elterlichen Gewalt und der Unterhaltspflicht.* I Mit der Einwilligung eines Elternteils in die Annahme ruht die elterliche Gewalt dieses Elternteils; die Befugnis, mit dem Kind persönlich zu verkehren, darf nicht ausgeübt werden. Das Jugendamt wird Vormund; dies gilt nicht, wenn der andere Elternteil die elterliche Gewalt allein ausübt oder wenn bereits ein Vormund bestellt ist. Eine bestehende Pflegschaft bleibt unberührt. Das Vormundschaftsgericht hat dem Jugendamt unverzüglich eine Bescheinigung über den Eintritt der Vormundschaft zu erteilen; § 1791 ist nicht anzuwenden.

II Absatz 1 ist nicht anzuwenden auf einen Ehegatten, dessen Kind vom anderen Ehegatten angenommen wird.

III Hat die Einwilligung eines Elternteils ihre Kraft verloren, so hat das Vormundschaftsgericht die elterliche Gewalt dem Elternteil zu übertragen, wenn und soweit dies dem Wohl des Kindes nicht widerspricht.

IV Der Annehmende ist dem Kind vor den Verwandten des Kindes zur Gewährung des Unterhalts verpflichtet, sobald die Eltern des Kindes die erforderliche Einwilligung erteilt haben und das Kind in die Obhut der Annehmenden mit dem Ziel der Annahme aufgenommen ist. Will ein Ehegatte ein Kind seines Ehegatten annehmen, so sind die Ehegatten dem Kind vor den anderen Verwandten des Kindes zur Gewährung des Unterhalts verpflichtet, sobald die erforderliche Einwilligung der Eltern des Kindes erteilt und das Kind in die Obhut der Ehegatten aufgenommen ist.

Schrifttum: Roth-Stielow DAVorm **78**, 17.

1) Elterliche Gewalt nach Einwilligg in die Adoption, I. Mit der Einwilligg eines EltT in die Adopt des eig Kindes hat dieser EltT das von seiner Seite aus Erforderliche getan, um die rechtl Verbindg zu dem Kind zu lösen. Es ist desh konsequent, wenn das G in der ZwZeit bis zur Wirksamk der Ann seine elterl Gew mit der Wirkg des § 1675 ruhen läßt. Ebso bei Ersetzg der Einwilligg gem § 1748 (MüKo/Lüderitz Rdn 2; Roth-Stielow 2; aA AG Münst DAVorm **77**, 271). Die gesetzl angeordnete RWirkg tritt nicht ein, wenn die Einwilligg vor dem 1. 1. 77 erklärt w ist (Lünebg DAVorm **77**, 379). Sol nur ein EltT die Einwilligg erklärt ha, übt der EltT die elterl Gew allein aus (§ 1678 I). Da die Ann auf das Erlöschen des VerwandtschVerhältn abzielt (§ 1755 I), entspricht es ferner der gesetzl Konzeption, daß der EltT in Ausn zu § 1634 I auch nicht mehr mit dem Kind pers verkehren soll, **S 1**, so daß auch die ProbeZt (§ 1744) nicht davon beeinflußt w kann. Anderers bedarf es eines gesetzl Vertreters, dessen Zustimmg herbeigeführt w kann, wenn zB ein ärztl Eingriff notw ist. Gesetzl Vertr wird automat, ohne daß es einer Bestellg bedarf, das nach JWG 37 zuständ JugA, sofern nicht der and EltT die elterl Gew allein ausübt od schon ein Vormd bestellt ist, **S 2**, was idR bei Ersetzg der elt Einwilligg (§ 1748) der Fall sein wird. Vormsch auch dann, wenn die Einwilligg eines EltTeils in die Ann dch das VormschG ersetzt w ist (KG FamRZ **78**, 210). Der Eintritt der AmtsVormsch gem I 2 stellt für sich genommen keinen Gd dar, das JA, das Vormd geworden ist, abzugeben; Abgabe aber iRv JWG 43 (vgl dort Anm 2; Bonn DAVorm **77**, 746). Ebso bleibt eine bestehde Pflegsch unberührt, **S 3** (vgl §§ 1630 I, 1794). Die Amtspflegsch f ein nehel Kind, dessen Mutter in die Adoption eingewilligt hat, bleibt auch dann bestehen, wenn ein and JugA gem I 2 Vormd w (KG FamRZ **78**, 206). Bis zum AdoptAusspr bestehen entgg §§ 1791c II, 1918, JWG 41 II Amtspflegsch u AmtsVormsch nebeneinand (Stgt FamRZ **78**, 207; LG Hbg DAVorm **78**, 37); Beseitig der Kollision zw den §§ 1706, 1751 nur über JWG 43 (Roth-Stielow DAVorm **78**, 17). Das JugA erhält über den Eintritt der Vormsch unverzügl eine Bescheinigg, **S 4**, damit es frühzeit Kenntn von der elterl Einwilligg erhält u noch rechtzeit auf die Notwendigk der Pflegeerlaubn gem JWG 28 hinweisen u sie versagen kann, wenn das Wohl des Kindes dies erfordert (BT-Drucks 7/5087 S 14). Dieser für die FremdAdopt sinnvollen Regelg bedarf es nicht, wenn das Kind von dem Eheg seines Vaters od seiner Mutter adoptiert w soll, da es dann nicht um die Lösg der FamBande, sond umgek gerade um deren Festigg u Erweiterung geht, **II**.

2) Wenn die **Einwilligg** eines EltT wg Scheiterns der Ann od aGrd Zeitablaufs (§ 1750 IV) ihre **Wirksamk verloren** hat, so überträgt das VormschG diesem EltT die elterl Gew, aber nur, sof dies nicht dem Kindeswohl widerspricht, **III**. Eine Aufg des EltR ist nur vertretb, um ein neues EltR zu begründen. Besteht keine Aussicht, daß ein neues EltR begründet wird, so ist dafür zu sorgen, daß die bereits eingeleiteten Maßn rückgäng gemacht w. Das Kind soll sich nicht unangem lange in einem Schwebezustand befinden (BT-Drucks 7/3061 S 40f). Die elt Gew fällt nicht automat an den EltT zurück, der seine Einwilligg zur Ann gegeben hat, sond wird ihm übertragen, wenn dies dem Kindeswohl entspricht (vgl §§ 1678 II, 1681 I). Wenn ein EltT die elt Gew 3 Jahre nicht mehr ausgeübt hat, wird er möglicherw nicht geeignet sein, sie auszuüben. Ob der EltT geeignet ist, soll das VormschG in jedem Fall prüfen. Ist der EltT nicht geeignet u übt auch der and EltT die elt Gew nicht aus, hat das VormschG die gesetzl Vertretg des Kindes dadch zu regeln, daß es einen Vormd od Pfleger bestellt (BT-Drucks 7/3061 S 41). Es entsch der Richter (RPflG 14 Z 3f).

3) Die **Unterhaltspflicht** der leibl Elt u der and Verwandten des Kindes erlischt währd der PflegeZt nicht, sond tritt ledigl hinter derj der Annehmden zurück (Subsidiarität). Endet das Pflegeverhältn, ohne daß es zur Ann kommt, so tritt die UnterhPfl der leibl Elt u der übr Verwandten wieder ein. Entspr der

Regelg der elterl Gew ruht die UnterhPfl der leibl Elt u Verwandten; der Annehmde ist vorrang unterhaltspflichtig vom Augenbl des Wirksamwerdens der elterl Einwilligg (§ 1750 I 3) und wenn der Annehmde das Kind mit dem Ziel der Ann in Pflege genommen hat, **IV 1.** Voraussetzg ist die „erforderl" Einwilligg der Elt, bei einer Halbwaisen also nur die des überlebden EltT, beim nehel Kind nur die der Mutter; entspr ist die Einwilligg nur eines EltT erfdl, wenn der and zur Abg einer Erkl dauernd außerstande od sein Aufenth dauernd unbekannt ist (§ 1747 IV). Ist das Kind Vollwaise od die Einwilligg der Elt od des allein einwilliggsberecht EltT nach § 1747 IV nicht erfdl, so beginnt die UnterhPfl, wenn der Annehmde das Kind in Obhut nimmt. Maßgebl Ztpkt ist nicht die Erteilg der Pflegeerlaubn dch das JugA (JWG 28), sond der Ztpkt, in dem das Kind in die Obhut der künft AdoptivElt genommen wird u diese dadch die Verantwortg für das Kind übernehmen (BT-Drucks 7/5087 S 14). Obhut nicht gleichbedeutd mit Haushalt; Krankenhaus- od Heimverbleib wg Krankh od sonst Behinderg des Kindes bei Übernahme der Verantwortg dch die künft Elt reicht aus. Die Verpfl zur Zahlg v **Pflegegeld** dch den Träger der JugHilfe entfällt mit der Zustellg v rechtswirks EinwilliggsErkl u der AnnErkl der AdoptBewerber (VerwG Münst DAVorm **78**, 40 mAv Brüggemann). Der nehel Vater macht die vorrang UnterhVerpfl der Annehmden bereits im Verf nach ZPO 643 geltd (Stgt DAVorm **78**, 442). – Bei der Ann des Kindes eines Eheg dch den and Eheg sind beide Eheg dem Kind vor dessen and Verwandten unter dens Voraussetzgen der Einwilligg u der Inobhutnahme unterhaltspflichtig, **IV 2.**

1752 *Beschluß des Vormundschaftsgerichts; Antrag.* ¹ Die Annahme als Kind wird auf Antrag des Annehmenden vom Vormundschaftsgericht ausgesprochen.

II Der Antrag kann nicht unter einer Bedingung oder einer Zeitbestimmung oder durch einen Vertreter gestellt werden. Er bedarf der notariellen Beurkundung.

1) Adoptionsdekret, I. Die Ann als Kind erfolgt nicht mehr dch vormschgerichtl bestätigten Vertr zw Annehmdem u Adoptivkind, sond dch Ausspr des Vormschg. Zur Begründg des Dekretsystems (Einf 1 v § 1741) vgl BT-Drucks 7/3061 S 23; zur Zustdgk des VormschG BT-Drucks 7/3061 S 41. Örtl Zustdgk FGG 43 b I. Vor dem Beschl Einholg eines EigngsGA (FGG 56 d). Soweit das Kind nicht einwilligen muß (§ 1746), ist es zu hören (JWG 48a Z 10; FGG 55 c). Einholg eines psycholog GA idR, insb wenn das Kind schon längere Zeit in der AdoptFam zugebracht u Rückstände aufgeholt hat, überfl ist die AnO unterliegt jedoch nicht der Beschw (Hann DAVorm **77**, 759). Es entsch der Richter (RPflG 14 Z 3f). In dem Beschl ist anzugeben, auf welche Vorschr sich die Ann stützt (vgl dazu Mergenthaler StAZ **77**, 292); ferner ist anzugeben, wenn die Einwilligg eines EltT gem § 1747 IV nicht für erfdl erachtet wurde (FGG 56e S 1). Der AnnBeschl wird mit der Zustellg an den Annehmden, nach dessen Tod mit der Zustellg an das Kind wirks; er ist unanfechtb, u auch das Ger kann ihn nicht ändern (FGG 56e S 2 u 3). Willensmängel u Verf-Fehler werden geheilt (Lüderitz NJW **76**, 1869); Berücksichtigg allerd iRv § 1760. Gg die Ablehng unbefr Beschw (FGG 20 II). Das AdoptVerf ist gebührenfrei (KostO 91, 98).

2) Der Annahmeantrag, II, muß vom Annehmden ausgehen, nicht vom Kind od einem sonst Beteiligten. Er ist bedinggs- u befristgsfeindl u bedarf bei persönl Anwesenh vor dem Notar der not Beurk (Lit: Kemper DAVorm **77**, 153). Der Antr enthält zugl die Einwilligg der Annehmden, daß das Kind dch die Ann ihr Kind werden soll. Trotz der Formulierg des G, daß der Antr nicht dch einen Vertr gestellt w kann, ist es zul, daß er von dem Notar nach VormschG eingereicht w (arg § 1753 II). Der Antr kann bis zum Ausspr der Ann zurückgen w. Gg die Ablehng des Antr Beschw nur vS des Annehmden (FGG 20 II). Stirbt er vor der Entsch, bleibt Ann zul (§ 1753 II); die Ablehng ist mangels eines BeschwBerecht aber nicht anfechtb (FGG 68 S 2 hätte nicht aufgeh w dürfen; Bassenge JR **76**, 187).

1753 *Annahme nach dem Tod.* ¹ Der Ausspruch der Annahme kann nicht nach dem Tod des Kindes erfolgen.

II Nach dem Tod des Annehmenden ist der Ausspruch nur zulässig, wenn der Annehmende den Antrag beim Vormundschaftsgericht eingereicht oder bei oder nach der notariellen Beurkundung des Antrags den Notar damit betraut hat, den Antrag einzureichen.

III Wird die Annahme nach dem Tod des Annehmenden ausgesprochen, so hat sie die gleiche Wirkung, wie wenn sie vor dem Tod erfolgt wäre.

1) Der Tod des Kindes vor der Ann schließt den Abschl der bereits eingeleiteten Adopt aus, **I.** Wichtig für die Erbfolge (§§ 1754, 1755, 1924 ff). Ist das Kind gestorben, verliert die Ann des Kindes ihren eigentl Sinn; erbrechtl Überlegen sollen daneben nicht ausschlaggebd sein (BT-Drucks 7/3061 S 42). Entscheidd Ztpkt Zustellg an den Annehmden (FGG 56e S 2).

2) Der Tod des Annehmenden vor dem Erlaß des AdoptBeschl macht die Ann dagg nicht unmögl u nach wie vor sinnvoll, wenn das Kind zB im Haush des Annehmenden gelebt hatte (Engler FamRZ **74**, 586). Der Ausspr der Ann hat zwar auch zu unterbleiben, wenn der Annehmde in einem frühen Stadium des AnnVerf stirbt; hat er od sein Notar dagg bereits den AnnAntr beim VormschG eingereicht, so kann auch jetzt noch die Adopt ausgesprochen w, **II.** Entscheidd das Kindeswohl (§ 1741 I), ferner, ob das Kind nicht seine Einwilligg widerruft (§ 1746 II 1). Stirbt bei einer gemschaftl Ann der eine Eheg u nimmt daraufh der and Eheg seinen Antr zurück (§ 1752 Anm 2 aE), so bleibt AnnBeschl mögl, weil die in dem Antr des überlebden Eheg liegde Einwilligg (§ 1749 Anm 1) zur Ann dch den verstorbenen Eheg nicht zurückgen w kann

(§ 1750 II 2); idR verbietet dann aber das Kindeswohl den nachträgl AnnBeschl. Der nach dem Tode des Annehmden ergehende AnnBeschl hat die Wirkg, als ob die Ann vor dem Tode erfolgt wäre, **III**, was insb bedeutet, daß dem Kind ggü dem verstorbenen Annehmden ein gesetzl ErbR u, soweit dieser anderweit verfügt hatte, ein PflichtteilsAnspr zusteht, sof er diese Vfg nicht überh anfechten will (§§ 1924 I, 2079, 2303). Die Möglk der nachträgl Vollziehg der Ann entspricht idR den inzw eingetretenen tatsächl Verhältn (BT-Drucks 7/3061 S 42). II trifft auch den Fall, daß eine gemschaftl KindesAnn erfolgen sollte u beide Annehmden verstorben sind (Hamm StAZ **67**, 99), unabh ob gleichzeit od nacheinander; das Kind beerbt dann beide AdoptivElt. Erfolgt Ausspr der Ann erst nach dem Tode des Annehmden, so Erkl gem § 1829 I 2 ggü dessen Erben od dem für die ungewissen Erben bestellten Pfleger (Hamm DNotZ **50**, 109). Vgl iü die parallele Regelg bei der EhelErkl (§ 1733).

1754 *Rechtliche Stellung des Kindes.* **I** Nimmt ein Ehepaar ein Kind an oder nimmt ein Ehegatte ein Kind des anderen Ehegatten an, so erlangt das Kind die rechtliche Stellung eines gemeinschaftlichen ehelichen Kindes der Ehegatten.
II In den anderen Fällen erlangt das Kind die rechtliche Stellung eines ehelichen Kindes des Annehmenden.

Schrifttum: Diestelkamp NJW **65**, 2041; Ruthe FamRZ **77**, 30 (UnterhaltsAnspr).

1) Die §§ 1754–1758 regeln die rechtlichen Wirkgen der Annahme. Im Wortlaut weitgehd übereinstimmd mit § 1757 aF, erhält die Vorschr des § 1754 eine and Bedeutg, indem sie von der Gleichstellg des angen Kindes mit dem leibl ehel Kind prakt keine Ausn vorsieht. Damit wird der **Grdsatz der Volladoption** (Einf 1 v § 1741) verwirklicht, wonach das Kind soweit wie mögl aus seinem bisher FamVerband gelöst u in den neuen eingefügt w soll. Dieser MjAdopt mit starken Wirkgen steht die ErwachsenenAdopt mit schwachen Wirkgen ggü (vgl §§ 1767ff). **1. Wirkg: Das Kind erhält mit dem Ausspr der Adopt** (§ 1752 I) kr Gesetzes die **Stellg als ehel Kind des Annehmdens, II**, u iF der EhegAnn diej eines gemschaftl Kindes der Eheg, I, wobei es gleichgült ist, ob beide Eheg das Kind gemschaftl angen haben (§ 1741 II 1) od ein Eheg sein eig nehel od das ehel od nehel Kind des and Eheg (§ 1741 II 2). Im Ggs zu § 1763 aF wird damit ein **umfassendes gesetzliches Verwandtschaftsverhältnis** zu dem Annehmden selbst u zu dessen Verwandten, insb zu seinen Elt, seinen leibl u Adoptivkindern, hergestellt. Das Kind wird in den neuen Fam unterhaltsberecht u -verpflichtet. Die Beschrkg des § 1759 aF, wonach kein ErbR des Annehmden begründet wurde, u die Möglk, das ErbR des Kindes auszuschließen (§ 1767 I aF), entfallen. Das Kind beerbt seine neuen Elt u deren Verwandte nach den allg Regeln u wird selbst nach den allg Grdsätzen von ihnen beerbt. Einzelheiten § 1924 Anm 3 A b. Im EheschlR bestehen aGrd der Ann begründeten Verwandtsch u Schwägersch Eheverbote, von denen aber weitgehd befreit w kann (EheG 4, 7). Das Kind erwirbt ggf die dt Staatsangehörigk (RuStAG 3 Z 3). Auch im StrafR (mit Ausn des StGB 173), SozialVersR, Beamten- u SteuerR ist das Kind ohne Einschrkg als ehel Kind des Annehmden zu behandeln, soweit nicht Ausn bestehen od getroffen w (BT-Drucks 7/3061 S 42). Keine Verzögerg der Ann dch **Vaterschaftsfeststellg**; das JugA (§ 1706 Z 1) hat aber auch währd der AdoptPflege (§ 1744) die Vaterschfeststellg zu betreiben. Nach dem Ausspr der Ann ist die Feststellg der Vatersch nicht verboten. Es steht in der freien Entsch der Annehmden, ob sie eine VaterschFeststellg betreiben od fortführen wollen (BT-Drucks 7/5087 S 16). Bei der InkognitoAdopt (§ 1747 Anm 3) ist dem Kind zur VaterschFeststellg od EhelichkAnf ein Pfleger zu bestellen (§ 1909 I 1), da die Annehmden an der Vertretg des Kindes gehindert u (Karlsr FamRZ **66**, 268).

2) Rechtl Stellg des Angenommenen, II. Es gelten die Vorschr, die auch sonst für ehel Kinder in Betr kommen, also zB EheG 3, §§ 1601ff, 1619ff, 1626ff, 1924, 2303, 204; G über rel Kindererziehg; Waisengeld des adoptierten Beamtenkindes (BeamtVG 23; früher BBG 158 II Z 2). Stand das Kind unter Vormsch, so entfällt diese (§ 1882) mit Zustellg des AnnBeschl an den Annehmden (FGG 56e S 2; vgl § 1752 Anm 1), so daß der bisherige Vormd auch keine BeschwBefugn zB wg der NamensEintr hat (Düss FamRZ **65**, 290). Dch die Ann erwirbt das mj Kind auch die Staatsangehörigk, wenn der Annehmde Deutscher ist, die dt, sonst ggf eine ausl (RuStAG 6, 27). Gleichstellg der Adoptiv- mit den leibl Kindern auch hins der HofErbf (HöfeO).

3) Rechtl Stellg eines gemeinschaftl angenommenen Kindes, I. Voraussetzg, daß Ehe noch besteht (KG NJW **68**, 1631). Die RStellg von Mann u Frau im Verhältn zum Kinde richtet sich nach den Vorschriften für die ehel Kinder (§§ 1626ff). Gilt auch, wenn der Ehem das nehel Kind seiner Ehefr, zu der das Kind ohnehin die Stellg eines ehel hat, annimmt; § 1755 scheidet dann aus (vgl Hildesh NJW **65**, 2063). Das Kind bekommt ebenf die Position eines gemschaftl ehel Kindes, wenn die Adoptierde die Kindesmutter erst nachträgl heiratet (AG Augsbg StAZ **76**, 165 mAv Beitzke). Dch die Ann des nehel Kindes der Ehefr vS des Mannes wird aber die Ehefr nicht zur Annehmden; I regelt nur die Stellg des Kindes. Wird fälschlicherw das ehel Kind der Mutter von ihr u ihrem 2. Ehem angenommen, so ist die Ann dch letzteren gült (vgl LG Hbg StAZ **59**, 101). Dch die Ann des nehel Kindes der Frau vS des Mannes erlangt diese über § 1705 hinaus die Rechte der ehel Mutter. Ist ein Eheg gestorben, so erlangt das leibl Kind dch die Ann seitens des and nicht die Stellg eines gemschaftl (aA Celle NJW **71**, 708). Bei Scheidg der Eheg gelten §§ 1671, 1634; der nicht sorgeberecht Teil behält also das VerkR.

1755 *Verhältnis zu den bisherigen Verwandten.* **I** Mit der Annahme erlöschen das Verwandtschaftsverhältnis des Kindes und seiner Abkömmlinge zu den bisherigen Verwandten und die sich aus ihm ergebenden Rechte und Pflichten. Ansprüche des Kindes, die bis zur Annahme entstanden sind, insbesondere auf Renten, Waisengeld und andere entsprechende wiederkehrende Leistungen, werden durch die Annahme nicht berührt; dies gilt nicht für Unterhaltsansprüche.

II Nimmt ein Ehegatte das nichteheliche Kind seines Ehegatten an, so tritt das Erlöschen nur im Verhältnis zu dem anderen Elternteil und dessen Verwandten ein.

Schrifttum: Behn ZBlJugR **78,** 233 (Waisenrenten).

1) Erlöschen früherer Verwandtschaftsverhältnisse. Die Vorschr regelt die **2. Wirkg** der Ann. Die Adopt läßt das VerwandtschVerhältn des Kindes u seiner Abkömmlinge zu seinen bisherigen, leibl u rechtl (dh dch Adopt vermittelten) Verwandten einschließl aller sich daraus ergebden Rechte u Pflichten erlöschen, **I 1.** Ausn nur in § 1756 I. **a) Erstreckg auf Abkömmlinge.** Dch die volle Eingliederg des Kindes in die Adoptivfamilie vermittelt der Angenommene die Verwandten zur neuen Fam auch für seine eig Kinder; das VerwandtschVerh des Kindes zu seinen eig Abkömml wird also dch die Ann nicht berührt. Hat das AdoptKind bereits mehrere Abkömml, so bleibt auch deren GeschwisterVerh untereinand bestehen. Das VerwandtschVerh der Abkömml zu den bish Verwandten erlischt jedoch ebenf (BT-Drucks 7/3061 S 43). **b) Erlöschende Rechtspositionen.** Dch die Adopt büßt das Kind alle in die Zukft gerichteten UnterhaltsAnspr, das NamensR, Erb- u PflichttRechte usw ebso ein wie umgek eig Verpflichtgen zur UnterhZahlg usw erlöschen. **Grund:** Evtl damit verbundene finanzielle Nachteile für das Kind müssen hingen w, um jede Störg des Kindes dch Ansprüche, die aus der leibl Fam kommen, abzuwehren (BT-Drucks 7/3061 S 43). Die leibl Elt verlieren die elterl Gewalt u das VerkehrsR, ohne daß dies gesetzl bes gesagt zu werden brauchte. Widerspricht nicht GG 6 II (BayObLG FamRZ **71,** 323), da das idR im Interesse einer ungestörten Entwicklg des Kindes liegt, auch Inkognitoadoptionen (§ 1747 Anm 3) sonst nicht dchführb. Wird allerd Verkehr unter Mißbr des ErziehgsR dch AdoptivElt zum Nachteil dch Kindes unterbunden, zB wenn das Kind seine leibl Elt kennt, so uU Einschreiten der VormschG nach § 1666 (RG **64,** 47; Mü JFG **15,** 176; sa § 1634 Anm 1). Rückgängigmachg dieser Wirkgen nur dch Aufhebg, insb iFv § 1763 Anm 4. Bestehen bleiben dagg Ansprüche des Kindes, soweit sie bis zur Ann bereits entstanden sind, insb Leistgen sozialer Art wie Renten, Waisengeld u and entspr wiederkehrde Leistgen. Sie bleiben dem Kind erhalten, **I 2. Zweck:** Fielen Ansprüche des Kindes auf Renten u ähnl wiederkehrde Leistgen mit der Adopt weg, so würde die Neigg entstehen, eine Ann das DauerpflegeVerh vorzuziehen. Außerd könnten mit Renten ausgestattete Kinder auch an ärmere AdoptivElt vermittelt w, währd im umgek Fall besonders pflege- u kostenintensive Kinder uU gar nicht vermittelt w könnten (BT-Drucks 7/5087 S 16). Ob Renten des Kindes nach § 844 II bestehen bleiben, richtet sich nach dem SchadErsR (vgl BGH FamRZ **70,** 587; Jayme FamRZ **73,** 14 Anm 10). Für das StrafR bleiben gewisse Privilegiergen des leibl VerwandtschVerh bestehen (vgl Art 6 AdoptG); Entsprechdes gilt für das ZeugnVerweigersR, den Ausschl von der Vornahme gewisser Geschäfte wie Beurkdgen uä aGrd von Verwandtsch od Schwägersch usw (vgl Art 7 AdoptG). Das G stellt ausdrückl klar, daß auch die aus der Vergangenh stammden UnterhAnsprüche des Kindes gg seine leibl Verwandten mit der Adopt untergehen. Dazu gehören auch solche aus UnterhVereinbgen gem § 1615 e; ist nach dieser Vorschr an Stelle des Unterh eine Abfindg gezahlt w, verbleibt sie dem Kind. Erbenstellgen, PflichtRechte, VermächtnAnsprüche bleiben dagg, soweit bei Ann bereits entstanden, bestehen; ebsowenig werden and vermögens- od nicht vermögensrechtl Ansprüche des Kindes dch die Adopt berührt. Für die Ann des Kindes entfallen die Voraussetzgen für eine spätere Geltdmachg eines Anspr aus § 1934d (BT-Drucks 7/5087 S 16). **ÜbergangsR:** Zur Anwendg v I 2 auf vor dem 1. 1. 77 dchgeführte Adoptionen Behn ZBlJugR **68,** 233.

2) Stiefkindadoption, II. Nimmt ein Eheg das nehel Kind seines Eheg an, so erlischt das VerwandtschVerhältn nur zu dem and EltT u dessen Verwandten; im Verhältn zu dem EltT, der mit dem Annehmden verheiratet ist, wird das Kind ebenf gemeinschaftl ehel Kind (§ 1754 I). Das VerwandtschVerh der nehel Kind soll also nicht erlöschen, sond zum ehel Elt-Kind-Verhältn erstarken. Erfolgt demnach die Adopt dch den Ehem der nehel Mutter, so erlischt die Verwandtsch zw dem Kind u seinem leibl Vater u dessen Verwandten; umgek ist es, wenn eine Ehefr das nehel Kind ihres Mannes annimmt. Entspr geht das VerwandtschVerh zu einem EltT verloren, wenn ein ehel Kind von dem 2. Eheg des einen EltT adoptiert wird.

1756 *Vorherige Verwandtschaft der Annehmenden mit dem Kind.* I Sind die Annehmenden mit dem Kind im zweiten oder dritten Grad verwandt oder verschwägert, so erlöschen nur das Verwandtschaftsverhältnis des Kindes und seiner Abkömmlinge zu den Eltern des Kindes und die sich aus ihm ergebenden Rechte und Pflichten.

II Nimmt ein Ehegatte das eheliche Kind seines Ehegatten an, dessen frühere Ehe durch Tod aufgelöst ist, so tritt das Erlöschen nicht im Verhältnis zu den Verwandten des verstorbenen Elternteils ein.

Schrifttum: Schmitt-Kammler FamRZ **78,** 570 (Erbrecht).

1) Die Vorschr trägt der Adoption unter Verwandten Rechng, die iF des Erziehgsversagens der leibl Elt u angesichts der Häufigk von StraßenVerkUnfällen uä rechtspolit der Förderg bedarf. In solchen Fällen braucht das Kind nicht vollständ aus der bish FamVerband herausgerissen zu werden; nur die rechtl Bindgen zu den leibl Elt müssen abgebrochen w, zu den übr FamMitgliedern können sie bestehen bleiben, weil das Kind nicht im eigtl Sinne eine neue Fam bekommt. Anderers darf die VollAdopt (Einf 1 v § 1741) nicht auch dch entfernteste verwandtschaftl Beziehgen in Frage gestellt w. Aus diesen Grden erlöschen die VerwandtschBeziehgen u die entspr Rechte u Pflichten bei einer Adopt unter Verwandten im 2. od 3. Grad (§ 1589 Anm 1) bzw unter Verschwägerten (§ 1590 Anm 2) nur ggü den Elt des Kindes, **I.** In den Fällen der Adopt dch GroßElt od Geschwister, dch Onkel od Tante, nachdem die leibl Elt gestorben od gesch sind u kein EltT die Betreuung des Kindes übernimmt, od schließl iF der Überlassg eines Kindes aus einer kinderreichen Fam an ein nahe verwandtes Ehepaar ist es unerläßl, das VerwandtschVerhältn zu den leibl Elt erlöschen zu lassen, um auszuschließen, daß dem Kind zwei Elternpaare hat, währd es ungerechtfert erscheint, auch das VerwandtschVerh zu den übr Verwandten aufzuheben. Zu manchen Verwandten würde dch die Ann die alte Verwandtsch neu begründet; erlöschen würde sie aber zum Stamm desj EltT, mit dem die neuen Elt nicht verwandt sind; das soll dch I ausgeschl w (BT-Drucks 7/3061 S 44). Die Vorschr gilt auch, wenn ein Kind nach dem Tode seiner AdoptivElt von Adoptiv- od leibl Verwandten 2. od 3. Grades angen w (BT-Drucks 7/5087 S 17). Zu den erbrechtl Auswirkgen § 1925 IV (BT-Drucks 7/5087 S 17f u Schaubilder auf S 31/32).

2) **Annahme eines Kindes des Ehegatten,** dessen frühere Ehe dch Tod aufgelöst ist, **II**. Heiratet ein verwitweter EltT erneut u nimmt sein Eheg ein Kind aus der 1. Ehe an, besteht ebenf kein Bedürfn dafür, das VerwandtschVerhältn zum Stamm des and EltT ganz zum Erlöschen zu bringen. In diesem Fall soll nur die VerwandtschVerhältn zum and EltT, nicht aber zu dessen Verwandten erlöschen. Denn es erscheint unzumutb, zB den GroßElt, die schon ihr Kind dch Tod verloren haben, auch noch das Enkelkind dch Adopt zu nehmen. Die Bestimmg gilt nicht iF der Scheidg der leibl Elt (BT-Drucks 7/5087 S 17).

1757 *Name des Kindes.* **I** Das Kind erhält als Geburtsnamen den Familiennamen des Annehmenden. Als Familienname gilt nicht der nach § 1355 Abs. 3 dem Ehenamen vorangestellte Name. Ist der frühere Geburtsname zum Ehenamen des Kindes geworden, so erstreckt sich die Namensänderung auf den Ehenamen nur dann, wenn der Ehegatte der Namensänderung bei der Einwilligung (§ 1749 Abs. 2) zugestimmt hat. § 1617 Abs. 2 bis 4 ist entsprechend anzuwenden; dies gilt auch, wenn sich der Familienname des Annehmenden ändert.

II Das Vormundschaftsgericht kann auf Antrag des Annehmenden mit Einwilligung des Kindes mit dem Ausspruch der Annahme Vornamen des Kindes ändern, ihm einen neuen Vornamen beigeben oder seinem neuen Familiennamen den bisherigen Familiennamen hinzufügen, wenn dies aus schwerwiegenden Gründen zum Wohl des Kindes erforderlich ist. § 1746 Abs. 1 Satz 2, 3 ist entsprechend anzuwenden.

Schrifttum: Billen StAZ **70**, 242; Zöller FamRZ **75**, 614 u StAZ **78**, 201 (Vorname).

1) Das 1. EheRG enthält bezügl des Kindesnamens in Art 1 Z 39 eine Fassg des § 1758, die ausschließl in der Zeit vom 1. 7. 76 u dem Inkrafttr des AdoptG am 1. 1. 77 gilt (Lit: Diederichsen NJW **76**, 1176; Ruthe FamRZ **76**, 416); von diesem Datum ab ist die oa Fassg geltendes Recht. Die **namensrechtlichen Folgen** sind die 3. **Wirkg** der KindesAnn. Grdsl erhält das adoptierte Kind als neuen Geburtsnamen (vgl zu diesem Begr § 1355 Anm 2b bb) den FamNamen des Annehmden, **I 1**, wobei auch hier ein evtl von dem Annehmden geführter Begleitname (§ 1355 Anm 3) unberücksichtigt bleibt, **I 2**. Ist der frühere Geburtsname des Kindes in dessen eigener Ehe zum Ehenamen geworden, was von der Überschr her („Annahme Mj") nur iFv EheG 1 II eintreten kann, so bedarf es bei dessen ohnehin erforderl Einwiligg zur Ann (§ 1749 II) auch der Namenszustimmg des Eheg, **I 3**; wird diese versagt, bewirkt die Adopt bei dem Angenommenen nur eine Änd seines (vorehel geführten) Geburtsnamens. Hat also R die A die B geheiratet u ist der Ehename A bzw B geworden u wird A jetzt von dem C adoptiert, so wird mit Zust des Eheg „C" der neue Ehename A; ohne diese Zust ändert sich der Geburtsname des A in C, der Ehename bleibt dagg je nach der bei der Eheschl getroffenen Wahl A bzw B. Es gelten iü hins der Erstreckg der NamensÄnd auf etwaige Abkömmlinge des Adoptivkindes die im nehel Kind aufgestellten Regeln; ebso, wenn sich der Name des Annehmden ändert hins des Adoptivkindes selbst, **I 4**.

2) **Namensänderungen durch das VormschG, II.** Das VormschG kann allerd nur iZushg mit dem AdoptAusspr u nicht vorab (KG FamRZ **78**, 208) auf Antr des Annehmden mit Einwilligg des Kindes dessen **Vornamen** ändern od dch Beigabe eines od mehrerer Vornamen erweitern u auch seinem neuen FamNamen den bish geführten Nachnamen hinzufügen, dh (wg § 1355 III) voranstellen od anfügen, sofern dies **aus schwerwiegenden Gründen zum Wohl des Kindes erforderl** ist, **S 1**, etwa wenn das Kind mit seinem Vornamen iZushg mit einem insb an ihm selbst verübten Verbrechen bekannt geworden ist, wenn dch einen ausländ od nur in best Gegenden gebräuchl Vornamen sofort erkennb würde, daß es kein Kind der AdoptivElt ist (BT-Drucks 7/5087 S 18), zB „Marko Curtis" (Bln DAVorm **78**, 118), „Resi" in Ostfriesland (AG Aurich DAVorm **78**, 119), od wenn der Name in der AdoptFam bereits vorh ist. Die Änd od Beigabe des Vornamens wird sich häuf als sinnv erweisen, wenn das Kind von seinen PflegeElt adoptiert wird, die es jahrelang mit einem und als seinem amtl Vornamen gerufen haben. Für Namensändergen von Kleinkindern kann keine erleichterte Voraussetzgn gelten. Einen schwerwieger Grd iSv II, wenn ein noch nicht 2jähr Kind von den Annehmden seit 1 J mit einem und als dem amtl Vornamen gerufen w ist (Bln FamRZ **78**, 140). Zur Bedeutgslosigk eines Namens„wechsels" für die Ich-Findg in diesem Alter LG Bln DAVorm **77**, 669. Ein schwerwiegder Grd liegt noch nicht vor, wenn die Führg des von den Annehmden gewünschten Namens die Integration des Kindes in die neue Fam fördern würde (aA KG FamRZ **78**, 208). Für eine Beibehaltg des urspr FamNamens mittels Beifügg ist idR ein ausreichder Grd vorhanden, wenn Unfallwaisen von Verwandten od Freunden der leibl Elt adoptiert werden. Das Kind muß in die NamensÄnd bis zum 14. LebJ dch seinen gesetzl Vertr, von diesem Ztpkt an selbst mit Zust des gesetzl Vertr einwilligen, **S 2**. Es gilt das in § 1746 Anm 2 Gesagte entspr. Über die NamensÄnd entsch der Richter (RPflG 14 Z 3f), ggf nachträgl dch ErgänzgsBeschl (Regsbg StAZ **78**, 247). Daneben gleichrang die öffrechtl NamensÄnd gem NÄG (BVerwGE **37**, 301).

1758 *Offenbarungs- und Ausforschungsverbot.* **I** Tatsachen, die geeignet sind, die Annahme und ihre Umstände aufzudecken, dürfen ohne Zustimmung des Annehmenden und des Kindes nicht offenbart oder ausgeforscht werden, es sei denn, daß besondere Gründe des öffentlichen Interesses dies erfordern.

II Absatz 1 gilt sinngemäß, wenn die nach § 1747 erforderliche Einwilligung erteilt ist. Das Vormundschaftsgericht kann anordnen, daß die Wirkungen des Absatzes 1 eintreten, wenn ein Antrag auf Ersetzung der Einwilligung eines Elternteils gestellt worden ist.

Schrifttum: Kleineke, Das R auf Kenntn der eig Abstammg, Diss Gött 1976.

1) Schutz des Adoptionsgeheimnisses. Die moderne Adopt, insb die InkognitoAdopt (§ 1747 Anm 3), soll idR dazu dienen, das Kind vollständ aus seinen bish Familienbindgen herauszulösen u ihm ein völl neues familiäres Bezugssystem zur Verfügg zu stellen. Damit die Tatsache der Adopt nicht aufgedeckt w, unterscheidet das PStG zw der GeburtsUrk, die nur den AdoptivElt ausweist u der AbstammgsUrk (PStG 62), aus der die leibl Abstammg ersichtl u die in Zukft bei der Eheschließg vorgelegt w muß (PStG 5 I). Statt des bisl in das Geburtenbuch eingetr Sperrvermerks beschrkt PStG 61 II nF den Kreis der zur Einsichtn berecht Personen, damit das AnnVerhältn nicht ohne Grd aufgedeckt w. Entspr verbietet FGG 34 II die Gewährg der Einsicht in GerAkten u die Erteilg v Abschriften. Der Geheimhaltgszweck könnte leicht vereitelt w, wenn es jedermann zu jeder Zeit gestattet wäre, die Ann u deren Umst aufzudecken. Die leibl Elt u auch sonst Verwandte könnten noch Jahre nach der Ann des Kindes versuchen, Kontakt zu dem Kind aufzunehmen, was zu erhebl Störgen führen kann u verhindert w soll (BT-Drucks 7/3061 S 46). Das **Verfüggsrecht über die Adoptionsumstände** liegt desh allein bei dem od den Annehmden u dem Kind. Die Ausforschg u Offenbarg der Tatsache u der näheren Einzelheiten der Ann hängt ausschließl von deren Zust ab, wobei idR die Zust beider Teile (arg „und") vorausgesetzt w. Ausnahmsw genügt auch ein bes öff Interesse, das bei der Aufklärg u Verfolgg von Straftaten, nicht aber zB iR kriminologischer od anthropologischer Forschgen zu bejahen ist; hier also Einholg der Zustimmgen erfdl. Wann u in welcher Form das Kind selbst über seine Herkunft unterrichtet w soll, ist ein Erziehgsproblem, in das nicht vom Staats wg od vS Dritter eingegriffen w soll (BT-Drucks 7/3061 S 46); das Kind hat aber ein GrdR auf Kenntn der eig Abstammg. Zu Recht weist Lüderitz NJW **76**, 1870 darauf hin, daß zur Eheschl Vorlage einer AbstammgsUrk verlangt w (PStG 5 I), so daß es eine Illusion ist zu glauben, das Kind werde von der Tats der Ann nie etwas erfahren. Iü darf das Kind ab Vollendg des 16. LebJ selbst Einsicht in den die Abstammg ausweisenden Geburtseintrag nehmen (PStG 61 I). Verstöße gg § 1758 können Unterlassgsklagen rechtfertigen. Nach dem Inkrafttr des AdoptG ist es nicht mehr zul, daß Behörden od ArbGeber getrennt danach fragen, ob ein Kind ein leibl od ein angen Kind ist (BT-Drucks 7/3061 S 46 u 7/5087 S 19). Fragen nach dem Inhalt des KindschVerhältn sind mit „ehel" zu beantworten. Beschrkg der Akteneinsicht gem FGG 34 II.

2) Der **Beginn des Ausforschgsverbots** wird dch das Abstellen auf die Erteilg der gem § 1747 erforderl elterl Einwilligg, **II 1**, prakt auf den Ztpkt der Begründg des AdoptPflegeverhältn (§ 1744) vorverlegt. Darüber hinaus kann das VormschG anordnen, daß das Verbot bereits wirks wird, wenn ein Antr auf Ersetzg der Einwilligg eines EltT gestellt w ist (§ 1748), **II 2**.

1759 Aufhebung des Annahmeverhältnisses. Das Annahmeverhältnis kann nur in den Fällen der §§ 1760, 1763 aufgehoben werden.

1) Das AdoptG hat die Möglichk, das AnnVerhältn aufzuheben, ggü dem bisher Recht stark eingeschränkt. Die Aufhebg des AnnVerhältn ist nur in den Fällen des Fehlens grdlegder Voraussetzgen für die Ann überh (§ 1760) u aus Grden des Kindeswohls (§ 1763) zul. Von Gw wird das AdoptVerhältn aufgeh, wenn ein Annehmder mit dem Adoptivkind od einem von dessen Abkömml eherechtswidr die Ehe eingegangen ist (§ 1766). Das AdoptG hat im Ggs zur Regelg des EheG 16 davon abgesehen, eine Sonderregel für die seltenen Fälle der Nichtigk einer Ann zu treffen (BT-Drucks 7/3061 S 46). Die nichtige Adopt hat keinerlei Rechtswirkgen; ggf FeststellgsKl. Nur in AusnFällen Vertrauensschutz. Zu den Wirkgen der Aufhebg vgl §§ 1764-65.

2) Verfahren. Es bedarf iFv § 1760 eines Antr; and iFv § 1763, wonach das VormschG das AnnVerhältn vAw aufheben kann. Zustdgk FGG 43, 36. Es entsch der Richter (RPflG 14 Z 3f). Das zust JugA muß gehört w (JWG 48a I Z 10). Dem Kinde ist, wenn der Annehmde sein gesetzl Vertreter ist, ein Pfleger zu bestellen (FGG 56f II). Die aufhebde Vfg ist mind dem Annehmden u dem Kinde zuzustellen (FGG 16 II), wg FGG 20 I kann sich trotzdem nach längerer Zeit herausstellen, daß der Beschl mangels Zustellg an einen BeschwBerecht nicht wirks geworden ist, was für Statusändergen unerträgl erscheint (Bassenge JR **76**, 188). Gg die aufhebde Vfg ist sof Beschw gegeben (FGG 56f III, 60 I Z 6). Beschwerdeberecht der Annehmde u das Kind, iF der gemschaftl Ann od der Ann des Kindes eines Eheg dch den and (§ 1741 II) auch der Eheg des Annehmden. Vfg wird erst mit Rechtskr wirks (FGG 56f III). Randvermerk (PStG 30 I) also nur nach Erteilg des RechtskrZeugnisses. Bei Ablehng einfache Beschw des Annehmden nur aus FGG 57 I 9 (KG FamRZ **62**, 531), auch nach Scheidg (BayObLG NJW **68**, 1529).

1760 Aufhebung wegen fehlender Erklärungen. ¹Das Annahmeverhältnis kann auf Antrag vom Vormundschaftsgericht aufgehoben werden, wenn es ohne Antrag des Annehmenden, ohne die Einwilligung des Kindes oder ohne die erforderliche Einwilligung eines Elternteils begründet worden ist.

II Der Antrag oder eine Einwilligung ist nur dann unwirksam, wenn der Erklärende

a) zur Zeit der Erklärung sich im Zustand der Bewußtlosigkeit oder vorübergehenden Störung der Geistestätigkeit befand, wenn der Antragsteller geschäftsunfähig war oder das geschäftsunfähige oder noch nicht vierzehn Jahre alte Kind die Einwilligung selbst erteilt hat,

b) nicht gewußt hat, daß es sich um eine Annahme als Kind handelt, oder wenn er dies zwar gewußt hat, aber einen Annahmeantrag nicht hat stellen oder eine Einwilligung zur Annahme nicht hat abgeben wollen oder wenn sich der Annehmende in der Person des anzunehmenden Kindes oder wenn sich das anzunehmende Kind in der Person des Annehmenden geirrt hat,

§ 1760 1, 2   4. Buch. 2. Abschnitt. *Diederichsen*

c) durch arglistige Täuschung über wesentliche Umstände zur Erklärung bestimmt worden ist,

d) widerrechtlich durch Drohung zur Erklärung bestimmt worden ist,

e) die Einwilligung vor Ablauf der in § 1747 Abs. 3 Satz 1 bestimmten Frist erteilt hat.

III Die Aufhebung ist ausgeschlossen, wenn der Erklärende nach Wegfall der Geschäftsunfähigkeit, der Bewußtlosigkeit, der Störung der Geistestätigkeit, der durch die Drohung bestimmten Zwangslage, nach der Entdeckung des Irrtums oder nach Ablauf der in § 1747 Abs. 3 Satz 1 bestimmten Frist den Antrag oder die Einwilligung nachgeholt oder sonst zu erkennen gegeben hat, daß das Annahmeverhältnis aufrechterhalten werden soll. Die Vorschriften des § 1746 Abs. 1 Satz 2, 3 und des § 1750 Abs. 3 Satz 1, 2 sind entsprechend anzuwenden.

IV Die Aufhebung wegen arglistiger Täuschung über wesentliche Umstände ist ferner ausgeschlossen, wenn über Vermögensverhältnisse des Annehmenden oder des Kindes getäuscht worden ist oder wenn die Täuschung ohne Wissen eines Antrags- oder Einwilligungsberechtigten von jemand verübt worden ist, der weder antrags- noch einwilligungsberechtigt noch zur Vermittlung der Annahme befugt war.

V Ist beim Ausspruch der Annahme zu Unrecht angenommen worden, daß ein Elternteil zur Abgabe der Erklärung dauernd außerstande oder sein Aufenthalt dauernd unbekannt sei, so ist die Aufhebung ausgeschlossen, wenn der Elternteil die Einwilligung nachgeholt oder sonst zu erkennen gegeben hat, daß das Annahmeverhältnis aufrechterhalten werden soll. Die Vorschriften des § 1750 Abs. 3 Satz 1, 2 sind entsprechend anzuwenden.

1) Aufhebung der Annahme wg Mängeln bei der Begründg, I. Die Mitwirkgsrechte der von der Adopt betroffenen Personen sind stark ausgebaut (vgl §§ 1752, 1746, 1747, 1749). Fehlt der Antr des Annehmden od ist eine erforderl Einwillig nicht od ist die Erklärgen fehlerh zustande gekommen, so ist das MitwirkgsR dieses Beteiligten übergangen; er kann ein überragdes **Interesse** daran haben, daß das AnnVerhältn wieder aufgeh wird. Dem steht entgg, daß in der Regel alle Beteiligten auf den Fortbestand des neuen Elt-Kind-Verhältn vertrauen u das Kind in der neuen Fam die Geborgenh gefunden haben wird, die es für seine Entwicklg braucht. Das AdoptG verfolgt das Anliegen, diese fakt entstandene Elt-Kind-Beziehg nach Möglk bestehen zu lassen (BT-Drucks 7/3061 S 25f). Danach kann das AnnVerhältn nur aufgeh werden, wenn der Antr des Annehmden, die Einwilligg des Kindes od diej der ehel Elt od der nehel Mutter des Kindes erforderl waren u nicht vorgelegen haben. Das Fehlen eines and gesetzl Erfordern für die Ann ist damit kein AufhebgsGrd mehr, insb gefährdet die nachträgl Wegfall einer Eheg (§ 1749) u die fehlde Zustimmg des gesetzl Vertr zur Einwilligg dch das Kind (§ 1746 I 3) den Bestand des AnnVerhältn nicht mehr ijF (BT-Drucks 7/3061 S 47). Grdsl soll auch die unrichtige Ann, daß die Erkl eines EltT nicht erforderl war, weil er zu ihrer Abgabe dauernd außerstande od sein Aufenth dauernd unbekannt war (V u § 1747 IV) zur Aufhebg des AnnVerhältn berecht, um Umgehgen des Einwilliggserfordernisses zu verhindern (BT-Drucks 7/5087 S 19). Zum Verfahren § 1759 Anm 2. Es entsch der Richter (RPflG 14 Z 3f). – **Schema der Aufhebgsvoraussetzgen: a)** Die Aufhebg erfolgt nur auf Antr, u zwar desj Beteiligten, dessen Einwilligg unwirks od nicht eingeholt worden ist (§ 1762). Dagg kann sich auf die fehlde Einwilligg nicht ein anderer der Beteiligten berufen. **b)** Es müssen beim AnnVerf bestimmte Mängel vorgekommen sein, näml der Antr des Annehmden (§ 1752) od die Einwilligg des Kindes bzw eines od beider EltT (§ 1747) gefehlt haben. Ein solcher Mangel liegt außer im Falle, daß die Zust überh nicht eingeholt worden ist, vor allem, weil man sie nicht für erforderl gehalten hat (V), insb dann vor, wenn die abgegebene Erkl gem II unwirks war. **c)** Die Befugn, die Aufhebg zu verlangen, darf nicht verloren gegangen sein; das ist dann der Fall, wenn die fehlde Einwilligg inzw nachgeholt wurde od dem ZustBerecht sonst zu erkennen gegeben wurde, daß das AnnVerhältn aufrechterhalten w soll, III 1 u V 1.

2) Unwirksamkeit des Antrags oder der Einwilligg, II. Das AdoptG hat den Bestandsschutz des AnnVerhältn wesentl erhöht, indem ein Teil der Willensmängel, die innerh des Vertragssystems (Einf 1 v § 1741) die Wirksamk der Ann gefährdeten (vgl §§ 116ff), im Dekretsystem als AnnAufhebungsgründe ausgeschaltet w sind. **Buchstabe a** behandelt den Fall der Bewußtlosigk od der vorübergehden Störg der Geistestätigk (vgl § 105 Anm 3; EheG 18). Die generelle GeschUnfähigk (§ 104) ist nur für den Fall bedeuts, daß sie beim AntrSteller vorgelegen ist; bei einer solchen von EltT od Eheg ist schon die Zustimmg selbst nicht erfdl (§§ 1747 IV, 1749 III). Hat für das Kind sein gesetzl Vertr gehandelt, dessen GeschUnfähigk nicht erkannt wurde, kommt die Aufhebg nicht in Betr, weil das VormschG unabh von der Erkl des gesetzl Vertr festgestellt hat, daß die Ann dem Wohl des Kindes entsprach (BT-Drucks 7/3061 S 47). **Buchst b** behandelt die Fälle, daß ein Irrtum des Erklärden beachtl ist (vgl EheG 31). Das gilt nur für fundamentale Irrtümer über Inhalt, Identität der AdoptBeteiligten u die Tats der Erkl selbst (vgl § 119 I); unbeachtl dagg jeder Irrtum über persönl Eigenschaften (§ 119 II). **Buchst c** beschränkt die Unwirksamk einer Erkl wg arglistiger Täuschg (vgl § 123, EheG 33). Unbeachtl ist die Täuschg über Umst, die für die Ann nicht wesentl sind; dazu zählen insb Täuschgen über die Vermögensverhältn u dch Dritte, ohne Kenntn eines Beteiligten erfolgen sind, IV. Wer sich auf Mitteilgen unbeteiligter Dritter verläßt, erscheint nicht schutzwürd (BT-Drucks 7/5037 S 19). Falsche Angaben einer AdoptVermittlgsstelle (Einf 2 v § 1741) fallen nicht unter die Einschrkg des IV, erlauben also ggf die Aufhebg der Ann. Nach **Buchst d** führt eine widerrechtl Drohg dazu, wer sie verübt hat, zur Unwirksamk der Erkl; vgl § 123 I. Schließl regelt **Buchst e** den Fall, daß ein EltT seine Einwilligg in die Adopt entgg § 1747 III 1 erteilt hat, also bevor das Kind 8 Wo alt war; auch hier ist die Ann nicht von sich aus unwirks, sond entsteht nur ein AufhebgsGrd. Allerd wird bei Unterschreitg der Fr nur um wenige Tage der Aufhebg des AnnVerhältn idR das Kindeswohl entggstehen (§ 1761 II).

3) Verlust von Aufhebungsgründen. Die Aufhebg ist ausgeschl, wenn nach Beseitigg des Hindernisses für einen wirks Antr od eine wirks Zustimmg diese Erklärgen nachgeholt w od der AufhebgsBerecht sonst zu erkennen gegeben hat, daß das AnnVerhältn aufrechterhalten werden soll, **III 1.** Die Verweisgen in **S 2** dienen der Klarstellg, auf wessen Rechtshandlg es ankommt, wenn zu erkennen gegeben wird, daß das Ann Verhältn aufrechterhalten w soll (BT-Drucks 7/3061 S 47). Das Entsprechde gilt, wenn bei der Ann auf die Einholg der Zust der Elt verzichtet wurde, weil zu Unrecht angen wurde, daß ein EltT zur Abgabe der Erklärtg dauernd außerstande od sein Aufenth unbekannt sei (§ 1747 IV). Das Fehlen der Einwilligg ist in diesem Fall ohne Einfl auf die Wirksamk der Ann. Auch hier kann aber Aufhebg des AnnVerhältn verlangt w (I), es sei denn der übergangene EltT hat seine Einwilligg nachgeholt od sonstwie die Ann erkennb hingen, **V 1.** Wiederum bedarf es höchstpersönlicher Handlgen dazu, **S 2.** Schließl bleibt das Fehlen einer an sich erforderl Einwilligg ohne Einfl auf die Wirksamk der Adopt, wenn die Voraussetzgen für ihre Ersetzg vorlagen od -liegen (§ 1761 I) od dch die Aufhebg das Wohl des Kindes erhebl gefährdet würde (§ 1761 II).

1761 *Aufhebungssperren; Kindeswohlgefährdung.* I Das Annahmeverhältnis kann nicht aufgehoben werden, weil eine erforderliche Einwilligung nicht eingeholt worden oder nach § 1760 Abs. 2 unwirksam ist, wenn die Voraussetzungen für die Ersetzung der Einwilligung beim Ausspruch der Annahme vorgelegen haben oder wenn sie zum Zeitpunkt der Entscheidung über den Aufhebungsantrag vorliegen; dabei ist es unschädlich, wenn eine Belehrung oder Beratung nach § 1748 Abs. 2 nicht erfolgt ist.

II Das Annahmeverhältnis darf nicht aufgehoben werden, wenn dadurch das Wohl des Kindes erheblich gefährdet würde, es sei denn, daß überwiegende Interessen des Annehmenden die Aufhebung erfordern.

1) Aufrechterhaltg des Annahmeverhältnisses. Die Vorschr bringt zwei weitere Fälle, in denen die Aufhebg des AnnVerhältn ausgeschl ist, näml den, daß eine an sich erforderl, aber nicht eingeholte Einwilligg ohnehin zu ersetzen gewesen wäre, I, sowie das prakt wicht AufhebgsHindern, daß das AnnVerhältn trotz Vorliegens von AufhebgsGrden iSv § 1760 aufrechterhalten w muß, wenn sonst das Wohl des Kindes erhebl gefährdet würde u nicht überwiegde Interessen des Annehmden die Aufhebg erfordern, II.

2) Die Aufrechterhaltg des Annahmeverhältn wg ersetzbarer Einwilligg, I, erfolgt unter dem Gesichtspkt, daß es nicht gerechtfertigt wäre, ein AnnVerhältn wg eines Mangels bei der EinwilliggsErkl eines EltT usw aufzuheben, obwohl die Voraussetzgen für die Ersetzg der Einwilligg vorgelegen haben u das ErsetzgsVerf ledigl nicht durchgeführt wurde, weil der EltT, der gesetzl Vertr usw die Einwilligg erklärt hat, deren Unwirksamk sich erst später herausstellte. Das gleiche gilt, wenn die Voraussetzgen für die Ersetzg der Einwilligg jetzt vorliegen, da dann nach der Aufhebg ein neues AnnVerhältn zu begründen wäre (BT-Drucks 7/3061 S 48). Die Aufrechterhaltg des AnnVerhältn erfordert: **a)** daß eine ersetzb Einwilligg notw war, beschränkt also die Anwendbark der Bestimmg von vornh auf die Fälle der §§ 1746 III, 1748 I u III. **b)** Die Einwilligg darf nicht eingeholt worden sein od muß nach § 1760 II unwirks sein. War sie versagt worden od die Ersetzg seiner Zeit gescheitert u trotzdem das AnnVerhältn begründet w (§ 1752), so Aufhebg nach § 1760 I, ohne daß es darauf ankommt, ob iSv § 1761 I nunmehr die Ersetzgsvoraussetzgen vorliegen würden; ggf aber Aufrechterhaltg gem § 1761 II. **c)** Die Einwilligg muß im Ztpkt der Ann (§ 1752) od im Ztpkt der Entsch über den AufhebgsAntr (§ 1760 I) iS der §§ 1746 III, 1748 I u III, 1749 I 2 zu ersetzen sein. Mit der Ablehng des AufhebgsAntr wird die Einwilligg incidenter ersetzt.

3) Aufrechterhaltg der Adoption aus Gründen des Kindeswohls, II. Das AnnVerhältn darf nicht aufgeh w, wenn dadch das Wohl des Kindes erhebl gefährdet würde, sof nicht die überwiegden Interessen des Annehmden die Aufhebg erfordern. Das Kindeswohl ist in allen Fällen zu berücksichtigen, in denen eine Aufhebg in Betr kommt. Erforderl ist eine Interessenabwägg: **a)** Die Aufhebg des AnnVerhältn hat zu unterbleiben, wenn **das Wohl des Kindes erheblich gefährden** würde, wenn also zB das Kind bei den AdoptivElt eingelebt hat u seinen leibl Elt so völl entfremdet ist, daß es dch einen Wechsel seelisch geschädigt würde. Die mit jedem Wechsel verbundene Umstellg reicht nicht aus. **b)** Dem auf Aufrechterhalt der Ann gerichteten Kindeswohl dürfen nicht **überwiegende Interessen des Annehmenden** entggstehen, was prakt nur in Frage kommt, wenn der Antr des Annehmden fehlerh war. Denkb aber auch, daß die Aufhebg von den leibl Elt od dem Kind betrieben wird u zwischenzeitl die Interessen des Annehmden in dieselbe Richtg gehen. Die Belange der sonst Beteiligten werden in die Abwägg nicht mit einbezogen.

1762 *Antragsrecht; Antragsfrist.* I Antragsberechtigt ist nur derjenige, ohne dessen Antrag oder Einwilligung das Kind angenommen worden ist. Für ein Kind, das geschäftsunfähig oder noch nicht vierzehn Jahre alt ist, und für den Annehmenden, der geschäftsunfähig ist, können die gesetzlichen Vertreter den Antrag stellen. Im übrigen kann der Antrag nicht durch einen Vertreter gestellt werden. Ist der Antragsberechtigte in der Geschäftsfähigkeit beschränkt, so ist die Zustimmung des gesetzlichen Vertreters nicht erforderlich.

II Der Antrag kann nur innerhalb eines Jahres gestellt werden, wenn seit der Annahme noch keine drei Jahre verstrichen sind. Die Frist beginnt

a) in den Fällen des § 1760 Abs. 2 Buchstabe a mit dem Zeitpunkt, in dem der Erklärende zumindest die beschränkte Geschäftsfähigkeit erlangt hat oder in dem dem gesetzlichen Vertreter des geschäftsunfähigen Annehmenden oder des noch nicht vierzehn Jahre alten oder geschäftsunfähigen Kindes die Erklärung bekannt wird;

b) in den Fällen des § 1760 Abs. 2 Buchstaben b, c mit dem Zeitpunkt, in dem der Erklärende den Irrtum oder die Täuschung entdeckt;

c) in dem Fall des § 1760 Abs. 2 Buchstabe d mit dem Zeitpunkt, in dem die Zwangslage aufhört;

d) in dem Fall des § 1760 Abs. 2 Buchstabe e nach Ablauf der in § 1747 Abs. 3 Satz 1 bestimmten Frist;

e) in den Fällen des § 1760 Abs. 5 mit dem Zeitpunkt, in dem dem Elternteil bekannt wird, daß die Annahme ohne seine Einwilligung erfolgt ist. Die für die Verjährung geltenden Vorschriften der §§ 203, 206 sind entsprechend anzuwenden.

III Der Antrag bedarf der notariellen Beurkundung.

1) Antragsberechtigg, I. Währd sich nach dem früh R jedermann auf die Nichtigk des AnnVerhältn berufen konnte, kann nunmehr nur derj den AufhebgsAntr stellen, der in seinen Rechten verletzt ist; das ergibt sich als Konsequenz daraus, daß auf das AntragsR verzichtet w kann (§ 1760 III). Die Aufhebg des AnnVerhältn gem § 1760 kann daher nur derj verlangen, ohne dessen Antr od Einwilligung, obwohl an sich erfdl, das Kind angen w ist, **S 1**. Das ist je nach den Umst u jew allein od im Verein mit Beteiligten der Annehmde (§ 1752 I), das Kind (§ 1746 I 1), dessen Elt (§ 1747 I) od unverh Mutter (§ 1747 II 1), der Eheg des Annehmden (§ 1749 I; aA MüKo/Lüderitz Rdn 2) od das Adoptivkind selbst (§ 1749 II), schließl der gesetzl Vertr des Kindes (§ 1746). Letzterer kann jetzt auch für den geschäftsunfäh od noch nicht 14jähr Kind sowie für den geschäftsunfäh Annehmden den AufhebgsAntr stellen, **S 2**. Der Antr muß höchstpersönl gestellt w, **S 3**. Im Falle beschränkter GeschFähigk (§§ 106, 114), bei Mj über 14, bedarf es nicht der Zustimmg des gesetzl Vertr, **S 4**; diese Pers können den Antr selbst stellen.

2) Antragsfrist, II. Die Aufhebg unterliegt verschiedenen Fristen. Als absolute zeitl Begrenzg kann der AufhebgsAntr nur innerh der ersten 3 Jahre nach dem Ausspr der Ann (§ 1752) gestellt w, **S 1**. Ein Kind ist idR voll in die AdoptivFam integriert, wenn es unter Einschluß der PflegeZt (§ 1744) mehr als 3 J in ihr gelebt hat (BT-Drucks 7/5087 S 20); Aufhebg danach nur nach § 1763 mögl. Innerh dieses ZtRaums läuft relativ eine 1-Jahres-Fr, deren Beginn sich nach den versch AufhebgsGrden richtet, **S 2**. Die Fristen des II beginnen frühestens mit dem 1. 1. 77 (AdoptG Art 12 §§ 1 VI 2 u 2 II 1). Das AufhebgsVerf kann auch nach Ablauf der 3-J-Fr fortgeführt w, wenn nur der AufhebgsAntr innerh der Fr gestellt w ist. Im Falle des Buchst a wird eine Vertretg des Kindes u des Annehmden zugelassen, da sonst die Gründe, die zur Unwirksamk des AnnAntr od der Einwillig geführt haben, die AntrStellg ausschließen würden (BT-Drucks 7/3061 S 49). Ist ein leibl EltT geschäftsunfäh, kann er keinen AufhebgsAntr stellen, weil schon seine Einwilligg zur Ann nicht erforderl war (§ 1747 IV). Das AntragsR ist höchstpersönl, so daß, wer in der Geschäftsfähigkeit beschränkt ist, den Antr nur selbst stellen kann u nicht der Zust seines gesetzl Vertr bedarf, ebsowenig das Kind ab 14 J.

3) Form, III. Die not Beurk (§ 128) des AufhebgsAntr entspricht dem BeurkBedürfn des AnnAntr (§ 1752 II 2).

1763 *Aufhebung von Amts wegen.* I Während der Minderjährigkeit des Kindes kann das Vormundschaftsgericht das Annahmeverhältnis von Amts wegen aufheben, wenn dies aus schwerwiegenden Gründen zum Wohl des Kindes erforderlich ist.

II Ist das Kind von einem Ehepaar angenommen, so kann auch das zwischen dem Kind und einem Ehegatten bestehende Annahmeverhältnis aufgehoben werden.

III Das Annahmeverhältnis darf nur aufgehoben werden,

a) wenn in dem Fall des Absatzes 2 der andere Ehegatte oder wenn ein leiblicher Elternteil bereit ist, die Pflege und Erziehung des Kindes zu übernehmen, und wenn die Ausübung der elterlichen Gewalt durch ihn dem Wohl des Kindes nicht widersprechen würde oder

b) wenn die Aufhebung eine erneute Annahme des Kindes ermöglichen soll.

1) Aufhebg des Annahmeverhältnisses zum Wohl des Kindes. Die Vorschr entspricht in I unter Einf der Worte „vAw" dem dch Art 1 Z 29 FamRÄndG eingef § 1770a (aF). Der Staat ist nur in sehr beschrktem Maß berecht, in ein AnnVerhältn einzugreifen, an dem die Beteiligten festhalten wollen. § 1763 ist also eine **Ausnahmevorschrift**, die lediglich im Interesse des Kindes angewendet w darf. Die weitergehenden Aufhebgsmöglichkeiten der früh R sind entfallen. Die vorher begründete AnnVerhältnisse können dch das VormschG nur nach den §§ 1760, 1763 aufgeh w (Art 12 § 2 II AdoptG; sa BayObLG **62**, 235). Die Aufhebg gem § 1763 steht iiF unter der Einschränkg von III: Das AnnVerhältn darf nur aufgelöst w, wenn es feststeht, daß das Kind auch nach der Aufhebg eine FamBindg haben w. Die Aufhebg kann dem Interesse des Kindes nicht entsprechen, wenn sie ledigl dazu führt, das Kind aus der dch die Ann begründeten FamBeziehg zu lösen. Zum Schutz des Kindes müssen idR Maßnahmen nach § 1666 ausreichen. Die Beschrkg des III ist geboten, weil dch die volle Eingliederg des Kindes in die neue Fam eine Rückkehr in die leibl Fam idR nicht mögl sein w, das Kind aber nicht ohne FamBindg sein soll. Nur dann, wenn eine solche FamBindg bei den leibl Elt od dch eine neue Ann als Kind begründet w kann, kann eine Aufhebg aus schwerwiegden Grden gerechtfert sein (BT-Drucks 7/3061 S 26). § 1763 nur anwendbar, wenn das Kind noch mj ist. Es scheiden alle Grde aus, die im Interesse des Annehmden liegen (BT-Drucks 7/3061 S 26), wie ungünst Entwicklg des Kindes od der Abkömmlinge, auf die sich die Ann erstreckt (§ 1755 Anm 1a); keine Lossagg vom Kinde. Es entsch der Richter (RPflG 14 Z 3f). **Schema der Aufhebg nach § 1763 (Amtsaufhebg):**
a) Die Aufhebg muß vom Kindeswohl her erforderl sein, I (Anm 2). **b)** Der Aufhebg dürfen keine Beschrkgen entggstehen od positiv formuliert: muß dem Kind ein FamVerband erhalten bleiben od neu er-

öffnet w (Garantie der FamZugehörigk): **aa)** Bei der Aufhebg einer EhegAdopt, II, muß der and Eheg od ein leibl EltT zur Übern der Pflege u Erziehg des Kindes bereit sein, III a (Anm 3), od **bb)** es soll hier bzw bei den übr Fällen der Aufhebg die Auflösg des AnnVerhältn nur zur Ermöglichg einer erneuten Ann des Kindes erfolgen, III b (Anm 3).

2) Die Aufhebg muß ijF zum Wohl des Kindes erforderl sein, I. Handelt es sich um das Wohl eines Abkömmlings, ohne daß dabei das des angen Kindes bes schwerwiegd berührt w, ist § 1763 unanwendb. **Schwerwiegende Gründe** können sein: verbrecherischer od unsittl Lebenswandel des Annehmden; Scheidg der AdoptivElt u Eheschl des Adoptivvaters mit der leibl Mutter (vgl Ffm FamRZ 56, 195), Scheidg aber iü nicht ow AufhebgsGrd, sond letzter Ausweg (BayObLG NJW 68, 1528); sehr weitgehde Entfremdg, so daß die Entwicklg des Kindes überaus ungünst beeinflußt wird. Zu berücksichtigen aber, daß das Kind UnterhAnspr gg den Annehmden u ErbR verliert. Kein schwerw Grd, wenn das Ger eine and rechtl Gestaltg als günstiger ansieht; unzul dahe die Aufhebg der MutterAdopt, um dem Kind UnterhAnspr gg seinen leibl Vater zu verschaffen (vgl Mannh MDR 73, 227; sa Engler FamRZ 75, 326). Das VormschG kann auch and Maßnahmen, wie die Entziehg des SorgeR (§ 1666) treffen, von deren vorheriger Anwendg aber die Aufhebg nicht abhängt; sie sind jedoch zu erschöpfen, wenn der Grd dadch sein Gewicht verliert.

3) Aufhebg der Ehegattenadoption, II. Ist das Kind von einem Ehepaar angen w und ist es nur erforderl, das AnnVerhältn zu einem Eheg aufzuheben, kann es ausreichen, wenn der and Eheg in Zukft die Pflege u Erziehg des Kindes im Rahmen des zu ihm allein fortbestehden AnnVerhältnisses übernimmt. Gilt sowohl bei der gemschaftl Ann (§ 1741 II 1), als auch bei der Ann dch einen Eheg allein (§§ 1741 II 2 u 3, 1754 I). Die Aufhebg kommt jedoch nur in Betr, wenn auch für die daran anschließde Zeit gewährleistet ist, daß das Kind eine FamBindg haben wird, **III,** wenn also der and Eheg, auch wenn er selbst nicht der leibl od adoptierde Teil war, die Kindespflege u -erziehg zu übernehmen bereit ist; in AusnFällen wird auch ein leibl EltT die ErziehgsAufg übern können (vgl § 1764 III). Ferner reicht es für die Garantie der FamZugehörigk aus, wenn das Kind in eine and AdoptivFam überwechseln soll. Dazu genügt es nicht, daß nach der Aufhebg eine erneute Adopt rechtl zulässig ist (vgl § 1742), es muß vielm schon begründete Aussicht für eine Vermittlg des Kindes in eine geeignete Fam bestehen, währd schon wg der ProbeZt (§ 1744) nicht verlangt w, daß mit der Aufhebg des AnnVerhältn ein neues begründet w muß (BT-Drucks 7/3061 S 50). Voraussetzg ist ijF, daß die zur Übern der Erziehg u Pflege vorgesehene Pers die elterl Gew ausüben kann u dies dem Wohl des Kindes nicht widerspricht.

1764 Wirkungen der Aufhebung.

I Die Aufhebung wirkt nur für die Zukunft. Hebt das Vormundschaftsgericht das Annahmeverhältnis nach dem Tod des Annehmenden auf dessen Antrag oder nach dem Tod des Kindes auf dessen Antrag auf, so hat dies die gleiche Wirkung, wie wenn das Annahmeverhältnis vor dem Tod aufgehoben worden wäre.

II Mit der Aufhebung der Annahme als Kind erlöschen das durch die Annahme begründete Verwandtschaftsverhältnis des Kindes und seiner Abkömmlinge zu den bisherigen Verwandten und die sich aus ihm ergebenden Rechte und Pflichten.

III Gleichzeitig leben das Verwandtschaftsverhältnis des Kindes und seiner Abkömmlinge zu den leiblichen Verwandten des Kindes und die sich aus ihm ergebenden Rechte und Pflichten, mit Ausnahme der elterlichen Gewalt, wieder auf.

IV Das Vormundschaftsgericht hat den leiblichen Eltern die elterliche Gewalt zurückzuübertragen, wenn und soweit dies dem Wohl des Kindes nicht widerspricht; andernfalls bestellt es einen Vormund oder Pfleger.

V Besteht das Annahmeverhältnis zu einem Ehepaar und erfolgt die Aufhebung nur im Verhältnis zu einem Ehegatten, so treten die Wirkungen des Absatzes 2 nur zwischen dem Kind und seinen Abkömmlingen und diesem Ehegatten und dessen Verwandten ein; die Wirkungen des Absatzes 3 treten nicht ein.

1) Zeitpunkt der Aufhebgswirkgen, I. Nach bisher R konnte das AnnVerhältn außer dch Aufhebg auch dch Anfechtg u damit rückwirkd vernichtet w; seit dem AdoptG ist nur noch die Aufhebg dch Beschl des VormschG (§§ 1760, 1763) zul. Die Wirkgen der Aufhebg treten nur **für die Zukunft** ein, S 1, dh der aGrd der KindesAnn bereits eingetretenen rechtl Wirkgen bleiben auch nach der Aufhebg bestehen. Eine Ausn von der Rückwirkgssperre macht **S 2**: Haben der Annehmde od das Kind die Aufhebg beantragt u sterben sie vor dem AufhebgsBeschl, so wirkt dieser auf den Ztpkt der AntrStellg zurück, um für diesen Fall das aus dem AnnVerhältn resultierde ErbR des Kindes od der AdoptivEltT auszuschließen. Die Rückwirkg tritt nur beim Tode des Annehmden od des Kindes ein, wenn gerade sie die Aufhebg beantr haben. Also keine Rückwirkg, wenn ein leibl EltT die Aufhebg beantr hat, weil er der Ann nicht zugestimmt hat (§ 1760 I), wenn nach AntrStellg er selbst od das Kind stirbt (BT-Drucks 7/3061 S 50); ebsowenig wenn der Annehmde den AufhebgsAntr stellt u das Kind stirbt od umgek. In allen diesen Fällen wird der Erbfall nach dem AdoptVerhältn abgewickelt. Das gleiche gilt, wenn das AnnVerhältn vAw aufgeh wird (§ 1763).

2) Verhältnis zu den Adoptivverwandten, II. Mit der Aufhebg der Ann als Kind werden alle Beziehgen des Kindes zur neuen Fam für die Zukft beseitigt. Die Wirkgen entsprechen dem § 1755 I, der das Erlöschen des auf Geburt beruhden VerwandtschVerhältn anordnet, wenn das Kind in die neue Fam aufgen w (vgl § 1755 Anm 1).

3) Wiederaufleben der leiblichen Verwandtschaft, III. a) Mit der Beseitigg der gesetzl Verwandtsch wird das Kind rechtl wieder seiner leibl Fam zugeordnet. Andernf wäre das Kind ohne FamBindg, also ein

„Niemandskind" (BT-Drucks 7/3061 S 50). Da es oft nicht mögl sein wird, das Kind wieder od überh zum ersten Mal in die alten FamBeziehgen einzuordnen, schränkt das G die Gründe für die Aufhebg stark ein (vgl vorallem § 1763 Anm 1). Es leben nur die dch die Abstammg begründeten Beziehgen wieder auf, nicht dagg solche, die dch eine frühere Adopt geschaffen u gem II mit deren Aufhebg erloschen sind. Die Aufhebg der Adopt schafft also die gesetzl Verwandtsch ijF endgült aus der Welt. **b)** Die Wiederherstellg der rechtl Situation, wie sie vor der Ann bestand, wird hins der **elterlichen Gewalt** der leibl Elt eingeschränkt. Diese lebt nicht ohne weiteres wieder auf, sond es bedarf zu ihrer Wiedererlangg eines Rück-ÜbertrBeschl des VormschG, **IV**. Voraussetzg dafür ist, daß die RückÜbertr dem Wohl des Kindes entspricht, was nicht der Fall ist, wenn aS der leibl Elt Grde für die Entziehg der elt Gew vorliegen (§ 1666 insb Anm 4). Dagg scheidet die Übertr nicht etwa schon desh aus, weil die leibl Elt das Kind sZ zur Adopt gegeben haben. Ist die Übertr der elt Gew auf die leibl Elt nicht zweckmäß, so bestellt das VormschG dem Kind einen Vormd od Pfleger. Es entsch der Richter (RPflG 14 Z 3f).

4) Teilaufhebg bei der Ehegattenadoption, V. Wurde das Kind von einem Ehepaar angen, so kann das AnnVerhältn insgesamt, also zu beiden Eheg, od auch nur zu einem von ihnen allein aufgeh w (§ 1763 II). Dieser Fall kann eintreten, wenn nur ein Eheg den AufhebgsAntr nach § 1760 I stellt, ferner wenn das Wohl des Kindes es nur erfordert, das AnnVerhältn zu einem der Eheg aufzuheben (§ 1763 I). Das AnnVerhältn besteht dann zu dem and Eheg weiter. Der and Eheg u dessen Verwandte scheiden aus dch die Ann begründeten VerwandtschVerhältn zum Kinde wieder aus. Ein Bedürfn dafür, daß das VerwandtschVerhältn zur leibl Fam wieder auflebt, besteht nicht (BT-Drucks 7/3061 S 51).

1765 *Familienname des Kindes nach Aufhebung.* ^I Mit der Aufhebung der Annahme als Kind verliert das Kind das Recht, den Familiennamen des Annehmenden als Geburtsnamen zu führen. Für Abkömmlinge des Kindes gilt § 1617 Abs. 2 und 4 sinngemäß. Satz 1 ist in den Fällen des § 1754 Abs. 1 nicht anzuwenden, wenn das Annahmeverhältnis zu einem Ehegatten allein aufgehoben wird. Ist der Geburtsname zum Ehenamen des Kindes geworden, so bleibt dieser unberührt.

^{II} Auf Antrag des Kindes kann das Vormundschaftsgericht mit der Aufhebung anordnen, daß das Kind den Familiennamen behält, den es durch die Annahme erworben hat, wenn das Kind ein berechtigtes Interesse an der Führung dieses Namens hat. § 1746 Abs. 1 Satz 2, 3 ist entsprechend anzuwenden.

^{III} Ist der durch die Annahme erworbene Name zum Ehenamen geworden, so hat das Vormundschaftsgericht auf gemeinsamen Antrag der Ehegatten mit der Aufhebung anzuordnen, daß die Ehegatten als Ehenamen den Geburtsnamen führen, den das Kind vor der Annahme geführt hat. Für Abkömmlinge des Kindes gilt § 1617 Abs. 2 und 4 sinngemäß.

1) Verlust des Adoptivnamens. Nach § 1757 erhält das Kind dch die Ann als Geburtsnamen (vgl zu diesem Begr § 1355 Anm 2 b bb) den FamNamen des Annehmden. Mit der Aufhebg der Ann verliert das Kind das R, diesen Namen als Geburtsnamen zu führen, **I 1**. Auch hier erhält es den vor der Ann geführten Namen, idR also den seiner leibl Elt (§§ 1616, 1617). Die Vorschr bezieht sich nicht auf den Vornamen; ihn behält das Kind auch dann, wenn er gem § 1757 II von den AdoptivElt geändert w ist. Für Abkömml gilt § 1617 II u IV entspr, **I 2**, dh Kinder des Adoptivkindes nehmen an der NamensÄnd des angen Kindes bis zur Erreichg des 5. LebJ automat teil, danach können sie sich selbst mit od ohne Zust des gesetzl Vertr der Änd anschließen; ist der Adoptivname bei dem Abkömml zum Ehenamen geworden, muß der Eheg des Abkömml der NamensÄnd zustimmen; sonst verbleibt es trotz der Aufhebg der Adopt beim Adoptivnamen, auch wenn der Urheber dieses Namens, näml das Adoptivkind, mit der Aufhebg der Ann seinen Namen aufgibt. Der Verlust des Adoptivnamens tritt nicht eiF der Aufhebg der Ann nur im Verhältn zu einem Eheg, **I 3** (§ 1764 Anm 4), auch wenn die Ehe der AdoptivElt gesch u derj Eheg, der das AnnVerhältn aufrechterhält, den Ehenamen aufgibt (§ 1355 IV 2). Der Adoptivname bleibt ferner erhalten, wenn er in der Ehe des Adoptivkindes zum FamNamen geworden ist, **I 4**. Schließl kann das Adoptivkind den dch die Adopt erworbenen Namen entgg I 1 behalten, wenn es ein berecht Interesse daran hat u das VormschG die Beibehaltg anordnet, **II 1**. Es entsch der Richter (RPflG 14 Z 3f). Behalten bedeutet, daß das Kind an Stelle seines Geburtsnamens den Adoptivnamen weiter führen kann; es kann ihn dagg nicht seinem urspr Namen beifügen, dh voranstellen od anhängen; der GesGeber hat für die Bildg von Doppelnamen kein Bedürfn gesehen (BT-Drucks 7/5087 S 21). Voraussetzg ist ein entspr Antr. Ein berecht Interesse liegt nicht nur vor, wenn das Kind unter dem Namen als Schriftsteller, Künstler usw bekannt geworden ist, sond auch wenn ein längere Zeit getragen hat u sich mit diesem Namen weitgehend identifiziert. Weiterführg insb dann, wenn sich ein Wechsel der FamZugehörigk in der Schulzeit u währd der Ausbildg nachteilig auswirken würde od ein Namenswechsel dem Kind aus sonst Gründen nicht zugemutet w kann, insb wenn den leibl Elt die elterl Gew nicht übertr w (§ 1764 IV) od wenn eine neue Ann vorgesehen ist, mit der das Kind erneut den Namen wechseln müßte (BT-Drucks 7/3061 S 51). Bedeuts für die Entsch auch, wer den AufhebgsAntr gestellt hat. Kein berecht Interesse bei vorheriger mißbräuchl Verwendg des Namens. Hins des Alters gelten dieselben Bestimmgen wie bei der Einwilligg in die Ann, **II 2**.

2) Ehename, III. Wird die Ann erst aufgeh, nachdem das Kind geheiratet hat u der AdoptName zum Ehenamen geworden ist, so können die Eheg gemeins die Abänderg des Ehenamens in den vor der Ann geführten FamNamen des Adoptivkindes beantr. Sie können den Adoptivnamen aber auch weiterhin als Ehenamen behalten. Ist der Adoptivname nicht Ehename geworden, sond der Name des and Eheg (vgl § 1355 II 1), so verbleibt es bei diesem; die Aufhebg der Ann führt dann lediql dazu, daß das Kind wieder einen and Geburtsnamen bekommt. Hat es diesen als Begleitnamen (§ 1355 Anm 3) angen, so ändert sich der. Für Abkömml gilt iR dieser NamensÄnderngen dasselbe wie in Anm 1.

1766 *Ehe zwischen Annehmendem und Kind.* Schließt ein Annehmender mit dem Angenommenen oder einem seiner Abkömmlinge den eherechtlichen Vorschriften zuwider die Ehe, so wird mit der Eheschließung das durch die Annahme zwischen ihnen begründete Rechtsverhältnis aufgehoben. Das gilt auch dann, wenn die Ehe für nichtig erklärt wird. §§ 1764, 1765 sind nicht anzuwenden.

1) Zur wechselvollen Geschichte der § 1771 aF entsprechden Bestimmg 35. Aufl; amtl Begrdg BT-Drucks 7/3061 S 51f. Da ein KindesAnnVerhältn mit der Stellg der Eheg zueinander unvereinb ist, tritt bei Außerachtlassg des aufschiebden Ehehindern des EheG 7 kr Gesetzes die Auflösg des AnnVerhältn mit der Eheschl ein, **I.** Betroffen wird aber nur die Wirkg zw den Eheg, nicht die AnnWirkg im Verhältn zu denj, auf die die Ann außerdem Wirkgen äußert (§§ 1754, 1755). Heiratet also der Adoptivvater seine Tochter, so wird die Elt-Kind-Beziehg aufgelöst; die Tochter bleibt aber Enkelin der Elt ihres Mannes u Tochter im Verhältn zu ihrer gesch Adoptivmutter.

2) Ist die Ehe nichtig, so kann sie zwar an sich das KindesAnnVerhältn nicht auflösen, da rückw die Wirkgen der Ehe entfallen (Einf 1 b vor EheG 16). Nach § 1771 II aF dauerten desh auch die Wirkgen des AnnVerhältn fort; die einem Eheg zustehde elterl Gew wurde lediglich verwirkt, so daß ein Vormd zu bestellen war. Nach **S 2** löst jetzt auch die für nichtig erklärte Ehe das AnnVerh auf. Eine Nichtehe (Einf 1 a vor EheG 16) berührt das AnnVerhältn nicht.

II. Annahme Volljähriger

1767 *Zulässigkeit der Annahme; anzuwendende Vorschriften.* I Ein Volljähriger kann als Kind angenommen werden, wenn die Annahme sittlich gerechtfertigt ist; dies ist insbesondere anzunehmen, wenn zwischen dem Annehmenden und dem Anzunehmenden ein Eltern-Kind-Verhältnis bereits entstanden ist.

II Für die Annahme Volljähriger gelten die Vorschriften über die Annahme Minderjähriger sinngemäß, soweit sich aus den folgenden Vorschriften nichts anderes ergibt.

1) Das AdoptG hat sich für die **Zulässigk der Annahme Volljähriger** entschieden trotz der damit verbundenen MißbrMöglichkeiten (BT-Drucks 7/3061 S 22f). Von einer Beibehaltg des Ausdr der Ann „an Kindes Statt" wurde zur Vermeidg von Verwechselgen abgesehen (BT-Drucks 7/5087 S 21). Anderers bedarf das so entstehde RVerhältnis nicht derselben Ausprägg wie das dch die MjAdopt geschaffene. Die Vorschr der §§ 1767ff begnügen sich daher im wesentl damit, die Bestimmgen über die MjAdopt einzuschränken. Damit steht neben der VollAdopt Minderjähriger (vgl Einf 1 v § 1741) ein Typ der VollAdopt Volljähriger mit minderen Wirkgen. Für die Ann eines Vollj gelten **die gleichen Grundvoraussetzgen** wie für die Ann eines Mj (§§ 1767 II, 1741 I). So muß die Ann insb dem Wohl des Anzunehmden entsprechen. Darüber hinaus kommt es darauf an, daß die Ann sittl gerechtfertigt ist. Das VormschG hat also eingehd zu prüfen, aus welchen Grden das AnnVerhältn zu einem Vollj begründet w soll. Die Herstellg familienrechtl Beziehgen zw Vollj dch Adopt soll nicht der freien Disposition der Beteiligten überlassen bleiben (BT-Drucks 7/3061 S 52).

2) Sittliche Rechtfertigg der Annahme, **I.** Die Adopt eines Vollj ist sittl gerechtf, wenn zw dem Annehmden u dem Anzunehmden ein Elt-Kind-Verhältn bereits bestanden hat, insb dann, wenn ein Pflegekind adoptiert w soll, dessen Ann zZ seiner Minderjährigk aus beachtl Gründen, zB um familiäre Spannungen zu u zw Verwandten zu vermeiden, unterblieben ist (BT-Drucks III/530 S 21); ebso wenn mehrere Geschw adoptiert w sollen, von denen ein Teil mj, ein Teil vollj ist (§ 1772). Iü sind mit der Zulassg der VollAdopt auch die herkömml Grde für die Adopt Vollj, wie zB die familiäre Bindg eines Unternehmens-Nachf, anzuerkennen. Besteht eine solche geist-seel Dauerverbundenh wie zw Elt u Kindern, schadet es nicht, wenn der Altersunterschied nur 11 J beträgt (Mannh Just **77**, 134). Nicht gerechtf ist dagg die Adopt ausschließl zZw der NamensNachf, auch wenn adeliger Name (Hamm StAZ **58**, 179), wenn in Wahrh wirtschaftl Interessen ausschlaggebd sind, um der drohden Ausweisg des Anzunehmden als Ausländer vorzubeugen (LG Hanau DAVorm **76**, 526) od sogar um unsittl Beziehgen zu tarnen (Schlesw SchlHA **60**, 23). Die fehlde Absicht, solche Beziehgen zu schaffen, die denen zw Elt u Kindern gleichen (vgl dazu BayObLG **52**, 17), braucht nicht nachgewiesen zu sein; es genügen begründete Zweifel (vgl RG **147**, 220; BGH NJW **57**, 673). Die Lauterk der Abs ist nicht schon allein desh zu verneinen, weil nebenbei auch ErbschSteuern gespart w sollen (BGH **35**, 75). Auch Versagg, wenn nur bei einem Teil die Abs fehlt. AnnDekret ist ijF wirks. Zur ErwachsenenAnn sa Bosch FamRZ **64**, 407.

3) Anzuwendende Vorschriften, **II.** Das AdoptG hat die Ann eines Vollj nicht eigenständ geregelt. Die §§ 1767–1772 enthalten vielmehr Sondervorschriften für die VolljAdopt. Soweit keine Sonderregelg eingreift, sind die Vorschr über die Ann Minderj entspr anzuwenden (§§ 1741–1766). Ob die Ann dem **Wohl des Anzunehmenden** dient, wenn er vollj ist, muß idR von dem Vollj selbst entschieden w; Aufgabe des VormschG beschrkt sich prakt auf die MißbrKontrolle. Einer bes sorgfält Prüfg bedarf die Frage dagg bei der Ann GeschUnfähiger od in der GeschFähigk Beschrkter (BT-Drucks 7/3061 S 53). Anzuwenden ist auch § 1741 II, so daß die Ann dch einen Eheg allein nur in AusnFällen zul ist.

1768 *Annahmeantrag.* I Die Annahme eines Volljährigen wird auf Antrag des Annehmenden und des Anzunehmenden vom Vormundschaftsgericht ausgesprochen. §§ 1744, 1745, 1746 Abs. 1, 2, § 1747 sind nicht anzuwenden.

II Für einen Anzunehmenden, der geschäftsunfähig ist, kann der Antrag nur von seinem gesetzlichen Vertreter gestellt werden. Ist der Anzunehmende in der Geschäftsfähigkeit beschränkt, so kann er den Antrag nur selbst stellen; er bedarf hierzu der Zustimmung seines gesetzlichen Vertreters.

1) **Zustandekommen des Annahmeverhältnisses, I 1.** SonderVorschr zu § 1752 I. Das Kind muß in seine Ann dch neue Elt einwilligen (§ 1746 I 1); der AnnAntr wird jedoch nur von den neuen Elt gestellt. Ein Vollj dagg muß die Begrdg einer neuen familienrechtl Beziehg selbst beantragen, so daß bei der Ann eines Vollj unter Aufrechterhaltg des Dekretsystems **zwei Anträge** erforderl sind, statt daß der GesGeber insow das bish geltde VertrSystem (Einf 1 v § 1741) beibehalten hat (BT-Drucks 7/3061 S 53). Ausgeschaltet werden bestimmte Vorschriften, die nur bei der MjAdopt sinnvoll sind, **I 2**, so die AdoptPflege (§ 1744); die Interessenwahrg gem § 1745, weil hierfür in § 1769 SonderVorschr vorh; die Einwilligg des zu Adoptierenden (§ 1746), weil sie im AntrErfordern enthalten ist; die Einwilligg der Elt (§ 1747), weil der Anzunehmde vollj ist. Anzuwenden dagg ist 1746 III, so daß bei Verweigerg der Mitwirkg eines Elt uU auf Grd das VormschG vAw Erkl des Vormds oder Pflegers ersetzen kann. Darüber u über Ann als solche entsch der Richter (RPflG 14 Z 3f).

2) **Die Annahme eines Geschäftsunfähigen bzw in der Geschäftsfähig Beschränkten, II,** ist zu u wg der damit verbundenen Betreuung bes wünschenswert. Die Mitwirkg des gesetzl Vertr bei der Stellg des Antr ist so geregelt wie für die Erkl der Einwilligg Minderj (vgl § 1746 mAnm).

1769 *Berücksichtigung von Kindesinteressen.* Die Annahme eines Volljährigen darf nicht ausgesprochen werden, wenn ihr überwiegende Interessen der Kinder des Annehmenden oder des Anzunehmenden entgegenstehen.

1) Entspr § 1745 S 1 darf die Ann nicht ausgesprochen w, wenn ihr überwiegde Interessen der Kinder des Annehmden od des Anzunehmden entggstehen. Entscheidder Unterschied: § 1745 S 2 ist nicht anwendb; bei der Ann eines Vollj sind damit auch die vermögensrechtl Interessen der Beteiligten zu beachten. Dabei kann insb von Bedeutg sein, daß das ErbR od sonstige Vermögensinteressen vorhandener Kinder unangem beeinträchtigt w können. Unberücksichtigt kann bleiben, ob es dem Anzunehmden gelingen wird, mit den Kindern der Annehmden ein GeschwisterVerh zu begründen (BT-Drucks 7/3061 S 53). Nicht erfdl die förml Einwilligg der Kinder von Annehmdem u Anzunehmdem.

1770 *Wirkungen der Annahme.* **I** Die Wirkungen der Annahme eines Volljährigen erstrecken sich nicht auf die Verwandten des Annehmenden. Der Ehegatte des Annehmenden wird nicht mit dem Angenommenen, dessen Ehegatte wird nicht mit dem Annehmenden verschwägert.
II Die Rechte und Pflichten aus dem Verwandtschaftsverhältnis des Angenommenen und seiner Abkömmlinge zu ihren Verwandten werden durch die Annahme nicht berührt, soweit das Gesetz nichts anderes vorschreibt.
III Der Annehmende ist dem Angenommenen und dessen Abkömmlingen vor den leiblichen Verwandten des Angenommenen zur Gewährung des Unterhalts verpflichtet.

1) **Beschränkg der Adoptionswirkgen.** Die Wirkgen der Ann eines Vollj sind der Ann an Kindes Statt der aF der §§ 1763, 1764, 1766 nachgebildet. Der Angenommene wird ein ehel Kind der Annehmden (§ 1754). Keine Beschrkg des ErbR mehr (and § 1767 I aF); alle Kinder des Angen werden Enkelkinder der Annehmden, auch solche, die im Ztpkt der Ann schon geboren waren. Die Abkömml erlangen erst auf diese Weise die rechtl Stellg von Enkeln (RG 147, 226). Wird dem Angen erst nach der Ann ein ehel Kind geboren, so hat dieses zum Adoptivvater des Angen dasselbe Verhältn, wie wenn der Sohn des Adoptivvaters dessen ehel Kind wäre (Engler FamRZ 70, 120). Mögl auch die Ann von Mutter u Kind zugl, so daß auch dieses die Stellg eines Kindes des Annehmden erhält. Die Wirkgen der Ann sind iü aber auf die unmittelb Betroffenen beschränkt, **I 1**; insb erstreckt sich die Ann nicht auf die Verwandten des Annehmden, so daß dessen Elt mit dem Angen nicht verwandt sind. Werden mehrere Vollj von ders Pers angen, so sind auch diese nicht miteinander verwandt. Der Angen wird nicht verwandt u verschwägert mit den Verwandten u Verschwägerten der AdoptivElt. In den seltenen Fällen der Ann dch einen Eheg allein (§ 1767 Anm 3) entsteht auch kein StiefkindVerh zum Eheg des Annehmden; ebsowenig tritt eine Schwägersch zw dem Eheg des Adoptierten u den AdoptivElt ein, **I 2**.

2) **Verhältnis zu leiblichen Verwandten, II.** Die aus der Abstammg herrührden VerwandtschVerhältnisse des Angenommenen werden dch die Ann grdsätzl nicht berührt, so daß iF des Todes des Angen seine leibl u seine AdoptivElt als Erben der 2. Ordng (§ 1925) nebeneinander erben. Die ggseit UnterhPfl bleibt bestehen; doch sind die AdoptivElt dem Angen u seinen Abkömml ggü vorrang unterhaltspflichtig, **III**.

1771 *Aufhebung des Annahmeverhältnisses.* Das Vormundschaftsgericht kann das Annahmeverhältnis, das zu einem Volljährigen begründet worden ist, auf Antrag des Annehmenden und des Angenommenen aufheben, wenn ein wichtiger Grund vorliegt. Im übrigen kann das Annahmeverhältnis nur in sinngemäßer Anwendung der Vorschriften des § 1760 Abs. 1 bis 5 aufgehoben werden. An die Stelle der Einwilligung des Kindes tritt der Antrag des Anzunehmenden.

Schrifttum: Bosch FamRZ 78, 656.

1) **Auflösung der Volljährigenadoption.** Die Vorschriften über die Aufhebg eines AnnVerhältn, das zu einem Mj begründet w ist, passen nicht ohne Einschränkgen auf die mit schwachen Wirkgen ausgestattete VolljAdopt, für die § 1771 Sonderregelgen enthält. Anwendb aber § 1766 (BT-Drucks 7/3061 S 55).

Die Aufhebg erfolgt **nur auf Antrag** der Adoptivparteien dch Beschl des VormschG. Es genügt ein Antr (Bosch FamRZ 78, 664f; aA BayObLG FamRZ 78, 736); entscheidd ist das Vorliegen eines wicht Grdes. Das Erfordern kongruenter Antr würde dem Dekretsystem widersprechen u einen Rückfall ins VertrSystem bedeuten, außerd abe die Aufhebg der Adopt in unzumutb Weise einschränken, da die wicht Grde in aller Regel in der Pers eines Beteiligten liegen w, der seiner dann seine Mitwirkg an der AdoptAufhebg verweigern wird. Der Wortlt („u") ist nicht zwingd iS der AntrKumulation zu verstehen, sond kann auch iSv „und auch" verstanden w. Es entsch der Richter (RPflG 14 Z 3f). S 1 entspricht § 1763, S 2 dem § 1760. Für das AufhebgsVerf gelten die §§ 1764, 1765 sinngem. S 3 stellt klar, daß für die Anwendg des § 1760 statt auf die Einwillig des Kindes auf dessen Antr abzustellen ist.

2) Voraussetzgen der Aufhebg. Die Aufhebg kann auf verschiedene Grde gestützt w. **a) Aufhebg aus wichtigem Grund, S 1.** Die Auflösg des AnnVerhältn wird nicht grundlos u nach Willkür der Beteiligten zugelassen, sond setzt einen wicht Grd voraus. Dieser liegt noch nicht vor, wenn die Umst, welche die Ann sitzl rechtfertigen (§ 1767 I), nicht mehr bestehen. Auch kein wicht Grd, wenn sich die familiären Beziehgen der Beteiligten nicht nach ihrer Vorstellg entwickelt haben; wohl aber bei Verbrechen gg Adoptivverwandte od sonst schweren Verstößen gg die FamBindg. **b) Aufhebg wg unwirksamer Erklärgen, S 2.** § 1760 gilt entspr. Also Aufhebg, wenn auch nur einer von den beiden für die Ann erforderl Anträgen fehlte od unwirks war (§ 1768 I), ferner die Einwilligg des Ehegs des Anzunehmden (§§ 1767 II, 1749 I), diej des Annehmden (§§ 1767 II, 1749 I). Dagg unerhebl u damit kein AufhebgsGrd das Fehlen der Einwilligg der Elt.

1772 *Ausspruch über Wirkungen wie bei Annahme Minderjähriger.*
Das Vormundschaftsgericht kann beim Ausspruch der Annahme eines Volljährigen auf Antrag des Annehmenden und des Anzunehmenden bestimmen, daß sich die Wirkungen der Annahme nach den Vorschriften über die Annahme eines Minderjährigen oder eines verwandten Minderjährigen richten (§§ 1754 bis 1756), wenn

a) ein minderjähriger Bruder oder eine minderjährige Schwester des Anzunehmenden von dem Annehmenden als Kind angenommen worden ist oder gleichzeitig angenommen wird oder

b) der Anzunehmende bereits als Minderjähriger in die Familie des Annehmenden aufgenommen worden ist oder

c) der Annehmende sein nichteheliches Kind oder das Kind seines Ehegatten annimmt.

Das Annahmeverhältnis kann in einem solchen Fall nur in sinngemäßer Anwendung der Vorschriften des § 1760 Abs. 1 bis 5 aufgehoben werden. An die Stelle der Einwilligung des Kindes tritt der Antrag des Anzunehmenden.

1) Annahme mit starken Wirkungen. Das AdoptG hat sich für die Unterscheidg zw der Adopt Minderj mit starken Wirkgen u der Ann Vollj mit schwachen Wirkgen entschieden (BT-Drucks 7/3061 S 21; sa § 1754 Anm 1). In einigen AusnFällen genügen diese schwachen Wirkgen aber nicht, insb dann, wenn der Anzunehmende schon bes Beziehgen zu dem Annehmden hat, die nur dadch ausreichd verstärkt w können, daß die Ann des schon Vollj mit stärkeren Wirkgen verbunden w (BT-Drucks 7/3061 S 55f). Die **Volladoption** (Einf 1 v § 1741) wird daher **in vier Fällen** zugelassen, **S 1**: **a)** wenn die Annehmden schon einen Bruder od eine Schwester des Anzunehmden mit starken Wirkgen angen haben od annehmen, um den Geschw die gleiche Rechtsstellg in der neuen Fam zu geben. **b)** Ferner wenn der Anzunehmde bereits als Mj in der Fam des Annehmden gelebt hat u schließl **c)** wenn der Annehmde sein nehel Kind od das Kind seines Ehegs annimmt.

2) Verfahren. Die Ann mit starken Wirkgen wird vom VormschG nur ausgesprochen, wenn der Antr darauf gerichtet ist. Dieser Antr wird zweckmäßigerw mit dem AnnAntr (§ 1768 I) verbunden. Das VormschG hat im Beschl anzugeben, ob die Ann des Vollj starke Wirkgen hat od nicht u ob es sich um eine VerwandtenAdopt handelt (FGG 56e). Die Aufhebg einer solchen VollJAdopt mit starken Wirkgen kommt nur nach den Vorschr des § 1760 in Betr, **S 2**, also nicht aus wicht Grd (§ 1771 S 1). Vgl iü § 1771 Anm 2b.

Dritter Abschnitt. Vormundschaft

Schrifttum

Fuchs, Vormundschaftsrecht (Komm), 1909; Glaessing, Die öffentl-rechtl Natur des neuen deutschen VormschRechts, ArchÖffR aF **16**, 161; Möhring, Vermögensverwaltg in Vormsch- und Nachlaßsachen, 5. Auflage 1963; Müller-Freienfels, Vertretg beim Rechtsgeschäft, Tübingen 1955, S 335ff; Sichtermann, Recht der Mündelsicherh, 2. Aufl, 1967, Dtsch Sparkassenverlag Stgt; vgl auch Schrifttum vor § 1589 u § 1297.

Überblick

1) Das BGB unterscheidet Vormsch über Minderjährige, §§ 1773–1895, Vormsch über Volljährige, §§ 1896–1908, und Pflegsch, §§ 1909–1921. Die Vormsch hat grdsätzl die allg Fürs in persönl u VermAngelegenheiten des Mündels zum Ggst, währd Pflegsch dann eingeleitet wird, wenn ein Schutzbedürfnis für eine einzelne od einen Kreis von Angelegenh vorliegt, vgl auch § 1706. Pflegsch kann aber auch vorl Maßn vor Bestellg eines Vorm sein, § 1909 III.

2) Gegenstand des VormschRechts ist die Regelg einer verwaltenden FürsTätigk, die, trotzdem sie grdsätzl von den sonstigen Aufgaben der Gerichte abweicht, diesen mit Rücks auf die vorwiegd privrechtl Belange zugeteilt ist. Leitender Gesichtspunkt ist das Interesse des Mündels. Das Amt des Vormunds ist kein öff, obwohl das VormschR auch öffrechtl Bestandteile enthält; die privrechtl überwiegen. Die Stellg des Vormds ist weitgehd der Stellg des Inhabers der elterl Gewalt angepaßt, BGH **17**, 115, vgl aber auch BVerfG NJW **60**, 811.

3) Grundzüge der Regelg. Die Vormsch tritt grdsätzl nicht kraft G ein, sond es bedarf einer Anordng durch das VormschG. Erst mit der Bestellg entsteht die Vertretgsbefugnis des Vormds, §§ 1774–1789. Dieser Grds w bei Geburt eines nehel Kindes dann dchbrochen, wenn die Mutter die elterl Gewalt nicht hat od diese ruht, sie also mj ist, §§ 1706 Anm 1, 1791c. Grundsätzl wird nur ein Vormd bestellt, § 1775. Der Vormd übt seine verwaltende Tätigk im wesentl selbständig aus, KG OLG **1**, 366. Das VormschG darf daher grdsätzl nicht an seiner Stelle für den Mündel tätig werden, § 1837 Anm 3; Ausn § 1846. Im Interesse des Mündels u zu seiner Sicherstellg (ein gesetzl PfandR ggü dem Vormd besteht nicht) untersteht der Vormd der Aufsicht des VormschG, § 1837, das durch das JA, § 1850, bei größeren VermVerwaltgen auch durch den GgVormd, §§ 1792, 1799, unterstützt wird. Die Art der Vermögensverwaltg des Vormds ist gesetzl geregelt. Vormd hat VermVerzeichn aufzustellen, § 1802, das zum Vermögen des Mdl gehörende Geld in bestimmter Weise anzulegen, §§ 1806ff, Wertpapiere zu hinterlegen, §§ 1814ff, u über seine VermVerw dem VormschG Rechng zu legen, § 1840, dessen Gen zu wichtigeren Geschäften notw ist, §§ 1810ff, 1821ff; er haftet dem Mdl nach schuldrechtl Grdsätzen, § 1833, in bes Fällen kann er vom VormschG auch zur SicherhLeistg angehalten werden, § 1844. Im Konk des Vormds sind die Mdl-Fdgen bevorzugt, KO 61 Z 5.

4) Das BGB geht von der Einzelvormundschaft als der besten Form der Vormsch aus, vgl auch §§ 1887 I, II 3, 1899 II. Daneben kennt es iS einer Reihenfolge (Aachen DAVorm **76**, 672):

a) die Vereinsvormundschaft. Es kann also ein Verein als solcher zum Vormd bestellt w, wenn ein EinzelVormd nicht vorhanden od der Verein zum Vormd berufen ist, § 1791a;

b) die Amtsvormundschaft, die vom **Jugendamt** ausgeübt w, wenn weder ein geeigneter Einzelvormd vorhanden, noch die Bestellg einer VereinsVormsch tunl erscheint, § 1791c. AmtsVormsch, also die des JA, tritt auch von Gesetzes wg bei Geburt eines nehel Kindes ein, wenn die Mutter nicht die elterl Gewalt hat, oben Anm 3, ebso wenn die NEhelk erst später rechtskr festgestellt w, § 1791c I 2. Das JA kann auch vom VormschG zum **Einzelvormund** bestellt w, wenn eine als EinzelVormd geeignete Pers nicht vorhanden ist, § 1791b.

Zu a u b. Für Vereins- wie AmtsVormsch gelten die Bestimmgen des BGB. Ausnahmen w stets bes angegeben, vgl Grdzge 1 vor § 1773. Im JWG verbleiben hingg die Vorschr für die verwmäß Abwicklg der AmtsVormsch.

5) VormschG und Verfahren. VormschG ist das Amtsgericht, FGG 35. Die Erledigg der vormschgerichtl Geschäfte iS des 2. Abschn des FGG, worunter auch die des 4. Buches des BGB fallen, ist grundsätzl dem RPfleger übertragen, RPflG 3 I Z 2a, jedoch mit den sich aus RPflG 14 ergebden Ausnahmen. Die Rechte u Pflichten des VormschG kann auch der FamRat haben, § 1872. Die örtl Zuständigk des VormschG regeln FGG 36ff, vgl auch Grdz 2 vor § 1773, die Beschwerde FGG 57ff. Ermittlgen u BewErhebgen finden vAw statt, FGG 12. Das VormschG kann andere Gerichte um Rechtshilfe ersuchen, FGG 2; es darf ihnen aber nicht eig Aufgaben übertragen. So darf es um Bestellg des Vormds ersuchen, KG OLG **21**, 284, nicht aber um seine Auswahl, Colmar OLG **30**, 147; auch nicht mittelbar dadurch dem Vormd staatshoheitl Gewalt zur Erledigg seiner GeschTätigk zur Vfg stellen, zB Beweise über die verschiedenen Schwängerer erheben lassen, da das dem ProzVerf vorbehalten bleiben muß, RG LZ **17**, 333. Kosten KostO 91–100, 139.

6) Ergänzt w das VormschR dch das **JWG** id Fassg v 6. 8. 70, BGBl 1197, das die Organisation des JA u seine Stellg u Aufgaben im VormschWesen, den Schutz der Pflegekinder, außerdem die Erziehgsbeistandsch m freiw Erziehgshilfe u FürsErziehg regelt u insof auch § 1666 ergänzt. Die Voraussetzgen für das Eintreten dem AmtsVormsch, auch AmtsPflegsch, sowie VereinsVormsch regelt nicht mehr das JWG, sond seit Inkrafttr des NEhelG das BGB, §§ 1709, 1791a–c. S auch JWG (Schluß Anh) Einl.

7) Landesrechtl Vorbehalte enthalten nur noch §§ 1807 II, 1808. EG 136 ist durch JWG 54 aufgehoben. Vgl im übrigen Einl 4 vor § 1297.

8) Übergangsvorschriften: EG Art 210–212; vgl auch Art 160. **Internationales Privatrecht:** EG 23 und das Haager Abk z Regelg der Vormsch über Mje vom 12. 6. 02, abgedr Anh zu EG 23. Dort auch sonstige Staatsverträge. **Interlokales Privatrecht** EG 22 Anm 5.

Erster Titel. Vormundschaft über Minderjährige

I. Begründung der Vormundschaft

Grundzüge

1) Der Untertitel umfaßt die Begründg der Vormsch u ihre Voraussetzgen, §§ 1773, 1774, die Personen, die als Vormd berufen sind, §§ 1776–1784, die Übernahme und Ablehng der Vormsch, §§ 1785–1788, die Bestellg zum Vormd, §§ 1789–1791, und die Bestimmgen über die Bestellg von MitVormd und GgVormd, §§ 1775, 1792. Soweit eine AmtsVormsch, vgl Übbl 4b vor § 1773, in Betr kommt, § 1773 Anm 2, sind die Vorschr über die GgVormd, § 1792 I (anders wenn es sich um eine VereinsVormsch handelt, § 1791a IV), weiterhin die Vorschr über die Bestellg, §§ 1789, 1791, ausdrückl ausgeschl, § 1791b II, bei einer von Gesetzes wg eintretden Vormsch, § 1791c, ergibt sich das ohnehin von selbst, vgl dort III.

2) Fehlerhafte Anordng der Vormsch. Die sachl Unzuständigk macht die Anordng, wie auch die einzelnen vormschgerichtl Hdlgen unwirks, KG JFG **1**, 48. Unwirksam ist auch ein vormschgerichtl Geschäft, das unzulässigerw der RPfleger statt des Richters vorgenommen hat, nicht aber umgekehrt, RPflG 8. Die örtliche Unzuständigkeit führt zur Aufhebg der an sich sachl zutreffd eingeleiteten Vormsch (vorl Vormsch, Pflegsch) u des bish Verfahrens, KG JFG **14**, 204, 255, unter Aufgabe des früh Standpunkts, KGJ **30** A 4. Das unzust Ger wird aber gem FGG 50 das zuständige benachrichtigen müssen, in Eilfällen hilft FGG 44. Liegen materiell die Voraussetzgen für die Vormsch vor, so bleibt sie grdsätzl (Ausn § 1780 u bei VormschAnordng über Verstorbene, BayObLG **19**, 126, nicht aber bei Verkenng der Ausländereigensch, RGSt **45**, 309) solange wirks, bis sie durch das VormschG od auf Beschw aufgeh wird; denn die Anordng der Vormsch hat rechtsbegründende Wirkg, RG **84**, 95, BGH **41**, 309 (Pfleger). Das gilt sogar bei irriger Bestellg eines weiteren Vormds, obwohl bereits ein solcher vorhanden ist, RG HRR **33**,1588 str. Beide sind dann MitVormd, § 1797 I. Die Wirksamk der durch den Vormd u der ihm ggü vorgenommenen RGeschäfte sowie die sich daraus ergebenden Anspr werden durch die Aufhebg nicht berührt, FGG 32, BayObLG **23**, 61; auch nicht die Vergütgsfestsetzg für Vormd, KGJ **53**, 77, SchadErsPfl des Richters, RG **84**, 92. Andererseits wird auch bei irriger Ann der Minderjährigk die Gesch- und ProzFgk des Vollj nicht berührt. Anders nur bei Stellg unter vorl Vormsch, § 1906, 114. Ob die Anordng mit Recht ergangen ist, kann nur im Verf der freiw Gerichtsbark, nicht durch das ProzG nachgeprüft werden, RG **81**, 212; deshalb darf die Vertretgsbefugnis idR nicht schon deshalb verneint werden, weil nicht alle sachlrechtl Voraussetzgen für die Anordng gegeben waren, BGH **33**, 195.

1773 *Voraussetzungen.* **I** Ein Minderjähriger erhält einen Vormund, wenn er nicht unter elterlicher Gewalt steht oder wenn die Eltern weder in den die Person noch in den das Vermögen betreffenden Angelegenheiten zur Vertretung des Minderjährigen berechtigt sind.

II Ein Minderjähriger erhält einen Vormund auch dann, wenn sein Familienstand nicht zu ermitteln ist.

1) Allgemeines. Da der gesamte Titel sich nur mit der Vormsch über Mje beschäftigt, bezieht sich auch § 1773 nur auf diese. Wegen der Volljährigen, also auch der für vollj Erklärten, § 3 II, vgl § 1896. Wird der Mje vollj oder für vollj erklärt, so endet die Vormsch, § 1882, soweit nicht etwa eine solche über einen Volljährigen angeordnet wird. Daß der Mje verheiratet ist, hindert die Anordng der Vormsch nicht. Wegen der Vormsch über einen Ausländer EG 23. Wegen fehlerhafter Anordng der Vormsch Grdz 2.

2) Einen Vormd erhalten a) mj eheliche Kinder und die ihnen Gleichstehenden, also Kinder, die für ehel erklärt od an Kindes Statt angenommen worden sind, §§ 1736, 1740f, 1757, wenn sie **aa)** nicht unter elterl Gewalt stehen, also zB, wenn beide Eltern (der Vater im Fall der EhelichkErkl, der Annehmende; s aber auch unten zu a u bb) tot od für tot erklärt sind; wenn ein Elternteil die elterl Gewalt verwirkt hat, das VormschaftsG aber nicht angeordnet hat, daß sie dem anderen nicht geschiedenen u nicht dauernd getrennt lebenden, § 1672, Elternteil allein zusteht, §§ 1676, 1679 I 2, od der Vater im Fall der EhelichErkl die elterl Gewalt verwirkt hat, ebso wenn der Annehmende, der Vater im Fall der EhelichErkl, § 1723, bei einer solchen auf Antr des Kindes der überl Elternteil, § 1740a, diese verwirkt hat, vgl auch § 1771 II; wenn gem § 1666 sämtl Bestandteile der elterl Gewalt beiden Eltern od einem Elternteil entzogen worden sind, VormschG aber in letzterem Falle nicht angeordnet hat, daß dem anderen nicht geschiedenen u nicht dauernd getrennt lebenden Elternteil die elterl Gewalt allein zusteht, §§ 1680, 1679 II, der Angenommene, wenn der AnnVertr aufgeh wird, §§ 1768, 1770a und b, 1771, soweit die elterl Gewalt nicht auf die leibl Eltern zurückübertragen w, § 1765 II, – oder **bb)** wenn die Eltern (d Annehmende) den Mj weder in persönl noch in Vermögensangelegenheiten vertreten dürfen, also zB wenn die elterl Gewalt eines Elternteils, §§ 1673–1675, u der andere gestorben ist od die andere ruht. Ebenso wenn die elterl Gewalt des Annehmenden ruht, §§ 1757 I, 1673–1675. Hat der Gewalthaber nur Pers- od VermSorge, so lediglich Pfleger, § 1909, sofern nicht der andere Elternteil die uneingeschränkte elterl Gewalt hat, vgl zB §§ 1670 I, 1679 I, 1680.

b) Nehel mj Kinder, sofern die Mutter nicht die elterl Gewalt hat, § 1706 Anm 1.

Zu aa u bb: VormschAO entfällt, wenn iF der EhelErkl auf Antr des Vaters, § 1723, der nehel Mutter die Ausübg der elterl Gewalt, § 1738 II, od iF der KindesAnn den leibl Eltern die elterl Gewalt zurückübertr w, § 1765 II. Wird das AnnVerhältn dch Vertr od Entsch des VormschG, §§ 1768, 1770 a u b, aufgeh, falls eine Rückübertr auf die leibl Eltern stattfindet, § 1765 II.

c) Wenn der Familienstand des Mj nicht zu ermitteln ist (II), zB Findelkind; vgl auch PStG 25, 26. Liegt aber nicht vor, wenn FamStand nur bestritten ist. Dann Pflegschaft.

1774 *Anordnung von Amts wegen.* Das Vormundschaftsgericht hat die Vormundschaft von Amts wegen anzuordnen. Ist anzunehmen, daß ein Kind mit seiner Geburt eines Vormunds bedarf, so kann schon vor der Geburt des Kindes ein Vormund bestellt werden; die Bestellung wird mit der Geburt des Kindes wirksam.

Vorbem. S 2 angefügt dch Art 1 Z 51 NEhelG.

1) Allgemeines. Das BGB geht von dem Bestellgsgrundsatz aus, also keine Vormsch von Gesetzes wg, Ausnahme § 1791 c. Die Vormsch ist vAw, dh erforderlichenf ohne Antr, anzuordnen, wofür der VormschRichter dem Mdl gem § 1848, Dritten nach § 839 haftet. Ermittlgen, ob Anordng erforderl, sind vAw anzustellen, FGG 12. Die Anordng der Vormsch ist die Vorbereitg der Bestellg,

§§ 1774–1776 4. Buch. 3. Abschnitt. *Diederichsen*

§ 1789, von dieser also auch begriffl verschieden, KG JFG **1**, 49. Allerdings können beide auch zeitl zusfallen. Mögl ist die Bestellg eines Vormd vor der Geburt mit Wirksamk der Bestellg mit Geburt, S 2, entspr § 1708, s dort; insb, wenn Mutter bei Geburt mj ist, § 1705 Anm 2. Eines besonderen Anordngsbeschlusses bedarf es außer bei der vorl Vormsch, FGG 52, nicht. Durch die Anordng wird die Vormsch iS des FGG 36 anhängig. Vor der Bestellg hat das VormschG erforderlichenf selbst die im Interesse des Mdl notwendigen Maßnahmen zu treffen, § 1846.

2) Anzeigepflicht anderer Behörden zur Unterstützg des VormschG: StBeamte FGG 48, JA § 1849, JWG 47 II, 48 S 2. Gerichte FGG 50, StA JGG 70; der Erbe des Vormd, Vormd bei Todesfall des Gg- od MitVormd § 1894.

3) Örtl Zuständigk. Vgl auch Übbl 5 vor § 1773. Die Zustdgk regelt FGG 36. Fehlt ein fester Wohns der nehel Mutter, ist das AmtsG des Geburtsortes zust, BayObLG DJZ **34**, 219. Ist Mdl Deutscher, hat er aber im Inland weder Wohns noch Aufenth, so AG Schöneberg zust, FGG 36 II 1. Die AO trifft der RPfleger, RPflG 3 Z 2a, außer wenn es sich um die Vormsch über einen Ausl od aGrd dienstrechtl Vorschr handelt, RPflG 14 Z 4. Wg Abgabe der Vormsch FGG 46, 47. Beschwerde hat bei Anordng der MdI u jeder, dessen Recht durch sie beeinträchtigt ist, FGG 20, bei Ablehng jeder rechtl an einer Anordng Interessierte, ferner der Eheg, die Verwandten u Verschwägerten des Mdl, FGG 57 I Z 1.

1775 *Bestellung von Mitvormündern.* Das Vormundschaftsgericht soll, sofern nicht besondere Gründe für die Bestellung mehrerer Vormünder vorliegen, für den Mündel und, wenn mehrere Geschwister zu bevormunden sind, für alle Mündel nur einen Vormund bestellen.

1) Allgemeines. Grundsätzl ist nur ein Vormd zu bestellen, und zwar auch für Geschwister sowie Halbgeschwister, KGJ **47**, 10; zust dann das Ger, bei dem die erste Vormsch anhängig ist, sonst das für den jüngsten Mdl zuständige Ger, FGG 36 I 2. Bei gesetzl AmtsVormsch, § 1792c, allerdings inf verschiedener Geburtsorts der Geschwister mehrere AmtsVormsch mögl, s dazu auch JWG 44. Die Bestellg von MitVormd (wg des GgVormd § 1792) rechtfertigen nur **besondere Gründe**, BayObLG **5**, 118, zB bei bes schwieriger VermVerw, Vermögen an verschiedenen Orten, bei Geschwistern dauernde Interessenverschiedenh (falls nur gelegentl, Pflegerbestellg), verschiedenes rel Bekenntn, falls es das MdlInteresse erfordert, § 1779 II 2, KGJ **46**, 69. Die Vormsch über eins von mehreren Geschwistern kann auch, wenn es die Zweckmäßigk erfordert, an ein anderes Ger abgegeben werden, Nürnb OLG **25**, 398. Vgl dazu FGG 46.

2) Besonderheiten bei Bestellg mehrerer Vormd. Auch bei Benennung mehrerer Vormd durch die gemäß § 1777 Berechtigten entsch das Ger darüber nach freiem Ermessen, BayObLG **21**, 60. Neben dem als Vormd Berufenen, § 1776, darf nur mit dessen Zust ein MitVormd bestellt werden, § 1778 IV; die Bestellg eines MitVormd ist ein AblehngsGrd, § 1786 I Z 7. Grdsätzl führen mehrere MitVormd die Vormsch gemeinschaftl, § 1797 I, das VormschG kann aber jedem Vormd einen bestimmten Wirkgskreis zuteilen, § 1797 II. Für diesen Fall kann dann auch jedem Vormd ein GgVormd bestellt werden, § 1792 III, nicht aber im Fall des § 1792 I. Auch das Jugendamt kann als MitVormd bestellt w, § 1791b Anm 3, anderers kann es auch die Bestellg eines MitVormd für einen bestimmten Wirkgskreis beantragen, § 1797 Anm 2. Soll neben einem Verein ein MitVormd bestellt w, so Anhörg des Vereins vor Bestellg, § 1791a IV.

1776 *Benennungsrecht der Eltern.* ^I Als Vormund ist berufen, wer von den Eltern des Mündels als Vormund benannt ist.

^{II} Haben der Vater und die Mutter verschiedene Personen benannt, so gilt die Benennung durch den zuletzt verstorbenen Elternteil.

Vorbem. Geändert, GleichberG Art 1 Z 30.

1) Allgemeines. Die Berufenen haben ein Recht auf Bestellg u dürfen nur unter den Voraussetzgen des § 1778, deren Vorliegen auch bei Berufg der VormschRichter stets zu prüfen hat, übergangen werden, hingg nicht zB wg anderen RelBekenntnisses, BayObLG **43**, 377. Das Recht besteht weiter, auch bei späterer Erledigg der derzeitigen Bestellg. Bei Übergeh sofortige Beschw, FGG 60 I Z 1, Beginn der BeschwFrist KG JW **37**, 963. § 1776 gilt auch für MitVormd, § 1775 Anm 2, GgVormd, § 1792 IV, nicht bei Vormsch über Volljährige, §§ 1896–1900, u Pflegsch, §§ 1915–1917. Das JA kann nicht benannt w, JWG 45 S 2, wohl aber ein vom LJA für geeignet erklärter Verein, § 1791a I 2.

2) Die Berufg zur Vormsch verpflichtet nicht zu deren Übernahme. Das Recht ist verzichtbar, § 1778 I. Anders wenn das VormschG den Berufenen auswählt, § 1785.

3) Berufen ist, wer auf Grund letztw Vfg, § 1777 III, von beiden Eltern des ehel Mündels (das sind auch die durch nachf Ehe legitimierten sowie des angenommenen Kindes, §§ 1719, 1749, 1757 II) **oder einem von ihnen,** sofern dem benennenden Elternteil zZ des Todes die elterl Gewalt über das Kind zustand, § 1777 I, als Vormd **benannt ist.** Handelt es sich um ein durch EhelichkErkl legitimiertes Kind, so hat unter diesen Voraussetzgen der Vater, § 1736, erfolgte die Legitimation auf Antr des Kindes, § 1740a oder Gewalthaber, bei dem nur von einem Elternteil angenommenen nur dieser das Recht der Benenng. Hat die nehel Mutter die elterl Gewalt, § 1705, hat sie das BenenngsR. Haben die Eltern nicht dieselbe Person benannt, so grdsätzl kein Vorrang des von einem Berufenen vor dem des anderen; entscheid vielm dann Berufg durch den Letztverstorbenen, da dieser dem Zeitpkt der VormdBestellg am nächsten war u deshalb die Pers am besten beurteilen kann; von dieser Regelg aber trotz dieser Begr des RegEntw auch dann nicht abzuweichen, wenn etwa die Benenng durch den Erstverstorbenen später als die durch den

Letztverstorbenen getroffen wurde. Die Großväter sind nicht mehr berufen, da VormschG ohnehin die Verwandten u Verschwägerten zunächst zu berücksichtigen hat, § 1779 II 3, allerdings mit gleichem Range.

4) Vorrang vor dem Berufenen. a) Der Mann darf für seine Ehefr vor den in § 1776 Benannten bestellt werden, § 1778 III. **b)** Mit Einverständn des JA bzw der Vorstandes des Vereins können diese vor den in § 1776 Benannten bestellt werden, jedoch nur, wenn kein geeigneter anderer Vormd vorhanden ist, JWG 5 S 1, § 1791a Anm 3; ist JA trotzdem bestellt, so hat es Übertr auf den EinzelVormd zu beantragen, vgl § 1791b Anm 2b.

1777 *Voraussetzungen des Benennungsrechts.* ᴵ Die Eltern können einen Vormund nur benennen, wenn ihnen zur Zeit ihres Todes die Sorge für die Person und das Vermögen des Kindes zusteht.

ᴵᴵ Der Vater kann für ein Kind, das erst nach seinem Tode geboren wird, einen Vormund benennen, wenn er dazu berechtigt sein würde, falls das Kind vor seinem Tode geboren wäre.

ᴵᴵᴵ Der Vormund wird durch letztwillige Verfügung benannt.

Vorbem. Fassg unter Berücksichtigg des GleichberGrdsatzes GleichberG Art 1 Z 30. II u III unverändert.

1) Die Berechtigten, I, II. Das BenenngsR ist ein Ausfluß der elterl Gewalt u entfällt daher, wenn dem Vater bzw der Mutter, auch der nehel, im Zeitpkt ihres Todes (der der Benenng u die Zwischenzeit sind bedeutgslos) die Sorge für die Pers u das Verm des Kindes ganz fehlt, weil sie ihr Ende gefunden hat, vgl zB § 1773 Anm 2a, od eine solche beim nehel Vater nicht vorhanden war, §§ 1705, 1711, ferner im Falle der Scheidg für den Elternteil, dem die elterl Gewalt nicht übertragen war, § 1671, falls er der Erstversterbende ist. Kein BenenngsR auch, wenn nur die SorgeR für die Pers, zB § 1670 I, od für das Verm vorhanden ist („und"). Dieses schließt die Vertretgsmacht ein, § 1626 II. Daß diese hier nicht nötig wäre, kann aus dem Wegfall des S 2 aF nicht ohne weiteres geschlossen werden, da das G in sich verständl bleiben muß. Infolge des Wortlauts wird man auch der Meing des RegVertreters, vgl Krüger-Breetzke-Nowack, GleichberG, § 1777 Anm 1, nicht folgen können, daß es auf die Vertretgsmacht nicht ankomme; ebso Soergel-Germer Anm 2, 3, Gernhuber § 63 III 6, aM Staud-Engler Rdnr 6, RGRK (Scheffler) Anm 3. Nur die Beschrkg in einzelner Beziehg schadet nicht, § 1630 II iVm §§ 1909, 1638. Ein BenenngsR haben demgemäß nicht die Eltern der verheirateten Tochter, § 1633, da ihr PersSorgeR auf die Vertretg beschränkt ist, ebso Staud-Engler Rdnr 8, aM RGRK Anm 1, 3, Gernhuber § 63 III 6.

2) Form, III. Die Benenng erfolgt durch letztw Vfg, im ErbVertr durch einseitige Vfg, §§ 2278 II, 2299. Eine bestimmte Pers muß benannt sein. Benenng von ErsatzVormd zul. Die Benenng kann nicht einem Dritten überlassen werden. Benenng mit Zeitbestimmg od unter Bedingg zul. Falls im Zeitpkt, in welchem die Anordng der Vormsch erforderl wird, Bedingg od Zeitbestimmg noch nicht eingetreten ist u später eintritt, gilt § 1778 II entspr, Staud Anm 2, Soergel-Germer Anm 4 aM RGRK Anm 1: keine Entlassg bei Bedinggseintritt. Bei auflösender Bedingg od Endtermin endigt das Amt des bestellten Vormd nicht ohne weiteres, Entlassg mögl; vgl auch § 1790. Wenn auch nicht das Wort „Vormund" gebraucht ist, so muß bei Ausleg des TestWillens sich jedenf ergeben, daß der Genannte die einem Vormd zukommenden Aufgaben ausüben soll, Köln ZBlJugR **61**, 61. Regelg der Befugnisse des Vormd ist nur mögl, soweit das G eine solche ausdrückl zuläßt.

1778 *Übergehung des benannten Vormundes.* ᴵ Wer nach § 1776 als Vormund berufen ist, darf ohne seine Zustimmung nur übergangen werden, wenn er nach den §§ 1780 bis 1784 nicht zum Vormund bestellt werden kann oder soll oder wenn er an der Übernahme der Vormundschaft verhindert ist oder die Übernahme verzögert oder wenn seine Bestellung das Interesse des Mündels gefährden würde.

ᴵᴵ Ist der Berufene nur vorübergehend verhindert, so hat ihn das Vormundschaftsgericht nach dem Wegfall des Hindernisses auf seinen Antrag an Stelle des bisherigen Vormundes zum Vormund zu bestellen.

ᴵᴵᴵ Für einen minderjährigen Ehegatten darf der andere Ehegatte vor den nach § 1776 Berufenen zum Vormund bestellt werden.

ᴵⱽ Neben dem Berufenen darf nur mit dessen Zustimmung ein Mitvormund bestellt werden.

Vorbem. Fassg GleichberG Art 1 Z 30 (I, II, IV unverändert); Neufassg III dch AdoptG.

1) Übergangen ist der Berufene, wenn ein anderer als Vormd bestellt wird, ohne daß es darauf ankommt, ob dem VormschG die Berufg bekannt ist, KGJ **39** A 5, str. Dagg sofortige Beschw aus eig Recht, FGG 60 I 1, nicht aber ein unmittelbares Recht auf Entlassg des bestellten Vormd, KG aaO. BeschwFrist läuft vom Zeitpkt der Erlangg der Kenntn, FGG 60 II, auch wenn der Übergangene nicht weiß, welches VormschG entschieden hat, KG RJA **12**, 177. Eine Übergehg liegt schon in der Zurückweisg des Antrags des Berufenen, KG RJA **5**, 130, so daß dieser dann bei Versäumg der Frist für die hierzu richtende Beschw, die von der Mitteilg der Zurückweisg an läuft, nicht mehr sofortige Beschw wg seiner Übergehg durch Ernenng eines anderen Vormd einlegen kann, KG OLG **10**, 322. Kein AbänderngsR des VormschG von sich aus, FGG 18 II. Wird die Beschw für begründet erklärt, so ist der Berufene an Stelle des bish Vormd zu bestellen, auch wenn diesem ggü kein Vorbeh gemacht war, § 1790.

2) Der Berufene kann übergangen werden, I–III: a) Wenn er mit der Bestellg eines anderen ausdrückl od stillschw einverstanden ist, was dem VormschG ggü nicht erklärt zu w braucht; dadurch geht aber das Recht auf Berufg bei späterer Erledigg des VormdAmtes nicht verloren, § 1776 Anm 1.

b) Die gem §§ 1780–1784 Unfähigen und Untaugl. Nach Wegfall dieser Gründe kein Anspr auf Bestellg, da keine grundlose Übergeh.

c) Wenn der Berufene die Übern schuldh (SchadErsPfl § 1787) od ohne Schuld verzögert oder er tatsächl verhindert ist. Nur im letzten Falle ist, wenn die Verhinderg nur vorübergehende war, der Berufene nach Wegfall des Hindernisses auf seinen Antr an Stelle des bisherigen Vormd zu bestellen, II.

d) Wenn das Interesse des Mdl gefährdet wird, was das VormschG nach freiem Ermessen entscheidet. Eine erhebl Gefährdg braucht nicht vorzuliegen, es genügt jede schon bestehende od mögl Beeinträchtigg der persönl od vermögensrechtl Verhältnisse, BayObLG **19**, 166 (aM BayObLG **57**, 315: ggwärtige Gefahr in solchem Maße, daß bei Fortgang der Entwicklg eine erhebl Schädigg des geistigen od sittl Wohls od der VermInteressen des Mdls zu besorgen), tiefgehende Entfremdg zw Vormd u Mdl, KG OLG **42**, 111, uU zu hohes Alter und Gebrechlichk (jedoch genügt nicht Berufg auf allg Erfahrgstatsachen, BayObLG **24**, 109).

e) Wenn es sich um die Bevormundg des mj Eheg handelt, so kann der and Eheg vor den nach § 1776 I Berufenen zum Vormd bestellt werden. Im Ggsatz zu den nach § 1776 Berufenen entsteht aber durch § 1778 III kein Anspr auf Bestellg, BayObLG OLG **32**, 18. Also auch keine Beschw aus eig Recht, sond nur aus FGG 57 I Z 9.

f) Sind die gem § 1776 Berufenen als Vormd nicht geeignet, findet sich auch sonst kein geeigneter Vormd, so kann ein rechtsfäh Verein mit seinem Einverständnis, schließlich das JA als Vormd bestellt w, §§ 1791a, b. Ist das geschehen, obwohl eine geeignete Pers vorhanden war, so hat das JA deren Bestellg als EinzelVormd zu beantragen, vgl § 1791b Anm 2 u JWG 45 S 1.

3) MitVormd, IV. Aus bes Gründen kann das VormschG mehrere Vormd bestellen, § 1775. Ist jemand zur Vormsch berufen, so kann das jedoch nur mit seiner Zust geschehen. Ein Recht zur Bestimmg des MitVormd hat er aber nicht. Der Verein, § 1791a I, muß vor Bestellg eines MitVormd neben ihm gehört w, § 1791a IV. Die ZustVerweigerg kann uU eine das Interesse des Mdl gefährdende Pflichtwidrigk sein, die zur Entlassg des Vormd führen kann, § 1886, od zur Abstandnahme von seiner Bestellg. IV findet keine Anwendg auf den GgVormd, BayObLG **18**, 54, sowie wenn mehrere Vormd in der letztw Vfg berufen sind, Staud-Engler Rdn 14.

1779 *Auswahl durch Vormundschaftsgericht.* **I** Ist die Vormundschaft nicht einem nach § 1776 Berufenen zu übertragen, so hat das Vormundschaftsgericht nach Anhörung des Jugendamts den Vormund auszuwählen.

II Das Vormundschaftsgericht soll eine Person auswählen, die nach ihren persönlichen Verhältnissen und ihrer Vermögenslage sowie nach den sonstigen Umständen zur Führung der Vormundschaft geeignet ist. Bei der Auswahl ist auf das religiöse Bekenntnis des Mündels Rücksicht zu nehmen. Verwandte und Verschwägerte des Mündels sind zunächst zu berücksichtigen; ist der Mündel nichtehelich, so steht es im Ermessen des Vormundschaftsgerichts, ob sein Vater, dessen Verwandte und deren Ehegatten berücksichtigt werden sollen.

III Das Vormundschaftsgericht soll bei der Auswahl des Vormunds Verwandte oder Verschwägerte des Mündels hören, wenn dies ohne erhebliche Verzögerung und ohne unverhältnismäßige Kosten geschehen kann. Die Verwandten und Verschwägerten können von dem Mündel Ersatz ihrer Auslagen verlangen; der Betrag der Auslagen wird von dem Vormundschaftsgericht festgesetzt. Die Anhörung der Eltern des Mündels und die persönliche Fühlungnahme mit dem Mündel bestimmen sich nach den §§ 1695, 1712.

1) Art 1 Z 52 NEhelG hat in I den Gemeindewaisenrat dch JA ersetzt sowie II 3 letzter Halbs u III hinzugefügt. Ist niemand als Vormd berufen (§ 1776) od sind die Berufenen wg § 1778 zu übergehen, so ist ein Vormd vom VormschG auszuwählen. Der Ausgewählte ist **zur Übernahme der Vormsch verpflichtet** (§ 1785), sofern er nicht zur Übern unfäh od untauglist (§§ 1780–1784) od ihm die AblehngsGrde des § 1786 zur Seite stehen. Er kann sich nicht darauf berufen, er sei iSv § 1779 ungeeign (KG FamRZ **63**, 376; aA Bielef DAVorm **75**, 438). Bei unbegründeter u schuldh Ablehng SchadErsPfl (§ 1787).

2) Verfahren: a) JugAmt soll zugl mit der ihm oblied gen Anzeige ü die Notwendigk einer VormdBestellg eine iSv II geeign Pers vorschlagen (§ 1849, JWG 47 I). VormschG ist an den Vorschl nicht gebunden, hat aber ü die v ihm selbst in Aussicht gen Pers das **JugAmt anzuhören**. Der Mangel der Befragg des JA macht Bestellg nicht nichtig. In dringenden Fällen Absehen v Anhörg; dann aber Vorbeh gem § 1790 empfehlenswert, da sonst nachträgl Bedenken des JA kein EntlassgsGrd. **b)** Die **Auswahl** des Vormd erfolgt **dch das zuständ VormschG** (FGG 35, 36), u zwar dch den RPfleger (RPflG 3 Z 2 a). Im allg wird sich das VormschG auf den Vorschlag des JA verlassen können (RG **67**, 411). Es kann aber auch eig Ermittlgen ü die Eigng anstellen (FGG 12) u and Ger um RHilfe ersuchen (Kass OLG **2**, 392). Vorbringen, soweit es das MdlInteresse berühren könnte, muß es vAw nachgehen (Stade FamRZ **65**, 98). Bei Waisenkind Prüfg, ob geeign Verwandte usw vorh (Mannh MDR **63**, 596). Auswahl liegt auch dann vor, wenn gem § 1791 b JA zum Vormd bestellt w (BayObLG FamRZ **59**, 373). **c)** Zur Erleichterg der Auswahl soll VormschG **Verwandte u Verschwägerte des Mdl** (§ 1589, 1590) v Vater- u Mutterseite **hören**, III. Voraussetzg: Keine erhebl Verzöger od unverhältnmäß Kosten. Ersatz w nur Auslagen, nicht Zeitversäumn. Vgl iü Anm zu § 1847. Wg Anhörg der Elt § 1695, des nehel Vaters § 1712.

3) Die **Auswahl** erfolgt nach dem freien nur iRv § 1779 gebundenen **Ermessen** des Gerichts **in drei Stufen** (vgl unten Anm a–c). Ausschlaggebd allein das MdlInteresse. Eingeschränkt wird dieses Auswahl-Erm schon aus prakt Grden auch nicht dch den Grds der Verhältnismäßigk, so daß von mehreren geeigneten, aber unwill Pers nicht nur diej als Vormd zu best ist, die hierdch am wenigsten belastet w (aA Würzbg FamRZ **72**, 393). Vgl iü Anm 1. Umgek außerh des § 1776 auch kein Recht auf Bestellg (KG RJA **16**, 193).
a) Zunächst sind bei der Auswahl im Einklang mit GG 6 I (KG FamRZ **63**, 376) **Verwandte u Verschwägerte** zu berücksichtigen, II 3, wenn sie II 1 erfüllen. Solange solche vorhanden, darf nur bei bes Grden (KG OLG **42**, 111 Anm 1 b) ein and vom VormschG ausgewählt w. Desh Feststellg, ob neben dem Gewählten weitere Verwandte u Verschwägerte des Mdl vorh sind (BayObLG FamRZ **74**, 219). Auswahl des Geeignetsten; alle diese haben gleichen Rang. Großmutter ist auch dann zu bestellen, wenn sie bei der Erziehg ihres eig Kindes versagt hat (LG Hanau DAVorm **77**, 768). Berücksichtigg des nehel Vaters u seiner Verwandten unter dem GesPkt, daß idR keine bes Verbindg besteht, nach dem Erm des VormschG; sa § 1712. **b)** Sodann, also in zweiter Linie (KG RJA **14**, 4), Rücksichtn auf das **religiöse Bekenntn** des Mdl, II 2, was GG 3 III nicht widerspricht (BayObLG **54**, 135). Ist ein iSv II 1 geeigneter konfessionsgleicher Vormd vorh, so soll, falls nicht bes Grd dafür sprechen, ein Vormd anderer Konfession nicht ausgewählt w (KG RJA **12**, 191; Ffm MDR **62**, 737). Die Vorschr verbietet jedoch nicht schlechthin die Bestellg eines Vormd anderer Konfession. Erforderlichenf kann gem § 1801 zur Wahrnehmg der rel Interessen des Mdl ein **Pfleger** bestellt w (KG JFG **18**, 325), was insb bei der konfessionslos geführten AmtsVormsch, für die II 2 nicht gilt, in Betr kommt (JWG 50 I 2). Dagg Anwendg der Vorschr auf die VereinsVormsch (§ 1801 Anm 1; KG JFG **18**, 325). Bei Kollision von a und b geht bei entspr Eigng der bekenntnfremde Vormd der bekenntngebundenen VereinsVormsch vor, da EinzelVormsch der Vereins- u AmtsVormsch vorzuziehen ist (§§ 1791 a I, 1791 b I 1; BayObLG FamRZ **66**, 323). Wg Vormsch ü konfessionsungleiche Geschwister § 1775 Anm 1. In welcher Rel ein Mdl zu erziehen ist, auch soweit Bekenntn noch nicht feststeht, regelt G über die rel Kindererziehg, abgedr nach § 1631. Zur Bedeutg v weltanschaul (polit) Einstellg des Vormd vgl BayObLG JW **25**, 2141. **c)** Schließl ist Voraussetzg **persönl u vermögensmäß Eignung**, II 1. Ungeeignet, wer wg Mißhandlg des eig Kindes bestraft ist (BayObLG **20**, 358) od idR auch der Liebhaber der Mutter (zur Vormsch von dieser selbst BayObLG NJW **60**, 245); iFv § 1909 kann verwandtschaftl Nähe der Eigng als Pfleger entgegenstehen (BayObLG NJW **64**, 2306).

4) Recht zur **Beschwerde** hat jeder, der aGrd seiner Beziehgen zu dem Kinde ein obj berecht Interesse h~t, sich seines persönl Wohls anzunehmen (FGG 57 I Z 9), u zwar auch noch nach der Bestellg des Vormd (KGJ **22** A 213; BayObLG Rpfleger **75**, 91), soweit er damit nicht eig Vorteile od and mit dem Wohl des Kindes nicht zushängde Zwecke verfolgt (BayObLG **29**, 16). Mit dieser Einschrkg sind beschwerdeberecht: der Vater, auch wenn ihm PersSorgeR entzogen ist, ebso, wenn die elt Gew wg tatsächl Verhinderg (§ 1674) ruht (BayObLG FamRZ **65**, 283); die nehel Mutter; das JA, insb wenn es nicht angehört wurde (KGJ **53**, 47); das Pfarramt (Karlsr ZBlFG **7**, 727; sa § 1801 Anm 1). Kein BeschwR haben der entlassene Vormd, auch nicht in seiner Eigensch als Verwandter des Mdl (BayObLG HRR **35**, 1317; sa § 1778 Anm 1); ferner außerh v FGG 57 I Z 9 der bei der Auswahl übergangene Verwandte, da gem Anm 3 kein R auf Bestellg besteht (RG **64**, 288; aA Gernhuber § 63 IV 8: aus FGG 20). Keine NachPrüfg v Angemessenh u Zweckmäßigk der getroff Entsch iW der weiteren Beschw (BayObLG Rpfleger **75**, 91). Vor der Entsch ist der bestellte Vormd zu hören (BayObLG Recht **14**, 942). BeschwG hat die gg den Vormd in persönl u vermögensrechtl Hins vorgebrachten Vorwürfe nachzuprüfen (KG DFG **37**, 85). Ist die Beschw begrdet, ist Vormd mit Wirkg ex nunc (KGJ **29** A 12 str) zu entlassen (KG RJA **16**, 197).

1780 *Unfähigkeit zur Vormundschaft.* Zum Vormunde kann nicht bestellt werden, wer geschäftsunfähig oder wegen Geistesschwäche, Verschwendung, Trunksucht oder Rauschgiftsucht entmündigt ist.

1) Sa § 1781 Anm 1. UnfähigkGrde entsprechen § 6, nach AdoptG Art 1 Z 2 k verhindert nun auch Entmündigg wg Rauschgiftsucht, Vormd zu w (vgl v Olshausen JZ **74**, 778; Schultz MDR **75**, 437). Die entgg § 1780 erfolgte Bestellg ist nichtig (RGSt **45**, 311), so daß Entlassg an sich nicht erforderl. Der Unfähige kann, wenn er gem § 1776 berufen ist, ohne seine Zust übergangen w u ist iF seiner Auswahl zur Übernahme nicht verpfl (§ 1785). Unanwendb: § 165 u FGG 32. Haftg des Bestellten dem Mdl ggü aus § 682. Bei nachträgl Entmündigg § 1885, bei nachträgl GeschUnfähigk § 1886.

1781 *Untauglichkeit zum Vormund.* Zum Vormunde soll nicht bestellt werden:
1. wer minderjährig oder nach § 1906 unter vorläufige Vormundschaft gestellt ist;
2. wer nach § 1910 zur Besorgung seiner Vermögensangelegenheiten einen Pfleger erhalten hat;
3. wer in Konkurs geraten ist, während der Dauer des Konkurses.

Zum Text. Z 4 dch Art 49 d 1. StrRG v 25. 6. 69, BGBl 645, gestrichen.

1) **Vorbem vor §§ 1781–1784.** Im Ggsatz zu der Nichtigk einer trotz § 1780 vorgenommenen Bestellg stehen §§ 1781–1784 (Sollvorschr) der Gültigk **nicht entgegen**. Der Vormd bleibt also bis zu seiner Entlassg, die bei Vorliegen der Gründe des § 1781 ohne weiteres, sonst nur (str) bei Gefährdg des Mdl-Interesses, § 1886, od aus § 1888 erfolgen kann, im Amt u damit gesetzl Vertreter, §§ 164, 165. Haftet dem Mdl aus § 1833, ggf ist auch aus §§ 827, 828 ergänzend heranzuziehen, der VormschRichter aus §§ 1848, 839, aber nicht Dritten ggü, RGRK Anm 2. Der berufene Untaugl kann ohne sein Einverständn übergangen werden, der vom VormschG Ausgewählte braucht Vormsch nicht anzunehmen, § 1785.

2) **Untaugl** ist **a)** der beschränkt GeschFähige, §§ 106, 114, soweit nicht Unfähigk vorliegt, § 1780; –
b) wer einen GebrechlichkPfleger für Pers u VermAngelegenheiten od nur für die letzteren erhalten hat,

§ 1910 I und II. Voraussetzg liegt aber nicht vor bei Bestellg eines Pflegers für die Pers od für einzelne Angelegenheiten, § 1910 II; – **c)** die Untauglichk beginnt bereits mit Eröffng des Konk über das persönl od das Verm der OHG, an der der Vormd beteiligt ist, u dauert bis zum Erl des Aufhebgs- bzw Einstellgsbeschlusses. Auf NachlaßKonk u Eröffng des VerglVerf nicht anwendbar.

1782 *Ausschließung durch die Eltern.* I Zum Vormund soll nicht bestellt werden, wer durch Anordnung der Eltern des Mündels von der Vormundschaft ausgeschlossen ist. Haben die Eltern einander widersprechende Anordnungen getroffen, so gilt die Anordnung des zuletzt verstorbenen Elternteils.

II Auf die Ausschließung sind die Vorschriften des § 1777 anzuwenden.

Vorbem. Fassg unter Anpassg an § 1776, GleichberG Art 1 Z 31.

1) Vgl Vorbem bei § 1781. **Das Ausschließrecht ist ein Ausfluß der elterl Gewalt.** Ausschließgsberechtigt sind der Vater u die ehel Mutter, sowie die ihnen Gleichstehenden, vgl § 1776 Anm 3, also auch die nehel Mutter, § 1705. Weiterhin sind die Voraussetzgen des § 1777 I und II im Zeitpkt des Todes erforderl; vgl § 1777 Anm 1.

2) Die **Ausschließg erfolgt** durch letztw Vfg; vgl § 1777 Anm 2. Sie muß also bestimmte Personen bezeichnen; möglich aber auch Ermittlg durch TestAusslegg, BayObLG NJW **61**, 1865. Die Bezeichng ganzer Personenklassen, Mot IV 1069, oder der AmtsVormsch, aM insof AchGrBeitzke Anm 3, unzul; bei widersprechenden Anordngn die des Letztversterbenden maßg, § 1776 Anm 3; widersprechd: Benenng durch den einen Elternteil, Ausschließg durch den anderen. Grundangabe nicht erforderl. Ist der zugefügte Grd unrichtig, so zu prüfen, ob bei richtiger Kenntnis Ausschließg erfolgt wäre. Abweich durch VormschG nur, wenn Ausschl mit MdlInteresse unvereinbar, BayObLG NJW **61**, 1865. BeschwR des Ausgeschlossenen nur wg Gefährdg des MdlInteresses, § 1886, FGG 57 I Z 9. da § 1782 nur dessen Schutz bezweckt.

1783 *Frau als Vormund.* (Zustimmg des Ehemannes; aufgeh).

1784 *Beamter oder Religionsdiener als Vormund.* I Ein Beamter oder Religionsdiener, der nach den Landesgesetzen einer besonderen Erlaubnis zur Übernahme einer Vormundschaft bedarf, soll nicht ohne die vorgeschriebene Erlaubnis zum Vormunde bestellt werden.

II Diese Erlaubnis darf nur versagt werden, wenn ein wichtiger dienstlicher Grund vorliegt.

1) Vgl Vorbem bei § 1781. Grund der Vorschr die Gefahr der Beeinträchtigg dienstlicher Interessen. Der Beamte ist vor Versagg der Erlaubnis nicht berechtigt, die Übern der Vormsch abzulehnen. Wird sie versagt od zurückgenommen, so EntlassgsGrd aus § 1888. Ob ein Religionsdiener eine Vormsch übernehmen darf, wird durch die innerkirchl G geregelt, die verschiedentl das BeamtR für anwendb erklären.

2) Die **Genehmigg regelt** das BBG idFassg v 23. 10. 65, BGBl 1776, § 65 I Z 1 dahin, daß der Beamte zur Übern einer Vormsch oder Pflegsch der vorherigen Gen seiner obersten Dienstbehörde bedarf, die diese Befugn auf andere Behörden übertragen kann. Die Gen darf nur versagt werden, wenn zu besorgen, daß die dienstl Leistgen, die Unparteilichk, die Unbefangenh des Beamten od andere dienstl Interessen beeinträchtigt würden. Entsch kann im VerwVerf angefochten werden. Vgl im übr die BeamtenG der Länder.

1785 *Übernahmepflicht.* Jeder Deutsche hat die Vormundschaft, für die er von dem Vormundschaftsgericht ausgewählt wird, zu übernehmen, sofern nicht seiner Bestellung zum Vormund einer der in den §§ 1780 bis 1784 bestimmten Gründe entgegensteht.

1) Grundsatz. Jeder dtsche Staatsangehörige iS von GG 116 I ist zur Übernahme der Vormsch verpflichtet, wenn er vom VormschG ausgewählt ist. Also muß schon der Berufene aGrd der Berufg, § 1776. Verzichtet er, so sind zunächst die weiter Berufenen, soweit nicht etwa § 1778 entggsteht, zu bestellen. Sind solche nicht vorhanden u ist der Erstberufene ausgewählt, § 1779, so hat er nunmehr die Vormsch zu übernehmen. Weigerg der Übern zieht Ordngsstrafen, § 1788, und SchadErs, § 1787 I, nach sich. Der Verein kann nur mit seiner Einwillig bestellt w, § 1791 a I 2. Das JA kann sich, wenn weder EinzelPers vorhanden, noch ein Verein einwilligt, der Übernahme nicht entziehen, § 1791 b Anm 1. Gg die Vfg, dch welche die Weigerg zurückgewiesen w, sofortige Beschwerde, FGG 60 I Z 2. Diese kann nicht darauf gestützt w, daß der BeschwFührer als Vormd iS von § 1779 II ungeeignet ist, § 1779 Anm 4.

2) Keine Verpflichtg zur Übernahme, für **a)** Ausländer, und zwar auch nicht, wenn Mdl gleichem Staat angehört. Ein Ausländer ist deshalb aber nicht unfähig od untaugl zum Vormd. Hat er übernommen, so ist die Ausländereigenschaft kein EntlassgsGrd, KGJ **37** A 63; **b)** die gem §§ 1780–1784 Unfähigen u Untauglichen; **c)** die zur Ablehng Berechtigten, § 1786.

Vormundschaft. 1. Titel: Vormundschaft über Minderjährige §§ 1786, 1787

1786 Ablehnungsrecht.
I Die Übernahme der Vormundschaft kann ablehnen:
1. eine Frau, welche zwei und mehr noch nicht schulpflichtige Kinder besitzt oder glaubhaft macht, daß die ihr obliegende Fürsorge für ihre Familie die Ausübung des Amtes dauernd besonders erschwert;
2. wer das sechzigste Lebensjahr vollendet hat;
3. wem die Sorge für die Person oder das Vermögen von mehr als drei minderjährigen Kindern zusteht;
4. wer durch Krankheit oder durch Gebrechen verhindert ist, die Vormundschaft ordnungsmäßig zu führen;
5. wer wegen Entfernung seines Wohnsitzes von dem Sitze des Vormundschaftsgerichts die Vormundschaft nicht ohne besondere Belästigung führen kann;
6. wer nach § 1844 zur Sicherheitsleistung angehalten wird;
7. wer mit einem anderen zur gemeinschaftlichen Führung der Vormundschaft bestellt werden soll;
8. wer mehr als eine Vormundschaft oder Pflegschaft führt; die Vormundschaft oder Pflegschaft über mehrere Geschwister gilt nur als eine; die Führung von zwei Gegenvormundschaften steht der Führung einer Vormundschaft gleich.

II Das Ablehnungsrecht erlischt, wenn es nicht vor der Bestellung bei dem Vormundschaftsgerichte geltend gemacht wird.

1) Außer der Unfähigk u Untauglk (§§ 1780–1784), sowie dem Mangel der dtsch Staatsangehörigk berechtigen bestimmte, abschließd (Paderborn DAVorm **74**, 404) umgrenzte **Ablehnungsgründe** dazu, die Übern einer Vormsch abzulehnen. Der AblehngsGrd muß vor der Bestellg, § 1789, bei dem VormschG geltd gemacht werden. II. Nur in diesen Grenzen besteht ein Recht zur sofortigen Beschw gem FGG 60 I Z 2, KG RJA **13**, 188. Trotz dieses BeschwR aber Verpflichtg zur vorl Übern der Vormsch, falls es das VormschG fordert, § 1787 II. Tritt nach der Bestellg ein AblehngsGrd nach Z 2–7 ein, so muß Vormd auf seinen Antr entlassen werden, § 1889. Auf den VereinsVormd, § 1791a, findet § 1786 ebsowenig Anwendg wie auf den AmtsVormd, KGJ **35** A 19.

2) **Die einzelnen Fälle**, I: **Z 1.** Jede Frau, gleichviel, ob ledig, verheiratet, verwitwet, geschieden. Dieses Recht der Frau verbleibt ihr trotz GG 3 II im Interesse der noch nicht schulpflichtigen Kinder allein, KG NJW **69**, 432; aM Gernhuber § 63 III 9 für Männer, die durch ihre Fam ungewöhnl gebunden sind. Die übr AblehngsGrde, insb Z 3, bestehen daneben; – **Z 2:** Das 60. J muß vollendet s. – **Z 3**, geänd dch NEhelG Art 1 Z 53: Es müssen 4 od mehr lebde mj, einem (mAusn des § 1757 II) angen Kinder vorh sein. Ist die KindesAnn wieder aufgeh, so zählt das Kind f die leibl Elt iF des § 1765 II. Ob ehel ne nehel, gleichgültig. Der Ablehnde muß die Sorge für die Pers od das Verm haben; hat er das, zB nach Scheidg, nicht, so auch kein AblehngsGrd. – **Z 5:** Es muß eine besondere Belästigg vorliegen. Sie kann auch bei Wohns des Vormundes im Gerichtsbezirk gegeben sein, anderers aber auch bei Wohns in einem anderen nicht, zB wenn Vormd im wesentl schriftl zu berichten, KG Recht **16**, 1153, od wenn bei nicht erhebl Entferng Vormd nur wenige Gänge zu machen hat, BayObLG **6**, 169. – **Z 7:** Kein AblehngsGrd, wenn die Vormsch nicht gemschftl, § 1797 I, sond mit bes Wirkgskreis für jeden Vormd, § 1797 II, geführt w soll; – **Z 8;** also mind zwei (od Pflegsch), jedoch nicht drei GgVormsch od eine Vormsch u eine GgVormsch genügd, KG RJA **3**, 174, str. Vormsch über Geschwister, auch halbbürtige, KGJ **47**, 10, ebenso über mehrere Kinder einer nehel Mutter, auch von mehreren Erzeugern, BayObLG **3**, 1021, RGRK Anm 8, zählt als eine. Ohne Bedeutg, wenn Vormsch bei mehreren Gerichten, möglicherw aber Z 5. Beistandsch mit VermVerw steht einer Pflegsch, § 1690, im übrigen einer GgVormsch gleich, § 1691. Keine Begrenzg der Zahl der Vormsch, woraus sich die Zulässigk der SammelVormsch ergibt, vgl KGJ **38** A 34.

1787 Folgen der unbegründeten Ablehnung.
I Wer die Übernahme der Vormundschaft ohne Grund ablehnt, ist, wenn ihm ein Verschulden zur Last fällt, für den Schaden verantwortlich, der dem Mündel dadurch entsteht, daß sich die Bestellung des Vormundes verzögert.

II Erklärt das Vormundschaftsgericht die Ablehnung für unbegründet, so hat der Ablehnende, unbeschadet der ihm zustehenden Rechtsmittel, die Vormundschaft auf Erfordern des Vormundschaftsgerichts vorläufig zu übernehmen.

1) **Unbegründete Ablehng. I.** Währd § 1785 die öff-rechtl Pfl zur Übern der Vormsch enthält, ist nach § 1787 der Vormd dem Mdl gegenüber privatrechtl verpflichtet, wenn er die Übern der Vormsch ablehnt od verzögert, ohne hierfür einen Grd zu haben, und ihm hierbei ein Versch, § 276, zur Last fällt. Der SchadErsAnspr, der nicht dadurch ausgeschl wird, daß der VormschRichter selbst Anordngen treffen, § 1846, insb einen Pfleger bestellen kann, § 1909 III, geht nur auf Ers des Schadens, der durch die verzögerte Bestellg eines Vormd entstanden ist, einschl der durch die Weigerg entstandenen Kosten. Bei der Beurteilg der Frage, ob eine Verpflichtg zur Übern der Vormsch bestand, ist das ProzG an die Entsch des VormschG nicht gebunden, RGRK Anm 1. Verjährg des Anspr erst in 30 Jahren, da keine unerl Hdlg. Gegen die Vfg, durch die die Weigerg zur Übern für unbegründet erkl wird, sofortige Beschw, FGG 60 I Z 2. Ohne aufschiebende Wirkg, FGG 24. Auf Erfordern des VormschG ist trotzdem die Vormsch vorläufig zu übernehmen, **II.** Hiergg kein AblehngsR. Also bei Weigerg SchadErsPfl aus I auch bei begründeter Beschw. Ordngsstrafe gem § 1788. Entlassg, wenn Beschw begründet.

1788 *Zwangsgeld.* I Das Vormundschaftsgericht kann den zum Vormund Ausgewählten durch Festsetzung von Zwangsgeld zur Übernahme der Vormundschaft anhalten.

II Die Zwangsgelder dürfen nur in Zwischenräumen von mindestens einer Woche festgesetzt werden. Mehr als drei Zwangsgelder dürfen nicht festgesetzt werden.

1) Fassg EGStGB v 2. 3. 74 (BGBl I 469) Art 121 Z 5. Einziges **Zwangsmittel**, also keine zwangsw Vorführg od Umwandlg in Haft. Vgl iü § 1837 Anm 5. Auf Vereins- u AmtsVormsch nicht anwendb. **Höhe**: 5–1000 DM (EGStGB Art 6); Beitreibg dch RPfleger (JBeitrO 1 Z 3 idF EGStGB Art 119; RPflG 31 idF EGStGB Art 94). Kosten FGG 33 I 2 idF EGStGB Art 105; KostO 119 V 2 idF EGStGB Art 117.

1789 *Bestellung.* Der Vormund wird von dem Vormundschaftsgerichte durch Verpflichtung zu treuer und gewissenhafter Führung der Vormundschaft bestellt. Die Verpflichtung soll mittels Handschlags an Eides Statt erfolgen.

1) **Die Bestellg** ist der öffrechtl Akt, durch den der Vormd, der seiners treue u gewissenh Führg der Vormsch verspricht, was auch ohne ausdrückl Erkl mögl ist, str, vom VormschG zum Vormd bestellt wird. Fehlt es an einem dieser Erfordernisse, so liegt keine rechtswirks Bestellg vor; auch keine Bestellg durch schlüss Verhalten des VormschG (Dulden der Betätigg wie ein Vormd), OGHBrZ NJW **49**, 64. S 2 hingg nur SollVorschr. Bestellg kein RGesch, also Anfechtg unzul; ebenso die Rückn der Bestellg, vgl auch FGG 32. Nur Entlassg mit Wirkg ex nunc, wenn Voraussetzgen der §§ 1886ff vorliegen. Bestellg unter Bedingg od Zeitbestimmg ist unstatth, vgl aber § 1790. Keine Vertretg bei der Bestellg, keine schriftl Bestellg, KGJ **38** A 41. Die allg Verpflichtg für alle künftig zu übertragenden Vormsch ist gültig, BayObLG JW **25**, 2140. Wegen der Folgen fehlerhafter Voraussetzgen der Bestellg vgl Grdz vor § 1773 Anm 2. Die Bestellg erfolgt dch das zust VormschG, u zwar den RPfleger, RPflG 3 I 2a, ist auch im Wege der Rechtshilfe mögl, Celle OLG **12**, 184. Bestellg erfolgt bei bestellter AmtsVormsch dch schriftl Vfg, § 1791b II, Anm 3b, ebso bei VereinsVormsch, 1791 b II; die gesetzl AmtsVormsch tritt mit der Geburt des nehel Kindes od der späteren Feststellg seiner NEhelk ohne Bestellg von Gesetzes wg ein, § 1791c. Der AmtsVormd kann aber dch EinzelVormd ersetzt w u soll es, wenn ein geeigneter Vormd zur Vfg steht, da das regelm im MdlInteresse, BayObLG NJW **61**, 1117, § 1791b Anm 2b, vgl auch JWG 45.

2) **Wirkg**. Mit der Bestellg, nicht erst mit Aushändigg der Bestallg, ist der Bestellte Vormd und damit gesetzl Vertreter. Soweit schriftl Bestellg erfolgt, Anm 1, WirksWerden mit Zugang der Verpflichtg, falls Verpflichteter Vormsch zu übernehmen bereit ist; Verpflichtg also unwirks, wenn Verpflichteter unfähig od nicht zur Übern verpflichtet od ablehnungsberechtigt u nicht bereit ist. Wegen weiterer Wirkgen der Bestellg eines Vormd bei Volljährigen vgl § 1908 II, FGG 52, ZPO 661.

1790 *Bestellung unter Vorbehalt.* Bei der Bestellung des Vormundes kann die Entlassung für den Fall vorbehalten werden, daß ein bestimmtes Ereignis eintritt oder nicht eintritt.

1) Grundsätzl bleibt der Vormd im Amt, solange nicht ein gesetzl Entlassgsgrund vorliegt §§ 1886ff. Eine Bestellg unter Zeitbestimmg od Bedingg ist regelm unzul, § 1789 Anm 1. Ausnahmen hiervon bestehen für den berufenen Vormd, § 1777 Anm 2, ferner nach § 1790, hier aber nur insof, als Entlassg für den Fall des Eintritts od Nichteintritts eines bestimmten Ereignisses, zB der Abwicklg eines großen Geschäfts, für das ein MitVormd bestellt war, § 1797 II, vorbehalten war. Auch dann aber stets Fortbestehen der Vormsch bis zur Entlassg. Ohne Vorbehalt ist Entlassg geboten im Falle des § 1777 Anm 2 und grundlosen Übergehg eines Berufenen, wenn rechtzeitig Beschw eingelegt ist, § 1778 Anm 1, des Wegfalls der vorübergehenden Behinderg des berufenen Vormd, § 1778 II, der Auswahl eines ungeeigneten Vormd. § 1779 Anm 5, eines nach § 1782 ausgeschlossenen Vormd, BayObLG NJW **61**, 1865.

1791 *Bestallungsurkunde.* I Der Vormund erhält eine Bestallung.

II Die Bestallung soll enthalten den Namen und die Zeit der Geburt des Mündels, die Namen des Vormundes, des Gegenvormundes und der Mitvormünder sowie im Falle der Teilung der Vormundschaft die Art der Teilung. Ist ein Familienrat eingesetzt, so ist auch dies anzugeben.

1) **Allgemeines.** Durch die Bestallg wird lediglich bescheinigt, daß die darin bezeichnete Pers als Vormd bestellt ist. Sie hat also nicht die Wirkgen zG Dritter wie der Erbschein u die Vollm, § 174 unanwendbar, RG **74**, 263. Nur die Verpflichtgsverhandlg ist für den Wirkgskreis des Vormd maßgebend, KGJ **41**, 38. Die Bestallg ist auch keine Voraussetzg für die VormdEigenschaft, § 1789 Anm 2. Der Dritte muß also von sich aus prüfen, ob die Angaben der BestallgsUrk noch zutreffen. Er hat deshalb ein Recht auf Ausk durch das VormschG u auf Einsicht der VormschAkten, soweit er ein Interesse glaubh macht, FGG 34; also uU auch zu prüfen, in welchem Umfang ihm ein EinsichtsR zu gewähren ist. Bei Entlassg des Vormd ist die Bestallg zurückzufordern, § 1893 II, bei Änderungen zu berichtigen, § 1881 II. Der VormschRichter (RPfleger, RPflG 3 I 2a) haftet für unrichtige Angaben in der Urk Dritten gem § 839, dem Mdl nach § 1848. Bei bestellter Amts- u VereinsVormsch § 1791 unanwendbar. Die Bestellung des

Vormundschaft. 1. Titel: Vormundschaft über Minderjährige §§ 1791–1791 b

Vereins- u (bestellten) AmtsVormd erfolgt dch schriftl Vfg der VormschG, §§ 1791a II, 1791b II, das JA das mit der Geburt des nehel Kindes von Gesetzes wg AmtsVormd w, erhält eine Bescheinigg über den Eintritt der Vormsch, § 1791 c III.

2) Inhalt der BestallgsUrk. II. Außer dem Inhalt aus II weitere Angaben mögl, auch zweckm, wie zB Befreiungen, bei deren unvollständiger Angabe Vormd BeschwR hat, KGJ **45**, 66, ferner Entziehg der Vertretgsmacht, § 1796.

1791a *Vereinsvormundschaft.* I Ein rechtsfähiger Verein kann zum Vormund bestellt werden, wenn er vom Landesjugendamt hierzu für geeignet erklärt worden ist. Der Verein darf nur zum Vormund bestellt werden, wenn eine als Einzelvormund geeignete Person nicht vorhanden ist oder wenn er nach § 1776 als Vormund berufen ist; die Bestellung bedarf der Einwilligung des Vereins.

II Die Bestellung erfolgt durch schriftliche Verfügung des Vormundschaftsgerichts; die §§ 1789, 1791 sind nicht anzuwenden.

III Der Verein bedient sich bei der Führung der Vormundschaft einzelner seiner Mitglieder; ein Mitglied, das den Mündel in einem Heim des Vereins als Erzieher betreut, darf die Aufgaben des Vormunds nicht ausüben. Für ein Verschulden des Mitglieds ist der Verein dem Mündel in gleicher Weise verantwortlich wie für ein Verschulden eines verfassungsmäßig berufenen Vertreters.

IV Will das Vormundschaftsgericht neben dem Verein einen Mitvormund oder will es einen Gegenvormund bestellen, so soll es vor der Entscheidung den Verein hören.

Vorbem. Eingefügt dch Art 1 Z 54 NEhelG.

1) Allgemeines. Das BGB geht von der EinzelVormsch aus. Außerdem kennt es die Vereins- u die AmtsVormsch, Übbl 4 vor § 1773, die – u zwar in dieser Reihenfolge – nur, wenn jeweils die vorher genannte Art der Vormsch nicht zur Vfg steht, angeordnet w kann. Für alle Arten gilt das BGB, soweit nicht eine abweichde Bestimmg getroffen ist, JWG 38 I, od dch den Charakter der Vereins- od AmtsVormsch eine Abweichg sich von selbst ergibt. Demgem gelten die Vereins- u die bestellte AmtsVormsch auch für die Vormsch üb Vollj, § 1897, ebso Odersky Vorbem 2, unzutr Riedel bei JWG 53, u die Pflegsch, § 1915. Die bisherigen Vorschr für die VereinsVormsch, JWG 53 aF, w im wesentl übernommen.

2) Voraussetzung der Bestellg eines Vereins zum Vormund. Es muß sich um einen rechtsf Verein, § 21ff, nicht öff Körperschaften, handeln, der sich der Jugendwohlfahrt widmet, insb also Wohlfahrtsvereine, kirchl Vereine, Innere Mission. Der Verein muß im Ztpkt der Bestellg vom LJA JWG 19ff, für eine solche Tätigk für geeignet erklärt sein, s auch JWG 53. Gg Ablehng Verf vor VerwG.

3) Bestellung, I, II, IV. Voraussetzg ist, daß keine als EinzelVormd geeignete Pers vorhanden ist; Ausn hiervon, wenn der Verein als Vormd benannt u damit berufen ist, § 1776. Übergangen kann er nur dann w, wenn seine Bestellg das MdlInteresse gefährden würde, vgl § 1778. Ein Antr des Vereins ist nicht erforderl, da er seine Bereitsch zur Übern von Vormsch allg erklärt hat; die Bestellg bedarf aber seiner Einwilligg, I 2. Sie kann erfolgen als Vormd, MitVormd, GgVormd, Pfleger, Beistand. Eine Beschrkg seiner Vormsch auf einzelne Gebiete (so fr) erfolgt nur in der Form, daß der Verein als MitVormd mit bestimmtem Wirkgskreis, § 1797 II, bestellt w, worein Verein einwilligen muß. Will VormschG neben Verein Mit- od GgVormd bestellen, so muß der Verein gehört w, **IV**, um seine Bedenken geltd machen zu können. Bestellg erfolgt abw von §§ 1789, 1791 dch schriftl Vfg des VormschG, **II**.

4) Führung der Vormundschaft durch den Verein, III. Der Verein bedient sich hierzu einzelner seiner Mitglieder, gleichgült welcher Art (VorstdMitglieder, bes Vertreter, § 30, gewöhnl Mitglieder), denen er die satzgsmäß Vertretg der Obliegenheiten übertägt u zwar sämtl, möglicherw auf mehrere. Es besteht eine Pfl zur Übertr, Riedel JWG 53 Anm 4, aM Gräber ebda Anm 4 (Verein als solcher, der dann dch seinen Vorstd od SonderVorstd für Aufgaben dieser Art dch MehrhBeschl entsch, was aber zu „einzelner seiner Mitglieder" in Widerspr steht). Heranziehg solcher Vereinsmitglieder, die den Mdl in einem Heim des Vereins betreuen, unzul. Haftg des Vereins ggü Mdl, §§ 1833, 1915, 1691 i Vm § 31, für Versch des Mitgl ebso wie für das des verfassgsmäß berufenen Vertr; also nicht die gem §§ 278, 831 beschr Vertretg. Dem Verein stehen die Befreiungen der §§ 1852 II, 1853, 1854 zu, § 1857a.

5) Entlassung des Vereins. Da das BGB der EinzelVormsch den Vorzug gibt, ist der Verein zu entlassen u ein geeigneter EinzelVormd zu bestellen, § 1887 I. Das kann vAw od auf Antr des Mdls od jeder Pers mit berecht Interesse, § 1887 II, geschehen. Ferner kann der Verein auf seinen Antrag entlassen w. Voraussetzg, daß eine and geeignete Pers vorhanden u das MdlWohl nicht entgegensteht, od ein wicht Grd vorliegt, § 1889 II. Entlassg dch RPfleger, RPflG 3 Z 2a. Die bei seiner Bestellg erhaltene schriftl Vfg des VormschG hat Verein dann zurückgegeben, § 1893 II.

1791b *Bestellte Amtsvormundschaft des Jugendamts.* I Ist eine als Einzelvormund geeignete Person nicht vorhanden, so kann auch das Jugendamt zum Vormund bestellt werden. Das Jugendamt kann von den Eltern des Mündels weder benannt noch ausgeschlossen werden.

II Die Bestellung erfolgt durch schriftliche Verfügung des Vormundschaftsgerichts; die §§ 1789, 1791 sind nicht anzuwenden.

§§ 1791b, 1791c   4. Buch. 3. Abschnitt. *Diederichsen*

Vorbem. Eingefügt dch Art 1 Z 54 NEhelG.

1) Allgemeines. Vgl § 1791a Anm 1, insb auch zur Übern der Vorschr aus dem JWG (fr § 46) ins BGB u die Anwendg von dessen Vorschr auch auf die bestellte AmtsVormsch. Sie soll dem Mdl die große Erfahrg des JA, seine behördl Mittel bei Auffindg des Vaters, Dchsetzg der UnterhZahlg u and Schwierigkeiten sichern. Auch hier führt das Vorhandensein einer and zum Vormd geeigneten Pers zur Entlassg des AmtsVormd, §§ 1887, 1889 II, JWG 39a u b. I gleichbedeutd mit JWG 45, das aber auch den Einzelpfleger nennt; vgl auch § 1709 S 1.

2) Voraussetzungen der Bestellung. a) Ehel wie nehel Kind, wenn die Voraussetzgen des § 1773 vorliegen. – **b)** Es darf eine als EinzelVormd geeign Pers, dh eine solche, die bei gegebener Sachlage das Wohl des Mdl nachhalt wahrnehmen könnte (KG JFG 8, 88, KG JW 38, 3242), nicht vorh sein (Ffm ZBlJugR 71, 182), was nach dem EinzFall, zB der Schwierigk der Rechts- u VermLage, zu beurt ist u erst nach intensiven, aber ergebnisl Ermittlgen des VormschG verneint w darf (LG Brem Rpfleger 73, 431). Ist geeign Pers vorh, so kann JA nicht bestellt w (Frankth DAVorm 76, 343). Berücksichtigg des rel Bekenntnisses, § 1779 II 2, sa § 1801 Anm 2. Es darf auch kein nach § 1791a I geeigneter Verein, der in der Übern der Vormsch einwill würde, vorhanden sein, § 1791a Anm 1. Haben die Eltern gem § 1776 eine ungeeignete Pers, § 1778, berufen od lag bei den Eltern die Benenngsbefugn nicht vor, § 1777, so stehen solche Personen der Bestellg eines AmtsVormd nicht entgg. Eine Ausschließg des JA dch die Eltern ist ebso wie eine Benenng nicht mögl, I 2.

3) Bestellg dch das VormschG. Bestellt wird das JA als Vormd, MitVormd, GgVormd, § 1792 I 2, Pfleger, § 1915, Beistand, §§ 1691 I, 1792, hingg kann dem JA kein GgVormd bestellt w, § 1792 I 2. Als MitVormd kann das JA best WirkgsKreise zugewiesen bekommen, § 1797 II, also für einzelne Re u Pflichten bestellt w. Auswahl erfolgt dch RPfleger, RPflG 3 Z 2a, 14 Z 4, § 1779 Anm 3. Zustdgk f die Bestellg FGG 36. Zust gem JWG 11 beachten; aber bei Interessenkollision (RStreit) kann auch unzust Sozialamt zum Pfleger bestellt w, LG Bln Rpfleger 74, 14. Bestellg dch schriftl Vfg des RPflegers, RPflG 3 Z 2a; §§ 1789, 1791 nicht anwendb. Erfolgt sie nicht schriftl, unschädl, BayObLG 62, 205. Beschwerde u zwar sof, FGG 60 Z 1, haben etwa Übergangene, Anm 2; FrBeginn der Ztpkt, in dem der Übergangene von Bestellg Kenntn erlangt, KG JW 37, 963. Beschw Angehöriger u Dritter auch unter den Voraussetzgen des FGG 57 I Z 9 mögl. Auch der über 14 Jahre alte Mdl BeschwR, FGG 59. Hebt BeschwGer die BestellgsVfg auf, so bleibt JA noch solange Vormd, bis es entlassen ist, Hamm ZBlJR 67, 200.

1791c   *Gesetzliche Amtsvormundschaft des Jugendamts.* **I** Mit der Geburt eines nichtehelichen Kindes, das eines Vormunds bedarf, wird das Jugendamt Vormund; dies gilt nicht, wenn bereits vor der Geburt des Kindes ein Vormund bestellt ist. Ergibt sich erst später aus einer gerichtlichen Entscheidung, daß das Kind nichtehelich ist, und bedarf das Kind eines Vormunds, so wird das Jugendamt in dem Zeitpunkt Vormund, in dem die Entscheidung rechtskräftig wird.

II War das Jugendamt Pfleger eines nichtehelichen Kindes, endet die Pflegschaft kraft Gesetzes und bedarf das Kind eines Vormunds, so wird das Jugendamt Vormund, das bisher Pfleger war.

III Das Vormundschaftsgericht hat dem Jugendamt unverzüglich eine Bescheinigung über den Eintritt der Vormundschaft zu erteilen; § 1791 ist nicht anzuwenden.

Vorbem. Eingefügt dch Art 1 Z 54 NEhelG.

1) Allgemeines. Vgl § 1791a Anm 1, insb auch zur Herübern der Vorschr aus dem JWG (fr dort § 40 I, 42) ins BGB u der Anwendg von dessen Vorschr. Ist eine and als Vormd geeignete Pers vorhanden, so Entlassg des JA dch VormschG, vgl § 1791b Anm 1. Das G kennt neben der gesetzl AmtsVormsch auch die gesetzl AmtsPflegsch, §§ 1706, 1709, JWG 40, auf die Vorschr des VormschR, soweit nicht dch JWG 40 ff anders geregelt, anzuwenden sind, JWG 38 I.

2) Das Jugendamt Vormund, I, III. Die AmtsVormsch des JA tritt von Gesetzes wegen mit der Geburt eines nehel Kindes einer mj Mutter, § 1705 Anm 1, JWG 41, ein. AnzPfl des StandesA JWG 44. Das VormschG, zust JWG 42, hat dem JA unverzügl eine Bescheinigg über den Eintritt der Vormsch zu erteilen, III. Kein Eintritt der gesetzl AmtsVormsch **a)** wenn die Mutter die elterl Gewalt hat, § 1705 S 1, **b)** bereits vor der Geburt ein Vormd bestellt worden ist, § 1774. Die gesetzl AmtsVormsch des § 1791c also hauptsächl dann, wenn die Mutter bei der Geburt noch mj ist, § 1705 Anm 2. Galt das Kind bisher als ehel, § 1593, u w später seine NEhelk auf Anfechtg hin gerichtl festgestellt, § 1599, so w das JA erst mit dem Ztpkt Vormd, in dem die Entsch Rechtskr erlangt, I 2. Voraussetzg ist aber auch hier, daß eine Vormsch erforderl ist, also der Mutter nicht die elterl Gewalt zusteht, § 1706 Anm 1. Die NEhelk eines zunächst als ehel geltden Kindes, § 1591, kann sich auch dann ergeben, wenn der Mann für tot erklärt od sein TodesZtpkt festgestellt w, dieser aber u damit die Auflösg der Ehe weiter als 302 Tage vor der Geburt liegen, § 1592 I. Lebt der Mann, so kommt die TodesErkl u damit die AmtsVormsch in Wegfall, die erst wieder auflehen könnte, wenn dch eine rechtskr Entsch seine NEhelk festgestellt w, § 1593. Ehel Kinder können nicht unter gesetzl AmtsVormsch stehen, nur bestellte für sie mögl. Entlassg § 1887 I, II 3, 1889 II.

3) Bisherige Pflegsch des Jugendamtes über ein nichteheliches Kind, II, § 1706. JWG 41 II, u Beendigg der Pflegsch kr Ges etwa wg Todes, Ruhen der elterl Gewalt, KG FamRZ 72, 44, Entziehg der elterl Gewalt, § 1666, eingetretener GeschUnfgk der Mutter, vgl auch Wiegel FamRZ 70, 456. Das Kind bleibt nicht ohne Schutz. Das JA, das bisher Pfleger war, w vielm kr Ges AmtsVormd. Voraussetzg, daß das Kind noch eines Vormd bedarf, § 1773.

1594

1792 *Gegenvormund.* I Neben dem Vormunde kann ein Gegenvormund bestellt werden. Ist das Jugendamt Vormund, so kann kein Gegenvormund bestellt werden; das Jugendamt kann Gegenvormund sein.

II Ein Gegenvormund soll bestellt werden, wenn mit der Vormundschaft eine Vermögensverwaltung verbunden ist, es sei denn, daß die Verwaltung nicht erheblich oder daß die Vormundschaft von mehreren Vormündern gemeinschaftlich zu führen ist.

III Ist die Vormundschaft von mehreren Vormündern nicht gemeinschaftlich zu führen, so kann der eine Vormund zum Gegenvormunde des anderen bestellt werden.

IV Auf die Berufung und Bestellung des Gegenvormunds sind die für die Begründung der Vormundschaft geltenden Vorschriften anzuwenden.

Vorbem. I 2 dch Art 1 Z 55 NEhelG eingefügt, IV neu gefaßt.

1) Allgemeines, I–III. Währd die MitVormsch die ggseitige Unterstützg bei der Führg der Vormsch bezweckt, § 1797, soll der GgVormd überwachen, § 1799. Demgemäß soll ein MitVormd nur aus bes Gründen, § 1775, hingg kann ein GgVormd immer bestellt werden, I. Er **soll** (II, bei Nichtbeachtg also Haftg des VormschRichters aus § 1848) **bestellt werden,** wenn mit der Vormsch eine VermVerw verbunden ist, **außer wenn a)** diese nicht erhebl ist, was der VormschRichter nach freiem Ermessen festzustellen hat. Ein großes Verm bedingt noch nicht immer eine erhebl VermVerw, BayObLG **14**, 212, auch macht das Vorhandensein eines einzelnen genehmiggsbedürftigen Geschäfts noch nicht die Bestellg eines GgVormd erforderl, §§ 1810, 1812, wohl aber die Verrechng fortlaufender Einnahmen u Ausgaben in großem Umfange; **b)** mehrere Vormd die Vormsch gemschaftl führen, § 1797 I, da dann bereits eine genügende Überwachg vorhanden ist. Ist jedoch die Führg der Vormsch unter den Mitvormündern nach verschiedenen Wirkgskreisen verteilt, § 1797 II, so kann ein Vormd zum GgVormd des anderen bestellt werden; **c)** Bestellg eines Gegenvormd durch Vater od ehel Mutter allg letztwillig ausgeschlossen worden ist, §§ 1852, 1855, 1856; vgl auch § 1857. Wegen der Ausschließg bestimmter Personen als GgVormd Anm 2. Bestellg eines GgVormd können Eltern nicht anordnen; **d)** AmtsVormsch eintritt, I 2, JWG 38 II; wohl kommt ein GgVormd aber bei der VereinsVormsch in Betr, § 1791a IV, wie auch der Verein GgVormd sein kann. Wird JA zum GgVormd eingesetzt, JW 37–39b, 45 anwendb, JWG 46.

2) Für Berufg und Bestellg, IV, gelten §§ 1776–1791, also auch Ausschließg bestimmter Personen durch die Eltern, § 1782, mögl. Freundsch, KG OLG **43**, 380, od Verwandtsch, KG DJZ **13**, 236, mit dem Vormd steht der Bestellg als GgVormd nicht entgegen. Als GgVormd kann auch das JA bestellt werden, I 2, das seinerseits auch VormschG Mitteilg einschl Vorschlag eines geeigneten GgVormd zu machen h, JWG 47 II. Es entsch RPfleger, RPflAG 3 Z 2a.

3) Beschwerderecht des Vormd im MdlInteresse bei Anordng od Ablehng der Bestellg eines GgVormd, FGG 57 I Z 9, aber nicht Z 1, hM; des GgVormd, falls er berufen u grundlos übergangen od seine Weigerg abgelehnt ist, FGG 60 I Z 1 und 2 (sofortige Beschw).

II. Führung der Vormundschaft

Grundzüge

1) Die Tätigk des Vormd umfaßt grdsätzl das gesamte Sorge- u VermVerwR, sowie die Vertretg des Mdl auf beiden Gebieten (über seine Stellg Übbl 3 vor § 1773). Er hat die Vormsch selbst zu führen. Das VormschG hat weder mit noch gg seinen Willen das Recht, ihn in Fragen, die der Entsch des Vormd unterliegen, mit bindenden Anweisungen zu versehen, BayObLG JW **27**, 1217. Die Selbständigk ist aber **in doppelter Hinsicht eingeschränkt:**

a) Er ist durch das G verpflichtet, bei seiner Tätigk gewisse Richtl einzuhalten, die darauf hinauslaufen, den Mdl vor Schaden durch schlechte od ungetreue Verw zu bewahren. Dem dienen die Vorschr über die Anlegg des MdlVermögens, §§ 1806ff, die Einschränkg seiner freien Vfgsbefugn durch notw Mitwirkg des GgVormd, §§ 1810, 1812ff, und der Zwang, die des VormschG einzuholen, §§ 1821ff; vgl auch die formellen Vorschr über die Gen, §§ 1828ff. Tatsächl ist der Vormd also bei allen wichtigen Geschäften in seinem Handeln stark eingeengt. Grdsätzl zur Stellg des Vertreters kraft G im Ggsatz zum gewillkürten Vertreter Müller-Freienfels (Vertretg beim RGesch) S 335ff.

b) Im Interesse des Mdl kann aber das VormschG die durch G bestehenden Grenzen für das selbständige Handeln des Vormd noch enger ziehen, §§ 1818f, Vorschr, die durch die Anordng der SicherhLeistg ergänzt w können, § 1844. Es kann aus bes Gründen den Vormd aber auch freier stellen, § 1817. Auch der VermZuwender kann nach beiden Richtgen Anordngen treffen, die zur Durchführg kommen, soweit sie dem MdlInteresse nicht schädl sind, § 1803 II.

2) Beschränkg des Wirkgskreises. Abgesehen von dem an sich selbstverständl Verbot der Schenkg aus MdlVermögen u dessen Verwendg zu eigenen Zwecken, §§ 1804f, ist **a)** die Vertretg des Mdl durch ihn gesetzlich bei Interessenwiderstreit ausgeschlossen, § 1795, aber auch § 1796; **b)** es können ihm auch bestimmte Tätigkeitsgebiete entzogen werden, §§ 1796, 1801. Das gleiche kann durch den VermZuwender geschehen, § 1803, so daß dann insof die Tätigk des Vormd ausgeschaltet ist, §§ 1794, 1909 I 2.

3) Für seine Tätigk ist der Vormd bei Vorliegen eines Verschuldens verantwortl, **haftet dem Mdl** also auf SchadErs, § 1833. Anderers hat auch der Mdl **Pflichten gegen den Vormd,** indem er ihm seine Auslagen zu erstatten, § 1835, und eine Vergütg zu zahlen hat, soweit das VormschG eine solche bewilligt, § 1836

§ 1793 *Aufgaben des Vormundes.* **Der Vormund hat das Recht und die Pflicht, für die Person und das Vermögen des Mündels zu sorgen, insbesondere den Mündel zu vertreten.**

1) Allgemeines. Wie die elterl Gewalt **umfaßt auch die Vormsch a)** die Sorge für die persönl und **b)** die VermAngelegenheiten des Mdl, **c)** seine gesetzl Vertretg in persönl u VermAngelegenheiten. Der Vormd übt seine Tätigk unter eig Verantwortg u grundsätzl selbständig aus. Wegen der Beschrkgen vgl Übbl 3 vor § 1773, Grdz 1 vor § 1793. **Oberster Grundsatz** ist Wahrg des wohlverstandenen Mündelinteresses. Unterstützt w der Vormd dch JA, JWG 47 d.

2) Die Sorge für Person und Vermögen des Mdl. a) Die Sorge für die Person regeln §§ 1800, 1801. Daneben kann die der Eltern bestehen, §§ 1673 II 2, 1679 I 3, 1680; auch kann sie diesen (der nehel Mutter) zustehen u der Vormd auf die Vertretg in persönl Angelegenheiten des Mdl beschränkt sein, §§ 1673 II 3. Beschrkg der Vertretg in persönl Angelegenh auch bei der Verheiratg des mj Mdl, wodurch die persönl Sorge überh in Wegfall kommt, § 1633. Das JA berät u unterstützt den Vormd, § 1851. Bei Anordng von Erziehgsbeistandsch Unterstützg des Vormd durch den Erziehgsbeistand. Dieser steht dem Mj mit Rat u Hilfe zur Seite, berät ihn auch bei Verwendg seines ArbVerdienstes, JWG 58 I.

b) Über die **Sorge für das Vermögen** geben §§ 1802–1842 nähere Vorschriften. Die Grenzen zwischen a und b sind flüssig; vgl auch § 1626 Anm 4. Steht der Eheg unter Vormsch, so hat der Vormd die VermSorge nur unter Berücksichtigg der Rechte des anderen Eheg, §§ 1364ff, Grdz vor § 1414, §§ 1422, 1417, 1418; das gilt dann entgg § 1814 auch bei InhPapieren. Steht im Falle der GütGemsch der verwaltende Eheg unter Vormsch, so hat ihn der Vormd in den Rechten u Pflichten zu vertreten, die sich aus der Verw des GesGutes ergeben, § 1436; haben beide Eheg die Verw, so verwaltet der andere Eheg allein das GesGut, der Vormd ist also insof ausgeschaltet, § 1458. Erfaßt TestVollstrg die ererbten Rechte des Mdls, ist Vormd von der Verw ausgeschlossen, vgl RG 106, 187. Der Vormd hat das Verm mit diesen Einschränkgn in Besitz zu nehmen. Verweigert der Mdl die Herausg, so keine Klage des Vormd gg Mdl, sond VormschG hat GVz mit der Wegnahme zu beauftragen, Dresd SeuffA 67, 136. Der Vormd wird unmittelbarer, der Mdl mittelbarer Besitzer, RGRK Anm 1. Der Vormd hat das Verm möglichst zu erhalten u zu vermehren, vgl auch § 1833 Anm 2. Er kann den Stamm aber auch unter Beachtg der §§ 1812 ff, 1821 ff angreifen, wenn es zur Bestreitg der Erziehg od des Unterhalts erforderl ist, BayObLG JW 23, 517. Zur VermVerw gehört auch die Abgabe von Steuererklärgn, Buchführg, soweit erforderl, u dgl. Bei zerebralgestörtem Mdl mit Jähzornsattacken besteht Verpfl zum Abschl einer HaftPflVers (Hamm DAVorm 78, 221).

3) In der gesetzl Vertretg ist der Vormd grundsätzl unbeschränkt. Er kann also im Namen des Mdl RGeschäfte vornehmen, auch solche, zu denen der Mdl selbst fähig ist, § 107, Prozesse führen, auch RMittel in Angelegenheiten der freiw Gerichtsbark einlegen, KGJ 25 A 184; wg des selbständigen BeschwR des Mdl vgl FGG 59. Der Vormd kann Strafantrag stellen, StGB 65. Ihm liegt die Erteilg der Genehmigung als gesetzl Vertreter ob. Soweit der Vormd innerh seiner Vertretgsmacht (vgl aber § 1791 Anm 1) Erklärgen im Namen des Mdl abgibt, was bei RGeschäften des Mdl grdsätzl zu geschehen hat, treten die Wirkgen für u gg den Mdl unmittelbar ein, §§ 164 ff. Soweit sich das mit dem MdlInteresse verträgt, kann der Vormd allerdings auch für den Mdl im eig Namen handeln. Vgl dazu auch Müller-Freienfels (Vertretg beim RGesch) S 373 (der den rechtsgeschäftl Charakter der Gen des Vorm entgg der allg M verneint, S 361, 373, aber die rechtsgeschäftl Bestimmungen auf die Gen entspr anwendet, S 378). Erkennt der Dritte od mußte er erkennen, daß der Vormd die Vertretgsmacht mißbraucht, so kann der Dritte sich auf diese nicht berufen, RG 75, 301. Ist das JA Vormd (AmtsVormsch) und hat es die Ausübg der vormschaftl Obliegenheiten einem Beamten od Angestellten übertragen, so ist dieser im übertragenen Umfang zur Vertretg befugt, JWG 37 S 3. Ebenso bei VereinsVormsch, § 1791 a III.

Beschränkgen der Vertretgsmacht: a) Bei höchst persönl Rechtsakten, zB EheG 13, zur Eheschl aber Einwillig des Vormd erforderl, die auf Antr des Mdl durch das VormschG ersetzt w kann, EheG 3. **b)** Soweit der Mdl unbeschränkt geschäftsfähig ist, §§ 112, 113. **c)** Auf Grd gesetzl Ausschlusses der Vertretgsmacht bei Interessenwiderstreit, § 1795, u bei Verteilg der VormdGeschäfte auf MitVormd mit verschiedenem Wirkgskreis, § 1797 II; ferner wenn das Gesch dem Vorm überh verboten ist, wie die Schenkg, § 1804, od der Mdl rechtsverbindl in der beabsichtigten Art nicht verpflichtet w kann, Wettbewerbsklausel bei Mj, HGB 74a II 2, 75d. **d)** Soweit einzelne Rechte u Pflichten des Vormd dem JA übertragen sind, JWG 52, ein Pfleger für einzelne Angelegenheiten des Mdl bestellt ist od die Vertretg in diesen dem Vormd entzogen ist, §§ 1794, 1796, 1801. **e)** Falls die Gen des GgVormds od VormschG erforderl ist, § 1809 ff, 1821 f. **f)** Soweit die Gen od Zust durch das VormschG ersetzt w kann, § 113, EheG 3 III. **g)** Für den Absch von Dienst- u Lehrverträgen von FürsZöglingen gilt die FürsErziehgsbehörde als gesetzl Vertreter, JWG 69 IV.

4) Die Vormsch als solche ist unübertragbar, KGJ 46, 63, und damit auch die vormschaftl Tätigk in allen Angelegenheiten, die den persönl Einfluß des Vormd fordern, Enn-Kipp § 113 I. Soweit das nicht der Fall ist, kann der Vormd sich **Hilfspersonen** bedienen, zB Übertragg des MdlBesuchs auf weibl, in der Kinderpflege erfahrene Personen, KGJ 38 A 34, od Vollm (falls erforderl sogar GeneralVollm, Dresd SeuffA 66, 155, die dann genehmiggsfrei ist) erteilen, wie zur Abwicklg einer NachlSache, BayObLG 14, 213, Verwaltg eines Landguts, RG 76, 185. Der Bevollm steht aber hins der Notwendigk der Gen des VormschG natürl nicht freier als der Vormd, KG JFG 1, 313. Stets handelt der Vormd aber auf eig Verantwortg u haftet, falls die Bevollmächtigg od Verwendg von Hilfspersonen unzul ist, für jeden Schaden, gleichgültig, ob den Bevollm od die HilfsPers ein Verschulden trifft, bei Zulässigk der Bevollmächtigg hingg nur für Auswahl, Unterweisg u Beaufsichtigg des Dritten, RG 76, 185; eine weitergehende Haftg, insb die aus § 278, ist vom G nicht gewollt, RGRK Anm 12. Die Vollm erlischt nicht mit der Vertretgsmacht des Vormd, KG JFG 1, 313, RGRK Anm 13, vgl auch RG HRR 29, 1649. Wegen der Übertragg der vormschaftl Obliegenheiten durch JA Anm 3.

Vormundschaft. 1. Titel: Vormundschaft über Minderjährige §§ 1793–1795

5) Verpflichtg des Mdl und Vfg des Vormd über die Zeit seiner Vormsch hinaus sind nicht ohne weiteres ungültig, JFG **1**, 313 str, wenn es sich zB um einzelne RGeschäfte aus einer langen Kette handelt, die zur Durchführg des GesGeschäfts erforderl waren. Jedoch kann in einer unnötigen Bindg dieser Art eine Pflichtwidrigk liegen. Vgl im übrigen auch § 1822 Anm 5–7. Wegen der VollmGültigk nach Beendigg der Vormsch vgl Anm 4.

6) Haftg des Mdl für den Vormd. Mdl haftet aus den vom Vormd abgeschlossenen Verträgen u vertragsähnl Verhältnissen gem §§ 278, 677 ff, u zwar auch, wenn der Vormd bei VertrAbschl argl gehandelt hat, RG **83**, 243; anders wenn Gen des VormschG erforderl war u dieses von der argl Zusicherg nichts weiß, RG **99**, 72, od die erforderl Gen überh nicht od nicht für Nebenabrede erteilt ist, RG **132**, 78. Durch unerl Hdlgen des Vormds wird der Mdl nicht verpflichtet, RG **121**, 118.

1794 *Beschränkung durch Pflegschaft.* Das Recht und die Pflicht des Vormundes, für die Person und das Vermögen des Mündels zu sorgen, erstreckt sich nicht auf Angelegenheiten des Mündels, für die ein Pfleger bestellt ist.

1) Ein Pfleger wird bestellt in den Fällen der §§ 1795, 1796, 1801, 1909. Der Vormd hat die AnzeigePfl, falls ein Bedürfnis für die Pflegsch hervortritt, § 1909 II. Der Vormd ist in dem dann gegebenen Rahmen nicht zur Vertretg befugt, § 1793 Anm 3 d, sonst §§ 177 ff. Soweit Wirkgskreis des Pflegers reicht, hat Vormd auch kein BeschwR, vgl auch BGH NJW **56**, 1755 u § 1779 Anm 5; wohl aber Beschw des Vormd wg der Pflegerbestellg. Bei Meingsverschiedenh zw Pfleger u Vormd entsch VormschG entspr § 1798, § 1915 I, str; es entsch der Richter, RPflG 14 Z 5.

1795 *Gesetzlicher Ausschluß der Vertretungsmacht.* ¹ Der Vormund kann den Mündel nicht vertreten:

1. bei einem Rechtsgeschäfte zwischen seinem Ehegatten oder einem seiner Verwandten in gerader Linie einerseits und dem Mündel andererseits, es sei denn, daß das Rechtsgeschäft ausschließlich in der Erfüllung einer Verbindlichkeit besteht;

2. bei einem Rechtsgeschäfte, das die Übertragung oder Belastung einer durch Pfandrecht, Hypothek, Schiffshypothek oder Bürgschaft gesicherten Forderung des Mündels gegen den Vormund oder die Aufhebung oder Minderung dieser Sicherheit zum Gegenstande hat oder die Verpflichtung des Mündels zu einer solchen Übertragung, Belastung, Aufhebung oder Minderung begründet;

3. bei einem Rechtsstreite zwischen den in Nummer 1 bezeichneten Personen sowie bei einem Rechtsstreit über eine Angelegenheit der in Nummer 2 bezeichneten Art.

II Die Vorschrift des § 181 bleibt unberührt.

Schrifttum: Riedel JR **50**, 140 (kritisch).

1) Kontrahieren mit sich selbst, II. Begriff u Zweck § 181 Anm 1 u 2. Ob ein InteressenGgs tatsächl besteht, ist grdsl (iGgs zu § 1796) gleichgült (BGH **21**, 231). Zu den Ausn vgl unten. Keine allg Befreiung von den Beschrkgen des § 181 dch das VormschG (Hamm FamRZ **75**, 510). Gesch kann nicht als ein im eig Namen zG des Mdls abgeschlossenes umgedeutet werden (BGH FamRZ **62**, 464). Wesentl, daß Vormd auf beiden Seiten steht, zB Vormd Bevollm od gesetzl Vertreter der and Seite ist. Desh kann der Geschwister Vormd (§ 1775), nicht RGeschäfte unter den Vertretenen selbst vornehmen (RG **67**, 61), auch nicht eine ErbauseinandS, selbst wenn sie nur eine vorläufige od rechnerische ist (RG **93**, 334, auch § 1629 Anm 4). Vertretg aber gestattet, soweit die vertretenen Geschwister auf einer Seite stehen u ihre Anteile auf andere Miterben od Dritte übertragen (KGJ **40**, 1); ebso liegt es bei einem Geschäft, das der Vormd zugl im eig Namen u im Namen des Mdls abschließt (RG JW **12**, 790). Das JA ist, wenn es AmtsVormd des Mdl ist u auf seinen Antr FürsErzieh eingeleitet wird, JWG 65 I, an der gesetzl Vertretg des Mdls nicht verhindert, also kein Pfleger für dieses Verf (KG JFG **12**, 154; BayObLG NJW **62**, 964; Potrykus Anm 5 zu JWG 33 aF gg KG JFG **7**, 65), wohl aber bei Abschl eines ArbVertrages mit der Kommunalbehörde wg JWG 12 (KG JFG **8**, 89, vgl auch JWG 37 Anm 3); anders kann es MdlGeld auch bei der Körpersch anlegen, bei der JA errichtet ist, § 1805 S 2, JWG 38 V. Unzul ist die Eintr einer SichergsHyp zG eigener Forderngen des GebrechlkPflegers gg Pflegebefohlenen nach Zustellg des Schuldtitels an den Pfleger selbst (KG Rpfleger **78**, 105). **Ausnahmen:** a) Wenn das RGesch ausschließl in der Erfüllg einer Verbindlichk besteht, § 181, sei es nun des Vormds gg den Mdl od umgekehrt. Soweit aber zum ErfüllgsGesch od VormschG erforderl, ist diese einzuholen; b) die nach ehel GüterR erforderl Zust des anderen Eheg kann der zum Vormd bestellte Eheg, § 1436, sich selbst erteilen, was dann in seiner Erkl dem Dritten ggü liegt, KG RJA **4**, 76; bei gemeins Verw verwaltet der nicht unter Vormsch stehende Eheg ohnehin allein (§ 1458). c) Elt (vgl § 1629 Anm 4) u Vormd sind vertretgsbefugt, wenn das RGesch dem Kind bzw Mdl lediglich einen rechtl Vorteil bringt (BGH NJW **75**, 1885 = FamRZ **75**, 480 mAv Schmidt).

2) Zu Z 1 und 3: „Verwandt in gerader Linie" § 1589 Anm 2, sind also nicht Verschwägerte, auch Hamm FamRZ **65**, 86; da nur bei erhebl InteressenGgsatz, § 1796 II. Ausn nur für ErfGeschäfte, nicht für ErfSurrogate zB Aufrechng, Enn-Kipp § 116 Anm 14.

Zu Z 2: Z 2 idF der SchiffsRegDVO v 21. 12. 40, RGBl I 1609. Gilt auch für die SichergsHyp, die für künftige ErsAnspr des Mdl gg den Vormd bestellt ist, auch entspr anwendbar für die GrdSchuld, die dem Mdl an dem Grdst des Vormd zusteht, KG HRR **33**, 1589, aM Brschw JW **36**, 2937, Gernhuber § 51 IV 3.

Gilt ferner für Registerpfandrechte an Luftfahrzeugen, LuftfzRG 98 II. Bei der Hyp hingg nicht erforderl, daß sie auf einem solchen Grdst ruht, KG RJA **3**, 50. Unzul auch Künd u Einziehg der HypFdg durch den Vormd, da durch die Erfüllg die Fdg erlischt, KGJ **24** A 17, ferner Gen einer der persönl Schuld des Vormd aufhebenden Schuldübernahme, RG **68**, 37. Hingg ist Erwerb einer Hyp an Grdst des Vormd durch diesen für den Mdl od Erwerb von Rechten Dritter gg den Mdl durch den Vormd zul, Staud Anm 5. Keine Ausn für reine ErfGeschäfte, KG OLG **5**, 362, Staud-Donau § 1629 Anm 64, aM Gernhuber § 51 IV 4.

Zu Z 3: Gilt für RStreitigkeiten der bezeichneten Art, nicht aber allg auch für Angelegenheiten der freiw Gerichtsbark, BayObLG NJW **61**, 2309, also zB ErbscheinsVerf, BayObLG FamRZ **62**, 36.

3) Zuwiderhandlgen machen das Rechtsgeschäft im allg nicht nichtig, sond nur schwebend unwirksam, §§ 177 ff; es kann also durch den in diesen Fällen zu bestellenden Pfleger od den volljährig Gewordenen genehmigt werden, Warn **37**, 22, u zwar sowohl bei I wie II, RG **71**, 163, so auch Staud-Coing § 181 Anm 17 u hM; denn die Ausschließg von der Vertretg beim RGesch bedeutet gleichzeitig die Verhinderg an der Erteilg der erforderl HeilsgGen, BayObLG NJW **60**, 577. Bei fehlender ProzFührgsbefugn gilt Mdl als nicht vertreten, ZPO 56, 89, 579 Z 4.

1796 *Entziehung der Vertretungsmacht.* I Das Vormundschaftsgericht kann dem Vormunde die Vertretung für einzelne Angelegenheiten oder für einen bestimmten Kreis von Angelegenheiten entziehen.

II Die Entziehung soll nur erfolgen, wenn das Interesse des Mündels zu dem Interesse des Vormundes oder eines von diesem vertretenen Dritten oder einer der in § 1795 Nr. 1 bezeichneten Personen in erheblichem Gegensatze steht.

1) Allgemeines. Entziehg ist nur für einzelne Angelegenheiten od einen bestimmten Kreis von Angelegenheiten, dauernd od nur für bestimmte Zeit, mögl; vgl auch § 1801. § 1796 kann aber nicht dazu führen, dem Vormd die gesamte Personen- od VermSorge zu entziehen, KGJ **45**, 42. Reicht die so mögliche Einschränkg der Tätigk des Vormd nicht aus, so nur im allg Entlassg, § 1886, nicht aber Entziehg der Vertretgsmacht aus anderen Gründen als §§ 1796, 1801. Liegen die Voraussetzgen vor, so ist das VormschG zur Entziehg verpflichtet, § 1848. Die Entziehg wird wirksam nicht schon mit Eintritt des Interessen-Ggsatzes, KGJ **30** A 35, sond durch die Entziehg seitens des VormschG u Zustellg des Beschlusses an den Vormd, FGG 16. Es genügt aber auch Bestellg eines Pflegers u Bekanntmachg an den Vormd, KGJ **31** A 12, wobei in der Pflegerbestellg bereits die stillschweigde Entziehg der Vertretgsmacht insoweit liegt; trotzdem begründeter EntziehgsBeschl erforderl, da Eingriff in die Rechte des Vormd, KG FamRZ **66**, 240. Dennoch vom Vormd vorgenommene RHdlgen sind schwebd unwirks, vgl § 1795 Anm 3. Vormd hat BeschwR aus FGG 20, KG OLGZ **65**, 237. Entsch dch RPfleger, RPflG 3 Z 2a.

2) Erhebl Interessengegensatz. Es muß das eine Interesse nur auf Kosten des anderen zu fördern sein, KGJ **29** A 24; Meingsverschiedenheiten des Vormd u des VormschG über das Mdl-Interesse fallen nicht hierunter, BayObLG JW **27**, 1217. Es genügt auch noch nicht, wenn trotz mögl Interessen-Ggsatz zu erwarten ist, daß Vormd iS des Mdl handeln wird, KG DJ **38**, 427, vgl auch Mü DFG **42**, 58, wohl aber, wenn mit Rücks auf den zu erwartenden InteressenGgsatz die Vornahme gewisser Hdlgen durch den Vormd verhindert w soll, auch wenn der InteressenGgsatz noch nicht zutage getreten ist u das Bedürfnis nach Bestellg eines Pflegers, § 1909, noch nicht vorliegt, BayObLG OLG **33**, 367. Anwendbar auch auf Amtsvormd § 1795 Anm 1. Tritt das Bedürfnis einer Pflegsch ein, so hat der Vormd AnzeigePfl, § 1909 II. Vgl iü die Kommentierg zu § 1629, bes Anm 5 u 6.

1797 *Mehrere Vormünder.* I Mehrere Vormünder führen die Vormundschaft gemeinschaftlich. Bei einer Meinungsverschiedenheit entscheidet das Vormundschaftsgericht, sofern nicht bei der Bestellung ein anderes bestimmt wird.

II Das Vormundschaftsgericht kann die Führung der Vormundschaft unter mehrere Vormünder nach bestimmten Wirkungskreisen verteilen. Innerhalb des ihm überwiesenen Wirkungskreises führt jeder Vormund die Vormundschaft selbständig.

III Bestimmungen, die der Vater oder die Mutter für die Entscheidung von Meinungsverschiedenheiten zwischen den von ihnen benannten Vormündern und für die Verteilung der Geschäfte unter diese nach Maßgabe des § 1777 getroffen hat, sind von dem Vormundschaftsgerichte zu befolgen, sofern nicht ihre Befolgung das Interesse des Mündels gefährden würde.

1) Allgemeines, I. Grundsätzl führen MitVormd (wg ihrer Bestellg § 1775) die Vormschaft gemeinschaftl. Stillschweigende Verteilg der GeschFührg unzul, Posen OLG **33**, 368; also **Gesamtvertretg**; fehlt die erforderl Mitwirkg, so §§ 177 ff, RG **81**, 325. **Ausnahmen**: Zustellg an einen genügt, ZPO 171 III, selbständiges BeschwR, FGG 58; jeder kann seine Zust zur Abgabe der Vormsch an ein anderes Ger verweigern, FGG 46 II, 47 II. Die MitVormd haften als **Gesamtschuldner** für mitverschuldeten Schaden, auch bei Verletzg der AufsPfl, § 1833 II; denn jeder ist zur Beaufsichtigg des anderen verpflichtet. Deshalb kann selbst bei erhebl VermVerwaltgen von Bestellg eines GgVormd abgesehen werden, § 1792 II, ferner ist die Gen des VormschG für Anlegg von Geld u zur Vfg über KapitalVerm auch bei Fehlen eines GgVormd nicht erforderl, §§ 1810 S 2, 1812 III. Fällt ein Vormd weg, so führen die anderen die Vormsch weiter, falls bei GesVertretg welche vorhanden sind; bei getrennten Wirkgskreisen, da nicht mögl, es muß schleunigst ein neuer MitVormd für diesen Wirkgskreis bestellt werden. Auch das JA kann zum MitVormd bestellt werden, § 1791b Anm 3.

1598

Vormundschaft. 1. Titel: Vormundschaft über Minderjährige §§ 1797–1799

2) Teilg nach Wirkgskreisen, II. Kann vom MdlVater od MdlMutter angeordnet werden, vgl Anm 3, ebso durch das VormsG. Die Teilg kann in der Weise geschehen, daß – **a)** jeder einen bes Wirkgskreis hat, zB Sorge für die Pers einerseits, für das Verm andererseits. Dann ist jeder nur für diesen vertretgs- u geschäftsführgsberechtigt, wie auch nur für ihn haftbar, Dresd OLG **36**, 212. Sein BeschwR bemißt sich nach seinem Wirkgskreis. Keine ggseitige AufsPfl. Es kann jedoch ein Vormd dem anderen zum GgVormd bestellt werden, § 1792 III. – **b)** Ein Wirkgskreis wird einem Vormd zugeteilt, währd im übrigen die GeschFührg allen gemeins zusteht, BayObLG **5**, 121. – Art der Teilg der Führg der Vormsch soll ebso wie Namen der MitVormd in der Bestallg vermerkt sein, § 1791 II.

3) Bestimmgen des Vaters oder der Mutter, III, sind nur unter den sachl Voraussetzgen u in der Form des § 1777 mögl; vgl dort Anm 1 und 2. Bestimmt werden kann die Verteilg der Geschäfte u wie über Meingsverschiedenheiten entschieden w soll; vgl Anm 4. An diese Bestimmg ist das VormschG grdsätzl gebunden. Die Wirkgen treten aber nicht von selbst, sond erst mit der entspr Bestellg durch VormschG ein. Wird MdlInteresse durch Bestimmg gefährdet, so ist VormschG an die Bestimmgen nicht gebunden.

4) Entscheidg von Meinungsverschiedenheiten. Hierüber können sowohl das VormschG bei der Bestellg, I, wie die III Genannten, vgl Anm 3, Bestimmg getroffen haben, zB MehrhBeschl. Ist das nicht geschehen, so entsch das VormschG, jedoch nur dadurch, daß es einer Meing beitritt, Dresd OLG **40**, 95, wogg Beschwerde namens des Mdl mögl. Durch den Beitritt wird Zust derer ersetzt, gg die es entscheidet, KG OLG **7**, 208. Es kann auch sämtl Ansichten verwerfen, so daß die Hdlg unterbleiben muß. Eine eigene selbständige Ansicht durchzuführen, würde dem Grds der Selbständigk des Vormd zuwiderlaufen; vgl im übr § 1627 Anm 2. Hingg kann das VormschG ein selbständiges Recht zum Eingreifen wg Pflichtwidrigk des MitVormd im Rahmen des § 1837 haben. Entsch des VormschG (es entsch der Richter, RPflG 14 Z 5) wird erst mit Rechtskr wirks, KGJ **26** A 18, Keidel Anm 6 zu FGG 53 I 1; aM Jansen dort 1 d, KGJ **38** A 44.

1798 *Meinungsverschiedenheiten.* Steht die Sorge für die Person und die Sorge für das Vermögen des Mündels verschiedenen Vormündern zu, so entscheidet bei einer Meinungsverschiedenheit über die Vornahme einer sowohl die Person als das Vermögen des Mündels betreffenden Handlung das Vormundschaftsgericht.

1) Vgl auch § 1630. Gilt nur, wenn keine abw Regelg gemäß § 1797 III. Aber auch bei mehreren Pflegern, § 1915 I, ferner für einen neben dem Vormd bestellten Pfleger, wenn die Wirkgskreise nach Pers- u VermSorge geschieden sind. Entsprechd anwendb bei Entscheidgen über Meingsverschiedenheiten zw Vormd u Pfleger, vgl § 1794, die nur auf vermögensrechtl Gebiet liegen; ebso Soergel-Germer § 1798 Anm 2, Planck Anm 5 u hM; aM Staud-Engler Rdn 5. Wegen der Entscheidg des VormschG gilt das § 1797 Anm 4 Gesagte. Wie dort selbständiges BeschwR, FGG 58 II.

1799 *Pflichten des Gegenvormundes.* [I] Der Gegenvormund hat darauf zu achten, daß der Vormund die Vormundschaft pflichtmäßig führt. Er hat dem Vormundschaftsgerichte Pflichtwidrigkeiten des Vormundes sowie jeden Fall unverzüglich anzuzeigen, in welchem das Vormundschaftsgericht zum Einschreiten berufen ist, insbesondere den Tod des Vormundes oder den Eintritt eines anderen Umstandes, infolge dessen das Amt des Vormundes endigt oder die Entlassung des Vormundes erforderlich wird.

[II] Der Vormund hat dem Gegenvormund auf Verlangen über die Führung der Vormundschaft Auskunft zu erteilen und die Einsicht der sich auf die Vormundschaft beziehenden Papiere zu gestatten.

1) Allgemeines. Der GgVormd (Bestellg § 1792) ist **Aufsichtsorgan** bei sämtl dem Vormd obliegenden Angelegenheiten, nicht aber auch des neben dem Vormd eingesetzten Pflegers, § 1794. Neben JA als Vormd kein GgVormd, § 1792 I 2, wohl aber bei VereinsVormd mögl, § 1791a IV; JA kann GgVormd sein, § 1792 I 2. **Kann den Mdl nicht vertreten,** auch nicht bei Verhinderg des Vormd, KG RJA **4**, 74. Kann selbstd Anordngen nicht treffen, sond hat dem VormschG Anzeige, § 121, Anzeige zu machen, wenn Grd zu dessen Einschreiten vorliegt, § 1837 I, insb also bei Pflichtwidrigk u wenn ein anderer Vormd od ein Pfleger bestellt w muß, §§ 1885ff, 1795f, 1909. Auf diese Mitteilgen an das VormschG ist er beschränkt, hat also kein unmittelbares EingriffsR, demgemäß auch keine Klage gg den Vormd. Vielmehr hat das VormschG unter den Voraussetzgen des § 1837 einzugreifen, erforderlichenf mit Ordngsstrafen gg Vormd. Auch GgVormd untersteht der Aufsicht des VormschG, das auch ihn mit Ordngsstrafen belegen kann, § 1837, aber nicht das JA od den Verein, § 1837 II. Für Pflichtwidrigk bei der Überwach u der ihm obliegenden Anzeige haftet GgVormd dem Mdl, § 1833 I 2. **Beschwerderecht** des GgVormd gg Vfg des VormschG, durch die sein Antr auf Einschreiten gg pflichtwidrig handelnden Vormd od dessen Entlassg zurückgewiesen ist, FGG 57 I Z 6, aber keine eigene Beschw, wenn VormschG von ihm geltd gemachte Bedenken nicht berücksichtigt, KG RJA **4**, 74; dann nur unter den Voraussetzgen des FGG 57 I Z 9, vgl KG RJA **10**, 169.

2) Rechte und Pflichten im besonderen. Leitender Gesichtspunkt: Wahrg des Mdl-Interesses, vgl auch BGH NJW **56**, 789. Die Durchführg der Beaufsichtig im einzelnen Sache des pflichtmäßigen Ermessens des GgVormds. Um ihm jederzeit einen Einblick verschaffen zu können, hat Vormd auf sein Verlangen Ausk über Führg zu erteilen, auch Einsicht in die sich auf diese beziehenden Unterlagen zu gestatten. Bei Antritt seines Amts hat er sich über Stand der Verw u sichere Anlage der Wertpapiere Kenntnis zu verschaffen, RG **79**, 11. Mitwirkg bei der Verw des MdlVermögens, insofern es sich um Geschäfte handelt, die seiner Gen unterliegen, §§ 1809, 1810, 1812, 1813, 1824, 1832. Dementsprechd auch Recht auf Anhörg durch VormschG, §§ 1826, 1836 II. Bei Aufnahme des VermVerzeichnisses, § 1802,

1599

u Schlußrechng, § 1892 I, hat er mitzuwirken und diese sowie die regelm Jahresrechng, § 1842, zu prüfen. Auch GgVormd ist VormschG ggü zur AuskErteilg verpflichtet, §§ 1839, 1891 II. Wegen seiner AnzeigePfl Anm 1.

1800 *Personensorge.* I Das Recht und die Pflicht des Vormundes, für die Person des Mündels zu sorgen, bestimmt sich nach den für die elterliche Gewalt geltenden Vorschriften der §§ 1631 bis 1633.

II Eine Unterbringung des Mündels, die mit Freiheitsentziehung verbunden ist, ist nur mit Genehmigung des Vormundschaftsgerichts zulässig; das Vormundschaftsgericht soll den Mündel vor der Entscheidung hören. Ohne die Genehmigung ist die Unterbringung nur zulässig, wenn mit dem Aufschub Gefahr verbunden ist; die Genehmigung ist unverzüglich nachzuholen. Das Gericht hat die Genehmigung zurückzunehmen, wenn das Wohl des Mündels die Unterbringung nicht mehr erfordert.

Schrifttum: Palder, BayVBl 77, 392 (Unterbringg von Suicidenten).

1) **Allgemeines.** Schwergewicht der Vormsch liegt idR in der PersSorge. Das Recht des Vormd dazu hat denselben Umfang wie das des elterl Gewalthabers, §§ 1631–1633. Der Vormd übt dieses R **selbstdg** aus. Allerd ist öfters Gen des VormschG erforderl, §§ 112, 1728 II, 1729, 1751, 1755, 1770. Außerdem unterliegt er der Aufs des VormschG, § 1837, der Überwach dch GgVormd, § 1799, u JA, § 1850. Bisweilen steht dem Vormd das PersSorgeR nur beschr zu, § 1793 Anm 2a. BeschwerdeR hat jeder an der Wahrnehmg der Angelegenh Interessierte, wenn davon im MdlInteresse Gebr gem w, FGG 57 I Z 9, Mdl selbst in den Grenzen des FGG 59.

2) **Das Recht im einzelnen:** Über das PersSorgeR im allg vgl §§ 1626 Anm 4a und b, 1631. Vormd hat also **Aufsichtspflicht**; **Recht auf Herausgabe** ggü jedem, der ihm Mdl widerrechtl vorenthält, KG OLG **2**, 450, das er im Klagewege durchsetzen kann, auch der AmtsVormd, Karlsr FamRZ **65**, 452, sofern das VormschG nicht von sich aus vorgeht, Köln NJW **52**, 547; Bekl hat nur Einwendg des RMißbr, § 1632, der Dritte kann sich also nicht darauf berufen, daß er dch die Zurückbehaltg im Interesse des Kindes handele, worüber nur VormschG entscheidet, Donau NJW **68**, 1331 mit Recht gg Augsbg (LG) ebda. Vormd hat ferner das Recht, Mdl zu erziehen, Schule auszuwählen, KG OLG **7**, 422, u dessen Beruf zu bestimmen, vgl auch KG DFG **40**, 108. Den dafür notw Betrag hat er festzusetzen; dabei kann er erforderlichenf den Vermögensstamm angreifen, § 1793 Anm 2b. Geschieht das in übermäß Weise, so Einschreiten des VormschG, § 1837, aber keine Festsetzg des Betrags durch dieses von vornherein, KG RJA **1**, 178. Vormd kann Mdl auch selbst erziehen. Falls er ihn als Lehrling annehmen will, Pflegerbestellg erforderl. Vormd hat selbständ den **Aufenthalt** zu bestimmen, KG OLG **12**, 346; wenn für Mdl daraus Nachteile entstehen können, braucht er ihn auch den Verwandten nicht zu nennen, KG OLG **40**, 99. Er kann geeignete Erziehungsmaßregeln anwenden. Bei diesen hat VormschG Vormd in geeigneter Weise zu unterstützen, § 1631 IV, zB Ersuchen an die Polizei um zwangsweise Zurückführg des Mdls ohne Rücks auf dem Staat etwa entstehende Kosten. Vormd kann auch das Dienstverhältnis kündigen, BayObLG SeuffA **56**, 95. Bei nehel Kindern hat auch Vormd, sofern ein solcher an Stelle eines Pflegers tät ist, § 1706 Anm 1, regelm das JA, § 1791c, den Erzeuger, erforderlichenf im Prozeßwege, ZPO 641, festzustellen, auch dafür zu sorgen, daß Unterh gezahlt wird, ZPO 642; desgl wenn der Regelbedarf erhöht w für Neufestsetzg des Regel-Unterh, ZPO 642b.

3) Jede die Freih entziehde Unterbringg des Mdls bedarf gem **II** (eingef dch Art 1 Z 32 FamRÄndG 1961) der vorherigen Gen dch das VormschG, um jedem Mdl den Schutz von GG 104 II zu sichern; so schon vorher BVerfG **10**, 302; krit Beitzke § 37 II 1, Gernhuber § 64 I 2. Unterbringg ohne Gen nur bei Eilbedürftigk, dh bei Gefahr f Mdl od Dritte; Gen ist dann jedoch ohne schuldh Zögern, § 121 I 1, nachzuholen, II 2. **a)** Genbedürft ist die **Unterbringg**, also jede Einweisg, Einschließg od Einsperrg **in** eine Irren-, Trinkerheil- od sonst geschloss **Anstalt** (Lit: Saage/Göppinger, FreihEntziehg u Unterbringg, 2. Aufl 1975, S 269ff). Entscheid der FreihEntzug; nicht ausr die bl FreihBeschrkg, zB off Anst (Mannh Just **74**, 381) od dch Ausgehverbot bzw Vorführg zu kurzfr ärztl Untersuchg (vgl Stgt Just **73**, 392). Der Zweck der Unterbringg ist gleichgült, im Rahmen FamRZ **62**, 398, BayObLG NJW **63**, 2372, insb kommt eine Freistellg der pädagog motivierten Unterbringg von den GenErfordern nicht in Betr, vgl Anm b. Im Hinbl auf den Verteidig iSv StPO 140 I Z 5 steht Gen gem II gleich, Celle NJW **65**, 2069. - **b)** Dch das Erfordern vormsgerichtl Gen wird geschützt der **Mündel**, bei Vormsch über Vollj (§ 1897) u bei Pflegsch (§ 1915); eine Gen scheidet aber überh aus, wenn der GebrechlkPfl mit dem WirkgsKreis der AufenthBestimmg einen geschäftsfäh Pflegling gg dessen Willen in einer geschl Anst unterbringen will (BGH **48**, 157; BayObLG StAZ **78**, 211). Gen nicht erforderl bei Kindern unter elterl Gew, § 1631 Anm 4, auch nicht bei ne Kindern, deren Mutter die PersSorge, § 1705 I, zusteht, Weyer FamRZ **68**, 189, Keidel FGG 55a Anm 15, od bei sonst Mj, die in Kinderheim od Internat untergebracht w, wohl aber wenn iW der freiw ErzHilfe od FürsErz aus ErzGründen Einweisg in das bes GewVerhältn einer Anst erfolgen soll, Beitzke § 37 II 1, Hamm FamRZ **62**, 397, Düss NJW **63**, 397, BayObLG NJW **63**, 2372, Celle NJW **64**, 552; aA AG Hbg NJW **61**, 2160 u MDR **62**, 654, Arnold FamRZ **63**, 484, Prahl NJW **64**, 530, Soergel-Germer 9 mwNachw. – **c)** Erforderl die (zweckmäßigerw zu befristde; Stgt FamRZ **75**, 354) **Genehmigg des VormschG**. Zustdgk FGG 36. Es entsch der Richter, RPflG 14 Z 10. Die Entsch ist (auch bei einf Sach- u RLage, anders Brem OLGZ **67**, 258) wg ihrer Tragweite in allen Inst zu begründen, Mannh NJW **64**, 1137 u Just **74**, 19. Bekanntm der Entsch an Mdl u Vormd, FGG 16. – **d)** VormschG muß, soweit mögl, Hamm FamRZ **68**, 614, vor der Entsch **Mündel hören, II 1 Halbs 2**, u zwar Mdl persönl, Anhörg erübrigt sich nicht dch Angaben des AnstPflegepersonals, Mannh Just **74**, 19. Pflegerbestellg zur Wahrnehmg der Interessen des Mdls gg den Vormd nicht erforderl, da auch der GeschUnfäh RMittel selbst einlegen k, BGH **35**, 1, BayObLG FamRZ **60**, 411, auch zur Nieder-

schr des AG, in dessen Bezirk er verwahrt w, BGH NJW **70**, 804. Pflegerbestellg jedoch dann, wenn Mdl überh nicht fäh ist, einen Willen zu äußern, Hampel FamRZ **62**, 514. Beigeordneter RA als staatl bestellter Bevollm insow befugt, sämtl VerfRechte des Beteiligten auszuüben; seine Befugn erledigen sich dann, wenn der UnterbringgsBerecht die UnterbringgsAbs aufgibt, KG OLGZ **71**, 77. **Anhörg** des Mdls dch VormschG **nicht erforderl** bei Eilbedürftigk; dann aber Anhörg dch BeschwG. Anhörg erübrigt sich bei Rückfall eines probew entlassenen Trunksücht, Hamm MDR **67**, 1011. Sie kann unterbleiben, wenn sie eine ernsth Gefahr f den GesundhZustd des Mdls bedeuten würde, Hamm JMBl NRW **66**, 256. – **e)** Maßgebd für die Erteilg od Versagg der Gen ist ausschließl das **Wohl des Mündels** (arg II 3). LandesGesGeber können keine zusätzl Voraussetzgen schaffen u dadch die Unterbringg einschränken, Ffm OLGZ **66**, 102. So reichen ohne weitere polizeil Grde f die Unterbringg aus Selbstgefährdg (BayObLG MDR **63**, 1014), Trunks (Mannh MDR **64**, 236) od die Befürchtg einer Verletzg Dritter (Gö DAVorm **76**, 345). Zu beachten Grdsatz der Verhältnmäßigk des Mittels, so daß Unterbringg in geschloss Anst nicht genfäh, wenn (halb)off, geeignete Anst zVfg steht, BayObLG MDR **63**, 1014. – **f) Rechtsbehelfe**: Entsch des VormschG wird erst mit Rechtskr wirks, FGG 55a. Jedoch kann VormschG sof Wirksamk der Vfg anordnen in Fällen, die keinen Aufschub dulden, FGG 55a II; dann sof Beschw, BGH **42**, 225. Es kann vor seiner Entsch auch einstw AO treffen, FGG 55a III, die mit Bekanntm wirks w, FGG 16; dagg nur einf Beschw, BGH **48**, 154. Wird Unterbringg abgelehnt, einf Beschw des Vormd, FGG 20, nicht auch des GesundhAmts, KG FamRZ **64**, 325. Bei Gen haben Vormd u Mdl (zu dessen Rechten iü Anm d) sof Beschw, FGG 55a, 59, 60 I Z 6. Kein BeschwR der Elt gg Unterbringg in geschl Anst, wenn ihnen das PersSorgeR f ihr Kind entzogen w ist, Hamm FamRZ **73**, 318. – **g)** Das VormschG **nimmt die Genehmigg zurück,** wenn das Wohl des Mdls die Unterbringg nicht mehr erfordert, II 3. Um diese Entsch treffen z können, hat es auf Antr od sonst von Zt zu Zt vAw auch ohne bes Anlaß zu überprüfen, ob Aufenth in der geschl Anst noch weiter notw. Auch hierbei muß sich VormschG dch Anhörg persönl ein Bild verschaffen; doch kann davon abgesehen w, wenn letzte Anhörg nicht allzulange zurückliegt od Mdl mehrf gehört u die Aufrechterhaltg der Gen sicher ist, BayObLG FamRZ **65**, 457. Bei Veränderungen des KrankhBildes SachverstGA unter Heranziehg der früh GA, Hamm FamRZ **65**, 340. Verneint VormschG die weitere Erforderlk, hat es die Gen zurückzunehmen, worauf der Vormd die sof Entlassg des Mdls zu veranlassen hat. Mit der Entlassg des Mdls wird die vormschgerichtl Gen wirkglos, so daß erneute Einweisg einer neuen Gen bedarf (Hamm OLGZ **70**, 237). Die probew Entlassg des Untergebrachten kann nicht vom VormschG angeordnet w (BayObLG ZBlJugR **78**, 140). Die ZurücknVfg steht der Ablehng der Gen gleich, so daß dagg einf Beschw des Vormd; das gleiche gilt für Mdl bei Ablehng der Zurückn (BayObLG FamRZ **62**, 535; LG Bln MDR **67**, 674).

1801 *Religiöse Erziehung.* I **Die Sorge für die religiöse Erziehung des Mündels kann dem Einzelvormund von dem Vormundschaftsgericht entzogen werden, wenn der Vormund nicht dem Bekenntnis angehört, in dem der Mündel zu erziehen ist.**

II **Hat das Jugendamt oder ein Verein als Vormund über die Unterbringung des Mündels zu entscheiden, so ist hierbei auf das religiöse Bekenntnis oder die Weltanschauung des Mündels und seiner Familie Rücksicht zu nehmen.**

Vorbem. II dch Art 1 Z 56b NEhelG angefügt.

1) Allgemeines. Zur PersSorge gehört auch rel Erziehg, G über rel Kindererziehg, erläutert hinter § 1631. Bei VormdBestellg ist auf die rel Bekenntn des Mdl Rücks zu nehmen, § 1779 Anm 4b. Bei Ungleichh des Bekenntnisses kann dem Vormd die Sorge für die rel Erziehg, wenn es MdlInteresse erfordert, entzogen u insofern ein Pfleger bestellt werden, § 1909 I; od es kann für diesen Wirkgskreis ein MitVormd bestellt w, § 1775. Es entsch der Richter, RPflG 14 Z 19. Es müssen aber gewichtige Gründe vorliegen, KGJ **46**, 79. Religionswechsel od Kirchenaustritt macht Vormd noch nicht ungeeignet, BayObLG OLG **30**, 148.

2) Unterbringung durch Jugendamt oder Verein, II. Beide haben als Vormünder die Bestimmg des Aufenth. Dabei ist auf das religiöse Bekenntn Rücks zu nehmen, JWG 38 IV. Bei Mangel einer geeigneten Stelle aber auch konfessionsfremde Unterbringg, BayObLG JW **27**, 217.

3) Beschwerderecht. Ist Vormd schon bei Bestellg religiöses ErziehgsR entzogen, nur aus FGG 57 I Z 9, KG RJA **12**, 173, sonst einfache Beschw aus FGG 20, KGJ **37** A 86. Vgl auch § 1779 Anm 5.

1802 *Vermögensverzeichnis.* I **Der Vormund hat das Vermögen, das bei der Anordnung der Vormundschaft vorhanden ist oder später dem Mündel zufällt, zu verzeichnen und das Verzeichnis, nachdem er es mit der Versicherung der Richtigkeit und Vollständigkeit versehen hat, dem Vormundschaftsgericht einzureichen. Ist ein Gegenvormund vorhanden, so hat ihn der Vormund bei der Aufnahme des Verzeichnisses zuzuziehen; das Verzeichnis ist auch von dem Gegenvormunde mit der Versicherung der Richtigkeit und Vollständigkeit zu versehen.**

II **Der Vormund kann sich bei der Aufnahme des Verzeichnisses der Hilfe eines Beamten, eines Notars oder eines anderen Sachverständigen bedienen.**

III **Ist das eingereichte Verzeichnis ungenügend, so kann das Vormundschaftsgericht anordnen, daß das Verzeichnis durch eine zuständige Behörde oder durch einen zuständigen Beamten oder Notar aufgenommen wird.**

1) Pflicht zur Aufstellg und Einreichg des Vermögensverzeichnisses. Das VermVerzeichn, vgl auch § 1682, bildet die Grdlage für VermVerw des Vormd u Aufsicht des VormschG, dient demgemäß auch als Unterlage für Rechnglegg u Schlußbericht, aber auch als Beweisstück bei HerausgAnspr des Mdl, § 1890. Deshalb keine Befreiung, weder durch VormschG, noch durch Vater od Mutter, noch den dritten VermZuwender, § 1803. Auch keine Einschrkg der Vorschr, zB Verbot der Offenlegg. Gilt allg, also auch bei Amts- u VereinsVormsch. Wechselt Vormd, so genügt Prüfg des bish Verzeichnisses, falls ein solches bereits vorhanden. Ist Verm nicht vorhanden, so genügt eine solche Erkl. VormschRichter hat durch Ordngsstrafen, notf Entlassg zur Aufstellg u Einreich anzuhalten, § 1837, und Verzeichnis zu prüfen; falls dieses ungenügd, III, kann er ein solches durch eine Behörde, Beamten od Notar aufnehmen lassen, vgl § 1682 Anm 3. Kosten für Aufstellg des Verzeichnisses trägt in jedem Falle der Mdl.

2) Zu verzeichnen ist das gesamte MdlVermögen, gleichgültig, ob es der Verw des Vormd untersteht od nicht, KG RJA **17**, 34; anders § 1682. Werden nach Übernahme der Verw größere Stücke erworben, so sind auch diese zu verzeichnen, str; hingg gehören die in der Natur der Sache liegenden Zu- u Abgänge in die Jahresrechng. Mehrere Vormd mit getrenntem Wirkgskreis haben nur die in diesen fallenden Stücke zu verzeichnen. Verzeichnis muß größtmögliche Klarheit über das MdlVerm geben, also vor allem Aktiva u Passiva enthalten, nicht aber alle Kleinigk. Belege brauchen nicht beigefügt zu werden, KGJ **36** A 38, Wertpapiere jedoch nach Nummern aufzunehmen, KG OLG **24**, 45. Ist Mdl an einer Gesellsch od ungeteilten Gemsch beteiligt, so auch die Bestandteile der GemschMasse, KGJ **36** A 38. Der Vormd kann sich bei Aufstellg des Vermögens, sofern das mit dessen Wert in Einklang steht, auch sachverständiger Hilfe bedienen, II.

3) Der vorhandene GegenVormd ist zuzuziehen. Er hat sich selbständ Überblick über Verm zu verschaffen u das vom Vormd aufgestellte Verzeichnis mit der Versicherg der Richtigk u Vollständigk zu versehen, ggf Abweichgen, die dann das VormschG zu klären hat, zu vermerken.

1803 *Vermögensverwaltung bei Erbschaft oder Schenkung.* I Was der Mündel von Todes wegen erwirbt oder was ihm unter Lebenden von einem Dritten unentgeltlich zugewendet wird, hat der Vormund nach den Anordnungen des Erblassers oder des Dritten zu verwalten, wenn die Anordnungen von dem Erblasser durch letztwillige Verfügung, von dem Dritten bei der Zuwendung getroffen worden sind.

II Der Vormund darf mit Genehmigung des Vormundschaftsgerichts von den Anordnungen abweichen, wenn ihre Befolgung das Interesse des Mündels gefährden würde.

III Zu einer Abweichung von den Anordnungen, die ein Dritter bei einer Zuwendung unter Lebenden getroffen hat, ist, solange er lebt, seine Zustimmung erforderlich und genügend. Die Zustimmung des Dritten kann durch das Vormundschaftsgericht ersetzt werden, wenn der Dritte zur Abgabe einer Erklärung dauernd außerstande oder sein Aufenthalt dauernd unbekannt ist.

1) Die Anordng, I. Sie muß bei Erwerb von Todes wg im Test, im Falle der unentgeltl Zuwendg bei dieser (nicht später) erfolgen. Nur diese Personen sind anordngsberechtigt, nicht Eltern als solche. Gilt auch bei Amts- u VereinsVormsch. Gegenstand der Anordng kann eine Befreiung von den §§ 1807 ff, 1814 ff, od aber auch eine Erweiter der HinterleggsPfl sein. Zur Erweiter der durch GgVormd od VormschG genehmiggsbedürftigen Geschäfte über die gesetzl Fälle hinaus ist VermZuwender nicht befugt, KGJ **40** A 227. Anordng erfaßt auch Surrogate, § 1638 II. Wegen der Anordng, durch die die Verw des Vormd überh ausgeschl wird, § 1909 I 2. Verwaltgsanordng, die ja nur dem Vormd eine Verpflichtg auferlegt, ist keine Beschrkg des Pflichtteils, Abweich von ihr also keine TestAnfechtg, KGJ **35** A 28. Ist aber die Anordng in Wirklichk eine den Mdl belastende Aufl od Bedingg, so § 1803 unanwendbar. Unberechtigte Abweichgen machen Vfgen des Vormd unwirks, er kann sich aber dem Mdl ggü schadenersatzpfl machen, § 1833. Lehnt VormschG Einschreiten ab, BeschwR des Dritten, FGG 20.

2) Abweichgen von der Anordng, II, III. Mögl sind dauernde u solche für einen bes Fall. Sie können erfolgen – **a)** bei Erwerb von Todes wg u bei unentgeltl Zuwendg durch einen Dritten, falls dieser gestorben ist, nur, wenn Befolgg der Anordng das MdlInteresse gefährden würde (dann ist Vormd zur Einholg der Gen des VormschG verpflichtet, § 1833) u VormschG genehmigt. Bloßer Gewinngang wird immer Gefährdg, KGJ **35** A 29, ebsowenig genügen ZweckmäßigkGründe, RG SeuffA **60**, 194; – **b)** lebt der Dritte, so genügt seine Zust, falls nicht etwa das Gesch als solches der Gen des VormschG bedarf. Gefährdg des MdlInteresses braucht nicht vorzuliegen. Zustimmg des Dritten stets erforderl. Wird sie trotz Gefährdg verweigert, so ist äußerstenf nur Zurückweisg der Zuwendg, nicht aber Ersetzg durch das VormschG mögl. Diese erfolgt nur, wenn Dritter zur Abgabe einer Erkl dauernd außerstande od sein Aufenth dauernd unbekannt ist; dann auch ohne Vorliegen einer Gefährdg.

1804 *Schenkungen des Vormundes.* Der Vormund kann nicht in Vertretung des Mündels Schenkungen machen. Ausgenommen sind Schenkungen, durch die einer sittlichen Pflicht oder einer auf den Anstand zu nehmenden Rücksicht entsprochen wird.

1) Allgemeines. Vgl auch § 1641 Anm 1. Schenkgen, § 516, aus dem MdlVerm durch Vormd selbst od durch Mdl mit Gen des Vormd schlechthin verboten. Die Schenkg ist **nichtig**, selbst wenn sie vom VormschG genehmigt wäre, BayObLG OLG **32**, 19, hM. Zu einer Schenkg des Verwalters aus dem GesGut kann Vormd Einwilligg nicht erklären, da diese dann als Schenkg zu bewerten ist, RG **91**, 40, Staud-Engler Anm 1, Dölle § 124 II 1. Hingg kann OHG durch ihre vertretgsberechtigten Gesellschafter Schenkgen machen, auch wenn der Mj Mitgesellschafter ist, RG **125**, 380. Nicht unter § 1804 fallen sonstige Freigebigk, vgl zB § 1822 Z 2 und 13.

2) Ausgenommen Anstandsschenkgen. Begriff bei § 534. Der sittl Pfl, Köln OLGZ **69**, 264, entspricht auch aus Billigk gebotene Schenkg im Interesse des FamFriedens, KG JFG **13**, 187. In diesen Fällen Gen des

VormschG nicht erforderl, ProzG entscheidet, ob eine solche Schenkg vorliegt. Gesamte VermLage ist zu berücksichtigen. Vorsicht geboten, KG OLG **3**, 110.

1805 *Verwendung für den Vormund.* **Der Vormund darf Vermögen des Mündels weder für sich noch für den Gegenvormund verwenden. Ist das Jugendamt Vormund oder Gegenvormund, so ist die Anlegung von Mündelgeld gemäß § 1807 auch bei der Körperschaft zulässig, bei der das Jugendamt errichtet ist.**

Vorbem. Fassg Art 1 Z 57 NEhelG.

1) Dem Vormd (GegenVormd) ist verboten, MdlVermögen für sich zu verwenden, gleichgültig, ob das für den Mdl vorteilh ist od nicht. Die Vermögen sind deshalb auch streng getrennt zu halten. SchadErs § 1833; außerdem StGB 246, 266. Einschreiten des VormschG erforderl, VerzinsgsPfl § 1834. Dasselbe Verbot gilt für Verwendg von MdlVerm für GgVormd. RechtsGesch bleibt aber gültig, RG JW **17**, 289. Die Verwendg darf in keiner Form geschehen, also auch nicht unentgeltlich Gebr der Mdl-Sachen oder Geschäft mit sich selbst, auch nicht in Form eines Darlehens an eine Gesellsch, an der der Vormd od GgVormd beteiligt ist. Zulässig aber, daß Vormd Prokura für ErwerbsGesch des Mdls hat, BayObLG **18** A 55. § 1805 entspr anwendb, wenn Vormd ArbKraft des Mdl unentgeltl ausnutzt, Gernhuber § 65 II 1, Soergel-Germer 1 dehnt das ohne Grd auch auf die entgeltl ArbLeistg aus. Im Falle der AmtsVormsch können MdlGelder auch bei der Körpersch, von der das JA errichtet wurde, zB den Kommunalsparkassen mündelsicher angelegt w, S 2, JWG 38 II.

1806 *Anlegung von Mündelgeld.* **Der Vormund hat das zum Vermögen des Mündels gehörende Geld verzinslich anzulegen, soweit es nicht zur Bestreitung von Ausgaben bereit zu halten ist.**

1) Wie die Eltern, § 1642 I, hat auch der Vormd das zum Verm des Mdls gehörende Geld verzinsl anzulegen. **Zwingde Vorschr**, gilt auch für Amts- u VereinsVormd, §§ 1791 a–c; Befreiung, auch dch elterl letztw Vfg, unzul, BayObLG **22**, 154. Umfaßt alles der Verwaltg des Vormds unterstehde Verm, also auch das dem Mdl überlassene, nicht von ihm verbrauchte, § 110, BayObLG **17** A 128. Anlegg binnen angem Frist, sonst SchadErsPfl. Eingreifen des VormschG, das nicht bis zur Rechngslegg warten darf, sond aGrd seiner allg AufsPfl sich vorher ü die Anlegg vergewissern muß, auch wenn kein Mißtrauen gg Vormd besteht, RG **88**, 266. **Ausnahmen** nur hins des nach einer ordngsgem Verw zur Bestreitg von Ausgaben bereitzuhaltenden Geldes. Ob Vormd auch dieses vorl verzinsl anlegt od ganz von einer solchen Anlage absieht, ist seinem pflichtgem Erm, § 1833, überlassen. Keine Bindg an §§ 1807–1810. Zul Bereithaltg von aufgelaufenen Zinsen iHv 1 Mo-Rente (1000 DM) auf gemeins SparKto dch Ehefr als GebrechlkPflegerin, LG Bln Rpfleger **73**, 356. Zur Abhebg braucht es gem nunmehr nicht des Genehm VormschG, § 1813 I Z 3 und II. KG NJW **67**, 883 will, daß solches Geld nicht auf Anderkto des Pflegers, sond auf ein auf den Mdl lautds Kto angelegt w, da es sonst dem Zugr d Gläub des Pflegers ausgesetzt sei; dem widersprechen Schütz NJW **67**, 1569 mit Rücks auf die Handhabg der Banken bzgl Anderkonten, desgl Beitzke ZBlJR **67**, 237 auch unter Hinw auf die KlageMöglk aus ZPO 771 u die Möglk der Berücksichtigg eines Pflegerwechsels schon bei KtoAnlegg.

2) Verzinsl Anlegg im Rahmen der §§ 1807, 1808. Bei Abweichg von der dort vorgeschriebenen Anleggsart, zB Ankauf von Aktien, BayObLG JW **22**, 396, Erlaubnis des VormschG erforderl, § 1811. Vormd kann aber nach pflichtgemäßem Ermessen auch statt verzinsl Anlage nutzbare Verwertg des Geldes wählen, zB GrdstKauf, GeschVergrößerg und dgl, KG RJA **13**, 78. Dann § 1811 nicht anwendbar, BayObLG JW **22**, 396. Genehmigg des VormschG aber erforderl, soweit sich das aus §§ 1821 ff mit Rücks auf die Art des RGeschäfts ergibt.

1807 *Regelmäßige Anlegung.* I **Die im § 1806 vorgeschriebene Anlegung von Mündelgeld soll nur erfolgen:**

1. **in Forderungen, für die eine sichere Hypothek an einem inländischen Grundstücke besteht, oder in sicheren Grundschulden oder Rentenschulden an inländischen Grundstücken;**

2. **in verbrieften Forderungen gegen das *Reich* oder einen *Bundesstaat* sowie in Forderungen, die in das *Reichsschuldbuch* oder in das Staatsschuldbuch eines *Bundesstaats* eingetragen sind;**

3. **in verbrieften Forderungen, deren Verzinsung von dem *Reiche* oder einem *Bundesstaate* gewährleistet ist;**

4. **in Wertpapieren, insbesondere Pfandbriefen, sowie in verbrieften Forderungen jeder Art gegen eine inländische kommunale Körperschaft oder die Kreditanstalt einer solchen Körperschaft, sofern die Wertpapiere oder die Forderungen von der Bundesregierung mit Zustimmung des Bundesrats zur Anlegung von Mündelgeld für geeignet erklärt sind;**

5. **bei einer inländischen öffentlichen Sparkasse, wenn sie von der zuständigen Behörde des *Bundesstaats*, in welchem sie ihren Sitz hat, zur Anlegung von Mündelgeld für geeignet erklärt ist.**

II **Die Landesgesetze können für die innerhalb ihres Geltungsbereichs belegenen Grundstücke die Grundsätze bestimmen, nach denen die Sicherheit einer Hypothek, einer Grundschuld oder einer Rentenschuld festzustellen ist.**

§§ 1807, 1808 4. Buch. 3. Abschnitt. *Diederichsen*

Schrifttum: Sichtermann, Recht der Mündelsicherh, 2. Aufl 1967, S 18 ff; Klotz, Die rechtstatsächl u rechtspolit Bedeutg der Vorschr ü die Anlage v MdlGeld, Bln 1966; O. Möhring, VermVerw in Vormsch- u Nachlaßsachen, 5. Aufl, 1963 S 75 ff.

1) Allgemeines. Jetzige Fassg beruht auf 2. G über Mündelsicherheit v 23. 3. 31, RGBl 69. Vormd hat nach pflichtgemäßem Ermessen beste Anlageart auszuwählen. Erkennt er od konnte er erkennen, daß Anlage im gegebenen Falle nicht sicher war, so schadenersatzpfl, § 1833; der Vormd sich auch nicht ohne weiteres auf eine amtl GrdstTaxe verlassen, RG JW **14**, 931. Ist die Anlage durch VormSchG genehmigt, wird freilich HaftPfl regelm nicht gegeben sein, RG JW **11**, 984. Befreiung von § 1807 durch Erblasser od zuwendenden Dritten mögl, § 1803 Anm 1. Ist GgVormd vorhanden, so hat Anlegg mit seiner Gen zu erfolgen, sonst mit der VormschG, vgl auch §§ 1813 II, 1809. Findet Vormd eine § 1807 nicht entsprechende Anlage vor, so hat er die Mdl dadurch drohende Gefahr mit den etwaigen Verlusten, die mit einer Neuanlage verbunden sind, verständig abzuwägen, KG RJA **4**, 5. Zuwiderhandlgen des Vormd gg § 1807 geben Mdl nicht das Recht zur Zurückweisg der Anlage, sond ledigl auf SchadErs. Aber Verpflichtg des VormschG zum Eingreifen, notf Entlassg des Vormd. Die Vorschr hat auch Bedeutg außerhalb des VormschRechts, vgl zB §§ 234, 238, 1079, 1288, 2119, ZPO 108, VAG 68 I Nr 1.

2) Die Anlegungsarten.

Zu Z 1: Hyp-, Grund- und Rentenschuld auf inländ Grdst (fiduziarischer Erwerb genügt nicht, RG JW **38**, 3167), bei ausländischen § 1811. Ob jene mündelsicher, bestimmt das LandesR (II) für die Hyp usw innerh seines Geltgsbereichs, dann aber allg bindend. MdlSicherh ist nach diesen Bestimmgen im allg bei Belastg innerh $^1/_2$ bis $^2/_3$ des GrdstWerts gegeben. *Pr* AusfGes 73, SchätzgsG v 8. 6. 18, nur zT in Kraft; *Bay* AusfG Art 92, 87, Bek v 19. 11. 49 (Schätzeranweisg), BayBSVJu III 150; *Wü* AusfG 253, 119; *Ba* AusfG 37, AusfG z GBO v 13. 10. 25, GVBl 296 (mehrf geändert), § 30 (Schätzg); *Hess* AusfG 124, VO v 12. 12. 00; *Hbg* AusfG idF v 1. 7. 58, GVBl 195, §§ 74, 74a (ErbbauR), *Brem* AGBGB 56 I–III. Nachträgl hat der Gesetzgeber freilich die MdlSicherh zT durch LAG 113 in Frage gestellt; dazu Mohrbutter ZBlJugR **56**, 199. MdlHyp auch an ErbbauR, ErbbauVO 18 ff, ferner an landesgesetzl einem Grdst gleich zu behandelnden Rechten, vgl auch *Pr* JMBl 02, 6. WohngsEigt wird nicht GrdstEigt gleichzustellen sein, Sichtermann S 20. Schiffspfandrechte fallen nicht unter Z 1.

Zu Z 2: Verbriefte Fdgen, dh solche, über die eine Urk ausgestellt ist. Hierher gehören aber nicht Sparbücher einer Landesbank, da Sparbuch nur BewMittel, KG DJZ **31**, 1024, RGRK Anm 2; aM Sichtermann S 39. Wegen der Schuldbücher vgl § 1815 Anm 1.

Zu Z 3: Es genügt, wenn die Haftg nur für die Zinsen übernommen ist, zB Bay Grundrentenablösgsschuldbriefe u Landeskulturrentenscheine, Bek MdJ v 30. 8. 22, JMBl 188.

Zu Z 4: Durch Entsch der BReg v 21. 6. 50 ist an Stelle der ReichsReg mit Zust des Reichsrats die Bundesregierg mit Zust des BRats getreten, BGBl **50**, 262. Die verbrieften Fordergen gegen eine inländische kommunale Körperschaft oder Kreditanstalt einer solchen sind durch die Bek v 7. 7. 01 (erweitert durch die Bek v 18. 6. 28, RGBl 191) zur Anlegg von MdlGeld für geeignet erkl worden, wenn sie entweder seitens des Gläubigers kündbar sind od einer regelmäßigen Tilgg unterliegen. Die BundesReg mit Zust des BRats ist weiterhin ermächtigt, Wertpapiere (Begriff bei Einf 1 vor § 793) jeder Art, also auch Aktien u sogar ausl Wertpapiere für geeignet zu erklären, kann diese Erkl aber auch wieder zurücknehmen. Derartige Wertpapiere sind zB InhSchuldverschreibgen der landwirtschaftl Rentenbank mit mind 5 Jahren Laufzeit, G v 15. 7. 63, BGBl 466, § 18 III iVm § 18 I 1. Daneben sind die landesgesetzl Vorschriften in Kraft geblieben, nach welchen vor Inkrafttr des BGB gewisse Wertpapiere zur Anlegg von Mündelgeld für geeignet erkl waren (Erweiterg also nicht möglich), EG 212 (vgl dazu auch VO v 11. 5. 34 Art 3 § 4, RGBl 378); *Pr* AusfG 74, VO v 12. 12. 27, GS 296; *Bay* ÜbergangsG 32; *Wü* AusfG 255 I u II, JMVfg v 2. 10. 99; *Ba* AusfG 37 IV, VO v 15. 4. 99; *Hess* AusfG 126, MinErl v 9. 11. 95 und 7. 3. 98. Pfandbriefe werden nach LandesR von den Landschaften u Stadtschaften ausgegeben. Welche Pfandbriefe mündelsicher sind, ergibt VO v 7. 5. 40, RGBl 756; dazu Weitnauer DJ **40**, 663; mündelsicher sind auch die Pfandbriefe privater Hypothekenbanken, § 1 VO, Verzeichn der Institute bei Sichtermann S 32 ff. Wegen der Mündelsicherh von Schiffspfandbriefen VO v 18. 3. 41, RGBl 156; wg mdlsichern Wertpapieren in Sammelverwahrg VO v 29. 9. 39, RGBl 1985. Anlegg auch bei der Körpersch, bei der das JA errichtet ist, JWG 12, also zB auch bei seiner Kommunalsparkasse, § 1805 Anm 1, JWG 38 V.

Zu Z 5: Es richtet sich nach LandesR, welche Sparkassen als öffentl anzusehen u welche Behörden befugt sind, sie zur mündelsicheren Anlage für geeignet zu erklären, RG **117**, 261. Änderg durch NotVO v 5. 8. 31, RGBl 429, und 3. VO zur Sicherg von Wirtschaft und Finanzen v 6. 10. 31, Teil V Kap I, RGBl 537. Dazu *Pr* AusfG 75, VO v 20. 7./4. 8. 32 § 1 II, GS 241/75, *Bay* SparkassenG id Bek v 1. 10. 56, BayBS I 574, Art 2 II, *Wü* Art 254, Vfg v 15. 12. 99, *Nds* §§ 26, 27 ABGB; vgl im übrigen EG 99 Anm 2, Sichtermann S 53 ff. Die Umwandlg eines Girokontos bei einer Privatbank in ein Sparkto ebda bedarf der vormschgerichtl Genehmigg, KG FamRZ **70**, 40. Die Art der Anlegg bei der Sparkasse regelt § 1899. Wegen Anlegg auf ein Sammelkonto des JA Beitzke ZBlJugR **64**, 29. Zul die Sperrg des SparKtos (BayObLG FamRZ **77**, 144).

1808 *Hilfsweise Anlegung.* Kann die Anlegung den Umständen nach nicht in der im § 1807 bezeichneten Weise erfolgen, so ist das Geld bei der *Reichsbank*, bei der *Deutschen Zentralgenossenschaftskasse* oder bei der Deutschen Girozentrale (Deutschen Kommunalbank), bei einer Staatsbank oder bei einer anderen durch Landesgesetz dazu für geeignet erklärten inländischen Bank oder bei einer Hinterlegungsstelle anzulegen.

Vormundschaft. 1. Titel: Vormundschaft über Minderjährige §§ 1808–1810

Schrifttum: Sichtermann, Recht der Mündelsicherh, 2. Aufl 1967 (Dtsch SparkVerlag Stuttgart) S 53 ff.

1) Nur wenn eine verzinsl Anlegg nach § 1807 nicht mögl, erfolgt eine solche, die ebenf verzinsl sein muß, nach § 1808. Sie ist in eine solche nach § 1807 umzuwandeln, sobald Hindernis weggefallen. Vgl im übrigen § 1807 Anm 1. Die Bundesbank u die Landeszentralbanken sind nicht an Stelle der Reichsbank getreten (Bundesbank nimmt verzinsb Einlagen Privater nicht an, § 22 G v 26. 7. 57, BGBl 745). Anlegg aber (an Stelle der ZentrGenKasse) bei der Deutschen GenossenschKasse, s § 1082 Anm 1, od der Deutschen Girozentrale, Sitz Berlin u Frankfurt/M. Von Staatsbanken kommen die Bay Staatsbank, ferner die Landesbanken, zB Hbg Landesbank, in Betr; in der **SowjZ** durch AO der Wirtschaftskommission v 8. 12. 48, ZVOBlOst 589, die deutsche Investitionsbank. Sonst öff od Privatbanken nur (dann aber mit Wirkg für das ganze Reichsgebiet), soweit sie landesgesetzl für geeignet erkl worden waren; vgl *Pr* AusfG 76 I idF der AbänderngsVO v 31. 7. 40, GS 39, AV v 19. 12. 99, 25. 3. 18, 18. 12. 18; *Bay* Bek v 19. 1. 00 § 45, AusfG Art 167 XXII; *Wü* AusfG 255 III; *Ba* AusfG 37 III, VO über freiw Gerichtsbark v 3. 12. 26, GVBl 301 (mehrfach geändert) § 36; *Hess* AusfG 126, Bek v 17. 8. 00, 10. 1. 01, 7. 2. 03, 21. 6. 21, 14. 3. 22; *Nds* ABGB 26, 27; vgl auch Siebert-Germer Anm 1. EG 144 S 2, der gestattete, landesgesetzl die bundesstaatl Hinterleggsstellen auszuschließen, ist durch HintO 38 II aufgeh, die die Hinterlegg einheitl regelt, § 1814 Anm 3.

1809 *Versperrte Anlegung.* **Der Vormund soll Mündelgeld nach § 1807 Abs. 1 Nr. 5 oder nach § 1808 nur mit der Bestimmung anlegen, daß zur Erhebung des Geldes die Genehmigung des Gegenvormundes oder des Vormundschaftsgerichts erforderlich ist.**

1) **Allgemeines.** Um zu verhindern, daß Vormd Geld, das er angelegt hat, ohne weiteres wieder abheben kann, § 1813 I Z 3, u dadurch Schädigg des Mdl eintritt, ist er verpflichtet, dies bei der Sparkasse od den sich aus § 1809 ergebenden Banken u Hinterleggsstellen mit der Bestimmg anzulegen (weigert sie sich, so darf das Geld bei ihr nicht angelegt werden), daß zur Erhebg des Geldes die Gen des GgVormd od VormschG erforderl ist. Dadurch wird er in seiner Vfgsmacht beschränkt, § 1813 II 1; vgl auch unten Anm 2; die Aufhebg einer solchen Verpflichtg ist ihrers eine Vfg über die Fdg, die genehmiggspfl ist, § 1812. Bei ZuwiderHdlg gg die Anleggsvorschr SchadErsPfl des Vormd, § 1833; desgl haftet Vormsch-Richter für Verabsäumg der Überwachg, RG JW **10**, 288. Er kann auch u muß ggfalls Erhebg von einer Bedingg abhängig machen, zB Einwillig des mitverfügssberechtigten Ehemanns der bevormundeten Frau, RG **85**, 421. Die Gen des GgVormd zur Anlegg erfolgt formlos dem Vormd od der Stelle ggü, bei der das Geld angelegt ist, da jene nicht Teil des RGeschäfts wie bei der Erhebg ist, vgl dazu Anm 2. § 1809 gilt auch für Zinsen, die zum Kapital geschlagen sind, was bald zu geschehen hat, KG DJ **38**, 1428, vgl auch Möhring VermVerw S 74, nicht vorher, ebsowenig für die vorübergehende Anlage von Geld, das zur Bestreitg von Ausgaben bereitgehalten wird, § 1806 Anm 1. Ferner nicht bei befreiter Vormsch, § 1852, bei Amts- u VereinsVormsch, § 1857a. Nach Beendigg der Vormsch keine Gen mehr erforderl, sond nur Nachweis, daß Beendigg eingetreten ist, Colmar Recht **10**, 3356. Eine solche Bescheinigg hat Vormsch-Richter auszustellen. Ob schon zur Zeit der Anordng der Vormsch angelegte Gelder gleichfalls unter § 1809 entspr anzuwenden sein, Soergel-Germer Anm 4, Ach-Gr-Beitzke Anm 1 (von RG **154**, 113 offen gelassen). Darauf hat VormschG hinzuwirken od Hinterlegg des Depotscheins, Sparkassenbuchs gem § 1818 zu veranlassen, Staud-Engler Anm 15. Beschrkg hat nur schuldrechtl Wirkg, so daß sie Durchführg einer Zw-Vollstr durch MdlGläub nicht entggsteht, KGJ **43**, 58.

2) **Sperrvermerk.** Er ist in dem Sparkassenbuch od dem von der Bank oder Hinterleggsstelle ausgestellten Legitimationspapier zu vermerken. Auszahlg ohne Beachtg des Sperrvermerks befreit Bank nicht, RG **85**, 422; denn der Vormd ist in seiner Vertretgsmacht insofern beschränkt. Genehmigg des Gg-Vormds zum Zustandekommen des RGeschäfts erforderl; vgl § 1832 Anm 1. Bank ist verpflichtet, die Vfgsbeschrkg des Vormds sich ggü auch ohne Hinzusetzg des Vermerks gelten zu lassen, KGJ **43**, 58. Einer Vereinbg bedarf es nicht, wenn Bank, Sparkasse od Hinterleggsstelle MdlGeld nur unter den Voraussetzgen des § 1809 zurückzahlen darf; auf Hinzusetzg des Sperrvermerks kommt es auch hier nicht an, RG JW **12**, 353. Außerkurssetzg von InhPapieren ist durch das BGB abgeschafft, EG 176.

1810 *Mitwirkung von Gegenvormund oder Vormundschaftsgericht.* **Der Vormund soll die in den §§ 1806 bis 1808 vorgeschriebene Anlegung nur mit Genehmigung des Gegenvormundes bewirken; die Genehmigung des Gegenvormundes wird durch die Genehmigung des Vormundschaftsgerichts ersetzt. Ist ein Gegenvormund nicht vorhanden, so soll die Anlegung nur mit Genehmigung des Vormundschaftsgerichts erfolgen, sofern nicht die Vormundschaft von mehreren Vormündern gemeinschaftlich geführt wird.**

1) Wie bei Abhebg hat der GgVormd auch bei Anlegg von MdlGeld, gleichgültig in welcher Art diese geschieht, mitzuwirken. Ausnahmen bei befreiter Vormsch, §§ 1852 ff, Amts- u VereinsVormsch, § 1857a sowie wenn es sich um die nur vorübergehende Anlegg von Geld handelt, das zur Bestreitg laufender Bedürfnisse erforderl ist, § 1806. ZuwiderHdlg § 1807 Anm 1. Die Wirksamk der Anlegg wird **durch das Fehlen der Genehmigg nicht berührt**, §§ 1829 ff sind nicht anwendbar, da § 1810 nur Ordngs-Vorschr. Ist GgVormd nicht vorhanden (weggefallen, nicht od noch nicht bestellt) so Gen des VormschG erforderl, außer wenn Vormsch von mehreren Vormd gemschaftl geführt wird, Notwendigk der Bestellg eines GgVormd also nicht gegeben war, § 1792 II. Meingsverschiedenheiten unter ihnen entscheidet VormschG, § 1797 I 2, u zwar der Richter, RPflG 14 Z 5. Keine Ersetzg der Zust des MitVormd. Ist GgVormd

1605

vorhanden, so kann VormschG Gen erteilen, wenn er sie verweigert od sie sonst nicht zu erlangen ist. Vormd kann sich aber auch sonst unmittelbar an VormschG wenden, das dann Gen erteilen kann, ohne auf umständl Weg der Ordngsstrafe od Entlassg angewiesen zu sein. GegenVormd hat BeschwR nur, wenn er nicht gehört ist, § 1826, KG RJA **4**, 75. Genehmigg des VormschG ersetzt in jedem Falle die des GgVormd, wird aber erst mit Rechtskr des Beschlusses wirks, da es sich nicht um Ersetzg einer WillensErkl handelt, also nicht FGG 53, 60 Z 6, sond FGG 16 anwendbar, KG RJA **10**, 168. Form der Gen des Gg-Vormd § 1809 Anm 1.

1811 *Andersartige Anlegung.* **Das Vormundschaftsgericht kann dem Vormund eine andere Anlegung als die in den §§ 1807, 1808 vorgeschriebene gestatten. Die Erlaubnis soll nur verweigert werden, wenn die beabsichtigte Art der Anlegung nach Lage des Falles den Grundsätzen einer wirtschaftlichen Vermögensverwaltung zuwiderlaufen würde.**

1) Neufassg durch G über die Anlegg von MdlGeld v 23. 6. 23, kam für die Rettg der MdlVermögen jedoch im allg zu spät. Auch jetzt bildet aber Anlegg nach §§ 1807, 1808 die Regel, Münst (LG) Rpfleger **62**, 445; es kann Abweichg vom VormschG, jedoch nur von Fall zu Fall gestattet werden. **Voraussetzg** ist (RG **128**, 309):

a) Vorliegen eines besonderen Falles (Erwäggen allg Art genügen nicht), der schon bisher zur Abweich von den grdsätzl Anleggsarten ausreichte und, wie die Entstehgsgeschichte zeigt, nicht etwa nun ausgeschaltet sein sollte, also zB Darlehen an die MdlMutter, um sie vor wirtschaftl Untergang zu retten, KG J **37** A 65. Oder Notwendigk inf der allg wirtschaftl Lage (Inflation, Kaufkraftschwund);

b) wenn die beabsichtigte Art der Anlegg ggü der weiterhin regelmäßig in Betr kommenden mündelsicheren Anlage nach §§ 1807, 1808 im Einzelfalle (allg Gestattg also unzul, Göttingen (LG) BB **57**, 907) **klar erkennbare wirtschaftl Vorteile bietet**, KG NJW **68**, 55 (dagg Eberding NJW **68**, 943: zu eng, da die Stellg der Banken nicht genügd berücksichtigender Standpunkt), Dölle § 126 II 3 b ii, zB höhere Zinsen, KG JW **34**, 2343, Vermeidg der Wertminderg durch allg Kaufkraftschwund; aber auch Celle ZBlJugR **62**, 28 (Anlage im Ausland). Erst wenn das zu bejahen (zB auch weil die übl mündelsicheren Werte nicht zu erhalten sind), braucht Vormd u VormschG zu prüfen, ob Rückzahlg des Geldes nach der WirtschLage der Anlagestelle unbedingt sichergestellt ist, KG JW **29**, 2159, Bln (LG) JR **61**, 183 (VW-Aktien) hM. Mehr will auch die negative Fassg von S 2 nicht sagen, wie die Stellg der Vorschr in G zeigt. Andernfalls würde die Ausn der regelmäßige Anlage außer Kraft setzen, RG aaO. Die Gestattg setzt voraus, daß entweder die allg wirtschaftl Verhältnisse od die bes Umstände des Einzelfalles nach den Grdsätzen einer wirtschaftl VermVerw die nicht mündelsichere Anlegg angebracht erscheinen lassen, KG DFG **38**, 69; vgl auch Hamm NJW **53**, 186 (Anlegg bei einer GenossenschBank); Münchmeyer DRiZ **63**, 229 (Investmentanteile, vgl auch Bielefeld [LG] NJW **70**, 203); Göttingen (LG) NJW **60**, 1465, Hann (LG) FamRZ **65**, 163 halten die Anlegg von Sparguthaben bei Großbanken ohne weiteres für zul, da Auslegg des RG zu eng, ähnl Mannh (LG) NJW **62**, 1017, jedoch lehnt Hann (LG) NJW **66**, 661 die Anlage bei Regional- u Privatbanken ab, da die Vormsch-Richter nicht in der Lage sind, zu beurteilen, ob das einzelne Institut auf längere Sicht sicher genug ist. Lindacher BB **63**, 1242 will Versagg der andersartigen Anlage nur zulassen, wenn diese nicht gleichwertig ist (zu weitgeh). Über den Stand der Meingen Sichtermann S 62 f. §§ 1828 bis 1831 sind auf die Gestattg nicht anwendb, RG JW **38**, 3167; vgl auch Möhring S 78ff u § 1642 Anm 2.

2) Verfahren. Es entscheidet der RPfleger, RPflG 3 Z 2a.

1812 *Verfügungen über Forderungen und Wertpapiere.* **ᴵ Der Vormund kann über eine Forderung oder über ein anderes Recht, kraft dessen der Mündel eine Leistung verlangen kann, sowie über ein Wertpapier des Mündels nur mit Genehmigung des Gegenvormundes verfügen, sofern nicht nach den §§ 1819 bis 1822 die Genehmigung des Vormundschaftsgerichts erforderlich ist. Das gleiche gilt von der Eingehung der Verpflichtung zu einer solchen Verfügung.**

ᴵᴵ Die Genehmigung des Gegenvormundes wird durch die Genehmigung des Vormundschaftsgerichts ersetzt.

ᴵᴵᴵ Ist ein Gegenvormund nicht vorhanden, so tritt an die Stelle der Genehmigung des Gegenvormundes die Genehmigung des Vormundschaftsgerichts, sofern nicht die Vormundschaft von mehreren Vormündern gemeinschaftlich geführt wird.

1) Allgemeines. Entsprechd der Verpflichtg des Vormd, die Gen des GgVormd bei der Anlegg von MdlGeld einzuholen, § 1810, darf er über VermStücke des Mdl nur mit dieser Gen verfügen. Zwingendes Recht; durch Leistg ohne die erforderl Gen wird Schu nicht befreit, da die Gen Teil des RGeschäfts ist, RG **79**, 13. **Ausnahmen**, abgesehen von § 1813, **a)** wenn Gen des VormschG erforderl ist, §§ 1819–1822, **b)** bei befreiter Vormsch, §§ 1852 II, 1855, **c)** bei Amts- u VereinsVormsch, §§ 1857a, 1852 II, **d)** bei allg Ermächtigg durch das VormschG, § 1825. § 1812 unanwendbar auf RGeschäfte, die der TestVollstr od Vormd als Bevollm des Erbl aGrd von diesem erteilten Vollm über den Tod hinaus vornimmt, RG **106**, 186, auch wenn Vormd mit Zustimmg des TestVollstr über MdlVerm verfügt, das der TestVollstrg unterliegt, Celle OLGZ **67**, 483. S ferner § 1793 Anm 4, § 1821 Anm 1.

2) Genehmiggspflichtig sind ohne Rücks darauf, ob Mdl an dem Ggst allein berechtigt ist od nicht, KG OLG **5**, 411, **Vfgen über**

a) Fdgen, also schuldrechtl Anspr jeder Art, auch solche aus einem GemschVerh, so auch Verrechng des GewinnAnspr gg Erhöhg des KommAnteils, Celle NdsRpfl **68**, 12. **Nicht genehmpflichtig** dagg

Vormundschaft. 1. Titel: Vormundschaft über Minderjährige §§ 1812, 1813

Rückgewähr v verzinsl Darl an Vater, der mj Kindern zu diesem Zweck SparkontenFdg schenkt, BayObLG NJW **74**, 1142; ferner Ann v Diensten, Abtretg dingl Anspr auf bewegl Sachen, zB des HerausgAnspr, § 931, bestr.

b) andere Rechte, kraft deren Mdl eine Leistg verlangen kann, also auch das auf Rechngslegg, RG Recht **13**, 2741, Kündigg eines WohngsMietVertr, LG Bln MDR **73**, 503; nicht hierher gehören Anspr auf Übereign v Grdst u Einräumg v GrdstRechten, die zum GrdVerm rechnen u daher der Gen des VormschG unterliegen, § 1821 I, wohl aber die Vfg über die nicht zu jenen gerechneten Hyp, Grund- u Rentenschulden, sowie Reallasten, § 1821 II. Bei Hinterlegg des Briefes bedarf der Vormd jedoch statt der Gen des GgVormd der des VormschG zur Heraus des Vfg über die HypFdg, Grund- od Rentenschuld, § 1819.

c) Wertpapiere. Bei Hinterlegg wie zu b, §§ 1819 f. Die Gen zur Heraus eines Wertpapiers enthält nicht gleichzeitig die zu dem RGeschäft, für welches Vormd jenes verwenden will. Zur Vfg über andere bewegl Sachen, soweit sie nicht hinterlegt sind, §§ 1818 f, bedarf der Vormd nicht der Gen des GgVormd, wohl aber zur Einziehg des Kaufpreises, oben a;

d) die Eingehg der Verpflichtg zu einer Vfg über die zu a–c genannten Gegenstände.

3) Verfügung, dh jede rechtsgeschäftl Änderg eines Rechtes, insb also auch seine Aufhebg u Verminderg; vgl auch Übersicht 3d vor § 104. Hierher gehören Veräußerg, Erlaß, Verzicht, Abtretg, Belastg, die Annahme der geschuldeten Leistg (jedoch mit den aus § 1813 ergebenden Einschränkgn), gleichgültig, ob die Leistg eingefordert od eingeboten wird, RG SeuffA **82**, 134, ebso ob sie freiw erfolgt od durch ZwVollstr beigetrieben wird, Einwilligg zur Auszahlg an einen Dritten, Gen der SchuldÜbern, §§ 415 f, Bambg LZ **16**, 1503, Aufrechng, Stgt MDR **54**, 229, Kündigg, BayObLG **6**, 332, Ausschl der Künd, KG RJA **5**, 197, Änderg der KündBedinggen, KG OLG **14**, 262, Herabsetzg des Zinsfußes, Änderg der Zinstermine, Wandlg, Gen der unbefugten Vfg eines Dritten über MdlPapiere, RG **115**, 156; für die Quittgserteilg ist Gen erforderl, soweit sie zur Annahme der Leistg erforderl ist, KG Recht **13**, 1308, ferner soweit damit etwa die Leistg erlassen wird, für die VollmErteilg, soweit das RGeschäft genehmiggsbedürftig ist, KG OLG **5**, 410. Die Löschgsbewilligg nur zum Zwecke der GBBerichtigg keine Vfg, aber GenNachweis, GBO 29, zur Annahme der Leistg erforderl, was auch durch den Löschgsbewilligg geschehen kann; anders aber, wenn sie zugl als Vfg üb Hyp od Fdg anzusehen ist, KG OLG **26**, 171, KG OLG **44**, 81. Vgl auch § 1822 Anm 13. Genehmiggsfrei Löschg einer letztstelligen EigtümerGrdSch, KG JW **36**, 2745. **Keine Vfg** ist die Mahng sowie die ProzFührg als solche einschl der Dchführg der ZwVollstr, es sei denn, es sind damit etwa die Geltendmchg von Hdlgen verbunden, die ihrers Vfgen s, so daß bedürft sind Anerkenntn, Verzicht (BGH **LM** ZPO 306 Nr 1), Vergl (RG **56**, 333; **133**, 259), ebso die etwa in der Klage liegde Kündigg. Vgl auch § 1424 Anm 2, § 1821 Anm 2.

4) Genehmigg des GegenVormd, vgl dazu §§ 1828–1832; wg der Möglichk des Eingreifens des VormschG § 1810 Anm 1. Bei MeingsVerschiedenh entsch der Richter, RPflG 14 Z 5.

1813 *Genehmigungsfreie Geschäfte.* ^I Der Vormund bedarf nicht der Genehmigung des Gegenvormundes zur Annahme einer geschuldeten Leistung:

1. wenn der Gegenstand der Leistung nicht in Geld oder Wertpapieren besteht;
2. wenn der Anspruch nicht mehr als dreihundert Deutsche Mark beträgt;
3. wenn Geld zurückgezahlt wird, das der Vormund angelegt hat;
4. wenn der Anspruch zu den Nutzungen des Mündelvermögens gehört;
5. wenn der Anspruch auf Erstattung von Kosten der Kündigung oder der Rechtsverfolgung oder auf sonstige Nebenleistungen gerichtet ist.

^{II} Die Befreiung nach Absatz 1 Nr. 2, 3 erstreckt sich nicht auf die Erhebung von Geld, bei dessen Anlegung ein anderes bestimmt worden ist. Die Befreiung nach Absatz 1 Nr. 3 gilt auch nicht für die Erhebung von Geld, das nach § 1807 Abs. 1 Nr. 1 bis 4 angelegt ist.

1) Allgemeines. Die Annahme der geschuldeten Leistg bedarf als Vfg nach § 1812 der Gen des GgVormd bzw des VormschG (bei MeingsVerschiedenh dann Entsch dch Richter, RPflG 14 Z 5). Insbesondere für die unbedeutenderen u wiederkehrenden Leistgn, die zum Unterh des Mdl dienen, bringt § 1813 Ausnahmen.

2) Die einzelnen Fälle, I, II. Zu Z 1: ZB Lieferg der gekauften Sache, nicht aber der SchadErs in Geld; denn es kommt nicht darauf an, was zu leisten war, sond was geleistet wird. Der Ggst der Leistg besteht auch bei der Ausfolgg von Wertpapieren, die bei der Bank hinterlegt sind, in Wertpapieren.

Zu Z 2: Es kommt auf die Höhe des GesAnspr zZ der Annahme an; ist dieser höher als 300 DM, so Annahme genehmiggspfl. Aber keine ZusRechng bei gleichzeitiger Leistg für mehrere Mdl, die EinzelGläub sind, KG Recht **13**, 1309. Bei GesHandAnspr nur der auf den Mdl entfallende Anteil maßg, KG JFG **6**, 267. Ausn, wenn bei der Anlegg etwas anderes bestimmt ist, II 1, insb es sich also um Gelder handelt, die auf der Sparkasse od Bank angelegt sind, §§ 1807 I Z 5, 1808.

Zu Z 3: Gilt nicht, wenn das Geld bei Sparkasse od Bank mit anderer Bestimmg angelegt ist, **II 1**, vgl zu Z 2; ferner nicht bei Anlegg nach § 1807 I Z 1–4 (**II 2**). Im wesentl kommen hier also nur Gelder in Betr, die der Vormd vorübergehd angelegt hat, weil sie zur Bestreitg von Auslagen bereitgestellt sind, § 1806 Anm 1.

Zu Z 4: Nutzgen, § 100, auch wenn sie 300 DM übersteigen; also HypZinsen, KG OLG **14**, 262, die aGrd einer Reallast gezahlten einzelnen Renten, Erntevorräte, aber nicht der Erlös für diese, Staud Anm 1 d,

§§ 1813, 1814　　　　　　　　　　　　　　4. Buch. 3. Abschnitt. *Diederichsen*

auch nicht nichtabgehobene Zinsen, die dem Kapital zugeschrieben sind, Naumbg AkZ **38**, 243, KG DJ **38**, 1428.

Zu Z 5: ZB Kosten, Verzugszinsen, SchadErs, der neben (vgl zu Z 1) dem Kapital geleistet wird, VertrStrafen; vgl auch §§ 224, 1115. Wegen der Künd selbst § 1812 Anm 3.

1814 *Hinterlegung von Inhaberpapieren.* Der Vormund hat die zu dem Vermögen des Mündels gehörenden Inhaberpapiere nebst den Erneuerungsscheinen bei einer Hinterlegungsstelle oder bei der *Reichsbank*, bei der *Deutschen Zentralgenossenschaftskasse* oder bei der Deutschen Girozentrale (Deutschen Kommunalbank) mit der Bestimmung zu hinterlegen, daß die Herausgabe der Papiere nur mit Genehmigung des Vormundschaftsgerichts verlangt werden kann. Die Hinterlegung von Inhaberpapieren, die nach § 92 zu den verbrauchbaren Sachen gehören, sowie von Zins-, Renten- oder Gewinnanteilscheinen ist nicht erforderlich. Den Inhaberpapieren stehen Orderpapiere gleich, die mit Blankoindossament versehen sind.

1) Allgemeines. §§ 1814ff behandeln die Pfl des Vormd, die dem Mdl gehörigen InhPapiere zu hinterlegen. Ähnlich wie in § 1809 die Abhebg des angelegten Geldes, ist hier die Herausg der Papiere bei der Hinterlegg an die Gen des VormschG zu binden. Zwingende Vorschr. VormschG hat Vormd unverzügl zur Hinterlegg anzuhalten, RG **80**, 256. Zwangsmittel: Ordngsstrafe, Entlassg. Vormd haftet gem § 1833, VormschRichter nach § 1848. Auch wenn § 1814 nicht eingreift, bleibt aber Vfgsbeschränkg gem § 1812 unberührt. Ausnahmen: Befreite Vormsch, §§ 1852, 1855, Amts- u VereinsVormsch, § 1857a, Entbindg von der HinterleggsPfl durch VormschG, § 1817, durch Anordng eines Dritten, § 1803, wenn bei Bevormundeten Dritter zum Besitz berechtigt ist. Vormd kann die Umschreibg nach § 1815 statt der Hinterlegg wählen. Stehen die hinterleggspflichtigen Papiere nur im MitEigt des Mdls, so § 1814 unanwendbar, § 744 I; ebso bei GesHandEigt, bei Nießbrauch, § 1082; desgl, wenn anderweit hinterlegte Wertpapiere übernommen werden, Hbg (LG) MDR **57**, 420. Kosten der Hinterlegg trägt Mdl.

2) Hinterleggspflichtig sind die zum Verm des Mdl gehörigen **a)** Inhaberpapiere (vgl § 793), desgl InhAktien, AktG 10, 24, auf den Inh ausgestellte Grd- u Rentenschuldbriefe. Findet der Vormd bei Übern der Vormsch InhPapiere, die auf Stückkonto geschrieben sind, vor, so braucht er sie, wenn nicht Anlaß zu Zweifeln über die Zuverlässigk der Bank besteht, nicht der Hinterlegg zuzuführen, RG **137**, 322. Findet Vormd bei Übern seines Amtes auf Stückekonto geschriebene od im Sammeldepot liegende InhAktien vor, so bedarf es keines Antrags ans VormschG, sie dort zu belassen, da § 1814 nur verhindern will, daß er selbst die Stücke verwahrt, nicht aber eine allg Veränderg der Verwahrgsarten fordert, Hbg (LG) MDR **57**, 420, Graßhof JW **33**, 159, aM Soergel-Germer Anm 1, vgl auch oben § 1807 Anm 1. Eine solche kann aber seine SorgfPflicht, §§ 1793, 1833, fordern, wenn die Bank nicht sicher genug ist. Zu den InhPapieren gehören nicht die sog hinkenden InhPapiere, § 808, also vor allem die SparkBücher. Ferner nicht die InhPapiere, die nach § 92 zu den verbrauchbaren Sachen gehören, also zB Banknoten, zu den Betriebsmitteln eines Erwerbsgeschäfts gehörige Papiere, wie zum Umsatze bestimmte, in blanko indossierte Wechsel, regelm auch die Verpflichtungszeichen, § 807;

b) die zugehörigen Erneuergsscheine, nicht aber die Zins-, Renten- u Gewinnanteilscheine;

c) die mit Blankoindossament versehenen Orderpapiere, HGB 363ff, WG 13, 14, 16, 77, ScheckG 15, 16, 17, 19. Die Zahl der hinterleggspflichtigen Papiere kann durch Anordng des VormschG erweitert werden, wenn ein bes Grd vorliegt; die Hinterlegg von Zins-, Renten- u Gewinnanteilscheinen kann auf Antr des Vormd u auch ohne einen solchen angeordnet werden, § 1818. Eine solche Anordng zu treffen sind die VormschRichter zT landesgesetzl verpflichtet, zB Bay VormschO v 19. 1. 00 § 18 I. Vormd kann aber auch freiw nicht hinterleggspflichtige Ggstände hinterlegen; dann findet § 1819, wohl aber §§ 1812, 1813 anwendbar.

3) Hinterleggsstellen: a) Amtsgerichte, wie bundesgesetzl durch HintO v 10. 3. 37, RGBl 285 bestimmt ist. Für eine Hinterlegg gem §§ 1814, 1818, 1915 sind Hinterleggsstellen aber auch die Staatsbanken, ferner die Kreditinstitute, die das RMJ als Hinterleggsstellen bestimmt hatte, HintO 27. Die Amtsgerichte kommen für Pfleger bei Aufgabe der Pflegsch allein in Betr, da die zu c genannten Stellen das Vorhandensein eines Depotinhabers erfordern, Ffm Rpfleger **61**, 356. **b)** Zu dem GeschKreis der Landeszentralbanken gehört die Annahme von derartigen Hinterleggen nicht. Dort also keine Hinterlegg. **c)** Deutsche Genossenschaftskasse u Deutsche Girozentrale (Deutsche Kommunalbank) s § 1808 Anm 1.

4) Art der Hinterlegg, Hinterleggswirkg. Hinterlegg hat mit der Bestimmg zu erfolgen, daß die Herausgabe nur mit Genehmigg des VormsG (die GgVormd genügt nicht) verlangt w kann, vgl auch § 1809. Bestimmung kann auch noch nachgeholt werden. Gemäß VO v 29. 9. 39, RGBl 1985, kann Vormd, ohne daß er dazu der Gen des VormschG bedürfte, die Stelle, bei der er hinterlegt, ermächtigen, die Wertpapiere einer Wertpapiersammelbank zur Sammelverwahrg zu übergeben. – Wirkg: Entsprechende VfgsBeschrkg hins der Herausg der hinterlegten Sachen, vgl im übrigen auch § 1809 Anm 1 u 2; ferner VfgBeschrkg nach § 1819. Sperrvermerk auf dem Papier nicht erforderl. Sperrvermerk auf Hinterleggschein erfolgt nur zum Zweck der Kenntlichmachg, RG **79**, 16, auch ohne diese ist Erfordernis der Gen VertrInhalt, so daß Hinterleggsstelle u Bank trotz § 793 I 2 Mdl bei ungenehmigter Herausg haften, RG **79**, 9. Bank wird auch nicht durch Bestimmg ihrer Satzg befreit, daß zur Gültigk der Vfgsbeschränkg Sperrvermerk auf Hinterleggsschein erforderl, RG **79**, 9.

Vormundschaft. 1. Titel: Vormundschaft über Minderjährige §§ 1815-1818

1815 *Umschreibung von Inhaberpapieren.* I Der Vormund kann die Inhaberpapiere, statt sie nach § 1814 zu hinterlegen, auf den Namen des Mündels mit der Bestimmung umschreiben lassen, daß er über sie nur mit Genehmigung des Vormundschaftsgerichts verfügen kann. Sind die Papiere von dem *Reiche* oder einem *Bundesstaat* ausgestellt, so kann er sie mit der gleichen Bestimmung in Buchforderungen gegen das *Reich* oder den *Bundesstaat* umwandeln lassen.

II Sind Inhaberpapiere zu hinterlegen, die in Buchforderungen gegen das *Reich* oder einen *Bundesstaat* umgewandelt werden können, so kann das Vormundschaftsgericht anordnen, daß sie nach Absatz 1 in Buchforderungen umgewandelt werden.

1) Statt der **Hinterlegg** kann Vormd mit der Bestimmg, daß er über die Papiere nur mit Gen des VormschG verfügen kann (I), **a)** Inhaberpapiere auf den Namen des Mdls umschreiben lassen, wozu der Aussteller aber nicht verpflichtet ist, § 806 S 2. Eine solche Verpflichtg kann aber landesgesetzl bestehen, EG Art 101 Anm 1. Die früher übliche Außerkurssetzg ist aufgeh, EG 176.

b) Von einem Lande ausgestellte InhPapiere in Buchforderngen gegen das Land **umwandeln lassen.** Die Umwandlg kann das VormschG auch gg den Willen des Vormd anordnen (II) u erforderlichenf Zwangsmittel, §§ 1837, 1886, anwenden. Die Vorschr des ReichsschuldbuchG idF der Bek v 31. 5. 10, RGBl 840, u VO v 17. 11. 39, RGBl 2298, sowie der ReichsschuldenO v 13. 2. 24, RGBl 95, idF des G v 5. 7. 34, RGBl 574, u der VO v 29. 12. 36, RGBl 1156, sind im G über die Errichtg einer SchuldenVerw des VerWiGeb v 13. 7. 48, WiGBl 73 (78), für entspr anwendbar erkl; sie gelten im ganzen Bundesgebiet, BundesVO v 13.12.49, BGBl **50**, 1 (Bezeichng: BundesschuldenVerw); gem Bek v 8.7.63, BGBl 462, können verzinsl Schatzanweisgen der BRep, der Dtsch Bundesbahn u der Dtsch Bundespost ins Schuldbuch eingetragen werden. Umwandlg wg Billigk, Vereinfach der Zinserhebg ist in allg der Hinterlegg vorzuziehen. Wegen der Staatsschuldbücher EG 97: *Pr* StaatsschuldbuchG v 27. 5. 10, StaatsschuldenO v 12. 3. 24, *PrGS* 132, G v 24. 10. 33, 17. 3. 34, Allg JMVfg v 28. 10. 10; vgl im übrigen EG 97 Anm 2. Ist Umschreibg u Umwandlg mit der Bestimmg erfolgt, daß über die Papiere nur mit Gen des VormschG verfügt w kann, so Vfgsbeschränk über die sich aus den Namenspapieren u den BuchFdgen ergebenden Anspr; Schuldenverwaltg haftet bei Nichtberücksichtig des Vermerks. Auch Rückumwandlg des Namens- in ein InhPapier ist Vfg; Beschrkg außerdem gem § 1820 I. Vgl im übrigen § 1809 Anm 1 und 2. Kosten hat MdlVermögen zu tragen.

1816 *Sperrung von Buchforderungen.* Gehören Buchforderungen gegen das *Reich* oder gegen einen *Bundesstaat* bei der Anordnung der Vormundschaft zu dem Vermögen des Mündels oder erwirbt der Mündel später solche Forderungen, so hat der Vormund in das Schuldbuch den Vermerk eintragen zu lassen, daß er über die Forderungen nur mit Genehmigung des Vormundschaftsgerichts verfügen kann.

1) Ebenso wie bei Umwandlg sind auch im Falle des Erwerbs von SchuldbuchFdgen od, wenn Vormd solche bei Anordng der Vormsch vorfindet, diese mit dem Beschrkgsvermerk zu versehen. Hat Vormd unverzügl zu veranlassen. Wirkg: Vfgsbeschränk hins der StammFdgen selbst u im weitergehenden Rahmen des § 1820 II. Vgl im übrigen §§ 1815 Anm 1 und 1809 Anm 1 und 2. Befreiungen gemäß §§ 1853, 1855 bei befreiter Vormsch, bei Amts- u VereinsVormsch, § 1857a, Anordng des Dritten, § 1803, Entbindg durch das VormschG, § 1817, RPfleger RPflG 3 Z 2a. Auf Stiftgsvermögen § 1816 selbst dann unanwendbar, wenn es satzgsgemäß mündelsicher anzulegen ist, Rostock OLG **26**, 115.

1817 *Befreiung.* Das Vormundschaftsgericht kann aus besonderen Gründen den Vormund von den ihm nach den §§ 1814, 1816 obliegenden Verpflichtungen entbinden.

1) Maßgebd ist das MdlInteresse, zu dessen Schutz die Vorschr der §§ 1814, 1816 gegeben sind. Erst wenn dieses gewahrt ist, also Gefahr des Verlustes bei der Aufbewahrg u eine Veruntreuung ausgeschl erscheinen, kann VormschG dann bei Hervortreten von besonderen, KG FamRZ **70**, 104, Gründen, die Abweichg in dem Einzelfall zu rechtfertigen vermögen, KG JW **35**, 1881, Befreiung von der HinterleggsPfl, § 1814, damit auch von der sich daraus uU ergebenden Umschreibgs- und UmwandlgsPfl, § 1815, ferner der EintraggsPfl, § 1816, bewilligen. Besondere Gründe können Vertrauenswürdigk u bekannt gute u geordnete VermVerhältnisse sein; nicht ausreich „allg bekannt u geachtet" u dgl, so daß Verweigerg der Befreiung Makel u damit Hinterlegg u Vermerk im Schuldbuch zur Ausn würde, RG **80**, 257, KGJ **20** A 225. Es entsch der RPfleger, RPflG 3 Z 2a. VormschRichter haftet nach § 1848. Durch die Befreiung entfällt aber natürl nicht die GenPfl zu Vfgen. § 1812.

1818 *Anordnung der Hinterlegung.* Das Vormundschaftsgericht kann aus besonderen Gründen anordnen, daß der Vormund auch solche zu dem Vermögen des Mündels gehörende Wertpapiere, zu deren Hinterlegung er nach § 1814 nicht verpflichtet ist, sowie Kostbarkeiten des Mündels in der im § 1814 bezeichneten Weise zu hinterlegen hat; auf Antrag des Vormundes kann die Hinterlegung von Zins-, Renten- und Gewinnanteilscheinen angeordnet werden, auch wenn ein besonderer Grund nicht vorliegt.

1) Allgemeines. Ebenso wie aus bes Gründen von der Hinterlegg ganz abgesehen w kann, § 1817, kann die Verpflichtg hierzu bei Vorliegen solcher Gründe auch erweitert werden, also insb wenn die Aufbewahrg bei dem Vormd vor Verlust nicht genügd sichert, währd bei Unzuverlässigk des Vormd regelm § 1886 vorliegen wird. Sind dies Umstände gegeben, so ist VormschRichter zum Eingreifen nach § 1818 verpflichtet, vgl auch § 1837, andernf § 1848. Kein bes Grd braucht vorzuliegen bei der auf Antr des Vormd erfolgenden Anordg der Hinterlegg von Zins-, Renten- u Gewinnanteilscheinen. Gemäß *Bay*VormschO v 19. 1. 00 § 18 I hat auf deren Hinterlegg der VormschRichter hinzuwirken. BeschwR des Vormd bei Ablehng des Antrags, ferner bei Anordg nach Halbs 1. Hinterlegg erfolgt nach § 1814 mit dort Anm 4 genannten Wirkgen; Ausdehng der GenPfl § 1819. Ausnahmen bei AmtsVormsch, JWG 38 I 2, bei Vereins-Vormsch JWG 53 Anm 3.

2) Die Anordng kann erfolgen a) bei Wertpapieren, die nicht unter § 1814 fallen, vgl dort Anm 2, zB Sparbücher, Hyp-, Grd- und Rentenschuldbrief, § 1819, aber nicht bei sonstigen Urk;

b) bei Kostbark. Ob eine solche vorliegt, richtet sich nach der allg Verkehrsanschauung, RG **105**, 202, also auch Kunstggstände, seltene Bücher und dgl; auch wertvolle Filme, RG **94**, 119. Kostbark sind bei den ordentl Hinterleggsstellen, vgl § 1814 Anm 3 und HintO 5, zu hinterlegen.

c) bei Zins-, Renten- und Gewinnanteilscheinen.

1819 *Genehmigung zur Verfügung bei Hinterlegung.* Solange die nach § 1814 oder nach § 1818 hinterlegten Wertpapiere oder Kostbarkeiten nicht zurückgenommen sind, bedarf der Vormund zu einer Verfügung über sie und, wenn Hypotheken-, Grundschuld- oder Rentenschuldbriefe hinterlegt sind, zu einer Verfügung über die Hypothekenforderung, die Grundschuld oder die Rentenschuld der Genehmigung des Vormundschaftsgerichts. Das gleiche gilt von der Eingehung der Verpflichtung zu einer solchen Verfügung.

1) Die Zurücknahme der gem §§ 1814, 1818 hinterlegten Wertpapiere od Kostbarkeiten bedarf bereits nach diesen Bestimmgen der Gen des VormschG. Diese (die Gen des GgVormd reicht nicht aus) ist nach § 1819 aber **auch notwendig a)** bei einer Vfg (wg des Begriffs vgl § 1812 Anm 3) über die hinterlegten Wertpapiere u Kostbark, – **b)** falls Hyp-, Grd- od Rentenschuldbriefe hinterlegt sind, auch zur Vfg über die in den Urk verbrieften Kapitalfdgen, nicht aber über die Zinsen bzw eingetragenen Leistgen, – **c)** zur Eingehg eines schuldrechtl Vertrages, der die Verpflichtg zu einer derartigen Vfg zum Ggst hat. – Der Vormd ist also in seiner Vertretgsmacht beschränkt, so daß seine Vfg über die hinterlegten Ggstände ohne Gen des VormschG mit Wirkg gegen den Dritten unwirks ist. Sind die Wertpapiere od Kostbarkeiten mit od ohne Gen herausgegeben od überh nicht hinterlegt, so fällt diese Vfgsbeschränk selbst dem bösgl Dritten ggü fort, hM; es bleibt aber die Gen des GgVormd bzw VormschG nach §§ 1812f erforderlich. Nur diese ferner bei freiwilliger Hinterlegg durch den Vormd, also ohne daß hierzu eine Verpflichtg bestand, ferner wenn der Vermögenszuwender Hinterlegg über das gesetzl Maß anordnet, § 1803 Anm 1; § 1819 ist dann unanwendb.

1820 *Genehmigung nach Umschreibung und Umwandlung.* ¹ Sind Inhaberpapiere nach § 1815 auf den Namen des Mündels umgeschrieben oder in Buchforderungen umgewandelt, so bedarf der Vormund auch zur Eingehung der Verpflichtung zu einer Verfügung über die sich aus der Umschreibung oder der Umwandlung ergebenden Stammforderungen der Genehmigung des Vormundschaftsgerichts.

II Das gleiche gilt, wenn bei einer Buchforderung des Mündels der im § 1816 bezeichnete Vermerk eingetragen ist.

1) Zur Vfg über die gem § 1815 umgeschriebenen InhPapiere u die gem §§ 1815f umgewandelten bzw mit einem Vermerk versehenen BuchFdgen bedarf der Vormd der Gen des VormschG schon wg der nach diesen Vorschr getroffenen Bestimmg u des genannten Vermerks. Als Vfg anzusehen u demgemäß genmiggspflichtig ist auch Rückverwandlg der Namens- in InhPapiere, Beseitigg des Vermerks u die Erhebg der BuchFdgen. Nach § 1820 genmiggspflichtig auch der schuldrechtl Vertr, durch den sich Vormd zu einer Vfg über die sich aus der Umschreibg od Umwandlg ergebende StammFdgen od die mit Vermerk versehene BuchFdg verpflichtet. Vfgsbeschränkg, die dieselbe Wirkg wie bei § 1819 hat, wirkt wie dort nur, solange Vermerk eingetragen od Umschreibg auf den Namen nicht gelöscht ist. Vgl im übrigen, und zwar auch für die freiwillige od vom Dritten angeordnete Umschreibg und Umwandlg, § 1819 Anm 1.

1821 *Genehmigung für Grundstücksgeschäfte.* I Der Vormund bedarf der Genehmigung des Vormundschaftsgerichts:

1. zur Verfügung über ein Grundstück oder über ein Recht an einem Grundstück;

2. zur Verfügung über eine Forderung, die auf Übertragung des Eigentums an einem Grundstück oder auf Begründung oder Übertragung eines Rechts an einem Grundstück oder auf Befreiung eines Grundstücks von einem solchen Recht gerichtet ist;

3. zur Verfügung über ein eingetragenes Schiff oder Schiffsbauwerk oder über eine Forderung, die auf Übertragung des Eigentums an einem eingetragenen Schiff oder Schiffsbauwerk gerichtet ist;

Vormundschaft. 1. Titel: Vormundschaft über Minderjährige § 1821 1, 2

4. zur Eingehung einer Verpflichtung zu einer der in den Nummern 1 bis 3 bezeichneten Verfügungen;

5. zu einem Vertrage, der auf den entgeltlichen Erwerb eines Grundstücks, eines eingetragenen Schiffs oder Schiffsbauwerks oder eines Rechts an einem Grundstück gerichtet ist.

II Zu den Rechten an einem Grundstück im Sinne dieser Vorschriften gehören nicht Hypotheken, Grundschulden und Rentenschulden.

1) Vorbem vor §§ 1821, 1822.

a) Um zu gewährleisten, daß das MdlInteresse gewahrt wird, bedürfen sowohl auf dem Gebiet der PersSorge wie der Verw des MdlVermögens besonders wichtige RHdlgen u RGeschäfte des Vormd der Gen des VormschG selbst. Die des GgVormd ist also nicht ausreichd. **Die Aufzählg** der Fälle in §§ 1821, 1822 **ist keineswegs vollständig.** So ist in **persönl Angelegenheiten** zB die Gen des VormschG ferner erforderl: Falls der Mdl geschäftsunfähig ist, zur Erhebg der Aufhebgs- u Scheidgsklage, ZPO 612 II 2, vgl auch Einf 3 vor EheG 28; zur Anfechtg der Ehelichk od Anfechtg der Vatersch, ZPO 640b, 641; zum Antr des Vaters auf EhelErkl seines nehel Kindes, §§ 1723, 1728 II; zum Abschluß u Aufhebg eines KindesAnnVertrages, zur Anfechtg u Bestätigg dieser Erklärgen, §§ 1751, 1755, 1770; zur Bestimmg über die rel Erziehg des Mdl, RKEG 3 II; zur Unterbringg, die mit FreihEntziehg verbunden ist, § 1800 II; zum Antr, das AufgebotsVerf zum Zwecke der TodesErkl einzuleiten, VerschG 16 III; zum Antr auf Entlassg des Mdl aus der Staatszugehörigk, RuStAG 19 I; zur Auswanderg von Mädchen unter 18 Jahren, § 9 VO gg Mißbräuche im Auswandergswesen v 14. 2. 24, RGBl 108; ferner der Antr auf Anordng der ZwVerst zum Zwecke der Aufhebg einer Gemsch, ZVG 181 II. Weitere Fälle der Notwendigk der Gen des VormschG **in vermögensrechtl Angelegenh** bei § 1822 Anm zu Z 1–3, ferner zB §§ 1812 II, III, 1819, 1820.

b) Gleichgültig ist, ob eine Verpflichtg zur Vornahme des RGeschäfts besteht, KG OLG 33, 363. Regelmäßig steht der Vfg die Eingehg der Verpflichtg zur Vfg gleich, um die sonst mögliche Durchsetzg der Vornahme der Vfg im Prozeßwege zu verhindern. Genehmigg auch erforderl, wenn der Mdl nur mitberechtigt ist, also auch bei Beteiligg an einer Gemsch zur gesamten Hand, BayObLG JW 21, 581, und demgemäß zur AuseinandS bei derartigen Mitberechtiggen, auch dann, wenn TestVollstr u mj Erben gemeins auseinandersetzen, BGH 56, 284, hingg **nicht erforderl** bei Beteiligg des Mdl an einer jur Pers od wenn das MdlVerm sich nicht in der Verw des Vormd, sond eines TestVollstr befindet, RG JW 13, 1000, auch wenn dieser dem Vormd Mittel zum GrdstKauf aushändigt, sofern das Grdst nicht für das vom Vormd verwaltete Verm, sond für die NachlMasse gekauft worden ist, RG 91, 69, was auch dann der Fall ist, wenn TestVollstr die zunächst auftraglose GeschFührg des Vormd genehmigt, RGRK Anm 2. Wird der OHG, an der der Mdl beteiligt ist, durch die Liquidatoren verkauft, so ist eine Gen durch das VormschG begriffl ausgeschl, KG DR 42, 276. Ob §§ 1821, 1822 zutreffen, ist die GenBedürftigk des in Frage kommden Gesch um der Rechtssicherh willen nicht nach den jeweil Umst des Einzelfalles, also nicht nach dem Zweck, sond nach dem Inhalt zu beurteilen, BGH 38, 28, 52, 319. Wegen Abschlusses eines Geschäftes aGrd einer Vollm des Erbl vgl RG 88, 345 und § 1812 Anm 1 aE. Keine Gen zur ProzFührg als solcher u dem Betreiben der ZwVollstr, § 1812 Anm 3 und unten Anm 2: ebsowenig zur Bewirkg der Leistg od Abgabe der WillErkl, wenn dazu rechtskr verurteilt worden ist, KGJ 45, 264, BayObLG MDR 53, 561; aM StJSchP ZPO § 894 Anm II.

c) Die Genehmigg ist wesentl Bestandteil des vom Vormd vorzunehmenden RGeschäftes. Also **Beschränkg der Vertretgsmacht.** Im übrigen vgl §§ 1828–1831. Sie ist notw für das RGesch als solches, gleichgültig, ob es Vormd od der Mdl mit seiner Zust vornimmt. Auch insow Mdl unbeschränkt geschäftsfähig ist, bleiben RGeschäfte, zu denen der Vormd der Gen des VormschG bedarf, genehmiggspfl, §§ 112 I, 113 I. Keine Befreiung möglich, Vorschr gelten auch bei Amts- u VereinsVormd. Vor Entscheidg des VormschG od dem Wirksamw des 18jährigen Mdl tunlichst nicht erteilen, § 1827 II. Ob Gen erteilt wird, ist Ermessenssache, KG DFG 40, 26. Es entsch der RPfleger, RPflG 3 Z 2a. Über Umfang der Gen § 1828 Anm 3.

2) Die einzelnen Fälle. Zu Z 1, 3, 4: Z 3 eingefügt durch VO v 21. 12. 40, RGBl 1609, Art 2. Genehmiggsbedürftig sind **a)** Vfgen über ein Grdst, eingetragenes Schiff, Schiffsbauwerk, SchiffsrechteG v 15. 11. 40, RGBl 1499, DVO v 21. 12. 40, RGBl 1609, u ÄndG v 8. 5. 63, BGBl 293, ferner die einem Grdst bundes- u landesrechtl gleichgeachteten Rechte wie WohngsEigt, ErbbauR, ErbRVO 11, ErbpachtR, BergwerksEigt u dgl, Art 63, 67, 68, 74 EG. Gemäß dem Anm 1 b Gesagten gilt das auch für Grdst-Anteil, auch wenn er GesHandsanteil ist, insb also bei AuseinandS der ErbenGemsch, zu der der Mdl gehört, KGJ 38 A 219, vgl auch § 1629 Anm 4 (nicht aber der unentgeltl Erwerb eines NachlGrdst zu AlleinEigt, BayObLG NJW 68, 941) und der Teilg von MitEigt an einem Grdst, BayObLG 1, 420, nicht aber bei Vfgen über Grdst einer OHG, an der Mdl beteiligt ist, RG 54, 278, od bei Veräußerg von GmbH-Anteilen, deren Verm aus einem Grdst besteht, RG 133, 7. **Vfgen** (vgl § 1812 Anm 3) **sind vor allem** Veräußerg, Auflassg, auch Rückauflassg aGrd vorbehaltenen Rücktr (BayObLG FamRZ 77, 141), Belastg, die Zust zur Vfg eines NichtBerecht, BayObLG 13, 287, Zust zur Veräußerg, falls Mdl nur Nacherbe, Karlsr RJA 17, 22, Belastg eines Grdst mit EigtümerGrdschulden, KG JW 32, 1388, Ausschl des KündR des HypSchu, KG OLG 14, 262, str, od Änderg der Fälligk der GrdpfandR, BGH BB 51, 404 (nicht aber eine Künd seitens des GrdstEigtümers, BGH ebda), Bewilligg einer GBBerichtig, KG OLG 25, 390, einer Vormerkg wg dadch beeinträcht Veräußerbark des Grdst (aA Stade MDR 75, 933), mRücks auf die Änderg der Belastgsverhältnisse des Grdst die Erhöhg des HypZinses, Verlängerg der KündFrist, KGJ 29 A 20, Zust des Eigtümers zur Umwandlg einer Hyp in eine GrdSch umgekehrt, vgl BayObLG 62, 799, einer Sicherungs- in eine VerkehrsHyp, da andere Belastg, RGRK Anm 1, Soergel-Germer 3 aM Staud/Engler 2 a, Gernhuber § 52 V 4. Keine Vfg über ein Grdst ist der Antr auf ZwVerst eines im MitEigt stehenden Grdst zum Zwecke der Aufhebg der Gemsch, RG 136, 358. Er ist aber wg ZVG 181 II 2 genehmiggspfl. **Nicht genehmiggsbedürftig** ist die HypBestellg zur Deckg des Restkaufgeldes anläßl des GrdstKaufs, RG 108, 356 (Gen allerdings nach Z 5 für den Erwerb erforderl), da es sich nicht um eine Verminderg des

1611

MdlVermögens, sond um die teilweise GgLeistg für die Veräußerg des Grdst handelt; ebsowenig die beim GrdstErwerb dem Vater eingeräumte NießbrBestellg (BGH **24**, 372), es sei denn unter Vereinbg eines uneingeschränkten VerwertgsR des Schenkers (Celle OLG **74**, 164). Ebenso liegt es bei einer Hyp, die im KaufVertr seitens des Mdl für Straßenanlage- u Unterhaltskosten zG der Stadtgemeinde übernommen wird, KG HRR **32**, 1305, bei der Schenkg eines Grdst an den Mdl unter Übernahme bestehder u Begrdg neuer dingl Lasten (KG JW **35**, 55). Genfrei die gem ErbbRVO 5 II erforderl Zust für eine Belastg des ErbbauR, LG Ffm Rpfleger **74**, 109; ferner Vfgen ü GrdstBesitz, da Besitz kein R am Grdst, RG **106**, 112; ebsowenig ist zustbedürft Abtretg des HerausgAnspr, die Zust zum RangRücktr od zur Löschg einer Hyp, vgl KGJ **22** A 140, str, Unterwerfg unter die sof ZwVollstr, KG RJA **7**, 224, str, sa Knopp MDR **60**, 464. Auch keine Gen bei Verurt zur Erkl der Auflassg, selbst nicht bei VersäumnUrt, BayObLG MDR **53**, 561. Die Gen der Auflassg enthält regelm die des obligator Geschäfts, RG **130**, 148, u umgek, KG HRR **37**, 92.

b) Vfgen über ein Recht am Grdst. Hierin gehören jedoch nicht Hyp-, Grd- u Rentenschulden, II, für die außer bei angeordneter Hinterlegg, § 1819, die Gen des GgVormd genügt, § 1812 Anm 2b, so daß nur bleiben Nießbrauch, Dienstbarkeiten, Reallasten u VorkaufsR. Vgl dazu aber §§ 1059, 1092, 1098 I, 1105, 514. Die einzelnen Leistgen aGrd einer Reallast stehen den HypZinsen gleich, § 1107, gehören also ebenf nicht hierher. Für Vfgen über Rechte an einem Recht am Grdst ist keine Gen erforderl, KGJ **40**, 163, ebsowenig für die Überlassg od Ausübg eines GrdstRechts, da über dieses dadurch nicht verfügt wird; aber Gen nach § 1812 erforderl.

c) Die Eingeh der Verpflichtg zu einer der unter a und b genannten Vfgen.

Zu Z 2, 3, 4: Z 2 trifft Anspr, die wirtschaftl Z 1 gleichzusetzen sind. Hierher gehört zB der Anspr auf Auflassg, hingg nicht die EnttggNahme, RG **108**, 356, da darin zwar eine Vfg über den Anspr auf Eigt-Übertr, nicht aber der von Z 2 zu verhindernde RVerlust liegt. Genehmiggsbedürftig auch der Anspr aus dem Meistgebot, ZVG 81 II, die Wiederaufhebg von GrdstKauf, od -schenkg, Karlsr FamRZ **73**, 378, die Vfg über eine Vormkg zur Sicherg des Anspr auf EigtÜbertr, KG Recht **29**, 2371; nicht hierunter (sond unter § 1812) fallen aber Vfgen über Rechte an Hyp-, Grd- u Rentenschulden, II, zB Löschgbewilligg für den Hyp-Nießbr, KGJ **40** A 163. Entspr gilt für Z 3, durch VO v 21. 12. 40, RGBl 1609, eingefügt, vgl auch oben Anm 2a.

Zu Z 5: Genehmigg erforderl für jeden entgeltl Erwerb eines Grdst, eingetragenen Schiffs od Schiffbauwerks, vgl oben Anm 2a, deshalb auch für Tausch. Entgeltlichkeit liegt auch vor, wenn das Kaufgeld durch HypBestellg gedeckt wird, BayObLG JFG **5**, 305, wenn bei der Schenkg, auch wenn Nießbrauch od sonstige Lasten vorbehalten sind, BayObLG **67**, 245, od jene unter Auflage erfolgt ist, außer wenn die Erfüll der Auflage die GgLeistg ist. Gleichgült ist, wie der Erwerb erfolgt; genehmiggsbedürftig also auch Ausübg des MiterbenvorkaufsR, wenn zum Nachl ein Grdst gehört, SchlHOLG SchlHA **56**, 262. Ein nicht genehmigtes Gebot, das bei der ZwVerst für den Mdl abgegeben wird, ist demgemäß zurückzuweisen. Der entgeltl Erwerb von Hyp-, Grd- und Rentenschulden bedarf auch hier nicht der Gen des VormschG, II; vgl dazu §§ 1807 I Z 1, 1810.

1822 *Genehmigung für sonstige Geschäfte.* Der Vormund bedarf der Genehmigung des Vormundschaftsgerichts:

1. **zu einem Rechtsgeschäfte, durch das der Mündel zu einer Verfügung über sein Vermögen im ganzen oder über eine ihm angefallene Erbschaft oder über seinen künftigen gesetzlichen Erbteil oder seinen künftigen Pflichtteil verpflichtet wird, sowie zu einer Verfügung über den Anteil des Mündels an einer Erbschaft;**
2. **zur Ausschlagung einer Erbschaft oder eines Vermächtnisses, zum Verzicht auf einen Pflichtteil sowie zu einem Erbteilungsvertrage;**
3. **zu einem Vertrage, der auf den entgeltlichen Erwerb oder die Veräußerung eines Erwerbsgeschäfts gerichtet ist, sowie zu einem Gesellschaftsvertrage, der zum Betrieb eines Erwerbsgeschäfts eingegangen wird;**
4. **zu einem Pachtvertrag über ein Landgut oder einen gewerblichen Betrieb;**
5. **zu einem Miet- oder Pachtvertrag oder einem anderen Vertrage, durch den der Mündel zu wiederkehrenden Leistungen verpflichtet wird, wenn das Vertragsverhältnis länger als ein Jahr nach dem Eintritt der Volljährigkeit des Mündels fortdauern soll;**
6. **zu einem Lehrvertrage, der für längere Zeit als ein Jahr geschlossen wird;**
7. **zu einem auf die Eingehung eines Dienst- oder Arbeitsverhältnisses gerichteten Vertrage, wenn der Mündel zu persönlichen Leistungen für längere Zeit als ein Jahr verpflichtet werden soll;**
8. **zur Aufnahme von Geld auf den Kredit des Mündels;**
9. **zur Ausstellung einer Schuldverschreibung auf den Inhaber oder zur Eingehung einer Verbindlichkeit aus einem Wechsel oder einem anderen Papiere, das durch Indossament übertragen werden kann;**
10. **zur Übernahme einer fremden Verbindlichkeit, insbesondere zur Eingehung einer Bürgschaft;**
11. **zur Erteilung einer Prokura;**
12. **zu einem Vergleich oder einem Schiedsvertrag, es sei denn, daß der Gegenstand des Streites oder der Ungewißheit in Geld schätzbar ist und den Wert von dreihundert Deutsche Mark nicht übersteigt;**

Vormundschaft. 1. Titel: Vormundschaft über Minderjährige   § 1822 1–4

13. zu einem Rechtsgeschäfte, durch das die für eine Forderung des Mündels bestehende Sicherheit aufgehoben oder gemindert oder die Verpflichtung dazu begründet wird.

1) Allgemeines. Vgl § 1821 Anm 1. In den Fällen Z 1–3 u 12 entscheidet der Richter, RPflG 14 Z 9, sonst der RPfleger, RPflG 3 Z 2a.

2) Zu Z 1: Verpflichtg zur Vfg über das Vermögen im ganzen, vgl § 311 u Anm: nicht genügd, wenn Verpflichtgswille auf EinzelVermStücke geht, BGH DNotZ **57**, 504, mögen diese auch tatsächl das ganze Verm ausmachen (enger § 1365 Anm 2), aM Reinicke DNotZ **57**, 506 (ebenso wie § 1444 aF = § 1423 nF). Eine Vfg über das Verm im ganzen ist im BGB lediql bei Vereinbg u Aufhebg der GütGemsch mögl, für die ebenf Gen des VormschG erforderl ist, §§ 1411 I 2, 1484 II, 1492 III. Ob die Vfg über einen Ggst aus einer VermMasse der Gen bedarf, richtet sich nach den dafür in Betr kommenden Vorschr.

3) Zu Z 1 und 2; Erbschaft: a) Verpflichtg zur Vfg über eine angefallene Erbsch, der der Erbteil gleichsteht, § 1922 II: Veräußerg der Erbsch, §§ 2371 ff, 2385, Bestellg eines Nießbrauchs an der Erbsch, § 1089; – **b)** Verpflichtg zur Vfg über den künftigen gesetzl Erb- od Pflichtteil, § 312 II; – **c)** Vfg über den Anteil an der Erbsch, § 2033, durch Veräußerg, Belastg, Verzicht zG eines anderen Erben. Entsprechd anwendbar auch bei Wahl der statutarischen Portion nach Märkischem ErbR, KGJ **49**, 48; – **d)** Ausschlagg einer Erbsch, §§ 1942 ff, nicht erforderl zur Annahme, wohl aber zu deren Anfechtg, die als Ausschlagg gilt, § 1957 I. *Länder der früh BrZ:* Genehmigg erforderl auch bei Ausschlagg eines Hofes, HöfeO 11; – **e)** Ausschlagg eines Vermächtnisses, § 2180, nicht zur Annahme u auch nicht zu deren Anfechtg; – **f)** Verzicht auf den Pflichtteil, soweit bereits angefallen, §§ 2303 ff. Auf den zukünftigen kann durch Erbverzicht verzichtet werden, der ebenf genehmiggsbedürftig ist, § 2347; – **g)** ErbteilgsVertr, gleichviel, ob gerichtl od außergerichtl, ferner ob ErbenGemsch dadurch im ganzen od nur bzgl eines NachlGgstandes aufgeh wird, KGJ **42**, 49. Auch wenn Mdl bei Teilg nicht alles erlangte, wird Vertr vom VormschRichter doch zu genehmigen sein, wenn im ganzen vorteilhaft, vgl KG JFG **8**, 55. Kein ErbteilgsVertr, wenn durch sämtl Erben Erbsch an Dritte verkauft wird; vgl dann aber § 1821 Anm 1 und 2 zu Z 1 und 3. Keine Gen zur Erhebg der Teilgsklage, § 2042. Eine im voraus erteilte vormschgerichtl Gen kann, sofern der wesentl Inh des Vertr bereits feststeht (KG MDR **66**, 238), nicht mehr nachträgl versagt w (Memmg FamRZ **77**, 662); – **h)** sonstige Fälle, in denen Gen erforderl: ErbVertr, § 2275, zu seiner Anfechtg für den geschäftsunfähigen Erbl, § 2282 II, zur Einwilligg in die Aufhebg des Erbvertrages, §§ 2290f, Verzicht des Abkömmlings auf seinen GesGutsanteil, §§ 1491 III, 1517 II. Keine Gen zur Errichtg eines Testaments. Es entsch der Richter, RPflG 14 Z 9.

4) Zu Z 3: Erwerbsgeschäft, das ist jede berufsmäßig ausgeübte, auf selbständigen Erwerb gerichtete Tätigk, gleichgültig, ob es sich um Handel, Fabrikationsbetrieb, Handwerk, Landwirtsch, wissenschaftl, künstlerische od sonstige Erwerbstätigk handelt, RG **133**, 11. Wegen Ermächtigg des Mdl zum selbständigen Betrieb eines Erwerbsgeschäfts, vgl § 112, wg des Beginns u der Auflösg eines solchen, § 1823. Wegen des Anhörg des Mdl § 1827 II. Der Gen bedarf – **a)** der entgeltl Erwerb oder die Veräußerung eines Erwerbsgeschäfts; ebso die Bestellg eines Nießbrauchs daran o die Verpfänd. Gleichgültig, ob Firma, Warn **08**, 70, sowie ob die Aktiven u Passiven übergehen, Kassel OLG **10**, 12, ob Geschäft allein od zus mit andern erworben, ob Gesch im ganzen od nur GeschAnteil veräußert wird, RG **122**, 370. Hingg ist die Auflösg eines Erwerbsgeschäfts seiner Veräußerg nicht gleichzustellen, BGH **52**, 319. Veräußerg eines Erwerbsgeschäfts ist aber Ausscheiden des Mdl zG seines bisherigen Mitgesellschafters, KG OLG **40**, 96, ferner Veräußerg von GmbH-Anteilen, falls sie nicht bl Kapitalbeteiligg (KG NJW **76**, 1946), sond wirtschaftl Veräußerg des Geschäfts gleichsteht, KG JW **26**, 600, ebso Erwerb von Anteilen in erhebl Umfange, KG JW **27**, 2578, nicht aber schon Abtretg eines einzelnen Anteils, vgl § 1822, RG **133**, 11, od Verkauf des ges Inventars eines Hofes, da auch dann der landwirtschaftl Betrieb als Einh bestehen bleibt, BGH **LM** Nr 2. Eine Arztpraxis ist zwar ein ErwerbsGesch; da es aber an die Pers des Arztes gebunden ist, ist der Verkauf nach seinem Tode, durch den es diesen Charakter verliert, nicht genehmiggspfl, RGZ **144**, 5. Keine Gen erforderl zum unentgeltl Erwerb, zur Annahme u Fortführg eines ererbten Geschäfts, und zwar auch für den Fall, daß laut GesellschaftsVertr beim Tode eines Gesellschafters sein GeschAnteils auf seinen Erben übergeht, KG HRR **33**, 815. Ist Erwerb genehmiggspfl, aber nicht genehmigt, so wird dadurch die Gültigk der späteren Einzelgeschäfte nicht berührt, Brsl OLG **26**, 270; – **b)** der **Gesellschaftsvertrag,** der zum Betriebe eines ErwerbsGesch eingegangen w, also zB Grdg einer OHG; stillen Gesellsch (Bielef NJW **69**, 753), außer bei einmaliger Kapitalbeteiligg ohne Beteiligg am Verlust (BGH JZ **57**, 382, Knopp NJW **62**, 2181, BFH Betr **74**, 365); auch Vereinbg, daß die dch Tod aufgelöste Gesellsch unter Eintr des Mdl fortgesetzt w soll (RG JW **35**, 3154) od Fortsetzg des Gesch des Mannes dch die Wwe u Kinder als OHG (RG **127**, 157). Hierher gehört ferner die Einräumg einer Unterbeteiligg an Kapital u Ertrag einer OHG bei gleichzeit Verlustbeteiligg der Kinder (Hamm Rpfleger **74**, 152); auch die Veräußerg von Zwergbeteiligg Mj an kapitalist KGen (Karlsr NJW **73**, 1977); ferner Beteiligg an GmbH (sa Anm 10); dch Anstellg verdecktes GesellschVerh (RAG **21**, 129); Grdg einer KG, auch auf seiten des Kommanditisten; Eintr in bestehende KG als Kommanditist (BGH **17**, 160; dazu Fischer **LM** Nr 3); nicht aber die Aufn eines Dritten als stillen Gesellschafters (KG OLG **21**, 290) od die Eingeh einer stillen Gesellsch im Namen der KG dch deren vertretsberecht Gesellschafter, auch wenn an dieser Mje beteiligt sind, BGH NJW **71**, 375, das Ausscheiden eines Mitgesellschafters od die dahingehende Künd, BGH NJW **61**, 724, die Zeichng einzelner Aktien. Auch die Änderg eines GesVetr (Aufn v Gesellschaftern in OHG) soll nach BGH **38**, 26, sa WPM **72**, 1368, der Gen nicht bedürfen, da Z 3 nur der Eingeh des GesellschVertrages der Gen unterwirft u die Zahl der genehmiggspflichtigen Geschäfte nicht erweitergsfähig ist. Zust Duden JZ **63**, 601, Gernhuber § 52 V 6, dagg Beitzke JR **63**, 182 unter Hinweis auf die Bedeutg einer Änderg des Gesellschafterbestandes für eine Personalgesellsch; zumindest sei aber zu untersuchen, ob nicht aus anderen Gesichtspunkten Gen erforderl; dagg auch Knopp BB **62**, 939. Vgl zu den gesellschrechtl Fragen Stöber Rpfleger **68**, 2. Kein verbotenes InsichGesch, wenn bei AuflösgsBeschl ein Gesellschter StimmR für sich u and ausübt; auch keine vormschgerichtl Gen bei Beteiligg eines mj Gesellschters, BGH **52**, 316, zust Wiedemann JZ **70**, 290. Hat sich ein Mj am Abschl eines GesellschVertrages ohne rechtl Wirkg beteiligt, so ist er auch nicht aus einem faktischen GesellschVerh verpflichtet, BGH **17**, 165. Die Gen eines KG-Vertr scheitert nicht daran, daß die KG schon vor Abschl des GesVertr ihre Tätigk aufgen hat u damit die Kinder als Kommanditisten unbeschrkt haften (BayObLG Rpfleger **77**, 60). Es entsch der Richter, RPflG **14** Z 9.

5) Zu Z 4: Pachtverträge a) über ein Landgut, vgl § 98 Anm 3, als Ganzes; mögen auch die einzelnen Parzellen verpachtet werden u geringfügige Ackerstücke u die WirtschGebäude nicht mitverpachtet sein, KG JFG **13**, 318. Über die Verpachtg einzelner Grdst vgl Z 5 und KG JFG **1**, 83; – **b)** über einen gewerbl Betrieb, vgl auch HGB 22 II, das ist ein selbständig verpachteter land- u forstwirtschaftl Nebenbetrieb, gleichgültig, ob Mdl Pächter od Verpächter sowie die Dauer des Pachtvertrages; anders Z 5.

6) Zu Z 5: a) Miet- und Pachtvertrag, gleichgültig, ob Mdl Mieter, Vermieter, Pächter od Verpächter, ob bewegl od unbewegl Sache, KG JFG **1**, 83. Z 4 und 5 auch nebeneinander anwendb, RG **114**, 37, Keine analoge Anwendg auf Verpfl zu dauernder Bereitstellg von Kfz-Einstellplätzen, BGH NJW **74**, 1134. – **b) wiederkehrende Leistgen,** zB Versicherungsverträge (zur LebVers Winter ZVers Wiss **77**, 145), Altenteil, Abzahlgverträge, LG Bln NJW **63**, 110 aM Schmidt BB **63**, 1121, Ansparverträge, Dortm MDR **54**, 546, Rentenversprechen, Zusage eines Ruhegehalts, RAG **11**, 331, aber nicht ArbLeistgen, RAG JW **29**, 1263, vgl aber Anm 7; auch nicht Verpflichtg des mj nehel Vaters zur UnterhZahlg, da idR nicht Vertr, sond einseit schuldbestätigdes Anerkenntn, auch wenn in Form von ZPO 794 I Z 5, KG FamRZ **71**, 41, Staud-Engler §§ 1821/2 Rdz 93, Bronsch NJW **70**, 49, Odersky FamRZ **71**, 137. Auch keine entspr Anwendg, da Aufzählg von § 1822 geschl, aM LG Köln NJW **69**, 1907, Staud-Göppinger § 1718 aF Rdn 85, Wiegel FamRZ **71**, 17; sa § 1615e Anm 3. **Gemeinsame Voraussetzgen für a) und b),** daß VertragsVerh länger als im Jahr nach Eintr der Volljk des Mdl (§ 2) fortdauern soll (geänd rch VolljkG Art 1 Z 1 W), also nicht eher vom Mdl gekündigt w kann; vgl auch § 1793 Anm 5. Dem steht gleich, wenn zwar bald gekündigt w kann, VVG 165, damit aber erhebl VermEinbußen verbunden sind, BGH **28**, 78, der auch Schutzzweck nicht für voll erfüllt hält, wenn es noch einer WillErkl zur Beendigg bedarf, da diese übersehen w könne, der Schutz also geringer sei, als wenn die Bindg von vornherein nur bis zur Erreichg der Volljährigk dauert, vgl auch Haidinger in LM Nr 1. Andererseits kann angen w, daß ein Kauf auf Rente des Verkäufers nicht über das 21. Jahr des Mdls hinausgeht, wenn der Verkäufer sehr alt u der Mdl sehr jung ist, BGH FamRZ **69**, 209. Ist Vertr nicht genehmigt, so richtet sich Wirksamk nach § 139, RG **114**, 35, gilt also bei Vereinbg, daß die Nichtigk einzelner Best der Gültigk des übrigen Vertrags nicht berühren soll, bis ein Jahr nach Vollendg der Volljährigk, BGH FamRZ **62**, 154; ebenso wenn eines Mdl diese Zeitdauer übersteigt. Bei Verpfl des Mdls zur Rentenzahlg auf LebensZt kann der nicht genehmigte KaufVertr bei hohem Alter des Verkäufers u bes niedr des Mj dahin ausgelegt w, daß er nicht länger als ein Jahr nach Vollendg des 21. LebensJ laufen soll, BGH **LM** Nr 4. Beim VersVertr auf den Todes- od Erlebensfall kann wg der bei kürzerer Vertragsdauer höheren Prämie grdsätzl nicht angen werden, daß ein solcher Vertr abgeschl worden wäre, BGH **28**, 83. AM Woltereck VersR **65**, 649, der KündMöglichk u zwar auch bei LebensVersVertr auf den Erlebens- u Todesfall trotz der erhebl Einbuße bei vorzeit Künd für ausreichend hält, desgl bei Beitritt zu einer Ersatzkasse, SozGerichtsbark **65**, 161. Nicht unter Z 5 fällt der Beitritt zu Vereiniggen, Gewerkschaften u dergl wg der Beitragszahlg; hier muß die Möglichk des jederzeitigen Austritts genügen; eingeh hierzu Woltereck Arb u Recht **65**, 240.

7) Zu Z 6 u 7: Lehr-, Dienst- u Arbeitsverträge, die für länger als ein Jahr geschl werden, dh nicht seitens des Mdl kündbar sind; vgl auch Anm 6. Nicht unter Z 7 fallen persönl Leistgen, zu denen Mdl als Gesellschafter verpflichtet ist. Wg des Lehrvertrages vgl HandwerksO idF v 28. 12. 65, BGBl **66**, 1, §§ 21 ff, geänd dch BerBG v 14. 8. 69, BGBl 1112; Anhörg des Mdl vor Abschl, § 1827 I. VormschRichter hat nicht nur vermögensrechtl Seite des Vertrages zu prüfen, sond auch, ob das leibl, geistige u sittl Wohl des Mdl gewahrt ist. Keine Gen erforderl bei den durch die FürsErzBehörde abgeschlossenen Dienst- u Lehrverträgen, JWG **69** IV.

8) Zu Z 8: Geld auf Kredit in jeder Form, RG JW **12**, 590, also auch in Gestalt des Kontokorrentverkehrs, KG OLG **21**, 289, Schuldanerkenntnis od Versprechen zum Zwecke der Geldbeschaffg, KG OLG **21**, 289, uU auch DarlVorvertrag, RAG **21**, 129; nicht aber Kreditgeschäft wie Kauf auf Borg, RG JW **12**, 590; bei Kauf mit Teilzahlgskredit handelt es sich neben dem Kauf um Aufnahme eines Darlehns, BGH NJW **61**, 166, also Gen erforderl, Mannh (LG) NJW **62**, 1112. Auch nicht Aufwendgen für DarlBeschaffg wie Mäklerlohn, mögen sie auch das Darlehen kürzen, BGH MDR **57**, 410. Allg Ermächtigg mögl, § 1825. Nicht genehmiggspflichtig Geldaufnahme durch den Dritten, dem laut GesellschVertr mit dem Mdl GeschFührg zusteht, BayObLG **2**, 847, auch nicht die Sicherungsabtretg; ist das Kreditgeschäft nicht genehmigt, aber § 812, RG HRR **32**, 1755.

9) Zu Z 9: Schuldverschreibgen auf den Inhaber, Orderpapiere. Genehmigg mit Rücks auf Erhaltg der Klagemöglichk im Wechselprozeß zweckmäßigerw in den Wechsel aufzunehmen. Bei Wechsel an eigene Order Gen nicht zur Ausstellg, sond erst zur Begebg erforderl, RG JW **27**, 1354. Allg Ermächtigg mögl, § 1825.

10) Zu Z 10: Übernahme einer fremden Verbindlichk. GrdGedanke: Erfahrgsgem ist Bereitsch zur Übernahme der Verpfl größer, wenn nicht sofort z leisten ist od Erstattg des Geleisteten verlangt w kann. Daraus folgt als Einschrkg ggü dem Wortlaut: Genpflichtig ist nur die Übern solcher Verbindlichk, f deren Begleichg Mdl Ers vom ErstSchu verlangen kann, RG **133**, 13, **158**, 215. Z 10 verlangt nicht schlechthin die Gen f riskante Gesch, BGH **41**, 79. Desh unanwendb, wenn Mdl Schuld tilgt, RG **75**, 357 (dann aber § 1812 beachten) od als eig übernimmt ohne entspr ErstattgsAnspr; ebso bei HypÜbern bei GrdstSchenkg, KG JW **35**, 55, od in Anrechng auf den Kaufpr, RG **110**, 175; vgl auch § 1821 Anm 2a. Iü allg Ermächtigg möglich, § 1825. **Genehmigungsbedürftig** sind Bürgsch, Verpfändg, RG **63**, 76, auch Austausch des Pfand-Ggst, Engler Rpfleger **74**, 144, Sicherungsübereignung f fremde Schuld, RG HRR **36**, 336, SchuldÜbern jeder Art, §§ 414ff, wenn Erstattg vorgesehen ist, ferner wenn Mdl bl MitEigtAnteil erwerben, aber gesamtschuldnerisch f den gesamten Kaufpr haften soll, BGH NJW **73**, 1276. Auf Beteiligg an GmbH bei Gründg bzw dch späteren Erwerb v Anteilen od Beitritt zu einer Genossensch ist Z 10 analog anzuwenden. Zwar handelt es sich formalrechtl bei GmbHG 24, 31 III u IV sowie GenG 105, 114 III, 106 II 2 um eig Verbindlk des Mdl der jur Pers ggü, aber wirtsch ist die RLage ähnl wie bei Bürgsch u KG. Für die Analogie auch Soergel-Germer 45, Paulick FamRZ **64**, 205, Rehbinder NJW **64**, 1132, aM m Rücks auf die Abschaffg v GenG 122, der bei Konk der Genossensch eine unmittelb Inanspruchn dch die Gl gestattete, BGH **41**, 71, Beitzke § 37 III 5 e, Dölle § 128 II 2 e zu cc, Gernhuber § 52 V 10.

11) Zu Z 11: Erteilg der Prokura, HGB 48 ff, ist genehmiggsbedürftig, nicht ihre Zurücknahme, HGB 52, nicht die Erteilg sonstiger Handlgsvollmachten, HGB 54. Die nicht genehmigte Erteilg der Prokura ist unwirks, auch wenn sie ins HandelsReg eingetragen ist, RG **127**, 157. Haftg des Registerrichters. Der Prokurist bedarf zu Geschäften im Umfange des HGB 49 nicht der Gen, selbst wenn diese bei Vornahme des Geschäfts durch den Vormd erforderl wäre, vgl RG **106**, 185, auch nicht, wenn im vom Mdl ererbten ErwerbsGesch Prokurist schon vorher bestellt war, Hamm BB **56**, 900. Vormd kann durch Pfleger mit Gen des VormschG zum Prokuristen bestellt werden, jedoch nicht sich selbst bestellen, § 1795 II. Z 11 unanwendbar bei Erteilg der Prokura für GmbH, an der Mdl beteiligt ist, KG RJA **12**, 237.

12) Zu Z 12: Vergleich, Schiedsvertrag. Genehmiggsbedürftig ist – **a)** der **Vergleich**, auch der ProzeßVergl, RG **56**, 333, vgl auch RG **133**, 259, ferner Baumb-Lauterbach ZPO 54 Anm 2, der Unterh-Vergl u AbfindgsVertr, § 1615e, die Stimmenabgabe für den ZwangsVergl im Konk- und VerglVerfahren. Ist der ZwangsVergl rechtskr bestätigt, so für Mdl bindend, auch wenn Vormd dagg od den Gen dafür gestimmt hatte, KO 193, VerglO 82; – **b) Schiedsvertrag**, ZPO 1025 ff. **Gemeinsame Voraussetzungen für a und b**, daß Ggst des Streits od der Ungewißh, nicht etwa der des gesamten Anspr, 300 DM übersteigt od unschätzbar ist. Berechng nach ZPO 3 ff. Genehmigg bleibt aber auch bei Unterschreiten der Grenze von 300 DM erforderl, wenn RGesch aus anderen Gründen der Gen bedarf. Es entsch der Richter, RPflG 14 Z 7.

13) Zu Z 13: Aufhebg einer Sicherheit betrifft den obligatorischen u dingl Vertrag. Hierunter fallen zB Aufgabe der dingl Sicherh für die bestehenbleibende persönl Fdg, KGJ **33** A 46, Verzicht auf Hyp, KG OLG **8**, 359. Wegen der damit verbundenen Erschwerg der Rechtsverfolgg die Umwandlg einer gewöhnl Hyp in eine SicherhgsHyp, § 1186, nicht umgekehrt; Dresd OLG **29**, 372, Zust des Nacherben zur Aufhebg einer zur Nacherbsch gehörenden Hyp, Dresd Recht **06**, 477, Vorrangeinräumg, BayObLG **17**, 173, Verteilg der GesamtHyp auf die einzelnen Grdst, § 1132 II, Verzicht auf den KonkVorrecht, KG OLG **3**, 109, Verzicht auf Sicherh, § 232, ZPO 108 ff, 710. Keine Gen zur Löschg einer Hyp, wenn Mdl Nießbraucher der Fdg, KGJ **40**, 163 str, ferner nicht bei Wegfall der Sicherg inf Erfüllg der Fdg. Wird zugl über Sicherh u Fdg verfügt, so §§ 1812 f, 1821 anwendbar. VormschRichter hat zu beachten, daß MdlSicherh gewahrt bleibt, §§ 1807 f.

1823 *Erwerbsgeschäft des Mündels.* **Der Vormund soll nicht ohne Genehmigung des Vormundschaftsgerichts ein neues Erwerbsgeschäft im Namen des Mündels beginnen oder ein bestehendes Erwerbsgeschäft des Mündels auflösen.**

1) Anders als §§ 1821 f nur **OrdngsVorschr**. Also Wirksam auch ohne Gen, Eintragg ins HandelsReg darf nicht abgelehnt werden, KGJ **20** A 160, Mdl wird Kaufmann. Bei Zuwiderhdlgen aber §§ 1833, 1837, 1886, 1848. Wegen des Betriebs des Geschäfts durch Mdl § 112, wg Erwerb u Veräußerg § 1822 Z 3. Anhörg des Mdl § 1827. Keine Gen zur Fortführg eines Erwerbsgeschäfts, zB also wenn der Eintritt des zum Erben berufenen Mdl als Mitgesellschafter im GesellschVertrage schon bestimmt ist, nicht aber, wenn erst GesellschVertr zur Fortführg des väterl Geschäfts geschl od der alte GesellschVertr durch den Tod aufgelöst ist, § 727 I, und nunmehr die Fortführg wiederum in Form einer Gesellsch vereinbart wird, vgl § 1822 Anm 4. Es entscheidet der Richter, RPflG 14 Z 9.

1824 *Überlassung von Gegenständen an den Mündel.* **Der Vormund kann Gegenstände, zu deren Veräußerung die Genehmigung des Gegenvormundes oder des Vormundschaftsgerichts erforderlich ist, dem Mündel nicht ohne diese Genehmigung zur Erfüllung eines von diesem geschlossenen Vertrags oder zu freier Verfügung überlassen.**

1) Allg gilt, daß die Gen des GgVormd u VormschG nicht nur bei Hdlgen des Vormd selbst, sond auch bei solchen des Mdl, denen der Vormd zustimmt, erforderl ist. Könnte der Vormd dem Mdl ohne weiteres jeden Ggst wirks zur freien Vfg überlassen, so ergäbe sich aus § 110 eine Umgehgsmöglichk der §§ 1812 f, 1819 ff, die § 1824 verschließt. Die Gen des GgVormd ist entspr § 1812 II durch die des VormschG ersetzbar, vgl auch § 1810 Anm 1.

1825 *Allgemeine Ermächtigung.* **¹Das Vormundschaftsgericht kann dem Vormunde zu Rechtsgeschäften, zu denen nach § 1812 die Genehmigung des Gegenvormundes erforderlich ist, sowie zu den im § 1822 Nr. 8 bis 10 bezeichneten Rechtsgeschäften eine allgemeine Ermächtigung erteilen.**

II Die Ermächtigung soll nur erteilt werden, wenn sie zum Zwecke der Vermögensverwaltung, insbesondere zum Betrieb eines Erwerbsgeschäfts, erforderlich ist.

1) Grundsätzl muß jedes einzelne Geschäft durch VormschG oder Gegenvormd genehmigt werden. Hiervon schafft § 1825 eine **Ausnahme** für die im GeschLeben häufiger vorkommenden Geschäfte des § 1822 Z 8–10 u die Vfgen über das KapitalVerm, § 1812, durch die Ermöglichg einer allg Ermächtigg, wenn sie zum Zwecke der VermVerw, insb zum Betriebe eines Erwerbsgeschäfts, das oft durch jene überh erst durchführbar ist, erforderl wird. Die allg Ermächtigg, über deren Erteilg der RPfleger entscheidet, RPflG 3 Z 2 a, kann für alle im § 1825 genannten Geschäfte, aber auch nur für einzelne Gruppen od Teile von ihnen gewährt werden. Sie hat zur Folge, daß Vormd der Gen nicht bedarf, wirkt also wie eine Befreiung. Eines Vermerks auf der Bestallg bedarf es nicht, er ist aber zweckm. Auch wenn Voraussetzgen von II nicht vorliegen, ist die Wirksamk des Geschäfts ohne Einfluß. Ermächtigg ist dann aber zu entziehen, FGG 18, was auch sonst jederzeit mögl ist. Wird allg Ermächtigg gegeben, so hat der GgVormd ein BeschwR. Eine allg Ermächtigg über § 1825 hinaus ist unstatth, vgl RG **85**, 421.

1826 *Anhörung des Gegenvormundes.* Das Vormundschaftsgericht soll vor der Entscheidung über die zu einer Handlung des Vormundes erforderliche Genehmigung den Gegenvormund hören, sofern ein solcher vorhanden und die Anhörung tunlich ist.

1) Ist GgVormd vorhanden, so soll VormschG ihm vor der Entscheid über die Gen Gelegenh geben, sich mdl od schriftl zu äußern. Das gilt auch, wenn Gen des GgVormd durch die des VormschG ersetzt w soll, § 1812 II, KGJ **27** A 14. Unterbleiben kann Anhörg nur bei Untunlichk, also unverhältnism Kosten, erheblichem Zeitverlust. Ist Anhörg zu Unrecht unterblieben, so berührt dies Wirksamk der Entsch des VormschG nicht, da nur **Ordngsvorschrift**. GgVormd hat aber BeschwR, FGG 20, um so noch nachträgl seine Bedenken geltd machen zu können, ohne allerdings einen Anspr auf deren Berücksichtigg zu haben, KG RJA **10**, 167. Auch kann sich SchadErsPfl des VormschRichters dem Mdl ggü aus Unterlassg ergeben.

1827 *Anhörung des Mündels.* I Das Vormundschaftsgericht soll den Mündel hören vor der Entscheidung über die Genehmigung eines Lehrvertrags oder eines auf die Eingehung eines Dienst- oder Arbeitsverhältnisses gerichteten Vertrages und, wenn der Mündel das vierzehnte Lebensjahr vollendet hat, über die Entlassung aus dem Staatsverbande.

II Hat der Mündel das vierzehnte Lebensjahr vollendet, so soll ihn das Vormundschaftsgericht, soweit tunlich, auch hören vor der Entscheidung über die Genehmigung eines der im § 1821 und im § 1822 Nr. 3 bezeichneten Rechtsgeschäfte sowie vor der Entscheidung über die Genehmigung des Beginns oder der Auflösung eines Erwerbsgeschäfts.

1) Um den Mdl selbst seine Interessen geltd machen zu lassen u um in der Entscheidg jenen Rechng tragen zu können, wird VormschRichter, soweit es ihm tunlich erscheint, ganz allg den Mdl hören. **Ausdrückl vorgeschrieben** ist die Anhörg des Mdl – **a)** vor Entsch über Gen des Lehrvertrages od eines auf Eingeh eines Dienst- od ArbVerhältnisses gerichteten Vertrages, vgl § 1822 Anm 7, und zwar ohne Rücks auf das Alter. Erfolgt Abschl des Dienst- od Lehrvertrages durch FürsBehörde, JWG 69 IV, jedoch keine Anhörg durch VormschG, da Vertr nicht genehmiggsbedürftig ist, vgl § 1822 Anm 3, od auch für den Mdl zugl vornimmt, BayObLG **13**, 22. Sie gilt nicht, wenn Gen des VormschG nur erfolgen soll, es sich also um Ordngsvorschr handelt, und daher Ausbleiben der Gen Wirksamk des RGeschäfts nicht beeinflußt, §§ 1810, 1823, ferner nicht im Falle des § 1811, RG JW **17**, 290, od wenn Zust des Vormd durch das VormschG ersetzt wird, § 113 III, EheG 3 III, 30 III, wohl aber dann, wenn Gen des GgVormd zum Zustandekommen des RGeschäfts erforderl ist, da dann nicht nur Ordngsvorschr, vgl § 1832 Anm 1, und diese Gen durch das VormschG ersetzt wird; dazu § 1810 Anm 1. Hinsichtl des Sprachgebrauchs „Genehmigg" Anm 2b.

2) Die Genehmigg des VormschG. – a) Allgemeines. Die Gen des VormschG ist ein obrigkeitl Akt, den dieses in Ausübg der staatl Fürs vornimmt. Durch das Erfordern der Gen ist die **Vertretgsmacht des Vormd beschränkt.** Die Gen des VormschG wird damit zum wesentl Bestand des vom Vormd vorzunehmenden RGeschäfts, hat also auch privrechtl Wirkgen u insofern rechtsgeschäftl Eigenschaften, RG **137**, 345 str; dagg Müller-Freienfels (Vertretg beim Rechtsgeschäft S 381 ff: kein RGesch, sond Akt der freiw Gerichtsbark, also Widerruf, FGG 18 I, 55, jedoch darüber hinaus entspr Anwendg rechtsgeschäftl Bestimmgen; insof dagg Gernhuber § 52 III 1, der keine Anfechtg zulassen will). Die Gen kann nach der hier

§ 1827, b) vor Entlassg aus dem Staatsverbande, vgl § 1821 Anm 1, falls Mdl das 14. Jahr vollendet hat; – **c)** vor Entsch über Gen eines der in §§ 1821, 1822 Z 3 und 1823 genannten RGeschäfte u RechtsHdlgen, falls Mdl das 14. Jahr vollendet hat, soweit tunl, § 1826 Anm 1. UUmst kann in der Nichtanhörg eine Verweigerg des rechtl Gehörs liegen, zumal der Mj ein selbstd BeschwR hat, FGG 59 I. Karlsr JZ **70**, 258 u Anm Keidel. Herabsetzg v 18 auf 14 J dch VolljkG Art 1 Z 11.

1828 *Erklärung der Genehmigung.* Das Vormundschaftsgericht kann die Genehmigung zu einem Rechtsgeschäfte nur dem Vormunde gegenüber erklären.

1) Allgemeines. Die Vorschr bezweckt, dem Vormd die Wahl zu lassen, ob er von der Gen Gebr machen will, RG **130**, 151. **Zwingendes Recht.** Der Vormd kann also nicht auf Erkl der Gen ihm ggü verzichten, BayObLG **3**, 684. Vorschr bezieht sich auf jede Art von RGeschäften, auch solche, die der Mdl mit Zust des Vormd od solche, die der Vormd zwar in des eigenen Namen, aber für Mdl, vgl § 1793 Anm 3, od auch für den Mdl zugl vornimmt, BayObLG **13**, 22. Sie gilt nicht, wenn Gen des VormschG nur erfolgen soll, es sich also um Ordngsvorschr handelt, und daher Ausbleiben der Gen Wirksamk des RGeschäfts nicht beeinflußt, §§ 1810, 1823, ferner nicht im Falle des § 1811, RG JW **17**, 290, od wenn Zust des Vormd durch das VormschG ersetzt wird, § 113 III, EheG 3 III, 30 III, wohl aber dann, wenn Gen des GgVormd zum Zustandekommen des RGeschäfts erforderl ist, da dann nicht nur Ordngsvorschr, vgl § 1832 Anm 1, und diese Gen durch das VormschG ersetzt wird; dazu § 1810 Anm 1. Hinsichtl des Sprachgebrauchs „Genehmigg" Anm 2b.

2) Die Genehmigg des VormschG. – a) Allgemeines. Die Gen des VormschG ist ein obrigkeitl Akt, den dieses in Ausübg der staatl Fürs vornimmt. Durch das Erfordern der Gen ist die **Vertretgsmacht des Vormd beschränkt.** Die Gen des VormschG wird damit zum wesentl Bestand des vom Vormd vorzunehmenden RGeschäfts, hat also auch privrechtl Wirkgen u insofern rechtsgeschäftl Eigenschaften, RG **137**, 345 str; dagg Müller-Freienfels (Vertretg beim Rechtsgeschäft S 381 ff: kein RGesch, sond Akt der freiw Gerichtsbark, also Widerruf, FGG 18 I, 55, jedoch darüber hinaus entspr Anwendg rechtsgeschäftl Bestimmgen; insof dagg Gernhuber § 52 III 1, der keine Anfechtg zulassen will). Die Gen kann nach der hier

Vormundschaft. 1. Titel: Vormundschaft über Minderjährige § 1828 2–5

vertretenen Ansicht durch den Vormd (falls dieser selbst beteiligt ist, durch einen Pfleger) wg Irrtums, Täuschg, Drohg angefochten werden, RGRK Anm 1, Darmst OLG **22**, 130. Entsprechd anwendbar ist ferner § 184 (nicht aber § 182). Wird Gen also nachträgl erklärt, so wirkt sie auf den Zeitpkt der Vornahme des RGeschäfts zurück, RG **142**, 62, soweit nicht etwas anderes bestimmt ist, ohne daß dadurch abe Vfgen aus der Zeit vor der Gen, soweit der Vormd verfügen konnte, unwirks werden, KG OLG **6**, 294. Die Gen kann auch unter einer Bedingg (aber nicht unter einer auflösenden) erkl werden; das gilt dann als Verweigerg der Gen unter gleichzeitiger vorheriger Gen des bedinggsgemäß vorgenommenen RGeschäfts, RG **85**, 421, KG JW **37**, 1551. Hingg ist die Wirksamk der Gen von der Erfüllg der seitens des VormschG anläßl der Gen gemachten Auflage nicht abhängig, BayObLG **22**, 331. Hat Vormd das genehmiggsbedürftige RGesch innerh einer bestimmten Frist vorzunehmen, so muß Gen des VormschG, um Wirkgen äußern zu können, innerh dieser Frist erfolgt u dem Vormd bekanntgemacht sein.

b) Die Gen (der Sprachgebrauch in §§ 1828 ff entspricht nicht §§ 183 f) wird überlicherw **nachträgl**, sie kann aber auch **vorher** erteilt werden, KG RJA **15**, 264, vgl auch § 1829 Anm 1a; sie muß vorher erteilt sein bei einseitigen RGeschäften, § 1831. Zu welchem Zeitpkt die Gen nachgesucht wird, unterliegt dem Ermessen der Vormd, BayObLG **1**, 419. Vorherige Einholg der Gen wird aber nur mögl sein, wenn der Inhalt des Vertrages im wesentl feststeht; ebenso KG OLGZ **66**, 78. Einzelheiten können allerdings der Vereinbg der Beteiligten überlassen bleiben, Warn **19**, 59. Eine allg Ermächtigg ist nur im Rahmen des § 1825 mögl, vgl RG **85**, 421.

c) Maßgebend für die Entscheidg des VormschG ist das MdlInteresse, wie es sich zZ der Entscheidg, nicht des VertrSchlusses, KG OLG **43**, 382, darstellt. Das VormschG hat aber nicht bloß Zulässigk des RGeschäfts zu prüfen, sond hat auch Zweckmäßigk, auch Vorteile ideeller Art, KG JFG **13**, 187, Kiel (LG) MDR **55**, 37, zu erwägen. Das Interesse des Vormd od eines Dritten hat das VormschG nicht wahrzunehmen. Jedoch kann die Erhaltg des FamFriedens im wohlverstandenen MdlInteresse liegen u sogar die unentgeltl Aufgabe von Vermögensrechten rechtfertigen, wenn aus BilligkGründen geboten, KG JW **36**, 393, Lübeck (LG) FamRZ **62**, 312. VormschRichter hat auch allg Vorschriften zu beachten. Die Gen ist also zu verweigern, wenn dem Geschäft §§ 134, 138 entggstehen od es offenbar ungültig ist, KG RJA **15**, 180. In vermögensrechtl Angelegenheiten braucht sich das rein geldl Interesse nicht immer mit MdlInteresse zu decken, KG OLG **43**, 380 β, wenn das auch idR der Fall sein wird. Genehmigg aber nicht schon dann zu versagen, wenn VormschRichter bei der ihm obliegenden Prüfg der Rechtswirksamk des Geschäfts zu dem Ergebn kommt, daß diese zweifelh ist, Rostock OLG **33**, 368, KG FamRZ **63**, 467, unter bes Umst Unwirksamk eintreten kann, Mü JFG **15**, 177, wenn zweifelh, ob RGesch genehmiggsbedürftig, BayObLG **63**, 1. Genehmigg aber ohne weiteres abzulehnen, wenn die zu genehmigenden Erklärgen von einer Pers abgegeben werden, die kraft G von der Vertretg ausgeschl ist, KG JW **35**, 1439. Im übrigen wird aber bei Gen zu erwägen sein, daß MdlInteresse auch Vermeidg eines unsicheren Prozesses verlangen kann, aM anscheinend KG OLG **12**, 347.

3) Umfang der Genehmigg. Die Gen erstreckt sich auf den Vertr, wie er dem VormschRichter vorliegt u sich aus den durch das G für derartige Verträge aufgestellten Vorschriften ergibt, RG **61**, 209. Darüber hinaus getroffene Abreden gelten danach nicht als genehmigt, RG **132**, 78. Jedes genehmiggspflichtige Gesch bedarf einer bes Gen, so daß nicht etwa durch Gen der Aufnahme einer GrdSch auch die Kreditaufnahme, die jene sichern sollte, genehmigt ist, Celle NdsRpfl **54**, 64, wohl enthält aber die Gen des dingl auch die des schuldrechtl Geschäfts, § 1821 Anm 2a aE. Bei GrdstGeschäften wird durch Auflassg u Eintragg, § 313 S 2, nicht etwa fehlende Gen ersetzt.

4) Form der Genehmigg. a) An eine Form ist die Erkl der Gen nicht geknüpft, sie kann **mündl, auch stillschweigend** erfolgen, RG **130**, 150 (daß sie dem GBA urkundl nachzuweisen ist, folgt aus GBO 29). Das ist aber nicht schon dann der Fall, wenn der VormschRichter dem Vormd die Vornahme eines RGeschäfts empfiehlt, RG **137**, 345, die Gen nur in Aussicht stellt, BayObLG **5**, 453, das GBA ledigl um Eintragg ersucht, RG **59**, 278. Auch der Bescheid, das RGeschäft bedürfe keiner Gen (NegativEntsch) ersetzt die Gen nicht, BGH **44**, 325.

b) Die Erklärg der Genehmigg kann, anders als in § 182, in jedem Falle **nur dem Vormd gegenüber** erfolgen, und zwar dem derzeit bestellten, nicht dem entlassenen, BayObLG **21**, 375, ebso nicht dem Mdl, auch wenn dieser selbst das RGeschäft abschließt u der Vormd nur zustimmt. Es genügt also nicht ein Aktenvermerk, die Mitteilg an das GBA, auch nicht bei gleichzeitiger Übersendg des Eintraggsersuchens, RG **59**, 277, ferner nicht die Erkl dem Notar od dem GeschGegner ggü, auch nicht, wenn Vormd, dem das VormschG eine Mitteilg nicht gemacht hat, dann nachträgl zustimmt. Sendet VormschG Gerichtsakten mit VergleichsGen einem Ger zurück, wird darin idR ein Ersuchen um Bekanntgabe an Vormd liegen, BayObLG NJW **60**, 2188. Vormd kann einen **Bevollmächtigten zur Entgegennahme der Erklärg** bestellen, FGG 13, BayObLG JFG **1**, 351, bei AmtsVormsch also den Beauftragten des JA, JWG 37. Auch der VormschRichter kann die Erkl dem Vormd durch Vermittlg Dritter zugehen lassen, RG **121**, 30, so wenn zB ProzG vom VormschG um Bekanntgabe an den Vormd ersucht wird, BayObLG NJW **60**, 2188. Bevollmächtigg kann sich aus den Umst ergeben, auch stillschw erfolgen. Genehmigg wirkgslos, wenn der Bevollm sich zur EntggNahme u Weitergabe an den Vormd nicht für befugt erklärt, Warn **22**, 98.

5) Verfahren. Eines Antrags des Vormd bedarf es nicht. Gegen seinen Willen kann die Gen aber nicht erteilt werden, KG Recht **20**, 922. Der GeschGegner ist nicht antragsberechtigt. Zur Vorbereitg seiner Entscheidg hat VormschG vAw tätig zu werden u zweckmäßige Erhebgen anzustellen (FGG 12). Über den Inh eines gen-pflicht Vergl informiert sich das VormschG ggf dch Anfrage bei der VersGesellsch; die GenPfl schafft kein konkludentes SchriftformErfordern (Ffm DAVorm **77**, 665). Die Entsch darf nicht ausgesetzt werden, bis Vorfragen im Prozeßwege geklärt sind (KGJ **52**, 50). Vor der Entschließg sind der GgVormd, der Mdl, auch dessen nahe Verwandte im Rahmen der §§ 1826f, 1847 zu hören. Wg des Wirks-

Werdens der Entscheidg dem Vormd ggü vgl FGG 16 und oben Anm 4, dem Dritten ggü § 1829. Solange die Gen (oder Verweigerg) dem Dritten ggü noch nicht wirks geworden ist, kann sie abgeändert od zurückgenommen werden, FGG 55 I, 18 I (KGJ 52, 45). Die Rücknahme der Gen des ZwVerstAntrages zum Zwecke der Aufhebg der Gemsch ist bis zum Zuschlag zul, KG RJA 6, 9. Ist die Gen aber formell wirks geworden, so kann sie (od die Verweigerg) nicht mehr abgeändert werden, auch nicht im BeschwWege, FGG 55 I, 62. Werden die RWirkgen in materieller Hins in Zweifel gezogen, zB weil die Gen nicht fristgerecht erteilt sei, so ist ebenfalls nur im Prozeßwege zu entscheiden, KGJ 53, 41. **Beschwerdeberechtigt** ist bei Verweigerg der Vormd namens des Mdl gemäß FGG 20, KG OLGZ 65, 375, nicht aber der Dritte, RG 56, 125. Auch wenn er Beeinträchtigg seines Rechts befürchtet, steht ihm nur der Prozeßweg offen, KGJ 38 A 56; BeschwBerechtigg lediglich aus FGG 57 I Z 9, zB zur Durchsetzg des Kindesannahmevertrages, KGJ 43, 61. Ausnahmsweise hat er jedoch BeschwR, wenn er sich darauf stützt, daß GenBeschl ihm ggü wirks geworden sei, infolgedessen unabänderl geworden sei, KG DJ 35, 1528, nicht aber schon dann, wenn die Gen nachträgl erteilt wird, wg Fristablaufs, § 1829 II, aber nicht mehr wirks werden kann, KG JW 37, 2975. BeschwR des Vormd uU auch bei Gen denkbar, KG OLG 41, 12, zB des Personenpflegers, dem Gen zu einem das Verm angehenden RGesch erteilt ist, KG JW 38, 2141; ferner um die Aufhebg der ihm ggü mangels Erkl nicht wirks gewordenen, aber vom VormschG dem Dritten unmittelbar übersandten Gen zu erlangen, KGJ 34 A 49. Beschwerdeberechtigt weiter ist der Mdl unter den Voraussetzgen des FGG 59, der GgVormd im Rahmen des § 1826, dort Anm 1, der Staatsanwalt bei Entlassg des Mdl aus dem Staatsverbande, RuStAG 19. Die weitere Beschw kann damit begründet werden, daß das VormschG vom Ermessen einen rechtl fehlerh Gebr gemacht habe, Keidel FGG 27 Anm 27 (Nachw).

1829 *Nachträgliche Genehmigung des Vormundschaftsgerichts.* **I** Schließt der Vormund einen Vertrag ohne die erforderliche Genehmigung des Vormundschaftsgerichts, so hängt die Wirksamkeit des Vertrags von der nachträglichen Genehmigung des Vormundschaftsgerichts ab. Die Genehmigung sowie deren Verweigerung wird dem anderen Teile gegenüber erst wirksam, wenn sie ihm durch den Vormund mitgeteilt wird.

II Fordert der andere Teil den Vormund zur Mitteilung darüber auf, ob die Genehmigung erteilt sei, so kann die Mitteilung der Genehmigung nur bis zum Ablaufe von zwei Wochen nach dem Empfange der Aufforderung erfolgen; erfolgt sie nicht, so gilt die Genehmigung als verweigert.

III Ist der Mündel volljährig geworden, so tritt seine Genehmigung an die Stelle der Genehmigung des Vormundschaftsgerichts.

1) Vorbem vor §§ 1829–1831. Sie entsprechen §§ 108, 109, 111 und treffen eine ähnl Regelg. Es sind folgende Fälle zu unterscheiden:

a) Bereits vor Abschluß des Vertrages hat der Vormd die Gen beantragt, § 1828 Anm 2b, sie ist geben u ihm erkl worden. In diesem Fall wird der Vertr, falls er in den Grenzen der Gen vorgenommen wird, sofort mit Abschl wirks, KGJ 23 A 173, BayObLG 60, 283, Dölle § 128 VI 1; der Dritte kann also den Vormd nicht zur Mitteilg, ob Gen erteilt ist, auffordern, wohl aber beim VormschG, das ihm zur Ausk verpflichtet ist, Erkundiggen einziehen. Erteilg der Gen ist nur Ermächtigg des Vormd, die ihn zum Abschl des Vertrages nicht verpflichtet, RG 76, 366. Bis zum Abschl des Vertrages kann VormschG seine Entsch ändern, KG RJA 15, 264. – **b)** Der Vormd hat den Vertrag abgeschlossen, ohne daß eine Gen bisher erteilt wäre; Fall des § 1829. – **c)** Es handelt sich um ein einseitiges Rechtsgeschäft, vgl § 1831. Beim dingl RGesch ist auch die Einigg als Vertr iS des § 1829 anzusehen, BayObLG 19, 183. Wegen Anwendgsgebiets von § 1829 im übrigen vgl § 1828 Anm 1, wg der Gen im allg dort Anm 2.

2) Fehlen der Genehmigg. – a) Dann ist der Vertr schwebd unwirks u hängt von der nachträgl Gen des VormschG ab, I 1. Die Gen u ihre Verweigerg wird dem Dritten gegenüber aber erst mit der **Mitteilg durch den Vormund wirksam**. Ein Notar, der mit der Beurkundg eines Geschäfts, zu dem eine derartige Gen gehört, befaßt ist, muß darüber Laienpublikum aufklären, BGH 19, 9. Der Dritte bleibt anders als im § 109 währd des Schwebezustandes gebunden u kann sich von dieser Bindg nur durch die Aufforderg, II, wenn nicht der Fall des § 1830 vorliegt, lösen. Eine Bindg des Vormd besteht hingg nicht. Seinem Ermessen, das nur das MdlInteresse im Auge haben darf, ist es überlassen, die Gen zu erwirken, ohne daß der Dritte selbst ein AntrR hätte, § 1828 Anm 5. Holt der Vormd die Gen nicht ein, so kann sich der Dritte auch nicht auf § 162 I berufen, RG JW 21, 1237, vgl auch § 1643 Anm 4. Wird anderers dem Dritten mitgeteilt, daß die Gen erteilt sei, so wird das RGesch vom Zeitpkt seiner Vorn ab rechtswirks, § 184, RG 142, 63.

b) Mitteilg, I 2; dazu Wangeman NJW 55, 531. Ebenso wie bei der Einholg der Gen, hat der Vormd auch nach deren Erteilg zu prüfen, ob es jetzt noch im MdlInteresse liegt, sie dem VertrGegner mitzuteilen und damit den Vertr wirks werden zu lassen, RG JR Rspr 25, 781. Eine Verpflichtg hierzu besteht für ihn trotz Erteilg der Gen nicht, RG 132, 261, auch nicht, wenn Gen vom BeschwG bestätigt worden ist, KGJ 52, 44. Der Dritte kann sich auch dann nicht auf § 162 I berufen, vgl Anm 2a. Auch in diesem Falle ist die Gen lediglich die Ermächtigg des Vormd, den Vertr durch die Mitteilg von der Gen wirks werden zu lassen. Die Mitteilg ist ein vom Vormd als gesetzl Vertreter des Mündels vorgenommenes Rechtsgeschäft, auf das die allg Grdsätze über RGeschäfte, zB über die Anfechtg, Anwendg finden, KG RJA 17, 5, BayObLG 60, 2188, Zunft NJW 59, 518. Die WillErkl des Vormd muß zum Ausdruck bringen, daß die Entsch des VormschG als endgültige betrachten, sie also nicht etwa noch anfechten will, u sie mitteilt, um den Vertr wirks werden zu lassen, KG JFG 2, 119; deshalb ist keine Mitteilg die Erwähng der Gen mit dem Zusatze, von ihr keinen Gebr machen zu wollen, RG 130, 148. Die Erkl an den VertrGegner, daß Vertr nur unter einschränkenden Bedinggen genehmigt worden sei, wird regelm nicht als eine Mitteilg der Verweigerg der Gen des Vertrages in der abgeschlossenen Form anzusehen sein, sond nur als Nachricht, durch die die Unwirksamk des Vertrages nicht herbeigeführt w soll, Mü JFG **23**, 275. Die Gen braucht nur dem GeschGegner, nicht auch den an dem Geschäft auf seiten des Mj mitbeteiligten Vollj mitgeteilt zu werden, KG HRR **35**, 182. Einer Form bedarf die Mitteilg nicht, also auch nicht der Form, der der Vertr als solcher etwa bedarf. Sie kann vielm auch mdl oder stillschw erfolgen, KG OLG **44**, 82. Ist Gen dem anderen VertrTeil bekannt u weiß Vormd das, so genügt also, daß Vormd dem anderen zu erkennen gibt, daß er Vertr weiter in der genehmigten Form billigt, BGH **15**, 97 (unklar BGH ebda 100: Mitteilg brauche nicht notw in der Abs zu erfolgen, um damit den Vertr endgültig zur Wirksamk zu verhelfen, wogg Zunft NJW **59**, 517, da damit der RNatur der Mitteilg als einer WillErkl, also eine auf den gewollten u eintretenden Rechtserfolg gerichtete Willensäußerg in Frage gestellt ist). Hat Vormd Gen mitgeteilt, die an ihn abgesandt wurde, FGG 16 II 2, so kann er sich nicht mehr darauf berufen, sie sei ihm nicht zugegangen, BayObLG **63**, 1. Auf die Mitteilg kann nicht verzichtet werden, wie überh die Vereinbg über eine Art des WirksWerdens der Gen unwirks ist, Mü DR **43**, 491; denn sonst würde der Vormd die Möglichk verlieren, von der Gen keinen Gebr zu machen; ferner kein Verzicht mögl, daß die Mitteilg, bei der es sich um eine einseitige empfangsbedürftige WillErkl handelt, dem and Teil auch zugeht, RG **121**, 30 str. Es genügt also nicht die Vereinbg einer and Art der Bekanntgabe des Willens des Vormd, von der Gen Gebr machen zu wollen, vgl Colmar OLG **26**, 116, auch mit der entspr Anwendg des § 151 S 1 läßt sich eine Entbehrlich des Zugehens nicht begründen, RG **121**, 30, Staud-Engler Rdn 14, aM KG HRR **28**, 615. Es genügt auch nicht die bloße EntggNahme der Gen von dem VormschG im Beisein des Gegners, KG OLG **42**, 114, ebsowenig, daß die Gen mit Zugang an den Notar als wirks erteilt gelten soll, OGHBrZ NJW **49**, 64. Handelt es sich um einen Vertr zw zwei Mdl, so wird er erst mit der Mitteilg der Gen von jedem Vormd an den andern wirks, KG OLG **3**, 300. Zur Mitteilg berechtigt ist allein der zZ bestellte Vormd, ohne daß es darauf ankäme, ob er den Vertr geschl hat, BayObLG **21**, 375, auch nicht etwa das VormschG, KGJ **34** A 49. Durch die Mitteilg der Genehmigg gelangt sie in u mit der vom Vormd dem Dritten ggü abzugebenden WillErkl zur Wirksamk, RGRK § 1828 Anm 12, der Vertrag wird damit vollwirksam. Behauptet der Vormd der Wahrh zuwider, daß die Gen nachträgl erfolgt sei, so macht er sich bei Zutreffen der dafür gegebenen Voraussetzgen schadensersatzpfl; vgl auch § 1830 Anm 1. § 179 ist nicht anwendbar, da §§ 1829ff eine Sonderregelg enthalten, Staud-Engler Rdn 11. Behauptet der Vormd der Wahrh zuwider, die Gen sei verweigert, so wird der Vertr als unwirks anzusehen, der Fall also ebso zu behandeln sein, als wenn diese Erkl nach Aufforderg, § 1829 II, ergangen ist, Stettin LZ **26**, 60 str. Zum BeschwR § 1828 Anm 5.

c) Zulässig, daß die Mitteilg **durch einen Bevollmächtigten** erfolgt. Hingg kann sie mit Rücks auf die Stellg des Vormd niemals von einem auftragslosen GeschFührer ausgehen, auch wenn der VertrGegner damit einverst war, RG HRR **29**, 1649. Die Mitteilg kann auch von einem Bevollmächtigten entgegengenommen werden. Das kann dieselbe Pers sein, zB bei einem GrdstVertrage der Notar, str. Ob eine solche gleichzeitige Bevollmächtig von beiden Seiten gewollt ist, kann sich durch Ausleg der VertrUrkunde ergeben, RG **121**, 30. Stets muß aber dann ein in solcher Art Bevollm seinen Willen, sich als Bevollm des anderen Teils die Gen mitzuteilen, nach außen irgendwie erkennen lassen, Warn **22**, 98, zB durch Vermerk auf der Urk (Vermerk des Notars auf der Urk üb Eingang u Kenntnisnahme für die Beteiligten genügt aber nicht, Zweibr DNotZ **71**, 731), Einreich der Urk beim GBA. In diesem Fall genügt bei einem RGesch, das der Eintr ins GB bedarf, dem GBA ggü der Nachweis der Gen des VormschG u ihrer Erkl dem Vormd ggü, ohne daß es noch des besonderen Nachweises der Mitteilg der Gen, die bei Doppelbevollmächtigg zus mit der Empfangnahme in einheitl innerer Vorgang in der Pers des Bevollm ist, in grdbuchmäßiger Form bedürfte, BayObLG JFG **1**, 354. Die DoppelVollm kann von dem bevollmächtigten Notar beurkundet werden. Die Doppelbevollmächtigg darf aber nicht dazu dienen, dem Mdl das ihm etwa nach FGG 59 zustehende BeschwR abzuschneiden. Ist ein solches vorhanden, so werden die Beteiligten zweckmäßigerw bei der Beurkundg der Vollm darauf hinzuweisen sein, welche Folgen diese für das BeschwR haben kann, BayObLG HRR **30**, 296. Wirken Vormd u Dritter bei der Bevollmächtig arglistig zus, um eine Beschw des Mdl unmögl zu machen, so bleibt diesem sein BeschwR trotz FGG 55, BayObLG **28**, 514; daß Vormd mit Beschw gg die vormschgerichtl Gen rechnen muß, spricht ohne Hinzutreten weiterer Umst noch nicht für Argl, BayObLG MDR **64**, 596.

3) Beendigg des Schwebezustandes, II), a) durch **Aufforderg** seitens des Dritten an den Vormd zur Mitteilg, ob die Gen erteilt sei. Die Aufforderg kann auch schon erfolgen, wenn die Gen noch nicht erteilt ist, RG **130**, 151. Ob alle als GeschGegner Beteiligten auffordern müssen, ergibt sich aus dem zw ihnen geltenden RVerhältn, KGJ **36** A 160. Auch die Aufforderg ist ein einseitiges empfangsbedürftiges RGesch und unterliegt den allg Vorschr für diese. Ist sie ergangen, so kann die Mitteilg nur bis zum Ablauf von 2 Wochen nach dem Empfang der Aufforderg durch den Vormd erfolgen. Die Frist kann aber durch Vereinbg verkürzt od verlängert werden, hM. Wird die Gen in der Frist nicht mitgeteilt, gleichgültig, ob Vormd darum bemüht war od nicht, so gilt sie als verweigert. Hat die Gen jedoch eine ausl VormschBehörde zu erteilen, so ist II nicht anwendbar, RG **110**, 173. Eine etwa später erteilte Gen kann materielle Wirkgen nicht mehr äußern, KGJ **53**, 41. Der Dritte hat deshalb auch kein BeschwR. Vgl auch § 1828 Anm 5.

b) Der Dritte wird idR von seiner Bindg auch dadurch frei, daß er zur VertrAnn eine Frist setzt u die Mitteilg der Gen fristgemäß nicht eingeht, RG **76**, 366.

4) Volljährigk des Mdl, III. Ist der Mdl vollj od für vollj erklärt worden, so findet eine Gen des VormschG nicht mehr statt. Die danach dem GeschGegner mitgeteilte Gen ist wirkgslos. Ebsowenig kann auch bei Beendigg der Vormsch die Berechtigg der Gen nachgeprüft werden, KG JW **38**, 2142, wohl aber, wenn VormschG genehmigt u gleichzeitig aufhebt, Mü DR **43**, 491. Ist die Versagg der Gen rechtswirks mitgeteilt, so ist der Dritte frei, der Vollj kann nicht mehr genehmigen, RG **130**, 128. — Zur Gen befugt allein der Vollj, an ihn ist auch Aufforderg zu richten. Ist die Volljährigk aber gerade währd des Laufes der Zweiwochenfrist eingetreten, so muß der Vollj den Beginn der Frist gg sich gelten lassen u vor Fristablauf seine

Gen erteilen, widrigenf sie als verweigert gilt. Genehmigg ist dem GeschGegner ggü zu erklären. Für sie gelten nunmehr die allg Vorschr. Auch nach dem **Tod des Mdls** kann das VormsG nicht mehr genehmigen, BayObLG NJW **65**, 397. Stirbt der Mdl vor WirksWerden der Gen, so steht Recht zur Gen den Erben zu (KG OLG **4**, 416). Analoge Anwendg v III bei sonst Beendigg v Vormsch od Pflegsch; für eine Gen ist auch im BeschwVerf kein Raum mehr (Ffm Rpfleger **78**, 99).

5) Verweigerg der Genehmigg hat, da dann eine wirksame Vertretg des Mdl fehlt, die Unwirksamk der Hdlgen des Vormd zur Folge, KGJ **25** A 17. Für die RückFdg des Empfangenen dem Mdl ggü gelten BereicherngsGrdsätze, RG **81**, 261. Hat Vormd Versagg der Gen mitgeteilt, so können die Beteiligten nicht vereinbaren, daß der Schwebezustand vor der Gen wiederhergestellt wird, um die Gen im Beschwerdeweg herbeizuführen. Da die früher durch den Vormd abgegebenen Erklärgen inf der Verweigerg der Gen hinfällig geworden sind, kann nur ein neu abgeschlossenes RGesch genehmigt werden, Colmar OLG **18**, 292. Dieselbe RLage tritt ein, wenn die Gen als endgültig, Anm 2b, verweigert gilt, § 1829 II, od wenn sie nur zT verweigert wird, da auch dann der zum WirksWerden erforderl Tatbestd nicht erfüllt ist. Das muß jedenf dann gelten, wenn der Dritte durch die abändernde Gen irgendwie beschwert wird, aM RGRK Anm 5 (wie NichtGen zu behandeln).

1830 *Widerrufsrecht des Geschäftsgegners.* **Hat der Vormund dem anderen Teile gegenüber der Wahrheit zuwider die Genehmigung des Vormundschaftsgerichts behauptet, so ist der andere Teil bis zur Mitteilung der nachträglichen Genehmigung des Vormundschaftsgerichts zum Widerrufe berechtigt, es sei denn, daß ihm das Fehlen der Genehmigung bei dem Abschlusse des Vertrags bekannt war.**

1) Allgemeines. Vgl die Vorbem 1 zu § 1829. Anders als im § 109 I ist der GeschGegner an den Vertr gebunden, bis die Gen endgültig verweigert ist od endgültig für verweigert gilt, § 1829 II. Hat der Vormd dem Gegner jedoch beim Abschl des Vertrages (wg der nachträgl unrichtgn Behauptg, die Gen sei erfolgt, u der Nichtanwendbark von § 179 vgl § 1829 Anm 2b aE) die bewußt od unbewußt unrichtige Behauptg aufgestellt, der Vertr sei schon genehmigt, so hat den Gegner das besondere **Widerrufsrecht** des § 1830 gegeben, das eine Anfechtg des Vertrages wg Irrtums od Täuschg über das Vorliegen der Gen ausschließt. Es besteht auch dann, wenn der Gegner den Vertr nicht für genehmiggsbedürftig hielt; der Widerruf unterliegt als einseitiges empfangsbedürftiges RGesch den für dieses geltenden allg Bestimmgen u ist nur dem Vormd ggü zu erklären. An eine Frist ist er nicht gebunden. Auf den Widerruf kann verzichtet werden; er ist nicht mehr mögl, wenn Gen erteilt u gemäß § 1829 I Gegner mitgeteilt wurde. Kannte dieser das Fehlen der Genehmigg beim Abschluß des Vertrages, so hat er kein WiderrufsR. Kennenmüssen genügt nicht. Verzichtet der Dritte auf Widerruf, hat er dieses Recht wg seiner Kenntn nicht od macht er vom Widerruf keinen Gebr, so § 1829 II.

2) Durch den Widerruf wird der GeschGegner von seiner Bindg frei. Der Vormd ist ihm aus dem Gesichtspkt der unerl Hdlg, dem Mdl aus § 1833 haftbar.

3) Beweislast. Dem Vormd obliegt der Beweis für die Kenntnis des Gegners von der Unrichtigk der Behauptg, diesem, daß die unrichtige Behauptg von dem Vormd aufgestellt wurde.

1831 *Einseitiges Rechtsgeschäft ohne Genehmigung.* **Ein einseitiges Rechtsgeschäft, das der Vormund ohne die erforderliche Genehmigung des Vormundschaftsgerichts vornimmt, ist unwirksam. Nimmt der Vormund mit dieser Genehmigung ein solches Rechtsgeschäft einem anderen gegenüber vor, so ist das Rechtsgeschäft unwirksam, wenn der Vormund die Genehmigung nicht in schriftlicher Form vorlegt und der andere das Rechtsgeschäft aus diesem Grunde unverzüglich zurückweist.**

1) Allgemeines, S 1. Vgl die Vorbem 1 zu § 1829. Entspr der Regelg in § 111 ist auch das vom Vormd ohne die Gen des VormschG vorgenommene einseitige RGesch unwirks, um den Dritten, der bei § 1829 nur passiv an diesem beteiligt ist, nicht auf unbestimmte Zeit über die RWirksamk des Geschäfts im unklaren zu lassen. Das RGesch kann nur wiederholt, die Gen also nicht nachgeholt werden, RG LZ **30**, 1390. S 1 im allg entspr anwendbar bei **Anträgen an Behörden**, die der Gen des VormschG bedürfen; vgl § 1821 Anm 1. Bei genehmiggsbedürftigen Klagen, vgl ebendort, ist die Nachbringg bis zum Schluß der letzten mdl Verhandlg zul, auch noch in der Revisionsinstanz, RG **86**, 16.

2) Zeitpunkt des Vorliegens der Genehmigg. Es genügt, daß die Gen vorliegt, wenn das einseitige RGesch wirks wird. Das braucht nicht der Zeitpkt der Beurkundg zu sein. Eine Rückwirkg der späteren Gen des VormschG findet aber nicht statt, KG JW **28**, 1405. Ist ein einseitiges RGesch innerh einer gesetzl Frist vorzunehmen, so genügt, daß das Vorliegen der Gen einschl Bekanntmachg an den Vormd, § 1828, FGG 16, bis zum Ablauf der Frist nachgewiesen ist, so bei dem NachlG ggü vorzunehmenden Ausschlagg der Erbsch, §§ 1945 I, 1944 I, RG **118**, 145, KGJ **50**, 73 str. Wegen des Nachweises dem NachlG ggü vgl Anm 4. Ebenso genügt bei Eintraggsanträgen die Nachreichg der Gen des VormschG beim GBA, JFG **13**, 393, da Ungewißh über die RWirksamk, Anm 1, durch ZwischenVfg begrenzt, § 1831 also nicht anwendbar. Geht Gen vom VormschG nicht rechtzeitig ein, so daß Frist verstrichen ist, so höhere Gewalt, § 1944 Anm 4.

3) Einseitige Rechtsgeschäfte, vgl auch Übbl 3 vor § 104, zB Ausübg eines VorkaufsR, Antreten od Ausschlagg einer Erbsch, AufgabeErkl nach § 875, KG OLG **44**, 81, die Einwilligg zur Ehelich-

Vormundschaft. 1. Titel: Vormundschaft über Minderjährige §§ 1831–1833

Erkl, § 1726 II, KG HRR **29**, 1648; nicht aber die Annahme der Leistg als Erfüllg, da zur EigtVerschaffg an der Leistg die Einigg gehört, KG HRR **31**, 512, aM anscheinend RG HRR **29**, 1441, das VertrAngebot, RG Gruch **71**, 77. Schließt der Mdl ohne Gen des Vormd einen Vertr, so unterliegt nicht die Zust des Vormd zu diesem Vertr der Gen des VormschG, sond der Vertr selbst. Es ist also, wenn die Zust des Vormd zunächst ohne Gen des VormschG erteilt wird, nicht § 1831, sond § 1829 anwendbar. Für die Möglichk eines Widerrufs kommt demnach nicht § 109 I, sond §§ 1829, 1830 in Betr, Soergel-Germer § 1828 Anm 14 str.

4) Zurückweisg, S 2. Auch wenn das einseitige RGesch vom VormschG genehmigt ist, muß der Vormd sich durch die Vorlegg der Gen in schriftl Form, dh da §§ 125 f nur auf RGeschäfte anwendbar, die Erteilg der Gen durch das VormschG aber kein RGesch ist, § 1828 Anm 2, durch die Urschrift oder eine begl Abschrift ausweisen können. Geschieht das nicht u weist der andere das RGesch deshalb unverzügl, § 121 I 1, zurück, so ist das Gesch unwiderrufl unwirks. Der andere kann sich also nicht zB auf Irrtum beim Widerruf berufen. S 2 ist auf Behörden nicht anwendbar. Es genügt also, wenn dem NachlG der Beschl des VormschG, durch den die ErbschAusschlagg genehmigt ist, genau bezeichnet u die Zustellg angegeben ist, RG **118**, 145.

1832 *Genehmigung des Gegenvormundes.* Soweit der Vormund zu einem Rechtsgeschäfte der Genehmigung des Gegenvormundes bedarf, finden die Vorschriften der §§ 1828 bis 1831 entsprechende Anwendung.

1) Die Gen des GgVormd ist ein RGesch, die allg Vorschr für Rechtsgeschäfte finden also Anwendg, str. Wie bei der Gen des VormschG sind die §§ 1828–1831 aber nur dann auf die Gen des GgVormd entspr anzuwenden, wenn die Vertretgsmacht des Vormd beschränkt u demgemäß die Gen zum Zustandekommen des RGeschäfts unbedingt erforderl ist, § 1809 (Erhebg des Geldes, das mit der Bestimmg angelegt ist, daß zu seiner Erhebg die Gen des GgVormd erforderl sei), §§ 1812, 1813 II, nicht aber bei § 1810. Wegen des Anwendgsgebietes vgl auch § 1828 Anm 1.

1833 *Haftung des Vormundes.* I Der Vormund ist dem Mündel für den aus einer Pflichtverletzung entstehenden Schaden verantwortlich, wenn ihm ein Verschulden zur Last fällt. Das gleiche gilt von dem Gegenvormunde.

II Sind für den Schaden mehrere nebeneinander verantwortlich, so haften sie als Gesamtschuldner. Ist neben dem Vormunde für den von diesem verursachten Schaden der Gegenvormund oder ein Mitvormund nur wegen Verletzung seiner Aufsichtspflicht verantwortlich, so ist in ihrem Verhältnisse zueinander der Vormund allein verpflichtet.

1) Allgemeines. Besondere familienrechtl Haftg, die ihren Grd in der Übernahme des Amtes u der besonderen Schutzbedürftigk des Mdls hat, str. § 1833 ist also keine Erweiterg der Bestimmgen über unerl Hdlgen, aber auch kein besonderer Fall einer vertragl Haftg, da Bestellg kein VertrVerh zwischen Vormd u Mdl begründet. Deshalb 30jährige Verjährg mit den sich aus §§ 204, 206 ergebenden Besonderh, RG Recht **07**, 2575; SchadErsAnspr kann schon bei bestehender Vormsch geltd gemacht werden, § 1843 II. Dann Pflegerbestellg erforderl, § 1909. Gerichtsstand (auch für den GgVormd) nur ZPO 31, nicht 32. Eine weitergehende Haftg wird durch § 1833 nicht ausgeschl. Die Haftg beginnt mit der Bestellg, § 1789 Anm 2; sie ist auch dann noch gegeben, wenn trotz Beendigg der Vormsch alle die Sache so behandeln, als wenn sie fortbestünde, RG JW **38**, 3116; anders natürl, wenn der Vormd dann nicht mehr tätig ist, RG DR **40**, 726. Anwendbar ist § 1833 auf den Vormd, die MitVormd, den GgVormd, BGH LM Nr 2, soweit sie nicht etwa von der Übernahme der Vormsch unfähig waren, § 1780, Untauglichk, § 1781, nicht entgg; ferner auch auf den AmtsVormd, da BGB auf ihn anwendb (JWG 38). Haftb dann die Gemeinde od der Gemeindeverband, der das JA errichtet hat (JWG 12) für den Beamten od Angest im Umfang der Übertr (JWG 37) od wg Organisationsmangel (KG DAVorm **75**, 439). Grdsätze der beschrkten gerichtl Nachprüfg von ErmessensEntsch der Verw hier nicht anwendb (BGH **9**, 255). Ähnl bei VereinsVormsch; Haftg des Vereins für das Versch jedes Mitgl (§ 1791 a III 2), nicht nur für Vorstd, dessen Mitglieder u und verfassgsmäß berufene Vertr (§ 31). Nicht anwendbar auf die Haftg des Dritten, der nur nach den allg Grdsätzen haftet, nach denen auch das Vorliegen eines GesSchuldverhältn zu beurt ist. Im Konk des Vormd ist die Fdg des Mdl bevorrechtigt (KO 61 Z 5).

2) SchadErsPflicht. Vgl auch § 1837 Anm 3. Der Vormd hat die Vormsch treu u gewissenh zu führen, § 1789. Eine **Pflichtverletzg liegt also vor,** wenn er die durch das G gegebenen Vorschr, seien sie zwingende od nur Ordnungsvorschr, od die Anordngen des VormschG außer acht läßt; auch sonst hat er stets die gehörige Sorgf zu beachten. Maßgebd muß für ihn dabei das MdlInteresse sein, § 1793 Anm 1 aE; dringende eigene Geschäfte sind kein EntschuldiggsGrd, KG OLG **4**, 414, ebsowenig die Aussichtslosigk, für Aufwendgen Ersatz erlangen zu können, vgl auch § 1835 Anm 1. Der GegenVormd haftet vor allem für ordngsgemäße Überwachg des Vormd, § 1799 I, und für eine etwa pflichtwidrige Erteilg der ihm obliegenden Genehmigg. Das Verhalten des Vormd (GgVormd) muß **schuldhaft** sein, § 276; er hat nicht nur Vorsatz, sond auch Fahrlk zu vertreten, also die Sorgf anzuwenden, die man von einem verständigen Menschen erwarten kann, wobei allerdings die Sorgf der Lebenskreise, denen der Vormd angehört, in Rücks zu ziehen ist, RG JW **11**, 1061. So darf Vormd Ablösg des WohnR des Mdl nach dessen endgült Unterbringg in einer Anstalt nicht unterlassen, BGH LM Nr 1. SorgfPflicht auch für den AmtsVormd, Nürnb FamRZ **65**, 454, vgl auch Anm 1. Selbst die Gen des VormschG befreit den Vormd nicht ohne weiteres, BGH FamRZ **64**, 199. Es kommt auf die Lage des einzelnen Falles an, RG LZ **22**, 329. Er hat in tatsächl Beziehg, insb bei wirtschaftl Fragen, RG Recht **14**, 1581, stets selbst zu prüfen, ob das Gesch für den Mdl noch vorteilh ist, vgl § 1829 Anm 2 a und b, ob die tatsächl Unterlagen richtig sind, die dem Vormsch-

Richter bei der Gen vorlagen u dgl. Er kann sich also zu seiner Entlastg auch nicht ohne weiteres darauf berufen, daß eine amtl Taxe vorgelegen hat, falls er unterlassen hat, auf etwaige ihm bekannte Fehlerquellen hinzuweisen, RG JW **10**, 708. Er kann sich aber auf einen vom VormschRichter erteilten Rechtsrat verlassen, vgl RG **132**, 260. Darüber, ob er in einem Prozeß RMittel einzulegen hat, muß er sich durch einen Anwalt, notf den VormschRichter beraten lassen, nicht aber sich selbst die Entsch anmaßen, RG JW **22**, 1006. Entspr wird er sich bei einer für den Mdl ungünstigen Entsch des VormschG verhalten müssen. Ist der Vormd Anwalt, so muß er die Aussicht des Prozesses gewissenh beurteilen; für einen haltlosen Prozeß hat er ErsPfl für die Kosten, Warn **32**, 76. Vormd hat nicht nur UnterhPfl festzustellen, sond auch durchzusetzen, muß also gegebenenf auch Auswanderg des Pflichtigen bei der Prozeßbehörde zu verhindern versuchen, Nürnb FamRZ **65**, 454. Über die Folgen der Aussageverweigerg braucht Vormd die MdlMutter nicht aufzuklären, Celle Rpfleger **56**, 310. Für die **Haftg des Vormd für Dritte** kommt es darauf an, ob er die Obliegenh ihrer Art nach diesem übertragen durfte od nicht, vgl dazu § 1793 Anm 4. **Umfang der SchadErsPflicht** §§ 249 ff. Schädigt Mdl Dr, entsprecher FreistellgsAnspr des Mdls (Hamm DAVorm **78**, 221). Bei Vernachlässigg der PersFürs durch den Vormd wird die Hftg gem § 253 meist nicht gegeben sein, soweit nicht die weitergehende Haftg aus § 847 vorliegt, vgl Anm 1. Darauf, daß Mdl von Unterh- od Nichtersatzpflichtigen entschädigt wird, kann sich Vormd nicht berufen, BGH **22**, 72. Mitverschulden des Mdl, § 254, ist nicht ausgeschl, zB nach Lage des Falles in der selbständigen Unterlassg der Einlegg eines RMittels gem FGG 59, Staud-Engler Rdn 8. Haftg der Erben des Vormd nach allg Grdsätzen.

3) Mehrere Verantwortliche, II. ZB MitVormd, Vormd u GgVormd haften dem Mdl ggü als GesSchu, §§ 421 ff. Im Verhältn zueinander sind sie also zu gleichen Anteilen verpflichtet, § 426, vgl aber auch dort Anm 3. Besteht aber die Verantwortlichk des Gg- od MitVormd, vgl § 1797 Anm 2a und c, nur in der Verletzg der AufsPfl, so wird im Verhältn zum Mdl zwar an II 1 nichts geändert, im InnenVerh haftet aber der Vormd allein, II 2. Die Mithaftg des VormschRichters bestimmt sich nach §§ 1848, 840 I, die von Dritten nach allg Grdsätzen, vgl Anm 1. Eine AusglPfl des VormschRichters besteht nicht, § 841.

4) Beweislast. Mdl hat Pflichtverletzg u Versch zu beweisen, RG **76**, 186, bei Unterlassg einer gesetzl Pfl oft Beweis des ersten Anscheins für den Mdl, so daß Vormd sich zu entlasten hat, ähnl RGRK Anm 16.

1834 *Verzinsungspflicht.* **Verwendet der Vormund Geld des Mündels für sich, so hat er es von der Zeit der Verwendung an zu verzinsen.**

1) Vgl § 1805. Auf Versch od die Entstehg eines Schadens kommt es nicht an. Verzinsg in Höhe von 4%, § 246, für den darüber hinausgehenden Schaden gilt § 1833. Eine Verwendg ist in der Vermischg der Mdl-Gelder mit denen des Vormd noch nicht zu sehen, wohl aber in dem Verbrauch der vermischten Gelder; dann Anteil des Mdl zu verzinsen, RGRK Anm 1.

1835 *Ersatz von Aufwendungen.* **I Macht der Vormund zum Zwecke der Führung der Vormundschaft Aufwendungen, so kann er nach den für den Auftrag geltenden Vorschriften der §§ 669, 670 von dem Mündel Vorschuß oder Ersatz verlangen. Das gleiche Recht steht dem Gegenvormunde zu.**

II Als Aufwendungen gelten auch solche Dienste des Vormundes oder des Gegenvormundes, die zu seinem Gewerbe oder seinem Berufe gehören.

III Ist der Mündel mittellos, so kann der Vormund Vorschuß und Ersatz aus der Staatskasse verlangen. Die Vorschriften über das Verfahren bei der Entschädigung von Zeugen hinsichtlich ihrer baren Auslagen gelten sinngemäß.

IV Das Jugendamt oder ein Verein kann als Vormund oder Gegenvormund für Aufwendungen keinen Vorschuß und Ersatz nur insoweit verlangen, als das Vermögen des Mündels ausreicht. Allgemeine Verwaltungskosten werden nicht ersetzt.

1) Vormd, GgVormd u Pfleger, § 1915 I, können bei **Aufwendgen** zZw der Führg der Vormdsch Vorschuß, § 669, Ersatz f Aufwendgen, § 670, Zinsen, § 256, iHv 4%, § 246, ferner Befreiung v Verbindlichk, § 257 S 1, auch SicherhLeistg, § 257 S 2, verlangen. Bei Mittellosigk des Mdl kann der Vormd Vorschuß u Ers seiner baren Auslagen **aus der Staatskasse** verlangen. Festsetzg dch RPfleger, KG Rpfleger **73**, 357; zum Verf ü LG Bln Rpfleger **73**, 169. Maßgebd für die 3-Mo-Frist zur Geltendmachg: 15 II, LG Bln Rpfleger **73**, 92, für Art u Höhe: 14 (Vorschuß), 9–11 (Fahrtkosten, AufwandsEntsch) ZuSEntschG v 1. 10. 69, BGBl 1756, sinngem. Verdienstausfall w nicht ersetzt, wohl aber Kosten einer notw Vertretg, ZuSEntschG 1. JA u VereinsVormd können einen Vorschuß/Ers, auch f allg VerwKosten, nur, soweit das MdlVerm ausreicht, JWG 38 VI. III u IV eingef dch Art 1 Z 58 NEhelG. Antr muß klarstellen, ob angem Vergütg (§ 1836 I) od AusglErs aus der Staatskasse (§ 1835 III) verlangt w (Ffm Rpfleger **74**, 312); iF des ZuSEntschG keine weit Beschw (Karlsr Just **76**, 35).

2) Aufwendgen, zB bare Auslagen, vgl auch § 256, sind ersatzfähig, wenn sie der Vormd bei Anwendg der ihm obliegenden Sorgf, § 1833, den Umst nach für erforderl halten durfte, § 670. Hierzu rechnen nicht Zeitversäumnis, für die lediglich § 1836 in Betr kommen kann, ebsowenig Schäden, die Vormd bei Gelegenh der Führg der Vormsch erleidet, außer bei gefährl zur Gefahrenabwehr vorgenommenen Hdlgen, § 683 Anm 4. Aufwendgen aber für **eigene Dienste**, II, jedoch lediglich solche, für die ein Vormd ohne sachl Kenntnisse berechtigterweise Hilfe eines Dritten in Anspr genommen hätte, KG JW **35**, 1251, nicht aber solche, die jeder verrichten kann; insofern nur § 1836 (aM RGRK 5; LG Hbg AnwBl **71**, 360). Vergütg demgemäß an Vormd zu zahlen für Dienste als Handwerker, Arzt, Anwalt, KG JW **38**, 3116, zB für Proz-

Vormundschaft. 1. Titel: Vormundschaft über Minderjährige §§ 1835, 1836

Führg, Brsl JW **29**, 518 (zweckmäßigerw erfolgt Beiordng des VormdAnwalts auch als ArmenAnw, vgl Ffm NJW **51**, 276), Heranziehg eines VerkehrsAnw (KG Rpfleger **76**, 248), nicht aber schon für jede sonst nach BRAGO gebührenpflichtige Tätigk (Karlsr OLG **31**, 415, Ffm NJW **66**, 554); vgl auch § 1 II BRAGO, also keinen Ersatz für Schreibgebühren, soweit nicht Schriftstücke sehr umfangreich, od für Einzieh von Geld, Mahnschreiben u das, was auch sonst zu einer allg VerwTätigk gehört (KG DJZ **33**, 914). Voraussetzg der Vergütg nach II ist nicht, daß der Vormd seine ArbKraft anderweitig hätte verwenden können.

3) Geltendmachg. Der Vormd kann sich die erforderl Beträge, soweit vorhanden, selbst nehmen, §§ 1795 II, 181, der Anwalt also zB Prozeßkostenvorschuß aus den Einkünften, KG JW **35**, 546; § 1805 steht nicht entgg, KG OLG **18**, 299. Aber Gen erforderl, falls Geld nur durch Geschäfte gem §§ 1812, 1821 zu beschaffen. Sonst Klage, also des Vormd gg einen zu bestellenden Pfleger, KG OLG **8**, 361, die auch bei bestehender Vormsch schon erhoben w kann, § 1843 II; denn die Feststellg der Aufwendgen dem Grunde u der Höhe nach erfolgt durch das ProzG, nicht das VormschG, Mü JFG **14**, 272; anders bei § 1836. Die Ansicht des VormschG bindet demgemäß weder das ProzG, KG OLG **30**, 152, noch den Mdl. Da Ersatz für Aufwendgen von der Vergütg nach § 1836 grdsätzl zu trennen ist, ist auch Festsetzg einer Pauschalvergütg für beides durch das VormschG ungültig, KGJ **45**, 57. Mögl, daß dem Vormd durch das VormschG Entlassg angedroht wird, falls er bestimmte Aufwendgen in Zukunft nicht unterläßt, KG OLG **30**, 152.

1836 *Vergütung des Vormundes.* I Die Vormundschaft wird unentgeltlich geführt. Das Vormundschaftsgericht kann jedoch dem Vormund und aus besonderen Gründen auch dem Gegenvormund eine angemessene Vergütung bewilligen. Die Bewilligung soll nur erfolgen, wenn das Vermögen des Mündels sowie der Umfang und die Bedeutung der vormundschaftlichen Geschäfte es rechtfertigen. Die Vergütung kann jederzeit für die Zukunft geändert oder entzogen werden.

II Vor der Bewilligung, Änderung oder Entziehung soll der Vormund und, wenn ein Gegenvormund vorhanden oder zu bestellen ist, auch dieser gehört werden.

III Dem Jugendamt oder einem Verein kann keine Vergütung bewilligt werden.

1) Als Ehrenamt, dessen Übern allg StaatsbürgerPfl ist, ist die **Vormsch u Pflegsch,** § 1915, **grdsätzl unentgeltl zu führen.** Nicht GGwidr (BayObLG FamRZ **77**, 558). Ein Anspr besteht lediglich auf Ersatz der Aufwendgen, § 1835. Das VormschG kann jedoch dem Vormd u aus bes Grden auch dem Gg-Vormd für ihre allg Mühewaltg u Zeitversäumn eine **angemessene Vergütg** bewilligen. Das VormschG ist dabei in den Grenzen des richterl Erm frei, Ffm MDR **61**, 691, so daß die Unangemessenh mit der weit Beschw nur bei Überschreitg der ErmessensGr geltd gemacht w kann. MwSt ist bei Festsetzg der Höhe der Vergütg z berücks u nicht n § 1835 zu ersetzen, BGH NJW **75**, 210, Hamm NJW **72**, 2038, KG NJW **73**, 762, aA Hbg NJW **72**, 1427. Bei VermZuwendgen, § 1803, kann aus dem Zugewendeten eine Vergütg f den Vormd bindd ausgesetzt w. Vereinbargen über Unentgeltlichk od Höhe der Vergütg binden VormschG nicht, wohl aber kann Vormd verzichten, KGJ **45**, 52; vgl aber Anm 3. Stets muß eine wirks Bestellg vorliegen, KG JW **34**, 1581. Der Amts- u VereinsVormd erhält keine Vergütg, III, eingefügt dch Art 1 Z 59 NEhelG. Entsch ü Vergütg dch RPfleger, RPflG 3 Z 2a.

2) Vergütg kann einmalig, laufend, auch nur für ein bes Gesch erfolgen. Ein bestimmter Prozentsatz kann nicht verlangt werden, KG OLG **18**, 297. Auch die Grdsätze für die Vergütg anderer honoriergspflichtiger Tätigk, zB des KonkVerw, können nicht herangezogen werden, Mü JFG **15**, 34, Ffm MDR **61**, 691. Die Zubilligg einer Vergütg an den Vormd u deren Höhe beruht auf BilligkErwäggen aller Art, RG **149**, 177; dem ist bei Beurteilg des einzelnen Falles Rechng zu tragen. Kein BeschwR des wg Geistes-Krankh Entmündigten gg Festsetzg der Vergütg seines Vormd (Lüb Rpfleger **76**, 249).

Maßgebd für die Vergütg a) des Vormd u Pflegers, § 1915, das MdlVerm sowie Umfang u Bedeutg der vormschaftl Geschäfte. Grdsl ist nur, wenn Vermögen vorhanden s, eine Vergütg in Erwägg zu ziehn. Grds der Unentgeltlk auch, wenn Vormd RA ist, anders uU jedoch, wenn er mit Rücks auf seinen Beruf zum Pfleger ausgewählt w ist, LG Bln Rpfleger **74**, 14. Aussicht des Erben auf dch ErbVertr Zugedachtes ist vor Eintr des Erbfalles kein Verm, BayObLG JZ **53**, 242, ebsowenig UnterhRenten, ArbEinkommen u dgl, die zur Deckg des LebUnterh verwendet w müssen, LG Brschw MDR **63**, 253. Bei der Erwägg, ob u in welcher Höhe im Einzelfalle eine Vergütg zu gewähren ist, sind alle Umst des Falles, also auch die Verbindlk heranzuziehen (Grdsätze KG FamRZ **68**, 488). Die Überschuldg, die an sich nicht grdsätzl Ablehng der Vergütg bedingt, kann dann aber zur Versagg führen, es kann aber auch eine Vergütg der Billigk entsprechen, zB wg der umfangreichen Tätigk des Vormd od weil der Betrag die wirtschaftl Lage des Mdl nicht unbillig verschlechtert, RG **149**, 172, BayObLG **65**, 351. Infolgedessen ist Bewilligg auch nicht dch Vorhandensein von Einkünften bedingt, KG OLG **40**, 97 Fußn, wird auch dch MdlKonk nicht ausgeschl, KG RJA **16**, 51. Die Zubilligg ist auch nicht davon abhängig, daß die abzugeltende Tätigk sich gerade auf die VermVerw erstreckt hat, RG **147**, 317 unter Ablehng von BayObLG DJZ **33**, 916 und KG JW **34**, 2245. Weiterhin kommt es auf den Umfang u die Bedeutg der Vormschaftl Gesch sowie die Schwierigk der Verw an, die Durchschnittsmaß übersteigen müssen. Die Tätigk des Vormd ist als Ganzes zu betrachten, nicht etwa in die einzelnen Geschäfte zu zerlegen, RG **149**, 172; das Vorhandensein eines umfangreichen Vermögens ist also für sich allein noch kein Grd für die Zubilligg. Bürovorsteher als Ergänzgspfleger iR einer NachlaßAuseinandSetzg (2 Anteile zu je 40000 DM) erhielten 500 bzw 250 DM (= 30 bzw 15 DM mtl, Bielef JurBüro **78**, 734). Abgesehen von den im G genannten Merkmalen können auch andere für eine Vergütgsbewilligg sprechen, aM KG RJA **6**, 33, zB bes Pflichteifer u Erfolg, Hbg OLG **14**, 264, gg eine Bewilligg od für eine niedrigere Bemessg zB Anspr des Vormd auf Vergütg gg Dritte, KG Recht **06**, 1313, nahes VerwandtschVerhältnis, Mü DFG **36**, 234, ungetreues Verhalten, RG **154**, 110, nachläss GeschFührg (da Möglk der Entlassg od Aufrechng mit SchadErsAnspr ggü VergütgsProbl disparat; aA Kln Rpfleger **75**, 92), nicht aber eigenes Verm des Vormd, aM Gernhuber § 64 VII 3 Anm 6; für Berücksichtigg, wenn Unterschied zw Verm des Vormd u Mdl ungewöhnl groß, jedoch unter Außerachtlassg eines AufwendgsErs, KG JW **38**, 3116, RGRK Anm 13. Einer Bewilligg steht nicht entgg die noch nicht erfolgte Rechngslegg, KGJ **35**, A 29, od der SchadErsAnspr gg den Vormd, KG JW **1833**, der dann allerdings Aufrechng u ZurückbehaltgsR zuläßt, KGJ **35** A 29. Eine Vergütg kann auch noch nach Beendigg der Vormsch durch das VormschG festgesetzt werden, BayObLG SeuffA **61**, 227, Staud-Engler Rdn 16, 17, da das noch zur rechtl Erledigg der anhängig gewesenen Vormsch gehört; demgem auch nach dem Tode des Vormd u wenn dieser einen Antr nicht gestellt hatte, KG NJW **57**, 1441, ebso wenn gesetzl Voraussetzgen der Anordng überh nicht vorlagen u deshalb Aufhebg der Vormsch erfolgte, BayObLG **23**, 61. Herabsetzg, Erhöhg u Entziehg der Vergütg durch VormschG für die Zukunft stets (keine schroffen Übergänge von einem Jahr zum anderen) mögl, auch dann noch, wenn Festsetzg in der BeschwInstanz bestätigt, inzwischen aber andere Gesichtspunkte hervorgetreten sind, FGG 18, ferner auch, wenn aGrd der Entsch des VormschG inzwischen Verurteilg durch ProzG erfolgt ist, Hbg JW **16**, 1550, aber auch rückw nach Beendigg der Vormsch bei veränderter Sachlage, FGG 18, oder aGrd einer Beschw, RG **127**, 109, bzw im Stadium der Abrechng, LG Bln Rpfleger **74**, 14. Ist jedoch ü die Höhe der Vergütg formell rechtskr entschieden w, ist das VormschG nicht mehr zu erneuten sachl Entsch ü Vergütg befugt, KG JW **36**, 2562. – **b)** Für die **Vergütg des GgVormds** gilt das zu a Gesagte entspr. Es müssen aber bes Gründe vorliegen, dh, da die Bewilligg einer Vergütg schon für den Vormd ein überdurchschnittl Tätigwerden erfordert, außergewöhnl Umstände. Bestellg v RA gem § 1792 II ausr (BayObLG Rpfleger **75**, 222).

3) Verfahren. Die Festsetzg der Vergütg kann auf **Antrag** des Vormd, GgVormd, Mdl, KG OLG **18**, 296, oder vAw, KG NJW **57**, 1441, erfolgen. Es entsch der RPfleger, RPflG 3 Z 2a. Vor der Bewilligg, Änderg od Entziehg soll der Vormd od der vorhandene GgVormd angehört werden, II. Ist ein GgVormd zwar zu bestellen, § 1792 II, aber noch nicht vorhanden, so ist er zunächst zu bestellen. In der BeschwInstanz braucht eine abermalige Anhörg nicht stattzufinden, KG DJZ **04**, 604. Die Festsetz einer Pauschalsumme für Auslagen u Vergütg ist unzul, vgl § 1835 Anm 3. Die Gründe für die Angemessenh der Vergütg brauchen nur in wesentl Zügen angegeben zu werden, Mü JFG **15**, 34. Gegen Ablehng der Vergütg hat Vormd bzw GgVormd Beschwerderecht, FGG 20, ebso gg Bewilligg, und zwar bei einer solchen zG des Vormd der GgVormd, FGG 57 I Z 7, zG des GgVormd der Vormd, FGG 20, ferner der volljg gewordene Mdl, der TestVollstr, Mü JFG **14**, 9, ebso der Mdl gem FGG 59 selbständig, KG DFG **37**, 85, u die Kindesmutter, beide aber nur dann, wenn durch die Bewilligg die künftige Lebensgestaltg des Mdl geschmälert wird, KG DR **42**, 336; weitere Beschw gem FGG **27**, vgl auch Anm 1. Eine Abänderung der Entsch zum Nachteil des BeschwFührers ist unzul, KG RJA **14**, 96. Der Anspr auf Vergütg wird erst mit dem WirksWerden der Bewilligg erworben, FGG 16, RG **127**, 110. Die Festsetzg der Vergütg kann daher auch nicht abgelehnt werden, weil Anspr bereits erfüllt, KG RJA **16**, 59. Da aus dem BewilliggsBeschl aber eine Vollstreckg nicht stattfindet, Dresd OLG **26**, 117 Fußn, sofern das nicht landesrechtl geschehen ist, zB **Nds** FGG Art 6 I Z 3, **Hess** FGG Art 17, muß Vormd od GgVormd, sofern nicht bezahlt wird, klagen, wobei ProzG an Entsch des VormschG gebunden ist, RG **127**, 103. Vor dem ProzG kann also nicht die Festsetzg des VormschG bemängelt, wohl aber können andere Einreden, wie Verzicht, Aufrechng, Vergütgsvereinbg, BayObLG **50/51**, 346, geltd gemacht werden. Da Anspr auf Vergütg erst mit Bewilligg entsteht, RG **127**, 103, muß sie vor Eröffng des VormdKonk erfolgt sein, wenn Anspr in KonkMasse fallen soll, KG JFG **10**, 43; die nach Eröffng des Konk bewilligte Vergütg gehört nicht zu den KonkFdgen, KGJ **45**, 47.

III. Fürsorge und Aufsicht des Vormundschaftsgerichts

Grundzüge

1) Grundsätzl führt der Vormd die Vormsch selbständig, Grdz vor § 1793; eine Vertretg des Mdl durch das VormschG ist, abgesehen von dem AusnFall des § 1846, nicht mögl. Der Vormd untersteht der Aufsicht des VormschG, das ihm auch beratend zur Seite zu stehen hat. **Gegenstand der Aufsicht,** in der das VormschG ggf vom GgVormd unterstützt wird, §§ 1799, 1842, ist – **a)** die Überwachg der Tätigk des Vormd im allg, also dahingehd, daß die gesetzl Vorschr, zB über Anlegg der MdlGelder, ferner aber auch die bes des VormschG befolgt werden. Als Zwangsmittel stehen diesem die Ordngsstrafe, § 1837 II, äußerstenf die Entlassg, § 1886, zur Vfg; – **b)** die, im allg alljährl, rechngsmäßige Nachprüfg die VerwTätigk des Vormd, § 1843, die durch das vom Vormd eingereichte VermVerzeichnis, § 1802, u die Rechngslegg des Vormd, §§ 1840ff, erleichtert wird. Darüber hinaus kann es sich jederzeit dadurch Einblick verschaffen, daß es Ausk von Vormd u GgVormd über Führg der Vormsch u die persönl Verhältnisse des Mdl verlangt, § 1839. Verletzt der VormschRichter seine Pfl, so wird er dem Mdl schadersatzpfl, § 1848.

1837 *Aufsicht des Vormundschaftsgerichts.* **I** Das Vormundschaftsgericht hat über die gesamte Tätigkeit des Vormundes und des Gegenvormundes die Aufsicht zu führen und gegen Pflichtwidrigkeiten durch geeignete Gebote und Verbote einzuschreiten.

II Das Vormundschaftsgericht kann den Vormund und den Gegenvormund zur Befolgung seiner Anordnungen durch Festsetzung von Zwangsgeld anhalten. Gegen das Jugendamt oder einen Verein wird kein Zwangsgeld festgesetzt.

1) Strafhöhe (II 2 aF) dch G v 5. 3. 53 (BGBl 33) gestrichen; II 2 angef dch NEhelG Art 1 Z 60; II geänd dch EGStGB v 2. 3. 74 (BGBl 469) Art 121 Z 6. **Grundsatz:** Der Vormd führt die Vormsch selbstd, soweit nicht die Verpfl zur Einholg der Gen des GgVormd od VormschG besteht, zB §§ 1810, 1812, 1821; vgl auch § 1793 Anm 1. Abgesehen hiervon untersteht seine gesamte Tätigk, ebso die des befreiten Vormd, GgVormd,

Amts- u VereinsVormd, bei diesen mit der sich aus II 2 ergebden Einschränkg, der Aufsicht des VormschG. Unterstützt wird er dch den GgVormd, § 1799 I, das JA, § 1850, JWG 48, dch die Ausk-, § 1839, Inventarisiergs- u RechnsleggsPfl des Vormd, §§ 1802, 1840 ff. Der wirks Durchführg des AufsR dienen die Möglichk, Anordnungen zu erlassen u deren Befolgg durch Zwangsgelder zu erzwingen, II, schließl als äußerste Maßn die Entlassg des Vormd, § 1886, insb bei Pflichtwidrigk iSv Anm 3.

2) Die Aufsichtsführg. Leitender Grds ist die Wahrg des MdlInteresses mit den Maßgaben aus §§ 1793 Anm 1, 1828 Anm 2c. Dritte Personen haben daher kein BeschwR, wenn VormschG nicht einschreitet, außer im Rahmen des FGG 57 I Z 9. Der erstrebte Erfolg muß also dem persönl Wohl des Mdl in körperl, geistiger od moralischer Hins zu dienen geeignet sein. BeschwR des GgVormd, FGG 57 I Z 6, des Mdl FGG 59.

Gegenstand der Aufsichtsführg a) die **Überwachg** der gesamten Tätigk des Vormd, dh also auf allen ihm obliegenden Gebieten, vgl § 1793 Anm 1, ob sich seine Tätigk innerh der gesetzl Schranken u der vom VormschG getroffenen Anordnungen, §§ 1803, 1818, 1844, hält, KG OLG **37**, 250; handelt es sich um umfangreiche kaufmännische, landwirtschaftl od Fabrikationsbetriebe, deren ordngsmäßige Verw nur mit Fachkenntnissen beurteilt w kann, kann das VormschG fachkundige Hilfspersonen zuziehen, aber niemals den Vormd ständig durch sie überwachen lassen, KG HRR **36**, 1045.

b) Das **Einschreiten bei Pflichtwidrigk** durch Erlaß von Ge- u Verboten, die seinem Ermessen nach geeignet sind, jenen entggzuwirken, notf durch Ordnungsstrafen, II. Grundsätzl wird das VormschG durch das Aufsichtsrecht nicht berechtigt, den Mdl zu vertreten, RG **71**, 167; Ausnahmen §§ 1844, 1846. Die Ausdehng der gesetzl Zustdgk des VormschG durch Anordng Dritter, zB durch letztw Vfg der Eltern, ist unzul, RG Gruch **64**, 726. Zum Einschreiten ist VormschG von Amts wegen verpflichtet, FGG 12. Trifft es ungeeignete Maßnahmen, unterläßt es das Einschreiten trotz Notwendigk, Haftg aus § 1848. Aufsichtsführg beginnt mit der Bestellg, §§ 1789, 1792 IV, endigt mit Ende der Vormsch, §§ 1885 ff, 1895. Es besteht daher kein Recht mehr auf AuskErteilg gg den früh Vormd, KG OLG **40**, 99, der aber noch ordngsmäßige Schlußrechng zu legen hat, § 1890, KG OLG **32**, 49. Dem vollj Mdl hat das VormschG Akteneinsicht zu gewähren, auch Abschriften auf Erfordern zu erteilen, FGG 34, u Ausk zu geben.

3) Die Pflichtwidrigk setzt ein Versch des Vormd voraus, § 276, BayObLG JFG **8**, 94, allgM, vgl auch § 1833 Anm 2; aM Gernhuber § 64 IV 4: kein Versch im Interesse des Kindes erforderl. Ob eine Pflichtwidrigk vorliegt, hat das VormschG nach freiem Ermessen zu prüfen; zu bejahen, wenn der Vormd sich an die Entsch des VormschG nach aufgetretener Meingsverschiedenh der Mitvormünder nicht kehrt, die Mittel zur Erhebg der Klage auf Aufhebg der Entmündigg verweigert, Colmar Recht **10**, 1267, die Entlassg des geisteskranken u gemeingefährl Mdl aus der Anstalt betreibt, Mü JFG **15**, 271, bei unangemessener Verkehrsregelg mit den leibl Eltern, RG **153**, 243, bei Störg des guten Verhältnisses des Mdls zur Großtante, KG R¹A **5**, 221, der Vormd die Kosten zur Behebg einer erhebl Krankh aus dem VermStamm bereitstellt, Colmar Recht **05**, 1767, Unterh- u Erziehgskosten verschwenderisch festsetzt, eine berechtigte Fdg gg den Mdl leichtsinnig bestreitet, KG RJA **16**, 14, Nachlässigk in der BerichtsPfl, Bonn DAVorm **74**, 406. — Anders hingg, wenn es sich um reine Zweckmäßigkeitsfragen handelt. Ein Eingriff des VormschG würde insofern gg die Selbständigk des Vormd verstoßen. Hier kann es weder mit Ge- noch Verboten vorgehen, KGJ **37** A 75, od gar ZwGeld verhängen, BayObLG **5**, 182. So hat der Vormd selbst zu bestimmen die Regelg des Verkehrs des Mdl, vgl auch oben, die Bestimmg, welche Summen für den Unterh verwendet, KG OLG **2**, 61, BayObLG **17**, 231, Verbindlichk des Mdl erfüllt w sollen, KG JW **37**, 1552, ob im RStreit geführt, KG OLG **18**, 302, od nicht weitergeführt w soll, KG JFG **15**, 214, die Erziehg des Mdl, KG OLG **2**, 61, die Berufswahl, die Unterbringg des Mdl in einer geschloss Anst, wozu er aber die Gen des VormschG einzuholen hat, § 1800 Anm 3, sa LG Köln NJW **60**, 1769 (bei ungesetzl Verbringen muß VormschG Entlassg veranlassen), die Art der Verw des MdlVermögens im allg, RG LZ **18**, 692, ob KindesAnnVertr abzuschließen ist, Oldbg NdsRpfl **51**, 200. VormschG hat außer iFv § 1836 auch noch nicht über die Anspr des Vormd gg den Mdl od umgek entscheiden. Hält aber das VormschG die vom Vormd getroffene Regelg für unzweckm, zB den vom Vormd beabsichtigten RStreit für aussichtslos, KG RJA **16**, 13, so ist es ihm unbenommen, den Vormd belehrend darauf hinzuweisen, RG **75**, 231. Stellt sich dann heraus, daß Vormd nur aus Starrköpfigk, also aus unsachl Erwägen an seiner Ansicht festhält, während er diese bei gewissenhafter Überlegg als offenbar unhaltbar erkennen muß, so liegt Pflichtwidrigk vor, VormschG zum Einschreiten nach § 1837 berechtigt, KG OLG **41**, 78, BayObLG JW **27**, 1218. Läßt sich anderers Versch und damit Pflichtwidrigk nicht feststellen, hält aber der VormschRichter die Maßregeln des Vormd für gefährlich im MdlInteresse, so bleibt, da Bestellg eines Pflegers zZw der Verwirklichg der Ansicht des Gerichts unzul ist, BayObLG **25**, 200, nur Entlassg, KG JW **36**, 2753. Vorläufiges Verbot der Maßn bis zur Entsch des zu bestellenden neuen Vormd dann mögl, KG RJA **6**, 18. Bei falscher Beurteilg der Sachlage dch den VormschRichter aber Haftg gem § 1848. Gegen Ge- u Verbote des VormschRichters hat Vormd Beschw aus FGG 20 I, KGJ **51**, 39; wg des BeschwR anderer Personen Anm 2.

4) Unterstützende Tätigk des VormschG. Abgesehen von den Jugendämtern, JWG 47 d, ist auch das VormschG verpflichtet, den Vormd bei seiner Tätigk durch Rat u Tat zu unterstützen, RG **67**, 418, so zB den Vormd, der keine Rechtskenntnisse besitzt, auf die rechtl Folgen seines Tuns u eine zweckm Erledigg hinzuweisen, den Vormd über die Unzweckmäßigk von Maßnahmen zu belehren, Anm 3, auf dessen Antr die Hilfe anderer Behörden nachzusuchen, RG **75**, 230. Es darf aber nicht mittelbar die staatshoheitl Gewalt dem Vormd zur Durchführg für seine Geschäftstätigk dienstbar machen, also zB den ihm zur Vfg stehenden Zeugniszwang zur Ermittelg der nehel Vaterschaft gebrauchen, RG JW **11**, 781, KG DJ **40**, 1174, od die Beweise, die zur Entscheidg eines vom Vormd geführten Prozesses dienen sollen, schon vorher erheben, RG LZ **17**, 333; ebsowenig darf es für den Vormd handeln od ihn über das G hinaus mit bindenden Anweisgen versehen, und zwar auch nicht, wenn Vormd es wünscht, ebso BayObLG **50/51**, 440.

5) Zwangsgeld (früh OrdngsStrafe), **II.** Nicht ggü Amts- u VereinsVormd (II 2, JWG 38 V) od gg entlassenen Vormd (KG RJA **16**, 18). **Voraussetzg** für Festsetzg v ZwGeld ist die schuldh Nichtbefolg eines zul (Anm 3) Ge- od Verbots des VormschG (KGJ **51**, 49) wie Erzwingg der Erstattg eines persönl Berichts ü den Zustand des Mdl (KG RJA **13**, 70). Verhängg ist ein ZwMittel, nicht Ausfluß der staatl StrafGew (Colmar OLG **21**, 291), daher kein ZwGeld bei Ungebühr od zur Dchsetzg v SchadErsLeistgen gg den Vormd, da für diese nur der Rechtsweg in Betr kommt (§ 1843 II; BayObLG **3**, 797); ferner nicht, wenn Ausführg der gerichtl AO unmögl, od Aufhebg, wenn vor Beitreibg die AO ausgeführt worden ist (KG OLG **38**, 261, u zwar auch auf Beschw KG JFG **1**, 26); ebso wenn sie sich nachträgl als ungerechtf herausstellt, u zwar ebenf noch nach Einlegg der Beschw (FGG 18 I). **Höhe**: 5–1000 DM (EGStGB Art 6); zuzügl Kosten (FGG 33 III 2; vgl § 1788 Anm 1). Der Festsetzg muß stets eine **Androhg** vorausgehen (FGG 33 III). ZwGeld kann nicht wiederholt w (unausweichl Umkehrschl zu EGStGB Art 121 Z 5 b; anders noch vor diesem legislator Versehen, BayObLG **2**, 800). Uneinbringl ZwGeld kann nicht umgewandelt w. Gehört das Gesch zu den dem RPfleger übertragenen Geschäften (RPflG 3 Z 2a, vgl jedoch auch RPflG 4 III), so kann er auch das ZwGeld androhen u festsetzen (RPflG 4 I); denn eine Haftstrafe kommt nicht in Betr. Wg Kosten KostO 119 V. Einziehg der Kosten wie des ZwGeldes gem JustBeitrO 1. **Beschwerde** bereits gg Androhg (BayObLG JFG **4**, 63) u gg Festsetzg. Aufschiebde Wirkg (FGG 24).

1838 *Anderweitige Unterbringung des Mündels.* Das Vormundschaftsgericht kann anordnen, daß der Mündel zum Zwecke der Erziehung in einer geeigneten Familie oder in einer Erziehungsanstalt untergebracht wird. Hierbei ist auf das religiöse Bekenntnis oder die Weltanschauung des Mündels und seiner Familie Rücksicht zu nehmen. Steht dem Vater oder der Mutter die Sorge für die Person des Mündels zu, so ist eine solche Anordnung nur unter den Voraussetzungen des § 1666 zulässig.

Vorbem. Worte: „oder eine Besserungsanstalt" gestrichen, Art I Z 33 FamRÄndG. S 2 eingefügt dch Art 1 Z 61 NEhelG.

1) Allgemeines. Zum UnterbringgsR des Vormd § 1800. § 1838 handelt nur von der Anordg zur Erziehg in einer geeigneten Familie od in FürsErziehg, die das VormschG selbständig, auch gegen den Willen des Vormd, BayObLG JW **27**, 1218, also unter Durchbrechg des Grdsatzes, daß der Vormd die Vormsch selbständig führt, anordnet. Für die gesetzl u bestellte Amts- u VereinsVormsch § 1801 II. Kommt zu den Voraussetzgen des § 1838 hinzu, daß die Entferng des Mj aus seiner bisherigen Umgebg zur Verhütg der Verwahrlosg erforderl ist, u kann ausreichende andere Erziehgsmaßnahme nicht gewährt werden, so ordnet VormschG FürsErziehg an, JWG 64.

2) Anderweitige Unterbringg, S 1. Die Anordg einer solchen durch das VormschG ist nur im Mdl-Interesse **und nur zu Erziehgszwecken statthaft,** BayObLG **25**, 183, dann aber auch gegen den Willen des Vormd, Anm 1; auch braucht Vormd keine Pflichtwidrigk bei der Erziehg zur Last zu fallen, BayObLG JFG **8**, 91, auch nicht Verwahrlosg des Mdl zu befürchten sein, allgM; es genügt zB anderweite Unterbringg zur Ausbildg des Mdl in der deutschen Sprache, KG ZBlFG **5**, 260. Unzulässig ist eine solche Anordg aber dann, wenn Mdl in einer anderen Anstalt, als in § 1838 genannt, untergebracht w soll, zB Trinkerheilanstalt, KG RJA **13**, 185, Irrenanstalt (wohl aber Taubstummenanstalt RGRK Anm 1) od überh einer Anstalt zur Heilg von gesundheitl Leiden, Bln (LG) FamRZ **70**, 254, da insofern Recht des Vormd zur selbstd Führg der Vormsch (vgl aber auch § 1800 Anm 3) keine Ausn erleidet, vgl § 1837 Anm 3. Anordnung des VormschG muß enthalten, ob Mdl untergebracht werden soll – **a)** in einer geeigneten Familie, oder – **b)** in einer Erziehgsanstalt. Es kann auch bestimmte Stelle auswählen, deren Auswahl aber auch Vormd überlassen, die Durchführg seiner Anordng dann aber auch gem § 1837 II erzwingen, BayObLG JW **27**, 1218. Folge der Unterbringg ist, daß ErziehgsR insofern auf den damit in der betr Familie betrauten od Vorstd der Anstalt übergeht, währd im übr Rechte u Pflichten des Vormd, also insb seine gesetzl Vertretgsmacht, keine Einschränkg erleiden, KGJ **46**, 83. Kosten der Unterbringg trägt Mdl.

3) Hat ein Elternteil Sorgerecht, S 2, und zwar auch dann, wenn dieses daneben dem Vormd zusteht, zB § 1673 II, so muß anders als bei S 1 bei Anordng gg den Willen des Sorgeberecht schuldhafte Gefährdg des geistigen od leibl Wohls des Kindes vorliegen, § 1666, KG OLG **33**, 366.

4) Verfahren. Es entsch der Richter, RPflG 14 Z 8. Anhörg des Vormd u Mdl nicht ausdrückl vorgeschrieben, doch die Regel, BayObLG **20**, 114, außerdem die der Verwandten u Verschwägerten, § 1847 I. Beschwerderecht des Mdl, FGG 59, des Vormd aus eigenem Recht, FGG 20, BayObLG JW **27**, 1218, ebso des sorgeberechtigten Elternteils, ferner jedes Dritten mit berechtigtem Interesse, FGG 57 I Z 9, aber nicht des Elternteils, dem das SorgeR entzogen ist, BGH NJW **56**, 1755, auch des JA, BGH ZBlJugR **54**, 237. VormschG setzt Unterbringg gemäß FGG 33 durch, Köln NJW **52**, 547, Spindler AcP **155**, 525.

1839 *Auskunftspflicht des Vormundes.* Der Vormund sowie der Gegenvormund hat dem Vormundschaftsgericht auf Verlangen jederzeit über die Führung der Vormundschaft und über die persönlichen Verhältnisse des Mündels Auskunft zu erteilen.

1) Die AuskPfl des Vormd u GgVormd, auch bei Amts-, Vereins- u befreiter Vormsch soll dem VormschG die Aufsichtsführg erleichtern. Die AuskPfl erstreckt sich auf die gesamte Führg der Vormsch, also auch die vermögensrechtl Verw. Entspr § 1799 II kann VormschG auch Einsicht in die sich auf die Vormsch beziehenden Papiere nehmen, erforderlichenf durch einen Sachverst, auch verlangen, daß die zum VermVerzeichnis gehörigen Belege, KGJ **36** A 38, sowie Bescheiniggen vorgelegt werden, die letzteren aber nur, falls der Vormd selbst Anspr auf solche hat, KG OLG **38**, 261. Berichte in persönl Angelegenhei-

Vormundschaft. 1. Titel: Vormundschaft über Minderjährige §§ 1839–1842

ten (wg der Rechngslegg § 1840) können jederzeit, aber auch periodisch gefordert werden. Der Vormd ist berechtigt, sie durch einen Bevollm abfassen u unterzeichnen zu lassen, § 1793 Anm 4, ist aber auf Verlangen des VormschG verpflichtet, das persönl zu tun, auch persönl zum Bericht zu erscheinen, KG RJA **13**, 70. Erzwingg durch Ordngsstrafen, § 1837 II, mögl (RPfleger zust, § 1837 Anm 5), aber nicht mehr nach Beendigg der Vormsch, KG RJA **15**, 255; notf Entlassg § 1886. Andererseits Klage auf AuskErteilg u Ableistg der eidesstattl Vers, § 260 II, erst nach Beendigg des Amts.

1840 *Rechnungslegung.* I Der Vormund hat über seine Vermögensverwaltung dem Vormundschaftsgerichte Rechnung zu legen.

II Die Rechnung ist jährlich zu legen. Das Rechnungsjahr wird von dem Vormundschaftsgerichte bestimmt.

III Ist die Verwaltung von geringem Umfange, so kann das Vormundschaftsgericht, nachdem die Rechnung für das erste Jahr gelegt worden ist, anordnen, daß die Rechnung für längere, höchstens dreijährige Zeitabschnitte zu legen ist.

1) **Allgemeines, I.** Vormd, mehrere Vormd bei ungeteilter VermVerw, § 1797 I, zus, bei geteilter VermVerw, § 1797 II, jeder für den ihm bestimmten Wirkgskreis, hat un auf gef ordert über seine Verw- Verw Rechng zu legen. Wird Vormsch über mehrere Mdl geführt, § 1775, braucht bei ungeteiltem Vermögen Rechnslegg nicht gesondert zu erfolgen. Art der Rechnslegg § 1841. Die Rechnslegg erstreckt sich nur auf das nach dem G der Verw des Vormd unterliegende MdlVermögen, anders § 1802 Anm 2, nicht also auf die Teile des MdlVermögens, die der Verw eines Dritten unterliegen, also zB TestVollstr, anderer Eheg, § 1422, selbst wenn dieser zugl Vormd ist, Staud-Engler Rdn 11, unterliegen; wohl aber auch auf die Teile, die der Vormd durch einen Dritten verwalten läßt, § 1793 Anm 4, od die sich im Besitz eines Pfandgläubigers od Nießbrauchers befinden, RGRK Anm 1. Von der Rechnslegg nach § 1840 befreit sind der Amts-, der VereinsVormd, § 1857a, so daß § 1854 gilt. Befreit auch der vom Vater u der ehel Mutter benannte Vormd, soweit er von der Verpflichtg zur Rechnslegg entbunden ist, §§ 1854 f, aber auch § 1857; hingg ist die Befreiung dch das VormschG unzul. Die RechnsleggsPfl entfällt, wenn kein zu verwaltendes Vermögen da ist; sind weder Einnahmen noch Ausgaben zu verzeichnen, so genügt die Einreich einer Vermögensübersicht. Die Pflicht zur Rechnslegg besteht **a)** ggü dem VormschG u kann von diesem dch Ordngsstrafen erzwungen werden, § 1837 II, **b)** aber auch dem Mdl ggü, bestr, so daß Vormd sich diesem ggü dch Verletzg dieser Pfl schadenersatzpfl macht, § 1833, Rechnslegg auch im Prozeßwege erzwungen w kann. Jedoch kann die eidl Versicherg über Vollständigk der angegebenen Einnahmen, § 259 II, nur nach beendeter Vormsch vom Mdl, nicht vom VormschG gefordert werden, RGRK Anm 1. Auf die dem VormschG gelegte Rechng kann Vormd nach Beendigg seines Amts Bezug nehmen, § 1890 S 2. Kosten der Rechnslegg fallen MdlVermögen zur Last, begründete Zuziehg eines Sachverständigen ist Aufwendg gem § 1835.

2) **Zeitpunkt der Rechnslegg, II, III.** Die Rechng ist jährl zu legen. Mit Rücks auf § 1839 kann das aber auch in der Zwischenzeit verlangt werden. Handelt es sich um eine Verw von geringem Umfange, so kann das VormschG mit der stets gegebenen Möglichk, seine Anordng wieder abzuändern, die Periode für die Rechnlegg bis auf höchstens drei Jahre verlängern, jedoch immer erst dann, nachdem die Rechng für das erste Jahr gelegt ist. Verlängerg dieses ersten Rechnsleggsabschnittes ist unzul. Eine nach der ersten Rechnslegg angeordnete Verlängerg des Zeitabschnittes gilt auch bei Eintritt eines neuen Vormd.

1841 *Art der Rechnungslegung.* I Die Rechnung soll eine geordnete Zusammenstellung der Einnahmen und Ausgaben enthalten, über den Ab- und Zugang des Vermögens Auskunft geben und, soweit Belege erteilt zu werden pflegen, mit Belegen versehen sein.

II Wird ein Erwerbsgeschäft mit kaufmännischer Buchführung betrieben, so genügt als Rechnung eine aus den Büchern gezogene Bilanz. Das Vormundschaftsgericht kann jedoch die Vorlegung der Bücher und sonstigen Belege verlangen.

1) **Allgemeines.** § 1841 ist ggü § 259 Sondervorschr, KGJ **37** A 110. Erste Rechnslegg hat an das VermVerzeichnis nach § 1802 anzuschließen, die späteren an die früheren Rechnsleggen. Die Rechng soll eine geordnete Zusammenstellg der Einnahmen u Ausgaben enthalten, was bei größeren Verwaltgen nur nach Ordng von Ggständen mögl sein wird. Anzuschließen ist Bericht, der über Zu- u Abgänge Ausk gibt, unbedeutende Zu- u Abgänge aber natürlich nicht zu erwähnen braucht. Inwieweit Belege, dh Beweisstücke ohne eigenen Wert, also nicht Sparkassenbücher, Depotscheine, KGJ **50**, 31, beizufügen sind, richtet sich nach Verkehrssitte. Sie sind dem Vormd im allg zurückzugeben. Sachverständigenausgaben sind, wenn wirkl erforderl, Vormd zu ersetzen, § 1835 Anm 2.

2) Bei einem **Erwerbsgeschäft, II,** Begriff § 1822 Anm 4, mit kaufmänn Buchführg, HGB 38, genügt die Einreich der aus den Büchern sich ergebenden Bilanz, dh einer ZusStellg der nach Soll u Haben geordneten Schlußsummen der einzelnen Konten nebst Gewinn- u Verlustrechng. Es kann aber vom VormschG nach freiem Ermessen auch die Vorlegg der Bücher u Belege gefordert werden.

1842 *Mitwirkung des Gegenvormundes.* Ist ein Gegenvormund vorhanden oder zu bestellen, so hat ihm der Vormund die Rechnung unter Nachweisung des Vermögensbestandes vorzulegen. Der Gegenvormund hat die Rechnung mit den Bemerkungen zu versehen, zu denen die Prüfung ihm Anlaß gibt.

1) Ist ein GgVormd zu bestellen, § 1792, aber noch nicht bestellt, so hat zunächst die Bestellg zu erfolgen. Dem GgVormd ist anders als im § 1841 auch der VermBestand jedesmal vorzulegen u nachzuweisen, daß und wo sich die VermStücke von Bedeutg befinden. Auch darauf erstreckt sich PrüfgsPfl u Verpflichtg, in dem beizusetzenden Vermerk Vorhandensein od Fehlen zu bescheinigen. Prüfg erschöpft sich also nicht im Rechnungsmäßigen. Erleichtert wird jene durch die dem Vormd obliegende Ausk- u VorweisgsPfl, § 1799 II. GgVormd darf nicht darauf verlassen, daß ihm der Vormd vertrauswürdig erscheint; Haftg nach § 1833. Bei befreiter Vormsch § 1854 III.

1843 *Prüfung durch das Vormundschaftsgericht.* I Das Vormundschaftsgericht hat die Rechnung rechnungsmäßig und sachlich zu prüfen und, soweit erforderlich, ihre Berichtigung und Ergänzung herbeizuführen.

II Ansprüche, die zwischen dem Vormund und dem Mündel streitig bleiben, können schon vor der Beendigung des Vormundschaftsverhältnisses im Rechtswege geltend gemacht werden.

Schrifttum: Birkenfeld FamRZ **76**, 197.

1) Die Prüfg des VormschG, I, ist **a) eine rechngsmäßige.** Es sind also die zahlenmäßige Übereinstimmg der Belege u der Rechngsposten u die rechnerische Richtigk des Abschlusses zu prüfen. Dazu kann sich der VormschRichter auch Hilfspersonen bedienen. Sind ihm Kalkulatoren zugewiesen, so haftet er lediglich für Versch bei deren Auswahl u Überwachg, RG **80**, 406.

b) Eine sachl, also ob alle Einnahmen gezogen u diese vollständig aufgeführt, die Ausgaben angemessen, die gesetzl Vorschr beachtet sind, insb also die erforderl Genehmiggen eingeholt, die Anleggs- u Hinterleggsvorschr eingehalten sind u dgl. Zu diesem Zwecke kann sich der VormschRichter nach seinem pflichtmäßigen Ermessen erforderlichenf auch vom Vorhandensein des Kapitalvermögens, zB durch Vorlegg der Hinterleggsscheine, überzeugen. Eine Verpflichtg dazu bei jeder Rechngslegg besteht aber nicht. Zum Zwecke der Prüfg kann der VormschRichter Ausk, auch vom Vormd persönl, § 1839 Anm 1, verlangen, die Berichtiggung und Ergänzg der Rechng herbeiführen, aber nicht etwa selbst auf Kosten des Vormd, sond nur durch den Vormd notf mit Ordngsstrafen, § 1837 II. Er kann den Vormd nicht zur Streichg von Rechngsposten, die er nicht für erforderl hält, zwingen, BayObLG JFG **6**, 104, od Einnahmeposten einstellen od Vormd zum Anerkenntnis von SchadErs zwingen (§ 1837 Anm 5). NachlGer kann NachlVerw nicht zur Rückzahlg unangebrachter Auslagen (Brasilienreise) anhalten, sond Sache des Erben im ProzWege (LG Bln Rpfleger **76**, 98).

2) Streitige Ansprüche, II. Entlastg wird durch das VormschG nicht erteilt, Mdl kann also Rechng auch noch nach Erlangg der Volljährigk bestreiten, vgl auch § 204. Streitige Anspr, und zwar solche des Mdl gg Vormd u umgekehrt, können aber auch schon währd der Vormsch ausgetragen werden, II, jedoch nur vor dem ProzG, BayObLG JFG **6**, 104. Für diesen Prozeß hat VormschG dem Mdl Pfleger zu bestellen, § 1909 I. Wegen Leistg des Offenbargseides § 1840 Anm 1 b.

1844 *Sicherheitsleistung durch den Vormund.* I Das Vormundschaftsgericht kann aus besonderen Gründen den Einzelvormund anhalten, für das seiner Verwaltung unterliegende Vermögen Sicherheit zu leisten. Die Art und den Umfang der Sicherheitsleistung bestimmt das Vormundschaftsgericht nach seinem Ermessen. Das Vormundschaftsgericht kann, solange das Amt des Vormundes dauert, jederzeit die Erhöhung, Minderung oder Aufhebung der Sicherheit anordnen.

II Bei der Bestellung, Änderung oder Aufhebung der Sicherheit wird die Mitwirkung des Mündels durch die Anordnung des Vormundschaftsgerichts ersetzt.

III Die Kosten der Sicherheitsleistung sowie der Änderung oder der Aufhebung fallen dem Mündel zur Last.

Vorbem. In I 1 Vormd dch „EinzelVormd" ersetzt, Art 1 Z 62 NEhelG, damit klargestellt, daß sich § 1844 nicht auf Amts- u VereinsVormd bezieht.

1) Allgemeines. I, III. Das BGB gibt dem Mdl kein gesetzl PfdR am Verm des Vormd, auch das Vorrecht im Konkurse reicht nicht aus, KO 61 Z 5. Deshalb ist dem VormschG das Recht gegeben, den EinzelVormd, auf den sich allein § 1844 bezieht, allerdings nur aus bes Gründen, anzuhalten, für das seiner Verw, also nicht etwa auch der des TestVollstr unterliegende Vermögen Sicherh zu leisten. **Besondere Gründe** können vorliegen, zB mit Rücksicht auf die leichte Verwertbark des MdlVermögens, KG OLG **4**, 115, die Pers od VermLage des Vormd, so daß das VormschG auf diese Weise eine Möglichk erhält, den Mdl auch gg einen nicht vertrauenswürdigen Vormd, dem bisher eine Interessengefährdg noch nicht nachgewiesen ist, zu schützen und aber die Entlassg nicht herbeizuführen; denn der berufene Vormd hat dann das Recht, die Übernahme der Vormsch abzulehnen, § 1786 I Z 6, der bereits Bestellte, seine Entlassg zu fordern, § 1889. Ob bes Gründe vorliegen, hat der VormschRichter von Amts wegen festzustellen, und haftet dem Mdl für den etwa durch die Unterlassg der Anordng erwachsenen Schaden, § 1848. Das VormschG kann auch jederzeit die Erhöhg, Minderg oder Aufhebg der Sicherh anordnen, jedoch nur so lange, als das Amt des Vormd dauert, I 3. Nach dessen Beendigg entfällt ein Erhöhg, vielm ist dann ein etwa vorhandener SchadErsAnspr von dem neuen Vormd od dem vollj gewordenen Mdl einzuklagen. Dem neuen Vormd liegt auch die Minderg u Freigabe der Sicherh ob, wozu aber Gen des VormschG erforderl ist, § 1822 Z 13; vgl auch § 1892 Anm 4. Erforderlichenfalls muß der bisherige auf Freigabe klagen. Das VormschG bestimmt Art u Umfang der zu leistenden Sicherh nach freiem Ermessen, ist also an §§ 232 ff nicht gebun-

Vormundschaft. 1. Titel: Vormundschaft über Minderjährige §§ 1844–1847

den. Es wird dabei auf die beiderseitigen Vermögen Rücks zu nehmen haben. Es entsch der RPfleger, RPflG 3 Z 2a. Wegen der Eintragg einer SichergsHyp vgl Anm 2. Die Anordngen des VormschG sind durch Ordngsstrafen, § 1837 II (anders § 1668 Anm 1), nicht im Prozeßwege zu erzwingen. Jedoch ist die Erwirkg eines Arrestes bei Vorliegen von ZPO 916 ff durch einen hierfür bestellten Pfleger nicht ausgeschl, RGRK Anm 6, aM wohl Staud-Engler Anm 12; vgl auch RG JW **07**, 203. Befreiung von SicherhLeistg, §§ 1852 ff, unzul. Gg Anordng des VormschG hat Vormd Beschwerde, FGG 20, Kosten fallen Mdl zur Last, III.

2) Vertretg des Mdl, II. In Durchbrechg des Grdsatzes, daß eine Vertretg des Mdl durch das VormschG nicht stattfindet, § 1837 Anm 2, wird der Mdl auch mit Rücks auf die gebotene Eile bei der Bestellg, Änderg od Aufhebg durch das VormschG vertreten, so daß sich die sonst erforderl Pflegerbestellg erübrigt. Das gilt aber nur solange, als die Vormsch besteht, vgl auch Anm 1. Für die Eintragg einer SichergsHyp, § 1184, auf dem Grdst des Vormd genügt also das Ersuchen des VormschG an das GBA, GBO 38, FGG 54 I. Vormd tunlichst vorher zu hören, GBA kann aber Eintragg hiervon nicht abhängig machen. Die Folgen der Nichtanhörg treffen allein VormschRichter, § 839. Die Hyp entsteht mit Eintragg, FGG 54 I 3. Das gleiche gilt für eine Erhöhg. Entspr gilt bei der SchiffsHyp, FGG 54 II, SchiffsRegO 45, 57. Erzwingg durch Ordngsstrafen scheidet hier also praktisch aus. Die Löschg der SicherngsHyp erfolgt hingg erst, wenn sie der GrdstEigtümer beantragt, § 1183, nachdem eine dahingehende Anordng des VormschG ergangen ist. Löschgsersuchen des VormschG unzul, vielm gelten insofern die allg Vorschr.

1845 *Eheschließung des zum Vormund bestellten Elternteils.* **Will der zum Vormunde bestellte Vater oder die zum Vormunde bestellte Mutetr des Mündels eine Ehe eingehen, so gilt § 1683 entsprechend.**

Vorbem. Verweisgsänder durch GleichberG Art 1 Z 32; neue Fassg dch Art 1 Z 63 NEhelG.

1) Aufschiebendes Ehehindernis, EheG 9. Keine Befreiung mögl. Gilt hauptsächl bei Vormsch über Vollj. Bezieht sich auf den Vater des ehel, legitimierten od angenommenen Kindes, die Mutter des ehel, nehel, legitimierten u angenommenen Kindes, §§ 1719, 1736, 1740 f, 1757. Grund der Vorschr: Der zum Vormd bestellte Elternteil soll nicht besser gestellt werden als der Inhaber der elterl Gewalt. Dem Vormd sind deshalb dieselben Pflichten wie jenen, § 1683, auferlegt. Wird eine AuseinandS erforderl, so Pfleger zu bestellen; mögl auch Aufschub der AuseinandS, § 1683 S 2. Die dem Vormd gemäß § 1683 obliegenden Verpflichtgen können durch Ordngsstrafen erzwungen werden, § 1837 II. Der Verheiratete bleibt weiter Vormd.

1846 *Einstweilige Maßregeln des Vormundschaftsgerichts.* **Ist ein Vormund noch nicht bestellt oder ist der Vormund an der Erfüllung seiner Pflichten verhindert, so hat das Vormundschaftsgericht die im Interesse des Mündels erforderlichen Maßregeln zu treffen.**

1) Allgemeines. In Durchbrechg des Grdsatzes, daß dem VormschG nicht die Vertretg des Mdl, sond nur die Aufsicht obliegt, hat das VormschG die Befugnis, vorläufige Maßnahmen zu treffen, wenn Vormd noch nicht od noch nicht wieder bestellt ist od wenn der amtierende Vormd aus tatsächl, zB Versehen, od rechtl Gründen, zB Interessenwiderstreit, KG OLG **8**, 364, an der Erfüll seiner Pflichten verhindert ist, ohne daß es auf die Dauer der Verhinderng ankäme. Immer muß es sich aber um einen dringenden Fall handeln, und nicht etwa um Umgehg der Pflegerbestellg, RGVZ **71**, 162; auch genügt bloße Erschwerg der VormdTätigk nicht. Liegt aber dringender Fall vor, was VormschRichter nach freiem Ermessen zu entscheiden hat, KG RJA **15**, 99, ist er verpflichtet, die erforderl Maßregeln zu treffen, § 1848; er kann also auch für einen Vollj eine geschlossene Anstalt als Aufenth bestimmen, wenn die Voraussetzgen für § 1800 II gegeben, Hamm FamRZ **64**, 380. Eine solche Verpflichtg, Maßregeln zu treffen, besteht nicht ggü Ausländern, EG 23 II.

2) Vorläufige Maßregeln. Über deren Art entscheidet VormschG nach freiem Ermessen. Meist Pflegerbestellg, § 1909 I, III, KG RJA **15**, 99, kann aber auch selbst handeln, also auch Mdl vertreten, zB Arrest beantragen, Künd aussprechen, vgl RG **71**, 168, auch Strafantrag stellen, SchlHOLG SchlHA **55**, 226, RGSt **75**, 146.

3) Zuständigk und Beschwerde. Die Zustdgk des VormschG regelt sich nach allg Grdsätzen, FGG 36, 43; zust aber auch das Ger, in dessen Bezirk das Bedürfnis der Fürs hervortritt (FGG 44); die vom Ger des FGG 44 erlassenen Maßn werden ggstandsl, wenn das nach FGG 43 zust Ger eine abweichende Regelg trifft. Handelt es sich um ein nehel Kind, so hat bis zum Eingreifen des zuständigen VormschG das AmtsG des Geburtsorts die erforderl Maßregeln zu treffen, FGG 36b. Vormd hat Beschwerderecht, wenn zu Unrecht seine Verhinderg angenommen, FGG 20, nicht auch der Dritte, dem ggü die Maßregel getroffen wurde, BayObLG **8**, 57. Nachprüfg der Voraussetzgen der Maßregeln im Instanzenzug des FGG möglich, Staud-Engler Rdn 5 und Grdz vor § 1773.

1847 *Anhörung von Verwandten.* **Das Vormundschaftsgericht soll in wichtigen Angelegenheiten Verwandte oder Verschwägerte des Mündels hören, wenn dies ohne erhebliche Verzögerung und ohne unverhältnismäßige Kosten geschehen kann. § 1779 Abs. 3 Satz 2, 3 gilt entsprechend.**

Vorbem. I Fassg durch Art 1 Z 34 FamRÄndG. S 2 hinzugefügt, II gestrichen dch Art 1 Z 64 NEhelG.

1) Allgemeines, I. Die Anhörg von Verwandten u Verschwägerten, §§ 1589 f, findet statt bei wichtigen Angelegenheiten, was das VormschG nach freiem Ermessen zu beurteilen hat. Gleichgültig, ob ein solcher Antr vorliegt. Wichtige Angelegenheiten sind zB die Befreiung von der Ehemündigk, EheG 1 II, Gen nach EheG 3 III, die Ersetzg der Einwilligg des gesetzl Vertreters, EheG 30 III, die Ann an Kindes Statt, BayObLG **21**, 201, die Anordng der Unterbringg, § 1838 (bei AO der FürsErz JWG 65 II), die Erhebg der Eheaufhebgsklage, ZPO 606 I, Ermächtigg zum Betriebe eines Erwerbsgeschäfts u deren Rücknahme, § 112, Beginn u Auflösg eines Erwerbsgeschäfts, § 1823, Verkauf des von den Eltern ererbten Grdst, BayObLG **13**, 429; wohl aber beim UnterhVergl, RGRK 2, Staud-Engler Rdn 3, aM Hbg OLG **44**, 84, 28. Aufl. Durch Anhörg soll dem Anzuhörenden Gelegenh gegeben werden, dem VormschG seine Ansicht zur Kenntnis zu bringen. Anhörg kann in jeder Form erfolgen; um ihre Vornahme kann auch eine andere Behörde ersucht werden. Sie kann nur dann unterbleiben, wenn sie eine erhebl Verzögerg od unverhältnismäßige Kosten verursacht. Wird sie grundlos unterlassen, so § 1848, ohne daß aber die Wirksamk der Anordng des VormschG beeinflußt würde; aber Gesetzesverletzg i S von FGG 27. Die Auswahl der Anzuhörenden unterliegt dem Ermessen des Gerichts u hat, ohne Berücksichtigg der Gradesnähe, nur unter dem Gesichtspkt einer möglichst guten Unterrichtg des VormschG zu erfolgen. Von der Anhörg der Eltern kann nur aus schwerwiegden Grden abgesehen w, § 1695; für das nehel Kind gilt hinsichtl des Vaters § 1712 entspr. An die Ansicht der Angehörigen ist VormschRichter nicht gebunden, infolgedessen haben jene außer im Rahmen des FGG 57 I Z 8 kein eigenes BeschwR, KG OLG **34**, 246.

2) Auslagenersatz, S 2. Nicht für Zeitversäumnis, sond nur für die Auslagen, die erforderl gewesen sind, zB Reisekosten. Festsetzg erfolgt durch VormschG, nicht ProzG. Gegen Entsch des VormschG BeschwR des Angehörten, FGG 20. Zahlt Vormd nicht, so muß jener, falls die Festsetzg des VormschG nach LandesR kein Vollstreckgstitel ist (*Pr* AG FGG 14, *Bay* AG 133 II, *Hess* AG FGG Art 28, *Nds* FGG Art 6 I Z 2), gg Mdl, vertreten durch Vormd, klagen; ProzG ist an Festsetzg des VormschG gebunden. Eine Erzwingg der Zahlg durch Ordngsstrafe ist unzul, da privrechtl Anspr.

1848 *Haftung des Vormundschaftsrichters.* (Aufgehoben dch 1. EheRG Art 1 Z 42.
Die Haftg folgt ab 1. 7. 77 unmittelb aus § 839).

IV. Mitwirkung des Jugendamts

Grundzüge

1) Allgemeines. An Stelle des früheren Gemeindewaisenrates tritt das JA. Es ist Hilfsorgan des VormschG. Soweit LandesR nicht anderes bestimmt, ist es ihm nicht unterstellt, so daß VormschG keine Zwangsgewalt über es hat. Andererseits hat JA eine solche auch nicht ggü Vormd u Mdl. BeschwR aus eigenem Rechte steht JA nicht zu, wohl aber in allen SorgeRAngelegenh aus FGG 57 I Z 9, RG **102**, 285.

2) Aufgaben des Jugendamtes. Über seine Einrichtg s JWG. Das JA hat das VormschG bei allen Maßnahmen, die die PersSorge angehen, zu unterstützen, § 1850 I, ihm von Unregelmäßigkeiten des Vormd bei der VermSorge zu benachrichtigen, § 1850 II, JWG 47a II. Das JA kann als Mit- u GdVormd sowie Pfleger bestellt, auch können ihm einzelne Rechte u Pflichten des Vormd, zB schwierige ProzFührg, umfangreiche VermVerwaltg u dgl als MitVormd mit bes Aufgabengebiet übertragen werden, §§ 1797 II, 1791b Anm 3.

1849 *Vorschlag von geeigneten Personen.* Das Jugendamt hat dem Vormundschaftsgerichte die Personen vorzuschlagen, die sich im einzelnen Falle zum Vormunde, Gegenvormund oder Mitglied eines Familienrats eignen.

Vorbem. Gemeindewaisenrat dch Jugendamt ersetzt, Art 1 Z 66 NEhelG.

1) Allgemeines. Das JA hat das VorschlagsR, soweit nicht eine Berufg, §§ 1776, 1792 IV, 1861, 1899 vorliegt, § 1779. Ist das nicht der Fall, so hat das VormschG das JA vor der Bestellg des Vormd zu hören, §§ 1779 I, 1792 IV, 1862 I 2, 1897, ohne freilich an den Vorschlag gebunden zu sein. Erlangt das JA von sich aus von einem Fall Kenntnis, in dem ein Vormd od GgVormd zu bestellen wäre, so hat es davon dem VormschG Anzeige zu machen u zugl eine geeignete Pers vorzuschlagen, JWG 47. Bei dem Vorschlag sind die für das VormschG geltden Vorschr zu beachten, § 1779 II, also zB auf rel Bekenntn Rücks zu nehmen, KGJ **43**, 52.

2) Beschwerderecht hat das JA nur nach allg Grdsätzen, vgl Grdz 1, also nicht wg Nichtbeachtg seines Vorschlags, auch nicht wg Entlassg des Vormd, JFG **15**, 282, wohl aber unter dem Gesichtspkt von FGG 57 I Z 9, wenn ungeeignete Pers vom VormschG ausgewählt wurde, KGJ **53**, 46.

1850 *Überwachungspflichten.* [1] Das Jugendamt hat in Unterstützung des Vormundschaftsgerichts darüber zu wachen, daß die Vormünder für die Person der Mündel, insbesondere für ihre Erziehung und ihre körperliche Pflege, pflichtmäßig Sorge tragen. Es hat dem Vormundschaftsgericht Mängel und Pflichtwidrigkeiten anzuzeigen und

Vormundschaft. 1. Titel: Vormundschaft ü. Minderj. §§ 1850–1852

auf Erfordern über das persönliche Ergehen und das Verhalten eines Mündels Auskunft zu erteilen.

II Erlangt das Jugendamt Kenntnis von einer Gefährdung des Vermögens eines Mündels, so hat es dem Vormundschaftsgericht Anzeige zu machen.

Vorbem. Fassg Art 1 Z 67 NEhelG.

1) Die Hauptaufgabe des JA ist die Überwachg des Vormds auf dem Gebiet der PersSorge, I, von deren Ordngsmäßigk sich das JA zu unterrichten hat, JWG 47a. Die ÜberwachgsPfl erstreckt sich auf die Vormd aller im Bezirk des JA sich aufhaltender Mdl, u zwar hins der Pers der Mdl, § 1800 I, insb deren Erziehg u körperl Pflege. Wo die Vormsch geführt w, ist gleichgült. Mängel u Pflichtwidrigk hat das JA dem VormschG anzuzeigen. Auf Erfordern hat es dem VormschRichter hierüber auch Ausk zu erteilen. Hinsichtl der VermVerw des Vormd, II, hat das JA keine ÜberwachgsPfl, sond hat ledigl seine erlangte Kenntnis von einer Gefährdg des MdlVermögens an das VormschG weiterzugeben, JWG 47a II.

1851 *Mitteilungspflichten.* **I** Das Vormundschaftsgericht hat dem Jugendamt die Anordnung der Vormundschaft unter Bezeichnung des Vormunds und des Gegenvormunds sowie einen Wechsel in der Person und die Beendigung der Vormundschaft mitzuteilen.

II Wird der gewöhnliche Aufenthalt eines Mündels in den Bezirk eines anderen Jugendamts verlegt, so hat der Vormund dem Jugendamt des bisherigen gewöhnlichen Aufenthalts und dieses dem Jugendamt des neuen gewöhnlichen Aufenthalts die Verlegung mitzuteilen.

Vorbem. Fassg Art 1 Z 68 NEhelG.

1) Ebso JWG 47b. MitteilgsPfl dient der Durchführg der ÜberwachgsPfl des § 1850.

1851a *Vereinsvormundschaft.* Ist ein Verein Vormund, so sind die Vorschriften der §§ 1850, 1851 nicht anzuwenden.

Vorbem. Eingefügt dch Art 1 Z 69 NEhelG.

Bem. Nur solche Vereine, die vom LJA für geeignet erklärt worden sind, daß sie zum Vormd geeignet sind, JWG 53, können Vormd sein, so daß sich die Überwachg dch das JA u die Mitteilgen dch das VormschG erübrigen.

V. Befreite Vormundschaft

Grundzüge

1) Da bei dem Vater, §§ 1852 ff, der ehel Mutter, § 1855, u den ihnen gleichstehenden Personen, § 1776 Anm 3a, nicht angenommen w kann, daß sie ihre Kinder benachteiligen werden, sie auch die Verhältnisse am besten kennen, ist es ihnen gestattet, den Vormd von gewissen Verpflichtgen zu befreien. Diese Befreiung gilt aber nur für den von ihnen benannten Vormd, § 1852 Anm 1. Sie können sämtl Befreiungen, die mögl sind, anordnen. Das wird angenommen w müssen, wenn sie den Vormd **schlechthin befreit** haben, falls nicht aus ihrer Erkl etwas Ggteiliges hervorgeht. Sie können den Vormd aber auch von einzelnen Verpflichtgen befreien. **Befreiung ist unzulässig** von der Verpflichtg zur Aufstellg u Einreichg des VermVerzeichnisses, § 1802, das MdlGeld entspr § 1806 ff anzulegen, BayObLG **22**, 154, vgl aber § 1852 II, von der Gen des VormschG in den Fällen der §§ 1821, 1822, Kassel OLG **14**, 265, der SicherhLeistg, § 1844, der RechenschAblegg, § 1890, sowie von der Aufs des VormschG schlechthin, § 1837, KGJ **24** A 8, wohl aber zum Teil von der diesem obliegenden Gen, §§ 1852 II, 1853.

2) Von Gesetzes wegen tritt die Befreiung ein a) bei der Amts- u VereinsVormsch, § 1857a, bei der letztgenannten aber mit der Einschränkg, daß ein GgVormd bestellt w kann, § 1791 IV, **b)** bei dem dem volljj Mdl zum Vormd bestellten Vater oder Mutter, §§ 1903 f.

1852 *Befreiung durch den Vater.* **I** Der Vater kann, wenn er einen Vormund benennt, die Bestellung eines Gegenvormundes ausschließen.

II Der Vater kann anordnen, daß der von ihm benannte Vormund bei der Anlegung von Geld den in den §§ 1809, 1810 bestimmten Beschränkungen nicht unterliegen und zu den im § 1812 bezeichneten Rechtsgeschäften der Genehmigung des Gegenvormundes oder des Vormundschaftsgerichts nicht bedürfen soll. Diese Anordnungen sind als getroffen anzusehen, wenn der Vater die Bestellung eines Gegenvormundes ausgeschlossen hat.

1) Benennung. Vgl Grdz 1 u § 1855. Wegen der Berechtigg zur Benenng §§ 1856 S 1, 1777. Die Befreiung gilt nur für die benannte Pers, nicht auch für einen späteren Vormd, den MitVormd, od den Pfleger, der für den Vormd eintritt, §§ 1795 f, KGJ **21** A 24. Befreiung ist nicht auf das Verm, das der Mdl von den Eltern erhält, beschränkt. Sie kann der Benenng zeitl nachfolgen. Hat zB der Vater einen Vormd benannt, die Mutter aber Befreiung angeordnet, so liegt hins dieser eine widersprechende AO vor, so daß § 1856 S 2 zur Anwendg kommt. Zweckmäßig ist die Aufn der Befreiung in die Bestallg, § 1791 Anm 2.

2) Ausschließg des Gegenvormd, I, II, 2. Sie bedeutet gleichzeitig die Befreiung bei der Anlegg von Geld im Umfange des II 1 (II 2). Der Vater kann aber auch Ggteiliges bestimmen. Er kann auch, ohne von der Bestellg eines GgVormd zu befreien, Vormd bei einzelnen Geschäften von dessen Gen befreien, womit dann gleichzeitig die Gen des VormschG, soweit sie die GgVormd ersetzt, §§ 1810 S 2, 1812 III, entfällt. Die trotz Befreiung erfolgte Bestellg des GgVormd ist nicht ungültig, aber vom Vormd im Beschwerdewege anfechtbar.

3) Befreiung bei der Anlegg von Geld, II, 1. Auch hier kann der Vater von allen genannten Verpflichtgen befreien. Auch nur von einzelnen. Wegen der unzulässigen Befreiungen vgl Grdz 1.

1853 *Befreiung von Hinterlegung und Sperrvermerk.* Der Vater kann den von ihm benannten Vormund von der Verpflichtung entbinden, Inhaber- und Orderpapiere zu hinterlegen und den im § 1816 bezeichneten Vermerk in das *Reichsschuldbuch* oder das Staatsschuldbuch eintragen zu lassen.

1) Die Befreiung kann in vollem Umfange, aber auch nur für bestimmte Ggstände angeordnet werden. Die Befreiung von der Hinterlegg, § 1814, ebso wie die von dem Sperrvermerk, § 1816, schließt die Umwandlgsanordng des VormschG nach § 1815 II aus. Wird demnach mit Sperrvermerk hinterlegt od die BuchFdg mit diesem versehen, so treten dennoch nicht die in §§ 1819 f vorgesehenen Vfgsbeschränkgen ein. Eine Anordng nach § 1818 kann VormsG nur treffen, wenn es zunächst die Befreiung gem § 1857 aufhebt, RGRK Anm 1. Wegen der Unzulässigk von Befreiungen vgl Grdz 1 vor § 1852.

1854 *Befreiung von Rechnungslegung.* I Der Vater kann den von ihm benannten Vormund von der Verpflichtung entbinden, während der Dauer seines Amtes Rechnung zu legen.

II Der Vormund hat in einem solchen Falle nach dem Ablaufe von je zwei Jahren eine Übersicht über den Bestand des seiner Verwaltung unterliegenden Vermögens dem Vormundschaftsgericht einzureichen. Das Vormundschaftsgericht kann anordnen, daß die Übersicht in längeren, höchstens fünfjährigen Zwischenräumen einzureichen ist.

III Ist ein Gegenvormund vorhanden oder zu bestellen, so hat ihm der Vormund die Übersicht unter Nachweisung des Vermögensbestandes vorzulegen. Der Gegenvormund hat die Übersicht mit den Bemerkungen zu versehen, zu denen die Prüfung ihm Anlaß gibt.

1) **Befreiung von der Rechngslegg, I, II.** Bezieht sich nur auf die jährl Pfl zur Rechngslegg, § 1840, nicht auf die Schlußrechng, Grdz 1 vor § 1852. Ist Befreiung von der Rechngslegg erfolgt, so hat der Vormd unaufgefordert spätestens nach zwei Jahren eine Übersicht über den Bestand des seiner Verw unterliegenden Vermögens, vgl § 1840 Anm 1, ggf unter Bezugnahme auf das Inventarverzeichnis, § 1802, dem VormschG einzureichen, die zwar nicht die Zu- u Abgänge enthalten zu sein brauchen, aber die Schulden, str. Das VormschG kann trotz der Befreiung, wenn ein bes Anlaß vorliegt, kraft seines PrüfgsR Ausk vom Vormd verlangen. Ist unter mehreren MitVormd nur einer befreit, so Rechngslegg durch die übrigen, denen jener aber die erforderl Ausk geben muß.

2) **Mitwirkg des Gegenvormds.** Er ist trotz Befreiung zur Prüfg verpflichtet, kann also Ausk über Einnahmen u Ausgaben verlangen u muß sich Vermögensstand nachweisen lassen, vgl auch § 1842 Anm 1 ohne daß er hiervon befreit w könnte.

1855 *Befreiung durch die Mutter.* Benennt die Mutter einen Vormund, so kann sie die gleichen Anordnungen treffen wie nach den §§ 1852 bis 1854 der Vater.

1) Wegen der zur Benenng Berechtigten §§ 1856 S 1, 1777, über die Wirkg der Anordng § 1852 Anm 1. Bei widersprechenden Anordngen zw Vater u Mutter § 1856.

1856 *Voraussetzungen der Befreiung.* Auf die nach den §§ 1852 bis 1855 zulässigen Anordnungen sind die Vorschriften des § 1777 anzuwenden. Haben die Eltern denselben Vormund benannt, aber einander widersprechende Anordnungen getroffen, so gelten die Anordnungen des zuletzt verstorbenen Elternteils.

Vorbem. Fassg GleicherG Art 1 Z 33; S 2 neu.

1) Vgl § 1777 Anm 1 und 2. Anordng der Befreiung ist auch nachträgl in besonderer letztw Vfg mögl. S 2 überträgt den Gedanken des § 1776 II hierher, vgl Anm 3 dort, ferner 1852 Anm 1, gilt aber nur, wenn beide Eltern denselben Vormd benannt haben, sonst § 1776 II.

1857 *Aufhebung der Befreiung.* Die Anordnungen des Vaters oder der Mutter können von dem Vormundschaftsgericht außer Kraft gesetzt werden, wenn ihre Befolgung das Interesse des Mündels gefährden würde.

1) VormschRichter kann die Anordngen des Vaters u der Mutter ganz od teilw aufheben, sie aber auch wieder in Kraft setzen. Keine Rückwirkg. Befreiung von § 1857 unzul. Aufhebg muß ohne weiteres er-

folgen, wenn Interessengefährdg droht. Vorher sind die Verwandten u Verschwägerten zu hören, § 1847, desgl der Vormd. Dieser hat ein BeschwR, FGG 20. Entlassg gemäß § 1889 nicht ausgeschl, aber kein Recht darauf.

1857a *Befreiung für Jugendamt und Verein.* Dem Jugendamt und einem Verein als Vormund stehen die nach § 1852 Abs. 2, §§ 1853, 1854 zulässigen Befreiungen zu.

Vorbem. Eingefügt dch Art 1 Z 71 NEhelG.

Bem. Es gelten die in §§ 1852 II, 1853, 1854 genannten Befreiungen, vgl Anm dort, wobei zu beachten, daß dem JA ein GgVormd nicht bestellt w kann, § 1792 I 2. Die Schlußabrechng, § 1890, ist zu legen. Eine Aufhebg der Befreiung dch das VormschG kommt nicht in Betr; dann nur Bestellg eines EinzelVormd mögl.

VI. Familienrat

Grundzüge

1) Allgemeines. Der FamRat ist ein Rest des SippenVormsch des alten deutsch Rechts. Als obligator Einrichtg hat er sich noch im frz *code civil* erhalten. In der dtsch Praxis spielt er wg der meist schwierigen u kostspieligen Einberufg eine geringe Rolle, so sehr an sich die Möglichk der Einwirkg naher Verwandter, § 1867, auf die Führg der Vormsch zu begrüßen ist, der aber auch § 1847 Rechng trägt. FamRat tritt an Stelle des VormschG, § 1872. Seine Einsetzg kann aber nur auf Anordng der Eltern, § 1858, od auf Antr der im § 1859 genannten Personen erfolgen. Eltern können Einsetzg aber auch verbieten, § 1859 II. Einsetzg erfolgt (außer bei Geschwistern, vgl unten) immer nur für eine bestimmte Person. Tätig werden kann er nur für Personen, die unter Vormsch (auch Vollj, § 1905) od Pflegsch, § 1915 I, stehen (jedoch mit Ausn der Pflegsch gemäß §§ 1913, 1914), zu denen auch der Fall des § 1690 rechnet, nicht aber auch bei den sonstigen Aufgaben, die dem VormschG übertragen sind, also zB bei Ehegi od Kindern unter elterl Gewalt tätig zu werden. Steht Kind unter Vormsch od Pflegsch, so hat FamRat aber gleichwohl ihm ggü auch die bes Tätigk des VormschG in den Fällen der §§ 3, 112, 113, 1751 wahrzunehmen, dgl im Falle einer nach § 1909 zu bestellenden Pflegsch, für deren Anordng allein er aber nicht eingesetzt w kann, Staud-Engler Vorbem 3b vor § 1858. Entspr § 1775 ist er für alle Geschwister einzusetzen, str.

2) Übergangsrecht: EG 210 II 2. **Internationales Privatrecht:** Die Einsetzg eines FamRats über einen Ausländer ist nur statth, wenn die ausl VormschBehörde die Vormsch an ein dtsches Ger abgegeben hat, KGJ 53, 51.

1858 *Anordnung der Einsetzung durch Vater oder Mutter.* I Ein Familienrat soll von dem Vormundschaftsgericht eingesetzt werden, wenn der Vater oder die Mutter des Mündels die Einsetzung angeordnet hat.

II Der Vater oder die Mutter kann die Einsetzung des Familienrats von dem Eintritt oder Nichteintritt eines bestimmten Ereignisses abhängig machen.

III Die Einsetzung unterbleibt, wenn die erforderliche Zahl geeigneter Personen nicht vorhanden ist.

Vorbem. In 1 „eheliche" gestrichen, Art 1 Z 42 NEhelG.

1) Die Einsetzg des Familienrats erfolgt durch das VormschG u muß hier, anders § 1859, erfolgen, auch wenn dieses die Einsetzg als solche als dem MdlInteresse entggstehd erachtet. Einzelne berufene Mitglieder kann es hingg unter den Voraussetzgen des § 1778 I übergehen, § 1861 S 2. Nur dann ist von der Einsetzg abzusehen, wenn die erforderl Zahl geeigneter Mitglieder nicht vorhanden ist, also nicht wenigstens 2 Personen vorhanden sind, § 1860, die zur Übernahme des Amts bereit sind, § 1869, vgl aber auch § 1867 (bei vorübergehender Verhinderg Bestellg des ErsMitgliedes durch den VormschRichter, § 1864). Unterbleibt grundlos die Einsetzg des FamRats, so werden zwar dadurch die entgg dieser Verpflichtg getroffenen Anordngen des VormschG wirks. Vormd, FGG 20, 11 Ehegi, die Verwandten 11 Verschwägerten des Mdl, FGG 57 I Z 4, haben aber kein BeschwR; das Mdl selbst unter den Voraussetzgen von FGG 59. Ein BeschwR des Vormd besteht auch gg die Einsetzg des FamRats, FGG 20. Zweckmäßig ist Mitteilg der Einsetzg an den Vormd u GgVormd, vgl auch § 1881. Die Einsetzg ist auf der Bestallg zu vermerken, § 1881 II 1.

2) Die Anordng des Vaters und der Mutter, auch der nehel, ist nur gültig, wenn diese im Besitz der elterl Gewalt waren, §§ 1868, 1777, 1705. Vgl über die Form der Anordng u über den Kreis der Anordngsberechtigten § 1777 Anm 1 und 2, 1776 Anm 3, 1868.

3) II. Die Anordng od Einsetzg eines FamilienRats kann auch bedinggsweise (aber nicht unter Zeitbestimmg) erfolgen, ebso die Aufhebg, § 1880 I; also zB für den Fall, daß ein HandelsGesch noch betrieben wird u solange das geschieht. In der Anordng der Einsetzg des FamRats unter einer Bedingg kann die Untersagg einer Einsetzg ohne das Eintreten dieser Bedingg liegen, § 1859 II.

§§ 1859–1862　　　　　　　　　　　　　　　　　　　4. Buch. 3. Abschnitt. *Diederichsen*

1859 *Antrag auf Einsetzung durch Verwandte oder Vormund.* I Ein Familienrat soll von dem Vormundschaftsgericht eingesetzt werden, wenn ein Verwandter oder Verschwägerter des Mündels oder der Vormund oder der Gegenvormund die Einsetzung beantragt und das Vormundschaftsgericht sie im Interesse des Mündels für angemessen erachtet. Ist das Kind nichtehelich, so steht den Verwandten des Vaters und deren Ehegatten ein Antragsrecht nicht zu.

II Die Einsetzung unterbleibt, wenn der Vater oder die Mutter des Mündels sie untersagt hat.

Vorbem. I 2 angefügt dch Art 1 Z 73 NEhelG; ebso in II „eheliche" (Mutter) gestrichen.

1) Voraussetzgen I. Antragsberechtigt sind **a)** V e r w a n d t e o d e r V e r s c h w ä g e r t e ohne Rücks auf die Gradesnähe, bzgl des nehel Kindes aber nicht die Verwandten väterlicherseits, **b)** der V o r m d, bei mehreren Vormd jeder, str, u der GgVormd, **c)** der P f l e g e r, § 1915 I, auch der der nehel Mutter beigegebene, § 1706 Z 1 (Änd des Eltern-Kindes-Verhält), aber nicht der gem §§ 1909, 1913, 1914 bestellte, RGRK Anm 1, vgl Grdz 1 vor § 1858, aM Staud-Engler Rdn 1d, Dölle § 133 II 2a. Soweit zu a beschr geschäfsf, nur mit Einwillig des gesetzl Vertreters, ebenso RGRK Anm 1. Das VormschG muß die Einsetzg im Interesse des Mdl für angemessen erachten, zB um die techn Kenntnisse von Verwandten, § 1867, im Interesse einer Unternehmg des Mdl zu nützen. Die Einsetzg wird also nur dann, wenn bes Vorteile für den Mdl davon zu erwarten sind, die bei sonst sachgemäßer Erledigg der VormschGeschäfte nicht eintreten würden, tatsächl also nur in AusnFällen erfolgen. Keinesfalls ist sie für die FamMitglieder ein Mittel, um einen Vormd u ein angebl unrichtig entscheidendes VormschG dadurch auszuschalten, KG JFG **13**, 188.

2) Untersagg der Einsetzg durch Vater u Mutter, auch der nehel, vgl auch § 1880 Anm 1. Sie erfolgt durch Anordng gemäß § 1777, § 1868. Siehe dazu § 1858 Anm 2. Ist der Antr für einen Vollj erfolgt, so können die Eltern die Einsetzg nicht untersagen, §§ 1777 I, 1905 II.

1860 *Zusammensetzung.* Der Familienrat besteht aus dem Vormundschaftsrichter als Vorsitzendem und aus mindestens zwei, höchstens sechs Mitgliedern.

1) Die Aufgaben des VormschRichters, vgl Übbl 6 vor § 1773, als Vorsitzender des FamRats ergeben sich aus §§ 1872 ff. Es ist der RPfleger, RPflG 3 Z 2a, Strafgewalt nur im Rahmen des § 1875; RPflG 4 steht nicht entgg. Die Entlassg eines FamRatsmitglieds erfolgt, falls sie wider dessen Willen geschieht, nicht durch den Vorsitzenden, sond **das** BeschwG, § 1878 II. Die Vertretg des verhinderten VormschRichters übernimmt nicht ein FamRatsmitgl, sond sein richterl Vertreter.

2) Die Mitgliederzahl darf nicht höher als 6 sein. Weitere Bestellgen sind ungültig, soweit es sich nicht nur um ErsMitglieder handelt. Beschlüsse, an denen mehr als 6 Mitglieder beteiligt sind, sind nichtig, RGRK Anm 2.

1861 *Berufung als Mitglied.* Als Mitglied des Familienrats ist berufen, wer von dem Vater oder der Mutter des Mündels als Mitglied benannt ist. Die Vorschriften des § 1778 Abs. 1, 2 finden entsprechende Anwendung.

Vorbem. „Ehelichen" vor Mutter gestrichen, Art 1 Z 74 NEhelG.

1) Auch die **Benenng der Mitglieder** des FamRats erfolgt durch Anordng des Vaters (nicht des nehel, § 1859 Anm 1a) od der Mutter, § 1868; vgl dazu § 1858 Anm 2; jedoch nicht, wenn es sich um die Vormsch über einen Vollj handelt, § 1905 II. Es ist mögl, daß eine Elternteil die Einsetzg eines FamRats anordnet, u der andere, ohne diese Anordng zu treffen, die Mitglieder benennt. Sind mehr als 6 Mitglieder benannt, § 1860, so hat der VormschRichter, soweit sich aus der Anordng nicht das Ggteil ergibt, das Recht zur Auswahl, str. In der Anordng kann auch bestimmt sein, wer ErsMitgl sein u in welcher Reihenfolge er eintreten soll, § 1863 III. Über die Voraussetzgen u Form der Anordng vgl § 1777 Anm 1 und 2. Übergangen kann ein Berufener nur unter den Voraussetzgen des § 1778 I und II werden, vgl dazu § 1778 Anm 2 a bis d, wobei aber an Stelle der in § 1778 I genannten §§ 1780–1784 die §§ 1865, 1866 treten. Wegen des BeschwR u Eintritts des Berufenen an Stelle des derzeitigen Mitglieds § 1778 Anm 1.

1862 *Auswahl der Mitglieder.* I Soweit eine Berufung nach § 1861 nicht vorliegt oder die Berufenen die Übernahme des Amtes ablehnen, hat das Vormundschaftsgericht die zur Beschlußfähigkeit des Familienrats erforderlichen Mitglieder auszuwählen. Vor der Auswahl soll das Jugendamt gehört werden; im übrigen gilt für die Anhörung § 1847.

II Die Bestimmung der Zahl weiterer Mitglieder und ihre Auswahl steht dem Familienrate zu.

Vorbem. I 2 dch Art 1 Z 75 NEhelG neu gefaßt.

1) Der VormschRichter hat bei seiner Auswahl die Unfähigk- u UntauglichkGründe, §§ 1865, 1866, zu beachten u nur dann von der Auswahl von Verwandten od Verschwägerten des Mdl abzusehen, wenn sie

1634

Vormundschaft. 1. Titel: Vormundschaft über Minderjährige §§ 1862–1867

vorübergehd verhindert sind, §§ 1867, 1864. Sind hingg nicht wenigstens 2 Verwandte od Verschwägerte des Mdl zur Übernahme bereit, §§ 1874 I, 1869, so unterbleibt die Einsetzg des FamRats überh, § 1858 III. Die Auswahl steht der Bestellg, § 1870, nicht gleich, so daß bis dahin auch eine Änderg der Auswahl erfolgen kann, KG Recht 08, 1644. Vor seiner Auswahl hat der VormschRichter das JA u gem § 1847 die Verwandten des Mdl anzuhören, I 2. Die FamRatsMitglieder selbst sind bei der ihnen obliegenden weiteren Auswahl, II, nicht an den Kreis der Verwandten od Verschwägerten des Mdl gebunden, § 1867.

1863 *Ersatzmitglieder.* I Sind neben dem Vorsitzenden nur die zur Beschlußfähigkeit des Familienrats erforderlichen Mitglieder vorhanden, so sind ein oder zwei Ersatzmitglieder zu bestellen.

II Der Familienrat wählt die Ersatzmitglieder aus und bestimmt die Reihenfolge, in der sie bei der Verhinderung oder dem Wegfall eines Mitglieds in den Familienrat einzutreten haben.

III Hat der Vater oder die Mutter Ersatzmitglieder benannt und die Reihenfolge ihres Eintritts bestimmt, so ist diese Anordnung zu befolgen.

Vorbem. „Eheliche" vor Mutter in III gestrichen, Art 1 Z 76 NEhelG.

1) Bei der Auswahl der ErsMitglieder ist zunächst Anordng des ehel Vaters u der Mutter hins der Pers u Reihenfolge zu beachten, III, § 1868; auch § 1777 Anm 1 und 2 sowie § 1776 Anm 3. Bei widersprechenden Anordngen § 1868. Ist eine Anordng von ErsMitgliedern nicht vorhanden od sind die benannten Mitglieder zur Übernahme des Amts nicht bereit, § 1869, erfolgt Auswahl durch die FamRatsmitglieder, II; zur Auswahl § 1862 Anm 1. Bestellg von mehr als 2 ErsMitgliedern unwirks, desgl Bestellg von ErsMitgliedern bei Vorhandensein von mehr als 2 ordentl Mitgliedern. ErsMitgl tritt für ein ordentl nur für Zeit der Verhinderg od bis zur Bestellg eines neuen ordentl ein, str.

1864 *Vorübergehende Verhinderung eines Mitglieds.* Wird der Familienrat durch vorübergehende Verhinderung eines Mitglieds beschlußunfähig und ist ein Ersatzmitglied nicht vorhanden, so ist für die Dauer der Verhinderung ein Ersatzmitglied zu bestellen. Die Auswahl steht dem Vorsitzenden zu.

1) Gilt nur bei vorübergehender Verhinderg eines Mitglieds, zB § 1874 III. Vor Auswahl des ErsMitgliedes brauchen JA u Verwandte nicht gehört zu werden. Bei dauernder Verhinderg ist hingg bei BeschlUnfähigk ein neues ord Mitglied zu bestellen, § 1862, sonst tritt schon gem § 1863 vorhandene ErsMitgl ein. Das vom VormschRichter bestellte ErsMitglied, das in diesem AusnFall kein Verwandter des Mdl zu sein braucht, § 1867, scheidet ohne weiteres nach Aufhören der Verhinderg des ordentl Mitglieds aus.

1865 *Unfähigkeit.* Zum Mitgliede des Familienrats kann nicht bestellt werden, wer geschäftsunfähig oder wegen Geistesschwäche, Verschwendung, Trunksucht oder Rauschgiftsucht entmündigt ist.

1) Gilt auch für ErsMitglieder, § 1863. Die Bestellg ist nichtig, desgl die unter Mitwirkg eines derartigen Mitgliedes gefaßten Beschlüsse, gleichgültig, ob der FamRat auch unter Außerachtlassg dieses Mitglieds beschlußfähig gewesen wäre u in welchem Grade der Unfähige mitgewirkt hat. Vgl iü § 1780 Anm 1.

1866 *Untauglichkeit.* Zum Mitgliede des Familienrats soll nicht bestellt werden:

1. der Vormund des Mündels;

2. wer nach § 1781 oder nach § 1782 nicht zum Vormunde bestellt werden soll;

3. wer durch Anordnung des Vaters oder der Mutter des Mündels von der Mitgliedschaft ausgeschlossen ist.

Vorbem. In Z 3 „ehelichen" vor Mutter gestrichen, Art 1 Z 77 NEhelG.

1) Tauglich sind jedoch der GgVormd, Beamte (anders § 1784) u Ausländer. § 1866 gilt auch für ErsMitglieder, § 1863. Vgl im übrigen §§ 1781, 1782 und Anm, wg der Anordng der Eltern § 1858 Anm 2.

1867 *Bestellung von Nichtangehörigen.* Zum Mitgliede des Familienrats soll nicht bestellt werden, wer mit dem Mündel weder verwandt noch verschwägert ist, es sei denn, daß er von dem Vater oder der Mutter des Mündels benannt oder von dem Familienrat oder nach § 1864 von dem Vorsitzenden ausgewählt worden ist.

Vorbem. „Ehelichen" vor Mutter gestrichen, Art 1 Z 77 NEhelG.

1) Da durch Einsetzg des FamRats gerade die FamMitglieder zur Mitwirkg herangezogen w sollen, sind diese idR als Mitglieder zu bestellen, falls die Berufg der Mitglieder durch VormschG erfolgt. Nichtvor-

handensein von Verwandten od ihre Weigerg zur Übernahme des Amts kann die Einsetzg des FamRats überh in Frage stellen, §§ 1858 III, 1862 Anm 1. Hingg sind die Eltern bei Benenng, § 1861 Anm 1, die FamRatsmitglieder bei Auswahl weiterer ordentl Mitglieder u ErsMitglieder, §§ 1862 II, 1863, und der VormschRichter bei Auswahl des ErsMitgliedes nach § 1864, wenn ein Mitgl vorübergeh verhindert ist, nicht an den Kreis der Verwandten u Verschwägerten gebunden.

1868 *Anordnung durch letztwillige Verfügung.* **Für die nach den §§ 1858, 1859, 1861, 1863, 1866 zulässigen Anordnungen des Vaters oder der Mutter gelten die Vorschriften des § 1777 und des § 1856 Satz 2.**

Vorbem. Fassg unter Berücksichtigg des GleichberGrdsatzes u demgemäß Wegfall von II, GleichberG Art 1 Z 34.

1) Vgl § 1777 Anm 1 und 2, wg der Personen, die dem Vater u der Mutter gleichstehen, § 1776 Anm 3. Bei widersprechenden Anordngen s §§ 1776 Anm 3, 1856 Anm 1.

1869 *Freiwillige Übernahme.* **Niemand ist verpflichtet, das Amt eines Mitglieds des Familienrats zu übernehmen.**

1) Niemand braucht das Amt eines FamRatsmitgliedes od ErsMitgliedes zu übernehmen, muß aber das einmal übernommene Amt fortführen. Entlassg kann nur bei Vorliegen eines wicht Grundes gefordert werden, § 1878.

1870 *Bestellung.* **Die Mitglieder des Familienrats werden von dem Vorsitzenden durch Verpflichtung zu treuer und gewissenhafter Führung des Amtes bestellt. Die Verpflichtung soll mittels Handschlags an Eides Statt erfolgen.**

1) Gilt auch für ErsMitglieder. Bis zur Bestellg kann die Übernahme des Amts abgelehnt werden, § 1869. Eine Bestallg erhalten die FamRatsmitglieder nicht. Vgl im übrigen den entspr § 1789 und Anm.

1871 *Bestellung unter Vorbehalt.* **Bei der Bestellung eines Mitglieds des Familienrats kann die Entlassung für den Fall vorbehalten werden, daß ein bestimmtes Ereignis eintritt oder nicht eintritt.**

1) Ein Vorbeh der Entlassg nach einer bestimmten Zeit ist nicht mögl. Vgl im übrigen den entsprechenden § 1790 und Anm.

1872 *Rechtsstellung des Familienrats.* **I Der Familienrat hat die Rechte und Pflichten des Vormundschaftsgerichts. Die Leitung der Geschäfte liegt dem Vorsitzenden ob. § 1800 Abs. 2 bleibt unberührt.**

II Die Mitglieder des Familienrats können ihr Amt nur persönlich ausüben. Sie sind in gleicher Weise verantwortlich wie der Vormundschaftsrichter.

Vorbem. I 3 hinzugefügt durch Art 1 Z 35 FamRÄndG.

1) Der FamRat tritt an Stelle des VormschG. Demgemäß obliegen ihm auch alle Verrichtgen des VormschG u sind von ihm zu erledigen, also Auswahl u Bestellg des Vormd, AufsFührg einschl des Ordngs-strafR, Gen der RGeschäfte und dgl. Befreite Vormsch ist auch bei Einsetzg eines FamRats mögl. Das VormschG als solches wird ledigl in den Fällen der §§ 1858, 1859, 1862, 1879, also bei der Einsetzg u Aufhebg tätig. Der FamRat kann aber nicht als Ger iS von GG 104 II angesehen werden; es bedarf zu einer mit FreihEntziehg verbundenen Unterbringg des Mdls als der Gen des VormschG, I 3 u § 1800 II; dort Anm 3 auch wg des Verf u der Zustdgk. Eine Vfg des FamRats genügt nicht, Hamm NJW **61**, 1727. Auf den FamR sind nur Rechte u Pflichten des VormschG im Rahmen der §§ 1773ff, nicht aber aus anderen G wie JWG übertragen. – VormschRichter amtiert als gesetzl Vorsitzender des FamRats, u zwar der RPfleger, § 1860 Anm 1. Ihm liegt, abgesehen von der im G vorgesehenen, aus seiner Stellg als Vorsitzender des FamRats erwachsenden Tätigk, die Leitg der Geschäfte ob, dh die Vorbereitg u Ausführg der Beschlüsse. Er hat also auch die Akten u den ges Schriftwechsel zu führen. Die Mitglieder des FamRats können sich nicht vertreten lassen, II 1. Bei Verhinderg tritt ErsMitgl ein, § 1863. Jene können infolgedessen auch nicht dem VormschRichter ihre Befugnisse übertragen. Über Vertretg des Vormsch-Richters § 1860 Anm 2. Die Mitglieder sind zur Amtsverschwiegenh verpflichtet, insb über Beratg u Abstimmg, FGG 8, GVG 198. Gg Entsch des FamRates ist in demselben Umfang wie gg die des VormschG Beschw zul. Wegen Haftg des FamRats vgl § 1848 und Anm. Mitglieder haften als GesSchu, § 840.

1873 *Einberufung des Familienrats.* **Der Familienrat wird von dem Vorsitzenden einberufen. Die Einberufung hat zu erfolgen, wenn zwei Mitglieder, der Vormund oder der Gegenvormund sie beantragen oder wenn das Interesse des Mündels sie erfordert. Die Mitglieder können mündlich oder schriftlich eingeladen werden.**

1) Einberufg erfolgt durch Vorsitzenden. Keine bestimmte Form, jedoch Mitteilg der BeratsGgstände zweckmäßig. Jederzeit mögl; eine Einschränkg durch FamRatsBeschl ist unzul. Sie erfolgt auf selbständige

Vormundschaft. 1. Titel: Vormundschaft über Minderjährige §§ 1873–1877

Entschließg des Vorsitzenden od Antr zweier Mitglieder, des Vormd od GgVormd. Gegen Ablehng od Nichtbeachtg des Antrags Beschw des AntrSt, FGG 20. Einzuberufen sind sämtl Mitglieder, bei Verhinderg eines od mehrerer ordentl auch ein oder beide ErsMitglieder, notf ist vorübergehendes ErsMitgl zu bestimmen, § 1864. Nichtladg eines Mitglieds bleibt auf die Wirksamk des Beschlusses, dessen Erneuerg dieses aber verlangen kann, ohne Einfluß.

1874 *Beschlußfassung.* **I** Zur Beschlußfähigkeit des Familienrats ist die Anwesenheit des Vorsitzenden und mindestens zweier Mitglieder erforderlich.

II Der Familienrat faßt seine Beschlüsse nach der Mehrheit der Stimmen der Anwesenden. Bei Stimmengleichheit entscheidet die Stimme des Vorsitzenden.

III Steht in einer Angelegenheit das Interesse des Mündels zu dem Interesse eines Mitglieds in erheblichem Gegensatze, so ist das Mitglied von der Teilnahme an der Beschlußfassung ausgeschlossen. Über die Ausschließung entscheidet der Vorsitzende.

1) Die **Beschlüsse** des FamRats, I, II, sind nichtig, wenn weniger als der Vorsitzende u 2 Mitglieder od der Vorsitzende u mehr als 6 Mitglieder an ihrer Abfassg beteiligt gewesen sind, § 1860 Anm 2, ebso wenn ein unfähiges Mitgl mitgewirkt hat, § 1865. Eine Änderg von I kann durch Beschl des FamRats nicht erfolgen. Die Beschlüsse des FamRats stehen den Vfgen des VormschG völlig gleich, auch hins der Beschw. Der Vorsitzende od die Mitglieder haben aber kein RichterR. Gemäß FGG 8 gelten hins Beschl-Fassg GVG 193–197, Beratgsgeheim DRiG 45 III, hins der Sitzgspolizei GVG 176 ff. Die BeschlFassg hat mdl zu erfolgen, Protokoll ist im allg zweckm.

2) Die **Ausschließg** eines Mitglieds, III, ist bei erhebl InteressenGgsatz von dem Vorsitzenden allein auszusprechen. Dagg BeschwR des Ausgeschlossenen, FGG 20, bestr. Unrichtige Ausschließg hat Ungültigk des Beschlusses nicht zur Folge. Die Ausschließg des Vorsitzenden richtet sich nach FGG 6.

1875 *Säumnis eines Mitglieds.* **I** Ein Mitglied des Familienrats, das ohne genügende Entschuldigung der Einberufung nicht Folge leistet oder die rechtzeitige Anzeige seiner Verhinderung unterläßt oder sich der Teilnahme an der Beschlußfassung enthält, ist von dem Vorsitzenden in die dadurch verursachten Kosten zu verurteilen.

II Der Vorsitzende kann gegen das Mitglied ein Ordnungsgeld festsetzen.

III Erfolgt nachträglich genügende Entschuldigung, so sind die getroffenen Verfügungen aufzuheben.

1) Begrenzg in II auf 100 DM gestrichen dch G v 5. 3. 53 (BGBl I 33); Änd v OrdngsStrafe dch jetzigen Ausdruck dch EGStGB v 2. 3. 74 (BGBl I 469) Art 121 Z 7. Derj, der **a)** ohne genügde Entschuldig ausbleibt, was der VormschRichter zu beurteilen hat, – **b)** schuldhaft die so rechtzeitige Anzeige seiner berechtigten Verhinderg unterläßt, daß der Vorsitzende die Sitzg aufheben muß od kein ErsMitgl mehr bestellen kann, **c)** sich ohne Berechtigg der Teilnahme der BeschlFassg enthält, muß vom Vorsitzenden (allein) in die dadurch verursachten Kosten verurteilt werden (I), vgl § 1877, unbeschadet des Rechts des Mdl, seinerseits Ersatz eines dadurch etwa eingetretenen Schadens zu verlangen, § 1872 II 2. Beitreibg jener Kosten nach § 1 Justizbeitreibgsordng. Vorsitzender kann ferner ein OrdngsGeld festsetzen (II), u zwar 5 bis 1 000 DM (EGStGB Art 6) zuzügl Kosten (Nachw § 1788 Anm 1). Umwandlg in OrdngsHaft EGStGB Art 8. Keine vorherige Androhg. Nur einmalige Verhängg. Wegen Beitreibg u Kosten des OrdngsgeldVerf § 1837 Anm 5. Gg Verurt u OrdngsGeld Beschw mit aufschiebder Wirkg, FGG 20 I, 24 I. Beide Anordngen können bei nachträgl genügender Entschuldigg durch Vorsitzenden wieder aufgeh werden.

1876 *Einstweilige Anordnungen.* Wird ein sofortiges Einschreiten nötig, so hat der Vorsitzende die erforderlichen Anordnungen zu treffen, den Familienrat einzuberufen, ihn von den Anordnungen in Kenntnis zu setzen und einen Beschluß über die etwa weiter erforderlichen Maßregeln herbeizuführen.

1) Wird sofortiges Einschreiten nötig, so muß der Vorsitzende, der diese Voraussetzgen selbst zu beurteilen hat, die erforderl Anordngen treffen, die zweckmäßigerw vorläufige, aber auch endgültige sein u in jeder Art einer Vfg bestehen können, zu der FamRat befugt ist. Dieser ist unverzügl einzuberufen; ist er nur angeordnet, aber noch nicht eingesetzt, so muß das alsbald geschehen. Der FamRat kann in demselben Umfang, wie das seitens des VormschRichters bei eigenen Vfgen geschehen kann, die Anordngen des Vorsitzenden aufheben, FGG 18, 32, 55, jedoch ohne rückw Kraft. Erweist sich, daß ein sofortiges Einschreiten nicht erforderl war, so behält die Anordng des VormschRichters trotzdem ihre Gültigk.

1877 *Auslagenersatz.* Die Mitglieder des Familienrats können von dem Mündel Ersatz ihrer Auslagen verlangen; der Betrag der Auslagen wird von dem Vorsitzenden festgesetzt.

§§ 1877–1881   4. Buch. 3. Abschnitt. *Diederichsen*

1) Das Amt eines FamRatsmitglieds ist ein Ehrenamt. Zeitversäumnis wird also nicht ersetzt, sond nur die vom Vorsitzenden festgesetzten Auslagen. Vgl im übrigen § 1847 Anm 2. BeschwR hat auch der Vormd für den Mdl, FGG 20.

1878 *Ende der Mitgliedschaft.* **I** Das Amt eines Mitglieds des Familienrats endigt aus denselben Gründen, aus denen nach den §§ 1885, 1886, 1889 das Amt eines Vormundes endigt.

II Ein Mitglied kann gegen seinen Willen nur durch das dem Vormundschaftsgericht im Instanzenzuge vorgeordnete Gericht entlassen werden.

1) Beendigg der Mitgliedsch, I. Das Amt als Mitgl des FamRat endigt ohne weiteres bei Tod, Entmündigg, § 1885 I, Beendigg der Vormsch, Aufhebg des FamRats, §§ 1879f, für das ErsMitgl mit Wegfall der Verhinderg des ordentl Mitglieds, § 1864 Anm 1. Sonst ist stets Entlassg erforderl; also in den Fällen der §§ 1886, 1889. Bei dem bei letzterem in bezug genommenen § 1786 entfallen aber selbstverständl die Z 6 und 7. Ein wichtiger Grd liegt vor zB bei ernstem Zerwürfnis mit dem Vormd, Mangel der Unparteilichk, aber nicht schon bei einer einfachen Ggsätzlichk mit dem Vormd od einem anderen Mitgl. § 1888 ist nicht anwendbar, vgl § 1866 Anm 1. Entlassg hat ferner zu erfolgen bei vorübergehender Bestellg wg Behinderg des Berufenen, §§ 1861 und 1778 II, bei Bestellg unter Vorbeh, § 1871, bei Bestellg des FamRatsmitglieds als Vormd, § 1866 Z 1.

2) Die Entlassg, II, erfolgt **a)** auf Antr des Mitglieds durch den FamRat, **b)** gg den Willen des Mitglieds durch das LandG, das das zu entlassende Mitgl zu hören hat. Spricht es die Entlassg aus, so hat der Entlassene die sof Beschw an das OLG, aber keine weitere Beschw, FGG 60 I Z 4, 64; gg Ablehng der Entlassg BeschwR des Vormds u des Mitglieds, soweit dieses seine Entlassg beantragt hat, FGG 20.

1879 *Aufhebung des Familienrats wegen Beschlußunfähigkeit.* Das Vormundschaftsgericht hat den Familienrat aufzuheben, wenn es an der zur Beschlußfähigkeit erforderlichen Zahl von Mitgliedern fehlt und geeignete Personen zur Ergänzung nicht vorhanden sind.

1) Aufhebg. Ist nur noch ein od gar kein Mitgl mehr vorhanden, so daß damit die BeschlFähigk aufgehoben ist, § 1874 I, so findet zunächst Ergänzg durch das VormschG statt, § 1862. Ist eine solche Ergänzg mangels geeigneter Personen nicht mögl, §§ 1865ff, od sind die geeigneten Personen zur Übern nicht bereit, § 1869, so muß das VormschG den FamRat aufheben. Bei Vorliegen einer elterl Anordng auf Einsetzg eines FamRats, § 1858 I, soll er aber wieder eingesetzt werden, wenn die erforderl Zahl nachträgl wieder erreicht wird. War Einsetzg hingg nur auf Antr erfolgt, § 1859 I, so bedarf es eines neuen Antrags, da sich der erste durch die frühere Einsetzg erledigt hat u nicht fortwirkt.

2) Beschwerderecht. Gegen den aufhebenden Beschl haben die sof Beschw die Verwandten u Verschwägerten, der Eheg des Mdl, FGG 57 I Z 4, 60 I Z 4, desgl der Vormd u die FamRatsmitglieder, FGG 20, 60 I Z 4, der Mdl, FGG 59. Die Frist beginnt mit dem Zeitpkt, in welchem das VormschG die bisherigen Mitglieder von der Aufhebg in Kenntnis gesetzt hat, dh dann, wenn der letzte Kenntnis erhält, FGG 16 II und III, 60 II; vgl auch § 1881 I.

1880 *Aufhebung auf elterliche Anordnung.* **I** Der Vater des Mündels kann die Aufhebung des von ihm angeordneten Familienrats für den Fall des Eintritts oder Nichteintritts eines künftigen Ereignisses nach Maßgabe des § 1777 anordnen. Das gleiche Recht steht der Mutter des Mündels für den von ihr angeordneten Familienrat zu.

II Tritt der Fall ein, so hat das Vormundschaftsgericht den Familienrat aufzuheben.

Vorbem. „Ehelichen" vor Mutter dch Art 1 Z 77 NEhelG gestrichen.

1) Vgl § 1858. Wegen der zu einer solchen Anordng berechtigten Personen u der erforderl Form vgl § 1776 Anm 3 und § 1777 Anm 1 und 2. Bei widersprechenden Anordngen zw Vater u Mutter muß auch hier § 1776 II gelten, vgl auch § 1868. In der Anordng gem § 1880 wird regelm eine solche nach § 1859 II für die Zukunft zu sehen sein, so daß eine spätere Einsetzg nach § 1859 I nicht mehr erfolgen kann. Wegen des BeschwR § 1879 Anm 2.

1881 *Folgen der Aufhebung.* **I** Von der Aufhebung des Familienrats hat das Vormundschaftsgericht die bisherigen Mitglieder, den Vormund und den Gegenvormund in Kenntnis zu setzen.

II Der Vormund und der Gegenvormund erhalten neue Bestallungen. Die früheren Bestallungen sind dem Vormundschaftsgerichte zurückzugeben.

1) Die Benachrichtigg erfolgt gemäß FGG 16 II 1 durch Zustellg, da damit die BeschwFrist beginnt, § 1879 Anm 2. Die Rückgabe der Bestallg des Vormd u GgVormd ist erforderl, da in ihr die Einsetzg des FamRats vermerkt war, § 1791 II 2.

VII. Beendigung der Vormundschaft
Grundzüge

1) Das BGB versteht unter Beendigg der Vormsch a) die Beendigg der Vormsch als solche, §§ 1882–1884, die dann auch die Beendigg des Amtes des Vormds zur Folge hat. Die Beendigg der Vormsch tritt grdsätzl kraft G ein, §§ 1882, 1883 I, 1884 II, ausnahmsw ist Aufhebg durch das VormschG erforderl, §§ 1883 I und II, 1884 I.

b) Die Beendigg des Amts des Vormd, §§ 1885–1889. Entspr dem Bestellgsprinzip bedarf es grundsätzl der Entlassg des Vormd, §§ 1886–1889, auch des Vereins u JA, §§ 1887, 1889 II, auf die sich die Vorschr des BGB hinsichtl ihrer Tätigk als Vormd ebenf beziehen. Eine Ausn bildet, abgesehen von der Beendigg der Vormsch als solcher, § 1885 der im G nicht ausdrückl erwähnte Tod des Vormd. Auch nach Beendigg der Vormsch können aber, abgesehen von der Pfl des Vormd zur VermHerausg u Rechngslegg, § 1890, u der des VormschG zur Prüfg der Rechng, § 1892, noch gewisse Fortwirkgen bestehen, zB die Festsetzg der Vergütg des Vormd durch das VormschG, § 1836 Anm 2, sowie bei RGeschäften des Vormd, vgl § 1822 Anm 5–7 aber auch § 1793 Anm 5.

1882 *Wegfall der Voraussetzungen.* Die Vormundschaft endigt mit dem Wegfalle der im § 1773 für die Begründung der Vormundschaft bestimmten Voraussetzungen.

1) Die Fälle der Beendigg. a) Tod des Mdl, der vAw festzustellen ist, der Vormd ist zur Einreichg der SterbeUrk nicht verpflichtet, KGJ **51**, 47; TodesErkl u Verschollenh des Mdl, jedoch nur mit der Maßg des § 1884.

b) Volljährigk tritt mit Vollendg des 18. LebJ ein (§ 2); VolljährigkErkl nicht mehr vorgesehen. Der Eintritt der Volljährigk bei Ausländern richtet sich nach ihrem HeimatR, EG 7. Da die Vormsch kraft G endet, ist eine bes Entlassg nicht erforderl, KG RJA **2**, 5. Den nicht bekannten Geburtstag eines Findelkindes hat das VormschG, nicht der Vormd, nach freiem Ermessen festzusetzen, aM KG RJA **16**, 34 (unzul). Liegen auch weiter die Voraussetzgen für eine Vormsch nicht vor, bestehen aber Gründe für eine Pflegsch vor, so muß diese aufs neue eingeleitet werden, BayObLG **17** B 167, Gernhuber § 66 I 2; aber Vormsch wird immer nur wg eines bestimmten Grundes eingeleitet, also keine Fortdauer aus anderem Grd, aM Soergel-Germer 6, Staud-Engler Rdn 11, Dölle § 136 I 2h. Eine Verlängerg der AltersVormsch durch letztw Anordng ist unzul; möglicherw kann aber die Bestellg eines TestVollstr gewollt sein, was zu prüfen ist, RGRK Anm 2. Endet die AltersVormsch, liegen aber die Voraussetzgen für eine Vormsch jüngerer Vollj vor, so neue Bestellg des Vormd erforderl, so auch Staud-Engler Rdn 11, Soergel-Germer Rdn 6, BayObLG **17** B 167.

c) Eintritt oder Wiedereintritt der elterl Gewalt, soweit den Gewalthabern nicht die Vertretg in persönl u VermAngelegenheiten entzogen ist; vgl § 1773 Anm 2. Ist ihnen nur die Pers- od die VermFürsorge entzogen, so endet die Vormsch gleich, aber Pflegerbestellg erforderl. Vormsch endet zB bei Annahme an Kindes Statt, § 1754, bei Aufhören des Ruhens der elterl Gewalt, §§ 1674 II, 1705 Anm 2, EhelichErkl, §§ 1736, 1740f, im ersteren Fall auch dann, wenn der Vater inzwischen verstorben ist, BayObLG **20**, 293, bei Ermittlg des bisher unbekannten FamStandes des Mdl, falls er sich dann unter elterl Gewalt befindet. Bei Legitimation durch nachf Ehe § 1883. Hingg **keine Beendigg der Vormsch** durch Verheiratg, Gründg eines eig Hausstandes od Auswanderg, RG Gruch **43**, 496, Verlust der dtschen Staatsangehörigk, da Vormsch auch über Ausländer geführt w kann, EG 23; dort auch über Beendigg der Vormsch, weil die Fürs vom Auslandsstaat übernommen wird.

1883 *Legitimation des Mündels.* Wird der Mündel durch nachfolgende Ehe seiner Eltern ehelich, so endigt die Vormundschaft erst dann, wenn ihre Aufhebung von dem Vormundschaftsgericht angeordnet wird.

Vorbem. Fassg dch Art 1 Z 79 NEhelG.

1) Allgemeines. Heiratet der Vater des Kindes die Kindesmutter, w das Kind von Gesetzes wg ehel, § 1719. Die Eltern erlangen die elterl Gewalt. Die Vormsch endet aber nicht kr Gesetzes, sond aus Grden der VerkSicherh, also um den Ztpkt der Beendigg der Vormsch klar erkennb zu machen, erst mit AO der Aufhebg dch das VormschG.

2) Bis zur Beendigg der Vormsch steht das Kind sowohl unter elterl Gewalt, §§ 1719, 1626, wie unter Vormsch. Bei widersprechenden Vfgen der Vertretgsberechtigten geht die frühere vor, zust RGRK Anm 6, Staud-Engler Rdn 6.

3) Verfahren. Es entsch der RPfleger, RPflG 3 I 2a. Die Vfg über die Aufhebg der Vormsch wird mit der Bekanntmachg an den Vormd wirks, FGG 16. In diesem Ztpkt erlischt mit seiner Amtsbefugn als Vormd auch seine Vertretgsmacht. BeschwR gg die Aufhebg der Vormsch im Rahmen des FGG 20, 57 Z 1, 59. Ändert das VormschG nachträgl die AufhebgsVfg, FGG 18, so muß es eine neue Vormsch einleiten.

1884 *Verschollenheit und Todeserklärung des Mündels.* [I] Ist der Mündel verschollen, so endigt die Vormundschaft erst mit der Aufhebung durch das Vormundschaftsgericht. Das Vormundschaftsgericht hat die Vormundschaft aufzuheben, wenn ihm der Tod des Mündels bekannt wird.

§§ 1884–1886

II Wird der Mündel für tot erklärt oder wird seine Todeszeit nach den Vorschriften des Verschollenheitsgesetzes festgestellt, so endigt die Vormundschaft mit der Rechtskraft des Beschlusses über die Todeserklärung oder die Feststellung der Todeszeit.

Vorbem. Fassg II durch Art 1 Z 37 FamRÄndG.

1) Bei Verschollenheit des Mdl, I, VerschG 1, endigt die Vormsch in Abweichg von § 1882 nicht schon im Zeitpkt des Todes des Mdl, sond erst mit der Aufhebg durch das VormschG, das die Wahrscheinlichk des Ablebens des Mdl vAw zu ermitteln hat, FGG 12. Hingg bedarf es bei Eintritt der übr Beendiggsgründe der Vormsch, zB Eintritt der Volljährigk, keiner Anordng des VormschG, str; aM Oldbg Nds-Rpfl **52,** 30. Die Verschollenh selbst ist noch kein Grd zur Aufhebg der Vormsch. Über das Verf bei Aufhebg vgl § 1883 Anm 3.

2) Bei Todeserklärg oder Feststell des Todeszeitpunktes, II, VerschG 2 ff, 39 ff, tritt die Beendigg der Vormsch nicht mit dem wahren Todestage ein, § 1882, sond mit Rechtskr des die TodesErkl aussprechenden od den Todeszeitpkt feststellenden Beschl, wie II iVm VerschG 29, 40 ergibt. Maßgebd ist also in Abweichg von VerschG 9, 44 II nicht der im Beschl festgestellte Zeitpkt des Todes. Gesetzl Folge tritt auch dann ein, wenn TodesErkl aufgeh wird, VerschG 30 ff, od Mdl noch lebt. Er ist dann unvertreten, vgl § 206.

1885 *Entmündigung des Vormundes.* Das Amt des Vormundes endigt mit seiner Entmündigung.

Vorbem. II gestrichen durch Art 1 Z 38 FamRÄndG.

1) Die Entmündigg des Vormd, I, und zwar aus jedem der in § 6 vorgesehenen Gründe, beendigt sein Amt kraft G, nicht aber schon der Eintritt der GeschUnfgk (ohne Entm), § 104 Z 2, u die Stellg unter vorl Vormsch, § 1906, so daß in diesen Fällen der Mdl auch nicht ohne Vertretg ist, vgl § 206. Das VormschG hat auch dann aber schleunigst die Entlassg herbeizuführen, § 1886, wie es auch im Falle der Einleitg eines Entm-Verfahrens, ohne den Ausgang abzuwarten, sofort geeignete Maßnahmen zu ergreifen hat, §§ 1846, 1886. Mitteilg des mit der Entm befaßten ProzRichters an das VormschG, bei dem die Vormsch geführt wird, ist zwar nicht vorgeschrieben, aber selbstverständl Pfl. Die Aufhebg des EntmBeschlusses läßt das Amt nicht wiederaufleben. Weitere Beendiggsgründe Tod od TodesErkl des Vormd, nicht seine Verschollenh; dann aber Entlassg, § 1886.

1886 *Entlassung des Einzelvormundes.* Das Vormundschaftsgericht hat den Einzelvormund zu entlassen, wenn die Fortführung des Amtes, insbesondere wegen pflichtwidrigen Verhaltens des Vormundes, das Interesse des Mündels gefährden würde oder wenn in der Person des Vormundes einer der im § 1781 bestimmten Gründe vorliegt.

1) Art 1 Z 80 NEhelG ersetzt „Vormd" dch „EinzVormd". Die **Entlassg des Vormds** erfolgt aAw (§§ 1886, 1888) od auf Antr (§ 1889). Die Entlassg für einen Teil des Wirkgskreises, zB die VermVerw, ist unzul (KG JW **38,** 237). Keine Bindg an Voraussetzgen v § 1886, wenn iW des BeschwVerf Entsch über Auswahl des Vormd (§ 1779) geändert w (BayObLG Rpfleger **75,** 91). **Wirkg** der Entlassg: Ende des vormschaftl Amtes (§ 1893 Anm 1, 2). Das VormschG hat sofort neuen Vormd zu bestellen, auch wenn der bisherige Beschw einlegt (KG JW **35,** 2157). **Weitere EntlassgsGrde:** Wegfall der vorübergehenden Verhinderg des als Vormd Berufenen (§ 1778 Anm 2 c), Bestellg unter Vorbeh u Eintr des best Ereign (§ 1790). Auch Verletzg der AuswahlVorschr (§ 1782) kann zur Entlassg führen (BayObLG NJW **61,** 1865). Zum Ausschl dch Test § 1790 Anm 1. Auf Amts- u VereinsVormsch ist § 1886 unanwendb (§ 1887).

2) Entlassgsgründe. a) Gefährdg des MdlInteresses. Dieses entscheidet; vgl dazu auch § 1828 Anm 2c. Schädigg braucht noch nicht eingetreten zu sein, es genügt, wenn nach der ganzen Sachlage bei Fortführg des Amtes durch den bestellten Vormd Möglichk einer Schädigg naheliegt, BayObLG **18** A 206. Die Entlassg kommt aber nur als äußerste Maßregel in Betr, also erst dann, wenn andere Mittel nicht mehr zur Vfg stehen, also die Entziehg der Vertretg in einer einzelnen Angelegenh oder die Bestellg eines Pflegers nicht genügt, BayObLG **18** A 105. Das VormschG ist aber verpflichtet, sofort zur Entlassg zu schreiten, wenn die Voraussetzgen des § 1886 vorliegen, u nicht erst zu schwächeren Maßnahmen zu greifen, BayObLG JFG **8,** 91. Der voraussichtl Erfolg der in Aussicht genommenen Maßn wird also stets sorgf zu prüfen sein, aber auch ob die Entlassg des Vormd dem Mdl nicht mehr schadet als die Beibehaltg, KG OLG **24,** 48. Jedoch dürfen Schwierigk bei Gewinng eines neuen Vormd nicht ausschlaggebd sein, BayObLG Recht **19,** 1800, wenn sie auch mittelbar einwirken können. Pflichtwidriges Verhalten des Vormd, vgl § 1837 Anm 3, ist nur einer der Entlassgsgründe („insbesondere"), BayObLG JFG **8,** 91. Es **genügt bereits objektive Gefährdg des MdlInteresses:** Tatfrage, BayObLG **6,** 735. Kann gegeben sein bei sich lange hinziehender Erkrankg des Vormd, weiter Entferng seines Wohnsitzes von dem des Mdl, BayObLG **6,** 45, mangelndem Verständnis für die Aufgaben des Vormd, BayObLG **19,** 82, Untauglichk zur GeschFührg, Karlsr JW **20,** 502, UnmöglMachen der Aufsichtsführg, indem trotz wiederholter Ordngsstrafen Auskünfte zur Rechnungslegg nicht erteilt, Rechng nicht berichtigt u ergänzt w, Hamm Rpfleger **66,** 17, dauerndem Interessenwiderstreit, BayObLG **6,** 735, Notwendigk von Maßregeln aus § 1666 I gg die vom Vormd bestellte Kindesmutter, KG DFG **37,** 101, aber auch bei tiefer Entfremdg zw Vormd u Mdl, BayObLG JFG **3,** 76, bei RelWechsel seitens des Vormd od Mdls, wenn dadurch ein so tiefer Zwiespalt in der Lebensauffassg zutage tritt, daß eine gedeihliche Wirksamk des Vormd nicht mehr zu erwarten ist, BayObLG aaO; dadurch auch wg vor der Bestellg liegender Tatsachen, die VormschG erst später erfährt, Hbg OLG **30,** 158. Ferner, wenn es sich zwar um Entscheidg einer ZweckmäßigkFrage handelt, Vormd aber entweder allen besseren Vorstellgen des VormschG unzugängl ist, § 1837 Anm 3 aE, oder auch

Vormundschaft. 1. Titel: Vormundschaft über Minderjährige §§ 1886, 1887

wenn auf seiten des Vormd eine Pflichtwidrigk zwar nicht festzustellen ist, die Durchführg seines Vorhabens aber MdlInteresse gefährdet, KG JW **35**, 546, so uU die Ablehng der Adoption durch den Erzeuger, Celle ZBlJugR **53**, 39. Anderseits genügen im allg nicht Ggsätzlich zw Vormd u VormschG, zw Vormd u MdlAngehörigen, vgl aber auch Dresden ZBlJugR **18**, 298 (Entlassg des Stiefvaters als Vormd, der n Scheidg mit MdlMutter).

b) Vorhandensein der Untauglichkeitsgründe, § 1781, gleichgültig, ob sie vor od nach der Bestellg eingetreten sind. Hingg ist Entlassg bei Vorliegen der UnfähigkGründe zZ der Bestellg nicht erforderl, da die Bestellg dann nichtig ist, § 1780 Anm 1; wg der nachträgl eingetretenen Entmündigg vgl § 1885 Anm 1.

3) Verfahren. Es entsch der RPfleger, RPflG 3 Z 2a. Vor der Entlassg wird der Vormd im allg zu hören sein, KG JR Rspr **26**, 475, und uU auch die Angehörigen, § 1847. Die Entlassg kann schriftl oder mündl (zu Protokoll) erfolgen, BayObLG **18** B 130. WirksWerden der EntlassgsVfg FGG 16, 26. Eine vorl Amtsenthebg kennt BGB nicht. VormschG kann aber vorläufige Maßnahmen vor Eintritt der Wirksamk der Entlassg treffen, zB die das MdlInteresse gefährdenden Hdlgen untersagen, § 1837 Anm 3 aE. **Beschwerdeberechtigt** sind bei Entlassg der Vormd (sof Beschw), FGG 60 I Z 3, ebso bei Androhg der Entlassg, FGG 20, KGJ **51**, 36; BeschwR auch noch nach der Entlassg gg Vfgen gem § 1837, KGJ **30** A 25. Beschwberechtigt auch Mdl, FGG **59**, KG JFG **15**, 201, auch wenn Entlassg nur aus vermögensrechtl Gründen erfolgt, da durch die Entlassg stets auch die Pers des Mdl mitbetroffen wird. Jedoch entfällt die Wirkg der EntlassgsVfg, wenn sie auf Beschw aufgh w, sodaß es einer erneuten Bestellg nicht bedarf, KG NJW **71**, 53; FGG 32 steht nicht entgg, Jansen § 18 Rdnr 26. Kein BeschwR Dritter, da nur aus FGG 57 I Z 9 mögl, dieser aber wg FGG 60 I Z 3 ausscheidet, KG JW **35**, 2157. Bei Ablehng des Entlassgsantrages ist beschwerdeberechtigt der GgVormd, FGG 57 I Z 6, Mdl gem FGG 59, KG JFG **15**, 198, Dritte nach FGG 57 I Z 9, es sei denn, daß AmtsG entlassen, LG aber diese Entsch aufgehoben u Antr abgelehnt hatte, FGG 60 I Z 3, 29 III, 57 II, Soergel-Germer Anm 11, RGRK Anm 7. Kein BeschwR aus eig Rechte haben die Verwandten, Brem OLGZ **68**, 68, desgl nicht das JA, KGJ **53**, 46; aber Mitteilg an JA entspr § 1851 erforderl.

1887 *Entlassung des Jugendamts oder Vereins.* I Das Vormundschaftsgericht hat das Jugendamt oder den Verein als Vormund zu entlassen und einen anderen Vormund zu bestellen, wenn dies dem Wohle des Mündels dient und eine andere als Vormund geeignete Person vorhanden ist.

II **Die Entscheidung ergeht von Amts wegen oder auf Antrag. Zum Antrag ist berechtigt der Mündel, der das vierzehnte Lebensjahr vollendet hat, sowie jeder, der ein berechtigtes Interesse des Mündels geltend macht. Das Jugendamt oder der Verein sollen den Antrag stellen, sobald sie erfahren, daß die Voraussetzungen des Absatzes 1 vorliegen.**

III **Die Anhörung der Eltern des Mündels und die persönliche Fühlungnahme mit dem Mündel bestimmen sich nach den §§ 1695, 1712. Das Vormundschaftsgericht soll vor seiner Entscheidung auch das Jugendamt oder den Verein hören.**

Vorbem. Fr Gesetzestext betr Entlassg von Ehefrauen, dch JWG 54 I 1aF aufgh, diese bestätigt dch JWG 54 nF. Jetziger § 1887 eingefügt dch Art 1 Z 81 NEhelG. Vgl auch JWG 39a.

1) Allgemeines. § 1887 behandelt Entlassg des JA od Vereins im Interesse des Mdl, § 1889 II im Interesse des JA od Vereins. Die Herübern aus dem JWG ist die Folge von §§ 1791a–c u der sich daraus ergebnen Unterstellg der vormschaftl Tätigk von JA u Verein unter die Vorschr des BGB; vgl § 1791a Anm 1.

2) Bestellung eines anderen Vormunds I. Bei der gesetzl AmtsVormsch ist die Bestellg eines and JugA zum Vormd ohne weitere Grde nur iR des AbgabeVerf gem JWG 43 zul (BayObLG FamRZ **77**, 664). Voraussetzgen: **a)** es dient dem Wohl des Kindes, wobei AusgangsPkt, daß grdsätzl EinzelVormsch der Vereins- oder AmtsVormsch vorzuziehen ist (§ 1791a Anm 1); **b)** Vorhandensein einer als Vormd geeigneten Pers (vgl JWG 39a). So wenn das Mdl einer mehr individuellen Erziehg u Betreuung bedarf an Stelle der oft bürokrat u formell aktenmäß (vgl BayObLG NJW **60**, 245; **61**, 1117; and Webler ebda; vgl auch JWG 39b). Die in Aussicht genomene Pers ist nur dann als geeignet anzusehen, wenn sie es auch bei gegebener Sachlage ist; so im allg zu verneinen, wenn die Vatersch noch nicht festgestellt, die UnterhFrage noch zu klären, der Proz noch nicht dchgeführt ist. In den meisten derartigen Fällen wird die Vormsch des JA od des Vereins mit Rücks auf deren größere Erfahrg u ihre besseren Mittel solange vorzuziehen sein, bis diese Fragen geklärt sind; allenf kann das JA oder der Verein als MitVormd mit beschr Wirkgskreis, etwa im Umfang wie im Falle des § 1706, bestellt w, wenn diese Fragen nicht so überwiegen, daß das Verbleiben des Vereins od JA zweckmäß ist.

3) Verfahren, II, III. Zust FGG 36. Es entsch der RPfleger, RPflG 3 Z 2a. VormschG handelt vAw od auf Antr. Antragsberechtigt, II 2, der über 14 Jahre alte Mdl, jeder, der ein berecht Interesse des Mdl geltd macht; allg menschl od persönl Interesse des Beantragten genügt nicht. Andrerseits verwandtschaftl Interesse od das wg eines bes persönl Bandes nicht erforderl, also weit zu fassen. Antr w dahingehen, einen bestimmten EinzelVormd zu bestellen mit der Begr, weswg dieser besser als JA oder Verein wäre. JA u Verein sind zu einem derart Antr verpflichtet, sobald sie erfahren, daß die Voraussetzgen von I vorliegen, JWG 39a II 3. Anhörungspflicht vor der Entsch, III: Eltern des Mdl § 1695, der nehel Vater, aber nur im Rahmen des § 1712, Mdl, auch Verein u JA, dieses insb auch über die Pers des neuen Vormd, JWG 39a III. Außerachtlassg Verfahrensfehler. Entlassg erfolgt dch Beschl, der mit Grden zu versehen u gem FGG 16 wirks w. **Beschwerdeberechtigt** Mdl, sofern über 14 Jahre, FGG 59, JA u Verein bei Entlassg gg ihren Willen (sof Beschw), FGG 60 I Z 3, KG **7**, 101, bei Ablehng ihres Antr auf Entlassg, einfache Beschw, FGG 20, 57 I Z 9. Dritte haben gg Entlassg des JA u Vereins gg ihren Willen kein BeschwR, da FGG 57 I Z 9 wg dessen II iVm FGG 60 Z 3 ausscheidet, gg Entlassg des JA mit seinem Willen einfache Beschw, FGG 20, 57 I Z 9. Vgl auch § 1886 Anm 3.

1888 *Entlassung von Beamten und Geistlichen.* Ist ein Beamter oder ein Religionsdiener zum Vormunde bestellt, so hat ihn das Vormundschaftsgericht zu entlassen, wenn die Erlaubnis, die nach den Landesgesetzen zur Übernahme der Vormundschaft oder zur Fortführung der vor dem Eintritt in das Amts- oder Dienstverhältnis übernommenen Vormundschaft erforderlich ist, versagt oder zurückgenommen wird oder wenn die nach den Landesgesetzen zulässige Untersagung der Fortführung der Vormundschaft erfolgt.

1) § 1888 ergänzt § 1784; vgl dort Anm 1. Die Entlassg erfolgt vAw, eines Antrags der Behörde bedarf es nicht.

1889 *Entlassung auf eigenen Antrag.* I Das Vormundschaftsgericht hat den Einzelvormund auf seinen Antrag zu entlassen, wenn ein wichtiger Grund vorliegt; ein wichtiger Grund ist insbesondere der Eintritt eines Umstandes, der den Vormund nach § 1786 Abs. 1 Nr. 2 bis 7 berechtigen würde, die Übernahme der Vormundschaft abzulehnen.

II Das Vormundschaftsgericht hat das Jugendamt oder den Verein als Vormund auf seinen Antrag zu entlassen, wenn eine andere als Vormund geeignete Person vorhanden ist und das Wohl des Mündels dieser Maßnahme nicht entgegensteht. Ein Verein ist auf seinen Antrag ferner zu entlassen, wenn ein wichtiger Grund vorliegt.

1) Ob ein **wichtiger Grund für die Entlassg des EinzelVormds** vorliegt, entsch VormschG nach freiem Erm, wobei in erster Linie das Interesse des Vormds an der Entlassg z berücks, BayObLG FamRZ 59, 373, aber auch z beachten ist, daß das Mdl dch den Wechsel nicht zu sehr beeintr w. Ein wicht Grd ist stets, also ohne ErmSpielraum, z bejahen, wenn einer der in § 1786 I Z 2–7 gen Fälle nach der Best z Vormd, § 1786 II, eintr. Die Unterbringg des Mdl in FürsErziehg ist im allg kein wicht Grd, KGJ 46, 83. Keine Verwirkg des EntlassgsAnspr, wenn Vormd dch Zustimmg z WohngsWechsel des Mdl EntlassgsGrd des § 1786 I Z 5 selbst schafft, sofern WohngsWechsel dem MdlWohl entspr, Stgt Just 72, 284. Dagg kann ein Ausl, der die Führg der Vormsch übern hat, nicht m Rücks auf seine AuslEigensch Entlassg fordern, KG RJA 10, 99; vgl § 1785 Anm 2a. Der nachträgl Eintr des § 1786 I Z 8 ist als wicht Grd ausgelassen, um dch Übern weiterer Vormsch od Pflegsch dem Vormd nicht die Möglichk z geben, sich der bisher Vormsch z entledigen. Unter bes Umst kann aber auch die Übern eines weiteren Amtes ein wicht Grd sein. Wird wicht Grd bejaht, verfügt VormschG die Entlassg. Gg die Ablehng des Antr hat Vormd Beschw, FGG 20.

2) **Entlassg von Jugendamt u Verein** als Vormd erfolgt ebso wie ihre Bestellg, §§ 1791 a u b, nach BGB, u zwar n § 1887 aus Grden des MdlWohles und gem II, eingefügt dch Art 1 Z 82 NEhelG, im Interesse von JA u Verein. **a)** Entlassg nicht ow mögl, sond nur, wenn ein geeign Vormd vorhanden u wenn das Wohl des Mdl nicht entgegsteht, JWG 39 b; kann vorliegen, wenn Vatersch zu klären u Klärg mögl erscheint od UnterhRechtsstreit noch nicht dchgeführt, vgl auch KG JFG **18**, 274, BayObLG NJW **60**, 245. Ein Verein ist in jedem Falle zu entlassen, wenn für ihn ein wichtGrd vorliegt, II 2. Er kann Pflichten nur im Rahmen seines MitglBestandes u seiner Mittel übernehmen, so daß eine Verringerg schon eines von beiden seine Tätigk als Vormsch einschränken od ganz unmögl machen kann. Dem muß VormschG Rechng tragen. Auswahl des EinzelVormd Sache des RPflegers, RPflG 3 Z 2a, der auch JA od Verein entläßt. Sollte sich die Maßn später als unzweckmäß erweisen u EinzelVormd entlassen w, so kein Wiederaufleben der fr Amts- od VereinsVormsch, sond Neubestellg; dem fr unter gesetzl AmtsVormsch stehden Mdl kann also nur ein AmtsVormd bestellt w. Aber selbst Neubestellg, wenn der EntlassgsBeschl im BeschwWege aufgeh w, BayObLG ZBlJR **65**, 19. Die Bestellg eines Pflegers ändert an der bestehden Amts Vormsch natürl nichts. **b)** Es bedarf eines Antr des JA od Vereins (BayObLG DAVorm **75**, 540). Beschw (FGG 19, 20) steht nur dem JA od Verein, deren Antr abgelehnt ist, zu (KG JFG **7**, 101). W Entlassg angeordnet, so einf Beschw (FGG 20, 57 I 9), also nur bei berecht Interesse.

1890 *Vermögensherausgabe und Rechnungslegung.* Der Vormund hat nach der Beendigung seines Amtes dem Mündel das verwaltete Vermögen herauszugeben und über die Verwaltung Rechenschaft abzulegen. Soweit er dem Vormundschaftsgerichte Rechnung gelegt hat, genügt die Bezugnahme auf diese Rechnung.

1) **Allgemeines.** Bei Beendigg seines Amtes hat der Vormd, auch Amts- u VereinsVormd, das verwaltete Verm herauszugeben u über die Verw Rechensch abzulegen. Gläub dieser Anspr Mdl, vertreten durch neuen gesetzl Vertreter, falls ein solcher noch in Betr kommt, sonst der Mdl od sein RNachfolger; bei Gesamtberechtigg des Mdl mit anderen Personen, Herausg an alle gemschaftl, währd auf Rechnslegg nur der Mdl Anspr hat. Ob Rechng richtig gelegt ist, entsch ProzG, KG JW **39**, 351; wg der Tätigk des VormschG § 1892 II. Wird dieselbe Pers od das JA, der Verein nach beendeter AltersVormsch Vormd des nunmehr vollj Mdl, so erübrigt sich Herausg an einen etwa hierzu bestellten Pfleger, str; aber Nachweig des Bestands durch Rechngslegg für die bisher geführte AltersVormsch erforderl. Schu des Anspr auf Herausgabe und Rechenschaftsablegg ist der Vormd od sein RNachfolger, im Konk des Vormd dieser, nicht der KonkVerw, der HerausgAnspr ist KonkFdg, KO 61 Z 5. § 1890 entspr anwendbar, wenn die VermVerw völlig od zum Teil auf einen anderen MitVormd od Pfleger übergeht.

2) **Die Herausgabe des Vermögens** hat sofort zu erfolgen. Der Vormd hat also den Besitz aller zum MdlVerm gehörigen Sachen, soweit er sie selbst in Besitz hatte u sie nicht etwa in dem eines Pflegers waren, zu übertragen, ferner die vorhandenen Urk über die zum MdlVerm gehörigen Fdgen u hinterlegten

Vormundschaft. 1. Titel: Vormundschaft über Minderjährige §§ 1890–1892

Werte herauszugeben, so daß der Mdl seine Anspr selbst geltd machen kann. Quittgserteilg über das Herausgegebene im Rahmen von § 368. Löschg des Sperrvermerks, §§ 1809, 1815, 1816, braucht Vormd nicht zu veranlassen, sie ist aber auch nicht erforderl. Das VormschG hat dem Mdl auf Erfordern eine Bescheinigg über die Beendigg der Vormsch auszustellen. Gemäß § 260 I hat Vormd bei der Herausg Bestandsverzeichnis aufzustellen, das an frühere, § 1802, anschließen kann. Unter den Voraussetzgen des § 260 II ist er zur Abgabe der dort dem Inhalt nach näher gekennzeichneten eidesstattl Vers verpflichtet. Andererseits hat er ZurückbehaltgsR für seine ErsAnspr, §§ 273, 274, das er aber nicht ungebührl ausdehnen darf, RG 61, 128. Verweigert der Vormd die Herausg, so kann Anspr hierauf nur durch Klage verfolgt werden; das VormschG hat keine Zwangsrechte mehr, KJG 33 A 54. Rechtshilfe ist bei der VermAushändigg mögl, Darmst SeuffA 65, 204, str.

3) **Rechenschaftslegg** erstreckt sich nur auf VermVerw, nicht auch auf PersSorge. Sie umfaßt Rechngslegg, die in der in §§ 1840 f genannten Art zu erfolgen hat, also auch AuskErteilg in sich schließt, aber an die dem VormschG gelegten Jahresrechngen anschließen kann u auch die aus § 1841 II ersichtl Erleichterg genießt, KJG 37 A 110. Mdl kann Beanstandgen auch dann erheben, wenn VormschG bei früheren Prüfgen diese Rechngen in Ordng befunden hat, § 1843 Anm 2. §§ 259 ff sind anwendbar; Abgabe der eidesstattl Vers erfolgt zu Protokoll des RPflegers, § 261, ZPO 889. RPflG 20 Z 17. Auf Rechngslegg kann Mdl verzichten, § 397, der VermZuwender kann von der RechngsleggsPfl befreien, nicht aber die Eltern, da § 1854 nur für die Dauer der Vormsch gilt.

1891 *Mitwirkung des Gegenvormundes.* I Ist ein Gegenvormund vorhanden, so hat ihm der Vormund die Rechnung vorzulegen. Der Gegenvormund hat die Rechnung mit den Bemerkungen zu versehen, zu denen die Prüfung ihm Anlaß gibt.

II Der Gegenvormund hat über die Führung der Gegenvormundschaft und, soweit er dazu imstande ist, über das von dem Vormunde verwaltete Vermögen auf Verlangen Auskunft zu erteilen.

1) Bzgl der Rechngslegg gilt dasselbe wie bei § 1842. Es entfällt jedoch die Nachweisg des VermBestandes, dieser ist vielm dem Mdl nachzuweisen. Der GgVormd ist seiner zur Ausk über die Führg der GgVormsch u des vom Vormd verwalteten Vermögens verpflichtet. Vgl auch § 1892 Anm 2.

1892 *Rechnungsprüfung und -abnahme.* I Der Vormund hat die Rechnung, nachdem er sie dem Gegenvormunde vorgelegt hat, dem Vormundschaftsgericht einzureichen.

II Das Vormundschaftsgericht hat die Rechnung rechnungsmäßig und sachlich zu prüfen und deren Abnahme durch Verhandlung mit den Beteiligten unter Zuziehung des Gegenvormundes zu vermitteln. Soweit die Rechnung als richtig anerkannt wird, hat das Vormundschaftsgericht das Anerkenntnis zu beurkunden.

1) **Allgemeines.** Auch nach Beendigg der Vormsch als solcher bleibt das VormschG zu weiterer Fürs-Tätigk im Interesse der Abwicklg der Vormsch verpflichtet, behält auch weiter seine amtl Befugnisse, aber nur soweit, als das zur Erreichg dieses Zweckes erforderl ist. RGeschäfte können von ihm also nicht mehr genehmigt werden; vgl aber auch § 1893 Anm 1. Wohl kann es aber, abgesehen von den in § 1892 genannten Verrichtgen u der Rückg der Bestallg, die dch Zwangsgeld erzwungen w können, KG OLGZ 69, 293, auch jetzt noch Vormd eine Vergütg bewilligen, § 1836 Anm 2, Bewilligg auch noch, weil sie nachträgl ungerechtf erscheint, zurücknehmen, KG RJA 16, 159, sie kann auch durch BeschwG abgeändert werden, RG 127, 109. Die Herausgabe des MdlVermögens hat hingg der Vormd selbst zu bewirken, § 1890 Anm 2, Brsl OLG 18, 381; VormschG kann ihn darin insofern unterstützen, als es die bei den Akten befindl Urk im Einverständn mit dem Vormd im Wege der Rechtshilfe dem Mdl aushändigen läßt. Dem vollj gewordenen Mdl, wie überh jedem, der ein berecht Interesse daran glaubh macht, hat es Akteneinsicht zu gewähren, FGG 34. § 1892 u das oben Gesagte gelten auch, wenn nicht Vormsch als solche, sond nur Amt des Vormd endigt. § 1892 gilt bei Amts- u VereinsVormsch; davon sind sie auch dch § 1857a nicht befreit.

2) **Zur Einreichg der Rechng, I,** kann der Vormd trotz der Beendigg seines Amtes durch Ordngsstrafen angehalten werden, soweit er sich weigert od es sich um eine formell nicht ordngsmäßige Rechng handelt, § 1841, KG OLG 14, 268, Neust NJW 55, 1724, ebso ein vorhandener GgVormd, dem der Vormd die Rechng zur Beifügg seiner Bemerkgen vorzulegen hat, § 1891 I 2, str. Vorlegg einer sachl richtigen Rechng kann nicht erzwungen werden, ebsowenig die Vorlage von Wertpapieren, KJG 50, 28. Wegen der Beifügg von Belegen § 1841 Anm 1. **Einreichg der Schlußrechng entfällt a)** wenn MdlVerm währd der ganzen Dauer des Amts des Vormd nicht zu verwalten war; **b)** wenn sich Mdl u Vormd außergerichtl auseinandergesetzt haben od Mdl auf Schlußrechng verzichtet hat. Besteht Vormsch fort, so etwaiger Verzicht des neuen Vormd wirkgslos; SchadErsPfl § 1833; VormschG § 1837.

3) **Die Rechngsprüfg, II, 1,** hat das VormschG entspr § 1843 I vorzunehmen. Es kann auch Ergänzgen u Berichtiggen herbeiführen, ohne daß ihm aber Zwangsmittel zur Vfg stehen.

4) **Die Abnahme der Schlußrechng, II 1,** ist vom VormschG unter Zuziehg des GgVormd, soweit ein solcher vorhanden ist, durch Verhandlg mit den Beteiligten zu vermitteln. Es hat also deren Vorladg vor das VormschG zu erfolgen. Ihr Erscheinen kann nicht erzwungen werden, wenn die Vormsch beendet ist,

§§ 1892–1894

KBg OLG **4**, 116, sonst nur ggü dem der Aufsicht jetzt unterstehenden Vormd, nicht aber dem entlassenen. Im Termin ist der Vollj an Hand der Akten über Führg der Vormsch u Stand der Dinge, ggf auch über die dem Mdl gg den Vormd zustehenden Anspr vom VormschRichter zu unterrichten. Mit der Rechnglegg u der VermHerausg werden etwa durch den Vormd geleistete Sicherheiten, § 1844, frei, soweit nicht ErsAnspr des Mdl bestehen. Das VormsG hat hierbei nicht mitzuwirken; bei Verweiger der Freigabe bleibt nur Klage.

5) Das Anerkenntnis der Richtigk der Rechng, II 2, ist, falls es erfolgt, vom VormschG zu Prot zu nehmen, FGG 168 ff, ohne daß seine Gültigk von der Einhaltg dieser Form abhinge. Auch teilweise Anerkenng unter Kenntlichmachg der Vorbehalte mögl. Soweit nicht anerkannt wird, kann Vormd Klage auf Feststellg der gelegten Rechng erheben, ZPO 256, wenn deren prozessuale Voraussetzgen gegeben sind. Ein auf Irrt beruhendes od ein in der irrigen Annahme einer Verpflichtg zur Abgabe abgegebenes Anerkenntn kann nach den Grdsätzen der §§ 812, 814 angefochten werden, RG JW 02 Beil 255. Einen **Anspr auf Entlastg** haben weder Vormd (Kass SeuffA **61**, 13) noch VormschRichter (LG Stgt DAVorm **74**, 672). Die Entlastgserteilg seitens des neu bestellten Vormd bedarf der Gen des VormschG, § 1812. Das VormschG kann auch seine EntlastgsErkl vermitteln, muß sich aber bei der Aufnahme einer solchen Zurückhaltg auferlegen, um beim Mdl nicht den Anschein einer Verpflichtg zu einer solchen zu erwecken. VormschG kann dazu auch ein anderes Ger um Rechtshilfe ersuchen, RG **115**, 368; aM KGJ **51**, 42. Im Rahmen des § 368 kann Vormd Quittg über Rechnglegg verlangen. Sie enthält keinen Verzicht auf materielle Anspr, deren Vorhandensein nicht erkennb war.

1893 *Fortführung der Geschäfte nach Beendigung der Vormundschaft.*
I Im Falle der Beendigung der Vormundschaft oder des vormundschaftlichen Amtes finden die Vorschriften der §§ 1698a, 1698b entsprechende Anwendung.

II Der Vormund hat nach Beendigung seines Amtes die Bestallung dem Vormundschaftsgericht zurückzugeben. In den Fällen der §§ 1791a, 1791b ist die schriftliche Verfügung des Vormundschaftsgerichts, im Falle des § 1791c die Bescheinigung über den Eintritt der Vormundschaft zurückzugeben.

Vorbem. Verweisgsänderg in I durch GleichberG Art 1 Z 35. Fassg II Art 1 Z 83 NEhelG.

1) Amtsfortführg, I. a) Entspr § 1698a ist der Vormd auch nach Beendigg der Vormsch überh od seines Amtes zur Fortführg seiner Geschäfte berechtigt, bis er von der Beendigg Kenntnis erlangt od sie kennen muß. Wegen der Haftg vgl § 1833 Anm 1. Das gilt auch entspr, wenn die Vertretgsmacht des Vormd nur in einzelnen Beziehungen endigt, §§ 1794, 1796. Dritter kann sich auf Berechtigg zur Fortführg des Amts nicht berufen, wenn er bei Vornahme eines RGeschäfts Beendigg kennt od kennen muß, § 122 II. Vertretgsmacht des Vormd endet aber jedenf mit seiner Kenntnis vom Amtsende; nimmt er später noch RGeschäfte vor, so wird auch der dritte Gutgläubige nicht geschützt, RG JW **12**, 978. Bis zum Zeitpkt der Kenntnis vom Amtsende kann Vormd auch noch Gen dem Dritten wirks mitteilen, § 1829 I 2, ebso können solche Geschäfte auch noch vormschgerichtl genehmigt werden; allerd muß VormdschG hiervon Abstand nehmen, wenn ihm Beendigg bekannt, Stgt RdL **56**, 255, Dölle § 137 III. Soweit die vormschgerichtl Gen nicht unabänderl wurde, kann sie auch nach Beendigg der Vormsch aufgehoben w, BayObLG **64**, 350. Um allen diesem vorzubeugen, ist eine sofortige Unterrichtg des Vormd vom Amtsende durch VormschG zweckm.

b) Entspr § 1698b ist der Vormd beim Tode des Mdl verpflichtet, die Geschäfte, mit deren Aufschub Gefahr verbunden ist, zu besorgen, bis der Erbe anderweit Fürs treffen kann. Geschieht das nicht, Haftg aus § 1833.

Zu a) und b): Besorgt der Vormd Geschäfte trotz Kenntnis von der Beendigg seines Amtes od geht er über den Rahmen der im § 1698b genannten Geschäfte hinaus, so gelten §§ 177 ff, 677 ff, RG JW **10**, 233. Soweit er sich aber innerh der in § 1698a f gezogenen Grenzen hält, sind die Rechte u Pflichten aus derartigen Geschäften für alle Teile nach der Vorschr über die Vormsch zu beurteilen. Der Vormd kann also auch Ersatz der Aufwendgen verlangen.

2) Die Rückgabe der Bestallg kann durch Zwangsgeld, u zwar auch nach Beendigg der Vormsch, erzwungen werden, Neust NJW **55**, 1724, aM Darmst ZBlFG **15**, 260; vgl auch § 1892 Anm 2. Zur Herausgabe verpflichtet sind auch die Erben des Vormd; insofern aber nur HerausgKlage. V e r e i n s - u b e s t e l l t e r A m t s V o r m d müssen Urk, die zu ihrer Legitimation dienen, also die schriftl Vfg des VormschG, die sie gem §§ 1791a II, 1791b II, das JA, das gesetzl AmtsVormd ist, die Bescheinigg über den Eintritt der Vormsch, § 1791c III, zurückgeben.

1894 *Anzeige bei Tod des Vormundes.* I Den Tod des Vormundes hat dessen Erbe dem Vormundschaftsgericht unverzüglich anzuzeigen.

II Den Tod des Gegenvormundes oder eines Mitvormundes hat der Vormund unverzüglich anzuzeigen.

1) Um dem VormschG zu ermöglichen, baldigst nach dem Tode eines Vormd, GgVormd, MitVormd die erforderl Vorkehrgen, erforderlichenf auch Maßnahmen selbst zu treffen, § 1846, besteht für die Erben der genannten Personen, I und § 1895, hins des Gg- u MitVormd für den Vormd selbst, II, hins des Vormd ferner für den GgVormd, § 1799 I 2, die Pfl, den Tod unverzügl (§ 121) anzuzeigen. Entspr gilt bei der

TodesErkl. Wird die Anzeige seitens des Vormd, Gg- od MitVormd versäumt, so Haftg nach § 1833, der Erben nach § 276. Eine Verpflichtg zur Fortführg der Geschäfte besteht für diese nicht. Wegen der Anzeige-Pfl von Behörden vgl § 1774 Anm 2.

1895 *Amtsbeendigung des Gegenvormundes.* **Die Vorschriften der §§ 1885 bis 1889, 1893, 1894 finden auf den Gegenvormund entsprechende Anwendung.**

1) Das Amt des GgVormd endigt auch mit der Vormsch als solcher, Grdz vor § 1882; ferner kann das VormschG die GgVormsch bei nachträgl Wegfall ihrer Voraussetzgen, § 1792 II, aufheben, Staud-Engler Anm 1. Hinsichtl der Zuständigk des RPflegers gilt das § 1886 Anm 3 Gesagte. Rückg der Bestallg § 1893 II.

Zweiter Titel. Vormundschaft über Volljährige

Vorbemerkung

1) Die **Vormsch über Vollj** ist nur zul, wenn der Vollj entmündigt ist, § 1896. Vorl Vormsch § 1906. Eine Verlängerg der AltersVormsch nach Erreichg der Volljährigk (VolljErkl) ist unzul u kann auch nicht durch den Erbl angeordnet werden. In einem solchen Fall bleibt jedoch zu prüfen, ob mit einer solchen Anordng nicht die Bestellg eines TestVollstr gewollt ist, § 1882 Anm 1b. Mögl ist aber, daß an die Alters-Vormsch sich die Vormsch über den nunmehr vollj Gewordenen anschließt u derselbe Vormd auch diese Vormsch führt. Auch dann ist aber stets eine bes Anordng des VormschG erforderl (Bestellgsprinzip), da die AltersVormsch von Gesetzes wg beendigt ist, § 1882 Anm 1b. Ist Entm beantragt, so kann vorl Vormsch angeordnet werden. Ist weder eine Entm erfolgt noch eine solche beantragt, so ist lediglich Pflegsch mögl, § 1910. Auch Amts- u VereinsVormsch mögl, § 1897. In SowjZ ist an Stelle des VormschG das Staatl Notariat getreten, ÜbertrVO 3 Z 4 v. 15. 10. 52, GBl 1057.

2) Für **die Beendigg der Vormsch** über die Vollj kommen entspr Vorschr über die AltersVormsch zur Anwendg, § 1897. Kraft Gesetzes endigt aber die Vormsch über Vollj entspr § 1882 auch mit der rechtskr Aufhebg der Entm, BayObLG **29**, 436, die durch Beschl des AmtsG, ZPO 675, 685, od auf Anfechtgs- od Aufhebgsklage erfolgen kann, ZPO 672, 679 IV, 684 IV, 686 IV. Die rechtskr gewordene Wiederaufhebg u jede auf die Anfechtgskl erlassene Entsch ist dem VormschG mitzuteilen, ZPO 674, 678 III, 679 IV, 683 II 2, 684 IV, 686 IV. Die Aufhebg inf Anfechtgsklage hat auf die Wirksamk der von od ggü dem Vormd vorgenommenen RGeschäfte keinen Einfluß, § 115 I 2. Über die Beendigg der vorl Vormsch § 1908.

3) ÜbergangsVorschr EG 210.

1896 *Entmündigung als Voraussetzung.* **Ein Volljähriger erhält einen Vormund, wenn er entmündigt ist.**

1) **Entmündigt**, gleichgültig aus welchem Grunde (Geisteskrankh, Geistesschwäche, Verschwendg, Trunksucht), § 6; vgl auch Vorbem. Auch der Verheiratete. Bei mehreren EntmGründen nur eine einheitl Vormsch, vgl RG **108**, 307. Die Vormsch ist vAw anzuordnen, wenn der VormschRichter Kenntnis erhält. Es entsch der RPfleger, RPflG 3 Z 2a u e contrario 14 Z 4. Der die Entm aussprechende Beschl ist vAw mitzuteilen, ZPO 660, FGG 50. Ohne EntmBeschl ist die Vormsch nichtig. Die Entm wird wirks – **a)** bei Geisteskranken dch Zustellg an den gesetzl Vertreter, dem die PersSorge zusteht, soweit ein solcher nicht vorhanden ist, mit Bestellg des Vormd, ZPO 661 I; – **b)** bei Geistesschwachen, Verschwendern u Trunksüchtigen dch Zustellg an den Entmündigten, ZPO 661 II. Die Anordng des VormschG kann nicht mit der Behauptg, daß die Voraussetzgen der Entm nicht vorgelegen hätten, angefochten werden. Insofern kann nur Anfechtgskl gg den EntmBeschl beim AmtsG erhoben w, BayObLG JFG **7**, 91.

1897 *Anzuwendende Vorschriften.* **Auf die Vormundschaft über einen Volljährigen finden die für die Vormundschaft über einen Minderjährigen geltenden Vorschriften Anwendung, soweit sich nicht aus den §§ 1898 bis 1908 ein anderes ergibt. Die Landesregierungen können durch Rechtsverordnung bestimmen, daß andere Behörden an die Stelle des Jugendamts und des Landesjugendamts treten.**

1) Im allg sind die Vorschr für die AltersVormsch, einschl der für die Zustdgk des RPflegers anwendb. AO der vorl Vormsch, § 1906, ist aber Sache des Richters, RPflG 14 Z 4, ebso die Unterbringg, RPflG 14 Z 10; Besonderh f §§ 1907, 1908. Anwendb für Vormsch für Vollj vor allem auch § 1779 II 2; auf das **religiöse Bekenntnis** ist mithin bei der VormdBestellg Rücks zu nehmen, KG JFG **7**, 88. Ferner ist 1827; soweit der Umst nach tunlich, wird auch der wg Geisteskrankh entmündigte Mdl anzuhören sein, vgl RG LZ **24**, 549. Vormd kann dem vom Mdl zur Erhebg der AnfechtgsKl beauftragten Anwalt Zahlg des Kostenvorschusses verweigern, da Mdl ohne Gen des Vormd mit dem Anwalt keinen Vertr abschließen kann, BayObLG FJG **10**, 45; vgl aber § 1901 Anm 1. **Nicht anwendbar** sind §§ 1773, 1776, 1777, 1782, 1797 III, 1859 II, 1861, 1863 III, 1866 Z 3, 1868, 1880, 1883. Die Befreiungen der §§ 1852–1854 können dem Vater od der Mutter zustehen, § 1903 I, immer dem Amts- u VereinsVormd, § 1857a, für die ebenf, soweit es sich um ihre vormsch Tätigk handelt, die Vorschr des BGB gelten, so daß Amts- od VereinsVormsch nunmehr über Vollj mögl, Übbl 4 vor § 1773, §§ 1791 a u c jeweils Anm 1. Wegen **der Abweichgen** von den allg Vorschr vgl §§ 1898 bis 1908.

§§ 1898–1901 4. Buch. 3. Abschnitt. *Diederichsen*

1898 *Kein Benennungsrecht der Eltern.* Der Vater und die Mutter des Mündels sind nicht berechtigt, einen Vormund zu benennen oder jemand von der Vormundschaft auszuschließen.

1) Das BenenngsR der Eltern, §§ 1776, 1782, ist ein Ausfluß der elterl Gewalt, § 1777 Anm 1, unter der der Vollj nicht mehr steht.

1899 *Berufung der Eltern.* I Als Vormund sind die Eltern des Mündels berufen; § 1779 Abs. 2 gilt entsprechend.

II Die Eltern sind nicht berufen, wenn der Mündel von einer anderen Person als seinem Vater oder seiner Mutter oder deren Ehegatten als Kind angenommen ist.

Vorbem. Fassg v I GleichberG Art 1 Z 36, v II AdoptG Art 1 Z 2c.

1) Allgemeines. Anders als bei der AltersVormsch ist bei der Vormsch über Vollj nur eine Berufg durch G gegeben. Die Bestimmgen über die Übergeh, § 1778 I und II, sind anwendbar, vgl dort Anm 1 und 2a–d. Ist ein kraft G Berufener nicht vorhanden, so erfolgt Auswahl durch das VormschG nach Anhörg des JA, § 1779. Auf die vorl Vormsch ist § 1899 nicht anwendbar, § 1907.

2) Berufen sind die Eltern u die ihnen gleichstehenden Personen, vgl § 1776 Anm 3. VormschG hat den geeigneteren Elternteil auszuwählen, § 1779 II. Ist der berufene u nach Wahl des VormschG bestellte Elternteil weggefallen, so ist der andere berufene Elternteil alsVormd zu bestellen, falls nicht § 1778 I entggsteht. Das ist auch bei einer nichtigen Ehe nicht anders. Ausgeschlossen sind die Eltern, wenn der Mdl von einem anderen als einem EltT od dessen Eheg als Kind angenommen ist (II). Vor einem Elternteil darf der Eheg des Mdl zum Vormd bestellt werden, § 1900.

1900 *Bestellung des Ehegatten.* Der Ehegatte des Mündels darf vor den Eltern zum Vormund bestellt werden.

Vorbem. Fassg GleichberG Art 1 Z 36.

1) Allgemeines. § 1900 gibt Abweichgsmöglichk von der Berufgsreihenfolge des § 1899, dort Anm 2. Der Eheg des Mdls hat keinen Anspr auf Bestellg, vgl BayObLG OLG **32**, 18. das VormschG hat aber zu prüfen, ob im MdlInteresse ihm nicht vor den durch G Berufenen, ebso vor anderen nach §§ 1899 I, 1779 II 3 zu Berücksichtigenden, Hamm JMBl NRW **63**, 248, der Vorrang zu geben ist, Celle NJW **65**, 1718. Übergehgsgründe brauchen in der Pers der Eltern nicht gegeben zu sein. Diese haben kein eigenes BeschwR, wohl aber ein solches aus FGG 57 I Z 9 im MdlInteresse, KGJ **50**, 33.

2) Bestellg des Ehegatten ist in güterrechtl Beziehg bedeutgsvoll. Leben Eheg in GütGemsch u ist für den allein verwaltenden Eheg der u zum Vormd bestellt, so vertritt dieser den nunmehr unter Vormsch Stehenden in den Rechten u Pflichten, die sich aus der Verw des GesGutes ergeben, § 1436 S 2, erteilt sich also Zust selbst, KG RJA **4**, 76, KGJ **27**, 166, Staud-Engler Rdn 2, RGRK (Scheffler) Anm 2, für Zust erfordernde RGeschäfte. Bei InteressenGgsatz Pflegerbestellg § 1909. Verwalten beide gemschaftl, so § 1458. Bei gesetzl Güterstd wird in den Fällen der §§ 1365, 1369, also bei InteressenGgsatz, regelm Pfleger zu bestellen sein.

1901 *Sorge für die Person.* I Der Vormund hat für die Person des Mündels nur insoweit zu sorgen, als der Zweck der Vormundschaft es erfordert.

II Steht eine Frau, die verheiratet ist oder verheiratet war, unter Vormundschaft, so gilt die in § 1633 bestimmte Beschränkung nicht.

Vorbem. Fassg GleichberG Art 1 Z 36.

1) Umfang der Personensorge im allg, I. In Abweich von § 1800 hat der Vormd des Vollj für die Pers seines Mdl nur insoweit zu sorgen, als der Zweck der Vormsch es erfordert. Auf den Umfang der SorgePfl wird also auch der Grd der Entm von Einfluß sein. Jedoch hat der Vormd auch dann einzugreifen, wenn es sich nicht um eine unmittelbar mit dem EntmGrd zusammenhängende Pflegebedürftigk handelt. Soweit mögl u mit dem MdlInteresse vereinbar, wird dem Mdl die Handlgsfreih zu belassen sein, erforderlichenf hat VormschG den Umfang der Tätigk des Vormd abzugrenzen, darf aber nicht auf diese Weise dem Vormd Anweisgen auf einem Gebiet geben, auf dem der Vormd selbständig zu entscheiden hat, vgl §§ 1793 Anm 1, 1837 Anm 3. Gg unzweckm Maßnahmen kann es also nur im Rahmen der §§ 1837, 1886, vorgehen, KG RJA **6**, 15; vgl auch § 1886 Anm 2a. Der Vormd wird mithin im allg auf Maßnahmen zur Pflege, Heilg, Beaufsichtigg u Sicherg des Mdl beschränkt sein, also auch bei den Besprechgen des Mdl mit dem von ihm gemäß FGG 59, ZPO 664 II Bevollmächtigten zugegen sein, deren briefl Verkehr überwachen, uU den telefon Verkehr verbieten können, KG JFG **21**, 155, falls nicht etwa Mdl entgg Ansicht des Vormd die Aufhebg betreiben will. Erziehgsmaßnahmen wird Vormd nur zur Bekämpfg der geistigen u sittl Mängel, die zur Entm führten, treffen dürfen, im übrigen hat er Zucht- u ErziehgsR jedoch

1646

nicht, KGJ **43**, 68. Will er Mdl in Irren- od Trinkerheilanstalt od überhaupt in einer Weise unterbringen, mit der FreihEntziehg verbunden ist, so vormschgerichtl Gen erforderl, § 1800 II u dort Anm 3 (auch Verf), vgl auch BVerfG NJW **60**, 811; es entsch der Richter RPflG 14 Z 10. Mdl hat auch im Falle der Gesch-Unfgk unbefristetes BeschwR ohne Mitwirkg des gesetzl Vertreters, BayObLG JZ **60**, 670. Die Einrichtgen des JWG kommen für Vollj nicht in Betr. Höchstpersönl Rechte eines Eheg kann Vormd nicht wahrnehmen, Klage auf Wiederherstellg des ehel Lebens nicht erheben, ZPO 612 II. Er kann aber Schlüsselgewalt entziehen, RGRK § 1357 Anm 19. Falls die Voraussetzgen für Wiederaufhebg der Entm vorliegen, hat Vormd Antr zu stellen, ZPO 675, 685, ebso dem Mdl, wenn dessen Anfechtgsklage nicht völl aussichtslos ist, die Mittel hierzu zu bewilligen, BayObLG SeuffA **59**, 115. Das PersSorgeR kann für ihn auch Anlaß sein, für die Verteidigg des Mdl in Strafsachen zu sorgen, RGSt **59**, 353.

2) Bei einer **bevormundeten Ehefrau**, II, beschränkt sich die Abweichg von § 1800 nicht auf die Vertretg in persönl Angelegenheiten, § 1633, sond dem Vormd liegt die Sorge für die Pers im Umfange der I ob. Der Vormd hat sich aber jedes Eingriffs in die Rechte des Ehemannes zu enthalten, wenn nicht etwa ein Mißbr vorliegt wie bei Mißhdlgen durch Ehem, mag Ehefr sie auch nicht mehr als Ehewidrigkeiten empfinden; dann mögl, daß Vormd Ehefr aus dem Haus bringt, um sie nicht weiterer ehewidriger Behandlg durch den Mann auszusetzen, RG **85**, 16. Ist das nicht der Fall, kann die Ehefr gg den Willen des Ehemanns nicht in einer Anstalt untergebracht werden, da Vormd Dinge, die das ehel ZusLeben betreffen, nicht allein entscheiden kann, vgl § 1353 Anm 2, Staud-Engler Rdn 12. Streitigkeiten über den Umfang der beiderseitigen Rechte entsch nicht das VormschG, sond das ProzG, RJA **13**, 67. Wohl hat der Vormd aber darauf zu achten, daß der Ehem seiner UnterhPfl nachkommt. Gegen Mißbr der Rechte des Ehemannes hat er das VormschG zum Einschreiten zu veranlassen, wo solches nach dem G zul ist, zB § 1357 II, sonst Klage zu erheben.

1902 *Genehmigungsbedürftige Rechtsgeschäfte.* I Der Vormund kann eine Ausstattung aus dem Vermögen des Mündels nur mit Genehmigung des Vormundschaftsgerichts versprechen oder gewähren.

II Zu einem Miet- oder Pachtvertrage sowie zu einem anderen Vertrage, durch den der Mündel zu wiederkehrenden Leistungen verpflichtet wird, bedarf der Vormund der Genehmigung des Vormundschaftsgerichts, wenn das Vertragsverhältnis länger als vier Jahre dauern soll. Die Vorschrift des § 1822 Nr. 4 bleibt unberührt.

1) **Allgemeines.** Es gelten hins der GenBedürftigk dieselben Vorschr wie bei der AltersVormsch, jedoch mit 2 Ausnahmen.

2) **Ausstattg,** I. Die Ausstattg, § 1624, kann nur mit Gen des VormschG versprochen od gewährt werden. Sind jedoch beim Versprechen bereits die zu übereignenden Ggstände genau bezeichnet, so bedarf es für das dingl Geschäft keiner neuen Gen. Auch durch die Gen des VormschG wird eine schenkgsweise gewährte Ausstattg nicht wirks, § 1804 S 1 u Anm 1, außer wenn dadurch einer sittl Pfl od einer auf den Anstand zu nehmenden Rücks entsprochen ist. Schenkg liegt gem § 1624 also vor, wenn die Ausstattg **a)** das den Umst nach entsprechende Maß überschreitet, insb mit den VermVerhältnissen des Mdl nicht im Einklang steht oder **b)** einer andern Pers als dem Kinde gewährt wird.

3) **Verpflichtg zu wiederkehrenden Leistgen,** II, vgl dazu § 1822 Anm 6 b. II tritt an Stelle des § 1822 Z 5 mit der Wirkg, daß ein derartiges mit Gen des VormschG geschlossenes RGesch vorzeitig nicht gekündigt w kann. II bezieht sich aber nicht auf die Pachtverträge über ein Landgut od einen gewerbl Betrieb, die schlechthin genehmiggspfl sind, § 1822 Z 4.

1903 *Befreite Stellung der Eltern.* I Wird der Vater oder die Mutter des Mündels zum Vormund bestellt, so wird ein Gegenvormund nicht bestellt. Dem Vater oder der Mutter stehen die Befreiungen zu, die nach den §§ 1852 bis 1854 angeordnet werden können. Das Vormundschaftsgericht kann die Befreiungen außer Kraft setzen, wenn sie das Interesse des Mündels gefährden.

II Diese Vorschriften sind nicht anzuwenden, wenn der Vater oder die Mutter im Falle der Minderjährigkeit des Mündels zur Vermögensverwaltung nicht berechtigt wäre.

Vorbem. Fassg unter Berücksichtigg des GleichberGrdsatzes GleichberG Art 1 Z 37.

1) **Allgemeines,** I. Der zum Vormd bestellte ehel Elternteil u die ihnen Gleichstehenden, vgl § 1776 Anm 3, sind kraft Gesetzes berufen, also auch die nehel Mutter. Nur auf sie, nicht auf den nach § 1900 bestellten, aber nicht berufenen Eheg ist § 1903 anwendbar. Die befreite Stellg verträgt sich nicht mit der Bestellg eines GgVormd, § 1792 (anders, wenn beantragt, § 1904). Mit der Bestellg eines GgVormd entfällt auch die Gen des VormschG, soweit sie die GgVormd ersetzt, vgl § 1852 Anm 2. Über die im übrigen eintretenden Befreiungen vgl §§ 1852–1854. Entspr § 1857 kann VormschG bei Gefährdg des Mdl-Interesses die Befreiungen außer Kraft setzen (dh es muß tun, § 1848), dann auch einen GgVormd bestellen. Wg der Befreiung des JA u des Vereins § 1897 Anm 1.

2) **Nichtanwendbark,** II. Die Berechtigg des Elternteils zur VermVerw, dh auch zur Vertretg in VermAngelegenheiten, würde bei Minderjährigk des Mdl nicht gegeben sein in den Fällen der §§ 1670,

1673, 1676, 1680, 1765, 1771 II 1. War dem Elternteil währd der Minderjährigk des Kindes VermVerw gemäß §§ 1666 II, 1669, 1684 entzogen, wird idR ein ÜbergehgsGrd, § 1778 I, vorliegen; II nicht anwendbar, da Bestellg wie ggteiliger Akt anzusehen, so daß Befreiung nur nach I 3 außer Kraft gesetzt w könnte. Entscheidend für das Vorliegen von II nicht die Zeit der Bestellg, sond die ggwärtigen Verhältnisse; demgemäß fallen die Befreiungen bei Eintritt der Voraussetzgen bei II kraft G weg, zB bei KonkEröffng mit dem EröffngsBeschl. Durch II bleiben §§ 1780 ff, 1778, 1885 ff unberührt, § 1897.

1904 **Bestellung eines Gegenvormundes.** I Dem Vater oder der Mutter ist ein Gegenvormund zu bestellen, wenn sie dies beantragen. Wird ein Gegenvormund bestellt, so stehen dem Vater oder der Mutter die im § 1852 bezeichneten Befreiungen nicht zu.

II Das Vormundschaftsgericht soll die Bestellung des Gegenvormundes nur mit Zustimmung des Elternteils, dem der Gegenvormund bestellt ist, aufheben.

Vorbem. Fassg unter Berücksichtigg des GleichberGrdsatzes u Angleich an §§ 1685, 1692 GleichberG Art 1 Z 37.

1) Allgemeines. Vgl § 1903 Anm 1 und 2. Gegenvormd, abgesehen von § 1903 I 2, dort Anm 1, nur zu bestellen auf Antr eines Elternteils, der Vormd ist. Gegen Ablehng hat der zum Vormd bestellte Elternteil Beschwerderecht, FGG 20 II, ebso bei Aufhebg der GgVormsch, die nur mit seiner Zust erfolgen kann, II auch § 1692, ferner gg Aufhebg (nicht aber gg Ablehng der Bestellg), FGG 20 II) auch der Eheg des Mdl, seine Verwandten u Verschwägerten, FGG 57 I Z 1. Der GgVormd tritt hier zwar an Stelle des Beistandes, vgl § 1685; die Übertragg der VermVerw auf ihn ist aber, da mit seiner Stellg unvereinbar, unzul. Durch die Bestellg des GgVormd verliert Elternteil nur die § 1852, nicht aber die §§ 1853, 1854 genannten Befreiungen.

1905 **Einsetzung eines Familienrats.** I Ein Familienrat kann nur nach § 1859 Abs. 1 eingesetzt werden.

II Der Vater und die Mutter des Mündels sind nicht berechtigt, Anordnungen über die Einsetzung und Aufhebung eines Familienrats oder über die Mitgliedschaft zu treffen.

1) Die Befugn der Eltern zur Anordng über die Einsetzg u Aufhebg des FamRats, §§ 1858, 1859 II, 1861 S 1, 1863 III, 1866 Z 3, 1880 I, folgt aus ihrer elterl Gewalt, die mit dem Eintritt der Volljährigk endet. Bei der Vormsch über Vollj ist sie daher ausgeschl. Die Eltern können aber als Verwandte des Mdl Antr auf Einsetzg eines FamRats stellen, die jedoch nur erfolgen kann, wenn das VormschG sie im Interesse des Mdl für angemessen erachtet, § 1859 I.

1906 **Voraussetzungen für vorläufige Vormundschaft.** Ein Volljähriger, dessen Entmündigung beantragt ist, kann unter vorläufige Vormundschaft gestellt werden, wenn das Vormundschaftsgericht es zur Abwendung einer erheblichen Gefährdung der Person oder des Vermögens des Volljährigen für erforderlich erachtet.

1) Allgemeines. Die vorl Vormsch ist einstweiliger Schutz für denjenigen, dessen Entm beantragt, aber noch nicht durchgeführt ist. Sie ist eine Abart der Vormsch, vgl Anm 3, deren Vorschr auch hier mit den sich aus §§ 1907, 1908 ergebenden Abweichgen anwendbar bleiben, § 1897, also zB auch §§ 204, 1436, 2290 III, 2347 I. Der Vormd hat mithin dieselben Rechte u Pflichten wie in anderen Fällen, KG OLG 24, 50, kann also auch den Mdl in einer Anstalt unterbringen, vgl aber § 1800 II, wird sich jedoch nach Möglichk hier aller tiefer greifenden Ändergen enthalten müssen. Zulässig ist die vorl Vormsch nur bei Vollj, §§ 2, 3 II, bei Ausländern unter der Voraussetzg von EG 23 I. Neben einer schon bestehenden Vormsch ist für eine vorläufige kein Raum, hingg kann Pflegsch nach § 1909 in Betr kommen, BayObLG JFG 5, 116. Wohl steht aber eine Pflegsch, die als Sicherungsmaßnahme vor Stellg des EntmAntrags allein mögl bleibt, § 1910, nach dessen Stellg der Anordng der vorl Vormsch nicht entgg, KGJ 26 A 23.

2) Voraussetzgen: a) Vorliegen eines gültigen EntmündiggsAntrags, dh eines durch den AntrBerechtigten, ZPO 646, 680 III–V, beim zust Ger gestellten, ZPO 648, 680 III; bei Einreich ans unzust Ger liegt kein gültiger EntmAntr vor, KG JW 37, 474. Fehlt er, so ist die Anordng der vorl Vormsch nichtig, der davon Betroffene infolgedessen auch nicht beschr geschäftsfähig, vgl Anm 3. Anderseits genügt (falls auch b vorliegt) diese Voraussetzg, Einleitg der Entm ist also nicht erforderl, KG OLG 43, 385. Ablehng dann nur statth, wenn EntmAntrag offensichtl unbegründet, BayObLG 28, 503. Ist die Einleitg schon erfolgt, so hat VormschG nicht zu prüfen, ob das zu Recht erfolgt ist; auch nicht die Erfolgsaussicht, Mü JFG 17, 207. Hingg ist die Anordng wg § 1908 I nach rechtskr Abweisg des EntmAntrags unzul, KG RJA 3, 226. Die Aussetzg des Verfahrens, ZPO 681, steht anderers nicht entgg, KG OLG 27, 122.

b) Es muß eine erhebl Gefährdg der Person oder des Vermögens vorliegen; die Tatsachen müssen festgestellt, nicht nur glaubh gemacht werden, Köln NJW 61, 609. Nachprüfg im Prozeßwege unzul. Weitere Beschw kann nicht darauf gestützt werden, daß erhebl Gefährdg auf unzutreffende Voraussetzgen tatsächl Art gestützt sei; wohl aber, daß der RBegriff „erhebl Gefährdg" verkannt sei, BayObLG 11, 249, vgl auch Göppinger FamRZ 60, 258 Anm 73. Mit Rücks auf einschneidende Wirkgen der vorl

Vormundschaft. 2. Titel: Vormundschaft über Volljährige §§ 1906–1908

Vormsch, vgl Anm 3, aber Vorsicht geboten. Eine kurze ärztliche Anregg in Verbindg mit Angabe des AntrStellers genügt nicht als Unterlage, KG HRR **35**, 18. Ebsowenig Möglichk einer Schädigg, es müssen vielm Tatsachen vorliegen, die eine solche bei vernünftiger Beurteil wahrscheinl erscheinen lassen, SchlH-OLG FamRZ **62**, 209, so namentl bei Verschwendg, BayObLG DJZ **22**, 262. Es genügt auch nicht Gefährdg durch Umst, die nicht zur Entm führen, KG OLG **41**, 78 Fußn, vielm muß Wahrscheinlichk eines Entm-Grundes u seines Zushangs mit den GefährdgsUmst dargetan sein, BayObLG **63**, 91. Ausreichd Geisteskrankh, aM Brschw OLG **30**, 159, Ausbeutg durch Dritte, uU Querulantentum, BayObLG **23**, 39, voraussichtl Begehg weiterer Straftaten, KG JW **37**, 474, bei Entmündigg wg Verschwendg, daß der zu Entmündigde sich od seine Familie dch sein Verhalten der Gefahr eines Notstandes aussetzt, was jedenf in sicherer Aussicht stehen muß, RG HRR **32**, 929, Zweibr FamRZ **67**, 55.

3) **Wirkgen der Stellg unter vorläufige Vormsch.** Es tritt Beschrkg der Gesch- u ProzeßFgk ein, § 114, ZPO 52. Soweit es sich jedoch um die Verteidigg gg die Entm handelt, bleibt der Mdl prozeßfähig, vgl auch ZPO 664 II; er kann also insow auch einen Anwalt bevollmächtigen. Die Beschrkg tritt mit der Wirksamk der Anordng ein, vgl Anm 4. Eine Eintragg ins GB findet nicht statt, BayObLG **5**, 185. Wird der die Entm aussprechende Beschl auf Anfechtgsklage aufgehoben, der Antr zurückgenommen od rechtskr abgewiesen, so werden die von od ggü dem Entmündigten od Vormd vorgenommenen RGeschäfte nicht in Frage gestellt, § 115; ebso wenn die Anordng durch das BeschwG aufgehoben ist, FGG 61, 32. Die Beschrkg der GeschFgk und die Vertretgsmacht des Vormd bleiben bis zur Beendigg der vorl Vormsch, § 1908, bestehen.

4) **Verfahren**: Zuständig ist das VormschG, FGG 35; wg Aufhebg der durch ein örtl unzust VormschG getroffenen Maßnahmen vgl Grdz 2 vor § 1773. Es entsch der Richter, RPflG 14 Z 4. Wenn das mit der Entm befaßte Ger die Anordng einer FürsMaßn für geboten hält, hat es dem VormschG Mitteilg zu machen, ZPO 657, 680, ebso das JA, JWG 54a, 47a. Das VormschG hat aber auch von selbst tät zu w, wenn ein Grd hierfür vorliegt, FGG 12. Die Anhörg des zu Entmündigenden ist nicht vorgeschrieben, hat aber grdsätzl zu erfolgen, wenn im Einzelfall nicht in bes Maße untunl, Köln NJW **61**, 609; also Verständig nicht mögl, BayObLG FamRZ **68**, 615, od nicht ohne erhebl Nachteile für den GesundhZustand ausführb, BayObLG NJW **67**, 1235; desgl des Ehegatten, vgl § 1847. Der anordnende Beschluß wird wirksam, falls Entm wg geisteskrank beantragt ist, mit der Bestellg des Vormd, falls der Antr auf Geistesschwäche, Verschwendg od Trunksucht gestützt ist, mit der Bekanntmach an den zu Entmündigenden, FGG 52. Gg Anordng sof Beschw, FGG 60 I Z 5. Die Ersatzzustellg für den zu Entmündigenden an den AntrSt setzt die BeschwFrist gg ersteren nichtin Lauf, KG OLG **31**, 78 Fußn. Eine Änderg dieser Vfg kann das VormschG nicht vornehmen, FGG 18 II. Anordng od Aufhebg der vorl Vormsch durch BeschwG erst mit Rechtskr wirks, da FGG 52 keine Ausn von FGG 26, BayObLG **62**, 408, Jansen FGG 52 Rdn 10. Mitteilg an Staatsanwaltsch, AktO 13 Z 3. VerfKosten trägt der Mdl, BayObLG **12**, 458.

Beschwerde: Gg die Anordng sof Beschw, FGG 60 I Z 5, 20, wessen Rechte durch die Anordng beeinträchtigt sind, also der Mdl, FGG 59, u für ihn sein Vormd, nicht weitere Personen, da FGG 57 I Z 9 wg II dort keine Anwendg findet; gg Ablehng haben einf Beschw, FGG 57 I Z 2, alle AntrBerechtigten, vgl Anm 2. Beschwerecht hat trotz FGG 59 II auch der Geschäftsunfäh, Hamm FamRZ **73**, 326. Er kann auch ohne Zust seines Vertreters seinen RA bevollmächtigen, Mü JFG **13**, 271. Aussetzg mit Rücks auf EntmVerf unzul, KG JFG **13**, 299. Nach Zurückn des EntmAntr entfällt RSchutzBedürfn f Beschw gg AO der vorl Vormsch (LG Mü FamRZ **74**, 269 L).

1907 *Keine Berufung bei vorläufiger Vormundschaft.* Die Vorschriften über die Berufung zur Vormundschaft gelten nicht für die vorläufige Vormundschaft.

1) Mit Rücks auf die Dringlichk liegt die Auswahl des Vormd allein beim VormschG. Infolgedessen haben auch die übergangenen Verwandten kein BeschwR aus eig Recht, BayObLG **11**, 359, es kann aber FGG 57 I Z 9 gegeben sein, KG HRR **28**, 958. Die Übergehg der nächsten Verwandten verstößt nicht gg GG 6, BayObLG **54**, 132.

1908 *Ende der vorläufigen Vormundschaft.* I Die vorläufige Vormundschaft endigt mit der Rücknahme oder der rechtskräftigen Abweisung des Antrags auf Entmündigung.

II **Erfolgt die Entmündigung, so endigt die vorläufige Vormundschaft, wenn auf Grund der Entmündigung ein Vormund bestellt wird.**

III **Die vorläufige Vormundschaft ist von dem Vormundschaftsgericht aufzuheben, wenn der Mündel des vorläufigen vormundschaftlichen Schutzes nicht mehr bedürftig ist.**

1) **Beendigung.** Die vorl Vormsch endigt **a) kraft Gesetzes** in den Fällen I u II, ferner mit dem Tode des Mdl, § 1882 Anm 1a, u mit WirksWerden des TodesErkl aussprechenden Beschl, §§ 1897, 1884 II, VerschG 23, 29, der Rückn od rechtskr Abweisg des EntmAntrages, ZPO 663 I, 680 III, mag diese auch nur wg örtl Unzuständigk erfolgt sein, KG RJA **3**, 226; dem steht die rechtskr Aufhebg des EntmBeschl durch Urteil gleich, BayObLG **29**, 436. Bei II muß der Vormd bestellt werden, sobald der EntmBeschl nach ZPO 661, 683 II wirks geworden ist, vgl § 1896 Anm 1. Natürlich kann das auch der vorl Vormd sein. Er ist aber neu zu bestellen, da die vorl u die endgültige Vormsch nicht etwa ohne weiteres ineinander über-

gehen, vgl BayObLG 17 B 165. Kostenrechtl gilt die vorl u die endgültige Vormsch in diesem Falle jedoch als Einheit, KostO 92 III. – **b) Durch Aufhebg seitens des VormschG, III**, bei Verschollenh des Mdl, §§ 1897, 1884 I, u wenn Mdl des vorl VormschSchutzes nicht mehr bedürftig ist. Dahin gehört auch der Fall, daß sich der EntmAntrag als unbegründet herausstellt. Das VormschG wird also mit dem EntmGericht Fühlg halten müssen. Die Vfg, durch die die vorl Vormsch aufgeh wird, trifft der Richter, RPflG 14 Z 1; sie tritt mit der Bekanntmachg an den Mdl in Wirksamk, FGG 52. Gg Ablehng der Aufhebg BeschwR des Mdl, FGG 59, Dritte gemäß FGG 57 I Z 9; gg Aufhebg diese u die zum EntmAntr Berechtigten, FGG 57 I Z 2. Der vorl Vormd hat kein BeschwR, KG RJA 3, 172.

2) Wegen der **Wirkg der Beendigg der Vormsch** vgl § 1906 Anm 4. Wird die AnO der vorläuf Vormsch mit der Beschw erfolgr angefochten, kann nicht Feststell begehrt w, die AO sei ungerechtf gewesen (Hamm MDR 77, 400).

Dritter Titel. Pflegschaft

Einführung

1) Wesen der Pflegschaft. Die Pflegsch hat ebso wie die Vormsch eine FürsTätigk zum Inhalt. Währd die Vormsch grdsätzl aber die Fürsorge für alle Angelegenheiten, § 1793 Anm 1, umfaßt, greift **die Pflegschaft bei einem Fürsorgebedürfnis für besondere Angelegenheiten** (das allerdings in dem Fall der §§ 1909 III, 1910 I ein sehr umfassendes sein kann) ein, sei es nun, daß es sich um eine Ergänzg des elterl od vormschaftl Schutzes, also um ein FürsBedürfnis geschäftsunfähiger od beschränkt geschäftsfähiger Personen, § 1909, od um ein Schutzbedürfnis aus anderen im G festgelegten Gründen handelt, §§ 1910–1914, vgl auch Anm 2, die eine Beschrkg der GeschFgk des Pflegebefohlenen nicht zur Voraussetzg haben. Aus dieser Besondern der Pflegsch ergibt sich, – **a)** daß der Pfleger nicht wie der Vormd grdsätzl allg innerh der gesetzl Schranken zur Vertretg des Mdl berechtigt ist, sond nur innerhalb der ihm vom VormschG zugewiesenen Grenzen. Maßgebd dafür ist die VerpflichtgsHdlg, KG JFG 7, 103, u zwar auch dann, wenn die Bestallg einen anderen Wirkgskreis ergibt (KGJ 41, 38). „Vertretg im EnteignVerf" deckt nicht Verk des Grdst zur Abwendg der Enteign (BGH NJW 74, 1374); – **b)** daß die Pflegsch grundsätzl die **Geschäfts- und damit die Prozeßfähigk des Pflegebefohlenen unberührt läßt**. Nur wenn der Pflegebefohlene geschäftsunfähig ist, hat der Pfleger die Stellg eines gesetzl Vertreters, ist jener hingg geschäftsfähig, so ist der Pfleger nur ein staatl bestellter Bevollmächtigter, RG HRR 29, 1651 aM Celle FamRZ 63, 465 (für § 1910, vgl dort Anm 4). Wird ein sonst geschäftsfähige Pflegebefohlener allerdings in einem Prozeß durch den Pfleger vertreten, so steht er in den Grenzen von dessen VertretgsR, ZPO 81, in dem Prozeß einer nicht prozeßfähigen Pers gleich, ZPO 53, vgl auch ZPO 455 II 2, der Pfleger hat also dann insow die Stellg eines gesetzl Vertreters, RG 52, 224; das ist auch der Fall, wenn der Pfleger einen Prozeß an Stelle des Pflegebefohlenen übernimmt. Ein Auftreten des Pflegers als Streitgenosse od Nebenintervenient ist unzul, RG JW 26, 806. Bei Widersprüchen zw dem geschäftsfähigen Pflegebefohlenen u dem Pfleger wird es im allg auf die zeitl frühere Erkl ankommen. Jedoch darf der Schutz des gutgl Dritten nicht außer Betr bleiben, vgl im übrigen Riezler AcP 98, 372 ff.

2) Anwendg der Pflegschaftsvorschr. Die im BGB vorgesehenen Pflegschaften sind durchweg **Personal-, nicht Realpflegschaften**. Eine Ausn macht ledigl die Pflegsch für ein SammelVerm, § 1914, KG SeuffA 56, 179. Auch die für das nehel Kind bestehde Pflegsch, § 1706, ist ebso wie die NachlPflegsch eine Personalpflegsch; denn letztere dient der Fürs für die unbekannten Erben, RG 135, 307. Über die ausdrückl geregelten Fälle für die Anordng einer Pflegsch hinaus kann das VormschG auch dann, wenn seiner Ansicht nach ein Schutzbedürfnis vorhanden ist, eine Pflegsch nicht anordnen, KGJ 20 A 21. Unzulässig also entspr Anwendg bei Verhinderg des TestVollstr, KG OLG 6, 303. Abgesehen von § 1913 u ZuständErgG 10, Anh § 1911, ist auch eine Pflegsch über jur Personen unzul, KG OLG 41, 79. In anderen Gesetzen gibt es zahlr Sonderfälle für Pflegsch. Ob die Vorschr des BGB für diese anwendbar sind, ist in jedem einzelnen Fall nach dem Inhalt u Zweck, der mit der Pflegerbestellg verfolgt wird, zu prüfen. Nicht anwendbar auf die Vertreter zu Prozeß- od VollstrZwecken wie die aus ZPO 57, 58, 494 II, 668, 679 III, 686 II, 779 I, 787, ZVG 6, 7, 135, 157 II. Für die Beschlagnahme u Güterpflege nach StPO 290 ff, 433 sind die Vorschriften nur insow anwendbar, als das mit der Eigenart jener Maßnahmen vereinbar ist, vgl auch RAG 23, 66. Diese erfolgen ausschl im öff Interesse, um den flüchtigen Angeschuldigten zur Gestellg zu veranlassen, allerdings mit der Nebenaufgabe des Pflegers u VormschG, daß die Interessen des Angeschuldigten nicht über den BeschlagnZweck hinaus beeinträchtigt werden, KG JW 37, 412 str. Für die Verw erforderl Beträge kann VormschG freigeben, währd Freigabe von ArbEinkünften des Pfleglings im Inland Sache des Strafrichters, BayObLG 63, 258. Deshalb kann auch nicht unter Berufg auf § 1911 Aufhebg der Pflegsch verlangt werden, wenn ein Inlandsvertreter bestellt ist, BayObLG HRR 34, 631. Anders zu behandeln auch Beschlagn gemäß RAbgO 106 III, 380 IV, die ledigl ein relatives Veräußergsverbot des FinAmts darstellen, KG JFG 12, 142 aM Schlegelberger Anm 2 zu FGG 39. Kein Pfleger ist Treuhänder im HypR, §§ 1141 II, 1189. Hingg der Stellg eines Pflegers der Beistand, dem VermVerw übertragen ist, § 1690. Wegen der Pflegsch über einen dienstunfähigen Beamten § 1910 Anm 7. Der **Custodian**, vgl § 1911 Anh Anm 1 zu § 10, ist kein Pfleger. Dazu auch Baumb-Lauterbach ZPO Grdz 2 C vor § 50.

3) Verfahren. Auf das Verf sind die Vorschr über die Vormsch entspr anzuwenden, vgl auch Übbl 6 vor § 1773. Es entsch im allg der RPfleger; Ausnahmen bei der GebrechlichkPflegsch, der Pflegsch über einen Ausl u eine Pflegsch aGrd dienstrechtl Vorschr, RPflG 14 Z 4. Auch JA u Vereine können

Vormundschaft. 3. Titel: Pflegschaft **Einf v § 1909, § 1909**

Pfleger sein, §§ 1915, 1791a, b. Besondere Vorschr enthalten FGG 37–42, 46 III, 47 III, 57 I Z 3. Vgl dazu auch die Anm bei den §§ 1909 ff. Die Kosten sind bundesrechtl geregelt, KostO 93, vgl auch KostO 96.

4) Übergangsvorschr EG 210, 211, 160; **Internationales Privatrecht** EG 23, FGG 37 II, 38, 39 II, 47 III.

1909 *Ergänzungspflegschaft.* ^I Wer unter elterlicher Gewalt oder unter Vormundschaft steht, erhält für Angelegenheiten, an deren Besorgung die Eltern oder der Vormund verhindert sind, einen Pfleger. Er erhält insbesondere einen Pfleger zur Verwaltung des Vermögens, das er von Todes wegen erwirbt oder das ihm unter Lebenden unentgeltlich zugewendet wird, wenn der Erblasser durch letztwillige Verfügung, der Zuwendende bei der Zuwendung bestimmt hat, daß die Eltern oder der Vormund das Vermögen nicht verwalten sollen.

^{II} Wird eine Pflegschaft erforderlich, so haben die Eltern oder der Vormund dies dem Vormundschaftsgericht unverzüglich anzuzeigen.

^{III} Die Pflegschaft ist auch dann anzuordnen, wenn die Voraussetzungen für die Anordnung einer Vormundschaft vorliegen, ein Vormund aber noch nicht bestellt ist.

Vorbem. Fassg ohne inhaltl Änderg GleichberG Art 1 Z 38.

1) Allgemeines. Der RGrd für die Anordg dieser Pflegsch ist die Verhinderg der Eltern od des Vormd. Auf jur Personen kann die Vorschr daher keine Anwendg finden, KG OLG **41**, 79; vgl auch Einf 2. Es bleibt sich aber gleich, ob eine AltersVormsch, eine solche über Vollj od eine Amts- od VereinsVormsch vorliegt. Ist der Pfleger verhindert, so kann auch ein Unterpfleger bestellt werden. Der Pfleger tritt nur an Stelle der Eltern od des Vormd. Für den GgVormd wird kein Pfleger bestellt. Bei vorübergehender Verhinderg kann seine Gen durch das VormschG ersetzt werden, §§ 1809 f, 1812, bei dauernder Verhinderg Entlassg, § 1886.

2) Voraussetzgen der Anordng. a) Die Eltern (der allein berechtigte Elternteil) oder der Vormd muß an der Besorgg von Angelegenheiten verhindert sein, sei es eine od ein Kreis von Angelegenheiten, mögen diese persönl od vermögensrechtl Art sein. Gleichgültig auch, ob die Verhinderg tatsächl od rechtl Art ist, §§ 1629 II, 1670 iVm 1680, 1679 I 2 u 3, 1666, 1667, 1669, 1684, 1740, 1760, 1761, 1795, 1796, 1801; bei rechtl Verhinderg genügt ein ernstl rechtl Zweifel, zumal wenn andere mit dieser Frage befaßte Stellen diese Verhinderg annehmen könnten u der EltT mit der Pflegerbestellg einverst ist (KG JW **35**, 2154). Desh wurde in der Rspr mRücks auf BFH Betr **73**, 553 **Dauerpflegsch** zur Wahrnehmg der Rechte eines Mj in einer FamGesellsch zugelassen, wenn allein dadch SteuerVort zu erlangen sind (Nachw **35**. Aufl); abl jetzt BGH **65**, 93, so daß ErgänzgsPflegsch zivilrechtl nicht mehr dch die Tats gerechtf ist, daß mj Kommanditist u sein gesetzl Vertr Komplementär des KG sind. Das ist von der FinVerwaltg zu beachten. Zweifel daran, ob der Pfleger das RGesch rechtswirks vornehmen können, schließen Pflegerbestellg nicht aus, BayObLG NJW **60**, 577; anders, wenn rechtswirksame Vornahme nicht mögl, insow also bei Pflegerbestellg zu prüfen. Keine Pflegsch, wenn der andere Elternteil die elterl Gewalt ausüben kann, zB §§ 1680, 1679 I 1, II, od ein ÜbertraggsGrd auf ihn vorliegt, §§ 1670 II, 1680, od VormschG selbst die erforderl Maßregeln trifft, §§ 1668 II, 1693, 1844 II, 1846, od Mdl selbst die Angelegenheiten besorgen kann, §§ 112, 113, FGG 59. **Fälle der Verhinderg**: Krankh, Abwesenh, uU auch bei Selbstabhelg des VertragsBerechtigt wg Interessenwiderstreits, Karlsr FamRZ **66**, 268 (Adoptiveltern des incognito adoptierten Kindes wollen nicht bekannt werden), Karlsr StAZ **66**, 257, Mannh (LG) NJW **66**, 357, RGRK Anm 3, Entsch üb die Ausübg des ZeugnVerweigerungsR eines Mj bei Verhinderg des gesetzl Vertr, Hamm OLGZ **72**, 157, Klage der Kinder gg beide Eltern (falls nur gg einen Elternteil, ist der andere getrennt lebende vertretgsberechtigt, § 1629 II 1 Halbs 2) auf Unterh, § 1629 Anm 5, Feststell eines Rechtsverhältnisses seitens eines Elternteils ggü dem Kinde, BayObLG **1**, 259, hingg nicht bei Vorbeh des Nießbrauchs anläßl einer Schenkg des anderen Elternteils an das Kind, RG **148**, 321 aM Mü HRR **42**, 544, wohl aber bei Entlassg eines Elternteils aus der Gesellsch, BayObLG JR Rspr **25**, 692. Wird anläßl einer Erbauseinand S zw Vater u Kind hins einer Erbsch, Rostock JFG **2**, 133, nicht aber schon bei AuseindS des Vaters u Kindes einerseits mit einem Dritten andererseits, KG KGJ **23** A 74, da die bloße Möglichk eines Interessenwiderstreites nicht genügt, KG DJ **38**, 427; bei Herausg des Pflichtteils gg einen Elternteil, BayObLG JR Rspr **25**, 692. Wird anläßl einer ErbauseinandS zu mehreren Mjen zustehende GesHandsEigt in BruchtEigt umgewandelt, so muß jeder Mj durch einen Pfleger vertreten sein, BGH **21**, 229; desgl wenn mehrere Kinder als Kommanditisten mit dem Vater eine Kommanditgesellsch eingehen, da dadurch auch RVerhältnisse zw den Kindern begründet werden, mithin je ein Pfleger für jedes Kind, BayObLG FamRZ **59**, 125; vgl §§ 1629 Anm 4, 1795 Anm 1. Möglich auch Pflegerbestellg im Verf gem § 1666 zur Anstellg der erforderl Ermittlgen, BayObLG JFG **50**, 34, str. ErgänzgsPflegsch auch, wenn die Ämter eines TestamentsVollstr u eines Vormds des Erben sich in einer Pers vereinigen (BayObLG DAVorm **78**, 470). **Hingegen Pflegschaft unzulässig** lediglich zum Zwecke der Einlegg der Beschwerde, KGJ **38** A 12. Besonderer Fall der rechtl Verhinderg bei VermErwerb von Todes wg od durch unentgeltl Zuwendg seitens eines Dritten mit Verwaltgsausschluß der beiden Eltern od Vormd, I 2, vgl auch GleichberG Art 8 I Z 9, abgedr § 1638 Anm 4, aber auch § 1638 III. Es genügt die Bitte um Anordng gerichtl Verwaltg, BayObLG Recht **16**, 952, od um Pflegerbestellg, KGJ **22** A 25. Anderseits kann die Bestellg eines Pflegers durch den VermZuwender nicht ausgeschl werden, KG RJA **10**, 102. Das VormschG hat die Gültigk des Testaments zu prüfen, KGJ **38** A 72, aber bereits bei Zweifelhaftigk Pflegsch anzuordnen, Hbg OLG **26**, 118. Durch die Anordng werden die Eltern von der Verw ausgeschl, § 1638, u zwar ohne weiteres, BayObLG **14**, 253, ohne daß ihnen allerdings dadurch das Recht zur Ausschlag der Erbsch entzogen würde, KG RJA **14**, 115. Beim Vormd tritt die Unfähigk zur VermVerw hingg erst mit der Pflegerbestell ein, § 1794 Anm 1. Ausschluß der Verw bei nichtbevormundetem Vollj kann bedeuten, daß ein TestVollstr gewollt ist; die Anordng einer Pflegsch ist jedenf unzul, Warn 13, 239, vgl auch § 1882 Anm 1 b.

b) Ein Bedürfnis muß vorliegen, dh eine best Angelegenh z besorgen ist, BayObLG 13, 582, u ein konkreter Interessenwiderstreit vorliegen, Ffm MDR 64, 419. Daß ein Bedürfn einmal eintreten kann, genügt nicht, KG RJA 16, 10, so daß BeobachtgsPflegsch unzul. Anderers ist Bedürfn nicht desh z verneinen, weil ein TestVollstr ernannt ist, Rostock JFG 2, 132. Als Mitunternehmer iSv EStG 15 Z 2 wird mj Kind nur anerk, wenn ErgänzgsPfleger bestellt ist, BFH FamRZ 73, 374. Bei StatusKl muß Interesse des Kindes an der Feststell der FamZugehörigk bestehen, KG NJW 66, 1320, bei Geltdmachg v Unterh, KG JR 59, 20 mAv Beitzke, bzw eines PflichttAnspr, KG JW 36, 2748, Gefährdg desselben. Ob Bedürfn vorh, hat VormschG z prüfen, wobei es sich Klarh ü den Sachverhalt verschaffen muß, um das Vorliegen eines Bedürfn beurt z können, KG DJ 38, 427. Ist der Proz, zu dessen Führg Pfleger best w soll, offenb aussichtsl od mutwill, so kann AO des Pflegers wg fehlden Bedürfns abgelehnt w, BayObLG Recht 24, 1000, ebso bei Verstoß gg gute Sitten od ein gesetzl Verbot, BayObLG Recht 26, 1957, weil dann Gesch ohnehin nicht v VormschG gen w kann, LG Lüb SchlHA 55, 275, dagg nicht, weil Vertr möglicherw nicht mehr wirks vorzunehmen ist, BayObLG NJW 60, 577, od nicht dem MdlInteresse entspricht, denn das hat Pfleger selbst z entscheiden, BayObLG JFG 4, 126. Nur wenn Gen völl aussichtsl erscheint, w v einer Bestellg abgesehen w können, LG Mü FamRZ 71, 323. – Eine bes Art der Pflegsch ist die f nicht vollj Kind der ne Mutter, § 1706, die vAw eintr (AmtsPflegsch), sofern das VormschG nicht das Ggteil angeordn h, § 1707.

3) Pfleger an Stelle des Vormd, III. Zulässig zB, wenn VormdBestellg Hindernisse (schwierige Prüfg, ob Berufener zu übergehen, Ablehng des Ausgewählten u dgl) entggstehen, aber schleunige Regelg erforderl ist, soweit nicht etwa VormschG selbst eingreifen muß, §§ 1693, 1846 Anm 2. Das kann auch bei vorl Vormsch eintreten, str, dann muß aber Entmündigungsantrag bereits gestellt sein, das Vorliegen der tatsächl Voraussetzgn von § 6 genügt nicht, KG OLG 2, 234.

4) Anzeigepflicht, II. Eltern u Vormd haben von dem Bedürfnis der Pflegsch unverzügl, dh ohne schuldhaftes Zögern, § 121, bei Vermeidg ihrer Haftg dem VormschG Anzeige zu machen. Zur Anzeige sind weiter verpflichtet der GgVormd, § 1799 I, Pfleger, § 1915 I, Beistand, § 1686, das JA, §§ 1694, 1850, das Ger, wenn in dem vor ihm anhängigen Verfahren die Notwendigk einer Anordng der Pflegsch hervortritt, FGG 50.

5) Anordng und Verfahren. Zuständig das VormschG, bei dem die Vormsch anhängig ist, sonst gelten die allg Regeln, FGG 37 I. Wenn also nur über die anderen Geschwister Vormsch, so deren Ger auch für Pflegsch der übrigen zust, KG JFG 1, 37; hingg zieht die Anhängigk einer Pflegsch aus § 1909 die Zustdgk dieses Gerichts nur für Einzelverrichtgn bzgl desselben Pflegebefohlenen nach sich, KG DR 40, 919. Zuständ bei Pflegsch über Ausländer FGG 37 II. Es entspr der RPfleger, RPflG 3 Z 2a, 14 Z 4. VormschG hat entspr dem das VormschR beherrschenden Offizialprinzip vAw tätig zu werden, KG OLG 18, 287, und die erforderl Ermittlgn anzustellen, FGG 12. Bei Auswahl des Pflegers hat VormschG freie Hand (§ 1916). Bes zu berücks aber Vorschlag der Elt (LG Mü I Rpfleger 75, 130; Bln DAVorm 76, 429), denen eig BeschwR zusteht (FGG 20 I) gg Auswahl wie gg Ablehng der Entlassg des Pflegers, BayObLG NJW 64, 2306; ebenso wenn der VermZuwender einen Pfleger benannt hat, § 1917 I, das aber im Umfang des § 1852 bis 1854 von ihm befreit w kann, § 1917 II. Das VormschG kann aber in diesem Falle bei Interessengefährdg des Pflegebefohlenen die Anordnungen außer Kraft setzen, bei Lebzeiten des VermZuwenders allerdings im allg, vgl § 1917 III, nur mit dessen Zust, vgl auch § 1803 Anm 2b. Der benannte Pfleger kann wg Interessengefährdg übergangen werden, § 1917 I, 1778 I, niemals kann das VormschG aber die Ausschließg der Verw dch Eltern od Vormd als solche außer Kraft setzen, da darin keine Gefährdg des Interesses des Pflegebefohlenen liegen kann. Gegen die Ablehng der Anordng der Pflegsch u ebso gg deren Aufhebg durch das VormschG, § 1919, hat jeder, der ein rechtl Interesse daran hat, ebso der Eheg, die Verwandten u Verschwägerten des Pflegebefohlenen das BeschwR, FGG 57 I Z 3, ferner die Mutter, der Pfleger, Mü JW 36, 1022; gg Anordng BeschwR der Eltern im eigenen Namen, BayObLG FamRZ 65, 99, ferner des Vormd, FGG 20, weiterhin des Mdl im Rahmen des FGG 59, Dritter im Rahmen von FGG 57 I Z 9, jedoch nicht des Prozeßgegners des Pfleglings, KGJ 24, A 153. Die Nachprüfg, ob der Pfleger rechtmäßig bestellt ist u ob dafür die Voraussetzgn vorlagen, steht weder dem ProzG noch einem anderen VormschG, bei dem der Pfleger auftritt, zu, KG JW 35, 2754.

6) Wirkg der Pflegerbestellung; vgl dazu Einf 1a und b. Der Pflegebefohlene wird in seiner GeschFgk durch die Pflegsch selbst auch dann nicht beschränkt, wenn eine vorl Vormsch der Anlaß ist, III, sond nur durch die Anordng vorl Vormsch, § 114, FGG 52 und oben Anm 3. Auch dann ist der Wirkgskreis des Pflegers bei der Bestellg vom VormschG genau zu bestimmen, KG OLG 24, 34, wenn er auch in diesem AusnFall möglicherw die Besorgg sämtl Angelegenheiten des Mdl umfaßt. Ist ein TestVollstr ernannt, Anm 2b, so Wirkgskreis des Pflegers nicht zur Wahrnehmg der Rechte des Pflegebefohlenen ggü TestVollstr, sond die ganze den Eltern entzogene VermVerw, soweit sie nicht dem TestVollstr zusteht, KG RJA 16, 15. Bei Meingsverschiedenheiten der Eltern od des Vormd mit dem Pfleger vgl §§ 1630, 1798.

7) Beendigg der Pflegschaft a) kraft Gesetzes bei Beendigg der elterl Gewalt od Vormsch, § 1918 I und Anm 2, bei Anordng der Pflegsch zur Besorgg einer einzelnen Angelegenh mit deren Erledigg, § 1918 III und Anm 4, – **b)** mit Aufhebg durch das VormschG, § 1919 Anm 1. Gg Aufhebg der Pflegsch hat der zum Ergänzgspfleger bestellte RA kraft seines früh Pflegeramtes kein BeschwR (KG Rpfleger 78, 138).

1910 Gebrechlichkeitspflegschaft.
I Ein Volljähriger, der nicht unter Vormundschaft steht, kann einen Pfleger für seine Person und sein Vermögen erhalten, wenn er infolge körperlicher Gebrechen, insbesondere weil er taub, blind oder stumm ist, seine Angelegenheiten nicht zu besorgen vermag.

II Vermag ein Volljähriger, der nicht unter Vormundschaft steht, infolge geistiger oder körperlicher Gebrechen einzelne seiner Angelegenheiten oder einen bestimmten Kreis seiner Angelegenheiten, insbesondere seine Vermögensangelegenheiten, nicht zu besorgen, so kann er für diese Angelegenheiten einen Pfleger erhalten.

III Die Pflegschaft darf nur mit Einwilligung des Gebrechlichen angeordnet werden, es sei denn, daß eine Verständigung mit ihm nicht möglich ist.

Schrifttum: Gernhuber FamRZ 76, 189 (VermögenszwangsPflegsch im Alter).

1) Allgemeines. § 1910 ergänzt die Bestimmgen über die Vormsch über Vollj, § 1896, insofern, als die Anordng einer Pflegsch einen Entmündiggsantrag nicht voraussetzt, Vorbem 1 vor § 1896, § 1906 Anm 1, also die Vormsch vorbereiten kann, anderers einem vorübergehenden Schutzbedürfnis des geistesgebrechlichen Vollj, dessen Heilg zu erwarten steht, Rechng trägt. Bei Trinkern u Verschwendern versagt § 1910 allerdings, soweit ihr Mangel nicht auf einem geistigen Leiden beruht; denn es fehlt dann an einem Gebrechen, ist auch zwecklos, da die GeschFgk nicht eingeschränkt wird, Anm 4. Mit GG ist Zwangspflegsch vereinb, BVerfG NJW 65, 2051. Gutachten über Geisteszustand ist sämtl VerfBeteiligten mitzuteilen, BayObLG NJW 73, 2251. IjF ist auch der GeschUnfäh zu hören u muß sich der Richter ein Bild v seiner körperl u geist Verfassg verschaffen (Zweibr FamRZ 77, 560).

2) Voraussetzgen. a) Gebrechen; aa) körperl. Hierzu rechnen nicht nur die I angeführten, sond uU auch große Schwerhörigk u Kurzsichtigk, Altersleiden, Lähmg u dgl; **bb)** geistige, dh jede erhebl Verminderg der Geisteskräfte, also GebrechlkPflegsch auch f Geisteskranke u -schwache (BGH 41, 106; In der Beeck/Wuttke NJW 68, 1165). Wirkl krankh Eifersucht rechtf zwangsw Heilbehdlg in geschl Anstalt (Brandt u Göppinger FamRZ 76, 377 gg KG FamRZ 76, 54).

b) Das Gebrechen muß den Vollj hindern, seine Angelegenheiten zu besorgen. Erhebl Erschwerg genügt. Aber zu verneinen, wenn der Gebrechliche die Angelegenh durch Bevollm erledigen kann, vorausgesetzt, daß er ihn in der Lage ist, zu überwachen. KonkEröffng hindert Pflegsch nicht, da Rechte als GemSchu, KG OLG 16, 37.

c) Es muß ein pflegschaftliches Fürsorgebedürfnis vorliegen. Wie bei AbwesenhPflegsch, § 1911 Anm 2 b, muß Pflegsch auch im Interesse des Pflegebefohlenen liegen, BayObLG FamRZ 65, 342, jedoch nicht, wenn er ScheidgsBekl aus EheG 44, 45 ist, da solche Klagen nicht wirks erhoben werden könnten, BayObLG NJW 66, 662, ablehnd In der Beeck/Wuttke NJW 68, 1167. Es ist aber auch zu prüfen, ob nicht etwa Voraussetzgen für Vormsch od vorl Vormsch gegeben sind od dch Pflegerbestell das EntmVerf vermieden u Erfüllg rechtskr festgestellter Anspr ermöglicht w, Hamm OLGZ 69, 111. Mögl auch bei einem vg Geisteskrankh allg GeschUnfähigen auch statt Entm Pflegsch, wenn Schutzbedürfnis nur für einzelne Angelegenh, KG OLGZ 69, 257. Ist ein Pfleger nach § 1909 für die die Pers betr Angelegenheiten bestellt, so kann dieser auch EntmAntrag stellen; aber unzul Pflegerbestell nur zu diesem Zweck, da ein solcher Antr nicht zu den Angelegenheiten des zu Entmündigenden selbst gehört, er also auch nicht inf seines Gebrechens hieran verhindert w, StJP ZPO 646 Anm I 3, aA Dölle § 141 II 3. Fürsorgebedürfnis auch zu verneinen zum Zwecke der Aufstellg eines VermVerzeichnisses u zur Leistg des Offenbargseides (KG JW 33, 2067); ebso PflegschAnO zZw AufenthBestimmg nicht gerechtf, wenn die zGrde liegde Medikamentenabhängigk (Captagon) weder als körperl noch als seel Gebrechen angesehen w kann, das ursächl ein PflegschBedürfn zu Folge hat (Mannh Just 77, 464 L). Soweit G Vertretg regelt, so bei GütGemsch, §§ 1429, 1454, ist kein FürsBedürfnis.

d) Einwilligg des Gebrechlichen, III, dh Zust zur behördl Anordng. Keine bes Form. Einwilligg kann jederzeit widerrufen w mit der Folge, daß dann die Pflegsch aufgeh w muß (§ 1920). Einwilligg nicht erfdl, sond dann **Zwangspflegschaft,** wenn **Verständigg mit Gebrechlichem nicht mögl,** dh wenn er die Mitteilg v der beabsicht AnO nicht dem Bedeutg nicht verstehen od sich darauf nicht verständl ausdrücken k (Hamm MDR 65, 104). Darüber entsch VormschG nach freiem Erm, was nur im Beschw-Wege, nicht dch ProzG nachgeprüft w kann (RG JW 03 Beil 64). Schwierigk bei Verständigg genügen nicht u sind dch Zuziehg v Sachverst zu beheben (Colmar OLG 23, 366). Das Ger muß den Betroff hören u sich davon überzeugen, daß eine Verständigg mit ihm nicht mögl ist; eine ärztl Bescheinigg genügt nicht (Mannh MDR 77, 229). Verständigg aber nicht mögl bei Gebrechl, die gem § 104 Z 2 keinen freien Willen haben (RG 65, 199; BGH 48, 147 stRspr; aA Mannh NJW 76, 2018; Staud-Engler 14, Gernhuber § 69 VI 2, wonach „natürl Wille" ausr soll, um nicht die Pflegsch illegitim auf Kosten der Entmündigg auszuweiten; vgl Dunz JZ 60, 475). Verständigg nicht mögl bei partieller GeschUnfähigk (Ffm MDR 63, 219; KG MDR 67, 765; BayObLGZ 65, 59) bei VerständigsUnfähigk für den PflegschBereich, zB gerichtl Verf schlechthin (Stgt FamRZ 75, 355) od die Ehescheidg, selbst wenn iü eine Unterhaltg noch mögl (Heilbr Just 74, 226; uU auch bei Querulanten, wenn ihr Widerspr gg AnO nur Ausfluß krankh Wahnvorstellgen (BayObLG RJA 6, 27).

3) Arten der Gebrechlichkeitspflegschaft, I, II. a) Der körperl Gebrechliche kann, je nachdem ob er alle od nur einzelne od einen bestimmten Kreis seiner Angelegenheiten nicht besorgen kann, einen Pfleger für alle, einzelne od einen bestimmten Kreis seiner Angelegenheiten, insb seine VermVerw, erhalten. Der Wirkgskreis des Pflegers ist vom VormschG nach freiem Ermessen entspr dem hervorgetretenen Schutzbedürfnis zu bemessen.

b) Der geistig Gebrechliche kann hingg einen Pfleger nur für bestimmte od einen Kreis von Angelegenheiten, insb seine VermAngelegenheiten erhalten, II, BayObLG OLG 26, 284; nicht aber für alle Angelegenheiten, vgl Anm 2. Mögl aber auch für die AufenthBestimmg mit dem Ziele der Unterbringg in einer Heilanstalt, vgl Anm 4; wg GG 104 II dann aber vormschgerichtl Gen erforderl, §§ 1915, 1800 II (dort Anm 3) vgl BVerfG NJW 60, 811. Die Nichtangabe des GeschKreises, vgl § 1915 Anm 2, macht die Bestellg nicht nichtig, Mü JFG 15, 271. Eine Pflegsch kann auch dann angeordnet werden, wenn der Gebrechliche zwar seine gesamten Angelegenheiten nicht besorgen kann, aber nur für einzelne eine Fürs notw wird, RG 65, 202, BGH FamRZ 61, 370, RGRK Anm 2, zB Vertretg eines nicht entmündigten Geisteskranken im

Scheidgsprozeß, Karlsr FamRZ **57**, 423, dazu auch Gernhuber § 69 VI 3, im KonkVerf, RG HRR **33**, 731, für Steuerangelegenh (BayObLG FamRZ **65**, 341). Wirkgskreis „VermSorge" berecht Gebrechlichk-Pfleger zur Betreibg des ErbscheinsVerf (LG Bln Rpfleger **76**, 60).

4) Wirkgen. Dch die AnO der Pflegsch wird die GeschFgk des Pfleglings nicht berührt (RG **52**, 224). Ist Pfleglg voll geschäf, so hat Pfleger nur die Stellg eines staatl bestellten Bevollm; Pflegglg bleibt auch im Wirkgskreis des Pflegers voll verhdlgsfäh, sein Wille hat Vorrang (BGH WPM **74**, 272; aA Celle FamRZ **63**, 465, Gernhuber § 69 VI 4: stets gesetzl Vertreter). Ist er jedoch geschunf, so ist Pfleger sein gesetzl Vertreter. Der Pfleglg kann nicht als Bevollmächtigter eines Dr RMittel einlegen (Stgt FamRZ **76**, 549). Wg des Wirkgskreises des Pflegers Einf 1 a. Erteilt der geschäf Pfleglg dem Pfleger eine Vollm, so bedarf dieser der Gen des VormschG nicht, RG HRR **30**, 615. Pfleger kann für Pflegebefohlenen, der Gesellschafter einer OHG ist, im Rahmen von dessen Befugnissen tätig sein, ohne daß das im GesellschVertr wirks beschränkt w könnte, BGH **44**, 101. Pflegebefohlene kann diese Tätigk aber an sich ziehen. Einen ErbverzichtsVertr kann der Pfleger für jenen nicht schließen, RG HRR **29**, 1651. Hat der Pfleger vor seiner Pflegerbestellg für einen GeschUnfähigen einen RStreit geführt, so kann er die ProzFührg nach Bestellg selbst genehmigen, BGH **41**, 107. Ist Pflegling geschäftsfäh, so kann Pfleger ihn nicht gg seinen Willen unter Entziehg der Freih unterbringen, BGH **48**, 157 gg BayObLG **61**, 332; wie BGH auch Gernhuber § 69 VI 5, Jansen JR **68**, 103. Die Anordng der Pflegsch für Pers u Verm eines Elternteils hat das Ruhen von dessen elterl Gewalt zur Folge, § 1673 II; wg der Untauglichk zum Beistand, Vormd, GgVormd, FamR-Mitgl, Pfleger, TestVollstr vgl §§ 1691 I, 1781 Z 2, 1792 IV, 1866 Z 2, 1915 I, 2201, 2225, wg der Einwirkg auf den Güterstd § 1447 Z 1. VermPfleger für 90-jähr Verschwenderin muß zur Verwirklichg angem Leb-Freuden ausreichdes Taschengeld auszahlen u darf nicht im Interesse ausschließl der Erben VermStamm erhalten; sonst Einschreiten des VormschG gem §§ 1837, 1915 (Mannh Just **74**, 20, gebilligt v Karlsr Just **74**, 187).

5) Verfahren. Zuständigk regelt sich wie bei § 1909, dort Anm 5 und FGG 38. AO vAw; es bedarf also keines Antr, KG OLGZ **67**, 348, bei III aber der Einwilligg des Gebrechl. Es entsch der Richter, RPflG 14 Z 4 u 11, der RPfleger nur dann, wenn GebrechlichkPflegsch zur Geltendmachg eines auf dem öff Recht beruhden RentenAnspr angeordnet w. Auf die Berufg zum Pfleger finden §§ 1899, 1900 Anwendg, § 1915 I. Von der Stellg unter Pflegsch wg geistiger Gebrechen u ihrer Aufhebg ist die Kreispolizeibehörde zu benachrichtigen, AV RMJ v 12. 1. 43, DJ 44. Der Beschl, der die GebrechlichkPflegsch anordnet, bedarf der **Begrdg** (Mannh MDR **77**, 229). Beschwerderecht hat gg Anordng der Pflegsch der Gebrechl, FGG 20, wg GG 1 I u 103 I auch, wenn er geschäftsunfäh ist, BGH **35**, 1 (dazu auch Ascher **LM** zu § 1910 Nr 2) unter Aufgabe von BGH **15**, 262, vgl auch ZPO 664 II; auch gg Auswahl des Pflegers, wenn dieser noch nicht bestellt, BayObLG FamRZ **65**, 341, desgl gg Ablehng der von ihm beantragten Aufhebg (KG FamRZ **66**, 321), einschließl des Rechts zur weit Beschw (BGH **70**, 252), sowie im AOVerf gg Untersuchg des Geisteszustandes dch Sachverst (BayObLG NJW **67**, 685) zu dessen Besuch er weder gezwungen, noch ihm vorgeführt w kann (BayObLG NJW **72**, 1522; ebso Jansen, FGG 12 Rdnr 68, 69; vgl auch KG FamRZ **67**, 170), nicht aber gg Maßnahmen iR einer anhängigen Pflegsch, zB Pflegerwechsel (KG FamRZ **66**, 320), od wenn VormschG der Anregg, Weisg an Pfleger gem §§ 1837, 1915 zu erteilen, nicht nachkommt (Karlsr Just **74**, 187). Dann Pfleger allein, der sonst das BeschwR nur neben dem Gebrechl hat. Gg UnterbringsVfg betr den geistig gebrechl Vollj auch der Vater, FGG 57 I Z 9 (BGH **48**, 147). Ist eine Verständigg nicht mögl, hat BeschwR gg die Ablehng der Pflegsch od ihre Aufhebg jeder Dritte mit rechtl Interesse an Änderg der Vfg, so zB das FinA bei Aufhebg der zur Erledigg der Steuerangelegenh angeordneten Pflegsch, BayObLG aaO, Pfleger bei Aufhebg der Ehg, die Verwandten u Verschwägerten, FGG 57 I Z 3; BeschwR dann aber nur im Interesse der Pflegebefohlenen, RG JFG **14**, 464.

6) Beendigg der Pflegschaft a) kraft Gesetzes bei Tod, TodesErkl, §§ 1915 I, 1897, 1884 II, Erledigg der besonderen Angelegenh, für die die Anordng erfolgt ist, § 1918 III, – **b)** durch Aufhebg seitens des VormschG auf Antr des Pflegebefohlenen, § 1920, bei Verschollenh, §§ 1915 I, 1897, 1884 I, bei Wegfall des Grundes für die Anordng, § 1919, jedoch handelt der Pfleger pflichtwidr, wenn II noch vorliegt, mag er auch dch den selbst antragsberecht Pflegebefohlenen, § 1920, dazu veranlaßt sein, Ffm FamRZ **67**, 172, andrerseits Aufhebg, wenn Pflegebefohlener wieder gesund; vorsorgl Bestehenlassen unzuläss, KG FamRZ **69**, 440.

7) Auch **Beamten** kann für dienstrechtl Angelegenh ein Pfleger bestellt w (sog **öfftl-rechtl Pflegsch**, Dortm FamRZ **62**, 485), so zZw der Einleitg od Fortsetzg eines DisziplinarVerf, BDO 19 II (wonach Pfleger selbst berzogen m muß), od zur Zwangspensioniertg, BBG 44 I 2, BRRG 26 I 3 sowie die BeamtenG der Länder. EinleitgsBehörde bzw Dienstvorgesetzter hat beim AG Bestellg des Pflegers zur Wahrnehmg der Rechte des Beamten im Verf z beantragen. Es entsch idR der Richter, RPflG 14 Z 4. Vorauss, daß Beamter geisteskr od sonst verhdlgsunf ist; querulator Neiggen reichen nicht aus, Hamm OLGZ **68**, 239, ebsowenig Herzleiden bei fortdauernder geist Gesundh, KG NJW **61**, 2166. Anwendbark der §§ 1910ff iü von Fall zu Fall zu entscheiden: Einwilligg gem III unerhebl, KG NJW **61**, 2166; Vergütg gem §§ 1836, 1915 bei ZurruhesetzgsVerf zul, Oldbg NdsRPfl **74**, 130.

1911 Abwesenheitspflegschaft.

I Ein abwesender Volljähriger, dessen Aufenthalt unbekannt ist, erhält für seine Vermögensangelegenheiten, soweit sie der Fürsorge bedürfen, einen Abwesenheitspfleger. Ein solcher Pfleger ist ihm insbesondere auch dann zu bestellen, wenn er durch Erteilung eines Auftrags oder einer Vollmacht Fürsorge getroffen hat, aber Umstände eingetreten sind, die zum Widerrufe des Auftrags oder der Vollmacht Anlaß geben.

II Das gleiche gilt von einem Abwesenden, dessen Aufenthalt bekannt, der aber an der Rückkehr und der Besorgung seiner Vermögensangelegenheiten verhindert ist.

Vormundschaft. 3. Titel: Pflegschaft § 1911 1–4

1) Allgemeines. Der gesetzgeberische Zweck ist die Fürs für VermAngelegenh einer Pers, die inf Abwesenh an deren Besorgg verhindert ist. Auch hier handelt es sich um eine Personalpflegesch, Einf 2. Anwendung der Vorschr auf eine jur Pers, deren Vertreter unbekannt sind, ist nach § 1911 unzul, KG JW **20**, 497. Eine bes Art der AbwesenhPflegsch ist die zum Zwecke der AuseinandS, FGG 88, 99, ebso die auf Ersuchen der Enteignungsbehörde mit Zust des VormschG, in dessen Bezirk das betroffene Grdst liegt, § 149 BBauG v 23. 6. 60, BGBl 341. Wegen der Pflegsch über das beschlagn Verm eines Angeschuldigten StPO 292, 433, vgl Einf 2. AbwesenhPflegsch zul nur bei VermAngelegenheiten; Bestellg zZw der Wahrnehmg persönl Angelegenhten wie Führg eines KindschProz absolut nichtig, so daß ProzPart nicht vertreten ist (Kblz FamRZ **74**, 222).

2) Voraussetzgen. a) Abwesenheit aa) mit unbekanntem Aufenthalt. Welche Anfordergen an die Dauer der Abwesenh gestellt werden, ist nach Lage des einzelnen Falles vom VormschG nach freiem Ermessen zu beurteilen. Liegt nicht nur vor, wenn jemand von seinem Wohns, od falls er einen solchen nicht hatte, von seinem AufenthOrt abgereist ist, ohne daß Nachricht über seinen neuen AufenthOrt vorliegt, sond auch, wenn jemand an seinem Wohns verschwunden u Nachricht von seinem Verbleib trotz Nachforschgen nicht zu erlangen ist, RG **98**, 264. Es genügt, wenn das VormschG den AufenthOrt nicht kennt u diese Unkenntnis nicht leicht beheben w kann, KG OLG **18**, 307. Verschollenh, VerschG 1, braucht für I nicht vorzuliegen. Andererseits Anordng der Pflegsch auch zul, wenn die Lebensvermutg, VerschG 10, nicht mehr begründet ist, BayObLG RJA **13**, 176, OGH JR **51**, 280. Die Beibehaltg der deutschen Staatsangehörigk wird bei einem Verschollenen vermutet, BayObLG OLG **6**, 305. Ist der Pflegebefohlene zZ der Einleitg der Pflegsch tatsächl nicht mehr am Leben gewesen, so wird dadurch die Wirksamk der von u ggü dem Pfleger vorgenommenen RGeschäfte nicht berührt, RG JW **11**, 100, da im Falle des Todes die Pflegsch erst mit der Aufhebg durch das VormschG endet, § 1921 II 2. Nach der TodesErkl ist hingg eine AbwesenhPflegsch unzul, BayObLG **2**, 42. Es kann u Umst NachlPflegsch in Betr kommen, die auch nicht vom Vorliegen eines FürsBedürfnisses abhängt, § 1961; vgl auch Arnold NJW **49**, 250.

bb) Abwesenheit mit bekanntem Aufenthalt, II. Einleitg auch mögl, wenn der Abwesde an der Rückkehr od Besorgg seiner VermAngelegenhten verhindert ist, mithin auch wenn er sich an seinem Wohns befindet. Entscheidd die Verhinderg, zu dem Ort zu gelangen, an dem die VermAngelegenhten besorgt w müssen RG **98**, 263. Wesentl Erschwerg genügt. Gleichgültig, ob die Verhinderg auf seinem Willen beruht, zB Geschäfte, die ihn im Ausl zurückhalten, BayObLG **9**, 428, od nicht; PflegerBestellg also auch bei DDR-Bewohnern zur Abgabe von Erkl in der Form des GBV 29, Heilbronn Just **74**, 130, od auch für Strafgefangenen, der einen Bevollm nicht findet, soweit ein solcher zur Besorgg der Gesch ausr würde, hingg nicht für Steuerflücht, KG JFG **12**, 136.

b) Ein Fürsorgebedürfnis für die Vermögensangelegenheiten des Abwesenden muß vorliegen. Ist zu verneinen, wenn es sich um Mj od bevormundete Vollj handelt, da für diese durch die elterl Gewalt od Vormsch gesorgt ist; wenn durch G schon für den Fall der Abwesenh in anderer Weise Vorsorge getroffen ist, zB bei Abwesenh eines Elternteils durch Alleinvertretg seitens des anderen, § 1678; desgl wenn der Abwesende sich um seine Angelegenh nicht kümmern will, BayObLG OLG **30**, 160, wenn er diese schriftl erledigen, BayObLG **9**, 431, wenn er durch Erteilg eines Auftrags od einer Vollm selbst Fürs treffen kann. Ist das geschehen, so kann dennoch Pflegerbestellg erforderl werden, wenn Umst hervortreten, die zum Widerruf des Auftrags od der Vollm Anlaß geben, I 2. Darüber hat der VormschRichter zu entscheiden. Der Widerruf der Vollm u des Auftrags erfolgt aber nicht durch ihn, sond durch den von ihm zu bestellenden Pfleger, der darüber selbständig zu entscheiden hat. Die Anordng einer NachlPflegsch schließt die einer AbwesenhPflegsch noch nicht ohne weiteres aus, BayObLG **14**, 632. Ob ein FürsBedürfnis vorliegt, ist nach dem Interesse des Abwesenden zu beurteilen, Warn **20**, 48. Liegt das so, kann daneben die Pflegerbestellg auch im Interesse Dritter liegen, vgl auch Gernhuber § 69 VII 3, zB um eine Schuld, über die kein Zweifel besteht, anzuerkennen u zu bezahlen und so den Abwesenden vor Klage zu schützen, KG RJA **15**, 176, od um einer zweifelsfreien UnterhPfl nachzukommen, KG JR **50**, 690, nicht aber, wenn lediglich die Künd einer Hyp entggzunehmen. Das allg Interesse des Gegners an der Führg eines sonst auszusetzenden RStreits reicht nicht aus, Celle NdsRpfl **48**, 88. Aufhebg des Mietverhältnisses im allg nicht im Interesse des Vermißten, BayObLG NJW **53**, 506; vgl aber auch § 1357 Anm 2 aE.

3) Wirkgskreis des Pflegers. Bestimmt sich ebenf nach dem FürsBedürfnis, bei dessen Beurteilg auch die Länge der voraussichtl Verhinderg, die Dringlichk der Besorgg der Angelegenh zu beachten ist. Danach zu entscheiden, ob der Pfleger nur für einzelne od für alle VermAngelegenheiten zu bestellen ist. Für die Abgrenzg des Wirkgskreises ist die Bestellg maßgebd, Einf 1 a. Wenn die Beschrkg nicht erfolgt, so anzunehmen, daß Pfleger für die Besorgg aller Vermögensangelegenheiten bestellt ist. Dazu gehört nicht nur Erhaltg, sond auch Verw des Vermögens, KG OLG **37**, 250, Ausschlag u Annahme einer Erbsch, Colmar KGJ **53**, 250, Beantragg eines Erbscheins, KG RJA **13**, 198, Antr auf KonkEröffng, jedoch niemals die Besorgg persönl Angelegen, also zB PersStKlagen, Zustimmg zum VaterschAnerkenntn (§ 1600 d II), Erhebg der ScheidgsKl (RG **126**, 261), Stellg von Strafanträgen, soweit es sich nicht um Verletzg von vom Pfleger wahrzunehmender VermRechte handelt (RGRK Anm 2). Zu seinen Aufgaben gehört aber auch Ermittlg der unbekannten Abwesenden (einschränkd BGH Betr **56**, 891). Er kann auch TodesErkl beantragen (VerschG 16 II b, BGH **18**, 393), aber nur mit Gen des VormschG (VerschG 16 III), die aber zur Beschw wg Aufhebg der TodesErkl nicht erforderl (BGH **18**, 396).

4) Verfahren. Zuständig ist VormschG, in dessen Bezirk Abwesender seinen Wohns hat, FGG 39 I; bei Fehlen eines solchen im Inland FGG 39 II; bei AuseinandSPflegsch FGG 88, 89. Es entsch der RPfleger, RPflG 3 Z 2a. Vorliegen der Abwesenh vAw festzustellen, BayObLG OLG **28**, 328. Auf die Berufg finden §§ 1899, 1900 Anwendg, § 1915 I. Die Anregg zur Pflegerbestellg kann auch vom interessierten Dritten ausgehen, ein eig Recht auf Pflegerbestellg hat er jedoch nicht, vgl Anm 2b. Gegen die Ablehng u Aufhebg der Pflegsch Beschwerderecht jedes interessierten Dritten, FGG 57 I Z 3, nicht aber für die Nachl-Pfleger, Colmar OLG 30, 174, aM BayObLG 21, 349. Zu den interessierten Dritten gehört nicht der AbwesenhPfleger selbst, Colmar ZBlFG 19, 188. Gegen die Anordng haben BeschwR der Pflegebefohlene u Pfleger, FGG 20, nicht aber Dritte, da ihre Rechte durch die Anordng unberührt bleiben, also nicht Gläub u ProzGegner, BayObLG 9, 366, die Ehefr, Celle JR 48, 292.

5) **Wirkg der Bestellg.** Hinsichtl der GeschFgk des Pflegebefohlenen vgl Einf 1 b.

6) **Beendigg der Pflegschaft. a)** Kraft Gesetzes bei Bestellg der Besorgg einer einzelnen Angelegenh mit deren Erledigg, § 1918 III, mit Rechtskr des die TodesErkl aussprechenden Beschl, § 1921 Anm 1. – **b)** Durch Aufhebg seitens des VormschG, wenn festgestellt wird, daß der Abwesende, für den die Pflegsch angeordnet wurde, nicht existiert, BayObLG 21, 352, bei Wegfall des Anordnugsgrundes, §§ 1919, 1921 I, im Falle des Todes des Pflegebefohlenen, § 1921 II (abweichd von der Regel, vgl § 1882 Anm 1 a und Grdz 1 vor § 1882). Wird dem Pfleger der Tod des Pflegebefohlenen bekannt, so hat er die Aufhebg zu beantragen, BayObLG 3, 841. Eine Fortführg der Pflegsch im Interesse der Erben findet nicht statt, erforderlichenf aber Pflegsch nach § 1913 oder NachlPflegsch, § 1960.

Anhang nach § 1911

Aus dem Zuständigkeitsergänzungsgesetz

vom 7. 8. 1952, BGBl I 407

Gilt in BRep; übernommen von Berlin durch G v 7. 11. 52, GVBl 1017, u Saarland, AngleichsG v 22. 12. 56, ABl 1667

§ 10 I *Unbeschadet der allgemeinen gesetzlichen Vorschriften kann*

1. *einer natürlichen Person,*
2. *einer juristischen Person oder Gesellschaft*

für Vermögensangelegenheiten, die im Geltungsbereich dieses Gesetzes zu erledigen sind, ein Abwesenheitspfleger bestellt werden, wenn die Verbindung mit dem Aufenthaltsort der natürlichen Person (Nummer 1) oder den zur Vertretung berechtigten Personen der juristischen Person oder Gesellschaft (Nummer 2) unterbrochen oder in einer Weise erschwert ist, daß die Vermögensangelegenheiten der Person oder Gesellschaft im Geltungsbereich dieses Gesetzes nicht ordnungsmäßig besorgt werden können.

II *Bedürfen die gesetzlichen Vertreter einer juristischen Person oder Gesellschaft zur Vornahme von Rechtsgeschäften der Zustimmung eines anderen Organs, so kann für dieses Organ oder Mitglieder desselben in entsprechender Anwendung der Bestimmung des Absatzes I ein Abwesenheitspfleger bestellt werden.*

III *Für die Bestellung des Abwesenheitspflegers ist das Amtsgericht zuständig, in dessen Bezirk das Bedürfnis der Fürsorge für die Vermögensangelegenheit hervortritt. Unterhält die Person oder Gesellschaft im Geltungsbereich dieses Gesetzes eine Zweigniederlassung, so ist das für die Zweigniederlassung zuständige Amtsgericht zuständig.*

IV *Betreibt die Person oder Gesellschaft ein gewerbliches Unternehmen, so ist vor der Bestellung des Abwesenheitspflegers die zuständige Berufsvertretung zu hören.*

1) **Allgemeines.** Sperre des Vermögens, MRG 52, steht der Bestellg des AbwesenhPflegers nicht entgg; es kann aber auch ein custodian ernannt werden. Das kann in das Register eingetragen werden, HannRpfl 46, 69. Der Pfleger nach § 1911 kann auch durch einen custodian ersetzt werden. Neben dem custodian kann ein AbwesenhPfleger nicht bestellt werden. Mögl auch AbwesenhPflegsch für Verm Nichtdeutscher.

2) **Voraussetzgen und Verhältnis zu § 1911.** Anders als nach § 1911 Pflegerbestellg auch für juristische Personen oder Gesellsch mögl. Es genügt, wenn die Verbindg mit dem AufenthOrt außerh der BRep unterbrochen od in einer die ordngsmäßige Besorg der VermAngelegenheiten unmögl machenden Weise erschwert ist, also auch Verhaftg in der SowjZ, BayObLG 53, 283. Verhinderg der Rückkehr od Verhinderg der Besorgg der Vermögensangelegenh, § 1911 II, nicht erforderl. Mögl auch Pflegerbestellg für Aufsichtsrat od Mitgl desselben, II. Befindet sich der Sitz der Gesellsch außerh der BRep, so würde AktG 104 nicht helfen. Die sonstigen allg Voraussetzgen des § 1911 müssen gegeben sein; also vor allem das FürsBedürfnis, § 1911 Anm 2b; denn Vorschr nur Ergänzg von § 1911, BayObLG 53, 283. Keinesfalls wollte VO also die Einleitg einer solchen AbwesenhPflegsch gg das Interesse des Abwesenden zulassen, OGH BrZ ZJBlBrZ 48, 182. Zum AbwesenhPfleger ist eine der zur Gesamtvertretg berechtigten Personen nicht geeignet, da sonst die mit der Gesamtvertretg erstrebten Sicherg gefährdet würden. Eine Erschwerg iS von I liegt auch dann vor, wenn der in der SowjZ Berecht od Verpflichtete dch Mitteilgen einer schweren Gefahr ausgesetzt würde, vgl BGH NJW 64, 650.

1912 *Pflegschaft für eine Leibesfrucht.* I *Eine Leibesfrucht erhält zur Wahrung ihrer künftigen Rechte, soweit diese einer Fürsorge bedürfen, einen Pfleger. Auch ohne diese Voraussetzungen kann für eine Leibesfrucht auf Antrag des Jugendamts oder der werdenden Mutter ein Pfleger bestellt werden, wenn anzunehmen ist, daß das Kind nichtehelich geboren werden wird.*

Vormundschaft. 3. Titel: Pflegschaft §§ 1912, 1913

II **Die Fürsorge steht jedoch den Eltern insoweit zu, als ihnen die elterliche Gewalt zustünde, wenn das Kind bereits geboren wäre.**

Vorbem. Fassg unter Einbeziehg von JWG 43 dch Art 1 Z 85 NEhelG.

1) Voraussetzgen der Anordng. a) Es muß durch die Schwangersch der Mutter das Vorhandensein einer Leibesfrucht dargetan sein. Wegen der Pflegsch für Nichterzeugte vgl § 1913.

b) Das Kind darf, falls es bereits geboren wäre, nicht unter elterl Gewalt stehen, da für diesen Fall den Eltern die Fürs zusteht, II, die Fürs für ein nehel Kind der nehel Mutter, jedoch mit der sich aus § 1706 ergebden Einschränkg, für die vor der Geburt ein Pfleger gem § 1708 bestellt w kann. Pflegerbestellg aus § 1912, aber, falls der Vater u die Mutter das Kind in der fragl Angelegenh nicht vertreten könnten, zB § 1638, od wenn es sich um Rechte der Leibesfrucht als Nacherbe ggü den Eltern als Vorerben handelt, §§ 1629 II 1, 1795 II, 181, Staud-Engler Rdn 12.

c) Die künftigen Rechte müssen der Fürsorge bedürfen. Ausschlaggebd ist das Interesse der Leibesfrucht, also nicht etwa eines Dritten. Ein FürsBedürfnis fehlt, wenn für die Wahrg der Rechte der Leibesfrucht schon in anderer Weise gesorgt ist, zB durch Ernenng eines TestVollstr, § 2222, od Bestellg eines NachlPflegers, die zu erfolgen hat, wenn eine Leibesfrucht als Erbe eingesetzt ist, § 1960, od dadurch, daß die Mutter die Möglichk des Antrags zu einer einstw Vfg gg den nehel Vater für den Unterh des Kindes in den ersten 3 Monaten hat, § 1615 o I 2, oder VormschG einen Pfleger für nehel Kind vor Geburt bestellt, § 1708. Auch zur Erwirkg eines diesbezügl Arrestes ist eine Pflegerbestellg unzul, BayObLG 12, 535, RGRK Anm 2. Als künftige Rechte kommen überh nur solche in Betr, die der Leibesfrucht als solcher zustehen, wie zB Rechte aus Vermächtnis, als Nacherbe, aus einem zu ihren Gunsten geschlossenen Vertr, §§ 328, 331 II, KGJ 29 A 156, ferner gem § 844 II 2, HaftpflG 3 II 2, StVG 10 II 2, bei Bestreitg des ErbR, § 1923 II, nicht aber Anspr aus § 1963, der ein solcher der Schwangeren ist, oder UnterhAnspr des nehel Kindes als solcher, §§ 1601, 1615f, da dieser erst mit Geburt entsteht, KG RJA 2, 116. – Voraussetzgen von c entfallen, I 2, u damit die Einschränkg auf Rechte, die der Leibesfrucht als solcher zustehen, wenn anzunehmen, daß es sich um ein nehel Kind handelt. Dann ist die Aufg des Pflegers eine weitergehnde, also auch Ermittlg des Vaters, Veranlassg zur Anerkenng, Zustimmg zu dieser, § 1600b II, u c, ggf Vorbereitg der VaterschKl, Beantragg einer einstw Vfg, § 1615 o. Keine Pflegerbestellg, solange das Kind noch als ehel gelten würde, § 1593.

2) Wirkgskreis. Vgl Einf 1a vor § 1909. Er erstreckt sich nur auf die zu 1c genannten künftigen Rechte. Der Pfleger ist insof gesetzl Vertreter der Leibesfrucht, kann also mit Gen des VormschG auch einen AbfindgsVertr mit dem natürl Vater schließen, Staud-Engler Rdn 14, RGRKomm 2, aM KG RJA 2, 116. Ist Leibesfrucht zum Erben eingesetzt, nicht Pfleger nach § 1912, sond NachlPfleger, § 1960.

3) Verfahren. Zuständig ist das Ger, das für die Vormsch zust sein würde, falls das Kind zu der Zeit, zu welcher das Bedürfnis der Fürs hervortritt, geboren wäre, FGG 40. Es entsch der RPfleger, RPflG 3 Z 2a, 14 Z 4. Bestellg eines Pflegers für ein voraussichtl nehel Kind kann auf Antr des JA od der werddn Mutter, I 2, Mutter der Leibesfrucht bestellt w, § 1777 II, Berufg als Pfleger entspr § 1915 I, möglich. Gegen die Ablehng u Aufhebg der Pflegsch hat jeder interessierte Dritte das Beschwerderecht, FGG 57 I Z 3, gg die Anordng der fürsorgeberechtigte Elternteil, FGG 20.

4) Beendigg der Pflegschaft. a) Kraft Gesetzes mit der Geburt des Kindes, § 1918 II, auch des toten, Soergel-Siebert-Germer § 1918 Rdn 3, auch RGRK § 1918 Anm 1, ferner wenn die Pflegsch nur zur Besorgg einer einzelnen Angelegenh angeordnet war, mit deren Erledigg, § 1918 III;

b) mit der Aufhebg durch das VormschG, wenn der Grd für die Anordng der Pflegsch weggefallen ist, § 1919, zB die Schwangere stirbt, es sich herausstellt, daß sie nicht schwanger gewesen ist, bei Eheschl der Mutter u des Erzeugers, bei Eintritt der Volljährigk der verwitweten ehel Mutter.

1913 *Pflegschaft für unbekannte Beteiligte.* **Ist unbekannt oder ungewiß, wer bei einer Angelegenheit der Beteiligte ist, so kann dem Beteiligten für diese Angelegenheit, soweit eine Fürsorge erforderlich ist, ein Pfleger bestellt werden. Insbesondere kann einem Nacherben, der noch nicht erzeugt ist oder dessen Persönlichkeit erst durch ein künftiges Ereignis bestimmt wird, für die Zeit bis zum Eintritte der Nacherbfolge ein Pfleger bestellt werden.**

Schrifttum: Beitzke, Pflegsch f HandelsGesellschaften u jur Pers, Festschr K Ballerstedt, Bln 1975, S 185.

1) Allgemeines. Auch hier handelt es sich um eine Personalpflegschaft, näml eine für denjenigen, den es angeht, nicht um Güterpflege, RG LZ 19, 1248; vgl auch Einf 2. Demgemäß kein Pfleger für ein herrenloses Grdst, Karlsr RJA 14, 304 (s aber BBauG 149 I Z 5), wohl aber für eine jur Pers und noch nicht genehmigte Stiftg mögl. Ist nur der Vertr der jur Pers unbekannt od ungewiß, so liegt § 1913 nicht vor, KG JW 20, 497.

2) Voraussetzgen. a) Der an einer Angelegenh Beteiligte muß unbekannt oder ungewiß sein. Bei Beteiligg von unbekannten u bekannten Personen ist nur für die ersteren ein Pfleger zu bestellen, BayObLG LZ 28, 1483. Unbekannth od Ungewißheit der Beteiligten liegt auch vor, wenn mehrere über ihre Berechtig streiten, KG JW 37, 2598, od nicht sicher ist, ob das entscheidende Ereignis überh eintritt. Insbes kann für einen Nacherben, der noch nicht erzeugt ist, od dessen Persönlichk erst durch ein künft Ereign bestimmt wird (2), §§ 1201, 1204, 2105, II 2106 II, 2139, wie die Wiederverheiratg der als Erbin eingesetzten Ehefr u dann eintretender and Erbfolge, KG FamRZ 72, 323, ferner für mit einem Vermächtn Bedachte u durch einen Vertr Begünstigte, bei denen das ebenf vorliegt, §§ 2178, 331, ein Pfleger bestellt w. Daß die Fürs den Gewalthabern zustehen würde, § 1912 S 2, steht hier nicht im Wege; ist der Nacherbe, der durch Vermächtnis Bedachte, durch Vertr Begünstigte aber bereits erzeugt, so kommt, wenn die Leibesfrucht, falls bereits geboren, der elterl Gewalt unterstehen würde, eine Pflegsch nicht mehr in Betr.

b) Es muß ein **Fürsorgebedürfnis vorliegen**. Das ist nicht schon dann der Fall, wenn die Ungewißh leicht zu beheben ist; desgl wenn schon durch andere gesetzl SicherhMittel für die Belange des unbekannten od ungewissen Beteiligten Sorge getragen ist, zB durch einen TestVollstr, NachlPfleger, KG OLG 34, 298, die Behörde bei Fundsachen, durch die gerichtl Verw für die Dauer eines Verteilgsstreits im ZwVerstVerf, ZVG 94, KG JW 36, 330, ferner wenn es sich um eine Angelegenh handelt, die im Interesse Dritter liegt, KGJ 49, 41; daß der Dritte auch interessiert ist, schadet hingg nicht. Es muß sich um ggwärtige Angelegenheiten des Pflegebefohlenen handeln, KG OLG 35, 13; dann aber gleichgültig, ob es solche vermögensrechtl od persönl Art sind. Das FürsBedürfnis kann auch rein tatsächl Art sein, zB bei großen Überschwemmgen. Bei noch nicht erzeugten Personen muß es sich um ein FürsBedürfnis für solche handeln, die ihm durch das G zugebilligt werden, zB §§ 2114, 2116–2118, 2120–2123, 2127, 2128, 2142; deshalb Pflegerbestellg zum Zwecke des Abschlusses eines Kaufvertrages für die künftigen Nachkommen unzul (KG OLG 2, 35). Kein Bedürfn für Pflegerbestellg, wenn zwar ungewiß ist, wer Gesellschafter einer GmbH ist, wenn aber eine eig Entscheid der Beteiligten erwartet w kann (Düss Rpfleger 77, 131).

3) Wirkgskreis des Pflegers wird dch die Bestellgsverhdlg bestimmt, Einf 1 a. Desh ist auf die genaue Bezeichng der Grenzen bes zu achten. Der Pfleger ist innerh des ihm zugewiesenen Wirkgskreises **gesetzl Vertreter** des unbekannten u ungew Beteiligten (Warn 15, 310, BGH MDR 68, 484, Hamm NJW 74, 505), also cch bei mitgliedslosem Verein der an der VermAbwicklg Beteiligten (BAG AP Nr 1 mAv Hübner), auch zur ProzFührg legitimiert, RG Recht 10, 3015. Das ProzG darf idR die Vertretungsbefugnis nicht verneinen, weil nicht alle sachlrechtl Voraussetzgen für die Bestellg vorlagen, BGH 33, 195. Sind die Nacherben hins der ganzen Nacherbsch ungewiß, § 2066 S 2, vertritt der Pfleger alle, auch die bedingt bekannten, da ungewiß, ob sie den Nacherbfall erleben, KG OLG 41, 80. Er kann aber nur die Rechte der Nacherben wahrnehmen, also nicht die NachlVerw für sich verlangen, RG LZ 19, 1247. Der Pfleger hat die Pflegsch im Interesse der unbekannten od ungewissen Beteiligten zu führen, die er auch nach Möglichk zu ermitteln hat, KG JW 38, 2401. Streiten sich mehrere über ihre Berechtigg, so hat er nicht Partei zu nehmen.

4) Verfahren. Zuständig ist das Ger, in dessen Bezirk das FürsBedürfnis hervortritt, FGG 41. Es entsch auch über Auswahl der RPfleger, RPflG 3 Z 2a, 14 Z 4. – Entscheid ist der Ztpkt der Anordng, BayObLG 11, 382. Bei der Auswahl des Pflegers hat das VormschG völlig freie Hand. Berufen sind auch nicht die Eltern des Beteiligten, denen im Falle seiner Geburt die elterl Gewalt zustehen würde, BayObLG 3, 3. Die Pflegsch-Anordng erfolgt vAw, KG OLG 10, 19. Doch können dritte Interessierte eine PflegschAnordng anregen. Gegen die Ablehng des Antrags u die Aufhebg der Pflegsch steht ihnen ein Beschwerderecht zu, FGG 57 I Z 3, zB dem Schu hins des ungewissen Gläub, KGJ 28 A 10, aber nicht dem Vorerben gg Anordng der Nacherbenpflegsch, Dresd OLG 39, 19, dem Miterben u Vorerben gg Ablehng der Aufhebg, auch nicht gg Ablehng der Freigabe von Geldern, die nach Weisg des VormschG für Miterben u Nacherben gesperrt angelegt sind, KG JFG 12, 143, od dem NachlG, KGJ 48, 20. Gg Anordng beschwerdeberechtigt jeder, in dessen Recht eingegriffen wird, FGG 20, zB also der TestVollstr.

5) Beendigg der Pflegschaft. a) K r a f t G e s e t z e s bei Anordng der Pflegsch zur Besorgg einer einzelnen Angelegenh nach deren Erledigg, § 1918 III, – **b)** durch A u f h e b g seitens des VormschG (RPfleger), wenn der Grd für die Anordng weggefallen ist, § 1919, also die Unbekannth od Ungewißh weggefallen ist, wie auch bei Eintritt der Nacherbfolge, § 2106.

1914 *Pflegschaft für Sammelvermögen.* **Ist durch öffentliche Sammlung Vermögen für einen vorübergehenden Zweck zusammengebracht worden, so kann zum Zwecke der Verwaltung und Verwendung des Vermögens ein Pfleger bestellt werden, wenn die zu der Verwaltung und Verwendung berufenen Personen weggefallen sind.**

1) Allgemeines. Das SammelVerm hat keine jur Persönlk. Es ist aber ein stiftgsähnl Gebilde, Vorbem 2 vor § 80. Die zugebrachten Mittel, zu denen die eingezahlten u die bindd gezeichneten Beträge zu rechn sind, stehen zunächst im MitEigt der BeitrLeistden, das dch bestimmgsgem Zuführg zum endgült Eigt des dch diese Bedachten wird, str vgl RG 62, 391; Staud-Engler Anm 3. VfgGew über das SammelVerm steht idR den Veranstaltern der Sammlg zu, BGH MDR 73, 742. Bei der Pflegsch über das SammelVerm tritt an ihre Stelle der Pfleger, der nicht die Mitgl der SpenderGemsch bzgl der ihnen ggü dem SammelVerm zustehden Rechte vertritt, sond der als Sachpfleger zZw der Verw u Verwendg des Verm eingesetzt w. Es handelt sich also im Ggsatz zu der sonst im dritten Teil geregelten Pflegsch, vgl Einf 2, um eine Güterpflegsch, KG SeuffA 56, 179.

2) Voraussetzgen. a) Es muß durch eine öffentl Sammlg, dh eine solche ohne Beschrkg auf einen bestimmten Kreis, ohne daß es eines öff Aufrufs od einer öff Sammelstelle bedurfte, Verm, also nicht nur Geld, auch Lebensmittel u dgl, zu einem vorübergehden Zweck, zB zur Unterstützg Verunglückter u ihrer Angehörigen, zugebracht worden sein.

Vormundschaft. 3. Titel: Pflegschaft §§ 1914, 1915

b) Die zur Verw u Verwertg der Sammlg berufenen Personen müssen weggefallen sein. Nicht nur dch Tod, sond zB auch dch Ausscheiden aus dem Ausschuß, GeschUnfgk, Fehlen der zur Verw u Verwendg des Verm genügden Zahl von Ausschußmitgliedern, nicht aber bei Pflichtverletzg od Unfähigk zur ordngsmäß GeschFührg.

3) Wirkungskreis. Er bestimmt sich nach der Bestellgsverhandlg, Einf 1 a. Der Pfleger w also die gezeichneten Beträge einzuziehen haben. Hinggegen hat er keine Befugn zum Weitersammeln, str. Da es sich um eine Güterpflegsch handelt, Anm 1, ist er nicht gesetzl Vertreter der Spender, sond obrigkeitl bestellter Verwalter u Verwender des Verm. Als solcher ist er auch klageberecht u insow Part kraft Amtes. Unzul Kl als Sammlgspfleger gem § 1914 u hilfsw als Pfleger für unbekannte Beteiligte gem § 1913, BGH MDR 73, 742.

4) Verfahren. Zuständig ist das Ger der bish Verw des SammelVerm, FGG 42. Es entsch der RPfleger, RPflG 3 Z 2a, 14 Z 4. – Die Anordng erfolgt vAw. Hinsichtl der Auswahl des Pflegers, die ebenf wie auch die Entlassg dch den Richter erfolgt, bestehen keine Beschrkgen. Gegen die Ablehng der Anordng od Aufhebg der Pflegsch hat jeder Interessierte die Beschw, FGG 57 I 3.

5) Beendigg der Pflegsch. Das § 1913 Anm 5 Gesagte gilt entspr.

1915 *Anwendung des Vormundschaftsrechts.* I Auf die Pflegschaft finden die für die Vormundschaft geltenden Vorschriften entsprechende Anwendung, soweit sich nicht aus dem Gesetz ein anderes ergibt.

II **Die Bestellung eines Gegenvormundes ist nicht erforderlich.**

1) Allgemeines. Die für die Vormsch geltenden Vorschr, also nicht nur §§ 1773 ff, sond auch zB § 204 sind entspr anwendbar, soweit nicht die §§ 1916 ff etwas anderes besagen od sich aus der rechtl Natur der betreffenden Pflegsch etwas anderes ergibt. Aus dieser folgt auch, daß auf die ErgänzgsPflegsch für Mje u die Pflegsch für eine Leibesfrucht, §§ 1909, 1912, die Vorschr über die AltersVormsch, §§ 1773 ff. im übrigen idR aber die für die Vormsch über Vollj, §§ 1896 ff, entspr anwendbar sind.

2) Im besonderen. Auch die Pflegsch tritt nicht kraft G ein (Ausn AmtsPflegsch, § 1706, JWG 40), der Pfleger ist vielm zu bestellen, u zwar erfolgt AO der Pflegsch mit Festlegg des Wirkgskreises des Pflegers u Auswahl des Pflegers im allg dch den RPfleger, RPflG 3 Z 2a, auch die Vereins u JA, JWG 37; Ausn RPflG 14 Z 4 u 10. Unzul die Bestellg eines Pflegers z Vorbereitg der Entlassg des bisherigen, also nicht entspr § 1775, da das Einschränkg des Wirkgskreises des bisherigen wäre, BayObLG NJW 70, 1687. Die Bestellgsverhandlg ist von ganz besWichtigk, da sie den Wirkgskreis des Pflegers umschreibt, Einf 1 a und § 1919 Anm 3 b, und damit den Umfang der gesetzl Vertretg des Pflegebefohlenen durch den Pfleger festlegt; werden dem vorhandenen Pfleger also Aufgaben übertragen, die außerh seines bish TätigkBereichs liegen, so bedarf es einer weiteren Bestellg für die neuen Aufgaben, KG JW 34, 1581, u zwar in der Form des § 1789; Ergänzg der BestallgsUrk genügt nicht, Mü DFG 40, 91. Mögl auch Bestellg eines Unterpflegers wg InteressenGgsatzes, bei solchem in größerem Maße aber Entlassg des Pflegers zul, BayObLG FamRZ 59, 32. Die Geschäftsfähigkeit des Pflegebefohlenen wird durch die Pflegerbestellg regelm nicht beschränkt, Einf 1 b. Für die Berufg gelten nicht nur im Falle des § 1909, vgl § 1916, sond der Natur dieser Pflegschaften nach auch in den Fällen der §§ 1913, 1914 die Vorschriften der §§ 1776 ff, 1899 nicht. Die Dringlichk der Bestellg kann erfordern, von der Anhörg des JA, § 1779 I, Abstand zu nehmen. Auch bei der Pflegerbestellg ist auf das Religionsbekenntnis des Pflegebefohlenen Rücks zu nehmen, § 1779 II 2, und zwar selbst dann, wenn die Tätigk des Pflegers auf vermrechtl Gebiet liegt. Die Bestimmgen über die Führg der Vormsch, §§ 1793 ff, u die Fürsorge u Aufsicht des VormschG, §§ 1837 ff, sind anwendbar. Der Pfleger hat also wie der Vormd die Pflegsch selbständig zu führen u unterliegt denselben Beschrkgen hins der Anlegg des Vermögens usw sowie hins der im G genannten RGeschäfte der GenBedürftigk wie jener, RG HRR 30, 791. An Stelle der Gen des GgVormd, vgl § 1915 II, tritt die Gen des VormschG, § 1810 Anm 1. Werden genehmiggspflichtige Geschäfte vom unbeschränkt geschäftsfähigen Pflegebefohlenen vorgenommen, so bedarf er selbst natürl keiner Gen. Sie entfällt für den Pfleger dann, wenn dieser nur als Bevollm eines solchen Pflegebefohlenen handelt, § 1910 Anm 4. Andererseits muß der VormschRichter, wenn der geschäftsfähige Abwesende einer Gen des Geschäfts überh od in der beabsichtigten Form widerspricht, die Gen ohne weitere Prüfg ablehnen, Rostock OLG 32, 28. Nach dem Tode des Pfleglings keine vormschgerichtl Gen mehr (Memmg Rpfleger 75, 62), auch wenn Pfleger vom Tode nichts wußte u deshalb Geschäfte fortführte (§§ 1915, 1893; BayObLG NJW 65, 397). Der Pfleger haftet nach § 1833 (RG LZ 22, 329), er erhält Ersatz der Aufwendgen und Vergütg gem §§ 1835, 1836 (RG JW 30, 2210) u zwar auch der Pfleger f Beamten (Oldbg NdsRPfl 74, 130, § 1910 Anm 7); es entsch VormschG allein (BGH FamRZ 63, 356). Der als ProzPfleger beigeordnete RA ist ggf als ArmenAnw beizuordnen (LG Bln DR 40, 120; vgl Ffm NJW 51, 276). Die Abhebg der Kosten vom PfleglingsKto kann nicht damit abgelehnt w, daß iF des Obsiegens der Gegner diese zu tragen, andernf der RA zu Unrecht prozessiert habe, da er dann mit einer GarantiePfl belegt würde, die über § 276 hinausginge (LG Ffm MDR 61, 692). Bei der Pflegsch über das SammelVerm haftet dieses für jene Anspr. In den Vorerben kann sich der Pfleger aber nicht halten (u zwar auch dann nicht, wenn dieser den Antr auf Anordng der Pflegsch gestellt hat; KG JFG 7, 106), da ihm nur das Verm des Pflegebefohlenen, also des noch nicht erzeugten od ungewissen Nacherben haftet. Demgem bleibt der Pfleger zunächst ohne Vergütg (BayObLG JFG 16, 188). Entsprechdes gilt bei § 1912, wenn ein lebdes Kind nicht geboren wird, str. Wg Beendigg der Pflegsch §§ 1918 ff und § 1918 Anm 1.

3) Gegenvormd, II. Die Bestellg eines GgVormd ist auch im Falle des § 1792 II nicht erforderl, aber zul, außer wenn der Dritte bei der VermZuwendg die Bestellg eines GgVormd ausgeschl hat, § 1917 II. Der vorhandene GgVormd kann auch zum GgVormd des Pflegers bestellt werden; es bedarf dazu aber einer bes Bestellg. Bestellg eines GgVormds nur in außergewöhnl Fällen; Pfleger hat BeschwR (LG Ffm MDR **77**, 579).

1916 *Berufung als Ergänzungspfleger.* **Für die nach § 1909 anzuordnende Pflegschaft gelten die Vorschriften über die Berufung zur Vormundschaft nicht.**

1) Mit Rücks auf den Interessenwiderstreit, der häuf Anlaß f die PflegschAO ist, w es im allg zweckm sein, für Angelegenh, an deren Besorgg Elt od Vormd verhindert sind, § 1909 I 1, den **Pfleger nicht dem nächsten Verwandtenkreis** des Kindes od Mdl z **entnehmen**, zumal dieser Kreis bei Berufg u Auswahl des Vormd bes bevorzugt ist, §§ 1776 ff. Das schließt jedoch deren Berücks nicht schlechthin aus, BayObLG JW **28**, 68; nur ist ihre Eigng unter Beachtg des Zwecks der PflegschAO ganz bes sorgfält z prüfen, § 1779 II 1, wobei allein das Interesse des Pfleglings maßg ist, BayObLG FamRZ **59**, 125. Desh Verwandte ungeeign, wenn in ihnen InteressenGgsatz mit Elt weiterwirkt, BayObLG FamRZ **65**, 99. Interessenkollision schließt auch binddes VorschlagsR des Vaters bez der Pers des Pflegers aus, LG Mannh DNotZ **72**, 691. Eigenes BeschwR jener Personen nur iRv FGG 57 I Z 9. Vgl iü § 1779 Anm 4a u 5. Ausn §§ 1909 I 2, 1917. Wg Übertr der Pflegsch auf das JA u Anwendg der BerufsVorschr in den sonst PflegschFällen vgl § 1915 Anm 2.

1917 *Benennung durch Erblasser und Dritte.* **I Wird die Anordnung einer Pflegschaft nach § 1909 Abs. 1 Satz 2 erforderlich, so ist als Pfleger berufen, wer durch letztwillige Verfügung oder bei der Zuwendung benannt worden ist; die Vorschriften des § 1778 sind entsprechend anzuwenden.**

II Für den benannten Pfleger können durch letztwillige Verfügung oder bei der Zuwendung die in den §§ 1852 bis 1854 bezeichneten Befreiungen angeordnet werden. Das Vormundschaftsgericht kann die Anordnungen außer Kraft setzen, wenn sie das Interesse des Pfleglings gefährden.

III Zu einer Abweichung von den Anordnungen des Zuwendenden ist, solange er lebt, seine Zustimmung erforderlich und genügend. Ist er zur Abgabe einer Erklärung dauernd außerstande oder ist sein Aufenthalt dauernd unbekannt, so kann das Vormundschaftsgericht die Zustimmung ersetzen.

Vorbem. Fassg GleichberG Art 1 Z 40.

1) Benenng, I. Vgl § 1909 Anm 2a. Der Zuwender kann auch sich selbst als Pfleger benennen, Mü JFG **21**, 181. Bestimmte Personen kann der Dritte nicht ausschließen, da es sich bei dem AusschließgsR um einen Ausfluß der elterl Gewalt handelt, § 1782 Anm 1. Wegen der Übergeh der vom Erbl u Dritten benannten Personen vgl § 1778 Anm 1 und 2.

2) Befreigen, II. Wegen der Form der Anordngen § 1803 Anm 1, wg des Umfangs der Befreiungen §§ 1852–1854. Den im Falle der §§ 1910, 1911 als Pfleger berufenen Eltern, § 1899, stehen bei ihrer Bestellg kraft G die Befreiungen der §§ 1903, 1904 zu. Wegen der gesetzl Befreiungen für die Amts- u VereinsVormd §§ 1857a, 1915. Wegen der Außerkraftsetzg der Befreiungen vgl §§ 1857 Anm 1, 1903 Anm 1.

3) Abweichg von den Anordngen des Dritten, III. Unter Anordng sind hier nur die Befreiungen (II), nicht die Benenng (I) zu verstehen, da andernf die Übergeh des Berufenen trotz Gefährdg des MdlInteresses nicht mögl wäre, was einem der Grdgedanken des VormschRechts, vgl auch I Halbs 2, widerspricht. III sagt für Befreiungen das, was § 1803 III für Anordngen sagt, dort Anm 2.

1918 *Beendigung der Pflegschaft kraft Gesetzes.* **I Die Pflegschaft für eine unter elterlicher Gewalt oder unter Vormundschaft stehende Person endigt mit der Beendigung der elterlichen Gewalt oder der Vormundschaft.**

II Die Pflegschaft für eine Leibesfrucht endigt mit der Geburt des Kindes.

III Die Pflegschaft zur Besorgung einer einzelnen Angelegenheit endigt mit deren Erledigung.

1) Allgemeines. Im Ggsatz zur Vormsch, vgl Grdz 1a vor § 1882, endet die Pflegsch im allg erst mit ihrer Aufhebg durch das VormschG, §§ 1919 ff. In einigen Fällen tritt aber auch hier die Beendigg kraft G ein, §§ 1918, 1921 III, jedenf mit Volljährigk des nehel Kindes iF des § 1706. In jedem Falle endet sie mit dem Tode des Pfleglings, KG JW **38**, 2142. Für die Beendigg des Amtes des Pflegers gilt nichts Besonderes, §§ 1915 I, 1885 ff.

2) Ergänzgspflegsch, I. Der Pfleger ergänzt hier lediglich die Eltern in ihrer Gewaltausübg, den Vormd in seinen Verrichtungen. Fällt die elterl Gewalt od die Vormsch weg, so muß deshalb auch die Pflegsch (selbst vor Erledig der Angelegenh, derentwegen die Anordng erfolgt, BayObLG **20**, 32) wegfallen, u zwar auch dann, wenn nur ein Wechsel in der Pers des Gewalthabers od Vormd eintritt, str. Das ist aber dann nicht der Fall, wenn ehel Kind bei Erreichg der Volljährigk entmündigt u Vater zum Vormd bestellt wird; dann bleibt Pfleger, der für das der väterl Verw schon vorher entzogene Verm bestellt war, beibehalten, Neust FamRZ **61**, 81. Sonst muß erforderlichenf eine neue Pflegsch angeordnet werden. Auch mit dem Ruhen der elterl Gewalt endigt die Pflegsch, KG JW **34**, 2624. Vgl im übrigen § 1909 Anm 7.

3) Pflegsch für eine Leibesfrucht, II. Vgl § 1912 Anm 4 und 5.

4) Erledigg der Pflegeraufgaben, III, zB Pflegsch zur Vertretg im ScheidsVerf mit der Rechtskr des Urteils, KG RJA **15**, 255, bei einer solchen zum Zwecke der AuseinandS bereits mit der Zuweisg der einzelnen Ggstände, die die Masse erschöpft, KG RJA **17**, 35. Vorschr nur anwendbar, wenn es sich um Pflegerbestellg für eine einzelne Angelegenh od um einen endgültig abgeschl Kreis von solchen, also aller zugehörigen Angelegenh, vgl Staud-Engler Anm 1c str, nicht aber um einen Kreis von solchen handelt, zu denen noch weitere hinzukommen können, wie das zB bei der UnterhNachzahlg des nur gelegentl zahlenden Vaters der Fall wäre. Vgl auch Anm 2. Deshalb endigt Pflegsch zur Wahrnehmg der UnterhAnspr des mj Kindes ggü seinem Vater nicht kraft G, sond durch Aufhebg gem § 1919, KG JW **35**, 1441, Mü JW **38**, 1046.

1919 *Aufhebung der Pflegschaft bei Wegfall des Grundes.* Die Pflegschaft ist von dem Vormundschaftsgericht aufzuheben, wenn der Grund für die Anordnung der Pflegschaft weggefallen ist.

1) Der **Regelfall der Beendigg der Pflegsch**, vgl § 1918 Anm 1. Die Anordng ist also insb aufzuheben, wenn FürsBedürfnis nicht mehr besteht. Es entscheidet der RPfleger, RPflG 3 Z 2a, iF der Gebrechlichk-Pflegsch der Richter, RPflG 14 Z 11 mit der sich aus dieser Best ergebenden Einschränkg. Bei AO einer UnterhPflegsch, besteht erst dann kein FürsBedürfnis mehr, wenn der Vater die UnterhPfl freiwillig erfüllt, BayObLG **29**, 353; Verurteilg genügt also im allg noch nicht, Mü JW **38**, 1046. Gewährt der Vater aber jetzt Naturalunterhalt, so kann uU sogar auch von der Einziehg von Rückständen abgesehen werden, um UnterhGewährg u FamFrieden nicht zu stören, KG JW **37**, 2205; die Pflegsch wird dann also aufzuheben sein. Aufhebg ferner, wenn mit einer an Sicherh grenzenden Wahrscheinlichk damit gerechnet w kann, daß ein InteressenGgsatz nicht wieder auftaucht, KG JW **35**, 1441; zu § 1910 vgl auch § 1920, zu § 1911 § 1912 I und § 1911 Anm 6b; vgl ferner §§ 1912 Anm 4b, 1913 Anm 5b. Die Pflegsch ist auch dann aufzuheben, wenn die Voraussetzgen für die Anordng nicht vorlagen, BayObLG **21**, 95; vgl Einf 2 vor § 1773. In der RückFdg der Bestallg kann den Umständen nach eine Aufhebg der Pflegsch liegen, KG OLG **5**, 366. Die Aufhebg beendigt die Pflegsch selbst dann, wenn der Grd der Anordng noch nicht weggefallen ist, Warn **30**, 63. Wird die Aufhebg im BeschwWege wieder aufgeh, so ist Neubestellg erforderl, KG RJA **15**, 101. Die Aufhebg wird mit der Zustellg der Vfg an den Pfleger wirks, FGG 16 I. Damit erweitert sich ohne weiteres kraft G der Wirkgskreis des Gewalthabers u Vormd um das dem Pfleger zugewiesene Gebiet. Gg Aufhebg hat in den Fällen des § 1909 der Eheg sowie die Verwandten u Verschwägerten des Pflegebefohlenen, ebso im Falle des § 1910, falls mit letzterem eine Verständigung nicht mögl ist, in sämtl PflegschFällen aber der rechtl Interessierte das Beschwerderecht, FGG 58 I Z 3. Hierzu gehört nicht Pfleger, BGH **LM** Nr 1, KGJ **40**, 41, dem aber BeschwR aus FGG 20 zusteht, wenn Pflegsch trotz Wegfalls des Grundes nicht aufgeh w; ebsowen das SozG, wenn GebrechlkPflegsch aufgeh w, weil Pfleger das RentenerhöhgsVerf vor dem SozG für aussichtsl hält, LG Mü FamRZ **74**, 47.

2) Zur **Entlassg** des Pflegers **wegen Pflichtwidrigk** §§ 1886, 1915. EntlassgsGrd zB Weigerg, dem für eine gg ihn anzustrengde SchadErsKl bestellten ErgänzgsPfleger ProzKostVorsch zu zahlen, LG Bln FamRZ **74**, 268.

1920 *Aufhebung der Gebrechlichkeitspflegschaft.* Eine nach § 1910 angeordnete Pflegschaft ist von dem Vormundschaftsgericht aufzuheben, wenn der Pflegebefohlene die Aufhebung beantragt.

1) Die vom Willen des Gebrechl getragene GebrlkPflegsch (§ 1910 III) muß konsequenterw ihr Ende finden, sobald dieser Wille nicht mehr vorh ist. Desh **Aufhebg auf Antrag des Pfleglings**. Dem Antr ist zu entsprechen, auch wenn FürsBedürfn fortdauert u Pflegsch ohne Einwilligg angeordnet w war (RG **145**, 287); dann aber idR Entmündigg. Keine Aufrechterhaltg der Pflegsch wg erneuter Besorgn der Gesch-Unfähigk (KG FamRZ **69**, 440). Antr hat rechtsgeschäftl Charakter u setzt desh Geschfähigk voraus (RG **65**, 199, BGH **48**, 159; bestätigt BGH **70**, 252; aA Mannh NJW **76**, 2018; Dölle § 148 II 2b, Gernhuber § 69 VII 7). Bei Antr des GeschUnfäh keine entspr Anwendg v ZPO 664 II (RG **145**, 287, BGH **15**, 262), wohl aber Prüfg, ob Antr als Anregg iSv § 1919 verstanden w kann (BGH **35**, 13; BGH **70**, 252).

2) Es entsch der RPfleger (RPflG 3 Z 2 iVm 14 Z 11). Gg die Ablehng des Antr Erinnerg (RPflG 11 I u V) u Beschw (FGG 20).

1921 *Aufhebung der Abwesenheitspflegschaft.* I Die Pflegschaft für einen Abwesenden ist von dem Vormundschaftsgericht aufzuheben, wenn der Abwesende an der Besorgung seiner Vermögensangelegenheiten nicht mehr verhindert ist.

II Stirbt der Abwesende, so endigt die Pflegschaft erst mit der Aufhebung durch das Vormundschaftsgericht. Das Vormundschaftsgericht hat die Pflegschaft aufzuheben, wenn ihm der Tod des Abwesenden bekannt wird.

§ 1921

III Wird der Abwesende für tot erklärt oder wird seine Todeszeit nach den Vorschriften des Verschollenheitsgesetzes festgestellt, so endigt die Pflegschaft mit der Rechtskraft des Beschlusses über die Todeserklärung oder die Feststellung der Todeszeit.

Vorbem. III Fassg durch Art 1 Z 39 FamRÄndG.

1) Vgl § 1911 Anm 6. Zu III: Die Beendigg tritt kraft G, und zwar gem VerschG 29, 40 mit der Rechtskr des die TodesErkl aussprechenden od den Todeszeitpkt feststellenden Beschl ein. Der Pfleger ist nicht mehr vertretgsberechtigt. Ein Gesch des Pflegers ist idR auch dann wirks, wenn es nach dem festgestellten Todeszeitpkt, VerschG 9, 44, vorgenommen ist, BGH 5, 244, BayObLG 53, 34; lag es außerh der Vertretgsmacht des Pflegers, so wird dieses wirks, wenn die Erben genehmigen, BayObLG 53, 33, vgl Jansen DNotZ 54, 592 (einschränkd).

Fünftes Buch. Erbrecht

Bearbeiter: Oberlandesgerichtsrat a. D. Dr. h. c. Keidel

Schrifttum

Vgl das SchriftVerz vor dem ersten Buch. Aus dem Schrifft zum ErbR: Arnold-Hardraht-Prausnitz, Formular-Komm, Bd 6, Erbrecht, 1977 (= Form-Komm ErbR). – Barnstedt-Becker-Bendel, Das norddeutsche HöfeR, 1977. – Bartholomeyczik-Schlüter, Erbrecht (Kurzlehrb), 10. Aufl 1975. (= Barth-Schlüter, Lehrb). – Battes, Gemschaftl Test u EhegErbVertr als Gestaltgsmittel für die VermO der Familie, 1974. – Binder, Rechtsstellg des Erben, 1901/05. – Boehmer, Erbrecht, Die Grundrechte von Neumann-Nipperdey-Scheuner 1954, Bd II, 401. – Brand-Kleeff-Finke, Die Nachlaßsachen in der gerichtl Praxis, 2. Aufl 1961. – Brox, Erbrecht, 5. Aufl 1977. – Dittmann-Reimann-Bengel, Testament u Erbvertrag, 1972 (zitiert nach Verfasser ohne Buchtitel). – Ebert, Die rechtsfunktionelle Kompetenzabgrenzg von GesellschaftsR und ErbR, 1972. – Esch-Schulze zur Wiesche, Handb der VermNachfolge, 1976 (= Esch-Wiesche). – Faßbender-Hötzel-Pikalo, HöfeO u HöfeVerfO 1978. – Ferid-Firsching, Internationales Erbrecht, 1955ff. – Firsching, Nachlaßrecht (Handbuch der Rechtspraxis Bd 6), 4. Aufl 1971. – Franzke, Vererben u Erben, 1977. – Friedmann, Erben u Teilen, 1978. – Friedrich, Testament u Erbrecht, 7. Aufl 1977. – Groß-Schneider, Formularbuch für die FreiwG, 2. Aufl 1972 (= Groß-Schneider). – Haberstumpf-Barthelmeß-Firsching, Nachlaßwesen in Bayern, 4. Aufl 1951. – Haegele, Mein letzter Wille, 14. Aufl 1976. – Hassenpflug-Haegele, Testamente u Schenkgen, 2. Aufl 1973. – Heldrich, Fälle u Lösgen, BGB - Erbrecht, 1970. – Herold-Kirmse, Vorteilhafte Testamentsgestaltg, 3. Aufl 1975. – Hirschwald-Karger, Das Testament, 5. Aufl 1965. – Hoeres, Das Testament u die Erbschaft, 1965. – Jahrmarkt, Vorteilhafte Unternehmensnachfolge, 1974. – Johannsen, Die Rechtsprechg des BGH auf dem Gebiet des Erbrechts, WPM **69**, 1222, 1314, 1402; **70**, 2, 110, 234, 573, 738; **71**, 402, 918; **72**, 62, 642, 866, 914, 1046; **73**, 530; **77**, 270, 302; ders, Das Familien- und ErbR in der Rechtsprechg des BGH in „25 Jahre BGH", 1975, 17/58ff. – Kahlke-Stern, Der Hof in der Erbfolge, 1961. – Kaps, Das Testamentsrecht der Weltgeistlichen und Ordenspersonen, 1958. – Karger, Steuerlich zweckmäßige Testamente u Schenkungen, 6. Aufl 1960. – Kersten-Bühling-Appell, Formularbuch u Praxis der FreiwG, 5. Abschn. Aus dem ErbR, 16. Aufl 1975, S 839ff (= Kersten-Bühling-Appell). – Keßler, Rechtsprechg des BGH zum Erbrecht seit 1964, DRiZ **66**, 395 (= BGH DRiZ **66**, ...); –ders, Rechtsprechg des BGH zum Erbrecht, DRiZ **69**, 278 (= BGH DRiZ **69**, ...). – Kipp-Coing, Erbrecht, 13. Bearbeitg, 1978. – Kirchhofer, Erbschaftserwerb, Verwaltg u Sicherg des Nachlasses vor der Erbannahme, 1968. – Köbler, Erbrecht u Gesellschaft, 1974 (= Köbler, E u G). – Kretschmar, Das Erbrecht des deutschen BGB, 2. Aufl 1913. – Lange-Kuchinke, Lehrbuch des Erbrechts, 2. Aufl 1978. – Lange-Wulff-Lüdtke/Handjery, HöfeO, 8. Aufl 1978 (= Lüdtke/Handjery). – Leipold, Grundzüge des Erbrechts,² 1977. – Lübtow, Probleme des Erbrechts, 1967 (= Lübtow). – Lübtow, Erbrecht 2 Bde, 1971 (= Lübtow Lehrb). – Lüderitz, Familien- u Erbrecht (ESJ), 1970. – Lutter, Das Erbrecht des nichtehel Kindes, 2. Aufl 1972. – Meincke, Das Recht der Nachlaßbewertg im BGB, 1973 (= Meincke, BewertgsR). – Mertens, Die Entstehg der Vorschriften des BGB über die gesetzl Erbfolge u das Pflichtteilsrecht, 1970. – Mittelbach, Erbfolge, Testamente, Vermögensübertragungen, 1974. – Model-Haegele, Im Falle meines Todes, 6. Aufl 1976; – ders, Testament u Güterstand des Unternehmers, 5. Aufl 1966 (= Model-Haegele), 6. Aufl: Haegele-Litfin, Handb der Familienunternehmen, 1977 (= Haegele-Litfin). – Model, Testamentsrecht, 2. Aufl 1964. – Möhring, Vermögensverwaltg in Vormundschafts- u Nachlaßsachen, 5. Aufl 1963. – Mönnich, Vererben u Erben, 1970. – Odersky, Komm zum NichtehelichenG, 3. Aufl 1973, S 450–536 (= Odersky). – Ohlshausen, Konkurrenz von GüterR und ErbR bei Auflösg der ZugewinnGemsch dch Tod eines Eheg, Diss Kiel, 1968 (= Ohlshausen Diss Kiel, 1968). – Otte, Erbrecht in programmierter Form, 1974. – Peter-Petzoldt-Winkler, Unternehmernachfolge, Testamente u Gesellschaftsverträge in der Praxis, 4. Aufl 1977. – Reisch u A, Hofnachfolge-Probleme in der Landwirtsch, 1976. – Rheinstein-Knapp u A, Das Erbrecht von Familienangehörigen in positivrechtl u rechtspolitischer Sicht, 1971. – Schäfer-Lehmann, Testament u Erbe, 12. Aufl 1970. – Scheyhing, Höfeordng, 1967. – Schmitz-Herscheidt, Die Unternehmensnachfolge in der OHG von Todes wegen, 1969. – Schopp, Der Schutz des Unternehmens in der Vererbg im LandwirtschaftsR und im PersonenGesellschR, 1975. – Schneider-Martin, Familienunternehmen u Unternehmertestament, 4. Aufl 1963. – Strohal, Das deutsche Erbrecht, 3. Aufl 1904. – Sudhoff, Handbuch der Unternehmensnachfolge, 2. Aufl 1973 (= Sudhoff, Handb). – Thielmann, Sittenwidrige Vfgen von Todes wegen, 1973 (= Thielmann). – Vogels-Seybold, G über die Errichtg von Testamenten u Erbverträgen, 4. Aufl 1949. – Voss, Das Erbrecht des nichtehel Kindes in beiden Teilen Deutschlands, 1974. – Werner, Fälle zum ErbR, 1976. – Wilke, Unternehmer-Nachfolger, Unternehmer-Testament, 1967. – Wöhrmann-Stöcker, Landw-ErbR, mit ausführl Erläuterg der HöfeO, 3. Aufl 1977 (= Wöhrmann-Stöcker). – DDR: Broß, Das Erbrecht in der DDR, RhNK **73**, 465 = BWNot **75**, 153 (fr Recht). Über das neue ErbR der DDRs Meincke JR **76**, 9, 74. – Kittke ROW **76**, 29. – Lüdtke-Handjery Betr **76**, 229. – Mampel NJW **76**, 593. – Drews, Der Nachl u die Erben, 1977 (DDR).

Einleitung

1) Allgemeines. a) Begriffe. Das obj **Erbrecht** ist die Gesamth der RVorschriften, die das Schicksal des Vermögens eines Verstorbenen betreffen. Das subj ErbR ist die regelm mit dem Tod eines anderen entstehende Erbberechtigg, das Recht auf die Hinterlassensch eines anderen. In diesem Sinne ist der Begriff zB gebraucht in §§ 2353, 2376. Dagg handelt es sich bei dem ErbR der §§ 2346, 2349 u 2350 nicht um ein schon

1663

bestehendes Recht, sond um eine Art Anwartsch desj, der uU Erbe werden könnte, auf die aber durch Vertr verzichtet w kann, ebso wie sie nach § 312 Ggst eines Vertr sein kann. S hierzu Brox § 1 I 2, Erm-Barth-Schlüter Einl 4 Rdz 10, 11, Soergel-Knopp/Stein Einl Rdz 1 je vor § 1922.

Erbe ist der Gesamtnachfolger, **Erbfall** der Tod des Erblassers. **Erbschaft** ist das auf den Erben übergehende Vermögen des Erblassers; ohne Beziehg zum Erben heißt es **Nachlaß**, vgl zB § 1960; **Erbfolge** ist der Übergang des Vermögens auf den Erben, s Übbl 1 vor § 1922.

b) Erbrecht u Grundgesetz. Dch GG Art 14 ist das ErbR verfassgsm gewährleistet, wobei Inhalt u Schranken dch G bestimmt werden; s Barth-Schlüter, Lehrb § 3 III, Lange-Kuchinke, § 2 IV, Kipp-Coing § 1 I, Brox § 2 II, Lutter FamRZ **67**, 69 ff, Husmann NJW **71**, 404, BSG FamRZ **74**, 371, BVerfG NJW **77**, 1677, auch Barnstedt, Rötelmann, HöfeR u ErbRGarantie des Art 14 GG, DNotZ **69**, 14, 415. Über Gleichheitsgrundsatz (Art 3 GG) u Testierfreih s Mikat in Festschr für Nipperdey, 1965, I 581, Thielmann 299 ff; BGH NJW **78**, 943. Über Drittwirkg des GrundR im ErbR insbes bei Anwendg des § 138 I Thielmann, 48 ff, 201 ff, 290, 303, 305. Zur Berechtigg des ErbR u seiner Verbindg mit dem EigtBegr s Hesselberger, Mayer-Maly, Däubler, Lüdeking, RuG **74**, 36, 40, 43, 57. S auch BayVerf Art 103 I; ferner Soergel-Knopp/Stein Einl Rdz 3–5 vor § 1922.

c) Über **Funktion u Grundlagen** des Erbrechts s allgemein Lutter FamRZ **67**, 70 ff, auch Barth-Schlüter, Lehrb § 3, Lange-Kuchinke, Lehrb § 1, Staud-Boehmer, Erbrecht, Einl §§ 4 ff; zur Gesetzanwendg (Auslegg) im ErbR s allg Lübtow, Festschr f Bosch, 1976, 573 ff. – Zum DDR-ErbR s ZGB – DDR (Auszug im Anh, 35. Aufl) 362, Art 11 I Verf. DDR 1968/1974; dazu Orth NJ **75**, 141, Meincke JR **76**, 9 ff., Kittke ROW **76**, 29, Lüdtke-Handjery, Betr **76**, 229, Mampel NJW **76**, 593, Halgasch, Zur Bedeutg u z Ggst des ErbR, NJ **77**, 360.

2) Erbrechtl Vorschriften. Das 5. Buch umfaßte ursprüngl eine nahezu erschöpfende Darstellg des materiellen ErbR. Weitere erbrechtl Vorschr waren noch in §§ 673, 857 und verschiedentl im 4. Buch enthalten. Ferner bestanden für die Errichtg von Verfügen v Todes wg durch Wehrmachtsangehörige und vor den deutschen Konsuln Sondervorschr. Daneben enthielten die ZPO, KO, VerglO u das FGG erbrechtl Verfahrensvorschriften. Die einheitl Zusammenfassg des materiellen ErbR wurde vor allem währd des dritten Reichs durch verschiedene Gesetze u VO durchbrochen, insb durch das Erbhofgesetzgebg u das G über die Errichtg v Test und ErbVertr v 31. 7. 38, RGBl 973. Diese Zersplitterg ist jetzt zum großen Teil wieder rückgängig gemacht:

a) Die gesamte **Erbhofgesetzgebg** (RErbHG v 29. 9. 33 mit allen dazu erlassenen VO u sonstigen Vorschriften) wurde durch KRG 45 v 20. 2. 47, KRABl 256, in Kraft getreten in der früheren AmZ u BrZ am 24. 4. 47, in der früheren FrzZ am 5. 5. 47, aufgeh. Damit wurde das Eigt an landwirtschaftl Grdst wieder freies Eigt u nach Maßg der Art II, III KRG 45 den am 1. 1. 33 geltenden Vorschr über gesetzl u testamentarische Erbf u den allg Vorschr über GrdEigt unterworfen. Das KRG findet keine Anwendg auf Nachlässe, die beim Inkrafttr schon geregelt sind; rechtskräftige Entscheidgn u rechtgültige Vereinbargen bleiben ebenf unberührt; s auch die fr HöfeO BrZ v 19 VI, LVO 58 (aufgeh dch Art 1 Nr 12, Art 2 § 26 des 2. HöfeÄndG, dort auch Art 3 §3) mit Rdn v Lange-Wulff [6], Anm v Scheying HöfeO, HöfeVfO 25.S hierzu ferner Soergel-Knopp/Stein Einl Rdz 25–42 vor § 1922, RGRK Einl Rdz 6 vor § 1922), Wöhrmann, Erbhofrecht und seine Überleitung, 1958 S 152/153; Kipp-Coing § 131 B III, IV; Haegele, BWNotZ **65**, 269; **69**, 321; BayObLG **58**, 364; **60**, 277; **61**, 289; **64**, 6; **67**, 137, 338; Brem MDR **65**, 385; Stgt RdL **70**, 43; BGH DNotZ **60**, 217; RdL **70**, 150; über Erbfolge in Ost-Erbhöfe s KG RdL **64**, 151, über den in der DDR belegene Erbhöfe s Lüdtke/Handjery § 18 HöfeO Rdz 10; über Geltg des Erbhofrechts im Gebiet von Danzig am 31. 12. 45 BVerwG RLA **63**, 268. Keine Anwendg des RErbHG für LAG-Anspr, Hamm Rpfleger **71**, 219. Anerbengesetze vgl EG 64 Anm 2. Das **KRG 45** hat mit Ausn der ÜbergangsVorschr in Art XII 2 mit Wirkg v 1. 1. 62 aGrd § 39 III GrdstVG v 28. 7. 61, BGBl 1091, seine Wirksamk verloren. Die Fortgeltg der aGrd Art II KRG 45 wieder in Kraft gesetzten Vorschriften, s EG 64 Anm 1, 2, ist unberührt geblieben. Über das durch das GrdstVG eingeführte gerichtl ZuweisgsVerf s unter 4 i.

b) Dch KRG 37, KRABl 220, wurden **aufgehoben § 48 II TestG,** ferner die VO zur Regelg der gesetzl Erbf in bes Fällen **(ErbrechtsregelgsVO)** v 4. 10. 44, RGBl 242, u die DVO hiezu v 4. 10. 44, RGBl 243. Zum ÜbergangsR s Einl 2 b der 28. Aufl.

c) Dch Teil I Art 5 Nr 4–10 des **GesEinhG** v 5. 3. 53, BGBl 33, in Kraft getreten am 1. 4. 53 *(Bln-West*: ÜG v 20. 3. 53, GVBl 189; *Saarl*: Art 5 Nr 36, Art 10 Nr 26 RechtsAnglG v 22. 12. 56, ABl 1667), wurden die meisten Vorschr des **TestG** mit geringen sprachl Ändergen wieder in das BGB eingefügt. Nur die ÜbergVorschr des § 51 TestG wurde aufrechterhalten (abgedr im Anh z Einf v § 2229).

d) Dch dasselbe G, Teil II Art 1 Nr 5 u 7, wurden **aufgehoben**: Das G über erbrechtl Beschrkgen wg gemeinschuftl Verhaltens v 5. 11. 37, RGBl 1161, u die VO über den Anwendgbereich erbrechtl Vorschr v 12. 12. 41, RGBl 765. Die §§ 1 u 2 des G v 5. 11. 37 waren in der früheren BrZ schon durch VO v 1. 5. 46 aufgeh worden, ZJBlBrZ **48**, 61.

3) Ändergen: Dch das **GleichbergG** v 18.6.57, BGBl 609 *(Bln-West:* ÜG v 24.6.57, GVBl 697), wurden die §§ 1931, 1932, 2008, 2054, 2303, 2311, 2331 und 2356 geändert.

3a) Dch das **FamilienrechtsändergsG** v 11.8.61, BGBl 1221 *(Bln-West*: ÜG v 21.8.61, GVBl 1121) Art 1 Nr 40, 41 wurden die §§ 1963 u 2335 geändert.

3b) Dch das **BeurkG** vom 28. 8. 69, BGBl 1513 (Bln-West, GVBl 1860), wurden geändert: §§ 1945, 2033, 2247, 2249, 2250, 2252, 2256, 2258a und b, 2282, 2291, 2296, 2348, 2371; neugefaßt wurden: §§ 2231, 2232, 2233, 2276 I, 2277; weggefallen sind: §§ 2234–2246; s im übr wg der Bedeutg dieses G Einf 6 vor § 2229. Inkrafttreten: 1. 1. 70 (§ 71 BeurkG). Vom BeurkG wurden dch Art 3 Nr 1, 3 des **G zur Änderg des RPflG, des BeurkG u zur Umwandlg des OffenbargsEides in eine eidesstattl Vers** v 17. 6. 70 (BGBl 911, Bln-West: GVBl 945) geändert die §§ 56, 68; die Ändergen betreffen die Anwendg der §§ 2356 u 2256; in Kraft seit 1. 1. 70 (Art 5 d G).

3c) Dch das **G über die rechtl Stellg der nichtehel Kinder** v 19. 8. 69, BGBl 1243 (Bln-West, GVBl 1526), wurden geändert: §§ 1931, 2043, 2316; neugefaßt: § 1930; eingefügt wurden: §§ 1934a–e, 2057a, 2331a, 2338a; ÜbergangsVorschr enth Art 12 §§ 10, 11; Inkrafttr: 1. 7. 70 (Art 12 § 27).

3d) Dch das G v 27. 6. 70 (s Anm 3b a E) wurden geändert: §§ 2006, 2028, 2057 sowie Art 147 EG, in Kraft seit 1. 7. 70 (Art 5 d G).

3e) Dch das EGStGB v 2. 3. 74, BGBl 469, Art 121 Nr 8 ist § 2339 geändert, in Kraft seit 1. 1. 75 (Art 326 I d G).

3f) Dch das 1. EheRG v 14. 6. 76 (BGBl 1421, in Kraft ab 1. 7. 77 Art 12 Nr 13 a d G) Art 1 Nr 43–47 sind geänd od neu gefaßt, die §§ 1933, 2077, 2268 II, 2331 a II, 2335.

3g) Dch das AdoptionsG v 2. 7. 76 (BGBl I 1749, in Kraft ab 1. 1. 77, Art 12 § 10 a d G) Art 1 Nr 2 d, e, f u k sind geändert od neu gefaßt die §§ 1925, 1926, 2043 II, 2253 II.

3h) DDR, Berlin-Ost: Mit Wirkg v 1. 1. 1976 sind das BGB u das EGBGB aufgehoben (EG ZGB-DDR v 19. 6. 75, GBl I 517; Bln-O VOBl 77, § 15 I, II Nr. 1, 2). Für das ErbR gelten ab 1. 1. 76 die §§ 362–427 des Zivilgesetzbuchs der DDR v 19.6.75 (ZGB DDR, GBl I 465; Bln-O VOBl 77; s Auszug im Anh, 35. Aufl), die eine völl Neuregelg enthalten, s hierzu Volkskammerdrucks Nr 49 der 6. Wahlperiode; Eberhardt, Lübchen, Klinkert NJ **74**, 732; **75**, 467, 505; Lieser-Triebnigg, DeutschlArch **75**, 1042; Brunner JuS **75**, 744; Meincke JR **76**, 9, 47; Kittke ROW **76**, 29, Lüdtke-Handjery Betr **76**, 229, Mampel NJW **76**, 593, Lochen, DeutschlArch **77**, 19; Kittke, Neue EntwicklgsTendenz im LandwErbR der DDR, AgrarR **77**, 83. §§ 9 u 10 EG FamGB sind durch EG ZGB 15 II Nr 37 aufgeh. Eine ÜbergangsVorschr enthält EG ZGB – DDR 8. – Zum fr Recht ebda 34. Aufl mit Hinweisen u dazu noch Soergel-Knopp/Stein Einl Rdz 22 v 1922, Broß aaO. – Über gerichtl Zustdgk für erbrechtl Streitigkeiten s ZPO – DDR v 19. 6. 75 (GBl I 533) 23.

4) Erbrechtl Vorschr **außerhalb des 5. Buches** (abgesehen von ZPO, KO, VerglO, FGG):

a) Im **BGB**: §§ 83, 84 (dazu BGH NJW **78**, 943), 569a, 569b, 596, 605, 673, 727, 736, 750, 844 II (dazu John JZ **72**, 543), 847 (s dazu Münzel, BGH NJW **61**, 1558, 1575, **73**, 620, **76**, 890; **78**, 214 mit Anm v Brehm JZ **78**, 191 (Behr, Zeitpkt der Vererblk v SchmerzensgeldAnspr, VersR **76**, 1106; **77**, 324; Pecher MDR **77**, 191; Ebel VersR **78**, 204); 857 (s dazu Weimar MDR **65**, 109, **69**, 282, JR **78**, 102; Oldbg NJW **77**, 1780), 884, 1089, 1371, 1374 (dazu BGH JR **78**, 287), 1378, 1390, 1418, 1432, 1439, 1455, 1461, 1472, 1477, 1478, 1482, 1483–1518, 1586, 1586b (dazu Dieckmann, FamRZ **77**, 165 ff), 1587, 1587e, 1587k, 1587m (idF des 1. EheRG, VersorggsAusgl, dazu § 1587e Anm 3, 5, § 1587k Anm 3, § 1587m Anm 1); 1638 (dazu Hamm FamRZ **69**, 662, BayObLG **76**, 67), 1639, 1641, 1668, 1777, 1782, 1792, 1803, 1822, 1852, 1856, 1868, 1880, 1909, 1917. – Im **HGB** §§ 22, 25, 27, 139; zu § 89b I s BGH **24**, 224, **45**, 268, NJW **73**, 1121. – Im **VVG** § 167. – Im **GenG** § 77, Fassg v 9. 10. 73, BGBl 1451, dazu Hornung Rpfleger **74**, 3/9, Köbler, E u G 10, Kassel, Ffm Rpfleger **77**, 62, 316 mit Anm v Hornung. S auch § 1922 Anm 3a, b, 4, 5.

b) Die Errichtg von Test u ErbVertr vor dtschen **Konsularbeamten** ist jetzt geregelt dch die §§ 10, 11 des KonsG v 11. 9. 1974, BGBl 2317; in Kraft seit 14. 12. 74, § 31 d G; s hiezu Anh zu § 2331.

c) ReichsheimstättenG v 25. 11. 37, §§ 9, 19, 24, mit AVO v 19. 7. 40, §§ 25 ff, Slg des Bundesrechts, BGBl III 2 Nr 2332 – 1 u 1–1; s dazu Wormit-Ehrenforth, ReichsheimstättenG, 4. Aufl 1967; Lange-Kuchinke, § 55 B; Firsching NachlR⁴, 259; Schmidt-Futterer, Heimstättenrecht bei Miteigentum an einer Heimstätte, DNotZ **61**, 251 u dazu SchlHOLG SchlHA **62**, 147, LG Lübeck SchlHA **63**, 276, **64**, 46 (Anm v Scheyhing), LG Bonn NJW **66**, 2314; BayObLG **67**, 40 (Verf nach § 26 AVO bei Vererbg von Heimstättenbruchteilen, dazu auch AG Wuppertal Rpfleger **72**, 312); Hamm OLGZ **73**, 395 (Beerbg v MitEigtAnteilen); KG MDR **74**, 847 (AuseinandSVerbot).

d) Gesetze über die **Rückerstattg** feststellbarer VermögensGgstände: *AmMRG 59* v 10. 11. 47, ABlAmMR **4**, 1, Art 10, 34, 41, 51, 78–80; *BrMRG* 59 v 15. 4. 49, VOBlBrZ 1237, Art 8, 33, 65–67, 69; AO AllKdtr Bln v 26. 7. 49, VOBl I 221, geändert dch VO v 30. 3. 63, GVBl 420, Art 3, 34, 44, 67–69, 71. – Frühere *FrzZ*: MRVO 120, geändert dch VO 156, 186 u 213, JO 2060, u VO 268, ABlAHK 1245, Art 9. – BRüG v 19. 7. 57, BGBl 734, mehrfach geändert, §§ 2, 7a.

e) §§ 13 (dazu BGH RzW **72**, 178, **LM** § 238 a BEG Nr 4), 26 (dazu BGH MDR **64**, 491, **69**, 137), 39 I, 41, 46 II (dazu BGH FamRZ **62**, 256), 50, 140 (dazu Mü RzW **66**, 178; **67**, 557; BGH MDR **70**, 43, Blumenthal, Brunn RzW **67**, 531, 533, 598), 141 VII (dazu BGH MDR **76**, 927), 151, 152, 158, 159, 161, 162, 163 II (dazu BGH MDR **71**, 923), 168 IV, 180, 181, 189 b des **BundesentschädiggsG** v 29. 6. 56, BGBl 562, mehrf geänd, s Rote Textausg¹⁷, 1973. Wg Einzelheiten über Vererbg von EntschädiggsAnspr s RGRK Einl Rdz 11, Soergel-Knopp/Stein Einl Rdz 22, je vor § 1922; auch BGH RzW **66**, 590 (Anmeldg ererbter EntschädiggsAnspr). § 7 des **BundesvertriebenenG** idF v 23. 10. 61 (BGBl 1883) enthält eine SonderVorschr über Vererblichk des Vertriebenen- u Flüchtlingsstatus, dazu Franz RLA **66**, 129.

f) *Bay*VO über Einziehg, Verwaltg u Verwertg (**EinziehgsVO**) v 23. 11. 48 mit DVO v 23. 12. 50, Bay BS III, 237, 241.

g) Lastenausgleichsgesetz idF v 1. 10. 69, BGBl 1909, § 12 VII, X! Nr 2 (dazu KG Rdsch LAG **69**, 4, Rpfleger **69**, 243), §§ 67, 69–71, 73, 122 III, § 229, § 230 IV, V, dazu Schütze RLA **61**, 149, BGH **44**, 336; BVerwGE **16**, 169; **27**, 86; JR **67**, 351; Rdsch LAG **73**, 37; RGRK Einl Rdz 10 vor § 1922. **Beweissichergs- u Feststellgsgesetz** idF v 1. 10. 69, BGBl 1897, §§ 4, 9, 12; zu § 4 IV s Fritz Rdsch LAG **69**, 131; zum Erbschein BGH **52**, 147, § 2353 Anm 1 c. **Reparationsschädengesetz** v 12. 2. 69, BGBl 105, § 6 IV, V, § 8 I Nr 4, III Nr 3, § 13 III, § 15 I Nr 11, II, § 38 II, § 42. **Allgem KriegsfolgenG** v 5. 11. 57, BGBl 1747, mit Ändergen, § 33 II Nr 2a, dazu Celle WPM **70**, 602, BGH MDR **72**, 136.

h) Verwaltgsrechtl Gesetze: G über das Apothekenwesen v 20. 8. 60, BGBl 697, § 9 I Nr 2, 3, § 13 I; §§ 46 mit 45 GewO, dazu Schäffer MDR **61**, 379; § 4 HdwO (dazu Ffm WPM **75**, 129); § 10 GaststättenG v 5.5.70, BGBl 465; § 19 GüKG idF v 6.8.75, BGBl 2132 mit AVV; § 6 G über die Berufsausübg im Einzelhandel v 5. 8. 57, BGBl I 1121; § 19 PersBefG v. 21. 3. 61, BGBl 241; § 34 G über das Kreditwesen idF v 3. 5. 76, BGBl 1121; §§ 7, 9 SchuldbuchG v 31. 5. 10, RGBl 840, dazu LG Bln WPM **54**, 526; § 14 HeimG v 7. 8. 74, BGBl 1873, dazu Brandmüller, Einschränkg des Schenkgs- u ErbR dch das HeimG? BayVBl **78**, 364 (keine Einschränkg der Testierfreih).

i) GrundstücksVerkG v 28. 7. 61 (BGBl 1091; *Bln-West:* GVBl 1757) §§ 13–17, 25 Nr 1 a, 5, 9, § 26 Nr 2, § 33, in Kraft seit 1. 1. 62, § 39 I GrdstVG. Sie enthalten die Regelg der **gerichtl Zuweisg** eines landwirtschaftl Betriebs, der einer durch gesetzl Erbfolge entstandenen ErbenGemsch gehört. Diese erfolgt durch das LandwirtschGericht, § 1 Nr 2 LwVG idF des § 25 Nr 1a GrdstVG; s hierüber § 2042 Anm 10; Lange, GrdstVG, 2. Aufl, 1964, Pikalo-Bendel, GrdstVG, 1963, Wöhrmann, GrdstVG, 1963, Vorwerk-Spreckelsen, GrdstVG, 1963.

k) BundessozialhilfeG idF v 13. 2. 76, BGBl 289, §§ 92a II, 92c BSG bestimmen, in welchem Umfang die Verpflichtg zum Ersatz der Kosten der Sozialhilfe auf den Erben übergeht; zu § 29 S 2 BSG s OVG Münster ZfSH **77**, 178. S auch **KonsG** 5 V (Übergang der Verpflichtg zum AuslagenErs auf den Erben u dessen beschränkte Haftg).

l) Sozialversichergs- u Beamten-Gesetze. Art I §§ 56–59, Art II § 19 Sozialgesetzbuch – Allg Teil – (SGB) v. 11. 12. 75, BGBl 3015, dazu Schmeling MDR **76**, 807, v Maydell NJW **76**, 161/164; diese Bestimmgen regeln einheitl für das SozialversR die SondererbR-Nachf; s auch §§ 203, 205b, § 614 RVO; dazu BVerfG NJW **66**, 195; BSozG FamRZ **68**, 379, **74**, 371; zur Vererblichk von Rentenansprüchen, der Beitragserstattgen u der gesetzl Rentenversicherg s § 1303 RVO, § 82 AVG, § 95 RKnappschG, Schüssler BB **63**, 982, Schnorr von Carolsfeld, Zur Rechtsnachfolge in Rentenberechtigten der Sozialversicherg, Gedächtnisschrift für Rudolf Schmidt, 1966, 279, Sieg, Die Vererblichkeit von sozialversichergsrechtl Ansprüchen, Berl Festschr für Ernst Hirsch, 1968, 187; Däubler, ZRP **75**, 140, 142; zur Vererblichk von Beitragsrückzahlgsansprüchen BSozG NJW **66**, 1045; von RückfordergsAnspr für zu Unrecht erhalt Leistgen (RVO 1301) BSG MDR **74**, 79; s ferner § 122 BBG (jetzt § 18 BeamtVG), dazu BVerwG FamRZ **66**, 234, AG Schönebg, DAVorm **74**, 200; zur Vererblichk des BeihilfeAnspr des Beamten s BVerwGE **16**, 68, BAG BB **75**, 1206, BVerwG DÖD **76**, 206; von Anspr auf Ermessensentscheidg bzgl beamtenrechtl Versorgg s BVerwGE **21**, 302, des Anspr gem § 157 BBG (jetzt § 51 BeamtVG) s Finger ZBR **69**, 40. S auch § 1922 Anm 6.

m) Kriegsgefangenen-EntschädiggsG idF v 2. 9. 71, BGBl v 1545, § 5 enthält eine SonderVorschr über Vererblichk der Entschädiggsansprüche. Keine derartige SonderVorschr ist im **HeimkehrerG** v 19. 6. 50, BGBl 221, hinsichtl der sich aus ihm ergebden Ansprüche enthalten, s hierzu BVerwG MDR **67**, 153.

n) KonsularG v 11. 9. 74 (BGBl I 2317) § 5 V enthält eine SonderVorschr über die Vererblichk der ErsPfl für Hilfeleistgen dch Konsularbeamte; entspr Anwendg für Ers von Hilfeleistg in Katastrophenfällen § 6 II I.

o) Abgabenordnung (AO 1977) v 16. 3. 1976 (BGBl 613). § 45 enth eine Vorschr über die GesamtR-Nachf hinsichtl Fordergen u Schulden aus dem Steuerschuldverhältn mit einer Ausn für Zwangsgelder sowie eine Vorschr über die Erbenhaftg.

5) Für die dem Nachlaßgericht obliegden Verrichtgen sind die **Amtsgerichte** zust (§§ 72–99, § 73 II FGG dazu KG BWNotZ **77**, 45. Vorbehalt in Art 147 EG, s unten Anm 7). Wegen der Funktionen des Nachl-G vgl §§ 1943 b II, 1934 d V, 1945 I, 1953 III, 1960 ff, 1964, 1965, 1981, 1994, 2006, 2091, 2200, 2202, 2216, 2224, 2227, 2259, 2260, 2262, 2300, 2331 a, 2353, 2358 ff, 2368, 2379, 2384, 2385, 1. G z Regelg von Fragen der Staatsangehörigkeit v 22. 2. 55, § 21, u 2. G gleichen Betreffs v 17. 5. 56, § 9, Slg des Bundesrechts BBl III 1 Nr 102–5–6, G zur Änderg des Reichs- u StaatsangehörigkeitsG v 19. 12. 63, BGBl 982; Art 140, 148 EG; § 990 ZPO; §§ 86 ff FGG. – Durch das RPflG v 5. 11. 69, BGBl 2065, in Kr seit 1. 7. 70 (§ 40), § 3 Nr 2 c, § 16 (§ 16 Nr 8, geändert dch Art 1 Nr 4 G v 27. 6. 70, BGBl 911) sind die Nachl- u Teilgssachen mit gewissen Ausnahmen den **Rechtspflegern** übertr. Über Erinnerg gg Entscheidgen des Rechtspflegers s § 11 RPflG. – **a)** Über **Gerichtskosten** in Nachl- u Teilgssachen s § 6 – s Düss Jur Büro **67**, 808 –, 101 bis 117 Kostenordnung v 26. 7. 57, s Schönfelder, Deutsche Gesetze, Nr 119; Art 8 Nr 121 VereinhG; über Gebührenfreiheit bei Eintragg von Erben s § 60 IV KostO u dazu Köln, KG, Hamm Rpfleger **66**, 90, 91 mit Anm von Stöber, **67**, 121, auch § 2353 Übbl 5 a. – **b) DDR:** Testaments- und ErbschAngelegenheiten obliegen in der DDR (Bln-Ost), den Staatl Notariaten, NotariatsG v 5. 2. 76, GBl I § 93, § 1 II Nr 3, § 10 I Nr 1 (örtl Zustgk), §§ 24–36 (bes VerfVorschr), §§ 16, 17, 36 II (Beschwerde); über Aufgaben der Staatl Notariate nach dem ZGB-DDR s ZGB 384, 391, 401, 403, 405, 413–416, 419–422, 425–427, dazu Mampel, Kittke-Kringe NJW **76**, 593/601; **77**, 183; Knodel-Krone NJ **76**, 165; Appell DNotZ **76**, 580. Über Kosten d Notariats s NotariatsKostO v 5. 2. 76, GBl I 99. – Zur Realisierg des ErbR Mitteldeutscher in der BRep s Pernutz, Der Volkswirt 2658. Dazu auch Broß RhNK **73**, 465/484 ff (fr R).

6) Ersatzzuständigkeit. Für den Fall, daß der Erbl seinen Wohns bzw Aufenth in einem Gebiet hatte, in dem dtsche Gerichtsbark nicht mehr ausgeübt w, § 1 ZustErgG, ist dch § 7 mit § 6 II ZustErgG eine Ers-Zuständigk geschaffen worden. Hinsichtl der Einzelheiten dieser Regelg wird auf die 33. Aufl, Jansen Rdz 8–15, Keidel-Kuntze-Winkler Rdz 10–17 je zu § 73 FGG verwiesen. – Über die Regelg der ErsZustdgk in der **DDR** s § 10 III NotariatsG.

7) Den **Notaren** sind in NachlSachen zahlreiche Verrichtgen übertr (BNotO v 24. 2. 61, BGBl 97 [*West-Bln:* Bek v 2. 3. 61, GVBl 308], §§ 20, 25 letzterer idF des § 57 XVII Nr 7 BeurkG, Dienstordng für Not in der ab 1. 1. 75 geltden Fassg, s BayJMBl **74**, 343, § 16; *Hess* FGG v 12. 4. 54, GVBl 59, Art 85, 86; *Nds* FGG idF v 24. 2. 71, GVBl 43, Art 13). Vgl ferner §§ 2002, 2003, 2121 III, 2215 IV, §§ 2231 bis 2233, § 2314, §§ 1 ff, 27–35 BeurkG. – Über die Zustdgk der Notariate in BaWü s LFGG v 12. 2. 75 (GBl 116) 1 II, 38–43, 46 III, 48 III, 50, dazu Richter, Erläut Textausgabe des *BaWü* LFGG, 1976.

8) Die Stoffanordng des 5. Buches ist eigenartig. Es hat danach den Anschein, als wenn die gesetzl Erbfolge die Regel, die TestErbfolge (§§ 1937, 1941) die Ausn wäre; in Wirklichk ist es umgekehrt. Die rechtl Stellg des Erben (§§ 1942–2063) wird unter Zerreiß des Zushangs zw die verschiedenen Arten der Erbf eingeschoben. Abschnitte, deren Einordng zweifelh war (so der 6., 7., 8., 9.), wurden an das Ende gesetzt. Über

Reformgedanken s Soergel-Knopp/Stein Einl 110–120 vor § 1922, Beschluß des Bundestags v 14. 5. 69 über Reform des ErbR, zu BRDrucks 271/69; Stöcker, Grenzen der ErbRReform WPM **70**, 774, ders, Der Ausbau des EhegErbR, FamRZ **70**, 444, ders, Die Neuordng der gesetzl Erbfolge im Spiegel des mutmaßl Erbl-Willens, FamRZ **71**, 609, ders, Zur Kritik des Familienvermögensrs, NJW **72**, 553/557, ders, EhegErbR im künft HöfeR, AgrarR **72**, 341; ders, Ist unser ErbR sozial? JZ **73**, 15; ders, RechtsEinh im landw ErbR, AgrarR **77**, 73, 245; **78**, 1; Papantoniou, Die soziale Funktion des ErbR, AcP **173**, 385; Kühne, Zur Reform des gesetzl Erb- u PflichttR, JR **72**, 221; Firsching, Zur Reform des deutschen ErbRs, JZ **72**, 449; Coing, Reichert-Facilides, in Gutachten für den 49. JurT, 1972, A, 3ff; dazu dessen Beschlüsse NJW **72**, 2073, Ruthe FamRZ **72**, 626 u SitzgsBericht K zum 49. JurT; Steffen, Empfiehlt es sich, das gesetzl Erb- u PflichttR neu zu regeln, DRiZ **72**, 263, Bosch, FamRZ **72**, 417 (ders Titel), Dumoulin, Gesetzl Erb- u PflichttR, 19. Deutscher Notartag, 1973 (DNotZ So-Heft) 84 ff, Bühler, Zur Reform des gesetzl ErbR des Eheg neben Abkömml, DNotZ **75**, 5, Däubler, EntwicklgsTendenzen im ErbR, ZRP **75**, 136, Jung, Reformbestrebungen im ErbR, FamRZ **76**, 134, Haegele Rpfleger **76**, 343, Barth-Schlüter Lehrb § 3 VI, Lange-Kuchinke, § 2 V. Zum erbrechtl Inh des Entw eines Ersten EheRG s Lange FamRZ **72**, 225/235.

9a, b) Hinsichtl der Einwirkgen der **MRG 52, 53** auf die Erbfs 33. Aufl, Mitt der DBB Nr 6000/74, 6004/74, 6004/75 betr ZahlgsVerk u devisenrechtl Gen im Verh zw BRep u DDR, BAnz Nr 97/74, Nr 224/75 = Just **76**, 116. Mampel NJW **76**, 593/604 (dort auch zum DevisenR der DDR), Jörges-Kühne, Außenwirtsch u Interzonenverkehr, III, Allg Gen 9–1. Zum DevisenR der **DDR** s Kringe ROW **74**, 137.

c) AWG. Das am 1. 9. 61 in Kraft getretene **AußenwirtschaftsG** v 28. 4. 61 iVm der AußenwirtschaftsVO idF v 20. 12. 66, BGBl **67**, 1, s auch VO zur Regelg der Zustdgk im AußenwirtschVerk v 12.12.67, BGBl 1214, enthält keinerlei Beschrkgen für letztwillige Vfgen u den Erwerb einer Erbsch. Die Allgemeine Genehmigg Nr 11/49 betr Regelg ausländ Erbsch v 16. 1. 59, BAnz Nr 12, ist aufgeh. S § 47 I Nr 2 AWG, Bek der Deutschen Bundesbank v 24. 8. 61, BAnz Nr 167.

d) Wertsicherungsklauseln in letztw Vfgen unterliegen in allg nicht der GenPfl nach § 3 WährgG, es sei denn, daß sie über den Erbfall hinaus Wirksamk behalten sollen, s Kehrer, BWNotZ **62**, 133/145, Dürkes, Wertsicherungsklauseln, 8. Aufl, 1972, Rdn 233ff, 238ff, 243, ders BWNotZ **66**, 58/77, Staud-Weber § 244 Anm 329, Hartmann Betr **70**, Beil 17 S 5; Soergel-Schippel § 1937 Rdz 12; s auch Mitt 1015/78 Deutsche BBank BAnz **78** Nr 109 = DNotZ **78**, 449, § 245 Anm 5.

10) Erbschaftsteuer: ErbStG v 17. 4. 74, BGBl 933, ErbStDVO idF v 19. 1. 62, BGBl **22**, mit Änd dch Art 8 Nr 2 ErbStG 1974, u ErbStV v 19. 1. 62, BAnz Nr 17; Entschl der oberst Finanzbehörden v 20. 12. 74, 10. 3. 76, Betr **75**, 19; **76**, 547; dazu Kapp, Erbsch- u SchenkgssteuerG Komm, 1974; Megow-Michel, dasselbe, Komm, 1974; Troll, dasselbe, 2. Aufl 1974, ders DStZ **76**, 131; Rosenau, Diedenhofen Betr **74**, 256, 793; **76** Beil 11; Michel RdschGmbH **74**, 133; Haegele Rpfleger **74**, 286; Bauer DStZ **74**, 195; Müller DStR **74**, 363; Albrecht BWNotZ **74**, 45, 69; Jung WPM **74**, 798; Lambinus MittBayNot **74**, 71; auch Hörstmann BB **73** Beil 8; Fetsch RhNK **73**, 547; Knurr, Grenzen für die VertrGestaltg u GestaltgsMöglk im Blickfeld des ErbStG 1974, DNotZ **74**, 710; Bopp, FamRZ **75**, 245; Sudhoff, ErbStReformG u GesellschR, NJW **75**, 1673; Kipp-Coing § 132; Lange-Kuchinke, § 54; Soergel-Knopp/Stein Einl 100–109, Erm-Barth-Schlüter Einl Rdz 26–50 je vor § 1922; Brox § 23 II 6; Esch-Wiesche Rdz 1408–1607; Segebrecht, Besteurg der Erben u Erbengemsch⁴, 1976. Über die frühere **ErbschSteuerversicherg** s ErbStG 1959, § 19 (mit Übergangsregelg dch Art 6 ErbStG 1974) u dazu BGH LM Nr 1 ErbStG; Oswald WPM **70**, 654, ders JR **74**, 506. Zum Einfluß des SteuerR auf Vfgen vTw s JA **74**, 355; üb ErbStSt bei Erfüllg unwirks Vfgen vTw s BFH **97**, 311, auch **111**, 350; Kapp, Verh der ErbSt z bürgerl R, BB **75**, 933; Meincke, BürgerlR u SteuerR, JuS **76**, 693. – Zum ErbSchStR der **DDR** s Broß RhNK **73**, 465/488.

Grunderwerbsteuer: Die GrunderwerbsteuerG der Länder enthalten zahlreiche Befreiungsvorschriften für den GrdErwerb im Zusammenhang mit einem Erbfall; s hierzu im einzelnen Boruttau-Klein, GrdErwerbStG, Rdz 16ff zu § 3.

Einkommensteuer: Die EStPfl des Erbl erlischt grdsätzl mit seinem Tode. Für die bis dahin entstand Steuerschulden haften die Erben (AO 1977 § 45). Die bei den Erben, VermNehm, PflichttBer aus dem „Erbe" v Erbf an anfallden Einkünfte unterliegen der EStPfl in ihrer Pers; s hierzu die eingehde Darstellg bei Esch-Wiese Rdz 1612 ff.

11) Internat PrivR vgl EG 24ff, RGRK Einl Rdz 8 vor § 1922, Kipp-Coing § 130, Lange-Kuchinke § 3 II; Ferid, Der Erbgang als autonome Größe im KollisionsR, Festschr für Cohn, 1975, 31; Kiefer, Grdz des intern ErbR RhNK **77**, 65 = MittBayNot **78**, 41. Übereinkommen über das auf die Form letztw Vfgen anzuwendende Recht v 5. 10. 61 (G v 27. 8. 65, BGBl II 1144, in Kraft ab 1. 6. 66, BGBl 66 II 11, 191, 296; 67 II 2362, 2548; 68 II 94, 808; 69 II 993, 2200; 70 II 1063; 71 II 6, 98, 1075, 1149, 1315; 72 II, 1639; 74 II 1461; **77** II 1270; Anh zu EG 24–26), dazu Schack DNotZ **66**, 131, ORG Bln RzW **72**, 253; BayObLG; Ffm, DNotZ **76**, 1076; **77**, 1018. **DDR-Recht**: §§ 25, 26 RechtsanwendgsG v 5. 12. 75, GBl I 748, s Mampel NJW **76**, 1521/1525; Espig NJ **76**, 360/365; Beitritt zu vorstehd genanntem Übereinkommen: BGBl 74 II 1461; **interlok PrivR** vgl Vorb 14 vor EG 7, EG 25 Anm 5; Mampel NJW **76**, 593f; Dörner DNotZ **77**, 324; Müller-Freienfels/Brüsslbach, BWNotZ **78**, 4.

Erster Abschnitt. Erbfolge

Überblick

1) Die Persönlichk des Menschen endet mit dem Tode. Die **Erbfolge** ist keine RNachfolge in die Persönlichk des Erbl, sond in dessen GesVermögen nebst den Verbindlichk (Erwerb von Todes wg), Wolpert, Ufita **34**, 163; jedoch besteht ein Bedürfn des Schutzes der Persönlichk des Erbl weiter; zur Ausübg einer derartigen Schutzgewalt sind die nächsten Angeh berufen, Lange-Kuchinke, § 5 III 5, Brox § 1 V 2b, Westermann FamRZ **69**, 561. Erbfolge ist ausgeschl u erfolgt erst ein, wenn die Schulden überwiegen. Die Erbf beruht auf dem Willen des Erbl (**gewillkürte** Erbf) oder auf dem nur ergänzd eingreifenden G (**gesetzl** Erbf). Die gewillkürte Erbf u der Inhalt der Vfgen vTw werden andeutgsweise in §§ 1937–1941, die gesetzl in §§ 1924–1936 (Blutsverwandte, Eheg, Fiskus) behandelt, währd §§ 1922, 1923 für beide Arten Geltg haben; auch können sie nebeneinander eingreifen, vgl § 2088. Über die erbrechtl Stellg des nichtehel Kindes im Verh zum Vater s § 1924 Anm 3 B, §§ 1934a–e, auch § 1930. Die Erbenstellg kann, wie sich aus §§ 1924 ff, 1937, 1941 ergibt, nur dch Gesetz, (rechtswirks) Test u (rechtswirks) ErbVertr begründet w; sie kann nicht aus dem Gesichtspunkt des § 242 angezweifelt w, BayObLG **65**, 90; **74**, 401/405; **77**, 274/284; s auch BGH NJW **67**, 1126; WPM **77**, 688 (z Verwirkg).

1922 *Gesamtrechtsnachfolge.* I Mit dem Tode einer Person (Erbfall) geht deren Vermögen (Erbschaft) als Ganzes auf eine oder mehrere andere Personen (Erben) über.

II Auf den Anteil eines Miterben (Erbteil) finden die sich auf die Erbschaft beziehenden Vorschriften Anwendung.

Schrifttum: Johannsen, Die Rechtsprechg des BGH auf dem Gebiet der ErbR 9. Teil: Erbfolge usw, WPM **72**, 914; **77**, 270.

1) Allgemeines. a) Der Mensch stirbt, seine Habe bleibt. Mit dem Tode tritt der Erbfall u der unmittelb Übergang der Erbsch auf den Erben ein („Der Tote erbt den Lebendigen"); zum TodesZtpkt s Schönig NJW **68**, 189, Geilen FamRZ **68**, 121, JZ **71**, 41, Schönig, Neuhaus Festschr für Heinitz, 1972, 373, 397. Grds des **Vonselbsterwerbs**, Lange-Kuchinke § 8 I, dagg für „Antrittserwerbs" Lübtow, Lehrb II 651, s auch Kirchhofer aaO [sS 1663] §§ 1–11. Bei TodesErkl wird Übergang mit dem festgestellten TodesZtpkt vermutet, §§ 9, 44 II VerschG; vgl aber §§ 2031, 2370. – **b) Verträge über den Nachl** eines noch **lebenden Dritten** sind nichtig, § 312 I mit Anm 1 hierzu. Nichtig ist auch eine zu Lebzeiten eines Dritten getroffene Vereinbg, durch die ein VertrTeil die Verpflichtg übernimmt, einen Bruchteil des Verm-Zuwachses abzuführen, der sich aus der Beerbg eines Dritten od daraus ergeben wird, daß er aus dessen Nachl dem Pflichtt erhält, BGH NJW **58**, 705, **LM** Nr 2 zu § 312 Anm Johannsen. – **c)** Eine **Klage** auf **Feststellg** eines erbrechtl Verhältnisses bzgl des Nachlasses eines noch lebenden Dritten ist grdsätzl ausgeschl, RG **49**, 672, Celle MDR **54**, 547, desgl die Klage auf Feststellg der Gültigk des Test eines noch Lebenden, Köln JW **30**, 2064, BGH **37**, 137 = NJW **62**, 1723, dazu Johannsen in Anm zu **LM** Nr 74 zu § 256 ZPO, aber auch Mattern BWNotZ **62**, 329. Zulässig ist allerdings die Klage auf Feststellg des Rechts auf PflichttEntziehg, RG **92**, 1. Zugelassen sind Erbverzicht, §§ 2346 ff, und gewisse schuldrechtl Vertr zw den künftigen gesetzl Erben, § 312 II; diese Vorschr ist aber eng auszulegen, BGH NJW **58**, 705. Nach RG **169**, 98 ist auch eine Klage des Erbl auf Feststellg des Nichtbestehens eines gesetzl ErbR zul, aM m Recht Kipp-Coing, § 91 I³. Über Feststellgsklagen zw Erbl u Erbbeteiligten s insb Lange NJW **63**, 1573. – **d)** Künftige ErbAnspr sind nicht ins **Grundbuch** eintragsfähig, KG DNotZ **31**, 240, denn erst „Sterben macht Erben", daher auch Vormerkg unzul, vgl § 883 Anm 3 c, aber auch § 2174 Anm 2 d und § 2286 Anm 2.

2) Passive Erbfähigkeit. (Wegen der aktiven § 1923). Nur der Mensch kann sterben u beerbt w, nicht die jur Pers, §§ 45–47, 88, EG 85.

3) Erbschaft (Vermögen) ist die Gesamth der RVerh des Erbl, umfaßt also auch RVerh nichtvermögensrechtl Inhalts. Zur Erbsch gehören auch die Verbindlichkeiten des Erbl, RG **95**, 14, BGH **32**, 369, hM, aM Kipp-Coing § 91 II 2, Barth-Schlüter Lehrb § 6 II 2a; s auch Meincke BewertgsR § 4.

a) Vererblich sind regelm alle dingl u persönl Vermögensrechte u Verbindlichk einschl der Rechte u Verbindlichk aus unerl Hdlgen:

aa) Urheber- und sonstige **Schutzrechte,** UrheberrechtsG § 28, s auch §§ 29, 30, 60 II, 117, zur neuen Erbrechtsregelg im Urheberrecht s Fromm NJW **66**, 1244; VerlG 34, GebrMG 13, GeschmMG 3, PatG 9, WZG 8; s hierzu Lange-Kuchinke, § 5 III 6.

bb) Die Vererblichk eines **Handelsgeschäftes** ergibt sich aus § 22 HGB. Die Firma ist nur mit dem Unternehmen übertragb u vererbl, HGB 21 ff, eine Prokura erlischt nicht, HGB 52 III, sofern nicht der Prokurist AlleinE od MitE wird, BGH NJW **59**, 2114 u zum Begriff Reinicke MDR **60**, 28. Nicht vererbl ist die **Kaufmannseigenschaft**, denn ihre Merkmale, s §§ 1, 2, 3, 6 HGB, müssen persönl erworben sein, Erm-Barth-Schlüter Rdz 15. S hierzu Heintzenberg, Die Einzelunternehmg im Erbgang, 1957, Heinen, Die Fortführg des Handelsgeschäfts eines Einzelkaufmanns durch eine ErbenGemsch, RhNK **62**, 108, auch Schneider-Martin, aaO §§ 18, 19; Dobroschke, Die Unternehmensnachfolge Minderjähriger, Betr **67**, 803; Weimar, Veräußerg u Vererbg eines Handelsgeschäfts, MDR **67**, 731; Haegele, Zur Regelg der Nachfolge in der Leitg eines Familienunternehmens, BWNotZ **68**, 133; ders, BWNotZ **73**, 77 (zur Umwandlg des EinzelUntern in eine Gesellsch); Haegele-Litfin V Rdz 3–6; Stürner, Die Unternehmensnachfolge, JuS **72**, 653. Auch ein sonstiges vom Erbl betriebenes gewerbl Unternehmen, zB Handwerksbetrieb, kann vererbl sein, BGH **LM** Nr 1; die Zugehörigk zum Nachl ist nicht davon abhg, ob die Weiterführg dch einen MitE mit od ohne Einverständn der übrigen MitE erfolgt, BGH NJW **63**, 1541. Für Minderjährige kann gesetzl Vertr das Gesch fortführen, vormschaftsgerichtl Gen nach §§ 1643, 1822 Nr 2 ist nicht erforderl, Johannsen aaO 914. Unvererbl sind dagg öffentl-rechtl Gewerbeberechtiggen, Erm-Barth-Schlüter Rdz 16; s auch die Einl 4 h vor § 1922 angeführten Vorschr.

cc) Vererblichk des **Gesellschaftsanteils** des persönl haftenden Erbl bei einer OHG, KG. Gemäß HGB 131 Nr 4 wird die OHG (KG, HGB 161 II) dch den Tod eines Gesellschafters (persönl haftenden Gesellschafters) aufgelöst, soweit sich nicht aus dem GesellschVertr ein anderes ergibt, s BGH WPM **71**, 308.

Der Erbe (die Erben) tritt, falls Liquidation stattfindet, HGB 145, in die Liquidationsgesellsch ein, s Baumb-Duden Anm 3 B, Schlegelberger-Geßler Anm 23 je zu HGB 131, Hueck, Das Recht der OHG, 4. Aufl 1971, § 23 II 4, Erm-Barth-Schlüter Rdz 26–29 zu § 1922; s auch Haegele BWNotZ **73**, 78f (Besonderheiten in diesem Fall). Im GesellschVertr kann aber bestimmt sein, daß beim Tod eines Gesellschafters die Gesellsch unter den übr Gesellschaftern fortbestehen soll, HGB 138; in diesem Fall scheidet der Gesellschafter mit seinem Tod aus der Gesellsch aus, dem Erben (den Erben) steht ein AbfindgsAnspr gg die Gesellsch zu, der Anteil am GesellschVerm wächst den übrigen Gesellschaftern zu, HGB 105 II mit § 738, s dazu Baumbach-Duden Anm 4, Schlegelberger-Geßler Anm 8, 13, 17ff je zu HGB 138, Haegele aaO 79 f. Im GesellschVertr kann aber der AbfindgsAnspr des (der) Erben des verstorbenen Gesellschafters ausgeschlossen werden, Schlegelberger-Geßler Anm 27 zu HGB 138; eine solche Vereinbg ist, wenn sie für alle Gesellschafter gilt, keine Schenkg von Todes wegen, § 2301, BGH **22**, 194, dazu Anm von Fischer **LM** Nr 1 zu HGB 139; Reinicke NJW **57**, 561; über AbfindgsVereinbgen bei Personalhandelsgesellschaften s Knöchlein DNotZ **60**, 452, s auch Haegele-Litfin V Rdz 13ff. Im GesellschVertr kann auch bestimmt sein, daß die übr Gesellschafter, wenn ein Gesellschafter stirbt, die Fortsetzg der Gesellsch ohne diesen Gesellschafter (seine Erben) beschließen können; machen sie von dieser Möglichk Gebr, so treten dieselben Rechtsfolgen ein, wie im Fall von HGB 138, s Hueck aaO § 23 V 2c, § 28 I 1c, § 29 I 2a.

Im GesellschVertr kann ferner vorgesehen sein, daß im Fall des Todes eines Gesellschafters die Gesellsch mit dessen gesetzl od eingesetzten Erben – auch Vor- u NachE, BGH NJW **77**, 1540 –, fortgesetzt werden soll, HGB 139 I. Der Erbe tritt sodann ohne weiteres mit dem Tod des Erbl in die Gesellsch ein, ohne daß es einer bes Erklärg des Erben od einer bes Aufnahme dch die übr Gesellschafter bedarf, Schlegelberger-Geßler Anm 21 zu HGB 139, Hueck aaO § 28 II 1 a; bei Minderjährigk des Erben ist keine Genehmigg des VormschG nach § 1822 Nr 3, 10 erforderl, KG JW **33**, 119. Ob der Erbe auch in die Geschäftsführgs- u Vertretgsbefugn des Erbl einrückt, bestimmt sich in erster Linie nach dem GesellschVertr, s hierzu BGH **LM** Nr 2 zu HGB 139, Erm-Barth-Schlüter Rdz 29 zu § 1922, Merkel MDR **63**, 102. Dem Gesellschafter steht nach Maßgabe von HGB 139 I, III das Recht zu, sein Verbleiben in der Gesellsch davon abhäng zu machen, daß ihm die Stellg eines Kommanditisten eingeräumt wird, s hierzu Schlegelberger-Geßler Anm 29ff zu HGB 139, Hueck aaO § 28 III, Haegele aaO 84 f. – Wird der Gesellschafter von mehreren Personen beerbt, so erben diese die Beteiligg nicht in ErbenGemsch, die MitE werden auf Grd ihres ErbR mit je einem der Größe ihres Erbanteils entspr GesellschAnteil ihres Erbl Gesellschafter der Gesellsch, BGH **22**, 186, NJW **71**, 1268, **77**, 1339 (dazu Ulmer BB **77**, 805), KG DNotZ **55**, 418; aM Köbler E u G **95**, 122 (mit beachtl Gründen für die Beerbg dch die ErbenGemsch); jeder einzelne MitE hat das Wahlrecht nach HGB 139 I, III, s Baumb-Duden Anm 3; Schlegelberger-Geßler Anm 37 je zu HGB 139, auch Haegele aaO 80 ff. Über Vertreterklausel für in die OHG als Kommanditisten eintretende Erben eines Gesellschafters s BGH **46**, 291 mit Anm v Fischer **LM** § 161 HGB Nr 20, v Koll NJW **67**, 1908. Dch den GesellschVertr kann aber auch eine qualifizierte (beschränkte) Nachfolge-Klausel in dem Sinn vereinbart werden, daß die Gesellsch nur mit einzelnen od mit einem der mehreren Erben fortgesetzt wird; bestr ist hier, ob der (die) bevorrechtigte MitE im Weg der Sondererbfolge den vollen Gesellschaftsanteil des Gesellschaftererblassers erwirbt od ob er nur entspr seinem Erbanteil Gesellschafter wird u die übr Gesellschafter verpflichtet sind, den ihnen zugewachsenen Restanteil dem Rechtsnachfolger zu übertragen, s dazu BGH **22**, 186 mit Anm von Fischer zu **LM** HGB 139 Nr 1, BGH WPM **67**, 319, BGH **68**, 225 (dazu Anm v Priester DNotZ **77**, 558, v Wiedemann JZ **77**, 689; ferner Tiedau, MDR **78**, 353); Haegele-Litfin V Rdz 24–33, Erm-Barth-Schlüter Rdz 7 vor § 2032, Schlegelberger-Geßler Anm 25a, b zu § 139 HGB, auch Börner, Die ErbenGemsch als solche als Rechtsnachfolgerin der OHG, Rüthers, Beschränkte Nachfolgeklausel, AcP **168**, 263, Haegele aaO 82ff. – Der GesellschVertr kann aber auch nur ein Eintrittsrecht für einen od alle Erben des verstorbenen Gesellschafters vorsehen, s zB BGH DNotZ **67**, 387; die Gesellsch wird unter den übr Gesellschaftern fortgesetzt, § 736, der Erbl gilt als ausgeschieden, sein GesellschAnteil wächst den übrigen Gesellschaftern zu, § 738, für den (die) Erben entsteht an sich ein AbfindgsAnspr nach § 738, Kipp-Coing § 91 IV 8f, od od die Erben haben aber das Recht, in die Gesellschaft einzutreten. Ein Mj bedarf hierzu der Gen des VG (§ 1822 Nr 3). Machen sie von diesem Recht Gebr, so ist für AbfindgsAnspr kein Raum, s hiezu im einzelnen Kipp-Coing aaO, auch BGH WPM **67**, 253, Haegele-Litfin V Rdz 34ff, Brox § 44 III, Haegele aaO 84. – Über das Verhältn von GesellschVertr u Test s Haegele aaO 85ff.

dd) Vererblchk der **Kommanditistenstellg** in der KG. Der Tod des Kommanditisten hat abweichend von HGB 131 Nr 4 mit 161 II die Auflösg der Gesellsch nicht zu Folge, HGB 177. Der Kommanditanteil ist desh vererblich; bei Mehrh von Erben wird jeder MitE mit dem Anteil, der seinem Erbanteil entspricht, Kommanditist, RG DR **43**, 1228, KG WPM **67**, 148, Schilling, Großkomm HGB Rdz 15, 16 zu § 177; aM Köbler E u G **98**ff, ders Betr **72**, 2241, der die ErbenGemsch als solche als Rechtsnachfolgerin erachtet. Die Vererblchk der Kommanditbeteiligg kann aber dch den GesellschVertr ausgeschlossen, es können verschiedenartige Nachfolgeklauseln vorgesehen werden, s Haegele-Litfin V Rdz 56ff, Sudhoff, Der Gesellschaftsvertrag der Personalgesellschaften, 4. Auflage 1973, 334ff, KG JR **71**, 421 mit Anm von Säcker, Haegele aaO 87ff. Zur Regelg des EintrittsR eines Erben bei Vorliegen eines bindden gemschaftl Test, s Haegele DNotZ **74**, 296; zur Aufhebg einer gesellschvertragl Nachfolgeklausel BGH WPM **74**, 192. Scheitert die im GesellschVertr vorges erbrechtl Nachfolge-Regelg in d KommAnt daran, daß die vorges Pers nicht Erbe gew ist, so kann diese Klausel als Eintrittsklausel anzusehen sein, BGH NJW **78**, 264, dazu Tiedau MDR **78**, 353. Zur Vererbg der Beteiligg bei der GmbH & Co KG s Sudhoff Betr **67**, 112, Haegele aaO 90f. Zur Stellg d GesellschErben als Beisp der kapitalist organisierten KG s Eisenhardt, JuS **75**, 413.

ee) Vererblchk des **Geschäftsanteils** eines **BGB-Gesellschafters.** Bei Auflösg der Gesellsch mit dem Tod eines Gesellschafters, § 727 I, tritt der (die) Erbe (Erben) kraft seines ErbR in die Rechtsstellg des verstorbenen Gesellschafters im Stadium der Liquidationsgesellsch ein, s Staud-Keßler Anm 9 zu § 727. Die

Erben können aber mit den übrigen Gesellschaftern die Fortsetzg der Gesellsch vereinbaren, Staud-Keßler aaO Anm 11, s auch Neust DNotZ 65, 489. Ist im GesellschVertr bestimmt, daß die Gesellsch unter den übrigen Gesellschaftern fortbestehen soll, so wächst der Anteil des verstorbenen Gesellschafters den übrigen Gesellschaftern zu, § 738 I 1; der (die) Erbe (Erben) hat Anspr auf das Auseinandersetzgsguthaben, §§ 738 bis 740. Im GesellschVertr kann auch ein EintrittsR des od der Erben vorgesehen sein, s Staud-Keßler aaO Anm 14, 15. Auch eine einfache od qualifizierte Nachfolgeklausel kann vereinbart w, s Staud-Keßler aaO Anm 17 ff.

ff) Die Vererblichk der **Rechtsstellg des stillen Gesellschafters.** Dch den Tod eines stillen Gesellschafters wird die Gesellsch nicht aufgelöst, HGB 339 II. Der Erbe tritt kraft seines ErbR an Stelle des Erbl in die stille Gesellsch ein, mehrere Erben als ErbenGemsch, Schlegelberger-Geßler Anm 24 zu HGB 339. Auch hier sind abweiche Vereinbgen im GesellschVertr zuläss, s Sudhoff aaO 336 ff, Haegele-Litfin V Rdz 68 ff, BGH WPM **62**, 1084. – Zur Vererblk einer Unterbeteiligg Schiller RhNK **77**, 45/50; Haegele-Litfin V Rdz 119–121.

Schrifttum zu cc) bis ff): Barth-Schlüter, Lehrb § 35 II 5; Brox § 44; Kipp-Coing § 91 IV 8; Lange-Kuchinke, § 5 V, VI; RGRK Rdz 13, 14; Haegele-Litfin V Rdz 6ff; Sudhoff aaO 296ff; ders, Handb der Unternehmensnachfolge, 2. Aufl 1973; Rokas, Die Teilhabersch in der OHG und ihre Vererbg, 1965; Hueck aaO § 28; Siebert, Gesellschaftsrecht u Erbrecht bei der OHG 3. Aufl 1958; Römer, Nachfolge- und Bestandssicherung der Personengesellschafter des HandelsR im Erbfall, 1963; Schneider-Martin aaO § 30 I; Wiedemann, Die Übertragung u Vererbung der Mitgliedsch bei Handelsgesellschaften 1965, §§ 6–9; Eiselt, Die Vererbung der Beteiligung an einer OHG, AcP **158**, 319; Barz, Gestaltung in der erbrechtlichen Praxis heute in Deutscher Notartag 1965, 52ff; Hueck, GesellschVertr und ErbR DNotZ **52**, 550; Der gemeinschaftliche Vertreter mehrerer Erben in einer KG, ZHR **125**, 1; Hurst, Vertreterklausel bei der OHG, DNotZ **67**, 6; Petersen, Zum Verhältnis von GesellschaftsR und Erbrecht bei der Nachfolge von Erben in eine Personalgesellschaft JZ **60**, 211; Zur Gestaltg von gesellschaftsvertraglichen Nachfolgeklauseln BB **63**, 331; Sudhoff, Menz, Die Regelg der Unternehmensnachfolge bei noch jugendl Erben, Betr **66**, 649, 1719, 1720; Stöber, Der minderjährige Gesellschafter einer OHG od KG, Rpfleger **68**, 219 (Der Mj als Erbe); Fischer, Die Stellg des vermeintl Erben in der OHG, Festschr: Recht im Wandel, 150 Jahre Heymann-Verlag 1965, 271; Peter, Unternehmensnachfolge, Testament u Gesellschaftsverträge in der Praxis, 1964; Westermann in Handbuch der Personengesellschaften, 1967, §§ 36–39; Herold, Die Lebensversicherg als Liquidationshilfe beim Tod des Geschäftsunternehmers, VersN **67**, 133; Haegele, Zu den Beziehgen zwischen Gesellschafts- u testamentar ErbR Jur Büro **68**, 670; Schmitz-Herscheidt, Die Unternehmensnachfolge in der OHG von Todes wegen, 1969; ders WPM **71**, 1110; Rauch, Parteiwille u Nachfolge in die Personalgesellschaft, Betr **69**, 1277; ders DNotZ **70**, 78; Rüthers, Die privatautonome Gestaltg der Vererbg eines Anteils an einer OHG dch eine beschränkte Nachfolgeklausel, AcP **168**, 263; Eisenhardt, Sondererbfolge an einem Gesellschaftsanteil bei der Personalgesellschaft, MDR **69**, 521; Behrens, OHG u erbrechtl Nachfolge, 1969; Finger, Die Vererbg von Anteilen einer Personalgesellschaft, JR **69**, 409; Stötter, Die Nachfolge an Anteilen von Personalgesellschaften aGrd GesellschaftsR od ErbR, Betr **70**, 525, 573; Wendelstein, Die Unterbeteiligg als zweckmäßige Erbfolgeregelg, BB **70**, 735; Säcker, Gesellschaftsvertragl u erbrechtl Nachfolge in Gesamthandsmitgliedschaften, 1970; Wruck, Der Erwerb der Mitgliedschaft v Todes wg bei der OHG u der Gesellsch des Bürgerl R, Diss Hambg, 1970; Zimmermann in Gore ua, Nachfolge in Anteile v Personalgesellsch auf Grd GesellschVertr od ErbR, 1970; Vogel, Zur Vererbg des GeschAnteils, RdschGmbH **71**, 132; Kruse, Die Vererbg des MitgliedschRs in der OHG im Falle der Nachfolgeklausel, Festschr für Laufke, 1971, 179ff; Ulmer, Gesellschafternachfolge u ErbR, ZGR **72**, 195, 324; Johannsen WPM **72**, 915ff; Roth, Erbfolge des nehel Kindes in OHG- u KG-Anteile BB **72**, 1590; Ebert, Die rechtsfunktionelle Kompetenzabgrenzg von Gesellsch- u ErbR 1972; Klaus Müller, Die Vererbg des OHG-Anteils, Festschr für Wahl, 1973, 369; Flume, Die Nachf in die Mitgliedsch einer Personengesellsch nach dem Tode eines Gesellschafters; Ulmer, Die Zuordng des vererbten OHG-Anteils, beide Festschr für Schilling 1973, 23, 79; Haegele, Gesellsch- u ErbR in ihren Beziehgen zueinander, BWNotZ **73**, 76; ders, NachE u TV – Vermerk von Mitgliedsch an einer BGB-Gesellsch Rpfleger **77**, 50; Finger, Ausschluß von AbfindgsAnsprüchen bei der Nachf in Personengesellsch nach dem Tode eines Gesellschafters, Betr **74**, 27; Heckelmann, AbfindgsKlauseln in GesellschVertr, 1973, dazu Schmidt FamRZ **74**, 518; Finger, Die Nachfolge in eine OHG beim Tod eines Gesellschafters, 1974; Esch-Wiesche Rdz 21–32; Müller-Graff, Zur Regelg der Nachf in eine handelsrechtl PersGesellsch beim Tod eines Gesellsch, JuS **77**, 323; Haberstroh, Die Nachfolge einer ErbenMehrh in die Mitgliedsch einer Handelsgesellsch, Diss, Ffm, 1976; Schopp, Letztw Best über Unternehmensfortführg dch Dritte, Rpfleger **78**, 77.

gg) Vererbl sind die **MitgliedschR bei Kapitalgesellschaften**; im einzelnen ist vieles str, vgl Erm-Barth-Schlüter Rdz 19–21, Lange-Kuchinke, § 5 IV. Die Vererblichk des Aktienrechts kann nicht ausgeschl w, s dazu Schneider-Martin aaO § 20 II 2, 3, Erm-Bartholomeyczik Rdz 20, s auch § 2032 Anm 8; über die Möglichk einer in der Satzg der AG vorgesehenen Zwangseinziehg s § 237 AktG. Auch das AktienbezugsR, § 186 AktG, ist idR vererbl, RG **65**, 21, vgl auch RG **97**, 240. Für Stimmrechtskonsortien unter Aktionären kann in den GesellschVertr (BGB-Gesellsch) eine VererblichkKlausel für den Tod eines Konsorten vorgesehen w, s hiezu Schröder ZGR **78**, 578/594ff, der sowohl den Fall der Vererbg auf einen AlleinE als auch auf mehrere Erben behandelt. – GmbH-Anteile sind grdsätzl vererbl, BGH **LM** Nr 3–5 zu § 2205; Schefer, Rdsch-GmbH **60**, 203; Kraker BWNotZ **61**, 10; Sudhoff Betr **63**, 1109; Haegele Rpfleger **69**, 186; ders BWNotZ **73**, 89; Köbler E u G 13ff; ob die Vererblichk ausgeschl w kann, ist str, vgl Erm-Barth-Schlüter Rdz 21, Barella, Erbfolge bei GmbH-Gesellschafts-Anteilen, Rdsch-GmbH **59**, 45, Schefer RdSch-GmbH **61**, 7, Betr **61**, 57; Schilling GmbHRdsch **62**, 205; Schneider-Martin aaO § 20 II 1 und eingehd Sudhoff aaO, der die Ausschließg der Vererblichk bejaht, ebso in Der GesellschVertr der GmbH, 4. Aufl, S 412ff, auch Haegele BWNotZ **76**, 53/54ff; über Erbfolge in Nachl des verstorbenen Einmann-

Erbfolge § 1922 3

gesellschafters einer GmbH s Siegelmann Betr **64**, 397; vgl zum ganzen Däubler, Die Vererbg des GeschAnteils bei der GmbH, 1965, dort auch über Nachfolgeklauseln in GesellschVerträgen (§§ 11–13, §§ 20–24), über Beschränkg der Vererblichk des GeschAnteils (§§ 14–19) u über die Zulässigk einer Einziehg des GeschAnteils kraft Satzg, die diesen mit dem Tod des Erbl zum Erlöschen bringt (§§ 25, 26), auch Sudhoff, Der GesellschaftsVertr der GmbH, 4. Aufl, 1978, 412ff, Ronkel, Fedtke, RdschGmbH **68**, 28, Haegele Rpfleger **69**, 196, ders, Rechtsbeziehgn u Wechselwirkgen zw GmbH-Satzg u GesellschTest, RdschGmbH **72**, 219, Wiedemann Rdsch-GmbH **69**, 247, Hadding, FestSchr f Bartholomeyczik, 1973, 75, Finger Rdsch-GmbH **75**, 97; zur testamentar ErbRRegelg s Haegele BWNotZ **76**, 53/57, allg Haegele-Litfin V Rdz 76ff, 114ff; Petzoldt, GesellschVertr u ErbR bei der GmbH u der GmbH & Co, RdschGmbH **77**, 25, Käppler, Die Steuerung der GesellschafterErbf in der Satzg der GmbH, ZGR **78**, 542, dort insb ausführl über die „Einziehgsklausel". – Die Mitgliedsch bei einer eingetr Genossensch geht auf den (die) Erben über, dieser scheidet aber mit dem Ende des laufden GeschJahres aus; das Statut kann bestimmen, daß im Falle des Todes dessen Mitgliedsch in der Genossensch dch dessen Erben fortgesetzt w; das Statut kann die Fortsetzg der Mitgliedsch von persönl Voraussetzgn des Rechtsnachfolgers abhäng machen; für den Fall der Beerbg des Erbl dch mehrere Erben kann auch bestimmt w, daß die Mitgliedsch endet, wenn sie nicht innerh einer im Statut festgesetzten Frist einem MitE allein überlassen worden ist, GenG 77 I, II idF v 9.10.73, BGBl 1451; dazu Hornung Rpfleger **74**, 3/9, **76**, 37 (eingehd Darstellg); LG Kassel Rpfleger **76**, 61; **77**, 62; Köbler E u G 10ff; Lang-Weidmüller GenG³⁰ Anm zu 77. – Über Fortsetzg einer KGaA mit den Erben des Komplementärs (AktG 289, HGB 139) s Durchlaub BB **77**, 875, Haegele-Litfin I Rdz 120.

hh) Vererbl sind ferner alle **vermögensrechtl Beziehgen,** auch noch werdende od schwebende RBeziehgen, bedingte od künftige Rechte, AnwartschRechte (s Erm-Barth-Schlüter Rdz 11, 18), Bindgen u Lasten, BGH **32**, 367 = NJW **60**, 1715 = LM § 398 Nr 13, Johannsen aaO 914f; Schröder, Zum Übergang variabler Verpflichtgen auf den Erben, JZ **78**, 379; im einzelnen: das AnfechtgsR nach § 119, BGH NJW **51**, 308; Wirkkraft einer WillErkl, § 130 II; das WiderrufsR nach § 178, SchlHOLG SchlHA **65**, 277; das AnkaufsR, OGH DNotZ **51**, 124; das Recht zur Ann eines VertrAntr, § 153; Vererblichk von ErsAnspr, BGH LM § 249 (Hd) Nr 15; TreuhandVertr des Erbl mit Bank betr Vfg über Wertpapiere nach seinem Tod, BGH WPM **76**, 1130; das zeitl beschränkte persönl VorkR, § 514 S 2, s LG Stgt BWNotZ **74**, 85; die KreditbürgschVerpfl, § 765, BGH LM Nr 10; der Anspr auf Übertr des Eigt an einem Erbhof nach den für die Erbf in Erbhöfe geltden Bestimmgen, BGH LM § 12 EHFV Nr 4 = RdL **68**, 293 mit Anm v Barnstedt, der Anspr auf Übereign eines Hofes aus einem ÜbergVertr, Hamm MDR **49**, 175, BGH LM Nr 7 zu § 17 HöfeO; der AusglAnspr nach § 13 I HöfeO (idF v 26. 7. 76), BGH **37**, 122, s aber auch BGH NJW **65**, 819 (kein Übergang der AusglPfl) mit zu Recht abl Anm v Lukanow RdL **65**, 194; Rechte u Pflichten des Jagdpächters, Düss MDR **70**, 140; Rechtsstellg aus erklärter Auflassg, § 873 II, BayObLG **73**, 139, Tiedke FamRZ **76**, 510/511; der AusglAnspr des Handelsvertreters nach § 89b HGB kann bei dessen Tod von den Erben geltd gemacht w, BGH **24**, 214 mit Anm von Selowsky in LM § 89b HGB Nr 2, dazu Erm-Barth-Schlüter Rdz 46; vererbl sind weiter das öffentl SondernutzgsR an einem bestimmten Friedhofsteil („Wahlgrab"), Beyer NJW **58**, 1813 (RNachfolger dürften aber wohl eher die Angeh sein, § 1958 Anm 2); die Rechte aus einer für den Erbl laufden Ersitzg § 943; die AusglFdg nach Beendigg des gesetzl Güterstandes, § 1378 III (idF des 1. EheRG), der AuskAnspr u der ErgänzgsAnspr, § 1379 I, II (idF des 1. EheRG), § 1390 I 1, Erm-Barth-Schlüter Rdz 12; das Inh eines Sparkontos zustehde AuskRecht über Vorgänge auf dem Konto, §§ 675, 666, Ffm MDR **66**, 503; das VorkR des MitE, § 2034 II 2; das AusschlaggsR bei Erbsch, § 1952 I, u Vermächtn, § 2180 III; AnwR, vor allem das NachER, § 2108 II; der PflichttAnspr, § 2327 II; der ErbErsAnspr, § 1934b II; zur Vererblichk des Anspr auf vorzeit ErbAusgleich s § 1934d Anm 8; die WiedergutmachgsAnspr u die Ansprüche aus dem BEG mit sich aus den einschläg Gesetzen ergebnden Einschränkgen, Einl 4d, e vor § 1922, Jordan JZ **51**, 166, Weißstein JR **54**, 96, RzW **57**, 297, **58**, 123. Deliktische Verpflichtgen zum **Schadensersatz** ggü dem Erbl sind aber auf die dem Verletzten (Erbl) selbst zugefügten Nachteile begrenzt u stehen nur in diesem Umfang den Erben zu, BGH NJW **62**, 911 mit Anm v Larenz JZ **62**, 709; BGH FamRZ **68**, 308 (Aufopfergsschaden). Bei Insassenunfallversicherg fällt Anspr auf Auskehrg der vom VersNehmer eingezogenen VersSumme grdsätzl in Nachl des tödl verunglückten Insassen, BGH **32**, 44, BFH NJW **63**, 1223; Oswald, VP **70**, 57, Anm 3c. Über Vererbg von **Unterlassgspflichten** s Gaa, AcP **161**, 433, auch Brehm, JZ **72**, 225 (Nachfolge in dingl UnterlassgsPfl); Heinze, Rechtsnachfolge in Unterlassen, 1974, S 167ff.

ii) Vererbl ist auch der **Besitz,** § 857, auch wenn der Erbe weder vom Erbfall noch vom Eigenbesitz des Erbl Kenntn hatte, BGH LM § 836 Nr 6 (dort auch über die VerkSichgPfl des Erben gem § 836), nicht aber der Gewahrs im strafrechtl Sinn, RGSt **34**, 254. Die tatsächl Sachherrsch entsteht erst mit der Besitzergreifg s Celle NdsRpfl **49**, 199.

kk) Eine vom Erbl erteilte **Vollmacht** ist vererbl, KG JFG **12**, 274, die Erben sind die Vertretenen, Staud-Boehmer Anm 225; sie kann von den Erben, TestVollstr, widerrufen w, KG JFG **15**, 334, vgl auch § 168 Anm 1 u Einf 8 vor § 2197; Erm-Barth-Schlüter Rdz 50; widerruft nur ein Erbe, erlischt sie im übr nicht, RG JW **38**, 1892. Eine dem Erbl erteilte Vollm erlischt iZw mit seinem Tod, §§ 168, 673, dazu Hopt, ZfHK **133** (1970), 305.

ll) Treugut gehört zum Nachl des TrHänders, KG HRR **31** Nr 1866, vgl Einf 7 B e vor § 929.

mm) Der **Name,** § 12, überträgt sich von den Eltern auf das Kind, vgl § 1616 (idF des 1. EheRG), jedoch insow kein Erbübergang. Das Recht am Namen als PersönlichkR ist unvererbl, Staud-Boehmer Anm 156; es besteht aber ein fortwirkendes **Persönlichkeitsrecht** zum Schutz des Verstorbenen, Koebel NJW **58**, 936, Kipp-Coing § 91 IV 16, Lange-Kuchinke § 5 III 5, BGH **50**, 133, Westermann FamRZ **69**, 561, **73**, 614, Buschmann NJW **70**, 2081, Heldrich, FestSchr f Lange, 1970, 163, Erm-Barth-Schlüter Rdz 9, Staud-Schäfer § 823 Rdz 217–227, Hock, Fortwirken zivilrechtl PersönlichSchutzes, Diss Köln 1975; Schwerdtner, Das PersönlichkR in der deutschen ZivGerbark, 1977, 101ff (postmortales PersönlkR); BGH LG Bückeberg NJW **74**, 1371; **77**, 1065 (zur Wahrnehmg des PersönlkSchutzes).

§ 1922 3

nn) Vererblichk des DauerwohnR WEG 31 u des ErbbauR können nicht abgedungen w, bestr, s WEG 33 Anm 2, ErbbRVO 1 Anm 4.

oo) Der Erbe eines Steuerpflichtigen tritt grdsätzl auch in die RStell des Erbl bei der **Besteuerg** ein, s Einl 4 o vor § 1922; er kann daher auch das WahlR nach § 26 EStG ausüben, BFH NJW **64**, 615, s die allg Regel in AO 1977 § 45.

pp) Ob ein Trust-Guthaben eines dtschen Erbl bei einer amerik Bank zum Nachlaß gehört, bestimmt sich nach dem dortigen Recht, BGH BB **69**, 197, s auch Ffm DNotZ **72**, 543, Haas, ErbschSteuer auf amerikan TrustVerm, ZGR **74**, 461.

qq) Zum grdbuchl Vollzug eines GrdstVertr nach dem Tod eines VertrBeteiligten s Kofler RhNotK **71**, 671.

rr) Vererblichk von **Bankkonten**: Sie gehen gem § 1922 auf den (die) Erben über, damit auch das AuskR über Belastgen u sonstige Vfgen, s Canaris Großkomm HGB Anh nach § 357 Rdz 93. Zur Legitimation des Rechtsnachfolgers (**Erbnachweis**) s Nr 24 der Allg GeschBedingen der Banken v 1.1.69, dazu Schütz, Bankgeschäftl Formularbuch[18], S 29, auch LG Kref WPM **77**, 378 mit Anm von Kröger; zur Legitimation dch Vollm über den Tod hinaus, dch Vollm auf den Tod vgl oben unter kk), Einf 8 vor § 2197, auch Schütz aaO S 164 f, Canaris aaO Rdz 94. Über rechtl Behandlg der „Anderkonten" des RA, Notars nach dessen Tod s Soergel-Schippel Rdz 31. – Zur AnzPfl der Bank ggü dem FinA nach dem Tod des KontoInh s ErbStG 33, ErbStDV 5. Das Bankgeheimn entfällt, s Liesecke WPM **75**, 238/248.

ss) Zur Rechtstellg des Erben in der **Zwangsvollstrg** s allg Noack JR **69**, 8; Haegele BWNotZ **75**, 129ff; Stöber[5] Rdz 1481.

b) Unvererblich sind idR **höchstpersönliche Rechte**; im e i n z e l n e n sind zu nennen: An die Pers des Berechtigten geknüpfte Altenteilsrechte, Hamm RdL **63**, 70. Mit dem Tod erlöschen die Anspr auf Bereitstellg eines Ersatzraums, LG Mü MDR **63**, 137, der Nießbrauch, § 1061, – s dazu LG Traunstein, NJW **62**, 2207; GrdstEigtümer kann sich ggü Nießbraucher verpflichten, nach dessen Tod einem neuen Nießbr zu bestellen –, die beschränkten persönl Dienstbarkeiten, § 1090 II, – vererbl uU aber Anspr auf Bestellg einer beschränkten persönl Dienstbark, BGH **28**, 99 – die Mitgliedsch bei einem rechtsfäh Verein, soweit nicht die Satzg ein anderes bestimmt, §§ 38, 40 – es kann Anspr auf Aufn des Erben bestehen, Lange-Kuchinke, § 5 IV 2d –, und ebso die Mitgliedsch bei einem nicht rechtsf Verein, Staud-Boehmer Anm 162; das zeitl unbeschränkte VorkR, sofern nicht ein anderes bestimmt, § 514, dazu wg des subj-persönl dingl VorkR § 1094 Anm 4b; die auf Schenkg beruhe Rente, sofern sich nicht aus dem Verspr ein anderes ergibt, § 520; die Mitgliedsch bei einer Gesellsch, sofern nicht aus dem GesellschVertr, sich ein anderes ergibt, § 727 I, dazu oben a cc); die Leibrente, § 759 I, auch ein der Witwe von Todes wg zugewendetes HolzeinschlagsR zur Sicherg der Altersversorg, Hamm RdL **63**, 70; der Anspr auf Ersatz des immateriellen Schadens u der KranzgeldAnspr, es sei denn, daß er durch Vertr anerkannt od rechtshängig geworden ist, §§ 847, 1300 II. Auch UnterhAnspr sind regelm unvererbl, § 1615, § 1586; s auch §§ 1586k, m (je idF des 1. EheRG); die UnterhPfl geht jedoch im Fall des § 1586b nF auf die Erben über, vgl Erm-Barth-Schlüter Rdz 41, zu § 1712 aF s BGH NJW **75**, 1123. Unvererbl sind auch die FamRechte, wie die elterl Gewalt, Mü JFG **14**, 38, soweit sie nicht überw vermögensrechtl Art sind; daher kein Vaterschanerkenntn, §§ 1600 a ff, dch die Erben, KG JFG **22**, 227. Zur Unvererblichk des VersorggsAusglAnspr s § 1587 e II, 1587 k II s im Anm 3. Unvererbl sind ferner Beamten- u Anstellgsverhältn u die Gehaltsanspr, RG **93**, 110, bei letzteren mit Ausn der rückständ u auf den Sterbemonat eines Beamten treffenden Beträge, § 121 BBG (jetzt BeamtVG 17), doch steht uU den Hinterbliebenen Sterbe-, Witwen- u Waisengeld selbständ zu, BeamtVG 18 ff. Unvererbl sind grdsätzl auch die Verwaltgsbefugn der privaten Amtsträger wie NachlPfleger u -Verw, KonkVerw, TestVollstr, vererbl aber Einzelansprüche aus der Amtstätigkeit, Erm-Barth-Schlüter Rdz 43.

c) Bei **Kapitalversichergen** gehört iZw die Versichergssumme nicht zum Nachl, sond fällt den als Erben Berufenen außerh des Nachl zu, BGH **13**, 232, BayObLG **59**, 221, auch wenn diese nicht endgült Erben werden, § 167 II VVG; hierzu eingeh Zehner AcP **153**, 424. Dies gilt auch dann, wenn die Benenng des Bezugsberechtigten widerrufl ist, Stgt NJW **56**, 1073. Bei Fehlen einer Bezugsberechtigg fällt die FlugVersSumme in den Nachl des tödl verunglückten Fluggastes, FG Brem VersR **77**, 73. Dazu allg Barth-Schlüter Lehrb § 59 V. Bartholomeyczik, Die Vfgen vTw zur Bestimmg, zur Änderg u zum Widerruf der Bezugsberechtigg aus einem LebensVersVertr, Festg für Lübtow 1970, 279ff; RGRK Rdz 17.

d) Leichnam, Skelett und Asche des Erbl gehören nicht zu seinem Verm, RGRK Rdz 10; s Übbl 4b vor § 90 u Wolpert, PersönlichkR u TotenR, Ufita **34**, 150ff, Lange-Kuchinke, § 5 III 5f. **Künstl Körperteile**, die mit dem Körper fest verbunden sind, sind nicht vererbl, jedoch haben die Erben ein ausschließl AneignsR, dessen Ausübg aber erw von der Zust der Angeh abhängt, denen die Totensorge obliegt, s Erm-Bartholomeyczik Rdz 38. Zur Transplantation von Körperorganen Verstorbener s Kohlhaas NJW **67**, 1489, **70**, 1224; ders, Organentnahmeverbot dch letztw Vfg. Deutsche Medizin WochenSchr **68**. 1612; s auch Eichholz, NJW **68**, 2272; Kiessling NJW **69**, 533; Kallmann FamRZ **69**, 574, Trockel, NJW **70**, 489, Reimann, Festschr für Küchenhoff, 1972, 341, ders NJW **73**, 2240 (dagg Lehner NJW **74**, 593); Strätz, Zivilrechtl Aspekte der Rechtsstellg der Toten unter bes Berücksichtigg der Transplantation 1971, dazu Westermann FamRZ **73**, 614; Linck JZ **73**, 759, ders RuG **74**, 46, ders ZRP **75**, 249 (Vorschläge f ein TransplantationsG; dazu Wimmer ZRP **76**, 48); Forkel, JZ **74**, 593; auch Samson NJW **74**, 2030; Haas FamRZ **75**, 72; Bieler, Persönlichkrecht, Organtransplantation u Totenfürsorge JR **76**, 224; Staud-Schäfer § 823 Rdz 87-98. Die Widmg der eig Körpers zur Verwendg in der Anatomie od zu Transplantationen bedarf keiner bes Form, bestr; der Wille des Verstorbenen muß aber eindeut zu ermitteln sein, s Barth-Schlüter Lehrb § 6 IV 1 b aa; Staud-Schäfer aaO, Rdz 97. Ein TransplantationsG ist in Vorbereitg. S auch § 1968 Anm 2c.

e) Bei Beantwortg der Frage, auf wen das Recht, **Zeugen von** der Verpflichtg zur **Verschwiegenh zu befreien**, s zB § 385 II mit § 383 I Nr 4, 6 ZPO, mit dem Tode des Geschützten übergeht, ist auf den mut-

Erbfolge § 1922 3–8

maßl Willen des Verstorbenen abzuheben; es können dies die nächsten Angeh, uU auch die Erben sein, s Bosch, Grundsatzfragen des Beweisrechts 1963, § 5 VIII, X, auch BayObLG **66**, 86.

f) Vertragshilfe. Siehe 30. Aufl.

g) Bausparvertr. Zur rechtl Bedeutg des Todes des Bausparers s EStG 10 VI Nr 2, WohngsBauprämienG idF v 28. 8. 74, BGBl 2105, 2 II 2 u dazu Jansen Betr **71**, 1342, auch BFH WPM **73**, 1276, **74**, 580.

4) Gesamtnachfolge kraft Gesetzes. Die Erbsch, dh der Nachl in seiner rechtl Beziehg zum Erben, geht kr Gesetzes und „als Ganzes" über (Gesamtnachfolge), durch einheitl Rechtsakt, ohne bes Ann od Antritt der Erbsch (vorbehaltl der Ausschlagg § 1942), ohne bes Übertragg der Einzelrechte. Kein Erwerb aGrd guten Glaubens an das angebl Eigt des Erbl, Staud-Boehmer Anm 123. Die Nachf geschieht in das ges Vermögen, nicht in einzelne Ggstände, § 2087 II. Voraus (§ 1932) gilt daher als Vermächtn. Wenn durch EheVertr **Gütergemeinsch** vereinbart ist, §§ 1415 ff, so gehört der Anteil des verst Eheg am GesGut zum Nachl, der verst Eheg wird nach den allg Vorschriften beerbt, § 1482; solange keine Auseinandersetzg über das GesGut stattgefunden hat, gehört nur der Anteil am GesGut zum Nachl, die einzelnen Ggst des GesGuts sind dagg keine NachlGgste, BGH **26**, 382 = **LM** Nr 1 zu § 2138 mit Anm v Johannsen, BGH NJW **64**, 768, s auch Stgt Just **67**, 119. Ist fortgesetzte GütGemsch vereinbart, §§ 1483 ff, u wird die GütGemsch mit den gemschaftl Abkömmlingen fortgesetzt, so gehört der Anteil des verst Eheg nicht zum Nachl, im übr wird der verst Eheg nach den allg Vorschriften beerbt, § 1483 I 3 u Anm 2 hierzu. Stirbt ein anteilsberecht **Abkömmling**, so gehört sein Anteil am GesGut nicht zu seinem Nachl, § 1490 S 1; die fortgesetzte GütGemsch wird mit seinen Abkömmlingen nach Maßgabe des § 1490 S 2 fortgesetzt; sind solche nicht vorhanden, so tritt Anwachsg nach § 1490 S 3 ein; kein Eintritt in die fortges GütGemsch des zum Erben berufenen nehel Abkömml des Verstorbenen, wenn dieser nicht Erbe des vorverst Teilh g ist, Stgt Rpfleger **75**, 433. Stirbt ein an einer fortgesetzten GütGemsch beteiligter Abkömml nach deren Beendigg, aber vor Beendigg der Auseinandersetzg des GesGuts, so vererbt sich sein Recht an der AuseinandersetzGemsch nach allgem Grdsätzen (gesetzl Erbf, aGrd Vfg von Todes wg) BayObLG **67**, 70 = Rpfleger **68**, 21 mit Anm v Haegele.

5) Sondererbfolge. a) Kraft **Anerbenrechts** für die Hoferbfolge nach den landesrechtl Anerbenrechten. S hierzu Soergel-Schippel Einl 25–42 vor § 1922, Lange-Kuchinke § 55 A, Kipp-Coing § 131, Barth-Schlüter, Lehrb § 35 II 1, 2; s HöfeO 4–6 nF, dazu Bendel AgrarR **76**, 117/121 ff, Steffen RdL **76**, 57, Dressel NJW **76**, 1244; Pikalo, Faßbender DNotZ **76**, 390, 393; Quadflieg-Weirauch FamRZ **77**, 228; Komm v Lüdtke/Handjery, Wöhrmann-Stöcker, Faßbender-Hötzel-Pikalo. Über den Einfluß des GrdstVG auf die HöfeO s Wöhrmann RdL **63**, 113; s ferner Einf 9 vor § 2032. – Das hoffreie Verm wird nach BGB vererbt, § 15 IV HöfeO nF, dazu Lüdtke-Handjery Rdz 11ff, Wöhrmann-Stöcker Rdz 16ff. Der „verwaiste Hof" vererbt sich nach BGB, HöfeO 10 nF mit Rdz je von Lüdtke-Handjery, Wöhrmann-Stöcker; Oldbg RdL **67**, 133. – Über den Einfluß des NEhelG auf das landw SonderErbR s Bendel RdL **70**, 29, Kroeschell AgrarR **71**, 3. Lüdtke-Handjery, Rdz 22–32 zu § 5, Wöhrmann-Stöcker Rdz 5, 6 zu § 6 HöfeO. Zur Vererbg eines Eheg-Hofes s § 8 HöfeO nF mit Komm v Wöhrmann-Stöcker, Lüdtke-Handjery, ders DNotZ **78**, 27.

b) In eine **Heimstätte.** S hierzu Einl 4c vor § 1922, Einf 8 vor § 2032; Barth-Schlüter, Lehrb § 35 II 3.

c) In das **Mietverhältn.** S §§ 569a, 569b u Anm hierzu, Däubler ZRP **75**, 140f, Jung FamRZ **76**, 134/135.

d) Bei **persönlich haftenden Gesellschaftern** einer OHG oder KG, § 139 HGB. S Anm 3a cc, Barth-Schlüter aaO II 5; Wiedemann, Die Übertragg u Vererbg von Personalgesellschaften, 1965, §§ 6–9.

6) Die **Vererblichk öffentl-rechtl Ansprüche u Pflichten** ist nicht nach bürgerl Recht zu beurteilen; sie ist vielm nach dem Zweck der jeweiligen öffrechtl Vorschr versch geregelt, BVerwGE **16**, 68 (zum RÜbergang von Beihilfeansprüchen beim Ableben eines Beamten), s Einl 41 vor § 1922, jedoch kann der Rechtsgedanke des § 1922 bei Fehlen ausdrückl Vorschriften über die Vererblichk entspr angewendet w, BVerwGE **21**, 302 (Vererblichk von Ansprüchen auf Ermessensentscheidg bezügl beamtenrechtl Versorgg); BGH NJW **78**, 2091. Im Hinbl auf die höchstpersönl Natur der Ausschließg von Lastenausgleichsleistgen, LAG 360 I, findet eine Fortsetzg eines derartigen Verf, FeststellgsG 41, gg die Erben nicht statt, BVerwGE **28**, 59. Eine RNachf der Erben in Polizei- u Ordngspflichten ist, soweit es sich nicht um höchstpersönl Rechte u Pflichten handelt, grdsätzl zu bejahen; dies gilt zB für Verhaltenspflichten, die dch ErsVornahme erzwungen w können, s Ossenbühl, NJW **68**, 1992, auch Bettermann, Rimann DVBl **61**, 921; **62**, 553, BayVGH (dazu Wallerrath) JuS **70**, 590 (**71**, 460), der aber die Hdlgs- u Zustandshaftg (BayPAG 9, 10) als höchstpersönl ansieht, die mit dem Tod des Verantwortl erlischt. Über Rechtsnachfolge in BauordngsR s BVerwG NJW **71**, 1624 u dazu Martens, auch VGH Kassel NJW **76**, 1910; **77**, 123 mit Anm v Stober. Anspr auf Blindenhilfe nach § 67 BSHG sind jedenf dann vererbl, wenn sie bis zum Tode des Hilfesuchden noch nicht zugesprochen u ihre Gewährg auch nicht wg säumigen Verhaltens der Beh unterblieben ist, BVerwGE **25**, 23; ähnlich für die Eingliedergshilfe nach § 40 BSHG BVerwG MDR **69**, 79. Wohngeldansprüche sind ohne Rücks darauf, ob das Wohngsgeld schon festgesetzt war, jedenf dann vererbl, wenn der verstorbene AntrSteller Alleinmieter der Wohng war, BVerwG MDR **69**, 79. Anspr aus dem II. WoBauG 56 I mit 55 I sind nicht vererbl, BGH NJW **78**, 1160. – SonderVorschr §§ 244, 294 LAG; § 42 RepG. – **Schrifttum**: Heitmann, Die Rechtsnachfolge in verwaltgsrechtl Berechtigten u Verpflichten einer ZivilPers v Todes wg, Diss Münster, 1970. – Otto, Die Nachfolge in öffentlrechtl Positionen des Bürgers, 1971. – Soergel-Knopp/Stein-Schippel Einl 17–19, 23 vor, Rdz 36–40 zu § 1922.

7) Erbteil (II). Beim Anteil des MitE (§§ 2032 ff) handelt es sich um dessen Erbteil, auf den grdsätzl die ErbschVorschr Anwendg finden, zB §§ 2371 ff (Erbanteilsverkauf), § 1960 (NachlPflegsch) usw (Ausn: §§ 2033, 2062; KO 235; VerglO 113).

8) Recht der DDR: ZGB (Auszug im Anh, 35. Aufl) 363.

1923 Erbfähigkeit.
I Erbe kann nur werden, wer zur Zeit des Erbfalls lebt.
II Wer zur Zeit des Erbfalls noch nicht lebte, aber bereits erzeugt war, gilt als vor dem Erbfalle geboren.

1) Aktiv erbfähig ist

a) **jeder Mensch.** EG 87 (Beschrkg der Erbfähigk der Mitgl von Orden u Kongregationen) ist dch Teil II Art 2 GesEinhGes aufgeh. EG 88 (Vorbeh staatl Gen beim Erwerb von Grdstücken dch Ausländer), mit G v 2. 4. 64, BGBl 248, gilt auch für den Erwerb von Todes wg, s auch Anm 1 hierzu.

b) **die jur Person**, vgl § 2101 II, soweit sie zZ des Erbf rechtsfähig besteht – für Stiftg s § 84 –, sowie die OHG, § 124 HGB, als gesamthänderische Gemsch der Teilhaber. EG 86 ist hins inländ jur Pers aufgeh, Teil II Art 2 GesEinhGes. **Nicht rechtsfähige Vereine** sind in dem Sinn erbfähig, als Erwerb vTw unmittelbares Vermögen des Vereins, Kipp-Coing § 84 I 2b, Barth-Schlüter Lehrb § 6 VI 3, Staud-Lehmann Anm 18, Habscheid, AcP **155**, 400; aM RGRK Rdz 17 zu § 54, der Zuwendg an Mitglieder mit Verpflichtg zur Übertragg auf den Verein annimmt. KG JFG **13**, 133 nimmt an, daß die Erbeinsetzg eines nicht rechtsf Vereins uU als ein Vermächtn zG der jeweiligen Mitgl ausgelegt w kann.

2) Ausnahmen: a) Wer vor oder gleichzeitig mit dem Erbl gestorben ist, kann nicht Erbe od NachE od VermächtnNehmer sein, §§ 2108 I, 2160. In diesen Fällen wird die Berufg des Erben u Vermächtn-Nehmers sowie die Anordng der NachErbf hinfällig. Nach § 11 VerschG wird gleichzeitiger Tod vermutet, wenn nicht bewiesen w kann, daß von mehreren verstorbenen od für tot erklärten Menschen der eine den anderen überlebt hat, vgl Völker, RVerhältnisse beim gleichzeitigen Tod, NJW **47/48**, 375; Werner, ZugewinnAusgl bei gleichzeit Tod der Eheg, FamRZ **76**, 249. Stirbt aber der NachE zwar vor dem VorE, aber nach dem Erbl, so vererbt sich iZw seine Anwartsch, § 2108 II.

b) Auch der **Verschollene** kann Erbe sein, wenn er den Erbf erlebt. Für ihn gilt die Lebensvermutg des § 10 VerschG. Diese endet aber mit dem in § 9 III, IV VerschG, bei Kriegsvermißten mit dem in Art 2 § 2 III VerschÄndG bestimmten Ztpkt, Ffm, OLGZ **77**, 407. Mit dem Aufhören der Lebensvermutg endet auch die Vermutg, daß der Verschollene Erbe wurde, s OLG Köln FamRZ **67**, 59. Die gleiche Wirkg tritt ein, wenn der Verschollene für einen vor dem Erbf liegenden Ztpkt für tot erkl wird, § 9 I VerschG. In allen Fällen ist aber der GgBew zul, daß der Verschollene den Erbf erlebte, RG **60**, 198; vgl hierzu Holthöfer, Die Erbsch des vermißten Soldaten, Arnold NJW **49**, 248, MDR **49**, 600, auch KG FamRZ **63**, 467/469. – Ob mehrere zu verschiedenen Zeiten für tot erklärte Personen mangels eines bestimmten Beweises trotzdem als gleichzeitig verstorben gelten, § 11 VerschG, ist streitig; vgl BGH NJW **74**, 699 mit Anm v Wüstenberg LM § 11 VerschG Nr 1; KG FamRZ **67**, 514; s auch BGH WPM **74**, 1256. S hierzu Ripfel, Das Test für den Fall des gemschaftl Unfalltodes der Eheg, BB **61**, 583.

c) Der **Erbverzichtende** gilt als nicht mehr lebend, § 2346 I 2. S auch § 1934e über die Rechtswirkgen des vorzeit Erbausgleichs.

3) Leibesfrucht. Wer zur Zeit des Erbfalles bereits erzeugt war, gilt, wenn er lebend zur Welt kommt (§ 1 Anm 1, 3), als vor dem Erbfall geboren – Fiktion, s Diederichsen NJW **65**, 671/675; s hierzu Fabricius, FamRZ **63**, 404, 410. Der Anfall (§ 1942) erfolgt erst mit der Geburt, KGJ **34** A 79. Bis dahin nur Teilerbschein, § 2357 Anm 3. Für die Zwischenzeit Pflegsch nach §§ 1912, 1960, s auch § 1708; Fürs für die Mutter §§ 1963, 2141; s auch §§ 1615 k ff. Aufschub der Erbauseinandersetzg, § 2043. Die Tats des Erzeugtseins ist nicht nach der Empfängniszeit (§ 1592), sond durch freie Beweiswürdigg zu ermitteln; anders, wenn die Erbberechtigg von der Bejahg der ehel od nehel Abstammg abhängt, so beim gesetzl ErbR und PflichttR, Staud-Lehmann 4. – Zum SchadensErsAnspr der Leibesfrucht, s Paehler, BGH FamRZ **72**, 189, 202. – Bei **Totgeburt**, Fehlgeburt (vgl hierü die Begriffsbestimmg in § 29 AV PStG v 25.1.77, BGBl 378) od Tod der Mutter samt Leibesfrucht vor der Geburt fällt die Erbsch an den zur Zeit des Erbfalls Nächstberufenen, § 2094 Anm 2. Bei einer **Stiftg** gilt nach § 84 der Abs II entspr; § 1923 II gilt aber nicht für in Entstehg befindl jur Personen, s aber § 2101 II, RGRK Rdz 7 u zur Stiftg BayObLG **65**, 71 = NJW **65**, 1438. – Der **noch nicht Erzeugte** ist iZw NachE (§ 2101 I), dh ungewisser Nacherbenanwärter, er kann aber VermächtnNehmer sein, §§ 2162 II, 2178.

4) Relative Erbunfähigkeit. Notare, Dolmetscher, VertrauensPers, die bei der Beurk eines öffentl Test od eines ErbVertr mitwirken, sind für Zuwendgen dch die beurkundete Vfg relativ erbunfäh, §§ 7, 16 III, 24 II mit 27 BeurkG; s auch § 2249 I 3, 4, § 2250 I, Erm-Barth-Schlüter Rdz 5.

1924 Gesetzliche Erben erster Ordnung.
I Gesetzliche Erben der ersten Ordnung sind die Abkömmlinge des Erblassers.
II Ein zur Zeit des Erbfalls lebender Abkömmling schließt die durch ihn mit dem Erblasser verwandten Abkömmlinge von der Erbfolge aus.
III An die Stelle eines zur Zeit des Erbfalls nicht mehr lebenden Abkömmlinges treten die durch ihn mit dem Erblasser verwandten Abkömmlinge (Erbfolge nach Stämmen).
IV Kinder erben zu gleichen Teilen.

1) Allgemeines. Früher galt der altdeutsche Grds: „Das Erbe geht durch das Blut". **Heute** greift das gesetzl ErbR ggü der gewillkürten Erbf nur ergänz ein (§§ 1937, 1941, 1953, 2088, 2089, 2104, 2344), dh die gesetzl Erben sind nur insow berufen, als der Erbl etwas anderes nicht wirksam Vfg von Todes wg bestimmt hat. Die gewillkürte Erbfolge hat nach dem G (vgl § 1933 – idF des 1. EheRG – gegen § 2077 III) geradezu den Vorzug.

2) Gesetzl Erben sind die Verwandten des Erbl, §§ 1589, 1719 (idF des AdoptG), 1722, 1736, die an Kindes Statt Angenommenen, s Anm 3 A a b, der überlebende Eheg, § 1931, und in letzter Linie der Staat, § 1936.

3) Ordng (Parentel, I. Zur Bestimmg der Reihenfolge, in der die Verwandten zum Zug kommen, wird die Familie in Ordngen eingeteilt. Es entsch daher nicht die Gradesnähe, vielm schließt ein Angeh einer früh Ordng alle Glieder einer späteren Ordng aus, § 1930 („Näher zur Sippe, näher zur Erbschaft").

A) Die erste Ordnung. a) Allgemeines. Die erste Ordng bilden die Abkömmlge des Erbl, also Kinder, Kindesk, I, § 1589; hierzu gehören auch die Kinder aus verschiedenen od geschiedenen Ehen, dch Eheschließg legitimierte K, § 1719 (nF dch AdoptG), 1722, für ehel erklärte K, §§ 1736, 1733 II, 1740f, als Kinder angenommene K s unter b); aus anerkannten freien Ehen (G v 23. 6. 50, BGBl 226, s Anh I zu EheG 13) stammde K (Dölle, Familienrecht Bd I § 20 III 1 c bb), aus einer nachträgl anerkannten Eheschließg stammde K (G v 29. 3. 51, BGBl 215, Anh II zu EheG 13), K aus einer für nichtig erklärten Ehe nach Maßg v § 1591 I 1 Halbs 2, Erm-Barth-Schlüter Rdz 16.

b) Angenommene Kinder: Zum fr R s 35. Aufl A 3 A; zum ÜbergR s unten cc). Die Neufassg der §§ 1741 ff dch das am 1. 1. 77 in Kraft getretene AdoptG v 2. 7. 76, BGBl I 1749, unterscheidet zw der Annahme Minderjähriger (§§ 1741–1766) u Volljähriger (§§ 1767–1772). Dazu Bosch, Engler, FamRZ 76, 401/404, 584; Bischof, JurBüro 76, 1569; Kraiß, Bühler, BWNotZ 77, 1, 129; Behr, Auswirkgen des AdoptR auf die gesetzl Erbf, RPfl-Stud 77, 73; Dittmann, Adoption u ErbR, Rpfleger 78, 277; Schmitt-Kammler, Zur erbrechtl Problematik der Verwandten- u StiefkindAdopt nach § 1758 BGB, FamRZ 78, 570. Roth-Stielow, AdoptG u AdoptVermG, 1976; Kipp-Coing § 3 VI; Lange-Kuchinke § 14 I, V; Brox § 4 II 1b; zum ÜbergR Kemp DNotZ 76, 646 = RhNK 76, 373 (ausführlicher, hier zitiert), ders, RhNK 77, 137; auch Behn ZBlJR 77, 463.

aa) Die Rechtswirkgen der Annahme Minderj. Sie bemessen sich nach §§ 1754–1756 (VollAdopt) u treten ein mit der Zust des unanfechtb Beschl des VG über die Annahme an den (die) Annehmden, § 1754 II, FGG 56 e S 2. Für das ErbR bedeutet dies im einzelnen (im Anschl an Kemp aaO 391 ff., auch Dittmann aaO 277 ff): 1. Das angen Kind erhält bei Annahme dch ein Ehepaar sowie dann, wenn ein Eheg das Kind des and Eheg annimmt, die Stellg eines gemschaftl ehel Kindes der Eheg (§ 1754 I). In den and Fällen erlangt es die rechtl Stellg des ehel Kindes der Annehmden (§ 1754 II). Dem Kind (ev seinen Abkömml) steht ein gesetzl ErbR ggü den (dem) Annehmden u deren Verwandten (§ 1754 Anm 1) zu; auch hat es ein PflichttR; das gleiche gilt umgekehrt für die (den) Annehmden u ev deren Verwandten ggü dem Kind (§§ 1754, 1924ff, 2303, 2309; § 1754 Anm 2); dies gilt auch in den Fällen, in denen ein Eheg ein Kind allein annehmen kann (§ 1741 Abs. 2, 3, dazu Kemp aaO 392). Ein Ausschl des ErbR des angen Kindes ggü dem Annehmden (§ 1767 aF) ist im Rahmen der Annahme nicht mehr vorgesehen (mögl aber dch letztw Vfg, ErbVerz; über Erstreckg der Enterbg auf Abkömml des angen Kindes s § 1938 Anm 2, Dittmann aaO 278). – 2. Das Kind (u seine Abkömml) verliert das gesetzl ErbR ggü den leibl Eltern u deren Verwandten; es hat damit auch kein PflichttR. Ebenso verlieren die leibl Eltern u deren Verwandte das gesetzl ErbR (PflichttR) ggü dem angen Kind (und dessen Abkömml). – 3. Nimmt ein Eheg das nichtehel Kind seines Eheg an (§ 1755 Abs 2, Stiefkind-Adopt), so erlischt das VerwandtschVerh nur zw dem außerh der Familie stehden nichtehel Vater od der nichtehel Mutter (u deren Verwandten); das VerwandtschVerh zum Ehepartner erstarkt jedoch zum vollen ehel Eltern-Kind-Verh (s hiezu § 1755 Anm 2, Kraiß aaO 5, Engler aaO 589, Dittmann aaO 278 je mit weiteren Einzelh). – 4. Einschränkgen des Grds der VollAdopt in der Weise, daß mit der Annahme das VerwandtschVerh zw dem Angenommenen (seinen Abkömml) u den bisherigen Verwandten u die sich hieraus ergebden Rechte erlöschen, enthält § 1756 (VerwandtenAdopt), s hiezu Anm 1, 2; Kraiß aaO 5, Kemp aaO 392, Engler aaO 589, Dittmann aaO 278ff; Schmitt-Kammler aaO, Nägele BWNotZ 78, 79 (letztere mit weiteren Beisp). Bei Annahme dch Verwandte im 2. od 3. Grad erlischt das VerwandtschVerh des Kindes u seiner Abkömmlinge zu seinen leibl Eltern u damit auch zu seinen leibl Geschwistern u deren Abkömml. Dagg bleibt das VerwVerh des angen Kindes zu den Großeltern bestehen, einschl der dch die Großeltern vermittelten VerwandtschVerh; üb die Großeltern bleibt es daher auch mit seinen leibl Geschwistern verwandt; diese sind dann Erben 3. Ordng nach § 1926 I; s auch § 1925 IV mit Anm 7 u teilw abweichd Schmitt-Kammler aaO 571. Heiratet ein verwitweter Elternteil erneut u nimmt sein Eheg ein Kind aus der 1. Ehe an, so tritt das Erlöschen des VerwandtschVerh des Kindes nicht zu den Verwandten des verstorbenen Elternteiles ein (Stiefkind-Adopt, § 1756 II). Daraus folgt: die drei Großelternteile sind gesetzl Erben 3. Ordng des angen Kindes (s § 1926 III, IV nF); die jetz Eltern des Kindes sind gesetzl Erben 2. Ordng, ebso die leibl Geschwister u die AdoptGeschw. Das angen Kind kann Erbe 1. Ordng nach den drei Großelternpaaren sein; s die Beisp bei Kemp aaO 394/395, eingehd Schmitt-Kammler aaO 573ff. Im Falle and Auflösg der Ehe der leibl Eltern d Kindes greift § 1756 II nicht Platz (s Engler aaO 590; auch BT-Drucks S 44, 7/5087 S 17ff, 30; Dittmann aaO 279f). – Zu den Rechtsfolgen der Adopt eigener nehel Kinder s Dittmann aaO 280.

Aufhebg der Adoption (§§ 1759 ff). Sie wirkt nur für die Zukunft (§ 1764 I 1, Ausn S 2); der Beschl, dch den das VormschG das AnnahmeVerh aufhebt, wird erst mit der Rechtskr wirks (FGG § 56 f III, dazu Keidel-Kuntze-Winkler Rz 19). Mit der Aufhebg w das Kind für die Zukunft aus der Adoptivfamilie gelöst u wieder in die natürl Familie eingegliedert (§ 1764 I–III; Lüderitz aaO 1871). Es entfallen daher alle erbrechtl Beziehgen zw dem Kind (seinen Abkömml) u den Adoptiveltern (u ihren Verwandten); dagg leben die erbrechtl Beziehgen zw dem Kind u seinen Abkömml u den leibl Eltern (u ihren Verwandten) wieder auf (s § 1764 Anm 1–3). Wird das AnnahmeVerh zu einem Ehepaar nur im Verh zu einem Eheg aufgeh, so bleibt es zu dem and Eheg bestehen, zu diesem also auch alle erbrechtl Beziehgen. Der Eheg, mit dem das AnnahmeVerh aufgeh w, scheidet samt seinen Verwandten aus dem dch das AnnahmeVerh begründeten VerwandtschVerh zum Kind (u seinen Abkömml) aus. Ein Wiederaufleben des VerwandtschVerh zur leibl Familie des Kindes findet nicht statt (s § 1764 V mit Anm 4). Einen Sonderfall regelt § 1766, dazu Dittmann aaO 283.

bb) Rechtswirkgen der Annahme Volljähriger (§ 1767 ff). Sie ergeben sich aus §§ 1767 II, 1770. Im Ggs zu den Wirkgen der Annahme Minderj (§ 1754) erstrecken diese sich nicht auf die Verwandten des Annehmden; es entsteht in den Fällen, in denen ein Eheg einen Vollj allein annehmen kann, auch kein StiefkindVerh zum Eheg des Annehmden (§ 1770 II mit Anm 1). Die Rechte u Pflichten aus dem VerwandtschVerh des Angen u seiner Abkömmlge zu ihren Verwandten werden also durch die Annahme nicht berührt, soweit das Gesetz nichts and vorschreibt (s § 1772). Das angen vollj Kind w ehel Kind des (der) Annehmden (§ 1767 II mit 1754). Der Angenommene (u seine Abkömmlge) wird also gesetzl Erbe sowohl seiner leibl Verw aufsteigder Linie als auch des Annehmden; bei seinem Tod sind der (die) Annehmden neben den leibl Eltern u deren Abkömml Erben der 2. Ordng, auch pflichtberecht (§ 1925 Anm 7 b; § 1770 Anm 1, 2, Kemp aaO 275, Engler aaO 592, Dittmann aaO 282f). Das VormschG kann aber gem § 1772 auf Antr des Annehmden u des Anzunehmden bestimmen, daß sich die Wirkgen der Annahme nach §§ 1754–1756 richten, wenn eine der in § 1772 S 1 a), b) od c) vorgesehenen Voraussetzgen erfüllt sind. Mit Wirksamw des Beschl des VormschG (FGG 56e mit Bassenge Anm 1b) treten also die Wirkgen der VollAdopt (s oben unter aa) ein. Für die Wirkgen der **Aufhebg** des AnnahmeVerh (s §§ 1771, 1772) gelten § 1764, 1765 mit 1767 II. Mit der Aufhebg dch einen formell rechtskr Beschl des VormschG (FGG 56f mit Bassenge Anm 3b) erlischt das VerwVerh zw dem (den) Annehmden u den Angen (s näheres oben) u damit auch das ggseit ErbR. Die erbrechtl Beziehgen zw dem Angen (u seinen Abkömml) und seinen leibl Verwandten waren ohnedies bestehen geblieben. Im Falle einer Annahme nach § 1772 gelten bei Aufhebg die unter aa) aE angeführten Grdsätze.

cc) Übergangsvorschriften (Art 12 §§ 1–8 AdoptG), s dazu Einf 5 vor § 1741; Roth-Stielow Anm hiezu; Kemp RhNK **76**, 353; **77**, 137; Behr aaO 78f, Kraiß aaO 6ff, Dittmann aaO 284f.

α) **Erbfälle vor dem 1. 1. 77.** Für die erbrechtl Beziehgen bleiben, wenn der Erbl vor dem 1. 1. 77 (in Kraft treten des AdoptG) gestorben ist, die bish geltden Vorschr maßgebd (§ 1 IV). Ist im AnnahmeVertr das ErbR des Kindes ggü dem Annehmden ausgeschl (§ 1767 aF), so bleibt der Ausschl unberührt, in diesem Fall hat auch der Annehmde kein ErbR (§ 1 V).

β) **Erbfälle nach dem 1. 1. 77.** Ist das nach dem bish geltden Recht angen Kind am 1. 1. 77 **volljährig,** so werden auf das AnnahmeVerh die Vorschr des neuen R über die Annahme Vollj (s unter bb) angewendet, § 1 I, soweit sich aus § 1 II–VI nicht ein and ergibt. Zw dem Angen u seinen (den) Annehmden w also in der Regel ein gesetzl ErbR begründet. Dies gilt aber nicht für Abkömml des Kindes, auf die sich die Wirkgen der Annahme nicht erstreckt haben (§ 1 II, § 1762 aF). Das ErbR zw dem Angen u seinen Abkömml u den leibl Eltern bleibt bestehen, w aber dch das gesetzl ErbR der Annehmden geschmälert, s Kraiß aaO 6. War in dem AnnahmeVertr das ErbR des Kindes ausgeschl (§ 1767) so verbleibt es dabei; in diesem Fall haben auch die Adoptiveltern kein gesetzl ErbR nach dem Kinde (§ 1 V). War nur das PflichttR ausgeschl, so bleibt dieser Ausschl von der Überleitg in das neue R unberührt; auch die Annehmden sind nach dem Kind zwar erbberecht, aber nicht pflichttberecht (s Kraiß aaO 6, Kemp aaO 377ff, Dittmann aaO 284 mit weiteren Einzelh).

γ) Ist das nach dem bish geltden Recht adoptierte Kind am 1. 1. 77 noch **minderjährig,** so gilt bis 31. 12. 77 noch das bish Recht (§ 2 I), hierüber s § 1924 Anm 3 A (35. Aufl). Nach Ablauf dieser Frist wird das AnnahmeVerh den Vorschr des neuen R unterstellt, wobei § 1 II–IV entspr gilt. Nach § 1755 I erlöschen die sich aus dem VerwandtschVerh des Kindes u seiner Abkömml zu den bish Verwandten ergebden Pflichten, also auch die erbrechtl Beziehgen (§ 2 II 1). Der Eintritt dieser Rechtswirkgen konnte aber dch Abgabe einer Erklärg der in § 2 II, 3 genannten Personen bis 31. 12. 77 ggü dem AG Bln-Schöneb ausgeschl w, s § 2 III, IV mit § 3. Wurde diese Erklärg wirks abgegeben, so ist das AnnahmeVerh mit Wirkg v 1. 1. 78 auf das neue R über Annahme Vollj umgestellt (§ 3 I, §§ 1767ff, s oben bb) u dazu Kraiß aaO 7, Kemp aaO 381ff, Dittmann aaO 284). Die erbrechtl Beziehgen der VollAdopt ergeben sich dann aus §§ 1754, 1755, s Kemp aaO 390ff. Zum Widerruf der Erklärg u ihren Rechtsfolgen § 2 II 2 u dazu Kemp aaO 398.

Ist das AnnahmeVerh am 1. 1. 77 noch nicht bestätigt gewesen, so greift § 5 Platz, s dazu Einf 5 vor § 1741, Kemp aaO 400ff. Für den Fall, daß vor dem 1. 1. 77 die Einwilligg zur Annahme an Kindesstatt bereits erklärt od ersetzt ist, sieht § 6 Abs 2 eine andere Regelg vor, die auch für die Rechtsfolgen der Adopt von Bedeutg ist, s hiezu Kemp aaO 403ff. Eine weitere ÜbergangsVorschr enthält § 7, hiezu Kemp aaO 407ff.

zu aa) bis cc) Im **ErbSchVerf** wird zu fragen sein, ob der jur gesetzl ErBf berufener Verwandter dch Adopt weggefallen od hinzugekommen ist, Behr aaO 74, Bühler aaO 131; es kann geboten sein, die Wirksamk einer Adopt nachzuprüfen, s BGH FamRZ **74**, 645; Stgt DAVorm **70**, 95; BayObLG **64**, 385/387.

dd) In der **DDR** (Bln-Ost) steht dem angen K ein gesetzl ErbR nach den Verwandten des Annehmden zu, § 72 I FamGB, nicht aber ggü den leibl Verwandten aufsteigder Linie, § 73 I (Ausn II) FamGB, s dazu KG, Karlsr OLGZ **66**, 592; **77**, 399, auch Müller-Freienfels/Brüsselbach, Zum interl Adopt- u ErbR, BWNotZ **78**, 4.

B) Das nichtehel Kind. a) Bis 30. 6. 70 geltdes Recht. Das uneheI Kind, diesen Begriff hat das BGB bish gebraucht, ist ein Kind, das nicht in einer Ehe od das von einer verheirateten Frau mehr als 302 Tage nach Auflösg od NichtigErkl der Ehe od nach dem Ztpkt geboren w, der nach dem VerschG als Ztpkt des Todes des Ehemannes festgesetzt ist, ferner ein Kind, das einer nicht einmal die Voraussetzgen des § 11 Abs 2 EheG erfüllden Nichtehe entstammt, sowie ein Kind, dessen Unehelichk dch Urt od dch Beschl des VormschG rechtskr festgestellt ist, § 1593, fr §§ 1721, 1735a. – Das uneheI Kind galt nur im Verh zu seiner Mutter als Abkömmling, fr § 1705, fr § 1589, nicht aber im Verh zu seinem Vater u dessen Verwandten, fr § 1589 II, wenn es nicht für ehel erklärt od adoptiert wurde, s auch EG 208 II. Das uneheI Kind war also nach seinem Vater u dessen Verwandten nicht zur gesetzl Erbfolge berufen, es wurde auch nicht von seinem Vater u dessen Verwandten beerbt, auch nicht bei Anerkenng der Vaterfsch, fr § 1718.

Diese Regelg des BGB wurde dch GG 6 V nicht außer Kraft gesetzt, s BVerfGE **25**, 167 = NJW **69**, 597. Sie galt also bis 30. 6. 70. Den Auftr zur Reform des UnehelR hat die Gesetzgebg dadch erfüllt, daß noch in der 5. Legislaturperiode des BT das G über die rechtl Stellung der nichtehel Kinder v 19. 8. 69, BGBl I 1243, erlassen worden ist (in Kraft seit 1. 7. 70, Art 12 § 27 NEhelG), s dazu Dieckmann FamRZ **69**, 297, Simitis JZ **69**, 277, Bosch FamRZ **69**, 505, Flessner JuS **69**, 558 (der Bedenken gg die Anwendg des bish geltden ErbR bis 30. 6. 69 u gg die Verfassgsmäßigk des Art 12 § 10 erhebt), auch Ffm FamRZ **68**, 666 mit Anm v Krohn FamRZ **69**, 163, ferner Lange NJW **70**, 298, Brinkmann **70**, 70, Storr, Der Verfassgsauftrag an den Gesetzgeber unter Berücksichtigg der rechtl Stellg des nichtehel Kindes, Diss Würzbg 1971. – Darüber, inwieweit die bish geltden Vorschr für die erbrechtl Verh der nichtehel Kinder auch nach dem Inkrafttr des NEhelG maßg bleiben, s Art 12 § 10 NEhelG mit Anm Anh I zu § 1924.

b) Neues ab 1. 7. 70 geltdes Recht. Schrifttum: Zu den Entwürfen: vgl ebda 34. Aufl. – Zum NEhelG (ErbR): Bosch FamRZ **69**, 505; **70**, 157/161, 497, 509; **72**, 169; RhNK **70**, 283/291; Damrau FamRZ **69**, 579, BB **70**, 467; Göppinger JR **69**, 401/408, DRiZ **70**, 177/179 = BWNotZ **70**, 93 (angeführt nach DRiZ); Brüggemann ZBlJR **69**, 305; Firsching Rpfleger **70**, 8, 41/48 ff; DNotZ **70**, 455, 519; Lange NJW **70**, 297/304; Richter, Schramm BWNotZ **70**, 1/6, 9, 133; Mümmler JurBüro **70**, 194/208; Dieckmann JZ **70**, 344; Bendel, v Wendorff RdL **70**, 29, 197, Kroeschell AgrarR **71**, 3 (zum LwRecht); Knur Betr **70**, 1061, 1113 = FamRZ **70**, 269/275 ff; Körting NJW **70**, 1525; **71**, 22 zu Kittel ebda; Johannsen WPM SonderBeil Nr 3/70; Haegele, RpflJB **71**, 295; Lutter StAZ **71**, 6; Roth, Die Erbf des nehel Kindes in OHG- u KG-Anteile BB **72**, 1540; Stauder, Westerhoff, Auswirkgen des ErbR des nehel Kindes auf den Unternehmensbereich, FamRZ **72**, 601; Odersky, NEhelG, Komm. 3. Aufl 1973; Erm-Barth-Schlüter Rdz 7–11; Grasnick, Das neue NichtehelR, 1971; Kipp-Coing, ErbR § 3 II, § 4 V; Lutter, Das ErbR des nehelichen Kindes, 2. Aufl, 1972 (= Lutter ErbR); Barth-Schlüter, Lehrb § 9 II 2, VI 2f; Lübtow, Lehrb, I 1. Hauptt, 1. Abschn § 3; Brox § 7; Lange-Kuchinke § 14 V (mit Beisp); Form-Komm ErbR, Forml 6. 101–107; Hassenpflug-Haegele, Test u Schenkungen², S 34–40; Schröder, Der ErbErsAnspr, Diss Bonn, 1972; Magenau, Der ErbErsAnspr nehel Verwandter, Diss Tübingen 1972; Jochem, Das ErbR des nichtehel Kindes nach deutschem Recht bei Sachverhalten mit Auslandsberührg, 1972; Voss, Das ErbR des nehel Kindes in beiden Teilen Deutschl, 1974; Zeller, Das R des nehel Kindes, 1976; Spellenberg, Zum ErbR des nehel Kindes FamRZ **77**, 185; Zennen, Zur gesetzl Erbfolge aus unehel Verwandtsch in Österr u Deutschl, ZfRV **76**, 285.

aa) Erbrecht des nichtehel Kindes. Gem Art 1 Nr 3 NEhelG fällt § 1589 II weg. Daraus ergibt sich, daß alle RVorschr, die auf die Begriffe „Verwandtsch, Kind, Abkömmling u Eltern" abstellen, auch im Verh zu dem nichtehel Kind u seinem Vater anwendb sind, soweit nicht ausdrückl was anderes bestimmt ist, Jansen-Knöpfel § 1589 Anm 2, s auch Brüggemann ZBlJR **69**, 305; Lange, Körting NJW **70**, 298, 1525. Die erbrechtl Stellg des nichtehel Kindes ggü seinem Vater (u dessen Verwandten) ist also grdsätzl dieselbe wie die eines ehel Kindes, s Lutter ErbR 17ff; es zählt somit zu den gesetzl Erben 1. Ordng. Die Eigensch als nichtehel Kindes steht fest, wenn die Vatersch anerkannt od dch gerichtl Entscheidg rechtskr festgestellt ist, §§ 1600a, 1600n, s auch Art 12 § 3 NEhelG. Die Rechtsstellg eines gesetzl Erben iS des § 1924 I hat das Kind aber nur dann, wenn beim Tod seines Vaters kein ehel Abkömml (für ehel erklärte Kinder, Adoptivkinder) u kein überlebd Eheg des Erbl vorhanden sind od diese inf Ausschlagg, Ausschluß, Erbunwürdigk od ErbVerz nicht zum Zug kommen, s Schramm aaO 11; hinterläßt aber der Vater neben dem nichtehel Kind ehel Abkömml od einen Eheg als gesetzl Erben, so steht dem nichtehel Kind an Stelle des gesetzl Erbteils gg den (die) Erben ein ErbErsAnspr zu, s § 1934a I. Als Abkömml u damit als gesetzl Erbe 1. Ordng od als Inh eines ErbErsAnspr schließt das nichtehel Kind (od die an seine Stelle tretden Abkömml), die Verwandten der 2. Ordng, also auch die Verwandten des Vaters sowie die Verwandten aller nachf Ordngen einschl des Fiskus von der gesetzl Erbf aus, § 1930 nF. Stirbt der Vater u hinterläßt er nur ein nichtehel Kind, so w dieses alleiniger Erbe, die noch lebden Eltern des Vaters schließt es von der gesetzl Erbf aus, Beisp 1 bei Brüggemann ZBlJR **69**, 305, dort auch weitere Beisp. Über den Begriff des nichtehel Kindes s oben B a, § 1705 Anm 1.

bb) ErbErsAnspr des nichtehel Kindes. Hinterläßt der nichtehel Vater bei seinem Tod neben einem nichtehel Kind (den an seine Stelle tretenden Abkömml) ehel Abkömml u seine Ehefrau od lediglich seine Ehefrau und nur ehel Abkömml, so w das nichtehel Kind (od seine Abkömml) nicht MitErbe mit diesen, s §§ 1924, 1931; an Stelle des gesetzl Erbteils (MitE-Quote) steht ihm lediglich ein ErbErsAnspr gg den (die) Erben zu u zwar in Höhe des Wertes des Erbteils, der ihm als MitE zukäme, §§ 1934a I, 1934b; diese Grdsätze gelten auch für die erbrechtl Stellg des nichtehel Kindes (der an seine Stelle tretden Abkömml) beim Tode eines Verwandten des Vaters; stirbt zB nach dem Tode des nichtehel Vaters dessen Vater unter Hinterlassg einer Witwe, so steht dem nichtehel Kind gg diese lediglich ein ErbErsAnspr zu, § 1934 a I, nach Maßg der §§ 1925, 1931 zu. Ist aber zB der einz ehel geb Bruder des nichtehel Kindes unverheiratet od verwitwet u ohne Nachkommen verst u sind auch der gemeins Vater u dessen Ehefr bereits tot, dann beerbt das nichtehel Kind den Halbbruder allein als gesetzl Erbe, s Brüggemann DAV **69**, 225, 226.

cc) Erbfolge nach dem nichtehel Kind. Beim Tod des nichtehel Kindes, das keine Abkömml hinterlassen hat, erbt der Vater in der 2. Ordng, § 1925. Leben aber beim Tod des nichtehel Kindes dessen Mutter u (od) ehel Abkömml der Mutter, so steht dem Vater (seinen Abkömml) lediglich ein ErbErsAnspr an Stelle des gesetzl Erbteils zu, §§ 1934a II mit 1925, 1931. Ebso steht beim Tod des nichtehel Kindes seinem Vater (u seinen Verwandten) lediglich ein ErbErsAnspr zu, wenn dieses einen Eheg od beim Tode seines Verwandten des nichtehel Kindes dieses einen Eheg hinterläßt u der Vater des nichtehel Kindes als gesetzl MitE in Betr käme, §§ 1934a III mit 1925, 1931.

dd) SonderVorschr über das ErbR des nichtehel Kindes beim Tod seines Vaters (od Verwandten des Vaters) für den Fall, daß beim Tod des Vaters dessen Vatersch weder anerkannt, s §§ 1600a ff, noch rechtskr festgestellt ist, s §§ 1600n, o, enthält § 1934c.

ee) Rechtsnatur und **Berechng** des **ErbErsAnspr** regelt § 1934b. Der ErbErsAnspr ist ein bloßes FdgsR, das auf Geld geht, er ähnelt dem PflichttR, hat aber auch Verm-Charakter (quasi-doppelter Pflichtt mit LegalVerm-Charakter, Bosch FamRZ **68**, 205, **72**, 176), s Knur Betr **69**, 205, Firsching Rpfleger **70**, 51, DNotZ **70**, 526, Mümmel JurBüro **70**, 209, Schröder aaO 122, Magenau aaO 20 ff; er ist eine ErbfSchuld, § 1967 Anm 3; für ihn gilt auch § 1958, Göppinger DRiZ **70**, 180. Das PflichtR des nichtehel Kindes u seines Vaters, wenn ihnen der ErbErsAnspr entzogen w, ergibt sich aus § 2338a. § 2331a läßt eine Stundg des PflichttAnspr, §§ 2303, 2309, 2338a, unter den dort angeführten Voraussetzgen dch das NachlG zu; diese Vorschr gilt auch für den ErbErsAnspr, § 1934b II.

ff) Erbrecht u ErbErsAnspr. Wird das nichtehel Kind (od die an seine Stelle tretden Abkömml) nach dem Vater gesetzl Erbe od gesetzl MitE (zB mehrere nichtehel Kinder eines Vaters), so gelten die allg Vorschr über die unmittelb GesamtNachf, die Einreihg in die Erbenordng, Anfall u Ausschlagg der Erbsch, Haftg für NachlVerbindlichk, Mehrh von Erben, Erbunwürdigk, ErbVerz, evtl PflichttR, s auch Brüggemann ZBlJR **69**, 306. Dies gilt auch für den nichtehel Vater (od seine Verwandten) als gesetzl Erben nach dem nichtehel Kind (od dessen Abkömml). Steht dem nichtehel Kind od seinem Vater aber nur ein ErbErsAnspr zu, so w sie nicht MitE in einer ErbenGemsch, sie nehmen ledigl am Wert des Nachl teil. Der ihnen zustehde ErbErsAnspr ist ein bloßes FordergsR, das auf Geld geht; für ihn gelten grdsätzl die Vorschr über den Pflichtt, aber auch solche über das Vermächtn sinngem; der Berecht ist NachlGläub; s zum Rechtscharakter des ErbErsAnspr auch Anm zu § 1934b; Damrau FamRZ **69**, 585[35], Firsching Rpfleger **70**, 51, Lutter ErbR 30, 50.

gg) Testierfreih. Die Testierfreih des nichtehel Kindes u seines Vaters, §§ 1937, 1938, auch 2338a, w dch die Neuregelg des ErbR nicht berührt. Der Vater kann zB das nichtehel Kind zu belieb Erbquoten zum Erben einsetzen, s zB SchlHOLG SchlHA **78**, 37/39, auch § 2077 Anm 1 A b bb; er kann es auch, vorbehaltl seines PflichttR, enterben, Stgt FamRZ **72**, 471, insb ihm den ErbErsAnspr entziehen, etwa dch Einsetzg eines bestimmten and Erben, s Brüggemann FamRZ **75**, 309 ff, Schramm BWNotZ **70**, 13; Körting NJW **70**, 1527; Lutter ErbR § 11; Soergel-Schippel § 1934b Rdz 4. Der Erbl kann den ErbErsBerecht auch als Erben einsetzen od ihm ein Verm zuwenden.

hh) ErbR der sonstigen Verwandten, des **Ehegatten** des **nichtehel Kindes.** Die Abkömml des nichtehel Kindes erben nach § 1924, dies gilt auch für einen Abkömml, der nichtehel geb ist, s aber § 1934a I. Die Mutter des nichtehel Kindes erbt nach § 1925, weitere Verwandte der Mutter nach Maßg der §§ 1925 ff mit 1930; für das ErbR des Eheg des nichtehel Kindes gelten §§ 1931 ff. – Nach seiner Mutter hat das nichtehel Kind wie bish ein volles ErbR; mit ehel Kindern der verst Mutter u mit deren überl Ehem besteht MitEGemsch.

C) Kinder aus für nichtig erklärter Ehe gelten als ehel Abkömmlinge, § 1591 I 1 Halbs 2, wenn sie bei Gültigk der Ehe ehel wären. Kinder aus Nichtehen sind nichtehel, Einf 1a vor EheG 16.

4) Linearsystem, II. Der dem Grade nach dem Erbl nähere Abkömmling schließt seine eigenen ehel od nichtehel Nachkommen nicht schon dann aus, wenn er zZ des Erbf lebt, wie es in **II** heißt, sond wenn er zur Erbfolge gelangt. Daher keine Ausschließg der entfernteren Abkömml bei Erbausschlagg, § 1953, Erbunwürdigk, § 2344, Enterbg, § 1938, od Erbverzicht, § 2346, da dann EintrittsR eingreift, Anm 5. Das ErbR der Enkel und entfernteren Abkömmlinge ist also durch das ErbR des Sohnes nur gehemmt, RG JW **13**, 869. Allerdings kann sich Enterbg auch auf die Abkömml des vom ErbR Ausgeschlossenen erstrecken, § 1938 Anm 2; zum Erbverzicht s § 2349, zum vorzeit Erbausgleich des nichtehel Kindes s § 1934e.

5) Eintrittsrecht, III. Erbfolge nach Stämmen bedeutet, daß die Nachkommen (nicht der Eheg) eines vor dem Erbf weggefallenen Abkömmlings an seine Stelle treten, auch wenn sie nicht Erben des Weggefallenen werden. Sie erhalten also zus und zu gleichen Teilen dessen Erbteil aus eig Recht, RG **61**, 16, falls nicht durch Erbverzicht ausgeschl, § 2349. Die **Kinder bilden die Stämme,** Enkel die Unterstämme usw. Geteilt wird nach Stämmen u innerhalb dieser nach der Anzahl der Unterstämme, ohne Rücks auf die Zahl der zu einem Stamm gehörigen Erben. Erbfolge nach Stämmen kann bis zur dritten Ordng (§ 1926) eintreten, doch kommt bei der zweiten u dritten Ordng die Teilg der Erbsch nach Linien (väterliche, mütterliche Linie usw) hinzu. Die Zugehörigk zu mehreren Stämmen kann zu mehrfacher Berücksichtig führen, § 1927. Über Anwendg v III s § 1931 IV (angefügt dch Art 1 Nr 87 NEhelG).

6) „Gleiche Brüder, gleiche Kappen", IV. Sind nur Abkömmlinge ersten Grades (auch Halbgeschwister) als Erben vorhanden, so wird nach Köpfen geteilt. Zwei Kinder erhalten also je $1/2$, bei Vorhandensein eines Ehegatten aber im Falle der ZugewGemsch je $1/4$, sonst je $3/8$, §§ 1931 I, III, 1371 I; bei Gütertrenng s § 1931 IV.

7) Kinder aus nachträgl geschlossenen Ehen (Erl Hitlers v 6. 11. 41), die von dem Mann stammen, fr § 1720, haben den RStellg ehel Kinder erlangt, soweit der Ausspr des Standesbeamten erschlichen wurde od begründete Zweifel bestehen, ob der Mann die Ehe geschl hätte, §§ 1 I 3, 3 G v 29. 3. 51, BGBl 215. Zu beachten sind auch §§ 5 u 6 dieses G. Einzelheiten Anm 2, 3 u Anh II zu EheG 13, § 1931 Anm 2d.

8) Das ErbR der von Frauen vermißter Männer **nachgeborenen Kinder** bemißt sich nach deren Personenstand; als ehel Kinder gelten die von einer nicht wieder verheirateten Frau bis innerh 302 Tagen nach dem festgestellten TodesZtpkt geborenen, falls die Ehelichk nicht nach §§ 1595 a ff rechtskr angefochten ist, s Soergel-Schippel Rdz 2.

9) DDR. Das gesetzl ErbR richtet sich seit 1. 1. 1976 nach dem ZGB (Auszug im Anh, 35. Aufl) 364–369. Gesetzl Erben 1. Ordng sind der Eheg u die Kinder des Erbl (ZGB 365 I). Außerh der Ehe geb Kinder erhalten als „Kinder des Erbl volles ErbR" (ROW **75**, 65/74, Meincke JR **76**, 9/11; Kittke ROW **76**, 29/31, ders ZBlJR **76**, 120), die fr SonderVorschr in § 9 EGFamGB ist durch § 15 Abs 2 II Nr 37 EGZGB-DDR aufgeh. Wg des fr Rechts s 34. Aufl Anm 3 B c u Anh II zu § 1924, auch Voss aaO §§ 4 A II, 6 A II, 7 A II.

Anhang zu § 1924

Gesetz über die rechtliche Stellung der nichtehelichen Kinder vom 19. August 1969

(BGBl I S. 1243)

Übergangs- und Schlußvorschriften

Art. 12 § 10 ^I *Für die erbrechtlichen Verhältnisse bleiben, wenn der Erblasser vor dem Inkrafttreten dieses Gesetzes gestorben ist, die bisher geltenden Vorschriften maßgebend. Das gleiche gilt für den Anspruch des nichtehelichen Kindes gegen den Erben des Vaters auf Leistung von Unterhalt.*

^{II} *Für die erbrechtlichen Verhältnisse eines vor dem 1. Juli 1949 geborenen nichtehelichen Kindes und seiner Abkömmlinge zu dem Vater und dessen Verwandten bleiben die bisher geltenden Vorschriften auch dann maßgebend, wenn der Erblasser nach dem Inkrafttreten dieses Gesetzes stirbt. Ist der Vater der Erblasser und hatte er zur Zeit des Erbfalls dem Kinde Unterhalt zu gewähren, so ist der Erbe zur Gewährung des Unterhalts verpflichtet; der bisher geltende § 1712 Abs. 2 des Bürgerlichen Gesetzbuchs ist auf den Unterhaltsanspruch des Kindes anzuwenden.*

§§ 1708, 1712 BGB in der bis 30. 6. 70 geltenden Fassung:

§ 1708 [Unterhaltspflicht des Vaters] ^I *Der Vater des unehelichen Kindes ist verpflichtet, dem Kinde bis zur Vollendung des achtzehnten Lebensjahrs den der Lebensstellung der Mutter entsprechenden Unterhalt zu gewähren. Der Unterhalt umfaßt den gesamten Lebensbedarf sowie die Kosten der Erziehung und der Vorbildung zu einem Berufe. Hat das Kind das sechzehnte Lebensjahr vollendet, so ist auf Verlangen des Vaters das eigene Einkommen des Kindes zu berücksichtigen, soweit dies der Billigkeit entspricht.*

^{II} *Ist das Kind zur Zeit der Vollendung des achtzehnten Lebensjahrs infolge körperlicher oder geistiger Gebrechen außerstande, sich selbst zu unterhalten, so hat ihm der Vater auch über diese Zeit hinaus Unterhalt zu gewähren; die Vorschrift des § 1603 findet Anwendung.*

§ 1712 [Haftung des Erben] ^I *Der Unterhaltsanspruch erlischt nicht mit dem Tod des Vaters; er steht dem Kinde auch dann zu, wenn der Vater vor der Geburt des Kindes gestorben ist.*

^{II} *Der Erbe des Vaters ist berechtigt, das Kind mit dem Betrag abzufinden, der dem Kinde als Pflichtteil gebühren würde, wenn es ehelich wäre. Sind mehrere uneheliche Kinder vorhanden, so wird die Abfindung so berechnet, wie wenn sie alle ehelich wären.*

1) Allgemeines. Art 12 § 1 NEhelG bestimmt, daß sich die rechtl Stellg eines vor dem Inkrafttr dieses G – 1. 7. 70 – geb Kindes u seiner Verwandten von diesem Zpkt ab nach dessen Vorschr bestimmt, soweit sich nicht aus §§ 2–23 dieses Art ein and ergibt, s auch Vorbem 2 vor § 1600a. Eine solche and Regelg enthält Art 12 § 10 NEhelG für die erbrechtl Verh u für den Anspr des nichtehel Kindes gg den Erben des Vaters auf Leistg von Unterh. Über Anwendg von Vorschr aus der Zeit vor dem Inkrafttr des BGB – 1. 1. 1900 – s Art 12 § 11 NEhelG. Verfassgsrechtl Bedenken gg Art 12 § 10 NEhelG erhebt Flessner JuS **69**, 558; für Verfassgsmäßigk aber Bosch FamRZ **69**, 509, **72**, 175, BayObLG **76**, 31/35 u jetzt BVerfG NJW **77**, 1677.

2) Erbrechtl Verhältnisse. § 10 I 1 stellt für die Anwendg des die erbrechtl Verh betr Rechts darauf ab, ob der Erbl vor od nach dem 1. 7. 70 gestorben ist; vgl EG 213 S 1. § 10 II 1 schränkt aber die Anwendg des neuen Rechts insofern ein, als auch bei Erbf nach dem 1. 7. 70 für die erbrechtl Verh des nichtehel Kindes u seiner Abkömml zu dem Vater u dessen Verwandten die bish geltden Vorschr maßgebl bleiben, falls die nichtehel Kind vor dem 1. 7. 49 geboren ist, also am 1. 7. 70 das 21. Lebensj bereits vollendet hatte, dazu den schriftl Bericht des RAussch des BT zu Drucks V 4179, Bosch FamRZ **69**, 509. § 10 I 1 regelt die zeitl Anwendg des ges dch das NEhelG geschaffenen neuen ErbR, also auch der über die Unehelichenreform hinausgehden Vorschr der §§ 1931 IV, 2057a, 2331a. § 10 II 1 betr dagg lediglich die erbrechtl Beziehg zw dem nichtehel Kind (seinen Abkömml) und seinem Vater (u dessen Verwandten) regelnden neuen Vorschr. Für die erbrechtl Stellg des nichtehel Kindes ergibt sich hiernach:

a) **Anwendg des vor dem 1. 7. 70 geltden Rechts.** Ist der Erbl vor dem 1. 7. 70 gest, so steht zB dem nichtehel Kind (seinen Abkömmlingen) kein ErbR ggü seinem verstorbenen Vater (dessen Verwandten) zu, ebensowenig hat der Vater (seine Verwandten) ein ErbR ggü seinem verst nichtehel Kinde (seinen Abkömml). Das gleiche gilt, wenn zwar der Erbf am 1. 7. 70 od später stirbt u es sich um die erbrechtl Beziehgen zw dem nichtehel Kind u seinen Abkömml einers u dem Vater u seinen Verwandten anderers handelt, das nichtehel Kind aber bereits vor dem 1. 7. 49 geb ist; diese Regelg verstößt nicht gg GG 3, 6 V, BayObLG **76**, 31. Stirbt zB ein am 30. 5. 49 geb nichtehel Kind am 30. 7. 70, so steht seinem Vater (dessen Verwandten) kein ErbR zu. Auch der am 30. 7. 70 verst Vater wird von seinem am 30. 5. 49 geb nichtehel Kinde nicht beerbt; letzterem steht auch kein ErbErsAnspr, kein PflichttR u kein Anspr auf vorzeit Erbausgleich zu, ebso hinsichtl des vorzeit ErbAusgl Stöcker, Körting, NJW **70**, 2003, **71**, 414; Lutter ErbR § 9 II; KG NJW **72**, 1005 (zum interlokalen R über vorzeit ErbAusgl); s aber auch FamRZ **71**, 20; ggf existieren aber Unterh-Anspr des Kindes gg die Erben nach §§ 1708 II, 1712 aF mit § 10 II aE, s Bosch FamRZ **69**, 509[50]; LG Hann, Köln DAVorm **75**, 51, 624, BGH NJW **75**, 1123. Maßgebd ist allein der Ztpkt des Todes des Erbl; sind zB die Abkömml des Erbl als NachE berufen u ist der NachErbf nach dem 1. 7. 70 eingetreten, der Erbl aber vor diesem Ztpkt verst, so sind die nichtehel Kinder nicht NachE gew, Johannsen WPM SonderBeil Nr 3/**70**, 3.

b) **Anwendg des seit dem 1. 7. 70 geltden neuen Recht.** Ist der Erbl am 1. 7. 70 od später verst, so gelten die dch das NEhelG geschaffenen neuen erbrechtl Best, BGH FamRZ **77**, 388. Für die erbrechtl Beziehgen zw dem nichtehel Kind u seinen Abkömml einers u dem Vater u seinen Verwandten anderers gilt das neue Recht aber nur, wenn das nichtehel Kind am 1. 7. 49 od später geb ist. Ihm stehen die ges erbrechtl Rechte gem dem NEhelG, gesetzl ErbR, ErbErsAnspr, Pflichtt, vorzeit Erbausgleich zu; der Vater u seine Verwandten haben die entspr Rechte beim Tode des Kindes, s Damrau FamRZ **69**, 590.

3) Unterhaltsrecht, § 10 I 2, II 2. Gem dem vor dem 1. 7. 70 geltden Recht steht dem nichtehel Kind nach dem Tode seines Vaters der Anspr auf Leistg von Unterh, fr §§ 1708–1711, gg den (die) Erben des Vaters nach Maßg des fr § 1712, § 1967 zu. Vgl § 1712 Anm 1 der 28. Aufl. Ist der Vater vor dem 1. 7. 70 verstorben, so haftet sein Erbe für den UnterhAnspr des Kindes nach dem fr § 1712 I, § 1967, auch die Höhe der UnterhBetr richtet sich nach dem fr Recht, BGH FamRZ **77**, 388; der Erbe ist aber berecht, das Kind nach fr § 1712 II abzufinden, § 10 I 2. Der UnterhAnspr des nichtehel Kindes gg die Erben des Vaters w dch letztw Zuwendgen des Vaters (Großvaters) an das Kind grdsl nicht berührt, BGH NJW **75**, 1123, Köln DAVorm **75**, 624. – Stirbt der Vater am 1. 7. 70 od später, so erlischt sein UnterhPfl mit seinem Tod, § 1615a nF mit § 1615; einen Ausgleich findet das nichtehel Kind dch seine Erbenstellg nach dem neuen Recht. Handelt es sich aber um ein **vor dem 1. 1. 49 geborenes Kind** u hatte der Vater zZ seines Todes – am 1. 7. 70 od später – seinem volljährig nichtehel Kind noch Unterh zu gewähren, außerord UnterhAnspr nach fr § 1708 zu, so erlischt dieser UnterhAnspr nicht mit dem Tode des Vaters, vielm ist der (die) Erbe(n) zur Gewährg des Unterh verpflichtet – NachlVerbindlk, § 1967; ihm steht aber ein AbfindgsR nach dem fr § 1712 II zu, § 10 II 2; auch die AbfindgsVerpfl ist eine NachlVerbindlk, § 1967.

1925 **Gesetzliche Erben zweiter Ordnung.** ^I Gesetzliche Erben der zweiten Ordnung sind die Eltern des Erblassers und deren Abkömmlinge.

^{II} Leben zur Zeit des Erbfalls die Eltern, so erben sie allein und zu gleichen Teilen.

^{III} Lebt zur Zeit des Erbfalls der Vater oder die Mutter nicht mehr, so treten an die Stelle des Verstorbenen dessen Abkömmlinge nach den für die Beerbung in der ersten Ordnung geltenden Vorschriften. Sind Abkömmlinge nicht vorhanden, so erbt der überlebende Teil allein.

^{IV} In den Fällen des § 1756 sind das angenommene Kind und die Abkömmlinge der leiblichen Eltern oder des anderen Elternteils des Kindes im Verhältnis zueinander nicht Erben der zweiten Ordnung.

Vorbem. Dch Art 1 Nr 2b des AdoptG v 2. 7. 76 (BGBl I 1749; in Kraft ab 1. 1. 77 Art 12 § 10d G) ist in § 1925 ein neuer Abs **IV** eingefügt. Hierdch soll die Bedeutg des § 1756 auf dem Gebiet der gesetzl Erbf klar gestellt w, s BT Drucks 7/5087 S 17f, 30f, auch BT Drucks 7/3061 S 44, 75, 85.

1) Die 2. Ordnung wird durch die Eltern, auch des nichtehel Kindes, u deren Abkömml (Geschwister u Geschwisterkinder) gebildet. Sie kommen nur zum Zug, wenn keine Abkömml des Erbl vorhanden sind od die vorhandenen wg Ausschlagg, Erbunwürdigk, Erbverzicht od Enterbg weggefallen sind, § 1930 idF des Art 1 Nr 86 NEhelG; s auch § 1934e (vorzeit Erbausgleich). Der überl Ehegatte erbt dabei zur Hälfte, bei ZugewGemsch $^3/_4$, §§ 1931, 1371.

2) Schoßfall, II. Wenn beide Eltern leben u zur Erbfolge gelangen, so fällt der Nachl des Kindes in ihren Schoß zurück (Sachsenspiegel I, 17 § 1). Sie schließen die Geschwister des Erbl u deren Abkömmlinge völlig aus, auch bei Ehescheidg u nichtiger Ehe, § 25 EheG; anders bei letzterer nur dann, wenn die Ehe vor dem 1. 8. 38 für nichtig erkl wurde u der Vater bösgl war, Staud-Lehmann Anm 5. **II** gilt auch von den Eltern des nichtehel Kindes, u den Eltern des legitimierten od für ehel erklärten Kindes, §§ 1719 (idF des Art 1 Nr 2a AdoptG), 1736; über Geltg für Adoptiveltern s unten Anm 7.

3) Lebt nur **ein** erbberechtigter **Elternteil**, so entscheidet, ob Abkömml der Eltern vorhanden sind od nicht. Im letzteren Fall erbt der überlebende Elternteil allein, **III** 2. Sind aber Abkömml, auch nichtehel, vorhanden, so erben sie den Erbteil des verstorbenen Elternteils **III** 1, dazu Beisp 5 bei Firsching DNotZ **70**, 531. **Die Berufg der Abkömml** tritt im Ggsatz zur vierten Ordng (§ 1928 III) für den Anteil jedes einzelnen Elternteils (RG **94**, 242) schon dann ein, wenn dieser weggefallen ist (BayObLG SeuffA **56** Nr 52). Unter seinen Abkömmlingen tritt Erbfolge nach Stämmen ein, § 1924 II–IV.

4) Sind **beide Eltern weggefallen**, erben ihre Abkömml nach Stämmen (§ 1924); also **Verteilg nach Linien** (Vater- od Mutterseite). Vollbürt Geschwister des Erbl u deren Abkömmlinge treten an Stelle beider Eltern, nehmen also an beiden Elternanteilen teil; ob sie damit zu mehreren Erbteilen iS des § 1951 berufen sind, ist bestr, s § 1951 Anm 2. Die Halbgeschwister u deren Abkömml erben dgg nur mit „einer Hand", dh nur als Abkömmlinge des mit dem Erbl gemeins Elternteils. Ist die Mutter fortgefallen, so haben nehel Geschw ggseit ErbR (RGRK Rdz 3).

5) Solange Angeh der 2. Ordng vorhanden sind, kommen Erben der **3. Ordng**, § 1926, nicht zum Zug, § 1930. Sie werden sowohl durch den Überlebenden (**III** 2) wie auch durch (ehel oder nichtehel) Halbgeschwister u deren Abkömml ausgeschl, Mü JFG **18**, 374. Ein Halbbruder od Halbneffe geht also dem Großvater vor.

6) Zum NichtehelErbR s § 1924 Anm 3 B, § 1934a mit Anm.

7) Zur **Annahme als Kind**, §§ 1754–1756, 1767 II, 1770, 1772 idF des AdoptG mit Anm im 4. Buch, auch Roth-Stielow, AdoptG u AdoptVermG; Dittmann Rpfleger **78**, 277/279, 280; Bühler BWNotZ **77**, 129/131; Nägele, Auswirkgn des § 1925 IV BGB, BWNotZ **78**, 79.

a) Annahme Minderjähriger, dazu § 1924 Anm 3 A b aa. Gem §§ 1754, 1755 wird das angen Kind verwandt mit dem (den) Annehmden (Rechtsstellg als ehel Kind) und deren Abkömml; dgg erlischt das VerwandtschVerh des Kindes u seiner Abkömml mit den leibl Eltern u deren Abkömml. § 1925 I–III gilt für das Verh zw dem Kind u dem (den) Annehmden. Eine Ausn ergibt sich aber aus § 1756 I, wenn die Annehmden mit dem Kind im 2. od 3. Grad verwandt od verschwägert sind (§§ 1589, 1590), zB Annahme dch die Großeltern, Geschw, Onkel od Tante. Hier erlöschen nur das VerwandtschVerh des Kindes u seiner Abkömml zu den Eltern des Kindes u die sich hieraus ergebden Rechte u Pflichten, s BT Drucks 7/3061 S 44, 85, Nägele aaO 79 mit Beisp; ferner Schmitt-Kammler FamRZ **78**, 570/572f, der darauf hinweist, daß sich von diesem Grds Ausnahmen ergeben können. Eine weitere Ausn enthält § 1756 II dh, daß ein Eheg das ehel Kind seines Eheg annimmt, dessen fr Ehe dch Tod aufgelöst ist; hier tritt das Erlöschen des Verwandtsch-Verh nicht im Verh zu den Verwandten des verstorbenen Elternteils ein, s hierzu BT Drucks 7/5087 S 17. Dazu tritt die Regelg in **IV**. Für das ErbR ergibt sich (BT Drucks aaO re Spalte): die leibl Eltern scheiden als gesetzl Erben des angen Kindes aus u umgekehrt – die leibl Geschwister sind nicht Erben der 2. Ordng des angen Kindes u umgek, s dazu die Schaubilder BT Drucks aaO S 30f, auch Roth-Stielow Anm 2 zu § 1756; Kemp RhNK **77**, 373/392 u eingeh Nägele aaO unter II, III; sowie Schmitt-Kammler aaO 573ff.

b) Annahme Volljähriger, dazu § 1924 Anm 3 A b bb. Gem § 1770 I erstrecken sich die Wirkgen der Annahme nicht auf die Verwandten d Annehmden, also zB nicht auf dessen Eltern u Geschw u umgekehrt. Stirbt aber der Angenommene ohne Hinterlassg von Abkömml, so erben seine Adoptiveltern als Erben der 2. Ordng. Auf Grd § 1770 II w die Rechte u Pflichten aus dem VerwandtschVerh des Angenommenen u seiner Abkömml zu ihren Verwandten dch die Annahme grdsl nicht berührt; stirbt zB der Angenommene ohne Hinterlassg von Abkömmlgen, so erben seine leibl Eltern u seine Adoptiveltern als Erben der 2. Ordng nebeneinander, s BT Drucks 7/3061 S 74, Müller DAVorm **76**, 441/451, Kraiß, BWNotZ **77**, 1/6, Kemp aaO 375ff, ders RhNK **77**, 137ff (mit Beisp). Eine abweichde Regelg der Wirkgen iS einer Volladoption kann das VormschG gem § 1772 bestimmen.

8) DDR: Über Erben 2. Ordng s ZGB (Auszug im Anh, 35. Aufl) 367.

1926 *Gesetzliche Erben dritter Ordnung.* **I** Gesetzliche Erben der dritten Ordnung sind die Großeltern des Erblassers und deren Abkömmlinge.

II Leben zur Zeit des Erbfalls die Großeltern, so erben sie allein und zu gleichen Teilen.

III Lebt zur Zeit des Erbfalls von einem Großelternpaar der Großvater oder die Großmutter nicht mehr, so treten an die Stelle des Verstorbenen dessen Abkömmlinge. Sind Abkömmlinge nicht vorhanden, so fällt der Anteil des Verstorbenen dem anderen Teile des Großelternpaars und, wenn dieser nicht mehr lebt, dessen Abkömmlingen zu.

IV Lebt zur Zeit des Erbfalls ein Großelternpaar nicht mehr und sind Abkömmlinge der Verstorbenen nicht vorhanden, so erben die anderen Großeltern oder ihre Abkömmlinge allein.

V Soweit Abkömmlinge an die Stelle ihrer Eltern oder ihrer Voreltern treten, finden die für die Beerbung in der ersten Ordnung geltenden Vorschriften Anwendung.

Vorbem. Dch Art 1 Nr 2 des AdoptG v 2. 7. 76 (BGBl I 1749; in Kraft ab 1. 1. 77, Art 12 § 10d G) sind in § 1926 III 1 die Worte „den väterlichen oder von den mütterlichen Großeltern" dch die Worte „einem Großelternpaar", in § 1926 IV die Worte „Leben zur Zeit des Erbfalls die väterlichen oder mütterlichen Großeltern" dch die Worte „Lebt zur Zeit des Erbfalls ein Großelternpaar" ersetzt. Die Ändg trägt dem Umst Rechng, daß im Falle der VerwandtenAdopt (§ 1756) drei Großelternpaare nebeneinanderstehen können, BT Drucks 7/3061 S 44, 56.

1) Allgemeines. Bei den Erben der dritten Ordng (Großeltern, Onkel, Tante, Vetter, Base) wird Zugehörigk zur väterl od mütterl Linie bes bedeuts, **III**. Kein PflichttR, § 2303 II.

2) Schoßfall. Sind alle vier Großeltern am Leben u erben sie, so tritt Schoßfall ein. Dies gilt, auch wenn der Erbl nichtehel geb ist od seine beiden Eltern nichtehel geb sind; vgl den Wegfall des § 1589 II gem Art 1 Nr 3 NEhelG.

3) Einheit der Großelternpaare. Erst wenn auf der einen Seite weder Großeltern noch Abkömml vorhanden sind, § 1930 Anm 2, erben die Angeh der zweiten großelterl Linie allein, **IV**.

3a) Kindesannahme, dazu § 1924 Anm 3 A b. Wird das als minderjähr angenom Kind v Erben der 3. Ordng (Großeltern u deren Abkömml) beerbt, so können im Fall der VerwandtenAdopt (§ 1756) drei Großelternpaare nebeneinander stehen – die Eltern des Annehmenden, also die Großeltern väterl u mütterlseits u die Eltern des Annehmden. Damit können auch die leibl Geschw Erben der 3. (nicht der 2.) Ordng des Angenommenen sein u umgekehrt, wenn Erben der 2. Ordng (Adoptiveltern, AdoptivGeschw) nicht vorhanden u auch die gemeins Großeltern als Erben der 3. Ordng nicht mehr vorhanden sind (die fr leibl Eltern d Kindes gelten, auch wenn sie noch leben, als nicht vorhand iS des § 1930), s BT Drucks 7/5087 S 17 u Schaubilder S 30f, Lüderitz NJW **76**, 1865/1870, Kemp aaO 393f, Dittmann aaO 280; Schmitt-Kammler FamRZ **78**, 570/571. Im üb ergeben sich die erbr Wirkgen aus der allg Vorschr über die Wirkgen der Annahme, s § 1924 Anm 3 A b.

4) Der überlebende Ehegatte erhält neben den Großeltern bei ZugewGemsch $^3/_4$, sonst die Hälfte, schaltet aber das ErbR ihrer Abkömml aus, wodurch sich der Anteil des Eheg erhöht, § 1931 I. Ist von den Großeltern niemand mehr vorhanden, so erbt der Eheg allein, § 1931 II.

1927 Mehrere Erbteile bei mehrfacher Verwandtschaft. Wer in der ersten, der zweiten oder der dritten Ordnung verschiedenen Stämmen angehört, erhält den in jedem dieser Stämme ihm zufallenden Anteil. Jeder Anteil gilt als besonderer Erbteil.

1) Allgemeines. Die Vorschr hat nur Bedeutg für die Angeh der 1. bis 3. Ordng, da die Erbfolge nach Stämmen nur bis zur dritten Ordng reicht (§ 1928 III). Nur wer inf mehrfacher Verwandtsch mit dem Erbl (§ 1589) innerh derselben Ordng (§ 1930 idF des Art 1 Nr 86 NEhelG) verschiedenen Stämmen angehört, wird mehrfach beteiligt.

2) Die Voraussetzgen des § 1927 können zB bei dem Abkömml aus einer Ehe zw Verwandten, zB von Geschwisterkindern, od dch Adoption eines Verwandten eintreten, Erm-Bartholomeyczik Anm 2. Für Eheg entspr Vorschr in § 1934.

3) Jeder Anteil ist besonderer Erbteil, für den nach § 1922 II die ErbschVorschr gelten. Dies ist insb von Bedeutg hins der Ausschlagg, § 1951, KG JFG **1**, 143, der Haftg für die NachlVerbindlichk, § 2007, u der nur einen Anteil betreffenden Belastgen u Ausgleichspflichten.

1928 Gesetzliche Erben vierter Ordnung. I Gesetzliche Erben der vierten Ordnung sind die Urgroßeltern des Erblassers und deren Abkömmlinge.

II Leben zur Zeit des Erbfalls Urgroßeltern, so erben sie allein; mehrere erben zu gleichen Teilen, ohne Unterschied, ob sie derselben Linie oder verschiedenen Linien angehören.

III Leben zur Zeit des Erbfalls Urgroßeltern nicht mehr, so erbt von ihren Abkömmlingen derjenige, welcher mit dem Erblasser dem Grade nach am nächsten verwandt ist; mehrere gleich nahe Verwandte erben zu gleichen Teilen.

1) Allgemeines. Zur Vermeidg einer Atomisierg der Erbsch ist die Erbfolge ggü den ersten drei Ordngen außerordentl vereinfacht.

2) Unbeschränkter Schoßfall. Urgroßeltern erben ohne Rücks auf die Zugehörigk zu einer Linie zu gleichen Teilen. Lebt nur einer der acht Urgroßeltern, so tritt Schoßfall unter völligem Ausschl der Abkömml ein, II, sofern kein überlebender Eheg vorhanden ist, § 1931 II.

3) Abkömmlinge. Erst in Ermangelg erbberechtigter Urgroßeltern treten deren Abkömml ein. Die Gliederg nach Stämmen und Linien sowie das EintrittsR (§ 1924 III) hört auf. Dafür Berücksichtigg der Gradesnähe u bei gleicher Gradesnähe Teilg nach Köpfen, II, III. Gilt auch für halbbürtige Abkömml. Wegen der Wirkgen der Annahme als Kind auf die erbr Beziehgen s allgem § 1924 Anm 3 A b.

1929 Fernere Ordnungen. I Gesetzliche Erben der fünften Ordnung und der ferneren Ordnungen sind die entfernteren Voreltern des Erblassers und deren Abkömmlinge.

II Die Vorschriften des § 1928 Abs. 2, 3 finden entsprechende Anwendung.

1) Das Verwandtenerbrecht ist also bis zur letzten Konsequenz durchgeführt. Doch kommt hier praktisch die Unkenntn od Nachweisschwierigk dem Staat zugute (§ 1936).

1930 Rangfolge der Ordnungen. Ein Verwandter ist nicht zur Erbfolge berufen, solange ein Verwandter einer vorhergehenden Ordnung vorhanden ist, auch wenn diesem nur ein Erbersatzanspruch zusteht.

Vorbem. Gem Art 1 Nr 86 NEhelG hat § 1930 mit Wirkg v 1. 7. 70 (Art 12 § 27 NEhelG) eine neue Fassg erhalten. Sie unterscheidet sich von der bis 30. 6. 70 geltden ledigl dadch, daß nach den Worten „vorhanden ist" der Halbs eingefügt wurde: „auch wenn diesem nur ein Erbersatzanspruch zusteht".

1) Allgemeines. Die Berufg (Erbanfall) als Erbe der zweiten od jeder folgden Ordng erfolgt nur in Ermangelg von Verwandten einer vorhergehden Ordng. Ein einziger, auch ein halbbürt, Verwandter einer vorhergehden Ordng schließt das ErbR jedes Angeh einer späteren Ordng aus, Erm-Bartholomeyczik Anm 1. Der dch die Neufassg angefügte Halbs 2 stellt klar, daß dem Erbanfall an einen Verwandten einer vorhergehden Ordng die Entstehg eines ErbErsAnspr für einen solchen Verwandten gleichsteht. Hinterläßt also zB der Erbl ledigl seine Ehefr u ein nichtehel Kind, so ist die Ehefr AlleinE, dem nichtehel Kind steht ein ErbErsAnspr in Höhe des Wertes seines Erbteils als Abkömml u Erbe erster Ordng zu, §§ 1924, 1931, 1934a I; das nichtehel Kind schließt das ErbR der Eltern des Erbl (u ihrer Abkömml) als Erben der zweiten Ordng, § 1925, ebso Verwandte fernerer Ordngen aus, obwohl ihm selbst nur ein ErbErsAnspr zukommt. Hinterläßt ein nichtehel Kind einen Eheg u aus dem Bereich der Erben zweiter Ordng ledigl seinen Vater, so ist die Witwe Alleinerbin, dem nichtehel Vater steht ein ErbErsAnspr zu, der sich nach § 1934a II mit § 1925 III 2 u § 1931 I 1 bemißt; der nichtehel Vater schließt das ErbR der Großeltern des Erbl (u deren Abkömml), Erben dritter Ordng, § 1926, aus. S auch Beisp 5 bei Damrau FamRZ **69**, 583. Firsching Rpfleger **70**, 50, DNotZ **70**, 528.

2) Wegfall. Fällt der Angeh einer früheren Ordng dch Tod vor dem Erbfall weg, so ist der entferntere Verwandte zur Erbf berufen. Ist der Angeh einer vorhergehenden Ordng zZ des Erbf zwar vorhanden, ist er aber inf Enterbg, § 1938, vorzeit Erbausgleich, § 1934d, e, Erbverzicht, § 2346 I 2, Ausschlagg, § 1953 II, od Erkl der Erbunwürdigk, § 2344 II, als gesetzl Erbe weggefallen, so ist der entferntere Verwandte, auch wenn er den Wegfall nicht erlebt hat, vom Erbf an als berufen anzusehen. Stirbt dagg der Erstberufene nach dem Erbf, so war er schon Erbe geworden, er übertr daher den Nachl auf seine eigenen Erben (§§ 1922, 1942). Für die Ausschlagg des ErbErsAnspr gilt § 2180, s § 1934b II 1.

1931 *Gesetzliches Erbrecht des Ehegatten.*
I Der überlebende Ehegatte des Erblassers ist neben Verwandten der ersten Ordnung zu einem Vierteile, neben Verwandten der zweiten Ordnung oder neben Großeltern zur Hälfte der Erbschaft als gesetzlicher Erbe berufen. Treffen mit Großeltern Abkömmlinge von Großeltern zusammen, so erhält der Ehegatte auch von der anderen Hälfte den Anteil, der nach § 1926 den Abkömmlingen zufallen würde.

II Sind weder Verwandte der ersten oder der zweiten Ordnung noch Großeltern vorhanden, so erhält der überlebende Ehegatte die ganze Erbschaft.

III **Die Vorschriften des § 1371 bleiben unberührt.**

IV **Bestand beim Erbfall Gütertrennung und sind als gesetzliche Erben neben dem überlebenden Ehegatten ein oder zwei Kinder des Erblassers berufen, so erben der überlebende Ehegatte und jedes Kind zu gleichen Teilen; § 1924 Abs. 3 gilt auch in diesem Falle.**

Schrifttum: Braga, Das EhegattenerbR nach § 1931 Abs IV BGB, FamRZ 72, 105; dazu Stöcker FamRZ 72, 429; Haegele, Zum gesetzl ErbR nach Gütertrenng, BWNotZ 72, 130; Odersky, Die Erbquote des Eheg u der Kinder in den Fällen des § 1931 IV BGB, Rpfleger 73, 239; Franke, Der Erbteil der Witwe neben ehel u nehel Kinder, BWNotZ 76, 166; Werner, ZugewinnAusgl bei gleichzeit Tod der Eheg, FamRZ 76, 249; Form-Komm ErbR, Formel 6. 102; Kissel 1, 1. Kap 3. 3.

1) Allgemeines. Die Durchbrechg der ErbROrdng der Verwandten zG des überlebenden Eheg entspricht dem Wesen der Ehe. Über die sich hierbei ergebenden Probleme vgl Barth-Schlüter Lehrb § 10 II, Kipp-Coing § 5, Lange-Kuchinke § 12, Brox § 5, Staud-Lehmann Anm 19.

2) Voraussetzg des EhegErbR ist eine beim Erbfall bestehende Ehe. Es muß ein überl Eheg vorhanden sein, der mit dem Erbl bis zu dessen Tod in **gültiger Ehe** gelebt haben muß. Gleichgültig ist, wie lange die Ehe bestand.

a) Die RWirkgen einer gesetzl Ehe, BGH NJW 57, 57, haben auch die **anerkannten freien Ehen** rass u polit Verfolgter, G v 23.6.50, BGBl 226, u v 7.3.56, BGBl 104, s Anh I zu EheG 13 mit Anm; KG FamRZ 73, 91.

b) Wirks sind auch **Ferntrauungen,** Anm 3 z EheG 13, **Nottrauungen,** G v 2. 12. 50, und Ehen verschleppter Personen u Flüchtlinge nach AHKG 23 (beide abgedr im Anh z EheG 11).

c) Das EhegErbR **besteht nicht** bei Nichtehe, EheG 11 Anm 5, und **entfällt** bei rechtskr für nichtig erklärter, aufgehobener oder geschiedener Ehe, EheG 16, 23, 28, § 1564 idF des 1. EheRG, ebso wenn bei Todeserkl od Todeszeitfeststellg eines Eheg die frühere Ehe durch Abschl einer neuen Ehe gelöst wird, EheG 38 II, VerschÄndG Art 3 § 1; s § 1933 idF des 1. EheRG; zur UnterhPfl s §§ 1569ff, insb § 1586b mit Anm hiezu, auch Anm 1–3 bei Ambrock, Rdz 1 ff bei Rolland.

Die Nichtigk der Ehe kann nach ihrer Auflösg nur noch durch den Staatsanwalt, nach dem Tod beider Eheg überh nicht mehr geltd gemacht w, EheG 24 I 2, II. Auch erledigen sich durch den Tod eines Ehegatten die noch nicht rechtskräftig durchgeführten Verf auf Scheidg u Aufhebg, ZPO § 619 mit Rdz 1–5 v Rolland, Komm zur ZPO; sie beeinträchtigen das ErbR des überl Eheg nicht, soweit nicht § 1933 nF eingreift.

d) Die Wirkg einer **nachträglichen Eheschließg** (Erlaß Hitlers v 6.11.41) ergibt sich aus dem BundesG v 29.3.51, BGBl 215, geänd dch Art 11 Nr 2 des 1. EheRG. Wegen Einzelh s 36. Aufl, Anh II z EheG 13.

e) Hins der **fortgesetzten Gütergemeinsch** vgl § 1483. – Einfluß der altrechtl Güterstände vgl EG 200 Anm 2c.

f) Der bigame Erbl, dessen **bigame Ehe** auch nach seinem Tod nicht mehr für nichtig erkl wird, s EheG 24, wird von den Partnern beider Ehen, denen der gesetzl Anteil je zur Hälfte zufällt, beerbt, KG FamRZ 77, 481, Ferid, Epple FamRZ 63, 410; 64, 184, 185; dort auch über die RLage, wenn in einer der Ehen die ZugewinnGemsch gegolten hat, u über den Erbteil der Kinder aus beiden Ehen.

3) Ausschluß des EhegErbR. Trotz bestehender Ehe kein ErbR des überlebenden Eheg bei Ausschl durch letztw Vfg, §§ 1938, 2303 II, iF des § 1933, bei Erbverzicht, § 2346, und bei Erbunwürdigk, § 2344. Bei gleichzeit Tod der Eheg haben sich diese nicht ggseit beerbt, s Werner, FamRZ 76, 249, auch ders, Fälle zum ErbR, 1976, 19 ff; LG Augsbg FamRZ 76, 523 mit Anm v Bosch.

4) Erbteil des überl Eheg bei Güterständen mit Ausnahme der Zugewinngemeinsch. Er erhält neben Verwandten der 1. Ordng $\frac{1}{4}$ des Nachl, neben Verwandten der 2. Ordng die Hälfte. Bei Konkurrenz mit der 3. Ordng erhält der Eheg eind die Hälfte unter Ausschl aller Seitenverwandten. Er geht den Abkömml der 3. Ordng vor, nicht aber den Großeltern, so daß bei Nichtvorhandensein von Abkömml der einzig überl Großelternteil die Hälfte, bei Wegfall aller Großeltern trotz Vorhandensein von Abkömml der Eheg aber das Ganze erhält. Sind jedoch zB zwei Großväter u je ein Abkömml der beiden Großmütter vorhanden, so erhält der Eheg drei Viertel. Ebenso, wenn nur ein Großelternteil mit Abkömml des Groß-

§ 1931

elternpaares od des verstorbenen Großelternteils vorhanden ist, Staud-Lehmann Anm 12c, Barth-Schlüter Lehrb § 10 III 3; aM RGRK Rdz 8, wonach der Eheg hier $^7/_8$ erhält; s auch Brox § 5 II 3.

4a) Erbteil bei Gütertrenng u Vorhandensein von Kindern des Erbl, IV. aa) Allgemeines. Die erst auf Vorschlag des RAusschusses des BT eingefügte Bestimmg soll im Hinbl auf den neu eingefügten § 2057a (Ausgleich bes Leistg eines Abkömml zG des Erbl) dem überlebden Eheg, der im Güterstd der Gütertrenng gelebt hat, § 1414 mit Anm 1, einen gewissen Ausgleich geben, wenn nur ein od zwei Kinder des Erbl vorhanden sind u diese gesetzl mehr erben würden als der Eheg, s Barth-Schlüter Lehrb § 10 VI. IV sieht es, daß der überl Eheg u jedes Kind dann zu gleichen Teilen erben. – **bb) Kinder** des Erbl sind aus der Ehe hervorgegangene Kinder sowie Kinder des Erbl aus früh Ehe, auch nichtehel Kinder des verst Ehemanns, s § 1924 Anm 3 B; ferner dch Eheschließg legitimierte (§§ 1719 – idF des Art 1 Nr 2a AdoptG –, 1722), für ehel erklärte (§§ 1736, 1733 III), als Kinder angenommene (§§ 1754, 1755, 1767 II, 1770, 1772 idF Art 1 Nr 1 des AdoptG). Die Kinder müssen als gesetzl Erben od als ErbErsBer berufen sein; nicht berufen ist ein Kind, das auf sein ErbR verzichtet hat, § 2346, das erbunwürd ist, § 2344, das einen vorzeit ErbAusgl beansprucht hat (§ 1934e), das die Erbsch od den ErbErs Anspr ausgeschlagen hat, §§ 1953, 1934b, s Braga aaO 107, Haegele aaO 131, od von der Erbf von vorneherein ausgeschl ist, s Braga aaO 107. Aus der in IV Halbs 2 vorgeschr Geltg des § 1924 III, Erbfolge nach Stämmen, ergibt sich, daß an die Stelle eines vor dem Erbf dch Tod, aber auch dch Ausschlagg (§ 1953 II) weggefallenen Kindes dessen Abkömml treten, s Haegele aaO. Diese erhalten zus zu gleichen Teilen dessen Erbteil aus eigenem Recht, s im übr § 1924 Anm 5. – **cc) Erbteil.** Der überl Eheg erhält neben einem Kind des Erbl $^1/_2$ des Nachl, neben zwei Kindern $^1/_3$; im ersteren Fall erbt das Kind die andere Hälfte, im letzteren Fall erben die beiden Kinder je $^1/_3$ des Nachl; Abkömml eines weggefallenen Kindes treten hinsichtl seines Erbteils an seine Stelle. Ist beim Tod eines Ehem ein nichtehel Kind vorhanden, so wird der überlebde Eheg AlleinE, dem nichtehel Kind steht ein ErbErsAnspr in Höhe des Wertes der halben Erbsch zu, § 1934 a I. Hinterläßt der Ehem neben seiner Ehefr ein nichtehel Kind, so erben die überlebde Ehefr u das ehel Kind je zur Hälfte, dem nichtehel Kind steht ein ErbErsAnspr in Höhe des Wertes von ein Drittel der Erbsch zu, Bosch RhNK 70, 291; Franke aaO 166, s dazu auch Braga aaO 108, Haegele aaO 131 je mit weit Beisp; auch im letzteren Fall treten an die Stelle des nicht mehr lebden nichtehel Kindes dessen Abkömml, s Firsching Rpfleger 70, 50. Hinterläßt aber der Erbl neben seinem Eheg drei od mehr Kinder, so gilt **I 1**; hinterläßt also zB der Erbl außer seinem Eheg zwei ehel u zwei nehel Kinder, so erhält der überlebde Eheg $^1/_4$ u die nehel Kinder erhalten je $^3/_{16}$, die nehel aber nur in Form eines ErsAnspr; reale Erben w die Ehefr zu $^1/_4$ u die ehel Kinder je zu $^3/_8$, Erm-Barth-Schlüter Rdz 72 Abs 3. Nach Odersky, Beisp Anm IV 6, ebso Rpfleger 73, 239, soll dann, wenn der Erbl außer seinem Ehefr 2 ehel u 2 nehel Kinder hinterläßt, für die Berechng der ErbErsAnspr Abs 1 gelten, für die realen Erbteile aber trotz Vorhandensein von 4 Kindern Abs IV; es würden also die Ehefr u die beiden ehel Kinder je $^1/_3$ erhalten, währd der Wert des ErbErsAnspr der nichtehel Kinder je $^3/_{16}$ betragen würde. Es ist aber wohl mit §§ 1931 I, IV, 1934a I nicht vereinb, hinsichtl der realen Erbteilg eine und Quotenberechng vorzunehmen, als hinsichtl der Berechng der ErbErsAnspr, so Haegele Rpfleger 73, 76; Franke aaO 167, zust Erm-Barth-Schlüter Rdz 72. Sind nach dem Tod des Erbl nur der Eheg u Erben 2. od 3. Ordng vorhanden, so gelten die oben in Anm 4 niedergelegten Grdsätze. – Im Fall Abs IV gilt § 1371 IV nicht, s Bosch FamRZ 69, 506.[16a] – Dazu auch Firsching DNotZ 70, 523ff, Bosch FamRZ 70, 508; 72, 171; Kipp-Coing, ErbR § 5 II 2, Lutter ErbR § 8 II; Braga aaO. – Über Einschränkgn der Rechte des Eheg aus IV s Haegele BWNotZ 72, 133; ders allg Rpfleger 76, 269/280. – Über Auslegg von IV bei ausländ Ehegüterstatut s Jayme, Festschr für Ferid, 1978, 221. – Über Anwendg von IV im Höfe R s Herminghausen RdL 78, 199. – **dd) Übergangsrecht:** IV gilt, wenn der Erbl nach dem Inkrafttr des NEhelG, 1. 7. 70, verst ist; für die vor diesem Ztpkt eingetretenen Erbfälle gilt das bish Recht, Art 12 § 10 I 1 NEhelG. Hinsichtl des ErbR des nichtehel Kindes ist § 10 II 1 aaO zu beachten.

5) Erbteil bei Zugewinngemeinsch. Nach Abs III, eingefügt durch GleichbergG v 18. 6. 57, BGBl 609, wird zum Ausgl des Zugewinns der gesetzl Erbteile des überl Eheg, wenn die Eheg beim Tod des Erstverstorbenen in ZugewGemsch gelebt haben, um ein Viertel erhöht. Er beträgt also neben Verwandten 1. Ordng $^1/_2$, neben Verwandten 2. Ordng od neben Großeltern $^3/_4$, im Fall des Abs I 2, Anm 4, entspr mehr, s § 1371 Anm 2; nach Lange-Kuchinke, § 12 III 3 b, Schindler, Schramm, BWNotZ 61, 213, 66, 34 kann sich bei Wegfall von weniger als 4 Großeltern, die Abkömml besitzen, der ErbT des Verwitweten nur bis auf $^{15}/_{16}$ erhöhen, aM BWNotZ 61, 112, 323; Staudenmaier BWNotZ 61, 112, 323; die Erbteile der übr gesetzl Erben mindern sich entspr. Die Erhöhg tritt nur bei Erbfällen ab 1. 7. 58 ein.

Das dem Eheg zusätzl gewährte Viertel ist nach § 1371 IV mit einem gesetzl **Vermächtnis zugunsten der nicht adoptierten Abkömml** des verstorbenen Eheg belastet. Dieses Vermächtn fällt aber nur bei ZugewGemsch und nur beigesetzl Erbfolge an. Einzelheiten vgl § 1371 Anm 3, Rittner, DNotZ 57, 483.

5a) Über **Teilnahme des Eheg als Gesellschafter einer Ehegattengesellschaft am Erbgut** des vorverstorbenen Eheg s Barth-Schlüter, Lehrb § 10 II 4; zur Eheg-Innengesellsch vgl Belz Betr 65, 133, Haegele-Litfin I Rdz 179 m H; Schünemann FamRZ 76, 137, § 1356 Anm 3.

6) DDR: Der Eheg ist gesetzl Erbe der 1. Ordng; s im einz ZGB (Auszug im Anh, 35. Aufl) 365, 366. Über das bish geltde Recht s 34. Aufl Anm 6 u Anh zu § 1931. Die fr SonderVorschr in § 10 EGFamGB ist dch § 15 Abs 2 II Nr 37 EGZGB-DDR aufgeh.

7) Interlokales R. Das ErbR des überlebden Eheg nach dem Tode des and Eheg, der von der DDR in die BRep übersiedelt ist, bestimmt sich nach dem R der BRep, AG Brschw (bei Schultz) MDR 72, 388 f, Notariat III Mannheim Just 73, 250; allg zur Anwendg des DDR-ErbR, Broß RhNK 73, 465ff = BWNotZ 75, 153; BayObLG 72, 86/89.

8) Über EhegErbR u ErbschSteuer s Erm-Barth-Schlüter Rdz 76–70.

1932 *Voraus des Ehegatten.* ᴵ Ist der überlebende Ehegatte neben Verwandten der zweiten Ordnung oder neben Großeltern gesetzlicher Erbe, so gebühren ihm außer dem Erbteil die zum ehelichen Haushalt gehörenden Gegenstände, soweit sie nicht Zubehör eines Grundstücks sind, und die Hochzeitsgeschenke als Voraus. Ist der überlebende Ehegatte neben Verwandten der ersten Ordnung gesetzlicher Erbe, so gebühren ihm diese Gegenstände, soweit er sie zur Führung eines angemessenen Haushalts benötigt.

ᴵᴵ Auf den Voraus sind die für Vermächtnisse geltenden Vorschriften anzuwenden.

Schrifttum: Staudenmaier, Abzug des Voraus bei Pflichtteilsberechnung, DNotZ 65, 68; Ripfel, Der gesetzl Voraus des überlebenden Ehegatten, BWNotZ 65, 266; Halm, Wohnungsmiete u Voraus nach § 1932 BGB, BWNotZ 66, 270; Lange-Kuchinke § 12 IV; Kipp-Coing § 5 V.

1) § 1932 ist durch das **GleichberG** v 18. 6. 57, BGBl 609, für Erbfälle ab 1. 7. 58 neu gefaßt. Nunmehr hat der überl Eheg, u zwar ohne Rücks auf den Güterstd, nicht nur neben Verwandten der 2. Ordng u Großeltern, sond auch neben Verwandten der 1. Ordng ein Recht auf den Voraus, im letzteren Fall allerdings unter Beschrkg auf die zur Führg eines angemessenen Haushalts notw Ggstände. Der gesetzgeberische Grd für den aus dem älteren deutschen Recht übernommenen (Mot 5, 372) Voraus ist, dem überl Eheg, bes dem weniger bemittelten, die Fortführg des Haushalts zu ermöglichen. Die Beschrkg des neugeschaffenen Rechts auf den Voraus ggü den Verwandten der 1. Ordng erkl sich daraus, daß das gesetzl ErbR des Eheg bei der ZugewGemsch wesentl erhöht wurde u der Voraus in vielen Fällen einen erhebl Teil des Nachl ausmacht. S auch Lange NJW 57, 1385. – Für die Dauer der Ehe ist durch § 1369 Vorsorge getroffen, daß der Hausrat der Familie erhalten bleibt.

2) Voraussetzg ist, daß beim Erbf die Ehe besteht, § 1931 Anm 2, § 1933 (idF des 1. EheRG, dazu Battes FamRZ 77, 433/436) u daß der Eheg endgültig gesetzl Erbe wird. Daher kein Anspr, wenn der Eheg durch letztw Vfg als Erbe eingesetzt, RG 62, 110, od von der gesetzl Erbf ausgeschl ist, §§ 1933 nF, 1938, auf das ErbR verzichtet hat, § 2346 Anm 1, die Erbsch ausschlägt, Staudenmaier aaO 72, od erbunwürdig ist. Er kann also nicht die Erbsch ausschlagen u den Voraus annehmen, wohl aber den Voraus ausschlagen u die Erbschaft annehmen. Ebso kann der Erbl ihm den Voraus allein entziehen, da er nicht den Charakter eines PflichttRechts hat, s Erm-Barth-Schlüter Rdz 14. Der Anspr auf den Voraus ist auch nach Maßg des § 2345 I anfechtb. Um den Voraus zu erhalten, kann der Eheg die Erbsch aGrd einer Vfg vTw ausschlagen u seinen gesetzl Erbteil annehmen, vgl § 1948 Anm 1, 2. Ist der überl Eheg nach der Ergänzungsregel des § 2066 als gesetzl Erbe berufen, so gebührt ihm auch der Voraus, Staud-Lehmann Anm 3 b.

3) Umfang. a) Haushaltsgegenstände sind Sachen u Rechte, die dem Erbl gehört u dem gemeins Haushalt gedient haben, Erm-Bartholomeyczik Rdz 8, s auch LG Augsb WM 62, 55, also nicht nur Sachen, § 90, sond auch unkörperl Ggstände (Rechte), wie das MietR an der ehel Wohng, Halm aaO, Kipp-Coing § 5 V, Mietmöbel, Eckstein KGBl 21, 23, Abzahlgssachs; s auch § 1 der 6. DVO EheG (geänd dch Art 11 Nr 3b des 1. EheRG) mit Anm 2b; nicht aber Sachen, die dem persönl Gebrauch des verstorbenen Eheg dienten, Ripfel aaO 268. Ohne Bedeutg ist, ob die Ggstände tatsächl gebraucht wurden und ihr Wert. Die zum persönl Gebr (Schmuck, Kleider) und zur Berufstätigk des Verstorbenen bestimmten Ggstände sind nicht HaushaltsGgstände. Bei Trenng von Anfang an fehlt es an einem ehel Haushalt; bei späterer Trenng ergreift der Voraus den früheren Haushalt, KG OLG 24, 80, sowie etwaige ErsAnspr, vgl § 2169 III mit § 1932 II. **Hochzeitsgeschenke** (nicht Ausstattgaben, § 1624) sind hins der ideellen EigtHälfte des Erbl Voraus, soweit, was iZw anzunehmen, sie gemeinschaftl Eigt wurden, KG Recht 07 Nr 1452. – Zubehör §§ 97 f.

b) Neben Verwandten der 1. Ordng kommt es darauf an, ob die Ggstände – Haushaltsgegenstände, Hochzeitsgeschenke – zur Führg eines angemessenen Haushalts notw sind, der überl Eheg also weder genügd Ggstände dieser Art besitzt noch ihm die Beschaffg aus eig Mitteln zugemutet w kann, RGRK Rdz 8; jedoch schließt die Möglichk der Selbstbeschaffg nicht immer aus, daß er sie benötigt, Soergel-Schippel Rdz 6. Bei der Interessenabwägg ist ein obj Maßstab anzulegen, Erm-Barth-Schlüter Rdz 10. Der Wert allein ist nicht entscheidend. Maßgebd für die Begründeth des Anspr sind die Verhältnisse im Ztpkt des Todes des erstverst Eheg, Ripfel aaO 268.

4) Gesetzliches Vermächtnis. Der Voraus gebührt dem Überlebenden neben seinem Erbteil als gesetzl Vermächtn, §§ 2147 ff, 2345 – Erbunwürdigk, oben Anm 2 – 2373 – ErbschKauf, unten Anm 5 – EG 139, also als Fdg gg den Erben auf Eigt- u Fdgübertragg, §§ 1967 II, 2174. Ggü dieser Fdg kann kein Zurückbehaltgsr ausgeübt w, Dütz NJW 67, 1107. Bei Berechng des Pflichtteils des Eheg sind die zum Voraus gehördn Ggstände zus mit den übrigen NachlGgständen unter die NachlAktiven einzustellen, RGRK Anm 11 zu § 2311. Dagg bleibt der Voraus nach § 2311 sowohl beim Pflichtt eines Abkömml wie der Eltern des Erbl außer Betr, s aber auch 2311 Anm 4, Staudenmaier aaO. Über Voraus bei Berechng des ErbErsAnspr s § 1934 b Anm 2.

5) NachE und **ErbschKäufer** haben iZw keinen Anspr auf den Voraus, §§ 2110 II, 2373. – Behandlg im NachlKonk § 226 II Nr 5 KO. – Auskunft des erbschaftsbesitzenden Eheg nach § 2027 über Voraus, Kiel SeuffA **66** Nr 141.

6) Zur Regelg des Voraus im Bereich der HöfeO *BrZ* s § 12 III HöfeO aF u dazu Lange-Wolff Anm 156, 157. In § 12 III nF ist der Voraus nicht mehr enth, s Becker AgrarR **76**, 181/186, Wöhrmann-Stöcker HöfeO 12 mit Rdz 84, 85, 92.

7) DDR: § 1932 ist aGrd EGFamGB 27 Nr 3 mit Wirkg v 1.4.66 aufgeh; s jetzt ZGB (Auszug im Anh, 35. Aufl) 365 I 2, dazu Halgasch NJ **77**, 137.

1933 *Ausschluß des Ehegattenerbrechts.* Das Erbrecht des überlebenden Ehegatten sowie das Recht auf den Voraus ist ausgeschlossen, wenn zur Zeit des Todes des Erblassers die Voraussetzungen für die Scheidung der Ehe gegeben waren und der Erblasser die Scheidung beantragt oder ihr zugestimmt hatte. Das gleiche gilt, wenn der Erblasser auf Aufhebung der Ehe zu klagen berechtigt war und die Klage erhoben hatte. In diesen Fällen ist der Ehegatte nach Maßgabe der §§ 1569 bis 1586b unterhaltsberechtigt.

Schrifttum: Battes, Die Änder erbrechtl Vorschr im Zusammenh mit der Reform d ScheidgsR, FamRZ **77**, 433; Bock, Die Änder erbrechtl Vorschr dch das 1. EheRG u ihre Auswirkgen auf die RStellg des überlebden Eheg, RhNK **77**, 205.

Vorbem: Dch Art 1 Nr 43 des 1. EheRG v 14. 6. 76 (BGBl 1421, inkraft seit 1. 7. 77, Art 12 Nr 13a d G) hat § 1933 eine neue Fassg erhalten, s hiezu BT-Drucks 7/4381 S 52, auch 7/650 S 179, 274, 292; Kissel 1, 5. Kap 3. — Zum fr R s die Erläutergen in der 35. Aufl.

1) Allgemeines. Die Regelg des fr § 1933 ist im Grds beibehalten, sie ist aber an den Übergang vom Schuld- zum ZerrüttgsPrinzip im ScheidgsR angepaßt, s BT-Drucks 7/4361 S 8ff, 52. § 1933 nF stellt jetzt für den Verlust des gesetzl EhegErbR (§ 1931) u des Voraus (§ 1932) darauf ab, daß die Ehe gescheitert ist u der Erbl dch AntrStellg (ZPO 622 nF) od seine Zustimmg zum ScheidgsAntr des and Eheg (§ 1566 I, ZPO 630 I Nr 1, II) zu erkennen gegeben hat, daß er bereit ist, hieraus die Folgergen zu ziehen, BT-Drucks aaO S 52, Bock aaO 208. Die Voraussetzgen für die Scheidg der Ehe ergeben sich aus §§ 1564–1568 nF mit Anm im 4. Buch, Schwab FamRZ **76**, 491; Diederichsen NJW **77**, 273; hinsichtl der Aufhebg der Ehe, s EheG 28–34, 37 (II nF). Die Erhebg des begründeten ScheidgsAntr, einer begründeten AufhebgsKl, die wg Tod des AntrStellers (Klägers) nicht mehr zum Urt führt (ZPO 619), w der rechtskr Eheauflösg gleichgestellt (§ 1931 Anm 2c; vgl BGH FamRZ **75**, 648). Hatte der Überlebde die Scheidg beantragt, so bleibt sein gesetzl ErbR erhalten, der and Eheg kann aber dch TestErrichtg (Widerruf) erbrechtl Wirkgen herbeiführen, Bock aaO 207. Haben beide Eheg die Scheidg beantragt oder hat der and ihr zugestimmt, so erbt der überlebde Eheg nicht. — ÜbergangsR: s Battes aaO 440.

2) Antragstellg dch Erbl. Hinsichtl der Scheidg kommt es auf die AntrStellg beim zust FamilienGer an, denn das Verf w dch Einreich einer AntrSchr anhäng, ZPO 606, 622 nF mit § 1564 nF, GVG 23b I Nr 1. Die AntrStellg erfolgt dch Einreich der AntrSchr u Zustellg (ZPO 253, 263 [jetzt § 261] mit 622 II 2 nF; vgl BayObLG FamRZ **75**, 514/515; Thomas-Putzo ZPO 622 Anm 1, Bock aaO 207, der auch alsbald Zustellg nach Tod des Erbl genügen läßt). Einreich beim örtl unzuständ FamilienG (s ZPO 606ff nF, GVG 23b I Nr 1 nF) ist ausreichd anzusehen, ebenso die Stellg eines Armenrechtsgesuchs, s BayObLG aaO. Die Wirkg entfällt bei Zurücknahme des Antr (ZPO 271 [jetzt § 269]), nicht jedoch dch Antr auf Aussetzg (ZPO 614 III nF). Bei der Aufhebg der Ehe kommt es auf die Klageerhebg an (ZPO 608 nF, 253). Zum VerfR s allg Einf 4 vor § 1564 nF, Petermann Rpfleger **76**, 269/273, Brüggemann FamRZ **77**, 1/6; Kissel 2, 2. Abschn.

3) Ausschluß des ErbR des überlebden Eheg iS des § 1933 nur, wenn im Falle der Scheidg die Ehe als gescheitert (§§ 1565–1568 nF) und im Falle der Aufhebg (s oben Anm 1) deren Voraussetzgen als gegeben anzusehen wären. Der mutmaßl Wille des Erbl, dem Eheg das gesetzl ErbR u den Voraus zu nehmen, wird also hier unterstellt. Über die Frage, ob die Ehe als gescheitert od die Voraussetzgen der Eheaufhebg als gegeben anzusehen wären, entscheidet ggf im ErbSchVerf das NachlGer. An den **Beweis** dafür, daß die Ehe gescheitert ist, sind hohe Anfordergen zu stellen; iF der Konventionalscheidg (§ 1566 I mit ZPO 630) w zu verlangen sein, daß eine Absprache über die ScheidgsFolgen bereits getroffen war, Battes aaO, 437, 439.

4) Pflichtt. Mit dem gesetzl ErbR, auch den nach §§ 1931 III und 1371 I, entfällt neben dem Voraus auch das PflichttR des überlebden Eheg (§ 2302 II). Lebten die Eheg im Güterstd der ZugewGemsch, so erhält der Überlebde den Anspr auf Ausgl des Zugewinns, § 1371 II, dessen Erfüllg bei grober Unbilligk jedoch verweigert w kann, § 1381 I.

5) Eine entspr Regelg bei gewillkürter Erbf auf Grd Test enthalten §§ 2077 I 2, 3, 2268 II (idF des Art 1 Nr 44, 45 des 1. EheRG), auf Grd ErbVertr § 2279 I, II (s hiezu § 2279 Anm 2). Dort ist der überlebde Eheg insofern besser gestellt, als der mutmaßl Wille des Erbl selbst entscheidet, s § 2077 III, 2268 II, 2279.

6) Stellt der Erbl keinen ScheidgsAntr (keine AufhebgsKl), so kann er ggf nach § 2335 idF des Art 1 Nr 47 des 1. EheRG den **Pflichtt entziehen**.

7) Das **UnterhaltsR** des vom Verlust des ErbR betroffenen Eheg nach Maßg der §§ 1569–1586b nF bleibt unberührt, s BT-Drucks aaO S 52, Bock aaO 209, § 1586b Anm 1. Zum **Versorggs Ausgl** s § 1587e IV mit Anm 3, 5, Bock aaO 210.

8) Über Anwendg des § 1933 im Bereich der **HöfeO** s § 6 II Nr 2 dortselbst mit Rdz 45–47 v Lüdtke-Handjery, Rdz 49–57 v Wöhrmann-Stöcker, Bock aaO 211.

1934 *Erbrecht des verwandten Ehegatten.* Gehört der überlebende Ehegatte zu den erbberechtigten Verwandten, so erbt er zugleich als Verwandter. Der Erbteil, der ihm auf Grund der Verwandtschaft zufällt, gilt als besonderer Erbteil.

1) Mehrfaches Erbrecht kann nur bei ZusTreffen mit Verwandten der 2. Ordng praktisch werden, §§ 1925, 1931 II, zB wenn der Überlebde mit einer Tante, die Überlebde mit einem Onkel verheiratet war,

Erbfolge §§ 1934, 1934a

s Soergel-Schippel Rdz 2. War dagg der Längstlebde Geschwisterkind mit dem Erbl, so ändert sich nichts, da der Eheg als Abkömml der gemeins Großeltern nach § 1931 I 2, II ausgeschaltet ist (vgl Kipp-Coing § 5 VI). – Wegen S 2: § 1927 Anm 3. – Der Erbt steht der Geltdmachng des ZugewAusgl, (§ 1371 II) nicht entgg, Staud-Felgenträger § 1371 Rdz 59; Olshausen, Diss Kiel 1968, 186, dort 188 zur PflichttBerechng.

1934a *Erbersatzanspruch bei nichtehelichen Kindern.* I Einem nichtehelichen Kinde und seinen Abkömmlingen steht beim Tode des Vaters des Kindes sowie beim Tode von väterlichen Verwandten neben ehelichen Abkömmlingen des Erblassers und neben dem überlebenden Ehegatten des Erblassers an Stelle des gesetzlichen Erbteils ein Erbersatzanspruch gegen den Erben in Höhe des Wertes des Erbteils zu.

II Beim Tode eines nichtehelichen Kindes steht dem Vater und seinen Abkömmlingen neben der Mutter und ihren ehelichen Abkömmlingen an Stelle des gesetzlichen Erbteils der im Absatz 1 bezeichnete Erbersatzanspruch zu.

III Beim Tode eines nichtehelichen Kindes sowie beim Tode eines Kindes des nichtehelichen Kindes steht dem Vater des nichtehelichen Kindes und seinen Verwandten neben dem überlebenden Ehegatten des Erblassers an Stelle des gesetzlichen Erbteils der im Absatz 1 bezeichnete Erbersatzanspruch zu.

IV Soweit es nach den Absätzen 1 und 2 für die Entstehung eines Erbersatzanspruchs darauf ankommt, ob eheliche Abkömmlinge vorhanden sind, steht ein nichteheliches Kind im Verhältnis zu seiner Mutter einem ehelichen Kinde gleich.

Schrifttum: S § 1924 Anm 3 B b; Magenau, Der ErbErsAnspr nehel Verwandter, Diss Tübingen 1972; Schröder, Der ErbErsAnspr, Diss Bonn, 1972; Voss aaO § 5 A I; Soergel-Schippel: Beisp in Rdz 13; Kipp-Coing § 4 V 2; Lange-Kuchinke § 14 V 4.

1) Allgemeines. Die erbrechtl Gleichstellg des nichtehel Kindes (seiner Abkömml) im Verh zu seinem Vater (seinen Verwandten), s § 1924 Anm 3 B a, erfährt dch die Sonderregelg in § 1934a eine Einschränkg für die Fälle, in denen es beim Tod des Vaters (väterl Verwandter) mit den nächsten Angeh des Erbl (Ehefr, ehel Abkömml) zustrifft. **I** gewährt ihm für diese Fälle an Stelle seines gesetzl ErbR einen GeldAnspr in Höhe des Wertes des Erbteils (**ErbErsAnspr**), s LG OLdbg FamRZ 77, 266. Eine entspr Regelg ist für den Fall des Todes des Kindes vorgesehen. Treffen der Vater u seine Abkömml mit der Mutter des nichtehel Kindes u ihren ehel Abkömml zus, so steht dem Vater (seinen Abkömml) an Stelle des gesetzl Erbteils ein ErbErsAnspr zu, **II**; treffen der Vater u seine Verwandten (Abkömml od Eltern als Erben der 3. Ordng) mit dem überl Eheg des Erbl zus, so kommt dem Vater (seinen Verwandten) ebenfnur ein ErbErsAnspr zu; das gleiche gilt, wenn beim Tod eines Kindes des nichtehel Kindes dessen Vater als Großvater neben dem überl Eheg des Erbl gesetzl Erbe sein würde, **III**. Dadch soll das nichtehel Kind (seine Abkömml) aus einer ErbenGemsch mit der Ehefr u den ehel Abkömml des Vaters u ebso der nichtehel Vater (seine Verwandten) aus einer ErbenGemsch mit dem Eheg des Kindes sowie mit seiner Mutter (ihren Abkömml) ferngehalten w, s BT-Drucks V 2370 S 92. Berechng u rechtl Behandlg des ErbErsAnspr ergeben sich aus § 1934b. Eine Sonderregelg für den Fall, daß beim Tode des Vaters des nichtehel Kindes (eines Verwandten des Vaters) die Vatersch noch nicht anerkannt od rechtskr festgestellt ist, enthält § 1934c. – Die Umwandlg des Erbteils nehel Verwandter in einen ErbErsAnspr kommt nur in Frage, wenn sie kraft Gesetzes erbberecht sind, Odersky Anm II, Lutter ErbR § 2 III 4a.

2) Erbersatzanspruch im einzelnen. a) Erbfolge beim Tod des Vaters, §§ 1600a ff, ÜbergangsR Art 12 § 3 NEhelG, Anh zu § 1600 o, dazu Johannsen WPM SonderBeil Nr 3/70, 4 ff, (Erbl), **I**; s dazu Damrau FamRZ **69**, 580, Firsching Rpfleger **70**, 48, Lutter ErbR § 2 III 3 a, je mit Beisp. **aa)** Hinterläßt der Erbl neben dem nehel (od Abkömml eines solchen) ein ehel Kind – mehrere ehel Kinder – aber keine Ehefrau, so w dieses alleiniger Erbe – mehrere ehel Kinder erben zu gleichen Teilen –, § 1924 I, III; dem nehel Kind steht ein ErbErsAnspr gg den (die) Erben zu, u zwar, wenn es mit einem ehel Kind zutrifft, in Höhe des Wertes der halben Erbsch; trifft es zB mit zwei ehel Kindern zus, in Höhe des Wertes von $1/3$. Dies gilt auch dann, wenn an die Stelle eines ehel Kindes dessen Abkömml treten, § 1924 III, s auch Beisp 2 bei Firsching aaO 49, 50, ferner Magenau aaO 12 f.

bb) Hinterläßt der Erbl keine ehel Abkömml, aber neben dem nichtehel Kind seine Ehefrau, so wird diese alleinige Erbin, denn das nichtehel Kind schließt etwa vorhandene andere Erben 2. od 3. Ordng aus, §§ 1930, 1931. Die Höhe des ErbErsAnspr des nichtehel Kindes gg die Ehefr des Vaters richtet sich nach § 1931 I, III, IV. Lebten die Eheleute im gesetzl Güterstand der ZugewGemsch, so hat das nichtehel Kind Anspr auf Zahlg des Wertes der halben Erbsch, § 1371 I, dazu nach § 1371 IV (s hierzu Bosch FamRZ **72**, 176, Kemper ZBlJR **72**, 17); s auch Beisp 1 bei Damrau aaO 583; Beisp 3 bei Firsching aaO 50, DNotZ **70**, 529. Bestand Gütertrenng, so gilt in diesem Fall das gleiche, s § 1931 Abs IV; im Falle von GütGemsch kann das nehel Kind den Wert von $3/4$ beanspruchen, s § 1482. Für das Bestehen von Gütertrenng s auch Beisp 4 bei Damrau aaO, Firsching DNotZ **70**, 530.

cc) Hinterläßt der Erbl neben dem nichtehel Kind seine Ehefrau u ein ehel Kind (Abkömml des ehel Kindes), so erben bei gesetzl Güterstand die Ehefrau $1/2$, das ehel Kind (die ehel Kinder, Abkömml eines ehel Kindes), ebenf $1/2$ als gesetzl Erben. Der ErbErsAnspr des nichtehel Kindes umfaßt bei Vorhandensein eines ehel Kindes den Wert von $1/4$, bei Vorhandensein von 2 ehel Kindern den Wert von $1/6$, dazu Anspr nach § 1371 IV nF. Lebten die Ehel in GüterGemsch, so erbt, soweit die GütGemsch nicht fortgesetzt w, s §§ 1482, 1483, die Ehefr $1/4$, das ehel Kind (Kinder, Abkömml) $3/4$. Der ErbErsAnspr umfaßt bei Vorhandensein eines ehel Kindes den Wert von $3/8$. Lebten die Ehel im Güterstd der Gütertrenng, so erbten die Ehefr u das ehel Kind (Abkömml des ehel Kindes) je $1/2$; dem nichtehel Kind steht ein ErbErsAnspr in Höhe des Wertes von $1/3$ zu, §§ 1931 IV, 1934a I, dazu 1931 Anm 4a. Siehe auch Beisp 4–7 bei Firsching aaO 50, Johannsen WPM SonderBeil Nr 3/70, 7.

§ 1934a 2–5

dd) Hinterläßt der Erbl mehrere nichtehel Kinder, so bemißt sich ihr ErbErsAnspr in den Fällen aa)–cc) nach der Höhe des sich aus §§ 1924 IV, 1931 ergebden Erbteils. Hinterläßt zB der Vater neben 2 nichtehel ledigl 2 ehel Kinder, so sind die ehel Kinder je zu $1/2$ gesetzl Erben, den beiden nichtehel Kindern steht ein ErbErsAnspr je in Höhe des Wertes von $1/4$ zu. Hinterläßt der Vater außerdem noch seine Ehefr, mit der er im gesetzl Güterstd lebte, so umfaßt der ErbErsAnspr den Wert von je $1/8$. – Ist das nichtehel Kind zZ des Erbf gestorben, so treten an seine Stelle seine Abkömml, s § 1924 III.

b) Erbfolge beim Tode eines Verwandten des nichtehel Vaters (Erbl). Die Erbf richtet sich nach den ErbfOrdngen, § 1924 ff. Trifft das nichtehel Kind mit einem Abkömml od dem Eheg des Erbl zusammen, so steht ihm ledigl ein ErbErsAnspr zu, § 1934a I, Beisp s § 1924 Anm 3 Bb bb. Ein Zusammentreffen mit der Ehefr des Vaters soll hier ohne rechtl Bedeutg sein, weil diese nie gesetzl Erbin der väterl Verwandten sein kann, Jansen-Knöpfel Anm 2d zu § 1934a I, dagg aber zutr Dieckmann JZ 70, 345 für den Fall der Erbfolge des nehel Kindes nach dem Tode eines ehel geb Bruders, wenn außerd die Ehefr des vorverst Vaters ges Erbin ist, § 1925 II, III 1 mit § 1931 III, dort auch weitere Bsp, dazu auch Firsching DNotZ 70, 531, Lutter ErbR § 2 III 3 b; Erm-Barth-Schlüter Rdz 15, RGRK Rdz 6, Soergel-Schippel Rdz 5, Odersky Anm II 1, Schröder aaO 45 ff (letztere mit Recht für analoge Anwendg von I), s auch Magenau aaO 10; gg Dieckmann aaO Benkö JZ 73, 500, der Dieckmann JZ 73, 502 entggtritt, zust Spellenberg FamRZ 77, 185 ff. Beisp gesetzl Erbfolge eines nehel Kindes des vorverst Bruders des Erbl als Erbe 2. Ordng, s BayObLG 76, 31/33.

c) Erbfolge nach dem Tod des nichtehel Kindes (Erbl), II, III (1. Alternative v III). Voraussetzg für ein Erbrecht des Vaters, s § 1924 Anm 3 B b cc, ist, daß das nichtehel Kind keine Abkömml hinterläßt, §§ 1924, 1925 1930. **aa)** Hinterläßt der Erbl als gesetzl Erben der 2. Ordng neben der Mutter seinen Vater, so erbt die Mutter allein, § 1925, dem Vater steht ein ErbErsAnspr in Höhe des Wertes der halben Erbsch zu. Den gleichen Anspr hat der Vater, wenn neben ihm ein Kind – mehrere Kinder – der bereits verst Mutter vorhanden ist, §§ 1934e II, 1925. S auch Beisp 6 bei Damrau FamRZ 69, 583, Beisp 9 bei Firsching aaO 51, ders DNotZ 70, 532, Bsp 7 bei Mümmler JurBüro 70, 217, Bsp unter IV 2 bei Schramm BWNotZ 70, 10, ferner Dieckmann aaO 346, Kipp-Coing § 4 V 2b (3).

bb) Hinterläßt der Erbl neben dem Vater seinen Ehegatten, mit dem er im gesetzl Güterstd gelebt hatte, so erbt dieser allein, dem Vater steht aber ein auf den Wert von $1/4$ gerichteter ErbErsAnspr zu, §§ 1925, 1931, 1371 I, 1934a III. S auch Beisp 8 bei Damrau aaO 584.

cc) Sind nach dem Tode des nichtehel Kindes, dessen Vater bereits verst ist, Abkömml des Vaters vorhanden u treffen sie mit der Mutter (od ihren ehel Abkömml) od dem Eheg des nichtehel Kindes zus, so steht den Abkömml des Vaters nur ein ErbErsAnspr nach Maßgabe der §§ 1934a II, III mit 1925, 1931 zu. S auch Beisp 7 bei Damrau aaO, Beisp 9 bei Firsching aaO 51.

dd) Sind nach dem Tode des nichtehel Kindes, dessen Vater bereits verst ist, und Verwandte, zB Eltern des Vaters, vorhanden u treffen sie mit dem Eheg des Kindes zus, so steht den Eltern nur ein ErbErsAnspr nach Maßgabe des § 1934a III mit §§ 1926, 1931, zu; Bsp Odersky Anm II 3.

d) Erbfolge nach dem Tod eines Kindes des nichtehel Kindes, III (2. Alternative). Hinterläßt der Erbl (ein ehel Kind eines vorverst nehel Kindes) seine Ehefr, mit der er im gesetzl Güterstd gelebt hat, sowie seine nichtverheirateten Großeltern väterlseits, Beisp 9 bei Damrau aaO, so sind gesetzl Erben die Witwe zu $3/4$, §§ 1931, 1371 I, die Großmutter zu $1/4$, 1926; der Großvater hat einen ErbErsAnspr in Höhe des Wertes von $1/8$ der Erbsch. Bestr ist die Anwendg von **III** bei nehel Geburt in zwei Generationen, s hiezu Erm-Barth-Schlüter Rdz 21, Odersky Anm II 2, Damrau FamRZ 69, 584, Lockemann, Benkö JR 72, 414; 73, 51; Firsching DNotZ 70, 533; Johannsen aaO 8,9, Luther ErbR² § 2 III 3e; Schröder aaO 40 ff; Magenau aaO 16 ff; Mümmler JurBüro 70, 218, Böhm FamRZ 71, 351, Spellenberg FamRZ 77, 185/188 ff (eingehde Prüfg). Mit Damrau, Erm-Barth-Schlüter aaO, RGRK Rdz 4, Böhm u Mümmler ist dann, wenn der Erbl ein ehel Kind seines verst nehel geborenen Vaters und seine Ehefr sowie die Mutter u den Vater seines nehel vorverst Vaters hinterläßt, anzunehmen, daß MitE die Großmutter u die Witwe sind, währd dem Großvater nur ein ErbErsAnspr zusteht; aM Lange-Kuchinke § 14 V 4f.[73]

e) Die aus § 1934a begünstigten Pers müssen selbst MitE sein. Die bloße Existenz v Abkömml od einem überl Eheg als solche ist nicht entscheidd, Lutter ErbR § 2 III 4b.

3) Begriff des ehel Abkömmlings, IV, s § 1924 Anm 3 A. Das nichtehel Kind hat im Verh zu seiner Mutter die Rechtsstellg eines ehel Kindes; der Wegfall des § 1705 aF hat daran sachl nichts geändert, s BTDrucks V 2370 S 61, 94. In I und II sind Regelgen zG ehel Abkömmlinge enthalten. IV stellt klar, daß iS dieser Vorschriften ein nichtehel Kind im Verh zur Mutter einem ehel Kinde gleichsteht. Sind zB nach dem Tode eines nichtehel Kindes sein Vater sowie ein nichtehel Kind seiner vorverst Mutter vorhanden, so gilt dieses als ehel Abkömml der Mutter; es w alleiniger Erbe, dem Vater steht aber ein ErbErsAnspr in Höhe des Wertes von $1/2$ der Erbsch zu, §§ 1925 mit 1934b II, IV; s auch Brüggemann ZBlJR 69, 307, Johannsen aaO 8, Odersky Anm VI, Lutter ErbR § 2 III 5 a.

4) Hoferbenordnung. Über die gesetzl HoferbenO trifft HöfeO 5 idF v 26.7.76 (dazu Bendel AgrarR 76, 117/121 ff) nähere Best. In der 1. Ordng sind die Kinder des Erbl u deren Abkömml als Hoferben berufen. Zu den Kindern u deren Abkömml zählen nach dem Wegfall des § 1589 II auch die nichtehel Kinder des verst Vaters. Sie sind aber als HofE nur berufen, wenn sie nach den Vorschr des allg Rechts, § 1924, gesetzl Erben sind, nicht aber, wenn ihnen an Stelle des gesetzl Erbteils ein ErbErsAnspr, § 1934a, zusteht, s HöfeO 5 S 2. S dazu Firsching aaO 54, Lutter ErbR § 7; allg zum Einfluß des NEhelR auf das landw SonderErbR Bendel, Wendorff, RdL 70, 29, 197, Kroeschell AgrarR 71, 3, Lutter aaO, Wöhrmann-Stöcker Rdz 21, Lüdtke/Handjery Rdz 10–21, 56 je zu HöfeO 5 nF. Zur Berechng des ErbErsAnspr s § 12 X mit II, III HöfeO nF u dazu Lüdtke/Handjery Rdz 121–130, Wöhrmann-Stöcker Rdz 44–49; Becker AgrarR 76, 181, 209.

5) Übergangsrecht s Anh I zu § 1924 Anm zu Art 12 § 10 NEhelG.

6) Verfahrensrechtliches. Von Bedeutg ist die Frage, wie das erb- od erbersber nehel Kind vom Tod seines Vaters (väterl Verwandter) Kenntn erlangt, s hiezu Frank, StAZ **71**, 45, Mergenthaler FamRZ **72**, 430; § 34 AVPStG idF v 25. 2. 77, BGBl 378; Buchheim StAZ **70**, 321; eine Verpfl des NachlG, ErbErsAnspr-Ber zu ermitteln u sie über ihren Anspr zu benachrichtigen, besteht nicht, Schramm BWNotZ **70**, 8/17. S auch Bosch FamRZ **72**, 179.

1934b *Berechnung des Erbersatzanspruchs; anzuwendende Vorschriften; Verjährung.* I Der Berechnung des Erbersatzanspruchs wird der Bestand und der Wert des Nachlasses zur Zeit des Erbfalls zugrunde gelegt. Der Wert ist, soweit erforderlich, durch Schätzung zu ermitteln. § 2049 gilt entsprechend.

II Auf den Erbersatzanspruch sind die für den Pflichtteil geltenden Vorschriften mit Ausnahme der §§ 2303 bis 2312, 2315, 2316, 2318, 2322 bis 2331, 2332 bis 2338 sowie die für die Annahme und die Ausschlagung eines Vermächtnisses geltenden Vorschriften sinngemäß anzuwenden. Der Erbersatzanspruch verjährt in drei Jahren von dem Zeitpunkt an, in dem der Erbersatzberechtigte von dem Eintritt des Erbfalls und den Umständen, aus denen sich das Bestehen des Anspruchs ergibt, Kenntnis erlangt, spätestens in dreißig Jahren von dem Eintritt des Erbfalls an.

III Auf den Erbersatzanspruch eines Abkömmlings des Erblassers sind auch die Vorschriften über die Ausgleichungspflicht unter Abkömmlingen, die als gesetzliche Erben zur Erbfolge gelangen, entsprechend anzuwenden.

1) Allgemeines. § 1934b regelt die Ausgestaltg des ErbErsAnspr im einzelnen. I enthält die Grdlagen für seine Berechng; er übernimmt weitgehd den Wortlaut des § 2311. II sieht vor, welche Vorschr aus dem Pflichtt- u dem VermR auf den ErbErsAnspr sinngem anzuwenden sind; außerdem regelt er dessen Verjährg. III ordnet die entspr Anwendg der Vorschriften über die AusgleichsPfl unter Abkömml an.

2) Berechng des ErbErsAnspr, I. Satz 1 stimmt wörtl mit § 2311 I 1, Satz 2 mit § 2311 II 1 überein. Eine dem § 2311 II 2 entspr Bestimmg, wonach eine vom Erbl getroffene Wertbestimmg bei der Pflichtt-Berechng nicht maßg ist, ist in § 1934b nicht enthalten, s unten c. **I S 3** sieht die entspr Anwendg des § 2049, Bewertg eines Landguts bei AO der Übern eines solchen, vor, s dort Anm 1, 2 u unten d. Über Bewertg eines Hofes iS der HöfeO 12 nF, dazu Lüdtke/Handjery Rdz 38 ff, 122, Wöhrmann-Stöcker Rdz 18 ff, 39 je zu HöfeO 12 nF.

a) Nachlaßwert, s hierzu § 2311 Anm 1–3, Lutter ErbR § 2 IV 3 b, c, AG Schönebg DAVorm **74**, 200 (BeerdiggsKosten als Passiven). Festzustellen ist der Bestand der Aktiven des Nachl, er ist in Geld zu veranschlagen. Die ermittelte Summe ist um den Betr der Passiven zu kürzen. Maßg ist der Wert des Nachl zZ des Erbf; nachträgl Wertsteigergen od -mindergen bleiben außer Betr, s § 2311 Anm 1. Pflichtteilsansprüche, Vermächtnisse, auch ein etwaiger Voraus des überl Eheg, § 1932 (gesetzl Verm), sowie Auflagen sind abzusetzen, da sie dem ErbErsAnspr, der an die Stelle des gesetzl Erbteils tritt, vorgehen, s Odersky Anm I 2, Lutter ErbR § 2 IV 3c, Brox § 7 III 2a, Erm-Barth-Schlüter Rdz 9, Lange-Kuchinke § 14 V 4g.[78] Bei der Berechng des NachlWerts gilt auch § 2313 (Behandlg bedingter od ungewisser Rechte) sinngem, § 1934b II.

b) Schätzg des Werts. Der Wert des Aktivbestandes ist, soweit erforderl, dch Schätzg zu ermitteln. Zu schätzen ist – notf dch Sachverständige – der gemeine Wert, s im einzelnen § 2311 Anm 3. Bei Bewertg der Beteiligg des Erbl an einer Handelsgesellsch ist der AbfindgsBetr heranzuziehen, Johannsen WPM SonderBeil Nr 3/**70**, 10; s auch Lutter ErbR § 2 IV 3 b[48], Magenau aaO 32, Heckelmann, Abfindgs-Klauseln in GesellschVertr, 1974, § 10.

c) Wertbestimmg dch den Erblasser dch letztw Vfg ist zuläss, – and § 2311 II 2 – denn der ErbErs-Anspr unterliegt, da er an die Stelle des gesetzl Erbteils tritt, weder u über den PflichtAnspr hinausgeht, der freien VfgsBefugn des Erbl, BTDrucks V/2370 S 94, 95, Damrau BB **70**, 468, Lutter ErbR § 2 IV 3a, s auch Bosch FamRZ **72**, 177, Odersky Anm I 3 c, § 2338a Anm III 2 a.

d) Für die Bewertg eines zum Nachl gehörigen Landgutes, zum Begr s § 98 Anm 3, gilt § 2049 entspr, **I 3.** Bezügl des hiernach iZw anzusetzenden Ertragswertes s § 2049 Anm 2, EG 137 Anm 1. Hat zB der Erbl, ohne sein nichtehel Kind von der Erbf auszuschließen, in der letztw Vfg bestimmt, daß sein ehel Kind sein Landgut übernehmen soll, so soll das Landgut bei der Berechng des ErbErsAnspr gem § 2049 iZw zum ErtrWert angesetzt w, u zwar auch dann, wenn das ehel Kind allein der Erbe ist, weil das nichtehel Kind an Stelle seines Erbteils der ErbErsAnspr zusteht, BT-Drucks aaO S 95, RGRK Rdz 2.

3) Anwendg von Pflichtteils- und VermächtnVorschrift, II. a) Grdsätzl sind alle für den **Pflichtt** geltden **Vorschr** sinngem anzuwenden, also auch solche, die nicht im 5. Abschn des 5. Buches enthalten sind. **aa)** Von den letzteren sind zu nennen **§ 1967 II**, der ErbErsAnspr ist also NachlVerbindlk (Erbf-Schuld), s auch **§§ 2058 ff**, s Firsching DNotZ **70**, 527. Er kann erst nach Annahme der Erbsch gg den (die) Erben geltd gemacht w, **§ 1958**. Beim Aufgebot der NachlGläub gelten **§§ 1972–1974**, dazu Odersky Anm II 11, Schröder aaO 66 ff, Magenau aaO 62 ff. Aus der Verweisg auf **§ 1991 IV** iVm § 226 KO idF des Art 6 Nr 1 NEhelG ergibt sich, daß die Verbindlk aus einem ErbErsAnspr in der Rangordng der Verbindlken hinter den in § 226 II Nr 4 u 5 KO bezeichneten steht, s Bosch FamRZ **72**, 177. Es gelten ferner die Vorschr über die DreimonatsEinr, **§ 2014**, über die Geltdmachg des PflichtAnspr, hier also bei ErbErsAnspr, bei TestVollstrVerw, **§ 2213 I 3**, Magenau aaO 65, aM Odersky Anm III 2, über die Erbunwürdigk, **§ 2345 II**, s dazu Magenau aaO 80, sowie über den Erbverzicht, **§ 2346**, s dort Anm 3a, BayObLG **75**, 420/433; auch **§ 312** (Vertr über den Nachl eines noch lebden Dritten) u die GenVorschr in §§ 1643 II, 1822 Nr 1, 2, 2347; s Damrau FamRZ **69**, 585, Odersky Anm II 9.

§ 1934b 3

bb) Von den Vorschr des 5. Abschn „Pflichtteil", §§ 2303–2338a, w von der sinngem Anwendg auf den ErbErsAnspr vor allem diejenigen ausgenommen, deren Aufg es ledigl ist, dem PflichttBerecht als Mindestanteil am Nachl die Hälfte des Wertes seines gesetzl Erbteils zu sichern u die den Erbl zu diesem Zweck in seiner VfgsFreih beschränken, also die §§ 2305–2308, 2312, 2325–2331, 2333–2338; ferner sind die Vorschr ausgen, dem Erben einen Ausgleich dafür geben sollen, daß der Pflichtt ohne Rücks auf zu erfülle Verm u Aufl berechnet w, die also wg der beim ErbErsAnspr abweichden Rechtslage, s oben 2, unanwendb sind, näml die §§ 2318, 2322–2324, s BT-Drucks, V/2370 S 95. Nicht anwendb sind ferner § 2310 („abstrakte" Feststellg des Erbteils, s dazu Brüggemann ZBlJR **69**, 309, Schramm BWNotZ **70**, 11 unter V 5: diejenigen, die ausgeschl sind, ausgeschlagen haben od für erbunwürd erkl sind, werden, and als bei § 2310, bei der Berechng des ErbErsAnspr nicht mitgezählt), §§ 2315, 2316 (Anrechngs- u AusgleichsPfl, s aber § 1934b III), §§ 2303, 2304, 2309, 2338a nF sowie die §§ 2311, 2312, 2332, letzterer im Hinbl auf die ausdrückl Regelg in § 1934b I, II.

cc) Sinngemäß anwendb auf den ErbErsAnspr sind aus dem 5. Abschn: § 2313: Berücksichtigg bedingter od ungewisser Rechte u Verbindlichk bei der Feststellg des NachlWertes; § 2314: Recht auf Ausk über den NachlBestand sowie auf Ermittlg des NachlWertes, dazu Johannsen aaO (s § 1924 Anm 3 B b) 11, Bosch FamRZ **72**, 177, Oldbg NJW **74**, 2093, AG Köln DAVorm **74**, 661. Die AuskPfl umfaßt auch alle Tats, die eine AusglPfl gem III, §§ 2050ff, begründen, s auch 2057, Odersky Anm II 2, dazu auch § 260 mit FGG 163, 79, Erm-Barth-Schlüter Rdz 11; auch § 1994 ist anwendb, Odersky aaO; § 2317: Entsteh des Anspr, Übertragbark u Vererblichk, aber keine Anwendg von ZPO 852, Odersky II 3c, Stöber Rdz 123, betr, s auch Erm-Barth-Schlüter Rdz 12, 13, RGRK Rdz 3 unter 5a; vor dem Erbfall keine Sicherg dch Arrest od einstw Vfg, Firsching DNotZ **70**, 526; Magenau aaO 25; dch letztw Vfg kann der Anfall aufschieb bedingt od befristet w, Magenau aaO 22f; Verzinsg ab Verzug od Rechtshängigk; ErlaßVertr, § 397 I; § 2319: Schutz pflichttberecht MitE; hiernach w zB das ehel Kind des Erbl als pflichttberecht Erbe, wenn es den ErbErsAnspr des nehel Kindes erfüllen muß, ebso geschützt wie bei Erfüll eines PflichttAnspr (Jansen-Knöpfel Anm 1c dd zu § 1934b II, s auch Odersky Anm II 4b); § 2320: PflichttLast im InnenVerh der MitE; aus § 2320 ergibt sich, daß im Verh der MitE zueinander diejenigen, deren Erbt dch § 1934a um den ErbErsAnspr erhöht wurde, den ErbErsAnspr zu befriedigen haben s Odersky Anm II 5, Schramm BWNotZ **70**, 12, Bosch FamRZ **70**, 162, Lutter ErbR § 2 IV 4b bb; sind also iF des § 1931 IV neben dem überlebden Ehefr ein ehel u ein nehel Kind nach dem Tod des Vaters vorh, so beträgt der ErbErsAnspr $1/3$ des NachlWertes; dieses Drittel haben die Witwe u das ehel Kind je zu $1/2$ zu tragen; dagg hat beim Zusammentreffen der überlebden Ehefrau, die mit dem verst Vater in ZugewGemsch gelebt hat, u eines ehel Kindes mit dem nehel Kind die Last nur das ehel Kind zu tragen, Odersky Anm II 5; w also im letzteren Fall der ErbErsAnspr aus dem ungeteilten Nachl befriedigt, so muß sich das nehel Kind die Auszahlg bei der AuseinandS auf seinen Teil anrechnen lassen (Jansen-Knöpfel § 1934 II Anm 1c ee); § 2321: PflichttLast nach VermAusschlag; mit Johannsen aaO 12 ist anzunehmen, daß § 2321 nur angewendet w kann, wenn der Erbl dem ErsBerecht ein Verm mit der Bestimmg zugewendet hat, daß er es sich, falls er es annimmt, auf den ErbErsAnspr anrechnen lassen soll. Schlägt er dann das Verm aus, hat der mit dem Verm Beschwerte den ErsAnspr in Höhe des dch die Ausschlagg erlangten Vorteils zu tragen. Wollte der Erbl den ErsBerecht mit dem Verm abfinden, dann bleibt diesem, wenn er das Verm ausschlägt, nur der ErsAnspr, § 2338a, s im übr Johannsen aaO, aber auch Lutter ErbR § 2 IV 6c, d. § 2324 ist von der Verweisg auf die PflichttVorschr ausgen; der Erbl ist berecht, dch Vfg vTw von der gesetzl Regelg abweichd, die Last zur Tragg der ErbErsAnspr im Verh der Erben zueinander anders zu verteilen, Damrau FamRZ **69**, 585; § 2331a (idF des 1. EheRG): Stundg des PflichttAnspr; sie kann also auch für den ErbErsAnspr verlangt w, s Anm 4 hiezu; testamentar kann Erbl zB ratenw Zahlg des ErbErsAnspr anordnen, Damrau BB **70**, 468.

b) Anwendg von Vermächtnisrecht. Sinngem anwendb sind ledigl die Vorschr über **Annahme u Ausschlagg** des Verm. Der ErbErsAnspr entsteht kraft Ges mit dem **Erbfall**, § 2317 I; zur Entstehg bedarf es keiner bes AnnErkl; der Anspr entsteht auch ohne Wissen u Willen des Berecht; vor dem Erbf kann der Anspr weder dch Arrest noch dch einstw Vfg gesichert w, Firsching Rpfleger **70**, 51. Der Berecht kann ihn aber ausschlagen, § 2176. Für das Verh von Ann u Ausschlagg u für die Form der Ausschlagg gilt § 2180 sinngem, s Anm hiezu, auch Notariat Bruchsal DAV **73**, 626. Hat der Berecht den ErbErsAnspr angen, so kann er ihn nicht mehr ausschlagen. Eine Frist für die Abgabe der Erkl über Ann oder Ausschlagg ist gesetzl nicht vorgeschrieben. Die Ausschlagg erfolgt dch Erkl ggü den beschwerten Erben, NachlPfleger, für Verw berufenen TestVollstr, Odersky Anm IV 2, 3, Lutter ErbR § 2 IV 7b, RGRK Rdz 3 unter 5 b. Da der Anspr gem § 1934 II 2 binnen 3 Jahren ab dem Ztpkt an verjährt, in dem der Berecht vom Eintritt des Erbf u den Umständen erfährt, aus denen sich sein Anspr ergibt, u die Verjährg spätestens binnen 30 Jahren vom Erbf an eintritt, w mittelb für den Berecht eine Frist gesetzt, s Damrau FamRZ **69**, 585 f. Eine Fristsetzg seitens des Erben in entspr Anwendung des § 2307, so Magenau aaO 52, ist dch § 1 I ausgeschl. Hat einer nur einen Teil des ErbErsAnspr beschr Ausschlagg zuläßt unzul, §§ 2180 III, 1950. Die Erklärg über Ann u Ausschlagg ist unwiderrufl, sie kann aber ggü dem beschwerten Erben nach den allg Vorschr, §§ 119–124, 142–144, angefochten w. Sinngem gelten auch die übr Vorschr des BGB, die sich auf Ann od Ausschlagg eines Verm beziehen, zB §§ 517, 1432 I, 1455 Nr 1, 1643 II, 1822 Nr 2. Die Wirkg der Ausschlagg ergibt sich aus §§ 2180 III mit 1953 I, II. Sie bewirkt rückwirkd den Übergang auf denjenigen, dem der ErbErsAnspr zustehen würde, wenn der Ausschlagde zum Ztpkt des Erbf nicht gelebt hätte, zB auf das Kind des ausschlagden nichtehel Kindes, s Brüggemann ZBlJR **69**, 310; sind solche nicht vorh, so entfällt der Anspr, s Schramm BWNotZ **70**, 11 unter V 7, auch Odersky Anm IV 3b, Soergel-Schippel Rdz 10, Lange-Kuchinke § 14 V 4j.

c) Verjährg des ErbErsAnspr, § 1934b II 2. Sie ist ähnl geregelt wie die des PflichttAnspr, § 2332, s bereits oben unter b. Die Frist beginnt mit der Kenntn des Berecht vom Erbf, also vom Tod des Erbl, u der Kenntn der Umstände, aus denen sich das Bestehen des Anspr ergibt, also des die Berechtigg begründden FamilienVerh, insb der aus § 1934 a hervorgehden Voraussetzgen, s Odersky Anm V 2, 3, Lutter ErbR § 2 IV 7 c. Über Bedeutg eines RechtsIrrt vgl § 2082 Anm 2. Für Hemmg u Unterbrechg der Verjährg gel-

Erbfolge §§ 1934 b, 1934 c

ten §§ 202 ff, auch 207; unter § 202 I fällt auch der Fall der Stundg des ErbErsAnspr gem § 1934 b II 1 mit § 2331 a.

4) Ausgleichungspflicht unter Abkömml, III. Hiefür gilt nicht § 2316, s oben Anm 3a bb, vielm ordnet III die entspr Anwendg der Vorschr über die AusglPfl unter Abkömml, §§ 2050 bis 2057, § 2057a (eingefügt dch Art 1 Nr 90 NEhelG) an. Wenn also der ErbErsAnspr einem nichtehel Abkömml ggü anderen Abkömml des Erbl zusteht, sind diese Best heranzuziehen. Trifft zB nach dem Tode des Vaters eines nichtehel Kindes dieses mit einem ehel Kinde des Erbl zus, § 1934a I, u hat das ehel Kind eine ausgleichspflichtige Zuwendg iS des § 2050 erhalten, so ergibt die Anwendg des § 2055: das ehel Kind ist alleiniger Erbe, dem nichtehel Kind steht gg dieses ein ErbErsAnspr in Höhe des Wertes des halben Erbsch zu. Beisp: Nachl 40000, ausgleichspflichtige Zuwendg 10000, rechnerischer Nachl 50000, Wert des ErbErsAnspr 25000; dem ehel Kind verbleiben 25000–10000 = 15000; s auch die Beisp bei Odersky Anm VI 4; dazu ferner § 2055 Anm 1, auch § 2057a mit Anm, Lutter ErbR § 2 IV 3 c. § 2052 ist nur anwendb, wenn der Erbl seinem nehel Anspr statt des gesetzl MiterbenAnt einen Bruchteil od Vergleich bedarf er der Gen des VormschG, §§ 1934b II, 1915, 1822 Nr 1, 2, 12, 2347, s Johannsen aaO 11. Ist die Mutter des nehel Kindes nicht dch eine Pflegsch beschr, so hat sie bei Geltdmachg des ErbErsAnspr für ihr Kind §§ 1934b II mit 1643, 1822 Nr 1, 2347 zu beachten, s Firsching Rpfleger 70, 52, auch Damrau FamRZ 69, 585. – ErbschSteuer: ErbStG 3 I Nr 1, II Nr 4; 9 I Nr 1b; 10 V Nr 2; 13 I Nr 11; 20 I, III.

5) ErbErsAnspr u Erbschein. Das gesetzl od testamentar ErbR des nichtehel Kindes (u seiner Abkömmlinge) beim Tod des Vaters des Kindes (väterl Verwandter) ist im ErbSch, § 2353, zu bezeugen. Das gleiche gilt für die Erbf des nichtehel Vaters (seiner Verwandten) beim Tod des nichtehel Kindes (Kinder des nichtehel Kindes). Steht aber ein § 1934a dem Überl nur ein ErbErsAnspr zu, so ist dieser, weil nur schuldrechtl Natur, s § 1924 Anm 3 B ff, Beschwer des Erben, nicht in den ErbSch aufzunehmen. Magenau aaO 46, aM Kumme ZBlJR **72**, 256. Er berührt also das ErbSchVerf nicht.

6) Geltendmachg. Der ErbErsAnspr sowie der AusbildgsAnspr gem § 1371 IV des minderjährigen nichtehel Kindes, § 1705, w idR vom JA als Pfleger nach §§ 1706 Nr 3 (dazu LG Bln FamRZ **76**, 461), 1709 nF geltd gemacht; Ausn s § 1707. Zum Verzicht auf den zukünft ErbErsAnspr, Übbl 2 e vor § 2346, zu einem Vertr über den künft ErbErsAnspr, § 312 II, zur Ausschlagg, zu einem Erl od Vergleich bedarf er der Gen des VormschG, §§ 1934b II, 1915, 1822 Nr 1, 2, 12, 2347, s Johannsen aaO 11. Ist die Mutter des nehel Kindes nicht dch eine Pflegsch beschr, so hat sie bei Geltdmachg des ErbErsAnspr für ihr Kind §§ 1934b II mit 1643, 1822 Nr 1, 2347 zu beachten, s Firsching Rpfleger **70**, 52, auch Damrau FamRZ **69**, 585. – ErbschSteuer: ErbStG 3 I Nr 1, II Nr 4; 9 I Nr 1b; 10 V Nr 2; 13 I Nr 11; 20 I, III.

1934c Erbersatzanspruch bei nicht anerkannter oder festgestellter Vaterschaft.

I War beim Tode des Vaters eines nichtehelichen Kindes die Vaterschaft weder anerkannt noch rechtskräftig festgestellt, so steht dem Kinde ein gesetzliches Erbrecht oder ein Erbersatzanspruch nur zu, wenn das gerichtliche Verfahren zur Feststellung der Vaterschaft bereits zur Zeit des Erbfalls anhängig war. Ist der Vater gestorben, bevor das Kind geboren oder sechs Monate alt war, so genügt es, wenn der Antrag auf Feststellung der Vaterschaft binnen sechs Monaten gestellt wird; die Frist beginnt mit dem Erbfall, jedoch nicht vor der Geburt des Kindes.

II Im Falle des Todes eines Verwandten des Vaters gilt Absatz 1 Satz 1 entsprechend.

1) Allgemeines. Das ErbR u die Begründg eines ErbErsAnspr für das nichtehel Kind nach dem Tode seines Vaters setzen grdsätzl die Anerkenng der Vatersch od deren rechtskr gerichtl Feststell im Ztpkt des Erbf voraus, s §§ 1600a ff, 1600 n, o mit §§ 640 (geänd dch Art 6 Nr 27 des 1. EheRG, Art 1 Nr 92 der VereinfachgsVO), 641–641k ZPO idF des Art 5 Nr 7 NEhelG, § 55b FGG idF des Art 7 Nr 13 NEhelG, s auch Art 12 § 3 NEhelG. Sind diese Voraussetzgen nicht gegeben, behauptet aber jemand, das nichtehel Kind des Erbl zu sein, so muß zur Vermeidg von Ungewißh alsbald geklärt w, ob dem nichtehel Kind Ansprüche am Nachl, sei es als Erbe, sei es als Gläub eines ErbErsAnspr od eines PflichtAnspr zustehen. Hier greift § 1934c I Platz, der die erbrechtl Beteiligg des nichtehel Kindes am Nachl seines Vaters bei nachträgl Feststellg der Vatersch zeitl begrenzt, s BT-Drucks V/2370 S 97. II regelt den Fall, in dem das nichtehel Kind nach dem Tode eines Verwandten des Vaters an deren Nachl beteiligt sein kann; in diesem Fall steht dem Kind ein gesetzl ErbR od ein ErbErsAnspr nur zu, wenn beim Tode des Erbl die Vatersch anerkannt od rechtskr festgestellt od ein gerichtl Verf zur Feststellg der Vatersch anhäng war, s Jansen-Knöpfel, Vorbem u Anm 3 zu § 1934c, auch Firsching DNotZ **70**, 521.

1a) Verlust des ErbErsAnspr dch Beseitigg der Anerkenng od der gerichtl Feststellg der Vatersch. Die Anerkenng der nehel Vatersch kann dch Anfechtg gem §§ 1600f bis 1600m, §§ 640 II Nr 3, 640h, 641ff, § 1600e mit § 56c FGG unwirks w. Die Wirkg einer rechtskr gerichtl Feststellg der nehel Vatersch kann dch RestitutionsKl, §§ 580ff, 641i ZPO, od dch ein WiederAufn-Verf gg den Beschl des VormschG auf Grd § 1600n II, § 55b FGG (s Odersky Anm V 8 zu § 1600n) beseitigt w; s auch Art 12 § 3 NEhelG. Sind diese Rechtsfolgen eingetreten, so entfällt der ErbErsAnspr, s hiezu Schröder aaO 110ff.

2) Erbrecht, ErbErsAnspr des nichtehel Kindes beim Tod des Vaters, I. Zu unterscheiden sind:
a) Ist die Vatersch beim Tod des Vaters dch Anerkenng od rechtskr gerichtl Entscheid festgestellt, § 1600a, so steht damit fest, daß das nichtehel Kind zu seinen gesetzl Erben 1. Ordng zählt, § 1924 I. Die Zust zur Anerkenng, § 1600c, kann das Kind auch nach dem Erbf erkl, Erm-Barth-Schlüter Rdz 3. Die Anerkenng kann aber angefochten w, § 1600f-m. Ein AnfechtgsR steht nach dem Tod des Mannes dessen Eltern nach Maßg des § 1600g II zu, ferner der Mutter des Kindes u dem Kind selbst, s § 1600g I; die Erben als solche haben kein AnfR, s BT-Drucks V/2370 S 32. Wg der AnfFrist §§ 1600h, i, über persönl

1691

§§ 1934c, 1934d

Anf u Anf dch den gesetzl Vertr, s § 1600k, über Anf dch Kl beim ProzGer od Antr beim VormschG, s § 1600l mit §§ 640 II Nr 3, 640a ff ZPO, § 56c FGG. Ist die Anerkenng der Vatersch dch Anf aGrd rechtskr gerichtl Entsch beseitigt, so steht fest, daß das nichtehel Kind kein Abkömml des Vaters iS von § 1924 BGB ist; es hat somit keine Rechte am Nachl. Den Erben stehen, wenn das Kind aGrd des nicht bestehden ErbR bereits etwas aus der Erbsch erhalten hat, die Anspr nach §§ 2018 ff zu. Ist sein behaupteter ErbErs-Anspr bereits ausbezahlt, so ist es nach §§ 812 ff zur Herausg verpfl.

b) Ist die Vaterschaft beim Tode des Vaters nicht anerkannt u auch nicht gerichtl festgestellt, ist aber ein gerichtl Verfahren zur Feststellg der nichtehel Vatersch, § 1600n I mit 640, 641 ff ZPO nF, zZ des Erbf anhängig, u zwar rechtshäng (ZPO 261), s dazu Karlsr/Freibg DAV **78**, 220; Bosch FamRZ **76**, 227, Odersky Anm II 1 c, so ist der RechtsStr dch den Tod des Bekl zwar als erledigt anzusehen, §§ 640 I, 619 ZPO nF. Das Kind kann aber beim VormschG Antr auf gerichtl Feststellg der Vatersch stellen, § 1600n II, § 55b FGG mit Anm von Jansen², auch Körting NJW **70**, 1525. § 1934c I 1 sieht für diesen Fall keine bes Frist für die Stellg des Antr vor, dieser ist also an keine Frist gebunden; vgl BT-Drucks V/2370 S 36, 97. Wird die Vatersch auf Antr des Kindes dch das VormschG rechtskr festgestellt, so steht dem nehel Kind als gesetzl Erbe 1. Ordng ein ErbR od ggf ein ErbErsAnspr zu. Den ErbschAnspr kann es ev nach §§ 2018 ff, einen ErbErsAnspr nach § 1934b II mit § 2317 geltd machen.

c) Ist die Vaterschaft beim Tod des Vaters nicht anerkannt u auch nicht gerichtl festgestellt u kein gerichtl Verfahren zu deren Feststellg anhäng, so ergibt sich aus I 2 folgde Regelg: **aa)** Ist das Kind beim Tod des Vaters älter als 6 Monate, so kann es zwar keine Rechte am Nachl geltd machen, vgl Odersky Anm II 2; trotzdem kann aber ein RechtsschutzBedürfn für einen FeststellgsAntr nach § 1600n II gegeben sein, s Düss FamRZ **76**, 226 mit Anm v Bosch; Lange-Kuchinke §14 V 4a.⁵³ – **bb)** Ist das Kind beim Tod des Vaters noch nicht geb, so ist das nach diesem Ztpkt geb Kind berecht, Antr auf Feststellg der Vatersch zu stellen, § 1600n II, § 55b FGG, s auch § 1706 Nr 1 nF; die Frist für die Stellg des Antr beträgt 6 Monate u beginnt mit dem Tag der Geburt, §§ 187 I, 188 II. – **cc)** Ist das Kind beim Tod des Vaters zwar geboren, aber noch nicht 6 Monate alt, so muß es einen etwaigen Antr auf Feststellg der Vatersch binnen 6 Monaten seit dem Tod des Vaters (Erbfall) stellen. Die Frist ist eine Ausschlußfrist, bei der eine Wiedereinsetzg nicht in Frage kommt. Die Frist muß dann als gewahrt gelten, wenn zZ der Einreichg der Kl bereits verst war, das Kind hiervon aber keine Kenntn hatte, Johannsen WPM SonderBeil Nr 3/70, 4. I 2 gilt entspr, wenn zB ein gerichtl Verf zur Feststellg der Vatersch anhäng war, der Vater stirbt, das Kind aber erst 4 Monate alt ist, Körting aaO 1526, auch NJW **71**, 23 zu Kittel ebda 22. Muß vor Feststellg der Vatersch erst noch die Ehelichk des Kindes angefochten w, §§ 1593 ff, so muß trotzdem der Antr auf Feststellg der Vatersch fristgerecht beim VormschG gestellt w. Dieses kann sodann das Verf bis zur rechtskr Entsch über die EhelichkAnfechtgsKl aussetzen, Damrau FamRZ **69**, 584. – Die Wahrg der genannten Fristen ist materielle Voraussetzg für das ErbR des nichtehel Kindes; verf-rechtl besteht keine AntrFrist, Jansen² FGG 55b Rdn 6.

Wird in den Fällen bb) und cc) der Verstorbene als Vater des nichtehel Kindes rechtskr festgestellt, so ist das Kind gesetzl Erbe 1. Ordng, § 1924 I, im Fall des § 1934a steht ihm ein ErbErsAnspr zu. Bis zur gerichtl Feststellg der Vatersch kommen Maßn des NachlG nach § 1960 I 2 in Betr, Brüggemann ZBlJR **69**, 310, Knur Betr **70**, 1061, Stgt NJW **75**, 880.

3) Tod des nichtehel Kindes vor Anerkenng od Feststellg der Vatersch. Dieser Fall ist gesetzl nicht geregelt. Die Mutter kann in diesem Fall Antr auf Feststellg der Vatersch beim VormschG stellen, § 1600n II. Sie muß allerd iF der Feststellg der Vatersch mit der Geltdmach ErbErsAnspr des Vaters nach dem Kinde rechnen, § 1934a II. Nach dem Tod auch die Mutter verst, so ist eine nachträgl Feststellg der Vatersch nicht mögl, s BT-Drucks V/2370 S 98, auch Odersky Anm IV, Johannsen aaO 4, Kipp-Coing § 4 V 1 c, RGRK Rdz 2, Soergel-Schippel Rdz 7, Erm-Barth-Schlüter Rdz 9.

4) Erbrecht, ErbErsAnspr des nichtehel Kindes beim Tod eines Verwandten des Vaters, II. Erbrechtl Anspr nach Verwandten des Vaters w dem nichtehel Kind in der Regel nur zustehen, wenn der Vater vorverst ist, s § 1934a Anm 2b. Dem nichtehel Kind steht in diesem Fall ein gesetzl ErbR od ein ErbErsAnspr nur zu, wenn zZ des Erbf – der Vatersch anerkannt, od rechtskr festgestellt war, od wenn das gerichtl Verf zur Feststellg der Vatersch zumindest schon anhäng war. Sind diese Voraussetzgen nicht gegeben, so scheidet eine Beteiligg des nichtehel Kindes am Nachl von Verwandten des Vaters aus, s BT-Drucks V 2370 S 98. Ist ein Verf zur Feststellg der Vatersch zZ des Todes des Vaters anhäng gewesen, so kann das Kind beim VormschG Antr auf Feststellg der Vatersch stellen u im Fall der rechtskr Feststellg seine Beteiligg am Nachl der väterl Verwandten geltd machen. I 2 ist hier nicht anwendb, s Odersky Anm IV 2.

1934d Vorzeitiger Erbausgleich des nichtehelichen Kindes.

I Ein nichteheliches Kind, welches das einundzwanzigste, aber noch nicht das siebenundzwanzigste Lebensjahr vollendet hat, ist berechtigt, von seinem Vater einen vorzeitigen Erbausgleich in Geld zu verlangen.

II Der Ausgleichsbetrag beläuft sich auf das Dreifache des Unterhalts, den der Vater dem Kinde im Durchschnitt der letzten fünf Jahre, in denen es voll unterhaltsbedürftig war, jährlich zu leisten hatte. Ist nach den Erwerbs- und Vermögensverhältnissen des Vaters unter Berücksichtigung seiner anderen Verpflichtungen eine Zahlung in dieser Höhe entweder dem Vater nicht zuzumuten oder für das Kind als Erbausgleich unangemessen gering, so beläuft sich der Ausgleichsbetrag auf das den Umständen nach Angemessene, jedoch auf mindestens das Einfache, höchstens das Zwölffache des in Satz 1 bezeichneten Unterhalts.

III Der Anspruch verjährt in drei Jahren von dem Zeitpunkt an, in dem das Kind das siebenundzwanzigste Lebensjahr vollendet hat.

§ 1934d 1, 2

IV Eine Vereinbarung, die zwischen dem Kinde und dem Vater über den Erbausgleich getroffen wird, bedarf der notariellen Beurkundung. Bevor eine Vereinbarung beurkundet oder über den Erbausgleich rechtskräftig entschieden ist, kann das Kind das Ausgleichsverlangen ohne Einwilligung des Vaters zurücknehmen. Kommt ein Erbausgleich nicht zustande, so gelten für Zahlungen, die der Vater dem Kinde im Hinblick auf den Erbausgleich geleistet und nicht zurückgefordert hat, die Vorschriften des § 2050 Abs. 1, des § 2051 Abs. 1 und des § 2315 entsprechend.

V Der Vater kann Stundung des Ausgleichsbetrages verlangen, wenn er dem Kinde laufenden Unterhalt zu gewähren hat und soweit ihm die Zahlung neben der Gewährung des Unterhalts nicht zugemutet werden kann. In anderen Fällen kann der Vater Stundung verlangen, wenn ihn die sofortige Zahlung des gesamten Ausgleichsbetrages besonders hart treffen würde und dem Kinde eine Stundung zugemutet werden kann. Die Vorschriften des § 1382 gelten entsprechend.

Schrifttum: Zur Kritik der §§ 1934d, e s Stöcker JZ 70, 675; Ebert, Der vorzeit ErbAusgl: Vorläuf od endgült Rechtsinstitut? 1971; Jochem, Der vorzeit ErbAusgl – Beerbg nach Bedarf? FamRZ 74, 360; s auch Jäger, Probleme des vorzeit ErbAusgl, FamRZ 71, 504; Bosch FamRZ 72, 177f; Johannsen WPM 70, 12; Lutter ErbR § 3; Christiansen, Der Anspr des nehel Kindes auf den vorzeit ErbAusgl, Diss (Freibg) 1972; Kumme, Streitfragen z vorzeit ErbAusgl des nehel Kindes ZblJR 74, 22; Voss aaO § 10 A I 6; Stegtmeyer, Der vorzeit ErbAusgl nach §§ 1934d, 1934e BGB – Rechtsdogmat Analyse eines neuart Rechtsinstituts, Diss, Münster 1977; Form-Komm ErbR, Forml 6. 106, 107; Lange-Kuchinke § 14 V 5.

1) Inhalt, Allgemeines. a) Vorzeitiger Erbausgleich des nichtehel Kindes. § 1934d berecht das nehel Kind, das das 21. aber noch nicht das 27. LebensJ vollendet hat, dazu Bosch FamRZ 72, 178, von seinem Vater, § 1600a – nicht von anderen u künft Erben, etwa Großeltern nach Vorversterben des Vaters, Brüggemann ZBlJR 69, 314, Körting NJW 70, 1526, 71, 23 – einen vorzeit ErbAusgl in Geld zu verlangen, I. Der vorzeit ErbAusgl soll die erbrechtl Beziehgn zw dem Kind u seinen Abkömml einers u dem Vater u dessen Verwandten anderers ersetzen, s BT-Drucks zu V 4179 S 6, auch Damrau FamRZ 69, 129, 586; er hat mehr familienrechtl Charakter, KG FamRZ 73, 51 mit Anm von Bosch, daher gelten EG 19, 20 entspr, s Odersky Anm XII; aM Soergel-Schippel Rdz 6, Stegtmeyer aaO 17ff; für Anwendg des Personal-Statuts des Erbl, Kegel IPR § 21 II, Lange-Kuchinke § 14 V 5a. Wird das nehel Kind von seinem Vater als Kind angenommen, so wird es dessen ehel Kind, s §§ 1754, 1755, 1767 II, 1770, 1772 idF des AdoptG; das Kind hat keinen Anspr auf vorzeit ErbAusgl, s BT-Drucks 7/5087 S 16, Dittmann Rpfleger 78, 277/281 m weiteren Einzelheiten; insb zum ÜbergR, Kemp DNotZ 77, 646/654, Dittmann aaO 285. Über den Ausgleichsbetrag trifft II nähere Best, die Verjährg regelt III. Über das ErbAusglVerlangen des nehel Kindes kann im Prozeßweg dch Klage des Kindes auf ErbAusgl gg den Vater entschieden w, dazu Damrau FamRZ 69, 588, Lutter ErbR § 3 II 2b, IV. Auch eine Vereinbarg zw den Beteil ist mögl, s bedarf notarielle Beurk, IV 1; über Zulässigk von Bedingen beim ErbAusglVertr s Schramm BWNotZ 70, 14 unter X 10; über Zurücknahme des Ausgleichsverlangens s IV 2. Die Rechtslage bei Zahlgen, die der Vater im Hinbl auf einen – nicht zustande gekommenen – ErbAusgl geleistet hat, regelt IV 3. Eine Stundg des AusglBetr regelt V, der Vater kann beim VormschG nach Maßg des § 1382 mit § 53a FGG (dazu Anm 9c) die Stundg des AusglBetr beantragen. Die erbrechtl Wirkgn des vereinb od rechtskr zuerkannten ErbAusgl ergeben sich aus § 1934e. – **b)** Dem nehel Vater ist ein Recht, zu seinen Lebzeiten das Kind gg dessen Willen dch Geldzahlgen für einen späteren erbrechtl Anspr abzufinden, nicht eingeräumt, dazu Bosch FamRZ 69, 509, Brüggemann ZBlJR 69, 313. Das nehel Kind kann aber dch Vertrag mit seinem Vater auf sein gesetzl ErbR u damit auch auf einen etwaigen ErbErsAnspr verzichten, § 2346, u als GgLeistg eine Abfindg vereinb, s Übbl 2 vor § 2346. Nach Abschl eines Vertr gem § 2346 kann das nehel Kind keinen ErbErsAnspr verlangen, s Lutter ErbR § 3 II 1 d. – Zur Wirkg des Abschlusses eines ErbVertr zw Vater u nehel Kind s Lutter ErbR § 3 II 1d, auch Damrau FamRZ 71, 480, Stegtmeyer aaO 187ff. Über Unterh Abfindg s § 1615e. – Testamentar Ausschließg des Anspr dch den Vater ist nicht mögl, dazu Bosch FamRZ 72, 178. – **c)** Verfassgsrechtl Bedenken gg § 1934d wg nicht gerechtf Benachteiligg der ehel Kinder (GG 6, 14) äußert Firsching Rpfleger 70, 52, s auch Brüggemann ZBlJR 72, 242; für Vereinbark der Regelg mit dem GG aber mit Recht KG, Oldbg, LG Waldsh FamRZ 73, 51, 550; 76, 372; Roth-Stielow Just 74, 350; Lange-Kuchinke § 14 V 5f; aM LG Osnabrück FamRZ 74, 262 (VorlageBeschl), Jochem aaO 363²¹ (§ 1934e). – **d)** ÜbergangsR: Art 12 § 10 II NEhelG, dazu KG FamRZ 72, 148; § 1924 Anh Anm 2.

2) Voraussetzungen, I. Das Verlangen eines vorzeit ErbAusgl in Geld dch das nehel Kind gg seinen Vater setzt voraus, daß die Vatersch entweder anerkannt od rechtskr festgestellt ist. Das Verlangen muß nach Vollendg des 21. LebensJ, nicht schon bei Erreichg der Volljährigk, s Bosch, Festschr f Schiedermair, 1976, 51/58f, u spätestens an dem Tage gestellt w, der dem Tag der Vollendg des 27. LebensJ vorausgeht, § 187 II 2, s Brüggemann ZB JR 69, 31. Das Verlangen selbst ist eine einseit empfangsbedürft Willenserklärg, – nach Jäger aaO 506 eine geschäftsähnl Handlg, ebso Stegtmeyer aaO 78 –, §§ 130ff. Es muß desh dem Vater vor Fristablauf zugehen, es braucht sich aber nicht auf die Höhe des AusglBetr erstrecken. §§ 104ff, 164ff sind anwendb, §§ 119, 123 sind dch IV S 2 ausgeschl, Stegtmeyer aaO 79ff, Jäger aaO. Streitig ist, wann der Anspruch auf Zahlg des vorzeit ErbAusgl entsteht, s hierzu Damrau FamRZ 69, 589, Jäger FamRZ 71, 507; Ebert aaO 22ff, Lutter ErbR § 3 II a, Odersky Anm II 3, Erm-Barth-Schlüter Rdz 14ff, 20–22. Letzterer nimmt folge Stufen der REntwicklg an: Kraft Gesetzes erwirbt das Kind gg seinen Vater einen „verhaltenen Anspr", dessen Erfüll nach Vollendg des 21., aber nur vor Vollendg des 27. LebensJ jederz verlangt w kann. Verlangt das Kind die Erfüllg, so verwandelt sich der Inh des Anspr in einen jederz zu erfüllen, im übr ident Anspr. Hat das Kind Erfüllg verlangt, so kann der Vater mit ihm freiw in notarieller Urk eine Vereinbg über Höhe u Leistg des vorzeit ErbAusgl treffen; tut er das nicht, so muß das Kind auf Vollzug klagen u ein rechtskr Urt für sich erwirken. Dieser Auffassg wird beigetreten, s auch Stegtmeyer aaO 40ff, Lange-Kuchinke § 14 V 5b. – Fragl erscheint, ob außerh der Altersgrenzen des § 1934d I ein vorzeit ErbAusgl dch eine – notarielle – Vereinbg mit den Wirkgen des § 1934e herbeigeführt w kann od ob dies nur in der Form eines ErbVerz gg Abfindg, § 2346, Übbl 2 vor § 2346, mögl ist, vgl Bosch FamRZ **69**, 510²⁸a; ersteres bejahen Damrau aaO, BB **70**, 470, Brüggemann ZBlJR **69**, 314, Jäger aaO 507; aM Lutter ErbR § 3 II 1a, Ebert aaO 23, denen beizutreten ist, s auch Kumme aaO 25; Lange-Kuchinke § 14 V 5c; hat das Kind das Verlangen vor Vollendg des 27. LebensJ gestellt, so kann der vorzeit ErbAusgl auch später vereinb od mittels Urt herbeigeführt w, Odersky § 1934e Anm II 3b, c, Johannsen aaO 18, Jäger aaO 507, Kummer aaO 23, 24.

3) Ausgleichsbetrag, II. a) Maßstab für die Höhe des AusglBetr bildet der Unterh, den der Vater dem voll unterhbedürft Kind zu leisten hatte, s §§ 1615a mit 1602, 1603, 1615c, f; außer Betr bleiben Zeiten, in denen § 1708 aF, § 1615h nF Platz gegriffen haben, Odersky Anm III 1b. Maßgebd ist der Unterh, den der Vater im Durchschn der letzten 5 Jahre vor dem Verlangen zu entrichten hatte, zu dessen Leistg er also verpfl war; meist w dies der RegelUnterh, § 1615f II, sein, s Damrau aaO 589; s auch die Regelbedarfs-VO v 30. 7. 76, BGBl 2042, dazu Anh zu § 1615f, 1615g, Odersky Rpfleger **74**, 209 (fr R). Darauf, ob er ihn geleistet hat, kommt es nicht an. Der Durchschn ist zu errechnen, Beisp s bei Lutter ErbR § 2 III 1b. – Ist das Kind im Kleinkindalter von einem Dritten adoptiert w, so steht ihm im Hinbl auf die Wirkgen der VollAdopt, §§ 1754ff, kein vorzeit ErbAusgl zu. Jed können sich auch in den ÜbergangsVorschr des AdoptG (Art 12 §§ 1, 2) Fälle ergeben, in denen das Kind noch einen ErbAusglAnspr gg den Vater haben kann, hier muß sich die Höhe des AusglBetr nach dem Unterh richten, der der Vater zu leisten gehabt hätte, wenn er unterhpfl gewesen wäre, s mit weit Einzelheiten Stegtmeyer aaO 61ff. **b)** Nach **II 1** beläuft sich der AusglBetr idR auf das Dreifache des Jahresleistg, die der Durchschn ergibt **(Regelbetrag)**, s KG FamRZ **73**, 51, Soergel-Schippel Rdz 14, 15. – Von diesem Regelbetr kann sowohl zG des verpfl Vaters als auch des berecht Kindes abgewichen w, **II 2.** – **aa)** Ist dem Vater unter Berücksichtigg seiner and Verpfl, s dazu § 1603 Anm 3, eine Zahlg des sich aus II 1 ergebden R e g e l b e t r a g s n i c h t z u z u m u t e n , würde sie also zB seinen eigenen angem Unterh gefährden, vgl § 1603 I, so beschr sich der AusglBetr auf das nach den Umst Angemessene. Er muß aber mind das Einfache des JahresUnterh, der sich aus dem Durchschn nach **I 1** ergibt, betragen. Hierbei kommt es auf die U m stände des Einzelfalles, Vermögen, Einkünfte des verpfl Vaters, s LG Waldsh FamRZ **76**, 372, § 1603 Anm 2, an, s auch Johannsen aaO 17. Bei Feststellg des angemess Betr sind aber auch die Bedürfn, insb die wirtsch Verh des Kindes zu berücksichtigen. Da es sich bei dem ErbAusgl um einen Ersatz für die Erbenstellg handelt, wird auch die voraussehb Entwicklg der wirtsch Verh des Vaters in Betr zu ziehen sein. **bb)** Ist für das K i n d e i n e Z a h l g des sich aus **II 1** ergebden R e g e l b e t r a g e s u n a n g e m e s s e n g e r i n g , zB im Hinbl auf eine Beschränkg seiner Erwerbsfähigk, uU auch wg einer mit Hilfe des ErbAusgl zu verwirklichden Selbständigmachg, ist dem Vater nach seinen Einkommens- u VermVerh unter Berücksichtigg seiner and Verpfl ein höherer Ausgl zuzumuten, so muß der AusglBetr auf das den Umst nach Angemessene erhöht w, höchstens auf das 12fache des jährl UnterhBetr, der sich aus dem Durchschn nach **I 1** ergibt. Auch hier sind die Umst des Einzelfalls zu berücksichtigen, s dazu Damrau aaO 589, BB **70**, 470, LG Brschw FamRZ **72**, 147 (BemessgsGrdlagen), Oldbg FamRZ **73**, 550 (Vater HofEigt). Im Streitfall muß das ProzG über die Höhe des angemessenen AusglBetr entscheiden; s hiezu allg Damrau BB **70**, 469 f, Lutter ErbR § 3 III 2, Stegtmeyer aaO 69ff, auch das Bsp bei Knur Betr **70**, 1117.

4) Verjährg des Anspruches, III. Die Verj des Anspr b e g i n n t n i c h t m i t s e i n e r E n t s t e h g , s § 198 S 1, sond immer erst von dem Ztpkt an, in dem das Kind das 27. LebensJ vollendet hat, §§ 188 II, 187 II. Über H e m m g d e r V e r j s § 202 I, zB bei Stundg des AusglBetr gem § 1934 V, §§ 203, 205, 206; über Unterbrechg der Verj s §§ 208, 209, 211 ff (§§ 209, 213 nF). Gg Anwendg des § 208 Lutter ErbR § 3 II 2c; s auch Stegtmeyer aaO 193ff. Die VerjFrist beträgt 3 Jahre. Kommt es zu einer notariellen Vereinbg od w der Anspr dch rechtskräft Urt zuerkannt, so verjährt die Fdg in 30 Jahren, §§ 195, 218, Jäger aaO 507, Odersky Anm IV 3, auch Stegtmeyer aaO 53ff.

5) Form der Vereinbg über den Erbausgleich, IV 1, 3. Für eine Vereinbg zw Vater u Kind über den vorzeit ErbAusgl ist die n o t a r i e l l e F o r m vorgeschrieben, s § 128, §§ 1ff BeurkG, auch § 127a; es handelt sich um einen ggs Vertr, s §§ 116ff, 145ff, 320ff, auch § 326, Odersky Anm V, Bosch FamRZ **72**, 178; Stegtmeyer aaO 140ff; am Lange-Kuchinke § 14 V 5f; die Vereinbg ist nicht bdggsfeindl, s Soergel-Schippel § 1934e Rdz 3; auch ein vertragl RücktrR kann aufgen w, Stegtmeyer aaO 139. Eine ledigl mündl od schrift Vereinbg hat nicht die in § 1934e vorgesehene Rechtswirkg, s auch § 125. Soweit für das Kind ein gesetzl Vertr die Vereinbg abschließt, bedarf es der vormschger Gen, §§ 1822 Nr 1, 12; 1934e, Schramm BWNotZ **70**, 14, Stegtmeyer aaO 107, 108. L e i s t e t d e r V a t e r zB aGrd mündl Abmachgen über den E r b A u s g l Z a h l g e n u k o m m t e s n i c h t z u e i n e r n o t a r i e l l e n B e u r k u a u c h n i c h t z u e i n e r g e r i c h t l E n t s c h e i d g über den ErbAusgl, so kann der Vater Herausg des Geleisteten vom Kind verlangen, § 812, dazu Stegtmeyer aaO 153ff. Sieht der Vater in diesem Fall von der RückgFdg ab, so ist das Kind od die an seine. Stelle tretden Abkömml, die als gesetzl Erben beim Tod des Vaters zur Erbf gelangen, hinsichtl der geleisteten Zahlgen in entspr Anwendg der §§ 2050 I, 2051 I zur Ausgl verpfl. Als PflichttBerecht ist das Kind (seine Abkömml) anrechnungspflichtig gem § 2315 in entspr Anwendg, dazu Odersky Anm VII 3, Lutter ErbR § 3 VII 2, X 2, Stegtmeyer aaO 163ff. – Die V e r e i n b a r g kann jederz dch V e r t r a u f g e h o b e n w, mit der Wirkg, daß die Rechtslage eintritt, wie sie vor deren Abschl bestanden hat, Odersky Anm V 8, s auch Stegtmeyer aaO 133ff.

6) Zurücknahme des AusglVerlangens, IV 2. a) Allgemeines. Die Zurückn des AusglVerlangens eine einseit, empfangsbedürft WillErkl, s Damrau aaO 586, 588, ist bis zum Abschl der notariellen Beurk der ErbAusglVereinbg, od bis zur rechtskr Entsch über den vorzeit ErbAusgl jederzeit zuläss; sie kann also zB im Proz noch in der RevInst in der UrtVerkündg vorausgehen mdl Verh erklärt w. Einer Einwilligg des Vaters (Bekl im Proz) bedarf es nicht, Stegtmeyer aaO 97. Dch die Zurückn

Erbfolge §1934d 6–9

erlischt die AusglFdg. Im Proz hat die Zurückn des Verlangens auf Antr des Bekl die Abweisg der Kl zur Folge, falls diese nicht in zuläss Weise zurückgen w, §271 (jetzt §269) ZPO, s Odersky Anm VI 5, Lutter ErbR §3 V 1c, Soergel-Schippel Rdz 19. Das Verlangen kann aber, wenn nicht ausdrückl dch Vereinbg zw Kind u Vater auf den Anspr verzichtet worden ist, s §397, solange die Frist nach I noch läuft, erneut gestellt w, ebso Damrau FamRZ **69**, 586, Odersky Anm VI 4, Stegtmeyer aaO 83, Lange-Kuchinke §14 V 5g; aM Erm-Barth-Schlüter Rdz 25. Zurückn des Verlangens ist auch mögl, wenn Kind od Vater ihre Erklärgen in der notariellen Vereinbg wirks angefochten haben (§§119, 123, 142) Lutter ErbR §3 V 1b. – Eine wirks Zurückn des Verlangens hat zur Folge, daß dem Kind beim Tod des Vaters seine erbrechtl Stellg, §§1924, 1934a I, verbleibt.

b) Sonderfragen. Rechtswirkgen des Zurücknahmeverlangens im Prozeß, s Damrau FamRZ **69**, 586, **71**, 480. Hat das nichtehel Kind im Proz über den vorzeit ErbAusgl im 1. Rechtszug ein vorläuf vollstreckb zusprechdes Urteil erzielt, w aGrd dieses Urt gg den Vater erfolgreich vollstreckt u nimmt das Kind im Verf auf die vom Vater eingelegte Berufg sein Verlangen u mit Zust des Vaters seine Kl zurück od wird – mangels Zust des Vaters – das Urt aufgeh u die Kl abgewiesen, so gilt ZPO 717 II (Odersky Anm VI 5, Stegtmeyer aaO 104); im Fall von ZPO 708 Nr 7 (jetzt Nr 10) greift ZPO 717 III Platz; der ErsAnspr umfaßt auch die Rückerstattg des an das Kind bezahlten AusglBetr (Odersky aaO; s auch StJP-Münzberg ZPO 717 Anm II 4, V 1). Tritt hier die Erbf nach dem Vater ein, so geht der ErstattgsAnspr auf die Erben über. Es verbleibt jedoch bei der erbrechtl Stellg des Kindes. Hat zB der Vater neben dem nichtehel Kind seine Witwe, mit der er im gesetzl Güterstd gelebt hat, hinterlassen, so w diese AlleinE. Dem Kind steht ein ErbErsAnspr in Höhe des Wertes der halben Erbsch zu, §§1931, 1371 I, 1934a I; die Erbin kann mit dem gg das Kind bestehdn Anspr auf Rückgewähr des Empfangenen aufrechnen, Johannsen aaO 15, s dort auch weitere Bsp u über die entspr Anwendg der §§2050 I, 2051 I u §2315, s auch Damrau aaO.

7) Ausschluß des vorzeitigen Erbausgleichs. Die Frage, ob das nichtehel Kind von seinem Vater einen vorzeit ErbAusgl verlangen kann, wenn es erbunwürdig ist od ihm der Vater den Pflichtteil entziehen kann, ist nicht geregelt. Eine entspr Anwendg der §§2333, 2339, 2345 – Entziehg des Pflichtt, Erbunwürdigk – ist in §1934d nicht vorgesehen. Sind zB die Voraussetzgen für eine Entziehg des Pflichtt nach §2333 Nr 2 od 5 an sich gegeben, so würde es der Billigk entspr, einen Anspr auf vorzeit ErbAusgl zu verneinen. Damrau FamRZ **69**, 588 erwägt außer der entspr Anwendg der angeführten Best die Heranziehg des §242: unzuläss RAusübg, venire contra factum proprium, s §242 Anm 4c, u neigt zu der ersteren Lösg. Im Hinbl auf die Formalisierg der Geltdmachg der PflichttEntziehg, §2336, u der Erbunwürdigk, §2345, dürfte aber der Heranziehg des §242 der Vorzug zu geben sein. Für entspr Anwendg der §§2333, 2339ff auch Johannsen aaO 19, Schramm BWNotZ **70**, 15 unter X 12, Kittel NJW **71**, 22, RGRK Rdz 5, Erm-Barth-Schlüter aaO 26; dagg abl Körting NJW **70**, 1527, **71**, 23; gg Anwendg des §242, aber für entspr Anwendg des §2338 Lutter ErbR §3 II 1d. S auch Stegtmeyer aaO 174ff.

8) Übertragbarkeit, Vererblichkeit des Anspruchs. Hier w zu unterscheiden sein, s Damrau FamRZ **69**, 589.
a) Der wirksam vereinbarte od rechtskr zuerkannte vorzeit ErbAusgl ist ebso wie der PflichttAnspr, s §2317 II, übertragb, verpfändb u vererbl; die Übertragbark kann jed dch Vertr ausgeschl w, s RGRK Rdz 6. Nach dem Tod des Vaters ist er eine gewöhnl NachlVerbindlichk, §1967, s Johannsen aaO 13.
b) Vor seiner Geltendmachg wird dagg Übertragbark u Vererblichk des „Anspruchs" im Hinbl auf die die persönl Interessen der unmittelb Beteil berücksichtigde Ausgestaltg des „verhaltenen Anspruchs" zu verneinen sein, ebso Odersky Anm IV 1b, für Abtretbark aber Damrau FamRZ **70**, 612; s auch Lutter ErbR §3 II 2a.
c) Stirbt das nichtehel Kind, das vom Vater außergerichtl den vorzeit Erbausgleich rechtzeit verlangt hat, so können seine Erben den Anspr außergerichtl nicht weiter verfolgen, da eine Vereinbg zw Kind u Vater nicht mehr abgeschl w kann; eine nachträgl KlErhebg dch die Erben ist ebenf nicht zulässig. Hatte das Kind bereits Klage gg den Vater erhoben, so ist bestr, ob seine Erben den Proz fortsetzen können; hier ist aber bereits ein Erbf eingetreten, es bleibt für den ErbAusgl kein Raum mehr, Damrau aaO, Schramm BWNotZ **70**, 14 unter X 6, Odersky Anm VIII 1, Johannsen aaO 13.
d) Stirbt der Vater vor Abschl einer rechtskr Vereinbg od einer rechtskr Entscheid des ProzG, so ist für einen vorzeit ErbAusgl kein Raum mehr, Odersky Anm VII 1; §1934e Anm II 6, Kumme aaO 24, Bosch FamRZ **73**, 53, dort auch über den Sonderfall, daß der Vater vor Rechtskr der seine Verurteilg aussprechden Entscheidg gestorben ist, das Urt aber trotzd rechtskr geworden ist.

9) Stundung des Ausgleichsbetrages, V. a) Wegen Unterhaltsgewährung, V 1. Für die UnterhPfl des Vaters ggü seinem nichtehel Kind besteht keine Altersgrenze mehr. Eine solche ist lediglich für die Gewährg des RegelUnterh nach §1615f vorgesehen; darüber hinaus gelten für die UnterhVerpfl nach Vollendg des 21. LebensJ §§1615a mit 1602 I, 1603 I, 1615c. Ist die Verpfl des Vaters zur Zahlg des AusglBetr dch notarielle Vereinbg od rechtskr Urt festgestellt u ist dieser dem Kind ggü zur Zeit der Fälligk des Betr noch unterhpflichtig, so kann er, soweit ihm die Zahlg nicht zugemutet w kann, Stundg verlangen. Ob diese Umst gegeben sind, muß bei der Entscheid über die Stundg, s c, unter Berücksichtigg der Eink- u Verm-Verh des Vaters geprüft w. Unzumutb ist zB eine sofort Zahlg des AusglBetr, wenn der Vater hierzu eine seine ExistenzGrdLage berühre Belastg eingehen müßte. Das Interesse des Kindes an einer sof Zahlg darf aber nicht außer Acht gelassen w.
b) Stundg in anderen Fällen, V 2. Auf Seite des Vaters w verlangt, daß ihn die sofortige Zahlg des ges AusglBetr bes hart trifft, vgl §1382 I; die Voraussetzgen auf Seite des Vaters sind also strenger als im Fall von V 1. Der Vater kann sich zB darauf berufen, daß die fristgem Zahlg des vollen AusglBetr ihn zwinge, einen ihm gehör GeschBetr od eine gesellschaftsrechtl Beteiligg zu veräußern od Verm zu verschleudern od Kredit aufzunehmen, um sich die erforderl Mittel zu verschaffen, vgl KG, LG Waldsh

1695

FamRZ **73**, 51; **76**, 372; Staud-Felgenträger, § 1382 Anm 13, 14. Für das Kind muß eine Stundg zumutb sein. Die schutzwürd Interessen des Kindes an der fristgem Zahlg sind also voll zu berücksichtigen. Bei der Entsch über die Stundg ist das beiders Schutzbedürfn abzuwägen, s Staud-Felgenträger, § 1382 Anm 15–18.

c) Verfahren zu a) und b). Es gelten § 1382 – entspr – u FGG 53a. In § 1382 ist auf Grd Art 1 Nr 10 des 1. EheRG an die Stelle des VormschG das FamilienG getreten. Nach Art 12 Nr 11d G müßte infolge der Verweisg auf eine gem § 1382 auch für das ggwärt Verf das FamilienG sachl zust sein. Dagegen spricht, daß das Verf nach § 1934d **V** in GVG 23b I und ZPO 621 I, je idF des 1. EheRG, in denen die Zustdgken des FamilienG abschließd aufgezählt sind, nicht genannt ist, daß die Zustdgken des FamilienG personenbezogen sind und zu dem Personenkreis nicht auch das nehel Kind (in seiner erbrechtl Beziehg zum Vater) zählt. Auch ein EntscheidsVerbund mit einer FamilienRSache iS von ZPO 621 (s ZPO 623) kann nicht in Betr kommen. Unter diesen Umst muß auf Grd FGG 53a der Fortbestand der Zustdgk des VormschG (ProzGer) u die Weitergeltg des bish gegebenen Verf angen w, Keidel-Kuntze-Winkler Rz 28a zu FGG 53a.

aa) Zuständigk des VormundschGerichts. Grdsätzl zust VormschG, örtl Zustdgk § 43 FGG, Gebühren § 106a KostO; es entsch der Rechtspfleger § 3 Nr 2a RPflG (idF des Art 8 Nr 1 des 1. EheRG; § 14 Nr 2 RpflG nF greift hier nicht Platz). Erforderl ist ein Antr des Vaters, nach dessen Tod des Erben (NachlPfleger, – Verw, TestVollstr), s Jansen² § 53a FGG Rdn 3. Der Antr kann auch auf einem Teil des AusglBetr beschr w; er kann bis zur rechtskr Entsch jederzeit zurückgen w. Die EntschGewalt des VormschG erstreckt sich nur auf den unstreitigen Ausgleichsbetrag. Es soll mit den Beteil mündl verhandeln u auf einen Vergleich hinwirken. Über die Form des Vergl s § 53a I 2 FGG mit §§ 159–164 ZPO (idF des G v 20. 12. 74, BGBl 3651). In den Vergleich sind der SchuldBetr, die Zins- u Zahlgsbedingen sowie etwa vereinb Sichergen aufzunehmen; zweckmäß ist auch eine Vereinbg über die Kosten. Aus dem Vergl findet die Zwangsvollstreckg nach der ZPO statt, § 53a I, IV FGG. Kommt keine Einigg zustande, so entsch das VormschG, nachdem es die sacherhebl Tats vAw festgestellt hat, § 12 FGG. Es kann Stundg (auch teilw) bis zu einem best Ztpkt od Ratenzahlgen (mit Verfallsklausel) bewilligen. Auf Antrag des Kindes kann es anordnen, daß der Vater für die gestundete Fdg Sicherh zu leisten hat, § 1382 III. Es muß außerdem über die Höhe der Verzinsg – nach bill Erm – u den Zinsbeginn entsch, § 1382 II, IV, s KG FamRZ **73**, 51/52. Erachtet das Ger die Voraussetzgen für eine Stundg nicht für gegeben, so weist es den Antr ab. Erforderlichenf kann es eine einstw AO treffen, § 53a III FGG. Erachtet das Ger die Voraussetzgen für eine Stundg nicht für gegeben, so weist es den Antr ab. Die Vfg des VormschG über den StundgsAntr w erst mit der Rechtskr wirks, § 53a II 1 FGG. In der Vfg, in der über den Antr entsch w, kann das Ger auf Antr des Kindes auch die Verpfl des Vaters zur Zahlg des AusglBetr aussprechen u damit einen VollstrTitel schaffen, § 53a II 2, IV. Gg die EndEntsch ist die sof Beschw gegeben, § 60 I Nr 6 FGG; dies gilt sowohl für die den Antr als unbegründet od unzul abweise wie für die ihm in vollem Umfang od teilw stattgebde Entsch. Eine einstw AO kann nur zus mit der EndEntsch angefochten w. BeschwFrist: § 22 I FGG; sof weitere Beschw §§ 27, 29 FGG, ZwVollstr § 53a IV FGG. S hierzu im übr § 1382 Anm 3, 6, Jansen², Keidel-Kuntze-Winkler je zu § 53a FGG.

bb) Zuständigk des Prozeßgerichts. Soweit der AusglAnspr noch streitig ist, wenn also noch keine wirks Vereinbg zustande gekommen u über den AusglBetr im RechtsStr anhäng w, kann der Antrag auf Stundg nur beim Prozeßgericht gestellt w, § 1382 V. Ist noch kein RechtsStr anhäng, so ist ein StundgsAntr unzuläss, Staud-Felgenträger § 1382 Anm 47. Im ProzVerf kann der Antr auch in der BerufsInst gestellt w. Über den Antr ist im Urt zu entsch; in einem solchen Urt ist über den AusglBetr, die Stundg, die Verzinsg u die etwa beantragte SicherhLeistg zu befinden. Das Urt unterliegt den gewöhnl Rechtsmitteln, s hierzu § 1382 Anm 4, Staud-Felgentraeger aaO Anm 47–54.

cc) Nachträgl Aufhebg od Änderg der StundgsEntscheidg, § 1382 VI. Das VormschG kann auf Antrag des Vaters od des Kindes die rechtskr Entsch über die Stundg, auch die des ProzG, aufheben od änd, wenn sich die Verh nach der Entsch wesentl geändert haben. Diese EntschBefugn erstreckt sich auch in einem Abschl eine nach dem Abschl eine wesentl Änd der Verh eingetreten ist, s hierzu § 1382 Anm 5. Für das Verfahren gelten die Grdsätze unter aa). Ist in eine notarielle Vereinbg über den Ausgl eine Stundgsabrede aufgen, so kann auch diese auf Antr wg wesentl Veränderg der Verh geändert w, Keidel-Kuntze-Winkler § 53a FGG Rdz 19. Ist im Prozeßverfahren kein StundgsAntrag gestellt worden, so kann nach rechtskr Zuerkenng des AusglBetr unter den Voraussetzgen des § 1382 VI vom VormschG auf Antr über eine Stundg entsch w.

10) ErbschSteuer: ErbStG 1 I Nr 2; 7 I Nr 6; 9 I Nr 2; dazu Kapp, ErbStG u SchenkgsStG Rdz 125 bis 135 zu § 7.

1934e Rechtsfolgen des vorzeitigen Erbausgleichs.

Ist über den Erbausgleich eine wirksame Vereinbarung getroffen oder ist er durch rechtskräftiges Urteil zuerkannt, so sind beim Tode des Vaters sowie beim Tode väterlicher Verwandter das Kind und dessen Abkömmlinge, beim Tode des Kindes sowie beim Tode von Abkömmlingen des Kindes der Vater und dessen Verwandte nicht gesetzliche Erben und nicht pflichtteilsberechtigt.

Vorbem. § 1934e ist gem Art 1 Nr 88 NEhelG mit Wirkg vom 1. 7. 70 (Art 12 § 27 NEhelG) eingefügt.

1) § 1934e regelt die **Rechtswirkgen des vorzeitigen Erbausgleichs.** Entspr dem Zweck des ErbAusgl, die erbrechtl Beziehen zw dem Kind, seinen Abkömml u seinem Vater, seinen Verwandten anderers, zu ersetzen, hat dieser zur Folge, daß beim Tod des Vaters sowie beim Tod väterl Verwandter das nichtehel Kind u dessen Abkömmlinge, beim Tod des Kindes sowie beim Tod von Abkömml des Kindes der Vater u dessen Verwandte keine ErbAnspr haben. Voraussetzg für den Eintritt dieser Rechtswirkgen ist entw der Abschl einer wirks Vereinbg zw Kind u Vater über den vorzeit ErbAusgl od die Zuerkenng eines AusglBetr dch rechtskr Urt, s § 1934d IV. Die Vereinbg ist rechtswirks, wenn sie in notarieller Form, also unter Beachtg der Vorschr des BeurkG, beurk worden ist u auch sonst kein gesetzl Verstoß gg zwinges Recht vorliegt, s zB §§ 134, 138. Wird die Vereinbg etwa nach §§ 119, 123 wirks angefochten, so ist sie von Anfang an nichtig, § 142, die Rechtswirkgen des § 1934e treten nicht ein, etwaige Leistgen können zurückgefordert w, § 812; unterbleibt die ZurückFdg, so w § 1934d IV 3 Platz greifen. – Das erkennde zusprechde Urt über den ErbAusgl muß rechtskr sein, s § 705 ZPO. Wird das Urt im WiederAufnVerf, §§ 578 ff ZPO, aufgeh, so entfallen ebenf die Rechtswirkgen des vorzeit ErbAusgl, s oben. – Liegen die Voraussetzgen des § 1934e vor, so bestehen keinerlei erbrechtl Beziehgen zw den obengenannten Pers, es tritt keine gesetzl Erbf ein, s § 1924 ff, es entsteht kein ErbErsAnspr, § 1934a, s Brüggemann ZBlJR **69**, 308, und auch keine PflichttBerechtigg, § 2303 ff; für die Berechng des Pflichtt anderer ist der dch ErbAusgl Weggefallene nicht mitzuzählen, § 2310 entspr, Schramm BWNotZ **70**, 14 unter X 9. Dies gilt selbst dann, wenn die Eltern des nehel Kindes nach der notariellen Vereinbg od nach dem rechtskr Urt heiraten; auch dann erbt das nehel Kind, § 1719, nicht nach seinem Vater, Damrau FamRZ **69**, 586; aM Schramm aaO 15 unter X 12 c, Körting NJW **70**, 1527, Jäger aaO 510, s auch Johannsen aaO 13, RGRK Rdz 3; Jäger aaO 508f bejaht auch das gesetzl ErbR des von seinem Vater adoptierten nehel Kindes trotz vorzeit ErbAusgl (ebso bei Legitimation), spricht sich aber für eine AusglPfl nach §§ 2050 I, 2051, 2315 u darüb hinaus für einen RückgewährAnspr aus, zust Lutter ErbR § 3 IX 2c, für Ausgleich auch ErmBarth-Schlüter Rdz 5; Kumme aaO 24; Stegtmeyer aaO 122 (dieser auch, 126ff, mit weiteren Einzelheiten über den Einfluß nachfolgder Adopt), ebso Dittmann Rpfleger **78**, 277/281; wie hier Odersky Anm III 4 (Rechtsfolgen des § 1934e können in diesem Fall nur dch letztw Vfg beseitigt w). – Rückwirkg auf frühere vor dem ErbAusgl eingetretene Erbf, hat der ErbAusgl nicht, s Schramm aaO 14 unter X 7. – Von der Zahlg des vorzeit ErbAusgl ist der Verlust des ErbR nicht abhäng; ist die Schuld vor dem Tod des Vaters nicht erfüllt, so geht die Verpfl auf seine Erben über, § 1967; dem Kind steht in diesem Fall kein ErbR zu, Damrau aaO.

2) Die dch § 1934e begründeten RFolgen gehen über die RWirkgen, die dch einen **Erb**verzicht entstehen können, hinaus, s Knur Betr **70**, 1117. – Auf Grd letztw Vfg ist aber trotz ErbAusgl eine Beteiligg des nehel Kindes am Nachl des Vaters u der väterl Verwandten u umgekehrt mögl, Lutter ErbR § 3 IX 1, s auch Erm-Barth-Schlüter Rdz 6, RGRK Rdz 2.

3) Vor **Erteilg** eines **Erbscheins** über das ErbR eines nehel Kindes hat das NachlG ggf zu prüfen, ob dch einen vorzeit ErbAusgl nicht etwa das gesetzl ErbR beseitigt ist, s RGRK Rdz 4.

1935 Folgen der Erbteilserhöhung.
Fällt ein gesetzlicher Erbe vor oder nach dem Erbfalle weg und erhöht sich infolgedessen der Erbteil eines anderen gesetzlichen Erben, so gilt der Teil, um welchen sich der Erbteil erhöht, in Ansehung der Vermächtnisse und Auflagen, mit denen dieser Erbe oder der wegfallende Erbe beschwert ist, sowie in Ansehung der Ausgleichungspflicht als besonderer Erbteil.

1) Allgemeines. Anwachsg (§§ 2094, 2095, 2158, 2159) tritt bei gewillkürter Erbfolge, Erhöhg des **Erbteils** bei gesetzl Erbfolge ein. Praktisch ist es dasselbe, vgl § 2007 S 2. Der § 1935 will eine Überlastg des gesetzl Erben durch Vermächtnisse (§§ 2147 ff), Auflagen (§§ 2192 ff) od eine den Wegfallenden treffende AusglPfl (§§ 2050 ff) verhindern.

2) Wegfall. Von einem gesetzl Erben vor dem Erbfall kann man eigentlich nicht reden. Gemeint ist: Wegfall des ev gesetzl Erben **vor** dem Erbl durch Tod, § 1923 I, Ausschl, §§ 1933 (idF des 1. EheRG), 1938, od Erbverzicht, § 2346; als Wegfall vor dem Erbf w auch der Eintritt der RFolgen des § 1934e (vorzeit ErbAusgl) anzusehen. Wegfall **nach** dem Erbfall: Ausschlagg, § 1953, Erbunwürdigk, § 2344, und Totgeburt der Leibesfrucht, § 1923 II, Staud-Lehmann Anm 1. Tod nach dem Erbfall gehört nicht hierher, § 1930 Anm 2.

3) Verhältnismäßige Erhöhg. Die Erhöhg gilt nur in den im § 1935 genannten Beziehgen sowie im besonderen Falle des § 2007 S 2 als Sondererbteil (unechte Berufg zu mehreren Erbteilen). Im übrigen (zB bei §§ 1951, 2033) liegt insow eine Mehrh von Erbteilen nicht vor. Besonderheiten beim ErbschVerkauf § 2373. Wie schon das G andeutet („und erhöht sich infolgedessen..."), erfolgt eine Erhöhg nicht immer, zB nicht beim EintrittsR (§§ 1924 III, 1925 III) od dem festen Erbteil des Ehegatten bei Wegfall eines einzelnen Verwandten der ersten und zweiten Ordng (§ 1931 I).

4) Folge. Der Erbteil ohne Erhöhg und diese werden im Rahmen des § 1935 so angesehen, als wenn sie verschiedenen Erben gehörten, dh die erwähnten Belastgen sind immer nur aus derjenigen Masse zu decken, auf der sie schon urspr ruhten. Dies kann auch bei der AnrechngsPfl (§ 2315) prakt werden.

5) Besonderheiten. Der andere gesetzl Erbe muß bereits aus eigenem Recht zu einem Erbteil berufen sein. § 1935 gilt auch dann, wenn der inf des Wegfalls erhöhte Erbteil durch die AusglLast von vornherein überbeschwert od wenn der wegfallende Erbe selbst ausgleichsbelastet ist, nicht aber dann, wenn der wegfallende Erbe (zB der Ehegatte) an der Ausgleichung weder aktiv noch passiv beteiligt ist, Langheineken BayZ **11**, 33ff. Eine **entspr** Anwendg des § 1935 ist geboten, wenn die Erhöhg des gesetzl Erbteils sich aus dem Wegfall gewillkürter Erben ergibt, zB bei nur teilweiser letztw Vfg über den Nachl und Wegfall des TestErben unter Ausschl der Anwachsg, § 2094 II, III, s Staud-Lehmann Anm 5. Wegen der Erbenhaftg vgl § 2007 S 2.

1936 Gesetzliches Erbrecht des Fiskus.
[I] Ist zur Zeit des Erbfalls weder ein Verwandter noch ein Ehegatte des Erblassers vorhanden, so ist der Fiskus des **Bundesstaats,** dem der Erblasser zur Zeit des Todes angehört hat, gesetzlicher Erbe. Hat der

§§ 1936, 1937

Erblasser mehreren *Bundesstaaten* angehört, so ist der Fiskus eines jeden dieser *Staaten* zu gleichem Anteile zur Erbfolge berufen.

II War der Erblasser ein Deutscher, der keinem *Bundesstaate* angehörte, so ist der *Reichsfiskus* gesetzlicher Erbe.

Verordnung über die deutsche Staatangehörigkeit vom 5. Februar 1934
(RGBl I 85 = BGBl III 102-2)

§ 1. I *Die Staatsangehörigkeit in den deutschen Ländern fällt fort.*
II *Es gibt nur noch eine deutsche Staatsangehörigkeit (Reichsangehörigkeit).*

§ 2. .....

§ 3. .....

§ 4. I *Soweit es nach geltenden Gesetzen rechtserheblich ist, welche deutsche Landesangehörigkeit ein Reichsangehöriger besitzt, ist fortan maßgebend, in welchem Lande der Reichsangehörige seine Niederlassung hat.*
II Fehlt dieses Merkmal, so treten an seine Stelle der Reihe nach
1. die bisherige Landesangehörigkeit;
2. die letzte Niederlassung im Inlande;
3. die bisherige Landeszugehörigkeit der Vorfahren;
4. die letzte Niederlassung der Vorfahren im Inlande.
III *Im Zweifel entscheidet der Reichsminister des Innern.*

1) Landesangehörigk. An Stelle der Bundesstaaten sind die Länder getreten. In den Fällen des Abs I ist die VO v 5. 2. 34 anzuwenden (ebso Dernedde DV **49**, 17) und die Landesangehörigk des Erblassers, die sich nach § 4 der VO richtet (Niederlassg ist ein tatsächl u weiterer Begriff als Wohnsitz), behält zur Ermittl des zuständigen Landesfiskus fernerhin ihre Bedeutg. Die Entscheid nach § 4 III trifft jetzt der Bundesinnenminister, RGRK Rdz 2. § 1936 II betrifft die unmittelb Bundesangehörigk nach RuStAG 33 ff; § 4 VO v 5. 2. 34 gilt hier nicht, RGRK Rdz 4; an die Stelle des Reichsfiskus tritt der Bundesfiskus.

2) Staatserbfolge. Nach der gesetzl Erbfolgeordng gehen Verwandte u der Eheg, soweit sie nicht wg Ausschlusses, Erbverzichts, Erbunwürdigk od Erbschlagg nicht vorhanden gelten, dem Fiskus vor. Auch durch das REG Art 10 *(AmZ)*, Art 8 *(BrZ)*, Art 9 *(Berlin)* ist das Staatserbrecht ausgeschl; die Rechte nicht mehr vorhandener Erben werden hier durch Nachfolgeorganisationen (Treuhandgesellsch) wahrgenommen; das auf einem nach 1945 errichteten Test beruhde ErbR des Fiskus ist aber dch die Bestimmgn der RE-Gesetze nicht ausgeschlossen, KG RzW **66**, 212. Ansprüche aus dem BEG erlöschen, wenn Fiskus gesetzl Erbe würde, BEG 13 II; s auch LAG 244, RepG 42 S 3. Das ErbR des Fiskus ist privates ErbR, kein HoheitsR, Kipp-Coing § 6 I 2, u ergreift auch das im Ausland befindl Vermögen, soweit nicht EG 28 einschlägt. Die Grdlage für die Geltendmachg des Staatserbrechts bildet der FeststellgsBeschl des § 1964 (s diesen u BayObLG JW **35**, 2518). Der Staat kann auch abgesehen von dem ZusTreffen mehrerer Länder **(I 2)** als MitE (§ 1922 II) in Frage kommen, zB in den Fällen der §§ 2088, 2094 I, III (KGJ **48**, 73). Möglicherweise ist er nur VorE (§ 2105), doch gehört er zu den gesetzl Nacherben nicht (§ 2104 S 2). Auch bei § 2149 zählt der Fiskus nicht zu den gesetzl Erben. Er kann weder auf sein gesetzl ErbR verzichten, noch es ausschlagen (§§ 1942 II, 2346). Er kann nicht ohne Einsetzg eines anderen Erben ausgeschl werden (§ 1938). Wegen seiner Haftg als Erbe s § 2011 mit Anm 1, ZPO 780 II, auch Lange-Kuchinke, § 13 IV 2 e, f. Ein BezugsR bei der Lebensversicherg steht ihm nicht zu (VVG 167 III idF v 19. 12. 39, RGBl 2443), wohl aber das Recht auf das Patent und aus dem Patent sowie der Anspr auf Erteilg des Patents (PatG 9), s jetzt auch UrheberrechtsG v 9. 9. 65, BGBl 1273, § 28 – die Sonderregel im früheren Recht, die das Erlöschen des UrheberR bei gesetzl Beerbg dch den Fiskus vorsah, ist beseitigt, Fromm NJW **66**, 1245. § 1936 gilt in gewissen Fällen auch für das Vermögen eines aufgelösten Vereins, §§ 45 f; s auch § 88 für das Vermögen einer erloschenen Stiftg.

3) Beerbg von Deutschen. Der § 1936 (vgl II) gilt nur für die Beerbg von deutschen Staatsangehörigen ohne Rücks auf den letzten Erbl Wohnsitz, EG 24 I, ausl Staatsangehörigk neben der deutschen bleibt außer Betr, RGRK Rdz 3. Wegen der Ausländer vgl EG 25, wg der Staatenlosen EG 29, auch Anh hierzu.

4) Landesrecht. Vgl EG 138, 139. Auf Grd des Art 139 (hierzu KG JW **35**, 3236; NJW **50**, 610) kann auch ein ausschließl ErbR des Staates oder anderer Körperschaften des öff Rechts in Betr kommen. S Anm 1 je zu EG 138, 139.

5) DDR: ZGB – Auszug im Anh, 35. Aufl – 369.

1937 *Erbeinsetzung durch Testament.* Der Erblasser kann durch einseitige Verfügung von Todes wegen (Testament, letztwillige Verfügung) den Erben bestimmen.

1) Allgemeines. Die §§ 1937–1941 behandeln die gewillkürte Erbfolge u geben den möglichen **Inhalt** der Vfgen vTw an. Doch ist diese Aufzählg nicht dahin zu verstehen, daß nur die dort aufgeführten Anordngen zul wären (RG **170**, 383; Ffm NJW **50**, 607). Die Testierfähigk (§ 2229), Testierfreih (§ 2302) und der Inhalt letztw Anordngen unterliegen keinen anderen als den sich aus dem BEG ergebenden Einschränkgen (§§ 2065, 2271, 2289, 134, 138). Zulässig sind auch Anordngen, die zwar den Nachl betreffen, aber keine Erbeinsetzg enthalten, wie Enterbg ohne Erbeinsetzg, § 1938, Widerruf eines Test, §§ 2254, 2258, Änderg der Bezugsberechtigg bei einer Lebensversicherg, § 332, hierzu Thees, DJ **42**, 205, familienrechtl An-

Erbfolge **§ 1937** 1–4

ordngen erbrechtl Inhalts, vgl Einl 4a vor § 1922, zB AOen über die Verwaltg des KindesVerm, §§ 1638 (dazu Hamm OLGZ **69**, 488), 1639, 1682 II, 1803, Ernenng u Ausschließg eines Vormds dch die Eltern, §§ 1777, 1782, s BayObLG **61**, 189, VaterschAnerkenntn, §§ 1600a, 1600e, in notariellem Test od Erb-Vertr, aM Soergel-Schippel Rdz 3, ferner Teilgsanordng, § 2048, Ernenng eines TestVollstr, § 2197, Entziehg des Pflichtt, § 2336, Beschrkg des PflichttR, § 2338, Anordng von Schiedsgerichten, ZPO 1048, dazu Kohler DNotZ **62**, 125, RGRK Rdz 6 vor § 1937. Zulässig sind aber auch Vfgen, die eine empfangsbedürftige WillErkl enthalten, wie Widerruf einer Schenkg, RG **170**, 383, Erteilg einer Vollm, zB AuflassgsVollm, auch wenn sie erst nach Eröffng dem Bevollmächtigten zur Kenntn kommt, LG Siegen NJW **50**, 226, Köln NJW **50**, 702, str, vgl DNotZ **50**, 164 Anm Grussendorf, ferner die Befreiung von Zeugen von der Verpflichtg zur Verschwiegenh, s zB § 385 II mit § 383 I Nr 4, 5 ZPO, BGH NJW **60**, 550; Anordnungen über die Bestattgsart, vgl Reimann NJW **73**, 2240 (s § 4 FeuerbG), § 1968 Anm 2, Bestimmen über die Kindererziehg, vgl § 1 RKEG Anm 3. Ob der Antr auf Löschg des Hofvermerks, HöfeO 1, als testamentsähnl Handlg anzusehen war, war bestr, s Wöhrmann-Stöcker Rdz 80 zu HöfeO 1 nF, zum neuen R aaO Rdz 81, 82. – Über **Ausleg** des Inhalts der letztw Vfg s § 2078 Anm 3, § 2084 Anm 1–4.

1a) Der **Zustimmg** des **LwG** bedarf die Bestimmg des Hoferben durch Vfg vTw, wenn der Erbl seine sämtl Abkömml als Hoferben übergehen will, nicht mehr, s §§ 7, 8 HöfeO idF v 26. 7. 76 u dazu Bendel AgrarR **76**, 149/154, BGH DNotZ **78**, 303 (Übergangsfall) mit Anm von Faßbender. Nicht zustimmgsbedürft ist auch die Einsetzg eines HofE hinsichtl eines verwaisten Hofes (HöfeO 10 idF v 26. 7. 76), s OldG RdL **67**, 133. Einen Fall der ZustimmgsBedürftk regelt HöfeO 16 I, s Celle AgrarR **75**, 267 mit Anm v Fleer, auch Lüdtke/Handjery, Rdz 6 ff, Wöhrmann-Stöcker Rdz 12, Faßbender-Hötzel-Pikalo Rz 14ff, 43 ff je zu HöfeO 16. Zur HofErbBest beim EhegHof s Lüdtke/Handjery § 8 HöfeO Rz 19 ff, ders DNotZ **78**, 27, Steffen RdL **78**, 116. – b) Die VfgsBeschrkg des § 1365 gilt nicht für Vfgen vTw, BGH FamRZ **64**, 25, WPM **69**, 704, auch nicht für Schenkgen vTw, § 2301 I, jedoch ist für die Vollziehg eines solchen Schenkgs-Verspr § 1365 zu beachten, Staud-Felgentraeger § 1365 Anm 11. Bei **Gütergemeinsch** ist der überl Eheg weder dch ihre Fortsetzg mit den Abkömmlingen, noch notw am pflichtteilsrechtl Gesichtspunkte an Vfgen vTw über seinen Nachl, auch seinen Anteil am GesGut, gehindert. §§ 1419 mit 1487 gelten nicht für Vfgen vTw, BGH NJW **64**, 2298, BayObLG **60**, 254, § 1487 Anm 2, s auch § 1922 Anm 4. – **c)** Zur Gen-Bedürftig von WertsichergsKlauseln s Einl 9d vor § 1922.

2) Verfügg ist hier im Ggsatz zur gewöhnl Bedeutg, vgl § 185 Anm 1, iS von **Anordng** gemeint; sie ist keine Vfg über einen Ggst iS des § 185 II 1, Erm-Barth-Schlüter Rdz 3. Verfügen, die erst mit dem Tode Wirkg haben sollen („von Todes wegen"), können – dazu BGH DRiZ **71**, 26: **a) einseitig** und (abgesehen von 2271 I) widerrufl sein (Test od letztw Vfg; eine letztw Vfg versteht man auch die in einem Test enthaltene Regelg), oder **b) vertragsmäßig** u grdsätzl unwiderrufl sein: der ErbVertr; über seinen Inhalt s §§ 1941, 2278, insb über einseitige Vfgen im ErbVertr § 2299. Letztw Vfg konnte auch die Bestimmg eines Anerben in der Form des § 13 EHRV sein, BayObLG **67**, 338. Die Bestimmung des HofE im Bereich der HöfeO wird durch Test od ErbVertr getroffen, s HöfeO 7 nF u dazu Bendel AgrarR **76**, 149/ 154ff, Komm zu HöfeO 7 nF. – **c)** Über VfgsMacht bei RechtsGesch unter Lebden u vTw, s allg Coing GRUR, Intern Teil, **73**, 460.

3) Erbeinsetzg. Von der Erbeinsetzg (eines od mehrerer Erben, eines ErsErben, Nacherben) handeln die §§ 2087 ff, 2100 ff. Ob Erbeinsetzg vorliegt, ist Auslegsfrage (vgl §§ 2087 II, 2304); eine testamentar Erbeinsetzg der gesetzl Erben kann die AO in einem gemschaftl Test: „bezügl unseres übrigen Nachl verbleibt es bei den gesetzl Bestimmgen" enthalten, BayObLG **65**, 53 = NJW **65**, 916. Zum Erben kann auch ein Nichtverwandter bestimmt werden, unbeschadet der Anfechtbark (§ 2079) und des PflichttAnspr (§§ 2302, 2317). Keine Erbeinsetzg ist die Zuwendg eines ErbErsAnspr, s §§ 1934a–c, § 2304 Anm 2a. Auch eine Erbeinsetzg auf bestimmte einz NachlGgste mit dingl Wirkg ist nicht mögl, s § 2048 Anm 2. Über Nichtigk einer Erbeinsetzg s § 2077 Anm 1 A.

3a) Die Zuwendg des subj Erbrechts bringt frühestens mit dem Erbfall (§ 1922) das Recht zur Entstehg. Vor diesem Ztpkt ist, soweit keine Bindg des Erbl besteht, nur ein tatsächl Aussicht gegeben, **Erbaussicht**, Barth-Schlüter Lehrb § 3 I. Ist der Erbl aber an seine letztw Vfg gebunden, zB der überl Eheg beim gemschaftl Test grdsätzl hins der Einsetzg der Schlußerben, § 2271 Anm 3, oder der Erbl hins eines durch Erb-Vertr eingesetzten Erben, § 2289 Anm 1b, so steht vom Ztpkt der Bindg ab dem bedachten Erben ein **Anwartschaftsrecht** zu, vgl BGH **37**, 319/322 und insb Mattern BWNotZ **62**, 229, der die RStellg des vTw Bedachten im einzelnen behandelt; s auch § 1922 Anm 1, Lange NJW **63**, 1571.

3b) Aus der Verpflichtg eines RechtsAnw ggü einem Erbl zur Mitwirkg bei der testamentar Einsetzg eines Abkömml als Erben können für den Erben ggü dem Anw, wenn aus dessen schuldh Versäumn das Test nicht errichtet wird, unmittelb Ersatzansprüche erwachsen, BGH JZ **66**, 141 mit krit Anm v Lorenz, dazu ablehnd auch Boehmer MDR **66**, 468.

4) Verfüggen unter Lebenden. Auch unter Lebenden kann der Erbl über seinen Tod hinaus disponieren, zB durch Vertr zG Dr nach § 331 (Vfg über die VersSumme, RG **128**, 190; ein Sparkassen- od Bankguthaben, BGH **46**, 198; einschränkd Staud-Lehmann Vorbem 14 vor § 1937; s auch Kipp-Coing § 81, Lange-Kuchinke § 31, Barth-Schlüter Lehrb § 59 IV, Brox § 44 IV 2); Erteilg einer Vollm über den Tod hinaus (vgl § 1922 Anm 3a gg; Einf 8 vor § 2197); Schenkg: § 2301. – **Schrifttum:** Hoffmann, Der Vertr zG Dr von Todes wegen, AcP **158**, 178; Wieacker, Zur letzteitigen Zuwendg auf den Todesfall, Lehmann-Festschrift S 271; Rötelmann, Zuwendgen unter Lebenden auf den Todesfall, NJW **59**, 661; Hinz, Bankverträge zG Dritter auf den Todesfall, JuS **65**, 299; Damrau, Zuwendgen unter Lebenden auf den Todesfall, JurA **70**, 687; Bartholomeyczik, Vfgen vTw zur Bestimmg, zur Änderg u zum Widerruf der Bezugsberechtigt aus einem LebensVersVertr, Festgabe für Lübtow, 1970, 729; Kegel, Zur Schenkg vTw, 1972; Haegele, Zur Bezugsberechtigg aus einer LebensVers BWNotZ **73**, 110.

§§ 1937–1939

5) Vorbereitende Erbfolgemaßnahmen (vgl Esch-Wiesche Rdz 748–1407). Sie können bei Vorhandensein umfangr Verm, insb bei Unternehmensnachfolge, od komplizierten FamVerh geboten sein. In Frage kommen nach Esch-Wiesche aaO: Ausstattgen, §§ 1624, 2050, Schenkgen §§ 516ff, 2301, Errichtg u Umwandlg von Familiengesellsch u sonstige Verm-Umschichtgen im Hinbl auf den Erbf, GüterstdVereinbgen, Adoption (AdoptG 1976!); zur steuerrechtl Seite ebda Rdz 1830ff; s hiezu auch Übbl 7 vor § 2274; Sudhoff, Handb, Teil I, II; Haegele-Litfin IV Rdz 446ff, dort auch allg unter V über Beziehgen u Wechselwirkgen zw Gesellsch – u ErbR.

6) Patientenbrief (Euthanasie-Testament), dazu Uhlenbruck, Der Patientenbrief – die privatautonome Gestaltg des Rechts auf einen menschenwürd Tod, NJW 78, 566. Bei dem Euthanasie-Test handelt es sich um einen Arztbrief, in dem der Testator unmißverständl u ernstl zum Ausdruck bringt, daß er bei Eintritt eines bestimmten Krankh- od Unfallzustandes eine ärztl Intensivbehandlg nicht wünscht, sond nur noch eine Milderg seines Leidens im Sinne passive Sterbehilfe (Uhlenbruck aaO unter III). Seine Rechtsverbindlichk setzt voraus, daß die Urk von einer urteilsfäh Pers nach ärztl Aufklärg gefertigt w. Für die Niederlegg genügt auf jeden Fall Schriftform. Ein Widerruf ist mögl. In einem bloßen Aufbäumen gg den Tod als Ausdruck letzten Lebenswillens ist aber kein Widerruf vorherig Erklärgen zu sehen (Uhlenbruck aaO). Für den Inhalt eines EuthanasieTest gibt Uhlenbruck aaO unter IV ein geeignetes Muster; s hiezu auch Rollin in der WochenZeitschr „Die Zeit", **78** Nr 28 S 53.

7) DDR: TestR: ZGB (Auszug im Anh, 35. Aufl) 370, 371; dazu Mampel NJW **76**, 593/596ff.

1938 *Enterbung.* **Der Erblasser kann durch Testament einen Verwandten oder den Ehegatten von der gesetzlichen Erbfolge ausschließen, ohne einen Erben einzusetzen.**

1) Allgemeines. Die Vorschr betrifft das **negative Testament** (s BayObLG **74**, 440). Das Staatserbrecht (§ 1936) kann Erbl bei Gefahr der Unwirksamk seiner letztw Vfg nicht ausschließen, wohl aber seinen Eintritt durch wirks Einsetzg eines anderen unmögl machen. Weitere unentziehbare Erbrechte nach LandesR, EG 139, und nach REG 78 *(AmZ)*, 65 *(BrZ)*, 67 *(Bln)*.

2) Ausschluß. Der Ausschl kann nur durch Test od durch einseit Vfg in einem ErbVertr erfolgen (§§ 2278 II, 2299), auch bedingt od für einen Teil des Nachl. Er bedarf keiner Begründg; unzutreffende Begründg ist unschädl, berechtigt aber uU zur Anf, § 2078 II, BGH FamRZ **65**, 212. Stillschw Ausschl ist mögl, der Ausschließgswille muß aber unzweideut zum Ausdruck kommen, BayObLG **65**, 166; der Ausschl kann in der Zuwendg des Pflichtt liegen, RG **61**, 15, liegt aber bei Erschöpfg des Nachl durch Vermächtnisse nicht vor, da die Vermächtn ja ausgeschlagen w können, RG Recht **30** Nr 1520. Erfolgt Ausschl durch Einsetzg eines anderen, so bleibt er auch im Fall der Nichtigk der Erbeinsetzg wirks, wenn er vor allen Umst gewollt war, Warn **42** Nr 23, BGH RdL **66**, 320. Der Ausschl wirkt iZw nicht auch auf die **Abkömmlinge des Ausgeschlossenen**, BGH FamRZ **59**, 149 = **LM** Nr 1, die vielm an seine Stelle treten (vgl § 1924 Anm 4, 5); die Auslegg kann aber ergeben, daß sich die Ausschließg auch auf die Abkömml erstrecken soll, BayObLG **65**, 176, Rpfleger **76**, 290, insb wenn der Erbl neben der Ausschließg auch positiv bestimmt, in welche Hände der Nachl fallen, soll RG JW **37**, 2598, Kipp-Coing § 43 IV 2, Lange-Kuchinke § 25 VII. Nach § 242 kann aber die Erbenstellg nicht angezweifelt w, BayObLG **65**, 90.

3) Rechtsfolgen. Ausschluß der in § 2303 bezeichneten Personen berechtigt zur Fdg des Pflichtteils (§§ 2302, 2309, 2338a [Entziehg des ErbErsAnspr]), falls nicht auch dieser wirks entzogen (§ 2333), s Hamm FamRZ **72**, 660. Beim Güterstd des ZugewGemsch, der nach dem 30. 6. 58 durch Tod aufgelöst wird, berechnet sich der Pflichtt des ausgeschl Eheg, dem kein Vermächtn zugewendet ist, nur nach dem nicht erhöhten gesetzl Erbteil, da er daneben auch den ZugewAusgl beanspruchen kann, § 1317 II. Ob er wahlweise den aus dem erhöhten Erbteil berechneten Pflichtt verlangen kann, ist bestr, vgl § 1371 Anm 4, § 2303 Anm 3b, BGH **42**, 182 (verneinend). Bei allen Güterständen verliert der Eheg durch Ausschließg auch das Recht auf den **Voraus**, § 1932 Anm 2. Andere Verwandte als die in § 2303 genannten können von der Erbsch ausgeschl w, ohne ihnen ein Quote am Verm des Erbl zusteht, s dazu Brüggemann JA **78**, 309. – Der Ausdr „Enterbg" in einem Test bedeutet jurist nur den Ausschl von einer gesetzl od testamentar angeordneten Erbf; er wird aber vielf auch in der Weise gebraucht, daß der Enterbte keinerlei Anteil am Nachl des Erbl, also auch nicht den Pflichtt erhalten soll; das gilt namentl, wenn Gründe für die Enterbg angegeben sind, Hamm aaO. Zur Enterbg des nehel Kindes s § 2338a Anm 2b, Kumme ZBlJR **77**, 339 m H.

4) In der **Enterbg** eines **Kindes** kann auch die Bestimmg enthalten sein, daß der Ausgeschlossene das hiernach seinen **Abkömmlingen** (den Enkeln des Erbl) im Erbgang kr Gesetzes zufallende **Vermögen** nicht verwalten soll, § 1638 I, BayObLG **64**, 263.

5) Zur erbrechtl Ausschaltg lästiger **Enkel** s Stanovsky BWNotZ **74**, 102.

6) Über **Entziehg des Erbersatzanspruchs** u seine Folgen s § 2338a.

1939 *Vermächtnis.* **Der Erblasser kann durch Testament einem anderen, ohne ihn als Erben einzusetzen, einen Vermögensvorteil zuwenden (Vermächtnis).**

Schrifttum: Johannsen, Die Rechtspr des BGH auf dem Gebiet des ErbR. – 8. Teil: Vermächtnis, WPM **72**, 866.

1) Allgemeines. Die Besonderh des Vermächtnisses (Einzelheiten bei §§ 2147ff) ist die, daß der Bedachte dadurch nicht Erbe wird (§ 2087 II). Wird der Erbe bedacht, so liegt Vorausvermächtnis vor (§ 2150).

Ob Verm od Erbeinsetzg od Teilgsanordng vorliegt, ist durch Auslegg zu ermitteln, vgl §§ 2048, 2087 mit Anm, RG DR **42**, 977, BGH **36**, 115, LG Köln RhNK **77**, 198. Es handelt sich beim Verm eigentl auch nicht um einen Erbgang, da der vermachte Ggst nicht dingl übergeht (kein Vindikationslegat). Vielmehr begründet das Verm nur ein **Forderungsrecht** gegen den Beschwerten (§ 2174; Damnationslegat, Erm-Barth-Schlüter Rdz 1, Lange-Kuchinke § 27 II 1). Ein Verm kann auch durch ErbVertr zugewendet werden (§§ 1941, 2278, 2299). Ein unwirks dingl Verm, zB des Eigtums an einem Grdst, kann beim Erben als Teilgsanordng, § 2048, od Vorausvermächtn, § 2150, bei einem Dritten als Verm aufrechterhalten werden. – Voraus und Dreißigster (§§ 1932, 1969) sowie die Rechte der Abkömml auf Ausbildgshilfe bei durch Tod aufgelöster ZugewGemsch (§ 1371 IV idF des Art 1 Nr 2 NEhelG (bestr, vgl § 1371 Anm 3) u die Rechte auf bestimmte Sachen nach EG 139 sind **gesetzl Vermächtnisse**.

2) Bestimmtheit. Der andere, dh der Bedachte, und der vermachte Ggst müssen bestimmt od wenigstens in durch Auslegg bestimmbarer Weise bezeichnet (RG JW **15**, 786), auch muß das Vermachte idR vorhanden sein, (§ 2169, 2170). Mit einem Verm beschwert werden kann der Erbe od ein Vermächtnisnehmer, § 2147.

3) Ein Vermögensvorteil, eine Begünstigg für den Bedachten muß vorliegen. Bereicherg, dh Vermögensvermehrg, braucht nicht einzutreten (zB bei Stellg einer Sicherh für eine Fdg), RFH **29**, 150, Johannsen aaO 866. Es kann auch eine Fdg erlassen od vermacht werden (§ 2173). Das Vermächtnis einer Geldsumme ist iZw VerschaffgsVerm (vgl § 2173 S 2). Vermächtnis wird nicht dadurch unwirks, daß der Erbl den Bedachten mit einer Aufl oder einem Untervermächtn bis zur vollen Höhe des ihm Zugewandten belastet od das Vermächtn nur als Treugut dargestellt, RG HRR **28** Nr 1698, denn das G verlangt nicht die Abs einer Freigebigk, Erm-Barth-Schlüter Rdz 4.

4) Anwartschaft. Vor dem Erbf hat der VermNehmer weder einen Anspr noch eine rechtl gesicherte Anwartsch, RGRK Rdz 3, Erm-Hense Rdz 2 zu § 2174. Dies gilt auch, wenn das Verm auf einem ErbVertr beruht, BGH **12**, 115 mit Anm von Pritsch zu **LM** § 883 Nr 2, **LM** 2288 Nr 2; über den Schutz des VertragsVermNehmers s 2288; dieser Schutz gilt auch für den VermNehmer aGrd eines binden wechselbezügl Test, OHG **1**, 161. S dazu auch allgem über die Anwartsch Mattern BWNotZ **62**, 233ff. Über die mit dem Erbf erlangte Anwartsch des VermNehmers beim aufschiebend bedingten od befristeten Verm s 2177 mit Anm 1, § 2179 mit Anm 1, Bühler BWNotZ **67**, 174ff.

5) DDR: ZGB (Auszug im Anh, 35. Aufl) 380, 381.

1940 *Auflage.* **Der Erblasser kann durch Testament den Erben oder einen Vermächtnisnehmer zu einer Leistung verpflichten, ohne einem anderen ein Recht auf die Leistung zuzuwenden (Auflage).**

1) Allgemeines. Das G unterscheidet zw Erbeinsetzgen, Vermächtnissen (diese beiden in § 2279 als Zuwendgen bezeichnet) u Auflagen. Die Auflage ist also keine Zuwendg, sond die durch Test od ErbVertr erfolgende Auferlegg einer Verpflichtg, der kein Bedachter ggübersteht u wobei ein allenf Begünstigter kein Recht auf Leistg od SchadErs wg NichtErf, WarnR **37** Nr 133, hat. Jedoch können gewisse Personen od Behörden die Vollziehg verlangen, § 2194. Einzelheiten §§ 2192 bis 2196.

2) Gegenstand der Auflage. Die Aufl kann ein Tun od Unterlassen betreffen (§ 241), auch nichtvermögensrechtl Inhalts, hM, Kipp-Coing § 64 I, zB Aufstellg einer Büste in einer vermachten Bibliothek, die Bestattg und Grabpflege, BFH NJW **68**, 1847 (Grabpflegekosten keine dauernde Last iS von EStG 10 I Nr 1), die Anordng, die Leiche der Anatomie zu übergeben, wenn NachlBeteiligtem die Kostentragg auferlegt wird, Soergel-Schippel Rdz 1, s hierzu auch Wolpers Ufita **34**, 167ff, die AO, der Leiche keine Organe zu entnehmen, s Kohlhaas, Deutsche Medizinische WochenSchr **68**, 1612. Durch Aufl kann auch trotz § 2038 einem Miterben die NachlVerwaltg übertr werden, RG LZ **29**, 254, soweit nicht ein Vorausvermächtn od eine Bestellg zum auf die Verw beschränkten TestVollstr, § 2209, anzunehmen ist, § 2038 Anm 3a.

3) DDR: ZGB (Auszug im Anh, 35. Aufl) 382.

1941 *Erbvertrag.* I **Der Erblasser kann durch Vertrag einen Erben einsetzen sowie Vermächtnisse und Auflagen anordnen (Erbvertrag).**

II **Als Erbe (Vertragserbe) oder als Vermächtnisnehmer kann sowohl der andere Vertragschließende als ein Dritter bedacht werden.**

1) Allgemeines. Der ErbVertr (Näheres §§ 2274ff, §§ 2276 I, 2277 idF d § 57 III Nr 14, 15, §§ 2291 II, 2296 II 2 idF d § 56 I BeurkG) ist eine Vfg vTw (vgl § 1937 Anm 2). Er ist ein schuldrechtl Vertr (§ 2302), sond ein grdsätzl unwiderrufl Vertr erbrechtl Wirkg, der seinem möglichen Inhalt nach begrenzt ist (**I**). Es können sowohl beide Vertragschließenden wie auch nur der eine Teil über den Nachl verfügen. Bedachter kann sowohl der andere VertrPartner wie auch ein Drtter sein (**II**). Eine Erbeinsetzg od Vermächtnisanordng ist nicht schon deshalb, weil sie sich in einem ErbVertr findet, als vertragsmäßige Vfg anzusehen, RG **116**, 321, BGH DRiZ **71**, 26. Darüber entscheidet die Auslegg (§ 133; auch § 157 ist anzuwenden, Johannsen in Anm zu BGH **LM** § 2289 Nr 3, auch § 2084 Anm 6, § 2278 Anm 2a). Auch eine Stiftg kann von Eheg gemeins dch ErbVertr errichtet w, BGH NJW **78**, 943; § 83 Anm 1. Nach § 2299 ist einseitige Vfgen mögl (zB die Ernenng zum TestVollstr). Ein „Ehevertr", der inhaltl nur ein Vfg vTw enthält, ist als ErbVertr anzusehen, s Mü I FamRZ **78**, 364 mit Anm v Jayme. Wird durch den Vertr ein nur in der Erfüll bis zum Tod des Erbl hinausgeschobener Anspr begründet, so liegt kein ErbVertr, sond ein RGesch unter Lebenden vor, Hbg MDR **50**, 616. Der ErbverzichtsVertr ist bes geregelt, §§ 2346ff. Er kann mit einem ErbVertr verbunden w, BGH **22**, 364; **36**, 65/70.

2) Erbvertrag. Die in I vorgesehenen Anordnungen können einzeln od in Verbindg miteinander getroffen werden. Gegenseitige Erbeinsetzg setzt nicht voraus, daß die VertrPartner Eheleute sind, RG **67**, 65, sie können es aber sein (§ 2276 II).

3) Kein Vertr zugunsten Dritter. Obwohl auch ein Dritter bedacht w kann **(II)**, ist doch ein ErbVertr kein Vertr auf Leistg an Dritte (§ 328), da weder eine Verpflichtg eingegangen wird noch dem Dritten ein FdgsR erwächst, der Erwerb des Dritten vielm erst mit dem Tode des Erbl sich vollzieht, vgl auch Warn **17** Nr 91, BGH **12**, 115 mit Anm v Pritsch zu **LM** § 883 Nr 2.

4) Kein Erbvertrag ist der Vertr über den Nachl eines noch lebenden Dritten, § 312, dazu D a n i e l s, Vertr mit Bezug auf den Nachl eines noch lebden Dritten, 1973 (hiezu Blomeyer, Spellenberg FamRZ **74**, 421, 489), W i e d e m a n n, Abfindgs- u Wertfestsetzgsvereinbgen unter zukünft Erben, NJW **68**, 769, § 312 Anm 1; ferner der nach § 2302 nichtige Vertr über Errichtg od Aufhebg einer Vfg vTw, Staud-Lehmann Anm 2, 4, Battes AcP **178**, 342ff, auch nicht der HofübergabeVertr, HöfeO (idF v 26. 7. 76) 17, Erm-Barth-Schlüter Rdz 4, auch Barth-Schlüter, Lehrb § 58, Kipp-Coing § 36 V, Übbl 5 vor § 2274.

Zweiter Abschnitt. Rechtliche Stellung des Erben

Überblick

1) Allgemeines. Der II. Abschn behandelt die **rechtl Stellg des Erben,** dh die RBeziehgen, die für eine (natürl od jur) Pers durch das Erbewerden u Erbesein entstehen. Die Vorschr (§§ 1942–2063) enthalten das eigentl Kernstück des Erbrechts. Der 1. Titel (§§ 1942–1966) handelt vom Erwerb der Erbsch (Annahme, Ausschlag) und von der Fürs des NachlG bis zum Eintritt des endgültig Berufenen. Im 2. Titel (§§ 1967–2017) wird die Haftg des Erben für die NachlVerbindlichk und deren mögl Beschrkg behandelt und im 3. Titel (§§ 2018–2031) der ErbschAnspr, dh die gerichtl Geltdmachg des Erbrechts. Dabei wird zunächst davon ausgegangen, daß nur ein Erbe vorhanden ist. Erst im 4. und letzten Titel (§§ 2032–2063) wird eine Mehrh von Erben vorausgesetzt und das RVerh der Erben untereinander (einschl der AusglPfl) u ihre Stellg zu den NachlGläub geregelt. Die Vorschr dieses Abschn gelten sowohl für den gesetzl Erben wie auch für denjenigen, dessen ErbR auf Vfg vTw beruht.

2) Folgen des Erbganges. a) Über gewisse Folgen des Erbganges, näml den **Übergang von Rechten** od deren **Erlöschen** durch den Tod einer Pers, vgl Anm 3 zu § 1922. – **b)** Durch etwaige **Vereinigg** von Recht u Verbindlichk od von Fdg, Schuld und Belastg in der Pers des Erben (**Konfusion, Konsolidation**, dazu Lübtow Lehrb II 770ff) erlischt grdsätzl das betr SchuldVerh ohne weiteres, vgl §§ 425, 429, 1063, 1173, 1256; Ausn § 889; vgl auch RG **76**, 57 (RVerh zw Gläub u Bürgen, wenn beide den HauptSchu beerben); doch sind für Rechte Dritter, wie Nießbraucher, PfdGläub, die Fordergen als bestehd zu behandeln, Staud-Lehmann Anm 4, auch Hamm Rpfleger **73**, 315, und die erloschenen RVerh leben uU, zB bei NachlVerw, Nachlerbf, ErbschVerkauf, wieder auf, §§ 1976, 1991, 2143, 2175, 2377, s BGH **48**, 214. Bei Miterben tritt vor Auseinandersetzg überh keine Vereinigg ein, vgl § 2063 II. – **c)** Verfügen des Erben **vor dem Erbf** über Ggstände des Erbl u umgekehrt werden nach Maßg des § 185 II S 1 wirks, dort Anm 3 u auch RG **110**, 94. – **d) Verjährung** der Ansprüche, die zum Nachl gehören od sich gg ihn richten: § 207. – **e)** Wegen der RStellg des Erben bei der **Lebens- und Unfallversicherg** vgl Zehner, AcP **153**, 424, Kipp-Coing § 81 V 2c, Barth-Schlüter, Lehrb § 59 V, Lange-Kuchinke § III 3c[55], auch Anm 3c zu § 1922, Anm 4 zu § 2301.

Erster Titel. Annahme und Ausschlagung der Erbschaft
Fürsorge des Nachlaßgerichts

Einführung

1) Vorschriften. Der erste Titel gliedert sich, wie schon aus der Überschrift zu ersehen, in die Vorschr über Ann u Ausschlagg der Erbsch (§§ 1942–1959) einerseits und über die in den Fällen der NachlG obliegende Sorge für die Sicherg des Nachl andererseits (§§ 1960–1966). Weitere Vorschr dieser Materie finden sich in der KO (§§ 9, 214–236c), in der VerglO (§§ 113–114c), in der ZPO (§§ 241, 243, 246, 779, 782, 784, 989–1001) und im FGG (§§ 72ff).

2) AWG. Die Ausschlagg einer in einem fremden WirtschGebiet im Sinn des AWG befindl Erbsch bedarf keiner Gen; aus dem AWG u der AWV ergeben sich insow keine Beschränkgen. Zu MRG **52, 53** s 33. Aufl.

3) Hofanfall. Entsprechende Anwendg finden die Vorschr über Ausschlagg der Erbsch auf die Ausschlagg des Hofanfalls durch den Hoferben, HöfeO idF v 26. 7. 76 § 11, s Lüdtke/Handjery Rdz 11ff, Wöhrmann-Stöcker Rdz 2ff je zu § 11 HöfeO, Celle RdL **59**, 299; HöfeO RhPf **19**, auch § 1950 Anm 3.

4) ErbErsAnspr, §§ 1934a–c. Für Ann u Ausschlagg gelten sinngem die Vorschr über das Vermächtn, § 1934b II 1.

5) DDR: Über Anfall, Annahme u Ausschlagg der Erbsch s ZGB (Auszug im Anh, 35. Aufl) 399, 402–405.

§ 1942 Anfall der Erbschaft.

I Die Erbschaft geht auf den berufenen Erben unbeschadet des Rechtes über, sie auszuschlagen (Anfall der Erbschaft).

II Der Fiskus kann die ihm als gesetzlichem Erben angefallene Erbschaft nicht ausschlagen.

Schrifttum: Bücker, Die Erbschaftsausschlagg, RhNK **64**, 97; Oswald, Steuerl Beurteilg der Ausschlagg einer Erbsch, AnwBl **76**, 109; Haegele, Ausschlagg einer Ersch oder eines Verm, RWP 2 D ErbR I 2 c (1971); Johannsen WPM **72**, 914/918, **73**, 549; Firsching, NachlRecht, 4. Aufl, 1971, S 179 ff; Gefahren der ErbschAusschlagg, DNotZ **74**, 597; Pohl, Mängel der ErbschAnnahme u-Ausschlagg, AcP **177** (77), 52; Form-Komm ErbR, Forml 6. 108–116.

1) Allgemeines. Die Bestimmg bringt den **Grundsatz** der unmittelb, gesetzl **Gesamtnachfolge** in die Erbsch od den Erbteil (§ 1922 II) nochmals zum Ausdr (vgl § 1922 I), indem sie zugl dem Erben die **Möglichk der Ausschlagg** offen hält.

2) Zur Erbschaft berufen ist entweder der gesetzl od der vom Erbl eingesetzte Erbe (vgl § 1948 I). Der Anfall der Erbsch vollzieht sich kraft G idR mit dem Tode des Erblassers, ohne Wissen u Willen des Berufenen. Der Erbl kann den Übergang nicht ausschließen od von einer bes AnnErkl des Erben abhängig machen. Das letztere würde keine aufschiebende Bedingg, sond ebso ein überflüssiger u daher unbeachtl Zusatz sein, wie die Klausel, „falls er Erbe wird" oder „falls er nicht ausschlägt". Der so Eingesetzte würde VollE, nicht NachE nach § 2105, Erm-Barth-Schlüter Rdz 2, Soergel-Schippel Rdz 2; der Erbl kann allerdings eine vom G abweichende Zeit für die Ann vorschreiben, vgl Anm 4 zu § 1944.

3) Anfall. Erbfall (§ 1922) und Erbanfall treffen idR zus. Bei Ausschlagg und Erbunwürdigk gilt der Anfall an den NächstBerecht als mit dem Erbf erfolgt (§§ 1953 II, 2344 II), so daß dieser nur den Tod des Erblassers, nicht den Anfall zu erleben braucht. Bei einer Leibesfrucht (§ 1923 II) erfolgt der Anfall erst mit der Geburt, jedoch rückwirkend vom Erbfall an, beim Nacherben mit dem Eintritt des NachErbf (§ 2139), beim Vermächtnis idR mit dem Erbf (§ 2176, jedoch Ausn §§ 2177–79). Für Stiftgen gilt § 84. Hat der Erbl eine Stiftg dch Erbeinsetzg errichtet, so kann der StiftgsVorstand nicht ausschlagen, RGRK Rdz 4.

4) Vorläufiger Erbschaftserwerb. Mit Rücks auf das AusschlR ist der ErbschErwerb zunächst nur ein **vorläufiger**. Erst die wirkliche od bei Verstreichen der AusschlFrist unterstellte Ann (§ 1943) vollendet den Erwerb. Bis dahin besteht ein **Schwebezustand**. Währd der dem Erben gewährten Überleggsfrist (§ 1944) ist er entspr geschützt (§§ 207, 1958, 1995 II; ZPO 239 V, 778). Zur Rechtsstellg des vorl Erben s auch BGH NJW **69**, 1349.

5) Fiskus. Um das Herrenloswerden der Erbsch zu verhindern, ist dem ohne Einsetzg eines anderen Erben (§ 1938) nicht ausschließbaren Fiskus das AusschlRecht versagt (**II**). Als eingesetzter Erbe kann er ausschlagen. Durch §§ 1966, 2011 und ZPO 780 II wird den Staatsbelangen Rechng getragen.

§ 1943 Annahme der Erbschaft.

Der Erbe kann die Erbschaft nicht mehr ausschlagen, wenn er sie angenommen hat oder wenn die für die Ausschlagung vorgeschriebene Frist verstrichen ist; mit dem Ablaufe der Frist gilt die Erbschaft als angenommen.

1) Allgemeines. Das **Ende des Schwebezustandes** und die Umwandlg des vorläufigen ErbschErwerbes in einen endgültigen (§ 1942 Anm 4) tritt mit dem Verlust des AusschlRechts durch Ann od Versäumg der AusschlFrist ein.

2) Annahme. Die Annahme ist Bestätigg des Anfalls u Verzicht auf das AusschlR. Sie kann nicht vor dem Erbfall erfolgen (§ 1946) u ist im Ggsatz zur Ausschlagg u Anfechtg der Ann od Ausschlagg (§§ 1945, 1955) an keine Form gebunden u nicht empfangsbedürftig (zB mittels GläubAufgebots durch Zeitg od Rundfunk), bestr, s Pohl 54f. **Annahme** ist die ausdrückl oder stillschweigende Erklärg, **Erbe sein** und die Erbsch behalten zu **wollen**. Sie wird regelm ggü einem Beteiligten, zB NachlGläub, -Schu, VermNehmer, Miterben, od dem NachlG erfolgen, s Erm-Barth-Schlüter Rdz 2. Auch wer diesen Willen nicht hat, ihn aber nach außen durch Einmischg in die ErbschAngelegenheiten betätigt, muß nach Treu u Glauben als Annehmender behandeln lassen. Jedoch ist nach §§ 119, 1954 Anfechtg zul u erforderl, wenn inf Irrtums ein AnnWille fehlt, RGRK Rdz 9. Durch einfachen IrrtNachw ohne Anfechtg wird sich aber der Irrende nicht befreien können, aM Staud-Lehmann Anm 4. Wenn allerdings der vorl Erbe NachlGgstände in der irrigen Meing veräußert, daß sie ihm schon vor dem Erbf gehörten, so liegt darin idR keine Ann der Erbsch. Ferner ist zu beachten, daß eine gewisse Fürs für den Nachl auch währd der Überleggsfrist geboten ist, zB Antr auf TestEröffng, Bestellg eines TestVollstr, auf NachlVerw, und daß selbst eine Vfg über NachlGgstände noch keine Annahme zu sein braucht, § 1959 II, s Celle OLGZ **65**, 30, Lücke, JuS **78**, 254, ebsowenig Bezahlg der Beerdiggskosten, auch zunächst nicht die Fortführg eines Handelsgeschäfts unter der bisherigen Firma u die Eintragg des Erben ins HandelsReg, wenn letztere etwa erforderl ist, um gleichzeitig die verschärfte Schuldenhaftg des vielleicht später annehmenden Erben aus HGB 27 I entspr 25 II auszuschließen, Erm-Barth-Schlüter Rdz 3 (für Vorbeh bei zweifelh Maßn). Dagg liegt unbedenkl Ann in Prozeßaufnahme (ZPO 239) u Einlassg auf diese (vgl § 1958 Anm 1), in Geltdmachg des ErbschAnspr (§ 2018) und ErbschVerkauf (§ 2371), in der Stellg eines ErbSchAntr, BGH RdL **68**, 99; s auch Anm 1 zu § 1948 und Anm 1 zu § 2354. In der Einreichg eines NachlVerz braucht noch nicht die ErbschAnnahme zu liegen, Johannsen, WPM **72**, 918.

3) Annahmefähigk. Die Ann, die auch durch einen gewillkürten Vertreter erfolgen kann, setzt volle **Geschäftsfähigk** voraus. Für GeschUnfäh oder beschr GeschFäh (§§ 104–111) kann der gesetzl Vertre-

§§ 1943, 1944

ter – beide Elternteile, § 1945 Anm 1 b – annehmen, ohne daß es – im Ggsatz zur Ausschlagg u Anfechtg der Ann, §§ 1643 II, 1822 Nr 2 – vormschaftsgerichtl Gen bedarf. Der beschr GeschFähige kann mit Einwilligg seines gesetzl Vertreters annehmen; die Ann ist aber als einseit Gesch nicht genehmiggsfäh, § 111, s Staud-Lehmann Anm 7. Vor der Geburt des Erben kann aber der Vertreter (§ 1912 idF v Art 1 Nr 85 NEhelG) nicht annehmen (KGJ 34 A 81). TestVollstr od NachlPfleger (OLG 21, 349) sind zur Ann nicht berecht, zumal sie nicht od nicht insoweit (RG 106, 46) echte gesetzl Vertr des Erben sind (RG 144, 401), wohl aber Ergänzungspfleger, § 1909, AbwesenhPfleger, § 1911, KGJ 53, 250, u GebrechlichkPfleger, § 1910. Bei Ehegatten ist nur der Teil, dem die Erbsch anfiel, zur Ann berecht, u zwar bei GütGemsch auch dann, wenn die Erbsch nicht ins Vorbehaltsgut, sond ins GesGut fällt, selbst wenn dieses vom and Eheg verwaltet w, § 1432 I nF mit Anm 2; bei gemschaftl Verw können beide Eheg gemeins, § 1450, od der Erbende allein, § 1455 Nr 1, annehmen. Die Ann einer vor KonkEröffng angefallenen Erbsch steht nur dem Gemeinschuldner zu, KO 9.

4) Erbschaft gilt als angenommen (fingierte Ann, s Pohl 57ff). Als Ann gilt die Anfechtg der Ausschlagg (§ 1957) u das ungenutzte Verstreichenlassen der AusschlFrist. Auch im letzteren Fall muß der Erbe geschäftsfähig sein, Staud-Lehmann Anm 10, od, wenn dies nicht der Fall ist, einen gesetzl Vertreter haben, der Kenntn v Erbanfall u BerufsgsGrd hat, Staud-Lehmann § 1944 Anm 11, aM Soergel-Schippel Rdz 7. Die Fristversäumg kann wie die Annahme angefochten werden (§ 1956). Bei fehlendem gesetzl Vertreter trifft § 1944 II S 3 Vorsorge.

5) Beweislast. Beim Erben erübrigt sich der Bew der Ann, wenn seine Hdlgen (Anm 2 aE) als Ann gelten. Ausnahmen: ZPO § 991 III (Aufgebot), § 2357 (für Miterben). Die NachlGläubiger haben die Ann zu beweisen, wenn sie gg den Erben vorgehen wollen, § 1958, ZPO §§ 239, 778, also entweder die ausdrückl erklärte Ann od den Ablauf der Ausschlaggsfrist, RGRK Rdz 15. Für die Ausschlagg u ihren Ztpkt ist beweispfl, wer ihre Rechtzeitigk behauptet, Staud-Lehmann Anm 12; s auch § 1944 Anm 6.

1944 *Ausschlagungsfrist.* I Die Ausschlagung kann nur binnen sechs Wochen erfolgen.

II **Die Frist beginnt mit dem Zeitpunkt, in welchem der Erbe von dem Anfall und dem Grunde der Berufung Kenntnis erlangt. Ist der Erbe durch Verfügung von Todes wegen berufen, so beginnt die Frist nicht vor der Verkündung der Verfügung. Auf den Lauf der Frist finden die für die Verjährung geltenden Vorschriften der §§ 203, 206 entsprechende Anwendung.**

III **Die Frist beträgt sechs Monate, wenn der Erblasser seinen letzten Wohnsitz nur im Auslande gehabt hat oder wenn sich der Erbe bei dem Beginne der Frist im Ausland aufhält.**

1) Allgemeines. Zweck der AusschlFrist ist, dem durch die Möglichk der Ausschl geschaffenen ungewissen Schwebezustand innerh festbestimmter Zeit ein Ende zu machen.

2) Fristbeginn. Der Anfall erfolgt idR mit dem Erbfall, vgl § 1942 Anm 2. Die AusschlFrist beginnt nicht schon mit dem Erbfall, sond erst, wenn der Erbe (od sein gesetzl Vertreter), bei Mehrh v Erben jeder einzelne für sich, von dem **Anfall** und dem **Grunde der Berufg** bestimmte u überzeugende **Kenntnis** erlangt hat; Zugang einer Mitteilg des NachlG, die die erforderl Angaben hierüber enthält, steht der Kenntnis von diesen Umständen noch nicht gleich, BayObLG 68, 74, s auch BGH RPfleger 68, 183. Sonderregelg für PflichtBerecht, die als Erben eingesetzt sind, s § 2306 Anm 4b. Sondervorschriften: REG 78 II (*AmZ*), 65 (*BrZ*), 67 (*Bln*).

a) Kenntnis des Anfalls liegt regelm in der Kenntn der den Anfall begründenden Tatsachen (Tod, TodesErkl des Erbl, verwandtschaftl, ehel Verhältn, Wegfall im Wege stehender Verwandter). Kenntn fehlt aber auch, solange der Erbe irrtüml, infolge Tats- od Rechtsirrtums, einen anderen für vorberufen, das diesen berufende nichtige Test für gültig od das ihn berufende Test für ungült hält, bei nicht begründeter Vermutg, dch letztw Vfg als gesetzl Erbe ausgeschl zu sein, Hamm OLGZ 69, 288. Mangel eines Aktivnachlasses (oder Glaube an solchen) wird bei Laien häufig die Kenntn des Anfalls ausschließen (BayObLG 33, 337).

b) Kenntnis des Berufungsgrundes für den Anfall der Erbsch. Der Erbe muß wissen, weshalb sie ihm u ob sie ihm als gesetzl od als gewillkürtem Erben angefallen ist. Fristbeginn also ausgeschl, solange der TestErbe irrtüml annimmt, er sei gesetzl Erbe, und umgekehrt, RG HRR 31 Nr 1140, desgl wenn der Erbe inf körperl od geistigen Verfalls von Anfall u BerufsGrd nicht mehr Kenntn nehmen kann, BayObLG NJW 53, 1431. – **aa)** Kenntn des Berufungsgrundes ist bei **gesetzl Erbfolge** die Kenntn des nach dem G (§§ 1924–1935) die Erbberechtigg begründenden **Familienverhältnisses** (Verwandtsch, Ehe); außerdem muß dem gesetzl Erben bekannt sein, daß keine letztw Vfg vorhanden ist, die das gesetzl ErbR ausschließen, hierbei genügt es, wenn er keine Kenntn u auch keine begründete Vermutg hat, daß eine Vfg vTw vorliegt, KG Recht **29** Nr 778, BayObLG aaO. Das WahlR der Witwe nach märkischem ProvinzialR gehört nicht zum BerufgsGrd (KG JR **26** Nr 576). – **bb)** Bei **gewillkürter Erbfolge** genügt es, wenn dem Erben bekannt wird, daß er kraft einer **Vfg von Todes wegen** zur Erbsch berufen ist. Kenntn der konkreten Vfg, ihres ganzen Inhalts, ihrer Tragweite u der Größe des angefallenen Erbteils (hier Anfechtg, § 1954 Anm 1) dagg nicht erforderl, RG HRR **31** Nr 1140. Kenntn ist zuverläss Erfahren, der in Betr kommenden Umstände, aGrd dessen ein Handeln vom Betroffenen erwartet w kann, BGH **LM** § 2306 Nr 4. Kennenmüssen u Zweifel genügen nicht, auf Verschulden kommt es nicht an; der in § 1944 verlangten Kenntn steht fahrl (selbst grobfahrl) Nichtkenntn nicht gleich, Hamm OLGZ **69**, 288. Die Anforderngen dürfen aber nicht übertrieben werden, Staud-Lehmann Anm 8, Erm-Barth-Schlüter Rdz 4, BGH bei Johannsen WPM **73**, 549.

Daher wird dch die bloße Möglichk, daß eine Vfg vTw vorliegen könnte, der Fristablauf nicht gehindert; wohl aber wenn begründete Tatsachen hierfür vorliegen, BayObLG NJW 53, 1431. Ob die Kenntn aus privater od amtl Quelle (NachlG) stammt, gilt gleich. Tatsachen- u Rechtsirrtum kann der Kenntn entgegenstehen, zB Irrt od Ungewißh über die Wirksamk einer letztw Vfg, BGH **LM** § 2306 Nr 4. – **cc)** Bei **gesetzl Vertretg** ist die Kenntn des Vertreters maßg, s oben Anm 2, BayObLG **69**, 18, bei gewillkürter Vertretg sowie GebrechlichkPflegsch (§ 1910 I) für einen unbeschr Geschäftsfähigen genügt sowohl die Kenntn des Vertretenen wie die seines Vertreters, KG HRR **35** Nr 1664; die früher ablaufde Frist entscheidet. Der § 166 gilt nicht, da er nur die RFolgen einer WillErkl, nicht deren Unterlassg betrifft. Bei jur Personen, die zum Erwerb einer Gen bedürfen, EG 86, beginnt die Frist erst mit Kenntn der Gen, RGRK Rdz 14, hM, aM KGJ **50**. 71, Soergel-Schippel Rdz 8. – Über die Sonderregelg in § 2306 I 2 s Anm 4b hirzu.

c) Beim **Nacherben** beginnt die Frist erst bei Kenntn des Eintritts der Nacherbfolge u des Berufsgrundes, RG LZ **25**, 1071, doch kann er – wie jeder Erbe § 1946 – bereits nach Eintritt des Erbfalls ausschlagen (§ 2142 I). Für einen nach dem Tode des Erbl geborenen Erben (§ 1923 II) beginnt die Ausschl-Frist nicht vor dessen Geburt (KGJ **34** A 79) u Kenntn des gesetzl Vertreters. Der **Ersatzerbe** (§ 2096) kann auch schon nach dem Erbfall, braucht aber erst nach dem ErsErbfall auszuschlagen.

3) Verkündg. Beruht das ErbR auf Vfg vTw, so beginnt die Frist **nicht vor der Verkündg** (§ 2260ff), auch wenn der Erbe schon vorher Kenntn erhielt; es kann aber auch schon vor der Verkündg ausgeschlagen werden. Mitverkündg untrennbarer Verfüggen des Überlebenden (§ 2273; RG **150**, 315) ist keine Verkündg im Rechtssinne, RG **137**, 230. Der Verkündg steht die „Kundmachung" eines Test eines Dtschen dch das österreich VerlassenschGer gleich, Will, DNotZ **74**, 273/278. Unterbleibt ausnahmsw die Verkündg, § 2260 II 2, 3, so beginnt die Frist mit der Eröffng. Sie läuft an sich auch ggü dem im Eröffngstermin nicht Erschienenen. Erlangt er erst durch die Benachrichtigg (§ 2262) od auf andere Weise Kenntn von seiner Berufg, so läuft die Frist von diesem Ztpkt ab, soweit nicht inf von Mißverständnissen od RechtsIrrt ein noch späterer Ztpkt in Frage kommt, RGRK Rdz 15. Ist Verkündg wg Zerstörg od Verlust der Urk unmögl, so beginnt Frist mit Kenntn v Anfall und BerufsGrd sowie der Tats, daß die Verkündg der Vfg nicht mögl ist, KG JW **19**, 586; Kipp-Coing § 87 II 2b. Falls aber die Urkunde nach § 46 BeurkG, wiederhergestellt w kann, gilt dies nicht u die Frist beginnt erst mit der Eröffng der wiederhergestellten Urk, vgl LG Wuppertal, JMBl NRW **48**, 173.

4) Fristablauf und Hemmung. Der Fristablauf wird nach §§ 187 I, 188, 193 berechnet. Fristverlängerg od Verkürzg durch NachlG unzul. Der Erbl kann allerdings die Frist dadurch verlängern od verkürzen, daß er die Ann innerh eines gewissen Zeitraumes vorschreibt, Stgt OLGZ **74**, 67/68; bei Bestimmg einer längeren Frist ist der Erbe unter einer aufschiebenden Bedingg eingesetzt, RGRK Rdz 1. Wird der etwa erforderl vormundschaftl Genehmigg (§§ 1643 II, 1822 Nr 2, vgl § 1945 Anm 1) vom Gericht über den Fristablauf hinaus verzögert, so ist Anfechtg wg Fristversäumg, § 1956, mangels Irrt nicht mögl, aber die unvermeidbare Verzögerg der gerichtl Gen ist als Fall höherer Gewalt anzusehen, jetzt hM, Ffm FamRZ **66** 259, Staud-Lehmann Anm 22, RGRK Anm 20, auch BayObLG **69**, 18; die Hemmg des Fristablaufs fällt mit Zugang des GenBeschl beim gesetzl Vertreter weg, Ffm aaO. Nach § 206 I 2 beträgt die Frist eines gesetzl Vertreters ebenf nur 6 Wochen, nicht 6 Monate, abgesehen v Fall des Abs III. § 206 II ist anwendb, Staud-Lehmann Anm 23. Fällt der gesetzl Vertreter nach Kenntn, also nach Fristbeginn (durch Tod, Abberufg usw) weg, so beginnt bei Bestellg des Nachfolgers neue Frist. Erneute Kenntn nicht erforderl, da der neue Vertreter (od der geschäftsfähig gewordene Erbe) die RLage so hinnehmen muß, wie er sie vorfindet; beim Tod des Erben läuft die schon im Lauf befindl Frist gg seine Erben weiter; vgl aber §§ 1952 II, 1956.

5) Ausland (III). Hierzu zählen nicht die DDR und Ost-Bln, sie sind aber hinsichtl der Länge der Frist entspr zu behandeln, Lange, § 8 III 2, AG Bleckede MDR **68**, 588, MdJ DDR, s ROW **69**, 211, Barth-Schlüter, Lehrb § 30 III 2; Broß RhNK **73**, 465/485; ebso wird das Gebiet östl der Oder-Neiße iS dieser Vorschr als Ausland behandelt w müssen, Soergel-Schippel Rdz 4. Da jemand mehrere Wohnsitze haben kann (§ 7 II), gilt III ledigl dann, wenn der Erblasserwohnsitz **„nur im Auslande"** bestand, nicht wenn sich der Erbl (bei Doppel- od Inlandswohnsitz) ledigl im Ausland aufhielt. Beginn der Frist ist Ztpkt der KenntnErlangg (II). Die Vorschr gilt nur für dtsche Erbl, EG 24; auf den Sterbeort kommt es nicht an. – Beim **Erben** kommt es dagg auf den Aufenth bei Fristbeginn an, bei seinem gesetzl Vertreter auf dessen Aufenth. Bei gewillkürter Vertretg gilt Anm 2b cc entspr.

6) Beweislast. Wer sich auf die Ausschlagg beruft, zB der vom NachlGläub als Erbe in Anspr Genommene, muß die Rechtzeitigk der Ausschlagg dartun. Demggü hat der, der behauptet, das Recht zur Ausschlagg sei bereits erloschen, zu beweisen, daß u wann der Erbe Kenntn vom Anfall u dem BerufsGrd erhalten hat, s RGRK Rdz 28, Staud-Lehmann Anm 27, auch Düss MDR **78**, 142 (Prüfg des Fristablaufs im ErbSchVerf).

1945 *Form der Ausschlagung.* ^I Die Ausschlagung erfolgt durch Erklärung gegenüber dem Nachlaßgerichte; die Erklärung ist zur Niederschrift des Nachlaßgerichts oder in öffentlich beglaubigter Form abzugeben.

^{II} **Die Niederschrift des Nachlaßgerichts wird nach den Vorschriften des Beurkundungsgesetzes errichtet.**

^{III} **Ein Bevollmächtigter bedarf einer öffentlich beglaubigten Vollmacht. Die Vollmacht muß der Erklärung beigefügt oder innerhalb der Ausschlagungsfrist nachgebracht werden.**

§ 1945 1–3 5. Buch. 2. Abschnitt. *Keidel*

1) Allgemeines. a) Die **Ausschlagg** ist ein **einseitiges, form- und amtsempfangsbedürftiges** fristgebundenes **Rechtsgeschäft** (§ 130); sie wird daher erst wirks, wenn sie dem NachlG zugeht; sie wird nicht wirks, wenn dem NachlG vorher od gleichzeitig ein Widerruf zugeht, § 130 I, Brand-Kleeff § 91–1. Die Erkl muß den Willen erkennen lassen, nicht Erbe sein zu wollen; ob dies der Fall ist, muß ggf dch Auslegg (§§ 133, 157) festgestellt w, BayObLG **67,** 33; **77,** Nr 30. Da sie das Gegenstück der Ann ist (§ 1957 I), muß auch die Erkl, nicht annehmen zu wollen, genügen (Besonderheiten in § 1947ff). In der Erklärg eines gesetzl (Mit-) Erben, daß er das auf Test beruhde ErbR eines and Person anerkenne, liegt noch keine Ausschlagg der Erbsch, auch wenn der Erklärende wußte, daß das Test nichtig ist, BayObLG aaO. Bei mehrfacher Ausschlagg ist die zweite RHdlg zunächst unbeachtl, kann aber Wirksamk dadurch erlangen, daß die erste sich als unwirks herausstellt.

b) Zur Person des Ausschlagenden. Zur Ausschlagg ist wie für die Ann unbeschränkte Geschäftsfähigkeit erforderl. Sie ist keine Schenkg, § 517; daher auch keine Anfechtg wg GläubBenachteiligg, RG **54,** 289. **Vormund u Pfleger,** teilw auch der **Inhaber der elterl Gewalt** bedürfen der Gen des VormschG, §§ 1643 II, 1822 Nr 2, 1915, s § 1643 Anm 2 c, Engler FamRZ **72,** 7; § 1831 S 1 findet keine Anwendg; über fristgerechten Nachw der nachträgl erteilten Gen s unter b aE. Nach Außerkraftsetzg des § 1629 I durch BVerfG v 29. 7. 59, NJW **59,** 1483 müssen beide Elternteile als gesetzl Vertreter ihres Kindes ausschlagen, Ffm NJW **62,** 52; zur Frage der vormschgerichtl Gen vgl Hamm, Ffm NJW **59,** 2215; **62,** 52, Rpfleger **69,** 386 = FamRZ **69,** 658, Waldsh Just **74,** 127 (Ausschlagg einer DDR Erbsch), auch Haegele Rpfleger **59,** 353, ferner BayObLG **69,** 14; **77,** 163/167 (Ausschlagg der TestErbsch des Inh der elterl Gewalt für sich u seine ersatzw nach § 2069 berufenen Kinder, um die Erbsch als gesetzl Erbe anzunehmen); Staud-Engler § 1643 Rdz 20, wonach dann, wenn zweifelh ist, ob die AusschlFrist bereits abgelaufen ist, das VormschG die Genehmigg nicht mit der Begründ ablehnen darf, die Frist sei bereits abgelaufen; § 1643 Anm 2c. Schlägt ein Elternteil die einem Kind angefallene Erbsch aus, so ist die Ausschlagg auch dann nicht wirks, wenn der and Elternteil formlos zustimmt, Soergel-Schippel Rdz 4. Die Eltern des bedachten Kindes sind als gesetzl Vertr auch dann zur ErbschAusschl berecht, wenn der Erbl sie von der Verwaltg des Nachl ausgeschlossen hat, Karlsr/Fbg FamRZ **65,** 573. – Bei **Ehegatten** ist zur Ausschlagg nur der Eheteil, dem die Erbsch anfiel, berechtigt, und zwar bei GütGemsch auch dann, wenn das GesGut vom anderen Eheg verwaltet wird, § 1432; bei gemschaftl Verw können beide Eheg gemeins, § 1450, od nur der Erbende, § 1455 Nr 1, ausschlagen. Ein in ZugewGemsch lebender Eheg bedarf zur ErbschAusschl nicht die Einwilligg des anderen Eheg nach §§ 1365, 1367, RhNK **60,** 478. – Bei Anfall vor Eröffng des ErbenKonk ist der Erbe zur Ausschl berechtigt, KO 9. TestVollstr u NachlPfleger können ebsowenig ausschlagen wie annehmen, vgl § 2205 Anm 1 b ee, § 1960 Anm 5 C bb. Wird der gesetzl Vertreter erst durch Ausschl des Kindes berufen, so bedarf es eines Pflegers (§ 1909) und einer Gen des VormschG für diesen. **Beibringg der Genehmigg** einschl der zur Wirksamk erforderl Bekanntmach an den gesetzl Vertreter (§ 1828) (vgl Anm 2 und 4 zu § 1831) innerh der Frist (§ 1944) **erforderlich,** aber auch genügd (RG **118,** 148, Ffm FamRZ **66,** 289). Wegen höherer Gewalt vgl § 1944 Anm 4. Formlose Verpflichtg zur Ausschl nach Erbfall ist mögl, muß aber durch formgerechte Ausschl erfüllt w, RG HRR **29** Nr 292; vor dem Erbfall nur gem § 312 II, Erm-Barth-Schlüter § 1946 Rdz 1.

2) Nachlaßgericht. Für die EntggNahme der AusschlErkl ist (anders als beim Vermächtnis, §§ 2180 II 1, 2308 II 2) das **Nachlaßgericht** ausschließl **zuständig.** NachlG ist das **Amtsgericht** (FGG 72), s auch *BaWü* LFGG 1 I, II, 38; NachlG = Staatl Notariat. Die **örtliche Zuständigkeit** bestimmt sich nach dem **letzten Wohnsitz** oder **Aufenthalt** des Erblassers (FGG 73). Wegen ErsZustdgk vgl Einl 6 vor § 1922. – **a)** Die **Ausschlaggserklärung** muß an sich **gegenüber** dem sachl u örtl **zuständigen** NachlG od dem ersuchten Gericht (Kittel Rpfleger **71,** 52; BayObLG **52,** 291) abgegeben w. Da Rechtshilfeersuchen weit auszulegen, kann das ersuchte Gericht nach Ausschlagg eines Erben auch noch den nachrückenden Erben einvernehmen u dessen AusschlErkl entggnehmen, BayObLG **52,** 291. Die Niederschr des ersuchten Gerichts muß nicht innerh AusschlFrist beim NachlG eingehen, BayObLG OLG **36,** 226. – **b)** Die Aufn der Erkl zur Niederschr od ihre EntggNahme in öff beglaubigter Form dch ein **örtl unzuständ Ger** ist **nicht unwirks,** vgl Keidel-Winkler[10] FGG 7 Anm 3ff, wenn dieses sich als NachlG betätigt (RG **71,** 380, dazu KG OLGZ **76,** 167 – VorleggsBeschl für den Fall interlokaler Unzustdgk) od die Erkl innerh der Frist dem örtl zust Ger weitergibt, auch wenn sie dort verspätet eingeht, Erm-Barth-Schlüter Rdz 4, vgl BGH **36,** 197; denn auch Aufn u EntggNahme von Erkl od deren Weitergabe sind gerichtl Handlgen; Wirksamk daher auch zu bejahen, wenn das Ger nach Aufn oder EntggNahme untät bleibt, RGRK Rdz 12. Gibt das Ger aber zB die bei ihm in öff beglaubigter Form eingereichte Erkl zurück, dann ist die Ausschl unwirks. Sie kann aber vor Fristablauf in wirks Form wiederholt w. – **c)** Die Ausschlagg in einem **öffentl Test** wäre ebso wie der in der gleichen Form erfolgende Widerruf einer Schenkg an sich wirks (str, vgl § 130 Anm 4, aM KG JW **19,** 998), es wird aber nur selten die Frist des § 1944 gewahrt sein. – **d)** Die AusschlErklärg des gesetzl Vertr des Minderjährigen wird wirks, auch wenn sie dem NachlG – fristgerecht – erst zugeht, nachdem der Vertretene volljähr geworden ist (§ 130 II), Karlsr/Fbg FamRZ **65,** 573.

3) Form: a) Die Erkl muß zur **Niederschrift des NachlaßG** oder in **öffentl beglaubigter Form** (§§ 128, 129, BeurkG 40, 63) abgegeben w. Für die Aufn der mündl Erkl zur Niederschr ist der Rpfleger zust, § 3 Nr 1 f RPflG; für die öff Beglaubigg der Notar, über das Verf, **II,** s §§ 1–13, 16–18, 22–26, 44–51, 54 BeurkG. Formfehler bei der Niederschr können innerh der Frist behoben w (arg III 2). Ausschl dch Telegramm genügt nicht. Gebühr KostO 45. – **b)** Bei dem im **Ausland** sich aufhaltenden Erben, § 1944 III, wird die Wahrg einer abweichden Ortsform, EG 11 I 2, genügen, Staud-Raape Anm B VII 2 zu Art 24 EG, Ferid-Firsching, Intern Erbrecht I Grundzüge Deutschl Rdz 65; über den Fall, daß das ausländ Recht das Institut der Ausschlagg nicht kennt, vgl JM BaWü BWNotZ **59,** 31. Ann- u AusschlaggsErklärgen in ErbschSachen mit Berührg zur DDR können auch von Erben in der BRep vor dem westdtschn NachlG abgegeben w, s Kuchinke, Festschr für v d Heydte, 1977 II, 1005/1016. – **c)** Ob Annahme od Ausschlagg einer Erbsch nach ausl Erbstatut ggü dem deutschen NachlGer erklärt werden können, ist bestr, s Soergel-Kegel Rdz

57 vor Art 24 EGBGB, Pinckernelle-Spreen DNotZ **67**, 203; nach BayObLG **65**, 423 kann das deutsche NachlGer, das zur Erteil eines ggständl beschr Erbscheins unter Zugrdelegg italienischen Rechts international zust ist, auch die in jenem Recht vorgesehene Erklärg der minderjährigen Erben entggnehmen, daß sie die Erbsch unter dem Vorbeh des Inventars annehmen. – **d) Vollm** zur Ausschlagg, III, kann nicht vom NachlGer beurk w, Winkler Rpfleger **71**, 346.

4) Empfangsbestätigg. Zeugnis. Wird die Erkl dem NachlG in öff beglaubigter Form **eingereicht**, so hat dieses auf Verlangen ihren Empfang zu **bestätigen**; nimmt es sie zur Niederschr entgg, so ist dem Ausschlagenden darü auf Antr ein **Zeugnis** zu erteilen (KGJ **35** A 60), das sich nur über die Tats, nicht über die Rechtzeitigk od Gültigk der Ausschlagg zu äußern hat. **Gebühren** nach KostO 112 I Nr 2.

5) Den **Anfall des Hofes** kann der HofE dch Erkl ggü dem LwG ausschlagen, HöfeO idF v 26. 7. 76 § 11; Ausschlagg der gesamten od übrigen Erbsch ggü dem NachlG, Lüdtke/Handjery Rdz 4 zu HöfeO 11; Erm-Barth-Schlüter Rdz 5, s auch SchlHOLG DNotZ **62**, 425. In *Rh-Pf* erfolgt Ausschlagg des Hofes ggü Nachl-G, HöfeO *RhPf* 19. S auch § 1950 Anm 3. Über die Form der Ausschlagg s § 1945 I, II, oben Anm 3a.

1946 *Frühester Zeitpunkt für Annahme oder Ausschlagung.* **Der Erbe kann die Erbschaft annehmen oder ausschlagen, sobald der Erbfall eingetreten ist.**

1) Allgemeines. Vor dem Tode des Erbl ist eine Erbsch, die angenommen od ausgeschlagen w könnte, noch nicht vorhanden; wohl ein ErbR, auf das verzichtet w kann (§ 2346); auch Verträge zw künftigen gesetzl Erben nach § 312 II sind mögl. Der **Nacherbe** (§ 2142 I) kann nach dem Tod des Erbl, also schon vor dem Nacherbfall ausschlagen od annehmen, BayObLGZ **62**, 239/241, der PflichttBerechtigte, § 2306 I 2, schon vor Kenntn der Beschrkgen. Wegen des Ersatzerben s § 1944 Anm 2c.

2) Nicht vor dem Erbfall, wohl aber **vor Beginn der AusschlFrist** (§ 1944) u auch **vor dem Anfall** (dh vor Wegfall eines Vorberufenen) kann angenommen od ausgeschlagen werden; vgl Staud-Lehmann Anm 1. Dem Erben ist also HdlgsFreih dahin gewährt, daß er vom Eintritt des Erbf an annehmen od ausschlagen kann, auch wenn die Voraussetzgen für den Beginn der AusschlaggsFr (§ 1944 II) in seiner Pers noch nicht gegeben waren, RGRK Rdz 2. Jur Pers kann vor der Gen des Erwerbs (EG 86) zwar nicht annehmen (FrBeginn s Anm 2b zu § 1944), aber ausschlagen, RG **76**, 384; s auch EG 86 Anm 1.

1947 *Bedingungsfeindliches Geschäft.* **Die Annahme und die Ausschlagung können nicht unter einer Bedingung oder einer Zeitbestimmung erfolgen.**

1) Allgemeines. Zwecks Schaffg klarer Verhältnisse sind Ann u Ausschlagg (ebso wie beim Vermächtn, § 2180 II, und TestVollstrg, § 2202 II) bedinggsfeindlich. Sie sind mit dem Zugehen als WillErkl unwiderrufl, § 130 I 1, III, Lange-Kuchinke, § 8 IV 1, s aber auch §§ 1949 I, 1954.

2) Echte Bedingg. Nur die Setzg einer echten rechtsgeschäftl Bedingg, s Einf 2 u 6 vor § 158, od Zeitbestimmg (§§ 158–163) macht die Erkl unwirks („Falls mir die Erbschaftssteuer erlassen wird", „Auf die Dauer von 3 Jahren", „Falls der Nachlaß nicht überschuldet ist" usw, Staud-Lehmann Anm 2); nicht aber eine überflüssige od eine RBedingg („Wenn ich berufen sein sollte", „Falls der Erblasser nicht mehr lebt"). Keine echte Bedingg liegt auch vor, wenn für den Fall der Berufg aus einem bestimmten Grd angenommen od ausgeschlagen wird, Staud-Lehmann Anm 3. Wird zG eines Dritten ausgeschlagen, so ist entscheidd, ob der gewollte Erwerb des Dritten echte Bedingg od nur gesetzl Wirkg der Ausschlagg, Ausschlagg zG des Nachberufenen, § 1953 II, Staud-Lehmann Anm 4, od nur BewegGrd ist, KG JW **33**, 2067; sie ist echte Bedingg, wenn dem Ausschlagden erkennb daran liegt, daß die Erbsch an einen bestimmten Dritten gelangt u der Erklärde mit einem mögl and Erfolg keineswegs einverstanden ist, BayObLG **77**, 163. In diesem Fall ist die Ausschlagg unwirks, falls nicht zB die Ausschl zur Wahrg der Form des § 2033, Umdeutg (KGJ **35** A 64) in Ann u Erkl, den Erbteil einem Dritten zu übertragen, mögl ist (s DNotZ **74**, 597; in den anderen Fällen ist die Beifügg einer Bedingg unschädl. Daß das erwartete Entgelt nicht gezahlt wird, hindert die Wirksamk der Ausschl nicht. Wegen mehrfacher Berufg vgl §§ 1948, 1949, 1951, 2007.

1948 *Mehrere Berufungsgründe.* ^I **Wer durch Verfügung von Todes wegen als Erbe berufen ist, kann, wenn er ohne die Verfügung als gesetzlicher Erbe berufen sein würde, die Erbschaft als eingesetzter Erbe ausschlagen und als gesetzlicher Erbe annehmen.**

^{II} **Wer durch Testament und durch Erbvertrag als Erbe berufen ist, kann die Erbschaft aus dem einen Berufungsgrund annehmen und aus dem anderen ausschlagen.**

Schrifttum: Strobl, Schramm, Das Wahlrecht des Erben nach § 1948 BGB, DNotZ **65**, 337, 734; Holzhauer, Die Teilbark von Annahme u Ausschlagg im System des ErbR, Erbrechtl Untersuchgn, 1973, 85 ff; s auch DNotZ **74**, 597.

1) Allgemeines. Der § 1948 betrifft den Fall mehrfacher Berufg auf den ganzen Nachl od auf einen Erbteil, § 1951 mehrere Erbteile, dch Vfg vTw, s dazu Holzhauer 88. Bei § 1948 I hat man an den – wohl kaum vorkommenden – Tatbestd gedacht, daß in der Vfg vTw Beschwergen des Erben mit Vermächtnissen u Auflagen nur für den Fall vorgesehen sind, daß er als eingesetzter Erbe zum Zug kommt, währd er als gesetzl Erbe davon befreit sein soll. Diese Beschwergen bleiben idR auch bei der gesetzl Erbfolge bestehen, §§ 2161, 2192, ebso andere Beschrkgen (zB Nacherbsch, TestVollstr, Teilgsanordnungen), § 2085, u die PflichtLast, § 2320. In Anwendg von **I** kann aber zB der eingesetzte Eheg erreichen, daß ihm als gesetzl

Erben (§ 1932) der Voraus zufällt, Drewes, JW **25**, 2105, s auch § 2311 I 2, aM Holzhauer aaO 114ff; ferner eine Befreiung von der Bindg dch wechselbezügl Verfüggen, § 2271 II 1 (s aber auch § 2271 Anm 3c aa); ob dies nur gilt, wenn der Eheg inf Ausschlusses von pflichtberecht Erben auch AlleinE kr Gesetzes wird, so Strobl aaO, ist bestr, aM Staudenmaier DNotZ **65**, 72, Schramm aaO; die einengde Auffassg von Strobl dürfte abzulehnen sein, siehe auch Lange-Kuchinke, § 8 VI 2a, Holzhauer aaO, 126ff. Ist der pflichtberecht Erbe zu einem geringeren als dem gesetzl Erbt eingesetzt, so wird er, wenn er die Erbeinsetzg ausschlägt, nur zu diesem geringeren Erbt gesetzl Erbe, RGRK Rdz 4. Ob Ausschlagg zwecks Erlangg von Ausgleichs-Anspr (§ 2050) zu diesem Erfolg führen kann, ist zweifelh, s Holzhauer 107ff, RGRK Rdz 5. – Der Antr auf Erteilg eines Erbscheins als gesetzl Erbe, den ein TestErbe stellt, der zugl gesetzl Erbe ist, ist noch nicht als Ausschlagg der gewillkürten Erbf anzusehen, RG Recht **10** Nr 1111.

2) Voraussetzg, I, ist, daß durch die Ausschlagg die gesetzl Erbf des Ausschlagenden eröffnet wird, zB Einsetzg als AlleinE, Fall des § 2088, Holzhauer aaO 89, 91, 108. Gilt also nicht, wenn die gesetzl Erbf durch erschöpfende testamentarische Bestimmgen gänzl ausgeschl ist, der ausgeschlagene Erbteil daher entweder den Nach- u ErsErben zufällt, Ffm NJW **55**, 466, Rpfleger **69**, 386, oder den übr eingesetzten Erben nach § 2094 anwächst (RG LZ **23**, 451), od das Gesetz, §§ 2069, 2102, für den Fall der Ausschlagg eine and Erbf vorsieht, s Holzhauser aaO 89; BayObLG **77**, 163/166f. – Ausschlagg der Erbeinsetzg hat zur Folge, daß für Berufg als gesetzl Erbe ab Kenntn dieses Berufsgrundes neue Ausschlaggsfrist läuft, RGRK Rdz 9. Kennt der Ausschlagende seine Berufg als gesetzl Erbe, so muß er wg § 1949 II die Ausschlagg auf die Berufg als eingesetzter Erbe beschränken, um sich die gesetzl Erbfolge zu wahren, Staud-Lehmann Anm 4. Der umgekehrte Fall (Ausschlagg als gesetzl u Ann als eingesetzter Erbe) kann nicht in Betr kommen („wenn er ohne die Vfg als gesetzlicher Erbe berufen würde").

3) Test und Erbvertrag. II hat prakt keine allzu große Bedeutg, vgl Staud-Lehmann Anm 5. Es ist an die Fälle zu denken, daß das Test od der ErbVertr besondere Beschränkgen und Belastgen (Vermächtnisse, Nacherbeinsetzgen) enthält. Sind sie dem Test beigefügt, so wird es durch einen späteren ErbVertr ohnedies aufgeh, soweit das Recht des vertragsm Bedachten beeinträchtigt würde, § 2289 I, währd die im ErbVertr enthaltenen Beschrkgen auch bei Ausschlagg der vertragsmäßigen Einsetzg bestehen bleiben (vgl § 2161). **II gilt** jedoch **nicht,** wenn die Berufg auf zwei Test od zwei ErbVertr beruht, § 1951 II, s Lübtow Lehrb I, 704⁴⁶.

1949 *Irrtum über den Berufungsgrund.* I Die Annahme gilt als nicht erfolgt, wenn der Erbe über den Berufungsgrund im Irrtume war.

II **Die Ausschlagung erstreckt sich im Zweifel auf alle Berufungsgründe, die dem Erben zur Zeit der Erklärung bekannt sind.**

1) Allgemeines. BerufsGrd (vgl § 1944 Anm 2b) ist die Art u Weise der konkreten Berufg, durch ein bestimmtes VerwandtschVerh, Ehe ud eine bestimmte Vfg vTw; die richtige Kenntn vom BerufsGrd darf nicht mit der Kenntn vom Grd der Berufg nach § 1944 II, s Anm 2b hierzu, gleichgesetzt werden, Erm-Bartholomeyczik Rdz 1. § 1949 behandelt den Irrt ohne Anfechtg (daher auch keine SchadErsPfl nach § 122), § 1954 die Anfechtg inf Irrtums.

2) Annahme kann ausdrückl od stillschw sein. Der Irrt kann auf Unkenntn der die Berufg begründenden Tatsachen (zB VerwandtschVerh, ob gesetzl od gewillkürte Erbf) od auf falscher rechtl Beurteilg bekannter Tatsachen beruhen. Nimmt also der eingesetzte Erbe die Erbsch an, ohne zu wissen, daß er (zB durch Wegfall der gesetzl Vorberufenen) der nächste gesetzl Erbe war, so irrt er über den BerufsGrd, Staud-Lehmann Anm 5. Ohne Einfluß ist, ob Irrt entschuldb od nicht. Die Ann gilt ohne Anfechtg (§§ 119, 142, 1954) als nicht erfolgt; und die AusschlFrist beginnt erst mit Kenntn des wahren Grundes; vorausgesetzt, daß die beiden Berufgen sich inhaltl nicht decken. – **I gilt nicht,** wenn es – wie meist – dem Erben ganz gleichgültig war, aus welchem Grd die Berufg erfolgte. **I** greift auch **nicht** ein, wenn die Erbsch ledigl inf Versäumg der Ausschlagg (§ 1943) als angenommen gilt, da die Frist nicht ohne Kenntn des Berufsgrundes zu laufen beginnt, § 1944 II, Erm-Barth-Schlüter Rdz 2 gg Hauser JhJ **65**, 320.

3) Ausschlagg. Da sich nach der Auslegsregel des II die Ausschlagg, mag sie auch unbeschr erkl sein, nur auf die bekannten Berufsgründe erstreckt, ist auch die AusschlaggsErkl nach dem hier eben anwendbaren **I** unwirks, wenn der Erbe über den Grd seiner Berufg im Irrt war u daher der wahre Grd inf des Irrtums unbekannt blieb, Soergel-Schippel Rdz 1. Kennt der Erbe alle Berufsgründe, so kann er die Ausschlagg auf einen beschränken. Ob die Ausschlagg sich auch auf möglicherw erst künftig eintretende Berufsgründe erstreckt, ist Frage der Ausleg. Die Vermutg des **II** gilt hier nicht, RGRK Rdz 12.

1950 *Teilannahme; Teilausschlagung.* **Die Annahme und die Ausschlagung können nicht auf einen Teil der Erbschaft beschränkt werden. Die Annahme oder Ausschlagung eines Teiles ist unwirksam.**

1) Bedeutg. Zwingende Vorschr, die durch den Erbl nicht abgeändert w kann. Die Ausschlagg od Ann kann nicht willkürl auf rechtl gar nicht existierende Teile der Erbsch (Bruchteile der Erbsch od des Erbteils, § 1922 II) od der NachlMasse (einzelne NachlGgstände) beschr werden. Ausschlagg unter Vorbehalt des Pflichtteils ist daher ebenf unwirks, RG **93**, 9, abgesehen von dem Fall des § 2306 I S 2 und bei ZugewGemsch, vgl Anm 2. Da Teilannahme und -ausschlagg wirkgslos sind, gilt die ganze Erbsch mit dem Ablauf der Ausschlaggsfrist als angenommen, Barth-Schlüter Lehrb § 30 IV 1f. Besonderheiten in §§ 1951, 1952 III (mehrere Erbteile, Ausschlagg von Erbeserben). Auch auf Vermächtn anwendb, § 2180 III.

2) Sonderregelg bei **Zugewinngemeinschaft**: Der ausschlagende überl Eheg erhält den Anspr auf Ausgl des Zugewinns und auf den Pflichtt, §§ 1371 Anm 5, 1953 Anm 2b. Er kann aber nicht den Erbteil nach § 1931 I annehmen u die Erhöhg nach § 1371 I ausschlagen oder umgekehrt, da es sich um einen einheitl Erbteil handelt, Braga FamRZ 57, 337, Erm-Barth-Schlüter § 1931 Rdz 42, 57.

3) Der **Hoferbe** kann den Anfall des Hofes ausschlagen u die übrige Erbsch annehmen, HöfeO BrZ 11, HöfeO RhPf 19, nicht aber den Hof annehmen u die übrige Erbsch ausschlagen, Barth-Schlüter, Lehrb § 30 IV 5a, Lüdtke/Handjery Rdz 2; aM Scheyingh Anm 5, Wöhrmann-Stöcker Rdz 1 je zu § 11 HöfeO.

4) Der zum **Heimstättenfolger** durch Vfg vTw berufene Erbe kann auf die Heimstättenfolge verzichten, ohne die Erbsch auszuschlagen, AVO RHeimstG 28.

1951 *Mehrere Erbteile.*

I Wer zu mehreren Erbteilen berufen ist, kann, wenn die Berufung auf verschiedenen Gründen beruht, den einen Erbteil annehmen und den anderen ausschlagen.

II Beruht die Berufung auf demselben Grunde, so gilt die Annahme oder Ausschlagung des einen Erbteils auch für den anderen, selbst wenn der andere erst später anfällt. Die Berufung beruht auf demselben Grunde auch dann, wenn sie in verschiedenen Testamenten oder vertragsmäßig in verschiedenen zwischen denselben Personen geschlossenen Erbverträgen angeordnet ist.

III Setzt der Erblasser einen Erben auf mehrere Erbteile ein, so kann er ihm durch Verfügung von Todes wegen gestatten, den einen Erbteil anzunehmen und den anderen auszuschlagen.

1) Allgemeines. Berufg zu mehreren Erbteilen liegt zB in den Fällen der §§ 1927 (Zugehörigk zu verschiedenen Stämmen) und § 1934 (Ehegatte als Verwandter) sowie dann vor, wenn jemand zu mehreren Erbteilen teils durch Vfg vTw, teils durch mehrere Verfügen od auch nur durch dieselbe Vfg berufen ist. Dagg fallen Erhöhg (§ 1935) und Anwachsg (§§ 2094, 2095) nicht hierunter, da hier grdsätzl (vgl § 2095: „in Ansehg") keine Mehrh von Erbteilen vorliegt, Ann od Ausschlag sich also ohne weiteres auf die Erhöhg od Anwachsg mit erstreckt. (Wegen der Erbenhaftg vgl § 2007). An sich ist nicht einzusehen, warum es dem Erben versagt sein sollte, den einen Erbteil anzunehmen und den anderen auszuschlagen. Das G unterscheidet aber zw der Berufg aus demselben Grd und aus verschiedenen Gründen.

2) Verschiedene Gründe der Berufg liegen vor: Bei Berufg zu mehreren Erbteilen durch Vfg vTw und kraft G, teils durch Test teils durch ErbVertr, durch zw verschiedenen Personen geschlossene ErbVertr; nicht dagg, wenn der Erbe in einem od mehreren Test oder in einem einzigen ErbVertr od in mehreren zw denselben Personen abgeschl Erbverträgen berufen ist, Staud-Lehmann Anm 6 (verschiedene Berufungsgründe nimmt RGRK Anm 7 an, wenn mehrere ErbVertr mit derselben Person einseitige Vfgen, § 2299, enthalten). In den letzteren Fällen wird die Einheit des Berufungsgrundes aus der zu vermutenden einheitl Willensrichtg des Erbl gefolgert, so daß auch Ann u Ausschlag einheitl zu erfolgen haben. Diese Willensrichtg fehlt aber, wenn die Berufg zu mehreren Erbteilen auf dem G, §§ 1927, 1934, beruht; daher liegen auch hier **mehrere** Berufsgründe vor, hM, Staud-Lehmann Anm 7, RGRK Rdz 8. Dasselbe Test, das für dieselbe Person mehrere Nacherbeneinsetzungen unter verschiedenen Voraussetzgen anordnet (beim Tode der Vorerbin, bei Wiederverheiratg), stellt nur einen BerufgsGrd dar, KG JFG **6**, 143.

3) Bei demselben Berufgsgrund können die mehreren Erbteile, vorbehaltl einer anderw Bestimmg des Erbl, **III**, nur einheitl angenommen od ausgeschlagen w, **II**, u zwar auch dann, wenn der eine Erbteil erst später anfällt. Hat zB der Erbl jemand für einen Erbteil zum Erben, für den anderen zum ErsErben (§ 2096) eingesetzt, so hindert die beim Anfall des ersten Erbteils noch bestehende Ungewißh od Unkenntn des Eintritts der ErsErbfolge die alllg Wirkg der Ann od Ausschlag auch für diesen nicht; die Ann kann also auch vor dem Anfall wirks erfolgen; auch seitens der Nacherben, RG **80**, 382. Die Teilannahme od -Ausschlag ist in entspr Anwendg des § 1950 unwirks; also Fiktion der Ann auch des ausgeschlagenen Teils nach § 1943, vorbehaltl der Anfechtg, § 1956, s Pohl AcP **177**, 74.

4) Nur bei verschiedenen Berufsgründen kann der Erbe die mehreren Erbteile teils annehmen, teils ausschlagen. Schlägt er nur einen Erbteil aus, so ist damit der andere noch nicht stillschw angenommen. § 1949 II ist aber auch entspr auf mehrere Erbteile anzuwenden. Im Zw erstreckt sich daher Ann u Ausschlag auf alle Erbteile, soweit sie schon angefallen sind u der Anfall dem Erben bekannt ist, Staud-Lehmann Anm 4. Beschränkt der Erbe bei einem einheitl BerufgsGrd seine Erkl auf einen Erbteil, so ist sie in entspr Anwendg des § 1950 S 2 unwirks, hM, RGRK Rdz 11.

5) Gestattg des Erblassers. Diese Gestattg (**III**) ist im Falle von **I** (gesetzl Gestattg) überflüssig u durch § 1950 begrenzt. Sie setzt also voraus, daß einheitl Berufg zu mehreren Erbteilen vorliegt. Nach § 1950 ist es dem Erbl nicht gestattet, hins eines Teils der Erbsch od des Erbteils eine Ann od Ausschlag einzuräumen, str, aM Soergel-Schippel Rdz 4. Wenn jemand teils als Erbe, teils als NachE eingesetzt ist, ist Gestattg auch ohne bes Erwähng anzunehmen.

1952 *Vererblichkeit des Ausschlagungsrechts.*

I Das Recht des Erben, die Erbschaft auszuschlagen, ist vererblich.

II Stirbt der Erbe vor dem Ablaufe der Ausschlagungsfrist, so endigt die Frist nicht vor dem Ablaufe der für die Erbschaft des Erben vorgeschriebenen Ausschlagungsfrist.

III Von mehreren Erben des Erben kann jeder den seinem Erbteil entsprechenden Teil der Erbschaft ausschlagen.

Schrifttum: Lübtow, Probleme des Erbrechts, 1967; derselbe, Die Vererblichk des Ausschlaggsrechts, JZ 69, 502; von Ohlshausen, Konkurrenz von GüterR u ErbR bei Auflösg der ZugewGemsch bei Tod eines Eheg, 1968; ders, ZugewAusgl u Pflichtt bei ErbschAusschlagg dch einen von mehreren ErbesE des überleb Eheg, FamRZ 76, 678.

1) Allgemeines. Wie die Erbsch sich vererbt, so ist auch das — nicht höchstpersönl VermögensR, sond nur ein Rechtsbefugnis darstellende — AusschlR zwar nicht abtretb, aber vererblich, wenn es für den Erben noch nicht nach § 1943 erloschen war. Es geht unter dieser Voraussetzg als Bestandt des ErbenNachl auf den Erbeserben über, Staud-Lehmann Anm 1. — Gilt entspr auch für Vermächtn, § 2180 III.

2) Stellg des Erbeserben. Der Erbe des Erben (ErbesE) kann beide Erbschaften annehmen od beide ausschlagen, ebso die erste Erbsch ausschlagen u die zweite annehmen. Dagg kann er nicht umgekehrt die zweite ausschlagen u die erste annehmen, da er die erste nur als Bestandteil der zweiten erhalten könnte, dazu Lübtow, JZ 69, 503, s auch Brüstle BWNotZ 76, 78. In der Ann oder Ausschlagg der ersten liegt idR eine stillschw Ann der zweiten Erbsch, Staud-Lehmann Anm 1. Hat der vor Ablauf der AusschlFrist verstorbene Erbe Vor- und NachE eingesetzt, so kann der VorE die Erbsch mit Wirkg gg den NachE ausschlagen, vorbehaltl seiner späteren Verantwortlichk aus §§ 2130, 2131, s § 2112 Anm 1, Staud-Lehmann Anm 7. Auch die gesetzl Erben eines VorE, denen die NachErbsch nicht zufällt, können nach Eintritt des NachErbf den Anfall der VorErbsch an ihren Rechtsvorgänger ausschlagen, solange die AusschlFrist noch läuft, BGH 44, 152 mit Anm v Johannsen LM § 2139 Nr 2 u Bosch FamRZ 65, 607; dazu auch die Kritik bei Lübtow, 28 ff; war wie hier VorE die Witwe des Erbl, mit dem sie in ZugewGemsch gelebt hat, so kann die zurückwirkde Ausschlagg, § 1953, dch ihre gesetzl Erben bewirken, daß diese den PflichttAnspr, §§ 2303 I 2 mit 2306 II, u den Zugew AusgleichsAnspr, § 1371 II, der Witwe bei ihrem Ableben geerbt haben, s BGH aaO, Lübtow aaO 33 ff, s auch Anm 5.

3) Ausschlaggsfrist. Wenn die Frist für den Erben schon begonnen hatte, läuft sie für den ErbesE weiter, auch wenn er vom Anfall der ersten Erbsch keine Kenntn hat, endet aber nicht vor dem in II bestimmten Ztpkt, BayObLG NJW 53, 1432. War der Erbe vor Fristbeginn gestorben, so beginnt die Frist überh erst für den ErbesE mit seiner Kenntn von Anfall u BerufsgsGrd, sie endet aber auch in diesem Falle nicht vor dem Ablauf der für die Erbsch des Erben bestehenden AusschlFrist **(II)**, da andernf für die Erbsch des Erbl die gedachte Ann nach § 1943 eintreten könnte. Fristdauer 6 Monate, wenn der ErbesE sich im Ausland aufhielt, § 1944 III.

4) Mehrheit von Erbeserben. III gibt die Möglichk einer **Teilausschlagg**, abweich von dem Grds des § 1950. Schlägt der eine ErbesE seinen Anteil an der zur Erbsch des Erben gehörenden Erbsch des Erbl aus, so fällt der ausgeschlagene Anteil, soweit nicht die Abkömml des Ausschlagenden nach §§ 1924 III, 2069 eintreten, den MiterbesE durch eine Art **Anwachsg** an; denn es ist dann in entspr Anwendg des § 1953 II so anzusehen, als wenn der Erbe nur von den nicht ausschlagenden Miterbesern beerbt worden wäre, hM, s Lübtow JZ 69, 504, Köbler E u G 1974, 68; RGRK Rdz 12; aM BayObLG NJW 53, 1432, s auch von Ohlhausen FamRZ 76, 678 ff. — Über **Wirkg** der Ausschlagg des alleinigen ErbesE s § 1953; wird das Ausschlaggsrecht vererbt u ausgeübt, so gilt der Anfall an den Erbl des Ausschlagden als nicht erfolgt, Lübtow, JZ 69, 503. — Zum Inhalt eines **Erbscheins**, wenn der MitE von seinem Recht aus III Gebr macht, s Schmid BWNotZ 70, 82.

5) a) Sind in Zugewinngemeinschaft lebde Eheg kurz hintereinander verstorben u besteht für den Überlebden bei seinem Tod das AusschlR nach dem zuerst Verstorbenen noch fort, so kann von mehreren Erben des Überlebden jeder zu seiner Erbquote nach dem Überlebden das sich aus § 1371 ergebe WahlR ausüben u die hieraus abzuleitden Rechte geltend machen, s Schramm BWNotZ 66, 34; aM Ohlshausen FamRZ 76, 678/683, der annimmt bei vererbtem AusschlaggR entstehe der Anspr auf ZugewinnAusgl u der bes PflichttAnspr des § 1371 III nur, wenn alle ErbesE die transmittierte Erbsch ausschlagen.

b) Über Vererblichk des höferechtl AusschlaggsR s Lüdtke-Handjery, Rdz 14 zu HöfeO 11.

1953 Wirkung der Ausschlagung.

I Wird die Erbschaft ausgeschlagen, so gilt der Anfall an den Ausschlagenden als nicht erfolgt.

II Die Erbschaft fällt demjenigen an, welcher berufen sein würde, wenn der Ausschlagende zur Zeit des Erbfalls nicht gelebt hätte; der Anfall gilt als mit dem Erbfall erfolgt.

III Das Nachlaßgericht soll die Ausschlagung demjenigen mitteilen, welchem die Erbschaft infolge der Ausschlagung angefallen ist. Es hat die Einsicht der Erklärung jedem zu gestatten, der ein rechtliches Interesse glaubhaft macht.

Schrifttum: Oswald, Steuerl Beurteilg der Ausschlagg einer Erbsch, AnwBl 76, 109.

1) Allgemeines. Geschieht die Ausschlagg vor dem Anfall (§ 1946 Anm 2), so erfolgt kein Anfall; wird nach dem Anfall ausgeschlagen, so „gilt der Anfall ... als nicht erfolgt" **(I)**. Die Ausschlagg wirkt vielm auf den Erbfall zurück **(II)**, auch wenn der Nächstberufene nur diesen, nicht aber die Ausschlagg erlebt hat, RG 61, 16.

2) Wirkung der Ausschlagung.

a) Einzelne Rechtsfolgen. aa) An die Stelle des Ausschlagenden tritt bei gesetzlicher Erbfolge der Nächstberufene, bei Erbeinsetzg ein etwaiger ErsE (§§ 2096, 2097), auch Abkömmlinge (§ 2069), sonst der gesetzl Erbe u dem Vorerben verbleibt die Erbsch, soweit der Erblasser nichts anderes bestimmt, § 2142 II. Bei Miterben ist jedoch die Erhöhg (§ 1935) u das AnwachsgsR (§ 2094) zu beachten. Schlägt der alleinige ErbesE die seinem unmittelbaren Erbl angefallene Erbsch aus, so fällt sie demj zu, der berufen wäre, wenn der unmittelb Erbl des Ausschlagenden selbst die Erbsch ausgeschlagen hätte, BayObLG NJW 53, 1431; hins mehrerer Erbeserben vgl jedoch § 1952 Anm 4. – **bb)** Durch die Ausschlag gelten die **Folgen des Erbganges** (vgl Übbl 2 zum 2. Abschn) als **nicht eingetreten**, die erloschenen Rechtsverhältnisse leben wieder auf; der vererbte Besitz (§ 857) geht auf den neuen Erben über, wie wenn ihn der Erbe niemals ererbt hätte. Hatte der Erbe aber bereits den Besitz tatsächl ergriffen, zB darüber verfügt (§ 1959), so kann die Rückwirkg (Anm 1) nicht so weit gehen, sein Hdlg nun als verbotene Eigenmacht (§ 858) u die Sache als dem neuen Erben abhanden gekommen (§ 935) anzusehen (vgl § 858 I: sofern nicht das G es „gestattet"), Staud-Lehmann Anm 4, Lücke JuS 78, 254/255. Trotz der Rückwirkg bleiben RGesch nach § 1959 II, III wirks. Ebso verbleibt dem Ausschlagenden ein Vorausvermächtn, Staud-Lehmann Anm 10. Beschwergen, §§ 2161, 2192, bleiben bestehen. – Den durch Ausschlag Weggefallenen trifft ggü dem wirkl Erben die Herausgabepflicht (§ 1953 iVm §§ 1959 I, 667, 681) u die AuskPfl nach §§ 1959 I, 681, 666 u § 2027 II; s Staud-Lehmann Anm 13. Hatte der vorläuf Erbe vor Eröffg des Nachlaßkonkurses, KO 214ff, einem NachlGläub zur Sicherg eine Grundschuld bestellt, die Erbsch aber später ausgeschlagen, so kommt es für die Anwendg von KO 30 III 2 auf die Begünstiggsabsicht des VorE, nicht des endgült Erben an, BGH NJW **69**, 1349.

b) Der Ausschlagende hat grdsätzl auch **keinen PflichttAnspr**, vgl § 1950 Anm 1. Ausnahmen hievon ergeben sich aus §§ 2305, 2306 I 2, ferner bei Erbfällen nach dem 30. 6. 58 bei der ZugewinnGemsch. Hier erhält nämlich der überl Ehegatte, sofern er nicht auf das Erb- od PflichttR verzichtete, trotz der Ausschlagg den Anspr auf den Pflichtt, berechnet nach dem nicht erhöhten gesetzl Erbteil, u daneben den Anspr auf Ausgleich des Zugewinns, § 1371 II, III; wg der Einzelheiten vgl § 1371 Anm 4, 5, § 2303 Anm 2b, 3. Unter Anrechng auf die AusglFdg kann der Eheg auch die gerichtl Zuweisg eines NachlGgstände erwirken, § 1383, FGG 53a.

3) Die **Mitteilgspflicht des NachlGerichts** hat den Zweck, die AusschlFrist gg den inf der Ausschl Berufenen in Lauf zu setzen; sie kann aber schon vorher beginnen, falls der Nächstberufene vom Anfall u BerufgsGrd schon vor der Mitteilg Kenntn erhielt, Soergel-Schippel Rdz 6 zu § 1944. Aus III S 1 ergibt sich, daß das NachlG den Nächstberufenen von Amts wegen (FGG 12) und gebührenfrei (KostO 105) zu ermitteln hat. Ist der nunmehr Berufene unbekannt, ist nach §§ 1960ff (NachlPflegsch usw) zu verfahren. Gericht der Fürs (FGG 74) hat Sichergsmaßnahmen dem zuständigen NachlG mitzuteilen.

4) Einsicht. Der Begriff des rechtl Interesses (III S 2) – vgl auch ZPO 256 – ist enger als der des berechtigten Interesses (FGG 34; RG JFG **13**, 391). Einsicht wird dem Nächstberufenen u den NachlGläub zu gewähren sein (Einsicht gebührenfrei).

1954 *Anfechtungsfrist.* I Ist die Annahme oder die Ausschlagung anfechtbar, so kann die Anfechtung nur binnen sechs Wochen erfolgen.

II Die Frist beginnt im Falle der Anfechtbarkeit wegen Drohung mit dem Zeitpunkt, in welchem die Zwangslage aufhört, in den übrigen Fällen mit dem Zeitpunkt, in welchem der Anfechtungsberechtigte von dem Anfechtungsgrunde Kenntnis erlangt. Auf den Lauf der Frist finden die für die Verjährung geltenden Vorschriften der §§ 203, 206, 207 entsprechende Anwendung.

III Die Frist beträgt sechs Monate, wenn der Erblasser seinen letzten Wohnsitz nur im Auslande gehabt hat oder wenn sich der Erbe bei dem Beginne der Frist im Ausland aufhält.

IV Die Anfechtung ist ausgeschlossen, wenn seit der Annahme oder der Ausschlagung dreißig Jahre verstrichen sind.

Schrifttum: Pohl, Mängel bei ErbschAnnahme u -Ausschlagg, AcP **177** (77), 52.

1) Allgemeines. a) Anfechtgsgründe. Irrtum über den BerufgsGrd (§ 1949) nötigt nicht zur Anfechtg. In den übrigen Anfechtsfällen, von denen in II die Drohg erwähnt wird, gelten die §§ 119, 120 u 123 mit den sich aus § 1954 ergebenden Abweichgen, nicht aber §§ 2078ff. Irrtum im Beweggrunde, vgl § 119 Anm 1a, 3, Pohl 73f, auch hier unbeachtl (zB über die Person des Nachberufenen, KG JFG **17**, 70, die Zahlg des Entgelts für die Ausschlag od die Wirksamk des Entgeltversprechens). Hierher gehört auch der Irrt über Beschwergen (Ausn in § 2308 I für den pflichtt-berecht Erben iF des § 2306), über Höhe der ErbschSteuer, Bestand von LA-Anspr, KG NJW **69**, 191, Erm-Barth-Schlüter Rdz 3. Dagg kann die irrige Annahme einer Überschuldg ebenf die Anfechtg begründen, wenn auch die weiteren Voraussetzgen des § 119 vorliegen, RG **149**, 235, **158**, 50; BayObLG Rpfleger **78**, 297; Erm-Barth-Schlüter Rdz 4; ebso Irrt üb die Zusammensetzg des Nachl, RGRK Rdz 4; nicht aber, wenn die von Anfang an bekannten Vermögensstücke u Verbindlichkeiten nachträgl nur anders bewertet wurden, § 119 Anm 4c, od wenn ihm bei Ermittlg des Wertes ein Irrtum unterlaufen ist, Lücke JuS **78**, 254/256, od wenn die Überschuldg erst nach der Ausschlagg durch Erlaß einer Schuld, Verjährg der NachlVerbindlk wegfällt, LG Bln NJW **75**, 2104. Im Irrtum über den quotenmäßigen Anteil am GesamtNachl, zB $1/3$ statt $1/6$, kann ein Irrtum üb eine verkehrswesentl Eigensch des Erbanteils iS des § 119 II erblickt werden, Hamm NJW **66**, 1080, Barth-Schlüter, Lehrb § 30 VII 2b cc, anders bei Irrtum über den Wert des Anteils. Bei Zugewinngemeinsch kann der überlebde Eheg die Ann od Ausschlag der ihm vom Erstverstorbenen zugewendeten Erbsch w anfechten, weil er sich über die pflichtteils- und güterrechtl Folgen seiner Erklärg geirrt hat, Schwab JuS **65**, 437. Zum EigenschIrrtum s allg Pohl 75ff. – Ist der Berufene gesetzl vertreten, zB das 17jähr Kind dch seinen Vater, so ist hinsichtl der Frage, ob die vom gesetzl Vertr erkl ErbschAnn von Willensmängeln beeinflußt ist, § 166 I maßg; sie kann daher von dem inzw volljähr gewordenen Kind nur angefochten w, wenn in der Pers des Vaters Umstände des §§ 119, 123 vorliegen, LG Kblz FamRZ **68**, 656. – **b) Anfechtsberecht** nur der Erbe oder ErbesE, auch bei GütGemsch, §§ 1432 Anm 2, 1455 Nr 1; bei gemschaftl Gesamtgutverwaltg können auch beide Eheg gemeins anfechten, § 1450; **nicht** der Gläub (vgl § 517;

RG **54**, 289), der TestVollstr od NachlVerw, der KonkVerw (KO 9), der NachlPfleger, Staud-Lehmann Anm 13, vgl auch § 1943 Anm 3. Über vormundschaftsgerichtl Gen s § 1643 Anm 2c, RG **143**, 419. Gebühr KostO § 112 I Nr 2. – **c) Weitere Anfechtsfälle** s REG Art 79 (*AmZ*, hiezu v Godin JR **48**, 40), Art 66 (*BrZ*), Art 68 (*Berlin*); vgl hierzu BGH **LM** Nr 1 zu REG 66 (*BrZ*). – **d) Gläubigeranfechtg** der Ausschlagg innerh od außerh des Konkurses ist ausgeschl, Erm-Barth-Schlüter § 1945 Rdz 2. – **e)** Bewußte **Willensmängel**: anwendb sind §§ 116 S 2, 117, 118, s Pohl 61ff. – **f)** Die **guten Sitten**, § 138, können bei ErbschAnn bzw -Ausschlagg nicht verletzt w, s Pohl 65ff.

2) Anfechtgsfrist wird im wesentl wie die Ausschlaggsfrist (§ 1944) behandelt. Die Frist beginnt bei argl Täuschg u Irrt mit Kenntn vom AnfechtsGrd, bei Drohg mit Aufhören der Zwangslage; bei Irrt braucht nicht unverzügl, § 121, angefochten zu werden, Lange Lehrb § 8 VII 2j a; die Frist beginnt, wenn der AnfechtsBer, von den einen Irrt ergebden Umständen eine Kenntn erlangt, die einen sicheren Schluß gestattet. Die Bezugnahme auf § 207 (**II 2**) hat für den ErbesE Bedeutg, wenn der Erbe vor Anfechtg gestorben war. Denn das AnfechtsR gehört zum Nachlaß.

3) Anfechtgswirkg. Die über § 142 I (Nichtigk) hinausgehende Wirkg der Anfechtg zeigt sich in § 1957 I. Auch ist nach § 122 der etwaige Vertrauensschaden zu ersetzen (zB Prozeßkosten des NachlGläub in einem nach der Ann – § 1958 – angestrengten, durch die Anfechtg erledigten RStreit).

1955 *Form der Anfechtung.* **Die Anfechtung der Annahme oder der Ausschlagung erfolgt durch Erklärung gegenüber dem Nachlaßgerichte. Für die Erklärung gelten die Vorschriften des § 1945.**

1) Anfechtsgegner (s § 143 I, III, IV) ist zwar der Nächstberufene, dem nun die Erbsch zufällt od entzogen wird. Die ihm ggü erfolgte Anfechtg ist jedoch wirkgslos, sie muß gegenüber dem Nachl-Gerichte erfolgen, da ihre Wirkg nicht nur den Adressaten der AnnErkl, sond alle Beteiligten betrifft. Über die Form der Erkl s jetzt § 1945 I, II idF des § 57 III Nr 2 BeurkG, § 1945 Anm 3a. Für die Erkl des Bevollmächtigten gilt § 1945 III. MitteilgsPfl des NachlG § 1957 II. Gebühren: § 112 I Nr 2 mit § 38 II, § 115 KostO.

1956 *Anfechtung der Fristversäumung.* **Die Versäumung der Ausschlagungsfrist kann in gleicher Weise wie die Annahme angefochten werden.**

1) Die Versäumg der AusschlFrist (§§ 1943, 1944) ist ein Kundgebgsverhalten des Erben ggü den Nachl-Beteiligten (Manigk, rV, 1939 S 391) und daher wie die Ann anfechtb. Die in der Fristversäumn liegende Ann kann also nicht nur bei wissentl Unterl der Ausschlagg, sond auch dann wg Irrt angefochten werden, wenn der Erbe Berufene der Erbsch in Wirklichk nicht ann wollen, sond die Frist nur versäumt hat, weil er über ihr Bestehen, ihren Lauf oder die RFolgen ihres Ablaufs in Unkenntn gewesen ist od geglaubt hat, wirks ausgeschlagen zu haben, RG **143**, 419 unter Aufgabe von RG **58**, 81. Hierher gehört somit auch die irrtüml Ann des Erben, Schweigen sei Ausschlagg, ferner die mangelnde Kenntn des neuen gesetzl Vertreters (§ 1944 Anm 4), od es stellt sich nach Fristablauf heraus, daß die Ausschlagg (zB wg Verstoßes gg §§ 1947–1951) unwirks war. Die Versäumg der AusschlFrist kann bei der Erbsch nach einem vor dem 1. 4. 52 Verstorbenen nicht wg Irrt über das Bestehen von LastenAusglAnspr angefochten w, denn diese gehören nicht zu dessen Nachl, sond entstehen in der Pers des Erben, KG NJW **69**, 191. Leichtfertigen od böswilligen AnfErkl ist auch hier dch §§ 119 I (Schlußhalbs), 122 eine wirksame Schranke gesetzt. Frist, Form und Wirkung sind wie bei Anfechtg der Ann, §§ 1954, 1955, 1957; wiederholte Ausschlagg ist uU Anfechtg der Versäumg der AusschlFrist, Mü DFG **42**, 21. Eine für die Ausschlagg etwa erforderliche vormundschaftsgerichtl Genehmigg deckt auch die Anfechtg der Ausschlaggsversäumg. – Gebühr s § 1955 Anm 1.

1957 *Wirkung der Anfechtung.* **I Die Anfechtung der Annahme gilt als Ausschlagung, die Anfechtung der Ausschlagung gilt als Annahme.**
II Das Nachlaßgericht soll die Anfechtung der Ausschlagung demjenigen mitteilen, welchem die Erbschaft infolge der Ausschlagung angefallen war. Die Vorschrift des § 1953 Abs. 3 Satz 2 findet Anwendung.

1) Durch die kraft G und sofort eintretende **Wirkg** der Anfechtg, abweichd von § 142 I, soll zur Vermeidg von Unklarheiten der Eintritt eines nochmaligen Schwebezustandes vermieden werden. Diese Wirkg tritt auch bei Anfechtg der Fristversäumnis ein, § 1956. Der die Ausschlagg Anfechtende kann gg den etwaigen ErbschBesitzer nach § 2018 vorgehen, Planck Anm 3. Die HaftgsFolgen des § 122 treten ein, Soergel-Schippel Rdz 2. – § 1957 gilt auch, wenn ein NachE vor Eintritt des NachEFalls die Ann der Nacherbsch anficht, BayObLG **62**, 239.

1958 *Keine passive Prozeßführungsbefugnis vor der Annahme.* **Vor der Annahme der Erbschaft kann ein Anspruch, der sich gegen den Nachlaß richtet, nicht gegen den Erben gerichtlich geltend gemacht werden.**

1) Schutz bei Passivprozessen. Die Schwebezeit bis zur Ann od zum Ablauf der AusschlFrist soll der vorl Erbe zur Überlegg und Prüfg des Nachl verwenden. Er ist daher vor der gerichtl Inanspruchn geschützt (mangelnde Beklagbark) u zur Fortsetzg eines durch Tod des Erbl unterbrochenen Prozesses

Rechtl. Stellg d. Erben. 1. Titel: Annahme u. Ausschlagg d. Erbschaft **§§ 1958, 1959**

nicht verpflichtet, ZPO 239 V. Dementspr ist die ZwVollstr wg NachlVerbindlichk (§ 1967 II) nur in den Nachl, wg Eigenverbindlichk des Erben nur in dessen Vermögen zul, ZPO 778, 779 (dazu LG Dortm NJW **73**, 374), 928, s Noack JR **69**, 8; Brox § 22 VIII 1. Ein vollstreckb Titel wg einer NachlVerbindlichk kann nicht gg den Erben erwirkt od umgeschrieben werden, ZPO 727. Auch eine Sicherg des Anspruchs durch Arrest od einstw Vfg ist gg ihn nicht zul, Lange Lehrb § 50 II b, RG **60**, 179; einstweil Maßnahmen zum Schutz absoluter Rechte, wie sie ggü jedem Dritten, der das Recht zu achten hätte, zuläss wären, sind aber nicht ausgeschlossen, Staud-Lehmann Anm 3. Die Verj ist gehemmt, § 207; eine Inventarfrist beginnt nicht vor Ann, § 1995 II. A n n a h m e d e r E r b s c h ist vAw zu berücksichtigende Prozeßvoraussetzg, die vom Kläger behauptet (ZPO 331, 335) und notf bewiesen w muß, sonst Klageabweig als unzuläss, Erm-Barth-Schlüter Rdz 11; für Fehlen der Passivlegitimation vor Annahme der Erbsch RGRK § 1958 Anm 1. Einlassg auf Passivprozessen, Führg von **Aktivprozessen** od Aufnahme durch den vorl Erben gelten idR als Ann der Erbsch, vgl § 1943 Anm 2. § 1958 gilt auch im Verfahren der Freiw-Gerichtsbark, Staud-Lehmann Anm 7, Josef ZZP **44**, 478. – SonderVorschr für Fiskus, der ja nicht ausschlagen kann, § 1966.

2) Ausnahmen. § 1958 gilt nicht bei TestVollstrg, § 2213 II, u NachlPflegsch, § 1960 III. Ein Gläub, der vor der Ann vorgehen will, muß also nach § 1961 NachlPflegsch beantragen. Vgl auch § 2017, ZPO 779 II. Andererseits hindert die NachlPflegsch Vfgen des vorl Erben nach § 1959 nicht. Dieser kann auch NachlVerwaltg, §§ 1975, 1981, 1984 I, beantragen, str; hiezu wird es aber vor Ann der Erbsch wohl kaum kommen. Auch NachlKonk u Antr auf VerglVerf sind schon vor der Ann zul, KO 216, VerglO 113 I Nr 2.

3) Außergerichtliche Geltendmachg (Mahng, Künd, Anfechtg, Genehmigg, Rücktr, Aufrechng, Zurückbehaltg) gg den vorl Erben ist dem Gläub nicht verwehrt u bleibt ggü dem endgültigen Erben wirks, § 1959 III. Der Erbe gerät aber nicht in Verzug (§ 285), wenn er die ihm ggü währd der Schwebezeit geldtd gemachte Fdg des NachlGläub unbefriedigt läßt od vorzeitiges Erfüllgsbieten ablehnt, RG **79**, 203; anders bei § 2014. Die Aufrechng gg eine zum Eigenvermögen des vorl Erben gehörige Fdg ist in ihrer Wirkg aber davon abhängig, daß der Erbe nicht ausschlägt, Staud-Lehmann Anm 5; nur wenn die eine Fdg sich gg den Nachl richtet u die andere zum Nachl gehört, gilt § 1959 III.

4) Nach der Annahme greifen §§ 1967 ff, 2014 ff ein. Auch der endgültige Erbe ist noch durch aufschiebende Einreden geschützt.

5) § 1958 gilt auch für den **Erbersatzanspruch.**

1959 *Geschäftsführung vor der Ausschlagung.* **I** Besorgt der Erbe vor der Ausschlagung erbschaftliche Geschäfte, so ist er demjenigen gegenüber, welcher Erbe wird, wie ein Geschäftsführer ohne Auftrag berechtigt und verpflichtet.

II Verfügt der Erbe vor der Ausschlagung über einen Nachlaßgegenstand, so wird die Wirksamkeit der Verfügung durch die Ausschlagung nicht berührt, wenn die Verfügung nicht ohne Nachteil für den Nachlaß verschoben werden konnte.

III Ein Rechtsgeschäft, das gegenüber dem Erben als solchem vorgenommen werden muß, bleibt, wenn es vor der Ausschlagung dem Ausschlagenden gegenüber vorgenommen wird, auch nach der Ausschlagung wirksam.

Schrifttum: Bertzel, Der Notgeschäftsführer als Repräsentant des Geschäftsherrn, AcP **158**, 107.

1) Allgemeines. Der Erbe ist vor der Ann der Erbsch zur NachlFürs nicht verpflichtet; dies ist notf Aufgabe des NachlG (§ 1960). Wird der vorl Erbe aber (ohne AnnWillen) tätig und schlägt er später wirks aus od ficht er an, § 1957 I, so hat er dem Nachl ggü wie eine Art Treuhänder und „demjenigen gegenüber, welcher Erbe wird", wie ein auftragloser GeschFührer gehandelt u ist verpflichtet, weiter tätig zu sein (§ 677). Das G spricht hier nur von Geschäften vor der Ausschlagg, nicht von solchen vor der Ann od Anfechtg der Ausschlagg. In letzterem Fall gilt auch der endgültige Erbe, ggü dem Gläub, wie ein auftragloser GeschFührer, § 1978 I 2, III. Der Ausschlagende muß nach **III** zum Erben berufen gewesen sein. Ein Dritter haftet als ErbschBesitzer, §§ 2018 ff.

2) Geschäftsführg ohne Auftrag (§§ 677 ff). Der vorl Erbe hat die Interessen des endgültigen Erben zu wahren u dessen mutmaßl Willen zu berücksichtigen, s Celle MDR **70**, 1012, seinen wirkl Willen, wenn er ihn schon kennt (zB den eines für den Ausschlaggsfall berufenen Ersatzerben, der bereits im voraus angen hat). Geschäfte des Ausschlagden (zB Besorgg der Bestattg, § 1968) und die ihm daraus erwachsenen Ers-Anspr (§ 683) belasten den endgültigen Erben als NachlVerbindlichkt (§ 1967 II); im NachlKonk Masseschuld, KO 224 Nr 6. Bei einer vom Erbl genommenen Versicherg ist aber der die Erbsch später ausschlage vorl Erbe als solcher nicht Repräsentant des VersNehmers, BGH LM § 61 VVG Nr 2. Andererseits haftet der Ausschlagde dem Erben auf Herausg des Erlangten (§§ 681 S 2, 667). Bei schuldh Verletzg seiner Pfl zur Interessenwahrg haftet er dem endgült Erben; dieser Anspr gehört zum Nachl, Celle aaO.

3) Dingl, unaufschiebbare Verfüggen des Ausschlagenden (Ann von Geldern, sonstiger Leistgen zwecks Erfüllg einer NachlFdg dch den NachlSchuldner bei Dringlichk, Staud-Lehmann Anm 13, Zahlg der Beerdiggskosten aus NachlMitteln, Veräußerg verderblicher Waren usw) bleiben trotz der späteren Ausschlagg gültig (**II**). Die Vfg über fremde, nicht zum Nachl gehörende Ggstände, über einen Erbteil, Erm-Barth-Schlüter Rdz 4, u die **Prozeßführg**, die eine VerwHdlg, aber keine Vfg ist, gehören nicht hierher. Aktive Prozeßführg des vorl Erben begründet also keine Rechtskr ggü dem endgültigen Erben, RGRK Rdz 2. Dagg wird mit Bertzel aaO 116 ff, anzunehmen sein, daß der ausschlagende vorl Erbe auch unaufschiebbare schuldrechtl Geschäfte, Beisp bei Lücke JuS **78**, 254/256, als Vertreter – Repräsentant – des endgültigen Erben abschließen kann, zB BestattgsVertr mit Beerdiggsunternehmer, aM Staud-Lehmann Anm 14, RGRK Rdz 7. Nicht eilige Verfügungen sind an sich unwirks, können jedoch durch gutgl Erwerb (§§ 932ff, Lücke, JuS **78**, 154/255, nach §§ 892, 893, wenn vorl Erbe bereits inf Ann ins Grdbuch eingetragen war, die Ann aber angefochten hat) oder Gen des endgültigen Erben (§ 185 II) wirks werden, s RGRK Rdz 9–11.

4) Die einseitigen, empfangsbedürftigen Rechtsgeschäfte (III), die ggü dem Erben vorgenommen w müssen u ggü dem vorl Erben vorgenommen wurden, bleiben auch ggü dem endgült Erben wirks, s hiezu § 1958 Anm 3. Eine dem Ausschlagenden ggü erfolgte Geltdmachg einer Fdg gg den Nachl wahrt zB die Frist des § 1974 I. Sie sind ggü dem vorl Erben auch dann vorzunehmen, wenn Konk über sein Vermögen eröffnet ist, da der Nachl vor Ann nicht zur KonkMasse gehört, RGRK Rdz 14, s auch Celle OLG **30**, 207. Bei NachlKonk finden I u II keine Anwendg.

1960 *Sicherung des Nachlasses; Nachlaßpfleger.* ¹ **Bis zur Annahme der Erbschaft hat das Nachlaßgericht für die Sicherung des Nachlasses zu sorgen, soweit ein Bedürfnis besteht. Das gleiche gilt, wenn der Erbe unbekannt oder wenn ungewiß ist, ob er die Erbschaft angenommen hat.**
II **Das Nachlaßgericht kann insbesondere die Anlegung von Siegeln, die Hinterlegung von Geld, Wertpapieren und Kostbarkeiten sowie die Aufnahme eines Nachlaßverzeichnisses anordnen und für denjenigen, welcher Erbe wird, einen Pfleger (Nachlaßpfleger) bestellen.**
III **Die Vorschrift des § 1958 findet auf den Nachlaßpfleger keine Anwendung.**

Schrifttum: Firsching, Nachlaßrecht, 4. Aufl, 1971, S 103ff; Behr, Weber, Frohn, Ermessensfragen u Probleme bei der Einleitg u Führg v NachlPflegsch, Berlin 1976 (angeführt nach dem Namen des jeweil Verf).

1) Allgemeines. Die Behandlg des Nachl ist an sich Sache der Beteiligten. Das NachlG hat nur einzuschreiten, soweit ein Bedürfn besteht. Es kann auch neben den im REG vorgesehenen Sichergsmaßnahmen vorliegen, Hamm JMBl NRW **51**, 128. Nach EG 140 können landesrechtl auch andere Voraussetzgen bestimmt w, s Art 140 EG Anm 1. Die FürsPfl des Ger besteht nur bis zur Ann der Erbsch u bis zum Ablauf der AusschlFrist, also auch, solange der Erbe unbekannt od seine ErbschAnn ungewiß ist.

2) Bedürfnis kann auch für einen Erbteil bestehen, § 1922 II, dann TeilNachlPflegsch, s LG Aachen BayNotV **60**, 91, unten Anm 5 C aa. Regelm kein Bedürfn, soweit vertrauenswürdiger vorl Erbe, ein für ihn bestellter Vormd, Eheg, Abkömmlinge od TestVollstr vorhanden, KG OLGZ **73**, 106, Behr aaO 12ff, Erm-Barth-Schlüter Rdz 5, od soweit die zivilprozessualen RBehelfe, zB einstw Vfg, ZPO 938, ausreichen. Hinsichtl des Bedürfn kommt es auf die TatsKenntn des Ger zZ der Entscheid an, BayObLG Rpfleger **75**, 47. Außerdem ist Bestellg eines Pflegers für einen Nachl gem § 1909 I S 2 mögl. Auch beim Vorhandensein eines TestVollstr, NachlVerw, NachlKonkVerw, kann NachlPfleger bestellt werden, Lange-Kuchinke, § 40 IV 4c, s auch unten Anm 5 C e.

3) Unbekanntsein des Erben ist nicht mit unbekanntem Aufenth (§ 1911) zu verwechseln, in welchem Falle AbwesenhPfleger zu bestellen, was auch für einen MitE trotz im übr bestehender NachlPflegsch mögl ist. Unbekannt ist der Erbe, wenn keine Kenntn darüber besteht, wer, sei es zunächst, sei es inf Ausschlagg eines und als Erbe berufen ist (Planck-Flad Anm 2a). Unbekannt ist **auch der Verschollene,** für den weder eine Lebensvermutg, VerschG 10, noch eine Todesvermutg, VerschG 9, besteht (LG Wuppt RhNK **74**, 260); für ihn ist nicht AbwesenhPflegsch, sond NachlPflegsch anzuordnen, wenn ein Bedürfn besteht, hM, Karlsr NJW **53**, 1303, Arnold, NachlPflegsch oder AbwesenhPflegsch MDR **49**, 600, **52**, 339, Zimmermann JR **50**, 751. Unbekannth des Erben kann ferner vorliegen im Falle des § 1923 II **(Leibesfrucht)**; bei Streit über die Gültigk des Test; bei Ann durch mehrere Erbansprecher, wenn NachlG sich nicht überzeugen kann, wer von ihnen Erbe ist (BayObLG **60**, 405; KGJ **45**, A 106; LG Hbg NJW **47/48**, 117); wenn der Vater vor Feststellg der Vaterschaft des nehel Kindes ohne letztw Vfg u ohne Hinterlassg einer Ehefr od eines ehel Abkömml stirbt, s Stgt NJW **75**, 880; wenn gg die Wirksamk der Erbeinsetzg einer familienfremden Person (Konkubine) beachtl Bedenken bestehen, Celle FamRZ **59**, 33, § 2077 Anm 1 A b bb, od wenn zwar alle in Frage kommenden gesetzl Erben bekannt sind, aber unter diesen der wahre Erbe noch nicht feststeht, Düss JR **49**, 354; **nicht** aber, wenn die Erbberechtigten bereits sehr wahrscheinl od nur TestAnfechtg od Erbunwürdigk als mögl bezeichnet wird, ohne daß Anfechtg erfolgt od Klage erhoben ist, KG Recht **29** Nr 2004, wenn ErbschVerf noch schwebt, aber Erbe (VE u NE) schon feststeht, s Oldbg Rpfleger **66**, 18. Schwebt gegen den im ErbSch ausgewiesenen Erben ein Prozeß auf Herausg des ErbSch, so hat das NachlG als Vorfrage für die AO der NachlPflegsch zu prüfen, ob seine Überzeugg von der Richtigk dieses ErbSch erschüttert ist, BayObLG **60**, 405. Durch ErbSchEinziehg kann der Erbe unbekannt werden, BayObLG **62**, 307; uU kann auch schon vor Einziehg des ErbSch eine NachlPflegsch erforderl sein, BayObLG **60**, 407. S. auch § 1961 Anm 2.

4) Ungewißheit der Erbschaftsannahme liegt vor bei Zweifeln über die Bedeutg von Maßnahmen des vorl Erben (Ann od nur NachlFürsorge) sowie über die Berechg der AusschlFrist (§ 1944) u bei Anfechtg der Ann. Ungewiß ist vom Standpkt des NachlG zu beurteilen; keine Pfl zu zeitraub Ermittlungen.

5) NachlFürsorge.
A. NachlGericht. Das NachlG, Rechtspfleger, s § 3 Nr 2c RPflG, unten Anm C a, hat vAw für die Sicherg des Nachl zu sorgen, auch wenn der Erbl dies untersagt haben sollte. Von umfangreichen Ermittlgen darf die Fürs nicht abhäng gemacht w. Das „kann" in II bedeutet nur pflichtgemäßes Ermessen in der Wahl der Mittel. Wegen des NachlG vgl FGG 72 bis 74 (jedes Gericht, in dessen Bezirk ein Bedürfn hervortritt), LG Landau MDR **60**, 852 (FGG 73 II, bei Bestellg eines NachlPflegers für Nachl eines in OstBln verst Erbl mit Vermögen in der BRep) und § 1945 Anm 2. Eine NachlSicherg dch das dtsche NachlG ist auch für den im Inland belegenen Nachl eines nach **ausländ Recht** beerbten Erbl zul, KG DJ **37**, 554,

Pinckernelle-Spreen DNotZ **67**, 199, 215; Kuchinke, Festschr für v d Heydte, 1977, II 1005/1013f (interlokale Zustdgk aGrd Fürsorgebedürfn); insb kann auch eine NachlPflegsch angeordnet w, u zwar auch dann, wenn das für die Beerbg geltde Recht keine derartige Pflegsch kennt, BGH **49**, 1 = **LM** Art 25 EG Nr 4 mit Anm v Rietschel, s auch § 1961 Anm 1, ferner EG 25 Anm 3, 4; Soergel-Schippel Rdz 21. – Der NachlRichter – RPfleger – haftet bei schuldh Amtspflichtverletzg (zB verspäteter Aufhebg der Pflegsch) nur dem Erben, nicht dem NachlGläub. Gebühren KostO 104, 106. Kosten treffen die Erben, s KostO 6; sie sind im NachlKonk Masseschulden, KO 224 Nr 4. – Über NachlFürs in *Ba-Wü* s LFGG 1 II, 38, 40, 41, 42, 1. VV LFGG 9, dch **Konsularbeamte** s KonsG 9.

B. Fürsorgemaßnahmen (mit Ausn der NachlPflegsch). Die in II aufgeführten Maßnahmen sind nur Beispiele ("kann insbesondere"). Es können auch Ermittlgen über die Erben, über den NachlBestand, Celle FamRZ **59**, 33, über die Frage der Ann, das Vorhandensein von Vfgen vTw usw nach FGG 12 in Betr kommen, RG **69**, 271. Auch § 1846 ist anwendb (§ 1915 I). Beisp für Maßnahmen: Anstellg eines Hauswächters, AO des Verkaufs verderbl Sachen, Sperrg von Konten, Kipp-Coing § 124 II, AO, erteilten ErbSch zu hinterlegen, Stgt aaO s auch BayObLG **18** B, 129. Wegen Siegelg vgl das LandesR, Firsching aaO 104ff, *BaWü* 1. VVLFGG 9 u AV v 30. 6. 75, Just 304; wg Hinterlegg s HintO v 10. 3. 37, RGBl 285, dazu RPflG 30, 38 II. Über Sicherngsmaßnahmen beim Ableben des Bediensteten einer öff Behörde vgl *Preuß* FGG 20, *Hess* FGG v 12. 4. 54, GVBl 59, Art 23, *Bay* AGBGB 106. Auf das NachlVerzeichn (in § 1993 "Inventar" genannt) finden §§ 2001, 2010 Anwendg (vgl auch §§ 2012, 2017), jedoch nicht die der Fristwahrg dienenden und §§ 2002, 2003, 2009, s Staud-Lehmann Anm 26.

C. Nachlaßpflegschaft. Schrifttum: Möhring, Vermögensverwaltg in Vormundschafts- u NachlSachen, 5. Aufl 1963, S 250ff; Firsching aaO 118ff; Johannsen WPM **72**, 914/918, s auch oben vor Anm 1.

a) Allgemeines. Die dem NachlG obliegende NachlPflegsch (§ 1962) ist eine Unterart der Pflegsch (FGG 75 S 1), auf welche gem § 1915 I die Vorschr über die Vormsch Anwendg finden, soweit sich nicht daraus etwas anderes ergibt, daß sie einen Nachl betrifft u der Pflegling regelm unbekannt ist. – **aa)** Die **Anordg** u die Auswahl – dazu Frohn aaO 46 ff – des Pflegers ist Aufg des **Rechtspflegers**, nur die Erteilg der nachlger Genehmg nach §§ 1822 Nr 1–3, 12, 1823 sowie die Entscheidg über Meinungsverschiedenh zw mehreren NachlPflegern sind dem Richter vorbehalten, ebso die AO bei inländ Nachl eines ausländ Erbl, Hamm Rpfleger **76**, 94 mit Anm v Meyer/Stolte (§§ 3 Nr 2c, 16 I Nr 1 mit 14 Nr 9, 17 RPflG). Die Pflegsch wird angeordnet „für denjenigen, welcher Erbe wird" (also Personenpflegsch); auch dann, wenn nur ein Teil der Erben unbekannt ist od eine Erbquote nicht feststeht, KG NJW **71**, 565 **(TeilNachlPflegsch)**, zul ist auch, den Wirkgskreis des Pflegers im Rahmen des Sicherngsbedürfn auf die Besorgg bestimmter einz Angelegenheiten od auf die Verwaltg einzelner NachlGgstände zu beschränken, KG NJW **65**, 1719 (teilw unter Aufgabe von KGJ **48**, 77), BayObLG **60**, 93, bestr, zB zur Mitwirkg der für einen Erbanteil unbekannten Erben bei Veräußerg eines NachlGrdst, Hamm JMBl NRW **63**, 19, zur Geltendmachg einer NachlFdg (nach dem BEG) für die unbekannten Erben, Köln JMBl NRW **63**, 249. Mitteilg der Anordg an FinA, § 12 ErbStDVO v 19. 1. 62, BGBl 22, Art 9 ErbStRG. Beim Fehlen der gesetzl Voraussetzgen ist NachlPflegsch nicht nichtig, sond muß bis zur Aufhebg als bestehd angesehen werden, Mü DR **43**, 491, Köln JMBl NRW **54**, 187, auch Hamm JMBl NRW **63**, 19. Deshalb im ErbscheinsVerf keine Prüfg der Voraussetzgen des § 1960. Ein Beschwerderecht (FGG 20) gg Anordng der NachlPflegsch und der Auswahl des Pflegers steht regelm nur den Erben, nicht dem Ersatz- od Nacherben od einem sonstigen Dritten, s Stgt BWNotZ **71**, 88, wohl aber dem Erbprätendenten, Heidelberg NJW **55**, 469, zu. Dem TestVollstr steht die Beschw gg die Anordng zu, KG OLGZ **73**, 106, nicht gg die Auswahl des Pflegers, OLG **40**, 133. Zum BeschwerdeR gg Ablehng s FGG 75, 57 I Nr 3, KG OLGZ **71**, 210. – **bb)** Die NachlPflegsch ist nur bei vorhandenem **Bedürfnis** anzuordnen (anders im Falle des § 1961), zB idR wenn, ein vertrauenswürd TestVollstr im Amt ist, KG OLGZ **73**, 106. Sie erreicht mit dessen Erledigg durch **Aufhebg** wieder ihr Ende, § 1919. – Über AO einer Pflegsch nach § 1913, wenn kein Sicherngsbedürfn hins des Nachl besteht, s LG Düss DNotZ **63**, 564; über das Verhältn zw Pflegsch nach § 1960 u § 1913 s auch W. Müller NJW **56**, 652. Zur Wahrg der Rechte eines unbekannten NE, zB wenn mehrere Pers in Frage kommen, aber noch ungewiß ist, wer NE sein w, kann ein Pfleger gem §§ 1913, 1960 bestellt w, BGH RdL **68**, 97, s auch KG OLGZ **72**, 83. Über Pflegerbestellg für die unbek Erben eines GmbH-Gesellschafters s Schmitz, Rdsch-GmbH **71**, 226/227.

b) Zweck. Die NachlPflegsch dient nicht wie die konkursähnl NachlVerw der Beschränkg der Erbenhaftg u regelm nicht der Befriedigg der NachlGläub, auch nicht, wie die TestVollstrg, der Ausführg des letzten Willens des Erbl, sond der **Ermittlg** der unbekannten **Erben**, s KG NJW **71**, 565, Frohn aaO 56, und der **Sicherg** und **Erhaltg** des **Nachlasses** bis zur Ann der Erbsch, BGH **LM** Nr 1, Köln FamRZ **67**, 59. NachlPfleger sichert ihn dadurch, daß er ihn in Besitz nimmt; er kann, wenn es zur ordngsmäß Verwaltg u Erhaltg des Nachl, etwa zur Verhütg von Schaden, nötig ist (einschließl ordnungsm Prozessen s auch § 1961) und Kosten geboten ist, vorhandene NachlGläub befriedigen u hierzu NachlGgstände veräußern, BGH DRiZ **66**, 395, jedoch nur nach Kräften des Nachl und unter Berücksichtigg der beschr Erbenhaftg (vgl §§ 1979/80). Was innerh der der Erhaltg u Sicherg des Nachl dienenden Verw zu tun ist, ist weitgehd eine Frage der Zweckmäßigk. UU kann der NachlPfleger auch den ganzen Nachl liquidieren, auch BGH **49**, 1. – Der vorläuf Erbe wird durch Anordg der NachlPflegsch in seiner Vfgsfähigk nicht beschränkt, vgl § 1959. Bei widersprechden Maßnahmen des Pflegers und des vorl Erben bleibt die frühere Vfg wirks.

c) Bestellg u Aufgaben. aa) Der NachlPfleger wird vom NachlG (RPfleger, RpflG 3 Nr 2c) **bestellt** (§§ 1779, 1849, 1789, s oben a); bei Nachl eines Ausländ ist der Richter zust, RpflG 16 I Nr 1 mit 14 Nr 4, Hamm Rpfleger **76**, 94 (mit abl Anm von Meyer-Stolte). Der Pfleger unterliegt der Aufs des NachlG, §§ 1837, 1962 (doch kein BeschwR der Gläub, wenn NachlG Einschreiten aus § 1837 ablehnt, KG JW **38**, 1453); s Frohn aaO 50ff. Bei Auferlegg einer Sicherh, § 1844, muß sie für den Pfleger zumutbar sein; von einem Anwaltsnotar kann daher regelm nicht der Abschl einer Kautionsversicherg für vorsätzl Pflichtverletzg gefordert werden, Düss JZ **51**, 643. Bestellg mehrerer Pfleger zul, §§ 1915, 1797. Kein Recht auf einen bestimmten Pfleger, KG DFG **44**, 54. Pfleger erhält nach §§ 1915, 1791 I, eine Bestallg nach Maßg der ihm übertr Geschäfte. Die Bestellg ist auch wirks, wenn die materiellrechtl Voraussetzgen nicht vorliegen, BGH **49**, 1. – **bb)** Der NachlPfleger hat die NachlSachen in Besitz zu nehmen, er kann von jedem, der NachlGgste in Besitz hat, auch vom Erbansprecher, deren Herausg verlangen, s Johannsen aaO 918f, BGH NJW **72**, 1752 (ZurückbehaltgsR des Belangten wg Verwendgen auf den herausverlangten Ggst), BGH MDR **72**, 363 (Verlangen der Rentennachzahlg). Er hat ein NachlVerzeichn einzureichen, § 1802 (über dessen Nachprüfg durch das NachlG vgl LG Bln JR **55**, 261), er verwaltet den Nachl (§ 2017) für den endgült Erben, der mit dem vorl ident, aber auch von diesem verschieden sein kann. Seine **Aufgabe** besteht ausschließl in der Wahrg der Interessen einer bestimmten od doch bedingt bestimmten Pers, also in einer wirkl Vertretg (StJP Vorbem II 9 vor ZPO 50). In diesem Rahmen ist er **gesetzl Vertreter** des unbekannten Erben (nicht des Nachlasses od gar der Gläub), BGH aaO, Hess VGH ZfSH **66**, 19; die von ihm abgeschl RechtsGesch sind auch außen im gleichen Umfang wirks wie jede des und Pflegers, soweit sie nicht der Genehmigg des NachlG (s unten) bedürfen, BGH **49**, 1; seine Vertretgsmacht ist nicht von der Zweckmäßigk seiner Handlgen abhäng, BGH **49**, 1, sie ist auch wirks, wenn die materiellrechtl Voraussetzgen für die Bestellg nicht gegeben waren, BGH aaO. Als gesetzl Vertreter kann er nach § 181 Verträge über NachlGgstände nicht mit sich selbst schließen, RG **71**, 162. Etwaige Gen des NachlG wäre unwirks. **Befriedigg** der **NachlGläub** ist grdsätzl nicht seine Aufgabe, Johannsen aaO 919. Den Gläub hat er über den NachlBestand **Auskunft** zu erteilen, § 2012 I 2; die Fristen für die aufschiebden Einreden beginnen schon mit seiner Bestellg, § 2017. Die **Erbschaft** kann er **nicht** annehmen od ausschlagen, auch nicht auf die Beschrkg der Haftg verzichten, § 2012 I 3, da dies höchstpersönl Rechte des Berufenen sind. Prozesse über die ErbR kann er nicht führen, ebensowenig gegenüber einem Erbansprecher im ErbscheinsVerf vertreten, Celle JR **50**, 59. Dagg ist eine **Klage** des Erben gg den sein ErbR bestreitden NachlPfleger auf Feststellg dieses Rechts mögl, wie auch sonst der Vertretene gg den Vertr einen RStreit wg des der Vertretgsmacht zugrunde liegden RVerhältnisses führen kann, RG **106**, 46, BGH **LM** Nr 1, OGH **4**, 219. Ebso kann der NachlPfleger einen Prozeß über den Nachl führen (vgl auch III), in welchem dem zukünft Erben, nicht ihm das **Armenrecht** bewilligt w kann, da er gesetzl Vertreter (RG **50**, 394) u nicht Partei kraft Amtes, ZPO 114 III, ist. Entscheidend ist also, soweit feststellb, die Vermögenslage des wirkl Erben, nicht die des NachlPflegers und an sich auch nicht die Leistgsfähigk des Nachl, StJ – Leipold Rz 14 zu ZPO 114. Bei Fortsetzg des RechtsStr durch den ermittelten Erben bedarf es keiner erneuten Bewilligg des ArmenR u keiner erneuten Beiordg des bisher ArmenAnw, KG NJW **69**, 2207. – Der NachlPfleger hat für Zahlg von Steuerschulden zu sorgen, s AO 1977, 34, 36, 69. Die **NachlAuseinandersetzg** steht ihm **nicht** zu, KG NJW **71**, 565. Der Teilnachlaßpfleger kann allerdings an der Auseinandersetzg für den unbekannten Erben mitwirken, zumal wenn sie von einem anderen Erben betrieben wird, KG aaO, oben Anm 2a, Behr aaO 17, Frohn aaO 55. **Inventar**, § 1993, kann der NachlPfleger für den Erben errichten; Inventarfrist, § 1994, kann ihm aber nicht gesetzt w, § 2012 I 1. **Rechtskraft** wirkt für und gg den endgültigen Erben. Die VollstrKlausel ist, wenn nötig, ohne Anwendg der ZPO 727, 730 auf den Erben umzustellen, da es sich nur um die Aufdeckg des wahren Sachverhalts handelt, StJMünzberg Anm I 3 zu ZPO 727. Bei Urteilen gg den Erbl kann die VollstrKlausel gg den NachlPfleger erteilt werden, sofern nur schon Vollstr vor dem Erbfall begonnen hatte, ZPO 779 I. Der NachlPfleger kann die **Todeserklärg** des Erben, VerschG 16 II b, als gesetzl Vertreter des verschollenen Erben beantragen, Köln FamRZ **67**, 59; ein rechtl Interesse nach VerschG 16 II c hat er nicht, BayObLG NJW **59**, 725, str; Gen des NachlG erforderl, VerschG 16 III, da auch hier § 1962 eingreift, Köln aaO, insoweit unentschieden, BayObLG aaO. Der NachlPfleger kann ferner das **Aufgebot** der NachlGläub, ZPO 991, u **NachlKonk**, KO 217 (dazu KG FamRZ **75**, 292) beantragen, **nicht** aber NachlVerwaltg (§ 1981 Anm 2, str) od die Erteilg des **Erbscheins** für den unter Pflegsch stehenden Nachl. Die Prozeßunterbrechg wird uU mit der Anzeige von seiner Bestellg beendet, ZPO 243, 241. Er bedarf ggf zu RGeschäften der in §§ 1821, 1822 bezeichneten Art der **Genehmigg** des NachlG (§§ 1915, 1962, 1828–1831, Firsching aaO Rdz 53), s Ffm WPM **74**, 473 (Abhebg vom Bankkonto). Kein VfgsR bei Teil-NachlPflegsch (§ 2033 II) vorbehaltl § 2038 I 2, OGH DRZ **49**, 66. – **cc)** Der NachlPfleger **haftet bei Verschulden** den NachlGläubiger (§ 1985 entspr anwendb, bestr, ebenso Staud-Lehmann Anm 57, aM RGRK Rdz 34, s auch KG FamRZ **75**, 292, und es haftet der Erbe für ihn nach § 278, vorbehaltl der beschränkten Erbenhaftg u des Rückgriffs). Seine Haftg ggü den Erben bei Pflichtverstößen bestimmt sich nach § 1833, s auch BGH **49**, 1. – Die aus seinen Maßnahmen erwachsenen Ansprüche sind NachlVerbindlichk.

d) Vergütung. Eine solche kann, aber muß nicht bewilligt werden (§§ 1915, 1836 Anm 1; KGJ **53**, 77, Weber aaO 23ff). Sie richtet sich nach der Größe des Nachl (Aktivvermögen ohne Abzug der Verbindlichk, RG JFG **13**, 1, wobei Grdstücke nicht zum Einheits- sond zum Verkaufswert anzusetzen sind), dem Umfang u der Bedeutg der Pflegertätigk, dem Erfolg für die Beteiligten, Weber aaO 31 ff. Maßg sind nicht die Vergütgssätze für Konk- od Hausverwalter, JFG **15**, 34, keine Berechng nach Hundertsätzen des Vermögens, Mü JFG **14**, 272, KG MDR **60**, 843, Hamm Rpfleger **69**, 53 (ErmessensEntsch), letztere können aber einen gewissen AnhaltsPkt für die Bemessg der Vergütg bilden, Köln NJW **67**, 2408 mit Anm v Schmidt NJW **68**, 799, s auch Soergel-Schippel § 1962 Rdz 6. Wird ein berufsm VermVerwalter zum Pfleger bestellt, so kann die Berechng der Vergütg in Anlehng an die Tabellenwerte, durch die ähnl Tätigk abgegolten w (zB Test-Vollstr, KonkVerw), angemessen sein, LG Darmst Rpfleger **68**, 119; die Vergütg kann einmalig (hier auch Vorschuß) od lauf für best ZeitAbschn bewilligt w (BayObLG **74**, 260). Bindde Vereinbgen für die Zukunft sind nicht mögl, § 1836 I 4. Über die Bemessg, wenn der NachlPfleger gerade wg seiner Eigensch als Rechts-Anw bestellt wurde, KG MDR **50**, 673, Köln aaO, Ffm JurBüro **72**, 798 (Verwaltg von Miethäusern). **Aufwendgen** (Auslagen, RechtsAnwGebühren, s LG Mü I Rpfleger **75**, 396) sind nicht festzusetzen, Köln NJW **67**, 2408, über sie entsch ProzG, vgl § 1835 Anm 2, 3; auch Festsetzg einer Pauschalvergütg (Vergütg zuzügl etwaiger Aufwendgen) dch das NachlG ist unzuläss, LG Bln MDR **67**, 128. Der gg die Bewilligg einer Vergütg erhobene Einwand mangelhafter Geschäftsführg ist grdsätzl unbeachtl, Köln Rpfleger **75**, 92, anders nur, wenn der Pfleger die Pflegsch nicht nur objektiv schlecht geführt, wenn er vielmehr vorsätzl den Nachl geschädigt hat, etwa durch ungetreues Verhalten, RG **154**, 117. Wegen seiner etw Anwaltsgebühren muß er sich an die Erben halten, vgl § 1835 u dazu BayObLG **59**, 329. Die Gebühren, die er in einem Rechtsstreit der unbekannten Erben verdient hat, kann der Pfleger aber nicht nach BRAGebO 19 gg diese als eigene Partei festsetzen lassen, Mü NJW **65**, 1027, Ffm, Hamm NJW **66**, 554, 2129, dazu Haenecke NJW **65**, 1814, der ggü Mü aaO mit Recht darauf hinweist, daß dch ProzFührg des Pflegers entstandene Anwalts-Geb nicht vom NachlG festgesetzt w können, ebso Köln NJW **67**, 2408, KG Rpfleger **77**, 225. § 1835 II (AufwendgsErs aus der Staatskasse) gilt sinngem, LG Bln Rpfleger **75**, 435, dazu § 1835 Anm 1; Zimmermann JVBl **71**, 25; die Festsetzg erfolgt im Verf bei Entschädigg v Zeugen u Sachverständ, Karlsr Just **76**, 35, OLGZ (Hamm) **77**, 190. – Gegen Festsetzg der Vergütg steht dem Erben (BayObLG **51**, 346/348), Erbprätendenten, dem NachlGläub jedenf dann, wenn die Vergütg seine Befriedigg beeinträchtigt, BayObLG **58**, 74, u ErbschKäufer die einfache Beschw (Erinnerg) zu, s BGH **LM** FGG 20a Nr 1. Außergerichtl Einigg zw Pfleger u Erben über Höhe ist zul; bei Streit über den Inhalt der Einigg entscheidet das ProzG, ohne Rücks auf diesen Streit hat aber das NachlG nach § 1836 zu entscheiden. Der FestsetzgsBeschl des NachlG schafft keinen vollstreckbaren Vollstreckgstitel, notf muß Pfleger auf Zahlg beim ProzG klagen; ist an die vom NachlG getroffene Festsetzg der Vergütg gebunden, Hbg NJW **60**, 1207. Streit über die Vergütg für Mitwirkg bei AuseiandS, vgl Anm 5 C c, gehört in vollem Umfang vor das ProzG, BayObLG **50**, 346. – Zur MehrwertStPfl u ihrem Ers s Hamm, KG Rpfleger **72**, 370; **73**, 24, aber auch BGH NJW **75**, 210. **Schrifttum:** Schumann-Geißinger, BRAGebO² § 1 Anh V; Möhring aaO 354; Schallhorn, JurBüro **73**, 112; Weber aaO 22ff.

e) Beendigung. Die NachlPflegsch endet nicht von selbst, auch nicht ohne weiteres durch NachlKonk KGJ **38** A 116, u durch VerglVerf, Bley VerglO § 113 Anm 3. Neben einer NachlVerw wird selten ein Bedürfnis zur Aufrechterhaltg einer NachlPflegsch bestehen; vor Ann der Erbsch wird auch kaum NachlVerw angeordnet werden, Staud-Lehmann Anm 64. Die NachlPflegsch ist durch Beschl aufzuheben, § 1919, RG **154**, 114, wenn die Erben ermittelt sind u die Erbsch angenommen haben od Erbschein erteilt u die Schlußrechng des Pflegers, s §§ 1890, 1892, geprüft ist. Teilaufhebg ist zul, Frohn aaO 49. Gg die Aufhebg steht dem Pfleger die Beschw nicht zu, RG JFG **13**, 393, auch nicht gg die Anordg des LG, die Aufhebg durchzuführen, BayObLG **61**, 277, wohl aber gg die Beschrkg seiner Befugnisse, Mü JFG **16**, 101, sowie gg seine Entlassg, FGG 60 I 3, 75. Ob ein BeschwR des NachlGläub gg die Aufhebg besteht, RJA **7**, 102, ist str. Gg eine Weisg des NachlG, das NachlVerm nach Beendigg der Pflegsch zu hinterlegen, ist der vermeintl Erbe, falls kein Erbschein beigebracht w, nicht zur Beschw befugt, KG OLGZ **77**, 129. Die Erben treten an Stelle des Pflegers in einen RStr ein, ohne Aussetzg od Unterbrechg, OLG **17**, 318; **41**, 81. Nach Aufhebg der Pflegsch ist der Pfleger verpflichtet, den Nachl an die Erben herauszugeben, §§ 1960, 1915, 1890, Johannsen aaO 919. Die Aushändig des Nachl ist Sache der Beteiligten, nicht des Gerichts. Nach Aufhebg der Pflegsch kann das NachlG den Pfleger nur noch zur Einreich einer formell ordngsmäß Schlußrechng sowie zur Rückgabe der Bestallg anhalten u die Befolg dieser AO dch Festsetzg von Zwangsgeld, FGG 33, erzwingen, zu bestimmten VerwHdlgen u weiterer Rechnsglegg kann es auch nicht vollständ Herausg der Verm an den Berecht durch den Pfleger nicht veranlassen, KG FamRZ **69**, 446. Über Entlassg d Pflegers s § 1886 mit Anm 2, 3, Frohn aaO 53ff.

f) Akteneinsicht in PflegschAkten (FGG 34) bei berechtigtem Interesse, Mü JFG **15**, 83.

6) DDR: ZGB (Auszug im Anh, 35. Aufl) 415.

1961 *Nachlaßpflegschaft auf Antrag.* **Das Nachlaßgericht hat in den Fällen des § 1960 Abs. 1 einen Nachlaßpfleger zu bestellen, wenn die Bestellung zum Zwecke der gerichtlichen Geltendmachung eines Anspruchs, der sich gegen den Nachlaß richtet, von dem Berechtigten beantragt wird.**

1) Allgemeines. Da § 1958 gem § 1960 III auf den NachlPfleger keine Anwendg findet, mußte den NachlGläub die Möglichk gegeben werden, ihre Anspr auch vor Ann der Erbsch zu verfolgen (vgl auch ZPO 243 und Erläut zu § 2017). Gilt auch für inländischen Nachl eines Ausländers, Mü JFG **16**, 104, Hamm JMBl NRW **62**, 209, s auch § 1960 Anm 5 A. – Gegenstück § 1913. – Kosten sind NachlVerbindlichkeiten.

2) Vorausgesetzt wird, daß ein Fall des § 1960 I vorliegt. Bedürfn ist aber nicht zu prüfen, es muß nur ein RSchutzinteresse gegeben sein, Staud-Lehmann Anm 9, BayObLG **60**, 405. Der Erbe ist solange als unbekannt anzusehen, als nicht diejenigen Tatsachen bekannt sind, die der NachlGläub zur sachgem RVerfolgg kennen muß, KG JFG **17**, 106, idR also nicht, wenn schon Erbschein erteilt ist, LG Verden MDR **51**, 34. § 1961 ist daher entspr anwendb, wenn der ErbscheinsMitE des ungeteilten Nachl starb u seine RNachf ganz od teilw unbekannt sind.

3) Der Antrag bedarf keiner Form u muß von einem Berecht ausgehen, der die Absicht, einen Anspr gg den Nachl gerichtl (auch durch Arrest od ZwVerst zum Zweck der Aufhebg einer ErbenGem, Düss JMBl NRW **54**, 83, usw) geltd zu machen, vorgibt. Glaubhaftmachg des Anspr nicht erforderl. Bei Tod des AntrSt läuft das Verf für seine Erben weiter. Antr abzulehnen, wenn TestVollstr (§ 2213) besteht. Gegen Ablehng BeschwR des Gläub, FGG 57 Nr 3. Der Prozeßpfleger ist in vollem Umfange NachlPfleger, seine Vertretgmacht erstreckt sich also auf die NachlSicherg iS des § 1960, Erm-Bartholomeyczik Rdz 4, soweit nicht seine Aufgabe auf eine bestimmte Angelegenh, zB einen RStreit, beschr ist, s BayObLG **60**, 93 = MDR **60**, 674. Nur im letzteren Fall endet das Amt mit der Erledigg der Aufgabe, § 1918 III, sonst erst mit der Aufhebg. Stirbt der AntrSteller, so läuft das Verf für seine Erben weiter, Erm-Barth-Schlüter Anm 2 b.

4) Sonderfälle. Soweit bei einer **Vollstreckgshandlg** die Zuziehg des Schuldners erforderl ist, hat das VollstrG auf Antr einen einstweilig bes Vertreter des Erben zu bestellen, wenn nicht NachlPflegsch od TestVollstrg besteht, ZPO 779 II. – Die Stellg eines NachlPflegers nach § 1961 hat auch der auf Antr des Finanzamts bestellte Pfleger nach RAbgO 106 III, dazu Hamm JMBlNRW **62**, 209; s jetzt AO 1977 § 81.

§§ 1962–1964

1962 *Zuständigkeit des Nachlaßgerichts.* **Für die Nachlaßpflegschaft tritt an die Stelle des Vormundschaftsgerichts das Nachlaßgericht.**

1) Wenn auch auf die NachlPflegsch die Vorschr über Pflegsch u Vormsch Anwendg finden (§ 1960 Anm 5 C a), so mußte doch aus ZweckmäßigkGründen das NachlG für zust erkl werden (vgl auch FGG 75). KostO 131 III (Gebührenfreih der Beschwerde) jedoch auch hier entspr anwendb, Mü JFG **14**, 61. Ob § 1962 auch im Falle des VerschG 16 IIb, III (Antr des NachlPflegers auf TodesErkl des Erben) anzuwenden ist, wird in BayObLG NJW **59**, 725 dahingestellt gelassen, ist aber zu bejahen, s § 1960 Anm 5 C c. Auch für die Entgegennahme einer RechngsLegg u die RechngsPrüfg ist das NachlG berufen, s Birkenfeld FamRZ **76**, 197, Beisp Ffm NJW **63**, 2278. – Eine vormschgerichtl Genehmigg läßt sich in eine nachlgerichtl Gen desselben Gerichts jedenf dann nicht umdeuten, wenn die Genehmiggsfrage sich für den NachlRichter wesentl anders darstellt als für den VormschRichter, OGH **1**, 198 gegen Kiel JR **48**, 159; aM Müller NJW **56**, 652; s auch Keidel-Kuntze-Winkler FGG 7 Rdz 33, 42, Jansen, FGG² 7 Rdz 15.

1963 *Unterhalt der werdenden Mutter eines Erben.* **Ist zur Zeit des Erbfalls die Geburt eines Erben zu erwarten, so kann die Mutter, falls sie außerstande ist, sich selbst zu unterhalten, bis zur Entbindung angemessenen Unterhalt aus dem Nachlaß oder, wenn noch andere Personen als Erben berufen sind, aus dem Erbteile des Kindes verlangen. Bei der Bemessung des Erbteils ist anzunehmen, daß nur ein Kind geboren wird.**

1) Um des Kindes willen wird für die Mutter gesorgt. Die zu erwartende Geburt eines bereits erzeugten Erben (§ 1923 II) ist Voraussetzg, gleichgültig, ob er kraft G als Abkömml oder sonstiger Verwandter od durch Vfg vTw berufen ist. Bei Ersatzberufg (§§ 1953, 2096, 2344) gilt § 1963, sobald der zunächst Berufene weggefallen ist, denn dann ist es so anzusehen, als hätte der Vorberufene nicht gelebt, Planck-Flad Anm 2a, jetzt auch RGRK Rdz 2. Ein **nichtehel Kind** ist nicht Erbe im Sinne des § 1963, wenn ihm nur ein ErbErsAnspr, §§ 1934a–c, zustehen würde, Brüggemann ZBlJR **69**, 310, Erm-Barth-Schlüter Rdz 4.

2) Berechtigg. Jeder ehelichen wie nichtehel Mutter (nicht nur der Witwe) steht der Anspr bei Bedürftigk (§ 1602 I) für die Zeit bis zur Entbindg zu (also auch für Entbindgs-, nicht aber für Wochenbettkosten). Nicht nur einen billigen Beitrag zum Unterhalt (§ 1611 I idF des NEhelG), sond den **angemessenen Unterhalt** kann die Mutter verlangen (§ 1610, s § 1360a Anm 1), regelm in Rentenform (§ 1612 I); monatl Vorauszahlg; der volle Monatsbetrag wird auch dann geschuldet, wenn die Mutter im Laufe des Monats stirbt, § 1612 III. Entspr anwendb § 1614, nicht § 1613, Staud-Lehmann Anm 9. Von einem Leibesfruchtpfleger, § 1912 idF des NEhelG, kann der Anspr nicht geltd gemacht werden, da nicht künftige Rechte der Leibesfrucht in Frage stehen.

3) Der Anspr ist kein gesetzl Vermächtn, sond **gewöhnl NachlVerbindlichk** (§ 1967) u richtet sich gg den Nachl, dh gg den etwaigen od zu bestellenden NachlPfleger (§§ 1960, 1961) od TestVollstr. Auch bei einer Mehrh von Erben richtet sich der Anspr gg den ges Nachl, wobei der Erbteil des zu erwartenden MitE nur einen Berechnungsmaßstab bildet, Staud-Lehmann Anm 12, u seine Höhe zu schätzen ist (S 2). Die Dreimonatseinrede, § 2014, wird nicht gewährt. Der Anspr, der übrigens auch durch einstw Vfg (ZPO 940) geltd gemacht w kann, ist im NachlKonk gewöhnl KonkFdg. Er besteht an sich auch bei überschuldetem Nachl, bestr, aber nicht bei mangelnder Masse (§§ 1990, 1991 I–III), Soergel-Schippel Rdz 2. Als UnterhRente genießt der Anspr den Pfändgsschutz des § 850b I Nr 2 ZPO, Stöber⁵, Rdz 1010; es gilt daher auch das AufrechngsVerbot des § 394 der daraus sich ergebde Ausschluß eines Zurückbehaltsgsr, § 273; entspr gilt auch, wenn kein Rentenbetrag, sond unregelmäß Summen zu zahlen sind, Dütz NJW **67**, 1107.

4) Bei Totgeburt behält die Mutter den schon gezahlten Unterh; eine RückFdg, § 818, ist wg § 814 ausgeschl, da Mutterschutz AnstandsPfl. Der bis zur Totgeburt nicht bezahlte Unterh kann nicht nachverlangt werden. Bei irrtüml Ann einer Schwangersch ist der gezahlte Unterh zurückzuerstatten, § 812, aM Staud-Lehmann Anm 14. Bei Vorspiegelg der Schwangersch ErsPfl der Mutter nach §§ 823 II, 826.

1964 *Erbvermutung für den Fiskus.* **I Wird der Erbe nicht innerhalb einer den Umständen entsprechenden Frist ermittelt, so hat das Nachlaßgericht festzustellen, daß ein anderer Erbe als der Fiskus nicht vorhanden ist.**

II Die Feststellung begründet die Vermutung, daß der Fiskus gesetzlicher Erbe sei.

Schrifttum: Firsching, Nachlaßrecht, 4. Aufl, 1971, S 147 ff.

1) Allgemeines. Die §§ 1964–1966 ergänzen den § 1936 u knüpfen das ohnehin schon beschränkte StaatserbR an ein umständl Verfahren.

2) Die Ermittlgspflicht obliegt dem NachlG od einem (zweckm zunächst bestellten) NachlPfleger. Ermittlg u Feststellg unterbleiben, wenn der Fiskus eingesetzter Erbe, also nicht, wie II voraussetzt, gesetzl Erbe ist. Einsichtnahme in die Ermittlgen nach FGG 78.

3) Der Feststellgsbeschluß – zust RPfleger – bildet die Grdlage für das StaatserbR, BayObLG JW **35**, 2518. BenachrichtiggsPfl: Art 2 VO v 18. 3. 35, RGBl 381. Str ist, ob das StaatserbR auch dann festgestellt w muß, wenn kein Nachl vorhanden od der Nachl überschuldet ist; bejahend Staud-Lehmann Anm 8. Nach BayObLG **57**, 360 steht in diesen Fällen die Entsch im Ermessen des NachlG. Gegen die Feststellg steht dem Erbansprecher, BayObLG JW **35**, 2518, u dem Fiskus die **Beschwerde** (Erinnerg) nach FGG 19 ff (RPflG 11) zu, gg die Ablehng dem Fiskus u den NachlGläub, da auch deren Rechte durch die Ablehng beeinträchtigt werden, BayObLG **57**, 360. Andere Erben haben gg die Ablehng kein BeschwR, JFG **16**, 110. Doch kann der angebl Übergangene stattdessen auch Klage gg den Staat erheben (§ 1965 II) od Erbschein beantragen, KG Rpfleger **70**, 340. Die Vermutg (II) ist also widerlegb, die Feststellg entbehrt aber der dem Erbschein eigentüml Wirkgen zG redl Dritter, §§ 2366 ff, Kipp-Coing § 127 V. Der Beschl kann vAw jederzeit aufgeh werden, FGG § 18 I; über Bindg des NachlG an rechtskr Urt s § 1965 Anm 2. Bei Ablehng der Feststellg steht dem Fiskus der Klageweg frei. Er kann nach Feststellg auch noch Erbschein beantragen, zB zur Eintragg des Fiskus als gesetzl Erben ins Grdbuch, s Köln MDR 65, 993, auch Hamm OLGZ 66, 109, AG Lünebg Rpfleger 71, 23 (ErbSch nicht erforderl). Gebühr KostO 110.

4) **DDR**: Über ErbR des Staates s ZGB (Auszug im Anh, 35. Aufl) 369.

1965 *Öffentliche Aufforderung zur Anmeldung der Erbrechte.* I Der Feststellung hat eine öffentliche Aufforderung zur Anmeldung der Erbrechte unter Bestimmung einer Anmeldungsfrist vorauszugehen; die Art der Bekanntmachung und die Dauer der Anmeldungsfrist bestimmen sich nach den für das Aufgebotsverfahren geltenden Vorschriften. Die Aufforderung darf unterbleiben, wenn die Kosten dem Bestande des Nachlasses gegenüber unverhältnismäßig groß sind.

II Ein Erbrecht bleibt unberücksichtigt, wenn nicht dem Nachlaßgerichte binnen drei Monaten nach dem Ablaufe der Anmeldungsfrist nachgewiesen wird, daß das Erbrecht besteht oder daß es gegen den Fiskus im Wege der Klage geltend gemacht ist. Ist eine öffentliche Aufforderung nicht ergangen, so beginnt die dreimonatige Frist mit der gerichtlichen Aufforderung, das Erbrecht oder die Erhebung der Klage nachzuweisen.

1) Nur die Bekanntmachg und Fristdauer (mind 6 Wochen) richten sich nach ZPO 948–950 in diesem Verf der freiw Gerichtsbark. Die Aufforderg darf erst nach Ablauf der Frist des § 1964 I erfolgen. Sie verfolgt den Zweck, die in § 1964 vorgesehene Feststellg zu ermögl, s KG Rpfleger 70, 340. Die Vorschr gilt auch für die jur Pers des öff Rechts nach EG 138.

2) Verfahren. Wird währd der Anmeldefrist od später, jedoch vor dem FeststellgsBeschl, ein ErbR angemeldet od ergeht an einen Erbansprecher eine gerichtl Aufforderg nach II 2, so wird die Entscheid auf drei Monate ausgesetzt, um dem Erbansprecher Gelegenh zum Nachw seines ErbR od wenigstens der Klageerhebg zu geben. Über das angemeldete Recht entsch das NachlG. Ein nicht nachgewiesenes Recht erlischt nicht, sond bleibt nur „unberücksichtigt". Ein rechtskräftiges Urteil zw Erbansprechern u Staat bindet das NachlG im Rahmen seiner Rechtskr. Es ist also im Verhältn der Prozeßparteien auch für das FeststellgsVerf maßg, Kipp-Coing § 127 II, Erm-Barth-Schlüter § 1964 Rdz 3, RGRK Rdz 11, bestr. – Die Dreimonatsfrist des II ist nicht abzuwarten, wenn überh keine Anmeldg bis zum FeststellgsBeschl erfolgt war, KGJ 36 A 67. – Keine Haftg des Fiskus als Erben für Auslagen des Erbenaufgebots, KostO 12, BayObLG Rpfleger 70, 181.

1966 *Rechtsstellung des Fiskus vor Feststellung.* Von dem Fiskus als gesetzlichem Erben und gegen den Fiskus als gesetzlichen Erben kann ein Recht erst geltend gemacht werden, nachdem von dem Nachlaßgerichte festgestellt worden ist, daß ein anderer Erbe nicht vorhanden ist.

1) Der Staat soll den Nachl nicht an sich ziehen, bevor sein gesetzl ErbR nach §§ 1964, 1965 festgestellt ist; so lange ist er aber auch gg Inanspruchn geschützt. Ist er eingesetzter Erbe, so gelten die gewöhnl Vorschr der §§ 1942 I, 1958, 2014. – Das FeststellgsVerf gilt auch im Fall des § 46 (Anfall des Vereinsvermögens), s Staud-Coing § 46 Anm 4.

Zweiter Titel. Haftung des Erben für die Nachlaßverbindlichkeiten

I. Nachlaßverbindlichkeiten

Einführung

Schrifttum: Raape, Das Haftungsrecht des Erben, JhJ 72, 293; Siber, Haftg für NachlSchulden 1937, 9 ff; Zehner, Versicherungssumme u NachlInteressenten AcP 153, 424; Barella, Haftg des Erben für NachlSchulden, Betr 59, Beil 6; Krautwig, Die Erbenhaftg u die Möglichkeiten ihrer Beschränkg RhNK 67, 178; Börner, Das System der Erbenhaftg, JuS 68, 53, 108; Noack, Vollstreckg gg Erben JR 69, 8; Johannsen, Die Rechtsprechg des BGH auf dem Gebiet des ErbR – 9. Teil: Die Erbenhaftg, WPM 72, 914/919; 77, 270; Schröder, Zum Übergang inhaltl variabler Verpflichtgen auf den Erben, JZ 78, 379.

1) Gemäß dem Grds der Gesamtnachfolge (§ 1922 I) haftet der Erbe für die NachlSchulden (§ 1967 I). Hins der **Art der Haftg** bestünden an sich mehrere Möglich: **a)** Der Erbe haftet von vornherein unbeschränkt, also auch mit seinem eig Vermögen, kann aber die Haftg beschränken und zwar entweder auf den Nachl od auf einen dem NachlWert entsprechenden Betrag, od

b) der Erbe haftet von vornherein nicht mit dem Nachl od bis zu einem dem NachlWert entspr Betrag, verliert aber unter gewissen Voraussetzgen diese Beschrkg. Das G hat sich für folgende Lösg entschieden: Der Erbe haftet **vorläufig unbeschränkt.** Aber seine Haftg „beschränkt sich auf den Nachlaß", wenn NachlVerw angeordnet od NachlKonk eröffnet wird (§§ 1974–1975; KO 214–235); gleiche Wirkg hat das NachlVerglVerf (VerglO 113 I Nr 4), s jedoch § 1975 Anm 1; Nachl u Eigenvermögen des Erben bilden dann zwei getrennte Vermögensmassen. Bei Dürftigk des Nachl kann der Erbe auch ohne diese Verfahren seine Haftg auf den Nachl beschränken, §§ 1990–1992. Der Erbe hat also ein **Beschränkgsrecht.** In der Beschränkg der Haftg f NachlSchulden sieht Schröder aaO eine Schuld (Umfangs-)Beschränkg mit der Folge, daß die Schuld nun den Erben nur noch in seinem Eigensch als Inh des SonderVerm Nachl trifft. Auf die Beschrkg kann er, nicht der NachlPfleger, § 2012 I 3, verzichten. Er verliert es ggü allen NachlGläub durch Versäumg der InvFrist, § 1994 I 2, oder InvUntreue, § 2005 I 1, ggü einzelnen Gläub durch Eidesverweigerg, § 2006. In diesen Fällen haftet er **endgültig unbeschränkbar,** was das G mit unbeschränkter

Haftg bezeichnet. – Der als Erbe des Schuldners Verurteilte kann die HaftgsBeschrkg nur geltd machen, wenn sie im Urt vorbehalten ist, ZPO 780, BGH NJW **54**, 635, BVerwG NJW **56**, 805. Der Antr ist grdsätzl in den Tatsachenrechtszügen zu stellen, nicht erst im RevRechtszug, BGH NJW **62**, 1250; dies gilt nicht, wenn der zur Zahlg verurteilte Bekl erst nach Schluß der letzten Tatsachenverhandlg stirbt, BGH **17**, 69, aber auch BGH **54**, 204. Zur Geltdmachg im Verf über den Grd des Anspr od im BetragsVerf s SchlHOLG SchlHAnz **69**, 231. Zur Übern des Vorbeh in den KostenfestsetzgsBeschl s KG NJW **64**, 1330; auch Rpfleger **76**, 187 (Haftg für Kosten eines Proz üb eine NachlVerbindlichk auch im Fall der Konk-Eröffng, wenn Urt keinen Vorbeh nach ZPO 780 enthält). Zur Geltdmachg der vorbehaltenen beschr Erbenhaftg für Gerichtskosten s KG Rpfleger **64**, 385. Dazu auch Johannsen aaO 920f.

c) Der Erbe kann, ebso wie er auf die Haftgsbeschrkg verzichten kann, diese auch durch **Vereinbarg mit den Gläub** herbeiführen (RG **146**, 346; Molitor, JhJ **69**, 291 ff; vgl auch Anm 2 aE zu § 1975).

2) Um sich Klarh über die NachlSchulden zu verschaffen, kann der Erbe ein **Aufgebot** der NachlGläub herbeiführen (§§ 1970–1974). Er kann ferner von den Gläub zur Einreich eines **NachlVerzeichnisses (Inv)** gezwungen werden (§§ 1993–2013), wobei zB Säumn die unbeschränkb Haftg herbeiführt. Solange letzteres nicht der Fall (§ 2016 I), ist ihm währd der ersten 3 Monate nach ErbschAnnahme eine gewisse – allerdings durch ZPO 305, 782, 783 stark beschränkte – Schonfrist zur Überlegg gewährt, ob er von seinem BeschrkgsR Gebr machen will od nicht (§§ 2014, 2017).

3) **Sonderfälle.** Die Haftg mehrerer Erben wird erst in §§ 2058–2063 behandelt, die des Nacherben in §§ 2144 ff, die des ErbschKäufers in §§ 2382 ff. Über Haftg des nichtverwaltgsberecht Eheg bei GüterGemsch für ErbschSchulden, wenn er die Erbsch als Vorbeh- u od Sondergut erwirbt, s § 1439. **Geschäftsschulden**: HGB 25 III, 27 I, II, 139; vgl Hueck ZfHK **108**, 1 ff; KG JFG **22**, 70; BGH **30**, 391 = LM Nr 2 zu § 27 HGB mit Anm v Fischer, BGH NJW **61**, 1304 (Haftg des Erben eines Handelsgeschäfts bei dessen Fortführg im gerichtl VerglVerf), BB **65**, 968 (Haftg eines ausgeschiedenen MitE für neuerwachsene Verbindlichk der Firma), NJW **71**, 1268 mit Anm von Schwerdtner JR **71**, 420, NJW **76**, 848 (zu HGB 176 II, Haftg bei Erwerb eines KommAnteils im ErbWeg); Dempewolf Betr **60**, 80, Mattern, BWNotZ **60**, 166, Krabbenhöft, Rpfleger **57**, 158; Heinen RhNK **62**, 153, Säcker ZGR **73**, 261, auch Erm-Barth-Schlüter § 1967 Rdz 10–15, Brox § 37 V 5; Kipp-Coing § 91 IV 9; Lange-Kuchinke § 49 VI 1; Gierke-Sandrock, Handels- u WirtschaftsR⁹ § 16 II, Hinweise in § 1922 Anm 4a, bb, zu cc bis ff. Die Haftg des Alleinerben eines GmbH-Gesellschafters für NachlVerbindlichk ggü der GmbH bestimmt sich nach BGB, s Däubler, Vererbg des Geschäftsanteils der GmbH 1965, S 12ff. Über Haftg des Erben bei Verwaltung des HandelsGesch dch TestVollstr s Nolte, Festschr für Nipperdey, 1965, I 1667 ff.

4) **Haftung** für die Vermögensabgabeschuld beim **Lastenausgleich**: Die allg Vorschriften über die Beschrkg der Haftg bleiben unberührt. Jedoch wird die Haftg des Erben eines Abgabenschuldners, der vor dem 1. 9. 52 starb, auf die Bereicherg zZ des Erbf, uU auch zZ des Inkrafttretens des LAG beschränkt, wenn der Erbe dies binnen eines Jahres beantragt. Dann wird aber die Vermögensabgabe in Höhe des Ablösgsbetrages sofort fällig, LAG 69. Beim Tode des Erbl nach dem 31. 8. 52 haften die Erben nach den allg Vorschr des BGB. S dazu BFH NJW **65**, 1736, Hense, Bachelin DNotZ **53**, 84, **55**, 578, auch Haegele Just **61**, 25, Troll, Nachl u Erbe im SteuerR **1967**, S 304ff, v Elm Betr **68** Beil 21, § 1967 Anm 2.

5) Über **Haftg** des **Hoferben** für NachlVerbindlichk enthält § 15 I HöfeO idF v 26. 7. 76 eine Sondervorschr; dazu Lüdtke/Handjery Rdz 1ff, Wöhrmann-Stöcker Rdz 3 ff; Scheyhing Anm 1 ff; s auch § 25 I HöfeO *RhPf*. Über Haftg für NachlVerbindlichk, die zur Zeit des Erwerbs eines im gerichtl Zuweisgsverfahren zugewiesenen landwirtschaftl Betriebs noch bestehen, s die SonderVorschr in § 16 II GrdstVG, § 2042 Anm 10b, dd.

5a) Der **ErbErsAnsprBerechtigte**, §§ 1934a–c, haftet nicht für NachlVerbindlichk; er ist selbst NachlGläub.

6) **Geldstrafen** dürfen in den Nachl des Verurteilten nicht vollstreckt w, StPO 459c III; auch darf nach § 101 OWiG eine Geldbuße nicht in den Nachl des Betroffenen vollstreckt w; s auch AO 1977 § 45 I 2. Nach StPO 465 III haftet der Nachl nicht für die VerfKosten, wenn ein Verurteilter vor Rechtskr des Urt stirbt.

7) Für die **Kosten** der in KostO 6 bezeichneten Gesch des NachlG haften nur die Erben nach den Vorschr über NachlVerbindlk, s Düss Rpfleger **68**, 98; über ZahlgsPfl für gemschaftl ErbSch s Stgt Just **78**, 76.

8) Die ErsatzPfl des Erben für die **Kosten der Sozialhilfe** gehört zu den NachlVerbindlichk; er haftet nur mit dem Nachl, § 92c II BSHG, s auch §§ 92a II BSHG; s auch die gleichart Vorschr in KonsG 5 V, 6 II 1; s ferner SGB – Allg Teil – Art I 57 II u dazu Schmeling MDR **76**, 807/811.

9) **DDR**: ZGB (Auszug im Anh, 35. Aufl) 409–412, dazu Mampel NJW **76**, 593/601.

1967 *Erbenhaftung.* ¹ Der Erbe haftet für die Nachlaßverbindlichkeiten.

Zu den Nachlaßverbindlichkeiten gehören außer den vom Erblasser herrührenden Schulden die den Erben als solchen treffenden Verbindlichkeiten, insbesondere die Verbindlichkeiten aus Pflichtteilsrechten, Vermächtnissen und Auflagen.

1) **Allgemeines.** Über die Art der Haftg (vorläufig unbeschränkt, aber beschränkbar und uU unbeschränkbar) vgl Einf zum 2. Titel. Bei den NachlVerbindlichk (s allgem Meincke, BewertgsR § 7) ist einerseits zw Erblasserschulden, Anm 2, u Erbfallschulden, Anm 3, anderers zw Verbindlichk zu unterscheiden, die sowohl NachlVerbindlichk wie EigenVerbindlichk des Erben sind, Anm 4. Bei der Nachl-Haftg handelt es sich inf Erstreck um eine Schuld des Erben (Siber 10).

2) **Erblasserschulden** sind die „vom Erblasser herrührenden Schulden", soweit sie nicht mit dem Tod des Erblassers erlöschen, Anm 3b zu § 1922, also **gesetzliche**, **vertragliche** und **außervertragliche Verpflichtgen** (Kauf, Miete, unerl Hdlg), auch wenn die Folgen erst nach dem Erbf eintreten, RG HRR **42** Nr 522, EintrBewilligg des Erbl, BGH **48**, 351, Steuerschulden, s Kröger BB **71**, 647, AO 1977 § 45, Ver-

pflichtg des Erben eines Beamten zur Rückzahlg von überbezahltem Ruhegeh, BVerwG MDR **71**, 748 in der Pers des Erbl entstandene ProzKosten, Naumb HRR **37** Nr 700, s auch RG HRR **30** Nr 455 [wg der nach dem Erbf entstandenen Kosten s Anm 4], Soforthilfeabgabeschuld Hbg NJW **52**, 228, die VermAbgabeschuld nach LastenAusgl, BGH **14**, 368, BFH NJW **65**, 1736, BayObLG **56**, 231, wobei nach LAG **71** neben dem Erben auch die VermNehmer u die Auflagebegünstigten in Höhe der Bereicherg haften, ferner öff-rechtl Erstattgsansprüche, Klink SozSich **66**, 199, Schulden eines verstorb Gesellschafters wg unzul Entnahme aus dem GesellschVerm (BGH **LM** § 115 HGB Nr 1); auch Verpflichtg zur Abgabe von WillErkl od AuskErteilg, RG HRR **33** Nr 569. Hierher gehören auch UnterhAnspr (§ 1586 b idF des 1. EheRG), VersorggsAusglAnspr (§ 1587e IV idF des 1. EheRG mit Anm 5 hierzu) und ErsAnspr des Trägers der Sozialhilfe, s Einf 8 vor § 1967, sowie die auf den Erben übergegangene Haftg des Erbl für künftige Inanspruchn, zB aus Bürgsch (BGH WPM **76**, 808), ferner die wirks vereinb od rechtskr zuerkannte ErbAusgl, § 1934d. Es genügt Setzg der Ursache eines erst nach dem Erbf eingetretenen Ereignisses (Boehmer JW **38**, 2634: „zwischen zwei Rechtsleben entstandene Verbindlichkeit"); der Erbe tritt also auch in vom Erbl begründete **schwebende Rechtsbeziehgen** ein, auch wenn die Verpfl erst nach dessen Tod, zB dch Eintritt einer Bedingg, Zeitbestimmg in Kraft tritt, BGH BB **68**, 152, RGRK Rdz 5. Der Erbe haftet auch für eine Verbindlichk des Erbl, die dch Aufn in ein Kontokorrent u die nachfolgenden Saldoanerkenntnisse als EinzelFdg erloschen ist, BGH WPM **64**, 881 = RdL **64**, 215, Haftg des Bürgerben, Ffm OLGZ **71**, 46, Haftg für BereicherngsAnspr gg Erbl, Schröder aaO 383. Auch die Verpflichtg zum **Ausgleich des Zugewinns** in den Fällen des § 1371 II, III ist eine ErblSchuld, Braga FamRZ **57**, 338, sie steht im Rang der gewöhnl NachlVerbindlichk gleich, gehört also nicht zu den Verbindlichk iS von § 226 II KO, bestr, s Reinicke Betr **60**, 1267/1268. Über öffentlrechtl Verbindlichk s BGH NJW **78**, 2091.

3) Erbfallsschulden sind „die den Erben als solchen" treffenden Schulden, die aus Anlaß des Erbfalls entstehen. Dazu gehören insb die Verbindlichk aus ErbErsAnspr (§ 1934b II), PflichttRechten (§§ 2303 ff), Vermächtnissen (§ 2174) und vermächtnisähnlichen Anspr (Voraus, § 1932; Dreißigster, § 1969, Anspr der Abkömml auf Ausbildgsbeihilfe nach § 1371 IV idF des Art 1 Nr 2 NEhelG; letzteres str, aM Boehmer, Johannsen FamR **61**, 48, 164, vgl § 1371 Anm 3), Ansprüche nach § 1963; die Kosten der standesgem Beerdigg (§ 1968, Mü NJW **74**, 704), der TodesErkl (VerschG 34 II, 40), der gerichtl Sicherg des Nachl u der TestEröffng; Altenteilsrechte, BGH **8**, 217; ferner die ErbschSteuer (ErbStG 9 I, 20, dazu Schuwerak JuS **72**, 719), Verbindlichk aus RHdlgen eines NachlPflegers (-Verwalters, KO 224) od des TestVollstr (RG **60**, 30) sowie deren Gebühren (NachlKosten u NachlVerwaltgsschulden, vgl Lange-Kuchinke, § 49 IV, Erm-Barth-Schlüter Rdz 7). Keine NachlVerbindlichk sind Anspr auf Rückzahlg des nach dem Erbl gezahlten Altersruhegeld s KG FamRZ **77**, 349, sie können aber NachlErbSch sein, Anm 4. Durch genehmiggspfl, aber nicht genehmigte Geschäfte eines NachlPflegers werden NachlVerbindlichk nicht begründet, Hbg NJW **52**, 938. Über Entstehg v NachlVerbindlichk bei Schäden dch NachlSachen zB gem §§ 833, 836, s Weimar MDR **71**, 369.

4) Eine dritte Gruppe sind die **Nachlaßerbenschulden.** Sie entstehen aus RHdlgen des Erben anläßl des Erbf. Er haftet hierfür an sich mit seinem Vermögen wie jeder andere, der durch RGesch eine Verbindlichk eingeht, Köln NJW **52**, 1145. Wenn aber das RGesch irgendwie mit dem Nachl od Erbf zu tun hat, zur Abwicklg des Nachl gehört, BGH **32**, 60 = NJW **60**, 959/962, so kann nach außen **sowohl eine NachlVerbindlichk wie eine Eigenverbindlichk des Erben** entstehen, s Erm-Barth-Schlüter Rdz 8, 9. Maßgebend für die Ann einer NachlVerbindlichk ist, ob die Verbindlichk vom Standpkt eines sorgfältigen Verwalters in ordngsgem Verwaltg des Nachl eingegangen ist, ohne daß es entscheidend darauf ankommt, ob die Verbindlichk ausdrückl für den Nachl übernommen od die Beziehg zum Nachl dem GeschGegner erkennb ist, RG **90**, 95, BGH **32**, 60 = NJW **60**, 959, s auch BGH **38**, 193, WPM **73**, 362, Ffm BB **75**, 1319 (NachlAbwicklg eines HandwerksBetr), BGH WPM **77**, 270. Hiebei können die Grdsätze über Haftg aus **Anscheinsvollmacht** Anwendg finden, wenn es sich um Geschäfte handelt, die ein MitE in Fortführg eines vom Erbl hinterlassenen Handwerksbetriebs abschließt, BGH **LM** § 2032 Nr 2. Nimmt der Erbe einen dem Erbl von einer Bank eingeräumten Kredit weiter in Anspr, so handelt es sich um eine ErblSchuld, aber auch um eine Nachl-Erbenschuld, Brox § 37 V 1. NachlErbschuld ist auch der Anspr auf Rückforderg von irrtüml nach dem Tod des Berecht an die Erben gelangten RentenZahlgen, BGH NJW **78**, 1385, aM KG FamRZ **77**, 349. – Auch für den **NachE**, sind vom VorE begründete Schulden aus ordnungsmäßiger Verwaltg des Nachl NachlVerbindlichk, BGH **32**, 60, es sei denn, daß erkennb nur persönl Haftg des VorE bestehen sollte, RGRK Rdz. 12. – Nachl u Eigenvermögen des Erben haften nach außen gewisserm gesamtschuldnerisch; richtiger spricht man von einem einheitl SchuldVerh mit doppeltem HaftgsGgst im Falle der Haftgs-Sonderg, Barth-Schlüter, Lehrb § 50 VI 1. Im InnenVerh gilt § 1978 III: ErsAnspr des Erben gg den Nachl. Der Erbe kann, mag eine NachlVerbindlichk vorliegen od nicht, **mit dem Gläub vereinbaren**, daß seine Haftg auf den Nachl od auf sein Eigenvermögen beschränkt sein solle, RG **146**, 346, s Ffm WPM **65**, 659 (Wechselverbindlichk als NachlErbenschuld); für die Beschrkg der Haftg auf den Nachl genügt, wenn der Erbe zum Ausdruck bringt, er handle nur für den Nachl, u der auf Teil darauf eingeht: Vertr in Rahmen der Fortsetzg des Betriebs eines vom Erbl geführten HandelsGesch unter dessen Firma, BGH BB **68**, 769, s auch Johannsen aaO 919, Ffm BB **75**, 1319 (HandwBetr). Aus schuldh Verw des Nachl (§§ 1978–1980), also für NachlFdgen, § 1978 II, haftet der Erbe ohne Beschrkg, § 1978 Anm 4, ebso der **Vorerbe** aus Eigenverbindlichk, s RG **112**, 131 und § 2145.

5) Für Fdgen des Erben gegen den Erbl od aus Aufwendgen haftet der Nachl, denn der Erbe kann sich nicht selbst haften (§§ 1976, 1991 I, II, 1978 III, KO 224, 225; Siber 46).

1968 Beerdigungskosten. Der Erbe trägt die Kosten der standesmäßigen Beerdigung des Erblassers.

Schrifttum: Wolpert, Persönlichkeitsrecht u Totenrecht, Ufita **34**, 150/165 ff; – Gaedke, Handbuch des Friedhofs- u Bestattungsrechts, 4. Aufl 1977; – Model-Haegele, Im Falle meines Todes, 6. Aufl 1976; – Berger, Die Erstattg der Beerdiggskosten, Diss Köln, 1968. – S auch § 1922 Anm 3a mm, d.

§ 1968 1–4

1) Die **Kosten der Beerdigg** treffen den Erben, im Fall einer Mehrh von Erben die ErbenGemsch, BGH NJW **62**, 791; sie gelten als NachlVerbindlichk u Masseschuld, KO 224 Nr 2. Soweit die Kosten vom Erben nicht zu erlangen, haften die UnterhPflichtigen, §§ 1360a III, 1361 IV 3 (idF des 1. EheRG), 1615 II, dazu Dieckmann FamRZ **77**, 161/165. Die Kosten der Beerdigg eines Vorerben treffen nicht den Nacherben, Celle HRR **41** Nr 127. Auch die **Feuerbestattung** ist standesm Beerdigg (RG **154**, 270, vgl dazu FGB v 15. 5. 34, RGBl 380, DVO v 10. 8. 38, RGBl 1000, und 24. 4. 42, RGBl 242). Die Standesmäßigk richtet sich nach der Lebensstellg des Erbl, § 1610 I, Düss MDR **61**, 940; Berger aaO 43 ff. Zu den **Kosten gehören** auch die Ausgaben für die üblichen kirchl u bürgerl Feierlichkeiten, die Aufwendgen für das Grabmal sowie Erstanlage der Grabstätte, Lange-Kuchinke, § 49 III 2b, (nicht Mehrkosten für Doppelgrab, BGH **61**, 238 mit Anm von Kreft **LM** § 844 I BGB Nr 2), Trauerkleidg – s dazu Weimar MDR **67**, 980, Hamm DAR **56**, 217 –, Todesanzeigen, Danksaggen, Verdienstausfall usw, RG **139**, 394, Hamm aaO, uU auch für Exhumierg, Überführg u endgültige Bestattg, Karlsr NJW **54**, 720; Mü NJW **74**, 703; idR aber nicht Reisekosten von Angehörigen zum Beerdiggsort, BGH **32**, 72, anders, wenn das öffR den Angehörigen zur Beerdigg verpflichtet, Karlsr MDR **70**, 48. Dagg ist G r a b p f l e g e nach RG **160**, 256 (zu § 844) nur sittl Pfl des Erben u keine RPfl, bestr. Hinsichtl der RVerhältnisse bei einem „Wahlgrab" vgl Beyer, NJW **58**, 1813, bei einem Erbbegräbn OVG Münster RdL **65**, 162, BGH **25**, 200; über Nutzg von BegräbnPlätzen s auch Art 133 EG Anm 1, Gaedke aaO 163 ff.

1a) § 1968 enth eine selbständige Grdlage für einen Anspruch gegen den Erben, der sich als NachlVerbindlk darstellt. Ein solcher Anspr kann zB dem Nichterben zustehn, der die Initiative zu AOen über die Beerdigg ergreift u sich pers ggü VertrPartnern verpflichtet; er hat nach § 1968 einen Befreigs- od ErsAnspr gg den Erben, Staud-Lehmann, Anm 8, Berger aaO 7 ff. Kein Anspr gem § 1968 steht dem zu, der aGrd rechtsgeschäftl Verpfl tät w, also zB dem hierzu vom Erben od NichtE beauftragten gewerbl Bestattungsunternehmer, Berger aaO 21 ff.

1b) Neben den aGrd § 1968 gegebenen ErstattgsAnspr können noch andere Anspr auf Ersatz der Aufwendgen für Beerdiggskosten entstehen, zB aus Vertr, GeschFg ohne Auftr, ungerechtf Ber, gem § 844 I (BGH **61**, 238, Düss MDR **73**, 671: Umfang der Kosten), s hierzu Berger aaO 46 ff. – Vom Erben abgeschl Vertr über die Beerdigg des Erbl begründen für diesen auch eine Eigenverbindlk, Staud-Lehmann Anm 7, Berger aaO, 51 ff.

1c) Sondervorschr über die Pfl zur Tragg der Beerdiggskosten bei Tod der nichtehel Mutter inf der Schwangersch od der Entbindg s § 1615 m.

2) Bestattung. Die Totenbestattung ist eine öff Aufgabe, s BVerwGE **11**, 68, **17**, 119, OVG Münster RdL **65**, 162, BGH **25**, 200. Die Totenfürsorge ist dagg eine priv Pflicht, die in familienrechtl Beziehgn begründet ist, RG **154**, 271, u die den nächsten Angeh obliegt, BGH **61**, 238, Erm-Barth-Schlüter Rdz 2; s auch Kiessling NJW **69**, 533.

a) Die **Bestattgsart** (Beerdigg, Einäscherg) u der **Bestattgsort** richten sich nach dem Willen des Verstorbenen, vgl § 2 I FeuerbestattgsG (Bestimmg des Bestattgsorts), der in TestForm, zB als Aufl, §§ 1940, 2192 ff, od formlos (vgl jedoch für die Feuerbestattg § 4 aaO, dazu Reimann NJW **73**, 2240) zum Ausdruck gebracht u der auch widerrufen w kann; maßgebd ist also der eigene – mutmaßl – Wille des Verstorbenen, soweit er sich ermitteln läßt, RG **100**, 173, **108**, 220; ihn haben die Angeh zu beachten, KG FamRZ **68**, 18. Sonst entscheiden nicht die (der) Erben, sond die nächsten Angeh des Verstorbenen (s § 2 II aaO, BGH NJW **73**, 2103/4, FamRZ **78**, 15); der Wille des überlebden Eheg geht dem der Verwandten vor, RG **154**, 269, § 2 III, 3 II Nr 4, § 4 aaO. Entspr gilt für die U m b e t t g einer Leiche (Urne) u die E x h u m i e r g; hierzu sind aber die Angeh nur bei Vorliegen ausreicher Gründe berecht; s RGRK Rdz 6, AG Willensäußerg d Verstorb, BGH, FamRZ **78**, 15. Auch bei der Auswahl des **Grabmals** u der Beschriftg haben die Angeh in erster Linie den Willen des Verstorbenen zu berücksichtigen, im übr ist nach allg Herkommen u den sittl Anschauungen zu verfahren, Gaedke aaO 116; s auch zum Anspr des Ehem, nach dem Tod seiner Ehefr, den gemeins Familiennamen auf deren Grabstein anzuführen, AG Opladen FamRZ **68**, 205. Die Bestimmg über Bestattgsart u -ort od Umbettg lassen im Sinne der §§ 2038, 745; diese Vorschr können für die Entsch der Angeh auch nicht entspr angewendet w, RG **100**, 173, LG Detmold FamRZ **58**, 280, Erm-Barth-Schlüter, § 2038 Rdz 17, aM Baumann FamRZ **58**, 281.

b) Streit über Bestattgsart u -ort, Bestimmg der Grabinschrift, Umbettg der Leiche od Exhumierg entscheidet das ProzG, RG **108**, 219, LG Detmold aaO, KG FamRZ **69**, 414, Übbl 4 b vor § 90, siehe aber für die Feuerbestattg § 2 IV aaO u zum Bereich des VerwRechtswegs OVG Münster RdL **65**, 162, VerwG Arnsberg FamRZ **69**, 416, Hess StaatsGerH JR **69**, 436, BVerwG NJW **74**, 2018 (Bestattg auf PrivatGrdSt).

c) Über **Leichenöffng** siehe §§ 159, 87 StPO, Nr 28 ff RiStV, FGB 3 II Nr 2; inwieweit die Angeh bei gerichtl AO einer Obduktion zu hören sind, hat das Ger nach pflichtgem Ermessen zu entsch, s Struckmann, Koch, NJW **64**, 2244, **65**, 528. s auch Gucht, Zur Sektionsklausel in den Aufnahmebedinggen der Krankenhäuser JR **73**, 234.

3) Der **Hofübernehmer** hat auch ohne ausdrückl Bestimmg die Beerdiggskosten für den Übergeber u seinen Eheg jedenf dann zu tragen, wenn der Hof das Hauptvermögen darstellte u das Altenteil die vollständ Versorgg des Übergebers u seines Eheg sichern sollte, SchlHOLG RdL **63**, 154. Wird in einem Überg- u AltenteilsVertr freie u standesgem Beerdigg versprochen, so gehört dazu grdsätzl auch Setzg eines Grabmals, das der wirtschaftl Verhältn des Hofes entspricht, Celle FamRZ **68**, 74 (dort auch zur Verwirkg).

4) Nach BSHG 15 sind die erforderl Kosten einer Bestattg zu übernehmen, soweit dem hierzu Verpflichteten nicht zugemutet w kann, die Kosten zu tragen. Hiernach ist zur Kostenübernahme der Sozialhilfeträger örtl zust, in dessen Bereich sich der Verstorbene aufgehalten hat. Ansprberecht ist der Erbe, evtl der UnterhPflichtige, s Jehle ZfF **66**, 34; Berger aaO 116 ff. – Dem Dienstherrn des getöteten Beamten steht in Höhe des nach BBG 122 (jetzt BeamtVG 18) zu zahlden Sterbegeldes der Rückgr auf den Anspr gg den Schädiger auf Ers der BeerdiggsKosten zu, BGH FamRZ **77**, 246.

1969 *Dreißigster.* **I** Der Erbe ist verpflichtet, Familienangehörigen des Erblassers, die zur Zeit des Todes des Erblassers zu dessen Hausstande gehört und von ihm Unterhalt bezogen haben, in den ersten dreißig Tagen nach dem Eintritte des Erbfalls in demselben Umfange, wie der Erblasser es getan hat, Unterhalt zu gewähren und die Benutzung der Wohnung und der Haushaltsgegenstände zu gestatten. Der Erblasser kann durch letztwillige Verfügung eine abweichende Anordnung treffen.

II Die Vorschriften über Vermächtnisse finden entsprechende Anwendung.

1) Anspruchsberechtigter. Der altdeutschen RGrdsätzen entsprechende Anspr auf den Dreißigsten steht den FamAngehörigen, auch Pflegekindern, Erm-Barth-Schlüter Rdz 2, zu, die zum Hausstande (§ 1619) gehört, die also wg ihrer persönl Beziehgen zum Erbl u ihrer tatsächl Aufn in die FamGemsch als ihr gehörig angesehen w, Staud-Lehmann Anm 4, u Unterh bezogen haben, ohne Rücks darauf, ob hierzu eine Verpflichtg des Erbl bestand. Hausangestellte scheiden hier aus, da sie keinen Unterh beziehen, s Müller-Freienfelds JuS **67**, 127, idR auch in Scheidg lebder Eheg, Kissel 1, 5. Kap 3.8.

2) Der **Anspr**, ein gesetzl Vermächtnis, ist in Natur u im bish Umfang zu erfüllen, falls nicht vorherige Haushaltsauflösg erforderl wird (dann Geldansprüche; vgl auch § 1612 I 2). Durch letztw Vfg (**I** 2) kann der Erbl den Dreißigsten erhöhen (insoweit reines Vermächtn), verringern od ausschließen. Für Ann der Erbsch ist notf ein Pfleger, §§ 1958, 1960 III, zu bestellen; nach Ann keine aufschiebende Einr nach § 2014. Der Erbe kann die Haftg beschränken. Durch Aufgebot wird jedoch der Anspr nicht betroffen, **II**, § 1972. Kein Anspr für die Vergangenh, § 1613. Verzicht ist nach dem Erbf entgg § 1614 mögl, da auch reine Vermächtn ausgeschlagen w können, Staud-Lehmann Anm 18, aM RGRK Rdz 6. – Der Anspr ist grdsätzl nicht übertragb u unpfändb, §§ 399, 400, ZPO 850b I Nr 2, II, 851, RGRK Rdz 6, er unterliegt damit dem Aufrechngsverbot des § 394 u dem Ausschluß des ZurückbehaltsR, § 273, Dütz NJW **67**, 1107. – Der Anspr nach § 1969 ist nicht Verm iS des § 1371 II, s Ohlshausen, Diss Kiel 1968, 152 ff.

II. Aufgebot der Nachlaßgläubiger

1970 *Aufforderung zur Anmeldung.* Die Nachlaßgläubiger können im Wege des Aufgebotsverfahrens zur Anmeldung ihrer Forderungen aufgefordert werden.

Schrifttum: Muhr, Das Aufgebotsverfahren in der notariellen Praxis, RhNK **65**, 148.

1) Allgemeines. Das Aufgebot soll **a)** dem Erben Aufschluß über den Stand des Nachl u die Höhe der NachlVerbindlichk geben; – **b)** ihm die Entschließg über Beantragg der NachlVerw od des NachlKonk u die Errichtg eines ordngsm Inv (§ 2001) ermöglichen; – **c)** ihn gg unbekannte NachlGläub sichern (§ 1973); – **d)** dem Erben, NachlPfleger, NachlVerwalter und TestVollstr die Unterlagen zur Verteilg der Masse an die Gläub verschaffen. – Die Dreimonatsfrist des § 2014 verlängert sich nach Maßg des § 2015 bis zur Beendigg des Aufgebotsverfahrens, so daß der Erbe nicht in Verzug kommt u im Prozeß den Vorbeh der beschränkten Haftg geltd machen kann (ZPO 305, 782); woraus sich weiter ergibt, daß das Aufgebot **keine Haftgsbeschränkung** herbeiführt. Für den MitE s auch § 2045. Eine Besonderh in § 2060 Nr 1.

2) NachlGläub. Vom Aufgebot betroffen werden (Ausnahmen in §§ 1971, 1972) alle NachlGläub, auch auswärt, mögen sie dem Erben bekannt sein, gg ihn od den Erbl einen Titel haben od nicht, sofern ihnen zu Beginn der Aufgebotsfrist (ZPO 994, 950) eine NachlFdg zustand. Der antragstellende Erbe, der selbst keine NachlFdg hat, §§ 1978 III, 1991 I, KO 225 II, III, braucht nur anzumelden, wenn das Aufgebot vom NachlVerw od TestVollstr beantragt ist od einem anderen MitE, ZPO 997, zustatten kommt. Eigen-Gläub des Erben werden nicht betroffen, RG **92**, 344, auch nicht Fdgen gg den Nachl, die nach Erlaß des AusschlUrt od die durch RHdlgen des NachlPflegers od TestVollstr nach Erlaß des Aufgebots entstanden sind, Erm-Barth-Schlüter Rdz 3, bestr.

3) Aufgebotsverfahren. Das Verf ist in ZPO 989–1000, 946–959 geregelt. Zuständig ist das NachlG (ZPO 990, FGG 73, RPflG 20 Nr 2, EG 147), das durch Ausschlußurteil (ZPO 952, 957) entscheidet. **a) Antragsberechtigt** ist jeder Erbe, ZPO § 991 I, sofern er nicht bereits unbeschränkb haftet, § 2013 I (Ausnahme bei MitE, ZPO 997), NachlPfleger, -Verw, TestVollstr, ZPO 991 II, ZwVG 175 II, u der ErbschKäufer, ZPO 1000; der Erbe u TestVollstr erst nach der Erbsch, ZPO 991 III. Ob NachlVerw u TestVollstr auch bei allg unbeschränkb Haftg des Erben noch antragsberecht sind, ist str, aber zu bejahen, Staud-Lehmann Anm 3, aM RGRK Anm 8. Gehört ein Nachl zum GesGut der GütGemsch, so kann sowohl der Eheg, der Erbe ist, als auch der Eheg, der nicht Erbe ist, aber das GesGut allein od gemeins mit seinem Eheg verwaltet, das Aufgebot ohne Zust des anderen beantragen, ZPO 999. Daß der Aufgebotsantrag praktisch binnen Jahresfrist seit der ErbschAnn gestellt werden muß, ergibt sich aus § 2015 I, ZPO 782. Wenn Grd besteht, das Vorhandensein unbekannter NachlVerbindlichk anzunehmen, muß der Erbe od NachlVerw bei Vermeidg der SchadErsPfl den Antr unverzügl stellen (§§ 1980 II 2, 1985 II 2). Dem Antr ist ein Verzeichn der bekannten Gläub beizufügen, s ZPO 992, 994 II; hat der Erbe schuldh die Aufnahme eines bekannten Gläub in das Verzeichn unterlassen, macht er sich schadensersatzpflichtig u kann ihm ggü die Einrede nach § 1973 nicht geltend machen, Soergel-Schippel § 1973 Rdz 2. Bei NachlKonk (NachlVerglVerf) ist der Aufgebotsantrag mangels RSchutzbedürfnisses abzulehnen (ZPO 993), die ZwVerst geht jedoch weiter, ZVG 178 II. Das Verfahren ist auch dann einzustellen, wenn das BeschrkgsR des Erben vor Erlaß des AusschlUrteils verlorengeht (Strohal II, 233) oder wenn den Aufgebotstermin versäumt, § 2015 II. – **b)** Die **Kosten** des Aufgebotsverfahrens sind Nachlverbindlichk und im Konk Masseschulden (KO 224 Nr 4), da sie im Ergebn auch den NachlGläub zugute kommen. **c)** Über Anerkenng eines im Ausl ergangenen Ausschlußurteils bei deutschem Erbstatut u über Durchführg eines Aufgebotsverfahrens im Inland bei ausländ Erbstatut s Pinckernelle-Spreen DNotZ **67**, 217.

§§ 1971–1973 5. Buch. 2. Abschnitt. *Keidel*

1971 *Nicht betroffene Gläubiger.* Pfandgläubiger und Gläubiger, die im Konkurse den Pfandgläubigern gleichstehen, sowie Gläubiger, die bei der Zwangsvollstreckung in das unbewegliche Vermögen ein Recht auf Befriedigung aus diesem Vermögen haben, werden, soweit es sich um die Befriedigung aus den ihnen haftenden Gegenständen handelt, durch das Aufgebot nicht betroffen. Das gleiche gilt von Gläubigern, deren Ansprüche durch eine Vormerkung gesichert sind oder denen im Konkurs ein Aussonderungsrecht zusteht, in Ansehung des Gegenstandes ihres Rechtes.

1) **Allgemeines.** Es handelt sich hier um dingl u den dingl gleichgestellte Anspr, die nicht, wie das AufgebotsVerf, den NachI als Ganzes, sond nur einen bes NachlGgst betreffen. Diese Gläub brauchen ihre Fdgen nicht anzumelden u werden durch den Ausschl im AufgebotsVerf (§ 1973) nicht betroffen, „soweit es sich um die Befriedigg aus den ihnen haftenden Gegenständen handelt"; also doch wg ihrer persönl AusfallFdgen, zB der persönl Anspr bei der Hyp.

2) **Pfandgläubiger** (§§ 1204, 1273; KO 48) und diesen nach KO 49 gleichstehende Absondergsberechtigte sowie Aussondergsberechtigte (KO 43 ff) u in der ZwVerst Realberechtigte (ZVG 10) gehören hierher, auch Gläub die kaufm Zurückbehaltsrechte an bestimmten Ggständen haben, HGB 369 ff, Erm-Bartholomeyczik Anm 1e. Ist eine persönl NachlFdg mit einem dingl Recht an einem NachlGrdst verbunden, kann entspr dem AufgebotsVerf nach ZVG 175 ff ZwVerst beantragt werden, um dem Erben die Feststell zu ermöglichen, ob u inwieweit der Gläub sich aus dem Grdst befriedigen kann u der Erbe danach noch persönl für den Ausfall haftet. Die **Vormerkg** (§ 883) ist hier den dingl Rechten gleichgestellt, da nach § 884 die Haftgsbeschrkg auch insoweit nicht geltd gemacht w kann. Ob das Vorrecht vor od nach dem Erbfall erlangt wurde, ist hier gleichgültig; anders bei der Einr (§ 2016 II) und im NachlKonk, KO 221.

1972 *Nicht betroffene Pflichtteilsrechte, Vermächtnisse und Auflagen.* Pflichtteilsrechte, Vermächtnisse und Auflagen werden durch das Aufgebot nicht betroffen, unbeschadet der Vorschrift des § 2060 Nr. 1.

1) **Nachlaßbeteiligte Gläubiger,** Erm-Bartholomeyczik Rdz 1. Da der Erbe das Bestehen solcher Verbindlichkeiten idR dch Verkündg der Vfg vTw und eher als die Gläubiger kennen wird, werden sie vom Aufgebot nicht betroffen (Prot 5, 774). Sie haben im Ggsatz zu den ausgeschl Gläub Ansprüche gg den Erben aus dessen Verw, §§ 1978, 1979. Doch können sie nur durch Anmeldg die Teilhaftg des Miterben verhindern (§ 2060 Nr 1). Die VerschweiggsEinr kann auch gg sie erhoben werden, § 1974 III; bei der Befriedigg stehen sie ggü den übrigen NachlVerbindlichkeiten in mehrf Hins zurück, vgl §§ 1973 I 2, 1991 IV, KO 222, 226 II, IV, 228, letztere mit Änd dch Art 6 Nr 1, 3 NEhelG. § 1972 gilt für ErbErsAnspr, § 1934b II, Erm-Barth-Schlüter Rdz 1, aM Schröder, ErbErsAnspr, Diss Bonn, 1972, 71.

1973 *Ausschließung von Nachlaßgläubigern.* I Der Erbe kann die Befriedigung eines in einem Aufgebotsverfahren ausgeschlossenen Nachlaßgläubigers insoweit verweigern, als der Nachlaß durch die Befriedigung der nicht ausgeschlossenen Gläubiger erschöpft wird. Der Erbe hat jedoch den ausgeschlossenen Gläubiger vor den Verbindlichkeiten aus Pflichtteilsrechten, Vermächtnissen und Auflagen zu befriedigen, es sei denn, daß der Gläubiger seine Forderung erst nach der Berichtigung dieser Verbindlichkeiten geltend macht.

II Einen Überschuß hat der Erbe zum Zwecke der Befriedigung des Gläubigers im Wege der Zwangsvollstreckung nach den Vorschriften über die Herausgabe einer ungerechtfertigten Bereicherung herauszugeben. Er kann die Herausgabe der noch vorhandenen Nachlaßgegenstände durch Zahlung des Wertes abwenden. Die rechtskräftige Verurteilung des Erben zur Befriedigung eines ausgeschlossenen Gläubigers wirkt einem anderen Gläubiger gegenüber wie die Befriedigung.

1) **Allgemeines.** Den gewöhnl NachlGläub werden gewisse GläubGruppen nachgesetzt, näml ausgeschlossene, lässige, NachlKonkGläub, §§ 1973 f, 1989, die NachlBeteiligten des § 1972 (§ 1991 IV), denen der Erbe, soweit er nicht bereits unbeschränkt haftet (§ 2013 I), eine Einr bes Art enthalten kann, ohne die HaftgsBeschrkg der NachlVerw od des NachlKonk herbeiführen zu müssen. Es handelt sich um eine **außerordentl Beschränkg der Haftg** (§ 2013 I 2), die bei §§ 1973, 1974 dem Erben auch noch dann zustatten kommt, wenn die unbeschränkb Haftg nach Erlaß des AusschlußUrt eintritt. Seine Haftg ggü den Ausgeschlossenen, § 1973 f, beschränkt sich auf den NachlÜberschuß. Hins der Befugn der ausgeschlossenen Gläub, NachlKonk zu beantragen, vgl KO 219.

2) **Der Überschuß (II 1)** errechnet sich nach gem BereicherungsGrdsätzen (§§ 818, 819) nach dem Aktivbestand des Nachl im Ztpkt des etwa im RStreit mit dem Ausgeschlossenen ergehenden Urt od der Entscheidg über die gg seine Vollstreckg erhobene Einwendg, vgl RGRK Rdz 16 (der in letzterem Fall auf den Beginn der ZwVollstr abstellt), nicht nach dem Ztpkt der Geltdmachg, auf den es bei I 2 ankommt. Gegenüber dem Ausgeschlossenen sind **abzuziehen a)** die Fdgen der nicht ausgeschlossenen u der vom Aufgebot nicht betroffenen Gläub; die in § 1972 aufgeführten Verbindlichkeiten werden in I 2 behandelt; s auch AnfG 3a – **b)** die bereits aus dem Nachl erfolgte Befriedigg anderer ausgeschlossener Gläub mit der Maßg des II 3 (im übr entscheidet zw den Ausgeschlossenen der frühere Zugriff) – **c)** Aufwendgen des Erben auf den Nachl aus eig Vermögen (zB Befriedigg anderer NachlGläub); **zuzurechnen** sind Nutzgen u Surrogate, § 818 I, Verbindlichk u Lasten des Erben ggü dem Erbl, Staud-Lehmann Anm 7.

3) Einredewirkg. Die Ausschließgseinrede, die mit der DürftigkEinr (§ 1990) nicht zu verwechseln ist, läßt die GläubForderg nicht erlöschen (schließt zB Aufrechng gg NachlFdgen nicht aus, § 389, auf sie kann die Einr nach § 322 gestützt werden, Erm-Barth-Schlüter Rdz 2 [b]). Sie führt jedoch bei vom Erben nachgewiesener NachlErschöpfg wegen mangelnder Bereicherg zur Klageabweisg als zZ unzul, Bartholomeyczik Lehrb § 52 III 8a, vgl RG **137**, 54, BGH NJW **54**, 635. Bei Überschuß beschränkt sich der GläubAnspr auf die im Nachl „noch vorhandenen" Ggstände (od deren Ersatz, BereichergsAnspr bei Zahlg des Erben an vermeintl NachlGläub usw), **II 1, 2**. Der Erbe hat (ähnl wie bei AnfG 7) die ZwVollstr in diese Ggstände zu dulden – Vollstreckgspreisgabe, s Erm-Barth-Schlüter Rdz 4 – (er kann sie auch wirklich „herausgeben", aber das ist dann keine Vollstreckg, Siber 66), und der Gläub kann zuvor vom Erben nach §§ 260, 261 Ausk und eidesstattl Vers verlangen, s auch § 2006 Anm 2.

4) Abwendg. Auch die so bereits ggständl beschränkte ZwVollstr kann der Erbe (ebso bei § 1992 S 2) durch Zahlg des Schätzwertes, falls dieser hinter der Fdg des Ausgeschlossenen zurückbleibt, abwenden **(II 2)**, wobei er die zur Befriedigg seiner eigenen ErsatzFdgen (s Anm 2c) erforderl Ggstände zurückbehalten kann, da sie nicht zum „Überschuß" gehören, RGRK Rdz 22.

5) Vorbehalt. Die Einrede aus § 1973 ist verzichtb u geht durch Versäumg des Vorbehalts nach ZPO 780 I verloren (Ausn § 780 II), RG **59**, 305, falls der Vorbeh nicht durch Urteilsergänzg (ZPO 321) od RMittel, uU auch noch in der RevInstanz, BGH **17**, 69, NJW **62**, 1250, nachgeholt wird. Der allg Vorbeh des ZPO 305, 780 I genügt (RG **83**, 330), auch wenn er versehentl nur in den Gründen steht OLG **7**, 134. Vorbeh ist auch bei Klage auf Vollstreckgsklausel (ZPO 731) notw; nicht jedoch im Verfahren nach ZPO 727, da hier ZPO 781 Anwendg findet, Köln JW **32**, 1405, Zöller Anm 2 zu ZPO 780.

6) Einwendgen. Führt die AusschließgsEinr nicht bereits zur Abweisg, so muß der Erbe in der ZwVollstr die beschränkte Haftg einwenden (ZPO 781); hat er bereits unter dem Druck der ZwVollstr gezahlt, so kann er Rückzahlg verlangen (§§ 813, 814, RG **64**, 244). Er muß also gem dem hier anwendb ZPO 784 nach ZPO 785 Gegenklage erheben (StJP-Münzberg I zu ZPO 784), wobei die Geltdmachg des allg Vorbeh (s Anm 5) ZPO 767 II ausschließt. Gegenüber vorbehaltsloser Verurteilg ist aber die Klage versagt.

7) Besonderheiten. Bei NachlVerw u NachlKonk kann der Ausgeschlossene nur dann auf Duldg der ZwVollstr klagen, wenn nach dem Teilgsplan feststeht, daß ein Überschuß nach Befriedigg der nicht ausgeschlossenen Gläub verbleibt, RG **61**, 221.

1974 *Verschweigung.* [I] Ein Nachlaßgläubiger, der seine Forderung später als fünf Jahre nach dem Erbfalle dem Erben gegenüber geltend macht, steht einem ausgeschlossenen Gläubiger gleich, es sei denn, daß die Forderung dem Erben vor dem Ablaufe der fünf Jahre bekannt geworden oder im Aufgebotsverfahren angemeldet worden ist. Wird der Erblasser für tot erklärt oder wird seine Todeszeit nach den Vorschriften des Verschollenheitsgesetzes festgestellt, so beginnt die Frist nicht vor dem Eintritt der Rechtskraft des Beschlusses über die Todeserklärung oder die Feststellung der Todeszeit.

[II] Die dem Erben nach § 1973 Abs. 1 Satz 2 obliegende Verpflichtung tritt im Verhältnisse von Verbindlichkeiten aus Pflichtteilsrechten, Vermächtnissen und Auflagen zueinander nur insoweit ein, als der Gläubiger im Falle des Nachlaßkonkurses im Range vorgehen würde.

[III] Soweit ein Gläubiger nach § 1971 von dem Aufgebote nicht betroffen wird, finden die Vorschriften des Absatzes 1 auf ihn keine Anwendung.

1) Voraussetzgen, Wirkg. Anwendb, wenn ein AufgebotsVerf überh nicht stattgefunden hat, ferner ggü mehreren NachlBeteiligten nach § 1972 und solchen Fdgen, die erst nach der Anmeldefrist od dem AusschlUrt entstanden sind. Ausgeschlossene, im AufgebotsVerf berücksichtigte u dingl Gläub (§§ 1973, 1970, 1971) gehören nicht hierher, wohl aber solche Fdgen, die erst 5 Jahre nach dem Erbfall (zB aus Mangel im Recht) entstehen. Geltdmachg gg dem vorl Erben, der später ausschlägt, den NachlPfleger (-Verw, TestVollstr) u deren Kenntn werden dem endgültigen Erben angerechnet, **I**. Da der Erbe die Verbindlichkeiten nach § 1972 regelm schon aus der Vfg vTw kennt, haben **II** (dazu: Siber 72) und KO 226 IV 1 Halbs 2 idF des Art 6 Nr 1 NEhelG wenig praktische Bedeutg. Bei geteiltem Nachl unter Miterben gilt § 2060 Nr 2. Die Säumniswirkg tritt nicht ein, wenn der Erbe noch vor Ablauf der Fünfjahresfrist sein HaftgsbeschränkgsR verliert (§ 2013 I). Die Frist läuft auch ggü dem Nacherben, § 2144 I 1.

2) Der Todeserklärg ist jetzt die Feststellg der Todeszeit gleichgestellt, VerschG 39 ff. Die Entscheidgen ergehen dch Beschl u werden erst mit Rechtskr wirks, VerschG 29, 40, 49.

III. Beschränkung der Haftung des Erben

1975 *Nachlaßverwaltung; Nachlaßkonkurs.* Die Haftung des Erben für die Nachlaßverbindlichkeiten beschränkt sich auf den Nachlaß, wenn eine Nachlaßpflegschaft zum Zwecke der Befriedigung der Nachlaßgläubiger (Nachlaßverwaltung) angeordnet oder der Nachlaßkonkurs eröffnet ist.

Schrifttum: Haegele, Nachlaßpflegschaft u Nachlaßverwaltung, 1955. – Möhring, Vermögensverwaltg in Vormundschafts- u NachlSachen, 5. Aufl 1963, S 269 ff. – Firsching, Nachlaßrecht, 4. Aufl, S 282 ff. – Michel, Erbschaftsteuer im NachlKonkurs u -Vergleich, KTS **68**, 18.

1) Allgemeines. a) Sein **Haftgsbeschränkgsrecht** (vgl Einf 1 zum 2. Titel) kann der Erbe durch Antr auf NachlVerw (§ 1981) od -Konk (KO 217) od VerglVerf (VerglO § 113 I Nr 1, 4) ausüben. InvErrichtg,

§ 1993, reicht dagg nicht aus. Bei NachlVerw u -Konk steht das AntrR auch den NachlGläub zu. Infolge der Einleitg dieser Verfahren beschränkt sich die Erbenhaftu die Beschrkg bleibt auch nach Aufhebg des Verf bestehen, ebso BGH NJW **54**, 635 (für NachlVerw) = **LM** Nr 1, Erm-Barth-Schlüter Rdz 15, RGRK Anm 9, Brox § 39 II 4b (2), anders die früher hM, welche die haftgsbeschränkte Wirkg der Verfahren auf deren Dauer begrenzt. Für den NachlKonk besteht die SonderVorschr des § 1989. Es tritt Nachl-Absonderg ein, § 1976, KO § 12. Das ZugriffsR der NachlGläub ruht hins des Eigenvermögens des Erben. Der Erbe ist nicht mehr auf Leistg (wohl auf Feststell u künftige Leistg) beklagb (RG JW **13**, 752) und kann Vollstr-AbwehrKlage erheben (ZPO 784, 785). – **b)** Das HaftungsbeschränkgsR kann durch Verzicht od Eintritt der unbeschränkten Haftg allg od ggü einzelnen Gläub **verlorengehen**. Der Erbe kann bei allg Verlust keine NachlVerw mehr beantragen (§ 2013 I), wohl noch den NachlKonk (KO 216 I), um Übergriffe der PrivGläub zu verhindern. TestVollstrg steht der Haftgsbeschränkg nicht entgg (s auch KO 217 III, § 2205 Anm 1d).

2) Die Nachlaßverwaltg ist eine Abart der NachlPflegsch, die der Befriedigg der NachlGläub bei zureichendem, aber unübersichtl Nachl dient, und eine Unterart der Pflegsch, RG JFG **13**, 388, RG **135**, 307. Über einen Erbteil u nach Teilg des Nachl (§ 2062) ist NachlVerw nicht zul. Das Vorhandensein eines Nachl-Pflegers bildet kein Hindern für die AO der NachlVerw, BayObLG **76**, 167/171. Zuständig ist das NachlG (§§ 1962, 1981, FGG 72, 76, RPflG 3 Nr 2c, 16 I Nr 1 mit 14 Nr 5, 9); die internat Zustgk fehlt bei Anwendg ausländ R auf die Erbf, BayObLG **76**, 152/155, KG OLGZ **77**, 309, bestr. Die NachlVerw führt vielf zum NachlKonk u endigt mit dessen Eröffng. § 1988. Bei Einverständn der Gläub läßt sich die Verw auch zwecks Abwendg des wertvernichtenden Konkurses rechtfertigen (Siber 89). Auch kann ohne NachlVerw der Erbe im Einverständn der Gläub als deren Beauftragter den Nachl abwickeln. Diese Vereinbg wird aber durch KonkEröffng (§ 1980) hinfällig, Molitor, JhJ **69**, 314.

3) NachlKonk, KO 214–235, RPflG 3 Nr 2e, 18. Er dient der Haftgsbeschränkg u Absonderg des Nachl u setzt dessen Überschuldg voraus, KO 215, mit Jäger-Weber Rdz 2–5. Über Erbteil nicht zul, KO 235; NichtAnn, unbeschränkte Haftg des Erben u Teilg stehen nicht entgg, KO § 216. GemSchu ist der Erbe, Hamm JMBl NRW **64**, 116, Jäger-Weber KO 214 Rdz 7, 10, 17, doch kann er zugleich auch Gläub sein, KO 225. In dem Verf kann jede NachlVerbindlichk (§ 1967) geltd gemacht werden, KO 226 idF des Art 6 Nr 1 NEhelG, nicht aber gg den Erben selbst. Ausschließl zust ist das AG des ErblWohnsitzes, KO 214. Über AntrBerechtigg s KO 217–220, des ErbErsBer Jäger-Weber Rdz 18a hiezu.

4) Vergleichsverfahren. Hinsichtlich der Erbenhaftg wirkt das VerglVerf zur Abwendg des Nachl-Konk wie dieser selbst, VerglO 113 I Nr 4; es führt also auch zu einer Trenng des NachlVerm vom Verm des Erben, Brox § 40 D III 2c. Über AntrBefugn s § 113 I Nr 1; antrberecht ist auch der zu voller Verw des Nachl ernannte TestVollstr, Haegele KTS **69**, 113. Der Antr kann jedoch nicht mehr gestellt werden, wenn der Erbe unbeschränkb haftet od der Nachl geteilt ist, § 113 I Nr 3. Die in KO 226 II u IV genannten Gläub sind am Verf nicht beteiligt u werden vom Vergl nicht betroffen; hierunter fallen ua PflichttBer, VermNehmer, AuflBegünstigte sowie ErbErsBer, s Bley-Mohrbutter VerglO 113 Anm 40.

5) Lastenausgleich. SonderVorschr über die Beschrkg der Haftg der Erben vgl Einf 4 vor § 1967.

6) Über Durchführg einer NachlVerwaltg od eines NachlKonkurses im Inland bei ausländ Erbstatut s Pinckernell-Spreen DNotZ **67**, 218f. Für NachlVerwaltg über Nachl eines Israeli fehlt in der BRep die internat Zustdgk, BayObLG **76**, 152, ebso KG OLGZ **77**, 309 über Nachl eines Österreichers, wenn Erbstatut österrR ist.

7) DDR: Über NachlVerwaltg s ZGB (s Auszug im Anh, 35. Aufl) 420–422; GrundbuchVerfO 26.

1976 Fiktion des Nichterlöschens von erloschenen Rechtsverhältnissen.
Ist die Nachlaßverwaltung angeordnet oder der Nachlaßkonkurs eröffnet, so gelten die infolge des Erbfalls durch Vereinigung von Recht und Verbindlichkeit oder von Recht und Belastung erloschenen Rechtsverhältnisse als nicht erloschen.

1) Gegenstand der Nachlaßverwaltung. Der NachlVerwaltg untersteht grdsätzl der gesamte Nachl s § 1985; das VerwaltgsR der NachlVerw erstreckt sich aber nicht auf höchstpersönl Rechte, sowie Sachen des Erbl ohne net Verkehrswert; auch das unpfändb Vermögen sollte wie beim NachlKonkurs nicht von der NachlVerwaltg erfaßt w, wobei sich die Unpfändbark aus der Person des Erben bestimmt, Lange, Lehrb § 51 II 4d⁷. Die NachlVerwaltg verdrängt einen Gesellschaftererben, zB einer OHG, nicht aus seiner Gesellschafterstellg, wohl betrifft die Befugnis, gem § 139 I HGB über seine weitere Stellg in einer OHG zu entscheiden, s BGH **47**, 293, dazu Anm v Großfeld, Rohlff JZ **67**, 705; die aus dieser Stellg fließenden Vermögensrechte müssen aber dem NachlVerw zustehen, Lange aaO; s auch Westermann AcP **173**, 39ff, Wiedemann, Übertr u Vererbg von MitgliedschRechten bei Handelsgesellschaften § 13 V. – Geht dem Erben ein Nachl Grdst infolge Verschuldens seines Rechtsanwalts – dch Zwangsversteigerg – verloren, so fällt der SchadensersatzAnspr des Erben gg den Anwalt in den Fall der NachlVerwaltg in das ihr unterliegde Vermögen (Surrogation), BGH **46**, 222 mit Anm v Mattern **LM** § 1984 Nr 2.

2) Nachlaßabsonderung. Die wirks gewordene NachlVerwaltg, § 1983 Anm 1, führt zur Absonderg des Nachl vom EigenVerm des Erben. **An Stelle der Vereinigg** (Konfusion, Konsolidation, vgl Übbl 2 zu 2. Abschn) **tritt die Trenng** mit rückw Kraft, u zwar im Interesse der Gläub, auch der unbeschränkb Haftg (§ 2013 I S 1); der über den Nachl nicht mehr vfgsberecht Erbe, § 1984 I, KO 6, kann seine gg den Nachl gerichtete Fdg gg den zur Berichtigg der NachVerbindlichk verpflichteten NachlVerw, § 1985 I, od gg den KonkVerw, KO 225 I, geltd machen, BGH **48**, 214. Die Anwachsg nach § 738, HGB 138, wird durch § 1976 nicht berührt, RG **136**, 99.

Beispiele: a) War der **Erbl** dem Erben ein Darlehen schuldig, so gilt bei Verfahrensanordng die DarlSchuld als fortbestehend, so daß der Erbe unter diesen Voraussetzgen zugleich Gläub u Schu ist und demgem im NachlKonk (KO 225 I) die ihm gg den Erbl zustehenden Anspr geltd machen kann, obwohl er GemSchu ist. Die Gütersonderg ermöglicht den Fortbestand u die Neubegründg selbständiger RBeziehgen zw dem Sondergut (Nachl) u dem übrigen Vermögen des Erben, obwohl er Vermögenssubjekt beider Massen bleibt (Jaeger-Weber Rdz 1 zu KO 225); aM RGRK Rdz 2 u KG HRR **32**, 1661, das meint, daß der Erbe nicht Schu eines ihm aus NachlMitteln gewährten Darlehns sein u daher keine Hyp für die Erstattgs-Fdg bestellt k könne. Daß er Schu sein kann, ergibt aber § 1978.

b) Hat der **HypGläub** den **Eigentümer** beerbt, so ist die Hyp, solange die Vereinigg besteht, Grdschuld, § 1177 I, od wird, wenn der Erbl nicht persönl Schuldner war, im Rahmen des § 1177 II wie eine solche behandelt. Durch die Trenng entsteht aber eine fordergsbekleidete FremdHyp, so daß der Gläub wg der Hyp die ZwVerst betreiben kann, da § 1197 durch § 1976 ausgeschaltet ist, Staud-Lehmann Anm 6, auch Erm-Bartholomeyczik Rdz 5. Auch die Vereinigg zweier Miteigtumsanteile in einer Hand wird wieder beseitigt, Soergel-Schippel Rdz 2.

1977 *Unwirksamwerden der Aufrechnung.* **I** Hat ein Nachlaßgläubiger vor der Anordnung der Nachlaßverwaltung oder vor der Eröffnung des Nachlaßkonkurses seine Forderung gegen eine nicht zum Nachlasse gehörende Forderung des Erben ohne dessen Zustimmung aufgerechnet, so ist nach der Anordnung der Nachlaßverwaltung oder der Eröffnung des Nachlaßkonkurses die Aufrechnung als nicht erfolgt anzusehen.

II Das gleiche gilt, wenn ein Gläubiger, der nicht Nachlaßgläubiger ist, die ihm gegen den Erben zustehende Forderung gegen eine zum Nachlasse gehörende Forderung aufgerechnet hat.

1) Allgemeines. In Durchführg des TrenngsGrdsatzes (§ 1976) wird dem Erben hins einer ohne seine Zust erfolgten Aufrechng die Rechtswohltat der Haftgsbeschrkg gewährt, **I** ; andersseits soll eine Verkürzg der NachlGläub durch Aufrechng eines NachlSchuldners verhindert werden, **II.**

2) Zeitpunkt. Schuld u Fdg können vor od nach dem Erbfall entstanden, die Aufrechng selbst muß aber nach dem Erbfall erkl sein (§§ 387, 388), jedoch vor der Anordng der NachlVerw od vor der Eröffng des NachlKonk. Durch Verw und Konk wird aber die Gegenseitigk (§ 387) zw NachlFdgen u -Schulden einers u Erbenschulden u -Fdgen andrers aufgeh. Nach Anordng (Eröffng) kann daher ein NachlGläub gg eine PrivFdg des Erben u ein PrivGläub gegen eine NachlFdg auch bei Zust des Erben nicht aufrechnen (§§ 1984 I 3, 1984 II); auch kann sich der Erbe von einer Eigenverbindlichk nicht mehr durch Aufrechng mit einer NachlFdg befreien (§§ 1975, 1984 I 1); ob er eine NachlSchuld durch Aufrechng mit einer PrivFdg tilgen kann (was ihm grdsätzl nur einen BereicherngsAnspr verschafft, §§ 1978 III, 683, 684, s auch KO 225 II), ist str, bejahd RGRK Rdz 9, Staud-Lehmann Anm 6, Soergel-Schippel Rdz 2, verneind Erm-Barth-Schlüter Rdz 2. Mangels Gegenseitigk ist Aufrechng wohl auch in diesem Fall unzul, vgl Anm 3 zu § 267. Haftete der Erbe aber bereits vor Verfahrensanordng unbeschränkt (§ 2013), so kann der NachlGläub auch nachher gg eine PrivFdg des Erben aufrechnen (vgl Anm 5 aE). Die Bestimmgen über Aufrechng im gewöhnl Konk: KO 53-56, bleiben unberührt, RGRK Rdz 9.

3) Aufrechnung ohne Zustimmg. Eine einseitige Aufrechng des NachlGläub gg Erbenschuld (I) od des NachlSchuldners gg ErbenFdg (II) gilt nach Verfahrensanordng (-eröffng) als nicht erfolgt u damit das Erlöschen der Fdgen (§ 389) einschl etwaiger Nebenrechte, §§ 768, 1252, als nicht eingetreten.

4) Aufrechng mit Zustimmg. Die Aufrechnungswirkg bleibt dagg im Fall des Abs **I** bestehen, wenn die Aufrechng vom Erben ausging od er ihr zugestimmt hatte. Ob das gleiche auch für **II** gilt, so RG LZ **16**, 1364, ist str; verneinend Staud-Lehmann Anm 3. Erbe und NachlGläub bleiben an diese Vfg des Erben gebunden. Dieser hat im Fall des **I** (Befreiung des Nachl von Schuld) einen ErsAnspr (§ 1978 III, KO 225 II) und haftet im Falle des **II** (Erlöschen einer NachlFdg) den NachlGläub nach § 1978 I 1 persönl.

5) Bei allgemein unbeschränkbarer Haftg des Erben gilt § 1977 I überh nicht (§ 2013 I), da der Erbe dann jeden SchutzAnspr verloren hat. Da aber § 1977 II dem Schutze der NachlGläub gg NachlVerkürzg dient, wird er trotz des § 2013 bei allg unbeschränkbarer Haftg des Erben anzuwenden sein, da andernf die NachlGläub bei Unvermögen des Erben (s Anm 4) gerade durch eine zu ihren Gunsten geschaffene RLage benachteiligt würden, Kipp-Coing § 97 IV 3. Daß § 2013 nicht alle vorkommenden Fälle deckt, zeigt sich bei nur teilw unbeschränkbarer Haftg. Die durch § 2013 II angeordnete Geltg des § 1977 kann sich näml nur auf dessen II wg der zu verhindernden Verkürzg der übrigen NachlGläub beziehen. Denn aus der Nichterwähng des § 1975 in § 2013 II ergibt sich hier, daß eine teilw unbeschränkb Haftg nicht wieder beschr werden kann. Der so begünstigte Gläub kann also ungeachtet des § 1977 I die ErbenFdg durch Aufrechng zum Erlöschen bringen u auch noch nach Verfahrensanordng aufrechnen, Erm-Barth-Schlüter Rdz 4.

1978 *Haftung des Erben für bisherige Verwaltung.* **I** Ist die Nachlaßverwaltung angeordnet oder der Nachlaßkonkurs eröffnet, so ist der Erbe den Nachlaßgläubigern für die bisherige Verwaltung des Nachlasses so verantwortlich, wie wenn er von der Annahme der Erbschaft an die Verwaltung für sie als Beauftragter zu führen gehabt hätte. Auf die vor der Annahme der Erbschaft von dem Erben besorgten erbschaftlichen Geschäfte finden die Vorschriften über die Geschäftsführung ohne Auftrag entsprechende Anwendung.

II Die den Nachlaßgläubigern nach Absatz 1 zustehenden Ansprüche gelten als zum Nachlasse gehörend.

III Aufwendungen sind dem Erben aus dem Nachlasse zu ersetzen, soweit er nach den Vorschriften über den Auftrag oder über die Geschäftsführung ohne Auftrag Ersatz verlangen könnte.

1) Allgemeines. Weil u soweit der Erbe gem § 1975 nur mit dem Nachl haftet, muß dieser den (nicht durch Aufgebot ausgeschlossenen) NachlGläub auch möglichst unvermindert erhalten bleiben u der Erbe für seine GeschGebarg ihnen verantwortl sein. Haftet er dagg bereits allg unbeschränkb mit Nachl und PrivVermögen, so hätte es keinen Sinn, dem Nachl die ErsAnspr (II) noch bes zuzuweisen (§ 2013 I S 1). – Verletzt der Erbe die durch den Erbl begründeten Rechte Dritter, so haftet er diesen außer nach § 1978 I auch persönl (RG 92, 343, Staud-Lehmann Anm 30); wg NachlSchädigg (Entgang des Kaufpreises, Wegfall des Mietzinses) haftet er den NachlGläub.

2) Vor Annahme der Erbschaft braucht der Erbe hins des Nachl nicht tätig zu sein; denn zur GeschFg ohne Auftr (I 2) kann niemand gezwungen werden. (Wg der Geschäfte des Ausschlagenden vgl § 1959, des NachlPflegers vgl § 1960 Anm 5 C c). Wird er tätig, so gelten die §§ 677–684, 259, 260 entspr, s Celle MDR **70**, 1012. Er ist also haftb, wenn er den Interessen der NachlGläub zuwiderhandelt, vgl Staud-Lehmann Anm 7. Für die Aufwendgen (III) gelten §§ 683, 684. Über Anwendg des § 1978 III auf Grd § 419 II s BGH Betr **76**, 1278, Celle OLGZ **78**, 199.

3) Nach der Annahme der Erbschaft wird er, auch wenn er zu Unrecht untätig blieb, wie ein „Verwalter fremden Gutes" (Beauftragter der NachlGläub) behandelt (I 1). Wirtschaftlich zum Nachl gehörige Geschäfte (zB Bestellg einer Hyp am NachlGrdst) gelten angesichts der durch § 1975 bewirkten NachlAbsonderg als für Rechng des Nachl abgeschl, RG **134**, 259. Ob ein derartiges Gesch des Erben – bei entspr Willensrichtg – auch dingl Wirkg hat, der Gegenwert also unmittelb in den Nachl fällt, ob der Erbe nur schuldrechtl zur Übertr des Gegenwertes verpflichtet ist, ist bestr, s Erm-Barth-Schlüter Rdz 3; ersterer Ansicht ist mit Jäger-Weber KO 214 Rdz 26 beizupflichten, aM Brox § 34 III 1 b; wg der Berichtigg von NachlVerbindlichk vgl § 1979. Der **Erbe haftet** für ordngsmäß Verw u Erhaltg des Nachl u hat ihn nebst Nutzgen u ErsAnspr an den NachlVerw (KonkVerw, s KO 117) herauszugeben (§§ 667, 1984, RG Recht **09**, Nr 2127), sowie Rechensch abzulegen (§§ 666, §§ 259, 260. Für NachlPfleger, §§ 1960, 1961, TestVollstr, § 2219, u and gesetzl Vertreter sowie Erfüllgehilfen haftet er nach § 278, s auch § 664 I; für die beiden ersteren aber nur mit dem Nachl, Erm-Barth-Schlüter Rdz 4. Für verbrauchte od auf eig Rechng veräußerte NachlGgstände hat er Ersatz zu leisten. Was der Erbe auf eigene Rechng mit Mitteln der Erbsch erworben hat, gilt aber nicht (wie in §§ 2019 I, 2111) als für die Erbsch erlangt. Nur der ErsFdg (II) gehört zum Nachl.

4) Zum Nachl gehören diese nach I entstandenen Eigenverbindlichk (II), die trotz der Haftgsbeschrkg in das Eigenvermögen geltd gemacht w können, näml gegen den Erben (RG **89**, 408) od die Miterben als GesSchu schon vor AuseinanderS und, währd der Verwaltg od des Konk, nur durch den Verw, nicht durch die Gläub, Siber 48.

5) Aufwendgen des Erben aus ErbschGeschäften sind ihm aus dem Nachl zu ersetzen u im Konkurs Masseschuld, KO 224 Nr 1. Eine bes Vergütg steht ihm nicht zu, § 662. Um die schleunige Verfahrensabwicklg nicht aufzuhalten, ist dem Erben im Konk das ZurückbehaltgsR ausdrückl versagt, KO 223. Das gleiche wird trotz des § 273 II auch für die NachlVerwaltg zu gelten haben, wo der Erbe auf Befriedigg seines AufwendgsAnspr eher rechnen kann als im Konk und er durch die gerichtl Aufs hinreichd gesichert ist, str, vgl Staud-Lehmann Anm 23.

1979 Berichtigung von Nachlaßverbindlichkeiten.

Die Berichtigung einer Nachlaßverbindlichkeit durch den Erben müssen die Nachlaßgläubiger als für Rechnung des Nachlasses erfolgt gelten lassen, wenn der Erbe den Umständen nach annehmen durfte, daß der Nachlaß zur Berichtigung aller Nachlaßverbindlichkeiten ausreiche.

1) Allgemeines. Berichtigg von Eigenschulden aus eig Mitteln ist dem beschr haftenden Erben nicht versagt; nur Begleichg aus NachlMitteln ist er nach § 1978 ersatzpflichtig. Bei Berichtigg von NachlSchulden, die in beliebiger Reihenfolge geschehen kann, trifft § 1979 iVm § 1980 zum Schutze des Erben wie der NachlGläub bes Bestimmgen.

2) Ob guter Glaube des Erben (od des an seiner Stelle handelnden NachlPflegers od TestVollstr) gegeben ist, hängt von den Umst des Einzelfalles ab; ihn trifft eine Prüfgspflicht, er darf den Nachl nicht ohne weiteres für ausreichd halten; er muß zum mindesten Aktiva u Passiva in geeigneter Weise festgestellt, ev Inventar errichtet u aufgebd erwirkt haben; §§ 1993, 2009, 1980 II 2, 2061, Staud-Lehmann Anm 4–6. Beweist der Erbe, daß er den Nachl für zulässl halten durfte, so ist zu **unterscheiden: a)** Erfolgte die **Begleichg aus eigenen Mitteln,** so steht dem Erben in voller Höhe eine ErsFdg zu (§ 1978 III), soweit der Nachl reicht, und im Konk ein MasseschuldAnspr (KO 224 Nr 1), auch wenn der befriedigte Gläub durch Aufgebot ausgeschl war, Staud-Lehmann Anm 11. Hat der Erbe eine durch Hyp an einem NachlGrdst gesicherte Schuld des Erbl für Rechng des Nachl erfüllt, so steht ihm ein MasseschuldAnspr zu, die Hyp ist zur NachlKonkMasse gehörige EigtümerGrdsch (§§ 1163 I 2, 1177 I), Jaeger-Weber Rdz 9 zu KO 225. – **b)** Auch wenn die Berichtigg **aus NachlMitteln** erfolgte, müssen die NachlGläub dies „als für Rechng des Nachl erfolgt gelten lassen", den Erben trifft also bei Herausg des Nachl insow keine ErsPfl.

3) Bei Fahrlässigk kann Erbe im Falle zu 2a (Befriedigg aus eig Mitteln) bei NachlVerw nur die etwaige Bereicherg der NachlMasse beanspruchen (§ 1978 III mit § 684), im Konk aber die auf ihn übergegangene Fdg des Gläub an dessen Rangstelle (einschließl der etwa mithaftenden Hyp, RG **55**, 161) geltd machen (KO 225 II), damit die dem Befriedigten gleich- od nachstehenden Gläub sich nicht auf Kosten des Erben bereichern (Jaeger-Weber Rdz 5 zu KO 225); im Falle zu 2b (Befriedigg aus NachlMitteln) ist der Erbe nach § 1978 I, II ersatzpflichtig. Im Konk gilt KO 225 II für ihn nur dann, wenn er zunächst den zu Unrecht entnommenen Betrag der Masse zurückerstattet hat, Jaeger-Weber aaO.

Rechtl. Stellg d. Erben. 2. Titel: Haftung d. Erben f. d. Nachlaßverbindlichk. **§§ 1979–1981**

4) Voraussetzg ist hierbei immer, daß der Erbe nicht bereits allg unbeschränkb haftet (§ 2013 I 1, KO 225 II im Ggsatz zu § 2013 II, KO 225 III).

5) Anfechtung. Befriedigg eines NachlGläub unter Verletzg des § 1979 ist wirks, RG Warn **08** Nr 650, es kann aber Anfechtgsmöglichk ggü dem Befriedigten nach KO 30 ff, 222, AnfG 3, 3 a gegeben sein. Zur Anfechtg ist nur der Nachl- od KonkVerw berechtigt (KO 36; §§ 1984 I, 1985; AnfechtgsR gehört zum Nachl; aM RGRK Rdz 5), der einzelne Gläub kann es nur in den Fällen der §§ 1990, 1992 ausüben, Staud-Lehmann Anm 15. **Kein Rückgriff** des leer Ausgegangenen gg den Befriedigten.

1980 *Antrag auf Konkurseröffnung.* I Hat der Erbe von der Überschuldung des Nachlasses Kenntnis erlangt, so hat er unverzüglich die Eröffnung des Konkursverfahrens oder, sofern nach § 113 der Vergleichsordnung ein solcher Antrag zulässig ist, die Eröffnung des gerichtlichen Vergleichsverfahrens über den Nachlaß zu beantragen. Verletzt er diese Pflicht, so ist er den Gläubigern für den daraus entstehenden Schaden verantwortlich. Bei der Bemessung der Zulänglichkeit des Nachlasses bleiben die Verbindlichkeiten aus Vermächtnissen und Auflagen außer Betracht.

II Der Kenntnis der Überschuldung steht die auf Fahrlässigkeit beruhende Unkenntnis gleich. Als Fahrlässigkeit gilt es insbesondere, wenn der Erbe das Aufgebot der Nachlaßgläubiger nicht beantragt, obwohl er Grund hat, das Vorhandensein unbekannter Nachlaßverbindlichkeiten anzunehmen; das Aufgebot ist nicht erforderlich, wenn die Kosten des Verfahrens dem Bestande des Nachlasses gegenüber unverhältnismäßig groß sind.

1) Allgemeines. NachlVerw kann der Erbe beantragen, § 1981 I; Konk od VerglVerf **muß** er od der NachlVerw, § 1985 II 2 – bei Vermeidg der SchadErsPfl – nach § 1980 unverzügl (s § 121) beantragen, da Überschuldg des Nachl KonkGrd ist, KO 215. Von dieser AntrPfl kann ihn nur eine Vereinbg mit sämtl Gläub befreien, § 1975 Anm 2, Molitor, JhJ **69**, 294. Hins der Pflicht der **Eheg**, wenn der Nachl zum GesGut der GütGemsch gehört, vgl KO 218. Die Antr**Pflicht besteht nicht** bei allg unbeschränkter Haftg (§ 2013 I 1) u vor Ann der Erbsch, unbeschadet der AntrMöglichk (KO 216 I, 217); auch nicht ggü ausgeschlossenen Gläub, §§ 1973, 1974, vgl KO 219 I, od bei bloßer Überschuldg durch sie, od wenn Überschuldg nur auf Vermächtn u Auflagen beruht. Nach Anordng der NachlVerwaltg obliegt dem Verwalter die AntrPfl, § 1985 II; der Erbe bleibt antragsberechtigt, ist aber zB bei schuldh mangelhafter Unterrichtg des Verwalters verpflichtet, Erm-Barth-Schlüter Rdz 5. Über AntrR des TestVollstr s Haegele KTS **69**, 158, des NachlPflegers KG FamRZ **75**, 292 u dazu Jäger-Weber KO 217–220 Rdz 24 (keine AntrPfl). – Zur BeschwBerechtigg gg KonkEröffng s Ffm MDR **71**, 491.

2) Überschuldg liegt vor, wenn die NachlVerbindlichk ohne die letztw Schulden, **I** 3, KO 226, den Wert der NachlGgstände (vgl § 2001 I) übersteigen. Bei Zahlsunfähigk ohne Überschuldg ist NachlVerwaltg zunächst das Gegebene; Konk aber nicht die Folge. Bei Zahlseinstellg des Erben liegt regelm Kenntn der Überschuldg vor.

3) Fahrlässigk (II 2) liegt auch in Begleichg einer NachlVerbindlichk bei Nichtvorliegen der Voraussetzgen des § 1979, auch falls rechtskräftiges Urt vorlag. Selbst wenn Aufgebot wg zu großer Kosten nicht erforderl (vgl auch § 1965), kann Fahrlk od Kenntn vorliegen, da sich der Erbe dann durch Prüfg aller Unterlagen, ev durch Inv od Privataufgebot informieren muß, vgl RGRK Rdz 16–18.

4) ErsAnspr (§§ 249 ff) besteht gg den Erben (od die Erben als GesSchu, §§ 823 II 2, 840 I, 421 ff) und ist im Konk vom Verwalter geltd zu machen. Jedoch entfällt der Anspr, wenn alle bekannten NachlGläub den Erben (oder NachlVerw) von der AntrPfl entbinden, Jaeger-Weber Rdz 21 zu KO 217–220. NachlPfleger u TestVollstr trifft aus § 1980 keine Verantwortlichk, wohl aber ggü dem Erben (§§ 1915, 1833, 2216, 2219), Staud-Lehmann Anm 14, dessen Haftg seinerseits dann seltener in Frage kommen wird, Jaeger-Weber Rdz 24 zu KO 217–220, s auch Haegele aaO.

1981 *Anordnung der Nachlaßverwaltung.* I Die Nachlaßverwaltung ist von dem Nachlaßgericht anzuordnen, wenn der Erbe die Anordnung beantragt.

II Auf Antrag eines Nachlaßgläubigers ist die Nachlaßverwaltung anzuordnen, wenn Grund zu der Annahme besteht, daß die Befriedigung der Nachlaßgläubiger aus dem Nachlasse durch das Verhalten oder die Vermögenslage des Erben gefährdet wird. Der Antrag kann nicht mehr gestellt werden, wenn seit der Annahme der Erbschaft zwei Jahre verstrichen sind.

III Die Vorschriften des § 1785 finden keine Anwendung.

1) Allgemeines. Die NachlVerw, § 1975 Anm 2, wird im Ggsatz zur gewöhnl NachlPflegsch, § 1960, aber entspr dem NachlKonk, KO 217 ff, **nur auf Antrag** angeordnet. Anordng u Aufhebg sind Rechtspflegergeschäfte, §§ 3 Nr 2c, 16 I Nr 1 RPflG v 5. 11. 69. Mitteilg an FinA nach § 12 ErbStDVO idF v 19. 1. 62, BGBl 22, s auch Art 9 ErbStRG. Die AO w nach FGG 16 I od II (III) mit der Bek an den (die) Erben wirks; ist für unbekannte Erben ein NachlPfleger bestellt, so muß auch ihm die AO bek gemacht w, BayObLG **66**, 75/76; **76**, 167. Ist sie zu Unrecht vAw od auf Antr eines NichtBerecht (zB des allg unbeschränkb haftden Erben, § 2013 I S 1, eines ErbenGläub, nur eines Miterben § 2062 s, LG Aachen, NJW **60**, 46, trotz mangelnder internat Zustdgk, BayObLG **76**, 151/154) angeordnet, so ist sie auf Antr, einfache Beschw (FGG 76 setzt Anordng auf Antr eines Berechtigten voraus) oder vAw **aufzuheben,** wenn nicht ein AntrBerechtigter noch den Antr stellt und (vgl **II** 2) stellen kann. Sie kann aber nicht vAw aufgeh werden, wenn sie von NachlGläub beantragt war, FGG 18 II, 76 II, LG Mannh MDR **60**, 505. – Keine Gläub-

§§ 1981–1983 5. Buch. 2. Abschnitt. *Keidel*

Anf (AnfG 3 I Nr 1) des Antrags des Erben auf Anordg der NachlVerwaltg, da im GläubInteresse, RG LZ **07**, 841. – Gebühren: KostO 106, Für die Kosten haften nur die Erben, u zwar wie für NachlVerbindlichkeiten, KostO 6.

2) Antrag des Erben. a) Das **Antragsrecht** (Miterben gemschaftl und nur vor Teilg, § 2062) ist zeitl unbegrenzt, auch vor ErbschAnn (im Antr liegt idR keine Ann, § 1943 Anm 2), bstr, zul, aber nicht mehr, wenn NachlKonk eröffnet, § 1988 I, wohl aber, wenn Konk über Eigenvermögen eröffnet, LG Aachen aaO. Den Antr kann auch ein verwaltender TestVollstr (vgl die Parallele in KO 217 I) und der ErbschKäufer stellen, § 2383, s RGRK Rdz 5, auch der NachE § 2144, nicht jedoch der NachlPfleger der §§ 1960/61, da er für die HaftgsBeschrkg und GläubBefriedigg nicht zu sorgen hat, BayObLG **76**, 167/172, str. Wenn der Nachl zum GesGut der GütGemsch gehört, so gilt für das AntrR der Ehegatten der § 218 KO nF entspr. – **b) Verfahren.** Der antragstellende Erbe muß sich durch den Erbschein od letztw Vfg ausweisen. Antr nach Zustellg der Anordng nicht zurücknehmb, KG JFG **22**, 66, dazu Fahrenkamp NJW **75**, 163f. Keine weitere Prüfg. Ein RSchutzBedürfn muß aber gegeben sein, s Notariat Mannh BWNotZ **75**, 27. NachlÜberschuldg nicht Voraussetzg; dient Abwehr der Vollstreckg in Eigengut; uU auch der KonkAbwendg, § 1975 Anm 2.

3) Antrag des NachlGläub. Jeder NachlGläub (auch wenn er zugleich MitE ist, ferner der nach § 1973, 1974 Ausgeschlossene, VermNehmer, anders KO 219, PflichttBerecht) kann, auch bei allg unbeschränkbarer Erbenhaftg (§ 2013 I), innerh der zweijährigen Ausschlußfrist seit Ann der Erbsch (dch den Erben oder Nacherben, § 2144) Antr stellen, wenn er seine Fdg und deren Gefährdg glaubh macht, ggf unter Angabe v BewMitteln, BayObLG JZ **54**, 234, KG OLGZ **77**, 309/312. Die Befristg (ebso KO 220) erklärt sich aus der mit dem Zeitablauf immer schwieriger werdenden Trenng des Eigenvermögens vom Nachl. Auch der PflichttBerechtigte ist NachlGläub, §§ 2303, 2304, ebso der ErbErsBer, §§ 1934a, 1934b.

4) Voraussetzgen bei Antrag des NachlGläub. Die Befriedigg der NachlGläub muß gefährdet sein durch das Verhalten (NachlVerschleuderg od -Verwahrlosg) od die schlechte Vermögenslage des (od der) Erben, BayObLG **32**, 336, od eines der MitE, BayObLG **66**, 75, nicht des Nachl (KG HRR **30** Nr 1109). Die sich aus der NachlAbwicklg ergebende Beeinträchtigg der einzelnen Gläub reicht nicht aus, Mü JFG **15**, 268, KG DFG **41**, 25; aM RGRK Rdz 16. Bei TestVollstrg entscheidet das Verhalten des Vollstreckers, wenn den Erben ein Versch trifft, str, s Staud-Lehmann Anm 13. Die Gefährdg kann (ebso wie bei § 1986 II) durch SicherhLeistg (nicht bloßes Erbieten dazu) beseitigt werden, OLG **12**, 357.

5) NachlVerwalter. Nach III besteht im Ggsatz zu dem an sich auch auf Pflegschaften anwendbaren § 1785 (§ 1915) eine Verpflichtg zur Übern des Verwalteramtes (ebso wie für den Konk, Jaeger-Weber Anm 8 zu KO 78) nicht. Der Verwalter wird vom NachlG ausgewählt u erhält eine Bestallg, § 1791. Der Erbe kann nicht NachlVerw sein, wohl aber der TestVollstr.

6) Beschwerde gg die **Anordng** auf Antr des Erben, **I**, ist abgesehen von den in Anm 1 aufgeführten Fällen unzul; gg Anordng auf Antr eines NachlGläub, **II**, sofortige Beschw der Erben, jedes einzelnen MitE u des verwaltenden TestVollstr, FGG 76 II. Dieses Rechtsmittel kann aber mit Erfolg nur darauf gestützt w, daß zZ der AO die für sie bestehden Voraussetzgen nicht gegeben waren. Ereignisse die erst nach der AO eingetreten sind, können nicht mit Erfolg zur Anfechtg verwendet w, BayObLG **66**, 5, KG RJA **9**, 9, bestr. Gg **Ablehnung** einf Beschw des AntrStellers, bei mehreren Erben nur gemschaftl; wohl aber Beschw jedes MitE bei Ablehng der Aufhebg wg Erreichg des Zwecks, Ffm JZ **53**, 53, Hamm JMBl NRW **55**, 230. Gg **Aufhebg** hat der AntrSt und der rechtl Interessierte das BeschwR; nicht der NachlVerw, RG **151**, 62, mangels rechtl Interesses (FGG 57 I Nr 1, 3); anders bei seiner **Entlassg** wider Willen KGJ **40**, 42. – Zur **Erinnerg** gg Entscheidgn des Rechtspflegers s RPflG 11.

1982 *Ablehnung der Nachlaßverwaltung mangels Masse.* **Die Anordnung der Nachlaßverwaltung kann abgelehnt werden, wenn eine den Kosten entsprechende Masse nicht vorhanden ist.**

1) Kosten der NachlVerw sind die dadurch entstehenden Gebühren u Auslagen, §§ 1983, 1987; KostO 106, 136 ff. Die notf durch einen Sachverst zu schätzende Masse, zu der auch die ErsAnspr gg den Erben nach §§ 1978 ff gehören, entspricht den Kosten nicht, wenn sie diese nicht deckt (s auch KO 107). Ein ganz geringfügiger Überschuß kann außer Betr bleiben, ebso Staud-Lehmann Anm 2, auch KG OLG **11**, 227, aM Jaeger-Weber Anm 1 zu KO 107; der Erbe kann aber nach § 1990 verfahren. Andererseits kann (wie bei KO 204 S 2) bei ausreichendem Vorschuß die Ablehng od Aufhebg (§ 1988 II) unterbleiben. Unzulänglichk gibt dem Erben die DürftigkEinr, §§ 1990–1992.

1983 *Öffentliche Bekanntmachung.* **Das Nachlaßgericht hat die Anordnung der Nachlaßverwaltung durch das für seine Bekanntmachungen bestimmte Blatt zu veröffentlichen.**

1) Bekanntmachg (in die zweckm auch Name u Anschrift des Verwalters aufzunehmen, über das hierzu bestimmte Blatt s zB Bek v 12. 4. 50, Bay BSVJu II 129) ist keine Voraussetzg für die **Wirksamk der Verfahrensanordng**. Diese wird bereits wirks mit der Zustellg (FGG 16, 76) des Anordngsbeschlusses an den (oder die) Erben od TestVollstr, BayObLG **66**, 75. Die Anordng ergeht zweckm durch Beschl. Der Gebr bestimmter Worte ist nicht vorgeschrieben. Die **Eintragg** der VfgsBeschrkg des Erben (§ 1984) bei NachlGrdst ins Grdbuch hat der Verwalter zu bewirken. Das NachlG ist mangels „gesetzl Vorschr" (GBO 38) zu einem Eintraggsersuchen (anders KO 113, 114) nicht befugt, bestr, s RGRK Rdz 3. Wurde aber seinem Ersuchen stattgegeben, so ist GB nicht unrichtig (GBO 53). Auch kann NachlG den Verwalter zur Herbeiführg der Eintr anhalten, §§ 1915, 1837. Die öff Bekanntmachg ist im Rahmen des § 1984 I 2 (vgl Anm 2 dort) von Bedeutg.

1730

1984 *Wirkung der Anordnung.* I Mit der Anordnung der Nachlaßverwaltung verliert der Erbe die Befugnis, den Nachlaß zu verwalten und über ihn zu verfügen. Die Vorschriften der §§ 7 und 8 der Konkursordnung finden entsprechende Anwendung. Ein Anspruch, der sich gegen den Nachlaß richtet, kann nur gegen den Nachlaßverwalter geltend gemacht werden.

II Zwangsvollstreckungen und Arreste in den Nachlaß zugunsten eines Gläubigers, der nicht Nachlaßgläubiger ist, sind ausgeschlossen.

1) Allgemeines. Infolge der NachlAbsonderg zum Zwecke der Befriedigg der NachlGläub (§ 1975) verliert der Erbe mit der Anordng der NachlVerw (über deren Wirksamwerdn vgl Anm zu § 1983) über den Nachl die Verwaltgs- u Vfgsbefugnis und im Prozeß die Aktiv- u Passivlegitimation zG des Nachl-Verw. Der Miterbe kann aber noch nach § 2033 über seinen Anteil am Nachl verfügen, da dies die Stellg des Verwalters u die Rechte der Gläub unberührt läßt. – Der enge Zushang der NachlVerw mit dem Nachl-Konk zeigt sich aus der Anführg der KO 7, 8; s § 1980 Anm 1.

2) Die Verfüggsbeschränkg des Erben (od TestVollstr, RG LZ **19**, 875, § 2205 Anm 1 d) tritt kr G unmittelb u sofort ein, RG **130**, 193. RHandlgen des Erben nach Anordng der NachlVerwaltg sind den NachlGläub ggü unwirks; die Unwirksamk kann im Rahmen der Zweckbestimmg – Erhaltg des Nachl zur geschäftl Befriedigg der Gläub – von jedermann geltend gemacht w, Staud-Lehmann, Anm 6, BGH **46**, 229. Vollmacht des Erbl über den Tod hinaus erlischt. Da der Erbe die Vfgsbefugnis „verliert", sind **Grundbuchanträge** des Erben, die nach der Anordng eingehen, mag die Bewilligg auch vor der Anordng erkl sein, zurückzuweisen, sofern es sich nicht ledigl um eine Berichtigg handelt. – **a)** Gemäß den hier anwendbaren §§ 892, 893 (KO 7 I) ist aber **gutgläub Erwerb** dingl Rechte mögl, wenn die NachlVerwaltg nicht eingetr (vgl Anm zu § 1983) u dem Erwerber nicht bekannt war (§ 892 I 2); bei bewegl Sachen (§§ 135 II, 932–936, 1032, 1207) schließt **§ 7 KO** gutgl Erwerb aus, außer wenn dem Erwerber die Zugehörigk zum Nachl ohne grobe Fahrlk unbekannt war, Staud-Lehmann Anm 7. Wer von demjenigen, der einen NachlGgst vom Erben erworben hatte, Zweiterwerber, gutgl erwirbt, wird aber durch das Vfgsverbot nicht berührt, RG JW **16**, 397, Erm-Barth-Schlüter Rdz 3. § 935 gilt aber, wenn die Sachen dem Nachl-Verw nach Inbesitznahme abhanden gekommen sind, RGRK Rdz 12. – **b)** Nach **KO 7 I** ist das für die unwirksame Vfg Geleistete nach der Bereicherg der Masse zurückzugewähren; **KO 7 III** von Bedeutg, wenn die Vfg am Tage der Zustellg des Anordngsbeschlusses (vgl Anm zu § 1983) erfolgt war. Gem **KO 8** hat die auf eine NachlFdg an den Erben nach Anordng gemachte Leistg insow befreiende Wirkg, als das Geleistete in den Nachl gelangt ist, auch wenn dieser nicht mehr bereichert ist, Staud-Lehmann Anm 10. Ferner ist der Leistende auch befreit, wenn er von der Anordng keine Kenntn hat. Die **Beweislast** ist verschieden, je nachdem die Leistg vor od nach der öff Bekanntmachg (§ 1983) erfolgt war, KO 8 II, III.

3) Die Prozeßführgsbefugnis steht dem Verwalter zu (I 3). – **a)** Nur **NachlVerwalter** kann klagen, verklagt werden u unterbrochene Prozesse aufnehmen, ZPO 239, 241 II, 246, ebso im FinanzGProz (zw Erben u NachlVerw keine notwend Streitgenossensch), BFH NJW **77**, 1472. Bei allg unbeschränkbarer Haftg (§ 2013 I 1) tritt Unterbrechg durch (auf Antr von NachlGläub angeordnete) NachlVerw nur ein, wenn sich der Titel gg den Nachl richtet (OLG **18**, 411). Gläub kann in diesem Falle einen Anspr in das Eigenvermögen weiterverfolgen. Der NachlVerw ist Partei kr Amtes (RG **135**, 307, vgl § 1985 Anm 1), also auch zPO 114 III. Eine gg den Erben gerichtete Klage des Erben- od NachlGläub auf Befriedigg aus dem Nachl ist ohne weiteres abzuweisen, ebso eine Klage des Erben, mit der er NachlFdgen geltd macht. – **b)** Der **Erbe** kann aber eine NachlFdg einklagen, wenn er vom NachlVerwalter zur ProzFührg ermächtigt ist oder ein eigenes schutzwürd Interesse an der ProzFührg im eig Namen hat, BGH **38**, 281 mit Anm v Nirk NJW **63**, 297, Johannsen LM Nr 1, dazu auch Böttcher JZ **63**, 582.

4) Vollstreckgshandlgen der **EigenGläub** des Erben in den Nachl, die **vor** Anordng erfolgt sind, können nach Verwaltgsanordng auf Abwehrklage des NachlVerw gem ZPO 784 II, 785 beseitigt werden, RGRK Rdz 22, u zwar auch dann, wenn der Erbe sein HaftgsbeschrkgsR verwirkt hatte. Das gleiche Recht hat der noch nicht unbeschränkbar haftende Erbe ggü Vollstreckungsmaßregeln zG der **NachlGläub** in sein **Eigenvermögen** (ZPO 781, 784 I), sofern ihm die Haftgsbeschrkg vorbehalten war, ZPO 780. Nach Anordng der NachlVerw sind ZwVollstreckgen u Arreste zG von EigenGläub in den Nachl „ausgeschlossen", vgl auch KO 14, 221. Der Verwalter kann aber auch in diesem Falle nicht Erinnerg nach ZPO 766, sond muß Gegenklage nach ZPO 784 II erheben, RG LZ **07**, 840. Die EigenGläub können aber den Anspr des Erben gg den Verw auf Herausg des künftigen Überschusses pfänden, § 1986, ZPO 829, 844, Erm-Bartholomeyczik Rdz 5. Die **NachlGläub** können dagg **in den Nachl** vollstrecken, ohne Umschreibg der Klausel gg den Verwalter, mag das Urt gg den Erbl (ZPO 727) od gg den Erben ergangen sein, hM, Staud-Lehmann Anm 18, aM Baumb-Lauterbach § 727 Anm 1 A.

1985 *Pflichten und Haftung des Nachlaßverwalters.* I Der Nachlaßverwalter hat den Nachlaß zu verwalten und die Nachlaßverbindlichkeiten aus dem Nachlasse zu berichtigen.

II Der Nachlaßverwalter ist für die Verwaltung des Nachlasses auch den Nachlaßgläubigern verantwortlich. Die Vorschriften des § 1978 Abs. 2 und der §§ 1979, 1980 finden entsprechende Anwendung.

1) Allgemeines. a) Rechtsnatur des Amts. Der NachlVerw führt ein Amt (§ 1987) zur Verw fremden Vermögens (RG **135**, 307) u zwecks Wahrnehmg der Belange aller Beteiligten (Erben u Gläubiger); er ist, wie der KonkVerw, amtl **Organ** u nicht gesetzl Vertreter des Erben (KG JFG **23**, 236), der Gläub

§§ 1985, 1986 5. Buch. 2. Abschnitt. *Keidel*

od gar des Nachl, vgl auch RG **151**, 62; denn er kann sowohl gg den Erben (§ 1978 II) wie gg die Gläub vorgehen. Dem Nachl aber als einem Vermögensinbegriff kommt RPersönlichk nicht zu, wenn der Verwalter auch für dessen Rechng handelt (**II** 2, § 1979). Immerhin ist die Frage, ob der NachlVerw Amtsträger od Vertreter ist, lebh umstritten, BayObLG **76**, 167/171 (Amtsträger), s hierzu Erm-Barth-Schlüter § 1975 Rdz 3. Er kann, soweit NachlVermögen in Betr kommt, nicht als Berechtigter ins Grdbuch eingetragen werden, da er nicht RechtsInh des Nachl ist, BGH DNotZ **61**, 485. – **b) Rechtsstellg.** Nach § 1915 untersteht er mittelb dem VormschRecht (nach § 1789 zu verpflichten; s aber § 1981 III, 1987) u damit der Aufsicht des NachlGerichts (§§ 1962, 1837, 1886), dessen Gen er in den Fällen der §§ 1821, 1822, 1828–1831, bedarf, auch wenn die Erben nicht minderjährig sind. Die Gen ist zB dann zu versagen, wenn der Verwalter, anstatt Konk zu beantragen, eine genehmiggspflichtige Vfg treffen will, KGJ **34** A 90. Ob auch §§ 1812, 1813, u hierzu § 1825, Anwendg finden, ist bestr, bej Haegele aaO (Schriftt zu § 1975) S 41, aM Lange-Kuchinke § 51 II 4 f; die Stellg des NachlVerw u die daraus sich ergebden prakt Erwäggn sprechen für letztere Auffassg. Das NachlG hat auch die nach § 1841 mit § 1915 zu legende Rechnung zu zu prüfen. § 1843; es kann ihn zB zur Rückzahlg v Auslagen anhalten, LG Bln Rpfleger **76**, 98. Bei Verzicht der NachlGläub u MitE auf NachlPrüfg darf das NachlG keine anordnen, ferm NJW **63**, 2278. Bestellg eines GgVerwalters nach § 1792 ist mögl, KG DJZ **28**, 388. Auch der Zwangsverwalter eines NachlGrdst kann NachlVerw sein, da nicht stets ein Interessenwiderstreit zu besorgen, KG JFG **18**, 331. Das VerwR eines **TestVollstreckers** ruht währd der Dauer der NachlVerw, s Einf 2 vor § 2197.

2) **Hauptaufgabe des Verwalters** und **Zweck der Verwaltg** ist die Berichtigg der „NachlVerbindlichk aus dem Nachl". – **a) Inbesitznahme** des Nachl. Der Verw hat den Nachl in Besitz zu nehmen (Umkehrschluß aus § 1986 I), dh der Erbe hat ihm den Nachl herauszugeben. Bei Weigerg des Erben kann aber nicht auf Anrufg des Verwalters durch das NachlG ein GVz beauftragt werden, auch wenn die Ggstände unstreitig zum Nachl gehören, KG NJW **58**, 2071. Verwalter ist also auf HerausgKlage (s RG Recht **09** Nr 2127) angewiesen, denn der AnordngsBeschl bildet keinen Titel iS ZPO 794 I Nr 3, aM Staud-Lehmann Anm 3. Über weitergehde Befugnisse des KonkGerichts vgl KO 101 II; Jaeger-Weber Anm 13 zu KO 117. – **b) Weitere Aufgaben.** Der Erbe hat nach § 260 dem Verw ein **NachlVerzeichn** vorzulegen, der Verwalter nach § 1802 dem Gericht. Eine InvFrist kann ihm nicht bestimmt werden, aber AuskPfl (§ 2012). Auf die Beschränkg der Haftg des Erben kann er nicht verzichten, § 2012. Bei der Verw u der Berichtigg von NachlVerbindlichk ist er an Wünsche u Weisungen der Erben od Gläub nicht gebunden, diese können jedoch NachlG gg PflWidrigk anrufen, RG **72**, 263. Zwecks Berichtigg muß Verw die **NachlGläub ermitteln,** notf durch Aufgebot, §§ 1970 ff, KG OLGZ **77**, 309/310. Die Versilberg steht in seinem pflichtmäßigen Ermessen. Rein persönl GesellschRechte, die dem Erben zustehen, kann er nicht ausüben, also nicht das Ausscheiden des Erben aus einer Gesellsch vereinbaren, KG JFG **23**, 236. Bei der **Befriedigg von NachlFdgen** ist er an § 1979 gebunden, Erm-Barth-Schlüter Rdz 2. Bei Kenntn der Überschuldg hat er Konk od VerglVerf zu beantragen, § 1980. Eine Verteilg des Nachl od Erbauseinandersetzg gehört **nicht** zu seinen Aufgaben, KGJ **49**, 85, BayObLG **25**, 454, auch gerichtl NachlAuseinandersetzg, FGG 86, ist ausgeschl, KG RJA **15**, 279. Dagg kann er mit gerichtl Gen bei ausreichder Masse dem Erben notdürft Unterh gewähren, wie dies ja sogar im NachlKonk, also bei Überschuldg, mögl ist, Jaeger-Weber Anm 2 zu KO 129. Er kann auch eine vom Erbl erteilte GeneralVollm widerrufen, KG NJW **71**, 566. – **c) Beschränkgen.** Von den Befugnissen des NachlVerw werden aber nicht die persönl Rechtsbeziehgen des Erbl erfaßt, in die der Erbe mit dem Erbf eingerückt ist; er ist also nicht befugt, persönl MitgliedschRechte eines **Gesellschafter Erben** geltend zu machen, od die Feststellg zu begehren, daß der GesellschVertr nichtig od wirks angefochten ist; nur die rein vermögensrechtl Ansprüche auf Gewinn u der Anspr auf das Abfindungsguthaben unterliegen seiner Verwaltg, BGH **47**, 293, dazu Anm v Großfeld, Rohlff JZ **67**, 705, s auch Westermann AcP **173**, 39 ff. MitgliedschRechte bei einer Kapitalgesellsch kann der NachlVerw ohne Rücks auf den Inhalt der Satzg wahrnehmen, s Wiedemann, Die Übertragg u Vererbg von MitgliedschRechten bei Handelsgesellsch, § 13 III 2; s auch § 1976 Anm 1.

3) **Verantwortlichk.** Auf Grd der durch die Bestellg vom dem Verwalter und den Erben geschaffenen RBeziehg, RG **150**, 190, haftet der Verwalter dem Erben für Versch, §§ 1915, 1833, auch §§ 1834, 1839–1841, 1844, dazu BGH FamRZ **75**, 576 (Anwendg des § 242 ggü Haftbarmachg dch Erben). Doch ist er „für die Verwaltg des Nachl auch den NachlGläub verantwortlich" (**II** 1). Der § 1978 gilt hier entspr. Die ErsFdg gehört zum Nachl. Bei Aufgebot kann sich der Verwalter auf § 1973 berufen (RG **61**, 221). Bei mangelnder Masse od Erschöpfg des Nachl (KG HRR **35** Nr 1022) hat er Aufhebg nach § 1988 II zu beantragen; die §§ 1990, 1991 sind nicht entspr anwendb, RGRK Rdz 17, wohl aber § 1992, Jaeger-Weber Rdz 14 zu KO 217–220, aM RGRK Rdz 17. Bei Überschuldg durch ausgeschlossene Fdgen besteht keine KonkAntrPfl, Siber 70.

4) **Haftg des NachlRichters** (Rechtspflegers): § 839, RG **88**, 263, GG 34.

1986 *Herausgabe des Nachlasses.* **I** Der Nachlaßverwalter darf den Nachlaß dem Erben erst ausantworten, wenn die bekannten Nachlaßverbindlichkeiten berichtigt sind.

II Ist die Berichtigung einer Verbindlichkeit zur Zeit nicht ausführbar oder ist eine Verbindlichkeit streitig, so darf die Ausantwortung des Nachlasses nur erfolgen, wenn dem Gläubiger Sicherheit geleistet wird. Für eine bedingte Forderung ist Sicherheitsleistung nicht erforderlich, wenn die Möglichkeit des Eintritts der Bedingung eine so entfernte ist, daß die Forderung einen gegenwärtigen Vermögenswert nicht hat.

1) **Allgemeines.** Mit der Berichtigg der bekannten NachlVerbindlichk od Erschöpfg des Nachl (KG HRR **35** Nr 1022) entfällt der Anlaß der NachlVerwaltg. Sie ist dann aufzuheben (§ 1919). Den etwaigen

NachlRest hat der Verw an den Erben, bei Mehrh an alle, hinauszugeben, s KG NJW **71**, 566, dort auch über Pfl zur Herausg an einen neubestellten NachlVerw. Gegen unbekannte NachlGläub hat sich der Verwalter durch Aufgebot, §§ 1970ff, zu sichern. Die Haftgsbeschränkg der NachlVerwaltg bleibt bei ordngsgem durchgeführtem Verf bestehen; der Erbe kann also entspr § 1990 I den Gläub auf den etwa erhaltenen NachlRest verweisen, BGH NJW **54**, 635, **LM** Nr 1 zu § 1975, str, s § 1975 Anm 1. Doch kann noch InvFrist bestimmt u dadch uU unbeschränkte Haftg herbeigeführt werden.

2) Sicherheitsleistg (II) nach §§ 232 ff. Streitig ist die NachlVerbindlichk, wenn der NachlVerw sie bestreitet; die Ansicht des Erben ist unerhebl, Ffm JZ **53**, 53. Eine Fdg ohne Vermögenswert (**II 2**, s ZPO 916 II) ist aber zB nicht der Anspr einer Leibesfrucht, § 1615 o, od der Anspr der Mutter aus § 1963.

1987 *Vergütung des Nachlaßverwalters.* **Der Nachlaßverwalter kann für die Führung seines Amtes eine angemessene Vergütung verlangen.**

Schrifttum: Schumann-Geißinger, BRAGebO², 1972, § 1 Anh V; Möhring, Vermögensverwaltg in Vormundschafts- u NachlSachen, 5. Aufl 1963, S 355.

1) Vergütg. Entgg dem gewöhnl NachlPfleger, hat der NachlVerw Anspr auf Vergütg. Die **Höhe** der vom NachlG – RPfleger, §§ 3 Nr 2c, 16 I Nr 1 RPflG – festzusetzenden Vergütg (vgl auch § 2221, KO 85) richtet sich nach der NachlMasse, dem Umfang u der Bedeutg der Verwaltergeschäfte, der Dauer der Verwaltg, dem Maß der Verantwortg des Verw, RG JFG **13**, 4, Hamm Rpfleger **66**, 180, BayObLG **72**, 156. Hierbei ist vom AktivNachl ohne Abzug der Verbindlichk auszugehen; daneben kann auch der ReinNachl berücksichtigt werden, BayObLG **53**, 50. Die ihm als KonkVerw zugebilligte Vergütg ist außer Betr zu lassen (Mü DFG **36**, 215); dessen Vergütgssätze gelten hier nicht, KG JFG **17**, 206, sie können aber einen gewissen Anhalt bieten, BayObLG **72**, 156, ebsowenig die Gebührensätze eines Berufsverbands, dem der Verw angehört, BayObLG **53**, 50, Hamm aaO; auch sind grdsätzl keine feststehenden Hundertsätze des Vermögens als Maßstab heranzuziehen, KG OLG **18**, 297. Eine vorangegangene gesond Vergütg für eine Tätigk d NachlVerw als NachlPfleger kann bei der Bemessg mindernd berücksicht w. Wird der Verwalter überh nicht tätig, od wg grober Pflichtwidrigk entlassen, § 1886, so ist überh keine „Vergütung angemessen". BeschwR nach § 20 FGG, KG JFG **20**, 90. Einwendgen gg den Anspr auf Vergütg sind notf im Prozeßwege geltd zu machen, BayObLG HRR **28** Nr 2279; dies gilt auch vom GebührenAnspr nach der BRAGebO bei rein anwaltl Tätigk, KG JFG **3**, 73. Im Konk ist der Anspr Masseschuld (KO 224 Nr 4, 6). Die Änderg einer nach Aufhebg u Abwicklg des Verfahrens formell rechtskräftigen die Vergütg festsetzenden Entscheidg kann nicht mehr verlangt werden, KG JFG **14**, 42.

2) Über Ersatz von **Aufwendgen**, §§ 1915, 1835, entsch ausschließl das ProzeßG, BayObLG **53**, 50; daher auch unzuläss Festsetzg einer Pauschalvergütg (Vergütg zuzügl etwaiger Aufwendgen) dch das NachlG, LG Bln MDR **67**, 128.

1988 *Ende der Nachlaßverwaltung.* ¹ **Die Nachlaßverwaltung endigt mit der Eröffnung des Nachlaßkonkurses.**

II Die Nachlaßverwaltung kann aufgehoben werden, wenn sich ergibt, daß eine den Kosten entsprechende Masse nicht vorhanden ist.

1) Beendigung : a) Sie tritt mit Eröffng des **NachlKonk** ohne bes Aufhebg kr G ein, **I**. VerglVerf hat dagg nicht die gleiche Wirkg, hM, aM Bley VerglO Anm 6 zu § 113. An der Haftg des Erben ändert sich nichts. Die NachlVerw wird in NachlKonkVerw übergeleitet; NachlPflegsch endet nicht, KGJ **38** A 117. Die Verw- und Vfgsbefugnis des Verwalters geht über den KonkVerw über, dem der NachlVerw, falls er nicht selbst zum KonkVerw ernannt wird, den Nachl herauszugeben hat. KO 7, 8 nicht anwendb, da NachlVerw nicht gesetzl Vertreter, Anm 1 zu § 1985. – **b) Aufhebg dch NachlGericht.** Im übrigen endet die Verw durch die Berichtigg aller bekannten NachlVerbindlichk, §§ 1986, 1919, BayObLG **76**, 167/173, muß aber dann vor Gericht formell aufgeh werden; ebso beim Eintritt der Nacherbfolge, da die Haftg des NachE nes beschränkt werden muß, RGRK Rdz 5, sowie, wenn der Erbe, auf dessen Antr die NachlVerw angeordnet wurde, nachträgl rechtswirks die Erbsch ausschlägt, KG RJA **7**, 102. Vorher können die Beteiligten (Erben, NachlGläub) durch AntrRückn od Aufhebgsanträge die Aufhebg des Verfahrens nicht erzwingen (KGJ **42**, 94) es sei denn, daß der Antr vor Anordng zurückgenommen wurde, vgl KostO 106 III. Vor Befriedigg der NachlGläubiger kann bei Einverständn aller Gläubiger u Erben – zB inf Einigg über die Befriedigg – die NachlVerwaltg aufgeh werden, s BayObLG aaO. Der Erbe kann allerd wg Erreich des Zwecks die Aufhebg beantragen u **gegen Ablehng** die **Beschwerde** einlegen; bei Mehrh von Erben steht jede die BeschwR jedem zu, Ffm JZ **53**, 53; Hamm JMBl NRW **55**, 230, vgl Mü JFG **14**, 61. Der AufhebgsBeschl (auch im Falle des **II**) nach FGG 16 wie der AnordngsBeschl zuzustellen. Mit der Zust endet das Amt des NachlVerw; hebt das BeschwG die aufhebde Entscheidg des NachlG auf u ordnt es erneut NachlVerw an, so ist der NachlVerw neu auszuwählen u zu verpflichten (§§ 1791 mit 1915). Tod des Erben als solcher ist kein AufhebgsGrd.

2) Aufhebg mangels Masse (vgl auch KO 204), dch NachlG, sollte mit Rücks auf § 1982 nicht vorkommen. Gibt dem Erben die Einr aus § 1990. Beschwerde Anm 6 zu § 1981.

3) Rechtsfolgen der Aufhebg. Aufhebg nach § 1919 (vgl auch Anm 1) verpflichtet den Verwalter zur Schlußrechng (§ 1890) u Herausg des Nachl an den Erben; doch hat er wg seiner Aufwendgen ein ZurückbehaltsR, § 273. Löschg im GB auf Antr des Erben.

1989 *Erschöpfungseinrede des Erben.* **Ist der Nachlaßkonkurs durch Verteilung der Masse oder durch Zwangsvergleich beendigt, so finden auf die Haftung des Erben die Vorschriften des § 1973 entsprechende Anwendung.**

1) Bedeutung. Die mit der KonkEröffg eingetretene Haftgbeschrkg bleibt grdsätzl auch nach Aufhebg des Verf bestehen, § 1975 Anm 1. § 1989 enthält noch eine weitergehende Beschrkg für den Fall der Verteilg der Masse, KO 161, 163, 166 u des Zwangsvergleichs, KO 190, 193, 230. Die Vorschr gilt auch für den im VerglVerf abgeschl Vergl, VerglO 113 I Nr 4. In diesen Fällen haftet der Erbe den NachlGläub (ganz gleich, ob sie im Konk teilgenommen haben, vom ZwVergl betroffen sind od nicht) nicht mehr mit seinem Eigenvermögen; aus dem ZwVergl selbst kann sich aber seine persönl Haftg ergeben, Staud-Lehmann Anm 7. KO 164 I ist insow ausgeschaltet. Der Erbe haftet den NachlGläub nur so, als ob sie im AufgebotsVerf ausgeschl worden wären, § 1973. Die endgültig beschränkte Haftg kann auch durch InvSäumn nicht mehr in Frage gestellt werden (§ 2000 S 3; vgl auch § 2013 Anm 3; wg der Miterben vgl § 2060 Nr 3). Der § 1989 **gilt nicht** bei Verlust des BeschrkgsR vor KonkEröffg (§ 2013 I 1, s auch dort Anm 3), bei Einstellg mangels Masse (KO 204; hier kann sich der Erbe auf § 1990 berufen), bei Einstellg nach KO 202 (hier entscheiden die Vereinbargen mit den Gläub; soweit sie nicht hieran teilgenommen haben, haftet der Erbe wie vor KonkEröffg, s Kipp-Coing § 98 IV 4) u Aufhebg des EröffngsBeschl nach KO 116 (hier wird die Haftgbeschrkg rückw aufgeh). Bei Ablehng des NachlKonk mangels Masse KO 107, kann sich der Erbe nur auf § 1990 berufen, Lange-Kuchinke § 51 II 8c.

1990 *Einrede der Dürftigkeit des Nachlasses.* ᴵ **Ist die Anordnung der Nachlaßverwaltung oder die Eröffnung des Nachlaßkonkurses wegen Mangels einer den Kosten entsprechenden Masse nicht tunlich oder wird aus diesem Grunde die Nachlaßverwaltung aufgehoben oder das Konkursverfahren eingestellt, so kann der Erbe die Befriedigung eines Nachlaßgläubigers insoweit verweigern, als der Nachlaß nicht ausreicht. Der Erbe ist in diesem Falle verpflichtet, den Nachlaß zum Zwecke der Befriedigung des Gläubigers im Wege der Zwangsvollstreckung herauszugeben.**

ᴵᴵ **Das Recht des Erben wird nicht dadurch ausgeschlossen, daß der Gläubiger nach dem Eintritte des Erbfalls im Wege der Zwangsvollstreckung oder der Arrestvollziehung ein Pfandrecht oder eine Hypothek oder im Wege der einstweiligen Verfügung eine Vormerkung erlangt hat.**

1) Allgemeines. a) Rechtsstellg des Erben. Lohnt sich die amtl Verw mangels Masse od Vorschusses nicht, §§ 1982, 1988 II, KO 107 I, 204, VerglO 17 Nr 6, 100 I Nr 1, so steht dem noch beschränkbar haftenden Erben, § 2013 I 1, des sonach dürftigen Nachl die Haftgbeschrkg auch ohne amtl Verw zu Gebote. Er ist dann gleichsam sein eigener Verwalter, ohne (Ausn § 1991 IV) unbedingt die konkursmäßige Reihenfolge bei GläubBefriedigg einhalten zu müssen, Prot 5, 801, s § 1991 Anm 3. Die Einrede führt nicht zu einer Trenng der VermMassen, wie bei NachlVerwaltg od-Konkurs, die Einrede gilt nur zw Erben u dem Befriedigg suchenden Gläub, s § 1991 II mit Anm 1. EigenGläub des Erben können in Nachl vollstrecken, s Brox § 40 II 1,4a; über entspr Anwendg des § 784 II ZPO s Anm 4. Vollstreckg der NachlGläub in das Eigenvermögen braucht der Erbe nur insow zu dulden, als NachlWerte in dieses gelangt sind od ErsFdgen aus § 1991 I gg ihn bestehen. Nur für Prozeßkosten, die nicht in der Pers des Erbl entstanden, haftet der Erbe unbeschränkt, RG HRR 30, 455, Köln NJW 52, 1145. Der NachlGläub kann zwar nicht gg eine PrivFdg des Erben, vgl BGH 35, 317, wohl aber gg eine NachlFdg (ungeachtet § 390 S 1) aufrechnen.

b) Erschöpfgseinrede. Die Einr, die wieder in die **der Dürftigk** und die **der Unzulänglichk** zerfällt (vgl Anm 2), ist dem Erben ggü allen Gläub (Ausn § 2013 II) gegeben – auch ggü dem auf Geld gerichteten PflichttErgänzgsAnspr, § 2325, BGH **LM** § 2325 Nr 2, ggü der RückFdg von Leistgen nach dem LAG, BVerwG NJW **63**, 1075 –, unbeschadet der AusschließgsEinr ggü den Gläub, §§ 1973, 1974. Auch nach Teilg, wenn Nachl schon bei Teilg unzuläng1, RGRK Rdz 3. Der Umstand allein, daß der Erbe NachlGläubigern ggü nicht sofort darauf hinweist, er wolle von der Möglichk, die Haftg auf den Nachl zu beschränken, Gebr machen, kann weder als Verzicht auf die Beschränkgsmöglichk angesehen werden, noch dazu führen, daß die spätere Ausübg dieses Rechts als unzul RAusübg angesehen werden kann, Celle NdsRpfl **62**, 232. Die Einr steht auch NachlPfleger u TestVollstrecker sowie bei in GüterGemsch lebden Eheg dem Gesamtgutsverwalter zu, s Staud-Felgenträger § 1432 Anm 2, auch dem Konkursverwalter im GesamtvermögensKonk, KO 234, des Erben, Börner JuS **68**, 55. Auf die Einrede kann sich auch der Träger der SozVers berufen, wenn dem Erben eines Unfallgeschädigten ggü der AusglFdg des SchadErsPflichtigen (§ 426, § 17 StVG) diese Einrede zusteht u die SchadErsFdg auf den Träger der SozVers übergegangen ist, BGH **35**, 317, VersR **65**, 688. – Die Vorschr gilt entspr auch nach Durchführg einer NachlVerwaltg, BGH NJW **54**, 635, Anm 1 zu § 1986.

2) Die Haftg des Erben beschränkt sich auf die Ggstände des dürftigen Nachl, sofern er die Dürftigk (zB durch Vorlage der etwaigen – das ProzeßG bindenden – Ablehngs-, Aufhebgs- od Einstellungsbeschlüsse) nachweist und Vorbeh (ZPO 780; soweit erforderl, zB nicht bei ZPO 780 II) erfolgt war. Eine Überschuldg wird im Ggsatz zu § 1992 S 1 nicht vorausgesetzt, kann aber gegeben sein. Ist überh kein Nachl vorhanden, so schuldet der Erbe, vorbehaltl der etw ErsPfl aus § 1991 I, nichts mehr u eine Klage des NachlGläub ist abzuweisen, RG **58**, 128, Einrede völliger Erschöpfg. Im übr mag Gläub ggü der Einrede den Zahlgsantrag in einen solchen auf Duldg der ZwVollstr von dem noch vorhandenen Ggstande od eine etwaige vom Erben geschuldete ErsLeistg ändern, will er nicht eine ev Abweisg riskieren, OLG **36**, 241. Der Gläub wird sich – zwecks Vermeidg unnützer Vollstreckgsprozesse – also nicht mit dem Vorbeh aus ZPO 780 I u der Abwehrklage aus ZPO 785, 767 begnügen, sond schon im Hauptprozeß durch die Dürftigkeitseinrede – den Nachweis, daß die Aktiva die Kosten der amtl Verw nicht decken – die Verweisg des Gläubigers auf die NachlGgstände sowie damit die Verhinderg des Zugriffs auf das Eigenvermögen, durch die

UnzulänglichkEinrede – den Nachweis, daß die NachlAktiven die Kosten amtl Verwaltg nicht decken u der Nachl wg Überschuldg nicht ausreicht – die Abweisg des weitergehenden Antrages auf persönl Leistgen zu erreichen versuchen, Staud-Lehmann Anm 3, Warn **40** Nr 61, s auch BVerwG NJW **63**, 1075; notf wird er nachweisen, daß der Nachl bereits völlig erschöpft sei, vgl Eccius, Gruch **43**, 617, aM Krüger MDR **51**, 664; in diesem Fall kann der Erbe auch Interesse an der Abweisg einer Kl auf Leistg vorbehaltl der beschr Erbenhaftg haben. Das ProzG seiners kann sich mit dem Vorbeh des ZPO 780 begnügen u das weitere dem VollstrVerf überlassen, BGH NJW **54**, 635, RG **162**, 300, Celle NdsRpfl **62**, 233. – Der Erbe kann den Ansturm der Gläub auch dadch abwehren, daß er ihnen den Nachl zur Befriedigg **freiwillig** überläßt od sich nach ZPO 794 Nr 5 zur Vermeidg von Proz- u VollstrKosten der sofortigen ZwVollstr in die NachlGgstände unterwirft, RG **137**, 53. Abwendg dch Zahlg des Wertes, § 1973 II 2, ist hier nicht mögl.

3) Maßgebender Zeitpunkt für die Frage, ob der Nachl dürftig u unzulängl ist, ist nicht der Erbfall, sond die Geltdmachg des Anspr (Mü HRR **38** Nr 1602, BGH VersR **65**, 688, Soergel-Schippel Rdz 3). Dabei sind ErsAnspr des Gläub (§§ 1991 I, 1978) dem NachlHinzuzurechnen, ErsAnspr des Erben (§ 1978 III) abzuziehen, soweit er sich dieserhalb nicht schon aus dem Nachl befriedigt hat, s § 1991 Anm 3. Der Erbe muß, möglichst unter Vorlegg eines Inv (vgl § 2009), dem Gläub nach § 260 Ausk über den urspr NachlBestand u die Gründe des jetzigen Bestandes geben, auch nach ZPO 807 bzgl seines ganzen Verm die eidesstattl OffenbargsVers abgeben; hat der Erbe aber nach ZPO 785 ein rechtskr Urt auf Beschrkg seiner Haftg erwirkt, so ist die eidesstattl Vers auf den Nachl zu beschr, Staud-Lehmann Anm 28; Gläub kann auch von vornherein eine auf den Nachl beschränkte eidesstattl Vers verlangen, StJPMünzberg II zu § 781 ZPO; str.

4) Dingl Sichergen (ZwangsHyp, Vormerkgen, Pfändgspfandrechte nach ZPO 804, 866, BGB 885) kann der Erbe in entspr Anwendg von ZPO 784 I zur Aufhebg bringen, auch soweit es sich um Vollstr-Maßnahmen der ErbenGläub in den Nachl handelt (ZPO 784 II; der Erbe steht hier dem NachlVerw gleich, bestr, vgl Anm 1). Das gleiche gilt von NachlSichergen der NachlGläub, sowie die Haftgsbeschrkgsmöglichk des Erben (zB die Geltdmachg seiner ErsFdg) od die nach § 1991 IV zu beobachtende Rangfolge beeinträchtigen würden, RGRK Rdz 18. Abs II erkl sich eben daraus, daß die Dürftigk des Nachl oft erst eintritt od offenb wird, nachdem gg den Erben bereits VollstrMaßnahmen ergangen sind. Er gilt natürl **nicht** für vor dem Erbfall erwirkte u vom Erbl od Erben bewilligte dingl Sichergen.

5) Sonderfälle. Die UnzulänglichkEinr ohne Dürftigk gewährt das G bei der VermÜbern (§ 419 II, dazu OLG Celle OLGZ **78**, 199) sowie in §§ 1480, 1498, 1504, 2036–237, 2145 und im REG **34**, 41 (früh *AmZ*), 33 (früh *BrZ*), 34 *(Berlin)*.

1991 *Verantwortlichkeit des Erben.* I Macht der Erbe von dem ihm nach § 1990 zustehenden Rechte Gebrauch, so finden auf seine Verantwortlichkeit und den Ersatz seiner Aufwendungen die Vorschriften der §§ 1978, 1979 Anwendung.

II Die infolge des Erbfalls durch Vereinigung von Recht und Verbindlichkeit oder von Recht und Belastung erloschenen Rechtsverhältnisse gelten im Verhältnisse zwischen dem Gläubiger und den Erben als nicht erloschen.

III Die rechtskräftige Verurteilung des Erben zur Befriedigung eines Gläubigers wirkt einem anderen Gläubiger gegenüber wie die Befriedigung.

IV Die Verbindlichkeiten aus Pflichtteilsrechten, Vermächtnissen und Auflagen hat der Erbe so zu berichten, wie sie im Falle des Konkurses zur Berichtigung kommen würden.

1) Trenng des Nachl vom Eigenvermögen ist auch hier zwecks Feststellg des NachlBestandes unerläßl. Die Aufhebg der Vereinigg **(II)** gilt aber nur zw dem seine Befriedigg suchenden Gläub u dem Erben. Die Trenng bezieht sich auch auf die Vereinigg von MiteigtAnteilen in einer Hand, Stgt WürttJb **24**, 304, und ermöglicht dem Erben, sich wg seiner Fdgen trotz ihrem tatsächl eingetr Erlöschen aus dem Nachl zu befriedigen, Warn **14** Nr 213.

2) Die Verantwortlichk des Erben wg einer NachlVerwaltg u sein Recht auf Ers von Aufwendungen, also auch eine Befriedigg nach § 364 I (Siber 67), richten sich nach §§ 1978, 1979. Bis zur Ann der Erbsch haftet er daher als GeschFührer ohne Auftr, hernach als Beauftr. Auch der von der Reichstagskommission irrtüml gestrichene § 1980 ist anwendb. Denn der Erbe, der die KonkUnwürdigk selbst herbeigeführt u nicht rechtzeitig Konk beantragt hat, haftet in Höhe der dem Gläub entgangenen KonkDividende (also nur, wenn die Masse die Kosten überstieg; vgl auch Siber 59). Für verbrauchte NachlGgstände hat er Ersatz zu leisten, § 1978 I. Von den bezahlten NachlSchulden kann er nach §§ 1978, 1979 nur diejenigen in Rechng stellen, die er bezahlt hat, solange er Zulänglichk des Nachl annehmen durfte, s Staud-Lehmann Anm 7, Börner JuS **68**, 55.

3) Rangfolge. Der Erbe kann mehrere Gläub, die er kennt od die sich melden, wie der Umkehrschluß aus Abs **IV** ergibt, in beliebiger Reihenfolge befriedigen, jedoch sind ausgeschlossene Gläub hinter die anderen zurückzustellen, Staud-Lehmann Anm 9, 11. Der Erbe kann sich ggü einzelnen Gläub nicht darauf berufen, daß anderen Gläub im Konkurs Vorrechte zustehen. Bei rechtskr Verurteilg (**III**; vgl auch § 1973 II 3) darf der Erbe ggü anderen Gläubigern die Herausg derjenigen Ggstände verweigern, die zur Befriedigg des UrtGläubigers erforderl sind; er muß also den UrtGläub vor den übrigen befriedigen, RGRK Rdz 8; § 372 S 2 gilt entspr (RGRK Rdz 10). Jedoch kann der Erbe wg seiner eigenen Fdgen an den Nachl – Ansprüche gg den Erbl od auf Ersatz von Aufwendgen – auch dem UrtGläub die Herausg des Nachlasses, soweit dieser zur Befriedigg derartiger Ansprüche erforderl ist, verweigern (RG **82**, 278; Warn **14** Nr 213).

4) Die Nachlaßbeteiligten des Abs IV, die auch im NachlKonk minderberechtigt wären (KO 226 II Nr 4, 5, 6 idF des Art 6 Nr 1 NEhelG), hat der Erbe erst nach allen ihm bekannten NachlVerbindlichk zu befriedigen, selbst wenn sie ein rechtskr Urt, **III**, erwirkt haben. Nach den Verbindlichk aus PflichttR,

Verm u Auflagen sind solche aus ErbErsAnspr zu berichtigen, s dazu Göppinger DRiZ **70**, 180; Schramm BWNotZ **70**, 9/13. Bevorzugt er diese NachlBeteiligten, so haftet er, nicht der Bevorzugte, den Gläub nach **I**, RG JW **08**, 487; denn der so Begünstigte hat ja nur erhalten, was ihm zustand. Jedoch uU Bereicherungsanspr des Erben, §§ 813, 814, od Anfechtg durch Gläub, AnfG 3a.

5) Entspr Anwendg vgl § 1990 Anm 5.

1992 *Überschuldung durch Vermächtnisse und Auflagen.* Beruht die Überschuldung des Nachlasses auf Vermächtnissen und Auflagen, so ist der Erbe, auch wenn die Voraussetzungen des § 1990 nicht vorliegen, berechtigt, die Berichtigung dieser Verbindlichkeiten nach den Vorschriften der §§ 1990, 1991 zu bewirken. Er kann die Herausgabe der noch vorhandenen Nachlaßgegenstände durch Zahlung des Wertes abwenden.

1) Letztwillige Gläub (Überlastgseinrede). Da die Eröffng des NachlKonk wg letztw Fdgen dem vermutl Willen des Erbl nicht entsprechen würde, können diese Gläub nur bei ErbenKonk NachlKonk beantragen, KO 219 I 2, haben also kein schutzwürdiges KonkInteresse (Jaeger – Weber Rdz 25 zu KO 217 bis 220), u der Erbe ist zur AntrStellg nicht verpflichtet, § 1980 I 3. Soweit daher der Nachl zur Befriedigg solch letztrangiger Gläub nicht ausreicht, **haftet der Erbe** nicht, wenn er nicht bereits allg unbeschränkb haftet, § 2013 I. Dies gilt auch, wenn der Nachl ohnehin überschuldet war, Staud-Lehmann Anm 2, RGRK Rdz 2. Pflichtteilsrechte gehören nicht hierher, da diese einen aktiven NachlBestand zZ des Erbf voraussetzen, §§ 2303 I 2, Anm 2 zu § 2311; Staud-Lehmann Anm 2, auch nicht ErbErsAnsprüche. Obwohl es sich bei § 1992 nicht um vom Erbl herrührende Schulden handelt, muß der Erbe auch hier den Vorbeh ZPO 780 in Anspr nehmen; ist die Einr erhoben, so kann das ProzG im allg entweder die Frage des Haftgsumfangs sachl aufklären u darü entscheiden, od sich mit dem Ausspruch des Vorbehalts der HaftgsBeschrkg im Urt begnügen u die sachl Klärg dem ZwVollstrVerf überlassen, BGH NJW **64**, 2300. – Entspr Anwendg bei Untervermächtnissen, § 2187 III.

2) Einlösungsrecht. Dem Erben wird in S 2 das Recht zugebilligt, die Herausg der noch vorhandenen NachlGgstände durch Zahlg ihres Wertes, der durch Schätzg für den Ztpkt zu ermitteln ist, zu dem das Recht ausgeübt wird, abzuwenden, Staud-Lehmann Anm 6. Bei Ggstandsvermächtnissen ist, wenn sich der Erbe auf sein LeistgsweigergsR beruft, der VermAnspr zunächst nur (in gekürztem Umfang) in Geld zu bewirken, aber dem VermNehmer idR die Befugn zu geben, statt dessen gg eine die Überschuldg ausgleichende Aufzahlg in Geld die Übertr des VermGgstandes in Natur (in ungekürztem Umfang) zu verlangen, BGH NJW **64**, 2298. Dies gilt auch dann, wenn die Überschuldg des Nachl auf einem auf Leistg eines bestimmten, nicht zum Nachl gehörenden Ggst gerichteten Vermächtnis beruht, der VermNehmer kann hier gg Zahlg eines entspr AusglBetrags die Übertr des Ggstandes verlangen (Verschaffsvermächtn, § 2170), BGH aaO: RG Recht **30** Nr 1521.

IV. Inventarerrichtung. Unbeschränkte Haftung des Erben

Vorbemerkung

Schrifttum: Firsching, Nachlaßrecht, 4. Aufl, 1971, S 268 ff.; Form-Komm ErbR, Forml 6; 209–217; Lange-Kuchinke § 50 VI; Kipp-Coing § 94.

1) Rechtl Bedeutg der Inventarerrichtung. Sie dient zur „Abwendung der unbeschränkten Haftung", § 2000 S 3. Sie erhält dem Erben die Möglichk der Haftgsbeschrkg, führt sie aber nicht herbei; Säumnis, § 1994 I 1, od Inventaruntreue, § 2005 I, haben jedoch die unbeschränkte Haftg allgemein, Verweigerg der eidesstattl Vers ggü dem einzelnen Gläub (§§ 2006 III 1, 2013 I, II) zur Folge; also eine abgeschwächte, nur **buchmäßige** Form der Absonderun.. (Siber 82). Die positive Wirkg der InvErrichtg besteht für den Erben im wesentl in der durch § 2009 begründeten Vermutg, er verliert aber damit die aufschiebende Einr des § 2014; für den NachlGläub bietet sie eine Übersicht über den NachlBestand, eine Erleichterg der ZwVollstr in die NachlGgstände u der Inanspruchn des Erben bei Bestandsveränderngen, RG **129**, 244. – Gebühren KostO 114 Nr 1; für die Kosten haften nur die Erben, u zwar wie für NachlVerbindlichkeiten, KostO 6.

2) Einzelne Arten der Inventarerrichtg. a) Aufnahme des Inv durch den Erben unter Zuziehg einer Amtsperson iS des § 2002 und Einreichg dieses Inv beim NachlG, § 1993.

b) Stellg des Antrags auf Aufn des Inv beim NachlG, das dieses entweder selbst aufnimmt od durch eine zust Behörde, einen zust Beamten od Notar aufnehmen läßt, § 2003, s auch EG 148. Das Inv gilt mit der Stellg des Antr beim NachlG als errichtet, § 2003 I 2.

c) Verweisg auf ein beim NachlG bereits vorhandenes, zB vom TestVollstr errichtetes Inv. Das Inv gilt mit der Erkl der Verweisg ggü dem NachlG als eingereicht, § 2004.

d) Wirksamk eines durch einen Dritten aufgenommenen Inv für den Erben, RGRK Anm 6 vor § 1993, zB das Inv des verwaltenden Ehegatten bei GütGemsch, § 2008, des Miterben, § 2063. Eine auf das bereits errichtete Inv bezugnehmende Erkl ggü dem NachlG ist nicht erforderl, s § 2063 Anm 1.

3) Inhalt des Inventars s § 2001.

4) DDR: Über NachlVerz s ZGB (Auszug im Anh 35. Aufl) 416–419; NotariatsG 33 III.

1993 Recht zur Inventarerrichtung. Der Erbe ist berechtigt, ein Verzeichnis des Nachlasses (Inventar) bei dem Nachlaßgericht einzureichen (Inventarerrichtung).

1) Einreichg des Inventars. „Der Erbe ist berechtigt", also nicht verpflichtet. Nicht die Aufn des Nachl-Verzeichnisses, sond dessen Einreichg beim NachlG ist InvErrichtg im techn Sinne. Diese freiw InvErrichtg, die auch währd der NachlVerw, KGJ **42**, 94, od des Konk erfolgen kann, ist an keine Frist gebunden. Das Inv ist beim örtl zust NachlG (FGG 73) einzureichen; doch kann der Erbe zur InvAufn jedes (sachl zuständige) AG zuziehen, § 2002, oder beim örtl zuständigen NachlG die Aufn beantragen, § 2003, od auf ein anderes vorschriftsm Inv Bezug nehmen, § 2004. Einreichg durch Vertreter vgl § 2004 Anm 1, durch MitE § 2063, eines verschlossenen Inv § 2010 Anm 1. Der Einreichende kann vom Gericht Empfangsbestätigg, der Gläub nach FGG 34 Abschr des Inv verlangen, RG **129**, 243.

2) Inventarerrichtg bei Ehegatten. Das Inv errichtet grdsätzl derj Teil, der Erbe ist. Bei GütGemsch kann der nicht verwaltende Eheg, dem die Erbsch anfällt, das Inv ohne Zust des verwaltenden Teils errichten, § 1432. Ebenso der allein verwaltende für den anderen, der Erbe ist. Bei gemeins Verw des Ges-Guts kann jeder Eheg ohne Mitwirkg des anderen ein Inv über eine ihm od dem anderen Teil angefallene Erbsch errichten, soweit sie nicht Vorbeh- od Sondergut des Gegners Teils ist, § 1455 Nr 3. Hinsichtl der Bestimmg einer InvFrist bei Ehegatten vgl § 2008.

1994 Bestimmung der Inventarfrist. I Das Nachlaßgericht hat dem Erben auf Antrag eines Nachlaßgläubigers zur Errichtung des Inventars eine Frist (Inventarfrist) zu bestimmen. Nach dem Ablaufe der Frist haftet der Erbe für die Nachlaßverbindlichkeiten unbeschränkt, wenn nicht vorher das Inventar errichtet wird.

II Der Antragsteller hat seine Forderung glaubhaft zu machen. Auf die Wirksamkeit der Fristbestimmung ist es ohne Einfluß, wenn die Forderung nicht besteht.

1) Jeder NachlGläub (einschl der letztw Gläub, § 1967 II, auch ein Gläub, der VermFdg gepfändet hat, BayObLG **8**, 263) hat AntrR (formlos), nicht aber der Ausgeschlossene nach § 1973 (der Fall des § 1974 steht gleich, ist aber kaum prakt), RGRK Rdz 3, str. Doch muß, da nach II 2 sogar eine auf Antr eines Nichtfordergsberechtigten erfolgte Fristbestimmg wirks ist, dies auch für die auf Antr eines Ausgeschlossenen erfolgte gelten, jedoch nur für die nicht ausgeschlossenen Gläub, § 2013 I 2, hM. Beim MitE, der zugl NachlGläub, wird ein AntrR wg § 2063 II zu verneinen sein, zumal dieser ja schon als Erbe nach § 1993 das Inv errichten kann, RGRK Rdz 5, anders hM, Staud-Lehmann Anm 3. Kosten treffen AntrSt; Gebühr: KostO 114 Nr 1.

2) Glaubhaftmachg der Fdg u der NachlGläubEigensch nach FGG 15, ZPO 294 I ist erforderl. Ermittlg des Erben u Feststellg der Erbeneigensch des AntrGegners ist nicht Sache des NachlG nach FGG 12, KG RJA **11**, 89, jedoch keine Bindg des ProzG, BayObLG RJA **3**, 176. Fristbestimmung ohne Rücks auf einen aktiven Nachl; auch schon vor ErbschAnn, § 1995 II. – Unzulässig ist Fristbestimmg in den Fällen des § 2000 S 2, 3, gg Fiscus, § 2011, NachlPfleger, -Verwalter, § 2012. Gleichgültig für Fristbestimmg ist, ob NachlGgstände von Wert vorhanden sind, Staud-Lehmann Anm 8.

3) Beschwerde. Gegen den FristbestimmgsBeschl des NachlG, RPflegers, § 3 Nr 2c RPflG (keine Zurücknahme vAw, FGG 18 II), Ablehng der Fristverlängerg od neuen Fristgewährg (§§ 1995, 1996) steht dem Erben sof Beschw (befristete Erinnerg) zu, FGG 77, 22 I, § 11 RPflG, mit der er zB geltd machen kann, daß er nicht Erbe, daß die Frist zu kurz, ohne sein Versch verstrichen od ein Inv, vgl auch § 2004, bereits eingereicht sei, dazu Hamm NJW **62**, 53; ferner dem Gläub gg Festsetzg zu langer Frist, Fristverlängerg od Setzg einer neuen Frist; schließl die einfache Beschw (Erinnerg), FGG 19, 20, dem Erben, wenn das NachlG EntggNahme des Inv ablehnt, sowie dem AntrGläub gg Ablehng der Fristbestimmg (Ablehng zB denkb, wenn bereits Frist auf Antr eines anderen Gläub gesetzt od Inv errichtet ist). Einsicht nach FGG 78 I, 34.

4) Wirkg des Fristablaufs (die der Erbl nicht ausschließen kann) ist nach I 2 der Eintr der allg unbeschränkbaren Haftg, s auch §§ 2013 I 1, 2144 I, VerglO 113 I Nr 3, LG Kaiserslautern DAV **73**, 625. Doch tritt diese Wirkg nicht ein, wenn noch bis zum Fristablauf das Inv eingereicht od gerichtl InvAufn beantragt wird, § 2003, od auf beim NachlG vorhandenes Inv verwiesen wird, § 2004, od durch Dritten aufgenommenes Inv für Erben wirks ist, s 2008, 2063 I, 2144 II, 2383 II; ferner nicht ggü Gläub, denen der Erbe schon beschr haftet, §§ 1973f, 2000 S 3, 2063 II, 2144 III. Wegen Einreichg beim unzust Ger vgl § 1945 Anm 2. Die Entscheidg über die Wirkg des Fristablaufs steht nicht dem NachlG, sond dem ProzG zu KGJ **34** A 94. Auch besteht kein im Prozeßwege erzwingb Anspr auf InvErrichtg, RG **129**, 243.

1995 Dauer der Inventarfrist. I Die Inventarfrist soll mindestens einen Monat, höchstens drei Monate betragen. Sie beginnt mit der Zustellung des Beschlusses, durch den die Frist bestimmt wird.

II Wird die Frist vor der Annahme der Erbschaft bestimmt, so beginnt sie erst mit der Annahme der Erbschaft.

III Auf Antrag des Erben kann das Nachlaßgericht die Frist nach seinem Ermessen verlängern.

1) Zustellg erfolgt nach FGG 16, ZPO 208–213. Frist läuft für jeden Erben bes, LG Kaiserslautern DAV **73**, 625. Verstoß gg I macht Fristbestimmg nicht unwirks. Fristberechng: §§ 187 I, 188 II, III. Abs II

§§ 1995–2001 5. Buch. 2. Abschnitt. *Keidel*

ohne große Bedeutg, da vor Ann Erbe vielfach nicht bekannt, Fristsetzg ggü dem NachlPfleger aber verboten ist, § 2012 I 1, Staud-Lehmann Anm 3. Fristsetzg unwirks, wenn Erbe ausschlägt. **Abkürzg unzul.** Beschwerde (Erinnerg) § 1994 Anm 3.

1996 *Bestimmung einer neuen Frist.* I Ist der Erbe durch höhere Gewalt verhindert worden, das Inventar rechtzeitig zu errichten oder die nach den Umständen gerechtfertigte Verlängerung der Inventarfrist zu beantragen, so hat ihm auf seinen Antrag das Nachlaßgericht eine neue Inventarfrist zu bestimmen. Das gleiche gilt, wenn der Erbe von der Zustellung des Beschlusses, durch den die Inventarfrist bestimmt worden ist, ohne sein Verschulden Kenntnis nicht erlangt hat.

II Der Antrag muß binnen zwei Wochen nach der Beseitigung des Hindernisses und spätestens vor dem Ablauf eines Jahres nach dem Ende der zuerst bestimmten Frist gestellt werden.

III Vor der Entscheidung soll der Nachlaßgläubiger, auf dessen Antrag die erste Frist bestimmt worden ist, wenn tunlich gehört werden.

1) **Eine Art Wiedereinsetzg** in den vorigen Stand, RG 54, 151; ZPO 233. Der § 203 gilt hier nicht (vgl aber § 1997); wg des Begriffs „höhere Gewalt" s § 203 Anm 1. Verschulden des gesetzl Vertreters ist Versch des Erben, ZPO 171, auch § 232 II. Neuerl Wiedereinsetzg bei Versäum der neuen Frist zul, Antr muß aber innerh der Jahresfrist des Abs II gestellt w, Staud-Lehmann Anm 7. Formell rechtskr Entscheid des NachlG für ProzG bindend, s aber Anm 4 zu § 1994; vgl auch Seibert DFG **37**, 136.

1997 *Hemmung des Fristablaufs.* Auf den Lauf der Inventarfrist und der im § 1996 Abs. 2 bestimmten Frist von zwei Wochen finden die für die Verjährung geltenden Vorschriften des § 203 Abs. 1 und des § 206 entsprechende Anwendung.

1) Der Fristablauf tritt auch ein, wenn der geschäftsfähig gewordene Erbe od der neue gesetzl Vertreter von der Fristsetzg keine Kenntn hatten, vgl § 1944 Anm 4. Doch kann hier durch Gewährg einer neuen InvFrist geholfen werden, § 1996 I 2. § 1997 gilt auch für die verlängerte Frist, § 1995 III, u die Frist nach § 1996 I.

1998 *Tod des Erben vor Fristablauf.* Stirbt der Erbe vor dem Ablaufe der Inventarfrist oder der im § 1996 Abs. 2 bestimmten Frist von zwei Wochen, so endigt die Frist nicht vor dem Ablaufe der für die Erbschaft des Erben vorgeschriebenen Ausschlagungsfrist.

1) Der Fall des § 1952 II, vgl auch § 1944, gilt hier ebenf. Auch der Erbe des Erben kann Fristverlängerg u neue Frist beantragen.

1999 *Mitteilung an das Vormundschaftsgericht.* Steht der Erbe unter elterlicher Gewalt oder unter Vormundschaft, so soll das Nachlaßgericht dem Vormundschaftsgerichte von der Bestimmung der Inventarfrist Mitteilung machen.

1) Bei vertretgsbedürftigen Erben soll das VormschG die Fristeinhaltg veranlassen u überwachen, §§ 1667ff 1837, 1915. Nur Ordngsvorschr, Nichtbeachtg daher ohne Einfluß auf Beginn u Lauf der Frist, Staud-Lehmann Anm 2. Benachrichtigg des Grdbuchamts GBO 83.

2000 *Unwirksamkeit der Fristbestimmung.* Die Bestimmung einer Inventarfrist wird unwirksam, wenn eine Nachlaßverwaltung angeordnet oder der Nachlaßkonkurs eröffnet wird. Während der Dauer der Nachlaßverwaltung oder des Nachlaßkonkurses kann eine Inventarfrist nicht bestimmt werden. Ist der Nachlaßkonkurs durch Verteilung der Masse oder durch Zwangsvergleich beendigt, so bedarf es zur Abwendung der unbeschränkten Haftung der Inventarerrichtung nicht.

1) **Bedeutg.** Da NachlVerwaltg od -Konk die Haftgsbeschrkg herbeiführen, § 1975, u eine ordngsmäß BestandsAufn gewährleisten, wird die Fristsetzg, § 1994, bei noch nicht versäumter Frist unwirks, S 1, und die Fristbestimmg währd des Verfahrens untersagt, S 2. Bei durchgeführtem Konk gelten §§ 1989, 1973, daher kann auch nachher keine InvFrist bestimmt werden, S 3. Wird Konk auf andere Weise beendet od ist NachlVerwaltg durchgeführt, kann InvFrist bestimmt werden, wobei sich Erbe auf Verzeichn des NachlVerw berufen kann, § 2004. § 2000 gilt auch für NachlVerglVerf, VerglO 112 I Nr 4.

2) **Inventaruntreue.** Die bei InvUntreue, § 2005 I, eingetretene unbeschränkb Haftg bleibt bestehen, auch wenn es später zu NachlKonk, NachlVerwaltg od VerglVerf kommt. Ein währd NachlVerwaltg od NachlKonk freiwillig errichtetes Inv, § 1993 Anm 1, führt auch bei InvUntreue nicht zur unbeschränkten Haftg, Staud-Lehmann Anm 8.

2001 *Inhalt des Inventars.* I In dem Inventar sollen die bei dem Eintritte des Erbfalls vorhandenen Nachlaßgegenstände und die Nachlaßverbindlichkeiten vollständig angegeben werden.

II Das Inventar soll außerdem eine Beschreibung der Nachlaßgegenstände, soweit eine solche zur Bestimmung des Wertes erforderlich ist, und die Angabe des Wertes enthalten.

Rechtl. Stellg d. Erben. 2. Titel: Haftung d. Erben f. d. Nachlaßverbindlichk. **§§ 2001–2004**

1) Es sollen die bei dem Eintritte des Erbfalls vorhandenen NachlGgstände u die im Ztpkt der InvErrichtg bereits vorhandenen bekannten NachlVerbindlichk, § 1967, angegeben werden, BGH **32**, 60 = LM § 1967 Nr 1, Anm v Mattern. Da nur Sollvorschr, wird die Wirksamk durch Unvollständigk nicht berührt, s jedoch § 2005. Ein NachlVerzeichn ohne amtl Mitwirkg, § 2002, ist kein Inv im RSinne. Auch beim Inv des MitE muß der ganze Nachl aufgeführt werden, RJA **8**, 100. Inv des NachE § 2144 Anm 4.

2002 *Aufnahme des Inventars durch den Erben.* **Der Erbe muß zu der Aufnahme des Inventars eine zuständige Behörde oder einen zuständigen Beamten oder Notar zuziehen.**

1) Art der Mitwirkg. Ein Privatinventar ist **unwirksam**. Die Beschreibg der NachlGgstände u Wertangabe, § 2001 II, ist Sache des Erben, der auch das Inv zu unterschreiben hat, RG **77**, 246. Die Behörden usw haben im Ggsatz zu § 2003 nur mitzuwirken, also Beistand zu leisten u zu belehren, aber die sachl Richtigk der Angaben des Erben nicht zu prüfen, Staud-Lehmann Anm 2. Über die Form enthält BGB keine Bestimmgen, wohl aber LandesR Ordngsvorschriften, s Firsching aaO 275. Über notarielle Inventarerrichtg s BeurkG 36, 37, auch 39.

2) Zuständigkeit. Nach BundesR sind die Notare zuständig, § 20 I, s auch IV, BNotO; für die Zustdgk der Behörden od Beamten ist LandesR maßg: *Bay* nur Notar Art 10 III AGGVG, Art 2 Nr 1 NotG, BGH NJW **61**, 602, *Hess:* Notar u jedes AG, Art 38 II FGG, *Nds:* Notar, jeder UrkBeamte der Geschäftsstelle, jeder GVz, Art 24 Nr 2, 25 I Nr 3 FGG, *Ba-Wü:* nur Notar, LFGG 41 V; s ferner Jansen[2] Anm 15, Keidel-Kuntze-Winkler Rdz 9 je zu § 77 FGG. Entscheidend ist nur die sachl Zustdgk. Der Erbe kann daher jede nach LandesR zust Behörde od zust Beamten od einen Notar zuziehen.

3) Fristwahrg. Durch die Zuziehung wird (anders nach § 2003 I 2) die Frist nicht gewahrt, sondern nur durch rechtzeitige Einreichg beim NachlG nach § 1993, Hamm NJW **62**, 53. Bei behördl Verzögerg ist InvFrist zu verlängern, s § 1995 III, § 1996 I 1, auch hilft Antr nach § 2003 mit Rückgr wg der Mehrkosten, § 839, GG 34. Gebühr: KostO 52, geänd dch G v 20. 8. 75 (BGBl 2189) Art 4 § 4 Nr 8.

2003 *Amtliche Aufnahme des Inventars.* ¹ **Auf Antrag des Erben hat das Nachlaßgericht entweder das Inventar selbst aufzunehmen oder die Aufnahme einer zuständigen Behörde oder einem zuständigen Beamten oder Notar zu übertragen. Durch die Stellung des Antrags wird die Inventarfrist gewahrt.**

II **Der Erbe ist verpflichtet, die zur Aufnahme des Inventars erforderliche Auskunft zu erteilen.**

III **Das Inventar ist von der Behörde, dem Beamten oder dem Notar bei dem Nachlaßgericht einzureichen.**

1) Zuständigk. Bei Antr des Erben od Miterben (nicht der Gläub, Karlsr OLG **35**, 361) ist das örtl zuständige NachlG, RPfleger, FGG 73, § 3 Nr 3c RPflG, EG 147, 148, zur InvAufn od deren Übertr (zB auf GVz LG Bln DFG **42**, 7) berufen. Es kann aber (zB wenn sich der Nachl nicht am Orte des ErblWohnsitzes befindet) iW der Rechtshilfe ein auswärtiges Ger od eine auswärtige Behörde um Aufn ersuchen, RG **106**, 288, die ihrers die Aufn nach I 1 übertr können. Die Zustdgk der AG ist auch nach EG 148 ausgeschl in *Bay*, Art 10 III AGGVG, *Brem* § 63 AGBGB, *Hbg* § 78 II AGBGB, wonach nur nach LandesR zuständige Behörden od Beamten, denen das NachlG die Aufn übertr kann, s für *Ba-Wü:* LFGG 41 V, *Bay* Art 33 II, III AGGVG, *Hess* Art 46, 44 I Nr 6, 45 I Nr 3 FGG, § 23 I c OrtsGG, *Nds* Art 24 Nr 2, 25 I Nr 3 FGG idF v 24.2.71, GVBl 43, ferner Jansen[2] Anm 16 zu § 77 FGG, Firsching aaO 275f, auch § 20 IV BNotO, BeurkG 61 I Nr 2.

2) Antragswirkg, Verfahren. Der Antr ist beim örtl zust NachlG FGG 73 zu stellen; ist nach EG 148 die Zustdgk des NachlG ausgeschl, so kann der Antr zwar bei ihm eingereicht werden, dieses muß aber die Aufn der zust Behörde, dem zust Beamten od Notar übertragen. Örtl Unzuständigkeit macht das Inventar nicht unwirks, wohl aber sachl Unzustdgk, Staud-Lehmann Anm 4. Durch Antr eines MitE wird Frist, I 2, auch für die übrigen gewahrt, § 2063 I. Die Ausk **(II)** kann nicht erzwungen werden. Mangelnde, unzureichende od erhebl verzögerte Ausk berechtigt das Ger zwar nicht zur Zurückweisg des Antr, kann aber InvUntreue, § 2005 I 2, darstellen. Gegen Verzögerg der ersuchten Behörde od Beamten AufsBeschw. Auch bei Unzulänglichk des Nachl muß der Erbe ein Inv errichten; das ArmenR kann hierzu grdsätzl nicht bewilligt w, KG RJA **11**, 268, wohl aber dann, wenn der Erbe auch selbst unbemittelt ist, FGG 14, s Staud-Lehmann Anm 7. – Gebühr KostO 52.

3) Das deutsche NachlG, das zur Erteilg eines gegenständl beschränkten ErbSch unter Zugrundelegg italien Rechts **international** zust ist, kann nicht nur die in jenem Recht vorgesehene Erklärg der minderjähr Erben über die Annahme der Erbsch unter Vorbeh des Inventars entggnehmen, es ist auch zur AO der **Inventarerrichtg** berufen, wenn die Erben des italien StaatsAngeh zZ des Todes des Erbl in Deutschland hatten u der Nachl sich ausschl in Deutschland befindet; die Inventarerrichtg kann in diesem Fall nach deutschem Recht durchgeführt w, BayObLG **65**, 423 = NJW **67**, 447, dazu Heldrich, Neuhaus NJW **67**, 417, 1167; Pinckernelle-Spreen DNotZ **67**, 197.

2004 *Bezugnahme auf vorhandenes Inventarverzeichnis.* **Befindet sich bei dem Nachlaßgerichte schon ein den Vorschriften der §§ 2002, 2003 entsprechendes Inventar, so genügt es, wenn der Erbe vor dem Ablaufe der Inventarfrist dem Nachlaßgerichte gegenüber erklärt, daß das Inventar als von ihm eingereicht gelten soll.**

1) Die Vorschr ist **nicht anwendb**, wenn das Inv von jemand eingereicht ist, der gesetzl od gewillkürter Vertreter des Erben, zB NachlPfleger § 1960 II, ist od dessen Inv dem Erben zugute kommt, §§ 2008, 2063, 2144, 2383, da hier das Inv als das des Erben gilt u es nicht mehr besonderer Erkl des Erben bedarf. Zu denken an das Inv des NachlVerwalters, § 1802, auf das Erbe nach Beendigg der Verw ggü dem Fristbestimmgs Antr eines Gläub verweisen könnte; das eines TestVollstr oder ErbschBesitzers. Das des KonkVerw wird nach § 2000 S 3 wohl kaum in Betr kommen. Fristgerechte Erkl formlos. **Vollmacht** kann nachgereicht werden, anders § 1945 II 2. Auch durch Bezugn auf ein fremdes Inv kann der Erbe Untreue, § 2005, begehen, aber nur, wenn er die Unrichtigk kennt, aM insow Staud-Lehmann Anm 3. Auch § 2005 II ist anwendb. – Ein bei den Akten befindl NachlVerzeichn des Erben, nach § 2314 I 3, wird aber nicht dadurch zu einem wirks errichteten Inv, daß der Erbe ggü NachlG erklärt, es solle als von ihm errichtetes Inv angesehen werden, Hamm NJW **62**, 53.

2005 *Unrichtigkeit des Inventars.* I Führt der Erbe absichtlich eine erhebliche Unvollständigkeit der im Inventar enthaltenen Angabe der Nachlaßgegenstände herbei oder bewirkt er in der Absicht, die Nachlaßgläubiger zu benachteiligen, die Aufnahme einer nicht bestehenden Nachlaßverbindlichkeit, so haftet er für die Nachlaßverbindlichkeiten unbeschränkt. Das gleiche gilt, wenn er im Falle des § 2003 die Erteilung der Auskunft verweigert oder absichtlich in erheblichem Maße verzögert.

II Ist die Angabe der Nachlaßgegenstände unvollständig, ohne daß ein Fall des Absatzes 1 vorliegt, so kann dem Erben zur Ergänzung eine neue Inventarfrist bestimmt werden.

1) Inventaruntreue setzt beabsichtigte u erhebl Unvollständigk, Rostock OLG **30**, 189, bei der Aufführg der NachlGegenstände, nicht bei der Beschreibg od Wertangabe, § 2001 II, voraus. Die unbeschränkb Haftg ggü allen NachlGläubigern (wg dieser s § 2013 I) tritt sowohl bei freiwilligem, § 1993 (Ausn § 2000 Anm 2), wie erzwungenem Inv, § 1994, ein, nicht aber bei einem dem § 2002 nicht entsprechenden PrivInv. Unrichtige Angaben der gesetzl od gewillkürten Vertreter gehen zu Lasten des Erben, § 278. Untreue bei Inv, deren Errichtg dem Erben nur zustatten kommt, §§ 2008, 2063 I, 2144, 2383, führt zwar nicht seine unbeschr Haftg herbei, aber solche Inv vermögen die InvFrist nicht zu wahren, Staud-Lehmann Anm 8. Benachteiligungsabsicht, vgl KO 31, ist bei der Angabe der Aktiven, s § 2001 I, nicht erfordert. Die Unvollständigk kann hier zB auch bezweckt haben, anderen Erbansprechern od der SteuerBeh den Nachl gering erscheinen zu lassen. Aufnahme einer nicht bestehenden NachlVerbindlichk muß dagg in der Abs, die NachlGläub zu benachteiligen, erfolgt sein, zB Vorspiegelg der Überschuldg des Nachl, RGRK Rdz 5. NichtAufn einer bestehenden NachlVerbindlichk od Aufnahme eines nicht vorhandenen NachlGgstandes haben nicht die unbeschränkte Haftg zur Folge, Staud-Lehmann Anm 5. Bei § 2005 liegt die Verfehlg in einer Täuschg der Behörden.

2) Verletzg der Auskunftspflicht, I 2, § 2003 II, hat die Wirkg des Abs **I** nur dann, wenn InvFrist gesetzt war, da durch Antr nach § 2003 I 2 die Frist gewahrt wird. Es soll verhindert werden, daß der Erbe unter dem Schutz der Fristwahrg die richtige BestandsAufn vereitelt. Die Folge der InvUntreue tritt also nicht ein bei freiw InvErrichtg (§ 1993, dann aber **II**), ferner nicht, wenn die Ausk nur unabsichtl od unerhebl unvollst od wenn sie unabsichtl verzögert war od der Beamte sie sich anderw verschafft hat, RGRK Rdz 7. Bei Ehegatten ist die Ausk des erbenden Teils maßg; doch kommt im Fall des § 2008 die Ausk des Teils, der das GesGut verwaltet od mitverwaltet, dem erbenden Eheg zustatten.

3) Berichtigung der absichtl falschen od unvollst Angaben nach Einreichg, § 1993, ist ausgeschl; sie ist auch nicht innerh der InvFrist mögl, da der zur InvErrichtg gezwungene Erbe sonst zu Unrecht besser gestellt wäre als der freiw Errichtende. Zudem verliert die InvFrist mit der rechtzeitigen Einreichg des (wenn auch unvollständigen) Inv ihre Bedeutg. Vervollständigg nach § 2006 II schützt nur vor Strafe, nicht vor Verlust des BeschrkgsR.

4) Neue InvFrist, II, (die im Falle des § 1993 auch die erste sein kann) nach § 1994 nur auf Antr eines Gläub; aM Staud-Lehmann Anm 6. Einem MitE, vgl § 2063 I, kann bei unvollst Inv des anderen Frist gesetzt werden, KGJ **34** A 97. Auch für die neue Frist gelten §§ 1994–2000. Bei Ablehng sof Beschw (befristete Erinnerg), FGG 77 II, 22 I, RPflG 11.

2006 *Eidesstattliche Versicherung des Erben.* I Der Erbe hat auf Verlangen eines Nachlaßgläubigers zu Protokoll des Nachlaßgerichts an Eides Statt zu versichern,

daß er nach bestem Wissen die Nachlaßgegenstände so vollständig angegeben habe, als er dazu im Stande sei.

II Der Erbe kann vor der Abgabe der eidesstattlichen Versicherung das Inventar vervollständigen.

III Verweigert der Erbe die Abgabe der eidesstattlichen Versicherung, so haftet er dem Gläubiger, der den Antrag gestellt hat, unbeschränkt. Das gleiche gilt, wenn er weder in dem Termine noch in einem auf Antrag des Gläubigers bestimmten neuen Termin erscheint, es sei denn, daß ein Grund vorliegt, durch den das Nichterscheinen in diesem Termine genügend entschuldigt wird.

IV Eine wiederholte Abgabe der eidesstattlichen Versicherung kann derselbe Gläubiger oder ein anderer Gläubiger nur verlangen, wenn Grund zu der Annahme besteht, daß dem Erben nach der Abgabe der eidesstattlichen Versicherung weitere Nachlaßgegenstände bekannt geworden sind.

Schrifttum: Schmidt, Eidesstattl Vers statt OffEid, Rpfleger **71**, 135; Habscheid, Das Ende des OffEid NJW **70**, 1669.

1) Pflicht zur eidesstattl Versicherg. Verpflichtet ist der Erbe. Es muß ein Inv nach §§ 2002, 2003 od 2004 aufgenommen u eingereicht od vom NachlG aufgenommen od durch Bezugn angeeignet worden sein, gleichgültig ob ohne od nach Fristsetzg, §§ 1993, 1994, Staud-Lehmann Anm 2. Nicht verpflichtet ist der NachlPfleger, vgl aber § 2012 I 2, II, od der KonkVerw, anders § 2383. Hinsichtl der eidesstattl Vers der Ehegatten bei GütGemsch, wenn die Erbsch zum GesGut gehört, vgl § 2008 Anm 5. Währd NachlVerwaltg od -Konk kann vom Erben die eidesstattl Vers nicht verlangt w (vgl § 2000 S 1). Wohl aber kann dies der Erbe, der Gläub vom NachlVerw aGrd § 260 II aber nur im Klagewege (s auch RG **129**, 244). Im NachlKonk beruht die Pfl zur Abgabe der eidesstattl Vers ausschließl auf KO 125, KGJ **28** A 27, dessen Verletzg die Folge des § 2006 III nicht nach sich zieht, Jaeger-Weber Rdz 13 zu KO 214.

2) Verlangen der eidestattl Versicherung. Jeder NachlGläub, auch wenn er keine InvFrist, § 1994, beantragt hatte, auch der Ausgeschlossene, § 1973f, s § 1973 Anm 3 aE, auch PflichttBerecht, Staud-Lehmann Anm 3, kann die Abg der eidesstattl Vers verlangen, s LG Krefeld MDR **70**, 766, aber nicht erzwingen, da freiw Gerichtsbark, Warn **12** Nr 116; and bei § 260, RG **129**, 245; Mü JFG **15**, 121. Wer die Folge der Verweigerg, III, § 2013 II, auf sich nehmen will, ist vor Zwang geschützt. Terminsbestimmg kann auch vom Erben beantragt w, FGG 79 idF des Art 2 § 5 Nr 3 des G v 27. 6. 70.

3) Folge der Verweigerg ist die relativ unbeschränkb Haftg, § 2013 II, ggü dem AntrSt wg der im Antr bezeichneten Fdg, sofern sie nicht schon wg InvSäumn od InvUntr, §§ 1994, 2005, allg eingetreten ist. Vervollständigg nach II schützt nur vor Strafe. Bei Verweigerg ggü einem Gläub können andere ihrers die Leistg verlangen.

4) Die Abg der eidesstattl Vers zu Protokoll des NachlG (Zustdgk: Rechtspfleger, RpflG 3 Nr 2c; s auch EG 147 Anm 1; Verf: FGG 79 mit ZPO 478–480 [480 idF des G v 20. 12. 74, BGBl 3686], 483 entspr; über den Verlauf des Termins ist ein Protokoll aufzunehmen, s FGG 78 I 2). Die eidesstattl Vers betrifft nur die Vollständigk der angegebenen Aktiven nach dem Stand zZ des Erbf, nicht aber die Verbindlichk, die Beschreibg u die Wertangabe, § 2001 II. Sie schützt vor neuem Verlangen desselben od anderer Gläub, falls nicht IV vorliegt. GgBew (wie ZPO 807) unbeschränkt im Prozeß zul, Änderg der Norm für die eidesstattl Vers nach Sachl zul. Hat NachlG aber Nichterscheinen als entschuldigt od die eidesstattl Vers als verweigert angesehen, so ist dies für ProzG bindend, da hier eine gerichtl Entsch bereits vorliegt, Seibert DFG **37**, 136 und Staud-Lehmann Anm 13; aM RGRK Rdz 15. **Beschwerde** (Erinnerung) **gegen** Ablehng der Abn der eidesstattl Vers nach FGG 19, 20, RPflG 11, Mü JFG **15**, 118, nicht aber gg TerminsBest u Ladg, Jansen[2] § 79 FGG Rdz 7. Protokolleinsicht nach FGG 78. S dazu Firsching aaO 277ff.

5) Kosten des Verf, KostO 124, treffen den AntrSt (entspr § 261 II; vgl auch KostO 2; § 5 dortselbst betr andere Fälle).

2007 Haftung bei mehreren Erbteilen.
Ist ein Erbe zu mehreren Erbteilen berufen, so bestimmt sich seine Haftung für die Nachlaßverbindlichkeiten in Ansehung eines jeden der Erbteile so, wie wenn die Erbteile verschiedenen Erben gehörten. In den Fällen der Anwachsung und des § 1935 gilt dies nur dann, wenn die Erbteile verschieden beschwert sind.

1) Satz 1. Wenn jemand **zu mehreren Erbteilen** berufen ist, §§ 1927, 1934, 1951, od einen weiteren nach § 2033 hinzuwirbt, so werden die Voraussetzgen der Haftgsbeschrkg idR bei jedem Erbteil die gleichen sein; es sei denn, daß die InvFrist, §§ 1994, 1995, verschieden lief od im Falle des § 1951 I die Erbteile getrennt angenommen wurden. Sind mehrere Erben vorhanden, so haftet derjenige, dem mehrere Erbteile angefallen sind, unbeschränkt nur für den Teil der NachlVerbindlichk, der dem Erbteil entspricht, hins dessen der Erbe unbeschr haftet, § 2059 I 2 (anders nach der Teilg, außer in den Fällen des § 2060). Das gleiche gilt auch, wenn nur ein Erbe vorhanden ist u die mehreren Erbteile die ganze Erbsch erschöpfen, RGRK Anm 4. Wenn die unbeschr Haftg nach §§ 1994, 2005 erst nach dem endgültigen Erwerb der sämtl Erbteile eintritt, so muß sie sich notw auf alle Erbteile beziehen, Staud-Lehmann Anm 7, aM Lange Lehrb § 50 VI 5c³.

2) Satz 2. Durch diese Vorschr sollte eine Übereinstimmg der Voraussetzgen für eine getrennte Behandlg auf dem Gebiet der Haftgsbeschrkg mit den §§ 1935, 2094, 2095 hergestellt werden, Prot **5**, 806. Eine Berufg zu mehreren Erbteilen kommt in diesen Fällen nur „in Ansehg" von Vermächtnissen u Auflagen in Frage. Eine Haftgsbeschrkg kann daher nur im Verhältn zu solchen letztw Gläub, nicht auch ggü den übrigen NachlGläub in Betr kommen, da für die letzteren Anwachsg u Erhöhg nicht als besonderer Erbteil gelten, hM. S 2 ist also dahin zu lesen: „In den Fällen der Anwachsg ... gilt dies nur, soweit der hinzutretende Teil mit anderen Lasten (Vermächtn u Aufl) beschwert ist."

§§ 2008, 2009

2008 *Inventar für zum Gesamtgut gehörende Erbschaft.* **I** Ist ein in Gütergemeinschaft lebender Ehegatte Erbe und gehört die Erbschaft zum Gesamtgut, so ist die Bestimmung der Inventarfrist nur wirksam, wenn sie auch dem anderen Ehegatten gegenüber erfolgt, sofern dieser das Gesamtgut allein oder mit seinem Ehegatten gemeinschaftlich verwaltet. Solange die Frist diesem gegenüber nicht verstrichen ist, endet sie auch nicht dem Ehegatten gegenüber, der Erbe ist. Die Errichtung des Inventars durch den anderen Ehegatten kommt dem Ehegatten, der Erbe ist, zustatten.
II Die Vorschriften des Absatzes 1 gelten auch nach der Beendigung der Gütergemeinschaft.

1) Neufassg durch GleichberG v 18. 6. 57, BGBl 609.

2) **Inventarfristbestimmg.** Wenn ein in **Gütergemeinsch** lebender **Ehegatte** Erbe ist u der andere das GesGut allein u mitverwaltet, so haftet der letztere persönl auch für die GesGutsverbindlichkeiten seines Eheg, also auch für NachlVerbindlichkeiten, wenn die Erbsch in das GesGut gefallen ist. Die Haftg erlischt bei Beendigg der GütGemsch nur, wenn die Verbindlichk im InnenVerh dem anderen Eheteil zur Last fällt, §§ 1437, 1459. Der nichterbende Eheg hat daher ein erhebl Interesse daran, daß ihm durch rechtzeitige Errichtg eines vollständigen Inv die Möglichk der Beschrkg der Haftg auf den Nachl nicht verloren geht. Wenn deshalb die Erbsch des einen Eheteils zum GesGut gehört, so muß die InvFrist auch dem anderen, das GesGut verwaltenden od mitverwaltenden Eheg gesetzt werden, auch wenn dies nicht beantragt ist, **I** 1. Die Dauer der Frist kann bei den Eheg verschieden bestimmt werden. Die Frist ist auch nach Beendigg der GütGemsch zu setzen, **II**.

§ 2008 gilt auch dann, wenn erst nach dem Anfall der Erbsch die Ehe geschl od die Erbsch zum GesGut wird. Dem nicht erbenden Teil muß dann notf eine neue InvFrist gesetzt werden. In allen Fällen endet aber die Frist ggü dem erbenden Eheg nicht früher als ggü dem nichterbenden, **I** 2. Wohl aber kann die Frist ggü dem erbenden Eheg später enden als die dem nichterbenden gesetzte.

3) **InvErrichtg durch den nichterbenden Eheg.** Wenn dieser das GesGut verwaltet od mitverwaltet, kann er selbständig ein in das GesGut fallende Erbsch des anderen Teils errichten; dieses kommt dem erbenden Eheg zustatten, **I** 3. Daneben bleibt aber auch der erbende Eheg, der das GesGut nicht verwaltet, befugt, ohne Zust des verwaltenden Teils selbst ein Inv zu errichten, § 1432 II. Jeder Teil kann die InvSäumn des anderen Teils od dessen InvUntreue, §§ 1994, 2005, durch ein rechtzeitiges u richtiges Inv abwenden. InvUntreue des einen Teils schadet dem anderen Teil nicht, wenn dieser gutgl auf das Inv Bezug nimmt, § 2004; er muß aber rechtzeitig innerh der ihm gesetzten Frist das Inv richtigstellen, s Staud-Lehmann Anm 9.

4) **Herbeiführg beschränkter Haftg.** Sowohl der erbende wie der nichterbende, aber das GesGut verwaltende od mitverwaltende Eheg kann die beschränkte Haftg des erbenden Teils durch die gesetzl Mittel (NachlVerwaltg, NachlKonk, NachlVerglVerf) herbeiführen u das Aufgebot der Gläub beantragen, ZPO 999, ferner die ErschöpfgsEinr, § 1990, und die DreimonatsEinr, § 2014, erheben.

5) **Eidesstattl Versicherg.** Die Verpfl zur Abg der eidesstattl Vers, § 2006, trifft in den Fällen des § 2008 nicht nur den erbden Eheg, sond auch den and Teil, der das GesGut verwaltet od mitverwaltet. Beide Teile müssen daher zum Termin geladen w, RGRK Rdz 13. Die eidesstattl Vers des einen Teils kommt dem and zustatten.

6) **Beschwerderecht.** Dem Eheg, der nicht Erbe ist, aber das GesGut verwaltet od mitverwaltet, steht auch ein BeschwR hins aller Anordnungen zu, die über das Inv des erbenden Eheg ergehen; er kann auch Fristverlängerg, § 1995 II, oder eine neue Frist, § 1996, beantragen.

7) **Ausschluß der Anwendg.** § 2008 kommt nicht zur Anwendg, wenn die Erbsch zum Vorbeh- od Sondergut eines Eheg gehört, ebensowenig beim gesetzl Güterstd u bei Gütertrenng. Gehört sie zwar zum GesGut, verwaltet dieses aber der erbende EheG allein, so ist die InvFrist nur dem Erben zu setzen, RGRK Rdz 3.

8) **Verzicht** des erbenden Ehegatten **auf die Haftgsbeschränkg** ist im Fall des § 2008 nur mit Zust des anderen Eheg, der das GesGut allein od mit seinem Eheg verwaltet, zul, §§ 1438, 1460, Soergel-Schippel Rdz 5. Letzterer kann, wenn der erbende Eheg es unterlassen hat, für sich den Vorbeh der beschränkten Haftg, ZPO 780, zu erwirken, die HaftgsBeschrkg gleichwohl geltd machen, wenn er für das DuldgsUrt gg sich den Vorbeh erwirkt, Erm-Barth-Schlüter Rdz 7.

2009 *Wirkung der Inventarerrichtung.* Ist das Inventar rechtzeitig errichtet worden, so wird im Verhältnisse zwischen dem Erben und den Nachlaßgläubigern vermutet, daß zur Zeit des Erbfalls weitere Nachlaßgegenstände als die angegebenen nicht vorhanden gewesen seien.

1) **Allgemeines.** Die positive Wirkg der InvErrichtg für den Erben ist die Vermutg des § 2009. Die Bedeutg der Vermutg selbst ist aber stark eingeschränkt. Denn sie gilt nur ggü den NachlGläub (nicht ErbenGläub, ErbschBesitzern, Nacherben, ErbschKäufern, TestVollstr, Erm-Barth-Schlüter Rdz 2; ggü Miterben nur, soweit sie NachlGläub sind) und nicht für die NachlVerbindlichk, § 2001 I. Sie bezieht sich entspr § 2001 I nur auf die Zeit des Erbfalls u hat ledigl negativen Inhalt. Daß die im Inv aufgeführten Ggstände nun auch zum Nachl gehören, wird nicht vermutet.

2) **Voraussetzg** ist rechtzeitige Errichtg, dh freiw Errichtg, § 1993, od Errichtg vor Fristablauf, § 1994 I. Ferner darf nicht InvUntreue, § 2005 I, vorliegen, da es dann so anzusehen ist, als wenn kein Inv errichtet wäre, Prot **5**, 756. Bei Unvollständigk nach § 2005 II wird im übr die Vermutg, daß weitere NachlGgstände nicht vorhanden sind, nicht entkräftet, hM.

3) Die praktische Bedeutg der Vermutg liegt darin, daß dementspr das Inv die Grdlage der Verantwortlichk des Erben aus § 1978 bildet u bei §§ 1973, 1974, 1990, 1992 bis zum Bew des Ggteils der Umfang der Pfl zur Herausg des Nachl begrenzt u ihm der Bew der Nichtzugehörigk des VollstreckgsGgstandes zum Nachl erleichtert wird. Der Gläub kann mit allen zul Mitteln den Gegenbeweis gg die Vermutg als bloße TatsVermutg führen, ZPO 292.

2010 *Einsicht des Inventars.* Das Nachlaßgericht hat die Einsicht des Inventars jedem zu gestatten, der ein rechtliches Interesse glaubhaft macht.

1) Unzulässigk des versiegelten Inventars. Aus der gesetzl Regelg ergibt sich, daß es nicht genügt, ein versiegeltes Inv bei Gestattg der Einsicht zu eröffnen, RGRK Anm 3, sond daß die Einreichg eines solchen Inv unzul ist. Denn die Gebühr, KostO 114, wird bereits „für die Entgegennahme" eines NachlInv erhoben, Staud-Lehmann Anm 3. Sein Inhalt muß also schon im Kosteninteresse nachprüfb sein.

2) Einsicht, Abschrifterteilg. Wegen des rechtl Interesses vgl § 1953 Anm 4 u den dadurch modifizierten FGG 34, demzufolge auch (auf Antr beglaubigte) Abschr erteilt w kann. Rechtl Interesse bei NachlGläub, Miterben, NachlVerw und TestVollstr gegeben. Steuerbehörde stets einsichtsberechtigt. Entscheidg erfolgt dch RPfleger, § 3 Nr 2c RPflG, dagg Erinnerg, § 11 RPflG.

2011 *Fiskus als Erbe.* Dem Fiskus als gesetzlichem Erben kann eine Inventarfrist nicht bestimmt werden. Der Fiskus ist den Nachlaßgläubigern gegenüber verpflichtet, über den Bestand des Nachlasses Auskunft zu erteilen.

1) Ausschluß der Inventarfristbestimmg. Für den Staat als gesetzl Erben, vgl §§ 1936, 1942 II, 1964, 1966, der nicht ausschlagen kann, sowie die Körperschaften unter EG 138 ist die Geltdmachg der Haftgsbeschränkg, die im übr nach den allg Vorschr zu erfolgen hat, durch § 2011 u ZPO 780 II wesentl erleichtert. Daher scheidet bei ihnen InvSäumnis und Eidesleistg kraft G und InvUntreue als unwahrscheinl aus. Im praktischen Endergebnis haftet der Staat in jedem Falle nur mit dem Nachl, mag dieser zulängl od überschuldet sein. Wegen der Vollstreckg vgl ZPO 882a.

2) Auskunftspflicht, S 2, tritt erst mit der Feststellg nach § 1964 ein, ist vor den ord Gerichten geltd zu machen, umfaßt auch Verzeichn, § 160 I, eidesstattl Vers, § 260 II, und bezieht sich nur auf den ggwärtigen Bestand; anders § 2001.

2012 *Nachlaßpfleger; Nachlaßverwalter.* I Einem nach den §§ 1960, 1961 bestellten Nachlaßpfleger kann eine Inventarfrist nicht bestimmt werden. Der Nachlaßpfleger ist den Nachlaßgläubigern gegenüber verpflichtet, über den Bestand des Nachlasses Auskunft zu erteilen. Der Nachlaßpfleger kann nicht auf die Beschränkung der Haftung des Erben verzichten.

II Diese Vorschriften gelten auch für den Nachlaßverwalter.

1) Schutz des Erben. Da dem Erben dch NachlVerwaltg und -Pflegsch die Herrschaft über den Nachl entzogen ist, darf er durch Säumn- od VerzichtsErkl dieser Pfleger sein BeschrkgsR nicht verlieren, vgl auch ZPO 780 II. Die Gläub sind zudem dadurch genügd geschützt, daß Pfleger u Verwalter gem §§ 1915, 1802 für ordngsm Verzeichng der Masse zu sorgen haben. Daß dem NachlVerwalter u währd der NachlVerwaltg dem Erben keine Frist bestimmt w kann, ergibt sich auch aus § 2000. Nach I 2, II kann aber vom NachlPfleger u -Verw Auskunft, § 260, verlangt und nach ZPO 888, 889 die Abg der eidesstattl Vers erzwungen w. Die AuskPfl des Erben gem § 2314 I besteht neben der des NachlPflegers, -Verw, Celle JZ 60, 375.

2) Inventarfrist gg Erben. Eine dem Erben währd der NachlPflegsch gesetzte InvFrist beginnt erst mit der Ann, § 1995 II mit Anm 1. **Nach Beendigg der NachlVerwaltg** (falls nicht Konk folgt, § 1988) kann zwar dem Erben wieder eine InvFrist bestimmt w, diesem aber nach § 2004 auf das etw Bestandsverzeichn des NachlVerw verwiesen werden. Durchgeführter Konk erübrigt die InvErrichtg, § 2000 S 3. – Verzicht des Erben auf Beschränkg der Haftg, § 2013 Anm 2, Einf 1 zum 2. Titel.

2013 *Folgen der unbeschränkten Haftung des Erben.* I Haftet der Erbe für die Nachlaßverbindlichkeiten unbeschränkt, so finden die Vorschriften der §§ 1973 bis 1975, 1977 bis 1980, 1989 bis 1992 keine Anwendung; der Erbe ist nicht berechtigt, die Anordnung einer Nachlaßverwaltung zu beantragen. Auf eine nach § 1973 oder nach § 1974 eingetretene Beschränkung der Haftung kann sich der Erbe jedoch berufen, wenn später der Fall des § 1994 Abs. 1 Satz 2 oder des § 2005 Abs. 1 eintritt.

II Die Vorschriften der §§ 1977 bis 1980 und das Recht des Erben, die Anordnung einer Nachlaßverwaltung zu beantragen, werden nicht dadurch ausgeschlossen, daß der Erbe einzelnen Nachlaßgläubigern gegenüber unbeschränkt haftet.

1) Allgemeines. Der § 2013 ist unklar u gekünstelt. Es handelt sich hier um die Folgen einer kraft G eintretenden Verwirkg. Unter unbeschränkter Haftg ist unbeschränkbare Haftg zu verstehen (s Einf z 2. Titel). Eingehend: Siber, Haftg für NachlSchulden 1937, 43 f, 88, 143.

§§ 2013–2015 5. Buch. 2. Abschnitt. *Keidel*

2) Allg unbeschränkbare Haftg mit Nachl u Eigenvermögen tritt ein bei InvSäumnis, § 1994 I 2, InvUntreue, § 2005 I, u Verzicht des Erben (§§ 305, 2012 I S 3) auf die Beschränkg der Haftg ggü allen NachlGläub. Folgl kann der Erbe nicht mehr das Aufgebot beantragen, ZPO 991 I. Der Erbe verliert die Ausschließgs- u Verschweiggseinreden der §§ 1973, 1974 (Ausn in Abs I 2). NachlVerwaltg u -Konk (§§ 1975, 1981 II, 1982–1988; KO 216 I, 217, 219) hindern der persönl Inanspruchn des Erben nicht mehr, ZPO 784 I, wohl aber die Vereinigg, § 1976 ist bewußt nicht ausgeschl. Aufrechngn, § 1977 I, bleiben bestehen. Die §§ 1978–1980 gelten nicht, da der Erbe nun ohnehin mit seinem ganzen Vermögen haftet. Somit stehen ihm auch die Erschöpfgs- u Überlastgseinr, §§ 1989–1992, u die aufschiebende Einr, § 2016 I, nicht zu, s LG Kaiserslautern DAV **73**, 625. NachlVerglVerf kann er nicht mehr beantragen, VerglO 113 Nr 3. – Nachl-Konk kann der Erbe noch beantragen, KO 216, 217.

3) Ausnahme, I 2. Ebenso wie der Erbe nur einzelnen Gläub unbeschränkbar, allen anderen aber beschränkt haften kann, § 2006 III, ZPO 780 I, so kann auch der umgekehrte Fall eintreten. Denn da die Inv-Frist den Antr eines Gläub voraussetzt, § 1994 I, so ist es denkb, daß bis zu ihrem Beginn bereits das Aufgebot, §§ 1970 ff, erledigt od Verschweigg, § 1974, eingetreten war. Wenn jetzt erst die InvFrist versäumt, § 1994 I, od InvUntreue begangen wird, § 2005 I, so behält der Erbe den so ausgeschlossenen Gläub ggü die Ausschließgs- u VerschweiggsEinr, §§ 1973, 1974, obwohl er im Verhältn zu den übrigen NachlGläub seine Haftgsbeschränkg verwirkt hat. Das gleiche gilt gem § 2000 S 3 von der Einr aus § 1989; denn § 1973 gilt entspr, ähnl Siber 43. Praktisches Beispiel: Kiel SeuffA **78** Nr 37.

4) Einzelnen NachlGläub gegenüber, II, haftet der Erbe unbeschränkb, vgl auch § 2016, bei Weigerg, die eidesstattl Vers abzugeben, § 2006 III, ZPO 780 I, und Verzicht, was sich aus § 2012 I 3 indirekt ergibt; sowie in den Sonderfällen der HGB 27, 139. Der Erbe ist dadurch nicht gehindert, die Beschränkbark seiner Haftg den übrigen NachlGläub ggü, zB dch Antr auf NachlVerwaltg oder -Konk, geltd zu machen, weshalb die §§ 1977–1980 anwendb sind, und er kann sich, was als selbstverständl nicht erwähnt ist, insow auf die HaftgsBeschrkg nach §§ 1990–1992 berufen. Von § 1977 (Aufrechng) ist allerdings nur **II** anwendb, vgl Anm 5 dort. – Bzgl eines den Nachl verwaltenden **Nichterben** ist für Verwirkg kein Raum, Siber 79.

V. Aufschiebende Einreden

2014 *Dreimonatseinrede.* Der Erbe ist berechtigt, die Berichtigung einer Nachlaßverbindlichkeit bis zum Ablaufe der ersten drei Monate nach der Annahme der Erbschaft, jedoch nicht über die Errichtung des Inventars hinaus, zu verweigern.

1) Allgemeines. Bis zur Ann gelten zG des vorl Erben § 1958 u ZPO 778. Dem nicht bereits unbeschränkb haftenden Erben, § 2016 I, gewährt das G auch noch nach der Ann der Erbsch eine gewisse **Schonfrist**, währd derer er sich über die Lage des Nachl unterrichten, das Inv vorbereiten u von den andrängenden NachlGläub nicht behelligt w soll; jedoch nicht über die Errichtg des Inv hinaus, da er dadurch ja genügd Überblick über die ErbschVerhältnisse u NachlSchulden erhalten haben wird. Das gleiche Recht haben auch NachlPfleger, -Verw u verwaltender TestVollstr, der gesamtgutsverwaltende Eheg bei der Güt-Gemsch, s Staud-Lehmann Anm 6 vor § 2014. Gegenüber den sofort zu befriedigenden Anspr aus § 1963 (Mutterschutz) und § 1969 (Dreißigster) ist die Einr nicht gewährt; weitere Ausn vgl § 2016 II, wohl aber ggü Erbersatzanspruch. – Entspr Anwendg § 1489 II.

2) Wirkg. Der Erbe ist währd der Schonfrist zur Leistg, § 241, nicht verpflichtet. Daraus u nicht aus § 285 ergibt sich, daß der Erbe durch Unterl der Leistg nicht nach §§ 284 ff in Verzug kommt, RGRK Rdz 7, Kipp-Coing § 100 IV 1, Brox § 40 I 3c, anders die hM, insb RG **79**, 204, wonach die Einr keine materiellrechtl Folgen hat. Vertragl u gesetzl Zinsen laufen weiter. Die Einr hindert jedoch weder Klage auf Leistg noch Verurteilg dazu, ZPO 305 I, auch nicht Aufrechng noch den Beginn der ZwVollstr, die aber nicht zur Befriedigg, sondern nur zur Sicherg des Gläub führen darf, ZPO 782, 783, 785. Daher wird die Verj nicht gehemmt § 202 II. Die **Wirkg** der Einr **zeigt sich** also **erst in der Vollstreckg**. Eine der Form nach auf sofortige Befriedigg lautende Verurteilg hat sachl die Bedeutg einer solchen auf künftige Leistg, s Erm-Barth-Schlüter Rdz 3 vor § 2014. – Stehen dem Erben die Einreden der §§ 2014, 2015 nicht zu u hat er von der Möglichk, seine Haftg auf den Nachl zu beschränken keinen Gebr gemacht, so hat er, wenn er die Erf einer NachlVerbindlichk verweigert, iS von ZPO 93, Anlaß zur Klageerhebg gegeben, Celle JZ **60**, 669.

2015 *Einrede des Aufgebotsverfahrens.* **I** Hat der Erbe den Antrag auf Erlassung des Aufgebots der Nachlaßgläubiger innerhalb eines Jahres nach der Annahme der Erbschaft gestellt und ist der Antrag zugelassen, so ist der Erbe berechtigt, die Berichtigung einer Nachlaßverbindlichkeit bis zur Beendigung des Aufgebotsverfahrens zu verweigern.

II Der Beendigung des Aufgebotsverfahrens steht es gleich, wenn der Erbe in dem Aufgebotstermine nicht erschienen ist und nicht binnen zwei Wochen die Bestimmung eines neuen Termines beantragt oder wenn er auch in dem neuen Termine nicht erscheint.

III Wird das Ausschlußurteil erlassen oder der Antrag auf Erlassung des Urteils zurückgewiesen, so ist das Verfahren nicht vor dem Ablauf einer mit der Verkündung der Entscheidung beginnenden Frist von zwei Wochen und nicht vor der Erledigung einer rechtzeitig eingelegten Beschwerde als beendigt anzusehen.

1) Allgemeines. Diese Einr soll eine gleichm Befriedigg der NachlGläub gewährleisten u unbekannte Gläub vor der Vorwegbefriedigg einzelner vordrängender Gläub schützen; andrs ist die Stellg des Aufgebotsantrags für den Erben befristet, **I**, und ihm uU zur Pfl gemacht, § 1980 II. Der Antr eines MitE kommt den anderen zustatten, soweit sie nicht schon unbeschränkb haften, ZPO 997. Für die Fälle vor Ann der Erbsch ist durch § 2017 gesorgt. Der AufgebotsAntr muß nicht nur gestellt, sond, wenn auch nach Ablauf der Jahresfrist, zugelassen sein, ZPO 947 II.

2) Um Verschleppgen des rechtzeit in Gang gebrachten AufgebotsVerf **vorzubeugen**, werden der Beendigg des AufgebotsVerf die in II genannten Fälle gleichgestellt. Die Verweigergsfrist (I) wird also nicht solange hinausgeschoben, wie ZPO 954 dies für die dort geregelte AntrFrist vorsieht; das Verf ist schon dann als beendigt anzusehen, wenn der Erbe nicht innerh von 2 Wochen den Antr auf Bestimmg eines neuen Termins gestellt hat od in diesem nicht erschienen ist, RGRK Rdz 2, 3. Verlust der Einr tritt nicht ein, wenn der ausgebliebene Erbe vor dem ersten od zweiten Termin den Antr auf AusschlUrt schriftl od zu Protokoll gestellt hat, Erm-Barth-Schlüter Rdz 2. III berücksichtigt die nach ZPO 952 IV mögliche sof Beschw, ZPO 577 II.

2016 *Ausschluß der Einreden bei unbeschränkter Erbenhaftung.* I Die Vorschriften der §§ 2014, 2015 finden keine Anwendung, wenn der Erbe unbeschränkt haftet.

II Das gleiche gilt, soweit ein Gläubiger nach § 1971 von dem Aufgebote der Nachlaßgläubiger nicht betroffen wird, mit der Maßgabe, daß ein erst nach dem Eintritte des Erbfalls im Wege der Zwangsvollstreckung oder der Arrestvollziehung erlangtes Recht sowie eine erst nach diesem Zeitpunkt im Wege der einstweiligen Verfügung erlangte Vormerkung außer Betracht bleibt.

1) Abs I. Dem allg (od einzelnen) unbeschränkbar Haftenden, § 2013 Abs 1 u 2, sind die Einreden nicht gegeben; denn sie sollen dem Erben ja gerade die Haftgsbeschrkg vorbereiten u sichern. NachlVerw u verwaltender TestVollstr können aber noch das Aufgebot beantragen u nach Maß von § 2015 die AufgebotsEinr geltd machen, § 1970 Anm 3, Staud-Lehmann Anm 2.

2) Abs 2. Die Einreden wirken auch nicht ggü den nach § 1971 bevorrechtigten RealGläub, soweit sie sich bei der RVerfolgg auf den dingl Anspr in die ihnen haftenden Ggstände beschränken od es sich um eine vom Erben bewilligte Vormkg handelt. Soweit die Rechte durch ZwVollstr nach dem Erbf erlangt sind, kann der Erbe nach ZPO 782, 783, 785 vorgehen.

2017 *Fristbeginn bei Nachlaßpflegschaft.* Wird vor der Annahme der Erbschaft zur Verwaltung des Nachlasses ein Nachlaßpfleger bestellt, so beginnen die im § 2014 und im § 2015 Abs. 1 bestimmten Fristen mit der Bestellung.

1) Nachl Pflegschaft vor ErbschAnnahme. Da vor der Ann der Erbsch ein Anspr, der sich gg den Nachl richtet, nur gg einen etwaigen NachlPfleger gerichtl geltd gemacht w kann, §§ 1958, 1960 II, III, 1961, müssen diese, soweit er nicht ledigl zur NachlSicherg bestellt ist (was aber kaum vorkommt), auch die Einreden gewährt sein, deren Fristen mit seiner Bestellg durch das NachlG, Bek der Bestellg an ihn, FGG 16, zu laufen beginnen. Für einen NachlVerwalter gilt das gleiche, doch ist NachlVerwaltg vor ErbschAnn selten. Für den TestVollstr beginnt die Frist mit ErbschAnn od der etwaigen vorherigen Bestellg eines verwaltenden NachlPfl, Staud-Lehmann Anm 3. Wird die NachlPflegsch inf ErbschAnn aufgeh, § 1919, so laufen die begonnenen Fristen weiter.

Dritter Titel. Erbschaftsanspruch

Einführung

Schrifttum: Johannsen, Die Rechtsprechg des BGH auf dem Gebiet des ErbR, Der ErbschAnspr WPM **72**, 914/922; **77**, 271; Weimar, Der ErbschAnspr u die EinzelAnspr des Erben MDR **76**, 728; Lange-Kuchinke § 42; Kipp-Coing §§ 105–110.

1) ErbschAnspruch, Erbrechtsfeststellg. Ebso wie die Erbsch mit dem Erbfall als Ganzes auf den Erben übergeht, § 1922 I, so muß der Erbe, ohne auf ebenf zulässige, § 2029, Einzelklagen angewiesen zu sein, die Möglichk haben, den Anspr auf Herausg des Nachl als Ganzes gg den ErbschBesitzer, dh denjenigen geltd zu machen, der den Nachl für sich als Erben in Anspr nimmt, RG **81**, 152. Von diesem ErbschAnspr ist die Klage auf Feststellg des ErbR, ZPO 27, 256, zu unterscheiden, bei welcher das ErbR, nicht die Erbsch ProzGgst ist, währd es beim ErbschAnspr um die Erbsch u nicht um das ErbR geht. Doch können beide Klagen miteinander verbunden werden, StJP Anm III 2 zu ZPO 27, was wg der Rechtskr Wirkg, ZPO 322, von Bedeutg u für den Kläger von Vorteil ist, vgl § 2018 Anm 4. Der Erbe kann aber auch EinzelAnspr gg den ErbschBesitzer geltd machen, dessen Haftg sich auch in diesem Fall wie beim ErbschAnspr regelt, § 2029. Die Erbenhaftg trifft in jedem Falle den Erben u nicht den ErbschBesitzer.

2) DDR. Ein bes ErbschAnspr ist im ZGB nicht enthalten, s hiezu Kittke ROW **76**, 29/33, Meincke JR **76**, 47/48.

2018 *Herausgabepflicht des Erbschaftsbesitzers.* Der Erbe kann von jedem, der auf Grund eines ihm in Wirklichkeit nicht zustehenden Erbrechts etwas aus der Erbschaft erlangt hat (Erbschaftsbesitzer), die Herausgabe des Erlangten verlangen.

1) Anspruchsberechtigt sind der Erbe, der MitE mit der Maßg des § 2039 und auch gg MitE, der Erbteilserwerber, § 2033 I, der PfändgsGläub eines Erbteils, Warn **11** Nr 139, der ErbschKäufer, § 2371, dieser aber erst nach Abtretg des HerausgAnspr, der NachlVerw, § 1984, und NachlKonkVerw, KO 6, der verwaltende TestVollstr, §§ 2211, 2212, der NachE ggü Dritten nach Eintritt des NachErbf; ggü dem VorE ist der HerausgAnspr in § 2130 bes geregelt, s jedoch Anm 3 aE; der NachlPfleger, der ja nur den zukünft Erben vertritt, aber mit ähnl Befugnissen ausgestattet ist, braucht die Nichtberechtigg des Erbansprechers nicht zu beweisen, bestr, vgl dazu BGH NJW **72**, 1752, Brox § 33 II, Barth-Schlüter Lehrb § 34 VI 1, auch § 1960 Anm 5 C c bb.

2) Erbschaftsbesitzer ist, wer „auf Grd eines ihm in Wirklichk nicht zustehenden Erbrechts etwas aus der Erbsch erlangt hat". Ihm gleich steht derj, der durch Vertr die Erbsch von einem ErbschBesitzer erwirbt, § 2030. Der Besitzer muß sich also (gutgl od bösgl) ein **Erbrecht angemaßt** haben, das ihm nicht (od, beim MitE, RG **81**, 293, nicht in diesem Umfange) zusteht. Dieser Tatbestd würde für die negat Feststellgsklage, ZPO 256, RG JW **19**, 724, ausreichen. Beim ErbschAnspr muß aber noch hinzukommen, daß der Besitzer aGrd des angemaßten Erbrechts, also nicht aGrd behaupteten Vermächtnisses, Erm-Barth-Schlüter Rdz 2, etwas aus der Erbsch erlangt hat (darüber Anm 3). Darunter fällt also nicht der Erbe, der ausschlug (gg ihn nur Anspr aus GeschFg ohne Auftr, § 1959; das gilt auch dann, wenn er die Ausschlagg zu Unrecht nicht als wirks gelten lassen will, Brox § 33 III 1, bestr), od, wer aGrd vermeintl persönl od dingl Anspr gg den Erbl od auch ohne solche (zB der Dieb) den Nachl ganz od teilw an sich genommen hat. (Hier hilft dem Erben der Besitzschutz, §§ 857 ff, der Anspr aus dem früh Besitz, § 1007, und auf Ausk, § 2027 II). Deshalb scheiden hier auch NachlPfleger (u -Verw), NachlKonkVerw u TestVollstr, RG **81**, 152, aus, da sie nicht aGrd angemaßten Erbrechts, sond kraft ihres Amtes besitzen, Barth-Schlüter Lehrb § 34 VI 2 (abgesehen von dem seltenen Fall, daß sie etwas zur Masse gezogen haben, bzgl dessen der Erbe nur ErbschBesitzer war, Planck-Flad Anm 2 b α). Doch kann gg sie ErbRFeststellgsKlage erhoben werden, wenn sie dem Erben sein ErbR streitig machen, RG **106**, 46, BGH N 1 **LM** zu § 1960. – ErbschBesitzer ist auch der NachlSchu, der dem wahren Erben die Erf mit der Behauptg, selbst Erbe zu sein, verweigert, Staud-Lehmann Anm 17.

2a) Über die Stellg des **vermeintl Erben in der OHG** und das RechtsVerh zw dem vermeintl und dem wahren Erben des Gesellschafters einer OHG s Fischer in Festschr: Recht im Wandel, 150 Jahre Heymann-Verlag, 1965, S 271.

3) Erlangt muß etwas **aus dem Nachl** sein; Erwerb des mittelb Besitzes genügt; es kann auch der ganze Nachl erlangt sein (zB von dem sich AlleinR anmaßenden MitE; von einem Erbansprecher, der unter Vorlegg eines gefälschten Erbscheins vom NachlPfleger den ganzen Nachl ausgehändigt erhielt). Erlangt sein können „zur Erbschaft gehörende Sachen", § 2023 I, auch wenn sie nicht im Eigt des Erbl, sond nur in seinem unmittelb od mittelb Besitz standen (von ihm also nur gemietet, gepachtet od ihm anvertraut waren). Ferner ErbschGgstände (Fdgen u Rechte), § 2025, insb, was der ErbschBesitzer durch RGesch mit Mitteln der Erbbsch erlangt hat, § 2019, u was an ihn auf NachlFdgen geleistet worden ist, sowie die durch Aufrechng gg eine NachlFdg erfolgte Schuldbefreiung. Als erlangt gilt auch, was schon **vor dem Erbfall** erlangt u ErbschBesitz einbehalten wurde, zB ein vom Erbl gewährtes Darl, dessen Rückzahlg der ErbschBesitzer jetzt verweigert, od dem Erbl gehörende Sachen, Grdste, die der ErbschBesitzer ohne Einverständn des Erbl an sich brachte, um sie dann aGrd seines vermeintl ErbR zu behalten, RG **81**, 295, KG OLGZ **74**, 17. War dies aber mit Willen des Erbl geschehen, so greift nicht der ErbschAnspr, sond uU der PflichttErgänzgsAnspr, § 2325, ein. Aus dem Nachl erlangt hat ein NichtE auch Beträge, die er aus einem ihm vom Erbl übergebenen Blankoscheck nach dessen Tod erhalten hat; er hat sie an den Erben herauszugeben, weil die Leistg der Scheckvaluta erst nach dem Erbf erfolgt ist, KG NJW **70**, 329, aM Finger ebda 954. – Bei **anfechtbarem Erbrecht**, §§ 2078, 2340, wird der Anfechtsgegner bei wirks Anfechtg zum ErbschBesitzer, wenn er etwas aus der Erbsch erlangt hat; ebso, wer seine Erbenstellg nach Erbunwürdigk-Erkl eingebüßt hat, Soergel-Dieckmann Rdz 6; desgl der **VorE**, wenn er nach Eintritt des Nacherbfalls unter dem Vorgeben fortdauernden Erbrechts etwas erlangt, Kipp-Coing § 50 III 1, od das früher Erlangte mit gleichem Vorbringen behält, RG **81**, 293.

4) Auf Herausgabe des Erlangten geht der ErbschAnspr. Dieser ähnlt dem EigtAnspr der §§ 989–993, vgl auch § 2023 I, ist aber als erbrechtl **Gesamtanspruch** (ZusFassg der auf das Erlangte sich beziehenden EinzelAnspr) ausgestaltet, der als solcher **verjähren kann**, §§ 2026, 2031 I 2, und, auch wenn er nur auf Herausg einer Einzelsache geht, doch nur dann begründet ist, wenn der Bekl selbst ein ErbR behauptet. Auch bei der Gesamtklage sind die einzelnen NachlGgstände bestimmt zu bezeichnen, ZPO 253 II Nr 2, vgl jedoch § 254 ZPO. Das Erlangte ist als Ganzes herauszugeben. Der Anspr ist **vererbl**, übertragb u pfändb. Der klagende MitE muß Leistg an alle Erben od Hinterlegg verlangen, § 2039. Gg MitE geht der Anspr auf Einräumg des entspr Mitbesitzes an der Erbsch, RG LZ **14**, 576. Keine notw Streitgenossensch, RG **95**, 97. Der Bekl kann auch gg die Gesamtklage **Einzeleinreden** geltd machen, mit denen er nur ein Recht auf einzelne der herausverlangten Ggstände behauptet. Der ErbschBesitzer kann gg das HerausgVerlangen des Erben kein Zurückzahlgrecht wg eines ihm zustehenden PflichttRechts geltd machen, KG OLGZ **74**, 17. Die **Rechtskraft** des Urt wirkt nur unter den Parteien, ZPO 322, 325, u deckt nur den Anspr auf die einzelnen Ggstände, die der klagende Erbe herausverlangt hat. Deshalb wird zweckm mit der Herausg die Klage auf Feststellg des ErbR, ZPO 27, 256, u auf Ausk, § 2027, ZPO 260, 254, verbunden. Soweit der Kläger dann weitere Ggstände über das Verzeichn des Beklagten hinaus verlangt, ist zwar nicht deren Zugehörigk zur Erbsch, aber doch wenigstens das ErbR rechtskr festgestellt.

5) Beweispflicht. Der Kläger hat sein **Erbrecht** zu beweisen, zB durch Beibringg einer formgerechten letztw Vfg od (bei gesetzl Erbfolge) eines Erbscheins, § 2365, dessen Vermutg jedoch vom Bekl widerlegt w kann (RG **92**, 71; vgl § 2365 Anm 2). Ferner hat er zu beweisen, daß der **Gegner etwas aus der Erbsch zu irgend einer Zeit erlangte**. Der Gegner hat demggü den **Wegfall des Besitzes** der Sache od der Bereicherg, § 2021, zu beweisen. Die bes Gestaltg der ErbschKlage zeigt sich darin, daß sie schon abzuweisen ist, wenn dem Kläger der Bew seines ErbR nicht gelingt.

2019 *Surrogation.* ¹ Als aus der Erbschaft erlangt gilt auch, was der Erbschaftsbesitzer durch Rechtsgeschäft mit Mitteln der Erbschaft erwirbt.

II Die Zugehörigkeit einer in solcher Weise erworbenen Forderung zur Erbschaft hat der Schuldner erst dann gegen sich gelten zu lassen, wenn er von der Zugehörigkeit Kenntnis erlangt; die Vorschriften der §§ 406 bis 408 finden entsprechende Anwendung.

1) Dingl Ersatzherausgabe (Surrogation) ist damit hier anerkannt. Über Surrogation s auch §§ 2041, 2111 u dazu allg Meincke, BewertgsR § 5 IV. Wenn der Besitzer ErbschGgstände veräußert, NachlFdgen einzogen od mit NachlMitteln etwas erworben hat, so wird das Erworbene von selbst BestandT des Nachl u unterliegt der HerausgPfl, § 2018, u im Konk des ErbschBesitzers der Aussonderg, KO 43, ohne daß es auf den Willen des Erben, des ErbschBesitzers oder des Dritten ankäme, s Werner JuS 73, 434/436. Die Surrogation kann sich auch wiederholen, Staud-Lehmann Anm 4. Wegen des guten Glaubens des Dritten vgl II. Das Eigt steht unmittelb dem wahren Erben zu. Bei grundbuchl Eintragg des ErbschBesitzers hat der Erbe den BerichtiggsAnspr, § 894, GBO 22. Surrogation tritt **nicht** ein, wenn der erlangte Vorteil völlig im Vermögen des ErbschBesitzers aufgeht, so bei Bezahlg eigener Schulden mit ErbschMitteln od Aufrechng mit einer NachlFdg gg eine Eigenschuld, Staud-Lehmann Anm 4. Hier nur WertErs nach BereichergsGrds, § 2021, Erm-Barth-Schlüter Rdz 3, aM Lange, Lehrb § 43 III 2 d². Surrogation tritt auch nicht ein bei höchstpersönl Rechten, zB Nießbr, od bei Rechten, die Bestandt eines dem ErbschBesitzer gehörigen Grdstücks sind. § 96, RGRK Rdz 1, ebso nicht, wenn der vermeintl Erbe einen ErbschGgst als seine Einlage in eine KG einbringt, die Kommanditistenstellg ist kein Surrogat des ErbschGgst, BGH NJW 77, 433.

2) Mit Mitteln der Erbsch muß der Erwerb erfolgt sein, vgl § 2111 Anm 2b. Bei Erwerb mit eigenen u NachlMitteln entsteht MitEigt zw dem Erben u dem ErbschBesitzer, § 1008.

3) Rechtsgeschäftl Erwerb wird vorausgesetzt. Rechtsgeschäftl ist der Erwerb auch dann, wenn der ErbschBesitzer tatsächl ErbschMittel weggibt, der Erbe kann das Surrogat verlangen und muß nur gg dessen Aushändig die Vfg genehmigen, Kipp-Coing § 107 II 1, Lüke-Göler JuS 75, 381f, str. Auch Gegengeschenke für verschenkte NachlSachen unterliegen der Surrogation, Staud-Lehmann Anm 14, einschränkd Brox § 35 II 1a. Gesetzl Ersatzvorteile, die inf „Zerstörg, Beschädigg oder Entziehg eines ErbschGegenstandes", § 2111 I 1, an dessen Stelle getreten sind, stehen ohne weiteres dem Erben zu. Dies brauchte angesichts der weiten Fassg des 2018 u des nach § 2021 anwendb § 818 nicht bes hervorgehoben zu werden, Staud-Lehmann Anm 7. Doch gilt für den Schu dieser Fdgen II nicht, da dort rechtsgeschäftl Erwerb vorausgesetzt ist, wohl aber §§ 851, 893, 2367, Staud-Lehmann Anm 8.

4) Schutz des gutgläubigen Schuldners, II, ist in entspr Anwendg der §§ 406–408 angeordnet; nicht die Kenntn der (gar nicht stattfindenden) Abtretg, auch nicht die Geltendmachg der Fdg, sond Kenntn der Zugehörigk der Fdg zur Erbsch entscheidet. Daß der Schu dem Erben die zZ der Kenntn gg den ErbschBesitzer begründeten Einwendgen (zB aus Sachmängeln, Verjährg) entgegensetzen kann, § 404, versteht von selbst. Nach § 406 kann unter den dort bezeichneten Voraussetzgen der Schu eine ihm gg den ErbschBesitzer zustehende Fdg auch ggü dem Erben aufrechnen. Leistgen des Schu an den Besitzer befreien nur, wenn sie vor Kenntn der NachlZugehörigk der Fdg erfolgt sind, § 407. Das gleiche gilt für Leistgen u RGeschäfte des Schuldners bei Weiterabtretg, § 408.

2020 *Nutzungen und Früchte.* Der Erbschaftsbesitzer hat dem Erben die gezogenen Nutzungen herauszugeben; die Verpflichtung zur Herausgabe erstreckt sich auch auf Früchte, an denen er das Eigentum erworben hat.

1) Nutzungen, § 100, sind herauszugeben, soweit sie gezogen sind; anders nach RHängigk od bei bösem Glauben, §§ 2023 II, 2024, 987 II. — **Früchte,** § 99, soweit noch vorhanden, sind herauszugeben, auch wenn der ErbschBesitzer nach § 955 an ihnen Eigt erlangt hatte. Insow keine dingl Surrogation, § 2019, sond schuldrechtl HerausgPfl. Wenn aber der ErbschBesitzer nach § 955, zB wg Bösgläubigk, nicht Eigt erwerben konnte, dann dingl Herausg, Kipp-Coing § 107 II 4, str. Halbs 2 gilt auch für die mittelb Sach- u Rechtsfrüchte, vgl § 99 Anm 2b, 3b. Bei Nichtvorhandensein tritt in allen Fällen Haftg nach BereichergsGrds ein, § 2021.

2021 *Herausgabepflicht nach Bereicherungsgrundsätzen.* Soweit der Erbschaftsbesitzer zur Herausgabe außerstande ist, bestimmt sich seine Verpflichtung nach den Vorschriften über die Herausgabe einer ungerechtfertigten Bereicherung.

1) Allgemeines. Die HerausgPfl selbst ist in § 2018 bestimmt. Hier handelt es sich um den nach BereichergsGrdsätzen eingeschränkten Umfang der HerausgPfl, §§ 818ff, des gutl u noch nicht verklagten ErbschBesitzers. Bei Bösgläubigk, Rechtshängigk od gewaltsamer Aneigng ist die Haftg verschärft, §§ 2023, 2024, 2025.

2) Herausgabe in Natur muß unmögl sein. Dies ist bei bloßen GebrVorteilen (zB mietefreier Benutzg der ErblWohng) ohne weiteres, sonst bei Untergang od Verbrauch des Ggstandes der Fall. Der Grd für die Unmöglichk ist gleichgültig. Der dingl HerausgAnspr verwandelt sich nun in einen schuldrechtl ErsAnspr, § 818 II, der entfällt, soweit der Empf nicht mehr bereichert ist, § 818 III. Dies gilt auch bei einem in einer GeldFdg bestehenden ErbschAnspruch, wo die Unmöglichk, § 275, mit Rücks auf § 279 an sich noch nicht befreit, RG Recht 20 Nr 417. Verwendgen des ErbschBesitzers, gleichgültig ob mit eigenen od mit

NachlMitteln, sind auf die herauszugebende Bereicherg anzurechnen, § 2022 I. Auch Ausgaben des gutgl ErbschBesitzers, die er mit Rücks auf sein vermeintl ErbR aus seinem Vermögen machte, sind anzurechnen, soweit er sie nicht machte, um in den Besitz der Erbsch zu kommen, zB Erbscheinskosten, RGRK Rdz 5, Staud-Lehmann Anm 7, 8, Brox § 33 V 1. Der Beschenkte ist dem Erben unmittelb zur Herausg verpflichtet, § 822; s jedoch § 814.

2022 Ersatz von Verwendungen.
I Der Erbschaftsbesitzer ist zur Herausgabe der zur Erbschaft gehörenden Sachen nur gegen Ersatz aller Verwendungen verpflichtet, soweit nicht die Verwendungen durch Anrechnung auf die nach § 2021 herauszugebende Bereicherung gedeckt werden. Die für den Eigentumsanspruch geltenden Vorschriften der §§ 1000 bis 1003 finden Anwendung.

II Zu den Verwendungen gehören auch die Aufwendungen, die der Erbschaftsbesitzer zur Bestreitung von Lasten der Erbschaft oder zur Berichtigung von Nachlaßverbindlichkeiten macht.

III Soweit der Erbe für Aufwendungen, die nicht auf einzelne Sachen gemacht worden sind, insbesondere für die im Absatz 2 bezeichneten Aufwendungen, nach den allgemeinen Vorschriften in weiterem Umfang Ersatz zu leisten hat, bleibt der Anspruch des Erbschaftsbesitzers unberührt.

1) Der gutgläubige ErbschBesitzer (anders bei bösem Glauben od Rechtshängigk, vgl §§ 2023 bis 2025) ist ggü dem **dingl Anspr** auf Herausg der zur Erbsch gehörenden Sachen besser gestellt als der Besitzer im Verh zum Eigentümer, §§ 985 ff. Denn der VergütgsAnspr für Aufwendgen, gleichsam das Ggstück zu seiner HerausgPfl, beschränkt sich nicht lediglich auf notw u werterhöhende Verwendgen (wie bei § 996) od die hins einer einzelnen Sache gemachten Aufwendgen. Alle für die Erbsch im allg gemachten, auch die nicht nutzbringenden, Verwendgen sind zu ersetzen, soweit sie nicht schon durch Anrechng (innere Ausgleichg, keine Aufrechng) auf die nach § 2021 herauszugebende Bereicherg gedeckt werden, **I 1**. Aus der entspr Anwendg der §§ 1000–1003 I 2, ergibt sich, daß dem ErbschBesitzer ein Zurückbehaltgs**R**, § 1000, s Anm 2, ein pfandähnliches Recht, sich selbst unmittelb aus der Sache zu befriedigen, §§ 1003 I 2, II, u ein klagbarer Anspr auf Ers der Verwendgen nach § 1001 zusteht, s auch § 1002 (AusschlFrist), Erm-Barth-Schlüter Rdz 4; auch ein WegnahmeR, §§ 997, 258, ist ihm einzuräumen, Brox § 33 VI 1. – Der **schuldrechtl HerausgAnspr** in bezug auf **Früchte**, an denen er das Eigt erworben hat, unterliegt denselben Einschränkgen, obwohl es hier (anders bei § 2023 II) an einer ausdrückl Vorschr fehlt. Zu den nach **II** zu ersetzenden Verwendgen zählt auch die bezahlte ErbschSteuer, RGRK Rdz 6.

2) Das Zurückbehaltsgrecht, I 2, §§ 1000, 273, 274, steht dem Besitzer wg aller Aufwendgen an allen herauszugebenden Sachen zu. Er kann also die Herausg einer Einzelsache auch dann verweigern, wenn die Verwendgen nicht auf diese, sond auf eine andere NachlSache, selbst wenn sie nicht mehr vorhanden ist, od auf die Erbsch im ganzen gemacht worden sind; eigene ArbLeistg ist aber nur dann eine Verwendg, wenn dadch für den Besitzer ein Verdienstausfall entsteht, KG OLGZ **74**, 17. Soweit Anrechng, **I 1**, erfolgt, schließt sie ZbR aus. – ErbschBesitzer, der zugl Vermächtn- od Pflichtteilsberecht ist, hat ZbR wg Verwendgen, nicht aber wg Vermächtn- oder PflichtAnsprüchen, Warn **13** Nr 233, KG aaO, Staud-Lehmann Anm 15, dazu auch Dütz NJW **67**, 1105f. Über entspr Anwendg ggü HerausgAnspr des NachlPflegers s BGH NJW **72**, 1752. – § 2022 gilt entspr für den Anspr der Erben auf Berichtigg des Grundbuchs, wenn ErbschBesitzer eine zu seinen Gunsten lautende unrichtige Eintragg erlangt hat. Er kann Zust verweigern, bis ihm Verwendgen auf das Grdst ersetzt sind, Erbe muß sich durch Eintragg eines Widerspruchs sichern, Staud-Lehmann Anm 13.

3) Nach Herausgabe der Erbsch ist der ErsAnspr des Besitzers ebso beschränkt wie ggü der EigtKlage, **I 2**, §§ 1001–1003. VergütgsAnspr besteht also nur, wenn der Erbe die Sache wiedererlangt od die Verwendg genehmigt.

4) Weitergehende Haftg des Erben, **III**, kann aus Bereicherungsgründen gegeben sein, wenn der Besitzer über die Zulänglichk des Nachl hinaus NachlVerbindlichk berichtigt hat u der Erbe unbeschränkb haftet, § 2013 I.

2023 Haftung bei Rechtshängigkeit.
I Hat der Erbschaftsbesitzer zur Erbschaft gehörende Sachen herauszugeben, so bestimmt sich von dem Eintritte der Rechtshängigkeit an der Anspruch des Erben auf Schadensersatz wegen Verschlechterung, Unterganges oder einer aus einem anderen Grunde eintretenden Unmöglichkeit der Herausgabe nach den Vorschriften, die für das Verhältnis zwischen dem Eigentümer und dem Besitzer von dem Eintritte der Rechtshängigkeit des Eigentumsanspruchs an gelten.

II Das gleiche gilt von dem Anspruche des Erben auf Herausgabe oder Vergütung von Nutzungen und von dem Anspruche des Erbschaftsbesitzers auf Ersatz von Verwendungen.

1) Von der Rechtshängigk an, die mit Klagerhebg, ZPO 263 (jetzt § 261), od Geltdmachg, nach ZPO 281 (jetzt § 261 II), eintritt u dch Urt, Vergl od KlageRückn endet (vgl auch § 212), **verschärft sich die Haftg des Besitzers und mindert sich sein Gegenanspruch**. Denn der Besitzer muß nun mit der Möglichk rechnen, daß nicht er, sond ein anderer der wahre Erbe ist, und von da ab die Erbsch wie fremdes Gut ansehen u behandeln. Er haftet dann wg untergegangener, verschlechterter oder veräußerter Sachen auf SchadErs, §§ 249–255, Verschulden, §§ 276, 989, sowie wg schuldh nicht gezogener Nutzgen, **II**, § 987 II.

Rechtl. Stellg d. Erben. 3. Titel: Erbschaftsanspruch §§ 2023–2026

2) Der **Bereicherngsanspruch** des Erben, § 2021, richtet sich nach allg Vorschriften, § 818 IV, dh nach §§ 285, 287, 288, 291, 292, s RG JW **38**, 1025. Hat der ErbschBesitzer den Wegfall der Bereicherg hier nicht, sei es auch nur wg Verzugs, § 287 S 2, zu vertreten, so haftet er nicht, §§ 292, 989, Erm-Barth-Schlüter Rdz 2, Brox § 33 V 2; Soergel-Dieckmann Rdz 2, bestr.

3) Verwendungen, II, sind nach Grdsätzen der GeschFg oA, § 994 II, zu ersetzen, sofern sie notw u gerade auf die herauszugebende Sache gemacht waren, soweit nicht § 2022 III eingreift, vgl dort, Kipp-Coing § 108 I 1 b, 4, bestr, s Soergel-Dieckmann Rdz 3.

2024 *Haftung bei Bösgläubigkeit.* Ist der Erbschaftsbesitzer bei dem Beginne des Erbschaftsbesitzes nicht in gutem Glauben, so haftet er so, wie wenn der Anspruch des Erben zu dieser Zeit rechtshängig geworden wäre. Erfährt der Erbschaftsbesitzer später, daß er nicht Erbe ist, so haftet er in gleicher Weise von der Erlangung der Kenntnis an. Eine weitergehende Haftung wegen Verzugs bleibt unberührt.

1) Ursprüngliche Bösgläubigk bei Erlangg des Besitzes liegt vor, wenn der Besitzer weiß od es ihm inf grober Fahrlk (zB Nichtlesen des vorgefundenen Test) unbekannt blieb, daß er nicht Erbe ist. Dann haftet er ggü den Herausg- u BereicherngsAnspr wie bei Rechtshängigk, § 2023, und bei Verzug (durch Mahng od Klageerhebg) wg Zufalls, S 3; §§ 284 II, 287.

2) Nachträgl Bösgläubigk tritt ein, wenn Besitzer später erfährt, „daß er nicht Erbe ist". Grobe Fahrlk genügt hier nicht, RG **56**, 317; vgl § 990 Anm 1b. – **Beweispflichtig** für Bösgläubigk u Verzug ist der Erbe.

3) Haftg wg Bösgläubigk hins des ErbR **entfällt,** wenn bzgl eines einzelnen Ggstands hins eines Rechts zum Besitz Gutgläubigk vorliegt, Staud-Lehmann Anm 3, Kipp-Coing § 108 II mit § 106 VII.

2025 *Haftung bei unerlaubter Handlung.* Hat der Erbschaftsbesitzer einen Erbschaftsgegenstand durch eine Straftat oder eine zur Erbschaft gehörende Sache durch verbotene Eigenmacht erlangt, so haftet er nach den Vorschriften über den Schadensersatz wegen unerlaubter Handlungen. Ein gutgläubiger Erbschaftsbesitzer haftet jedoch wegen verbotener Eigenmacht nach diesen Vorschriften nur, wenn der Erbe den Besitz der Sache bereits tatsächlich ergriffen hatte.

Vorbemerkung: In § 2025 sind die Worte „strafbare Handlung" dch das Wort „Straftat" ersetzt, Art 121 Nr 3 EGStGB v 2. 3. 74, BGBl 469, in Kraft ab 1. 1. 75, Art 326 I d G.

1) Durch eine Straftat (Fälschg des Test, § 2339 I Nr 4, od Erbscheins, Betrug) muß der Erbsch-Ggst (Sache od Recht, zB Einziehg einer NachlFdg aGrd gefälschter Urk) erlangt sein. Daß der Besitzer dann bösgl ist (anders **S 2**), erscheint selbstverständl. Jedenf ist hier guter Glaube, § 2024, der bei TestFälschg des an sein ErbR glaubenden Besitzers vorkommen könnte (vgl RG **81**, 413), gleichgültig, Kipp-Coing § 108 IV.

2) Verbotene Eigenmacht, § 858, an ErbschSachen ist auch mögl, wenn der Erbe den Besitz noch nicht tatsächl ergriffen hatte, S 2, § 854 I; denn er hatte den Besitz bereits mit dem Erbfall erworben, § 857. Der gutgl ErbschBesitzer (mag sein guter Glaube auch auf einfacher Fahrlk beruhen) haftet in solchem Falle nicht aus unerl Hdlg, sond wie ein gewöhnl ErbschBesitzer. Hatte der Erbe bereits Besitz ergriffen, so haftet der gutgl wie der bösgl ErbschBesitzer bei verbotener Eigenmacht nach **S 1**. Die Haftg wg verbotener Eigenmacht setzt infolge der Bezugnahme auf §§ 823 ff Verschulden voraus, Erm-Barth-Schlüter Rdz 3, Brox § 33 V 4. Die Erlangg dch verbotene Eigenmacht kann auch im Ausland erfolgt sein, Ferid GRUR, Intern Teil, **73**, 472/476.

3) Die Haftg regelt sich nach §§ 823ff, geht also auf Wiederherstellg, § 249. Zufälliger Untergang befreit grdsätzl nicht, § 848. Verwendgen sind nach §§ 850, 994–996 zu ersetzen. Verjährg s Anm 2 zu § 2026.

2026 *Keine Berufung auf Ersitzung.* Der Erbschaftsbesitzer kann sich dem Erben gegenüber, solange nicht der Erbschaftsanspruch verjährt ist, nicht auf die Ersitzung einer Sache berufen, die er als zur Erbschaft gehörend im Besitze hat.

1) Ersitzg, s für bewegl Sachen §§ 937ff, für Grdst § 900; keine Ersitzg der Erbsch im ganzen, Staud-Lehmann Anm 13. Eigtümer ist der Erbe, § 1922 I. Der gutgl ErbschBesitzer von bewegl Sachen, § 937 II (Eintraggsersitzg nach § 900 kommt wg der 30jährigen Frist für § 2026 nicht in Betr), kann nach 10 Jahren, § 937 I, Eigt ersitzen, währd der ErbschAnspr erst in 30 Jahren verjährt, § 195. Der Besitzer ist also trotz erlangten Eigtums bei nicht verjährtem ErbschAnspr dem Erben schuldrechtl zur Herausg verpflichtet, kann sich aber Dritten ggü auf die Ersitzg berufen, Lange-Kuchinke § 42 II 3 S 702[50], IV 6c; aM Brox § 33 VIII 2, der annimmt, es handle sich um einen dem Erben ggü relativ unwirks ErsitzgsErwerb des ErbschBesitzers, s auch Staud-Lehmann Anm 11, Soergel-Dieckmann Rdz 3.

2) Die Verjährg des Anspr beginnt einheitl, sobald etwas aus der Erbsch erlangt ist, § 2018. Der Schad-ErsAnspr des § 2025 verjährt nach § 852 in 3 Jahren, aM Lange Lehrb § 42 IV 4 b[5], die idR konkurrierenden Anspr aus §§ 2018, 2024 aber in 30 Jahren, § 195. Wird der Erbe durch wirks Anfechtg, §§ 2078, 2340, zum ErbschBesitzer, so beginnt die Verj des ErbschAnspr nach § 200 schon mit der Zulässigk der Anfechtg, sobald der AnfGegner etwas aus der Erbsch erlangt hat. Unterbrochen, § 209, wird die Verj nur hins der im KlageAntr bezeichneten Ggstände, vgl § 2018 Anm 4. Mit Eintritt der Verjährg erlangt ErbschBesitzer aber nicht die RStellg des Erben, Staud-Lehmann Anm 7.

3) Die Ersitzungszeit bei einer dem Erbl nicht gehörenden Sache kommt dem Erben zustatten, § 944, wenn er nicht bösgl ist, § 937 II.

2027 *Auskunftspflicht des Erbschaftsbesitzers.* ᴵ Der Erbschaftsbesitzer ist verpflichtet, dem Erben über den Bestand der Erbschaft und über den Verbleib der Erbschaftsgegenstände Auskunft zu erteilen.

ᴵᴵ Die gleiche Verpflichtung hat, wer, ohne Erbschaftsbesitzer zu sein, eine Sache aus dem Nachlaß in Besitz nimmt, bevor der Erbe den Besitz tatsächlich ergriffen hat.

1) Auskunftspflicht des ErbschBesitzers, §§ 2018, 2030. Er ist schon nach § 260 I zur Vorlegg eines Bestandsverzeichnisses u nach § 260 II idF des Art 2 § 1 Nr 1 G v 27. 6. 70 (BGBl 911) zur Abg der eidesstattl Vers verpflichtet, von geringfüg Nachl abgesehen, § 260 III; freiw Abg vor dem FG-Gericht: FGG 163, zust Rechtspfleger, RPflG 3 Nr 1b; nach Verurteilg vor dem VollstreckgsG: ZPO 889, Düss MDR **60,** 590, vor dem FGGericht in diesem Fall nur, wenn Gläub u Schu einverst sind, s Hamm Rpfleger **58,** 189. – OffenbargsPfl betrifft den **Aktivbestand,** auch den Voraus des erbschaftsbesitzden Eheg, SeuffA **66** Nr 141, **nicht die Schulden,** RGSt **71,** 360. Darüber hinaus hat der Besitzer dem Erben sowie dem NachlPfleger, -Verw, TestVollstr über den Verbleib der nicht mehr vorhandenen od nicht auffindb Ggstände Ausk zu erteilen. Die Erfordernisse der Ausk gehen also nicht soweit wie die des Inv, § 2001. AuskPfl über Verbleib schließt aber Rechnsglegg über Verw in sich, Soergel-Dieckmann Rdz 1. Klage auf AuskErteilg, ZPO 27, macht den ErbschAnspr nicht rechtshäng, RG **115,** 29, u unterbricht nicht die Verj. Vervollständigg der Ausk kann idR nur durch eidesstattl Vers, nicht dch neue Kl erzwungen w, wenn nicht ein selbst Vermögensteil gänzl ausgelassen war u deshalb ein NachlVerzeichn gar nicht vorgelegen hat, RG **84,** 44.

2) Auskunftspflicht des Besitzers von NachlSachen, der nicht ErbschBesitzer ist, vgl § 2018 Anm 2. Er ist ebso auskunftspfl, gleichgültig, aus welchem Grunde er in die Erbsch eingegriffen hat (als GeschF oA, Gläub od Dieb). Kenntn, daß es sich um NachlSachen handelt, ist notw, str, aM Staud-Lehmann Anm 17, Brox § 33 VII 2. Darunter fällt auch, wer nur die Möglichk tatsächl Vfg erlangt hat (zB der Vermieter, der die Wohnngsschlüssel an sich nahm), OLG **9,** 34, nicht aber, wer Besitz schon vor dem Tod des Erbl erlangt hat, Staud-Lehmann Anm 14, od wer nach dem Tode des Erbl eine Sache in Besitz nimmt, die der Erbl schon zu seinen Lebzeiten einem Dritten übergeben hatte, BGH **LM** 1 zu § 1421, s auch Johannsen WPM **72,** 923. Ebenso gilt **II** nicht ggü NachlPfleger usw, s § 2018 Anm 2, u auch nicht ggü einem MitE, der für die Erbengesamth Besitz ergriffen hatte, § 2038 I 2, RG HRR **32** Nr 1928, wohl aber § 681; vgl § 2038 Anm 4. Ob Gerichtsstand des ZPO 27 gegeben, bestr, mit RGRK Rdz 8 zu bejahen.

3) Der Erbl kann die AuskPfl nicht **erlassen;** der Berecht kann aber darauf **verzichten;** er kann den AuskAnspr aber nicht auf einen Nichterben übertragen, Karlsr/Freibg FamRZ **67,** 692. Mit dem Tod des Verpflichteten wird idR sein Erbe ErbschBesitzer od Besitzer iS von II und damit auskunftspflichtig.

4) DDR: Über AuskPfl des ErbschBesitzers s ZGB (Auszug im Anh 35. Aufl) 399 II.

2028 *Auskunftspflicht des Hausgenossen; eidesstattliche Versicherung.* ᴵ Wer sich zur Zeit des Erbfalls mit dem Erblasser in häuslicher Gemeinschaft befunden hat, ist verpflichtet, dem Erben auf Verlangen Auskunft darüber zu erteilen, welche erbschaftliche Geschäfte er geführt hat und was ihm über den Verbleib der Erbschaftsgegenstände bekannt ist.

ᴵᴵ Besteht Grund zu der Annahme, daß die Auskunft nicht mit der erforderlichen Sorgfalt erteilt worden ist, so hat der Verpflichtete auf Verlangen des Erben zu Protokoll an Eides Statt zu versichern,

daß er seine Angaben nach bestem Wissen so vollständig gemacht habe, als er dazu im Stande sei.

ᴵᴵᴵ Die Vorschriften des § 259 Abs. 3 und des § 261 finden Anwendung.

1) Häusliche Gemeinschaft verschafft Kenntn u Vfgsmöglichk über NachlGgstände. Daher die AuskPfl. Berechtigt sind neben dem Erben auch die in § 2027 Anm 1 bezeichneten Pers, nicht aber der Erwerber einzelner NachlGgstände, LG Bln JR **56,** 300. Der Begriff der häusl Gemsch darf nicht eng ausgelegt werden. Auskunftspflichtig ist derj, bei dem nach den räuml u persönl Beziehgen, die zw ihm u dem Erbl bestanden hatten, eine Kenntn iS des § 2028 unter Berücksichtigg aller Umst des Einzelfalls zu vermuten ist, BGH **LM** Nr 1. Auch ein MitE kann auskunftspfl sein, RG **81,** 30. Verwandtsch od FamZugehörigk, § 1969, wird hier nicht vorausgesetzt. Auch FamBesuch, RG **80,** 285, Hauspersonal, Zimmer- u Flurnachbarn können darunter fallen, ebso ein Mieter, der das eingerichtete Haus des Erbl gemietet, ihm ein Zimmer als Untermieter überlassen u seine Verköstigg und Versorgg übernommen hat, BGH **LM** Nr 1.

2) Die Auskunft (Vollstreckg nach ZPO 888) ist von der des § 2027 verschieden. Als Ausk kann idR nur eine Erklärg gewertet w, die der Erklärde auf Fragen hin in dem Bewußts abgibt, einer gesetzl Pfl zu genügen, BGH WPM **71,** 443. Sie umfaßt nicht die Vorlage eines Bestandsverzeichnisses, erstreckt sich aber auf Führg erbschaftl Geschäfte, Soergel-Dieckmann Rdz 3. Bei Führg erbschaftl Geschäfte greift auch

§ 681 ein. Unter „Verbleib der ErbschGegenstände" (Sachen u Rechte, Vfgen darü) fallen auch solche, die schon vor dem Erbf beiseite geschafft sind, nicht aber vorher verschenkte Ggstände, RG **84**, 206, BGH **18**, 67, WPM **71**, 443 (Ausk über Rückzahlg eines Darlehens an Erbl); die AuskPfl ist nicht durch Namhaftmachg bestimmter vermißter NachlSachen bedingt, BGH Betr **64**, 1443. AuskErteilg nach § 2027 entbindet nicht von der AuskPfl nach § 2028, Staud-Lehmann Anm 8, str. § 2027 Anm 3 gilt auch hier. Gerichtsstand des ZPO 27 ist nicht gegeben, str. MitE kann Ausk nicht verweigern, weil er NachlGgst für wertlos hält, Köln MDR **61**, 147.

3) Versicherg an Eides Statt, FGG 163, 79 idF des Art 2 § 5 Nr 6, 3 G v 27. 6. 70, ZPO 889 idF des Art 2 § 3 Nr 4 G v 27. 6. 70, Art 98 Nr 13 EGStGB, über Vollständigk der Angaben (nicht, wie bei § 260, des Bestandes) setzt AuskErteilg voraus, RG LZ **22**, 196, BGH Betr **64**, 1443. Ist der Hausgenosse zur Abg der Vers an Eides Statt vor dem Gericht der freiw Gerichtsbark, **III**, § 261, bereit, so hat dieses nicht zu prüfen, ob Grd zur Ann einer unsorgfältigen Ausk besteht, KGJ **45**, 112. Voraussetzg ist aber stets, daß der Erbe die Abg der Vers an Eides Statt verlangt od wenigstens damit einverst ist. In der Kl auf Abg der Vers an Eides Statt liegt ein solches Verlangen, BayObLG **53**, 135. Die dem Gericht obliegende Pfl beschränkt sich auf die Bestimmg des Termins, Ladg der Beteiligten u EntggNahme der Vers an Eides Statt zu Protokoll des Ger (Rechtspfleger, § 3 Nr 1b RPflG, wg Prot s FGG 78 I 2), wenn der Pflichtige bereit ist, Mü JFG **15**, 118. Wird sie verweigert, so entsch das ProzG über die Pflicht; der Erbe muß Gründe darlegen u ev beweisen, die die Annahme rechtfertigen, daß die Auskunft aus mangelnder Sorgf unvollständ od unrichtig erteilt ist, zB NachlGgstände verschwiegen sind, BGH aaO. – S hierzu Kößler, BayZ **32**, 388.

2029 *Haftung bei Einzelansprüchen des Erben.* Die Haftung des Erbschaftsbesitzers bestimmt sich auch gegenüber den Ansprüchen, die dem Erben in Ansehung der einzelnen Erbschaftsgegenstände zustehen, nach den Vorschriften über den Erbschaftsanspruch.

1) Der Erbe kann als Herr des Nachl die ihm zustehenden dingl od schuldrechtl **Einzelansprüche** auf Herausg, Bereicherg, SchadErs, s §§ 985, 861, 812ff, 823ff, wie gg jeden Dritten so auch gg den Besitzer geltd machen, s Wiegand JuS **75**, 286 (Ausgl für Vfgen des ScheinE). Es steht in seiner Wahl, ob er gg letzteren Gesamt- od Einzelklage erhebt. Aber auch in letzterem Fall soll der Besitzer die Vorteile des ErbschAnspr (zB hins der Aufwendgen) genießen, andrers aber auch dessen Nachteile tragen. Zu diesen Nachteilen gehört die strengere Haftg hins der Nutzgen, § 2020 im Ggsatz zu § 993, wegen der Herausg der Bereicherg nach § 2024 S 1 (grob fahrl Nichtwissen genügt) u schließl bei § 2026 der Ausschl der Ersitzgs-Einr, Staud-Lehmann Anm 8. Durch eine solche Einzelklage wird rechtskräftige Feststellg des ErbR nicht herbeigeführt, wenn der Beklagte nicht die Widerklage, ZPO 280, hierauf erstreckt. Die Vorschr über den ErbschAnspr sind vom Gericht vAw anzuwenden, so weit sich der ErbschBesitz aus dem Parteivortrag ergibt. Der Gerichtsstand, ZPO 27, gilt jedoch für Einzelklagen nicht, RGRK Rdz 8.

2030 *Rechtsstellung des Erbschaftserwerbers.* Wer die Erbschaft durch Vertrag von einem Erbschaftsbesitzer erwirbt, steht im Verhältnisse zu dem Erben einem Erbschaftsbesitzer gleich.

1) Veräußerg der Erbsch, §§ 2371, 2385, od eines Erbteils, §§ 1922 II, 2033, durch den Besitzer hindert den Erben nicht, den Erbschaftsanspruch auf den Erlös (§ 2019) gegen den Veräußerer geltd zu machen. Aber auch der Erwerber haftet ihm, sobald ihm tatsächl die Erbsch übertr ist, wie ein Erbsch-Besitzer u kann sich nicht auf gutgl Erwerb iS der §§ 932–936, 892, 893, 2366, 2367 berufen, Staud-Lehmann Anm 4. Die §§ 2024, 2025 treffen ihn aber nur, falls in seiner Pers gegeben. Soweit der Erbe die Erbsch zurückhält, kann er nicht außerdem noch den etwaigen Verkaufserlös beanspruchen, der vielm der Erwerber vom Besitzer nach § 440 wieder zurückverlangen kann, falls er nicht den Mangel im Recht kannte, § 439 I. § 2030 gilt entspr für den Erwerb einer Erbsch aGrd einer letztw Vfg, zB Vermächtn des Erbsch-Besitzers, Staud-Lehmann Anm 7. Wer nur einzelne Nachlaßgegenstände erwirbt, steht einem ErbschBesitzer nicht gleich; daher gutgl Erwerb mögl.

2031 *Herausgabeanspruch des für tot Erklärten.* **I** Überlebt eine Person, die für tot erklärt oder deren Todeszeit nach den Vorschriften des Verschollenheitsgesetzes festgestellt ist, den Zeitpunkt, der als Zeitpunkt ihres Todes gilt, so kann sie die Herausgabe ihres Vermögens nach den für den Erbschaftsanspruch geltenden Vorschriften verlangen. Solange sie noch lebt, wird die Verjährung ihres Anspruchs nicht vor dem Ablauf eines Jahres nach dem Zeitpunkt vollendet, in welchem sie von der Todeserklärung oder der Feststellung der Todeszeit Kenntnis erlangt.

II Das gleiche gilt, wenn der Tod einer Person ohne Todeserklärung oder Feststellung der Todeszeit mit Unrecht angenommen worden ist.

Schrifttum: Schubart, Scheinbarer Tod im Erbrecht und Eherecht, JR **48**, 296.

1) Neufassg durch Teil I Art 5 Nr 3 GesEinhG. – **Scheinerbfolge.** Hier steht dem „Erbl", der gar nicht tot war, aber dafür gehalten od für tot erkl od dessen Todeszeit festgestellt wurde, der ErbschAnspr selbst zu, und zwar gg jeden Eindringling in sein Vermögen, mag dieser auch kein ErbschBesitzer iS des § 2018 sein, dh sich ein ErbR nicht angemaßt haben, insb wenn er das Vermögen des Verschollenen dadurch erlangte, daß er sich selbst als der Verschollene ausgab. Denn seine Anmaß ging hier ja noch viel weiter, daher entspr Anwendg geboten, hM. Schutz des Dritten, § 2370. Der TodesErkl ist die Feststellg der Todeszeit, VerschG 39 ff, gleichgestellt.

2) Der Zeitpunkt des Todes, VerschG 9, 23, 44 ist im Beschl festzustellen. Für Verschollenh im ersten Weltkrieg war der 10. Januar 1920 der vermutete Todestag (G v 20. 2. 25, RGBl 15), für den zweiten Weltkrieg: Art 2 G v 15. 1. 51, BGBl 59, der 31. 12. 45. Bei **II** (falsche SterbeUrk, Personenverwechslg, Scheintod, Aufhebg der TodesErkl od der Todeszeitfeststellg, VerschG 30) genügt Leben des Totgeglaubten, da hier ein TodesZtpkt fehlt. Dann kann auch ein AbwesenhPfleger, § 1911, den Anspr geltd machen.

3) Verjährg. Derj, der zu Unrecht für tot erkl od dessen Todeszeit zu Unrecht festgestellt wurde, **I**, od der Totgeglaubte, **II**, soll seinen Anspr auch nicht durch Ablauf der VerjFrist, § 2026, §§ 194, 195, verlieren, **I** 2.

4) Stirbt der ScheinErbl später, so geht sein „ErbschAnspr" auf seine Erben über u verwandelt sich in einen wirkl ErbschAnspr, RGRK Rdz 5.

Vierter Titel. Mehrheit von Erben
Einführung

Schrifttum: Johannsen, Die Rechtsprechg des BGH auf dem Gebiet des ErbR – 6. Teil. Die Erbengemeinsch, WPM **70**, 573, 738, **73**, 543; **77**, 271; Kapp-Ebeling, Handb der Erbengemeinsch, 1972; Schulze-Osterloh, Das Prinzip der gesamthänderischen Bindg, 1972.

1) Bedeutg des 4. Titels. Die RStellg mehrerer nebeneinander berufener Erben **(Miterben)** ist im BGB am Schluß des 2. Abschn behandelt. Tatsächl ist jedoch eine Mehrh von Erben die Regel. Deshalb kommt dem vorliegenden Titel erhebl praktische Bedeutg zu. Er gibt die besonderen Vorschr, die sich auf die Stellg der MitE beziehen. Er ergänzt damit die anderen Titel des 2. Abschn, die ihrers sowohl für den einzelnen als auch für die mehreren Erben gelten. Die zwei Unterabschnitte behandeln einers die RVerh der Erben untereinander (§§ 2032–2057), anderers ihr Verhältn zu den NachlGläub, bes die Haftg für Nachl-Verbindlichk (§§ 2058–2063).

2) Miterbengemeinschaft. Die RVerbindg der MitE, die, ihrem eig Willen entrückt, durch den Tod des Erbl entsteht, ist nicht als BruchteilsGemsch (communio incidens des röm Rechts), sond als deutschrechtl **Gemeinschaft zur gesamten Hand** ausgestaltet; vgl Übbl 1 c bb vor § 420, Blomeyer JR **71**, 397. Sie tritt damit als dritte derartige Gemsch neben die Gesellsch und die ehel GütGemsch. Die grdsätzl Pfl zu gemeinschaftl Handeln findet sich unverfälscht zB in den §§ 2038–2040, erfährt aber mehrf eine Durchbrechg durch Befugnisse zum individuellen Prägg, wie die Verfügbark über den Miterbenanteil (§ 2033 I, anders bei der Gesellsch, § 719 I und der GütGemsch, § 1419 I), und namentl der Anspr jedes MitE auf jederzeitige Auseinandersetzg, § 2042 I; denn die Gesellsch ist für die Dauer bestimmt u eingegangen, währd die MiterbenGemsch idR möglichst bald aufgelöst w soll. Auch die „fortgesetzte ErbenGemsch" ist keine Gesellsch de BGB, s Seemüller, Die fortgesetzte ErbenGemsch, Diss, Hambg 1976, 25 ff.

2a) Über die Fälle, in denen bei gesetzl Erbf zw nichtehel Kind u seinem Vater keine ErbenGemsch mit weiteren Erben entsteht, ErbErsAnspr, s § 1934a mit Anm.

3) Vollstreckgsschutz bei Auseinandersetzg. Im GrdstVerkehr ist gg allzu krasse Auswüchse des Auseinandersetzgsverlangens durch einen beschränkten Vollstreckgsschutz eine gewisse Sicherg gegeben, die zur Einigg der MitE beitragen kann, § 180 II ZVG dazu Zeller Anm 21 zu § 180 ZVG. S auch § 185 ZVG über Einstellg des ZwVerstVerf wg Stellg eines Zuweisgsantrags nach § 13 GrdstVG.

4) AWG. Bei Erbteil u einzelnen AuseinandersetzgsMaßn ist ggf das AWG v 28. 4. 61 mit der AWV v 22. 8. 61, BGBl 481, 1381 u ihren Änderg sowie der VO zur Regelg von Zustdgk im Außenwirtschaftsverkehr v 12. 12. 67, BGBl 1214, zu beachten. Die allg Gen Nr 11/49 betr ausländ Erbsch v 20. 1. 59, BAnz Nr 12, ist aufgeh; § 47 I Nr 2 AWG, Bek der Deutschen Bundesbank v 24. 8. 61, BAnz Nr 167. – Zur Anwendg des MRG 53 für den WirtschVerkehr mit der DDR und Bln-Ost s Einl 9b vor § 1922.

5) Vermögenssperre. S Anm 5 der 28. Aufl.

6) Gerichtl Zuweisg, Genehmigg nach GrdstVG. Mit Wirkg v 1. 1. 62 ist bundesrechtl die gerichtl Zuweisg eines landw Betriebs, der zu einer durch gesetzl Erbfolge entstandenen ErbenGemsch gehört, an einen MitE ermöglicht; s §§ 13–17, 33, 39 I GrdstVG v 28. 7. 61, BGBl 1091, und dazu § 2042 Anm 10. – Zu beachten ist ferner, daß bei Auseinandersetzg v Nachlässen, zu denen landw od forstwirtschaftl Grdstücke gehören (s § 1 GrdstVG) ggf die Gen nach §§ 2 ff, 18 ff GrdstVG erforderl ist; s hiezu insb § 9 III GrdstVG, SchlHOLG RdL **63**, 89; Übergg Vorschr § 32 GrdstVG, s auch § 2033 Anm 1c.

7) Uraltguthaben. Eine Sondervorschr über die Umwandlgsvoraussetzgen für Uraltguthaben, § 1 UmstErgG, die einer ErbenGemsch zustehen, enthält § 6 I UmstErgG idF des § 8 Nr 2 des 3. UmstErgG v 22. 1. 64, BGBl 33; s auch die SonderVorschr in § 7 IV, V Bln-AltbankenG v 10. 12. 53, GVBl 1483, u dazu KG WPM **67**, 148, auch WPM **66**, 842, **69**, 1047 u LG Bln WPM **67**, 859 (zum Begriff des Erben im Sinn von § 7 IVb des Ges), Schoele WPM **69**, 1338; § 2 II G über die Liquidation der Deutschen Reichsbank und der Deutschen Golddiskontbank v 2. 8. 61, BGBl 1165 idF des § 11 des 3. UmstErgG.

8) Heimstättenerbfolge. Über die Erbfolge in eine Heimstätte iS des RHeimstG bei Vorhandensein mehrerer Miterben enthalten §§ 26, 35 AVO hierzu Sondervorschriften. Über das HeimstErbR bei Miteigentum an einer Heimstätte s Schmidt-Futterer DNotZ 61, 251, SchlHOLG SchlHA 62, 147, BayObLG 67, 40; Hamm OLGZ 73, 395; KG MDR 74, 847 (zum Heimstätten-AuseinandSVerbot); s auch Einl 4c vor § 1922, Erm-Barth-Schlüter Rdz 8 vor § 2032.

9) Anerbenrecht. Über die Sondernachfolge in den **Hof** bei Vorhandensein mehrerer Miterben s § 4 HöfeO nF u dazu Lüdtke/Handjery Rdz 4 ff, Wöhrmann-Stöcker Rdz 16 ff, Faßbender-Hötzel-Pikalo Rdz 18 ff; Quadflieg-Weirauch FamRZ 77, 228/231; s auch die Hinweise in § 1922 Anm 5 u Erm-Barth-Schlüter Rdz 6 vor § 2032; über Vererbg des Hofes nach allgemeinem ErbR s Schulte DNotZ 64, 601; 65, 34; über Anerbengesetze s EG 64 Anm 2. Hoferbe u Erbe des hoffreien Vermögens sind zwar im weiteren Sinn MitE; jedoch handelt es sich nicht um eine MitEGemsch im Sinne der §§ 2032 ff; der AlleinE des hoffreien Vermögens kann darüber ohne Mitwirkg des HofE verfügen, LG Krefeld RhNK 65, 123, Lüdtke/Handjery Rdz 16 zu HöfeO 4. Zur Abfindg der ME, die nicht HofE geworden sind, s HöfeO 12, 13 nF (dazu Celle RdL 77, 187 zu § 12 aF, BGH AgrarR 78, 74), s auch HöfeO § 15 V nF u dazu BTDrucks 7/1443 S 22 ff, 28; 7/1445 S 6; Steffen RdL 76, 57/58 f; Becker AgrarR 76, 181; Faßbender DNotZ 76, 393/408; Komm hiezu; zu HöfeO 13 aF s Hermingshausen RdL 76, 85; SchlHOLG SchlHA 77, 203, auch Oldbg AgrarR 78, 232; zu HöfeO 13 nF s Becker, AgrarR 78, 219.

10) Mietverhältnis. Über die gesetzl Sondererbfolge in das Mietverhältn s jetzt §§ 569a, 569b idF des 2. MietRÄndG mit Anm hierzu, Jung FamRZ 76, 134/135.

11) Über die **kostenrechtl Bewertg** bei Beurkundgen im Bereich einer ErbenGemsch s Ackermann, DNotZ 66, 465, Celle JurBüro 67, 503, Rpfleger 68, 132. – Über Anwendg des § 60 IV KostO (Gebührenfreih) bei Eintr eines MitE ins GB aGrd Auflassg im ErbauseinanSVertr s § 2353 Übbl 5a, auch Fröhlich JVBl 67, 100; Köln JurBüro 68, 140 mit Anm v Tschischgale.

12) DDR: Über ErbenGemsch s ZGB (Auszug im Anh, 35. Aufl) 400, 401, 423–427.

I. Rechtsverhältnis der Erben untereinander

2032 *Erbengemeinschaft.* I Hinterläßt der Erblasser mehrere Erben, so wird der Nachlaß gemeinschaftliches Vermögen der Erben.
II Bis zur Auseinandersetzung gelten die Vorschriften der §§ 2033 bis 2041.

Haegele, Grundstückserwerb für eine Erbengemeinschaft in rechtl u steuerl Sicht, BlGBW 62, 205; ders auch BWNotZ 70, 157. – Kürzel, Das NachlGrdst bei Mehrh von Erben DWW 68, 269. – Blomeyer, Die Rechtsnatur der Gesamthand, JR 71, 397. – Herold, Grd- u HausBes in ErbenGemsch BlfGBWR 71, 109. – Bartholomeyczik, Willensbildg, Willenserklärg u das Gesamthandprinzip in der MitEGemsch, Festschr für Reinhardt, 1972, S 13. – Goldstein, Die MitEGemsch als Organisationsform zur Fortbildg des ererbten HandelsUntern eines Einzelkaufmanns, Diss Köln, 1972. – Schulze, Unternehmereigensch des MitE u AuseinanderS im EinkommensteuerR, Betr 73, 395. – Sobich, ErbenGemsch u HandelsGesch. Zur Zulässigk der GeschFortführg, Diss Kiel, 1975.

1) a) Grundsatz. Das BGB kennt nur die GesRechtsnachfolge hins des ganzen Nachlasses, § 1922 I; eine unmittelb ggständl Beziehg des einzelnen MitE zum Nachl od Teilen davon wird daher durch den Erbf, mag dieser die gesetzl od eine gewillkürte Erbfolge nach sich ziehen, nicht begründet; die Erbsch bleibt mithin zunächst beisammen. Der Nachl steht den MitE gemschaftl, zur ges Hand, zu; der Anteil des MitE an den einzelnen NachlGgstenn ist daher kein Bruchteil, aber ein wirkl, wenn auch bis zur AuseinandS geshänderisch gebundener Anteil, BayObLG 68, 3. Die Sachen stehen in der GesHandEigt, die Fdgen sind GesHandFdgen usw. Wg der Bedeutg vgl § 2033 Anm 4. Sind den Erben, wie es oft geschieht, durch Test einzelne Ggstände ausgesetzt u bestimmt damit der Erbl über die Vermögensstücke selbst, so liegt nur ein Vorausvermächtn, § 2150, od eine Teilgsanordng, § 2048, vor, die schuldrechtl Wirkgen äußert u erst bei der AuseinandS Berücksichtigg erfährt. Hat aber der Erbl im Test hinsichtl des wesentl Teils des Nachl gesetzl Erbf eintreten soll, so liegt eine dch gesetzl Erbf entstandene ErbenGemsch vor, Köln RdL 76, 249.

b) Folge des Grundsatzes ist, daß es zur Umwandlg des GesHandsEigtums in BruchteilsEigt od zur Begr des AlleinEigtums eines MitE besonderer Übertraggsakte bedarf, bei Grdst also der Auflassg u zur Gültigk des schuldrechtl Vertrags der Beachtg der Form des § 313, RG 57, 432, 118, 244, BGH 21, 231; über Genehmiggsbedürftigk nach § 2 II Nr 2 GrdstVG s Oldbg RdL 64, 234. Ebenso ist zur Umschreibg des Eigtums an einem NachlGrdst auf eine von den MitE gebildete offene Handelsgesellsch die Auflassg erforderl, KG JFG 21, 168, desgl bei der KG, Hamm JMBl NRW 58, 168. Der abweichenden Auffassg von Ganßmüller, DNotZ 55, 172, kann nicht beigetreten werden; vgl hierzu Fischer DNotZ 55, 182. Wenn jedoch eine von den MitE gebildete Gesellsch des bürgerl Rechts sämtl Erbteile erwirbt, so bedarf es zur Umschreibg eines NachlGrdstücks auf die Gesellsch keiner Auflassg, KG DR 44, 455, s auch § 2033 Anm 1c. – Aus dem Grds ergibt sich ferner, daß es nicht mögl ist, innerh einer fortdauernden ErbenGemsch eine engere nur zum Teil der MitE umfasde „ErbenGemsch" zu begründen; die Erben können aber ein zum Nachl gehördes HandelsGesch in der Weise aus der ErbenGemsch ausgliedern, daß sie insow eine Gesellsch bilden u das GeschVerm dorthin übertr, BGH WPM 75, 1110.

2) Berufg der mehreren Erben. Sie kann auf G, §§ 1924 ff, od auf einer Vfg vTw, §§ 1937, 1941, beruhen u bei begrenzter Vfg, §§ 2088 ff, auch beide Berufgsgründe umfassen. Das GemschVerh besteht nur zw den unmittelb eintretenden MitE, nicht dagg schon mit einem ErsErben, § 2096, od Nacherben, § 2100, solange nicht der für den Eintritt weiterer Erben maßgebl Umstand vorliegt. Nacherben, die erst Erben werden, nachdem zunächst ein anderer Erbe geworden ist, § 2100, bilden unter sich nach Eintritt des Nacherbfalls die Gemsch, RG 93, 296 (insow nicht geändert durch RG 152, 380), ebenso ErsNachE, s Schmidt BWNotZ 66, 144, nicht aber der VorE mit dem Nacherben. Der ME kann aGrd Ges od Vfg vTw von mehreren Pers beerbt w, die in seine Rechte u Pflichten eintreten, Köbler E u G 65 ff.

§ 2032

3) Rechtsstellg. Die ErbenGemsch ist **keine eigene Rechtspersönlichkeit,** also nicht parteifähig, ZPO 50 I, wohl aber fähig, am sozialgerichtl Verf beteiligt zu sein, § 70 Nr 2 SGG, BSozG NJW **58**, 1560; sie kann nicht durch Vertr geschaffen u nach AuseinandS vertragl nicht wiedereingeführt werden, vgl § 2042 Anm 6.

4) ErbenGemsch u Handelsgeschäft eines Einzelkaufmanns. Die Vererblichk eines HandelsGesch ergibt sich aus HGB 22, s § 1922 Anm 3 a bb. Wird der Inh eines HandelsGesch von mehreren Personen beerbt, so geht dieses auf die ErbenGemsch über. Die ErbenGemsch kann das HandelsGesch als werbendes Unternehmen unter der alten Firma mit od ohne Nachfolgezusatz fortführen, Baumb-Duden HGB §§ 22, 23 Anm 1 B, Staud-Lehmann § 2032 Anm 22, KG JFG **5**, 209, Goldstein aaO 30 ff (dort auch über die Organisationsform hiebei); sie wird als Inhaberin ins HandelsReg eingetragen; siehe hierzu Heinen RhNK **62**, 108 ff., Köbler E u G 80 bis 94. Auf die Rechtsbeziehgn der MitE zueinander können die Rechtssätze des Rechts der OHG angewendet werden, BGH **17**, 299 mit Anm von Johanssen in **LM** Nr 5 zu § 2038. Zur OHG wird aber die ErbenGemsch nicht schon dch gemschaftl Fortführg des HandelsGesch, sond erst dch Abschl eines GesellschVertrags, der auch stillschweigd geschehen, aber nicht schon aus der längeren Dauer der Fortführg od der Änderg der Firma gefolgert w kann, BGH NJW **51**, 311, Soergel-Wolf Rdz 5, s auch Goldstein aaO 95 ff, Sobich (s unter Schrifttum) aaO § 4–6, BayObLG **30**, 185, Mü JFG **16**, 151. Die Fortführg des ererbten HandelsGesch ist auch mögl, wenn ein MitE aus der ErbenGemsch ausgeschieden ist, KG JW **39**, 565. Auch ein gewerbl Unternehmen, das nach HGB 2 erst in das HandelsReg einzutragen ist u damit zu einem Handelsgewerbe wird, kann von der ErbenGemsch als solcher (mit entspr Firma) fortgeführt werden, KG JW **38**, 3117. Ist ein eintraggsfäh Untern auf MitE übergegangen u hat einer von diesen mit Einwillig der and die Fortführg übernommen, so kann dieser allein dessen Eintragg ins Handelsregister bewirken, KG Cleve RhNK **67**, 783. – Über Haftg der MitE für die Geschäftsschulden des Erbl s HGB 27 mit 25, Baumbach-Duden HGB 27 Anm 1 B, Heinen aaO 143, Hueck ZfHK **108**, 1, Sobich aaO § 5 I 2, II 2. Wird das ererbte HandelsGesch nur von einem MitE fortgeführt, so liegt darin eine Fortführg dch alle MitE im Sinn von HGB 27 nur, wenn die übrigen MitE den tätigen MitE zur Fortführg ausdrückl od stillschweigend bevollmächtigt haben, BGH NJW **59**, 2114, **60**, 962. – Die Prokura erlischt mit dem Erbfall, wenn der Prokurist einer der MitE wird, BGH NJW **59**, 2114; ein MitE kann auch nicht zum Prokuristen bestellt werden, KG JW **39**, 565. – Die ErbenGemsch kann sich nicht als solche an einer OHG od KG beteiligen, KG J **49**, 109, 268, **37** A 145, BGH **22**, 192; sie kann auch kein HandelsGesch neu errichten od erwerben, KG HRR **32** Nr 749.

5) ErbenGemsch u Beteiligg an einer OHG od KG, HGB 139, 161 II (Fortsetzg mit den Erben), **177.** Wird der Gesellschafter einer OHG od der persönl haftende Gesellsch einer KG von mehreren Personen beerbt, so erben diese die Beteiligg nicht als ErbenGemsch; die MitE werden auf Grd ihres Erbrechts mit je einem der Größe ihres Erbteils entspr GesellschAnteil des Erbl Gesellschafter, s § 1922 Anm 3a cc mit Hinweisen, BGH NJW **77**, 1339 (mit Anm v Priester, DNotZ **77**, 558, v Wiedemann JZ **77**, 689), auch Erm-Barth-Schlüter Rdz 7 vor § 2032, letztere Lehrb § 35 II 5; aM Köbler E u G 95 ff., 122 ff, für die fortges ErbenGemsch Seemüller aaO 117 ff. Auch bei Vererbg eines Kommanditanteils auf mehrere Personen wird nicht die ErbenGemsch Kommanditist, sond jeder MitE mit dem Anteil, der seinem Erbteil entspricht, s § 1922 Anm 3a dd mit Hinweisen, auch Lammers MDR **60**, 888, Haegele BWNotZ **73**, 76/87; aM Köbler E u G 98 ff. Bei Fortführg einer OHG mit den Erben des Gesellschafters (einer KG mit den Erben des persönl haftenden Gesellsch) besteht unbeschränkte persönl Haftg, HGB 128, der einzelnen MitE, die unmittelb am GesellschVermögen beteiligt sind, KG HRR **35** Nr 794, auch Hueck, Das Recht der OHG, 4. Aufl, S 410, Haegele aaO 79 ff; Haegele-Litfin V Rdz 11 ff.

6) ErbenGemsch u Beteiligg an einer BGB-Gesellschaft. Sieht der GesellschVertr die Vererblichk der Mitgliedsch vor, § 727 I, so wird bei Beerbg eines Gesellschafters von mehreren Personen nicht die ErbenGemsch, sond jeder MitE Gesellschafter mit dem Anteil, der seinem Erbteil entspricht, s Staud-Keßler Anm 21, RGRK Rdz 9 zu § 727, im übrigen § 1922 Anm 3 a ee.

Schrifttum zu 4–6: s Schrifttum zu § 1922 Anm 3a cc-ff; ferner: Buchwald, Der Betrieb eines Handelsgewerbes in Erben- oder GüterGemsch BB **62**, 1405; Donner, Mehrheit von Erben eines Kommanditisten im Fall des § 177 HGB, DR **43**, 1205; Heinen, Die Fortführung des HandelsGesch eines Einzelkaufmanns durch eine ErbenGemsch, RhNK **62**, 108; Lammers, Kommanditeinlage der Miterbengesellschafter, MDR **60**, 888; Model, Letztw Verfügungen u GesellschVertr, GmbHRdSch **59**, 6; Tröster, MiterbenGemsch u HandelsGesch, Betr **61**, 765; Weiler, Die Rechtsstellung des TestVollstr ggü den Erben hinsichtl einer personengesellschaftl Beteiligg des Erbl, DNotZ **52**, 283; Küster, Gesellschafternachfolge u ErbenGemsch bei einer OHG, Diss Tüb, 1968; Johannsen WPM **70**, 575; Rauch DNotZ **70**, 78; Schopp, Letztw Best üb Unternehmensfortführg dch Dritte, Rpfleger **78**, 77; Goldstein aaO; Sobich, ErbenGemsch u HandelsGesch, Diss Kiel 1974; Lang, Beteiligg v Gemschaften des bürgerl R an ErbenGemsch, Diss Regensbg, 1976; Haberstroh, Die Nachfolge einer ErbenMehrh in die Mitgliedsch einer Handels-Gesellsch, Diss, Ffm 1976; Lübtow Lehrb II 859 ff; RGRK Rdz 9–11; Soergel-Wolf Rdz 5–13; Erm-Barth-Schlüter Rdz 4; Haegele–Litfin V Rdz 3 ff; Lange-Kuchinke § 5 IV-VI; Seemüller aaO 134 ff.

7) Erbengemeinsch u GmbH. Der GeschAnteil einer GmbH kann kraft ErbR auf MitE in ErbenGemsch übergehen, s GmbHG 18 mit Anm 1 von Baumbach-Hueck und Däubler, Die Vererbg des Gesch-Anteils bei der GmbH, 1965, S 18 ff. Die MitE können die GmbH-Anteilsrechte, namentl das StimmR, nur gemeins ausüben, BGH WPM **69**, 590, wenn den Erklärgen ggü der Gesellsch nur gemeins abgeben, insow ist § 2038 I S 2, 2. Halbs nicht anwendb, GmbHG 18 I, Däubler aaO 18. Über Rechtshandlgen der GmbH ggü der ErbenGemsch s GmbHG 18 III. Über Haftg für NachlVerbindlichk ggü der Gesellsch s GmbHG 18 II, der grdsätzl mit § 2058 übereinstimmt; § 2059 ist anwendb; den §§ 2060, 2061 geht GmbHG 18 II vor, Däubler aaO, 20, 21. Soll bei der NachlAuseinandersetzg ein GmbHTeil aufgeteilt werden, so ist GmbHG 17 zu beachten, s dazu Däubler aaO 23. S auch § 1922 Anm 3a gg, eingehd Wiedemann Rdsch GmbH **69**,

247, auch Haegele Rpfleger **69**, 186, ders, BWNotZ **76**, 53/56. Zur ErbteilsÜbertr, wenn zum Nachl ein GmbH-Gesch-Anteil gehört, s Haegele BWNotZ **76**, 53/61; auch allg Haegele-Litfin V Rdz 76 ff, dort auch zur GmbH & Co KG, V Rdz 114–116.

8) Erbengemeinsch u AktienG. Das Mitgl-(Anteils-)Recht des Aktionärs (Aktie) ist unteilb, AktienG 8 IV. Mehrere MitE erben eine Aktie als ErbenGemsch, also zu gesamter Hand, s AktG 69. Die MitE können ihre Rechte aus einer Aktie nur dch einen gemeinschaftl Vertreter ausüben, AktG 69 I; sie müssen einen solchen bestellen, wenn nicht etwa ein TestVollstr vorhanden ist, Godin-Wilhelmi Anm 3 zu § 69 AktG. Die Vererblichk des AktienR kann nicht ausgeschlossen w, § 1922 Anm 3a gg; in der Satzg der AG kann aber der Gesellsch das Recht vorbehalten w, beim Eintritt gewisser Umstände, zB Erbfall, Erbfall an bestimmte Personen, die Einzieihg der vom Erbf betroffenen Aktien durchzuführen, s AktG 237 ff, dazu Wiedemann, Die Übertr u Vererbg von MitgliedschR bei Handelsgesellschaften, § 4 I 1b, II 2. Die Eintragg des Rechtsübergangs in das Aktienbuch – für Namensaktien, AktG 67, 68 – ist für den erbrechtl Erwerb nicht erforderl, Lange Lehrb § 5 IV 2a. Über Haftg der MitE für Leistgen auf die Aktie s AktG 69 II u dazu Godin-Wilhelmi Anm 4; über Abgabe von Willenserklärgen der Gesellsch ggü mehreren Erben eines Aktionärs s AktG 69 III. – Dazu Bartholomeyczik, Das Aktienpaket der MitEGemsch, FestSchr f Lange, 1970, 343. S auch Schröder, Stimmrechtskonsortien unter Aktionären: Gesellsch- u erbrechtl Probleme, ZGR **78**, 578/594, 600, zur Vererblichk der Rechte eines Konsortiengesellschafters.

9) Grundbuchberichtigg. Bei der Berichtigg des GB durch Eintragg der MitE als neue Eigtümer des NachlGrdst ist GBO 47, Bezeichng des GemschVerhältnisses, zu beachten. Ist das MiterbenVerh dergestalt gekennzeichnet, kann eine auf dem ideellen Anteil eines MitE unzulässigerw eingetragene Hyp auch nicht aGrd guten Glaubens an die Richtigk des Grdbuchs rechtswirks erworben werden, §§ 1114, 892, RG **88**, 21.

2033 *Verfügungsrecht des Miterben.* [I] Jeder Miterbe kann über seinen Anteil an dem Nachlasse verfügen. Der Vertrag, durch den ein Miterbe über seinen Anteil verfügt, bedarf der notariellen Beurkundung.

[II] Über seinen Anteil an den einzelnen Nachlaßgegenständen kann ein Miterbe nicht verfügen.

Schrifttum: Bünger, Nießbrauch am Nachlaß und an Erbteilen, BWNotZ **63**, 100; Staudenmaier, Teilübertragg von Gesellschaftsanteilen u Erbteilen, DNotZ **66**, 724; Haegele, Zur Rechtslage, wenn im Rahmen einer ErbenGemsch ein Erbteil mehreren Personen zusteht, Rpfleger **68**, 173; ders, Rechtsfragen zu ErbschKauf u ErbtÜbertragg, BWNotZ **71**, 129; **72**, 1; ders, Zur GrdErwStPfl bei Erbteilsübertragg, Rpfleger **76**, 234; Noack, Vollstreckg gg Erben, III. Verwertg eines MitEAnteils in der ZwangsVollstr, JR **69**, 9; Stöber, GrdBEintrag derErben nach Pfändg des Erbanteils Rpfleger **76**, 197. Tiedtke, Bruchteilsmäß Erwerb aller Erbteile dch mehrere Pers – BFHE **116**, 408 – JuS **77**, 158.

Vorbem. Gem § 56 I BeurkG fallen in I 2 die Worte „gerichtlichen oder" weg; in Kraft ab 1. 1. 70 (§ 71 BeurkG).

1) Verfügg des MitE über Erbanteil. a) Allgemeines. In Abweichg von den gesamthänderischen Grdsätzen, die in den §§ 719, 1419 gewahrt sind, ist bei der ErbenGemsch die Vfg des MitE über den Erbanteil u über einen Bruchteil dieses Anteils zugelassen, BGH NJW **63**, 1610, Düss RhNK **67**, 219 (im letzteren Fall BruchteilsGemsch wird dem Erwerber auch Glied der GesHand am ganzen Nachl ist, Brox § 29 III 1, hM, aM Kehrer, BWNotZ **57**, 262, s auch Staudenmaier aaO 730, Haegele Rpfleger **68**, 173, auch BWNotZ **72**, 1), – nicht aber über den Anspr auf das Auseinandersetzgsguthaben, Staud-Lehmann 8, Kipp-Coing § 114 VI 4a u b, str, aM Sigler MDR **64**, 372, – u zwar so lange, als noch gemschaftl Vermögen vorhanden ist, KGJ **52**, 272, Hamm DNotZ **66**, 744, s Anm 2a aE. Dies gilt auch für MitVorE, § 2112 Anm 1a, Haegele BWNotZ **71**, 129. Das VfgsR kann mit dingl Wirkg auch dch den Erbl nicht beschränkt w, § 137. Auch TestVollstreckg schließt das VfgsR nicht aus, LG Essen Rpfleger **60**, 57. Zuläss ist auch der Erwerb eines ME-Anteils dch mehrere Pers, sei es daß diese in einem bestimmten GemschVerh stehen od sich mit einander in keinem bes RechtsVerh befinden, Lang aaO (s Schriftt zu § 2032 Anm 4–6), 69 f. Stirbt ein MitE, so können seine Erben über den in seinem Nachl befindlichen Erbteil nur gemeins verfügen, RG **162**, 397; Teilausschlagg ist jedoch zul, § 1952 III. Bei Übertragung sämtlicher Anteile auf einen MitE vereinigt sich die Erbsch in dessen Hand mit der Maßg, daß eine Rückübertragg der Anteile nicht mehr mögl ist; es besteht der gleiche RZustand wie bei dem urspr Anfall an einen AlleinE (Düss NJW **77**, 1828), der dingl nicht über die Erbsch als Ganzes, sond nur über die einzelnen NachlGgstände verfügen kann, RG **88**, 116, Hamm, DNotZ **66**, 747, BGH **LM** Nr 8, s auch Haegele BWNotZ **71**, 136. Dagg kann der AlleinE mit dingl Wirkg über den MitEAnteil des Erbl am Nachl eines verstorbenen Dritten verfügen, LG Landau NJW **54**, 1647, s auch Haegele aaO 135. Der Antr dreier in ungeteilter ErbenGemsch lebender MitE, das GB dahin zu berichtigen, daß das NachlGrdst nur noch 2 MitE zusteht, kann als Erbteilsübertragg des Ausscheidenden auf die beiden anderen MitE auszulegen sein, Ffm MDR **61**, 415. Rückübertragg eines von einem ME einem and ME übertrag ErbAnt ist zul, obwohl sich beim Empfänger zwei ErbAnt vereinigt h, Frankfth MittBayNot **78**, 17, and wenn sich beim Empfänger alle Anteile vereinigt h, s oben. – **b) Wirkg der Verfügg.** Das Recht als Miterbe geht dch die Vfg über den Anteil nicht verloren, BGH NJW **71**, 1265; der MitE ist daher im Erbschein zu bezeichnen, RG **64**, 173; er bleibt iS von § 2227 Beteiligter, der den Antr auf Entlassg eines TestVollstr stellen kann, KG DJZ **29**, 1347. Im übrigen erhält der Erwerber alle Rechte u Pflichten des MitE, vor allem hins Verwaltg, AuseinandS u Schuldenhaftg, auch das Recht, die Zuweisg des zur ErbenGemsch gehörigen Hofes zu beantragen, Celle RdL **59**, 301, s auch § 2042 Anm 10 b bb. – **c) Dingl Wirkg.** Die Vfg hat unmittelbar dingl Wirkg, sie ist gelöst vom VerpflichtgsGrd, Lange Lehrb § 44 II 2a u grdsätzl von dessen Rechtswirksamk unabhäng, § 139, BGH WPM **69**, 592; sie begründet eine GesamtrechtsNachf, Zweibr MittBayNot **75**, 177. Der Besitz am Nachl geht nicht etwa entspr § 857 auf den Erwerber über, bestr; in der Übertragg des Anteils liegt aber häufig die Übertragg des unmittelb Mitbesitzes nach § 855 II od die Abtretg des HerausgabeAnspr nach § 870, Erm-Barth-Schlüter Rdz 5. Gehören zum Nachl Gr dst, so ist grundbuchm die bereits vollzogene Rechtsänderg iW der Berichtigg, ohne Auflassg, kenntl zu machen, BFH NJW **75**, 2119; **76**, 263 (ablehnde Anm v Lehmann), dazu Tiedtke JuS **77**, 158, Ob eine etwaige BruchteilsGemsch, in der die Anteilserwerber hinsichtl eines gemschaftl od in Teilen erworbenen Erbanteils stehen, ins GB, s GBO 47, einzutragen ist, ist bestr, s Haegele, Düss, Köln, Rpfleger **68**, 173/177, 188; **74**, 109 (bej), BayObLGZ **67**, 405 (abl). – Die Übertragg eines Erbanteils an einen anderen als an einen MitE bedarf der **Genehmigg** nach § 2 II Nr 2, §§ 3 ff GrdstVG, wenn der Nachl im wesentl aus einem land- od forstwirtschaftl Betrieb besteht; wg des grdbuchamtl Vollzugs s § 7 GrdstVG, ÜbergVorschr § 32 GrdstVG; s hierzu Roemer DNotZ **62**, 485 ff, Pikalo-Bendel Anm F V 2 b zu § 2 GrdstVG, Ffm RdL **62**, 289, SchlHOLG SchlHA **63**, 99, Oldbg RdL **64**, 234 (zur privilegierten ErbtÜbertragg), Celle RdL **66**, 151; der Erbteilsveräußerg steht im Hinbl auf § 2 II Nr 3 GrdstVG die Bestellg eines Nießbr an einem Erbteil gleich, nicht aber die Verpfändg, Pikalo-Bendel aaO Anm F V 2 b. Die Veräußerg von Erbteilen unterliegt aber keinem siedlgsrechtl VorkR, da der Erbteil kein Grdst iS von § 4 RSiedlG ist, Pikalo-Bendel aaO, Erm-Barth-Schlüter Rdz 7. – Bei Übertragg eines MitEAnteils eines Ehegatten können die Voraussetzgen des § 1365 I gegeben sein, BGH NJW **61**, 1301. Über vormschgerichtl Gen bei Vfg über Erbanteil s §§ 1643 I, 1822 Nr 1, 10, AG Stgt BWNotZ **70**, 177; sie löst auch kein VorkR nach BBauG 24 aus, BGH DNotZ **70**, 423. – **d)** Die **Vfg ist nicht** dadch **ausgeschlossen**, daß im Nachl eine Berechtigg vorhanden ist, hins deren eine VfgsBeschrkg besteht; so ist Übertr des Erbanteils auch dann zul, wenn zum Nachl ein Anteil an einer Gesellsch bürgerl Rechts gehört, für den § 719 zu beachten wäre, KGJ **38** A 233. Die Vfg ist auch dann zul, wenn zum Nachl ein Anteil an einem fremden Nachl gehört, BayObLG **60**, 138, s auch Düss RhNK **67**, 219, Haegele BWNotZ **71**, 134 f. – **e)** Die **Anfechtg** der Veräußerg eines MitEAnteils nach dem AnfG hat keine dingl Wirkg; der Gläub kann verlangen, daß ihm die Vollstreckg nach ZPO 859 gewährt wird, BGH Betr **63**, 341.

2) Verfügg (Begriff).

a) In erster Linie **Veräußerg**. Ist das GrdGesch ein Kauf, so greift das gesetzl VorkR des § 2034 Platz. Der Erwerber wird MitE, tritt aber in dessen Rechte u Pflichten ein u wird somit GesHänder, Zweibr MittBayNot **75**, 177. Das gilt auch bei sichergsweiser Erbteilsübertragg; diese kann mit einer auflösenden Bedingg verbunden werden, so daß bei Bedingseintritt der Erbteil ohne weiteres wieder an den SichergsGeber zurückfällt, § 158 II; Unwirksamk von Vfgen des SichergsNehmers, § 161 II; über Eintragg im GB vgl einers Staudenmaier anderers Keller BWNotZ **59**, 191, **62**, 286. Durch die Vfg über einen Erbteil wird kein Recht eines anderen MitE beeinträchtigt; daher kein BeschwR eines MitE gg einen GenBeschl eines LwG, Nürnb BayJMBl **59**, 146. Schutz des guten Glaubens kommt für Erwerber eines MitEAnteils nicht in Frage, Soergel-Wolf Rdz 24. – Die Vfg eines MitE über seinen Anteil am Nachl richtet sich nach § 2033 I, solange noch Teile des GesHandVerm vorhanden sind, Hamm DNotZ **66**, 744, also auch dann, wenn der Nachlaß nur (noch) aus einem einzigen gemeinschaftl Gegenstand besteht, Celle NdsRpfl **67**, 126, BayObLG **67**, 408, BGH § 2382 LM Nr 2, Düss NJW **71**, 1828. Besteht der Nachl nur aus einem Grdst od grdstgleichen Recht, zB ErbbauR, so liegt in der Abtretg eines Erbanteils dch einen MitE keine Vfg über das Grdst od das Recht; eine bei Veräußerg des ErbbauR vereinbgsgem erforderl Zust des GrdstEigtümers, § 5 I ErbbRVO, ist daher in einem solchen Fall nicht notw, BayObLG aaO.

b) Weiter **Bestellg eines Nießbrauchs**, § 1068, und **Verpfändg**, § 1273, vgl § 1276 Anm 1a, LG Oldbg MDR **59**, 669. Ein PfdR kann aber nicht mit dem Inhalt bestellt werden, daß der Gläub allein berechtigt ist, aus dem Pfand Befriedigg für seine Fdg zu suchen, der persönl Schu aber nicht befugt ist, das PfdR durch Tilgg der Schuld zum Erlöschen zu bringen, BGH **23**, 293. Die Rechte des PfandGläub bestimmen sich nach § 1258, s Anm 1 hierzu, über Konkurrenz eines VertrPfdR mit einem später entstandenen Pfändgs-PfdR s BGH NJW **69**, 1347, Lehmann NJW **71**, 1545. Zur Übertr des ge- od verpfändeten Erbteils bedarf es nicht der Zust des PfandGläub, § 1276 Anm 1; das PfdR bleibt aber bestehen. Anzeige nach § 1280 nicht erforderl, RG **84**, 395; vgl hierzu Hoche NJW **55**, 654.

c) Entspr ist in ZPO 857 I, 859 II die ZwVollstr gg den berechtigten MitE durch **Pfändg des Erbanteils**, nicht aber dessen Anteils am MitE an den einzelnen NachlGgständen, zugelassen, s hierzu Stöber, Fordergs-Pfändg[5], Rdz 1664 ff, Haegele BWNotZ **75**, 129/130. Das PfandR erstreckt sich also nur auf diesen Erbanteil, nicht jedoch auf den einzelnen NachlGgst, auch nicht auf den Anteil des MitE an dem einzelnen NachlGgst; auch wenn der einer MitEGemsch zustehde Nachl nur aus einer teilb Forderg besteht, hat der Gläub, der ein PfandR an einem MitEAnteil erworben hat, in der Regel kein Recht an einem MitEAnteil entspr Teil der Forderg, solange die AuseinandS nicht erfolgt ist, die er aber betreiben kann, BGH NJW **67**, 200, 201. – **aa)** Für das Verf ist hier zu beachten, daß sämtl MitE erkennb zu machen sind, da sie als Drittschuldner iS von ZPO 857 I, 829 gelten, an die die Zustellg zu ergehen hat, RG **75**, 179; ist ein TestVollstrecker eingesetzt, Zustellg an diesen, RG **86**, 294. Die Pfändg u Überweisg des Anteils berechtigen den PfändungsGläub ohne Rücks auf den Rang seines PfdR auch bei Konkurrenz mit VertrPfdR zum Verlangen der Auseinandersetzg, § 2042 I, auch wenn der Erbl sie ausschloß, § 2044, od zur Herbeiführg einer Versteigerg des Anteils, ZPO 844, Celle RdL **59**, 302, was den Interessen der übrigen MitE durchaus zuwiderlaufen u zu unerwünschter Zerschlagg von NachlWerten führen kann; Entscheidg über AO nach ZPO 844 hat nicht nur Interesse des PfandGläub sond auch des Schuldners zu berücksichtigen, der den PfandGläub nicht verschleudert sehen möchte, Stgt BWNotZ **63**, 297. Die Pfändg u Überweisg des Erbanteils des Schuldners an einer ungeteilten ErbenGemsch enthält keinen Verzicht des Gläubigers auf ein PfändgspfandR an einer der ErbenGemsch gehörigen bewegl Sache, Düss JMBl NRW **66**, 140. – **bb)** Der Schuldner kann die Auseinandersetzg nicht betreiben u insb nicht die TeilgsVerst eines NachlGrdst beantragen, da hierdurch das PfdR des Gläub beeinträchtigt würde, Hbg MDR **58**, 45, Ripfel NJW **58**,

692, Stöber Rpfleger **63**, 337, aM Hamm Rpfleger **58**, 269. Aus dem gleichen Grd kann der Schu auch nicht die einstw Einstellg des durch den PfändgsGläub veranlaßten ZwVerstVerf nach ZVG 180 II beantragen, Hill MDR **59**, 92, aM LG Brschw NdsRpfl **56**, 74, Stöber aaO, s auch Steiner-Riedel[7] ErgBd § 180 Anm 2a. – **cc)** Eintragung des rechtsgeschäftlichen od durch Pfändg erworbenen PfdR ins Grundbuch eines zum Nachl gehörenden Grdst zul, obwohl dem PfdR nur der Anteil am ungeteilten Nachl, nicht aber der einzelne NachlGgst unterliegt, und zwar als VfgBeschrkg der Eigentümer im Wege der Berichtigg, RG **90**, 232, Hamm OLGZ **77**, 283, so daß alsdann eine gemschaftl Vfg der MitE über das Grdst nur mit Zust des PfandGläub mögl ist. GBA kann aber Vfg eines MitE über den gepfändeten Erbanteil ohne Mitwirkg des PfandGläub eintragen, Hamm Rpfleger **61**, 201. Der Grd der Verpfändg oder Pfändg darf aber nicht eingetragen werden, Hamm JMBl NRW **59**, 110. – Eine ohne Zust des PfandGläub vorgenommene **Übertragg sämtl MitEAnteile auf einen MitE** hat die Aufhebg der ungeteilten ErbenGemsch zur Folge, sie ist aber den ErbteilsPfandRechten ggü unwirks, da der PfandGläub seines PfdR nicht zugestimmt hat, Saarbr JBl Saar **62**, 138. Wird der Erwerber sämtl Erbanteile als AlleinEigtümer ins GB eingetragen, so wird dadurch das GB nicht unrichtig, wenn auch die ErbteilsPfandRechte eingetragen bleiben, BayObLG **59**, 51. – Sind die MitE noch nicht eingetragen, so bedarf es nach GBO 39 ihrer Voreintragg; zum AntrR des Gläub s Rdz 1685 gg Zweibr Rpfleger **76**, 214; s auch § 1276 Anm 1a. – **dd)** Mit der **Auseinandersetzg** konzentriert sich das PfändgsPfdR am Erbteil auf die Ansprüche des MitE auf Herausg der ihm zugeteilten Ggstände, StJ-Münzberg Anm III 2 zu § 859 ZPO; Stöber[5], Rdz 1692, 1693. Im Hinbl auf ZPO 847 ist schon bei der Pfändg anzuordnen, daß die bei AuseinanderS dem MitE-Schuldner zustehenden bewegl Sachen einem GVz herauszugeben sind, Liermann NJW **62**, 2189.

3) Form der Verfügg. Für die Vfg über den MitEAnteil – Anteilsübertragg, NießbrBestellg, Verpfändg, s Anm 2a, b – ist in **I 2** die erschwerte Form der notariellen Beurkundg, § 128 idF des § 56 II Nr 2 BeurkG, vorgeschrieben, also Beurkundg der einseitigen AbtretgsErkl u deren Ann bei der AnteilsÜbertr, BGH DNotZ **67**, 326, KG Rpfleger **73**, 26. Sie gilt für den dingl Vertr, wie §§ 2371, 2385 für das VerpflGesch. Beide Formvorschriften stehen selbständig nebeneinander, doch können Verpflichtgs- und VfgsGesch in einer Urk verbunden werden; worauf der Wille der VertrSchließenden abzielt, ist eine Frage der Auslegg, RG **137**, 171, BGH NJW **67**, 1128. **Keine Heilg** der mangelnden Form des Verpflichtgsgeschäfts, vgl § 2371 Anm 1, BGH aaO, bestr, aM Habscheid FamRZ **68**, 13, Schlüter JuS **69**, 10, ebsowenig bei Beurkundg eines unrichtigen Kaufpreises, Hamm RdL **51**, 103. Nach Celle NJW **51**, 198 = DNotZ **51**, 365 soll die FormVorschr nicht gelten, wenn über einen Erbteil zum Zweck der AuseinandS verfügt wird. Hiegg wenden sich mit beachtl Gründen Grunau DNotZ **51**, 365 Anm und Rötelmann NJW **51**, 198 Anm; RGRK Rdz 13, Patschke NJW **55**, 444 u Zunft in JZ **56**, 550ff sagen mit Recht, daß die Form des § 2033 I erforderl ist, wenn die Auseinandersetzg durch Übertragg der Erbanteile erfolgt, nicht aber dann, wenn die sämtl NachlGgstände an einen MitE gg Abfindg der übrigen übertr werden, weil hier nach dem Willen der VertrTeile nur über einzelne NachlGgstände iS des § 2040 verfügt wird, nicht aber Erbanteile veräußert werden. Auch Umdeutg ist mögl, RG **129**, 123, § 140 Anm 2. Über unschädl Falschbezeichg des ÜbertraggsGgstandes s BGH DNotZ **65**, 38. Die **Berufg auf die Formnichtigk** einer privschriftl ErbteilsÜbertr verstößt nur ganz ausnahmsw gg Treu u Glauben, § 242, mit der Wirkg, daß die Parteien das nichtige RechtsGesch wie ein gült zu behandeln haben, BGH DRiZ **69**, 279; Johannsen WPM **70**, 573. Die Verpfl eines MitE im Rahmen eines Vertr zur Durchführg der AuseinandS seinen Erbt an einen anderen MitE zu übertr, bedarf nicht der Form des § 2385, Johannsen aaO. – Eine **Vollmacht**, die zur Übertr eines Erbanteils des VollmGebers ermächtigt, bedarf der Form des § 2033, wenn hierdch im wesentl die gleiche RLage geschaffen w wie dch die Übertr des Erbanteils selbst, KG JFG **15**, 205, BayObLG **54**, 234, SchlHOLG SchlHA **62**, 173. – **Notar,** der ErbtKauf beurkundet, muß auf das VorkR der MitE **hinweisen**, BGH LM § 30 DONot Nr 2a.

4) Keine Verfügg über Anteil an einzelnen NachlGegenständen. Im Ggsatz zu **I 1** kann der MitE über seinen Anteil an den einzelnen NachlGgständen, auch bei Zust der anderen MitE, nicht verfügen, was **II** ausdrückl bestimmt. Es ist dies Ausfluß des gesamthänderischen Prinzips. RG **61**, 76 will vorher rein begriffl einen ErbAnspr oder ein ErbR an Bestandteilen des Nachlasses verneinen, was dem Grds nicht unbedingt zu entnehmen. Nach RG **94**, 243 haben aber die MitE nicht bloß Anteile zur ges Hand am Nachl als solchem, sond auch an den einzelnen zum Nachl gehörigen Ggständen, Staud-Lehmann § 2032 Anm 8; aM Kipp-Coing § 114 V 1b. GesamtVfg der MitE gem § 2040 I nicht über Anteile, sond nur über einen NachlGgst selbst. Deshalb ist die Veräußerlichk eines Anteiles an einem NachlGgst ebso wie die Belastg mit einer Hyp u selbst das WirksWerden des unzulässigen Rechtsaktes auf dem Wege des § 185 II in keinerlei Form denkb, RG **88**, 21; vgl Haegele BWNotZ **71**, 134. Zulässig ist aber, daß ein MitE sich **schuldrechtl verpflichtet,** einem anderen einen NachlGgst für den Fall zu verschaffen, daß er ihm bei der Auseinandersetzg zufällt, RG HRR **29** Nr 2084; ebso ist eine unbedingte u unmittelbare schuldrechtl Verpflichtg zur Übertragg eines (ideellen) Anteils an einem NachlGgst od eines ganzen NachlGgstandes mögl, da keine obj Unmöglichk vorliegt, RG JW **09**, 20, RGRK Rdz 15, BGH BWNotZ **68**, 165, **LM** Nr 8; s auch Zunft NJW **57**, 1178. Ausleggsfrage ist allerdings, ob in einer dingl Vfg auch eine schuldrechtl Verpflichtg enthalten ist. Auch Vfg eines MitE an einem zum Nachl gehörigen **Handelsgeschäft** ist ausgeschl, Soergel-Wolf Rdz 22. Unter bes Umst kann im Einzelfall die Veräußer eines einzigen Nachl-Ggst durch einen Teil der MitE als Erbteilsübertragg anzusehen sein, wenn ein darauf gerichteter Wille der Vertragsteile erkennb, ist, BGH FamRZ **65**, 267, dazu Lange JuS **67**, 453.

5) Leben Eheg in GüterGemsch, §§ 1415ff, so fällt der einem Eheg zugewendete MitEAnteil in das Gesamtgut, § 1417 Anm 2; das gleiche gilt für den Anteil am einzelnen NachlGgstand, BayObLG **20**, 386, RGRK § 1417 Anm 15, bestr, aM Staud-Felgentraeger § 1417 Anm 15; s aber auch § 1418 II Nr 2, Haegele BWNotZ **71**, 137. – Über seinen Anteil an einem RE-Anspr kann ein MitE trotz § 8 BRüG nicht verfügen, wenn letzterer als einzelner NachlGgst erscheint; er kann dies aber in der Form des § 2033 I, wenn sich der Nachl in dem einen RE-Anspr erschöpft, Düss RzW **69**, 58.

2034 *Vorkaufsrecht der Miterben gegenüber dem Verkäufer.* ^I Verkauft ein Miterbe seinen Anteil an einen Dritten, so sind die übrigen Miterben zum Vorkaufe berechtigt.
^{II} Die Frist für die Ausübung des Vorkaufsrechts beträgt zwei Monate. Das Vorkaufsrecht ist vererblich.

Schrifttum: Bartholomeyczik, Das Gesamthandsprinzip beim gesetzl Vorkaufsrecht der Miterben-Festschr für Nipperdey, 1965, I 145; Dumoulin, Das Vorkaufsrecht im BGB, D. Das gesetzl Vorkaufsrecht der Miterben, RhNK **67**, 740/763; Johannsen WPM **70**, 745 (s Schrifttum vor Einf vor § 2032); ders, WPM **73**, 545; Knüfermann, Das Miterbenvorkaufsrecht §§ 2034-2037 BGB, Diss Würzburg, 1970; Lange-Kuchinke § 44 III; Kipp-Coing § 115; s auch Schrift zu § 2033.

1) Allgemeines. Das VorkR (einziges gesetzl VorkR des BGB) soll die MitE gg das Eindringen Fremder in ihre Gemsch schützen. Es finden darauf, soweit nicht §§ 2034 ff anderes ergeben, die allg Vorschr §§ 504 ff Anwendg, dazu BGH **LM** Nr 3. Nach §§ 2035, 2037 hat es jedoch gewisse dingl Wirkgen, vgl dort. Es kann aber nicht als Belastg der MitEAnteile ins GB eingetragen werden, auch wenn der Nachl ganz od zum Teil aus Grdstücken besteht, BayObLG **52**, 231.

2) Voraussetzg ist ein gültiger – der Form des § 2371 entsprechder, BGH DNotZ **60**, 551, wenn erforderl, behördl genehmigter, Johannsen aaO 746 – **Verkauf** des Erbteils dch den gesetzl od testamentar MitE od dch den Erben, Erbeserben eines MitE, BGH NJW **66**, 2207, **69**, 92 (dazu abl Kanzleiter DNotZ **69**, 625), an einen **Dritten**, also nicht an einen MitE. Diese Voraussetzg ist auch gegeben, wenn der Dritte, der bereits einen Erbteil erworben hat, einen weiteren erwirbt, BGH **56**, 115 mit Anm von Johannsen **LM** Nr 9a, Dumoulin aaO 764, s auch Anm 2 aE; kein VorkaufsR, wenn Erben eines MitE ihre Anteile an dessen Nachl nicht dch einheitl RGesch, sond dch selbstd Vertr an Dritte verkaufen, BGH RhNK **70**, 535, ebso, wenn die Erben eines MitE ihre Anteile an dessen Nachl veräußern u dieser Nachl nicht ausschl aus dem ErbAnt des beerbten MitE am Nachl des von ihm beerbten Erbl besteht, BGH NJW **75**, 445 mit Anm v Schubert JR **75**, 290. Auf and Veräußergsfälle, zB Tausch, Schenkg, Sichersübereigng, kann die Vorschr nicht ausgedehnt w, OLG **14**, 285, BGH **LM** § 1098 Nr 3, dazu auch Knüfermann aaO 27 ff; ebso nicht die Erfüllg eines Verm, dessen Ggst ein ErbAnt an einen zur Erbsch gehör nicht auseinandergesetzten Nachl ist. Auch eine notarielle Vollm, die einen Dritten unwiderrufl unter Befreiung von § 181 ermächtigt, einen KaufVertr über den Erbteil abzuschließen, löst das VorkR nicht aus, BGH DNotZ **60**, 551. Namentl gehört Veräußerg im Wege der ZwVollstr od dch KonkVerw nicht hierher, § 512, BGH NJW **77**, 37 mit Anm v Schubert (JR **77**, 284), Erm-Barth-Schlüter Rdz 2. Jedoch können Vereinbgen, die nicht als KaufVertr angesehen w können, nach § 138 nichtig sein, wenn ein Erbteil prakt verkauft u dabei die Ausübg des VorkR dch die MitE vereitelt w soll, s BGH WPM **70**, 1315; in solchen Fällen kann uU angen w, daß doch ein KaufVertr geschl ist, **LM** § 2035 Nr 2, Anm Johannsen; über weitere Fälle der Vereitelg des VorkR u UmgehgsGesch s Johannsen aaO 748, Haegele BW-NotZ **72**, 2, aber auch Knüfermann aaO 24 ff, 42 ff. Unterwirft sich zB ein MitE hins eines Grdst, das, wie dem VertrGegner bekannt ist, den einz Ggst des ungeteilten Nachl bildet, gg Entgelt schuldrechtl Verpflichtgen, die dem VertrGegner die restlose, zeitl unbeschränkte Wahrnehmg der Miterbenrechte für eig Rechng in jeder Weise gewährleisten sollen, so ist diese Vereinbg als ein, das VorkR der and MitE auslösder, Verkauf des Erbteils anzusehen, RG DR **43**, 1108. Auch wenn zur Sicherg für ein Darl ein Erbteil übertr wird, liegt in Wirklichk ein ErbschKauf vor, falls die Rückzahlg des Darl u die RückÜbertr des Erbteils dch bes Abmachgen prakt für immer ausgeschl sind, BGH NJW **57**, 1515. Öffrechtl Veräußerg eines Anteils am Nachl, der nur aus einem Grdst besteht, löst das VorkR nicht aus, Clasen, DVBl **56**, 821; auch bei Versteigerung des Nachl nach § 753, § 180 ZVG steht dem MitE ggü dem meistbiet Dritten das VorkR nicht zu, BGH NJW **72**, 1199. Veräußert der Erwerber den Erbteil weiter, so entsteht kein neues VorkR, hM, s Brox § 29 IV 2a, vgl aber § 2037 Anm 1. Der vorkaufsberecht MitE kann dem Hinw eines MitE u des Abkäufers seines Erbanteils auf die Formungültigk des KaufVertr nicht mit dem Vorwurf der Argl entggtreten, wenn der Erbanteil an den verkaufden MitE zurückübertr worden ist, RG **170**, 203. Kein VorkR aus des MitEigt-Anteils eines MitE nach AuseinandS, Hamm RdL **53**, 52. Das gesetzl VorkR der MitE ist auch nicht gegeben, wenn derjenige Teilh der GesHandGemsch einen weiteren NachlAnteil kauft, der dch Erwerb eines NachlAnteils mit Rücks auf ein künft ErbR nach einem MitE als dessen gesetzl Erbe in die Gemsch eingetreten ist; ein solcher Teilh ist nicht Dritter iS des § 2034 I, BGH **LM** Nr 3, s auch Dumoulin aaO 764, aber auch Johannsen aaO 746; Knüfermann aaO 67 f. – Zur ErbtÜbertr des MitVorE an NachE s § 2139 Anm 7.

3) Vorkaufsberechtigt sind die sämtlichen MitE gemeinschaftl. Das VorkR steht ihnen als Gesamthändern zu, Bartholomeyczik aaO 171, aM Knüfermann aaO 79 (für BruchtGemsch). Sie müssen das VorkR einheitl, wenn auch nicht gleichzeit ausüben; will es einer nicht ausüben, so verbleibt es den and im ganzen, § 513, u zwar wiederum als Gesamthändern, s BGH WPM **62**, 722, **LM** Nr 6, Bartholomeyczik aaO 147ff, Johannsen WPM **73**, 546; aM Knüfermann aaO 85ff. Auch solange das VorkR der übr noch besteht, können einz MitE es unter der ausdrückl od stillschw Bedingg ausüben, daß die übr davon keinen Gebr machen, Johannsen WPM **70**, 747. Die Ausüb ist ausgeschl, wenn der Berecht zugl ablehnt, die mit seiner Erkl verbundene Verpfl zu erfüllen, BGH WPM **62**, 722, wenn sich die MitE über die gemschaftl Ausübg nicht einigen können, Johannsen aaO. Die Wirksamk der VorkErkl hängt aber nicht davon ab, ob u wie der Berecht seine sich daraus ergebden Verpfl zu erfüllen vermag BGH NJW **72**, 202. Das VorkR ist weder allein übertragbar, § 514, oder pfändb, noch kann es im Konk des MitE vom KonkVerw ausgeübt w, Jäger-Henckel § 1 KO Rdz 89; noch geht es auf den Dritten über, an den ein MitE seinen Erbanteil nach § 2033 übertr hat, BGH **56**, 115/118; im letzteren Fall kann es auch der MitE, der seinen Erbteil veräußert hat, nicht mehr ausüben, RhNK **60**, 41, Stgt NJW **67**, 2409. Entgg § 514 ist es aber **vererbl, II**. – Der Pfleger eines MitE bedarf, wenn ein Grdst zum Nachl gehört, zur Ausübg des VorkR der vormschgerichtl Gen nach § 1821 I Nr 5, SchlHOLG SchlHA **56**, 262, nicht aber der elterl Gewalthaber, da nach § 1643 I der § 1821 I Nr 5 nicht anwendb ist, BWNotZ **57**, 72. Der VorkBerecht hat dem Erbteilskäufer die durch den KaufVertr u die etwaige Gen entstandenen Kosten zu ersetzen u die Kosten der Ausübg des VorkR zu tragen, Köln DNotZ **59**, 263.

4) Die **Frist zur Ausübg** beträgt 2 Monate, **II**. Sie beginnt mit dem Empfang der Mitteilg über den Inhalt des abgeschlossenen Vertrages, zu der der Verkäufer verpflichtet ist, § 510. Ist der VorkBerecht beim VertrAbschl anwesend, beginnt Frist mit dem Beurkundstag, Köln DNotZ **59**, 263. Die Frist läuft für jeden VorkBerechtigten besonders. Die Mitteilg nach § 510 kann formlos erfolgen, muß aber klar sein, RG HRR **30** Nr 297. Sie setzt die Frist nur in Lauf, wenn sie den Inhalt des Vertr richtig u vollständig wiedergibt, Johannsen aaO 747, Köln aaO. Beweispfl für eine wirks mdl Mitteilg ist der Erbteilskäufer, Köln aaO. – Über die Ausübg des VorkR u seine Wirkg vgl § 2035 Anm 1 und 3, auch BGH WPM **72**, 503 (verspätete Erklärg dch einen MitE).

5) Erlöschen des VorkR tritt, abgesehen vom Fristablauf, durch **Verzicht** sämtl Berechtigter ein. Dieser kann formlos u schon vor der Mitteilg nach § 510 erfolgen, RG JW **24**, 1247. Das VorkR erlischt auch dch jede Veräußerg des Erbteils, bei der die Ausübg des VorkR ausgeschlossen ist, s oben Anm 2, §§ 507, 511, Dumoulin aaO 767. Die Ausübg ist aber nicht desh unzul, weil der Berecht nur zu einem geringen Bruchteil MitE ist u der Käufer nahezu alle Anteile der übrigen MitE bereits erworben hat, BGH NJW **72**, 202. Das VorkR w auch dch Rückgängigmach des KaufVertr mit dem Dritten nicht beseitigt, Stgt BWNotZ **76**, 150, § 504 Anm 2.

6) DDR: ZGB (Auszug im Anh, 35. Aufl) 401 III mit 38, 39.

2035 *Vorkaufsrecht gegenüber dem Käufer.*
I Ist der verkaufte Anteil auf den Käufer übertragen, so können die Miterben das ihnen nach § 2034 dem Verkäufer gegenüber zustehende Vorkaufsrecht dem Käufer gegenüber ausüben. Dem Verkäufer gegenüber erlischt das Vorkaufsrecht mit der Übertragung des Anteils.
II Der Verkäufer hat die Miterben von der Übertragung unverzüglich zu benachrichtigen.

1) Ausübg des VorkaufsR. Sie geschieht idR durch formlose Erklärg ggü dem Verkäufer, § 505, s BGH BB **67**, 1104. Die MitE erhalten dadurch einen Anspr auf Übertr des Erbteils, § 326 ist anwendb, Johannsen aaO 748. Dieser Anspr kann nicht hins einz NachlGgstände geltd gemacht w, BGH LM § 2034 Nr 1. Sobald aber der verkaufte Anteil auf den Käufer nach § 2033 übertr ist, kann das Recht nur noch ggü dem Käufer ausgeübt w, **I**. Darin zeigt sich die dingl Wirkg des VorkR. Hat der Käufer es weiterübertr, so ist es nur dem weiteren Erwerber ggü auszuüben, § 2037.

2) Benachrichtiggspflicht. Mit Rücks auf **I** hat der Verk, unabhängig von der AnzPfl des § 510, die MitE unverzügl, § 121, von der Übertragg zu benachrichtigen, **II**; doch gilt auch hier § 510 I 2 entspr. Solange die Anz nicht erfolgt, können die MitE ihr VorkR wirks ggü dem Verk ausüben, RGRK Rdz 4. – Für die Frist des § 2034 II ist die Anz des **II** ohne Bedeutg.

3) Rechtswirkg. Bei **Ausübg des Vorkaufsrechts** ggü dem Käufer im Fall des § 2035 kommt zw den das VorkR ausübden MitE u dem Käufer kein KaufVertr zustande. Vielm entsteht ein gesetzl **Schuld-Verh** (vgl Einf 1 c bb vor § 320, Hbg MDR **61**, 851), kr dessen der Käufer verpflichtet ist, den erworbenen Anteil auf die MitE zu übertr, währd diese ihm den etwa schon bezahlten Kaufpr nebst sonstigen Aufwendgen einschl der Kosten der RückÜbertr zu erstatten haben, vgl BGH **6**, 85, WPM **62**, 722, BVerwGE **24**, 88. Hierfür haften die MitE als GesSchuldner, § 427. Der vorkaufsberecht MitE wird Eigentümer erst mit der Übereignung, also der Übertr des Erbanteils; vor der Übertr kann er grdsätzl auch nicht als wirtschaftl Eigtümer des Anteils angesehen w, BVerwGE aaO 87. Keine Sicherg dch Vormerkung, wohl aber uU dch Erwirkg eines VeräußersVerbots, s Stgt BWNotZ **76**, 150. Mehrere MitE erwerben den Anteil als Gesamthänder, der Anteil wächst ihnen entspr §§ 1935, 2094 im Verhältn ihrer Erbteile zu, Erm-Bartholomeyczik Anm 3, bestr, s Haegele BWNotZ **71**, 137. – Wenn der MitE, dem sein VorkR ggü dem Erwerber eines MitEAnteils geltd machte, mit der Zahlg des Erwerbspreises in Verz kommt, hat der Erwerber kein RücktrR nach § 326, BGH NJW **54**, 1883. – Überträgt der Verpflichtete den Erbteil trotz Ausübg des VorkR nicht an die MitE, sond an einen Dritten, so muß dieser das VorkR gg sich gelten lassen, Staud-Lehmann § 2037 Anm 3 Abs 2, s auch Knüfermann aaO 108ff, wonach der ÜbertrAnspr der MitE gg jedermann wirkt.

2036 *Haftung des Erbteilkäufers.*
Mit der Übertragung des Anteils auf die Miterben wird der Käufer von der Haftung für die Nachlaßverbindlichkeiten frei. Seine Haftung bleibt jedoch bestehen, soweit er den Nachlaßgläubigern nach den §§ 1978 bis 1980 verantwortlich ist; die Vorschriften der §§ 1990, 1991 finden entsprechende Anwendung.

1) Haftg des Erbschaftskäufers. Er haftet grdsätzl für die **NachlVerbindlichkeiten** auch dann, wenn er den Anteil weiterveräußert, §§ 1922 II, 2382, 2383, 2385. Davon macht S 1 eine Ausn. Mit der Übertragg des Erbteils durch Käufer od Verkäufer auf die MitE wird der Käufer von der Haftg frei, selbst dann, wenn er schon das BeschrkgsR verloren hatte; die unbeschr Haftg hins des Erbteils trifft aber dann die das VorkR ausübenden MitE, Staud-Lehmann Anm 3, RGRK Rdz 2. Bestehen bleibt nach S 2 ledigl die Haftg für VerwHdlgen gem §§ 1978–1980, und zwar auch ohne Anordng von NachlVerwaltg oder NachlKonk. Nur das besagt die Verweisg auf §§ 1990, 1991; ihre wörtl Anwendg ist ausgeschl, weil der Haftende den Nachl ja nicht in Händen hat, allgM.

2037 *Weiterveräußerung des Erbteils.*
Überträgt der Käufer den Anteil auf einen anderen, so finden die Vorschriften der §§ 2033, 2035, 2036 entsprechende Anwendung.

1) VorkaufsR gg weitere Erwerber. Es kann nicht nur ggü dem ersten Käufer ausgeübt werden, sond auch gg den weiteren Erwerber, auf den dieser den Anteil übertr hat. Ob die Übertragg auf Kauf od einem anderen RGrunde beruht, ist hier gleichgültig. Es handelt sich jedoch um kein neues VorkR, s BGH NJW **71**, 1265; es ist vielm (kr dingl Wirkg) dasselbe, das den MitE gg den veräußernden MitE nach § 2034 zusteht. Deshalb läuft die Frist des § 2034 II nur einmal seit der ersten Anzeige. Den Weiterveräußernden trifft aber jedesmal wieder die AnzPfl nach § 2035 II. Unter „anderen" sind nicht auch die MitE zu verstehen, RG **170**, 203.

2038 Gemeinschaftliche Verwaltung des Nachlasses.
I Die Verwaltung des Nachlasses steht den Erben gemeinschaftlich zu. Jeder Miterbe ist den anderen gegenüber verpflichtet, zu Maßregeln mitzuwirken, die zur ordnungsmäßigen Verwaltung erforderlich sind; die zur Erhaltung notwendigen Maßregeln kann jeder Miterbe ohne Mitwirkung der anderen treffen.

II Die Vorschriften der §§ 743, 745, 746, 748 finden Anwendung. Die Teilung der Früchte erfolgt erst bei der Auseinandersetzung. Ist die Auseinandersetzung auf längere Zeit als ein Jahr ausgeschlossen, so kann jeder Miterbe am Schlusse jedes Jahres die Teilung des Reinertrags verlangen.

Schrifttum: Nipperdey, Stimmrecht des MitE bei seiner Bestellg zum Verwalter in der Erbengemeinschaft, AcP **143**, 315. – Suren, Die Erbengemeinsch als Grdstückseigentümer, HuW **50**, 427. – Bertzel, Der Notgeschäftsführer als Repräsentant des Geschäftsherrn, AcP **158**, 119; dsgl NJW **62**, 2280 = JurBüro **62**, 369. – Siegelmann, Die Kündigg des Mietvertrags durch eine Erbengemeinschaft, BlGBW, **64**, 153 = ZMR **66**, 293. – Schopp, Die Kündigung des Mietverhältnisses durch eine Erben- od Bruchteilsgemeinschaft, ZMR **67**, 193. – Lange, Verwaltg, Verfügg u Auseinandersetzg bei der Erbengemeinsch, JuS **67**, 453. – Henrich, Die Verwaltg des Nachl dch eine MEGemsch, JA **71**, 621. – Jülicher, MehrheitsGrdSatz u Minderheitenschutz bei der ErbenGemsch, AcP **175**, 143.

1) Wesen der Verwaltg des Nachl. Dazu gehören alle Maßnahmen, die auf seine tatsächl od rechtl Erhaltg od Vermehrg, auf Ziehg der Nutzgen od Bestreitg der laufenden Verbindlichkeiten gerichtet sind, gleichgült, ob die Maßnahmen nur im Innenverhältn od auch nach außen wirken. Verwaltg kann also Geschäftsführg u Vertretg sein, Brox, § 31 II; s dazu auch Erm-Barth-Schlüter Rdz 1, 2. An VerpflichtgsGesch müssen idR alle MitE mitwirken (ausgen NotVerpflGesch, I 2 Halbs 2), s Erm-Barth-Schlüter Rdz 3–6, 9. – **a) Einzelfragen.** Es fallen darunter namentl die Ausübg des Besitzes an den NachlGgständen (§ 743 II, dazu BGH WPM **78**, 1012), die Einziehg von NachlFdgen, BGH **46**, 280, Abschl v Mietverträgen, LG Köln, Mannh MDR **59**, 214, **64**, 238, BGH, Johannsen WPM **69**, 298; **70**, 575 (Vertr der ErbenGemsch mit MitE), dazu auch Schopp aaO, Einziehg der Mietzinsen aus einem der ErbenGemsch gehör Haus, Künd eines VerwalterdienstVertr, KG DR **40**, 1018 mit Anm Vogels, Künd des PachtVertr über ein zum Nachl gehör Landgut, BGH LM Nr 1, NJW **71**, 1265, eines Mietverhältn LG Köln MDR **72**, 520, Baumaßnahmen auf einem Grdst (Düss MDR **47**, 289), Rückn eines EintrAntr beim GBA, Düss NJW **56**, 876, Klage auf Rechnsglegg nach Tod des Mündels, § 1890, Hamm BB **76**, 671. Auch Fortführg eines Handelsgeschäfts namens der ErbenGemsch kann hierher gehören, KG HRR **32**, 749, BGH **30**, 391 = NJW **59**, 2115, **60**, 962, vgl auch § 2032 Anm 4, Johannsen WPM **70**, 575; **77**, 271; Fortführg eines gewerbl Betriebs, Ffm WPM **75**, 129. Beim HandelsGesch ist die Eintr einz MitE als Vertr der Firma unter Ausschl od unter von der Vertretg unzul, KG KGJ **35** A 152. – **b) Zur Verwaltg** können uU auch Verfüggshandlgen, zB GrdstVeräußerg, erforderl w, BGH FamRZ **65**, 267, dazu Lange JuS **67**, 453, Johannsen aaO 576, RGRK Rdz 1; hierfür u für die AuseinandS gelten bes Vorschr, §§ 2040, 2042, 2046 III, s aber auch Anm 3b. – Die Bestimmg der Ruhestätte des Erbl gehört nicht zur Verw, hierüber entsch der zu ermittelnde Wille des Verstorbenen, RG **100**, 172, hilfsw der der nächsten Angeh, RG **154**, 269. Auch über die Exhumierug der Leiche entscheiden nicht die Erben, sond die nächsten Angeh, LG Detmold NJW **58**, 265; vgl § 1968 Anm 2. Keine VerwMaßregel iS des § 2038 kann in der Ausübg des AbfindgsR ggü dem nichtehel Kinde nach dem fr § 1712 II erblickt w, Staud-Göppinger § 1712 Anm 35, s dazu Art 12, § 10 NEhelG, auch nicht im Widerruf einer vom Erbl erteilt Vollm, BGH **30**, 396, in der Vereinbg, die AuseinandS auszuschließen, Erm-Barth-Schlüter Rdz 1 zu § 2042.

2) Übereinstimmg aller MitE ist grundsätzl zu jeder VerwMaßn erforderl, **I** 1. Dabei ist jeder MitE verpflichtet, zu Maßnahmen mitzuwirken, die zur ordngsm Verw erforderl sind, **I** 2; über ordngsm Verw s § 745; sie muß der Beschaffenh des Ggst u dem Interesse aller MitE nach billigem Ermessen entsprechen, s Brox § 30 III 1a. Die Mitwirkg, zu der nicht nur der Zust, sond uU auch aktives tätiges Handeln gehört, kann im Klagewege erzwungen werden, BGH **6**, 76, OLG **37**, 252, Celle JR **63**, 221 (kein Recht des MitE zu $^1/_5$ auf Einwilligg der anderen MitE in Künd des GrdstVerwalters wg erhebl persönl Spanngen mit ihm). Dabei sind die Anträge auf eine bestimmte Maßn zu richten, die dem Interesse aller MitE nach bill Erm entsprechen muß; eine wesentl Veränderg kann nicht verlangt werden, **II** § 745, vgl auch § 745 Anm 2 und 3. Verletzt ein MitE die ihm obliegende MitwirkgsPfl od die Pflicht, gg schädigendes Verhalten anderer MitE einzuschreiten, so macht er sich ersatzpflichtig, § 276; für Erfüllungsgehilfen haftet er nach § 278, BGH DRiZ **66**, 396. Auf die fortges ErbenGemsch kann § 708 analog anwendb sein, Seemüller aaO (Einf 2c § 2032) 65 ff. Im übr sind auch für die ErbenGemsch die Grdsätze von Treu u Glauben maßg, RG **65**, 10. Auf die Aufstellg eines NachlVerzeichnisses bezieht sich die MitwirkgsPfl nicht, RG **81**, 30, s Anm 4. Da die MitwirkgsPfl nur unter den an der GesHand Beteiligten, nicht nach außen, besteht, kann sich ein Dritter nicht darauf berufen, daß die von einem einzelnen MitE getroffene Maßregel notw sei u die übrigen Erben hätten mitwirken müssen, BGH NJW **58**, 2061. Ein einseit RGesch, das von einem MitE ohne Einwilligg der and und vorgen w, ist nach § 180 BGB wirkgslos, Johannsen aaO 576. – Die **Kosten der Verw** u sonstige Lasten haben die MitE nach dem Verhältn ihrer Erbteile zu tragen, **II** mit § 748. Über Beschränkg der Haftg auf den Nachl s § 2058 Anm 1.

3) Ausnahmen von dem vorstehenden Grds:

a) Der **Erbl** kann einem einzelnen MitE durch letztw Vfg besondere Verwaltgsrechte übertragen. In solcher Bestimmg ist entweder die Bestellg des MitE zum TestVollstr mit Beschrkg auf die Verw, RGRK

Rdz 2, od eine Auflage zu Lasten der anderen zu sehen, RG HRR **29** Nr 500, uU auch ein VerwVorausvermächtn an einen MitE; dieses VerwR kann aus wichtigem Grd entzogen werden, OGH **4**, 223, BGH **6**, 76. – Die **Verwaltgsbefugn** der Erben ist sowohl durch einen TestVollstr, § 2205, als auch durch einen NachlVerw, § 1984, od KonkVerw, § 6 KO, ausgeschlossen.

b) Durch **Stimmenmehrheit** können die MitE eine der Beschaffenh des gemschftl Ggstandes entspr **ordngsmäßige Verwaltg u Benutzg beschließen**, II mit § 745, BayObLG **65**, 391, zB Übertr der Verw auf einen od einz MitE, einen Dritten, s BGH DRiZ **66**, 396, Johannsen WPM **73**, 544, die Vertretg des Nachl dch einen MitE od Dritten, die Regelg der Benutzg von NachlGgst, BGH WPM **68**, 1172. Der Beschl bindet auch die RNachfolger, § 746. Stimmber ist auch der ErbtErwerber, 2033 Anm 1 b; zur StimmRAusübg, wenn Erwerber eine Gemsch des bürgerlR ist, s Lang aaO (Schriftt zu § 2032 Anm 4–6), 108 ff. Die Stimmenmehrh ist nach der Größe der Erbteile zu berechnen, BayObLG **63**, 324. Dabei ist auch der MitE stimmberecht, der unter Berücksichtigg der AusglPfl nichts mehr zu erhalten hat, vgl § 2055 Anm 3. Stimmberechtigg bejaht auch BGH **56**, 47, mit einer Anm von Johannsen **LM** Nr 10, bei RGesch zw ErbenGemsch u GmbH, der MitE als Gesellschafter angehören. Kein StimmR haben die MitE in eig Angelegenheiten, zB hins der Einziehg einer Fdg, deren Schu der MitE ist, vgl Hamm BB **69**, 514, BGH WPM **73**, 360. Ein solcher Interessenwiderstreit besteht aber nicht, wenn die Verw des Nachl einem MitE übertr w soll. Dieser MitE darf daher über die Übertr u die Höhe der Vergütg mitabstimmen, Nipperdey AcP **143**, 315. Eine wesentl Veränderg des NachlGgstandes kann nicht beschlossen w, § 745 III. Erweist sich die beschlossene Maßn als ungeeignet, so kann jeder MitE von den and die zur Beseitigg der Störg erforderl Hdlgen verlangen, zB Abberufg des eingesetzten Verwalters, OLG **40**, 111. Eine Verwaltungsvereinbg kann von jedem MitE aus wicht Grd gekündigt werden, § 745 Anm 1. – Der MehrhBeschl kann A u ß e n w i r k g, haben, BGH **56**, 47/51, Hamm aaO, AG Köln WPM **74**, 267. Die Mehrh der MitE vertritt jedenf bei Ausführg von VerwHandlgen die and MitE, BGH **56**, 47 = **LM** Nr 10 mit Anm v Johannsen, ders WPM **73**, 544; Bartholomeyczik Festschr für Reinhard 1972, 25 ff. Dies gilt auch, wenn eine Vfg in Frage steht, Staud-Lehmann Anm 13g, Kipp-Coing § 114 IV 3b; Soergel-Wolf Rdz 9; aM, wonach zu Vfgen der Mitwirkg sämtl ME erforderl ist (§ 2040), s Erm-Barth-Schlüter Rdz 2, Lange-Kuchinke § 45 III 6; allgem gg eine Außenwirkg der MehrhBeschlüsse mit beachtl Gründen Jülicher aaO. – Über das KlageR auf Änderg der Art der Verw s § 745 Anm 2, KG NJW **61**, 733.

c) Ist die ErbenGemsch Eigtümer einer zum Nachl gehörigen **Mietsache,** so kann die Mehrh der MitE, gerechnet nach ihrer Beteiligg am Nachl, Mietverträge abschließen u kündigen, worin darin eine Verwaltgshandlg im Sinn von § 2038 II liegt, Schopp aaO 195; ebenso LG Köln, Mannh MDR **59**, 214, **64**, 238, **72**, 520, Erm-Barth-Schlüter Rdz 14, für den Abschl von Mietverträgen; grdsätzl für gemschftl Kündigg aller MitE LG Mannh ZMR **66**, 178, Siegelmann aaO, der jedoch ua darauf hinweist, daß auch der Fall des § 2038 I 2 Halbs 2 gegeben sein kann. Die Kündigg eines **MietVerhältn** dch die MitE als Mieter ist dagg nur eine Vfg über das MietVerh, keine Verwaltgshandlg, dieses kann also gem § 2040 nur von allen MitE gemschftl gekündigt w, Schopp aaO 195f. S auch oben Anm 1a. Zur Verwaltg von G m b H - A n t e i l e n in der ErbenGemsch s Wiedemann Rdsch GmbH **69**, 247.

d) Die zur Erhaltg notwendigen Maßnahmen kann **jeder MitE** ohne Mitwirkg der anderen treffen vgl dazu § 744 Anm 2 u Bertzel AcP **158**, 119 ff, NJW **62**, 2280, Barth-Schlüter Lehrb § 38 III 4, Bartholomeyczik, Festschr für Reinhard 33, Wieser, Festschr f Lange, 1970, 325/335. Ein alleiniges Handeln ist bedeuts Maßnahmen regelmäß nur zuläss, wenn der Handelnde die Zust seiner MitE nicht mehr rechtzeit erlangen kann (Dringlichk), BGH **6**, 83, Brox § 30 III 1 b (2), bestr. Der handelnde MitE verpflichtet insow iZw zugl die Gemsch, RGRK Rdz 5, ihm kommt eine gesetzl Vertretgsmacht nach außen zu, Bertzel AcP aaO 121; Brox § 30 IV 2 c. Zur Erhaltg notw Maßnahme kann auch eine Vfg sein, Bertzel aaO, Lange-Kuchinke § 45 IV 3, Soergel-Wolf Rdz 10, Erm-Barth-Schlüter § 2040 Rdz 6, SchlHOLG SchlHA **65**, 276, bestr; aM Neust MDR **62**, 574, Kipp-Coing § 114 IV 4 b. Wenn der MitE allein vom Erbf Kenntn hat, ist er sogar verpflichtet, allein die notw VerkSicherungsmaßnahmen zu treffen; ein begüterter Erbe muß ggf hierzu sein eigenes Vermögen angreifen, BGH JZ **53**, 706 = **LM** § 836 Nr 6. Zur Erhaltg der einzelnen NachlGgstände notw nicht solche, die auch der ordngsmäß Verwaltg des ges Nachl dienen. Art u Umfang der Maßnahmen sind vom Standpkt eines vernünft u wirtschaftl denkenden Beurteilers zu entscheiden, BGH **6**, 76, Johannsen WPM **70**, 578, also idR nicht Wiederaufbau eines kriegszerstörten Gebäudes, BGH **LM** § 1004 Nr 14, noch Abschl eines langjährigen MietVertr, BGH NJW **58**, 2061, auch nicht Widerruf einer schwebd unwirks Auflassgserklärg SchlHOLG aaO, Vertr über Bestattg des Erbl, Berger aaO (Schrifttum zu § 1968) 71 ff. Antr auf Bestimmg einer InvFrist gehört nicht hierher, da ledigl nützl aber nicht notw, KG OLG **35**, 360 (s aber auch § 2039 Anm 2), wohl aber Antr auf VertrHilfe wg einer NachlVerbindlichk, BGH NJW **55**, 1355, MDR **62**, 390, Antr auf Umstellg nach der 40. DVO UmstG 6, wenn ErbenGemsch Gläub einer Hypothek ist, Hamm MDR **66**, 589, u die, notf im Klagewege durchzuführende, Abwehr gg die Enteignung eines NachlGrdst, VGH Kassel NJW **58**, 1203, sowie die Erhebg von Beschwerden u Klagen im FlurbereiniggsVerf, BVerwG NJW **65**, 1546. Die zur Erhaltg notw Maßregeln werden idR auch einer ordnungsm Verw entsprechen; sollte dies aber unter Berücksichtigg der Mittel des Nachl nicht zutreffen, so sind die Maßregeln nach außen für die GesHand nicht wirks, BGH NJW **58**, 2061.

e) Hat der Prozeßbevollmächtigte von MitE, die eine NachlForderg geltend machen, ohne deren Kenntn einen gerichtl Vergleich mit WiderrufsVorbeh geschlossen, so ist, wenn sich aus dem Sachverhalt nichts Gegenteiliges ergibt, jeder der vertretenen MitE berecht, den Vergl innerh der gesetzten Frist zu widerrufen; § 2040 steht nicht entgg, BGH **46**, 277 mit Anm v Johannsen **LM** Nr 8, v Bökelmann JR **67**, 341.

f) Das **NachlGer** ist dagg **niemals,** auch nicht, wenn es die AuseinandS vermittelt, befugt, VerwHandlgen vorzunehmen, etwa die Befriedigg der Gläub zu regeln, BayObLG DJZ **04**, 559.

g) Dem Inh eines E r b E r s A n s p r, §§ 1934a–c, steht kein VerwR zu, da er nicht zur MitEGemsch gehört; sein Anspr ist schuldrechtl Natur.

4) Eine allg Auskunftspflicht der MitE untereinander über den Nachl als solchen ist aus **I nicht** herzuleiten, RG **81**, 30, stRspr, vgl auch § 2057 Anm 4, aM Erm-Barth-Schlüter Rdz 18, s auch krit zur Rspr Coing NJW **70**, 731 f. Wenn aber ein MitE die Verw allein geführt, so ist er den anderen nach §§ 666, 681 auskunftspflichtig, Karlsr MDR **72**, 424 (ev auch Pfl zur Errichtg eines NachlVerz ggü and ME). Es kann sich auch eine Pfl zur Mitwirkg bei Errichtg eines NachlVerzeichnisses ergeben, RGRK Anm 13. Im übr vgl für Einzelfälle §§ 2027, 2028, 2057 u dazu Brox § 30 III 1 a (2), auch Oldbg NdsRpfl **72**, 88 (HöfeR); s ferner Speckmann, NJW **73**, 1869, der zur Anerkenng einer allg AuskPfl neigt. Innerh einer fortges ErbenGemsch w eine allg AuskunftsPfl zu bejahen sein, Seemüller aaO 65.

5) Die Früchte gebühren den MitE nach dem Verhältn ihrer Erbteile, § 743. Ihre Teilg erfolgt aber grdsätzl erst bei der AuseinandS, auch Abschlagszahlen können nicht gefordert werden, OLG **18**, 327, Hbg MDR **65**, 665, da erst bei der AuseinandS feststeht, was der MitE unter Berücksichtigg einer etwaigen AusglPfl zu erhalten hat. Eine frühere Verteilg kann nicht durch MehrhBeschl, Hbg aaO, sond nur durch Vereinbg sämtl MitE angeordnet werden, RG **81**, 241. Doch kann sie einseitig auch verlangt werden, wenn Nichtteilg wg besonderer Umst arglistig wäre, LG Halle JW **37**, 643. Teilg des Reinertrags am Schluß des Jahres, wenn AuseinandS nach §§ 2043 bis 2045 länger als ein Jahr ausgeschl ist, Hbg aaO; bloße Verzögerg der AuseinandS genügt nicht, RG **81**, 241, Soergel-Wolf Rdz 20. Wird ein MitE durch Vorschüsse auf sein Auseinandersetzungsguthaben ganz od teilw befriedigt, so gebühren ihm Früchte nach seiner tatsächl Beteiligg am NachlVermögen, bemessen nach den Wertverhältn am Verteilgsstichtag, Hbg MDR **56**, 107. Allg wird als Stichtag für die Bewertg der zur AuseinandS stehdn Masse der Teilgs-Ztpkt heranzuziehen sein, s Meincke BewertgsR § 14 II 2a. Zur Berücksichtigg der AusgleichsPfl (§§ 2050 ff) bei der Früchteverteilg s Seemüller aaO 83 ff.

6) Die Lasten der gemschaftl NachlGgstände sowie die Kosten der Erhaltg, Verwaltg u einer gemschaftl Benutzg muß jeder MitE den anderen MitE ggü nach dem Verhältn seines Erbteils tragen, **II** 1 mit § 748. Die Verpflichtg beschränkt sich auf die im Nachl vorhandenen bereiten Mittel, sie begründet keine VorschußPfl, RGRK Rdz 10, Seemüller aaO 56; aM Brox § 30 III 6. Über Haftg ggü Gläub s § 2059.

2039 *Nachlaßforderungen; Leistung nur an alle Erben.* **Gehört ein Anspruch zum Nachlasse, so kann der Verpflichtete nur an alle Erben gemeinschaftlich leisten und jeder Miterbe nur die Leistung an alle Erben fordern. Jeder Miterbe kann verlangen, daß der Verpflichtete die zu leistende Sache für alle Erben hinterlegt oder, wenn sie sich nicht zur Hinterlegung eignet, an einen gerichtlich zu bestellenden Verwahrer abliefert.**

Schrifttum: Blomeyer, Einzelanspruch u gemeinschaftl Anspruch von Miterben u Miteigentümern, AcP **159**, 385; Lüke-Göler, Prakt Fall JuS **75**, 381.

1) Klagerecht des einzelnen MitE. a) Nach den Grdsätzen der GesHand könnten die MitE Leistg nur gemschaftl fordern. Dieser Grds wird für **Ansprüche, die zum Nachl gehören,** durchbrochen. Diese **kann** der **einzelne MitE** allein **geltend machen;** er kann sie durch Feststellgs- od Leistgsklage, uU durch Klage auf künftige Leistg, RG JW **25**, 2244, einklagen, zur Sicherg Arrest u einstw Vfg erwirken, die Zw-Vollstr betreiben (auch wenn der VollstrTitel von allen Erben erwirkt wurde, Kg NJW **57**, 1154), auch außergerichtl den Schu einer fälligen Schuld mahnen (wg Künd vgl Anm 2) ua; dazu Johannsen WPM **70**, 578 ff. Ebso hat der einz die negat FeststellgsKl auf Nichtbestehen einer NachlSchuld, RG HRR **35** Nr 1602. Widerspr der übr MitE steht dem Recht des S 1 nicht entgg. Ebso kann das dch den Tod einer Partei unterbrochene Verfahren nicht nur von den ErbenGemsch, sond auch von jedem einz MitE aufgenommen w, Warn **39** Nr 23, OGH JR **50**, 245, BGH FamRZ **64**, 360, Ffm MDR **66**, 153. Bei der Aufn kann der einz MitE dch Gen auch Mängel des bish Verfahrens heilen, wenn zB der Kläger zZ der Klageerhebg u bis zu seinem Tod geschäftsunfäh war, BGH **23**, 207. Ist eine ErbenGemsch Verpächterin eines landwirtschaftl Grdst, so hat jeder MitE für sich allein das Recht, gg eine auf Antr des Pächters beschlossene Verlängerg des PachtVertr sof Beschw einzulegen, BGH **LM** Nr 2 zu § 2038. Auch Wiedergutmachgsansprüche nach dem REG u BEG kann der einz MitE geltd machen, Boerner RzW **61**, 249, BGH, Düss RzW **59**, 505, **69**, 58, **72**, 430. Der MitE **klagt** stets im eig Namen, nicht als Vertreter der übrigen. Das Urt schafft für u gg die und MitE keine **Rechtskraft**, RG **93**, 127; Klage des einen MitE unterbricht nicht Verj für die übrigen, RGRK Rdz 12, aM Erm-Barth-Schlüter Rdz 1 (der Schu ist aber dem Obsiegden zur Zahlg des GesBetrags an alle Erben gemschaftl verpflichtet); klagen mehrere od alle MitE, so besteht zw ihnen keine notw **Streitgenossensch**, Warn **13** Nr 235, BGH **23**, 207; str, aM OGH **3**, 242; Rosenberg-Schwab, Lehrb des Dtschen ZivProzRechts § 50 III 1a, Blomeyer AcP **159**, 386, s auch Erm-Barth-Schlüter Rdz 2. Immerhin kann es einen sittenw Versuch zur Erlangg des ArmenR darstellen, wenn aus dem Kreise der zT begüterten MitE ein gänzl vermögensloser zur Einklag der Anspr der ErbenGemsch gem § 2039 vorgeschoben wird, KG JW **38**, 696. Der Grds von Treu u Glauben verwehrt es einem MitE regelm nicht, Anspr der ErbenGemsch gem § 2039 zu verfolgen, obwohl er selbst Verbindl ggü der ErbenGemsch hat, BGH WPM **71**, 653. – Soweit der MitE einen Rechtsanwalt mit der Verfolgg des NachlAnspr beauftragt, ist er selbst verpflichtet, Brox § 30 IV 4c.

b) Über **Streitwert** bei Klagen des MitE s Baumb-Lauterbach ZPO 3 Anh,,,Erbrechtl Anspr", Hillach, Rohs, Handb des Streitwerts in bürgerl Rechtsstreitigk³ § 60; Johannsen WPM **70**, 579 f; **77**, 272; Schneider JurBüro **77**, 433; RGRK Rdz 16.

c) Der einzelne MitE kann aber regelm nur **Leistg** – Feststell einer Leistgspflicht – **an alle MitE** fordern, namentl kann er auch nicht Leistg an sich in Höhe des seinem Erbteil entspr Teils der Fdg verlangen, OLG **4**, 432. Sind die MitE zur Ann nicht bereit, so muß er Hinterlegg für alle erwirken. Auch jeder MitE kann fordern, daß Hinterlegg od bei Ungeeigneth Abliefer an einen vom AG, FGG 165, zu bestellenden Verwahrer erfolgt. Ausnahmsw kann aber ein MitE nach Treu u Glauben nicht auf Hinterlegg bestehen, wenn es näml zur ordngsm Verwaltg gerade der Zahlg bedarf, zB bei Einziehg von Mieten, RG v 10. 12. 36, IV 146/36, zT mitgeteilt JW **38**, 356. Der Verwahrer hat allen MitE ggü die Pfl zur ordngsm

Verwahrg. Er hat nur einheitl Weisgen aller Folge zu leisten; etwaige Streitigkeiten hierüber sind nur zw den MitE auszutragen, OLG **14**, 287. Ein MitE wird dch die Pfändg seines MitEAnteils nicht gehindert, eine NachlFdg mit dem Ziel der Hinterlegg für alle MitE geltd zu machen, u zwar auch dann, wenn der Pfändgs-Gläub zugleich der FdgsSchu ist, BGH NJW **68**, 2059. — A u s n a h m s w e i s e kann der MitE Leistg an sich verlangen, wenn er von den übrigen dazu ermächtigt ist, Warn **08** Nr 651, aber auch, wenn die Klage zul das Ergebn der AuseinandS vorwegnimmt, zB die fragl Fdg die einzige zur Verteilg reife NachlBestand, der Schu der einzige weitere MitE ist u das TeilgsVerh feststeht, Warn **13** Nr 236; BGH **LM** § 2042 Nr 4: Klage des einen MitE gg den andern auf Herausg des Gewinnanteils aus einem vom letzteren weitergeführten ErwerbsGesch.

d) Über die Geltdmachg von **Gegenansprüchen** gg die NachlFdg s § 2040 II u Anm 1, 4 dort. — Den Einwand der u n z u l ä s s i g e n R e c h t s a u s ü b g kann der NachlSchuldn einer von MitE erhobenen Grdbuchberichtiggsklage nicht wg eines argl Verhaltens entggsetzen, das sich ein MitE hat zuschulden kommen lassen (Bestätigg von RGZ **132**, 81). Macht dieser MitE jedoch den Anspr geltd u widersprechen die übr MitE der Klageerhebg, so liegt ein Mißbr der ProzFührgsbefugn vor, der zur Klageabweisg als unzul führt, BGH **44**, 367.

2) Die Geltdmachg durch einen MitE ist nur für **Ansprüche**, vgl dazu § 194 Anm 1, zul, mögen sie dingl od schuldrechtl Natur sein, Erm-Barth-Schüter Rdz 4. — a) **Einzelfälle.** Hierher gehören auch der ErbschAnspr, §§ 2018 ff; FreistellgsAnspr, RG **158**, 42; UnterlAnspr, RG GewerblRSchutz **36**, 971; Anspr auf AuseinandS u Antr auf Teilgsversteigerg nach ZVG 181, auch wenn die Gemsch zw der Miterben-Gemsch u einem Dritten besteht, RG **108**, 434, Hamm JMBl NRW **58**, 68 = Rpfleger **58**, 269, Schlesw MDR **59**, 46, LG Lübeck SchlHA **65**, 67 (Heimstätte), aM LG Darmst NJW **55**, 1558 mit ablehnend Anm v Bartholomeyczik; der Anspr auf Rechngslegg gg TestVollstr, BGH NJW **65**, 396; Anspr auf Berichtigg des GB, RG HRR **30** Nr 1220, BGH **44**, 367 mit Anm v Mattern **LM** Nr 7, Zweibr Rpfleger **68**, 88; BGH FamRZ **76**, 146, 268 (mit Anm v Schwab); ErsLeistgen nach § 2041, Wieser, FestSchr f Lange, 1970, 325; wie in einz ME eines tödl Verunglückten nach uU die SchadErsAnspr auf Grd des Todesfalles u die Entschädiggsanspr auf Grd der vom Schädiger nach dem Pauschsystem abgeschl InsassenUnfallVers selbstd geltd machen, Kln, VersR **75**, 1113. Weitere Fälle: AnfechtgsR aGrd des AnfG; auch Anspr auf das bei der GeschFg oA Erlangte, jedoch erst, wenn die ErbenGemsch die GeschFg genehmigt hat, RG SeuffA **81** Nr 95; ferner Antr auf Aufn eines dch den Tod des Erbl unterbrochenen WiederAufnVerf, ZPO 578, jedenf dann, wenn das angefochtene Urt einen NachlAnspr abgewiesen hatte, BGH NJW **54**, 1523, u Antr auf Bestimmg einer InvFrist gg die Erben des Schuldners, RGRK Rdz 2; aM KG OLG **35**, 360, vgl § 2038 Anm 3 d; auch Geltdmachg des sachl-rechtl WitwerrentenAnspr des verst Vaters, BVerfG **17**, 86 (zu § 43 BVG idF v 22. 6. 76) sowie der KostenerstattgsAnspr aus vom Vater u später von den Erben für den Vater geführten Rechtsstreitigk, LSozG Celle NJW **68**, 1743 (zu § 193 SGG). Entspr Anwendg auch bei Klagen gg NachlVerw auf Herausg des Nachl, RG **150**, 189, auf Feststell der Nichtigk eines Test, Mü HRR **42** Nr 302, RGRK Rdz 10. Für Anspr aus unerl Hdlg, die der ErbenGemsch zustehen, beginnt die V e r j ä h r u n g s f r i s t , § 852, wenn Erbl Kenntn vom Schaden u der Pers des ErsPflichten nicht mehr gehabt hat, erst, wenn diese Voraussetzgen in der Pers jedes MitE begründet sind, Celle NJW **64**, 869. — b) Dagg steht die Ausübg von **Rechten ohne Anspruchscharakter** nur allen MitE gemeins zu. Nicht unter § 2039 fallen deshalb vor allem Vfgen, § 2040, ferner Rücktr-, Wahl-, Wiederkaufs- und VorkRechte mit der Ausn des § 2034, Anfechtgsrechte nach §§ 119 ff, BGH NJW **51**, 308, Düss NJW **54**, 1041, Widerruf einer Schenkg ua. Auch kann der Fdg kann, da sie einz rechtl, nur gemeinschaftl erfolgen, RG **65**, 5. § 2039 ist auch nicht anwendb bei A n f e c h t u n g eines die ErbenGemsch verpflichtenden od belastenden V e r w a l t g s a k t s , sie kann von den MitE nur gemeins in notw Streitgenossensch durchgeführt werden, BVerwG NJW **56**, 1295, aM Rupp DÖV **57**, 144; Bachof JZ **57**, 377, s auch BVerwG NJW **65**, 1546.

3) § 2039 gilt auch für **Ansprüche**, die **gegen** einen **MitE als Schuldner** bestehen. Auch er muß an alle leisten, BGH **LM** Nr 3 zu § 249 (Fa), OLG (Braunschw) **14**, 286, od hinterlegen, BGH WPM **75**, 1179, u zwar grdsätzl ohne Rücks darauf, ob bei der AuseinandS die Schuld ausgeglichen w könnte; doch kann er sich uU darauf berufen, daß die Einziehg der Fdg vor AuseinandS gg Treu u Gl verstößt, weil seine Schuld mit Sicherh durch seinen Erbanteil gedeckt wird, BGH FamRZ **71**, 644. Zur Z u r ü c k b e h a l t g gem § 273 ist ein MitEschuldner im Hinblick auf seinen AuseinandersetzgsAnspr befugt, wenn die Einziehg od der Verkauf der gg ihn gerichteten Forderg zur Begleichg von NachlVerbindlk geboten od wenn eine Teilg der Forderg nicht mögl ist od entgegenstehende Bestimmgen des Erbl od der MitE vorliegen, Dütz NJW **67**, 1110. — Vgl auch § 2058 Anm 3, § 2059 Anm 4.

4) Zur Frage der e n t s p r A n w e n d g des § 2039 auf and GesHandsverhältnisse s. Hadding, Actio pro socio, Einzelklagebefugnis des Gesellschafters bei GesHandansprüchen aus dem Gesellschaftsverhältnis, 1966, § 5 I, auch Staud-Lehmann Anm 25.

2040 *Verfügung über Nachlaßgegenstände; Aufrechnung.* **I** Die Erben können über einen Nachlaßgegenstand nur gemeinschaftlich verfügen.

II Gegen eine zum Nachlasse gehörende Forderung kann der Schuldner nicht eine ihm gegen einen einzelnen Miterben zustehende Forderung aufrechnen.

1) **Verfügungen,** Begriff vgl Übbl 3 d vor § 104, Bartholomeyczik, Festschr für Reinhard, 1972, 32, über NachlGgstände, dh Sachen u Rechte (nicht über den Nachl als Ganzes) können von den MitE nur gemschaftl getroffen werden; zum NachlGgst allg Meincke BewertgsR § 6. Ausgenommen sind nur Vfgen eines einzelnen MitE, die zur Erhaltg des Nachl erforderl sind, § 2038 I 2 Halbs 2. **I** gibt damit die Ergänzg der negat Bestimmg zu des § 2033 II; s aber auch § 2038 Anm 3. Zu den Vfgen gehören auch

Künd einer Fdg, RG **65**, 5, **146**, 316, ihre Einzieh, Anerk u Verzicht auf ein Recht, RG SeuffA **79** Nr 180, Rücktr, RG **151**, 313, Anfechtg nach § 119, BGH NJW **51**, 308, Ermächtig eines Dritten zur Vfg, RG **67**, 27, Zustimmg einer ErbenGemsch als GrdstEigentümerin zur Veräußerg des ErbbRecht, Hamm MDR **67**, 127, Erhebg der Mietaufhebgsklage AG Hannover ZMR **66**, 152, der Klage auf geräumte Heraus einer Wohng, LG Köln MDR **72**, 520; zur Kündigg eines MietVertr s § 2038 Anm 3 c. Ist der Schuldn der Fdg MitE, so bedarf es seiner Mitwirkg nicht, BayObLG **6**, 327, bestr, aM OLG **26**, 304. Aufrechng mit einer zum Nachl gehörigen Fdg kann nach **I** nur von den MitE gemeinschaftl erkl werden, BGH **38**, 124; hat aber der Erbl die Aufrechng bereits erkl, so kann sich jeder einzelne MitE im Prozeß einredew darauf berufen, Warn **13** Nr 235. Über den Widerspr der ErbenGemsch, die gg einen Nachl mehrere zur Aufrechng geeignete Fdgen hat, § 396 I 2, vgl LG Fürth MDR **54**, 100. Widerruf einer abstrakten Vollmacht ist keine Vfg, vgl § 1922 Anm 3a kk, wohl aber die Künd des zugrunde liegenden AuftrVerh, soweit dadurch über einen NachlGgst verfügt wird, RG SeuffA **79** Nr 221. Wird aber durch die Künd die NachlSubstanz nicht betroffen, liegt VerwMaßn nach § 2038 vor, s daselbst Anm 1. Keine Vfg ist der Antr auf Einleitg eines Aufgebotsverfahren auf Grd § 927, Bambg NJW **66**, 1413; zum Vergl-Widerruf s Bökelmann, JR **67**, 342, Johannsen Anm **LM** § 2038 Nr 8, § 2038 Anm 3e. Die Vorschr des **I** findet auch auf den Erbteilserwerber Anwendg; er kann nur wie ein Erbe verfügen, RG **112**, 129.

2) Die **gemeinschaftl Vfg** erfordert keine rechtl Gleichartigk der Mitwirkg aller Beteiligten. Insbes ist nicht notw, daß die Erklärgn gleichzeitig u bei derselben Gelegenheit abgegeben werden, wofern sie sich nur zu einer einheitl Vfg ergänzen, KGJ **53**, 133. Ist zB eine ErbenGemsch Gläubigerin einer Hyp und bewilligen einige MitE die Löschg der Hyp, die übrigen die pfandfreie Abschreibg einer Parzelle, so liegt eine gemschaftl Vfg der MitE vor, soweit es sich um die Löschg der Hyp auf der abzuschreibenden Parzelle handelt, KG JW **37**, 1553. Die vom einzelnen MitE getroffene Vfg wird wirks, wenn die übrigen vorher ihre Zust erkl hatten, RG **129**, 284, od wenn sie nachträgl genehmigen, BGH **19**, 138, **LM** § 105 HGB Nr 19, RG **152**, 382, KGJ **53**, 133, in letzter Hins abweichd noch RG **93**, 292; einer solchen Gen steht es gleich, wenn zB eine Mutter im Glauben Alleinerbin ihres Mannes zu sein, zG ihrer Kinder gleichm über Grdbesitz verfügt, der in Wirklichkt ihr u den Kindern kraft gesetzl Erbfolge zufällt, nach ihrem Tod von ihren Kindern zu gleichen Teilen beerbt wird u diese für die NachlVerbindlichk unbeschr haften, BGH **LM** § 105 HGB Nr 19. Wenn ein MitE seine od des Erbl Erkl zulässigerw **widerruft**, so ist die Vfg unwirks, Düss NJW **56**, 876 (Rückn eines Eintragsantrags des Erbl). Über Form u Durchführg der Zustimmg § 182. Bei einseitigen Vfgen ist eine nachträgl Gen wirkgslos, vgl § 182 Anm 2. Zur Anf der Vfg einer ErbenGemsch dch den Konkursverwalter s ME BGH BB **78**, 1139.

3) Auch eine **gegenüber der Erbengemeinsch zu treffende Vfg** (Künd, Anfechtg ua) wird nur wirks, wenn sie allen MitE ggü erfolgt, OLG **30**, 188. So muß eine Klage, die auf eine Vfg über NachlGgstände gerichtet ist, gg alle MitE erhoben werden, sofern nicht einige unstreitig od nachweisl zu der Vfg bereit sind, od zur Vfg verurteilt sind, RG **111**, 338, **112**, 132, Staud-Lehmann Anm 20, Hamm MDR **67**, 128. Diese Grdsätze gelten auch für einen Antr auf Ersetzg der Zustimmg nach § 7 ErbbRVO, wenn eine ErbenGemsch GrdstEigtümerin ist, Hamm aaO mit Anm v Haegele Rpfleger **67**, 416.

4) Die **Aufrechng** mit einer Fdg gg einen einzelnen MitE ist unzul, **II**. Auch durch Zust dieses MitE wird sie nicht wirks, Staud-Lehmann Anm 22. Dem NachlSchu ist auch nicht die Ausübg des Zurückbehaltgsrechts wg einer gg einen einzelnen MitE bestehenden Fdg gestattet, RG **132**, 84, BGH RdL **60**, 100/102. Auch ein Besitzer kann sich ggü dem von sämtl MitE erhobenen EigtAnspr nicht auf ein BesitzR berufen, das ihm nur ggü einem MitE zusteht, Mü MDR **57**, 103. Ein mit der Gesamtschuldklage belangter MitE kann aber Befriedigg des Gläubigers verweigern, solange u soweit sich der Gläub durch Aufrechng gg eine fällige Fdg der ErbenGemsch befriedigen kann, BGH **38**, 122 mit Anm v Mattern, **LM** § 2058 Nr 3, v Scheyhing JZ **63**, 477, Barth-Schlüter Lehrb § 36 I 4, § 55 III 1a.

5) Über **Notverfüggsrecht** des einzelnen MitE s § 2038 Anm 3 d.

2041 Surrogation.
Was auf Grund eines zum Nachlasse gehörenden Rechtes oder als Ersatz für die Zerstörung, Beschädigung oder Entziehung eines Nachlaßgegenstandes oder durch ein Rechtsgeschäft erworben wird, das sich auf den Nachlaß bezieht, gehört zum Nachlasse. Auf eine durch ein solches Rechtsgeschäft erworbene Forderung findet die Vorschrift des § 2019 Abs. 2 Anwendung.

Schrifttum: Gross, Zur Anwendg des § 166 Abs 2 BGB im Rahmen des § 2041 Satz 1 BGB, MDR **65**, 443; Wieser, Ersatzleistgn an MitE bei Sachschäden, FestSchr f Lange, 1970, 325.

1) Surrogationserwerb. Zum Nachl gehört auch der Erwerb kr dingl Surrogation nach § 2041; auch er steht den MitE zur ges Hand zu. Über die Voraussetzgn im einzelnen vgl § 1418 Anm 3c, auch § 2111 Anm 2, zur Ersatzleistg auch Wieser aaO. Der Anspr auf Lastenausgleich als Ersatz für ein dch Kriegsereign zerstörtes Grdst kann im Rahmen des LastenausgleichsR nicht als Ersatz für den Schaden am NachlGgst iS des § 2041 angesehen w, denn dieser Anspr entsteht in der Person des unmittelb Geschädigten, BVerwGE **24**, 89, **27**, 86; s aber auch BGH **44**, 336, § 2111 Anm 2b. – Beim rechtsgeschäftl Erwerb ist zunächst maßg, ob sich das Geschäft auf den Nachl bezieht, gleichviel mit welchen Mitteln der Erwerb erfolgt (BeziehgsSurrogation). Dazu genügt neben dem dahingehenden Willen des handelnden MitE ein innerer Zushang zw dem Erwerb u dem Nachl, KG JFG **15**, 155, Köln OLGZ **65**, 117, zB Erwerb eines Grdstücks, wenn er die bessere wirtschaftl Ausnutzg eines den Erben bereits gehörenden Grdstücks bezweckt, KG DR **44**, 190, AG Osterode Nds Rpfl **68**, 67. Aber auch wenn ohne diesen Willen der Erwerb mit Mitteln des Nachl geschieht (Mittelsurrogation), so ist eine obj Beziehg zum Nachl anzunehmen, soweit nicht der MitE im Einverständn mit den anderen den Ggst zum AlleinEigt erwerben soll, Staud-Lehmann Anm 3 b, Kipp-Coing § 114 III 2, Soergel-Wolf, Rdz 6, Bartholomeyczik, Lehrb § 36 I 6, Mü NJW **56**, 1880; s auch Johannsen WPM **70**, 738. Auf den Nachl bezieht sich die Verpachtg eines zum Nachl gehör GewerbeBetr auch dann, wenn ein MitE sie in eigenem Namen vornimmt, in der Abs, den Pachtzins für sich einzuziehen; der Pachtzins gehört daher der ErbenGemsch, BGH NJW **68**, 1824. Gehört zur Erbsch ein GeschAnteil an einer GmbH, so kann die ErbenGemsch bei einer Kapitalerhöhg eine auf das erhöhte Stammkapital zu leistde Stammeinlage übernehmen (Surrogationserwerb), Hamm OLGZ **75**, 164. Soweit aber ein MitE ein ErbschBesitzer in Frage kommt, gilt nur § 2019, nach dem es sich entscheidet, ob der Erwerb mit Mitteln der Erbsch vollzogen ist.

1a) Auch bei diesem Erwerb gelten die Bestimmgen über gutgläubigen Erwerb vom Nichtberechtigten, zB §§ 932ff. Ist der MitE, der das RechtsGesch tätigt, bösgl, so ist ein gutgl Erwerb durch die ErbenGemsch von vorneherein ausgeschlossen, ist der unmittelb am Erwerb beteiligte MitE dagegen gutgl, ein anderer MitE aber bösgl, so wird § 166 Abs 2 entspr anzuwenden sein, Gross aaO, s aber auch Reichel GrünhutsZ **42**, 236.

2) S 2 bestimmt zum **Schutz des Schuldners**, daß dieser die Zugehörigk der durch Surrogation erworbenen Fdg zum Nachl erst gelten lassen muß, wenn er davon Kenntn erlangt hat.

2042 *Auseinandersetzung.* ^I Jeder Miterbe kann jederzeit die Auseinandersetzung verlangen, soweit sich nicht aus den §§ 2043 bis 2045 ein anderes ergibt.
^{II} **Die Vorschriften des § 749 Abs. 2, 3 und der §§ 750 bis 758 finden Anwendung.**

Schrifttum: Leikam, Bühler, Der unbekannte Beteiligte bei Nachlaßteilg, BWNotZ **60**, 127; – Maidl, Probleme der Teilauseinandersetzg, BayNotV **60**, 53; – Neflin, Zivil- u steuerrechtl Wirkg unrichtiger Grundstücksbezeichng in einem Erbteilsvertrag, Betr **62**, 731; – Drischler, Die Aufhebg der ungeteilten Erbengemeinschaft durch Zwangsversteigerg des Nachlaßgrundstücks, JurBüro **63**, 241, 501; – Mutze, Fricke, Zur einkommensteuerl Behandlg der Erbauseinandersetzg, Betr **63**, 1008, **64**, 675; – von Selzam, Langenmayr, Der Verteilgsschlüssel bei Erbauseinandersetzgen und inadäquaten Teilausschüttgen, BB **65**, 524, 526; – Klinger, Bilanzielle Behandlg von Erbauseinandersetzgen bei den ausscheidenden u verbleibenden Gesellschaftern einer Personalgesellsch, Betr **65**, 789. – Firsching, Nachlaßrecht, 4. Aufl, 1971, S 298ff. – Dütz, Das Zurückbehaltgsrecht des § 273 I BGB bei Erbauseinandersetzg, NJW **67**, 1105. – Ott, Erbauseinandersetzg über Betriebsvermögen, Einkommensteuer, BWNotZ **66**, 319, **67**, 196 .– Nissen, Ertragsteuerl Fragen bei Erbauseinandersetzg, Betr **70**, 945. – Kapp-Ebeling, Handb der Erbengemeinsch, 1972, §§ 29–37. – Blomeyer, die vorweggen AuseinanderS der in gemschaftl Test bedachten Kinder nach dem Tod des einen Elternteils, FamRZ **74**, 421. – Seemüller, Die fortgesetzte ErbenGemsch. Diss Hbg 1976. – Kegel, Festschr für Lange, 1976, 927 (z ErbteilsgVerbot). – Weimar, Die Auseinandersetzg unter ME, MDR **78**, 287. – Kipp-Coing § 116. – Lange-Kuchinke § 46. – Coing, NachlVerteilgsVertr i deutsch ErbR, Festschr f Schwind, 1978, 63.

1) Auseinandersetzgsverlangen. Die Aufhebg der Gemsch zur ges Hand kann jeder einz MitE, der Erwerber eines Erbteils, § 2033 I, OLG **14**, 154, der PfandGläub bei Verkaufsreife entspr § 1258 II, RG **90**, 126; **84**, 396, in Gemsch mit dem MitE der PfandGläub bis zum Eintritt der Verkaufsberechtigg, der Nießbraucher, § 1066 II, grdsätzl **jederzeit** verlangen. Anders als in § 723 II ist auch ein Verlangen zur Unzeit nicht verboten; doch ist ein gg Treu u Gl, vgl § 2038 Anm 2, verstoßendes Verlangen nicht zuzulassen, LG Düss FamRZ **55**, 303, Brox § 31 II 1. Ausnahmsweise kann das Recht zeitweilig ausgeschlossen sein, s §§ 2043–2045 und Bem dort. Die MitE können auch durch Vereinbg AuseinandS für immer od auf Zeit ausgeschl haben, **II** mit §§ 749 II, III, 750, 751, BGH WPM **68**, 1172; doch kann sie dann bei wicht Grd gleichwohl verlangt werden, § 749 II mit § 2042 II. Eine solche Vereinbg hat nur schuldrechtl Wirkg. Sie unterliegt keinem Formzwang, da weder § 2033 noch §§ 2371, 2385 od § 313 in Betr kommen. Im einzelnen vgl die Bem zu §§ 749–751.

a) Die **Auseinandersetzg kann erfolgen** dch außergerichtl Vertr zw den MitE, Anm 2, 3, dch den TestVollstr, § 2204 I, dch Vermittlg staatl Stellen, NachlG, Notar, FGG 86 ff, Anm 5a, im Weg der Auseinandersetzgsklage dch das ProzG, Anm 5b. Die Beteiligten können durch SchiedsVertr einem **Schiedsrichter** die AuseinandS unter Ausschl des Rechtsweges übertragen; daher nicht nur Vereinbg eines Schiedsgutachtens, § 319 I; § 2048 Abs 2, ist nicht entspr anwendb, s BGH NJW **59**, 1493. Auch kann der Erbl ein SchiedsGer zur Erbauseinandersetzg anordnen, ZPO 1048, dazu Kohler DNotZ **62**, 125.

b) Wegen der **Teilauseinandersetzg** vgl Anm 7.

2) Auseinandersetzgsvertrag. Die Durchführg der Auseinandersetzg geschieht in erster Linie durch AuseinandersetzgsVertrag zw den MitE, s BGH **LM** § 326 (A) Nr 2 u dazu Erm-Barth-Schlüter Rdz 3. Ein etwaiger NachE ist, da nicht an der Auseinands beteiligt, soweit nicht RGeschäfte iS der §§ 2113 I, 2114 in Frage kommen, KG DJZ **07**, 300. Der schuldrechtl Vertr bedarf keiner Form, soweit er nicht Abreden enthält, die aus anderen Gründen der Form bedürfen, KGJ **52**, 272, KG FamRZ **63**, 468. Formpflichtig ist der Vertr, wenn zum Nachl Grdstücke gehören, § 313, Zunft JZ **56**, 553; ist dies der Fall, so ist ein formloser AuseinandSVertrag, zB über landwirtschaftl GrdBesitz, für die VertrParteien nicht bindend, BGH **LM** § 242 (Ca) Nr 22. Formpfl sind auch Vertr über Übertr von GmbHAnt, GmbHG **15**, s Anm 2c. Der AuseinandSVertr wirkt aber zunächst nur verpflichtend; erst die ihn vollziehde Teilg überführt mit dingl Wirkg das GesHandsR in eine Alleinberechtigg, BGH WPM **65**, 1155 (AuseinandS hinsichtl eines zum Nachl gehörigen HandelsGesch). Die dingl Übereignung einzelner NachlGgstände in Ausführg der AuseinandS an einen MitE bedarf der dafür vorgeschriebenen Form, bei Grdst der Auflassg, namentl auch, wenn das GesHandsEigt in MitEigt aller MitE umgewandelt w soll, RG **57**, 433, vgl auch BGH **21**, 229, BayObLG **65**, 324, § 2032 Anm 1b, od wenn Handelsunternehmen auf einen MitE übergehen soll. Eine Bindg an einen formnichtigen Erbauseinandersetzgsvertr über landwirtschaftl Grdbesitz – § 242 – ist grundsätzl zu verneinen, BGH **LM** § 242 (Ca) Nr 22. – Die AuseinandS kann auch in mehreren Vertr je zu einem Teil der MitE erfolgen, doch müssen die Verträge in gewolltem Zushang stehen, so daß die AuseinandS als Ganzes sich auf sämtl MitE erstreckt, RG HRR **30** Nr 1466. Über AuseinandS, wenn ein an einem Nachl beteiligter MitE von mehreren Personen gemschaftl beerbt wird, s BGH NJW **63**, 1611.

a) Mehrere **minderj MitE** müssen, wenn die AuseinandS durch Aufhebg der unter ihnen bestehenden Gemsch erfolgen soll, regelm wg § 181 jeder einen bes gesetzl Vertreter haben, RG 93, 334, BGH FamRZ 68, 245 mit Anm v Mattern LM § 181 Nr 11, selbst dann, wenn die AuseinandS nur eine rechnerische ist, RG 93, 336, ebso wenn das GesHandsEigt an einem Grdst in BruchteilsEigt umgewandelt wird, BGH 21, 229 = LM § 181 Nr 6, gg LG Köln DNotZ 51, 229, u Riedel JR 50, 140, s auch Kemmerzell, RhNK 60, 410. Das VormschG kann die Vertretgmacht eines gesetzl Vertreters nicht dch Gestattg nach § 181 erweitern, RG 71, 162. Nur dann, wenn die AuseinandS völlig unter Beobachtg der gesetzl Regeln, §§ 2046 ff, 2042 mit 752 ff, erfolgt, ist die Vertretg mehrerer minderj MitE durch einen gesetzl Vertreter zul, da hier die AuseinandS ledigl der Erf der Verbindlk zur AuseinandS dient, RG 93, 336. Wegen der notwendigen vormundschaftsgerichtl Genehmigg vgl § 1822 Nr 2 u dazu KG FamRZ 63, 467, Memmg FamRZ 77, 662; die Eltern bedürfen ihrer nur, wenn der Vertr eines der in § 1643 I genannten Geschäfte enthält, BGH FamRZ 61, 216; zu § 1821 Nr 1, § 107 (unentgeltl Erwerb eines NachlGrdst ch Minderjähr) s BayObLG 68, 1. An die Stelle des VormschG tritt in den Fällen der FGG 88, 97 II das NachlG.

b) Ein **Ehegatte** bedarf zur AuseinanderS nicht der Zust des anderen Teils bei Gütertrenng u beim Vorbehalts- u Sondergut der GütGemsch. Beim gesetzl Güterstand der ZugewGemsch nur, wenn der Erbteil eines Eheg sein ganzes Vermögen ausmacht u dieser od die NachlGgst auf einen MitE übertr w, § 1365, s BGH 35, 135 = NJW 61, 1301, Staud-Felgenträger § 1365 Anm 44, 45, nicht aber, wenn die ME Realteil vereinb, Mü MDR 70, 928. Wenn der Erbteil eines Eheg zum GesGut der Gütergemeinsch gehört, so ist die Zust des das GesGut verwaltenden Eheg in den Fällen der §§ 1423, 1424 erforderl, s Staud-Felgenträger § 1424 Anm 10. Verwalten beide Eheg das GesGut, so kann der AuseinandSVertr nur von beiden geschl w, § 1450 I.

c) Die Veräußerg eines **land- od forstwirtschaftl Grundstücks** dch Auflass unterliegt der GenPfl nach GrdstVG 2, s Pikalo-Bendel Anm F III 7 b bb β γγ, SchlHOLG SchlHA 65, 143 mit Anm v Scheyhing, Stgt BWNotZ 65, 353, RdL 77, 274 (zu § 9 III GrdstVG), 78, 22. – Ein ErbauseinanderSVertr mit der Pfl zur Übereign eines dem VorkR nach BBauG 24 unterliegden NachlGrdst an einen der Gesamthänder löst das VorkR nicht aus, BGH DNotZ 70, 423, daher auch keine Bescheinig über Nichtbestehen eines gemeindl VorkaufsR erforderl, Krfld, LG Kblz, Bonn, RhNK 77, 55; 78, 53.

d) Gehört ein **Urheberrecht** zum Nachl, so kann es im Wege der ErbAuseinandS an MitE übertragen w; dem MitE, der es erhält, stehen alle Befugn zu, die dem Urheber eingeräumt sind, UrhRG 28–30, Fromm NJW 66, 1247.

e) Gehört ein **GmbH-Anteil** zum Nachl, so bedarf eine Aufteil in mehrere Teilgeschäftsanteile, falls diese nicht dch die Satzg ausgeschlossen ist, der Genehmigg der Gesellsch, GmbHG 17 I 2, es sei denn, daß nach der Satzg keine Genehmigg erforderl ist, GmbHG 17 III. Die Auseinandersetzg dch Zuteil des Gesch-Anteils an einen der MitE ist nur dch Abtretg nach GmbHG 15 III mögl; diese bedarf uU der Genehmigg der Gesellsch, GmbHG 15 V; s dazu Däubler, Die Vererbg des Geschäftsanteils bei der GmbH, 1965, S 23, 24; Haegele BWNotZ 76, 53/60 f. – **Aktien** sind unteilb, AktG 8 III, s auch 69, dazu Bartholomeyczik, Festschr f Lange, 1970, 343; Inhaberaktien sind frei übertragb; zur Übertr von Namensaktien s AktG 68. S auch § 2032 Anm 7, 8.

3) Inhalt des AuseinandersetzgsVertr. Maßgebd ist in erster Linie die freie Vereinbg der MitE, soweit nicht Teilgsanordngen des Erbl, § 2048 vorliegen, s aber auch § 2048 Anm 2. Das G enthält keine zwingende Vorschr, Warn 09 Nr 512. Insb kann die AuseinanderS in der Form erfolgen, daß des ges Nachl einem od mehreren MitE zugewiesen wird, währd die übrigen eine Abfindg erhalten; darin liegt kein ErbschKauf, so daß das schuldrechtl Gesch nicht der Form des § 2371 bedarf, Warn 09 Nr 512, Zunft JZ 56, 553 – außer im Fall des § 313 –, wohl aber die Übertragg der Anteile, vgl § 2033 Anm 3. Ein wg Formmangels nichtiger Verkauf eines Erbteils unter MitE kann uU sogar im Wege der Konversion, § 140, als AuseinanderSVertr aufrecht erhalten werden, RG 129, 123. Die Übern des einzigen vorhandenen NachlGgstandes durch einen MitE gg Abfindg der anderen kann die RNatur eines KaufVertr haben, BGH DNotZ 55, 406 = LM § 326 (A) Nr 2. – Zulässig ist **Anfechtg** des AuseinandSVertr nach §§ 119 ff; hat dieser VerglCharakter, so ist § 779 einschlägig, s Soergel-Wolf Rdz 21. – Über den Einfluß der Währgsverhältn auf die AuseinandS s Anm 3 der 23. Aufl. Über Umstellg Anm 9 (29. Aufl); über Altenteilsvereinbg mit dem Recht, statt Naturalien Zahlg der Erzeugerpreise zu verlangen, in AuseinandSVertr s Ffm Rpfleger 68, 358 mit Anm v Haegele.

4) Gesetzl Teilsregeln. Kommt eine Vereinbg nicht zustande, so greifen die ergänzenden gesetzl Vorschr, §§ 2046 ff, 752 ff, ein, s BGH 21, 299/232; BayObLG 74, 42/46 f. Danach sind zunächst die Nachl-Verbindlchk zu tilgen, s § 2046 I. Zu diesem Zweck ist der Nachl, soweit nicht erforderl, zu versilbern. Das geschieht durch Verkauf nach den Vorschr über den Pfandverkauf, bei Grdstücken durch ZwVerst, §§ 753, 754 und Bem dort. Der Rest ist im Verhältn der Erbteile zu teilen, § 2047. Wegen der dafür geltenden Vorschr vgl §§ 752–758. Über Beteiligg von PfdGläubigern bei Verteilg des Erlöses eines zwecks Aufhebg der Gemsch zwangsversteigerten NachlGrdst, §§ 752, 1279 II, 1258 III, s BGH NJW 69, 1347. S auch Barth-Schlüter, Lehrb § 39 V 2.

5) Das gerichtl Verfahren:

a) **Vermittlg der Auseinandersetzg. aa)** Hierzu hat auf Antr (landesgesetzl auch vAw, § 192 FGG) das NachlGericht, – RPfleger, ausgenommen § 16 I Nr 8 RPflG, – nach LandesR, § 193 FGG, zB Art 24 *Hess* FGG v 12. 4. 54, GVBl 59, Art 14 *Nds* FGG idF v 24. 2. 71, GVBl 43, auch ein Notar, in einemVerf der freiw Gerichtsbark tätig zu werden u eine etwa zustande gekommene Vereinbg zu beurkunden od zu bestätigen. Säumige MitE werden als zustimmd behandelt. Im übr kann jeder MitE durch Widerspr das Verf zum Scheitern bringen. Die Streitpunkte sind dann im ProzWege zu klären. Wegen der Einzelheiten vgl FGG 86–98 u Komm hierzu v Jansen[2], Keidel-Kuntze-Winkler, Schlegelberger[7], auch Lange-Kuchinke § 46 III 5, Kipp-Coing § 118 IV. Für *Ba-Wü* s LFGG 38, 43, dazu Richter Rpfleger 75, 417/418. Über Durchführg des Verf, wenn Erbstatut ausl Recht ist, s Pinckernelle-Spreen DNotZ 67, 212f.

bb) Die gerichtl Vermittlg der AuseinandS des Nachlasses nach §§ 86 ff FGG ist auch zul, wenn ein Hof iS der HöfeO *BrZ* zum Nachl gehört. In diesem Fall ist die sachl Zustdgk des NachlGerichts, nicht die des LwGerichts gegeben, Haegele Rpfleger **61**, 281; Lange § 14 GrdstVG Anm 5, Pikalo-Bendel Anm B II 2 b cc v § 13 GrdstVG. Über die gerichtl Zuweisg eines Betriebs s Anm 10.

b) AuseinandSKlage (Zustdgk ZPO 27). Sie kann erhoben werden, ohne daß Kläger vorher den Weg nach FGG 86ff beschritten haben muß. Sie setzt voraus, daß der Nachl teilgsreif ist, KG NJW **61**, 733, Karlsr NJW **74**, 956; RGRK Rdz 22; a M BGH bei Johannsen WPM **70**, 744, 33. Aufl. Sie ist auf Zust zur beantragten AuseinandS, dh auf Schließg des AuseinandSVertr, zu richten. Kläger muß deshalb einen Plan für die AuseinandS vorlegen u bestimmte Anträge, ev entspr Hilfsanträge, stellen, Johannsen aaO, KG aaO, s auch Fraeb ZBlFG **13**, 327, Bull SchlHA **67**, 11. Zur Erhebg der TeilgsKl ist eine vormschgerichtl Genehmigg nicht erforderl, Staud-Engler §§ 1821, 1822 Anm 61; wenn aber der AuseinandSVertr wg der vorgesehenen Vfg über Grdst einer solchen Gen bedarf, § 1821 I Nr 1, 3, ist diese vom Kläger vor der Entsch beizubringen, KG aaO. Das Ger hat auf sachgem AntrStellg hinzuwirken, RG Recht **36** Nr 3138. Die Klage kann zugl auch auf Verurteilg zur Zust zu den dingl Erklärgen für die Ausführg des Teilgsplans gerichtet werden, Kipp-Coing § 118 V. Sie kann auf die Feststellg einzelner Streitpunkte beschränkt werden, Warn **09** Nr 375, zB auf Klarstellg eines bei der künftigen AuseinandS zu berücksichtigenden Rechngspostens, Warn **41** Nr 108. Auch Beschrkg auf einzelne widerstrebende MitE zul, RGRK Anm 23; mehrere MitE **nicht** notwendige **Streitgenossen**, Warn **19** Nr 42, Nürnb BayJMBl **57**, 39. Durch das rechtskr Urteil wird die ZustErkl ersetzt, ZPO 894. – Hat der Erbl durch Teilgsanordng einem MitE eine bestimmte Summe zugewiesen, so kann dieser auf Leistg, statt auf AuseinandS klagen, RG SeuffA **77** Nr 149, Ffm OLGZ **77**, 228. – Zum Streitwert bei ErbteilgsKlagen s m H Johannsen WPM **70**, 745; **73**, 545; Schneider JurBüro **77**, 430. – Ein etwaiger AuskunftsAnspr nach § 2057 geht dem AuseinandSAnspr des ME vor, Stgt BWNotZ **76**, 89.

c) Sonderbestimmg bei **Zugewinngemeinsch**. Eine solche wurde durch das GleichberG v 18. 6. 57, BGBl 609, mit Wirkg v 1. 7. 1958 in § 1371 II, III iVm § 1383, FGG 53a getroffen. Hienach kann bei ZugewGemsch der überl Eheg, der nicht Erbe wird u auch kein Vermächtn erhält (vgl § 1371 Anm 4, 5), neben dem Pflichtt Ausgl des Zugewinns beanspruchen u hierbei verlangen, daß ihm bestimmte Ggstände aus dem Nachl des erstverstorbenen Eheg durch Anordng des VormschG unter Anrechng auf die AusglFdg übertr werden; vgl hierzu Bosch FamRZ **57**, 232, Keidel-Kuntze-Winkler, Jansen FGG je in Anm zu § 53a.

6) Nach Durchführg der Auseinandersetzg ist vertragl Wiedereinführg der GesHandsGemsch ausgeschl, Düss Rpfleger **52**, 244, OLG **5**, 357, auch wenn AuseinandS nur hins einzelner NachlGgstände vorgenommen wurde, im übr aber die ErbenGemsch fortbesteht, KG DNotZ **52**, 84, Rückübertragg eines im Weg teilw AuseinandS einem MitE od Dritten übertragenen auf ErbenGemsch daher nicht mögl, Köln OLGZ **65**, 117. Die Beteiligten können aber den angestrebten Erfolg dch Neubegründg einer GesHandsGemsch, zB einer bürgerlrechtl Gesellsch, erreichen. Auch Übertragg eines Erbteils nach § 2033 I ist nach AuseinandS nicht mehr mögl, RG **134**, 296. Wohl aber kann der AuseinandSVertr wg Irrt angefochten werden, KG DNotZ **52**, 84, Anm 3. Auch Rücktritt ist mögl; wenn ein MitE einen NachlGgst gg Abfindg der übrigen Erben übernimmt u mit der Leistg der Abfindgen in Verzug kommt, so wird durch den Rücktr u das Verlangen der Rückg an die ErbenGemsch diese weder „vertragl begründet" noch „nach Aufhebg wiederhergestellt", BGH **LM** § 326 (A) Nr 2.

7) Teilauseinandersetzg. Sie ist zul als persönl od als gegenständl, Erm-Bartholomeyczik Anm 8, dh entweder durch vollst Ausscheiden einzelner MitE, währd unter den übrigen die GesHand fortbesteht, Colmar OLG **11**, 230, Kg OLGZ **65**, 247, od nur hins einzelner NachlGgstände, wobei für den übr Nachl die ErbenGemsch fortbesteht, OLG **21**, 317, Köln JMBl NRW **58**, 127, Seemüller aaO 6 ff, zB hins eines GesellschAnteils, Neust DNotZ **65**, 489. Wenn im letzteren Fall die einz NachlGgstände von MitE übernommen werden, so können sie insow nicht eine neue ErbenGemsch vereinbaren, vgl Anm 6, BayObLGZ **32**, 381, LG Saarbr SaarlRZ **57**, 31. Das Ausscheiden eines einz MitE kann in der Weise erfolgen, daß er seinen Erbanteil auf die übr Erben überträgt und mit dingl Wirkg im Wege der Abschichtg aus dem Nachl abgefunden w, KG OLGZ **65**, 244. Die AuseinandS hinsichtl eines NachlGrdst in der Weise, daß ein minderj MitErbe unentgeltl das Grdst zu AlleinEigt erwirbt, bedarf keiner Einwilligg seines gesetzl Vertreters u keiner Genehmigg dch das VormschG, BayObLG **68**, 1. – Teilauseinandersetzg kann insb verlangt werden, wenn VollauseinanderS nicht mögl ist. – Die AuseinandSKlage eines MitE kann nur auf AuseinandS mit allen MitE (ev Erbteilerwerber) erhoben werden; die übrigen haben aber das Recht, sich auf AuseinandS mit dem Kläger zu beschränken u unter sich die Gemsch fortzusetzen, KG, OLG **4**, 119. Ebenso kann das Verlangen idR nur hins des ganzen Nachl gestellt werden; jedoch ist im allseit Einverständn u unter Mitwirkg aller Erben TeilAuseinandS zulässig; sie kann auch gg den Willen eines MitE verlangt werden, wenn bes Gründe es rechtfertigen u die Belange der ErbenGemsch nicht beeinträchtigt werden, RG **95**, 326, BGH **LM** Nr 4, NJW **63**, 1611, WPM **65**, 345, 1155, **77**, 271f, Hbg MDR **65**, 665 (grdsätzl nicht für NachlFrüchte), zB Antr auf ZwVersteigerung eines Grdstücks zwecks Aufhebg der Gemsch, ZVG 180 (als 1 idF des § 26 Nr 1 GrdstVG), LG Aachen DNotZ **52**, 36, selbst wenn die ErbenGemsch nur ein BruchteilsR an dem Grdst hat, Hamm Rpfleger **64**, 341. IdR kann aber auch die ZwVerst von einem MitE nur beantragt werden, wenn sie die AuseinandS des ganzen Nachl vorbereiten soll, RG JW **19**, 42, Köln JMBl NRW **58**, 129, AG Nürtingen MDR **61**, 606, s auch Däubler ZRP **75**, 136/140, der auf den Einwand treuewidr Verhaltens ggü dem Antr nach ZVG 180 zum Schutz des überlebden Eheg hinweist. Wenn Eheleute eine Wohnung gemeins gemietet haben u der zuerst sterbende Ehem von seiner Witwe u seiner in der Wohnung wohnenden Tochter gesetzl beerbt wird, so kann sich die Witwe nicht durch eine Klage auf Teilerbauseinandersetzg das alleinige MietR verschaffen; eine Erbauseinandersetzg liegt hier nicht vor; anzuwenden sind die Vorschr über die Gemsch §§ 743–745, Brschw NJW **59**, 152 mit Anm v Müller; s auch § 569b. Über die Rechtslage nach inadäquaten Teilausschüttgen s von Selzam, Langemayr aaO. Dazu Petzold, TeilAuseinandS bei ME-Gemsch, Diss Hambg 1972.

7a) Die Beendigg einer fortges ErbenGemsch kann erfolgen dch Vereinbg, § 745 I, III 2, Zeitablauf,

Tod eines ME, § 750, Pfändg d NachlAnt eines ME § 751 S 2, Konk eines ME, Aufhebg nach § 749 II, s Seemüller aaO 122 ff.

8) Testamentsvollstreckg. Ist ein TestVollstr vorhanden, so liegt diesem die AuseinandS ob, § 2204. Die AuseinandS durch Vereinbg der MitE ist dann ausgeschl. Der TestVollstr eines MitE kann von den übrigen Mitwirkg bei der AuseinandS verlangen, § 2204, Lange-Kuchinke § 46 II 1 b.

9) Zur ErbAuseinandS mit DDR-Angehörigen s Broß RhNK **73**, 465/485 ff. – Über Vermittlg der ErbauseinandS in der DDR s ZGB (Auszug im Anh, 35. Aufl) 425–427; NotariatsG 34–36.

10) Gerichtl Zuweisg eines Betriebs (§§ 13–17, 33 GrdstVG v 28. 7. 61, BGBl 1094, im folgenden ohne Gesetzesbezeichnung angeführt). Die Verfassgmäßigk dieser Vorschr bejaht Ffm OLGZ **70**, 268.

Schrifttum: Amtl Begründg in BT-Drucks 3206 der 2. Wahlperiode, S 29–33; Komm z GrdstVG von Lange, 2. Aufl, 1964, von Pikalo-Bendel, Vorwerk-Spreckelsen, Wöhrmann, 1963; Bergmann, Das neue Grundstücksverkehrsrecht, SchlHA **61**, 311; Drummen, Die gerichtliche Zuweisung eines Betriebs nach den Bestimmungen des GrdstVG, RhNK **61**, 851; Haegele, Das neue land- und forstwirtschaftliche Grundstücksverkehrsrecht, Rpfleger **61**, 276; Rötelmann, Die Zuweisung landwirtschaftlicher Besitzungen im geltenden und kommenden Recht, DNotZ **61**, 185, Die Zuweisung, DNotZ **64**, 82; Schulte, Das neue GrundstücksverkehrsG, RdL **61**, 277/279, auch RdL **62**, 139 u dazu Bruns RdL **62**, 171.

a) Früheres Recht: S Lange-Wulff, HöfeO⁴, Rdz 350 ff.

b) Geltendes Recht: aa) Der gerichtl Zuweisg unterliegen **landwirtschaftl Betriebe** die einer durch **gesetzl Erbfolge** entstandenen **Erbengemeinschaft** gehören, § 13 I 1. Voraussetzg ist, daß der Betrieb mit einer zur Bewirtschaftg geeigneten Hofstelle versehen ist u seine Erträge ohne Rücks auf die privrechtl Belastgn im wesentl zum Unterh einer bäuerl Familie ausreichen, § 14 I 1, s Lange Anm 3 zu § 13, Anm 2, 3 zu § 14 GrdstVG. Der Zuweisg unterliegen nicht forstwirtschaftl Betriebe, Reichsheimstätten, § 13 I 1, III 2. Da nur ein landwirtschaftl Betrieb, der einer durch gesetzl Erbf entstandenen ErbenGemsch gehört, vom ZuweisgsVerf erfaßt w kann, ist dieses ausgeschl, wenn die ErbenGemsch durch eine Vfg vTw entstanden ist. Dies gilt auch dann, wenn der Erbl eine letztw Vfg getroffen hat, die mit der gesetzl Erbfolge übereinstimmt, BGH **40**, 60 = Rpfleger **63**, 343 mit Anm v Haegele, bestr. Es entfällt aber nicht dadurch, daß ein MitE stirbt u eine zweite durch G od Vfg vTw entstandene ErbenGemsch hinterläßt, Lange § 13 GrdstVG Anm 5, Bergmann aaO 312, Drummen aaO 859, s auch Oldbg RdL **66**, 21. Zugewiesen werden kann nach dem GrdstVG nur Eigt einer ErbenGemsch, das durch eine nach dem 31. 12. 61 eingetretene gesetzl Erbfolge vermittelt worden ist, § 13 I, § 39 I; Bergmann aaO 312. Eine ÜbergVorschr für vor dem 1. 1. 62 auf eine ErbenGemsch übergegangene landw Betriebe enthält § 33, s Lange § 33 GrdstVG Anm 2–4; Mü, BGH RdL **67**, 130; **69**, 323; WPM **70**, 713.

Die **Erbengemeinschaft** muß zur Zeit des Zuweisgsverfahrens noch bestehen; ist sie bereits auseinandergesetzt, so ist das ZuweisgsVerf ausgeschl; denn nach § 14 II ist die Zuweisg nur zul, wenn sich die MitE über die AuseinandS nicht einigen od eine von ihnen vereinbarte Einigg nicht vollzogen w kann, Lange Anm 5 zu § 13, Anm 6 zu § 14 GrdstVG. Das ZuweisgsVerf ist auch unzul, solange die AuseinandS ausgeschl ist, zB nach § 2043 od aGrd letztwilliger Vfg des Erbl, § 2044, od ein MitE ihren Aufschub verlangen kann, § 2045, od ihrer Bewirkg berechtigter TestVollstr vorhanden ist, § 14 III; Drummen aaO 862, Lange § 14 GrdstVG Anm 7–10. Das ZuweisgsVerf ist grdsätzl auch unzul, wenn der Erbl eine Teilsanordng getroffen hat, s Lange § 14 GrdstVG Anm 11.

Die **Zuweisg** umfaßt grdsätzl die Gesamth der Grdstücke, aus denen der Betrieb besteht (Wirtschaftseinheit), Lange Anm 7 zu § 13 GrdstVG. Von der Zuweisg sind nach § 13 I 2 Grdstücke ausgenommen, für die nach ihrer Lage u Beschaffenh anzunehmen ist, daß sie in absehbarer Zeit anderen als landwirtschaftl Zwecken dienen werden, zB Bauland. Dagg hat das Gericht die Zuweisg auf Zubehörstücke, §§ 97, 98, Miteigentums-, Kapitals- u Geschäftsanteile, – zB GenossenschAnteile –, dingl Nutzgsrechte u ähnl Rechte, s Schulte aaO 280, zu erstrecken, soweit diese Ggstände zur ordnungsm Bewirtschaft des Betriebs notw sind, § 13 I 3. Kann der Betrieb in mehrere selbständige Betriebe aufgeteilt werden, so kann er geteilt einzelnen MitE zugewiesen werden, § 13 I 1, § 15 II, s Bergmann aaO 313; dagg ist eine Zuweisg an mehrere Erben zu MitEigt ausgeschl, Lange § 15 GrdstVG Anm 8. Üb Zuweisg eines NebenBetr s AG Aschaffenbg AgrarR **73**, 376; **74**, 84 (Anm Dressel).

bb) Die **Einleitg des Verfahrens** erfolgt auf **Antrag** eines MitE od mehrerer MitE, § 13 I 1 (Antragsverfahren); den Antr kann auch ein MitE stellen, der die Besitzg nicht zu erhalten wünscht, Lange Anm 4 zu § 13 GrdstVG. Ist ein MitE verstorben, so geht mit seinem Erbteil auch sein AntrR auf seine Erben über, Drummen aaO 860. Dem rechtsgeschäftl Erbteilserwerber steht das AntrR ebenf zu – er kann aber nicht Zuweisg an sich beantragen –, nicht aber dem MitE, der seinen Erbteil übertr hat, Bergmann aaO 312, 313, Drummen aaO 860, 861; aM hins des Erbteilserwerbers Lange Anm 5 zu § 13 GrdstVG, s auch Pikalo-Bendel Anm F II 1, 2 b zu § 13, E I 1 b zu § 15 GrdstVG, die das AntrR des Erbteilserwerbers der gesetzl Erbe des Veräußerers ist, bejahen. Das nehel Kind, dem lediglich ein ErbErsAnspr zusteht, § 1934a, hat nicht das Recht der AntrStellg u Zuweisg, Bendel RdL **70**, 35. Der Antr muß eindeutig erkennen lassen, daß er die Zuweisg des Betriebs zum Ggst hat; ein allg Antr auf Vermittlg der AuseinandS genügt nicht, Drummen aaO 860.

cc) Der Betrieb ist demjenigen MitE zuzuweisen **(Erwerber),** dem er nach dem wirkl od mutmaßl Willen des Erbl – zZ seines Todes – zugedacht war, § 15 I 1, s Mü AgrarR **75**, 158. Als zuweisgsfähig kommt nur ein unmittelb MitE in Betr, nicht ein Erbteilserwerber, bestr, s Pikalo-Bendel § 13 GrdstVG Anm G III, nicht der den Erbteil veräußernde MitE, Bergmann aaO 313, wohl aber der od die Erbeserben, s Pikalo-Bendel § 13 GrdstVG Anm G IV, aM Drummen aaO 864, 865. Ist der MitE nicht ein Abkömml u nicht der überl Eheg des Erbl, so ist die Zuweisg an ihn nur zul, wenn er den Betrieb bewohnt u mitbewirtschaftet, § 15 I 2. Jede Zuweisg setzt voraus, daß der MitE zur Übern des Betriebs bereit u zur ordnungsmäßigen Bewirtschaftg geeignet ist, § 15 I 3. Liegen alle Voraussetzgn für die Zuweisg vor, so ist das Gericht grdsätzl zur Zuweisg verpflichtet. S Lange § 13 GrdstVG Anm 8, Drummen aaO 866, Schulte aaO 280.

dd) Die **Abfindg** der übrigen (weichenden) MitE ist in §§ 16, 17 geregelt; nicht MitE iS dieser Vorschr ist das erbersber nehel Kind, s Bendel RdL **70**, 35. Den MitE steht hins des landw Betriebs an Stelle ihres Erbteils ein Anspr auf Zahlg des GeldBetr zu, der dem Wert ihres Anteils an dem zugewiesenen Betrieb entspricht, § 16 I 1. Der Betrieb ist zum Ertragswert (§ 2049; s auch Art 137 EGBGB mit Anm, Haegele BWNotZ **73**, 49/51, Fritzen RdL **63**, 5) anzusetzen, § 16 I 2. Die **Nachlaßverbindlichkeiten,** die zZ des Erwerbs noch bestehen, sind zunächst aus dem außer dem Betrieb vorhandenen Vermögen zu berichtigen, § 16 II 1. Soweit der übr Nachl nicht ausreicht, sind die noch bestehden NachlVerbindlichkeiten von dem festgestellten Ertragswert des Betriebes abzuziehen, s Bendel RdL **5** zu § 16 GrdstVG, Bergmann aaO 314, Drummen aaO 868. Der verbleibde Betr stellt den NachlWert dar, an dem die MitE nach Maßg ihrer Anteile beteiligt sind; die Berechng dieser Anteile setzt die **Ausgleichg** etwaiger Vorempfänge, §§ 2050ff, voraus, Bergmann aaO 314.

Ist eine NachlVerbindlk dingl auf einem zum Betrieb gehörigen Grdst gesichert, so kann das Ger auf Antr mit Zust des Gläub festsetzen, daß der Erwerber dem Gläub allein haftet; trifft es eine solche Festsetzg, so ist § 2046 auf diese Verbindlich nicht anzuwenden, § 16 II 2, 3. – Das Ger kann die Zahlg der dem MitE zustehenden Beträge auf Antr des Erwerbers unter den in § 16 III 1 vorgesehenen Voraussetzgen **stunden.** Über Verzinsg u Leistg von Sicherh u Ändrg der rechtskräftigen Stundgsentscheidg s § 16 III 2–4. – § 16 IV 1 läßt es auf Antr des einen MitE zu, bei der Zuweisg festzusetzen, daß der MitE statt durch Zahlg eines Geldbetrags ganz od teilw durch **Übereignung** eines bei der Zuweisg bestimmten **Grundstücks** abzufinden ist; über Bewertg der Landabfindg des MitE s Schulte-Nölke RdL **66**, 197; hierfür müssen aber die in § 16 IV 2 angeführten Voraussetzgen vorliegen. Diese Veräußerg des Grdstücks bedarf nicht der Gen nach dem GrdstVG. – Die Abfindg durch Einräumg eines beschr dinglichen Rechts an dem zugewiesenen Grdst, zB Nießbr, Altenteil, ermöglicht § 16 V; eine derartige Festsetzg ist aber unzul, wenn der Erwerber dadurch unangemessen beschr würde.

ee) § 17 gewährt den weichenden MitE unter den dort niedergelegten Voraussetzgen einen Anspr auf **Abfindungsergänzg**; s Lange Anm 2ff, Pikalo-Bendel Anm D, E je zu § 17 GrdstVG, Bergmann aaO 315 ff, Drummen aaO 869 ff; Rötelmann DNotZ **61**, 346, **64**, 609 (Abfindgsergänzg als NachlVerbindlichk); Lukanow RdL **62**, 193; s auch Köln RdL **64**, 294 mit Ann von Wöhrmann. Eine AbfindgsErgänzg nach HöfeO 13 nF können außer den weichen Erben auch die ErbErsBer, die PflichttBer, VermNehmer u der zugewausglberecht Eheg (s HöfeO 12 X nF) verlangen, s Lüdtke/Handjery Rdz 3, Wöhrmann-Stöcker Rdz 8 je zu HöfeO 13; Becker, Storm, Nordalm, AgrarR **76**, 209; **77**, 79/80, 161; Quadflieg-Weirauch FamRZ **77**, 228/235. S ferner die Regelg in § 26 HöfeO *RhPf*, § 26 a *Brem* HöfeRG, § 23 *Bad* HofgüterG (s Karlsr Agrar R **77**, 181), Art 11 IV, 14 *Württ* AnerbenG sowie Hemmersbach, Der AusgleichsAnspr der weichen Erben im HöfeR u bei der Zuweisg, Diss Köln 1967.

ff) Für einen **Hof** iS der HöfeO, § 1 HöfeO (idF v 26. 7. 76; zum Begr Hof s Bendel AgrarR **76**, 85 ff, 117/121; Faßbender DNotZ **76**, 393/394; Komm zu dem ZuweisgsVerf nur dann in Frage, wenn dieser nach § 10 HöfeO (idF des Art 1 Nr 8 aaO) verwaist u sich deshalb nach den Vorschriften des BGB vererbt, Lüdtke/Handjery Rdz 8 zu HöfeO 10.

gg) Verfahren (s Pikalo-Bendel Anm F vor § 13 GrdstVG): Sachlich **zuständig** für das ZuweisgsVerf ist das LwG, § 1 Nr 2 LwVG idF des § 25 Nr 1 GrdstVG. Örtlich zust ist das AG (LwG), in dessen Bezirk die Hofstelle liegt. Für das Verf ist das LwVG maßg. Der Antr des MitE, durch den das Verf eingeleitet wird, soll die Ggstände bezeichnen, deren Zuweisg beantragt wird, § 32a S 1 LwVG, Zubehörstücke müssen einzeln aufgeführt werden, Köln RdL **64**, 294. In der Entscheidg über die Zuweisg des Betriebs sollen ebenf die zugewiesenen Ggstände bezeichnet werden, § 32a S 2 LwVG. Die Festsetzg der Abfindgen hat einheitl mit Wirkg ggü allen Beteiligten und gleichzeitig mit dem ZuweisgsBeschl zu erfolgen, § 16 I 3, Lange Anm 10 zu § 16 GrdstVG. Geldabfindgen u Abfindg mit Grdst können mit verurteilder Wirkg, bei letzteren Verurteilg zur Auflassg, festgesetzt werden, Köln aaO.

Das Gericht entscheidet durch begründeten Beschluß, § 21 I LwVG. Die Entscheidg wird erst mit der Rechtskr, die allen Beteiligten ggü eingetreten sein muß, wirks, § 30 I LwVG, Lange Anm 10 zu § 16 GrdstVG. Über RMittel s § 22ff LwVG. Die landw Berufsvertretg u die GenBehörde sind am ZuweisgsVerf nicht beteiligt; die übergeordnete Beh ist nicht beschwerdeberechtigt, s § 32 I, II LwVG, Bergmann aaO 316. Ein am Verf materiell Beteiligter kann einen Zuweisgs- u. AbfindgsBeschl nur dann **anfechten,** wenn das Ger in seiner Entscheid von seinem Begehren zu seinen Ungunsten abgewichen ist, Mü RdL **64**, 179. Das **Eigt** an den zugewiesenen Sachen u die zugewiesenen Rechte gehen mit der Rechtskr der gerichtl Entscheidg od, falls ein späterer Ztpkt in ihr bestimmt ist, zu diesem Ztpkt auf den MitE über, dem der Betrieb zugewiesen ist (Erwerber), § 13 II, auch § 15 II. Ist das Verf rechtskr abgeschl, so ersucht der Vorsitzende des Gerichts des 1. Rechtszuges die GBA um **Eintragg** des Erwerbers, § 32a S 3 LwVG. Der ZuweisgsBeschl bildet hinsichtl der für vollstreckb festgesetzten Abfindgen einen VollstrTitel, Rötelmann DNotZ **64**, 88. Über die Gerichtskosten s § 36a LwVG.

Über den Zuweisgsergänzgsanspruch entscheidet ebenf das LwG, Lange Anm 19, Pikalo-Bendel Anm E VI 2a je zu § 17 GrdstVG, Rötelmann DNotZ **64**, 91.

2043 Aufschub der Auseinandersetzung.

I Soweit die Erbteile wegen der zu erwartenden Geburt eines Miterben noch unbestimmt sind, ist die Auseinandersetzung bis zur Hebung der Unbestimmtheit ausgeschlossen.

II Das gleiche gilt, soweit die Erbteile deshalb noch unbestimmt sind, weil die Entscheidung über eine Ehelicherklärung, über einen Antrag auf Annahme als Kind, über die Aufhebung des Annahmeverhältnisses oder über die Genehmigung einer vom Erblasser errichteten Stiftung noch aussteht.

Vorbem: Dch Art 1 Nr 2f des AdoptG v 2. 7. 76 (BGBl I 1749, in Kraft seit 1. 1. 77, Art 12 § 10 d G) hat § 2043 II eine neue Fassg erhalten. Hierbei sind in Anpassg an die Neuregelg der Annahme als Kind dch das AdoptG die Worte „über die Bestätigung einer Annahme an Kindesstatt" durch die Worte „über einen Antrag auf Annahme als Kind, über die Aufhebung des Annahmeverhältnisses" ersetzt, s hierzu BT-Drucks 7/5087 S 22.

1) Voraussetzg für den Aufschub nach **I** ist, daß der MitE, dessen Geburt zu erwarten ist, zZ des Erbfalls bereits erzeugt war, § 1923. Zu **II** vgl §§ 1723 ff (EhelichErkl), §§ 1741 ff insb §§ 1752, 1753, 1767 II, 1768 (Annahme als Kind) nF, §§ 1760 ff insb §§ 1764, 1767 II, 1771, 1772 II (Aufhebg des AnnahmeVerh) nF, §§ 80, 84 (Stiftsgenehmigg). Im übrigen ist eine Ausdehng auf andere Fälle, in denen die Erbteile unbestimmt sind, ausgeschl, zB bei Verschollenh eines MitE od noch vorhandener Ausschlaggsmöglichk. Desgl wird auf etwaige unbekannte Abkömmlinge eines für tot Erklärten keine Rücks genommen, BayObLG SeuffA **63** Nr 126. Das etw ErbR des nehel Kindes ggü dem Vater kann aber berücksichtigt werden, vgl § 1924 Anm 3 B b.

2) Umfang. In allen Fällen ist AuseinandS nur soweit u solange ausgeschl, als die **Erbteile** noch **unbestimmt** sind. Betrifft die Ungewißh zB nur einen Erbstamm, so kann AuseinanderS hins der anderen Stämme verlangt werden.

3) Rechtscharakter. Die Vorschr beseitigt nur das Recht des MitE auf jederzeitige AuseinandS, ist aber **kein Verbotsgesetz**. Gleichwohl vorgenommene AuseinandS daher nicht nichtig. Sie wird aber schwebd unwirks, wenn weiterer MitE wirkl hinzutritt, sie kann jedoch namens des Kindes nach dessen Geburt genehmigt werden, §§ 177, 185 II, vgl Staud-Lehmann Anm 6. Wird der erwartete MitE nicht MitE, so erfolgt hins der ihm bei vorangegangener AuseinandS vorbehaltenen Ggstände NachtragsauseinandS, Erm-Barth-Schlüter Rdz 3.

2044 *Ausschließung der Auseinandersetzung.* **I** Der Erblasser kann durch letztwillige Verfügung die Auseinandersetzung in Ansehung des Nachlasses oder einzelner Nachlaßgegenstände ausschließen oder von der Einhaltung einer Kündigungsfrist abhängig machen. Die Vorschriften des § 749 Abs. 2, 3, der §§ 750, 751 und des § 1010 Abs. 1 finden entsprechende Anwendung.

II Die Verfügung wird unwirksam, wenn dreißig Jahre seit dem Eintritte des Erbfalls verstrichen sind. Der Erblasser kann jedoch anordnen, daß die Verfügung bis zum Eintritt eines bestimmten Ereignisses in der Person eines Miterben oder, falls er eine Nacherbfolge oder ein Vermächtnis anordnet, bis zum Eintritte der Nacherbfolge oder bis zum Anfalle des Vermächtnisses gelten soll. Ist der Miterbe, in dessen Person das Ereignis eintreten soll, eine juristische Person, so bewendet es bei der dreißigjährigen Frist.

Schrifttum: Kohler, Testamentarisches Familiengut, NJW **57**, 1173. – Derselbe, Das Teilgsverbot bes beim testamentar Familiengut, DNotZ **58**, 245. – Kegel, Festschr für R. Lange, 1976, 927 (zum ErbteilsVerbot). – Seemüller, Die fortges ErbenGemsch, Diss, Hambg 1976.

1) Ausschluß der Auseinandersetzg kann, abgesehen von einer Vereinbg der MitE, s BGH WPM **68**, 1165, auch durch letztw Vfg od vertragsm durch ErbVertr, Staud-Lehmann Anm 7, angeordnet werden. Sie kann sich auch auf den ges Nachl, einzelne Erbstränge od auch einzelne Ggstände beziehen; sie kann auch bei gesetzl Erbfolge angeordnet w, BayObLG **66**, 408 = NJW **67**, 1136. – **a) Bedeutg.** Die Bestimmg kann den Sinn haben, daß der einzelne MitE nicht gg den Willen der anderen AuseinandS verlangen kann. Dann ist sie ein **Vermächtn**, § 2150, und steht einer AuseinandS mit Zust aller nicht entgg. Sie kann aber auch bedeuten, daß AuseinandS auch mit Willen aller MitE verboten sein soll. In diesem Fall ist sie als **Auflage** anzusehen, RGRK Anm 3 (dazu Mattern DNotZ **63**, 450/454 ff), bestr, und kann nach § 2194 erzwungen werden, insb Kegel aaO 932 ff. Auch im letzten Fall wird bei einer gleichwohl erfolgten AuseinandS die dingl Wirksamk des Verfüggsgeschäfts nicht berührt, wenn sie von allen Erben (auch NErben) od iF der TestVollstrg von allen Erben gemeins getroffen w, da die Anordng kein gesetzl Veräußergsverbot, § 134, s auch § 137 S 1, enthält, in LM Nr 1, BGH **40**, 115 mit Anm v Nirk in LM, BGH **56**, 275, LG Brem Rpfleger **67**, 411; s auch Kegel aaO 937 f, der sich gg die Heranziehg von § 137 S 1 wendet. Das NachlG, FGG 86 ff, hat in einem solchen Fall aber seine Mitwirkg zu versagen, auch das gerichtl ZuweisgsVerf, GrdstVG 13 ff, ist ausgeschl (GrdstVG 14 III, s auch Lange NJW **56**, 1505). Ist die AuseinandS bis zur Wiederverheiratg des überlebden Ehg bis dahin auch zum TestVollstr bestellt ist, ausgeschl, so kann nach den Umst des Falls angen w, daß der Ausschl nur im Interesse des Überlebden angeordnet wurde u er die Auseinands auch vor der Wiederverheiratg vornehmen darf, Stgt HEZ **2**, 115. – Daraus, daß der Erbl die AuseinandS ausschließen kann, folgt, daß er sie auch **erschweren** kann, zB dahin, daß nur eine Mehrh der MitE sie beanspruchen kann, RG **110**, 273. – Keine Eintr der AuseinandSBeschrkgen im Grdbuch, KG DR **44**, 191. – **b)** TestVollstr hat AuseinandSVerbot zu beachten, Verstoß macht sie nicht unwirks, s oben a); Kegel aaO 934 ff. Zu der Frage, wieweit eine Ausschließg, die sich zugl als Verwaltgsanordng darstellt, nach § 2216 II durch das NachlG aufgeh w kann, vgl § 2216 Anm 2 und KG JFG **14**, 154.

2) Unwirksamk der Anordng. Sie ist als Teilgsanordng unwirks ggü einem als MitE berufenen Pflichtt-Berechtigten, wenn der ihm hinterlassene Erbteil die Hälfte des gesetzl Erbteils nicht übersteigt, § 2306. Sie wirkt auch nicht gg die KonkMasse eines MitE, KO 16 II 2, u bei Wiederverheiratg eines Elternteils, der mit minderj Kindern in ErbenGemsch lebt, s § 1683 und insb BayObLG **67**, 230, das zutreffd annimmt. § 1683 enthalte zwingdes Recht; aM § 1683 Anm 2, Schuhmacher, Staudenmaier BWNotZ **68**, 204, 251. Für PfändgsGläub vgl **I** 2 mit § 751.

3) Sachl Grenzen der Anordng. Wegen der entspr anwendbaren §§ 749 II, III, 750, 751 vgl dort. Was als **wichtiger** Grd iS des § 749 II anzusehen ist, der es rechtfertigt, ein Teilgsverbot des Erbl außer acht zu lassen, hängt von den Umst des Einzelfalles ab, s Hbg NJW **61**, 610; ob ein solcher vorliegt, hat ein etwaiger TestVollstr, s LG Düss FamRZ **55**, 303, od das um Vermittlg der AuseinandS angegangene NachlG, sonst das ProzG zu entscheiden. Die Anwendg des § 1010 I setzt voraus, daß der Erbl die Umwandlg der Erben-Gemsch hins des Grdst in eine BruchteilsGemsch gestattet, deren Teilg aber verboten hat, RGRK Rdz 7. Mit der Eintragg wirkt die Anordng als dingl Last.

4) Zeitl Grenzen. II zieht für die Wirksamk des letztw Teilgsverbots zeitl Grenzen, entspr §§ 2109, 2162, 2163, 2210.

2045 *Aufschub bis zur Gläubigerermittlung.* Jeder Miterbe kann verlangen, daß die Auseinandersetzung bis zur Beendigung des nach § 1970 zulässigen Aufgebotsverfahrens oder bis zum Ablaufe der im § 2061 bestimmten Anmeldungsfrist aufgeschoben wird. Ist das Aufgebot noch nicht beantragt oder die öffentliche Aufforderung nach § 2061 noch nicht erlassen, so kann der Aufschub nur verlangt werden, wenn unverzüglich der Antrag gestellt oder die Aufforderung erlassen wird.

1) Der Grund der Vorschr liegt darin, daß nach §§ 2060 Nr 1, 2061 der MitE für NachlVerbindlichk nur anteilig haftet, wenn der Gläub sich nicht rechtzeitig meldet. – Für die Beendigg des AufgebotsVerf gilt § 2015 II, III entspr, für § 2015 II, bestr.

2) Das Recht des **Dreißigsten**, § 1969, bildet kein Hindern für die AuseinandS, s Staud-Lehmann § 2042 Anm 26, bestr.

2046 *Berichtigung der Nachlaßverbindlichkeiten.* I Aus dem Nachlasse sind zunächst die Nachlaßverbindlichkeiten zu berichtigen. Ist eine Nachlaßverbindlichkeit noch nicht fällig oder ist sie streitig, so ist das zur Berichtigung Erforderliche zurückzubehalten.

II Fällt eine Nachlaßverbindlichkeit nur einigen Miterben zur Last, so können diese die Berichtigung nur aus dem verlangen, was ihnen bei der Auseinandersetzung zukommt.

III Zur Berichtigung ist der Nachlaß, soweit erforderlich, in Geld umzusetzen.

1) Berichtigung der NachlVerbindlichk (vgl dazu §§ 1967 ff; auch unklagbare moralische Verbindlichk können hierher gehören, KG SeuffA **60** Nr 181). Sie hätte nach § 2042 II mit § 755 bei der AuseinandS zu erfolgen. Weitergehd bestimmt **I**, daß die NachlVerbindlichk zunächst, dh vor der AuseinandS zu tilgen sind, weil die MitE wg der Haftg nach den §§ 2058–2063 ein Interesse daran haben, vgl dazu RG **95**, 325.

a) § 2046 gilt **nur für das Verhältnis der MitE** zueinander u läßt die Stellg der Gläub unberührt. Er ist nicht zwingd, die MitE können also Teilg vor Tilgg vereinbaren. Auch der Erbl kann abw Anordngen treffen, § 2048; abgesehen hiervon ist auch der TestVollstr an § 2046 gebunden, § 2204 Anm 1, BGH NJW **71**, 2266. Das NachlG muß § 2046 beachten, wenn nicht sämtl MitE andere Anträge stellen, Staud-Lehmann Anm 5. – **b)** Bei **streitigen Verbindlichk** ist das zur Tilgg Erforderl zurückzubehalten, nicht etwa auch sicherzustellen. Das gilt entspr auch bei Streit über TilggsfolgePfl, §§ 2050 ff, OLG **9**, 389. – **c)** Sonderregel für die Vierteljahresbeträge der **Vermögensabgabe** aus dem Lastenausgleich in LAG 67 (Aufteilg unter die Erben, die auch schon vor der AuseinandS erfolgen kann). Wegen Einzelheiten vgl Haegele BWNotZ **73**, 1/5; auch BGH RdL **59**, 95/97, BFH RdSch LAG **72**, 52; über ErbenGemsch im Lastenausgleich s auch Schütze RLA **61**, 149, Troll, Nachl u Erbe im SteuerR, 1967, S 299 ff.

2) NachlVerbindlichk einiger MitE. Auch im Falle des **II** muß die Berichtigg aus dem den belasteten MitE zukommenden Überschuß, § 2047, der Teilg des Nachl vorangehen, RG **95**, 325, RGRK Anm 7, vgl auch § 2058 Anm 2, BGH LM Nr 1.

3) Über die Art und Weise der Versilberung, III, vgl §§ 753, 754 und § 2042 Anm 4. Die Auswahl der zu verwertden NachlGgste kann nicht dch MehrhBeschl, § 2038 II, § 745, geschehen; sie bedarf, da es sich nicht um einen Verwaltgsakt handelt, der Zustimmg aller MitE; ein widersprechender MitE muß ggf auf Einwilligg verklagt werden, Staud-Lehmann Anm 16.

4) Ist ein **MitE NachlGläub**, so gilt auch hier § 2046 I und II, dh auch er kann Tilgg vor der Teilg verlangen, RG **93**, 197, dazu kritisch Dütz NJW **67**, 1110. Jedoch kann bei einer nur aus zwei Erben bestehenden ErbenGemsch der MitE, der zugl NachlGläub ist, seine Fdg nur zu dem Teil geldend machen, zu dem der andere MitE wurde, soweit nicht das Verlangen auf Vorwegbefriedigg Treu u Glauben widerspricht, BGH LM Nr 1. Auch ein MitE, dem ein Vorausvermächtn, § 2150, zugewendet ist, kann grdsätzl Vorwegbefriedigg verlangen, KG OLGZ **77**, 457/461; RGRK Rdz 4. – Zur Klage des ME-Gläub währd Bestehens der ErbGemsch s § 2058 Anm 3b.

5) Eine **Sondervorschrift** über Berichtigg der NachlVerbindlichk enthalten § 15 Abs 2, 3 HöfeO idF v 26. 7. 76, dazu Lüdtke-Handjery Rdz 6–10, Wöhrmann-Stöcker Rdz 3 ff; Faßbender-Hötzel-Pikalo Rdz 4, 5; Erm-Barth-Schlüter Rdz 5; ferner bei der gerichtl Zuweisg eines landwirtschaftl Betriebs, §§ 13 ff, § 16 II GrdstVG, s Lange § 16 GrdstVG Anm 5.

2047 *Verteilung des Überschusses.* I Der nach der Berichtigung der Nachlaßverbindlichkeiten verbleibende Überschuß gebührt den Erben nach dem Verhältnisse der Erbteile.

II Schriftstücke, die sich auf die persönlichen Verhältnisse des Erblassers, auf dessen Familie oder auf den ganzen Nachlaß beziehen, bleiben gemeinschaftlich.

1) Den **Überschuß** bilden die NachlGgstände, die nach Berichtigg der NachlVerbindlichk übrig bleiben. Ihm sind nach § 2055 I 2 sämtl zur Ausgleichg zu bringenden Zuwendgen hinzuzurechnen. Er ist noch GesHandsvermögen, Erm-Barth-Schlüter Rdz 1. Bei Teilg – nach dem Verhältn der Erbteile – sind die Vorschr der §§ 752–754 zu beachten, RGRK Rdz 1, vgl § 2042 Anm 4, BGH NJW **63**, 1611 (Teilg eines MitEAnteils nach Bruchteilen der Erbanteile des Erbeserben). Zur Teilbark in Natur, § 752, s Erm-Barth-Schlüter § 2042 Rdz 4: zB Wertpapiere, auch Grdst mit Wohnhäusern (Teilg nach dem WEG). Die MitE können jedoch auch eine andere Art der Teilg vereinbaren. Über die Rechte eines PfandGläub vgl § 1258 Anm 3, Erm-Barth-Schlüter Rdz 2.

2) Die **Schriftstücke** iS von **II** bleiben GesHandsEigt, solange nicht Umwandlg in BruchteilsGemsch vereinbart. Über die Verw entscheiden §§ 2038, 745. **II** besagt nur, daß Anspr auf Teilg fehlt; Vereinbg der Erben über Teilg bleibt zul. – Vgl auch § 2373 S 2.

2048 Teilungsanordnungen des Erblassers.

Der Erblasser kann durch letztwillige Verfügung Anordnungen für die Auseinandersetzung treffen. Er kann insbesondere anordnen, daß die Auseinandersetzung nach dem billigen Ermessen eines Dritten erfolgen soll. Die von dem Dritten auf Grund der Anordnung getroffene Bestimmung ist für die Erben nicht verbindlich, wenn sie offenbar unbillig ist; die Bestimmung erfolgt in diesem Falle durch Urteil.

Schrifttum: Natter, Teilungsanordnung u Vermächtnis, JZ **59**, 151; Beck, Grenzen der Teilungsanordnung DNotZ **61**, 565; Emmerich, Teilganordng u Vorausvermächtnis, JuS **62**, 269; Coing, Vorausvermächtnis u Teilungsanordnung JZ **62**, 529; Grunsky, Zur Abgrenzg von Teilsanordng u Vorausvermächtnis, JZ **63**, 250; Mattern, Einzelzuweisungen von Todes wegen, DNotZ **63**, 450; Wöhrmann, Teilgsanordng u Vorausvermächtnis RdL **69**, 138; Rudolf, Teilgsanordng u Vorausvermächtnis, Diss Tübingen 1966; Müller Paul, Das erbrechtl ÜbernahmeR, Teilgsanordng und Vorausvermächtnis, Diss Freibg, 1970.

1) Teilgsanordngen des Erbl (zur Abgrenzg gg Vermächtn u Erbeinsetzg vgl RG DR **42**, 977, Nürnb WPM **62**, 1200, Natter, Beck, Emmerich je aaO u unten a) können durch Test od einseitig durch ErbVertr schuldrechtl (nicht dingl) getroffen werden, s Neust MDR **60**, 497; über Erbeinsetzg nach Vermögensgruppen s § 2087 Anm 1, Beck aaO 567. Sie können die Art der Verwaltg od die eigentl AuseinandS regeln; sie haben aber als solche nicht die Wirkg, daß ein MitE mehr oder weniger als seinen Erbteil erhält, RG DR **42**, 977; ihnen kommt nur Verpflichtgs-, nicht Vfgswirkg unter den MitE zu, Lange Lehrb § 46 III 4b. Sie können auch die Ausgleichg einer Schuld, wenn kein RückFdgR mehr besteht, § 2050, bestimmen, Rostock OLG **26**, 307, od anordnen, daß die NachlVerbindlichk im InnenVerh dem Miterben zur Last fallen, RG DNotZ **37**, 447, BGH LM § 138 (Cd) Nr 2 (PflichttAnsprüche). Über gleichm Mobiliarteil unter zwei MitE s BGH bei Johannsen WPM **70**, 740.

a) Teilgsanordng u Vermächtn. aa) Allgemeines. Bei Zuweisg eines bestimmten NachlGgst an einen MitE handelt es sich grdsätzl nur um eine **Teilgsanordng**, wenn der NachlGgst voll auf den MitE-Anteil angerechnet w soll u die Zuweisg nicht besonders begünstigen will, s Barth-Schlüter, Lehrb § 43 III 3a, Mattern DNotZ **63**, 461, RG JW **42**, 977, BGH LM Nr 5, Kipp-Coing § 44 II 4, Lange-Kuchinke § 46 III 4c. Hat der Erbl dem Bedachten den NachlGgst in der Weise zugewendet, daß dessen Wert bei der Verteilg des übrigen Nachl überh nicht berücksichtigt w soll, so ist nur ein **Vorausvermächtn**, § 2150, gegeben, s Barth-Schlüter aaO § 43 III 3b, Mattern aaO 458, KG OLGZ **77**, 457/461, § 2150 Anm 3. Die Zuweisg eines bestimmten NachlGgst an einen einzelnen MitE kann aber eine bloße **Teilgsanordng** hinaus ein **Vorausvermächtn** darstellen, wenn der Erbl zwar dem Begünstigten einen Vermögensvorteil vor den übr MitE zuwenden will, aber ein Teil des vorgestellten Wertes dieses Ggst auf den Erbteil angerechnet w soll, Barth-Schlüter aaO § 43 III 3c. Die Frage der Abgrenzg von TeilgsAnO u VorausVerm wird besonders dann vielfach, wenn dem MitE hinsichtl eines NachlGgsts ein **Übernahmerecht** gg WertAusgl zugewiesen wird, s BGH **36**, 115, **LM** Nr 5, dazu auch Coing JZ **63**, 529, Mattern DNotZ **63**, 459, Johannsen WPM **72**, 866, ders, WPM **73**, 545 (AusglZahlg bei Veräußerg), ders, WPM **77**, 276. Mit dem ÜbernahmeR wird dem Erben (MitE) ein GestaltgsR eingeräumt; erst seine Erklärg, er mache von dem ÜbernahmeR Gebrauch, läßt den Anspr auf Übertr des zugewiesenen Ggst im AuseinandSVerf entstehen, Kipp-Coing § 44 II 2, s auch Barth-Schlüter aaO.

bb) Die **Grenzziehg** zw VorausVerm u TeilgsAnO hat im Laufe der Rechtsentwicklg eine gewisse Wandlg erfahren, s hierzu BGH **36**, 115 (mit Hinweisen auf die früh Rspr) = **LM** Nr 4 mit Anm von Mattern, auch Coing JZ **62**, 529, Emmerich JuS **62**, 269. BGH aaO gibt nunmehr der Praxis folgde billigenswerte Auslegungsregel an die Hand: Ein **Vermächtn** neben einer Teilgsanordng liegt immer dann vor, wenn nach dem Willen der an der Vfg Beteiligten, insb des Erbl, der ÜbernBerechtigte durch das ÜbernR einen Vermögensvorteil ggü den übrigen Erben bekommen soll (ebso Nürnb MDR **74**, 671); eine reine **Teilgsanordng** ist dann gegeben, wenn ein solcher Begünstiggswille, s dazu Mattern DNotZ **63**, 461, fehlt. Ein ÜbernR zG eines MitE kann daher auch bei objektiv vollwertigem ÜbernPreis über eine Teilgsanordng hinaus ein Vermächtn sein. So ist nach BGH aaO ein ÜbernR idR ein Vermächtn, wenn es in einem entgeltl ErbVertr derart enthalten ist, daß ÜbernR u Entgelt des Berechtigten im Zushang stehen. Anderers wird die Würdigg von ÜbernRechten als bloße Teilgsanordng bei gleichen Erbquoten (und fehlender Bevorzuggs-Abs) nicht dadurch ausgeschl, daß die den MitE so zukommende wirtschaftl Werte obj ungleich sind, BGH **LM** Nr 5. Ein Vermächtn und keine bloße Teilgsanordng erachtet BGH **LM** Nr 5a dagg für gegeben, wenn der Erbl einen NachlGgst durch Vfg vTw einem MitE in der Abs zuweist, ihn ggü den übrigen MitE zu begünstigen, auch wenn es sich nicht um ein ÜbernR handelt. Ob u inwieweit der Bedachte den Wert des Ggstandes auf seinen Erbteil anrechnen lassen muß, ist eine Frage der Ausleg der Vfg, s dazu Mattern aaO 458. Soweit diese die Anrechng gebietet, stellt sie gleichzeitig eine Teilgsanordng u ein Vermächtn dar.

Rechtl. Stellg. d. Erben. 4. Titel: Mehrheit von Erben **§§ 2048–2050**

Vgl zu den genannten Entscheidgen Coing aaO sowie bei Kipp-Coing § 44 II 3, 4 u die von ihm dort aufgestellten Leitsätze, Barth-Schlüter Lehrb § 43 III 3, die eingehe Würdigg von Mattern DNotZ 63, 450, Emmerich JuS aaO; kritisch Grunsky JZ 63, 250. – Über Anspr auf Nutzgen am ÜbernGgst s § 2184 mit Anm 1.

b) Bedeutg des Unterschieds zwischen Vermächtn u Teilgsanordng. Das VorausVerm kann ausgeschlagen werden, § 2180, die Teilgsanordng nicht; der VermNehmer hat mit seiner Fdg einen besseren Rang, s einers § 1991 II mit KO 226 II, § 1922, anderers § 2046; der durch Teilgsanordng zugewiesene Ggst gehört bei beschränkter Erbenhaftg zum haftenden Nachl, (BayObLG 74, 312/315), nicht dagg der vorausvermachte dem VermNehmer bereits beschaffete Ggst, unbeschadet der § 222 KO, § 3a AnfG, Barth-Schlüter, Lehrb § 43 III 3e. Die Frage, ob Verm od bloße Teilgsanordng ist auch von Bedeutg bei gemschaftl Test u ErbVertr, da eine Teilgsanordng vom Überlebenden jederzeit einseitig widerrufen w kann, §§ 2270 III, 2278 II, währd der mit einem VorausVerm Bedachte schon vor dem Erbf den Schutz der §§ 2287, 2288 genießt u ihm die Bindgswirkg, §§ 2270, 2271, § 2289–2292 zugute kommt, vgl Bartholomeyczik aaO. Ein Beisp für das Verm eines ÜbernRechts in einem gemeinschaftl Test enthält Karlsr Just 62, 152.

c) Währgsreform. S Anm 1 c der 28. Aufl.

2) Wirkung der Teilgsanordng. Sie ist stets nur schuldrechtl, KGJ 28 A 196, sie verpflichtet die Erben, den Nachl entspr dingl aufzuteilen, den einzelnen MitE steht aber grdsätzl nur der ErbauseinandS-Anspr zu, Neust MDR 60, 497, also kein ErbR an den einzelnen Erben zugewiesenen Ggste od Verm-Massen, KG OLGZ 67, 361; s auch § 2042 Anm 5 b aE. Sie kann nur wirks w, wenn nach Berichtigg sämtl NachlVerbindlichk, auch solcher aus Verm, etwas zur Teilg an die Erben übrig bleibt, Kretschmar SächsArch 22, 5. Die MitE können aber regelm abweichde Teilg vereinbaren, sofern nicht der Erbl dch Auflage (§ 2044 Anm 1) die Erben zur Ausführg der Anordng verpflichtet; aber auch in diesem Fall ist ein abweichedes dingl RGesch der Erben wirks, Mattern BWNotZ 65, 6, vgl BGH 40, 115. Der TestVollstr ist jedoch an die Anordng gebunden, §§ 2203, 2204. – Eine TeilgsAO, die einen NachlGgst einem ME unmittelb zuweist, ist für die erbschsteuerrechtl Bemessg d VermögAnfall an diesen Erben zu berücks, BFH RhNK 77, 160 = NJW 77, 1552 (Ls). – Über RStellg des Pflichtteilsberechtigten bei Teilgsanordrg s § 2306. – Der Vorerbe bedarf der Zust des Nacherben zur Ausführg der Teilgsanordng auch bei GrdstÜbereign nicht, RGRK Rdz 25.

3) Bestimmg der Auseinandersetzg dch Dritten, S 2. Dritter, nach dessen billigem Ermessen die Teilg erfolgen soll, S 2, kann auch ein MitE sein, RG 110, 274. Zum Begriff der offenbaren Unbilligkeit vgl § 319 Anm 2. Das etwa erforderl Urt hat die Entscheidg gleichf nach bill Erm zu treffen; es ist entbehrl, falls alle MitE über die Teilg einig sind. Im Proz keine notw Streitgenossensch der MitE, Warn 19 Nr 42. – Wenn der Dritte die Entscheidg nicht treffen kann od will od verzögert, ist § 319 I 2 entspr anwendb, bestr. Der Erbl kann auch für die bei der AuseinandS entstehenden Streitigk ein schiedsrichterl Verf anordnen, ZPO 1048, RG 100, 76, RGRK Rdz 6 vor § 1937. Hins der Übertragg der AuseinanderS durch SchiedsVertr auf einen Schiedsrichter vgl § 2042 Anm 1.

4) Über **Erschwerg** der Auseinandersetzg s § 2044 Anm 1.

2049 *Übernahme eines Landgutes.* I Hat der Erblasser angeordnet, daß einer der Miterben das Recht haben soll, ein zum Nachlasse gehörendes Landgut zu übernehmen, so ist im Zweifel anzunehmen, daß das Landgut zu dem Ertragswert angesetzt werden soll.

II Der Ertragswert bestimmt sich nach dem Reinertrage, den das Landgut nach seiner bisherigen wirtschaftlichen Bestimmung bei ordnungsmäßiger Bewirtschaftung nachhaltig gewähren kann.

1) Übernahme eines Landgutes; vgl zum Begriff § 98 Anm 3, § 2312 Anm 1, Haegele BWNotZ 73, 34, 49, Becker AgrarR 75, 57/59. Abs I gibt hierfür eine Ausleggsregel, dazu Celle RdL 61, 103. Vgl entspr für die PflichttBerechng § 2312, und die Berechng des Anfangs- u Endvermögens bei ZugewGemsch, § 1376 IV. § 2049 gilt entspr bei Berechng des ErbErsAnspr, § 1934b I 3 mit Anm 2c, nicht aber bei Bewertg landw Grdste nach der KostO, BayObLG 75, 244/248. Übernimmt ein ME nur einen BruchT des Eigt an einem Landgut, so ist für diesen nicht im Zw anzunehmen, daß er zum Ertragswert angesetzt w soll, BGH NJW 73, 995.

2) Ermittlg des Ertragswertes, Ggsatz: Verkehrswert, s BBauG 141 II, Haegele aaO 37, Meincke, BewertgsR § 11. Es gelten in erster Linie die aGrd EG 137 von den Landesgesetzen aufgestellten Grdsätze, Staud-Promberger EG 137 Rdz 6, Haegele aaO 37, 49; vgl Fritzen, Ertragswertermittlg für die Zuweisg, RdL 63, 5, Foag, Der Ertragswert bei Landgütern, RdL 55, 5, auch Goller, BWNotZ 59, 18/19, Bewer AgrarR 75, 195, 76, 273, 378. Im Geltgsbereich des *Preuß* AGBGB gilt der 25fache Betrag des jährl Reinertrages, Pr AGBGB Art 83 I, ebso in *RhPf*, § 24 AGBGB v 18. 11. 76, GVBl 259; in *Bay* der 18fache Betrag, AGBGB Art 103, dazu BGH Rpfleger 64, 312 mit Anm v Haegele; s auch *Nds* AGBGB v 4. 3. 71, GVBl 73, § 28, *SchlH* AGBGB 23, *Ba-Wü* AGBGB 48. Wegen der anderen Länder vgl EG 137 Anm 1. Siehe auch § 36 BewertgsG idF v 26. 9. 74, BGBl 2370.

3) Bei der **gerichtl Zuweisg** eines landw Betriebs, §§ 13ff GrdstVG, ist der Betrieb zum Ertragswert, § 2049, anzusetzen, § 16 I GrdstVG, s dazu Fritzen aaO, Pikalo-Bendel Anm E I 2 zu § 16 GrdstVG.

2050 *Ausgleichungspflicht für gesetzliche Erben.* I Abkömmlinge, die als gesetzliche Erben zur Erbfolge gelangen, sind verpflichtet, dasjenige, was sie von dem Erblasser bei dessen Lebzeiten als Ausstattung erhalten haben, bei der Auseinandersetzung untereinander zur Ausgleichung zu bringen, soweit nicht der Erblasser bei der Zuwendung ein anderes angeordnet hat.

II Zuschüsse, die zu dem Zwecke gegeben worden sind, als Einkünfte verwendet zu werden, sowie Aufwendungen für die Vorbildung zu einem Berufe sind insoweit zur Ausgleichung zu bringen, als sie das den Vermögensverhältnissen des Erblassers entsprechende Maß überstiegen haben.

III Andere Zuwendungen unter Lebenden sind zur Ausgleichung zu bringen, wenn der Erblasser bei der Zuwendung die Ausgleichung angeordnet hat.

Schrifttum: Weimar, Rechtsfragen zur Ausgleichspflicht unter Miterben, JR 67, 97; Johannsen, Ausgleich unter Abkömml, WPM 70, 742; Lange-Kuchinke § 15 III; Kipp-Coing § 120.

1) Allgemeines. Grund der Vorschr: Vermutg, daß der Erbl durch gewisse Zuwendgen die gleichm Erbfolge der Abkömml nicht durchbrechen will, sond sie ledigl im voraus auf den künftigen Erbteil gemacht hat. Die AusglPfl ist ihrer **rechtl Natur** nach weder gesetzl Vermächtn noch NachlVerbindlichk, sond Modalität der Erbteilg. Daher sind die ausgleichspflichtigen Zuwendgen niemals Bestandteil des Nachl, BayObLG OLG 37, 253. Sie sind auch nicht in Natur zur Erbmasse zurückzugewähren; ihre Berücksichtigg findet nur durch Verrechng statt; Wertausgleich, s § 2055 Anm 1. Die Zuwendgen mindern nicht die Erbquote als solche, sond nur den realen Wert des NachlAnteils. Auch der MitE, der nichts mehr erhält, bleibt Erbe, ist also bei NachlMaßnahmen hinzuzuziehen; Einzelheiten vgl § 2055 Anm 3. Er haftet grdsätzl auch für die Schulden, braucht aber bei Durchführg der Beschrkg nichts zu zahlen, vgl auch § 2060 Anm 1. Die Abkömml können von einer Ausgleich absehen od eine solche über § 2050 hinaus vereinbaren. – Beweislast f d Bestehen einer AusgleichsPfl trifft den, der Anrechng d Zuwendg auf den ErbT verlangt, Staud-Lehmann Rdz 19. – Bei einer Klage auf Feststellg der AusglPfl ist der Streitwert auf den Betrag festzusetzen, der vom auszugleichenden Betrag auf den Kläger entfallen würde, BGH FamRZ 56, 381. – Über die Ausgleichg der Vermögensabgabe vgl Haegele BWNotZ 57, 165.

2) Ausgleichspflichtig und -berechtigt sind nur **Abkömml** des Erbl, soweit sie als gesetzl Erben berufen sind, aber nicht nur Söhne u Töchter, sond auch entferntere; vgl jedoch auch §§ 2051–2053. Für MitE, die nicht Abkömml sind, namentl für den Eheg, ist die Ausgleichg ohne jede Bedeutg. Dies gilt auch für den überl Eheg bei der ZugewGemsch. Will der Erstversterbende zugunsten seines Eheg (ähnl wie bei der Berechng des ZugewAusgleichs, § 1380), so muß er durch Vfg vTw dies als Vermächtn, zB zG der Kinder, anordnen, Maßfeller Betr 57, 626. – Der Käufer eines Erbteils tritt in die Rechte u Pflichten auf Ausgleich ein, §§ 2372, 2376, ebso der ErsE eines Abkömml, § 2053 Anm 1.

3) Als Gegenstand der Ausgleichspflicht kommen in Betracht:

a) Ausstattgen (§ 1624, BGH 44, 91, Celle NdsRpfl 62, 203: Aufn als gleichberecht Gesellschafter in Gesch des Erbl ohne Kapitaleinlage; dazu auch Hambg MDR 78, 870; ferner Stgt BWNotZ 77, 150 mit Anm v Siegmann; Schmid BWNotZ 71, 29), die Abkömml vom Erbl erhalten haben. Die Aussteuer, §§ 1620–1623 aF, ist als Unterart der Ausstattg ebenf auszugleichen. Durch das GleichberG sind aber die §§ 1620–1623 mit Wirkg v 1. 7. 58 gestrichen. AussteuerAnspr, die vor dem 1. 4. 53 entstanden, werden durch den GleichberechtiggsGrds nicht berührt, BGH NJW 54, 1522. Mit der Änderg der sozialen Verhältn erhalten jetzt auch die Töchter regelm die Berufsausbildg. Der UnterhAnspr der Kinder umfaßt aber auch die Kosten einer angemessenen Ausbildg. Insoweit findet keine Ausgleich statt; eine Aussteuer ist nur dann ausgleichspflichtig, wenn sie neben einer Berufsausbildg gewährt wird od soweit sie deren regelm Kosten übersteigt, Celle FamRZ 65, 390. – **aa)** Die **Ausstattg ist auszugleichen** ohne Rücksicht darauf, ob sie das den Umst entspr Maß überstieg, es sei denn, daß Erbl bei Zuwendg etwa anderes angeordnet hat, I. Ausstattg iS des I ist – entgg § 1624 – auch gegeben, wenn der Erbl die Zuwendg einem entfernteren Abkömml als Sohn od Tochter gemacht hat, soweit nicht nach § 2053 die Ausgleich entfällt, hM. Unerhebl ist, ob die Ausstattg des den VermVerhältn des Erbl entspr Maß überstieg oder nicht. Doch gilt für die in Rentenform gewährte Ausstattg die Vorschr II, RG 79, 267. Zu den ausgleichspfl Ausstattg zählt ein bloßes AusstattgsVerspr gehören, wenn es zu LebZt des Erbl noch nicht erfüllt w ist, s BGH 44, 91. Keine Ausstattg ist eine Hofüberlassg gem HöfeO 17 nF, Schlesw AgrarR 72, 362. – **bb)** Der **Begriff der Zuwendg** erfordert, daß ein Vermögenswert aus dem Vermögen des Erbl in das des Abkömml übergeführt ist, RG JW 27, 1201. Deshalb fällt zB die bloße Einräumg des Rechts, in einem HandelsGesch einzutreten, nicht unter I, RG aaO, s aber auch Celle NdsRpfl 62, 203 (oben). Im übr kann aber ausgleichspflichtige Ausstattg in jedem Vermögensvorteil liegen, den ein Abkömml auf Kosten des Nachl von dem Erbl zur Begründg einer selbstd Lebensstellg zugewandt erhält, RG JW 38, 2971. Bei Hing eines Darl w das aber nur unter ganz bes Umst, zB bei vollem od teilw Erlaß der Rückzahlg, anzunehmen sein, Warn 41 Nr 10. Zur AusglPfl von nicht getilgten Darlehenszinsen s Stgt BWNotZ 76, 67. Eine ausgleichspflichtige Zuwendg liegt nicht vor, wenn der Abkömml ein ihm als Ausstattg Übertragenes landwirtsch Anwesen an den Erbl zurückübertr hat, BGH DRiZ 66, 397. – **cc)** Der Erbl kann für die Ausstattg die **Ausgleichspflicht** bei der Zuwendg ganz od teilw, bedingt od unbedingt **ausschließen**, er kann hierbei auch für die Ausgleichg einen niedrigeren Wert als den tatsächl festsetzen, Frischknecht BWNotZ 60, 270. Nachher kann er dies nur dch Vfg vTw, Staud-Lehmann Anm 2; vgl dazu Anm 3d. § 2316 III ist aber zu beachten. – **dd)** Ob ein AusstattgsVerspr im Hinbl auf die AusglPfl des § 2050 entfällt, wenn es vor dem Tode des versprechden Elternteils nicht erfüllt worden ist u das begünstigte Kind den Elternteil mitbeerbt hat, ist nach Maßg des Einzelfalles zu entsch, BGH 44, 91.

b) Zuschüsse, II, sind, auch wenn sie unter den Begriff der Ausstattg fallen, nicht ausgleichspflichtig, wenn sie das dem Vermögen des Erbl entspr Maß nicht übersteigen, RG 79, 267. Die Bestimmg als Einkünfte setzt voraus, daß Wiederholg in Aussicht genommen ist, zB Unterh währd eines Vorbereitgsdienstes, RGRK Rdz 11. Einmaliger Zuschuß, zB für Badereise, gehört nicht hierher, Warn 10 Nr 288. Auch bei Zuschüssen kann der Erbl entspr I, s Anm 3 a, die Ausgleich erlassen.

c) Aufwendgen für die Vorbildg zu einem Beruf, II, zB Studien-, Promotions- od Fachschulkosten, nicht aber die Kosten für die allg Schuldbildg. Auch Aufwendgen, die nicht in Erf gesetzl UnterhPfl erfolgen, weil etwa Abkömml eigenes Vermögen hat, sind nicht nach **I**, sond nach **II**, dh bei Übermaß ausgleichspfl, RG **114**, 53. **Übermaß** liegt nicht schon deshalb vor, weil die Aufwendgen für einen Abkömml zum Zwecke der Vorbildg höher sind als die für die anderen zu demselben Zweck gemachten. Für die Beurteilg der Frage, ob solche Aufwendgen das den Verhältnissen des Erbl entspr Maß überstiegen haben, sind vielm die gesVermögensverhältnisse zZ der Zuwendg maßg, Hbg HansGZ **38**, 387. Die Ausbildg ist idR beendet, wenn durch Prüfg die Befähigg für den Beruf nachgewiesen, Warn **13** Nr 237; doch kann uU später ein neuer Beruf erlernt werden, wofür wieder **II** gilt, RG **114**, 54. – Auch hier kann Ausgleich erlassen werden.

d) Sonstige Zuwendgen, wenn bei Zuwendg die Ausgleichg angeordnet, **III**. Zuwendg erfordert kein RGesch, es genügt jede wirtschaftl Maßn, durch die dem Abkömml ein Vermögensvorteil zufließt, s Anm 3a. Ob auch Leistgen, durch die einer gesetzl Pfl genügt wird, unter **III** fallen, RG **73**, 377, ist zweifelh. Der in einer OHG kraft einer gesellschrechtl qualifizierten Nachfolgeklausel, s § 1922 Anm 3a cc Abs 2, eintretde MitE des verst Gesellschafters muß sich bei der ErbauseinandS den Wert der ihm zugewendeten Mitgliedsch anrechnen lassen, wenn der Erbl bei der Zuwendg die Ausgleichg (stillschweigd) angeordnet hat, Brox § 44 IV 3. Vollständige Unentgeltlichk nicht erforderl, deshalb kann in der Vereinbg einer zu geringen GgLeistg eine Zuwendg liegen, RG **73**, 377. – **aa) Die Anordng der Ausgleichg** muß dch den Erbl v o r od bei der Zuwendg erfolgen. Diese Anordng, ebso der Ausschl der Ausgleichg im Falle des **I**, kann stillschw erfolgen, Warn **10** Nr 245, ist aber gleichzeitig mit der Zuwendg so zur Kenntn des Empfängers zu bringen, daß er die Zuwendg ablehnen kann, RG **67**, 308. Werden Grdstücke zu Lebzeiten der Erbl von diesem an Abkömmlinge unentgeltl mit der Bestimmg übereignet, daß die Übertragg „in Vorwegnahme der zukünftigen Erbregelg" erfolgt, so kann daraus nicht unbedingt der Wille des Erbl entnommen werden, daß sich der Erwerber den Wert des Grdstücks auf sein künftiges ErbR anrechnen lassen muß, Weimar aaO 98, Stgt BWNotZ **77**, 150/151. Eine **nachträgl** Anordng nicht durch RGesch unter Lebenden, sond nur durch Vfg vTw mögl, RG **90**, 419, hM; diese enthält dann ein Vermächtn zG der übrigen MitE, das aber, außer bei ErbverzichtsVertr od wenn der Bedachte im Fall des § 2306 I 2 nicht ausschlägt, den Pflichtt des Abkömml nicht beeinträchtigen darf, s RG **90**, 422. Die Anordng begründet nicht wie bei der Schenkg unter Aufl eine schuldrechtl Verpflichtg des Bedachten; keine Einwilligg des gesetzl Vertreters nach § 107 notw, BGH **15**, 168 mit Anm v Fischer LM § 107 Nr 1; aM Lange, NJW **55**, 1343. – **bb)** Auch **III** bezieht sich **nur** auf **Zuwendgen an Abkömmlinge**; and Erben kann Ausgleichg nur dch Teilgsanordng (§ 2048) in letztw Vfg auferlegt w, RGRK Rdz 20, Stgt aaO. – **cc)** Setzt der Erbl einen Abkömml zum Erben ein, erklärt er ihn aber wg gleichzeitig dch Zuwendgen unter Lebden für abgefunden, so handelt es sich in Wirklichk um eine Enterbg, § 1938, Weimar aaO 98. – **dd)** Hat ein dtscher Erbl bei einer amerikan Bank ein Trustguthaben begründet u einen Abkömml als begünstigt bezeichnet, so ist dieses Guthaben als „Voraus" nach amerikan R ausgleichspflichtig. Es ist der Ausgleichspflicht nach III zu unterstellen, BGH BB **69**, 197.

4) Ausgleichspflicht bei ErbErsAnspr. § 1934b III bestimmt daß auf ErbErsAnspr eines Abkömml des Erbl auch der Vorschr über die AusglPfl unter Abkömml, die als gesetzl Erben zum Erbf gelangen, entspr anzuwenden sind, s § 1934b Anm 4.

4a) Eine **entspr Anwendg der §§ 2050 ff** kann Platz greifen, wenn in dem oben unter d) angeführten Fall der Rechtsnachfolge in einen GesellschAnt einer OHG der Wert der Mitgliedsch, die der bevorzugte MitE erwirbt, höher ist als der Betrag der ihm auf Grd seiner Erbquote zusteht; § 2056 S 1 gilt in diesem Fall nicht; s Brox § 44 IV 3, Meincke AcP **178** (78), 45/46, 56f; Ulmer in Großkomm zum HGB³ § 139 Rdz 187–189; Westermann u A, Handb der Personengesellsch, 1967ff, I Rdz 542; auch Haegele BWNotZ **73**, 76/82, bestr.

5) Eine **Sondervorschrift** über AusglPfl des Hoferben enthält § 12 IX HöfeO nF; dazu BT-Drucks 7/1443 S 25 f, 7/4545 S 12; Becker AgrarR **76**, 209; Wöhrmann-Stöcker Rdz 71 ff. Auch bei Berechng der Abfindg der Miterben im Zuweisungsverfahren nach § 16 GrdstVG ist die Ausgleichg der Vorempfänge zu berücksichtigen, Bergmann SchlHA **61**, 311/314, Pikalo-Bendel Anm E I 2 c zu § 16 GrdstVG.

6) DDR. Das ZGB (Auszug im Anh, 35. Aufl) enthält keine Vorschr üb ME-Ausgleichg, s Meincke JR **76**, 47/48, AcP **178**, 45/47.

2051 *Ausgleichungspflicht bei Wegfall eines Abkömmlings.*

I Fällt ein Abkömmling, der als Erbe zur Ausgleichung verpflichtet sein würde, vor oder nach dem Erbfalle weg, so ist wegen der ihm gemachten Zuwendungen der an seine Stelle tretende Abkömmling zur Ausgleichung verpflichtet.

II Hat der Erblasser für den wegfallenden Abkömmling einen Ersatzerben eingesetzt, so ist im Zweifel anzunehmen, daß dieser nicht mehr erhalten soll, als der Abkömmling unter Berücksichtigung der Ausgleichungspflicht erhalten würde.

1) Wegfall eines Abkömml als Erbe, §§ 1924, 1938, 1953, 2344, 2346, hat zur Folge, daß der nach diesen Vorschr an seine Stelle Tretende in die AusglPfl eintritt. Ob der Nachfolger Abkömml des Weggefallene ist, ist unerhebl; notw nur, daß er Abkömml des Erbl ist. Erhöht sich dadurch der Erbteil eines MitE, so gilt hins der Ausgleichg die Erhöhg als bes Erbteil, § 1935. Ist aber der eintretende Abkömml vom Erbl u n m i t t e l b a r durch Vfg vTw als Erbe eingesetzt, so ist § 2051 nicht anwendb, Warn **13** Nr 238. Stirbt der ausgleichspflichtige Abkömml, nachdem er schon endgültig Erbe geworden war, so geht mit der Erbsch die AusglPfl auf seine Erben über, mögen sie Abkömml des Erbl sein od nicht.

2) Der **Ersatzerbe** eines weggefallenen Abkömml, mag er selbst Abkömml sein od nicht, soll iZw nicht mehr erhalten, als der Abkömml unter Berücksichtigg der AusglPfl erhalten würde, **II**. Dabei sind aber nicht nur die AusglPflichten des weggefallenen Abkömml, sond auch dessen AusglRechte zu berücksichtigen, RGRK Rdz 4, Staud-Lehmann Anm 4, bestr. Entscheidend muß das GesErgebnis der Ausgleichg sein. – Vgl auch § 2053.

2052 Ausgleichungspflicht für Testamentserben.
Hat der Erblasser die Abkömmlinge auf dasjenige als Erben eingesetzt, was sie als gesetzliche Erben erhalten würden, oder hat er ihre Erbteile so bestimmt, daß sie zueinander in demselben Verhältnisse stehen wie die gesetzlichen Erbteile, so ist im Zweifel anzunehmen, daß die Abkömmlinge nach den §§ 2050, 2051 zur Ausgleichung verpflichtet sein sollen.

1) Ausleggsregel für den Fall, daß der Erbl durch **Erbeinsetzg** die Abkömml auf die gesetzl Erbteile gesetzt hat – s RG **149**, 133 – od ihre Erbteile in demselben Verh zueinander bestimmt hat; auch bei Einsetzg als ErsE od NErben anwendb. Zuwendg eines Vorausvermächtnisses an einen MitE schließt dabei die Ausgl nicht notw aus, RG **90**, 419; uU kann aber in diesem Falle die AusglPfl der and MitE als ausgeschl gelten. Hat der Erbl nur für einen Teil der Abkömml den Verh der gesetzl Erbteile bestimmt, so findet die Ausgl unter diesem Teil statt, RG **90**, 420; Staud-Lehmann Anm 2. Bei Erhöhg des Erbteils eines Abkömmlings dch Anwachsg (§ 2095) gelten beide Erbteile hins der AusglPfl als selbst Erbteile, Staud-Lehmann Anm 5. Im Regelfall des § 2269 gilt für § 2052 auch der erstverst Eheg als Erbl; die Abkömml müssen daher beim Tode des Überlebden die Zuwendgen ausgleichen, die vom Erstverstorbenen od aus dessen Nachl gemacht worden waren, RG WarnR **38**, Nr 22, RGRK Rdz 4.

2) Über die entspr Anwendg des § 2052 iF des § 1934b III s dort Anm 4, Barth-Schlüter Lehrb § 40 II, RGRK Rdz 4; bei der **AusgleichsPfl für besondere Leistungen** s § 2057a I 1 Halbs 2 mit Anm 4.

2053 Zuwendung an entfernteren Abkömmling.
I Eine Zuwendung, die ein entfernterer Abkömmling vor dem Wegfalle des ihn von der Erbfolge ausschließenden näheren Abkömmlinges oder ein an die Stelle eines Abkömmlinges als Ersatzerbe tretender Abkömmling von dem Erblasser erhalten hat, ist nicht zur Ausgleichung zu bringen, es sei denn, daß der Erblasser bei der Zuwendung die Ausgleichung angeordnet hat.

II Das gleiche gilt, wenn ein Abkömmling, bevor er die rechtliche Stellung eines solchen erlangt hatte, eine Zuwendung von dem Erblasser erhalten hat.

1) Zu I: Die AusglPfl entspricht nur dann dem mutmaßl Willen des Erbl, wenn er sich den bedachten Abkömml als seinen unmittelb Erben vorgestellt hat, dem er durch die Zuwendg etwas auf die Erbsch vorausgewähren wollte. Bei Zuwendgen an entferntere Abkömml vor Wegfall der näheren od an als ErsE berufene Abkömml vor Wegfall der Erstberufenen fehlt idR diese Absicht. Deshalb findet hier, sofern nicht eine abw Anordng, s dazu § 2050 Anm 3d, des Erbl vorliegt, eine Anrechng nicht statt. Da die Vorstellg des Erbl entscheidet, RG **149**, 134, wird die Ausgleichg auch für den Abkömml nicht in Frage kommen dürfen, dessen Vorgänger schon weggefallen war, wenn der Erbl dies bei der Zuwendg nicht wußte, währd umgekehrt iZw auszugleichen ist, wenn der Erbl den Bedachten irrtüml für den nächstberufenen hielt, RGRK Rdz 1. Die Anordng des Erbl, **I** aE, wird idR den Fall betreffen, daß der entferntere Abkömml od der ErsE zur Erbsch berufen wird; der Erbl kann aber durch Vfg vTw auch Ausgleichg durch den näheren Abkömml anordnen, Staud-Lehmann Anm 5.

2) II bezieht sich auf die Legitimation durch nachfolgende Ehe, § 1719 (idF des Art 1 Nr 2a AdoptG), EhelichErkl, §§ 1273ff u Annahme als Kind, §§ 1741ff idF des Art 1 Nr 1 AdoptG.

2054 Zuwendung aus dem Gesamtgut.
I Eine Zuwendung, die aus dem Gesamtgut der Gütergemeinschaft erfolgt, gilt als von jedem der Ehegatten zur Hälfte gemacht. Die Zuwendung gilt jedoch, wenn sie an einen Abkömmling erfolgt, der nur von einem der Ehegatten abstammt, oder wenn einer der Ehegatten wegen der Zuwendung zu dem Gesamtgut Ersatz zu leisten hat, als von diesem Ehegatten gemacht.

II Diese Vorschriften sind auf eine Zuwendung aus dem Gesamtgut der fortgesetzten Gütergemeinschaft entsprechend anzuwenden.

1) Neufassg durch GleichberG v 18. 6. 57, BGBl 609; ÜbergVorschr: Art 8 I Nr 7 GleichberG.

2) Ausgleichg ggüber Nachl beider Eheg. Wenn das GesGut der GütGemsch nur von einem Eheg verwaltet wird, kann er auch allein darü verfügen, § 1422. Um zu verhindern, daß die Abkömml nur ggü seinem Nachl ausgleichspflichtig sind, was dem Wesen der GütGemsch widerspräche, schreibt **I** 1 die Ausgleichg ggü dem Nachl jedes Eheg je zur Hälfte vor, u zwar unabhängig davon, welcher der Eheg od ob beide das GesGut verwaltet haben, Krüger-Breetzke-Nowack, GleichberG § 2054 Anm. Die Ausgleich muß also idR zweimal stattfinden, wenn sie nicht bis zur Beendigg der fortgesetzten GütGemsch hinausgeschoben ist, § 1483, RGRK Rdz 3. Jeder Eheg kann die Ausgleichg anordnen od erlassen, soweit er als Zuwendender gilt. § 2054 gilt nicht bei westfäl GütGemsch, BGH **LM** Nr 1 zu „Westfäl Güterrecht".

3) Ausnahmsweise findet Ausgleich nur ggüber einem Elternteil statt,
  a) wenn der Abkömml, der die Zuwendg erhielt, nur von einem der Eheg stammt, **I** 2, od
  b) wenn ein Eheg wg der Zuwendg zum GesGut Ersatz zu leisten hat. Diese ErsPfl tritt bei Ausstattgen nach §§ 1444, 1466 ein.

I 2 ist aber einschränkd dahin zu verstehen, daß die Zuwendg nur soweit von dem betr Eheg als gemacht gilt, als die auf ihn treffende Hälfte des GesGuts im Ztpkt der Beendigg der GütGemsch reicht, RG **94**, 262.

4) Zu II vgl § 1483 ff.

2055 *Durchführung der Ausgleichung.* I Bei der Auseinandersetzung wird jedem Miterben der Wert der Zuwendung, die er zur Ausgleichung zu bringen hat, auf seinen Erbteil angerechnet. Der Wert der sämtlichen Zuwendungen, die zur Ausgleichung zu bringen sind, wird dem Nachlasse hinzugerechnet, soweit dieser den Miterben zukommt, unter denen die Ausgleichung stattfindet.
II Der Wert bestimmt sich nach der Zeit, zu der die Zuwendung erfolgt ist.

Schrifttum: Kohler, Das Geld als Wertmaßstab beim Erb- u Zugewinnsausgleich, NJW **63**, 225; Werner, Werterhöhg als ausgleichspfl Zugewinn u erbrechtl Vorempfang, DNotZ **78**, 66; Meincke, Zum Verf der ME-Ausgleichg, AcP **178** (78), 45.

1) Durchführg der Ausgleichg. Sie vollzieht sich nur rechnerisch unter den beteiligten Abkömml (Idealkollation), nicht durch Rückgewähr der Zuwendgen in Natur, vgl § 2050 Anm 1; zur Erbquotenberechng s Meincke, BewertgsR § 14 II 2d, ders AcP **178**, 49, der den Erbfall als Stichtag für die Nachl-Bewertg im AusgleichsVerf heranzuziehen empfiehlt, aaO 68. Sind an der Ausgleich unbeteiligte MitE vorhanden, so werden deren Erbteile vorweg nach der wirkl vorhandenen Erbmasse berechnet. Zum Rest werden die Zuwendgen hinzugerechnet; die Erbteile der ausgleichspflichtigen Abkömml werden von der so gewonnenen Masse berechnet u davon die anzurechnenden Zuwendgen abgezogen, s Celle RdL **60**, 295. Beispiel: Nachl 6000. MitE (ohne Berücksichtigg der Erbf bei der ZugewGemsch, § 1371 I): Witwe W zu $1/4$, Kinder A, B, C zu $1/4$. A hat 1000 und C 800 auszugleichen. Es erhält vorweg W 1500. Für die Abkömml beträgt der rechnerische Nachl 4500 + 1000+800 = 6300. Davon erhalten B $1/3$ = 2100, A 2100—1000 und C 2100—800. Bei der ZugewGemsch erhält die Witwe nach § 1371 I $1/2$, die Abkömml je $1/6$. Der Erbteil der W ist demnach 3000. Der rechnerische Nachl für die Abkömml beträgt 4800. Hiervon entfallen auf A 600, auf B 1600, auf C 800. - Ist die Ausgleichg bei der Teilg unterblieben, so sind BereicherungsAnspr gegeben.

2) Wertberechng der Zuwendgen. Für sie ist nach II der Ztpkt der Zuwendg maßg; spätere Wertändergen od Erträgnisse bleiben unberücksichtigt. - **a)** Über Geldentwertg u WährgsUmstellg bei Berechng des Wertes der Zuwendgen s 30. Aufl. - Der Kaufkraftschwund des Geldes zw dem Ztpkt der Zuwendg u dem des Erbf ist zu berücksichtigen, BGH **65**, 75 = NJW **75**, 1831, 2292 mit Anm v Löbbecke = WPM **75**, 860, auch **75**, 1179; dazu Philipp Betr **76**, 664; Werner aaO 66—70, 80ff krit; dazu auch Meincke AcP **178**, 52ff mit Beisp 48ff. - **b)** Der Erbl kann bei der Zuwendg den anzurechnenden Wert auch bindd festsetzen, zB nach dem Wert des geschenkten Ggst zur Zeit des Erbf, Hamm MDR **66**, 330; eine solche AO kann sich auch aus den Umständen des Falles ergeben, Werner aaO 58, Meincke aaO 55.

3) Rechtsstellg der MitE. Die AusglPfl ist bis zur AuseinandS für die **Stellg der MitE** nach innen u außen ohne Bedeutg. Sie sind nach Maßg ihrer ideellen Erbteile an der Verw u Vfg beteiligt. Auch ein durch ausgleichspflichtige Zuwendgen völlig befriedigter MitE ist nicht ausgeschl, hM, aber bestr; vgl auch § 2050 Anm 1. Im Falle der Gefährdg können geg ihn durch einstw Vfg Sicherungsmaßnahmen ergriffen werden. Der völlig befriedigte MitE haftet auch den Gläub nach allg Regeln. Im InnenVerh allerdings ist er freizustellen; er kann deshalb auf Einhaltg des § 2046 I dringen u notf Rückgr nehmen.

4) Gleiche Stellg wie ein MitE erlangen hins der AusglPfl Erbteilserwerber, § 2033, Miterben-Gläub, der NachlAnteil pfändet, NachlGläub, der ZwVollstr in NachlAnteil vor Teilg betreibt, RGRK Rdz 10; s auch § 1934b III.

2056 *Keine Herausgabe des Mehrempfanges.* Hat ein Miterbe durch die Zuwendung mehr erhalten, als ihm bei der Auseinandersetzung zukommen würde, so ist er zur Herauszahlung des Mehrbetrags nicht verpflichtet. Der Nachlaß wird in einem solchen Falle unter die übrigen Erben in der Weise geteilt, daß der Wert der Zuwendung und der Erbteil des Miterben außer Ansatz bleiben.

1) Keine Herausgabepflicht trifft den MitE, der als Zuwendg mehr erhalten hat, als das ihm nach § 2055 zustehende AuseinandSGuthaben beträgt, er ist namentl auch von der Zahlg eines Pflichtteils an andere befreit, RG **77**, 282. Der PflichttErgänzgsAnspr, § 2325, erstreckt sich nur auf Schenkgen, nicht auf andere Zuwendgen, RG **77**, 282. Die Ausgleichg von Vorempfängen ist nach § 2056 nur dann beschränkt w, wenn der Vorempfang eines sonst ausgleichspflichtigen gesetzl Erben höher ist, als dessen gesetzl Erbteil bei Hinzurechng der auszugleichenden Vorempfänge zu dem um den Wert der Schenkg vermehrten Nachl, BGH NJW **65**, 1526 zu § 2325 = LM Nr 5 zu § 2325, dazu Keßler DRiZ **66**, 399, Johannsen WPM **70**, 239.

2) Verfahren bei Ausgleichg. Bei der Verteilg des Nachl unter die übr MitE bleibt dieser Erbteil außer Ansatz; dabei ist aber zu beachten, daß die Erbteile der beteiligt bleibenden MitE in demselben Verhältnis zueinander stehen müssen wie bisher. Beispiel: Nachl 8000; MitE A zu $1/2$, B zu $1/4$, C zu $1/4$. C hat 4000 auszugleichen. Auf C würden entfallen $1/4$ (8000 + 4000) = 3000. Da er 4000 erhalten, scheidet er aus. Nunmehr müssen erhalten A $2/3$ von 8000 = 5333, 33, B $1/3$ = 2666,67.

3) Für den Fall der **Erhöhg des gesetzl Erbteils durch Wegfall eines gesetzl Erben** vgl § 1935 Anm 3, 4.

2057 *Auskunftspflicht der Miterben.* Jeder Miterbe ist verpflichtet, den übrigen Erben auf Verlangen Auskunft über die Zuwendungen zu erteilen, die er nach den §§ 2050 bis 2053 zur Ausgleichung zu bringen hat. Die Vorschriften der §§ 260, 261 über die Verpflichtung zur Abgabe der eidesstattlichen Versicherung finden entsprechende Anwendung.

1) Das **Recht auf Auskunft**, das die AusglPfl sichern soll, steht jedem MitE gg jeden einzelnen anderen MitE zu (über den AuskunftsAnspr bei AuseinandS s Stgt BWNotZ **76**, 89); ebso dem mit der AuseinandS beauftragten TestVollstr; dem NachlVerw, NachlKonkVerw nur bei bes Interesse, RGRK Rdz 3. Wegen § 2316 I hat es auch der pflichtteilsberechtigte Nichterbe, RG **73**, 372. Auskunftspflichtig ist auch ein Abkömml, der nicht Erbe ist, sond nur den Pflichtt erhält, Nürnb NJW **57**, 1482. Ausk kann auch der nehel Abkömml verlangen, dem ein ErbErsAnspr zusteht, s Odersky § 1934b Anm VI 4 b.

2) Gegenstand der Auskunftspflicht sind alle möglicherw unter § 2050 fallenden Zuwendgen, die der MitE erhalten hat, nicht nur die, die bei richtiger Anwendg der §§ 2050–2053 ausgleichspflichtig sind, RG **73**, 376, vgl Staud-Lehmann Anm 4. Die Entscheidg, welche Zuwendgen in Frage kommen, kann nicht dem Belieben des AuskPflichtigen überlassen bleiben. Demnach ist Ausk zu erteilen, ohne daß das Vorhandensein von Zuwendgen vorher überh festgestellt sein muß. Auch der Wert des Erhaltenen ist anzugeben, BayObLG OLG **37**, 253.

3) Die Form der Auskunft ist nicht geregelt. Ein Verzeichn iS des § 260 I ist nur vorzulegen, wenn die Zuwendg einen Inbegriff von Ggständen umfaßt. Die **eidesstattl Versicherg** ist nur zu leisten, wenn Grd zu der Ann besteht, daß die Ausk nicht mit der erforderl Sorgf erteilt ist, jedoch auch bei geringen Zuwendgen, da § 259 III nicht gilt, RGRK Anm 7. Ist der Pflichtige zur Abg eidesstattl Vers bereit, so regelt sich das **Verfahren** nach FGG 163, 79. Zust für die Entggnahme der eidesstattl Vers ist das AG (RPfleger § 3 Nr 1b RPflG), u zwar das AG des Wohns des Pflichtigen, § 269. Bei Streit entsch das ProzG; über Entggnahme der eidesstattl Vers s ZPO 889 (AG als VollstrG, RPfleger § 20 Nr 17 RPflG); s § 2027 Anm 1. Jedoch ist auch eine Vertr auf Leistg einer eidesstattl Vers gült. Liegt eine solche vertragl Verpfl vor, so hat das Ger nicht zu prüfen, ob die gesetzl Voraussetzgen gegeben sind, Hbg HansGZ **40**, 98. Die Kosten trägt der AntrSt; Gebühr: KostO 124.

4) Eine allg Auskunftspflicht der MitE untereinander über den Nachl besteht darüber hinaus nicht, vgl § 2038 Anm 4. Auch § 242 kann nicht dazu führen, KG DR **40**, 1775, dazu aber auch Coing NJW **70**, 729.

2057a *Ausgleichungspflicht bei besonderer Mitarbeit oder Pflegetätigkeit eines Abkömmlings.* **I** Ein Abkömmling, der durch Mitarbeit im Haushalt, Beruf oder Geschäft des Erblassers während längerer Zeit, durch erhebliche Geldleistungen oder in anderer Weise in besonderem Maße dazu beigetragen hat, daß das Vermögen des Erblassers erhalten oder vermehrt wurde, kann bei der Auseinandersetzung eine Ausgleichung unter den Abkömmlingen verlangen, die mit ihm als gesetzliche Erben zur Erbfolge gelangen; § 2052 gilt entsprechend. Dies gilt auch für einen Abkömmling, der unter Verzicht auf berufliches Einkommen den Erblasser während längerer Zeit gepflegt hat.

II Eine Ausgleichung kann nicht verlangt werden, wenn für die Leistungen ein angemessenes Entgelt gewährt oder vereinbart worden ist oder soweit dem Abkömmling wegen seiner Leistungen ein Anspruch aus anderem Rechtsgrunde zusteht. Der Ausgleichspflicht steht es nicht entgegen, wenn die Leistungen nach den §§ 1619, 1620 erbracht worden sind.

III Die Ausgleichung ist so zu bemessen, wie es mit Rücksicht auf die Dauer und den Umfang der Leistungen und auf den Wert des Nachlasses der Billigkeit entspricht.

IV Bei der Auseinandersetzung wird der Ausgleichungsbetrag dem Erbteil des ausgleichungsberechtigten Miterben hinzugerechnet. Sämtliche Ausgleichungsbeträge werden vom Wert des Nachlasses abgezogen, soweit dieser den Miterben zukommt, unter denen die Ausgleichung stattfindet.

Schrifttum: Damrau, ErbErsAnspr u Erbausgleich, FamRZ **69**, 579/580; Firsching, Das NEhelG v 19. 8. 69, Rpfleger **70**, 41/52 f, ders DNotZ **70**, 535; Knur, Familienrecht u erbrechtl Probleme des NEhelG, Betr **70**, 1114 = FamRZ **70**, 278 (angeführt nach Betr); Johannsen WPM **70**, 743; Bosch FamRZ **72**, 172; Weimar, Der AusglAnspr eines Abkömml bei bes Mitarbeit u Pflege, MDR **73**, 23; Lutter, Das ErbR des nehel Kindes, 2. Aufl 1972, § 6; Barth-Schlüter Lehrb § 40 V; Brox § 31 IV 4; Kipp-Coing § 120 IX; Lange-Kuchinke § 15 III 5.

1) Allgemeines. Die Vorschr bezweckt, bei der ErbauseinandS zw den als gesetzl Erben berufenen Abkömml des Erbl eine Ausgl nach Billigk für bes Leistgen zu ermöglichen, die ein Abkömml, § 1924 mit Anm 3, 5, unentgeltl od gg unangem geringes Entgelt zum Wohl des Erbl erbracht hat. In solchen Fällen wurde bish dch arbeits- od gesellschaftsrechtl Konstruktionen versucht, die Mitarbeit des Kindes angem abzugelten, s Brüggemann DAV **69**, 228, vgl zB BAG **AP** Nr 22, 23 zu § 612, KG FamRZ **70**, 317, **72**, 93 u allg FamRZ **68**, 291. Für diese Fälle w in § 2057 eine einwandfreie RGrdlage geschaffen. Dies war um so mehr erforderl, als nun auch nehel Kinder am Nachl des Vaters beteiligt sein können u diese Leistgen der genannten Art fast nie erbringen, s BT-Drucks zu V/4179 Seite 6. Die Vorschr gilt aber ganz allg, auch wenn nur ehel Abkömml als gesetzl Erben berufen sind. **I** regelt die Voraussetzgen der Ausgleichg u räumt das Recht auf diese auch TestErben iS des § 2052 ein. **II** enthält Einschränkgen des AusgleichsR. Die Höhe des AusgleichsBetr bemißt sich nach **III**. In **IV** ist die Durchf der Ausgleichg, s § 2055, behandelt.

2) Voraussetzgen der Ausgleichg, I, II. a) Persönliche. Die Ausgl findet unter allen Abkömml des Erbl, die als gesetzl Erben zur Erbf gelangen, also nicht nur unter Söhnen u Töchtern, sond auch ggf unter an deren Stelle tretden Abkömml, **I** 1, s § 1924, statt. Abkömmling ist auch das nichtehel Kind im Verh zu seinem Vater, s § 1924 mit Anm 3 B. Aus der in **I** 2 angeordneten entspr Anwendg del § 2052 ergibt sich, daß auch unter letztw vom Erbl auf ihre gesetzl Erbteile (hinsichtl des nehel Kindes s § 1934b Anm 4) od im Verh derselben eingesetzten Abkömml eine Ausgl stattfindet. Die Ausgl erstreckt sich aber nicht auf den miterbenden Ehegatten des Erbl, dazu Knur aaO. Ausgleichspflichten u -Rechte sind mit dem betr Erbteil des Pflicht u Berecht vererblich, s Staud-Lehmann, § 2050 Anm 12; zum ErbschKauf vgl §§ 2372, 2376.

b) Sachliche. Ggst der Ausgl sind Leistgen des Abkömml, die in bes Maße dazu beigetragen haben, das Vermögen des Erblassers zu erhalten od zu vermehren; als solche sind anzusehen: **aa) Mitarbeit in Haushalt, Beruf od Geschäft des Erbl.** Zur Erläuterg des Begriffs MitArb im Haush od Gesch des Erbl können die zu § 1619 (fr § 1617) entwickelten Grdsätze über Dienstleistgen des dem elterl Hausstand angehörden Kindes im Hauswesen u Gesch der Eltern herangezogen w, dazu Fenn, Die Mitarbeit in den Diensten Familienangehöriger, 1970, § 6, BGH NJW 72, 429; auch MitArb der Familie des Kindes w in Betr kommen, Damrau, Knur je aaO, Firsching DNotZ 70, 536. Der Haushalt des Erbl umfaßt alle Angelegenh des Hauswesens, die die gemeins Lebensführg mit sich bringt, s § 1360a Anm 1, Weimar aaO 23. Der Beruf des Erbl kann ein selbstd od unselbstd sein, zB Arzt, RechtsAnw, Angestellter. Als Geschäft des Erbl ist jeder GeschBetr, vgl § 14 KStDV, § 8 GewStDV, anzusehen, auch zB der GeschBetr einer Gesellsch, deren Gesch er als Gesellschafter führt, ferner auch ein landw Betrieb. Die Mitarbeit kann sehr verschiedenart sein. Sie muß sich auf längere Zeit erstreckt h; dies ist idR bei mehrjähr Dauer der Fall; eine Mindestzeitgrenze kann nicht aufgestellt w, Weimar aaO; die MitArb muß eine unentgeltl gewesen sein, teilw Unentgeltlichk AusglPfl nur für den unentgeltl Teil der Leistg, Erm-Bartholomeyczik Rdz 5. Einer solchen MitArb w gleichgestellt erhebl Geldleistgen, Leistgen sonstiger Art, zB ZurVfgStellg eines dem Abkömml gehör Grdst für das Gesch des Erbl, Bezahlg höherer Schulden, erhebl Investitionen in den Betr, Dressel aaO 146; s auch Odersky Anm II 4, Weimar aaO 24. Die MitArb od eine der genannten Leistgen muß dazu beigetragen haben, das Vermögen des Erbl, die Gesamth der Aktiven, zu erhalten od zu vermehren. Der Vermehrg des Aktiv-Verm w also die Erhaltg seines wirtsch Werts gleichgeachtet.

bb) Pflegeleistgen. Ein AusglR entsteht auch für den Abkömml, der unter Verzicht auf berufl Einkommen den Erbl währd längerer Zeit gepflegt hat, **I 2.** Die Pflege, also die Betreuung des pflegebedürft Erbl, muß längere Zeit gedauert h, es muß sich um eine Leistg in bes Maß gehandelt h, s oben unter aa). Der Abkömml muß die Pflege nicht allein dchgeführt h; er kann sich zur Unterstützg auch von ihm bezahlter Hilfskräfte bedient h. Weiterhin ist erforderl, daß die Betreuung einen völl od teilw Verzicht auf Eink aus eigenen berufl Einkünften notw gemacht hat, dazu auch Weimar aaO 24.

cc) Gewährg von Unterhalt. Hat der Abkömml dem Erbl lediql Unterh, §§ 1601 ff, geleistet, so sind damit die Voraussetzgen von I nicht erfüllt.

c) Ausgleichsrecht. Sind die Voraussetzgen unter a und b aa, bb, gegeben, so kann der Abkömml – uU auch mehrere Abkömml –, der Leistgen iS von I erbracht hat, bei der ErbauseinandS eine Ausgleichg verlangen. Die AusglPfl kann auch das nichtehel Kind hins seines ErbErsAnspr treffen, § 1934b III. Sind die Leistgen des Abkömml zG des Erbl im Rahmen der DienstleistgsPfl des hausangehör Kindes gem § 1619 (fr § 1617) erbracht od stellen sie Aufwendgen od eine Überlassg von Vermögen des hausangehör vollj Kindes zur Bestreitg der HaushKosten iS des § 1620 (fr § 1618) dar, so steht dies einer AusgleichsPfl der übr Abkömml nicht entgg, **II 2.** Hat also zB ein vollj dem elterl Haush angehördes Kind seinem Vater zur Bestreitg von HaushKosten einen größeren GeldBetr überlassen u hat die Absicht, Ers zu verlangen, gefehlt, so sind die Voraussetzgen für die ntstehg einer AusglPfl gegeben, wenn das Kind nach dem Tod des Vaters kraft G MitE neben anderen Abkömml ist.

d) Ausschluß der Ausgleichg, II 1. Hat der Abkömml eine Leistg iS von I 1 od 2 erbracht, ist aber für die Leistg ein angemessenes Entgelt gewährt w, so kann eine Ausgleichg nicht verlangt w. Hat also der Abkömml etwa im Rahmen eines Dienst- od ArbVerh zw ihm u dem Erbl für Dienste in dessen Gesch ein der Dienstleistg angemessenes Entgelt erhalten, s § 1619 Anm 4, so steht ihm kein AusglR zu. Das gleiche gilt, wenn für ein solches Entgelt die Leistg zwar nicht entrichtet w, aber geschuldet worden ist. In diesem Fall hat der Abkömml einen Anspr auf Zahlg des vereinb Entgelts, als NachlFdg, § 1967, bei Geldleistgen, zB Darlehen, eine Fdg auf Rückzahlg gem Vereinbg. Eine Ausgl kann ferner dann nicht verlangt w, wenn dem Abkömml wg seiner Leistgen aus I ein Anspr aus einem and RechtsGrd zusteht, etwa aus GeschFührg ohne Auftr, §§ 677 ff, aus ungerechtf Bereicherung, §§ 812 ff, s hierzu u insb über Anspr aus § 612 II Damrau FamRZ 69, 581, Firsching aaO 52, auch Fenn FamRZ 68, 291, ders aaO § 10, § 19 III, Dressel aaO 146, Schröder, ErbErsAnspr, Diss Bonn, 1972, 91 ff. Hat ein Abkömml aber für seine MitArb iS von I 1 nur ein unangem geringes Entgelt erhalten, so kann er eine Ausgl verlangen, ebso, wenn zB der Nachw eines entgeltl DienstVertr nicht erbracht w kann, s Odersky Anm II 2 d.

3) Bemessg der Ausgleichg. Bei Bemessg des AusglBetr ist einers die Dauer u der Umfang der Leistgen des Abkömml zu berücksichtigen, also zB Zeitraum u Wert der MitArb im Haush, Beruf od Gesch des Erbl, Höhe der geleisteten GeldBeträ, Dauer der Pflege u Höhe des damit verbundenen EinkVerzichts. Anderers ist der Wert des Nachl, u zwar des Reinrücklasses, zZ des Erbf, s § 2311 Anm 1, heranzuziehen. Es ist auch die Auswirkg der Leistgen des Abkömml auf das hinterlassene Verm – Erhaltg, Vermehrg – des Erbl zu ermitteln. Die Ausgl muß unter Berücksichtigg dieser Faktoren so bemessen w, daß sie der Billigk entspr. Der Betrag muß also nach den Umst des Einzelfalls billig u gerecht sein. Die BilligkKlausel ermöglicht es, auf eine Nachrechng aller Einzelh, die ohnedies meist nicht mögl wäre, zu verzichten, s Firsching aaO 53, auch Knur aaO, Damrau aaO 581, Johannsen aaO 744. Im Streitfall muß das ProzG nach diesen Gesichtspunkten die Höhe des AusglBetr festsetzen, s auch Odersky Anm III 2, 3.

4) Durchführg der Ausgleichg, IV. Besteht eine AusglPfl unter den Abkömml als gesetzl Erben od als TestErben iS des § 2052, so w der AusglBetr dem Erbteil des ausgleichsberecht Erben hinzugerechnet, der AusglBetr w vom Wert des Nachl abgezogen, soweit dieser dem MitE zukommt, unter denen die Ausgl stattfindet. Beisp: Nachl 9000.–, MitE die Kinder A, B und C je zu $1/3$, AusglBetr für A 3000.–, rechnerischer Nachl der Abkömml 6000.–, davon erhalten: A 2000.– + 3000.– = 5000.–, B und C je

§§ 2057a, 2058

2000.–. – Trifft nach dem Tod des Vaters eines nichtehel Kindes dieses mit einem ehel Kind zusammen, § 1934 a I, u ist das ehel Kind ausgleichsberecht, so ergibt die Anwendg des § 2057a IV: das ehel Kind ist AlleinE, dem nichtehel Kind steht an sich ein ErbErsAnspr in Höhe des Wertes von $1/2$ Erbteil zu, es ist aber ausgleichspfl. Beisp: Nachl 12000.–, AusglBetr für das ehel Kind 4000.–, rechnerischer Nachl 8000.–, Wert des Erbteils des ehel Kindes 4000.–, + 4000.–, = 8000.–, ErbErsAnspr des nichtehel Kindes 4000.–. S auch die Beisp bei Knur FamRZ **70**, 278[63], Odersky Anm IV 2, Lutter aaO § 6 III 4.

5) Über entspr Anwendg der §§ 2051, 2053 s Damrau FamRZ **69**, 580, der diese zutr bejaht, ebso RGRK Rdz 3; für entspr Anwendg des § 2051 Johannsen aaO, Knur aaO, Odersky Anm II (aber gg Anwendg des § 2053). § 2056 kann nicht Platz greifen, da der NachlWert bei Ausgleich zu berücksichtigen ist, s Anm 3.

6) Über Berechng des Pflichtteils bei Bestehen einer AusglPfl gem § 2057a, s § 2316 I 1.

7) Den **Wegfall** od eine Einschränkg des AusglR kann der Erbl dch letztw Vfg anordnen; eine derartige AO ist als Verm zG der and Abkömml anzusehen, Damrau FamRZ **69**, 581, auch Bosch FamRZ **72**, 174, Lutter aaO § 6 IV, Erm-Barth-Schlüter Rdz 8.

8) Hoferbenrecht. Über Bemessg der Abfindg der ME, die nicht HofE gew sind, s HöfeO 12 nF (Ausgleichg f bes Leistgen) u dazu Becker AgrarR **76**, 181; Wöhrmann-Stöcker Rdz 82–93, Lüdtke/Handjery Rdz 76–81 je zu HöfeO 12.

9) Übergangsrecht. Für die zeitl Anwendg des dem allg ErbR zuzurechnenden § 2057a gilt Art 12 § 10 I 1 NEhelG, s Anm 2 hiezu (Anh I zu § 1924). Er ist also nur anwendb für die AuseinandS unter Abkömml nach einem nach dem 30. 6. 70 verst Erbl. Dagg können bei Erbf nach dem 30. 6. 70 auch für vor diesem Ztpkt liegde Leistgen AusglBeträge verlangt w, Firsching DNotZ **70**, 536, Bosch FamRZ **72**, 173. Die Beteiligg eines nehel Kindes, zB als ausglpflichtiger Abkömml, scheidet aber aus, wenn dieses bereits vor dem 1. 7. 49 geboren ist, da ihm in diesem Fall kein ErbR zusteht, s § 10 II 1 mit Anm 2a hiezu.

II. Rechtsverhältnis zwischen den Erben und den Nachlaßgläubigern

Schrifttum: Börner, Das System der Erbenhaftung, 3. Teil Sonderregeln für Miterben, JuS **68**, 108; Kieserling, Die erbrechtl Haftg des MitE-Gesellschafters einer PersGesellsch bis zur NachlTeilg, Diss Münster, 1971; Westermann, Haftg für NachlSchulden bei Beerbg eines Personen-Gesellsch dch eine ErbenGemsch, AcP **173**, 24; Haegele, Fragen der ZwVollstr im ErbR, II. ZwVollstr gg Erben in ErbenGemsch, BWNotZ **75**, 129/130ff.

2058 *Gesamtschuldnerische Haftung.* **Die Erben haften für die gemeinschaftlichen Nachlaßverbindlichkeiten als Gesamtschuldner.**

1) Allgemeines. §§ 2058–2063 geben nur ergänzende Vorschr dafür, wie sich die Haftg für die NachlVerbindlichk bei Vorhandensein mehrerer MitE regelt. Grdsätzl greifen auch hier die für den AlleinE geltenden Bestimmgen, §§ 1967–2017, ein. Namentl gelten für die **Beschränkg der Haftg,** abgesehen von § 2063, die allg Grdsätze. Jeder MitE kann die Behelfe zur Beschrkg, außer NachlVerwaltg, § 2062, u Vergl-Verf, VerglO 113 I Nr 1, selbständ geltd machen; ebso tritt der Verlust der Beschrkg für jeden bes ein. Handelt ein MitE bei Abschluß von **Verpflichtgsgesch** im Rahmen der NachlVerwaltg, § 2038 I 1, erkennb nur für den Nachl, so wird die ErbenGemsch nur mit dem NachlVerm, nicht mit ihrem sonstigen Verm verpflichtet, BGH BB **68**, 769, auch Erm-Barth-Schlüter, § 2038 Rdz 4, denn insofern ist eine Haftgsbeschränkg als vereinbart anzunehmen, Brox § 30 IV 2a. **Unabhängig** davon, ob die MitE beschränkt od unbeschränkt, dh nur mit dem ererbten od auch mit eig Vermögen haften, ist in §§ 2058ff die Frage geregelt, ob sie für den gesamten Schuldbetrag als **Gesamtschuldner** od nur **anteilig** für einen ihrer Erbquote entspr Teil der Schuld haften. Die Haftg kann also gesamtschuldnerisch, aber beschränkt und andrers anteilig, aber unbeschränkb sein.

2) Grundsatz ist die gesamtschuldnerische Haftg der MitE für gemschaftl NachlVerbindlichk. **Gemeinschaftl NachlVerbindlichk** sind solche, für die alle MitE haften; Gegensatz vgl § 2046 II. Gesamtschuldnerische Haftg ggü und Gläub greift auch Platz, wenn die Erben diesen aus demselben RGrd als GesSchu haften, BGH NJW **70**, 473 (zu ZPO 747). Gesamtschuldner Haftg besteht f Rückforderg von irrtüml nach dem Tod d Berecht an die Erben gelangte Rentenzahlgen, BGH NJW **78**, 1385, § 1967 Anm 3, 4. Nichtgemschaftl zB: Vermächtnisse od Auflagen, die nur einz MitE auferlegt sind; Verbindlichk der MitE eines Pflichtt-Berecht nach §§ 2305, 2326, RGRK Anm 1. Für diese haften die nicht betroffenen MitE überh nicht, während der Betroffene entspr § 2558 als GesSchu. Dagg findet der Paragraph auf die NachlGläub nach §§ 1978ff zustehenden Anspr keine Anwendg, da diese als NachlAktiven gelten, § 1978 II.

3) Die **gesamtschuldnerische Haftg** beginnt mit der ErbenGemsch u dauert grdsätzl auch nach deren Teilg fort. Jedoch enthalten §§ 2060, 2061 für die Zeit nach der Teilg eine Ausn, vgl auch die Beschrkg in § 2059 I. – **a)** Bis zur Teilg hat der Gläub idR die Wahl, ob er die **Gesamtschuldklage** des § 2058 oder die **Gesamthandklage** des § 2059 II, vgl § 2059 Anm 4, erheben will, dazu Johannsen WPM **70**, 580. Bei der GesSchuldKl, zB Kl auf Herbeiführ der Auflassg, also nicht auf unmittelb Vollzug der AuflassgsErkl, BGH NJW **63**, 1611 mit Anm von Bötticher JZ **64**, 723, Scheyhing JZ **63**, 477, sind die MitE nicht notw Streitgenossen, RG **68**, 221; **121**, 337 [345]; BGH aaO, stRspr; für den Fall des § 2059 II vgl dort Anm 4. Der Gläub kann auch gg einz bestreitde MitE auf Feststellg der Fdg klagen, Warn **08** Nr 487. Zur Vollstr in den ungeteilten Nachl ist aber ein Urteil gg alle MitE nötig, ZPO 747. Der Vertragshilfe-Antr von MitE auf Herabsetzg einer NachlVerbindlichk erfordert keine einheitl Entscheid ggü allen MitE, BGH NJW **62**,

636. Zum Einwand der Aufrechng des mit GesSchuldklage auf Zahlg belangten MitE s § 2040 Anm 4 aE. – **b) Auch der Gläub, der MitE ist,** hat währd des Bestehens der ErbenGemsch die GesSchuldklage, RGRK Rdz 7, Kipp-Coing § 121 III 3, OHG **1**, 42, 161, NJW **47/48**, 690, Hbg SJZ **50**, 238 (notw Streitgenossen für die ZwVollstr), BGH NJW **63**, 1612; Düss MDR **70**, 766 (jedoch Absetzg der seinem Erbt entspr Quote); er hat auch die GesHandklage des § 2059 II, RGRK Rdz 7, bestr, s auch Erm-Barth-Schlüter Rdz 4 u ders § 2046 Rdz 2; Brox § 41 IV 1. Nach der Teilg kann er jeden seiner MitE als GesSchu auf den vollen Betrag seiner Fdg abzügl des auf seinen eigenen Bruchteil fallenden Betrages in Anspr nehmen, RG **150**, 344, RGRK Rdz 9. – Gerichtsstand vgl ZPO 27, 28.

4) Im **Innenverhältnis** der MitE regelt sich der Ausgl nach dem Verhältn ihrer Erbteile, BayObLG **63**, 324, **70**, 132, vgl auch § 2055 Anm 3, bei Dchführg einer Ausgl nach dem, was jeder MitE tatsächl erhält, vgl § 2060 Anm 1. Die NachlVerbindlichk sind aber idR vor der Teilg zu tilgen, § 2046 I.

5) Der **Hoferbe** haftet auch, wenn er am übrigen Nachl nicht als MitE beteiligt ist, für die NachlVerbindlichk als GesSchu, HöfeO 15 I, Sonderbestimmg s HöfeO 15 II–V nF; dazu Lüdtke/Handjery Rdz 6 ff, Wöhrmann-Stöcker Rdz 4-6, Faßbender-Hötzel-Pikalo Rdz 4-6 je zu HöfeO 15; Erm-Barth-Schlüter Rdz 18 vor § 2058; s auch HöfeO **RhPf** 25.

6) Eine Sondervorschr über die Berichtigg von NachlVerbindlichk bei **gerichtl Zuweisg** eines landwirtschaftl Betriebes an einen MitE, GrdstVG 13 ff, die zur Zeit des Erwerbs der zugewiesenen Ggstände noch bestehen, enthält GrdstVG 16 II.

2059 *Haftung bis zur Teilung.* I Bis zur Teilung des Nachlasses kann jeder Miterbe die Berichtigung der Nachlaßverbindlichkeiten aus dem Vermögen, das er außer seinem Anteil an dem Nachlasse hat, verweigern. Haftet er für eine Nachlaßverbindlichkeit unbeschränkt, so steht ihm dieses Recht in Ansehung des seinem Erbteil entsprechenden Teiles der Verbindlichkeit nicht zu.

II Das Recht der Nachlaßgläubiger, die Befriedigung aus dem ungeteilten Nachlasse von sämtlichen Miterben zu verlangen, bleibt unberührt.

1) **Besonderes Verweigergsrecht.** Für die als GesSchuldner haftenden MitE gibt I bis zur Teilg ein bes VerweigergsR. Dieses deckt sich nicht mit dem gewöhnl Recht auf Haftgsbeschrkg und kann ohne NachlKonk, NachlVerwaltg od Dürftigk geltd gemacht w. Auch hier wird aber das Recht im Urteil nicht ausgesprochen, sond nur nach ZPO 780 vorbehalten; es hindert insb die Verurteilg als GesSchu nicht, RG **71**, 371. Vielmehr muß der MitE aGrd des Vorbehaltes nach ZPO 781, 785, 767 gg die ZwVollstr in Privatvermögen vorgehen. Dazu muß er beweisen, daß der Nachl noch ungeteilt. § 2059 hindert auch nicht den Eintritt des Verzugs, Mü OLG **30**, 203. – Grund der Vorschr: Die gebundene Gemsch zur ges Hand sichert Trenng des Nachl von PrivVermögen und wahrt deshalb ohne amtl NachlSonderg die Interessen der Gläub genügd. – Die stets zulässige ZwVollstr in den Anteil am ungeteilten Nachl erfolgt durch Pfändg des Erbteils, ZPO 859, vgl § 2033 Anm 2.

2) **Stellg des unbeschränkbar haftenden MitE.** Auch für ihn ist das bes VerweigergsR nach I 2 gegeben. Er haftet dann zwar unbeschränkb, muß aber nur für den seinem ideellen Erbteil entspr Teil der Fdg die Vollstr in sein PrivVermögen dulden, s LG Kaiserslautern DAV **73**, 625. Für den Rest genügt auch hier der allg Vorbeh nach ZPO 780; doch ist dieser in der UrtFormel entspr einzuschränken.

3) **Teilg** ist vollzogen, wenn ein so erhebl Teil der NachlGgstände aus der GesHand in Einzelvermögen der MitE übergeführt ist, daß die Gemsch als Ganzes aufgelöst erscheint u die MitE zumindest das Bewußtsein haben, daß mit der insow vorgenommenen Verteilg der NachlGgstände der Nachl geteilt ist, s Bräcklein NJW **67**, 431 zu RG HRR **38** Nr 1602, auch Erm-Barth-Schlüter Rdz 7, 8. Deshalb steht der Fortführg der Gemsch hins einzelner Ggstände der Ann der Teilg nicht entgg. Anderseits ist Verteilg einzelner, auch wertvoller, Ggstände noch keine Teilg, RG **89**, 408. Auch diese schon verteilten Ggstände können nach **I 1** der Vollstr entzogen w, wenn sie auch nicht mehr Anteil am Nachl sind, s Westermann AcP **173**, 29 f. Die Gläub sind auf den zum Nachl gehörenden Anspr auf Rückgewähr, soweit die Ggstände zur Befriedigg erforderl, beschränkt, RG **89**, 408, aM RGRK Rdz 6. Zur Teilg des Nachf einer ErbenGemsch in einen PersonenGesellschAnteil, Westermann aaO 34ff, Kieserling aaO (Schriftt vor § 2058), 61, 140, 161, 164. – Keine Teilg liegt vor, wenn ein MitE alle Anteile der übr MitE gg nicht aus dem Nachl entnommenes Entgelt erworben hat; das VerweigergsR nach **I 1** entfällt hier, RGRK Rdz 7. – Ob die fortges ErbenGemsch vom AnwendgsBereich des § 2059 I auszuschließen ist, so Seemüller (Schriftt vor § 2042) 114, erscheint zweifelh.

4) **Unbeschränkt** bleibt nach **II** das **Recht auf Befriedigg aus dem ungeteilten Nachl.** Dazu ist ein gg alle MitE ergangenes Urteil (**Gesamtschuldklage**) nötig, ZPO 747. Es genügen auch gg die einzelnen MitE als Schuldner in mehreren Prozessen ergangene Urteile; auch der Vorbeh der Haftgsbeschrkg steht nicht entgg, RG **71**, 371. Daneben hat der Gläub wahlweise, vgl § 2058 Anm 3, die gg die ErbenGemsch als solche gerichtete **Gesamthandklage** des II. Diese muß gg alle MitE erhoben werden u begründet notwendige Streitgenossenschaft, ZPO 62, RG **71**, 366, RG JW **19**, 105, BGH LM Nr 2 zu § 62 ZPO: Klage gg MitE auf Auflassg u Bewilligg der Grdbuchumschreibg, str. Sind einzelne MitE mit Befriedigg aus dem Nachl einverst, so ist jedoch Klage auf Einwilligg in die Befriedigg aus dem Nachl gg die Widersprechenden zul, RG JW **29**, 585. Ob die GesHandklage od die GesSchuldklage erhoben ist, ist Ausleggsfrage, s BGH NJW **63**, 1612. Ein Übergang von der GesSchuldklage zur GesHandklage ist keine Klageändergn, sond fällt unter ZPO 264 Nr 2, RG **93**, 198. Auch ggü der GesHandklage steht den MitE der Vorbeh der Haftgsbeschrkg zu. – Auch dem MitE, der Gläub ist, steht die GesHandklage zu, § 2058 Anm 3, er braucht sie nur gg die übrigen MitE zu richten, Warn **35** Nr 125. Wegen der GesSchuldklage s Anm 3 zu § 2058, BGH NJW **63**, 1611.

§§ 2060, 2061

2060 *Haftung nach der Teilung.* Nach der Teilung des Nachlasses haftet jeder Miterbe nur für den seinem Erbteil entsprechenden Teil einer Nachlaßverbindlichkeit:

1. wenn der Gläubiger im Aufgebotsverfahren ausgeschlossen ist; das Aufgebot erstreckt sich insoweit auch auf die in § 1972 bezeichneten Gläubiger sowie auf die Gläubiger, denen der Miterbe unbeschränkt haftet;
2. wenn der Gläubiger seine Forderung später als fünf Jahre nach dem im § 1974 Abs. 1 bestimmten Zeitpunkte geltend macht, es sei denn, daß die Forderung vor dem Ablaufe der fünf Jahre dem Miterben bekannt geworden oder im Aufgebotsverfahren angemeldet worden ist; die Vorschrift findet keine Anwendung, soweit der Gläubiger nach § 1971 von dem Aufgebote nicht betroffen wird;
3. wenn der Nachlaßkonkurs eröffnet und durch Verteilung der Masse oder durch Zwangsvergleich beendigt worden ist.

1) Allgemeines. §§ 2060, 2061 regeln Fälle, in denen die MitE nur anteilig haften, also nur für einen ihrer Erbquote entspr Teil der Schuld. Die Frage, ob der MitE beschränkb od unbeschränkb haftet, richtet sich stets nach den allg Vorschr, vgl § 2058 Anm 1.

2) Nach der Teilg, s dazu § 2059 Anm 3, haften die MitE grdsätzl ebenf als Gesamtschuldner, s Börner JuS 68, 110. In den Ausnahmefällen der §§ 2060, 2061 beschränkt sich die Haftg aber auf einen dem Erbteil entspr **Bruchteil** der Schuld. Maßgebd im Verhältn zum Gläub ist die ideelle Erbquote; nur im InnenVerh wird die Verschiebg durch etwaige Ausgleichg, der reale Erwerb aus der Erbsch, berücksichtigt. Dadurch kann der Fall eintreten, daß ein Gläub trotz ausreichender NachlMasse nicht voll befriedigt wird. Denn ein nur beschr haftender MitE, der wg der Ausgleichg aus der Masse nichts erhalten hat, braucht nach Durchführg der Beschrkg nichts zu zahlen, währd die übrigen MitE nur für den ihrem ideellen Erbteil entspr Teil der Fdg haften, RGRK Rdz 2. — In den Fällen der §§ 2060, 2061 ist ohne bes Vorbeh nur anteilig zu verurteilen. Tritt die anteilige Haftg erst später ein, so ist nach ZPO 767 zu verfahren.

3) Die einzelnen Fälle des § 2060:

a) Ausschluß im Aufgebotsverfahren, §§ 1970ff. Der Ausschl wirkt für die Frage der Teilhaftg auch gg Gläub, denen der MitE unbeschränkb haftet, und gg die Pflichtt-, Vermächtn- und AuflBerechtigten. Dieser Nachteil ist deshalb schon nach ZPO 997 I 2 bes anzudrohen. Teilg darf aber erst nach Erlaß des Ausschl-Urteils erfolgen, Staud-Lehmann Anm 5, str, aM RGRK Rdz 5. Nach ZPO 997 wirkt das Urt für alle MitE. Ihre Kenntn von der Fdg ist unerhebl. — Die Stellg der dingl Berechtigten, § 1971, bleibt unberührt, vgl Nr 2, wo es ausdrückl klargestellt ist.

b) Verspätete Geltendmachg. Geltdmachg kann auch außergerichtl durch Mahng erfolgen. Die Frage der Kenntn ist für jeden MitE bes zu beurteilen, sie können desh zT anteilig, zT gesamtschuldnerisch haften. — Anmeldg auf Aufforderg nach § 2061 ist nicht Anmeldg im AufgebotsVerf, kann sich aber als Geltdmachg ggü dem MitE darstellen. — Der verspäteten Geltdmachg der Forderg ist der Fall gleichzustellen, wenn ein Gläub infolge Rechtsirrtums über die Höhe der Forderg erst 5 Jahre nach Tilgg — eines Teils — der Forderg den Rest geltd macht, KG NJW 67, 1137. — Im übrigen vgl § 1974.

c) NachlKonk muß schon vor Teilg eröffnet sein, Staud-Lehmann Anm 7, str, aM RGRK Rdz 9. KonkAusschüttg der ges Masse an die Gläub steht der Teilg gleich, hM. Im übrigen vgl § 1980. Über Wirkg des im NachlVerglVerf geschlossenen Vergleichs s VerglO 113 I Nr 4.

2061 *Aufgebot der Nachlaßgläubiger.* I Jeder Miterbe kann die Nachlaßgläubiger öffentlich auffordern, ihre Forderungen binnen sechs Monaten bei ihm oder bei dem Nachlaßgericht anzumelden. Ist die Aufforderung erfolgt, so haftet nach der Teilung jeder Miterbe nur für den seinem Erbteil entsprechenden Teil einer Forderung, soweit nicht vor dem Ablaufe der Frist die Anmeldung erfolgt oder die Forderung ihm zur Zeit der Teilung bekannt ist.

II Die Aufforderung ist durch den Bundesanzeiger und durch das für die Bekanntmachungen des Nachlaßgerichts bestimmte Blatt zu veröffentlichen. Die Frist beginnt mit der letzten Einrückung. Die Kosten fallen dem Erben zur Last, der die Aufforderung erläßt.

1) Privataufgebot. Es kann von jedem MitE, auch dem unbeschränkbar haftenden, ausgehen u sichert diesem und den übrigen die **Teilhaftg**. Für die davon verschiedene Frage der Haftgsbeschrkg, s § 2058 Anm 1, ist nur das förml AufgebotsVerf, §§ 1970ff, von Bedeutg.

2) Eintritt der Teilhaftg erst, wenn Aufforderg, Fristablauf und Teilg, s § 2059 Anm 3, vorliegen. Teilg vor Fristablauf ist nicht verboten, Teilhaftg dann aber erst nach Fristablauf, Aufforderg muß aber wenigstens vor Teilg erlassen sein, str, aM RGRK Rdz 2. — Stellg dingl Berechtigter bleibt unberührt, s § 1971. Das Privataufgebot wirkt aber auch gg PflichttBerechtigte usw, § 1972, Staud-Lehmann Anm 5; aM Brox § 41 III 3b (1) (b).

3) Die Frist ist AusschlFrist. — **Beweislast** für die Kenntn hat der Gläub. — Gebühr KostO 112 I Nr 3.

4) An Stelle des Deutschen Reichsanzeigers ist der **Bundesanzeiger** getreten. Vgl G über Bekanntmachungen v 17. 5. 50, BGBl 183, §§ 1, 2, 6, für Bln-West G v 9. 1. 51, VOBl 241.

2062 Antrag auf Nachlaßverwaltung.
Die Anordnung einer Nachlaßverwaltung kann von den Erben nur gemeinschaftlich beantragt werden; sie ist ausgeschlossen, wenn der Nachlaß geteilt ist.

1) Antrag auf NachVerwaltg, ebso auch Beschw gg ablehnenden Beschl, steht nur der Gesamth der MitE zu; wohl aber Beschw jedes MitE bei Ablehng des Antr auf Aufhebg wg Erreichg des Zwecks, da nur Anregg zu einer vAw zu treffenden Maßn, Ffm JZ **53**, 53, Hamm JMBl NRW **55**, 230 gg Mü JFG **14**, 61. Der Antr ist unzulässig, wenn auch nur ein MitE allen Gläubigern unbeschränkb haftet, § 2013, hM, dagg Kipp-Coing § 121 II 1. MehrhBeschl der MitE nicht bindend, da nicht VerwaltgsMaßn in Frage steht. Einverständn der MitE muß noch zZ der Entsch vorliegen, KG HRR **32** Nr 956. Ist aber ein MitE zugl NachlGläub, so kann er allein den Antr stellen, KGJ **44**, 72. Gg AO der NachlVerw auf Antr der MitE ist **Beschwerde** unzul, FGG 76 I, ist aber NachlVerwaltg auf Antr eines MitE angeordnet, so haben die anderen dagg die einf Beschw, FGG 19, KG SeuffA **66** Nr 178. Für den Antr eines Gläubigers, § 1981 II, genügt das Verhalten eines MitE, § 1981 Anm 4. – Auch **Vergleichs Verf** kann nur von allen MitE beantragt werden, VerglO 113 I Nr 1; NachlKonk auch von einzelnen, KO 217.

2) Nach Teilg, s dazu § 2059 Anm 3, ist **NachlVerwaltg ausgeschlossen**. Auch der NachlGläub kann sie nicht mehr beantragen, Staud-Lehmann Anm 4, hM. Bei Vereinigg aller Erbteile in der Hand eines MitE bleibt NachlVerw zul, RGRK Rdz 3. Sie ist auch noch zul nach Zerfall der einheitl GesellschStellg des Erbl in einer Personengesellsch; in diesem Fall kann jed einz ME-Gesellschafter u auch noch jed Nachl-Gläub die AO der NachlVerw beantragen, Westermann AcP **173**, 138 f, dort auch zur Rechtsstellg der NachlVerw hinsichtl der Gesellsch-Anteile. – VerglVerf nach Teilg ebenf nicht zul, VerglO 113 I Nr 3, wohl aber **NachlKonk**, KO 216 II.

3) Aufhebg der NachlVerwaltg wg veränderter Umst kann jeder einzelne MitE beantragen, gg die Ablehng des Antrags steht jedem einzelnen MitE die einf Beschw zu, Ffm JZ **53**, 53; Hamm JMBl NRW **55**. 230.

4) Über Erbteil kann weder NachlVerwaltg noch NachlKonk noch VerglVerf angeordnet werden, Staud-Lehmann Anm 4.

2063 Errichtung eines Inventars.
I Die Errichtung des Inventars durch einen Miterben kommt auch den übrigen Erben zustatten, soweit nicht ihre Haftung für die Nachlaßverbindlichkeiten unbeschränkt ist.

II Ein Miterbe kann sich den übrigen Erben gegenüber auf die Beschränkung seiner Haftung auch dann berufen, wenn er den anderen Nachlaßgläubigern gegenüber unbeschränkt haftet.

1) Inventarerrichtg, §§ 1993 ff, durch einen MitE, die aber den ges Nachl, nicht nur seinen Erbteil zum Ggst haben muß, kommt auch den übrigen zustatten, sofern sie nicht schon unbeschränkb haften, **I**, ohne daß sie selbst ein Inventar errichten od Erkl nach § 2004 abgeben. Da die übrigen hier nicht für die InvErrichtg verantwortl sind, kommt für sie die eidesstattl Vers, §§ 2006, 260 II, nicht in Frage, RG **129**, 246, RGRK Rdz 2.

2) Haftg von MitE gegenüber MitE Gläub. Nach **II** haftet ein MitE den andern ggü nie unbeschränkb. Er muß sich jedoch auch hier das Recht der Beschrkg durch Vorbeh nach ZPO 780 wahren u die Beschrkg in der ZwVollstr geltd machen. Ob er anteilig od gesamtschuldnerisch haftet, richtet sich nach § 2060 f. – Durch **II** wird § 185 II 1 Halbs 3 unanwendb, RG **110**, 94, u zwar auch dann, wenn ein VorE zG eines von mehreren NachE eine unentgeltl Vfg, § 2113 II, trifft u seiners von den NachE beerbt wird, BGH **LM** Nr 1 zu § 2113.

Dritter Abschnitt. Testament

Überblick

1) Die Verfügungen von Todes wegen zerfallen nach dem Sprachgebrauch des G in Testamente (= letztw Verfügen, §§ 1937, 2064 ff) u Erbverträge (§§ 1941, 2274 ff). Das Test ist eine **einseitige Vfg** des Erblassers vTw, ohne Rücks auf den Inhalt, Lübtow Lehrb I 134, Ffm NJW **50**, 607, auch § 1937 Anm 1, und bewirkt idR den Eintritt der gewillkürten Erbf, im Ggsatz zur gesetzl Erbf, § 1924 ff. Gesetzliche Bestimmgen über das Testament: In §§ 1937–1941 wird eine skizzenhafte Übersicht über die gewillkürte Erbf u die Verfüggen vTw gegeben. Nach einigen allg Vorschriften, §§ 2064–2086, insb Auslegsregeln, wird der wesentlichste Inhalt der Test, näml Erbeinsetzg, Nacherbeinsetzg, Vermächtn, Aufl, TestVollstr, §§ 2087–2228, dargestellt u sodann die Errichtg u Aufhebg der Test sowie ihre Behandlg vor u nach dem Erbf geregelt, §§ 2229–2273 mit den Ändergen dch § 57 III Nr 5 ff BeurkG, §§ 27–35 BeurkG.

2) Das Test ist letztw Vfg, da diese, wenn unwiderrufen, das letzte Wort des Erbl über seinen Nachl darstellt. Der Ausdruck „letztw Verfügg" umfaßt aber auch die einzelnen, im Test getroffenen Anordnungen, § 2253 I. Daher ist nicht jede letztw Vfg auch ein Testament. – Das Test ist **Vfg von Todes wegen,** da sie im Hinbl auf den Tod getroffen wird u erst mit seinem Eintritt wirks w soll.

3) Testierfreiheit. Sie bezieht sich auf den Inhalt der Vfgen des Erbl. Die grdsätzl bestehende TestFreih, § 2302, findet aber ihre Schranke im PflichtR, §§ 2303 ff, und in der Bindg an wechselbzgl gemeinschaftl Test, § 2271, u ErbVertr, § 2289, sowie in der von § 138 berufenen Sittenordng, s Gernhuber, FamRZ **60**,

1783

326, § 2077 Anm 1 A b, RGRK Rdz 4 vor § 1937, BGH FamRZ 72, 255, Kipp-Coing § 16 III, wobei auch die Drittwirkg der GrdR im PrivatR zu beachten ist, s Thielmann 48 ff, 201 ff, 300 ff (GleichbehandlgsGebot), dazu auch Mikat in Festschr für Nipperdey, 1965, I 581; Brüggemann JA 78, 209/211. – Die TestFreih enthält auch nicht die Befugn, zu entscheiden, nach welcher RechtsO Erbf u erbrechtl Anspr bestimmen sollen, BGH NJW 72, 1001, RGRK Rdz 1 vor § 2064; aM Kühne, Die Parteiautonomie im internationalen ErbR, 1973, ders auch JZ 73, 403, der sich mit beachtl Gründen für die Zulässigk einer beschränkten Rechtswahl zw Heimat- u WohnsR sowie – hinsichtl des unbewegl Verm – auch dem Recht der belegenen Sache unter dem Vorbehalt von EG 30 ausspricht, dazu auch Keidel Rpfleger 73, 338, Kiefer RhNK 77, 65/72, Kegel IPR § 21 I 1; Jayme FamRZ 78, 366/367 f. – **Erbfähigkeit** § 1923; **Testierfähigk** § 2229.

4) **DDR:** TestR s ZGB (Auszug im Anh, 35. Aufl) 370–382.

Erster Titel. Allgemeine Vorschriften

Einführung

1) Geltg der Vorschriften des **Allgemeinen Teils** über GeschFgk u WillErkl, §§ 104–144, Bedingg, Vertretg u Genehmigg, §§ 158–185. Sie gelten grdsätzl auch für Test, sind aber durch Sondervorschr weitgehd eingeschränkt od ganz ausgeschaltet, vgl § 2077 Anm 1 A d, §§ 2064, 2074, 2078 II, III, 2081, 2084, 2085.

2) Inhalt des ersten Titels. Er enthält Vorschriften, die sich auf alle letztw Vfgen beziehen, dh über die persönl Errichtg u die streng persönl Natur, §§ 2064, 2065, die Bestimmg des Bedachten, §§ 2066–2073, Bedinggen, §§ 2074–2076, Zuwendgen an Ehegatten u Verlobte, § 2077, Anfechtg, §§ 2078–2083, und die Ausslegg, §§ 2084–2086, wovon die in § 2084 aufgestellte Grds der wohlwollenden Auslegg von bes Wichtigk ist.

3) Der Titel enthält ua gesetzl Ausleggsregeln u ergänzde RechtsVorschr. Bei ersteren, zB §§ 2067–2072, handelt es sich um Regeln, die anzuwenden sind, um die wirkl Bedeutg einer in einem Test enthaltenen Erkl des Erbl zu ermitteln; ErgänzgsVorschr sind dagg Normen, zB §§ 2066 S 1, 2073, die bei fehlder od lückenh Regelg dch den Erbl eingreifen, s Lübtow, Lehrb I 273 ff, Brox § 16 II 6, Lange-Kuchinke § 33 V, auch § 2066 Anm 1.

2064 *Persönliche Errichtung.* **Der Erblasser kann ein Testament nur persönlich errichten.**

1) Persönliche Errichtg vorgeschrieben wg der großen Tragweite der letztw Vfg u wg der erst mit dem Tode des Erbl eintretenden Wirksamk. Rechtsgeschäftl wie gesetzl Vertretg daher ausgeschl, auch bei Minderjährigen, § 2229 Anm 3. Der Erbl kann sich weder im Willen noch in der Erkl von einem anderen vertreten lassen, BGH NJW 55, 100. Er kann auch nicht seinen Erben zu letztw Vfgen ermächtigen, Warn 11 Nr 42, od für seinen minderj Sohn einen Erben bestimmen, RG DNotZ 31, 312. Nur durch Anordng einer Nacherbf kann er über seinen Nachl weiter verfügen, vgl KGJ 26 A 59. Das Test eines Vertreters ist unheilb nichtig ohne GenMöglichk. Der Erbl kann sich bei der TestErrichtg zwar beraten u helfen lassen, vgl BeurkG 17, 30; aber sein Wille darf nicht beeinträchtigt od ersetzt werden, s auch § 2339 I 1.

2) Zur Sicherg der persönl Errichtg soll die Amtsperson die Identität des Erbl prüfen, BeurkG 10.

3) Entspr Vorschr für ErbVertr, § 2274, und Erbverzicht, § 2347.

4) DDR: ZGB (Auszug im Anh, 35. Aufl) 370 II.

2065 *Keine Bestimmung durch Dritte.* I **Der Erblasser kann eine letztwillige Verfügung nicht in der Weise treffen, daß ein anderer zu bestimmen hat, ob sie gelten oder nicht gelten soll.**

II **Der Erblasser kann die Bestimmung der Person, die eine Zuwendung erhalten soll, sowie die Bestimmung des Gegenstandes der Zuwendung nicht einem anderen überlassen.**

Schrifttum: Bunke, Auswahl u Bestimmg des Erben durch Dritte, RhNK 62, 536; Schäfer, Die Mindestanforderngen an die Bestimmtheit des Erblasserwillens bei der letztw Verfügg, BWNotZ 62, 188; Immel, Die höchstpersönliche Willensentscheidg des Erbl, 1965; Westermann, Die Auswahl des Nachfolgers im frühzeitigen Unternehmertestament, Festschr f Möhring, 1965, 183 ff, dazu Barth-Schlüter, Lehrb § 14 III 3; Barz, Gestaltgen in der erbrechtlichen Praxis heute, Deutscher Notartag 1965, 52/65 ff; Dobroschke, Die Unternehmensnachfolge Minderjähriger, Betr 67, 803, dazu auch Sudhoff, Menz Betr 66, 649, 1719; Grossfeld, Höchstpersönlich der Erbenbestimmg u Auswahlbefugnis Dritter, JZ 68, 113; Klunzinger, Die erbrechtl Ermächtigg zur Auswahl des Betriebsnachfolgers durch Dritte, BB 70, 1197; Sünner, Drittbestimmung bei letztw Zuwendgen nach englischem und deutschem Recht, Diss Regensburg, 1970; Haegele, Zulässigk der Bezeichng eines Erben oder eines VermNehmers dch Dritten, BWNotZ 72, 74; Johannsen, Die Rechtsprechg des BGH auf dem Gebiet des ErbR – 9. Teil: Allg TestVorschriften u Erbeinsetzg, WPM 72, 914/923, 73, 550; Brox, Die Bestimmg des NachE od des Gegenstands der Zuwendg dch den VorE, Festschr f Bartholomeyczik, 1973, 41.

1) Allgemeines. Die Vorschr ergänzt den § 2064 (Grds der Selbsttätigk) in der Weise, daß sie den Grds der Selbständigk der Vfg aufstellt, s Lübtow Lehrb I 139. Wert letztw verfügt, muß auch einen eig Willen haben u bekunden und darf nicht die Bestimmg über die Geltg, I, den Bedachten od die Zuwendg, II, der Willkür od dem bill Erm, vgl § 317, eines anderen (eines Dritten od des Erben, überlebden Ehegatten, Warn **39** Nr 47) überlassen. Andernf ist ein solches Test ohne Anfechtg unwirks.

2) Bestimmg a) der Gültigk. Der Ehem kann zB nicht die Gültigk seiner Vfg von der Zust seiner Frau, der Minderj, § 2229 I, II, von der Zust seines gesetzl Vertreters abhängig machen; Erstversterbender kann die Änderg oder den Widerruf seiner Anordngen nicht dem überl Ehegatten vorbehalten RG **79**, 32 dazu RGRK Rdz 4. Bei mehreren Test kann nicht einem anderen die Wahl überlassen werden, welches Test nun gelten soll. – **b) der Person des Bedachten** od **des Ggstands** der Zuwendg. Diese Bestimmg kann grdsätzl nicht einem Dritten überlassen werden, **II**, wobei unter Zuwendgen hier nur solche zu verstehen sind, die dem Bedachten einen selbständ Anspr auf das Zugewendete gewähren, also Erbeinsetzg, Verm, SchenkgsVerspr auf den Todesfall; über Anwendg bei Auflagen, s § 2192, Ausnahmen s Anm 5. – **aa)** Die Ernenng des NachE, ErsatzE, kann also nicht dem Erben überlassen werden, KG OLG **42**, 127. Auch die vollst freie Auslegg des letzten Willens kann nicht einem Dritten, zB dem TestVollstr, übertr werden, Warn **11** Nr 42, RG **66**, 103; denn darin läge eine unzul Vertretg des Erbl im Willen, s aber auch unter cc). Ebsowenig die selbständige Bestimmg des Zeitpunkts, in dem eine Nacherbfolge eintreten soll, BGH **15**, 199 = NJW **55**, 100. Über bedingte NEEinsetzg s Anm 4. Ein Dritter darf aber aus einem bestimmten, eng begrenzten Personenkreis den (zB zur Übern eines Gutes od Geschäfts) Geeignetsten ermitteln, RG **159**, 299 mit Anm v Vogels DR **39**, 310, vgl BGH LM Nr 2 (Auswahl des Hoferben unter den zu Nacherben eingesetzten Abkömmlingen durch den als VorE eingesetzten Eheg), Hamm DNotZ **51**, 369, RdL **61**, 45, **67**, 156. Kipp-Coing § 18 III erhebt hiergg Bedenken, s auch Dobroschke aaO, Sudhoff, Menz, Betr **66**, 650, 1720, Klunzinger aaO, zur Auswahl des Unternehmensnachfolgers dch einen Dritten, ferner Haegele-Litfin IV Rdz 89, Haegele aaO 78, Westermann aaO, Brox (Schrift vor Anm 1) 53. Wesentl ist jedenf, daß jede Willkür eines Dritten ausgeschl erscheint; dem Dritten darf nur die Bezeichng, nicht aber die Bestimmg des Bedachten überlassen w. Der notf dch Auslegg, §§ 133, 2084, zu ermittelnde Inhalt des Test muß daher so genaue Hinw enthalten, daß die Bezeichng von jeder mit genügder Sachkunde ausgestatteten Pers erfolgen kann, ohne daß deren Erm bestimmd od auch nur mitbestimmd ist, BGH **15**, 203 mit Anm Johannsen zu LM § 2106 Nr 1, WPM **70**, 930, vgl KG JR **53**, 422, Hamm JMBl NRW **62**, 211, Celle NJW **58**, 953, BayObLG **65**, 83, Haegele aaO 75f, Johannsen aaO 923f, Brox aaO 55. Weitergehd Rötelmann in der Anm zu Celle aaO, der darauf hinweist, daß Bestimmg u Bezeichng schwer abgrenzb sind; daher sei das bill Erm eines Dritten zuzulassen, wenn der letzte Wille Anzeichen von Unvollständigk u Unselbständigk aufweise u die Einschaltg eines Dritten dch ein prakt Bedürfn geboten sei; großzüg bei Auswahl dch Dritten auch Lange Lehrb § 25 I; es müssen jedoch bestimmte sachl Gesichtspunkte für die Auswahl angegeben sein, s Celle MDR **65**, 578, s auch Grossfeld aaO 121, der die Angabe leitder Auswahlgesichtspunkte dch den Erbl verlangt, ebenso Klunzinger aaO 1198, ferner Barth-Schlüter aaO, der behuts Anwendg des § 2065 II für die Erbeinsetzg fordert, Soergel-Knopp Rdz 7, der für den Dritten einen BeurteilgsSpielraum zuläßt. Unwirks ist aber die letztw Vfg eines Erbl, HofE solle diejenige seiner Enkelkinder w, das am besten für die Landwirtsch geeignet ist, ohne einen Dritten zu benennen, dem er die Auswahl überläßt, BGH NJW **65**, 2201, zust Grossfeld JZ **68**, 120; das Ger kann in einem solchen Fall den HofE nicht bestimmen. Wirks ist, wenn der Erbl künft Adoptivkinder des überlebenden Eheg bedenkt, auch wenn die Auswahl der Kinder diesem überlassen ist, BayObLG **65**, 457 mit Anm v Immel NJW **66**, 1222. – **bb)** Die Bezeichng des Bedachten durch den Dritten soll nach Celle NJW **58**, 953 erst dann wirks sein, wenn sie außer dem NachlG auch dem ausgeschlossenen Bedachten zugegangen ist. Dagg zutreffd Rötelmann in DNotZ **58**, 432, Anm, wonach die Bezeichng ggü dem NachlG (LwG) genügt, ebso Haegele aa 77, der für die Erkl die Form des § 129 verlangt; Anfechtbark nach §§ 119ff. – **cc)** Zulässig ist die Anordng, daß diejenigen Erben werden sollen, die ein anderer zu seinen Erben einsetzen wird, Gaberdiel Rpfleger **66**, 265, Schäfer BWNotZ **62**, 203, ebenso daß unter bestimmten Pers das Los entscheiden soll, RG SeuffA **91** Nr 106. Bei bedingter Zuwendg kann der Erbl die Entsch darü, ob die Bedingg erfüllt ist, zB der Bedachte einen ordentl Lebenswandel geführt hat, OLG **43**, 393, dem Beschwerten od einem Dritten überlassen. Denn in diesem Falle hat der zur Entsch Berufene nicht zu bestimmen, was der Erbl zu bestimmen hätte, sond er hat nach Art eines Schiedsrichters zu entscheiden, Prot **5**, 20. Daraus ergibt sich, daß bei einem nach Ansicht des Erbl erschöpfenden Test für den im mögl Fall entstehenden Streitig über Gültigk, Anfechtbark u Auslegg des Test die – sonst dem Richter obliegde – Entsch einem Schiedsrichter, ZPO 1048, dazu Kohler DNotZ **62**, 125, und sogar dem TestVollstr selbst übertragen w kann, RG **100**, 78, Einf 2 vor § 2197. Dem TestVollstr kann aber die Auslegg des Test jedenf nicht hins solcher Bestimmgen übertr werden, die den Bestand des TestVollstrAmts selbst betreffen, BGH **41**, 23.

3) Unvollständigk des Test schadet an sich nicht, da dann Auslegg helfen kann; vgl aber § 2086 Anm 2.

4) Bedingte NachE Einsetzg. a) Allgemeines. Der NachE kann auch unter der (aufschiebden od auflösden) Bedingg eingesetzt w, daß der VorE nicht selbst letztw anderw über den Nachl verfügt (BGH **2**, 35; **15**, 199/204; **59**, 220 – mit Anm von Mattern LM Nr 7, v Haegele Rpfleger **72**, 436, krit dazu Johannsen WPM **73**, 550 –; LM Nr 2, 6; KG DNotZ **56**, 195; BayObLG **65**, 463; Oldbg Rpfleger **66**, 47, 265: HofNEEinsetzg, mit Anm v Gaberdiel; Hamm OLGZ **73**, 103 mit Anm v Haegele Rpfleger **72**, 445; Hilgers RhNK **62**, 381/387; Sünner aaO 80ff; Brox aaO – Schrifft vor Anm 1; Soergel-Knopp Rdz 12–15 mit weit Hinw, hM; aM Lübtow Lehrb I 141). Das ergibt sich mittelb aus §§ 2108 II, 2075. Der Eintritt od der Ausfall der Bedingg ist hier nicht vom Willen eines Dritten, sond des VorE abhängig, wenn er verfügt, nicht über das Verm des Erbl, sond üb sein eig, in dem Verm des Erbl enthalten ist, eine Vfg trifft (vgl BGH LM Nr 6, Brox § 9 II 3 a). Dessen etwaiges Test verletzt nicht die Rechte des NE, sond vereitelt in Übereinstimmg mit dem Willen des ErstErbl, der auch dch ergänzde Auslegg festgestellt w kann, den Fall der NEFolge, so daß er nicht über sein VorE, sond über sein VollE bestimmt (Raape, Her-

§§ 2065, 2066

mann AcP **140**, 239; **155**, 434). Nach dem Tod des „VorE" steht sodann rückwirkd fest, daß er VollE gewesen ist (RG HRR **42**, Nr 838; Soergel-Knopp Rdz 15). Vor seinem Tod darf der NEVermerk im Grdbuch nicht gelöscht w, auch wenn der VorE eine anderweit Vfg vTw getroffen hat (LG Dortm Rpfleger **69**, 17; Soergel-Knopp Rdz 17). Zu Lebzeiten des Erbl kann aber der VorE nicht die vorbehaltene Bestimmg treffen (s Johannsen aaO 924, auch WPM **73**, 538; aM Brox aaO 47). – **b) Bes Fälle**. Die Freistellg der VorE kann umfassend od weniger umfassd sein; wie weit sie im Einzelfall geht, ist Frage der TestAusleg. Sie kann dahin eingeschränkt w, daß der VorE den Umfang, in dem die Hinterlassensch dem einen od and Kind zugute kommt, vom Test des Erbl abweichd regeln kann, jed nicht die einen od and leer ausgehen lassen darf (BGH **59**, 220 mit Anm v Mattern **LM** Nr 7; aM Hamm DNotZ **67**, 315, das die Zulässigk der Ermächtigg die Erbteile der NE zu ändern verneint). Zulässg ist auch eine testamentar Best, die es dem VorE überläßt, aus einem zu NE berufenen bestimmten Kreis von Pers (zB gesetzl Erben des Erbl) denjen auszuwählen, der den Nachl des VorE erhalten soll (Hamm OLGZ **73**, 103). Denkb ist auch, daß der VorE berecht ist, einen der mehreren NE als solchen auszuschließen u ihn mit einem Verm zu bedenken (BGH aaO). Die NErbeinsetzg ist unter einer Bedingg auch dann zul, wenn der BedinggsEintritt vom Willen eines Dritten abhängt, zB von der PflichttForderg eines Abkömml (Hamm OLGZ **68**, 80).

5) Ausnahmen. Auch kennt das G zahlr Ausnahmen, so bei **Vermächtnissen und Auflagen**, §§ 2151, 2152, 2156, 2192, 2193, bei der AuseinandS § 2048 S 2, und beim TestVollstr, §§ 2198–2200. S auch HöfeO 14 III n F u dazu Bendel AgrarR **76**, 149/158, Lüdtke/Handjery Rdz 83 ff; zu § 14 III HöfeO auch BGH **45**, 199 mit Anm v Piepenbrock **LM** § 14 HöfeO Nr 4; SchlHOLG AgrarR **74**, 137.

2066 *Auslegungsregeln: Gesetzliche Erben.*

Hat der Erblasser seine gesetzlichen Erben ohne nähere Bestimmung bedacht, so sind diejenigen, welche zur Zeit des Erbfalls seine gesetzlichen Erben sein würden, nach dem Verhältnis ihrer gesetzlichen Erbteile bedacht. Ist die Zuwendung unter einer aufschiebenden Bedingung oder unter Bestimmung eines Anfangstermins gemacht und tritt die Bedingung oder der Termin erst nach dem Erbfall ein, so sind im Zweifel diejenigen als bedacht anzusehen, welche die gesetzlichen Erben sein würden, wenn der Erblasser zur Zeit des Eintritts der Bedingung oder des Termins gestorben wäre.

Schrifttum: Giencke, Ergänzde Ausleg von ErbVertr gem § 2066 BGB unter Berücksichtigg nehel Kinder des Erbl als gesetzl Erben, FamRZ **74**, 241; Lindacher, Änderg der gesetzl Erbf. mutmaßl ErblWille u Normativität des dispositiven Rechts, FamRZ **74**, 345.

1) Allgemeines. Die §§ 2066–2073 enthalten teils Ausleggsregeln („im Zweifel"), teils Ergänzgsvorschriften (so §§ 2066 S 1, 2073) – zu diesen Begriffen s Diederichsen NJW **65**, 671/672 – über die Pers des Bedachten u gelten für Zuwendgen jeder Art (auch Nacherbeneinsetzg, s Köln FamRZ **70**, 605, Vermächtn), aber nicht für die Auflage, §§ 2192 ff, da hierbei kein Recht zugewendet wird, vgl § 2081 III. Der gemeins **Grundgedanke** der §§ 2066, 2067 geht dahin, daß dann, wenn der Erbl eine geschlossene Gruppe von zu seinen gesetzl Erben gehörenden Personen ohne Angabe eines Beteiliggsverhältn zu Erben berufen hat, die Vermutg dafür spricht, daß diese nach dem Verhältn ihrer gesetzl Erbteile erben sollen. Dieser Grundgedanke ist auf ähnliche Fälle entspr anwendb, Köln FamRZ **70**, 605; er ist zB bei Einsetzg der Geschwister u ihrer leibl Kinder heranziehb, auch bei Einsetzg eines Kindes als VorE u dessen gesetzl Erben als NachE, Köln aaO.

2) Voraussetzgen von S 1. Ohne nähere Bestimmg müssen die gesetzl Erben des Erbl (nicht die eines **Dritten**, hier muß Ausleg entscheiden u gilt § 2066 nur ev entspr) bedacht (nicht, wie in § 2091, eingesetzt) sein, zB „meine gesetzlichen Erben" od auch „meine Erben"; wenn allerd im letzteren Fall der Erbl schon in einer früheren Vfg bestimmte Personen zu Erben eingesetzt hatte, so werden unter „meine Erben" meist diese Pers gemeint, § 2066 ist noch nicht anwendb sein, soweit nicht das spätere Test als Widerruf aufzufassen ist, §§ 2253 ff. Nach § 2066 sind alle zZ des Erbf vorhandenen gesetzl Erben nach Maßg ihrer gesetzl Erbteile, nicht, wie in § 2091, nach Kopfteilen bedacht. Auch der Ehegatte, §§ 1931 mit 1371, 2077 (idF des 1. EheRG), gilt als bedacht, falls nicht der Erbl nur die leibl Erben gemeint hat. Die Ergänzgsregel gilt nicht, wenn aus dem Test od aGrd sonstiger Beweisunterlagen zu ermitteln, wen der Erbl als gesetzl Erben angesehen hat, RG LZ **17**, 746, vgl RG **70**, 391. Sind bei einer **Änderung der Gesetzgebg** zw TestErrichtg u Erbfall nach dem Willen des Erbl die Erben nach dem zZ der Errichtg geltenden Recht zu bestimmen, so ist diese Anordng maßg, RG Recht **23** Nr 53. Wenn dagg nur bestimmt ist, daß gesetzl ErbR gelten soll, so ist das zZ des Erbf (ggf des NachErbf) geltde Recht anzuwenden, KG FamRZ **61**, 447, Köln FamRZ **70**, 605, s auch Haegele Rpfleger **71**, 131, Böhm FamRZ **72**, 182. Hiernach entsch sich auch, ob bei einem vor dem GleichberG errichteten Test der überl Eheg bei Zugewinngemeinsch den erhöhten Erbteil nach § 1371 od nur den Erbteil nach § 1931 I erhalten soll, Rupp NJW **58**, 12, Boehmer NJW **58**, 526, wenn sich nicht dch Ausslegg ein and Wille des Erbl ergibt, KG aaO, RGRK Rdz 3, Lange-Kuchinke § 33 V 3 b, s auch Meyer FamRZ **57**, 397, Haegele, JurBüro **70**, 840, Köln aaO. Der Eheg kann allerd den ihm zugewendeten kleinen Erbteil ausschlagen, um den kleinen Pflichtt, § 2303 Anm 2 b, u den ZugewAusglAnspr zu erhalten, § 2306 Anm 1. Die bei Änd der Gesetzgebg aufgezeigten Grds greifen auch Platz für die Frage, ob Bedenkg der gesetzl Erben auch **nichtehel Kinder** eines männl Erbl umfaßt; dabei ist auch Art 12 § 10 NEhelG zu beachten, ebso Stgt FamRZ **73**, 278; zur der Ausleggsfrage auch Brüggemann ZBlJR **69**, 314 f u insb Böhm FamRZ **72**, 180 ff, der mit Recht in § 2066 auch eine Verweisg auf § 1934 a (Einsetzg auf ErbErsAnspr) sieht, ferner Soergel-Knopp Rdz 4, 7, RGRK Rdz 1, 3 (gg Böhm aaO), Lindacher aaO 346 ff (insb zu Alt-Test), Erm-Hense Rdz 2. Bei Neu-Test, bei deren Errichtg dem Erbl die neue Rechtslage bek war, ist die Einsetzg der gesetzl Erben hinsichtl nehel Abkömml eines männl Erbl im Zweifel als Zuwendg gem dem gesetzl Muster anzusehen, Spellenberg FamRZ **77**, 285/190; ist der Erbl aber fälschlwise von der Fortgeltg des alten R

Testament. 1. Titel: Allgemeine Vorschriften §§ 2066–2068

ausgegangen, so sind die für die Auslegg von Alt-Test entwickelten Grds heranzuziehen, Lindacher aaO 346. Auch angen Kinder (§§ 1741 ff idF des AdoptG) fallen unter die gesetzl Erben, s Anm 3 A b zu § 1924; zu beachten aber Art 12 § 1 IV, V, § 2 II, § 3 II AdoptG.

2a) Für die Auslegg von ErbVertr gilt bei einseit Vfgen § 2066 unmittelb (§ 2299 II 2), bei vertragsm Vfgen entspr (§ 2279 I). Hinsichtl einseit Vfgen in ErbVertr von Eheg gelten, was die Einbezieh nehel Kinder anlangt, die zu § 2066 entwickelten AusleggsGrds (Giencke, Ffm, FamRZ **74**, 241/243; **73**, 278); hinsichtl vertragsm Vfgen ist bei ergänzder Auslegg auch der irreale Wille des VertrPartn von Bedeutg (Giencke aaO).

3) Bei bedingter oder befristeter Zuwendg (S 2; Ausleggsregel; vgl auch §§ 158, 163, 2067, 2074) ist nicht der Ztpkt des Erbfalls, sond der des Bedinggs- od Termineintritts maßg, s KG FamRZ **72**, 323, so daß hier auch erst nach dem Tod des Erbl, aber im maßg Ztpkt bereits Erzeugte in erweiternder Anwendg des § 1923 II bedacht sein können. Wird praktisch bei Anordng einer Nacherbfolge, § 2104. Denn die in der Einsetzg eines Nacherben liegende Zuwendg an diesen ist schon ihrem Wesen nach mind aufschieb befristet, KG DNotZ **35**, 827, dazu Kanzleiter DNotZ **70**, 326. Bei Erbeinsetzg gilt § 2105.

4) Bei Irrtum des Erbl über den Kreis der gesetzl Erben k a n n Anfechtg nach § 2078 in Frage kommen, Staud-Seybold Anm 2, RGRK § 2078 Rdz 42; für die Anfechtg von Alt-Test, in denen unter Nichterwähng nehel Kinder vom männl Erbl verfügt ist, kann auch Anfechtg nach § 2079 in Betr kommen, s Lindacher aaO 348 ff.

2067 *Verwandte.* **Hat der Erblasser seine Verwandten oder seine nächsten Verwandten ohne nähere Bestimmung bedacht, so sind im Zweifel diejenigen Verwandten, welche zur Zeit des Erbfalls seine gesetzlichen Erben sein würden, nach dem Verhältnis ihrer gesetzlichen Erbteile bedacht anzusehen. Die Vorschrift des § 2066 Satz 2 findet Anwendung.**

1) Zuwendgen an Verwandte. Die Verwandten des Erbl sind nicht nach Gradesnähe, sond nach der gesetzl Erbfolge berufen. Das G geht hier in seiner einschränkenden Auslegg sehr weit, indem es den nicht verwandten Eheg, Verschwägerte, den Fiskus u entferntere Verwandte, § 1930, von der Zuwendg ausschließt. Doch gilt, was bei der Auslegg zu beachten ist, in der Volksauffassg auch der Eheg als Verwandter. Über testamentar Zuwendg „An meine Ehefrau" s § 2077 Anm 5 a E. Nichtehel Abkömml des männl Erbl sowie der nehel Vater u seine Verw sind als bedacht anzusehen, Böhm, FamRZ **72**, 183, ebso Soergel-Knopp Rdz 4, bei ersterem auch über ErbErsAnspr (gg Böhm RGRK Rdz 1); s auch die vorsicht Abwäggen bei Spellenberg aaO 191 f; auch Art 12 § 10 NEhelG ist zu beachten; bei Einsetzg der (nächsten) Verwandten vor Inkrafttreten des NEhelG sind die Grdsätze in § 2066 Anm 2 anzuwenden. § 2067 gilt auch für Verwandte, die dch die Annahme als Kind zu Verwandten des Erbl geworden sind (§§ 1754–1756, 1767 II, 1770, 1772 idF des AdoptG; s auch Art 12 §§ 1–3 AdoptG, abgedruckt Einf 5 v § 1741); auch hier sind die Grundsätze des § 2066 Anm 2 heranzuziehen.

2) Ähnliche Fälle. Bei Zuwendg an gewisse Verwandtengruppen, zB Geschwister, dazu Düss DNotZ **72**, 41, Neffen u Nichten usw, ist der gemeins Grundgedanke der §§ 2066, 2067 entspr anwendb, s § 2066 Anm 1; bei Einsetzg der Verwandten eines anderen wird auch die freie Auslegg meist zum gleichen Ergebn führen, s BayObLG **6**, 388, aber auch KG JFG **10**, 65, wonach in solchen Fällen nur freie Auslegg entscheiden soll. Die Einsetzg der Mitglieder der „Familie N" kann nach den Umst des Einzelfalls dahin ausgelegt werden, daß nur die Blutsverwandten des Erbl eingesetzt sind, BayObLG **57**, 76. Andererseits können den Anordng einer NachErbsch die Blutsverwandten der Vorerben als NachE eingesetzt sein, BayObLG **58**, 225.

3) DDR: ZGB (Auszug im Anh, 35. Aufl) 377 II.

2068 *Kinder des Erblassers.* **Hat der Erblasser seine Kinder ohne nähere Bestimmung bedacht und ist ein Kind vor der Errichtung des Testaments mit Hinterlassung von Abkömmlingen gestorben, so ist im Zweifel anzunehmen, daß die Abkömmlinge insoweit bedacht sind, als sie bei der gesetzlichen Erbfolge an die Stelle des Kindes treten würden.**

1) Unter Kindern versteht das G, § 1924 IV, nur die Abkömmlinge ersten Grades, der Erbl nach dem gewöhnl SprachGebr aber oft auch Enkel u entferntere Abkömml. Demgem sollen die letzteren insow mitbedacht sein, als sie bei gesetzl Erbfolge, § 1924 III, an Stelle des vorverstorbenen ehel Kindes treten würden, auch wenn der Erbl den Wegfall kannte. Gilt auch für den Fall, daß nur eine Gruppe von Kindern, zB die Söhne, ohne nähere Bestimmg bedacht ist, Staud-Seybold Anm 2, ferner für Abkömmlinge eines angenommenen Kindes, s jetzt §§ 1754, 1767 II, 1770, 1772 idF des AdoptG vgl BayObLG FamRZ **76**, 101. Nichtehel Kinder eines männl Erbl gehören seit dem 1. 7. 70 (Inkrafttr des NEhelG) ebenf zu den Kindern iS des § 2068, Böhm FamRZ **72**, 183 (dort auch über den ErbErsAnspr), Spellenberg aaO 191 f; für vor diesem Ztpkt errichtete letztw Vfgen werden die in § 2066 Anm 2 angeführten Grdsätze gelten, s Böhm aaO; BayObLG **74**, 1/6; s auch Art 12 § 10 NEhelG. – Entsprechd anwendb bei Bedenkg der Kinder eines Dritten, sofern für einen entfernteren Willen des Erblassers Anhaltspunkte, auch außerh des Test, vorhanden sind, RG **134**, 280, ebso bei Geschwistern, Düss HRR **41** Nr 627, s aber auch Soergel-Knopp Rdz 8. Ist das Kind vor TestErrichtg nicht dch Tod, sond dch Erbverzicht weggefallen, so gilt nicht § 2068, sond § 2349. Den Wegfall nach TestErrichtg behandelt § 2069. – Keine Ersatzberufg (wie bei §§ 2069, 2102 I); vielm liegt hier eine dem vermutl Willen des Erbl entsprechde AusleggsRegel vor, s § 2066 Anm 1.

§ 2069 *Abkömmlinge des Erblassers.* Hat der Erblasser einen seiner Abkömmlinge bedacht und fällt dieser nach der Errichtung des Testaments weg, so ist im Zweifel anzunehmen, daß dessen Abkömmlinge insoweit bedacht sind, als sie bei der gesetzlichen Erbfolge an dessen Stelle treten würden.

Schrifttum: Höfer, Zur Anwendg von § 2069 BGB bei Pflichtteilsverlangen nach Erbschaftsausschlagg, NJW **61**, 588; Johannsen WPM **72**, 924 f.

1) Allgemeines. Hier handelt es sich nach dem Gesetzeswortlaut („im Zweifel") um eine Auslegsregel, der ggü die individuelle Auslegg des Test - nach § 133 – den Vorrang hat, BGH **33**, 60/63, nicht nur eine gesetzl Vermutg (so offenb BGH NJW **73**, 240/242), Soergel-Knopp Rdz 2, Diederichsen NJW **65**, 671/674, für ErgänzgsRegel Lübtow Lehrb I, 287. Die AuslegsRegel greift Platz, wenn der weggefallene Abkömml als ME od allein als Erbe (NE, VermNehmer) eingesetzt war, BayObLG **71**, 386; Staud-Seybold Rdz 2, 6 zu §§ 2068–2070. § 2069 gilt auch dann, wenn der Erbl mit dem Wegfall nicht rechnete od der Abkömml zwar schon vor der TestErrichtg weggefallen, dies damals aber dem Erbl nicht bekannt war, od wenn er trotz Verzicht bedacht wurde, KG JFG **23**, 255. Abkömmlinge iS des Halbs 1 sind auch angenommene Kinder, BayObLG FamRZ **76**, 101/103; dies gilt auch für nach dem AdoptG angen Kinder, s §§ 1754, 1767 II, 1770, 1772 idF des AdoptG, Dittmann Rpfleger **78**, 277/278. - § 2069 setzt im allg voraus, daß ein namentl genannter od doch nach § 2066 ff zu ermittelnder Erbe tats bedacht ist, er kann aber auch zur Anwendung kommen, wenn die Pers des bedachten Abkömml nicht individuell feststeht, BGH NJW **69**, 1111. Die Bedenkg kann in einem Test, gemschaftl Test od ErbVertr enthalten sein, s Kln FamRZ **74**, 387.

2) Der Wegfall muß nach der TestErrichtg, zB durch Tod, erfolgt sein. Bei Wegfall durch Erbverzicht, §§ 2349, 2350, 2352, gilt die Regel nur, wenn der Verzicht zG der Abkömml erfolgte, KG JFG **20**, 160, s § 2352 Anm 1, auch BGH NJW **74**, 43 (keine Anwendg des § 2069, dazu Blomeyer FamRZ **74**, 421/427). Der Wegfall kann sogar noch nach dem Erbfall (zB durch Ausschlagg, § 1953 I, II, BGH NJW **33**, 61, od Erbunwürdigk, § 2344) eintreten, wodurch sich § 2069 von § 2108 II unterscheidet, RG **142**, 174; im übr gilt § 2108 II 1 auch im Falle des § 2069, RG **196**, 39 ff, vgl § 2108 Anm 3, BGH NJW **63**, 1150, Barth-Schlüter Lehrb § 41 IV 2c, Haegele Rpfleger **67**, 164. § 2069 kommt auch dann zur Anwendg, wenn ein Abkömml aufschiebd bedingt bedacht ist u nach dem Erbf, aber vor Eintritt der Bedingg wegfällt; nur dann, wenn ein die weiteren Abkömml ausschließender Wille zweifelsfrei festgestellt w kann, gilt die Auslegsregel des § 2074, BGH NJW **58**, 22. Als ErsErben treten die nach gesetzl Erbf Berufenen ein. Wollte der Erbl sämtl Abkömml des Weggefallenen berufen, also auch diejenigen, die erst nach dem Erbf geboren od erzeugt worden sind, so w diese iW der Auslegg herangezogen, Lange Lehrb § 33 V 3b m Hinw. Adoptivkinder sind ebenfalls mögliche Abkömmlinge, sind nicht ErsErben nach § 2069, BayObLG **61**, 132 = NJW **61**, 1678. Keinen Wegfall des eingesetzten Kindes nach § 2069 stellt die Aufhebg einer Erbeinsetzg nach § 2271 II 2 dar, ebensowenig Widerruf nach § 2253 od Rücktr vom ErbVertr nach § 2294, BayObLG **63**, 276, od die zul rechtswirks Enterbg (§§ 2271, 2294, 2336, 2333) eines in einem gemschaftl Test bedachten Abkömml dch den überl Eheg, BGH FamRZ **65**, 321 = LM Nr 4. Ist der Weggefallene ein ehel Sohn, so kann dessen nichtehel Kind nicht bei der gesetzl Erbf an die Stelle des Vaters treten; es ist iZw nicht bedacht u erhält den Pflichtt; ist bereits der bedachte aber weggefallene Abkömml nichtehel geb, so kann die Auslegg ergeben, daß dessen nichtehel Kind unter die Bedachten aufrückt u damit echter MitE wird, s Brüggemann aaO, aber auch Böhm FamRZ **72**, 184, ferner Spellenberg FamRZ **77**, 185/191 ff.

3) Bedacht iS des § 2069 ist auch ein Nacherbe, KG HRR **33**, 732, BGH **33**, 61, Brem NJW **70**, 1923; fällt ein als NE eingesetzter Abkömml vor dem Erbf weg, so w iZw seine Abkömml ErsE, soweit sie zZ des NE-Falles im § 1924 III an seine Stelle treten würden. Schlägt jedoch der zum NacheE eingesetzte Abkömml aus u verlangt die Pflichtt, § 2306 I 2, II, so w auch beim Fehlen einer Verwirkgsklausel (s Anm 2 zu § 2074) der mutmaßl Wille der Eheg bei gemschaftl Test vielf dahin gehen, daß die Abkömml des Ausschlagden nicht als ErsNachE eintreten, so daß insow die NachEFolge entfällt, KG JFG **20**, 17, DNotZ **41**, 424, Celle NdsRpfl **53**, 69, BayObLG **62**, 239 (gilt auch bei ausdrückl Einsetzg der Abkömml als ErsNachE), Braga AcP **153**, 147, Barth-Schlüter Lehrb § 29 II 4. Dies gilt insb dann, wenn der überl Eheg befreiter VorE ist, Düss NJW **56**, 1880, Soergel-Knopp Rdz 13. BGH **33**, 60 = NJW **60**, 1899 erklärt § 2069 überh für unanwendb, wenn der als NachE berufene Abkömml die NachErbsch ausschlägt u vom VorE den Pflichtt verlangt, zust Ffm Rpfleger **70**, 391 (das auch § 2097 für nicht anwendb erachtet), Kipp-Coing § 22 IV, teilw aM Lange-Kuchinke § 33 V 3b y; s dazu Höfer NJW **61**, 588, der auf § 2320 verweist, auch LG Düss RhNK **61**, 125, BayObLG **62**, 239. Bei Verwirkgsklausel gilt § 2069 regelm als widerlegt, KG DNotZ **42**, 147, § 2074 Anm 2a. – Über Vererbg der Anwartsch bei Tod des NE nach dem Erbf, aber vor dem NE-Fall, s § 2108 II mit Anm 3 hiezu.

4) Entspr Anwendg. Die stillschw ErsBerufg von Abkömmlingen ist auch bei nicht zu den Abkömml des Erbl gehörenden Personen, insb anderen nahen Angehörigen im Wege der ergänzenden TestAuslegg (§§ 133, 2084) anzunehmen, zB bei Erbeinsetzg eines Stief- od Geschwisterkindes, RG NJW **99**, 82, Oldbg NdsRpfl **50**, 73; BayObLG Rpfleger **74**, 345; vgl OGH **4**, 222, od des Ehegatten, KG MDR **54**, 39, der Ehefr (ErsBerufg von deren nehel Tochter, welcher der Erbl seinen Namen erteilt hat), der Schwester, verneind LG Essen RhNK **70**, 593, dazu auch Johannsen aaO 925. Von diesen Sonderfällen abgesehen, ist es dann, wenn ein Dritter als Erbe eingesetzt wird, ohne daß gleichzeit ein ErsatzE bestimmt wird, eine Sache der (ergänzenden) Auslegg, ob bei Wegfall des Dritten vor dem Erbf dessen Abkömmlinge ersatzw berufen sind, Stgt BWNotZ **63**, 27, Hamm Rpfleger **76**, 210, KG DNotZ **76**, 564, FamRZ **77**, 344 (Einsetzg naher Angeh); – Auf Geschwister eines weggefallenen Abkömml ist § 2069 nicht entspr anwendb (BayObLG aaO). – Bei ausdrückl Ersatzberufg der weiteren Abkömmlinge ist die Bestimmg des Kreises der ersatzw berufenen Abkömml des weggefallenen Abkömmlings in § 2069 ebenf anwendb, BayObLG **61**, 132. – Die vom G für positive Bedenkg bestimmte Erstreckg, iZw auf die Abkömmlinge, ist auf den Fall der Enterbg § 1938, auch nicht entspr anzuwenden; die Enterbg erstreckt sich also iZw nicht auf die Abkömmlinge, BGH **LM** § 1938 Nr 1, § 1938 Anm 2.

5) DDR: ZGB (Auszug im Anh, 35. Aufl) 379.

2070 *Abkömmlinge eines Dritten.* **Hat der Erblasser die Abkömmlinge eines Dritten ohne nähere Bestimmung bedacht, so ist im Zweifel anzunehmen, daß diejenigen Abkömmlinge nicht bedacht sind, welche zur Zeit des Erbfalls oder, wenn die Zuwendung unter einer aufschiebenden Bedingung oder unter Bestimmung eines Anfangstermins gemacht ist und die Bedingung oder der Termin erst nach dem Erbfall eintritt, zur Zeit des Eintritts der Bedingung oder des Termins noch nicht erzeugt sind.**

1) Die Auslegsregel des § 2070 greift Platz, wenn der Erbl die **Abkömmlinge eines Dritten**, zB eines Freundes, ohne nähere Bestimmg, also ohne Angabe persönlicher Merkmale, als Erben bedacht hat. Hat od bekommt der Dritte überh keine Abkömml, so ist zu prüfen, was der Erbl gewollt hätte, wenn er das vorausgesehen hätte; dies kann dazu führen, daß der Dritte selbst bedacht ist od daß das entspr Verm wegfällt od insow gesetzl Erbf eintritt, Haegele, JurBüro **70**, 841. Werden die Abkömml erst nach dem Ztpkt erzeugt, so geht § 2070 dem § 2084 vor, u sie gelten als nicht bedacht, falls nicht der Erbl auch diese Nacherzeugten bedenken wollte, s RGRK Rdz 4. Im letzteren Falle können sie als Nacherben, § 2101 I, od NachVermNehmer, § 2191, in Betr kommen.

2) § 2070 **gilt nicht** für den Fall, daß der Erbl die Abkömml eines seiner Kinder zu Erben berufen hat, vielm ist in freier Auslegg, §§ 133, 2084, zu entscheiden, ob damit auch solche Abkömml gemeint sind, die erst nach dem Erbf erzeugt w, KG JFG **10**, 63, Erm-Hense Rdz 1; s auch Lange-Kuchinke § 33 V 3b δ. Wird die Berufg solcher Abkömml als Erben bejaht, so wirkt sie für diese nur als Nacherbeneinsetzg, Staud-Seybold Anm 9 zu §§ 2068–2070.

2071 *Personengruppe.* **Hat der Erblasser ohne nähere Bestimmung eine Klasse von Personen oder Personen bedacht, die zu ihm in einem Dienst- oder Geschäftsverhältnisse stehen, so ist im Zweifel anzunehmen, daß diejenigen bedacht sind, welche zur Zeit des Erbfalls der bezeichneten Klasse angehören oder in dem bezeichneten Verhältnisse stehen.**

1) Zuwendgen an Personengruppen. Gemeint sind bestimmbare Personengruppen, zB Arbeiter u Angest des Erbl, aber auch eine Kette von Personen, zB meine Hausgehilfin, unser Staatsoberhaupt, Lange-Kuchinke § 33 V 3b ε. Entscheidend ist iZw nicht die Zugehörig bei TestErrichtg, sond beim Erbf, u zwar auch bei bedingten u befristeten Zuwendgen, Kipp-Coing § 22 VI. Doch kann bei Personenwechsel zw TestErrichtg u Erbfall auch auf den ersteren Ztpkt abgestellt werden (zB „meinen jetzigen Hausangestellten für langjährige treue Dienste"). Dann besteht eben kein Zweifel. Auch die jeweiligen Mitglieder eines nicht rechtsf Vereins können so bedacht werden, KG JFG **13**, 133.

2072 *Die Armen.* **Hat der Erblasser die Armen ohne nähere Bestimmung bedacht, so ist im Zweifel anzunehmen, daß die öffentliche Armenkasse der Gemeinde, in deren Bezirk er seinen letzten Wohnsitz gehabt hat, unter der Auflage bedacht ist, das Zugewendete unter Arme zu verteilen.**

1) Zuwendgen an die Armen. Öff Armenkassen sind die örtl Träger der Sozialhilfe, §§ 9, 96 BSHG idF v 23. 2. 76, BGBl 289, in Kraft ab 1. 6. 62, § 153 I BSHG (aF), Wohnsitz §§ 7–11. Die Verteilg ist nicht auf die Armen der letzten Wohnsitzgemeinde beschränkt u erfolgt nach dem Ermessen der örtl Träger der Sozialhilfe. Die Armen erwerben keine eigenen Rechte, vgl aber § 2194. Wenn ohne nähere Angaben ein Betrag für wohltätige od gemeinnützige Zwecke ausgesetzt wird, wird idR § 2072 nicht anwendb, sond der Erbe mit einer Aufl beschwert sein, Staud-Seybold Anm 3.

2) Entsprechende Anwendg. § 2072 ist zwar insow eine AusnVorschr, als er die Bedenkg einer best öff Kasse vorsieht; das hindert aber nicht, den ihm zu Grde liegdan allg Gedanken, daß ein Erbl bei mildtät Zuwendgen iZw in erster Linie an die in seiner Gemeinde bestehdan Fälle von Hilfsbedürftigk gedacht h w, auch bei Auslegg ähnl letztw Vfgen zu verwerten, KG OLGZ **68**, 330.

2073 *Mehrdeutige Bezeichnung.* **Hat der Erblasser den Bedachten in einer Weise bezeichnet, die auf mehrere Personen paßt, und läßt sich nicht ermitteln, wer von ihnen bedacht werden sollte, so gelten sie als zu gleichen Teilen bedacht.**

Schrifttum: Baldus, Die alternative Erbenberufg, JR **69**, 179.

1) Inhalt. Die Bezeichnung der bedachten Pers muß obj mehrdeutig sein, Erm-Hense Rdz 1. Die mehreren Pers müssen aber genügd bestimmt bezeichnet sein. Gedacht ist an einen begrenzten Kreis von (natürl od jur) Personen, zB „mein Freund Hans"; „die Luisenschule", wenn diese Bezeichnung auf mehrere Freunde od Anstalten paßt u ein bestimmter Bedachter nicht ermittelt w kann. Hier wird gg den Willen des Erbl bestimmt, daß die mehreren Pers zu gleichen Teilen (also nach Kopfteilen) bedacht sind, Fiktion, Diederichsen NJW **65**, 671/674. Ist aber die Bezeichnung ganz unbestimmt, zB „Herr Schmitz", so sind, falls nicht ein bestimmter Träger des Namens als Bedachter festgestellt w kann, nicht alle Träger dieses Namens bedacht, sond die Zuwendg ist unwirks, KGJ **42** A 136. Das gleiche gilt, wenn eine bestimmt bezeichnete Einzelperson nicht existiert od nicht zu ermitteln ist. § 2073 ist auch nicht anwendb, wenn erst eine ergänzde TestAusleg eine „Bezeichng" des Bedachten ergibt, die auf mehrere Pers paßt, unter denen der Erbl ausgewählt h würde, wenn er erkannt hätte, daß die von ihm bezeichnete Pers nicht existiert; die Zuwendg ist in einem solchen Fall wg mangelnder Bestimmth unwirks, § 2065 II. § 2073 kann nicht gelten, wenn feststeht, daß der Erbl nur eine von mehreren Pers u keinesf alle gemeins bedenken wollte, BGH WPM **75**, 737. Die Bezeichng muß, wenn § 2073 zum Zug kommen soll, v Erbl selbst gewählt sein, KG OLGZ **68**, 329.

2) Alternative Erbeinsetzg (des A oder des B) ist im G nicht geregelt. Man wird sie unter entspr Anwendg des § 2073 halten können, § 140, falls nicht Erb- u Ersatzerbeinsetzg, § 2096, gemeint war, also als Einsetzg der alternativ bezeichneten Erben zu gleichen Teilen, Baldus JR **69**, 180; aM Soergel-Knopp Rdz 7, wonach Nichtigk eintritt, Kipp-Coing § 18 III 2, der aber auf die Notwendigk der Auslegg hinweist. Ein alternatives Vermächtn ist durch §§ 2151, 2152 zugelassen.

2074 *Aufschiebende Bedingung.* Hat der Erblasser eine letztwillige Zuwendung unter einer aufschiebenden Bedingung gemacht, so ist im Zweifel anzunehmen, daß die Zuwendung nur gelten soll, wenn der Bedachte den Eintritt der Bedingung erlebt.

Schrifttum: Hilgers, Die bedingte Erbeinsetzg, RhNK **62**, 381; Keuk, Der ErblWille post testamentum. Zur Unzulässigk der testamentar Potestativbedingg FamRZ **72**, 9; Mikat, GleichlGrds u Testierfreih, Festschr für Nipperdey, 1965 I, 581; zur Verwirkungsklausel: Natter, Die Verwirkungsklauseln in letztw Verfügen, DRZ **46**, 163; Kohler, Das Nießbrauchsvermächtnis als Ersatz des Berliner Testaments, NJW **47/48**, 361/364; Kehrer, Strafklauseln in letztw Verfügungen, BWNotZ **57**, 173; Haegele, Bedingte, namentl mit einer Verwirkungs- od Strafklausel versehene testamentar Anordnungen, Jur Büro **69**, 1; Binz, Die erbrechtl Verwirksklausel, Diss Mainz 1968; Birk, Die Problematik der VerwirksKlausel in letztw Vfgen DNotZ **72**, 284; auch Johannsen WPM **72**, 925; Hilgers aaO 384ff; Haegele-Litfin IV Rdz 97 ff.

1) Allgemeines. Bedingte u befristete letztw Zuwendgen unterliegen an sich den allg Vorschriften §§ 158–163, wobei aber zu beachten ist, daß eine bedingte letztw Vfg keine bedingte Vfg iS des § 161 ist. Die §§ 2074–2076 enthalten nur Ergänzungen. Eine echte Bedingg liegt nur vor, wenn das künftige Ereign sowohl objektiv als auch nach der Vorstellg des Erklärenden (des Erbl) ungewiß ist, BayObLG **66**, 390, FamRZ **76**, 101/103. Der Eintritt der Bedingg kann von dem Verhalten des Bedachten od eines belieb Dritten abhäng gemacht w, Hamm OLGZ **68**, 84. – **a) Unerlaubte, unsittliche u widersinnige Bedinggen,** gleichviel ob aufschiebend od auflösd, machen die Vfg regelm unwirks, BayObLG **22**, 265, RGRK Rdz 11–22 vor § 2064, Thielmann 191ff. Eine Aufrechterhaltg des wg einer unsittl Bedingg unwirksamen RGeschäftes als unbedingtes RGesch ist nur nach § 140 mögl, s Thielmann 194ff. Verfügen, wonach jemand Erbe werden soll unter der Bedingg, daß dieser einen bestimmten Dritten zum Erben einsetzt, sind grdsätzl nicht sittenw. Die Bedingg der Verheiratg mit einer bestimmten Pers ist sittenw, die Vfg daher unwirks; anders bei Bedingg der Verheiratg mit, Staud-Seybold Anm 6. Erbeinsetzg unter der Bedingg der Eheschied ist nach den ges Umst des Falls, insb dem vom Erbl verfolgten Zweck zu beurteilen, BGH FamRZ **56**, 130 = **LM** § 138 (Cd) Nr 5, s auch Hilgers aaO 383, Mikat aaO 598ff, insb Keuk aaO u Meincke, Festschr für Kaser, 1976, 437, dazu Barth-Schlüter Lehrb § 22 III 5. Auch Erbeinsetzg unter der Bedingg, daß der Bedachte seiners den Testator od einen best Dr bedenken (**kaptatorische Vfg**), ist grdsätzl als gült anzusehen, BGH **LM** § 533 Nr 1, hM, s hierzu § 2302 Anm 1, Brox aaO (Schrift zu § 2065) S 50. – **b) Unmögliche aufschiebende** Bedinggen (dazu RGRK aaO Rdz 13–18) bewirken regelm Nichtigk der Vfg, sofern die Unmöglichk schon bei der Errichtg vorlag und dem Erbl bekannt war, da auch bei Vfgen vTw die aufschiebde Bedingg ein untrennb Bestand der Vfg ist, nicht bloß ein Teil einer WillErkl nach § 139 u noch viel weniger eine selbständ Vfg nach § 2085. War die Unmöglichk dem Erbl nicht bekannt od tritt sie erst nach Errichtg ein, so kann uU die Auslegg zur Aufrechterhaltg führen. So ist die Erbeinsetzg unter der Bedingg der postmortalen Eheschließg mit dem Erbl (§ 1931 Anm 2d) wg Unerfüllbark der Bedingg regelm unwirks, Halle NJ **49**, 18, aber auch hier kann uU der ergänzde Auslegg zum Erfolg führen, Soergel-Knopp Rdz 3. Bei unmögl auflösender Bedingg ist diese u nicht die Vfg wirksglos. Der Beweggrund der TestErrichtg ist keine Bedingg, auch wenn er als solche bezeichnet ist („Mein letzter Wille, falls ich bei der Operation sterbe", Hbg OLG **16**, 46). – **c) Bei Befristg** gilt § 163, nicht § 2074, KG DNotZ **55**, 412, vgl auch §§ 2105 I, 2108 II 1, 2177; darüber, ob ein Ereign als Bedingg od Termin gelten soll, muß die Auslegg entscheiden, s RG Recht **20** Nr 2452, Soergel-Knopp Rdz 9, RGRK Rdz 25, auch in diesem Komm Einf 5 vor § 158. Die Möglichk einer Bindg durch Bedinggen u Befristgen ist jedoch zeitl begrenzt, §§ 2109, 2162, 2163, 2210, um nicht eine Gebundenh ins Unendliche eintreten zu lassen. Dem trägt auch § 2075 Rechng, s Haegele aaO 7.

2) Die Verwirksklausel – Einsetzg auf den Pflichtt oder Entziehg der Zuwendg für den Fall einer „Anfechtg" od Nichtbefolgg des letzten Willens od den Fall der Nichterfüllg einer Aufl – ist im BGB bewußt nicht bes behandelt, Mot **5**, 22. Sie verfolgt eine verstärkte Sicherstellg des letzten Willens dch mittelb Druck auf den Bedachten od Erben, den Ausschl von gerichtl u uU auch außergerichtl Streitigk zw Erben od Bedachten über den Nachl, Birk aaO 286ff; Soergel-Knopp § 2075 Rdz 4; BayObLG **62**, 47.

a) Bedeutg u Tragweite. Die Verwirksklausel enthält in der Regel eine auflösde Bedingg, siehe § 2075, also zB ggü dem Erben eine auflösd bedingte Erbeinsetzg; der Inhalt der Bdgg kann vom Erbl innerh dessen, was Gesetz und Sitte, §§ 134, 138, siehe Haegele-Litfin IV Rdz 97ff, 103, auch Haegele aaO 5, 6, gebieten, weitgehend bestimmt w, RG JW **24**, 1717. Unter eine Verwirksklausel des Inhalts, daß der den letzten Willen des Erbl anfechtde Erbe nur den Pflichtt erhält u sein Erbteil den übr Erben anwachsen soll, kann nach Lage des Einzelfall auch die Ausschlagg der Erbsch dch einen unter Beschrkgen eingesetzten Erben iVm dem Verlangen des Pflichtt nach § 2306 fallen, KG JW **38**, 1600, Haegele aaO 7; eine

Testament. 1. Titel: Allgemeine Vorschriften §§ 2074, 2075

ErsBerufg der Abkömml nach § 2069 scheidet damit regelm aus, Staud-Lehmann §§ 2074–2076 Anm 13; Hilgers aaO 386; siehe auch § 2069 Anm 3. Die Verwirkgsklausel kann auch als **aufschiebd bedingte Pflicht** des Erben zur Herausg des Zugewendeten an einen VermNehmer aufzufassen sein, § 2177, BayObLG **62**, 48, auch Kehrer aaO 180ff. Es hängt von der Ausleg im Einzelfall ab, welche Handlgn (Geltdmachg der Nichtigk, Anfechtg, Ungehorsam, Verstoß gg die Pflicht, den Frieden unter den Bedachten zu wahren) des Erben sie treffen will, RG JW **24**, 1717, BayObLG **62**, 47, **63**, 271 (Strafsanktion der Verwirkgsklausel), **66**, 49, BGH DRiZ **66**, 397, SchlHOLG SchHA **65**, 276, Stgt, Brschw OLGZ **68**, 246; **77**, 185; Haegele aaO 3, 4, Johannsen aaO 925. Wirks ist eine Vfg, wonach sich als Erben berufene Pers, wenn sie nicht innerh einer best Frist von der TestEröffng an unaufgefordert ggü dem TV schriftl den in einer TestBestimmg näher geregelten letzten Willen anerkennen, samt Abkömml von der Erbf ausgeschl sein sollen, Stgt OLGZ **74**, 67 –. Ausleggsfrage ist auch, ob die Klausel nur den Erben od auch seinen Stamm treffen will; in letzterem Fall gilt die AusleggsRegel des § 2069 als widerlegt, KG JFG **20**, 17, DNotZ **42**, 147, s auch Haegele aaO 4. Im Zweifel will der Erbl nur e in e böswillige **Auflehng** gg seinen letzten Willen, eine vorwerfb Handlgsweise, treffen, also nicht ein rechtl Bestreiten der Echth des Test, einen Streit über seine Ausleg od den Umfang des Nachl od Anfechtg wg Irrt od Drohg, wenn damit der Wille des Erbl gerade zur Geltg gebracht werden soll, siehe dazu Binz aaO 25ff, Birk aaO 293, 302. Im Fall der Böswillk kann als „Anfechtg" der letztw Vfg auch ein bloßes ArmenRGesuch, KG JW **36**, 2744, od einredeweises Bestr ihrer Gültigk angesehen werden, RG Recht **16** Nr 1549; „Anfechtg" ist nicht als terminus technicus zu verstehen, Birk aaO 288²². Auch kann auf die Verwirkgsklausel § 2075 anwendb sein („Falls mein Erbe dieses Test nicht anficht . . ."), RGRK § 2075 Rdz 8. Über Ausdehng auf Nutzgen u Vorempfänge siehe Kohler BB **59**, 582. Bei Geltdmachg des PflichttAnspr in **Unkenntn der Verwirkgsklausel** tritt die auflöse Bdgg, unter der das ErbR von Abkömmlingen gestanden hat, nicht ein. – Mit der Verwirkgsklausel kann eine **Schiedsklausel** für den Fall verbunden sein, daß unter den Erben Str üb Ausleg od Gültigk einzelner Bestimmgen besteht, Erm-Hense Rdz 4 mit Kohler DNotZ **62**, 125.

b) **Anfechtg.** Die Klausel selbst kann dch wirks Anfechtg ihrer Bedeutg entkleidet w, zB als Folge der Anfechtg und Vfgen, § 2085. Widerruf § 2254 Anm 1.

c) **Rechtsfolgen** des Eintritts der Verwirkg. Hat der Erbl verfügt, daß der mit einem ErbR bedachte PflichttBerecht bei Auflehng gg die letztw Vfg nur den Pflichtt erhalten soll (VorE), zB RG SeuffA **96** Nr 49, KG JW **38**, 1600, so wird darin regelm die bloße Verweisg auf den Pflichtt, s § 2304 Anm 1, 2, enthalten sein, RG **113**, 237, BayObLG **59**, 205; die Zuwendg eines Verm in Höhe des Pflichtt wird wg des Strafzwecks der Verwirkgsklausel, dazu Oertmann ZBlFG **15**, 369, Schopp Rpfleger **54**, 548, zumeist vom Erbl nicht gewollt sein. Im ersteren Fall kann der Bedachte vom NachE den Pflichtt, § 2303 ff, verlangen, im letzteren Fall einen VermAnspr, §§ 2174, 2177, gg diesen geltd machen. Handelt es sich bei dem Bedachten um einen NichtpflichttBerecht, so kann, wenn überh, nur die Zuwendg eines Verm im Falle der Zuwiderhandlg in Betr kommen. Nach **Ausfall der Bdgg**, wenn sich also zB der Bedachte innerh der vom Erbl gesetzten Fr nicht gg dessen letzten Willen auflehnt, wird der als VorE Bedachte zum VollE, ebso bei Übertr des NachERechts, § 2108 Anm 5a, s auch § 2142 II, 2109 (dazu Birk aaO 300), nicht aber dch Verzicht auf jegl Angriff, s Binz aaO 8ff, 16ff. Welche Personen bei Fehlen einer ausdrückl Bestimmg des Erbl im Fall des **Eintritts** der Bdgg als NE berufen sind, ob nach § 2104 die gesetzl Erben, od in entspr Anwendg des § 2069 die Abkömml des VorE od die noch vorhandenen MitE, muß die TestAusleg ergeben, BayObLG **62**, 57. Über bes AOcn zur Vermeidg nachteiliger RFolgen der Verwirkgsklausel s Haegele aaO 5. Mit Recht warnt Birk aaO 298 vor dem Gebr allg VerwirkgsKlauseln.

d) **Erbschein.** Die Erwähng der Klausel im Erbschein hängt von ihrer Ausleg ab, s Firsching NachlR⁴ 211, Kehrer aaO 180, BayObLG **62**, 57: Nacherbfolge muß im ErbSch angegeben w, § 2363, nicht aber bedingtes Vermächtn.

3) **Aufschiebende Bedingg,** § 158 I. Bei aufschiebd bedingter Erbeinsetzg wird der Bedachte nur NachE, § 2105, falls nicht die Bedingg schon vor dem Erbf eingetreten ist; der NachE muß den Eintritt der Bedingg erleben, widrigenf sich sein AnwR nicht vererbt, § 2108 II 2. Aufschiebd bedingte **Vermächtnisse** fallen erst mit dem Eintritt der Bedingg an, § 2177. Die aufschieb bedingte Zuwendg soll iZw nur gelten, wenn der Bedachte den Eintritt der Bedingg (den Wiederverheiratg des VorE) erlebt; anders bei ersichtl abweichendem ErblWillen („falls meinem Erben ein Nachkomme geboren wird"). Die bedingte Erbsch fällt demnach idR erst mit dem Bedinggseintritt an, Ausschlagg ist aber schon ab Erbf mögl, § 1946. Dem § 2074 kommt kein Vorrang vor § 2069 zu; nur dann, wenn ein die weiteren Abkömml ausschließender Wille des Erbl zweifelsfrei festgestellt w kann, gilt die Ausleggsregel des § 2074, BGH NJW **58**, 22. Einsetzg eines **Ersatzerben**, § 2096, fällt nicht unter § 2074, da hier der Wegfall des Erstberufenen gesetzl Voraussetzg der ErsBerufg ist. Hier genügt Erleben des Erbfalls, auch wenn der Wegfall nicht erlebt wird, RGRK Anm 20. Wegen des ErsVermächtnisses vgl §§ 2190, 2180 III, 2160.

2075 *Auflösende Bedingung.* Hat der Erblasser eine letztwillige Zuwendung unter der Bedingung gemacht, daß der Bedachte während eines Zeitraums von unbestimmter Dauer etwas unterläßt oder fortgesetzt tut, so ist, wenn das Unterlassen oder das Tun lediglich in der Willkür des Bedachten liegt, im Zweifel anzunehmen, daß die Zuwendung von der auflösenden Bedingung abhängig sein soll, daß der Bedachte die Handlung vornimmt oder das Tun unterläßt.

Schrifttum: Siehe vor § 2074.

1) **Bei unbestimmter Dauer** („wenn mein Erbe nicht trinkt – spielt –", „. . . meine Mutter pflegt", „. . . dem Test nicht zuwiderhandelt", vgl zu letzterem Anm 2 zu § 2074) würde das Zugewendete dem Bedachten erst nach Ablauf des Zeitraums, bei Bedingg „auf Lebenszeit" sogar erst seinen Erben zufallen.

§§ 2075–2077   5. Buch. 3. Abschnitt. *Keidel*

Diese Hinausschiebg auf unabsehbare Zeit, die iZw dem ErblWillen nicht entspricht, will die Auslegsregel des § 2075 verhindern, Kipp-Coing, § 23 III. Die Beifügg einer unsittl Bedingg (vgl auch § 2074 Anm 1) würde übrigens die ganze Zuwendg hinfällig machen, wenn noch § 140 durchgreift; doch ist sie nicht sittenwidrig, wenn aus ehrenhaften u achtenswerten Gründen die Verheiratg mit einer bestimmten Pers, mit Andersgläub od Ausländern untersagt wird, s auch § 2074 Anm 1, Keuk aaO, Mikat aaO 598 ff. – **Bei bestimmter Dauer** (Nichtheiraten vor Volljährigk) gilt § 2074.

2) In der Willkür des Bedachten muß das Tun od Unterl liegen, es muß also nur von seinem Willen, nicht etwa von der Mitwirkg eines Dritten abhängig sein, Potestativbedingg, Staud-Seybold §§ 2074–2076 Anm 24. Ist dies nicht od nicht ausschließl der Fall, zB die Bedingg pünktl Steuerzahlg, so kann die Auslegg unbedingte Zuwendg ergeben, Soergel-Knopp Rdz 2; vgl auch § 2076. Bei Erbeinsetzg unter der Bedingg, daß der Bedachte im Fall seiner Verheiratg in Gütertrenng leben werde, erachtet KG OLGZ 68, 244 § 2075 nicht für anwendb, es komme auf freie Auslegg des Test an, dagg mit gutem Grd Bosch FamRZ 68, 395, dazu auch Keuk FamRZ 72, 15.

3) Bei Zuwiderhandlg, § 158 II, ist das Erlangte den Erben od ErsBerechtigten herauszugeben; ob od ohne Früchte u Nutzgen, richtet sich nach dem zu ermittelnden ErblWillen § 159, iZw also ohne diese.

4) Der unter einer **auflösenden Bedingg** Bedachte hat die Stellg eines – idR befreiten, BayOLG **62**, 57 – **VorE**, zB Einsetzg eines Erben unter der Bedingg, daß er einer Verwirksklausel – nach dem Erbfall – nicht zuwiderhandelt, BayObLG **66**, 49, § 2074 Anm 2a; erst bei seinem Tode stellt sich heraus, ob er VollE geworden ist, BayObLG **62**, 57. Bis dahin besteht aufschiebd bedingte NachErbsch, Erm-Hense Rdz 2, KG aaO. Auch ein NachE kann unter einer auflösden Bedingg eingesetzt w, Hamm OLGZ **68**, 80, § 2065 Anm 4 aE.

5) Eine letztw Vfg od eine einz darin getroffene Bestimmg kann nichtig sein, weil sie an eine **Bedingg** geknüpft ist, die gg ein **gesetzl Verbot** od gg die **guten Sitten** verstößt, s Johannsen WPM **71**, 926f, § 2074 Anm 1a.

2076 *Bedingung zum Vorteil eines Dritten.* **Bezweckt die Bedingung, unter der eine letztwillige Zuwendung gemacht ist, den Vorteil eines Dritten, so gilt sie im Zweifel als eingetreten, wenn der Dritte die zum Eintritte der Bedingung erforderliche Mitwirkung verweigert.**

1) Allgemeines. § 2076 handelt von der **bedingten Zuwendg**. Davon zu unterscheiden ist die VermächtnBeschwerg, § 1939, u die Zuwendg unter einer Aufl, § 1940; welche AO vorliegt, ist durch Auslegg zu ermitteln.

2) Auslegsregel. § 2076 enthält eine bes Auslegsregel, die neben den auch für letztw Vfgen geltenden § 162 tritt, Staud-Lehmann Anm 26 zu §§ 2074–2076, Hamm OLGZ **68**, 85. Sie gilt nur für die bedingte Zuwendg. **Dritter** ist jeder, der nicht Erbl od Bedachter ist, Barth-Schlüter, Lehrb § 22 III 5c. Der Dritte hat, anders als bei der VermZuwendg, keinen Anspr auf die Zuwendg, Barth-Schlüter aaO § 45 Anh. Unter **Vorteil** des Dritten ist nicht nur ein Vermögensvorteil zu verstehen (anders § 1939). Auch Eheschl kann Vorteil bezwecken, so daß der Bedachte die Zuwendg erhält, wenn sein ernstl Antr abgelehnt wird. Bei unverschuldeter Unmöglichk des Eintritts der Bedingg kann diese als erfüllt angesehen werden, jedoch muß hier der Wille des Erbl durch Auslegg ermittelt werden, s Kipp-Coing § 23 IV, RGRK Rdz 7. Bei Mitwirksverweigerg des Auflageberechtigten gilt § 2195.

2077 *Nichtigkeit, insbesondere Sittenwidrigkeit, Unwirksamkeit letztwilliger Verfügungen; Unwirksamkeit durch Eheauflösung.* **I Eine letztwillige Verfügung, durch die der Erblasser seinen Ehegatten bedacht hat, ist unwirksam, wenn die Ehe nichtig ist oder wenn sie vor dem Tode des Erblassers aufgelöst worden ist. Der Auflösung der Ehe steht es gleich, wenn zur Zeit des Todes des Erblassers die Voraussetzungen für die Scheidung der Ehe gegeben waren und der Erblasser die Scheidung beantragt oder ihr zugestimmt hatte. Das gleiche gilt, wenn der Erblasser zur Zeit seines Todes auf Aufhebung der Ehe zu klagen berechtigt war und die Klage erhoben hatte.**
II Eine letztwillige Verfügung, durch die der Erblasser seinen Verlobten bedacht hat, ist unwirksam, wenn das Verlöbnis vor dem Tode des Erblassers aufgelöst worden ist.
III Die Verfügung ist nicht unwirksam, wenn anzunehmen ist, daß der Erblasser sie auch für einen solchen Fall getroffen haben würde.

1) Vorbemerkung: Nichtigkeit und Unwirksamkeit der Vfgen vTw im allg. Über den begriffl Unterschied vgl Übbl 4a–e vor § 104. Verfügen vTw können aus verschiedenen Gründen nichtig od unwirks sein.

A) Nichtigkeit von Anfang an kann vorliegen:
a) bei **Verstoß gg zwingende gesetzl Vorschr**, insb über die TestierFgk u die Form der Errichtg, §§ 125, 134. Der in einer formnichtigen Vfg Eingesetzte kann nicht unter Berufg auf Treu u Glauben, § 242, ein Recht geltd machen, Kipp-Coing § 19 III 1; vgl hiezu Krause FamRZ **55**, 161, aber auch die Rspr zum formlosen ErbVertr, § 2276 Anm 3. Zwingende gesetzl Vorschriften in diesem Sinn enthalten: §§ 2064, 2065, 2229 (Ausn in §§ 2230, 2253 II), 2231–2233, §§ 2247 I, IV (bedingte Unwirksamk nach V), 2249 I 2, 3 mit der Einschränkg des VI, 2250 III 1, 3, §§ 2263, 2265, 2274, 2275, 2276 I; ferner die im BeurkG enthaltenen zwingenden FormVorschr zB §§ 9, 13, 16 II 1, III 1, 23 S 1, 24 I 2, II, 25, 27, 30 S 1, 32, 33.
b) bei **Verstoß gg die guten Sitten**, § 138.
Aus dem **Schrifttum:** Staud-Seybold §§ 2078, 2079 Anm 2, RGRK Rdz 4 vor § 1937, Rdz 2–22 zu § 2078; Soergel-Schippel/Müller § 1937 Rdz 13–20, § 2229 Rdz 24, 25; Reimann Anm A 73–76;

Testament. 1. Titel: Allgemeine Vorschriften § 2077 1

Barth-Schlüter, Lehrb § 23 I 2, 3, Lange-Kuchinke § 34 IV; Lübtow, Lehrb I, 308ff; Flume, Allg Teil des Bürgerl Rechts, II. Das Rechtsgeschäft, 2. Aufl 1975, § 18–5; Simshäuser, Zur Sittenwidrigk der Geliebten-Test, 1971; Thielmann, Sittenwidrige Vfgen vTw, 1973 (Monographie); Siemens, Wandel in der Rechtspr zur Sittenwidrigk von MätressenTest unter Berücksichtigg soziolog Gesichtspkte, Diss Münster, 1974; Gernhuber FamRZ **60**, 326, Birk FamRZ **64**, 120; Mattern BWNotZ **61**, 277/294; Gaul FamRZ **61**, 501; Müller-Freienfels JuS **67**, 124, JZ **58**, 441; Ramm JZ **70**, 129; Steffen DRiZ **70**, 347; Husmann NJW **71**, 404; Johannsen WPM **71**, 918; **73**, 548; **77**, 274; Stauf RhNK **74**, 61; Brüggemann JA **78**, 209/211; s auch allg Rother, Sittenwidr RechtsGesch u sexuelle Liberalisierg AcP **172**, 498.

aa) Eine **letztw Vfg** ist dann **sittenwidrig**, wenn sie ihrer Beweggrund, Inhalt u Zweck nach mit der sittl Ordng, wie sie im Bewußtsein aller billig u gerecht Denkenden ggwärt ist, unvereinb ist, BGH **20**, 74; KG FamRZ **67**, 227 – Rechtsfrage. Der entscheidde Grd für die Sittenwidrigk einer letztw Vfg – Hauptfall: zu Gunsten der Geliebten – liegt in der unredl Gesinng des Erbl, wie sie in dem RechtsGesch selbst zum Ausdruck kommt und eine Verwirklichg erstrebt. Es kommt desh allein auf den sich aus Inhalt, Beweg-Grd u Zweck ergebenden Gesamtcharakter des RechtsGesch an, der an der Sittenordng zu messen ist, BGH **53**, 369 (mit Anm v Speckmann NJW **70**, 1839), WPM **71**, 444, NJW **73**, 1645; Johannsen WPM **71**, 920; in den Begr für die guten Sitten sind GrdR-Werte zB GG 3, 4, 6, 9, 11, 12, einzubeziehen (Thielmann 54ff). Bewußtsein der Sittenwidrigk ist nicht erforderl (Thielmann 167). – Die Frage, ob eine letztw Vfg sittenw ist, ist grdsätzl nach den **tatsächl Verhältn zur Zeit ihrer Errichtg** zu beurteilen, denn der entscheidende Grd für die Sittenwidrigk liegt in der darin zum Ausdruck kommenden u eine Verwirklichg erstrebenden unredl Gesinng des Erbl, also in seinen ihn bei der Errichtg bestimmenden Beweggründen sowie den dabei gehegten Vorstellungen über Zweck u Auswirkng seiner Anordng, BGH **20**, 71 = NJW **56**, 865 mit Anm von Rechenmacher = **LM** § 138 (Cd) Nr 6 mit Anm von Johannsen, BGH **53**, 375, BGH, KG FamRZ **69**, 323, **67**, 227; **77**, 267/270; dazu auch Birk FamRZ **64**, 120, gg RG DR **43**, 91, **44**, 494; will der Erbl sie später aus Beweggründen, die sittl nicht zu beanstanden sind, bestätigen, so muß er die nichtigen Anordgen formgerecht neu treffen, BGH **20**, 74; bestr, s Barth-Schlüter, Lehrb § 23 I 2e, aM Brox § 18 V 2; s auch die beachtl Bedenken v Weimar MDR **68**, 110, Simshäuser aaO 36ff, Johannsen WPM **71**, 923; Lübtow Lehrb I, 312, Thielmann 154ff/158, Siemens aaO 142ff. Bei **Änderg des sittlichen Maßstabs in der Zeit zw der Errichtg u der gerichtl Entsch** ist maßg die Beurteilg im Ztpkt des Richterspruchs, Johannsen aaO, RGRK § 2078 Rdz 17, s auch Birk aaO 122. Lange-Kuchinke § 34 IV 5 will bei Wandlg von Grd u Zweck der Vfg – diese dient zB erst nachträgl einem unsittl Zweck – den Ztpkt des Todes des Erbl zugrunde legen, bei Änderg der Auffassg von den guten Sitten den Ztpkt der richterl Würdigg, s auch Barth-Schlüter, Lehrb § 23 I 2e, der auf § 2171 verweist, ebso Lübtow aaO. Bartholomeyczik vertritt in der Festschr zum 150jähr Bestehen des OLG Zweibr, 1969, S 26 mit eingehder Begründg der Auffassg, es kommt bei Beurteilg der Sittenwidrigk einer letztw Vfg darauf an, ob die Vfg im Ztpkt des Erbf gg die guten Sitten verstößt, mag sie es auch noch bei ihrer Errichtg getan haben; ist sie etwa bei ihrer Errichtg auf einen sittenw rechtsgeschäftl Erfolg gerichtet, so kann, wenn sich die tats Verh bis zum Erbf gewandelt haben, uU ein Verstoß gg die guten Sitten nicht mehr vorliegen; haben sich zw Errichtg u Erbf nicht die tats Verh, sond WertUrt geändert, die den Begr der guten Sitten ausfüllen, so sind diese der Zeit zu entnehmen, in der die letzte mdl Verh der Tats-, mitunter auch der RevInst stattfindet. Auf jeden Fall kann, wenn eine Vfg im Ztpkt der Errichtg als sittl unbedenkl erscheint inf später eingetretener tatsächl Umstände nach dem Erbf aber zu unsittl Auswirkgen führen würde, gg die Durchsetzg der Einwand der unzul Rechtsausübg erhoben werden, BGH **20**, 75, Soergel-Schippel aaO Rdz 14.

bb) Einzelheiten. α) Zurücksetzg von Angehörigen, s Thielmann 201ff. Eine letztw Vfg ist nicht schon desh sittenwidr, weil sie Angeh des Erbl zurücksetzt. Es besteht „Testierfreih", wie in den Schranken neben der Bindg an wechselbezügl letztw Vfgen (Gemeinschaftl Test) u ErbVertr in dem PflichttR des Eheg, der Abkömml u der Eltern findet, das dieser nur in AusnFällen entziehen od beschränken kann, BGH **53**, 374, dazu Steffen DRiZ **70**, 374, auch Johannsen WPM **71**, 920ff. Sittenwidrigk ist also zB zu verneinen bei Beschränkg auf den Pflichtt od den völl Übergehg mit nicht pflichtteilberecht Verwandter, BGH FamRZ **56**, 83, bei Einsetzg von Nichtverwandten unter Übergehg entfernterer Verwandter, Celle NdsRpfl **60**, 40, einer langjähr Haushälterin unter Ausschluß der gesetzl Erben dch unverheirateten Erbl, BGH **LM** § 138 (Cd) Nr 9, eines Stiefsohns unter Übergehg der Schwester, KG DR **39**, 1389; nicht als sittenwidr erachtet BGH DRiZ **66**, 397 auch die Einsetzg der zweiten Ehefr nach der Eheschließg als Erbin u die Verweisg der Kinder aus erster Ehe auf den Pflichtt, auch wenn der Erbl mit der Bedachten ehebrecherische Beziehgen unterhalten hat u die dch den Tod der ersten Ehefrau aufgelöste Ehe dadch zerrüttet war. Die Einsetzg eines nichtehel Kindes dch seinen verheirateten Erzeuger bei Vorhandensein ehel Kinder zum AlleinE ist im Hinbl auf die Bewertg des Art 6 V GG dch BVerfGE **25**, 167 u die Neuregelg des Nichtehel-ErbR, s § 1924 Anm 3 B, idR nicht als sittenwidr anzusehen, Bosch FamRZ **72**, 175, Thielmann 248ff. – β) Geliebtentestament, s Thielmann 215ff, 266ff, § 138 Anm 5f. Will ein Erbl die Frau, zu der er außerehel insb ehebrecherische Beziehgen unterhalten hat, dadch, daß er sie dch eine letztw Vfg bedenkt, für die geschlechtl Hing entlohnen od zur Fortsetzg der sexuellen Beziehgen bestimmen od diese festigen, dann ist – zumindest in aller Regel – die letztw Vfg wg dieses BewegGrd sittenw u nichtig; trägt aber die letztw Vfg nicht ausschl einen derart Entgeltcharakter, dann kann auch nicht allein mit der Tats, daß die Bedachte zu dem Erbl in sexuellen Beziehgen gestanden hat, die Sittenwidrigk des Test begründet w, BGH **53**, 376 (insow einschränkd BGH NJW **68**, 932), s auch Anm hierzu von Kreft **LM** FGG 14 Nr 2, Johannsen WPM **71**, 918ff u in RGRK § 2078 Rdz 4, 5; Stauf aaO 101ff. Bei Würdigg des Gesamtcharakters einer solchen letztw Vfg, die nicht ausschließl Entgeltcharakter im obigen Sinne hat, sind alle Umst des Einzelfalles heranzuziehen, insb ist auch zu berücks, wer von den Angeh des Erbl zurückgesetzt worden ist, in welchen Beziehgen der Erbl zu den Zurückgesetzten stand u wie sich die Zurücksetzg auf diese auswirkt, BGH **53**, 377, dazu Simshäuser aaO 55ff; Steffen DRiZ **70**, 347, RGRK aaO Rdz 9–12; zu werten ist auch, ob neben sexuellen Beziehgen auch and, achtenswerte Gründe, zB der Wunsch, wertvolle Dienste od erhaltene Pflege zu belohnen, ausschlaggebd sind, s BGH NJW **68**, 932, BGH **53**, 380, WPM **71**, 1153; KG FamRZ **77**, 267/270; SchOLG SchlHA **78**, 37; dazu Müller-Freienfels JZ **68**, 441 Breithaupt NJW **68**, 932; Johannsen WPM **71**, 919f, auch Speckmann JZ **69**, 733, Simshäuser aaO 58, Karlsr OLGZ **68**, 489; Düss FamRZ **70**, 105. Enterbt zB der Ehem seine Ehefr u setzt die Frau als Alleinerbin ein, mit der er bei TestErrichtg 7 Jahre zusgelebt hat, schließt er damit auch seine Geschwister von der Erbfolge aus u kann die Erbeinsetzg nach der Lebenserfahrg ebenso gut wie auf dem sexuellen Bereich der Beziehgen auf and, zumindest auch auf and BewegGrden beruhen, so ist zwar die Zurücksetzg der Ehefrau dch Einsetzg der Alleinerbin unwirks, wenn achtenswerte Grde, welche diese Zurücksetzg zG der Geliebten des Erbl rechtfertigen könnten, nicht festzustellen sind; das bei der insow anzunehmende Unwirksamk des Test verbleibde Viertel des Nachl können aber die Geschwister nicht aGrd gesetzl Erf in Anspr nehmen, da das Test im übr nicht nichtig ist (Teilbark einer einheitl Vfg von Todes wegen), s BGH **53**, 381f; **52** 17, (mit Anm von Kreft **LM** § 138 [Cd] Nr 16); FamRZ **63**, 287; Karlsr-Freibg FamRZ **67**, 692; eine solche Teilnichtigk kann hinsichtl der Ehefr des Erbl zu bejahen, hinsichtl der pflichttber Abkömml zu verneinen sein; s hiezu die unterschiedl Auffassgen von Reinicke NJW **69**, 1343; Ramm JZ **70**, 129; Speckmann NJW **70**, 401; **71**, 924; Steffen DRiZ **70**, 349; Husmann NJW **71**, 404; Steffen DRiZ **70**, 349; Simshäuser aaO 46 ff; Johannsen WPM **71**, 925 ff in RGRK aaO Rdz 80–23, Thielmann 173 ff. – Über ErsGesch unter Lebden s Stauf aaO 106 ff. – y) Nicht gegen die guten Sitten verstößt ein Test, in dem Eheg in der DDR das Verm des Erstversterbden allein den dort wohnden gesetzl Erben zuwenden, um dieses vor Beschränkgn u Schwierigk zu bewahren, die sich dch eine Beschlagn od Enteigng des Verm abwesder Personen ergeben, Düss WPM **68**, 811.

cc) Beweislast. Im Rahmen der unter aa), bb) behandelten Fragen hat jede Partei die tatsächl Vorausssetzgen für eine von ihr in Anspr genommene günst Rechtsfolge darzutun u zu beweisen. Dabei können, wie auch sonst, tatsächl Vermutgen u Erfahrgssätze u damit auch die Grdsätze des sog AnschBeweises Bedeutg gewinnen. Jede Partei trägt also für die Umstände, die bei Beurteilg der Frage der Sittenwidrigk einer letztw Vfg jeweils zu ihren Gunsten von Bedeutg sind, die BewLast, BGH **53**, 379, FamRZ **71**, 639; Barth-Schlüter Lehrb § 23 I 2f aE; s auch Husmann NJW **71**, 404, Johannsen WPM **71**, 924f, **73**, 548, Thielmann 168 ff.

dd) Über den Einfluß des **GleichhGrdsatzes** (Art 3 GG) auf die TestierFreih s Mikat in Festschr für Nipperdey, 1965, I 581 ff, Brox § 18 IV 2, Lange-Kuchinke § 34 III; Brüggemann, JA **78**, 209; für die Erbregeln dch den Erbl enthält Art 3 II, III GG keine Bindg, uU kann § 138 Platz greifen, Lange aaO, s auch Thielmann 299 ff. Über die Wichtigkeit der TatsFeststellg bei Prüfg, ob letztw Vfgen wg Ungleichbehandlg aus rass od religiösen Gründen nichtig sind, s Mikat aaO 603 f.

c) Nichtig sind auch Test, die vollk unbestimmt, widersinnige, rechtl u tatsächl unmögl Bestimmgen u Bedinggen enthalten, KG DFG **44**, 56, § 2074 Anm 1. – Bei BewFälligk, §§ 2247 III, V, 2249 VI, sind die Test unwirks, vgl § 2247 Anm 4.

d) Die Vorschr des allg Teils über **Willensmängel** gelten für Test nur in beschr Umfang. Anwendb ist § 116 S 1: Ein geheimer Vorbeh, kein Test zu errichten od es zu widerrufen, ist ohne Wirkg, damit leichtfertiges od betrügerisches Testieren verhindert wird, RG **148**, 222, Prot V 47; aM Barth-Schlüter Lehrb § 23 I 4, Brox § 18 II 1. § 118 ist gleichf anwendbar; scherzweise od zu Lehrzwecken angefertigte Test sind nichtig, vgl § 2247 Anm 2 a, c. Nicht anwendb sind dagg §§ 116 S 2 u 117, BayObLG FamRZ **77**, 347; aM Barth-Schlüter aaO, da die letztw Vfg zwar für andere bestimmt ist, vgl § 2263, aber nicht einem anderen ggü abzugeben ist, RG **104**, 322; gg Anwendg des § 117 auf Test auch Düss WPM **68**, 811. Beim ErbVertr gelten dagg auch die §§ 116 S 2, 117, vgl § 2279 Anm 1.
Die Anfechtbark wg Irrt, Täuschg u Drohg richtet sich nicht nach §§ 119, 121–124, sond nach §§ 2078 ff. § 120 kann nicht angewandt werden, weil ein Test nur persönl errichtet w kann; § 122 ist durch § 2078 III ausdrückl ausgeschl.

B) Nachträgliche Unwirksamk kann eintreten bei Vorversterben des Bedachten, § 1923 I, Erbverzicht, § 2352, Ausschlagg, § 1944, Erbunwürdigk, §§ 2339 ff, Zeitablauf, §§ 2109, 2162, 2210, 2252 u bei Auflösg der Ehe des Verlöbnisses, §§ 2077, 2268, 2279. – Über Rechtswirkg des Widerrufs, §§ 2253 ff, s Lübtow NJW **68**, 1849, über unfreiw Verlust des Test vgl § 2255 Anm 4.

C) GerichtsVerf. Nichtigk u Unwirksamk sind vAw zu prüfen. Allerdings werden sie meist durch die Beteiligten vorgebracht, vor allem im Erbscheinsverfahren. – Klage auf Feststellg der Nichtigk erfordert Rechtsschutzinteresse, ZPO 256. Bei MitE, gg die auf Feststellg der Nichtigk eines Test geklagt ist, besteht keine notw Streitgenossensch, BGH **23**, 73 = NJW **55**, 537.

D) Die **Folgen** der Nichtigk und Unwirksamk sind verschieden u richten sich nach der Sachlage. Es kann die ganze Vfg (dann idR gesetzl Erbf) od nur eine einzelne Bestimmg nichtig sein, – zB bei teilw Sittenverstoß, s BGH **LM** § 138 (Cd) Nr 2; eine Begünstigg Dritter kann iF des § 2077 I nF bestehen bleiben, s Dieterle BWNotZ **70**, 170 –, vgl §§ 2085, 139, od es kann ein früheres Test bestehenbleiben, da §§ 2255 u 2258 einen wirks Widerruf voraussetzen. Unter Umst kann aber auch die Vfg durch Umdeutg nach § 140 gehalten werden, zB ein nichtiges öff Test als eigenhändiges od ein nichtiger ErbVertr als gemschaftl od einseitiges Test, vgl Übbl 2 vor § 2274, s auch Lübtow Lehrb I, 313.

E) Bestätigg. Wenn der Erbl ein nichtiges Test bestätigen will, § 141 I, so muß er ein neues Test errichten u den früheren NichtigkGrd vermeiden, s BGHZ **20**, 75. Vereinbgen von Erbbeteiligten, wodurch ein nichtiges Test als wirks anerkannt wird, haben nur schuldrechtl Bedeutg. Hierbei müssen uU die Formvorschr der §§ 2371, 2385, bei Erbsch- od Erbteilsübertragg des § 2033 beobachtet werden, Staud-Seybold § 2078 Anm 10. Dazu Graber, Bestätigg u Genehmigg von RGesch, Diss Mü, 1967, S 94 ff.

2) Allgemeines: Zu § 2077. a) Dch Art 1 Nr 44 des 1. EheRG v 14. 6. 1976 (BGBl 1421, in Kraft ab 1. 7. 77, Art 12 Nr 13a des G) hat § 2077 I 2 eine neue Fassg erhalten, ferner wird dem Abs I nach S 2 ein neuer Satz 3 angefügt. § 2077 wird damit an die sich aus dem Übergang vom Verschuldens- zum Zerrüttgsprinzip im ScheidsR ergebden Ändergen angepaßt u eine dem § 1933 nF (für das gesetzl EhegErbR) entspr Regelg getroffen (BT-Drucks 7/4361 S 52). Dazu Battes, Die Änderg erbrechtl Vorschr im Zusammenhang mit der Reform des ScheidsR, FamRZ **77**, 433; Bock, RhNK **77**, 205.

b) § 2077 behandelt die **Unwirksamk einer letztw Vfg bei Nichtigk der Ehe, bei Auflösg der Ehe od des Verlöbnisses.** Der Auflösg der Ehe ist gleichgestellt, wenn zZt des Todes des Erbl die Voraussetzgen für die Scheidg der Ehe gegeben waren u dieser die Scheidg beantragt od ihr zugestimmt hat, **I 2**, ZPO 622, 630; s auch § 1933 nF Anm 1, 2. Ferner läßt S 3 das gleiche gelten, wenn der Erbl zZt seines Todes berecht war, auf Aufhebg der Ehe zu klagen u die Klage erhoben hatte (s § 1933 nF Anm 1–3). Die Vorschr gilt entspr beim gemschaftl Test (§ 2268) u beim ErbVertr (§ 2279). **I, II** enthalten zus mit **III** eine dispositive AusleggsRegel entspr dem vom G vermuteten wirkl Willen des Erbl, der auf Hinfällig des Test für den ScheidsFall usw gerichtet ist; s zur bish Fassg BGH FamRZ **60**, 28; **61**, 365; auch Keuk, Erblasser Wille, 1965, 48 ff; Dieterle, Das Geschiedenen-Test BWNotZ **70**, 170; **71**, 14 u zum fr R 35. Aufl, zum geltd R Battes aaO.

c) Die **Wirksamk** der Zuwendg des Erbl an den Eheg ist hier im Zw, vgl **III**, BGH FamRZ **60**, 28, davon abhäng, daß die Ehe nicht dch Aufhebg od Scheidg od Wiederverheiratg nach Todeserklärg vor dem Tode des Erbl aufgelöst od vor od nach dem Erbfall für nichtig erklärt worden ist (vgl §§ 1931, 1933 nF). Nichtigk kann auch nach dem Tode eines Eheg nur geltd gemacht w, wenn die NichtigkErklärg erfolgt war, EheG 23, s auch 24, ZPO 631, 636 (geänd dch Art 6 Nr 26 des 1. EheRG). Wurde die Ehe nach Scheidg erneut geschl, so ist die Zuwendg i Zw von Bestand; aM (für gemTest) KG FamRZ **68**, 217 mit krit Anm d Schriftleitg; bei Eheauflösg dch Tod des Bedachten entfällt sie ohnehin (§§ 1923, 2108, 2160).

3) Die **AusleggsRegel I mit III** greift, ohne daß es mehr auf die Scheidgs- od AufhebgsGründe ankommt, auch dann Platz, wenn die Ehe als gescheitert anzusehen u der Erbl die Scheidg beantragt od ihr zugestimmt hat od wenn die Aufhebg der Ehe berecht gewesen wäre und er Klage erhoben hatte, s § 1933 nF Anm 1–3. Ob der ScheidgsAntr gerechtfertigt gewesen wäre od ein AufhebgsGrd vorgelegen hätte, hat ggf das NachlG bei Erteilg des Erbscheins (§§ 2358, 2359), das ProzG bei der ErbschKl selbständ zu prüfen (BayObLG JFG **6**, 169). Über die Rechtsfolgen, wenn die letztw Vfg bestehen bleibt, s Battes aaO 436.

4) Ein **Verlöbnis, II**, (nicht ein Verhältn od wilde Ehe, RG JW **27**, 1202) muß bestanden haben u durch Rücktr aufgelöst sein; ob Rücktr gerechtfertigt od nicht, ist ohne Bedeutg; letzterenf aber uU SchadErsAnspr nach §§ 1298, 1299; die Zuwendg bleibt idR wirks, wenn Erbl als Verlobter starb, KGJ **37** A 115, währd die Zuwendg sich ohnehin erledigt, wenn der bedachte Verlobte vorverstorben war. Kommt es zur Eheschl, so gilt der Verlobte als Eheg bedacht, wenn nach der Heirat kein Widerruf erfolgt.

5) Beweislast, III, hat der frühere Eheg od Verlobte, BGH FamRZ **60**, 28, wobei es auf die Einstellg des Erbl, seinen hypothetischen Willen zZ der TestErrichtg ankommt, BGH FamRZ **61**, 366, auch Lange Lehrb § 34 II 5c, Barth-Schlüter Lehrb § 22 III 7, RGRK Rdz 5. Zur Weitergeltg der letztw Vfg ist erforderl u genügd, daß sie der Erbl auch für den Fall der Ehe- (od Verlöbnis-) Auflösg getroffen hat od hätte, BGH FamRZ **60**, 28/29, vgl § 2067 Anm 1. – Durch III wird eine unmittelb ErklAuslegg nicht ausgeschl, so daß ein hypothet Wille nur dann von Bedeutg ist, wenn ein durch Auslegg zu ermittelnder irrtumsfreier Wille fehlt, BGH FamRZ **60**, 28. Eine ergänzde Auslegg bei testamentar Zuwendg „An meine Frau" kann uU auch dazu führen, daß nicht die Ehefrau zT der TestErrichtg, sond die zweite Ehefrau, mit der der Erbl zZ seines Todes verheiratet war, bedacht ist, Brox § 16 II 6c (4); aM RG **134**, 281, Erm-Hense § 2067 Rdz 1. Zu den BewAnfordergen hinsichtl der ScheidgsVoraussetzgen s § 1933 Anm 3.

6) Zur **entsprAnwendg** des § 2077 nF auf die Bezugsberechtigg eines Eheg bei einer Kapitalversicherg, VVG 166, im Fall der Scheidg s Brem VersR **59**, 689 mit Anm v Haidinger; Robrecht, Schulz Betr **67**, 453, 1307; der die entspr Anwendg verneinden Ansicht v Schulz ist aus prakt Gründen zuzustimmen, ebso Soergel-Knopp Rdz 9; Düss Betr **75**, 1503, BGH FamRZ **75**, 689; Hamm VersR **76**, 142; s auch Oswald FamRZ **71**, 618 (Hinweise zum fr R), Hoffmann FamRZ **77**, 222/225.

7) DDR, Über Nichtigk testamentar Vfg s ZGB (Auszug im Anh, 35. Aufl) 373.

2078 *Anfechtung wegen Irrtums oder Drohung.* **I** Eine letztwillige Verfügung kann angefochten werden, soweit der Erblasser über den Inhalt seiner Erklärung im Irrtume war oder eine Erklärung dieses Inhalts überhaupt nicht abgeben wollte und anzunehmen ist, daß er die Erklärung bei Kenntnis der Sachlage nicht abgegeben haben würde.

II Das gleiche gilt, soweit der Erblasser zu der Verfügung durch die irrige Annahme oder Erwartung des Eintritts oder Nichteintritts eines Umstandes oder widerrechtlich durch Drohung bestimmt worden ist.

III Die Vorschriften des § 122 finden keine Anwendung.

Schrifttum: Siber, Auslegg u Anfechtg der Verfügungen von Todes wegen, RG-Praxis III, 350 ff; Brox, Die Einschränkg der Irrtumsanfechtg, 1960, §8. Das Verhältnis von Auslegg, Anfechtg u Geschäftsgrundlage im Recht letztw Verfügen; Huken, Die Anfechtg von Verfügen von Todes wegen, RhNK **63**, 533; Lübtow, Probleme des Erbrechts, 1967, 68ff; Johannsen, Die Anfechtspr des BGH auf dem Gebiet des ErbR – 7. Teil, das Test 4. Abschn: Die Anfechtg, WPM **72**, 642; Hack, Auslegg u Anfechtg privatschriftl einseit u gemschaftl letztw Vfgen, Diss Göttingen, 1974; Pohl, „Unbewußte Vorstellgen" als erbrechtl Anfechtungsgrund? 1976 (dazu Spellenberg FamRZ **77**, 284); Haegele, Anfechtg einer Vfg vTw, insbes ihre Wirkg, Inf **75**, 567 mit Beisp.

1) Allgemeines.

a) Anfechtbarkeit ist zu unterscheiden von der Nichtigkeit, § 2077 Anm 1. Die **Auslegg**, § 2084, auch ergänzende Auslegg, geht der Anfechtg immer vor, RG **70**, 391, BGH **LM** Nr 1 zu § 2100, OGH **1**, 156 KG NJW **71**, 1992, auch Stgt BWNotZ **60**, 49, § 2084 Anm 1, Kipp-Coing § 24 III 4; die Prüfg der Anfechtbark hat also grdsätzl die Klarstellg des Inhalts der letztw Vfg, ev dch Auslegg, zur Voraussetzg, BayObLG **66**, 396. Falsche Bezeichnung des Bedachten od des zugewendeten Ggstandes unterliegt nicht der Anf, sond der Auslegg, RG LZ **21**, 376; zB der Erbl will seine Frau bedenken, bezeichnet sie aber als „Mutter". Dann gilt das Gewollte, nicht das Erklärte, Lange, JhJ **82**, 15. S auch Brox aaO (Schrifttum oben).

b) Die **Anfechtg** letztw Verfügen u von ErbVertr, § 2279, – auch einzelner Teilen u von solchen, RG **70**, 394, KG DNotZ **36**, 119, OGH JR **50**, 244, Staud-Seybold Anm 8 – ist wg Willensmangels in weiterem Umfang zugelassen als bei anderen RGesch, näml wenn u soweit sie der wahren Abs des Erbl nicht entspr.

2) Irrtum über Erklärgshandlg, Erklärgsinhalt, I (s § 119 Anm 2 b, 3). Hier ist es gleichgültig, ob tatsächl od Rechtsirrtum (zB bei Einsetzg der gesetzl Erben darüber, wer nach dem G berufen ist, RG **70**, 391, Irrtum über die rechtl Tragweite – Bindgswirkg – des ErbVertr, Hamm OLGZ **66**, 497) od der Fall des Verschreibens (oder – man denke an ein öff Test – des Versprechens) vorliegen; in allen Fällen ist Voraussetzg, daß der testierfäh Erbl, s Johannsen aaO 643, bei Kenntn der Sachlage die Erkl nicht abgegeben hätte, wobei es genügt, wenn der Irrt wesentl mitbestimmd war, BayObLG **71**, 150. Die VerkSitten spielen hier keine Rolle, es kommt daher auch nicht auf die verständ Würdigg des Falles an wie bei § 119, sond maßg ist die wirkl Abs des Erbl entspr seiner subj Denk- u Anschauungsweise, BayObLG **71**, 149, sofern sie nicht gesetzwidr ist. Unterlassen des Widerrufs trotz bekanntem AnfGrd schließt spätere Anf regelm aus, vgl RG **77**, 170; vgl auch § 2081 Anm 5.

3) Irrtum im Beweggrunde, II. Hier führt, entgg § 119 u EheG 32, jede irrige Ann und Erwartg im Zeitpunkt der TestamentsErrichtg, BGH **42**, 327, nicht nur die durch argl Täuschg hervorgerufene (wie bei § 123) zur Anf. Bei argl Täuschg auch Anfechtg wg Erbunwürdigk nach § 2339 I Nr 3. Für die Anfechtg ist es nicht erforderl, daß das irr Motiv in der letztw Vfg selbst erwähnt ist. Staud-Seybold Anm 28.

a) Der **Umstand**, mit dessen Eintritt od Nichteintritt irrigerw gerechnet wurde, kann in der Vergangenh, Gegenwart od Zukunft, also auch nach dem Erbf, BGH Betr **66**, 379, FamRZ **77**, 786, liegen, BayObLG **71**, 149, so die Entwicklg der Währgsverhältn, AG Hohenwested SchlHA **49**, 121, später unerwarteter Verm-Erwerb des Erbl, Stgt BWNotZ **60**, 50, od die Vorstellg eines rechtl Erfolges, RG Gruch **67**, 671, die Erwartg , daß künft Unstimmigkeiten zw Erbl u Bedachten ausbleiben, BGH **LM** Nr 8, FamRZ **73**, 539, die nicht erfüllte Erwartg künft Wohlverhaltens des Erben ggü dem Erbl, BGH **4**, 91; die Anfechtg kann aber nur auf Vorstellgn u Erwartgen gestützt werden, die der Erbl bei Errichtg der letztw Vfg gehabt hat, nicht auf solche, die er bei Kenntn von damals unbekannten Umst gehabt haben würde, BGH NW **63**, 246, auch nicht auf das spätere Aufkommen irriger Vorstellgen, wie etwa das Vergessen einer früheren TestErrichtg, BGH **42**, 327 mit Anm v Kreft zu **LM** Nr 9; idR rechtfertigen Vorstellgen des Erbl, der Erbe werde in bestimmter Weise über den Nachl verfügen, die Anf nicht, wenn der Erbe überhaupt nicht od nicht in entspr Weise über den Nachl verfügt, BGH FamRZ **67**, 473, s Johannsen aaO 643f. BGH **LM** Nr 3 läßt die Anf zu, wenn Umst eingetreten sind, deren Nichteintritt der Erbl zwar nicht ausdrückl erwog, aber für sich als selbstverständl ansehen konnte („unbewußte Vorstellg", BGH **LM** Nr 3, 4, 8, FamRZ **62**, 256, BayObLG **71**, 149, KG FamRZ **77**, 271), s auch Johannsen aaO 645 f, in RGRK Rdz 48, 49, Barth-Schlüter Lehrb § 24 I 3 c. Keinen AnfechtsGrd kann nach Hamm OLGZ **68**, 86 idR die Tats bilden, daß der im Test als Erbe eingesetzte einen VerkUnfall verursacht hat, an dessen Folgen der Erbe verstorben ist; s hierzu (z gleichen SachVerh) aber auch BGH FamRZ **71**, 638, der betont, daß allg u unbestimmte Erwartgen über die Zukunft unbewußte BewegGrde für eine letztw Vfg sein können u die Enttäuschg hierüb die Anfechtbark nach II begründen kann; dazu krit Müller-Freienfels, Festschr f Schiedermair, 1976, 409 f. S ferner insb Pohl aaO 20 ff, 68 ff, 105 ff, 137 ff; der den Begr „unbewußte Vorstellg" dch den der „mitbewußten Vorstellg" ersetzen will, die solche Umstände betrifft, welche die infolge ihrer Gewohnh selbstverständl u daher unreflektierte Grdl der letztw Vfg bilden. Soweit eine Anf wg Irrt im BewegGrd in Betr kommt, ist immer zu prüfen, ob nicht schon durch ergänzende Auslegg der mutmaßl Wille des Erblassers festgestellt w kann, Stgt aaO, BayObLG **66**, 394, BGH WPM **73**, 84, Brox aaO S 144 ff (Schrifttum oben), § 2084 Anm 4 b. Zur Begründg der Anfechtg kommen sowohl Umst in Betr, die (wie Geburt, Tod, Bedürftigk des Bedachten) unabhängig vom Willen des Erbl eintreten, auch als solche, die, wie spätere Heirat, in seinem Belieben stehen, RG **148**, 222, soweit nicht der Erbl die Voraussetzgn für die Anfechtg gg Treu und Glauben selbst herbeigeführt hat, BGH **4**, 91; BGH FamRZ **62**, 427, BWNotZ **61**, 181, Johannsen aaO 645; denn daß der Erbl AnfGründe durch Heirat u Entstehg neuer PflichtteilsBerecht selbst schaffen kann, ergibt sich aus § 2079. Ist der Erbl durch einen – angegebenen nicht angegebenen – unzutreffenden Grund zum Ausschl des gesetzl Erben bestimmt worden, so kann der Benachteiligte nach **II** anfechten, BGH FamRZ **65**, 212. Anfechtb können auch letztw Vfgen sein, dch die ein Eheg dem überlebden Eheg nur ein Verm od einen geringfüg Erbteil hinterlassen u die wegen ihrer pflichtteilsrechtl Auswirkgn nach § 1371 irrige Vorstellgn gehabt hat, s Schwab JuS **65**, 437, auch Johannsen aaO (Anfechtbark w GesÄnderg) u im RGRK Rdz 42 (dort auch zur Anfechtg v Vfgen zG nehel Kinder, auch § 2066 Anm 4). Einseitige Vfgen des AntrGegners zG des AntrStellers im ScheidsVerf, die vor der Ehekrise errichtet w sind, können uU anfechtb sein, Battes FamRZ **77**, 433/437, 439 mit Lange JuS **65**, 347/350.

b) Zwischen Irrt u Vfg muß aber ein **ursächl Zusammenhang** bestehen, Johannsen aaO 646ff, BGH FamRZ **61**, 366; zur Ursächlichk des Irrt über steuerl Folgen s Hbg MDR **55**, 291; vgl BGH **LM** Nr 4 betr spätere Änderg der polit Einstellg des Erbl. Irrt nach Errichtg der Vfg kann Anf nicht rechtfertigen, BGH **42**, 327, s oben unter a). Mitbestimmg dch den Irrtum genügt, Kipp-Coing § 24 II 2 c, s auch Soergel-Knopp Rdz 8.

c) Ersatz des Vertrauensschadens, § 122, des seine Zuwendg verlierenden Bedachten ist ausgeschl, III.

4) Drohg. Wegen Drohung ist die letztw Vfg wie nach § 123 I anfechtb, zB wg Drohg mit Strafanzeige, s aber auch RG Recht **1910** Nr 1395. Ob sie vom Bedachten od einem Dritten ausging, gilt gleich. Wegen der Widerrechtlichk vgl § 123 Anm 3b, BayObLG **60**, 497. Auch die Drohg einer Pflegerin, einen Kranken hilflos sterben zu lassen, falls er nicht sie od einen anderen bedenke, gehört hierher, RG JW **02**, Beil 286, auch Hbg HansRGZ **34** B Nr 194. Daß jemand einen Erbl dch Widerspr gegen eine von ihm beabsichtigte TestErrichtg von dieser Absicht abbringt, ist für sich allein nicht rechtswidr (noch verstößt es gg die guten Sitten), dazu bedarf es weiterer Umstände, etwa der Ausnutzg einer Willensschwäche od Zwangslage des Erbl, BGH BWNotZ **65**, 348. – Verfüggn, zu denen der Erbl unter Ausnützg der Todesnot iS der seit 1. 4. 53 außer Kraft gesetzten TestG 48 III bestimmt worden ist, sind entw nach § 138 nichtig od nach § 2078 II aE anfechtb, Barth-Schlüter Lehrb § 23 I 3, s auch Finke DNotZ **53**, 180, BGH FamRZ **56**, 221. – Widerrechtl Drohg kann auch uU Anf wg Erbunwürdigk begründen, § 2339 I Nr 3.

5) Der **Beweis** für den AnfGrd obliegt dem, der sich auf die Anfechtg der letztw Vfg beruft, BayObLG **63**, 264; **71**, 147/150, Hamm OLGZ **66**, 497; KG, BayObLG FamRZ **77**, 271/273, 347/349, s auch § 2081 Anm 2, § 2082 Anm 3. An den Nachw des Motivirrtums dürfen keine zu geringen Anforderungen gestellt werden; dies gilt insb für den Nachw, daß ein etwaiger Irrt auch ursächl für die Vfg war; für diese Ursächlichk gibt es keinen prima-facie-Beweis, Mattern BWNotZ **61**, 277/284. Beweis des ersten Anscheins, s RG DR **44**, 121, scheidet aus bei individuellem Vorgang des Verstandes- u Seelenlebens eines Menschen, BGH NJW **63**, 248 = LM Nr 8, KG aaO. Etwaige Anhaltspunkte für einen Willensmangel brauchen sich nicht aus der letztw Vfg zu ergeben, sie können aus nachgewiesenen mündl Äußergen des Erbl entnommen w, BGH NJW **65**, 584. Siehe allg Johannsen aaO 647ff. – Über **Verzicht** auf die Anf s § 2081 Anm 5.

6) Wirkg der Anf ist nicht die Nichtigk des ganzen Test, sond die der angefochtenen Vfg od der Teile von Vfgen (§ 142 I; wg mehrerer Vfgen vgl § 2085) von Anfang an, soweit anzunehmen ist, daß der Erbl sie bei Kenntn der Sachlage nicht getroffen hätte, soweit sie also durch den Irrt – die Drohg – beeinflußt ist, Kipp-Coing § 24 III 1 b, BayObLG **71**, 150, Haegele aaO 569ff. Die Nichtigk einer Erbeinsetzg folgt aber nicht wie bei der Anf unter Lebenden das Nichts, sond die gesetzl Erbf, Lange IhJ **82**, 9, soweit nicht durch die Anf ein älteres Test wieder in Kraft gesetzt wird od spätere EinzelVfgen des Überlebenden trotz § 2271 II wirks werden, RG **130**, 214. Der wahre, nicht erklärte Wille des Erbl gelangt aber dadurch nicht zur Wirksamk, Hamm DRiZ Rspr **51** Nr 231, dazu RGRK Rdz 69ff. Daher der Vorrang der Auslegg, durch die dem mutmaßl oder unterstellten Willen des Erbl zum Erfolg verholfen w kann, s auch Lübtow aaO 69. Bei aufschieb bedingter od mit Anfangstermin versehener Zuwendg ist eine Anf der Bedingg od Befristg allein nicht mögl; anders bei auflösber Bedingg od Befristung, s auch Entermins, Staud-Seybold Anm 20; Soergel-Knopp Rdz 9. – Der Anfechtg kann uU die **Einrede der Arglist** entgegenhalten werden, Kipp-Coing § 24 Anm 40, auch RGRK Rdz 60–63, der aber diese Einr nur für bes krasse Fälle geben will; s auch oben 3a.

7) Weitere Anfechtgsfälle s REG 79 (früh AmZ), 66 (früh BrZ), 68 (Berlin), dazu ORG Bln RzW **71**, 348. Nach Ablauf der hier bestimmten AnfFrist ist bei gleichem Tatbestd eine Anf nach § 2078 ausgeschl, jetzt hM, BGH LM Nr 1 REG 66 (BrZ), BayObLG NJW **54**, 1725, Ffm NJW **52**, 105, **53**, 310; RzW **63**, 161; aM KG NJW **54**, 118; Kipp-Coing § 24 II 4, Barth-Schlüter Lehrb § 5 III 4.

8) Sonderfall. Anf eines RGeschäfts des Erbl unter Lebenden entspr § 2078 ist denkb, zB wenn der Erbl in einem Zusatz zur LebensVersPolice einen anderen als bezugsberechtigt bezeichnet hat, in der irrigen Ann, der zunächst Bezeichnete sei gestorben, verschollen od erbunwürdig. Denkb ist auch eine entspr Anwendg der §§ 2078, 2079 auf die Anfechtg einer Drittbegünstiggsklausel für den Todesfall in einem BausparVertr, s Hippel NJW **66**, 867.

9) DDR: Über Anf testamentar Vfg s ZGB (Auszug im Anh, 35. Aufl) 374.

2079 Anfechtung wegen Übergehung eines Pflichtteilsberechtigten.

Eine letztwillige Verfügung kann angefochten werden, wenn der Erblasser einen zur Zeit des Erbfalls vorhandenen Pflichtteilsberechtigten übergangen hat, dessen Vorhandensein ihm bei der Errichtung der Verfügung nicht bekannt war oder der erst nach der Errichtung geboren oder pflichtteilsberechtigt geworden ist. Die Anfechtung ist ausgeschlossen, soweit anzunehmen ist, daß der Erblasser auch bei Kenntnis der Sachlage die Verfügung getroffen haben würde.

1) Allgemeines. Hier liegt ein **Sonderfall des Irrtums im Beweggrund** vor, BGH FamRZ **60**, 29, da iZw davon ausgegangen wird, daß der Erbl bei Kenntn der Sachlage den PflichtBerechtigten (Abkömml, Adoptivkind – dazu Schalhorn JurBüro **75**, 1570, auch nach dem AdoptG angen Kind, legitimiertes Kind Eltern, Eheg, § 2303, auch § 2338a) nicht übergangen haben würde. Der Anfechtende hat also die Ursächlichk zw Irrt u Vfg (anders als bei § 2078) nicht zu beweisen, da sie vermutet wird. Sache des Anf-Gegners ist es vielm, den GgBew aus S 2 zu führen, also zu beweisen, der Erbl hätte, auch wenn er die Existenz des PflichtBerecht gekannt od vorausgesehen hätte, es werde noch ein PflichtBerecht in Erscheing treten, nach seinem mutmaßl Willen so verfügt, wie geschehen, Kipp-Coing § 24 II 2 d, BGH LM Nr 1. Unter „Sachlage" ist nichts weiter als die Kenntn vom Vorhandensein des PflichtBerecht od der nach Errichtg der letztw Vfg erfolgenden Geburt eines solchen zu verstehen, andere Veränderngen sind nicht zu berücksichtigen, BGH LM Nr 1. Für die Prüfg der Frage, ob S 2 durchgreift, kommt es auf den Ztpkt der Errichtg der letztw Vfg an, s Celle, Hamm NJW **69**, 101, **72**, 1089. Aus dem geflissentl Weiterbestehenlassen der letztw Vfg kann auf den Übergehungswillen zum ErrichtgsZtpkt geschlossen werden. § 2079 gewährt ein AnfR, wenn der Erbl in seinem vor dem 1. 7. 70 errichteten Test das pflichtber gewordene nichtehel Kind übergangen hat u der Erbf nach diesem Ztpkt eingetreten ist, s hierzu Damrau BB **70**, 471ff, Körting

NJW **70**, 1527f, Johannsen WPM SonderNr 3/**70**, 21ff, dort auch über Beweisfragen, u insb Bosch, Lindacher FamRZ **72**, 179; **74**, 345/348, Voss § 10 A I 2, § 2338a Anm 6.

2) a) Voraussetzgen. Übergehg liegt nicht vor, wenn der PflichttBerecht (zB der spätere Eheg) mit einer – nicht ganz geringfügigen – Zuwendg (zB Vermächtn), die nicht in bezug auf das PflichtR gemacht zu sein braucht, bedacht ist; doch kann dann Anf aus § 2078 II in Frage kommen, RG **148**, 223, s RGRK Rdz 10, 11. Nicht übergangen ist ein PflichttBerecht auch dann, wenn ihn der Erbl in einem das angefochtene ergänzden späteren Test in voller Kenntn seiner PflichttBerechtigg bedacht hat, Celle NJW **69**, 101. Übergangen ist er vielm, wenn ihm gar nichts zugewendet ist, obwohl aber auch nicht von PflichttR ausschließen wollte, s dazu BayObLG **71**, 147/151, Damrau aaO 473, Johannsen aaO (s vor § 2078) 649. Als übergangen kann aber auch ein nehel Kind angesehen w, dem vor dem 1. 7. 70 der Vater ein Verm zugewendet hat, s Damrau, Johannsen (s Anm 1 a E) je aaO. Ist der PflichttBer ausdrückl ausgeschl od war er dem Erbl bei TestErrichtg als PflichtsBerecht bekannt, so kann er nicht anfechten, auch Pflichtt verlangen, RG **59**, 63. Dem Nichtbekanntsein iv bloße Mutmaßgen des Erbl (zB der PflichttBerecht sei gestorben, RG SeuffA **62** Nr 186) od tatsächl od RechtsIrrt über das PflichtR des bekannten Berecht, RGRK Rdz 24, sowie die Fälle gleichgestellt, daß der Erbl an die Möglichk zukünft PflichtRechts (zB durch Wegfall eines näher Berecht, § 1924 III, Heirat, EhelichErkl od Adoption, dazu Schulhorn JurBüro **75**, 1570) einfach nicht gedacht hat, Kipp-Coing § 24 II 2 d. Bloße Zweifel, ob ein Weltkriegsvermißter noch lebt, w idR aber nicht ausreichen, Fbg DRZ **49**, 235. Ein ErbVertr, der die Voraussetzg dafür war, daß der eine der beiden Miteigentümer des zu entschuldden Gutes die persönl Schulden des and für den Fall der nachher dchgeführten Entschuldg auf seinen EigAnteil mitübernommen hat, unterliegt der Anf nach §§ 2079, 2281, wenn dch den Vertr die spätere Ehefr eines Beteiligten übergangen w, RG **161**, 19. Bekanntwerden nach der TestErrichtg, „geflissentliches" Weiterbestehenlassen des Test, kann die Anf nach S 2 ausschließen; es kommt aber auf die Umst des Einzelfalles an, s RG **77**, 170; **148**, 224, BayObLG **71**, 151, auch Damrau aaO 472, LG Freibg ZBIJR **72**, 304.

b) Wirkung. Die nach § 2079 S 1 vorgen Anf bewirkt bei Vorliegen ihrer Voraussetzgen grdsätzl, wenn auch nicht notw (s OLG Köln NJW **56**, 1522), die Nichtigk des ganzen Test; zu der Frage, ob u inwieweit die Anf nach § 2079 S 2 ausgeschl ist, lassen sich unbedingt geltde Regeln nicht aufstellen, s BayObLG **71**, 151, **75**, 6/9; BGH LM Nr 1 (zu weitgehd Köln aaO im LeitS); Reinicke, Hamm NJW **71**, 1961, **72**, 1089; Hann FHZiv **77** Nr 3148; s auch Johannsen aaO 22, 23 bei Anf dch das nehel Kind. Wirkgslos ist die fristgerecht erklärte, sachl begründete Anf, wenn sie sich als unzuläss RAusübg, § 242, Verstoß gg §§ 138, 226, darstellt, BGH FamRZ **70**, 82, Hbg MDR **65**, 139. Wegen des ErbVertr vgl § 2281, des gemschaftl Test § 2271 Anm 4.

3) Verhältnis zu § 2078. Neben § 2079 kann die Anf auch auf § 2078 gestützt werden, BayObLG **71**, 150. Köln NJW **56**, 1522. Ob eine Anf nach § 2079 auch eine solche nach § 2078 ohne weiteres in sich schließt, ist streitig; verneind JW **11**, 656, Kiel HEZ **2**, 329, weil beide AnfGründe sich aus verschiedenen Tatbeständen ergeben. Da aber ein AnfGrd nicht angegeben zu w braucht, § 2081 Anm 1, kann auch nicht verlangt werden, daß bei der Anf ausdrückl erkl wird, ob sie auf § 2078 oder § 2079 gestützt wird, ebso RGRK Rdz 2 zu § 2081. Anders beim sog Nachschieben von AnfGründen s Anm 1 zu § 2081.

2080 *Anfechtungsberechtigte.* I Zur Anfechtung ist derjenige berechtigt, welchem die Aufhebung der letztwilligen Verfügung unmittelbar zustatten kommen würde.

II Bezieht sich in den Fällen des § 2078 der Irrtum nur auf eine bestimmte Person und ist diese anfechtungsberechtigt oder würde sie anfechtungsberechtigt sein, wenn sie zur Zeit des Erbfalls gelebt hätte, so ist ein anderer zur Anfechtung nicht berechtigt.

III Im Falle des § 2079 steht das Anfechtungsrecht nur dem Pflichtteilsberechtigten zu.

1) Anfechtgsberechtigt ist nicht (wie bei der Erbunwürdigk, § 2341) der „bei dem Wegfall eines anderen" zum Zuge kommende Dritte, sond nur der unmittelb Betroffene, s BayObLG **75**, 6/9. – **a)** Ist der AnfBerecht **erbunwürdig**, § 2339, so kann der durch diesen Ausgeschlossene aGrd TestAnfechtg wg Willensmangels zwar nicht die Erbsch als solche erwerben, wohl aber durch den Anf u durch den sich aus ihr ergebenden Anfall der Erbsch an den Erbunwürdigen ein unmittelb Recht, den ErbschErwerb des Unwürdigen nach §§ 2339ff anzufechten. Der Erwerb dieses ErbschAnfRechts ist als ein „unmittelbares Zustattenkommen" iS von I anzusehen, Staud-Ferid § 2340 Anm 14. Der durch den Erbunwürdigen Ausgeschlossene kann also das AnfR schon vor der ErbunwürdigkErkl ausüben; aM Kipp-Coing § 24 IV 1 a⁵⁰. Versuchen des Erbunwürdigen, sein eigenes TestAnfR als unzulässiges Druckmittel zu benützen, kann durch Anf dch Erhebg der ErbunwürdigkKlage begegnet werden, zumal der Kreis der AnfBerechtigten in § 2341 sehr weit gezogen ist. – **b) Weitere Anfechtsberechtigte:** Es können anfechten die nächsten gesetzl Erben bei Erbeinsetzg eines Dritten, vgl auch § 2081 I, Vor- u NachE wechselseitig, § 2102 I, der ErsatzE ggü dem Haupterben, Erman-Hense Rdz 1, der MitE nach Berufg anderer Miterben, der mit einem Vermächtn Beschwerte das Vermächtn. Ist eine Erbeinsetzg in einem späteren Test widerrufen, so ist zur Anf des späteren Test auch der in einem früheren Test eingesetzte Erbe berechtigt, RG Recht **19** Nr 2136. Entsprechendes gilt auch für ein widerrufenes Vermächtn. Ist die Erbeinsetzg eines Ehegatten od ein Vermächtn an ihn widerrufen, so ist nur der früher Bedachte anfechtgsberechtigt, auch wenn die Zuwendg zum GesGut des GütGemsch gehört hätte u dieses von beiden Eheg gmschaftl od vom anderen Eheg verwaltet wird; vgl § 1432 I, 1455 Nr 1. Hat der Erbl die wirks erfolgte Ernenng eines TestVollstr anfechtb, zB in der irrtüml Ann seines Todes, aufgeh, so steht das AnfR dem TestVollstr zu. Bei familienrechtlichen Anordnungen ist der betroffene Gewalthaber berechtigt, zB der eine Eheg bei Bestimmg einer Zuwendg als VorbehGut des anderen nach § 1418 II 2, RG Recht **09** Nr 1334, die Eltern od ein Elternteil bei Ausschl der VermögensVerw nach § 1638 I und die Eltern od der Vormd bei Ausschl der Verw nach § 1909 I 2. Das AnfR kann im Hinbl

Testament. 1. Titel: Allgemeine Vorschriften §§ 2080, 2081

auf § 1371 I auch davon abhängen, ob der Erbl vor seinem Tod mit dem überl Eheg in Zugewinngemeinschaft gelebt hat, s RGRK Rdz 1. – c) Von **mehreren Anfechtgsberechtigten** steht jedem das AnfR nach I selbständig zu. Doch wirkt die Anf einer Mehreren ihrem ganzen Inhalt nach durch Irrt beeinflußten Vfg durch einen gesetzl Erben auch zG der übrigen, BGH **LM** Nr 1, denen immer noch die Ausschlaggsmöglichk hins der gesetzl Erbfolge verbleibt, Kipp-Coing § 24 IV 1 b.

2) **Einschränkg.** Bezog sich der Irrt, § 2078 (bei Drohg gilt **II** nicht) auf eine bestimmte Pers, so entsteht kein AnfR, wenn sie schon vor dem Erbfall gestorben war, **II**; es erlischt nicht etwa, da es ja nie entstand. Andere können nicht anfechten. Man denke an den Fall, daß der Erbl einen Verwandten, den er für tot hielt, übergangen hat, dieser dann aufgetaucht, aber noch vor dem Erbf wirkl gestorben ist. Dagg können die Erben eines Verstorbenen anfechten, wenn für diesen das AnfR bereits entstanden, er also erst nach dem Erbf verstorben war.

3) **Pflichtteilsberechtigte, III.** Im Falle des § 2079 soll die Aufhebg ledigl diesen, nicht Dritten unmittelb zustatten kommen, s BayObLG **75**, 6/9. Deshalb soll auch nur den zZ des Erbfalls vorhandenen PflichtBerechtigten das AnfR zustehen. War der Berecht noch vor dem Erbf durch Tod od Erbverzicht weggefallen, so bleibt die Vfg wirks, da dann die Voraussetzg des § 2079 (Übergeh eines zur Zeit des Erbfalls vorhandenen PflichtBerecht) nicht gegeben ist u zudem es an einem AnfBerecht fehlt, soweit nicht an Stelle des Weggefallenen ein anderer PflichttBerecht tritt, der seiners übergangen ist.

4) **Vererbl** ist das einmal entstandene AnfR (vgl aber Anm 2), jedoch ist es als höchstpersönl Recht nicht unter Lebenden übertragb od pfändb und steht auch nur dem AnfBerecht selbst, nicht dem **NachlPfleger, NachlVerw, KonkVerw** des AnfBerechtigten od TestVollstrecker zu; NachlPfleger u TestVollstr können aber uU AOen des Erbl anfechten, die ihre Befugnisse einschränken, Barth-Schlüter, Lehrb § 24 II 4; vgl auch § 2081, oben Anm 1 b. Allerdings kann es einem Dritten zur Ausüb überlassen werden, insb durch Übertragg des mit der Anf erst zu erstreitenden Erbteils od Vermächtn. Über **Verzicht** auf die Anf s § 2081 Anm 5.

5) **Der Erbl** ist hier nicht zur Anf berechtigt, da er jederzeit frei widerrufen kann, §§ 2253 ff. Anders beim ErbVertr, § 2281, und bindend gewordenem gemschaftl Test, RG **132**, 4. Auch für letzteres gilt § 2285 (s § 2271 Anm 4, § 2285 Anm 1).

2081 *Erklärung der Anfechtung.* **I** Die Anfechtung einer letztwilligen Verfügung, durch die ein Erbe eingesetzt, ein gesetzlicher Erbe von der Erbfolge ausgeschlossen, ein Testamentsvollstrecker ernannt oder eine Verfügung solcher Art aufgehoben wird, erfolgt durch Erklärung gegenüber dem Nachlaßgerichte.

II Das Nachlaßgericht soll die Anfechtungserklärung demjenigen mitteilen, welchem die angefochtene Verfügung unmittelbar zustatten kommt. Es hat die Einsicht der Erklärung jedem zu gestatten, der ein rechtliches Interesse glaubhaft macht.

III Die Vorschrift des Absatzes 1 gilt auch für die Anfechtung einer letztwilligen Verfügung, durch die ein Recht für einen anderen nicht begründet wird, insbesondere für die Anfechtung einer Auflage.

1) **Die AnfErklärg** erfolgt in den in **I** aufgeführten Fällen, §§ 2087 ff, 1938, 2197 ff, 2253 ff, abweich von § 143 I, **formlos gegenüber dem NachlGericht**, § 130 I, III. Hierzu gehören auch die Nacherbeneinsetzg, § 2100, die Befreiung des VorE, § 2136 f, oder die Wiederaufhebg einer solchen Anordg u die Nichtbefreiung, KG JFG **13**, 129, sowie die Bestimmg des Wirkgskreises des TestVollstr, § 2207 ff. Der Grd der Anf braucht nicht angegeben zu werden, BayObLG **62**, 52, aM Kiel HEZ **2**, 337. Daher können neue Tatsachen, die schon vor der Anf gegeben waren, jederzeit zur Unterstützg der Anf nachgebracht werden. Wird aber ein AnfGrd, der erst nach der Anf entstand, vorgebracht, so kann auf diese Nachschiebg die bereits erklärte Anf nicht mehr gestützt werden; ein derartiger AnfGrd kann aber in einer neuen AnfErkl geltd gemacht werden, RGRK Rdz 2, s OHG **3**, 378.

2) **Das Nachlaßgericht**, FGG 72 ff, hat die AnfErkl zu den Akten zu nehmen u den anfechtb Bedachten zu **benachrichtigen**, auch auf Verlangen Einsicht, vgl dazu § 1953, zu gestatten, **II**, u Abschriften zu erteilen. **AnfGegner** ist also sachl nicht das NachlG, sond der durch den Wegfall der letztw Vfg Betroffene, RG **143**, 353. Eine weitere Tätigk des NachlG, insb die Prüfg der Wirksamk der Anf, ist nur dann veranlaßt, wenn diese Frage für ein Verf von dem NachlG von Bedeutg ist, Mü JFG **16**, 244. Im **Erbscheinsverfahren**, §§ 2353 ff, hat daher das NachlG selbst über das Durchgreifen der Anf zu entscheiden; Verweisg auf den Prozeßweg unstatth, Mü JFG **13**, 280; ist bereits ein Erbschein erteilt, so muß es nach Kenntn von der Anf vAw prüfen, ob dessen Einziehg, § 2361, geboten ist, KG NJW **63**, 766. Die ErmittlgsPfl des NachlG beschränkt sich grdsätzl auf die geltd gemachten AnfGründe, nach weiteren AnfGründen forscht es nicht, BayObLG **62**, 47. Anerkenng der Wirksamk der Anf durch die Beteiligten ist im ErbscheinsVerf ohne Bedeutg, § 2358. Die materielle **Beweislast** (Feststellgslast) für die TestAnfechtgsgründe trifft in diesem Verf den, der die Anf geltd macht, BayObLG **62**, 299; KG NJW **63**, 766. – Zum Rechtsstreit über die Anf s Johannsen aaO (vor § 2078) 653 f. – Gebühr KostO 112 I Nr 4. – **Interlokale Zustdk**: Die Wirksamk der Anf ggü einem interlokal u örtl unzust NachlG verneint das KG OLGZ **76**, 167 (VorleggsBeschl unter Berücksichtigg des in der DDR fr geltden R, s jetzt ZGB DDR 374); BGH FamRZ **77**, 786 bejaht sie m R entspr FGG 7.

3) **Kein Recht, III**, wird begründet durch die Auflage, § 1940, das Teilgsverbot, § 2044, Entziehg od Beschrkg des Pflichtteils §§ 2336, 2338, familienrechtl Anordnungen, vgl Einl 4a vor § 1922 und § 2080 Anm 1, sowie durch die Aufhebg solcher Anordnungen, RGRK Rdz 7, 8. Hier gilt in Ermangelg eines Berechtigten **I**, nicht aber **II**, s Planck-Flad Anm 2. Gewährg von Einsicht in die Erkl nach FGG 34 ist aber mögl.

4) In anderen Fällen, zB Anordng od Aufhebg von Vermächtnissen, §§ 2147 ff, von Rechte begründenden Teilsanordngn, § 2048, – nach Kipp-Coing § 24 V 1 a auch von PflichttEntziehgn – erfolgt die **Anf** gem § 143 durch formlose Erkl **ggüber dem AnfGegner,** RG 143, 353, die aber bei versehentl dem NachlG ggü erfolgter Anf durch dessen Mitteilg, II, innerh der AnfFrist ersetzt wird, OGH MDR **50,** 147. AnfGegner ist jeder, der aGrd der angefochtenen Vfg, Aussetzg, Aufhebg des Vermächtn unmittelb einen Vorteil erlangt hat, BayObLG **60,** 495. Bei einem Vermächtn an einen Ehegatten ist die Erkl jedenf an den Bedachten zu richten, wenn gesetzl Güterstd od Gütertrenng vorliegt od wenn das Vermächtn Vorbehgut bei GütGemsch ist; aber auch wenn das Vermächtn zum GesGut der GütGemsch gehört, ist aus §§ 1432 I, 1455 Nr 1 zu folgern, daß nur der Bedachte AnfGegner ist. Die Anfechtg einer VermAO muß, wenn ein minderj Kind Erbe ist, dch dessen gesetzl Vertr ggü dem VermNehmer erklärt w, KG FamRZ **77,** 271. Bei einem Erbfall vor KonkEröffng ist die AnfErkl an den KonkVerw, bei einem späteren Anfall an den Bedachten zu richten, Staud-Seybold Anm 3. Die **Wirkg** der Anf erstreckt sich aus § 142 I, erstreckt sich aber nicht auf die bereits dingl Übertragg des vermachten Ggstandes durch den Beschwerten, der vielm nach BereichergsGrdsätzen, §§ 812 ff, herauszugeben ist, Soergel-Knopp § 2078 Rdz 9. Ob die Anf des Widerrufs eines Vermächtn durch den VermNehmer über den Widerruf des Vermächtn hinaus auf von dem Test-Widerruf betroffene Erbeinsetzgen wirkt, ist nach § 2085 zu prüfen, BayObLG **60,** 499, s aber auch Johannsen aaO 652.

4a) Die **Anfechtg** eines Test oder des Widerrufs eines Test (Rückn aus der amtl Verwahrg, § 2256), das **Erbeinsetzgn u Vermächtn** enthält, muß soweit sie die Erbeinsetzgn betr, durch Erkl ggü dem NachlG, soweit sie sich gg die Vermächtn richtet, ggü den Begünstigten erfolgen, BayObLG **60,** 490, KG FamRZ **77,** 271; jedoch ist zunächst zu prüfen, ob letztere nicht dadurch schon ihre Wirksamk verlieren, daß sie mit den ggü dem NachlG anzufechtenden Vfgen in so engem Zushang stehen, daß § 2085 Platz greift, Staud-Seybold Anm 4, RGRK Anm 17. Die Anf des Widerrufs eines derartigen Test seitens eines VermNehmers macht den Widerruf der im Test enthaltenen Erbeinsetzgn nur dann unwirks, wenn anzunehmen ist, daß der Erbl das Test nur in seiner Gesamth widerrufen hätte, BayObLG aaO.

5) Verzicht auf die Anf (hierzu eingeh Ischinger, Rpfleger **51,** 159) ist durch **Vertrag** mit dem AnfGegner sowie durch **formlose Bestätigung** seitens des AnfBerecht, § 144, auch wenn er nicht „Erklärender" iS des § 2078 ist, mögl, BayObLG **30,** 269, **65,** 265. Eine Bestätigg **durch den Erbl** kommt nur in Frage, soweit er anfechtungsberecht ist, vgl § 2080 Anm 5, eine solche Bestätigung ist nicht empfangsbedürft, braucht daher nicht notw ggü dem AnfGegner od nach dessen Tod ggü dem NachlG abgegeben zu werden, BayObLG **54,** 77. Aber auch soweit der Erbl nicht anfechtsberecht ist, wird eine Anfechtg regelm ausgeschlossen sein, wenn der Erbl trotz Kenntnis des AnfGrundes die Vfg nicht abgeändert hat, vgl RG **77,** 170, BayObLG **71,** 150, Rpfleger **75,** 242. Denn dann ist idR anzunehmen, daß der Erbl auch bei Kenntn der Sachlage die Vfg getroffen hätte, aM Lange-Kuchinke § 35 IV a.[65] Wenn aber der Erbl seine Vfg vor Anfechtg schützen will, so muß er das Test – anders beim ErbVertr § 2284 – in der vorgeschriebenen Form neu errichten, wobei er sich auf Aufrechterhaltg der früheren Vfg beschränken kann, hM, s auch Johannsen WPM **72,** 653.

2082 *Anfechtungsfrist.* I Die Anfechtung kann nur binnen Jahresfrist erfolgen.
II Die Frist beginnt mit dem Zeitpunkt, in welchem der Anfechtungsberechtigte von dem Anfechtungsgrunde Kenntnis erlangt. Auf den Lauf der Frist finden die für die Verjährung geltenden Vorschriften der §§ 203, 206, 207 entsprechende Anwendung.
III Die Anfechtung ist ausgeschlossen, wenn seit dem Erbfalle dreißig Jahre verstrichen sind.

1) Die Anfechtg (ggü dem NachlG, § 2081 Anm 1, od – beim Vermächtn – ggü dem AnfGegner, § 2081 Anm 4) kann, abweichd von § 121 I und entspr § 124 I, nur binnen Jahresfrist (Ausschlußfrist) erfolgen. Sie ist also keine VerjFrist, so daß sie vAw zu berücksichtigen u eine Unterbrechg, § 208 ff. ausgeschl ist. Im übrigen gilt dasselbe wie bei § 1954 II 2. Stillstand der RPflege, § 203 I, ist für die Anf ggü dem AnfGegner, § 2081 Anm 4, ohne Bedeutg, wohl aber höhere Gewalt, § 203 II, BayObLG **60,** 497. Mangel gesetzl Vertr, § 206, liegt auch dann vor, wenn der gesetzl Vertreter durch § 181 verhindert war, RG **143,** 354 (der Fall RG **157,** 32 liegt anders). Fristberechng nach §§ 187, 188.

2) Die Frist beginnt (auch bei der Drohg, § 2078 II, da der AnfBerecht ja nicht bedroht war) keinesf vor dem Erbf, vgl III, und erst mit der **Kenntnis des AnfGrundes** (Erbfall, Test, auf dessen Verkündg es hier im Ggsatz zu § 1944 II nicht ankommt, Irrt od Bedrohg des Erblassers u deren Ursächlichk). Alle diese das AnfR begründenden Tatsachen muß der AnfBerechtigte zuverlässig erfahren haben, RG **132,** 4. **Rechtsirrtum** hemmt nur dann den Fristbeginn, wenn er die Unkenntn einer die Anfechtg begründenden Tats zur Folge hat, nicht aber, wenn es sich ledigl um eine rechtsirrtüml Beurteilg des AnfTatbestandes selbst handelt, BGH FamRZ **70,** 79; dazu Johannsen aaO (vor § 2078) 651, ferner Köln, KG, Hamm OLGZ **67,** 496, **68** 112, **71** 312, BayObLG **75,** 6/10. Nach RGRK Rdz 12 ist nur der wirkl reine RechtsIrrt unbeachtl, dagg die auf einem TatsIrrt beruhe falsche Beurteilg der RLage beachtl. Die Frist läuft also nicht, solange der AnfBerecht die letztw Vfg für ungült RG **107,** 192, **115,** 30, zB für wirks angefochten, KG aaO 112, für wirks widerrufen, Hamm aaO 312, hält. Sie läuft aber, wenn er an das frühere Test nicht gedacht hat, weil er sich mit der Regelg seines Nachl nicht befaßt hat, Kiel HEZ **2,** 334. Die Frist beginnt auch nicht erst dann zu laufen, wenn er erfährt, daß zur Beseitigg der Vfg die Anf erklären müsse, RG **132,** 4. Bedenkl Kblz NJW **47/48,** 628, wonach rechtsirrtüml Auslegg den Fristablauf nicht hindert. Der bloße auf Rechtsunkenntn beruhde Irrt über die Möglichk u Notwendigk, ein Test wg Geburt eines PflichttBerecht anzufechten, ist nicht geeignet, den Lauf der AnfFrist zu hemmen, KG NJW **63,** 767. Vgl auch § 2271 Anm 4. Wenn Eheg nach der Regel des § 2269 in einem **gemeinschaftl Test** sich ggseitig zu Erben u die Abkömml zu Erben des Überlebenden einsetzen, so beginnt die Frist für die Abkömml erst mit dem Tod des Überlebenden, Bay-

Testament. 1. Titel: Allgemeine Vorschriften §§ 2082–2084

ObLG FamRZ **77**, 347; aM Ffm MDR **59**, 393, wonach die Frist schon mit dem Tod des Erstversterbenden beginnen soll; aber dessen Vgf hins der Abkömml wurde mit seinem Ableben ggstandslos; anfechtb ist nur die Vfg des Überlebenden. – § 2082 gilt nicht für die AnfFälle nach **REG** 79 (früh *AmZ*), 66 (früh *BrZ*) und 68 *(Bln)*, BGH **LM** Nr 1 zu REG 66 (früh *BrZ*).

3) Den Beweis der rechtzeitigen Anf hat der Anfechtende, den der früher erlangten Kenntn, also insow den des Ausschlusses des AnfRechts durch Zeitablauf, hat der AnfGegner zu führen, s BayObLG **63**, 265, s auch Johannsen aaO (vor § 2078) 652.

2083 *Einrede der Anfechtbarkeit.* **Ist eine letztwillige Verfügung, durch die eine Verpflichtung zu einer Leistung begründet wird, anfechtbar, so kann der Beschwerte die Leistung verweigern, auch wenn die Anfechtung nach § 2082 ausgeschlossen ist.**

1) Ist die Anf durch Fristablauf ausgeschlossen, §§ 2082 I, III, so soll der aGrd der anfechtb Vfg (Vermächtnis, Auflage) Fdgsberechtigte, dem ggü nicht angefochten ist, wenigstens nicht auf Erf klagen können. Das AnfR kann vielm noch **einredeweise** geltd gemacht werden, so auch bei § 2345; ähnl §§ 821, 853. Der TestVollstr kann die Einr nur mit Zust der Erben geltd machen, BGH NJW **62**, 1058. – Wird aber geleistet, so besteht regelm kein RückFdgsR, § 814, Staud-Seybold zu § 2083. Durch Teilgsanordngen (außer soweit sie etwa bei Teilg unberücksichtigt geblieben sind, vgl Planck-Flad Anm 2) od die Erbeinsetzg wird keine LeistgsPfl begründet, auch nicht durch die Nacherbeinsetzg, da die HerausgPfl des § 2130 nur die Folge davon ist, daß die Erbenstellg dem Vorerben, § 2139, nicht mehr zukommt, RGRK Rdz 2.

2084 *Verschiedene Auslegungsmöglichkeiten.* **Läßt der Inhalt einer letztwilligen Verfügung verschiedene Auslegungen zu, so ist im Zweifel diejenige Auslegung vorzuziehen, bei welcher die Verfügung Erfolg haben kann.**

Schrifttum: Siber, Ausleg u Anfechtg der Verfüggen von Todes wegen, Reichsgerichtspraxis III 350 ff. – Foer, Die Berücksichtigg des Willens des Testators bei der Ausleg mehrdeutiger Verfüggen vTw, AcP **153**, 492. – Kemmer, Ausleg letztwilliger Verfüggen, DJ **40**, 1183. – Piceno ni, Die Ausleg von Testament u Erbvertrag, 1955. – Keuk, Der Erblasserwille post testamentum u die Ausleg des Testaments, 1965. – Brox, Die Einschränkg der Irrtumsanfechtg, 1960, § 8; ders, Erbrecht, § 16 (= Brox § 16). – Flume, Festschr z Deutschen Juristentag, 1960, I 135/190, Allg Teil des Bürgerl Rechts, II. Das Rechtsgeschäft, 2. Aufl 1975, § 16–5; – Coing, Die Bedeutg der Zweckgebundenenheit jur Personen bei Ausleg von Verfüggen von Todes wegen, Festschr für Nipperdey, 1965, I 229. – v Lübtow, Lehrb I 264–305. – Lange-Kuchinke § 33. – Haegele, Zur Ausleg letztw Vfgen BWNotZ **77**, 98. – Bockelmann, Letztw Vfgen und ihre Ausleg dch den Rechtspfleger im GrdB, Rpfleger, **71**, 337. – Johannsen, Die Rechtspr des BGH auf dem Gebiet des ErbR. – 7. Teil: Das Test, 3. Abschn: Die Ausleg, WPM **72**, 62; **77**, 273. – Bartz, TestAusleg bei Vermögenserwerb der Erbl in TestErrichtg NJW **72**, 1174. – Böhm, Der Einfluß des NEhelG auf erbrechtl Ausleggs- u Ergänzungsregeln, FamRZ **72**, 180.

1) Auslegg im allgemeinen. Jede letztw Verfügg ist eine Willenserklärg, sie ist daher nach **§ 133** auszulegen; der wirkl Wille des Erbl ist zu erforschen, s KG NJW **70**, 758. Für die Ausleg gelten also die in § 133 Anm 4a, b für das Verf hiebei angeführten Grdsätze. Zu berücksichtigen ist aber, daß die letztw Vfgen, abgesehen vom ErbVertr, nichtempfangsbedürft WillErkl darstellen u deshalb der obj Sinn der Erkl zurücktreten kann, demggü der subj ErblWille, auch wenn er nur unvollk ausgedrückt ist, ermittelt w muß, Erm-Hense Rdz 2; ein Vertrauensschutz ist nicht erforderl, Brox § 16 II 1. Auch § 157 kommt nicht zum Zug, Lange-Kuchinke § 33 III 2; er gilt nur für den ErbVertr, Anm 6, u entspr für das bindde gemschaftl Test, vgl Lange-Kuchinke § 33 III 6b. § 2084 enthält eine erbrechtl Ausgestaltg des § 133; über sein Verhältn zur Ausleg nach § 133 s Anm 4a, dort auch über die Auslegsregeln für letztw Vfgen. Die Grdsätze über die **Umdeutg**, § 140, können herangezogen werden, s Anm 5. – Anfechtg u Ausleg sind für die Willensverwirklichg von ungleichem Wert, denn erstere zerstört, letztere baut auf. Daher geht die Ausleg der Anfechtg vor, BGH **LM** Nr 1 zu § 2100, KG NJW **63**, 766, BayObLG **66**, 394, § 2078 Anm 1a.

2) Notwendigk der Auslegg. Bei Zweifeln entsch die Auslegg; also da nicht, wo kein Zweifel besteht, BayObLG **76**, 122/123 f, wenn es sich um völlig klare u unzweideutige Erklärgen eines Testaments handelt, RGRK Anm 3, s BGH **26**, 211, 212; **32**, 60, FamRZ **65**, 212. Eindeut u nicht auslegsfäh sind Begriffe, die nach allg SprachGebr eindeut u klar sind u daher von jedem in ders Weise verstanden w, es sei denn, daß sich aus der letztw Vfg ergibt, daß der Erbl den Begriff and verstanden wissen will, s Johannsen aaO 63. Es spricht mind eine Vermutg dafür, daß der eindeutige Wortlaut auch den wahren Willen des Erbl wiedergibt, KG Rpfleger **69**, 426, Kipp-Coing § 21 II. Falsche Bezeichngen können auch bei Eindeutigk korrigiert werden, Lange-Kuchinke § 33 III 3b, s § 2078 Anm 1a. Auslegg greift also Platz, wenn die **Verfügg mehrdeutig ist**, Anm 3, wenn der Wortlaut keiner der im BGB vorgesehenen Gestaltsmöglichk schlechthin entspricht, BayObLG **60**, 258; s über Auslegg unten Anm 4, BayObLG **54**, 36, **65**, 53 (Auslegg der Verweisg auf die gesetzl Bestimmgen) u § 133 Anm 4. Können mehrere Auslegen zum Erfolg führen, so wird in Anwendg von § 2084 die dem Bedachten günstigere, weniger Umst u Kosten verursachde Auslegg vorzunehmen sein, s Kipp-Coing § 21 Vb; dagg ist § 2084 nicht anwendb, wenn es sich darum handelt, ob das Bedachten od das dem Verpflichteten Günstigere gewollt ist (zB ob Zuwendg eines „Schreibtisches mit Inhalt" auch die Hyp zu beziehen ist, wenn sich in Hyp-Brief dort befindet, RG SeuffA **75** Nr 107); sehr weitgehd KG JFG **22**, 83, wonach unter Heranziehg von § 2084 angenommen wird, der Erbl habe eine Erledigg gewünscht, die möglichst ohne bes Umst u Kosten seiner Vfg Erfolg verschafft, es sei daher von mehreren mit verschiedenen NachlGgständen

Bedachten nur der Hauptbedachte als Erbe, die übrigen als VermNehmer anzusehen, s § 2087 Anm 1, auch Lange Lehrb § 33 III 1. Die Auslegungsregel des § 2269 tritt hinter der des § 2084 zurück, wenn eine Vfg des anderen Ehegatten bei entspr Ausleg wegen Wechselbezüglichk unwirks sein würde, währd sie bei einer anderen mögl Ausleg Erfolg haben könnte, KG JW **37**, 1410.

3) Entsprechende Anwendg des § 2084. Die Vorschr findet nach ihrem Wortlaut nur auf eine letztw Vfg Anwendg, die unstreitig besteht, deren Inhalt aber mehrdeutig ist. Um jedoch dem letzten Willen des Erbl nach Möglichk Geltg zu verschaffen, ist eine entspr Anwendg geboten:

a) Hinsichtl der Beurteilg der Erf notwendiger gesetzl **Form**erfordernisse, KG JW **36**, 2564, JFG **16**, 95, Mü JFG **16**, 93, RGRK Anm 36, hM, s auch Lange Lehrb § 33 II a 7. Keinesf kann aber beim eigenhändigen Test das fehlende Formerfordern der Unterschr durch Ausleg nach § 2084 ersetzt werden, Neust Rpfleger **62**, 446, auch LG Mannh Just **62**, 182.

b) Wenn eine **rechtsgeschäftl Erklärg** des Erbl zweifelsfrei feststeht, aber deren **rechtl Natur** zweifelh ist, so vor allem, wenn Zweifel darüber bestehen, ob eine letztw Vfg od eine Schenkg unter Lebenden gegeben ist, RG LZ **24**, 161, KG NJW **59**, 1441, BGH **LM** Nr 3 und die hM des Schrifft, s dazu Johannsen aaO 69; ferner bei der Frage, ob eine letztw Vfg oder eine widerrufl Vollm für den Todesfall, § 168 Anm 1, vorliegt.

c) Bestritten ist dagg eine entspr Anwendg, wenn Zweifel darüber bestehen, ob der Erbl eine letztw **Verfügg** treffen oder nur einen **unverbindl Wunsch** äußern wollte. Bejahend Stgt BWNotZ **60**, 150, verneind dagg RG HRR **31** Nr 1319, KG DFG **41**, 10 und die hM des Schrifft, wonach hier nicht § 2084, sond nur die allg Ausleg nach § 133 in Frage kommt, ebenso jetzt BGH **LM** Nr 13. Der hM ist beizutreten; so kann für Ausleg, ob Erkl in Brief letztw Vfg od unverbindl Mitteil ist, BayObLG **63**, 61, BGH DRiZ **66**, 397, WPM **76**, 744, Ffm Rpfleger **70**, 392; zu beachten ist aber, daß die letzten Bitten u Wünsche vielf als höfl Formulierg eines letzten Willens gedeutet w können, Kemmer DJ **40**, 1185, BayObLG **60**, 505, Werner JuS **73**, 434. Auch bei der Fassg „Ich erwarte" kann eine letztw Vfg gegeben sein, BGH **LM** § 133 (B) Nr 1. Entscheidd, ist, ob ein Rechtsbindgswille bestand, vgl Bartholomeyczik, Festschr f Fischer, 1967, 51 ff.

d) Nicht anwendb ist § 2084 bei Zweifeln über die Frage, ob eine **letztw Verfügg** oder nur die **Ankündigg** einer solchen od ein **Entwurf** vorliegt, RG LZ **27**, 523, KG NJW **59**, 1441, BayObLG **63**, 60, 61; **70**, 173; Stgt, FfM Rpfleger **64**, 148, **70**, 392; RGRK Rdz 26, Kipp-Coing § 21 Vb. Auch hier kann nur § 133 angewendet w. § 2084 ist auch nicht anwendb, wenn streitig ist, ob ein Schriftstück nur als BewMittel für das Vorhandensein einer letztw Vfg dienen sollte od ob es unmittelb als eigenhänd Test zu verstehen ist, Mü JZ **54**, 513, doch dürfte letzteres iZw als gewollt anzusehen sein.

4) a) Anwendg des § 2084. Die Beweisregel des § 2084, RG **92**, 72, greift erst ein, wenn Ausleg nach allg Grundsätzen, § 133 (nicht § 157, da die letztw Vfgen keine Verträge sind, gilt aber bei Erbverträgen) od den bes Auslegungsregeln, §§ 2066–2072, 2074–2076, 2096–2098, 2102, 2108 II, 2148, 2165, 2167, 2169 III, 2173–2176, nicht bereits zum Erfolge führt, sond Zweifel offenläßt, welche von zwei od mehreren Auslegen die richtige sei, RGRK Rdz 25, zB ob jemand Allein- od MitE ist (KG JFG **22**, 83), ob Erb- od Nacherbeinsetzg vorliegt, § 2101, ob Vorerbsch od NießbrauchsVerm gegeben ist, s Petzold BB **75**, Beil Nr 6. Bestehen keine Zweifel über die Ausleg, ist die letztw Vfg bei dieser Ausleg unwirks, so kann ihr nicht mit Hilfe von § 2084 (aber ggf dch § 140) zur Wirksamk verholfen werden, BayObLG **53**, 195. AGrd § 2084 kann auch eine nach ihrem Wortlaut od nach unmittelb Ausleg gem § 133 nur für einen nicht eingetretenen Fall getroffene Vfg nicht auf andre Fälle ausgedehnt w, nur damit sie Erfolg hat, KG FamRZ **68**, Nr 124, NJW **70**, 758 (Vfg für den Fall des gleichzeit Versterbens der Eheg), s auch BGH WPM **75**, 737. – Bei der allgem Ausleg ist immer zu beachten: für den Erbl ist es regelm nicht so wesentl, daß sein Ziel dch eine bestimmte rechtl Gestaltg, als daß er überh verwirklicht w, KG JW **39**, 104, s auch Anm 5. Aber immerhin muß die Ausleg eine, wenn auch noch so geringe, Grdlage in der vorliegdn Erkl haben, vgl BGH FamRZ **62**, 257, Stgt Rpfleger **62**, 443, BayObLG **64**, 12, KG FamRZ **68**, 217, 218. – Dann aber können u müssen auch **Umstände außerh des Test**, mögen sie vor od nach der TestErrichtg liegen, zur Erforschg des im Ztpkt der Errichtg bestehenden Willens herangezogen w, BGH FamRZ **70**, 193, Johannsen aaO 64, WPM **77**, 273 u in RGRK Rdz 8 (zB der Inhalt anderer fr errichteter, widerrufener od später geänd od auch formungült Vfgen, Äußergen des Erbl). Soweit aber die Umst od Äußergen des Erbl nach der TestErrichtg eine spätere Willensänderung ergeben, können sie für die Ausleg nicht verwertet w. Der Gesamtinhalt der Erkl einschl aller Nebenumstände muß als Ganzes gewürdigt w, insb der Zushang aller Teile der Erkl miteinander berücksichtigt w, BGH **LM** Nr 1 zu § 133 (B). – Einzelfälle: Einem in der Vfg verwendeten Begriff, der im allg und auch im SprachGebr der Kreise des Erbl einen klaren u bestimmten Inhalt hat, kann durch Ausleg kein anderer Sinn beigelegt werden („Gesamtvermögen"), BGH **LM** Nr 7. Der Ausdruck „Universalerbe" bedeutet nach allg Sprachgebrauch AlleinE; in der Einsetzg des and Eheg zum UniversalE kann aber auch dessen Befreiung von der Bindg an früh wechselbezügl Verfüggen in einem gemschaftl Test liegen, BayObLG **66**, 242, zust Haegele Rpfleger **66**, 332. Die Zuwendg eines Geschäfts mit allen Aktiven u Passiven kann dahin ausgelegt werden, daß in der Bilanz aufgeführten Grdst nicht zu den Aktiven gehören, wenn der Erbl hierüber bes Bestimmgen trifft, BGH FamRZ **58**, 180. Der Begr „Geschwister" ist im Einzelf dch Ausleg zu ermitteln, Düss DNotZ **72**, 41. Hat der Erbl ein Test aufgeh, in dem Vor- u Nacherbfolge angeordnet war, dann kann dieses Test idR nichts mehr darü aussagen, ob mit dem späteren gült Test Vorerbsch angeordnet ist, Oldbg NdsRpfl **68**, 281, s auch BGH WPM **77**, 273. Bleibt bei Ausleg eines Test zweifelh, ob der wirkl Wille des Erbl auf Vor- u Nacherbfolge od Nießbrauchsvermächt gerichtet war, so spricht bei Ermittlg des **mutmaßl Willens**, also bei Ermittlg dessen, was der Erbl vernünftigerw gewollt haben kann, Kipp-Coing § 47 II 2a, III 3c, für Anordng des letzteren, daß hierdurch der wiederholte ErbschSteueranfall vermieden wird. BayObLG **60**, 154 = NJW **60**, 1765. Auf die Ermittlg des mutmaßl Willens ist die Ausleg zu richten, wenn der wirkl Wille nicht mit Sicherh zu ermitteln ist, Kipp-Coing § 21 III 5; dazu Johannsen aaO, 65, 66, BGH BB **75**, 1794.

Testament. 1. Titel: Allgemeine Vorschriften § 2084 4

aa) Bei der **Auslegg gemeinsamer Bestimmgen von Ehegatten** in einem **gemeinschaftl Test** ist stets zu prüfen, ob eine nach dem Verhalten des einen Ehegatten mögliche Auslegg auch dem Willen des anderen entspricht, dabei kommt es auf den übereinstimmden Willen zZ der TestErrichtg an, BGH, BayObLG FamRZ **73**, 189; **76**, 549; läßt sich ein solcher nicht feststellen, so wird die Bestimmg idR so auszulegen sein, wie es nach ihrem Wortlaut angenommen w muß, BGH NJW **51**, 960. Für die Ermittlg des mutmaßl od hypothet Willens ist die Willensrichtg beider Eheg maßg, **LM** Nr 7 zu § 242 (A), BayObLG **62**, 142, KG OLGZ **66**, 506, Johannsen aaO 68. S auch oben Anm 1.

bb) An die **Auffassg von Beteiligten** ist das Gericht nicht gebunden, RG **134**, 279. Es kann auch nicht von allein entscheidender Bedeutg sein, was sich der beurkundende **Notar** unter einem im Test gebrauchten Wort vorstellte; maßg ist, was sich der Erbl dachte u zum Ausdr bringen wollte, BGH **LM** Nr 1 zu § 2100, DNotZ **61**, 396, BB **67**, 1394. Der Sinn, den der beurkundde Notar einer Erklärg des Erbl beigemessen hat, läßt aber regelm einen Schluß darauf zu, was der Beteiligte gewollt hat, BayObLG **65**, 59, BGH BWNotZ **66**, 254, s auch Johannsen aaO 64, WPM **77**, 273.

b) Ergänzende Auslegg, dazu Johannsen aaO 66–68. Da die letztw Vfg erst mit dem Erbf wirks wird, können in der Zeit zw TestErrichtg u Erbf im Personenkreis der Bedachten od in dgst der Zuwendgen Ändergen eintreten. Es ist dann durch Auslegg zu ermitteln, was nach der Willensrichtg des Erbl im Ztpkt der TestErrichtg als von ihm gewollt anzusehen sein würde, sofern er vorausschauend das spätere Ereign bedacht hätte, BGH **22**, 360 = **LM** Nr 1 zu § 2169 mit Anm v Johannsen, **LM** Nr 43 zu Art 7ff EGBGB, BGH FamRZ **62**, 257, BayObLG **54**, 36, **66**, 394; Hamm RdL **67**, 133; Mü RzW **67**, 540; Ffm OLGZ **72**, 120; dazu auch § 2087 Anm 1 a E, Keuk aaO 65 ff, Lübtow aaO I 294 ff. Man muß sich also stets in den früheren Zustand zurückversetzen u von dort aus in die damalige Zukunft schauen, wenn eine Stellungnahme des Erbl zu den veränderten Verhältn zu ermitteln ist, Lange JhJ **82**, 13. Bei Auslegg von Verm u Aufl können uU auch solche Verändergen berücks w, die in der Zeit zw Erbf u späterer Fälligk des Verm od dem angeordneten Ztpkt der AuflageErf eingetreten sind, Johannsen aaO 66, s auch bei BGH WPM **71**, 533. Die ergänzende Auslegg ist **Auslegg**, weil u soweit sie sich an das vom Erbl erkennb festgelegte Ziel u damit seinen realen Willen hält, Kipp-Coing § 21 III 5 b; sie setzt daher die Feststellg einer sich aus dem Test, evtl unter Heranziehg außerh des Test liegder Umstände od der allg Lebenserfahrg, ergebenden Willensrichtg des Erbl voraus, RGRK Anm 30, BGH NJW **57**, 421, KG NJW **63**, 768, OLGZ **66**, 503; sie darf also nicht dch Umdeutg einen Willen in die letztw Vfg hineintragen, der darin nicht irgendwie, wenn auch nur andeutgsw, ausgedrückt ist, BayObLG **64**, 12, BGH WPM **72**, 313; für Entbehrlich einer solchen Andeutg u damit gg die „Andeutungstheorie" Brox § 16 II 3, 4d. Diese Auslegg ist **Ergänzg** (Berichtigg), sofern sie die Maßnahmen des Erbl ändert; insofern ermittelt sie nicht den realen, sondern den **hypothetischen irrealen Willen**, Kipp-Coing aaO, Barth-Schlüter Lehrb § 22 I 2d, aM Soergel-Knopp Rdz 17. Hierbei können auch Tatsachen von Bedeutg sein, die sich erst nach dem Tod des Erbl unabhäng von seinem Willen ereignen, BGH **LM** Nr 5, NJW **63**, 1151 (zu § 2108 II 1). Die ergänzde Auslegg schaltet aber die FormVorschr für die TestErrichtg nicht aus, s Lübtow Lehrb I 299 ff. – Ist in einem vor dem 1.7.58 -Inkrafttr des GleichberG - errichteten Test dem überlebden von erstverstorbenen Eheg der „gesetzliche Erbteil" zugewendet, so ist nach Überleitg des GüterR in die ZugewinnGemsch regelm davon auszugehen, daß der Überlebde mit dem gem § 1371 I um ¼ erhöhten Erbteil bedacht ist, KG BWNotZ **61**, 329; Schramm BWNotZ **66**, 29, s auch § 2066 Anm 2, § 2087 Anm 1 a E. – An Stelle eines nicht mehr vorhandenen Bedachten kann ein anderer als bedacht angesehen werden, so an Stelle der NS-Kriegsopferversorgg die heutige Kriegsopferversorgg, BaWü VGH VerwRspr **8**, 550; vgl auch § 2160 Anm 1. Die ergänzde Auslegg einer letztw Vfg kann auch ergeben, daß der Erbl seine AO für den von ihm nicht vorhergesehenen Fall nicht getroffen hätte, so daß die Vfg ggstlos ist und gesetzl Erbfolge eintritt, BayObLG **66**, 390 = NJW **67**, 729, aM Johannsen aaO 68. Sie kann auch dazu führen, daß bei gleichen Erbquoten dch ein Teilgs AO eine wirtschaftl Ungleich herbeigeführt wird, BGH WPM **73**, 84. Über die Abgrenzg des mutmaßl (wirkl) von dem unterstellten Willen vgl BGH **LM** Nr 7 zu § 242 (A) = DNotZ **53**, 100, BayObLG **54**, 36. Bei eindeut Erklärgen ist eine ergänzende Auslegg ausgeschl, BGH **26**, 212. – Auch von Anfang an in einem Test vorhandene **Lücken** können ausgefüllt werden, wenn sich aus dem Gesamtinhalt der Vfg vTw die Ergänzg entwickeln läßt u sie ihrer Gesamtstruktur nicht widerspricht; dabei kann die Lücke mit dem realen wie mit dem irrealen Willen des Erblassers zZ der Errichtg geschlossen werden, Lange Lehrb § 33 III 3c, 4. Lübtow aaO erachtet die ergänzde Auslegg nicht als Auslegg, sond als Lückenausfüllg, deren RechtsGrdlage die Analogie zu einzelnen erbrechtl Ergänzgsnormen bildet. – Bei der Auslegg **gemeinschaftl Test** gilt das in Anm 4 a aa bezeichnete Auslegg Ziel auch für die ergänzde Auslegg BGH **LM** § 242 (A) Nr 7, KG NJW **63**, 768, OLGZ **66**, 503, ebenso für **Erb Vertrag**, Hamm RdL **69**, 152.

c) Über **Auslegg** u Umdeutg einer vor Inkrafttr des **REr bhofG** od **während dessen Geltgsdauer errichteten Verfügg von Todes wg**, wenn nach Wegfall des Erbhofrechts Erbfolge nach bürgerl Recht eingetreten ist, s BayObLG **52**, 326, **61**, 304, **64**, 6, **65**, 166, Mü DNotZ **51**, 78, Stgt Rpfleger **62**, 442 mit Anm v Haegele u hierzu allg Haegele, DNotZ **54**, 287, BWNotZ **65**, 29, NJW **69**, 321; JurBüro **70**, 847 f; auch Scheyhing SchlHA **65**, 153, Düss RdL **64**, 181 (Auslegg einer nach ErbhofR unwirks Vor- u NErbEinsetzg), Celle RdL **66**, 130, **68**, 250, BGH DNotZ **76**, 119. Über Heranziehg der HöfeO u der Tats, daß der das Test aufnehmde holländ Notar diese nicht kannte, s Oldbg RdL **63**, 248.

d) Die Auslegg eines Test beurteilt sich nach dem **Heimatrecht** des Erbl; zur Auslegg eines von einem dtschen Erbl in dem poln besetzten Gebieten errichteten Test, BayObLG **68**, 262. Zur Auslegg von in deutscher Sprache abgefaßten letztw Vfgen französischer Staatsangehöriger über in Deutschland gelegenen GrdBesitz s Saarbr NJW **67**, 732 mit Anm von Mezger.

e) Die **Auslegg** einer letztw Vfg kann mit **Revision** im Prozeß od **Rechtsbeschwerde** im FG-Verfahren nur angegriffen werden, wenn sie denkgesetzl, sprachgesetzl od nach der Erfahrg nicht mögl ist od der Tatrichter gg Auslegungsregeln od VerfVorschriften verstoßen, eine in Betracht kommende Auslegg überh nicht erwogen od einen wesentl Umstand übersehen hat, BGH **LM** (Fb) Nr 1 zu § 133, Nr 28 zu § 1 VHG, WPM **64**, 630; **77**, 274; BayObLG **58**, 250, **61**, 190, Brem DNotZ **56**, 149, KG OLGZ **66**, 505, **68**,

244. Auch die Auslegfähigk ist auf Revision od RBeschw nachprüfb, BGH **32**, 63 = NJW **60**, 961, FamRZ **71**, 642, BayObLG **65**, 56. Das RevGericht ist an die Ausleg durch den Tatrichter insow nicht gebunden, als seine vom Zweck der Vfg ausgehende Ausleg durch Irrt über RVorschriften, zB des ErbschStG, beeinflußt ist, BGH MDR **63**, 995. Hat der Tatrichter die Ausleg versäumt, kann sie das RevGer uU selbst vornehmen, Johannsen aaO 71, WPM **77**, 274 u in RGRK Rdz 36, BayObLG **76**, 122/123.

f) Dritte, auch ein TestVollstr, können dch AO einer Schiedsklausel od Bestimmg zum Schiedsrichter zur Ausleg einer letztw Vfg ermächtigt werden, Kohler DNotZ **62**, 125, s auch Einf 2 vor § 2197, § 2065 Anm 2 b cc.

5) Umdeutg, § 140, s BGH **19**, 269, auch Erm-Hense Rdz 7, 9. Auch deren Grdsätze sind heranzuziehen, RG JW **10**, 467, zB bei Bedenkg eines nichtrechtsfäh Vereins, vgl Coing aaO 232ff, § 1923 Anm 1 b, bei Zuwendg des Eigtums an einer Sache (in ein Vermächtn nach § 2174), bei PflegschAnordng, soweit nicht § 1917 vorliegt (in TestVollstrg). So kann auch ein als solcher ungültiger od nicht zustande gekommener ErbVertr od ein nicht formrichtiges SchenkgsVerspr, Kblz HEZ **1**, 283, od ein AltenteilsVertr, LG Bln NJ **50**, 365, als Test aufrechterhalten werden, sofern anzunehmen ist, daß der Erbl dies bei Kenntn der Nichtigk gewollt hätte (§ 140). Ein undurchführbar gewordener ErbVertr kann uU als Anordng einer Vor- u Nacherbsch aufrechterhalten werden, OGH JR **50**, 536, ein unbegründeter Rücktr vom ErbVertr als Anf wg Motivirrtums, BGH bei Mattern BWNotZ **61**, 277/280. Ein formnichtiges VertrAngeb zur Aufhebg eines ErbVertr kann uU in Rücktr v ErbVertr (§ 2295) umgedeutet w, Hamm Rpfleger **77**, 208, § 2295 Anm 2. Ein nichtiger ErbVertr kann uU in eine Schenkg nach § 2301 umgedeutet w, BGH NJW **78**, 423 mit krit Anm v Schubert JR **78**, 289. Ein ErbVertr über die Hofnachfolge, der ungült ist, soweit er mit einer mdl Hoferbenbestimmg unvereinb ist, kann in die AO einer AusglVerpflichtg zG des im ErbVertr Bedachten umgedeutet werden, BGH FamRZ **64**, 25. Üb Umdeutg einer nach § 2302 unwirks Verpflichtg in eine Aufl s dort Anm 1, zur Umdeutg in ErbVerz s § 2352 Anm 1a. S auch Lange-Kuchinke § 33 IV, Thielmann 186 (Motivumdeutg bei sittenwidr Vfgen vTw).

6) § 2084 gilt auch für **Erbverträge**, § 2279 I. Daneben gelten aber §§ 133, 157, BGH WPM **69**, 1223, auch Lange-Kuchinke § 33 III 6c, Barth-Schlüter Lehrb § 25 VII 1, der mit Recht die Heranziehg der Regeln über Ausleg verkehrsgeschäftl Verträge fordert. Für die Ausleg maßg ist, wie die VertrParteien den Vertr u seinen Wortlaut bei Würdigg aller Umst verstanden haben od verstehen mußten, OLG Celle MDR **63**, 222, auch Kipp-Coing § 21 VII. Brox § 16 III unterscheidet unter dem Gesichtspunkt des Vertrauensschutzes bei der Ausleg von Erbverträgen folgende Fälle: für Rechtsgeschäfte unter Lebenden im ErbVertr gelten §§ 133, 157, für einseit Vfgen ohne Bindgswirkg, § 2099, die Grdsätze über Ausleg von Test; hinsichtl vertragsmäß bindder Vfgen wendet er die zuletzt genannten Regeln an, wenn der VertrGegner nur dch Erkl den Erbl angenommen hat, eine andere Leistg zu verpflichten; beim entgeltlichen u beim ErbVertr, bei dem beide Vertragsteile bindde Vfgen getroffen haben, zieht er die Regeln über die Ausleg verkehrsgeschäftl Verträge heran, dazu auch Haegele aaO 103, Johannsen aaO 68, Giencke FamRZ **74**, 241/242, BGH AgrarR **73**, 83. Über ergänzde Ausleg s oben Anm 4b aE.

7) DDR: ZGB (Auszug im Anh, 35. Aufl) 372.

2085

Teilweise Unwirksamkeit. **Die Unwirksamkeit einer von mehreren in einem Testament enthaltenen Verfügungen hat die Unwirksamkeit der übrigen Verfügungen nur zur Folge, wenn anzunehmen ist, daß der Erblasser diese ohne die unwirksame Verfügung nicht getroffen haben würde.**

Schrifttum: Kohler, Teilunwirksamkeitsklauseln, DNotZ **61**, 195; Johannsen (Schrifft vor § 2084) WPM **72**, 70.

1) Bedeutg. § 2085 geht als Sondervorschrift der allg Vorschr des § 139 vor (anders bei wechselbezügl Bestimmgen, §§ 2270, 2298). Obwohl die einzelnen Vfgen des Erbl idR einen einheitl zusammengehörigen Plan bilden, sollen entspr der wohlwollenden TestAuslegg, § 2084, ungültige Teile nicht das Ganze zerstören, es sei denn, daß der Erbl eine solche Abhängigk gewollt hat, s BayObLG **60**, 499, od der gült Rest für sich allein nicht bestehen kann. Die Würdigg des § 2085 aus dem Ztpkt der Errichtg heraus muß auch die künft Entwicklg mit in die Abwägg einbeziehen, Lange Lehrb § 33 IV 2c. Die Prüfg kann aber immer nur zum Weiterbestand od zur Unwirksamk der übrigen Vfgen, nicht aber zum Ersatz der unwirksamen Vfgen durch mutmaßl und führen. Der Grds des **§ 139** greift da ein, wo es sich nicht um die Unwirksamk einer von mehreren Vfgen, sond des Bestandteils einer Verfügg handelt (zB Unwirksamk eines mehreren Erben auferlegten Vermächtnisses ggü einzelnen Beschwerten, RG SeuffA **75** Nr 36; Beschrkg des Eheg auf den Pflichtt unter Erbeinsetzg eines Dritten, RG DR **41**, 1000; Teilunwirksamk einer TestVollstrg, BGH LM Nr 3, RGRK Rdz 6, 7; aM Kipp-Coing § 21 VI, Soergel-Knopp Rdz 3, Lange-Kuchinke § 33 IV 2b, die auch hins des § 2085 anwenden wollen; unentschieden BGH NJW **59**, 2113, mit grdsätzl Ausführgen über die Grenze zw § 2085 und § 139, auch BGHZ **52**, 17/25, Johannsen aaO 71. Wird eine testamentar Vfg, durch die der Erbl mit dem Ausdruck „Enterbg" Ausschl des Enterbten von der Erbf u PflichttEntziehg angeordnet hat, § 2333, inf Verzeihg hinsichtl letzterer unwirks od haben gesetzl Gründe für PflichttEntziehg nicht vorgelegen, so gilt hins des in demselben Test enthaltnen Ausschl von der Erbf nicht § 139, sond § 2085, s Hamm OLGZ **73**, 83 = FamRZ **72**, 660 mit Anm von Bosch. Ebso gilt § 2085, wenn Erbl seine Ehefrau enterbt u ihr den Pflichtt entzieht, eine dritte Pers zum Erben einsetzt u diese Erbeinsetzg nichtig ist, Karlsr/Freibg FamRZ **67**, 691. Die Anordng der Vorerbsch kann trotz wirksamer Anf der Nacherbeneinsetzg wirks bleiben, RGRK Anm 8. Die in gültigen Test nachträgl ungültige Zusätze können die Wirksamk des Test nicht in Frage stellen, RG SeuffA **87** Nr 46; vorbehaltl der Möglichk die Vfg nach § 2078 anzufechten, soweit sie dem wahren ErblWillen widerspricht. Unter Umständen können ungültige Zusätze zur Ausleg herangezogen werden, vgl BayObLG **58**, 115. Dagg kann umgekehrt ein formgerecht errichteter TestNachtrag zu einem nichtigen Test nach allg

AusleggsGrdsätzen aufrechterhalten werden, wenn anzunehmen ist, daß der Erbl, wenn er die Nichtigk gekannt, das Bestehen des Nachtrags für sich gewollt hätte. Ist ein Teil eines Testaments inhaltl nicht mehr feststellb, aber der Gesamtwille des Erbl soweit erkennb, daß er auch ohne den fehlenden Teil Bestand hat, so ist der festgestellte Teil wirks, BGH **LM** Nr 1; ein Fall des § 2085 liegt aber hier nicht vor, **LM** Nr 1, ebso BayObLG **67**, 206. Die Unwirksamk des widerspruchsvollen Teils eines Test – zB der Erbeinsetzg – braucht die Wirksamk des weiteren TestInhalts – Enterbg von Verwandten – nicht zu berühren. Der Grdsatz des § 2085 gilt entspr in §§ 2161, 2195, und 2258. – Zur Teilunwirksamk von Test wg Sittenwidrigk s § 2077 Anm 1 A b bb.

2) Unwirksamk umfaßt hier nicht nur den Fall der Nichtigk (zB wg Formmangels, bei Zusätzen von fremder Hand, teilweiser Maschinenschrift im eigenhändigen Test, RG Recht **21** Nr 582, bei Verstoß gg § 2065 II, KG JR **53**, 422), sond auch die durch Anf, §§ 2078 ff, Hbg MDR **55**, 168 (nicht wechselbezügl Vfgen eines gemschaftl Test), Unsittlichk od aus anderen Gründen bewirkte Unwirksamk, sowie das nachträgl Hinfälligwerden der Vfg bei Ausschlagg, Bedingsausfall, §§ 2074 ff, vgl § 2077 Anm 1, und bei unterbliebener Ergänzg, § 2086. Wenn zB die Eltern ihren Sohn zum Erben bestimmen und die Tochter auf den Pflicht setzen, so bleibt die letztere Anordng auch dann wirks, wenn der Sohn vor dem Erbfall stirbt, es sei denn, daß die Enterbg von der Einsetzg des Sohnes abhängig sein sollte, RG Recht **11** Nr 1156, s aber auch RG DR **41**, 1000, BGH NJW **59**, 2113/4.

3) Beweislast für die Abhängigk (Unselbständigk der EinzelVfgen) hat im Ggsatz zu § 139, BGH NJW **59**, 2113, derjenige, der die Unwirksamk auch der übrigen EinzelVfgen behauptet, RG **116**, 148.

4) Durch Aufnahme einer Teilunwirksamkeitsklausel in das Test kann uU die Ersetzg des unwirksamen Teiles durch eine Regelg vorgeschrieben werden, die dessen Zweck wenigstens im wirtschaftl Ergebn auf eine zulässige Weise soweit wie mögl erreicht u auch das Bestehenbleiben des übrigen Teils ermöglicht, s Kohler DNotZ **61**, 195. Auch Umdeutg, § 140, kann uU helfen.

5) Bei gemschaftl Test gilt für wechselbezügl Vfgen § 2270 I; ob auch andere Vfgen von der Nichtigk betroffen werden, richtet sich nach § 2085, s § 2270 Anm 3. Für **ErbVertr** greift hinsichtl vertragsmäß bindender Vfgen beider VertrTeile § 2298 I Platz. Ob einseitige Vfgen dch die Nichtigk einzelner vertragsmäß Vfgen berührt w, bemißt sich nach § 2085, s § 2298 Anm 1.

2086 *Vorbehalt einer Ergänzung.*
Ist einer letztwilligen Verfügung der Vorbehalt einer Ergänzung beigefügt, die Ergänzung aber unterblieben, so ist die Verfügung wirksam, sofern nicht anzunehmen ist, daß die Wirksamkeit von der Ergänzung abhängig sein sollte.

1) Test mit Ergänzgsvorbehalt. Den Vorbeh von Nachzetteln (Kodizillarklausel) kennt das G nicht, da auch solche Ergänzgn den TestFormen unterliegen. Vielmehr wird bei § 2086 der Lebenserfahrg entspr angenommen, daß der Erbl nur noch eine Erläuterg treffen, die Endgültigk seiner Vfg davon aber iZw nicht abhängig machen wollte, Vermutg der Wirksamk, Erm-Hense Rdz 1, vgl auch RG LZ **14**, 1116. Der § 154 gilt hier nicht, da § 2086 ein bereits formgerecht errichtetes Test voraussetzt u nur zweifelh ist, ob es durch den ErgänzgsVorbeh in Frage gestellt w kann. Ob der Vorbeh dem Vorbeh über ob einer einzelnen letztw Vfg beigefügt war, gilt gleich. – Kein Fall des § 2086, sond gültiges Vermächtnis, wenn zur Bezeichng der VermNehmer auf die Traubibel Bezug genommen wird, RG JW **37**, 2832; vgl auch § 2151.

2) Das unvollständige (unvollendete) Test gehört nicht hierher, zB Offenlassen der Vermächtnis-Summe od der Fall, daß der Erbl währd der Errichtg stirbt od nicht mehr weitersprechen kann; in letzterem F ist das Test nichtig. Ist es unvollst (zB es fehlt eine Seite), so ist, wenn mögl, durch Ausslegg zu helfen, zu der bei Überg einer Schrift (§ 2232) auch ein fehldes Blatt, wenn es später aufgefunden, herangezogen w kann, s § 2085 Anm 1 aE, RGRK Rdz 6.

Zweiter Titel. Erbeinsetzung

Einführung

1) Erbeinsetzg ist Zuwendg der Gesamtnachfolge in das gesamte Vermögen des Erbl oder in Bruchteile davon. Der Erbl kann durch das Test den Erben bestimmen, § 1937, er muß es aber nicht. Vielmehr ist die Erbeinsetzg für das Test, das auch einen anderen Inhalt, §§ 1938 ff, haben kann, nicht wesentl. Da aber Erbfolge nach § 1922 Gesamtnachfolge bedeutet, ist es von großer Wichtigk, ob die letztw Vfg eine solche begründet. Das G, §§ 2087–2099, gibt daher für die Erbeinsetzg (einschließl der ErsErbfolge, §§ 2096 ff) eine Reihe von auch auf ErbVertr, § 2279 I, entspr anwendbaren Auslegungsregeln („im Zweifel", vgl § 2087 II) u Ergänzgsrechtssätzen („so ist", „so tritt" usw, vgl § 2087 I, 2088 I), bes für unklare od unvollkommene letztw Anordngen; auch hier von dem Bestreben geleitet, sie nach Möglichk aufrechtzuerhalten, vgl auch §§ 2084, 2085.

2087 *Allgemeine Auslegungsregel.*
I Hat der Erblasser sein Vermögen oder einen Bruchteil seines Vermögens dem Bedachten zugewendet, so ist die Verfügung als Erbeinsetzung anzusehen, auch wenn der Bedachte nicht als Erbe bezeichnet ist.

II Sind dem Bedachten nur einzelne Gegenstände zugewendet, so ist im Zweifel nicht anzunehmen, daß er Erbe sein soll, auch wenn er als Erbe bezeichnet ist.

Schrifttum: Lindemann, Erben nach Gegenständen, DNotZ **51**, 215; Mattern, Einzelzuwendungen von Todes wegen, DNotZ **63**, 450, Einzelzuweisungen auf den Todesfall, BWNotZ **65**, 1; Wendelstein,

Gegenständliche Verteilung des Nachlasses im Testament, BWNotZ **66**, 274; Bartz, Erbeinsetzg od Vermächtnis, Diss Köln, 1972.

1) Erbeinsetzg od Vermächtnis. Der Gebr bestimmter Worte ist für die Erbeinsetzg od Nacherbeinsetzg, RG **152**, 190, weder vorgeschrieben, **I**, noch entscheidd, **II**, da bei der großen Mehrh der Bevölkerg die Ausdrücke „erben" und „vermachen" oft unterschiedslos nebeneinander gebraucht werden. Allerdings kann der Ausdr „vermachen" für ein Vermächtnis sprechen, Hamm HRR **35** Nr 1462. Ob jemand als Erbe od VermNehmer zu behandeln ist, beurteilt sich an Hand des auszulegenden Inhalts der ganzen Vfg, §§ 2084, 133; BayObLG **34**, 277, **64**, 94. Entscheidend ist der daraus zu ermittelnde Wille des Erbl, ob die Bedachten den Nachl als Ganzes od zu ideellen (gedachten) Bruchteilen erhalten sollen („soll alles erben", „vermache ihm $^1/_3$") oder ob ihnen nur einzelne (reale) Ggstände (Geldsummen, Grdstücke, Hyp, Möbelstücke) des Vermögens als Vermächtn, §§ 1939, 2147ff, zugewendet sind, RG **61**, 15, Karlsr Just **62**, 152. Der Erbl kann aber auch – entgg dem nicht zwingenden § 2087 I – einen Bruchteil seines Vermögens als Vermächtn zuwenden, RG DFG **37**, 34, KG OLGZ **67**, 361. Anders, wenn nur scheinbar eine Zuwendg einzelner Ggstände vorliegt, dh dem Bedachten diejenigen Ggstände zugewendet werden, die nach der Vorstellg des Erbl im Ztpkt der TestErrichtg, BayObLG **58**, 251, RGRK Rdz 8, praktisch den ganzen od einen Bruch des Nachl ausmachen (zB bei Zuwendg des gesamten, den Bestand des Nachl fast ausschließl ausmachden Grund- oder HypBesitzes, ev unter Beschwerg mit Verm), BayObLG **65**, 84, BGH FamRZ **72**, 561, u der Erbl seine wirtschaftl Stellg durch die in dieser Weise bedachten Personen fortgesetzt wissen will, BayObLG **63**, 323/324, **65**, 460. Dann liegt Erbeinsetzg vor, **II** ist nur Auslegssregel; diese greift nicht Platz, wenn die Zweifel überwunden sind, die zur gegenteiligen Ausslegg als VermAO führen müßten, BayObLG **65**, 460, BGH aaO. Maßgebd für die Ausslegg ist nur der bei der TestErrichtg vorhandene gewesene Wille des Erbl, BGH aaO 563. Wenn aber dem Erbl, der durch Zuwendg einer Sachgesamth den zZ der TestErrichtg vorhandenen Nachl erschöpfen zu können demnach den Bedachten zum AlleinE einsetzen wollte, noch vor seinem Ableben ein erhebl Vermögenszuwachs anfällt, so wird durch Ausslegg (auch ergänzende Ausslegg) ermittelt w müssen, ob sich die Erbeinsetzg auch auf den Vermögenszuwachs bezieht, s KG NJW **71**, 1992, dazu Bartz NJW **72**, 1174, RGRK Rdz 10.

a) Zuwendg nach Vermögensgruppen. Erbeinsetzg liegt auch vor, wenn der Nachl nicht nach Bruchteilen, sond nach VermGruppen verteilt wird (der eine soll die Grdst, der andere das Mobiliar erhalten, s BayObLG **66**, 416), BGH FamRZ **72**, 561, auch DNotZ **72**, 500, BayObLG **77**, 163/165; Mü, LG Mü I, Ufita **80**, 319, 327 (Erbe ist, wem Kernstück von Zeugnissen der Geschichte zugewendet w). Die so Bedachten w nach Verhältn der Werte des unbewegl u des bewegl Vermögens als Erben zu behandeln sein, RG LZ **32**, 1050, verbunden mit einer Teilsanordng, **2048**, BayObLG **60**, 258, 506, und uU einem Vorausvermächtn, KGJ **52**, 65, BGH **LM** § 2084 Nr 12. Das Wertverhältnis muß sich dabei nicht notw nach den Vermögensverhältn des Erbl zZ der Errichtg (so BayObLG **34**, 278, **58**, 251), sond kann sich auch uU nach den Verhältnissen zZ des Erbf bestimmen, Staud-Seybold Anm 4, auch Meincke, BewertgsR § 14 II 2b. Der § 2091 gilt in solchem Falle nicht, da die Erbteile mittelb bestimmt sind. Eine Erbeinsetzg mehrerer Personen nach Vermögensgruppen kann im Sinne der Einsetzg zu denjenigen Erbteilen, die sich aus dem Wertverhältn dieser Vermögensgruppen zum GesamtNachl ergeben, unter bes Umst auch dann gegeben sein, wenn diese Erbteile mit den vom Erbl wortlautmäßig angegebenen nicht übereinstimmen, BGH **LM** § 2084 Nr 12. Die Entsch des KG, JFG **22**, 83, wonach der Hauptbedachte AlleinE ist, dagg die übrigen VermNehmer, darf nicht verallgemeinert werden, vgl auch Kiel JR **47**, 164, Johannsen WPM **72**, 926; BGH ebda 622/624.

b) Zuwendg einer Geldsumme. Die Zuwendg einer bestimmten Summe Geldes ist idR keine Erbeinsetzg, BayObLG **60**, 259 = JR **60**, 459/461, BayObLG **65**, 460, sie kann aber Erbeinsetzg sein, wenn die Summe (od ein sonstiger realer Teil der Erbsch) als Bruchteil des zu einem bestimmten Wert veranschlagten Nachl aufzufassen ist, OLG **35**, 365. Das ist jedoch nicht der Fall beim sog Quotenvermächtnis, OLG **26**, 337, bei dem den Erben die schuldrechtl Verpflichtg zur „Auszahlg" eines jenem Bruchteil entspr Teils des Barerlöses an den Bedachten auferlegt wird, s BGH NJW **60**, 1759.

c) Sonderfälle. Hat der Erbl bestimmt, daß die Ehefrau frei über den Nachlaß verfügen kann u Verwandte den Teil des Nachl erhalten sollen, über den sie bis zu ihrem Tod nicht letztw verfügt hat, so ist die Ehefr Vollerbin, die Verwandten VermNehmer, Brem DNotZ **56**, 149; s aber auch die in § 2065 Anm 4 angeführte Rspr. – Die Klausel eines gemschaftl ErbVertr von Eheg, der Überlebde u AlleinE des Erstversterbdn hat bei seinem Tod die Hälfte des Nachl den Blutsverwandten des Erstversterbdn zu hinterlassen, kann Erbeinsetzg dieser Verwandten zur Hälfte des Nachl des Überlebden bedeuten, LG Köln FamRZ **65**, 581. Die Zuwendg eines bestimmten Ggstandes an einen Erben über seinen Erbteil hinaus („mein Sohn A soll außerdem meinen Wagen bekommen") gilt als Vorausvermächtnis, § 2150; währd die Anordng, daß ein ErbschGgst den eingesetzten Erben „nicht zufallen" soll, als Vermächtn zG der gesetzl Erben behandelt wird, § 2149. Hins der alternativen Erbeinsetzg vgl § 2073 Anm 2. Zuläss ist auch eine VermAO an mehrere Personen (Kinder), bei der ein Dritter bestimmt, wer von diesen das Verm erhalten soll, § 2151, und die zum Ggst ein Unternehmen hat, das im wesentlichen den Nachl ausmacht, wenn der auf AO eines Verm gerichtete Wille des Erbl eindeut in der letztw Vfg zum Ausdruck kommt, s Dobroschke Betr **67**, 803, Haegele Rpfleger **73**, 203/204.

2) Die Zuwendg des Pflichtteils ist nach der den § 2087 ergänzenden Auslegssregel des § 2304 iZw nicht als Erbeinsetzg anzusehen, BayObLG **66**, 398. Damit ist aber noch nicht gesagt, ob die Zuwendg als Vermächtn aufzufassen ist, od ob der so Bedachte auf den Pflichtt beschränkt, dh den PflichttBetrag nur kraft G, nicht kraft test Anordng zu fordern berechtigt sein soll, was Sache der Ausslegg, RG **129**, 239, und schon für die VerjFrage, § 2332, von Bedeutg ist, RG **113**, 237. S Anm 1 zu § 2304, Ferid, NJW **60**, 121. Bei Zuwendg eines Vermächtnisses zwecks Deckg eines Pflichtteils greift § 2307 ein. Über Zuwendg des ErbErsAnspr s § 2304 Anm 2a.

3) DDR: ZGB (Auszug im Anh, 35. Aufl) 375 I, II.

2088 *Einsetzung auf einen Bruchteil.* [I] Hat der Erblasser nur einen Erben eingesetzt und die Einsetzung auf einen Bruchteil der Erbschaft beschränkt, so tritt in Ansehung des übrigen Teiles die gesetzliche Erbfolge ein.

[II] Das gleiche gilt, wenn der Erblasser mehrere Erben unter Beschränkung eines jeden auf einen Bruchteil eingesetzt hat und die Bruchteile das Ganze nicht erschöpfen.

1) Testamentar u gesetzl Erbfolge. Ist nur ein Erbe ohne Beschrkg eingesetzt, so wird er AlleinE. Ist er auf einen Bruchteil beschränkt od mehrere Erben auf Bruchteile od auf einen gemschaftl Bruchteil, so tritt ergänzd die gesetzl Erbf, §§ 1924 ff, ein, soweit nicht ein abweichender dch Auslegg zu ermittelnder ErblWille anzunehmen ist, § 2089, da die testamentar Erbeinsetzg nur so weit wirkt, wie ihr Inhalt reicht, Kipp-Coing § 44 I. – BGH FamRZ **63**, 287 erachtet die alleinige Einsetzg der Geliebten als Erbin unter Beschrkg der ehel Kinder auf den Pflichtt an sich für nichtig, § 138 I, es aber für mögl, die Geliebte als Miterbin anzusehen mit der Folge daß die weitergehende Erbeinsetzg nichtig ist u insow gesetzl Erbf eintritt, § 2088 I.

2) Voraussetzgen. Erschöpfen die Bruchteile den Nachl, so kann die gesetzl Erbf nicht eintreten. Im übr kommt es (bei **I** wie bei **II**) darauf an, ob eine das Ganze nicht erschöpfende Beschränkg vorliegt, die eingesetzten Erben nach dem Erbl Willen also nicht die alleinigen Erben sein sollen („mein Sohn soll nur die Hälfte des Nachl erhalten"). Ist ein eingesetzter Erbe zugl gesetzl Erbe, vgl § 1951, so ist es Frage der Auslegg, ob er auf die Zuwend beschränkt sein od auch als gesetzl Erbe am Nachl teilhaben soll (BayObLG **65**, 166, Kipp-Coing § 44 I 1 [3], vgl OLG **11**, 234, wo die überlebende Ehefr insow für alleinige Erbin eingesetzt war, „als das Gesetz dies erlaube"). Scheidet ein eingesetzter Erbe aus, weil er nicht Erbe sein kann od will, und greift nach dem ErblWillen weder ErsErbfolge, § 2096, noch Anwachsg, § 2094, ein, so gelangt der freiwerdende Erbteil an die gesetzl Erben. Erschöpfen die Bruchteile den Nachl nicht, weil Erbl einen Teil der TestErben gestrichen hat, § 2255, so kommt es auf den zu ermittelnden Willen des Erbl an, ob die verbleibenden Erben unter verhältnismäßiger Erhöhg ihrer Bruchteile alleinige Erben sein od ob die freigewordenen Bruchteile den gesetzl Erben zufallen sollen, KG JFG **6**, 147.

3) Im Erbschein, §§ 2353, 2354 Nr 2, ist hervorzuheben, welcher Erbteil auf Vfg vTw u welcher auf gesetzl Erbfolge beruht.

4) Entspr Anwendg des § 1934a. Hat der Erbl zB seine mit ihm im Güterstd der Gütertrenng lebde Ehefr nur zur Hälfte als Erbin eingesetzt u über die verbleibde Hälfte aber nicht verfügt, Beisp von Damrau FamRZ **69**, 583, so tritt nur in Ansehg des letzteren Teils gesetzl Erbf ein, **I**. Ergibt die Auslegg, daß die Ehefr auf die Zuwendg beschr sein soll, s oben Anm 2, u ist ein nichtehel Kind des Erbl vorhanden, so wäre dieses als gesetzl Erbe für den dch die Vfg vTw nicht erfaßten Erbteil berufen. Die Witwe u das nichtehel Kind würden hier also eine MitEGemsch bilden; Damrau aaO ist der Auffassg, daß der Sinn des § 1934 I gebieten könnte, dem Kind nur einen ErbErsAnspr in Höhe des Wertes dieses Erbteils zu geben. Dabei müßte aber wohl unterstellt w, daß die Witwe auch hinsichtl dieses Erbteils gesetzl Erbin geworden u zur Zahlg des ErbErsAnspr verpfl ist. Ob eine solche Auslegg mögl ist, ist zweifelh u muß im Einzelfall bes geprüft w. Dazu auch Johannsen WPM Sondernr 3/70, 8, Lutter, ErbR des nehel Kindes § 2 III 4b bb, Schröder, ErbErsAnspr, Diss Bonn, 1972, 24f; Magenau, ErbErsAnspr nehel Verwandter, Diss, Tübingen 1972, 11; Voss § 10 A I 1 b; Soergel-Knopp Rdz 5; Erm-Barth-Schlüter § 1934 a Rdz 13; Lange-Kuchinke § 14 V 4 d; Spellenberg FamRZ **77**, 185/187.

5) DDR: ZGB (Auszug im Anh, 35. Aufl) 375 III.

2089 *Erhöhung der Bruchteile.* Sollen die eingesetzten Erben nach dem Willen des Erblassers die alleinigen Erben sein, so tritt, wenn jeder von ihnen auf einen Bruchteil der Erbschaft eingesetzt ist und die Bruchteile das Ganze nicht erschöpfen, eine verhältnismäßige Erhöhung der Bruchteile ein.

1) Widerspruchsvolle Anordngen sollen das Test nicht unwirks machen, §§ 140, 2084, soweit nicht bei mehreren Test eine Aufhebg des früheren anzunehmen ist, § 2258. Voraussetzg ist, daß die eingesetzten die alleinigen Erben unter Ausschl der gesetzl Erbf sein sollen (A soll $^1/_2$, B $^1/_5$, C $^1/_5$ bekommen, so daß $^1/_{10}$ unverteilt ist). Es wird dann nicht nach Kopfteilen, sond nach Verhältn der bestimmten Bruchteile zueinander, unter Errechng des niedrigsten gemeinsamen Nenners geteilt (A $^5/_9$, B $^2/_9$, C $^2/_9$). Diese Erhöhg hat nicht die Bedeutg eines bes Erbteils iS der §§ 1935, 2095. Ist der einzige eingesetzte Erbe zu einem Bruchteil bedacht, so gilt § 2088 I.

2) DDR: ZGB (Auszug im Anh, 35. Aufl) 376 I.

2090 *Minderung der Bruchteile.* Ist jeder der eingesetzten Erben auf einen Bruchteil der Erbschaft eingesetzt und übersteigen die Bruchteile das Ganze, so tritt eine verhältnismäßige Minderung der Bruchteile ein.

1) Widerspruchsvolle Anordngen sollen das Test nicht unwirks machen, §§ 140, 2084, soweit nicht bei mehreren Test eine Aufhebg des früheren anzunehmen ist, § 2258. Es wird hier verhältnism (vgl Anm zu § 2089) in der Weise gemindert, daß die Brüche der Erbteile auf den gleichen Nenner gebracht w; dch Zusammenzählg der entstanenen Zähler erhält man den neuen Nenner, s Janikowski, Erbrecht 142. Sind also A auf $^1/_2$ B auf $^1/_2$ und C auf $^1/_3$ eingesetzt, so sind dies , $^3/_6$, $^3/_6$ und $^2/_6$; es erhalten also A und B je $^3/_8$, C $^2/_8$. S auch das Beispiel bei Staudenmaier BWNotZ **66**, 279. Entspr beim Vermächtn, § 2157.

2) DDR: ZGB (Auszug im Anh, 35. Aufl) 376 II.

2091 *Unbestimmte Erbteile.* Sind mehrere Erben eingesetzt, ohne daß die Erbteile bestimmt sind, so sind sie zu gleichen Teilen eingesetzt, soweit sich nicht aus den §§ 2066 bis 2069 ein anderes ergibt.

1) Die gesetzl Vermutg dieser Ergänzgsvorschr spricht für Gleichheit der Erbteile, wenn über deren Größe weder ausdrückl noch mittelb etwas bestimmt ist noch die Anwendg der Grdsätze der gesetzl Erbfolge sich aus der Heranziehg der §§ 2066–2069 od sonst aus den Umst (Gruppierg nach Stämmen, Warn **18** Nr 123; ,,meine Frau und meine Kinder sollen meine Erben sein") ergibt. Im Zw sind aber Kopfteile gemeint, zB bei Einsetzg von Kindern verschiedener Geschwister. Sind die gesetzl Erben namentl, aber nicht ihre Erbteile angegeben, so greift § 2091 und nicht § 2066 ein, KG JW **38**, 2475. Hatte der Erbl die Bestimmg der Anteile noch vorbehalten, § 2086, dies aber nicht mehr ausgeführt, so muß nach § 2091 gleiche Teilg eintreten. Eine mittelb Bestimmg der Anteile liegt insb in der Einsetzg auf einen gemschaftl Erbteil, § 2093. Unbestimmt sind die Erbteile auch, wenn die Verweisg auf das gesetzl ErbR keine Klarh bringt, zB bei Einsetzg des Bruders u dessen Tochter zum gesetzl Erbteil, RGRK Rdz 1. Bei Verteilg nach Ggst ist nicht an § 2091, sond an § 2087 zu denken, BGH **LM** § 13 HöfeO Nr 22, Erm-Barth-Schlüter Rdz 2.

2) DDR: ZGB (Auszug im Anh, 35. Aufl) 377 I.

2092 *Teilweise Einsetzung auf Bruchteile.* I Sind von mehreren Erben die einen auf Bruchteile, die anderen ohne Bruchteile eingesetzt, so erhalten die letzteren den freigebliebenen Teil der Erbschaft.

II Erschöpfen die bestimmten Bruchteile die Erbschaft, so tritt eine verhältnismäßige Minderung der Bruchteile in der Weise ein, daß jeder der ohne Bruchteile eingesetzten Erben so viel erhält wie der mit dem geringsten Bruchteile bedachte Erbe.

1) Im Fall des Abs I erhalten die ohne Teilbezeichn Eingesetzten gem § 2091 iZw gleiche Teile. Sind im Falle des Abs II die bestimmten Bruchteile gleich hoch, so erhalten die ohne Bruchteil eingesetzten Erben ebensoviel wie die anderen, wenn aber die bestimmten Bruchteile verschieden sind, nur soviel wie der mit dem geringsten Bruchteil Bedachte. Beispiel: A ist auf $1/2$, B auf $1/3$, C auf $1/6$ und D ohne Bruchteil eingesetzt; es erhält A $3/7$, B $2/7$, C und D je $1/7$. Dies gilt alles nur, soweit nicht ein anderer Erbl Wille ersichtl, was iZw der Fall, wenn im späteren Test Einsetzgen ohne Bruchteile vorgenommen sind, Kipp-Coing § 44 I 4.

2093 *Gemeinschaftlicher Erbteil.* Sind einige von mehreren Erben auf einen und denselben Bruchteil der Erbschaft eingesetzt (gemeinschaftlicher Erbteil), so finden in Ansehung des gemeinschaftlichen Erbteils die Vorschriften der §§ 2089 bis 2092 entsprechende Anwendung.

1) Gemeinschaftl Erbteil. Ob der Erbl mehrere Erben auf einen gemschaftl Erbt einsetzen wollte, ist dch Auslegg des Test zu ermitteln, wenn dieses nicht eindeut ist, s BayObLG **76**, 122. Er ist idR nicht schon bei bloß sprachl Verbindg (A, B und C) od Gesamtbezeichn (meine Söhne sollen die Hälfte erben) anzunehmen; eher schon bei ziffernmäßiger Aufzählg (1. A, 2. B und C) od im Falle des § 2092 I (A soll mein Erbe zu $1/4$, B und C sollen auch Erben sein), s auch Lange Lehrb § 25 III, der das Vorliegen sachl Gründe fordert.

2) Teilg der Unterbruchteile. Die so Zusammenberufenen zählen ggü den anderen Erben für eins u haben unter sich nach den in §§ 2089–2093 wg des Teilgsverhältnisses gegebenen Vorschr zu teilen, also iZw nach Köpfen, § 2091. Der gemschaftl Erbteil hat ferner bei der Anwachsg, § 2094 I 2, II, u ErsBerufg, § 2098 II, Bedeutg.

2094 *Anwachsung.* I Sind mehrere Erben in der Weise eingesetzt, daß sie die gesetzliche Erbfolge ausschließen, und fällt einer der Erben vor oder nach dem Eintritte des Erbfalls weg, so wächst dessen Erbteil den übrigen Erben nach dem Verhältnis ihrer Erbteile an. Sind einige der Erben auf einen gemeinschaftlichen Erbteil eingesetzt, so tritt die Anwachsung zunächst unter ihnen ein.

II Ist durch die Erbeinsetzung nur über einen Teil der Erbschaft verfügt und findet in Ansehung des übrigen Teiles die gesetzliche Erbfolge statt, so tritt die Anwachsung unter den eingesetzten Erben nur ein, soweit sie auf einen gemeinschaftlichen Erbteil eingesetzt sind.

III Der Erblasser kann die Anwachsung ausschließen.

Schrifttum: Schopp, Anwachsg – ErsErbsch, MDR **78**, 10.

1) Anwachsg bei TestErbf ist sachl das gleiche wie die Erhöhg des Erbteils bei gesetzl Erbf, §§ 1935, 2007 S 2. Sollen die eingesetzten Erben nach dem Willen des Erbl die alleinigen Erben sein, sei es, daß ihre Erbteile den Nachl erschöpfen, daß ein Fall des § 2089 vorliegt, od daß bei Zuwendg einz NachlGgste an mehrere Erben diese den ges Nachl ausmachen u die AuslegsRegel des § 2087 II nicht durchgreift, Schopp aaO, so wird vermutet, daß bei Wegfall eines Eingesetzten die übr TestErben, nicht die gesetzl Erben den freiwerdenden Erbteil erhalten sollen. Nacherben § 2110 I, ErbschKäufer § 2373, Vermächtn §§ 2158, 2159.

2) Wegfall liegt vor **a) vor dem Erbfall:** bei Tod vor dem Erbf, § 1923 I, bei Erbverzicht, § 2352, sowie bei Totgeburt einer Leibesfrucht, § 1923 II, RG Warn **14** Nr 125; – **b) nach dem Erbfall:** bei Ausschlagg, § 1953, Erbunwürdigk, § 2344, Nichterleben einer aufschiebenden Bedingg, § 2074, Anf, § 2078f (ebso jetzt auch Kipp-Coing § 45 I 3 b) und Nichterteilg der staatl Gen nach § 84, EG 86. Kein Wegfall liegt dagg vor bei Nichtigk der Erbeinsetzg, RGRK Rdz 2, zB nach fr § 2235 II, jetzt §§ 7, 27 BeurkG, aM KG JFG **18**, 165, NJW **56**, 1523, od im Fall des § 2077 (idF des 1. EheRG); aM Soergel-Knopp Rdz 4. Da in den letzteren Fällen eine wirks Einsetzg gar nicht vorliegt, greift hier nicht die Anwachsg, sond uU Erhöhg nach § 2089 ein, Staud-Seybold Anm 3; RGRK Anm 2; aM Kipp-Coing § 45 I 3b. Bei der ErsErbeneinsetzg, § 2096, die ja nach dem Wegfall gesetzl Erben gilt, § 2051 II, ist der Begriff des Wegfalls ein weiterer.

3) Verhältnismäßige Erhöhg tritt ein, **I 1.** Sind also A auf $^1/_2$, B auf $^1/_4$, C auf $^1/_4$ eingesetzt, so erhalten bei Wegfall des C: A $^1/_2 + {}^2/_{12} = {}^2/_3$, B $^1/_4 + {}^1/_{12} = {}^1/_3$. Der anwachsende Erbteil hat, abgesehen von Belastgen und der AusglPfl, §§ 2095, 2052, 2007 S 2, keine selbständige Bedeutg.

4) Bei gemeinschaftl Erbteil, § 2093, findet die Anwachsg zunächst nur innerh dieser Sondergruppe statt, falls nicht alle gemschaftl Eingesetzten weggefallen sind, **I 2.** Bei den so Zusammenberufenen findet sogar auch dann Anwachsg statt, wenn nach § 2088 II auch die gesetzl Erben teilnehmen, obwohl hier im übrigen ein AnwachsgsR nicht besteht, **II.**

5) Ausschluß der Anwachsg, III, ist allg oder ggü einzelnen Erben mögl, da die Anwachsg ja nur auf dem vermuteten Willen des Erbl beruht. Tritt bei Ausschließg der Anwachsg kein ErsatzE ein, so gilt für den freigewordenen Teil gesetzl Erbf, Lange-Kuchinke § 25 VIIa. Wer Ausschl behauptet, hat ihn im RStreit zu beweisen. Ausschluß kann nur durch letztw Vfg, braucht aber nicht mit ausdrückl Worten zu erfolgen. In der Einsetzg auf bestimmte Bruchteile liegt die Ausschließg noch nicht, da sie nur das Teilsverhältn der Erben festsetzt, Staud-Seybold Anm 4, vgl § 2158 I 2; anders bei Einsetzg auf den Pflichtt, RG HRR **28**, 960. Die Anwachsg ist immer ausgeschlossen bei Einsetzg von ErsErben, § 2099, iZw bei Einsetzg eines NachE, § 2102 I, s Brox § 25 II 2g. Das gleiche gilt iZw auch für das Nachrücken von Abkömml nach § 2069; über entspr Anwendg des § 2069 bei Wegfall naher Angehöriger s dort Anm 4, KG FamRZ **77**, 344. Bei Verwirkgsklausel u ähnl Sachlage geht jedoch § 2094 dem § 2069 vor, KG DNotZ **42**, 147, s § 2069 Anm 3, § 2074 Anm 2. Dagg geht die Vererblichk des NacherbR, § 2108 II 1, iZw dem AnwachsgsR vor, KG JFG **15**, 309, s Anm 2 zu § 2108. Bei Wegfall eines von mehreren VorE ist es eine Frage der Ausleg der letztw Vfg, ob sich die Vorerbsch vererben, ob Anwachsg unter den übrigen VorE od Übergang auf den NachE gewollt ist, s Erm-Hense, Rdz 4 Abs 2.

6) Wird ein **Erbschein** unter Benutzg der AnwachsgsRegeln beantragt, so sollte ggf in der Begründg zu §§ 2069, 2099, 2102 Stellg genommen w, s Schopp MDR **78**, 10/12.

7) DDR: ZGB (Auszug im Anh, 35. Aufl) 379.

2095 *Angewachsener Erbteil.* **Der durch Anwachsung einem Erben anfallende Erbteil gilt in Ansehung der Vermächtnisse und Auflagen, mit denen dieser Erbe oder der wegfallende Erbe beschwert ist, sowie in Ansehung der Ausgleichungspflicht als besonderer Erbteil.**

1) Schutz des Anwachsgsberechtigten. Entspricht dem § 1935. Er hat die auf dem anwachsenden Erbteil lastenden Vermächtnisse u Auflagen bei verschiedener Beschwerg, § 2007 S 2, nur aus Mitteln der Erhöhg zu tragen, ohne den freien Nachlaß angreifen zu müssen, §§ 2161, 2187 II, 2192. Für die AusglPfl kommt hier nur die letztw Berufg von Abkömmlingen nach § 2052 in Betr. Es soll auch hier vermieden werden, daß der Erbe durch die Anwachsg, §§ 2055, 2056, benachteiligt wird. Bei Vermächtnissen gilt (von der AusglPfl abgesehen) dasselbe, § 2159. Die Selbständigk der Erbteile gilt auch hins der Verteilg der PflichttLast nach § 2318, Fürnrohr JW **12**, 61. – Der Erbl kann abweichende Anordnung treffen zB einzelne Verm od Auflagen dadch bevorzugen, daß sie nicht bloß von dem ursprüngl, sond auch von dem dch Anwachsg größer gewordenen Erbteil zu tragen sind, jedoch unbeschadet der Rechte der Pflicht-Berechtigten nach §§ 2306 I, 2318 III u der zwingden Vorschriften über die Beschrkg der Erbenhaftg, § 2007, s Staud-Seybold Anm 5.

2096 *Einsetzung als Ersatzerbe.* **Der Erblasser kann für den Fall, daß ein Erbe vor oder nach dem Eintritte des Erbfalls wegfällt, einen anderen als Erben einsetzen (Ersatzerbe).**

Schrifttum: Kempf, Die Anwartschaften des Nacherben u des Ersatznacherben, NJW **61**, 1797; Diederichsen, Ersatzerbfolge oder Nacherbfolge, NJW **65**, 671; Schopp, Anwachsg – ErsErbsch, MDR **78**, 10.

1) Allgemeines. Die Ersatzerbfolge behandeln die §§ 2096–2099, 2102, das ErsVermächtn der § 2190. ErsatzE kann ein MitE, § 2098, od ein Fremder sein. Seine Einsetzg kann auch durch ergänzende Ausleg festgestellt werden, vgl § 2084 Anm 4b. – **a)** Der **Nacherbe** unterscheidet sich vom ErsErben dadurch, daß jener „erst Erbe wird, nachdem zunächst ein anderer Erbe geworden ist", § 2100, der **Ersatzerbe** dagg nur, wenn der Erstberufene nicht Erbe wird, s Barth-Schlüter Lehrb § 29 I 1. Daher NachErbsch, nicht bloße ErsErbsch bei Erbeneinsetzg für den Fall des kinderlosen Ablebens des Erstberufenen vor Erreichg eines bestimmten Lebensalters, Celle NdsRpfl **49**, 176. Die ErsBerufg soll den Fortbestand der testamentar Erbf unter Ausschl der gesetzl Erben gewährleisten. Es kann aber auch für einen gesetzl Erben vom Erbl ein ErsatzE bestimmt werden, Kipp-Coing § 46 II; der gesetzl Erbe kann auch, zB in gemeinschaftl Test, als ErsatzE eingesetzt werden. – **b) Wegfall.** Die ErsErbfolge bezweckt die Vorsorge für einen Wegfall des zunächst Berufenen von der Art, daß dessen Einsetzg unwirks ist od unwirks wird, RG **142**, 174, er also nicht Erbe sein kann od will, § 2097. Der Begriff des Wegfalls ist demnach hier ein weiterer als bei § 2094, vgl Anm 2 dort, auch KG OLG **43**, 394, Staud-Seybold Anm 4, da die ErsBerufg auch dann eingreift, wenn die Erbeinsetzg nichtig od widerrufen wird. Die Berufg eines ErsErben muß aber nicht für alle Fälle des Wegfalls des zunächst Berufenen gelten, es kann bei einzelnen Wegfallgründen das Einrücken des ErsErben ausgeschl sein, Staud-Seybold Anm 3, s § 2097 Anm 1. Beim Wegfall des Erstberufenen nach dem Erbf wird der Anfall an den ErsErben auf den Erbfall zurückbezogen. – **c) Einzelvorschriften.** Kraft Gesetzes sind iZw ErsErben die nach § 2069 nachrückenden Abkömml u die NachE, § 2102 I. Gemäß § 2051 II kann ein ErsatzE auch eingesetzt sein sowohl für einen wegfallenden gesetzl Erben wie für den Wegfall eines nach dem Verhältn der gesetzl Erbteile durch Erbeinsetzg, § 2052, berufenen Abkömmlings. UU kann auch VollAdopt dch Dritte zum Wegfall iS des § 2096 führen, s Dittmann Rpfleger **78**, 277/278. – Ausschlagg: § 1944 Anm 2c. ErbschKauf § 2373.

2) Der Eintritt des ErsatzE ist (aber nicht iS des § 2074) bedingt durch den Wegfall des Ersteingesetzten. War dieser Erbe, so ist er ErsE, war dieser NachE, so ist er Ersatznacherbe, vgl § 2102 Anm 3, Haegele Rpfleger **67**, 165. Vor Eintritt des ErsFalls (und auch vor Eintritt des Erbfalls) hat er keinerlei Erbrechte, RG **145**, 316, mit Eintritt des Erbfalls erlangt er aber ein vererbl, übertragb AnwR, BayObLG **60**, 410; Soergel-Knopp Rdz 13. Er kann sich wg etwaiger GeschFührg u Vfgen des Erstberufenen erst nach dessen Wegfall u nur nach Maßg des § 1959 an diesen od Dritte halten, RG aaO. Vermächtn u Auflagen belasten iZw auch den ErsE, § 2161. Ebenso trifft ihn die AusglPfl, § 2051 II. Ob ein Vorausvermächtn übergeht, § 2150, ist Frage der Ausleg. Der Voraus, § 1932, steht dem ErsE idR nicht zu. Ob eine Bedingg, unter der der Erbe eingesetzt ist, auch für den ErsE gilt, ist Frage der Ausleg u bemißt sich nach dem Inhalt der Bedingg.

3) Erleben des Erbfalls. Da die Regelg der ErsErbfolge unter dem Titel „Erbeinsetzg" erfolgt ist, gelten auch für den ErsE die allg Grdsätze der Erbeinsetzg. Der ErsE muß also den Erbfall, und sei es auch nur als Erzeugter, erleben, § 1923. Nach dem in §§ 1953, 2344 zum Ausdr gekommenen allg Gedanken wird der Eintritt des ErsE auf den Erbf zurückbezogen, als wenn der zunächst Berufene bereits vor dem Erbf weggefallen wäre, RG **95**, 98, Celle NdsRpfl **49**, 176. Der ErsE braucht also nur den Erbf, aber nicht den Ersatzfall (Wegfall) erlebt zu haben. Stirbt er selbst nach dem Erbf, aber vor dem Ersatzfall, so geht sein ErsErbR iZw auf seine Erben über, KGJ **42**, 104. War aber der Erstberufene nach dem Erbl, jedoch vor Ablauf der Ausschlaggsfrist verstorben, so geht das AusschlaggsR nach § 1952 I auf die Erben des Erstberufenen über, und der ErsE tritt erst ein, wenn diese ausschlagen.

4) Mehrere ErsatzE können eingesetzt sein, sei es **nebeneinander**, sei es **hintereinander**. Im ersteren Falle treten sie gemschaftl u iZw zu gleichen Teilen, § 2091, an die Stelle des Vorberufenen; im zweiten Fall ist jeder spätere erst nach dem Wegfall seiner Vordermänner berufen, wobei die Reihenfolge, in der die Vormänner wegfallen, bedeutgslos ist, vgl auch § 2098.

5) Bei Zweifeln ist ErsErbeinsetzg anzunehmen, § 2102 II, da dies eher dem vermuteten ErblWillen entspricht als die Ann, er habe den Eingesetzten durch NachErbf beschränken wollen. Dagg kann in einer ErsErbeinsetzg keine Nacherbeinsetzg gefunden werden, falls nicht die letztere in Wirklichk gemeint war, RG HRR **32** Nr 1055; im Gebr des Wortes „Ersatzerbe" kann deshalb nach dem Willen des Erbl auch Einsetzg als NachE liegen, BGH **LM** § 2100 Nr 1, Celle RdL **69**, 99; vgl § 2102 Anm 1, 1a, Soergel-Knopp Rdz 5.

6) DDR: ZGB (Auszug im Anh, 35. Aufl) 378, 379 II.

2097 *Auslegungsregel.* Ist jemand für den Fall, daß der zunächst berufene Erbe nicht Erbe sein kann, oder für den Fall, daß er nicht Erbe sein will, als Ersatzerbe eingesetzt, so ist im Zweifel anzunehmen, daß er für beide Fälle eingesetzt ist.

1) Diese Ausleggsregel ist weitgefaßt, Düss DNotZ **74**, 366/369; sie greift zB ein, wenn der ErsE für den Fall der Ausschlagg des Erstberufenen eingesetzt war, dieser aber inf Widerrufs seiner Erbeinsetzg nicht Erbe sein konnte, Dresden ZBlFG **17**, 303; od umgekehrt, wenn bei Einsetzg für den Vorversterbensfall ausgeschlagen wird, RG **113**, 50. Die ErsBerufg kann aber auch auf eine bestimmte Art des Wegfalls beschränkt sein. Dann gilt nicht § 2097, sond § 2074; der ErsE muß also den Wegfall (nicht nur den Erbfall) erleben. Über entspr Anwendg beim Vermächtn s § 2190. – Nicht anwendb ist § 2097, wenn NE nach Eintritt des NE-Falles die Erbsch ausschlägt, um Pflicht zu verlangen, Ffm Rpfleger **70**, 391.

2098 *Gegenseitige Einsetzung als Ersatzerben.* I Sind die Erben gegenseitig oder sind für einen von ihnen die übrigen als Ersatzerben eingesetzt, so ist im Zweifel anzunehmen, daß sie nach dem Verhältnis ihrer Erbteile als Ersatzerben eingesetzt sind.

II Sind die Erben gegenseitig als Ersatzerben eingesetzt, so gehen Erben, die auf einen gemeinschaftlichen Erbteil eingesetzt sind, im Zweifel als Ersatzerben für diesen Erbteil den anderen vor.

1) Ausleggsregel. Sind einem Erben mehrere ErsE nebeneinander bestellt, so erhalten sie nach § 2091 iZw gleiche Teile. Hat der Erbl aber die eingesetzten Erben ggseitig od für einen von ihnen die übrigen (also nicht bloß einzelne von ihnen) als ErsE berufen, so erhalten sie iZw die ErsErbanteile nach dem Verhältn ihrer urspr Erbteile, I und § 2094 I 1; im ersten Fall unter Bevorzugg der Zusammenberufenen, II und § 2094 I 2. Der einem MitE durch ErsBerufg zukommende Erbteil gilt (anders als bei der Anwachsg, § 2095) in jeder Hins als selbständiger Erbteil, RGRK Rdz 5; für Ann u Ausschlagg aber nur bei Berufg aus verschiedenen Gründen, § 1951.

2099 *Ersatzerbe und Anwachsung.* Das Recht des Ersatzerben geht dem Anwachsungsrechte vor.

1) Ausschluß der Anwachsg liegt in der Einsetzg eines ErsE, § 2094 III. Dem eingesetzten ErsE stehen die nach § 2069 nachrückenden Abkömml gleich. Fällt auch der ErsE weg, so greift Anwachsg ein. Bei Einsetzg eines ErsE für mehrere Miterben ist es AusleggsFrage, ob die ErsErbf bei Wegfall jedes einz der Erben od erst nach Wegfall aller ME wirks w, Soergel-Knopp Rdz 1; s auch Schopp MDR **78**, 10/11; aM 37. Aufl.

Dritter Titel. Einsetzung eines Nacherben
Einführung

Schrifttum: Hankel, Neuere Rechtsprech auf dem Gebiete des Vor- und Nacherbrechts, Berlin 1939; Schiedermair, Die Übertragg der Rechte des NachE, AcP **139**, 129; Kempf, Die Anwartschaften des Nacherben u des Ersatznacherben NJW **61**, 1797; Beck, Grenzen der Teilsanordng – Teilsanordng u Nacherbfolge, DNotZ **61**, 565/572; Langenbach, Die Rechtsnachfolge des Vorerben in die personen- u vermögensrechtl Mitgliedstellg des Gesellschafters einer Personalhandelsgesellschaft, RhNK **65**, 81; Mezger, Kann der Erbl die Übertragg des dem NachE zustehenden Anwartschaftsrechts ausschließen? AcP **152**, 382; Schmidt, Die Nachfolge in das Anwartschaftsrecht des NachE u die Erteilg des Erbscheins nach Eintritt des Nacherbfalls, BWNotZ **66**, 139; Haegele, Zur Vererblichkeit des Anwartschaftsrechts eines NachE, Rpfleger **67**, 161; Bühler, Zum Inhalt der Vermächtnisanwartsch im Vergleich zur Anwartsch des NachE, BWNotZ **67**, 174; Johannsen, Die Rechtsprech des BGH auf dem Gebiet des ErbR – 4. Teil Einsetzg eines Nacherben WPM **70**, 2, 73, 537, 77, 274; Kanzleiter, Der „unbekannte" NachE, DNotZ **70**, 326; Haegele, Rechtsfragen zur Vor- u NachErbsch Rpfleger **71**, 121; ders, Zur Vor- u Nacherbsch, BWNotZ **74**, 89; ders, GrdbuchR⁸, 1975, S 631–673; Petzold, Vorerbsch u Nießbrauchs-Verm BB **75** Beil Nr 6; Bergermann, Vor- u NachErbsch an einem OHG-Anteil, ZHR **133**, 208; Brox, Bestimmg des NachE des Ggstands der Zuwendg von der VorE; Hadding, Zur Rechtsstellg des VorE von GmbHGeschAnteilen, beide Festschr f Bartholomeyczik, 1973, 41, 75 (Hadding – gekürzt in RdschGmbH **75**, 73); Baur-Grunsky, Eine Einmann-OHG, Beitrag zur Vor- und Nacherbsch in einen OHG-Anteil, ZHR **133**, 208; Hefermehl, Vor- und Nacherbf bei Beteiligg an einer Personenhandelsgesellsch, Festschr f H. Westermann, 1974, S 223; Feller, Zur Vorerbsch an GmbH-Anteilen, Diss Mainz 1974; Coing, Die unvollständ Regelg der Nacherbfolge, NJW **75**, 521; Esch Wiesche Rdz 444–501; FormKomm ErbR, Forml 6. 316–328; Haegele-Litfin IV Rdz 50 ff; Kipp-Coing §§ 47–52; Lange-Kuchinke § 26.

1) Die Anordng dieser Vorschr ist folgende: Die erste Gruppe, §§ 2100–2111, stellt die Grdlage dar, u zwar behandelt §§ 2100–2105 die Nacherbeinsetzg, §§ 2106–2109 den Eintritt der Nacherbfolge u §§ 2110 und 2111 deren Umfang. Die zweite Gruppe, §§ 2112–2138, regelt die Zwischenstellg des VorE (VE), und zwar Vfgen §§ 2112–2120, Feststellg des Umfangs, Zustandes und der wirtschaftl Behandlg des Nachl §§ 2121–2123, Lasten §§ 2124–2126, Schutzmittel des NE und Dritter §§ 2127–2129, die Herausg der Erbsch §§ 2130–2135, und die Befreiungen des VE, §§ 2136–2138. Die dritte Gruppe, §§ 2139–2146, betrifft die RVerhältnisse bei u nach dem Eintritt der NEFolge, den Anfall, § 2139, die Ausschlagg durch den NE, § 2142, sowie das Verh des V- und NE zu den NachlGläub, §§ 2144–2146.

2) Wesen der NachEFolge. Sie soll zugl für den Todesfall des Erbl u für eine spätere Zeit sorgen, § 2100. Sie beruht meist nicht auf einem Mißtrauen des Erbl ggü dem VE, s aber § 2338, sond auf seinem (erklärten od vermuteten) Willen, sein Vermögen dem VE (zB dem überl Eheg) persönl, nicht aber dessen gesetzl od gar eingesetzten Erben zukommen zu lassen, Prot II 5, 91 ff; dazu Schalhorn JurBüro **73**, 700. VE und NE sind **wahre Erben** (aber keine Miterben), die sich in der Herrsch über den Nachl ablösen. Jedoch ist der **NachE nicht Rechtsnachfolger des VorE**, sond des Erbl, RG **75** 363; Anm 1 zu § 2139; hM; VE und NE leiten ihr Recht unmittelbar vom Erbl ab; auch als RNachfolger des VE sieht den NE Lange Lehrb § 26 I 2 an. Der **NachE** erwirbt beim Eintritt der Nacherbf die Erbsch als GesNachfolger des Erbl u mit dingl Wirkg, § 1922. Ihm fällt die Erbsch an, auch wenn sie sich bis dahin nicht in Händen des VE befand; und sie fällt möglicherw gar nicht dem eingesetzten NE, sond dessen Erben an, § 2108 II. Bis zum NachErbf ist der **VorE** in Besitz u Genuß der Erbsch. Er hat, insb im Fall der Befreiung, §§ 2136, 2137, eine Vertrauensstellg innen u eine größere Vfgsmacht als der Nießbraucher. Mit dem Eintritt der NachErbf gebührt dem NE die Substanz der Erbsch, die ihm herauszugeben ist, § 2130, währd die gezogenen Nutzgen dem VE verbleiben. Aus dieser zeitl Beschrkg seines Rechts u seiner **Treuhänderstellg** ggü dem NE erklärt sich auch seine beschränkte Vfgsmacht. Eine **Sondernacherbfolgein** einen einzelnen Nachlaßgegenstand (zB ein Unternehmen) kann der Erbl nicht anordnen, da sonst der Wirkg nach ein dem Fam-Fideikommiß erreicht würde; denkb ist aber Umdeutg, § 140, in ein befristetes Vermächtn, s § 2177.

3) Die Einsetzg des NachE beruht idR auf ausdrückl Anordng des Erbl, ohne daß es auf den Gebr bestimmter Worte ankäme, vgl § 2100 Anm 4, § 2103; sog **gewollte NachEFolge. – a)** Es ist auch zul, die NEFolge auf einen **Bruchteil** des dem VE zugewendeten Erbteils zu beschränken, BayObLG **61**, 205; hiebei können uU Schwierigkeiten bei der Frage entstehen, wie der VE zur freien Vfg über den ihm als Vollerben zukommenden ErbschTeil gelangt; § 2120 wird wohl entspr angewendet w müssen; vgl BayObLG **58**, 109, auch BGH **26**, 378. – **b)** Zul ist auch, den NE unter einer **Bedingg** oder **Befristg** einzusetzen, zB, daß der VE wieder heiratet, KG DFG **42**, 149, daß er kinderlos bleibt – auflösd bedingte Nacherbfolge – Brschw MDR **56**, 296, daß sich der VE innern 10 Jahren nach dem Erbfall nicht gut führt, BGH RdL **63**, 46, od nicht anderw über den Nachl verfügt, RG **95**, 279; Hamm Rpfleger **76**, 132/134; BGH **2**, 35, vgl §§ 2065 Anm 4, 2107 Anm 3, 2269 Anm 4, od daß der NachE vor Eintritt des NachEFalls eine Leistg erbringt, BayObLG **66**, 275. Eine NErbsch kann aufschiebd bedingt für den Fall angeordnet w, daß der zuerst Bedachte sein bestimmten Ztpkt nicht erlebt, Johannsen WPM **73**, 538, dazu Bergermann aaO 750 ff. – **c) Mehrere Erben** können auch **nacheinander** als Nacherben eingesetzt w, in diesem Fall steht der zunächst berufene NE dem folgdn NE zunächst wieder als VE ggü, LG Aachen RhNK **62**, 631, Zweibr Rpfleger **77**, 305; Haegele-Litfin IV Rdz 57; s aber § 2109, RGRK Anm 27. Da der NE begriffl erst nach dem VE eintreten soll, kann bei einer NE-Einsetzg auf den Zeitpunkt des Todes des Erbl nicht mögl, hier kann Einsetzg des „VE" als Erben, der an den „NE" als VermNehmer den Nachl herauszugeben hat, angenommen w, RG LZ **23**, 321, Planck-Flad § 2100 Anm 3 b. – **d)** Ist der NE nicht benannt od NEFolge ausdrückl angeordnet, so wird die NEEinsetzg in einigen Fällen doch unterstellt, um durch Umdeutg, § 140, eine sonst wirkgslos bleibende Anordng aufrechtzuerhalten, sog **gedachte (konstruktive) NachEFolge**, §§ 2101, 2106 II, 2104, 2105.

4) Der Erwerb der NachErbsch (dh der Erbsch durch den NE) vollzieht sich in zwei Abschnitten. – **a)** Der erste beginnt mit dem **Erbfall** u enthält den Anfall der VErbschaft an den VE u für den NE die Zeit der Erwartg, aber auch zugl den Voranfall der NErbschaft. Der VorE ist währd dieser Zeit berechtigt, die Nutzgen des Nachl zu ziehen u über ihn vorbehaltl der gesetzl Beschrkgen, §§ 2113 ff, zu verfügen. Der **NachE**, auch der bedingt eingesetzte, Hamm JMBl NRW 59, 173, erlangt mit diesem ersten Zeitabschnitt neben dem zukünftigen ErbR bereits ein gegenwärtiges, unentziehbares u unbeschränkbares vererbliches und übertragbares **Anwartschaftsrecht**, vgl BGH 37, 325, Celle RdL 64, 130, Schmidt BWNotZ 66, 139, Kempf aaO, Brox § 25 III 1, dch welches die Vfgsmacht des VE im Interesse des NE wesentl beschr ist, RG 139, 347, und das der NE im Beeinträchtiggsfalle schon vor dem NErbfall (zB durch Feststellgsklage) geltd machen kann; s 2108 Anm 5. Anderers kann eine Ehefr, die VE ihres verstorbenen Ehemannes ist, gg den NE auf Feststellg des RVerh klagen, das dadurch entstanden ist, daß der Mann eingebrachtes Gut der Frau für sich verwendete, **LM** § 2100 Nr 5 (wg der ErsatzNE s 2102 Anm 3). Die Anwartsch aus einer bedingten Nacherbfolge ist ebenf übertragb, soweit sich nicht aus dem Sachverhalt ergibt, daß der Erbl die Übertragbark ausschließen wollte, RG 170, 168; vgl jedoch § 2108 Anm 5c zur Frage, ob die Übertragbark überh ausgeschl w kann. Die Veräußerg des AnwR des Mitnacherben (wohl auch des AlleinNE) an einen Dritten ist, wenn der Nachl im wesentl aus einem land- od forstwirtschaftl Betrieb besteht, genehmiggspflichtig, § 2 II Nr 2 GrdstVG, Roemer DNotZ 62, 491, Pikalo-Bendel Anm F V 2 b zu § 2 GrdstVG. – Der NE kann nach VerschG 16 II c die TodesErkl des VE beantragen. – **b)** Mit dem zweiten Abschn **(NachErbfall)** beginnt die Zeit der Erfüllg. Das Recht des VE erlischt u zugl tritt das Recht des NE in Kraft, § 2139 (Anfall der NErbsch). Schlägt jedoch der NE aus od überträgt er sein Recht an den VE (Anm 6; ferner § 2108 Anm 5), so verbleibt die Erbsch iZw dem VE, § 2142, währd bei Ausschlag seitens des VE der NE iZw als ErsatzE einspringt, § 2102 I.

5) Verfahrensrecht. – **a) Prozeßrechtl** ist im allg der VE bis zum NErbfall der wahre Kläger u für Klagen gg den Nachl nur allein beklagb, RG 113, 50. RechtskrWirkg für u gg den NE, ZPO 326. ProzFührg ist keine Vfg, s BFH NJW 70, 79. Da aber ZPO 326 II die RechtskrWirkg auf den NE erstreckt, soweit der VE über den der NErbfolge unterliegden ProzGgst ohne den NE verfügen konnte, so ordnet ZPO 242 für diesen Fall bei Eintritt der NErbfolge Unterbrechg an, die aber nicht eintritt, wenn der VE einen ProzBevollm hatte, ZPO 246, s dazu Brox § 25 IV 4. Soweit der VE nicht vfgsbefugt war, hat der NE seine Rechte in einem eig Prozeß geltd zu machen, StJSchP § 242 ZPO Anm III 2. Doch kann der Dritte schon vor dem NErbfall gg den NE auf Feststellg klagen, daß der StreitGgst nicht zum Nachl gehörte. Alle Urteile über die RVerhältnisse des Nachlasses wirken für den NE. Ein Prozeß über NachlVerbindlichkeiten, vgl § 2144 Anm 1, geht gg den NE od dessen Erben weiter.

b) Bei der **Zwangsvollstreckg** kann der NE mit Rücks auf § 2115 durch Widerspruchsklage, ZPO 773, eine zur Veräußerg od Überweisg führende Vollstreckg in einen NachlGgstand verhindern. Er darf also nicht bloßer Pfändg, RG 80, 33, od Eintragg einer ZwangsHyp, sowie dann nicht widersprechen, wenn es sich um eine NachlVerbindlichk handelt, RG 90, 95, od um ein gg den NE wirksames dingl Recht, § 2115 S 2, zB eine vom befreiten VE entgeltl bestellte SichergsHyp, RG 133, 264. War das Urteil dem NE ggü wirks, ZPO 326, so kann die Klausel für und gg ihn umgeschrieben werden, ZPO 728 I; vgl auch ZPO 863 II. Das VfgsR des VE ist aGrd des Urteils ohne urkundl Nachweise bei Erteilg der Klausel zu prüfen.

c) Das Recht des NE zw Erbfall und NErbfall (bei MitNE das Recht auf den Anteil) unterliegt nach ZPO 857, 859 II der **Pfändung**, Haegele BWNotZ 75, 129/132. Der VE ist nicht Drittschuldner (außer für Herausg- u andere Nebenansprüche, KJG 42, 235), es gilt also ZPO 857 II. Ist ein MitNE Schuldner, so sind Drittschuldner die übrigen NE, ZPO 857 I, 829 III; Stöber FordergsPfändg[5] Rdz 1652ff. Der NachE kann die Pfändg durch Ausschlag ggstandslos machen, Lange-Kuchinke § 26 VII 3e. Verpfändg bedarf der Form des § 2033.

d) Im **Konkurse** des **VorE**, s Kretzschmar LZ 14, 556, hat der NE zwar kein AussondergsR, ist aber gg ihn beeinträchtigende Vfgen geschützt, § 2115, KO 128. Im Konkurse des **NachE** gehört sein NErbR u beim NErbfall die Erbsch zur Masse, Jaeger-Weber Anm 8 zu KO 128. Über ZusTreffen von NachlGläubigern u Eigengläubigern des VorE im Konk über dessen Vermögen s Rahn BWNotZ 61, 246, aber auch Jaeger-Weber Anm 5 zu KO 128.

6) Grundbuchrecht (dazu Haegele Rpfleger 71, 127ff, GrdbR[5] aaO, Bergermann aaO 767ff). Bei der GBEintragg des VE ist zugl das Recht des NE, Nacherbenvermerk, u ggf die etwaige Befreiung von Beschrkgen des VfgR des VE vAw einzutragen, GBO 51 (zur Eintr in einz Bergermann aaO 769 ff). NE-Vermerk der Berecht nicht bezeichnet, ist inhaltl unzul, Zweibr Rpfleger 77, 305. Das gleiche gilt auch für das SchiffsReg, SchiffsRegO 54, das Register für PfdRechte an Luftfahrzeugen, LuftfzRG 86 I. Auch ein zweiter u weiterer NE ist einzutragen, OLGZ Hamm 75, 151/155; vgl § 2109 I Nr 2; dessen Anwartsch bleibt bestehen, bis die Erbenstellg des vorhergehdn NachE beendet ist, vgl RG Gruchot 53, 94. Ebenso sind Ersatznacherben (vgl hierüber § 2096 Anm 2, § 2102 Anm 3) einzutragen, JFG 5, 315, Hamm JMBl NRW 65, 268, und zwar auch dann, wenn der NachE sein AnwR auf einen Dritten od den VorE übertragen hat u wenn trotz der Berufg eines ErsatzNE die Vererblichk des NacherbenR nicht ausgeschl ist, Köln NJW 55, 633; für sie gelten aber § 2113 ff nicht, RG 145, 316, Oldbg JR 63, 21 mit Anm v Jansen, BGH 40, 115. Jedoch ist zum Verzicht auf die Eintragg des NE- u ErsatzNEVermerks auch die Zust des ErsatzNE erforderl, ebso zur Bewilligg der Löschg eines solchen Vermerks, Hamm, Ffm NJW 69, 1490, OLGZ 70, 443, K-E-H-E GBO § 51 Rdz 17, 28, Haegele Rpfleger 56, 159, ev ist ein Pfleger für unbekannte NE zu berufen, § 1913; Hamm aaO mit Anm v Haegele Rpfleger 69, 348. S auch wg Veräußerg eines Grdst od GrdstR § 2102 Anm 3, § 2113 Anm 1b aE. – Da das NERecht kein dingl Recht an den einzelnen NachlGgständen ist, RG 83, 436, kann es nicht unabhängig von der Eintragg des VE gebucht werden, auch ist die Eintragg des NEVermerks nicht dazu bestimmt, ein dingl Recht am Nachl zu verlautbaren, Schlegelberger, SeuffBl 78, 105. Ein Rangverhältn besteht zw dem NEVermerk u GrdstRechten nicht, KG JW 33, 2708, Hamm Rpfleger 57, 19 (über Umdeutg des

Antrags auf Rangvermerk s KG, Hamm aaO); Bergermann aaO 767. Die Eintragg unterbleibt, wenn der NE od statt seiner der TestVollstr, KG DNotZ **30**, 480, in der Form des GBO 29 I 1 darauf verzichtet, worin ein Verzicht auf den Schutz gg gutgl Erwerb, §§ 2113 III, 892 I 2, aber noch keine Ausschlagg, § 2142 I, liegt, KGJ **52**, 169; sowie auch dann, wenn der VE ein zum Nachl gehöriges Recht mit Zust des NE veräußert, womit es aus dem Nachl ausscheidet, oder der NE sein AnwR auf den VE überträgt u ihn dadurch (sofern nicht ein ErsatzE od ein zweiter NE eingesetzt ist, Hamm JMBl NRW **53**, 80) zum unbeschränkten Erben macht, KG DNotZ **33**, 291 (dann kein NachEVermerk im Erbschein notw, KG JW **38**, 3118). Die Übertragg, Verpfändg und Pfändg des NERechts ist eintragb, §§ 892 I 2, 1276 II; ZPO 804 II. Durch die Eintragg wird der NE betroffen. Dem GBO 39 I wird daher durch Eintrag des NERechts genügt, RG **83**, 434; vgl auch Meikel-Imhof-Riedel Anm 24 zu § 51 GBO. Gg die Eintragg eines NEVermerks ist die Eintragg eines Amtswiderspruchs nicht zul, Hamm Rpfleger **57**, 4¹5, Horber Anm 3 B a zu § 53 GBO, wohl aber die Beschw entgg § 71 II GBO, da sich an die Eintragg kein gutgl Erwerb anschließen kann, KG JFG **21**, 252, Mü JFG **23**, 300, Hamm JMBl NRW **58**, 16.

6 a) Über Gebührenbefreiung bei Eintr des NachE ins GrdBuch s § 60 IV KostO, § 34 GBMaßnG, dazu KG Jur Büro **68**, 826.

6 b) Ins **HandelsReg** gehört kein NEVermerk, Mü JFG **22**, 89, s auch Krabbenhöft, Rpfleger **48/49**, 365, Langenbach aaO 106.

7) Im Erbschein (vgl aber Anm 6) ist die NEFolge anzugeben, § 2363 und Anm 1 hiezu, auch der ErsNE, RG **142**, 173. Nichterwähng gibt dem NE einen ErsAnspr, RG **139**, 347, auch kann er Einziehg, § 2361, anregen.

8) Sondervorschriften über eine gesetzl Vor- u NachErbsch sind in §§ 6 II, 8 I HöfeO idF v 26. 7. 76 nicht mehr enthalten, Steffen RdL **76**, 57f, s auch Bendel AgrarR **76**, 149ff, Köln DNotZ **78**, 308 (Übergangsfall); s aber weiterhin § 16 II, § 18 HöfeO *RhPf*.

9) Über Nacherbfolge u vorweggenommene Erbfolge im **Lastenausgleich**, LAG 229, Schütze RLA **61**, 149/151, Harmening Anl 2 zu LAG 229 (SammelRdschr, allgem Vorschr Teil I Nr 14, 15), BGH NJW **66**, 592. S auch die SonderVorschr in § 42 S 2 **ReparationsschädenG** v 12. 2. 69, BGBl 105. Über Vor- u Nacherbsch in der **ErbschSteuer** s ErbStG 3 II Nr 6; 7 I Nr 7.

10) Ist der überlebde EheG VorE u das Kind NachE, so ist der EheG zur Einreichg eines Vermögensverzeichnisses beim VormschG verpflichtet, § 1682; über dessen Inhalt siehe § 1682 Anm. 2.

11) DDR. Die Möglichk, nach einem VorE einen NachE einzusetzen, ist im ZGB nicht enthalten; ÜbergangsVorschr EG ZGB 8 (Anh, 35. Aufl); dazu Kittke ROW **76**, 29/31; Meincke JR **76**, 47/49.

2100 Begriff des Nacherben.
Der Erblasser kann einen Erben in der Weise einsetzen, daß dieser erst Erbe wird, nachdem zunächst ein anderer Erbe geworden ist (Nacherbe).

1) Zunächst muß ein anderer (dh der VE) Erbe geworden sein, Celle NdsRpfl **49**, 176. Kommt es zu dieser vorausgesetzten Zwischenherrschaft des VE nicht (weil er vor dem Erbf wegfällt od das sein ErbR beendigende Ereignis, zB seine Verehelichg od die Wiederverheirat des geschiedenen Eheg, § 2077 III, schon vor dem Erbf eintrat) so kommt es auch nicht zur NEFolge. Der NachE ist vielm iZw als Ers-Erbe, §§ 2096, 2102 I, VollE; widerspricht dies ausnahmsw dem Willen des Erbl, so ist er nicht ErsErbe, s § 2102 Anm 1, ohne daß es einer Anfechtg nach § 2078 II bedarf. Stirbt der VE nach dem Erbfall, aber vor dem NEFall, so geht seine RStellg auf seine Erben über, erlischt also in deren Pers beim Eintritt des NErbfalls, RG Recht **28** Nr 298.

2) VE und NE sind zeitl aufeinanderfolgende wahre Erben desselben Erbl und ein und derselben Erbsch. Sie haben also nacheinander ein ungeteiltes Erbrecht, so daß von einer ErbenGemsch zw ihnen keine Rede sein kann, da nicht der Ggst ihrer Berechtigg, sond nur deren Zeitdauer geteilt ist, RG Gruch **52**, 682. Auch zw mehreren MitNE besteht vor dem NErbfall, § 2139, keine ErbenGemsch, da sich die Anwartsch des MitNE (wie die des AlleinNE) auf die ganze Erbsch u nicht auf einen Anteil bezieht, denn MitE iS des § 2033 wird er erst mit Eintritt der Nacherbfolge, Wäntig DNotV **06**, 389, Schiedermair AcP **139**, 145, RG **101**, 190. Wohl aber besteht zw mehreren VE ErbenGemsch. Wegen der „Auseinandersetzg" vgl §§ 101–103, 2130 und Anm 1 zu § 2130.

3) Der NE ist „Erbe", also Erbe u Rechtsnachfolger des Erbl, nicht des möglicherw beim Nacherbfall noch lebenden VE, vgl Einf 2. Der NE hat zwar im Ggsatz zum gewöhnl Erben nur ein **zukünftiges ErbR**, daneben aber ein **gegenwärtiges AnwartschaftsR**, vgl Einf 4, durch welches das alleinige, zeitliche ErbR des VE beschränkt u gleichsam belastet ist, BGH NJW **72**, 436.

4) Die Einsetzg des NE ist Erbeinsetzg iS der §§ 1937, 1941, vgl auch Einf 3. Auf den Gebr bestimmter Worte kommt es nicht an. Bei der **Auslegg** ist entscheidend, ob der Eingesetzte, wenn auch unter Beschrkgen, eine Zeitlang Herr des Nachl u erst dann ein anderer nach ihm Erbe sein soll. Für die Vorerbsch ist es nicht wesentl, daß dem VorE die Vfg über den Nachl im eig Interesse u zu eigenem Vorteil u Nutzen zustehen soll. NErbfolge ist daher anzunehmen, wenn der überl Eheg zum AlleinE mit der Verpflichtg eingesetzt wird, den Nachl zG der Kinder zu verwalten u ihnen in gleichem zuzuwenden, zB „das Ganze als Treuhänderin zu betreuen u es der Tochter zu vererben". Auslegfrage ist es, ob in dem Verbot, letztw zu verfügen, od in dem Gebot, einen bestimmten Dritten als Erben einzusetzen, Oldbg NdsRpfl **54**, 165, oder den Nachl mit ihm zu teilen, eine NErbeinsetzg der gesetzl Erben od eines Dritten gefunden w kann. Ein testamentar Verbot, den Nachl an andere als an Blutsverwandte weiterzuvererben, kann als Einsetzg der Blutsverwandten des VE zu NE auszulegen sein, BayObLG **58**, 225. Dagg ist keine NachErbf angeordnet, wenn ein Eheg den and ausdrückl zum unbeschr VollE einsetzt u ihm nur die moralische Verpflichtg auferlegt, sein Vermögen letztwill bestimmten Dritten zuzuwenden, Hamm JMBl NRW **58**, 100, auch DNotZ **63**, 559. Die Einsetzung einer Pers zum AlleinE schließt aber die Annahme von Vor- u Nacherbsch nicht unbedingt aus, RG **160**, 111, BayObLG **58**, 303, die Auslegg kann aber auch den Ausschluß bloßer VorE-Einsetzg ergeben, BayObLG **66**, 53. – Sind Abkömmlinge des VE als NE eingesetzt, so zählen auch Adoptivkinder zu ihnen, wenn nicht ein anderer Wille des Erbl festgestellt w kann, BayObLG **59**, 493 = NJW **60**, 965, s auch BayObLG **61**, 132. Hat der Erbl ein Kind zum VE u dessen „gesetzl Erben" als NE eingesetzt, so bestimmt sich der Kreis der NE u deren Erbquoten nach dem im Ztpkt des Eintritts der NErbf geltden Vorschr; § 2066 ist insow entspr anwendb, Köln FamRZ **70**, 605. Die häuf Anordng: „Meiner Witwe vermache ich den Nießbrauch an meinem Vermögen u die Vfg darüber; nach ihrem Tod sollen sie die Kinder erben", wird man als Vor- u Nacherbeneinsetzg auslegen können, s BGH **LM** Nr 2, BayObLG **65**, 461, Dresd JFG **3**, 156, KG DR **41**, 594, Oldbg NdsRpfl **51**, 198; ein Nießbrauchsverm bejaht in einem anders gelagerten Fall unter Heranziehg steuerl Erwäggn, BayObLG **60**, 154; dazu Petzold BB **75**, Beil Nr 6; Hartmann, TestVollstrg u Nießbr zur Sicherg der Nachf des EinzelUntern, 1975, 4.3, Barth-Schlüter Lehrb § 41 III 2b; s auch BayObLG **22**, 115. Beim Berliner Test, § 2269 I, stellt das G eine Ausleggsregel gg die Ann einer NEEinsetzg auf, vgl RG **113**, 234, wobei selbst der Ausdruck „Nacherbe" nicht unbedingt maßg ist, RG JR **25**, Nr 1016, § 2269 Anm 3.

2101 Noch nicht Erzeugter.
I Ist eine zur Zeit des Erbfalls noch nicht erzeugte Person als Erbe eingesetzt, so ist im Zweifel anzunehmen, daß sie als Nacherbe eingesetzt ist. Entspricht es nicht dem Willen des Erblassers, daß der Eingesetzte Nacherbe werden soll, so ist die Einsetzung unwirksam.

II Das gleiche gilt von der Einsetzung einer juristischen Person, die erst nach dem Erbfalle zur Entstehung gelangt; die Vorschrift des § 84 bleibt unberührt.

1) Der beim Erbfall noch nicht einmal **Erzeugte** (zB der zukünftige Stammhalter der unverheirateten Tochter) kann nach § 1923 nicht Erbe od ErsErbe sein (der § 2102 II durch § 2101 I ausgeschaltet). Da diese Erbeinsetzg unwirks sein würde, deutet das G in eine NEEinsetzg des später Erzeugten um (**I** 1), auch wenn er nach dem ErblWillen ohne Vorausgehen eines VE Erbe sein sollte, s Diederichsen NJW **65**, 671/675. Dann hat der Erbl iZw das Mindere gewollt, zumal der NE, dem die Erbsch dann schon mit der Geburt anfällt, § 2106 II 1, durch die Vorerbsch kaum beschwert wird. Der GgBew, OLG **11**, 267, daß NEEinsetzg keinesf gewollt, die Erbeinsetzg also auch **I** unwirks sei, ist zul, aber wohl schwer zu führen. Ist eine zur Zeit des Nacherbfalls noch nicht erzeugte Pers als NE eingesetzt, so ist sie iZw zweiter NE.

2) In der Zwischenzeit sind idR die gesetzl Erben die VE, § 2105 II. Dem ungewissen NEAnwärter ist nach § 1913 S 2 ein **Pfleger** zu bestellen, s BayObLG **59**, 493, aber nur diesem, nicht den gewissen u ungewissen gemeins, v Werthern, JhJ **83**, 200, Kanzleiter DNotZ **70**, 328. § 1912 gilt erst von der Erzeugg ab. Steht fest, daß es zur Erzeugg od Geburt nicht kommen kann, so ist die NErbfolge vereitelt. Eine zeitl Grenze zieht § 2109. – Gebühr für Pflegerbestellg: KostO 106; die Kosten sind Nachlverbindlichk, KostO 6.

3) Das gleiche gilt für die Einsetzg einer erst nach dem Erbfall zur Entstehg gelangenden **jur Person**, II, §§ 21–23, 80. Eine vom Erbl selbst errichtete, aber erst nach dem Erbfall genehmigte **Stiftg** wird dagg nach § 84 VollE, nicht NE. Auch eine nach dem testamentar Willen des Erbl errichtete ausl Stiftg gilt für dessen letztw Vfgen als schon vor seinem Tod entstanden, BayObLG **65**, 77 = RzW **65**, 474.

4) Das Recht des NE kann in den Fällen **I** u **II** ins **Grundbuch** eingetragen werden, Soergel-Eder Anm 3. Der Unerzeugte kann unter namentl Angabe der Eltern auch grdbuchmäßig gesichert werden, RG LZ **22**, 170.

2102 Nacherbe und Ersatzerbe.
I Die Einsetzung als Nacherbe enthält im Zweifel auch die Einsetzung als Ersatzerbe.

II Ist zweifelhaft, ob jemand als Ersatzerbe oder als Nacherbe eingesetzt ist, so gilt er als Ersatzerbe.

Schrifttum: Diederichsen, Ersatzerbfolge od Nacherbfolge, NJW **65**, 671. – Lübtow, Probleme des Erbrechts, 1967, 42 ff.

1) I ist eine **Ausleggsregel**, Diederichsen aaO 675, aM Lübtow aaO 55: Ergänzgsregel; er findet auch auf Vermächtn Anwendg, § 2191 II; er ergänzt zugl den § 2096. Die Regel gilt für den Fall, daß der VE wegfallen od nicht zum endgült Erwerb der Erbsch gelangen sollte, zB wenn er vor dem Erbfall stirbt od nachher die Erbsch ausschlägt; vorausgesetzt, daß der als NE Eingesetzte zZ des Erbfalles bereits lebt od doch schon erzeugt ist. War er damals noch nicht einmal erzeugt, so kann er lediglich NE werden u erst mit seiner Geburt Erbe, § 2106 II; VE werden dann die gesetzl Erben, § 2105 II. Dasselbe gilt, wenn der vom G vorausgesetzte „Zweifel" nicht besteht, vielm feststeht, daß der als NE Eingesetzte die Erbsch nach dem Willen des Erbl, wenn überh, so doch erst mit Eintritt eines bestimmten nach dem Erbfall liegenden Zeitpunkts od einer Bedingg und somit nur als NE erhaltensoll. Dann bleibt für die Nacherbfolge Raum, RG Recht **22** Nr 438, und es treten bei Wegfall des VE mangels einer Bestimmg des Erblassers die anwachsgsberechtigten Miterben, sonst aber die gesetzl Erben als VE ein. Im übrigen schließt bei Wegfall der VE der als (Nach- u nunmehr) ErsErbe eines Miterben Berufene das AnwachsgsR der übrigen Miterben aus, § 2099. Die Annahme der Erbsch gilt sowohl für den ErsErbfall wie auch für die NErbfolge, RG **80**, 382. – Setzen sich Eheg in einem gemeinschaftl Test ggseit zu VorE u Dritte zu NachE ein, so ist für die AusleggsRegel des Abs I kein Raum, Karlsr FamRZ **70**, 256; aM LG Bln FamRZ **76**, 293.

1a) Ersatzberufg enthält keine NEEinsetzg, vgl Anm 5 zu § 2096; die Regel des **I** darf also nicht umgekehrt werden; da aber der Unterschied zw dem Begriff des ErsE und des NE rechtsunkundigen Personen nicht immer geläufig ist, ist eine Verwechslg leicht möglich. Durch Ausslegg kann daher festgestellt werden, daß nach dem Willen des Erbl der ErsE auch NE sein soll, BGH **LM** Nr 1 zu § 2100, Celle RdL **69**, 99.

2) Nach der Ausleggsregel des II soll der Erbe iZw nicht mit einer Nacherbsch beschwert sein; Diederichsen aaO 675f sieht in **II** eine Fiktion des Inhalts, daß, wenn alle Ausleggsversuche des Richters mit einem non liquet enden, das Ges abschließend bestimmt, die Vfg des Erbl habe den Bedachten nur zum ErsE gemacht. II gilt auch bei Abkömml, OGH HEZ **2**, 59. Bei Einsetzg unter Bedingg wird aber häufig NEEinsetzg anzunehmen sein, vgl RG LZ **22**, 465, aber auch OLG Celle RdL **61**, 183. Bei Einsetzg einer zZ des Erbfalls noch nicht erzeugten Pers steht der ErsBerufg der § 1923 entgg, vgl KGJ **46** A 97, u es gehe die Sondervorschriften der §§ 2101 I, 2106 II vor, Soergel-Knopp Rdz 3. Für **II** ist kein Raum, wenn Eheg in gemeinschaftl Test sich ggs zu VorE u Dritte zu NE einsetzen, Karlsr FamRZ **70**, 256.

3) Ersatznacherbe. Ein Ersatzerbe kann auch für den wegfallenden NachE berufen werden; s hierzu Bergermann RhNK **72**, 754, Haegele Rpfleger **67**, 165, Becher NJW **69**, 1463. – **a) Rechtsstellg.** Der ErsNE muß zZ des NachErbf leben od erzeugt sein, braucht aber den Wegfall des NE nicht zu erleben. Das den ErsErbf auslöse Ereign kann zeitl vor dem Erbf, zw ErbF u NachErbf u nach dem NachErbf liegen, in letzterem Fall aber nur, wenn das Ereign auf den NachErbf rückbezogene Wirkgen auslöst, zB Ausschlagg, Erbunwürdigk, Anf der Annahme, Schmidt aaO 143; s auch Staud-Seybold Anm 10 zu § 2096. Vor dem Eintritt des ErsErbf hat der ErsNE zwar eine iZw vererbl u übertragb Anwartsch, aber keine Rechte hins des Nachl, insb keine Kontroll-, Sichergs- u ZustimmgsRechte ggü dem VorE, da auch dem gewöhnl ErsE vor dem ErsErbf keine Rechte am Nachl zustehen, Barth-Schlüter Lehrb § 41 VIII 1, s auch Haegele aaO 165, BayObLG **60**, 410; gg jedes AnwartschR aber Becher aaO. Der VE bedarf zu Vfgen über Grdst u GrdstRe sowie zu unentgeltl Vfgen, § 2113, nicht der Zustimmg des ErsNE, RG **145**, 321, BGH **40**, 15, BayObLG **60**, 410. Der NE kann trotz Einsetzg eines ErsNE sein Anwartsch R dem VE (od einen Dritten) übertr, jedoch unbeschadet der Rechte des ErsNE, indem der NE kann dem Erwerber das AnwartschR nur in dem Umfang übertr, als es ihm selbst zusteht, s Hamm FamRZ **70**, 607 mit Anm v Schulz, v Kanzleiter DNotZ **70**, 693, auch BayObLG **70**, 137; hat der ErsNE nicht ebenf seine Anwartsch auf den VE übertr od die Zustimmg zur Übertr dch den NE erteilt, so verliert der VE die Stellg in dem Augenblick, in dem sie der NE an den ErsNE verlieren würde, Stgt BWNotZ **57**, 152 mit Anm der Schriftltg, auch Barth-Schlüter aaO, Kipp-Coing § 50 I 3 c[13a], Horber, GBO Anm 7c zu § 51; aM Becher aaO. Es handelt sich hier um eine und als die vorstehd verneinte Frage, ob ErsNE einer der Einwillig des NE bedürft Vfg des VE zustimmen muß. Für die noch nicht erzeugten ErsNE ist, wenn auch ihre Anwartsch auf den VE übertr w soll, ein Pfleger nach § 1913 zu bestellen, LG Duisbg NJW **60**, 1205, s dazu auch Bergermann RhNK **72**, 789ff. – **b)** Ein ErsNE – mag er ausdrückl eingesetzt sein od seine Einsetzg sich durch Ausslegg ergeben – ist immer im **Erbschein** anzugeben, da der ErbSch von Anfang an spätere Ändergen, soweit sie zZ der Ausstell zu übersehen sind, berücksichtigen muß, RG **142**, 173, Guggumos DFG **37**, 233, Haegele Rpfleger **67**, 165. Das gleiche gilt für die Eintragg des **Nacherbenvermerks ins GB**, Köln NJW **55**, 633, KG JFG **21**, 253; Oldbg JR **63**, 23 mit Anm v Jansen, Hamm DNotZ **66**, 108, Einf 6 vor § 2100; Horber, GBO 51 Anm 3 A b. Der NE kann auf die Eintr des NEVermerks nur mit Zust etwa vorhandener ErsNE verzichten, Köln NJW **55**, 633; auch zur Löschg des NEVermerks ist die Zust etwa vorh ErsNE erforderl, Hamm DNotZ **55**, 538, s Einf 6 vor § 2100.

2103 *Anordnung der Herausgabe der Erbschaft.* Hat der Erblasser angeordnet, daß der Erbe mit dem Eintritt eines bestimmten Zeitpunkts oder Ereignisses die Erbschaft einem anderen herausgeben soll, so ist anzunehmen, daß der andere als Nacherbe eingesetzt ist.

1) Die Pflicht zur Herausgabe der Erbsch, § 2130, od eines Bruchteils, OLG **11**, 239, ist eine bes sinnfällige Wirkg des Übergangs der Erbenstellg. Sie wird daher leicht im prakt Leben an Stelle der Ursache genannt, so daß das Gesetz daraus ergänzend, aber nicht zwingd, Soergel-Knopp Rdz 1, die NEEinsetzg folgert, anstatt Vermächtnisanordng, vgl dazu BayObLG Recht **23** Nr 522, anzunehmen. Die Abs des Erbl muß aber auf Begründg der NEstellg gerichtet sein, also nicht auf Heraus einzelner Ggstände od einer Quote (eines Wertanteils) des reinen Nachl, wie beim Vermächtn. Ob die HerausgVerpflichtg den eingesetzten Erben (VE) od den gesetzl Erben auferlegt wird, gilt gleich. Immer vorausgesetzt, daß der Beschwerte wenigstens vorübergehd VE sein u die Heraus erst eine gewisse Zeit nach dem Erbfall (zB bei Wiederverheirat der Witwe, Volljährigk des NE, Tod des VE) stattfinden soll, RG LZ **23**, 321. Die Bestimmung des Zeitpunkts kann nicht einem Dritten überlassen werden, BGH **15**, 199 = NJW **55**, 100, § 2065 Anm 2b aa. Die Anordg der Herausg kann auch in der Einsetzg auf den Überrest §§ 2137, 2138, liegen, RG **152**, 190. Die Anordg sofortiger Herausg wird sich uU als unmittelbare Erbeinsetzg des HerausgBerechtigten unter Ernenng des Beschwerten zum TestVollstr halten lassen.

2104 *Gesetzliche Erben als Nacherben.* Hat der Erblasser angeordnet, daß der Erbe nur bis zu dem Eintritt eines bestimmten Zeitpunkts oder Ereignisses Erbe sein soll, ohne zu bestimmen, wer alsdann die Erbschaft erhalten soll, so ist anzunehmen, daß als Nacherben diejenigen eingesetzt sind, welche die gesetzlichen Erben des Erblassers sein würden, wenn er zur Zeit des Eintritts des Zeitpunkts oder des Ereignisses gestorben wäre. Der Fiskus gehört nicht zu den gesetzlichen Erben im Sinne dieser Vorschrift.

1) Allgemeines. Hat der Erbl eine V- und NEFolge gewollt, ohne die NE, § 2104, od die VE, § 2105, zu bezeichnen, so ist die letztw Vfg unvollst und wird gesetzl ergänzt; sog **gedachte (konstruktive) NEFolge.** Auch eine, zB nach fr § 2235 II, jetzt BeurkG 7, 27, nichtige NE-Einsetzg kann als fehlende Bestimmg gelten (KG JW **38**, 2821 und Lange AkZ **39**, 31); doch wird der entgg fr § 2235 II, jetzt BeurkG 7, 27, Bedachte nicht auf dem Umwege über § 2104 NE werden können, wohl aber kraft gesetzl Erbfolge. Über das Verh von § 2104 zu § 2142 II s Coing NJW **75**, 521, der dafür eintritt, daß Lücken in der Regelg der NErbf dch den Erbl grdsätzl dch Heranziehg des § 2141 II beseitigt w sollen, währd § 2104 nur für den Fall gelten soll, daß es formal an einer NEBerufg fehlt. Nach RGRK Rdz 6 soll bei Wegfall der NEBerufg dch TestAnf § 2104 gelten; aM Coing aaO 524, s auch § 2142 Anm 2.

2) Die gesetzl Erben, §§ 1924 ff, werden als eingesetzte NE behandelt, Kipp-Coing § 43 III. Zu ihnen zählen das nehel Kind u seine Abkömml beim Tode des Vaters sowie der Verw nach Tod des nehel Kindes (einschl ErbErsBer), s Böhm FamRZ **72**, 184f. Es sind dies nicht die Pers, welche zZ des Erbfalls gesetzl Erben gewesen wären, sond diejenigen, welche zZ des Endtermins od des Eintritts der auflösenden Bedingg die nächsten gesetzl Erben sein würden, wenn erst jetzt der Erbfall einträte. Wenn schon die gesetzl Erben als NE eintreten sollen, so ist ihre Pers nach der Regel des § 2066 S 2 zu bestimmen, KG DNotZ **35**, 827. Es können also ganz ad als die eigentl gesetzl Erben des Erbl NE w, denen, da sie währd der Schwebezeit unbekannt sind, ein Pfleger zu bestellen ist, § 1913, Erm-Hense Rdz 1, s auch § 2066 Anm 3, einschränkd aber Kanzleiter DNotZ **70**, 327 ff, 332, Soergel-Knopp Rdz 5. Die eigentl gesetzl Erben erwerben daher auch kein AnwR, das sie nach § 2108 vererben könnten, BayObLG **66**, 229. Ist von Miterben nur einer nach § 2104 beschr, so wächst nach § 2094 der erledigte Erbteil den übr Miterben ab u kommt nicht den gesetzl Erben zu; das gleiche gilt, wenn die Bedingg nur in der Pers eines od einz Miterben, die alle unter einer auflösden Bedingg, zB Verwirkgsklausel, eingesetzt sind, eintritt, Hilgers RhNK **62**, 391.

3) Ausgeschlossen ist die Anwendg des § 2104, wenn ein NE benannt war, zB wenn die Blutsverwandten der VE Nacherben sein sollen, BayObLG **58**, 225, od wenn gemäß dem Test nach dem Tode der Witwe der Nachl auf den Sohn als Erben übergehen sollte, da in solchem Fall die zeitl Begrenzg der Rechte des eingesetzten Erben u die Nacherbfolge im umgekehrten Verhältn stehen, als es § 2104 vorsieht; denn hier folgt die Beschrkg aus der testamentar Anordng der NEFolge, dazu Coing aaO 523. Dies gilt auch dann, wenn der benannte NE schon vor dem Erbl verstorben war; hier wird die NErbf idR ggstandslos u der VE wird VollE, RG JW **07**, 259. Sollte aber der VE auf jeden Fall nur bis zu einem bestimmten Ztpkt Erbe sein, so können bei Vorversterben des NE die gesetzl Erben des Erbl als ErsNE in entspr Anwendg des § 2104 als eingesetzt gelten, KG DNotZ **33**, 286, auch JW **38**, 2821. Sind etwaige Abkömmlinge zu NachE eingesetzt, solche aber nicht vorhanden, so ist davon auszugehen, daß nur bei Vorhandensein von Kindern der Eintritt der NEFolge gewollt war, der Überlebende also bei kinderloser Ehe unbeschränkter Erbe sein soll, KG JFG **2**, 151. Hat der Erbl einen Abkömml als HofE eingesetzt und sollte dieser verheiratet ohne Abkömmlinge sterben, so solle HofE werden, wer nach dem G dazu berufen sei, so stellt sich erst beim Tod des Abkömml heraus, ob er VollE od VE geworden ist; es handelt sich um eine auflösd bedingte Vor- und NErbsch; für letztere gilt nicht die Ausleggsregel des § 2104, denn NE sollen die gesetzl Erben nach dem Abkömml sein, Hamm RdL **67**, 152.

4) Der Staat wird in dieser Beziehg nicht als gesetzl Erbe (also auch nicht als ErsE iS des § 2102 I) angesehen, da er dem Erbl vermutl nicht näher steht als sein TestErbe. Die Erbsch verbleibt dann dem VE. – VE nach § 2105 kann dagg auch der Staat sein.

2105 Gesetzliche Erben als Vorerben.

I Hat der Erblasser angeordnet, daß der eingesetzte Erbe die Erbschaft erst mit dem Eintritt eines bestimmten Zeitpunkts oder Ereignisses erhalten soll, ohne zu bestimmen, wer bis dahin Erbe sein soll, so sind die gesetzlichen Erben des Erblassers die Vorerben.

II Das gleiche gilt, wenn die Persönlichkeit des Erben durch ein erst nach dem Erbfall eintretendes Ereignis bestimmt werden soll oder wenn die Einsetzung einer zur Zeit des Erbfalls noch nicht erzeugten Person oder einer zu dieser Zeit noch nicht entstandenen juristischen Person als Erbe nach § 2101 als Nacherbeinsetzung anzusehen ist.

1) Konstruktive VE-Berufung. Um ein Ruhen (Herrenlossein) der Erbsch zu vermeiden, bestimmt das G ergänzend „die gesetzl Erben des Erbl" nach dem Ztpkt des Erbfalls (anders § 2104 bzgl der NE) als VE; hier einschl des Staates, § 1936. Wie die gesetzl Erbf neben der TestErbf eintreten kann, § 2088, so kann sie nach § 2105 dieser auch vorangehen, Planck-Flad Anm 4, Staud-Seybold Anm 5. Da das G nur ergänzd eingreift, kann es nicht gelten, wenn der Erbl einen VE benannt, KGJ **29** A 42, od die gesetzl Erben nach § 1938 von der VEFolge ausgeschlossen hat, Planck-Flad Anm 1. Bei Miterben (vgl § 2104 Anm 2) tritt hier mangels Wegfalls keine Anwachsg ein, die Auslegg kann aber dazu führen, daß die Erbsch zunächst den unbedingt eingesetzten MitE allein teils als VollE, teils als VE anfällt, so daß also die gesetzl Erben als VE des bedingt od betagt eingesetzten Miterben nicht in Frage kommen, Staud-Seybold Anm 2. Zum Begr **gesetzl Erben** s § 2104 Anm 2, dazu gehören aber nicht ErbErsBer, s Böhm FamRZ **72**, 185.

2) Objektiv unbestimmt, II, muß die Persönlichk des Erben sein, zB die künft Ehefr des zZ noch unverheirateten Sohnes; nicht der unbekannt gebliebene, noch zu ermittelnde Lebensretter, dem notf ein NachlPfleger, § 1960 I, zu bestellen ist. Trat das Ereign (zB die Eheschl) schon vor dem Erbfall ein, so kommt es zur gewöhnl Erbfolge. Im übrigen enthält **II** für die Fälle des § 2101 die notw Ergänzg, vgl auch § 2106 II; dagg wird die bereits erzeugte Pers mit der Geburt, § 1923 II, und die errichtete Stiftg mit der Gen, § 84, gewöhnl Erbe, rückw auf den Erbfall.

Testament. 3. Titel: Einsetzung eines Nacherben §§ 2106–2108

2106 *Eintritt der Nacherbfolge.* [I] Hat der Erblasser einen Nacherben eingesetzt, ohne den Zeitpunkt oder das Ereignis zu bestimmen, mit dem die Nacherbfolge eintreten soll, so fällt die Erbschaft dem Nacherben mit dem Tode des Vorerben an.

[II] Ist die Einsetzung einer noch nicht erzeugten Person als Erbe nach § 2101 Abs. 1 als Nacherbeinsetzung anzusehen, so fällt die Erbschaft dem Nacherben mit dessen Geburt an. Im Falle des § 2101 Abs. 2 tritt der Anfall mit der Entstehung der juristischen Person ein.

1) Der Fall der NEFolge, dh der Ztpkt des Anfalls der Erbsch an den NE (vgl dazu Einf 4 vor § 2100), kann in den zeitl Grenzen des § 2109 vom Erbl (nicht von einem Dritten, § 2065, BGH **15**, 199 = **LM** Nr 1 mit Anm v Johannsen) frei bestimmt werden. Fehlt es an solcher Bestimmg, so tritt der Fall der NEFolge, § 2139, regelm mit dem Tode des VE ein (ErgänzgsRegel), vgl auch § 2181. Auch § 2109 I S 2 Nr 1 kommt zum Zug, BayObLG **75**, 62, KG Rpfleger **76**, 249. Der Voranfall, dh der Erwerb einer vererbl Anwartsch, tritt dagg regelm, Ausn in §§ 2104, 2074, schon mit dem Erbfall ein, § 2108 II.

2) II gilt nur in den Fällen des § 2101, also bei der in eine NEEinsetzg umgedeuteten Erbeinsetzg. Bei ausdrückl NEEinsetzg greift I ein. Tritt danach der Fall der NEFolge erst nach dem Tode des VE ein, so vererbt dieser sein ErbR auf seinen Erben, so daß also der NE erst von diesem beim Eintritt des NachErbf die Erbsch erhält, ebso Soergel-Knopp Rdz 3.

2107 *Kinderloser Vorerbe.* Hat der Erblasser einem Abkömmlinge, der zur Zeit der Errichtung der letztwilligen Verfügung keinen Abkömmling hat oder von dem der Erblasser zu dieser Zeit nicht weiß, daß er einen Abkömmling hat, für die Zeit nach dessen Tode einen Nacherben bestimmt, so ist anzunehmen, daß der Nacherbe nur für den Fall eingesetzt ist, daß der Abkömmling ohne Nachkommenschaft stirbt.

1) Die vom Gesetz vermutete Absicht des Erbl (GgBew zul; nachgiebiges Recht, BGH BWNotZ **63**, 70) geht in diesen Fällen dahin, daß er seine entfernteren Abkömml nicht hinter einem Fremden zurücksetzen wollte. Weiter geht aber der Schutz der Abkömml, zu denen auch Adoptivkinder, §§ 1754, 1767 II, 1770 nF, fr § 1757 (BayObLG Rpfleger **76**, 122), und nichtehel Kinder des bedachten Abkömml zu rechnen sind, nicht. Die Ann als Kind kann vor od nach der TestErrichtg u selbst nach dem Tod des Erbl erfolgen, soweit ihr im letztern Fall nur die Vereitelg der NachErbf bezweckt wird. Da es sich erst nach dem Tod des Abkömml entscheidet, ob er mit od ohne Nachkommen stirbt, hat er auf Lebensdauer nur die Stellg eines VorE. Erst wenn er bei seinem Tod Nachkommen hinterläßt, entfällt die NEFolge nach § 2107, ohne daß er einer Anfechtg wie nach § 2079 bedarf. Der VE wird dann als VollE angesehen, er war also unbeschränkter Herr des Nachl u konnte über ihn unter Lebenden sowie vTw frei verfügen, zB zG seiner Abkömml od, vorbehaltl des PflichtAnspr, anderer, Planck-Flad Anm 2d, RGRK Rdz 1, 6. NE des Erbl sind diese nicht.

2) Für die Zeit nach dem Tode des VE muß der NE ausdrückl od nach § 2106 I berufen sein. In den Fällen der §§ 2105, 2106 II, wo Ztpkt u Ereign anders bestimmt sind, gilt dagg § 2107 nicht, da dann als genügd deutl ausgedrückt gilt, daß der etwa nachgeborene od unbekannte Abkömml ausgeschaltet sein soll, RGRK Rdz 3.

3) Das NERecht ist durch das Vorhandensein od Erzeugtsein, § 1923, von Nachkommen des VE auflösend bedingt, RGRK Rdz 5, BayObLG aaO, aM Erm-Hense Rdz 5: „Nach gesetzl Auslegg bedingt." Der NE braucht entgg § 2074 nur den Erbfall, nicht das nachkommenlose Versterben des VE zu erleben. Hinterläßt der VE Nachkommen, auch wenn sie den VE nicht beerben, so erweist sich dieser vererbl Voranfall, § 2108 II, als wirkgslos. Wenn Erbl nach TestErrichtg das Vorhandensein von Abkömml erfährt, gleichwohl aber seine Vfg nicht ändert, wird § 2107 meist ausgeschl sein.

4) Anfechtung. Neben § 2107 kann nach Sachlage auch eine Anfechtg durch den VE nach § 2078 II in Frage kommen. Fällt der VE vor od durch Ausschlagg od ErbunwürdigkErkl nach dem Erbf weg, so ist § 2107 nicht anwendb; vielm wird der eingesetzte NE nach § 2102 I iZw ErsE und der Abkömml des VE ist auf Anfechtg nach § 2078 II od § 2079 angewiesen, Staud-Seybold Anm 1.

2108 *Erbfähigkeit; Vererblichkeit des Nacherbrechts.* [I] Die Vorschriften des § 1923 finden auf die Nacherbfolge entsprechende Anwendung.

[II] Stirbt der eingesetzte Nacherbe vor dem Eintritte des Falles der Nacherbfolge, aber nach dem Eintritte des Erbfalls, so geht sein Recht auf seine Erben über, sofern nicht ein anderer Wille des Erblassers anzunehmen ist. Ist der Nacherbe unter einer aufschiebenden Bedingung eingesetzt, so bewendet es bei der Vorschrift des § 2074.

Schrifttum: Raape, Der Ersatznacherbe u die Erbe eines Nacherben (§ 2108 II BGB), DNotZ **35**, 626. – Wöhrmann, Die Vererbung des Nacherbenrechts, RdL **60**, 225. – Kempf, Die Anwartschaften des Nacherben u des Ersatznacherben, NJW **61**, 1797. – Schmidt, Die Nachfolge in das Anwartschaftsrecht des Nacherben u die Erteilg des Erbscheins nach Eintritt des Nacherbfalls, BWNotZ **66**, 139. – Haegele, Zur Vererblichkeit des Anwartschaftsrechts eines Nacherben, Rpfleger **67**, 161; ders, Rpfleger **71**, 133; auch Schulze FamRZ **70**, 609. – Böhm, Der Einfluß des NehelG auf erbrechtl Ausleggs- u ErgänzgsRegeln, FamRZ **72**, 180/186. – Kipp-Coing § 47 IV.

1) Die entsprechende Anwendg des § 1923 besagt:

a) Der **NachE** muß beim Erbfall **noch leben**, § 1923 I. Wenn er den Tod des Erbl nicht erlebt, so wird die Anordng der NEFolge in gleicher Weise unwirks, wie wenn der Erbl den Erben überlebt. Der eingesetzte VE tritt dann als Erbe zu vollem Recht ein, RG JW **07**, 259, sofern nicht ein weiterer NE od ErsNE eingesetzt war. Fällt an seine Stelle, § 2069, Brem NJW **70**, 1923.

b) Dagg **braucht** der **NachE**, wie sich aus § 2101 I ergibt, beim **Erbfall noch nicht zu leben** u noch nicht einmal erzeugt zu sein, RG JW **29**, 2596. Hier stellt vielm die entspr Anwendg des § 1923 auf die Zeit des Eintritts der NEFolge, § 2139, ab. NE kann daher nur werden, wer zu dem hierfür bestimmten Ztpkt od Ereign, §§ 2103–2105, od beim Tode des VE, § 2106, lebt od doch dann mindestens erzeugt ist u demnächst lebd zur Welt kommt. Ist er noch nicht erzeugt, so ist er iZw zweiter NE, s § 2101 Anm 1.

c) Entgg § 1923 ist es ohne Bedeutg, wenn der NE, der zZ des Erbfalls lebte, zZ des Eintritts der **NErbfolge nicht mehr lebt**, wie sich aus **II** (Vererblichk des AnwartschRs) ergibt.

d) Entspr § 1923 II gilt der beim NEFall nur erst erzeugte NE als schon vor diesem Ztpkt geboren. Dagg wird im Falle des § 2106 II, § 2101 I, der Eintritt der NEFolge erst auf den Ztpkt der Geburt verlegt, zumal eine Rückbeziehg hier kaum dem Willen des Erbl entsprechen u der Ztpkt der Erzeugg sehr schwer festzustellen sein wird, vgl auch RGRK Rdz 2.

2) Vererblichk des Anwartschaftsrechts II, tritt ein, wenn der NE od ErsNE den Erbl überlebt, aber vor dem Eintritt des Nacherbfolgefalls od gleichzeitig mit dem Eintritt stirbt, Hamm JMBl NRW **52**, 46. Ausleggsregel, kein ergänzd RSatz, RG **106**, 355, **142**, 173, Haegele aaO **67**, 162. Dieses unentziehb AnwR, vgl Einf 4 vor § 2100, gehört zum Nachl des NE, das mit dessen sonst auf seine Erben (auch nehel Verwandte, s Böhm FamRZ **72**, 186) übergeht, Schmidt aaO 141, 144, Johannsen WPM **70**, 7, u kann vom NE als Erbl wieder seinerseits durch NEFolge od TestVollstr, § 2222, beschränkt werden, RG **103**, 354. Mehrere Erben des NE bilden auch an dem AnwR eine ErbenGemsch, Schmidt aaO 145; der Erbschein ist für die Erben des eingesetzten NE in ErbenGemsch zu erteilen, Schmidt aaO 147. Die **Vererblichk geht der Anwachsg**, § 2094, **iZw vor**, EG **106**, 357, KG JFG **15**, 309. Sie ist zum Vorteil des NE angeordnet, der nicht durch seinen vorzeitigen Tod der Nachrsch verlustig gehen soll, vgl auch § 2142 II. Er kann also die auch zu erwartende NErbsch durch Test einem anderen (als Vermächtn) zuwenden als demjenigen, dem er sein eig Vermögen vermacht, Raape, DNotZ **35**, 629. Bei mehrf aufeinanderfolgenden NE-Einsetzgn ist das AnwR des weiteren NE vererbl, wenn er den Erbl überlebt hat; nicht erforderl ist, daß er den ersten NEFall erlebt hat, da er schon vom Erbf an die vollen Rechte eines NE hat; der folgde NE ist zugleich ErsatzNE, s Zweibr Rpfleger **77**, 305; RGRK Rdz 11.

3) Sofern aber ein anderer Wille des Erbl anzunehmen ist, ist die Anwartsch auf die NEFolge **nicht vererbl**. Daraus allein, daß der Erbl für den NE einen Ersatzerben, §§ 2096, 2069, ernannt hat, kann noch nicht geschlossen werden, daß der erstere eine vererbl Anwartsch auf den künftigen Eintritt der NEFolge nicht erlangen sollte; denn diese Ersberufg kann für den Fall des § 2142 II getroffen sein. Schiedermair DR **42**, 1188 ist dagg der Auffassg, daß bei ausdrückl Einsetzg eines (echten) ErsErben die Vererblichk des AnwR grdsätzl als ausgeschl zu erachten ist, ebso Kipp-Coing § 47 IV 2b, Haegele aaO 162 f. Es kommt jedoch darauf an, ob der Erbl, wie im Einzelfall zu ermitteln, durch Anordng der ErsBerufg zum Ausdruck bringen wollen, daß die Erbenanwartsch nicht auf die Erben des NE, sond allein auf den ErsErben übergehen sollte, RG **142**, 174, **169**, 39 = DR **42**, 1187 mit Anm v Schiedermair, BayObLG **51**, 570; ebso für den Fall der Einsetzg von Ersatznacherben BayObLG **61**, 132, Zweibr aaO. Hat der Erbl einen Abkömml als NachE eingesetzt u für die Zeit nach dessen Tod keine ausdrückl Bestimmg getroffen, so genügt dies allein nicht ohne weiteres zur Ann, daß der Erbl die Vererblichk der NachE-Anwartsch nicht gewollt hat, Köln OLGZ **68**, 91, doch wird hier im Einzelfall ein solcher Wille zur Unvererblichk bes häufig sein, BGH **LM** Nr 1 = NJW **63**, 1150, auch RG **169**, 39, dazu Johannsen WPM **70**, 7, **77**, 275f u in RGRK Rdz 9, Bergermann RhNK **72**, 757. Wenn der Erbl für den Fall, daß der NE den NEFall erlebt, die Weitervererbg seines Nachl auf dessen (auch familienfremde) Erben hingen hat, so spricht dies nicht gegen die Ann, der Erbl habe für den Fall, daß der NE schon zw Erbfall und NEFall stirbt, die Weitervererbg nicht gewollt, BGH aaO, insow abweichd von RG **169**, 38, zust Barth-Schlüter, Lehrb § 41 IV 2c, Haegele aaO 163; denkb ist aber auch, daß der Erbl die Vererbg des NERechts eines Kindes zwar gewollt hat, aber beschränkt auf einen Teil der Erben hinter dem NE, BGH aaO u dazu Haegele aaO 164. Wenn dagg angeordnet ist, daß nach dem Tode des ersten NE ein anderer NE eintreten soll, so ergibt sich daraus, daß, wenn der erste NE stirbt, sein Recht nicht auf seine Erben, sond an den zweiten NE übergeht, KG DNotZ **55**, 413. Die vom Erbl gewollte Nichtvererblichk hat also keinesf immer die Folge, daß die Erbsch dem VE verbleibt, wie Hamm MDR **52**, 359 meint.

4) Ist der NE unter einer aufschiebenden Bedingg eingesetzt, zB Einsetzg unter der Bedingg, daß die als Vorerbin eingesetzte Witwe sich wieder verheiratet, BayObLG **66**, 227, so bleibt es bei der Regel, daß der NE die Erf der Bedingg iZw erleben muß, **II 2**, § 2074. Bis dahin bleibt auch die Anwartsch in der Schwebe, so daß sie nicht vererbt w kann. Da aber § 2074 nur Ausleggsregel ist, kann der Erbl auch bei einer aufschiebenden Bedingg die Vererblichk gewollt haben, Brschw MDR **56**, 296. Daß der NE den Eintritt der NEFolge erlebt, ist keine Bedingg in diesem Sinne, KG DNotZ **35**, 827, RGRK Rdz 14, ebsowenig die Einsetzg eines ErsNE, seine Anwartsch auf die Nacherbsch ist vererbl, wenn er vor Wegfall des zunächst berufenen NE verstirbt, § 2102 Anm 3a, RGRK aaO, s auch Haegele Rpfleger **67**, 165. – Bei auflösder Bedingg ist das AnwartschR dagg veräußerl u je nach Art der Bedingg auch vererbl, fällt jed bei Eintr der Bedingg fort, Erm-Hense Rdz 5; Hamm OLGZ **76**, 180/187.

5) Das Anwartschaftsrecht des NE (auch des bedingt eingesetzten, RG **170**, 168), der den Erbl überlebt hat, ist grdsätzl **abtretbar**, verpfändb, pfändb u gehört zu seiner KonkMasse, falls der Konk nach dem Erbf eröffnet wird (Kempf NJW **61**, 1797, Flad AkZ **36**, 420; vgl auch Einf 5, 6 vor § 2100). Vor dem

Erbfall ist eine Übertragg des NERechts schon nach § 312 ausgeschlossen, jedoch Erbverzicht, § 2352, zul. – S dazu Haegele Rpfleger **71**, 130 f; Bergermann RhNK **72**, 787 ff.

a) Übertragg der NERechte. Für die Zeit nach Eintritt des NEFalls erfolgt die Übertragg nach allgemein-erbrechtl Grdsätzen, § 2033, Übbl 1 vor § 2371, da der NE ja Erbe geworden ist. Von Interesse ist hier nur die Übertragg der Rechte des NE zwischen Erbfall und NEFall (vgl zum folgenden: Schiedermair, AcP **139**, 131 ff., Schmidt BWNotZ **66**, 148 ff). Die Zulässigk solcher Übertragg ist allg anerkannt, insb auch die Befugn des NE über seine NE-Rechte letztw zu verfgen, Oldbg, AgrarR **78**, 19/21. Währd das G diese für den PflichtAnspr, § 2317 II, um Zweifel auszuschließen, ausdrückl hervorhob, ist beim NERecht nur die Vererblichk erwähnt; wohl weil man bei den Beratgen der Kommission, Prot **5**, 81, davon ausging, daß der „zum NE Berufene schon vom Erbfall an ein festes vererbl Recht" habe, „welches er schon vor dem endgültigen Anfalle der Erbschaft verwerten könne". Bei der Rechtsähnlichk zw der Stellg des MitE u der des NE, mag er nun Allein- od MitNE sein, ist eine Übertragg des NERechts – wie auf einen Dritten so auch auf den VE – zul, aber auch an die **Form** des § 2033 gebunden, RG **101**, 186ff, KG JFG **6**, 273, DNotZ **54**, 389; das VerpflichtgsGesch zu einer solchen Vfg bedarf nach §§ 2371, geändert bei § 56 I BeurkG, 1922 II, 2385 der not Beurkundg, Lange-Kuchinke § 26 VII 3d; über GenPfl nach dem GrdstVG s Einf 4 vor § 2100. Wegen der RStellg eines ErsNE bei Übertragg des NERechts s § 2102 Anm 3. In einem **Verzicht** des NE auf seine Rechte zG des VE liegt idR eine Übertragg der AnwR auf diesen, auch er bedarf der Form des § 2033; der VE wird damit Vollerbe, Kipp-Coing § 50 I 3c. Bei der Übertragg an Dritte steht dem VE als Ausgl für die Übertragbark des NERechts u zwecks Vermeidung des Eindringens Dritter in die Gemsch in entspr Anwendg des § 2034 ein **Vorkaufsrecht** zu, Schiedermair aaO 150, ebso den MitNE, auch bei Verkauf an den VorE, Smolla, DNotZ **39**, 393. Eine gesonderte Übertragg des unselbständigen künftigen HerausgAnspruchs, § 2130, ist nicht mögl, Kipp-Coing aaO, wohl die Verpflichtg dazu denkb, RG **60**, 133.

b) Wirkgen. Durch die Übertragg des NERechts tritt der Erwerber unmittelb in die RStellg des NE ein, s Lange-Kuchinke § 26 VII 3e. Der VE wird von den Beschrkgen der NEFolge befreit, wenn ihm sämtl NE (und ErsNE) ihre Anwartsch übertragen, KG JW **37**, 1553. Dann werden die NE im Erbschein nicht aufgeführt, KG JW **38**, 3118. Aus dem zGrde liegden ErbschKauf haftet vom Eintritt des NEFalles an der Erwerber, nicht zusätzl der NE, der übertr hat, Lange-Kuchinke § 26 VII 3e. Überträgt der (die) NE sein Anwartsch R auf den VE, so w der NachE- u ErsatzNachEVermerk im GrdBuch nicht ggstandslos u das GrdBuch ist soweit nicht unricht; der VE kann bis zum Eintr des ErsErbf über die Ggstände der Vorerbsch frei verfügen; tritt jedoch der ErsNE an die Stelle des NE, so endet damit die (auflös bedingte) Vereinigg der beiden Rechtsstellgen in der Person des VE u es entsteht das NEAnwartschR für den bish ErsNE, BayObLG **70**, 137.

c) Ausschluß. Der Erbl kann die **Übertragbarkeit** ebso wie die Vererblichk ausschließen, RG **170**, 168, Staud-Seybold Anm 11; aM Soergel-Knopp Rdz 10, wonach die Übertragbark nur durch Ernenng eines NachETestVollstr, § 2222, ausgeschl w könne; vgl Mezger AcP **152**, 382, Haegele Rpfleger **71**, 130. – Kommt HöfeR zur Anwendg, so kann der NE nicht letztw über seine NERechte verfügen, Oldbg aaO.

2109 Dreißigjährige Frist für Nacherbschaft.

I Die Einsetzung eines Nacherben wird mit dem Ablaufe von dreißig Jahren nach dem Erbfall unwirksam, wenn nicht vorher der Fall der Nacherbfolge eingetreten ist. Sie bleibt auch nach dieser Zeit wirksam:

1. wenn die Nacherbfolge für den Fall angeordnet ist, daß in der Person des Vorerben oder des Nacherben ein bestimmtes Ereignis eintritt, und derjenige, in dessen Person das Ereignis eintreten soll, zur Zeit des Erbfalls lebt;
2. wenn dem Vorerben oder einem Nacherben für den Fall, daß ihm ein Bruder oder eine Schwester geboren wird, der Bruder oder die Schwester als Nacherbe bestimmt ist.

II Ist der Vorerbe oder der Nacherbe, in dessen Person das Ereignis eintreten soll, eine juristische Person, so bewendet es bei der dreißigjährigen Frist.

1) Allgemeines. Die Macht des Erbl, sein Vermögen durch letztw Anordngen zu binden, darf nicht bis in eine ferne Zukunft hinein reichen. Das G beschränkt nicht die Zahl der Nacherbfälle, wohl aber die zulässige Bindg des Nachl grdsätzl auf die Dauer eines Menschenalters (30 Jahre nach dem Tode des Erbl). Wird die NEEinsetzg durch Zeitablauf unwirks, so wird der Nachl freies Vermögen des VE. Bei Einsetzg mehrerer NE nacheinander kommt das Unwirks Werden dem zustatten, der beim Fristablauf VE ist, Staud-Seybold Anm 2. Die Frist **verlängert** sich aber noch in zwei Fällen:

a) Wenn ein **bestimmtes Ereignis** in der Person des VE od des NE den Fall der NEFolge begründen soll, zB wenn die NEFolge für den Fall angeordnet ist, daß der VE stirbt, sich wieder verheiratet, einen bestimmten Beruf ergreift, daß der NE ein gewisses Alter erreicht, daß er heiratet usw, s BGH NJW **69**, 1112, § 2163 Anm 1. Ist die NEFolge auf den Tod des VE abgestellt (s § 2106 I), so bleibt die NEEinsetzg wirks, auch wenn der VE den Erbl um mehr als 30 Jahre überlebt, BayObLG **75**, 63/66, KG Rpfleger **76**, 249; die NErbin, bei deren Verheiratg der NEFall eintreten soll, bleibt NErbin, trotz Ablaufs der 30 Jahre, falls sie zZ des Erbfalls lebte, Flad AkZ **36**, 419, od wenigstens erzeugt war, § 1923. Das Ereign muß in der Person des VE oder NE eintreten, also rechtl od wirtschaftl sich auf sie beziehen; bloßes Miterleben eines Weltgeschehens fällt nicht darunter, hM; abw Staud-Seybold Anm 4, s auch Soergel-Knopp Rdz 2. Da die für das Ereign maßgbl Pers schon zZ des Erbfalls am Leben gewesen sein muß, zieht die begrenzte Dauer des menschl Lebens auch hier der unbegrenzten NachlBindg eine Schranke.

b) Im zweiten **Ausnahmefall** ist die Zeitgrenze dadurch gegeben, daß der Vater od die Mutter des VE od NE leben müssen, wenn der Bruder od die Schwester erzeugt werden, welche NE werden sollen. Halbgeschwister u Legitimierte, §§ 1719, 1736, gehören auch hierher.

2) **Bei der jur Person,** deren Lebensdauer nicht wie die des Menschen begrenzt ist, bewendet es bei der dreißigjährigen Frist, vgl auch § 2044 II 3.

3) Über entspr Anwendg des § 2109 (§§ 2162, 2163, 2210) auf Nachfolgeklauseln im GesellschR s Däubler JZ **69**, 502.

2110 Umfang des Nacherbenrechts.
I Das Recht des Nacherben erstreckt sich im Zweifel auf einen Erbteil, der dem Vorerben infolge des Wegfalls eines Miterben anfällt.
II Das Recht des Nacherben erstreckt sich im Zweifel nicht auf ein dem Vorerben zugewendetes Vorausvermächtnis.

Schrifttum: Flad, Wann u wie erwirbt der NachE ein dem VorE zugewendetes Vorausvermächtnis, DGWR **37**, 233.

1) **Allgemeines.** Ggstand der NEFolge ist die Erbsch od ein Erbteil, nicht ein einzelner NachlGgst. I gibt eine Ausleggsregel für den Fall, daß der VE MitE ist; bei ErbschVerkauf abweichende Regelg in § 2373.

2) **Das Einrücken** des NE in die ErbenGemsch u in den gesamten Erbteil des VE erstreckt sich auch auf einen Erbteil, der dem VE inf Wegfalls eines MitE zugefallen ist; sei es durch Erhöhg, § 1935, Anwachsg, § 2094, od ErsBerufg, § 2096; gleichgültig, ob der Wegfall vor od nach dem Nacherbfall, § 2139, geschah, da in letzteren Fällen, §§ 1953, 2344, Rückbeziehg des Anfalls auf den Erbfall erfolgt.

3) **Vorausvermächtn,** II, §§ 2150, 2363, des alleinigen VE im Erbschein anzugeben, KG JFG **21**, 122. Da der VE nur das herausgeben muß, was er selbst als Erbe erlangt hat, unterliegt das nur ein FdgsR, § 2174, gewährende VorausVerm der HerausgPfl, § 2130, iZw nicht. Der VE erwirbt den Ggst frei vom Recht des NE, OLG **30**, 202. Doch kann auch eine ErsBerufg, §§ 2096, 2191, vom Erbl gewollt sein, OLG **34**, 283. Der alleinige VE erwirbt den ihm durch VorausVerm zugewandten Ggst ohne weiteres mit dem Vorerbfall, unbeschwert mit der NachErbsch, BGH NJW **60**, 959. Ist ein Grdst als VorausVerm zugewendet, so ist die Eintragg des NEVermerks im Grdbuch unzul, Mü JFG **23**, 300.

2111 Surrogation.
I Zur Erbschaft gehört, was der Vorerbe auf Grund eines zur Erbschaft gehörenden Rechtes oder als Ersatz für die Zerstörung, Beschädigung oder Entziehung eines Erbschaftsgegenstandes oder durch Rechtsgeschäft mit Mitteln der Erbschaft erwirbt, sofern nicht der Erwerb ihm als Nutzung gebührt. Die Zugehörigkeit einer durch Rechtsgeschäft erworbenen Forderung zur Erbschaft hat der Schuldner erst dann gegen sich gelten zu lassen, wenn er von der Zugehörigkeit Kenntnis erlangt; die Vorschriften der §§ 406 bis 408 finden entsprechende Anwendung.
II Zur Erbschaft gehört auch, was der Vorerbe dem Inventar eines erbschaftlichen Grundstücks einverleibt.

1) **Allgemeines.** Der Bestand der Erbsch kann in der Zeit zw Erbfall u NErbfall durch zufällige Ereignisse, Vfgen des VE od TestVollstr od den Eingriff Dritter vermehrt, vermindert od sonst verändert werden. Dem trägt § 2111 – eine auf ZweckmäßigkGründen beruhende AusnVorschr – Rechng, indem er die Nutzgen dem VE, den NachlInbegriff (auch bei befreiter VErbsch, Warn **20** Nr 203) dem NE zuweist, vgl auch RG HRR **28** Nr 1592. Nutzgen aus der Zeit vor dem Erbf gehören dagg auch im Verhältn zw Vor- und NE zum Nachl, wobei die Grenze der Fruchtnutzg aus § 101 zu entnehmen ist, Warn **08** Nr 71. – NErbvermerk bei RestkaufgeldHyp des VE Mü JFG **18**, 109. Die VerfüggsBeschränkgen des VE, §§ 2112ff, richten sich nach der Art der gem § 2111 zur Erbsch gelangten ErsGgstände, anders hins der Entschädigg für Enteigng eines NachlGrdst, die nach BGH RdL **56**, 189 wie das Grdst selbst zu behandeln ist, s auch unten 2b. Auf Grdst, die gem § 2111 als zum Nachl gehör anzusehen sind, ist der NE-Vermerk, GBO 51, einzutragen, Bergermann RhNK **72**, 773.

2) **Zuwachs und Ersatzvorteile (Surrogate).**
a) **Zuwachs.** Auf Grd eines zur Erbsch gehörenden Rechts, zB durch Ersitzg, Verbindg od Vermischg, also, soweit nicht ein RGesch des VE den Erwerb vermittelt. Bezahlt der VE eine NachlHyp mit eigenen Mitteln, so fällt die EigtümerGrdSch demnach nicht in den Nachl, KG JFG **8**, 355, Celle NJW **53**, 1265; anders Staud-Seybold Anm 7 für den Fall, daß der VE die EigtümerGrdsch wesentl deswegen erwirbt, weil er inf der VEFolge GrdstEigtümer wurde. Erwerb durch Zuschlag in der ZwVerst gehört ebsowenig hierher, RG HRR **28** Nr 1592, auch RG **136**, 353, dagg anders Kipp-Coing § 49 II 2a, Brox § 34 III 1a, Lange-Kuchinke § 43 III 2d, die § 2111 entspr anwenden. Im Falle zu a handelt es sich nicht um ErsVorteile, sond um reinen Zuwachs.

b) **Ersatzvorteile** aGrd von Zerstörg usw (zB fällige Versicherungsansprüche) u RGeschäfts (gesetzl u rechtsgeschftl Surrogation). Das Rechtsgeschäft braucht sich nicht auf den Nachl zu beziehen. Der Anspr auf die VersSumme fällt als Ers für die Zerstörg eines NachlGgstands unter § 2111, Soergel-Eder Anm 3. Als Ersatzvorteil können auch die nach dem LAG dem VE zugebilligten Ausgleichsleistgen – für ein verlorenes Gut – in Betracht kommen, BGH **44**, 336 mit Anm v Kreft in LM Nr 3; dazu aber auch BVerwGE **24**, 89, in der angenommen ist, daß der Anspr auf Lastenausgleich im Rahmen des AusgleichsR nicht als Ersatzvorteil iS des § 2041 angesehen wird, s aber auch BGH NJW **72**, 1369, Johannsen WPM **73**, 538. Die KaufprFdg od das gezahlte Kaufgeld gehören zum Nachl, soweit die GgLeistg bereits erfolgt ist. Ist das RGesch aber noch nicht od nur seitens des Käufers erfüllt, so gehört die GgLeistg (zB der vom VE verkaufte, aber noch nicht übereignete Kraftwagen des Erbl) noch zum Nachl u nicht der Kaufpr. Beteiligg des VE an einer Gesellsch mit NachlMitteln bewirkt, daß der Anspr auf das AuseinandSGuthaben in den Nachl fällt, Erm-Hense Rdz 4. Ggstände, die der VE durch Auseinandersetzg (TeilgsVersteigerg) aus dem Nachl erwirbt, unterliegen der NEBeschrkg, da sie mit Mitteln der Erbsch erworben sind, BGH **LM** § 242 (Ca) Nr 13, LG Köln RhNK **74**, 433, Celle NJW **68**, 802, aM Beck DNotZ **61**, 574. Deshalb gehört, wenn ein MitVE durch Tilgg seiner DarlSchuld durch Verrechng mit der NachlAuseinanderS-Quote ggü der ErbenGemsch die dafür der ErbenGemsch an seinem Grdst bestellte Hyp erwirbt, seine dadurch entstehende EigentümerGrdSch zur (Vor-)Erbsch, BGH **40**, 115 mit Anm v Nirk zu **LM** Nr 2. Wird der Ggst nur teilw mit ErbschMitteln erworben, so gehört er auch nur zum entspr Teil zum Nachl, BGH NJW **77**, 1631, 2075 (abl Anm von Peters). Nicht zur Erbsch gehört der Anspr auf Erstattg der Prozeßkosten, wenn ein VE einen Rechtsstreit wg eines NachlGgstands geführt u obgesiegt hat; er ist vielmehr freies Vermögen der VE, KG JurBüro **66**, 615. Veräußert der alleinige VE die ganze Erbsch dch Übertr der Einzelwerte des Nachl, so gilt für das Entgelt § 2111, Haegele BWNotZ **71**, 130.

c) Gutglaubensschutz. Damit der gutgl Schuldner einer der NEFolge unterliegenden Fdg aus einem mit ihm durch den VE abgeschlossenen RGesch durch seine Unkenntn nicht Schaden erleide, ist er wie in § 2019 II geschützt. Soweit die Fdg nicht auf RGesch beruht, kommen ihm die §§ 851, 893, 2367 zustatten, vgl auch § 2113 III.

3) Nutzgen des Nachl, § 100, s auch § 101, erwirbt der VE währd der Dauer seines Rechts mit der Einschränkg des § 2133 zu eigenem Vorteil, wogg er auch die gewöhnl Erhaltgskosten zu tragen hat, § 2124. Doch gilt dies nur im Verhältn zum NE, nicht zu den NachlGläub, vgl Warn **13** Nr 427. Jedoch kann der Erbl durch Vermächtn od Auflage den Fruchtbezug des VE prakt ausschließen, Warn **12** Nr 174. Gehört ein Unternehmen zum Nachl, so ist für den Umfang der Nutzgen die nach kaufmänn Grdsätzen aufzustellende jährl Handelsbilanz maßg; der Erbl kann aber die Bilanzierungs- u Bewertgsfreih durch letztw Vfg erweitern od einschränken, Baur JZ **58**, 465, Baur-Grunsky ZHR **133**, 208/211 ff, auch Hadding aaO 75/81 ff (GmbH-Anteil). Hinsichtl der Gewinnanteile an Personengesellsch können Entnahmebeschränken bestehen, s Esch-Wiesche Rdz 501. Keine Nutzgen stellen die neuen Anteilsrechte eines Aktionärs aGrd Kapitalerhöhg aus GesellschMitteln, § 212 AktG, dar, sie gehören deshalb zur Erbsch, § 99 Anm 3, s RGRK Rdz 9, Hadding aaO 90ff (GmbH); Esch-Wiesche Rdz 465. Auch Überlassg eines Grdst mittels Verpachtg zur Kiesausbeutg dch den befreiten VE werden diesen bei Eintritt der NErbf zum SchadErs verpfl, wenn er den Pachterlös nicht in vollem Umfang für sich verwendet hat, Köln AgrarR **77**, 150. – An der Fruchterwerb des VE wird auch durch die Verw eines TestVollstr, § 2209, nichts geändert; vgl aber hierzu § 2209 Anm 3.

4) Inventar, II. Hier gilt im wesentl dasselbe wie in §§ 588 II, 1048 I, währd die ErsFrage in §§ 2124, 2125 behandelt ist. Dabei ist weder vorausgesetzt, daß der VE das einverleibte Inventarstück mit ErbschMitteln erworben hat (dann greift schon Abs 1 ein), noch daß es an Stelle eines abgängigen Stücks von ihm angeschafft worden ist. Hier waren nicht SurrogationsGrdsätze, sond wirtschaftl Gründe maßg.

5) Gegenstände seines freien Vermögens kann der VE nach hM, RGRK Rdz 2, nicht mit dingl Wirkg der ErbschMasse zuweisen od gg NachlGgstände austauschen, Stgt OLGZ **73**, 262; BGH **40**, 125; s auch Erm-Hense Rdz 4.

2112 *Verfügungsrecht des Vorerben.* Der Vorerbe kann über die zur Erbschaft gehörenden Gegenstände verfügen, soweit sich nicht aus den Vorschriften der §§ 2113 bis 2115 ein anderes ergibt.

Schrifttum: Ripfel, Verfügen u Verbindlichk des VorE, BWNotZ **59**, 177; Langenbach, Die Rechtsnachfolge des Vorerben in die personen- u vermögensrechtl Mitgliedsstellg eines Gesellschafters einer Personenhandelsgesellsch, RhNK **65**, 81; Petzold, VorErbsch u Nießbrauchsverm, BB **75** Beil 6; Haegele, Vor- u NachErbsch, BWNotZ **74**, 89/92.

1) Verfüggsfreiheit. Das grdsätzl Recht des VE zur freien Vfg über ErbschGgstände ergibt sich aus seiner Stellg als zeitiger wirkl Erbe, § 2100. Vfg ist hier, wie aus dem einschränkenden Hinweis nur auf §§ 2113 bis 2115 und nicht auf die schuldrechtl Bindgen der §§ 2116ff und §§ 2127ff ersichtl, im techn Sinne zu verstehen, Übbl 3d vor § 104 (anders a § 2140, s dort). Der (an sich selbstverständl) Grds freier Vfgsgewalt ist in der Vorschr nicht erschöpfd behandelt, sond wg der nachfolgenden Beschrkgen nur für Gegenstände (Sachen u Rechte) der Erbsch. – **a)** Der VE kann, wenn er MitE ist, über den **MitEAnteil** als solchen gem § 2033, geändert dch § 56 I BeurkG, **verfügen,** – od Gütergemeinsch mit seinem Eheg vereinbaren –, unbeschadet der fortbestehenden Rechte des NE (vgl § 2376 I), RG Recht **29** Nr 2374, Staud-Seybold Anm 16 u § 2138 Anm 5a, dessen Mitwirkg aber nicht erforderl ist, Haegele BWNotZ **71**, 130. Besteht der Nachl im wesentl aus einem land- od forstwirtschaftl Betrieb, so ist die Veräußerg an einen Dritten genehmiggspflichtig, § 2 II Nr 2 GrdstVG, Roemer DNotZ **62**, 491, § 2033 Anm 1 c. – **b)** Der VE ist auch für die Geltdmachg des **Auseinandersetzgs**anspruchs, § 2042, legitimiert u hat das AusschlagungsR, §§ 1946, 1952, wobei aber für seine etwaige spätere Verantwortlichk §§ 2130, 2131 gelten; vgl § 1952 Anm 2 aE. – **c)** Gehört zur Erbsch ein **Handelsgeschäft**, so entscheidet der VE über die Fortführg, er kann sich als FirmenInh ins HandelsReg eintragen lassen, Staud-Seybold Anm 5. War der Erbl persönl haftender Gesellschafter einer Personalhandelsgesellsch u ist die Fortsetzg der Gesellsch nach dem Tod des verstorbenen Gesellschafters mit dessen Erben vorgesehen, so kann eine Eintritts- od Fortsetzgsklausel gegeben sein, Ulmer, Großkomm HGB Rdz 8ff zu § 139, Langenbach aaO 88. Diese Regelgen können bei AO der Vor- u Nacherbsch Platz greifen, Langenbach aaO 88, 91, Ulmer aaO Rdz 40, 104–106. Mit dem Eintritt od dem automatischen Einrücken des VorE in die Gesellschafterstellg des Erbl erwirbt der VorE die Mitgliedsstellg; er kann zB, soweit Gesetz od GesellschVertr es zulassen, vorbehaltl seiner Haftg nach §§ 2130, 2131, aus der Gesellsch austreten, kündigen, wenn zulässig, den GesellschAnteil veräußern, Ändergen des GesellschVertr mitbeschließen, Langenbach aaO 94ff. Über Schutz des NachE s §§ 2127 bis 2129. Die Anmeldg zum HReg erfolgt dch den VorE u die übrigen Gesellschafter ohne Mitwirkg des NachE; bei Eintritt der NachErbf ist die Anmeldg dch den VorE – od seine Rechtsnachfolger –, den NachE u die übrigen Gesellschafter zu bewirken, Langenbach aaO S 106. – **d)** Allg Beschrkg der Vfgsbefugn bei Anordng einer **TestVollstreckg**, § 2211; auch bei befreiter Vorerbsch verdrängt das Verwaltgs- u VfgsR des TestVollstr grdsätzl dasjenige des VorE, BayObLG **59**, 128 = NJW **59**, 1920, s § 2205 Anm 2e. Ist der TestVollstr zugl MitVorE, so ist er – vom Fall des § 2222 abgesehen – den NE ggü ebso beschränkt wie ein gewöhnl VE, vgl Lübtow, Lehrb II, 892. – **e)** Die vom Erbl einem Dritten über den Tod hinaus erteilte **Vollmacht** berechtigt währd des VErbsch nur zur Vertretg des VE, ebso beschränkt wie dieser, u erst vom NEFall ab zur Vertretg des NE, RGRK Anm 7, bestr. Hat der Erbl den VE selbst bevollmächtigt, so erlischt die Vollm mit dem Erbf, KGJ **43** A 157, s auch Erm-Hense Rdz 5. Eine vom VE erteilte Vollm erlischt idR mit dem Eintritt des Nacherbf, soweit nicht der NE mit der Bevollmächtigg einverst ist, KG NJW **57**, 755, auch SchlHOLG SchlHA **62**, 174. – **f)** Wenn dem als **VorE** Eingesetzten nur die **Nutznießung** zugewendet ist (Anm 4 zu § 2100), so wirkt die darin liegende Beschrkg seiner Vfgsmacht für ihn nur verpflichtd; nach außen hat er die Befugnisse aus § 2112 u bleibt Herr des Nachl, BGH **LM** Nr 2 zu § 2100. – **g) Verlust** der Vfgsgewalt bei Entziehg der Verw gem §§ 2128, 1052.

2) Testierfreiheit des VE. Sie ist grdsätzl zu bejahen, da nicht einzusehen, warum die VEStellg, soweit sie nicht mit dem Tode des VE endet, nicht einem Dritten übertr werden soll, also kein Widerspr in sich (entgg Raape AcP **140**, 233); die erlangten AnwartschRechte des NE dürfen jedoch nicht angetastet werden. Volle Testierfreih des VE besteht dann, wenn der NE unter die Bedingg eingesetzt ist, daß der VE nicht anders über den Nachl verfügt, vgl § 2065 Anm 4, Soergel-Knopp Rdz 11.

3) In der **Prozeßführg** (an sich nicht Vfg) ist der VE ebenf frei, s BFH NJW **70**, 79. RechtskrWirkg von Urteilen für, u bei der NEFolge unterliegden Ggständen, insow der VE ohne Zust verfügen kann, auch gg den NE, ZPO 326; vollstreckb Ausfertigg daselbst 728 I. Unterbrechg (u AufnPfl des NE, RG **75**, 363) u Aussetzg des Verf bei Eintritt der NEFolge, ZPO 242, 246, vgl Einf 5 vor § 2100.

2113 Verfügungen über Grundstücke und Schiffe; Schenkungen.

I Die Verfügung des Vorerben über ein zur Erbschaft gehörendes Grundstück oder Recht an einem Grundstück oder über ein zur Erbschaft gehörendes eingetragenes Schiff oder Schiffsbauwerk ist im Falle des Eintritts der Nacherbfolge insoweit unwirksam, als sie das Recht des Nacherben vereiteln oder beeinträchtigen würde.

II Das gleiche gilt von der Verfügung über einen Erbschaftsgegenstand, die unentgeltlich oder zum Zwecke der Erfüllung eines von dem Vorerben erteilten Schenkungsversprechens erfolgt. Ausgenommen sind Schenkungen, durch die einer sittlichen Pflicht oder einer auf den Anstand zu nehmenden Rücksicht entsprochen wird.

III Die Vorschriften zugunsten derjenigen, welche Rechte von einem Nichtberechtigten herleiten, finden entsprechende Anwendung.

Schrifttum: Hill, Die Übertragg eines Rechtes durch Vorerben u seine grundbuchmäßige Behandlg, MDR **59**, 359; Lahnert, Sicherg eines Bauspardarlehens dch Grundschuld: Entgeltlichk der Verfügg beim befreiten Vorerben, BWNotZ **64**, 197; Haegele, Rpfleger **71**, 122; ders, BWNotZ **74**, 89/91 (zu § 2113 I, II); ders, Unentgeltl Vfgen des TV u des VE, Rpfleger Jahrb **77**, 305ff; Spellenberg FamRZ **74**, 350 (zu § 2113 II); Edelmann, Beschränkgen des VE nach § 2113 BGB bei Vfgen üb Ggste eines GesHandVerm, Diss Mainz, 1975; K. Schmidt, NachESchutz bei Vorerbsch an Gesamthandanteilen, FamRZ **76**, 683.

1) Sonderregelg I. a) Ausgenommen von dem Grds des § 2112 sind (vorbehaltl mögl Befreiung, § 2136) Rechtsübertragen und -aufhebgen, Aufgabe durch Verzicht, Belastgen mit einem Recht u Ändergen des Rechtsinhalts bei **Grundstücken und Grundstücksrechten**, auch Erbbaurechten, ErbbRVO 11, dazu die Hinweise Anm 1b aa; s auch Haegele aaO 125ff. Hierunter fallen auch die ErbauseinanderS über ein Grdst, der Antr des HofVE auf Löschg des Hoferbvermerks, Celle NdsRpfl **60**, 62 (dazu zum geltden R Lüdtke/Handjery Höfe O 1 Rdz 107; Barnstedt AgrarR **76**, 241/243); die Vfg des VE über zum Nachl gehörden Erbanteil, dessen Hauptwert GrdstEigt der ErbenGemsch ist, Düss JMBl NRW **60**, 101 (dazu Haegele BWNotZ **71**, 131, K. Schmidt aaO 686f: Anteile an Gesamthand mit GrdEigt), der Rangrücktritt eines GrdstPfandRs, das auf einem zum Nachl gehör Grdst lastet, LG Frankth MDR **76**, 666, ebso der Rangrücktritt eines ErbbZinses, LG Brschw Rpfleger **76**, 310; die Vfg über die Entschädigg für ein enteignetes zum Nachl gehördes Grdst, BGH RdL **56**, 189, die GestaltgsErklärg des VE bezügl eines NachlGrdst gü dem GrdstNachb nach § 915, KG Rpfleger **74**, 222. Schuldrechtl Geschäfte fallen nicht unter I. – Hat der Eigtümer eines ideellen Hälftebruchteils eines Grdst dessen and Hälfte als VorE hinzuerworben, so kann er trotz § 1114 BGB die ihm schon vor dem Vorerbfall gehör GrdstHälfte gesondert mit einem GrdPfandR belasten, BayObLG **68**, 104. Die Veräußerg eines Grdst, das zur Hälfte dem VE, zur and Hälfte zur Erbsch gehört, dch den VE führt nicht zur GesNichtigk der ganzen Vfg (§ 139), wenn die Beteil ihre Erklärgn in Kenntn der die Teilunwirksamk begründden Umstände abgegeben haben, BGH WPM **73**, 41. Die EigtÜbertr auf die Erwerber zu MitEigt ist also bei Eintritt des NE-Falls dem NE ggü zur Hälfte unwirks, s BGH aaO. – **aa) Unwirksamk.** Die Vfgen des VE gem **I** sind bei Eintritt der NEFolge u in den Grenzen der Vereitelg od Beeinträchtigg des Rechts des NE unwirks. Demnach zwei Voraussetzgen des UnwirksWerden der Vfg: Eintritt der NEFolge u Rechtsvereitelg od -beeinträchtigg des NE; letztere ist aber nicht gegeben bei Veräußerg od Belastg eines Grdsts in Erfüllg einer bereits vom Erbl eingegangenen Verbindlichk, RGRK Rdz 5. Die Unwirksamk ist keine relative, sie ist hinausgeschoben auf den Ztpkt des Nacherbfalls, in ihrem Umfang aber von absoluter Wirkg, so daß von diesem Ztpkt ab sich jeder auf sie berufen kann, der daran ein rechtl Interesse hat, BGH **52**, 269, Lange-Kuchinke § 26 IV 4[60]. Solange die Vorerbsch besteht, ist die Wirksamk nicht berührt, Mü FamRZ **71**, 93. – **bb) Wirksamk.** Die zweite Voraussetzg der Beeinträchtigung kann nicht vorliegen, wenn der NE zustimmt (volenti non fit injuria); in diesem Fall ist die Vfg sogleich vollwirks, RG **65**, 129. Die Zust kann dem VE wie dem Dritten ggü erkl w, Hamm NJW **65**, 1490; sie hat die Bedeutg eines Verzichts auf die aus der NEEinsetzg folgdn Rechtsstellg, SchlHOLG, Rpfleger **68**, 325. Der Mj bedarf der Gen des VormschG, Soergel-Knopp Rdz 9, Ausnahme: § 1821 II. Der als Vorerbe eingesetzte gesetzl Vertreter des minderjähr NE kann diesen bei der Zustimmung zu einer von ihm getroffenen Vfg vertreten, wenn die Zustimmg ggü den dch die Vfg Begünstigten abgibt, Hamm aaO. Zur Bestellg eines **Pflegers** nach § 1913 **für unbekannte Nacherben** s Kanzleiter DNotZ **70**, 330[23], Bergermann RhNK **72**, 763f, Haegele Rpfleger **71**, 122f. – Zur Vfg ist auch die Zust des bedingten NE, Hamm DNotZ **70**, 360, nicht aber die des ErsNE erforderl, BGH **40**, 115 mit Anm v Nirk in **LM** Nr 2/3 zu § 2096, Staud-Seybold Anm 9, s auch unter b und § 2102 Anm 3, wohl aber die des NachNE, RGRK Rdz 39. Vollwirks Werden auch dch Gen od RErwerb nach § 185 II mögl, wenngleich der VE als „Berechtigter" verfügt hat, Mü FamRZ **71**, 94; vgl jedoch § 2063 Anm 2 aE. Über Verpflichtg des NE zur Einwillig s § 2120; über Streitwert der Kl eines VE auf Zust zum Verkauf eines NachlGrdst s SchlHOLG aaO. – Keine Beeinträchtigg des NE liegt ferner vor, wenn der VE eine gült Vermächtnis- od Teilgsanordng des Erbl, § 2048, erfüllt, KG JFG **22**, 98, Beck DNotZ **61**, 573, Deimann Rpfleger **78**, 244 (krit zu Beck aaO, dort 245 auch zum NE-Vermerk im GrdBuch), § 2136 Anm 3a. Übereignet der nichtbefreite VE einem NE in vorzeit Erfüll einer den NE auferlegten TeilgsAO ein NachlGrdst, so ist hiezu die Zust der übr NE erforderl (BayObLG **74**, 312; aM LG Kassel DNotZ **77**, 159). – Ist ein MitE irrigerw im GB als VE eingetr, so ist nicht § 2113, sond nur § 892 maßg, Celle FamRZ **57**, 273.

b) NEVermerk im GB (dazu Haegele Rpfleger **71**, 127ff, GrdbR[5] Rdz 1781ff, Bergermann RhNK **72**, 767ff). Grundbuchmäß Schutz des NE (vgl Einf 6 vor § 2100) gg die seine Rechte beeinträchtigdn Vfgen des VE bietet die vAw gleichzeit mit der Eintr des VERechts vorzunehmde **Eintragg des NEVermerks**, GBO 51 (RG **61**, 232), der auch die etwaigen weiteren NE, den ErsNE, OLG Hamm Rpfleger **66**, 19, u die etwaige Befreiung von den Beschrkgen des VfgsR, §§ 2136, 2137 zu verzeichnen hat, RGRK Anm 42. Das gleiche gilt auch für das Schiffsregister, SchiffsRegO § 54. – **aa)** Die **Eintragung** dient nur der Sicherg des NE (und mittelb der ErsNE), zB im Rahmen des § 2113 II, gg ihre Rechte beeinträchtigde Vfgen des befreiten VE, SchlHOLG SchlHA **62**, 174; ein Recht wird dadch für ihn nicht begründet, RG **83**, 434, KGJ **52**, 143. Ist sie erfolgt, so kann die Vfg des VE über die Grdst od das GrdstRecht, selbst wenn es sich um eine unentgeltl Vfg handelt od der VE nicht befreit ist, ohne weiteres ins GB eingetr werden, da die Einsetzg einer Nacherbsch **keine Sperre des GB** herbeiführt, KG JW **36**, 2749; Mü JFG **14**, 340, LG Nürnb BayNotV **62**, 75, Bergermann aaO 775ff. Ist sie nicht erfolgt, so ist dem GBAmt die Zust des NE, nicht des ErsNE, BGH **40**, 115, RG **145**, 319, Oldbg JR **63**, 23 mit Anm von Jansen, in der Form von GBO 29, geändert dch § 57 VII BeurkG, nachzuweisen, BayObLG **59**, 493/497; die Zust des NE bedarf ggf vormschaftsgerichtl Gen, § 1821 I Nr 1, BayObLG aaO, Hamm NJW **65**, 1490. Ersteres ist auch dann notw, wenn es sich um Löschgen aGrd einer Vfg des VE handelt, da mit der Löschg auch der NEVermerk entfernt u so seiner Wirksamk entkleidet würde, RG **102**, 332, LG Lübeck SchlHA **65**, 278; Ausn insow nur bei Tilgg einer Hyp an einem NachlGrdst mit persönl Mitteln des VE, KGJ **50** A 210, bestr, s § 2111 Anm 2, und bei dem Antr des nicht befreiten – auch des befreiten – VE auf Löschg der auf einem NachlGrdst eingetr Hyp, wenn weitere GrdstBelastgen nicht vorhanden sind, KG JFG **15**, 187, od nur solche, für die Löschgsvormerkgen eingetragen sind, s Anm 2a. Zur Bestellg eines Pflegers iw Eintragg eines ErbbauR dch den NE s Hamm NJW **65**, 1489, BGH **52**, 269 mit Anm von Hönn NJW **70**, 138; Winkler DNotZ **70**, 651; ErbbRVO 1 Anm 4 u 10 Anm 1. – **bb)** Der **NE** kann vom VE die **Eintragg** des Vermerks iW der **Berichtigg des GB**, soweit dem GBO 51 im Einzelfall nicht genügt ist, u ebso die Eintr zugl mit dem Recht des VE, wenn dieses noch nicht eingetr ist, gem §§ 894, 895 beanspr, RG **61**, 232; KGJ **52** A 144, Oldbg NdsRpfl **66**, 59. – Er kann anderers auch auf die Eintragg verzichten; sein Recht ist dann im Verkehr vor dem GBA nicht zu beachten, KGJ **52** A 166. Bei Einsetzg eines ErsNE bedarf es aber dessen Zust zum Verzicht auf die Eintragg, Köln NJW **55**, 633. – Bei Veräußerg eines zur Vorerbsch gehörenden Grdst bedarf es zur Löschg des NE-Vermerk im Grdbuch nur der Bewilligg des eingetr NE, nicht auch eines etwaigen ErsNE, Oldbg JR **63**, 23 mit Anm von Jansen; ist der HofNE unter der Bedingg eingesetzt, daß die VE nicht einen und Abkömml zum HofE bestimmt, so bedarf es bei GrdstVeräußerg ohne Übertragg des NEVermerks der Zustimmg eines für die mögl NE als unbekannte Beteiligte bestellten Pflegers, so Oldbg Rpfleger **66**, 47, 265, dagg aber mit beachtl Grd Anm v Gaberdiel, s auch Oldbg NdsRpfl **66**, 59, Hamm Rpfleger **69**, 347 mit Anm v Haegele. Über Löschg des NEVermerks im Wege der Berichtigg ohne entgeltl Vfg (Auflassg eines zum Nachl gehörigen Grdst) des befreiten VE s Mü JFG **18**, 173, LG Kleve MDR **54**, 418, Horber, GBO 51 Anm 6 B b. S auch über Nachweis der LöschgsVoraussetzgen Schalhorn JurBüro **70**, 452, Bergermann aaO 782ff, auch BayObLG **73**, 272. – **cc)** Gehört zum Verm einer BGB-Gesellsch ein Grdst u ist Vor- u NachErbsch für die Beteiligg des Verstorbenen Gesellschafters angeordnet, so darf kein NEVermerk nach GBO 51 in das Grdbuch eingetr w, auch dann nicht, wenn das Grdst der einz GesamthandGgst der Gesellsch ist, Haegele Rpfleger **77**, 50/53.

2) Sonderregelg II. a) Unentgeltl od zum Zwecke der Erf eines Schenkgsversprechens getroffene Vfgen des VE über jeden ErbschGgst (nicht also nur Grdst) sind gleichfalls von der Unwirksamkeit, s Anm 1a, s BGH **7**, 274, Hamm DNotZ **63**, 559, Johannsen WPM **70**, 5, betroffen, soweit nicht der NE zustimmt (dazu LG Fbg BWNotZ **74**, 139); da dann das Merkmal der Rechtsbeeinträchtigg, das auch hier gilt, s RGRK Rdz 31–33, entfällt. Eine Befreiung iS von § 2136 kann für **II** von dem Erbl nicht erteilt werden. – **aa) Unentgeltlichk** der Vfg ist gegeben, wenn es an einer gleichwertigen, dem Nachl, § 2111, od auch dem (befreiten) VE – insow sie in wirtschaftl gerechtfertigter Weise dessen LebensUnterh zu verschaffen bezweckt, Brschw MDR **56**, 612 (Zurückzahlg eines Soforthilfedarlehens zum Zweck der Erlangg der Unterh-Hilfe) – zugute kommenden GgLeistg fehlt, BGH NJW **55**, 1354, BayObLG **73**, 272/274; allg Spellenberg aaO 351–360, auch § 2205 Anm 3. Zur Bestimmg der Unentgeltlichk sind objekt und subjekt Maß-

1823

§ 2113 2

stäbe anzuwenden, Johannsen, BGH WPM **70**, 3; FamRZ **71**, 643, wobei zur Vermeidg einer zu extensiven Ausleg das Hauptproblem darin besteht, das richt Maß subjektiver Einschränkg des Unentgeltlichk-Begr zu finden. Hierfür ist von den an eine ordnungsmäß Verw, §§ 2120, 2130, zu stellen Anforderung und der dem VE in Rücks auf die ihm bekannte HerausgPfl zuzumutenden Erkennbark des Fehlens od der Unzulänglichk der GgLeistg auszugehen, BGH **5**, 174 = NJW **52**, 698; Hamm Rpfleger **71**, 147. Objektive Gleichwertigk von Leistg u GgLeistg entscheidet daher nicht allein. Mit § 2113 II soll die Gesamth der NE geschützt werden, so daß Unentgeltlichk auch dann anzunehmen ist, wenn die GgLeistg statt in die von dem VE betreute Masse in das freie Vermögen eines einzelnen NE gelangt, RG **125**, 246. Nach RG DR **39**, 635 soll die Entsch wesentl von dem rechtsgeschäftl gewollten wirtschaftl Ergebn für die Vermögensmasse abhängen, aus der verfügt wurde. Gg die freie Ausleg wendet sich der BGH **7**, 274 = NJW **53**, 219 u hält daran fest, daß als entgeltl nur solche Leistgen angesehen w können, durch die dem Nachl selbst (oder uU dem befreiten VorE, BGH NJW **55**, 1354, **77**, 1631, 2075, BayObLG **57**, 288) ein Vermögensvorteil erwächst, der seine durch die Vfg eingetretene Verringerg bei objektiver u subjektiver Betrachtg aufwiegt; ebso BayObLG **56**, 54, KG, Ffm Rpfleger **68**, 224; **77**, 170; BGH **69**, 47 = NJW **77**, 1540 mit Anm v Johannsen **LM** Nr 16 (GesellschAnteil gg Leibrente), 1631. Die Entgeltlichk der Vfg eines befreiten VorE ist nach dem Zeitpunkt der Vornahme der Vfg zu beurteilen, BayObLG **57**, 285 (Berechng des Wertes einer Leibrente, dazu auch Johannsen aaO 4). Sind dch Rückzahlg von Hyp aus NachlMitteln Eigentümergrundschulden entstanden, so können sie regelm nicht ohne weiteres, durch Erteilg der Löschgsbewilligg seitens des VE aufgegeben werden. Die Löschg bedeutet jedoch dann keine unentgeltl Vfg, wenn sie an letzter Stelle steht, weil in diesem Falle ihr Rang dem Nachl zugute kommt u darin allein ein Entgelt zu finden ist; das macht die sonst zu verlangende Zust des NE entbehrl, KGJ **43** A 263. S auch LG Hildesheim MDR **61**, 692, wonach die Aufg einer letztrang EigtümerGrdSchuld eine RHdlg ist, die nach den Grdsätzen einer ordngsm Verw im freien Belieben des Berecht steht u keine Einbuße des Verm bedeutet, also aus diesem Grd nicht der Zust des NE bedarf, s auch oben Anm 1 b. Entgeltlichk ist ferner zu bejahen, wenn LöschgsVormerkg nach § 1179 vorliegt, weil hier Löschg in Erf einer NachlVerbindlichk erfolgt, Saarbr DNotZ **50**, 66, ferner wenn gleichzeitig mit der Löschg der EigtGrdSch eine neue Hyp bestellt wird u der Gläub dieser Hyp auf der zuvorigen Löschg bestanden hat; das Entgelt besteht dann in dem GgWert der neuen Belastg, KGJ **41**, 180. **Keine** unentgeltl Leistg ist auch die vertragl Anerkenng eines verjährten PflichttAnspr eines VE (BGH NJW **73**, 1690 mit krit Anm von Waltjen ebda 2061). Über rechtsgrdlose Vfgen s § 2205 Anm 3, Spellenberg aaO 353. – **bb)** Verfügt der VE nur **teilweise unentgeltl**, so ist die ganze Vfg unwirks, BGH **LM** Nr 1, Hamm Rpfleger **71**, 174 mit Anm von Haegele, BayObLG **57**, 290. Daher keine weitere Zahlg des Erwerbers an den NE zwecks Ausgleich von Leistg u GgLeistg, RG DR **45**, 57. Ist der NE zugl VertragsE, so greift zu seinem Schutz gg unentgeltl RGeschäfte auch § 2287 ein, der nicht nur gg Vfgen, sond auch gg reine Verpflichtgsgeschäfte schützt, vgl Celle MDR **48**, 142. – **cc)** Bestr ist, ob eine zur alleinigen (befreiten) VE eingesetzte Witwe, die mit ihrem Mann in **GütGemsch** gelebt hat, bis zur AuseinandS auch unentgeltl über die zum Gesamtgut gehör NachlGrdst verfügen kann; s Haegele Rpfleger **71**, 121/125; bejahd BGH **26**, 378 = **LM** Nr 1 zu § 2138 mit Anm von Johannsen; NJW **64**, 768, vorbehaltl von SchadErsAnspr nach § 2138 II; verneind BGH NJW **70**, 943, 1314 mit krit Anm v Batsch (aufgegeben in BGH NJW **76**, 893 auf VorleggsBeschl Ffm Rpfleger **75**, 168; VorleggsBeschl BayObLG Rpfleger **76**, 85 ist dadch erledigt, s Rpfleger **76**, 290); Hamm OLGZ **76**, 180; Staudenmaier NJW **65**, 380; Erm-Heckelmann, § 1482 Rdz 2 (gg RGRK Rdz 2, Soergel-Knopp Rdz 3 je zu § 2113); für entspr Anwendg des § 2113 Prölls JZ **70**, 95. BGH NJW **76**, 893, wonach die unentgeltl Vfg zuläss ist, w mit der VorAufl beigetreten; s dazu auch K. Schmidt FamRZ **76**, 683ff (Darstellg verschiedenartiger Fälle), Neuschwander BWNotZ **77**, 85 sowie BGH NJW **78**, 698. – Eingehd Edelmann aaO über die Rechtslage, wenn ein MEAnt, ein Gesellsch- od VereinsAnt einer Vor- u NachErbsch unterliegt. – Auch auf das Verhältn zw TestVollstr u NachE finden §§ 2113ff keine Anwendg, Neust NJW **56**, 1881, s BGH **40**, 115, § 2205 Anm 2e; Soergel-Knopp Rdz 1. – **dd)** Der NE hat gg den vom VE Beschenkten uU einen **AuskAnspr**, s § 2314, BGH **58**, 237 mit Anm von Johannsen **LM** § 2314 Nr 7; auch NJW **73**, 1876.

b) NE-Vermerk u unentgeltl Vfgen. Die oben unter 1b behandelte Schutzeintragg der Rechte des NE im GB hat auch ggü dem befreiten VE erhebl Bedeutg, s SchlHOLG, LG Lüb SchlHA **62**, 174, **65**, 278. Wenn der NEVermerk eingetragen ist u bleibt, hat das GBA bei einer Vfg des befreiten VE über NachlGrdst nicht zu prüfen, ob es sich um eine unentgeltl Vfg handelt, Düss Rpfleger **57**, 413. Im übrigen muß der Nachweis, daß eine Vfg nicht unentgeltl ist, vom VE dem GBA nötigenf in der Form von GBO 29 erbracht werden. Da ein solcher Nachw oft auf große Schwierigk stößt (nach RG **70**, 332 genügt keinesf die von dem VE erteilte Quittg zur Löschg einer Hyp, vielm ist das Hinzutreten sonstiger die wirkl Zahlg bestätigender Umst zu verlangen, KGJ **40** A 180, s aber auch BayObLG **22**, 291, **56**, 60, das Erkl des VorE genügen läßt, wenn Unentgeltlichk nach Sachlage ausgeschl ist), sind die hierbei zu stellenden Voraussetzgen in der Rspr immer mehr abgeschwächt worden. Wird nicht etwa eine die Entgeltlichk bescheinigende begl Erkl des NE beigebracht, KGJ **33** A 43, so wird der GBRichter unter Berücksichtigg der sonst in den Gegebenheiten die ganz Umst des Falles unter den Gesichtspkt prüfen müssen, ob damit die Entgeltlichkeit für ihn iS von GBO 29 I 2 offenkundig ist, s Hamm NJW **69**, 1492 (mit Anm v Haegele Rpfleger **69**, 350), DNotZ **72**, 96, LG Stade NdsRpfl **75**, 219. Danach wird Unentgeltlichk zB ausgeschl erscheinen können, wenn ein zweiseitiges Gesch mit einem nicht ersichtl dem VorE nahestehenden Dritten vorliegt, das beiderseitige Verpflichtgen auslöst, s RG SeuffA **78** Nr 192; KGJ **38** A 223, **40** A 174. Als Ersatz eines Nachweises nach GBO 29 od zur Ergänzg eines solchen Nachw können auch WahrscheinlichkErwäggen berücksichtigt werden, die sich auf allg Erfahrgssätze stützen, BayObLG **56**, 54, **57**, 290 (Kapitalisierungstabellen), Hamm NJW **69**, 1492. Dagg sind bei Bestehen verwandtschaftl Beziehgen zw dem VE u dem VertrGegner Zweifel in dieser Hins geboten. Eine ängstl nach den entferntesten Möglichk Rechng tragende, aller Lebenserfahrg widerstreitende Beurteilg der Sachlage wird immer zu vermeiden sein, vgl auch Flad AkZ **36**, 421. Der befreite VorE, auf dessen (nicht zum Nachl gehörigen) Grdst zum Nachl gehörige Hypothek mit beigeschriebenem NachEVermerk lastet, kann die Löschg der Hyp verlangen, wenn er nachweist, daß (er entgeltl über das Recht verfügt hat od) die NachE der Löschg zugestimmt haben, LG Lüb SchlHA **65**,

Testament. 3. Titel: Einsetzung eines Nacherben §§ 2113–2115

278. Vgl auch BGH **35**, 135 über die PrüfgsPfl des GBA im Fall des **§ 1365** u dazu Mattern, BWNotZ **61**, 277/287. Zur Löschg des NE-Verm bedarf es entw einer Bewilligg des NE sowie etwa vorh ErsNE od eines UnrichtigkNachw, Horber Anm 6, K-E-H-E Rdz 28 je zu GBO 51 mH, Haegele GBR[5] Rdz 1792; s auch Ffm, BayObLG Rpfleger **77**, 170, 285. Das GBA hat grdsätzl den NE vor der beantragten Löschg des NachEVermerks zu hören, BayObLG **73**, 272; dazu auch KG Rpfleger **68**, 224 mit Anm v Haegele.

3) In **II 2** sind von der Unwirksamk die **Schenkgen des § 534** – dazu Migsch AcP **173**, 46 – **ausgenommen**. Ihre Bewirkg aus dem Nachl muß dch sittl Pfl od Anstandsrücksichten gerechtf sein, Johannsen WPM **70**, 5. Einer sittl Pfl od einem Gebote des Anstands entspricht es nicht etwa schon, wenn ein als VE eingesetzter Elternteil zu seinen Lebzeiten zG eines der zu NE berufenen Kinder eine Ausgleichg iS von §§ 2050, 2052 vornimmt, RG LZ **22**, 410. Auch eine Ausstattg ist unentgeltl Zuwendg, Warn **42** Nr 89.

4) Schutz des gutgl Erwerbs. Die in III festgelegte Anwendbark der Vorschr über den Schutz des gutgl Erwerbs macht **im GBVerkehr** die in 1b, 2b behandelte **Eintragg** des die Rechte des NE sichernden Vermerks erforderl; kein Schutz des guten Gl des GrdstErwerbers nach § 892 I 2, wenn nach dem Tode des im GB eingetr Eigtümers der VE noch nicht im GB eingetr ist, daran, daß mangels Eintr des R des NE der VE VollE geworden ist, BGH NJW **70**, 943 mit krit Anm von Batsch ebda 1314; s auch § 2366 Anm 3b. Der gute Gl bedeutet den Ann des geschützten GgKontrahenten, der über den ErbschGgst Verfügende handele nicht als VE, od sei doch befreiter VE mit gem § 2136 erweiterter Vfgsbefugn, s Hamm MDR **71**, 665; beim Erwerb bewegl Sachen darf jedoch die Ann nicht auf grober Fahrlk beruhen, § 932 II. Ist allerd in einem ErbSch die NachErbf nicht erwähnt, so ist auch beim Erwerb bewegl Sachen grobe Fahrlk unschädl, § 2366; über Anwendg von § 892 in einem solchen Fall s Hamm DNotZ **63**, 562. Irrtum über die Unentgeltlich wird nicht geschützt. Gegen Bereicherten besteht der Anspr des § 816 I 2. III gilt nicht bei Übertr eines MitEAnteils, § 2112 Anm 1, wohl aber, wenn VEen gemeins ein NachlGrdSt veräußern u die Voraussetzgn der §§ 892ff od (u) § 2366 gegeben sind, Haegele BWNotZ **71**, 132. Gleiche Regelg wie in § 161 III.

2114 *Verfügungen über Hypothekenforderungen, Grund- und Rentenschulden.* **Gehört zur Erbschaft eine Hypothekenforderung, eine Grundschuld, eine Rentenschuld oder eine Schiffshypothekenforderung, so steht die Kündigung und die Einziehung dem Vorerben zu. Der Vorerbe kann jedoch nur verlangen, daß das Kapital an ihn nach Beibringung der Einwilligung des Nacherben gezahlt oder daß es für ihn und den Nacherben hinterlegt wird. Auf andere Verfügungen über die Hypothekenforderung, die Grundschuld, die Rentenschuld oder die Schiffshypothekenforderung finden die Vorschriften des § 2113 Anwendung.**

1) Allgemeines. Grdsätzl gelten für Vfgen über die in S 1 bezeichneten Rechte die Vorschr des § 2113, was in S 3 ausdrückl bestimmt ist, was sich schon unmittelbar aus § 2113 I ergibt, da sie Rechte an Grdst sind. Besonders geregelt ist jedoch Künd u Einziehg; hierfür behält S 1 die Grdregel des freien Vfgsrechts, § 2112, bei, sie stehen also dem VE zu. Diese Befugnisse sind aber wieder eingeschränkt dch S 2, wonach der Anspr des VE auf Zahlg erst nach Beibringg der Einwilligg des NE, die nötigenf gem § 2120 erzwungen w kann, od nur auf Hinterlegg für ihn u den NE (§ 372; der hinterlegte Betrag wird Surrogat der Erbsch, § 2111) geht.

2) Kündigg, Einziehg. Wegen der Künd vgl §§ 1141, 1185 II, § 1193. Ebenso wie das KündR aktiv allein dem VE zukommt, ist auch die vom Schu ihm ggü erklärte Künd voll wirks. Unter Einziehg sind alle der unmittelbaren Durchsetzg des Rechts auf Erlangg der Zahlg dienenden Maßnahmen, vor allem die Geltdmachg des Anspr im ProzWege und die Beitreibg durch ZwVollstr, zu verstehen, so auch der Antr des VE auf ZwVerst eines Grdst wg einer NachlHyp, der als solcher keine Vfg über die Hyp iS von § 2113 darstellt, RG **136**, 353, nicht aber die Einziehg von Zinsrückständen.

3) S 2 bietet einen **Schutz** für den NE u den auf Zahlg in Anspr genommenen Schu, da dieser auch von sich aus die Zust des NE zur Zahlg an den VE allein beibringen müßte; eine Befreiung von der Schuld ggü dem NE tritt sonst nicht ein, RG SeuffA **82** Nr 134; KJG **50**, 172, BGH FamRZ **70**, 192.

4) Als **andere Vfg** iS von S 3 kommen Abtretg, Verpfändg, Umwandlg von Hyp in GrdSch od umgekehrt, § 1198, Erteilg der Löschgsbewilligg, auch eine vom VE erklärte Aufrechg in Frage.

5) Befreiung von den Beschränkgen des § 2114, also S 2, kann erteilt werden, § 2136. Soweit die Verweisg des S 3 eingreift, gilt auch § 2113 II, für den eine Befreiung nicht eintritt.

2115 *Zwangsverfügungen gegen Vorerben.* **Eine Verfügung über einen Erbschaftsgegenstand, die im Wege der Zwangsvollstreckung oder der Arrestvollziehung oder durch den Konkursverwalter erfolgt, ist im Falle des Eintritts der Nacherbfolge insoweit unwirksam, als sie das Recht des Nacherben vereiteln oder beeinträchtigen würde. Die Verfügung ist unbeschränkt wirksam, wenn der Anspruch eines Nachlaßgläubigers oder ein an einem Erbschaftsgegenstande bestehendes Recht geltend gemacht wird, das im Falle des Eintritts der Nacherbfolge dem Nacherben gegenüber wirksam ist.**

1) Allgemeines. Die Vorschr entspricht dem § 2113; doch handelt es sich im Ggsatz zu den dort behandelten aktiven Vfgen des VE um solche, bei denen er der duldende Teil ist. Unter **Vfg im Weg der ZwVollstr** ist nur die ZwVollstr wg Geldfordergen in ErbschGgst – bewegliches od unbewegliches Vermögen (ZPO 803–871) – zu verstehen, Staud-Seybold Anm 2; wg Arrestvollziehg s ZPO 928 ff. Auch diese Vfgen sind unwirks, soweit die Rechte des NE vereitelt od beeinträchtigt werden, s § 2113 Anm 1a aa. Der Schutz des NE geht sogar noch weiter, da eine Befreiung iS von § 2136 ausscheidet u alle ErbschGgstände betroffen sind, selbst wenn der VE darüber rechtsgeschäftl hätte frei verfügen können. Eine Ausnutzg der Erbenstellg die VE durch dessen Gläubiger zum Nachteil des NE soll vermieden werden, RG 80, 32; **133**, 265. Gewähr für Einhaltg dieses Schutzzwecks durch die OrdngsVorschr ZPO 773; bei ZuwiderHdlg WidersprR des NE gem ZPO 771, Celle NJW **68**, 802; der KlageAntr kann dahin lauten, daß es für unzuläss erklärt wird, den Ggst im Weg der Zwangsvollstreckg zu veräußern od zu überweisen, s Brox § 25 IV 1 b (4). Kommt es aber entgg ZPO 773 u KO 128 zu einer Veräußerg, so erwirbt der Dritte Eigentum. Der NE kann ggü dem Erwerber des ErbschGgst keine Rechte geltd machen, wohl aber vom Gläub Herausgabe der Bereicherg verlangen, Staud-Seybold Anm 8. – Entspr wirkt § 394 in Ansehg der zu einer Vorerbsch gehörenden Forderngen: die Aufrechng mit einer Fdg, die sich gg die VE persönl richtet, gg eine ErbschFdg ist unstatth, RG 80, 30, dazu Barth-Schlüter Lehrb § 41 VI 4. Zu beachten, daß in jedem Falle ErbschGgstände (Sachen u Rechte) von den VollstrMaßnahmen ergriffen sein müssen; das ist nicht der Fall, wenn nur ein Urteil auf Abgabe einer WillErkl, ZPO 894–98, ergangen ist; hierfür gilt § 2112. Die Beschränkg gilt auch für den **Konk Verwalter**, der sonst in seinen Vfgen frei ist, KO 6 II, 128, s BayObLG **63**, 23. – § 2115 ist auch anwendb auf die Künd der PersGesellsch dch Gläub des VE, HGB 135, s Soergel-Knopp Rdz 5.

2) Die Unwirksamk der Vfg ist ebso wie bei § 2113 keine relative, sie ist hinausgeschoben auf den Ztpkt des Nacherbfalls, Planck Anm 3, s § 2113 Anm 1a aa. Deshalb ist ZwVollstr zul, wenn es sich nur um die Begr eines PfdR od um die Bestellg einer ZwangsHyp, ZPO 866, AO der ZwVerst, dazu BayObLG **68**, 109, handelt; auch ist Inanspruchn der dem VE zustehden Nutzgen nicht gehindert, RG 80, 7; ZwVerw, ZVG 146, kann erfolgen. Keine ZwVollstr ist bei der **Teilgversteigerg**, ZVG 180ff, gegeben; der im Grdbuch eingetr NEVermerk steht der Versteigerg nicht entgg, diese führt also zur Wirksamk der Eigentumsübertragg an einem Grdst auch ggü dem NachE; § 2113 I greift nicht ein, BayObLG **65**, 212; der NEVermerk ist aGrd des ZuschlagsBeschl zu löschen, Hamm NJW **69**, 516; der Erlösüberschuß gehört zur Erbsch, § 2111. – Nur soweit VollstrMaßnahmen über die Zeit der Vorerbsch hinauswirken u erst bei deren Beendigg kann der NE die Beseitigg solcher Maßnahmen verlangen. Vorher ggf SicherhLeistg, § 2128.

3) Wirksame Vfgen. S 2 läßt die Vfg gem S 1 dann vollwirks sein, wenn es sich um die Befriedigg von NachlVerbindlichk, § 1967, s BGH FamRZ **73**, 187 (Verneing einer NachlErbenschuld), und um die Geltdmachg von Rechten an einem ErbschGgst handelt, die im Falle des Eintritts der NEFolge dem NE ggü wirks sind. Die **Anspr des NachlGläub** würden sich gg jeden Erben richten; auch der NE kann ihnen nicht ausweichen. Deshalb sind auch Vfgen des KonkVerw, die ausschließl der Befriedigg der NachlGläub dienen, uneingeschränkt wirks, HRR **33** Nr 830. Die zweite in S 2 vorgesehene Möglichk ist, abgesehen von einem bereits vor dem Erbf entstandenen Recht, vor allem dann gegeben, wenn der VE selbst iS von § 2113 I oder II wirks hat verfügen können, so immer bei Zust des NE, auch im Fall § 2120. Hierzu ist auch der Fall zu rechnen, daß an von dem VE eingebrachten ErbschSachen ein VermieterPfdR, § 559, geltd gemacht wird, SeuffA **71** Nr 206.

4) Guter Glaube (anders § 2113 III) kommt ggü ZwVollstrMaßnahmen nie in Betr, denn die Vorschr über den öff Glauben des Grdbuchs, § 892, u über gutgl Erwerb bewegl Sachen, §§ 932, auch 1244, gelten nicht für den Erwerb dch ZwVollstreckg od Arrestvollziehg, hiernach erlangt auch der gutgl, ohne Kenntn des NachErbR, mit ZwVollstr vorgehde Gläub keine gg den NE wirks Rechte, RGRK Rdz 13. Bei wirkl Veräußerg, zB freihänd Verkauf od öff Versteigerg dch Gerichtsvollzieher, gelten aber die allg Regeln, s oben 1; bei ZwVerst erlöschen die NachER sogar dann, wenn sie dem Ersteher nicht bekannt waren, sofern sie nicht dch Vermerk nach GBO 51 gesichert od aber im Sinn von ZVG 37 Nr 4, 5 rechtzeit angemeldet waren, RGRK Rdz 14, 15.

2116 *Hinterlegung von Wertpapieren.*

I Der Vorerbe hat auf Verlangen des Nacherben die zur Erbschaft gehörenden Inhaberpapiere nebst den Erneuerungsscheinen bei einer Hinterlegungsstelle oder bei der *Reichsbank*, bei der *Deutschen Zentralgenossenschaftskasse* oder bei der Deutschen Girozentrale (Deutschen Kommunalbank) mit der Bestimmung zu hinterlegen, daß die Herausgabe nur mit Zustimmung des Nacherben verlangt werden kann. Die Hinterlegung von Inhaberpapieren, die nach § 92 zu den verbrauchbaren Sachen gehören, sowie von Zins-, Renten- oder Gewinnanteilscheinen kann nicht verlangt werden. Den Inhaberpapieren stehen Orderpapiere gleich, die mit Blankoindossament versehen sind.

II Über die hinterlegten Papiere kann der Vorerbe nur mit Zustimmung des Nacherben verfügen.

1) Allgemeines. Zum Schutze der NE wg der leichten Verkehrsfähigk dieser Wertpapiere ist deren Hinterlegg auf Sperrkonto vorgeschrieben, falls der NE dies verlangt. Dieser Verpflichtg kann sich der VE nach Maßg des § 2117 entziehen, sofern er nicht schon nach §§ 2136, 2137 befreit ist. SchadErsPfl nach § 2130.

1a) Sind Mutter u Kind Vor- u Nacherbe, so ist zur Wahrnehmg der Sichergsrechte des NE gem § 2116 ff ein **Pfleger** nur bei Vorliegen eines bes Anlasses zu bestellen, Ffm FamRZ **64**, 154. – S auch § 1706 Nr 3.

2) Unter **I 1** fallen **Inhaberpapiere** u mit Blankoindossament versehene Orderpapiere, also Schuldverschreibgen auf den Inh, §§ 793 ff, InhGrdschulden, §§ 1195, 1199, Inh- und indossierte Namensaktien, AktG 10, 68 I, 278 III, und Erneuergsscheine, § 805, sowie Wechsel, WG 12, 13, 16, Schecks, ScheckG 14, 16; dagg **nicht Legitimationspapiere**, § 808, wie Sparkassenbücher, Pfandscheine u die zu den verbrauchbaren Sachen, § 92, gehörenden InhPapiere, zB Banknoten, die zudem unter § 2119 fallen, aber auch andere Inh- u Orderpapiere, deren bestimmgsmäßiger Gebr im Verbrauch od der Veräußerg besteht, Staud-Coing § 92 Anm 2.

3) Hinterleggsstellen nach HintO (Schönfelder, Deutsche Gesetze Nr 121). Statt ZentrGenKasse jetzt Deutsche GenossenschBank, § 15 G v 22. 12. 75, BGBl 3171; Deutsche Girozentrale – Deutsche Kommunalbank hat Sitz in Bln u in Ffm, § 1808 Anm 1, ferner Fries, Die Girozentralen², 1973. Über die Befugn der Deutschen Bundesbank, Wertpapiere in Verwahrg zu nehmen, s §§ 22 mit 19 I Nr 5 G über die Deutsche Bundesbank v 26. 7. 57, BGBl 745.

4) Nur mit Zustimmg (Einwilligg od Gen, §§ 182–184) des NE kann der VE über die hinterlegten Papiere verfügen, II. Die Befugn zur Vfg über veräußerl Rechte, § 137, ist hier also zG des NE eingeschränkt. Einseitge Vfgen des VE können durch Gen des NE wirks werden; bei Aushändigg an den Dritten gilt zudem § 934. Verpflichtg des NE zur Zust nach Maßg des § 2120.

2117 *Umschreibung; Umwandlung.* **Der Vorerbe kann die Inhaberpapiere, statt sie nach § 2116 zu hinterlegen, auf seinen Namen mit der Bestimmung umschreiben lassen, daß er über sie nur mit Zustimmung des Nacherben verfügen kann. Sind die Papiere von dem *Reiche* oder einem *Bundesstaat* ausgestellt, so kann er sie mit der gleichen Bestimmung in Buchforderungen gegen das *Reich* oder den *Bundesstaat* umwandeln lassen.**

1) Befugnis des VE zur Umschreibg auf den Namen, § 806, EG Art 101; Befreiung nach § 2136. Statt Bundesstaat jetzt Land. – Auf Stadtgemeinden entspr anzuwenden. Hinsichtl der Schuldbücher s § 1815 Anm 1 b u EG 97 Anm 2.

2118 *Sperrvermerk im Schuldbuch.* **Gehören zur Erbschaft Buchforderungen gegen das *Reich* oder einen *Bundesstaat*, so ist der Vorerbe auf Verlangen des Nacherben verpflichtet, in das Schuldbuch den Vermerk eintragen zu lassen, daß er über die Forderungen nur mit Zustimmung des Nacherben verfügen kann.**

1) Eine Vfg über die BuchFdg ist nach Maßg des Vermerks beschränkt, § 399, vgl auch § 2115, Staud-Seybold Anm 7 zu § 2118. Befreiung nach § 2136; Verpflichtg zur Zust gem § 2120.

2119 *Anlegung von Geld.* **Geld, das nach den Regeln einer ordnungsmäßigen Wirtschaft dauernd anzulegen ist, darf der Vorerbe nur nach den für die Anlegung von Mündelgeld geltenden Vorschriften anlegen.**

Schrifttum: Ordemann, Die mündelsichere Anlage von NachlGeldern durch den Vorerben, MDR **67**, 642; Coing, Die AnlageVorschr des deutschen ErbR, Festschr für Kaufmann, 1972, 127ff.; Sturm, Die Anlegg von Mündelgeld als EntscheidgsProblem Betr **76**, 805.

1) Da das Kapital dem NE erhalten bleiben soll, hat der VE Geld, – beim Erbf vorhandenes od als Surrogat (§ 2111) zum Nachl gelangtes, RGRK Rdz 4 – dessen dauernde Anlegg wirtschaftl geboten erscheint, wie Mündelgeld, §§ 1806 ff, EG 212, anzulegen, ohne jedoch der Zust des NE zur Anlegg od Abhebg, §§ 1809, 1810, zu bedürfen; für entspr Anwendg des § 1809 (Zust des NE zur Abhebg des bei Sparkasse od Bank angelegten Geldes) mit beachtl Grd Ordemann aaO. Der NE kann – auch schon vor dem NEFall – die Anlegg im Klagewege, OLG **18**, 318, erzwingen u nach § 2128 uU SicherhLeistg verlangen. Befreiung zul, § 2136. Ob die dauernde Anlegg geboten ist, richtet sich bei den Gewohnheiten od der Lebensstellg des VE, § 2131, sond objektiv nach wirtschaftl Gesichtspunkten, RG **73**, 6. Dagg gilt für die Frage, ob ererbte Kapitalanlagen in mündelsichere umzuwandeln sind, der Maßstab des § 2131. Die Nutzgen gebühren dem VE, §§ 100, 2111.

2120 *Einwilligungspflicht des Nacherben.* **Ist zur ordnungsmäßigen Verwaltung, insbesondere zur Berichtigung von Nachlaßverbindlichkeiten, eine Verfügung erforderlich, die der Vorerbe nicht mit Wirkung gegen den Nacherben vornehmen kann, so ist der Nacherbe dem Vorerben gegenüber verpflichtet, seine Einwilligung zu der Verfügung zu erteilen. Die Einwilligung ist auf Verlangen in öffentlich beglaubigter Form zu erklären. Die Kosten der Beglaubigung fallen dem Vorerben zur Last.**

1) Doppelter Zweck der Vorschr: a) den VorE nach außen hin (ggü Behörden, NachlSchuldnern u VertrGegnern) zur Vfg zu legitimieren, – b) ihn gegen etwaige Ansprüche des NachE, §§ 2130, 2131, zu decken, Mot **5**, 117. Auf schuldrechtl Verpflichtg entspr anzuwenden. Denn der NE kann, wenn die Eingeh des RGeschäfts zur ordngsmäßigen Verw erforderl war, die daraus entstandene Verbindlichk als den Nachl belastend ebsowenig von sich ablehnen, als er, wenn die Verbindlichk bereits vor dem NachErbf aus NachlMitteln berichtigt wäre, Erstatg des Geleisteten nach § 2134 fordern könnte. Der § 2120 verstärkt im übr die Befugn des VE, über den Nachl mit Wirkg ggü dem NE zu verfügen, RG **90**, 96. Der Einwilligg eines ErsNachE bedarf es nicht, RG **145**, 316.

2) Der Begriff der ordngsmäßigen Verwaltg, vgl auch § 2038 I 2, bietet Maßstab dafür, ob u inwieweit der VE unter Berücksichtigg seiner HerausgPfl, § 2130, nach den Umst des Falles, über NachlGgstände zG eines Dritten verfügen darf, RG **105**, 248. Zur Verw gehört hier insb die Versilberg von NachlGgständen zur Bezahlg von NachlVerbindlichkeiten sowie auch das Eingehen von Verbindlichkeiten, RG **90**, 96. Diese Verw kann eines der Geschäfte erforderl machen, die nur mit Zust des NE vorgenommen w können,

§§ 2120–2123   5. Buch. 3. Abschnitt. *Keidel*

§§ 2113, 2114, 2116 II, 2117, 2118, s BayObLG **58**, 113, BGH NJW **72**, 580 (Verpfl des NE, dem Verk eines Grdst zuzustimmen, wenn andernf Enteignng droht), KG Rpfleger **74**, 222 (s § 2113 Anm 1a). Dadurch, wird dem nicht befreiten VorE der teilweise als Vollerbe eingesetzt ist, auch die Möglichk eröffnet, die ihm als VollE gebührende NachlGgstände auszusondern, BayObLG, aaO Soergel-Knopp Rdz 5, s auch Hurst RhNK **62**, 447. Hier ist der NE zur Erteilg der Einwillig, §§ 183, 184, verpflichtet, aber nur „dem VE gegenüber". Doch kann der VE seinen Anspr an einen Dritten abtreten; dieser kann auch ggü dem die mangelnde Zust geltd machenden, aber zu dieser verpflichteten NE die Einr der Argl erheben und zB auf Einwillig in die Löschg eines ggstandslos gewordenen NEVermerks, GBO 51, klagen, RG JR **26** Nr 939. Der VE kann die Einwillig des NE (od TestVollstr § 2222) auch dann verlangen, wenn sie materiell nicht erforderl ist, aber hierdurch das Bestehen der NachlVerbindlichk sowie die Ordngsmäßigk der VerwHdlg des VE festgestellt u seine Verantwortlichk ausgeschl wird, bestr, Erm-Hense Rdz 3. Verpflichtg zur Einwillig in den Verkauf eines NachlGrdst bedarf der Form des § 313, BGH NJW **72**, 581. – Die Zust des NE bedarf ggf der vormschaftsgerichtl Genehmigg, §§ 1643, 1821 I Nr 1, 1915, BayObLG **59**, 493; der VE kann die Zust zu seiner eig Vfg auch als gesetzl Vertreter des NE abgeben, BayObLG BayNotV **54**, 64.

3) Die Erteilg der Zustimmg, die unwiderrufl ist, kann sowohl dem VE wie auch dem Dritten ggü, §§ 185, 182 I, und muß auf Verlangen des VE in begl Form, § 129, BeurkG 39, 40, 63, GBO 29 erfolgen. Die Kosten, KostO 45, 39, 18, 32, fallen als Erhaltgskosten, S 3, § 2124 I, dem VE, nicht dem Nachl, § 1967, zur Last.

4) Über Streitwert für Klage des nicht befreiten VE gg NE auf Zust zum Verkauf u zur Auflassg eines NachlGrdst s ZPO 3, SchlHOLG Rpfleger **68**, 325.

2121 *Verzeichnis der Erbschaftsgegenstände.* **I** Der Vorerbe hat dem Nacherben auf Verlangen ein Verzeichnis der zur Erbschaft gehörenden Gegenstände mitzuteilen. Das Verzeichnis ist mit der Angabe des Tages der Aufnahme zu versehen und von dem Vorerben zu unterzeichnen; der Vorerbe hat auf Verlangen die Unterzeichnung öffentlich beglaubigen zu lassen.

II Der Nacherbe kann verlangen, daß er bei der Aufnahme des Verzeichnisses zugezogen wird.

III Der Vorerbe ist berechtigt und auf Verlangen des Nacherben verpflichtet, das Verzeichnis durch die zuständige Behörde oder durch einen zuständigen Beamten oder Notar aufnehmen zu lassen.

IV Die Kosten der Aufnahme und der Beglaubigung fallen der Erbschaft zur Last.

1) Allgemeines. Die §§ 2121–2123 bezwecken die Sicherstell des NE (nicht – od doch nicht unmittelb – die des ErsNE, RG **145**, 316), zugl aber auch den Schutz des VE; gelten nur für die Dauer der Vorerbsch, mehr, wenn wg deren Beendigg, §§ 2130, 2139, schon Herausg verlangt w könnte, also nicht RG **98**, 25. Keine Aufs des NachlG, BayObLG **20**, 182. Befreiung unzulass, § 2136 Anm 4. Für TestVollstr gilt § 2215, OLG **18**, 344; der NETestVollstr, § 2222, ist statt des NE legitimiert. Über Anspr auf Auskunft bei SchadErs s RG **108**, 7, **164**, 209, bei Schenkg gg den vom VE Beschenkten BGH NJW **72**, 907.

2) Das Verzeichnis hat **Nachlaßbestand** (nur die Aktiven) **zur Zeit der Aufnahme** (nicht des Erbfalls) wiederzugeben, RG **164**, 211, wie sich aus Zushang mit § 2111 (ErsStücke), aus Abs 1 S 2 (Zwang zur Zeitangabe) und Abs 3 ergibt, da der Erbfallsbestand vom UrkBeamten ja nicht festgestellt w kann. Wegen etwaiger Veränderungen nach Aufn, die nur einmal verlangt w kann, besteht uU nach § 2127 AuskPfl.

3) Form. Es genügt Schriftform mit Angabe von Datum u Unterschr des VE; auf Verlangen des NE ist die Unterschr öff zu beglaubigen, §§ 39, 40, 63 BeurkG, od die Aufn durch die zust Behörde od durch den zust Beamten od Notar zu veranlassen, I 2, III. Bundesrechtl ist der Notar zust, BNotO 20 I. Die Zustdgk der Behörden u Beamten, III, richtet sich nach LandesR, § 2003 Anm 1, vgl auch KostO 159. Eingeh hierzu: Schubart, DNotZ **34**, 497. Der VE kann auch bei eigener Aufn die Behörde usw zuziehen, § 2002. Kosten sind NachlVerbindlichk, § 1967. – Die Verpflichtg des NE muß notf im Prozeß (nicht nach FGG) durchgesetzt werden. Verpflichtg zur eidesstattl Versicherg (wie bei §§ 2006, 2127) besteht nicht, OLG **21**, 325. Bei Mehrh von NE kann jeder von ihnen, auch bei Widerspr der übrigen, nach § 2121 vorgehen, RG **98**, 26. Ist der NE Kind des VE, so gilt in erster Linie § 1682 nF (§§ 1640, 1686 aF), RG **65**, 142. – Das Verzeichn hat nur die Bedeutg einer frei zu würdigenden BewUrk.

2122 *Feststellung des Zustandes der Erbschaft.* Der Vorerbe kann den Zustand der zur Erbschaft gehörenden Sachen auf seine Kosten durch Sachverständige feststellen lassen. Das gleiche Recht steht dem Nacherben zu.

1) Verfahren nach FGG 15, 164, was § 2122 klarstellt. Kosten, KostO 120, trägt der AntrSt. Feststellg kann wiederholt verlangt werden, aber § 226; sie kann sich auch auf einzelne Sachen beschränken, Staud-Seybold Anm 2. Befreiung unzul, § 2136 Anm 4. VorzeigePfl s § 809

2123 *Wirtschaftsplan.* **I** Gehört ein Wald zur Erbschaft, so kann sowohl der Vorerbe als der Nacherbe verlangen, daß das Maß der Nutzung und die Art der wirtschaftlichen Behandlung durch einen Wirtschaftsplan festgestellt werden. Tritt eine erhebliche Änderung der Umstände ein, so kann jeder Teil eine entsprechende Änderung des Wirtschaftsplans verlangen. Die Kosten fallen der Erbschaft zur Last.

II Das gleiche gilt, wenn ein Bergwerk oder eine andere auf Gewinnung von Bodenbestandteilen gerichtete Anlage zur Erbschaft gehört.

1) Dem Nießbrauchsrecht, § 1038, entsprechend. Befreiung zul, § 2136. Gesetzl Vorschr, zB über vermehrte Abholzung, gehen vor.

2124 *Notwendige Aufwendungen.* I Der Vorerbe trägt dem Nacherben gegenüber die gewöhnlichen Erhaltungskosten.

II Andere Aufwendungen, die der Vorerbe zum Zwecke der Erhaltung von Erbschaftsgegenständen den Umständen nach für erforderlich halten darf, kann er aus der Erbschaft bestreiten. Bestreitet er sie aus seinem Vermögen, so ist der Nacherbe im Falle des Eintritts der Nacherbfolge zum Ersatze verpflichtet.

1) Allgemeines. Die §§ 2124–2126 behandeln die Verteilg der Kosten u Lasten zw Vor- und NE, näml § 2124 I die gewöhnl Erhaltgs- u Verwaltgskosten u die ordentl Lasten, § 2124 II die notw Aufwendgen, § 2125 I sonstige Verwendgen und § 2126 die außerordentl Lasten. Befreiung, § 2136, ist nicht mögl, läßt sich aber prakt durch entsprechende Vermächtnisse od Auflagen herbeiführen. Ebenso können VE u NE abweichende Vereinbargen treffen.

2) Die gewöhnl Erhaltgs- und VerwKosten und ordentl Lasten, die auf die Zeit der Dauer seines Rechts, § 103, entfallen, zB öff Lasten nach ZVG 10, wie GrdSteuern, sowie Zinsen, die Zinsen der Hyp-Gewinnabgabe u, wenn die Abgabeschuld auf einer Rentenverbindlichk beruht, die Abgabeschuld nach LAG 122 III mit II 1, Renten, Versicherungsprämien, Ausbessergs- u Erneuergskosten, notw Ausgaben zur Fortführg eines Betriebes, Düngemittel für landwirtsch Betr, s BGH FamRZ **73**, 187, alle Aufwendgen für die Nutzgen hat der VE ggüber dem NE zu tragen, **I**. Er hat also auch nach Eintritt der NEfolge dafür aufzukommen, § 2145 I, vgl jedoch § 2130 I 2 u dazu BGH aaO, und haftet bei mangelnder Erhaltg der Erbsch, §§ 2130, 2131.

3) Andere Aufwendgen, II, sind: **außergewöhnl** Ausbessergen u Erneuergen, §§ 1042, 1043, zB einer Hausfassade, Ffm JW **24**, 987, Ergänzg des vernichteten Inventars od Viehbestandes, währd der Vorerbfolge aufgelaufene Kosten eines RStreits über einen gg den Nachl gerichteten Anspr od einen der NEfolge unterliegenden Ggst, sofern die ProzFührg nicht mutwillig war. Über Notwendigk u Umfang der Aufwendg entscheidet ebso wie beim Auftr, § 670, das gutgl geübte Ermessen des VE, RGRK Rdz 8. Ebso wie beim Auftrag, § 670, ist zu beurteilen, ob der VorE die Aufwendgen bei Anwendg der ihm obliegenden Sorgf den Umst nach für erforderl halten durfte. Bestreitet der VE diese Kosten aus der Erbsch, § 2111, so kann er hierzu auch NachlGgstände versilbern u die etwa nötige Einwilligg des NE erzwingen, § 2120. Bestreitet er sie aus seinem Eigenvermögen (wozu auch die ErbschNutzgen gehören), so kann er hierfür vom NEFall ab, § 2139, Ers sowie Zinsen od Befreiung, §§ 256, 257, verlangen, auch wenn die Erbsch durch die Aufwendg nicht bereichert w sollte od die Erbsch inf Unterganges, anders § 1001. nicht herausgegeben w kann; der NE haftet jedoch ggü dem VE immer beschränkt, § 2144. Außerordentl Lasten werden in gleicher Weise behandelt, § 2126 S 2. – Bezahlt VE eine **Hyp** am NachlGrdst mit eigenen Mitteln (§ 1143 Anm 2), fällt sie an ihn, andernf in den Nachl, KGJ **50**, 214; Anm 2a zu § 2111.

2125 *Ersatz von Verwendungen; Wegnahmerecht.* I Macht der Vorerbe Verwendungen auf die Erbschaft, die nicht unter die Vorschrift des § 2124 fallen, so ist der Nacherbe im Falle des Eintritts der Nacherbfolge nach den Vorschriften über die Geschäftsführung ohne Auftrag zum Ersatze verpflichtet.

II Der Vorerbe ist berechtigt, eine Einrichtung, mit der er eine zur Erbschaft gehörende Sache versehen hat, wegzunehmen.

1) Aufwendgen, die nicht unter § 2124 fallen, I, vgl auch § 1049, dh **a)** die über den bloßen Erhaltgszweck hinausgehen, völlige Umgestaltg des Grdst od Betriebes, – **b)** unnütz kostspielige Ausgaben sowie Kosten eines unnötigen Prozesses, vgl Anm 3 zu § 2124, geben dem VE ledigl nach den Grdsätzen der auftragslosen GeschFührg ErsAnspr, §§ 683f. Bei Ausgaben, die nicht unter § 2124 od § 683 fallen, besteht nur der BereichergsAnspr, sofern der NE nicht genehmigt hatte, § 684 S 1 u 2, s Planck-Flad Anm 1. Daß der VE solche Aufwendgen (zu Unrecht) aus der Erbsch bestritten hat, befreit ihn nicht von der HerausgPfl des § 2130.

2) Das Wegnahmerecht, II, § 258, betrifft nicht nach § 2111 II einverleibte InvStücke, aM Brox § 34 IV, sond zB eingefügte Öfen, Lampen, SicherhSchlösser usw. Verpflichtet zur Wegnahme ist der VE nicht.

2126 *Außerordentliche Lasten.* Der Vorerbe hat im Verhältnisse zu dem Nacherben nicht die außerordentlichen Lasten zu tragen, die als auf den Stammwert der Erbschaftsgegenstände gelegt anzusehen sind. Auf diese Lasten finden die Vorschriften des § 2124 Abs. 2 Anwendung.

1) Außerordentl Lasten. Da dem VE die Nutzg, dem NE das Stammvermögen gebührt, treffen diesem Verm auferlegte Lasten den NE, so die Erblasserschulden und die meisten ErbfSchulden, § 1967 Anm 2, 3, Vermächtnisse u Auflagen, die nicht dem VE allein auferlegt sind, PflichttLasten, fällig werdende Grdst-

Belastgen (bei RentenvermächtnAusleggsfrage, RG Recht **09** Nr 694), regelm wiederkehrende Tilggsbeträge, die der VorE auf eine TilggsHyp geleistet hat, Stgt B WNotZ **61**, 92 (bestr), Erschließgsbeiträge, vgl jetzt BBauG 123ff, außerordentl Vermögensabgaben, KG JW **20**, 564. Die durch die Vorerbsch veranlaßte Erbschaftsteuer hat der VE, der als Erbe gilt, ErbStG 6 I, aus Mitteln der Vorerbsch zu entrichten, ErbStG 20 IV; sie fällt also unter § 2126. Außerordentl Last ist auch die nach § 17 EStG im Falle der Veräußerg von Anteilen an Kapitalgesellsch bei wesentl Beteiligg anfalde Steuer, BGH **LM** Nr 3. Die laufende Vermögensteuer ist dagg keine außerordentl Last; sie trifft den VE pers, Erman-Hense Rdz 1.

2) Lastenausgleich (Vermögensabgabe – VA –, Hypothekengewinnabgabe – HGA –, Kreditgewinnabgabe – KGA –).

a) Bei der VA ist die Hälfte der VierteljahresBeitr als eine auf den Stammwert des Vermögens gelegte außerord Last anzusehen, BGH **LM** § 73 LAG Nr 1; die and Hälfte hat der VE währd der Dauer der Vorerbsch aus den Nutzgen der NachlVerm zu entrichten. Bei Ablösg od sof Fälligk gilt der gesamte Ablösgswert od der Zeitwert als eine auf dem Stammwert gelegte außerord (LAG 73) Last. – **b)** Bei der HGA hat der VE für die Dauer der VorErbsch die Zinsen, nicht aber die TilggsLeistgen zu tragen (LAG 122 III mit II 1). – **c)** Für die KGA besteht keine ausdrückl Vorschr; auch insow wird den VE nur die Verzinsg treffen. – **d)** Abweichde Vereinbgen zw Vor- und NachE und anderweit letztwl AO des Erbl sind zuläss (hiezu LAG 73 III). S hiezu Kühne-Wolff LAG 73 Anm 3, 4; 122 Anm 7; auch Staud-Seybold §§ 2124–2126 Anm 14–16; Soergel-Knopp Rdz 5; zur VA s Haegele Just **61**, 23.

2127 *Auskunftsrecht des Nacherben.* Der Nacherbe ist berechtigt, von dem Vorerben Auskunft über den Bestand der Erbschaft zu verlangen, wenn Grund zu der Annahme besteht, daß der Vorerbe durch seine Verwaltung die Rechte des Nacherben erheblich verletzt.

1) Allgemeines. Die Sichergsmittel der §§ 2127–2129 (Ausk, Sicherh, Entziehg der Verw) stehen dem NE, bei mehreren NE jedem einzelnen auch gg den Willen der übrigen, RG LZ **19**, 252, nur bei Gefährdg seiner Rechte zur Seite. Befreiung des VE ist zul, § 2136.

2) Die Auskunft wird sich idR auf spätere Verändergen des ErbschBestandes beziehen, falls das Verzeichn des § 2121 bereits vorliegt (vgl dort Anm 2).

3) Nur erhebl Verletzg der Rechte des NE auf Herausg der Erbsch, § 2130, also nicht schon ungünstige Vermögenslage des VE wie bei § 2128, rechtfertigt das (für unbekannte NE vom Pfleger, § 1913, vom TestVollstr des § 2222 sowie von jedem NE gesondert geltd zu machende, dem ErsNE aber nicht zukommende) AuskVerlangen, das notf im Prozeß durchzusetzen ist, s BGH WPM **66**, 373/375. Nicht gegeben, wenn die betreffende Maßn des VE ordngsm zur NachlVerw erfordert war, der NE somit seine Einwillig, § 2120, hätte geben müssen, RG **149**, 68. Es kann währd der Vorerbsch, wenn ein neuer Grd gegeben ist, wiederholt, gestellt werden, RGRK Rdz 8. Nach Eintritt des Nacherbfalls gilt § 260 ohne weiteres, s § 2130 II.

4) Über AuskunftsR des NE ggü dem vom VE Beschenkten s § 2113 Anm 2 a dd.

2128 *Sicherheitsleistung.* I Wird durch das Verhalten des Vorerben oder durch seine ungünstige Vermögenslage die Besorgnis einer erheblichen Verletzung der Rechte des Nacherben begründet, so kann der Nacherbe Sicherheitsleistung verlangen.

II Die für die Verpflichtung des Nießbrauchers zur Sicherheitsleistung geltenden Vorschriften des § 1052 finden entsprechende Anwendung.

1) Das Verhalten des VE (Verschulden nicht notw, RG JW **20**, 380), also zB unentgeltl Vfgen, Unterlassg der Künd u Eintreibg von Fdgen, der Geldanlegg, unwirtschaftl Verw des eigenen Vermögens, Warn **22** Nr 17, sowie dessen ungünstige Lage, gleichgültig, wann sie eingetreten ist, rechtfertigen den Anspr auf Sicherh. Auch der Pfleger für einen unbekannten HofNachE kann SicherhLeistg verlangen, wenn der VorE in Kenntn der Unrichtigk eines erwirkten Hoffolgezeugn den Hof verkauft hat, s § 6 II (früher III) HöfeO BrZ, Celle OLGZ **69**, 23. Besorgn genügt. SicherhLeistg nach §§ 232 ff in Höhe des NachlWerts, OLG **39**, 25, soweit nicht nur geringerer Schaden droht, etwa weil der VE über Teile des Nachl nach §§ 2113–8 nicht verfügen kann; die Pfl zur SicherhLeistg besteht nicht mehr, wenn wg Beendigg der Vorerbsch schon Herausg verlangt w kann, Kipp-Coing § 49 V[46]. Im Prozeßweg geltd zu machen, **II**, § 1052 I.

2) Zwangsverwaltg (§ 1052) kann im Wege der ZwVollstr auf Antr nach Fristsetzg, ZPO 255, 764, vom VollstrG angeordnet werden, Folgen: § 2129. Der Verwalter, als solcher kann nur der NE, nicht aber der VE in Frage kommen, Soergel-Knopp Rdz 6, darf erst bestellt werden, wenn die Frist zur SicherhLeistg fruchtlos verstrichen ist, nicht ohne weiteres sofort. Das Recht des Eigtümers aus § 1054 steht dem NE nicht zu, Celle HRR **34** Nr 1683. Die Anordg ist aufzuheben, wenn die Sicherh nachträgl geleistet wird, § 1052 III. Die Vergütg des Verwalters, die den Einkünften zu entnehmen ist, setzt das VollstrG fest, OLG **19**, 155. **Allgem Sichergsmaßregeln** durch Arrest u einstw Vfg, ZPO 916 ff, 935 ff, können auch bei Befreiung, § 2136, von den Beschrkgen des § 2128 erlassen werden, OLG **12**, 373.

Testament. 3. Titel: Einsetzung eines Nacherben §§ 2129, 2130

2129 *Entziehung der Verwaltung.* ^I Wird dem Vorerben die Verwaltung nach den Vorschriften des § 1052 entzogen, so verliert er das Recht, über Erbschaftsgegenstände zu verfügen.

^{II} Die Vorschriften zugunsten derjenigen, welche Rechte von einem Nichtberechtigten herleiten, finden entsprechende Anwendung. Für die zur Erbschaft gehörenden Forderungen ist die Entziehung der Verwaltung dem Schuldner gegenüber erst wirksam, wenn er von der getroffenen Anordnung Kenntnis erlangt oder wenn ihm eine Mitteilung von der Anordnung zugestellt wird. Das gleiche gilt von der Aufhebung der Entziehung.

1) Durch die wegen unterbliebener SicherhLeistg angeordnete Zwangsverwaltg, §§ 2128, 1052, wird dem VE nicht nur die Verw, vgl auch ZVG 148 II, sond auch das VfgsR, § 2112, entzogen. Diese Wirkg tritt mit der Vollstreckbark der Entscheidg des VollstrG, also mit ihrem Erlaß ein, ZPO 793, 794 I Nr 3. Die Erbsch ist dem Verwalter herauszugeben. Das NutzgsR des VE bleibt aber bestehen. Verfügen des VE können nur durch Gen des NE, § 185 II, wirks werden, RGRK Rdz 2. Dem Verwalter steht das VfgsR im gleichen Ausmaß wie vorher dem VE zu, Soergel-Knopp Rdz 2. Die Eintrag der Vfgsbeschrkg erfolgt nicht nach GBO 51, sond nach GBO 13, 22 auf Antr des Verwalters od NE oder Ersuchen des VollstrG, GBO 38.

2) Gutglaubensschutz. Durch die Eintragg der Vfgsbeschrkg wird § 2113 III ausgeschl. Andernfalls kommt es auf Kenntn des Erwerbers von dem Bestehen der Vfgsbeschrkg an, § 892. Verfügen des VE über bewegl Sachen, §§ 932ff, sind nur wirks, wenn der Erwerber die Anordng der Verw wie auch grobe Fahrlk nicht kennt. Durch **II**, 2 sind die Schuldner (nicht die Erwerber solcher Fdgen) bes geschützt, vgl auch § 1070 II, § 1275, ZVG 22 II, da ihnen ja die ZwVerwAnordng nicht (wie bei ZPO 829) gerichtl zugestellt wird. Doch kann diese Zustellg auf bes Antr des NE od nach § 132 erfolgen. Der Erbschein, § 2366, der über Vfgsbefugn nichts besagt, vermittelt keinen guten Glauben.

2130 *Eintritt der Nacherbfolge.* ^I Der Vorerbe ist nach dem Eintritte der Nacherbfolge verpflichtet, dem Nacherben die Erbschaft in dem Zustande herauszugeben, der sich bei einer bis zur Herausgabe fortgesetzten ordnungsmäßigen Verwaltung ergibt. Auf die Herausgabe eines landwirtschaftlichen Grundstücks findet die Vorschrift des § 592, auf die Herausgabe eines Landguts finden die Vorschriften der §§ 592, 593 entsprechende Anwendung.

^{II} Der Vorerbe hat auf Verlangen Rechenschaft abzulegen.

1) Herausgabepflicht. Mit dem Nacherbfall (§§ 2100, 2106, 2139, meist also beim Tod des VE od bei Geburt des NE) beginnt die HerausgPfl, die bei Tod des VE dessen Erben trifft, RG **163**, 53, und durch Ausfolgg der Erbsch an einen Nichtnacherben nicht erlischt, Warn **18** Nr 213. Befreiung zul, § 2136. Der gesetzl HerausgAnspr ist kein rein schuldrechtl (denn Eigtümer wird der NE schon mit dem Nacherbfall), sond dem Erbschaftsanspruch, § 2018, angenähert, Planck-Flad Anm 4, unterscheidet sich jedoch von diesem wesentl dadurch, daß der VE auf Zeit vollberechtigt war, vgl aber Anm 3 aE zu § 2018. Bestreitet der VE den Eintritt des Nacherbfalls, so steht dem NE der Anspr aus § 2018 zu, Staud-Seybold Anm 10, RGRK Rdz 4. – **a)** Die Herausgabepflicht des VE beschränkt sich nicht auf die beim Tode des Erbl vorhandenen NachlGgstände, vgl § 2111, vielm ist die **Erbschaft** (wie ein PachtGrdst, § 591) in dem Zustande herauszugeben, zu dem sie sich bei fortgesetzt ordngsmäßiger Verw des Nachl entwickelt haben müßte. Demgem kann der VE für laufende Aufwendgen grdsätzl keinen Ersatz verlangen, auch wenn die damit erzielten Früchte in die Zeit der Nacherbsch fallen; jedoch Sonderregelg hins der Bestellkosten u der Erzeugnisse bei landwirtschaftl Grdstücken od einem Landgut, **I** 2, dazu BGH FamRZ **73**, 188. Der in vollem Umfang befreite VE, § 2137, ist dagg nur zur Herausg der bei ihm noch vorhandenen ErbschGgstände (einschl der Ersatzvorteile) verpflichtet, § 2138. Dazu gehört aber auch eine vollstreckb Ausfertigg, die der VE od dessen Erben nach dem NachErbf sich haben erteilen lassen, RG **163**, 55. Da Vor- und Nacherbe nicht aneinander u dann jeder für sich berechtigt sind, OLG **23**, 373, Anm 2 zu § 2100, findet zw ihnen **keine eigentl Erbauseinandersetzg**, eine AuseinandS vielm nur bzgl der Verteilg der Früchte nach § 101, Warn **08** Nr 71, statt. Über Ansprüche des VE, §§ 2124, 2125; seiner HerausgPflicht kann er uU ein ZurückbehaltungsR, § 273 II, entgghalten, Staud-Seybold Anm 9. – **b)** Über WährgsUmstellg s 32. Aufl. – **c)** Eine Herausg entfällt, wenn für VE u NE derselbe **TestVollstr** ernannt ist. Hier genügt es, wenn der TestVollstr sich einseitig vom bisherigen BesitzmittlgsVerh zum VE löst u nunmehr für den NE die Erbsch besitzt, vgl § 868 Anm 4c.

2) Fürsorgepflicht. Als Ausgl des Vfgs- und Nutzgsrechts des VE obliegt ihm als gesetzl Verbindlichk eine gewisse VerwPfl (materielle FürsPfl), zu der die formelle RechenschPfl des **II** hinzutritt. Im übr darf der NE nicht eine einzelne VerwHdlg des VE herausgreifen, sond muß das Gesamtergebnis der Verw des VE berücksichtigen. Daraus, daß dieses Ergebn erst am Schluß der Verw vorliegt u erst dann Ers- und RechenschAnspr erhoben werden können, erkl sich die eigenartige Fassg des § 2130 I 1, der den Zustand der herauszugebenden Erbsch der VerwPfl voranstellt, Flad AkZ **36**, 420 f.

3) Die Rechenschaftspflicht, II, bezieht sich (abgesehen von § 2133) nicht auf die Einnahmen, soweit sie Nutzgen, noch auf die Ausgaben, soweit sie gewöhnl Erhaltgs- u VerwKosten, § 2124 I, sind. Die gem § 259 zu legende Rechng ist also beschränkter als die für eigentl Verw fremden Gutes. Doch ist der VE sowohl hins seiner RechenschPfl, § 259, wie der HerausgVerpflichtg, § 260, ggf zur Vers an Eides St verpflichtet. Auf ein bereits gem § 2121 mitgeteiltes NachlVerz kann er Bezug nehmen, muß aber die Veränderen bis zur Herausg angeben. Die Erfüll der Pflichten muß erforderlichenf durch Klage erzwungen w, Staud-Seybold Anm 7.

2131 *Haftung des Vorerben.* Der Vorerbe hat dem Nacherben gegenüber in Ansehung der Verwaltung nur für diejenige Sorgfalt einzustehen, welche er in eigenen Angelegenheiten anzuwenden pflegt.

1) Nur Sorgfalt in eigenen Angelegenheiten vertretb, vgl §§ 276, 277, 690, 708, 1359, 1664, wie dies dem vermutl ErblWillen u der Stellg des VE als Erben und Eigtümers der NachlSachen entspricht, Prot **5**, 96. Es handelt sich hier ja nicht um geschäftl, sond persönl Verhältnisse. Währd § 2130 von dem Grds ordngsmäßiger Verw (obj Maßstab) ausgeht, ist dem VE durch § 2131 der GgBew offengelassen, daß er in eigenen Angelegenheiten nicht sorgfältiger verfahre. Hiernach richtet sich ua, ob u inwieweit der VE NachlGgstände zu versichern u bereits vom Erbl genommene Versichergen fortzusetzen hat. Befreiung nach § 2136 mögl. Für grobe Fahrlk haftet der VE, § 277, wenn er nicht befreit ist, §§ 2136, 2137; bei absichtl Benachteiligg des NE, RG **70**, 334, haftet er aber auch dann, § 2138 II.

2) Der subj Maßstab gilt nicht, soweit dem VE eine bestimmte Handlgsweise, §§ 2112–2119, zB Beurteilg der Unentgeltlichk einer Vfg, §§ 2123, 2133, oder Wertersatz, § 2134, vorgeschrieben ist, RG **73**, 6; K. Schmidt, FamRZ **76**, 683/689 (Haftg bei unentgeltl Vfgen üb GesamthandGegenstände).

2132 *Keine Haftung für gewöhnliche Abnutzung.* Veränderungen oder Verschlechterungen von Erbschaftssachen, die durch ordnungsmäßige Benutzung herbeigeführt werden, hat der Vorerbe nicht zu vertreten.

1) In Ausführg des VerwGrundsatzes, § 2130, ist hier klargestellt, daß der VE zur Benutzg berechtigt und seine Hdlg, auch wenn völliger Verschleiß eintritt, nicht rechtswidrig ist, vgl §§ 548, 602, 1050. Er haftet an sich für Verändergen u Verschlechtergen, kann aber den GgBew ordngsmäßiger Benutzg od aus § 2131 führen. Der befreite VE, § 2136, braucht nicht einmal diesen zu erbringen.

2133 *Übermäßige Fruchtziehung.* Zieht der Vorerbe Früchte den Regeln einer ordnungsmäßigen Wirtschaft zuwider oder zieht er Früchte deshalb im Übermaße, weil dies infolge eines besonderen Ereignisses notwendig geworden ist, so gebührt ihm der Wert der Früchte nur insoweit, als durch den ordnungswidrigen oder den übermäßigen Fruchtbezug die ihm gebührenden Nutzungen beeinträchtigt werden und nicht der Wert der Früchte nach den Regeln einer ordnungsmäßigen Wirtschaft zur Wiederherstellung der Sache zu verwenden ist.

1) Vom Vorerben gezogene Raub- und Übermaßfrüchte (vgl wg des Nießbrauchers § 1039) gehören ihm zwar als Eigtümer, § 953. Ob sie ihm auch gebühren, vgl § 2111, dh ob er sie behalten darf, bestimmt § 2133 in Abweichg von § 101, soweit nicht der VE befreit ist, § 2136. Der Mehrertrag ist dem NE nach Eintritt der Nacherbfolge herauszugeben od ihm zu ersetzen, soweit nicht der VE durch den Raubbau einen Ausfall an Früchten erleidet. Der VE erhält die Übermaßfrüchte aber nicht, soweit sie zur Wiederherstellg notw sind. Der Anspr des NE ist schuldrechtlicher Art. Hier findet eine Art AuseinandS statt. Eine Pfl, für die Erstattg der Früchte Sicherh zu leisten, § 1039 I 2, besteht nicht, unbeschadet des § 2128. Die Übermaßfrüchte sind keine ErbschGgstände, auch nicht iS des § 2134. **Besonderes Ereignis** kann Windbruch, Schneebruch, Raupenfraß sowie eine gesetzl Anordng sein.

2) SchadErs kann der NE verlangen, wenn durch den Raubbau die Substanz der Erbsch unter Verletzg der eigenen Sorgf, § 2131, angegriffen u geschädigt wurde.

2134 *Eigennützige Verwendung.* Hat der Vorerbe einen Erbschaftsgegenstand für sich verwendet, so ist er nach dem Eintritte der Nacherbfolge dem Nacherben gegenüber zum Ersatze des Wertes verpflichtet. Eine weitergehende Haftung wegen Verschuldens bleibt unberührt.

1) Die Fdg auf Wertersatz tritt an Stelle der vom VE für sich verbrauchten od sonst verwendeten ErbschGgstände (Sachen u Rechte, einschl ErsVorteile, § 2111), deren Herausg, § 2130, dadurch unmögl wird. Zu denken ist dabei an (zB zur Tilgg eigener Schulden des VE verwendetes) Geld u andere verbrauchbare Sachen, § 92, Verbindg, Vermischg u Verarbeitg, §§ 946, 948, 950. Maßgebd für den Wert ist die Zeit der Verwendg. Die Ers- u VerzinsgsPfl tritt aber erst mit dem NEFall ein.

2) Eine weitergehende Haftg nach §§ 249ff, 280 ist gegeben, wenn die Verwendg den Grdsätzen ordngsmäßiger Verw widersprach. Sie geht bei Verschulden, dh bei Verletzg der EigenSorgf, § 2131, auf Ers des WertErs übersteigenden Schadens, s Staudinger-Seybold Anm 3.

3) Dem VE steht für sich die Nutzung, nicht die Substanz der Erbsch zu. ErbschGgstände gg WertErs für sich zu verwenden, ist dem VE nicht allg gestattet, da sonst ja die vom G vorausgesetzte weitergehende Haftg wg Verschuldens, **S 2**, nicht denkb wäre. Ob der VE (insb die Witwe) in Zeiten der Not das Kapital entgg § 2134 angreifen darf, ist Frage der Auslegg, die davon abhängt, ob der Erbl in erster Linie den VE sicherstellen od er dem NE das Kapital erhalten wollte, RGRK Rdz 5. **Für den befreiten VE,** §§ 2136, 2137, hat es bei der HerausgPfl des § 2138 iVm § 2135 sein Bewenden, Warn **20** Nr 203. Der **nicht** befreite VE kann jed nicht wirks einen ererbten GesellschAnteil gg Leibrente veräußern, BGH **69**, 47 = NJW **77**, 1540 mit Anm v Johannsen **LM** Nr 16 zu § 2113.

2135 *Einfluß der Nacherbfolge auf Miete und Pacht.* Hat der Vorerbe ein zur Erbschaft gehörendes Grundstück oder eingetragenes Schiff vermietet oder verpachtet, so finden, wenn das Miet- oder Pachtverhältnis bei dem Eintritte der Nacherbfolge noch besteht, die Vorschriften des § 1056 entsprechende Anwendung.

1) Nacherbfolge bricht nicht Miete bei Grundstücken u eingetr Schiffen; bei diesen bleiben Miet- u PachtVertr des VE bestehen, können aber vom NE (nicht vom Mieter) mit der bei Eintritt der Nacherbfolge gesetzl Frist gekündigt werden, § 1056 II; es besteht aber KündiggsSchutz, AG Speyer DWW **73**, 182. Dagg erlöschen sie bei beweglichen ErbschSachen mit dem Eintritt der Nacherbfolge, so daß der NE vom Mieter od Pächter die Herausg der bewegl Sache verlangen kann; Mieter u Pächter haben uU SchadErsAnspr gg den VE, Staud-Seybold Anm 3. Trotz des Eintritts des NE, § 571 I, haftet der VE dem Mieter für etwaige SchadErsansprüche wie wie ein selbstschuldnerischer Bürge; er kann sich jedoch dch Mitteilg des Eintritts der Nacherbfolge an den Mieter für die Zukunft befreien, § 571 II. VorausVfgen des VE über den Mietzins, Aufrechngn des Mieters sind nach Maßg der §§ 573 S 1, 574, 575 wirks, vgl hierzu auch G v 9. 3. 34, BGBl III Nr 310–16. Da § 573 S 2 nach § 1056 I nicht gilt, braucht der NE Vfgen des VE über den Mietzins einer Zeit, die noch über den Nacherbfall folgenden KalMonat hinaus liegt, auch dann nicht gg sich gelten zu lassen, wenn er zZ des Eintritts der Nacherbfolge von der Vfg Kenntn hatte. §§ 404, 422 werden dch die spezielleren §§ 574, 1056 I ausgeschl. Mietvertragl Baukostenzuschuß od bereits im MietVertr ausbedungene Mietvorauszahlgen bleiben jedoch auch ggü dem NE wirks, vgl § 573 Anm 1b, 574 Anm 2a, 1124 Anm 2a. Staud-Seybold Anm 2h versagt dem NachE in entspr Anwendg des § 57c ZVG auch das KündR, solange die Künd bis zum Abwohnen des BaukZuschusses ausgeschl ist. Im Falle der Veräußerg des Miet- od PachtGrdstücks durch den NE od beim Eintritt einer weiteren NEFolge finden die Grdsätze nach Maßg des § 579 entspr Anwendg. Verlangt der Mieter od Pächter die Zust des NE, so kann der VE nach § 2120 dessen Einwilligg zu dem abzuschließenden Vertr beanspruchen, wenn die Vermietg od Verpachtg zur ordngsmäßigen Verw erforderl ist.

2136 *Befreiung des Vorerben.* Der Erblasser kann den Vorerben von den Beschränkungen und Verpflichtungen des § 2113 Abs. 1 und der §§ 2114, 2116 bis 2119, 2123, 2127 bis 2131, 2133, 2134 befreien.

1) Allgemeines. Der Erbl kann über die gesetzl Beschrkgen hinaus dem VE, auch dem befreiten VE, RG JW **38**, 1454, BayObLG **58**, 304, **59**, 128 = NJW **59**, 1920, die Verw des Nachl u die Vfg über Nachl-Ggstände durch Bestellg eines TestVollstr ganz entziehen, § 2209, und das FruchtbezugsR durch Nießbr-Vermächtn einem anderen einräumen od bestimmen, daß der auf die Zeit der VEFolge entfallende Fruchtertrag beim NEFall dem NE herauszugeben ist. Der Erbl kann aber auch umgekehrt dem VE nach § 2136 eine größere Vfgsfreiheit zugestehen. Gewöhnl ist die angeordnete Befreiung eine umfassende; eine Befreiung nach einzelnen Richtgen kommt nicht selten vor. Weiter, als in § 2136 bestimmt, kann die Befreiung nicht gehen, BGH **7**, 276; auch nicht dadurch zu erreichen, daß der VE zum alleinigen TestVollstr für den NE, JFG **11**, 126, dazu § 2222 Anm 1, od zum Generalbevollmächt bestellt wird, RG **77**, 177, Soergel-Knopp Rdz 1. Doch ist eine solche unzul Befreiung nicht immer nichtig, sond kann bei gemschaftl Test in Vollerbeinsetzg des Überlebden mit Einsetz des als „NachE" bezeichneten zum Erben od Vermächt-Nehmer des Überlebden umgedeutet werden, § 140, Karlsr OLGZ **69**, 500. Über Deutg als Vollerbeinsetzg mit befristeten Verm s § 2137 Anm 2.

2) Die Befreiung muß der Erbl selbst letztw anordnen. – **a) AO der Befreiung.** Eine bestimmte Ausdrucksweise ist nicht vorgeschrieben, Köln HEZ **3**, 36. Nur muß der Befreiungswille in der letztw Vfg selbst irgendwie zum Ausdr kommen, ev iVm sonstigen bei TestAusslegg verwertbaren Umständen, BayObLG **74**, 312/314, FamRZ **76**, 549 (gemsch Test), Celle, BGH RdL **67**, 44, **69**, 101; er kann aber nicht nur aus Umständen außerh der Urk gefolgert werden, LG Mannh MDR **60**, 497 (hier möglicherw Anfechtg, Kblz DRZ **50**, 160, § 2081 Anm 1). In der Einsetzg zum AlleinE liegt noch keine Befreiung, da auch der nicht befreite einzige VE AlleinE ist, BGH FamRZ **70**, 192, BayObLG **58**, 303. Jedoch kann der zum VE eingesetzte Eheg letztlw befreit sein, wenn der Erbl wg Fehlens eigener Abkömmlinge entfernte Verwandte als NE eingesetzt u der VE wesentl zum Vermögenserwerb des Erbl beigetragen hat, BayObLG **60**, 437. Der teilweise als VollE eingesetzte VE ist nicht ohne weiteres befreit, BayObLG **58**, 109 = NJW **58**, 1683. Dagg kann auch in Einräumg der „unbeschränkten Verw" Befreiung gefunden werden, da nach dem gewöhnl Sprach-Gebr unter den Begriff der Verwaltur auch die Vfg, § 2137 II, fällt, vgl auch Kretzschmar, SächsA **6**, 339, desgleichen in einem NießbrVermächtn mit der Befugn freier Verfüg über den ganzen Nachl, Oldbg NdsRpfl **51**, 198. Einräumg „lebenslänglicher Nutznießg und Verfügg" wird idR keine Befreiung enthalten, soweit nicht die freie Vfg, § 2137 II, durch Ausslegg festgestellt w kann, RG HRR **31** Nr 1050. Ein testamentar Verbot, den Nachl an andere als Blutsverwandte weiterzuveräußern, kann als Anordng einer befreiten Vorerbsch auszulegen sein, BayObLG **58**, 225. – **b) Der durch gemeinschaftliches Test** zum alleinigen VollE eingesetzte überl Eheg ist, wenn für den Fall der Wiederverheiratg (§ 2269 Anm 5) ein NEEinsetzg der Kinder erfolgt ist, iZw befreiter VE; denn bis zur Wiederverheiratg soll er, soweit als mögl, das VfgsR über den Nachl gleich einem unbeschränkten Erben haben. Diesem Erbl-Willen wird die Ann befreiter Vorerbsch am ehesten gerecht, Hamm DNotZ **72**, 96, s auch § 2269 Anm 5 d, Johannsen WPM **70**, 9. Dies gilt auch bei einem einseitigen Test, durch das der überlebende Ehegatte zum VollE mit bedingter NEEinsetzg der Kinder für den Fall der Wiederverheiratg eingesetzt ist, BGH FamRZ **61**, 275, s auch LG Köln RhNK **62**, 549; ebso bei erst im Todesfall möglicherw ausfallender Bedingg, KG JFG **17**, 154. Gegen die vermutete Unterstellg eines solchen Willens des Erbl in diesem weitgehenden Maß erheben Staud-Seybold Anm 6 u Kipp-Coing § 51 Fußn 5 Bedenken. Im Urteil v 22. 10. 58, BWNotZ **59**, 205, läßt der BGH die Frage dahingestellt, ob der vom KG JFG **17**, 154, ausgesprochene Erfahrgssatz von der Befreiung des überlebenden Eheg auf alle Fälle von bedingter Erbeinsetzg dieser Art ausgedehnt w kann, einschränkd w kann, BGH Mannh MDR **60,** 497; gg solchen Befreiungswillen spricht die Anordng einer TestVollstr mit der bes Auflage, den Nachl od einen bestimmten NachlGgst den NachE zu sichern. Wenn sich **kinderlose Ehegatten** in einem gemschaftl Test zu VE einsetzten, so besteht dafür, daß regelm befreite VErbsch gewollt ist, jedenf für ländl Verhältn keine Vermutg, BGH NJW **51,** 354; s auch § 2269 Anm 3 u BayObLG **58,** 109, **60,** 437. – **c) Keine Befreiung,** sond bedingte Nacherbfolge liegt vor bei Anordg der **NacherbFolge** nur für den **Fall,** daß der **VE nicht anderweitig** vTw **verfügt,** Staud-Seybold Anm 4, s Hamm JMBl NRW **59,** 173; s auch § 2065 Anm 4.

3) Zulässige Befreiungen. Ggst der Befreiung können einzeln oder in Verbindg miteinander folgende Beschrkgen u Verpflichtungen sein:

a) Die **Beschränkgen** in der **Verfügg** über erbschaftl **Grdstücke** und **Rechte** an solchen, §§ 2113 I, 2114. Befreiung ist regelm anzunehmen, wenn dem VE die Verpflichtg zur Übereigng eines Grdstücks an einen anderen, auch wenn dieser nicht MitE ist, durch Vermächtn od Teilgsanordng auferlegt ist, KG HRR **41** Nr 129, BayObLG **60,** 411, § 2113 Anm 1a, dch NachlAuseinandS gem § 2048, Deimann, Rpfleger **78,** 244. Auch ein zum HofVE eingesetzter Eheg kann von § 2113 I befreit werden, BGH RdL **61,** 261; aM Celle DNotZ **58,** 583. Hat der Erbl seine Ehefr zum Hofvorerben eingesetzt u ihr dabei die Befugn erteilt, unter bestimmten Voraussetzgen über die HofGrdstücke zu verfügen, so muß hierin keine Befreiung liegen, es ist auch die Ausleg mögl, daß GrdstVeräußergen zwar der Zust des NE bedürfen, dieser aber bei Vorliegen der Voraussetzgen zur Erteilg der Zust verpflichtet ist, Celle RdL **63,** 127; auch ein als HofVE eingesetzter Abkömml kann von § 2113 I befreit w, Celle RdL **67,** 44. S allg Faßbender-Hötzel-Pikalo HöfeO 16 Rdz 30.

b) die dem Schutz des NE dienenden **Verpflichtgen** zur Hinterlegg bzw Umschreibg von Wertpapieren u zur Anlegg von Geld, §§ 2116–2119; zur Aufstellg eines WirtschaftsPlans, § 2123; zur AuskErteilg und SicherhLeistg, §§ 2127–2129; zur ordngsmäßigen Verw, §§ 2130, 2131, und zum WertErs für Raub- u ÜbermaßFrüchte und für sich verwendete ErbschGgstände, §§ 2133, 2134, dazu BGH NJW **77,** 1540, 1631.

c) Über die Befreiung von § 2134 hinaus kann der Erbl durch **Vorausvermächtn** bestimmen, daß einzelne ErbschGgstände an den NE nicht herauszugeben sind. Auch kann er den VE durch Verm von der Verpflichtg der Lastentragg des § 2124 I befreien, sowie ihm ein Vorausvermächtn zur unbeschränkten, also auch unentgeltl od letztw Vfg über einzelne ErbschGgstände zuweisen, RGRK Rdz 5, 7.

d) Die Befreiungen gelten iZw nur für den VE **persönl;** also nicht für dessen Erben, Kipp-Coing § 51 II 2. Auch **bedingte Befreiung** (zB für den Fall der Not) mögl.

e) Zur bestr Frage, ob ein **ÜbergVertr,** dch den ein in ZugewinnGemsch lebder Eheg als befreiter VorE ein NachlGrdst vorzeit an den künft alleinigen NE überträgt, der Zust des and Eheg nach § 1365 bedarf, s Eble, Haegele, Rpfleger **70,** 419, 422.

4) Nicht befreien kann der Erbl den VE von der Beschrkg hins unentgeltl Vfgen, § 2113 II, BGH **7,** 276, und VollstrMaßnahmen, § 2115; ebsowenig von der Erweiterg der ErbschaftsMasse, § 2111, sowie von der Pfl zur Inventarisierg, §§ 2121, 2122. Doch kann der Erbl dem VE die letztere Verpflichtg dadurch erleichtern, daß er den gesamten Hausrat von der Nacherbsch ausschließt u diesen dem VE allein überläßt. Auch ändert die Beschrkg der HerausgPfl, § 2138 I, nichts daran, daß ein Inbegriff von Ggständen, § 260, herauszugeben ist und der VE daher zur Vorlegg eines Verzeichnisses und evtl dessen Bekräftigg dch eidesstat Vers verpflichtet ist.

5) Im Erbschein ist die Befreiung des VE anzugeben, § 2363 I 2, und zwar nicht nur die völlige Befreiung, sond auch die von den Beschrkgen der §§ 2113 I, 2114, vgl hierzu den besser gefaßten GBO 51. Dieser Vermerk, dessen Fassg, § 2363 I 2, sich an § 2137 anschließt, dient dazu, die Befreiung von den Vfgsbeschrkgen der §§ 2113 I, 2114 im Rechtsverkehr u ggü Behörden, insb vor dem GBA, vgl GBO 35, darzutun. Die Befreiung von gesetzl Verpflichtgen gehört in den Erbschein als einen Vfgsausweis nicht hinein. OLG **34,** 290.

6) Im Grundbuch, GBO 51, ist bei der Eintragg des VE, soweit dieser von den Beschrkgen seines Vfgsrechts befreit ist, auch die **Befreiung vAw zu vermerken;** also nicht nur die gänzl Befreiung, sond auch die bloße Befreiung von den Vfgsbeschrkgen der §§ 2113 I, 2114 (eine andere Befreiungen interessieren für den GBVerkehr nicht). Diese Eintragg ist notw, da das GB sonst unrichtig werden würde und sie die Vfg des VE ggü Erwerbern u dem GBA erleichtert. Aus der Eintragg der Befreiung ist die grdbuchrechtl Vfgsbefugnis für Löschgen zu entnehmen und es bedarf dann nur noch des **Nachweises der Entgeltlichkeit,** §§ 2113 II, 2136; vgl § 2113 Anm 2b, LG Stade NdsRpfl **75,** 219, Horber, GBO 51, Anm 4c.

7) Über die strittige entspr Anwendg des § 2136 bei Beschwer des Erben mit einem bedingten Vermächtn s § 2177 Anm 1, auch Bühler BWNotZ **67,** 174.

2137 Nacherbeneinsetzung auf den Überrest.

I Hat der Erblasser den Nacherben auf dasjenige eingesetzt, was von der Erbschaft bei dem Eintritte der Nacherbfolge übrig sein wird, so gilt die Befreiung von allen im § 2136 bezeichneten Beschränkungen und Verpflichtungen als angeordnet.

II Das gleiche ist im Zweifel anzunehmen, wenn der Erblasser bestimmt hat, daß der Vorerbe zur freien Verfügung über die Erbschaft berechtigt sein soll.

1) NachEEinsetzg auf den Überrest, vgl § 2138, liegt prakt dann vor, wenn der VE von allen zuläss Beschrkgen u Verpflichtgen befreit ist. Sie braucht nicht mit den Gesetzesworten, kann also auch dadurch erfolgen, daß dem VE der Verbrauch des Geerbten gestattet wird. Anders knüpft das G an die Einsetzg des NE auf den Überrest den – einer anderen Auslegg nicht zugängl – Ergänzgsrechtssatz der völligen Befreiung, **I,** Soergel-Knopp Rdz 1. Häufig bei EhegTest; vgl aber § 2269. Voraussetzg ist jedoch, daß eine

Testament. 3. Titel: Einsetzung eines Nacherben §§ 2137-2139

NachErbf gewollt ist; uU ist auch die Ausleg mögl, daß bzgl des Überrestes ein aufschiebd **bedingtes Vermächtn** vorliegt, Oldbg DNotZ **58**, 95 mit Anm v Eder. Wegen der Anordng u dem Umfang der Befreiung vgl Anm 2–4 zu § 2136, auch Barth-Schlüter, Lehrb § 41 VII 2.

2) **Freie Vfg**. Deren Einräumg gibt nur eine Ausleggsregel („im Zw"). „Vfg" ist hier untechnisch gemeint, KGJ **44**, 77; vgl auch Anm 2 zu § 2136. Ob der VE völlig od nur teilw, §§ 2113, 2114, befreit sein soll, ist durch Ausleg zu ermitteln. Wenn der Erbl bestimmt, daß seine Ehefr auch unentgeltl u vTw frei über den Nachl verfügen kann, und ihr damit auch unentgeltl Vfgen gestattet, so ist die Ehefr Vollerbin u nicht nur befreite Vorerbin, den Verwandten, die den Teil des Nachl erhalten sollen, über den die Ehefr bei ihrem Tod nicht verfügt hat, ist nur ein befristetes Vermächtn zugewendet, Brem DNotZ **56**, 149, s § 2087 Anm 1, auch § 2065 Anm 4. – Wegen der Vermerke im GB, GBO 51, und Erbschein, § 2363, vgl Anm 5, 6 zu § 2136.

2138 *Beschränkte Herausgabepflicht.* I Die Herausgabepflicht des Vorerben beschränkt sich in den Fällen des § 2137 auf die bei ihm noch vorhandenen Erbschaftsgegenstände. Für Verwendungen auf Gegenstände, die er infolge dieser Beschränkung nicht herauszugeben hat, kann er nicht Ersatz verlangen.

II Hat der Vorerbe der Vorschrift des § 2113 Abs. 2 zuwider über einen Erbschaftsgegenstand verfügt oder hat er die Erbschaft in der Absicht, den Nacherben zu benachteiligen, vermindert, so ist er dem Nacherben zum Schadensersatze verpflichtet.

1) **Die Herausgabepflicht** beschränkt sich (abweichend von § 2130 aber mit den Verpflichtgen aus § 260) auf alles, was tatsächl noch vorhand od dch Surrogation, § 2111, hinzugekommen ist, Erm-Hense Rdz 1. War ein Ggst verkauft, aber noch nicht übereignet, gehört er noch zur Erbsch; der VE kann aber vom NE Befreiung von seiner ggü dem Käufer übernommenen Verbindlichk verlangen; befreit der NE den VE, so steht ersterem nach § 2111 der Käufer geschuldete Kaufpr zu. Ver wendungen, §§ 2124 II, 2125, kann der VE ersetzt verlangen, soweit es zur Herausg kommt od diese nicht „infolge dieser Beschränkg", sond aus anderen Gründen, zB wg zufälligen Untergangs, unterbleibt.

2) **SchadErs**, §§ 249ff, 280, wg unentgeltl Verfügen, § 2113 II, s BGH **26**, 383 mit Anm v Johannsen **LM** Nr 1, NJW **77**, 1631; K. Schmidt FamRZ **76**, 683/689, od Argl kann erst vom NEFall ab geltd gemacht werden. Vorher sind aber Feststellgsklage, RG **139**, 347, BGH NJW **77**, 1631/1632, sowie allg Sicherungsmaßnahmen gegeben, denn wo § 2128 ist der befreite VorE, den allein § 2138 betrifft, befreit, s § 2136 I, § 2118 Anm 2, Köln AgrarR **77**, 150. Die Höhe des SchadErs bestimmt sich nach dem Ztpkt des NEFalles, Erm-Hense Rdz 3. Dem NE ist es unbenommen, den SchadErsAnspr und die Unwirksamk der Vfg auch gg den Dritten geltd zu machen. Von der RegreßPfl aus § 2113 II kann der Erbl den VE freistellen, wenn er durch das Vermächtn den NE verpflichtet, Schenkgen des VE zu genehmigen, od den VE von dem Anspr zu befreien, Kipp-Coing § 51 III 1b, bestr, s auch § 2136 Anm 3c, nicht aber von der Haftg aus Argl, vgl §§ 276 II, 226.

2139 *Wirkung des Eintritts der Nacherbfolge.* Mit dem Eintritte des Falles der Nacherbfolge hört der Vorerbe auf, Erbe zu sein, und fällt die Erbschaft dem Nacherben an.

1) **Allgemeines.** Die §§ 2139–2146 behandeln die Wirkgen des Eintritts der NEFolge; die §§ 2144–2146 insb die Haftg des Vor- und NE für die NachlVerbindlichk. – a) Die **Erbschaft fällt dem NachE an**, nicht nötig, daß der VE sie erwarb, vgl Einf 2, 4 vor § 2100. Wie bei der gewöhnl Erb, § 1922, erfolgt der Anfall des Vermögens des Erbl (nicht der VE, s BGH **44**, 152 mit Anm v Johannsen **LM** Nr 2) als Ganzes unmittelb kraft G an den NE, RG **65**, 144, Vonselbsterwerb, Barth-Schlüter, Lehrb § 41 X 1. Dieser tritt mit der Möglichk der Ausschlagg, § 2142 I, sofern er nicht bereits angenommen hatte, vgl darüber Anm 4 zu § 2142, in die Erbenstellg ein; vorausgesetzt, daß er nicht bereits ausgeschlagen hat. Es bedarf also nicht erst der Herausg der Erbsch, § 2130; schon vor dieser ist der NE **Eigentümer** der ErbschSachen, **Gläub** und **Schuldner** der NachlFdgen u -Schulden, § 2144. Der NachE muß den Nachl in der Rechtslage hinnehmen, in der er sich auf Grd ordngsm Verwaltg des VE befindet, Soergel-Knopp Rdz 2; soweit der VE währd des Bestehens der VEerbsch im Rahmen seiner Befugn über NachlGgste verfügt hat, sind diese Vfgen dem NE ggü wirks. Hat er befugterw – als befreiter VE – über ein NachlGrdst dch Auflassg verfügt, so erwirbt der NE Eigt nur in der dch die Auflassg geschaffenen rechtl Bindg, KG JFG **23**, 21, s auch LG Aachen RhNK **67**, 217. – b) Dagg tritt er **nicht** in die Fdgen u Verbindlichkeiten des **VorE** ein, da er ja dessen **Rechtsnachfolger** nicht ist, Warn **17** Nr 183, s aber § 2120 Anm 2, auch § 2144 Anm 2. Dies zeigt sich bes deutl, wenn der VE nur MitE war u seinen Anteil nach § 2033 I übertragen hatte. Hier stellt sich beim NEFall heraus, daß das Recht des VE über die VEFolge nicht hinausreichte und daß der NE somit weder Rechtsnachfolger des VE noch des Dritterwerbers ist. Eine vom VE erteilte **Vollmacht** wird mit dem Eintritt des NachErbf grdsätzl unwirks, KG JFG **5**, 308, SchlHOLG SchlHA **62**, 174, soweit nicht der NE mit der Bevollmächtig einverst war, KG NJW **57**, 755; eine nicht widerrufene Vollm des Erbl bleibt dagg bestehen, s § 1922 Anm 3a, § 2112 Anm 1. Die **Prokura** eines MitNE für ein vom Erbl herrührendes fortgeführtes Handelsgesch erlischt mit dem NEFall, BGH **32**, 67. – c) War dem NE ein **weiterer NE** gesetzt, so ist er zugl VE. – d) Auch der **ErsatzNachE** wird bei Eintr des ErsatzErbf Erbe des Erbl; mehrere ErsatzNE bilden keine ErbenGemsch hinsichtl des weggefallenen NachE od dessen wegen ErbteilserhöhNE fingierten Erbteils, sie sind MitE und Miterben des Erbl. Tritt der ErsatzErbf zw Vor- und NachErbf ein, so muß der ErsNE den Bestand der Erbsch im Ztpkt des ErsErbf hinnehmen, es wirkt also zB die erteilte Zustimmg des NE zu einer Vfg des VE, siehe § 2113 Anm 1 a bb, über einen ErbschGgst auch gg den ErsNE; die Annahme der Erbsch dch den NE – vor Eintr des NEFalles – schließt aber das AusschlaggsR des ErsNE nicht aus. Auch eine Vfg über das AnwartschR od ein

§§ 2139–2141 5. Buch. 3. Abschnitt. *Keidel*

PfandR – dch Pfändg seitens eines Gläub des NE – wirken nicht ggü dem ErsNE, Schmidt BWNotZ **66**, 143, 144, § 2102 Anm 3; s auch Staud-Seybold Anm 10 zu § 2096.

2) Der Fall der NEFolge wird vom Erbl, § 2100, aushilfsw vom G, vgl § 2106, bestimmt. Meist tritt er beim Tode des VE, bei dessen Wiederverheiratg od der Geburt des NE ein. Über Folgen der Tötg des VE dch den NE s § 2339 Anm 2a, BGH **LM** § 2339 Nr. 2.

3) Der Besitz des VE an den zur Erbsch gehörenden Sachen geht als Bestandt des Nachl grdsätzl auf den NE über; dh der ledigl vererbte unmittelb u der mittelb Besitz, §§ 857, 870. Der von ihm bereits ausgeübte unmittelb Besitz verbleibt aber beim VE so lange, als er ihn wirkl hat, od geht bei seinem Tode auf seine Erben nach § 857 über, muß also erst dem NE übertragen werden, wie sich aus der HerausgPfl, §§ 2130 ff, und dem nach §§ 2124, 2125 iVm § 273 begründeten ZurückbehaltgsR des VE ergibt. Wegen eines Bankdepots vgl OLG **42**, 135.

4) Prozessual bewirkt der Eintritt der NEFolge Unterbrechg des RStreits, ZPO 242, 246, 239 V, 326, 728. Der VE verliert die Klageberechtigg. Um eine Erledigg des RStreits und unerwünschte Kostenfolgen zu vermeiden, behandelt ZPO 242 den NE ausnahmsw so, als wenn er Rechtsnachfolger des VE wäre, StJSchP Anm II zu ZPO 242.

5) Das Grundbuch wird durch den NEFall unrichtig. Der NEVermerk, GBO 51, ist jedoch nicht vAw, sond nur auf Antr des NE zu löschen; Bewilligg eines etwaigen ErsNE ist nicht erforderl, da der ErsNachErbf hier nicht mehr eintreten kann. Die Umschreibg auf den NE erfolgt hier auf Nachw des Eintritts der NEFolge (zB Vorlegg der SterbeUrk des VE), ohne Erbnachweis, KG DNotZ **54**, 389, aber nur dann, wenn keine Bedenken gg das unveränderte Fortbestehen des Rechts der NErbfolge bestehen, KG DNotZ **56**, 195; Ffm Rpfleger **77**, 171. Jetzt auch Berichtiggszwang mögl, GBO 82. Bei Nichteintragg der NEFolge, wenn also der Erbl noch als Eigtümer eingetragen ist, ist jedoch Erbnachweis notw, Ffm NJW **57**, 265.

6) Der Erbschein wird unrichtig u ist einzuziehen, vgl § 2363 Anm 2, 3.

7) Vor dem NErbfall kann der VorE bereits die Erbschaft freiwillig od aGrd eines Vertrags auf den NachE übertragen, RG Recht **16** Nr 831, Hamm Rpfleger **71**, 433, ohne sich aber dadurch seiner Erbenstellg u Schuldenhaftg, § 2145, entäußern zu können; über die Durchführung s Übbl 1 vor § 2371. Ist der VE MitE, kann er seinen Anteil gem § 2033 auf den NachE übertragen, s Staud-Seybold Anm 9; in diesem Fall gilt § 2034, Haegele BWNotZ **71**, 132f (dort auch über die RStellg des ErsNE u die grdbuchrechtl Fragen). Umgekehrt kann auch der NE schon vor dem NEFall sein AnwR auf den VE übertragen, wodurch dieser VollE wird, Einf 4 vor § 2100, § 2108 Anm 5. Eine ErbenGemsch besteht vor dem NEFall zw den NE nicht, Mü DNotZ **38**, 597.

2140 *Zwischenzeitliche Verfügungen des Vorerben.* **Der Vorerbe ist auch nach dem Eintritte des Falles der Nacherbfolge zur Verfügung über Nachlaßgegenstände in dem gleichen Umfange wie vorher berechtigt, bis er von dem Eintritt Kenntnis erlangt oder ihn kennen muß. Ein Dritter kann sich auf diese Berechtigung nicht berufen, wenn er bei der Vornahme eines Rechtsgeschäfts den Eintritt kennt oder kennen muß.**

1) Allgemeines. Diese Vorschr schien geboten im Interesse des VE u des Verkehrs, da der VE vielf nicht sofort den Eintritt des NEFalls (namentl bei bedingten Erbeinsetzgen) erfährt. Sie ist entspr auch auf schuldrechtl Vertr anzuwenden, vgl S 2, wie dies auch dem Grdgedanken der §§ 2120, 2124 entspricht, Flad, AkZ **36**, 421.

2) Schutz des VorE. Mit dem NEFall, § 2139, hört der VE auf, Erbe zu sein, und sein VfgsR erlischt. Er wird aber mit späteren Vfgen noch als vfgsberechtigt behandelt, soweit er sich in schuldloser Unkenntn von dem bereits erfolgten NEFall (zB der Geburt, nicht der Pers des NE) befand. Die Verantwortlichk des VE wird durch seinen guten Glauben ausgeschl, auch wenn der Dritte bösgl und demgem die Vfg unwirks ist, Kipp-Coing § 50 IV 2. Von in ordngsmäßiger Verw eingegangenen Verpflichtgen muß der NE den gutgl VE befreien. – **2a) Kein Schutz.** Der § 2140 schützt weder den VE, der die Erbsch an den Falschen herausgibt, noch die Erben des VE, wenn mit dessen Tode der NEFall eintritt, Warn **18** Nr 213.

3) Der Schutz des Dritten, S 2, tritt nur ein, wenn der VE gutgl war. Doch kann er sich ev auf §§ 892, 893, 932, 2366 berufen. – Auch ist eine entspr Anwendg der §§ 406–408, 412 bei den auf den NE übergegangenen Fdgen, über die sich der Schu mit dem VE noch gutgl in Verhandlgen einließ, geboten. Das Kennenmüssen des Schuldners ist aber der Kenntn insoweit überall gleichzustellen, Staud-Seybold Anm 4.

2141 *Unterhalt der werdenden Mutter eines Nacherben.* **Ist bei dem Eintritte des Falles der Nacherbfolge die Geburt eines Nacherben zu erwarten, so finden auf den Unterhaltsanspruch der Mutter die Vorschriften des § 1963 entsprechende Anwendung.**

1) Der Fall der NEFolge, § 2139, erleidet, wenn der eingesetzte NE vorerst nur als Erzeuger vorhanden ist, bis zu seiner Geburt einen Aufschub, § 2106 II. Ungeachtet dessen gibt das G der Mutter schon einen UnterhAnspr, vgl dazu § 1963, wie dies auch das SittenG erfordert. Er richtet sich gg den durch den Pfleger des Kindes vertretenen Nachl, wenn der Nacherbfall vor der Geburt eintritt, Erm-Hense Rdz 1. Tritt der NEFall mit der Geburt des Kindes ein (§§ 2101 I, 2106 II), so kann die Mutter ebenf in entspr Anwendg des § 1963 Unterh verlangen, Staud-Seybold Anm 2; in diesem Fall richtet sich der Anspr gg den VE, der vom NE Ersatz verlangen kann, Erm-Hense aaO.

2142 Ausschlagung der Nacherbschaft. I Der Nacherbe kann die Erbschaft ausschlagen, sobald der Erbfall eingetreten ist.

II Schlägt der Nacherbe die Erbschaft aus, so verbleibt sie dem Vorerben, soweit nicht der Erblasser ein anderes bestimmt hat.

1) **Ausschlagg.** Anwartschaften sind grdsätzl verzichtbar. Allerdings kennt das G keinen Verzicht auf das NacherbenR durch Vereinbg mit dem VE, einem MitNE od einem Dritten. Will der NE nach Eintritt des Erbfalls dem NacherbenR entsagen, so muß er entweder die NErbsch ausschlagen od sein AnwR auf den VE übertragen (s KG DNotZ 54, 389, Einf 4 u 6 vor § 2100, § 2108 Anm 5, dort auch über Behandlg eines „Verzichts" auf das NacherbenR zG des VE als Übertragg des AnwR). Der NE kann (nicht für ihn der TestVollstr) die Nacherbsch nach dem Erbfall u bereits vor dem Eintritt der NEFolge ausschlagen, wie sich dies schon aus § 1946 ergibt, BayObLG 66, 230, 274, vorausgesetzt, daß der NE zu dieser Zeit bereits existiert. Der Lauf der Ausschlaggsfrist kann jedoch gg ihn gem §§ 1944, 2139 nicht früher beginnen, als der Fall der NEFolge eingetreten ist, RG 59, 341, BayObLG 66, 274. Denn die Kenntn von dem Anfall der Erbsch an den NE kann nicht eher entstehen als die Tats des Anfalls selbst. Währd es in seinem Belieben steht, vom AusschlaggsR schon beim Erbf od erst beim NErbf Gebr zu machen, ist er durch § 2306 und die drohende Verj des PflichttAnspruches uU gezwungen, schon vor dem Beginn der Ausschlaggsfrist auszuschlagen, § 2332 III, RG LZ **25**, 1071. Für den Fristlauf, § 1944 III, entscheidet der letzte Wohns des Erbl, nicht des VE.

2) **Wirkg der Ausschlagg, II.** Die NEFolge tritt insow nicht ein; unter mehreren NE, § 2094, kommt es zur Anwachsg, s BayObLG **62**, 239/146, Anm 3. Erfolgt die Ausschlagg erst nach dem NEFall, so war das Recht des VE bereits vorher weggefallen, § 2139. Sein Recht wird dann wiederhergestellt u fällt an ihn od an seine Erben zurück. Die NErbfolge tritt auch nicht ein bei sonstigem Wegfall des NE (durch Tod vor dem Erbf, Erbverzicht, Erbunwürdigk od sonst mit rückbezügl Wirkg, KG HRR **33** Nr 1202); s dazu Coing NJW **75**, 521ff, der zw absoluter u relativer Beschrkg unterscheidet; erstere liegt vor, wenn der Erbl wollte, daß das Recht der VE unter allen Umst bei Eintritt gewisser Umst enden sollte (§ 2104), währd bei letzterer der VE nur im Interesse bestimmter od bestimmb NE beschr w ist (§ 2142 II); beide Fälle stehen unter dem Vorbeh, daß ein abw Wille des Erbl zu berücksichtigen ist. Bei Tod nach dem Erbfall gilt § 2108 II. – Sind Mutter u Kind Vor- u NachE, so ist ein **Pfleger** für das Kind zur Entscheidg über Ausschlagg der NachErbsch, § 2306, nur zu bestellen, wenn ein konkreter Interessenwiderstreit besteht, Ffm FamRZ **64**, 154.

3) **Andere Bestimmg des Erbl, II,** ist anzunehmen bei Berufg eines ErsErben, § 2096, od stillschw Berufg der Abkömml eines weggefallenen Abkömmlings, § 2069, Warn **13** Nr 241. Schlägt aber ein testamentarisch neben anderen Verwandten als NE eingesetzter Abkömml die Erbsch aus, um seinen Pflichtt zu verlangen, so ist mit bes Sorgf zu prüfen, ob der Erbl ein Nachrücken der Abkömml des Ausschlagenden gewollt hat, da hierbei der Stamm des Ausschlagenden bevorzugt wird, Celle NdsRpfl **53**, 69, Düss NJW **56**, 1880; s § 2069 Anm 3 u die dort angeführte Entsch BGH **33**, 60, ferner LG Lübeck SchlHA **64**, 258, das annimmt, eine etwaige testamentar Einsetzg von ErsatzNE werde ggstandslos, wenn die NE unter Ausschlagg der NErbsch den Pflichttt verlangen, ebso grdsätzl Fischer OLGZ **71**, 208. Das AnwachsgsR der MitNE steht der ErsBerufg nach, § 2099, geht aber dem Anrecht des VE, II, vor, KGJ **31** A 125, LG Düss RhNK **61**, 125. Im Falle des § 2104 rücken bei Ausschlagg der zunächst Berufenen gem § 1953 die entfernteren gesetzl Erben nach, nur nicht der Staat, § 2104 S 2.

4) **Die Annahme** der bevorstehenden NEFolge – auch der aufschieb bedingten od befristeten, RGRK Rdz 2, dahin gestellt gelassen in BayObLG **66**, 230 – kann schon vor dem NEFall erfolgen, wie sich aus § 1946 ergibt u in § 2142 keiner bes Hervorhebg mehr bedurfte, zumal die Anfechtg der nach I vorher zulässigen Ausschlagg ebenf als Ann gilt, § 1957 I; diese Vorschr gilt auch, wenn NE vor Eintritt des Nacherbfalls die Ann der Nacherbsch anficht, BayObLG **62**, 239. Zudem erfordern die zugelassene Möglichk der Veräußerg od Verpfändg der Anwartsch, § 2108 Anm 5, und der Schutz des Erwerbers die Gestattg vorheriger Ann; sie liegt aber nicht schon in der bloßen Wahrnehmg der Rechte u Pflichten, die unabhängig von einer Ann währd der VErbsch zw VE u NE bestehen, RG **80**, 383. Gegen Veränderngen u Verschlechterngen des NachlBestandes in der Zwischenzeit ist der annehmende NE genügd gesichert. – Am zweckmäßigsten u sichersten erfolgt die Annahme der bevorstehenden NEFolge gegenüber dem NachlGericht. – Eine Haftg des NE wird dch die Ann währd der VorEZeit nicht begründet, Lange-Kuchinke § 53 II 1c.

2143 Wiederaufleben erloschener Rechtsverhältnisse. Tritt die Nacherbfolge ein, so gelten die infolge des Erbfalls durch Vereinigung von Recht und Verbindlichkeit oder von Recht und Belastung erloschenen Rechtsverhältnisse als nicht erloschen.

1) **Wiederaufleben.** Wäre der NE RNachfolger des VE (und nicht des Erbl; vgl Einf 2 vor § 2100), so müßten die inf des ErbschErwerbes durch den VE erloschenen RVerhältnisse auch nach dem NEFall als erloschen behandelt werden. Allerdings können nach § 2111 die RVerhältnisse zur Erbsch auch RVerhältnisse gehören, die beim Erbf noch nicht vorhanden waren. – Die RVerhältnisse gelten (anders bei § 2377) nicht nur zw Vor- und Nacherben, sond auch ggü Dritten als fortbestehd, und zwar einschließl der Nebenrechte, wie Bürgsch, PfandR. Der VorE schuldet also dem NachE, was er dem Erbl schuldete, und er kann vom NE fordern, was ihm der Erbl schuldig war. Eine Rückwirkg tritt aber nicht ein, das Wiederaufleben beginnt erst mit NEFall, s Lange-Kuchinke § 26 VIII 1d. Die Verjährg war währd der Dauer des VE-Verhältnisses nach § 202 I gehemmt. Auch wenn NErbsch nur für einen Bruchteil der Erbsch eintritt, leben die RVerhältnisse wieder in vollem Umfang auf, Staud-Seybold Anm 2. Vgl im übr §§ 1976, 1991, 2175. Schon vor dem Eintritt der NEFolge ist mit Rücks auf das künft Wiederaufleben von Fdgen eine FeststellgsKlage des VE gg den NE mögl, **LM** § 2100 Nr 5.

§§ 2143–2145   5. Buch. 3. Abschnitt. *Keidel*

2) Nicht zur Anwendg kommt § 2143, wenn bereits aus and Gründen, zB wg TestVollstrg, NachlVerwaltg, NachlKonk der Nachl SonderVerm, § 1976, also von dem sonstigen Verm des VE getrennt worden ist, BGHZ 48, 214 = NJW 67, 2399; s auch Soergel-Knopp Rdz 3.

2144 *Haftung des Nacherben.* I Die Vorschriften über die Beschränkung der Haftung des Erben für die Nachlaßverbindlichkeiten gelten auch für den Nacherben; an die Stelle des Nachlasses tritt dasjenige, was der Nacherbe aus der Erbschaft erlangt, mit Einschluß der ihm gegen den Vorerben als solchen zustehenden Ansprüche.

II Das von dem Vorerben errichtete Inventar kommt auch dem Nacherben zustatten.

III Der Nacherbe kann sich dem Vorerben gegenüber auf die Beschränkung seiner Haftung auch dann berufen, wenn er den übrigen Nachlaßgläubigern gegenüber unbeschränkt haftet.

Schrifttum: Siber, Haftg für NachlSchulden, 1937, 123 ff; Lange, Regelg der Erbenhaftg, 1939, 111 ff; Mattern, Haftung des Vorerben und des Nacherben für Schulden des vererbten Einzelhandelsgeschäfts, BWNotZ **60**, 166; Börner, Das System der Erbenhaftg, JuS **68**, 108/111 ff.

1) **Allgemeines.** Vor- und NE haften als wahre Erben beide für die NachlVerbindlich. Der VE wird mit dem Eintritt der NEFolge von der Haftg grdsätzl frei; Einschränkg § 2145, s Anm 1 hiezu. Die **Haftg des NachE beginnt** mit dem NEFall. Die Haftg bestimmt sich im allg nach den Grdsätzen der Erbenhaftg überh. RHandlgen des VE in dieser Hins (Aufgebot, Inv, NachlVerw und Konk) kommen ohne weiteres auch dem NE zu statten, währd eine Säum od Pflichtwidrigk des VE dem NE in seiner Stellg zu den NachlGläub nicht schadet.

2) **Der NE haftet für die NachlVerbindlichk**, § 1967, auch soweit sie aus RGeschäften entstanden sind, die der VE in ordngsmäßiger Verw eingegangen ist, RG JW **38**, 2822, BGH **32**, 63 = LM § 1967 Nr 1 mit Anm v Mattern, sowie für Verm und Auflagen, da er jetzt Erbe iS des § 2147 ist, soweit sie nicht dem VE persönl auferlegt sind. Ordngsmäßige Verw liegt auch beim Wiederaufbau eines kriegszerstörten Hauses durch befreiten VE vor, selbst wenn die Erträgn keine hinreichende Verzinsg der Baukosten ergeben, BGH **LM** Nr 1 zu 2136. Die Kosten für das Begräbn des VE u den Dreißigsten, §§ 1968, 1969, haben die Erben des VE und nicht der NE als solcher zu tragen. Im übr wird der NE Schuldner der NachlVerbindlichk in dem bei NErbf bestehenden Umfange, auch soweit dieser durch Versch, bes Verzug (Zinsen, Vertragsstrafen) des VE erweitert ist, vorbehaltl des Rückgriffs nach §§ 2130, 2131; vgl auch ZPO 326.

3) **Haftungsbeschränkg.** Ob der NE beschränkb od unbeschränkb haftet, richtet sich nach den allg Vorschr (vgl Einf vor § 1967) u ist unabhängig davon, ob der VE eine Haftgsbeschrkg zukam od nicht. Das vom VE erwirkte Aufgebot, §§ 1970 ff, wirkt ohne weiteres für den NE; in ein schwebendes Verfahren kann er eintreten und selbst ein solches beantragen, ZPO 998, 997. Eine NachlVerw dauert unter den Voraussetzgen des § 1981 II fort. Vom NE kann sie von neuem beantragt werden, von den Gläub binnen Zweijahresfrist seit Ann der NErbsch, dasselbe gilt beim NachlKonk, Jaeger-Weber Rdz 19 zu KO 217–220. NachlVerglVerf kann der NE vom Eintritt der NachErbf an beantragen, VerglO 113 I Nr 1 mit KO 217, 218. Auch die Rechte aus §§ 1990–1992 stehen ihm zu, s RGRK Rdz 5, Lange-Kuchinke § 53 II 1 d.

4) **Das NachlInv** des VE, §§ 1993 ff, kommt dem NE zustatten, II; er braucht also kein neues zu errichten, wenn nicht InvUntreue vorlag, § 2005 I. War das Inv des VE unvollst, so kann dem NE nach § 2005 II neue InvFrist bestimmt werden, währd § 1994 eingreift, wenn der VE nach § 2005 I die Haftgsbeschrkg verwirkt od überh kein Inv errichtet hatte. Es kommt nur dann „auch" dem NE zustatten, wenn es dem VE selbst nützte, also rechtzeitig u gem §§ 2002 ff, 2005, 2006 errichtet war, Staud-Seybold Anm 14. Das vom NE errichtete Inv muß nach § 2001 die NachlGgstände u NachlVerbindlichk angeben, die zZ des Erbf, nicht des NEFalls, vorhanden waren, hM, aM Meincke BewertgsR § 14 II 3 a. Über Veränderngen seit dem Erbf hat er nach §§ 1978, 1991 Ausk zu geben. Hiebei kann er das NachlVerz, § 2121, und den RechenBericht des VE, § 2130 II, heranziehen. Der NE muß die eidesstattl Versicherg abgeben, soweit der VE dies noch nicht getan. Doch auch, wenn letzteres der Fall, kann der NE dazu angehalten werden, wenn er von den NachlGgständen mehr weiß, als dem VE bekannt war, § 2006 IV, Kipp-Coing § 52 I 3a.

5) **Haftgsbestand**, I 2, ist nicht der urspr, sond der nach §§ 2130, 2111 herauszugebende Nachl, denn es ist klar, daß der beschr haftende NE für eine vor seiner Zeit eingetretene Verminderg des Nachl (zB durch Zufall, Fruchtbezug des VE) nicht mit seinem Eigenvermögen einzustehen hat. Als „erlangt" gilt auch der HerausgAnspr des § 2130 selbst. Gegen den VE „als solchen" stehen dem NE die ErsAnsprüche der §§ 2130 bis 2134, 2138 II zu. Für diesen NachlBestand ist der NE den Gläub nach § 260 auskunftspflichtig.

6) **Auch dem unbeschränkbar haftenden NE**, § 2013 I, bleibt ggü den Ansprüchen des VE aus §§ 2124 II – 2126, 2121 IV, 2143 die Möglichk der Haftungsbeschrkg gewahrt, III. Jedoch hat der NE die Haftgsbeschrkg bes geltd zu machen u Vorbeh nach ZPO 780 zu erwirken.

2145 *Haftung des Vorerben.* I Der Vorerbe haftet nach dem Eintritte der Nacherbfolge für die Nachlaßverbindlichkeiten noch insoweit, als der Nacherbe nicht haftet. Die Haftung bleibt auch für diejenigen Nachlaßverbindlichkeiten bestehen, welche im Verhältnisse zwischen dem Vorerben und dem Nacherben dem Vorerben zur Last fallen.

II Der Vorerbe kann nach dem Eintritte der Nacherbfolge die Berichtigung der Nachlaßverbindlichkeiten, sofern nicht seine Haftung unbeschränkt ist, insoweit verweigern, als dasjenige nicht ausreicht, was ihm von der Erbschaft gebührt. Die Vorschriften der §§ 1990, 1991 finden entsprechende Anwendung.

§§ 2145, 2146, Einf v § 2147

1) Weiterhaftg des Vorerben. Da er aufhört, Erbe zu sein, § 2139, wird er von der Haftg grundsätzl frei, verliert ggü NachlAnspr die Beklagbark u kann – selbst nach Rechtskr – Einwendgen nach ZPO 767, 769 erheben. Haftet er jedoch unbeschränkt, so wird er durch den NErbf nicht befreit, denn II setzt die Fortdauer dieser Haftg als selbstverständl voraus, Soergel-Knopp Rdz 4, aM Siber 126. Aber auch abgesehen hievon dauert seine Haftg in gewissem Umfang noch fort:

a) für die **ihm** allein **auferlegten Vermächtnisse** u Auflagen, Anm 2 zu § 2144.

b) für **Eigenverbindlichk**, zB Haftg aus Verletzg der VerwPfl, § 1978, ErsAnspr des NE, §§ 2131, 2134, 2138, vom VE selbst, wenn auch in Beziehg auf den Nachl gemachte Schulden, vgl Anm 4 zu § 1967 und RG JW **38**, 2822; s wg der Haftg des NachE § 2144 Anm 2.

c) für die **Verbindlichk, die ihm im Verhältnis zum NE zur Last fallen**, also wirtschaftl nur ihn allein angehen, zB die aus der Zeit der Vorerbsch rückständigen Zinsen von NachlSchulden, die rückständigen gewöhnl Lasten u Erhaltgskosten, § 2124. Hier haftet der VE den Gläub neben dem NE, s auch BGH FamRZ **73**, 187, ein Fall, in dem die Verbindlichk nicht dem Nachl zur Last fallen konnte. Letzterer kann sich an den VE halten, wenn er in Anspr gen w.

d) für **sämtl anderen Verbindlichk**, soweit der **NE nicht haftet** od die Gläub durch Zahlgsunfähigk des unbeschränkt haftenden NE Ausfälle erleiden, Siber 126. Denn den Gläub darf durch die NEFolge kein HaftgsGgst entzogen werden, auch dann nicht, wenn der NE unbeschränkt haftet. Die Haftg des unbeschränkb haftenden VE mindert sich nur um das, was vom NE beigetrieben wird.

2) Haftgsbeschränkg des Vorerben. Der VorE kann die Berichtigg der ihm noch obliegenden Nachl-Verbindlichk insow verweigern, als dasjenige nicht ausreicht, was ihm von der Erbsch gebührt. Nachl-Verw u -Konk kommen für den VE (soweit er nicht seiner NachlGläub ist) nicht mehr in Betr. Denn das, womit er haftet, ist ja nicht der Nachl, sond es sind die Nutzgen, § 2111, auch die nicht gezogenen nach Maßg der §§ 1991, 1978, 1979 u Verwendgen aus der Erbsch, § 2134. Insoweit hat auch der befreite VE für die NachlVerbindlichk aus eigenem Vermögen aufzukommen, s RGRK Rdz 13. Weist er nach, daß er aus dem Nachl nichts mehr hat, ist die Klage abzuweisen. Er kann aber auch den **Vorbehalt** des ZPO 780 erwirken.

3) Bei Fortführg eines **HandelsGesch** durch den VE und NE gelten die SonderVorschr der §§ 25, 27 HGB, s dazu Mattern, BWNotZ **60**, 166, BGH **32**, 60 = **LM** § 1967 Nr 1 mit Anm v Mattern.

2146 *Anzeigepflicht des Vorerben.* **I** Der Vorerbe ist den Nachlaßgläubigern gegenüber verpflichtet, den Eintritt der Nacherbfolge unverzüglich dem Nachlaßgericht anzuzeigen. Die Anzeige des Vorerben wird durch die Anzeige des Nacherben ersetzt.

II Das Nachlaßgericht hat die Einsicht der Anzeige jedem zu gestatten, der ein rechtliches Interesse glaubhaft macht.

1) Der wichtige, auch für Dritte bedeutgsvolle Vorgang des NEFalls vollzieht sich nicht in der Öffentlichk. Darum die **Anzeigepflicht** des VE (od seiner Erben) an das NachlG, FGG 72, 73. Bei Verletzg SchadErsPfl. Keine MitteilgsPfl des NachlG nach § 1953 III, vgl im übrigen § 1953 Anm 3, 4. Gebühr: KostO 112 I Nr 5.

Vierter Titel. Vermächtnis

Einführung

Schrifttum: Johannsen, Die Rechtspr des BGH auf dem Geb des ErbR – 8. Teil: Vermächtnis, WPM **72**, 866, **73**, 549; **77**, 276; Weimar, Das Vermächtnis, MDR **73**, 735; **75**, 541 (je mit Beisp); Form-Komm ErbR, Forml 6. 303–305, 329–352; Kipp-Coing §§ 43–63; Lange-Kuchinke § 27.

1) Anordng des Titels: Personen des Verm §§ 2147–2153, besonderer Inhalt § 2154–2156, Verm an mehrere §§ 2157–2159, nachträgl Unwirksamk §§ 2160–2163, Umfang §§ 2164–2168a, Verm eines Ggstandes §§ 2169–2173, die Natur des VermAnspruchs, Anfall, Erwerb, Wirkg des Verm §§ 2174–2189, Ersatz- und NachVerm §§ 2190, 2191.

2) Ausdruck u Begriff. Unter „Vermächtnis" versteht man sowohl die VermögensVfg des Erbl, wie das aus ihr entspringende Recht des Bedachten, endl auch den so zugewendeten Ggst. – Verm ist die Einzelzuwendg eines Vermögensvorteils vTw (durch Test od ErbVertr), die also keine Erbeinsetzg ist, vielm die Begründg einer Forderg für den Bedachten (VermNehmer) gg den Beschwerten, §§ 1939, 1941, 2174, 2278 II. Ein dingl Verm hat man nicht schaffen wollen, da dies den Grdsätzen der Gesamtnachfolge, der Übereig v bewegl u der Umschreibg v unbewegl Ggständen widersprochen, die Abwicklg des Nachl erschwert u Erben sowie Gläub benachteiligt hätte, vgl Planck-Flad § 2174 Anm 1. Seine Gesamtnachfolge, § 1922, überläßt der Erbl meist einem od einigen seiner nächsten Angehörigen od ihm besonders Befreundeten. Will er noch für andere (Hausangestellte, Betriebsangehörige, Fernerstehende) Sorge tragen, so wird er zu VermZuwendgen greifen. Der Erbl kann aber, wenn er den Erben mißtraut, den VermNehmer entweder schon bei Lebzeiten bedenken, vgl § 2301, od für die Entrichtg des Verm durch Ernenng eines TestVollstr Sorge tragen, § 2203.

a) Das **Verm** unterscheidet sich von der **Auflage**, § 1940, dadurch, daß letztere dem Begünstigten keinen Anspr auf deren Ausführg gibt, sowie von dem Vertrag von Todes wegen (bes Lebensversicherg), der ein Gesch unter Lebenden ist. Die Schenkg vTw wird, wenn vom Erbl vollzogen, als Schenkg unter Lebenden, sonst als Verm behandelt, vgl auch § 2301.

b) Als gesetzl Vermächtnisse lassen sich der Voraus, § 1932, der Dreißigste, § 1969, der Anspr der Abkömml auf Ausbildgsbeihilfe bei Beendigg der ZugewGemsch durch Tod, § 1371 IV (str, vgl § 1371 Anm 3, auch Schramm BWNotZ **66**, 35), das Recht auf bestimmte Sachen nach EG 139, der Anspr aus § 13 HöfeO aF, BGH MDR **59**, 479, Schlesw RdL **65**, 206 (zum geltend R Lüdtke-Handjery § 13 HöfeO, Rdz 3), und, wenn auch mit Einschränkgen, der PflichttAnspr, §§ 2303 ff, bezeichnen. Seiner rechtl Natur nach kann auch der ErbErsAnspr, §§ 1934a–c, einem gesetzl Verm gleichgestellt w, s die Hinweise bei Damrau, FamRZ **69**, 585[25]; auf ihn finden allerd in erster Linie die für den Pflichtt gelten Vorschr nach Maßg des § 1934b II 1 und lediglich die für Annahme u Ausschlagg des Verm geltden Best sinngem Anwendg.

3) VermAnspruch und VermNehmer. a) Der **Anspr** aus einem Verm ist immer nur ein schuldrechtl, § 2174. Ein dingl Verm (Vindikationslegat) gibt es nicht, vgl BayObLG LZ **18**, 287; Anm 1 zu § 1939. Auch das Nießbrverm gibt nur Anspr auf Bestellg. Die VermVerpflichtg ist NachlVerbindlichk, § 1967, der VermNehmer NachlGläub, der jedoch in manchen Beziehgen hinter anderen Gläub zurückzustehen hat, vgl §§ 1992–1994, 1980, 1991–1992, 2318, KO 219, 222, 226 bis 228 (geändert dch Art 6 NEhelG), 230, AnfG 3a. Dagg ist die Höhe des Verm nicht beschränkt. Dieses kann also möglicherw den ganzen Nachl aufzehren und dem Erben nichts mehr übrig lassen. – **b)** Berufen wird der **VermNehmer**, der zugl auch Erbe sein kann, § 2150, schon mit dem Erbfall. Da er jedoch als solcher nicht zu den Erben gehört, braucht der Anfall des Verm nicht unbedingt mit dem Erbf zusammentreffen, §§ 2176 ff. Der VermNehmer (mag er eine natürl od jur Pers sein, auch Gemsch zur ges Hand, Lange-Kuchinke § 27 III 2a, bestr) braucht beim Erbf noch nicht zu existieren; doch muß der Bedachte in diesem Ztpkt noch leben, § 2160. Der Anfall erfolgt ohne Ann, aber mit der Möglichk der **Ausschlagg**, für die ebso wie bei § 333 eine bestimmte Frist nicht vorgeschrieben ist, § 2180.

4) Gegenstand und Arten der Verm. a) Ein **Vermögensvorteil** muß zugewendet sein, der aber nicht von Dauer zu sein u keine Vermögensmehrg (Bereicherg) zu enthalten braucht, es genügt auch ein mittelb Vermögensvorteil, Staud-Seybold Vorbem 7, 8 vor § 2147, Johannsen aaO 866; vgl auch § 1939 Anm 3. Was Ggst einer Leistg aus einem SchuldVerh sein kann, vermag auch Ggst eines Verm zu sein, also: ein Geben od Verschaffen, die Übereignung von Sachen, Einräumg eines Nießbrauchs (lebenslängl NutzgsR, KG NJW **64**, 1808, LG Mü I BayNotV **63**, 337, Nießbr an Aktien, BGH WPM **68**, 696, **77**, 689, NutzgsR an Grdst, BGH WPM **77**, 416; Schneider-Martin Familienunternehmen u UnternehmerTest, 4. Aufl, § 22 III 2, § 26 IV 5, Haegele-Litfin IV Rdz 120 ff, Rohlff, NießbrauchsVerm od Vor- u NachErbsch im UnternehmerTest, Diss Göttingen 1968, Petzold, Vorerbsch u NießbrauchsVerm BB **75** Beil Nr 6; Esch-Wiesche Rdz 528–539), eines lebenslängl WohnR (LG Mannh MDR **67**, 1012, auch BGH WPM **70**, 1520); Verm eines GmbH-Anteils, Haegele BWNotZ **76**, 53/57; eines ÜbernR an einem NachlGgst (§ 2048 Anm 1, BGH **36**, 115, Karlsr Just **62**, 152), die Zahlg einer Geldsumme in „W-DM" gem AO eines DDR-Erbl, BGH WPM **70**, 480, eines dem Erbteil bei gesetzl Erbfolge entsprechenden BarBetr (Quoten-Verm, Bambg BayZ **25**, 294, BGH NJW **60**, 1759, FamRZ **74**, 652, LG Köln FamRZ **75**, 289, Johannsen aaO 880; BGH DNotZ **78**, 487 – Berechng des Verm, wenn Unternehmen zum Nachl gehört –), Zahlg nach Wertrelationen in Währgseinheiten nach Preis einer Ware, BGH WPM **71**, 1151, Verm einer Rente (s BGH **LM** Nr 1 DevG, Schneider-Martin aaO § 22 III 4, § 25 IV 6, Model-Haegele Rdz 513 ff), eines Altenteils, Oldbg RdL **68**, 236 (Umwandlg der Naturalleistg in GeldBetr), eines GewAnteils nach Maßg des vom FinAmt festgest Steuergewinns, BGH WPM **69**, 804, die Abtretg von Fdgen, die Befreiung von Verbindlichk, ErlaßVerm, BGH FamRZ **64**, 140, Lange-Kuchinke § 27 V 2f, sowie überh jede Hdlg od Unterlass des Beschwerten, auf die eine RechtsPfl begründet w kann (zB Aufn des Bedachten in eine Gesellsch, OLG **44**, 196, was keine AuskPfl begründet, RG JW **27**, 1201; Leistg persönl Dienste wie ärztl Behandlg, Pflege usw); die Einräumg eines AnkaufsR, RFH **12**, 278; Verm von WiedergutmachgsLeistgen aGrd ergänzder TestAuslegg, BGH WPM **71**, 533, Verm der Erbsch im ganzen od eines Bruchteils ist als Erbeinsetzg anzusehen, § 2087, „Universalvermächtnis" eines Unternehmens, auch wenn dieses im wesentl die Gesamth des Vermögens des Erbl ausmacht (Verdrängg des § 2087 II), ist bei entspr letztw Vfg mögl, s Dobroschke Betr **67**, 803, Klunzinger BB **70**, 1199, s auch Lange-Kuchinke § 27 II 2a[56]. Wg eines HausratsVerm vgl Reichel AcP **138**, 194 ff, § 2164 Anm 1. Auch das UrheberR nach Ggst eines Verm, UrhRG 29, Fromm NJW **66**, 1247. – **b) Besondere Arten** der Vermächtn: VorausVerm, § 2150, AlternativVerm, §§ 2151, 2152, WahlVerm, § 2154, GattgsVerm, § 2155, ZweckVerm, § 2156, gemschaftl Verm, § 2157, VerschaffgsVerm, § 2170, FordergsVerm, § 2173, UnterVerm, § 2186, ErsatzVerm, § 2190, NachVerm, § 2191, RückVerm, § 2177 Anm 4. Zum GrdstVerm im HöfeR s Lüdtke/Handjery Rdz 18–21, Wöhrmann-Stöcker Rdz 20–34 je zu HöfeO 16; § 2174 Anm 2 g. – **c) Auslegg**, §§ 133, 2084, 2087. Ein Verm des „Barvermögens auf der X-Bank" kann auch das Wertpapierdepot umfassen, BGH WPM **75**, 1259.

5) Beschwert werden kann:

a) der **Erbe**, der gesetzliche, der testamentarische, der VertrE, s aber § 2289 I 2, der ErsatzE; auch lediglich der VorE od der NachE, letzterer kann aber erst beim od nach Eintritt der Nacherbfolge, nicht vorher, dch eine VermAnO od Auflage beschwert werden, BayObLG **66**, 271, s auch § 2144 Anm 2; ist bei Vor- u Nacherbeinsetzg nicht ausdrückl bestimmt, wer mit dem Verm beschwert sein soll, so ist das Verm eine Last der Erbsch als solcher, Lange-Kuchinke § 27 III 1[79]. Ist dem NachE eine vor Eintritt des Nacherbfalls zu erfüllende Verpflichtg auferlegt, so handelt es sich idR um eine bedingte Nacherbeinsetzg, s RGRK § 2147 Rdz 6. Auch ein aufschiebd bedingt eingesetzter Erbe kann mit einem Verm beschwert werden, hier ist das Verm nur bei Eintritt der Bedingg wirks, Staud-Seybold § 2147 Anm 3; ebenso der HofE, § 15 I HöfeO idF v. 26. 7. 76, für den Fall des § 17 II HöfeO s BGH NJW **62**, 1615; s auch die SonderVorschr in § 12 X mit II–V HöfeO nF, dazu Lüdtke/Handjery Rdz 132–134, Wöhrmann-Stöcker Rdz 61–70, Faßbender-Hötzel-Pikalo Rdz 67–70 je zu HöfeO 12, Becker AgrarR **76**, 181.

b) ein **VermNehmer**, sog UnterVerm, §§ 2186 ff, auch bei gesetzl Verm (s oben Anm 2), Staud-Seybold § 2147 Anm 5; auch der auf den Todesfall Beschenkte, wenn er den Schenker überlebt u nicht § 2289 I 2 entggsteht; auch der ErbErsBerecht, s § 2307 Anm 4, s auch Johannsen aaO 868;

c) wer weder Erbe noch VermNehmer ist, kann mit einem Verm nicht beschwert werden, § 2147 Anm 1, also **nicht** der ErbesE (der aber uU das seinem Erbl auferlegte Verm erfüllen muß, § 2181), der Eheg od elterl Gewalthaber eines Bedachten od der Auflagenbegünstigte, wer durch Vertr zG Dritter gem §§ 331, 332 mit dem Tod des Erbl das Recht auf die Leistg erwirbt, Soergel-Wolf § 2147 Rdz 5, bestr, s auch Johannsen aaO 869. Belastet ist i Zw der Erbe, § 2147 S 2, vgl auch § 2161. Über den NE s oben 5a.

6) Im **Erbschein** sind Vermächtn, außer dem VorausVerm des alleinigen VE, nicht aufzuführen, § 2353 Anm 4.

7) Lastenausgleich. Mithaftg des VermNehmers für die Vermögensabgabe § 71 LAG (steuerrechtl HaftgsVorschr); Kürzg eines Verm mit Rücks auf die VermögensAbg § 70 LAG (eine die erbrechtl Bestimmgen des BGB ergänzende Vorschr, die das Innenverhältn zw Erbl u VermNehmer regelt, BGH **LM** § 70 LAG Nr 1). Wegen Einzelheiten vgl Hense DNotZ **53**, 81, Susat MDR **53**, 270, RGRK § 2174 Rdz 25–36, Staud-Seybold Vorbem 20–27 vor § 2147; BGH aaO. Die Kürzungsbefug gibt dem Erbl ggü dem VermAnspr ein LeistgsverweigerungsR; erst wenn der Erbe den auf den VermNehmer entfallenden Anteil der Abgabeschuld bezahlt od mitbezahlt hat, entsteht ein auf Zahlg von Geld gerichteter Ausgl- od BereicherungsAnspr, der auch zur Aufrechng gestellt w kann, BGH aaO. Auch im zZ des Inkrafttretens des LAG bereits erfüllte Verm kann noch nachträgl gekürzt werden, Kühne-Wolff, LAG § 70 Anm 2, es ist dann (außer im Fall des § 818 III) insow zurückzuerstatten, § 812 I 2, str, vgl LG Verden MDR **56**, 612. Die gesetzl Vermutg des § 70 LAG kann uU durch die Feststellg widerlegt werden, daß das Vermächtn eine GgLeistg für geleistete Dienste darstellt, Köln NJW **54**, 356. S auch Haegele Just **61**, 23/26, ders, BWNotZ **73**, 1/6, Troll, Nachl u Erbe im SteuerR, 1967, S 302f, Johannsen aaO 879.

8) Erbschaftsteuer, ErbStG 1 I Nr 1, 3 I Nr 1, 9 I Nr 1. SteuerSchu ist der VermNehmer (ErbStG 20 I); der Nachl haftet bis zur AuseinandS (§ 2042) für die Steuer der am Erbf Beteiligten, also auch der VermNehmer (ErbStG 20 III); über Abzugsfähigk als NachlVerbindlk s ErbStG 10 V Nr 2. S auch Soergel-Wolf Rdz 12.

9) DDR: ZGB (Auszug im Anh, 35. Aufl) 380, 381.

2147 Beschwerter.
Mit einem Vermächtnisse kann der Erbe oder ein Vermächtnisnehmer beschwert werden. Soweit nicht der Erblasser ein anderes bestimmt hat, ist der Erbe beschwert.

1) Die Aussetzg des Verm, § 1939, kann durch Test od ErbVertr, §§ 2278, 2299, 2301, erfolgen. Von der Vorschr des § 2065 II, wonach nur der Erbl den Bedachten u den Ggst der Zuwendg bestimmen kann, sind beim Verm mehrf Ausnahmen getroffen, §§ 2151–2156. Im übrigen vgl Einf vor § 2147 sowie über Auslegg letztw Vfg als Erbeinsetzg od Verm § 2087 Anm 1; wg unmögl u unsittl Verm vgl Anm zu § 2171. Nach der **Ergänzgsregel** des Satz 2 ist der Erbe mangels abw Bestimmg beschwert. Ist das Verm bis zum Tod des Beschwerten aufschiebd bedingt od befristet, § 2177, ist es erst bei seinem Tode fällig, § 2181, so hat die Entrichtg nicht durch den Beschwerten, sond dessen Erben zu erfolgen, Warn **18** Nr 61. Über Beschwerg des Vermächtnisnehmers s §§ 2186–2188, 2191. Wegfall des Beschwerten, § 2161. Über ergänzde Auslegg des Verm eines Nießbr s RG SeuffA **90** Nr 152.

2148 Mehrere Beschwerte.
Sind mehrere Erben oder mehrere Vermächtnisnehmer mit demselben Vermächtnisse beschwert, so sind im Zweifel die Erben nach dem Verhältnisse der Erbteile, die Vermächtnisnehmer nach dem Verhältnisse des Wertes der Vermächtnisse beschwert.

1) Verhältnismäßige Beschwerg, soweit nicht der Wille des Erbl etwas anderes ergibt. MitE, die alle beschwert sind, haften aber nach § 2058 als Gesamtschuldner (vgl aber auch §§ 2060, 2061), so daß die Teilg nach § 2148 nur für das InnenVerh von Bedeutg ist, s BayObLG **7**, 211. Ist nur ein Teil der MitE od sind mehrere beschwert, so haften sie auch nach außen nur zu entspr Teilen, § 420, Staud-Seybold Anm 4; aM Brox § 27 VI 1b u 2b. Entscheid ist immer nur das Verhältn der Erbteile bzw das Wertverhältn der beschwerten Verm zur Zeit des Erbfalls, s Staud-Seybold Anm 3.

2) Entsprechende Anwendg, wenn mehrere Erben u VermNehmer gemeins mit einem Verm beschwert sind, Staud-Seybold Anm 2, RGRK Rdz 2.

3) Bei **unteilbarer Leistg** haften die mehreren Beschwerten als GesSchuldner, § 431, RGRK Rdz 5.

4) Ist dieser od jener Erbe od VermNehmer beschwert – **alternatives Verm** –, haften sie idR nach § 421 als GesSchu, RGRK Anm 6; die §§ 2073, 2151, 2152 gelten dgg für mehrere alternativ Bedachte.

5) Ausnahme von § 2148 in § 2320, RG JW **18**, 768.

2149 Vermächtnis an den gesetzlichen Erben.
Hat der Erblasser bestimmt, daß dem eingesetzten Erben ein Erbschaftsgegenstand nicht zufallen soll, so gilt der Gegenstand als den gesetzlichen Erben vermacht. Der Fiskus gehört nicht zu den gesetzlichen Erben im Sinne dieser Vorschrift.

1) Die VermAnordng ist nicht an bestimmte Ausdrücke (wie „vermachen") gebunden. Sind einzelne Ggstände zugewendet, so gilt dies iZw als Verm, § 2087 II. Was dem eingesetzten Erben nicht zufallen soll, „gilt" nach der **Vermutg** des G als Verm an die gesetzl Erben nach Maßg ihrer Anteile, ebso wie ihnen das ErbR zufällt, soweit darüber nicht verfügt ist, §§ 2088, 2104, 2105. Sind abgesehen von dem hier ebso wie in § 2104 S 2 ausscheidenden Fiskus gesetzl Erben nicht vorhanden, so erhält der eingesetzte Erbe den Ggst doch.

§§ 2149–2151 5. Buch. 3. Abschnitt. *Keidel*

2) Hat sich der Erbl ledigl **vorbehalten**, noch über ErbschGgstände zu verfügen, so gilt § 2086, Staud-Seybold Anm 2. Wenn er dem **Erben verboten** hat, über ErbschGegenstände unter Lebenden od vTw zu verfügen, muß durch Ausslegg ermittelt werden, ob ein NachVerm, §§ 2191, 2338, eine Auflage, § 2192, eine auflösd bedingte Zuwendg, § 2192 Anm 2, od nur ein rechtl unverbindl Wunsch vorliegt, Staud-Seybold Anm 3.

2150 Vorausvermächtnis.
Das einem Erben zugewendete Vermächtnis (Vorausvermächtnis) gilt als Vermächtnis auch insoweit, als der Erbe selbst beschwert ist.

Schrifttum: Siehe zu § 2048; auch Johannsen WPM **72**, 870f; **77**, 276.

1) Allgemeines. Diese Bestimmg ist in Anlehng an römischrechtl Gedankengänge entstanden. Sind einzelne MitE zG eines anderen MitE mit einem Verm beschwert, so liegt ein gewöhnl Verm vor, bei dem der Bedachte lediglich die Stellg eines VermNehmers einnimmt, vgl noch § 2063 II. Dagg gehört zum **Wesen** des vorstehd geregelten VorausVerm, daß es den ganzen Nachl belastet u der Bedachte selbst der Beschwerte (wenn er AlleinE, alleiniger VorE, BGH NJW **60**, 959) od doch Mitbeschwerter ist. Der Vorausbedachte hat also die **Doppelstellg** eines Erben und VermNehmers, und, beim Vorhandensein von MitE, in vollem Umfange, so daß ihm das Verm ungekürzt u ohne Anrechng auf den Erbteil, Flad, DGWR **37**, 233, zu gewähren ist, sofern nicht andere NachlGläub bessere Rechte haben. Soweit der Erbe selbst beschwert ist, liegt zwar eigentl kein Verm vor, da niemand sein eigener Schu sein kann. Es „gilt" aber insow als Verm, dh es soll wie ein solches behandelt werden, Staud-Seybold Anm 2.

2) Die Anordng erfordert hier, daß dem Erben (MitE) neben seiner Erbeinsetzg ein bestimmter einzelner Ggst od ein Mehr von solchen noch besonders zugewendet wird. Über das Verhältn zw VorausVerm u Teilgsanordng, insb Zuwendg eines Übernahmerechts s § 2048 Anm 1.

3) Wirkg. a) Ist, wie im Regelfall, das **Vorausvermächtn einem MitE** zugewendet u er zugl selbst mitbeschwert, RGRK Rdz 4, 5, so bedeutet das für ihn eine Zuwendg über seinen Erbteil hinaus u eine Begünstigg vor den übr ME, s KG OLGZ **77**, 457/461. Bei einer Masse von zB 32000 DM erhält der vorbedachte (zu ¹/₃ berechtigte) ME das Verm von zB 3000 DM ungekürzt; sein Erbteil beläuft sich aber nur auf ¹/₃ von 29000, weil die zu verteilende Masse sich durch die ungekürzte Erfüllg des Verm entspr mindert u diese Minderg den Vorausbedachten in gleicher Weise, näml nach Verh seines Erbteils, trifft wie die Minderg dieser Masse durch die übr Bruchteile des Verm. Und die ME haben zu diesem Verm in vollem Umfang, nicht bloß zu den auf ihre Erbteile entfallenden Bruchteilen, sond auch zu dem Bruchteil, der auf den Erbteil des Vorausbedachten entfällt, verhältnism beizutragen. Das VorausVerm bildet also eine Abzugspost von der Teilgsmasse. Der Vorausbedachte kann die Erfüllg bereits aus dem ungeteilten Nachl mit der Ges-Handelsklage, § 2059 II, verlangen, RG **93**, 196, KG aaO; vgl § 2046 Anm 4, Johannsen aaO 870. Im Verh zu NachlGläub, die nicht VermNehmer sind, gilt der Vorausbedachte als VermNehmer, vgl §§ 1973–74, 1979, 1991–92, im Konk, KO 226 und hins der Anfechtg, KO 222, AnfG 3a. Wegen des NE vgl § 2110 II, des Erbscheins § 2110 Anm 3. – **b) Mehrere vorausbedachte MitE** sind iZw zu gleichen Teilen, §§ 2091, 2157, aber nach Verh ihrer Erbteile beschwert, § 2148, RGRK Rdz 6, auch Planck-Flad Anm 2e. – **c) Erbeinsetzg u Verm.** Eine Bedinggn od Unwirksamk der Erbeinsetzg, § 2085, gilt nicht ohne weiteres für das VorausVerm. – Der Vorausbedachte kann die Erbeinsetzg ausschlagen und das Verm annehmen, sowie umgekehrt, vgl auch § 2180. – **d)** VorausVerm kann auch für den **Alleinerben** von Wert sein, vgl §§ 2085, 2110 II, 2373, im Grdbuchverkehr, OLG **30**, 202, sowie ggü einem TestVollstr, HRR **29** Nr 712, §§ 2203, 2213, od NachlVerw, §§ 1975ff, s auch RGRK Rdz 1. Der **alleinige Vorerbe** erwirbt den ihm durch VorausVerm zugewendeten Ggst ohne weiteres mit dem Vorerbfall, BGH **32**, 60 = LM § 1967 Nr 1 mit Anm v Mattern, s auch Johannsen aaO 871.

4) Beschwerg anderer MitE. Sind mit dem einem MitE neben dem Erbteil zugewendeten Verm ausschließl andere MitE beschwert, so gelten die allgem Grdsätze, RGRK Rdz 8, s §§ 2046 II, 2063 II.

2151 Mehrere Bedachte; Bestimmungsrecht des Beschwerten.
I Der Erblasser kann mehrere mit einem Vermächtnis in der Weise bedenken, daß der Beschwerte oder ein Dritter zu bestimmen hat, wer von den mehreren das Vermächtnis erhalten soll.

II Die Bestimmung des Beschwerten erfolgt durch Erklärung gegenüber demjenigen, welcher das Vermächtnis erhalten soll; die Bestimmung des Dritten erfolgt durch Erklärung gegenüber dem Beschwerten.

III Kann der Beschwerte oder der Dritte die Bestimmung nicht treffen, so sind die Bedachten Gesamtgläubiger. Das gleiche gilt, wenn das Nachlaßgericht dem Beschwerten oder dem Dritten auf Antrag eines der Beteiligten eine Frist zur Abgabe der Erklärung bestimmt hat und die Frist verstrichen ist, sofern nicht vorher die Erklärung erfolgt. Der Bedachte, der das Vermächtnis erhält, ist im Zweifel nicht zur Teilung verpflichtet.

Schrifttum zu §§ 2151ff: Sünner, Drittbestimmg bei letztw Zuwendgen nach englischem u deutschem Recht, Diss Regensburg, 1970, 87ff; Haegele, Zulässigk der Bezeichnung eines Erben od eines VermNehmers dch einen Dritten, BWNotZ **72**, 74/77.

1) Mehrere Bedachte, Abweich von § 2065 II, dazu Sudhoff, Betr **66**, 650, 1720, über VorausVerm der UnternehmensNachf bei mehreren Kindern, Dobroschke, Betr **67**, 803, über Unternehmensnachfolge Minderjähriger, der zutr darauf hinweist, daß § 2087 die Zuwendg eines Verm – des Unternehmens –, dessen

Ggst den Nachl im wesentl, wenn auch nicht in seiner Gesamth, ausmacht, nicht ausschließt, ähnl Klunzinger BB **70**, 1199 für Verm eines Betriebs, auch Sünner aaO 89, Haegele aaO 78, 79, ders auch Rpfleger **73**, 203/204; der Wille des Erbl, ein Verm mit Bestimmg des VermNehmers unter seinen Kindern dch einen Dritten auszusetzen, muß hier aber aus der letztw Vfg eindeut hervorgehen. Über BestimmgsVerm im EhegTest s Keller BWNotZ **70**, 51. – **a)** Der **Kreis der Bedachten** muß aber irgendwie bestimmb sein, RG **96**, 15, Düss JW **25**, 2147; Bezugnahme auf Traubibel genügt, RG JW **37**, 2832; die Zahl der Pers darf nicht allzu weit ausgedehnt w, Haegele aaO 78; sonst Aufl, § 2139, dazu Brox § 27 III 2b, Hass SchlHA **74**, 136. Auch der Beschwerte kann zum Kreis der Bedachten gehören. – **b)** Die **Bestimmg, II**, geschieht dch formlose, unwiderrufl Erkl, muß (wie in den Fällen der §§ 319, 2155 III, 2156) bill sein, u ist bei Irrt od Argl anfechtb, str, s auch Klunzinger aaO 1201, Johannsen WPM **72**, 872 u in RGRK Rdz 6, 7. Das BestimmgsR ist nicht übertragb, Erm-Hense Rdz 3; kann es nicht ausgeübt w, gilt **III** 1. Bei Verzöger od Verweiger der Bestimmg, **III**, kein KlageR, sond Antr an das NachlG, RPfleger, RPflG 3 Nr 2c, FGG 80, Haegele aaO 78; gg Fristsetzg befristete, gg ablehnde Vfg unbefristete Erinnerg, ev Beschw, RPflG 11. Gebühr: KostO 114 Nr 2. – **III** 3 ist Ausn v § 430. – Ist einem in ZugewinnGemsch lebden, nicht erbden Eheg ein Verm nach § 2151 zugewendet, so ist ggf § 1371 II zu beachten, s Ohlhausen, Diss Kiel 1968, 211 ff.

2152 *Wahlweise Bedachte.* Hat der Erblasser mehrere mit einem Vermächtnis in der Weise bedacht, daß nur der eine oder der andere das Vermächtnis erhalten soll, so ist anzunehmen, daß der Beschwerte bestimmen soll, wer von ihnen das Vermächtnis erhält.

1) Der Beschwerte soll iZw das BestimmgsR nach § 2151 haben, auch wenn mehr als 2 Pers bedacht sind. Bei Beschwerg mehrerer Personen ist Übereinstimmg aller Beschwerten erforderl, § 317 II, Staud-Seybold Anm 1. Unterläßt der Beschwerte die Bestimmg, so gilt § 2151 III.

2153 *Bestimmung der Anteile.* **I** Der Erblasser kann mehrere mit einem Vermächtnis in der Weise bedenken, daß der Beschwerte oder ein Dritter zu bestimmen hat, was jeder von dem vermachten Gegenstand erhalten soll. Die Bestimmung erfolgt nach § 2151 Abs. 2.

II Kann der Beschwerte oder der Dritte die Bestimmung nicht treffen, so sind die Bedachten zu gleichen Teilen berechtigt. Die Vorschrift des § 2151 Abs. 3 Satz 2 findet entsprechende Anwendung.

1) Die Bestimmg der Anteile am vermachten Ggst, Übbl 2 vor § 90, erfolgt bei Unteilbark nach gedachten Bruchteilen. Sie braucht nicht gleichzeitig zu erfolgen, wird aber erst verbindl, wenn der ganze Ggst aufgeteilt ist, RGRK Rdz 2. Die Best braucht nicht nach bill Ermessen zu erfolgen, Johannsen WPM **72**, 872. Die vollzogene Verteilg ist für den Bestimmenden unwiderrufl, für die Bedachten, außer bei Argl, unanfechtb, RGRK Rdz 4. Die Möglichk der §§ 2151 und 2153 können miteinander verbunden werden, RG **96**, 17, zB der TestVollstr soll unter die Freunde des Erbl etwas nach seinem Ermessen verteilen.

2154 *Wahlvermächtnis.* **I** Der Erblasser kann ein Vermächtnis in der Art anordnen, daß der Bedachte von mehreren Gegenständen nur den einen oder den anderen erhalten soll. Ist in einem solchen Falle die Wahl einem Dritten übertragen, so erfolgt sie durch Erklärung gegenüber dem Beschwerten.

II Kann der Dritte die Wahl nicht treffen, so geht das Wahlrecht auf den Beschwerten über. Die Vorschrift des § 2151 Abs. 3 Satz 2 findet entsprechende Anwendung.

1) Das Wahlvermächtn („eins meiner Bücher") begründet eine Wahlschuld iS der §§ 262–265. Im Zwist also in erster Linie der Beschwerte wahlberechtigt, § 262. Ist der VermNehmer wahlberechtigt, so kann er bei schuldh Zerstörg des einen Ggstandes auch den EntschädiggsAnspr wählen. Unter mehreren Wahlberecht muß Übereinstimmg herrschen, vgl §§ 317 II, 747, 2040 I, 2224. Im üb sind aber §§ 317 ff bei Wahl dch einen Dritten nicht anwendb, Sünner aaO 95. Der Beschwerte ist nach §§ 242, 809 zur Vorzeigg der zur Wahl stehden Ggstände verpflichtet, Staud-Seybold Anm 6. Verfügt der Erbl, daß der vermachte Ggst durch das Los od ein sonst Ereign bestimmt w soll, so liegt ein bedingtes Verm vor. – Über den Unterschied zw Wahlschuld u begrenzter Gattgsschuld vgl Reichel AcP **138**, 200.

2155 *Gattungsvermächtnis.* **I** Hat der Erblasser die vermachte Sache nur der Gattung nach bestimmt, so ist eine den Verhältnissen des Bedachten entsprechende Sache zu leisten.

II Ist die Bestimmung der Sache dem Bedachten oder einem Dritten übertragen, so finden die nach § 2154 für die Wahl des Dritten geltenden Vorschriften Anwendung.

III Entspricht die von dem Bedachten oder dem Dritten getroffene Bestimmung den Verhältnissen des Bedachten offenbar nicht, so hat der Beschwerte so zu leisten, wie wenn der Erblasser über die Bestimmung der Sache keine Anordnung getroffen hätte.

1) Das Gattgsvermächtn („10 Sack Getreide") wird in Abweich von § 243 I geregelt u betrifft Sachen, nicht sonstige Ggstände. Die Sachen brauchen nicht im Nachl vorhanden zu sein, da § 2169 I für ein GattgsVerm nicht gilt, soweit nicht der Erbl abweich bestimmt, daß nur im Nachl befindl Sachen zu leisten sind (**gemischt generisches Vermächtn**, auf den Nachl beschränktes GattgsVerm), Staud-Seybold Anm 1. Erfüllt der Erbl selbst noch das Verm, so kann der Bedachte nicht nochmals Erf verlangen, u zwar auch dann nicht, wenn der Erbl bei TestErrichtg an diese Möglichk nicht gedacht hat, denn maßg ist der hypothetische Wille des Erbl, § 2084 Anm 4b, s RG Gruch **63**, 478. – Ein Streit ist im ProzWege auszutragen; Vollstreckg nach ZPO 884; sind Sachen der betr Art im Nachl nicht vorhanden, kann Ersatz nach ZPO 893 verlangt werden. Im Falle des Abs **III** hat der Beschwerte nach Abs I zu leisten nach §§ 2182, 2183. – Für das **Geldsummenvermächtn** gilt § 2155 nicht.

2) Verm eines **Sachinbegriffs**, § 92 II, mit wechselndem Bestand bezieht sich iZw auf die im Ztpkt des Erbf dazu gehörenden Sachen, § 2164 Anm 1, RGRK Rdz 10.

2156 *Zweckvermächtnis.* **Der Erblasser kann bei der Anordnung eines Vermächtnisses, dessen Zweck er bestimmt hat, die Bestimmung der Leistung dem billigen Ermessen des Beschwerten oder eines Dritten überlassen. Auf ein solches Vermächtnis finden die Vorschriften der §§ 315 bis 319 entsprechende Anwendung.**

1) Die **Zweckbestimmg** (Studium, Reise, dazu auch Schäfer BWNotZ **62**, 207) wie auch die Verm-Anordng selbst muß vom Erbl getroffen sein, Warn **11** Nr 42. Der Bestimmgsberechtigte kann dann den Ggst, die Bedingten der Leistg u deren Zeit feststellen, jedoch nicht die Pers des Empfängers, soweit nicht auch ein Fall der §§ 2151, 2152 vorliegt; anders bei der Aufl, § 2193. Bei Wegfall des Dritten entsch die Billigk schlechthin. Nachprüfg der Verbindlichk nach § 315 III, bei Bestimmg durch einen Dritten nach § 319. – Das BestimmgsR kann nicht dem VermNehmer überlassen werden, Barth-Schlüter Lehrb § 43 IV 2 c, RGRK Rdz 3, bestr, aM Haegele BWNotZ **72**, 78; s aber auch die Fälle der §§ 2154, 2155

2157 *Gemeinschaftliches Vermächtnis.* **Ist mehreren derselbe Gegenstand vermacht, so finden die Vorschriften der §§ 2089 bis 2093 entsprechende Anwendung.**

1) Die **mehreren Bedachten** sind **TeilGläub**, §§ 741 ff, 2091, 2093, nicht GesGläub nach § 428. Das Verm kann auch in mehreren Vfgen ausgesetzt sein, sofern nicht die spätere die frühere aufhebt, § 2258. Anwendb auch, wenn ein Grdst mehreren zu Bruchteilen vermacht ist, s BayObLG **13**, 18. – Bei Verm einer teilbaren Leistg ist durch Auslegg zu ermitteln, ob gemschaftl od mehrere Verm vorliegen, RGRK Rdz 3.

2158 *Anwachsung.* **I Ist mehreren derselbe Gegenstand vermacht, so wächst, wenn einer von ihnen vor oder nach dem Erbfalle wegfällt, dessen Anteil den übrigen Bedachten nach dem Verhältnis ihrer Anteile an. Dies gilt auch dann, wenn der Erblasser die Anteile der Bedachten bestimmt hat. Sind einige der Bedachten zu demselben Anteile berufen, so tritt die Anwachsung zunächst unter ihnen ein.**

II Der Erblasser kann die Anwachsung ausschließen.

1) Die Anwachsg setzt den Wegfall eines gültig berufenen Mitberechtigten voraus; über den Begriff des Wegfalls s Anm 2 zu § 2094. Stirbt er nach dem Erbf oder Anfall, ohne vorher ausgeschlagen zu haben, so kommt es nur zur Anwachsg, wenn die Erben des Bedachten, §§ 2180, 1952, ihrers ausschlagen, Staud-Seybold Anm 7. Ferner darf die Anwachsung nicht ausdrückl od mittelb (zB ErsBerufg, §§ 2190, 2099) ausgeschlossen sein, **II**; OLG **42**, 137 (Anwachsung bei Verm einer Jahresrente an die „Descendenz"). Soll nach dem Willen des Erbl mit dem Wegfall das Verm hinfällig werden, so kommt der Anteil des Weggefallenen dem Beschwerten zugute. – Das Recht des **NachVermNehmers** umfaßt iZw die Anwachsg, §§ 2191, 2110. § 2158 ist entspr anzuwenden, wenn die mehreren Bedachten unter einer auflösenden Bedingg od Bestimmg eines Endtermins eingesetzt sind, ohne daß der Erbl bestimmt, wer an die Stelle eines Mitbedachten treten soll, bei dem die Bedingg od der Endtermin eintritt, RG JW **36**, 41.

2159 *Selbständigkeit der Anwachsung.* **Der durch Anwachsung einem Vermächtnisnehmer anfallende Anteil gilt in Ansehung der Vermächtnisse und Auflagen, mit denen dieser oder der wegfallende Vermächtnisnehmer beschwert ist, als besonderes Vermächtnis.**

1) Selbständigk des anwachsenden Anteils wie bei § 2095 (mit Ausn der nur bei gesetzl Erbfolge geltenden Ausgleich). Der so begünstigte VermNehmer haftet einem Unterbedachten nur mit dem Wert des beschwerten Anteils, § 2187 II.

2160 *Vorversterben des Bedachten.* **Ein Vermächtnis ist unwirksam, wenn der Bedachte zur Zeit des Erbfalls nicht mehr lebt.**

1) Unwirksamk. Da die Wirksamk letztw Zuwendgen keinesf vor dem Erbf eintreten kann, ist ihr WirksWerden idR ausgeschl, wenn der Bedachte vor dem Erbf (vor od nach TestErrichtg) gestorben ist od die bedachte jur Pers vorher zu bestehen aufgehört hat, vgl auch § 1923. Doch braucht der mit einem Verm Bedachte (anders als der Erbe, § 1923 II) beim Erbf nicht bereits zu leben, erzeugt od sonst bestimmt zu sein, § 2178, da hier keine unmittelb Gesamtnachf, vgl auch §§ 2162, 2163. Der VermAnfall, § 2176, trifft also nicht immer mit dem Erbf zus. – **a)** Die **Unwirksamkeit** tritt **nicht** ein bei ErsBerufg, § 2190, im Fall des § 2069, RG LZ **20**, 385, od bei Anwachsg, § 2158. Unter bes Umst kann ferner im Wege der ergänzenden Ausleg statt eines nicht mehr vorhandenen Bedachten ein anderer als bedacht angesehen werden, zB statt einer aufgehobenen Schulgemeinde die polit Gemeinde, Celle NdsRpfl **48**, 8, vgl § 2084 Anm 4 b. – b) Die Unwirksamk kommt dem Beschwerten, nicht dem gesetzl Erben zugute. – c) Die Wirksk einer VermAO ist vom Ger selbst u unabhäng v rechtl Erklärgen der Parteien zu prüfen, BGH WPM **70**, 1520.

2) **Weitere Fälle der Unwirksamkeit**: Verzicht § 2352, Eheauflösg usw § 2077, Zeitablauf, §§ 2162, 2163, Ausschlagg, § 2180, Anfechtg, §§ 2078 ff, 2345, Tod vor Eintritt der Bedingg, § 2074, Unmöglichk, §§ 2171, 2172.

2161 *Wegfall des Beschwerten.* **Ein Vermächtnis bleibt, sofern nicht ein anderer Wille des Erblassers anzunehmen ist, wirksam, wenn der Beschwerte nicht Erbe oder Vermächtnisnehmer wird. Beschwert ist in diesem Falle derjenige, welchem der Wegfall des zunächst Beschwerten unmittelbar zustatten kommt.**

1) **Trotz Wegfalls des Beschwerten** (sei er nun eingesetzter, gesetzl Erbe od VermNehmer) bleibt das Verm iZw erhalten, auch wenn der Bedachte durch den Wegfall MitE wird, RG Recht **13** Nr 1615. Der an Stelle eines selbst beschwerten VermNehmers Eintretende haftet nicht weiter als der Weggefallene, § 2187 II, denn der Bedachte soll aus dem Wegfall keinen Vorteil ziehen. Über den Begriff des Wegfalls vgl §§ 2094 Anm 2, 2096 Anm 1.

2162 *Dreißigjährige Frist für aufgeschobenes Vermächtnis.* I **Ein Vermächtnis, das unter einer aufschiebenden Bedingung oder unter Bestimmung eines Anfangstermins angeordnet ist, wird mit dem Ablaufe von dreißig Jahren nach dem Erbfall unwirksam, wenn nicht vorher die Bedingung oder der Termin eingetreten ist.**

II **Ist der Bedachte zur Zeit des Erbfalls noch nicht erzeugt oder wird seine Persönlichkeit durch ein erst nach dem Erbfall eintretendes Ereignis bestimmt, so wird das Vermächtnis mit dem Ablaufe von dreißig Jahren nach dem Erbfall unwirksam, wenn nicht vorher der Bedachte erzeugt oder das Ereignis eingetreten ist, durch das seine Persönlichkeit bestimmt wird.**

1) **Aufgeschobene Vermächtnisse**, §§ 2177, 2074, werden ähnl wie Nacherbschaften, behandelt, § 2109, um eine Verewigg der VermWirkg zu verhindern. Ist jemand, dessen „Kindern" bedacht sind, 30 Jahre nach dem Erbf noch kinderlos, so wird das Verm unwirks, wenn er nicht der Beschwerte ist, § 2163 I Nr 1, vgl RGRK § 2109 Rdz 7. – Im Fall des Abs II kann sich jedoch die Frist noch um die EmpfängnZeit verlängern, § 2178. – Vgl auch Ebbecke, Recht **14**, 280, Johannsen WPM **72**, 878.

2163 *Ausnahmen von der dreißigjährigen Frist.* I **Das Vermächtnis bleibt in den Fällen des § 2162 auch nach dem Ablaufe von dreißig Jahren wirksam:**
1. **wenn es für den Fall angeordnet ist, daß in der Person des Beschwerten oder des Bedachten ein bestimmtes Ereignis eintritt, und derjenige, in dessen Person das Ereignis eintreten soll, zur Zeit des Erbfalls lebt;**
2. **wenn ein Erbe, ein Nacherbe oder ein Vermächtnisnehmer für den Fall, daß ihm ein Bruder oder eine Schwester geboren wird, mit einem Vermächtnisse zugunsten des Bruders oder der Schwester beschwert ist.**

II **Ist der Beschwerte oder der Bedachte, in dessen Person das Ereignis eintreten soll, eine juristische Person, so bewendet es bei der dreißigjährigen Frist.**

1) **Ausnahmen** wie bei der Nacherbsch, § 2109. – Ein Ereignis iS von **I** Nr 1 kann nicht ein Geschehn sein, das den Beschwerten od Bedachten unabhäng von seinem Willen trifft, wie etwa Erwerbsunfähigk od Tod, es kann auch auf der Willensentschließg des Betreffden selbst beruhen, zB Wiederverheiratg; es muß auch nicht den Beschwerten od Bedachten in seiner Stellg als Pers berühren; es genügt, wenn deren vermögensrechtl Stellg betroffen w, sei es dch ein von seinem Willen unabhäng Ereign, zB Konk, sei es ein vermögensrechtl Vorgang, der auf dem Willen des Beschwerten od Bedachten beruht, zB Landverkauf, BGH NJW **69**, 1112.

2164 *Erstreckung auf Zubehör.* I **Das Vermächtnis einer Sache erstreckt sich im Zweifel auf das zur Zeit des Erbfalls vorhandene Zubehör.**

II **Hat der Erblasser wegen einer nach der Anordnung des Vermächtnisses erfolgten Beschädigung der Sache einen Anspruch auf Ersatz der Minderung des Wertes, so erstreckt sich im Zweifel das Vermächtnis auf diesen Anspruch.**

1) **Umfang und Zustand**, in dem die vermachte Sache zu leisten ist, richten sich auch sonst nach dem Zeitpunkt des Erbfalls, nicht der TestErrichtg od des Anfalls, s Staud-Seybold Anm 4. Bei aufschiebd bedingtem od befristetem Verm ist iZw Zubehör in dem Umfang zu verschaffen, wie es beim Erbf vorhanden war; es kann aber angenommen werden, daß nach dem Willen des Erbl der Beschwerte Ersatz für Fehlstücke od Verschlechterg bei Eintritt der Bedingg od Befristg zu leisten hat, Staud-Seybold Anm 4. Das gilt auch für vermachte **Sachinbegriffe** wie Hausrat, vgl Reichel AcP **138**, 199. Was **Zubehör** ist, entscheidet das G, §§ 97, 98, 314, 926; der Wille des Erbl entscheidet aber, ob mehr od weniger als das gesetzl

Zubehör vermacht ist; dann schafft nicht der Irrt des Erbl, sond eine besondere Vfg das Verm. Fehlende Zubehörstücke, mögen sie auch für den wirtschaftl Zweck der Haupts notw sein, gelten nicht als vermacht. Bei Zubehör, das nicht dem Erbl gehört, ist iZw der Besitz vermacht, § 2169 II, zB unter EigtVorbeh vom Erbl gekaufte Maschinen, s auch Johannsen WPM **72**, 875; uU ist ein VerschaffgsVerm anzunehmen, § 2170, Staud-Seybold Anm 2.

2) Der Ersatzanspruch kann auf SchuldVerh, RGesch (Versicherg) od unerl Hdlgen beruhen, s §§ 249 ff, 812 ff, er umfaßt auch GewährleistgsAnspr, § 459 ff, mit Ausn der Wandlg, jedoch nicht entgangene Nutzgen. Bei Zerstörg od Entzieh der Sache greift § 2169 III ein; ErsVorteil kann auch die AusglLeistg nach dem LAG für Zerstörg od Beschädigg des ausgesetzten VermGgst sein, BGH NJW **72**, 1369 (L) = **LM** N_1 1, Johannsen WPM **73**, 549. Entsteht der Anspr erst nach dem Erbf, so gehört er zum Nachl u ist nach §§ 281, 2184 abzutreten, Kipp-Coing § 58 II. Verwendgen des Beschwerten § 2185.

3) Mitvermachte Sachen, Bestandteile. Mit der vermachten Sache in wirtschaftl Zushang stehende Ggstände können nach dem Willen der Erbl als mitvermacht gelten, Staud-Seybold Anm 6, RGRK Rdz 13. — Wesentl u unwesentl Bestandteile einer Sache können Ggst eines selbständigen Verm sein oder beim Verm der Sache ausgenommen werden, Staud-Seybold Anm 1.

2165 *Beseitigung von Belastungen.* I Ist ein zur Erbschaft gehörender Gegenstand vermacht, so kann der Vermächtnisnehmer im Zweifel nicht die Beseitigung der Rechte verlangen, mit denen der Gegenstand belastet ist. Steht dem Erblasser ein Anspruch auf die Beseitigung zu, so erstreckt sich im Zweifel das Vermächtnis auf diesen Anspruch.

II Ruht auf einem vermachten Grundstück eine Hypothek, Grundschuld oder Rentenschuld, die dem Erblasser selbst zusteht, so ist aus den Umständen zu entnehmen, ob die Hypothek, Grundschuld oder Rentenschuld als mitvermacht zu gelten hat.

1) Die dingl Rechte (PfandR, Nießbr, Hyp) belasten iZw, Warn **13** Nr 242, den vermachten Ggst, Übbl 2 vor § 90. Befreiung von gesetzl Pfandrechten, §§ 559, 647, wird aber verlangt werden können. Da der Ggst zur Erbsch gehören muß, ist **I** 1 nicht anwendb auf **Verschaffgs Verm**, §§ 2170, 2182 II; ebsowenig auf GattgsVerm, §§ 2155, 2182; hier kann der VermNehmer iZw Leistg einer lastenfreien Sache verlangen; Ausn bei GrdstVerm, § 2182 III. Bei Zuwendg zur Sicherh an Dritte übereigneter Ggstände wird der Wille des Erbl idR im Sinn von § 2169 dahin gehen, daß der Beschwerte den Ggst dem Bedachten verschaffen soll, es sind nicht §§ 2165–2168a, sond § 2169 Abs 2 u 3 anzuwenden, Staud-Seybold Anm 3. — Bei Befriedig des Pfandgläubigers durch den Bedachten gilt § 1249. Anspr des Erbl auf Beseitigg einer Belastg gelten iZw als mitvermacht, der VermNehmer kann vom Beschwerten Übertr dieses Beseitiggs-Anspr u aGrd desselben Beseitigg der Belastg vom Berecht verlangen, Soergel-Wolf Rdz 3.

2) Eigentümerrechte, II. Sind Grdstücke vermacht, auf denen eine Hyp, Grdschuld od Rentenschuld lastet, die dem Erbl als Eigtümer selbst zusteht, §§ 1163, 1168, 1170 II, 1171, 1177, 1196, so entscheidet die Auslegg nach den Umst des Einzelfalles. Bei noch den Namen des Gläub eingetragenen Grdpfandrechten sprechen im allg die Umst dafür, daß die inf ganzer od teilw Rückzahlg dem Erblasser als Eigtümer zustehenden Grdpfandrechte mit vermacht sind, s Staud-Seybold Anm 8. — Im übrigen vgl §§ 2166–2168a.

2166 *Belastung mit Hypothek.* I Ist ein vermachtes Grundstück, das zur Erbschaft gehört, mit einer Hypothek für eine Schuld des Erblassers oder für eine Schuld belastet, zu deren Berichtigung der Erblasser dem Schuldner gegenüber verpflichtet ist, so ist der Vermächtnisnehmer im Zweifel dem Erben gegenüber zur rechtzeitigen Befriedigung des Gläubigers insoweit verpflichtet, als die Schuld durch den Wert des Grundstücks gedeckt wird. Der Wert bestimmt sich nach der Zeit, zu welcher das Eigentum auf den Vermächtnisnehmer übergeht; er wird unter Abzug der Belastungen berechnet, die der Hypothek im Range vorgehen.

II Ist dem Erblasser gegenüber ein Dritter zur Berichtigung der Schuld verpflichtet, so besteht die Verpflichtung des Vermächtnisnehmers im Zweifel nur insoweit, als der Erbe die Berichtigung nicht von dem Dritten erlangen kann.

III Auf eine Hypothek der im § 1190 bezeichneten Art finden diese Vorschriften keine Anwendung.

1) Ein Grundstück (auch einen Bruchteil) muß der Bedachte iZw mit den auf ihm ruhenden Hyp, Dienstbark usw übernehmen, § 2165 I. — **a)** Bei **persönl Schuld des Erbl** (nicht bei bloß dingl Haftg) haftet der Bedachte dem Erben (nicht dem Gläub, § 329) für Erf der **HypSchuld**, soweit sie durch den Wert des Grdsts gedeckt wird. Befriedigt der VermNehmer den Gläub u übersteigt seine Leistg den Grdst-Wert, so geht insoweit die Fdg gg den persönl Schu nach § 1143 auf ihn über; zahlt der Erbe die Schuld, so geht die Hyp bis zur Höhe des GrdstWerts auf diesen über, Staud-Seybold Anm 3. — **b)** Auf eine zur Sicherg einer persönl Schuld des Erbl dienende **Grundschuld** ist § 2166 entspr anzuwenden, KG NJW **61**, 1680, BGH NJW **63**, 1612 = **LM** Nr 2, Staud-Seybold § 2165 Anm 7. Die Ausleggsregel **I** 1 gilt aber bei einer Grdschuld jedenf dann nicht, wenn diese der Sicherg eines Kreditverhältnisses in laufender Rechng mit wechselndem Bestand der Schuld dient, BGH **37**, 246 mit Anm v Mattern **LM** BBauG Nr 1, s auch Johannsen WPM **72**, 874. § 2166 ist ferner nicht anwendb, wenn der Erbl zur DarlSicherg ggü einer Bank eine GrdSch bestellt u eine RisikoLebensVers abgeschl, das Darl aus der LebensVers getilgt u die Bank ihm die GrdSch abgetreten hat, Mü NJW **75**, 1521.

2) Bei der **Wertberechng** ist von dem wahren Wert zZ des EigtÜbergangs, §§ 873, 925, nicht des Erbfalls od des Anfalls auszugehen. Die vorangehenden Belastgen werden grdsätzl abgezogen. Nicht abgezogen werden aber mitvermachte, in § 2165 II erwähnte Rechte, soweit nicht der Erbl das Ggteil bestimmte, ebsowenig die HöchstbetragsHyp, – auch nicht SichersgsGrdschuld für Kreditverhältn in laufender Rechng, vgl BGH **37**, 246, BGH NJW **63**, 1612 – da sie gem III außer Betr bleiben, weil sie idR keine Kapitalsanlage darstellen, die sich aus dem Grdst verzinst und amortisiert. Dagg gilt auch für letztere § 2165 I 1, aber der Erbe bleibt pers Schuldner, so daß der VermNehmer, der den Gläub befriedigt, die Fdg erwirbt, Staud-Seybold Anm 6. – Im Fall des II haftet der Bedachte nur hilfsweise.

2167 *Belastung mit Gesamthypothek.* Sind neben dem vermachten Grundstück andere zur Erbschaft gehörende Grundstücke mit der Hypothek belastet, so beschränkt sich die im § 2166 bestimmte Verpflichtung des Vermächtnisnehmers im Zweifel auf den Teil der Schuld, der dem Verhältnisse des Wertes des vermachten Grundstücks zu dem Werte der sämtlichen Grundstücke entspricht. Der Wert wird nach § 2166 Abs. 1 Satz 2 berechnet.

1) **Dem Gläubiger der Gesamthypothek** haftet der Bedachte mit dem Grdst unbeschränkt, § 1132 I. Die Beschrkg nach dem S 1 angegebenen Wertverhältn tritt nur hins der Verpflichtg des VermNehmers ggü dem Erben zur Befriedigg des Gläubigers ein, s Staud-Seybold Anm 2, 3. Gehören die anderen Grdst nicht zur Erbsch, so gilt § 2166, vgl auch § 2168 II.

2168 *Belastung mit Gesamtgrundschuld.* I Besteht an mehreren zur Erbschaft gehörenden Grundstücken eine Gesamtgrundschuld oder eine Gesamtrentenschuld und ist eines dieser Grundstücke vermacht, so ist der Vermächtnisnehmer im Zweifel dem Erben gegenüber zur Befriedigung des Gläubigers in Höhe des Teiles der Grundschuld oder der Rentenschuld verpflichtet, der dem Verhältnisse des Wertes des vermachten Grundstücks zu dem Werte der sämtlichen Grundstücke entspricht. Der Wert wird nach § 2166 Abs. 1 Satz 2 berechnet.

II Ist neben dem vermachten Grundstück ein nicht zur Erbschaft gehörendes Grundstück mit einer Gesamtgrundschuld oder einer Gesamtrentenschuld belastet, so finden, wenn der Erblasser zur Zeit des Erbfalls gegenüber dem Eigentümer des anderen Grundstücks oder einem Rechtsvorgänger des Eigentümers zur Befriedigung des Gläubigers verpflichtet ist, die Vorschriften des § 2166 Abs. 1 und des § 2167 entsprechende Anwendung.

1) **Weitere Ergänzg** der Ausleggsregeln der §§ 2166, 2167. Die BefriediggsPfl des Bedachten geht auch im Falle des I nicht über den Wert des Grdst, § 2166 I S 1, hinaus; aber gesagt ist es nicht (Redaktionsversehen). Im Fall des II besteht keine BefriediggsPfl ggü dem Erben, soweit der Erbl nicht zur Befriedigg des Gläub verpflichtet ist, wohl aber die Haftg mit dem Grdst, §§ 1132 I, 1192 I.

2168a *Anwendung auf Schiffe, Schiffsbauwerke und Schiffshypotheken.* § 2165 Abs. 2, §§ 2166, 2167 gelten sinngemäß für eingetragene Schiffe und Schiffsbauwerke und für Schiffshypotheken.

1) § 2168a eingefügt durch SchiffsRDVO v 21. 12. 40, RGBl 1609. § 2165 II gilt nur in den Fällen des SchiffsRG 64 II; idR erlischt die SchiffsHyp, wenn sie mit dem Eigt in derselben Pers zusammentrifft, SchiffsRG 64 I. § 2168 ist nicht entspr anwendb, da das SchiffsRG nur die SchiffsHyp kennt.

2169 *Vermächtnis fremder Gegenstände.* I Das Vermächtnis eines bestimmten Gegenstandes ist unwirksam, soweit der Gegenstand zur Zeit des Erbfalls nicht zur Erbschaft gehört, es sei denn, daß der Gegenstand dem Bedachten auch für den Fall zugewendet sein soll, daß er nicht zur Erbschaft gehört.

II Hat der Erblasser nur den Besitz der vermachten Sache, so gilt im Zweifel der Besitz als vermacht, es sei denn, daß er dem Bedachten keinen rechtlichen Vorteil gewährt.

III Steht dem Erblasser ein Anspruch auf Leistung des vermachten Gegenstandes oder, falls der Gegenstand nach der Anordnung des Vermächtnisses untergegangen oder dem Erblasser entzogen worden ist, ein Anspruch auf Ersatz des Wertes zu, so gilt im Zweifel der Anspruch als vermacht.

IV Zur Erbschaft gehört im Sinne des Absatzes 1 ein Gegenstand nicht, wenn der Erblasser zu dessen Veräußerung verpflichtet ist.

Schrifttum: Siehe zu § 2170.

1) **Fremde Gegenstände.** a) Zur **Wirksamk** des **Verm** eines bestimmten Ggstandes, gleichgültig, ob er durch Test od ErbVertr zugewendet ist, BGH **31**, 13 = NJW **59**, 2252 (Sache od Recht; auf GattgsVerm, § 2155, ist § 2169 nicht anwendb), ist grdsätzl erforderl, daß er zur Zeit des Erbfalles (nicht der Anordng) zum Vermögen (nicht notw zum Eigt, JR **25** Nr 1766) des Erblassers gehört; also nicht eines Dritten od des Erben selbst od eines sonstigen Beschwerten. Gehört ein Ggst nur teilw zur Erbsch, so ist nur der Teil vermacht. Ist der Erbl MitE bei dem noch ungeteilten Nachl eines Dritten, so gehört zur Erbsch des Erbl nur dessen Anteil am Nachl des Dritten, nicht aber einzelne Ggstände od ein Bruchteil der einzelnen

Ggst, RG **105**, 250, KG NJW **64**, 1809; das Verm einzelner Ggstände ist daher grdsätzl unwirks. – **I** gilt auch, wenn ein Recht an einem Ggst vermacht wird, wenn das Recht zugewendet ist, von dem Beschwerten einen bestimmten Ggst käufl zu erwerben, RGRK Rdz 1. Gehört der das vermachte Recht tragende Ggst nicht zum Nachl, so ist das Verm grdsätzl unwirks, RG SeuffA **80** Nr 14; Celle HEZ **3**, 39. – Die Regelg des § 2169 steht mit der Bindgswirkg von ErbVertr u gemschaftl Test nicht in Widerspr, s § 2286, BGH **31**, 17, Johannsen WPM **69**, 1226; **72**, 873, dazu auch Bund, JuS **68**, 273. – **b)** Hier kann aber ebso wie bei der Zuwendg eines fremden Ggstandes ein **VerschaffgsVerm**, § 2170, gewollt sein, wenn der Erbl den Ggst od das Recht an einem Ggst auch für den Fall der Nichtzugehörigk zuwenden wollte, BGH LM § 2288 Nr 2. Ein VerschaffgsVerm kann auch dann vorliegen, wenn bei gemschaftl Test od ErbVertr unter Lebenden über den Ggst eines Verm verfügt u dieses dadurch unwirks wird, § 2271 Anm 3, BGH NJW **58**, 547, **59**, 2252 mit Anm v Baumgärtel MDR **60**, 296, Coing JZ **60**, 538. Vermacht der überl Eheg einen zum GesGut der fortgesetzten GütGemsch gehörenden Ggst, so handelt es sich um ein VerschaffgsVerm, BayObLG **60**, 254, 507; BGH NJW **64**, 2298 (Verm eines ÜbernahmeR von Grdst, die zum Gesamtgut der fortges Güt-Gemsch gehören), dazu Mattern BWNotZ **65**, 4, Bühler DNotZ **64**, 581. – Ob dem Erbl die Nichtzugehörigk bekannt war, ist an sich ohne Bedeutg. Jedoch wird ein auf VerschaffgsVerm gerichteter Wille regelm dann anzunehmen sein, wenn der Erbl die Nichtzugehörigk kannte, Celle aaO. Bei Sichergsübereigng durch den Erbl ist idR entweder ein VerschaffgsVerm gewollt oder der Anspr auf Leistg nach **III** vermacht. – **c)** Der **Beweis**, daß der verm Ggst nicht zum Nachl gehört, trifft den Beschwerten; der Bedachte hat zu beweisen, daß die Zuwendg auch für diesen Fall angeordnet ist, Haegele, Rpfleger **64**, 139. – **d) Haftg**. Beim Verm eines fremden Ggst haftet der Beschwerte nicht für Sachmängel, § 2183 Anm 2, für Rechtsmängel aber iZw wie ein Verkäufer, § 2182 II; er hat also alle Rechte zu beseitigen, die nach Erfüllg von Dritten gg den Bedachten geltend gemacht w könnten, aber nicht die Rechte des Bedachten selbst, Bühler aaO 583; der Erbl kann die Haftg für Rechtsmängel ausschließen od verschärfen, er kann auch Sachmängelhaftg anordnen, Bühler aaO 584; für Grdstücke s § 2182 III.

2) Besitz der vermachten Sache. Ist der Erbl nur Besitzer, so ist iZw nur der Besitz vermacht, auch wenn der Erbl den Ggst selbst vermachte, **II**. Wenn aber der Besitz keinen rechtl Vorteil gewährt, ist das Verm unwirks, falls nicht § 2170 einschlägt. Keinen rechtl Vorteil gewährt, ist der Besitz namentl dann, wenn seine Unrechtmäßigk bekannt u Herausg vom Eigtümer bereits verlangt ist, GgAnsprüche (s § 994) aber nicht bestehen, Soergel-Wolf Rdz 11.

3) Anspruch auf Leistg, Wertersatz. III ist nur Ausleggsvorschr; es kann auch ein wirkl VerschaffgsVerm gewollt sein. Wenn der Erbl den Wertersatz selbst noch nicht erhalten hatte, so gilt § 2173. Hat er aber den VermGgst veräußert u den Erlös selbst noch eingezogen, so ist der Ggst weder untergegangen noch entzogen u der Erlös tritt daher grdsätzl nicht an die Stelle des VermGgstandes, s BGH **31**, 13 = NJW **59**, 2252/2254; das Verm ist unwirks. Denn der Grds des **III** darf nicht zu einem allg gültigen Surrogationsprinzip erweitert werden, Staud-Seybold Anm 5, RGRK Rdz 25. Im Wege der ergänzenden Auslegg kann aber uU doch der Erlös als vermacht angesehen werden, BGH **22**, 357 = **LM** Nr 1 mit Anm v Johannsen, KG FamRZ **77**, 267/270. So hat zB der VermNehmer ggü dem Erben eines rass Verfolgten, dessen gesamtes Vermögen dem Reich verfallen war, einen VermAnspr, wenn das entzogene Vermögen im Wege der rückerstattgsrechtl ErsLeistg rückerstattet worden ist, Mü RZW **67**, 538. S auch § 2164 Anm 2.

4) Bei Veräußergspflicht IV, gehört der (zB verkaufte, aber noch nicht übergebene) Ggst dem Erbl wirtschaftl nicht mehr. Hier wird man Abs **III** nicht entspr anwenden können; zu prüfen ist aber, ob notf im Weg ergänzender TestAusleg festgestellt w kann, daß der Erbl mit dem Verm des Ggstandes auch die GgLeistg für dessen Veräußerg vermachen wollte, Nürnbg NJW **56**, 1882, KG aaO. **IV** gilt auch entspr für vertragsmäß Zuwendgen durch ErbVertr, Stgt BWNotZ **58**, 307, BGH **31**, 13; s auch § 2288 Anm 1.

2170 Verschaffungsvermächtnis.

I Ist das Vermächtnis eines Gegenstandes, der zur Zeit des Erbfalls nicht zur Erbschaft gehört, nach § 2169 Abs. 1 wirksam, so hat der Beschwerte den Gegenstand dem Bedachten zu verschaffen.

II Ist der Beschwerte zur Verschaffung außerstande, so hat er den Wert zu entrichten. Ist die Verschaffung nur mit unverhältnismäßigen Aufwendungen möglich, so kann sich der Beschwerte durch Entrichtung des Wertes befreien.

Schrifttum: Haegele, Verschaffgsvermächtnisse, Rpfleger **64**, 138, auch in Haegele-Litfin IV Rdz 130ff; Bühler, Das Verschaffgsvermächtnis, Inhalt und Durchsetzg, DNotZ **64**, 581; Johannsen WPM **72**, 875f; Kipp-Coing § 59; Lange-Kuchinke § 27 V 2b, d.

1) Der Beschwerte hat den Ggst, s hiezu Godin JR **48**, 65, anzuschaffen u (nebst etwaigem Zubehör, § 2164) dem Bedachten zu übereignen od ihm das zu begründende Recht, RG LZ **23**, 454, zu verschaffen; die Verpflichtg besteht auch bei Nachlßverbindlichk, § 1967 II, BGH FamRZ **64**, 425. Über Pflicht des Beschwerten s § 2169 Anm 1 d; über Durchsetzg des Verschaffungsanspruchs s Bühler aaO 589 ff, Johannsen aaO. Gehört er bereits dem Beschwerten, so gilt § 2174, Haegele aaO. Gehört er dem Bedachten (weil er ihn etwa vom Erbl schon zu dessen Lebzeiten erhalten hatte), so ist das Vermächtn wirkgslos. Wenn aber der Bedachte dem Erbl herausgabepflichtig war, so ist er von der HerausgabePfl befreit; s auch RG **164**, 202; ein Anspr auf Wertersatz wird ihm nur in bes Fällen zustehen, Staud-Seybold § 2169 Anm 6.

2) Subjektive Unmöglichkeit der Verschaffg, zB durch Weigerg od überm PreisFdg des Dritten, verpflichtet zum Wertersatz; im zweiten Fall, **II** 2, berechtigt sie dazu, vgl §§ 251 II, 633 II. Maßgebd ist der gemeine Wert nicht zZ des Erbf, sond im Fall **II** 1 zZ des Entstehens der Ersatzverpflichtg, in der sich das subj Unvermögen des Beschwerten endgültig herausstellt, und im Fall **II** 2 zZ der Leistg, Soergel-Wolf Rdz 5. Die Verpflichtg zum Wertersatz entfällt aber, wenn die Leistg des vermachten Ggstandes nachträgl ohne Versch u ohne Verzug des Beschwerten obj unmögl wird, RGRK Rdz 12, str.

Testament. 4. Titel: Vermächtnis §§ 2170–2173

3) Bei anfängl objektiver Unmöglichk ist das Verm unwirks, § 2171. Wird die Verschaffg nachträgl, – ohne Versch und ohne Verzug des Beschwerten – obj unmögl (zB durch zufälligen Untergang, § 275 I), so wird der Beschwerte befreit; vgl aber § 281, s RG DR **44**, 292, RGRK Rdz 6, Bühler aaO 586. Bei nachträgl Unmöglichk, die der Beschwerte zu vertreten hat, gilt § 280 I, Johannsen aaO.

4) Sonderregelg beim ErbVertr § 2288.

2171 *Unmögliches oder verbotenes Vermächtnis.* **Ein Vermächtnis, das auf eine zur Zeit des Erbfalls unmögliche Leistung gerichtet ist oder gegen ein zu dieser Zeit bestehendes gesetzliches Verbot verstößt, ist unwirksam. Die Vorschriften des § 308 finden entsprechende Anwendung.**

1) Obj Unmöglichk, vgl §§ 275, 306, wird erfordert, zB Untergang in der Zeit zw Anordng u Erbfall, soweit hier nicht der Anspr auf WertErs als vermacht anzusehen ist, § 2169 III. Der § 2171 bezieht sich auf die **anfängl Unmöglichk** und stellt in Abweichg von § 306 auf den Erbf ab; bei einem bedingten od befristeten Verm muß die obj Unmöglichk auch noch zZ des Eintr der Bedingg od des Anfangstermins vorliegen, §§ 308, 2177, Soergel-Wolf Rdz 4; s auch § 2170 Anm 3. Nach S 2 ist das Verm trotz zZ des Erbfs bestehender Unmöglichk od Verbotswidrigk der Leistg bei Vorliegen der Voraussetzgn des § 308 wirks, s RGRK Rdz 8. Nachträgl Unmöglichk §§ 275 ff und § 2170 Anm 2, 3. Über aufschiebende u auflösende unmögl Bedinggn vgl § 2074 Anm 1. Bei Unvermögen des Beschwerten zZ des Erbf gelten §§ 2169, 2170.

2 a) Ein gesetzl Verbot, zB ein Einfuhrverbot, od Verstoß gg Devisenbestimmgn – nicht aber Verstoß gg DevBest der DDR dch AO eines Verm aus Bankkonto eines DDR-Bürgers in der BRep (Bln-West), Kohler vgl Bffm NJW **72**, 398, dazu auch Hirschberg ROW **72**, 55 – macht das Verm schon nach § 134 nichtig. Das gesetzl Verbot muß aber zZ des Erbf, nicht der Errichtg der Vfg bestehen. – **b)** Verm, die gg die **guten Sitten** verstoßen, sind nach § 138 nichtig; vgl den Übbl über die Rspr in § 2077 Anm 1 A bb, auch Soergel-Wolf Rdz 6–8. Die Frage der Sittenwidrigk ist aber nicht nach dem verhältn zZ des Erbf, sondern der Errichtg zu beurteilen, BGH **20**, 71 = NJW **56**, 865 mit Anm Rechenmacher = **LM** § 138 (Cd) Nr 6 mit Anm v Johannsen. Bei Änderg des sittl Maßstabs in der Zeit zw Errichtg u gerichtl Entscheid ist die Beurteilg im Ztpkt des Richterspruchs maßg, § 2077 Anm 1 A b aa; dort auch weitere Einzelheiten. Unentgeltlichk u ungleiche Bedenkg der Kinder macht Verm nicht nach § 138 unwirks, BGH NJW **64**, 2299.

3) Ein Vermächtnis, das seinem Inhalt nach **behördlicher Genehmigg** bedarf – Verschaffg des Eigtums an einem Grdst nach dem jetzt aufgehobenen WohnsiedlgsG, zB GrdstVG, BBauG –, ist bis zur Entscheidg über die Gen od den Wegfall des GenErfordernisses schwebend unwirksam, BGH **37**, 233 = NJW **62**, 1715 = **LM** § 19 BBauG Nr 1 mit Anm v Mattern; s auch Johannsen WPM **72**, 876; zum GenVerf s Hense DNotZ **58**, 562, Bitter DVBl **62**, 41. Über Verm landw Grdst an Nichtlandwirt s Stgt BWNotZ **64**, 335. Vgl § 2174 Anm 2g. – Die Zuwendg sachwertabhängiger GeldVerm bedarf keiner Gen nach WährG 3 S 2, Soergel-Wolf Rdz 10.

2172 *Verbindung, Vermischung, Vermengung der vermachten Sache.*
I Die Leistung einer vermachten Sache gilt auch dann als unmöglich, wenn die Sache mit einer anderen Sache in solcher Weise verbunden, vermischt oder vermengt worden ist, daß nach den §§ 946 bis 948 das Eigentum an der anderen Sache sich auf sie erstreckt oder Miteigentum eingetreten ist, oder wenn sie in solcher Weise verarbeitet oder umgebildet worden ist, daß nach § 950 derjenige, welcher die neue Sache hergestellt hat, Eigentümer geworden ist.
II Ist die Verbindung, Vermischung oder Vermengung durch einen anderen als den Erblasser erfolgt und hat der Erblasser dadurch Miteigentum erworben, so gilt im Zweifel das Miteigentum als vermacht; steht dem Erblasser ein Recht zur Wegnahme der verbundenen Sache zu, so gilt im Zweifel dieses Recht als vermacht. Im Falle der Verarbeitung oder Umbildung durch einen anderen als den Erblasser bewendet es bei der Vorschrift des § 2169 Abs. 3.

1) Verbindg usw, I, machen die Leistg unmögl, u zwar ohne Rücks darauf, ob die Verbindg usw nur Sachen des Erbl od auch fremde Sachen betrifft u ob die Verbindg durch den Erbl od einen Dritten erfolgte. II enthält aber dann Ausnahmen für den Fall, daß ein Dritter ohne den Willen des Erbl die Verbindg usw vornahm. Über II hinaus kann aber die Vfg nach Sachlage dahin ausgelegt werden, daß auch in anderen Fällen etwaige ErsAnspr als vermacht gelten. Mögl ist auch ein Verm dahin, daß die vermachte Sache von der anderen abzutrennen u dann zu leisten ist. Ebenso ist auch in den Fällen des I denkb, daß ein AlleinEigt, §§ 947 II, 948, od ein MitEigt des Erbl, §§ 947 I, 948, als vermacht gilt.

2173 *Forderungsvermächtnis.* **Hat der Erblasser eine ihm zustehende Forderung vermacht, so ist, wenn vor dem Erbfalle die Leistung erfolgt und der geleistete Gegenstand noch in der Erbschaft vorhanden ist, im Zweifel anzunehmen, daß dem Bedachten dieser Gegenstand zugewendet sein soll. War die Forderung auf die Zahlung einer Geldsumme gerichtet, so gilt im Zweifel die entsprechende Geldsumme als vermacht, auch wenn sich eine solche in der Erbschaft nicht vorfindet.**

1) Beim Fordergsvermächtn erlangt der Bedachte aus § 2174 gg den Beschwerten den Anspr auf Übertragg nach §§ 398 ff nebst Zinsen seit dem Anfall, § 2184, und etw Nebenrechten, §§ 401, 402. Wird eine SchuldUrk, ein Sparkassenbuch vermacht, so ist regelm die Zuwendg der verbrieften Fdg in ihrer beim Erbf bestehenden Höhe gemeint; bei Verm eines Schreibtischs „mit Inhalt" ist dies Ausleggsfrage (§ 2084 Anm 2; RG SeuffA **75** Nr 107). Ob bei einem Verm von Wertpapieren, die vor dem Erbf veräußert sind, der Beschwerte zur Herausg des Erlöses verpflichtet ist, muß nach den Umst des Einzelfalles entschieden werden, Erm-Hense Rdz 1. Auch künftig entstehende Fdgen können vermacht werden. Beim Verm einer Leibrente wird die Schriftform, § 761, durch die TestForm, §§ 2231ff, BeurkG 1ff, ersetzt.

2) War die Forderg vor dem Erbfall durch Erfüllg getilgt, so wird das Verm iZw hierdurch nicht unwirks, wenn sich der geleistete Ggst im Nachl befindet od es sich um eine Geldschuld handelt, da die Absicht des Erbl idR auf Zuwendg des SchuldGgstandes geht. Die Auslegregel des **S 2**, Warn **30** Nr 60, greift auch bei der Aufrechng ein, soweit sie für den Erbl denselben wirtschaftl Erfolg wie die Erfüllg herbeiführt.

3) Was der Erbe nach dem Erbfall durch Zahlg der Schuld einnahm, hat er dem Bedachten zu ersetzen. Erfolgt nach dem Erbf die Aufrechng durch den Schuldner mit einer ihm gg den Nachl od den Erben zustehenden Fdg ggü dem Bedachten, so haftet der Erbe dem Bedachten, soweit er inf der Aufrechng bereichert ist.

4) Beim Befreiungsvermächtn, das ebenf keine dingl Wirkg hat, kann der Bedachte verlangen, von einer Schuld befreit zu werden. War es eine Schuld ggü dem Erbl, so kann der Bedachte Schulderlaß, ev Freigabe der Sicherh für die erlassene Schuld, Quittg und Rückg des Schuldscheins, §§ 368, 371, beanspruchen, BGH FamRZ **64**, 140. Er hat auch nach Verj seines Anspr eine Einr, vgl § 821. War es seine Schuld ggü einem Dritten, so hat der Beschwerte durch Zahlg, Aufrechng od sonstwie den Bedachten zu befreien, RG LZ **14**, 760. War die Schuld vom Bedachten schon vor dem Erbfall getilgt, so kann Verm der Schuldsumme gemeint sein, RG Gruch **62**, 248.

5) Schuldvermächtn. Vermacht der Erbl etwas, was er dem Bedachten ohnehin schuldet, so kann dies als Verm eines Schuldanerkenntnisses aufgefaßt werden. Dem Bedachten wird so der Bew des Bestehens der Schuld erspart, OLG **12**, 363. Doch kann der Beschwerte nach § 2078 anfechten, wenn die Schuld nicht bestand. Wenn sie vor dem Erbf getilgt (nicht bloß verjährt) war, wird das Verm nach § 2171 unwirks. Die Bestätigg einer unwirksamen Schenkg in einem Test kann als Verm ausgelegt werden, RG **82**, 149.

2174 *Anspruch aus Vermächtnis.* Durch das Vermächtnis wird für den Bedachten das Recht begründet, von dem Beschwerten die Leistung des vermachten Gegenstandes zu fordern.

Schrifttum: Bühler, Zum Inhalt der Vermächtnisanwartschaft im Vergleich zur Anwartsch des NachE, BWNotZ **67**, 174; Hueck, Der Geschäftsanteil der GmbH als Ggst eines Vermächtnisses, Betr **56**, 735.

1) Allgemeines. Das Verm verschafft nur ein **Forderungsrecht** des Bedachten gg den Beschwerten, auf das – von der Ausschlagg abgesehen – nach § 397 verzichtet werden kann; vgl Einf 2 vor § 2147. § 2174 charakterisiert das Verm rechtl als ein schuldrechtl Fdg, besagt aber nichts darüber, wann sie existent wird; diese Frage regeln §§ 2176ff, BGH NJW **61**, 1915. – Die Gefahr einer nach dem Erbf eingetretenen Verschlechterg seiner WirtschLage trägt iZw der Beschwerte, nicht der Bedachte, s aber Anm 2 e.

2) Einzelheiten.

a) Die **gegenseitigen Rechte und Pflichten** des Bedachten u Beschwerten richten sich nach den allg Vorschr über Schuldverhältnisse, Kipp-Coing § 63 I, insb hins eigenen u fremden Verschuldens, § 276ff, des Verzuges, §§ 286ff, u der ZinsPfl, § 291, Warn **27** Nr 35, § 275, sie stehen auch unter dem Gebot von Treu u Glauben, § 242, BGH **37**, 240/1, Johannsen WPM **72**, 877. Doch ist der Anspr als Nachl-Verbindlichk, § 1967 II, von besonderer Art, s unter c. Er kann in jedem Falle beim Gerichtsstand der Erbsch, ZPO 27, erhoben werden u richtet sich iZw gg den Erben, § 2147, vor der Ann gg den Nachl-Pfleger, verwaltenden TestVollstr, §§ 1958, 2213, od KonkVerwalter, KO 226 Nr 5, 219 I 2. Im ordentl RWeg kann die Kl auch gg eine Stiftg erhoben w, die einwendet, sie brauche als LandesstiftsgsR nicht zu erfüllen, BGH WPM **75**, 198. – Vor der Ann der Erbsch haftet der Beschwerte wie ein GeschFührer ohne Auftr, vgl § 1978 I 2.

b) Pflichten des Beschwerten. Er hat die vermachte Sache zu übertragen u zu übergeben, die vermachte Fdg abzutreten usw; hinsichtl eines vermachten UrheberR u UrhRG 29, eines vermachten GmbHAnteils s GmbHG 15 III.V u dazu Däubler, Die Vererbg des GeschAnteils bei der GmbH, 1965, S 26ff, Haegele, BWNotZ **76**, 53/57. – Eine Pfl zur Vorzeigg od Rechnsgslegg kann sich nach § 242 aus den Umst ergeben, auch mitvermacht sein, RG LZ **31**, 688, insb bei Verm eines Bruchteils des ReinNachl. Das gleiche gilt auch für die Auskunft nach dem NachlBestand, RG **129**, 239; ist der Bedachte pflichtteilsberechtigt, kann er Ausk nach § 2314 beanspruchen, BGH **28**, 177. – **aa)** Die **Kosten** der Entrichtg des Verm fallen dem Beschwerten, die der Abnahme u Übersendg (man denke an Hausrat) iZw dem Bedachten zur Last, vgl §§ 242, 448 I, 449. Eine Bringschuld (Schickschuld) kann uU dann anzunehmen sein, wenn die Übersendgkosten vom Bedachten schwer, vom Nachl leicht zu tragen sind u im Verhältn zum Wert der Zuwendg hoch sind, Reichel, AcP **138**, 201. Der mit einem GrdstVermächtnis Beschwerte hat auch die Kosten der GrdstUmschreibg zu tragen, BGH NJW **63**, 1602. – **bb)** Als **Erfüllgsort** wird meist der letzte Erbl-Wohns maßg sein, §§ 269, 270. Durch die Ablehng der Leistg nach Ann, § 2180 I, kommt der Bedachte in AnnVerzug, vor Ann kann er nicht in AnnVerzug kommen, s § 2180 Anm 1, Lange Lehrb § 27 IV 2 c. Der Beschwerte muß ggf nach § 383 verfahren, sofern nicht der Bedachte endgültig ablehnt, Reichel aaO 204. – **cc) Fällig** wird das Verm iZw sofort, § 271, vgl aber § 2181. Vom Erbfall an, § 2176, ist der Anspr abtretb, pfändb, RG **67**, 425, § 2177 Anm 1, und (außer im Fall des § 2074) auf die Erben des Bedachten übertragb; zur Pfändbark s Stöber[5], Rdz 414–419. Ist aber Ggst des Verm der Anteil an einer OHG, KG, so ist die Abtretung, § 399, des VermAnspr nur mit Zust der and Gesellschafter mögl, falls nicht der GesellschVertr die Abtretg ohne deren Zust zuläßt, BGH **LM** Nr 5 zu § 399, s auch Baumgärtl JZ **58**, 654; steht der GesellschVertr einer Beteiligg des VermNehmers entgg, so hat der Erbe ihm wenigstens die übertragb Rechte (auf Gewinnausschütte, AuseinandSGuthaben) abzutreten, BGH WPM **76**, 251 (dort auch zur Wertermittlg). Die Abtretg eines dem gesetzl Vertr eines minderj Erben vermachten Kommandit-Ant bedarf weder einer Pflegerbestellg noch einer vormschaftl Gen, LG Nürnbg-Fürth, MittBayNot **77**, 239. – Schuldet der VermNehmer eine Leistg an den Nachl, so kann sich für ihn eine VorleistgsPfl ergeben; er kann in einem solchen Fall ggü der ihn treffden NachlSchuld kein Zurückbehaltsrecht, § 273 I, geltend machen, s Dütz NJW **67**, 1108. – **dd)** Der VermAnspr **verjährt** in dreißig Jahren, §§ 194, 195, die Verj beginnt mit dem Anfall des Verm, §§ 198, 2176ff, wg Hemmg der Verj s § 202.

c) Das Verm ist **NachlVerbindlichk**, § 1967 II, wenn der Erbe damit beschwert. Es ist eine Verbindlichk zweiter Klasse, wie sich bes beim NachlKonk zeigt, KO 226. Das Verm hat nur soweit Geltg, als der Nachl nach Abzug der Schulden des Erbl reicht, vgl §§ 1972, 2060, 1992, 2306, 2318, 2322, 2323. Im übr kann der Erbl den Rang bestimmen, § 2189. Ist VermNehmer beschwert, so gelten §§ 2186 ff.

d) Besondere **Sichergrechte** des VermNehmers bestehen nicht, soweit sie nicht mitvermacht sind, RG JR **25** Nr 1526, DNotZ **32**, 539. Der Bedachte ist nach dem Erbfall auf Arrest, einstw Vfg, NachlVerw § 1981, bei GrdstR auf Sicherg durch eine Vormkg, §§ 883, 885 I 2, angewiesen, s RGRK Rdz 13; bei Lebzeiten des Erbl ist Vormerkg unmögl, auch wenn der Erbl die Eintragg bewilligte, BGH **12**, 115 = NJW **54**, 633 (gg Celle DNotZ **52**, 236), Hamburg SchlHA **59**, 175; ob eine schuldrechtl Verpflichtg, die neben dem ErbVertr übernommen und deren Zulässigk vom BGH **LM** § 2288 Nr 2, NJW **59**, 2252, anerkannt wird, durch Vormerkg gesichert w kann, ist str; vgl hierzu Hieber DNotZ **52**, 432, **53**, 635, **54**, 269, **58**, 306, Schulte DNotZ **53**, 360, ferner Anm 3 c zu § 883, und § 2286 Anm 2. Der schuldrechtl Vertrag, durch den sich ein Erbl ggü seinem VermNehmer verpflichtet, über das vermachte Grdst auch unter Lebenden nicht zu verfügen, bedarf nicht der Form des § 313, BGH NJW **63**, 1602. S auch § 2179 Anm 1.

e) Zur **Aufwertung, Umstellung** u **Vertragshilfe** s Anm 2 e der 28. Aufl., Johannsen WPM **72**, 879 f. Über währgsrechtl Zuordng – Umstellg nach Ost- od WestwährgsR – des VermAnspr s KG NJW **62**, 1729.

f) Lastenausgleich vgl Einf 7 vor § 2147.

g) Ein Vermächtn von **Grundstücken** iS des GrdstVG 1 bedarf nicht der Genehmigg nach GrdstVG 2 I, wohl aber die Auflassg zur Erfüllg des Verm, bestr, s Hamm RdL **65**, 120, 299, Stgt BWNotZ **65**, 353, Karlsr AgrarR **75**, 106, Pikalo-Bendel Anm F III 11a bb zu § 2 GrdstVG; gehört das Grdst zu einem Hof iS der HöfeO (idF v 26.7.76), ist auch HöfeO 16 I, zu beachten, dazu Lüdtke/Handjery Rdz 18–21, Wöhrmann-Stöcker Rdz 20ff je zu § 16 HöfeO. Vermächtn von WohngsEigt fällt nicht in den Anwendgs-Bereich von WEG 12, LG Nürnbg-Fürth MittBayNot **76**, 27.

h) Der Anspr aus einem von einem **Deportierten** angeordneten Verm, dessen Vermögen dem Reich verfallen war, besteht auch ggü dem NachlVermögen, das dem Erben des Deportierten im Wege der Wiedergutmachg zugeflossen ist, LG Mü RzW **65**, 308.

i) Beim Vermächtnis eines lebenslänglichen entgeltl **WohngsR** bestimmen sich die ggseitigen Rechte u Pflichten der Beteiligten nach erbrechtl Grdsätzen auf der Grdlage des testamentar Verm, nicht nach den Vorschr eines MietVertr, LG Mannh MDR **67**, 1012.

k) Auskunftsverlangen, § 260, RGRK Rdz 14, Soergel-Wolf Rdz 9. Soll bei einem GewinnVerm der vom FinAmt festgestellte Steuergewinn maßg sein, so hat der VermNehmer gg den Beschwerten keinen Anspr auf Ausk od Rechngslegg über die Einnahmen u Ausgaben des Betr, sond nur auf Vorlage der Gewinnfeststellg des FinAmts, BGH WPM **69**, 337.

2175 Wiederaufleben erloschener Rechtsverhältnisse.
Hat der Erblasser eine ihm gegen den Erben zustehende Forderung oder hat er ein Recht vermacht, mit dem eine Sache oder ein Recht des Erben belastet ist, so gelten die infolge des Erbfalls durch Vereinigung von Recht und Verbindlichkeit oder von Recht und Belastung erloschenen Rechtsverhältnisse in Ansehung des Vermächtnisses als nicht erloschen.

1) Das Nichterlöschen wird angeordnet, um ein Unmöglichwerden des Verm zu verhüten, vgl § 2169. Konfusion tritt ein, wenn ein mit einem Recht des Erben belasteter Ggst vermacht ist, vgl § 2165, Staud-Seybold Anm 3. Nicht unter § 2175 fallen Rechte, die nicht vererbl sind (§§ 1059, 1061, 1090 II, 1092), sie erlöschen mit dem Erbf; nach § 2169 I ist daher das Verm insow unwirks, Soergel-Wolf Rdz 3. Zu beachten ist, daß in den Fällen der §§ 889, 1063, 1068, 1256, 1273 die Vereinigg von Recht u Belastg in einer Pers überh nicht erloschend wirkt und bei NachlVerw u -Konk die Vereiniggswirkgn schon nach § 1976 nicht eintreten. Soweit die vermachte Fdg fortbesteht, bleiben auch die **Sicherungen** (Pfandrechte, Rechte gg Bürgen) ggü Dritten und zG des Bedachten u seiner RNachfolger bestehen.

2176 Anfall des Vermächtnisses.
Die Forderung des Vermächtnisnehmers kommt, unbeschadet des Rechtes, das Vermächtnis auszuschlagen, zur Entstehung (Anfall des Vermächtnisses) mit dem Erbfalle.

1) Die Entstehg des VermAnspr, § 2174, ist unabhängig von dem Erwerb der Erbsch durch den Erben, doch besteht vor Ann der Erbsch kein KlagR, §§ 1958, 2014 ff. Der **Anfall** des Verm erfolgt vielm – wie der Erbanfall – unmittelb nach dem Tode des Erbl, die Fdg des VermNehmers wird mit dem Erbf existent, BGH NJW **61**, 1915; Ausnahmen in §§ 2177 bis 2179; vorher nur eine tatsächl Aussicht, auch wenn das Verm auf einem ErbVertr beruht, BGH **12**, 115 = NJW **54**, 633, § 2174 Anm 2 d. Diesen Ztpkt, den Tod des Erbl, muß der Bedachte erlebt haben, § 2160, s § 2177 Anm 1, 2. Zu unterscheiden vom Anfall ist die **Fälligk** des Vermächtn, §§ 271, 2181, vgl SeuffA **72** Nr 55, die nie vor dem Anfall, wohl aber erst nach ihm eintreten kann, wenn dies vom Erbl bestimmt ist od sich eine solche Bestimmg aus Umständen zZ der Errichtg der letztw Vfg ergibt, Celle NdsRpfl **61**, 198. Über Stundg der VermFdg u deren Widerruf s BGH FamRZ **74**, 652. Bestimmt sich die Höhe eines Verm nach dem Wert eines Bruchteils des Nachl, so ist hierfür der Ztpkt des Erbanfalls maßg, soweit sich nicht aus dem Test ein anderes ergibt, BGH NJW **60**, 1759; nach einer Geldentwertg richtet sich der Wert des BruchT nach dem Ztpkt der Tilgg, wenn dies dem ErblWillen entspricht, BGH FamRZ **74**, 652. Der Ztpkt für Bemessg der Höhe eines GeldwertVerm in Währgseinheiten nach Kaufpr einer Ware richtet sich nicht nach § 2176, sond nach TestAuslegg, BGH WPM **71**, 1151. – Wegen der Ausschlagg s § 2180. – Für die Entsteh des Erb-ErsAnspr gilt § 2317 I sinngem; für Annahme u Ausschlagg gelten §§ 2176, 2180 mit § 1934b II 1.

2) Höferecht. Ein durch ErbVertr eingesetzter **Hoferbe** haftet für ein Verm auch dann, wenn er den Hof nicht durch Erbf, sond im Wege vorweggenommener Hoferbfolge (ÜbergVertr) erhalten hat, HöfeO BrZ 17 II, BGH **37**, 192 mit Anm v Hückinghaus in **LM** Nr 20 zu § 17 HöfeO u Rötelmann, MDR **62**, 975.

2177 Anfall bei Bedingung oder Befristung.
Ist das Vermächtnis unter einer aufschiebenden Bedingung oder unter Bestimmung eines Anfangstermins angeordnet und tritt die Bedingung oder der Termin erst nach dem Erbfall ein, so erfolgt der Anfall des Vermächtnisses mit dem Eintritte der Bedingung oder des Termins.

1) Für ein aufschiebend bedingtes Vermächtn gilt die Ausleggsregel des § 2074. Im Zweifel, also zumal, wenn das Ereign zu der Pers des Bedachten in Beziehg gesetzt ist, muß der Bedachte den Eintritt der Bedingg erleben, s RGRK Rdz 1; s aber auch § 2069 u BGH **LM** Nr 1 hierzu, wonach die Abkömml des Bedachten ersatzw bedacht sein können, wenn Erbl seinem Sohn ein Verm aufschiebd bedingt zugewendt u dieser nach dem Erbfall, aber vor Eintritt der Bedingg verstorben ist. Ist nach dem Willen des Erbl die Regel des § 2074 nicht anwendb, so fällt das Verm mit Eintritt der Bedingg den Erben des Bedachten zu, wenn dieser zu diesem Ztpkt nicht mehr lebt, s Johannsen WPM **72**, 877. – Der Bedachte erlangt in jedem Falle schon mit dem Erbf eine rechtl geschützte Anwartschaft, die rechtsgeschäftl übertragen und – unbeschadet der Ausschlaggsmöglichk – gepfändet w kann, RG JW **29**, 586, BGH **LM** Nr 28 zu § 1 VHG, Stöber, FordergsPfändg⁵, Rdz 416. Der VermAnspr kommt aber erst mit dem Eintritt der Bedingg, dem Anfangstermin, zur Entstehg, RGRK Rdz 3, 4, s Karlsr Just **62**, 153. Ein Verm iS des § 2177 liegt zB vor, wenn der Erbl eine Tochter um ihrer Versorgg willen zur AlleinE einsetzt u bestimmt, das zum Nachl gehörige Haus solle dann, wenn sie kinderlos sterbe, an die Kinder seines Sohnes fallen, s Gudian NJW **67**, 431. Zu Unrecht nimmt aber Gudian aaO an, die Neffen seien gg den Verkauf des Hauses dch die Tochter des Erbl gem § 2179 mit § 161 geschützt, es könne auch der Rechtsgedanke des § 2136 – „befreiter Beschwerter" – herangezogen werden; denn § 161 ist hier nicht anwendb, s § 2179 Anm 1, u für eine Anwendg des § 2136 auf die VermAnwartsch fehlt es an den entspr Voraussetzgen, s Bühler BWNotZ **67**, 180ff. – § 2177 betrifft auch den Fall, daß nur ein NachE mit dem Verm beschwert ist; es kommt erst mit der NachErbf zur Entstehg. Wenn der NachE schon vorher sein AnwR auf den VorE überträgt, so werden damit nicht die an den Eintritt des NachErbf geknüpften Verm fällig, LG Heilbronn NJW **56**, 513; über Fälligk s § 2174 Anm 2b cc, auch § 2181.

2) Für das befristete Vermächtn gilt das gleiche, jedoch kommt § 2074 nicht in Frage, so daß also der Bedachte mit dem Erbf eine vererbl Anwartsch erwirbt, sofern nicht durch Auslegg festgestellt w kann, daß der Bedachte den Anfangstermin erleben muß, RG JW **18**, 502. Hiervon zu unterscheiden das **betagte** Verm, bei dem die VermFdg schon mit dem Erbfall entsteht u nur deren Geltdmachg (Fälligk) hinausgeschoben ist (zB Anordg der Auszahlg erst nach dem Tode des überlebenden Eheg). Ob mit dem Setzg eines Anfangstermins (od FälligkZeitpunktes) zugl die Bedingth des Verm gewollt war, ist Ausleggsfrage, RG aaO. Durch §§ 2162, 2163 sind zeitl Grenzen gesetzt.

2a) Bei Verm wiederkehrender Leistgen, von Renten, Leibrenten, kann ein einheitl Verm od eine Reihe nach § 2177 zu beurteilender Verm vorliegen, bei Leibrenten iZw einheitl Recht, Staud-Seybold Anm 2.

3) Ein Vermächtn unter auflösender Bedingg (Beisp bei Johannsen WPM **72**, 878) **oder Befristg** hat die Bedeutg eines NachVerm, § 2191, wenn der Ggst einem Dritten zugewendet ist. Hat der Erbl niemand bezeichnet, dem der Ggst bei Eintritt der Bedingg od Befristg erhalten soll, so kann der Beschwerte dessen Rückgewähr verlangen, RGRK Rdz 12, s auch Bungeroth NJW **67**, 1357, Johannsen aaO. Ein testamentar Weitervererbgsverbot an den VermNehmer ohne ausdrückl Bestimmg der Folgen der Zuwiderhdlg kann entweder auflösende Bedingg seines Verm od Auflage od aufschiebd bedingtes NachVerm sein, s BGH BWNotZ **61**, 229.

4) Rückvermächtn: Ist das Verm unter eine auflösde Bedingg od Befristg gestellt u hat der Erbl verfügt, daß beim Eintr der Bedingg od Befristg der vom Verm Beschwerte ihm das Verm herauszugeben ist, so liegt ein RückVerm vor, Kipp-Coing § 62 IV, Lange-Kuchinke § 27 V 1c; Johannsen WPM **77**, 276.

2178 Anfall bei Ungewißheit des Bedachten.
Ist der Bedachte zur Zeit des Erbfalls noch nicht erzeugt oder wird seine Persönlichkeit durch ein erst nach dem Erbfall eintretendes Ereignis bestimmt, so erfolgt der Anfall des Vermächtnisses im ersteren Falle mit der Geburt, im letzteren Falle mit dem Eintritte des Ereignisses.

1) Der Anfall ist bis zur Behebg der Ungewißheit hinausgeschoben. Eine Rückbeziehg wie in § 1923 II findet also nicht statt; die Fristen der §§ 2162, 2163 dürfen aber nicht überschritten werden; vgl insb § 2162 II, wonach es genügt, daß der später lebend Geborene zu jener Zeit bereits erzeugt war. Dem beim Erbf bereits Erzeugten kommt das Verm schon mit dem Erbf zu, § 1923 II. – Der § 2178 gilt bei einer noch nicht zur Entstehg gelangten jur Person entspr; wenn der Erbl zugl Stifter war, gilt sie als schon vor seinem Tod entstanden, § 84, so daß hier das Verm schon mit dem Erbf anfällt, § 2176.

2179 *Schwebezeit.* Für die Zeit zwischen dem Erbfall und dem Anfalle des Vermächtnisses finden in den Fällen der §§ 2177, 2178 die Vorschriften Anwendung, die für den Fall gelten, daß eine Leistung unter einer aufschiebenden Bedingung geschuldet wird.

Schrifttum: Bungeroth, Zur Wirksamkeit von Verfügen über bedingt vermachte Gegenstände, NJW **67**, 1357.

1) **Während der Schwebezeit** besitzt der Bedachte bereits eine rechtl geschützte Anwartschaft, die übertragen u gepfändet w kann, auch wenn die Ausleggsregel des § 2074 Platz greift, s § 2177 Anm 1. Die Anwartsch kann durch einstw Vfg, ZPO 916 II, 936, Bungeroth aaO, od im Konk, KO 67, gesichert werden, BGH **LM** Nr 28 zu § 1 VHG, sofern nicht ein solcher SichergsAnspr bereits mitvermacht ist, RG DNotZ **32**, 539. – Aus der in § 2179 angeordneten Anwendg der Vorschr über aufschieb bedingte Leistgspflichten, ergibt sich, daß § 160 I u § 162 gelten, s Staud-Seybold Anm 5, 6. Vom Erbf an haftet der Beschwerte für jedes Verschulden, § 276, dch das der Anspr des Bedachten vereitelt od beeinträcht w, §§ 160, 281, 282, BGH aaO, Brox, § 27 V 1 d. Zur Heranzieh des § 162 s BGH BWNotZ **61**, 265. § 161 ist dagg idR nicht anwendb, denn er enthält eine für aufschieb bedingte Vfgen geltde Bestimmg, Bungeroth aaO gg Gudian NJW **67**, 431; wie hier Bühler BWNotZ **67**, 174, wohl auch Staud-Seybold Anm 5, 6 § 161 anführt; über Fälle der Anwendbark des § 161 s Barth-Schlüter § 43 III 1. – Die Rechtsstellg der VermAnwartschBerecht kann vom Erbl in den allgemeinen Grenzen der §§ 137, 138, 276 II, 226 abweich vom Gesetz geregelt w, s Bühler aaO 180 ff. – Bei Ungewißh über die Pers des VermNehmers Pflegerbestellg nach § 1913, Staud-Seybold Anm 10.

2180 *Annahme und Ausschlagung.* **I** Der Vermächtnisnehmer kann das Vermächtnis nicht mehr ausschlagen, wenn er es angenommen hat.
II Die Annahme sowie die Ausschlagung des Vermächtnisses erfolgt durch Erklärung gegenüber dem Beschwerten. Die Erklärung kann erst nach dem Eintritte des Erbfalls abgegeben werden; sie ist unwirksam, wenn sie unter einer Bedingung oder einer Zeitbestimmung abgegeben wird.
III Die für die Annahme und die Ausschlagung einer Erbschaft geltenden Vorschriften des § 1950, des § 1952 Abs. 1, 3 und des § 1953 Abs. 1, 2 finden entsprechende Anwendung.

1) **Annahme und Ausschlagg** erfolgen durch formlose, möglicherw auch stillschweigende empfangsbedürftige Erkl, §§ 130–132, ggü dem Beschwerten, sowie auch ggü einem NachlPfleger, §§ 1960 II, 1961, od TestVollstr, § 2213 I, sofern der VermAnspr gg diese Vertreter geltd gemacht w kann; notf auch vor dem NachlG, wenn dieses sie weiterleitet, RG **113**, 237. Stillschweigde Annahme ist zB idR die Annahme des bedachten Ggst, s Johannsen WPM **72**, 879. – Die Erkl kann erst nach dem Erbf, aber bei hinausgeschobenen Verm, § 2177, schon vor dem Anfall erfolgen. **Eine Ausschlaggsfrist** bestimmt das Gesetz, abweichd von §§ 1943, 1944, **nicht** (ErklFrist nur bei § 2307 II). Der Erbl kann als Bedingg die Ann binnen einer bestimmten Frist verfügen, Reichel AcP **138**, 202. Ablehng des Verm od Ann wird als Ausschlagg zu werten sein. Bei Ehegatten ist nur der Bedachte zur Ann und Ausschlagg berechtigt, und zwar auch dann, wenn bei GüterGemsch das GesGut vom anderen Eheg od von beiden gemeins verwaltet wird, §§ 1432 I, 1455 Nr 1. Eltern bedürfen zur Ausschlagg eines dem Kind angefallenen Verm der Gen des VormschG nach Maßg des § 1643 II, der Vormund nach § 1822 Nr 2. Bei Anfall vor KonkEröffng steht Ann u Ausschlagg dem GemSchu zu, § 9 KO. Die Ausschlagg wird auch durch die Pfändung des Vermächtn od der Anwartsch nicht ausgeschl u unterliegt der GläubAnfechtng nicht, vgl auch § 517. Eine Gruppe von VermNehmern kann einen bisher üb die Ann seines VermAnteils (an Grdst) unentschl VermNehmer auf Erkl über eine Ann od Ausschlagg verklagen, Schalhorn JurBüro **76**, 1301.

2) **Die Erklärg ist unwiderrufl**, jedoch nach allg Vorschr, §§ 119–124, 142–144, ggü dem Beschwerten **anfechtbar**, Ausn § 2308 II. Durch die Anfechtg wird der Zustand der Ungewißh wiederhergestellt. Wird das Verm vom Beschwerten angefochten, § 2082, so hat die Ausschlagg nur Bedeutg, wenn die Anfechtg unbegründet od, § 2082, verspätet war, hier wird die Praxis iZw die Ausschlagg durchgreifen lassen, Reichel aaO 215.

3) **Wirkg.** Annahme schließt Ausschlagg aus, **I**. Nach der Ann kann der Bedachte in AnnVerzug gesetzt werden, § 372. Die Ausschlagg (das Recht ist vererbl, **III** iVm § 1952 I) läßt es nicht zum Anfall kommen, so daß sich das Verm erledigt, wenn nicht Anwachsg eingreift, § 2158, od ein ErsBerecht vorhanden ist, § 2190. Hier tritt Rückbeziehg nach § 1953 ein, aber weder auf die Zeit des Erbfalls noch auf die des Erwerbs, sond auf die Entstehg einer vererbl Anwartsch, RGRK Rdz 13, Erman-Hense Rdz 3, bestr, was wg der Früchte, § 2184, von Bedeutg sein kann. – Zu unterscheiden von der Ausschlagg ist der vor dem Erbf erklärte **Verzicht** ggü dem Erbl, § 2352, oder der nach Ann durch formlosen ErlaßVertr mit dem Beschwerten bewirkte Verzicht, § 397.

4) Ausschlagg eines Verm durch einen **PflichttBerechtigten** vgl § 2307.

5) Über sinngem Anwendg des § 2180 auf den ErbErsAnspr s § 1934b I 1 mit Anm 3b.

2181 Fälligkeit der Leistung. Ist die Zeit der Erfüllung eines Vermächtnisses dem freien Belieben des Beschwerten überlassen, so wird die Leistung im Zweifel mit dem Tode des Beschwerten fällig.

1) **Der Anfall des Vermächtn**, §§ 2176 ff, tritt hier schon vor der die Ausleggsregel des § 2181 bestimmten Fälligk ein, doch werden die bis dahin vom Beschwerten gezogenen Früchte, § 2184, diesem idR verbleiben. Gegenüber dem Beschwerten kann die befristete Verpflichtg durch Urt festgestellt werden, Warn **19** Nr 198. Ob der Bedachte den Tod des Beschwerten erleben muß, ist Ausleggsfrage, RG JW **18**, 502.

2182 Gewährleistung für Rechtsmängel. I Ist eine nur der Gattung nach bestimmte Sache vermacht, so hat der Beschwerte die gleichen Verpflichtungen wie ein Verkäufer nach den Vorschriften des § 433 Abs. 1, der §§ 434 bis 437, des § 440 Abs. 2 bis 4 und der §§ 441 bis 444.

II Dasselbe gilt im Zweifel, wenn ein bestimmter nicht zur Erbschaft gehörender Gegenstand vermacht ist, unbeschadet der sich aus § 2170 ergebenden Beschränkung der Haftung.

III Ist ein Grundstück Gegenstand des Vermächtnisses, so haftet der Beschwerte im Zweifel nicht für die Freiheit des Grundstücks von Grunddienstbarkeiten, beschränkten persönlichen Dienstbarkeiten und Reallasten.

1) **Für Rechtsmängel** haftet der Beschwerte beim Gattgs- u VerschaffgsVerm wie ein Verkäufer. Bei Grdst, **III**, wo ein GattgsVerm prakt nicht vorkommt, erhält nach **II** der § 435 I beim VerschaffgsVerm, § 2170, Bedeutg. Hins vor der HypGewinnabgabe vgl § 436 Anm 4. Soll ein Recht verschafft werden, dessen Bestehen der Erbl voraussetzte, das aber nicht od nicht mehr bestand, so ist es Ausleggsfrage, ob § 2170 II Platz greift; kann ein dahingehender Wille nicht ermittelt werden, so wird das Verm, weil auf eine unmögl Leistg gerichtet, § 2171, als unwirks anzusehen sein, RGRK Rdz 6. – Beim WahlVerm, § 2154, richtet sich die Haftg nach der RNatur des gewählten Ggstandes, Staud-Seybold Anm 10. – Grdsätzl keine RMängelhaftg, wenn ein bestimmter zur Erbsch gehöriger Gegenstand vermacht ist, s §§ 2165–2168a, RGRK Rdz 3; auch keine Sachmängelhaftg, § 2183 Anm 2.

2) Die Bestimmgen über den **Gutglaubensschutz** finden auch beim Erwerb des Verm Anwendg; dem Bedachten, der aGrd § 932 Eigt erlangt hat, steht kein GewährleistgsAnspr zu; dies gilt auch dann, wenn er nach § 816 I 2 dem BereicherungsAnspr des Berechtigten ausgesetzt ist, RGRK Rdz 11.

2183 Gewährleistung für Sachmängel. Ist eine nur der Gattung nach bestimmte Sache vermacht, so kann der Vermächtnisnehmer, wenn die geleistete Sache mangelhaft ist, verlangen, daß ihm an Stelle der mangelhaften Sache eine mangelfreie geliefert wird. Hat der Beschwerte einen Fehler arglistig verschwiegen, so kann der Vermächtnisnehmer statt der Lieferung einer mangelfreien Sache Schadensersatz wegen Nichterfüllung verlangen. Auf diese Ansprüche finden die für die Gewährleistung wegen Mängel einer verkauften Sache geltenden Vorschriften entsprechende Anwendung.

1) Der Beschwerte haftet für **Sachmängel** u für positive Fordergverletzg, Vorbem 2b vor § 459, beim GattgsVerm, § 2155, wie beim Kauf, §§ 480, 459 I, 460, 464, 465, 476–477, 481 ff. Kein Wandelgs-(Mindergs-)Recht des Bedachten. S auch Staud-Seybold §§ 2182, 2183 Anm 6.

2) Beim **Sachvermächtn** (bestimmte einzelne Sache, VerschaffgsVerm, § 2170) ist eben nur diese Sache, so wie sie ist, geschuldet, od, wie sie auch sei, zu liefern. Der Beschwerte haftet hier für Fehler nicht.

2184 Früchte; Nutzungen. Ist ein bestimmter zur Erbschaft gehöriger Gegenstand vermacht, so hat der Beschwerte dem Vermächtnisnehmer auch die seit dem Anfalle des Vermächtnisses gezogenen Früchte sowie das sonst auf Grund des vermachten Rechtes Erlangte herauszugeben. Für Nutzungen, die nicht zu den Früchten gehören, hat der Beschwerte nicht Ersatz zu leisten.

1) Die **Sorgfaltspflicht** des Beschwerten soll iZw über die Erhaltg der vermachten Sache u ihres Bestandes nicht hinausgehen. Daher haftet er außer bei Verzug od Rechtshängigk, §§ 286 ff, 291 f, nicht für versäumte Früchte, § 987 II, vgl aber § 826. Kenntnis des Beschwerten von der ErfüllgsPfl löst nicht die verschärfte Hftg in § 292 aus, Staud-Seybold Anm 5, RGRK Rdz 5. – **a)** Die **seit dem Anfall**, §§ 2176, 1923 II, gezogenen **Früchte** (zB seitdem verfallene Zinsen einer Fdg) gebühren dem Bedachten (anders im Falle des § 2181) nach Maßg der §§ 101, 102. Der Beschwerte haftet bei Versch (zB Eigenverbrauch) auf SchadErs, sonst auf die Bereicherg. Diese liegt aber nicht vor, wenn der Bedachte die unentgeltl überlassene Wohng nicht benutzt u der Beschwerte sie vermietet hat; wie denn überh sonstige Vorteile (Benutzg eines Kraftwagens, Gartennutzg) nicht zu ersetzen sind, S 2, § 100 Anm 1. Doch kann der Erbl diese GebrVorteile u die Früchte vor dem Anfall auch dem Bedachten vermachen. – **b)** Beim **Verschaffgs- u Gattgsvermächtnis**, §§ 2170, 2155, zB Verm einer Geldsumme, Warn **27** Nr 35, muß dagg der Bedachte den Beschwerten erst in Verzug setzen, wenn er sich die Nutzgen verschaffen will, s RGRK Rdz 1. Beim **Wahlvermächtnis**, § 2154, ist der Ggst erst bestimmt, wenn die Wahl vorgenommen ist, Staud-Seybold Anm 3. Bei Einräumg eines **Übernahmerechts** an NachlGgst an einen MitE gebühren ihm der Nutzgen idR von der Ausübg des ÜbernR an, BGH BWNotZ **62**, 259.

2) **Erlangt** kann auch ein ErsatzAnspr, § 281, sein; gleichgültig, ob dieser vor oder nach dem Anfall entstanden war. Im übr ist als aGrd § 2184 S 1 Erlangtes zB ein Erwerb durch Verbindg od Vermischg, §§ 946–949, anzusehen, Staud-Seybold Anm 8. Wegen Zubehör s § 2164.

Testament. 4. Titel: Vermächtnis §§ 2185–2188

2185 *Ersatz von Verwendungen.* Ist eine bestimmte zur Erbschaft gehörende Sache vermacht, so kann der Beschwerte für die nach dem Erbfall auf die Sache gemachten Verwendungen sowie für Aufwendungen, die er nach dem Erbfalle zur Bestreitung von Lasten der Sache gemacht hat, Ersatz nach den Vorschriften verlangen, die für das Verhältnis zwischen dem Besitzer und dem Eigentümer gelten.

1) **Verwendgen.** Der Beschwerte wird hier wie der zufällige Besitzer einer fremden Sache behandelt, §§ 994–1003, 256–258. War er gutgl (also vor Kenntn des eingetretenen od zu erwartenden Anfalls, Staud-Seybold Anm 4, od vor Rechtshängigk), so kann er notw u nützl Verwendgen (so auch Prozeßkosten) ersetzt u verzinst (Ausn § 256 S 2) verlangen, §§ 994, 996, 256; bei Bösgläubigk nur nach Maßg des § 994 II. Bestr ist, ob der enttggstehende Wille des Bedachten bei notw Verwendgen zu beachten ist, s Planck-Flad Anm 2a; Erm-Hense § 2185 Anm, auch RGRK Rdz 5, wonach in diesem Fall der Beschwerte einen ErsAnspr zwar nicht gg den Bedachten, aber gg den Nachl hat. Ersatz gewöhnl Erhaltgskosten ist ausgeschl, soweit die Nutzgen dem Beschwerten verbleiben, §§ 994, 995, 997, 998, 2184 S 2, zB Verwendgen auf einen vom Beschwerten benutzten Kraftwagen; s auch § 256 S 2. Vgl dazu auch Kipp-Coing § 58 VII, Bühler BWNotZ **67**, 177 f.

2) **Lasten** (öffentl wie private, gewöhnl wie außerordentl, anders §§ 103, 1047, 2126) hat der Beschwerte zu tragen, soweit u solange ihm die Nutzgen verbleiben. Im übrigen trägt sie der Bedachte, jedoch nicht vor dem Erbf aufgelaufene Rückstände. Persönl Verpflichtgen des Erbl berühren den Bedachten nicht. Bei Vermietg od Verpachtg des vermachten Grdstücks gelten §§ 571ff; Bühler BWNotZ **67**, 175; bei bewegl Sachen wird der Bedachte den MietVertr zu erfüllen haben.

2186 *Fälligkeit des Untervermächtnisses.* Ist ein Vermächtnisnehmer mit einem Vermächtnis oder einer Auflage beschwert, so ist er zur Erfüllung erst dann verpflichtet, wenn er die Erfüllung des ihm zugewendeten Vermächtnisses zu verlangen berechtigt ist.

1) **Weitere Belastg** des Bedachten, der nicht Erbe ist, mit einem UnterVerm, s KG NJW **64**, 1808, BGH DRiZ **66**, 398, oder einer Aufl ist zul, auch wenn der Erbl lediglich beabsichtigt, den Ggst dem Zweitbedachten mittelbar zuzuwenden. Sind beide Verm angefallen, § 2176, so tritt die Fällig des ZweitVerm nicht vor der des HauptVerm ein. Dagg ist für die Fällig des UnterVerm belanglos, ob der Erstbedachte das Verm bereits angenommen hat. Die Ausschlagg, § 2180, die die Klage des Zweitbedachten erledigt, hat der Hauptbedachte zu beweisen. Die Wirksamk des UnterVerm wird dadurch nicht berührt, § 2161. Wegen des Umfangs der Haftg u der Kürzgen s §§ 2187, 2188. – Mit UnterVerm können auch Pers beschwert sein, denen ein gesetzl Verm zusteht.

2187 *Haftung des Hauptvermächtnisnehmers.* ^I Ein Vermächtnisnehmer, der mit einem Vermächtnis oder einer Auflage beschwert ist, kann die Erfüllung auch nach der Annahme des ihm zugewendeten Vermächtnisses insoweit verweigern, als dasjenige, was er aus dem Vermächtnis erhält, zur Erfüllung nicht ausreicht.

^{II} Tritt nach § 2161 ein anderer an die Stelle des beschwerten Vermächtnisnehmers, so haftet er nicht weiter, als der Vermächtnisnehmer haften würde.

^{III} Die für die Haftung des Erben geltenden Vorschriften des § 1992 finden entsprechende Anwendung.

1) **Haftgsbeschränkg.** Ebenso wie der Erbe soll der beschwerte VermNehmer nicht weiter haften, als das ihm Zugewendete (dh zunächst seine Fdg aus § 2174, nach deren Erfüllg das Erlangte) reicht. Auch die in Kenntn der Beschwerg erfolgte Ann ändert an dieser Haftgsbeschrkg nichts. Das gilt auch für den an seine Stelle Tretenden (ErsatzVermNehmer, MitVermNehmer, § 2159), da der Bedachte durch den Wegfall keinen Vorteil haben soll.

2) **Die etwaige Überschuldg, III,** beruht hier nur auf dem UnterVerm, so daß an Stelle des Nachl, §§ 1990–1992, der Wert des HauptVerm tritt, da die sonstigen NachlVerbindlichkeiten den ersten VermNehmer nichts angehen, Kipp-Coing § 63 III, s aber auch KO 222. Er hat zu beweisen, daß dasjenige, was er aus dem Verm erhalten od zu erhalten hat, von vornherein od mangels Beitreibgsmöglichk nicht ausreicht, und muß das etwa Erlangte dem Zweitbedachten zwecks Befriedigg überlassen. Er haftet wg seiner Verwaltg u auf Rechngslegg, §§ 1991, 1978. InvErrichtg ist zweckm. Prozessual gilt dasselbe wie beim Erben, ZPO 786. Er muß also Vorbeh, ZPO 780, erwirken, falls es nicht zur Klageabweisg kommt, und seine Haftgsbeschrkg oder einer ZwVollstr in andere Ggstände klageweise geltd machen, ZPO 767, 770, 785.

3) **Sind einem VermNehmer mehrere Vermächtnisse** zugewendet, so gilt jedes dieser Verm hins der ihm auferlegten Beschwergen durch UnterVerm od Auflagen für die Haftgsbeschrkg als selbständig, RGRK Rdz 7; wg Anwachsg s § 2159.

2188 *Kürzung der Beschwerungen.* Wird die einem Vermächtnisnehmer gebührende Leistung auf Grund der Beschränkung der Haftung des Erben, wegen eines Pflichtteilsanspruchs oder in Gemäßheit des § 2187 gekürzt, so kann der Vermächtnisnehmer, sofern nicht ein anderer Wille des Erblassers anzunehmen ist, die ihm auferlegten Beschwerungen verhältnismäßig kürzen.

1) Kürzg kann nach §§ 1990–1992, 2187, 2318 I, 2322–24, KO 226 u nach LAG 70 I eintreten; vgl hierzu Einf 7 vor § 2147, RGRK Rdz 4. Ist das so gekürzte Verm seiners beschwert, § 2187 I, so kann der Beschwerte auch dann, wenn die gekürzte Zuwendg zur Erfüll des Auferlegten noch ausreicht, diese Leistgen verhältnismäß kürzen, wie wenn er u der UnterVermNehmer nebeneinander bedacht wären. Denn der Beschwerte soll nach dem vermutl ErblWillen den Nachteil der Kürzg nicht allein tragen. Bei unteilbarer Leistg braucht der Beschwerte nur den verhältnism gekürzten Schätzgswert zu bezahlen, wenn der Bedachte die Kürzg nicht vergüten will, BGH **19**, 309 = **LM** § 2322 Nr 1 mit Anm v Johannsen.

2189 *Anordnung eines Vorrangs.* Der Erblasser kann für den Fall, daß die dem Erben oder einem Vermächtnisnehmer auferlegten Vermächtnisse und Auflagen auf Grund der Beschränkung der Haftung der Erben, wegen eines Pflichtteilsanspruchs oder in Gemäßheit der §§ 2187, 2188 gekürzt werden, durch Verfügung von Todes wegen anordnen, daß ein Vermächtnis oder eine Auflage den Vorrang vor den übrigen Beschwerungen haben soll.

1) Die Anordng des Erbl (im Test oder ErbVertr) wird in KO 226 III 2 vorausgesetzt. Auf Zuwendgen, die der Erbl unter die Bedingg einer Leistg zG eines Dritten stellt, vgl § 2076, entspr anwendbar; für die Frage, ob in diesem Fall die übrigen Beschwergen einer Kürzg ausgesetzt sind, muß man den Wert der Zuwendg nach Vorabzug des Kostenwerts der Bedinggsleistg mit den Verm u Auflagen vergleichen, Kipp-Coing § 80 III, Planck-Flad Anm 2.

2190 *Ersatzvermächtnis.* Hat der Erblasser für den Fall, daß der zunächst Bedachte das Vermächtnis nicht erwirbt, den Gegenstand des Vermächtnisses einem anderen zugewendet, so finden die für die Einsetzung eines Ersatzerben geltenden Vorschriften der §§ 2097 bis 2099 entsprechende Anwendung.

1) Das Ersatzvermächtn entspricht dem ErsErbR und wird ihm entspr behandelt; die Ersatzmänner treten aber entgg § 2098 zu gleichen Teilen ein, falls sie nicht mit demselben Gggst bedacht sind. Auch die Vererblichk ist die gleiche wie beim ErbR, vgl § 2096 Anm 3. Der Ersatzberufene braucht nur den Erbf zu erleben, nicht auch den Wegfall des zunächst bedachten VermNehmers §§ 2160, 2178. Über den Unterschied zw Ers- und NachVerm s OGH **3**, 378 = NJW **50**, 596.

2191 *Nachvermächtnis.* I Hat der Erblasser den vermachten Gegenstand von einem nach dem Anfalle des Vermächtnisses eintretenden bestimmten Zeitpunkt oder Ereignis an einem Dritten zugewendet, so gilt der erste Vermächtnisnehmer als beschwert.

II Auf das Vermächtnis finden die für die Einsetzung eines Nacherben geltenden Vorschriften des § 2102, des § 2106 Abs. 1, des § 2107 und des § 2110 Abs. 1 entsprechende Anwendung.

Schrifttum: Kretzschmar, Das Nachvermächtnis im BGB, SächsA **7**, 289; Johannsen, WPM **72**, 871.

1) Das Nachvermächtn ist ein befristetes od aufschiebd bedingtes Verm, dessen Ggst mehreren nacheinander zugewendet ist. Hierdurch unterscheidet es sich sowohl vom UnterVerm (Leistg anderen Inhalts) wie von dem unter Bestimmg eines Endtermins befristeten od auflösd bedingten Verm (Rückg an den Beschwerten). Beispiel BGH DRiZ **66**, 398: Bestimmg des Ehemanns, der seiner Ehefrau gewisse Werte als Verm zugewendet hat, sie solle diese Werte drei Kindern ihrerseits „vererben". Der Erbe befreit sich durch Leistg an den Vorbedachten, dem als Beschwerten die Herausg an den „NachVermNehmer" obliegt. Der Erbe hat damit nicht mehr zu tun, selbst wenn ein NachlGrdst im Grdbuch noch auf den Erben eingetragen sein sollte, OGH **3**, 378 = NJW **50**, 596. Das NachVerm ähnelt der Nacherbeinsetzg, nur daß es nicht dingl wirkt, § 2174. Weitere als in II angezogene Vorschriften der Nacherbfolge sind nicht anwendb. Insb gilt nicht § 2108. Die Vererblichk der Anwartsch richtet sich nach § 2074, der Anfall nach § 2177. Der VorVermNehmer ist auch nicht wie ein VE verfügungsbeschränkt, Warn **10** Nr 157. Doch ist der Nachbedachte durch § 2179 geschützt, BGH BWNotZ **61**, 265, s § 2179 Anm 1. Die Vorschriften über den Ggst und die zeitl Schranken des NachVerm sind dieselben wie bei jedem Verm, §§ 2162, 2163. Das NachVerm kann sich auf einen ideellen od realen Teil des VorVerm beschränken; es können mehrere VermFälle hintereinander angeordnet sein, Staud-Seybold Anm 2, 4. – BGH BWNotZ **63**, 70 hat es offen gelassen, ob (analog §§ 2107, 2191 Abs 2) auch die Beschwerg eines als Erben eingesetzten Abkömmlings mit einem bei seinem Tod fälligen Verm iZw dann entfällt, wenn dieser zZ der Errichtg der letztw Vfg tatsächl od nach Annahme des Erbl keinen Abkömml hatte, bei seinem Tod jedoch Nachkommensch vorhanden ist; die Frage dürfte zu bejahen sein. S auch allg Lange-Kuchinke § 25 V 1 c.

Fünfter Titel. Auflage

Einführung

1) Der Begriff der Aufl (Verpflichtg ohne Rechtszuwendg) ist durch § 1940 gegeben, auf dessen Erläuterngen verwiesen wird. Entscheidend für die Aufl ist die regelm die Zweckbestimmg, vgl hierzu § 2193 I. Die Erfüll der Aufl braucht für den Verpflichteten nicht immer einen in Geld schätzbaren Aufwand zu bedeuten (man denke zB an die Aufl, dem Begünstigten die Einsicht in FamPapiere zu gestatten od die Aufl, jährl das Grab des Erbl zu besuchen). Die Aufl kann sogar vorzugsw den Vorteil des Beschwerten bezwecken (zB Anweisgen über die Führg eines Geschäfts, Anlegg von Geld usw), s auch § 1940 Anm 2. Die

Testament. 5. Titel: Auflage　　　　　　　　　　　　　　　**Einf v § 2192, §§ 2192–2194**

Aufl ist nicht Zuwendg (vgl die GgÜberstellg in § 2192); das KlageR auf Vollziehg, § 2194, mangels Vermögenswerts nicht pfändb. Einen Begünstigten setzt die Aufl nicht voraus (zB die Anordng der Versorgg von Lieblingstieren). Von dem auch die Aufl umfassenden letzten Willen unterscheiden sich **letzte Wünsche,** Ratschläge, Empfehlungen, die den Beschwerten nicht rechtl, sond nur moralisch binden, RG LZ **17,** 806; vgl dazu § 2084 Anm 3. – Über Zuwendgen unter einer Aufl im ErbschSteuerR s ErbStG 1 I Nr 3; 3 II Nr 2; 8; 20 I; Haegele BWNotZ **72,** 105; über Abzugsfähigk der Aufl beim steuerpflicht Erwerb s ErbStG 10 V Nr 2. – S allg Form-KommErbR, Forml 6. 353–355; Lange-Kuchinke § 28.

2) DDR: ZGB (Auszug im Anh, 35. Aufl) 382.

2192 *Anzuwendende Vorschriften.* **Auf eine Auflage finden die für letztwillige Zuwendungen geltenden Vorschriften der §§ 2065, 2147, 2148, 2154 bis 2156, 2161, 2171, 2181 entsprechende Anwendung.**

1) Die Aufl ist keine Zuwendg. Jedoch findet eine Reihe von Zuwendgvorschriften entspr Anwendg, wohl auch der § 2170. Die §§ 2159, 2186–2189, 2318, 2322–23 betreffen die Aufl ebenf. Auch eine Aufl kann wg der Verpflichtg des Erben zur Leistg der Vermögensabgabe nach dem LAG entspr gekürzt werden, LAG 70 I–III; wer aGrd einer Aufl Vermögen erwirbt, haftet nach LAG 71 neben dem Erben in Höhe der Bereicherg für die Abgabeschuld, vgl Hense DNotZ **53,** 81. **Fällig** wird die Aufl mangels Zeitangabe spätestens mit dem Tode des Beschwerten, § 2181. **Beschwert** ist iZw der Erbe, § 2147, auch VermNehmer kann beschwert sein, NachE erst bei od nach Eintr der NachErbf, BayObLG **66,** 271, s Einf 5a vor § 2147. Doch haben Aufl oft insof einen höchstpersönl Charakter, als sie nur einen ganz bestimmten Beschwerten treffen sollen. Wegen Bestimmg der Leistg u des Begünstigten vgl §§ 2156, 2193. – **Keine Anwendg** finden die Vorschr, die einen Bedachten betreffen, zB § 2180 (Ausschlagg) u § 2307, RG HRR **28** Nr 427, da ein allenf Begünstigter kein Recht auf Leistg hat. Auch eine zeitl Grenze, wie in §§ 2162, 2163, ist nicht gezogen, da Aufl auch stiftgsähnl Dauerzwecken dienen sollen.

2) Gegenstand der Aufl kann alles sein, wozu man sich schuldrechtl verpflichten kann; vgl § 1940 Anm 2. Oft betrifft die Aufl Grabpflege u Art der Bestattg. Es kann auch die Verwendg bestimmter Mittel zur Errichtg einer Stiftg od für diese auferlegt w; es kann dem Erben auferlegt w, Vfgen über NachlGgstände zu unterlassen, Johannsen WPM **73,** 535. Ggst einer Aufl kann auch, soweit nicht Sittenwidrigk anzunehmen ist, die Verpfl sein, zu heiraten od nicht zu heiraten, einen bestimmten Beruf zu ergreifen, den Beruf, die Konfession od den Wohns nicht zu wechseln, einer Vereinigg beizutreten od nicht beizutreten (Thielmann 113, s auch § 2074 Anm 1a, 2075 Anm 1). Dagg kann **nicht** Ggst einer Aufl sein, ein best Test zu errichten (BayObLG **58,** 225/230), aufzuheben od dies nicht zu tun (vgl § 2302). Wenn gg die Anerkenng von Verpflichtgen, die mit einer Zuwendg verbunden sind, zB ein Kind anzunehmen od zu legitimieren, den Familiennamen zu ändern, Bedenken bestehen, so ist die Umdeutg einer Aufl in eine auflösd bedingte Zuwendg denkb (Staud-Lehmann § 1940 Anm 15). Über **Umstellg** vgl § 2174 Anm 2e der 28. Aufl. Über Auflagen bezügl eines GeschAnteils einer GmbH s Däubler, Die Vererbg eines GeschAnteils bei der GmbH, 1965, § 7 I; Haegele BWNotZ **76,** 55/58; bezügl TestVollstrg für Fortführg eines Einzelhandelsgesch s 2205 Anm 1 a bb β; allgem über Auflagen zur Unternehmensfortführg od -umgründg s Esch-Wiesche Rdz 570–577.

2193 *Bestimmung des Begünstigten.* **I Der Erblasser kann bei der Anordnung einer Auflage, deren Zweck er bestimmt hat, die Bestimmung der Person, an welche die Leistung erfolgen soll, dem Beschwerten oder einem Dritten überlassen.**

II Steht die Bestimmung dem Beschwerten zu, so kann ihm, wenn er zur Vollziehung der Auflage rechtskräftig verurteilt ist, von dem Kläger eine angemessene Frist zur Vollziehung bestimmt werden; nach dem Ablaufe der Frist ist der Kläger berechtigt, die Bestimmung zu treffen, wenn nicht die Vollziehung rechtzeitig erfolgt.

III Steht die Bestimmung einem Dritten zu, so erfolgt sie durch Erklärung gegenüber dem Beschwerten. Kann der Dritte die Bestimmung nicht treffen, so geht das Bestimmungsrecht auf den Beschwerten über. Die Vorschrift des § 2151 Abs. 3 Satz 2 findet entsprechende Anwendung; zu den Beteiligten im Sinne dieser Vorschrift gehören der Beschwerte und diejenigen, welche die Vollziehung der Auflage zu verlangen berechtigt sind.

1) Bestimmung. Entgg § 2065 II u über §§ 2156, 2192 hinaus kann auch die Bestimmg des Begünstigten dem Beschwerten oder einem Dritten (zB dem TestVollstr) überlassen werden. Immer aber muß der Zweck der Aufl vom Erbl (wenigstens in erkennb Umrissen, RG **96,** 15), angegeben sein. Die Bestimmg darf nicht unbillig, von Irrt beeinflußt od arglistig sein. Sonst ist sie anfechtbar, str, s § 2151 Anm 1, aM Staud-Seybold Anm 3 u Soergel-Dieckmann Rdz 5. Die Fristsetzg kann bei **II** auch durch das Gericht, ZPO 255 II, und ggü dem Dritten (nicht dem Beschwerten), im Falle des Abs III durch das NachlG, RPfleger, erfolgen, **III** 3, § 3 Nr 2c, § 11 RPflG, FGG 80, 20. Gebühr: KostO 114 Nr 2.

2194 *Anspruch auf Vollziehung.* **Die Vollziehung einer Auflage können der Erbe, der Miterbe und derjenige verlangen, welchem der Wegfall des mit der Auflage zunächst Beschwerten unmittelbar zustatten kommen würde. Liegt die Vollziehung im öffentlichen Interesse, so kann auch die zuständige Behörde die Vollziehung verlangen.**

Schrifttum: Hass, Zur „schwierigen" Aufl im ErbR, SchlHAnz **78,** 61.

1) Das Klagrecht ist gewährt, damit die Aufl nicht unerfüllt bleibt; denn dem AuflBegünstigten steht kein Fdgs-, also auch kein KlageR zu. Ein solches ist – als eigenes Recht auf Leistg an Dritte, vgl § 335, – den

§§ 2194–2196, Einf v § 2197   5. Buch. 3. Abschnitt. *Keidel*

Vollzugsberechtigten eingeräumt, u zwar dem Erben od ErbesE (gg den beschwerten VermNehmer, zum Einwand nach § 2187 s Hass aaO), dem MitE (gg den beschwerten Erben od VermNehmer), dem TestVollstr, §§ 2208 II, 2223 (neben diesem aber auch dem Erben selbst, da § 2212 nicht entspr angewendet w kann, ebso Erm-Hense Rdz 2, aM LG Brschw MDR **55**, 169) sowie demjen, dem der Wegfall des mit der Aufl Beschwerten unmittelb zustatten kommen würde, §§ 2161, 2192, s Staud-Seybold Anm 3, auch denjenigen, dem der Erbl das KlageR in der letztw Vfg ausdrückl eingeräumt hat, Staud-Seybold Anm 5. – Bei **öffentl Interesse** (worüber im Hinbl auf die privrechtl Natur des Anspruchs das ordentl Gericht zu entscheiden hätte), hat die nach LandesR (s *preuß* AVBGB 7, *nds* AGBGB 3, SchlH VO v 9. 9. 75 [GVBl 257] 1, *bay* AGBGB 107 mit § 24 ZustVO, § 34 NachlO, *ba-wü* AGBGB 4, *hess* AGBGB 131, *hamb* AO z Durchf des BGB u AG v 20. 5. 58, AAnz 544, I 5) zuständige Behörde, die eine wahre Partei kraft Amtes ist, das KlageR. Wegen der Vollstreckgsfragen vgl § 2196 II. – Der Vollziehgsberechtigte, vgl ähnlich § 335 ist ein Rechtsträger in fremdem Interesse, der bei Nichterfüllg nicht SchadErsLeistg an sich selbst, sondern nur an den Begünstigten beanspruchen kann, vgl aber § 2196. Eine Verpflichtg zum Verlangen auf Vollziehg besteht nicht. Verzicht hierauf ist zul, wenn er dem mutmaßl Willen des Erbl entspricht, RGRK Rdz 9, str. Mehrere Berechtigte sind nicht GesGläub, da jeder dasselbe und nicht für sich verlangt. Das Recht auf Vollziehg ist nicht übertragbar u pfändbar, aber auf jeden Fall bei Erben u MitE vererbl, s RGRK Rdz 8. Der Erbl kann den Kreis der Vollziehgsberecht erweitern od einschränken.

2195 *Selbständigkeit von Auflage und Zuwendung.* **Die Unwirksamkeit einer Auflage hat die Unwirksamkeit der unter der Auflage gemachten Zuwendung nur zur Folge, wenn anzunehmen ist, daß der Erblasser die Zuwendung nicht ohne die Auflage gemacht haben würde.**

1) Die Selbständigk der Aufl, vgl auch § 2085, bildet die Regel, falls es nicht dem Erbl in erster Linie auf die Erfüllg der Aufl ankam (zB Rente für Grabunterhaltg; diese entfällt mit dem Grab). Die Unwirksamk kann von Anfang an bestehen (Unmöglichk, Sittenwidrigk – dazu Thielmann 197 –, Anfechtg der betr Anordng) oder nachträgl eintreten (Ausfall der Bedingg; Sonderfall § 2196). Veränderte Umstände machen die Aufl noch nicht unwirks, wenn dem mit ihr zum Ausdruck gebrachten Willen des Erbl durch eine andere Art der Vollziehg Rechng getragen werden kann, BGH **42**, 327 mit Anm v Kreft zu **LM** Nr 1. – Umgekehrt entfällt die Aufl nicht notw durch teilweise Unwirksamk der Zuwendg, RG Gruch 52, 1087, od dadurch, daß nicht der zunächst Bedachte sie erhält, §§ 2192, 2161.

2196 *Unmöglichkeit der Vollziehung.* **I Wird die Vollziehung einer Auflage infolge eines von dem Beschwerten zu vertretenden Umstandes unmöglich, so kann derjenige, welchem der Wegfall des zunächst Beschwerten unmittelbar zustatten kommen würde, die Herausgabe der Zuwendung nach den Vorschriften über die Herausgabe einer ungerechtfertigten Bereicherung insoweit fordern, als die Zuwendung zur Vollziehung der Auflage hätte verwendet werden müssen.**

II Das gleiche gilt, wenn der Beschwerte zur Vollziehung einer Auflage, die nicht durch einen Dritten vollzogen werden kann, rechtskräftig verurteilt ist und die zulässigen Zwangsmittel erfolglos gegen ihn angewendet worden sind.

1) Bei unverschuldeter Unmöglichk, vgl auch § 2195, wird der Beschwerte frei u behält die Zuwendg, § 275. Bei **verschuldeter Unmöglichk, I,** oder **Weigerg, II,** soll sich der Beschwerte nicht bereichern dürfen, §§ 276ff, sofern nicht überh dann auch die Zuwendg nach dem ErblWillen entfällt. Der Erbl kann die Nichtvollziehg der Aufl auch zur auflösenden Bedingg gestalten, vgl auch RG SeuffA **74** Nr 101. Kann noch ein Dritter die Aufl vollziehen, gewöhnl ZwVollstr, ZPO 887 (Ermächtigg). Ist nach ZPO 888, 890 zu vollstrecken. Erfordert die Aufl keinen VermAufwand, kein BereichergsAnspr.

2) Der Bereichergsanspruch, der nur dem evtl nachrückenden Beschwerten (nicht dem TestVollstr od der Behörde, § 2194) zusteht, bemißt sich nach §§ 818, 819, vgl auch §§ 291, 292, 989. Der Herausg-Berechtigte ist seiners verpflichtet, die Aufl mit dem Erlangten zu erfüllen, sofern sie nicht etwa nur durch den zunächst Beschwerten erfüllt w sollte od ihre Vollziehg obj unmögl ist, Kipp-Coing § 65 III.

Sechster Titel. Testamentsvollstrecker

Einführung

Schrifttum: Haegele, Der Testamentsvollstrecker, 5. Aufl 1975/77 (= Haegele TV, zitiert nach Rdz); ders, Der TestVollstr in Handels- u GesellschR, Rpfleger **73**, 113, 157, 203; ders, Der TestVollstr bei Konkurs, Vergl, Anfechtg außerh des Konkurses, KTS **69**, 158; ders, Recht des TestVollstr zu unentgeltl Vfgen u zur Erbteilg bei DauerVollstrg, BWNotZ **69**, 260; ders, Einzelfragen der TestVollstrg BWNotZ **74**, 109; ders, TestVollstrg bei Gütergemeinsch, Inf **75**, 455; Haegele-Litfin, IV Rdz 157ff; Möhring, Vermögensverwaltg in Vormundschafts- u NachlSachen, 5. Aufl 1963, S 290ff; Schneider-Martin, Familienunternehmen u Unternehmertestament, 4. Aufl 1963, S 457ff; Nolte, Zur Frage der Zulässigkeit der TestVollstreckg nach Handelsrecht, Festschr für Nipperdey, 1965, I 667; Bund, Aufgaben u Risiko des TestVollstr, JuS **66**, 60; Klussmann, Zur Testvollstreckg bei Beteiliggen an Personalgesellschaften, BB **66**, 1209; Wiedemann, Die Übertragg u Vererbg von Mitgliedschaftsrechten bei Handelsgesellschaften, 1965, § 13; Johannsen, Die Rechtsprechg des BGH auf dem Gebiet des ErbR, 3. Teil, die Test-

Vollstreckg WPM **69**, 1402, **73**, 535; **77**, 276; L a n g e, Die Rechtsmacht des TestVollstr u ihre Grenzen, JuS **70**, 101; F i r s c h i n g, NachlRecht, 4. Aufl, 1971, S 238 ff; R o h l f f, Nießbraucher u VorE als TestVollstr DNotZ **71**, 518; Hartmann, TestVollstrg u Nießbr zur Sicherg d Nachf des EinzelUntern, 1975 (= Hartmann); F i n g e r, TestVollstrg u Nachfolge in der OHG, Betr **75**, 2021; F o r m - K o m m E r b R, Forml 6. 401–421; K i p p - C o i n g §§ 66–76; L a n g e - K u c h i n k e § 29.

1) Allgemeines. Die Rechtseinrichtg der TestVollstrg hat sich in mehr als 1000jähr Entwicklg (Gesetz der Salier) aus der letztw Treuhand (Salmannschaft) herausgebildet. Die TestVollstrg beschränkt den Erben, vgl §§ 2289 I, 2306, 2338, 2376, aber nicht seine Haftg, manchmal auch nur einen VermNehmer, § 2223. Der TestVollstr, dessen nichtöff Amt, RG **76**, 126, erst mit der Ann beginnt, § 2202 I, ist nicht Vertreter od Beauftragter des Erblassers (wg Vereinbargen mit dessen vgl Anm 1 zu § 2202) u auch nicht des Nachl, der ja keine RPersönlichk ist. Er ist auch nicht eigentlich Vertreter des Erben, denn er kann auch gg diesen vorgehen, vgl §§ 2206 II, 2208 II, 2217; sein rechtsgeschäftl Wille, der den Nachl verpflichtet, ist nicht der des Erben. Er übt vielmehr das ihm zugewiesene **Amt aus eigenem Recht** gem dem letzten Willen und dem G selbständ aus, s BGH **LM** Nr 1 zu § 2203, Soergel-Müller Rdz 8, 14 vor § 2197, wobei er sich allerdings nach außen hin als TestVollstr bezeichnen muß, um aus seinen RGeschäften nicht persönl haftbar gemacht zu werden, Planck-Flad Anm 2 aE vor § 2197. Indessen ist seine Stellg der eines gesetzl Vertreters (iwS) in gewissen Beziehgen angenähert. Denn der eigentl Herr des N a c h l ist der Erbe und der TestVollstr sein V e r w a l t e r. Soweit diese Verwaltg in Frage steht, werden Rechte u Pflichten des Erben vom TestVollstr wahrgenommen u treffen dch dessen Hdlgen in ihren Wirkgen den Erben als solchen, vgl § 278 und dazu RG **144**, 401, §§ 2206, 2213, 2216–2219. Ausnahme hiervon nur bei unerl Hdlgen des TV, vgl § 2219 Anm 3. Über mitwirkendes Versch vgl § 254 Anm 2 a. Der TestVollstrecker steht also an Stelle des Erben, wenn auch diese Stellg nicht auf dessen Willen, sond auf die Übertragg eines Vertrauensamtes gem der Anordng des Erblassers zurückzuführen ist, RG JW 30, 1487, 2049. Über die Frage der Anwendbark des § 181 vgl § 2205 Anm 2 c. Beauftragter des Erben ist der TestVollstr nicht, wenn auch § 2218 aus techn Gründen die entspr Anwendg einiger AuftrVorschriften anordnet. Ernenng durch den Erbl u Ann des Amtes schaffen auch kein AuftrVerh zw Erbl und TestVollstr, §§ 164 ff sind aber entspr anwendb, Barth-Schlüter, Lehrb § 42 I 3b. Derjenige, dem nur zu eigenem Nutzen Verwaltg und Vfg über einen Nachl eingeräumt ist, ist nicht TV, sond regelm VorE, Mü JFG **16**, 310.

2) Der Aufgabenkreis des TestVollstr. Inhalt u Umfang seines Amts können nach dem durch §§ 2203 ff dem Erbl gewährten Spielraum sehr mannigfaltig sein. Seine Aufgaben können sich in einer e i n z e l n e n Maßn (zB Durchführg der Bestattg, Auflassg eines Grdstücks an sich selbst, Lindemann DNotZ **51**, 215, Ausübg des Stimmrechts aus einem GmbH-Geschäftsanteil, und zwar auch noch nach der Auseinandersetzg, Hamm JMBl NRW **56**, 158) erschöpfen; die s e l b s t ä n d i g e V e r w des § 2209 kann sich dagg nach § 2210 auf Jahrzehnte, auf den Nachl im ganzen od einzelne NachlGgstände od nur auf ein Vermächtnis, vgl § 2223 Anm 2, erstrecken. Er kann nach § 2207 unbeschränkt zur Eingehg von Verbindlichkeiten berechtigt sein, wogg diese Befugn gem § 2208 enger als durch § 2206 beschränkt od ganz ausgeschl sein kann, RG **132**, 141. Die TestVollstrg kann auch auf bestimmte Erbteile beschränkt werden, eine solche Beschrkg kann sich auch nachträgl ergeben, s BGH NJW **62**, 912. Auch die Ausübg des U r h e b e r R kann dch letztw Vfg einem TV übertragen w, UrhRG 28 II, Fromm NJW **66**, 1245.

a) Der TV ist **Vollstrecker des letzten Willens,** hat also nach § 2203 die letztw Vfg auszuführen, nicht aber auszulegen, jedenf nicht hins solcher Bestimmgen, die den Bestand des TestVollstrAmts selbst betreffen, BGH **41**, 23, s dazu Bund JuS **66**, 61; es kann ihm aber vom Erbl die Aufgabe eines S c h i e d s r i c h t e r s zur Beilegg von Meingsverschiedenh zugewiesen werden, RG **100**, 77, wobei ihm auch die Befugn zur Auslegg sonstiger streitiger TestBestimmgen zukommt; gg seine Ernenng zum Schiedsrichter bestehen keine Bedenken, Kohler DNotZ **62**, 125/129. Der TestVollstr ist zur Eingehg von Verbindlichk für den Nachl, § 2206, befugt; ebso obliegt ihm die Auseinandersetzg, § 2204, wodurch die Befugn des NachlG zur Vermittlg entfällt, FGG 86. Er kann Nachlaßkonkurs und Nachlaßverwaltung beantragen, KO 217, § 1981, s Haegele KTS **69**, 158. Währd ihrer Dauer ist er, sofern man ihn nicht zum Verwalter macht, praktisch ausgeschaltet. Nach Verfahrensbeendigg kommt sein Recht wieder frei zur Entfaltg, RG Recht **19** Nr 773, s Anm 1d zu § 2205. NachlVergleichsVerf berührt die TestVollstrg nicht; der TV übernimmt die Vertretg des Erben, Bley-Mohrbutter Anm II 4 z § 113 VerglO, auch Haegele aaO 164. Bei Konkurseröffg über das Eigenvermögen des Erben kommt der vom TV verwaltete Nachl unter Aufrechterhaltg der Vfgsbeschrkg, § 2211, u des Vollstreckgsverbots, § 2214, zur KonkMasse, LG Aachen NJW **60**, 46, auch Haegele aaO 159 ff. Allg üb KonkursR, VerglVerf u TestVollstr s bei Haegele, Konkurs, Vergleich, GläubAnf³, 1973, 158 ff, 246 f. – Der TV kann das Aufgebot der NachlGläub u ZwVerst eines NachlGrdst beantragen, ZPO 991 II, ZVG 175 I 2. Er kann bei rechtl Interesse T o d e s E r k l, Feststellg des TodesZtpkts des verschollenen (Mit)Erben beantragen (VerschG 16 II c), sofern der Erbe vor dem Erbl verstorben sein soll, s Düss OLGZ **66**, 222, Ffm OLGZ **77**, 407 (Beschwerde gg TodesErkl). Eine I n v F r i s t kann ihm nicht gestellt werden, da die InvErrichtg ausschließl Sache des Erben ist, § 2215 iVm § 1994, s die TestVollstrg keine beschränkte Erbenhaftg herbeiführt.

b) Der TV **verwaltet den Nachl, nicht aber die Rechte des Erben an diesem;** er kann daher den Erbschein, § 2353, beantragen, nicht aber die Erbsch annehmen od ausschlagen od die Ausschlagg des Erben anfechten. Der TV kann die aufschiebenden Einreden, §§ 2014, 2015, auch die aus §§ 1990, 1992 geltd machen. Er **haftet** dem Erben, § 2219; jedoch, von § 826 abgesehen, nicht (wie etwa der NachlVerw, § 1985 II) den NachlGläub. Hins des Anfechtgsrechts aus § 2078 vgl § 2203 Anm 2. Der ErbschAnspr, § 2018, steht ihm zwar zu, besteht aber nicht gg ihn als solchen, da er sich ja kein ErbR anmaßt, RG **81**, 151.

3) Eine Mitwirkg des NachlGerichts, dessen Aufs der TestVollstr rechtl weder untersteht, KG JR **51**, 732, BayObLG **53**, 361, noch durch den Erbl (da dies ein Eingriff in öff Recht wäre, § 2208 Anm 2) unterstellt w kann, findet nur in den gesetzl bestimmten Fällen, §§ 2198 II, 2200, 2202, 2216 II, 2224 I, 2226, 2227, 2228, 2368 statt; insb bei Ann, Ablehng od Künd des Amts, bei Meingsverschiedenheiten zw mehreren

TV u der Entlassg. Durch die letztere Möglichk, § 2227, ist sowohl den Erben eine gewisse Einwirkg auf den TV wie dem NachlG prakt eine Überwachgsbefugn gewährt; der TV kann allerdings nicht schon deshalb entlassen werden, weil er von einer unzuläss Anordng des Erbl, wonach der TV für bestimmte Vfgen der Genehmigg des NachlG bedarf, abweicht, OLG 40, 136 Anm 1. Einer Genehmigg des NachlG (etwa wie ein Vormd) bedarf der TV niemals, vgl auch Backs, DFG 37, 45, § 2208 Anm 2. Bei minderjährigen Erben kann der TV auch der Aufs des VormschG nicht unterstellt werden hM, s Haegele, TV Rdz 125, 311; aM Greiser DFG 36, 245. Soweit die TestVollstrg ererbte Rechte eines Minderjährigen (Mündels) erfaßt, ist der gesetzl Vertr (Vormd) von der Verw des Vermögens des Mj ausgeschlossen; trifft ein Vormd mit Zustimmg des TV oder der letztere allein eine Vfg über derartiges Vermögen, so bedarf es dazu nicht der sonst erforderl vormschgerichtl Genehmigg, Celle FamRZ 68, 489, AG Brem Rpfleger 72, 369, auch § 2204 Anm 2. – Wird der Vater der als Erben eingesetzten Kinder zum TV ernannt, so besteht für Bestellg eines ErgPfleger (§§ 1909, 1775 II, 181) idR kein Bedürfn, Mannh Just 77, 135. – Beim ProzGericht kann der Erbe aber gg den TV auf Erfüllg seiner Pflichten klagen, BGH 25, 283 mit Anm v Johannsen in LM § 2205 Nr 2.

4) Prozeßführg. a) Im Rahmen seiner VerwBefugn steht es dem TV allein zu, die zum Nachl gehörenden Rechte **für den Nachl** gerichtl geltd zu machen, währd der Erbe Nebenintervenient, ZPO 66, u Zeuge sein kann. Der TV führt die Prozesse im eig Namen, aber in seiner Eigensch als TestVollstr, als „Partei kraft Amts", ZPO 114 III, also für Rechng des Nachl u mit Wirkg für u gegen den Erben, § 2212, ZPO 327 I, auch soweit es sich um eine Feststellgsklage, ErbschKlage od VollstrGgKlage handelt. Betrifft der Prozeß eine NachlVerbindlichk, so wirkt das Urteil für u gegen den Erben nur, soweit der TV nach § 2213 prozeßführgsberechtigt war. Zw Vollstr nach ZPO 728 II, 748, 780 II.

b) Prozesse **gegen den Nachlaß,** insb aus NachlVerbindlichk, können, wenn der TV zur Verw des ganzen Nachlasses befugt ist, sowohl gg den Erben als auch gg den TV gerichtet werden, § 2213 I 1, s aber auch ZPO 327 II, 748 I. Ist die TestVollstrg nicht zur Verw des ganzen Nachl berechtigt, so ist nur der Erbe passiv legitimiert, § 2213 I 2. Die Zwangsvollstreckg in die vom TV verwalteten einzelnen Nachl-Ggstände erfordert aber neben dem Urteil gg den Erben ein solches auf Duldg gg den TV, ZPO 748 II, § 2213 III, da das Urteil gg den Erben keine Rechtskr gg den TV schafft, RG 109, 166. Der PflichttAnspr (einschließl des vorbereitenden AuskBegehrens, § 2314) muß gg den Erben gerichtet werden, doch ist auch hier ein Duldgsurteil gg den TV erforderl, § 2213 I 3, III, ZPO 748 III.

c) Über das seiner Verw nicht unterliegende **Erbrecht** des wahren Erben kann der TV keinen RStreit führen, RG 106, 47, wohl aber beiläufig (inzidenter), soweit es sich um das Bestehen seines Amtes, die Gültigk der ihn berufenden letztw Vfg od um sein Recht zu deren Ausführg usw handelt. Rechtskr, ZPO 325, wirkt nur zw den Parteien, RG JW 19, 724; über weitere Ausnahmen s Löwisch DRiZ 71, 272, auch RGRK § 2203 Rdz 15. Der TV kann einen Erb Sch beantragen, dessen Einziehg wg Unrichtigk anregen u in diesen Verf Rechtsmittel einlegen, Oldbg Rpfleger 65, 305; s § 2205 Anm 1 a. Er kann auch die Feststellg des LwG, daß ein zum Nachl gehöriger GrdBesitz Hof ist, mit Beschwerde anfechten, Celle RdL 67, 42.

5) Im Erbschein ist die Ernenng des TV anzugeben, § 2364 I. Bei aufschiebend bedingter TestVollstrg ist diese erst nach Eintritt der Bedingg, KG JFG 10, 73, zu erwähnen. Der Umfang der Befugn des TV ergibt sich aus dem Zeugn, § 2368.

6) Im Grundbuch, GBO 52, ist die TestVollstrg gleichzeitig mit der Eintragg des Erben, KG DNotZ 56, 195, aber niemals ohne diese, zu vermerken, wenn der NachlGgst seiner Verw unterliegt. Das gleiche gilt auch für das Schiffsregister, SchiffsRegO 55, s auch LuftfzRG 86 I. Der Erbl kann die Eintragg nicht verbieten, der TestVollstr auf sie nicht verzichten, da er seine Befugnisse im Interesse des Erben auszuüben hat, Mü JFG 20, 294. Durch die Eintragg wird das GB für Vfgen des Erben gesperrt, Anm 5b zu § 878. Löschg ist bei UnrichtigkNachw, GBO 22, 84, mögl, wenn die TestVollstrg in Wirklichk nicht bestand od das Amt des TV durch Zeitablauf, Erledigg seiner Aufgaben, RG 81, 169, od durch Freigabe, § 2217, endet, s auch BGH WPM 71, 1126. Bei Niederlegg des Amtes durch einen TV ist jedoch noch nicht nachgewiesen, daß auch die TestVollstrg als solche beendet ist, da der Erbl Ersatzbestimmgen getroffen haben kann, Hamm Rpfleger 58, 15. – Dem Antr auf Berichtigg des GB dch Eintr des Erben als Eigtümer kann der TV stellen, KGJ 51, 216, Mü JFG 20, 373; ob hierzu auch der Erbe selbst berecht ist, ist bestr; hM verneint, dagg aber mit beachtl Gründen Bertsch Rpfleger 68, 178. Dazu Buschmann, Die Befugnisse des TV im GrdbuchR, BlGBW 70, 124, Haegele, Der TV im GrdstR, RWP 2 BürgR 393.

7) Ob in das **Handelsregister** ein TestVollstrVermerk gehört, ist bestr, s RG 132, 141, aber auch Nolte aaO 673, 683, Baur, Festschr für Dölle, 1963, I 249. Hins der Fortführg des Geschäfts eines Einzelkaufmanns vgl § 2205 Anm 1 b bb. Die Anmeldg des Neueintritts der Erben eines verstorbenen persönl haftenden Gesellschafters zum HandelsReg durch den TestVollstr ist auf jeden Fall dann nicht mögl, wenn im GesellschVertr bestimmt ist, daß beim Tod des Gter die Gesellsch mit den Erben fortgesetzt w soll, u sich auch aus dem Test nicht ergibt, daß der TV die Rechte der Erben hinsichtl der Beteiligg wahrnehmen soll, Hbg NJW 66, 986, s auch § 2205 Anm 1b cc, BayObLG Rpfleger 72, 259; 77, 321 (keine Anmeldg des Kommanditistenwechsels) u allg Holzhauer (Schrifttum vor § 2205) 62 ff; Haegele, TV Rdz 174, 180, 185; Keidel-Schmatz-Stöber RegisterR³ Rdz 169[32], 241[29].

8) Die Vollmacht des Erbl über den Tod hinaus, Vollmacht auf den Todesfall.

a) Zulässigk. Sowohl eine vom Erbl schon zu Lebzeiten wirks erteilte u über den Tod hinaus wirkde Vollm als auch eine von ihm erteilte, aber nicht zu seinen Lebzeiten, sondern erst mit seinem Tode zur Entstehg gelangde Vollm sind mögl u zul. Vgl § 168 Anm 1, § 1922 Anm 3a kk, § 1937 Anm 1. Schrifttum: Lukowsky, Die Vollmacht über den Tod hinaus, RhNK 63, 115; Haegele, TV Rdz 2–8; ders, BWNotZ 74, 109/121 ff; Haegele- Litfin IV Rdz 271–276; Röhm, Rechtsfragen zu der vom Erbl erteilten Vollmacht, Betr 69, 1973; auch Hopt, ZfHK 133 (1970), 319 ff; Riedel, Postmortale Vollm, JurBüro 72, 1041;

Mümmler, VfgsR u Inhabersch bei Bankkonten, JurBüro **73**, 283; Enn-Nipperdey, Allg Teil § 186 V; Müller-Freienfels, Vertretg beim Rechtsgeschäft, 1955 S 309 ff; Flume, Allg Teil des Bürgerl Rechts II, Das Rechtsgeschäft, 1965, § 51–5; Lübtow Lehrb II, 1239 ff; RGRK Rdz 12 vor § 2197; Soergel-Müller § 2205 Rdz 51–53. Liegt der Vollm ein Auftr od ein GeschBesorggsVertr zugrunde, so ergibt sich ihre Fortdauer über den Tod hinaus idR aus §§ 168, 672, 675; diese ist aber auch mögl, wenn die Vollm unabhängig von einem bestimmten RVerhältn erteilt wird, isolierte Vollm, Staud-Dittmann Anm 100 vor § 2197; Sonderfälle: HGB 52 III, ZPO 86. Die Vollm kann durch RGesch unter Lebenden, § 167, erteilt werden, s dazu Mü Betr **73**, 693; es genügt, wenn die Erklärg nach dem Tod des VollmGebers dem zu Bevollmächtigenden zugeht, § 130 II. Die Vollm kann auch in einem gemschaftl Test od ErbVertr bei Beteiligg des zu Bevollmächtigenden, aber auch in einer einseitigen letztw Vfg, auch eigenhändigem Test, erkl werden, wenn das Zugehen der Erkl nach dem Tode des Erbl sichergestellt ist, Staud-Dittmann aaO Vorbem 102, auch Haegele Rpfleger **65**, 306, **68**, 345. Die Frage, ob Vollm od TestVollstrBestellg vom Erbl gewollt ist, muß dch Auslegung (§§ 133, 2084) festgestellt werden, Oldbg Rpfleger **65**, 305.

b) Rechtsstellg des Bevollmächtigten: Der Bevollm ist nach dem Tode des Erbl zur Vertretg des od der Erben befugt, § 672, BayObLG **19** A 174, s auch Mattern BWNotZ **65**, 8, 9. Er kann ohne Erbnachweis über NachlGgstände verfügen, KG JFG **12**, 274; er kann auch nach dem Tod des VollmGebers für diesen Anmeldgen zum HandelsReg ohne Vorlage eines ErbSch vornehmen, Hbg DNotZ **67**, 30; über Verkehr mit dem Grdbuchamt s Lukowsky aaO 120 ff, Haegele Rpfleger **68**, 345. Er bedarf zu RechtsGesch, die er nach dem Erbf vornimmt, solange keiner Zust des Erben, als dieser nicht Vollm od Auftr widerruft, s c); das Handeln des Bevollm kann aber ausnahmsw eine unzul RAusübg darstellen od gg die guten Sitten verstoßen, BGH NJW **69**, 1245 mit abl Anm v Finger ebda 1624, dazu auch Hopt aaO 322 ff. Vom TV unterscheidet sich der Vollm dadurch, daß er nicht Träger eines Amtes ist u in den Nachl nur bis zum Widerruf der Vollm eingreifen darf, Planck-Flad Anm 6 vor § 2197. Die Vertretgsmacht des Bevollmächtigten wird durch eine TestVollstr nicht beeinträchtigt, Haegele TV Rdz 150, aaO 123, teilw einschränkd Staud-Dittmann aaO Vorbem 107. Einem TestVollstr kann zugl eine über den Tod hinaus wirkde Vollmacht vom Erbl erteilt w. Wird er in diesem Fall als Bevollm tät, so unterliegt er nicht den Beschrkgen, denen ein TV unterworfen ist, BGH NJW **62**, 1718 mit Anm von Haegele Rpfleger **62**, 439; er kann also im Rahmen seiner Vollm auch unentgeltl Vfgen treffen, soweit darin nicht ein Mißbr der Vollm liegt, BGH aaO, Haegele aaO 122, auch Boehm aaO 197. Ein TV kann zugl aGrd einer ihm vom Erbl über den Tod hinaus erteilten Vollm die Stellg eines GeneralBevollm inne haben. Das Recht des Abschl von InsichGesch, § 181, darf ihm aber nicht erteilt w, s auch § 2205 Anm 2b. Auch dem Erben kann eine postmortale Vollm erteilt w, Röhm aaO 1978. Über Widerruf s unten c). Der über den Tod hinaus Bevollm bedarf, wenn minderjährige Erben vorhanden sind, zu RGeschäften, die ein Vormd nur mit Gen des VormschG vornehmen darf, nicht dieser Gen, RG **106**, 186, Haegele aaO II 2. – Über Fortführg eines EinzelhandelsGesch dch den TV namens des (der) Erben u über die Ausübg der PersGesellschRe des verst Erbl dch den TV als ErbenBevollm s § 2205 Anm 1 b bb cc, Haegele aaO III 1, Rpfleger **73**, 115, 158, auch BWNotZ **68**, 67, 90.

c) Widerruf: Zum Widerruf der Vollm ist – auch währd des Bestehens einer ErbenGemsch – jeder einzelne **Erbe** befugt, und zwar ohne Rücks darauf, ob der Vollm ein RGesch zugrunde liegt od nicht; durch den Widerruf eines MitE wird aber das VertretgsR des Bevollmächtigten hins der übrigen Miterben nicht berührt, RG JW **38**, 1892. Auch der **TestVollstr** kann eine Vollm über den Tod hinaus im Rahmen des § 2205 widerrufen, sofern nicht das Test ein anderes bestimmt, Staud-Dittmann aaO Anm 111. Die Widerruflichk der Vollm richtet sich nach dem ihr zugrunde liegenden RGesch, § 168 (dazu BGH DNotZ **72**, 229); die isolierte Vollm ist in der Regel widerrufl, s § 168 Anm 2. Ist der Widerruf vom VollmGeber ausgeschl, so kann die Vollm nur aus wichtigem Grd widerrufen werden. Die Unwiderruflichkeit einer über den Tod hinaus erteilten GeneralVollm isw nicht zu billigerweiser Knebelg der Erben u Umgehg der TestVollstr sittenw § 138, Staud-Boehmer § 1922 Anm 226, Röhm aaO 1977; sie gilt als widerrufliche fort, wenn der VollmGeber sie auch ohne den Verzicht auf das WiderrufR erteilt hätte, § 139, Lukowsky aaO 129; sie kann möglicherw in Erbeinsetzg umgedeutet w, Erm-Hense Rdz 5 vor § 2197.

d) Über **Bevollmächtigg durch** den **TestVollstr** s KG JFG **7**, 279 und § 2218 Anm 2a.

e) Über **Vollmacht** des Erbl bei **Vor-** u **Nacherbfolge** s § 2112 Anm 1.

9) IPR. Ein trustee amerikanischen Rs kann als TestVollstr iS des deutschen Rs behandelt w, Ffm DNotZ **72**, 542. Zur Rechtsstellg des von einem Ger des Staates New-York eingesetzten Administrators s KG RzW **72**, 409; s auch Haegele TV Rdz 16–18; Soergel-Müller Rdz 32 vor § 2197; BGH WPM **76**, 811.

10) Anordng des Titels: Ernenng des TV u Ann des Amtes, §§ 2197–2202; Rechte u Pflichten, §§ 2203–2214, ggü dem Erben §§ 2215–2221 (Vergütg); bes Fälle §§ 2222–2224; Beendigg des Amtes §§ 2225–2227.

11) DDR: ZGB (Auszug im Anh, 35. Aufl) 371 III, s auch GrundbuchVerfO 25.

2197 *Ernennung durch Testament.*
I Der Erblasser kann durch Testament einen oder mehrere Testamentsvollstrecker ernennen.

II Der Erblasser kann für den Fall, daß der ernannte Testamentsvollstrecker vor oder nach der Annahme des Amtes wegfällt, einen anderen Testamentsvollstrecker ernennen.

1) Die Ernenng erfolgt entweder unmittelb, **I**, zum Ersatz eines anderen, **II**, od durch andere, §§ 2198–2200. Die Anordng der TestVollstrg schlechthin ohne Angabe des TV od Bestimmgsberechtigten (nicht aber ohne weiteres die Ernenng eines TV, der inzw gestorben ist), ist ebso wie der Ausschluß des Erben von jeglicher Verwaltg idR als Ersuchen iS des § 2200 auszulegen, s § 2200 Anm 1, Haegele TV 11. Ernannt wird der TV **durch letztw Vfg** (Test od einseitige Vfg im ErbVertr, §§ 2299, 2278 II), durch andere nach §§ 2198–2200. Wenn Ehegatten in einem gemschaftl Test einen Dritten zu ihrem TV ernennen, so ist er für beide Erbfälle ernannt, falls nicht die Ausleg ergibt, daß die Ernenng nur für den Fall des Todes des Überlebenden gelten soll, KG JFG **14**, 275, Granicky NJW **57**, 407; ist der überl Eheg AlleinE des Erstversterbenden u sind für den ersten Erbf keine weiteren der Ausführg bedürftigen Vfgen getroffen u keine Anhaltspunkte für eine Verwaltgs – od Dauervollstreckg vorhanden, so wird der TV nur für den Nachl des Überlebenden eingesetzt sein, Staud-Dittmann Anm 5. Die Ernenng ist, gleich gemschaftl Test, § 2270 III, seitens des Erbl jederzeit widerrufl, LG Stade MDR **60**, 142, nach § 2081 I anfechtb u bei Ungültigk des Test nach Maßg des § 2085 unwirks, woran auch die Erben nichts zu ändern vermögen. Doch können diese den TestVollstr zum rechtsgeschäftl Bevollmächtigten bestellen. Ist eine TestVollstrg für den ganzen Nachl angeordnet, die AO aber hins eines MitE wg eines fr ErbVertr ungült, § 2289, so kann die AO den E und den Erben ggü wirks sein, wenn TeilTestVollstr dem Willen des Erbl entspr, BGH **LM** § 2085 Nr 3. – Eine Bestellg durch Vertr mit dem Erbl ist nur als Auftr wirks und vom Erbl u den Erben nach § 671 widerrufl, RG **139**, 41; vgl auch Anm 1 zu § 2202. – Ernenng steht für BeurkG 7, 27 einer Zuwendg gleich.

2) Eine bestimmte Ausdrucksweise ist für die Ernenng **nicht erforderl**, RG **92**, 72. Die Bezeichng Pfleger, Verwalter, Bevollmächtigter zur Verteil des Nachl nach bill Ermessen, BayObLG Recht **15** Nr 329, Bevollmächtigter mit voller u alleiniger Vfgsgewalt über Nachl, Oldbg Rpfleger **65**, 305, genügt, wenn der (durch Ausleg, § 133, zu ermittelnde) ErblWille zur Vollstreckg im fremden Interesse anzunehmen und nicht in Wirklichk Erbeinsetzg unter Aufl, vgl OLG **21**, 359, oder Vor- u NEFolge, KG DRZ **27** Nr 680, od VerwVorausVerm an MitE, OGH **4**, 223, od eine Anordng nach § 2048 gemeint ist.

3) Person des Testamentsvollstreckers. Es bestehen abgesehen von § 2201 grdsätzl keine Beschrkgen. Auch Ehefrauen, Ausländer, juristische Personen, § 2210 S 3, der jeweilige Träger eines Amts, Notariats, BayObLG **20**, 55, können TV sein, jedoch nicht das über u neben dem TV stehende NachlG. Sittenwidr ist idR die Einsetzg der Geliebten als TV, BGH FamRZ **54**, 194/198, s auch Thielmann 92[15], 243f. Der alleinige Erbe od der alleinige VorE kann nicht alleiniger, sond nur MitVollstr, § 2224, sein, KG JFG **11**, 25, OLGZ **67**, 361, von § 2223 abgesehen, s aber auch Rohlff aaO 527ff; wohl aber kann ein MitVorE zum TV u zugl zum NETV berufen w, wenn die TVollstrg dch ein Kollegium ausgeübt w, BayObLG **76**, 67, ein NachE oder einer von mehreren NachE, BayObLG NJW, **59**, 1920, zum TV für den VorE ernannt werden. Der MitE kann ohne weiteres TV sein, da er als TV ein Tätigkeitsfeld zugewiesen erhält, das er als bloßer MitE, §§ 2038 bis 2040, nicht hätte, KG JR **52**, 324. Auch können sämtl MitE (allein od neben einem Mitvollstr) TV sein, da dann § 2224 I (statt § 2038 II) Geltg u der Erbl die Möglichk hatte, die Verw abweichd zu regeln, s auch RGRK Rdz 4. Auch ein VermNehmer, Vormd, Nießbraucher (dazu BayObLG MDR **78**, 142, Rohlff aaO 519ff, Haegele TV Rdz 11, 143, 509, 524) kann TV sein; nicht jedoch der beurkundende Notar, §§ 27 mit 7 BeurkG, wg des Notarvertreters s BNotO 41 II; s aber auch § 2200 Anm 2. Wegen des TV neben einem VE oder NE vgl § 2222.

4) Sonderfälle: Auch unter einer Bedingg, vgl II, od Befristg, zB als Nachvollstrecker (TV nach Amtsbeendigg des Vorgängers), kann die Ernenng erfolgen; ferner für einen bestimmten Erbteil od ein Vermächtn od nur zur Beschrkg eines bestimmten Erben, § 2338 I 2. Fällt dieser Erbe weg, so ist die TestVollstrg ggstandslos, ohne daß es der Anfechtg od Entlassg bedürfte, vgl Staud-Dittmann Anm 24. Auch für die gesetzl Erbfolge und im Rahmen des § 1514 mit §§ 1512, 1513, 1516 für die fortgesetzte Gütergemeinsch, kann TV bestellt werden; unzul aber Beschrkg des VerwR des überl Eheg dch Überweisg der Verw an TV, § 1518 Anm 2, s auch RG JW **16**, 43, Haegele Rpfleger **63**, 331, ders, TV Rdz 39. Wegen der fortgesetzten westfäl GütGemsch: KG JFG **17**, 246, s auch Hamm JMBl NRW **62**, 213. Beschränkg des AnE dch TestVollstrErnenng ist zul, HöfeO BrZ 16, mit Rdz 37 von Lüdtke-Handjery, Rdz 36, 37 von Faßbender-Hötzel-Pikalo, Rdz 39 von Wöhrmann-Stöcker; Soergel-Müller Rdz 2.

5) Die ErsErnenng, II, gilt auch für den Fall der Ablehng des Amtes, § 2202 II, III.

2198 *Bestimmung durch einen Dritten.* [I] Der Erblasser kann die Bestimmung der Person des Testamentsvollstreckers einem Dritten überlassen. Die Bestimmung erfolgt durch Erklärung gegenüber dem Nachlaßgerichte; die Erklärung ist in öffentlich beglaubigter Form abzugeben.
[II] Das Bestimmungsrecht des Dritten erlischt mit dem Ablauf einer ihm auf Antrag eines der Beteiligten von dem Nachlaßgerichte bestimmten Frist.

1) Bestimmg dch Dritten. a) Dem Dritten (auch dem Erben, RG **92**, 68; dem Leiter einer einschlägigen Behörde, zB dem aufsichtsführenden Richter eines AG, Hamm DNotZ **65**, 487, od dem jeweiligen Leiter als PrivPerson, KG JW **38**, 1900) kann – in Abweichg von § 2065 – **durch Test** od einseitige Vfg im **Erbvertrag** die Bestimmg überlassen werden, jedoch nicht die Anordng der Vollstr überh, § 2065 I, RJA **12**, 63; doch kann oft wohlwollende Auslegg (§ 2084) hier helfen, Greiser DFG **39**, 216.

b) Die Bestimmung durch den Dritten ist wie die Ausschlagg, § 1945 I, behandelt und unwiderrufl. Bestimmg nach freiem Ermessen; Haftg nur nach § 826. Der Dritte kann auch sich selbst bestimmen, falls er nicht AlleinE ist (Haegele BWNotZ **74**, 109/112). Öffentl Beglaubigg der Unterschr, § 129, §§ 39, 40, 63 BeurkG, genügt, auch wenn der Erbl Beurkundg vorschrieb (so auch Erm-Hense Rdz 3, aM Staud-Dittmann Anm 14, RGRK § 2199 Rdz 5). Die Bestimmung kann auch in einem öff Test getroffen werden, ebso wie in einem Test eine Schenkg widerrufen werden kann, § 531 Anm 1; str; ebso Staud-Dittmann Anm 15, aM Soergel-Müller Rdz 5; vgl Anm 4 zu § 130 u KG JW **36**, 2462. Kosten der Beglaubigg trägt der Bestimmgsberechtigte mit Rückgr Anspr gg den Erben nach § 2218. Akteneinsicht nach § 2228. Öffentl Urk bedürfen keiner Beglaubigg; wird also die Bestimmg des TV „einem in einem nicht Test dem „amtierenden Notar oder seinem Amtsnachfolger" übertragen, so bedarf die mit Amtssiegel versehene Erkl des Notars ggü dem NachlG keiner öff Beglaubigg, Neust DNotZ **51**, 339; ebso hins der Bestimmg durch den Präs einer RAKammer, vgl KG JFG **23**, 306.

Testament. 6. Titel: Testamentsvollstrecker §§ 2198–2200

2) Fristsetzg (wie bei Verm u Aufl, §§ 2151 III, 2193 II) erfolgt zur Klarstellg; zust RPfleger, § 3 Nr 2 c RPflG. Eine vom Erbl gesetzte Frist kann durch das NachlG verlängert wie verkürzt werden. Beteiligte sind Erben, NE, MitVollstr, PflichttBerechtigte, VermNehmer, AuflBerechtigte, § 2194 (nicht der durch die Aufl Begünstigte, LG Verden MDR **55**, 231, aM insoweit Staud-Dittmann Anm 21) sowie sonstige NachlGläubiger, vgl BGH **35**, 296. Gegen die Fristsetzg ist sofortige, gg die Ablehng (auch einer Verlängerg) einf Beschw (Erinnerng) gegeben, § 11 RPflG, FGG 80, 20. Abänderung der gerichtl Frist unzul, FGG 18 II, Höver DFG **39**, 25. Gebühren nach KostO 112 I Nr 6. Durch fruchtlosen Fristablauf wird die TestVollstrg hinfällig, falls nicht vorsorgl ein weiterer Bestimmgsberechtigter benannt od nach § 2197 II ein Ersatzmann bestimmt ist od ein bedingtes Ersuchen iS des § 2200 vorliegt. BestimmgsR erlischt auch bei Ablehng vor Fristablauf, Greiser DFG **39**, 216.

2199 *Ernennung von Mitvollstrecker oder Nachfolger.* I Der Erblasser kann den Testamentsvollstrecker ermächtigen, einen oder mehrere Mitvollstrecker zu ernennen.
II Der Erblasser kann den Testamentsvollstrecker ermächtigen, einen Nachfolger zu ernennen.
III Die Ernennung erfolgt nach § 2198 Abs. 1 Satz 2.

1) Die Ermächtigg zur Ernenng von MitVollstr, § 2224, und Nachfolgern kann dem **TestVollstr** durch Test od einseitige Vfg im ErbVertr erteilt werden, vgl OLG **44**, 96. Seine Entscheidg betrifft nicht nur die Pers des zu Ernennenden, wie bei § 2198, sond auch dessen Eintritt überh. Zur Absetzg der ernannten MitTV kann der TV nicht ermächtigt werden, Staud-Dittmann Anm 8. – Gemäß §§ 2198, 2200 kann der Erbl auch einem **Dritten** od dem **NachlGericht** die Ernenng von Mitvollstreckern od eines Nachfolgers überlassen.

2) Das Bestimmgsrecht, das einer Fristsetzg nicht unterliegt, hat der **TestVollstr** nur so lange, als er bei WirksWerden der Ernenng, III, §§ 130 ff, selbst noch im Amt ist, vgl auch JW **28**, 1943. Nach § 130 II ist jedoch die Ernenng auch wirks, wenn der bish TV vor Eingang der Erklär beim NachlG stirbt, sofern er nur alles tat, was von seiner Seite erforderl war, um die Wirksamk der Erkl herbeizuführen, vgl RG **170**, 382. Der Nachfolger, II (auch mehrere, Staud-Dittmann Anm 12, wenn der Erbl dies gestattet hat), kann nur für den Fall der Beendigg des Amtes, §§ 2225, 2227, ernannt werden, sofern nicht ein anderer Erbl-Wille zu ermitteln, RJA **12**, 112. Sind mehrere TestVollstr ermächtigt, so ist durch Auslegg zu ermitteln, ob Ernenng durch Mehrheits- od einstimmigen Beschl zu erfolgen hat, Staud-Dittmann Anm 14. Über den Fall, daß zw mehreren ermächtigten TV Meingsverschiedenh bestehen, vgl § 2224 Anm 1. Vererbl ist das Amt nicht, § 2225. S hiezu allgem Haegele BWNotZ **74**, 109/112.

3) Für sorgfältige Auswahl haftet der TV nach §§ 2218, 2219, Akteneinsicht nach § 2228. Gebühr nach KostO 112 I Nr 6.

4) Wegen Bevollmächtigg durch den TV vgl RG **81**, 166 und Anm 2a zu § 2218.

2200 *Ernennung durch Nachlaßgericht.* I Hat der Erblasser in dem Testamente das Nachlaßgericht ersucht, einen Testamentsvollstrecker zu ernennen, so kann das Nachlaßgericht die Ernennung vornehmen.
II Das Nachlaßgericht soll vor der Ernennung die Beteiligten hören, wenn es ohne erhebliche Verzögerung und ohne unverhältnismäßige Kosten geschehen kann.

Schrifttum: Jansen, Zur bindenden Wirkg der Ernenng eines TV durch das NachlGer, NJW **66**, 331; Haegele BWNotZ **74**, 109/112 f.

1) Ein Ersuchen des Erbl muß vorliegen; es kann durch Auslegg, auch durch ergänzende Auslegg (KG DNotZ **55**, 649, Düss MDR **57**, 421, LG Stade MDR **60**, 142, LG Kiel MDR **67**, 593, Hamm OLGZ **76**, 20 [ErbVertr], § 2084 Anm 4b), ermittelt werden, zB wenn dem Erben für immer die Verwaltg entzogen, OLG **43**, 401 Fußn 1 b, od durch den Erbl unzulässigerw Pflegsch angeordnet ist, Warn **13** Nr 239, § 140, s auch § 2197 Anm 1. Das Ersuchen kann auch bedingt sein (zB für den Fall der NichtAnn des Amtes, des Fristablaufs, § 2198); lehnt der um Übernahme der TestVollstrg gebetene aufsichtsführende Richter eines AG die Bestimmg des TV nach § 2198 I 1 ab, so ist zu prüfen, ob nicht ein Ersuchen an das AG im Sinn des § 2200 vorliegt, Hamm DNotZ **65**, 487. Ein fehlendes Ersuchen kann jedoch durch Anträge der Erben od Dritter nicht ersetzt werden. Einigg der Erben über einen TV bindet das NachlG nicht u hat nur die Bedeutg einer Anregg, Hamm Rpfleger **59**, 53. Die einem TV auferlegte Pfl, einen Nachfolger zu ernennen, § 2199 II, enthält nicht auch ohne weiteres ein Ersuchen an das NachlG, OLG **42**, 139. – Auf Ersuchen eines Ausländers, der nach seinem HeimatR beerbt wird, EG 25, kann das deutsche NachlG einen TV nur ernennen, wenn dies auch nach dem HeimatR zul ist, Anm v Neuhaus zu Neust JZ **51**, 644, s auch Staud-Firsching § 2368 Anm 33, 34.

2) Die Ernenng des TV ist dem Richter vorbehalten, § 16 I Nr 2 RPflG, und kann auch in der Erteilg des TestVollstrZeugn liegen; die Vfg wird wirks mit der formlosen Bekanntmachg an den Ernannten, KG OLGZ **73**, 385; sie ist aber auch allen BeschwBerecht bekannt zu machen (KG aaO 388). Das Amt des TestVollstr beginnt erst mit der Ann durch den Ernannten, § 2202 I. Die Ernenng steht im pflichtmäß Ermessen des NachlG („kann"), Hamm aaO, das sie (nicht etwa wegen Überlastg) ablehnen kann, wenn der Nachl eine Vollstr nicht lohnt. Keine Ernenng, wenn TVAmt mit der Ausführg aller Aufgaben geendet hat; eine trotzdem erfolgte Ernenng eines neuen TV ist von vorneherein ggstandslos, BGH **41**, 23 = NJW **64**, 1316 mit Anm v Strickrodt, dazu auch Bund JuS **66**, 60, Haegele WPM **66**, 331, auch Johannsen WPM **9**, 1403. – a) Die **Auswahl** steht ebenf im pflichtmäß Ermessen des Ger, Ffm, Rpfleger **78**, 178, soweit nicht der Erbl Personen ausgeschl hat, Staud-Dittmann Anm 9. Auch der Notar, der die Vfg vTw beurkundete, kann ernannt werden, LG Göttingen, DNotZ **52**, 445; §§ 27 mit 7 BeurkG stehen nicht entgg.

Das Ger darf aber keine für das Amt ungeeignete Pers ernennen, es ist auch nicht an eine Einigg der Beteiligten gebunden, Hamm JMBl NRW **62**, 211. – Gebühr: KostO 113. – **b)** Gegen die Ablehng findet einfache gg die nach FGG 16 zuzustellende Ernenng sofortige **Beschwerde** statt, FGG 81, vgl auch FGG 32. Beschwerdeberechtigt sind bei Ernenng die Erben, nicht der TV selbst, der ablehnen kann, § 2202, auch nicht gewöhnl NachlGläub (KG OLGZ **73**, 385), gg Ablehng der Ernenng auch PflichttBerechtigte, KG NJW **63**, 1553. – **c)** Das NachlG kann bei NichtAnn od Wegfall des Ernannten auch einen od weitere Nachfolger ernennen. Die Ernenng kann nicht vAw wieder aufgeh werden, auch wenn von Anfang an ein wicht Grd für Entlassg, § 2227, vorliegt; vielm nur Entlassg auf Antr, Ffm aaO; ein Antr ist auch erforderl, um eine ohne Ersuchen des Erbl erfolgte Ernenng eines TV aufzuheben, denn diese ist wirks, bildet aber wichtigen Grd für Entlassg, § 2227, KG DNotZ **55**, 648, Recht **25** Nr 2438, Kipp-Coing § 67 I 7, auch Hbg NJW **65**, 1969; für Zulässigk der Aufhebg auf Beschwerde Staud-Dittmann Anm 13, s auch Hamm JMBl NRW **62**, 211. – **d)** Im Prozeßwege ist die Ernenng ebsowenig **nachprüfbar**, KG Recht **25** Nr 2438, wie die Bestellg eines Vormundes, s aber auch einschränkd BGH **41**, 23, oben 2 vor a); auch GrdbuchamtuRegisterGer haben kein eigenes NachprüfgsR, Erm-Hense Rdz 1, str, ferner nicht das NachlG im ErbSchVerf, Hbg NJW **65**, 1968, dazu Jansen, NJW **66**, 331.

3) Beteiligt, II, und daher zu hören ist jeder, der an der TestVollstrg ein Interesse hat, vgl auch Anm 2 zu § 2198, Hamm DNotZ **65**, 488. Die Anhörg von Gläub wird aber meist zeitraubd u untunl sein. Jedoch ist GG 103 I, FGG 12 zu beachten, Hamm aaO.

4) Westfälisches Güterrecht: Die Anordng einer TestVollstrg für das gesamte gütergemschaftl Vermögen ist unstatth, wenn sie nicht nur zur Regelg der Sukzession der unabgefundenen Abkömmlinge dient, Hamm JMBl NRW **62**, 213.

5) Höferecht. Für die AO der TestVollstr ist das NachlG zust, Lüdtke/Handjery Rdz 57, Wöhrmann-Stöcker Rdz 24, Faßbender-Hötzel-Pikalo Rdz 17 je zu § 18 HöfeO.

2201 *Unwirksamkeit der Ernennung.* **Die Ernennung des Testamentsvollstreckers ist unwirksam, wenn er zu der Zeit, zu welcher er das Amt anzutreten hat, geschäftsunfähig oder in der Geschäftsfähigkeit beschränkt ist oder nach § 1910 zur Besorgung seiner Vermögensangelegenheiten einen Pfleger erhalten hat.**

1) Unfähig für das TestVollstrAmt sind GeschUnfähige, § 104, Minderjährige, Entmündigte, §§ 106, 114, 1906, und Gebrechliche, § 1910, soweit die Pflegsch zur Besorgg ihrer gesamten Vermögensangelegenh angeordnet ist. Maßgebender Ztpkt ist weder der Erbf noch die Ann, sond idR die Erlangg der Knntn von der Ernenng als TV; nur bei befristeter, bedingter od einem Drittberechtigten übertragener Ernenng kann ein späterer Ztpkt in Frage kommen. Die Ernenng ist unwirks, ohne daß es einer Aufhebg od Entlassg bedarf. Sie wird auch dadurch unwirks, daß der Ernannte vor der Ann od dem Erbfall stirbt od nach der Ann unfähig wird, § 2225. Nachträgl Wegfall der UnfähigkGründe hat keine rückw Kraft, Soergel-Müller Rdz 4.

2) UntauglichkGründe (wie beim Vormd §§ 1780, 1781) gibt es nicht. Doch ist ein TV, der in Konk geraten ist, den Offenbarseid geleistet hat od gerichtl bestraft ist, in aller Regel nach § 2227 zu entlassen.

2202 *Annahme und Ablehnung des Amtes.* **I Das Amt des Testamentsvollstreckers beginnt mit dem Zeitpunkt, in welchem der Ernannte das Amt annimmt.**

II Die Annahme sowie die Ablehnung des Amtes erfolgen durch Erklärung gegenüber dem Nachlaßgerichte. Die Erklärung kann erst nach dem Eintritte des Erbfalls abgegeben werden; sie ist unwirksam, wenn sie unter einer Bedingung oder einer Zeitbestimmung abgegeben wird.

III Das Nachlaßgericht kann dem Ernannten auf Antrag eines der Beteiligten eine Frist zur Erklärung über die Annahme bestimmen. Mit dem Ablaufe der Frist gilt das Amt als abgelehnt, wenn nicht die Annahme vorher erklärt wird.

1) Allgemeines. Über die RStellg des TV: Einf 1 vor § 2197. – **a)** Sein Amt beginnt erst nach dem Erbfall (TestEröffng nicht notw) mit der endgültigen (KG DFG **44**, 34) Annahme. Vorher vorgenommene **Rechtsgeschäfte** kann er nach der Ann, vgl auch § 108 III, nach Maßg der §§ 177, 180 noch wirks machen, ebso vorher getätigte Vfgen, § 185 II 1 Fall 1, RGRK Rdz 4; § 185 II 1 Fall 2 u Satz 2 sind nicht entspr anwendb, bestr, s Lange-Kuchinke § 29 V 3[124]. – **b)** Zur **Übern der TestVollstrg** ist niemand verpflichtet (auch nicht im Falle des § 2200). Aus einer eingegangenen Verpflichtg zur AmtsÜbern kann höchstens auf SchadErs (der übrigens schwer zu begründen ist), nicht auf die Ann des Amtes (mit der Folge des ZPO 894) geklagt werden, da dies der Natur der TestVollstrg als eines Vertrauensamtes widersprechen würde, Barth-Schlüter Lehrb § 42 II 2, Soergel-Müller Rdz 2, bestr; zudem könnte der so in sein Amt Gezwungene jederzeit kündigen, § 2226. Ein gewisser Zwang zur Übern kann allerd durch eine Zuwendg unter der Bedingg der AmtsÜbern ausgeübt werden, Kipp-Coing § 67 II 1; dann verfällt mit Ablehng die Zuwendg von selbst. Bei einer Zuwendg unter Auflage der AmtsÜbern gilt bei Ablehng Entsprechendes wie nach § 2195; ggf kann die Zuwendg bei Ablehng auch teilw unwirks sein, etwa weil sie teilw TestVollstrVergütg sein sollte, s auch Staud-Dittmann Anm 21. – **c)** Eine **Bindg des Erbl** zur Ernenng einer bestimmten Pers wird schon durch § 2302 ausgeschl.

2) Das Amt beginnt mit der **Annahmeerklärg**, für die privatschriftl Form genügt (WirksWerden nach § 130; mdl Erkl zu beurkunden, vgl § 2228); im Antrag des TV auf Erteilg des TestVollstrZeugn liegt spätestens die Annahme des Amts, BGH WPM **61**, 479. Annahme und Ablehnung (gleiche Form) erfordern GeschFgk; bei in der GeschFgk Beschränkten Erkl durch gesetzl Vertreter mögl, wenn die Ernenng aufschiebd bedingt od befristet ist u mit dem Wegfall der GeschBeschränkth bis zum Amtsantritt zu rechnen ist.

Die Erklärgen sind unwiderrufl, vgl aber § 2226. Von der Ann der Erbsch ist der Amtsbeginn unabhängig, § 2213 II. Über die Ann kann TestVollstr vom NachlG eine **Bestätigg** verlangen, OLG **14**, 316. Sie ergibt sich im übr mittelb aus dem Zeugnis, § 2368 I. – Kosten der Ann od Ablehng, KostO 112 I Nr 6, tragen die Erben als NachlVerbindlichk, KostO 6 S 2.

3) Die Erklärgsfrist, III, – vgl § 2198 II – erübrigt sich, wenn der Ernannte unbekannt od nicht erreichb ist. Dann Entlassg nach § 2227, Zustellg nach Maßg des FGG 16 II. Zuständig zur Fristbestimmg ist der RPfleger, § 3 Nr 2 c RPflG; über AntrBerechtigg s § 2198 Anm 2, über Beschw (Erinnerg) gg Fristbestimmg § 11 RPflG, FGG 81 I. Ist Amtsbeginn vom Eintritt einer Bedingg od Befristg abhängig, so ist Fristbestimmung nicht vor diesem Ztpkt mögl, Erm-Hense Rdz 3. – Das NachlG kann auch vAw den Ernannten zur Erkl über Ann od Ablehng auffordern, Staud-Dittmann Anm 15.

2203 *Ausführung der letztwilligen Verfügungen.* **Der Testamentsvollstrecker hat die letztwilligen Verfügungen des Erblassers zur Ausführung zu bringen.**

1) Allgemeines. Die ausführende Vollstrg – **Abwicklgsvollstreckg**, Staud-Dittmann Anm 1, BayObLG **76**, 67/71 f – §§ 2203–2207, ist gesetzl Regel; die **Dauervollstrg**, § 2209, die Ausnahme. Anordng der TestVollstrg ohne nähere Angaben ist als ausführende zu deuten. – Um seiner Aufgabe gerecht w zu können, wird sich der TV, der von seiner Ernenng Kenntn hat u annehmen will, § 2202, sofort beim NachlG melden u die TestEröffng, § 2260f, betreiben.

2) Die Tätigk des Vollstr bezieht sich iZw auf alle Bestimmgen vTw des Erbl, die ein Dritter ausführen kann, also nicht in den Fällen der §§ 1639, 1803, 1909, 1917; vgl jedoch § 2208 II. – **a) Ausführg der letztw Vfgen.** Der TV hat sie auszuführen, soweit sie rechtsgültig (bei Streit über Gültigk od Tragweite FeststellgsKl nach ZPO 256 gegeben; vgl auch Einf 4 c vor § 2197, Erm-Hense Rdz 4). Bei der Durchführg hat der TestVollstr die Anordngen u den erkennb ErblWillen zu befolgen, ohne an Weisgen des Erben gebunden zu sein, vgl auch §§ 2208, 2211, 2216 II; RG **105**, 250; zB Übereign eines NachlGrdst an begünstigten VermNehmer u Einhaltg bestimmter vom Erbl verfügte Bedinggen, BGH WPM **70**, 930. Doch w er sich bei auftauchden Bedenken mit dem NachlG u den Erben ins Benehmen setzen u letztere von der Ausführg der letztw Vfg benachrichtigen, RG **130**, 139. Der TV hat insb für die Erfüllg od Sicherstellg von Verm u Auflagen (auch soweit sie einen VermNehmer beschweren) u die Berichtigg der ErbschSteuer zu sorgen; auch die „ihm sonst zugewiesenen Aufgaben", § 2209 S 1, zB die Bestattg, Veröff von Schriftstücken, Leistg von Rechtsbeistand, zu erledigen. Keine bindden VerwAOen sind idR Wünsche, Hoffngen u Bitten, die der Erbl im Test zum Ausdruck bringt, BayObLG **76**, 67. – **b) Ein Anfechtgsrecht,** § 2078, steht dagg dem TV, soweit er nicht selbst MitE od VermNehmer ist, nur ggü Vfgen zu, die seine Rechte beschränken od aufheben, vgl BGH NJW **62**, 1058. Dies gilt aber nicht für die Anfecht der Vfg vTw, durch die TestVollstr angeordnet ist, auch nicht hins einer solchen Vfg, durch die dem Erbl der Nachl eines Dritten zugefallen war. Soweit eine Vfg der letzteren Art noch anfechtb ist, steht die Anfechtg deren nur dem Erben, nicht dem TV zu, da jener allein über sein ErbR verfügen kann, Einf 2 vor § 2197, Anm 1 b kk zu § 2205. Der TV bedarf der Zust des Erben, um ggü der LeistgsPfl aus einer (nicht rechtzeitig) angefochtenen letztw Vfg die Einrede der Anfechtbark (§ 2083) zu erheben, BGH NJW **62**, 1058. – **c)** Zur **Aufklärg eines MitE,** daß dieser uU vorteilh von der AusschlaggsR nach § 2306 I 2 Gebr machen könnte, ist der TV weder verpflichtet noch überh berechtigt, Kohler DNotZ **58**, 246. – **d)** Die **Mittel zur Ausführg** erhält der TV durch sein Recht zur Verw und Vfg, § 2205, und zur Eingeh von Verpflichtungen, §§ 2206, 2207. Bei unzureichendem Nachl kann er NachlKonk, KO 217, beantragen, auch die dem Erben nach § 1992 zustehenden Rechte gebrauchen, vgl Anm 2 vor § 2197. Die Erfüllg einer Verbindlichk muß der Erbe, vorbehaltl des BereicherungsAnspr. gg sich gelten lassen, sowie Urteile nach Maßg ZPO 327 II, vgl dazu §§ 2212, 2213 u Einf 4 in.

3) Der Erbe, vgl §§ 2218, 2119 – u zwar jeder einzelne –, kann seiner auf **Erfüllg** der dem **TestVollstr** obliegenden **Verpflichtg** zur Verw, § 2216, und Vollstrg (zB Auszahlg von Verm) klagen, notf einstw Vfg erwirken; s Einf 3 vor § 2197.

2204 *Auseinandersetzung unter Miterben.* **I Der Testamentsvollstrecker hat, wenn mehrere Erben vorhanden sind, die Auseinandersetzung unter ihnen nach Maßgabe der §§ 2042 bis 2056 zu bewirken.**

II Der Testamentsvollstrecker hat die Erben über den Auseinandersetzungsplan vor der Ausführung zu hören.

Schrifttum: Haegele, Der Testamentsvollstrecker, 5. Aufl, 1975, Rdz 296 ff.

1) Die Auseinandersetzg, vgl die Erläut zu §§ 2042–2056, hat der TV vorzunehmen, soweit ihm diese nicht nach §§ 2208 I 1, 2209 1 entzogen, vgl auch Anm 4. Er ist dazu verpflichtet (auch soweit über einen Teil des Nachl Streit herrscht, BGH WPM **77**, 276) u kann von den Erben darauf verklagt werden. Das NachlG, FGG 86 I, da nur vermittelt, währd der TV teilt, ist hier ausgeschaltet; auch ein ZuweisgsVerf nach dem GrdstVG ist unzul, Grdst VG 14 III. Bei Streit (über die Art der Teilg, Widerspr gg den Teilgsplan, **II**) ist das ProzG anzurufen.

a) Pflicht zur Auseinandersetzg. Der TV hat entspr den Anordngen des Erbl (möglicherw auch nach bill Erm, § 2048, dazu Johannsen WPM **70**, 744) u gem dem G zu teilen, ohne an Weisgen der Erben gebunden zu sein; er kann aber einer Vereinbg aller Erben, der etwaige Anordngen des Erbl nicht entggstehen, entsprechen. Doch ist die AuseinandS zu unterlassen, wenn alle Erben wirks vereinb h, die Erben-Gemsch hinsichtl des Nachl od eines Teiles von ihm fortzusetzen, §§ 2042, 749 ff, Haegele TV Rdz 320. Denn die Erben haben zwar ein Recht auf sie, aber keine Pfl, sie zu dulden. Der TV hat in den Fällen der §§ 2043–2045 die Teilg aufzuschieben; Verstoß macht nicht unwirks, KGJ **52**, 113, insb steht ein ErbauseinandSVerbot des Erbl der Wirksamkeit einer im Wege der ErbauseinandS getroffenen Vfg über

NachlGgstände nicht entgg, wenn sie vom TV u allen Erben (NachE, nicht ErsNachE) getroffen wird, BGH **40**, 115, **56**, 275 mit Anm von Mattern **LM** § 2208 Nr 3, s hierzu Kegel, Festschr für R. Lange, 1976 S 927/ 934. Wenn später ein MitE aus wicht Grd die AuseindS verlangt od die Erben die AuseindS nur widerrufl ausgeschl haben, sie aber nunmehr verlangen, ist der TV zust, RGRK Rdz 2, auch MüJ FG **14**, 190 und Staud-Dittmann Anm 3, die gerichtl AuseinandS, FGG 86, für zul halten. Ist der überl Eheg bis zur Wiederverheiratg als TV berufen, aber die AuseinandS bis zur Wiederverheiratg ausgeschl, so ist uU anzunehmen, daß der Ausschluß nur im Interesse des Überlebenden angeordnet ist u er die AuseinandS auch vor der Wiederverheiratg vornehmen darf, Stgt HEZ **2**, 116. Ist der als MitE mit mj Kindern eingesetzte überl Eheg zum TV berufen, so ist auch dann, wenn der Erbl die AuseinandS ausgeschl hat, im Fall der Wiederverheiratg § 1683 zu beachten, BayObLG **67**, 230; s § 2044 Anm 2, aber auch § 1683 Anm 2.

b) Einzelpflichten. Der TV hat nach § 2046 zuerst die Schulden zu bezahlen, RG **95**, 329; doch braucht er als der Ausschüttg der verbleibenden Masse nicht solange zu warten, sondern kann die erforderl Beträge zurückhalten, BGH **51**, 125. Die AusglPfl, §§ 2050 ff (§ 2057 gilt hier nur zG des TV, § 2057 Anm 1), und Teilgsanordnungen, § 2048, hat er zu berücksichtigen. Im übr hat er die gesetzl TeilgsVorschr, §§ 2042 II, 752–754 zu beachten; doch ist § 753 hier durch § 2205 S 2 ausgeschaltet, Johannsen WPM **69**, 1409, so daß es zB in seinem pflichtgem Ermessen steht, ob er ein NachlGgrdst versteigern od freihändig verkaufen will, RG **108**, 289. Bei landw Grdst empfiehlt sich die ZwVerst, ZVG 180, da sie von der GenehmiggsPfl ausgenommen ist, GrdstVG 37, u daher vielf einen höheren Erlös verspricht, Klingenstein BWNotZ **65**, 25. Über die Haftg eines zum TV ernannten Notars, wenn das Höchstgebot in der Versteigerg hinter Angeboten bei der freihändigen Veräußerg zurückbleibt, vgl Saarbr JZ **53**, 509 mit Anm v Keidel, auch BGH WPM **60**, 1419.

2) Der Teilgplan, II, bedarf nur der Anhörg, nicht der Gen der Erben und, da er kein Vertr ist, sond diesen ersetzt, s BayObLG **67**, 240, auch nicht der Gen des VormschG, Soergel-Müller Rdz 8, 9, 14. Der Plan wirkt an sich nur verpflichtd u berechtigend für die Erben, RG JW **16**, 1586. Aber der TV verfügt dingl zum Zweck der AuseinandS über die NachlGgstände; doch kann er nicht gleichzeitig den Empf des Zuzuteilenden vertreten; anders, wenn er selbst MitE ist, vgl § 2205 Anm 2 c. Bei der GesGutsAuseinandS hat er mitzuwirken, soweit der Nachl beteiligt ist, RG **85**, 1 ff. Bei Vorhandensein mj od sonst unter Vormsch (Pflegsch) stehder MitE bedarf der TV zu einem sich im Rahmen seiner Befugn haltden Teilgsplan nicht der Genehmigg des VormschG, ausgenommen, wenn im Plan bes Vereinbgen der Erben enthalten sind, die weder den AO des Erbl noch gesetzl Vorschr entsprechen, Haegele TV Rdz 311, BGH **56**, 275, AG Brem Rpfleger **72**, 369.

3) Die Ausführg der Teilg erfolgt durch Zuteilg selbständiger Rechte an die Erben. Kraft seiner Vfgsmacht, § 2205, kann der TV die durch den Plan geschaffene Übertraggsverpflichtg der Erben gegeneinander erfüllen, auch selbst dingl Rechte (unter Wahrg der Übertraggsformen, Auflassg, Überg) begründen. Seine Vfgen werden durch Verletzg der AuseinandSVorschr nicht berührt, vgl aber § 2219. Die Kosten der AuseinandS, auch Auslagen für Gutachten usw, treffen die Erben, §§ 2218, 670. Werden von der AuseinandS land- od forstwirtschaftl Grundstücke erfaßt, so ist die GenPfl nach GrdstVG 2 zu beachten, s Pikalo-Bendel Anm F III 7 zu § 2 GrdstVG, auch Stgt RdL **66**, 123, Haegele TV Rdz 316. – Setzt sich der TV über die AOen des Erbl hinweg, so macht er sich der ErbenGemsch schaderspflichtig; der von ihm aufgestellte AuseinandSPlan ist unverbindl; die Leistgen an die MitE sind dann ohne RechtsGrd erfolgt u die ErbenGemsch hat ggü den LeistgsEmpfängern nach § 812 Anspr auf Rückgewähr des Empfangenen, ein Anspr den jeder MitE nach § 2039 geltd machen kann, BGH bei Johannsen WPM **70**, 744.

4) Nicht berechtigt zur Auseinandersetzg ist der TV, der nur für ein Erbteil od einen bestimmten Erben sowie in den Fällen der §§ 2222, 2223 bestellt ist. Hier kann er nur die AuseinandS fordern, auch die nach FGG 86, nicht aber selbst vollziehen u nur die Rechte des Erben wahrnehmen, zB aus §§ 2034, 2039. Ist der TV gleichzeitig für VE und NE ernannt, s BayObLG **59**, 129, so hat er den Nachl spätestens unter den NE auseinanderzusetzen.

2205 Verwaltung des Nachlasses.

Der Testamentsvollstrecker hat den Nachlaß zu verwalten. Er ist insbesondere berechtigt, den Nachlaß in Besitz zu nehmen und über die Nachlaßgegenstände zu verfügen. Zu unentgeltlichen Verfügungen ist er nur berechtigt, soweit sie einer sittlichen Pflicht oder einer auf den Anstand zu nehmenden Rücksicht entsprechen.

Schrifttum: Haegele, Der TV u das Selbstkontrahierungsverbot des § 181 BGB, Rpfleger **58**, 370. – Ders, Der TV im Handels- u GesellschR, Rpfleger **73**, 113, 157, 203. – Ders, Zu den VerfüggsRechten des TV, Rpfleger **72**, 43. – Ders, Unentgelt Vfgen des TV u des VE, RpflJb **1977**, 305 ff. – Haegele-Litfin IV Rdz 185 ff. – Lübtow, Insichgeschäfte des Testamentsvollstreckers, JZ **60**, 151. – Mattern, Insich-Geschäfte des Testamentsvollstreckers, BWNotZ **61**, 149. – Einmahl, Die Ausübung der Verwaltgsrechte des Gesellschaftserben durch den TestVollstr, AcP **160**, 29. – Siebert, Zur Gestaltg der TestVollstrg bei der Vertretg der Stellg eines persönl haftenden Gesellschafters, Festschr f Hueck, 1959, 321. – Richardi, Das Verwaltgsrecht des TestVollstr an der Mitgliedschaft in einer Personalgesellschaft, 1961. – Baur, Der TestVollstr als Unternehmer, Festschr für Dölle, 1963, I 249. – Nolte, Zulässigk der TestVollstrg nach Handelsrecht, Festschr für Nipperdey, 1965 I 667. – Däubler, Die Vererbg des Geschäftsanteils bei der GmbH, 1965, § 8: TestVollstr u Geschäftsanteil. – Wiedemann, Die Übertragg u Vererbg von Mitgliedschaftsrechten bei Handelsgesellschaften, 1965, § 13. – Rieper, Die TestVollstrg über Einzelunternehmen u bei Personalgesellschaften des Handelsrechts, Diss Kiel, 1968. – Emmerich, Die TestVollstrg an Gesellschaftsanteilen, ZHR **132** (1969), 297. – Schumacher, Die Übernahme von Handelsgeschäften u Mitgliedsch in Personalgesellsch dch den TestVollstr, Festschr für Knorr, 1968, S 51 ff. – Mittmann, Die Fortführg eines HandelsGesch dch einen TestVollstr, Diss Göttingen, 1969. –

Johannsen, Führg von HandelsGesch u Verwaltg von GeschAnteilen einer Handelsgesellsch dch den TV, WPM **70**, 570. – Holzauer, Einschränkg der VerwaltgsTestVollstreckg im HandelsR, Erbrechtl Untersuchgen 1973, 1–84 (= Holzauer). – Spellenberg, FamRZ **74**, 350–357 (zu § 2205 S 3). – Esch-Wiesche Rdz 598–619 (TestVollstrg an einem Untern u an Unternehmensbeteiligen). – Lenzen, TestVollstreckg bei GmbH & Co nach der höchstrichterl Rechtspr, RdschGmbH **77**, 56. – Schopp, Letztw Best über Unternehmensfortführg dch Dritte, Rpfleger **78**, 77. – Durchlaub, Ausübg von GesellschRechten dch TV, Betr **77**, 1399. S auch Schriftt Einf vor § 2197.

1) a) Allgemeines. Mit der ihm durch **S 1** übertragenen Verw ist der TV in Anlehng an die ihm durch §§ 2203, 2204 zugewiesenen Aufgaben, vorbehaltl einer immer möglichen einschränkenden Anordng des Erbl, § 2208, grdsätzl zur **Vornahme aller Handlgen** für befugt zu erachten, die den Zwecken der TestVollstrg dienen und die ohne deren Einsetzg dem Erben zukämen. Zur Übertragg aller Befugnisse kann es nach Sachlage genügen, wenn der TV zur Verw des Nachlasses ernannt ist, Düss NJW **52**, 1259. Währd der Dauer der TestVollstrg kann der Erbe den Nachl nicht verwalten; dies gilt auch für die Zeit, in der, währd der Dauer der TestVollstrg, kein TV das Amt bekleidet, **LM** Nr 2, Anm Johannsen; der Erbe kann hier nur als GeschFührer ohne Auftr tätig w, § 2211 Anm 1 b. Der TV kann sich Dritten od dem Erben ggü nicht wirks verpflichten, nur solche Hdlgen vorzunehmen, denen der Erbe vorher zustimmte, BGH **25**, 275. Ob der TV bei Vorgängen, die eine VerwaltgsMaßn vorbereiten, dem Erben Mitteilg machen u ihn anhören muß, bemißt sich nach dem Einzelfall, BGH **30**, 73. Die Befugnisse des TestVollstr sind aber nur teilw ausschließl Natur, wie bei der Führg von Aktivprozessen, § 2212, zum anderen Teil laufen sie neben den fortbestehenden Rechten des Erben einher, so bei der Geltdmachg von Ansprüchen gg den Nachl, § 2213 I 1, bei dem Aufgebot der NachlGläub, § 1970 iVm ZPO 989, 991 II, III, und dem hierin gleichbehandelten Fall des Antrags auf ZwVerst eines NachlGrdst, ZVG 175 I 2, ferner bei dem Antr auf Erteilg od Einziehg eines Erbscheins, der dem TestVollstr ohne des gesetzl Erwähng schon mit Rücks auf das vorhandene praktische Bedürfn zugestanden w muß, KJG **22** A 56, Oldbg RPfleger **65**, 305. Im übrigen steht alles unter dem leitenden Gesichtspunkt der Durchführg seiner Aufgaben. Die Dauer seines Amtes bestimmt sich demgem nach deren Erledigg, RG **81**, 166, § 2225 Anm 1. Ihm kann jedoch auch im rein wörtl Sinne nur die Verw übertragen sein, § 2209; alsdann zeitl Grenze gem § 2210.

b) Im **einzelnen** fällt in den Rahmen der **Verwaltgsbefugnisse: aa)** Die **Berichtigg von Nachl-Verbindlichk.** Dazu gehört auch die im öff und im Interesse der Erben bestehende Pfl zur Entrichtg von Steuerschulden, insb auch der ErbschSteuer, AO 1977, 34, 69; Haegele, TV Rdz 434 ff, BWNotZ **68**, 269. Der TV kann für NachlVerbindlichk Vertragshilfe beantragen, BGH NJW **62**, 636. Er kann auch das AbfindgsR ggü dem unehel Kind fr nach § 1712 II, dazu Art 27 § 10 NEhelG, ausüben, s Staud-Göppinger fr § 1712 Anm 36. – Er hat die zum Nachl gehör Fdgen geltd zu machen, auch die, die dem Nachl gg die Erben zustehen, Johannsen WPM **61**, 1407. – Zur Legitimation des TV im RE-Verf s ORG Bln RzW **70**, 300.

bb) Verw eines **Einzelhandelsgeschäfts.** Hat der Erbl TestVollstrg angeordnet u umfaßt diese die Verw eines HandelsGesch, allein od innerh eines NachlVermögens, s § 2009, so bestehen nach hM hinsichtl der Fortführg des Gesch folgde Möglichk, s Haegele TV Rdz 173 ff, Rpfleger **73**, 114 ff, Haegele-Litfin IV Rdz 197 ff, Baur aaO, Lange-Kuchinke § 29 V 7 b: **a)** Der TV führt das HandelsGesch nach außen hin in **eigenem Namen**, in eigener Haftg u Verantwortg, im Innenverhältnis aber als Treuhänder des(der) Erben fort, BGH **12**, 100, **35**, 13; er wird damit nicht Eigentümer des BetrVermögens (nicht VersNehmer eines Firmenwagens), BGH NJW **75**, 54. Er muß sich in diesem Fall persönl als Inh des Gesch in das Handels-Reg eintragen lassen, s Hamm NJW **63**, 1554. HGB 27 greift nicht Platz, RG **132**, 144; HGB 25 II kann aber angewendet w, KG JFG **18**, 282. Mehrere TV, die ein HandelsGesch vorübergehend treuhänderisch fortführen, bilden keine OHG, BGH NJW **75**, 50. Der TV hat ggü dem Erben Anspr auf Befreiung von seiner unbeschr Haftg für die vom Erbl stammen u die neubegründeten GeschVerbindlichk, §§ 2218, 670, s Haegele TV Rdz 175. Der TV kann für das HandelsGesch **Prokura** erteilen, eine bestehde Prokura widerrufen, KG NJW **59**, 1086. Denkb ist auch, daß ein Prokurist zum TV ernannt ist, dazu Haegele Rpfleger **73**, 116, TV Rdz 189; in diesem Fall verliert der Prokurist dch Annahme des TV-Amtes nicht die Prokura, s Meeske-Hofmann, Der Prokurist[3], 1972, S 139, aber auch Dempewolf Betr **55**, 889. – **β)** Der TV führt das HandelsGesch im Namen des (der) Erben fort, BGH **12**, 100, **35**, 13, KG JFG **14**, 428, Staud-Dittmann Anm 60. In diesem Fall wird der Erbe (die Erben), der anmeldepfl ist, als Inh des zum Nachl gehören HandelsGesch im HandelsReg eingetragen, der AnmeldePfl des TV besteht nicht, Keidel-Schmatz-Stöber, RegisterR[3], Rdz 169[32]. Zu dieser Regelg bedarf es des Einverständn des (der) persönl haftden Erben, Haegele TV Rdz 180; der TV bedarf in diesem Fall einer Vollm des (der) Erben BayObLG **69**, 138 mit Anm v Haegele Rpfleger **69**, 299, auch Rpfleger **73**, 115. Der Erbl kann aber dch letztw AO einer entspr Bdgg od Aufl den Erben verpflichten, dem TV diese Rechtsstellg einzuräumen, die ihm die Befugn gibt, über § 2206 hinaus Verpflichtgen für den Erben einzugehen, BGH **12**, 103, Haegele Rpfleger **68**, 347. In der AO einer TestVollstrg nach § 2209 kann uU eine derart Bdgg liegen, Haegele TV Rdz 180. Der TV kann die Vollziehg der Bdgg od Aufl von dem Erben verlangen, §§ 2208 II, 2194, BGH aaO, BayObLG aaO 141. Ob ein Erbe dch eine Aufl des Erbl rechtswirks gebunden w kann, dem TV eine derart RStellg einzuräumen, möchte BGH WPM **69**, 492 eher verneinen. Für die Beschrkg der Haftg gelten HGB 25, 27, für die namens der (des) Erben für das Gesch eingegangenen Verbindlichk haftet dieser persönl, nicht aber der TV, Baur aaO 256; Haegele-Litfin IV Rdz 199–203. Auch bei dieser Regelg ist der TV befugt, **Prokura** zu erteilen, od eine vom Erbl erteilte zu widerrufen, KG NJW **59**, 1086. – **γ)** Baur aaO 249 ff tritt mit beachtl Gründen für eine „echte Testamentsvollstrecker-Lösg" in folgder Weise ein: Inh des HandelsGesch ist der Erbe, dieser ist in HandelsReg einzutragen; die Verw des HandelsGesch obliegt aber unter Ausschl des Erben dem TV, klarstelld ist im HandelsReg der TV zu vermerken. Im GeschVerk zeichnet der TV mit der Firma, muß aber zum Ausdr bringen, daß er als TV handelt. Für das GeschVermögen gilt § 2041 entspr; Neuerwerb des TV gehört also wieder zum Nachl; für eine etwaige Freigabe der Nutzgen greift § 2217 Platz. Zu Vfgen ist nur der TV befugt, vom TV beim Betr des

Gesch eingegangene Verbindlichk sind NachlVerbindlichk; seine Befugn hiezu bemessen sich nach §§ 2209 S 2 mit 2207. Die EigenGläub des Erben können sich nicht an das GeschVerm halten, § 2214. Gg die Bauersche Lösg, Holzhauer 7 ff. Holzhauer 61 erachtet eine normale AbwicklgsVollstrg nach §§ 2197 ff auch dann für zuläss, wenn im HandelsGesch od ein OHG-Anteil zum Nachl gehört. – δ) Der TV ist auch berecht, falls sich aus den AO des Erbl nichts Ggteiliges ergibt, das HandelsGesch zu verpachten, es stillzulegen od es zu veräußern, Haegele TV Rdz 184. Bei Freigabe des HandelsGesch dch den TV, § 2217, die aber bei einer VerwVollstrg nicht zuläss ist, kann der Erbe diese auch selbst fortführen, s hierzu KG DNotZ **42**, 225, BGH **12**, 100, Haegele TV Rdz 185, Staud-Dittmann Anm 61. – ε) Die Erben können das HandelsGesch selbst mit od ohne Freigabe dch den TV fortführen, s Haegele Rpfleger **73**, 115, TV Rdz 185. Sie haben ihre Eintragg ins HandelsReg zu bewirken, der TV hat der Anmeldg beizutreten. – ζ) Ist das EinzelhandelsGesch auf eine ErbenGemeinsch übergegangen, so verwandelt sich dieses nach dem ungenutzten Ablauf der Frist nach HGB 27 II auch ohne weiteres in eine OHG, BayObLG **30**, 185 = JW **31**, 3129, auch Goldschmid ebenda 3057, § 2032 Anm 4, BGH **17**, 299. Der TV als solcher kann das Unternehmen nicht in eine OHG, HGB 105 II, umwandeln, s KG RJA **12**, 229. Denkb ist aber, daß der Erbl den TV ausdrückl damit beauftragt, eine OHG zu gründen, s dazu Haegele-Litfin IV Rdz 236. – Allg s zu bb) Heintzenberg, Die Einzelunternehmg im Erbgang, 1957, 49 ff; Rieper aaO S 18–66; Erm-Hense Rdz 9–14; Soergel-Müller Rdz 17–20; Hartmann 2.2.2., 4.2.2. (dort auch über den Fall des ZusTreffens von Nießbraucher u TV in einer Pers hinsichtl eines zum Nachl gehör Einzelhandelsunternehmens).

cc) Verw des **Gesellschaftsanteils** des **persönlich haftenden Gesellschafters** einer OHG, KG: α) Der TV kann grdsätzl die GesellschRechte des (der) Erben, auf den die Gesellschafterstellg des Erbl übergegangen ist, nicht ausüben, RG **170**, 392, **172**, 199, BGH **24**, 112, LM § 105 HGB Nr 6, WPM **66**, 188, **69**, 492, BGH **68**, 225 = NJW **77**, 1339/1343 (dazu Ulmer BB **77**, 805/808, Schopp aaO 78 f); Staud-Dittmann Anm 66. Auch die Anmeldg des Neueintritts der Erben in die Gesellsch zum Handelsreg dch den TV ist nicht mögl, s Hbg NJW **66**, 986, auch BayObLG Rpfleger **72**, 259. Auch das WahlR aus HGB 139 I steht dem TV nicht zu, Wiedemann aaO § 13 II; scheidet der Erbe gem HGB 139 II aus der OHG aus, so unterliegt der Anspr auf das AuseinandSGuthaben der Verw des TV, Staud-Dittmann Anm 63. Über die verschied GestaltgsMöglichk s Haegele Rpfleger **73**, 157, 204, TV Rdz 192 ff, Haegele-Litfin IV Rdz 212 ff. – β) Der Erbl kann letztw verfügen, daß der TV als Treuhänder in eigenem Namen aber für Rechng des (der) Erben die Gesellschafterrechte ausübt; erforderl ist aber, daß die Übern dieser Rechte dch einen TV im GesellschVertr vorgesehen ist od die Mitgesellschafter zustimmen, s Staud-Dittmann Anm 68, Schlegelberger-Geßler HGB 139 Anm 14b, Haegele, Rpfleger **73**, 158, TV Rdz **66**, 1209, Buß, Rechte des RV in der werbden OHG, Diss Münster, 1971, 91 ff, Durchlaub Betr **77**, 1399, auch BGH **24**, 106. – γ) Der Erbl kann letztw dem (den) Erben im Wege der Aufl od der Bdgg zur Pfl machen, dem TV Vollm zur Ausübg der ererbten Gesellschaftsrechte zu erteilen (Bedenken gg eine den Erben bindde Aufl deutet BGH WPM **69**, 492 an); der Erbe kann dies auch von sich aus tun, s dazu Haegele TV Rdz 200 ff; s dazu HGB 172, 199, Johannsen WPM **79**, 570; Staud-Dittmann Anm 64 ff, Schlegelberger-Geßler HGB 139 Anm 14a (diese aber nur für Bdgg), Buß aaO 80 ff; gg Zulässigk einer Aufl Emmerich ZHR **132**, 314; s auch Finger Betr **75**, 2022 f. Auch eine solche Rechtsausübg durch den TV ist nur zul, wenn sie entw im GesellschVertr vorgesehen ist od die Mitgesellsch zustimmen, Staud-Dittmann Anm 66. – δ) Ist im GesellschVertr bestimmt, daß dann, wenn ein Gesellschafter stirbt, die Gesellsch unter den übr fortbestehen soll, HGB 138, so steht die Verwaltgdes Abfindgs- u AuseinandSAnpr des Erben, §§ 738 ff, dem TV zu, Haegele, Rpfleger **73**, 161, TV Rdz 215. – ε) Ist im GesellschVertr dem Erben das Recht eingeräumt, nach dem Tod des Gesellschafter-Erbl in die Gesellsch einzutreten, so gehört dieses EintrittsR nicht zum Nachl; es entsteht unmittelb in der Pers des Erben, BGH **22**, 186. Für eine TestVollstrg ist hier kein Raum, Richardi aaO § 1 I 3a, § 14 II 2, Haegele Rpfleger **73**, 161 f. ζ) Für den geschäftsunfähigen od in der Geschäftsfähigkeit beschränkten Erben übt sein gesetzl Vertreter die sich aus der GesellschBeteiligg ergbden Rechte aus, dazu Stöber Rpfleger **68**, 1/9; im Fall des § 1909 I 2 kann insoweit der TV dem Erben zum Pfleger bestellt w, KG JFG **13**, 98, Haegele, Rpfleger **73**, 161. – η) Die TestVollstrg bei der BGB-Gesellsch vollzieht sich nach den gleichen Grdsätzen. Die Eintragg eines TV-Vermerks (GBO 52) kommt nicht in Betracht, auch wenn Grdst zum GesellschVerm gehören u der TV Erben-Bevollm ist, Haegele Rpfleger **77**, 50/52 f.

Siehe zu den teilw umstrittenen Fragen mit weiteren Einzelh Soergel-Müller Rdz 21–32, Schlegelberger-Geßler HGB 139 Anm 14 bis 14b, Wiedemann aaO § 13, Hueck, Recht der OHG 3. Aufl § 28 II 5, ModelHaegele aaO Rdn 588 ff, Lange-Kuchinke § 29 V 7c, Lübtow Lehrb II 992 ff, Siebert in Festschrift für Hueck 1959, 321 ff, Donner, Weiler, Holch DNotZ **44**, 143, **52**, 299, **58**, 282, Einmahl AcP **160**, 29, Nordemann NJW **63**, 1139, auch Langenbuch RhNK **65**, 103 (TestVollstrg bei Vor- u NachErbf); Rieper aaO 973–200; Emmerich ZHR **132**, 897; Lange JuS **70**, 103; Holzhauer 1 ff, Buß aaO; Haegele TV Rdz 192 ff; Finger Betr **75**, 2021. – Zur Sicherg u Stärkg der TestVollstrg an einem HandelsGesch od einem GesellschBeteiligg ist auch eine Verbindg mit einem Nießbrauch an diesem Ggst denkb, s hierzu Haegele Rpfleger **73**, 205, TV Rdz 237, Hartmann 4 ff. – Zur TestVollstrg bei der GmbH & Co KG s Lenzen RdschGmbH **77**, 56, Schopp aaO 82.

dd) Verw der **Beteiligg** eines **Kommanditisten**, HGB 161: α) Der TV kann grdsätzl die MitgliedschRechte des (der) Erben der in die Kommanditistenstellg des Erbleingetreten ist, nicht ausüben, RG **172**, 199, BayObLG MittBayNot **76**, 33 (keine AnmeldgsBefugn), Rpfleger **77**, 321, Schlegelberger-Geßler HGB 177 Anm 4, Richardi aaO **87**, aM Kipp-Coing § 68 III 2c, mit beachtl Gründen Schilling in Großkomm HGB § 177 Anm 22, 23; Esch-Wiesche Rdz 616, 617; s auch Haegele TV Rdz 208; er kann auch nicht den Übergang des Kommanditanteils von HandelsReg anmelden. – β) Der TV kann aber mit Zust der Mitgesellsch die Verwaltg ausüben. Ihm kann die Treuhänderstellg für die Kommanditbeteiligg eingeräumt w, s Wiedemann aaO § 13 IV 2; er kann als bevollmächtigter Vertreter des (der) Erben die MitgliedschStellg ausüben, Richardi aaO; der Erbl kann dch Aufl od Bdgg, den Erben zur Erteilg einer derartigen Vollmacht verpflichten, Haegele TV Rdz 207, s aber auch Richardi aaO 90, Durchlaub Betr **77**, 1399. Im übr gelten die Grdsätze, wie sie für den GesellschAnteil an einer OHG unter cc) dargelegt sind, entspr. S allg Rieper aaO S 179–184, Haegele, TV Rdz 207 ff, Haegele-Litfin IV Rdz 228 ff, Finger Betr **75**, 2025 f.

ee) Verw der **Beteiligg eines stillen Gesellschafters**, s HGB 339 II. Der TV kann die Rechte des (der) Erben eines stillen Gesellschafters wahrnehmen, Paulick, Handbuch der stillen Gesellsch, 2. Aufl 1972, § 16 II 9, Haegele TV Rdz 227. Das EintrittsR eines MitE (Erben), den der Erbl entspr dem GesellschVertr zu seinem RechtsNachf als stiller Gesellschafter bestimmt hat, w dch eine TestVollstrg nicht berührt, s BGH WPM **62**, 1084.

ff) Verw eines **GmbH-Anteils.** Der TV verwaltet einen zum Nachl gehör GeschAnteil kraft eigenen Rechts unter Ausschl des (der) Erben, BGH NJW **59**, 1820, Betr **76**, 2295/2296; s auch von Burchard, Barella Rdsch GmbH **54**, 150, **59**, 47, Wiedemann aaO § 13 III 2 (S 338), Schilling in Festschr für Walter Schmidt, 1959, 208/217, Haegele BWNotZ **76**, 55/58, TV Rdz 238. Auch bei TestVollstrg für den alleinigen Gesellschafter-Erbl einer GmbH tritt der verwaltde TV an die Stelle des Erben, LG Köln RhNK **66**, 127. Ein TV kann auch lediglich zu dem Zweck ernannt sein, das StimmR aus dem GeschAnteil unter Ausschl des Erben auszuüben, Hamm BB **56**, 511, dagg Schilling aaO. Siehe im übr wg Einzelh Däubler aaO § 8, Hueck Betr **56**, 735, BayObLG **76**, 67 (Umwandlg einer GmbH in AG). Über Mitwirkg des TV bei seiner Wahl zum GeschFührer der GmbH s unten 2 c aE. – Ob der TV im Rahmen seiner Befugnisse mit Wirkg für die Erben einen GesellschVertr zur Errichtg einer GmbH abschließen kann, ist bestr, s Staud-Dittmann Anm 70, Haegele TV Rdz 229, BWNotZ **76**, 53/58 f, Fischer JZ **54**, 427. Hat ihn der Erbl letztw damit beauftragt, das hinterlassene Unternehmen in eine GmbH umzuwandeln od sich sonst an der Errichtg einer GmbH zu beteiligen, so kann er dies als Treuhänder der Erben im eigenen Namen durchführen.

gg) Verw von zum Nachl gehör **Aktien.** Der TV verwaltet zum Nachl gehör Aktien (Inhaber-, Namensaktien); er übt auch das StimmR aus, AktG 134 mit Anm 2 hiezu von Godin-Wilhelmi. Auch zur Geltdmachg von Bezugsrechten ist er befugt, s AktienG 186. Wird eine AG in eine KG umgewandelt, bei der der Aktionär-Erbe Kommanditist wird, so geht das VerwR des TV unter; er hat aber Anspr auf Wiederherstellg dieses Rechts in der Form, daß ihm der Erbe treuhänderisch den Teil seines Kommanditanteils überträgt, der dem Aktien entspr, die zunächst der TestVollstrg unterlagen, BGH **24**, 106 mit Anm von Fischer **LM** Nr 1 zu § 2218.

hh) Verw des **Anteils an** einer **Genossenschaft.** Nach GenG 77 I geht mit dem Tod eines Genossen die Mitgliedsch auf die Erben über; sie endet mit dem Schluß des GeschJahrs, in dem die Erbf eingetreten ist. Bis zu diesem Ztpkt kann für mehrere Erben das StimmR dch einen Bevollmächtigten ausgeübt w; für den Zeitraum der Fortsetzg der Mitgliedsch kann ein TV die MitgliedschR wahrnehmen. § 77 II GenG sieht die Möglichk einer Fortsetzg der Mitgliedsch dch den (die) Erben des verstorbenen Genossen vor. Etwa hiezu erforderl Erklärgen kann der TV nicht abgeben, s Haegele TV Rdz 242, 243, § 1922 Anm 3a gg.

ii) Für **rechtsgeschäftl Erklärgen**, die ggü dem Nachl abzugeben sind, zB Künd, Aufrechng, besteht die Legitimation der TV ebenf. Der Vormd eines mj Erben hat dem TV keine VermVerwaltg, sondn nur die Rechte des Mj ggü dem TV zu vertreten, RGRK Anm 18, s auch Einf 3 vor § 2197. Das gleiche gilt vom VerwR der Eltern, vgl § 1638 Anm 2. Das VerwR des TV geht dem des VorE, auch des befreiten, solange der TV den Nachl nicht an den VorE herausgegeben hat, vor, BayObLG **59**, 129, hM.

kk) **Höchstpersönl Rechte** des Erben kann der TV nicht geltd machen. Hinsichtl der Personalgesellsch s oben. Dem TV stehen ferner nicht zu: Ann od Ausschlagg der Erbsch, für die der TV bestellt ist, soweit er nicht selbst zum Erben berufen ist, Staud-Dittmann Anm 11, Ann od Ausschlagg einer dem Erbl zugefallenen Erbsch, str, vgl Staud-Dittmann Anm 11, Haegele Rpfleger **57**, 150, aM Kipp-Coing § 68 III 9, wohl aber die Verw einer solchen Erbsch, Barth-Schlüter, Lehrb § 42 IV 3 f; nicht Anfechtg der Vfg vTw nach § 2078, vgl aber § 2203 Anm 2 b, Widerruf einer Schenkg, § 530 II, Anfechtg wg Erbunwürdigk, Anspr wg Verletzg des NamensR, Staud-Dittmann Anm 11, Anspr auf Herausg einer beeinträchtigenden Schenkg nach § 2287, RG **77**, 5. Der AusglAnspr des HandelsVertr, HGB 89 b, fällt in den Nachl u damit in die VerwBefugn des TV, Soergel-Müller Rdz 9. S allg ebda Rdz 7, 8.

ll) Zur Geltdmachg v EntschAnsprüchen nach dem AltsparerG ist der TV nicht antragsberechtigt, wenn der Erbf vor Inkrafttr dieses G eingetreten ist, BVerwG WPM **64**, 666. – Über Rechte u Pflichten des TV im **BesteuergsVerf** s BFH NJW **77**, 1552 m H; **78**, 1456.

c) Ordngsmäßige Verwaltg. Der TV hat sich bei seinen geschäftl Maßnahmen von den Grdsätzen einer ordngsmäßigen Verwaltg leiten zu lassen, § 2216 I, OGH NJW **50**, 597. Handelt er diesen Grdsätzen bei einem mit einem Dritten abgeschl RGesch zuwider u mußte der Dritte erkennen, daß eine Überschreitg oder ein Mißbr der VerwBefugnisse vorlag, so wird der Erbe nicht verpflichtet, RG **83**, 348, **130**, 134. Die Pfl ordngsmäßiger Verw ist aber nicht schon verletzt, wenn der TV bei der Anlage von NachlGeldern nicht den Bindgen folgt, die etwa dem Vormd bei der Verw des MdlVermögens obliegen; er hat insow nur nach seinem besten Ermessen zu verfahren, KGJ **44** A 87. Es stellt keine Verletzg seines pflichtgem Ermessens dar, wenn er trotz sinkender Kurse der zum Nachl gehörigen Aktien bekannter deutscher Unternehmen diese nicht gg festverzinsl Schuldverschreibgen austauscht; denn er ist ohne besonderen Anlaß nicht verpflichtet, zum Nachl gehörige Aktienwerte in mündelsichere Papiere umzutauschen, Köln, Die AG **64**, 308.

d) Ist die **NachlVerwaltg** angeordnet, so verliert der TV gleich dem Erben die VerwBefugnis, §§ 1981, 1984, 1985, soweit er nicht selbst zum NachlVerw bestellt wird. Nach Beendigg der NachlVerwaltg kommen seine Rechte u Pflichten wieder frei zur Entfaltg, RG LZ **19**, 875. Das gleiche gilt für den Fall des **NachlKonkurses**, s Staud-Dittmann Anm 22 vor § 2197, Haegele, TV Rdz 104, ders KTS **69**, 159; Emmerich ZHR **132**, 307. Hins des VerglVerf vgl Einf 2a vor § 2197.

2) Das Recht des TV zur **Inbesitznahme des Nachl** und zur **Vfg über die NachlGegenstände** ist in S 2 bes herausgestellt. – **a)** Macht er vom Recht zur **Inbesitznahme** Gebr, so wird er mit der Erlangg der tatsächl Gewalt, § 854 I, unmittelbarer, der Erbe, auf den der Besitz nach § 857 übergegangen war, mittelbarer Besitzer, § 868. Der Besitzschutz steht dem TV erst von der Besitzergreifg an zu, Staud-Dittmann Anm 20. – **b)** Die **VfgsBefugnis** ist unbeschränkt, vorbehaltl S 3, u ausschließl, § 2211. Keine Einschränkg durch das nur schuldrechtl Wirkgen zeitigende AuseinandSVerbot des § 2044, KGJ 52, A 113, s auch BGH NJW 71, 805. Wirkg der VfgsHdlgen unmittelb für u gegen die Erben, RG 59, 361, 76, 125, dies selbst dann, wenn der TV zugl MitE ist und die Vfgen ihm eigene Rechte einräumen. – c) §181 ist zwar grdsätzl auch auf den TV entspr anwendb, aber ihm können **Insichgeschäfte** in weiterem Umfang gestattet sein, u zwar durch den Erbl, entweder ausdrückl od stillschw, RG 61, 139, KG JFG 12, 202. Ist der TV zugl MitE, so ist die Ann gerechtfertigt, daß der Erbl trotz eines Interessenwiderstreites dem TV die Vornahme von RGesch mit sich selbst gestattet hat. Die Zulässigk eines solchen RGesch ist aber dadurch begrenzt, daß die Gestattg nur im Rahmen einer ordngsgem Verw, § 2216 I, anzunehmen ist, wobei an den Begriff der ordngsgemäßen Verw strenge Anfordergen zu stellen sind, BGH NJW 59, 1429, WPM 60, 1419, dazu Lübtow JZ 60, 151. Dem TV, der nicht MitE u auch sonst nicht letztw bedacht ist, sind daher Insichgeschäfte grdsätzl versagt, BGH 30, 67 = NJW 59, 1429, auch DRiZ 69, 280. Insichgeschäfte des erbenden od nichterbenden TV, die gg das Gebot der ordngsgem Verw verstoßen, sind unwirks, KG JW 35, 2574, u zwar auch dann, wenn sie etwa vom Willen des Erbl gedeckt sein sollen, da er den TV von der Verpflichtg zur ordngsgem Verw nicht befreien kann, § 2220, Mattern aaO 155. Die Unwirksamk ist aber nur eine schwebende mit der Möglichk einer Heilg durch Gen der (übrigen) Erben; nichtig u nicht heilb sind aber Geschäfte, die dem Willen des Erbl widersprechen, Lübtow JZ 60, 157, s auch Mattern aaO 157. Beweispflichtig für die Gestattg des Selbstkontrahierens ist der TV, der den Bew dadurch führen kann, daß er die Ordngsmäßigk nachweist, BGH WPM 60, 1419. Er kann aber auch die Gestattg unmittelb nachweisen, dann muß der Gegner die Überschreitg einer ordnungsgem Verwaltg nachweisen, BGH NJW 59, 1429. Ergibt sich hiernach die Unzulässigk des die Handlns des TV und ist seitens des Erbl keine Ersatzanordng getroffen, so steht das VfgsR dem Erben selbst zu, KGJ 50 A 164. Entspr ist der Rechtsgedanke des § 181 anwendb, wenn ein TV, der AnteilsR an einer GmbH verwaltet, über seine Bestellg u Anstellg als GeschFührer der GmbH mitentscheiden soll; er darf dies nur, wenn der Erbl od die Erben ihm dies gestattet haben, BGH 51, 209; s auch Johannsen WPM 69, 1405. – **d) Keine Vfg** über einen NachlGgst bedeutet der Verzicht des zur Ausübg der NERechte berufenden TV, § 2222, auf die Eintragg des NEVermerks in GB, § 2113 Anm 1b bb; dieses Recht entspringt schon der allg Verwaltgstätigk des TV, KG DNotZ 30, 480. Auch bei der Vfg **eines MitE** über seinen **Anteil am Nachl**, § 2033, steht eine Vfg über einen Nachl-Ggst nicht in Frage; die Vfg darüber od die Mitwirkg bei einer solchen ausschließl dem MitE selbst vorbehaltenen Vfg steht dem TV nicht zu, KG DJ 41, 350, auch nicht im Rahmen der ErbauseinandS (§ 2204), BGH WPM 69, 1404, RGRK Anm 20; der Erbteilserwerber kann ohne Mitwirkg des TV seine Eintragg als RNachfolger des bisherigen Mitglieds der im Grdbuch eingetr ungeteilten ErbenGemsch beantragen, LG Essen Rpfleger 60, 58; das VerwR des TV an den einzelnen NachlGgst bleibt aber bestehen, jedoch hat er kein VerwR an der GgLeistg, die der ErbschVerkäufer erzielt hat, Haegele TV Rdz 137. Der TV wird durch die **Pfändg oder Verpfändg** eines Miterbenanteils in seinen gesetzl Befugnissen nicht beschr; er kann also über die einzelnen NachlGgstände verfügen, insb ein Grdst belasten, ohne daß der PfandGläub nach § 1276 zustimmen muß, KG JR 52, 323. – **e) Beim Vorhandensein von Nacherben** (LZ 16, 962) kann der TV nur nach Maßg des § 2205 S 3 verfüggsbeschränkt, BGH DR 43, 90, auch bei befreiter VorErbsch, BayObLG 58, 304, 59, 129; vgl auch Anm 1 zu § 2112. Er ist also nicht an die Beschrkgen gebunden, die in §§ 2113, 2114 dem VorE ggü dem NachE auferlegt sind, da sie nur im Verhältn zw VorE u NachE gelten, KG RJA 13, 252, Dresd LZ 16, 962, Neust NJW 56, 1881; ebso BGH 40, 115, wenn der TV zugl für VE u NE eingesetzt ist, dazu Nirk **LM** § 2205 Nr 2/3 zu § 2096; Haegele TV Rdz 124. Anders allerd, wenn der TV zugl MitVE od der alleinige VE MitTV ist, vgl § 2112 Anm 1. – **f)** Der sich für den Erben aus **§ 1365** ergebenden VfgsBeschrkg unterliegt der TV nicht, Staudenmaier, Haegele, Rpfleger 60, 385, 386, 63, 330, Staud-Felgentraeger Anm 12 zu § 1365 gg AG Delmenhorst FamRZ 59, 249, ebso ist er dch die sich sonst für den Erben aus dem ehel GüterR, s §§ 1423, 1424, ergebenden VfgsBeschrkg, Haegele aaO. – Über GenPflicht nach GrdstVG 2 s § 2204 Anm 3. – **g)** Gehört zum Nachl eines Eheg dessen **Anteil am Gesamtgut** der dch den Tod dieses Eheg beendeten aber noch nicht auseinandergesetzten GüterGemsch, so kann der TV zusammen mit dem überlebenden Eheg – ohne Beteiligg der Erben – auch über einzelne Ggst des Gesamtguts in Liquidation verfügen, Stgt NJW 67, 1809; s auch BGH 26, 378, BGH NJW 64, 768.

3) Unentgeltl Verfüggen. Nach S 3 sind dem TV nur unentgeltl Verfüggen, entspr der Regelg bei der Verw des VEGuts, mit der auch für den VE geltenden Ausn für die Schenkgen der § 534, § 2113 II (sog Pflichtschenkg, dazu Migsch AcP 173, 46) untersagt, es sei denn, daß es sich um die Ausführg letztw Vfgen handelt, § 2203. Der Erbl kann hiervon nicht befreien, § 2207 S 2. Der TV kann aber mit Zust der **Erben** (auch der NE) und der **VermNehmer** (nicht aber Auflagebegünstigte, sonst NachlGläub) unentgeltl auch über den Rahmen von Pflicht- u Anstandsschenkgen hinaus über NachlGgste vfgen, wobei ein etwa entggstehder Wille des Erbl unbeachtl ist, BGH 57, 84 mit Anm von Mattern **LM** § 2205 Nr 14, Haegele BWNotZ 74, 109/115f, TV Rdz 113ff, zust auch Brox § 26 V 3b, Soergel-Müller Rdz 71; dazu auch Neuschwander BWNotZ 78, 73 (der auch die Zust der VermNehmer für erforderl erachtet); § 2217 Anm 1a bb. Dch Straf- od VerwirkgsKlausel kann der Erbl derartige unentgeltl Vfgen uU hintanhalten (Haegele aaO). Unentgeltl Vfgen kann der Erbl ihm dadurch ermöglichen, daß er dem TV Vollm über den Tod hinaus erteilt, BGH NJW 62, 1718, die aber von den Erben widerrufen w kann, Barth-Schlüter Lehrb § 6 IV 1a gg.

a) Zur Ann der **Entgeltlichk** der Vfg ist wie bei § 2113 (s dort Anm 2) die objektive Gleichwertigk von Leistg u GgLeistg nicht Voraussetzg; vielm genügt es, wenn die beiderseit Leistgen für die verfolgten Zwecke gleichgestellt werden u von dem TV nach dem Maßstabe einer ordngsgem Verw einander gleichgestellt werden dürfen, vorausgesetzt nur, daß er keine GgLeistg nicht im irrigen Glauben an eine GgLeistg bewirkt, RG 105, 249, 117, 97. Neben den **objektiven** sind also auch hier **subjektive Momente** heranzuziehen, RG 81, 364, doch haben die letzteren nicht die gleiche Bedeutg wie bei dem VE, s BayObLG 56, 54, da der TV Verwalter fremden Vermögens ist und, soweit er nicht etwa MitE ist, keine eig Interessen verfolgt. Hiernach verfügt der TV dann unentgeltl über einen ErbschGgst, wenn er ohne gleichwertige GgLeistg ein Opfer aus der ErbschMasse bringt u entweder den Mangel der Gleichwertigk der GgLeistg kennt od doch bei ordngsmäß Verw ihre Unzulänglichk hätte erkennen müssen, BGH **57**, 84/90, KG, Haegele Rpfleger **72**, 58, 47 (NachlAuseinanderS); Erkennbark der Pflichtverletzg auf Seite des Empfängers ist nicht erforderl, BGH NJW **63**, 1614; aM Lange-Kuchinke § 29 VI 2 b. Für die Beurteilg maßgebd ist der Ztpkt der Vfg. Unentgeltl Vfg kann bei **Erbauseinandersetzg** vorliegen, wenn MitE wertmäß mehr zugeteilt bekommt, als seiner Erbquote entspricht, BGH aaO, – dazu Keller, Haegele BWNotZ **63**, 285, **69**, 277 ff – auch bei Änderg eines bindnen VertrAngebots des Erbl, Fichter BWNotZ **63**, 158. Unentgeltl ist eine Vfg auch dann, wenn ein nicht an letzter Rangstelle stehdes zur EigtümerGrdSch gewordenes GrdPfandR gelöscht w, ohne daß der dadch im Rang aufrückde Nachhypothekar eine GgLeistg für die Rangverbesserg an die NachlMasse gewährt, s KG JFG **15**, 191, u aber wenn die Löschg in Erf der in einem KaufVertr übernommenen Verpflichtg bewilligt w, dem Käufer das Grdst frei von Lasten in Abt III des GB zu verschaffen, KG NJW **68**, 1632. Ist die Vfg ordnungsmäßig, so steht nicht entgg, daß die Leistg an den TV selbst erfolgt, Mü JFG **21**, 242. Als unentgeltl gilt auch die **rechtsgrundlose Verfügg**, RGRK Rdz 22, RG **105**, 246, **163**, 348, aM Spellenberg aaO 353.

b) Dem **GBAmt**, das bei der Verwaltg eines TV unterliegenden Rechten GBO 52 zu beachten hat, ist die Entgeltlichk der Vfg ggf **nachzuweisen.** Hierfür bedarf es regelm nicht der Form des GBO 29, Soergel-Müller Rdz 79. Es genügt, wenn der TV die für seine Vfg maßgebenden Beweggründe im einzelnen angibt, wenn diese verständl u wirklich gerecht werdend erscheinen u begründete Zweifel an der Pflichtmäßigk der Hdlg nicht ersichtl sind, KG JFG **7**, 284, Zweibr Rpfleger **68**, 89, Haegele BWNotZ **69**, 262 (bei Abtretg von für die ErbenGemsch bestellter EigtümerGrdSch); das GBA kann auch WahrscheinlichkErwäggen berücksichtigen, die sich auf allg Erfahrgssätze stützen, BayObLG **56**, 55, s auch Lüb JurBüro **76**, 1486. Soweit die GgLeistg nicht dem Nachl zufließt, muß sie bei der Prüfg, ob die Vfg des TV entgeltl ist, außer Betr bleiben, RG **125**, 245, anders aber wenn der TV bei NachlAuseinanderS NachlGgste auf einen MitE überträgt u dieser an andere ME dafür Ausgleich leistet, der also nicht in den Nachl fließt, KG Rpfleger **72**, 58. Für die Beurteilg der Entgeltlichk der Vfg ist es ferner ohne Bedeutg, wie der TV die GgLeistg, wenn sie bereits in den Nachl gelangt ist, verwendet, KG JW **38**, 949. Hat das GBA vor Eintr des neuen Eigtümers nicht in erforderl Umfang geprüft, ob der TV etwa unentgeltl verfügt hat, so ist schon aus verfahrensrechtl Gründen ein AmtsWiderspr, GBO 53, einzutragen, Zweibr Rpfleger **68**, 88 mit Anm von Haegele; der TV od ein von ihm ermächtigter MitE kann die Eintr eines AmtsWiderspr mittels Beschw, GBO 71 II, 2, fordern. Dies kann bei unentgeltl Vfg des TV auch ein NachE mit dem Ziel der Eintr eines AmtsWiderspr des VorE, KG DR **43**, 90. – Bei grundbuchl Vfgen des TV bedarf er idR des **Nachweises** nach GBO 35 II; doch kann auch Bezugn auf Nachlaßakten genügen, Mü JFG **20**, 374. Wenn bei Veräußerg eines NachlGrdst durch den TV Restkaufhypotheken für die MitE eingetragen werden sollen, bedarf es auch des Erbnachweises, KG JFG **18**, 161.

4) Eine den **gutgläubigen Erwerb** schützende Vorschr, wie § 2113 III, ist hier nicht aufgenommen, da insow §§ 2368 III, 2366 gelten u, soweit ein angebl Eigtümer verfügt, §§ 932 ff eingreifen. Eine solche findet sich aber wg des Ausschlusses des VfgsRechts des Erben in §§ 2211 (s dort).

5) Der **Legitimation des TV** dient das TV-Zeugnis, § 2368. Der TV ist aber grdsätzl nicht genötigt, sein Amt gerade dch dieses Zeugn nachzuweisen; der Dritte, der mit dem TV in rechtsgeschäftl Beziehgen tritt, kann nicht unbedingt die Vorlegg eines solchen Zeugn verlangen, s BGH WPM **61**, 479, **67**, 25, § 2368 Anm 8 b bb. Für das GrundbuchR gilt die SonderVorschr des § 35 GBO, vgl oben Anm 3 b, Übbl 5 vor § 2353, KG OLG **40**, 49; Horber Anm 6 zu § 35 GBO, Haegele TV Rdz 421.

2206 *Eingehung von Verbindlichkeiten.*
I Der Testamentsvollstrecker ist berechtigt, Verbindlichkeiten für den Nachlaß einzugehen, soweit die Eingehung zur ordnungsmäßigen Verwaltung erforderlich ist. Die Verbindlichkeit zu einer Verfügung über einen Nachlaßgegenstand kann der Testamentsvollstrecker für den Nachlaß auch dann eingehen, wenn er zur Verfügung berechtigt ist.
II Der Erbe ist verpflichtet, zur Eingehung solcher Verbindlichkeiten seine Einwilligung zu erteilen, unbeschadet des Rechtes, die Beschränkung seiner Haftung für die Nachlaßverbindlichkeiten geltend zu machen.

1) Von der **Befugnis zur Eingehg von Verbindlichk für den Nachl, I 1,** darf der TV nur im Rahmen der **ordnungsmäßigen Verwaltg,** § 2216 I, Gebr machen, andernf die getroffene Maßn unwirks bleibt. Das Erfordern der ordngsmäßigen Verw ist aber nicht rein obj zu verstehen; es genügt, wenn der mit dem TV abschließende Dritte ohne Fahrlk annehmen durfte, daß der TV in den hier umschriebenen Grenzen handelte, RG **83**, 348 – im Streitfall ist der Dritte beweispflichtig, Erm-Hense Rdz 1 –; konnte der Dritte dies nicht annehmen, so erlangt er keine Rechte gg den Nachl (§ 2205 Anm 1 c) und kann den TV höchstens aus § 179 verantwortl machen, Haegele TV Rdz 109 d. Befreiung vgl §§ 2207, 2209 S 2.

2) Da die **Vfgsberechtigg** des TV weiter reicht, § 2205 S 2, wird die in **I** 1 enthaltene Einschränkg durch **S** 2 ausgeschaltet. Die Bestimmg S 2 ist eine notw Folgerg aus dem Prinzip des § 2205; es hätte keinen Sinn gehabt, dem TV die freie Vfgsbefugn zu geben, ihn aber in der Eingehg von Verbindlichk zu seinen Verfügen zu beschränken, KGJ **27** A 192, s auch Erm-Hense Rdz 2.

3) Einwilligg des Erben. Da der TV in erster Linie den Anordngen u dem sonst erkenntl gelangten Willen des Erbl zu folgen hat, über die Tragweite dieser Willensäußergen aber Zweifel entstehen können, gibt **II** die Möglichk, Klarh darüber herbeizuführen, ob die vom TV getroffene Maßn noch seiner Vfgsmacht entspricht; deshalb ist die **Beiziehg des Erben,** (bei Vorerbsch des VorE), nicht aber eines NachE oder ErsNachE, Neust NJW **56**, 1881, RGRK Rdz 5, bei Eingeng der Verbindlichk vorgesehen, RG **74**, 219. Der TV kann aber ein rechtl Interesse an der Mitwirkg des NachE haben, s Neust aaO. Der Erbe ist aber nur dann zur Einwillig verpflichtet, wenn die Eingehg der Verbindlichk zur ordnungsgem Verw erforderl ist. Er kann sie auch verweigern, wenn es sich um die Verbindlichk zu einer Vfg, **I** 2, handelt, die der TV nach §§ 2205, 2208 eingehen kann, deren Eingehg aber ordnungsgem Verwaltg widerspricht, Staud-Dittmann

Anm 14, Kipp-Coing § 68 III 7 d. Durch die Erteilg der Einwilligg ist der TV gg SchadErsAnspr aus § 2219 geschützt; dch die Einwilligung des (der) Erben können unter den in § 2205 Anm 3 genannten Voraussetzgen unentgeltl Vfgen des TV wirks w; dies gilt aber nicht für die Eingehg von Verbindlichk, wenn der TV keinen Anspr auf Einwilligg gem II hat, Staud-Dittmann Anm 15.

4) Die rechtswirks eingegangenen Verbindlichk sind den **NachlVerbindlichk** des § 1967 gleichzusetzen. Im NachlKonkurs gehören sie zu den Masseschulden, KO 224 Nr 5, dazu Jäger-Weber Rdz 15, 16.

2207 *Erweiterte Verpflichtungsbefugnis.* Der Erblasser kann anordnen, daß der Testamentsvollstrecker in der Eingehung von Verbindlichkeiten für den Nachlaß nicht beschränkt sein soll. Der Testamentsvollstrecker ist auch in einem solchen Falle zu einem Schenkungsversprechen nur nach Maßgabe des § 2205 Satz 3 berechtigt.

1) Allgemeines. Die Vorschr sieht, ähnl wie § 2136 hins gewisser Beschrkgen des VE, eine **Befreiung** des TV von der Beschrkg des § 2206 I durch den Erbl im Wege letztw Vfg vor. Bei Übertragg der ausschließlichen VerwBefugn an den TV gilt die Ermächtigg des § 2207 ohne bes Anordng als erteilt, § 2209 S 2. In dem Auftrage des Erbl an den TV zur Erfüllg eines Verschaffgsvermächtnisses, § 2170, ist regelm die nach § 2207 wirksame Ermächtigg enthalten, die zum Erwerbe des VermächtnGgstandes unumgänglichen Verpflichtgen für den Nachl einzugehen, RG 85, 7. Ausn von der Ermächtigg nach S 2 nur für SchenkgsVerspr (ebso bei dem VE §§ 2113 II, 2136). Über Aufnahme der Befreiung ins TestVollstrZeugnis § 2368 I 2.

2) Für das **Verhältnis gegenüber dem Erben** bleibt § 2206 entscheidd, sodaß der TV allen sonstigen Pflichten, bes der Pfl zur ordngsm Verwaltg, unterworfen bleibt, §§ 2220, 2216. Er kann daher auch die Einwilligg des Erben nach § 2206 II verlangen, str, s Staud-Dittmann Anm 4.

2208 *Beschränkung der Rechte.* ^I Der Testamentsvollstrecker hat die in den §§ 2203 bis 2206 bestimmten Rechte nicht, soweit anzunehmen ist, daß sie ihm nach dem Willen des Erblassers nicht zustehen sollen. Unterliegen der Verwaltung des Testamentsvollstreckers nur einzelne Nachlaßgegenstände, so stehen ihm die im § 2205 Satz 2 bestimmten Befugnisse nur in Ansehung dieser Gegenstände zu.

^{II} Hat der Testamentsvollstrecker Verfügungen des Erblassers nicht selbst zur Ausführung zu bringen, so kann er die Ausführung von dem Erben verlangen, sofern nicht ein anderer Wille des Erblassers anzunehmen ist.

1) Allgemeines. a) Die **Befugnisse** des TV können in **dreifacher Weise eingeschränkt** werden: α) durch Entzieh eines Teils seiner Rechte, § 2208, s zB BGH 56, 275, dch Bindg an die Zust der Erben, Haegele, TV Rdz 90; – β) durch Beschrkg auf die Verw, § 2209 S 1, 1. Halbs, hiebei auch auf bestimmte einzelne VerwAufgaben, BayObLG 56, 186, zB Verwaltg eines HandelsGesch, s Nolte, Festschr für Nipperdey, 1965, I 667, Beschränkg auf vermittelnde u schlichte Tätigk nach Beendigg der Verwaltg, BGH WPM 66, 189; – γ) durch bloße Übertragg einzelner Rechte zB §§ 2222, 2223, Einf 2 vor § 2197. Eine Beschränkg ergibt sich aber nicht schon aus der Anordng einer befreiten Vorerbsch, RG JW 38, 1454, BayObLG 58, 304; 59, 129, noch aus der vermächtnisweisen Zuwendg des Anspr auf die NachlNutzgen, noch aus der Bestellg eines Nießbrauchs am Nachl; der Nießbraucher erhält dann nur mittelbaren Besitz, BGH **LM** Nr 1 z § 2203. Wenn der für Vor- u NachE eingesetzte TV nach Erfüllg besonderer letztw Anordngen des Erbl den Nachl an den VorE herausgegeben hat, so liegt hierin keine Beschrkg nach § 2208, daher auch keine Eintragg in das TVZeugn nach § 2368 I 2, BayObLG 59, 129. Auch bei Bestellg zur „Verwaltung" kann nach Sachlage die Übertragg aller Befugnisse gewollt sein, Düss NJW **52,** 1259. – **b)** Eine **Erweiterung** seiner Befugnisse ist mögl: durch DauerVollstrg, § 2209 S 1, 2. Halbs, S 2; durch Übertragg von Befugnissen, die nicht jedem Dritten zugeteilt w können, vgl zB §§ 2048, 2151, 2153–2156, 2192, 2193, aber auch § 2065 Anm 2; endl durch Befreiung, §§ 2207, 2220. Eine sonstige Erweiterg ist unwirks, s Haegele TV Rdz 89.

2) Die Beschränkg od völlige Entziehg einzelner Befugnisse kann sich auch aus den Umst (Interessenwiderstreit, RG SeuffA 85 Nr 165) sowie mittelb aus der an sich nicht wirksamen Anordng ergeben, daß der TV der Beaufsichtigg od Gen des NachlG unterliege, vgl Einf 3 vor § 2197. Im letzteren Fall steht dem TV entweder kein selbstrat VfgsR zu, KG OLG 7, 360, od die Anordg ist als ggstandslos zu betrachten, Kipp-Coing § 69 I 3. Die Beschrkg ist auch gg Dritte wirks, wenn sie ihnen bekannt od im Zeugn, §§ 2368, 2366, erwähnt od kein Zeugn erteilt ist, § 2205 Anm 4, § 2211 Anm 3.

a) Die gegenständl Beschränkg, I 2, vgl auch ZPO 748 II, bezieht das Recht des TV zur Besitzergreifg, Vfg und Eingehg von Verpflichtgen, §§ 2205, 2206 I, nur auf die betr NachlGgstände, die dann dem Teilgsverbot, § 2044, unterliegen (vgl auch Dresd Recht 20 Nr 1911 wg Verwaltg einer Fabrik), s § 2044 Anm 1. Für nach § 2206 I eingegangene Verbindlichkeiten haftet aber der gesamte Nachl, Staud-Dittmann Anm 7. Bei Verwaltg eines Erbteils, die zB eintreten kann, wenn die TestVollstrg zwar für den ganzen Nachl angeordnet ist, die Anordng aber hins eines MitE wg eines früheren ErbVertr ungültig ist, BGH NJW **62,** 912, kann der TV die Rechte des MitE ausüben, kann aber über den Erbteil verfügen, Staud-Dittmann Anm 11, vgl Anm 4 zu §§ 2204, 2338. Über Beschränkg auf Verwaltg eines VermGgstandes s § 2223 Anm 2. Über Beschränkg des TV auf Ausübg des StimmR aus einem zum Nachl gehörigen GeschAnteils einer GmbH s Hamm JMBl NRW **56,** 158. Über ErbAuseinandSVerbote s § 2204 Anm 1a.

b) Die beaufsichtigende Vollstreckg, II, gibt dem TV iZw das Recht, die Ausführg der betr Vfgen (Vermächtnisse; Auflagen, bei diesen aber mangels eines Berechtigt kein SchadErsAnspr wg Nichterfüllg der Aufl, Warn **37** Nr 133, Staud-Dittmann Anm 15; Teilgsanordngen; Herausg der Erbsch an den NE) vom Erben zu verlangen. Hier prozessiert er nicht in Verwaltg des Nachl (also ProzKostenPfl beim Unterliegen, aber mit RückgrR gg die Erben, § 2218), aM Lange-Kuchinke § 29 V 1 a.[107] Soll ihm auch dieses Vollzugsverlangen nicht zustehen, so ist er kein TV, sond nur Berater des Erben, Planck-Flad 5.

2209 *Verwaltung des Nachlasses; Dauervollstreckung.* **Der Erblasser kann einem Testamentsvollstrecker die Verwaltung des Nachlasses übertragen, ohne ihm andere Aufgaben als die Verwaltung zuzuweisen; er kann auch anordnen, daß der Testamentsvollstrecker die Verwaltung nach der Erledigung der ihm sonst zugewiesenen Aufgaben fortzuführen hat. Im Zweifel ist anzunehmen, daß einem solchen Testamentsvollstrecker die im § 2207 bezeichnete Ermächtigung erteilt ist.**

1) **Allgemeines. a)** Das G behandelt hier in einem Satz zwei Sonderfälle, die einander ausschließen; in **S 1 Halbs 1** die **bloße Verwaltg** ohne andere Aufgaben, deren Zulässig sich schon aus § 2208 ergibt u die daher auch auf bestimmte einzelne VerwAufgaben, zB Abwicklg bestimmter NachlVerbindlichkeiten, BayObLG **56**, 186, Verwaltg eines HandelsGesch, Nolte aaO, Holzhauer (Schriftv vor § 2197) 2ff, beschränkt w kann, und im **S 1 Halbs 2** die eine erhebl Erweiterg der Befugnisse des TV enthaltende **Dauervollstreckg**, s LG Dortmd NJW **57**, 2264, dazu Haegele TV Rdz 81ff. Währd sonst die Verw neben der Vollstrg u AuseinandS, §§ 2205, 2203, 2204, eine der miteinander zusammenhängenden Aufgaben des TV darstellt, die mit der Erledigg jener Aufgaben endet, Flad DFG **36**, 133, bedeutet die DauerVollstrg eine zeitl Verlängerg der VollstrTätigk, die eine Art fürsorgl Bevormundg der Erben darstellt. Dieser weitgehenden Beschrkg der Erben steht aber – abgesehen von § 2210 – eine gesetzl Beschrkg ihrer Voraussetzgen u ihrer Zeitdauer nicht ggü. Die Erbe kann sich ggf helfen durch Anfechtg, § 2078, und das Verlangen des Pflichtteils, § 2306. Eine Außerkraftsetzg nach § 2216 II 2 ist dagg nicht mögl, da die TestVollstrg selbst nicht außer Kraft gesetzt w kann, § 2216 Anm 2, Staud-Dittmann Anm 11, s aber § 2227 Anm 5. Unter Umst können die einschlägigen Bestimmgen in der letztw Vfg wg übermäßiger Beschrkg des Erben **sittenwidrig** sein, vgl Mü JFG **14**, 428, Lange JuS **70**, 107. – Mit der Verw kann auch ein Nießbr des TV mit dem Nachl verbunden sein, vgl Mü JFG **16**, 310. – **b)** Ein Fall des § 2209 liegt aber **nicht** vor, wenn ein TV, der für den VorE u den NachE ernannt ist, einen NachlGgst bis zum Eintritt der NachEFolge zu verwalten hat, BayObLG **58**, 299, 305. – **c)** Bei **Ende des Amts** od der **Verwaltg** gilt ZPO 239, RG **155**, 350. – VerwR im **Zeugnis**, § 2368, nur in den Fällen des § 2209 zu erwähnen, KG JW **38**, 2823.

2) **Durch Anordng der Dauervollstreckg** kann das gesetzl VerwR, §§ 1626 II, 1638f, 1678, 1793, 1794, 1803, u die Bestellg eines Pflegers nach § 1909 I 2, ebso Staud-Dittmann Anm 4, LG Dortmd NJ W **59**, 2264, aM KGJ **38** A 73 u RGRK Rdz 2, ausgeschaltet werden. Auch kann dadurch ein volljähriger Erbe in guter Abs beschränkt, §§ 2211, 2214, 2338, oder dem TV (zB der Witwe) die Stellg eines nicht der Aufs des VormschG unterstehenden FamOberhaupts verschafft werden, s Hartmann 2.1.3. Vfgen des Erben (aber nicht tatsächl Maßnahmen, wie Umbau eines Hauses usw) sind unwirks, § 2211, sofern nicht der TV zustimmt, §§ 182–185, oder die Verw aufgeh wird, § 185 II.

3) **Der Inhalt des VerwRechts** ist derselbe wie auch sonst. Auch Vfgsbefugn, KG DR **44**, 245, unentgeltl Vfgen mit Zustimmg des (der) Erben, s § 2205 Anm 3, Haegele BWNotZ **69**, 274ff, bestr. Eine HerausgPfl nach § 2217 besteht aber nur bei den Ggständen, an denen eine Verw nicht mögl ist. Der Erbe kann zwar jährl Rechngslegg, §§ 2218 II, 2220, verlangen, den jährl Reinertrag, vgl § 2338 I 2, aber nur, wenn dies der Wille des Erbl war, RG HRR **29** Nr 1652. Dies gilt auch, wenn ein Unternehmen zum Nachl gehört. Ist Nacherbfolge angeordnet, so gebührt zwar der währd der VErbsch anfallende Reingewinn dem VE. Aber das VerwR des VE, auch des befreiten, wird durch das VerwR des TV verdrängt. Ihm unterliegt daher auch die Verwaltg des Reingewinns. Ob er dem VE herauszugeben ist, bestimmt sich nach den Anordngen des Erbl od nach § 2217 I, Baur JZ **58**, 465. Daß der TV (nach **S 2**) unbeschränkt Verpflichtgen eingehen kann, entspricht der Notwendigk, immer neue Geschäfte abschließen zu müssen, Planck-Flad 5 c. Im übr gelten auch hier die §§ 2215 bis 2219. Wegen der dem TV „sonst zugewiesenen Aufgaben" vgl Anm 2 zu § 2203; wg der Vergütg Anm 1 zu § 2221. Wegen der DauerVerw eines VermächtnGgstandes vgl § 2223 Anm 2.

4) **Auch bei mehreren Erben** ist DauerVollstr mögl. Erstreckt sie sich auf alle Erben od auf einzelne Ggstände, § 2208, so ist insow die Teilg nicht aufzuschieben, § 2044; der TeilgsAusschl steht aber der Wirksamk einer dch ErbauseinandS getroffenen Vfg über einen NachlGgst nicht entg, wenn sie von allen Erben u dem TV gemeins vorgen w, LG Bremen Rpfleger **67**, 411, s auch BGH **40**, 115, Haegele TV Rdz 113. Über TeilgsAusschl u § 1683 s § 2044 Anm 2, § 2204 Anm 1 a. Bezieht sich die TestVollstr auf einen einzelne Erben oder einen Erbteil, so erhält der TV zur Verw, was bei der Teilg auf den, die, Erben fällt.

5) Denkb ist auch eine **Dauervollstreckg**, wenn der Erbl eine rechtsfäh **Stiftg** testamentarisch begründet u als Alleinerbin eingesetzt hat, zur Mitwirkg des TV bei der Errichtg der Stiftg, bei künftigen Satzgsanpassgen u stiftginterner Überwachg, vgl BGH **41**, 23 u dazu bes Strickrodt NJW **64**, 1316, Bund JuS **66**, 60.

2210 *Dreißigjährige Frist für Dauervollstreckung.* **Eine nach § 2209 getroffene Anordnung wird unwirksam, wenn seit dem Erbfalle dreißig Jahre verstrichen sind. Der Erblasser kann jedoch anordnen, daß die Verwaltung bis zum Tode des Erben oder des Testamentsvollstreckers oder bis zum Eintritt eines anderen Ereignisses in der Person des einen oder des anderen fortdauern soll. Die Vorschrift des § 2163 Abs. 2 findet entsprechende Anwendung.**

§§ 2210, 2211

1) Zweck. Dem Erben soll die Herrsch über den Nachl nicht für immer entzogen werden, ähnl bei §§ 2044, 2109, 2162. Ein Wechsel in der Pers des TV hat nur Bedeutg bei Abstell auf dessen Lebenszeit. Durch eine Anordng des Erbl, daß Nachfolger zu bestellen sind, § 2199 II, könnte die DauerVollstrg ins Ungemessene verlängert werden. Man wird daher annehmen müssen, daß der Nachfolger beim Erbf bereits gelebt hat (Kipp-Coing § 69 III 2, Staud-Dittmann Anm 3) od noch vor Ablauf der 30 Jahre ernannt sein muß (RGRK Rdz 2, Soergel-Müller Rdz 2). – Als Erbe iS von S 2 gilt auch der NachE, Kipp-Coing aaO. – Nur die Verwaltungsvollstreckg, § 2209, fällt unter § 2210. Erbl, der TV-Kollegium für 30 Jahre ernannt hat, kann gleichzeit wirks bestimmen, daß das Kollegium dch einstimm Beschl bei der Dauer-Vollstrg bei Sicherg der Erhaltg des NachlVerm schon vorher beendigen kann, BayObLG **76**, 67 = NJW **76**, 1692. Bei der ausführenden Vollstrg, § 2203, besteht noch nicht einmal die Zeitschranke des § 2210 (vgl auch RG **155**, 350). Hier hilft nur Entlassg.

2) Aus S 3 folgt, daß auch **jur Pers** (zB Banken, Treuhandinstitute) TV sein können, vgl dazu Flad DFG **36**, 136. Sie können nach § 2163 II nicht länger als 30 Jahre das Amt innehaben.

3) Nach § 28 II UrheberrechtsG kann der Urheber dch letztw Vfg die Ausübg des Urheberrechts einem TV übertragen; § 2210 ist nicht anzuwenden; s auch UrheberrechtsG 117; dazu Fromm NJW **66**, 1245; dazu auch Hoch, Fortwirken zivilrechtl PersönlichkSchutzes nach dem Tode, Diss Köln, 1975, S 224 ff, Westermann FamRZ **69**, 561/571 (zum „geistigen NachlVerw").

2211 *Verfügungsbeschränkung des Erben.* I Über einen der Verwaltung des Testamentsvollstreckers unterliegenden Nachlaßgegenstand kann der Erbe nicht verfügen.

II Die Vorschriften zugunsten derjenigen, welche Rechte von einem Nichtberechtigten herleiten, finden entsprechende Anwendung.

1) Beschränkg des Erben durch das VerwR des TV, §§ 2205, 2209, sofern es nicht nach § 2208 entzogen ist. – **a) Eintritt, Dauer.** Sie besteht nicht erst von der Ann, § 2202 I, sond schon vom Erbfall ab (auch im ErbenKonk), da sonst der ErblWille leicht durch Vfgen des Erben vereitelt w könnte, BGH **25**, 282. Kommt es aber überh nicht zur Ann seitens des TV od seiner Ersatzmänner, so sind die Vfgen des Erben wirks; ebso wenn sie mit Einwilligg des TV erfolgten, § 183. Genehmigt er, so tritt nach § 184 I Wirksamk ein, RG **87**, 432 ff; ob dies auch gilt, wenn es sich um eine unentgeltl Vfg, §§ 2205 S 3 handelt, ist bestr, s Düss NJW **63**, 162, dazu § 2205 Anm 3. Fällt die Verwaltg od TestVollstrg weg, so wird die Vfg – ohne Rückwirkg – nach § 185 wirks, Kipp-Coing § 70 I. Prozesse sind auszusetzen, RG **155**, 350. – **b) Art der Beschränkg.** Vfgen des Erben sind unwirks, vorbehaltl des **II**; also **VfgsEntziehg**, nicht nur Veräußersverbot iS des § 135, RG **87**, 433; str. Sie können aber nach § 185 II wirks w, wenn der TV sie gen od sein Recht wegfällt, bevor er entggstehde Vfgen getroffen hat, RG LZ **31**, 1325, Anm 1 a, RGRK Rdz 3. Im einz gilt: Die Erben sind daher nicht befugt zur Bewilligg der Eintr eines VorkR an einem NachlGrdst, das der Verw eines TV unterliegt, Düss NJW **63**, 162. Demgem kann der Erbe auch nicht nach § 569 kündigen, RG **74**, 35, wohl aber (dch den Nachl) **verpflichten**, ohne (aus dem Nachl) erfüllen zu können, RG HRR **29** Nr 1833. Der TV kann daher auch nicht auf Erfüll solcher Verbindlichk in Anspr gen w, die von den Erben ohne seine Zust über NachlGgstände eingegangen wurden; insoweit auch keine Aufrechng od ZurückbehaltgsR, BGH **25**, 257, dazu Coing JZ **58**, 169. Dies gilt auch für die Zeit, in der während der Dauer des TestVollstrg kein TV das Amt bekleidet, es sei denn, daß die Erben hier als GeschF ohne Auftr tät w, Johannsen Anm zu LM § 2205 Nr 2. Bedingte Vfgen sind mögl, vgl auch § 160, falls nicht der TV anderw verfügt. Im Falle des § 2217 kann der Erbe vom TV die Zust zur Vfg verlangen, s § 2217 Anm 1, Erm-Hense Rdz 2. Ein Anspr des Erben gg den Erbl, der idR dch Vereinigg von Recht u Verbindlichk in seiner Pers erlischt, kann weiter bestehn, wenn TestVollstr zur Verwaltg des Nachl angeordnet ist, BGH **48**, 214. – **c)** Über seinen **Erbteil** kann der MitE, unbeschadet der Fortdauer der Rechte des TV, nach § 2033 verfügen, § 2205 Anm 2 d, RGRK Rdz 6. Die Eintr der Verpfändg des Erbanteils eines MitE, die im GB vermerkt ist, verliert ihre Bedeutg, wenn der TV das Grdst wirks veräußert, das PfandR erstreckt sich nunmehr auf den Erlös (§ 2041), KG JFG **22**, 122. – **d)** G e m e i n s können TV u Erben über NachlGgste auch dann verfügen, wenn der Erbl dch Anordng vTw eine Vfg verhindert hat, § 137 steht nicht entgg, BGH **56**, 275 mit Anm v Mattern **LM** § 2208 Nr 3, s auch Haegele Rpfleger **72**, 47, § 2204 Anm 1a.

2) Der gutgläub Dritte, II, §§ 932 ff, 892, 893, 1032, 1207, ist geschützt, wenn er bei Rechtsgeschäften mit dem Erben das Bestehen einer TestVollstrg nicht kannte od gutgläubig annahm, daß der Ggst nicht zum Nachl gehört od der Verw des TV nicht unterliegt. Der gute Glaube wird aber regelm ausgeschl, wenn die Verwaltungsbefugn des TV nach außen erkennb gemacht ist. Diese Kundmachg erfolgt im Erbschein, §§ 2364, 2366, ferner bei bewegl Sachen, Wertpapieren durch Inbesitznahme, § 2205, bei Grdst (Grdst-Rechten) durch Eintragg des TestVollstrVermerks, GBO 52, SchiffsRegO 55. Rechtsirrtum entschuldigt grdsätzl nicht, Staud-Dittmann Anm 20. **II** gilt entspr für NachlFdgen; der gutgläubig an einen Erben leistende Schuldn wird befreit (vgl §§ 1984 I u 407 I), Soergel-Müller Rdz 10. Zahlt die Bank an die wg bestehender TestVollstrg nicht verfügsberecht Erbin des Kontoinhabers aus, so kommt es für den Gutglaubensschutz, § 2211 II mit § 407 I, auf die Kenntn der auszahlenden Stelle an; hat die Bank aber Kenntn von der TestVollstrg, jedoch die kontoführende Stelle nicht benachrichtigt, so wird sie ggü dem TV nicht befreit, Brem MDR **64**, 328.

3) Bei **Rechtsgeschäften mit dem TestVollstr** ist der **Dritte** nicht geschützt, der einen NachlGgst, auf den sich die Vfgsbefugn des TV nicht erstreckt, im guten Glauben an diese Vfgsbefugn erwirbt, Staud-Dittmann Anm 17, Lange Lehrb § 29 V 6[4], s auch § 2205 Anm 4. Auch kann ein Dritter aus einem vom TV unter Mißbr seiner Befugnisse abgeschl RGesch keine Rechte geltd machen, wenn er diesen Mißbr hätte erkennen müssen, s RG **83**, 353; **130**, 134; s auch § 2206 Anm 1, § 2368 Anm 8.

2212 *Prozeßführungsrecht für Aktivprozesse.* **Ein der Verwaltung des Testamentsvollstreckers unterliegendes Recht kann nur von dem Testamentsvollstrecker gerichtlich geltend gemacht werden.**

1) Das Prozeßführgsrecht für die Geltendmachg von NachlRechten (wg der Passivprozesse vgl § 2213) steht wie das VfgsR, §§ 2205, 2211, dem **TestVollstr** (auch ggü einem Amtsvorgänger, RG **138**, 132, BGH MDR **58**, 670) zu, soweit das Recht seiner Verw unterliegt, vgl §§ 2208, 2209, BGH **31**, 284, u zw sowohl im ordentl Prozeß (Klage, Widerklage, VollstrGgklage, Einrede, Aufrechng, Verteidigg eines Streitpatents gg NichtigkKlage, BGH NJW **66**, 2059, s § 2213 Anm 1c) wie im VerwGerichtsVerf und der freiw Gerichtsbark (zB Berichtigg des GB od in einem UmstVerf, wenn das umzustellende Recht zu dem vom TV verwalteten Nachl gehört, BayObLG **51**, 454, 544). Nicht unter § 2212 fällt das Verlangen auf Vollziehg einer Auflage, § 2194, das auch dem Erben zusteht, vgl § 2194 Anm 1. — **a)** Der TV ist, ZPO 114 III, „**Partei kraft Amtes**" vgl Anm 1, 4a vor § 2197, BGH WPM **61**, 480, bei Kessler DRiZ **67**, 300. Ihm ist das Armenrecht zu bewilligen, ZPO 114 III, er ist als Partei zu vernehmen. Lehnt er die Prozeßführg ab, so kann ihn der Erbe darauf verklagen, § 2218, od seine Entlastg beantragen, § 2227. Der Erbe kann Zeuge, Neben- u auch Hauptintervenient, ZPO 66, 69, 64, sowie Streitverkündeter, ZPO 72ff, §§ 2216 I, 2219, sein. In die Kosten ist der TV zu verurteilen, haftet aber für sie nur mit dem Nachl, StJ-Leipold Rdz 23 vor ZPO 91, denn die Parteistellg hat er im fremden Interesse; eigene Kostenhaftg aus § 2219, Hbg DNotZ **39**, 127. — **Eigenen Namens** klagt der TV, wenn er seine persönl Anspr, zB Aufwendgersatz, §§ 2218, 670, od die ihm zustehde Vergütg, § 2221, verfolgt; gg ihn persönl ist zB ein SchadensersatzAnspr nach § 2219 geltd zu machen; entscheid für die Frage, ob der TV als Partei kr Amtes od eigenen Namens streitet, ist iZw, ob es um Interessen des Nachl od um seine persönl geht; dabei spielt es auch keine Rolle, ob er mit Recht od Unrecht einen Anspr für den Nachl geltd macht od einen gg den Nachl gerichteten Anspr bestreitet, Kessler DRiZ **67**, 299ff, auch **65**, 195. — **b)** Bei **Wegfall** des TestVollstrAmtes od des VerwR, § 2209, gelten ZPO 239, 246 entspr RG **155**, 350; eine bisher gg den TV gerichtete Klage eines NachlGl kann jedenf dann gg einen MitE fortgeführt w, wenn dieser der bish TV ist, BGH NJW **64**, 2301; **wechselt** nur die Pers des Vollstr (inf Tod, Künd od Entlassg), so gelten sinngem ZPO 241, 246, Warn **13** Nr 330; § 207 ist entspr anzuwenden, vgl § 207 Anm 3c und RG **100**, 279. — Wegen RStreits über das ErbR als solches s Einf 4c vor § 2197, Löwisch DRiZ **71**, 272. — Zur Rechtstellg des TV in BesteuergsVerf s BFH NJW **77**, 1552; **78**, 1456.

2) Rechtskraft. Das Urteil wirkt entspr dem VfgsR des TV für und gg den Erben, wenn der TV zur Führg des RStreits befugt, also (bei Aktivprozessen) verwaltgsberechtigt war, ZPO 327 I. Prozesse, die nicht in Verw des Nachl, sond zB gegen dritte Erbanwärter geführt sind, berühren den wahren Erben nicht; wie anderers unter den mehreren Erbanwärtern ergangene Urt den TV nicht binden, er aber an den Obsiegenden leisten kann, RGRK Anm 9. Vollstreckb Ausfertigg gegen den Erben jederzeit, für ihn erst dann, wenn das VerwR des TV entfallen ist, ZPO 728 II.

3) Der klagende Erbe ist mangels Klagebefugn abzuweisen, s BGH **31**, 279 = NJW **60**, 523, falls nicht der TV ihn dazu ermächtigt hat od seiner ProzFührg zustimmt, s BGH **38**, 287 = NJW **63**, 297 mit Anm v Nirk u Johannsen in LM § 1984 Nr 1. Letzterenf wirkt das Sachurteil auch für u gegen den TV. Staud-Dittmann Anm **3** hält sogar die Klage des Erben auch bei Zust des TV für unzul; er weist auf die Möglichk einer Freigabe der geltendzumachenden Fdg nach § 2217 hin. Aber auch ohne Freigabe dürften durchgreifende Bedenken gg eine Klage des Erben bei Zust des TV nicht bestehen; ebso Rosenberg-Schwab, ZPR, § 46 III 2, Lange-Kuchinke § 29 VI 4f, s auch BGH **38**, 287, Böttcher JZ **63**, 582. Auch ein Antr der MitE auf TeilgsVersteigerg eines NachlGrdst, § 180 ZVG, kann dch Gen des TV wirks w, LG Lübeck SchlHA **70**, 231. — Der TV kann auch einen MitE ermächtigen, die Eintr eines AmtsWiderspr im Wege der Beschw, GBO 71, zur Sicherg eines Grundbuchberichtiggsanspruchs, § 894, einer Erben-Gemsch zu deren Gunsten im eigenen Namen, § 2039 S 2, zu fordern, Zweibr Rpfleger **68**, 88.

2213 *Prozeßführungsrecht für Passivprozesse.* **I Ein Anspruch, der sich gegen den Nachlaß richtet, kann sowohl gegen den Erben als gegen den Testamentsvollstrecker gerichtlich geltend gemacht werden. Steht dem Testamentsvollstrecker nicht die Verwaltung des Nachlasses zu, so ist die Geltendmachung nur gegen den Erben zulässig. Ein Pflichtteilsanspruch kann, auch wenn dem Testamentsvollstrecker die Verwaltung des Nachlasses zusteht, nur gegen den Erben geltend gemacht werden.**

II Die Vorschrift des § 1958 findet auf den Testamentsvollstrecker keine Anwendung.

III Ein Nachlaßgläubiger, der seinen Anspruch gegen den Erben geltend macht, kann den Anspruch auch gegen den Testamentsvollstrecker dahin geltend machen, daß dieser die Zwangsvollstreckung in die seiner Verwaltung unterliegenden Nachlaßgegenstände dulde.

Schrifttum: Kessler, Der Testamentsvollstrecker im Prozeß, DRiZ **65**, 195, **67**, 299.

1) Das ProzFührgsrecht, ZPO 327 II, bei PassivProz hängt davon ab, ob der TV den ganzen Nachl, nur einzelne Ggstände, § 2208 I 2, od gar nichts zu verwalten hat, § 2208 I 1, II. Im letzteren Fall kann die Klage nur gg den Erben erhoben werden. Eine Ausn gilt auch bei PflichtAnspr einschl des AuskBegehrens nach § 2314, s unten, auch Einf 4b, c vor § 2197. Über die Rechtslage bei Wegfall des TestVollstrAmts währd des Prozesses s § 2212 Anm 1b.

a) Bei **Verwaltg des ganzen Nachl** kann ein NachlAnspr sowohl gg den Erben (nach Annahme der Erbsch, § 1958) wie auch gg den verwaltenden TV (nach Amtsbeginn, II, § 2202) geltd gemacht werden; und zwar zweckmäßig, wenn auch nicht notw, RG **109**, 166, gg beide zugleich, und zwar entweder gg beide auf Leistg od gg den Erben auf Leistg u gg den TV auf Duldg, jetzt hM. Denn zur Zw-

Vollstr in den Nachl ist die Verurteilg des TV, ZPO 748 I, zur ZwVollstr in das Eigenvermögen des Erben dessen Verurteilg zweckm, Planck-Flad Anm 2a; s auch Anm 2. Notfalls Bestimmg des zuständigen Gerichts nach ZPO 36 Nr 3.

b) Klage gg den Erben auf Leistg u gg den TV auf Duldg ist notw bei **Teilverwaltg** od **Pflichtteils-Anspr**, §§ 2303, 2306 I 2, 2314, ZPO 748 II, III, vgl KG NJW **63**, 1553, Hamm Rpfleger **77**, 306 u betr Umdeutg des Leistgbegehrens in Duldg RG HRR **32**, Nr 1453. Wegen der pers Fragen, die beim Pflicht-Anspr mitspielen, soll der Erbe immer gehört werden, Prot **5**, 300. Erkennt der Erbe den PflichttAnspr eines Abkömml des Erbl an, so ist der TV an dieses Anerkenntn nicht gebunden, Celle MDR **67**, 46. Nichtstreitige PflichttAnspr kann der Testamentsvollstrecker auch ohne Zust der Erben erfüllen, jedoch kann er eine streitige PflichtFdg ohne den Willen des Erben nicht mit Wirkg gg diesen rechtsgeschäftl anerkennen, BGH **51**, 125, dazu Merkel NJW **69**, 1285. – I 3 u die vorstehd hierzu dargelegten Grds gelten auch für den ErbErsAnspr, § 1934b II 1.

c) Eine **PatentnichtigkKlage**, PatG 37, ist auch dann, wenn das Streitpatent der Verwaltg des TV unterliegt, gg den in der Rolle als Patentinhaber eingetragenen Erben zu richten; zur Führg des Nichtigk-Proz auf der BeklSeite u damit auch zur Erteilg der ProzVollm ist jedoch nur der TV befugt, dieser ist auch neben dem als Patentinhaber eingetragenen Erben im Urteilskopf aufzuführen, BGH NJW **66**, 2059.

d) Streitig der Erben über die **Ausgleichg** haben diese untereinander auszumachen, RG Recht **29** Nr 516. Erhebt der TV selbst (zB als VermNehmer) Anspr auf einen NachlGegenstand, so kann er den Erben verklagen; er begibt sich damit der eigenen Vfg über den Ggst u überläßt diesen zum Zweck der Erfüllg dem Erben, RG **82**, 149ff. – Gegen den TV persönl richtet sich die Klage, wenn Ernenng bestritten, OGH **2**, 45, od bei SchadErsAnspr wg Pflichtverletzg, Bartholomeyczik Lehrb § 42 XI 3, bei Geltendmachg einer NachlFdg dch einen Erben, BGH **48**, 214. Verklagt jemand den TV auf Feststellg, er sei Erbe od hinsichtl eines bestimmten Ggst VermNehmer geworden, so hat er die Klage gg ihn als Partei kr Amtes zu erheben, BGH bei Kessler DRiZ **67**, 299; er kann nicht gleichzeit gg ihn hilfsw Verurteilg zu Schadensersatz wg schuldh Pflichtverletzg beantragen; denn der HauptAntr richtet sich gg den TV als Partei kr Amtes (Repräsentanten der Erben), der HilfsAnspr gg den TV persönl; die Ansprüche müssen im Prozeß so behandelt werden, als richteten sie sich gg verschiedene Personen, Kessler DRiZ **65**, 195.

2) Rechtskraft des gegen den TV ergangenen Urt wirkt für u gegen den Erben ZPO 327 II. Das Urt gegen den Erben allein wirkt nicht gegen den verwaltenden TV, ZPO 748 I, weil der Erbe nicht das Recht zur ProzFührg über den Nachl hat. Er kann wg der NachlSchulden auch verklagt werden, da er für sie auch persönl haftet (worauf ZPO 728 II 2 beruht), aber eben nur solange dies zutrifft, vgl § 1984 I 3. Für den Erben ergangene Urteile kommen dem TV zugute, denn andernf würde der Erbe mit den der Verwaltg des TV unterliegenden NachlGgständen uU doch aufkommen müssen, Strohal I, 289. Wegen der Unterbrechg s Anm 1 zu §2212; wg der vollstreckb Ausfertig für u gegen den Erben s ZPO 728, des Erbl-Urteils für u gegen den TV s ZPO 749, 779 II. Vorbehalt, ZPO 780 I, ist bei Klage gg TV allein nicht erforderl, II aaO, da er auf die HaftgsBeschrkg nicht verzichten kann. Haftet der Erbe nach materiellem Recht unbeschränkt, § 2013, so ist das gg den TV ergangene Urt auch in Eigenvermögen des Erben vollstreckb, s ZPO 728 II, Staud-Dittmann Anm 8; dies bleibt auch dann so, wenn das VerwR des TV nicht mehr besteht, Kipp-Coing § 71 II 2a γ.

2214 *Eigengläubiger des Erben.* Gläubiger des Erben, die nicht zu den Nachlaßgläubigern gehören, können sich nicht an die der Verwaltung des Testamentsvollstreckers unterliegenden Nachlaßgegenstände halten.

1) Die EigenGläub (PrivatGläub) **des Erben,** können nicht mehr Rechte haben als der Erbe selbst, §§ 2205, 2211. Schuldrechtl Geschäfte über NachlGgstände kann der Erbe zwar eingehen. Sie bewirken aber keine NachlVerbindlichk, sond verpflichten nur ihn, ohne gg den TV erzwungen werden zu können, ZPO 748. **Dingl Rechte** bleiben durch § 2214 unberührt, ebso das Recht auf Pfändg des Erbanteils, wodurch über die Befugn des TV zur Vfg über die einzelnen NachlGgstände nicht beschränkt wird, KG JR **52**, 323, od Pfändg der Ansprüche des AlleinE gg den TV, zB auf Herausg des Nachl (Ausnahme ZPO 863 I 2), Kipp-Coing § 73 II 5d.[32] Im übrigen ist jede Vollstr zG eines ErbenGläub vom Erbfall ab unzul und auf Erinnerg des TV, ZPO 766, aufzuheben. Denn der TV darf in der Erfüllg seiner Aufgaben nicht durch Maßnahmen von EigenGläub gehindert werden; also auch nicht durch VollstrHdlgen mit bedingter od aufgeschobener Wirkg, RG LZ **16**, 1473.

2215 *Nachlaßverzeichnis.* I Der Testamentsvollstrecker hat dem Erben unverzüglich nach der Annahme des Amtes ein Verzeichnis der seiner Verwaltung unterliegenden Nachlaßgegenstände und der bekannten Nachlaßverbindlichkeiten mitzuteilen und ihm die zur Aufnahme des Inventars sonst erforderliche Beihilfe zu leisten.

II Das Verzeichnis ist mit der Angabe des Tages der Aufnahme zu versehen und von dem Testamentsvollstrecker zu unterzeichnen; der Testamentsvollstrecker hat auf Verlangen die Unterzeichnung öffentlich beglaubigen zu lassen.

III Der Erbe kann verlangen, daß er bei der Aufnahme des Verzeichnisses zugezogen wird.

IV Der Testamentsvollstrecker ist berechtigt und auf Verlangen des Erben verpflichtet, das Verzeichnis durch die zuständige Behörde oder durch einen zuständigen Beamten oder Notar aufnehmen zu lassen.

V Die Kosten der Aufnahme und der Beglaubigung fallen dem Nachlasse zur Last.

1) Das NachlVerzeichnis ist unverlangt jedem Erben (auch dem PfandGläub u Nießbraucher am Erbteil, nicht dem VermNehmer) über den ganzen Nachl zu erteilen. Doch kann der Erbe (nicht der Erbl, § 2220) den TV davon befreien. Das Verzeichn dient als Grdlage der dem TV obliegenden Verwaltg, § 2216 I, seiner späteren Rechngslegg, § 2218, möglicherw auch seiner Verantwortlichk, § 2219. Darüber hinaus ist der TV, abgesehen von dem Fall einer InvErrichtg, s Anm 2, nicht verpflichtet, weitere Angaben über NachlBestand u Verbindlichk zu machen, Stgt Just 65, 28. – **Form, Aufnahme, Kosten** sind wie beim VE geregelt, § 2121 I 2, II–IV. Beschreibg u Wertangabe, § 2001 II, ist nicht vorgeschrieben, aber zweckm. Denn dann kann sich der Erbe nach § 2004 darauf berufen. Zum Inhalt s Haegele TV Rdz 281 ff; zum **Streitwert** s KG JurBüro 73, 151. Ist der TV zugleich Gewalthaber eines mj MitE, so ist bestr, ob zur ordngsm Prüfg des vom TV erteilten NachlVerz ein Pfleger für diesen MitE bestellt w muß, s Haegele TV Rdz 285, der annimmt, die Bestellg eines Kurzpflegers sei nicht zu vermeiden. – Zur **eidesstattl Versicherg** ist der TV nur nach §§ 2218, 666, 259, 260 verpflichtet, vgl Stgt aaO, Mü OLG 40, 135: s auch § 2218 Anm 2b.

2) Die Bedeutg eines Inv zur Erhaltg der Haftgsbeschrkg hat das Verzeichn nicht; der TV unterliegt auch nicht der InvFrist des § 1994. Er hat aber dem Erben bei Inventarerrichtg, §§ 1993 ff., zu helfen, insb Einsicht in den Nachl u die Ausk zu gewähren, die sein Verzeichn nicht schon bietet, Stgt Just 65, 29. Der Erbe kann darauf klagen, bestimmter Antr erforderl, OLG 16, 269. S auch § 2004 Anm 1.

2216 *Ordnungsmäßige Verwaltung des Nachlasses.* I Der Testamentsvollstrecker ist zur ordnungsmäßigen Verwaltung des Nachlasses verpflichtet.

II Anordnungen, die der Erblasser für die Verwaltung durch letztwillige Verfügung getroffen hat, sind von dem Testamentsvollstrecker zu befolgen. Sie können jedoch auf Antrag des Testamentsvollstreckers oder eines anderen Beteiligten von dem Nachlaßgericht außer Kraft gesetzt werden, wenn ihre Befolgung den Nachlaß erheblich gefährden würde. Das Gericht soll vor der Entscheidung, soweit tunlich, die Beteiligten hören.

1) Die VerwPflicht des TV. a) Allgemeines. Die VerwPflicht ist der Ausgleich seines Vfgs- u VerwRechts. Sie geht nicht weiter als dieses VerwR, das vom Erbl eingeschränkt w kann, § 2208. Soweit diese Pfl (ggü dem Erben und VermNehmer, § 2219 I, BGH NJW 71, 2266) besteht, kann ihn der Erbl nicht davon befreien, § 2220, auch nicht, soweit Insichgeschäfte des TV in Frage kommen, vgl § 2205 Anm 2. – **b)** Der TV hat bei der Verw des Nachl nach den Grdsätzen einer **ordngsmäßigen Verwaltg** zu handeln. Welche VerwMaßn hiernach im Einzelfall geboten sind, entscheidet sich zunächst nach objektiven Gesichtspunkten, BGH 25, 280, sowie nach den allg Grdsätzen der Wirtschaftlichk, s Staud-Dittmann Anm 2. Er hat alles zu tun, was von einem nicht im eigenen Interesse tätigen Verwalter verlangt w kann, u alles zu unterlassen, was sich für Erben od VermNehmer nachteilig auswirken könnte, Erm-Hense Rdz 1. Erforderl kann auch die Beantragg eines ErbSch sein, Kiel NJW 76, 2351. Über Abschl eines PachtVertr bezügl eines zum Nachl gehör Hofes dch den TV (unter Überschreitg seiner Amtsdauer), Mümmler, JurBüro 78, 989. Über Anlage von Kapitalien s Coing, Festschr für Kaufmann 1972, 127 ff, Haegele TV Rdz 103. Die Möglichk, Vorteile für den Nachl zu gewinnen, hat er grundsätzl wahrzunehmen, OHG 3, 247; BGH WPM 67, 27 (Pflicht zur Ausübg von Aktienbezugsrechten); die Entscheidg, ob eine Maßnahme wirtschaftl geboten ist, stellt das Gesetz jedoch weitgehd in das Ermessen des TV, BGH 25, 283; insofern spielen auch subjektive Merkmale eine Rolle, Staud-Dittmann Anm 4. Über die Pflicht des TV zur Überwachg der GeschFg einer GmbH, BGH NJW 59, 1820. Jeder **Erbe kann TV auf Erfüllg seiner Pflichten verklagen**, BGH 25, 283 = NJW 57, 1917 = LM § 2205 Nr 2 mit Anm v Johannsen, Kipp-Coing § 73 I Fußn 3. Die VerwPfl, die den Zweck der Vollstreckg im Auge haben muß, ist fortlaufd zu erfüllen, kann aber nicht Ggst eines ZurückbehaltgsR des Erben gg den TV sein, RG Recht 17 Nr 1093. Pflichtwidrigk führt idR keine Unwirksamk (vgl jedoch § 2205 Anm 1 c u Anm 2c, ferner BGH 30, 73 über Verletzg einer Mitteilgs- u AnhörgsPfl), aber SchadErsPfl herbei, § 2219, und kann zur Entlassg führen, § 2227. Bloße **Zweckmäßigkeitsfragen** entscheidet TV allein, andernf seine Tätigk lahmgelegt wäre.

2) Besondere Anweisgn des Erbl (zB das Gebot od Verbot bestimmter rechtsgeschäftl Vfgen, die Auszahlg von Einkünften, RG HRR 29 Nr 1652) sind vom TV zu befolgen, II 1. Bloße Wünsche des Erbl dagg nicht unbedingt bindend, BayObLG 76, 67, und eine Vollm des Erbl ist widerrufl, RG 139, 41, Einf 8c vor § 2197. In Übereinstimmg mit den Erben kann der TV aber wirks Vfgen vornehmen, die den AOen des Erbl zuwiderlaufen, s § 2204 Anm 1a, Erm-Hense Rdz 3, 4.

a) Außerkraftsetzg v Anordngen. Der Erbl ist aber auch nicht unfehlb und kann die spätere Entwicklg nicht immer voraussehen. Daher können VerwAnordngen, – aber nicht die TestVollstrg als solche, KG HRR 34 Nr 1681, KG JR 51, 732 (ebsowenig Anordngen über deren Dauer, die Zahl der TV u ihre Vergütg – für Vergütgsanträge ProzG zuständig, KG JW 37, 475 –, RGRK Rdz 16), auch nicht dem Erben gemachte Auflagen, BayObLG 61, 155, – **auf Antrag** des TV, bei gemschaftl Amtsführg durch mehrere TV auf Antr aller, Mü JFG 20, 121, str, od eines anderen Beteiligten (Erben, VermNehmer, Auflageberechtigter, nicht aber anderer NachlGläub, vgl BGH 35, 296) **durch das Nachlaßgericht** – Richter, § 16 I Nr 3 RPflG – außer Kraft gesetzt werden, II 2. Dies ist nicht nur bei Gefährdg der Substanz des Nachlasses, sond – in ausdehnender Gesetzesauslegg – auch bei zu besorgender Schädigg der an ihm interessierten Pers mögl, KG HRR 33 Nr 1765, wodch mittelb auch die Vollziehg einer Teilgsanordng verhindert w kann, KG JFG 14, 154, s auch Staud-Dittmann Anm 22; vgl § 1803 II. Daß der TV sich bereits über die Anordng (zB durch Verkauf unter dem Mindestpreis) hinweggesetzt hat, hindert die – ja auch der Beseitigg der RegreßPfl dienende – Außerkraftsetzg nicht, ebso RGRK Rdz 13, aM KG RJA 10, 114 u Staud-Dittmann Anm 19. Die Befugn des NachlG nach II 2 kann diesem durch den Erbl nicht entzogen werden, vgl auch § 2220. Gegen dessen stattgebende Entscheidg steht jedem Beeinträchtigten, bei mehreren TV jedem selbständig, FGG 19, 20, 82 I, gg Ablehng dem AntrSt, FGG 20 II, bei mehreren TV allen gemeins, Mü JFG 20, 121, str, die **Beschwerde** zu. Mit der Beschw kann aber nicht Entlassg des TV begehrt werden, wenn das AG damit noch nicht befaßt war, BayObLG **34**, 365. NachlG kann nur aufheben od ablehnen, nicht eine eigene Anordng treffen, KG OLGZ **71**, 220. Besteht die VerwAO aus mehreren selbstd Teilen, so kann, wenn nur die Befolg eines Teils den Nachl erhebl gefährdet, dieser außer Kraft gesetzt w, KG aaO.

b) Hinsichtl **Anhörg**, II 3, ist GG 103 I zu beachten. – Gebühr nach KostO 113.

c) Ein **allgemeines Aufsichtsrecht** des **NachlG** über den TV besteht **nicht**, Einf 3 vor § 2197.

3) Durch **Übereinkunft** mit dem Erben können Anordngen des Erbl im allg nicht außer Kraft gesetzt werden, s RGRK Rdz 9; jedoch wird den Erben kein SchadErsAnspr zustehen, wenn der TV ihren Wünschen entspr handelt, vgl Erm-Hense Rdz 3, 4; s auch hier § 2217 Anm 1a bb.

4) Nichtig wg Verstoßes gg die guten Sitten nach § 138 können uU Anordnungen des Erbl sein, wenn das Test eine übermäßige Beschrkg der Persönlich der Erben u ihrer nach Sachlage unentbehrl Beweggsfreih bezweckt u bewirkt, Mü JFG **14**, 428.

2217 Überlassung von Nachlaßgegenständen.
I Der Testamentsvollstrecker hat Nachlaßgegenstände, deren er zur Erfüllung seiner Obliegenheiten offenbar nicht bedarf, dem Erben auf Verlangen zur freien Verfügung zu überlassen. Mit der Überlassung erlischt sein Recht zur Verwaltung der Gegenstände.

II Wegen Nachlaßverbindlichkeiten, die nicht auf einem Vermächtnis oder einer Auflage beruhen, sowie wegen bedingter und betagter Vermächtnisse oder Auflagen kann der Testamentsvollstrecker die Überlassung der Gegenstände nicht verweigern, wenn der Erbe für die Berichtigung der Verbindlichkeiten oder für die Vollziehung der Vermächtnisse oder Auflagen Sicherheit leistet.

Schrifttum: Häußermann, Überlassg von NachlGegenständen durch den TV, § 2217 I BGB BWNotZ **67**, 234, auch Haegele BWNotZ **69**, 281; **74**, 109; ders, Rpfleger **72**, 43; ders, TV Rdz 292 bis 295; Lange-Kuchinke § 29 VIII 1.

1) Überlassg von Nachlassgegenständen.

a) Freie Überlassg. Der TV kann – nach Ann des Amtes –, vorbehaltl seiner Haftg ggü MitE, VermNehmer nach § 2219 I (KG JFG **20**, 261/263; Häussermann aaO 235) unverlangt einz NachlGgste dem (den) Erben überlassen mit der Wirkg, daß sein VerwaltgsR erlischt. Darüber, ob der TV zur Freig berecht ist, besagt § 2217 nichts, BGH **56**, 275/284. Bei TestVollstrg zur Verwaltg des Nachl od einz NachlGgste ist eine vorzeit Herausg insow nicht zuläss, als NachlGgste für den TV zur Erfüllg des VerwaltgsR unentberhl sind, s RG LZ **29**, 1406/1407, auch KG DR **42**, 980. Zur Ausführg letztw Vfg od Bewirkg der AuseinanderS, §§ 2203, 2204, bedarf der TV zunächst einmal der zur Erfüllg v Vermächtn u Auflagen zu verwendden Ggste sowie der nöt Mittel zur Erfüllg der NachlVerbindlichk, RGRK Rdz 2. – Die ÜberlassgsBefugn kann dch den Erbl ausgeschl w. Der TV kann aber auch entgg einem VfgVerbot über NachlGgste verfügen, wenn die Erben (Vor-, NachE, evtl VermNehmer) zustimmen, BGH **56**, 275, **57**, 84. Die Wirksamk der Freig, insb der Vfg über NachlGgste, auch einer unentgeltl, w dch § 137 S 1 nicht beeinträcht, BGH **56**, 275/279 ff; **57**, 84. Der Erbl kann aber zur Durchsetzg seines Willens (VfgsVerbot) Strafklauseln anordnen s Haegele, TV Rdz 295 mit 122, 123).

b) ÜberlassgsPflicht des TV. Sie ergibt sich aus § 2217 S 1. NachlGgste, deren er zur Erfüllg seiner Aufgaben „offenbar", dh ohne weitläuf Beweiserhebg, nicht mehr bedarf, hat er auf Verlangen des (der) Erben diesen zu überlassen, s Erm-Hense Rdz 1. Er kann von diesem, bei Mehrh nur von allen gemeins, im Klageweg zur Überlassg gezwungen w. Zur Herausg der für die Durchführg seiner Aufgaben zur Abwicklg od Verwaltg (Dauervollstreckg § 2209) erforderl Ggste ist er nicht verpflichtet, s oben unter a). Von der ÜberlassgsPfl kann der TestVollstr nach § 2220 befreit w. Mit Zustimmg der Erben (Vor- u NachE) kann der TV aber NachlGgste unter Nichtbeachtg der Schranken des § 2217 S 1 u ohne Rücks auf den Erbl-Willen – falls dieser die ÜberlassgsBefugn ausgeschl hat – freigeben u damit mit diesen (u etwaigen VermNehmern) gemeins wirks über NachlGgste unentgeltl, auch über § 2205 S 3 hinaus unentgeltl verfügen, BGH **57**, 84, auch **56**, 275, Haegele BWNotZ **74**, 109/115; Neuschwander BWNotZ **78**, 73; § 2205 Anm. 3.

c) Bei **befreiter Vorerbsch** ist die Frage, wie lange der TV den Nachl im Besitz behalten darf, in Anwendg der allgemein für die TestAuslegg geltenden Grdsätze zu beurteilen, BayObLG **59**, 129.

d) Die **Freigabe** bezieht sich nur auf Ggstände, Übbl 2 vor § 90, also auch auf selbständige Rechte; darunter fallen zB auch Anteile an einer GüterGemsch, Häußermann aaO 234. Die Befugn, einen NachlGgst zu belasten, ist aber kein selbständ Recht, Düss NJW **63**, 162. – **aa)** Die Freigabe ist ein gemischter Realakt, Hamm Rpfleger **73**, 133, beider. Sie ist an keine Form gebunden, auch wenn der GBA muß sie bei Grdstücken od Rechten an solchen in der Form des GBO 29 I 1 nachgewiesen w, LG Bln WPM **61**, 313. Sie **wirkt dingl**, s BayObLG **59**, 135, und führt grdbuchmäßig zur Löschg des VollstrVermerks, GBO 52, SchiffsRegO 55; erfolgte die Freigabe schon vor der Eintragg des Vermerks, kann die Eintragg von Anfang an unterbleiben, KGJ **40**, 212. Eine Freigabe liegt dann vor, wenn der TV den Ggst rechtswirks u endgültig so aufgibt, daß der Erbe im RVerkehr darü frei verfügen kann, Hamm aaO, nicht aber, wenn bei einem Grdst dem Erben nur die Verw u Nutznießg überlassen wird; hier verbleibt dem TV die Vfg über den Ggst selbst u die TestVollstrg ist, auch wenn das Grdst noch der einzige NachlGgst ist, nicht beendet, aM LG Hann JR **50**, 693, s Anm v Hartung daselbst. Mit der Freigabe erlischt die Vfgs-, Verpflichtgs- u ProzFührgsR. ZPO 265 findet keine Anw, Soergel-Müller Rdz 2. Bei irrtüml Freigabe besteht schuldrechtl RückgewährAnspr nach § 812, BGH **12**, 104; **24**, 106 mit Anm v Fischer LM Nr 1 zu § 2218. Wird GesHandsEigt in BruchteilsEigt der Erben verwandelt, so wird der TV-Vermerk im GrdBuch gelöscht, auch wenn die Voraussetzgn des § 2217 nicht gegeben sind, BGH NJW **71**, 1805 m Anm v Mattern LM § 2208 Nr 3. – **bb)** Vor Erledigg der steuerl Verpflichtgen kann Überlassg nicht verlangt werden, soweit nicht feststeht, daß ein Teil des Nachl zur Steuerzahlg nicht benötigt wird. Über die Pflichten des TV hinsichtl der Entrichtg der ErbschSteuer s AO 1977 §§ 34, 69, ErbStG 31 V, 32 I, Megow-Michel Einl IV 4 vor ErbStG 1. – Kein Zurückbehaltgs R hinsichtl einzelner NachlGgste wg Honorar des TV, Häußermann aaO 235, Staud-Dittmann Anm 19. – cc) Die **Gläub** können sich nur an den ÜberlassgsAnspr des Erben, nicht an den TV unmittelb halten. – dd) Die Herausg von **Nutzgen** richtet sich nach § 2216, Staud-Dittmann Anm 8, Häußermann aaO 234.

2) Bei **Sicherheitsleistg, II**, muß der TV dem Erben die Ggstände herausgeben, die an sich zur Berichtigg der NachlVerbindlichk benötigt werden; nur bei schon fälligen Vermächtn u Aufl besteht keine HerausgPfl. Es genügt, daß die Sicherh vom Erben dem Gläub, VermächtnNehmer, Auflageberechtigten geleistet u dem TV nachgewiesen wird, Kipp-Coing § 73 II 4 e; dem TV die Sicherh zu bestellen, verlangt Lange-Kuchinke § 29 VIII 1³¹³. Die TestVollstrg als solche kann weder durch SicherhLeistg beseitigt noch einem Dritten überlassen werden, vgl auch § 2218, andererseits § 2199. Wegen der Herausg zwecks Umschuldg vgl Heck, AcP **141**, 445.

3) Im **TestVollstrZeugnis**, § 2368, sind weder die Freigabeverpflichtg des TV noch die erfolgte Freigabe zu vermerken, LG Mannh JW **38**, 2476, BayObLG **59**, 135.

2218 *Rechtsverhältnis zum Erben; Rechnungslegung.* I Auf das Rechtsverhältnis zwischen dem Testamentsvollstrecker und dem Erben finden die für den Auftrag geltenden Vorschriften der §§ 664, 666 bis 668, 670, des § 673 Satz 2 und des § 674 entsprechende Anwendung.
II Bei einer länger dauernden Verwaltung kann der Erbe jährlich Rechnungslegung verlangen.

1) Allgemeines. Von unmittelbaren Beziehgen zw Erben u TV ist nur in §§ 2206 II, 2208 II, 2215 und 2217 die Rede. Vorstehd werden nur aus techn Gründen bestimmte AuftrVorschriften (also nicht die §§ 665, 669, 671 I, 672, 673 S 1; wg § 671 II, III vgl § 2226) zur Anwendg gebracht. Im übrigen kann aber von einem VertrVerh od vertragsähnl Verhältn keine Rede sein. Der TV handelt aGrd einer auf dem Willen des Erbl beruhenden gesetzl Verpflichtg. Eine über die gesetzl Regelg hinausgehende gütl Einigg zw Erben u TV ist mögl, Flad, DFG **36**, 134, 135, vgl auch Anm 1 vor § 2197. Gegenüber VermächtnNehmern u PflichttBerechtigten gilt § 2218 nicht, vgl aber § 2219. Bei Vermächtn kann ein AuskAnspr mitvermacht sein. Der NachE hat währd der Vorerbsch nur die Rechte aus § 2127.

2) Einzelheiten:
a) § 664. Substitution. Sein Vertrauensamt im ganzen darf der TV (vorbehaltl der Ernenng eines Nachfolgers, § 2199) auch mit Zust der Erben nicht auf einen Dritten übertragen. Dagg darf er (und muß er bei Verhinderg) einen Bevollm u sogar einen GeneralBevollm bestellen, wenn er sich Widerruf vorbehält, KG JFG **7**, 282, Haegele TV Rdz 275; die letztere Befugn ist str, aM Barth-Schlüter Lehrb § 42 XII 2b ee, s auch Gerlach, Die Untervollmacht, 1967, 102ff. Widerruft er die Vollm nicht, obwohl der Bevollm ungeeignet ist, so kann er entlassen werden, § 2227. Die Vollm erlischt mit dem Amt des TV, aM Kipp-Coing § 73 II 5 b. Wegen des Verschuldens vgl § 664 I, 2, 3. Bei Hdlgen, die der TV nur zu veranlassen hat (ProzFührg, Gutsverwaltg, Handwerkerarbeiten) erschöpft sich seine Verpflichtg in sorgfältiger Auswahl und Anweisg, Kipp-Coing § 73 II 5 b. – **b) § 666. Die Auskunfts- und Rechenschaftspflicht** (erweitert durch II und § 2215, dazu Haegele TV Rdz 327) kann unter den Voraussetzgen der §§ 259 II, 260 zur eidesstattl Vers verpflichten, zB wenn Anlaß zu der Annahme besteht, daß die Einnahmen in der Rechng unvollst angegeben waren, BGH WPM **64**, 950; sie besteht ggü jedem Erben, auch ggü dem einzelnen MitE, BGH NJW **65**, 396, dieser kann sie aber nur derart geltd machen, daß Leistg an alle MitE verlangt wird. Betrugsversuch durch falsches Verzeichn, RGStr **71**, 361. Der Anspr ist pfändb mit dem Erbanteil, RG LZ **16**, 1473. In der vorbehaltlosen EntggNahme von Leistgen liegt im allg keine Verwirkg des Anspruchs der Erben auf Rechngslegg od ein Verzicht darauf, Mü HRR **41** Nr 628. Über Mitteilgs- u AnhörgsPfl vgl § 2205 Anm 1a. – **c) § 667.** Die **Herausgabepflicht** (vgl aber auch §§ 2217, 2019, 2041, 2111) besteht bei Beendigg des Amtes, vgl auch § 260. Auf das Verzeichn des § 2215 kann sich der TV berufen, wenn es noch zutrifft. Wegen der beidersg Ansprüche ist ZbR, § 273, mögl, s § 2221 Anm 4. – **d) § 668.** Im eigenen Interesse verwendetes **Geld** ist von der Verwendg ab zu **verzinsen** (vgl §§ 246, 1834). – **e) § 670.** Den Umständen nach erforderl **Aufwendgen** sind dem TV zu **ersetzen** (Prozeß- u Anwaltsgebühren, auch wenn TV selbst Anwalt, RG **149**, 121, vgl § 1835 II; s auch BGH **69**, 235 = NJW **77**, 1726 (mit Anm v Johannsen LM Nr 6, v Schelter DNotZ **78**, 493, Soergel-Müller Rdz 11, 12; bei nichtigem Test gelten §§ 683, 684, 812ff [s auch g]; wg Vergütg s § 2221 Anm 1, 4), auch Aufwendgen für HilfsPers, Haegele TV Rdz 373; uU auch solche, die der TV nach seiner Entlassg gemacht hat, BGH, Johannsen WPM **72**, 101; **73**, 536. Ein Recht auf Vorschuß, § 669, hat der TV nicht, § 2221 Anm 1b. – **f) § 673 S 2.** Bei **Tod** des **TV** hat dessen Erbe AnzeigePfl ggü dem Erben (Anzeige an NachlG zweckmäß) und bei Gefahr im Verzuge die Geschäfte einstweilen fortzuführen. Insow gilt er als beauftragt. – **g) § 674.** Bei Eintritt auflösder Bedingg, vgl auch § 2210 S 2 und § 169, **dauert** das **Amt** zG des gutgl TV **fort**; jedoch nicht bei Entlassg, § 2227, wo es auf die Bekanntmachg der EntlassgsVfg, FGG 16, ankommt. § 674 ist auch nicht anwendb, wenn die Ernenng des TV wg Ausführg aller Aufgaben ggstlos war (BGH **41**, 23). Hat eine TestVollstrg nach dem Willen des Erbl infolge Ausschlagg des (Vor-)Erben geendet, so stehen dem vermeintl TV gg die späteren (Ers-)Erben keine Anspr aus §§ 2118 mit 674 zu, auch keine Anspr gem § 683, wenn diese Erben die TestVollstrkg abgelehnt haben, BGH NJW **77**, 1726, s oben e).

3) Der **VermNehmer** hat ggü dem TV keinen allgemeinen, unmittelbaren Anspr auf Rechngslegg; ein Anspr auf Ausk u damit auch auf Rechngslegg kann aber mit vermacht sein, zB wenn Ggst od Umfang des Verm nur aGrd einer derartigen Ausk bestimmt w kann, insb bei Quotenvermächtn, Vermächtn von Sachinbegriffen (s § 260), Vermächtnissen, deren Höhe sich aus dem Wert anderer unbestimmter Vermögensteile ergibt, BGH WPM **64**, 950 = Betr **64**, 1370.

4) Der TV ist ggü seinem Nachfolger im Amt nicht nur zur Auskunfterteilg u RechenschAblegg verpfl, vielm hat er an diesen auch alles herauszugeben, was er zur Ausführg seines Amts erhalten u aus dessen Besorgg erlangt hat; dazu gehören auch die Unterlagen seiner Amtsführg, §§ 2218 I, 666, 667 entspr, BGH NJW **72**, 1660.

2219 Haftung.
^{I} Verletzt der Testamentsvollstrecker die ihm obliegenden Verpflichtungen, so ist er, wenn ihm ein Verschulden zur Last fällt, für den daraus entstehenden Schaden dem Erben und, soweit ein Vermächtnis zu vollziehen ist, auch dem Vermächtnisnehmer verantwortlich.

^{II} Mehrere Testamentsvollstrecker, denen ein Verschulden zur Last fällt, haften als Gesamtschuldner.

1) Die freie Stellg des TV erzeugt auch Pflichten, §§ 2215, 2216, 2218, 2219.

a) Haftg ggü Erben. Der TV ist Schu eines gesetzl Schuldverhältnisses, § 2218, RG JW **36**, 3390, und haftet dem Erben für sorgfältige u gewissenh Ausführg der ihm obliegenden Verrichtgen, §§ 2203–2209, 2212–2218, 2226 S 3, nach Maßg des § 276, also für Vorsatz u Fahrlk; er haftet also zB für Kosten erkennb überflüssiger, leichtfertiger od dch eigene persönl Interessen beeinflußter ProzFührg, BGH WPM **67**, 29, für verzögerte AuseinandS, Geldeinlage bei unzuverlässiger Bank, Versteigerg trotz der Möglichk eines günstigeren freihändigen Verkaufs, Saarbr JZ **53**, 509, BGH WPM **68**, 1421, für Versäumg der Pflicht, seine Legitimation zur VfgsBefugn über verwahrte Wertpapiere des Nachl auf ein Verlangen der sie verwahrden Bank nachzuweisen, BGH WPM **67**, 25, für unnötige Umwandlg eines Einzelhandelsgeschäfts in eine GmbH, BGH MDR **58**, 670. Keinen SchadensErsAnspr kann ein MitE gg den TV daraus herleiten, daß er bei Verteilg des Nachl schlechter gestellt worden ist, als dem Test entspr, wenn er der getroffenen Regelg zugestimmt u dem TV hinsichtl dieser Regelg Entlastg erteilt hat, BGH DRiZ **69**, 281. – Ein TV, dem die nötigen Kenntnisse für sein Amt fehlen, darf dieses nicht annehmen, od muß zu schwierigen Entscheidgen, die über seine eigenen Fachkenntnisse hinausgehen, einen Rechtsanwalt zu Rate ziehen, Stgt BWNotZ **62**, 61. Von seiner Haftg kann er vom Erbl nicht befreit werden. § 2220, RG **133**, 135; auch nicht durch BefreiungsVerm, Kipp-Coing § 73 II 7, wohl aber vom Erben (außer bei Vorsatz, § 276 II), dessen mitw Versch, § 254, zu beachten ist, RG **138**, 132. Der Erbe kann auch unbeschadet des § 2219 den TV auf Einhaltg der Grenzen seiner VerwBefugn u Vornahme pflichtmäßiger Maßn verklagen, RG **73**, 26, und ggü einer Klage des TV nicht einwenden, daß dieser seine Befugnisse überschreite. Er kann aber dem TV nicht entgthalten, es sei zur ordngsmäß Verw nicht erforderl, daß dieser Anspr geltd gemacht werde. Die Entscheidg hierüber kann idR nur durch das NachlG im Rahmen der Entscheidg über einen EntlassgsAntr nach § 2227 erfolgen, BGH **25**, 275. Anderseits kann der TV auf Feststellg des Nichtbestehens einer SchadErsPfl klagen, Staud-Dittmann § 2218 Anm 17, OLG **16**, 281, daggn für Zulässigk einer Klage auf Anerkenng u Entlastg Erm-Hense Rdz 5. – **b) Die Haftg** besteht auch **ggü** dem **Vermächtnisnehmer** (auch im Falle der §§ 2208 II, 2223); dieser ist nicht genötigt, seine Anspr zunächst gg den Erben od sonst Beschwerten geltd zu machen, BGH LM Nr 1 zu § 2258, s auch WPM **64**, 950. Den übrigen **NachlGläub**, insb PflichtBerecht, Inh von ErbErsAnspr, und **AuflBegünstigten** haftet der TV nur bei unerl Hdlg, vgl Anm 3. Die Geltdmachg eines ErsAnspr, der dem Erben aus der Pflichtverletzg eines früheren TV zusteht u zum Nachl gehört, § 2041, obliegt nur dem neuen TV, nicht aber daneben auch dem Erben, BGH MDR **58**, 670 = **LM** Nr 4 zu § 2219. – **c)** Ein Verstoß gg die dem TV obliegdn Verpflichtgen begründet regelm keine Nichtigk der von ihm getroffenen Vfgen, Kipp-Coing § 73 II 6³⁴, BGH **30**, 67/73, KG Rpfleger **72**, 60, s aber auch § 2205 Anm 2 c (Verstoß gg § 181).

2) Mehrere Vollstrecker, II, § 2224, haften als GesamtSchu, §§ 421 ff, nur wenn jeder mitschuldig ist u sie das Amt gemeins führen, vgl auch § 1833 II. Verjährg nach § 195.

3) Dritten Personen ggü haftet der Testamentsvollstrecker für von ihm bei der Verw des Nachl begangenen unerlaubte Handlgen persönl, BGH **LM** § 823 (Ad) Nr 1. Die Erben haften (vorbehaltl der beschr Erbenhaftg, § 1978 Anm 3) nach § 278 für das Versch des TV bei Erf von Verbindlichk im gleichen Umf wie für eigenes Versch, RG **144**, 401, BGH aaO; für eine ein ErfüllgsVersch enthaltde Hdlg des TV, mit der er zugl den Tatbestd einer unterl Handlg verwirklicht, haftet auch der TV. Die Haftg des Erben erstreckt sich nicht auf Schadenshandlgen des TV außerh bestehder Verbindlichk, insb auf solche delikt Art, BGH aaO. Der TV ist auch nicht VerrichtgsGehilfe des Erben iS von § 831, Staud-Schäfer § 831 Anm 86.

2220 Zwingende Vorschriften.
Der Erblasser kann den Testamentsvollstrecker nicht von den ihm nach den §§ 2215, 2216, 2218, 2219 obliegenden Verpflichtungen befreien.

1) Zweck. Der Erbl soll den Erben nicht mit gebundenen Händen der Willkür eines TV ausliefern. Der § 2220 darf nicht durch Umgehgsversuche zu einer stumpfen Waffe in der Hand des ohnehin durch den TV sehr eingeschränkten Erben gestaltet werden, RG **133**, 135. Der Erbl kann insb nicht die Entlassg des TV, § 2227, der diesem nach §§ 2218, 259, 260, 666, 667 möglicherw obliegden Pfl zur Abgabe einer eidesstattl Vers ausschließen od ihm unentgeltl Vfgen über § 2205 S 3 hinaus gestatten; s § 2205 Anm 3. Übermäß Beschrkg der Persönlichk des Erben durch Einräumg zu weitgehender Machtbefugnisse an den TV bzgl eines zum Nachl gehör Geschäfts kann sittenw sein, Mü JFG **14**, 428. Der Erbe kann aber auf den Schutz des § 2220 verzichten, OLG **43**, 403; Haegele TV, Rdz 88a.

2221 Vergütung. Der Testamentsvollstrecker kann für die Führung seines Amtes eine angemessene Vergütung verlangen, sofern nicht der Erblasser ein anderes bestimmt hat.

Schrifttum: Haegele, TV[5] Rdz 343ff; Dittus, Der Vergütungsanspruch des vermeintlichen TV, NJW 61, 590; Möhring, Vermögensverwaltung in Vormundschafts- u Nachlaßsachen, 5. Aufl 1963, 355ff; Schumann-Geißinger, BundesgebührenO für Rechtsanwälte, 2. Aufl 1973, § 1 Anh II; Glaser, Die Vergütg des TV, NJW 62, 1998; ders AIZ 70, 332; Tschischgale, Die Vergütg des TV, Jur Büro 65, 89; Belde, Die angemessene Vergütg des TV, Jur Büro 69, 260; Ebeling, Abzug von TV-Gebühren im Einkommen- u ErbschSteuerR, BB 70, 344; Welsch, Zur steuerl Absetzbark der Kosten einer Test-Vollstrg, BB 73, 1628; Mümmler, Zur Vergütg des TV, JurBüro 74, 1369; Friedrich, Abziehbark der TV-Kosten bei der Einkommen-, Erbsch- u VermSteuer, Betr 74, 1933; Esch-Wiesche Rdz 647–662; Möhring-Seebrecht, Schelter, Zur Höhe und ErstattgsFähigk der für die Vergütg des TV (u Vormunds) zu zahlden UmsSt, BB 77, 1057, 1235; Möhring-Seebrecht, AufwendgsErsAnspr des vermeintl TV, JurBüro 78, 145.

1) Der Vergütgsanspruch des TV gründet sich auf die Übernahme seiner gesetzl Verpflichtg durch Amtsannahme. Er besteht nicht, wenn durch den Erbl ausgeschl (TV kann ja ablehnen, § 2202, od kündigen, § 2226) od wenn der TV bereits vor Ann entlassen, er sonst keine Tätigk entfaltet hatte od das Test nichtig u die Ernenn unwirks war, vgl aber §§ 677ff, Dittus aaO, der nur Bereicherungsansprüche geben will, auch BGH NJW 63, 1615, Anm 5. Bei vorzeitiger Beendigg des Amtes (Entlassg, Künd) od NachlVerw mindert sich die Vergütg entspr, vgl auch § 628; dies gilt auch bei testamentarisch festgesetzter Vergütg, BGH DRiZ 66, 398.

a) Maßgebend für die Vergütg des TV sind der ihm im Rahmen der Vfg vTw nach dem G obliegende Pflichtenkreis, der Umfang der ihn treffenden Verantwortg und die von ihm geleistete Arbeit, wobei die Schwierigk der gelösten Aufgabe, die Dauer der Abwicklg od der Verw, die Verwertg besonderer Kenntnisse u Erfahrgn u auch die Bewährg einer sich im Erfolg auswirkenden Geschicklichk zu berücksichtigen sind, **BGH LM** Nr 2 mit Anm von Haegele Rpfleger 63, 79, WPM 72, 101. Die Vergütg ist regelm in Hundertsätzen des Bruttonachlasses, unter Zugrundelegg des gemeinen Werts, zu ermitteln, es sei denn, daß die Abwicklg der NachlSchulden nicht in den Aufgabenbereich des TV fällt, vgl BGH **LM** Nr 2, s auch Staud-Dittmann Anm 13, BGH NJW 67, 2402, auch JZ 67, 498 mit Anm v Diederichsen (Grdsätze für die Bemessg der einem VermVerwalter zustehdn Vergütg). Über die in Frage kommden Vergütgssätze, siehe Haegele TV Rdz 348ff, Schumann-Geißinger aaO Rdz 3ff, auch Möhring aaO 357, 366. Sind **mehrere Testvollstrecker** ernannt, so kann jeder eine Vergütg nach Maßg seiner Tätigk beanspruchen, s BGH NJW 67, 2400 u dazu Haegele TV Rdz 361. Über die Vergütg, wenn der TV eine UnternTätigk in einem zum Nachl gehör Betr ausübt, vgl LG Hbg MDR 59, 761.

b) Im Streitfall ist für die **Festsetzg** der Vergütg das **ProzGericht**, nicht das NachlG zust, BGH WPM 72, 101, dazu Johannsen WPM 73, 56. Im KlagAntr hat der TV den verlangten Betr grdsätzl ziffernmäß zu bezeichnen, RG JW 37, 3184. Zuläss ist auch, daß der Erbl eine **dritte Person** mit der Festsetzg der Vergütg betraut, s §§ 2156, 315ff, BGH aaO. Der TV selbst kann ohne eine dahingehde Bestimmg des Erbl weder für sich noch für einen Mitvollstrecker die Vergütg festsetzen, BGH NJW 57, 947, 63, 1615; er hat keinen Anspr auf **Vorschuß;** er kann aber seine angem Vergütg grdsätzl selbst dem Nachl entnehmen, BGH WPM 72, 101, BayObLGZ 72, 380. Dabei trägt er das Risiko, ob der entnommene Betr in voller Höhe geschuldet ist, BGH NJW 63, 1615; er darf die Höhe der Vergütg aber nicht selbst festsetzen, BGH WPM 73, 360. Ob er zur Beschaffg der nöt Geldmittel Sachwerte des Nachl veräußern darf, hängt von den Umst des Einzelfalles ab, BGH NJW 63, 1615; Sachwerte wie Aktien darf er dem Nachl nur entnehmen, wenn bes Umst dies rechtfertigen od die ErbenGemsch dies beschließt (andernf SchadensErsPfl), BGH WPM 73, 360. **Zu entrichten** ist die Vergütg nach Beendigg des Amtes, bei längerer Verwaltg, § 2218 II, insb DauerVollstr, § 2209, mind in jährl Abschn, nachträgl, BayObLG 72, 380, BGH WPM 64, 950, dazu über die Höhe der Vergütg Haegele TV Rdz 359, KG NJW 74, 752. Die Schlußvergütg kann erst nach Rechngslegg verlangt w, BGH **LM** Nr 1. Eine mit dem (den) Erben vereinb einmalige Sondervergütg kann mit der Konstituierg des Nachl (Ermittlg der Erben, Inbesitznahme des Nachl, Aufstellg des NachlVerz, Regelg der Erbl- u Steuerschulden) verdient sein, RG JW 36, 3389, Möhring aaO 358; eine Konstituiergsgebühr kann uU auch ohne Vereinbg verlangt w, wenn dieser ZeitAbschn bes arbeitsreich u verantwortgsvoll war, BayObLG 72, 379, s Haegele TV, Rdz 346–347. Die Vergütg ist von den Erben aus dem Nachl zu leisten; NachlVerbindlichk, vgl auch KO 224 Nr 6 u dazu Haegele KTS 69, 162; uU kann auch eine mindteilw Belastg der VermNehmer mit der Vergütg angenommen w, wenn die Verm im Verhältn zu dem den Erben verbleibden RestNachl unverhältnismäß hoch sind; die Vergütg des VermVerwalters, § 2223, wird grdsätzl nur auf Rechng des VermNehmers gehen, Haegele TV, Rdz 375. **Verwirkg** der Vergütg nur, wenn der TV in bes schwerwiegder Weise vorsätzlich od grob fahrlässig gg seine AmtsPflen verstoßen hat, dagg nicht, wenn er bei Ausführg seines Amtes zum Wohl der von ihm Betreuten zu handeln glaubt, aber inf irr Beurteilg der Sach- u Rechtslage fehlerh Beschl faßt u Entscheidgen trifft, BGH **LM** Nr 5 = NJW 76, 1402 (L). **Verjährg** nach § 195, BGH WPM 69, 1411. Versteuerg der Vergütg s Haegele TV Rdz 388–393; zur Umsatz-(Mehrwert-)steuer s Schmidt Rpfleger 69, 229, Link Betr 71, 2234, KG aaO, Haegele TV, Rdz 390–393; Möhring-Seebrecht aaO 1058ff, Schelter BB 77, 1235; BFH WPM 76, 409.

2) Der Erbl kann letztw eine Vergütg festsetzen, s BGH WPM 69, 1410, die, wenn unangemessen hoch, insow ein (möglicherw durch Amtsannahme bedingtes) Vermächtn darstellt. Eine VerwAnordng iS des § 2216 II liegt darin nicht. Auch hier ist nur das ProzG zuständig.

3) Berufsarbeiten des TV (als Handwerker, Rechtsanwalt, Arzt, Treuhänder) sind nach § 2218 (§ 670, kein VorschußR, aber Recht zur Entnahme, § 181; auch ZbR, §§ 273ff) zu vergüten, Staud-Dittmann Anm 16 u § 2218 Anm 29, KG NJW 65, 1540 (RAGebühren, wenn anderer TV das Gesch einem RA übertragen hätte), dazu Tschischgale aaO 90, Johannsen WPM 69, 1411, Haegele TV Rdz 372. Das gleiche

§§ 2221–2223   5. Buch. 3. Abschnitt. *Keidel*

gilt auch für Ersatz der **Aufwendungen,** uU auch für notw Hilfspersonen, Haegele TV Rdz 373, BGH **LM** Nr 1, s § 2218 Anm 2e. Kein Ers für berufl Dienste, wenn sie durch die ErblVergütg mitabgegolten sein sollten u dies dem TV bei der AmtsAnn bekannt war, Kipp-Coing § 73 IV 2.

4) Zurückbehaltgsrecht, § 273. Der TV hat wg seiner Vergütg ein ZbR ggü dem Anspr des Erben auf Herausg des Nachl, Königsbg SeuffA **75** Nr 227, nicht aber ggü dem Anspr auf Ausk und Rechngslegg, § 2218, u ggü dem Anspr nach § 2217, Staud-Dittmann § 2217 Anm 19; siehe auch § 2217 Anm 1 b bb. Die Ausüb des ZbR kann uU gg Treu u Glauben verstoßen. – Der VergütgsAnspr ist abtretbar (KG NJW **74,** 752).

5) Der als **vermeintl TV** tätig Gewesene kann je nach Lage des Einzelfalles, auch wenn sich seine Ernennng als unwirks herausstellt, Vergütg wie ein TV verlangen, BGH NJW **63,** 1615 = **LM** Nr 3 (Geschäftsbesorggsvertrag); über AufwendgsErsAnspr s Möhring-Seebrecht aaO; BGH **69,** 235 mit Anm v Johannsen **LM** § 2218 Nr 6; v Schelter DNotZ **78,** 493.

6) Ernennng zum TV steht nach §§ 27 mit 7 BeurkG einer **Zuwendg** gleich.

2222 *Nacherbenvollstrecker.* **Der Erblasser kann einen Testamentsvollstrecker auch zu dem Zwecke ernennen, daß dieser bis zu dem Eintritt einer angeordneten Nacherbfolge die Rechte des Nacherben ausübt und dessen Pflichten erfüllt.**

1) TestVollstr für NachE. § 2222 regelt den Fall, daß ein TV **während der VErbsch** die Rechte u Pflichten des NE wahrnehmen soll. IZw ist nicht anzunehmen, daß der im allg ernannte TV zugl auch mit der Wahrnehmg der Rechte u Pflichten des NE bis zum Eintritt einer angeordneten NErbsch betraut ist, BayObLG **59,** 129. **Der NEVollstr** beschränkt nicht den VE, sond den NE, demggü er auch verantwortl ist. Der MitVE kann ein solcher TV sein, der alleinige VE nur bei Mehrh von Vollstr, § 2224 I, da er dann durch die Mitvollstrecker genügd überwacht wird, KG JFG **11,** 126. Er kann auch neben einem für die Verw der Vorerbsch ernannten TV bestellt werden. Für Zulässigk der Ernenng des alleinigen VE zum TV für den NE aber Rohlff DNotZ **71,** 527 ff, s auch § 2197 Anm 3. – **a)** Die auszuübenden **Rechte** ergeben sich aus §§ 2116–2119, 2121–2123, 2127/28; vgl auch § 2115, ZPO 773; die Pflichten aus §§ 2120, 2123. Er hat die gleiche Stellg wie der verwaltende TV. Auf die Rechte des NE kann er nicht verzichten, insb nicht dessen Anwartsch übertragen, KG JW **37,** 1553, er erteilt aber die nach §§ 2113 ff erforderl Zustimmg des NE zu Vfg des VE über ErbschGgstände, Staud-Dittmann Anm 8; er bedarf nicht einer etwa sonst erforderl vormschgerichtl Gen, Einf 3 vor § 2197; vgl im übr Anm 1 zu § 2112. Die für den befreiten VE bestehden Erleichtergen, §§ 2136, 2137, hat er zu beachten, Haegele, TV Rdz 95. Die Bestellg eines Pflegers aus §§ 1909, 1913 erübrigt sich mangels Bedürfnisses, s BayObLG NJW **60,** 966. – **b)** Kommt es nicht zur Vorerbsch (zB bei Ausschlagg), so nimmt er auch nicht die Rechte zur TVollstrg, s BGH NJW **77,** 1726. Im übrigen **endet** das Amt des TV mit dem Eintritt der Nacherbfolge, 2139. Vermerk im GB, GBO 51, 52 u Erbschein, § 2363, wie beim VE. Der Anspr auf **Vergütg,** § 2221, richtet sich gg den NE, nicht gg den VE; Haftg wie für gewöhnl NachlVerbindlichk (Planck Anm 4, Staud-Dittmann Anm 10).

2) Gewöhnl TestVollstr liegt dagg vor bei Einsetzg eines **TV für den VE** während der VErbschaft **od für den NE** während der Nacherbsch, s BayObLG **58,** 299, Erman-Hense Rdz 1. Bei Personengleichheit des TV ist ein einheitl TVZeugnis, § 2368, zu erteilen, BayObLG **59,** 129. Ob die TestVollstrg bereits mit dem Erbf od erst mit dem NachEFall – gewöhnl TestVollstrg zur Verw des dem NachE angefallenen Nachl – beginnen soll, hängt von dem notf durch Auslegg zu ermittelnden Willen des Erbl ab, BayObLG **58,** 301. Der NE kann zum TV für den VE, OLG **40,** 136, nicht aber der alleinige VE zum alleinigen TV für den NE nach § 2222, Staud-Dittmann Anm 4, bestellt werden; für VE u NE kann derselbe TV bestellt werden. Die Bestimmg des Zeitpunkts, in dem die NachEFolge eintreten soll, kann aber dem TV nicht übertragen werden, vgl § 2065 Anm 2. Über die RStellg des TV bei gewöhnl TestVollstrg, wenn Vor- u Nacherbfolge besteht s § 2112 Anm 1, § 2205 Anm 2d. Der für den VE u den NE bestellte TV kann bei NachlGgstände dem VE entgeltl zur freien Vfg dergestalt überlassen, daß die nacherbenrechtl Beschrkgen erlöschen u sie aus dem Nachl ausscheiden, KG JFG **11,** 121. – Hat der NE für seinen Nachl einen TV ernannt, so übt dieser beim Tod des NE vor dem NEFall die dem NE währd der Dauer der VErbsch zustehenden Befugnisse aus, RG **103,** 356.

3) Über **TestVollstreckg** für **befreiten VE** s § 2205 Anm 2e, BayObLG **59,** 129.

2223 *Vermächtnisvollstrecker.* **Der Erblasser kann einen Testamentsvollstrecker auch zu dem Zwecke ernennen, daß dieser für die Ausführung der einem Vermächtnisnehmer auferlegten Beschwerungen sorgt.**

1) Die Fürsorge für UnterVerm und Auflagen (auch NachVerm, § 2191) kann dem TV neben seinen anderen wie auch als einzige Aufgabe übertragen sein. An Stelle der Nachl tritt das beschwerte Verm; der TV verwaltet es u verfügt darü, er ist nach §§ 2212, 2213 klagberechtigt u beklagbar, RG DJZ **24,** 475. Der TV ist dem VermNehmer und NachvermNehmer ggü verantwortl. – Hier kann auch der AlleinE TV sein.

2) Die Verw eines VermächtnGegenstandes (zB eines Grdst, einer Fabrik) kann aber auch dem TV als einzige Aufgabe od für die Zeit nach Ausführg der Beschwergen übertragen werden. Das G sagt das zwar nicht ausdrückl, aber die §§ 2209, 2210 sind entspr anzuwenden; der TV kann dann zugl für den Erben und den VermNehmer bestimmt werden, BGH **13,** 203 = **LM** § 2203 Nr 1. Einsetzg der Witwe auf den Pflichtt, verbunden mit dessen Verwaltg durch einen „Pfleger", kann als Vermächtnis u Ernenng eines TV nach § 2223 angesehen werden, BayObLG RJA **15,** 24. Auch Einsetzg eines TV zur Ausübg der Rechte des NachVermNehmers bis zum Anfall des NachVerm (§ 2191) ist zuläss, Dieterich NJW **71,** 2017; aM Staud-Dittmann Anm 9. – Einem TV kann auch die Verw eines ErbErsAnspr, § 1934 a–c, übertr w.

2224 **Mehrere Testamentsvollstrecker.** ¹ Mehrere Testamentsvollstrecker führen das Amt gemeinschaftlich; bei einer Meinungsverschiedenheit entscheidet das Nachlaßgericht. Fällt einer von ihnen weg, so führen die übrigen das Amt allein. Der Erblasser kann abweichende Anordnungen treffen.

ᴵᴵ Jeder Testamentsvollstrecker ist berechtigt, ohne Zustimmung der anderen Testamentsvollstrecker diejenigen Maßregeln zu treffen, welche zur Erhaltung eines der gemeinschaftlichen Verwaltung unterliegenden Nachlaßgegenstandes notwendig sind.

1) Mehrere TV, §§ 2197, 2199, 2219 II, sofern nicht jemand ledigl als Ratgeber od Anwalt dem TV empfohlen ist, vgl RG **130**, 138, führen das Amt gemeinschaftl nach innen wie außen (**Gesamtvollstrecker**, Lange Lehrb § 29 IV 2), BGH NJW **67**, 2402. Doch können sie vorbehaltl ihrer Haftg, §§ 2218, 664, die Ausführg einem TV od Dritten übertragen, vgl § 2218 Anm 2 und KG JFG **7**, 279, od den Wirkgskreis unter sich aufteilen. Auskunft u Rechensch kann von jedem gefordert werden; GBBerichtiggszwang, GBO 82, nur gg alle, MüHRR **38** Nr 1019. Aus der gemschaftl Amtsführg folgt, daß grdsätzl, abgesehen von abweichenden Anordngen des Erbl, mehrere TV nur gemeins Antr stellen u Beschw einlegen können, Mü JFG **20**, 121, str, aM Erm-Hense Rdz 2. Ausnahmen hievon nur bei Außerkraftsetzg einer Anordng, § 2216 Anm 2, u bei Meingsverschiedenh, § 2224, FGG 82. – **Nachfolgerernenng** (§ 2199 II) gehört nicht zur Amtsführg iS des § 2224; KG DFG **42**, 45, ebso RGRK § 2199 Rdz 2; bei Meingsverschiedenh, ob nach der Bestimmg des Erbl ein einziger TV seinen Nachfolger ernennen darf od nur mehrere gemeins, entsch nicht das NachlG, sond das ProzG, dagg das NachlG gem I, wenn mehrere zur Ernenng berufene TV sich über die Person des Nachfolgers nicht einigen können, vgl Staud-Dittmann Anm 12.

2) Meingsverschiedenheiten entscheidet auf Antr (s Anm 1) das **NachlG**, Richter, § 16 I Nr 4 RPflG, unter Ausschl des ProzG; sofortige Beschw, FGG **53**, 60 Nr 6, 82 II. Gebühr: KostO 113. Bei landw Grdst iS der HöfeOBrZ entscheidet das LwG, Soergel-Müller Rdz 10.

a) Nach BGH **20**, 264 = NJW **56**, 986 (gg Hamm NJW **56**, 608) ist hierbei aber **Voraussetzg**, daß es sich um einen Streit innerh der gemschaftl Amtsführg handelt; dagg ist das ProzeßGer zust, wenn die TV darü uneinig sind, ob eine VerwaltgsHdlg überh zum gemschaftl Verwaltgskreis gehört, insb ob sie mit dem G oder der letztw Vfg des Erbl in Einklang steht. Noch weitergehd Hbg MDR **53**, 364, wonach das NachlG überh nicht über RFragen entscheiden kann. Gg die Entscheidg des BGH wendet sich mit beachtl Gründen Baur JZ **56**, 494. Vgl auch Staud-Dittmann Anm 12, wonach das NachlG nur dann ausscheidet, wenn die RFragen den eigentl Ggst des Streites bilden u **LM** Nr 1 Anm Johannsen, der sich Staud-Dittmann mit Recht anschließt u die Entsch des OLG Hbg als zu weitgehd ablehnt, s auch Erm-Hense Rdz 4. Antragsberecht sind auch die übrigen Beteiligten.

b) Art der Entscheidg. § 2224 deckt sich nicht mit §§ 1365 II, 1369 II, 1426, 1430, 1452 I, 1727 idF des Art 1 Nr 31 NEhelG, 1758a II, 1803 III, 1917 III; das NachlG ersetzt daher nicht die Zustimmg des einen TV, sond spricht nur aus, daß der sich Weigernde zuzustimmen habe, KG DR **43**, 353 (über den Vollzug s Sauerlandt aaO 13), bestr, für Ersetzg der Zust Erm-Hense Rdz 3. Der TV, dessen Meing gebilligt wurde, kann notf allein die Maßnahmen durchführen, Kipp-Coing, § 74 I 1, str. Wenn das NachlG keine der vertretenen Meingen billigt, ist es nicht befugt, an Stelle der Streitenden selbst zu entscheiden, es muß die Entscheidg ablehnen, so hM, vgl KG JW **36**, 1017, Anm 4 zu § 1797; eine unzulässige dritte Meing des NachlG liegt aber nicht vor, wenn es von der gebilligten Meing eines TV nur unwesentl abweicht, od wenn die Meingen der TV, zB hinsichtl der Höhe eines Kaufpr, nur dem Betrag nach unterscheiden u es sich für einen Betrag entsch, der in der Mitte zw dem höchsten u dem niedrigsten Vorschlag bleibt. Vgl Mü JFG **15**, 344.

3) Der Wegfall eines TV kann durch Ablehng od Beendigg des Amtes, §§ 2202, 2225–2227, sowie bei dauernder tatsächl od rechtl Behinderg (Interessenwiderstreit; RG **98**, 174, KGJ **46**, 134, **48** § 181, § 34 entspr, Kipp-Coing, § 74 III; Vermißter vor Amtsannahme, OGH NJW **50**, 64) eintreten; weitergehd Oldbg ZJBlBrZ **48**, 144, wonach Wegfall auch dann anzunehmen ist, wenn ein TV zu der Zeit, in der seine Tätigkeit zu erfolgen hat, nicht zur Vfg steht.

4) Abweichende Anordngen kann der **Erbl** durch letztw Vfg für den Wirkgskreis der TV treffen, zB Teilg des Aufgabenkreises, **Nebenvollstrecker**, Lange aaO, er kann für Ersatz sorgen od bei Wegfall eines TV die Beendigg der TestVollstrg überh vorschreiben, KG JR **55**, 65, auch die Entscheidg des NachlG ausschließen u sie einem Dritten übertragen, nicht aber umgekehrt die GenPfl des NachlG vorschreiben. Auch kann er nicht die Initiative des einzelnen TV im Rahmen des Abs II, die uU zur Pfl werden kann, lähmen od ausschließen, wie Sinn und Anordng des G ergeben.

5) Ohne Zustimmg der anderen kann der MitVollstr bei dringl Geschäften (uU auch Beitreibg einer NachlFdg, RG **98**, 174) tätig werden; auch die Verteidigg ggü Forderngen, die zu einer Schmälerg des Nachl führen können, fällt unter die Einzelzuständigk eines jeden TV, zB die Einlegg eines Rechtsmittels gg einen vollstreckb Titel (Kostenrechng eines Notars), Saarbr NJW **67**, 1137. Im übrigen gelten §§ 677 ff. Genehmigg nach §§ 177 ff, 185 mögl, aber auch notw, wenn II nicht gegeben war; in diesem Fall kann er auch das NachlG, I 1, anrufen, RGRK Rdz 15.

6) Über Vergütung für den Fall, daß mehrere TV ernannt sind, s § 2221 Anm 1a.

2225 *Erlöschen des Amtes.* Das Amt des Testamentsvollstreckers erlischt, wenn er stirbt oder wenn ein Fall eintritt, in welchem die Ernennung nach § 2201 unwirksam sein würde.

1) Allgemeines. Das **Amt** des TV **endet** – außer in den in §§ 2225–2227 genannten Fällen – bei Eintritt einer auflösenden Bedingg od Endfrist, bei Ablauf der Frist des § 2210 u durch Erledigg der zugewiesenen Aufgaben, wobei weder eine Niederlegg des Amts noch eine Anzeige an das NachlG od eine Aufhebg der TestVollstrg notw ist, RG **81**, 166, BGH **41**, 23; ferner, wenn die Erben nach Erledigg seiner übrigen Aufgaben vereinbaren, die AuseinandS zu unterlassen und die ErbenGemsch fortzusetzen, vgl § 2204 Anm 1, LG Hann JR **50**, 693 mit Anm v Hartung. Das Amt endet aber nicht durch Vereinbg des TV mit den Erben, hieraus kann sich aber eine Verpflichtg zur Amtsniederlegg ergeben, BGH NJW **62**, 912, s auch § 2226 Anm 1. Durch NachlVerw, Konkurs über das Nachl od das Vermögen des TV wird sein Amt nicht beendet, vgl auch Einf 2 vor § 2197. Jedoch wird er in ersterem Falle nach § 2221 zu entlohnen, bei EigenKonk od Abgabe der an die Stelle des OffEids getretenen eidesstattl Vers nach § 2227 regelm zu entlassen sein. – Ein **Streit** darü, ob die TestVollstrg als solche beendet ist, kann nur vor dem ProzG ausgetragen werden, KG JR **51**, 732, BayObLG **53**, 360, Schlesw SchlHA **57**, 303, BGH **41**, 23; jedoch hat sich das NachlG als Vorfrage damit zu befassen, wenn das Befinden über die Fortdauer des Amtes Voraussetzg für seine Entscheidg ist, BayObLG **65**, 377/389; MDR **78**, 142; § 2227 Anm 5.

2) Durch den Tod des **TV** (bei jur Pers durch Verlust der RechtsFgk) endet sein nicht vererbl Amt, das nach §§ 2218, 673 S 2 uU durch seinen Erben (od gesetzl Vertreter des Erben, Kipp-Coing § 75 I) einstw weiterzuführen ist. Tod des Erben beendet die Vollstrg nur, wenn sie gerade für die Lebenszeit, vgl § 2338, angeordnet war, Mü NJW **51**, 74. Ergeben sich nachträgl RückerstattsAnspr, so lebt die TestVollstrg wieder auf, Mü aaO; sie war in Wirklichk noch gar nicht beendet, RGRK Anm 10. – Prozesse führt der Erbe fort, ZPO 241, 246. – Ferner tritt bei **Unfähigkeit** (§ 2201) endgültige Amtsbeendigg ein.

3) Folgen der Amtsbeendigg sind die Herausg- u RechenschPfl, §§ 2218, 666, 667, 259–261, das Kraftloswerden des Zeugnisses, § 2368 III mit Anm 8, Löschg des Grdbuchvermerks (GBO 52) nach GBO 22 I, 84; hins Unterbrechg anhängiger Prozesse s Anm 1 zu § 2212. – Die Vollstrg selbst endet dagg dann nicht, wenn Erbl Ersatzbestimmgen traf, §§ 2197 II, 2199 II, 2200, 2224 I 3, RG **156**, 76, Hamm Rpfleger **58**, 15. In diesem Fall kann die Vollstrg auch nicht durch Vereinbg der Erben u des TV aufgeh werden.

2226 *Kündigung.* **Der Testamentsvollstrecker kann das Amt jederzeit kündigen. Die Kündigung erfolgt durch Erklärung gegenüber dem Nachlaßgerichte. Die Vorschriften des § 671 Abs. 2, 3 finden entsprechende Anwendung.**

1) Kündigg steht im Belieben des TV. Die Fortführg des Amtes ist freiw wie seine Übernahme, vgl auch § 671 I. Ein Verzicht auf das KündR hindert die Künd bei wichtigem Grunde (schwere Erkrankg, anderw Überlastg, Verfeindg mit Erben od Mitvollstr) nicht, § 671 III. Die (formlos mögl) zugegangene Künd, S 2, § 130, ist unwiderrufl, aber in gleicher Weise – dch Erklärg ggü dem NachlG – nach § 119 anfechtb, KG RhNZ **32**, 140. Anf der Kündigg verpflichtet zum SchadErs (nicht nach § 122, da das NachlG ja keinen Schaden erleidet) wie unzeitgem Künd, §§ 671 II, 2219, Staud-Dittmann Anm 4. Teilw Künd mögl, wenn mit dem Willen des Erbl vereinb. Dieser kann die Künd u damit die Freiwilligk der Amtsführg nicht ausschließen, wohl aber eine Zuwendg entspr auflös bedingen. **Vereinbarg** einer Verpflichtg des TV zur Amtsniederlegg mit dem Erben zuläss und einklagb, RG **156**, 75, BGH **25**, 281, NJW **62**, 912, FamRZ **66**, 140. Nichteinhaltg der Vereinbg könnte uU auch einen EntlassgsGrd, § 2227, darstellen, Hamm JMBl NRW **58**, 101. Coing JZ **58**, 170 Anm hält einschränkd eine derartige Vereinbg nur für zuläss, wenn dadurch die Unabhängigk des TV nicht beeinträchtigt wird. Unzulässig ist eine Verpflichtg des TV, das Amt jederzeit auf Verlangen eines od aller Erben niederzulegen, BGH **25**, 275 = **LM** Nr 2 zu § 2205 mit Anm v Johannsen, sofern nicht der Erbl dies ausdrückl od stillschw gebilligt hat. – Gebühr: KostO 112 I Nr 6. – Die Kündigg beendet die Vollstr selbst nicht, wenn der Erbl Ersatzbestimmgen getroffen hat, §§ 2197 II, 2199 II, 2200, 2224 I 3, s § 2225 Anm 3.

2) Über **Streit**, ob eine **Kündigg** des TV-Amtes wirks erfolgt od die erklärte Kündigg wirksam angefochten ist, hat das ProzG, nicht nach NachlG zu entscheiden; das NachlG kann dies nur als Vorfrage prüfen, zB im Rahmen einer Entscheidg nach § 2200.

2227 *Entlassung.* **I Das Nachlaßgericht kann den Testamentsvollstrecker auf Antrag eines der Beteiligten entlassen, wenn ein wichtiger Grund vorliegt; ein solcher Grund ist insbesondere grobe Pflichtverletzung oder Unfähigkeit zur ordnungsmäßigen Geschäftsführung.**

II Der Testamentsvollstrecker soll vor der Entlassung, wenn tunlich, gehört werden.
Schrifttum: Haegele, TV[5] Rdz 468–485; ders BWNotZ **74**, 109/118 ff.

1) Allgemeines. Das NachlGericht, FGG 72, 73, vgl Anm 3 vor § 2197, Richter, § 16 I Nr 5 RPflG, ist sachl u örtl zust; über internat Zustdgk s Anm 7. Es kann den TV „gegen seinen Willen", FGG 81 II, entlassen, auch schon vor dem Amtsantritt u Ann, wenn wichtiger Grd vorliegt, der nicht mehr nach Erlöschen des Amtes, KG JFG **14**, 275, BayObLG **53**, 362. Verschulden des TV nicht notw, Celle NdsRpfl **61**, 199. Beispiele: Feindschaft zw TV u Erben oder MitVollstr nur unter bes Umst, s BayObLG **53**, 364, Köln OLGZ **69**, 281 mit Anm v Haegele, Rpfleger **69**, 207, persönl Spanngen zw TV und (Mit)Erben, ein auf Tatsachen, zB Interessenkollision, u nicht nur auf subj Gefühlsmomenten beruhendes, also obj gerechtfertigtes Mißtrauen, BayObLG **57**, 317, **76**, 67/73; Hamm Rpfleger **59**, 53, JMBl NRW **61**, 78, NJW **68**, 800, Schlesw SchlHA **58**, 312, Stgt OLGZ **68**, 457, Zweibr Rpfleger **77**, 306, MittBayNot **77**, 238 mit Anm von Kaempfle, erhebliche Gefährdung des Erben od der sonst Beteiligten, Düss DNotZ **50**, 67; zu beachten ist auch, ob Umstände vorliegen, die den Erbl mutmaßl zu einem Widerruf der Ernenng veranlaßt hätten, BayObLG **53**, 364, Köln aaO. Im Einzelfall kann das Interesse der Erben an ungestörter sachl Abwicklg der NachlGeschäfte auch höher als der Wille des Erbl zu werten sein u daher zur Entlassg führen, KG OLG **40**, 138, Schlesw SchlHA **58**, 312. – Die Entlassg setzt eine gültige Ernenng des TV voraus, die von NachlG zu prüfen ist, Staud-Dittmann Anm 15. Über Entlassg bei Ernenng dch NachlG ohne Ersuchen s § 2200 Anm 2.

Testament. 6. Titel: Testamentsvollstrecker   § 2227 2–7

2) Einzelfälle des Gesetzes.
a) Grobe Pflichtverletzg kann sein: eigennütziges Verhalten (ausnahmsw nicht, wenn der TV auch bei pflichtgemäßer Einstellg in der gleichen Weise hätte handeln dürfen, OGH **3**, 242 = NJW **50**, 597), Bevorzugg einzelner Erben vor den anderen od der eigenen Interessen vor denen der Erben, Benachteiligg eines MitE, s BGH **25**, 284 = NJW **57**, 1917, Fdg einer ganz unangemessenen Vergütg, KG JR **55**, 65, Köln MDR **63**, 763, Schlesw SchlHA **65**, 107, BayObLG **72**, 380. Auswahl od Beibehaltg ungeeigneter Vertreter, insb Generalbevollmächtigter; überh Täuschg des in ihn gesetzten Vertrauens, vgl auch RG **130**, 131. – **b) Unfähigk zur ordnsgmäßigen Geschäftsführg:** zB völliges Untätigsein, JFG **2**, 155, längere Abwesenh, Krankh, Verhaftg, Konk, Abg der an die Stelle des OffEids getretenen eidesstattl Vers, Bestrafg, erhebl Interessenkonflikt, Dresden JFG **3**, 169; **nicht** aber die bloße Behinderg bei einzelner Maßn, RG **98**, 173, die Eigensch als NachlGläub, soweit nicht erhebl InteressenGgsätze; die Erschöpfg des Nachl, dann Beendigg; vgl Anm 1 zu § 2225.

c) Tatsachen, die dem Erbl bei der Berufg des TV bekannt waren, rechtfertigen regelm nicht dessen Entlassg; hierbei muß vielmehr berücksichtigt werden, ob der Erbl diesen TV nicht ernannt hätte, wenn er die späteren Auswirkgn dieser Tats gekannt hätte, Düss RhNK **65**, 505.

3) Auf Antrag (nicht vAw; keine Zurücknahme der gerichtl Ernenng, § 2200, vAw; Zurücknahme des Antr ist zulässig, Staud-Dittmann Anm 13) erfolgt die Entlassg, und zwar auf Antr der Beteiligten, also derj, die ein rechtl Interesse an der TestVollstrg haben, BGH NJW **71**, 1717/1718, näml der Erben (NachE), Mitvollstrecker, VermNehmer, § 2219 I, Auflageberechtigten, § 2194 (nicht aber der Auflagebegünstigten, LG Verden MDR **55**, 231), PflichttBerechtigten (notfalls ihrer gesetzl Vertreter, Karlsr JFG **7**, 125, BayObLG **67**, 239), nicht des GgVormds, da nicht gesetzl Vertreter; dch PflichtEntziehg wird Antragsberechtigg nicht beeinträchtigt, wenn deren Wirksamk zweifelh ist, LG Hildesheim MDR **64**, 849); antragsberecht sind auch die Eltern oder ein alleinvertrgsberecht Elternteil, denen nach § 1638 Verwaltg u Nutznießg an dem dem Kind zugefallenen NachlVerm entzogen ist (die Bestellg eines Pflegers nach § 1909 I 2 ist daher nicht erforderl, Baur DNotZ **65**, 484; aM Ffm DNotZ **65**, 483; LG Hildesheim aaO, s auch BayObLG **76**, 67), die Staatsanwaltsch, Devisenstelle, KG JFG **16**, 74; nicht der gewöhnl NachlGläubiger, BGH **35**, 296 = NJW **61**, 1717 mit Anm v Baur JZ **62**, 123; diese können zu dem NachlVerwaltg beantragn, § 1981. Auch der Erbe, dessen Erbanteil gepfändet od nach § 2033 übertragen ist, bleibt angesichts der Fortdauer seiner Haftg, §§ 2382, 2385, antragsberechtigt, KG Recht **29** Nr 1232. EntlassgsAntr des TV selbst ist als Künd anzusehen. Der Erbl kann die Entlassg nicht ausschließen, vgl § 2220 Anm 1, RG **133**, 128. Auf Beschwerde gg Ernenng, § 2200, können nachträgl eingetretene EntlassgsGrde nicht berücks w, Ffm, Rpfleger **78**, 118.

4) Das NachlGericht entscheidet, ob ein wicht Grd vorliegt – Tat- u Rechtsfrage, Staud-Dittmann Anm 17 –; ob wg eines wicht Grdes die Entlassg erfolgen soll, ist ErmFrage, trotz Vorliegens eines wicht Grundes können überwiegde Gründe für das Verbleiben des TV sprechen, BayObLG **34**, 311, **57**, 321, Hamm NJW **68**, 800, Zweibr DNotZ **73**, 112. **Die Entlassg erfolgt** nach Anhörg des TV – s auch GG 103 I – (und möglichst auch der AntrSt u Beteiligten) durch Beschl des NachlG, mit dessen Zustellg an den Entlassenen, FGG 16, ohne Rücks auf die Rechtskr, das Amt endet, BayObLG **69**, 142. Einen EinsatzTV kann das NachlG nur ernennen, wenn ein Ersuchen des Erbl vorliegt, § 2200. **Vorläufige Anordngen** (wie in FamRechtssachen u BeschwVerfahren, FGG 24 III) kann das NachlG nicht treffen, KG JFG **3**, 174. Es kann auch keine zeitweil Entlassg verfügen, Haegele TV Rdz 476. – Sofortige Beschwerde bei Entlassg wider Willen, einfache bei Ablehng, FGG 81, 20, Keidel-Kuntze-Winkler FGG 81 Rdz 5a; s zur weiteren Beschw FGG 29 II mit Keidel-Kuntze-Winkler Rdz 37–39; die Frage ob ein wicht Grd vorliegt, ist Tat- u Rechtsfr (BayObLG **76**, 67/73f). Hatte ein TV, der seine Entlassg mit der sof Beschw bekämpft, sein Amt für einen Ztpkt gekündigt, in dem über diese noch nicht entschieden ist, so erledigt sich das BeschwVerf an dem Tag, auf den gekündigt wurde, BayObLG **69**, 138. Wird Entlassg auf Beschw aufgeh, so werden die Funktionen des TV als fortbestehd angesehen, BayObLG **59**, 128, zust Kipp-Coing § 75 IV. – Wegen der Folgen der Amtsbeendigg vgl Anm 3 zu § 2225.

4a) Kosten. Gebühren nach KostO 113. – In einem auf Entlassg des TV gerichteten Verfahren sind die den Erben entstandenen außergerichtl Kosten einer unbegründeten Beschwerde des TV zunächst diesem aufzuerlegen, FGG 13 a I 2; das schließt jedoch das Recht des TV nicht aus, diese Kosten dem Nachl zu entnehmen od gg die Erben geltd zu machen, wenn er sich in dem Verf in berechtigter Verteidigg des letzten Willens des Erbl befunden hat, Hbg MDR **63**, 423.

5) Aufhebg der Vollstreckg als solcher durch das NachlG ist nicht mögl, str, aM Soergel-Müller Rdz 23. Sie läßt sich nur dadurch herbeiführen, daß die TV u die etwaigen Ersatzmänner, §§ 2224 I 2, 3, 2197 II, 2198, 2199, kündigen od entlassen werden, wenn sie auf der Beibehaltg einer wirtschaftl nicht tragbaren Vollstrg uneinsichtig beharren, vgl auch Vogel, JW **34**, 1400. Über einen Streit, ob die Vollstrg noch fortbesteht, entscheidet notf das ProzG, SchlHOLG SchlHA **57**, 303, § 2225 Anm 1; jedoch kann das NachlG im EntlassgsVerf als Vorfrage prüfen, ob die TestVollstrg ggstandslos geworden ist, BayObLG **53**, 361, 362, Köln MDR **63**, 763, Hamm Rpfleger **73**, 303, s auch § 2225 Anm 1. Ist das Amt ggstandslos geworden, kann Entlassg nur ausgesprochen werden, wenn TV sich noch Rechte anmaßt, Erm-Hense Rdz 5.

6) Ein TV, der wg eines in seiner Person eingetretenen Grundes rechtskr entlassen ist, hat auch nach Wegfall des Entlassgsgrundes kein Recht auf **Wiedereinsetzg** in sein früheres Amt, KG SeuffBl **76**, 740, 741; BayObLG **64**, 153 = Rpfleger **64**, 181 mit Anm von Haegele, SchlHOLG SchlHA **65**, 107, Kipp-Coing § 75 IV[8], auch nicht der wg Konk entlassene TV nach inzw erfolgter Aufhebg des KonkVerf; ggf kann eine Ernenng nach § 2200 in Betr kommen.

7) Bestr ist, ob das deutsche NachlG zur Entscheidg über die Entlassg eines TV, dessen Rechtsstellg sich nach ausländ Recht richtet, international zuständ ist, siehe hierzu BayObLG **65**, 377/383, Ffm OLGZ **77**, 180 u allgemein Pinckernelle-Spreen DNotZ **67**, 208f. Kennt das ausländ (ungarische) Recht eine dch Gericht od eine Behörde zu verfügde Entlassg des TV nicht, so kann das dtsche NachlG einen hierauf gerichteten Antr auf jeden Fall abweisen, BayObLG aaO.

8) Die **Anerkennng** einer **von** einem **staatl Notariat** der **DDR** ausgesprochenen **Entlassg** eines TV hat das KG, JZ **67**, 123, im Rahmen eines Verfahrens über Erteilg eines TV-Zeugnisses für diesen TV versagt, weil im Entlassgsverfahren kein rechtl Gehör gewährt wurde u eine gerichtl Nachprüfg des Aktes der Verwaltungsbehörde ausgeschlossen ist; Bedenken äußert mit Recht gg den letztgenannten Gesichtspunkt Wengler in Anm hiezu; s jetzt auch GVG DDR v 27. 9. 74, GBl I 457, § 59 u allg zur Anerkennung von Entscheidgen der Behörden der DDR in FGSachen Keidel-Kuntze-Winkler § 35 FGG Anm 17, BGH **52**, 141 m Anm von Wengler JZ **69**, 664. Eine von einer Beh der DDR ausgesprochene Entlassg eines TV kann in der BRep weiter wirks u befugt sein, den in der BRep gelegenen Nachl zu verwalten, BGH WPM **69**, 1403. Interlokal zust kann bei letztem Wohns des Erbl in der DDR u Nachl in der BRep das NachlG gem FGG 73 III sein, Hamm Rpfleger **73**, 303.

2228 *Akteneinsicht.* Das Nachlaßgericht hat die Einsicht der nach § 2198 Abs. 1 Satz 2, § 2199 Abs. 3, § 2202 Abs. 2, § 2226 Satz 2 abgegebenen Erklärungen jedem zu gestatten, der ein rechtliches Interesse glaubhaft macht.

1) **Einsicht,** vgl Anm 4 zu § 1953, hat das NachlG als zentrale AuskStelle zu erteilen. Einsicht der Akten u Abschrift nach FGG 34, 78, 85. Über Erteilg einer ErbSchAusfertigg an DarlehensGläub nach Tod des Schuldners s KG Rpfleger **78**, 140.

Siebenter Titel. Errichtung und Aufhebung eines Testaments

Einführung

Schrifttum: Firsching, NachlRecht, 4. Aufl, 1971, S 53 ff; Boeckler, Das notarielle Testament, 2. Aufl, 1973; Haegele, Das Privattestament, Das UnternehmerTest, 6. bzw 4. Aufl. 1977, 1975; Mecke, BeurkundsG mit Erläutergen, 1970; Haegele, BeurkG, TextAusg mit den ges Materialien, Hinweisen u Anmerkgen, 1969; ders, Rpfleger **69**, 365, 414; Riedel-Feil, BeurkG, 1970; Arnold, BeurkG, TextAusg mit Einf, Hinweisen u Sachregister, 1970[2]; Jansen, BeurkG, 1971; Keidel-Kuntze-Winkler, FreiwG, Teil B BeurkG, 1978; Höfer-Huhn-von Schuckmann, BeurkG, 1972; Kipp-Coing, ErbR[13], §§ 27, 28; Barth-Schlüter, Lehrb §§ 14–21; Brox, ErbR[4] §§ 9–13; Lübtow, Lehrb, I S 134ff; Lange-Kuchinke § 18; Dittmann-Reimann-Bengel, Test u ErbVertr Komm-Teil (zitiert nach Bearbeiter ohne Buchtitel); Soergel-Müller Anh zu §§ 2229–2264; RGRK Anh zu §§ 2229; Erm-Hense Anh zu § 2246 aF; Form-KommErbR, Forml 6. 501–516; Kersten-Bühling-Appell §§ 104–107; Weber, Rechtseinheit im Beurkundswesen, DRiZ **70**, 45; Bink, BeurkG ab 1. 1. 70, Jur Büro **70**, 1; Appell, Auswirkgen des BeurkG auf das Familien- u ErbR, FamRZ **70**, 520; Höfer, Das BeurkG in der Praxis JurA **70**, 740; Johannsen, Die Rechtsprechung des BGH auf dem Gebiet des ErbR – 7. Teil: Das Testament, WPM **71**, 402, 918; **73**, 547, **77**, 277; Petzold, Das UnternehmerTest, NWB **76**, 1145.

1) Durch Teil I Art 5 Nr 4–7 des GesEinhG v 5. 3. 53, BGBl 33, in Kraft getreten am 1. 4. 53, wurden die im TestG v 31. 7. 38, RGBl I 973, enthaltenen **Vorschriften** über die **Errichtg** und **Aufhebg** von **Test** sowie ihre Behandlg vor u nach dem Erbf **wieder in** das **BGB eingefügt**. Das TestG brachte zahlreiche Formerleichtergen, wobei aber doch eine zuverläss Wiedergabe des letzten Willens gewährleist w sollte. Diese Vorschr wurden ohne sachl Änderg in das BGB übernommen. Nur die sprachl Fassg wurde in einigen Fällen, so in §§ 2229, 2247, 2250 u 2273, dem BGB angepaßt, das die Anführg von Beispielen u Empfehlgen im Gesetzestext nicht kennt; § 2251 wurde den im Jahre 1953 gegebenen Verhältnissen angeglichen. Der im TestG enthaltene Vorbeh von SonderVorschr für **Wehrmachtsangehörige** wurde als damals entbehrl nicht übernommen. Die einschläg SonderVorschr (WehrmachtsFGG v 24. 4. 34, RGBl 335, mit VO v 6. 9. 43, RGBl I 537) haben jetzt kaum mehr prakt Bedeutg, s hierzu Staud-Firsching, Vorbem 63–73, Soergel-Müller Rdz 17–21 je vor § 2229, Kipp-Coing § 30; die Gültigk eines in der Form des Wehrm FGG 3a im mobilen Verh errichteten Test blieb auch währd der Kriegsgefangensch bestehen, Wehrm FGG 3 V, BGH v 1. 2. 65 III ZR 109/63; WehrmAngehör im mobilen Verh konnten auch Test nach BGB od TestG errichten, BayObLG v 5. 6. 75, BReg 1 Z 36/75. Die SonderVorschr gelten nicht für die deutsche Bundeswehr, Barth-Schlüter, Lehrb § 20 VI; Lange-Kuchinke § 21 II 3.

2) Die **Vorschr des BGB** über die gerichtl u not Beurkundg eines Test u ErbVertr gingen bis zum Inkrafttreten des BeurkG, unten Anm 6b, als **Sonderregelg** dem FGG vor, vgl fr FGG 168; das FGG kam ergänzd nur in Frage, wenn Ehe- u ErbVertr verbunden waren, im übr war es lückenlos ersetzt, Staud-Firsching Anm zu § 2232 aF. Der Notar hatte auch die Vorschriften der BNotO u der bundeseinheitl beschlossenen DONot v 6. 3. 61 (mit Änderg en) zu beachten.

3) **Übergangsrecht** nach Außerkrafttreten des TestG. Da die Vorschr des TestG sachl unverändert übernommen wurden, bedurfte es insow keiner Überleitg. Dagg mußte **§ 51 TestG** (abgedr im nachfolgenden Anh) aufrechterhalten bleiben, da dort der Übergang von den strengeren Vorschr des BGB zu den milderen des TestG geregelt ist, Teil II Art 1 Nr 6 GesEinhG. Hins der Übergangsregelg für den aufgehobenen § 48 II TestG vgl Einl 2b vor § 1922. Für den aufgehobenen § 48 III TestG (Ausnutzg der Todesnot des Erbl) enthält das GesEinhG keine Übergangsvorschr. Weder § 51 TestG noch Art 213, 214 EG sind unmittelb anwendbar. Art 213 EG, § 51 III TestG werden entspr anzuwenden sein, so daß der Ztpkt des Erbf entscheidet. Ein gg § 48 III TestG verstoßendes Test ist daher, wenn der Erbf vor dem 1. 4. 53 eintrat, nichtig, währd es bei einem späteren Erbf uU nach § 2078 anfecht od möglicherw nach § 138 nichtig ist, § 2078

Anm 4; im Ergbn ebso Staud-Firsching, Vorbem 49 vor § 2229, Bartholomeyczik Lehrb § 23 I 3; aM RGRK Vorbem 11 vor § 2229, der den Art 214 EG entspr anwendet; für Anwendg des § 48 III TestG, wenn TestErrichtg u Erbf vor dem 1. 4. 53 liegen, BGH **LM** Nr 1 zu § 48 TestG. Durch die Ausnutzg der Todesnot ist der Erbl zur Errichtg einer Vfg nur dann bestimmt, wenn die Art, in der auf ihn Einfluß genommen wurde, nach den Umst sittl anstößig ist, BGH aaO.

4) Vergleichende Gegenüberstellg der Vorschr des TestG zu den neuen des BGB s 32. Aufl.

5) DDR, Berlin-Ost: Das TestG galt weiter, Fassg s BGB herausgegeben v MdJ DDR, 3. Aufl 1967, Anh Nr 6, s auch Jansen-Längrich, ErbR S 99ff; Ferid-Firsching, Internationales ErbR, Abschn Deutschland-DDR; Broß RhNK **73**, 565/470; aufgeh dch EGFamGB 27 Nr 18 ist § 29 IV TestG. Mit Wirkg v 1. 1. 76 sind das BGB, das EG BGB u das TestG aufgeh (EG z ZGB DDR 15 I, II Nr 1, 2, 25). Über Formen u Arten des Test s jetzt ZGB – Auszug im Anh, 35. Aufl – 383 bis 387; ÜbergVorschr: EG z ZGB DDR 8 II; IPR: RechtsanwendgsG v 5. 12. 75 (GBl DDR I 748) 26. Dem Übereinkommen über das auf die Form letztw Vfgen anzuwendde Recht v 5. 10. 61 (BGBl 65 II 1145) ist die DDR beigetreten (BGBl 74 II 1461). BeurkR: NotariatsG v 5. 2. 76, s auch Krüger, NJW **72**, 1128, Wendler, ZGB Auszug, Anh 1, 9–12, 14, 15, 18–23.

6) BeurkundgsG: a) Allgemeines: Das BeurkG v 28. 8. 69, BGBl 1513, geht von der allumfassdn BeurkZustdgk des Notars (BNotO 20) aus u beseitigt mit wenigen Ausn die daneben bestehde Zustdgk des AG; außerdem faßt es die Vorschr über das BeurkVerf zus, s Mecke DNotZ **68**, 588f, Mattern, Rpfleger **69**, 37, Haegele Rpfleger **69**, 365f, Weber, DRiZ **70**, 45, Einf 2 vor BeurkG 1.
Im BGB verbleiben die Best, welche die materielle Form regeln, s §§ 2231–2233, 2249 I, 2250, 2265, 2266, 2274–2276. Die Vorschr über das Verfahren bei Beurkundg öffentl Test u ErbVertr sind nunmehr im BeurkG enthalten. Dieses regelt in §§ 1–5 den Geltgsbereich des G, die Folgen eines Überschreitens des Amtsbezirks des Notars, die Fälle, in denen der Notar an einer Beurk nicht mitwirken u in denen er die Beurk ablehnen soll, sowie die UrkSprache, in §§ 6–26 das Verf bei Beurk mit WillErkl u in §§ 27–35 die Besondrh für die Beurk von Vfgen vTw; Best über Behandlg der Urk enthalten die §§ 44–54. Notare iS des BeurkG (§ 1) sind neben den Notaren nach BNotO 1 ff in Bad-Württ die Notare im Landesdienst u die in Württ Rechtsgebiet bestellten hauptberufl u AnwNotare, *BaWü* LFGG 3 I, II, 13 ff, dazu Richter, *BaWü* LFGG, 1976, Seybold-Hornig BNotO[5] § 115 Rdz 10 ff. Siehe hierzu die Erläutergen des BeurkG im Anh.

b) Gesetzesänderungen: Gem § 57 III Nr 5–7 erhalten die §§ 2231, 2232, 2233 eine neue Fassg, gem Nr 8 fallen die §§ 2234–2246 weg, gem Nr 9 fallen in § 2247 I die Worte „in ordentlicher Form" weg. Nach Nr 10 erhält § 2249 I eine neue Fassg, in II w die Worte „vor einem Richter oder" gestrichen, in VI die Worte „Gültigkeit des Testaments" dch die Worte „Wirksamkeit der Beurkundung" ersetzt; gem Nr 11 wird § 2250 I u III geändert, gem Nr 12 fällt in § 2258 a II Nr 1 weg u werden die Nr 2, 3, 4: 1, 2, 3, IV wird aufgeh. Gem Nr 13 wird § 2258 b dahin abgeändert, daß II 2 aufgeh u III neu eingefügt wird.
Gem Nr 14 u 15 erhalten § 2276 I, § 2277 (ErbVertr) eine neue Fassg. Zur Beseitig von DoppelZustdgken (Gericht u Notar) u Schaffg der AlleinZustdgk des Notars w gem § 56 I, II Nr 4, 5 die §§ 2033 I 2, 2252 II, 2256 I 1, 2282 III, 2291 II, 2296 II 2, 2348, 2371 entspr geändert. Ferner w nach § 57 III Nr 4 § 1945 in dem Sinn geändert, daß die Zustdgk des NachlG begründet wird, die ErbschAusschlagg zur Niederschrift entgegen zu nehmen. Das BeurkG trat am 1. 1. 70 in Kraft (§ 71); Ändergn dch Art 3 G v 27. 6. 70 (BGBl 911), dch Art 2 G v 17. 12. 74 (BGBl 3602).

7) ÜbergangsR zum BeurkG. Das G enthält über bereits vor seinem Inkrafttreten errichtete Urkunden ledigl in § 68 eine Vorschr, wonach gewisse Best über die Behandlg von Urk auch für solche Urk gelten u zwar auch dann, wenn die UrkZustdgk, zB der Gerichte, weggefallen ist, **I,** ferner eine SonderVorschr über die rückwirkde Anwendg des § 49 (Form der Ausfertigg), **II.** Für die Anwendg der bish gelt Vorschr des BGB über gerichtl od notarielle Beurkdg von Vfgen vTw sind Art 213, 214 I EG, § 51 I, II TestG entspr heranzuziehen, s Ffm DNotZ **71**, 498. Es wird aber auch der sich aus § 51 III TestG ergebde Rechtsgedanke heranzuziehen sein, Johannsen WPM **71**, 405, s auch RGRK Rdz 13 vor § 2229. Daraus ergibt sich, daß die FormVorschr des BGB auf jeden Fall dann gelten, wenn der Erbl vor dem Inkrafttr des BeurkG (1. 1. 70) gestorben ist. Ist der Erbf nach dem 31. 12. 69 eingetreten u genügt die letztw Vfg den zu dieser Zeit an sie zu stellden Anfordergen (erleichterte FormErfordern d BeurkG), so ist sie grdsätzl als wirks anzusehen; anders kann es uU beim ErbVertr u dem in öff Form errichteten gemschaftl Test sein, s Johannsen aaO, Keidel-Kuntze-Winkler Vorbem 6 vor BeurkG 27, Höfer-Huhn, BeurkG 71 Anm, Reimann Vorbem 44 vor § 2229, Dumoulin DNotZ **73**, 56, s auch BayObLG **76**, 275/277; gg die hier vertretene Ans aber Soergel-Müller Rdz 7, 8 vor § 2229. Für Änd von vor dem 1. 1. 70 errichteten Vfgen vTw in der Form der §§ 2231 Nr 1, 2276 I gilt das BeurkG. Siehe im übr die Erläutergen zum fr Recht in der 31. Aufl.

8) Vergleichende Gegenüberstellg der weggefallenen §§ des BGB und der an ihre Stelle getretenen:

BGB	BGB nF, BeurkG	BGB	BGB nF, BeurkG
§ 2233	§§ 22, 29	§ 2241 b	§§ 17, 30
§ 2234	§ 3 I Nr 2, 3; § 6 I Nr 2, 3	§ 2242 I	§ 13 I
§ 2235	§§ 7, 26, 27	§ 2242 II	§§ 23, 24
§ 2236	§§ 26, 27	§ 2242 III	§ 25
§ 2237	§ 26	§ 2242 IV	§§ 13 III, 22 II, 24 I 3, 29, 35
§ 2238	§§ 2232, 2333 BGB nF	§ 2243	§ 2233 III BGB nF, § 31
§ 2239	§§ 13 I, 22, 24 I	§ 2244	§§ 16 mit 6, 7, 27, 32
§ 2240	§§ 5 I, 8	§ 2245	§ 5 II
§ 2241	§§ 9, 10 I, 30	§ 2246	§ 34 I
§ 2241 a	§§ 10, 11, 28		

Anhang

Gesetz über Errichtung von Testamenten und Erbverträgen

v 31. 7. 1938, RGBl I 973

TestG 51 ^I Das Gesetz gilt nicht für Erbfälle, die sich vor seinem Inkrafttreten ereignet haben.

^{II} Die vor dem Inkrafttreten des Gesetzes erfolgte Errichtung oder Aufhebung eines Testaments oder Erbvertrags wird nach den bisherigen Vorschriften beurteilt, auch wenn der Erblasser nach dem Inkrafttreten des Gesetzes stirbt.

^{III} Bei Erbfällen, die sich nach dem Inkrafttreten des Gesetzes ereignen, sind an die Gültigkeit eines Testaments keine höheren Anforderungen zu stellen, als nach diesem Gesetz für ein Testament der betreffenden Art zulässig ist, auch wenn das Testament vor dem Inkrafttreten dieses Gesetzes errichtet ist. Dies gilt entsprechend für Erbverträge.

1) Das TestG trat am 4. 8. 1938 in Kraft, § 50 I TestG.

2) Nach **I** unterliegen **Erbfälle vor dem 4. 8. 38** insb hins der Errichtg, Aufhebg u Auslegg der Vfgen vTw den bis dahin geltenden, durch § 50 III TestG aufgehobenen Vorschr. Dadurch wurde im Interesse der Rechtssicherh u des Rechtsfriedens ein Trennungsstrich gezogen. Erbfälle vor dem 4. 8. 38 können daher nicht etwa mit der Begründg wieder aufgerollt werden, daß eine damals wg Formverstoßes als nichtig behandelte Vfg vTw nach den Vorschr des TestG als gültig anzusehen sei, amtl Begr z TestG DJ **38**, 1259. – Erbfall ist der Todesfall als Ereignis u Ztpkt, § 1922 I. Auf diesen allein u nicht auf sein Bekanntwerden, die Eröffng, das Entstehen eines Erbstreits u auch nicht auf den Anfall, zB eines bedingten od betagten Vermächtn, kommt es an. Bei mehreren Erblassern (gemschaftl Test, zweiseitiger ErbVertr) entscheidet grdsätzl der Ztpkt eines jeden einz Erbf, vgl jedoch Anm 4.

3) Bei **Erbfällen nach dem Inkrafttreten des TestG** gilt folgendes:

a) Errichtg u Aufhebg eines vor dem 4. 8. 38 errichteten Test od ErbVertr wird grdsätzl nach der zZ der Errichtg geltenden Vorschr beurteilt. Ähnl auch EG 214 I. Unter Beurteilg der Errichtg u Aufhebg fällt insb die Frage, ob das Test eine öff Urk darstellt od nicht, ob ein Test von einem Testierfähigen in zulässiger Form gültig errichtet wurde u nicht wieder aufgeh ist. Nach Abs **III** kommen jedoch die **Formerleichtergen** des TestG einschl der Vorschr über die TestierFgk auch den schon vorher errichteten Test u ErbVertr zugute. Sind bei Errichtg eines notariellen gemschaftl Test Zeugen zugezogen, deren Zuziehg Mängeln anhafteten, u ist die Mitwirkg von Zeugen nicht mehr vorgeschrieben, s § 2233 aF u nF, so sind die Mängel als geheilt anzusehen, Hamm DNotZ **56**, 424. – Soweit das TestG einige wenige **Formverschärfgen** brachte, zB § 16 III TestG = fr § 2242 III BGB, § 18 I TestG = fr § 2244 I BGB ist deren Nichtbeachtg unschädl, **II**. Abs **III** hat aber nicht die Wirkg, daß die nach früherem Recht wg Formmangels nichtige Vfg vTw mit dem Inkrafttr des TestG von selbst voll wirks wurde. Der Erbl kann daher nicht gg seinen Willen an einem ErbVertr festgehalten werden, der nach früh Recht von ihm als nichtig erkannt wurde; er kann auch anderw letztw verfügen. Erst mit dem Erbf tritt die Heilg des Formmangels nach § 51 III TestG ein, soweit nicht inzwischen getroffene anderweitige Vfgen vTw entgstehen, BGH **LM** Nr 1 z § 986, Köln NJW **57**, 1929, Hamm OLGZ **67**, 76. Die Heilg kann wohl auch durch schlüss Hdlgen od mdl Erklärgen des Erbl, daß die Vfg nicht aufrechterhalten w soll, verhindert werden; dahingestellt BGH **LM** Nr 2 zu § 51 TestG. Wenn die Partner eines **Erbvertrages** sich bis zum Tod des Erstversterbenden an den Vertr gebunden halten u ihn unverändert bestehen lassen, so ist der Formmangel geheilt, BGH aaO.

b) Nicht zur Errichtg u Aufhebg gehören die **materielle Wirksamk,** die rechtl Bedeutg u die **allgemeine Auslegg** einer vor dem 4. 8. 38 errichteten Vfg vTw eines nachher gestorbenen Erbl, ebsowenig die Verwahrg u Eröffng, vgl §§ 2263a, 2300a. All dies richtete sich nach dem TestG u jetzt nach dem an seine Stelle getretenen Vorschr des BGB, also grdsätzl nach dem im Ztpkt des Erbf geltden R, Celle AgrarR **77**, 235. Bei der besonderen Auslegg u der Erforschg des wirkl ErblWillens sind hierbei allerdings auch Sprachweise u Verhältn der Errichtgszeit zu berücksichtigen.

4) **Ausnahmen** können sich jedoch aus Gründen der Rechtssicherh bei **gemeinschaftl Test u zweiseitigen ErbVertr** ergeben, soweit diese **wechselbezügl Verfüggen** enthalten. Traten hier beide Erbf vor dem 4. 8. 38 ein, gilt nur das frühere Recht, **I**; bei Errichtg zw 4. 8. 38 u dem Inkrafttr des GesEinhG am 1. 4. 53 gelten die Vorschr des TestG u hernach die im wesentl gleichen Vorschr des BGB; wenn die Vfg zwar vor dem 4. 8. 38 errichtet wurde, aber beide Erbl nach diesem Ztpkt sterben, so kommt § 51 II, III zur Anwendg. Wenn jedoch der erste Erbf vor dem 4. 8. 38 erfolgte u der zweite nach diesem Ztpkt eintritt, so wurde beim ersten Erbf die Vfg nach dem früh Recht beurteilt. Das TestG wollte die materiellen RFolgen der bereits vor Inkrafttr eingetretenen Erbfolge nicht nachträgl abändern. Eine bereits eingetretene Bindg nach § 2271 bleibt bestehen. Umgekehrt kann § 51 III TestG bei wechselbezgl Vfgen dem früher als nichtig behandelten Test des Erstverstorbenen (zB wg Verletzg des früheren § 2267) nicht zur Wirksamk verhelfen, auch wenn der Überlebende erst nach dem 3. 8. 38 stirbt u seine Vfg jetzt (zB nach § 28 II TestG = § 2267 BGB) wirks wäre, KG JFG **18**, 242, Boehmer AkZ **39**, 174 und DNotZ **40**, 108. Die nach dem alten Recht begründete Nichtigk der Vfg des Erstverstorbenen wirkt aber auf die Vfg des Überlebenden zurück, so daß auch sie unwirks bleibt, selbst wenn sie nach dem TestG od dem jetzigen BGB gültig wäre, JFG **20**, 298, Kiel SchlHA **47**, 203. Ein vor dem 4. 8. 38 erklärter Widerruf des Überlebenden bleibt dann auch später wirks, KG DR **41**, 104 mit Anm Vogels, u der Überlebende kann wirks eine abweichende Vfg treffen, KG JFG **20**, 298.

Nur wenn ausnahmsw der Formfehler erst bei der zweiten Eröffnung, § 2273, entdeckt werden sollte u bisher die Vfgen beider Teile als rechtswirks betrachtet wurden, ist § 51 III TestG auf das ganze Test anzuwenden. Denn bei einem solchen Konflikt zw Abs I u III erweist sich der letztere als stärker (zustimmd Boehmer,

Testament. 7. Titel: Errichtung und Aufhebung eines Testaments **TestG § 51, § 2229**

DNotZ **40**, 109, aM Staud-Firsching Vorbem 59 vor § 2229). Ebenso beurteilt sich die Vfg des Überlebenden nach **III**, wenn bei einem nach dem früheren § 2267 errichteten gemschaftl Test die Vfg des Erstverstorbenen vor dem 4. 8. 38 als ein wirks einseitiges Test aufrechterhalten w konnte, Vogels-Seybold Anm 6 zu § 51 TestG.

Wenn **keine wechselbezügl Verfügen** vorliegen, so wird die Wirksamk einer jeden Vfg selbständig beurteilt. Wenn hier die Vfgen des Überlebenden nach altem Recht (den früheren §§ 2231 Nr 2, 2267) nichtig waren, so können sie jetzt nach **III** wirks sein, KG JFG **20**, 298.

5) TestG 51 u die dazu entwickelten RGrdsätze gelten auch für die Zeit nach dem Inkrafttreten des BeurkG, wenn es sich um die Beurteilg vor dem 4. 8. 38 errichteter Vfgen vTw handelt.

2229 *Testierfähigkeit.*

I Ein Minderjähriger kann ein Testament erst errichten, wenn er das sechzehnte Lebensjahr vollendet hat.

II Der Minderjährige oder ein unter vorläufige Vormundschaft gestellter Volljähriger bedarf zur Errichtung eines Testaments nicht der Zustimmung seines gesetzlichen Vertreters.

III Wer entmündigt ist, kann ein Testament nicht errichten. Die Unfähigkeit tritt schon mit der Stellung des Antrags ein, auf Grund dessen die Entmündigung ausgesprochen wird.

IV Wer wegen krankhafter Störung der Geistestätigkeit, wegen Geistesschwäche oder wegen Bewußtseinsstörung nicht in der Lage ist, die Bedeutung einer von ihm abgegebenen Willenserklärung einzusehen und nach dieser Einsicht zu handeln, kann ein Testament nicht errichten.

1) Früher § 1 II, III u § 2 TestG; bei letzterem geringfügige Änderg ohne sachl Bedeutg.

2) Die **Testierfähigk**, dh die Fähigk ein Test zu errichten, zu ändern od aufzuheben, ist an sich eine Unterart der GeschFgk, § 104 ff, jedoch beim Test (anders beim ErbVertr § 2275) von dieser unabhängig gestaltet, vgl BayObLG **56**, 377/381, BGH **LM** § 138 (Cd) Nr 9, auch §§ 11, 28 BeurkG („erforderl GeschFgk"). Sie muß beim Abschl der Errichtg vorhanden sein, BGH **30**, 294. u soll von der AmtsPers geprüft w, §§ 11, 28 BeurkG; nachträgl Verlust der TestierFgk berührt die Gültigk des Test nicht, s auch Anm 6c bb. Es gibt keine je nach Schwierigk des Test abgestufte TestierFgk, BGH **30**, 117 = **LM** § 52 ZPO Nr 4 mit Anm v Johannsen, § 104 Anm 3; über partielle GeschUnfgk s Mattern, BWNotZ **61**, 277, 289, BGH FamRZ **70**, 641, § 104 Anm 3, RGRK Rdz 14, s auch Reimann Anm 39, 40.

3) Minderjährige, I, können nur nach Vollendg des 16. Lebensjahrs u auch dann nur in gewissen Formen testieren, näml nicht eigenhändig, § 2247 IV, u ohne öff Test nur durch mdl Erkl od Überg einer offenen Schrift, § 2233 I. Stumme Minderj sind testierfäh, s Anm 6b, c bb. Gesetzl Vertreter od VormschG wirken in keinem Fall mit. Die Volljährigk tritt ab 1. 1. 75 mit der Vollendg des 18. Lebensjahres ein (§ 2 BGB idF des Art 1 Nr 1 VolljkG). – In der **DDR** u Bln-Ost ist das **VolljährigkAlter** seit 22. 5./14. 6. 50 auf 18 Jahre herabgesetzt, G v 17. 5. 50, GBl 437; s ab 1. 1. 76 ZBG DDR 49.

4) Wer unter **vorl Vormundsch** steht, **II**, §§ 114, 1906, ist testierfähig, soweit nicht Abs **IV** zutrifft, u bedarf ebenf nicht der Zust des gesetzl Vertreters. Falls er aber entmündigt wird, wird die Vfg rückw nichtig, **III** 2. Wird die Entmündig abgelehnt, so bleibt das währd der Verf errichtete Test wirks.

5) Ausländer. Die rechtl Beurteilg der TestierFgk eines Ausländers ist bestr, s Neuhaus RabelsZ **18**, 651, Art 24 EG Anm 3; die TestForm richtet sich nach EG 11, s Staud-Firsching Rdz 34 hierzu, auch Übereinkommen v 5. 10. 61 (BGBl II **65**, 1145, Anh zu Art 24–26 EG). Über **Staatenlose** vgl EG 29. – **Flüchtl u Vertriebene** deutscher Volkszugehörigk sind Deutsche, GG 116 I, Art 9 II Nr 5 FamRÄndG; vgl auch Vorbem 7 a vor EG 7 u über das bei ihrem Tod anzuwendende ErbR Fischer BWNotZ **59**, 24, BayObLG **60**, 478, **61**, 178 (Sudetendeutsche); s auch zu GG 116 II BVerfGE **23**, 98.

6) a) Unbeschränkt testierfähig ist nur der des Sprechens, Lesens u Schreibens kundige, geistig gesunde Vollj im Vollbesitz seiner Sinne, vgl zum fr Recht §§ 2243 I, 2238 IV, 2242 II, III, 2229 I mit 2238 III, 2229 III, IV, § 2233 I aF; jetzt § 2233 II, III nF, §§ 23–25 BeurkG, §§ 2229 I mit §§ 2233 I nF, § 2229 III, IV, § 22 BeurkG, s auch unter b.

b) Beschränkt testierfähig sind Minderj über 16 Jahre (bis zur Vollendg des 18. LebensJ), § 2229 I, § 2233 I, § 2247 IV, oben Anm 3, § 2233 Anm 1, § 2247 Anm 2 aa, Stumme §§ 2233 III mit Anm 4, BeurkG 31 mit 22, Taubstumme, die nicht die Lautsprache beherrschen, §§ 2233 III, BeurkG 23, 24, 31, u Lesensunkundige, § 2233 II, BeurkG 22. Dagg sind Taube voll testierfäh, vgl jed BeurkG 23, 24. – Eheleute in westfäl Gütergemeinsch sind bei einseit Vfgen in der **Testierfreiheit** beschr, Hilderscheid DNotZ **39**, 21, LG Essen NJW **53**, 990, RGRK Rdz 6.

c) Testierunfähig sind

aa) Personen unter **16 Jahren**, § 2229 I,

bb) im Ztpkt der Errichtg **geistig Gestörte, Geistesschwache u im Bewußtsein Gestörte,** §§ 2229 **IV**, 104, 105 II; vgl Celle DNotZ **62**, 657, Soergel-Müller Rdz 5, 6, 10, 11, Reimann Anm 14ff. Dabei genügt es nicht, daß der Erbl eine allg Vorstellg von der Tats der Errichtg des Test u dem Inhalt seiner Vfgen hat. Er muß vielm in der Lage sein, sich über die Tragweite dieser Anordnungen, insb auch über ihre Auswirkungen auf die persönl u wirtschaftl Verhältnisse der Betroffenen u über die Gründe, die für u gg ihre sittl Berechtigung sprechen, ein klares Urteil zu bilden u nach diesem Urteil frei von den Einflüssen etwaiger interessierter Dritter zu handeln, BGH FamRZ **58**, 127, BayObLG **62**, 224, Hamm MDR **67**, 496, auch Reimann Anm 28, 29. In lichten Zwischenräumen errichtete Vfgen sind jedoch wirks. Bewußtseinsstörgen führen nicht ohne weiteres zur TestierUnfgk, wenn noch die EinsichtsFgk nach IV vorliegt. Wenn daher der Erbl im Vollbesitz seiner Geisteskräfte dem Notar seinen letzten Willen erklärt, dann aber einen

Schlaganfall mit der Folge einer Bewußtseinstrübg erleidet, so genügt es, wenn er den am nächsten Tag verlesenen Text versteht u erfaßt, daß es sich um ein Test handelt, und wenn er frei darü entscheiden kann, ob dieses Test wirks werden soll, BGH **30**, 294 = NJW **59**, 1822. – Eine partielle Testierunfähigk kann es geben, nicht aber eine relative, s Reimann Rdz 39, 40. – Psychopathie u Rauschgiftsucht schließen idR die TestierFgk nicht aus, BayObLG **56**, 377. – Zur Behandlg der Test Geisteskranker vgl Höver DFG **40**, 81, Meyer DJ **41**, 755, auch unten Anm 7.

cc) Wegen Geisteskrankh, Geistesschwäche, Verschwendg od Trunks **Entmündigte**, § 2229 III, u zwar schon von der Stellg des Antrags an, ZPO 647, 680. Lichte ZwRäume werden bei Entm nicht berücksichtigt. Sonderfälle bei Entm vgl § 2230. Die nach § 114 (idF des Art 1 Nr 3g AdoptG) Entmündigten (s dazu § 6 I Nr 3, § 114 Anm 1) können zwar kein Test errichten, aber ein früher errichtetes **widerrufen**, § 2253 II (idF des Art 1 Nr 3k AdoptG), sofern nicht § 2229 IV zutrifft, s BayObLG **75**, 212 = Rpfleger **75**, 303.

d) Aus Gründen, welche die **Testamentsform** betr, können prakt nicht testieren:
aa) Stumme Schreibensunkundige u -unfähige, § 2233 III, § 31 BeurkG, da ihnen sowohl die schriftl Erkl beim öff Test, § 31 S 1 BeurkG, wie die Niederschrift beim eigenhänd Test, § 2247, unmögl ist; desgl stumme Lesensunkundige, § 2233 II, § 2247 IV, stumme Blinde, welche die Blindenschrift nicht beherrschen; vgl § 2233 Anm 4a, BeurkG 31 Anm 4. Über Anwendg des § 2276 II s Höfer JurA **70**, 751.
bb) praktisch auch **taube Analphabeten**, mit denen eine Verständigg unmögl ist, s BayObLG 24, Reimann Anm 57; u **stumme Minderjährige**, die nicht schreiben können, Reimann Anm 58.
e) Testamente Testierunfähiger werden auch beim späteren Eintritt der TestierFgk nicht wirks. Sie müßten formgerecht neuerrichtet werden, § 141 I.

7) **Beweispflicht** für mangelnde TestierFgk trifft im RStreit den, der sie behauptet, BGH FamRZ **58**, 127. Ausnahme s jedoch § 2247 Anm 4 b. Im **ErbscheinsVerf** Amtsprüfg nach § 2358, FGG 12, grdsätzl Erholg eines Sachverst-Gutachtens, KG NJW **61**, 2066, Hamm MDR **67**, 496, Stgt BWNotZ **78**, 89, das muß seine Schlüssigk sowie darauf zu prüfen ist, ob es von dem Sachverhalt ausgeht, den der Richter für erwiesen erachtet, BayObLG **58**, 136; über Abweichg von dem Gutachten eines psychiatrischen Sachverst s BGH NJW **61**, 2061. Hat ein Sachverst zur Vorbereitg seines Gutachtens AuskPersonen gehört, so können ihre Aussagen in der Entscheid verwertet werden, falls nicht die AufklärgsPfl die richterl Vernehmg gebietet, BayObLG **62**, 219. Aber der Erbl wird solange als testierfähig betrachtet, als nicht das Ggteil bewiesen ist, BayObLG **56**, 380; diese Entscheidg darf das Gericht aber erst dann treffen, wenn es alle nach den Umständen des Falles erforderl Beweise erschöpft hat, Hamm aaO. Über BewLast s § 2358 Anm 1 aE, über Feststellg der TestierFgk im Prozeß s Reimann Anm 49–52. Dazu auch Johannsen WPM **71**, 402.

8) **DDR:** ZGB – Auszug im Anh, 35. Aufl – 370 I mit 49, 52.

2230 *Errichtung bei Entmündigung.* ^I Hat ein Entmündigter ein Testament errichtet, bevor der Entmündigungsbeschluß unanfechtbar geworden ist, so steht die Entmündigung der Gültigkeit des Testaments nicht entgegen, wenn der Entmündigte noch vor dem Eintritt der Unanfechtbarkeit stirbt.
^{II} Hat ein Entmündigter nach der Stellung des Antrags auf Wiederaufhebung der Entmündigung ein Testament errichtet, so steht die Entmündigung der Gültigkeit des Testaments nicht entgegen, wenn die Entmündigung auf Grund des Antrags wieder aufgehoben wird.

1) Bei **Tod** des Erbl **vor Unanfechtbark,** ZPO 664, 684, bleibt die Rechtmäßigk der Entmündigg im ungewissen; daher ist Test wirks, sofern nicht TestierUnfgk nach § 2229 IV vorliegt. Wird die Entmündigg inf AnfechtgsKl aufgeh, bleibt Test ebenf wirks, § 115.
2) Ein dem **Wiederaufhebgsantrag,** ZPO 675, 685, nachfolgendes Test ist bei Wiederaufhebg gültig, da angenommen wird, die Besserg habe schon bei AntrStellg bestanden. GgBeweis der TestierUnfgk steht aber auch hier offen. Bei Tod vor Wiederaufhebg bleibt es bei der Ungültigk, so auch RGRK Rdz 3, StjP II zu § 675 ZPO, Barth-Schlüter Lehrb § 15 III; aM Reimann Anm 9 ff. Ebenso ist ein vor dem Wiederaufhebgsantr errichtetes Test auch bei Wiederaufhebg unwirks, § 2229 III.

2231 *Ordentliche Testamentsformen.* **Ein Testament kann in ordentlicher Form errichtet werden**
1. zur Niederschrift eines Notars;
2. durch eine vom Erblasser nach § 2247 abgegebene Erklärung.

1) Neufassg gem § 57 III Nr 5; in Kraft seit 1. 1. 70 (§ 71). Die hierdch erfolgte Änd betr ledigl die Nr 1; Wegfall der richterl Zustdgk, alleinige Zustdgk des Notars.
2) Es wird nach wie vor unterschieden
a) zwischen zwei **ordentl TestFormen** und zwar dem **öffentl**, §§ 2231 Nr 1, 2232, 2233, BeurkG §§ 27–35 mit §§ 1–11, 13, 16, 17, 18, 22–26, und das **eigenhänd Test**, §§ 2247, 2267;
b) außerordentl Test u zwar **NotTest:** BürgermstrTest §§ 2249, 2250 I, DreizeugenTest, § 2250 I, III, das SeeTest, § 2251 (Verweis auf § 2250 III) u das **KonsularTest** (s Anh); weitere außerordentl TestFormen waren das WehrmachtsTest, vgl Einf 1 vor § 2229, u die VerfolgtenTest nach REG 67 *(BrZ),* 80 *(AmZ),* 69 *(Bln).*
3) **Öffentl Test** haben wg GBO 35 u SchiffsRegO 41, RSchuldbG 16, ggü dem eigenhänd Test erhöhte Bedeutg, s auch wg des HandelsReg LG Bln JR **50**, 688. Öffentl Test sind auch das KonsularTest u das Test vor dem Bürgermstr (§ 2249).

Testament. 7. Titel: Errichtung und Aufhebung eines Testaments **§ 2231, Anh zu § 2231**

4) Zuständigkeit. Für die Errichtg des öffentl Test ist der Notar zuständig, § 2231 Nr 1 (§§ 1 I, 64 BNotO; s aber auch oben 3); eine Zuständigk des AG besteht seit dem 1. 1. 70 nicht mehr. In einem Prozeßvergleich kann ein Test nicht errichtet w, s §§ 127a, 128 Anm 3c, BGH FamRZ **60**, 30, wohl aber ein ErbVertr, § 2276 Anm 2, s auch Köln OLGZ **70**, 115. Die örtl Zustdgk des Notars ergibt sich aus BNotO 11, BeurkG 2; Mangel örtl Unzuständigk bewirkt aber keine Unwirksamk der Beurk. Eine im Ausland von einem dtschen Notar durchgeführte Beurk ist aber unwirks, BeurkG 2 Anm 1, Winkler NJW **72**, 981. Im Ausland können dtsche StaatsAngeh aber vor Konsularbeamten Test errichten, KonsG 11 I, 10 III mit Anm im Anh zu § 2231. Über Zustdgk für Errichtg von Bürgermstr-Test s § 2249 Anm 3.

5) Haftung. Die Haftg des Notars u des NotarVertr ist in BNotO 19, 39 IV, 46, die des Notarverwesers in BNotO 57 I geregelt, s § 839 Anm 15 (Notar); Sonderregel für die *Ba-Wü* Notare im Landesdienst, BNotO 114, 115, *Ba-Wü* AG BGB v 26. 11. 74, GBl 508, § 20 mit §§ 18, 19, dazu LG Ravensbg, BWNotZ **59**, 163.

6) Kosten. KostO 46, 141.

7) Über Ausschl des UrkNotars von anwaltschaftl Tätigk s BRAO 45 Nr 4 u dazu Ffm NJW **64**, 1033, Seybold-Hornig[5] Rdz 34 zu § 8 BNotO.

8) DDR: ZGB – Auszug im Anh, 35. Aufl – 383–385; NotariatsG 18–23.

Anhang zu § 2231

Errichtg von Test u Erbvertr vor deutschen Konsularbeamten

Gesetz über die Konsularbeamten, ihre Aufgaben u Befugnisse (Konsulargesetz) v 11. 9. 74, BGBl 2317; s hiezu BT-Drucksachen 7/131 u 7/2006

§ 10. Beurkundungen im allgemeinen. (1) Die Konsularbeamten sind befugt, über Tatsachen und Vorgänge, die sie in Ausübung ihres Amts wahrgenommen haben, Niederschriften oder Vermerke aufzunehmen, insbesondere
1. vor ihnen abgegebene Willenserklärungen und eidesstattliche Versicherungen zu beurkunden,
2. . . . . . .

(2) *Die von einem Konsularbeamten aufgenommenen Urkunden stehen den von einem inländischen Notar aufgenommenen gleich.*

(3) *Für das Verfahren bei der Beurkundung gelten die Vorschriften des Beurkundungsgesetzes vom 28. August 1969 (Bundesgesetzbl. I S. 1513) mit folgenden Abweichungen:*
1. *Urkunden können auf Verlangen auch in einer anderen als der deutschen Sprache errichtet werden.*
2. *Dolmetscher brauchen nicht vereidigt zu werden.*
3. . . . . . .
4. . . . . . .
5. . . . . . .

§ 11. Besonderheiten für Verfügungen von Todes wegen. (1) Testamente und Erbverträge sollen die Konsularbeamten nur beurkunden, wenn die Erblasser Deutsche sind. Die §§ 2232, 2233 und 2276 des Bürgerlichen Gesetzbuchs sind entsprechend anzuwenden.

(2) *Für die besondere amtliche Verwahrung (§ 34 des Beurkundungsgesetzes, § 2258a des Bürgerlichen Gesetzbuchs) ist das Amtsgericht Schöneberg in Berlin zuständig. Der Erblasser kann jederzeit die Verwahrung bei einem anderen Amtsgericht verlangen.*

(3) *Stirbt der Erblasser, bevor das Testament oder der Erbvertrag an das Amtsgericht abgesandt ist, oder wird eine solche Verfügung nach dem Tode des Erblassers beim Konsularbeamten abgeliefert, so kann dieser die Eröffnung vornehmen. Die §§ 2260, 2261 Satz 2, §§ 2273 und 2300 des Bürgerlichen Gesetzbuchs sind entsprechend anzuwenden.*

1) Das KonsularG v 8. 11. 1867, BGBl 137, ist ersetzt dch das KonsularG v 11. 9. 74, BGBl 2317; in Kraft seit 12. 12. 74 (§ 31d G). Einschlägg ist auch Art 5f, 73 des Wiener Übereinkommens über konsular Beziehgen v 24. 4. 1963 (BGBl. 1969 II, 1589 = WÜK). S hiezu Hoffmann-Glietsch, KonsularR, 1975; Geimer, Konsularisches Notariat DNotZ **78**, 3; Wendler, Ausübg hoheitl Befugn dch Konsuln auf fremdem Staatsgebiet nach der WÜK, Diss Ffm 1977, 99ff.

2) Zum Aufgabenbereich der Konsularbeamten gehört ua die Beurk v Willenserklärgen, insb auch die **Beurk v Test u ErbVertr** (§ 10 I Nr 1, § 11 I KonsG). Für das Verfahren bei der Beurk v Test u ErbVertr gelten die Vorschr des BeurkG mit den sich aus § 10 III Nr 1, 2 KonsG ergebden Abweichgen. Entspr anzuwenden sind ferner die §§ 2232 (öffentl Test), 2233 (Sonderfälle der Errichtg) u 2276 (ErbVertr). Test u ErbVertr sollen nur beurk w, wenn der Erbl Dtscher (Art 116 GG) ist (SollVorschr!). Bei Beurk v ErbVertr darf der VertrSchließer, der selbst nicht vTw verfügt, auch Ausländer sein. Die von einem Konsularbeamten aufgenommenen Urkunden stehen den von einem inländ Notar aufgenommenen gleich (§ 10 II KonsG). Über Anwendg einz Bestimmgen des BeurkG s § 5 Anm 1, § 27 Anm 6, § 28 Anm 7, § 29 Anm 3, § 30 Anm 5, § 31 Anm 5, § 32 Anm 5, § 33 Anm 3, § 34 Anm 6. Zum Verf s allg Geimer aaO 18ff.

3) Das Ges unterscheidet zw **Berufskonsularbeamten** (§ 18 KonsG) u **Honorarkonsularbeamten** (§ 20 KonsG). Berufskonsularbeamte, welche die Befähigg z Richteramt haben (§§ 5ff DRiG), sind ohne weiteres zur Beurk v Test u ErbVertr befugt (§ 19 Abs 1 KonsG). Andere Berufskonsularbeamte sollen nur dann Willenserklärgen u damit auch Test u ErbVertr beurk, wenn sie hiezu vom Auswärtigen Amt bes ermächtigt sind (§ 19 II 1 KonsG). Diese Bestimmgen gelten für Honorarkonsularbeamte entspr (§ 24 I KonsG); haben diese also die Befähigg z Richteramt nach dtschem Recht, so bedürfen sie zur Beurk keiner Ermächtigg; im übr sollen sie Beurk nur vornehmen, wenn sie v Auswärtigen Amt hiezu bes ermächtigt sind. § 19 II 1 KonsG ist SollVorschr. Fehlen der Ermächtigg berührt Gültigk der Beurk nicht.

4) Für die bes amtl Verwahrg v Test u ErbVertr gelten § 34 BeurkG u §§ 2258a, 2258b, 2277, 2300 BGB. Zuständ hiefür ist das AG Schöneberg in Bln. Jedoch hat der Erbl das Recht, jederzeit die Verwahrg bei einem and dtschen AG zu verlangen (§ 11 II KonsG).

5) Eine SonderVorschr über die Eröffng v Test u ErbVertr enthält § 11 III KonsG. Sie ermöglicht den Konsularbeamten die Eröffng selbst vorzunehmen, wenn der Erbl vor Absendg des Test od ErbVertr an das AG stirbt od wenn nach dem Tode des Erbl eine solche Vfg beim Konsularbeamten abgeliefert wird.

2232 Öffentliches Testament.
Zur Niederschrift eines Notars wird ein Testament errichtet, indem der Erblasser dem Notar seinen letzten Willen mündlich erklärt oder ihm eine Schrift mit der Erklärung übergibt, daß die Schrift seinen letzten Willen enthalte. Der Erblasser kann die Schrift offen oder verschlossen übergeben; sie braucht nicht von ihm geschrieben zu sein.

1) Neufassg gem § 57 III Nr 6 BeurkG; in Kraft seit 1. 1. 70 (§ 71), § 2232 nF entspricht inhaltl dem fr § 2238 I, II 1 u 2; die im fr § 2238 II 3 ausgesprochene Verpflichtg der UrkPers, vom Inhalt der offen übergebenen Schrift Kenntn zu nehmen, ist jetzt in BeurkG 30 S 4 enthalten.

2) Allgemeines. § 2232 bildet die materiellrechtl GrdLage für die Errichtg öffentl Teste. Er wird verfahrensrechtl ergänzt dch Vorschr des BeurkG, insb BeurkG 9, 11 mit 28, 13 I, III, 16 mit 32, 17 mit 30, 22–25, 27, 29–32, 35. Die Errichtg ist wie bish auf drei Arten mögl: dch **mündl Erklärg** od **Übergabe einer offenen od verschlossenen Schrift**. Die Errichtg zerfällt in folge Vorgänge, s Reimann Anm 3–7: die Verhandlg vor dem Notar, die Niederschr, das Vorlesen, Genehmigen u Unterschreiben dch den Erbl, den Abschl dch die Unterschr des Notars u etwaiger sonst mitwirkder Personen.

3) Die mündliche Erklärg. Diese richtet sich an den Notar. Er hat die Verhandlg selbst zu führen; dies schließt aber nicht aus, daß sich der Notar eines TestZeugen od eines Dritten als VerständiggsOrgan bedient, er darf aber die Verhandlgsführg nicht dem Dritten überlassen, OGHZ 3, 383, s auch Reimann Anm 8.

a) Die mündl Erklärg muß mit verständl gesprochenen Worten (unverständl Lallen daher unzureich) abgegeben w, sie darf nicht nur dch Zeichen od Gebärden ausgedrückt w, BGH **2**, 172; BayObLG **68**, 272. Sie kann also nicht dch Kopfnicken, Gebärden od sonst Zeichen bewirkt w, BGH **2**, 172. Sie kann aber dch abschnittsweises Vorlesen eines zuvor niedergeschrieb TestEntw u mündl erklärte Bejahg der Richtigk dch den Erbl zum Ausdruck kommen, s BGH **37**, 84; BayObLG **68**, 272 f. Es genügt bloßes Jasagen des Erbl auf Fragen des Notars, wobei auch ein von einem Dritten, in Abwesenh des Erbl, gefertigter Entw verwendet werden kann, KG DNotZ **60**, 485. Die bloß stillschweigde Gen, zB dch Kopfnicken, der vorgelesenen Niederschr od ihre Unterzeichn, BeurkG 13 I, insb Stillschweigen zum Diktat, ersetzt die bes Erkl des letzten Willens nicht, KG aaO. Es genügt aber, wenn der Erbl nach vollständ Vorleseg auf die Frage nach der Richtigk des Vorgelesenen – mag das Test auch mehrere Vfgen v Tw enthalten – sein Einverständn mit Worten zu erkennen gibt, mag er auch zwischendch nur dch Gesten zugestimmt haben, RGZ **161**, 381, auch Reimann Anm 14. Bei gemschaftl Test, bei denen häuf nur der eine Eheg allein spricht, ist darauf zu achten, daß sich auch der and mündl erklärt.

b) Die Erkl des Erbl muß in die Niederschr aufgenommen w, BeurkG 9 I 1 Nr 2. BeurkG 9 I 2 (Verweis auf ein der Niederschr beigefügtes Schriftstück) ist anwendb; eine solche Anlage muß aber vorgelesen werden, BeurkG 13 I, 9 I 1, Reimann Anm 18.

c) Sonderfälle: Für **Sprachunkundige** sind die SonderVorschr im BeurkG 16 mit 6, 7 und 27 sowie 32 zu beachten, s Anm hiezu im Anh. **Stumme** können gem § 2233 III ein öffentl Test nur dch Überg v Schrift errichten, s auch BeurkG 22, 31. Bei **Taubstummen** ist auch BeurkG 23 heranzuziehen. Ist der Stumme schreib- od lesenunfäh, so kann er überh kein Test errichten, BeurkG 31, §§ 2233 III, 2247 IV, § 2229 Anm 6 aa. – **Taube** können ein öffentl Test in allen drei Arten errichten; wg des Verf s BeurkG 22 ff. – **Blinde**, welche die Blindenschrift beherrschen, können dch Überg einer Blindenschrift testieren, bestr, s Reimann § 2233 Anm 10, andernf nur dch mündl Erkl, s § 2233 II; ist der Blinde schreibunfäh, so greift BeurkG 25 Platz; wg der Errichtg eines privatschriftl Test s 2247 Anm 2 a aa.

4) Übergabe einer Schrift mit der Erkl des Erbl, daß sie seinen letzten Willen enthalte. Über das Verf s BeurkG 30 mit Anm. Die Übergabe muß nicht von Hand zu Hand erfolgen, es genügt zB, wenn der Notar die von ihm selbst gefertigte Schrift an das Krankenlager des Erbl mitbringt, sie vor diesem vorliest u der Erbl in der Lage ist, sie sich zu nehmen, u er seinen ÜbergWillen erklärt, RG **150**, 191; Barth-Schlüter Lehrb § 17 III 3 b. Die Erklärg des Erbl kann auch in der allg Gen der Niederschr gem BeurkG 13 I erblickt w, s BeurkG 30 Anm 2, Soergel-Müller Rdz 7. – Die **Schrift** braucht vom Erbl nicht selbst geschrieben zu sein, sie kann von einem Dritten, – zB der UrkPers – entworfen sein, KG DNotZ **60**, 487; vgl BGH **37**, 85; daß der Dritte dadch von der Beurkdg in dem Test nicht ausgeschl w, wg Bedenkg der an der Beurk Mitwirkden s aber BeurkG 27 mit 7, 26 I Nr 2. Die Schrift kann in jeder Form (Druck, Maschinenschr, Lithographie, Pause, Blindenschrift – auch in fremden Schriftzeichen u fremder Sprache) gefertigt sein, Reimann Anm 23–27. Der Erbl muß den Inhalt kennen, bestr, Barth-Schlüter Lehrb § 17 III 3 b, Erm-Hense Rdz 6, 8; aM Reimann Anm 30. Datum, Ortsangabe u Unterschr sind überflüss. Die Schrift, die derart gekennzeichnet w soll, daß eine Verwechslg ausgeschl ist, s Keidel-Winkler[10] BeurkG 30 Rdz 7, soll der Niederschr beigefügt w; einer Vorlesg der Schrift bedarf es nicht, BeurkG 30 S 2, 5. Die Niederschr muß die Feststellg enthalten, daß die Schrift übergeben worden ist; in ihr soll vermerkt w, ob sie offen od verschlossen übergeben worden ist, BeurkG 30 S 1, 3 mit Anm 2 b. – Die übergebene Schrift wird nicht Bestandteil der Niederschr, Reimann Anm 31, Mecke BeurkG 30 Anm 5, Keidel-Kuntze-Winkler ebda Rdz 16, wohl aber gilt sie als Bestandteil des öffentl Test, Soergel-Müller Rdz 10.

Testament. 7. Titel: Errichtung und Aufhebung eines Testaments §§ 2232, 2233

a) Von dem Inhalt einer offen übergebenen Schrift soll der Notar Kenntn nehmen, sofern er der Sprache, in der die Schrift verfaßt ist, hinreichend kund ist, § 17 ist anzuwenden, BeurkG § 30 S 4 mit Anm 2 c bb.

b) Wird eine verschlossene Schrift übergeben, so ist diese erst bei der TestEröffng, § 2260 II, zu öffnen. Auch hier ist der Notar aber berecht, wenn auch nicht verpflichtet, den Erbl über den Inhalt zu befragen u ihn auf mögl Bedenken hinzuweisen, BeurkG § 30 Anm 2c bb, Erm-Hense Rdz 8, s auch BeurkG 27 mit 7, 24 II, 26 I Nr 2, ferner § 17.

5) Errichtg des Test dch Überg einer Schrift u dch mündl Erkl können miteinander **verbunden** w, Reimann Anm 19, 33.

6) Über Errichtg öff Test dch Minderjährige, s § 2229 I, § 2233 I, dch Lesensunfähige § 2233 II.

2233 *Sonderfälle der Errichtung.* I Ist der Erblasser minderjährig, so kann er das Testament nur durch mündliche Erklärung oder durch Übergabe einer offenen Schrift errichten.
II Ist der Erblasser nach seinen Angaben oder nach der Überzeugung des Notars nicht imstande, Geschriebenes zu lesen, so kann er das Testament nur durch mündliche Erklärung errichten.
III Vermag der Erblasser nach seinen Angaben oder nach der Überzeugung des Notars nicht hinreichend zu sprechen, so kann er das Testament nur durch Übergabe einer Schrift errichten.

1) Neufassg gem § 57 III Nr 7; in Kraft seit 1. 1. 70 (§ 71). § 2233 I, II nF entspricht dem fr § 2238 III, IV; § 2233 III dem fr § 2243 I 1.

2) Minderjährige, I, sind erst nach Erreichg des 16. Lebensjahres testierfäh, § 2229 I. Nicht minderjähr war, wer für volljähr erklärt w war (§§ 3–5 BGB, ab 1. 1. 75 aufgeh dch das VolljkG; die Volljährigk w mit Vollendg des 18. LebensJ erreicht, § 2 BGB). S auch § 2229 Anm 3. Der Minderjähr kann nur in der Form eines öffentl Test letztw vfg u zwar nur dch mündl Erkl vor dem Notar od dch Überg einer offenen Schrift (§ 2232); ein privatschriftl Test kann er nicht errichten, § 2247 IV. Der Zustimmg seines gesetzl Vertr bedarf er nicht, 2229 II. Aus III ergibt sich, daß auch testierfäh Mj, die nicht hinreichd zu sprechen vermögen, dch Überg einer offenen Schrift ein Test errichten können, s auch BeurkG §§ 22, 24, 31, Reimann Anm 6. § 2233 I ist eine MußVorschr, s Reimann Anm 4.

3) Lesensunfähige, II, können ein Test nur dch mündl Erklärg errichten. Lesensunfäh ist, wem die Fähigk, den Text einer Schrift zu entziffern, abgeht, od – bei Vorliegen dieser Fähigk – wer in einer Schrift verwendeten Zeichen inhaltl nicht verstehen kann, Reimann Anm 8. Lesensunfäh sind also zB Analphabeten, auch Blinde, welche die Blindenschr nicht beherrschen, uU auch hochgrad Schwachsinnige, s SchlHOLG SchlHA **70,** 138, u dergl. Ob ein Erbl lesensunfäh ist, richtet sich in erster Linie danach, ob er sich für lesensunfäh erklärt, s dazu BeurkG 29 Anm 2 a aa; an diese Erkl ist der Notar gebunden. Daneben w auf die Überzeugg des Notars abgestellt, für den Fall, daß der Erbl seine von Notar erkannte Lesensunfähigk nicht zugeben will. – Die Erklärg des Beteiligten, Geschriebenes nicht lesen zu können, od die Überzeugg des Notars hiervon, soll in die Niederschr aufgen w, vgl BeurkG 22 I 2. – Lesensunfähige iSv II können ein Test nur dch mündl Erkl vor dem Notar errichten (§ 2232). Auch die Errichtg eines eigenhänd Test ist nicht mögl, § 2247 IV. § 2233 II ist eine Mußvorschrift; die Nichtigk eines dch Überg einer Schrift errichteten Test setzt aber voraus, daß der Erbl tatsächl nicht lesen konnte u daß er seine Lesensunfähigk entw dem Notar angegeben h od dieser der Überzeugg war, daß der Erbl nicht imstande ist, Geschriebenes zu lesen; ein Irrt des Notars über die tatsächl Voraussetzgen der Lesensunfähigk macht das Test nicht unwirks, s Reimann Anm 15–18, RGRK Rdz 3.

4) Stumme, III, können ein Test nur dch Überg einer Schrift (offenen od verschlossenen) errichten, § 2232.

a) Stumm iSv III sind Personen, die nicht hinreichd zu sprechen vermögen. Am Sprechen verhindert ist ein Erbl, der nur unartikuliert lallen kann. Der Grd der Verhinderg am Sprechen ist rechtl ohne Bedeutg, es kann dies zB eine Erkrankg der Sprachorgane, ein Schlaganfall, ein ärztl Sprechverbot sein, Reimann Anm 22, 23. Bloße Zeichen od Gebärden reichen als Ausdrucksmittel allein nicht aus; nicht stumm ist aber ein Erbl, der das Sprechen in einzelnen Punkten dch Zeichen od Gebärden unterstützen od ersetzen muß (Köln MDR **57,** 740; BayObLG **68,** 272, Reimann Anm 22). – Auch hier genügt die Angabe des Erbl, nicht hinreichd sprechen zu können; maßgebd ist außerdem die Überzeugg des Notars, s oben Anm 3. – Der stumme Minderjähr kann nur dch Überg einer offenen Schrift testieren, § 2233 II. Ein schreibunfäh Stummer kann überh kein Test errichten, ebenso ein Stummer, mit dem eine schriftl Verständigg nicht mögl ist (BeurkG 31 Anm 4 a; Jansen BeurkG 31 Rdn 8). Bei Taubstummen ist auch BeurkG 23 zu beachten.

b) Das Verfahren ist in BeurkG 31 mit 22 geregelt; s BeurkG 31 Anm 2.

c) § 2233 III enthält eine Mußvorschrift. Nichtig ist ein gg diese Vorschr verstoßdes Test, wenn der Erbl tatsächl nicht sprechen konnte u dies dem Notar ggü erklärt hat, od der Notar hiervon überzeugt war, s oben Anm 3.

Zu den aufgehobenen §§ 2234 bis 2246

1) Die **§§ 2234–2246** sind gem BeurkG 57 III Nr 8 mit Wirkg v 1. 1. 1970 **weggefallen** (BeurkG 71). Ihre Streichg entspricht dem Ziel des BeurkG, die bish Vorschr, soweit sie beurkverfrechtl Inhalt haben, in dieses G zu übernehmen, währd im BGB nur die Bestimmgen geblieben sind, welche die materielle Form regeln, BT-Drucks V/3282 S 43. Außerdem hat das BeurkG für Willenserklärgen unter Lebenden u Vfgen vTw für die Beurk grdsätzl gleiche VerfVorschr eingeführt. Für Test (u ErbVertr) gilt daher nicht mehr eine in sich geschlossene bes Regelg; vielm sind die allg Best über die Beurk von Willenserklärgen anzuwenden, zu denen einige SonderVorschr hinzutreten. Es gelten also die allg Vorschr in BeurkG 1–5, die Regeln über die Beurk von Willenserklärgen, BeurkG 6–26, soweit sie nicht, wie etwa BeurkG 14, 15, 19–21 bestimmte Willenserklärgen betr; die SonderVorschr für Vfg vTw sind in BeurkG 27–35 enth, vgl Keidel-Kuntze-Winkler Rdz 2, 6 vor BeurkG 27 ff, auch Jansen Vorbem 1–23 vor BeurkG 27, RGRK Anh zu § 2229 ff, hier Anm zu BeurkG 27 ff.

2) Die aufgehobenen Paragraphen des BGB sind für die Beurk aller öffentl Test bis 31. 12. 69 maßgeblieben. Deren Gültigk ist, auch wenn der Erbl nach diesem Ztpkt verstorben ist, sie aber früher errichtet hat, grdsl nach diesen Vorschr zu beurteilen, Einf 7 vor § 2229, Keidel-Kuntze-Winkler Rdz 10 vor BeurkG 27 ff. Die aufgeh Bestimmgen waren mit Erläutergen zuletzt in der 31. Aufl abgedruckt. Die an ihre Stelle getretenen neuen Vorschr des BeurkG sind im Anh wiedergegeben u erläutert. Wg des vor dem 1. 1. 1970 geltdn Rechts muß daher die 31. Aufl herangezogen werden, s auch Erm-Hense, Soergel-Müller je zu §§ 2234–2246 aF.

3) Eine vergleichde GgüStellg der weggefallenen Paragraphen des BGB u der an ihre Stelle getretenen neuen Vorschr ist in Einf 8 vor § 2229 enthalten.

2247 *Eigenhändiges Testament.* I Der Erblasser kann ein Testament durch eine eigenhändig geschriebene und unterschriebene Erklärung errichten.

II Der Erblasser soll in der Erklärung angeben, zu welcher Zeit (Tag, Monat und Jahr) und an welchem Ort er sie niedergeschrieben hat.

III Die Unterschrift soll den Vornamen und den Familiennamen des Erblassers enthalten. Unterschreibt der Erblasser in anderer Weise und reicht diese Unterzeichnung zur Feststellung der Urheberschaft des Erblassers und der Ernstlichkeit seiner Erklärung aus, so steht eine solche Unterzeichnung der Gültigkeit des Testaments nicht entgegen.

IV Wer minderjährig ist oder Geschriebenes nicht zu lesen vermag, kann ein Testament nicht nach obigen Vorschriften errichten.

V Enthält ein nach Absatz 1 errichtetes Testament keine Angabe über die Zeit der Errichtung und ergeben sich hieraus Zweifel über seine Gültigkeit, so ist das Testament nur dann als gültig anzusehen, wenn sich die notwendigen Feststellungen über die Zeit der Errichtung anderweit treffen lassen. Dasselbe gilt entsprechend für ein Testament, das keine Angabe über den Ort der Errichtung enthält.

Schrifttum: Haegele, Zum eighänd Test, BWNotZ **77**, 29; Steden, Formfreie und formbedürftige Änderen des eigenhänd Test, Diss Mainz, 1971; Werner, Zur Eigenhändigk letztw Vfgen, DNotZ **72**, 6.

Vorbem. Die Worte „in ordentlicher Form" in § 2247 I sind gem § 57 III Nr 9 als unnöt Wiederholg des § 2231 mit Wirkg v 1. 1. 70 (§ 71) weggefallen.

1) Allgemeines. Früher § 21 TestG. Dieses brachte ggü den §§ 2231 Nr 2, 2247 idF v 18. 8. 96 erhebl Mildergen. **Beibehalten** wurde die notw Eigenhändigk der letztw Erkl u deren eigenhänd Unterschr, **I, III** RG DNotZ **42**, 308. Diese Erfordernisse können nicht dadurch ersetzt w, daß die Urhebersch des Erbl u die Ernstlichk seiner Erkl auf andere Weise, etwa durch ZeugenBew, festgestellt wird, Schlesw SchlHA **52**, 83. Der in einer formnichtigen Vfg Eingesetzte kann auch nicht durch Berufg auf Treu u Gl ein Recht am Nachl geltd machen, vgl hierzu Krause, FamRZ **55**, 161, auch Reimann Anm 54, 55: zur vertragl Anerkng des Inhalts eines ungült Test. **Aufgegeben** wurde dagg das frühere zwingende Erfordern der eigenhänd u richtigen Zeit- u Ortsangabe u der vollständ Unterschr. Das G rät jedoch durch Sollvorschr, Zeit u Ort anzugeben, sei es auch nur in Vordruck od Maschinenschrift, u eine verständige u vollständ Unterschr zu leisten, u verstärkt diesen Rat durch Androhg v Beweisschwierigk, die möglicherw doch die Ungültigkeit zur Folge haben, **III, V**. Immerhin werden diese Fälle selten sein. Die wesentl Ursachen für die früher häufige Nichtigk wurden durch das TestG beseitigt. – Beim eigenhänd gemschaftl Test, § 2267, wurden die Formerleichtergen noch erweitert. – Zuziehg v Zeugen ist beim eigenhänd Test nicht notw u nicht übl, aber unschädl. – Die Formerleichtergen gelten nach dem aufrechterhaltenen § 51 TestG (abgedr im Anh zur Einf vor § 2229) bei am 4. 8. 38 u später eingetretenen Erbfällen auch für früher errichtete Test: dagg können Erbfälle vor dem 4. 8. 38 nicht mehr aufgerollt werden. – Verwahrg, §§ 2248, 2258 a II Nr 3, nur auf Verlangen des Erbl u bei jedem AG mögl.

2) Einzelheiten: a) Haupterfordern ist **eigenhänd Niederschrift**: eigene Herstellg (Ziehen) der Schrift unmittelb mit der Hand (bei Versehrten mit Prothese, Fuß, Mund oä); gleichgültig ist die Form (Brief od Postkarte), das Material, Schreibmittel (Tinte, Blei, Farbe, Kreide, Schiefer), die Sprache od Schrift (auch Rundschrift, Schrift in Druckbuchstaben, oder Kurzschrift), wenn Test nur wirklich u auf ernsth Testierwillen des Erbl beruht, also kein Entwurf od Scherz, Haegele aaO 29, KG FamRZ **77**, 483/484, BayObLG Rpfleger **77**, 438 (Test auf gebrauchtem Briefumschlag). Bei Verwendg ausgefallenen Materials ist bes sorgfält zu prüfen, ob es sich nicht um einen bloßen TestEntwurf handelt. Auch die mittels Kohlepapier hergestellte Durchschrift eines eigenhändigen Test ist vom Erbl eigenhändig geschrieben, Werner aaO 6, 10 ff; sie kann durch nachträgl Zusatz zur Urschrift des eigenhändigen Test gemacht werden, BayObLG **66**, 258, aM Jansen NJW **66**, 663, krit auch Barth-Schlüter, Lehrb § 18 I 1. Auch BGH **47**, 68 erkennt an, daß ein mittels Durchschreibbogen (Blaupause) errichtetes Schriftstück ein formgült Test sein kann, zB das einzige Original, s das Beisp bei Werner JuS **73**, 434, od eine zweite Urschrift; sorgfält Prüfg auf Echth ist aber geboten; derjenige, der sich auf ein solches Schriftstück beruft, hat die Umstände darzutun, aus denen sich entspr ErblWille ergibt, dazu Johannsen WPM **71**, 405f. – Bei Zweifel, ob Erbl bei TestErrichtg „Geschriebenes noch zu lesen vermochte" ist von seiner Lesefähigk auszugehen, Neust JZ **62**, 417 mit Anm v Habscheid. Zu beachten ist, daß ein **Brieftestament** nicht den üblichen Gepflogenheiten entspricht, weshalb strenge Anfordergen dahin zu stellen sind, ob der Erbl wirkl schon im Brief selbst eine letztw Vfg treffen wollte, KG NJW **59**, 1441, BayObLG **63**, 58, Stgt Rpfleger **64**, 148, BGH WPM **76**, 744 (außergewöhnl Umst bei rass Verfolgtem), auch § 2084

Anm 3c, Bengel Anm 19–21. Auch ein vom Erbl mit dem Wort „Entwurf" versehenes, im übr formgerecht abgefaßtes Schriftstück kann als Test wirks sein, wenn der Erbl das Schriftstück mit ernstl Testierwillen gefertigt hat, es also bereits als seine rechtsverbindl letztw Vfg ansah u als solche behandelt wissen wollte, BayObLG **70**, 173. – **aa) Sprache** und **Schrift**zeichen müssen dem Erbl bekannt sein. Test auf Schallplatte, DJ **35**, 78, nichtig, da keine eigenhänd geschriebene Erkl. M e c h a n S c h r i f t (Druck, Schreibmaschine, Telegramm, Durchpausen – s dazu oben BGH **47**, 68, BayObLG **65**, 258 – eines von fremder Hand geschriebenen TestEntwurfs ist keine eigenhänd Niederschr, ebso Nachmalen von fremder Hand stammden Schriftstücks dch LeseUnkund, Mü DNotZ **37**, 68) nicht zulässig, BayObLG **65**, 261, BGH **47**, 70. Die Schriftzüge des Testators können mit Unterstützg eines Dritten gefertigt sein, sie müssen aber von seinem Willen bestimmt, dürfen also nicht von dem Dritten geformt sein, BGH **47**, 71, s auch Köln DNotZ **57**, 158, Keidel MDR **58**, 837, Bengel Anm 7; Stgt BWNotZ **77**, 70; zur Schreibhilfe s allg Holzhauer, Die eigenhänd Unterschr, 1973, 232 ff. Schreibunfähige, also auch Blinde, die die Blindenschrift nicht beherrschen, müssen öffentl testieren, **IV.** Zum Begr Blind (leseunfäh) s § 2233 Anm 3; aber auch dann, wenn ein Blinder die Blindenschr (od Blindenkurzschr) beherrscht, kann er nicht eigenhänd testieren, LG Hann NJW **72**, 1204, Werner aaO 8, Schulze DNotZ **55**, 625; es w mit Recht hervorgehoben, daß auch die mit der Hand gefertigte PunktSchr keinen sicheren Schluß auf die Pers des Schreibers zuläßt, ebenso Brox § 11 III 1a (2); s auch Soergel-Müller Rdz 43, bestr. Über das V e r f a h r e n s BeurkG 25, 29 Anm 2b. **Zusätze Dritter** od Einschalten in mechanischer Schrift, desgl Bezugnahmen auf nicht eigenhänd geschriebene Beilagen sind nichtig, Kipp-Coing § 26 I 1, BayObLG **73**, 35, Schallhorn JurBüro **74**, 1365; derartige Verweisen auf Urkunden, die nicht der TestForm genügen, werden als „Testamentum mysticum" bezeichnet, Kipp-Coing aaO. Die Wirksamk der formgerechten Vfgen bemißt sich nach §§ 2085, 139, Bengel Rdz 53. Ein Zusatz „Siehe Beilage" ist unschädl, wenn die nicht eigenhänd Beilage keine Willenserklärg darstellt u nur der Erläuterg eines im Text genannten BewegGrdes dient, s Bengel Anm 33. Die Beitrittserklärg eines Ehegatten zu einem infolge Fehlens der Unterschr des and Eheg formnichtigen „gemeinschaftl" Test, ist nichtig); sie erfüllt nicht die Formerfordern eines eigenhdg Test, BayObLG **68**, 311. – **bb) Unlesbare** Teile des Test machen die dort enthaltenen Vfgen unwirks, s § 2085 Anm 1; nicht mehr Lesbares, von dem feststeht, daß es lesbar niedergeschrieben wurde, berührt die Formgültigk des Test nicht; eine andere Frage ist, ob der Inhalt noch ermittelt w kann, Staud-Firsching Anm 38, s auch unten **b**; bei schwer leserlicher Schrift kann später Sachverständigen helfen, KG JW **37**, 2831, s auch Werner aaO 12. Anfertigg auf mehreren losen Blättern, von denen nur das letzte unterschrieben ist u deren Zusammengehörigk feststeht, mögl, Neust Rpfleger **62**, 446, auch RGRK Rdz 12. Erstellg von m e h r e r e n U r s c h r i f t e n ist zul. Eine formgültige Niederschr kann uU auch wirks sein, wenn der Erbl noch eine Reinschrift anfertigen wollte, Potsd NJ **49**, 319. D u r c h s t r e i c h u n g e n, Rasuren nicht verboten, aber unzweckm, da sie den Beweiswert der Urk beeinträchtigen, ZPO 419, uU als Widerruf angesehen w können, § 2255.

b) Zeit u **Ort** sind kein notw TestBestandt mehr, **II**, **V**, vgl Anm 1; sie können daher auch mit mechan Schrift angegeben od ganz weggelassen werden, wenn dies auch nicht rätlich ist. Denn vor allem das Fehlen einer Zeitangabe kann zu Zweifeln über die Gültigk Anlaß geben, so in den vom TestG 21 noch ausdrückl angeführten Fällen der zeitweiligen TestierUnfgk inf Entmündigg od des Vorhandenseins mehrerer widersprechender Test, s Bengel Anm 47. Wenn die Angaben fehlen od unrichtig od zweideutig sind, zB doppelte Ortsangabe, KG JW **39**, 352, aber es nach Abs **V** darauf ankommt, so ist jedes BewMittel zul („anderweit"), also das Ger nicht wie früher auf den Inhalt der Urk od des Umschlags beschränkt, KG MDR **53**, 51. Bei mehreren Zeitangaben ist die durch die Unterschr gedeckte jüngste maßg, ist aber die Zeit nicht erkennb, so ist die Zeitangabe als fehlend anzusehen, RGRK Rdz 28. Sind die Angaben unleserl geworden, so gilt nicht Abs **V**, sond freie Bew-Würdigg, KG JW **38**, 1601.

c) Eigenhänd Unterschrift. Wegen der Eigenhändigk vgl Anm 2a. Handzeichen, § 126 I, bloße Schnörkel od drei Kreuze genügen nicht, RG **134**, 310. Leserlichk der Unterschr ist nicht notw, erforderl ist aber ein die Identität ausreich kennzeichnender individueller Schriftzug, Soergel-Müller Rdz 18, vgl BGH **LM** § 170 ZPO Nr 8, Rpfleger **64**, 211, **76**, 127 mit Anm von Vollkommer u w H, Krapp JurBüro **77**, 11. Die eigenhänd Unterschr erfordert

aa) ausreichende Identitätsbezeichng, also zweckm Vor- u Zuname. Nach **III** ist aber auch die Unterzeichng „in anderer Weise" wirks, wenn Identität u Ernstlichk festgestellt w können. Das TestG hat hier beispielsw auf Unterzeichn nur mit Vornamen od durch Angabe der Familienstellg hingewiesen. Diese Beisp wurden nur zur Angleichg an den SprachGebr des BGB gestrichen; eine sachl Änderg liegt nicht vor. Wenn nur Vor- od Zuname, od nur Familienbezeichng („Euer Vater"), Kose-, Künstlername usw angegeben, s o r g f ä l t i g z u p r ü f e n, ob eine ernstl, e n d g ü l t i g e E r k l ä r g u nicht ledigl ein E n t w u r f, Ankündigg (bes bei BriefTest, s BayObLG **63**, 58) vorliegt, Vogels, JW **38**, 2162; KG DFG **41**, 9. A b k ü r z g e n (von Handzeichen od bloßen Schnörkeln abgesehen) sind wohl zul, wenn im Zweifelsfall Urheberschaft des Erbl, **III** S 2, u Nichtvorliegen bloßen Entwurfs feststellbar; zB „F. M." od „Mü." statt „Ferdinand Mühlens"; ebso Soergel-Müller Rdz 22, 23, wenn Erbl unter der Abkürzg bekannt ist u sich ihrer stets bedient hat; aM amtl Begr DJ **38**, 1257, RGRK Rdz 17, Staud-Firsching Anm 52, Barth-Schlüter Lehrb § 18 I 2, da dies den Erfordern einer Unterschr nicht entspreche, vgl BGH Betr **67**, 1628; wie hier aber Celle NJW **77**, 1690 Stgt Just **77**, 378. Aber diese Erfordern sind nach **III** äußerst gering (vgl S 2 „in anderer Weise"); daß auch nachläss Form genügd. Dem Sinn des G entspricht, jeder noch, der den letzten Willen an diesen Formalien nicht scheitern zu lassen, s auch Bengel Anm 24–26, Brox § 11 IV 1.

bb) Abschluß durch Unterschrift: Einheitlichk der ErrichtgsHdlg nicht erforderl. TestierFgk, § 2229 muß im Ztpkt des Abschl der ErrichtgsHandlg – der nicht notwend mit dem Ztpkt der Unterschr zufallen muß – vorliegen, Haegele aaO 29. Unterschrift gehört, wie der Name besagt, an sich **an den Schluß**, doch können Zeit- u Ortsangaben, **II**, nach der Unterschr stehen, Mü JFG **16**, 94, die Unterschr kann auch quergeschrieben sein; überh genügt eine solche räuml Beziehg zum Text, daß die Unterschr nach der allg Auffassg diesen deckt, so im Zweifel (wenn weder aus dem Umschlagvermerk noch aus den begleitden Umständen deren selbständ Bedeutg zu entnehmen ist) die Umschlags Unterschr, Ffm, Düss NJW 71, 1811; 72, 260; s auch BGH BWNotZ 61, 230 mit Anm von Keidel, Soergel-Müller Rdz 25; die Unterschr muß Fortsetzg u Abschl der TestErrichtg sein, RG DR 45, 55; Bengel Anm 29. Einzelfälle: KG JFG 16, 91; 21, 36. Unterschr unter der auf dem Umschlag befindl Erkl „Nach meinem Tode öffnen" genügt als Unterschr für mehrere in dem Umschlag enthaltene selbständ u voneinander unabhäng Schriftstücke nicht, Neust Rpfleger 62, 447. Die bloße Selbstbezeichng des Erbl im Eingang des Textes ist keine Unterschr, Köln OLGZ 67, 69, auch Rpfleger 68, 25 mit Anm v Haegele, BayObLG 68, 311. Zwar wird hierdch die Person des Testierden bezeichnet, aber die Selbstbezeichng ist nicht Fortsetzg u Abschluß der Vfg. Der Begriff der Unterschr würde damit völlig aufgegeben. Dies muß auch dann gelten, wenn sich die Erkl ihrem äußeren Anschein nach als abgeschl darstellt (zB durch die Schlußworte „Dies ist mein letzter Wille" od „geschrieben in meiner Wohnung"), da eben diese abgeschl Erkl nicht unterschrieben ist, ebso RG DR 42, 1340, Brschw MDR 55, 292, Freibg DRZ 49, 19, Staud-Firsching Anm 54; aM KG DR 41, 1464, Lange Lehrb § 19 III 3b. In den meisten Fällen würde übrigens die Frage, ob die Erkl wirkl abgeschl ist, kaum zweifelsfrei gelöst w können, s v Hippel AkZ 41, 269. Dagg ist Selbstbezeichng am Schluß der Erkl eine gültige Unterschr, wenn dadurch die Erkl abgeschlossen w sollte, Düss JMBl NRW 54, 116, s auch Haegele Jur Büro 68, 343 f. – Vom Erbl selbst geschriebene **Anlagen** bedürfen dann keiner besondern Unterschr, wenn sie nach seinem erkennb Willen zum Bestandt des Test gemacht sind. Der Erbl kann aber bei Errichtg eines Test nicht auf ein Schriftstück Bezug nehmen, das er nicht eigenhänd geschrieben hat, BayObLG 73, 35, Soergel-Müller Rdz 26, oben Anm 2 a. – Bei **mehrseitigem Test**: Unterschr auf dem letzten Blatt ausreichd, Soergel-Müller Rdz 24; BayObLG Rpfleger 75, 243. – Beglaubigen der Unterschr möglich.

cc) Spätere Zusätze. Nachträgl vom Erbl auf der formgült TestUrk vorgen Änderngen – Einschaltgen od Ergänzgen – brauchen nicht von ihm bes unterzeichnet zu w, wenn sie nach seinem festgestellten Willen von der ursprüngl Unterschr gedeckt w sollten u wenn das räuml Erscheingsbild der TestUrk nicht entgegensteht, BGH NJW 74, 1083, BayObLG 65, 262, Staud-Firsching Anm 19; s auch Haegele aaO 31. Ein nicht unterzeichneter Nachtr ist unwirks, wenn er auf ein bereits zuvor unterschriebenes Test gesetzt ist, Schlesw SchlHA 76, 9. Berichtigg von Schreibfehlern u ähnl Unrichtigk ist jederzeit ohne Unterschr zul, Staud-Firsching Anm 18. Unabhängige, eine neue sachl Vfg enthaltende, ununterschriebene **Nachträge** sind unwirks; BayObLG 74, 440, Beisp bei Steden aaO 43 ff; vgl auch §§ 2085, 2086; ZPO 419 u Anm 4. Sind sie unterschrieben od in den ursprüngl Text eingeschaltet, kann darin Widerruf od Einschränkg, §§ 2255, 2258, liegen, s BGH NJW 66, 201.

3) Minderj u Lesensunfähige, s § 2233 I, II, sind vom eigenhänd Test ausgeschl, **IV.** Die Volljährigk tritt seit 1. 1. 75 mit der Vollendg des 18. Lebenj ein, § 2. Hat ein Erbl sein Test eigenhänd geschrieben, steht jed nicht sicher fest, ob er zu dieser Zeit noch „Geschriebenens zu lesen vermochte", so ist, wenn die Beweiserhebg darü keine Klarh bringen kann, vom Regelfall, also davon auszugehen, daß er lesen konnte, Neust, FamRZ 61, 541 mit Anm v Lutter (ErbScrVerf), auch Werner aaO 14. Malt aber ein Schreibkund die von einem and erstellte Vorlage ab, so ist die Erkl keine eigenhänd, Werner aaO 9. Hinsichtl des öffentl Test vgl § 2233 I, II mit Anm 2, 3. § 2247 IV gilt nicht für Pers, die nach § 114 entmündigt sind; sie können daher im Ggsatz zu Minderj durch eigenhänd Test ein früheres Test nach § 2253 II widerrufen, BayObLG 56, 385.

4) Beweisfragen: Im ErbscheinsVerf Amtsprüfg s § 2358; im übrigen gilt: **a) Eigenhändigkeit.** Echtheit der Unterschr ist noch kein Beweis, aber ein BewAnzeichen für die Eigenhändigk der letztw Erkl (ZPO 416 u 440 II unanwendb, da hier nicht die Abgabe, sond zugl eine bestimmte Form, näml die Eigenhändigk, in Frage steht, Vogels JW 38, 2163; Stgt, Ellw BWNotZ 77, 69, 70, 91. Wer sich auf das Test beruft, hat die Eigenhändigk von Unterschr u Erkl, sowie zu beweisen, daß es sich um ein endgültiges Test (nicht nur einen Entwurf usw) handelt, RGRK Rdz 20. Zur Feststellg der Eigenhändigk, zB im ErbSchVerf, kann uU Beiziehg eines Schriftsachverständigen geboten sein, über Schriftsachverständige s Deitigsmann JZ 53, 494; Falck JR 56, 255. Beweis der TestierUnfgk liegt dagg dem Gegner ob. Ferner spricht eine Vermutg für die Richtigk der (vorhandenen) Zeit- u Ortsangabe. – **b)** Fehlt die **Zeitangabe**, kommt es aber (zB wegen zeitweiser TestierUnfgk des Erbl) auf diese an, so hat die BewLast derjenige, der sich auf TestGültigk beruft **V** S 1; bei BewFälligk ist Test als ungültig anzusehen, obwohl es materiell gültig sein mag. Dasselbe gilt bei Widerspr zw einem datierten u einem undatierten Test, **V** S 1, § 2258 I. **V** ist entspr anwendb, wenn an der Gültigk eines Test gerade desh Zweifel entstehen, weil es eine Zeitangabe enthält, der Erbl aber zu dem angegebenen Ztpkt testierunfäh war, LG Koblz, DNotZ 70, 426, s auch RGRK Rdz 27. – **c)** Fehlen der **Ortsangabe, II, V** S 2, führt höchstens in den seltenen Fällen zur UngültigkAnn, wie es nach EG 11 I 2 auf die Errichtg in Deutschland ankommt. – **d)** Das **Privattestament** ersetzt nicht den Erbschein, § 2353, GBO 35, milder ZVG 17 III, und ändert durch Verwahrg, §§ 2248, 2256 III, seinen Privatcharakter nicht. Auch besteht bei ihm größere Gefahr der Fälschg u Unterdrückg, vielf ergeben sich Schwierigkeiten bei der Ausleg. Bequem ist das private, sicherer ist das öff Test.

5) Anerkenng formungült Test. Die Formungültigk hindert die inf Nichtigk, § 125 S 1, berufenen Erben nicht, den Inh des Test vertragl anzuerkennen, s Bengel Rdz 54, 55.

5 a) In der Fertigg einer den Anschein eines privatschriftl Test erweckden Niederschr erachtet Düss NJW 66, 749 die Herstellg einer unechten Urkunde iS des § 267 StGB auch dann, wenn der Täter im Einverständn mit dem Erbl nur den Text niederschreibt u dieser die Urkunde selbst unterzeichnet, zust Ohr JuS 67, 255; aM Mohrbotter NJW 66, 1421.

6) IPR. S hiezu EG 24 Anm 3, Übk v 5. 10. 1961 (BGBl 65 II 1145), Anh zu EG 24–26; auch Kiefer RhNK 77, 65/68 f. – Zur Wirksamk eines eighdg Test, das ein Dtscher in Elten vor Beginn der niederländ HoheitsVerw (24. 4. 49, VO Nr 184 BrMilReg, ABl 1083) errichtet hat, s Düss OLGZ 69, 80.

7) DDR: ZGB – Auszug im Anh, 35. Aufl – 383 I, 385.

2248 *Verwahrung des eigenhändigen Testaments.* Ein nach den Vorschriften des § 2247 errichtetes Testament ist auf Verlangen des Erblassers in besondere amtliche Verwahrung zu nehmen (§§ 2258a, 2258b). Dem Erblasser soll über das in Verwahrung genommene Testament ein Hinterlegungsschein erteilt werden.

1) Die **nicht zwingend** vorgeschriebene Verwahrg macht das eigenhänd Test nicht zum öffentl, vgl § 2247 Anm 4d. Verwahrsverlangen formlos auch durch Vertreter; Überbringg durch Boten zul. Rückn ist kein Widerruf, § 2256 III.

2) Zuständig ist jedes AG, § 2258a II Nr 3. – VerwaltgsVorschr: AktO 27 III, Firsching, NachlR⁴ 85. Wegen der AV v 3. 7. 78 vgl BeurkG 34 Anm 7. – Gebühren: KostO § 101.

2249 *Nottestament vor dem Bürgermeister.* I Ist zu besorgen, daß der Erblasser früher sterben werde, als die Errichtung eines Testaments vor einem Notar möglich ist, so kann er das Testament zur Niederschrift des Bürgermeisters der Gemeinde, in der er sich aufhält, errichten. Der Bürgermeister muß zu der Beurkundung zwei Zeugen zuziehen. Als Zeuge kann nicht zugezogen werden, wer in dem zu beurkundenden Testament bedacht oder zum Testamentsvollstrecker ernannt wird; die Vorschriften der §§ 7, 27 des Beurkundungsgesetzes gelten entsprechend. Für die Errichtung gelten die Vorschriften der §§ 2232, 2233 sowie die Vorschriften der §§ 2, 4, 5 Abs. 1, §§ 6 bis 10, 11 Abs. 1 Satz 2, Abs. 2, § 13 Abs. 1, 3, §§ 16, 17, 23, 24, 26 Abs. 1 Nr. 3, 4, Abs. 2, §§ 27, 28, 30 bis 32, 34, 35 des Beurkundungsgesetzes; der Bürgermeister tritt an die Stelle des Notars. Die Niederschrift muß auch von den Zeugen unterschrieben werden. Vermag der Erblasser nach seinen Angaben oder nach der Überzeugung des Bürgermeisters seinen Namen nicht zu schreiben, so wird die Unterschrift des Erblassers durch die Feststellung dieser Angabe oder Überzeugung in der Niederschrift ersetzt.

II Die Besorgnis, daß die Errichtung eines Testaments vor einem Notar nicht mehr möglich sein werde, soll in der Niederschrift festgestellt werden. Der Gültigkeit des Testaments steht nicht entgegen, daß die Besorgnis nicht begründet war.

III Der Bürgermeister soll den Erblasser darauf hinweisen, daß das Testament seine Gültigkeit verliert, wenn der Erblasser den Ablauf der im § 2252 Abs. 1, 2 vorgesehenen Frist überlebt. Er soll in der Niederschrift feststellen, daß dieser Hinweis gegeben ist.

IV Für die Anwendung der vorstehenden Vorschriften steht der Vorsteher eines Gutsbezirks dem Bürgermeister einer Gemeinde gleich.

V Das Testament kann auch vor demjenigen errichtet werden, der nach den gesetzlichen Vorschriften zur Vertretung des Bürgermeisters oder des Gutsvorstehers befugt ist. Der Vertreter soll in der Niederschrift angeben, worauf sich seine Vertretungsbefugnis stützt.

VI Sind bei Abfassung der Niederschrift über die Errichtung des in den vorstehenden Absätzen vorgesehenen Testaments Formfehler unterlaufen, ist aber dennoch mit Sicherheit anzunehmen, daß das Testament eine zuverlässige Wiedergabe der Erklärung des Erblassers enthält, so steht der Formverstoß der Wirksamkeit der Beurkundung nicht entgegen.

Schrifttum: Haegele, Merkbuch für Bürgermeister u Ratsschreiber, 3. Aufl, 1970, 395 ff; Haegele, Beurkundg eines NotTest durch den Bürgermeister, Die Fundstelle, Beihefte Nr 950, 2. Aufl, 1969 (= Haegele, NotTest); ders, NotTestMappe, 1970; Lange-Kuchinke § 20 IV.

1) Vorbem. § 2249 hat dch § 57 IV Nr 10 folgde Änderg erfahren: **I** hat eine neue Fassg erhalten, in **II 1** sind die Worte „vor einem Richter oder" weggefallen, in **VI** w die Worte „Gültigkeit des Testaments" dch die Worte „Wirksamk der Beurkundg" ersetzt, damit wird **VI** dem SprachGebr des BeurkG angepaßt, RGRK Rdz 18. Die Änderungen sind in Kraft seit 1. 1. 70 (§ 71).

2) Zwei Anwendgsfälle des BürgermeisterTest: **a)** Bei Besorgn des **vorzeitigen Ablebens**, § 2249, **b)** bei **Absperrg**, wahlw mit dem DreizeugenTest, § 2250 I. Bei den heutigen Verkehrsverhältn hat die Vorschr nicht mehr allzu große Bedeutg, da der Notar vielf ebso leicht zu erreichen od beizuziehen u zudem leichter bereit sein wird als der Bürgermstr.

3) Zuständig ist nur der Bürgermstr oder Gutsbezirksvorsteher des **Aufenthaltsorts.** An Stelle der DGO (Bürgermstr § 6, Vertreter § 35, GutsbezVorsteher §§ 12 II, 13, 119) sind jetzt die in den Ländern neu erlassenen Gemeindeordngen maßg. Zuständig ist auch der nach der DGO in der früheren BrZ bestellte Hauptgemeindebeamte u dessen Vertreter (DVO des ZJA, VOBlBrZ **47,** 9, aufrechterhalten durch Teil II Art 4 Nr 6 GesEinhG), Zimmermann Rpfleger **70,** 195 f. Ein Behördenangestellter muß zum Stellvertreter des Bürgermeisters berufen sein; KG NJW **47/48,** 188. In Hbg ist der Standesbeamte zust, DVO des BGB u Hbg AG BGB v 20. 5. 58, AAnz 441. Die örtl Unzuständigk des Bürgermstr (Gutsbezirksvorsteher) führt nicht mehr zur Nichtigk des Test; nach I 4, BeurkG 2 ist das Test auch gült, wenn der Bürgermstr (GutsBezVorst) die Beurk außerh seines AmtsBez (Gemeindegebiets) vorgen hat, Bengel Anm 6, Brox § 12 II 2 a; aM Erm-Hense Rdz 5.

VerwaltgsVfgen: für *Bay* MEntschl v 24. 8. 70, MABl 657.

Haftg nach GG 34, BGB 839, Nürnb OLGZ **65,** 157. Hat der Bürgermstr amtspflichtwidr die Nichtigk des Test verschuldet, so braucht sich der im Test als Erbe Eingesetzte u SchadErs Beanspruchde ein nicht vorsätzl Selbstverschulden des Erbl u des von ihm zugezogenen Beraters nicht entgghalten zu lassen, BGH NJW **56,** 260. Über die Pflichten der Krankenhausbeamten u der zuständigen Kommunalbehörden bei

§ 2249 3–7 5. Buch. 3. Abschnitt. *Keidel*

TestErrichtg in einem Krankenhaus vgl BGH NJW **58**, 2107. – **Gebühren** s Haegele, NotTest, S 18, § 15 *Bad-Württ* LandesjustizkostenG idF v 25. 3. 75, GBl 261.

4) Besorgnis des vorzeitigen Ablebens. Ihr gleich steht die Besorgn des Eintritts einer bis zum Tod fortdauernden TestierUnfgk, BGH **3**, 372, aM Brox³ § 12 II 1a. Maßgebend ist die Besorgn der UrkundsPers, nicht der Zeugen od des Erbl. Es ist unschädl, wenn der Bürgermstr die Besorgn des vorzeitigen Ablebens hat, sie in Wirklichk aber nicht begründet ist, **II**, ebso, wenn der Bürgermstr die Besorgn nicht hegt, sie aber obj begründet ist, RG **171**, 29. Wenn er aber wußte, daß keine Lebensgefahr bestand, so ist das Test ungült, auch wenn er pflichtwidr die Besorgn feststellen würde, s RGRK Rdz 16. Jetzt kommt es nurmehr auf die Möglichk der Zuziehg eines Notars an. – Feststellg der Besorgn in der Niederschr ist SollVorschr.

5) Verfahrensvorschriften. a) Die Errichtg des Test erfolgt zur Niederschr des Bürgermstr (GutsBezVorst). Gem BeurkG 8 ff muß über die Niederschr des Test eine Niederschr aufgen w; diese muß vom BeurkG 13 vom Erbl genehmigt u – sofern nicht die Voraussetzgen von **I 6** vorliegen, – von ihm eigenhänd unterschrieben w. – **b)** Zeugen müssen immer zugezogen w; BeurkG 22, 29 finden daneben keine Anwendg; die Ausschließg der Zeugen von der Beurkdg bei Bedenkg in der Vfg vTw od bei Ernenng zum TestVollstr regelt **I 3**, er schreibt auch die entspr Anwendg von BeurkG 7, 27 vor; ein Verstoß hiegg macht das Test insow unwirks, s auch unter c) bb). – **c) I 4** zählt die für Errichtg des notariellen Test geltden Vorschr des BeurkG auf das BürgermstrTest auf:

aa) Es gelten § 2232: das Test kann also dch mündl Erkl des letzten Willens des Erbl od dch Überg einer offenen od verschlossenen Schrift errichtet w, § 2233: SonderVorschr für TestErrichtg dch Mj, Lesensunfäh u Sprachunfäh.

bb) Aus dem Bereich der Vorschr des BeurkG über das UrkVerfahren sind mit der Maßg für anwendb erklärt, daß der Bürgermstr an die Stelle des Notars tritt: **§ 2**: Überschreiten des Amtsbezirks macht das Test nicht mehr nichtig, **§ 4**: Ablehng der Beurk, **§ 5 I**: Errichtg der Urk in dtscher Sprache, in einer Sprache ist als ausgeschlossen, s BT Drucks V/3282 S 51; **§§ 6, 7** mit **§ 27**: AusschließgsGrde, **§§ 8, 9**: Niederschr über die Verhandlg, **§ 10**: Feststellgen über GeschFgk (TestierFgk), **§ 13 I, III**: Vorlesen, Genehmigen, Unterschreiben der Niederschr, **§ 16**: Übersetzg der Niederschr, **§ 17**: Prüfgs- u BelehrgsPfl, **§§ 23, 24**: SonderVorschr für taube Erbl, für Taube u Stumme, mit denen eine schriftl Verständigg nicht mögl ist (auch für das NotTest gilt aber der allg Grds, daß schreibunfäh od lesensunkund Stumme überh kein Test errichten können, s § 2229 Anm 6 d, § 2233 Anm 3 c, § 2233 Anm 4 a, BeurkG 31 Anm 4). **§ 26 I Nr 3, 4, II**: Mitwirkgsverbote für Zeugen, s auch oben Anm b, **§ 27**: Ausschließg begünstigter Personen, zB des Bürgermstr, (§§ 7, 24 II sind bereits angeführt), **§ 28**: Feststellg der GeschFgk, TestierFgk (s auch den oben angeführten § 11 I 2, II), **§ 30**: Überg einer Schrift, **§ 31**: Überg einer Schrift, dch Stumme, **§ 32**: Sprachunkundig des Erbl (s auch den angeführten § 16), **§ 34**: Verschließg, Verwahrg des Test, **§ 35**: Niederschr ohne Unterschr des Bürgermstr. Auf die Erläutergen des BeurkG im Anh w Bezug gen, s auch Haegele NotTest, S 5 ff.

d) I 5 verlangt die Unterzeichng der Niederschr dch die Zeugen; jed greift hier **VI** Platz; s Anm 6. – **e) I 6** regelt den Fall, daß der Erbl seinen Namen nicht zu schreiben vermag. Der für die Beurk in diesem Fall geltde § 25 ist in S 4 für anwendb erklärt. Nach S 6 ist für die Ann der Schreibunfgk in erster Linie die Angabe des Erbl, außerdem die Überzeugg des Bürgermstr maßg (vgl Anm 3 zu § 2233). Sind diese Voraussetzgen gegeben, dann wird die Unterschr des Erbl dch die Feststellg dieser Angabe od der Überzeugg des Bürgermstr in der Niederschr ersetzt.

6) Unschädl Formverstöße. Nach Abs **VI** sind nicht nur Verstöße gg bloße SollVorschr, sond auch gg zwingende Formvorschr unschädl, soweit sie die Abfassg der Niederschr betreffen u gleichwohl eine zuverläss Wiedergabe des letzten Willens anzunehmen ist (weite Ausslegg, BGH **37**, 88 = NJW **62**, 1151 mit Anm v Mattern **LM** Nr 1, KG NJW **66**, 1661; BayObLG **70**, 53/56; BGH **54**, 89). Beweispflichtig für letzteres ist im RStreit, wer sich auf die Wirksamk des Test beruft, BGH **LM** Nr 1 zu § 416 ZPO. Soweit nur Sollvorschriften verletzt sind, wird schon beim ordentl Test die Gültigk nicht beeinträchtigt. Voraussetzg ist, daß überh reine Niederschr vorliegt. Hierfür genügt es, wenn die erforderl rechtserhebl Umstände u Erklärgen sich aus der Urk ergeben, in ihr irgendwie schriftl niedergelegt sind, u wenn dies in Gegenwart der mitwirkenden Pers erfolgt u durch ihre Unterschr bezeugt ist, KG NJW **47/48**, 188, BGH **37**, 79/90 f. Verstöße bei Abfassg der Niederschr können sich vor allem bei Nichtbeachtg von BeurkG 9 I ergeben, ebso bei Nichtbeachtg des § 2249 I 6, wenn UrkundsPers von der SchreibUnfgk des Erbl überzeugt war, KG NJW **60**, 1208. Zur Abfassg der Niederschrift gehören aber nicht Vorlesg u Gen der Niederschr über den Errichtgshergang, KG JFG **21**, 296, BayObLG **65**, 341 (für die Gen), Staud-Firsching Anm 28, aM RG DR **44**, 841, wie hier jetzt Erm-Hense Rdz 2, wohl aber die Unterschr der Mitwirkenden, fr § 2242 IV, KG OLGZ **66**, 462, JFG **21**, 83 in Kln JMBl NRW **74**, 221, RG DR **44**, 841; Zeugenunterschriften können daher nach dem Tode des Erbl ohne Beteiligg der anderen Mitwirkenden nachgeholt werden, KG NJW **47/48**, 190, Soergel-Müller Rdz 18. Mangelhaftigk (nur) der Niederschr steht der Gültigk dann nicht entgg, wenn in dieser der Inhalt der letztw Erkl des Erbl wiedergegeben u von ihm als Aussteller unterschrieben ist, BGH NJW **62**, 1149. Falls jedoch die Unterschr aller Mitwirkenden u die des Erbl fehlen, liegt begriffl keine Niederschr vor u das Test ist ungült, vgl KG NJW **66**, 1661.

7) Unheilbare Verstöße. Sonst Verstöße gg MußVorschr (Fehlen der ErblUnterschr, KG JFG **21**, 296, insow aM Staud-Firsching Anm 33; Fehlen der Unterschr der UrkPers, Soergel-Müller Rdz 18 – s aber BeurkG 35 –; Unterlassg der Vorlesg, der Gen der Niederschr dch den Erbl, BayObLG **65**, 341, KG JFG **21**, 296; Kln JMBl NRW **74**, 221); Nichtzuziehg von Zeugen, deren Ausschließg nach I 3 mit §§ 7, 27 BeurkG, Nürnb OLGZ **65**, 157; Fehlen der dauernden Anwesenh der mitwirkd Zeugen, BayObLG Rpfleger **77**, 439, Verwandtsch des Bürgermeisters, I 4 mit § 6 BeurkG; Niederschr nach Ableben des Erbl, Verstöße gg die AnwesenhPfl der Beteiligten, Reimann Anm 22, u die zwingden SonderVorschr bei körperl Gebrechen des Erbl machen das Test (bei I 3, 4 mit §§ 7, 27, die Zuwendg) unheilb nichtig, Mü HRR **42**, Nr 302 (Verstoß gg fr § 2238 I, jetzt 2232 nF); KG JFG **21**, 42.

Testament. 7. Titel: Errichtung und Aufhebung eines Testaments §§ 2249, 2250

8) Das **Gemeindetestament** steht, abgesehen von seiner **zeitlich beschränkten Gültigkeit**, § 2252, einem **öffentlichen Testament** gleich, da der Bürgermstr an Stelle des Notars tritt, vgl §§ 2256 I, 2258 a II Nr 2. Anwendg beim gemeinschaftl Test § 2266; nicht beim ErbVertr, § 2276. Es ist keine öffentl Urkunde iS von ZPO 415, wenn eine ordngsgem Niederschr fehlt. – Wegen Verwahrg dieser Test: I 4 mit BeurkG 34, § 2258 a II Nr 2.

9) Über Errichtg eines (etwa dem dtschen „Dorf"-Testament entspr) Test dch dtschen Erbl in den unter polnischer Verw stehdn Ostgebieten s BayObLG **68**, 262.

10) Mit der Ersetzg des Wortes „Gültigkeit" dch „Wirksamkeit" in **VI** wird diese Vorschr dem SprachGebr des BeurkG, s zB §§ 6, 7, angepaßt.

11) DDR: NotTest ZGB – Auszug im Anh, 35. Aufl – 383 II, 386.

2250 *Nottestament in besonderen Fällen.* **I** Wer sich an einem Ort aufhält, der infolge außerordentlicher Umstände dergestalt abgesperrt ist, daß die Errichtung eines Testaments vor einem Notar nicht möglich oder erheblich erschwert ist, kann das Testament in der durch § 2249 bestimmten Form oder durch mündliche Erklärung vor drei Zeugen errichten.
II Wer sich in so naher Todesgefahr befindet, daß voraussichtlich auch die Errichtung eines Testaments nach § 2249 nicht mehr möglich ist, kann das Testament durch mündliche Erklärung vor drei Zeugen errichten.
III Wird das Testament durch mündliche Erklärung vor drei Zeugen errichtet, so muß hierüber eine Niederschrift aufgenommen werden. Auf die Zeugen sind die Vorschriften der § 6 Abs. 1 Nr. 1 bis 3, §§ 7, 26 Abs. 2 Nr. 2 bis 5, § 27 des Beurkundungsgesetzes, auf die Niederschrift sind die Vorschriften der §§ 8 bis 10, 11 Abs. 1 Satz 2, Abs. 2, § 13 Abs. 1 Satz 1, §§ 23, 28 des Beurkundungsgesetzes sowie die Vorschriften des § 2249 Abs. 1 Satz 5, 6, Abs. 2, 6 entsprechend anzuwenden. Die Niederschrift kann außer in der deutschen auch in einer anderen Sprache aufgenommen werden. Der Erblasser und die Zeugen müssen der Sprache der Niederschrift hinreichend kundig sein; dies soll in der Niederschrift festgestellt werden, wenn sie in einer anderen als der deutschen Sprache aufgenommen wird.

1) Vorbem. § 2250 hat dch § 57 III Nr 11 BeurkG folgde Änd erfahren: in **I** sind die Worte „vor einem Richter oder" weggefallen; in **III** haben die Sätze 2 u 3 eine neue Fassg erhalten. Die Änd sind in Kraft seit 1. 1. 70 (§ 71).

2) Anwendgsfälle:
a) bei **Absperrg, I**, als Folge von Naturereignissen, wie Hochwasser, Verschüttg, hier wahlw mit dem BürgermstrTest, § 2249. Ort ist nicht gleich Ortschaft, daher genügt auch Absperrg in einem Haus, Reimann Anm 4. Absperrg auch gegeben, wenn kranker Erbl im Juli 45 nur mit erhebl Schwierigkeiten (Richter od) Notare erreichen konnte, weil die meisten (AG u) Notare nicht wieder tätig waren, Hamm JMBl NRW **62**, 60. Dagg kann ein subj Notstand, in dem sich der zur Errichtg eines eighdg Test nicht mehr fäh Erbl befindet, zB Furcht vor Strafe wg Nichtanzeige von Westvermögen in der DDR, den Voraussetzgn von **I** nicht gleich gestellt w, KG Rpfleger **68**, 391. Der dch Absperrg verursachte Notstand muß nach Ansicht des Bürgermstr oder deren DreizeugenTest nach Ansicht aller Zeugen vorliegen; obj Vorliegen einer Absperrg ist nicht erforderl, Bengel Anm 5, s auch Anm 2 b.

b) Bei naher Todesgefahr. Im TestG war hier als Beisp ein Unfall im Gebirge angeführt. Schon bisher war aber anerkannt, daß es nicht auf den Ort der Errichtg ankommt, RG DR **44**, 40. Voraussetzg ist vielm nur nahe Todesgefahr aus irgendwelchen Gründen, ihr steht gleich die Befürchtg des Eintritts einer bis zum Tod fortdauernden TestierUnfgk, BGH **3**, 372. Befürchtet muß bei allen Zeugen gegeben sein; die Besorgn des Erbl selbst ist ohne Bedeutg. Wenn die Voraussetzg wirkl bestand, so ist das Test trotz einer ggteiligen Auffassg der Zeugen wirks, BGH aaO. Umgekehrt ergibt sich aber aus der sinngem Anwendg des § 2249 II 2, daß das Test auch dann wirks ist, wenn alle Zeugen die Gefahr irrtümlweise annahmen, ebso BGH aaO, RGRK Rdz 7. Waren die Voraussetzgen für die Errichtg des NotTest weder objektiv noch subj gegeben, so ist das Test nichtig, Reimann Anm 5, 10. Unter **II** fällt auch die Errichtg eines Test durch die Insassen eines Flugzeugs bei naher Todesgefahr, vgl auch Seibert AkZ **38**, 666.

c) Bei Seereisen, § 2251.

3) Als Zeugen können nur solche Pers gelten, die zur Mitwirkg herangezogen werden od von sich aus die Bereitwillig zur Mitwirkg unter Übern der Verantwortg zu erkennen geben, BGH **54**, 89 mit Anm von Kreft LM fr § 2239 Nr 2; **LM** Nr 2, 3; die zufäll Anwesenh eines sonst unbeteiligten Dritten als Zeugen genügt für die Wahrg der Form nicht, BGH **LM** Nr 3. Die drei Zeugen gehören zu den mitwirkdn Pers iS des fr § 2239; sie müssen desh währd des ganzen Vorgangs der TestErrichtg zugg sein, also nicht nur bei der Erkl des Erbl über seinen letzten Willen, sond auch bei der Vorlesg der über den erklärten letzten Willen aufzunehmden Niederschr u bei der Gen dieser Niederschr dch den Erbl, dies jedf in den Fällen, in denen der Erbl nicht mehr in der Lage ist, die Niederschr eigenhdg zu unterschreiben; das Fehlen eines od mehrerer Zeugen bei der Erkl des Erbl, beim Vorlesen der Niederschr über seinen letzten Willen u bei der Gen der Niederschr stellt keinen bloßen Formfehler iS des § 2250 III mit § 2249 VI dar, BGH **54**, 89, auf Vorlage nach BayObLG **70**, 53, Soergel-Müller Rdz 10. Für die Zeugen, vor denen das Test dch mündl Erkl errichtet w kann, gelten nach **III** 2 BeurkG 6 I Nr 1–3; 7, 26 II Nr 2–5, 27, welche die Ausschließgs- u MitwirkgsVerbote regeln. Mitwirkg von Zeugen, bei denen die Voraussetzgen von BeurkG 6 I Nr 1–3 gegeben sind, macht die Beurk unwirks; Teilunwirksk ist eine Folge der Verletzg von BeurkG 7 mit 27; BeurkG 26 Nr 2–5 enthält nur SollVorschr. Die Geliebte des Erbl kann Zeugin sein, nicht aber die Ehefr, sie kann aber mittestieren, § 2266.

1899

3 a) Das DreizeugenTest kann nur dch **mündl Erklärg** errichtet w; Überg einer Schrift unwirks, Ffm HEZ **1**, 236. Ein Stummer kann also nicht nach § 2250 testieren, s § 2233 III, § 31.

4) Niederschr über die Errichtg. a) III 2 verweist auf die Bestimmgen des BeurkG; es gelten: **8, 9**: Aufn u Inhalt der Niederschr; Aufn einer Niederschr u Mindestinhalt **(8, 9 I Nr 2)** sind zwingd, Reimann Anm 21; **10**: Feststellg der Pers des Erbl, **11 I 2, II**: Feststellg seiner Geschfgk, Testierfgk, s auch den für anwendb erklärten 25, **13 I, III 1** Vorlesen, genehmigen, unterschreiben (13 I 1 zwingder Natur); **23**: Besonderh für taube Erbl; ferner **§ 2249 I 5, 6**: Pfl der Zeugen zur Unterzeichng der Niederschr, SonderVorschr für schreibunfäh Erbl, § 2249 Anm 5 e.

b) Die Niederschr kann außer in der dtschen auch in einer anderen Sprache aufgen w; Voraussetzg ist, daß die Zeugen u der Erbl der fremden Sprache hinreichd kund sind, vgl BeurkG 5 II. Das Erfordern der hinreichden Kenntn der fremden Sprache ist zwingd; ein Verstoß dagg führt zur Nichtigk des Test, Bengel Anm 22, aM 33. Aufl. Die Tats, daß die Zeugen u der Erbl der fremden Sprache hinreichd kund sind, soll in der Niederschr festgestellt werden.

c) Verstoß gg Formvorschr. § 2249 VI gilt entspr. Beisp: Das Fehlen der Unterschr der Zeugen schadet nicht, wenn die Niederschr dem Erbl vorgelesen, von ihm genehmigt u unterschrieben ist, KG NJW **66**, 1661. Die Unterschr der Erbl kann nach § 2249 I 6 ersetzt w. Kein gült Test liegt aber vor, wenn der Erbl noch vor den 3 Zeugen seinen letzten Willen erklärt hat, stirbt u in diesem Ztpkt nur ein nichtunterschriebenes SchriftSt über den erklärten letzten Willen vorliegt, Hamm Kln, JMBl NRW **62**, 212; **74**, 221; s auch oben Anm 3. Über Errichtg des Test in fremder Sprache s oben b). Formverstöße bei Abfassg der Niederschr sind uU unschädl, vgl § 2249 Anm 6, zB Fehlen der Feststellg, daß die TestZeugen die Überzeugg von der Schreibunfähigk des Erbl gehabt haben, KG NJW **60**, 1208, Hamm JMBl NRW **62**, 60. Das Fehlen von Feststellgen gem BeurkG 11, I 2, II, 28 berührt die Gültigk der Beurk nicht, da es sich ohnedies um SollVorschr handelt.

5) Beschränkte GültigkDauer auch hier, § 2252. Verwahrg, § 2258 a, b, wohl wg Fehlens einer AmtsPers nicht erwähnt, aber entspr § 2248 auch hier zul. Kein öffentl Test, aM Reimann Anm 27, 28, daher BeurkG 34 I, § 2256 I nicht anwendb, s § 2256 Anm 5. Als PrivatUrk unterliegt das NotTest der freien richterl Würdigg, BGH MDR **54**, B 40 = **LM** Nr 1 zu § 416 ZPO. – Anwendg beim gemeinschaftl Test vgl § 2266.

6) Völlige Formlosigk beim VerfolgtenTest, REG Art 80 (*AmZ*), 67 (*BrZ*) 69 (*Bln*). Auch nach dem WehrmFGG idF v 6. 9. 43, RGBl 537, waren völlig formlose Test uU wirks.

2251 *Seetestament.* **Wer sich während einer Seereise an Bord eines deutschen Schiffes außerhalb eines inländischen Hafens befindet, kann ein Testament durch mündliche Erklärung vor drei Zeugen nach § 2250 Abs. 3 errichten.**

1) Deutsche Seeschiffe, s FlaggenrechtsG v 8. 2. 51, BGBl 79, die sich auf einer Seereise außerh eines inländ Hafens befinden, sind iS des § 2251 dtscher Boden, Staud-Firsching Anm 4. Das SeeTest ist eigentl kein NotTest, sond eine **außerordentl TestForm**, da eine Notlage, wie Seenot, Absperrg, Krankh, nicht vorausgesetzt ist. Seereise ist jede Seefahrt außerh eines inländ Hafens auf dtschen Schiffen, See- od Binnenschiffen, Motor- od Segelbooten, also auch Küstenfahrt, nicht aber Fahrten auf Fischereifahrzeugen od kurze Sport- od Vergnüggfahrten, RGRK Rdz 2. Unter § 2251 fallen nicht Überseefahrten mit Luftschiffen od Flugzeugen (zust Staud-Firsching Anm 2, aM RGRK Rdz 4); in diesen Fällen ist nur mehr ein NotTest nach § 2250 mögl; Lange-Kuchinke § 20 IV 5.

2) Die Vorschr gilt auch bei **Aufenthalt** in **ausländ Häfen**, solange der Erbl an Bord ist. Bei Aufenth in inländ Häfen gibt es, von Quarantäne abgesehen, § 2250 I, nur die gewöhnl TestFormen. Deutsche auf fremden Schiffen: EG 11 I, Soergel-Müller Rdz 7.

3) Ist eine **Urkundsperson** zufällig **an Bord** (der Kapitän ist keine solche), kann auch in ordentl Form testiert werden, ohne daß die Form des § 2251 ausgeschl wäre. § 2252 II steht nicht entgg.

4) Beschränkte Wirksamk § 2252. Amtl Verwahrg nicht vorgeschrieben, aber zul, § 2250 Anm 5. Kein öffentl Test. – Seeverschollenh VerschG 5.

5) Neues Recht. Für die Errichtg des DreizeugenTest ist nach Inkrafttreten des BeurkG (1. 1. 70) § 2250 III idF des § 57 III Nr 11b maßg; s Anm 3a, 4 hiezu.

2252 *Gültigkeitsdauer der Nottestamente.* **I Ein nach § 2249, § 2250 oder § 2251 errichtetes Testament gilt als nicht errichtet, wenn seit der Errichtung drei Monate verstrichen sind und der Erblasser noch lebt.**

II Beginn und Lauf der Frist sind gehemmt, solange der Erblasser außerstande ist, ein Testament vor einem Notar zu errichten.

III Tritt im Falle des § 2251 der Erblasser vor dem Ablauf der Frist eine neue Seereise an, so wird die Frist mit der Wirkung unterbrochen, daß nach Beendigung der neuen Reise die volle Frist von neuem zu laufen beginnt.

IV Wird der Erblasser nach dem Ablauf der Frist für tot erklärt oder wird seine Todeszeit nach den Vorschriften des Verschollenheitsgesetzes festgestellt, so behält das Testament seine Kraft, wenn die Frist zu der Zeit, zu welcher der Erblasser nach den vorhandenen Nachrichten noch gelebt hat, noch nicht verstrichen war.

Testament. 7. Titel: Errichtung und Aufhebung eines Testaments §§ 2252, 2253

1) Vorbem. § 2252 gilt vom Inkrafttr des BeurkG (1. 1. 70) ab auch für die in Abs I angeführten gem §§ 2249, 2250 idF des § 57 III Nr 10, 11 errichteten NotTest sowie für das SeeTest, das gem § 2251 in der Form des § 2250 III nF errichtet worden ist.

2) Zeitl Beschränkg. Die Vorschr bringt den nur vorl Charakter der NotTest zum Ausdr, da sie idR eilig u ohne gründl Überlegg zustande kommen. Unwirksamk tritt rückw in drei Monaten nach Errichtg ein, wenn der Erbl noch lebt u zur Errichtg eines Test vor einem Notar (also nicht vor einem Konsul) in der Lage ist. Durch fortdauernde od wiedereinsetzende Absperrg, sonstige Unmöglichk, einen Notar zu erreichen (zB auf einem Schiff), od durch TestierUnfgk wird also Beginn u Lauf der Frist gehemmt. Zur Errichtg eines eigenhänd Test, § 2247, will das G nicht drängen, Kipp-Coing § 29 I 4. Sonderregelg für SeeTest in **III**. Das unwirks gewordene Test behält auch nicht die Wirkg eines Widerrufs, §§ 2254, 2258, RGRK Rdz 2. Ein NotTest, das zugl den Erfordernissen eines eigenhänd Test entspricht, bleibt auch nach Ablauf der Frist wirks. Irrtum des Erbl über den Eintritt der Ungültigk berechtigt zur Anfechtg nach § 2078 nur, wenn ursächl Zushang besteht, RG **104**, 322.

3) Abs **IV** schließt die Vermutg des VerschG 9 I u 44 I aus. Der TestGültigk steht der TodesZtpkt des Beschl, VerschG 23, 44, nicht entgg, Arnold Rpfleger **57**, 145; s auch Bengel Anm 9.

4) Die **VerfolgtenTest** wurden nach dem REG am 30. 9. 45 unwirks, wenn der Erbl nach diesem Ztpkt zur Errichtg einer formgerechten Vfg in der Lage war, vgl § 2250 Anm 6.

5) Gemeinschaftl NotTest s § 2266 Anm 2.

6) Beweislast für die Hemmg der Frist hat derj, der sich auf die fortdauernde Wirksamk des Test beruft. Wenn der TodesZtpkt streitig ist, muß der die Unwirksamk Geltdmachende beweisen, daß der Erbl die Frist überlebte.

2253 *Widerruf des Testaments.* **I** Der Erblasser kann ein Testament sowie eine einzelne in einem Testament enthaltene Verfügung jederzeit widerrufen.

II Die Entmündigung des Erblassers wegen Geistesschwäche, Verschwendung, Trunksucht oder Rauschgiftsucht steht dem Widerruf eines vor der Entmündigung errichteten Testaments nicht entgegen.

Schrifttum: Lübtow, Zur Lehre vom Widerruf des Test, NJW 68, 1849.

Vorbem: Dch Art 1 Nr 2k des AdoptG v 2. 7. 76 (BGBl 1749) sind in § 2253 Abs 2 die Worte „Verschwendung oder Trunksucht" durch die Worte „Verschwendung, Trunksucht oder Rauschgiftsucht" ersetzt. Diese Änderg des Abs 2 läuft parallel mit der gleichartg Änderg des § 114 dch Art 1 Nr 2g des Adopt-G, s hierzu § 114 Anm 1, Bosch FamRZ **76**, 401/405.

1) Allgemeines. Es liegt im Wesen des Test als einer letztw, erst mit dem Tode wirks Vfg, daß der Erbl jederzeit **frei widerrufen** u damit den Eintr der Wirkgen des widerrufenen Test verhindern kann, Lübtow aaO 1849. Der Widerruf ist unverzichtb, § 2302, er setzt Testierfähigk voraus. Die Vorschr gelten an sich auch für gemeinschaftl Test, bei bindenden wechselbezügl Vfgen bestehen aber Ausnahmen, § 2271, vgl § 2255 Anm 6, § 2272 Anm 2. Ebenso gelten für Erbverträge bes Vorschr, § 2290ff.

2) Das Ineinklangbringen verschiedener Test macht oft Schwierigk, vgl §§ 2258 I, 2247 V. Daher ist Aufhebg der früheren Test u völlige Neufassg dringend zu raten. S auch § 2258 Anm 1.

3) Widerrufsmöglichkeiten: a) Reines WiderrufsTest, § 2254, **b)** Vernichtg der TestUrk u ähnl schlüssige Hdlgen, § 2255, **c)** Rückn eines öff Test aus der bes amtl Verwahrg, § 2256, **d)** widersprechendes Test, § 2258. Andere Möglichk gibt es nicht. Doch kann ein Test auch aus anderen Gründen nachträgl unwirks werden, vgl § 2077 Anm 1 B.

4) Der **Widerruf ist letztw Verfügg**; er wirkt ex nunc, das WiderrufsTest vernichtet also sofort u unmittelb den Rechtsbestand des widerrufenen Test, Lübtow, Lehrb I S 235, 236; Bengel Anm 8, bestr. Der Widerruf erfordert grdsätzl TestierFgk, §§ 2229, 2230. Die in Abs **II** genannten **Entmündigten** (darunter fallen auch sog Rauschgiftsucht-Entm, § 6 I Nr 3, Vorbem), aber auch nur diese, können in Abweichg von §§ 2229 III widerrufen, soweit nicht § 2229 IV entggsteht, BayObLG **75**, 212, u zwar in den Formen der §§ 2254–2256, nicht aber des 2258 I, da der Entmündigte kein neues positives Test errichten kann, § 2229 III. Nach BayObLG **56**, 377 kann aber aus einer widersprechenden anderw Vfg nach § 2258 im Wege der Auslegg, § 133, od Umdeutg, § 140, ein Widerruf iS des § 2254, der dem Entmündigten offen steht, entnommen werden; dieser Auffassg ist zuzustimmen. Der nach **II** Entmündigte kann auch einen vor der Entm – vor Eingang des EntmAntr – nach §§ 2254 oder 2258 I erklärten Widerruf eines früheren Test mit der Wirkg widerrufen, daß dieses wieder wirks wird, §§ 2257, 2258 II; ebso Köln NJW **55**, 466, RGRK Rdz 5. Dagg kann ein erst nach der Entm erklärter Widerruf nicht mehr wirks widerrufen werden, s BayObLG **75**, 212. Hat der Entmündigte in einem Test sein vor der Entmündigg errichtetes Test widerrufen u zugleich eine neue Erbeinsetzg angeordnet, so ist zwar die neue Erbeinsetzg ungültig, § 2229 III, die Wirksamk des Widerrufs wird dadch aber iZw nicht berührt, § 2085, s Lübtow NJW **68**, 1850.

5) Anfechtg. Der Widerruf einer letztw Vfg, auch der in der Form der §§ 2255, 2256, 2272 erklärte, ist nach § 2078 anfechtbar, BayObLG **60**, 490, Staud-Seybold § 2078 Anm 7, s auch § 2256 Anm 2.

6) Der Inh des widerrufenen Test kann uU bei der Auslegg eines späteren gült Test herangezogen w, § 2084 Anm 4a; hatte aber zB der Erbl ein Test aufgeh, in dem Vor- u NachErbf angeordnet war, dann kann dieses Test idR nichts mehr darü aussagen, ob mit dem späteren gült Test eine Vorerbsch beabsichtigt ist, Old NdsRpfl **68**, 281.

7) DDR: ZGB – Auszug im Anh, 35. Aufl – 387.

1901

2254 Widerruf durch Testament. Der Widerruf erfolgt durch Testament.

1) Reines Widerrufstestament, das sonst keine Vfgen zu enthalten braucht, Ffm NJW **50**, 607, solche aber enthalten kann; auch NotTest, jedoch mit zeitl beschränkter Wirkg, § 2252, aber nicht der bloße Entwurf eines Test. Auch BriefTest mögl, § 2247 Anm 2a. Das WiderrufsTest bedarf nicht der gleichen Form wie das zu widerrufde, so daß ein öff Test durch ein eigenhänd widerrufen w kann u umgekehrt, Köln OLGZ **68**, 325. Nur ein gült u wirks Test kann widerrufen w u ein ungült WiderrufsTest hat keine Wirkg, s Schlesw SchlHA **76**, 9. Auch bedingter Widerruf ist mögl (Verwirkgsklausel), § 2074 Anm 2, sowie ein auf einz Best des Test beschränkter. Der Widerruf nach § 2254 muß nicht ausdrückl erklärt sein, er kann auch durch Auslegg od Umdeutg aus einer widersprechenden anderweitigen Vfg nach § 2258 entnommen werden, BayObLG **56**, 377, Hamm MDR **71**, 137, ebenso bei einem späteren Test, das mit dem früheren nicht in Widerspr steht, das aber die Erbfolge abschließd und ausschließl regeln will, BayObLG **65**, 91 = NJW **65**, 1276. Ein rechtswirks Widerruf (od eine rechtswirks Einschränkg) eines in amtl Verwahrg befindl Test liegt auch dann vor, wenn der Erbl auf eine zur Schreibmaschine geschriebene TestAbschr den Widerruf (od die Einschränkg) dch handschriftl mit Ortsangabe u Datum versehenen eigenhdg geschriebenen u von ihm unterzeichneten Zusatz vornimmt, der erst in Verbindg mit der TestAbschr voll zu verstehen ist, BGH NJW **66**, 201, Köln OLGZ **67**, 324. – In einem Prozeßvergleich kann der Widerruf nicht erkl werden, BGH FamRZ **60**, 30, vgl § 2231 Anm 4. – Gebühr: KostO 46.

2255 Widerruf durch Vernichtung oder Veränderungen.
Ein Testament kann auch dadurch widerrufen werden, daß der Erblasser in der Absicht, es aufzuheben, die Testamentsurkunde vernichtet oder an ihr Veränderungen vornimmt, durch die der Wille, eine schriftliche Willenserklärung aufzuheben, ausgedrückt zu werden pflegt. Hat der Erblasser die Testamentsurkunde vernichtet oder in der bezeichneten Weise verändert, so wird vermutet, daß er die Aufhebung des Testaments beabsichtigt habe.

Schrifttum: Rudolf Schmidt, Der Widerruf des Test durch Vernichtg od Veränderg der TestUrk, MDR **51**, 321 JZ **51**, 745; Firsching, Fragen des Testamentsrechts, DNotZ **55**, 283/293 f; Lübtow, Zur Lehre vom Widerruf des Test, NJW **68**, 1849.

1) Allgemeines. Widerruf dch schlüss Handlg wird idR nur bei eigenhänd Test prakt, bei öffentl Test uU entweder vor der amtl Verwahrg od wenn das öff Test unter Verletzg der Vorschr des § 2256, zB durch Versehen des UrkBeamten od auf unrechtmäß Weise, aus der amtl Verwahrg in die Hände des Erbl gelangt. In diesen Fällen ist aber weder obj noch subj ein Widerruf durch schlüss Hdlg gegeben, falls der Erbl das Test, wenn auch nachlässig, aufbewahrt, keine Veränderungen an der Urk vornimmt u auch sonst untätig bleibt, BGH NJW **59**, 2113. – Der Erbl muß in AufhebgsAbs handeln u, da der Widerruf als letztw Vfg behandelt wird, widerrufsfähig sein, §§ 2229, 2230, 2253 II. Zerstörg dch Testierunfähigen vernichtet Test rechtl nicht, wenn sein Inhalt rechtl bewiesen w kann, vgl unten Anm 4.

2) Durch den Erbl od seinen Beauftragten zu seinen Lebzeiten, KG JFG **14**, 280, Müller-Freienfels JuS **67**, 125, muß die Urschrift der Urk vernichtet od verändert w. Daß der Erbl dies tat, wird nicht vermutet, Celle MDR **62**, 410, beweispflichtig ist im RStreit, wer sich darauf beruft, Hamm DNotZ **50**, 43, Ffm Rpfleger **78**, 310/312. Dagg folgt die **Vermutg der Aufhebgsabsicht** aus dem Handeln des Erbl, S 2. Diese Vermutg greift bei Vernichtg einer von mehreren Urschriften nicht ein, KG JFG **14**, 280, s Anm 3c; Vernichtg der **Abschr** einer not TestUrk ist unwirks. Ebenso kann die AufhebgsAbs fehlen, wenn das Zerreißen im Hinblick auf ein neues Test erfolgt, dessen Formnichtigk der Erbl nicht kannte, Fbg Rpfleger **52**, 340; RGRK Rdz 5 will hier nur Anfechtg nach § 2078 II zulassen. Wegwerfen der Urk, zB in Papierkorb, läßt idR die AufhebgsAbs ersehen u steht der Vernichtg gleich, str. Bei Unauffindbark spricht dagg keineswegs eine Vermutg dafür, daß Erbl sie in WiderrufsAbs vernichtet hat, Saarbr DNotZ **50**, 68. Celle MDR **62**, 410, Hamm NJW **74**, 1827/1828, KG OLGZ **75**, 355/357. Inhalt u Formgültigk eines solchen Test können aber mit den gewöhnl Beweismitteln erwiesen w, s RG DR **44**, 842, Hamm aaO. Läßt sich jedoch der Inhalt od die Formgültigk des Test nicht mehr feststellen, so wird es ungült, Soergel-Müller Rdz 14.

3) Verändergen erfolgen idR durch Einreißen, Einschneiden, Durchstreichen, aber auch durch (darunter, quer darüber od darauf gesetzte) Vermerke („ungültig", „aufgehoben" usw, RG JW **11**, 545, KG NJW **57**, 1364). – **a) Streichg.** Hierbei brauchen die TestFormen nicht eingehalten zu werden, sofern nicht die Streichgen mittelb eine positive Vfg enthalten, zB wenn der Erbl geschrieben hatte: „Ich setze A und B als Erben ein, wobei A mein Vorerbe und B mein Nacherbe sein soll" und den mit „wobei" beginnenden Satzteil streicht und die Streichgen nicht durch die urspr Unterschr gedeckt sind, s § 2247 Anm 2 c cc; denn hier soll durch die Streichg B zum sofortigen Vollerben zu $1/2$ eingesetzt werden. Wenn dagg von mehreren Erben einer od mehrere gestrichen werden, so liegt ein gültiger Widerruf der Einsetzg der Gestrichenen vor u gelten §§ 2088 II, 2089, Firsching DNotZ **55**, 295, Staud-Firsching Anm 11; KG JFG **6**, 148, aM RGRK Rdz 8, der in letzterem Fall Ungültigk der Streichg annimmt. – **b)** An der **Urkunde** selbst muß die Veränderg vorgenommen sein. Ein UngültigkVermerk auf der Abschrift einer amtl verwahrten Urk ist daher ohne Wirkg, wenn nicht die TestFormen eingehalten sind, Ffm NJW **50**, 607. Ob auch ein unzweideutiger **Vermerk auf dem Umschlag** als Widerruf angesehen werden kann, ist zweifelh, s Bengel Anm 10; verneinend RG JW **25**, 475 u Rudolf Schmidt MDR **51**, 324, der auch Vermerke über u unter der Vfg nicht als ausreich erklärt, weil an der Schrift selbst Verändergen vorgenommen w müssen, so daß im wesentlichen nur ein quer über die Vfg gesetzter UngültigkVermerk ausreichen würde; dagg KG NJW **57**, 1364, das mit Recht in dem neben die TestÜberschrift gesetzten Vermerk „ungültig" – ohne Unterschr – einen wirksamen Widerruf sieht, ebso Brox § 13 II 2. Hat dagg der Erbl ein in sich abgeschlossenes Test in einem Umschlag verwahrt u diesen nur mit der Aufschrift „Testament" od dem Namen des Bedachten versehen, so kann er das Test nicht durch einen auf den Umschlag gesetzten, nicht unterschriebenen UngültigkVermerk widerrufen, BayObLG **63**, 31. – **c)** Bei Vorhandensein **mehrerer Urschriften** unterliegt der freien Beweiswürdigg, ob mit Vernichtg od Veränderg einer Urschrift auch die anderen Urschriften widerrufen werden sollten, RG LZ **23**, 322, KG OLG **46**, 245, JFG **14**, 280. – **d)** Auch **einzelne Vfgen**, § 2253 I, können, zB durch Streichg, Abschneiden eines Teils der Urk, aufgeh werden, vgl auch § 2247 Anm 2c, cc, RG **111**, 262. Dienen die Verändergen zur Vorbereitg eines neuen Test, dann keine Widerrufswirkg, wenn das alte Test noch bis zur Errichtg des neuen gelten soll, RG **71**, 300; **111**, 265.

4) Unfreiwilliger Verlust od unfreiwillige Vernichtg, Vernichtg in Unkenntn, daß es sich um das eigenhänd Test handelt, LwG Neumünster SchlHA **66**, 83, Undeutlichwerden des Schriftstücks.

a) Sie bewirken rechtl **keine Aufhebg des Test**, wenn sich seine Formgültigk u sein Inhalt dch Zeugenaussagen, Sachverst, an Hand von Abschriften usw zuverlässig beweisen läßt, KG JW **38**, 1601. Dasselbe gilt, wenn ein Test in amtl Verwahrg, § 2256, verlorengeht od dort versehentl vernichtet wird. Insbes wird ein durch Kriegsereignisse verlorengegangenes Test durch den Verlust nicht wirkgslos; formlose Billigg des Verlusts ist kein Widerruf, vielm Widerruf nach § 2254 od § 2258 notw, BGH **LM** Nr 1 zu § 1960 BGB, dazu Johannsen WPM **71**, 408. Das gleiche muß auch dann gelten, wenn ein Dritter das Test ohne Wissen des Erbl vernichtet, aM für den Fall, daß eine ZustimmgsErkl des Erbl ggü dem Dritten erfolgt, Schmidt MDR **51**, 321 Erm-Hense Rdz 4, wie hier Bengel Anm 16. Dies schließt nicht aus, daß der Erbl sich eines Dritten als Werkzeug zur Vernichtg bedient, KG JFG **6**, 146, Soergel-Müller Rdz 12. – **b)** Ist nur ein **Teil** eines **TestInhalts nicht** mehr **feststellbar**, aber der Gesamtwille des Erbl insow erkennbar, daß er auch ohne den fehlden Teil Bestand hat u hierdurch nicht wesentl berührt wird, so ist der festgestellte Teil des Test wirks, BGH **LM** Nr 1 zu § 2085, s auch BayObLG **67**, 206 f. – **c) Beweis**pflichtig für Errichtg, Einhaltg der FormVorschr u Inhalt der Vfg ist, wer sich auf ein nicht mehr vorhandenes Test beruft, s Johannsen WPM **71**, 408, RGRK Rdz 13, Hamm NJW **74**, 1827; hat aber der Gegner durch (schuldh) Vernichtg des Test diesen Nachw erschwert od vereitelt, so muß er bis zum Beweis des Gegteils sich so behandeln lassen, als ob ein formgültiges Test errichtet worden wäre, Hamm OLGZ **67**, 79. – **d)** Die **Ersetzg** zerstörter oder abhanden gekommener gerichtl od notarieller Urkunden war geregelt durch VO v 18. 6. 42, RGBl 395, s jetzt BeurkG 46; nach BeurkG 57 X ist diese VO auf Urk, die unter BeurkG 1, 68 fallen, nicht mehr anzuwenden, für öff Test gilt also BeurkG 46. Die VO galt nicht für eigenhänd Test, auch wenn sie in bes amtl Verwahrg waren, Hamm Rpfleger **59**, 353; das gleiche gilt für BeurkG 46. Dieser ist entspr anwendb, wenn eine Urk aus polit Gründen unbenützbar wurde, KG JR **52**, 443. Über Rechtsmittel gg Ablehng der Ersetzg aGrd BeurkG 46 s BeurkG 54. Wird am Sitz des zuständ Gerichts die deutsche Gerichtsbark nicht mehr ausgeübt, so richtet sich die ErsZuständgk nach § 6 ZuständErgG v 7. 8. 52, BGBl 407. In der DDR gilt die AO v 16. 11. 56, GBl DDR 1299.

5) Der **Widerruf** nach § 2255 kann **nicht widerrufen** werden (GgSchluß aus § 2257), ist aber uU nach § 2078 anfechtb, RG **102**, 70, s auch Lange Lehrb § 36 III 2b.

6) Gemeinschaftl Testament. a) Seine eigenen **einseitigen Verfügen** kann der eine Eheg in der Form des § 2255 widerrufen, u zwar ohne Zust des anderen u auch noch nach dessen Tod, solange das Test nicht an das NachlG abgeliefert ist; er kann in dieser Form auch einseitige Vfgen des anderen Eheg widerrufen, wenn er hierzu beauftragt ist u solange der andere lebt, s Anm 2; Schmidt MDR **51**, 321. Nachträgl formlose Billigg des anderen reicht aber nicht aus, s Anm 4; aM Staud aaO. – **b) Wechselbezügl** Vfgen können in der Form des § 2255 einseitig durch einen Ehegatten keinesf widerrufen werden; das Test bleibt wirks, wenn der Inhalt erweislich. Gemeinsame Vernichtg od gemeins Verändergen an der Urkunde durch beide Eheg sind denkb, § 2271 Anm 2 A c. Handelt ein Eheg im Einverständn mit dem and, so ist der Widerruf wirks, Staud-Dittmann § 2271 Anm 2, Erm-Hense Rdz 7; vgl auch BayObLG **65**, 92, RG DR **45**, 76, Schlesw SchlHA **57**, 181; nachträgl formlose Zust des and Teils genügt nicht, bestr. Dch die einseitige Vernichtg eines gemschaftl Test werden die wechselbezügl Vfgen nicht unwirks; es können aber Beweisschwierigk bei der Rekonstruktion des gemschaftl Test entstehen, s Soergel-Müller Rdz 15; den Eheg, der das gemschaftl Test vernichtet hat, trifft die Beweislast dafür, daß das Test ungült ist, OGH **1**, 268, dazu Anm von Leonhardt DRZ **49**, 113, auch Hamm OLGZ **67**, 74. – ErbVertr §§ 2289ff.

2256 *Rücknahme des Testaments aus der amtlichen Verwahrung.*

I Ein vor einem Notar oder nach § 2249 errichtetes Testament gilt als widerrufen, wenn die in amtliche Verwahrung genommene Urkunde dem Erblasser zurückgegeben wird. Die zurückgebende Stelle soll den Erblasser über die im Satz 1 vorgesehene Folge der Rückgabe belehren, dies auf der Urkunde vermerken und aktenkundig machen, daß beides geschehen ist.

II Der Erblasser kann die Rückgabe jederzeit verlangen. Das Testament darf nur an den Erblasser persönlich zurückgegeben werden.

III Die Vorschriften des Absatzes 2 gelten auch für ein nach § 2248 hinterlegtes Testament; die Rückgabe ist auf die Wirksamkeit des Testaments ohne Einfluß.

Schrifttum: Granicky, Fischer, Durchführg der Rückgabe eines Test nach § 2256 BGB, Rpfleger **57**, 246; **58**, 177; Lübtow, Zur Lehre vom Widerruf des Test, NJW **68**, 1849; Merle, Zur Rückgabe eines öffentl Test aus der amtl Verwahrg, AcP **171**, 486.

Vorbem. Gem § 56 II Nr 5 BeurkG sind in § 2256 I die Worte „vor einem Richter oder" weggefallen; in Kraft seit 1.1.70, § 71. § 68 III BeurkG, angefügt dch Art 3 Nr 3d Ges v 27.6.70, BGBl 911; in Kraft seit 1. 1. 70, Art 5 des G bestimmt:

§§ 2256, 2257

§ 2256 Abs. 1, 2 des Bürgerlichen Gesetzbuchs gilt auch für Testamente, die vor dem Inkrafttreten dieses Gesetzes vor einem Richter errichtet worden sind.

S dazu unten Anm 6.

1) Allgemeines. Rücknahme aus einfacher Verwahrg ist kein Widerruf. – Auf ErbVertr nicht anwendb, § 2277 Anm 3. – Über die Rückn von Test aGrd der durch die Aufhebg der Erbhofgesetzgebg u die Währgsreform veränderten Verhältn s Anm 1 der 28. Aufl.

2) Die Wirkg der Rücknahme tritt nur ein, wenn das Test vorher in die bes amtl Verwahrg gelangt ist, BGH NJW 59, 2113, ferner nur bei HerausgVerlangen ohne Rücks auf einen entspr Aufhebgswillen u erst mit der Rückg an den Erbl persönl, **II** 2, also nicht bei versehentl Rückg. Vorlage zur Einsicht ist keine Rückn. Vorausgesetzt ist Testierfähigk nach §§ 2229, 2253 II, dazu Merle aaO 495 ff. Die Rückn ist ein RGesch unter Lebenden, aber wg der damit zwangsläufig verbundenen Widerrufswirkg zugl eine Verfügg v Todes wg, BGH 23, 211, BayObLG 73, 35, aM Lübtow aaO 1851, Merle aaO 492, 509: Fiktion. Daher **Anfechtg** nach § 2078 Berecht (nicht aber dch den Erbl) mögl (BayObLG 60, 490, aM Kipp-Coing § 31 II 3, Merle aaO 504), zB wenn Erbl das herausverlangte Test irrtüml für ggstandslos hielt, ein neues zweites Test aber nichtig war; wenn er zur Rückn dch falsche Erwartgen über den weiteren Verlauf eines ihm bekannten Vorfalls, KG DR 42, 143, od widerrechtl durch Drohg bestimmt wurde, BayObLG 60, 494, oder die Widerrufswirkg nicht gekannt hatte, KG JFG 21, 324. Der letztere Fall dürfte eigentl nicht vorkommen, wenn nach Abs **I** 2 verfahren wird, Vogels DR 42, 144. Die Rücknahme ist auch anfechtb, wenn der Erbl zu ihr dch die Vorstellg bestimmt worden ist, er könne den fingierten Widerruf dch eine ggteilige testamentar Vfg aufheben u damit dem aus der bes amtl Verwahrg zurückgen Test wieder Gültigk verschaffen, KG NJW 70, 612 (§ 2078 II) mit krit Anm v Riedel ebda 1278; s auch § 2257 Anm 4, Klunzinger aaO (Schriftt zu § 2257) 288. Gg Anfechtbark der Zurückn Lübtow aaO. – Neuerl Verbringg in die amtl Verwahrg beseitigt die einmal eingetretene Widerrufswirkg nicht mehr.

3) Persönl Rückgabe durch den RPfleger, § 2258b Anm 2, an Erbl gg Vorlage des Hinterleggsscheins, § 2258b III, § 27 Nr 6, 9 AktenO, notf durch RHilfe, FGG 2, KG RJA 13, 91, § 27 Nr 8 AktenO. Der Rpfleger ist nicht befugt, selbst den Umschlag, § 34 BeurkG, zu öffnen, sofern nicht der Erbl zustimmt; ebenso RGRK Rdz 4 hins der Amtssiegels u Staud-Firsching Anm 15; bestr s Granicky, Fischer Rpfleger **57**, 246; **58**, 177. – Aushändig unter Verletzg des Abs II dch Übersendg an einen Anderen od Aushändiggsverlangen od an Dritten od nur zur Einsicht, falls diese bei Gericht erfolgt, vgl Bengel Anm 10–12, wirkt nicht als Widerruf; das Test bleibt wirks, sofern es nicht durch den Erbl nach der Aushändigg in den Formen der §§ 2254, 2255 od 2258 widerrufen w. Andererseits kann ein Test trotz Fortdauer der Verwahrg nach §§ 2254, 2258 widerrufen w. Die Rückg ist auf die Ablieferngspflicht, § 2259, ohne Einfluß, wenn dann Test noch vorhanden, KG JFG **15**, 93.

3a) Über Widerruf eines in amtl Verwahrg befindl not Test dch eigenhänd Test s § 2254 Anm 1.

4) Rücknahme des **eigenhänd Test** hat keine Widerrufswirkg, **III**. Ein gült öff Test, das zugl dem § 2247 entspricht, ist kein eigenhänd Test iS des Abs III, RGRK Rdz 10; Bengel Anm 7; Soergel-Müller Rdz 8; aM Staud-Firsching Anm 14.

5) Entspr Anwendg. § 2256 I, II gilt entspr für vor einem Konsul errichtetes Test (KonsG 16a I, wenn auch § 2256 I, II id Neufassg dch § 57 I Nr 2 nicht mehr angeführt ist), beim Test nach §§ 2250, 2251 ist aber ein Widerruf in der Form des § 2256 nicht mögl, Staud-Firsching Anm 6.

6) Neues Recht. Der Wegfall der Worte „vor einem Richter oder" in **I** trägt dem Umst Rechng, daß nach § 2231 Nr 1 nF ein Test nurmehr vor einem Notar errichtet w kann, § 1 I. Jedoch gilt § 2256 auch für die bis zum Inkrafttreten des BeurkG (1. 1. 70) vor einem Richter nach dem bis dahin geltden Recht errichteten Test weiter. Dies ergibt sich jetzt aus § 68 III BeurkG, s Vorbem.

7) DDR: ZGB – Auszug im Anh, 35. Aufl – 387 II Nr 2; NotariatsG 24 III.

2257 Widerruf des Widerrufs.

Wird der durch Testament erfolgte Widerruf einer letztwilligen Verfügung widerrufen, so ist im Zweifel die Verfügung wirksam, wie wenn sie nicht widerrufen worden wäre.

Schrifttum: Klunzinger, Die Maßgeblichk des ErblWillens beim Widerruf des Widerrufs, DNotZ **74**, 278.

1) Früher § 35 TestG, das durch Einfügg der Worte „iZW" eine widerlegbare Ausleggsregel schuf.

2) Der Widerruf nach § 2254, nicht aber der durch schlüss Hdlg od Zurückn, §§ 2255, 2256 (s BayObLG **73**, 35), s aber Anm 4, kann selbst wieder nach §§ 2254–2256, 2258 widerrufen w. Für nach § 114 Entmündigte vgl § 2253 Anm 4. Ein nach § 2255 widerrufenes eigenhdg Test kann nur unter Beobachtg der FormVorschr des § 2247 als eigenhdg wiederhergestellt werden, s Lübtow aaO 1852. KG HRR **42** Nr 755 erklärt mit Recht die Verwendg des alten Test mit neuer Unterschr u neuem Datum für zul, vgl RG **111**, 252. Ein Widerruf nach § 2257 ist dies aber nicht. Nach Düss JZ **51**, 309 genügt es, wenn der Erbl das durch Zerreißen widerrufene Test wieder zusammenklebt, so in einen Umschl steckt u diesen mit dem eigenhänd geschriebenen u unterschriebenen Vermerk „Mein Test" versieht; zust Staud-Firsching Anm 7, dazu auch KG NJW **70**, 613. Die UmschlagsUnterschr kann uU ausreichen, § 2247 Anm 2c bb. Aber die neue Erkl ist möglicherw nach § 2247 ungült, wenn weder der Ztpkt des Widerrufs noch der Neuerrichtg feststeht. Bloße Aufbewahrg eines nach § 2255 zerrissenen Test u Wille auf Fortgeltg machen das Test nicht wieder wirks. Ein Zweifelsfall liegt regelm nicht vor, wenn das frühere Test sich mit dem jetzt widerrufenen WiderrufsTest deckt, BayObLG **65**, 92 = NJW **65**, 1277. – § 2257 stellt ledigl eine **Ausleggs-Regel**, eine widerlegb Vermutg auf, Bengel Anm 2.

3) Die **Wirkg** der Widerrufsbeseitigg wird auf den ersten Widerruf **zurückbezogen**, so daß ein früheres Test wieder auflebt, § 2258 II, wenn nicht nach dem zu ermittelnden Willen des Erbl („iZw") nun gesetzl Erbfolge eintreten sollte od der Erbl in dem 2. Widerruf eine dem fr Test widersprechde Vfg getroffen hat, Staud-Firsching Anm 6, s hiezu Klunzinger aaO. Falls aber der Erbl mit dem ersten testamentar Widerruf das urspr Test aus der amtl Verwahrg, § 2256, zurücknahm od damit nach § 2255 verfuhr, so bleiben diese Widerrufshandlgen für sich wirks u der Widerruf des testamentar Widerrufs macht die urspr Vfg nicht mehr wirks. Auch der Widerruf eines WiderrufsTest ist gem §§ 2078ff anfechtb, Bengel Anm 12.

4) Das KG hat in einem Fall, in dem der Erbl ein öff Test aus der bes amtl Verwahrg zurückgen, den Rücknahmevermerk, § 2256 I S 2 durchstrichen u auf das zurückerhaltene Test eigenhdg vermerkt u unterschrieben hatte: das Test hat Gültigk, gg die Annahme, die Wirkgen eines fingierten Widerrufs gem § 2256 I können dch testamentar Widerruf nicht beseitigt w, s oben 2 u 3, beachtl Bedenken erhoben (dagg aber BayObLG **73**, 35/37); es neigt auch dazu, die Gültigk der Vfg des Erbl, in der dieser auf ein nicht eigenhdg geschriebenes Test Bezug nimmt, s oben 2, als formgerecht errichtete TestUrk anzusehen; es hat aber die beiden Fragen unentschieden gelassen, NJW **70**, 612 mit Anm v Riedel ebda 1278; dazu auch Heldrich, Fälle u Lösgen, BGB-ErbR, 1970, 6 ff; Bengel Anm 6, 7; aM Hbg OLG **34**, 307, Merle aaO 506.

2258 *Widerruf durch späteres Testament.* [I] Durch die Errichtung eines Testaments wird ein früheres Testament insoweit aufgehoben, als das spätere Testament mit dem früheren in Widerspruch steht.

[II] Wird das spätere Testament widerrufen, so ist im Zweifel das frühere Testament in gleicher Weise wirksam, wie wenn es nicht aufgehoben worden wäre.

1) Vorbem. Früher § 36 TestG, das durch Einfügg der Worte „iZw" ggü § 2258 aF in Abs **II** eine widerlegbare Ausleggsregel schuf. Zweckmäßiger wäre es vielleicht gewesen, die Regelg des § 511 SchwZGB zu übernehmen: „Errichtet der Erbl eine letztw Vfg, ohne eine frühere ausdrückl aufzuheben, so tritt sie an die Stelle der früheren Vfg, soweit sie sich nicht zweifellos als bloße Ergänzg darstellt."

2) Die **Ineinklangbringg** mehrerer vom Erbl hinterlassener Test macht oft große Schwierigk (vgl dazu § 2247 V). Ein **Widerspr, I**, liegt zunächst bei sachl Unvereinbark vor, wobei ein entspr Wille des Erbl nicht erforderl ist, so wenn er an die frühere Vfg gar nicht dachte; ein Widerspr kann aber auch in dem durch Ausleg zu ermittelnden ErblWillen liegen, durch die neuen Vfgen die älteren zu beseitigen, auch soweit kein sachl Widerspr vorliegt, BGH **LM** Nr 1, Hamm DNotZ **72**, 101/104. Bei mehreren gleichlautenden Test beruht das ErbR auf jedem einzelnen Test, Staud-Firsching Anm 14, BayObLG **65**, 91. – Wie mehrfache Bedenkg derselben Pers auszulegen ist, kommt auf den Einzelfall an, s RG JW **13**, 981, Warn **31** Nr 12. Beim eigenhänd Test, § 2247 Anm 2c cc, kann das spätere Test auch in einer Einschaltg bestehen, da Datumszwang, § 2247 II, nicht mehr besteht. – Die Aufhebgswirkg kommt nur einem zZ seiner Errichtg gültigen Test zu, KG DNotZ **56**, 564 (dort auch über Bedeutg des ErblWillens). Sie bleibt aber bestehen, wenn das spätere Test (durch Vorversterben des Erben, Ausschlagg, Bedinggsausfall, Verlust, KG JW **35**, 3122) wirkgslos wird, Planck-Strecker Anm 2; anders bei Anfechtg od Fristablauf, § 2252. Wegen späteren ErbVertr s § 2289.

3) Widerruf des späteren Test. Die Aufhebgswirkg des Abs **I** kann durch Widerruf, **II**, in den Formen der §§ 2254–2256 wieder beseitigt werden, falls nicht der Erbl beabsichtigte, die Wiederherstellg des ersten Test trotz des Widerrufs auszuschließen. Einer besonderen Vfg bedarf es hierzu nicht. Auch die Auslegg („iZw") kann hierzu führen. Das frühere Test bleibt auf alle Fälle unwirks, wenn der Erbl es nach Errichtg des späteren Test aus der amtl Verwahrg, § 2256, genommen od daran Hdlgen nach § 2255 vorgenommen hatte. – Will der Erbl einz Best des fr Test revidieren (Teilwiderrufsabsicht), so steht fest, daß er die fr Vfg nicht wiederherstellen wollte, er müßte dann eine neue Vfg treffen, Klunzinger aaO 286ff.

4) Mehrere Test gleichen Alters oder **ohne Datum** mit widersprechendem Inhalt heben sich ggseitig auf. Sonst gilt das undatierte als das ältere, so daß das datierte iZw Bestand hat, § 2247 V, amtl Begr DJ **38**, 1258. Mehrere Test mit gleichem Datum gelten iZw als gleichzeitig errichtet, KG HRR **42** Nr 755.

2258a *Zuständigkeit für die besondere amtliche Verwahrung.* [I] Für die besondere amtliche Verwahrung der Testamente sind die Amtsgerichte zuständig.

[II] Örtlich zuständig ist:

1. wenn das Testament vor einem Notar errichtet ist, das Amtsgericht, in dessen Bezirk der Notar seinen Amtssitz hat;
2. wenn das Testament vor dem Bürgermeister einer Gemeinde oder dem Vorsteher eines Gutsbezirks errichtet ist, das Amtsgericht, zu dessen Bezirk die Gemeinde oder der Gutsbezirk gehört;
3. wenn das Testament nach § 2247 errichtet ist, jedes Amtsgericht.

[III] Der Erblasser kann jederzeit die Verwahrung bei einem anderen Amtsgericht verlangen.

1) Vorbem. Gem § 57 III Nr 12 BeurkG fiel in § 2258a **II** die Nr 1 weg, die Nr 2, 3, 4 wurden Nr 1, 2, 3; ferner wurde Abs **IV** aufgeh. Die Änderungen sind in Kraft seit 1. 1. 70 (§ 71). Die bish **Nr 1** von **II** ist gestrichen, da gem § 2231 Nr 1 nF ein öff Test nur zur Niederschr eines Notars, nicht mehr aber eines Richters errichtet w kann. Vor dem Inkrafttr des BeurkG (1. 1. 70) vor einem Richter errichtete Testamente konnten aber noch nach diesem Ztpkt bei dem AG hinterlegt w, dem der Richter angehörte. Solche Test sind auch, wenn vor dem 1. 1. 70 hinterlegt, weiter zu verwahren, Zimmermann Rpfleger **70**, 194, s auch § 2256 Anm 6. Abs **IV** wurde aufgeh, da die dort vorgeschriebene Pfl zur Benachrichtig des Wohnsitzgerichtes entbehrl erschien, weil die Benachrichtig in NachlSachen dch bundeseinheitl Vfg der Länder geregelt ist, s BeurkG 34 Anm 7 u die dort angeführte AV, u dadch sichergestellt ist, daß das Ger, das das Test verwahrt, vom Tod des Erbl Kenntn erlangt u das Test gem § 2261 nach Eröffng dem NachlG, übersendet; dazu auch Erm-Hense Rdz 3.

2) Die **bes amtl Verwahrg** ist strenger als die gewöhnl UrkVerwahrg, zB nach Pr FGG 42 (gilt nicht mehr für notarielle Urkunden, BeurkG 60 Nr 57d). – VollzVorschr vgl AktO 27, hinsichtl der in *Bay* ab 1. 1. 78 geltden Fassg vgl LoseblAusg des BayJM. Über die AbliefergsPfl des Notars s BeurkG 34 I 4 u zum Vollzug DONot 16 in der ab 1. 8. 70, Abs 2 in der ab 1. 1. 75 geltden Fassg. Gebühr: KostO 101.

3) Die **Zuständigk** der **Amtsgerichte** ist für das ganze Bundesgebiet gegeben (RPfleger, § 3 Nr 2 c RPflG); für *Bayern* s auch VO v 7. 6. 73 GVBl 348, § 2 III mit II. Für das Land *BaWü* s das G über die Ermächtigg des Landes BaWü zur Rechtsbereinigg v 17. 12. 74, BGBl 3602, Art 1 II, LFGG 1 I, II, 38, 46 III, 48 III, 1. VV LFGG 7, 11 (mit RpflG 35 I), 12–19, AV v 30. 6. 75, Just 304; hiernach sind für die bes amtl Verwahrg der Vfgen v Tw im Gebiet des ganzen Bundeslandes an Stelle der Gerichte der Notariate – NachlGer – zust, Richter, Rpfleger **75**, 417/418; Stgt, Karlsr/Freibg BWNotZ **76**, 175; **77**, 45; über Mitteilgen an die NachlGer (= Notariate) s LFGG 39; s ferner § 2261 Anm 1; zum fr Recht 34. Aufl. – KonsularTest sind beim AG Schöneberg in Bln zu hinterlegen, § 11 II KonsG (abgedr im Anh zu § 2231). – Hinterlegg beim örtl unzust Gericht nimmt dieser nicht den Charakter der bes amtl Verwahrg, vgl § 7 FGG; das unzust Gericht wird aber das Test weiterleiten. – In der DDR obliegt die Verwahrg den Staatl Notariaten, § 24 NotariatsG; KonsularTest werden beim Staatl Not Bln-Mitte verwahrt. § 22 KonsularG v 22. 5. 57, GBl 313.

4) Dem **Verlangen** des Erbl, **III**, ist jederzeit u ohne weiteres stattzugeben, falls kein offenbarer Mißbr vorliegt.

5) **DDR**: Über Verwahrg v Test s ZGB – Auszug im Anh, 35. Aufl – 384, 385, 386 II, 387 II Nr 2; NotariatsG 24.

2258b *Verfahren bei der besonderen amtlichen Verwahrung.* **I** Die Annahme zur Verwahrung sowie die Herausgabe des Testaments ist von dem Richter anzuordnen und von ihm und dem Urkundsbeamten der Geschäftsstelle gemeinschaftlich zu bewirken.

II Die Verwahrung erfolgt unter gemeinschaftlichem Verschluß des Richters und des Urkundsbeamten der Geschäftsstelle.

III Dem Erblasser soll über das in Verwahrung genommene Testament ein Hinterlegungsschein erteilt werden. Der Hinterlegungsschein ist von dem Richter und dem Urkundsbeamten der Geschäftsstelle zu unterschreiben und mit dem Dienstsiegel zu versehen.

1) **Vorbem.** Gem § 57 III Nr 13 BeurkG wurde § 2258b II 2 aufgeh, ferner wurde der Abs **III** neu eingefügt. Die Änderen sind in Kr seit 1. 1. 70 (§ 71). Die Aufhebg von **II 2** hat ihren Grd darin, daß die Erteilg des HinterleggsScheins jetzt in dem neu eingefügten **III** geregelt ist. III 1 nF stimmt überein mit dem fr § 2246 II 2; III 2 entspr den bish § 2258b II 2.

2) Die in §§ 2258a–2264, 2300, 2300a vorgesehenen Aufgaben sind den **Rechtspflegern** zur selbstd Wahrnehmg übertragen, § 3 Nr 2 c RPflG v 5. 11. 69 (BGBl 2065).

3) Über den **HinterleggsSchein** s weiter AktO 27 VI, über den Vollzug der bes amtl Verwahrg dch den Notar s BeurkG 34 I 4, DONot 16 in der ab 1. 8. 70, Abs 2 in der ab 1. 1. 75 geltden Fassg, BeurkG 34 Anm 2.

4) Über die Vorschr in *BaWü* s § 2258 a Anm 3.

2259 *Ablieferungspflicht.* **I** Wer ein Testament, das nicht in besondere amtliche Verwahrung gebracht ist, im Besitz hat, ist verpflichtet, es unverzüglich, nachdem er von dem Tode des Erblassers Kenntnis erlangt hat, an das Nachlaßgericht abzuliefern.

II Befindet sich ein Testament bei einer anderen Behörde als einem Gericht in amtlicher Verwahrung, so ist es nach dem Tode des Erblassers an das Nachlaßgericht abzuliefern. Das Nachlaßgericht hat, wenn es von dem Testament Kenntnis erlangt, die Ablieferung zu veranlassen.

1) **Allgemeines.** Die Vorschr gilt auch für ErbVertr § 2300, nicht aber für den AufhebgsVertr, § 2290, Düss RhNK **73**, 199, für ErbverzichtsVertr, § 2346, u bloße Anordnungen über Feuerbestattg, RGRK Rdz 3.

2) Die **Ablieferngspflicht,** von welcher der Erbl nicht befreien kann, trifft den Besitzer, sie dient der Vorbereitg der Eröffng, §§ 2260 ff, und der Erhaltg u Sicherstellg von nichtverwahrten Vfgen. Darunter fällt jede offene od verschlossene Urk, die sich nicht in amtl Verwahrg befand (zB PrivatTest, NotTest nach § 2250) u sich äußerl als Test darstellt, KG JFG **14**, 171. Ob sie gültig, widerrufen od ggstandslos ist, hat nicht

Testament. 7. Titel: Errichtung und Aufhebung eines Testaments §§ 2259, 2260

der Ablieferspflichtige, sond das NachlG zu entscheiden, KG Rpfleger **77**, 256. Es sind also auch nach §§ 2256, 2272 zurückgenommene Test abzuliefern, KG JFG **15**, 93, wenn noch vorhanden. Auch Test von Ausländern sind abzuliefern, Soergel-Müller Rdz 7. Abzuliefern sind die Urschriften, vgl Bengel Anm 5.

3) Durchführg der Ablieferg. Beim Tode des Erbl greift der Staat ein. Die TestUrk gehört den Erben nicht allein, StGB 274 Nr 1. Ihre Nichtablieferg kann straffällig u schadensersatzpflichtig machen. Die Ablieferg kann dch Klage eines Beteiligten u vom Nachl Gericht dch Festsetzg v Zwangsgeld, eidesstattl Vers u Gewalt, FGG 83, insb 33, durchgesetzt w; letzteres auch dann, wenn ein Pflichtiger nicht bekannt ist, sich die Urk zB in verschlossener Wohng, in einem Versteck, einem Bankfach befindet, vgl Höver DFG **37**, 135. AO der eidesstattl Vers kann vAw od auf Antr erfolgen, bei Ablehng Beschw, Karlsr Just **78**, 141. – Für das Verf nach § 2259, FGG 83, 33 I, II 1 ist der Rpfleger zust, RPflG 3 Nr 2c. Dazu Firsching, NachlR[4], 158 ff, s auch *BaWü* LFGG 40 I.

3a) Weitere Pflichten des Besitzers. Die Aufforderg an ihn wird auch auf Einreichg der SterbeUrk, Angabe der Erben und des NachlWerts zu richten sein, Brand-Kleeff 258, vgl auch § 2260 I 2.

4) Die andere Behörde, II, kann ein Konsularbeamter, Notar od Bürgermeister sein, wenn entgg KonsG 11 II, § 34 I BeurkG, § 2249 I 4 das Test noch nicht in amtl Verwahrg gebracht wurde, od ein Notar, der einen ErbVertr verwahrt, § 34 II BeurkG, BNotO 25 II, DONot 16 II (id ab 1. 1. 75 geltden Fassg, BayJMBl **74**, 343), ggf die Polizei od Staatsanwaltsch bei Beschlagnahmen, auch Gerichte, die nicht Verwahrgsgerichte iS des § 2261 sind. Behörde ist in *BaWü* auch das Notariat, LFGG 1 I, II, 2; 1. VVLFGG 15 I 2; vgl OLG Stgt Just **71**, 387, **76**, 392; Karlsr/Freibg BWNotZ **77**, 45; Karlsr BWNotZ **77**, 145 (unter Aufg von BWNotZ **76**, 174); Hörer BWNotZ **77**, 87. Bei Weigerg AufsBeschw.

5) Nach Ablieferg werden die Test nicht in bes amtl Verwahrg gebracht, sond bei den anzulegenden Akten bis zur Eröffng aufbewahrt, AktO § 27 Nr 11. Kein Hinterleggsschein, jedoch auf Verlangen Empfangsbestätigg.

6) DDR : ZGB – Auszug im Anh, 35. Aufl – 394; NotariatsG 25, 43.

2260 *Eröffnung des Testaments durch das Nachlaßgericht.* [I] Das Nachlaßgericht hat, sobald es von dem Tode des Erblassers Kenntnis erlangt, zur Eröffnung eines in seiner Verwahrung befindlichen Testaments einen Termin zu bestimmen. Zu dem Termin sollen die gesetzlichen Erben des Erblassers und die sonstigen Beteiligten, soweit tunlich, geladen werden.

[II] In dem Termin ist das Testament zu öffnen, den Beteiligten zu verkünden und ihnen auf Verlangen vorzulegen. Die Verkündung darf im Falle der Vorlegung unterbleiben. Die Verkündung unterbleibt ferner, wenn im Termin keiner der Beteiligten erscheint.

[III] Über die Eröffnung ist eine Niederschrift aufzunehmen. War das Testament verschlossen, so ist in der Niederschrift festzustellen, ob der Verschluß unversehrt war.

Schrifttum: Haegele, Einzelfragen zur Testamentseröffnung, Rpfleger **68**, 137; Firsching, NachlRecht 4. Aufl, 1971, S 153 ff; Will, Zweimalige TestEröffng? DNotZ **74**, 273; Speith, TestEröffnng nach dtschem Recht u probate of will's nach dem Recht der USA unter bes Berücksichtigg der rgeschichtl Entwicklg, Diss Kln 1974.

1) Die Eröffng bringt den bis dahin oft geheimgehaltenen letzten Willen des Erbl an die Öffentlichk, die an dieser Bekanntgabe ein Interesse hat, RG **137**, 222. Daher von Amts wegen vorzunehmen, sobald NachlG vom Todesfall zuverläss durch Standesbeamten, Polizei usw Kenntn hat, vgl die LänderVorschr über die Benachrichtigg in BeurkG 34 Anm 7. Test können auch ohne Todesnachweis Test, die mehr als 30 Jahre verwahrt sind, eröffnet werden, § 2263 a. – **a)** Zur Eröffng sachl **zuständig** ist das **NachlG**, § 72 FGG, und zwar der Rpfleger, § 3 N 2c RPflG, ausnahmsw das Verwahrgsgericht, § 2261, u der Konsularbeamte, KonsG 11 III, vgl Anh zu § 2231, nicht aber ein ersuchtes Gericht, BayObLG **31**, 91; für *BaWü* s LFGG 1 II, 38; 1. VO LFGG 17. Verzicht der Beteiligten auf förml Eröffng ist unbeachtl, BayObLG **51**, 391, ebso ein Verbot des Erbl, § 2263. – **b) Umfang** der Eröffng. Zu eröffnen ist jede amtl verwahrte oder nach § 2259 abgelieferte, sich äußerl als, wenn auch formungült, Test darstellde Urk. Einen Brief, der äußerl nicht als Test bezeichnet ist, kann das NachlG inhaltl prüfen, ob es sich um ein Test handelt, Ffm, Rpfleger **70**, 392; **77**, 256. Bei Widerruf, §§ 2255, 2256, 2258, ist zu eröffnen, wenn Widerruf zweifelh; aM Reimann Anm 14, wonach alle widerrufenen Test zu eröffnen sind, soweit nicht ein unzweifelh Widerruf nach § 2255 vorliegt; auf jeden Fall ist Eröffng aller Test im gesamten Umfang geboten, wenn nur eine in einem Test enthaltene einzelne Vfg dch ein späteres Test widerrufen ist, s Düss OLGZ **66**, 64. Über die Gültigk ist erst bei ErbSchErteilg, §§ 2352 ff, oder vom ProzRichter zu entsch, Hbg JFG **1**, 174, KG JFG **14**, 158, 171. – Zu eröffnen ist die **Urschr**, bei mehreren sämtliche, notf bei Verlust eine etwa vorhandene begl Abschr, nicht aber einf Abschr, KG JW **19**, 586. Kann Eröffng wg TestVerlusts nicht erfolgen, so hindert dies, falls Inhalt erweisl, zB dch eine einf Abschrift, die ErbSchErteilg nicht, KG JW **19**, 586, vgl § 2255 Anm 4. Gg Ablehng der Eröffng Beschwerde (Erinnerg), FGG 19 ff, RPflG 11, s Ffm FamRZ **77**, 482. Wegen Ersetzg zerstörter od abhanden gekommener gerichtl od notr Test vgl § 2255 Anm 4. – **c)** Hins der **Ausländer** s KG JW **37**, 1728, Höver DFG **37**, 133; Kiefer RhNK **77**, 65/75; letztw Vfgen von Ausländern sind auf jeden Fall dann zu eröffnen, wenn ein StaatsVertr die Mitwirkg des deutschen Gerichts vorsieht od wenn kraft Rückverweis deutsches materielles ErbR, auch nur auf einen Teil des Nachl, anzuwenden ist, BayObLG **58**, 34, Staud-Firsching Anm 16, od wenn ein beschränkter ErbSch, § 2369, beantragt werden soll, LG Lüb SchlHA **58**, 334, od wenn ein Sichergsbedürfn für den Nachl besteht,

Pinckernelle-Spreen DNotZ **67**, 201. – **d)** Ein vom österreich VerlassenschGer „kundgemachtes" Test eines Dtschen braucht im ErbSchVerf nicht ein zweites Mal eröffnet zu w, Will aaO.

2) Zum Termin, der alsbald anzuberaumen ist (**I** 1), sind neben den gesetzl Erben die Beteiligten, also Personen, denen dch die letztw Vfgen des Erbl ein – wenn auch aufschieb bedingtes od befristetes – Recht gewährt od genommen od deren Rechtslage in sonstiger Weise unmittelb beeinflußt wird, Haegele aaO 137 (Erben, TestVollstr, VermNehmer, Empfänger v Auflagen, § 2194, Behörde, die Vollziehg einer Auflage verlangen kann, Personen, bezügl deren familienrechtl AOen getroffen sind, n i c h t: NachlGläub) zu laden, soweit sie bekannt sind (bei verschlossenem Test sind Angehörige, Polizei, Nachbarn zu befragen; zeitraubde Ermittlgen aber vor der Eröffng zu unterlassen. Im Termin hat der Richter (RPfleger), unter Feststellg des Todestags (an Hand der SterbeUrk oder eines und Todesnachweises wie TodesErkl) u ggf (**III** S 2) der Unversehrth, das Test zu **öffnen** (wenn es nicht schon offen) u durch **Verkündg** zu eröffnen, **II** S 1, **III** S 1. Verkündg an die Beteiligten (nicht die ganze Eröffng) **unterbleibt** bei Vorlegg od Nichterscheinen (der ordngsmäßig geladenen) od Nichtermittlg von Beteiligten; es ist dann zur Niederschr (**III**) der Grund des Unterbleibens der Verkündg festzustellen u Benachrichtigg nach § 2262 vorzunehmen. Durch die Eröffng wird idR die A u s s c h l a g g s f r i s t (§ 1944 II 2) in Lauf gesetzt, Anm 3 zu § 1944. Gegen Ablehng Beschwerde (Erinnerg) mögl, gg die bereits erfolgte Eröffng nicht mehr. – Zu sonstigen Erklärgen od Belehrg über Echth, Ausschlagg, Ann, Anfechtg, Erbenhaftg, Erbteilg, Steuerfragen ist der Termin zwar nicht bestimmt, er wird jedoch mit Recht auch zu den derart Erörtergen in der Praxis genutzt. Nach GBO 83 soll das NachlGer bei Eröffng eines Test od eines ErbVertr, wenn ihm bekannt ist, daß zum Nachl ein Grdst gehört, dem zust GBA vom Erbfall Mitteilg machen u die als Erben eingesetzten Personen, soweit ihm ihr Aufenth bekannt ist, darauf hinweisen, daß durch den Erbfall das GB unricht geworden ist u welche Gebührenvergünstigg für eine GBBerichtigg bestehen, s KostO 60 IV, dazu KG JVBl **66**, 44, Übbl 5a vor § 2353. – Auf das eröffnete Test wird zweckm ein Eröffnungsvermerk gesetzt. Das Test bleibt dann offen bei den NachlAkten (Ausn § 2273 II 2), auch nach Erteilg eines Erbscheins, vgl auch § 2264. Keine Herausg an die Beteiligten, KG DFG **43**, 51; Rpfleger **77**, 256; aM Hbg MDR **75**, 666, wenn UrSchr für die Hinterbliebenen erhebl ethischen Wert hat, ebso Stgt Rpfleger **77**, 398 (VorleggsBeschl), wie hier aM BGH DNotZ **78**, 486. – Gebühren, KostO 102, 103, treffen die Erben als NachlVerbindlichk KostO 6; zum GeschWert s BayObLG **74**, 154.

3) Über den **Inhalt der Niederschrift, IV,** s auch § 32 *Bay*NachlO; Firsching NachlaßR, 4. Aufl, 167 ff.

4) DDR: ZGB – Auszug im Anh 35. Aufl. – 395; NotariatsG 26.

2261 *Eröffnung durch ein anderes Gericht.* Hat ein anderes Gericht als das Nachlaßgericht das Testament in amtlicher Verwahrung, so liegt dem anderen Gericht die Eröffnung des Testaments ob. Das Testament ist nebst einer beglaubigten Abschrift der über die Eröffnung aufgenommenen Niederschrift dem Nachlaßgericht zu übersenden; eine beglaubigte Abschrift des Testaments ist zurückzubehalten.

1) Das **Verwahrgsgericht,** stets ein AG, BeurkG 34, § 2248, § 2258a, § 11 KonsG, ist nicht immer das NachlG, dessen Zustdgk sich nach dem letzten Wohns od Aufenth des Erbl richtet, FGG 73 Abs 2. Wegen der Verlustgefahr muß das VerwahrgsG eröffnen u erst das eröffnete Test an das NachlG weiterleiten; bei Verlust kann sein Inhalt an Hand der zurückbehaltenen begl Abschrift festgestellt werden. Dem NachlG steht gg Verweigerg der Auslieferg Beschw zu, KG JFG **14**, 168, nicht aber dem Ger, dem das VerwahrgsGer ein Test zugeleitet hat, gg die Weigerg eines and Ger, das übersandte Test zur endgült Verwahrg anzunehmen, Bln, KG Rpfleger **71**, 399, 400; **77**, 100. Das VerwahrgsG hat auch dann zu eröffnen, wenn die Verwahrg keine bes iS des § 2258 a, BeurkG 34 I war, Hamm Rpfleger **72**, 23. Prozeß- u StrafG sind nicht zur Eröffng befugt, ebsowenig die *BaWü* Notariate, die zur Verwahrg bef waren, aber nicht NachlGer sind; für sie gilt § 2259 II entspr, so haben das verwahrte Test an das nach FGG 73 örtl zust Notariat – NachlGer – abzuliefern, LFGG 1 II, 2, 38; 1. VV LFGG 15 I 2, 17; s Stgt, Karlsr/Freibg, Hörer BWNotZ **76**, 175; **77**, 45, 87; Karlsr BWNotZ **77**, 175. Das eröffnete Test ist vom NachlG weiter zu verwahren, KG Rpfleger **77**, 100; s auch § 2273 Anm 3, § 2300 Anm 4. – Die Gebühr ist nach KostO 103 III vom NachlG zu erheben.

2) Interlokales Recht. § 2261 ist auch anzuwenden, wenn das Test mit letztem gewöhnl Aufenth im Gebiet der DDR verstorbenen Erbl bei einem Ger im Gebiet der BRep abgeliefert w, Hamm aaO; zur örtl, interlokalen Zustdgk s FGG 73 III in entspr Anwendg. Die Gerichte der BRep sind in diesem Fall zur endgültigen Verwahrg des eröffneten Test auch dann nicht zust, wenn bei ihnen für einzelne andnachgerichtl Verrichtgen, zB Erteilg eines ErbSch, eine interlokale Zustdgk begründet ist. Sofern im Einzelfall keine überwiegen Belange entgegenstehen, ist die Urschrift des Test an das für den letzten gewöhnl Aufenth des Erbl zust Staatl Notariat zu übersenden, KG NJW **70**, 391, dazu Geimer DNotZ **70**, 683; LG Brschw RhNK **72**, 718; aM LG Bln Rpfleger **71**, 317 (für entspr Anwendg von FGG 73 III); für entgült Verwahrg eines derart Test beim NachlG der BRep (FGG 73 III) aber Kuchinke, Festschr f v d Heydte, 1977 II 1005/ 1013.– S auch LG Bln Rpfleger **71**, 400 (Übersendg an TestReg in DenHaag).

2262 *Benachrichtigung der Beteiligten.* Das Nachlaßgericht hat die Beteiligten, welche bei der Eröffnung des Testaments nicht zugegen gewesen sind, von dem sie betreffenden Inhalt des Testaments in Kenntnis zu setzen.

1) Benachrichtigg. Nach Eröffng, §§ 2260, 2261, sind alle durch das Test unmittelb Betroffenen, KG JW **31**, 1373, § 2260 Anm 3, auch bedingt Bedachte, RG RJA **16**, 210, der in einem eröffneten Test mit einem Verm Bedachte, auch wenn das Verm dch ein weiteres Test widerrufen ist, Düss OLGZ **66**, 64; s aber auch BGH Rpfleger **78**, 92; ferner die gesetzl Erben, die nach § 1938 ausgeschl od auf den Pflichtt gesetzt sind, od denen der Pflichtt entzogen ist, auch wenn sie in der Vfg nicht erwähnt sind, Staud-Firsching Anm 7, nehel Verwandte, deren gesetzl ErbR od deren ErbErsAnspr ausgeschl, beschr od beschwert ist, Schramm BW-NotZ **70**, 17, von den sie betr Vfgen das NachlG, – nicht das nach § 2261 eröffnde Gericht, – formlos zu benachrichtigen, ohne Rücks auf die Gültigk des Test; beim gemschaftl Test sind sie grdsätzl vom gesamten eröffneten Inh in Kenntn zu setzen, Hamm FamRZ **74**, 387. Notf sind sie zu ermitteln, RG **69**, 274, s auch Brem Rpfleger **73**, 58: Ist TestVollstr ernannt, so genügt es, wenn VermNehmern die sie betr Vfg u der Name des TestVollstr bekannt gemacht w. Der Erbl kann Benachrichtigg ebensowenig verbieten wie die Eröffng, § 2263, Düss aaO. Die Beteiligten können auf Benachrichtigg verzichten. Der Erbe kann gg die vom NachlG beabsichtigte Bekanntgabe einer VermAnO an den Bedachten beschwerdeberecht, Düss aaO; über BeschwerdeR des TestVollstr gg Durchführg einer über die gesetzl Vorschr hinausgehden Mitteilg s Brem aaO.

2) Erbenermittlg. Nach Art 3 *Bay* NachlG v 9.8.02, BayBS III, 114, § 42 *Bay* NachlO v 20.3.03, BayBSVJu III S 166, hat das NachlG die Erben in allen Erbfällen vAw zu ermitteln, s auch *BaWü* LFGG 41 m Anm v Richter in *BaWü* LFGG, 1976. Dazu Firsching, Nachlaßrecht, 4. Aufl, 1971, S 141 ff, zum *bayer Recht* auch BayObLG **18** B 124; **68**, 68; **77** Nr 30; im Rahmen einer Erbenermittlg vAw kann das NachlG ua die Unwirksamk einer Erbausschlag aussprechen; dieser Beschl ist mit Beschw, FGG 19 ff anfechtb. – Über Erbenermittlg auf Ersuchen des GBA im BerichtiggszwangsVerf s GBO 82 a, KG OLGZ **69**, 134.

3) Außerdem **Mitteilg an Finanzamt**, § 12 ErbStDVO idF v 19.1.62, BGBl 22, Art 9 ErbRStG. Vgl ferner die bundeseinheitl AO über Mitteilgen in Zivilsachen (MiZi) v 1.10.67, 9.10.74, BayJMBl 125/316 2. Teil XVII/2 über Mitteilgen zu steuerl Zwecken. – Kosten NachlVerbindlk.

2263 Nichtigkeit eines Eröffnungsverbots.
Eine Anordnung des Erblassers, durch die er verbietet, das Testament alsbald nach seinem Tode zu eröffnen, ist nichtig.

1) Ebenso unbeachtl wie das Eröffngsverbot ist das Verbot der Ablieferg, Benachrichtigg, Einsicht, §§ 2259, 2262, 2264, sowie der Öffng der ErblWohng u ihrer Behältnisse. Die Nichtigk solcher Bestimmgen berührt iZw das Test im übrigen nicht, § 2085. Doch wird Nichtigk dann anzunehmen sein, wenn der Erbl verbietet, das Test überh zu eröffnen. Denn dann ist es nicht ernstl gemeint, § 118, od uU widerrufen, §§ 2253 ff, aM Staud-Firsching Anm 4.

2263a Eröffnungsfrist für Testamente.
Befindet sich ein Testament seit mehr als dreißig Jahren in amtlicher Verwahrung, so hat die verwahrende Stelle von Amts wegen, soweit tunlich, Ermittlungen darüber anzustellen, ob der Erblasser noch lebt. Führen die Ermittlungen nicht zu der Feststellung des Fortlebens des Erblassers, so ist das Testament zu eröffnen. Die Vorschriften der §§ 2260 bis 2262 sind entsprechend anzuwenden.

Schrifttum: Hornung, Wie weit ist die Erfassg der Vfgen von Todes wg in die Vergangenheit zu erstrecken, JVBl **65**, 247.

1) Allgemeines. AusfVorschr: AktenO 27 Abs 10 S 2, 3, *Bay* i d v BayStdJ herausg F v 1.4.74; weitere AusfVorschr s bei Bengel Anm 1. – Zuständig: RPfleger, RPflG 3 Nr 2 c. – Für *BaWü* s § 2258 Anm 3, § 2259 Anm 4, § 2261 Anm 1; 1. VV LFGG 17, 18.

2) Zweck der Vorschr ist, zu verhüten, daß Test von Erbl, deren Tod dem verwahrenden Gericht nicht mitgeteilt wurde, auf die Dauer uneröffnet bleiben.

3) Die **Vorschr** gilt **für alle Test**, die sich **in amtl Verwahrg** – besondere amtl, einfache Urkundenod Aktenverwahrg, s Hornung JVBl **64**, 226 – befinden, auch wenn sie schon vor Inkrafttr des TestG, dem 4.8.38, errichtet od in Verwahrg genommen waren. Eine Beschränkg auf nach dem 1.1.1900 errichtete od in Verwahrg genommene Test (ErbVertr) s zB *Nds* AV v 3.2.64, kann aus dem Ges u der Rechtsentwicklg nicht entn w, s BGH DNotZ **73**, 379. Eine EröffngsPfl über die im fr LandesR, zB *Bay* AGBGB 108 mit 176, festgesetzte Frist hinaus wird nicht angen w können. Solche Fälle w ohnedies nur in Betr kommen, wenn die regelm Einhaltg der vorgeschriebenen Fristen übersehen w ist. – Auch auf gemschaftl Test anwendbar, obwohl in S 3 § 2273 nicht erwähnt ist, Vogels AkZ **38**, 666.

4) Der Umfang der nach Fristablauf für die verwahrde Stelle bestehden ErmittlgsPfl steht in deren pflichtgem Erm, Firsching, NachlR[4], S 159, nicht aber die der EröffngsPfl. Führen die Ermittlgen zu keinem Ergebn, bleibt also der Tod des Erbl ungeklärt, so ist das Test so zu eröffnen, als ob der Erbl unmittelb vor der Eröffng im Bezirk des VerwahrsGer gestorben wäre, Bengel Anm 5. Bei vor dem 1.1.1900 errichteten Test u ErbVertr kann angesichts der Tats, daß ErbR weder ersessen noch verwirkt w kann, vgl BayObLG **66**, 233, BGH **47**, 58, die Eröffng nicht etwa grdsätzl unterbleiben, s BGH DNotZ **73**, 379; Memmg Rpfleger **77**, 440; aM Hornung JVBl **65**, 258, Bengel Anm 8, 31. Aufl; es kann aber von ihr abgesehen w, wenn feststeht, daß ihr keine Bedeutg mehr zukommt.

5) Falls die **Eröffng bei Lebzeiten** des Erbl erfolgt, sei es versehentl od nach ergebnislosen od mangelh Erhebgn, wird die Gültigk des Test nicht berührt. Das Test ist, ggf nach Benachrichtigg des Erbl, wieder zu verschließen u zu verwahren, Vogels aaO. SchadErs kann der Erbl nur bei versehentl Eröffng nehmen, wenn er dadurch berechtigten Anlaß zur Errichtg eines neuen Test erhielt u ihm daraus besondere Kosten erwachsen, Planck § 2260 Anm 8, sofern sie nicht niedergeschlagen od erlassen w können.

2264 Einsichtnahme, Abschrifterteilung. Wer ein rechtliches Interesse glaubhaft macht, ist berechtigt, ein eröffnetes Testament einzusehen sowie eine Abschrift des Testaments oder einzelner Teile zu fordern; die Abschrift ist auf Verlangen zu beglaubigen.

1) **Rechtl Interesse**, vgl § 1953 III, FGG 85, erfordert, daß das Test nach der Eröffng auf die Gestaltg der rechtl Beziehgen des Einsichtnehmers einwirkt, u ist daher enger als das berechtigte (wirtschaftl, wissenschaftl) Interesse gem FGG 34 (idF des § 57 V Nr 1 BeurkG), der neben § 2264 gilt, s BayObLG **54**, 313, KG Rpfleger **78**, 140. GlaubhMachg FGG 15 II. Auch nicht bedachte gesetzl Erben des Erbl können Einsicht u Abschriften seines Test verlangen, BayObLG **54**, 312. Der Berechtigte kann auch durch Vertreter einsehen, vom NachlG, RPfleger, (nicht vom beurkundenden Notar, BayObLG **54**, 310) Abschriften verlangen, Photokopien anfertigen, aber keine chemische Untersuchg vornehmen lassen, u hat bei Ablehng Beschw (Erinnerg). Behörden, insb dem FinA, AO 1977, 111 ff, ist ohne weiteres Einsicht zu gewähren. Bei nur teilw Eröffng eines gemschaftl Test, § 2273, nur Einsicht in den eröffneten Teil u AbschrErteilg von diesem; sonst kann der Berecht Einsicht u Abschr des ganzen Test verlangen, Hamm FamRZ **74**, 387/389. Zum Test zählen auch die Anlagen u das EröffngsProt, Soergel-Müller Rdz 5, bestr.

2) **Für ErbVertr** gilt nicht § 2264, sond FGG 34, wonach bei berechtigtem Interesse Einsicht gewährt w kann.

3) **Nicht eröffnete** Vfgen vTw können währd der amtl Verwahrg nur durch den Erbl eingesehen werden, vgl BeurkG 34 Anm 8.

Achter Titel. Gemeinschaftliches Testament

Einführung

Schrifttum: Coing, Zur Form des gemschaftl eigenhändigen Test, JZ **52**, 611; Asbeck, Das eigenhändige EhegattenTest, Betr **61**, 869; Rötelmann, Erfordernisse des eigenhändigen gemeinsch Test, Rpfleger **58**, 146; Haegele, Das Ehegattentestament, 6. Aufl, 1977; ders, Zum eigenhänd Test, BWNotZ **77**, 29/33; Johannsen, Die Rechtsprechg des BGH auf dem Gebiet des ErbR. Das gemeinsch Test, WPM **69**, 1314, **73**, 534; **77**, 277; ders, Der Schutz der durch gemschaftl Test od ErbVertr berufenen Erben, DNotZ **77**, Sonderh S 69 (= Johannsen SH); Keller, Überleggen zum EhegTest BWNotZ **70**, 49; Dähne, JuS **70**, 26 (prakt Fall); Dittmann-Reimann-Bengel, Test u ErbVertr, 1972 (zitiert nach Verfasser Dittmann, ohne Buchtitel); Battes, Gemschaftl Test u EhegErbVertr als Gestaltgmittel für die VermO der Familie, 1974; Dopffel, Deutsch-Englische gemschaftl Test, DNotZ **76**, 335; Frohn, Das gemschaftl Test, RPfl-Stud **77**, 49 (mit Beisp); Jakobs, Gemschaftl Test u Wechselbezüglk letztw Vfgen, Festschr für Bosch, 1976, 447; Form-Komm ErbR, Forml 6. 518–525; Kipp-Coing §§ 32–35; Lange-Kuchinke §§ 22, 38.

1) **Vorbemerkg:** Die Vorschriften des TestG über das gemschaftl Test wurden durch Teil I Art 5 Nr 6, 7 GesEinhG wieder in das BGB eingefügt. Im einzelnen s 32. Aufl.

2) **Wesen.** Im gemschaftl Test, dessen Begriff durch das G nicht bestimmt ist, verfügen Ehegatten gemschaftl, aber jeder einseitig, über ihre VermVerhält vTw. Nach der früheren stRspr, zB RG **72**, 205, KG JFG **5**, 164, Mü JFG **5**, 168, Dresden JFG **6**, 151, besteht das Wesen des gemschaftl Test darin, daß die letztw Vfgen der Ehegatten in einer einzigen Urkunde getroffen werden, wobei es nicht darauf ankommt, ob sie auf demselben Blatt od auf mehreren Blättern od Bogen stehen, ebensowenig auf den Inhalt der Vfgen, die Einheitlichk u Gemschaftlichk des Errichtgsaktes ist die Absicht der Verfügenden (**objektive** Auffassg, Dittmann Anm 1 vor § 2265). Bei zwei EinzelTest, insb in der Form des früheren § 2267, wurde eine einheitl Urk nur dann angen, wenn die Erklärgen inhaltl aufeinander Bezug nahmen u in einem erkennb räuml Zushang standen. Demggü hält die **subjektive** Auffassg, s Dittmann aaO Anm 6, den Willen der Erbl zur gemschaftl Regelg ihrer ErbF für ausschlaggebd, s OGHZ **1**, 333. Nach der wohl hM kommt es nicht so sehr auf die äußere Zusammenfassg in einer Urk an, als auf den Willen der Eheg gemeins ihre VermVerhält vTw zu regeln (**vermittelnde** Auffassg, s Dittmann aaO Anm 7–11); es ist also sowohl ein subjekt Element (gemeins Wille, BGH FamRZ **77**, 390/392), als auch ein objekt (Gemschaftlk der Errichtg) bedeuts, dazu Kanzleiter DNotZ **73**, 133/135; für stärkeres Gewicht der objekt Seite (urkundl Verbindg) KG NJW **72**, 2133/35. Einzelfälle: Verwenden die Eheg in ihren Vfgen das Wort „wir", so wird das immer ein gewichtiges Beweisanzeichen für ein gemschaftl Test sein. Aber wenn sie in zwei eigenhänd Test Vfgen gleichen od ähnl Inhalts treffen, ohne daß die Vfgen aufeinander Bezug nehmen, so kann trotz der mangelnden äußeren ZusFassg ein gemschaftl Test dann angen w, wenn der Wille zu gemeins letztw Vfgen aus den beiden EinzelTest selbst nach außen erkennbar ist, BGH **9**, 113 = NJW **53**, 698; Ffm Rpfleger **78**, 310/311; s auch OGH **1**, 333 = NJW **49**, 304; Freibg DRiZ **48**, 179; Brox § 15 IV 3; RGRK § 2265 Rdz 5–7. So kann die Mitunterzeichng des Test eines Eheg dch den and Eheg, ev unter Miteranziehg außertestamentar Umstände die Gemschaftlk erkennen lassen, BayObLG **59**, 199, Ffm aaO, s auch BGH NJW **58**, 547, der Gemschaftlk der vom and Eheg mitunterzeichneten Erklärg fordert, ferner Hamm OLGZ **72**, 139 u dazu Haegele Rpfleger **72**, 404, RGRK § 2267 Rdz 6. Auch der inneren Abgestimmth der Vfgen aufeinander kommt wesentl Bedeutg zu. Kein gemschaftl Test liegt vor, wenn Eheleute ihre Vfgen ohne Bezug aufeinander in getrennten Schriftstücken treffen u sie nur zus in einem unbeschrifteten offenen Umschlag verwahren, BayObLG **59**, 228, anders aber, wenn der verschlossene Umschlag von beiden Eheg mit einer gemeins Aufschrift versehen ist, die einen gemeinschaftl Erklärgswillen erkennen läßt, RGRK Rdz 7 zu § 2265, Köln OLGZ **68**, 323, das aber in der eig-

hdg unterzeichneten Aufschr: „Unsere Test", keinen derart Willen gesehen hat. Es dürfte aber uU ausreichen, wenn beide EinzelTest auf demselben Bogen Papier geschrieben werden. Noch weiter einschränkd Kblz NJW 54, 1648, im Anschl an RG 72, 205, s aber Lange Kuchinke, § 22 III 2. Über Beachtg der Form beim eigenhdg gemschaftl Test s § 2267 Anm 3, 4, auch Haegele, AG Hambg, JurBüro 68, 347f, 70, 608, Köln OLGZ 68, 321. Auf den Unterschied zw deren Formprivileg nach § 2267 u den RFolgen nach §§ 2270, 2271, die auch beim Vorliegen von EinzelTest eintreten können, weist Jakobs aaO bes hin.

Das gemschaftl Test ist **nicht ein Vertrag,** sond eine **doppelte,** wenn auch weitgehd verknüpfte **einseitige Verfügg von Todes wegen,** Lange aaO § 22 I 2. Die Verfüggen sind, abgesehen von § 2271 II, grdsätzl frei widerrufl; die Bindg beginnt also erst mit dem Tod des Erstversterbenden. Im ErbVertr dagg, §§ 2274ff, wird vertragsmäßig u grdsätzl unwiderrufl verfügt; hier also schon Bindg mit VertrAbschl, § 2289.

3) Inhalt. Der gemeins ErblWille kann sich verschieden äußern, s BayObLG 57, 380:

a) im seltensten Fall in der Verbindg von inhaltl verschiedenen Einzelverfüggen, zB jeder Eheg bedenkt verschiedene Personen, etwa die Kinder seiner früheren Ehe **(gleichzeitiges Test,** Erm-Hense Rdz 3 vor § 2265);

b) im gegenseitigen Bedenken od im Bedenken desselben Dritten, jedoch ohne inneres Beziehgsverhältnis, so daß die Vfgen des einen ohne Rücks auf die des anderen getroffen werden **(gegenseitiges Test);**

c) in wechselbezüglichen Vfgen, § 2270 I, dem häufigsten Fall **(wechselbezügliches Test).** Hier wird jede Vfg nicht nur mit Rücks auf die andere, sond nicht ohne die andere getroffen, steht u fällt also mit ihr, RG 116, 149. Das G beschränkt die wechselbezügl Vfgen auf Erbeinsetzgen, Vermächtn u Auflagen, § 2270 III, führt einzelne Vfgen an, in denen iZw Wechselbezüglichk vorliegt, §§ 2270 II, u zieht in § 2270 I aus der Wechselbezüglichk die Folgerg, daß Nichtigk od Widerruf der einen Vfg die Unwirksamk der anderen herbeiführt. In § 2271 wird schließl der Widerruf wechselbezügl Vfgen behandelt.

Bei **einseitiger Abhängigk** (einseit Bindg), bei der dem anderen Eheg der AbhängigkWille fehlt, sind §§ 2270, 2271 entspr anwendb, KG JFG 10, 67, 17, 46, Kipp-Coing § 35 I 2, Brox § 19 VI 1, bestr.

Auch in **nicht gemeinschaftl Test,** insb von Nichtehegatten, sind wechselbezügl Verfüggen möglich. Hierauf sind §§ 2270ff anwendb, aber Anfechtbark der einen Vfg bei Unwirksamk der anderen.

4) Übergangsrecht: TestG 51, abgedr im Anh zur Einf vor § 2229.

5) DDR: ZGB – Auszug im Anh, 35. Aufl – 388–393.

2265 *Errichtung durch Ehegatten.* Ein gemeinschaftliches Testament kann nur von Ehegatten errichtet werden.

Schrifttum: Kanzleiter, Die Aufrechterhaltg der Bestimmgen in unwirks gemschaftl Test als einseitige letztw Vfgen, DNotZ 73, 133.

1) Nur unter Eheg ist gemschaftl Test zul; nicht zwischen Verlobten, Verwandten. Die gemschaftl Test (nicht aber die nur äußerl verbundenen EinzelTest) solcher NichtEheg sind nichtig u lassen sich auch nicht nach § 140 als einseitige Vfgen aufrechterhalten, soweit es sich um wechselbezügl Vfgen handelt, RG 87, 33; KG Rpfleger 69, 93; keine Heilg durch nachf Eheschl (Soergel-Wolf Rdz 4; Aufrechterhaltg als ErbVertr BayObLG 19, 213). Dagg können die nicht wechselbezügl Vfgen von NichtEheg in gemschaftl Test, soweit die FormVorschr eingehalten sind, als EinzelTest aufrechterhalten werden, Soergel-Wolf Rdz 4, KG DNotZ 43, 137, Kblz NJW 47/48, 384, LG Brschw DNotZ 66, 378; Lutter FamRZ 59, 297; aM Goßrau NJW 47/48, 365, u Neust NJW 58, 1785, da sich die Nichtwechselbezüglichk schwer feststellen lasse; auf jeden Fall aber sorgfältige Prüfg, s Barth-Schlüter, Lehrb § 26 II 2. Das KG NJW 72, 2133 ist neuerd der Auffassg, daß Vfgen in gemschaftl Test von NichtEheg in der nur für Eheg zugelassenen Form grdsätzl nichtig anzusehen sind, daß also auch die wechselbezügl Vfgen wirks sein müssen, wenn sie der für EinzelTest vorgeschriebenen Form entspr, zust Ffm MDR 76, 667, RhNK 76, 117; dazu Kanzleiter aaO, der unter dem Gesichtspkt der Umdeutg, § 140, den letztw Vfgen in einem gemschaftl Test von NichtEheg nach Möglichk zum Erfolg verhelfen will. NichtEheg können durch ErbVertr mit RücktrVorbeh, § 2293, im wesentl dasselbe erreichen. Die Gatten können, aber müssen nicht gemeins testieren. Allgem ist aber zu beachten, daß bei einem Verstoß gegen die FormVorschr die Erkl des einen wie des and Eheg für sich als einseit Test wirks sein kann, falls insow die Form gewahrt ist u sich nicht aus der Wechselbezüglichk, § 2270, od aus § 2085 etwas anderes ergibt, Mü JFG 18, 8.

2) Form vor Inkrafttr des BeurkG s 31. Aufl.

3) Form nach neuem Recht. a) Allgemeines. Seit dem Inkrafttreten des BeurkG (1. 1. 70) bemißt sich die Form des gemschaftl öffentl Testaments nach §§ 2231 Nr 1, 2232, 2233 u den VerfVorschr des BeurkG, s §§ 1–11, 13, 16, 17, 18, 22–26, 27–32, 34, 35. Bei Anwendg dieser Best ist auch jetzt zu beachten, daß zwei Erbl vorhanden sind. Die Gemeinschaftlk des öff Test wird in der Regel dch die Einheitlk der Beurk der Niederschr hergestellt, s Kipp-Coing, § 33 I, aber auch Anm 4; beide Eheg müssen testierfähig sein, §§ 2229, 2230. Das Test kann nur vor einem Notar errichtet w, § 2231 Nr 1, aber auch § 2266. Die beiden Eheg müssen anwesend sein u leben bis zu ihrer Unterschr, s Dittmann Anm 11 zu § 2267. Beide Eheg müssen sich erklären, die Niederschr genehmigen u unterzeichnen, s BeurkG 9 I Nr 2, 13 I. Das Gebrechen eines Eheg nötigt zur Anwendg des § 22, s auch §§ 23–25, 31, 32 BeurkG, § 2233. Zur Ausschließg, § 6 I Nr 1–3, §§ 7 mit 27 BeurkG genügt bereits die Beziehg zu einem der Eheg od die Bedenkg, Ernenng zum TestVollstr dch ihn. Übersetzg der Niederschr, Zuziehg eines Dolmetschers nach Maßg des BeurkG 16, 32 müssen erfolgen, wenn einer der Eheg der Sprache, in der die Niederschr aufgenommen wird, nicht hinreichd kund ist.

b) Art der Form. IdR w beide Eheg in der gleichen Form testieren. Beide Eheg können mündl (jeder nach dem and, der eine für den and mit dessen Beitritt, jeder od einer mit Sonderanordngen) ihren letzten Willen erklären, § 2232, BeurkG 9 I Nr 2, § 13 I. Sie können dch SchriftÜberg (gemeins, gesonderte Schrift, mündl Ergänzen hierzu) testieren, § 2232, BeurkG 9 I Nr 2, § 30. Auch kann der eine dch SchriftÜberg, der and mündl das Test errichten. Für diese Mischform gilt aber die Einschränkg: die Eheg müssen ihre Erklärgen immerhin gleichzeitig, od doch unmittelb nacheinander vor demselben Notar abgeben; der eine muß die Vfg des and kennen u billigen, Dittmann § 2267 Anm 4 (aM KG, KGJ **51**, 82, wonach nicht erforderl ist, daß der zuerst Verfügde von den Vfgen des and Kenntn erhält).

c) Ein **minderjähriger Eheg** – s EheG 1 idF Art 2 VolljkG – kann nur dch mündl Erkl od Überg einer offenen Schrift testieren, § 2233 I, BeurkG 30; in diesem Fall ist auch der and Eheg auf diese Formen beschränkt.

d) Bei **Lesensunkundigk eines Eheg** ist beiders nur TestErrichtg dch mündl Erklärg mögl, § 2233 II, Anm 3 hierzu. – Ist ein Eheg **stumm**, so kann er durch Überg einer Schrift testieren, § 2233 III, BeurkG 22, 31; in diesem Fall kann der and zwar auch mündl testieren. Es genügt aber nicht, wenn der Stumme schriftl erklärt, daß die Niederschr auch seinen Willen enthalte, vielm muß der Stumme seinen Willen in einer eigenen Schrift übergeben u dazu die schriftl Erklärg nach § 31 BeurkG, abgeben, bestr, s Dittmann Anm 7 zu § 2267.

e) Über die Beschriftg des Umschlags s § 34 I u die bundeseinheitl Bek über die Benachrichtigg in NachlSachen idF v 1. 10. 73, BeurkG 35 Anm 7, Kersten-Bühling-Appel, Formularbuch u Praxis in der FreiwG 845, Haegele, BeurkG § 34 Anm V 5. – Gebühr: KostO 46.

4) Die Möglichk, ein gemschaftl Test in **verschiedenen notariellen Test,** welche die Gemeinschaftlichk des Willens erkennen lassen, zu errichten, ist anzuerkennen, zB ein Eheg erklärt zu Niederschr eines Notars das gemschaftl Test, der andere gibt vor einem anderen Notar die Erkl ab, dieses von ihm zur Kenntn genommene Test mit Zustimmg zu seinem eigenes, RGRK Rdz 10; s auch Lange-Kuchinke § 22 II 1; ebso können auch **unterschiedl TestFormen,** not u eigenhänd Test (§ 2267) verwendet werden, RGRK Rdz 11, 12; s auch unten Anm 3 zu § 2267. – In einem not gemschaftl Test kann auch die stillschweige Erkl eines Erb- od PflichtVerzichts des einen Eheg u die Ann dieses Verz dch den and Eheg enthalten sein, BGH FamRZ **77**, 390.

5) Aufhebg (Widerruf) eines gemschaftl Test § 2271 Anm 1, 2, § 2255 Anm 6.

2266 *Gemeinschaftliches Nottestament.* **Ein gemeinschaftliches Testament kann nach den §§ 2249, 2250 auch dann errichtet werden, wenn die dort vorgesehenen Voraussetzungen nur bei einem der Ehegatten vorliegen.**

1) Ggü § 2266 idF v 18. 8. 96 insofern erweitert, als auch ein **gemeinschaftl NotTest** nach § 2250 zul ist, wenn die dort bezeichneten Voraussetzgen nur bei einem Eheg vorliegen. Beim AbsperrgsTest, § 2250 I, und beim SeeTest, § 2251, ergibt sich ihm aus sich, daß deren Voraussetzgen bei beiden Eheg vorliegen. Jedoch kann ein gemschaftl Test auch dadurch zustande kommen, daß ein Eheg seine Erkl in der Form u unter den Voraussetzgen der §§ 2250 I od 2251 abgibt, der andere in der ordentl Form, RGRK Rdz 2.

2) Das Test ist **als nicht errichtet** zu betrachten, wenn beide Eheg die **Frist** des § 2252 I, II überleben. Die Frist ist gehemmt, solange nur einer der Eheg kein öff Test errichten kann. Dagg bleibt die ganze Vfg wirks, wenn einer der Eheg währd der Frist stirbt, also auch beim Tod des Gefährdeten, KGJ **51**, 89. Der Überlebende ist dann nach § 2271 an seine wechselbezügl Vfgen gebunden. Ob auch die nicht wechselbezügl Vfgen des Überbenden bestehen bleiben, ist str; bejahd RGRK Rdz 3, aM Dittmann Anm 2.

2267 *Gemeinschaftliches eigenhändiges Testament.* **Zur Errichtung eines gemeinschaftlichen Testamentes nach § 2247 genügt es, wenn einer der Ehegatten das Testament in der dort vorgeschriebenen Form errichtet und der andere Ehegatte die gemeinschaftliche Erklärung eigenhändig mitunterzeichnet. Der Mitunterzeichnende Ehegatte soll hierbei angeben, zu welcher Zeit (Tag, Monat und Jahr) und an welchem Ort er seine Unterschrift beigefügt hat.**

Schrifttum: Haegele, Zum eigenhänd Test, BWNotZ **77**, 29/33 ff.

1) Vorbem. Früher TestG 28 II. ÜbergangsR: TestG 51 Anm 4; RGRK Anm 1–4.

2) Das gemschaftl eigenhänd Test ist **unzulässig,** wenn die Ehefr minderj od der eine Teil lesensunkundig ist, § 2247 IV, Staud-Dittmann Anm 6.

3) § 2267 ist nur **ein gesetzl Beispiel** für die Form. Auch die Wahl anderer Formen ist mögl u zul, sofern die Vfgen der Eheg aufeinander Bezug nehmen u in einem räuml Verhältn zueinander stehen, KG, BayObLG JFG **5**, 164, 169, od trotz mangelnder Bezugn ein auf Errichtg eines gemschaftl Test gerichteter Wille aus den Urk selbst festgestellt w kann, vgl Einf 2 vor § 2265, § 2265 Anm 4. Unter dieser Voraussesetzg kann daher zuerst der eine Eheg, dann der andere seine Erkl schreiben u am Schluß jeder unterzeichnen od jeder den ganzen TestInh (od einen Teil) besonders schreiben u unterzeichnen. Zeitl Zwischenräume zw den Niederschr der Eheg sind ohne Bedeutg, RG **72**, 204. In allen Fällen ist aber, soweit nicht § 2267 zutrifft, erforderl, daß jeder Eheg bei seinen Vfgen die Form des § 2247 beachtet, also sie eigenhänd schreibt u unterschreibt. Daher kein formgültiges gemschaftl Test, wenn der Ehem zuerst seine Vfgen schreibt u unterschreibt und anschließd die Vfgen der Ehefr schreibt, die dann nur von der Frau, nicht aber vom Ehem unterzeichnet werden; die FormVorschr können nicht deswg unbeachtet bleiben, weil die Errichtg eines gemschaftl Test beabsichtigt ist, BGH NJW **58**, 547, Rötelmann NJW **57**, 876 Anm, Rpfleger **58**, 146, dazu RhNK **61**, 239; Hamm OLGZ **72**, 139 mit Anm v Haegele Rpfleger **72**, 404 (der beachtl Bedenken äußert); aM Celle NJW **57**, 876, Dittmann Anm 26. Ein gült gemschaftl Test liegt auch dann **nicht** vor, wenn Eheleute ihren letzten Willen ohne Bezung aufeinander in versch Schriftstücken niedergelegt haben u die Test gemeins in einem unbeschrifteten offenen Umschlag verwahrt werden, BayObLG **59**, 228, dazu Einf 2 vor § 2265, Haegele Jur Büro **68**, 348, Köln OLG **68**, 321; das gilt auch für zwei auf getrennten Schriftstücken abgefaßte Test v EheG, die am gleichen Tag u am selben Ort errichtet sind u sich nach Inh u Fassg im wesentl gleichen.

4) Form des § 2267. – a) Es genügt, wenn nur der eine Eheg die ganzen beiderseitigen Vfgen schreibt u beide unterzeichnen (vgl Hamm OLGZ **72**, 139/143), wobei jedoch bei der Unterschr des letzten der anderen noch am Leben sein muß. Eine ausdrückl BeitrittsErkl ist nicht erforderl. Wenn ein Eheg die vom anderen getroffenen Vfgen mitunterzeichnet, so will er damit möglicherw zum Ausdr bringen, daß er auch für seine Pers Vfgen treffen will, die denen des anderen Eheg entsprechen; aus der Mitunterzeichng ergibt sich dann eine gemeinschaftl Erkl, Soergel-Wolf Rdz 2; zum vollen Beweis der Gemeinschaftlichk können außertestamentarische Umstände herangezogen werden, BayObLG NJW **59**, 1969 = BayObLG **59**, 199, s auch Hamm aaO. Der beitretde Eheg kann seine Unterschr auch noch später beifügen, Haegele aaO 33. Zeit- und Ortsangabe ist beim Mitunterzeichnenden ebso erwünscht wie beim Schreibenden, § 2247 II, jedoch nicht notw. Die mögl Folgen einer Unterlassg, § 2247 V, können aber auch hier eintreten. Über die Anwendg des § 2270 auf den Fall, daß der andere Eheg nicht beitritt, vgl § 2270 Anm 3. – **b) Formmängel:** s Anm zu § 2247. Ist bei einem eighdg gemschaftl Test die Hauptklärg nichtig, so kann die eighdg geschriebene u unterschriebene Beitrittserklärg des and Eheg: „dies ist auch mein Testament und Wille", nicht als ein formgült EinzelTest aufrecht erhalten w, BayObLG **68**, 311. Weist die Mitunterzeichng od BeitrittsErkl einen Formmangel auf, so ist zunächst nur diese nichtig, für die Gültigk der letztw Vfg des errichtden Eheg ist §§ 2270 mit 2085 maßgebd, Haegele aaO 34.

5) Kein gemschaftl Test liegt dann vor, wenn der eine Eheg nur die vom anderen einseitig getroffenen Vfgen, etwa zum Zeichen der KenntnNahme od Billig, mitunterzeichnet, ohne selbst einen Testierwillen zu besitzen; vgl Schlesw SchlHA **55**, 21, KGJ **42**, 116 und BayObLG **59**, 199 (s oben unter 4).

6) Für **Nachträge** gilt das § 2247 Anm 2 c cc Gesagte: Sie müssen durch die urspr Unterschr der beiden Eheg gedeckt sein. Es genügt dann, wenn der eine Eheg sie mit Billig des anderen beifügt. Nachträge, die durch die urspr Unterschr nicht mehr gedeckt sind, müssen aber von beiden Eheg unterschrieben sein, RGRK Rdz 14.

2268 Wirkung von Ehenichtigkeit oder -auflösung.

I Ein gemeinschaftliches Testament ist in den Fällen des § 2077 seinem ganzen Inhalte nach unwirksam.

II Wird die Ehe vor dem Tode eines der Ehegatten aufgelöst oder liegen die Voraussetzungen des § 2077 Abs. 1 Satz 2 oder 3 vor, so bleiben die Verfügungen insoweit wirksam, als anzunehmen ist, daß sie auch für diesen Fall getroffen sein würden.

Vorbem. Dch Art 1 Nr 45 des 1. EheRG v 14. 6. 76 (BGBl 1421, in kraft ab 1. 7. 77, Art 12 Nr 13a d G) hat § 2268 II eine neue Fassg erhalten. Damit ist § 2077 I mit den dch das genannte G erfolgten Änderungen in die Regelg einbezogen u der Anpassg des § 2077 I an das ZerrüttgsPrinzip hinsichtl der Scheidg der Ehe Rechng getr; s hiezu BT-Drucks 7/650 S 274f, auch Battes FamRZ **77**, 433, Bock, RhNK **77**, 205.

1) Allgemeines. Das gemschaftl Test ist nur unter Eheg zuläss (§ 2265); es fällt daher idR mit der Ehe, auf der es beruht, falls diese nicht auf natürl Weise dch Tod aufgelöst w. Zu unterscheiden ist, ob die Ehe nach od vor dem Tode des Erbl aufgelöst w, da Abs 1 dch Abs 2 eingeschränkt w, Erm-Hense Rdz 1. Wird sie für nichtig erklärt, EheG 23 – dies kann auch nach dem Tod eines Eheg erfolgen, EheG 24 – so ist das gemschaftl Test unwirk, sofern nicht SonderAOen, die einen Dritten begünstigen, u mit der Ehe nichts zu tun haben, in EinzelTest nach § 140 umgedeutet w können, Erm-Hense Rdz 1; für weitergehde Umdeutg Lange-Kuchinke § 38 I 2; gg die Zulässigk einer Umdeutg Lutter FamRZ **59**, 273.

2) Auflösg der Ehe (Scheidg, Aufhebg, Wiederverheiratg nach vorausgegangener Todeserklärg). Vorliegen der Voraussetzgen des § 2077 I 2, 3 nF. In diesen Fällen bleiben die Vfgen insow wirks, als anzunehmen ist, daß sie auch für den Fall der Scheidg od Aufhebg der Ehe od des begründeten ScheidgsAntr (begründ AufhebgsKl) getroffen sein würden (II mit § 2077 I 2,3). Das w regelmäß nur für EinzelAOen gelten, nicht aber für ggseit od gar wechselbezügl Vfgen, RGRK Rdz 2; aus der Pers des Bedachten (zB gemschaftl Kinder) kann sich aber etwas anderes ergeben, Erm-Hense Rdz 2, s hinsichtl der Erbeinsetzg von Kindern Dieterle BWNotZ **70**, 171, auch Stgt OLGZ **76**, 17. Eine freiere Beurteilg greift ein, wenn der mit begründetem ScheidgsAntr od begründeter AufhebgsKl verfolgte Eheg währd des Prozesses stirbt; denn hier ist § 2077 u demzufolge auch § 2268 I unanwendb, Dittmann Anm 6; aM RGRK Rdz 3. Wenn die geschiedenen Eheg wieder heiraten, so ist der Wille des Erbl nach diesem Ztpkt zu bestimmen u das Test idR wirks, Keuk ErblWille, 1965 S 53f; aM KG FamRZ **68**, 217 mit krit Anm d Schriftleitg, Erm-Hense Rdz 2, 35. Aufl; s auch § 2077 Anm 2 Abs 2.

2269 Berliner Testament.

I Haben die Ehegatten in einem gemeinschaftlichen Testamente, durch das sie sich gegenseitig als Erben einsetzen, bestimmt, daß nach dem Tode des Überlebenden der beiderseitige Nachlaß an einen Dritten fallen soll, so ist im Zweifel anzunehmen, daß der Dritte für den gesamten Nachlaß als Erbe des zuletzt versterbenden Ehegatten eingesetzt ist.

II Haben die Ehegatten in einem solchen Testament ein Vermächtnis angeordnet, das nach dem Tode des Überlebenden erfüllt werden soll, so ist im Zweifel anzunehmen, daß das Vermächtnis dem Bedachten erst mit dem Tode des Überlebenden anfallen soll.

Schrifttum: Kohler, Das Nießbrauchsvermächtnis als Ersatz des Berliner Test, NJW 47/48 361; – Ripfel, Das Testament für den Fall des gemeinschaftl Unfalltodes von Ehegatten, BB **61**, 583; – Mattern, Zur Rechtsstellung des von Todes wegen bindend Bedachten, BWNotZ **62**, 229; – Raitz von Frentz, Gestaltgsformen zur Abgrenzg der Rechte von überlebenden Ehegatten u Kindern in gemeinschaftl Testamenten u Erbverträgen, DNotZ **62**, 635; – Pöhlemann, Berliner Testament u pflichtteilsberechtigte Angehörige, GrundE **65**, 392; s auch Anm 5.

1) Allgemeines. Die (auf einseitige Test nicht anwendb) Ausleggsregel des § 2269 – keine gesetzl Vermutg, BGH WPM **73**, 41 – sollte eine alte Streitfrage lösen; sie beruht auf der Erwägg, daß die Eheg bei ihren gemschaftl letztw Vfgen ihre Vermögen vielf als Einheit ansehen u sowohl eine verschiedene Rechtsstellg des überlebenden Eheg zu den beiden ursprüngl Teilen des GesamtVerm währd seiner Lebensdauer als auch die Möglichk einer Trenng der beiden VermMassen nach seinem Tod ausschließen wollen, BayObLG **66**, 417, RG **113**, 240, also eine Anwendg des Grdsatzes **„Längst Leib, längst Gut"**.

2) Voraussetzg: eine gemschaftl u ggs (nicht notw wechselbezügl iS v § 2270) Vfg, wonach **A)** der **Überlebende** zum **Alleinerben** (nicht nur zum MitE) eingesetzt ist und **B) nach dem Tode** (nicht schon zu früherem Ztpkt od Ereign, § 2104) **des Längstlebenden** der **beiderseitige** Nachl an einen od mehrere **Dritte** – Schlußerben – (meist die Kinder, s auch § 2067) fallen soll, „Berliner Testament", BayObLG **66**, 408. Gilt auch, wenn die Ehegatten sich ggseitig u außerdem ihre Kinder od Dritte mit der Maßg zu Erben einsetzen, daß der GesNachl dem Überlebenden allein zur freien Vfg verbleiben u das bei seinem Tod vorhandene Vermögen den Kindern od den Dritten zufallen soll; Berliner Test ieS, KGJ **20** A 228. Ein Fall des § 2269 liegt dagg nach Auffassg v Hamm DNotZ **51**, 41 nicht vor, wenn die Eheg sich zwar ggseitig zu Erben einsetzen, aber weder aus dem Test noch den Umständen außerh der Urk festzustellen ist, daß der Überlebende in der Vfgsmacht beschränkter Erbe sein soll, kritisch Rohs in Anm hierzu u RGRK Rdz 5. Auf jeden Fall kann, wenn gemschaftl Abkömml vorhanden sind, der Wille der Eheg dahingehen, daß auch ohne eine ausdrückl Bestimmg der beiderseitige Nachl nach dem Tod des Überlebenden an die Abkömml fallen soll, BayObLG **59**, 199; **60**, 218.

Hier bestehen **zwei Möglichkeiten**:

a) jeder Gatte will in erster Linie den anderen zu seinem Erben berufen, aber zugl die **Dritten** für seinen Überlebensfall zu **Ersatzerben** und für seinen Vorversterbensfall als **Nacherben**, so daß die Dritten beim Tod des Längstlebenden dessen Nachl als ErsE (den Vorverstorbenen als Erben des Überl ersetzend) und den des Erstverstorbenen als NachE erhalten (Trennngslösung), s Dittmann Anm 19.

b) jeder Gatte will für seinen Vorversterbensfall den anderen und für seinen Überlebensfall die Dritten als Erben einsetzen. Das G entscheidet sich durch **Ausleggsregel** („im Zweifel") für den 2. Fall. Demgem wird der beiders Nachl als Einh behandelt. Der **Überlebende** ist für Vfgen unter Lebenden (von den entspr anwendb §§ 2287, 2288 abgesehen, Johannsen WPM **69**, 1317, RG **77**, 113, vgl jedoch § 2271 Anm 3) unbeschränkter **Vollerbe** (nicht nur VE); die **Dritten** sind hins des GesamtNachl **Erben des Überlebenden** (also SchlußE, nicht NE des Vorverstorbenen), EinheitsGrdsatz, s Dittmann Anm 20 ff. – **aa)** Der **Schlußerbe**, der nur in einem gemschaftl Test, in dem sich Eheg ggseitig als Erben bestimmen, eingesetzt w kann, muß also den Tod des Längstlebenden erleben, da er nur diesen beerbt. Erstrebung des § 2269, würde an sich voraussetzen, daß der vorverstorbene Dritte Abkömml des Längstlebenden war; aber die Ausleg wird meist dazu führen, daß auch Abkömml des ErstVerst in Frage kommen, hM. Durch den Tod des Erstversterbenden erwächst den Schlußerben noch kein vererbl Voranfall (anders § 2108 II; RGRK Rdz 22), aber doch eine gewisse, jedoch nicht übertragbare, BGH **37**, 319 mit Anm v Mattern in **LM** Nr 13 zu § 2271 – im Hinbl auf § 312 I –, **Anwartschaft**, die für Feststellgsklage ausreicht, wenn der an das Test gebundene Überlebende unzulässigerw vTw über einen NachlGgst zG eines SchlußE u zum Nachteil eines anderen SchlußE verfügt, RG HRR **28** Nr 843, od wenn er das Test anficht, vgl BGH **37**, 331, od wenn er zwar unter Lebenden verfügt, seine Vfg aber wg Umgehg des Widerrufsverbots nach § 2271 Anm 3) nichtig ist (§ 2271 Anm 3), Düss NJW **57**, 266; aM Celle MDR **54**, 547, s hierzu auch Mattern BWNotZ **62**, 238 ff, Lange NJW **63**, 1573, Soergel-Wolf Rdz 16. – **bb)** **Gegenstand** des Erbrf ist das bei Tod des Längstlebden Vorhandene (anders § 2130). Wenn der Überlebende im Regelfall des § 2269 eine zweite Ehe eingeht u vom AnfechtgsR nach § 2079, vgl § 2271 Anm 4 B, kein Gebr macht, so erhält der neue Eheg kein Rechte an dessen u der Pflichtt zu dessen gesamten Nachl. Über den Einfluß des GleichberG vgl § 2280 Anm 2. – **cc)** Die Frist für eine **Anfechtg durch** den **Schlußerben** beginnt erst mit dem Tod des Überlebenden, vgl § 2082 Anm 2, aber auch § 2271 Anm 4 C. – **dd)** Nach den **Schlußerben** können die Erbl **Nacherben** einsetzen. Schlußerben können in einem gemschaftl Test auch für den Fall eingesetzt w, daß der eingesetzte NachE den Erbfall nicht erlebt, BayObLG **66**, 408.

3) Ausleggsfragen (maßg ist immer der Wille beider Ehegatten, BGH NJW **51**, 960; auch bei der ergänzenden Ausleg, BGH **LM** Nr 7 z § 242 [A]; vgl auch § 2084 Anm 4b): – **a)** Die **Ausleggsregel (I)** greift durch, wenn nach Prüfg aller Umst begründete auf anderem Wege nicht zu lösende Zweifel über die Willensmeing der Erbl bestehen bleiben, BGH **22**, 366, WPM **73**, 41; Hamm OLGZ **68**, 486. Für die Ann eines Berliner Test ist entscheidend, ob die Ehel das beiders **Vermögen** ersichtl als eine **Einheit** ansehen u eine verschiedene RStellg des Überlebenden zu den beiden ursprüngl Vermögensmassen u die Möglichk einer Trenng der Massen beim Tod des Längstlebenden haben ausschließen wollen, RG **113**, 240, BayObLG **66**, 61, 417, KG DNotZ **55**, 411. Sind zB die beiders Verwandten als Schlußerben eingesetzt, so erhalten sie iZw das GesVermögen ohne Unterschied, was vom Mann od der Frau herstammte. – Die Ausleggsregel gilt auch im Höferecht, Oldbg MDR **66**, 418. – **b)** War dagg das Auseinanderfallen des Vermögens in seine urspr

Bestandteile gewollt, zB die Verwandten des Mannes werden als Erben für seinen Nachl, die der Frau als Erben ihres Nachl bezeichnet, so ist **Vor- u Nacherbsch** anzunehmen (RG **79**, 277, auch w weiterer Verteilgsfragen; vgl Köln HEZ **3**, 36). Für Vor- und NachErbeinsetzg spricht die Anordng, daß die Kinder ein gewisses Kontroll- oder MitverwaltgsR haben, RG **60**, 118, od daß der überl Teil nur Verwaltg u Nießbr hat u von jeder SicherhLeistg befreit sein soll; sowie idR bei der öff Test der Gebr der Ausdrücke „Vorerbe" bzw „Nacherben"; denn einem Notar, müssen solche Begriffe geläufig sein, RG **160**, 109, ähnl RG DR **44**, 493; vgl aber auch KG DR **43**, 1108 (behandelt denselben Fall wie RG DR **44**, 493), DNotZ **55**, 410. Maßg ist aber nicht die Auffassg des Notars, sond die des Erbl, auch wenn der Notar glaubt, die von ihm gewählte Formulierg gebe den Willen des Erbl wieder, BGH **LM** Nr 1 zu § 2100. Erst recht ist bei dem PrivatTest eines Laien der Gebr der Worte „Vorerbe", „Nacherbe", BayObLG **69**, 419, Karlsr OLGZ **69**, 495, od ungenauer Ausdrücke wie „Nacherbe des Zuletztversterbenden", Ffm OLGZ **72**, 122, nicht entscheidd. Haben sich die Eheg in einem gemschaftl Test ggs zu Erben eingesetzt u angeordnet, daß ihre Kinder nach dem Tod des zuletzt versterbden Eheg Erben sein sollen, so zwingt allein die Vermögenslosigk des überlebenden Eheg nicht zur Annahme von Vor- od NachErbsch, BayObLG **66**, 49 = NJW **66**, 1223, ebso pro einen ähnl gelagerten Fall BGH, Urt v 2. 2. 67 III ZR 17/65, in dem angeführt ist, eine mögliche Vermögenslosigk des (überlebenden) Ehemanns brauche noch kein hinreichder Hinw dafür zu sein, daß Vor- u NachErbsch gewollt war (vgl BayObLG NJW **66**, 1223); sie könnte aber als ein Hinweis darauf angesehen w, wenn anzunehmen wäre, die (vorverstorbene) Ehefr habe Wert darauf gelegt, daß die Substanz ihres Verm unvermindert auf ihre Verwandten übergehe. aM KG DNotZ **55**, 408, wonach Vermögenslosigk eines Eheg für Vor- u Nacherbeneinsetzg spricht, weil ohne Vorhandensein eines nennenswerten Verm des einen Eheg ein maßgebl BewegGrd für die Gestaltg der Erbf iS einer Behandlg des „beiderseitigen Verm als Einheit" fehlt; s hiezu aber BayObLG aaO 62f. – § 2269 entbindet den NachlRichter nicht von der Pfl zur Auslegg der letztw Vfg, sond kommt erst zur Anwendg, wenn bei Nachprüfg aller in Betr kommenden Umst auf andere Weise nicht zu lösende Zweifel bestehen, BGH **22**, 366, BayObLG **51**, 469, Hamm OLGZ **68**, 486, Schiedermair DR **39**, 937. – **c)** Haben Eheg in einem gemschaftl Test für den Fall des **gleichzeitigen Versterbens** einen Dritten zum Erben eingesetzt, so kann die letztw Vfg idR nicht dahin ausgelegt w, daß das Test auch gelten soll, wenn die Eheg nacheinander versterben, KG FamRZ **68**, 217.

4) Den **Pflichtteil** (§§ 2303ff) können die **Schlußerben** nach dem 1. Erbfall fordern, wenn sie am Nachl des Erstverstorbenen pflichtteilsberechtigt sind (hM; anders beim ErbVertr, mit dem uU ein stillschw abgeschl PflichtVerzichtsVertr verbunden sein kann, BGH **22**, 364). Ausschlagg nach § 2306 I 2 kommt nicht in Betr, denn wo nichts zugewendet, ist auch nichts auszuschlagen, Kipp-Coing § 79 IV 2. In der Geltdmachg des Pflichtt liegt auch kein Verzicht auf die SchlußErbsch, OG DDR NJ **54**, 632. Doch können die Eltern den Pflichtteilsfordernden auch bzgl des Verm des Überlebenden auf den Pflichtt setzen; das Kind erhält dann aber prakt vom Vermögen des VorVerst den Pflichtt doppelt, da im Vermögen des Überlebenden das des ErstVerst ja mitenthalten ist, s BayObLG **66**, 55. Anrechng des 1. Pflichtt auf den 2. rechtl nicht mögl, weil der Pflichtt sich nach dem G u nicht nach ErblWillkür bestimmt, str, s RGRK Rdz 34 u Ebbecke, Recht **23**, 88. Fordert möglicherw ein PflichtTeil beim 1. Erbfall den Pflichtt, so kann hier nur durch Aussetzg von beim 1. Erbfall anfallenden, aus dem Vermögen der Erstversterbenden zu entrichten, bis zum 2. Erbfall gestundeten Geldvermächtnissen für die den Pflichtt nicht Fordernden, in Höhe ihres gesetzl Erbteils, geholfen werden (**Jastrowskesche Formel**, DNotZ **04**, 424, Lange-Kuchinke § 22 IV 2, Johannsen WPM **69**, 1318, Dippel AcP **177**, 350/362, Schopp Rpfleger **78**, 77/80); uU kann Anrechng des Pflichtt auf den Erbteil aus der SchlußErbsch als verfügt angesehen werden, RGRK Anm 35; vgl auch Hamm DNotZ **51**, 41, BayObLG **59**, 199, **60**, 218, Haegele, Just **58**, 345. – **Einzelfälle:** Haben sich die Eheg ggseit zu Alleinerben eingesetzt u bestimmt, die Tochter müsse sich von den Eltern unter Lebden Zugewandtes auf den Pflichtt anrechnen lassen, bzw bestimmt aufgefügt „ihr Pflichtt ist damit mehr als abgegolten", so ist die Tochter nur für den 1. Erbfall, nicht auch schon für den 2. von der gesetzl Erbfolge ausgeschl, Neust MDR **63**, 137. Haben Eheg ihre beiden Kinder als Schlußerben mit der Maßg eingesetzt: wer von den beiden Kindern beim Tod des Erstverstorbden den Pflichtt verlangt, w auch für den Nachl des Letztversterbden auf den Pflichtt gesetzt, so greift diese „**Verwirkgsklausel**", § 2074 Anm 2, nur bei böswill Auflehng gg den letzten Willen des Erbl Platz, Stgt, Brschw, OLGZ **68**, 246; **77**, 185; über die Bedeutg einer solchen Klausel für die Rechtsstellg des überlbden Eheg s § 2271 Anm 3c cc.

5) Wiederverheiratsklausel. Schrifttum: Ripfel, Die Nacherbsch bei Wiederverheiratg des überlebenden Ehegatten, Rpfleger **51**, 578; Asbeck Testamentseröffng u Erbscheinserteilg beim Berliner Test mit Wiederverheiratsklausel, MDR **59**, 897; Hurst, Wiederverheiratsklauseln in letztw Verfügen, RhNK **62**, 435; Hilgers, Die bedingte Erbeinsetzg, RhNK **62**, 381/388ff; Raitz von Frentz, DNotZ **62**, 641 (s oben vor 1); Huken, Bleibt in einem gemschaftl Test mit Wiederverheiratsklausel die letztw Vfg des überlebden Eheg nach seiner Wiederverheiratg im Zweifel bestehen? DNotZ **65**, 729; Haegele, Wiederverheiratsklauseln, Rpfleger **76**, 73; Simshäuser, AusleggsFragen bei Wiederverheiratsklauseln im gemschaftl Test u ErbVertr, FamRZ **72**, 273; Dippel, AcP **177** (77), 350; Battes § 30 II A 4.

Die Verfassgsmäßigk einer Wiederverheiratsklausel in einem GesellschVertr – Art 1 I, 2 I, 6 I GG – bejaht BGH FamRZ **65**, 600, unter Hinweis auf derartige Klauseln im gemschaftl Test. – Zur Sittenwidrigk einer Wiederverheiratsklausel s Thielmann 259.

a) Mit der Erbeinsetzg nach der Regel des § 2269 kann für den Fall der Wiederverheiratg des überl Ehegatten eine **bedingte Nacherbeneinsetzg** verbunden werden, meist zG der gemschaftl Abkömml, denen dann bei Wiederverheiratg der Nachl des ErstVerst ganz od nach Maßg ihrer gesetzl Erbteile zufallen soll; s dazu Stgt FamRZ **77**, 274. Die Klausel liegt auch dann vor, wenn, ohne ausdrückl Erwähng einer NachErbf, bestimmt ist, daß bei Wiederverheiratg der Nachl an die gemeins Abkömml fallen od der überl Eheg sich mit ihnen nach der gesetzl Erbf auseinandersetzen od Nachl an andere Dritte fallen soll; hM, RG **156**, 181, KGJ **42**, 114, KG JFG **13**, 155, Mü JFG **15**, 42; s auch BayObLG **66**, 227 (Eintr gesetzl Erbfolge bei Wiederverheiratg); allg Haegele aaO 75ff, Dippel aaO 354. Über PflichtR der Abkömml bei bedingter NEEinsetzg s § 2306 Anm 2b, Haegele aaO 82.

b) Die Wiederverheiratsklausel ist auch dann mögl, wenn entgg der Regel des § 2269 der überl Eheg VorE u die Dritten NachE des Erstversterbenden sein sollen. In diesem Fall ist die **Nacherbfolge unbedingt** angeordnet; ihr Anfall erfolgt entweder mit dem Tod des VorE od früher mit seiner Wiederverheiratg, s KG DFG **42**, 149/150, Barth-Schlüter Lehrb § 26 V 3, Simshäuser aaO 275, Haegele aaO 74f, Dippel aaO 359. Eine Anwendg des § 108 II 2 mit § 2074 scheidet hier aus, Dittmann Anm 38.

c) Im Fall a) dagg ist der **überlebende Eheg** zwar, solange der Ausfall der Bedingg der Wiederverheiratg nicht feststeht, in dem Umfang, in dem er den Nachl des ErstVerst bei Wiederverheiratg herauszugeben hat, als Vor E anzusehen (Simshäuser aaO 274, Dittmann Anm 39, Haegele aaO 75); er unterliegt also den Beschrkgen eines solchen, Staud-Seybold §§ 2074–2076 Anm 12; die Vorerbsch wird im allg eine befreite sein, s d). Erst wenn bei seinem Tod feststeht, daß er nicht wieder geheiratet hat, die Bedingg der Wiederverheiratg also ausgefallen ist, ergibt sich aber, daß er die Stellg eines Vollerben erlangt hatte, BayObLG **61**, 206, s auch Neust MDR **61**, 602. In diesem Fall haben die Schlußerben nur Anspr auf das, was vom beiderseit Nachl beim Tod des zuletzt Versterbenden noch übrigbleibt, RGZ **156**, 181. Hat der Überlebende wieder geheiratet, so können die gemeins Abkömmlinge od die sonst bedachten Dritten als NachE die Herausg des Nachl von den überl Ehegatten nach Maßg der Klausel verlangen. Der überl Eheg hatte dann nur die Stellg eines – befreiten – VorE hins des Teils des Nachl, der an die Abkömml bzw Dritten fallen soll. Über die verschiedenen Auffassgen s ferner Barth-Schlüter Lehrb § 26 V 3, Hurst aaO 449 ff, Hilgers aaO 388 ff, Dippel aaO 360 f. – Der überl Eheg kann jedenf die auf der Vfg des ErstVerst beruhende bedingte NachEEinsetzg nicht widerrufen, Mü JFG **15**, 42. Hat er über die bedingten NachErbsch unterliegde Nachlaßwerte letztwillig verfügt, so werden solche Vfgen, falls er nicht wieder heiratet, bei seinem Tod voll wirks, denn dann steht fest, daß er VollE war; tritt aber infolge Wiederverheiratg die bedingte Nacherbsch ein, so w insoweit die letztw Vfgen unwirks, da er dann über fremdes Verm verfügt hat u die AO eines Verschaffgs Verm, §§ 2169, 2170, nicht anzunehmen ist, Haegele aaO 75.

d) In den Fällen bedingter NachEEinsetzg ist beim Fehlen entggstehender Umstände anzunehmen, daß die Eheg einander als **VorE** im Rahmen der gesetzl Ermächtigg haben **befreien** wollen, BGH FamRZ **61**, 275, BayObLG **61**, 204, **66**, 227, Hamm DNotZ **72**, 96; Simshäuser aaO 274; Dittmann Anm 40, Kipp-Coing § 79 IV 1; RGRK Rdz 19, § 2136 Anm 2 b, Hurst aaO 441 ff, Haegele aaO 76. Die SchutzVorschr der §§ 2113 ff gelten zwar auch für die nur bedingt eingesetzten NachE, RG **156**, 181; wenn aber der überl Eheg befreit ist, kann er entgeltl über die Grdst auch mit Wirkg gg die NachE verfügen.

e) Mit der **Wiederverheiratg** verlieren die **eigenen Verfüggen** des **überlebenden Ehegatten** iZw den Charakter der **Wechselbezüglichk**, KG JFG **15**, 329; er ist dann an seine eigenen Vfgen, vor allem an die Erbeinsetzg der gemschaftl Abkömml, nicht mehr gebunden u kann abweichende Anordngen, insb zG seiner zweiten Familie, treffen, KG FamRZ **68**, 331, Dittmann Anm 42, aM Domke JW **37**, 2520; einschränkd RGRK Rdz 33 zu § 2271, der die Entsch nach der Umst der Einzelfalles abstellen will; vgl auch Weihe DNotZ **39**, 12, 247, Karlsr/Fbg NJW **61**, 1410. Auf jeden Fall entfällt iZw mit der Wiederverheiratg die Bindg des Überlebenden an die testamentar Vfg über seinen Nachl, wenn Eheg in einem gemschaftl Test, in dem sie sich ggseitig zu Alleinerben u ihre Kinder zu Erben des Überlebenden eingesetzt haben, bestimmt haben, daß der Überlebende im Fall seiner Wiederverheiratg den Kindern Vermnisse in Höhe der gesetzl Erbteile auszubezahlen habe, BayObLG **62**, 137, Köln FamRZ **76**, 552. Mit KG NJW **57**, 1073 ist aber ferner anzunehmen, daß nicht nur die Bindg des Überl an die gemschaftl Vfgen über seinen Nachl entfällt, sond daß sie iZw von selbst ggstandslos werden u es also keiner neuen widersprechenden Vfg bedarf; ohne eine solche wird dann der Überl nach der gesetzl Erbf beerbt, Haegele aaO 78, Soergel-Wolf Rdz 23; aM Erm-Hense Rdz 8, Dittmann Anm 42, Huken DNotZ **65**, 729, letzteres in BayObLG **62**, 140 offen gelassen. Die Frage, ob die Vfgen des überlebden Eheg dch seine Wiederverheiratg ausnahmsw nicht ggstandslos w, sond fortgelten sollen, kann nur aGrd ergänzder TestAuslegg beantwortet w, KG FamRZ **68**, 331. Dazu auch Simshäuser aaO 275ff, Dippel aaO 362ff.

f) Über die Fassg des **Erbscheins** bei Wiederverheiratsklausel vgl Ripfel aaO, Munzinger SJZ **50**, 67, insb Asbeck aaO, Hurst aaO, Hilgers aaO 393, Haegele aaO 78 ff.

g) Auch Wiederverheiratsklauseln, in denen den Abkömmlingen od sonstigen Verwandten des erstversterbden Eheg ein **aufschiebend bedingtes Vermächtnis** bei Wiederverheiratg des überl Eheg zugewendet ist, sind gebräuchl, der überl Eheg ist hier von Anfang an alleiniger VollE, s Hurst aaO 438, 448 ff, Haegele aaO 77, Simshäuser aaO 275, Dippel aaO 352, 354, BayObLG **62**, 137, Karlsr/Fbg NJW **61**, 1410, auch Neust MDR **61**, 602, LG Köln RhNK **74**, 27 = FamRZ **75**, 289, Köln FamRZ **76**, 552.

h) Wenn die Ehegatten im Güterstd der **Zugewinngemeinschaft** lebten, so wird der Überlebende beim Tod des Erstversterbenden uU vor die Wahl gestellt, ob er die aGrd der Wiederverheiratsklausel mit bedingter Nacherbeinsetzg verbundene Erbsch annehmen od ausschlagen soll. Im ersteren Fall muß er die Erbsch bei Wiederverheiratg nach Maßg der Klausel an die NachE herausgeben, bei Ausschlagg kann er den Ausgl des Zugewinns u den Pflichtt, berechnet nach dem nicht erhöhten Erbteil, verlangen, § 1371, II, III, bei Wiederverheiratg muß er nichts herausgeben; vgl Finke, BB **56**, 1080, Haegele aaO 82, Hartmann, Die Auswirkgen des § 1371 I – III BGB auf das Erb- u PflichttR des BGB, Diss Mainz 1972, 177 ff.

i) Über GrdB u WiederverheiratsKlauseln s Haegele aaO 81f, über ErbschSteuer hiebei Haegele aaO 83f.

6) Bei Abs II soll als der Erbl, dem der Dritte das **Vermächtn** verdankt, nur der **Längstlebende** gelten, den der VermNehmer daher gem § 2160 überleben muß, **LM** § 2271 Nr 6 Anm v Johannsen. **II** beruht auf einer Lebenserfahrg; wer für sich Rechte aus einer solchen Bestimmung in einem Test herleitet, hat damit selbst dann Erfolg, wenn sich nicht feststellen läßt, wie die Bestimmg von dem Erbl gemeint war, BGH **LM** Nr 5 = FamRZ **60**, 432. Im Zw ist also nicht anzunehmen, daß das Verm schon mit dem Tode des Erstversterbenden anfallen u nur seine Fällig bis zum Tode des Längstlebenden hinausgeschoben sein

Testament. 8. Titel: Gemeinschaftliches Testament §§ 2269, 2270

sollte, vgl RG **95**, 14. Es gelten auch nicht §§ 2177, 2179, 2074, Dittmann Anm 53, Johannsen WPM **69**, 1318; denn es liegt iZw ein Verm des Letztversterbenden vor, RGRK Rdz 37, s § 2160, auch § 2069. Der überlebde Eheg ist dch die VermAO grdsätzl nicht gehindert, über den VermGgst unter Lebden zu verfügen, Dittmann Anm 53. – Wenn Eheg eines ihrer Kinder für den GesNachl als Erben des Überlebenden einsetzen u zur Abfindg der übr Kinder Vermächtn anordnen, so ist ein Vertr, durch den diese bei Lebzeiten des Überlebenden die Abfindg anderw regeln, nach § 312 I nichtig, BGH NJW **56**, 1151.

2270 *Wechselbezügliche Verfügungen.* I Haben die Ehegatten in einem gemeinschaftlichen Testamente Verfügungen getroffen, von denen anzunehmen ist, daß die Verfügung des einen nicht ohne die Verfügung des anderen getroffen sein würde, so hat die Nichtigkeit oder der Widerruf der einen Verfügung die Unwirksamkeit der anderen zur Folge.

II Ein solches Verhältnis der Verfügungen zueinander ist im Zweifel anzunehmen, wenn sich die Ehegatten gegenseitig bedenken oder wenn dem einen Ehegatten von dem anderen eine Zuwendung gemacht und für den Fall des Überlebens des Bedachten eine Verfügung zugunsten einer Person getroffen wird, die mit dem anderen Ehegatten verwandt ist oder ihm sonst nahe steht.

III Auf andere Verfügungen als Erbeinsetzungen, Vermächtnisse oder Auflagen findet die Vorschrift des Absatzes 1 keine Anwendung.

Schrifttum: Häußermann, Korrespektivität in Testamenten, BWNotZ **60**, 256; Bühler, Zur Wechselbezüglichkeit u Bindg beim gemeinschaftlichen Testament u Erbvertrag, DNotZ **62**, 359; Lange, Bindung des Erblassers an seine Verfügungen, NJW **63**, 1571; Kegel, Zur Bindg an das gemeinschaftl Testament im deutschen PR, Festschr für Jahrreiss, 1964, 143ff; Kipp-Coing § 35.

1) Volle Wechselbezüglichk ist ggseit innere Abhängigk der beiderseit Vfgen aus dem Zusammenhg des Motivs, s KG NJW **72**, 2134; KG, Stgt FamRZ **77**, 485/486, 274 mit Anm v Bosch; auch Bühler aaO 360, 361. Jede der beiderseit Vfgen ist mit Rücks auf die and getroffen, jede soll nach dem Willen des Erbl mit der andern stehen od fallen, Dittmann Anm 4, RGRK Rdz 1. – § 2270 findet auch dann Anwendg, wenn die Eheleute sich zunächst in einem ErbVertr ggseitig zu Erben einsetzen u erst in einem späteren gemschaftl Test, § 2292, einen Enkel zum SchlußE bestimmen, BayObLG **56**, 205. – Die BewLast für eine Wechselbezüglichk trifft, soweit nicht die Vermutg des II eingreift, im RStreit den, der sie behauptet. – **a)** Um feststellen zu können, ob eine Vfg ganz od teilw wechselbezügl Charakter hat, muß idR zunächst der Inhalt der Vfg ermittelt werden, BGH LM Nr 2. Die Entscheidg, ob wechselbezügl Vfgen gegeben sind, kann auch im Wege ergänzender **Auslegg** getroffen werden, KG NJW **63**, 766, Mü DNotZ **44**, 11, ebso RGRK Rdz 11. Es muß angen w können, daß jed Eheg seine Vfg nicht ohne die and treffen wollte, Barth-Schlüter, Lehrb § 26 VI 2. Die Wechselbezüglichk muß für jede einzelne Verfügg des gemschaftl Test gesondert geprüft w, BGH **LM** Nr 2, BayObLG **65**, 92. – **b)** Den Eheg steht es grdsätzl frei, die Wirkgen, die das G an die **Wechselbezüglichk** knüpft, **auszuschließen** od zu **beschränken,** Staud-Dittmann Anm 5, s auch BGH **2**, 37, **30**, 265, NJW **64**, 2056; daher kann auch eine einseitige Abhängigk gewollt sein, auch KG JFG **10**, 67, also nur die Vfg des einen Eheg von der Wirksamk des and abhängen, während die des anderen auf jeden Fall wirks sein soll, Erm-Hense Rdz 5, Johannsen WPM **69**, 1314, auch unten Anm 5. – In einem neuen einseitigen Test kann jeder Eheg die Wechselbezüglichk seiner eigenen letztw Vfg wieder ausschließen. Dieser Eheg bleibt aber seinerseits gebunden, solange der and Eheg wird frei; § 2271 steht nicht entgg, RGRK Rdz 12. – **c)** Wechselbezügl iSv I können nur **Erbeinsetzgen, Verm u Aufl** sein, s III, unten Anm 4.

2) Ausleggsregel. Im Zweifel, II, ist Wechselbezüglichk anzunehmen, **a)** wenn sich die Eheg ggseitig (sei es auch nur mit Vermächtn) bedenken od **b)** wenn dem einen Eheg (zB dem Mann) von dem anderen eine Zuwendg gemacht u für den Fall des Überlebens des Bedachten von diesem eine Vfg zG von Personen getroffen wird, die mit dem anderen Eheg (der Frau) verwandt sind, also auch die gemschaftl Kinder RG **116**, 150, od den anderen Eheg nahestehen. „Nahestehen" ist nach den Umst des Einzelfalls zu entscheiden; Schwägersch fällt nicht ohne weiteres darunter, KG JFG **17**, 44, kann aber darunter fallen, BayObLG DNotZ **77**, 40 u dazu Bengel ebda 5, nicht zB eine jur Person. Es müssen sich also Vfgen der Gatten ggüberstehen, die übrigens auch zG desselben Dritten wechselbezügl sein können, RG **88**, 330. Wechselbezüglichk liegt auch vor, wenn angeordnet wird, daß es beim Vorhandensein gemschaftl Abkömmlinge auf den Tod des ErstVerst wie das Überlebden bei der gesetzl Erbfolge verbleiben soll, Stgt BWNotZ **60**, 151, 258. Die AusleggsRegel greift nur „im Zweifel" Platz, also nur dann, wenn die Willenserforschg (§§ 133, 2084) weder die ggseit Abhängigk noch die ggseit Unabhängigk ergibt, s Soergel-Wolf, Rdz 7, 9, RGRK Rdz 6. Das Für u Wider ist vom NachlG, § 2358, zu würdigen u zu prüfen, vgl BayObLG, FamRZ **74**, 393/395, wobei auch Umstände außer Betr fallen, wie Äußergen der Erbl über ihre beiderseit Vermögensverhältnisse, Zuwendgen währd der Ehe, s Barth-Schlüter, Lehrb § 26 VI 3d, od der Umstand, daß ein Eheg dem anderen zu bes Dank verpflichtet ist, in Betr kommen können; auch die Regeln über ergänzende TestAuslegg sind anwendb, KG NJW **63**, 766. Der Umstand, daß nur ein Teil Vermögen besaß, gibt nur zu einer bes Prüfg Anlaß, ob Wechselbezüglichk gewollt war, spricht aber nicht direkt dagg RG DR **40**, 723. Dies gilt auch dann, wenn nach dem Tode des ErstVerst das Vermögen vollst verloren geht u der Überlebende später neues Vermögen hinzuwirbt, Kiel HEZ **2**, 329. Gegen Wechselbezüglichk spricht aber der Umstand, daß die Zuwendg des einen an den anderen hinter dessen gesetzl Erb- od Pflichtteil zurückbleibt, KG JFG **22**, 106. Ob Wechselbezüglichk vorliegt, ist für jede einzelne Vfg bes zu prüfen, KG JFG **17**, 45, Hbg MDR **55**, 168. Die Vfg, dch die Verwandte des Mannes u der Frau als SchlußE, § 2269, eingesetzt sind, braucht nicht im vollen Umfang wechselbezügl zu sein, die Wechselbezüglichk ist vielm iZw auf die Einsetzg der Verwandten des Erstversterbenden beschränkt, BGH **LM** Nr 2, auch Stgt BWNotZ **58**, 53. Hat jeder Eheg seine eigenen Verwandten für sein Vermögen eingesetzt, wobei dem jeweils überlebenden Eheg hins des ererbten Vermögens des anderen nur eine Zwischenstellg als VorE zukam, so steht die Einsetzg der jeweiligen eigenen Verwandten auf das eigene Vermögen nicht im Verhältn ggseitiger Abhängigk. Haben die Eheg bestimmt, daß jeder von ihnen nach der gesetzl ErbfolgeO beerbt w soll, so zerfällt diese Erbeinsetzg auf Seiten jedes von ihnen in zwei Teile, in die Einsetzg der gesetzl Erben für den erstversterbenden u in die der gesetzl Erben für den überl Gatten; letztere Einsetzg ist nach § 2270 II grdsätzl wechselbezügl, BayObLG **64**, 94, FamRZ **74**, 395. Ob die AO „bezügl unseres übrigen Nachl verbleibt es bei den gesetzl Best" eine testamentar Einsetzg der gesetzl Erben als SchlußE enthält u ob eine solche Einsetzg mit der Einsetzg des überlebenden Eheg als Erben wechselbezügl sein soll, ist dch Auslegg zu ermitteln, BayObLG **65**, 53. Die Freistellg des überl Eheg in einem gemschaftl Test hins der Vfg vTw über seinen Nachl muß nicht notw gg eine Wechselbezüglichk sprechen, BGH NJW **64**, 2056, dazu RGRK Rdz 8.

3) Die Nichtigk und **der Widerruf** (hiewegen vgl § 2271) einer Vfg machen die damit **wechselbezügl Verfügg** des anderen Teils von selbst unwirks. Die Nichtigk kann auf formellen od sachl Mängeln beruhen, ursprüngl bestehen od (zB inf Anf, §§ 2078 ff, wirks Widerruf dch einen Eheg) später eintreten. Ob auch **andere Verfügungen**, III, von der Nichtigk der GgVfg betroffen w, richtet sich nach § 2085, Dittmann Anm 28. Daß auch diese nicht ohne die nach § 2270 unwirks Vfg getroffen worden wären, hat zu beweisen, wer diese Unwirksamk geltd macht. Über Anfechtg s § 2271 Anm 4. Ob die Folge des Abs I auch bei einer aus and Gründen eintretden Unwirksamk einer wechselbezügl Vfg, wie bei Ausschlagg, Erbunwürdigk od Vorversterben des bedachten Dritten eintritt, hängt von dem zu erforschden Erbl-Willen ab, vgl Erm-Hense Rdz 8.

4) Andere Verfüggen, III, (Anordnungen familienrechtl Art, TestVollstrErnenngen, vgl hiezu § 2197 Anm 1, KG FamRZ **77**, 485, Soergel-Wolf Rdz 13, Bühler aaO 364 ff; Teilganordnungen, s Mattern BWNotZ **65**, 5, Ausschließg, § 1938, PflichttEntziehg, § 2336 und Warn **33** Nr 152) können zwar wechselbezügl gewollt sein, doch tritt insow Unwirksamk kraft G nicht ein, wie sich aus III iVm § 2278 II ergibt, so daß insb § 2271 auf solche Vfgen nicht anzuwenden ist, jedoch ist uU Anfechtg, § 2078, mögl. Auch beiderseitiger Verzicht auf Erb- u PflichttAnspr der Eheg in gemschaftl Test kann nicht wechselbezügl sein, BGH **30**, 261 [265], Dittmann Anm 5.

5) Entsprechende Anwendg der §§ 2270/71 bei **einseitiger Abhängigkeit,** KG JFG **10**, 67; **17**, 46 = JW **38**, 680; vgl auch Einf 3 vor § 2265.

2271 *Widerruf wechselbezüglicher Verfügungen.* I Der Widerruf einer Verfügung, die mit einer Verfügung des anderen Ehegatten in dem im § 2270 bezeichneten Verhältnisse steht, erfolgt bei Lebzeiten der Ehegatten nach den für den Rücktritt von einem Erbvertrage geltenden Vorschriften des § 2296. Durch eine neue Verfügung von Todes wegen kann ein Ehegatte bei Lebzeiten des anderen seine Verfügung nicht einseitig aufheben.

II Das Recht zum Widerruf erlischt mit dem Tode des anderen Ehegatten; der Überlebende kann jedoch seine Verfügung aufheben, wenn er das ihm Zugewendete ausschlägt. Auch nach der Annahme der Zuwendung ist der Überlebende zur Aufhebung nach Maßgabe des § 2294 und des § 2336 berechtigt.

III Ist ein pflichtteilsberechtigter Abkömmling der Ehegatten oder eines der Ehegatten bedacht, so findet die Vorschrift des § 2289 Abs. 2 entsprechende Anwendung.

Schrifttum: Hilderscheid, Der einseitige Widerruf eines gemeinschaftl Test u der einseitige Rücktritt vom ErbVertr in der notarischen Praxis, DNotZ **42**, 204; Dilcher, Der Widerruf wechselbezügl Verfügen im gemeinschaftl Test, JuS **61**, 20; Helfrich, Die Grenzen der Bindgswirkg des § 2271 II 1 Halbs 1 BGB, Diss Köln, 1972; Lange-Kuchinke § 38 II.

1) Allgemeines. Das gemschaftl Test kann bei jeder Eheg **grundsätzl widerrufl.** Insb sind einseitige (nicht wechselbezügl) Anordngen jederzeit frei widerrufl; vgl jedoch hins einseitiger Vernichtg od Veränderg an der Urk § 2255 Anm 6, hins der Rückn aus der amtl Verwahrg § 2272 Anm 2. Darin liegt eben der **Hauptunterschied gegenüber dem ErbVertr,** bei dem der Erbl auch bei Lebzeiten des anderen gebunden ist u sich durch Ausschlagg des vom Verstorbenen Zugewendeten grdsätzl nicht befreien kann, s Hilderscheid, DNotZ **42**, 209. Daher ist bei vereinbarter Unwiderruflichk (trotz anderer Bezeichnung) uU ein ErbVertr anzunehmen, OLG **35**, 19. Wegen Anf vgl Anm 4.

2) Wechselbezügl Vfgen können **bei Lebzeiten beider Gatten** widerrufen werden:

A) durch gemeinschaftl Handeln, und zwar

a) durch **WiderrufsTest,** § 2254, durch **widersprechendes Test,** § 2258 (zB ein von beiden Eheg unterschriebenes Test, in dem ein Eheg seine wechselbezügl Vfg aufhebt, wodch die Wechselbezüglichk der Vfg des anderen Eheg mit der aufgehobenen wegfällt), oder **ErbVertr,** § 2289 I 1, dch einen im ProzVergl enthaltenen ErbVertr, Köln OLGZ **70**, 114, **b)** dch gemschaftl Rückn aus der öff Test, § 2272, **c)** dch gemeinschaftl Vernichtg der TestUrk od gemeins Streichg der betr Vfgen, § 2255 Anm 6, **d)** dch Verm- u Auflagenanordngen dch Test unter notariell beurkundeter Zust des and Ehegatten in entspr Anwendg des § 2291, RGRK Rdz 8, Kipp-Coing § 35 III 3a Fußn 25, str.

B) Einseitig

a) nur durch **formbedürftige Erkl** ggü dem anderen, § 2296; denn der Widerruf soll nicht heiml hinter dem Rücken des anderen erfolgen können. — **aa)** Der einseitige, empfangsbedürftige Widerruf, §§ 130/32, kann nur durch **notariell beurkundete Erkl** ggü dem anderen Gatten od seinem gesetzl Vertreter bei GeschUnfgk u GeschBeschränkth erfolgen, die in **Urschrift** od **Ausfertigg,** (ungenügd begl Abschrift, s § 2296 Anm 1, BGH **36**, 201, **31**, 5 = **LM** Nr 10 mit Anm v Pagendarm, BGH **64**, 5, Johannsen WPM **77**,

Testament. 8. Titel: Gemeinschaftliches Testament § 2271 2, 3

277 f, aM Soergel-Wolf Rdz 8) nötigenf durch GVz od öff wirks **zuzustellen** ist, § 132. Die öff Zustellg (ZPO 203 ff) ist auch wirks, wenn ihre Bewirkg erschlichen ist; gg Geltendmachg von Rechten aus dem Widerruf ist aber der Einwand unzul RAusübg mögl, BGH **64**, 5 mit Anm v Johanssen **LM** Nr 19. Der Widerruf kann nach dem Tode des Erklärenden, muß aber dem Lebenden zugehen, RG **65**, 270; § 130 II geht iVm § 2271 I von dem Regelfall aus, daß sich die WillensErkl beim Tode des Erbl auf dem Weg zum Empfänger befindet u die Zust alsbald nachfolgt, er gilt also für den Widerruf wechselbezügl Vfgen, wenn der Widerruf dem überlebden Eheg sogleich ordngsgem u alsbald nach dem Tod des Erbl zugestellt wird; dagg ist der Widerruf unwirks, wenn die notarielle WiderrufsErkl zu Lebzeiten des Widerrufden dem and Eheg nur in beglaubigter Abschr zugegangen ist u sie ihm erst nach dem Tod des Widerrufden in Ausfertig zugestellt w, um dem erst zu dieser Zeit erkannten ZustMangel abzuhelfen, BGH **48**, 374 = JZ **68**, 185 mit Anm von Dilcher, dazu Johanssen WPM **69**, 1315 f, Heisecke MDR **68**, 899. Unzul ist eine Anweisg des Widerrufden, den Widerruf erst nach seinem Tod dem überl Eheg zu übermitteln – RG **170**, 380 betrifft Widerruf einer Schenkg u ist hier nicht anwendb –, BGH **9**, 233 gg Mü DFG **43**, 121 u dazu Dilcher JuS **61**, 20; vgl auch KG DNotZ **44**, 114 Anm, Herschel DR **44**, 109, Titze AkZ **43**, 134, Rudolf Schmidt JZ **53**, 602 Anm, JZ **54**, 605, Natter JZ **54**, 381. Selbst das eigenhänd, von den Eheg bei sich verwahrte Test, § 2267, kann ggü dem widerspenst Gatten nur in dieser Form aus der Welt geschafft werden. – Auch dieser Widerruf ist Verfügg von Todes wegen, der nicht durch einen Vertreter, aber durch den geschäftsbeschränkten Erbl erfolgen kann, § 2296 I, § 2253 II, vgl Dittmann Anm 10; der Widerruf ist daher nach § 2078 anfechtbar, Erm-Hense Rdz 6. – **bb)** Diese Widerrufsform ist auch notw, wenn der Gatte seine wechselbezügl Vfg nur abändern oder den so Bedachten mit Verm, Auflagen, Nacherbfolge od TestVollstrg – nicht bei Auswechslg der Pers des TV, KG FamRZ **77**, 485 – beschweren will **(teilweiser Widerruf)**. Hierzu genügt jedoch, daß der Widerruf auf den zu ergänzten Punkt beschränkt wird. Die Wirkg des § 2270 I tritt aber auch bei solcher Ergänzg ein. – **cc)** Ein einseit Widerruf ist bei Lebzeiten beider Gatten nur nach § 2271 I 1 mögl, aber nicht durch neue Vfgen von Todes wg, auch wenn der andere zustimmt, RG DR **45**, 76, Schlesw SchlHA **57**, 181. – **dd)** Die Widerrufsform des § 2296 gilt nur für wechselbezügl Vfgen. Will der Eheg gleichzeitig auch einseitige Verfügen widerrufen, so hat dies in den gewöhnl Formen der §§ 2254 ff zu geschehen. – **ee) Neue, einseitige Verfügen sind nur insoweit ausgeschlossen, als sie früheren wechselbezüglichen Anordngen widersprechen und den anderen Teil beeinträchtigen.** Sie sind also wirks, wenn jene (zB durch gleichzeitigen, VerschG 11, Brox § 15 V 2b (1), od vorherigen Tod des bedachten Eheg od Dritten od Widerruf des einen od and Gatten) ggstandslos geworden sind, RG **149**, 200, Dittmann Anm 22, od wenn sie den und Ehegatten rechtl besser stellen, als er nach dem gemeins Test stehen würde, KG JFG **17**, 47, DR **43**, 697, BGH **30**, 261 = NJW **59**, 1730, **60**, 142 (Anm v Bärmann) = Rpfleger **59**, 376 (Anm v Haegele), wie hier BayObLG **66**, 245 (Aufhebg der Bindg an ein wechselseit Test) od ein Eheg seine wechselbezügl Anordng in einem einseit Test wiederholt, BayObLG **61**, 12; KG JFG **18**, 332, Hamm OLGZ **67**, 77.

b) Die **Vernichtg** od die **Veränderg** eines gmschaftl Test ohne Einverständn des andern EheTeils ist rechtswidr. Hinsichtl der Wirkgen ist zu unterscheiden (s § 2255 Anm 6): seine eigenen einseit Vfgen kann der Eheg in der Form des § 2255 widerrufen; die wechselseit Vfgen können aber in dieser Form nicht einseit dch einen ohne Einverständn des and Eheg widerrufen w; diese w auch dch einseit Vernichtg des gmschaftl Test nicht unwirks. Es können aber Beweisschwierigk bei der Rekonstruktion des gmschaftl Test auftreten, Erm-Hense Rdz 6, Lübtow Lehrb I 495f; zur FeststellgsLast s OGH **1**, 268; OLGZ (Hamm) **67**, 79. – Über einseit Zurücknahme eines öffentl gmschaftl Test aus der amtl Verwahrg s § 2272 Anm 2.

3) a) Mit dem Tode des einen Eheg, durch den wechselbezügl Vfgen des Überlebenden zG des Vorverstorbenen unwirks werden, §§ 1923, 2160, tritt **Bindung** des Überlebenden u Beschränkg seiner Testierfreiheit (nicht etwa seiner TestierFgk, RG **130**, 214) ein. – **aa) Keine Bindg** besteht für den Überlebenden hins der **Verfügen**, die er **unter Lebenden** trifft, da § 2286 entspr anwendb ist, BGH DNotZ **51**, 344, § 2286 Anm 5. Eine Ausn besteht nur für das HöfeR; ggü der Hoferbenbestimmg eines gemeinschaftl Test od ErbVertr ist ein widersprechender ÜbergVertr unwirks, Celle RdL **68**, 72, s auch NdsRpfl **71**, 255. Abgesehen hiervon sind Vfgen unter Lebenden zulässig u wirks, auch wenn dadch der Nachl geschmälert wird, selbst bei einer absichtl Benachteiligg dch Schenkg unter Lebenden, da für diesen Fall in entspr Anwendg des § 2287, s § 2287 Anm 1, nur ein BereichergsAnspr vorgesehen ist, BGH BWNotZ **59**, 205, s auch Dittmann Anm 72, RGRK § 2269 Rdz 15, 16. Solche Vfgen sind auch dann wirks, wenn dadurch ein Vermächtn unwirks werden sollte; soweit kein VerschaffgsVerm, § 2169 I, vorliegt, hat der bedachte VermNehmer nur die Rechte aus § 2288 II, BGH NJW **58**, 547; vgl hierzu Anm Johanssen in **LM** Nr 6. – **bb) Nichtigk.** Ob die Vfgen des überlebden EheG über Vermögensstücke unter Lebden wirtschaftl dem Ziel des gemschaftl Test widersprechen (od beim ErbVertr dem VertrErben das Erbgut entziehen) nach § 134 nichtig sind (sog AushöhlgsNichtigk) ist bestr, s die in der 32. Aufl angeführte Rechtsspr des BGH sowie Finger, FamRZ **75**, 251/252f. BGH **59**, 343 = NJW **73**, 240 (weitere Fundstellen mit Anm s § 2286 Anm 3, dazu auch Mattern, Schulte AgrarR **73**, 286, 388, Brox § 14 IV 2 b, Barth-Schlüter, Lehrb § 26 I 3c; krit Speckmann NJW **74**, 341, Finger aaO) hat die bish Rechtspr aufgegeben u ausgesprochen: überträgt ein erbvertragl gebundener Erbl – ebso der dch ein gemeinschaftl Test gebundene überlebde Eheg – VermGgste – NachlGgst lebzeit auf einen Dr, so ist ein solches RGesch nicht desh nichtig, weil dadch dem VertrErben – Schlußbedachten – das ererbte Erbgut entzogen w. Dieser erhebl RUnsicherh beseitigden Auffassg ist beizutreten, ebso auch BGH WPM **73**, 680, RGRK § 2269 Rdz 14, Soergel-Wolf Rdz 36, 37. Die Nichtigk eines solchen RGesch kann sich aber bei Hinzutritt bes Umstände aus § 138 ergeben, BGH **59**, 348, 351; denkb ist auch eine Haftg des Empf ggü dem Erben gem § 419, wenn der Erbl dch das RGesch sein ganzes od sein im wesentl ganzes Verm übertr hat, BGH **59**, 352. Auch §§ 2287, 2288 sind entspr anwendb, RGRK § 2269 Rdz 14, Soergel-Wolf Rdz 37, BGH NJW **76**, 749. S auch Lange-Kuchinke § 38 II 5, § 2286 Anm 3. – **cc)** Denkb ist auch eine **Haftg des VertrGegners** aus § 826, wenn dieser etwa die Willensschwäche des Überlebenden sittenw zum eigenen Vorteil mißbraucht, BGH BWNotZ **59**, 205; s aber auch Boehmer FamRZ **61**, 254, 420, der einen Schutz der Erwerbsaussicht des Erben dch § 826 wohl mit Unrecht ablehnt; gg Boehmer auch Mattern BWNotZ **66**, 10. – **dd)** K e i n e B i n d g des über l EheG besteht auch insofern, als er iF seiner Wiederheirat mit seinem neuen Ehepartner G ü t e r G e m s c h vereinbaren oder gesetzl Güterstand der ZugewGemsch gelten lassen kann. Etwaige Pflichtteils- u ZugewAusglVerbindlk, die aus Anlaß des Todes des Eheg zG des neuen Ehepartners erwachsen, muß der SchlußE erfüllen, BGH FamRZ **69**, 207.

b) Dagg erlischt das letztw Widerrufsrecht hinsichtl wechselbezügl Zuwendgen an **Dritte** regelm. Denn die betr AnO ist Bestandt des gemschaftl Test, auf dessen Bestand der Verstorbene, der nun nicht mehr abändern od aufheben kann, vertraute. Auch durch die formlose Zust des in einer wechselbezügl Vfg Bedachten wird eine spätere dieser Vfg widersprechende anderweitige Vfg des Überlebenden vTw nicht ohne weiteres wirks, da die Bindg ggü dem erstverstorbenen Ehegatten besteht, BGH **LM** Nr 7, Kipp-Coing § 38 III 6. Der zustimmende Bedachte kann aber gg Treu u Glauben verstoßen, wenn er sich nachher auf die Bindg des Überlebenden durch das gemschaftl Test beruft, BGH aaO. Wenn allerdings der bedachte Dritte durch formgerechten Vertr, § 2352, auf die Zuwendg verzichtet, ist der Überlebende nicht mehr gebunden, so Warn **18** Nr 124, RGRK Anm 21; dahingestellt BGH aaO. Im übrigen sind die ungeachtet der Bindg getroffenen **einseitigen Anordnungen des Überlebenden,** zB TestVollstrErnenng, Mü JFG **15**, 254, Zweibr WPg **75**, 87, insow u so lange **unwirksam,** als sie das Recht des Bedachten beeinträchtigen würden, zB Beschwer mit einem Vermächtn, BGH FamRZ **64**, 502, **69**, 207, KG OLGZ **77**, 457/462, BGH NJW **78**, 423 mit krit Anm von Schubert JR **78**, 287, also wirks, soweit die wechselbezügl Anordng durch Vorversterben, Ausschlagg od Erbverzicht des Bedachten gegstandslos geworden ist, vgl auch RG **149**, 200 und Anm 2 B a ee. Die nachträgl Anordng einer TestVollstr widerspricht aber dem Widerrufsverbot des § 2271 u der auf ihm beruhdn Bindg nicht, wenn nach dem entweder in einem bes Vorbeh ausgesprochenen od bei verständiger Würdigg der tatsächl Verhältn zu vermutenden Willen der Eheleute der Überlebende hiezu befugt sein soll (KG JFG **23**, 45; OLGZ **66**, 503, s auch Haegele BWNotZ **74**, 109/111). Der Überlebende kann seine eigene Zuwendg in einem späteren Test insow einschränken, als der Vater od die Mutter des minderj Erben von der Verwaltg des Zugewendeten ausgeschl wird, Brschw DNotZ **51**, 374, RGRK Rdz 16. Er kann auch die gemeinschaftl Erbeinsetzg später wiederholen, so daß diese dann auf beiden Test beruht, KG JW **39**, 353.

c) Befreiung von der Bindg kann in drei Fällen erfolgen:

aa) durch Ausschlagg des Zugewendeten; denn damit entfällt der Zweck der Bindg u der Vermögensanfall, §§ 1953, 2180. Der gesetzl Erbteil, § 1931 (IV nF), ist nicht zugewendet u braucht daher nicht ausgeschlagen zu werden, vgl auch § 1948 I; jedenf dann nicht, wenn er erhebl hinter der TestZuwendg zurückbleibt, s Dittmann Anm 40, Soergel-Wolf Rdz 19; anders wenn die Gatten die gesetzl Erbfolge erweisl in Rechng gestellt od auch ihren gesetzl Erbteile eingesetzt hatten, Mü JFG **15**, 38, s dazu aber auch krit Holzhauer, Erbrechtl Untersuchgen 1973, 126 ff. Die Ausschlagg ist nach der Ann od nach dem Tode des Letztversterbden (etwa durch dessen Erben) nicht mehr mögl, RG **95**, 218, RGRK Rdz 27. Die Ausschlagg z e r s t ö r t die B i n d g. Der Überlebde kann nunmehr nach §§ 2253ff seine eigenen Vfgen widerrufen; ein derart erklärter Widerruf von Vfgen des Überlebden zieht die Unwirksamk der entspr Vfgen des Erstverstorbden nach sich, Warn **21** Nr 75, Dittmann Anm 44, s aber auch BGH bei Johannsen WPM **73**, 534. – War dem Überlebden nichts zugewendet, so kann er auch nichts ausschlagen u daher auch nicht widerrufen, Dittmann Anm 38. Ist jedoch die Zuwendg nur wirtschaftl wertlos, zB wg Überschuldg, so muß der Überlebde, um seine Testierfreih zu erhalten, ausschlagen, Kiel HEZ **2**, 333, BGH MDR **61**, 402. War ein Verwandter (od eine nahestehende Pers, § 2270 II) bedacht, so berecht nur dessen Ausschlagg zur Aufhebg, Kipp-Coing § 35 III 3b; Brox § 15 V 2b (2); aM RGRK Rdz 26, wonach bei Ausschlagg des Dritten die Bindg des Eheg nicht entfällt, ebso Erm-Hense Rdz 9. War sowohl dem Gatten wie dem Verwandten etwas zugewandt, müssen beide ausschlagen, falls nicht die Zuwendg an den Dritten nur ganz geringfüg od nicht wechselbezügl war, Erm-Hense Rdz 9, aM Dittmann Anm 39, der Ausschlagg des überlebden Eheg genügen läßt.

bb) Bei **Verschwendg, Überschuldg** od **Verfehlgen** eines **Abkömmlings** kann der Überlebende trotz Ann des Zugewendeten Zuwendgen an diesen entziehen od beschränken, wenn PflichtEntziehgsgründe vorliegen, §§ 2271 I 2, III, 2289 II, 2294, 2297, 2336, 2338. Denn hiermit würde auch der Verstorbene einverst sein. Der überl Eheg kann die Erbeinsetzg des Kindes auch dann aufheben, wenn es den ehrlosen Lebenswandel, § 2333 Nr 5, den es schon zZ der Errichtg des gemschaftl Test führte, bis zum Tod des überl Eheg fortsetzt, BayObLG **63**, 271. Die Aufhebg der Erbeinsetzg nach § 2271 II 2 hat nicht die Ersatzberufg der Kinder dieses Erben zur Folge, s § 2069, es befreit den überl Eheg – im Umfang der Aufhebg der Erbeinsetzg – von der Bindg an das gemschaftl Test, BayObLG aaO.

cc) Die **Ehegatten** können sich auch den **Widerruf vorbehalten,** RG JW **25**, 2121. Da sie frei darüber bestimmen können, ob u inwieweit die Vfgen wechselbezügl sein sollen, können sie die Widerruflichk wechselbezügl Vfgen über den im G vorgesehenen Rahmen erweitern, also dem Überlebenden auch andere als im G vorgesehene Widerrufsgründe u sogar ein freies WiderrufsR einräumen, BGH **2**, 35, RG DR **45**, 76; zwar nicht bzgl der Anordnungen des anderen, § 2065, od hins der ggseitigen Erbeinsetzg (denn der Überlebende ist ja aGrd dieser Erbe geworden, so daß es keinen Sinn hätte, die Erbeinsetzg des Vorverstorbenen zu widerrufen); wohl aber kann dem Überl gestattet werden, seine eigenen Anordnungen, dh seinen eigenen Anteil an der gemeins Anordng, zB gemeins Erbeinsetzg Dritter, gemeins Verm, zu widerrufen od über seinen Nachl anderw zu verfügen, BGH FamRZ **56**, 83, NJW **64**, 2056, WPM **77**, 278 (Freistellgsklausel), KG JW **36**, 3264; Beispiele: Einsetzg der Kinder als Schlußerben, Recht des Überlebden, über das Vermögen unter den Kindern frei zu testieren. Ist in einem gemschaftl Test dem überlebden Eheg gestattet, über sein eigenes Verm anderweit zu verfgen u auch Vermächtn aus dem angefallenen Nachl des zuerst Verstorbenen anzuordnen, so kann darin, wenn der Überleb kein nennenswertes eigenes Verm besessen hat, zugl eine Begrenzg der ihm eingeräumten Befugn, Verm anzuordnen, liegen, BGH FamRZ **73**, 189, dazu Johannsen WPM **73**, 534. Ist der Überlebde als VE berufen u ihm die Befugn eingeräumt, anderweit über den Nachl zu vfgen, so ist die Bestimmg dahin zu verstehen, daß die Nacherbfolge an die Bedinggn geknüpft ist, daß der Überl nicht anderw verfügt (s § 2065 Anm 4), BGH **2**, 35. Über die Fassg des Erbscheins in solchen Fällen vgl Bab JR **52**, 468. Wenn die Änderungsbefugn des überl Eheg auf das Vorliegen bestimmter Tatbestände beschränkt u beigefügt ist, derartige Vfgen des Überlebden unterlagen keiner gerichtl Nachprüfg, so fehlt dem Ger jede Befugn, die Berechtig des Widerrufs des Überl sachl nachzuprüfen, BGH NJW **51**, 959. – Dieser **Widerruf** erfolgt dch letztw Vfg des überl Eheg; die Angabe des WiderrufsGrdes ist jedenf dann nicht erforderl, wenn in dem gemschaftl Test nur ein WiderrufsGrd genannt ist, Düss JMBl NRW **63**, 272; s aber auch § 2336 II für den Fall bb). Der Widerruf der wechselbezügl Anordng des überl Eheg zieht nach § 2270 die Unwirksamk der entspr Vfgen des zuerst Verst nach sich, RG SeuffA **76** Nr 163, RGRK Rdz 31; jedoch kann auch ein entggesetzter ausdrückl od mutmaßl Wille der Eheg gegeben sein. Der Gatte kann auch ermächtigt werden, eine bestimmte wechselbezügl Vfg beim Eintritt eines bestimmten Ereignisses durch Test aufzuheben, womit die urspr vorhandene Wechselbezüglichk ebenf insow entfällt, BGH Betr **59**, 943, der dahingestellt läßt, ob es sich hierbei überh noch um eine wechselbezügl Vfg handelt. – Eine solche **Ermächtigg** kann auch durch ergänzende Auslegg festgestellt werden. Die Bestimmg, daß ein als Erbe des letztverst Eheg eingesetztes Kind, wenn es das gemschaftl Test anficht, nur den Pflichtt erhalten soll, kann bedeuten, daß der überl Eheg ihm ggü, wenn es den Pflichtt vom Nachl des ErstVerst fordert u damit dem Test zuwiderhandelt, nicht an seine Vfgen in diesem Test gebunden sein soll (OLG **40**, 143, RGRK Rdz 33). Die häufige Bestimmg, daß der Überl frei u ungehindert verfügen könne, die auch in der ggseitigen Einsetzg zu Vollerben zum Ausdr kommen kann, BGH NJW **58**, 547, enthält iZw nur eine **Ermächtigg zu Verfügen unter Lebenden**, KG JW **36**, 3264; vgl oben Anm a. Das Recht zur Beseitigg der Bindg kann dem Überl nicht durch einen Dritten entzogen werden, Mü JFG **20**, 146. – Die dem überl Eheg nach westfäl GüterR zustehende Befugn zum Abschl eines Übergabe Vertr kann durch gemschaftl Test od ErbVertr der Eheg ausgeschl werden, LM Nr 3 Westfäl GüterR.

dd) Der **überlebende Eheg** wird auch dann **frei**, wenn die **wechselbezügl Verfügg gegenstandslos** wird, zB in der Regel, wenn der Bedachte wegfällt, zB dch Tod, Erbunwürdig, ErbVerzicht, Johannsen WPM **69**, 1316, ZuwendgsVerz (§ 2352), Peter BWNotZ **77**, 113/114). Die VfgsFreih tritt aber nicht ein, wenn der Erbteil des Wegfallenden den übrigen im gemschaftl Test bedachten Erben anwächst, § 2094, BayObLG DNotZ **35** BayBeil 129, s auch BayObLG **60**, 222, Dittmann Anm 35; od wenn ErsE eingesetzt sind (§ 2069, Soergel-Wolf Rdz 324).

ee) **Nicht wechselbezügl** Vfgen kann der Überl jederzeit frei widerrufen, aber nur in den Formen der §§ 2254ff, vgl oben Anm 2 A, Dittmann Anm 4–6, zB AO einer TestVollstr, KG FamRZ **77**, 485.

4) Anfechtg gemeinschaftlicher Testamente:
Huken, Die Anfechtg von Vfgen vTw, RhNK **63**, 533; Helfrich aaO 9ff.; RGRK Rdz 42–56, Soergel-Wolf Rdz 28–32; Haegele, Anfechtg einer Vfg vTw, Inf **75**, 567/573; Peter, Anf od Zuwendgsverzicht, BWNotZ **77**, 113; Lange-Kuchinke § 38 II 6.

A) Zu **Lebzeiten beider Ehegatten** ist eine **Anfechtg ausgeschlossen**. Das AnfechtsR der Eheg entfällt, weil jeder von ihnen seine wechselbezügl Vfgen in der Form des § 2271 I 1 u einseitige Vfgen frei widerrufen kann, §§ 2253ff; RG **77**, 169; **87**, 97; LG Karlsr NJW **58**, 714; s oben 1, 2 B. Eine Anfechtg durch Dritte scheidet aus, da der Erbf noch nicht eingetreten ist.

B) **Nach dem Tod eines Ehegatten** kommt die Anfechtg des gemschaftl Test durch den überlebenden Eheg u durch Dritte in Betr.

a) Der **überlebende Eheg** kann sowohl Vfgen des ErstVerst wie seine eigenen wechselbezügl Vfgen nach den allg Vorschr der §§ 2078ff anfechten. Eine Anfechtg eigener einseitiger Vfgen ist nicht mögl, denn insow steht ihm nach §§ 2253ff das WiderrufsR zu, Dittmann Anm 60.

aa) **Eigene wechselbezügl Verfügen** kann er in entspr Anwendg der §§ 2281ff mit §§ 2078, 2079 anfechten **(Selbstanfechtg)**, RG **132**, 4; BGH FamRZ **60**, 145, **62**, 427 = BGH **37**, 333, FamRZ **70**, 79, Peter BWNotZ **77**, 113. Der überl Eheg, der eine neue Ehe eingeht, kann zB binnen Jahresfrist nach der Eheschl od nach der Geburt eines Kindes aus dieser Ehe seine wechselbezügl Vfgen anfechten, § 2079, Dittmann Anm 60, Hamm NJW **72**, 1088 (zu BGB § 2079 S 2, Rücksichtnahme auf den Willen des verst Eheg), Battes § 28. Auch die Geburt eines nehel Kindes kann die Anfechtg nach § 2079 begründen, Helfrich aaO 27ff, § 2079 Anm 1. Die Anfechtgserklärg bedarf aber nach § 2282 III der **notariellen Beurkundg**, Düss DNotZ **72**, 42, Celle RdL **68**, 72. Die Anfechtgsfrist, § 2283, beginnt mit dem Ztpkt, in dem der überl Eheg vom AnfechtsgGrd zuverläss Kenntn erlangt hat, RG **132**, 4, JW **35**, 2716, aber nicht vor dem Tod des Erstverstorbenen. Die Frist läuft auch dann, wenn der Erbl das gemschaftl Test nicht gedacht hat, sie ist aber dann gehemmt, wenn das Test soweit aus der Erinnerg des Erbl entschwunden ist, daß es selbst bei Befassg mit Fragen der NachlRegelg nicht ins Bewußtsein zurückgerufen worden ist, Kiel HEZ **2**, 334. Über RechtsIrrt als HemmgsGrd für den Fristbeginn s § 2082 Anm 2, BGH FamRZ **70**, 79. Die Frist läuft nicht, wenn der überl Eheg das Test irrtüml für ungült, als für wirks angefochten o widerrufen (hält KG JW **37**, 2976, FamRZ **68**, 218, BGH FamRZ **70**, 79, Hamm OLGZ **71**, 312), wohl aber, wenn die Ungültig aus rechtsirrtüml Beurteilg des Anfechtstatbestdes hergeleitet w, RG **132**, 4, Kiel aaO, wenn der Anfechts-Berecht von der Möglichk und Notwendigk der Anfechtg nichts gewußt hat, RG **132**, 4. Bedenkl jedoch Kblz NJW **47/48**, 628, wonach rechtsirrtüml Auslegg den Fristablauf hindert, dazu auch Johannsen WPM **73**, 531, auch die über die Zulässigk eines erneuter Anf nach § 2079 dch Zeitablauf verloren gegangen ist, aber ein neuer PflichttBer hinzugetreten ist. – Unzulässig ist die Selbstanfechtg, wenn der überl Eheg die Voraussetzgen für die Anfechtg nach § 2078 II selbst durch ein Verhalten herbeigeführt hat, das gg Treu u Glauben od gg §§ 138, 226 verstößt, BGH **4**, 91, BGH FamRZ **62**, 428, FamRZ **70**, 82, s § 2078 Anm 2, § 2281 Anm 2a. Der überl Eheg kann auch eigene wechselbezügl Vfgen bestätigen, §§ 2284, 144, u zwar dch einseit formlose Erkl, BayObLG **54**, 71. – Der im gemschaftl Test mit Verm bedachte Dritte kann, wenn das Verm vom überl Eheg angefochten ist, gg diesen Klage auf Feststellg, daß die VermAnordng nicht unwirks geworden ist, erheben, BGH **37**, 331.

bb) Die **Verfügen des erstverstorbenen Eheg** kann der überlebende nach § 2078 anfechten, § 2079 scheidet aber als AnfechtsgGrd bei PflichttBerecht des überleb Eheg aus, Helfrich aaO 44ff, s auch

Dittmann Anm 60. Die Anfechtg kann auch erfolgen, nachdem der Überl das ihm Zugewendete angenommen hat, RGRK Rdz 42. Anfechtgsform: § 2081.

b) Dritte können die Vfgen des erstverstorbenen Eheg in dem gemschaftl Test nach §§ 2078, 2079, 2080ff anfechten; zu § 2078 II s Köln OLGZ **70**, 114. Nach § 2079 können insb PflichttBerecht, die zw Errichtg des Test u dem Tod des erstverst Eheg hinzugekommen sind, zB dch Adoption von Kindern des zweiten Eheg, von diesem Recht Gebr machen, Staud-Dittmann Anm 66, BGH FamRZ **70**, 79. Bei Wiederverheiratg auch Anf dch die Kinder der neuen Ehe, KG JFG **15**, 330, falls nicht eine Wiederverheiratgsklausel, § 2269 Anm 5, diesen Fall berücksichtigt. Form der Anfechtg: § 2081. Bestr ist, ob auf die Anfechtg wechselbezügl Vfgen des erstverst Eheg – sei es vor od nach dem Tod des überlebden – § 2285 Anwendg findet, s Erm-Hense Rdz 17, RGRK Rdz 55, 56; LG Karlsr, KG NJW **58**, 714; **63**, 766/767, Bln FamRZ **76**, 293; § 2285 wird zu beachten sein; aM **36**. Aufl. Vfgen des überlebden Eheg können Dritte, zB der zweite Eheg, erst nach seinem Tod, nicht zu seinen Lebzeiten anfechten, KG FamRZ **68**, 219.

C) Nach dem Tod des überlebenden Eheg können **Dritte**, denen die Aufhebg des gemschaftl Test od einzelner in ihm enthaltener Vfgen unmittelbar zustatten kommen würde, § 2080, das Test od einzelne Vfgen desselben aGrd §§ 2078, 2079 in der Form des § 2081 anfechten; zB kann der neue Eheg des zuletzt Verstorbenen als PflichttBerecht nach §§ 2281, 2079 das gemschaftl Test der früheren Eheg soweit anfechten, daß ihm der gesetzl Erbteil zusteht, RG **132**, 1, KG FamRZ **68**, 219, Dittmann Anm 68. Das AnfechtgsR unterliegt aber, soweit es wechselbezügl Vfgen des zuletzt verst Eheg betrifft, der Einschränkg des § 2285; solche Vfgen können also nicht mehr angefochten werden, wenn der zuletzt verst Eheg das Recht, die Vfg aus demselben Grunde anzufechten, zB durch Fristablauf od Bestätigg §§ 2283, 2284, verloren hatte, Hamm OLGZ **71**, 313, KG aaO, Dittmann Anm 68. Diese Einschränkg gilt jedoch nicht für die Anfechtg einseitiger Vfgen des überlebenden Eheg, BGH FamRZ **56**, 83; die wirksame Anfechtg solcher Vfgen kann aber uU auch die Unwirksamk wechselbezügl Vfgen nach sich ziehen § 2085; s RGRK Rdz 56, Dittmann Anm 68 aE, Erm-Hense Rdz 17, 18.

D) Wirkgen der Anfechtg.
a) Die begründete **Anfechtg eigener wechselbez Verfügen** durch den überl Eheg bewirkt nach § 2270 grdsätzl die Unwirksamk der wechselbezügl Vfgen des anderen Eheg, insb dessen Vfg, durch der der Überlebende als Erbe eingesetzt wurde, so daß idR nachträgl gesetzl Erbfolge nach dem ErstVerst eintritt, s Peter BWNotZ **77**, 113/114. Das gilt aber nicht, wenn ausnahmsw anzunehmen ist, daß der erstverstorbene Eheg seine mit der angefochtenen in Wechselbeziehg stehende Vfg in gleicher Weise getroffen hätte, wenn die Vfg des Überlebenden schon bei Errichtg des Test den Inhalt gehabt hätte, den sie durch die Anf haben würde, RGRK Rdz **50**; Hamm NJW **72**, 1089.

b) Die wirksame **Anfechtg der wechselbezügl Verfügen des Erstverstorbenen** durch den überl Eheg bewirkt nach § 2270 auch die Nichtigk seiner eigenen wechselbezügl Vfgen, RGRK Rdz 42.

c) Die **Anfechtg** durch den Überlebenden od Dritte nach § 2079 kann auf **einzelne Verfügen** des Test beschränkt w, bestr, s Helfrich aaO 42; über die Wirkg der Anfechtg s § 2079 s § 2079 Anm 2, auch Staud-Dittmann Anm 66, 70 u § 2281 Anm 30, 31, BGH FamRZ **70**, 79; auch § 2079 S 2 ist anwendb, Hamm aaO. Die wirks Anfechtg wechselbezügl Vfgen eines Eheg durch Dritte hat nach § 2270 I die Nichtigk der wechselbezügl Vfgen des anderen zur Folge.

5) Aus **Wegfall der Geschäftsgrundlage** kann ein R des überlebden Eheg, die wechselbezügl Vfgen des gemschaftl Test den veränderten Verhältn anzupassen, nicht abgeleitet w, aM Helfrich aaO 48ff, wie hier für ErbRVertr Häsemeyer, Die Abhängigk erbr Verträge von Verkehrsgeschäften, Diss Göttingen 1966, S 57, s auch BGH **37**, 233/241.

2272 *Rücknahme aus amtlicher Verwahrung.* Ein gemeinschaftliches Testament kann nach § 2256 nur von beiden Ehegatten zurückgenommen werden.

1) Allgemeines. Die Vorschr regelt nur die Aufhebg durch Zurücknahme aus der amtl Verwahrg. Hinsichtl der weiteren Widerrufsmöglichk vgl § 2271 Anm 1, 2 A, § 2255 Anm 6.

2) Die **gemeinschaftl Rücknahme**, die selbst nach Scheidg od Aufhebg der Ehe erforderl ist, vgl § 2268 II (KGJ **48**, 103), Dittmann Anm 3, u zu der die Eheg persönl u gleichzeitig erscheinen müssen, entspricht der Gemeinsamk der Errichtg, Einf 2 vor § 2265, u bedeutet zugl einen Schutz des mit der Aufhebg nicht einverstandenen Eheg. Einseitige Rückn ist sowohl beim öff Test, zwecks Widerrufs, wie auch beim eigenhänd Test unstatth, nach dem Tode des Erstversterbenden, § 2273 II 2, überh ausgeschl u abzulehnen. Sie würde Widerrufswirkg beim öff Test höchstens hins der einseit Vfgen des Zurücknehmenden haben, vgl im übr § 2271. – **Einsicht** kann allerdings auch ein Eheg allein nehmen, KG JFG **4**, 159, LG Halberstadt JW **22**, 522 (Einsicht durch Abschriftenanforderg).

2273 *Eröffnung.* I Bei der Eröffnung eines gemeinschaftlichen Testaments sind die Verfügungen des überlebenden Ehegatten, soweit sie sich sondern lassen, weder zu verkünden noch sonst zur Kenntnis der Beteiligten zu bringen.

II Von den Verfügungen des verstorbenen Ehegatten ist eine beglaubigte Abschrift anzufertigen. Das Testament ist wieder zu verschließen und in die besondere amtliche Verwahrung zurückzubringen.

III Die Vorschriften des Absatzes 2 gelten nicht, wenn das Testament nur Anordnungen enthält, die sich auf den Erbfall beziehen, der mit dem Tode des erstverstorbenden Ehegatten eintritt, insbesondere wenn das Testament sich auf die Erklärung beschränkt, daß die Ehegatten sich gegenseitig zu Erben einsetzen.

Schrifttum: Asbeck, Testamentseröffnung und Erbscheinserteilung beim Berliner Testament mit Wiederverheiratgsklausel, MDR **59**, 897. – Haegele, Einzelfragen zur Testamentseröffng, Rpfleger **68**, 137/139, auch **77**, 207.

1) Vorbem. Früher § 44 TestG. Die Fassg des Abs III, der durch das TestG neu eingefügt worden war, ist etwas geändert.

2) Die Teilverkündg, I, dient dem Interesse des Überlebenden an der Geheimhaltg seines letzten Willens. Das Interesse der Öffentlichk ist aber stärker, so daß bei Nichtabsondergsmöglichk (zB Test in „Wir"-Form) die Vfgen des Überlebenden mitzuverlesen sind. Dies ist jedoch nur ein tatsächl Vorgang, keine Verkündg im RSinne, zB des § 1944 II 2. – **a)** Bei möglicher **Sonderg** wird zu vermerken sein „Eröffnet mit Ausnahme der eingeklammerten Stellen", vgl Brand-Kleeff 276. Die Vfgen des Erstverstorbenen sind ausnahmslos zu verkünden, mögen sie gültig, ungültig oder (zB durch sein Vorversterben) ggstandslos geworden sein, RG **150**, 315, dazu: Vogels DFG **36**, 106, Pütz DNotZ **36**, 369, Haegele aaO 139, 141 ff (beachtl Bedenken im Hinblick auf die Störg des Familienfriedens!); wie das RG Hbg NJW **65**, 1969, Hamm FamRZ **74**, 387, Ffm Rpfleger **77**, 206 mit Anm von Haegele, also auch eine von beiden Eheg verfügte Wiederverheiratgsklausel, § 2269 Anm 5, Asbeck MDR **59**, 897, die Aussetzg von Vermächtnissen, Hbg NJW **65**, 1969 mit krit Anm v Lützeler NJW **66**, 58, (einschränk m R für Vermächtnisse, die in ggseit ErbVertr vom Längstlebenden ausgesetzt sind, BGH Rpfleger **78**, 92 auf Vorlage von Köln, Rpfleger **77**, 397), mit der Einsetzg des überl Eheg zum VorE auch die Berufg der Kinder als NachE, Haegele aaO 139. Über den Umfang der Eröffng entscheidet nicht der Überl (od gar der Erstversterbende), sond das eröffnende Gericht, §§ 2260, 2261. Es hat also darüber zu befinden, ob **Trennbark** der Vfgen gegeben ist, ob also die Vfgen der Eheg in bes in sich verständl, sprachl von einander trennb AOen u Sätzen bestehen, s KJG **31** A 365, od ob sie als **untrennb** anzusehen sind, also in ein u demselben Satz enthalten sind od die Vfg des einen Eheg auf die des and verweist, Haegele aaO 139. Es richtet sich nach den Umst des Einzelfalles, ob die Vfgen des überl Ehegatten zu verkünden sind; ein Verzicht der Beteiligten kann erhebl sein, wenn keine überwiegenden öff Interessen entggstehen, Hamm JMBl NRW **62**, 62; s auch RGRK Rdz 6; den Interessen des Überlebden ist aber besondere Beachtg zu schenken, Lützeler NJW **66**, 58. – **b)** Gegen Ausschl eines Teils od Ablehng der Beschrkg **Beschwerde** (Erinnerg) nach FGG 19 ff (§ 11 RPflG), KG Recht **30** Nr 434, Ffm aaO, LG Aachen RhNK **65**, 368; Keidel-Kuntze-Winkler § 20 FGG Rdz 42.

3) Nach der Eröffng ist nach **II** zu verfahren. Die begl Abschr tritt im RVerkehr idR an Stelle des vollst Test, zB im Falle der GBO 35, Semprich, Kaulbach DJ **40**, 60. Da das Test in die bes Verwahrg „zurückzubringen" ist, gilt Abs II 2 nur für schon bisher verwahrte Test. Im Fall des § 2261 wird die Urschrift beim NachlG in bes Verwahrg genommen, dazu Hamm OLGZ **72**, 73, **75**, 94 (Zuständigk-Streit zw VerwahrsG u NachlG), BayObLG **74**, 9 (ErbVertr), RGRK Rdz 15; aM KG Rpfleger **72**, 405 (zust Kln Rpfleger **75**, 249); **77**, 24, das annimmt, der Pflicht, ein gemschaftl Test wieder in bes amtl Verwahrg zu nehmen, oblige grdsätzl dem bish VerwahrsG, § 2261 S 2 entfalle, ebso SchlHOLG SchlHA **78**, 101. Ein nach § 2259 abgeliefertes gemschaftl Test verbleibt nach der Eröffng bei den Akten, wenn nicht der Überlebde die bes Amtsverwahrg beantragt, doch kommt im Falle des **III** nur gewöhnl Verwahrg in Betracht, AktenO 27. Keine Rückgabe an den Überlebden, KGJ **49**, 55, s auch § 2260 Anm 2 aE. Dieser kann gem § 2258 a III Abgabe an ein anderes Ger verlangen, wenn das NachlG das gemschaftl Test eröffnet u wieder in bes amtl Verwahrg gen hat, Mü BayJMBl **60**, 22, s auch Hamm OLGZ **72**, 73.

4) Abs III. Die Fertigg einer begl Abschr u die neuerl Verwahrg erübrigt sich im Fall **III**, wenn das Test für den Tod des Überlebenden keine Bestimmgen enthält. Daher wird ein solches Test nur in gewöhnl Verwahrg genommen u beim zweiten Erbf nicht nochmals eröffnet u verkündet, da dies sinnlos wäre, AV v 12. 3. 40, DJ 366, mit Gutachten des KG; s zum Verf für BaWü 1. VVFGG 13 I.

5) Nach dem Tode des **Längstlebenden** sind dessen Vfgen nach den gewöhnl Vorschr (§§ 2260 ff) zu eröffnen, auch soweit sie mangels Trenngsmöglichk bereits bei der 1. Verkündg hatten verlesen w müssen, RG **137**, 222; nochmalige Verkündg unterbleibt im Falle des **III**. Der nochmal Eröffng bedarf es aber auch dann, wenn zweifelh ist, ob das Test AOen enthält, die sich auf diesen Erbf beziehen, Hamm OLGZ **75**, 94. – Sodann gewöhnl Aufbewahrg; bei ZustgsWechsel Eröffng durch das erste NachlG als VerwahrsG, Aufbewahrg durch das Gericht des 2. Erbfalls, § 2261 S 2, Mü JFG **14**, 73, s auch Hamm aaO, KG Rpfleger **77**, 24.

6) Eröffngsgebühr, KostO 102, 103, nur nach dem NachlWert des jeweils Versterbenden, vgl auch KG JW **33**, 1336. Im Fall des Abs III kommen mangels Eröffng beim zweiten Erbf Gerichtskosten nicht in Frage, AV v 12. 3. 40, DJ 366 (KG-Gutachten).

7) Über entspr Anwendg des § 2273 bei Eröffng dch Konsularbeamte s KonsG 11 III.

8) DDR: ZGB – Auszug im Anh, 35. Aufl – 395; NotariatsG 26.

Vierter Abschnitt. Erbvertrag

Überblick

Schrifttum: Firsching, Der Ehe- u Erbvertrag im deutschen, österreichischen und schweizerischen Recht, DNotZ **54**, 229; Lange, Bindung des Erblassers an seine Verfügungen, NJW **63**, 1571; Mattern, Zur Rechtsstellung des von Todes wegen bindend Bedachten, BWNotZ **62**, 229; Raitz von Frentz, Gestaltungsformen zur Abgrenzg der Rechte von überlebenden Ehegatten u Kindern in gemeinschaftl Testamenten u Erbverträgen, DNotZ **62**, 635; Michel, Unzweckmäßige Erbverträge, DVerkStRdsch **63**, 49; Johannsen, Die Rechtsprechg des BGH auf dem Gebiet des Erbrechts. – 1. Teil, Das Recht des

Überbl v § 2274 1–5

Erbvertrags, WPM **69**, 1222, 1314, **73**, 530; **77**, 277; ders, Der Schutz der dch gemschaftl Test od ErbVertr berufenen Erben, DNotZ **77**, Sonderh S 69 (= Johannsen SH); Dittmann-Reimann-Bengel, Test- u ErbVertr, 1972 (zitiert nach Bearbeiter Dittmann ohne Buchtitel); Haußmann, Gedanken zur Ausgestaltg von EhegErbVertr, BWNotZ **72**, 93; Battes, Gemschaftl Test u Eheg ErbVertr als Gestaltgsmittel für die VermO der Familie, 1974; Haegele, Der ErbVertr, RWP, 2 Bürg – R (937), D ErbR I 1 g; Form-Komm ErbR, Forml 6. 526–533; Lange-Kuchinke §§ 23, 37; Kipp-Coing §§ 36–42.

1) Vorbem. a) Die früher im TestG enthaltenen Vorschr über den ErbVertr wurden durch Teil I Art 5 Nr 8–10 GesEinhG wieder in das BGB eingefügt. Im einzelnen s 32. Aufl.

b) Gem § 57 III Nr 14, 15 BeurkG v 28. 8. 69, BGBl 1513, haben § 2276 I u § 2277 eine neue Fassg erhalten. In §§ 2282 III, 2291 II, 2296 II 2 sind jeweils die Worte „gerichtlichen oder" weggefallen, § 56 I BeurkG. Die Ändergen sind am 1. 1. 70 in Kraft getreten (§ 71 BeurkG).

2) Begriff, vgl auch § 1941 Anm 1. Der ErbVertr ist ein einheitl RGesch, in dem der Erbl vertragsm zG des VertrGegners od eines Dritten, § 1941 II, vTw verfügt, so daß von einer schuldrechtl od dingl Wirkg keine Rede sein kann; also Doppelnatur als **Vertr** und als **Verfügg von Todes w,** Brox § 14 I, auch Dittmann Vorbem 3, 4 vor § 2274. – **a)** Der VertragsE hat bei Lebzeiten des Erblassers nur eine **Anwartschaft,** später möglicherw Erbe zu werden. Die Anwartsch ist daher nicht Vermögen iS des § 1836, BayObLG **52**, 290. Sie ist auch nicht vererblich u nicht übertragb, Mattern aaO 235, auch BGH **37**, 319. Auch bei einem erbvertragl ausgesetzten Vermächtnis besteht vor dem Erbfall nur eine tatsächl Aussicht, kein schuldrechtl Anspr, BGH **12**, 115 = NJW **54**, 633, **LM** Nr 2 zu § 2288; s § 2286 Anm 2. – **b)** Beim Test herrscht die Freiheit, beim ErbVertr der **Zwang**; das Test ist grdsätzl frei widerrufl, §§ 2253 ff, und gemschaftl nur zw Ehegatten zul. Der ErbVertr ist dagg grdsätzl unwiderrufl, kann aber auch zw Nichtehegatten u mehr als zwei Personen abgeschl werden; vgl Reithmann, ErbVertr zw mehr als zwei Personen, DNotZ **57**, 527. Die **Bindg** ergibt sich aus der Natur des RGeschäfts, nicht erst aus § 2289. Von dieser Bindg kann der Erbl unter bestimmten Voraussetzgen durch Anfechtg, AufhebgsVertr (Ausnahmen §§ 2291 u 2292) u Rücktr befreit werden. Er kann sich allerdings im ErbVertr unter Wahrg der Form des § 2276 – ausdrückl od stillschw – das Recht vorbehalten, in bestimmtem Rahmen über die Vergabe seines Nachl anders als im ErbVertr vorgesehen zu verfügen, BayObLG **61**, 206, zB Vorbeh von Vermächtn u Auflagen, Düss OLGZ **66**, 68; Vorbeh anderweit Verteilg des GesamtNachl für überl Eheg, LG Kblz Jur Büro **68**, 254. Der Vorbeh darf aber nicht soweit gehen, daß keine vertragsm Vfg mehr übrig bliebe. Sonst würde der Vertr kein ErbVertr sein, BGH **26**, 204; hierzu eingehend Johannsen in **LM** § 2289 Nr 3 u Siebert, Die Bindgswirkg des ErbVertr, Festschr für J. W. Hedemann S 237 ff; aM Küster, JZ **58**, 394, der den Vorbeh unbeschränkt zulassen will, aber die gesetzl RücktrForm, § 2293, verlangt. Zulässig ist zB eine Klausel: „Dem überl Eheteil steht das Recht zu, die Bestimmungen für den 2. Todesfall abzuändern, wenn sich die Verhältnisse ändern." Die Aufnahme eines ErbVertrag, der nur lediglich Vfgen ohne Bindg enthielte, wäre von der AmtsPers abzulehnen. Ungeachtet der sich aus dem ErbVertr ergebenden Bindg ist der Erbl in der tatsächl u rechtl **Verfügg unter Lebenden** grdsätzl nicht beschränkt, § 2286; Ausnahmen in §§ 2287, 2288, auch § 2286 Anm 3. – **c)** Ein ErbVertr kann notf als gemschaftl od einseit Test aufrechterhalten w; ein gemschaftl Test kann in Wirklichk als ErbVertr gemeint sein. Ein undurchführb gewordener ErbVertr kann uU im Wege der **Umdeutung,** § 140, aufrechterhalten werden, RGRK Vorbem Rdz 13. – Der **Erbverzicht,** §§ 2346 ff, stellt einen negativen ErbVertr dar, unterliegt aber bes Vorschr. – Vertr über den Nachl eines noch lebenden Dritten vgl § 312. – Die Bedeutg des Wortes „ErbVertr" ist im G verschieden. Entweder wird darunter der erbrechtl Akt verstanden, zB §§ 2274–2276, 2278, 2298, od die bindenden Bestimmgen sind damit gemeint, §§ 2281 ff, 2293 ff.

3) Arten:
Man unterscheidet:

a) einseitige ErbVertr zw Erbl u VertrGegner (ein od mehrere Personen, auch jur Person): Erbl trifft vertragsmäß Vfgn vTw, § 2278, VertrGegner nimmt Erkl des Erbl an, er kann sich auch Leistgen unter Lebden verpflichten u einseit Vfgen vTw treffen, § 2299, Brox § 14 III 2 a;

b) zweiseitig ist der ErbVertr, wenn beide VertrTeile als Erbl auftreten, also hins ihres Nachl vertragsmäßig Vfgen treffen, die dann, idR, § 2298 III, im Abhängigk Verhältnis stehen, §§ 2278 I, 2298;

c) inhaltl sind Erbeinsetzgs-, Verm- od AuflageVertr mögl, die beiden letzteren auch ohne gleichzeitige Erbeinsetzg. Andere Verfügen können vertragsmäßig nicht getroffen werden, § 2278 II, wohl aber, gleichsam als Fremdkörper, im Vertr auftauchen. Sie unterliegen nicht der Bindg, sond sind widerrufl, §§ 2299, 2253 ff. – Über **entgeltl Erbverträge** s Boehmer, Festschr für Lehmann I 461, Lange-Kuchinke § 37 VII, Brox § 14 III 2b, Knieper DNotZ **68**, 331, BGHZ **36**, 65 mit Anm v Piepenbrock **LM** § 2276 Nr 4, § 2276 Anm 6.

4) ErbVertr kann mit **EheVertr** in derselben Urk verbunden werden, §§ 1408, 2276 II. Auch Verbindg mit anderen Vertr ist mögl, § 2277 Anm 5, Knieper DNotZ **68**, 331, Dittmann § 2278 Anm 27.

5) Übergabe- und AltenteilsVertr gehören als Geschäfte unter Lebenden nicht unmittelb hierher, s Dittmann Vorbem 7 vor § 2274, können jedoch mit ErbVertr verbunden werden, s hierzu Steppuhn, ÜbergVertr od ErbVertr, RdL **60**, 229; über den HofÜbergVertr iS des § 7, 17 HöfeO (idF v 26. 7. 76, zu § 7 BT Drucks 7/1443 S 20f, Bendel AgrarR **76**, 149/154ff) s BGH RdL **63**, 45, Oldbg RdL **67**, 72 u dazu Schulte RdL **67**, 175, **68**, 119, auch Mummenhof, HofÜbergVerträge im Geltgsbereich der HöfeO, RhNK **62**, 662; Haegele, Zur Hoferhaltg in der angestammten Sippe bei Überg u Vererbg, RdL **63**, 258; Pikalo, Die gleitende Hofübergabe DNotZ **68**, 69; ders, Moderne Probleme des HofÜbergabeVertr RdL **69**, 1; ders, Alte u neue Probleme der landwirtschaftl BetriebsVereinbg RhNK **69**, 238; ders, Aufhebg der Höfeigensch u ErbVertr, AgrarR **76**, 342; Weber, Die Hofzusage bei der gleitden Hofübergabe u im Ehe- u ErbVertr, BWNotZ **72**, 6; Billian, HofüberlassgsVertr u Altenteilsvereinbgen, AgrarR **74**, 124; Eckardt, Ein „Bayer. HöfeR", zur Gestaltg der HofÜbergVertr, AgrarR **75**, 136; Steffen, Gen von ÜbergabeVertr nach Änderg der HöfeO, RdL **76**, 200; Schulte, ÜbergabeVertr im neuen HöfeR, AgrarR **77**, 54; Barth-Schlüter, Lehrb § 58, Lüdtke/Handjery Rdz 2 ff, Wöhrmann-Stöcker Rdz 3 ff je zu HöfeO 17; Erm-Hense Rdz 7–9 vor § 2064; Soergel-Müller/Wolff Rdz 24 vor § 2229; Rdz 18 vor § 2274; RGRK 2286 Rdz 5–7; Liesenborghs, Test, ErbVertr u ÜbergabeVertr i d Landwirtsch, AgrarR **77** (Beil I), 23. Wg der Verträge zG Dritter s § 1941 Anm 3, § 2301 Anm 4. Über Umdeutg eines unwirks ÜbergVertr in einen ErbVertr siehe BGH **40**, 218.

5a) Über Geltg v ErbVertr aus **vorerbhofl Zeit** s BGH LM § 1 HöfeO Nr 23, Lange-Wulff HöfeO⁶ Anh Rdz 317, 319, 330.

5b) Über Errichtg einer **Stiftg** dch ErbVertr s §§ 83, 84, BGH NJW **78**, 943.

6) Kein ErbVertr ist eine gesellschaftsvertragl Nachfolgeregelg, die alsbald Rechte u Pflichten zw den Beteiligten begründen soll, auch wenn sie erst im Todesfall ihre volle Wirkg entfaltet, BGH WPM **66**, 367; s auch Sudhoff, Handb der Unternehmensnachfolge, 1972 § 4; § 2301 Anm 3a.

7) Vertr, die einer **vorweg genommenen Erbfolge** dienen; dazu Coing NJW **67**, 1777, ders, Festschr f Schwind, 1978, 63/65 ff, Westhoff, Betr **72**, 809, Kapp, Jhb der Fachanwälte für SteuerR **1971**/2, 274, Petzold DNotZ **72**, 581, **76**, 133; Felix, Vorwegen Erbf in Unternehmen u Vermögen, 1973; Blomeyer, Die vorweg genommene AuseinandS der in einem gemschaftl Test bedachten Kinder nach dem Tode des einen Elternteils, FamRZ **74**, 421; Roellenbleg, Ausgewählte Probleme der GrdstÜberlassg in zivilrechtl u steuerl Sicht, MittBayNot **73**, Sonderheft, Haegele-Litfin IV Rdz 446 ff; Kipp-Coing § 83. – Zur Vorwegnahme der Erbf iS von StBauFG 15 XI s Limbg Rpfleger **77**, 29.

a) Eine gesetzl Regelg derartiger Verträge enthalten lediglich die landesrechtl HöfeG; s zB HöfeO (idF v 26. 7. 76) 17 u dazu BGH JZ **62**, 250 mit Anm von Scheyhing, Lüdtke/Handjery, Wöhrmann-Stöcker Rdz je zu HöfeO 17, s auch oben Anm 5; Coing aaO Festschr 65 f.

b) Ein solcher Vertr kann als **Schenkg** zustande kommen, wenn die Parteien sich darüber einig sind, daß die Zuwendg unentgeltl erfolgt, § 516; über etwaige erbrechtl Wirkgen einer Schenkg s §§ 2050 I, II, 2287, 2325. Die erbrechtl Wirkgen kann der Erbl dadch verstärken, daß er gem § 2050 III (§ 2052) die Ausgleichg der Zuwendgen – unter Geschwistern als gesetzl od TestErben, s § 2052 - anordnet, s Coing aaO 1777, 1778.

c) Keine unentgeltl Zuwendg hat ein eine vorweg genommene Erbf enthaltder Vertr zum Ggst, wenn die **Leistg des Erbl** an den ErbBerechtigten **mit** einem **Erbverzicht**, § 2346, des letzteren verknüpft ist, Coing aaO 1778, auch Übbl 1, 2 vor § 2346 BGB, Damrau, Der Erbverzicht als Mittel zweckmäß Vorsorge für den Todesfall, 1966, S 58 ff; Barth-Schlüter, Lehrb § 5 I 3, 4. Zum GrdlagenIrrt bei vorweg genommener Erbf iS von b, c s Coing aaO 1777 ff, Damrau aaO S 112 ff.

Über Vertr, die einer vorweggen Erbfolge dienen u damit der Umgehg eines abgeschlossenen ErbVertr, s § 2286 Anm 3.

8) Verträge über den Nachl eines noch lebenden Dritten. Hierüber trifft § 312 nähere Bestimmg; s Anm hierzu, Wiedemann, Abfindgs- u Wertfestsetzgsvereinbgen unter zukünft Erben, NJW **68**, 769; Daniels, Vertr mit Bezug auf den Nachl eines noch lebden Dritten, 1973.

9) Die Form des ErbVertr, § 2276 I, – ab 1. 1. 70 nF – entspr der des öff Test; bei Ehe- u ErbVertr genügt EheVertrform, § 2276 II.

10) Nichtigk. Abgesehen von der Formungültigk eines ErbVertr, s § 2276 Anm 2, 8, 9, kann dieser nichtig sein, wenn der Inh gg ein gesetzl Verbot od gg die guten Sitten, §§ 134, 138, verstößt, s § 2077 Anm 1 A a, b. Verstoß gg § 138 ist insbes auch gegeben, wenn er auf eine sittl zu mißbilligde Art zustande gekommen ist, zB wenn er dem VertrErben außergewöhnl Vorteile bietet u dieser die Unerfahrenh des Erbl hiebei ausgenützt hat od wenn der VertrErbe eine psychische Zwangslage des Erbl herbeigeführt u ausgenützt hat, s BGHZ **50**, 63/70 mit Anm von Mattern **LM** § 138 (A a) Nr 19; **LM** § 138 (B c) Nr 1; Johannsen WPM **71**, 927 ff; Thielmann 99 ff; RGRK Vorb Rdz 11.

11) DDR: Der ErbVertr ist im ZGB abgeschafft, s Meincke JR **76**, 47/49, Kittke ROW **76**, 29/32; zum ÜbergangsR s EGZGB 2 II 2, 8 II, NJ **76**, 432.

2274 *Persönlicher Abschluß.* Der Erblasser kann einen Erbvertrag nur persönlich schließen.

1) Der **Erbl** kann nicht durch einen **Vertreter**, sei es im Willen sei es in der Erkl, einen ErbVertr schließen, bestätigen, § 2284, aufheben, § 2290, od von ihm zurücktreten, § 2296. Entspricht der Vorschr für Test, § 2064. Für Anfechtg bestehen die Sondervorschr des § 2282. Wegen Zust des gesetzl Vertr vgl § 2275 II. Dagg kann der **Vertragsgegner**, mag er bedacht sein od nicht, vertreten sein, wenn er nicht ebenf Erbl ist. Jeder VertrSchließende kann gleichzeitig Erbl u VertrGegner sein, §§ 2278, 2298, 2299; ebso können **mehrere Erbl** mit einem VertrGegner abschließen u umgekehrt, s Reithmann, DNotZ **57**, 527, Kipp-Coing § 36 III.

2275 *Voraussetzungen.* ᴵ Einen Erbvertrag kann als Erblasser nur schließen, wer unbeschränkt geschäftsfähig ist.

ᴵᴵ Ein Ehegatte kann als Erblasser mit seinem Ehegatten einen Erbvertrag schließen, auch wenn er in der Geschäftsfähigkeit beschränkt ist. Er bedarf in diesem Falle der Zustimmung seines gesetzlichen Vertreters; ist der gesetzliche Vertreter ein Vormund, so ist auch die Genehmigung des Vormundschaftsgerichts erforderlich.

ᴵᴵᴵ Die Vorschriften des Absatzes 2 gelten auch für Verlobte.

1) Unbeschränkte Geschäftsfähigk des Erbl, I. Während für die Errichtg von Test in §§ 2229, 2230, § 2233 I nF (fr § 2238 III), 2247 IV ein bes Begriff der TestierFgk geschaffen ist, wird in § 2275 die Ausdrucksweise u die Regelg des allg Teils, § 2 (idF des Art 1 Nr 2 VolljkG), §§ 104ff, beibehalten, s auch §§ 11, 28 BeurkG. ErbVertr beschränkt GeschFähiger od gar GeschUnfähiger sind nichtig, auch nicht unter Mitwirkg oder Zust des gesetzl Vertreters mögl, da der ErbVertr den Erbl erhebl mehr bindet als das Test. Keine Heilg bei Wegfall der Beschrkg.

2) Ausnahme zG von Ehegatten u Verlobten auf der ErblSeite, II, III. Hier genügt beschr GeschFgk, § 106, s EheG 1 idF des Art 2 Nr 2 VolljkG. Daher können auch die nach § 114 entmündigten Eheg einen ErbVertr schließen, obwohl sie kein Test errichten können, § 2229 III. Die Zust des gesetzl Vertreters richtet sich nach §§ 108, 182–184, 1882. Sie kann formlos erfolgen; an sich auch nachträgl, § 184. Doch wird die UrkundsPers, jetzt der Notar § 2276 I, §§ 11, 18, 28 BeurkG, außer bei Gefahr im Verzug, ohne Nachweis der Einwilligg die Beurkundg verweigern müssen, s auch Soergel-Wolf Rdz 7. Die Zust formpflichtig zu machen, wäre zweckm, vgl auch Harrer, LZ **24,** 15. Genehmig nach Erlangg der unbeschr GeschFgk § 108 III, aber nicht mehr nach dem Tod des anderen Teils, der ebenf Erbl war, KGJ **47,** 100. Auch in den Fällen des II, III muß der Erbl den Vertr persönl abschließen, § 2274. Die Gen, **II** letzter Halbs, erfolgt durch den Richter, nicht den RPfleger, § 14 Nr 17 RPflG.

3) Für den Vertragsgegner, der nicht Erbl ist, gelten die allg Vorschr über Verträge (vgl auch §§ 104, 105ff, 114). Durch den ErbVertr erlangt er ausschließl Vorteile, § 107, soweit er nicht Verpflichtgen (Unterhalt, Pflege) übernimmt, § 2295. Nach dem Tod des Erbl kann ein wg mangelnder Vertretg des VertrGegners schwebend unwirksamer ErbVertr durch nachträgl Zust des gesetzl Vertr nicht mehr geheilt werden, Dittmann Anm 5, 8, RGRK Rdz 4, BGH NJW **78,** 1159. – Ein ErbVertr, den ein mit seinen Kindern in fortges westfäl GüterGemsch lebder Eheg (§ 10 G v 16. 4. 1860, GS 165) mit dem Sohn eines noch lebden unabgefundenen Kindes schließt, erlangt volle Wirksk, wenn das unabgefundene Kind vor dem Erbl stirbt, BGH DNotZ **71,** 740.

2276 **Form.** **I** Ein Erbvertrag kann nur zur Niederschrift eines Notars bei gleichzeitiger Anwesenheit beider Teile geschlossen werden. Die Vorschriften der § 2231 Nr. 1, §§ 2232, 2233 sind anzuwenden; was nach diesen Vorschriften für den Erblasser gilt, gilt für jeden der Vertragschließenden.

II Für einen Erbvertrag zwischen Ehegatten oder zwischen Verlobten, der mit einem Ehevertrag in derselben Urkunde verbunden wird, genügt die für den Ehevertrag vorgeschriebene Form.

1) Vorbem. § 2276 I hat gem § 57 III Nr 14 BeurkG v 28. 8. 69, BGBl 1513, mit Wirkg v 1. 1. 70 (§ 71) eine neue Fassg erhalten. Diese trägt dem Umst Rechng, daß die öffentl Beurk u damit auch die Beurk von ErbVertr idR nur dch den **Notar** vorgen w kann, s § 1 BeurkG; **I 1** spricht nach der Diktion des BeurkG ausdrückl von „Niederschr des Notars"; in **I 2** werden an Stelle des § 2233 aF u der fr §§ 2234–2245 die dch das BeurkG neugefaßten §§ 2231 Nr 1, 2232 u 2233 für anwendb erklärt. Im übr enthält die neue Fassg keine sachl Ändergen.

2) Formerfordernisse. Für die Beurk eines ErbVertr sind grdsätzl nur die **Notare** zuständ. Außer den Notaren können ErbVertr nur **Konsularbeamte,** s KonsG 1, 2, 18–21, 24, für dtsche StaatsAngeh beurkunden, KonsG 11 I, 10, s Anh zu § 2231. ErbVertr fallen nicht unter das Übereinkommen über das auf die Form letztw Vfgen anzuwendde Recht von 5. 10 61, s Anh zu EG 24–26 Vorb 4. **Für die Form gelten: a) Materielle FormVorschr.** Die Aufn der Niederschr darf nur bei gleichzeit Anwesenh beider VertrTeile erfolgen. Die (die) Erbl muß persönl anwesd sein § 2274; dagg er sich der VertrGegner, mag er bedacht sein od nicht, vertreten lassen, § 2274 Anm 2, s auch § 177. Der gesetzl Vertr des Erbl, § 2275 Anm 3, braucht nicht anwesd zu sein, Für die Niederschr sind die **Formen des öffentl Test** zu wahren, s §§ 2231 Nr 1, 2232, 2233; dies gilt auch für den VertrGegner, der nicht Erbl ist. Jed sind Bestimmgen, deren Voraussetzgen in der Pers des Erbl erfüllt sind, zB Minderjährigk, Lesensunfähigk, Stummheit, § 2233, auf den VertrGegn, der keine vertragsmäß Vfgen vTw trifft, nicht anzuwenden, Dittmann Anm 6. Vielm gelten sie für den VertrGegner idR nur dann, wenn ihre Voraussetzgen (auch) in seiner Pers liegen, Dittmann aaO.

Die **Erklärg des letzten Willens** kann mündl od dch SchriftÜberg geschehen; der and VertrSchließde kann die Ann dieser Erklärg ebf mündl od in einer übergebenen Schrift erklären, § 2232, BeurkG 30, 33. Die VertrSchließden brauchen ihren Willen nicht in ders Weise zu erklären; der eine kann ihn mündl erklären, der and eine Schrift überreichen; sie können ihre Erklärgen auch in einer gemeins Schrift niederlegen u übergeben, Dittmann Anm 9. Über die mündl Erklärg s § 2232 Anm 3b, zur Überg einer Schrift § 2232 Anm 4, BeurkG 30 mit Anm. – Bei Minderjährigk, Lesensunfähigk u Sprechunfähigk (Stummh) muß § 2233 beachtet w. Handelt für den anderen VertrSchließden ein (gesetzl) Vertreter, so gilt dies auch für die Pers des Vertreters. Der VertrGegner od sein Vertreter, der nicht lesen kann u auch die Blindenschr nicht beherrscht, kann seine Erklärg nur mündl abgeben; § 2233 II; in diesem Fall fordert Dittmann Anm 10 mit Recht, daß auch der Erbl seine Vfgen mündl erklärt, damit der annehmde Teil vor Abschl des ErbVertr die Vfgen des Erbl kennen lernt.

b) BeurkundsVerf. Für dieses gilt das BeurkG u zwar die allg Vorschr der §§ 2–5, die Bestimmgen über die Beurk von Willenserklärgen, §§ 6–13, §§ 16–18, 22–26 u die Besonderheiten für vTw, §§ 27–35. Hiezu ist im einz hervorzuheben:

aa) AusschließgsGrde. Die **Mitwirkgsverbote** für den Notar – SollVorschr – ergeben sich aus BeurkG 3. Im Rahmen dieser Vorschr ist der ErbVertr auch als eine Angel des VertrGegners anzusehen, der keine Vfg vTw errichtet, Dittmann Anm 11 mit Reimann BeurkG 3 Anm 8. Die **AusschließgsGrde** ergeben sich aus § 6. Wirkt auf Seite des Annehmenden ein Vertreter mit, so ist das Vorliegen des AusschließgsGrd aus dessen Pers zu beurteilen, BeurkG 6 I Nr 4, II mit Anm 2. Die Ausschließg wegen Verhältn zum Bedachten ergibt sich aus BeurkG 27 mit 7.

Erbvertrag §§ 2276, 2277

bb) Niederschr. Für diese gelten BeurkG 8–12, 13 I, III, 16–18, 28–33, 35, dazu auch BeurkG 33 Anm 3a. Die Niederschr muß in Gegenwart des Notars den Beteiligten vorgelesen, von ihnen genehmigt u eigenhänd von beiden VertrSchließenden od vom Vertr des VertrGegners unterschrieben w. Über die Unterschr des Notars s BeurkG 13 III, auch 35 mit Anm 2; dazu auch BayObLG **76**, 275 (Unterschr des Notars unter die auf die Urk gesetzte Kostenrechng deckt grdsätzl nicht die Beurk eines ErbVertr), für den anderen VertrSchließenden, der nicht Erbl ist, gelten gem BeurkG 33 dessen §§ 30–32 entspr, s BeurkG 33 Anm 3b.

cc) Bei **körperl Behinderg**, Schreibunfähigk, Sprechunfähigk, Taubheit der VertrSchließenden sind die bes Vorschr für Blinde u Schreibunfäh, für Stumme u für Taube zu beachten, s BeurkG 22–27, 31, 33; Dittmann Anm 14; handelt für den anderen VertrSchließenden, der keine Vfg vTw trifft, ein Vertr, so beurteilt sich die Einhaltg des bes BeurkVerf nach der Pers des Vertr; dazu auch unter a) aE.

dd) Die **Niederschr** wird grdsätzl in deutscher **Sprache** errichtet, BeurkG 5 I. Das Verlangen, die Niederschr in einer and Sprache zu errichten, muß von beiden VertrSchließenden ausgehen, zumind muß der and damit einverstanden sein, s BeurkG 5 II. Für die **Übersetzg** der Niederschrift sind BeurkG 16, 32, 33 maßg; sie gelten, wenn auch nur einer der Vertr Schließden (od Vertr) der dtschen Sprache, od, wenn die Niederschr in einer and als der dtschen Sprache aufgenommen sind, dieser nicht hinreich kund ist.

c) Eigenhänd od nur **beglaubigte ErbVertr** sind ausgeschl, ebso Abschl vor Bürgermeister o 3 Zeugen, §§ 2249, 2250. Dagg kann ein ErbVertr in einem persönl abgeschl **ProzeßVergl** od in einem solchen im Verf der FreiwG geschlossenen Vergl beurkundet w, s § 127a, auch BGH **14**, 381 = DNotZ **55**, 190 mit Anm v Keidel = **LM** § 794 I 1 ZPO Nr 11 mit Anm v Johannsen, BayObLG **65**, 86, Köln OLGZ **70**, 115; besteht im Verf Anwaltszwang, so müssen der Erbl u sein anwaltschaftl Vertr, die erforderl Erkl gemeins abgeben, BayObLG aaO, s auch Appell FamRZ **70**, 521, 523.

d) Umdeutg eines formungült ErbVertr in einen and Vertr od in ein Test ist mögl, § 140, RGRK Rdz 13; auch ein zweiseit, von Eheg errichteter ErbVertr kann in ein eigenhänd gemschaftl Test umgedeutet w, Lange-Kuchinke § 23 III 1²².

e) Auslegg, § 133; sie kann uU ergeben, daß eine nicht ausdrückl erklärte Erbeinsetzg der Gesamth der Erklärgen der Beteiligten entnommen w kann, Mattern DNotZ **66**, 250; s im übr dazu § 2084 Anm 6, § 2279 Anm 1, § 2280.

f) Verwahrg, s dazu § 2277 Anm 3, BeurkG 34 Anm 5.

g) Gebühr, KostO 46.

3) Formloser ErbVertr (forml HofübergabeVertr). S dazu § 125 Anm 6 D, auch Dittmann Anm 28–32, der gg die Durchbrechg der FormVorschr des § 2276 Stellg nimmt, Erm-Hense Rdz 5, 6, Lüdtke/Handjery, HöfeO 17 Rdz 45, 46, Fassbender AgrarR **77**, 197.

4) Abs II a) Formerleichterg. Für einen **ErbVertr** zw Eheg u Verlobten, der **mit einem EheVertr**, § 1408, in ders Urk (Niederschr) **verbunden** ist, genügt die Einhaltg der für den EheVertr vorgeschriebenen Form, also die des § 1410 idF von BeurkG 56 III. Er kann also ebenf nur zur Niederschr eines Notars bei gleichz Anweseh beider Teile abgeschl w. Für das BeurkVerf gilt das BeurkG u zw §§ 2–5, 6–13, 16–18, 22–26. Aus BeurkG 9 I 2, 13 I ergibt sich aber, daß eine die Vereinbg der Beteiligten enthaltende Schrift nur offen übergeben w kann, Dittmann Anm 20. Die §§ 2274, 2275 w dch § 2276 II nicht berührt, Dittmann Anm 24; auch §§ 2231, 2232, 2233 müssen eingehalten w, Dittmann Anm 25. Die Ausdehng des § 7 dch § 27 BeurkG bleibt ebenf anwendb, Dittmann Anm 26; BeurkG 28–35 scheiden als SonderVorschr für Vfgen vTw aus, Soergel-Wolf Rdz 13; zur Anwendg des BeurkG 34 s dort Anm 5a.

b) Für einen **EheVertr** reicht die Beachtg der Form des ErbVertr nicht aus, Mecke BeurkG 33 Anm 5, bestr. Die VertrSchließden können auch nicht in einz Punkten die FormVorschr des EheVertr u solche des ErbVertr wählen, Dittmann Anm 21.

5) Verhältn zw Ehe- u Erbvertr. Wird der von Verlobten geschl EheVertr inf Auflösg des Verlöbn unwirks, so wird auch der damit verbundene ErbVertr unwirks, s §§ 2077 II, III, 2279. Doch kann der Vertr etwas anderes bestimmen. Bei Auflösg des Verlöbn dch Tod bleibt der ErbVertr idR wirks, KGJ **37** A 115. Ist der EheVertr wg Formmangel § 125, nichtig, aber die Form des ErbVertr eingehalten, so beurteilt sich dessen Nichtigk nach § 139, s Soergel-Wolf Rdz 15. Ob wirks Anfechtg des ErbVertr den EheVertr nichtig macht od umgekehrt, ist AusleggsFrage, iZw aber wohl zu verneinen, Dittmann Anm 22, vgl BGH **29**, 129, § 2277 Anm 5.

6) Nicht der Form des ErbVertr bedarf idR ein **besonderer** im Zushang mit dem ErbVertr stehender **Vertrag**, durch den sich der Erbl in einem ErbVertr Begünstigte zu Leistgen (einmaliger od wiederkehrender Art) an den Erbl verpflichtet, BGH **36**, 65 = NJW **62**, 249 = **LM** Nr 4 mit Anm v Piepenbrock. Ist er **formnichtig**, s zB § 761, so ist auch ErbVertr nichtig, wenn nicht anzunehmen ist, daß ihn die VertrTeile auch ohne das nichtige RGesch unter Lebenden abgeschl hätten, § 139, Barth-Schlüter, Lehrb § 25 IV 1, s § 2277 Anm 5b. Über Verbindg eines ErbVertr mit einem VfgsUnterlassgsVertr s § 2286 Anm 1; auch BGH WPM **77**, 689: Mit dem ErbVertr kann ein Vertr verbunden w, in dem sich der VermNehmer ggü den Erb verpflichtet zu Lebzeiten vom Erbl keine Zuwendgen anzunehmen; dieser Vertr bedarf nicht der Form des § 2276.

2277 *Amtliche Verwahrung.* Wird ein Erbvertrag in besondere amtliche Verwahrung genommen, so soll jedem der Vertragschließenden ein Hinterlegungsschein erteilt werden.

Schrifttum: Mümmler, Zur besonderen amtl Verwahrg von Vertr mit erbrechtl Folgen, JurBüro **76**, 1616.

1) Vorbem. Gem § 57 III Nr 15 BeurkG v 28. 8. 69, BGBl 1513, erhielt § 2277 mit Wirkg v 1. 1. 70 (§ 71 BeurkG) eine neue Fassg. Diese trägt dem Umstand Rechng, daß jetzt § 34 BeurkG die RGrdlage für die Verschließg u die bes amtl Verwahrg von öff Test u ErbVertr bildet, s Anm hiezu im Anh.

2) Verschließg. Die Niederschr über den Abschl eines ErbVertr soll der Notar idR in einen Umschlag nehmen u diesen mit dem Prägesiegel, verschließen; in den Umschlag sollen auch die nach §§ 30-32, s § 33, BeurkG beigefügten Schriftstücke genommen w, also bei Erklärg des letzten Willens (AnnahmeErkl) dch SchriftÜberg die die Vfg vTw (AnnahmeErkl) enthaltde Schrift, § 30, bei SchriftÜberg dch Stumme die in § 31 vorgesehene Erklärg sowie bei Sprachunkundigen die nach Maßg des § 32 vorgeschr Übersetzg, § 34 II mit I 1, 2 BeurkG. Auch sonstige Anlagen, zB eine Vollm des nur annehmden VertrTeils, § 2274 Anm 2, eine bereits vorliegde vormschgerichtl Genehmigg, § 2275 II, sollen mit in den Umschlag genommen w, Dittmann Anm 17 zu BeurkG 34. – Auf dem Umschlag soll der Notar die Vertragschließenden ihrer Pers nach näher bezeichnen u angeben, wann der ErbVertr abgeschlossen worden ist; diese Aufschr soll der Notar unterschreiben, § 34 II mit I 3 BeurkG. Über das Prägesiegel des Notars s § 2 DONot.

3) Amtl Verwahrg. a) Der Notar soll veranlassen, daß der ErbVertr unverzügl in bes amtl Verwahrg gebracht w, § 34 II mit I 4 BeurkG. Für Zustdgk u Verf gelten nach § 2300 die §§ 2258a, b entspr. Für *BaWü* s LFGG 1 II, 46 III, 1. VVLFGG 11ff. Dazu bestimmt § 2277 ergänzd, daß jedem VertrSchließden über den in bes amtl Verwahrg genommenen ErbVertr ein HinterleggsSchein erteilt w soll, s § 2258b III u Anm 3 hiezu. Gem § 16 I 3 DONot soll der Notar auf Wunsch der VertrSchließden eine Abschr des ErbVertr, den er zur bes amtl Verwahrg bringt, zurückbehalten; sie ist zu beglaubigen u zu den Akten zu nehmen; s ferner § 27 Nr 4f AktO, die bundeseinheitl Bek über die Benachrichtigg in NachlSachen v 3. 7. 78 (s BeurkG 34 Anm 7), § 16 I, II DONot. Über Anfertigg eines Vermerkblattes s DONot 16 I 1, 2.

b) Ausschließg der bes amtl Verwahrg. Diese unterbleibt, wenn die VertrSchließden sie ausschließen, § 34 II BeurkG. Der Widerspr muß gleich nach der Errichtg erklärt w. Der Widerspr eines VertrTeils genügt nicht, in diesem Fall ist amtl zu verwahren. Wird der Widerspr später widerrufen, so ist der ErbVertr in bes amtl Verwahrg zu bringen. – ErbVertr, deren bes amtl Verwahrg ausgeschlossen ist, dazu auch § 34 II Halbs 2, verbleiben nach § 25 II 1 BNotO idF des § 57 XVII Nr 7 BeurkG in der Verwahrg des UrkNotars, der ihn bei Eintritt des Erbf an das NachlG abzuliefern hat, § 25 II 2 BNotO, § 2259, § 16 II DONot id ab 1. 1. 75 geltden F. Nach § 2300 gelten auch für die amtl Verwahrg dch den Notar § 2258a, b, entspr, ebso § 2300a; s ferner § 27 Nr 4ff AktO, bundeseinheitl Bek v 3. 7. 78, dazu BeurkG 34 Anm 7. Der Notar hat nach Maßg des § 16 III, IV DONot über die ErbVertr, die er gem § 25 II 1 BNotO in Verwahrg nimmt, ein Verz zu führen; s hiezu Dumoulin DNotZ **66**, 70, Kanzleiter DNotZ **70**, 585f; **75**, 26. – Über Benachrichtigg des Standesbeamten im Fall des § 25 II 1 BNotO s § 16 II 1 DONot, BeurkG 34 Anm 7.

c) Die VertrSchließden können die Rücknahme aus der amtl Verwahrg verlangen; die Urk gelangt dann in die gewöhnl Verwahrg des UrkNotars; sie ist nicht etwa an die VertrSchließden zurückzugeben, (Hamm FamRZ **74**, 391); die Wirksamk des ErbVertr w dadch aber nicht berührt, Jansen § 34 BeurkG Rdn 14. Es gelten ausschließl die §§ 2290, 2292. Keine Rückg bei Aufhebg des ErbVertr, Staud-Dittmann § 2277 aF Anm 10.

4) Einsicht (Abschrift) der amtl verwahrten Urk kann von jeder Partei jederzeit verlangt werden, KG JFG **4**, 159; vgl BeurkG 34 Anm 8.

5) Verbindg mit anderem Vertr, BeurkG 34 II Halbs 2. **a) Der andere Vertr** kann zB ein EheVertr, § 2276 II, ein Erbverzicht, § 2348, sein, wobei NiederschrZushang ausreicht (anders bei § 2295, wo innerer Zushang erforderl.) Auch ein stillschweigd abgeschl PflichtVerzichtsVertr kann uU mit einem ErbVertr verbunden w, so in dem die Ehegatten sich ggseitig zu AlleinE u einen pflichtteilsberecht Abkömml zum SchlußE einsetzen, BGH **22**, 365, FamRZ **77**, 390 (gemschaftl Test). Jedoch genügt hier (abgesehen von § 2276 II) nicht die Beobachtg der für diese Verträge bestehenden Formen, es müssen vielm die Erfordernisse des § 2276 I gewahrt werden, Dittmann § 2276 Anm 25. Ist dies beachtet, so kann der Erbl nach § 2232 auch seine ErbVertrAnordngen offen od verschlossen übergeben, Strohal I, 356. In diesen Fällen ist nach § 34 II Halbs 2 iZw anzunehmen, daß die bes amtl Verwahrg ausgeschlossen sein soll, § 34 Anm 5 a. Die Urk verbleibt in Verwahrg des Notars, wenn nicht ein VertrSchließender die bes amtl Verwahrg beantragt. Ablieferg nach Eintritt des Erbfalls § 25 II 2 BNotO; Eröffng nach §§ 2260 II, 2300. Ein GüterstandsVertr mit erbrechtl Folgen gehört nicht in die bes amtl Verwahrg, Mümmler aaO.

b) Ist der mit einem ErbVertr verbundene Vertr **nichtig**, so ist § 139, nicht § 2085 anwendb, Kipp-Coing § 36 IV 1, s auch § 2276 Anm 5. Denkb ist auch eine rechtl Einh zw getrennten Erbverträgen zweier Erbl u einem fr AdoptionsVertr eines dieser Erbl mit dem von beiden vertragl eingesetzten Erben mit der Wirkg, daß die Nichtigk des ErbVertr des einen Erbl auch die Nichtigk des ErbVertr des and Erbl u des von ihm mit dem Erben abgeschl AdoptionsVertr nach § 139 zur Folge hat, BGH LM Nr 34 zu § 139, dazu krit Häsemeyer FamRZ **67**, 30, auch Barth-Schlüter Lehrb § 25 I 2c; BGH **50**, 72 hält an seiner Auffassg fest.

6) Über Erteilg des **Hinterleggsscheins** s oben Anm 3, § 2258b Anm 3, auch 1. VO LFGG (*BaWü*) 14.

2278 Vertragsmäßige Verfügungen.

I In einem Erbvertrage kann jeder der Vertragschließenden vertragsmäßige Verfügungen von Todes wegen treffen.

II Andere Verfügungen als Erbeinsetzungen, Vermächtnisse und Auflagen können vertragsmäßig nicht getroffen werden.

Schrifttum: Coing, Wie ist die bindende Wirkg von ErbVertr zu ermitteln? NJW **58**, 689.

Erbvertrag §§ 2278, 2279

1) Allgemeines. Der § 2278 faßt nur zus, was schon in § 1941 gesagt ist und in §§ 2298 I, 2299 I zum Ausdr gebracht wird.

2) Der ErbVertr kann also enthalten:
a) an vertragsmäßigen (bindenden) Bestimmgen nur die **Erbeinsetzg, Vermächtnisse, Auflagen.**
– **aa)** Diese sind aber nicht schon deshalb **vertragsmäßig**, weil sie in einem ErbVertr stehen. Ob u inwieweit ggseitige Bindg u freie Widerruflichk der Bestimmg beabsichtigt war, ist vielm durch Ausleg, wobei nicht nur § 133, sond auch § 157 zu beachten ist, s Giencke FamRZ **74**, 241/242, zu ermitteln, wenn der Erbl nicht ausdrückl „vertragsmäßig" verfügt hat u sich daher eine Ausleg erübrigt, BayObLG **61**, 206/210. Soweit einer am ErbVertr beteiligten Pers etwas zugewendet ist, ist idR davon auszugehen, daß diese Zuwendg vertragsmäßig ist, BGH **26**, 204, **LM** § 2289 Nr 3 Anm Johannsen, zB ggseit Erbeinsetzg v Eheg, Hamm NJW **74**, 1774/5, Verm eines Übernahmerechts an Miterben, wenn nicht ausdrückl als einseitig bezeichnet, BGH **36**, 116. Bei Drittzuwendgen kann das Interesse des anderen VertrTeils an der Vfg ein Anhaltspunkt sein, BGH NJW **61**, 120, DRiZ **66**, 398, DNotZ **70**, 356, Coing, NJW **58**, 689, s auch Giencke aaO. Setzen kinderlose Eheg in zweiseit ErbVertr einander zu Alleinerben u beiderseit Verwandte zu Erben des Überlebenden, so ist idR die Erbeinsetzg der Verwandten des ErstVerst vertragsmäß, die der Verwandten des Überl dagg einseitig, BGH NJW **61**, 120. Es ist empfehlenswert, im ErbVertr zum Ausdruck zu bringen, ob es sich um eine vertragsmäß od um eine einseit Vfg handelt, s Dittmann § 2299 Anm 10. **bb)** Die vertragsmäß Bindg kann durch einen **Vorbehalt** nachträglicher anderw Vfg eingeschränkt od gelockert werden, Übbl 2 vor § 2274, zB Vorbeh von Verm u Auflagen, Düss OLGZ **66**, 68. Auch der Vorbeh bedarf an sich der Form des ErbVertr, er kann aber auch im Wege der Ausleg dem ErbVertr entnommen w, BGH **36**, 204, Dittmann Anm 16. – **cc)** Daß **vertragsmäßige Abmachgen unter Lebenden** mit einem ErbVertr verbunden w können, wird in § 2276 II, BeurkG 34 II, fr 2277 I 2, vorausgesetzt, BayObLG JFG **6**, 159, BGH **26**, 65 = NJW **62**, 249 = **LM** § 2276 Nr 4 mit Anm v Piepenbrock, BayObLG Rpfleger **76**, 290 (Leibgedingsvertr; s § 2293); s wg der Form § 2276 Anm 6. Ist bloß die VertrErfüllg bis nach dem Tode des Schuldners hinausgeschoben, so handelt es sich überh nicht um einen ErbVertr, RG SeuffA **79** Nr 13, Düss NJW **54**, 1041. Wenn durch Vertr Grdbesitz od sonstiges Vermögen mit der Maßg übergeben wird, daß der Vertr erst nach dem Tode des Übergebers vollzogen w soll, hängt es von den VertrInhalt u den Umständen ab, ob ein Vertr unter Lebenden ud ein verschleierter ErbVertr vorliegt, BGH NJW **53**, 182, BayObLG **53**, 226; aM, Annahme eines verschleierten ErbVertr, für ein Landgut OGH NJW **49**, 822, vgl auch NJW **50**, 424 Anm v Pikalo, Kraker, BWNotZ **58**, 271, Steppuhn, RdL **60**, 229, Lüdtke/Handjery, HöfeO 17 Rdz 18–20.
b) an **einseitigen (widerrufl) Verfügen** alles, was durch Test bestimmt w kann, §§ 2299, 1937ff, zB Teilgsanordngen, Ausschl der AuseinandS, Enterbgen, Einsetzg eines TestVollstr, RG **116**, 322, Erteilg einer Vollm, auch wenn sie nach dem Willen des Erbl erst bei Eröffng zur Kenntn des zu Bevollmächtigenden gelangt, Köln DNotZ **51**, 36, PflichttEntziehg, § 2333, BGH FamRZ **61**, 437, RGRK Rdz 3.

3) Jeder der Vertragschließenden (auch mehrere Erbl mit einem Gegner od umgekehrt) kann erbvertragl Bestimmgen treffen, § 2298 I, ohne daß diese, wie bei § 2295, voneinander abhängen müßten. Auch wenn die Parteien nicht Eheg sind, anders beim gemeinschaftl Test (§ 2265), können sie ihren letzten Willen gemschaftl treffen, s hierzu § 2298 Anm 1.

4) Vertragsverfügen insbesondere. Gegenseitig im techn Sinne der §§ 320ff kann der ErbVertr, mag er nun ein- od zweiseitig abgeschl werden, niemals sein, da er vTw getroffen wird u erst mit dem Tode Anspr zur Entstehg bringt; er ist daher kein Vertr zG Dritter, Warn **17** Nr 91, Erm-Hense Anm 4, § 1941 Anm 3; über ggseitige Abhängigk s § 2298. Vom **zweiseit ErbVertr**, vgl zB § 2280, ist der **Unterhaltsvertr**, § 2295, zu unterscheiden, der sich aus einem ErbVertr und einem schuldrechtl Vertr zusammensetzt. Im **ErbeinsetzgsVertr** können sich die Parteien ggseitig od nur einer den anderen od Dritte, § 1941 II, zu „Vertragserben" (auch Vor-, Nach- od Ersatzerben) berufen, auf den ganzen Nachl od einen Bruchteil, wenn auch gesetzl od TestErben, s auch Dittmann Anm 19–23. Beim **VermächtnVertr** können Beschwerte od Bedachte die Parteien wie auch Dritte sein, nicht aber kann ein ErbesE od der Erbe eines VermNehmers beschwert w, Dittmann Anm 24. Über die Rechtsnatur der Anwartsch des Erben od VermNehmers s Übbl 2 vor § 2274, § 2286 Anm 1. Bei der **Auflage** steht die Klage auch hier nur den Vollziehgsberechtigten § 2194, nicht dem VertrGegner zu.

5) § 1365 gilt nicht für Vfgen vTw, BGH **40**, 224 (ErbVertr).

2279 *Vertragsmäßige Zuwendungen und Auflagen.* **I** Auf vertragsmäßige Zuwendungen und Auflagen finden die für letztwillige Zuwendungen und Auflagen geltenden Vorschriften entsprechende Anwendung.

II Die Vorschriften des § 2077 gelten für einen Erbvertrag zwischen Ehegatten oder Verlobten auch insoweit, als ein Dritter bedacht ist.

Vorbem. § 2077 ist dch Art 1 Nr 44 des 1. EheRG v. 14. 6. 76 (BGBl 1421, in Kraft seit 1. 7. 77, Art 12 Nr 13 a d G) geändert; er ist im Rahmen des § 2279 in der geänd Fassg anzuwenden, dazu Battes FamRZ **77**, 433; Bock, RhNK **77**, 205.

1) Die entsprechende (nicht buchstäbl) Anwendg der TestVorschr auf VertrZuwendgen, § 2278 II, bezieht sich insb auf den zuläss Inhalt, die notwendige Bestimmth, die Ausleg, §§ 2064–2076, 2077 (nF, s auch Stgt OLGZ **76**, 17/19), 2084 bis 2093 (zu § 2085 s aber § 2298), 2096–2099, 2100–2146, 2147–2168, 2169 (BGH **31**, 13/17 mit Anm v Hieber DNotZ **60**, 209), 2170–2174, 2181–2193, sowie auf den Anfall u Erwerb des Zugewendeten u die Auflageverpflichtg, §§ 1923 mit 1953–1959, 2094, 2095, 2176, 2180, RG **67**, 66, aber nicht auf §§ 2265–2268, vgl Anm 2. Selbst die Mitwirkg des Bedachten als annehmenden Teils hindert die Anwendg der Vorschr über Ann u Ausschlagg, §§ 1942ff, 2180, nicht. Ein Verzicht auf das AusschlaggsR im ErbVertr wäre unwirks. Die Beurteilg von Willensmängeln ist zT eine andere als bei letztw

1929

Vfgen. Da der Erbl hier seine Erkl einem anderen ggü abzugeben hat, gelten im Ggsatz zu den Test (§ 2077 Anm 1 A d) auch die §§ 116 S 2, 117, vgl auch RG **134**, 327, so daß solchenfalls die Willensübereinstimmg u damit die Gütigk ausgeschl w. – §§ 320 ff finden auf zweiseitige ErbVertr, in denen beide Vertragsteile vertragsmäß (bindende) Vfgen treffen, keine Anwendg, Brox § 14 III 2a, Dittmann Anm 11.

2) Der ErbVertr zwischen Eheg (Verlobten) steht u fällt mit der Gültigk u dem Bestand der Ehe (des Verlöbnisses, § 2077 II), falls nicht der Tod der LösgsGrd od bestimmend war oder der Erbl die Vfg auch für einen solchen Fall getroffen haben würde, § 2077 III, BGH FamRZ **61**, 365. Dies gilt sowohl dann, wenn der Erbl den ErbVertr mit seinem Eheg (Verlobten) wie auch, wenn er ihn zu dessen Gunsten mit einem Dritten geschlossen hat. Die Unwirksamk des ErbVertr (und damit auch der etwaigen Zuwendgen an Dritte) ergibt sich bei zweiseitigen Verträgen schon aus § 2298 I; Erbl iS des § 2077 ist auch beim einseitigen Erb-Vertr nur der zuerst verstorbene Eheg, Hamm FamRZ **65**, 78, dazu H Lange JuS **65**, 347, Dieterle BWNotZ **70**, 171; Barth-Schlüter § 25 VII 3b. Die Unwirksamk eines zw den Eheg geschl ErbVertr mit Erbeinsetzg des überlebden Eheg erstreckt sich aber nicht notwend auch auf die gleichzeit Erbeinsetzg der aus der geschied Ehe hervorgegangenen Kinder nach dem Tod des erstverst r Eheg, Stgt OLGZ **76**, 17. – Nach **II** soll aber § 2077 auch beim einseitigen Erbvertrag Anwendg finden, bei dem nur ein Eheg (Verlobter) als Erbl auftritt u ein Dritter bedacht wird, und zwar auch dann, wenn der jetzt verstorbene Eheg – nicht aber, wenn der andere – berechtigten ScheidgsAntr (AufhebgsKl) erhoben hatte; vgl RGRK Rdz 4. Es wird solchenfalls angenommen, daß der Vertr auch hier durch die Ehe stark beeinflußt ist. Soweit das nicht der Fall war, kann die Drittzuwendg nach § 2077 III aufrechterhalten werden, da es sich nur um Auslegsregeln handelt, vgl auch §§ 2085, 2298 III, Dieterle aaO 172; § 2268 gilt hier nicht.

2280 *Auslegungsregeln bei Ehegattenerbvertrag.* Haben Ehegatten in einem Erbvertrage, durch den sie sich gegenseitig als Erben einsetzen, bestimmt, daß nach dem Tode des Überlebenden der beiderseitige Nachlaß an einen Dritten fallen soll, oder ein Vermächtnis angeordnet, das nach dem Tode des Überlebenden zu erfüllen ist, so finden die Vorschriften des § 2269 entsprechende Anwendung.

Schrifttum: Herb, Gütergemeinschaft mit atypischer Fortsetzg, Just **60**, 108; Hieber, Sicherstellung von Abkömmlingen in Übergabe- u Ehe- u Erbverträgen bei Wiederverheiratg des überlebenden Eheteils, BayNotV **60**, 117.

1) Der **Dritte**, eine Pers, die den ErbVertr nicht mitgeschl hat, RGRK Rdz 1, ist also iZw **Erbe des Überlebenden** (Einheitslösg, s § 2269 Anm 2 b). Der Überlebde darf unter Lebenden über das beiderseitige Vermögen verfügen, § 2286, ohne daß darin eine Aufhebg iS des § 2290 I 2 zu finden wäre (Dittmann Anm 1); vgl auch KG HRR **38** Nr 1338 mit JFG **15**, 325, § 2269 Anm 5 (Wiederverheiratgsklausel), OLG Hamm JMBl NRW **60**, 125 (Umdeutg der Verpflichtg des längstlebenden Eheg, das beim Tod vorhandene Vermögen auf die Kinder zu übertragen, in Erbeinsetzg) u die Erläuterungen zu 2269, BGH DNotZ **70**, 356. Auch Nichteheleute können in einem ErbVertr Vfgen dieses Inhalts treffen; hiebei ist aber die AuslegsRegel des § 2269 I nur dann entspr anwendb, wenn zw den Vertr-Schließden ein ähnl starkes VertrauensVerh wie zw Eheg besteht, Köln FamRZ **74**, 382. Wenn Ehegatten sich ggseitig zu Alleinerben einsetzen u ihre Kinder auf den Pflichtteil verweisen, falls sie den ErbVertr anfechten sollten, so kann daraus nicht eine Einsetzung der Kinder zu Erben des Überlebenden entnommen werden; dieser kann daher letztw über seinen Nachl verfügen, OGH MDR **50**, 669; anders aber, wenn bei ggseitiger Erbeinsetzg Erben des Überlebenden die Kinder werden sollen, die beim Tod des ErstVerst den Pflichtt nicht verlangen, Staud-Dittmann Anm 5; s aber auch § 2269 Anm 2, BayObLG **60**, 218. Die in einem von Eheg mit einer ihrer Kinder abgeschl ErbVertr abgegebenen Erklärgen können uU auch als **Verzicht** des Schlußerben auf seinen **Pflichtteil** u als Ann dieses Verzichts dch die Erbl angesehen w, wenn der ErbVertr dahingeht, daß die Eheg sich ggseit als Alleinerben und das am Vertr beteiligte Kind als Schlußerben einsetzen, während den und Kindern Vermächtnisse für den Fall zugewendet w, daß sie keine PflichtAnsprüche geltend machen, BGH **22**, 364 = **LM** Nr 1 zu § 2348 mit Anm von Johannsen, s auch Lübtow JR **57**, 340. Die AO einer entspr Anwendg des § 2270 in § 2280 erübrigte sich, weil aus dem Charakter des ErbVertr die grdsätzl Bindg der VertrSchließden an ihre vertragl Vfgen folgt, BGH DNotZ **70**, 358, dort auch über einen Fall binddr Erbeinsetzg der Kinder nach dem letztversterbden Eheg.

2) Wenn der überl Eheg im Regelfall des § 2269 eine neue Ehe eingeht u nicht nach §§ 2281, 2079 anficht, so erhält der neue Eheg neben den anderen ein Ableben des Pflichtteil aus seinem gesamten Nachl, und zwar bei **Zugewinngemeinschaft** den kleinen Pflichtt u daneben den Anspr auf Ausgl des in der zweiten Ehe erzielten Zugewinns, § 1371 II. Kein WahlR mit dem großen Pflichtt, str, vgl § 2303 Anm 3b. Scholten, ErbVertr und Zugewinngemeinsch, NJW **58**, 935, verneint den Anspr auf ZugewAusgleich bei ErbVertr aus der Zeit vor dem 1. 7. 58; aM Dittmann § 2289 Anm 30, s § 2289 Anm 2.

2281 *Anfechtung durch den Erblasser.* **I** Der Erbvertrag kann auf Grund der §§ 2078, 2079 auch von dem Erblasser angefochten werden; zur Anfechtung auf Grund des § 2079 ist erforderlich, daß der Pflichtteilsberechtigte zur Zeit der Anfechtung vorhanden ist.

II Soll nach dem Tode des anderen Vertragschließenden eine zugunsten eines Dritten getroffene Verfügung von dem Erblasser angefochten werden, so ist die Anfechtung dem Nachlaßgerichte gegenüber zu erklären. Das Nachlaßgericht soll die Erklärung dem Dritten mitteilen.

Schrifttum: Haegele, Anfechtg einer Vfg vTw, insb ihre Wirkg Inf **75**, 567/571 ff; Peter, Anf od Zuwendgsverzicht, BWNotZ **77**, 113.

1) Allgemeines. a) Die **Anfechtg,** §§ 2281, 2285, ist dem Berechtigten nicht gerade leicht gemacht, vgl insb §§ 2281 II, 2282 III (idF des § 56 I BeurkG), 2283 I, und das mit Recht, da nicht selten versucht wird, sich von der unbequem gewordenen Bindg durch Anf zu befreien. Weitere Möglichk der Entkräftg von ErbVertr bietet die **Aufhebg**, §§ 2290–2292, u der **Rücktritt**, §§ 2293 ff. Ferner kann der **ErbVertr kraftlos** werden durch Vorversterben, Erbunwürdigk, Ausschlagg od Erbverzicht des Bedachten. – **b)** Beim ErbVertr mußte auch dem **Erbl** eine AnfMöglichk gegeben werden, da ihm das freie Widerrufsberechtig (so beim Test) ja nicht zusteht. Er kann im ErbVertr auf Anfechtg **verzichten**, Dittmann Anm 14, OLG Celle NJW 63, 353. Einseitige nicht bindende Vfgen, § 2299 I, können Erbl wie VertrGegner, falls er solche getroffen hat, jederzeit durch **Widerruf** beseitigen, § 2299 Anm 1, Lange Lehrb § 37 VI 1. Vom AnfR scharf zu scheiden ist das RücktR, das zwar nicht befristet ist, aber nur vom Erbl ausgeübt w kann, § 2296. Wegen der AnfWirkg s Anm 2 zu § 2283. – **c)** §§ 2281 ff gelten auch für die Anfechtg wechselbezügl Vfgen in **gemschaftl Test**, Mü JFG 15, 353, BGH FamRZ 70, 71, BGH 37, 333, vgl § 2271 Anm 4; für die Anfechtg nicht wechselbezügl Vfgen in einem gemschaftl Test gelten dagg die §§ 2078 ff, BGH FamRZ 56, 83. – **d)** Über das AnfR **Dritter** s § 2285. Der **Vertragsgegner** kann nach §§ 119, 123 anfechten, als Nächstberufener überdies nach §§ 2078, 2079, 2080, Lange Lehrb § 37 VI 4[5]. – **e)** Auch beim ErbVertr gilt der Grdsatz, daß die **Auslegg**, auch die ergänzende Auslegg, den Vorrang vor der **Anfechtg** hat, Staud-Dittmann Anm 29, Erm-Hense Rdz 7, s auch § 2078 Anm 1a.

2) Die Voraussetzgen der Anf durch den Erbl sind dieselben wie beim Test, §§ 2078, 2079, s Anm hiezu, für Anwendg der §§ 119, 123 bleibt kein Raum, Dittmann Anm 9. Die Anf kann uU auch nur eine einzelne Vfg zum Ggst haben, Dittmann Anm 29.

a) Irrtum, auch im Beweggrunde, § 2078. Es ist daher (abweichd von § 123 II) gleichgültig, ob die etwaige Täuschg vom VertrGegner od einem Dritten verübt wurde. Ein Irrtumsfall kann hier (beim Test nicht mögl) auch sein, daß der Erbl nicht wußte, daß er sich vertragsm band; mag er nun geglaubt haben, ein Test zu errichten, od über die RWirken, insb die Bindgswirken, des ErbVertr falsch unterrichtet gewesen sein, Hamm OLGZ 66, 497. Grund zur Anfechtg kann auch die irrige Erwartg des Erbl sein, daß der VertrGegner od ein Dritter den Erbl in bestimmter Weise betreuen werde, BGH FamRZ 73, 539, Johannsen WPM 73, 531, ders SH 73, § 2078 Anm 3 a, ebso bei Nichterfüllg einer GgLeistg des VertrGegners, Kipp-Coing § 40 I 2 b, Knieper DNotZ 68, 333, § 2295 Anm 1, Beisp von Irrtum üb ErklärgsInhalt bei Dressel AgrarR 74, 189. Barth-Schlüter Lehrb § 25 VI 1 c will bei der Anfechtg dch den Erbl auch dessen irrealen Willen berücksichtigen. Die **Wirkg** der Anf bestimmt sich nach § 142, s § 2283 Anm 2; sie kann die Nichtigk des ganzen ErbVertr od teilw Nichtigk zur Folge haben, s aber § 2298. dazu Dittmann Anm 29, 30; Haegele aaO 572f. Auch hier ist Anf **ausgeschlossen**, wenn der Erbl die Voraussetzgen wider Treu und Glauben od dch Verstoß gg §§ 138, 226 herbeiführte, unten b, § 2078 Anm 2, BGH 4, 91, BGH BWNotZ 61, 181, FamRZ 70, 82, Johannsen WPM 69, 1229.

b) Übergeh eines Pflichtteilsberechtigten, § 2079, BGH FamRZ 70, 79, mag dieser irrtüml übergangen od erst später geb od pflichttber geworden sein, zB Anf bei Wiederverheiratg des überlebden Eheg, s Battes § 28. Zur Anf wg Übergeh eines am 1. 7. 70 pflichttber gewordenen nehel Kindes s Damrau BB 70, 474, Johannsen WPM Sonderbeil Nr 3/70, 23f. – War der Pflichtt entzogen, der EntziehgsGrd aber nachträgl weggefallen, vgl § 2336 IV, so besteht AnfMöglichk höchstens dann, wenn der Erbl irrtümlicherw mit einer Besserg nicht gerechnet hatte, § 2078 II, Strohal I, 362. – Es kommt hier – im Ggsatz zur TestAnf, § 2079 S 1 – ledigl darauf an, daß der PflichttBerechtigte zZ der Anfechtg vorhanden war. Die Anf bleibt also wirks, selbst wenn der PflichttBerechtigte vor dem Erbf wegfällt, BGH aaO 82. Auch § 2079 S 2 ist zu berücksichtigen, Hamm NJW 72, 1089, Rpfleger 78, 179. Die **Wirkg** der Anf geht hier demnach weiter als der AnfGrd. Indessen wollte man eine bedingte Anf nicht zulassen. Hätte der Erbl das Vorhandensein des PflichtBerechtigten gekannt, würde er den ErbVertr nicht geschl haben. Die Wirkg der Anf ist Nichtigk des ErbVertr, soweit die Anf reicht, s Haegele aaO 572ff. Das AnfR w aber nicht allein dch den Schutz u das Interesse des PflichttBerecht bestimmt, sondern dient zumind auch dem eigenen Int des Erbl; es gibt ihm also die Möglichk, die volle VfgsFreih zurückzugewinnen, BGH FamRZ 70, 79; Johannsen WPM 73, 532; aM Dittmann Anm 32. Die Anwendg des § 2079 S 2 kann aber auch dazu führen, daß die angefocht Vfg ledigl in ihren Wirkungen eingeschränkt w, also teilw bestehen bleibt, Hamm Rpfleger 78, 179. Die Anf kann nach § 138 od § 226 **unwirksam** sein, zB wenn das AnfR für eine Adoption konstruiert wurde (vgl RGRK Rdz 6; RG 138, 373; die Anf nach Wiederverheiratg u Adoption der Kinder der 2. Ehefr erachtet LG Hbg MDR 64, 507 für begründet u nicht gg Treu u Glauben verstoßd, dazu BGH FamRZ 70, 79, z fr Recht).

3) AnfGegner ist bei Lebzeiten des VertrGegners nur dieser, §§ 143 II, 130–132, wobei aber der Erbl die Form, § 2282 III, einzuhalten hat, Düss DNotZ 72, 42. Nach dem Tod des VertrErbl können seine Erben nach Maßg des § 2080 anfechten. Für den überlebenden Teil kann nur noch die Anfechtg vertragsmäßiger Erbeinsetzgen, Vermächtnisse u Auflagen zG Dritter in Frage kommen, da der Überl ja nicht die zu seinen Gunsten getroffenen Vfgen des anderen anfechten kann u seine eigenen Anordngen zG des anderen Teils sich durch dessen Tod erledigt haben. Da sich für den noch lebenden VertrErbl kein NachlG finden läßt, ist das für den Todesfall des ErstVerst zuständige **NachlGericht** (FGG 73, Wohnsitz zZ des Erbfalls) Empfänger der AnfErkl, vgl auch RG 143, 353. Mitteilg an die Erben des ErstVerst zweckm. **Form und Frist**: §§ 2282 III, 2283 I. Die materielle Beweislast für Vorliegen des AnfGrundes trifft den, der sich darauf beruft, Hamm OLGZ 66, 497. – **Gebühr**: KostO 38 II, 46 II, 112 I Nr 4.

2282 Form der Anfechtung.
I Die Anfechtung kann nicht durch einen Vertreter des Erblassers erfolgen. Ist der Erblasser in der Geschäftsfähigkeit beschränkt, so bedarf er zur Anfechtung nicht der Zustimmung seines gesetzlichen Vertreters.

II Für einen geschäftsunfähigen Erblasser kann sein gesetzlicher Vertreter mit Genehmigung des Vormundschaftsgerichts den Erbvertrag anfechten.

III Die Anfechtungserklärung bedarf der notariellen Beurkundung.

Vorbem. In **Abs III** sind die Worte „gerichtlichen oder" gem § 56 I BeurkG mit Wirkg v 1. 1. 70 (§ 71 Beurkdg) weggefallen. Die Beurk der AnfErkl ist nur mehr in notarieller Form zulässig, s §§ 1 ff BeurkG, also nicht mehr zur Niederschr des NachlGer.

1) Nur persönl kann der **Erbl** hier handeln, wie bei der Aufhebg u dem Rücktr, §§ 2290 II 2, 2296 I 2, u zwar nur durch not beurkundete Erkl. Auch eine bloße Vertretg in der Erkl ist ausgeschl, Lent DNotZ **51**, 151, Dittmann Anm 1. Dies gilt auch für die GeschBeschränkten; für Einschränkg seines AnfR unter Heranziehg von § 107 Dittmann Anm 2. Das Zugehen der Erkl bedarf der Beurk nicht; dem Empfänger der AnfErkl muß diese in Urschr od Ausfertigg zugehen, § 130, s BayObLG **63**, 260. Daß für einen nach Errichtg geschäftsunfäh Gewordenen dessen gesetzl Vertreter handeln kann (anders §§ 2229, 2274), bezweckt, die Beseitigung erzwungener oder auf Irrt beruhder, bes erschlichener VertrBestimmungen zu erleichtern. Anfechtsberecht ist der Vertreter, dem die VermögensVerw zusteht, vgl auch § 2283 III. III betr nur die **Anfechtg durch Erbl,** und zwar ggü dem VertrGegner wie dem NachlG, § 2281 II, nicht aber dch and Pers, die formlos anfechten können, Dittmann Anm 5. — Über entspr Anwendg von III beim **gemeinschaftl Test** s § 2271 Anm 4 B, Düss DNotZ **72**, 42.

2) Die **Genehmigg, II,** erfolgt durch den Richter, nicht den RPfleger, § 14 Nr 17 RPflG.

2283 *Anfechtungsfrist.* I Die Anfechtung durch den Erblasser kann nur binnen Jahresfrist erfolgen.

II Die Frist beginnt im Falle der Anfechtbarkeit wegen Drohung mit dem Zeitpunkt, in welchem die Zwangslage aufhört, in den übrigen Fällen mit dem Zeitpunkt, in welchem der Erblasser von dem Anfechtungsgrunde Kenntnis erlangt. Auf den Lauf der Frist finden die für die Verjährung geltenden Vorschriften der §§ 203, 206 entsprechende Anwendung.

III Hat im Falle des § 2282 Abs. 2 der gesetzliche Vertreter den Erbvertrag nicht rechtzeitig angefochten, so kann nach dem Wegfalle der Geschäftsunfähigkeit der Erblasser selbst den Erbvertrag in gleicher Weise anfechten, wie wenn er ohne gesetzlichen Vertreter gewesen wäre.

1) Die einjährige Ausschlußfrist läuft nicht, wenn der ErbVertr, das gemschaftl Test, irrtüml für ungült, zB für bereits wirks angefochten, gehalten wird, vgl KG FamRZ **68**, 218, außer wenn die Ungültigk aus einem Umstand hergeleitet w, der die Anf erst begründet, s 2271 Anm 4, BGH FamRZ **70**, 79. Auch rechtsirrige Beurteilg der Wirksamk eines fr Widerrufs kann bewirken, daß die Frist für die Anf eines ErbVertr nicht in Lauf gesetzt w, Köln OLGZ **67**, 496. Kenntn vom AnfGrd erfordert Kenntn aller für die Anfechtg wesentl Umstände, BayObLG **63**, 263, Johannsen WPM **69**, 1230, BGH FamRZ **73**, 539; Beisp s Peter aaO. Die Frist läuft auch gü den GeschBeschränkten, §§ 2282 I 2, u gesetzl Vertreter, § 2282 II; im letzteren Fall kann aber der später wieder geschäftsfäh gewordene Erbl selbst anfechten, **III,** wobei ihm eine Nachfrist gewährt ist, § 206. Eine zeitl Schranke, wie im § 124 III, besteht hier nicht. Die Vorschriften gelten **nur für den Erbl.** Für den VertrGegner, s Anm 1 zu § 2281, gelten dagg §§ 121, 124, für sonstige AnfBerechtigte, § 2285, die §§ 2080, 2082. — Ist das AnfR nach § 2079 dch Zeitablauf verloren gegangen, dann ergibt das Hinzutreten eines weiteren PflichttBer wiederum ein AnfR, Johannsen WPM **73**, 531.

2) Die angefochtene vertragsmäßige Vfg ist regelm als von Anfang an nichtig anzusehen, § 142. Doch kann sie uU als letztw aufrechterhalten werden, wenn eine solche in Wirklichk beabsichtigt war, Erm-Hense Rdz 3. ErsPfl nach § 122 ist bei Anf eines Erbvertrags durch Erbl gegeben, Dittmann § 2282 Anm 32, s Lübtow, Lehrb I, 448. Die dch wirks Anf herbeigeführte Nichtigk eines ErbVertr kann nach § 139 die Nichtigk weiterer äußerl davon getrennter Verträge, zB eines weiteren ErbVertr und eines AdoptionsVertr, zur Folge haben, wenn der Wille der VertrParteien darauf gerichtet war, daß die äußerl getrennten Geschäfte miteinander stehen u fallen sollen, BGH **LM** § 139 Nr 34, s auch § 139 Anm 2, § 2277 Anm 5 b; Haegele aaO 573.

3) Bei **mehreren Erbl** kann jeder für sich anfechten; ficht nur einer an, so fallen auch die wechselbezügl Vfgen des anderen weg, Reithmann DNotZ **57**, 529.

4) Beweislast. Die materielle BewLast für den AnfGrd trifft den, der sich auf die Anfechtg beruft, die für den Ausschluß des AnfR durch Zeitablauf den AnfGegner, BayObLG **63**, 264. Erbl, der ErbVertr angefochten hat, kann auf Feststellg der Nichtigk des ErbVertr klagen, Johannsen WPM **69**, 1230.

2284 *Bestätigung.* Die Bestätigung eines anfechtbaren Erbvertrags kann nur durch den Erblasser persönlich erfolgen. Ist der Erblasser in der Geschäftsfähigkeit beschränkt, so ist die Bestätigung ausgeschlossen.

1) Bestätigg (hierzu eingeh Ischinger, Rpfleger **51**, 159) durch einseitige Erkl ist nur dem vollgeschäftsfähigen Erbl gestattet; auch für Eheg u Verlobte, § 2275 II, besteht insow keine Ausn, s Dittmann Anm 8, für Anwendg des § 2275 II Erm-Hense Anm 2; die übrigen NachlBeteiligten können aber auf ihr AnfechtgsR verzichten; vgl Anm 5 zu § 2081. Bestätigg bedarf nicht der **Form** der ErbVertr od der Anf, § 144 II, ist auch durch schlüss Hdlg mögl, da ja auch das nicht formbedürftige Verstreichenlassen der AnfFrist, § 2283, Bestätigswirkg hat. Sie ist nicht empfangsbedürft, braucht daher nicht dem anderen VertrTeil od nach dessen Tod dem NachlG ggü abgegeben zu werden, BayObLG **54**, 77, hM. § 2284 gilt nur für vertrmäß Vfgen, einseit Vfgen des Erbl, § 2299, sind nicht anfechtb, Dittmann Anm 5.

2285 *Anfechtung durch Dritte.* **Die im § 2080 bezeichneten Personen können den Erbvertrag auf Grund der §§ 2078, 2079 nicht mehr anfechten, wenn das Anfechtungsrecht des Erblassers zur Zeit des Erbfalls erloschen ist.**

1) Das AnfRecht des VertrGegners od Dritter, denen die Aufhebg unmittelb zustatten kommt, §§ 2279 I, 2080, ist von dem des Erbl **abhängig**, Kiel HEZ **2**, 329, wird also durch dessen Bestätigg, § 2284, od Fristversäumnis, § 2283, zerstört. Anfechtg hier formlos, §§ 2081–2083, bei Erbeinsetzgen und Aufl ggü dem NachlG, § 2081 I, III, bei Vermächtn ggü dem Bedachten, § 143, RG **143**, 353. – § 2285 gilt auch bei wechselbezügl Vfgen in **gemeinschaftl Test**, RG **132**, 4, KG FamRZ **68**, 218, LG Bln FamRZ **76**, 293/295; s Anm 4 zu § 2271.

2) Wenn der **Erbl** das **Anfechtsrecht ohne Erfolg** ausgeübt hat, also wenn gg ihn rechtskr ausgesprochen ist, daß es nicht besteht, ist es nicht erloschen iS des § 2285, BGH **4**, 91, dazu Johannsen WPM **73**, 531. Man wird jedoch § 2285 entspr anwenden u Dritten ein AnfR versagen müssen, wenn der AnfTatbestd derselbe ist, RGRK Rdz 4; aM Dittmann Anm 6. Dritte können aber aus neuer Tatsachen anfechten u hierbei zu deren Unterstütz auch auf solche zurückgreifen, auf die eine selbständ Anf nicht mehr gestützt w kann, wenn es nach dem AnfGrd auf das Gesamtverhalten des AnfGegners ankommt, BGH aaO mit Anm v Ascher **LM** Nr 1.

2286 *Verfügungen unter Lebenden.* **Durch den Erbvertrag wird das Recht des Erblassers, über sein Vermögen durch Rechtsgeschäft unter Lebenden zu verfügen, nicht beschränkt.**

Schrifttum: B o e h m e r, Sittenwidrige Beeinträchtigg des Vertragserben durch lebzeitige Zuwendgen des Erblassers, FamRZ **61**, 253, dazu Mattern u SchlußBem v Boehmer FamRZ **61**, 418. – S c h u l t e, Formlose bäuerliche Übergabe- u Erbverträge, NJW **62**, 2086. – M a t t e r n, Zur Rechtsstellung des von Todes wegen bindend Bedachten, BWNotZ **62**, 229. – L a n g e, Bindung des Erblassers an seine Verfügungen, NJW **63**, 1571. – K o h l e r, Die schuldrechtl ErsAnsprüche wg der Aushöhlg eines Nachlasses, NJW **64**, 1393. – M a t t e r n, Die Rechtsprechg des BGH zur Testamentsaushöhlg, DNotZ **64**, 196, Die Testamentsaushöhlung, BWNotZ **66**, 1. – B u n d, Die Bindgswirkg des Erbvertrags – BGHZ **31**, 13, JuS **68**, 268. – R e u b o l d, Die Aushöhlg des ErbVertr u des bindd gewordenen gmschaftl Test, Diss Ffm, 1970. – T e i c h m a n n, Die „Aushöhlung" erbrechtl Bindgen als methodisches Problem, MDR **72**, 1. – S p e l l e n b e r g, Die sog TestAushöhlg, FamRZ **72**, 349. – S p e c k m a n n, AushöhlgsNichtigk u § 2287 BGB bei ErbVertr u gemeinschaftl Test, NJW **74**, 341. – B e n k ö, Zur Aushöhlg bindder Vfgen vTw, Diss Köln 1974. – F i n g e r, Ende der „AushöhlgsNichtigk", FamRZ **75**, 251. – B e c k m a n n, Aushöhlg von ErbVertr u Gmschaftl Test dch RGesch unter Lebden, RhNK **77**, 25. – Johannsen SH 75ff.

1) Durch den ErbVertr wird das Recht des Erbl, letztwillig zu verfügen, beschränkt, § 2289. Sein **freies VerfüggsRecht unter Lebenden** wird dagg durch den ErbVertr nicht berührt, BGH **31**, 13 = NJW **59**, 2252, WPM **73**, 680; Ausnahmen durch Schutz gg den Mißbr der Vfgsfreih enthalten §§ 2287, 2288, s Dittmann Anm 2, auch unten Anm 3. Der Erbl kann sich aber durch besonderen schuldrechtlichen Vertrag mit dem Bedachten formlos und uU stillschw wirks verpflichten, eine Vfg unter Lebenden zu unterlassen, BGH **31**, 13, NJW **63**, 1603, FamRZ **64**, 430, **LM** § 2288 Nr 2, FamRZ **67**, 470, **77**, 311/313, DNotZ **67**, 760, Coing JZ **60**, 538, Baumgärtl MDR **60**, 296, Pritsch zu **LM** § 883 Nr 2, Kohler NJW **64**, 1394, Stgt BWNotZ **58**, 307, Mattern BWNotZ **66**, 12, Bund aaO, 272f, Johannsen SH 78f (Verfüggsunterlassgs Vertr), strenge Anfordergen an Nachw bei stillschw Vertr, BGH DNotZ **69**, 760, WPM **70**, 1366, NJW **73**, 242. Dch schuldrechtl Vertr kann sich ein Erbl ggü seinem VermNehmer verpflichten, über das vermachte Grdst unter Lebden nicht zu verfügen, BGH NJW **63**, 1602; auch im Zushang mit einer Erbeinsetzg kann mit dem Erben eine Vereinbg getroffen w, die darauf abzielt, das Recht der Vfg zu Lebzeiten schuldrechtl auszuschließen od zu beschränken; eine solche VfgsBeschränkg ist nicht nur in bezug auf die Zuwendg eines bestimmten Ggst denkb, BGH FamRZ **67**, 470. Durch eine derartige Verpflichtg wird aber die Vfgsfreih des Erbl nicht mit Wirkg gg Dritte ausgeschl od beschränkt, sie wirkt vielmehr nur zw den Beteiligten schuldrechtl wirks, Hamm BeurkG 34, vgl § 2277 Anm 5, § 2278 Anm 2a cc. Dieser Vertr bedarf auch bei Grdst nicht der Form des § 313, BGH FamRZ **67**, 470, DNotZ **69**, 760; die Form des ErbVertr muß nur gewahrt w, wenn ErbVertr u VerpflichtgsGesch unter Lebden eine rechtl Einh bilden sollen, BGH FamRZ **67**, 470, andernf bedarf er, auch nicht der Form des § 2276, BGH WPM **77**, 689. Die Verletzg eines solchen Vertrages zeitigt SchadErsAnsprüche ggü dem Erbl od seinen Erben, BGH NJW **64**, 549, Kohler aaO 1395, Mattern BWNotZ **66**, 12, Johannsen WPM **69**, 1226. Die vertragl übernommene Verpflichtg, ein Grdst nicht zu veräußern, kann ergänzd dahin ausgelegt w, daß das Grdst belastet w darf, wenn der Verpflichtete in eine Notlage gerät, BGH FamRZ **67**, 470.

2) Anwartschaft des Bedachten. Der im ErbVertr Bedachte hat vor dem Erbfall keinen Anspr, auch keinen bedingten, gg den Erbl; er ist nicht wie ein NachE, § 2108 ff, geschützt. Bei Einsetzg als Erbe durch ErbVertr mit dem Bedachten wird allerdings ein AnwR bejaht, nicht aber für den durch den ErbVertr ledigl mit einem Vermächtnis Bedachten, Mattern BWNotZ **62**, 234, Lange aaO 1573, BGH **12**, 118/119, Johannsen WPM **69**, 1226. Übbl 2 vor § 2274. Die Aussicht auf den künftigen Nachl unterliegt nicht der Sicherg durch einstw Vfg, OLG **21**, 363, od Vormerkg, BGH **12**, 115 mit Anm von Pritsch **LM** § 883 Nr 2, KG JFG **23**, 148, Mattern BWNotZ **66**, 8 (aM Schulte DNotZ **53**, 360, Celle DNotZ **52**, 236 hins eines Vermächtn), § 883 Anm 3c. – Strittig ist, ob eine neben dem ErbVertr getroffene **schuldrechtl Vereinbarg** (oben 1) durch **Vormerkg** gesichert w kann, vgl § 883 Anm 2d, Hieber DNotZ **52**, 432, **53**, 635, **54**, 269, **58**, 306, **60**, 209, Thieme JR **56**, 292, Holthöfer DRiZ **54**, 141, JR **55**, 11, LG Kreuznach DNotZ **65**, 301, Itzeh, LG Köln RhNK **75**, 330; **76**, 19, Mattern BWNotZ **66**, 12, BGH FamRZ **67**, 470.

VfgsUnterlassgsVertr können nicht dch Vormerkg gesichert w, BGH aaO, wohl aber schuldrechtl Übereignungs Anspr, LG Kreuznach aaO, Staud-Dittmann Anm 8. Über weitere Sichergsmöglichkeiten s Kohler, Lange, Bund je aaO, Mattern BWNotZ **66**, 11 ff; letzterer nennt außer der VfgsUnterlassgsVertr die Einräumg eines Vorkaufsrechts an den Erstbedachten, die Beschwerg des Erstverstbden – beim Berliner Test – mit einem Vfgs-UnterlassgsVermächtn zG der Schlußerben, Anordng einer NachErbsch für den Fall eines aushöhlndn ZweitGesch. – Die künft Aussicht des Bedachten unterliegt nicht der ZwVollstr u gehört nicht zur KonkMasse; der Bedachte kann auch nicht Entmündigg des Erbl vHerschwendg beantragen, ZPO 680, 646. Die VertrErben, die zu Lebzeiten des Erbl sich hinsichtl des künft Nachl, soweit er aus Grdst besteht, auseinandergesetzt haben, können etwaige Übereignsansprüche nicht dch AuflassgsVormerkg am Grdst des Erbl sichern, Hamm OLGZ **65**, 347 mit Anm v Haegele Rpfleger **66**, 367.

3) Mißbrauch des freien VfgsRechts unter Lebenden. Überträgt der erbvertragl gebundene Erbl VermGgst lebzeit an einen Dr, so ist ein solches RGesch nicht desh nichtig, weil dadch dem VertrErben das erwartete Erbgut entzogen w, BGH **59**, 343 = NJW **73**, 240 = JR **73**, 243 mit Anm von Strätz = **LM** Nr 6 mit Anm v Johannsen = JZ **74**, 30 mit Anm von Teichmann = FamRZ **73**, 133 mit Anm von Spellenberg (dazu zust Brox § 14 IV 2a, Barth-Schlüter Lehrb § 25 V 2a; krit Speckmann NJW **74**, 341 u eingehd Finger aaO), unter Aufg der früheren Rspr zur sog AushöhlgsNichtigk (s § 2271 Anm 3 a bb), ebso BGH WPM **73**, 680, der hier allgem ausspricht, daß der dch ErbVertr gebundene Erbl ohne jede Einschränkg über sein Verm dch RGesch unter Lebden vfgen kann, auch BGH NJW **73**, 1645/1647, Soergel-Wolf Rdz 10, RGRK Rdz 3. Bei Vorliegen bes Umstände kann sich der Bedachte aber auf §§ 138, 826 berufen, BGH **59**, 351 (Anwendg des § 138), uU kann sich auch eine Haftg des Empf ggü dem VertrErben aus § 419 ergeben, BGH aaO 352, dazu Thielmann JZ **74**, 34; s auch Mattern BWNotZ **66**, 101, ferner § 2271 Anm 3a bb, § 2287 Anm 2b. Die Anweisg an eine Bank (Spark), nach dem Tod ein Guthaben an eine bestimmte Pers auszuzahlen, ist eine rechtswirks Zuwendg dch Vertr zugunsten Dritter, § 331; sie ist nicht schon aus dem Gesichtspkt der Umgehg der Bindg – dch ErbVertr od gemschaftl wechselbezügl Test – unwirks; dem benachteilgten Vertr- od SchlußE kann aber ein BereicherngsAnspr nach § 2287 entstehen, BGH **66**, 8 mit Anm v Johannsen **LM** 2301 Nr 6, dazu Harder FamRZ **76**, 418. – Über das Verhältn von ErbVertr und ÜbergVertr nach Höferecht s § 2289 Anm 3, Schulte aaO, Dittmann Anm 12.

4) Familienrechtliche Handlgen wie Eheschl, Adoption, vgl dazu aber § 2281 Anm 2b, EhelichErkl sind dem Erbl nicht verwehrt, obwohl diese RGeschäfte uU PflichttRechte Dritter begründen u auf diese Weise mittelbar den vertragsm Bedachten beeinträchtigen können, Dittmann Anm 11. Anderseits kann der PflichttAnspr durch den ErbVertr weder ausgeschl noch beschränkt werden (Ausnahmen: §§ 2333 bis 2336). Anfechtung nach § 2079, §§ 2279, 2285, ist schon im ErbVertr ausschließbar, RGRK § 2281 Rdz 6.

5) § 2286 ist auf **wechselbezügliche Verfügen** des **gemeinschaftl Test** entspr anwendbar, BGH DNotZ **51**, 345, DNotZ **65**, 357, OGH **1**, 161 mit Anm von Boehmer MDR **49**, 287, OGH **2**, 160 = NJW **49**, 581; durch die nach dem Tode des ErstVerst eingetretene Bindg werden RGeschäfte unter Lebenden nicht ausgeschl, § 2271 Anm 3a.

6) Bei **westfäl Gütergemeinsch** kann die den überl Eheg zustehende Befugn zum Abschl eines ÜbergVertrages, s BGH MDR **64**, 221, durch gemschaftl Test od durch ErbVertr ausgeschl werden, BGH **LM** Nr 3 Westfäl GüterR.

2287 *Beeinträchtigende Schenkungen.* **I** Hat der Erblasser in der Absicht, den Vertragserben zu beeinträchtigen, eine Schenkung gemacht, so kann der Vertragserbe, nachdem ihm die Erbschaft angefallen ist, von dem Beschenkten die Herausgabe des Geschenkes nach den Vorschriften über die Herausgabe einer ungerechtfertigten Bereicherung fordern.

II Der Anspruch verjährt in drei Jahren von dem Anfalle der Erbschaft an.

Schrifttum: s zu § 2286 (von dort insbes Benkö aaO 32ff); ferner Spellenberg FamRZ **74**, 357–360; Speckmann JZ **74**, 543.

1) Allgemeines. Die erbvertragl Bindg § 2289 hindert zwar nicht die freie Vfg dch RGeschäfte unter Lebden, § 2286; § 2287 bietet aber einen gewissen Schutz gg solche Vfgen (Schenkgen), welche die Erberwartg des VertrErben schmälern, BGH **59**, 343/350 f mit Anm von Spellenberg FamRZ **73**, 136, WPM **73**, 680. – §§ 2287, 2288 gelten auch für bindend gewordene Vfgen in **gemschaftl Test,** BGH DNotZ **51**, 344, NJW **47/48**, 690; NJW **49**, 581, § 2271 Anm 3. – Ist ein NachE zugl VertrE, so greift zu seinem Schutz gg unentgeltl Geschäfte außer § 2113 II § 2287 ein; dieser schützt auch gg reine Verpflichtungsgeschäfte, Celle MDR **48**, 142 mit Anm v Kleinrahm.

2) Voraussetzg sind:

a) Schenkg, § 516, dazu Spellenberg aaO, Beckmann RhNK **77**, 26f, auch gemischte od verschleierte Schenkg, RG **148**, 240, BGH FamRZ **61**, 72/73, **63**, 426, **64**, 429 (keine gemischte Schenkg, wenn Schenkgswille fehlt, zB uU Kauf zum FreundschPreis), WPM **73**, 680/681, RGRK Rdz 13, das SchenkgsVerspr, OLG Celle MDR **48**, 142, § 518, und die vollzogene Schenkg auf den Todesfall, § 2301 II; SchenkgsVerspr vTw ist ohne weiteres unwirks, §§ 2301 I, 2289 I. Ob im übrigen der SchenkgsVertr wirks ist, hat keine Bedeutg, Münzberg JuS **61**, 389/391, auch Spellenberg aaO 358. Auf die Größe der Schenkg und ihren Ggst (aus dem Vermögensstamm od den Einkünften, Zinsen, Renten) kommt es nicht an. Eine Schenkg ist gegeben, wenn sie ihrem Gehalt nach auf eine Korrektur des ErbVertr (od gemschaftl Test) angelegt war, zB an Stelle des Bedachten einem und wesentl Vermwerte zuwendet, ohne dch ein anerkennenswertes lebzeit Eigeninteresse veranlaßt zu sein, BGH WPM **77**, 201 = FamRZ **77**, 314 (Ls), s auch FamRZ **77**, 539. Nach VertrAbschluß muß die Schenkung gemacht sein, Dittmann Anm 5, gleichgültig wie lange sie hinter dem Erbf zurücklag, anders

Erbvertrag **§§ 2287, 2288**

§ 2325 I, III. – Vertragl Ausschluß des § 2287 ist, wenn er im Einzelfall gg die guten Sitten verstößt, unzul, Soergel-Wolf Rdz 1, s auch RGRK Rdz 2, 11; aM (stets unzul) Kipp-Coing § 38 IV 2 b; vgl auch § 276 II. – Auch Einsetzg des VertrE auf den Überrest schließt RückFdg nicht aus, RG LZ **19**, 1187; ebsowenig RücktrVorbeh nach § 2293. – Verzicht des beeinträchtigten Erben ist mögl, vgl OHG **2**, 169, Dittmann Anm 25.

b) Beeinträchtiggsabsicht, also die Abs dem VertrErben die Vorteile der Erbeinsetzg zu entziehen od zu schmälern, braucht nicht der eigentl leitde BewegGrd der Schenkg zu sein, BGH **59**, 343 (weitere Fundstellen in Anm s § 2286 Anm 3, zust Brox § 14 IV 2 b, krit Speckmann NJW **74**, 341, Finger FamRZ **75**, 251), unter Aufg der früh einschränkd Rspr (BGH **LM** Nr 5); s auch Spellenberg FamRZ **72**, 349/354f, **73**, 136f. Die Abs, den Beschenkten zu begünstigen und den VertrErben zu benachteiligen, wird prakt meist in untrennb Zushang stehen, BGH aaO, Johannsen WPM **73**, 533, 534; aM Speckmann aaO. Direkter u erst recht bedingter Vors genügen nicht, BGH **31**, 23. § 2287 greift dch, wenn ein beachtenswertes lebzeit eigenes Interesse des Erbl fehlt, Erm-Hense Rdz 3, BGH **66**, 8 mit Anm v Johannsen **LM** § 2301 Nr 6, ders SH 87ff, BGH FamRZ **77**, 539, ferner Beckmann JZ **74**, 543, seine Vfg vielm ersichtl darauf angelegt ist, daß an Stelle des VertrErben ein anderer sein Verm oder Teile desselben ohne angem GgLeistg erhält, BGH WPM **73**, 680, **77**, 201 = FamRZ **77**, 314 (Ls). Die Beweislast für die BenachteiliggsAbs hat im RStreit der VertrErbe, BGH **66**, 8, Johannsen WPM **77**, 297f, ders SH 94f, s aber auch Speckmann NJW **64**, 2, Spellenberg aaO 359. Die Schenkgen sind wirks, begründen aber nach Anfall des Erbsch einen BereicherungsAnspr des VertrErben gg den Beschenkten, **I**, BGH aaO. Pflichtschenkgen, §§ 534, 1624, schließen die BeeinträchtiggsAbsicht dann nicht aus, wenn sie jedes vernünft Maß überschreiten. Kenntnis des Empfängers ist nur für § 819 von Bedeutg. Einverständn des beeinträcht Erben kann uU die BenachteiliggsAbs ausschließen, OHG **2**, 169.

c) Der Anfall der Erbschaft an den VertrE (gleichgültig, ob er VertrGegner od nur als Dritter bedacht war) ist die dritte Voraussetzg des RückFdgsrechts. Schlägt er aus, so entfällt sein Recht rückwirkd, § 1953, auch wenn die Ausschlag auf der durch die Schenkg bewirkten NachlÜberschuldg beruhte, Dittmann Anm 10. Denn das G will rasch klare Verhältnisse schaffen, vgl Abs **II**.

3) Der Anspruch entsteht erst mit dem Anfall, Anm 2c, u kann daher zu Lebzeiten des Erbl ggü dem Beschenkten nicht durch Arrest, einstw Vfg gesichert werden, BayObLG **52**, 290; s auch Kohler NJW **64**, 1398. AnsprGläub ist bei Mehrh von Erben nicht die ErbenGemsch als solche, sond jeder absichtl Benachteiligte der VertrErben zu dem seiner Erbquote entspr Bruchteil, BGH FamRZ **61**, 78.

4) Gegen den Beschenkten (nicht gg den Erbl od die Miterben, anders bei §§ 2288, 2325 ff) geht der Anspr, der nicht zum Nachl gehört, s Dittmann Anm 16. Denn der Erbl kann nicht aus seiner eigenen Argl einen Anspr erwerben, und dieser steht nicht jedem Erben, sond nur dem VertrErben zu (mehreren VertrErben – in Abweich von § 2039 – nach Verhältn ihrer Erbteile. Daher kann ihn der TestVollstr nicht geltd machen, RG JW **36**, 251, Johannsen WPM **69**, 1224, u die NachlGläub sind auf Anf, KO 29ff, AnfG 3ff, beschränkt. Der beschränkt haftende VertrE kann ihnen die Befriedigg aus dem RückFdgsAnspr od dem dadurch Erlangten verweigern, Strohal I 372. Kein Anspr des VertrE gg den Beschenkten auf Auskunfterteilg, außer bei Schenkg eines Inbegriffs von Ggständen, § 260, BGH **18**, 67 = NJW **55**, 1354 mit Anm v Johannsen in **LM** Nr 4.

5) Auf Herausgabe des Geschenks geht der Anspr nach §§ 818–822, wobei Kenntn, § 819, oder Rechtshängigk die Haftg verschärfen. Bei noch nicht erfülltem SchenkgsVerspr geht der Anspr auf Befreiung, vgl auch (§ 821, s Johannsen SH 97. Bei teilweiser Unentgeltlichk geht der Anspr nur dann auf Herausg, wenn der unentgeltliche Charakter des Geschäfts überwiegt, BGH NJW **53**, 501, gg OGH **1**, 261, **2**, 165; sonst auf Erstattg des Mehrwerts, RG **148**, 236, auch BGH **30**, 120; Lange Lehrb § 37 II 2a¹² gibt ein WahlR zw Herausg des Ggstandes gg Interessenausgleich od der Wertdifferenz, zust Brox § 14 IV 2a (1); aM Dittmann Anm 21.

6) Andere Ansprüche.
a) Gegen den Erbl bestehen solche idR **nicht**. Was er angerichtet hat, soll nur der Beschenkte büßen; jedoch kann der VertrErbe, der zu Lebzeiten des Erbl u im Einverständn mit dem Aufwendgen für ein diesem gehör Grdst gemacht hat, im Fall der Veräußerg des Grdst Anspr aus §§ 812 I 2, 818 II, 819 gg den Erbl erheben, BGH bei Johannsen WPM **77**, 280.

b) Gegen den Beschenkten ist neben § 2287 auch § 826 anwendbar, Kipp-Coing § 38 IV 3 a, OGH **2**, 170; Münzberg JuS **61**, 393, Kohler NJW **64**, 1398, Johannsen WPM **69**, 1226, auch § 2271 Anm 3; RGRK Rdz 9. Es können auch die Voraussetzgen des § 138 vorliegen, BGH **59**, 343 mit Anm von Spellenberg FamRZ **73**, 136f.

2288 *Beeinträchtigung des Vermächtnisnehmers.* ᴵ Hat der Erblasser den Gegenstand eines vertragsmäßig angeordneten Vermächtnisses in der Absicht, den Bedachten zu beeinträchtigen, zerstört, beiseite geschafft oder beschädigt, so tritt, soweit der Erbe dadurch außerstande gesetzt ist, die Leistung zu bewirken, an die Stelle des Gegenstandes der Wert.

ᴵᴵ Hat der Erblasser den Gegenstand in der Absicht, den Bedachten zu beeinträchtigen, veräußert oder belastet, so ist der Erbe verpflichtet, dem Bedachten den Gegenstand zu verschaffen oder die Belastung zu beseitigen; auf diese Verpflichtung finden die Vorschriften des § 2170 Abs. 2 entsprechende Anwendung. Ist die Veräußerung oder die Belastung schenkweise erfolgt, so steht dem Bedachten, soweit er Ersatz nicht von dem Erben erlangen kann, der im § 2287 bestimmte Anspruch gegen den Beschenkten zu.

1) Allgemeines. Der Schutz des VermNehmers geht (vom Schenkgsfall, **II** 2, abgesehen) über den des VertrE hinaus; denn letzterer kann wg Zerstörg usw von ErbschGgständen nicht gg sich selbst od gg

§§ 2288, 2289

seine Miterben Rückgr nehmen, Kipp-Coing § 38 IV 2, Dittmann Anm 1. Der VertrVermNehmer bedarf aber besonderen Schutzes, da die Wirksamk eines SachVerm regelm davon abhängt, daß der Ggst noch in der Erbsch vorhanden ist, §§ 2169, 2171, 2165. Bei Einzieh einer Fdg od beim VerschaffsVerm bestehen zwar WertersatzVorsch, §§ 2173, 2170 II, bei letzterem gewährt aber § 2288 für den Fall obj Unmöglich (Zerstörg) Schutz, Strohal I, 375 s auch Dittmann Anm 11, 13. Vertragl Ausschl ist auch hier unzul, bestr. Auf gemeinschaftl Test ebenf anwendb, vgl § 2287 Anm 1.

2) Abs I. Der VermNehmer hat, wenn der Erbl in der Abs, den Bedachten zu beeinträchtigen, s § 2287 Anm 2b, den **VermGegenstand zerstört, beiseite geschafft, beschädigt** hat, **I**, und er daher nicht od nicht unversehrt beschafft w kann, gg den Erben – ErbenGemsch – Anspr auf Wiederherstellg od Wiederbeschaffg, soweit dieser hierzu imstande ist, andernf auf Ersatz des gemeinen Wertes zur Zeit des VermAnfalls, § 2176, RGRK Rdz 4; aA Dittmann Anm 4, wonach § 2288 I nur für den beschwerten Erben gilt. Das gilt auch bei Untergang durch Verbrauch od Eigtumsverlust durch Verbindg, Vermischg, in BeeinträchtiggsAbs, Dittmann Anm 5.

3) Abs II. Bei **Veräußerg** od **Belastg** durch den Erbl in BeeinträchtiggsAbs steht dem VermNehmer gg den Erben – ErbenGemsch, BGH 26, 280 = NJW 58, 547 – ohne Rücks darauf, ob er beschwert ist, der Anspr auf Verschaffg des Ggstandes od Beseitigg der Belastg zu, **II 1**; ist der Erbe hierzu außerstande, so besteht Anspr auf Wertersatz, § 2170 II 1. Bei schenkgsweiser Beeinträchtigg, **II 2**, haftet der Beschenkte hilfsw, wenn u soweit von dem Erben (wg beschränkter Haftg od ZahlgsUnfgk) nichts zu erlangen ist, aus ungerechtf Bereicherg, s § 2287, evtl besteht Anspr aus § 826, Johannsen **LM** Nr 6 zu § 2271. Keine BeeinträchtiggsAbs ist gegeben, wenn der Erbl bei Lebzeiten den vermachten Ggst einem von ihm als Erben Eingesetzten zuwendet, um ihm eine Wohltat zu erweisen; in diesem Fall ist aber der Erbe verpflichtet, dem Bedachten nach dem Erbf den Ggst zu verschaffen, wenn sich der Erbl hierzu durch einen Vertr unter Lebenden verpflichtet hatte, BGH **LM** Nr 2. – Der Anspr nach **II** besteht auch bei schuldrechtl Verpflichtg zur Veräußerg des vermachten Ggstandes, BGH 31, 23, dazu Bund JuS 68, 274.

4) Vereitelg des VermAnspr durch den Nachl erschöpfende Schenkgen gibt nach dem Zweck dieser Schutzbestimmg den Anspr gg den Beschenkten auch dann, wenn es sich um ein GattgsVerm handelte, Strohal I, 375, aM Dittmann Anm 11.

2289 *Wirkung auf letztwillige Verfügungen.* ^I Durch den Erbvertrag wird eine frühere letztwillige Verfügung des Erblassers aufgehoben, soweit sie das Recht des vertragsmäßig Bedachten beeinträchtigen würde. In dem gleichen Umfang ist eine spätere Verfügung von Todes wegen unwirksam, unbeschadet der Vorschrift des § 2297.

^{II} Ist der Bedachte ein pflichtteilsberechtigter Abkömmling des Erblassers, so kann der Erblasser durch eine spätere letztwillige Verfügung die nach § 2338 zulässigen Anordnungen treffen.

Schrifttum: Coing, Wie ist die bindende Wirkg von Erbverträgen zu ermitteln? NJW 58, 689; Küster, Grenzen des RücktrVorbehalts im Erbvertrag? JZ 58, 394; Scholten, Erbvertrag u Zugewinngemeinsch NJW 58, 935; Siebert, Die Bindgswirkg des ErbVertr, Festschr für J W Hedemann S 237ff; Bühler, Zur Wechselbezüglichk u Bindg beim gemeinschaftlichen Testament u Erbvertrag, DNotZ 62, 359/367; Johannsen SH 69 ff (s Übbl vor § 2274).

1) Verfügen des Erbl von Todes wegen werden durch den ErbVertr mehr behindert als beim gemeinschaftl Test u erhebl mehr als unter Lebenden, §§ 2286–88. Die Bindg des Erbl ergibt sich nicht erst aus § 2289, sond aus der Natur des ErbVertrs selbst; § 2289 spricht nur die Folgen der Bindg aus, BGH 26, 204.

a) Frühere Vfgen. Sie werden durch erbvertragsm Anordngen, § 2278 II, aufgehoben, soweit das Recht des vertragsmäßig Bedachten od die Wirksamk einer VertrAuflage **wirtschaftl beeinträchtigt** würden, Erm-Hense Rdz 2, aM Lübtow Lehrb I 421. § 2289 I geht also weiter als § 2258; auch Vfgen, die nicht im Widerspr stehen, die aber das Recht des vertragsm Bedachten wirtschaftl beeinträchtigen, sollen unwirks sein, BGH **26**, 204, RGRK Rdz 1. Die Vfg beeinträchtigt das VertrR u ist **vermindert** (zB dem VertrE einen Teil des Nachl entzieht), wenn sie es **beschränkt** (zB durch Einsetzg eines TestVollstr; KG HRR **34** Nr 17, BGH NJW **62**, 912) od wenn sie es durch Verm od Auflage belastet, Kipp-Coing § 38 II 2. Beeinträchtigg liegt nicht vor, soweit der Erbl an die frühere Vfg bereits durch ErbVertr, § 2289 I 2, od wechselbezügl Test, § 2271, gebunden war, RGRK Rdz 2, od Aufrechterhaltg der früheren Vfg im ErbVertr ausdrückl bestimmt wird, od wenn der ErbVertr nichtig war od wirks angefochten wird. – Die Aufhebgswirkg entfällt, wenn der ErbVertr später durch rechtsgeschäftl Aufhebg od Rücktr beseitigt wird, vgl auch § 2258 II, RGRK Rdz 2. Wird er durch Wegfall des Bedachten vor od nach dem Erbfall (Tod, Ausschlagg, Erbunwürdigk) ggstandslos, vgl KG JFG **5**, 183, so bleibt die Aufhebgswirkg nur dann bestehen, wenn der Erbl die frühere Vfg schlechthin, §§ 2299, 2254, hatte widerrufen wollen, KG aaO, str. – Einseitige Anordngen des Erbl im ErbVertr, § 2299 (zB AO einer TestVollstrg), werden durch VertrVfgen nicht berührt, wenn u soweit sie (was die Regel ist) dem VertrGegner bekannt waren, s Dittmann Anm 12, Hamm OLGZ **76**, 20/24.

b) Nachträgl Vfgen (Test, ErbVertr mit einem Dritten) des vertragsm gebundenen Erbl, s § 2278 Anm 2a, § 2280 Anm 1a aE. Sie sind grdsätzl im gleichen Umfange unwirks wie zu a), soweit nicht der ErbVertr einen formgerechten **Vorbehalt** enthält, wonach der Erbl in einem bestimmten Rahmen anders als im ErbVertr verfügen darf, vgl Übbl 2 vor § 2274. – Keine letztw Vfg des Erbl ist die Herbeiführg der Löschg des Hofvermerks, HöfeO I IV nF, dazu, BGH NJW **76**, 1635 u krit Pikalo AgrarR **76**, 342. – **aa)** Die Frage der **Beeinträchtigg** ist aber hier nicht allein nach wirtschaftl Gesichtspkten zu entscheiden. Im Gtteil ist davon auszugehen, daß, wenigstens solange ein Recht des vertragsm Bedachten überh vorhanden ist, eine Vfg, die diesen Bestimmgen widerspricht, das Recht des vertragsm Bedachten notwendig beeinträchtigt, BGH **26**, 204, **LM** Nr 3 Anm Johannsen. Deshalb kann ein Erbl, der in einem ErbVertr mit seinem Eheg od Verlobten seine Abkömmlinge vertragsm zu Erben berufen hat, nicht in einer späteren einseitigen Vfg vTw den anderen VertrTeil auf Kosten der vertragsm berufenen Erben zum Erben einsetzen, BayObLG **61**, 206. BGH **30**, 261 = **NJW 59**, 1730: „Der zuerst verstorbene Ehegatte ist durch wechselbezügliche Verfüggen eines gemschaftl Test nicht gehindert, durch eine einseitige Vfg vTw den anderen Ehegatten besser zu stellen", kann nicht auf den Fall einer vertragsmäßigen Vfg im ErbVertr übertragen werden, BayObLG aaO, auch Dittmann Anm 16, Johannsen WPM **69**, 1224. Der VertrErbe wird auch beeinträchtigt dch nachträgl einseitige AO einer TestVollstreck, RG **139**, 41, BGH NJW **62**, 912; unerhebl ist, ob die Erben nachträgl mit der AO der TestVollstreckg einverstanden sind, KG JW **38**, 2746. Der Vorbeh für den vertragschließden überl Eheg, dieses Vertlg des gesamten Nachl vorzunehmen, berecht nicht zu AO einer TestVollstrg, LG Kblz Jur Büro **68**, 254, anders aber, wenn dem Überlebden das uneingeschränkte R eingeräumt ist, die SchlußEEinsetzg nicht nur abzuändern, sond auch zu widerrufen. – **bb)** Die TestierFgk des VertrErblassers wird nicht beschränkt, nur seine **Testierfreiheit**, RG **149**, 201. Wie weit die Bindg reicht, richtet sich – innerh der gesetzl Grenzen – ausschließl nach dem Willen der VertrSchließden. – **cc) Fällt die Bindung** (durch Rücktr – vgl § 2297 –, Vorableben, Ausschlag des Bedachten, Erbverzicht, Erbunwürdigk, s Staud-Dittmann Anm 15) **weg**, so kommt der in der späteren Vfg zum Ausdr gekommene ErblWille voll zur Geltg. Bei I 2 ist also die Beurteilg eine andere als bei I 1. Haben sich zB im ErbVertr (od gemschaftl Test, RG **149**, 201) Ehel ggseitig als AlleinE eingesetzt, so kann jeder noch zu Lebzeiten des anderen über seinen Nachl für den Fall, daß der andere zuerst stirbt, testieren, Stgt JW **33**, 2779. – **dd) Beeinträchtigg** liegt auch **nicht** vor, wenn die spätere Vfg ausdrückl in der Form des ErbVertr od aus diesem dch Auslegg ersichtl stillschw **vorbehalten** ist, BayObLG **61**, 206, Hamm NJW **74**, 1774. Die formlose Zust des VertrGegners od die des vertrmäß Bedachten zu einer Vfg vTw, die deren im ErbVertr festgelegten Rechtsstellg beeinträchtigen würde, genügt nicht, um einer solchen Vfg Wirkg zu verleihen, Hamm aaO, Celle RdL **75**, 205. Zur Wirksamk der Aufhebg einer vertrmäß Vfg ist ein AufhebgsVertr, § 2290, bei mehr als zwei VertrSchließden mind ein ZuwendgsVerzVertr, § 2352, erfdl, BayObLG **74**, 401; s auch BGH DNotZ **58**, 495 (Arglisteinrede). Treffen Eheg in einem ErbVertr, in dem sie sich ggseit u nach dem Tode des längstlebden ihre Kinder zu Alleinerben eingesetzt haben, die Bestimmg, daß im Fall der Wiederverheirat des überlebden Teils den Kindern der den gesetzl Erbteil übersteigde Betrag des Nachlasses des ErstVerst als Vermächtn herauszugeben ist, so ist der überl Eheg im Fall der Wiederverheiratg an seine Vfg zG seiner Kinder nicht gebunden, Zweibr OLGZ **73**, 217. Bei Vorbeh von Vermächtn u Auflagen ist aber eine spätere Erbeinsetzg, selbst wenn sie in der Annahme eines wirks – in Wahrh aber unwirks – Rücktritts erfolgte nichtig, Düss OLGZ **66**, 68.

c) Über **Rechtsgeschäfte unter Lebenden**, dch die den VertrErben das erwartete Erbgut entzogen w, s § 2286 Anm 3. Zur Frage einer entspr Anwendg des § 2289 I 2 auf Vfgen zG Dr auf den Todesf, s § 2301, s Johannsen SH 79 ff.

2) Da § 2289 ebso wie § 2286 – s Anm 1 hierzu – **nicht für familienrechtl Geschäfte** gilt, kann der Erbl trotz Bindg kraft ErbVertr dch **Eingehg** einer (neuen) **Ehe** uU die Entstehg eines erhöhten Pflichtt-Anspruchs des (2.) Eheg nach § 1371 herbeiführen, s § 2303 Anm 3. Dies gilt auch dann, wenn Eheleute einen ErbVertr iS von § 2280 errichtet haben u nach dem Tod des einen Eheg der andere wieder heiratet u vor seinem 2. Ehegatten im Güterstd der ZugewGemsch stirbt, Dittmann Anm 30, Erm-Hense Rdz 7, aM Scholten NJW **58**, 935 (bei ErbVertr aus der Zeit vor dem 1. 7. 58).

3) Über das **Verhältn zw der Bestimmg des Hoferben** durch den Hofeigentümer in einem ErbVertr od gemschaftl Test u einem vor od nach Abschl des ErbVertr od vom überl Eheg – beim gemschaftl Test – mit einem anderen in dem VertrE geschlossenem **HofübergabeVertr** s BGH **LM** Nr 3 zu § 12 HöfeO, NJW **76**, 1635, Celle NdsRpfl **60**, 62, Schulte RdL **60**, 316, auch NJW **62**, 2086, BGH RdL **63**, 270, **68**, 293, AgrarR **73**, 83, Lüdtke-Handjery Rdz 41-43, Wöhrmann-Stöcker Rdz 30-33 je zu § 17 HöfeO, RGRK Rdz 6, § 2269 Rdz 17; Soergel-Wolf Rdz 5.

4) Der pflichtteilsberechtigte Abkömmling, § 2303, mag er als VertrSchließender od als Dritter bedacht sein, kann durch Test in guter Abs enterbt werden, § 2338, s auch Dittmann Anm 26. Ein Verzicht des Erbl hierauf wäre unsittlich u daher nichtig, § 138 I. Eine Erkl ggü dem VertrGegner (Dritten), deren Kenntnis od gar Zust, ist nicht erforderl. Ist ein Dritter bedacht, so kann die Anordng auch noch nach dem Tode des VertrGegners getroffen werden. Sie braucht sich nicht nur auf den Pflichtt, sond kann sich auch auf die Zuwendg beziehen, KGJ **48**, 144. Sonderfälle §§ 2294, 2297.

2290 *Aufhebung durch Vertrag.* **I** Ein Erbvertrag sowie eine einzelne vertragsmäßige Verfügung kann durch Vertrag von den Personen aufgehoben werden, die den Erbvertrag geschlossen haben. Nach dem Tode einer dieser Personen kann die Aufhebung nicht mehr erfolgen.

II Der Erblasser kann den Vertrag nur persönlich schließen. Ist er in der Geschäftsfähigkeit beschränkt, so bedarf er nicht der Zustimmung seines gesetzlichen Vertreters.

III Steht der andere Teil unter Vormundschaft, so ist die Genehmigung des Vormundschaftsgerichts erforderlich. Das gleiche gilt, wenn er unter elterlicher Gewalt steht, es sei denn, daß der Vertrag unter Ehegatten oder unter Verlobten geschlossen wird.

IV Der Vertrag bedarf der im § 2276 für den Erbvertrag vorgeschriebenen Form.

1) Allgemeines. Der Erbl kann mit dem VertrGegner einen AufhebgsVertr schließen, dagg mit dem bedachten VertrGegner keinen ErbverzichtsVertr, BayObLG JFG **3**, 166, Celle NJW **59**, 1923, bestr, s § 2352 Anm 2, BayObLG **65**, 188 = NJW **65**, 1552 (VorlageBeschl bei ErbVertr zw mehr als 2 Personen), BayObLG **74**, 401, Hamm, DNotZ **77**, 752. Der bedachte Dritte kann einen ErbverzichtsVertr schließen, § 2352 (Düss DNotZ **74**, 368), aber keinen AufhebgsVertr, Dittmann Anm 2; s auch § 2352 Anm 2. Der nachher geschäftsunfähig gewordene Erbl kann auch durch seinen gesetzl Vertreter keinen AufhebgsVertr schließen. Über Aufhebg des ErbVertr durch gemschaftl Test s § 2292

2) Die Form ist dieselbe wie beim ErbVertr, IV, § 2276 (gleichzeit Anwesenh beider Teile), also auch Ehe- u AufhebgsVertr mögl, § 2276 II; § 2277, § 34 BeurkG gelten nicht; auch Aufhebg durch Rückn des Vertr aus der amtl Verwahrg, §§ 2256 2272, kommt nicht in Frage, Dittmann Anm 12. Gebühr: KostO 46 II. Aufhebg im Prozeßvergleich zul, § 2276 Anm 2 c, Erbl muß aber anwesend sein, Soergel-Wolf Rdz 4, im AnwaltsProz Abgabe der Erkl durch Erbl u anwaltschaftl Vertreter, vgl BayObLG **65**, 86 = NJW **65**, 1276. Der geschäftsunfähige Gegner, der selbst nicht der Erbl ist, kann durch gesetzl Vertreter handeln; für den geschäftsbeschränkten Gegner gelten die §§ 107, 114. Die Zust eines bedachten Dritten ist nicht erforderl, da er vor dem Erbf noch keinerlei Rechte erwirbt, s LG Moosbach MDR **71**, 222; verhindert er argl die Aufhebg, so muß er sich so behandeln lassen, als wenn sie erfolgt wäre, RG **134**, 327. Er wird im übrigen dadurch einigermaßen geschützt, daß die Aufhebg nur vertragl (nicht einseitig) u nach dem Tode einer Partei überh nicht mehr mögl ist, BGH bei Johannsen WPM **69**, 1229, also nicht etwa zw dem Erbl u den Erben des VertrGegners od umgekehrt, ebsowenig durch Ausschlagg (anders bei §§ 2271 II, 2298 II). Doch ist zu beachten, daß der Gegner nicht Erbe des Erbl sein muß u Vfgen zu seinen Gunsten inf seines Todes von selbst wegfallen, s auch § 2297. – Die **Genehmigg**, III, erfolgt durch den Richter, nicht RPfleger, § 14 Nr 17 RPflG, s auch Dittmann Anm 11.

3) Die Aufhebgswirkg besteht darin, daß der ErbVertr od die aufgehobenen vertragsmäß Vfgen kraftlos werden; sie erstreckt sich iZw auch auf einseitige Vfgen, § 2299 III; sie kann auf den Fortfall der Bindg beschränkt, es kann auch die Aufhebg mit einem neuen ErbVertr od Test, §§ 2274, 2275, 2299 I, verbunden werden. Der beschränkt GeschFähige kann den ErbVertr nur aufheben, II 2, aber keinen neuen ErbVertr abschließen, § 2275 I.

4) Anfechtg des AufhebgsVertr kann durch den Gegner, der den Vertr nicht zugl als Erbl geschlossen hat, nur nach §§ 119 ff, durch den Erbl entspr § 2281 (§ 2285), str, wie hier Dittmann Anm 17, aM RGRK Rdz 9, erfolgen (bei letzterem angesichts seiner wiedererlangten TestierFreih kaum prakt); der Bestand eines mit dem AufhebgsVertr verbundenen Abfindgsvertrags richtet sich nach § 139. Durch Beseitigg od vertragl **Aufhebg des AufhebgsVertr** (wofür §§ 2274, 2275, nicht § 2290 II, III gilt) wird der ErbVertr wiederhergestellt, §§ 2257, 2279 I.

2291 *Aufhebung durch Testament.* ¹ Eine vertragsmäßige Verfügung, durch die ein Vermächtnis oder eine Auflage angeordnet ist, kann von dem Erblasser durch Testament aufgehoben werden. Zur Wirksamkeit der Aufhebung ist die Zustimmung des anderen Vertragschließenden erforderlich; die Vorschriften des § 2290 Abs. 3 finden Anwendung.

II Die Zustimmungserklärung bedarf der notariellen Beurkundung; die Zustimmung ist unwiderruflich.

1) Das AufhebgsTest, das für Erbeinsetzgen nicht gilt, ist der Form nach Test, der Sache nach aber Vertr. Es ist nur wirks, wenn der VertrGegner ihm zugestimmt hat. Die Zust kann vor od nach Errichtg des AufhebgsTest erteilt werden, s Staud-Dittmann Anm 4. Nach dem Tode des Gegners ist die Zust, I 2 (etwa seiner Erben) ausgeschl, Hamm DNotZ **74**, 627/630. Auch nach dem Tod des Erbl kann die Zust nicht mehr erkl werden, Dittmann Anm 5.

2) Die Formerleichterg liegt in der Zulassg auch des PrivTest, § 2231 Nr 2, u darin, daß der Gegner zwar zustimmen, aber nicht gleichzeitig anwesd sein muß, Kipp-Coing § 39 II.

3) Die ZustimmgsErkl bedarf der notariellen Form, II, sie ist empfangs- u formbedürftig, um ein zuverlässiges BewMittel u den Parteien zweifelsfreie Kenntn der nunmehr wieder unbeschränkten TestierFreih zu verschaffen, Harrer, LZ **24**, 15. Diese Zust kann schon in der Einwilligg zur Aufn des RücktrVorbehalts in den ErbVertr, § 2293, liegen. Ist dort die jederzeitige Aufhebg einer Verm-(Auflage-)Anordg dem Erbl freigestellt, so liegt eben eine vertragsm Vfg gar nicht vor, Dittmann Anm 4. S auch die entspr Anwendg des § 2290 III.

4) Widerruf. Das AufhebgsTest kann der Erbl nach §§ 2253 ff, solange der VertrGegner nicht zugestimmt hat, mit der Wirkg, daß die vertragsm Vfg wieder wirks wird, widerrufen. Nach Erteilg der Zust kann das AufhebgsTest nur mit Zust des VertrGegners – in der Form von II – widerrufen werden, Dittmann Anm 8. Der Widerruf hat auch in diesem Fall die Wirkg, daß die vertragsm Vfg wieder auflebt, Dittmann aaO.

2292 *Aufhebung durch gemeinschaftliches Testament.* Ein zwischen Ehegatten geschlossener Erbvertrag kann auch durch ein gemeinschaftliches Testament der Ehegatten aufgehoben werden; die Vorschriften des § 2290 Abs. 3 finden Anwendung.

1) Für das AufhebgsTest genügt jede Form des gemschaftl Test, §§ 2265–2267; 2 selbständige EinzelTest genügen nicht, BayObLG **20** A 117, s aber Einf 2 vor § 2265; vorausgesetzt ist, daß beide Gatten noch am Leben sind. Entspr auch anwendb, wenn die VertrTeile bei AufhebG verheiratet sind, diese Voraussetzg aber bei Abschl des ErbVertr noch nicht vorlag, Köln FamRZ **74**, 51.

2) Die Aufhebg kann sich hier, anders bei § 2291 (RG **134**, 327), auch auf vertragsm Erbeinsetzgen beziehen. Das Test kann sich mit der Aufhebg der früher getroffenen Vfgen begnügen; es kann aber auch den ErbVertr durch neue Vfgen ergänzen, so daß die vertragsm Vfgen mit den testamentarischen wechselbezügl werden, wenn der Wille der Eheg dahingeht, BayObLG **56**, 205. Es kann auch nur einzelne Vfgen

Erbvertrag §§ 2292–2294

aufheben, andere dagg bestehen lassen, BayObLG **60**, 192. Lag ein einseitiger ErbVertr vor od ist nur die Aufhebg der Vfgen des einen Teils beabsichtigt, so hat der andere Teil der Aufhebg lediglzuzustimmen.

3) Für den Erbl (bei zweiseit ErbVertr für beide Gatten) gelten §§ 2229 f, 2253, vgl Dittmann Anm 6 ff. Der bloß annehmende Gatte bedarf zur Aufhebg, wenn in der GeschFgk beschränkt, der Zust des gesetzl Vertreters und, falls dieser ein Vormd, vormschaftsgerichtl Gen, § 2290 III, RGRK Anm 3. Nachträgl Gen nach erlangter GeschFgk behebt den Mangel (aber nur solange der Erbl lebt), § 108 III, Dittmann Anm 13, aM Harrer LZ **24**, 16, RGRK Rdz 3; s auch § 2275 Anm 3. Ein eigenhänd gmschaftl Test ist jedoch unheilbar nichtig, wenn ein Eheg minderjährig war, § 2267 Anm 2.

4) Durch einseitigen Widerruf des AufhebgsTest kann der ErbVertr nicht wieder in Kraft gesetzt werden (er ist aber uU umdeutbar, § 140, in eine einseitige letztw Vfg), wohl aber kann diese Wirkg durch einen ErbVertr, einen Vertr nach § 2290, ein neues gmschaftl Test erzielt werden, Dittmann Anm 4.

2293 *Rücktritt bei Vorbehalt.* **Der Erblasser kann von dem Erbvertrage zurücktreten, wenn er sich den Rücktritt im Vertrage vorbehalten hat.**

Schrifttum : Siehe vor § 2289 Anm 1.

1) Allgemeines. Der gebundene Erbl trägt mitunter schwer an seiner Fessel. Es können gewichtige Umstände (Wiederverheiratg, s Karlsr NJW **61**, 1410, nachträgl Kindersegen) eintreten, welche die Beseitigg des Vertr rechtfertigen. Der dies voraussehende Erbl kann sich daher den Rücktr vorbehalten; ist dies nicht geschehen, kommt ihm das G durch das AnfechtgsR, §§ 2281 ff, u die RücktrErmächtigg, §§ 2294, 2295, 2297, zu Hilfe. Wegen Form u Wirkg des Rücktritts s §§ 2296, 2298, 2299 III. Solange der Erbl von seinem RücktrR keinen Gebrauch macht, besteht die erbvertragl Bindg, §§ 2287–2289, Dittmann Anm 3.

2) Das Rücktrittsrecht, das nur dem **Erbl** (nicht seinen Erben) zusteht, § 2296 I, kann unbeschr od nur für bestimmte Fälle, hins des eganzen ErbVertr od nur einer einzelnen vertragsmäßigen Vfg (Minderg eines Erbteils, Herabsetzg eines Verm), befristet od unbefristet (mit dem Tod des RücktrBerechtigten erlischt es zwingd, §§ 2065, 2279 I, für den Tod des VertrGegners s § 2297, aber auch § 2298 II 2, 3) vorbehalten werden. Es steht auch nichts im Wege, daß der Erbl von dem Vorbeh nur teilweisen Gebr macht, zB die vertragsm Vfg dann als letztw aufrechterhält, Strohal I, 401. „Im Vertrage" muß der Vorbeh gemacht sein; auch in einem NachtragsVertr mögl, für den dann, wenn er nur den Vorbeh enthält, § 2290 II, III, nicht § 2275 gelten, Strohal I, 396. Ist der Rücktr für den Fall vorbehalten, daß der Begünstigte versprochene Leistgen nicht erfüllen wird, so kann der Erbl nicht zurücktreten, wenn er das Verhalten des Begünstigten duldete, Oldbg NdsRpfl **55**, 191. Hat der Erbl sich den Rücktr für den Fall vorbehalten, daß der VertrErbe die Pflicht, den Erbl zu verpflegen, nicht ordngsgem erfüllt, dann kann der GrdSatz von Treu u Glauben dazu führen, daß der Rücktr erst nach einer Abmahnung zul ist, § 242, BGH **LM** § 242 (Cd) Nr 118. Die schuldrechtl Vorschr der §§ 346 ff sind für den Rücktr des Erblassers grdsätzl nicht anwendb, siehe Kipp-Coing § 40 I, in dem von BGH aaO entschiedenen Fall wirft dieser allerd mit Recht die Frage auf, ob die Beweislastregel des § 358 doch Geltg zu beanspruchen hat. – Wenn Eheg in einem mit dem ErbVertr verbundenen EheVertr, § 2276 II, GütGemsch vereinbart haben, so kann zwar jeder Eheg unter den Voraussetzgen der §§ 2293 ff vom ErbVertr oder einer vertragsm Vfg zurücktreten, die Weitergeltg des EheVertr wird aber dadurch nicht berührt, BGH **29**, 129 = NJW **59**, 625.

3) Der Gegner braucht dem Rücktr nicht zuzustimmen. Seine Zust liegt schon in der Vereinbg des RücktrVorbehalts. Er hat kein gesetzl Rücktrittsrecht, sond kann ausschlagen. Jedoch kann ein RücktrVorbeh seinerseits prakt werden, wenn er mit Rücks auf den ErbVertr, § 2295, Leistgen gemacht od Verpflichtgen übernommen hat. Dieses vorbehaltene Rücktrittsrecht richtet sich dann nach §§ 346ff. Seine Ausüb beseitigt die LeistgsPfl und berechtigt zur RückFdg des Geleisteten. Es vernichtet aber die Vfgen des Erbl nicht ohne weiteres, sond kann dessen vorbehaltenes od gesetzl RücktrR (§ 2295) auslösen, Kipp-Coing § 40 IV 2, Dittmann Anm 14.

2294 *Rücktritt bei Verfehlungen des Bedachten.* **Der Erblasser kann von einer vertragsmäßigen Verfügung zurücktreten, wenn sich der Bedachte einer Verfehlung schuldig macht, die den Erblasser zur Entziehung des Pflichtteils berechtigt oder, falls der Bedachte nicht zu den Pflichtteilsberechtigten gehört, zu der Entziehung berechtigen würde, wenn der Bedachte ein Abkömmling des Erblassers wäre.**

1) Gesetzl Rücktrittsrecht bei Verfehlgen, §§ 2333–2335, des Bedachten (mag er VertrGegner od Dritter sein; nicht die des bloß Annehmenden). Sie verdienen keine Belohng, ähnl § 530. Im Ggsatz zu § 2297 ordnet aber § 2294 die entspr Anwendg des § 2336 II–IV nicht an, da bei § 2294 der Rücktr zu Lebzeiten des anderen VertrSchließenden, bei § 2297 aber erst nachher erfolgt, BGH NJW **52**, 700, hM. Hieraus ergibt sich für § 2294: Verfehlgen vor dem Abschl des Erbvertr, auch wenn sie dem Erbl unbekannt sind, begründen nicht Rücktr, sondern uU Anfechtg nach §§ 2281, 2078. Form des Rücktr, §§ 2296, 2297. Der RücktrGrd braucht nicht angegeben zu w, Johannsen WPM **73**, 530. Beweispflichtig für die Verfehlgen, die zZ des Rücktr vorliegen müssen, ist der Erbl. Wenn sich aber der Bedachte im Fall des § 2333 Nr 2 auf wirkl od vermeintl Notwehr od sonstige Schuldausschließgsgründe beruft, hat er deren Vorliegen zu beweisen, BGH aaO. Besserg oder Verzeihg vor Rücktr, §§ 2336 IV, 2337 S 1, vernichten das an sich unverzichtbare RücktrR, Verzeihg nach Rücktr, § 2337 S 2, od Besserg nach dem Rücktr machen ihn nicht mehr unwirks.

2) Bei mit EheVertr verbundenen ErbVertr wird durch den Rücktr eines Ehegatten vom ErbVertr die Weitergeltg des EheVertr nicht berührt, BGH **29**, 129.

2295 *Rücktritt bei Aufhebung der Gegenverpflichtung.* Der Erblasser kann von einer vertragsmäßigen Verfügung zurücktreten, wenn die Verfügung mit Rücksicht auf eine rechtsgeschäftliche Verpflichtung des Bedachten, dem Erblasser für dessen Lebenszeit wiederkehrende Leistungen zu entrichten, insbesondere Unterhalt zu gewähren, getroffen ist und die Verpflichtung vor dem Tode des Erblassers aufgehoben wird.

Schrifttum: Knieper, Die Verbindg des Erbvertrags mit anderen Verträgen, DNotZ **68**, 331.

1) Gesetzl Rücktrittsrecht bei Aufhebg der Unterhaltsverpflichtg. Ein gegenseitiger Vertr im techn Sinne ist der Verpfründgs- od AbnährgsVertr (der auf Unterh, Pflege, Verpflegg, Dienste geht) nicht. Bei Nicht- od Schlechterfüllg ist kein Rücktr, sond nur Anf, §§ 2078 II, 2281 ff, gegeben. In solchen Fällen muß der RücktrVorbeh, § 2293, helfen. Es ist vielm Aufhebg (durch Vertr, Bedinggseintritt, Unmöglichk) vorausgesetzt, Erm-Hense Rdz 2, s Hamm DNotZ **77**, 752 (Umdeutg eines formnichtigen VertrAngebots auf Aufhebg eines ErbVertr in Rücktr nach § 2295). Der Rücktr berechtigt den Verpflichteten zur RückFdg nach § 812 I 2. Der Erbl hat kein KonditionsR, Erm-Hense Rdz 3, aM RGRK Rdz 3, Dittmann Anm 6, Knieper aaO 335, da ErbVertr u schuldrechtl Verpflichtg unter Lebden nur ursächl verknüpft, aber nicht Bestandteile eines ggseit Vertr sind. Diese Kondition wäre übrigens undurchführb, wenn der Erbl vor der Durchsetzg des BereichergsAnspr gestorben ist, Strohal I, 402. War allerdings die vertragsm Zuwendg von vornherein durch den Fortbestand der Leistg (od LeistgsPfl) des Bedachten bedingt, so wird erstere durch den Wegfall der letzteren ohne weiteres hinfällig, RGRK Rdz 3. – Das RücktrittsR des Erbl besteht auch, wenn die Verpflichtg des Bedachten, zB infolge Nichtigk, überh nicht entstanden ist, Brox § 14 III 2b, bestr. Die Erbeinsetzg kann von vornehrein von der Erfüllg des mit dem ErbVertr geschl VersorggsVertr abhäng gemacht w, ohne daß es eines Rücktr bedarf, Erm-Hense Rdz 2, BayObLG Rpfleger **76**, 290.

2) Siehe auch § 2294 Anm 2. – Umdeutg eines formnicht VertrAngeb zur Aufhebg eines ErbVertr in Rücktr nach § 2295 ist mögl, Hamm aaO.

3) Denkb ist auch der Abschluß eines befristeten Kaufvertrags, in dem der „Erbl" für den Fall seines Todes gg Entrichtg eines Entgelts, den VertrGegner sein Vermögen od Teile hievon zuwendet, s BayObLG **53**, 226, Knieper aaO 336 f.

2296 *Form des Rücktritts.* I Der Rücktritt kann nicht durch einen Vertreter erfolgen. Ist der Erblasser in der Geschäftsfähigkeit beschränkt, so bedarf er nicht der Zustimmung seines gesetzlichen Vertreters.

II Der Rücktritt erfolgt durch Erklärung gegenüber dem anderen Vertragschließenden. Die Erklärung bedarf der notariellen Beurkundung.

Vorbem. In Abs II 2 sind die Worte „gerichtlichen oder" gem § 56 I BeurkG mit Wirkg v 1. 1. 70 (§ 71 BeurkG) weggefallen. Die Beurk der RücktrErkl ist nur mehr in notarieller Form zuläss, §§ 1 ff BeurkG.

1) Form des vorbehaltenen, gesetzl Rücktritts, wie bei Anf, § 2282 (III idF des § 56 I BeurkG). Der Erbl darf aber nicht geschäftsunfäh sein. Die RücktrErkl, §§ 2293–2295, muß dem VertrSchließden (bei GeschUnfgk od GeschBeschränkth dem gesetzl Vertreter), bei mehreren VertrSchließden an alle, Reithmann, DNotZ **57**, 529, in Urschrift od Ausfertigg, KG DNotZ **33**, 580, nicht aber in einfacher od von einem RA, GVz beglaubigter Abschr, Celle NJW **64**, 53 mit Anm von Bärmann = DNotZ **64**, 238 mit Anm von Hieber, BGH **31**, 5 = NW **60**, 33 = **LM** Nr 10 zu § 2271 mit Anm v Pagendarm, BGH **36**, 201, Düss OLGZ **66**, 68 (aM Jansen NJW **60**, 475, Soergel-Wolf Rdz 4, Dilcher JZ **68**, 188, die eine von einer öff UrkPers begl Abschr für genügd erachten), nach §§ 130 ff, BayObLG **63**, 260/264 (nicht notw durch GVz, aber wg Nachweises der Art des zugestellten Schriftstücks zweckm, Röll DNotZ **61**, 312/314) übermittelt werden; ZPO 170 I Halbs 2 gilt nicht; ErsZustellg an den die Zustellg betreibden Teil macht die Zustellg unwirks, ZPO 185. Die Form, II 2, ist **zwingend**. Eine unwirks Zustellg (s dazu BGH NJW **75**, 827) der RücktrErkl kann nach dem Tod des Vertragserben nicht mit heilder Wirkg nachgeholt w, Düss aaO. Hat der Notar zunächst nur eine begl Abschr des Rücktr zustellen lassen, ist aber vor dem Tod des Erklärenden eine Ausfertigg zugestellt worden, um dem jetzt erst erkannten Zustellungsmangel abzuhelfen, so ist der Rücktr unwirks; darauf, ob der Erklärde vor seinem Tod alles getan hat, was von seiner Seite aus geschehen mußte, damit die Erkl dem and Teil zugeht, kommt es nicht an; im übr ist der Widerruf auf jeden Fall unwirks, wenn er dem anderen VertrSchließden nach dem Tod des Widerrufden erst in einem Ztpkt zugestellt w, zu dem er mit einem Rücktr nicht mehr zu rechnen brauchte, BGH **48**, 374 = JZ **68**, 185 mit Anm von Dilcher, mit Anm v Kreft **LM** § 130 Nr 10, auf Vorlage v Hamm, NJW **67**, 1440; Dittmann Anm 9; s auch § 2271 Anm 2 B a. – Die spätere Errichtg eines Test mit abweichdem Inhalt ist mangels Erkl ggü dem und VertrTeil noch kein Rücktr. Eine Anweisg, den TestInhalt (Widerruf) erst nach dem Tod des Erbl dem VertrGegner zu übermitteln, ist unzul, BGH **9**, 235; im übr ist aber § 130 II anwendb, vgl § 2271 Anm 2 B a. Der das Test nur verwahrde Notar ist nicht ermächtigt, nach dem Tod des Erbl durch Versendg des Test den Rücktr zu erklären, Saarbr SaarlRZ **57** (1. Halbjahr), 45. – Der einseit Rücktr ist wie jede empfangsbedürft Erkl **unwiderrufl** und läßt sich durch neuen Vertr beseitigen. Nach dem Tode des anderen Teils gilt § 2297. Gebühr: KostO 46 II.

2) Die Wirkg des Rücktritts, soweit er berechtigt war, richtet sich nach seinem Umfang. Bei Teilrücktritt beurteilt sich die Wirksamk der übrigbleibenden Bestimmgen nach §§ 2279, 2085; Ausn: § 2298. Wegen einseitiger Anordngen vgl § 2299 III.

2297 *Rücktritt durch Testament.* Soweit der Erblasser zum Rücktritte berechtigt ist, kann er nach dem Tode des anderen Vertragschließenden die vertragsmäßige Verfügung durch Testament aufheben. In den Fällen des § 2294 finden die Vorschriften des § 2336 Abs. 2 bis 4 entsprechende Anwendung.

1) Durch den Tod des Erbl wird der Rücktr unmögl. Der **Tod des VertrGegners** ändert bei einseitigen ErbVertr die RücktrForm (Anf ist außerdem mögl, aber mit geänderter Adresse, § 2281 II; Kipp-Coing § 40 III). Bei zweiseitigen ErbVertre erlischt iZw mit dem Tod des anderen Teils bei Nichtausschlagg der RücktrVorbeh, § 2298 II 2, 3. Der Rücktr erfolgt nicht ggü den Erben od dem bedachten Dritten, sond allein durch aufhebendes Test, §§ 2254, 2258, gleichviel ob der Grd zum Rücktr vor od nach dem Tode des anderen Teils eintrat. Beim Tod einzelner von mehreren VertrSchließenden hält Reithmann, DNotZ **57**, 529, den Rücktr ggü den noch Lebenden nach § 2296 II für ausreichend. Der Rücktr ist bei § 2297, anders bei § 2296, widerrufl wie jedes Test, §§ 2253ff.

2) Rücktritt wegen Verfehlgen des Bedachten. Die materiellen Voraussetzgen des RücktrRechts nach § 2297 sind im Ggsatz zu § 2294, vgl Anm dort, dem PflichttEntziehgsR zu entnehmen, LG M-Gladbach MDR **52**, 750. Ob der nicht erwähnte § 2337 Anwendg findet, ist str. Nach hM beseitigt die vorhergehende Verzeih das Recht zur Aufhebg, nicht aber eine nachträgl Verzeih; hier kann aber der Erbl das AufhebgsTest widerrufen od dem Bedachten eine neue Zuwendg machen, Dittmann Anm 8.

2298 *Gegenseitiger Erbvertrag.* I Sind in einem Erbvertrage von beiden Teilen vertragsmäßige Verfügungen getroffen, so hat die Nichtigkeit einer dieser Verfügungen die Unwirksamkeit des ganzen Vertrags zur Folge.

II Ist in einem solchen Vertrage der Rücktritt vorbehalten, so wird durch den Rücktritt eines der Vertragschließenden der ganze Vertrag aufgehoben. Das Rücktrittsrecht erlischt mit dem Tode des anderen Vertragschließenden. Der Überlebende kann jedoch, wenn er das ihm durch den Vertrag Zugewendete ausschlägt, seine Verfügung durch Testament aufheben.

III Die Vorschriften des Absatzes 1 und des Absatzes 2 Satz 1, 2 finden keine Anwendung, wenn ein anderer Wille der Vertragschließenden anzunehmen ist.

1) Nichtigk vertragsmäßiger Vfgen beim zweiseitigen (gemeinschaftl) ErbVertr, dazu Übbl 10 vor § 2274. Treten beide Teile als Erbl auf (nicht nötig, daß gerade der Gegner od dessen Angehörige bedacht werden), ist, wenn die Vertragsmäßig der Vfgen beider Teile festgestellt ist, iZw, **III**, wenn auch nicht notw, ihre ggseitige Abhängigk voneinander anzunehmen, BGH NJW **61**, 120; anders § 2270 II. Ist auch nur eine Vfg des einen nichtig od wirks angefochten, § 142, so ist der ganze Vertr unwirks. Wird dagg eine **Vfg** (zB durch Vorversterben, Ausschlagg des Bedachten, Bedingungsausfall, Erbunwürdigk) **hinfällig**, so ist dies regelm auf die Bestimmgen des Gegners ohne Einfluß. Ob einseit Vfgen durch die Nichtigk zweiseit vertragsmäßiger Bestimmgen berührt werden, bemißt sich nach § 2085, s dazu Bühler DNotZ **62**, 367ff. Bei Nichtigk des ganzen ErbVertr sind auch **einseitige Verfüggen** unwirks, soweit nicht § 140 eingreift.

2) Den Rücktritt können sich beide od nur einer vorbehalten, vgl im übrigen § 2293; auch eingeschränkt; freilich wird, wenn der Vorbeh auf eine einzelne Vfg beschränkt ist, idR anzunehmen sein, daß diese Vfg nicht im Verhältn ggseitiger Abhängigk zum übrigen Inhalt des ErbVertr stehen soll, Dittmann Anm 9, s aber auch KG OLG **44**, 107. Wenn die Beteiligten den Vorbeh ganz weglassen können, dürfen sie ihn auch **zeitl einschränken**; sie dürfen also auch **II 3** (TestAufhebg bei Ausschlagg) durch Vereinbg ausschließen, so daß also Aufhebg - aber nur durch Test, Staud-Dittmann Anm 20 - ohne Ausschlagg gestattet u umgekehrt Aufhebg trotz Ausschlagg untersagt w kann. Das vorbehaltene RücktrR erlischt beim Tode des anderen (Ausn **III**; Flatten DNotZ **41**, 50). Doch gibt die Ausschlagg des im Vertr (vertraglich od letztwillig) Zugewandten aGrd des RücktrVorbehalts das Recht zur Aufhebg der eigenen Vfgen durch Test. Nur wer auf den ganzen GgWert verzichtet, kann von dem ganzen Vertr loskommen. War nichts zugewandt, so kann auch nicht durch Ausschlagg aufgeh werden; über die bestr Bedeutg der Ausschlagg eines bedachten Dritten vgl § 2271 Anm 3c aa. Das **gesetzl Rücktrittsrecht**, §§ 2294, 2295, fällt nicht unter **II**. Doch können bes Vereinbgen od Auslegg zum gleichen Ergebn führen.

3) Die Wirkg der Rücktrittserklärg (Aufhebg) richtet sich auch hier zunächst nach ihrem Umfang, in jedem Falle nach dem alles entscheidenden Parteiwillen, **III**, wobei die Hauptrolle spielt, ob u inwieweit die Vfgen wechselbezügl sind, Wein, BayZ **16**, 129. Der Parteiwille kann auch aGrd von Tatsachen außerh des Vertr od der allg Lebenserfahrg ermittelt werden. S auch Anm 1, § 2085 u wg einseitiger Vfgen § 2299 III.

2299 *Einseitige Verfügungen.* I Jeder der Vertragschließenden kann in dem Erbvertrag einseitig jede Verfügung treffen, die durch Testament getroffen werden kann.

II Für eine Verfügung dieser Art gilt das gleiche, wie wenn sie durch Testament getroffen worden wäre. Die Verfügung kann auch in einem Vertrag aufgehoben werden, durch den eine vertragsmäßige Verfügung aufgehoben wird.

III Wird der Erbvertrag durch Ausübung des Rücktrittsrechts oder durch Vertrag aufgehoben, so tritt die Verfügung außer Kraft, sofern nicht ein anderer Wille des Erblassers anzunehmen ist.

1) Allgem. Der ErbVertr ist gewissermaßen ein Stützpunkt für testamentar (nichtvertragsmäßige) Vfgen jeder Partei, s § 1937 Anm 1, zB Anordng einer TestVollstrg, auch des nur Annehmenden) Kipp-Coing § 42 I. Nach der hM ist TestierFgk erforderl, § 2229, so daß die Erleichtergen des § 2275 II nicht gelten, Dittmann Anm 4, Soergel-Wolf Rdz 4; aM Barth-Schlüter Lehrb § 25 XII 2. Zu beachten ist, daß die Form des Erb- bzw EheVertr, § 2276 II, den Parteien zur Errichtg letztw Anordngen nur für den Fall offen steht, daß von ihnen wenigstens eine vertragsm Vfg wirks getroffen wird. Das gleiche gilt für die Aufhebg, II 2. Andernfalls hätte die UrkundsPers ihre Mitwirkg zu verweigern, Strohal I 358; vgl auch §§ 4, 17 BeurkG. Der Erbl kann aber seine einseitigen Vfgen jederzeit nach §§ 2253 ff, im übrigen durch Vertr nach § 2290, **II 2, III,** od durch Rücktr nach §§ 2293 ff, **III,** aufheben.

Ob **vertragsmäßige od einseitige Vfgen** vorliegen, ist durch freie Auslegg, § 133, zu entscheiden, § 2278 Anm 2a aa, BGH DRiZ **66**, 398; s auch § 2084 Anm 6.

2300 Amtliche Verwahrung; Eröffnung.
Die für die amtliche Verwahrung und die Eröffnung eines Testaments geltenden Vorschriften der §§ 2258a bis 2263, 2273 sind auf den Erbvertrag entsprechend anzuwenden, die Vorschriften des § 2273 Abs. 2, 3 jedoch nur dann, wenn sich der Erbvertrag in besonderer amtlicher Verwahrung befindet.

1) Vorbem. Die in § 2300 angeführten §§ 2258a, b sind gem § 57 III Nr 12, 13 BeurkG mit Wirkg vom 1. 1. 70 geändert worden (§ 71 BeurkG). Sie sind von diesem Ztpkt an in ihrer geänderten Fassg entspr anzuwenden.

2) Für die **besondere amtl Verwahrg** von ErbVertr gilt seit 1. 1. 70 § 34 II mit I BeurkG. Er hat die Vorschr in § 2277 I aF in sprachl veränderter Form übernommen. § 2277 idF des § 57 III Nr 15 BeurkG regelt nur mehr die Erteilg des Hinterleggsscheins bei bes amtl Verwahrg des ErbVertr. – Die bes amtl Verwahrg ist bei ErbVertr nur erforderl, wenn die VertrSchließden sie nicht ausschließen, § 34 II Halbs 1 BeurkG; der Widerspr eines VertrTeils genügt nicht, in diesem Fall ist amtl zu verwahren, § 2277 Anm 3b. Die Ausschließg der amtl Verwahrg ist iZw anzunehmen, wenn der ErbVertr mit einem and Vertr, zB EheVertr, § 2276 II, verbunden ist; in solchen Fällen überwiegt das Interesse der Beteil an der alsbald Benutzg der Urk in der Regel das Interesse an der Sicherg u Geheimhaltg; die bes amtl Verwahrg ist nur auf ausdrückl Antr eines Beteil vorzunehmen, § 2277 Anm 5a. S auch Anm 5 zu § 34 BeurkG.

3) Im Falle der bes amtl Verwahrg richten sich **Zuständigk** u **Verfahren** nach §§ 2258 a, b; s § 2277 Anm 3 a. Ist diese ausgeschl, so bleibt die Urk in der Verwahrg des UrkNotars, § 25 II 1 BNotO; zum Verf s § 2277 Anm 3 b, § 34 BeurkG Anm 5 b.

4) Eröffng u Verkündg. Nach dem Tode des Erbl ist der ErbVertr, wenn durch Notar verwahrt, nach § 2259, BNotO 25 II 2, DONot 16 II 2 (id ab 1. 1. 75 gelt F), an das NachlG abzuliefern. Eröffng u Verkündg geschieht wie beim Test, nach §§ 2260 bis 2263, dazu Ffm Rpfleger **77**, 206 mit Anm v Haegele; BGH Rpfleger **78**, 92 auf Vorlage von Köln Rpfleger **78**, 397. Auch ein aufgehobener ErbVertr ist abzuliefern u zu eröffnen, RGRK Rdz 2, LG Münst NRW JMBl **57**, 196, s auch Steffen AgrarR **74**, 274; ebso ein mit einem and Vertr verbundener ErbVertr, Dittmann Anm 4; nicht aber ein AufhebgsVertr, § 2290, Düss RhNK **73**, 199. Bei zweiseit ErbVertr gilt § 2273 entspr, ebso wenn nur auf einer Seite 2 Erbl stehen. Im Falle der bes amtl Verwahrg wird nach § 2273 II, III verfahren, BayObLG **74**, 9. Ein nach § 2255 abgelieferter ErbVertr wird daher offen bei den NachlAkten aufbewahrt, wenn nicht der Überlebde die amtl Verwahrg beantragt, die jedoch im Fall des § 2273 III nicht in Frage kommt. Ein bish in bes amtl Verwahrg befindl ErbVertr ist vom örtl zuständ NachlGer in die bes amtl Verwahrg zu nehmen, BayObLG aaO; aM KG Rpfleger **72**, 405, s auch § 2273 Anm 3. In die Verwahrg des Notars ist der Vertr auf keinen Fall zurückzugeben, vgl § 2273 Anm 3, AktenO 27 Nr 11. – Enthält der Vertr auch Vfgen des Überlebden, dann nochmalige Eröffnung bei seinem Ableben, vgl § 2273 Anm 5. – Über entspr Anwendg des § 2300 s KonsG 11 III. – **Einsichtnahme** nach Eröffng vgl § 2264 Anm 3.

2300a Eröffnungsfrist.
Befindet sich ein Erbvertrag seit mehr als fünfzig Jahren in amtlicher Verwahrung, so ist § 2263a entsprechend anzuwenden.

1) Vorbem. AusfVorschr vgl § 2263 a Anm 1; s auch Hornung JVBl **64**, 225; **65**, 247; für *BaWü* 1. VVLFGG 17 I.

2) Eröffngsfrist. Entspr Vorschr für Test, vgl § 2263a u die Erläutergen dort. Die Eröffngsfrist beträgt bei ErbVertr 50 Jahre, da sie vielf schon in jüngeren Jahren abgeschl werden. Die Vorschr gilt für alle ErbVertr, auch wenn sie schon vor dem Inkrafttr des TestG, dh dem 4. 8. 38, ev auch vor dem 1. 1. 1900, s § 2263 a Anm 3, errichtet wurden, und zwar nicht nur für die in bes amtl Verwahrg befindl, sond auch für die beim Notar verwahrten Urkunden, Boehmer DNotZ **40**, 193. Im letzteren Fall obliegt dem Notar die Nachprüfg u ggf die Ablieferg an das NachlGer zwecks Eröffng, DONot 16 II 3 (id ab 1.1.75 gelt F), IV. Auch für ihn gelten die in § 2263 a angeführten Grds. Er muß also ggf auch ErbVertr, die vor dem 1. 1. 1900 errichtet w sind, an das NachlGer, § 2260, abliefern, BGH DNotZ **73**, 379, Memmg Rpfleger **77**, 440; er kann dies auch an ein and AG, zB das AG des Amtssitzes, §§ 2259 mit 2261 (VerwahrgGer), siehe auch § 2263 a Anm 4, Hamm Rpfleger **72**, 23. Lehnt der Notar die angegangene AG der Ann des ErbVertr für Eröffng ab, so ist der Notar zur Einlegg der Beschw (Erinnern, FGG 19, 20, RPflG 11) befugt, vgl KGJ **23** A 195, aM Jansen[2] FGG 20 Anm 59 mit Hinw, die aber für den ggwärt Fall nicht einschläg sind; denn dch die Ablehng wird der Notar an der Erfüllg seiner Pfl zur Ablieferg zwecks Eröffng gehindert, wie hier Memmg aaO.

Erbvertrag § 2301 1-3

2301 *Schenkungsversprechen von Todes wegen.* I Auf ein Schenkungsversprechen, welches unter der Bedingung erteilt wird, daß der Beschenkte den Schenker überlebt, finden die Vorschriften über Verfügungen von Todes wegen Anwendung. Das gleiche gilt für ein schenkweise unter dieser Bedingung erteiltes Schuldversprechen oder Schuldanerkenntnis der in den §§ 780, 781 bezeichneten Art.

II Vollzieht der Schenker die Schenkung durch Leistung des zugewendeten Gegenstandes, so finden die Vorschriften über Schenkungen unter Lebenden Anwendung.

Schrifttum: Staud-Boehmer, Einl vor § 1922, §§ 25ff; Rötelmann, Zuwendgen unter Lebenden auf den Todesfall, NJW **59**, 661; Wieacker, Zur lebzeitigen Zuwendg auf den Todesfall, Festschrift f Lehmann I 271; Mattern, Einzelzuweisgen auf den Todesfall. II. RGeschäfte unter Lebenden auf den Todesfall, BWNotZ **65**, 6; Harder, Zuwendgen unter Lebenden auf den Todesfall, 1968; ders, Das ValutaVerh beim Vertr zugunsten Dritter auf den Todesfall, FamRZ **76**, 418; Damrau, Zuwendgen unter Lebenden auf den Todesfall, JurA **70**, 716; Hinz, Bankverträge zugunsten Dritter auf den Todesfall, JuS **65**, 299; Wellmann, Gesellschaftsrecht, III 6: Die Übertragg der Mitgliedsch durch Rechtsgeschäft unter Lebenden auf den Todesfall, RhNK **68**, 31/50; Wiedemann, Die Übertragg u Vererbg von Mitgliedschaftsrechten bei Handelsgesellschaften, 1965, § 7; Barth-Schlüter, Lehrb § 59; Lange-Kuchinke § 31; Kipp-Coing § 81; Brox § 43; Lübtow Lehrb II 1221ff; Johannsen, WPM **72**, 1046; **77** 302; ders, DNotZ **77** Sonderh 69/79ff; Kegel, Zur Schenkg von Todes wegen, 1972; Bühler, Die Rechtsprechg des BGH zur Drittbegünstigg auf den Todesfall, NJW **76**, 1727 (= BWNotZ **77**, 84), dazu Harder-Welter NJW **77**, 1139; Hager, Neuere Tendenzen beim Vertr zugunsten Dritter auf den Todesfall, Festschr für Caemmerer, 1977, 127; Kümpel, Konto u Depot zugunsten Dritter auf den Todesfall, WPM **77**, 1186; s auch Anm 4.

1) Allgemeines. Zweck des § 2301 ist, Umgehgsgeschäfte unter Lebenden zur Erreichg erleichterter erbrechtl Wirkg zu verhindern, Staud-Boehmer, Einl §§ 25ff, insb § 26 IV; anderers kann aber ein gewisses Bedürfn für die Regelg vermögensrechtl Verhältnisse für den Todesfall durch RGesch unter Lebenden nicht geleugnet werden, Staud-Dittmann Anm 3. Es besteht daher kein Anlaß, Abs I ausdehnd u Abs II eng auszulegen, ebenso BGH BWNotZ **64**, 331, s Lange-Kuchinke § 31 II 1 c. Brox § 43 II 1 a bezeichnet als lebzeit Vfg auf den Todesfall ein RGesch, dessen Wirksamwerden dch den Tod des Zuwendenden aufschiebend befristet u entweder dch das Überleben des Leistgsempfängers aufschiebend od dch dessen Tod zu Lebzeiten des Verpflichteten auflösend bedingt ist; s auch Kegel aaO 37f, 41, 43, 63. – Die Notare u sonstigen UrkundsPers haben dem FinA Mitteilg zu machen, Art 9 ErbStRG, § 13 ErbStDV v 19. 1. 62, BGBl 22. Vgl ferner MiZi 2. Teil III/1.

2) Das noch unvollzogene SchenkgsVerspr vTw (SchuldVerspr, Schuldanerkenntn): **a)** Es kann bindend wohl nur in der **Form eines Erbeinsetzgs-** od **VermVertr**, §§ 2278, 2087, 2276, erkl werden, **I.** Der Beschenkte erlangt wie jeder andere Erbe od VermNehmer ein Recht auf die Zuwendg erst mit dem Erbfall. Das SchenkgsVerspr kann wie jeder andere ErbVertr durch Anfechtg, Aufhebg u Rücktr, §§ 2281, 2290, 2293ff, beseitigt werden. Widerruf nach § 530 ist unzul, Dittmann Anm 33; grober Undank aber idR AnfechtgsGrd, vgl § 2078 Anm 2; s Lange-Kuchinke § 31 II 1 a. Ist die Form nicht beachtet, so erlangt der Bedachte überh kein Recht; auch nicht dadurch, daß die Schenkg nach dem Tode „vollzogen" wird; vgl hierzu Anm 3a. Doch kann SchenkgsVerspr, das nicht den FormVorschr des ErbVertr entspricht, zB in **Briefform** („Ich verspreche Ihnen für den Fall meines Todes 10000 DM"), als eigenhänd Test aufrechterhalten werden, §§ 133, 140, 2084, § 140 Anm 2, Barth-Schlüter, Lehrb § 59 II 2, s auch den prakt Fall JuS **75**, 104. – **b)** § 2301 setzt voraus, daß die **Schenkg unter** der ausdrückl od stillschw **Bedingg**, daß der Beschenkte den Schenker überlebt, versprochen wird. Dazu reicht aber nicht aus, wenn das SchenkgsVerspr nach seinem Inhalt erst nach dem Tode des Versprechenden angenommen w darf, aber die Möglichk besteht, daß im Fall des vorzeitigen Todes des VersprEmpf die Ann durch dessen Erben erfolgen kann, OHG MDR **49**, 282. Nicht anwendb ist § 2301, wenn die Bedingg gesetzt w, daß Schenker u Beschenkter gleichzeit sterben, Dittmann Anm 11. – **c)** War das **Versprechen unbedingt** gemacht u nur die **Erfüllg** auf die Zeit des Todes **hinausgeschoben**, so liegt gewöhnl Schenkg unter Lebenden vor, vgl BGH **8**, 31, Ascher LM Nr 2 zu § 305, BGH NJW **59**, 2254; das Verspr bedarf hier der Form des § 518, Dittmann Anm 15. Bei Vorversterben des Beschenkten fällt das Geschenk dann an dessen Erben. Liegt keine Schenkg vor, dann ist § 2301 unanwendb, BGH **8**, 31; daher bedenkl Stgt JR **49**, 383, Anm v Stachels ebda u Ehlers JR **50**, 86; s auch Brox § 43 IV 2c; Harder aaO 44ff.

3) Ein bei Lebzeiten vollzogenes SchenkgsVerspr ist Schenkg unter Lebenden, Abs II, §§ 516ff; anwendb auch § 518 II, Dittmann Anm 21. Die Vorschr über Vfgen vTw finden keine Anwendg. Dazu ist aber **Voraussetzg**, daß noch der Schenkende selbst, nicht sein Erbe, das Vermögensopfer bringt, Kipp-Coing § 81 III 1c, Brox § 43 II 2a; dem Beschenkten muß noch zu Lebzeiten des Schenkers mind ein unmittelb wirkden AnwartschR verschafft w, Barth-Schlüter, Lehrb § 59 III 2, s auch Harder aaO 33ff, Kegel aaO 46, 64.

a) Die **Schenkg** muß also bereits **dingl** (durch Einigg u Übergb §§ 929ff, Fdgsübertragg, § 398, Erlaß § 397) vollzogen sein; vgl § 518 Anm 3b. Vollm über den Tod hinaus, Ermächtigg zur Abhebg der zZ des Todes vorhandenen Fdg, RG LZ **19**, 692, Brox § 43 II 2, u ähnliche, die Vollziehg nur vorbereitende Transaktionen genügen nicht, bestr, vgl § 518 Anm 3 b. Jedoch sind treuhänderische Übertragg, unwiderrufl Beauftragg eines Mittelsmanns, zB einer Bank zur Aushändigg dort verwahrter Wertpapiere, u dingl Zuwendgsanträge, § 130 II, als Schenkgsvollzug zu betrachten, Staud-Boehmer, Einl vor § 1922, § 26 Anm 13. **Vollzogene Schenkg** kann auch in Fällen angenommen werden, in denen rechtsgeschäftl Erklärgen u Maßnahmen des Erbl nach seinem Tode zur Durchführg gelangen, ohne daß der Erbl od dem Erben etwas zu tun übrig bleibt u diese Erklärgen zu einer unwiderrufl, bindenden Anbahng der Vermögensverschiebg geführt haben, s Dittmann Anm 25, Kipp-Coing § 81 IV, Barth-Schlüter Lehrb § 59 III 2, auch BGH NJW

§ 2301 3, 4   5. Buch. 4. Abschnitt. *Keidel*

70, 1638, Rötelmann NJW **59**, 661, Lange-Kuchinke § 31 II 1 b, III, Mattern aaO 9ff, Wiedemann aaO S 184, Kegel aaO 47, 51, 57, so bei Übertr des zugewendeten Ggstandes an TrHänder, der einem Dr zur Übertr verpflichtet ist, zB nach § 328, vgl Staud-Dittmann Anm 33. Vollzogene Schenkg ist auch die Vereinbg des Erlasses einer DarlSchuld (§ 397) beim Tod des Gläubigers (befristeter ErlVertrag, Hbg NJW **61**, 76). Nach Lage des Falles kann hier uU auch eine aufschiebd bedingte u damit vollzogene Schenkg vorliegen, vgl Anm 3c, so bei der schenkgsw Zuwendg eines GesellschAnt dch GesellschVertr, KG JR **59**, 101, bei schenkgsweiser Abtretg eines Bankkontos für den Ztpkt des Ablebens des Gläub in Verbindg mit Erteilg einer BankVollm, Hbg NJW **63**, 449, auch KG WPM **69**, 1047, dazu Kegel aaO 55f; schenkgsw Zuwendg eines GeldBetr dch Erteilg eines BankAuftr zur Auszahlg nach dem Tod des Erbl – der Auftr kann aber von den Erben widerrufen w (Widerrufsverbot, s Kümpel aaO 1192, nur dch letztw Vfg od TV-Ernenng) – BGH NJW **75**, 382 (mit Anm v Bökelmann JR **75**, 243); BGH **66**, 8, dazu Harder FamRZ **76**, 418, Johannsen Anm zu **LM** Nr 6, Bühler aaO; TreuhandVertr zw Erbl u Bank mit Anweisg, bei dessen Tod dem Begünstigten der VerkErlös von WertPap auszuzahlen (rechtswirks Schenkg, Widerruflich) BGH WPM **76**, 1130 (dazu auch üb die Bindg der Erben dch die sog SelbstkontrahiergsKlausel, §§ 177 I, 178 S 1 Halbs 2, od die WiderrufsVerzichtsklausel, §§ 130 I S 2, 671, Kümpel aaO 1193ff, auch Hager aaO 137); schenkgsw aufschiebd bedingte Abtretg eines Sparkontos, Ffm MDR **66**, 503; schenkgsw Übertr von Wertpapieren in Bankkonto, BGH **41**, 95 mit Anm v Mattern **LM** Nr 2, ablehner Anm v Büsselberg NJW **64**, 1952; eines Postspareguthabens ohne Einhaltg der FormVorschr des fr § 16 PostSpKO v 11.11.38, RGBl I 1645, KG NJW **70**, 332. Auch die Übertr der Versichergsnehmereigensch für den Fall des Todes des Versicherungsnehmers stellt sich als ein unter Lebenden vollzogenes RGesch dar, das gem § 2301 II mit § 518 II keiner bes Form bedarf, s Mohr VersR **66**, 702; ebso entschädiggslose Einräumg eines ÜbernahmeR bei Tod eines Gesellschters, BGH WPM **71**, 1338. Kegel aaO 53 stellt die widerrufl, aber nicht widerrufene Vfg der unwiderrufl gleich. – Nicht vollzogene Schenkg bei Überg von Wertpapieren an Boten zur Weitergabe an Dritten, wenn Bote sie dem Empf erst nach dem Tod des Schenkers übergibt, nahm zu Unrecht RG **83**, 223 (Bonifaziusfall) an, dazu Kegel aaO 50 f, Damrau aaO 724. Eine Schenkg liegt aber überh nicht vor, wenn nach dem GesellschVertr der Anteil eines Gesellschafters bei dessen Tod einem Mitgesellschafter zuwächst u dieser den Erben den Wert des Anteils zu vergüten hat, BGH **LM** § 516 Nr 3. Eine gesellschaftsvertragl Nachfolgeregelg, die für alle Gesellschafter gilt u die, weil sie alsbald Rechte u Pflichten zw den Beteiligten begründen soll, keine Vfg von Todes wg darstellt, ist auch dann keine Schenkg, wenn in AbfindgsAnspr der Erben ausgeschlt ist, BGH **22**, 194, DNotZ **66**, 620; NJW **77**, 1339; KG DNotZ **78**, 109, dazu Zimmermann, BB **69**, 969, auch Dittmann Anm 52, BGH WPM **71**, 1338, Schmidt FamRZ **74**, 508/520; Johannsen aaO; Reuter-Kunath JuS **77**, 376/381. Über Nachfolgeklauseln in der Satzung einer GmbH s Däubler, Die Vererbg des GeschAnteils bei einer GmbH, 1965, §§ 12, 13 u allg Ulmer, ZGR **72**, 212ff, Finger, Der Ausschl v AbfindgsAnspr bei der Nachfolge in PersGesellsch beim Tod des Gesellschafters, Betr **74**, 27; Heckelmann, AbfindgsKlausel in GesellschVertr, 1974, § 12 B, dazu Schmidt aaO, Käppler, SteuerG der Gesellsch-Erbfolge ZGR **78**, 542, dort insb üb die Ermächtigg zur unentgeltl Einziehg des GeschAnteils eines verstorb Gesellsch, 547ff.

    b) Die Bedinggg ist bei vollz Schenkg regelm eine **auflösende Bedinggg** in dem Sinne, daß die Schenkg, wenn der Beschenkte früher stirbt, mit dessen Tod an den Schenker zurückfallen soll, RGRK Rdz 13. Überlebt der Beschenkte den Erbl, so besteht die Schenkg auch künftig zu Recht. Ihr Ggst gehört nicht mehr zum Nachl u bleibt bei dessen Abwicklg außer Betr. Bei Vorversterben des Empfängers fällt der Ggst wieder an den Schenker zurück (ob auch mit dingl Wirkg, hängt von den Umst ab; bei Grdstücken dingl Rückfallsicher wg § 925 II nur durch eine Vormerkg, § 883, zu erreichen; Strohal I, 381).

    c) Aber auch **Zuwendgen unter aufschiebender Bedingg** des Überlebens des Bedachten sind **vollzogene Schenkgen**, RGRK Rdz 13; Staud-Lehmann Vorbem 13 vor §§ 1937–41; Staud-Boehmer Einl § 26 Anm 16; Barth-Schlüter Lehrb § 59 III 2 a; KG NJW **71**, 1808, 2311, **72**, 497, 1357 mit Anm von Walter u Finger.

    d) Einem Rechtserwerb aGrd Erbfolge iS des § 7 IV b BerlAltbG setzt das KG, WPM **66**, 842, die unentgeltl Abtretg von Rechten aus Schuldverschreibgen gleich, wenn der im Bln-Ost lebde Gläubiger den Weg des RechtsGesch unter Lebden mit dem in der BRep befindl Empfänger gewählt hat, um Schwierigk zu vermeiden.

4) Verträge zG Dritter auf den Todesfall, vgl dazu §§ 330, 331 mit Anm, Soergel-Wolf Rdz 12–14, Lange-Kuchinke § 31 II 2, Kipp-Coing § 81 V, Barth-Schlüter, Lehrb § 59 IV, Brox § 43 III, Lübtow Lehrb II 1232ff, Mattern, Finger, JuS **65**, 299; **69**, 309; Kegel aaO 10ff; Hinz, Finger, aaO 68f; auch Finger, Der Vertrag zG Dritter auf den Todesfall, Diss Ffm, 1968; Johannsen aaO; Harder FamRZ **76**, 418; Hager aaO 127ff; Kümpel WPM **77**, 1186, der eingeh dartut, daß Konto u Depot zugunsten Dritter auf den Todesf ohne Wahrg erb- u schenkgsrechtl FormVorschr mit einer DrittbegünstiggsKlausel nach § 331 errichtet w können. Zur Formfrage Finger WPM **70**, 324.

    a) Sie gelten als Schenkg unter Lebenden, soweit sie **vorweggenommene Vermögens-** oder **Gutsüberlassgen** (vgl auch § 1624) od **VersichergsVertr auf den Todesfall**, VVG 167, 180, RG **128**, 189, Plumbohn JW **38**, 349, betreffen. Insoweit dienen sie einem prakt Bedürfnis. Im letzteren Falle kommt die Gesamtsumme der Prämienzahlgen für die SchutzAnspr der Beteiligten, §§ 2287, 2325 ff, AnfG 3, KO 29ff, als Erbmasse in Betr, BGH FamRZ **76**, 616 (mit ablehner Anm v Harder), wie hier Staud-Boehmer Einl vor § 1922, § 27 Anm 12, s auch Lange-Kuchinke § 31 II 2 a; aM für Behandlg der Versicherungssumme als Erbteil Zehner, AcP **153**, 424ff (451), Kipp-Coing § 81 V 2c; vgl ferner Hoffmann, Der Vertr zG Dritter von Todes wegen, AcP **158**, 178; Hager aaO 143ff.

    b) Ob und in welchem Umfang **andere Geschäfte** dieser Art als nichtige Umgehgsgeschäfte anzusehen sind, ist bestr, s RGRK Rdz 17, 18, Kipp-Coing § 81 V, Barth-Schlüter, Lehrb § 59 IV. Da § 331 selbst ein zulässiges Mittel an die Hand gibt, die für letztw Vfgen gegebene Form zu ersparen, RG **106**, 2, auch BGH **41**, 95, da Verträge, die eine lebzeitige Zuwendg auf den Todesfall durch eine MittelsPers zum Ggst haben, kein SchenkgsVerspr, § 2301 I, vielm die Begründg eines Fdgsrechts für einen Dritten, also eine

Handschenkg des Versprechensempfängers an den Dritten darstellen, Wieacker aaO 283, zust Kümpel aaO 1190, und für derartige Verträge ein allgemeines wirtschaftl Bedürfn gegeben ist, § 516 Anm 1, bestehen gg die Zulässigk solcher RGeschäfte grdsätzl keine Bedenken, Wieacker aaO, Rötelmann NJW 59, 662, auch BGH 8, 31, 32, **LM** § 140 Nr 3, Dittmann Anm 45 ff; so erachtete es auch BGH **41**, 95 = NJW **64**, 1124 = **LM** Nr 2 mit Anm von Mattern, auch in BWNotZ **65**, 12, für zul, daß der Inh eines Wertpapierdepots auf den Ztpkt seines Todes durch Vertr mit seiner Bank zG eines Dritten für diesen einen schuldrechtl Anspr gg die Bank auf Übereigng der Wertpapiere begründet, aM Büsselberg NJW **64**, 1952; s auch Hinz JuS **65**, 299. Ähnlich kann nach BGH **46**, 198 eine rechtswirks Zuwendg auf den Todesfall gem § 331 darin liegen, daß eine Großmutter ein Sparbuch auf den Namen ihrer Enkelin anlegt, das Sparbuch aber behält, ein Vorgang, der idR die Enkelin nicht schon mit der Anlegg zur Inhaberin des Guthabens macht; dazu Anm von Mormann **LM** Nr 3 zu § 331 BGB, Johannsen aaO 1047, Finger JuS **69**, 309, BGH NJW **70**, 1181, auch KG NJW **71**, 1808, 2311, **72**, 497, 1357 mit Anm von Walter und Finger, BGH NJW **75**, 382. Wenn in einem BausparVertr für den Todesfall des Bausparers ein Dritter unentgeltl begünstigt w, so ist hierin idR eine schenkw Zuwendg an den Dritten auch hinsichtl der Aufwendgen (Sparraten) zu sehen, die der Sparer in Erfüll der Verpflichtgen aus dem Vertr gemacht hat, BGH NJW **65**, 1913, dazu Hippel NJW **66**, 867. — Ein zukünft Erbe kann sich ggü Erbl verpflichten, über einz Teile des künft Verm, das er vom Erbl erben würde, zugunsten eines Dritten zu verfügen BGH WPM **76**, 744.

2302 *Unbeschränkbare Testierfreiheit.* Ein Vertrag, durch den sich jemand verpflichtet, eine Verfügung von Todes wegen zu errichten oder nicht zu errichten, aufzuheben oder nicht aufzuheben, ist nichtig.

Schrifttum: Battes, Der erbrechtl VerpflVertr im System des Deutschen ZivilR-Ziele, Dogmatik u prakt Auswirkgen des § 2302, AcP **178**, 337.

1) Die Testierfreiheit des Erbl soll keinen vertragl Beschrkgen unterworfen sein, s zB Celle NdsRpfl **71**, 203; auch Battes aaO 338 ff. Unter das Verbot, vgl auch § 344, fällt auch die Verpflichtg zur Einhaltg einer bestimmten Form od das Verspr, an der gesetzl Erbf nichts zu ändern, wenn damit nicht in Wahrh Einsetzg der gesetzl Erben gemeint war, Dittmann Anm 2. Auch die vertrmäß Zusicherg, in einer bestimmten Weise nicht testieren zu wollen, ist nach § 2302 verboten, Dittmann Anm 3. Eine Bindg ist nur durch ErbVertr mögl, doch kann darin auf das Aufhebgs- od RücktrR, §§ 2290/92, 2294/95, nicht verzichtet werden, s BGH NJW **59**, 625. Haben sich Ehegatten im ErbVertr ggseitig zu Erben eingesetzt u bestimmt, daß der Längstlebende verpflichtet ist, das beim Tod vorhandene Vermögen auf die aus der Ehe vorhandenen Kinder zu übertragen, so kann diese Erkl dahin umgedeutet werden, daß der beiderseitige Nachl an die gemschaftl ehel Kinder fallen soll, Hamm JMBl NRW **60**, 125. Zur Umdeutg einer gg § 2302 verstoßenden Verpflichtg zum Abschl eines ErbVertr in einen Vertr zG Dritter s BGH WPM **61**, 87 = **LM** Nr 3 zu § 140, dazu Johannsen WPM **72**, 1046, auch Battes aaO 360 ff. Nichtig ist eine Auflage, dch die der Bedachte mit der Verpflichtg beschwert wird, ein Test zu errichten, nicht zu errichten, aufzuheben od nicht aufzuheben. § 2192 Anm 2, Barth-Schlüter Lehrb § 14 III 1, LG Hamb MittBayNot **71**, 319, Hamm NJW **74**, 60: hat der Erbl seine Ehefr als alleinige Erbin eingesetzt u damit die AO verbunden, welche die Ehefr verpflichtet, testamentar Vfgen zugunsten der gemschaftl Kinder zu treffen, so kann diese unwirks Aufl in die AO einer Vor- u NachErbsch umgedeutet w, § 140, dazu auch Käppler ZGR **78**, 542/559, Battes aaO 364 ff; s auch zur Umdeutg einer ähnl AO in ein Nachvermächtn, BGH DRiZ **66**, 398, auch BGH **LM** Nr 3 zu 140. Ist aber eine Zuwendg an die Bedingg geknüpft, daß der ZuwendgsEmpf seinen Geber od einen Dritten dch letztw Vfg bedenkt, so verstößt dies nicht gg § 2302, Verstoß gg §§ 134, 138 mögl, BGH **LM** Nr 533 Nr 1, **74** Anm 1a. Zur Umdeutg der AO eines Ehem, seine Ehefr, der er bestimmte Werte als Verm zugewendet hat, solle diese den gemschaftl Kindern vererben, in ein NachVerm, s BGH DiRZ **66**, 398, auch Barth-Schlüter aaO. — Einem Vertr, dch den sich ein Dritter ggü dem Erbl verpflichtet, die Erbsch auszuschlagen, steht weder § 2302 noch § 312 I entgegen, Dittmann Anm 5, aM Erm-Hense Rdz 1. Er bedarf aber der Form des § 2348, s Damrau, Der Erbverzicht als Mittel zweckmäß Vorsorge auf den Todesfall, S 27. – Ist das Versprechen einer späteren Entschädigg für Dienstleistgen durch Erbeinsetzg nach § 2302 nichtig, so hat der Dienstverpflichtete als NachlGläub Anspr auf Vergütg nach § 612 II; Bereicherungsansprüche, § 812 I 2, setzen voraus, daß kein schuldrechtl Vertr bestanden hat, BGH FamRZ **65**, 318; s dazu auch § 2057 aE über die **Ausgleichspfl** unter Abkömml für bes Leistgen mit Anm hierzu. — Aus einer **Zusage**, jemand erbrechtl zu bedenken, kann grdsätzl kein SchadErsAnspr hergeleitet w, da eine solche Zusage keine rechtl Verpflichtg begründet, BGH NJW **67**, 1126; Planck Anm 1; Vereinbg einer VertrStrafe, § 344, ist unwirks, Dittmann Anm 8. — Ein Versprechen, eine Vfg vTw bestimmten Inh zu errichten, kann GeschGrdl eines RGesch sein, deren Fortfall sich nach § 242 auf den Inh des RGesch auswirken kann, BGH NJW **77**, 950 mit Anm v Jochen JuS **77**, 473 u dazu Battes aaO 338, 359, 360, 362, 372, 379.

Fünfter Abschnitt. Pflichtteil

Überblick

Schrifttum: Braga, Zur Rechtsnatur des Pflichtteils, AcP **153**, 144. – Müller, Der PflichttAnspr in der vormundschgerichtl Praxis, Just **58**, 37. – Haegele, Streifzug dch das PflichttRecht, RpflJb **68**, 349; ders, Der Pflichtt im Handels- u GesellschR BWNotZ **76**, 23. – ders, EinkSt, ErbschSt u PflichttR, BWNotZ **76**, 97. – Haegele-Litfin IV Rdz 295 ff. – Niederländer, Die Pflichtteilsregelg in § 1371 BGB nF, NJW **60**, 1737. – Hampel, Zur Pflichtteilsregelg bei Beendigg der Zugewinngemeinsch durch den Tod eines Ehegatten, FamRZ **60**, 461. – Johannsen, Erbrechtl Auswirkgen des § 1371 Abs I–III BGB, FamRZ **61**, 17; ders, Die Rechtsprechg des BGH auf dem Gebiet des ErbR – 5. Teil, PflichttR WPM **70**, 110, 234, **73**, 539; **77**, 302. – Reinicke, Der Umfang der Pflichtteile im Güterstand der ZugewinnGemsch, Betr **60**, 1445. –

Bühler, Pflichtteilsregelg nach § 1372 BGB nF, BWNotZ **61**, 109. – Sturm, Die Pflichtteilsregelg nach § 1371 BGB, NJW **61**, 1435. – Dittmann, Die Pflichtteilsrechte bei der Zugewinngemeinschaft DNotZ **62**, 173. – Sudhoff, Stötter, Unternehmensnachfolge und Pflichtteilsanspruch, Betr **61**, 1573; **62**, 264, **68**, 648. – Herminghausen, Rötelmann, Pflichtteil bei späterer Veräußerg von Hofgrundstücken, NJW **62**, 1380, 1712 (zust BGH **38**, 110). – Dumoulin, Das Recht des Pflichtteils, RhNK **64**, 171. – Haegele, Sechs Jahre Zugewinngemeinsch, Rpfleger **64**, 242/248, 253ff = FamRZ **64**, 594/600, 605ff, auch Rpfleger **66**, 232 = FamRZ **66**, 594, Zugewinnausgleich, GmbHRdsch **66**, 24. – Miehle, Gesellschaft vertrag u Pflichtteil BWNotZ **66**, 44. – Lange, Der BGH u die erb- u güterrechtl Lösung des § 1371 BGB, NJW **65**, 369. – Schramm, Probleme zu § 1371 BGB, BWNotZ **66**, 18. – Zimmermann, PflichtteilsR u Zugewinnausgleich bei Unternehmer- u Gesellschafternachfolge, BB **69**, 965. – Wieser, Zum PflichtteilsR d nehel Kindes, BayNotV **70**, 135. – Ott, PflichttR bei Ausschl gesetzl Erbf in Personengesellsch BWNotZ **73**, 54. – Brüggemann, Probleme des § 2338a BGB – PflichttR des nehel Kindes, FamRZ **75**, 309. – Jebens, Der Einfluß der HöfeO auf die Rechtsstellg des überleb Ehegatten in § 1371 BGB, Diss Hbg, 1968. – Bohnen, Auswirkgen des gesetzl Güterstd der ZugewGemsch auf PflichttR u auf pflichtrechtl Vfgen vTw, Diss Marburg, 1969. – Ohlshausen, Die Konkurrenz v GüterR u ErbR bei Auflösg der ZugewGemsch dch Tod eines Ehg, Diss Kiel 1968 (= Ohlshausen Diss Kiel 1968) 150ff. – Hartmann, Die Auswirkgen des § 1371 I–III BGB auf das Erb- u PflichttR des BGB, Diss Mainz 1972. – Dölle, Familienrecht I, § 56 II. – Lange-Kuchinke § 39. – Kipp-Coing §§ 8–15, – Lübtow, Lehrb I S 505ff. – Firsching, Nachlaßrecht, 4. Aufl, 1971, S 20ff. – Sostmann, GrdstÜbertr an Abkömml u ihre Auswirkgen auf das PflichttR, RhNK **76**, 479. – Form-Komm ErbR, Forml 6. 601–614. Siehe auch Schrifttum zu § 1371 BGB.

1) Die Testierfreiheit wird zG naher Angehöriger eingeschränkt. Doch sind diese nicht auf einen Erbteil (NoterbR), sond nur auf einen persönl GeldAnspr beschränkt.

2) Pflichtteilsberechtigt, 2303, sind die Abkömmlinge u zwar jegl Grades, § 1924, mit der Einschränkg des § 2309; seit 1.7.70 (Inkrafttr des NEhelG) auch nichtehel Kinder beim Tod ihres Vaters, §§ 1600a ff (dessen Voreltern), u zwar auch dann, wenn ihnen kraft Ges nur ein ErbErsAnspr, § 1934a-c, zustünde, § 2338a, s Brüggemann aaO; um ÜbergR s Art 12 § 10 NEhelG und § 2338a Anm 2c. Ferner sind pflichtberecht die Eltern, § 1925, seit 1.7.70 auch der Vater des nichtehel Kindes u zwar auch dann, wenn ihm kraft Ges nur ein ErbErsAnspr zusteht, § 2338a; zum ÜbergR s Art 12 § 10 NehelG u § 2338a Anm 3c. Pflichtteilberecht ist auch der überlebde Ehegatte des Erbl. Der Enkel ist ggü dem Großeltern pflichtteilsberechtigt, nicht umgekehrt. Die PflichtBerechtigg ist also nicht notw wechselseitig. Sie beruht auf Verwandtsch od Ehe u begründet ein RVerh, das schon zu Lebzeiten des Erbl besteht u seinen Tod überdauert. Ein PflichtAnspr entsteht erst mit dem Erbf. Das PflichttR ist auch dann von Bedeutg, wenn im Einzelfall ein PflichttAnspr nicht begründet ist, vgl §§ 2305/07, 2314, 2316, 2319, 2326. Vgl hierzu die grdsätzl Ausführgen in BGH **28**, 177 = NJW **58**, 1964.

3) Die Hälfte des Wertes des gesetzl Erbteils ist der Pflichtteil. Der Anspr besteht in einer gewöhnl GeldFdg, BGH **28**, 178; er entsteht mit dem Erbf, ist vererbl u übertragbar, § 2317; pfändbar nur, wenn anerkannt od rechtshängig, ZPO 852. Er ist NachlVerbindlichk, § 1967 II, unterliegt aber bes Vorschr, § 1974 II, 1991 IV. Ergänzg kann bei Schenkgen verlangt werden, §§ 2325–2331. Diese Vorschr gelten auch bei Entziehg des ErbErsAnspr, § 2338a.

4) Pflichtteilsrecht besteht nicht bei Antragstellg (fr Klageerhebg) nach § 1933, vorzeit ErbAusgl, § 1934d, e, bei Erbverzicht, §§ 2346, 2349, Erbunwürdigk, §§ 2344/45, und PflichttEntziehg, §§ 2333–2337. Hins des PflichtAnspr bei Ausschlagg vgl § 1371 Anm 4, 5, § 1950 Anm 1, 2, § 1953 Anm 2b, 2303 Anm 2b, § 2305 Anm 1, § 2306 Anm 3, 4 und § 2307 Anm 1.

5) Sondervorschriften über das PflichttR im Güterstd der **Zugewinngemeinsch** lebender Ehegatten enthält § 1371, der nach § 2303 II 2 unberührt bleibt; s hiezu § 2303 Anm 2b u 3b, § 2304 Anm 1, 3, § 2305 Anm 1, § 2306 Anm 3b, § 2307 Anm 1b, § 2316 Anm 2b, § 2325 Anm 3, § 2328 Anm 2. Eine weitere Besonderh ergibt sich aus der Neuregelg des Unterh geschiedener Eheg (§§ 1569ff idF des 1. EheRG); **§ 1586b I** bestimmt, daß mit dem Tod des Verpflichteten die UnterhPfl auf den Erben als NachlVerbindlk, § 1967, übergeht, s § 1586b Anm 2. Hierbei fallen die Beschrkgen nach § 1581 weg, der Erbe haftet jedoch nicht über den Betrag hinaus, der dem Pflichtt entspricht, welcher dem Berecht zustünde, wenn die Ehe nicht geschieden wäre (§ 1586b I 3, s BT Drucks 7/650 S 152f, § 1586b Anm 3). Für die Ermittlg des HaftgsRahmens wird also das Fortbestehen der geschiedenen Ehe bis zum Tode des Verpflichteten fingiert. Auszugehen ist von dem GesamtNachl, nicht etwa von dem Vermögen, das der Verpflichtete zZt der Scheidg besessen hat. Für die Berechng des fiktiven Pflichtt bleibt ein etwa vorhandener neuer Eheg unberücksichtigt, BT Drucks aaO S 153. Da aber der Güterstd auf die Höhe des einem Eheg ggü dem and zustehden UnterhAnspr nach der Ehe u nach erfolgter Scheidg ohne Einfluß ist, bestimmt **§ 1586b II**, daß für die Berechng des Pflichtt Besonderh auf Grd des Güterstdes, in dem die geschiedenen Eheg gelebt haben, s §§ 1371, 1931 IV, außer Betr bleiben. Es wird allein auf § 1931 I, II abgestellt, BT Drucks aaO S 154, § 1586b Anm 3 c, d. S zu § 1586 d Dieckmann FamRZ **77**, 161/169ff, der die zweifelh Frage der Anwendg der §§ 2325ff hinsichtl der Haftsumme aufwirft u zur Durchsetzg der Anspr Stellg nimmt.

5a) Über bes Bestimmgen für die Berechng des Pflichtteils des Hoferben u der übrigen im **Höferecht** s § 16 II mit § 12 II, III HöfeO nF (dazu Lüdtke/Handjery Rdz 115–120, Wöhrmann-Stöcker Rdz 36–43; Becker AgrarR **76**, 181, Celle RdL **77**, 187); auch § 20 mit § 21 HöfeO RhPf. Zuständ für die Entscheidg über den Pflichtt nach der HöfeO ist das LwG (LwVG 1 Nr 5), bei Zusammentreffen mit Pflichtt nach BGB uU kraft Sachzusammenhang das ProzGer, s im einz Kegel in Festschr für Alex Meyer, 1976, 397/413.

6) Über den PflichttAnspr bei Entziehg des ErbErsAnspr, § 1934a-c, s § 2338a.

7) Auf den ErbErsAnspr sind gem § 1934b II 1 die für den Pflichtt geltden Vorschr mit Ausn der §§ 2303–2312, 2315, 2316, 2318, 2322–2331, 2332–2338a sinngem anzuwenden; s hiezu § 1934b Anm 3. Für die Verjährg des ErbErsAnspr enthält § 1934b II 2 eine SonderVorschr.

8) Gem § 1706 Nr 3 erhält das nichtehel Kind, das unter der elterl Gewalt der Mutter steht, sofern es nicht eines Vormds bedarf, einen Pfleger, ua für die Regelg von Erb- u PflichttRechten, die dem Kind im Falle des Todes des Vaters od seiner Verwandten zustehen, s Anm 2c hierzu, auch §§ 1707–1709 u Anm hiezu, Damrau FamRZ **69**, 585, Göppinger FamRZ **70**, 61.

9) **ErbschSteuer**: ErbStG 1 I Nr 1; 3 I Nr 1, II Nr 4; 9 I 1 b, f.

10) **DDR**: ZGB – Auszug im Anh, 35. Aufl – 396–398 (Pflichtt 2/3 des Wertes des gesetzl Erbt).

2303 *Pflichtteilsberechtigte; Höhe des Pflichtteils.* I Ist ein Abkömmling des Erblassers durch Verfügung von Todes wegen von der Erbfolge ausgeschlossen, so kann er von dem Erben den Pflichtteil verlangen. Der Pflichtteil besteht in der Hälfte des Wertes des gesetzlichen Erbteils.

II Das gleiche Recht steht den Eltern und dem Ehegatten des Erblassers zu, wenn sie durch Verfügung von Todes wegen von der Erbfolge ausgeschlossen sind. Die Vorschriften des § 1371 bleiben unberührt.

1) Das Pflichtteilsrecht ist Ausfluß u Ersatz des gesetzl Erbrechts, Mot **5**, 388, 472, u die Quelle des PflichttAnspr, s Übbl 2. Dies Recht steht nur den Abkömml (s Übbl 2), §§ 1924, 1722, 1736, 1740f, angen Kind (s Anm 1a), den Eltern (s Übbl 2, Adoptiveltern, s Anm 1a, § 1925 Anm 7), vgl aber § 2309, und dem Eheg, §§ 1931 (IV angefügt dch Art 1 Nr 87 NEhelG), 1933 (idF des 1. EheRG), 2311, zu, nicht aber den Geschwistern, Vorfahren u sonstigen Verwandten. Bei nachträgl Eheschl (§ 1934 Anm 7) haben die Abkömml idR ein ErbR und damit ein PflichttR, nicht aber die Ehefr (§ 1931 Anm 2d).

1a) Bei der **Annahme als Kind** (§§ 1741ff idF des AdoptG) ergibt sich aus §§ 1754, 1767 II, 1770, 1772 ein PflichttR des angen Kindes evtl seiner Abkömml (s Anm 3 A b zu § 1924) ggü dem annehmden Ehepaar, I, oder dem Annehmden, II, ferner ein PflichttR der Annehmden ggü dem angen Kind. Für das PflichttR der entfernteren Abkömml u der Eltern ist § 2309 zu beachten.

2) Der Pflichtteilsanspruch.
a) Nach der bis 30.6.58 geltenden Fassg der Vorschr war er nur **begründet**, wenn der Berechtigte durch Vfg vTw von der Erbf (nicht nur von der gesetzl) ausgeschl (durch Zuwendg des Nachl an andere, nach § 1938 od durch bloße Ersatzerbeinsetzg, s auch § 2306 Anm 5) u ihm ohne rechtmäßige PflichttEntziehg, RG **93**, 195, auch sonst nichts hinterlassen ist; s auch §§ 2305–2307. Wer aber kein gesetzl ErbR hat, §§ 1933, 2346, 2344, 2309, hat auch kein PflichttR.

b) Nach dem durch das GleichberG v 18.6.57, BGBl 609, eingeführten Abs II Satz 2 bleiben aber die Vorschriften des § 1371 unberührt. Demgemäß hat bei dem durch Tod aufgelösten Güterstd der **Zugewinngemeinsch** der **überlebende Eheg** einen Pflichtt, wenn er die Erbsch ausschlägt, und zwar neben dem Anspr auf Ausgl des Zugewinns, § 1371 II, III; vgl § 1371 Anm 4, 5. Wenn jedoch der überl Eheg auf sein Erb- od PflichttR verzichtet hatte, hat er kein PflichttR, § 1371 III Halbs 2, auch nicht, wenn er ausschlägt, was ihm durch Vfg vTw zugewendet ist, RGRK § 1371 Anm 35, od – bei Verzicht nur auf das PflichttR – was er iu Gesetzes erben würde. Ebenso entfällt das PflichttR bei rechtmäßiger Entziehg, § 2335, Erbunwürdigk, § 2345, und im Falle des § 1933, RGRK § 1371 Anm 25, 27. Über die Berechng des Pflichtt des Eheg bei Ausschlagg vgl nachf Anm 3b.

c) Nach dem ab 1.7.70 (Inkrafttr des NEhelG) geltden Recht erwächst dem nichtehel Kind ggü seinem Vater (Voreltern des Vaters) u dem nichtehel Vater ggü seinem Kind ein PflichttR auch dann, wenn ihm dch Vfg vTw der ErbErsAnspr, § 1934a–c, entzogen w ist, § 2338a Anm 2c, 3c. § 2338a S 2 bestimmt, daß im Sinn der Vorschr des 5. Abschn der ErbErsAnspr dem gesetzl Erbteil gleichsteht, s § 2338a Anm 5. Das PflichttR des nichtehel Kindes entfällt, abgesehen von den in Anm 2b angeführten Fällen auch dann, wenn zw ihm u seinem Vater eine wirks Vereinbg über den vorzeit ErbAusgl getroffen od ihm dieser dch rechtskr Urt zuerkannt worden ist; das gleiche gilt in diesem Fall für das PflichttR des nichtehel Vaters.

3) a) Der **Inhalt** des PflichttAnspr ist der halbe Wert des gesetzl Erbteils, §§ 2311 ff, also gesetzl Festlegg.

b) Bei **Zugewinngemeinsch**, die nach dem 30.6.1958 durch den Tod eines Eheg aufgelöst wird, ist zwar grdsätzl der erhöhte Erbteil des überl Eheg nach § 1371 I zugrunde zu legen und demgem mindern sich auch Erbteil u Pflichtt anderer PflichttBerechtigter: „**Großer Pflichtteil** des Eheg." Dieser große Pflichtt des Eheg ist aber für ihn von prakt Bedeutg nur in den Fällen von §§ 2305, 2306, 2307, 2318, 2319, 2325 und 2329; vgl die Anm zu diesen §§, Johannsen, FamRZ **61**, 18, 19, Schramm BWNotZ **66**, 26. Denn wenn der überl Eheg aus irgendeinem Grd nicht Erbe wird u auch nicht mit einem Vermächtnis bedacht ist, also auch bei Ausschlagg, Anm 2b, od wenn er nur mit einer Auflage bedacht ist, Krüger-Breetzke-Nowack GleichbG § 1371 Anm 8, kann er – wenigstens theoretisch – Ausgl des Zugewinns nach § 1371 II Halbs 1 verlangen, wobei unerhebl ist, ob er tatsächl dieses Verlangen stellt od ob überh ein Zugewinn erzielt wurde. In diesem Fall berechnet sich aber der Pflichtt des überl Eheg u auch der anderen PflichttBerechtigten nach dem nicht erhöhten gesetzl Erbteil des Eheg, § 1371 II Halbs 2: „**Kleiner Pflichtteil** des Eheg". Der Eheg erhält aber auch diesen Pflichtt nicht, wenn er kein gesetzl ErbR hat, Anm 2a. Falls der Eheg den kleinen Pflichtt erhält, erhöht sich damit von selbst der Pflichtt anderer PflichttBerechtigter, § 1371 II Halbs 2.

aa) Ist der **Eheg** als **Alleinerbe** eingesetzt, so beläuft sich der Pflichtt der Abkömmlinge unter Zugrundelegg von § 1371 I auf ¼ des NachlWerts, Hbg FabRZ **61**, 318, Lange-Kuchinke § 39 IV 3,[48] RGRK Rdz 15, BGH **37**, 58 = FamRZ **62**, 372 mit Anm v Bosch = **LM** Nr 2 mit Anm v Johannsen – aM Celle

FamRZ **61**, 448 –, der der Eltern auf ¹/₈, Bosch FamRZ **60**, 96. – S auch Reinicke Betr **60**, 1445/48; **65**, 1351/1354.

bb) Bestr ist die Frage, ob der überl **Eheg,** der weder Erbe noch VermNehmer ist, statt des „**kleinen** Pflicht" u des ZugewinnausglAnspr den „**großen** Pflicht" **wählen** kann. BGH **42**, 182 = **LM** § 1371 Nr 2 mit Anm v Johannsen – s hierzu Lange NJW **65**, 369, Schwab JuS **65**, 432 – hat nunmehr mit der überwiegend, auch hier, ebenso § 1371 Anm 4, vertretenen Auffassg entschieden, daß der Eheg gem § 1371 II stets auf den kleinen Pflicht u im übrigen darauf angewiesen ist, den Ausgl eines etwaigen Zugewinns nach den güterrechtl Bestimmgen zu verlangen, ebenso Oldbg, Stgt FamRZ **64**, 299, 631; Reinicke Betr **65**, 1351/1354; Maßfeller Betr **57**, 623, **58**, 562; Hampel, Bosch, Thiele FamRZ **58**, 162, 297, 393; Soergel-Dieckmann Rdz 29, 30; RGRK Rdz 5; Staud-Ferid Anm 42r ff, Erm-Barth-Schlüter Rdz 23; Brox § 32 IV 2 (EinhTheorie); aM für ein Wahlrecht zw großen u kleinen Pflicht ua Lange NJW **58**, 288; Rittner DNotZ **58**, 181; Bärmann AcP **157**, 187/188; Müller-Freienfels JZ **57**, 685, 689; einschränkend Boehmer NJW **58**, 524; krit hiezu im Hinbl auf § 1931 IV nF, Knur Betr **70**, 1114, Bosch FamRZ **72**, 171 f; Haegele BWNotZ **72**, 134; s auch die eingehd begründete Ablehng des WahlR von Bohnen, Diss (Schriftt vor § 2303) S 46ff; ferner Lange-Kuchinke § 39 V B. Der Pflicht des überl Eheg bestimmt sich also iF des § 1371 II, auch wenn er keinen ZugewAusgl verlangt, nach seinem nichterhöhten gesetzl Erbt, kleiner Pflicht. Als eingesetzter Erbe hat er ein WahlR nur insofern, als er den Erbt annehmen od ausschlagen kann, s § 1371 III. Zum ganzen auch § 1371 Anm 4 B.

cc) Erblasser u Erbe können die **Höhe** des Pflicht dadurch beeinflussen, daß sie die güterrechtl Lösg, § 1371 Anm 4, herbeiführen. Die ziffernmäßige Berechng richtet sich nach §§ 2311 ff. Der Erbl kann eine abweichende Berechng nicht willkürl vorschreiben, s § 2311 II 2.

dd) S auch § 1586 b, der aber nur für die Erbenhaftg nach dem Tod des unterhpfl geschiedenen Eheg gilt, vgl Übbl 5 vor § 2303, Anm 2, 3 zu § 1586 b.

c) Bestand beim Tod eines **Ehegatten Gütertrenng**, § 1414, u sind neben dem überl Eheg ein od zwei Kinder des Erbl als Erben berufen, so erben der überl Eheg u jedes Kind zu gleichen Teilen, § 1924 IV gilt auch in diesem Fall, § 1931 IV idF des Art 1 Nr 87 NEhelG. Sind diese Voraussetzgen gegeben u ist einer der gesetzl Erben dch Vfg vTw von der Erbf ausgeschl od ist in einem solchen Fall dem nichtehel Kind des verst Ehem der ErbErsAnspr entzogen, § 2338a, so bemißt sich die Höhe des Pflicht nach der Hälfte des sich § 1931 IV ergebnden gesetzl Erbteils, Haegele BWNotZ **72**, 131f; dazu auch Knur aaO, Braga, Bosch FamRZ **72**, 108²⁵, 171.

d) Der PflichttAnspr richtet sich **gegen den Erben**, § 2317, auch der ErgänzgsAnspr, § 2325 (Ausn § 2329), bei Nacherbeneinsetzung (§§ 2100, 2139) währd der Dauer der Vorerbsch nur gg den Vorerben, RG **113**, 49. Er kann **nicht ausgeschlossen,** sond nur durch ErlaßVertr, § 397, aufgeh werden, § 2317 Anm 1 Kipp-Coing § 9 III 1. Dem PflichttAnspr der Ehefr kann der Einwand eines Verstoßes gg Treu u Glauben entgg gehalten w, wenn diese die Scheidg betrieben, ein erstinstanzielles Urt gem fr EheG 48 erwirkt hat, aber mit dem Ehem übereingekommen ist, dessen Rechtskr nicht eintreten zu lassen, u dieser vor Rechtskr verst ist, BGH FamRZ **74**, 648; ggf kann aGrd § 242 auch der Einwand der Verwirkg erhoben w, BGH WPM **77**, 688.

4) In den Fällen, in denen einem Abkömml od dem Vater des Erbl der Erbersatzanspruch dch Vfg vTw entzogen ist, steht dieser dem gesetzl Erbteil gleich; der PflichtBerecht hat also Anspr auf die Hälfte des ErbErsAnspr §§ 2338a mit 2303, 2311 ff.

2304 *Auslegungsregel.* **Die Zuwendung des Pflichtteils ist im Zweifel nicht als Erbeinsetzung anzusehen.**

Schrifttum: Ferid, Die Pflichtteilszuwendg insbesondere bei Zugewinn„gemeinschaft", NJW **60**, 121; Bohnen, ZugewinnGemsch u pflichtgleiche Zuwendgen NJW **70**, 1531.

1) Allgemeines. Die Zuwendg des Pflicht kann **Erbeinsetzg** sein u damit den PflichtAnspr ausschließen, wie dies die Auslegsregel als mögl unterstellt. Der Erbl kann den gesetzl Pflicht auch als **Vermächtn** zuwenden, vgl § 2087 Anm 2, so daß der Berechtigte den Pflicht kraft letztw Vfg u nicht kraft G erhält. Eine Zuwendg als Vermächtn ist von Bedeutg – s eingehd Ferid aaO – wg § 2307, wg der Verjährg: § 195, 198 im Ggsatz zu § 2332, u wg der Ausschlagg, die im Falle des § 2303 nicht mögl ist, § 2303 Anm 3 d sowie wg § 1371, s Anm 3. Die Zuwendg als Vermächtn kann ausdrückl getroffen sein, aber auch eine dahingehende Ausleg ist nicht ausgeschl, RGRK Rdz 3, 5. Die Anordng, wonach jemand seinen Pflicht erhalten soll, kann aber auch eine bloße **Verweisg auf den Pflicht** bedeuten, Ferid aaO – PflichtZuwendg an NichtPflichtBerechtigte kann Vermächtnis in Höhe des gesetzl Erbteils sein, Ferid aaO 122. eher aber Vermächtn in Höhe der Hälfte des gesetzl Erbteils.

2) Auslegsregel. Im Zweifel liegt aber in der Zuwendg des Pflicht **keine Erbeinsetzg**, s BayObLG **66**, 398. Bei der Auslegg kommt es darauf an, ob das Test von Rechtskundigen od Unkundigen, aus älterer od aus einer Zeit stammt, in der die rechtl Unterschiede schon eingebürgert waren, BayObLG JFG **14**, 79. Wenn der Berechtigte auf den Pflicht als persönl GeldAnspr beschränkt ist, ist er enterbt. Dies ist bei der TestAnfechtungsklausel, BayObLG **59**, 205, vgl OGH MDR **50**, 669, der Fall, s § 2074 Anm 2c, auch Staud-Ferid Anm 25. Die Berechtigten erhalten dann prakt keine Zuwendg, sond werden von allem ausgeschl, worauf sie keinen unentziehbaren Anspr haben (**Pflichtteilverweisg**).

2a) Die Auslegsregeln, die sich aus § 2304 ergeben, gelten auch für die Zuwendg des Pflicht an Personen, denen es gesetzl nur **ErbErsAnspr** zusteht. Die Zuwendg enthält iZw keine Erbeinsetzg, sie kann ein Vermächtnis od Entziehg des ErbErsAnspr bei Anerkenng des PflichtAnspr sein, s § 2338a, Soergel-Dieckmann Rdz 4. – In der Zuwendg eines ErbErsAnspr w idR die Verweisg auf diesen nach Maßg der §§ 1934 a–c liegen; der Erbl kann aber den ErbErsAnspr auch als Verm zuwenden, § 1939; von Bedeutg ist dies für die Verjährg, s oben Anm 1. Eine Erbeinsetzg wird in der ausdrückl Zuwendg eines ErbErsAnspr wohl kaum erblickt w können.

3) Bei Zugewinngemeinschaft ist zu unterscheiden: - **a)** Handelt es sich um eine **Verweisg auf den Pflicht**, die eine Enterbg bedeutet, so erhält der überl Eheg nur den kleinen Pflichtt mit ZugewAusgl-Anspr ohne WahlR, § 1371 Anm 4 A, RGRK Rdz 8, Bohnen NJW **70**, 1531. - **b)** Ist dem Eheg der **Pflichtt zugewendet**, so liegt idR ein **Vermächtn** vor, das den erhöhten Pflichtt vor; der Eheg kann dieses Vermächtn ausschlagen u den kleinen Pflichtt neben dem ZugewAusgl verlangen, Staud-Ferid Anm 67–70. Ist ausdrückl, zB dch Gebr der alten Quote von $1/_8$, der kleine Pflichtt zugewendet, so kann der Eheg bei Annn nach § 2307 I (im AusnFall eines Erbteils nach § 2305) den RestAnspr in Höhe seines großen Pflichtt verlangen, Staud-Ferid Anm 75; Boehmer NJW **58**, 526, s auch Johannsen FamRZ **61**, 20. Er kann aber statt dessen bei vermächtnisweiser Zuwendg des kleinen Pflichtt daneben den ZugewAusgl fordern; dies gilt insb, wenn der Erbl die Zuwendg des kleinen Pflichtt unter der stillschw Bedingg gemacht hat, daß Ergänzg auf den großen nicht gefordert w, RGRK Anm 10, s aber auch Bohnen NJW **70**, 1532. Eine Verweisg auf den großen Pflichtt, s Ferid aaO 126, hält Bohnen Diss (Schriftt vor § 2303) S 83 ff, auch NJW **70**, 1533, für unzul; s aber auch Erm-Bartholomeyczik Rdz 4. – **c)** Bei ausnahmsw **Zuwendg als Erbeinsetzg** muß er aber ausschlagen, um den ZugewAusgl neben dem kleinen Pflichtt zu erhalten, Staud-Ferid Anm 76. – **d)** Bei PflichttZuwendg in den **vor dem 1. 7. 1958 errichteten Testamenten** muß geprüft w, ob der Erbl seinem Eheg dch letztw Vfg den großen od kleinen Pflichtt zuwenden wollte, s Ferid NJW **60**, 126; RGRK Rdz 9, wonach idR Zuwendg des kleinen Pflichtt anzunehmen, aber die Vfg nach § 2078 II anfechtb ist; vgl auch KG FamRZ **61**, 447. – S aber auch § 1371 Anm 4 A.

2305 Zusatzpflichtteil.
Ist einem Pflichtteilsberechtigten ein Erbteil hinterlassen, der geringer ist als die Hälfte des gesetzlichen Erbteils, so kann der Pflichtteilsberechtigte von den Miterben als Pflichtteil den Wert des an der Hälfte fehlenden Teiles verlangen.

1) a) Nimmt der PflichttBerechtigte den Erbteil **an**, so erhält er diesen als Erbe u den ZusatzPflichtt, der bei **Z u g e w i n n g e m e i n s c h** nach dem erhöhten Erbt des Eheg wird (s aber auch § 2304 Anm 3), als GeldFdg; für den Eheg kommt ein ZugewAusglAnspr nicht in Frage, da er Erbe ist u daher ein Fall des § 1371 II nicht vorliegt. Hat der Erbl den Eheg zu einer Erbquote, die zw der des kleinen u des großen Pflichtt liegt, unter der Bedingg eingesetzt, daß dieser keinen auf den erhöhten Pflichtt gerichteten ErgänzgsAnspr geltd macht, so verzichtet dieser bei Ann der Erbsch auf den RestAnspr; schlägt er aus, so erhält er den kleinen Pflichtt u ZugewAusgl, RGRK Rdz 8, s Anm 1 b. S dazu aber auch Bohnen Diss (Schriftt vor § 2303) S 98 ff; ders, NJW **70**, 1533.

b) Schlägt der Berechtigte den Erbteil **aus**, so behält er nur den Ergänzgsbetrag, RG **93**, 9, BGH **28**, 177, NJW **73**, 995/996; DNotZ **74**, 597/599; bei Zugewinngemeinsch erhält aber der Eheg den kleinen Pflichtt (§ 2303 Anm 3 b) u den ZugewAusglAnspr, Maßfeller Betr **57**, 624, Soergel-Dieckmann Rdz 2, Staud-Ferid Anm 2, 4.

2) Über den Fall, daß der **Erbe** auch **noch** mit einem **Vermächtn** bedacht ist, vgl § 2307 Anm 2.

3) Pflichtt-Höhe. Der Pflichtt ist nicht immer gleich dem gesetzl PflichttBruchteil. Kommt eine Anrechngs- oder AusglPfl, §§ 2315, 2316, od beides in Betr, so kann er größer od geringer sein. Maßgebd ist dabei der Wert, den der Pflichtt unter Berücksichtigg der Anrechngen u Ausgleichgen darstellt, Kipp-Coing § 10 I 3; s auch § 2316 Anm 3. – Verjährg § 2332 Anm 1.

4) Der **Restanspruch** ist **NachlVerbindlichk** und bei der AuseinandS, § 2046, geltd zu machen. Die Miterben haften also nur beschränkt, § 2063 II.

5) Hat der Erbl einen **ErbErsBerecht zum Erben eingesetzt**, ihm aber einen Erbteil hinterlassen, der geringer ist als die Hälfte des gesetzl Erbt u ihm insow den ErbErsAnspr entzogen, so kann dieser von den MitE den Wert des an der Hälfte fehldn Teils in Geld verlangen, § 2305, Odersky § 2338 a Anm II 3, Erm-Barth-Schlüter Rdz 2. Hat der Erbe durch letztw Vfg die Höhe des ErbErsAnspr in der Weise bestimmt, daß sie unterhalb der Hälfte des ErbErsBerecht als Pflichtteilsber als Erbteil zustehen würde, so gilt § 2305, s Odersky § 2338 a Anm III 2 a; Erm-Barth-Schlüter aaO; Soergel-Dieckmann Rdz 6; Brüggemann FamRZ **75**, 309, 315 ff; Schramm BWNotZ **70**, 12 unter VII 2 a. Über entspr Anwendg des § 2305, wenn der Erbl WertBest trifft, die dem ErbErsBer ungünst sind, s Soergel-Dieckmann § 2306 Rdz 17.

2306 Beschränkungen und Beschwerungen.
I Ist ein als Erbe berufener Pflichtteilsberechtigter durch die Einsetzung eines Nacherben, die Ernennung eines Testamentsvollstreckers oder eine Teilungsanordnung beschränkt oder ist er mit einem Vermächtnis oder einer Auflage beschwert, so gilt die Beschränkung oder die Beschwerung als nicht angeordnet, wenn der ihm hinterlassene Erbteil die Hälfte des gesetzlichen Erbteils nicht übersteigt. Ist der hinterlassene Erbteil größer, so kann der Pflichtteilsberechtigte den Pflichtteil verlangen, wenn er den Erbteil ausschlägt; die Ausschlagungsfrist beginnt erst, wenn der Pflichtteilsberechtigte von der Beschränkung oder der Beschwerung Kenntnis erlangt.

II Einer Beschränkung der Erbeinsetzung steht es gleich, wenn der Pflichtteilsberechtigte als Nacherbe eingesetzt ist.

1) Allgemeines. Mit dem unbeschränkten und unbeschwerten Erbteil, der dem Pflichtt gleichkommt od ihn übersteigt, muß sich der Berechtigte regelm zufrieden geben, BGH **28**, 177. Ist er geringer, hat er den RestAnspr, § 2305. Eine Ausn besteht aber bei der Zugewinngemeinsch für den überl Eheg. Denn dieser kann auch einen unbeschränkten od unbeswerten Erbteil, gleichviel welcher Höhe, ausschlagen, um den ZugewAusglAnspr zu erhalten. Daneben steht ihm noch der kleine Pflichtt zu, vgl § 1371 Anm 4, 5, § 2303 Anm 3 b.

2) § 2306 behandelt den **beschränkten** od **beschwerten** Erbteil. – **a)** „**Hinterlassener Erbteil**" ist die Erbquote ohne Berücksichtigg der Beschrkgen u Beschwergen (s BayObLG 68, 112); ist der Erbe ungenauerw auf eine Summe od einzelne Ggstände eingesetzt, § 2087 Anm 1, s auch RG LZ 32, 1050, so ergibt sich die Erbquote aus dem Wertverhältn dieser Zuwendgen zum gesamten Nachl. „**Gesetzl Erbteil**" ist grdsätzl ebenf die Erbquote, BGH WPM 68, 543, BayObLG 59, 80, 68, 112 (Quotentheorie); dabei kommt es auf die erbrechtl Verh im Ztpkt des Erbf an, SchlHOLG NJW 61, 1929 u Anm von U-H Lange; ist aber der Pflichtt dch Anrechngs- od Ausgleichspflichten, §§ 2315, 2316, od beides beeinflußt, so ist das Verh des rechnerischen Betr des Pflichtt zu dem – ohne Abzug der Beschrkgen u Beschwergen des § 2306 zu berechnden – Betrag (Rohwert) des hinterlassenen Erbteils dafür maßgebd, ob die Beschränkgen u Beschwergen gem § 2306 I 1 als nicht angeordnet gelten od ob der PflichttErbe zur Wahrg seines PflichttR nach § 2306 I 2 ausschlagen muß, RG 113, 48; BayObLG 59, 80, 68, 112; s auch Stgt NJW 59, 1735; Natter JZ 55, 138. – Bei Zugewinngemeinsch berechnet sich der gesetzl Erbteil nach dem erhöhten Eheg-Erbteil des § 1371 I. – **b)** Die Aufzählg der **Beschränkgen** u **Beschwergen** unter I 1 und II ist erschöpfd. Unter § 2306 fällt daher nicht, wenn der PflichttBerechtigte nur als Ersatz- od bedingter NachE eingesetzt ist; hier kann er den vollen Pflichtt verlangen, den er bei Eintritt der Ers- od NachEFolge erforderlichenf sich anrechnen lassen muß, BayObLG 66, 230. Es fallen ferner nicht hierunter: Die Einsetzg nach § 2269 (denn dem SchlußE war nichts zugewendet), die nicht beschwerende Teilgsanordng, vgl auch § 2312, familienrechtl Anordngen, § 1418 II Nr 2, s Anm 3 b aa zu §§ 1418, 1638 (dazu Wendelstein BWNotZ 74, 10), 1852–55, Beschrkgen nach §§ 2333 ff od in guter Absicht, 2338, sowie solche Bschrkgen, die schon vor dem Erbf od durch Ausschlagg des Bedachten weggefallen sind, §§ 1953 I, 2180 III, vgl aber § 2308.

3 a) Ist **der Erbteil kleiner oder gleich** dem Pflichtt, der bei **Zugewinngemeinsch** nach dem erhöhten Erbteil des § 1371 I berechnet wird, § 2303 Anm 3, so entfallen hinsichtl des Erbteils des PflichtBerechtigten die Beschrkgen u Beschwergen kraft G, so daß hier die PflichttLast von demjenigen getragen wird, zu dessen Gunsten die Beschwergen angeordnet waren (Staud-Ferid Anm 46). Doch kann der Erbl die Wahl zw der beschränkten Erbeinsetzg u dem persönl PflichttAnspr gestatten, Staud-Ferid Anm 3, 53; aM RGRK Rdz 15. Von diesem Fall abgesehen, hat bei geringerem Erbteil der Erbe daneben den **Zusatz Anspr**, § 2305. Bei Zugewinngemeinsch steht hier dem Eheg kein AusglAnspr zu, da er Erbe ist, § 1371 II. Eine gesetzl Ausn von I 1 ergibt sich aus § 2311 I 2, Staud-Ferid Anm 51. Erfüllt der Pflicht-Berechtigte das ihn belastende Verm, so gilt § 812 I 1, ev § 814. – Die Unwirks der TestVollstrg – s RGRK Rdz 14 – ist vom NachlG vAw zu beachten, vgl Haegele BWNotZ 74, 109/110.

b) **Schlägt** der Berechtigte den zu geringen Erbteil **aus**, so erwirbt er nur den ZusatzAnspr, § 2305, RG 93, 9, BGH NJW 58, 1964; schlägt der Berechtigte einen dem Pflichtt gleichen Erbteil aus, so steht ihm kein PflichttAnspr zu. Der überl Eheg bei **Zugewinngemeinsch**, der ausschlägt, erhält neben dem Anspr auf Ausgleich des Zugewinns auch den kleinen Pflichtt ohne WahlR, § 2303 Anm 3 b. Bei Ausschlagg sind die Beschrkgen u Beschwergen wirks zu Lasten desj, der an die Stelle des Ausschlagenden tritt.

4 a) Ist der **hinterlassene Erbteil größer**, so hat der Berechtigte die **Wahl**, ob er die Zuwendg mit der Belastg behalten od sie ausschlagen u den vollen Pflichtt fordern will. Der Erbteil ist auch größer als der Pflichtt, wenn der zugewendete Erbteil dem Pflichtt entspricht, der Erbe aber darü hinaus noch ein Verm angenommen hat, Neust NJW 57, 1523. Ob die Ausschlagg ratsam ist, hängt davon ab, wie hoch der Erbe die Beschrkgen u Belastgen wirtschaftl bewertet (Maßfeller Betr 57, 624; auch DNotZ 74, 597f). Bei Zugewinngemeinsch muß der hinterlassene Erbteil größer als der Wert der Hälfte des nach § 1371 I um $1/4$ erhöhten gesetzl Erbteils sein, RGRK Rdz 34. Er kann entweder den zugewendeten Erbteil mit den Belastgen behalten od ausschlagen; im letzteren Fall steht ihm der kleine Pflichtt zu, da er daneben noch den Anspr auf Ausgleich des Zugewinns erhält. Er hat kein WahlR zw kleinem Pflichtt mit ZugewAusglAnspr u großem Pflichtt, vgl § 2303 Anm 3 b. Auch das ist bei der Überlegg, ob ausgeschlagen w soll, zu beachten. Andere PflichtBerechtigte erhalten bei ZugewGemsch in allen Fällen der §§ 2305, 2306 den nach dem Erbteil des Eheg berechneten Pflichtt, wenn dieser den Erbteil mit den Beschrkgen u Beschwergen annimmt. Schlägt aber der Eheg aus, so erhöht sich der Pflichtt anderer PflichttBerechtigter, weil hier nur der nicht erhöhte Erbteil des Eheg zugrunde gelegt wird.

b) Der **Beginn der AusschlaggsFrist** hängt neben der allg Voraussetzgen des § 1944 davon ab, daß der PflichttBerecht von den Beschrkgen u Beschwergen Kenntnis erlangt hat, I 2. Die Kenntn eines belasteten Test reicht also nicht aus, um die Ausschlaggsfrist in Lauf zu setzen, solange der Betroffene das Test für unwirks hält, BGH **LM** Nr 4. Ferner muß der PflichttBerecht davon Kenntn haben, ob der hinterlassene Erbteil die Hälfte des gesetzl Erbteils übersteigt, da nur dann eine Ausschlagg in Frage kommt. Dies gilt auch, wenn der überl Eheg bei Zugewinngemeinsch mit mehr als $1/4$ – bei Vorhandensein von Abkömmlingen – unter Auferlegg von Beschrkgen od Beschwergen bedacht ist, Staud-Ferid Anm 62. Ist der PflichttBerecht als Erbe auf eine Summe od auf einzelne Ggstände eingesetzt, § 2087 Anm 1, so beginnt die Frist erst, wenn er das Wertverhältn dieser Zuwendgen zum ganzen Nachl überblicken kann. Im übrigen ist grdsätzl nicht der Wert des Hinterlassenen maßg. Eine Ausn besteht aber dann, wenn eine Anrechngs- od AusglPfl, §§ 2315, 2316, od beide in Frage kommen. Hier beginnt die Frist erst dann, wenn der PflichttErbe weiß, ob sein Erbteil den ihm bei Berücksichtigg der gesetzl AnrechngsPfl zukommenden PflichttBetr übersteigt od nicht, RG 93, 3, **113**, 45, BayObLG 59, 77; aM Natter JZ 55, 138, auch Stgt NJW 59, 1735. Wenn aber ungewiß ist, ob überh eine AnrechngsPfl bestimmt ist, so soll nach BayObLG aaO der Fristbeginn dadurch nicht hinausgeschoben werden; dies dürfte nur dann zutreffen, wenn, wie im Fall von BayObLG aaO, der hinterlassene Erbteil in jedem Fall den Pflichtt übersteigt; denn solange der PflichttBerecht nicht weiß, ob eine Anrechngsbestimmung getroffen ist, weiß er auch nicht, wie sich sein Pflichtt stellt.

c) Im Falle der **Ausschlagg** muß dann der Nächstberufene, §§ 2161, 2192, die PflichttFdg erfüllen u die Lasten, ggf gekürzt nach § 2322, tragen, wenn sie nicht ebenf ausschlägt od der Berechtigte sich mit den VermNehmern vergleicht, s RGRK Rdz 21. – Anfechtg der Ausschlagg u der Ann vgl § 2308.

5) Ist der Berechtigte ledigl als Nacherbe eingesetzt, II, so gilt das in Anm 3, 4 Gesagte entspr. – **a) Ist der Erbteil gleich** dem **Pflichtteil** oder **kleiner**, wird er sofort VollE, s auch Lange NJW 61, 1929, Staudenmaier BWNotZ 66, 279; durch Ausschlagg des Nacherbteils erwirbt er also hier grdsätzl keinen PflichttAnspr, Erm-Barth-Schlüter Rdz 6, ausgen ist hiervon der überl Eheg bei ZugewGemsch, falls er auch die Vollerbsch ausschlägt, vgl Anm 3. – **b) Bei größerem Erbteil** hat der Erbe die Wahl. Er kann sich entweder mit der NachEFolge zufrieden geben od ausschlagen; im letzteren Fall erhält er den vollen Pflichtt, vgl Anm 4, BayObLG 66, 232; vor Ausschlagg ist er nicht pflichtteilsberecht, LG Bln Jur Büro 63, 423. Die Ausschlaggsfrist beginnt nicht vor dem Eintritt der NachEFolge. Da aber unabhäng davon die VerjFrist des § 2332 I, III läuft, SchlHOLG NJW 61, 1930, wird er gut daran tun, schon vorher, § 2142, auszuschlagen, RGRK Rdz 31. Über die Unterbrechg der Verj bei Vor- u NachErbsch vgl Donau, MDR 58, 735; Anerkenng des PflichttAnspr dch Vorerben u die damit herbeigeführte Unterbrechg der Verj wirkt auch gg den NachE, BGH NJW 73, 1690; aM Donau aaO. In dem Verlangen des Pflichtt kann eine Ausschlag des Erbsch (§ 2142) nicht erblickt w; die ohne rechtl Grd erfolgte Auszahlg des Pflichtt, sofern sie erfolgt ist, berührt das NachErbR nicht, sie kann ledigl bei Eintritt des NEFalles zur Anrechng des PflichttBetrags samt Nutzgen auf den ErbT führen, Soergel-Dieckmann Rdz 11, vgl BGH NJW 75, 1510; ein NachEVermerk (GBO 51) wird in diesem Fall vor Eintritt des NEFalles nicht gegenstandslos, BayObLG 73, 272/275. Vgl auch § 2269 Anm 4. – **c)** Der Wegfall des NachErbf gem § 2306 I 1 mit II ist eine gesetzl Rechtsfolge, die keiner Aufn in den **Erbschein** bedarf. Ein nachträgl Eintreten dieser Voraussetz macht jed den erteilten ErbSch unricht, s SchlHOLG NJW 61, 1929. Vgl auch § 2069 Anm 3, BayObLG 62, 239.

6) Hat der Erblasser einen PflichttBerecht zum Erben eingesetzt, dem nur ein **ErbErsAnspr** zusteht, so ist auch § 2306 anwendb, Erm-Barth-Schlüter Rdz 8; Odersky § 2338a Anm III 4; Lutter ErbR des nehel Kindes[2] § 5; Schramm BWNotZ 70, 12 unter VII 3, Brüggemann aaO 315f. Daraus folgt: hat der Erbl dem zum Erben eingesetzten ErbErsBerecht nur einen Erbt hinterlassen, der die Hälfte des gesetzl Erbt nicht übersteigt und ihn gleichzeit dch Ernenng eines TV, Einsetzg eines NE od eine TeilsAO beschränkt od mit einem Verm od einer Aufl beschwert od ihn dadch beschränkt, daß er ein NE eingesetzt hat, so gelten die Beschrkgen od Beschwergen als nicht angeordnet, § 2306 I 1, II. Odersky aaO Anm III 4a, Erm-Barth-Schlüter aaO, Brüggemann aaO 315ff. Ist der hinterlassene Erbt größer als der Wert der Hälfte des gesetzl Erbt, aber in der vorangeführten Weise beschränkt, so hat der ErbErsBerecht das WahlR nach § 2306 I 2, II, Odersky aaO Anm III 4b, s auch Soergel-Dieckmann Rdz 12, Brüggemann aaO. Hat der Erbl Bestimmungen über die Höhe des ErbErsAnspr getroffen, so ist für die Anwendg des § 2306 folgds maßgebd: die in § 2306 I 1 bezeichneten Beschrkgen dch Einsetzg eines TV, Einsetzg eines NE od eine TeilsAO beeinträchtigen den ErbErsBer nicht, Odersky Anm III 2 e; aM Schramm BWNotZ 70, 12 unter VII 2b. Übersteigt der ErbErsAnspr den Pflichtt, dann kann der ErbErsBerecht, dessen Anspr zB dch ein Verm beschränkt ist, den Pflichtt verlangen, wenn er den ErbErsAnspr ausschlägt, Schramm aaO unter VII 2c, s Brüggemann aaO 316ff, aber auch Soergel-Dieckmann Rdz 15. – § 2306 I 2 ist auch entspr anzuwenden, wenn der Erbl den ErbErsAnspr nicht unter die Hälfte verkleinert hat, aber dch letztw Vfg seine Fälligk hinausgeschoben od den Anspr von der Einhaltg gewisser Bedinggen abhäng gemacht hat, Odersky aaO Anm III 2c, Erm-Barth-Schlüter aaO, Bosch FamRZ 72, 177. Schlägt aber der ErbErsBerecht den unbeschränkten u unbeschwerten ErbErsAnspr aus, so kann er nicht den Pflichtt verlangen, Erm-Barth-Schlüter aaO; Bosch aaO; Schramm aaO VII 2 aE.

2307 Zuwendung eines Vermächtnisses.

I Ist ein Pflichtteilsberechtigter mit einem Vermächtnisse bedacht, so kann er den Pflichtteil verlangen, wenn er das Vermächtnis ausschlägt. Schlägt er nicht aus, so steht ihm ein Recht auf den Pflichtteil nicht zu, soweit der Wert des Vermächtnisses reicht; bei der Berechnung des Wertes bleiben Beschränkungen und Beschwerungen der im § 2306 bezeichneten Art außer Betracht.

II Der mit dem Vermächtnisse beschwerte Erbe kann den Pflichtteilsberechtigten unter Bestimmung einer angemessenen Frist zur Erklärung über die Annahme des Vermächtnisses auffordern. Mit dem Ablaufe der Frist gilt das Vermächtnis als ausgeschlagen, wenn nicht vorher die Annahme erklärt wird.

1) Der nicht zum Erben berufene **PflichttBerecht** braucht sich nicht mit einem **Vermächtn** abfinden zu lassen. – **a)** Wenn der Bedachte **ausschlägt**, § 2180, kann er den vollen Pflichtt verlangen, I 1. Hier bestimmt sich bei Zugewinngemeinsch der Pflichtt sowohl für den Eheg wie für andere PflichttBerechtigte nach dem nicht erhöhten EhegErbt, § 1371 II (s aber auch § 2303 Anm 3b aa). Daneben steht dem Eheg noch der ZugewAusglAnspr zu, Maßfeller Betr 57, 623, Soergel-Dieckmann Rdz 1. Kein WahlR zw großem und kleinem Pflichtt, § 2303 Anm 3b. Auch befristete u bedingte Vermächtnisse fallen unter § 2307, Staud-Ferid Anm 10-13; s aber auch Karlsr Just 62, 152. – **b)** Wenn der Bedachte das Vermächtn **annimmt**, erhält er ggf nach I 2 einen Zusatzpflichtteil, § 2305. Hier bestimmt sich bei Zugewinngemeinsch der Pflichtt des überlebenden Eheg u auch der PflichttBerechtigten nach dem erhöhten EhegErbteil u der Eheg erhält keinen ZugewAusglAnspr, da ein Fall des § 1371 II nicht vorliegt. Er kann den Wertunterschied zw Verm u „großem" Pflichtt verlangen, wobei aber etwaige Beschrkgen u Beschwergen außer Betracht bleiben, Lange-Kuchinke § 39 V B 4g; s auch § 2204 Anm 3. – **c)** Der **PflichttAnspr entsteht** im Fall a mit der Ausschlagg. Diese ist iZw (außer uU bei ZugewGemsch, s oben b) vorzuziehen, da etwaige Beschrkgen u Beschwergen, wenn der Bedachte annimmt, ihn belasten u bei der Wertermittlg des etwaigen ZusatzAnspr außer Betr bleiben, **I** letzter Halbs. Insbes bleibt bei Ann des Vermächtn auch die etwaige Anordng eines Nachvermächtn, § 2191, bestehen. – **d) Gleichrang**

des **Vermächtn** nach § 2307 im Konkurs, KO 226 III. – Nachträgl Verschlechterg der WirtschLage des Beschwerten berechtigt diesen nicht zur Kürzg, gewährt ihm aber uU einen StundgsAnspr, RG AkZ 38, 277 mit Anm v Boehmer; über Stundg des PflichttAnspr s jetzt § 2331 a. – **e)** § 2307 gilt nicht bei **Auflagen**, da bei diesen eine Ausschlagg nicht in Frage kommt. – **f)** **PflichttLast** § 2321. Anfechtg § 2308. – **g) AuskunftsAnspr**, unabhängig davon, ob das Verm ausgeschlagen wird od den Wert des Pflichtt übersteigt, s § 2314 Anm 1. – **h) Verjährg** § 2332.

2) Wenn der **PflichttBerechtigte** neben dem **Vermächtn** auch **noch** mit einem **Erbteil** bedacht ist, so muß das Verm, wenn angenommen, dem Erbteil hinzugerechnet werden. Hienach bemißt sich dann, ob im Fall des § 2305 das Hinterlassene die Hälfte des gesetzl Erbteils erreicht od nicht. Wenn der beschränkte od beschwerte Erbteil (§ 2306) u das Verm zus die Hälfte des gesetzl Erbteilswertes übersteigen, so fallen die Beschrkgen u Beschwergen nicht weg, es kommt also § 2306 I 2, nicht I 1 in Betr, Neust NJW 57, 1523, RGRK Rdz 13. – Ist bei Zugewinngemeinsch der überl Eheg als Erbe eingesetzt u mit einem Verm bedacht, so muß er Erbsch u Verm ausschlagen, wenn er den „kleinen" Pflichtt mit ZugewAusgl verlangen will. Nimmt er beides an, so hat er einen PflichttRestAnspr nur, wenn der hinterlassene Erbteil geringer ist als der „große" Pflichtt u auch der Wert des Verm hinzugezählt nicht ausreicht, §§ 2305 mit 2307 I, Braga FamRZ 57, 339; schlägt er nur die Erbsch aus, so kann er Ergänzg des Verm auf den Wert des „großen" Pflichtteils fordern, RGRK Rdz 17; schlägt er nur das Verm aus, so kann er Ergänzg des Erbteils auf den Wert des großen Pflichtteils verlangen, Braga aaO; über weitere Fragen s Braga aaO, BGH FamRZ 76, 334 u § 2304 Anm 3.

3) Die Fristsetzg, II, ist dem beschwerten Erben (nicht dem beschwerten VermNehmer od nichtbeschwerten Erben) gewährt, da für Ann od Ausschlagg von Verm gesetzl Fristen nicht bestehen u der Erbe Klarh haben muß, ob er das Verm od den Pflichtt zu entrichten hat.

4) § 2307 gilt auch, wenn ein PflichttBerecht, dem kraft Ges lediglich ein ErbErsAnspr, §§ 1934 a–c, zusteht, mit einem Verm bedacht ist, § 2338 a S 2, dazu Brüggemann aaO 316, Erm-Barth-Schlüter Rdz 5, Odersky § 2338 a Anm III 5, s auch Soergel-Dieckmann Rdz 7. § 2307 gilt nicht, wenn der ErbErsBerecht kein Verm, sond nur den ErbErsAnspr erhält, § 1934 II 1, Erm-Barth-Schlüter aaO, dazu auch Johannsen WPM Sonder-Nr 3/70, 12.

2308 *Anfechtung der Ausschlagung.* I Hat ein Pflichtteilsberechtigter, der als Erbe oder als Vermächtnisnehmer in der im § 2306 bezeichneten Art beschränkt oder beschwert ist, die Erbschaft oder das Vermächtnis ausgeschlagen, so kann er die Ausschlagung anfechten, wenn die Beschränkung oder die Beschwerung zur Zeit der Ausschlagung weggefallen und der Wegfall ihm nicht bekannt war.

II Auf die Anfechtung der Ausschlagung eines Vermächtnisses finden die für die Anfechtung der Ausschlagung einer Erbschaft geltenden Vorschriften entsprechende Anwendung. Die Anfechtung erfolgt durch Erklärung gegenüber dem Beschwerten.

1) Irrtum im Beweggrunde gibt hier ein Recht auf **Anfechtg** der **Ausschlagg** der **Erbsch** od des **Vermächtn,** damit der Berecht durch die Anfechtg, § 1957, möglicherw mehr erhalten kann als den Pflichtt u weil er sonst nicht einmal den Pflichtt bekäme, da § 2306 I 2 für nicht beschwerte Erbteile nicht gilt, vgl Staud-Ferid Anm 2. Form u Frist der Anfechtg bestimmen §§ 1954/55. Anfechtg gilt als Ann des Erbteils, § 1957 I; da ein rechtsgeschäftl Verzicht auf den Pflichtt, im Gegens zum VormSchG nicht erforderl, RGRK Rdz 2. – **Anfechtg** der in Unkenntn von Beschrkgen erfolgten **Annahme** ist nach § 119 zul, muß sich der Berechtigte wenigstens den Pflichtt ganz sichern kann, RGRK Rdz 3. – **Gebühr:** KostO 112 I Nr 2.

2) Anfechtg der VermAusschlagg, II, bedarf **keiner Form**, da an Stelle des NachlG, §§ 1955, 1957 II, der Beschwerte tritt.

3) § 2308 gilt auch für einen PflichttBerecht, dem kraft Ges lediglich ein ErbErsAnspr zusteht, §§ 1934 a–c, u der als solcher od als eingesetzter Erbe od als VermNehmer in der in § 2306 bezeichneten Art beschr od beschwert ist u der den ErbErsAnspr, den Erbteil od das Verm ausgeschlagen hat, § 2338 a S 2.

2309 *Pflichtteilsrecht der Eltern und entfernteren Abkömmlinge.* Entferntere Abkömmlinge und die Eltern des Erblassers sind insoweit nicht pflichtteilsberechtigt, als ein Abkömmling, der sie im Falle der gesetzlichen Erbfolge ausschließen würde, den Pflichtteil verlangen kann oder das ihm Hinterlassene annimmt.

1) Grundsatz: Demselben Stamm nicht zwei Pflichtteile, Mot 5, 401; **kein Pflichtteil neben einer Zuwendg**, Kipp-Coing § 9 I 1d. **Voraussetzg** des **Pflichtteilsrechts** des **Entfernteren** und der **Eltern:** a) daß der sie an sich nach § 1924 II, 1930 ausschließende nähere Abkömml erbunwürdig ist, ausgeschlagen od auf sein gesetzl ErbR verzichtet hat od daß ihm der Pflichtt entzogen ist, §§ 1953, 2344, 2346, 2333, – b) daß sie selbst nach § 2303 von der Erbf ausgeschl, also an sich pflichtteilsberechtigt sind u nicht etwa nach § 2069 eintreten. – Sie sollen dann trotzdem kein PflichttR haben, wenn u soweit der Nähere den Pflichtt selbst verlangen kann od das ihm irgendwie Hinterlassene annimmt; s auch § 2349.

2) Den Nachstehenden ist also das Pflichtteilsrecht versagt, soweit der Abkömml, der weder ausgeschlagen noch verzichtet hat noch erbunwürdig ist, den Pflichtt verlangen kann (nicht: ihn unberechtigt fordert u erhält, RG 93, 195); und zwar kann er dies, wenn er enterbt, § 2303, od geringer bedacht ist, § 2305, od Zuwendg nach §§ 2306 I S 2, 2307 I S 1 ausgeschlagen hat.

3) Die Nachstehenden können den vollen Pflichtteil nur verlangen, wenn der Nähere es aus den in Anm 1a genannten Gründen nicht kann. Kann dieser es aus den in Anm 1a genannten Gründen nicht, ist ihm aber etwas hinterlassen u **nimmt er an,** so ist das PflichttR der Nachstehenden nur „insoweit", dh in Höhe des Werts des Hinterlassenen, abzügl Belastgen, beseitigt, vgl RGRK Rdz 16. Sie sind daher pflichtteilsberechtigt in Höhe des Unterschieds zw dem Wert des Pflichtt u des Hinterlassenen. Wegen der AnrechngsPfl vgl § 2315.

4) Zum NichtehelichenErbR. Unter Abkömmling iS des § 2309 fallen auch nichtehel Kinder im Verh zu ihrem Vater, denn zu den Eltern zählt auch der Vater des nichtehel Kindes, s Übbl 2 vor § 2303. Die Anwendg des § 2309 ergibt zB: Hinterläßt der Vater ein nichtehel Kind u einen ehel Abkömml dieses Kindes, hat das nichtehel Kind die Erbsch od der ErbErsAnspr ausgeschlagen u ist dessen ehel Abkömml selbst von der Erbfolge ausgeschl, so ist der letztere pflichtberecht, s Anm 1. Hat aber der Vater mit seinem nichtehel Kind wirks einen vorzeit ErbAusgl vereinb, §§ 1934d, e, so ist auch der ehel Abkömml des Kindes nicht pflichtberecht, § 1934e. – Hinterläßt der Erbl einen ehel Sohn u einen ehel Abkömml dieses Sohnes, hat ersterer auf sein gesetzl ErbR verzichtet, §§ 2344, 2346, u ist dessen nehel Kind von der Erbf (ErbErsAnspr) ausgeschl, so ist das letztere iZw nicht pflichtberecht, § 2349, s Anm 1. Liegen aber beim näheren Abkömml die Voraussetzgen für die PflichttVerdrängg nicht vor, so ist in den genannten Fällen dem entfernteren Abkömml das PflichttR versagt, s Anm 2.

5) § 2309 gilt auch für das Verh entfernter Abkömml des angen Kindes u der Adoptiveltern, s § 2303 Anm 1a.

2310 *Feststellung des Erbteils.* **Bei der Feststellung des für die Berechnung des Pflichtteils maßgebenden Erbteils werden diejenigen mitgezählt, welche durch letztwillige Verfügung von der Erbfolge ausgeschlossen sind oder die Erbschaft ausgeschlagen haben oder für erbunwürdig erklärt sind. Wer durch Erbverzicht von der gesetzlichen Erbfolge ausgeschlossen ist, wird nicht mitgezählt.**

1) Für jeden gesondert ist der Pflichtt aGrd des gesetzl Erbteils zu bestimmen, und zwar abstrakt. Denn der Wegfall von gesetzl Miterben nach S 1, §§ 1938, 2333, 1942, 2339, vergrößert nicht den Pflichtt. Der Pflichtt wird also so berechnet, wie er sich bei Berücksichtigg aller nebeneinander berufenen gesetzl Erben stellen würde; dagg wird bei Eintritt des Entfernteren, § 2309, der Weggefallene auch nach noch mitgezählt, denn die § 2310 ändert die Grdsätze der §§ 1924, 1930, 1935 nicht, s Staud-Ferid Anm 8.

2) Der Erbverzichtende (§§ 2346ff; nicht: der nur PflichttVerzichtende, § 2346 II) wird nicht mitgezählt, da angenommen wird, daß er meist abgefunden u das Vermögen des Erbl dadurch gemindert sei, ebso § 2316 I 2. Hat also von 3 Kindern eins ausgeschlagen u das andere verzichtet, so ist der Pflichtteil des Übriggebliebenen = $^{1}/_{4}$. Der etwa noch lebende Vater des Erbl hat hier nicht nach 2309 PflichttAnspr, da er §§ 1924, 1930 nicht zu den gesetzl Erben gehört, § 2309 Anm 1. Liegen sowohl die Voraussetzungen des § 2301 S 1 als auch die des S 2 vor, so hat S 2 Vorrang. Der Verzichtde, der auch ohne den Verz nicht mehr gesetzl Erbe wäre, ist bei der PflichttBerechng nicht mitzuzählen, Schramm BWNotZ 77, 88 (mit Beisp).

3) § 2310 gilt auch für die Berechng des Pflichtt, wenn dem PflichttBerecht der ErbErsAnspr, §§ 1934a–c, dch Vfg vTw entzogen ist, § 2338a S 2, Brüggemann FamRZ 75, 321. – Auf den ErbErsAnspr ist 2310 nicht anwendb, § 1934b II 1, s Soergel-Dieckmann Rdz 3, Odersky § 1934b Anm III 1c, 4 b. Der ErbErsBer, dem der ErbErsAnspr nicht entzogen w ist, muß mitgezählt w, wenn es um die Best des pflichtterhebl ErbT eines anderen PflichttBer geht, Soergel-Dieckmann Rdz 3.

4) Ein nichtehel Kind, das eine wirks Vereinbg über vorzeit Erbausgleich mit seinem Vater getroffen hat od dem ein solcher dch rechtskr Urt zuerkannt ist, ist einem Erben gleichzusetzen, der dch ErbVerzicht von der gesetzl Erbf ausgeschl ist, denn gem § 1934e zählt es – ebso der nehel Vater beim Tod des Kindes – nicht zu den gesetzl Erben, s Erm-Barth-Schlüter Rdz 3.

2311 *Wert des Nachlasses.* [1] **Der Berechnung des Pflichtteils wird der Bestand und der Wert des Nachlasses zur Zeit des Erbfalls zugrunde gelegt. Bei der Berechnung des Pflichtteils eines Abkömmlings und der Eltern des Erblassers bleibt der dem überlebenden Ehegatten gebührende Voraus außer Ansatz.**

[II] **Der Wert ist, soweit erforderlich, durch Schätzung zu ermitteln. Eine vom Erblasser getroffene Wertbestimmung ist nicht maßgebend.**

Schrifttum: Siebert, Gesellschaftsvertragliche Abfindungsklauseln und Pflichtteilsrecht, NJW 60, 1033. – Tiedau, Gesellschaftsvertrag u neues ehel Güterrecht unter besonderer Berücksichtigg gesellschaftsrechtl Abfindungsklauseln, MDR 59, 253. – Sudhoff, Gesellschaftsrechtliche Abfindungsklauseln bei Errechng des Pflichtteils u Zugewinnanspruchs NJW 61, 801, auch Betr 65, 655. – Ders, PflichtAnspr u Buchwertabfindg, Betr 73, 53, dazu auch Heinrich, Brunk, Sudhoff Betr 73, 1003, 1005, 1006. – Goroncy, Bewertung und Pflichtteilsberechng bei gesellschaftsvertragl Abfindungsklauseln, NJW 62, 1895. – Ott, PflichttR bei Ausschluß gesetzl Erbfolge in Personengesellsch, BWNotZ 73, 54. – Sudhoff, Die Ertragsteuern bei der Berechng des Pflichtteilsanspruchs, NJW 63, 421. – Nirk, Die Bewertg von Aktien bei Pflichtteilsansprüchen, NJW 62, 2185. – Veith, Die Bewertung von zum Börsenhandel zugelassenen Aktien bei Pflichtteilsansprüchen, NJW 63, 1521. – Staudenmaier, Abzug des Voraus bei der Pflichtteilsberechng, DNotZ 65, 68. – Miehle, Gesellschaftsvertrag und Pflichtteil, BWNotZ 66, 44. – Zimmermann, PflichtteilsR u Zugewinnausgleich bei Unternehmer- u Gesellschafternachfolge, BB 69, 965. – Stötter, Pflicht u Zugewinnausgleich bei der Gesellschafternachfolge, Betr 70, 573. – Wieser, Betriebsübergabe u Anspr auf Pflicht u ZugewinnAusgl, Mitt BayNot 72, 106. – Kapp, Latente Ertragsteuer-

§ 2311 1–3

belastg u PflichttBerechng, BB **72**, 829. – Ulmer, GesellschafterNachf u ErBR ZRG **72**, 195, 324. – Haegele, Der Pflichtt im Handels- u GesellschR, BWNotZ **76**, 25. – Haegele-Litfin IV Rdz 327 ff. – Brüstle, ErbesErbsch u PflichttBerechng, BWNotZ **76**, 78. – Ebeling, Buchwertklausel u PflichttBemessgsgrundlage, Rdsch GmbH **76**, 153. – Flik, Behandlg der AusglForderg aus der früheren Zugewinn-Gemsch bei der PflichttBerechng, BWNotZ **78**, 127. – Däubler, Die Vererbg des GeschAnteils bei der GmbH, 1965, § 9: Berechng des PflichttAnspr bei Zugehörig eines GeschAnteils zum Nachl. – Wiedemann, Die Übertragg u Vererbg von Mitgliedschaftsrechten bei Handelsgesellschaften, 1965, § 8. – Heckelmann, AbfindgsKlauseln in GesellschVertr, 1973, § 8. – Lange-Kuchinke § 39 VI 2.

1) Der Pflichtteilsbetrag ergibt sich durch Halbierg des gesetzl Erbteilswertes, vgl § 2303 Anm 3. Zum Nachl gehören auch die NachlVerbindlichk. Daher ist zunächst der **Aktivbestand** festzustellen (dazu BGH WPM **71**, 1338) u in Geld zu veranschlagen, vgl auch § 2314. Zum Aktivbestand gehören auch Surrogate, zB LastenAusglAnspr für vor dem Erbf eingetretene Schäden, auch wenn sie erst in der Pers des Erben entstanden sind, BGH FamRZ **77**, 128/129. Die ermittelte Summe des Aktivbestands ist um den Betrag der **Passiven** zu kürzen, wegen dieser vgl Anm 2. Maßgebd für die Veranschlagg u die Vergleich der Aktiven u Passiven, aus der sich der „Bestand" ergibt, RG **129**, 242, ist der **Wert**, s Anm 3, zZ **des Erbfalls**, so daß nachträgl Wertsteigergen od -mindergen außer Betr bleiben, BGH **7**, 135, BWNot **61**, 232, vorbehaltl der beschränkten Haftg; teilw abweichd Braga, AcP **153**, 158, s auch Keßler DRiZ **66**, 399, Johannsen WPM **70**, 111. Daher ohne Einfluß auf den Pflichtt, wenn eine unstreitige ErblSchuld, die weder bedingt noch zweifelh ist, § 2313, nach dem Erbf dem Erben erlassen wird. Dauernde Nutzgen sind zu kapitalisieren, RG **72**, 381. RVerhältn, die mit dem Erbf inf Vereinigg von Recht u Verbindlichk erlöschen, gelten als nicht erloschen, RGRK Rdz 3, BGH DNotZ **78**, 487/489. Der Wert eines dem PflichttBerecht zugewendeten Vermächtn ist bei Berechng des Wertes des AktivNachl zu berücksichtigen, BGH WPM **70**, 1520. Enthält der für die PflichttBerechng maßgebl Nachl eine Beteiligg an dem Nachl eines vorverst Erbl (ErstErbl) u schlägt der ErbesE die Erbsch nach dem ErstErbl aus, so mindert sich der für einen nach dem ZweitErbl PflichttBerecht maßgebl Nachl, s Brüstle aaO. – a) Bei **Abfindungsklauseln** in **GesellschVerträgen** ist fragl, ob der Berechng des Pflichtt der wahre Wert der Beteiligg (Vollwert) des Erbl zugrunde zu legen ist od der Wert des nach dem GesellschVertr auszuzahlenden Guthabens. Nach Siebert ist vom Vollwert der Mitgliedsch auszugehen u dem Erben ein LeistgsverweigergsR einzuräumen, wenn zZ des Erbf nur der niedrigere Abfindgswert realisiert w kann; s auch Tiedau, Goroncy, Miehle je aaO, Sudhoff Betr **73**, 53; Zimmermann aaO hält den Vollwert der Beteiligg grdsätzl für den alleinigen Maßstab, er weist auf § 2331 a hin u erachtet eine darüber hinausgehde Anwendg § 242 nicht für gerechtf; s auch Ulmer ZGR **72**, 338 ff, Heckelmann aaO, § 8 (ebf für Vollwert), Haegele-Litfin IV Rdz 329 ff; dort auch üb die Bedeutg v Abfindgsklauseln u den Ausschl einer Abfindg; s ferner Esch-Wiesche Rdz 370–373; Soergel-Dieckmann Rdz 4–10. – Hinsichtl der Berechng des Pflichtteils eines weichenden Erben nach der HöfeO s § 12 X mit II u III HöfeO nF u dazu Lüdtke/Handjery Rdz 115–120, Wöhrmann-Stöcker Rdz 132–136; Becker AgrarR **76**, 181. – b) **Umstellg**: S Anm 1b der 29. Aufl.

2) Befriedigg darf der PflichttBerecht erst aus dem schuldenfreien Nachl verlangen, er geht also den anderen NachlGläub nach. Die Eintragg einer SichergsHyp für PflichttAnsprüche, deren endgültige Höhe noch nicht feststeht, ist zul, LG Aachen Rpfleger **63**, 117. – a) **Abzusetzen** sind daher die ErblSchulden, zB Anspr der Ehefr gg den Erbl aus gemschaftl WirtschFührg, Johannsen WPM **73**, 541, UnterhAnspr unehel Kinder nach fr § 1712, BGH NJW **75**, 1123, Kreditgewinnabgabe, LAG 173, GrdstLasten (auch HypGewinnabgabe, Johannsen WPM **70**, 113), sämtl Steuern (Besitz-, Verkehrs-, Realsteuern), soweit sie zu Lasten des Erbl (befristet od unbefristet) entstanden sind, Sudhoff NJW **63**, 421 (über Berücksichtigg künftiger vom Erbl herrührender Steuerschulden s Kröger, BB **71**, 647, auch BGH NJW **72**, 1269), sowie alle Verbindlichk, deren RGrd beim Erbf bereits bestand (Beerdiggs-, NachlSichergs-, NachlVerwaltgs-, Inventar-, NachlProzeßkosten, §§ 1968, 1960, 1975, 1993, 2314 II), vgl auch KO 226 (idF des Art 6 Nr 1 NEhelG), ferner die Zugewinnausgleichsforderg des überlebenden Eheg in den Fällen des § 1371 II, III, da sie eine NachlVerbindlichk begründet, BGH **37**, 64, § 1371 Anm 4, Finke MDR **57**, 578, Reinicke Betrieb **60**, 1267, Johannsen in Anm zu **LM** Nr 2 zu § 2303, Erm-Barth-Schlüter Rdz 5, bestr, s auch Flik aaO. Abzusetzen sind auch die Kosten einer TestVollstrg, soweit sie dem PflichttBerecht von Vorteil war, Staud-Ferid Anm 53h, aM RGRK Rdz 7. Für die **Vermögensabgabe** des Lastenausgleichs besteht weder eine Haftg noch eine AusglPfl des PflichttBerecht. Bei der Wertberechng ist die Vermögensabgabe, eine NachlVerbindlichk, nach dem Zeitwert, LAG 77, in Ansatz zu bringen, BGH **14**, 368 mit Anm v Johannsen **LM** Nr 3, BWNotZ **61**, 332, Hamm RdL **64**, 243; aM Karlsr DNotZ **54**, 146; eine nicht abgelöste HypGewinnabgabe ist nicht mit dem Ablösgsbetrag, sond mit dem Kapitalwert anzusetzen, BGH NJW **64**, 1414; Einzelheiten vgl Hense DNotZ **53**, 84, und Mohrbutter-Gewehr MDR **53**, 405. Für einen VertreibgsSchaden nach dem LAG zugebilligte AusglLeistgen sind der Berechng des Pflichtt als ErsVorteile auch dann zGrde zu legen, wenn der Schaden noch vor dem Erbf eingetreten ist, der AusglAnspr aber erst danach in der Pers des Erben (VE) entstanden ist, BGH **LM** Nr 3 zu § 2041. Allg über Bewertg von Verbindlichk Meincke, BewertgsR § 13 IV, auch § 7. – b) **Dagegen** berühren die im Range nachgehden, KO 226 II Nr 5, 6, Verm, Auflagen, Verbindlichk des PflichttErbErsbrecht, Ansprüche aus dem Dreißigsten, § 1969, das gesetzl Verm an die Abkömml nach § 1371 IV u die den Erben treffden ErbschSteuern den PflichttBerecht nicht, sind also auch **nicht abzuziehen**, auch nicht die Ertragssteuer, EStG 16, wenn Erbe zum Nachl gehör HandelsUntern aufgibt, BGH **LM** Nr 7, dazu Kapp BB **72**, 829, Johannsen WPM **73**, 529, Esch-Wiesche Rdz 367–369. – Bei PflichttFdgen gg Vertriebene ist, wenn der Erbf vor der Vertreibg liegt, BVFG 82 mit 87 I Nr 1 zu beachten, Staud-Ferid Vorbem 163 vor § 2303.

3) Zu schätzen (notf durch Sachverständige) ist der **gemeine Wert**; s Meincke aaO § 12. Dazu gehört bei HandelsGesch auch der innere Wert, good-will, RG **106**, 132, Johannsen WPM **70**, 111, der nicht etwa unter § 2313 II fällt, BGH NJW **73**, 509, wonach bei Fortführg eines Untern grdsätzl nicht der Liquidationswert zu Grde gelegt w kann (dazu Breidenbach Betr **74**, 104; Haegele-Litfin IV Rz 329. 23; s allgem z UnternWert W. Müller JuS **73**, 603; **74**, 147, 288, 424, 558; **75**, 489, 553). Die gleichen Grdsätze müssen

Pflichtteil § 2311 3–8

auch für einen Handwerksbetrieb gelten, aM Nürnb FamRZ **66**, 512, das hier § 2313 II für anwendb erachtet. Nicht erforderl ist die Schätzg bei B a r g e l d od sicheren Außenständen, Staud-Ferid Anm 27, bei denen der Wert klar zutage liegt; bei Aktien wird der Börsenkurs zZ des Erbfalls nur maßg sein, wenn gewöhnl Umst u normale Verhältnisse vorliegen, andernf, insb bei Aktienpaketen – Minoritätspaketen unter 25%! – ist der innere Wert durch ein Gutachten zu ermitteln – Schätzg –, Nirk NJW **62**, 2185, s auch Soergel-Dieckmann Rdz 3, Staud-Ferid Anm 27; dagg ist Veith, NJW **63**, 1521 grdsätzl – auch bei Aktien von Fam-Gesellschaften – für den Börsenpreis zZ des Erbfalls, er erachtet nur in seltenen AusnFällen aGrd § 242 eine Korrektur des Börsenpreises für zul, die Heranziehg des „inneren Wertes" hält er für verfehlt. Bei anderen Wertpapieren mit Kurswert, zB Pfandbriefen, ist eine Schätzg nicht erforderl. Bei G m b H - A n t e i l e n ist der gemeine Wert zu ermitteln, GmbH-RdSch **62**, 263, s insb mit Einzelheiten Däubler aaO, Schöne RdschGmbH **75**, 121, auch BFH WPM **65**, 1042, Stöcker BB **75**, 1383 (GmbHAnteile an Familiengesellsch). Buchwertklauseln in GmbH-Satzg sind bei der Wertermittlg nicht zu berücksichtigen, Ebeling aaO. Bei Beteiligg des Erbl an einer P e r s o n e n g e s e l l s c h sind für die Feststellg des Pflichtt folgde Möglichk zu unterscheiden (s Haegele aaO 26 ff): Kommt es zur Auflösg u Liquidation der Gesellsch, so kann nicht mehr als die Beteiligg des (der) Erben am Liquidationserlös zu Grde gelegt w, bei Fortsetzg der Gesellsch nur mit den übr Gesellschaftern oder unter diesen u den Erben ist der wahre – wirkliche – Wert der Beteiligg am Erbl am Todestag unter Berücksichtigg der offenen u stillen Reserven heranzuziehen (Haegele aaO); üb Abfindungsklauseln s oben Anm 1a, Haegele aaO 30; allg s auch Meincke aaO § 13 II; Esch-Wiesche Rdz 366 ff. Zur Unternehmensbewertg auch BGH NJW **72**, 1269 (Berücksichtigg der nach EStG 16 anfallden ErtrSteuer). – Bei bebauten u unbebauten Grundstücken ist der innere Wert maßg; über die Bedeutg der jetzt nicht mehr geltenden Stopp-Preise – s BBauG 185 – s BGH **13**, 45, NJW **73**, 995, Kohler NJW **51**, 548, Grundsätze für die Bestimmg des inneren Werts, BGH LM Nr 4: Nicht ohne weiteres der Verkaufswert, sond der Wert, den der NachlGgst in der Hand eines jeden Erben haben würde, unabhäng von anormalen wirtschaftl Verhältn; s auch Köln NJW **61**, 785 (Ermittlg des Hauswerts nach „Berliner Methode"), BGH LM Nr 5 (zB Mittel zw Sach- u Ertragswert bei HausGrdst), Oldbg RdL **68**, 265 (Wert für Hof), BGH NJW **65**, 1589 (Wertermittlg bei vorübergehender Preisänderg), Stgt NJW **67**, 2410 (landw genutztes Gelände in Großstadtnähe), zur Wertermittlg auch Kraker BWNotZ **66**, 38 ff, Keßler DRiZ **66**, 399, Johannsen WPM **70**, 111 f, BGH WPM **70**, 1521; **77**, 302 f; Bewer, Wabnitz-Kuscha, Moser, Wagner AgrarR **75**, 85, 195, 226, 305; Ho **73**, 273, 314, 348; Steffen RdL **76**, 116 (VerkWert landw Grdst), s auch die WertermittlgsVO v 15. 8. 72 (BGBl 1427) mit Richtlinien v 31. 5. 76, BAnz Beil 21/76, dazu BayObLG **76**, 239 (ErbbR – Bewertg). Über Ermittlg des Wertes einer Heimstätte s BGH NJW **72**, 1669, Johannsen WPM **73**, 500. – Verbindlichkeiten, die auf w i e d e r k e h r e n d e Leistungen gerichtet sind, werden mit ihrem Kapitalwert abzusetzen sein, s Staud-Ferid Anm 53, RG **72**, 382, BGH **14**, 376 (Anwendg versicherungstechn Grdsätze bei Renten). Wertändergen nach dem Erbf können nur insow in Rechng gestellt w, als sie auch schon zZ des Erbf einen vorbestimmden Einfluß hatten.

3a) Wertbestimmgen des Erbl sind nicht maßg, III 2; Ausn: § 2312. Eine Wertbestimmg des Erbl kann aber als TeilgsAnO, § 2048, Bedeutg haben, jedoch nur soweit sie den PflichttAnspr nicht verkürzt, RGRK Anm 22. Ist der Berechtigte dem Erbl zur Pflichttentziehg, § 2333, kann er aber statt der Entziehg eine den PflichttBerechtigten benachteiligende Bewertg des Aktivbestands bindend anordnen od Anrechngspflichten bestimmen, AusglPflichten mindern od ausschließen, §§ 2315, 2316, PflichttErgänzgsansprüche mindern od ausschließen, §§ 2325 ff; dabei ist aber § 2336 zu beachten, Erm-Barth-Schlüter Rdz 3.

4) Der Pflichtteil der Abkömmlinge und Eltern. Durch das GleichberG v. 18. 6. 57, BGBl 609, wurde für Erbfälle nach dem 30. 6. 58 Abs **I** 2 dahin geändert, daß auch beim Pflichtt der Abkömmlinge der V o r a u s des überlebenden Eheg außer Betr bleibt, und zwar mit Rücks darauf, daß nach § 1932 I 2 der Eheg auch neben Abkömml uU den Voraus erhält. Der Pflichtt der Abkömml u Eltern wird daher nur aus dem Nachl berechnet, der nach Abzug des Voraus übrig bleibt, auch wenn dieser ausgeschlagen wird. Neben Abkömml ist hierbei nur der zur Führg eines angemessenen Haushalts benötigte Voraus, § 1932 I 2, dagg neben Eltern der ganze Voraus abzuziehen, § 1932 I 1. Der Voraus „gebührt" aber dem Eheg nicht, wenn die gesetzl Voraussetzgen, vgl § 1932 Anm 2, nicht gegeben sind od er dem Eheg entzogen ist. Ist der Eheg als AlleinE eingesetzt, so ist bei Berechng des Pflichtt von Abkömmlingen od Eltern der Voraus nicht außer Ansatz zu lassen, Staud-Ferid Anm 82, Staudenmaier aaO 72, aM Kipp-Coing § 9 II 3. Beim Pflichtt des Eheg selbst wird der Voraus nicht abgezogen.

5) Prozeßrecht. Ein Teil eines PflichttAnspr darf nicht durch Teilurteil abgewiesen werden, wenn nicht geklärt ist, ob die teilw Klageabweisg wg zu geringer Höhe der Aktivposten od wg zu hoher Passivposten erfolgt, BGH NJW **64**, 205. – PflichttAnsprüche sind beim ProzGer geltend zu machen, GerStand ZPO 27; für die Entscheidg über PflichttAnspr eines weichenden Erben sind aber, jedenf soweit sie den Hof betreffen, die LwGer zuständig, LwVG Nr 5, Hamm, RdL **64**, 241.

6) Kostenrecht. Für die Festsetzg des Geschäftswerts in Erbscheinsachen, KostO 107 II, sind die PflichttAnsprüche auf der Grdlage des EinhWerts der Grdstücke zu berechnen, wenn solche zum Nachl gehören u diese mit dem EinhWert veranschlagt w; ist gem KostO 19 II 1 ein höherer Wert als der Einh-Wert maßg, so ist auch der PflichttAnspr nach diesem Wert zu berechnen, Korintenberg-Wenz-Ackermann-Lappe Anm 3 C a zu § 107 KostO.

7) Pflegschaft § 1909, zur Geltdmachg des PflichttAnspr. Der als AlleinE eingesetzte Eheg ist als Inh der elterl Gewalt nicht gehindert, selbst zu entscheiden, ob die beim Tod des anderen Eheg entstandenen Pflichtt-Anspr der ehel Kinder geltd gemacht w sollen; Pflegerbestellg nur, wenn ihm Vermögenssorge entzogen, BayObLG **63**, 132; s auch § 2317 Anm 5. Über Pflegsch zur Regelg von PflichttR für das nichtehel Kind s §§ 1706, Nr 3, auch 1707, 1709.

8) Höferecht. Berechng ihrer Pflichtteile nach Maßg der HöfeO 13 (idF v 26. 7. 76) können die Pflichtt-Berecht verlangen, wenn der Hoferbe den Hof innerh 20 Jahren nach dem Erwerb veräußert, z fr R BGH **38**, 110, Scheyhing Anm 1 zu § 13 HöfeO; s zum neuen R Steffen RdL **76**, 57/58 f, Becker AgrarR **78**, 219; Wöhrmann-Stöcker HöfeO 13, Rdz 10, 114.

§§ 2311–2313 5. Buch. 5. Abschnitt. *Keidel*

9) §§ 2311, 2313 u die hierzu entwickelten Grdsätze gelten auch für die Berechng des Pflichtt, wenn dem PflichttBerecht der ErbErsAnspr dch Vfg vTw entzogen ist, § 2338a S 2. Für die Berechng des ErbErsAnspr selbst gilt die SonderVorschr des § 1934 b I.

10) Für die Berechng der **AbfindgsSumme** nach dem fr § 1712 II waren die Vorschr über Höhe u Berechng des hypothet Pflichtt (§§ 2303 I 2, 2310, 2311, 2313, 2315, 2316 mit §§ 1924 ff, 1371) maßg, Staud-Göppinger fr § 1712 Anm 48. Das AbfindgsR der Erben nach dem Tod des Vaters eines nichtehel Kindes ist mit dem Inkraftt des NEhelG 1. 7. 70 weggefallen; zum ÜbergR s Art 12 §§ 5, 10 NEhelG, BGH NJW **75**, 1123. Gem § 10 II aaO ist der fr § 1712 II aber für die dort angeführten Fälle noch anwendb, s Anm 3 zu Art 12 § 10 NEhelG, Anh zu § 1924.

2312 Landgut. I Hat der Erblasser angeordnet oder ist nach § 2049 anzunehmen, daß einer von mehreren Erben das Recht haben soll, ein zum Nachlasse gehörendes Landgut zu dem Ertragswerte zu übernehmen, so ist, wenn von dem Rechte Gebrauch gemacht wird, der Ertragswert auch für die Berechnung des Pflichtteils maßgebend. Hat der Erblasser einen anderen Übernahmepreis bestimmt, so ist dieser maßgebend, wenn er den Ertragswert erreicht und den Schätzungswert nicht übersteigt.

II Hinterläßt der Erblasser nur einen Erben, so kann er anordnen, daß der Berechnung des Pflichtteils der Ertragswert oder ein nach Absatz 1 Satz 2 bestimmter Wert zugrunde gelegt werden soll.

III Diese Vorschriften finden nur Anwendung, wenn der Erbe, der das Landgut erwirbt, zu den im § 2303 bezeichneten pflichtteilsberechtigten Personen gehört.

Schrifttum: Röll, Bestimmgen über die Berechng des Pflichtteils nach dem Ertragswert in Verfügen von Todes wegen u in Übergabeverträgen, BayNotV **62**, 1; Haegele, Landgut u Ertragswert im bürgerl R, BWNotZ **73**, 34, 49; Becker, Übernahme eines Landguts nach BGB, AgrarR **75**, 57; Kegel, Zum Pflichtt vom GroßGrdbesitz, Festschr für Cohn, 1975, 85 ff.

1) **Ertragswert.** Dem Übernehmer (s § 2049) soll die Übern des Landguts – zu dessen Begriff s BGH NJW **64**, 1416, RdL **77**, 119; Oldbg RdL **57**, 220, **62**, 40, Hamm MDR **65**, 488 (landw Nebenerwerbstelle kein Landgut; Stgt NJW **67**, 2410 (landw genutztes Gelände in Großstadtnähe mit ggü Ertragswert vielf höherem VerkWert kein Landgut, s aber auch BGH **LM** Nr 2), Haegele aaO 35, Johannsen WPM **70**, 238; **77**, 303f; Becker aaO 60ff; Kegel aaO 105ff; § 98 Anm 3 – erleichtert w. Statt des sonst vorgeschriebenen Schätzgswerts, § 2311 II, ist mangels einer Bestimmg des Erbl der Ertragswert maßg. Der Bestimmg des Erbl, **I**, 2, sind im Interesse des Übernehmers und des PflichtBerecht Schranken nach oben u unten gesetzt. Berechng nach LandesR s § 2049 Anm 2, EG 137. Über entspr Anwendg, wenn zum Nachl der GütGemsch-Anteil des Erbl an einem Landgut gehört, s Oldbg RdL **57**, 220, Haegele aaO 36. Entspr anwendb ist die Bestimmg auch, wenn das Landgut bereits zu Lebzeiten des Erbl übergeben wird u gg den Übernehmer PflichttErgänzgsansprüche (§ 2325 ff, geltd gemacht werden, Röll aaO 2, BGH Rpfleger **64**, 312 mit Anm v Haegele, **LM** § 2325 Nr 5, LG Ulm BWNotZ **64**, 283, Kraker BWNotZ **66**, 41, Johannsen WPM **70**, 237f. Hat der Erbl einen geringeren Wert als den Ertragswert bestimmt, so muß der Ertragswert für die PflichttBerecht maßg sein, Röll aaO 4, Haegele aaO 51.

Eine Anordng nach **II** kann stillschweigend erfolgen, sie kann sich durch ergänzende TestAuslegg ergeben, BGH **LM** § 2325 Nr 5, Oldbg RdL **62**, 40; unwirks PflichttEntziehg aus persönl Verfeindg kann aber nicht ohne weiteres in AO gem II umgedeutet w, Stgt NJW **67**, 2410.

Zur Ermittlg des Ertragswerts s Haegele aaO 37f, 49 mit Hinw, auch Meincke, BewertgsR § 11.

2) Der **übernehmende Erbe** muß zu den im § 2303 genannten **pflichtteilsberecht Personen** gehören, **III**, dh Abkömml, Elterntell u Eheg sein; ob er durch Näherstehende ausgestattet wird, vgl § 2309, od ob er aus sonst einem Grd keinen PflichttAnspr hat, vgl Übbl 2 vor § 2303, ist belanglos, Goller BWNotZ **59**, 18.

3) **Schätzgswert,** wenn der übernehmende Erbe nicht pflichtteilsberechtigt ist, ebso Becker aaO 59.

4) Gehören zu dem das Landgut ausmachden Grdst-Komplex Grdste besonderer Art, zB Bauplätze, so ist für diese der Verkehrswert maßgebd, Kraker BWNotZ **66**, 41, ebso, wenn der landw Besitz zZ des Erbf kein Landgut mehr ist, BGH DRiZ **69** 281, s auch BGH **LM** Nr 2 u dazu RGRK Rdz 1. Gehört zum Nachl nur der Bruchteil des Eigt eines Landguts u übernimmt der Miterbe ihn in MitE, so ist für diese nicht iZw anzunehmen, daß dieser zum ErtrWert angesetzt w soll, BGH NJW **73**, 995. Keine Anwendg des § 2312, wenn ein Landgut auf testamentar AO od zufolge ÜbernVertr auf mehrere Erben od Übernehmer zu BruchtEigt übergeht, s BGH WPM **77**, 202 = FamRZ **77**, 195.

5) Über Anwendg des § 2312 gem § 2338a S 2 s Anm 5 hierzu.

2313 Bedingte, ungewisse oder unsichere Rechte. I Bei der Feststellung des Wertes des Nachlasses bleiben Rechte und Verbindlichkeiten, die von einer aufschiebenden Bedingung abhängig sind, außer Ansatz. Rechte und Verbindlichkeiten, die von einer auflösenden Bedingung abhängig sind, kommen als unbedingte in Ansatz. Tritt die Bedingung ein, so hat die der veränderten Rechtslage entsprechende Ausgleichung zu erfolgen.

II Für ungewisse oder unsichere Rechte sowie für zweifelhafte Verbindlichkeiten gilt das gleiche wie für Rechte und Verbindlichkeiten, die von einer aufschiebenden Bedingung abhängig sind. Der Erbe ist dem Pflichtteilsberechtigten gegenüber verpflichtet, für die Feststellung eines ungewissen und für die Verfolgung eines unsicheren Rechtes zu sorgen, soweit es einer ordnungsmäßigen Verwaltung entspricht.

Schrifttum: Meincke, BewertgsR, 1973, § 15 I, II.

Pflichtteil §§ 2313, 2314

1) Aufschiebend bedingte Rechte u Verbindlichk sowie ungewisse od unsichere Rechte u Verbindlichk (zB Leistgspflichten aus dem Lastenausgleich, soweit sie der Höhe nach noch nicht feststehen, Anm Johannsen zu **LM** Nr 3 z § 2311, od uU zum Nachl gehörige Nacherbrechte, RG **83**, 253, die sich ja meist nicht genau schätzen lassen) u zweifelh Verbindlichkeiten, dh solche, die zZ des Erbf zweifelh waren u zZ der Geltdmachg des Pflichtt noch in voller Höhe zweifelh sind, BGH **3**, 394 (zB vom Erben bestrittene, wenn auch schon rechtshängige NachlSchulden, wobei zweifelh bedeutet, ob sie rechtl bestehen od sie tatsächl verwirkl werden können; dazu Johannsen WPM **70**, 113f, BGH WPM **77**, 1410), bleiben vorläufig außer Ansatz, soweit nicht mehr zweifelh, sind sie aufzunehmen. **Auflösend bedingte** Rechte u Verbindlichkeiten sind einstweilen ihrem ganzen Betrage nach zu berücksichtigen. Bestand mit dem Erbl eine einheitl GeschVerbindg, bei der die beiderseitigen Fdgen u Verbindlichk ggs verrechnet wurden, und sind diese nur teilw sicher u zweifelh, so muß das RVerhältn als Ganzes behandelt werden u die beiderseitigen Fdgen insow unberücksichtigt bleiben, als die sicheren sich mit etwaigen ungewissen decken, BGH **7**, 134. Bei Bedingsseintritt (rechtskräftiger Feststellg, FdgsEinziehg) hat entsprechende Ausgleichg zu erfolgen, je nachdem, ob sich der NachlWert vermehrt od vermindert. Sicherheitsleistg für den zukünftigen Fall kann von keiner Seite gefordert werden. **Befristete** Anspr u Verpflichtgen sind nach § 2311 II, KO 65 II, 70 zu schätzen. Als unsicherer Wert kann aber nicht ein Handwerksbetrieb erachtet w, aM Nürnb FamRZ **66**, 512. Gesellsch-Anteile an PersGesellsch, deren Wert AbfindgsBeschrkgen bedrohen, sind ebf nicht als unsichere Werte zu erachten, Soergel-Dieckmann Rdz 2 mit Rdz 9 zu § 2311. – Über Berücksichtigg künft Steuerschulden s Kröger BB **71**, 647, BGH NJW **72**, 1269.

2) Über Anwendg des § 2313 gem § 2338a S 2 s § 2311 Anm 9, auch Odersky § 1934b Anm II 1.

2314 *Auskunftspflicht des Erben.* **I** Ist der Pflichtteilsberechtigte nicht Erbe, so hat ihm der Erbe auf Verlangen über den Bestand des Nachlasses Auskunft zu erteilen. Der Pflichtteilsberechtigte kann verlangen, daß er bei der Aufnahme des ihm nach § 260 vorzulegenden Verzeichnisses der Nachlaßgegenstände zugezogen und daß der Wert der Nachlaßgegenstände ermittelt wird. Er kann auch verlangen, daß das Verzeichnis durch die zuständige Behörde oder durch einen zuständigen Beamten oder Notar aufgenommen wird.

II Die Kosten fallen dem Nachlasse zur Last.

Schrifttum: Kuchinke, Klage des Pflichtteilsberechtigten gegen den Erben auf Auskunft und Leistung des Offenbarungseids, NJW **57**, 1175. – Bink, Das Verfahren nach § 2314 BGB u die Kosten dieses Verfahrens, Jur Büro **63**, 381. – Gudian, § 2314 und der pflichtteilsberechtigte Miterbe, JZ **67**, 591. – Coing, Kempfler, Der AuskunftsAnspr des Pflichtteilsberechtigten im Fall der Pflichtteilsergänzg, NJW **70**, 729, 1533; Speckmann, Der Anspr des ME auf Auskunft über den Bestand des Nachl, NJW **73**, 1869; Haß, Zum AuskunftsAnspr des nicht erbden PflichttBer, SchlHA **77**, 58.

1) Auskunftsanspruch: a) Allgemeines: Nichterbe ist der PflichttBerecht, der enterbt ist, § 2303, od nach § 2306 I 2 ausschlägt, ferner der überl Eheg bei ZugewGemsch, der ausschlägt, § 2306 Anm 1, dann der nur mit einem Verm bedachte PflichttBerecht, § 2307, u zwar letzterer unabhängig davon, ob das Verm ausgeschlagen wird od dem Wert des Pflichtt gleichkommt od ihn übersteigt. § 2314 setzt nur ein PflichttR, nicht einen PflichttAnspr voraus, BGH **28**, 177 mit Anm v Mattern **LM** Nr 3. In allen diesen Fällen steht der Berecht als Teil des PflichttRechts der, notf einzuklagende, AuskunftsAnspr zu. Er ist aber dann nicht gegeben, wenn feststeht, daß ein PflichttAnspr nicht geltd gemacht w kann, BGH aaO. – Das G gewährt den AuskunftsAnspr dem PflichttBerecht in verschiedener Stärke: Vorlage eines ohne seine Mitwirkg vom Erben hergestellten Verz; Zuziehg bei der Aufstellg dieses Verz, Ermittlg des Wertes der NachlGgste; Aufn des Verz dch eine AmtsPers, s BGH NJW **61**, 603 mit Anm von Mattern **LM** Nr 4. Es ist Sache des PflichttBer sich die notwend Kenntn üb den Wert der NachlGgste auf dem Weg des § 2314 zu verschaffen, BGH WPM **77**, 305. – **b)** Der **AuskunftsAnspr umfaßt** nicht nur die beim Erbf tatsächl vorhandenen NachlGgstände, sondern im Falle des § 2057 auch Faktoren des rechngsmäß Bestandes (näml ausgleichspflichtige Zuwendgen, §§ 2316 I, 2052, 2055 I, § 1934b III; Warn **33** Nr 64), und Schenkgen, § 2325, auch Pflicht- u Anstandsschenkgen, § 2330, Hbg MDR **56**, 169, BGH **33**, 373 = NJW **61**, 602 mit Anm v Mattern in **LM** Nr 4, BGH **LM** Nr 5, FamRZ **65**, 135. Dem AuskAnspr des PflichttBerechtigten unterliegen auch Veräußergen des Erbl, die den Verdacht einer verschleierten (gemischten) Schenkg aufkommen lassen, BGH FamRZ **75**, 87; die Ausk muß sich auf alle VertrBedingungen erstrecken, deren Kenntn wesentl ist für die Beurteil, ob u in welcher Höhe ein PflichttErgänzgsAnspr, § 2325, geltd gemacht w kann, BGH **LM** Nr 5, s auch Coing NJW **70**, 732f, BGH **55**, 378 (AuskAnspr gg Beschenkten) = **LM** Nr 6 mit Anm von Johannsen. – **aa)** Der **Bestand** ergibt sich aus dem Bestandsverzeichnis, § 260 I, also auch der Anspruch, § 2311 Anm 1, 2, da der Berecht nur so über die Höhe seines ZahlgsAnspr unterrichtet w kann, RG **129**, 240; Hbg JW **39**, 155, BGH **33**, 373 = NJW **61**, 602. Zum Bestand gehören auch solche Ggstände, an denen der Erbl nur Besitz hatte. Der Berecht kann, wenn ein Unternehmen zum Nachl gehört u die Beurteilg seines Wertes ohne Kenntn insb der Bilanzen u ähnl Unterlagen dem PflichttBerecht nicht mögl wäre, die Vorlage derartiger Unterlagen verlangen, zB Bilanzen, Gewinn- u Verlustrechngen, BGH **LM** Nr 1 zu § 260, NJW **61**, 601/604, FamRZ **65**, 136, BGH **65**, 79 mit Anm v Blunck NJW **75**, 2191, Reuter-Kunath JuS **77**, 376; der AuskAnspr umfaßt aber die Vorlage von Belegen nicht in der Allgemeinh wie beim RechngsleggsAnspr, s § 259 I; hinsichtl der Ausk über Schenkgen, § 2325, kann die Vorlage von Unterlagen zur Feststellg des Wertes der fortgegebenen Vermögensteile, nicht aber die Vorlage von Wertfeststellgen, zB Schätzgutachten, die der Erbl od der Erbe hat anfertigen lassen, verlangt w, BGH FamRZ **65**, 135, Oldbg NJW **74**, 2093 (ErbErsAnspr). Jedoch kann der PflichttBerecht, wenn die Feststellg des Nachl zB die Bewertg eines Unternehmens erfordert u er diese aGrd der Bilanzen u der sonst Belege nicht allein vornehmen kann, vom Erben die Wertermittlg dch Einholg eines Sachverständigengutachtens verlangen, KG OLGZ **69**, 254, Schleswig, Mü NJW **72**, 586; **74**, 2094; BGH NJW **75**, 258 = FamRZ **75**, 87; Mü I FamRZ **78**, 364;

1957

s aber auch Hamm NJW **69**, 433, das eine Verpfl des Erben hierzu verneint u diesen nur für verpfl erachtet, zu dulden, daß sich der PflichttBerecht bei der Wertermittlg eines Sachverst bedient. – Solange dem Ausk-Verlangen nicht entsprochen ist, kann der Berecht die Ann eines ihm angebotenen Betr verweigern; der Erbe wird daher durch Hinterlegg, § 378, von seiner Verbindlichk nicht befreit, BGH FamRZ **58**, 23. – **bb)** Der AuskAnspr **verjährt** grdsätzl in 30 Jahren, jedoch später als der PflichttAnspr selbst, BGH **33**, 379; Zweibr FamRZ **69**, 230; er entfällt, wenn der PflichttAnspr verjährt ist, Düss MDR **67**, 675, s auch Johannsen WPM **70**, 116, unten Anm 5 aE. – **c)** Der Anspr steht **jedem Berechtigten** (od seinem Zessionar, §§ 2317 II, 398 ff) gg die Erben als GesSchu zu, nicht gg den TestVollstr, § 2213 I 3. Die AuskPfl des Erben besteht neben der des NachlVerw nach § 2012 I 2, Celle MDR **60**, 402. Zum AuskAnspr bei Vorliegen gesellschaftsrechtl Abfindungsklauseln vgl Sudhoff NJW **61**, 807 (bedenkl Einschränkgen). – **Ist der Berechtigte zugleich Miterbe,** so stehen ihm die AuskAnspr nach §§ 2027/28 od 666, 681 zu; soweit diese nicht ausreichen, kann hinsichtl des AuskVerlangens auf § 242 in eine entspr Anwendg des § 2314 I zurückgegriffen w, s Gudian aaO, Coing aaO 773, Lange-Kuchinke § 39 XI 5, KG OLGZ **73**, 214 (bei PflichttErgAnspr); gg entspr Anwendg des § 2314 Kempfler aaO, auch Zweibr OLGZ **73**, 218, BGH **61**, 180 = **LM** Nr 8 mit Anm von Johannsen, unter Hinw auf BGH **58**, 237 = **LM** Nr 7 mit Anm v Johannsen; für entspr Anwendg aber Speckmann NJW **73**, 1870, s auch RGRK Rdz 4. – In entspr Anwendg von Abs I können pflichtteilsberecht Abkömmlinge u Eltern vom Erben verlangen, ob der Erbl mit seinem Eheg im **Güterstand** der ZugewGemsch gelebt u ein ihm zugewandtes Vermächtn angen oder ausgeschlagen hat (§ 1371; RGRK Rdz 11, 12).

2) Das Verzeichnis, § 260 I, ist kein Inventar, § 2001 s dazu Hamm OLGZ **77**, 257 (Zustdgk zur Aufn des Verz in NRW: Notar, AG). Es kann aber auf ein solches verwiesen werden. Der PflichttBerecht kann auch Setzg einer InvFrist beantragen, § 1994. Wenn das Verz ohne die schon vorher verlangte Zuziehg des PflichttBerecht angefertigt wurde, muß ein neues Verz unter seiner Zuziehg erstellt werden; das gleiche gilt auch dann, wenn das Verlangen auf Zuziehg erst nachträgl gestellt wird, soweit nicht diesem Verlangen die §§ 226, 242 entggstehen. Auch die Aufn durch eine AmtsPers – s § 2002 Anm 1 – kann noch nachträgl verlangt werden, selbst wenn sich der Berecht zunächst mit einem privaten Verz begnügte, er braucht sich nicht auf das Verf zur Abg einer eidesstattl Vers verweisen zu lassen, RG **72**, 384, DJ **40**, 1248, BGH NJW **61**, 602, LG Essen MDR **62**, 575. Der PflichttBerecht hat aber kein Recht, beim AG od Notar selbst die Aufn eines Verz zu verlangen, Stgt BWNotZ **63**, 265. – **a) Ergänzg** kann verlangt werden, wenn der Pflichtige einen best Vermögensteil ganz ausließ, RG JW **14**, 348, od aus Rechtsirrtum eine unbestimmte Anzahl von Ggständen nicht aufnahm, BGH **LM** Nr 1 zu § 260. Abgesehen hievon kann wg sonstiger Mängel ein neues Verz od seine Ergänzg grdsätzl nicht gefordert werden. Diese Mängel sind vielm im Verf zur Abg der eidesstattl Vers od im RStreit zu erörtern. – **b)** Der Pflichtige kann auf Verlangen über das **Verzeichn** die **eidesstattl Vers** nach § 260 II abzugeben, diese kann vor der Abg ergänzt w, was eine Änderg der Formel für die eidesstattl Vers dch das nach ZPO 889 zust VollstreckgsG veranlassen kann, vgl § 261 II. Die Abg der eidesstattl Vers kann, ebso wie die AuskErteilg, in Teilakten über jeweils einen und AuskGgst erfolgen; sie muß aber auch dahin gehen, daß der Umfang der Teilauskünfte von der Ausk im geschuldeten Gesamtumfang darstellt, BGH **LM** Nr 5, FamRZ **62**, 429. Die Voraussetzgen des § 260 II liegen aber nicht schon dann vor, wenn der Verpflichtete mangels einer entspr Aufforderg des Berecht das Verz ohne Zuziehg eines Beamten od Notars u zunächst ohne Belege einreichte; die Behauptg, daß das Verz unsorgfält sei, muß näher erläutert w, KG JR **49**, 410, auch Zweibr FamRZ **69**, 230. Verweigerg der eidesstattl Vers führt jedoch (anders als im Fall des Verfahrens nach §§ 1993 ff, § 2006 III) keine unbeschränkte Haftg herbei, vgl aber ZPO 888. Der zur Abg bereite Erbe kann die eidesstattl Vers vor dem NachlG abgeben, FGG 163. S auch §§ 259–261 Anm 6.

3) Zustdgk der beizuziehden Behörde: Das in **I 3** genannte NachlVerz stellt eine UrkHdlg dar, die zu den nicht rechtsgeschäftl Beurkdgen gehört (KG KJG **43** B 339/342). Hiefür sind nach BundesR die Notare zust, BNotO 20 I; landesrechtl ist daneben auch die Zustdgk des AmtsG, nicht des NachlG u zwar des Richters gegeben; s für den Geltgsbereich des *Preuß*FGG dortselbst Art 31 I, II u dazu Hamm OLGZ **77**, 257, auch Schubart DNotZ **34**, 497 (zum Verz nach § 2121 III); für *BaWü* s § 41 V LFGG.

4) Erlaß der Auskunftspflicht seitens des Erbl ist **unzulässig.** Der PflichttBerecht kann jedoch verzichten, und zwar dem Erben ggü formlos, RGRK Rdz 23, dem Erbl ggü aber nur in der Form des § 2348, § 2346 II.

5) Prozessual kann der Weg der **Stufenklage,** ZPO 254, beschritten w, so daß die Bezifferg des Zahlgs-Anspr erst nach teilurteilsweiser Erledigg des Anspr auf Vorlegg (evtl auch Abg der eidesstattl Vers) des Verz zu erfolgen hat; dabei bedarf die AuskVerpfl keiner näheren Umschreibg im VollstrTitel, Staud-Ferid Anm 52. Die Möglichk der StufenKl hindert aber den Gl nicht, die einzelnen Stufen zum Ggst gesonderter Kl zu machen, Zweibr FamRZ **69**, 230. Durch die StufenKl w die Verj, § 2332, sogleich unterbrochen, BGH NJW **75**, 1409, nicht aber dch die bloße Kl auf AuskErteilg, RG **115**, 29, Köln JR **58**, 223. – Dem KlRecht gem § 2314 mit § 260 II steht nicht im Wege, daß der PflichttBerecht als NachlGläub daneben vom Erben die Abg der eidesstattl Vers vor dem NachlG aGrd § 2006 verlangen kann, vgl Zweibr aaO. Ein Rechtsschutzinteresse an der Kl aGrd § 2314 kann auch fortbestehen, wenn der PflichttAnspr währd des RechtsStr verjährt ist, BGH DRiZ **69**, 282. Die Zwangsvollstreckg hinsichtl der AuskErteilg u der Vorlegg des Verz erfolgen gem ZPO 888, Mü NJW **69**, 436; Ffm Rpfleger **77**, 184; hinsichtl der Zuziehg eines Sachverst gem ZPO 887, Hamm JMBlNRW **77**, 67; hinsichtl der Abgabe der eidesstattl Vers s ZPO 889 II.

6) Die Kosten, II, des Verzeichnisses, der Wertermittlg u der amtl Aufnahme sind NachlVerbindlichk, die rechngsmäßig vom Aktivbestande, § 2311, abgesetzt w können, für die aber der Erbe mit seinem Verm haftet, Mü aaO. Die Kosten der Abn der eidesstattl Vers, § 261 III, trägt der AntrSt selbst, s auch §§ 259–261 Anm 6c dd.

7) § 2314 gilt auch für den PflichttBerecht, dem der ErbErsAnspr dch Vfg vTw entzogen ist, § 2338a S 2. Er gilt sinngem für den Inhaber eines ErbErsAnspr, § 1934a, ggü dem Erben, § 1934b II 1. BGH FamRZ 77, 388. Zur AuskPfl nach HöfeO 13 nF s Lüdtke/Handjery Rdz 82, Wöhrmann-Stöcker Rdz 127–129 je hierzu.

2315 *Anrechnung von Zuwendungen auf den Pflichtteil.* I Der Pflichtteilsberechtigte hat sich auf den Pflichtteil anrechnen zu lassen, was ihm von dem Erblasser durch Rechtsgeschäft unter Lebenden mit der Bestimmung zugewendet worden ist, daß es auf den Pflichtteil angerechnet werden soll.

II Der Wert der Zuwendung wird bei der Bestimmung des Pflichtteils dem Nachlasse hinzugerechnet. Der Wert bestimmt sich nach der Zeit, zu welcher die Zuwendung erfolgt ist.

III Ist der Pflichtteilsberechtigte ein Abkömmling des Erblassers, so findet die Vorschrift des § 2051 Abs. 1 entsprechende Anwendung.

Schrifttum: Sostmann, RhNK 76, 479 (s Übbl vor § 2303); Haegele-Litfin IV Rdz 334–337, 361–366; Werner, Werterhöhg als ausgleichspfl Zugewinn u erbrechtl Vorempfang, DNotZ 78, 66; Lange-Kuchinke § 39 VI 3.

1) Die Anrechnungspflicht, die auch Eltern u Eheg treffen kann, hat mit der AusglPfl der Abkömmlinge, § 2316, nichts zu tun. Anrechnungsgut sind freigebige Zuwendgen unter Lebenden aus dem Verm des Erbl, zB Ausstattgen nach § 1624, vollzogene Schenkgen, SchenkgsVerspr, bestr, s RGRK Rdz 4, bezahlte Schulden, nicht: Zuwendgen aGrd einer Verpflichtg, auch nicht Hofüberg gem HöfeO BrZ 17 II, Schlesw AgrarR 72, 362, auch nicht Zuwendungen an die Ehefr des PflichttBerecht, Erm-Barth-Schlüter Rdz 2, Sostmann aaO 480, 487. **Die Anrechnungsbestimmg** muß der Erbl durch einseit, empfangsbedürft Erkl vor od bei der Zuwendg treffen. Nachher kann er dies nur, wenn der Empf in der Form der §§ 2346 II, 2348 zustimmt. Daher ist dies dch Vfg vTw nicht mehr zul, Kipp-Coing § 11 I; auch deshalb nicht, weil der PflichttBerecht als solcher nicht mit einem Verm beschwert w kann; es sei denn an Stelle einer völligen PflichttEntziehg, §§ 2333ff. **Stillschweigende Anrechnungsbestimmg muß genügen**, da sonst § 2315 kaum praktisch würde; dazu Sostmann aaO 483f; der Berecht muß sich aber der AnrechnsPfl bewußt werden, BayObLG 59, 81, Schlesw aaO. Die Anrechnungsbestimmg darf nicht bloß auf den ErbT erfolgt sein, in diesem Fall kann die Anordng ihrer Anrechng auf den Pflichtt sich aber durch Ausleg ergeben, Staud-Ferid Anm 44, 45. Die AnrechnsBest kann auch bedingt getroffen w, Sostmann aaO 484.

2) Der eintretende Abkömmling, III, § 2051, muß sich die Zuwendgen anrechnen lassen, die dem Weggefallenen hätten angerechnet w können, wenn er nicht beweist, daß die AnrechngsPfl dem Empfänger nur für dessen Pers begründet war. Ob noch andere Abkömmlinge vorhanden, ist hier gleichgültig. Für Eltern (und Eheg) gilt III nicht, wohl aber § 2309, der ein PflichttR nur insow entstehen läßt, als der Weggefallene nicht schon zu Lebzeiten darauf abgefunden od als er vor dem Erbl verstorben war, vgl RGRK Rdz 23. S dazu Johannsen WPM 70, 117.

3) Bei der Berechng des Pflichtteils wird der Vorempfang (u zwar nach seinem damaligen Wert, II 2 [§ 2311 Anm 3; über Berücksichtig des Kaufkraftschwunds des Geldes s BGH **65**, 75 = NJW **75**, 1831, 2292 mit Anm v Löbbecke, Johannsen zu LM § 2325 Nr 12/13 = WMP **75**, 860, dazu Philipp Betr **76**, 664, Werner aaO 67–70, 80ff (krit); RGRK Rdz 14], evtl nach der Wertbestimmg des Erbl) dem Nachl hinzugerechnet u von dem so ermittelten Betrag als bereits empfangen abgezogen. Zu beachten ist, daß die Anrechng nicht im Verhältnis von Abkömmlingen untereinander, sond auch ggü anderen, fremden NachlBeteiligten gilt; sowie weiter, daß bei verschieden hohen Zuwendgen an Mehrere bei jedem auch ein verschiedener (um die Zuwendg erhöhter) NachlBestand zugrunde zu legen ist.

4) Beispiele: a) Nachl 6000, Söhne A, B, C (letzterer mit 1200 anrechnungspflichtigem Vorempfang). A und B sind Erben, C ist auf den Pflichtteil gesetzt. Bei ihm ist zu rechnen: $\frac{6000 + 1200}{6} - 1200 = 0$. Er erhält also nichts.

b) War C der einzige Sohn und sind Geschwister des Erbl zu Erben eingesetzt, so erhält C ½ von 7200 – 1200, also noch 2400. Das gleiche gilt, wenn der Enkel X an Stelle seines Vaters C getreten war, vgl auch § 1935.

c) Ist außer C die Witwe D (diese mit 400 Vorempfang) pflichtteilsberechtigt und ein Nichtverwandter Erbe, so erhalten – außer bei Zugewinngemeinsch – C $\frac{(6000 + 1200) \cdot 3}{8} - 1200 = 1500$ und D $\frac{6000 + 400}{8} - 400 = 400$. Die Pflichtteilslast beträgt also nur 1900, während sie ohne die Anrechng 3000 betragen würde. Bei Zugewinngemeinsch, § 1371 I, (erbrechtl Lösg) erhält C $\frac{6000 + 1200}{4} - 1200 = 600$, D $\frac{6000 + 400}{4} - 400 = 1200$; bei güterrechtl Lösg, § 1371 II, ergibt sich die gleiche Berechng wie vorstehend im Fall „außer bei Zugewinngemeinschaft". – Weiteres Beisp bei Brüggemann JA **78**, 209/212.

5) Eine ähnliche Regelung für den Zugewinnausgleich enthält § 1380.

6) § 2315 gilt auch bei Vorliegen der Voraussetzgen des § 2338a S 1, s dazu Brüggemann FamRZ **75**, 309/317/319. Er gilt ferner entspr, wenn zw dem nichtehel Kind u seinem Vater ein wirks vorzeit ErbAusgl, §§ 1934d, e, nicht zustande gekommen ist, der Vater dem Kinde aber Zahlgen im Hinblick auf den ErbAusgl geleistet, sie jedoch nicht zurückgefordert hat, § 1934d IV 3, dazu Damrau FamRZ **69**, 587.

§ 2316 *Ausgleichungspflicht.* [I] Der Pflichtteil eines Abkömmlings bestimmt sich, wenn mehrere Abkömmlinge vorhanden sind und unter ihnen im Falle der gesetzlichen Erbfolge eine Zuwendung des Erblassers oder Leistungen der in § 2057a bezeichneten Art zur Ausgleichung zu bringen sein würden, nach demjenigen, was auf den gesetzlichen Erbteil unter Berücksichtigung der Ausgleichungspflichten bei der Teilung entfallen würde. Ein Abkömmling, der durch Erbverzicht von der gesetzlichen Erbfolge ausgeschlossen ist, bleibt bei der Berechnung außer Betracht.

[II] Ist der Pflichtteilsberechtigte Erbe und beträgt der Pflichtteil nach Absatz 1 mehr als der Wert des hinterlassenen Erbteils, so kann der Pflichtteilsberechtigte von den Miterben den Mehrbetrag als Pflichtteil verlangen, auch wenn der hinterlassene Erbteil die Hälfte des gesetzlichen Erbteils erreicht oder übersteigt.

[III] Eine Zuwendung der im § 2050 Abs. 1 bezeichneten Art kann der Erblasser nicht zum Nachteil eines Pflichtteilsberechtigten von der Berücksichtigung ausschließen.

[IV] Ist eine nach Absatz 1 zu berücksichtigende Zuwendung zugleich nach § 2315 auf den Pflichtteil anzurechnen, so kommt sie auf diesen nur mit der Hälfte des Wertes zur Anrechnung.

Schrifttum: Sostmann, RhNK 76, 488 (s Übbl vor § 2303).

Vorbem. § 2316 I 1 hat gem Art 1 Nr 91 NEhelG mit Wirkg v 1. 7. 70 (Art 12 § 27 NEhelG) eine neue Fassg erhalten. In der Neufassg wurde nach den Worten „eine Zuwendung des Erblassers" eingefügt „oder Leistungen der in § 2057a bezeichneten Art". Diese Einfüg ist eine Folge der Einreihg des § 2057a aGrd Art 1 Nr 90 NEhelG.

1) Anwendsgebiet. § 2315 gilt für alle PflichttBerechtigten; § 2316 nur für einen pflichtteilsberecht **Abkömmling**, u zwar nur dann, wenn bei gesetzl Erbf neben ihm mindestens noch ein Abkömml berufen wäre. Dabei werden bei Berechng der Erbteile auch die Abkömml gezählt, die von der Erbfolge ausgeschl sind, ausgeschlagen haben od für erbunwürdig erkl sind, § 2310 S 1; nur durch Erbverzicht ausgeschiedene werden nicht berücksichtigt, I 2. — Ggst der Regelg ist (anders als in § 2315) nicht die Frage, was der PflichttBerecht sich auf den Pflichtt anrechnen lassen muß, sond wie sich der für den Pflichtt maßgebl gesetzl Erbteil eines Abkömmlings unter Berücksichtigg der AusglRechte u -pflichten, §§ 2050ff, bemißt.

2) Grundsätzl finden die Vorschr über die AusglPfl im Falle gesetzl Erbfolge, §§ 2050ff, Anwendg; Beisp bei Schalhorn, JurBüro 75, 1428; s auch Schlesw AgrarR 72, 362 (Hofübergabe an PflichttBer); Sostmann aaO 488ff. Über die Wertberechng der Zuwendgen u insb die Berücksichtigg des Kaufkraftschwunds des Geldes hiebei s § 2055 Anm 2, RGRK Rdz 7. Namentl gilt auch § 2056 für die Erben, RG 77, 282. § 2057 (AuskunftsPfl) ist zG des pflichtteilsberecht Abkömmlings entspr anwendbar, RGRK Rdz 3. Der Erbl kann aber die AusglPfl einer Ausstattg, § 2050 I, nicht zum Nachteil des PflichttBerecht ausschließen, **III**. Das gleiche gilt auch für die Zuwendgen des § 2050 II, der lediql eine Ergänzg des § 2050 I bildet, hM, s Staud-Ferid Anm 14, Johannsen WPM 70, 117. Ebenso bleiben Zuwendgen, die erst durch letztw Vfg für ausgleichspflichtig erkl sind, außer Betr, soweit sie zu einer Minderg des Pflichtteils führen würden, wenn dieser nach dem Bestande u Werte des Nachl zuzügl der nach § 2050 I–III sich ergebenden Ausgleichsposten berechnet wird, RG 67, 306; vgl § 2050 Anm 3d.

Beispiele: Ohne Berücksichtigg der ZugewGemsch ergeben sich folgende Berechngen:

a) Nachlaß 20000, gesetzl Erben Ehegatte G und Kinder A, B und C; A mit 2000, B mit 4000 ausgleichspflichtigen Zuwendgen. Gesetzl Erbteil des G ist 20000 : 4 = 5000, Pflichtteil 2500; der Ehegatte wird von der AusglPfl nicht berührt, vgl Anm 1 und § 2050 Anm 2. Für A gesetzl Erbteil (15000 + 2000 + 4000) : 3 = 7000 − 2000 = 5000, Pflichtteil 2500. B gesetzl Erbt 7000 − 4000 = 3000, Pflichtteil 1500. C gesetzl Erbteil 7000−0, Pflichtt 3500.

b) Hätte im gegebenen Beispiel A 11000 auszugleichen, so würde sich für A, B und C die Berechng folgendermaßen gestalten: A gesetzl Erbteil (15000 + 11000 + 4000) : 3 = 10000 − 11000 = 0. Da er mehr empfangen hat als den gesetzl Erbteil, gilt § 2056, so daß A ganz ausscheidet. Gesetzl Erbteil für B also (15000 + 4000) : 2 = 9500 − 4000 = 5500, Pflichtteil 2750; für C gesetzl Erbteil (15000 + 4000) : 2 = 9500−0; Pflichtteil 4750.

Bei Zugewinngemeinsch, § 1371 I, erbrechtl Lösung ergeben sich folgende Berechngen:

im Falle **a)**

Gesetzl Erbteil des G ist $20000 : 2 = 10000$.

Gesetzl Erbteil des A $\dfrac{10000 + 2000 + 4000}{3} - 2000 = 5333{,}33 - 2000 = 3333{,}33$.

Gesetzl Erbteil des B $\dfrac{10000 + 2000 + 4000}{3} - 4000 = 5333{,}33 - 4000 = 1333{,}33$.

Gesetzl Erbteil des C $\dfrac{10000 + 2000 + 4000}{3} = 5333{,}33$.

im Falle **b)**

Gesetzl Erbteil des G ist 10000.

Gesetzl Erbteil des A $\dfrac{10000 + 11000 + 4000}{3} - 11000 = 8333{,}33 - 11000 = 0$.

Gesetzl Erbteil des B $\frac{10000 + 4000}{2} - 4000 = 7000 - 4000 = 3000$.

Gesetzl Erbteil des C $\frac{10000 + 4000}{2} = 7000$.

Die Pflichtteile sind jeweils die Hälfte des Erbteilswerts. S auch die Beisp bei Sostmann aaO 492.

c) Beispiel bei Gütertrenng im Fall des § 1931 IV, angefügt gem Art 1 Nr 87 NEhelG: Nachl 30000, gesetzl Erben Eheg u Kinder A u B, A mit 5000 anrechnngspflichtig Zuwendgen. Gesetzl Erbteil des G ist 30000 : 3 = 10000, Pflichtt = 5000; der Eheg w von der AusglPfl nicht berührt. Für A gesetzl Erbteil (20000 + 5000) : 2 = 12500 — 5000 = 7500, Pflichtt 3750. C gesetzl Erbteil (20000 + 5000) : 2 = 12500 — 0; Pflichtt 6250.

3) Zu II. Ist dem PflichttBerecht als Erben ein Erbteil hinterlassen, der ohne Berücksichtigg von Ausgl-Rechten u -pflichten die Hälfte des gesetzl Erbteils erreicht od übersteigt, so würde ihm nach §§ 2303, 2305 ein PflichttAnspr nicht zustehen. **II** gibt ihm unter der Voraussetzg, daß er nach §§ 2305—2307 überh anspruchsberecht ist, ein Recht, die durch Hinzurechng der ausgleichspflichtigen Zuwendgen bewirkte Vergrößerg des Pflichtt als PflichttRestAnspr zu fordern, s RGRK Rdz 15, hier § 2305 Anm 3. Verjährg § 2332.

4) Zusammentreffen von Ausgleichungspflicht u Anrechnungspflicht. IV regelt den Fall, daß für die bei Berechng des Erbteils gem **I** zur Ausgleichg zu bringende Zuwendg gleichzeitig auch nach § 2315 Anrechng auf den Pflichtt angeordnet ist. Hier wird zunächst der gesetzl Erbteil nach **I** berechnet. Auf den so gewonnenen Pflichtt ist die Zuwendg dann nur noch mit der Hälfte des Wertes in Anrechng zu bringen. Damit wird verhindert, daß die Zuwendg doppelt angerechnet wird. S hierzu Lange-Kuchinke § 39 VI 3 c δ, BayObLG **68**, 112. Erath AcP **127**, 318 verkennt die Unvereinbark der individuellen Anrechng nach § 2315 mit der kollektiven Ausgleich nach § 2316, Staud-Ferid Anm 56. S auch Johannsen WPM **70**, 118, Sostmann aaO 493 ff.

5) Neues Recht (s auch oben 2c). **a) Ausgleichg von Vorempfängen.** PflichttBerecht Abkömml iS des § 2316 ist auch das nichtehel Kind im Verh zu seinem Vater, s § 1924 Anm 3 B. Befindet sich unter den pflichttberecht Abkömml des Erbl (Vater) ein nichtehel Kind u wäre unter den Abkömml eine Zuwendg des Erbl zur Ausgl zu bringen, §§ 2050ff, § 1934b III, so gilt § 2316, s oben Anm 1—4, auch § 2338a S 2 (mit Brüggemann FamRZ **75**, 309/319/321f).

b) Ausgleichspflicht für besondere Leistgen. Die in § 2057a geregelte Ausgl unter Abkömml zG des- (der-)jenigen, der (die) dch MitArb im Haush, Beruf od Gesch des Erbl währd längerer Zeit, dch erhebl Geldleistgen od in anderer Weise in bes Maße dazu beigetragen hat, daß das Vermögen des Erbl erhalten od vermehrt wurde, od der unter Verzicht auf berufl Eink der Erbl währd längerer Zeit gepflegt hat, ist bei Bemessg des Pflichtt von Abkömml — auch des nichtehel Kindes im Verh zum Vater — zu berücksichtigen. Es gelten also die oben dargelegten Grdsätze iVm den Regeln des § 2057a. Beisp: Nachl 9000, gesetzl Erben die Abkömml A, B u C je zu 1/3. AusglBetr für A 3000, rechnerischer Nachl 6000. Pflichtt für A 2000 + 3000 : 2 = 2500, Pflichtt für B u C je 2000 : 2 = je 1000. Der gesetzl Erbteil u damit der Pflichtt des überl Eheg w dch die Ausgl unter den Abkömml nicht berührt; die Höhe seines gesetzl Erbteils, s § 1931, beeinflußt aber die Höhe des gesetzl Erbteils der Abkömml u damit deren Pflichtt. S auch Beisp bei Lutter, ErbR des nehel Kindes ²110, ferner Erm-Barth-Schlüter Rdz 3, 6.

2317 *Entstehung und Übertragbarkeit des Pflichtteilsanspruchs.* [1] Der Anspruch auf den Pflichtteil entsteht mit dem Erbfalle.

[II] Der Anspruch ist vererblich und übertragbar.

1) Der PflichtteilsAnspr als reine Fdg ist wohl zu unterscheiden von dem bereits vor dem Erbfall als Anwartsch bestehenden **Pflichtteilsrecht**. Demgemäß ist der PflichttVerzicht, §§ 517, 2346 II, etwas anderes als der AnsprVerzicht, § 397; RG **93**, 298. Beide werden in § 1822 scharf voneinander geschieden; jener wird in Z 1, dieser in Z 2 behandelt, vgl Oertmann, JhJ **65**, 100. – **a)** Der konkrete **PflichttAnspr entsteht** mit dem Erbf, also mit dem Tod des Erbl, 1922, RG **135**, 233; dies gilt auch bei Anordng einer Nacherbf, so daß mit dem Eintritt des Nacherbfalls kein neuer PflichttAnspr gg den NachE entsteht, insow, s § 2306 Anm 5, zutreffd Donau MDR **58**, 134, 735; aM Ottow MDR **57**, 211. In den Fällen der §§ 2306/07 entsteht der Anspr zwar erst mit der Ausschlagg, wird aber nach der Ausschlagg als mit dem Erbf entstanden behandelt, vgl § 2332 III; abw RGRK Rdz 4, RG JW **31**, 1354, die den Ansspr als mit dem Erbf entstanden, die fehlde Ausschlagg nur als Hindern für seine Geltdmachg ansehen. Vor dem Erbf keine **Sicherg** dch Arrest od einstw Vfg, Staud-Ferid Vorbem 67 vor § 2303, doch ist schon Klage auf Feststellg des Bestehens od Nichtbestehens des PflichttRechts, der Rechts auf PflichttEntziehg zul, RG **92**, 1, **169**, 98. – b) Der **Anspr entsteht nicht** bei Erbverzicht od vorherigem PflichttVerzicht, § 2346 II, bei wirks vorz ErbAusgl, §§ 1934d, e. Anspr des Beschwerten auf **Stundung**: s § 2331a. – **c) Steuerpflichtig** ist der Anspr nur, wenn er geltd gemacht wird, ErbStG 3 I Nr 1; Abzugsfähigk als NachlVerbindlk, ErbStG 10 V Nr 2, Haftg, ErbStG 20 I, III. – **d)** Der Anspr kann **nicht** (wie das Verm, § 2180) einseitig **ausgeschlagen**, sond nur durch formlosen Vertr, § 397, dem Erben **erlassen** werden, KG OLGZ **76**, 193. Bei Ehegatten bedarf der pflichtteilsberecht Teil zum Abschl des Erlaßvertrags in keinem Fall der Zust des anderen Teils, und zwar auch dann nicht, wenn bei GütGemsch das GesGut vom anderen Teil od von beiden gemeins verwaltet wird, §§ 1432 I, 1455 Nr 2. Die Eltern bedürfen der Gen des VormschG nach Maßg des § 1643 II, der Vormd nach § 1822 Nr 2. Ob der Erlaß eine Schenkg ist, ist str, vgl § 517 Anm 2. – **e) Verzinsl** ist die Fdg erst bei Verzug od Rechtshängigk, BGH DRiZ **69**, 281. – **f) Verjährg** § 2332. – **g)** Anfechtg wg **Unwürdigk** § 2345 II. – **h)** Wird der PflichtAnspr v Erben dch Übertragg eines HausGrdst abgegolten, so gelten für Gewährleistg wegen Mängel der Sache §§ 493, 477 I, BGH NJW **74**, 363.

2) Gerichtet ist der Anspr gegen den Erben (nicht den TestVollstr, § 2213, ZPO 748 III) im Gerichtsstand der Erbsch, ZPO 27, od wahlweise des Bekl, ZPO 12 ff; zust ProzG; über Zustdgk bei Zusammenhang mit Pflichtt nach HöfeR s Übbl 5 vor § 2303. Als Fdg vom Reinertrag des Nachl steht sie hinter den sonstigen NachlVerbindlichk, aber vor Verm u Auflagen, §§ 1973, 1991 IV, KO 226 II Nr 4–6, III. Die Fdg auf Zugewinnausgleich, §§ 1371 ff, steht nicht in RangGleichh mit dem PflichttAnspr, sie ist gewöhnl NachlVerbindlichk, Reinicke, Betrieb **60**, 1267, § 2311 Anm 2. – Über Unzulässigk eines Teilurteils, durch das ein Teil eines PflichttAnspr abgewiesen wird, wenn nicht geklärt ist, ob die teilweise Klageabweisg wg zu geringer Höhe der Aktivposten od wg zu hoher Passivposten erfolgt ist, s BGH NJW **64**, 205, § 2311 Anm 5.

3) Er ist vererbl und übertragb, §§ 398 ff. Der **Pfändg** u der KonkMasse, KO 1, ist der (noch nicht abgetretene) Anspr nur unterworfen, wenn er durch Vertr anerkannt (s § 2332 Anm 3) od rechtshängig geworden ist, ZPO 852 I. Denn die Geltdmachung soll nicht der BestimmgsFreih des Berechtigten entzogen sein. Kein Anerkenntn nach § 781 nötig. Es genügt vielm jede Vereinbg (auch Abtretg), die den Willen der Geltdmachg erkennen läßt, Karlsr HRR **30** Nr 1164. Die **Unpfändbark** ist nun nach ZPO 766 geltd zu machen, RG **93**, 77. S allg Stöber, FordergsPfändg,⁵ Rdz 268 ff. Bei Abtretg oder Verpfändg besteht kein Pfändgsschutz, auch nicht im Fall des § 2307, Staud-Ferid Anm 19. Aus ZPO 852 folgt aber, daß der PflichttAnspr vor Eintritt der PfändbarkVoraussetzgn nicht durch Aufrechng, § 394 S 1, seitens des Verpflichteten getilgt w kann, Staud-Ferid Anm 23; über ZurückbehaltungsR ggü PflichttAnspr s Dütz NJW **67**, 1107. **II** geht dem § 400 vor.

4) Beweislast. Der PflichttBerecht hat alle Tatsachen zu beweisen, von denen Grd u Höhe des Anspr abhängen, BGH **7**, 134. Eine Verletzg der AuskPfl durch den Erben, § 2314, ist allerdings bei der BewWürdigg zG des BewPflichtigen zu berücksichtigen.

5) Ist der überlebende Eheg alleiniger Erbe u sind pflichtberecht Kinder vorhanden, so ist es zur Entscheidg, ob der PflichttAnspr ledigl sichergestellt w soll, nicht ohne weiteres geboten, dem Eheg insoweit die Vermögenssorge zu entziehen u einen **Pfleger** nach § 1909 zu bestellen, vgl BayObLG **63**, 132 = Rpfleger **64**, 269 mit Anm von Haegele, auch Staud-Ferid Vorbem 110 ff vor § 2303. Über die Pflicht des Eheg zur Einreichg eines VermögensVerz § 1682; dieses muß aber auf jeden Fall Aufschluß über die Art der PflichttBerechng geben, Haegele aaO, Staud-Ferid § 2314 Anm 57. Gegen die Beschränkgn, die in BayObLG aaO für die Anordng eines Schätzgutachtens durch das VG aufgestellt werden, bestehen Bedenken, s Haegele aaO, Möhring Vermögensverwaltg in Vormundschafts- u Nachlaßsachen, 5. Aufl S 173.

6) § 2317 ist auf den ErbErsAnspr, § 1934a, sinngem anzuwenden, § 1934b II 1, dazu Odersky § 1934b Anm II 3, der ZPO 852 nicht für anwendb erachtet, ebso Stöber aaO 60. Er gilt auch für den PflichttAnspr im Fall des § 2338a.

2318 **Pflichtteilslast bei Vermächtnissen.** **I** Der Erbe kann die Erfüllung eines ihm auferlegten Vermächtnisses soweit verweigern, daß die Pflichtteilslast von ihm und dem Vermächtnisnehmer verhältnismäßig getragen wird. Das gleiche gilt von einer Auflage.

II Einem pflichtteilsberechtigten Vermächtnisnehmer gegenüber ist die Kürzung nur soweit zulässig, daß ihm der Pflichtteil verbleibt.

III Ist der Erbe selbst pflichtteilsberechtigt, so kann er wegen der Pflichtteilslast das Vermächtnis und die Auflage soweit kürzen, daß ihm sein eigener Pflichtteil verbleibt.

1) Allgemeines. Pflichtteilsschuldner ist der Erbe (mehrere haften nach §§ 2058 ff, vorbehaltl der §§ 2319/20) u an sich allein Träger der PflichttLast. Nur an ihn, nicht an die VermNehmer kann sich der Berecht halten. Dafür kann aber der in Anspr genommene Erbe einen **Teil der Pflichtteilslast auf die VermNehmer abwälzen**, als Ausgleich dafür, daß bei der PflichttBerechng die Verm nicht abgesetzt werden, Anm 2 zu § 2311, KG FamRZ **77**, 267/269. Er kann die Verm, auch das des § 1969 (nicht das des § 1932, s § 2311 I 2, Staud-Ferid Anm 20, auch Soergel-Dieckmann Rdz 2), im Verhältn des ReinNachl zum VermWert kürzen od insow die Leistg verweigern. (Nachl 5000, Verm 3000, Pflichtt 2500, Kürzg erfolgt im Verh von 2000 zu 3300, also in Höhe von 1500, so daß der Erbe 1000 behält, dazu auch KG aaO). – Hat zB die Mutter als Alleinerbin des Erbl in Unkenntnis ihres LeistgsWeigergsR (wg des Pflichtt des nehel Kindes des Erbl) ein Verm voll erfüllt, so kann sie gem §§ 813 I mit 2318 I die Hälfte des VermBetr zurückfordern, KG aaO. Das gleiche gilt bei **Auflagen.** Beweispflichtig ist der Erbe, im Prozeß mit dem Berechtigten muß er dem VermNehmer den Streit verkünden, ZPO 72 ff. Dieser kann evtl seiners nach §§ 2188, 2189 kürzen. – **I** ist abänderbsgfäh, § 2324, u durch §§ 2320–2323 modifiziert. – Kürzg eines Vermächtn wg der **Vermögensabgabe** nach dem LAG vgl LAG 70 I, II; die Kürzgsbefugn des Beschwerten begründet ein LeistgsverweigersR, BGH **LM** § 70 LAG Nr 1.

2) Ausnahmen enthalten **II** (einschränkd) u **III** (erweiternd), die nicht abänderbsgfähig sind, § 2324, Strohal I 464¹⁸ (aM zu III im Ergebn RGRK Rdz 9); vgl hierzu **LM** § 2322 Nr 1 Anm Johannsen. Bei Zugewinngemeinsch berechnet sich der Pflichtt des überlebenden Eheg u anderer PflichttBerechtigter uU, § 2303 Anm 3, nach dem erhöhten EhegErbteil des § 1371 I, s Staud-Ferid Anm 27a.

a) Ist der VermNehmer selbst pflichtteilsberechtigt (dh würde er es sein, wenn er nicht das Verm angenommen hätte), so ist nur der Überschuß über den Pflichtt abzugsfähig. Der sich hierdurch ergebende Ausfall ist zw Erben u NichtPflichtBerechtigten verhältnism zu tragen, RGRK Rdz 7; aM Staud-Ferid Anm 27.

b) Ist der Alleinerbe pflichtteilsberechtigt (hat er also nicht nach § 2306 ausgeschlagen), so gilt der (im Hinbl auf § 2306) wenig glückl gefaßte Abs **III**. War der Erbteil geringer od gleich dem Pflichtt, so gelten die Verm als nicht angeordnet, § 2306 I 1. War er größer, so hat der Erbe, da er nicht ausschlug, auch die ganze VermLast, selbst auf Kosten seines eigenen Pflichtt, übernommen, RGRK Rdz 8. Ist der AlleinE aber in diesem Fall noch zur Tragg einer fremden PflichtLast verpflichtet, so kann er dem VermNehmer den ganzen von ihm zu entrichtenden Pflicht abziehen, damit er für seinen eigenen Pflicht nicht noch schlechter dasteht als ohnehin, Kipp-Coing § 12 II 2 d, Staud-Ferid Anm 30, 31, auch Soergel-Dieckmann Rdz 5, KG aaO. Aber auch wenn der **VermNehmer selbst pflichtteilsberechtigt** ist (also **II** und **III** zusammentreffen), geht das PflichttR des Erben vor, Prot **5**, 547. Zu II, III s auch Johannsen WPM **70**, 241. Mehrere Erben behandelt § 2319.

3) Zur Anwendg des § 2318, wenn zum Nachl ein GmbH-Ges-Anteil gehört, s Haegele BWNotZ **76**, 53/59; Haegele-Litfin V Rdz 101; Käppler ZGR **78**, 542/565.

4) § 2318 gilt auch im Fall des **§ 2338a**.

2319 *Pflichtteilsberechtigter Miterbe.* **Ist einer von mehreren Erben selbst pflichtteilsberechtigt, so kann er nach der Teilung die Befriedigung eines anderen Pflichtteilsberechtigten soweit verweigern, daß ihm sein eigener Pflichtteil verbleibt. Für den Ausfall haften die übrigen Erben.**

1) **Die Haftg der Miterben gegenüber dem Pflichtteilsberechtigten,** nicht unmittelb die Verteilg der Last unter den Miterben (s aber Anm 2 aE), wird hier behandelt, vgl auch § 2328. Bis zur Teilg gewährt § 2059 Schutz, § 2046. Der § 2319 schützt aber dagg, daß der pflichtteilsberecht MitE **nach Teilg** gem § 2058 von einem anderen PflichtBerechtigten ohne Rücks auf seinen eigenen Pflicht in Anspr genommen w könnte. Er hat daher das unabänderl Recht, § 2324, schon gleich die Leistg des Pflichtteils an den anderen insow zu verweigern, daß ihm sein eigener Pflichtt bleibt, und den Gegner für seinen Ausfall auf die (od den) anderen Miterben zu verweisen. Diese Befugn als Ausfluß seines PflichttR steht auch dem unbeschränkb Haftenden zu. Bei Zugewinngemeinsch berechnet sich der Pflichtt des überlebenden Eheg u anderer PflichttBerechtigter nach dem erhöhten EhegErbteil des § 1371 I, es sei denn, daß die Voraussetzgen des § 1371 II, III, gegeben sind, Staud-Ferid Anm 8a. PflichtBerechng bei Gütertrenng s § 2303 Anm 3c.

2) **Für den Ausfall** haften dem PflichttBerechtigten die übr Miterben (u zwar nach §§ 421, 2058, 426 als GesSchuldner, in den Fällen der §§ 2060/61 verhältnism); eine andere Anordng hins der Außenhaftg der MitE kann der Erbl nicht treffen, § 2324, Staud-Dieckmann Anm 9. Daraus folgt für das Innenverhältnis, daß pflichtber MitE bei der AuseinandS zur Deckg fremden Pflichtteils nur unter Wahrg des eigenen hinzuziehb, Kipp-Coing § 12 I 4; Soergel-Dieckmann Rdz 2.

3) § 2319 ist auf den ErbErsAnspr, § 1934a, sinngem anzuwenden, § 1934b II 1. Er gilt auch für den PflichttAnspr im Fall des § 2338 a.

2320 *Pflichtteilslast des Ersatzmannes.* **I Wer an Stelle des Pflichtteilsberechtigten gesetzlicher Erbe wird, hat im Verhältnisse zu Miterben die Pflichtteilslast und, wenn der Pflichtteilsberechtigte ein ihm zugewendetes Vermächtnis annimmt, das Vermächtnis in Höhe des erlangten Vorteils zu tragen.**

II Das gleiche gilt im Zweifel von demjenigen, welchem der Erblasser den Erbteil des Pflichtteilsberechtigten durch Verfügung von Todes wegen zugewendet hat.

1) **Wem der Ausschluß eines Berechtigten zustatten kommt,** den trifft, in Abw von §§ 748, 2038 II 1, 2148, ggü den übrigen Miterben, die nach außen ebenf als GesSchu haften, § 2058, die PflichtLast in Höhe des erlangten Vorteils. Dabei macht es keinen Unterschied, ob derjenige, dem der Erbteil anfällt, durch die Ausschließg des Berechtigten erst zur Erbfolge berufen wird od ob er diesen Erbteil im Wege der Erhöhg, § 1935, Anwachsg, § 2094, od Ersatzberufg, § 2096, erwirbt, RG JW **18**, 768, Höfer NJW **61**, 589 (Verhältn von § 2069 zu § 2320). Dasselbe gilt nach der Ausleggsregel des Abs **II** für die Erbeinsetzg. Sind also 1 Witwe und 6 Söhne vorhanden u deren 3 ausgeschlossen, § 1938, so hätte sich der gesetzl Erbteil der übrigen 3 von $1/8$ auf $1/4$ (bei ZugewGemsch, § 1371 I, von $1/12$ auf $1/6$) erhöht, die PflichttLast wäre also von diesen allein zu tragen, da der Witwe nichts von den Erbteilen der Ausgeschlossenen angefallen, sie also nicht an deren Stelle Erbin geworden ist, **I**. Sind die nicht Ausgeschlossenen zu je $1/4$ eingesetzt, so ist auch hier nur den Söhnen der Erbteil der Ausgeschlossenen zugewendet u nur von ihnen die PflichttLast zu tragen, **II**. Über sich bei Zugewinngemeinschaft ergebende Fragen s Johannsen, FamRZ **61**, 20 u RGRK Rdz 11–13.

2) **Auch die VermLast** soll den Eintretenden treffen, wenn ein Berechtigter ein Verm als Ersatz für den Pflichtt angenommen hatte, § 2307, od es ihm trotz dessen wirksamer Entziehg, §§ 2333 ff, zugewendet war.

3) **Der Vorteil** beläuft sich auf das, was die Eintretenden an Stelle des PflichttBerechtigten erhalten; aber Beschrkgen u Beschwergen, s auch § 2322, mindern den Vorteil. Ein Vorteil liegt auch darin, daß zB der überlebde Eheg statt neben Abkömml noch neben Eltern erbt u desh sowohl dch Erhöhg des Erbt, als dch den Anspr auf größeren Voraus begünstigt w, RGRK Rdz 5, Soergel-Dieckmann Rdz 2.

4) **Nur im Verhältnis der Miterben untereinander** gilt diese (nach § 2324 abändgsfähige) Vorschr, RG JW **38**, 2144, DR **41**, 441. Gegenüber dem PflichttBerechtigten kann sich der Erbe hierauf u auf § 2321 nicht berufen, RG JW **14**, 594.

5) §§ 2320, 2321 sind auf den ErbErsAnspr, § 1934a, sinngem anzuwenden, § 1934b II 1, s Anm 3a cc hierzu. Er gilt auch für den Pflichtteilsanspruch im Fall des § 2338 a, dazu Brüggemann FamRZ **75**, 309/320.

2321 *Pflichtteilslast bei Vermächtnisausschlagung.* Schlägt der Pflichtteilsberechtigte ein ihm zugewendetes Vermächtnis aus, so hat im Verhältnisse der Erben und der Vermächtnisnehmer zueinander derjenige, welchem die Ausschlagung zustatten kommt, die Pflichtteilslast in Höhe des erlangten Vorteils zu tragen.

1) Schlägt der Berechtigte aus (nimmt er an, gilt § 2320 I), so kann er vom Erben den vollen Pflichtt verlangen, §§ 2307 I 1, 2303 I. In diesem Fall behält aber die VermAnordng ihre Wirkg für die Verteilg der Pflichtteilslast im InnenVerh (RG JW **38**, 2144, DR **41**, 441), worüber der Erbl auch abweichd bestimmen kann, § 2324. Der Beschwerte muß dann den Wertbetrag, den er für das Verm hätte aufwenden müssen, zur Deckg der PflichttLast hergeben, soweit ihm der Wegfall des Verm zustatten kommt, er also bereichert ist.

2) Der VermWegfall kommt zustatten:

a) dem Erben, der damit beschwert war. Soweit er allein beschwert war, kann er die Last nicht auf die Miterben, u soweit alle beschwert waren, können sie diese nicht auf die Verm u Auflagen abwälzen, § 2318, RG JW **14**, 594.

b) dem VermNehmer, soweit dieser beschwert od nach §§ 2158, 2190 eingetreten war. Wird also das UnterVerm ausgeschlagen, so hat der VermNehmer den Vorteil u der nach außen haftende Erbe ggü diesem ein AbzugsR. Vor Ausschlagg kann der Erbe nicht in entspr Anwendg des § 2307 II durch Fristsetzg die Entscheidg des PflichttBerechtigten herbeiführen, Staud-Ferid Anm 12.

3) Der erlangte Vorteil besteht meist, aber nicht immer, in der Höhe des ausgeschlagenen Verm; sicherl dann, wenn der VermWert den des Pflichtteils übersteigt, RG JW **14**, 594, od ihm gleichkommt, Staud-Ferid Anm 15. Ist das ausgeschlagene Verm geringer als der PflichttBetrag, so ist die Höhe des Vorteils durch Vergleich der RLage vor u nach der Ausschlagg zu ermitteln, Staud-Ferid aaO, vgl Schug BayNotZ **20**, 230. Der VermWert berechnet sich nach der Zeit des Erbfalls, ggf mit Zinsen u Zinseszinsen, RG aaO. Prakt Beispiel RG DR **41**, 441.

4) S § 2320 Anm 5.

2322 *Kürzung von Vermächtnissen und Auflagen.* Ist eine von dem Pflichtteilsberechtigten ausgeschlagene Erbschaft oder ein von ihm ausgeschlagenes Vermächtnis mit einem Vermächtnis oder einer Auflage beschwert, so kann derjenige, welchem die Ausschlagung zustatten kommt, das Vermächtnis oder die Auflage soweit kürzen, daß ihm der zur Deckung der Pflichtteilslast erforderliche Betrag verbleibt.

1) Der dem Nachberufenen gegen Überschwerg gewährte Schutz vermag die Tats nicht zu verschleiern, daß der so „Begünstigte" nicht nur die PflichttLast, sond auch die Beschwergen zu tragen hat. Verm u Auflagen, §§ 2161, 2192, darf er nur kürzen, wenn der ihm verbleibende Nachl zur Deckg des Pflichtteils erschöpft ist. Denn § 2322 setzt den VermNehmer nur zG des PflichttBerechtigten, nicht aber zG desj zurück, dem die Ausschlagg zustatten kam. Bei unteilbarer Leistg hat der VermNehmer einen AusglBetrag an den Erben zu bezahlen; bei Weigerg des VermNehmers ist ihm nur der verhältnism gekürzte Schätzgswert zu entrichten. Wenn der VermAnspr auf Bestellg eines Nießbrauchs geht, so hat der Nachberufene nicht die Rechte aus §§ 1089, 1087, BGH **19**, 309 = **LM** Nr 1 mit Anm v Johannsen gg Natter JZ **56**, 284. Vorteile bietet ein solcher ErbschErwerb daher meist nicht, so daß der Nachberufene besser ausschlägt, vgl v Tuhr, DJZ **01**, 122. S dazu Johannsen WPM **70**, 241f.

2) § 2322 gilt auch für den PflichttAnspr im Fall des § 2338a.

2323 *Nicht pflichtteilsbelasteter Erbe.* Der Erbe kann die Erfüllung eines Vermächtnisses oder einer Auflage auf Grund des § 2318 Abs. 1 insoweit nicht verweigern, als er die Pflichtteilslast nach den §§ 2320 bis 2322 nicht zu tragen hat.

1) Soweit der Erbe nach §§ 2320/22 die PflichttLast auf Miterben od VermNehmer abwälzen od mindern kann, ist er selbst nicht kürzgberechtigt. § 2323 gilt auch für die KürzgsMöglk des § 2318 III, Soergel-Dieckmann Rdz 2.

2) § 2323 gilt auch für den PflichttAnspr im Fall des § 2338a.

2324 *Abweichende Anordnungen des Erblassers.* Der Erblasser kann durch Verfügung von Todes wegen die Pflichtteilslast im Verhältnisse der Erben zueinander einzelnen Erben auferlegen und von den Vorschriften des § 2318 Abs. 1 und der §§ 2320 bis 2323 abweichende Anordnungen treffen.

1) Durch Testament oder Erbvertrag (Regelg der PflichttLast stellt ein Verm zG der von ihr Entlasteten dar, vgl § 1939, ist also erbvertragl mögl, vgl § 2278 II), auch nach § 2299, kann der Erbl **a)** die PflichttLast im Verhältn der Erben untereinander (also auch im Fall des § 2319 S 2, s § 2319 Anm 2) einzelnen Erben aufbürden, §§ 2046 II, 2189, od **b)** das KürzgsR erweitern, beschr od ganz ausschließen, Warn **27** Nr 35, RG DFG **37**, 244. Nur in das eigene PflichttR des Erben (VermNehmer) darf er nicht eingreifen, §§ 2318 II, III, 2319 S 1; vgl § 2318 Anm 2.

2) Die Haftg gegenüber dem Pflichtteilsberechtigten, §§ 2058ff, 2303, kann auch der Erbl nicht ändern; ebsowenig die ErgänzgsPfl, §§ 2325ff.

1964

3) § 2324 gilt auch für den PflichtAnspr im Fall des § 2338 a. Für den ErbErsAnspr kann der Erbl die Last zu dessen Tragg im Verh der Erben zueinander anderw regeln, s Damrau FamRZ **69**, 585, § 1934b Anm 3a cc.

2325 *Ergänzung des Pflichtteils wegen Schenkungen.* I Hat der Erblasser einem Dritten eine Schenkung gemacht, so kann der Pflichtteilsberechtigte als Ergänzung des Pflichtteils den Betrag verlangen, um den sich der Pflichtteil erhöht, wenn der verschenkte Gegenstand dem Nachlasse hinzugerechnet wird.

II Eine verbrauchbare Sache kommt mit dem Werte in Ansatz, den sie zur Zeit der Schenkung hatte. Ein anderer Gegenstand kommt mit dem Werte in Ansatz, den er zur Zeit des Erbfalls hat; hatte er zur Zeit der Schenkung einen geringeren Wert, so wird nur dieser in Ansatz gebracht.

III Die Schenkung bleibt unberücksichtigt, wenn zur Zeit des Erbfalls zehn Jahre seit der Leistung des verschenkten Gegenstandes verstrichen sind; ist die Schenkung an den Ehegatten des Erblassers erfolgt, so beginnt die Frist nicht vor der Auflösung der Ehe.

Schrifttum: Schopp, Die Pflichtteilsergänzg, Rpfleger **56**, 119; Kraker, Pflichtteilsverletzung durch verbilligte Grundstücksabgabe BWNotZ **66**, 37; Sudhoff, Vorweg genommene Erbfolge u PflichttAnspr, Betr **71**, 225; Wieser, PflichttR des nehel Kindes MittBayNot **70**, 135; Haegele, Zum PflichttErgänzgsAnspr, BWNotZ **72**, 69; ders, Der Pflichtt im Handels- u GesellschR BWNotZ **76**, 25/29; Haegele-Litfin IV Rdz 330–330.6, 341 ff; Reinicke, Die Voraussetzgen des PflichttErgAnspr, NJW **73**, 597; Peters, PflichttErgAnspr wegen Schenkgen des Erbl an seinen Eheg, FamRZ **73**, 169; Sostmann, RhNK **79**, 495 (s Übbl vor § 2303); Ebeling, Neuere Zivilrechtsspr zur Frage des Beginns der 10-Jahresfrist für PflichttErgAnspr, BB **76**, 1072; Lange-Kuchinke § 39 IX.

1) Allgemeines. Der ErgänzgsAnspr, §§ 2325–31, ist praktisch der einzige, zudem noch zeitl, § 2325 III, u inhaltl, § 2329, begrenzte Schutz der FamAngehörigen gg schenkgsweise Vfgen des Erbl unter Lebenden (in krassen Fällen können auch noch §§ 138, 826 eingreifen, s BGH FamRZ **72**, 255). – **a)** Dieser **außerordentl Pflichtteil** wird dem ordentl entspr behandelt, so bzgl seiner **Entstehg** (kein Schutz vor dem Erbfall, § 2317 Anm 1) und **Übertragbark**, bzgl der **AuskPfl**, § 2314, **Warn** 33 Nr 64, BGH **33**, 373, **55**, 378, **61**, 180, Coing NJW **70**, 732 ff, s auch KG MDR **73**, 500 (grdsätzl kein AuskunftsAnspr des MitE, dem ein ErgAnspr zusteht, gg andere MitE; aM Speckmann NJW **73**. 1870), auch über Anstandsschenkgen nach § 2330, Hbg MDR **56**, 169, BGH NJW **62**, 245, der PflichttLast, §§ 2318ff, der **Verjährg**, § 2332, BGH WPM **72**, 505, SchlHOLG MDR **78**, 757, u der **Entziehg**, §§ 2333ff. Der Anspr geht nicht auf Anfechtg der Schenkg, sond auf Ergänzg der Pflichtt wegen aller Schenkgen, die der Erbl in den letzten zehn Jahren (Ausn bei Eheg, § 2325 III 2) vor seinem Tode gemacht hat, ohne Rücks auf deren Höhe od eine BenachteiliggsAbs, anders § 2287, ausgen Pflichtschenkgen, § 2330. Eine solche Heranziehg der Schenkgen erfolgt auch (od gerade) dann, wenn bei nicht aktivem Nachl der Pflichtt aus ihm allein gleich Null wäre; prakt w der Anspr nach § 2325 in diesem Fall aber gg den Erben nur, wenn dieser für die NachlVerbindlichk unbeschränkb haftet, § 2013 Anm 1–4; bei völl Fehlen bereits eines BruttoNachl u noch nicht unbeschr Erbenhaftg entfällt also der PflichttErgänzgsAnspr ggü dem Erben, s § 1990, hier kommt § 2329 in Betr, s BGH **LM** Nr 2, 6, NJW **74**, 1327, dazu Haegele aaO 71. Wenn der Nachl selbst bei Hinzurechng der Geschenke nicht aktiv würde, die Berecht also auch bei unterbliebener Schenkg leer ausgegangen wären, ist für einen ErgänzAnspr, auch gg den Beschenkten, § 2329, kein Raum, RG JR **27** Nr 1655. – **b) Gerichtet** ist der Anspr in 1. Linie als GeldAnspr, **NachlVerbindlichk**, **gegen** den (oder die) **Erben**, notfalls gg den **Beschenkten** auf Herausg des Geschenks zwecks Befriedigg wg des fehlden Betrags nach Bereicherungsvorschriften, §§ 2328, 2329, BGH FamRZ **76**, 2. War auch der Berecht beschenkt, gilt § 2327. Der ErgAnspr steht dem PflichtBerecht zu, §§ 2303, 2309 (s unten Anm 5); es w aber nicht verlangt, daß er auch tats einen PflichttAnspr hat, also zB auch dann, wenn er nicht dch Vfg vTw von der Erbf ausgeschl ist u er die Erbsch ausgeschlagen hat, BGH NJW **73**, 995. Gleichgült ist, ob der Verpflichtete selbst auch pflichtteilsberecht ist od nicht, vgl § 2328.

2) Eine Schenkg (iS der §§ 516/17, RG **128**, 188, BGH **LM** Nr 1, FamRZ **61**, 272/275, RdL **65**, 180, Anm 2a zu § 2287, Haegele aaO 70, Spellenberg FamRZ **79**, 357–360), muß der Erbl einem anderen (der Dritter, Erbe, MitE, PflichttBerechtigter sein kann) gemacht sein. Ob Schenkg vorliegt, richtet sich nach der Zeit der Zuwendg. Darunter können auch **belohnende Schenkgen**, s BGH WPM **77**, 1410/1411, **78**, 905, auch RG LZ **19**, 1135, fallen, Soergel-Dieckmann Rdz 4, ebso **gemischte Schenkgen**, zB ÜbergVerträge, Schopp aaO 120, BGH LM **65**, 1326, FamRZ **65**, 1526, FamRZ **67**, 214, BGH **59**, 132 mit Anm von Johannsen **LM** Nr 7 (ggseit Vertr mit teilw Schenkg), BGH FamRZ **74**, 650, Kraker aaO, Speckmann NJW **70**, 121, Sostmann aaO 495f, Johannsen WPM **73**, 541, unter Abzug des nicht als Schenkg zu rechnenden Betrages; Bewertgen der VertrPartner über Leistgen bei ÜbergVerträgen müssen hiebei anerkannt werden, wenn sie, auch unter Berücksichtigg eines verwandtschVerhältnisses, noch in einem vernünft Rahmen bleiben; vgl BGH **LM** Nr 1, Kessler DRiZ **69**, 281, Haegele aaO 70; ein Landgut ist bei Prüfg der Frage, ob u inwieweit die Übertr eine Schenkg enthält, mit dem Ertragswert anzusetzen, BGH NJW **64**, 1323, 1414, s auch § 2312 Anm 1; and aber, wenn ein MitE nur einen Brucht eines Landguts übernimmt, BGH **LM** Nr 9. Erträgnisse eines geschenkten Ggst mindern die GgLeistg, Haegele aaO 70. Bei der **LebensVers** können die Prämien eine unentgeltl Zuwendg sein, nicht die Versichergssumme, vgl BGH FamRZ **76**, 616 (mit ablehnder Anm v Harder), Staud-Ferid, § 2325 Anm 16, Haegele aaO 71, dort auch über Errichtg einer Stiftg; dazu auch Wieser aaO, dort auch über Aufnahme von Kindern od Dritten in Personalgesellsch. Nimmt ein Erbl seinen Erben als Gesellsch in sein HandelsUntern auf u w für beide Gesellsch der neugegründeten OHG das Recht begründet, nach dem Tod eines Gesellsch, das Gesch zu übernehmen, so liegt idR keine einen PflichtErgAnspr auslöse Schenkg vor, and in bes gelagerten Fällen, KG DNotZ **78**, 109. Treten bei Tod eines Gesellschafters (OHG, KG) nicht die Erben sond Dritte unter Auszahlg eines beschränkten Abfindsguthabens an die Erben in die Gesellsch ein, so ist bestr, ob möglicherw eine unentgeltl Zuwendg zG der Dritten vorliegt, die einen Anspr nach § 2325 auslöst, s Tiedau Deutscher Notartag 1961, S 120, auch Kipp-Coing § 13 II 2 b, Schmidt FamRZ **74**, 518/521 mwN, Soergel-Dieckmann Rdz 7–14; Düss MDR **77**, 932, das die Unentgeltlichk der Zuwendg bejaht, wenn dem Erben kein AbfindgsAnspr zusteht; s allg über den PflichttErgAnspr bei Ausscheiden eines Gesellsch dch Tod Haegele BWNotZ **76**, 29. Ob A b f i n d g für einen Erb- u PflichttVerzicht idR als unentgeltl Leistg des Erbl anzusehen ist, ist neuerd bestr, bejahd Speckmann NJW **70**, 117; verneind Staud-Ferid Anm 6, Coing NJW **67**, 1778, s auch Wieser aaO 139, ferner Haegele-Litfin IV Rdz 330.2; BGH FamRZ **71**, 645 (gesellschaftsrechtl Regelg); Soergel-Dieckmann Rdz 6. – Reine, das Maß nicht überstattgende A u s s t a t t u n g (§ 2050 I iVm § 1624) unterliegen nur der Ausgleichg, §§ 2050 ff, nicht der Ergänzg, s auch Haegele BWNotZ **76**, 29. – E r h ä l t das nichtehel Kind aGrd der vorzeit Erb Ausgl, § 1934 d, m e h r als den PflichttBerecht als Pflichtt verbleibt, wenn der ErbAusglBetr dem Vermögen des Erbl hinzugerechnet w, so kann dies k e i n e n E r g ä n z g s A n s p r iS des § 2325 begründen, Damrau FamRZ **69**, 589, Johannsen WPM SonderNr 3/**70**, 17, Haegele BWNotZ **72**, 71. Abschl eines Ehe V e r t r stellt idR keine Schenkg dar, Haegele aaO 71 mwH, Wieser aaO 137, sa Zweibr OLGZ **65**, 304.

3) Wirkg des Anspr ist eine **Erhöhg des Pflichtteils,** der sich bei Z u g e w G e m s c h für alle Pflichtt-Berechtigten nach dem erhöhten EhegErbteil des § 1371 I bestimmt, anders aber, wenn der Eheg weder Erbe noch VermNehmer ist, Johannsen FamRZ **61**, 21, s auch Staud-Ferid Anm 30a, RGRK Rdz 26–28. – Der Wert der Schenkg (nicht der Bereicherg) wird zum Nachl hinzugerechnet u danach der Pflichtt ermittelt. Nachl 12 000, Schenkg 6000. Pflichtt des einzigen Sohnes 9000, Ergänzg also 3000. Noch einfacher berechnet sich die Ergänzg vom Geschenk selbst: $^1/_2$ von 6000 = 3000, weitere Beispiele Schopp aaO 121 ff, Haegele aaO 72; Brüggemann JA **78**, 209/213.

4) Maßgebender Zeitpunkt für die Wertberechg: Verbrauchbare Sachen (§ 92; auch Schulderlaß gilt als Geldhingabe, RG **80**, 138) sind zum Wert der Schenkgszeit anzusetzen, ein anderes Geschenk ist mit dem Wert einzusetzen, den es zZ des Erbfalls noch hatte; bei Werterhöhg ist dagg der geringere Wert zur Schenkgszeit maßg. Beim Wertvergleich ist aber der Kaufkraftschwund des Geldes zu berücksichtigen, BGH **65**, 75 = NJW **75**, 2292 mit Anm v Löbbecke = **LM** Nr 12, **13** mit Anm v Johannsen (teilw unentgeltl Übereign eines Grdst, Bewertgsstichtag: Eintr ins GrdB), RGRK Rdz 22. Bei Untergang der Sache erlischt der Anspr ganz. Im übrigen ist es gleichgültig, ob der Beschenkte die Sache noch im Besitz od veräußert hat, vgl aber § 2329. Bei SchenkgsVerspr entscheidet die Zeit der Erfüllg. Ist es zur Zeit des Erbfalls noch nicht erfüllt, so ist der Wert der durch das Verspr begründeten Fdg dem NachlWert hinzuzurechnen, praktisch ist bei der Berechg des Pflichtt der wg der NachlVerbindlichk gemachte Abzug wieder rückgängig zu machen, RGRK Rdz 18. Für die B e w e r t g ist grdsätzl der VerkWert maßgebd, Haegele BW-NotZ **72**, 73, s auch oben Anm 2.

5 a) Nur binnen zehn Jahren vor dem Erbf gemachte Schenkgen werden herangezogen. Die Zehn-jahresFr beginnt nicht erst mit dem Eintritt des LeistgsErfolgs, sond bereits mit dem Ztpkt, in dem der Schenker alles getan hat, was von seiner Seite für den Erwerb des LeistgsGgst dch den Beschenkten erforderl ist, BGH NJW **70**, 1638 mit Anm von Speckmann, Haegele aaO 70, BGH NJW **74**, 2319 mit Anm v Finger NJW **75**, 535 (bei dingl RÜbertragg Einiggs-, Auflassgs-Erklärg des Erbl), LG Wiesb FamRZ **75**, 654; aM Hamm NJW **69**, 2148, das die Schenkg später, zB mit GBEintr, als vollzogen ansieht u hierauf abstellt, sa BGH auch Reuter JuS **71**, 289, Brox § 32 V 3 a, s ferner Schlesw NJW **75**, 315 mit Anm v Koch MittBayNot **75**, 122, das auf die wirtschaftl Ausgliederg aus dem Verm des Erbl abstellt, Speckmann NJW **78**, 358; Soergel-Dieckmann Rdz 13, 18; Sostmann aaO 497 ff; Ebeling BB **76**, 1072 (zur steuerl Auswirkg). Bei Schenkgen an E h e g bleibt die währd der Ehe erfolgte Schenkg nur dann außer Betr, wenn zZ des Erbfalls 10 Jahre seit der Auflösg der Ehe (dch Tod, Scheidg) verstrichen waren, da bis dahin das Geschenk wirtschaftl noch im Vermögen des Schenkers verblieben war. Andernf sind also die währd der ganzen Ehedauer gemachten Schenkgen heranzuziehen, soweit nicht § 2330 eingreift.

b) ErgAnspr können nur dch solche Schenkgen ausgelöst w, die zu einer Zeit gemacht w sind, als das RechtsVerh, das den Anspr auf Ergänzg begründet od aus dem der PflichttBerecht hervorgegangen ist, zB die Ehe, s c h o n b e s t a n d e n h a t; den Ehefr stehen also keine PflichttErgAnspr hinsichtl solcher Schenkgen zu, die der Erbl vor der Eheschließg gemacht hat; ebso können ehel Abkömmlinge PflichttErgAnspr nur aus solchen Schenkgen herleiten, die ihre Eltern nach Eingehg der Ehe gemacht haben. Sind ehel Abkömmlinge schon vor der Ehe gezeugt, so ist dieser Ztpkt maßgebd; ebso können Adoptivkinder derart Anspr nur auf Schenkgen stützen, die der Elternteil nach der Adoption gemacht hat; nichtehel Abkömmlinge können solche Schenkgen nur aus Schenkgen herleiten, die ihre Eltern gemacht haben, nachdem sie bereits erzeugt waren, BGH **59**, 210, dazu krit Bosch FamRZ **73**, 89, ablehnd auch Reinicke NJW **73**, 597, Brox aaO, Barth-Schlüter Lehrb § 57 III 3, Soergel-Dieckmann Rdz 20, Lübtow, Festschr für Bosch, 1976, 573 ff, zust Kühne JR **73**, 289, Johannsen Anm zu **LM** Nr 8, RGRK 5, s auch Sostmann aaO 500 – Verfassgsrechtl Bedenken gg III Halbs 2 äußern Schelter, Deutscher Notartag 1969, S 95, ferner Peters FamRZ **73**, 169, LG Wiesb aaO. – Zur Übertr des Vermögens auf ehel Kinder bei Vorhandensein eines nehel Kindes, s Damrau BB **70**, 469, Johannsen WPM SonderNr 3/**70**, 21, auch Wieser MittBayNot **70**, 135 ff.

6) Über entspr Anwendg des § 2312 s dort Anm 1.

7) Verhältnis v §§ 2325 ff zu § 2316. Schenkgen an Dritte sind nicht nochmals nach §§ 2325 ff zu berücksichtigen, wenn u soweit sie bereits nach § 2316 bei der Berechg d Pflichtt dem Nachl zugerechnet worden sind, Erm-Barth-Schlüter Rdz 1 Abs 3, RG JW **37**, 2201; Bührer ZBlFG **15**, 213/226, Sostmann aaO 507 ff. Beispiel zur Berechg des PflichttErgänzgsAnspr für den Fall, daß Erbl ausgleichspflichtige Zuwendgen sowie Schenkgen gemacht hat u keinen nennenswerten Nachl hinterläßt. BGH NJW **65**, 1526 = **LM** Nr. 5, dazu Keßler DRiZ **66**, 399, Johannsen WPM **70**, 234/239; **77**, 306; Sostmann aaO 509 f, § 2056 Anm 1.

8) §§ 2325 ff gelten auch für den PflichttAnspr im Fall des § 2338 a.

2326 *Ergänzung über die Hälfte des gesetzlichen Erbteils.* Der Pflichtteilsberechtigte kann die Ergänzung des Pflichtteils auch dann verlangen, wenn ihm die Hälfte des gesetzlichen Erbteils hinterlassen ist. Ist dem Pflichtteilsberechtigten mehr als die Hälfte hinterlassen, so ist der Anspruch ausgeschlossen, soweit der Wert des mehr Hinterlassenen reicht.

1) **Der ErgänzgsAnspr** ist auch dann gegeben, wenn ein Anspr auf den ordentl Pflichtt nach §§ 2303, 2305 überh nicht besteht, sond dem Berecht die Hälfte des (nicht durch Schenkgen vermehrten) Erbteils u mehr durch Erbeinsetzg od VermächtnZuwendg hinterlassen ist. Denn sonst könnte der Erbl fast alles wegschenken u seinen Sohn mit der noch verbleibenden Hälfte des Nachl abfinden. Der ErgänzgsAnspr besteht auch dann, wenn der Berecht den zugewandten Erbteil, der mehr als die Hälfte des gesetzl Erbteils beträgt, annimmt. Er braucht also nicht auszuschlagen, nur um die Ergänzg zu bekommen. Die §§ 2306 I 2, 2307 kommen hier insow nicht in Betr, s aber Anm 3.

2) **Ausgeschlossen,** also ggf von Amts wg zu berücksichtigen, Johannsen WPM **70,** 236 u RGRK Rdz 6, BGH NJW **73,** 995, ist der Anspr, soweit der Wert des mehr Hinterlassenen reicht (Nachl 6000, Schenkg 7000, der einzige Sohn ist zu ²/₃ eingesetzt. Der Pflichtteil würde 3000, die Ergänzg 3500 betragen. Da aber der Erbteil schon 4000, also um 1000 mehr als der Pflichtt ist, kann nur eine Ergänzg von 2500 verlangt werden).

3) **Bei Auferlegg von Beschwergen u Beschränkgen,** §§ 2306, 2307, ist es häufig praktisch unmögl, diese von dem mehr Hinterlassenen in Abzug zu bringen, vgl Staud-Ferid Anm 10. Hier wird man dem PflichttBerechtigten aus § 119 ein **Anfechtgs R** gewähren, wenn er die beschränkte od beschwerte Zuwendg (Erbteil od Verm) in Unkenntn von der Schenkg angenommen hatte, str; vgl RGRK Rdz 4. Eine Hinausschiebg der AusschlFrist, § 2306 I 2 Halbs 2, ist aber nicht veranlaßt, Staud-Ferid Anm 11.

4) Über Anwendg des § 2326 im Fall des **§ 2338a** vgl § 2325 Anm 8, Brüggemann FamRZ **75,** 309/320f.

2327 *Beschenkter Pflichtteilsberechtigter.* ¹ Hat der Pflichtteilsberechtigte selbst ein Geschenk von dem Erblasser erhalten, so ist das Geschenk in gleicher Weise wie das dem Dritten gemachte Geschenk dem Nachlasse hinzuzurechnen und zugleich dem Pflichtteilsberechtigten auf die Ergänzung anzurechnen. Ein nach § 2315 anzurechnendes Geschenk ist auf den Gesamtbetrag des Pflichtteils und der Ergänzung anzurechnen.

II Ist der Pflichtteilsberechtigte ein Abkömmling des Erblassers, so findet die Vorschrift des § 2051 Abs. 1 entsprechende Anwendung.

1) **Der selbst beschenkte Ergänzgsberechtigte** darf, wie dies der Billigk entspricht, nicht wg der an andere gemachten Geschenke Ergänzg verlangen, ohne sein eigenes einzuwerfen. Voraussetzg ist also, daß außer dem Eigengeschenk wenigstens noch ein Geschenk an Dritte (PflichttBerechtigte, Fremde) in Frage steht. Eine Schenkg an seinen Eheg braucht der PflichttBerecht nicht dem Nachl zuzurechnen u sich auf seine Ergänzg anrechnen zu lassen, es sei denn, daß in der Zuwendg an den Eheg ein Geschenk an den PflichttBerecht liegt, BGH **LM** Nr 1 = DNotZ **63,** 113. Die Anwendbark von § 2327 I 1 hängt aber nach dem Tod des längstlebden Eheg im Fall des § 2269 nicht davon ab, von welchem der Eheg der PflichttBer das Geschenk erhalten hat (KG NJW **74,** 2131, Soergel-Dieckmann Rdz 1). Die Zeitschranke des § 2325 III gilt hier nicht, KG aaO, RGRK Rdz 2, da der Berecht durch die Anrechng eines ihm selbst gemachten, wenn auch länger zurückliegenden Geschenks nicht unbillig geschädigt wird. Den Beschenkten trifft die **Beweislast** für die Behauptg, der Berecht habe selbst vom Erbl Schenkgen erhalten, BGH NJW **64,** 1414. **Kein Geschenk iSv** § 2327 ist eine Abfindg aus einem Hof bei HofÜberg, Celle AgrarR **71,** 87.

2) **Die Anrechng des Eigengeschenks** erfolgt idR, **I 1,** bloß auf die Ergänzg, nicht auf den Gesamtbetrag des Pflichtteils, RG Recht **15** Nr 1121. Der Betrag der PflichttErgänzg errechnet sich einfach durch Addition der Schenkgen. (Pflichtteilsberecht sind die Witwe und der mit 3000 beschenkte Sohn; ein Fremder hat 5000 geschenkt erhalten. Die Witwe erhält, abgesehen von der Zugewinngemeinsch, $\frac{5000+3000}{4} : 2 = 1000$; der Sohn $\frac{8000 \cdot 3}{4} : 2 = 3000-3000$, somit nichts. Da bei der Zugewinngemeinsch der gesetzl Erbteil der Witwe ½ beträgt, § 1371 I, steht ihr eine Ergänzg von 2000 zu, wenn sie den großen Pflichtt erhält; der Sohn erhält auch hier nichts), s auch Beisp bei Haegele BWNotZ **72,** 72; KG NJW **74,** 2131 (WährgsUmstellg!). War also das Geschenk höher od gleich der Ergänzg, so muß sich der PflichttBerechtigte mit seinem einfachen Pflichtt begnügen. Dieser verbleibt ihm aber ungeschmälert, Bührer, ZBlFG **15,** 222, unbeschadet der §§ 2315, 2316. War das Geschenk geringer, so kann er sich wg der Differenz ggf an den dritten Beschenkten halten, § 2329.

3) **Fällt ein pflichtteilsberechtigter, beschenkter Abkömmling** vor od nach dem Erbf weg, so ist der Eintretende verpflichtet, sich die Schenkg in gleicher Weise anrechnen zu lassen wie jener, **II,** § 2051 I; vgl auch § 2315 III. War niemand sonst beschenkt, so hat der Eintretende kein ErgänzgsR, Planck-Flad 4 c.

4) **Bei Anrechngpflicht, I 2,** § 2315 (AO der Anrechng eines Geschenks auf den Pflichtt dch Erbl), ist das Eigengeschenk, soweit es die Ergänzg übersteigt, auch auf den ordentl PflichttAnspr anzurechnen, und zwar mit dem Wert der Schenkgszeit, § 2315 II 2, letzteres bestr, s Staud-Ferid Anm 16, RGRK Rdz 5.

5) **Soweit die Schenkgen zugleich ausgleichspflichtig,** § 2050, und nach § 2316 beim ordentl Pflichtt bereits berücksichtigt sind, kommt ihre Berücksichtigg als Schenkg und § 2327 nur insow noch in

Betr, als sie nicht bereits bei der Ausgleichg (Zurechng zu dem Nachl u ganze Anrechng auf den Erbteil, somit halbe Anrechng auf den Pflichtt) in Rechng gesetzt worden ist, BGH DNotZ 63, 113. Soweit dies aber wg § 2056, RG 77, 284, nicht mögl ist, steht einer PflichtErgänzg wg des nach § 2316 nicht berücksichtigten Betrages nichts im Wege, vgl Staud-Ferid Anm 12, 13; Soergel-Dieckmann Rdz 4; Bührer aaO 227 (Anm 2); s auch BGH NJW **65**, 1526 = **LM** Nr 5: Beispiel der PflichttErgänzg, in dem § 2056 nicht zum Zug kommt, dazu Johannsen WPM **70**, 239, **77**, 306, auch Haegele BWNotZ **72**, 73 mit Beisp. – Über Schenkg Anm 2, BGH **LM** Nr 1 hierzu, DNotZ **63**, 113.

6) Über Anwendg des § 2327 iF des **§ 2338a** vgl § 2325 Anm 8.

2328 *Selbst pflichtteilsberechtigter Erbe.* Ist der Erbe selbst pflichtteilsberechtigt, so kann er die Ergänzung des Pflichtteils soweit verweigern, daß ihm sein eigener Pflichtteil mit Einschluß dessen verbleibt, was ihm zur Ergänzung des Pflichtteils gebühren würde.

1) Der aus Ergänzg in Anspruch genommene Erbe (auch der AlleinE, anders § 2319), der selbst pflichtteilsberechtigt ist, wird ggü den übrigen PflichttBerechtigten hier etwas zu sehr begünstigt. Immerhin steht ihm die gewährte Einrede nur ggü den übrigen Ergänzgs-, nicht auch gg den PflichttAnspr zu. (Nachl 2000, Schenkg 3000. Erben sind Sohn A und der Fremde X, Sohn B ist enterbt. A muß dem B dessen Pflichtteil von 500 zahlen, § 2319; nicht aber die Ergänzg von 750. Insoweit kann A den B an X und, wenn er AlleinE, an den Beschenkten verweisen, § 2329).

2) Bei Zugewinngemeinsch berechnet sich der Pflichtt des überl Eheg u anderer PflichttBerechtigter nach dem erhöhten EheErbteil des § 1371 I, s aber auch § 2319 Anm 1, Staud-Ferid Anm 10.

3) Gegenüber Vermächtnissen ist der Erbe nach § 2318 geschützt.

4) Über Anwendg des § 2328 iF des **§ 2338 a** vgl § 2325 Anm 8.

2329 *Anspruch gegen den Beschenkten.* I Soweit der Erbe zur Ergänzung des Pflichtteils nicht verpflichtet ist, kann der Pflichtteilsberechtigte von dem Beschenkten die Herausgabe des Geschenkes zum Zwecke der Befriedigung wegen des fehlenden Betrags nach den Vorschriften über die Herausgabe einer ungerechtfertigten Bereicherung fordern. Ist der Pflichtteilsberechtigte der alleinige Erbe, so steht ihm das gleiche Recht zu.
II Der Beschenkte kann die Herausgabe durch Zahlung des fehlenden Betrags abwenden.
III Unter mehreren Beschenkten haftet der früher Beschenkte nur insoweit, als der später Beschenkte nicht verpflichtet ist.

1) Die Haftg des Beschenkten setzt da ein, wo die des Erben aufhört u der Nachl zur Befriedigg der Ergänzgsberechtigten nicht ausreicht od soweit der Erbe nach § 2328 die Ergänzg verweigern darf, s RGRK Rdz 1–3. Es handelt sich ebso wie im Fall des § 2325 um einen **ErgänzgsAnspr**; beide dienen dem gleichen Endziel, den PflichttBer vor ungerechtfertigten Nachteilen dch Schenkgen des Erben zu bewahren; sie unterscheiden sich nur dch Art u Umfang der Haftg, BGH NJW **74**, 1327; auch die Zeitgrenze des § 2325 III gilt für den Anspr aus § 2329, BGH NJW **74**, 2319; s dazu 2325 Anm 5 u BGH **59**, 290. Der Pflichtt berechnet sich bei **Zugewinngemeinsch** ggf für alle Berecht nach dem erhöhten EhegErbteil des § 1371 I, s auch § 2325 Anm 3. – V e r j ä h r g § 2332 Nr 1, dazu Johannsen WPM **70**, 240, Haegele BWNotZ **72**, 74, BGH NJW **74**, 1327. – Ausk Anspr des pflichttber Erben gg Beschenkten, BGH WPM **76**, 1089 = FamRZ **76**, 694 (Ls); § 2314 Anm 2, § 2325 Anm 1.

2) Ist der Kläger Alleinerbe, I 2, so geht der Anspr von vornherein gg den Beschenkten, soweit der Nachl den ergänzten Pflichtt nicht deckt; ein diesem Fall entspr Tatbestd kann auch bei einer ErbenMehrh vorliegen, s RGRK Anm 18, Staud-Ferid Anm 16; entspr Anwendg auch Zweibr NJW **77**, 1825. – Ein Erbe, der einen vom Erbl beschenkten NichtE auf Ergänzg seines Pflichtt in Anspr nimmt, ist verpflichtet, dem Beschenkten Auskunft über die Geschenke zu geben, die er selbst vom Erbl empfangen hat, BGH NJW **64**, 1414. Der pflichttberecht AlleinE kann entspr § 2314 Auskunft vom Beschenkten verlangen, wenn er Anspr nach § 2329 I 2 stellt, s Celle NJW **66**, 1663 gg BGH **18**, 67, wie hier Barth-Schlüter Lehrb § 48 I 6, Coing NJW **70**, 734, s auch BGH **55**, 378 (Anspr des PflichttBer, der nicht Erbe ist, auf Auskunft gg Beschenkten) mit Anm v Johannsen **LM** § 2314 Nr 6, BGH **61**, 180 mit Anm v Johannsen **LM** § 2314 Nr 8 (kein AuskunftsAnspr des pflichttber Erben gg den Beschenkten gem § 2314, aber aus § 242 abzuleiten, zust Brox § 32 VI 2; aM Speckmann NJW **73**, 1870).

3) Im übrigen haftet der Beschenkte nur, soweit der Erbe nicht verpflichtet ist (sei es wg § 2328, od beschränkter Haftg nach §§ 1975, 1990, BGH **LM** § 2325 Nr 2, 6, § 2060). Auch bei bloßer ZahlgsUnfgk des unbeschränkt haftenden Erben ist der subsidiäre Anspr gg den Beschenkten zu gewähren, Staud-Ferid Anm 8; aM RGRK Rdz 2, Haegele aaO 73; s ferner § 2325 Anm 1 a. **Ist der Beschenkte zugleich Erbe,** s dazu Barth-Schlüter, Lehrb § 47 III 1 c, Haegele aaO 74, so schuldet er zunächst als Erbe die PflichttErgänzg in Geld, kann in dieser Eigensch einen Anspr auf Vorbeh nach ZPO 780 haben, RG **80**, 136. Ist diese Haftg ausgeschl, so haftet er nach § 2329, **LM** § 2325 Nr 2. Die Beweislast trifft den pflichttberechtigten Kläger, RG LZ **32**, 393.

4) Die Heranziehg des Beschenkten erfolgt bei Geldgeschenken im Wege der ZwVollstr auf Zahlg; bei Schenkg individueller Ggstände im Wege der Klage auf Duldg der ZwVollstr in den geschenkten Ggst in Höhe des (zu beziffernden) Fehlbetrages, BGH **LM** § 2325 Nr 2; s auch Erm-Barth-Schlüter Rdz 2. Bei der Abfindungsbefugn ist § 2325 II zu beachten. Wegen der Bereicherg s §§ 818–822. Auch die-

Pflichtteil **§§ 2329–2331a**

ser Anspr ist ein ErgänzgsAnspr iS des § 2325, von dem er sich nur der Art u dem Umfang der Haftg, nicht aber dem Grd nach unterscheidet; für die Berechng des Anspr ist ein übergebenes Landgut iZw mit dem Ertragswert anzusetzen, BGH NJW **64**, 1323; dazu aber auch BGH NJW **73**, 995. Über ErgänzgsAnspr gg den mit einer Heimstätte Beschenkten s Blunck MDR **72**, 998. Wegfall der Bereicherg kann auch durch Anf, KO 32, AnfG 3 Nr 3, 4, eintreten.

5) **Von mehreren Beschenkten, III,** haftet der zuletzt Beschenkte in erster Linie, vgl § 528 II. Als die spätere Schenkg ist von zwei zu versch Ztpkten bindd versprochenen u danach zu versch Ztpkt vollzogenen Schenkgen die später vollzogene anzusehen, auch wenn sie die früher bindd versprochene Schenkg ist, Hamm NJW **69**, 2148. Der Ergänzsberechtigte kann Klage auch gg alle Beschenkte auf Leistg, uU gg den früher Beschenkten auf Feststellg, erheben. Der Anspr gg diesen ist weder künftig noch bedingt u der Höhe nach unabhängig von dem tatsächl Ergebnis der ZwVollstr in die dem später Beschenkten zugewendeten Ggstände, BGH NJW **55**, 1185. Die Verpflichtg des später Beschenkten erlischt insb durch Wegfall der Bereicherg, vgl aber §§ 818 IV, 819, nicht durch ZahlgsUnfgk. Die Frist des § 2325 III gilt hier ebenf, auch wenn eine Person mehrf beschenkt wurde, Soergel-Dieckmann Rdz 6. S zu III auch Johannsen WPM **70**, 240.

6) Über Anwendg des § 2329 iF des **§ 2338a** vgl § 2325 Anm 8, Brüggemann FamRZ **75**, 309/320 f.

2330 *Anstandsschenkungen.* Die Vorschriften der §§ 2325 bis 2329 finden keine Anwendung auf Schenkungen, durch die einer sittlichen Pflicht oder einer auf den Anstand zu nehmenden Rücksicht entsprochen wird.

1) **Anstandsschenkgen,** RG **125**, 383, § 534 Anm 2, 3, Migsch AcP **173**, 46, sind gewöhnl geringfügige Zuwendgen für treue Dienste. Ob unentgeltl Zuwendg von Grdstücken an einen Abkömml, der den Erbl in einer Notlage unterstützte, LG Brschw RdL **51**, 74, darunter fällt, ist Tatfrage, s auch BGH WPM **77**, 1410 (Bestellg eines lebenslängl Nießbr an GeschGrdSt für langjähr Hausgehilfin), WPM **78**, 905. Aber auch die gleiche Behandlg aller Kinder entspricht dem Sittengesetz, Celle HRR **34** Nr 942, auch BGH FamRZ **72**, 257. Mit Abschl einer Lebensversicherg zG der unversorgten Ehefr durch betagten Gewerbetreibenden wird sittl Pfl erfüllt, Brschw FamRZ **63**, 376. Eine belohnende Schenkg kann unter § 2330 fallen, RG JW **31**, 1356. **Übermäßige** Schenkgen sind für das Übermaß ergänzspflichtig, s Nürnb WPM **62**, 1200, nur mit dem Mehrwert kann der Beschenkte zur PflichttErgänzg herangezogen w, BGH LM Nr 2, s § 2325 Anm 2. Beweislast hat der Beschenkte, Johannsen WPM **70**, 237. Auch über Schenkgen nach § 2330 ist der Erbe auskunftspflichtig, § 2314, BGH **LM** Nr 5 zu 2314.

2) Über Anwendg des § 2330 iF des **§ 2338a** vgl § 2325 Anm 8.

2331 *Zuwendungen aus dem Gesamtgut.* I Eine Zuwendung, die aus dem Gesamtgut der Gütergemeinschaft erfolgt, gilt als von jedem der Ehegatten zur Hälfte gemacht. Die Zuwendung gilt jedoch, wenn sie an einen Abkömmling, der nur von einem der Ehegatten abstammt, oder an eine Person, von der nur einer der Ehegatten abstammt, erfolgt, oder wenn einer der Ehegatten wegen der Zuwendung zu dem Gesamtgut Ersatz zu leisten hat, als von diesem Ehegatten gemacht.

II Diese Vorschriften sind auf eine Zuwendung aus dem Gesamtgut der fortgesetzten Gütergemeinschaft entsprechend anzuwenden.

1) **Neufassung** durch GleichberG v 18. 6. 57, BGBl 609. Zur aF (ErrungenschGemsch) s Zweibr OLGZ **73**, 222.

2) **Entspricht dem § 2054.** Vgl die dortigen Anmerkgen und RG **94**, 263, Zweibr aaO. Die Vorschr gilt für Zuwendgen iS der §§ 2304 ff, 2315, 2316, 2325 ff, also sowohl für den ordentl wie für den ErgänzgsPflichtt.

3) Über Anwendg des § 2331 iF des **§ 2338a** vgl § 2325 Anm 8.

2331a *Stundung des Pflichtteilsanspruchs.* I Ist der Erbe selbst pflichtteilsberechtigt, so kann er Stundung des Pflichtteilsanspruchs verlangen, wenn die sofortige Erfüllung des gesamten Anspruchs den Erben wegen der Art der Nachlaßgegenstände ungewöhnlich hart treffen, insbesondere wenn sie ihn zur Aufgabe seiner Familienwohnung oder zur Veräußerung eines Wirtschaftsgutes zwingen würde, das für den Erben und seine Familie die wirtschaftliche Lebensgrundlage bildet. Stundung kann nur verlangt werden, soweit sie dem Pflichtteilsberechtigten bei Abwägung der Interessen beider Teile zugemutet werden kann.

II Für die Entscheidung über eine Stundung ist, wenn der Anspruch nicht bestritten wird, das Nachlaßgericht zuständig. § 1382 Abs. 2 bis 6 gilt entsprechend; an die Stelle des Familiengerichts tritt das Nachlaßgericht.

Vorbem. § 2331a ist gem Art 1 Nr 92 NEhelG mit Wirkg v 1. 7. 70 (Art 12 § 27 NEhelG) eingefügt. § 2331a w verfahrensrechtl ergänzt dch den gem Art 7 Nr 24 NEhelG eingefügten § 83a FGG. — Dch Art 1 Nr 46 des 1. EheRG v 14. 6. 76 (BGBl I 1421, inkraft ab 1. 7. 77, Art 12 Nr 13 a d G) ist in § 2331a II 2 Halbs 2 das Wort „Vormundschaftsgericht" dch das Wort „Familiengericht" ersetzt; denn für das Verf nach § 1382 (in der dch Art 1 Nr 10 des 1. EheRG geänderten Fassg) ist nicht mehr das VG sond das FamilienG zust (s auch § 23b I Nr 10 GVG, § 621 I Nr 9 ZPO je idF des 1. EheRG).

1) Allgemeines. Dem bis 30. 6. 70 geltden Recht ist eine gesetzl Stundg des PflichttAnspr fremd. Wird der mit dem Erbfall entstandene u sofort fäll PflichttAnspr, § 2317, rücksichtslos geltd gemacht, so kann dies zu einer Gefährdg des Nachl führen; der PflichttBerecht kann dch ZwVollstrMaßn den Nachl in vollem Umfang zur Auflösg bringen. Diese Gefahr, die bei der Durchsetzg des PflichttAnspr dch nichtehel Kinder beim Tod des Vaters (od Voreltern väterlseits) in höherem Maße besteht, hat zur Schaffg einer Stundgsmöglk geführt, die auch für den ErbErsAnspr, §§ 1934, 1934b II, gilt. Siehe BT-Drucks V/2370 S 98. – § 2331a I legt die Voraussetzgen für die Stundg des PflichttAnspr fest. In II w die gerichtl Zustdgk u die verfrechtl Durchf bzgl der Stundg unter entspr Heranziehg des § 1382 II-VI geregelt; dazu §§ 83a mit 53a FGG. – Vereinbarg einer Stundg zw den Beteil ist jederzeit zul. Auch vor Entstehg der PflichttAnspr ist eine StundgsVereinbg im Rahmen des § 312 II zuläss.

2) Voraussetzgen der Stundg. a) Beteiligte: Stundg verlangen kann nur ein Erbe (MitE), der selbst pflichttberecht ist, der also zu dem Kreis von Pers gehört, die im Fall des Ausschl von der gesetzl Erbf den Pflichtt verlangen können, §§ 2303, 2309. Das Stundgsbegehren richtet sich gegen einen anderen PflichttBerecht, der seinen PflichttAnspr, §§ 2317, 2338a, gg einen selbst pflichttberecht Erben geltd macht, s BT-Drucks aaO. Hat zB der Erbl seine Ehefr als AlleinE eingesetzt u ist sein Kind pflichttberecht, so kann die überl Ehefr unter den Voraussetzgen von I die Stundg des PflichttAnspr des Kindes verlangen. Ein nicht zum Kreis der pflichttberecht Pers gehör Erbe kann dagg die Stundg des PflichttAnspr eines übergangenen PflichttBerecht nicht begehren. Sind mehrere Pers als Erben eingesetzt, von denen nur einer selbst pflichttberecht ist, so kann nur dieser, nicht auch die and StundgsAntr stellen. Die dem pflichttberecht Erben gewährte Stundg kommt nur diesem, nicht auch den übr Erben zugute, s auch Anm 2c. Über die Haftg mehrerer Erben ggü dem PflichttBerecht s §§ 1967 II, 2058 ff. Machen mehrere PflichttBerecht ihren PflichttAnspr geltd, so kann der selbst pflichttberecht Erbe gg jeden einzelnen von ihnen die Stundg beifreihren. Ein TestVollstr kann nicht an Stelle des Erben den Antr stellen, wohl aber der KonkVerw iF des NachlKonk, der NachlVerw, § 1984, u der NachlPfleger, §§ 1960, 1961, Erm-Barth-Schlüter Rdz 3, Odersky Anm III 1, RGRK Rdz 2.

b) Sachl Voraussetzgen. Die sof Erfüllg des ges PflichttAnspr muß den Erben wg der Art der NachlGgstände „ungewöhnl" hart treffen, **I 1**, vgl hiezu §§ 1382 I, 1934d V 2, die aber lediglich fordern, daß der Schuldner von der sof Zahlg „besonders" hart getroffen wird. Nur in AusnFällen, in denen die sof Erfüllg des PflichttAnspr den Erben (Schuldner) in ungewöhnl Schwierigk versetzen würde, kommt also eine Stundg in Betr. Diese Schwierigk müssen in der Art der Ggstände liegen, aus denen sich der Nachl zusammensetzt s auch Erm-Bartholomeyczik Rdz 4. Als Beisp – nicht erschöpfd – nennt das Ges, wenn der Erbe zur Aufgabe seiner Familienwohng od zur Veräußerg eines WirtschGutes gezwungen würde, das für den Erben u seine Fam die wirtsch Lebensgrdlage bildet. Eine Aufgabe der FamWohng steht in Frage, wenn der Erbe gezwungen wäre, ein von ihm u seiner Fam bewohntes zum Nachl gehör Eigenheim od eine derartige EigtWohng zu veräußern. Unter den umfassden Begriff „Wirtschaftsgut", s dazu den steuerrechtl Begr in § 4 EStG, können zB ein GeschBetr, ein GesellschAnteil, ein Miethaus fallen. Das WirtschGut muß für den Erben u seine Familie die wirtsch LebensGrdlage bilden, er muß also aus diesem WirtschGut für sich u seine Angehör die hauptsächl Einkünfte beziehen. Die sof Erfüllg des PflichttAnspr muß ohne dessen Veräußerg nicht mögl sein. Ungewöhnl hart würde es den Erben auch treffen, wenn zB dch die sof Erfüllg dem zum Nachl gehör GeschBetr soviel flüss Mittel entzogen w müßten, daß als unmittelb Folge der Verlust des Betr zu erwarten wäre. Gehören aber zum Nachl mehrere WirtschBetr, so würde die Notwendigk der Veräußerg eines von ihnen nicht in jedem Fall die Stundg des PflichttAnspr rechtf. Auch der Umst, daß der Erbe gezwungen wäre, zur Erf des Anspr ein WirtschGut zu einem ungünst Ztpkt zu veräußern, w idR kein Anlaß für eine Stundg sein können. Der Erbe kann also zB nicht verlangen, daß er die Veräußerg von Wertpapieren wg Kursverlusten solange aufschieben kann, bis die Kurse wieder gestiegen sind. Von Bedeutg für die Entsch über die Stundg wird auch sein, ob der Erbe in der Lage ist, den Anspr aus seinem sonstigen Verm zu befriedigen. S BT-Drucks V/2370 S 99. – Nach **I 2** setzt die Gewährg der Stundg weiter voraus, daß sie dem PflichttBerecht bei Abwägg der Interessen beider Teile zugemutet w kann, vgl §§ 1382 I, 1934 d V. Bei der Interessenabwägg w davon auszugehen sein, daß grdsätzl ein PflichttAnspr sofort zu erfüllen ist u nur eine ungewöhnl starke Beeinträchtigg des Interesses des Erben dazu führen kann, die Belange des ohnehin vom Erbl zurückgesetzten PflichttBerecht in dem notwend Umfang zurücktreten zu lassen, s BT-Drucks aaO. Bei der Entsch über die Stundg w auch die persönl Eink- u VermVerh des PflichttBerecht herangezogen w können. Eine Stundg wird der Billigk kaum entspr, wenn sich der Erbe etwa mit allen Mitteln der Verurteilung zur Zahlg des PflichttAnspr entzogen u sondach dessen Erfüllg hinausgezögert hat od wenn vorauszusehen ist, daß der Erbe dch eine dem Berecht zuzumutde Stundg nicht in die Lage versetzt w, sich die Mittel zur Erfüllg des Anspr zu verschaffen, BT-Drucks aaO. Im übr sind für die Güterabwägg die Umst des Einzelfalls maßg, s auch Bosch FamRZ 72, 174, Soergel-Dieckmann Rdz 3, 4. Über die Durchführg der Stundg unter Abwägg der beiderseit Interessen s unten Anm 3.

c) Mehrere Erben. Sind mehrere selbst pflichttberecht Erben vorh, so ist bei der Entsch über die Stundg des PflichttAnspr zu beachten, daß bis zur Teilg des Nachl bei beschr Erbenhaftg keiner der Erben den PflichttAnspr aus seinem PrivatVerm erfüllen muß u sich die Vollstr nur gg den ungeteilten Nachl richten kann, § 2059 I 1, II. S hiezu das Bsp bei Damrau FamRZ **69**, 582. Ist von den MitE nur einer selbst pflichttberecht, so kann das Interesse des PflichttBerecht die Stundg gebieten, obwohl die übr MitE dch die sofortige Erfüllg nicht übermäß hart getroffen w, Damrau aaO. S auch Knur Betr **70**, 1116, Lutter ErbR des nehel Kindes,[2] § 2 IV 6, Odersky Anm III 5, Soergel-Dieckmann Rdz 2, 5.

3) Entscheidg über die Stundg, II. Für das Verf u die Gestaltg der Stundg gilt § 1382 II-VI entspr, ferner §§ 83a mit 53a FGG. **a) Zustdgk des NachlaßG**, s Vorb. Grdsätzl zust ist das NachlG **II 2**; örtl Zustdgk: § 73 FGG. Über die Stundg entsch der Rechtspfleger § 3 Nr 2c RPflG, dazu Bosch FamRZ **72**, 174. Erforderl ist ein Antrag des selbst pflichttberecht Erben; der Antr kann auf einen Teil des gg ihn geltd gemachten PflichttAnspr beschränkt w, er kann bis zur rechtskr Entsch jederz zurückgen w; er ist nicht befristet. Nicht antragsber ist der TestVollstr, § 2213 I, wohl aber der KonkVerw im NachlKonk, der Nachl-Verw, der NachlPfleger, wenn Erbe pflichtber ist, s Jansen[2] § 83 a FGG Rdn 6. Das NachlG kann nur über die Stundg des unstreitigen PflichttAnspr entsch. Es soll mit den Beteil mündl verhandeln u darauf hinwirken, daß sie sich gütl – über die Stundg – einigen. Über einen etwaigen Vergleich ist eine Niederschr nach §§ 159–163 a ZPO aufzunehmen; in den Vergleich sind die SchuldBetr, die Zins- u Zahlgsbeding sowie etwa vereinb Sichergen aufzunehmen; zweckm ist auch eine Vereinbg über die Kosten; über die ZwVollstr aus dem Vergl s § 53 IV FGG. Kommt keine Einigg zustande, so hat das NachlG die für die Sache erhebl Tats vAw zu ermitteln, § 12 FGG (dazu Keidel-Winkler[10] Rdz 54), u a Grd der von ihm getroffenen Feststellgen über den Antr zu entsch. Es kann Stundg des ges Betr bis zu einem Ztpkt od Ratenzahlgen (mit Verfallklausel) bewilligen. Auf Antr des PflichttBerecht kann es anordnen, daß der Erbe für den gestundeten Anspr Sicherh zu leisten hat, § 1382 III, IV. Es muß außerdem über die Höhe der Verzinsg – nach bill Ermessen, dazu Lutter aaO § 2 IV 5 c – u den Zinsbeginn befinden, § 1382 II, IV. Erforderl kann es eine einstw AO treffen, § 53 II FGG. Erachtet das Ger einen Antr auf einstw Stundg für nicht gegeben, so weist es den Antr ab. Die Vfg des NachlG über den StundgsAntr w erst mit der Rechtskr wirks, § 53 II. In der Vfg, in der über den Antr entschieden w, kann das Ger auf Antr des PflichttBerecht auch die Verpfl des Erben zur Zahlg des unstreit PflichttAnspr aussprechen u damit einen VollstrTitel schaffen, § 53a II 2, IV. Gg die EndEntsch ist die sof Beschw (befrist Erinnerg) gegeben, § 60 I Nr 6 FGG (§ 11 I 2, II RPflG); dies gilt sowohl für die den Antr als unbegründet od unzul abweisde wie für die ihm in vollem Umf od teilw stattgebde Entsch. Eine einstw AO kann nur zus mit der EndEntsch angefochten w. BeschwFrist § 22 I FGG; sof weitere Beschw §§ 27, 29 FGG, ZwVollstr § 53a IV FGG. S hiezu auch § 1934d Anm 9 c aa.

b) Zustdgk des ProzeßG. Soweit der PflichttAnspr noch streitig ist u über ihn ein RechtsStr anhäng w, kann der Antr auf Stundg nur beim ProzG gestellt w, § 1382 V. Über den Antr entsch dieses im Urt. Liegt ein rechtskr Urt über den PflichttAnspr vor, so ist eine nachträgl Anrufg des NachlG wg Stundg der Fdg unzul; s aber unter c; im übr s § 1934d Anm 9 c bb.

c) Nachträgl Aufhebg od Änderg der StundgsEntscheidg, § 1382 VI. Das NachlGer kann auf Antr des Erben od des PflichttBerecht die rechtskr Entsch über die Stundg, auch die des ProzGer, aufheben od ändern, wenn der Verh nach der Entsch sich wesentl geändert haben. Diese EntschBefugn erstreckt sich auch auf gerichtl Vergl, wenn nach dessen Abschluß eine wesentl Änderg der Verh eingetreten ist, § 1934d Anm 9c cc. Für das Verfahren gelten die Grdsätze unter a. Ist im ProzVerf kein StundgsAntr gestellt worden, so kann nach rechtskr Zuerkenng des PflichttAnspr unter den Voraussetzgen des § 1382 VI vom NachlGer auf Antr über die Stundg entschieden w.

4) Sinngemäße Anwendg auf den ErbErsAnspr, § 1934b II. Der selbst pflichtberecht Erbe hat, wenn die Voraussetzgen des § 2331a vorliegen, das Recht, die Stundg des gg ihn geltd gemachten ErbErsAnspr zu verlangen. Es gelten die unter 2 u 3 angeführten Grdsätze entspr. Bei der Entsch über die Stundg ist bes zu berücksichtigen, daß der ErbErsAnspr idR größer sein w als der PflichttAnspr u daß daher seine sof Erf, § 2317, für den Erben weitaus eher zu einer ungewöhnl Härte führen kann, Damrau FamRZ **69**, 285. Dazu Lutter aaO § 2 IV 5; Bosch FamRZ **72**, 174 f.

5) Übergangsrecht. Für die zeitl Anwendg des dem allg ErbR zuzurechnden § 2231a gilt Art 12 § 10 I NEhelG, s Anm 2 hiezu (Anh I zu § 1924). Er ist also nur anwendb für PflichttAnspr, die nach einem nach dem 1. 7. 70 verst Erbl entstanden sind; Bosch FamRZ **72**, 174 erachtet auch Stundg von AltAnspr für zuläss. Die Beteiligg eines nichtehel Kindes als PflichttBerecht scheidet aber aus, wenn dieses bereits vor dem 1. 7. 49 geb ist, denn in diesem Fall steht ihm kein ErbR u damit auch kein Pflichtt zu, s § 10 II 1 mit Anm 2 a hiezu.

6) Kostenvorschrift für Stundg des PflichttAnspr, ErbErsAnspr u AusglAnspr, KostO 106a, dazu Mümmler JurBüro **70**, 296.

2332 Verjährung des Pflichtteilsanspruchs.

I Der Pflichtteilsanspruch verjährt in drei Jahren von dem Zeitpunkt an, in welchem der Pflichtteilsberechtigte von dem Eintritte des Erbfalls und von der ihn beeinträchtigenden Verfügung Kenntnis erlangt, ohne Rücksicht auf diese Kenntnis in dreißig Jahren von dem Eintritte des Erbfalls an.

II Der nach § 2329 dem Pflichtteilsberechtigten gegen den Beschenkten zustehende Anspruch verjährt in drei Jahren von dem Eintritte des Erbfalls an.

III Die Verjährung wird nicht dadurch gehemmt, daß die Ansprüche erst nach der Ausschlagung der Erbschaft oder eines Vermächtnisses geltend gemacht werden können.

Schrifttum: Donau, Verjährgsunterbrechg bei Vor- und Nacherbschaft, MDR **58**, 735; Pentz, Unterbricht eine vor der Erbausschlagg erhobene Klage die Verjährg des Pflichtteilsanspruchs? NJW **66**, 1647.

1) Die kurze Verjährg bezweckt, die Frage, ob PflichttAnspr u deshalb Verschiebgen in der Nachl-Verteilg zu erwarten sind, nicht zu lange in der Schwebe zu lassen, RG **135**, 235. Sie trifft den gesetzl Pflichtt-Anspr, § 2303, den Anspr auf den ZusatzPflichtt, §§ 2305, 2307, den VervollständiggsAnspr nach § 2316 II, den PflichttErgAnspr gg den Erben, § 2325 ff, BGH NJW **74**, 1327, Zweibr NJW **77**, 1825, SchlHOLG MDR **78**, 757 (gleichzeit Verjährg von Pflichtt- u PflichttErgAnspr), nicht den ErbauseinandS- od VermächtnAnspr der auf den PflichtBruchteil, § 2304 Anm 1, oder PflichttBetrag eingesetzten Erben od VermNehmer, RG **113**, 237, Staud-Ferid Anm 30, dann § 195. Auch bei Verwirkungsklauseln, zB Einsetzg eines PflichttBerecht als Erben unter Verweis auf den Fall der „Anfechtg" der letztw Vfg dch diesen, § 2074 Anm 2, beginnt die Verjährg des PflichttAnspr bereits mit der Kenntn der beeinträchtigden Vfg, nicht erst mit dem Eintritt der Beeinträchtigg, Staud-Ferid Anm 8. Hat aber zB der Erbl seinen Sohn zum AlleinE eingesetzt u bestimmt, daß er den Nachl an einen Dritten herausgeben muß, wenn er nicht binnen 4 Jahren eine Aufl erfüllt, so wird im Fall der Nichterfüllg u der damit eingetretenen NachErbf, § 2074 Anm 2c, die Verjährg des PflichttAnspr des VorE nicht vor diesem Ztpkt beginnen können, s Binz, Die erbrechtl Verwirkungsklauseln, Diss Mainz 1968, 62 ff. – § 2332 gilt entspr für die Verjährg der AusglAnspr bei der Zugewinngemeinsch, §§ 1378 IV 3; 1390 III. – Über Verjährg des AuskunftsAnspr s § 2314 Anm 1 b bb.

2) Die Verjährg beginnt mit der Kenntn des Erbfalls, also des Todes des Erbl, vgl § 2317 Anm 1, und der beeinträchtigden Vfg (also des TestInhalts – § 1944 II gilt hier nicht – u bei PflichttErgAnspr der Schenkg) BGH NJW **72**, 760, Johannsen WPM **73**, 543. Positive Kenntn von dem wesentl beeinträchtigden Inh notw; mdl Mitteilg genügt, BGH **LM** Nr 1. Rechtl Zweifel können (bis zur Erbscheinerteilg) Kenntn ausschließen, RG **140**, 75; zB beginnt die Verj nicht, solange der Berecht das ihn beeinträchtigde Schenkgs-Gesch zwar tatsächl kennt, aber rechtsirrig aus Gründen, die nicht von vorneherein von der Hand zu weisen sind, für rechtsunwirks hält, BGH NJW **64**, 297 = **LM** Nr 3, auch BGH Rpfleger **68**, 183. Die VerjF beginnt auch dann zu laufen, wenn sich im Nachl Fdgen od Verbindlk befinden, deren Höhe noch nicht feststeht; eine Ausn ist für den Fall zu machen, in dem erst dch Gesetz Anspr geschaffen w, die dem Nachl hinzuzurechnen sind, zB für LastenAusglAnspr, die erst in der Pers des Erben entstehen, s BGH FamRZ **77**, 128; Johannsen WPM **77**, 307. Auf die Kenntn vom NachlStande u der sich daraus ergebden Beeinträchtigg des PflichttRechts kommt es dagg nicht an, RG **104**, 197. Bei Eintritt entfernterer Abkömmlinge od Eltern, § 2309, muß noch Kenntn des Wegfalls od des Entziehgsgrundes, § 2333, hinzukommen. Solange einem PflichttBerecht nicht bekannt ist, ob der überl Eheg eine ihm gemachte Zuwendg angenommen hat, fehlt Kenntn der Höhe seiner PflichttQuote und damit des Ausmaßes der ihn beeinträchtigden Vfg, Johannsen FamRZ **61**, 21, RGRK Rdz 9.

3) Für Hemmg und Unterbrechg, vgl auch III, gelten die §§ 202 ff, auch § 207; zu §§ 209, 212 s Pentz aaO. Hemmg der Verjährg greift insb bei Stundg des PflichttAnspr gem § 2331 a Platz, § 202 I. Bloße Klage auf Ausk, vgl auch Anm 5 zu § 2314, unterbricht nicht, RG **115**, 29, Köln JR **58**, 223, wohl aber möglicherw das Verhalten des Erben gegü einem solchen Verlangen, s **208**, RG **113**, 239, Zweibr FamRZ **69**, 231, BGH NJW **75**, 1409. Eine auf § 2325 gestützte ZahlsKl unterbricht auch die Verjährg des auf § 2329 gegründeten HerausgAnspr gg denselben Verpflicht (Erben), BGH NJW **74**, 1327. Eine gg den beschenkten Erben gerichtete Kl auf PflichttErgAnspr unterbricht im geltd gemachten Umfang auch die Verj des PflichttAnspr, wenn der Kl im Verf seine Kl entspr umstellt, BGH bei Johannsen WPM **77**, 308. – Auch wenn der Anspr erst von der Ausschlagg abhängt, §§ 2306 I 2, 2307, beginnt die Verjährung nach I, vgl III, Staud-Ferid Anm 17. Der Berecht soll sich eben bald entscheiden. Eine StufenKl, gerichtet auf Auskunft, Leistg einer eidesstattl Vers u Zahlg eines MindestBetr unterbricht die Verjährg, § 209 I, BGH NJW **75**, 1409, s auch § 2314 Anm 5. Keine Unterbrechg, wenn der PflichttBer die letztw Vfg währd des Laufes der VerjFr entgg seiner ursprüngl zutreffden Beurteilg später fehls für unwirks hält, BGH aaO WPM **77**, 307. Bei Vor- u Nacherbsch beginnt die Verjährg des PflichttAnspr mit dem Ztpkt, in dem der Berecht vom Eintritt des Vorerbfalls u von der ihn beeinträchtigden Vfg Kenntn erlangt; mit dem Eintritt des Nacherbfalls beginnt keine neue VerjFrist, Donau, MDR **58**, 134, 735, Staud-Ferid Anm 2, 7, SchlHOLG NJW **61**, 1930, LG Bochum DNotZ **66**, 617, aM Ottow, MDR **57**, 211; s § 2306 Anm 5. Hat der VE den PflichttAnspr eines Abkömml nach Eintritt der Verjährg anerkannt, so wirkt dieses Anerkenntn auch gg den NE, BGH NJW **73**, 1690 mit Anm v Waltjen NJW **73**, 2061. – Eine gg den TestVollstr gerichtete Kl od ein von diesem abgegebenes Anerkenntn der PflichttFdg unterbricht die Verjährg nicht, s BGH **51**, 125, Johannsen WPM **70**, 114. – Üb Verj von GewährlAnspr aus einem Vergl über PflichttAnspr s § 493 Anm 1 a.

4) Verjährg gegen den Beschenkten, § 2329, ohne Rücks auf erlangte Kenntnis, **II**, BGH FamRZ **68**, 150.

5) Die Wirkg der Verjährg ist das LeistgsverweigergsR, § 222 I, vgl auch §§ 223–225. Verjährg bei einem erhöht die PflichttAnspr der anderen nicht, Planck-Greiff 7. – Ist der PflichttAnspr nur gg einen Teil der PflichttSchuldner (Miterben) verjährt, so gilt bei gesamtschuldnerischer Haftg (§ 2058) § 425 II, Staud-Ferid Anm 28.

6) Für die Verjährg des **ErbErsAnspr** gilt die SonderVorschr des § 1934b II 2. Auf die Verjährg des PflichttAnspr im Fall des § 2338 a ist dagg § 2332 anwendb.

2333 Entziehung des Pflichtteils eines Abkömmlings. Der Erblasser kann einem Abkömmlinge den Pflichtteil entziehen:

1. wenn der Abkömmling dem Erblasser, dem Ehegatten oder einem anderen Abkömmlinge des Erblassers nach dem Leben trachtet;
2. wenn der Abkömmling sich einer vorsätzlichen körperlichen Mißhandlung des Erblassers oder des Ehegatten des Erblassers schuldig macht, im Falle der Mißhandlung des Ehegatten jedoch nur, wenn der Abkömmling von diesem abstammt;
3. wenn der Abkömmling sich eines Verbrechens oder eines schweren vorsätzlichen Vergehens gegen den Erblasser oder dessen Ehegatten schuldig macht;
4. wenn der Abkömmling die ihm dem Erblasser gegenüber gesetzlich obliegende Unterhaltspflicht böswillig verletzt;
5. wenn der Abkömmling einen ehrlosen oder unsittlichen Lebenswandel wider den Willen des Erblassers führt.

Schrifttum: Pakuscher, Zur Problematik der Pflichtteilsentzieh, JR **60**, 51; Firsching, Berechtigung zur Entzieh des Pflichtteils nach § 2333 Nr 2, 3 BGB, JR **60**, 129; Kluge, PflichttEntzieh ggü Abkömml, ZRP **76**, 285 (rechtspolit).

1) Allgemeines. Das PflichttEntziehgsR der §§ 2333 ff stellt eine Ausn von der dem Erbl kraft PflichttR obliegenden HinterlassgsPfl dar. Dieses nach § 2302 unverzichtbare GestaltgsR muß durch den Erbl selbst ausgeübt werden, § 2336 I, und kann auch noch zu seinen Lebzeiten wieder erlöschen, §§ 2337, 2336 IV. Es kann daher auch Ggst einer Feststellgsklage sein (zB anläßl eines UnterhStreits aus § 1611 I, aber ohne RechtskrWirkg gg die Erben), RG 92, 7. Die Entziehg zur Strafe kann ganz od teilw erfolgen, auch in (nach § 2306 I 1 sonst unzulässigen) Beschrkgen od Beschwergen bestehen. Sie umfaßt auch den Pflichtt-RestAnspr, §§ 2305, 2307, u den -ErgänzgsAnspruch, §§ 2325 ff, Staud-Ferid Anm 16. Sie kann auch den Ausschl des einzigen Hoferben von der Hoferbfolge enthalten, Oldbg NJW **61**, 2353. Auf Feststellg des Rechts zur PflichttEntziehg kann schon zu Lebzeiten des Erbl von diesem geklagt w, BGH NJW **74**, 1084. – Die Rechte aus § 569a werden dch §§ 2233ff nicht berührt, Däubler ZRP **75**, 136/141.

1a) Die Vorschr über die PflichttEntziehg ggü einem Abkömml u ggü einem Elternteil, §§ 2333, 2334, 2336–2338 gelten auch für das PflichttRecht, das bei Entziehg des ErbErsAnspr dch Vfg vTw entsteht, § 2338a S 2. – Abkömml iS der §§ 2333, 2336 ist auch das nichtehel Kind u seine Abkömml im Verh zum Vater. Vater iS des § 2334 S 1 ist auch der nichtehel Vater im Verh zu seinem Kind. – Zu der Frage, ob § 2333 auch für den Anspr auf vorzeit Erbausgleich gilt, s § 1934d Anm 7, auch Damrau FamRZ **69**, 588.

2) Die erschöpfend geregelten Entziehgsgründe, vgl auch § 2336 II, sind nicht ausdehngsfähig, BGH NJW **74**, 1084. Sie setzen Verschulden, aber nicht Bestrafg des Täters voraus. Vorsätzl Vergehen, Nr 3 (s § 12 StGB idF v 2.1.75, BGBl 1), war nicht eine leichtfertig begangene falsche Anschuldigg, fr StGB 164 V, BGH FamRZ **64**, 86. Nr 1 umfaßt auch bloße VorbereitgsHdlgen, RGRK Rdz 5. Der Grd Nr 2 ist bei Notwehr nicht gegeben, RG JW **13**, 207, ebso nicht bei Notwehrüberschreitg, wenn sie nicht auf Versch beruht, Erm-Barth-Schlüter Rdz 4; s auch Stgt BWNotZ **76**, 92: erforderl schwere Pietätsverletzg. Seelische Mißhandlgen fallen nur dann unter Nr 2, wenn dadch auf die körperl Gesundh des Erbl eingewirkt w soll u eingewirkt w, BGH NJW **77**, 339 mit Anm von Bosch (FamRZ **77**, 47). Ob das Vergehen (Nr 3, s StGB 12) schwer ist, hat der Richter zu entscheiden, uU auch Beleidigg, s Firsching aaO, BGH NJW **74**, 1085. Die eigene verwerfl Lebensführg des Erbl kann (besonders bei Nr 3, 5) mildernd in Betr kommen, RG JW **29**, 2707. **Ehrloser od unsittl Lebenswandel**, Nr 5, § 2336 IV – wenn nicht vom Erbl geduldet – ist objektiv nach den allg Anschauungen u den für den Lebenskreis des Erbl geltden Ehr- u Sittengesetzen zu beurteilen, RGRK Anm 11, kann uU in Ehebrüchen zu erblicken sein; einmalige Verfehlgen reichen grdsätzl nicht aus, Soergel-Dieckmann Rdz 6, 7. Geschlechtsverkehr unter Verlobten ist idR nicht unsittl, namentl wenn sie ernsth zur Ehe entschlossen sind, aber der Eheschließg zwingende, von den Verlobten nicht zu verantwortende u in absehbarer Zeit nicht zu behebende Gründe entgegstehen, s BGH NJW **52**, 1290. Auch der EntziehgsGrd Nr 5 setzt Versch voraus, Düss NJW **68**, 944, aM Stackelberg JW **38**, 2940; Verneing von Nr 5 bei Trunksucht des vermindert verantwortl PflichttBerecht, Düss aaO, s aber auch BGH bei Johannsen WPM **73**, 543. – Die Verfehlgen berecht zum Rücktr vom ErbVertr, § 2294, u Aufhebg einer wechselbezügl Vfg, § 2271 II, s auch § 1513.

2334 Entziehung des Elternpflichtteils.
Der Erblasser kann dem Vater den Pflichtteil entziehen, wenn dieser sich einer der im § 2333 Nr. 1, 3, 4 bezeichneten Verfehlungen schuldig macht. Das gleiche Recht steht dem Erblasser der Mutter gegenüber zu, wenn diese sich einer solchen Verfehlung schuldig macht.

1) Immer nur dem schuldigen Elternteil kann der Pflicht entzogen werden. Straflosigk nach StGB 247 II, 289 IV schützt nicht. Böswillige Verletzg der UnterhPfl, § 2333 Nr 4, kann auch bei schweren Fällen der Vernachlässigg der Erziehg od Berufsfortbildg gegeben sein, Staud-Ferid Anm 2. Rechtspolit gg die Einschränkg der PflichttEntziehgsBefugn Mertens FamRZ **71**, 353.

2) Die §§ 2334, 2336, 2337 über Entziehg des Pflichtt ggü einem Elternteil finden auch auf das PflichttR des nehel Vaters ggü seinem Kind Anwendg (§ 2338a), Erm-Barth-Schlüter Rdz 2.

3) Die Unrechtstatbestände nach §§ 2333–2335 (§ 2335 nF) sind auch im Ausland erfüllb, Ferid GRUR, Intern Teil **73**, 472/476.

2335 Entziehung des Ehegattenpflichtteils.
Der Erblasser kann dem Ehegatten den Pflichtteil entziehen:
1. wenn der Ehegatte dem Erblasser oder einem Abkömmling des Erblassers nach dem Leben trachtet;
2. wenn der Ehegatte sich einer vorsätzlichen körperlichen Mißhandlung des Erblassers schuldig macht;
3. wenn der Ehegatte sich eines Verbrechens oder eines schweren vorsätzlichen Vergehens gegen den Erblasser schuldig macht;
4. wenn der Ehegatte die ihm dem Erblasser gegenüber gesetzlich obliegende Unterhaltspflicht böswillig verletzt.

Vorbem: Dch Art 1 Nr 47 des 1. EheRG v 14.6.76 (BGBl 1421; in Kraft ab 1.7.77 Art 12 Nr 13a d G) hat § 2335 eine neue Fassg erhalten. Zur EntstehgsGeschichte s BT-Druck 7/650 S 179, 275, 299; 7/4361 S 53. S dazu Battes FamRZ **77**, 433/439 f.

1) Allgemeines: Die bish Fassg des § 2335 hat an eine schuldh Eheverfehl angeknüpft. Sie war desh mit der Einführg des Zerrüttgsprinzips nicht mehr vereinb. Die neue Fassg bezeichnet als EntziehgsGründe gleichart wie die in § 2333 Nr 1–4 enthaltenen.

2) Die **EntziehgsGründe** sind erschöpfd aufgezählt u nicht mehr ausdehngsfäh, s § 2333 Anm 2. Sie setzen Verschulden u somit auch ZurechngsFähigk des Täters voraus; soweit sie sich mit einem Straftatbestand decken, verlangt Entzieh aber keine Bestrafg des pflichttberecht Eheg, vgl Erm-Barth-Schlüter § 2333 Rdz 2.

a) Die **Lebensnachstellg**, Nr 1; sie setzt voraus, daß der Pflichttberecht den ernsten Willen gehabt hat, den Tod des Erbl (des and Eheg) od eines seiner Abkömml herbeizuführen. Abkömml sind die Verwandten absteigender Linie, s § 1924 Anm 3 A, also auch nehel Kinder u ihre Abkömml im Verh zum Vater, s § 2333 Anm 1a, auch angen Kinder, s §§ 1754–1756, 1767 II, 1770 (idF des AdoptG). Anstiftg, Beihilfe, auch VorbereitsHdlgen genügen, RGRK § 2333 Rdz 5.

b) Vorsätzl körperl Mißhandlg, Nr 2. S StGB 223 u § 2333 Anm 2, BGH NJW **77**, 339 mit Anm v Bosch (FamRZ **77**, 47). Sie muß sich gg den Erbl richten.

c) Verbrechen od schwere vorsätzl Vergehen gg den Erbl, Nr 3. S StGB 12; ob ein vorsätzl Vergehen als schwer anzusehen ist, muß nach Lage des Einzelfalls entschieden w, s § 2333 Anm 2, RGRK Rdz 8 zu § 2333.

d) Böswillige Verletzg d UnterhPfl, Nr 4. Die gesetzl UnterhPfl ggü dem and Eheg ergibt sich aus §§ 1360, 1360a, 1361 idF des 1. EheRG mit Anm hiezu. Böswill bedeutet, daß der UnterhPflichtige in Kenntn aller tatsächl Voraussetzgen sich seiner Pfl, obwohl er zu deren Erfüllg imstande ist, vorsätzl entzieht, Staud-Ferid § 2333 Rdz 25.

3) Für die PflichttEntziehg gelten im übr §§ 2336 I–III, 2337. Dch Verzeihg erlischt also das Recht auf Entzieh. Hat der Erbl die Verfehlg des Eheg nicht als zum Scheitern der Ehe geeignet empfunden, so ist von vornherein kein EntziehsR gegeben.

4) Trotz Entzieh des Pflichtt kann bei **Zugewinngemeinsch** der überl Eheg den Ausgl des Zugewinns beanspruchen, § 1371 II; die Erfüllg kann aber bei grober Unbilligk verweigert werden, § 1381 I.

2336 *Form und Grund der Entziehung.* **I** Die Entziehung des Pflichtteils erfolgt durch letztwillige Verfügung.

II Der Grund der Entziehung muß zur Zeit der Errichtung bestehen und in der Verfügung angegeben werden.

III Der Beweis des Grundes liegt demjenigen ob, welcher die Entziehung geltend macht.

IV Im Falle des § 2333 Nr. 5 ist die Entziehung unwirksam, wenn sich der Abkömmling zur Zeit des Erbfalls von dem ehrlosen oder unsittlichen Lebenswandel dauernd abgewendet hat.

1) Die Pflichtteilsentziehg (Enterbg im wirkl Sinne) umfaßt als minus auch die Ausschließg von der Erbfolge, § 1938, so daß mit Unwirksamk der Entzieh wenigstens der Pflichtt, dem auch nicht mehr, verbleibt. Jedoch kann Anfechtg nach § 2078 II dazu führen, daß derj, dem der Pflichtt entzogen wurde, den vollen gesetzl Erbteil erhält, s BayObLG **21**, 331. Die PflichttEntziehg kann in **allen TestFormen**, auch einseitig im ErbVertr, §§ 2299 I, 2276 II, erfolgen, im ErbVertr kann sie aber nicht mit vertragsmäßiger Bindg ausgesprochen, wohl aber in eine einseitige Vfg umgedeutet werden, BGH FamRZ **61**, 437. In der letztw Vfg muß die betroffene Person bezeichnet, die Entziehg angeordnet u der Grd hiefür angegeben werden, **I** u **II**, dazu Nürnb NJW **76**, 2020.

2) Der Entziehungsgrund, §§ 2333–2335 (§ 2335 nF; RG **168**, 34), muß zZ der Errichtg bestehen (also keine Entzieh od Verzeihg für zukünftige Fälle, RG HRR **42** Nr 524) u im Test derart klar u eindeut angegeben werden, daß zumindest dch Auslegg zweifelsfrei festgestellt w kann, aus welchem der im G angeführten Gründe der Pflichtt entzogen worden ist, s BGH DRiZ **66**, 399, 400. Es genügt Angabe eines Sachverhaltskerns; Hinzufügg von später nicht beweisb Einzelumständen ist unschädl, wenn sie für den Entziehungswillen des Erbl ohne Bedeutg sind, BGH NJW **64**, 549 = **LM** Nr 1. Im Fall des § 2333 Nr 5 genügt der Gesetzeswortlaut, zumal der Schuldige ja die Gründe kennt, RG **95**, 27. Falsche, irrtüml genannte, nicht erweisl, fehlende Gründe machen die Entziehg unwirks, BGH aaO, u können nicht durch andere (nicht genannte) Gründe ersetzt werden. Ungenügend ist es, wenn Erbl im Test lediql erklärt, er werde den Grund demnächst niederlegen u dies in einem von ihm nicht unterschriebenen Schriftstück verwirklicht, LG Köln DNotZ **65**, 108.

3) Die **Beweislast**, III, trifft den Erben (bei § 2329 den Beschenkten), u zwar auch dafür, daß eine vom PflichttBerechtigten behauptete Notwehr, § 2333 Nr 2, § 2335 Nr 2, nicht vorgelegen habe, Warn **13** Nr 402, vgl BGH **LM** § 2294 Nr 1; bei § 2333 Nr 5 nicht nur für den äußeren Entziehgstatbestd, sondern auch das Verschulden des PflichttBerecht (zB bei Trunksucht), Düss NJW **68**, 944. Den Enterbten trifft aber die Beweislast hins der Besserg, **IV**, s LG M-Gladbach, MDR **52**, 750, Verzeihg, § 2337. Prozeßrichter im Erbstreit tritt an Stelle des Schiedsrichters, RG **168**, 35, Staud-Ferid § 2335 Anm 7.

2337 *Verzeihung.* Das Recht zur Entziehung des Pflichtteils erlischt durch Verzeihung. Eine Verfügung, durch die der Erblasser die Entziehung angeordnet hat, wird durch die Verzeihung unwirksam.

1) Die Verzeihg, vgl auch §§ 532, 2343, ist der nach außen kundgemachte Entschl des Erbl, aus den erfahrenen Kränkgen nicht mehr herleiten u üb sie hinweggehen zu wollen, BGH NJW **74**, 1085, Stgt BWNotZ **76**, 92; sie kann formlos, durch schlüss Hdlgen, s BayObLG **21**, 330, erfolgen. Sie setzt grdsätzl Kenntnis der Verfehlgen voraus. Sie macht eine bereits ausgesprochene Entziehg unwirks. Der Einfluß auf die übrigen Vfgen bemißt sich nach § 2085; der Berechtigte ist also idR auf den Pflichtt beschränkt. Daneben ist auch der letztw Widerruf, §§ 2253ff, mögl. Beisp: Hamm FamRZ **72**, 660: Ist in einer als Enterbg bezeichneten letztw Vfg des Erbl der Ausschl des Enterbten von der Erbf u die Entziehg des Pflichtt angeordnet u liegt Verzeih vor, so w mit dieser nur die PflichttEntziehg unwirks, der ErbR-Ausschl kann dch formgült Test beseitigt w; es kann aber gem § 2085 angenommen w, daß auch die Entziehg des gesetzl od test ErbT hinfäll w.

2338 *Pflichtteilsbeschränkung in guter Absicht.*

I Hat sich ein Abkömmling in solchem Maße der Verschwendung ergeben oder ist er in solchem Maße überschuldet, daß sein späterer Erwerb erheblich gefährdet wird, so kann der Erblasser das Pflichtteilsrecht des Abkömmlinges durch die Anordnung beschränken, daß nach dem Tode des Abkömmlinges dessen gesetzliche Erben die ihm Hinterlassene oder den ihm gebührenden Pflichtteil als Nacherben oder als Nachvermächtnisnehmer nach dem Verhältnis ihrer gesetzlichen Erbteile erhalten sollen. Der Erblasser kann auch für die Lebenszeit des Abkömmlinges die Verwaltung einem Testamentsvollstrecker übertragen; der Abkömmling hat in einem solchen Falle Anspruch auf den jährlichen Reinertrag.

II Auf Anordnungen dieser Art finden die Vorschriften des § 2336 Abs. 1 bis 3 entsprechende Anwendung. Die Anordnungen sind unwirksam, wenn zur Zeit des Erbfalls der Abkömmling sich dauernd von dem verschwenderischen Leben abgewendet hat oder die den Grund der Anordnung bildende Überschuldung nicht mehr besteht.

Schrifttum: Häfele, § 2338 – Beschränkg des Pflichtteils in guter Absicht, BWNotZ **57**, 49; Klug, Die Beschränkg in guter Absicht (§ 2338 BGB) u das PflichttR (§§ 2305–2307 BGB) RhNK **71**, 169.

1) a) **Die Beschränkg des Pflichtteilsrechts** od des Erbteils (einerlei, ob er der Hälfte des gesetzl Erbteils entspricht od größer, RG **85**, 349, od kleiner ist) od der Alleinerbsch od eines Vermächtnisses durch Test, **II** 1, erfolgt nicht zur Strafe (wie die Entziehg, § 2337 gilt daher nicht), sond im wohlverstandenen Interesse des Abkömmlings und setzt eine Entm wg Verschwendg, § 6, nicht voraus; eine bereits bestehde Entmündig ist aber kein Hindern für die PflichttBeschränkg, Staud-Ferid Anm 14.
b) Ist der dem Abkömml hinterlassene **Erbteil nicht größer als die Hälfte** des gesetzl Erbteils, § 2306 I 1, so bleiben die Beschrkgen des § 2338 bestehen, nur so weit sie über das nach § 2338 zulässige Maß hinausgehen, gelten sie als nicht angeordnet; schlägt er aus, so hat er keinen PflichttAnspr, Planck-Greiff Anm 3a aa. **Übersteigt** der beschränkte u beschwerte **Anteil den Pflichtteil**, so bleibt der Berechtigte daran gebunden, wenn er nicht ausschlägt, s KG RJA **15**, 194; schlägt er in diesem Fall aus, so erwirbt er zwar den PflichttAnspr, vom Beweis der Tats der Verschwendg od Überschuldg hängt es ab, ob er den Beschrkgen des § 2338 unterliegt od ob er ihn unbeschränkt erhält, RGRK Rdz 8.
c) **Bei Entziehgsberechtigg**, §§ 2333ff, muß sich der Schuldige Beschrkgen jeder Art, also auch solche nach § 2338, gefallen lassen, mag er auch kein Abkömml sein.

2) **Die getroffenen Maßregeln** (Verbindg zulässig) beschränken den Abkömml in der Vfg über das Hinterlassene wie sonst, §§ 2100ff, 2197ff. Als NachE u NachVermNehmer müssen alle gesetzl Erben des Abkömml eingesetzt werden, soweit nicht bei einzelnen die Voraussetzgen für eine PflichttEntziehg vorliegen. Der Fiskus ist hier ebso wie in §§ 2104, 2149 nicht gesetzl Erbe, RGRK Rdz 4. Ist der Abkömml nicht Erbe, sond hat er nur ein Vermächtn od den Pflichtt erhalten, so sind die gesetzl Erben als NachVerm-Nehmer gefährdet, wenn nicht zugl TestVollstrg angeordnet ist, § 2211, ZPO 748. Im übrigen wirkt die Beschrkg nur ggü den persönl Gläub, §§ 1967, 2213, ZPO 863. Der Erbl kann aber die Pfändgsbefug dieser Gläub für den Reinertrag nicht beschränken, § 137; aM RG LZ **19**, 877 = Warn **19** Nr 71. Bedenken gg RG aaO auch Staud-Ferid Anm 48, Soergel-Dieckmann Rdz 12.

3) **Unwirksam** ist die Anordng (wenn sie nicht etwa nach § 2306 I 2 od § 2307 I 2 wirks ist), soweit sie sich nicht im gesetzl Rahmen hält (zB einzelne gesetzl Erben grdlos ausschließt, vgl aber § 2085), keine Gründe od andere als die im G erschöpfd aufgeführten angibt od unbegründet ist. Sie wird unwirks bei dauernder Besserg od Wegfall der Überschuldg zZ des Erbfalls (**II** 2). Spätere Besserg – falls dies nicht vom Erbl vorgesehen od durch ergänzende Auslegg feststellbar – hilft nicht, eine Grenzziehg war nötig; im Falle der Anordng einer TestVollstrg kann aber das NachlG beim Wegfall des TestVollstr von der ihm übertragenen Bestellg eines neuen TestVollstr absehen, KG DFG **42**, 86. Die Unwirksamk, die ohne Anfechtg eintritt, kann vom Abkömml, aber auch von einem Gläub, ZPO 863, geltd gemacht werden.

2338a *Erbersatzanspruch.*

Pflichtteilsberechtigt ist ein Abkömmling oder der Vater des Erblassers auch dann, wenn ihm der Erbersatzanspruch durch Verfügung von Todes wegen entzogen worden ist. Im Sinne der Vorschriften dieses Abschnitts steht der Erbersatzanspruch dem gesetzlichen Erbteil gleich.

Schrifttum: Brüggemann, Probleme des § 2338a BGB – PflichttR des nehel Kindes FamRZ **75**, 309.

1) **Allgemeines.** § 2338a ergänzt § 2303. Nach § 2303 ist nur derjenige pflichtberecht, der dch Vfg vTw „von der Erbfolge" ausgeschl ist (SonderVorschr §§ 2303 II 2 mit 1371, 2306 I 2). In § 2338a w die Entziehg des einem nichtehel Abkömml od dem Vater des nichtehel Kindes zustehden ErbErsAnspr, § 1934a, der keine Erbf iS des § 2303 ist, dem Ausschl von der Erbf gleichgestellt, **S** 1. In der Zeit bis zum Erbf ist offen, ob das nehel Kind, dem ein gesetzl ErbR nach seinem Vater zusteht, § 1924 Anm 3 B b aa, zu einer formellen Erbenstellg od zu einem ErbErsAnspr, § 1934a, kommen w, Brüggemann aaO 310. – **S** 2 stellt den

ErbErsAnspr iS der Vorschr des 5. Abschn, §§ 2303ff, allgem dem gesetzl Erbteil gleich; s BT-Drucks V/2370 S 100, auch Brüggemann aaO 319ff. Ausschließformel nach Schramm BWNotZ **70**, 13: Erbfolgen u ErbErsAnspr aus nehel Vatersch in der väterl Linie w ausgeschl.

2) Der Pflichtteil des nichtehel Kindes. a) Fr Recht. Nach dem bis 30. 6. 70 geltden Recht stand dem nicht ehel Kind beim Tod seiner Mutter od der Voreltern mütterlseits ein gesetzl ErbR u damit ein PflichttR zu, §§ 2303 I mit 1705 (aF), 1924. Dagg hatte es gem fr § 1589 II nach dem Tod seines Vaters od der Voreltern väterlseits kein ErbR u daher auch kein PflichttR, s Jansen-Knöpfel, Anm 1 zu § 2338a.

b) Ab 1. 7. 70 geltendes Recht. An der erbrechtl Stellg des nichtehel Kindes im Verhältn zu seiner Mutter (den Voreltern mütterlseits) hat sich nichts geändert. Dagg ist das nichtehel Kind jetzt Abkömml seines Vaters, s § 1924 Anm 3 B, u damit auch dessen Voreltern, § 1924 Anm 5, wenn die Vatersch iS des § 1600a festgestellt ist.

Als Abkömml ist es im Verh zu den Genannten nach §§ 1924 ev 1925 erbberecht. Die Rechtsstellg als Erbe hat es aber nur dann, wenn beim Tod seines Vaters (dessen Voreltern) kein ehel Abkömml u kein überl Eheg des Erbl vorh ist, s § 1934 a I. Ist das nichtehel Kind in diesem Fall dch Vfg vTw von der Erbf ausgeschl, so steht ihm das PflichttR gem 2303 I zu. Trifft es dagg beim Tod des Vaters (dessen Voreltern) mit ehel Abkömml od der Ehefr des Erbl zus, so steht ihm nur ein ErbErsAnspr in Höhe des Wertes seines Erbteils zu, § 1934a I; ist ihm dch Vfg vTw der ErbErsAnspr entzogen, so ergibt sich aus § 2338a S 1 mit § 2303 I, daß es einen Pflichtteil in Höhe der Hälfte des Wertes seines gesetzl Erbteils, also idR der Hälfte seines ErbErsAnspr verlangen kann, s Erm-Bartholomeyczik Rdz 3. Eine förml Enterbg enthält auch die Entzieh des ErbErsAnspr; die ausdrückl Entzieh des letzteren kann als Enterbg ausgelegt w, Brüggemann aaO 310. Wird das nehel Kind in der Vfg vTw überh nicht genannt od die Erbmasse restlos an and verteilt, so wird im Einzelf eine alle Umstände berücksichtigde Auslegg (§§ 133, 2084) Platz greifen müssen; daran wird nicht „in der Regel" eine Entzieh des ErbErsAnspr zu sehen sein, s eingehd Brüggemann aaO 311f, ders auch JA **78**, 209/214; für Annahme einer Entzieh des ErbErsAnspr treten in diesem Fall eher RGRK Rdz 2, Soergel-Dieckmann Rdz 5, Erm-Barth-Schlüter Rdz 3, Odersky Anm I 2, Stgt, Gienke FamRZ **72**, 471; **74**, 241/243; Spellenberg, LG Oldbg FamRZ **77**, 185/193, 266 m H, Arnsbg DAV **78**, 139, ein; wie hier Kumme ZBlJR **77**, 339.

c) Übergangsrecht. Maßg dafür, ob das bis 30. 6. 70 geltde Recht od das neue Recht anzuwenden ist, ist grdsätzl der TodesZtpkt des Erbl. Ist der Vater (seine Voreltern) vor dem 1. 7. 70 verst, so gilt altes Recht; ist er nach dem Inkrafttr des NEhelG (1. 7. 70) gest, so gilt grdsätzl neues Recht, Art 12 § 10 I 1 NEhelG mit Anm 2 hiezu (Anh I zu § 1924). § 10 II 1 schränkt aber die Anwendg des neuen Rechts insofern ein, als auch bei Erbfällen nach dem 1. 7. 70 das bisher geltde Recht maßg bleibt, wenn das nichtehel Kind vor dem 1. 7. 49 geb ist, also am 1. 7. 70 das 21. LebensJ bereits vollendet hat, s Anm 2 zu § 10 aaO. Sind diese Voraussetzgen gegeben, so steht dem nichtehel Kind nach seinem Vater (dessen Voreltern) kein ErbR, kein ErbErsAnspr u somit auch kein Pflichtt zu.

3) Pflicht der Eltern des nichtehel Kindes. a) Fr Recht. Nach dem bis 30. 6. 70 geltden Recht stand der Mutter beim Tod des Kindes ein gesetzl ErbR u damit auch ein PflichttR zu, § 2303 II 1, 2309 mit 1705 (aF), 1925. Dagg hatte der Vater nach dem Tod des Kindes im Hinbl auf fr § 1589 II kein ErbR u daher auch kein PflichttR, s Jansen-Knöpfel aaO.

b) Ab 1. 7. 70 geltdes Recht. Der Mutter steht wie bish der Pflichtt nach dem Tod des Kindes zu, §§ 1925, 2303 II 1, 2309. Aber auch der Vater zählt jetzt zu den Eltern des nichtehel Kindes, s § 1924 Anm 3 B, § 1925 Anm 1. Der Vater ist also gesetzl Erbe 2. Ordng iS des § 1925. Diese Rechtsstellg hat er aber nur beim Tod des nichtehel Kindes, das selbst keine Abkömml hinterlassen hat u wenn weder dessen Mutter noch deren ehel Abkömml am Leben sind, § 1934a II, § 1924 Anm 3 B bc. Ist der Vater in diesem Fall dch Vfg vTw von der „Erbfolge" ausgeschl, so steht ihm der Pflichtt gem 2303 II, 2309, zu. Trifft der Vater dagg mit der Mutter des nichtehel Kindes u (od) ehel Abkömml der Mutter zus, so kann er nur einen „ErbErsAnspr" in Höhe des Wertes seines Erbteils beanspruchen, § 1934a II. Ist ihm dieser dch Vfg vTw entzogen, so kann er nach § 2338a S 1 den Pflichtt in Höhe der Hälfte des Wertes des gesetzl Erbteils, also der Hälfte seines ErbErsAnspr verlangen.

c) Übergangsrecht. Auch für den Pflichtt des Vaters gilt Art 12 § 10 I 1, II 1 NEhelG, s oben 2c. Ist das Kind vor dem 1. 7. 70 gest, so hat der Vater kein ErbR, er kann auch keinen Pflichtt verlangen. Das gleiche gilt, wenn das Kind zwar nach dem 1. 7. 70 verst ist, wenn es aber vor dem 1. 7. 49 geb war, s § 10 Anm 2a (Anh I zu § 1924). Handelt es sich aber um ein nach dem 1. 7. 49 geb nichtehel Kind, so gilt das neue Recht, s oben b.

4) Geltg der PflichttVorschriften im allgemeinen. a) Fr Recht. Wenn dem nichtehel Kind nach dem Tode seiner Mutter (Voreltern mütterls) der Pflichtt zustand, galten für ihn die Vorschr des 4. Abschn (§§ 2303–2338).

b) Ab 1. 7. 70 geltdes Recht. Im Verh zw nichtehel Kind u seiner Mutter (Voreltern mütterls) gilt das unter a) angeführte Recht weiter, jetzt auch § 2331a. Für das PflichttR des dch Vfg vTw von der Erbfolge nach dem Vater (dessen Voreltern) ausgeschl nichtehel Kindes, s oben 2b, gelten die Vorschr des 5. Abschn ebenf unmittelb. Ist dem nichtehel Kind dch Vfg vTw der ErbErsAnspr, § 1934a I, entzogen, so gelten gem § 2338a S 2 für seinen Pflichtt auch die Vorschr des 5. Abschn. Diese Grdsätze sind auch maßg für den Pflichtt des nichtehel Vaters, s oben 3b. Für die Entstehg des Pflichtt als solchen ist außerdem das ÜbergR, Art 12 § 10 I 1, II 1 NEhelG zu beachten, s oben 2c, 3c.

5) Bei Entziehg des ErbErsAnspr geltendes PflichttRecht, s Brüggemann aaO 319ff. Im einz ist hervorzuheben: Wird einer Pers, der nach § 1934 a I, II an Stelle des gesetzl Erbteils ein ErbErsAnspr zusteht, der Pflichtt zugewendet, so ist dies iZw nicht als Erbeinsetzg anzusehen, § 2304, s Anm 2a hierzu. § 2305 – ZusatzPflichtt – ist anwendb, s dort Anm 5, ferner § 2306, s dort Anm 6, auch Magenau, ErbAnspr nichtehel Verwandter, Diss Tübingen 1972, 59, auch § 2307, s dort Anm 4; § 2308–2315; § 2316, s dort Anm 5, Brüggemann aaO 319, 321f; §§ 2317–2324; §§ 2325–2330 (PflichttErgAnspr, dazu Haegele BWNotZ **72**, 69ff, Brüggemann aaO 315, 320f); § 2331a (s Anm dort); § 2332, §§ 2333, 2334, 2336–2338 (s dazu § 2334 Anm 2); auch § 2345 II über Erbunwürdigk des PflichttBerecht ist anwendb, so dort Anm 1; ferner greifen §§ 2346ff über ErbVerz hinsichtl des PflichttVerz Platz (s Anm 2e aE vor § 2346).

6) Über TestAnfechtg bei Übergehg eines nach dem 1. 7. 1970 pflichttberecht gewordenen nehel Kindes s § 2079 Anm 1, Erm-Barth-Schlüter Rdz 4, Odersky Anm II 4 je zu § 2338a.

Sechster Abschnitt. Erbunwürdigkeit

Überblick

1) Zweck, Regelg im allgemeinen. „Blutige Hand nimmt kein Erbe" hieß es inhaltl schon im Sachsenspiegel, III 84 § 3; ähnl jetzt § 2339 I Nr 1. Die Erbunwürdigk dient dazu, eine durch die Hdlg des Unwürdigen ermöglichte Verdunklg des wahren ErblWillens abzuwehren; demggü tritt die Idee einer Strafe weitgehd zurück, Staud-Ferid Vorbem 15 vor § 2339, s auch Bartholomeyczik NJW **55**, 795, Fabricius FamRZ **65**, 462, Hempel (s Schrifttum zu § 2339) aaO 38ff. In § 2339 I Nr 1 herrscht der Strafcharakter vor, Bartholomeyczik aaO 796. Die Unwürdigk tritt nur gegenüber einem bestimmten Erbl und nur auf Anfechtg des Berechtigten ein, §§ 2340–2342, u erlischt durch Verzeihg, § 2343. Entspr gilt § 2339 I für den Verm- u PflichttAnspr, auch den PflichttErgAnspr gem § 2338a, den ErbErsAnspr, § 1934b II 1, s § 2345, u die fortgesetzte GütGemsch, § 1506. Zwischen gesetzl u TestErbfolge wird nicht unterschieden.

2) Zur Frage, ob § 2339 auch für den Anspr auf vorzeit Erbausgleich gilt, s § 1934d Anm 7.

3) DDR: ZGB – Auszug im Anhang, 35. Aufl – 406–408; dazu Mampel NJW **76**, 593/600f.

2339 *Erbunwürdigkeitsgründe.* I Erbunwürdig ist:

1. wer den Erblasser vorsätzlich und widerrechtlich getötet oder zu töten versucht oder in einen Zustand versetzt hat, infolgedessen der Erblasser bis zu seinem Tode unfähig war, eine Verfügung von Todes wegen zu errichten oder aufzuheben;
2. wer den Erblasser vorsätzlich und widerrechtlich verhindert hat, eine Verfügung von Todes wegen zu errichten oder aufzuheben;
3. wer den Erblasser durch arglistige Täuschung oder widerrechtlich durch Drohung bestimmt hat, eine Verfügung von Todes wegen zu errichten oder aufzuheben;
4. wer sich in Ansehung einer Verfügung des Erblassers von Todes wegen einer Straftat nach den §§ 267, 271 bis 274 des Strafgesetzbuchs schuldig gemacht hat.

II Die Erbunwürdigkeit tritt in den Fällen des Abs. 1 Nr. 3, 4 nicht ein, wenn vor dem Eintritte des Erbfalls die Verfügung, zu deren Errichtung der Erblasser bestimmt oder in Ansehung deren die Straftat begangen worden ist, unwirksam geworden ist, oder die Verfügung, zu deren Aufhebung er bestimmt worden ist, unwirksam geworden sein würde.

Schrifttum: Röwer, Verschweigen der ehel Untreue als Fall der Erbunwürdigkeit, FamRZ **60**, 15. – Weimar, Die Erbunwürdigkeit MDR **62**, 633. – Hempel, Erbunwürdigkeit, Diss Köln 1969. – Johannsen, WPM **72**, 1047.

Vorbem. § 2339 I Nr 4 ist neu gefaßt, Abs II ist geänd dch Art 121 Nr 8a, b EGStGB v 2. 3. 74 (BGBl I 469); in Kraft ab 1. 1. 75 (Art 326 I EGStGB). Diese Ändergen bereinigen den Sprachgebr: „Straftat" statt „strafbare Handlung" (s Bt-Drucks 7/550 S 191); ferner werden in § 2239 Abs 1 Nr 4 die Hinweise auf die angeführten Vorschr des StGB auf den neuesten Stand gebracht (s §§ 267, 271 bis 273 mit Ändergen dch Art 19 Nr 139 bis 142 EGStGB, Bt-Drucks aaO S 254, StGB: Neufassg v 2. 1. 75, BGBl 1).

1) Allgemeines. S Übbl. Die PflichttEntziehg, § 2336, erfolgt durch Test; die Erbunwürdigk wird durch Anfechtg – mittels Klage, § 2342, od im Fall des § 2345 durch Erkl – des AnfBerechtigten nach dem Erbfall geltd gemacht, § 2340. Die Erbunwürdigk wirkt nur im Verh zu einem bestimten Erbl, Hempel aaO 48. Die Unrechtstatbestände können auch im Ausland erfüllt w, Ferid GRUR Intern Teil **73**, 274/276.

2) Die einzelnen Gründe sind erschöpfd u umfassen alle Formen der Teiln also Mittertsch, Anstiftg u Beihilfe, Lange, Lehrb § 6 I 2, Barth-Schlüter, Lehrb § 5 II 3, Fabricius FamRZ **65**, 462: **a) Nr 1. Mord oder Totschlag** (StGB 211, 212, 217 idF v 2. 1. 75, ebso die folgden Zitate des StGB), ferner der Versuch hiezu (StGB 22, 23), uU Verstümmelg, StGB 224, 225, nicht aber Tötg auf Verlangen, StGB 216 iVm § 2343, Körperverletzg mit Todesfolge, oder u fahrl Tötg StGB 222. Absicht, testierunfäh zu machen, nicht erforderl. Tötg des Vorerben durch Nacherben gehört nicht hierher, zur Ausfüll der Lücke ist § 162 II sinngem anzuwenden, BGH FamRZ **68**, 518, Hempel aaO 47, s auch Müller-Freienfels, Festschr f Schiedermair, 1976, 409/428, 429 ff. – Bei dem vorsätzl u widerrechtl Versetzen in einen die TestFähigk bis zum Tode, also dauernd ausschließenden Zustand handelt es sich insb um die Herbeiführ von Siechtum od Geisteskrankh dch Vergiften od körperl Verstümmelg; auch hier ist die Absicht, testunfäh zu machen, nicht erforderl, es genügt die vorsätzl Herbeiführg des fragl Zustandes, Planck Anm 2a; Versuch, StGB 22, 23, genügt nicht, Hempel aaO 50. – **b) Nr 2. Verhinderg** kann dch physische Gewalt sowie dch Täusch od Drohg begangen w. Sie muß widerrechtl sein, BGH FamRZ **65**, 496, dazu Hempel aaO 52. Eine Verhinderg dch Unterlassen genügt nur bei Bestehen einer RechtsPfl zum

Handeln. Es muß ein ursächl Zushang zw der Handlgstätigk u dem Unterbleiben der beabsichtigten Vfg oder
Aufhebg einer solchen bestehen, der Erbl muß also eine derartige Vfg konkret beabsichtigen. Geschützt ist
jede letztw Willensbildg, nicht nur eine wirksame, Staud-Firsching Anm 18ff. Verhinderg liegt auch in der
arglistigen Bestimmg zur Errichtg eines formungültigen Test. Versuch genügt nicht. – **c) Nr 3. Täuschg.**
§ 123 kann auch in einer Unterlassg, so im Verschweigen der ehel Untreue des dem testierden Eheteil bestimmden Gatten liegen, BGH **49**, 155; wenn er allerdings die ehel Untreue zugesteht, muß er uU mit einem
ScheidsgAntr rechnen; diesen Konflikt hat er aber selbst herbeigeführt, Nürnbg MDR **58**, 692, RGRK Rdz 6,
ebso Lange-Kuchinke § 6 II 1 c;³² das Verschweigen ist aber, wenn die Eheverfehlg schon weit zurückliegt, idR
mangels OffenbargsPfl keine Täuschg, Röwer aaO. Erbunwürd ist jedoch ein Eheg, der ein fortdauerndes ehewidr Verh verschweigt, obwohl er weiß, daß der and Eheg im Vertrauen auf die Beteuerg seiner ehel Treue
ein Test zu seinen Gunsten errichtet, BGH **49**, 155, dazu Deubner JuS **68**, 449, Anm v Kreft LM Nr 1, Johannsen aaO 1047f. Versuch genügt auch hier nicht. Die **Drohung** muß unmittelb auf die Errichtg od Aufhebg
einer Vfg vTw gerichtet sein. Ein durch Drohg zustande gekommener KindesAnnVertr, das gesetzl
ErbR begründet, § 1757 I, reicht daher nicht aus, Köln NJW **51**, 158; uU kann aber Abs I Nr 2 vorliegen.
Hypnose fällt nicht unter Drohg; hier ist das Test nichtig, § 2229 IV, im übrigen ist bei Führen der Hand
des in Hypnose befindl Erbl auch Nr 4 gegeben, ebso bei **Anwendg von Gewalt** gg den Willen des Erbl,
hier für Anwendg von Nr 3 Hempel aaO 54. Bei Irrtum, Täuschg u Drohg ist auch A n f e c h t g nach §§
2078ff mögl, BGH FamRZ **68**, 153; diese beseitigt aber nicht die Stellg des Erbunwürdigen als gesetzl Erbe,
Brox § 20 II 1 d. – **d) Nr 4.** Die **Fälschandlgen** (die StrafVorschr gelten ab 1. 1. 75 idF v 2. 1. 75, BGBl
1) können auch nach dem Erbfall begangen sein u schließen Unwürdigk auch dann nicht aus, wenn dadurch
der ErblWille gerade zur formellen Geltg hatte kommen sollen, BGH NJW **70**, 197 (gg RG **72**, 207), Celle
NdsRpfl **72**, 238, Staud-Ferid Anm 47, Johannsen aaO 1048, gg BGH Speckmann JuS **71**, 235; denkb ist
Einwand des RMißbr ggü dem Anfechtskläger. Lange, Lehrb § 6 II 3. Bei Nr 4 genügt der Versuch, vgl
StGB 267 nicht, RGRK Rdz 2; aM Staud-Ferid Anm 45, Hempel aaO 60. Trotz der Fassg des Gesetzes („in
Ansehg einer Vfg der Erbl") ist der Tatbestd auch dann gegeben, wenn der Täter die ganze unechte Urk
herstellt Stgt Rpfleger **56**, 160.

3) Ausnahmevorschrift, II. Der späteren Unwirksamk (durch Widerruf, Vorversterben des Bedachten) muß auch die (zB wg Formmangels bestehende) ursprüngl gleichgestellt werden; hM, aM Staud-Ferid
Anm 53–55, LG Ravensbg NJW **55**, 795 mit abl Anm v Bartholomeyczik. Wenn in dem hier nicht erwähnten Fall der Verhinderg, Nr 2, es dem Erbl doch noch gelingt, zu testieren, so kann er den Täter
wenigstens enterben, § 2333 Nr 3 iVm StGB 240, 253 (idF v 2. 1. 75). Zu II s auch Hempel aaO 64ff.

2340 Geltendmachung durch Anfechtung.
I Die Erbunwürdigkeit wird durch Anfechtung des Erbschaftserwerbes geltend gemacht.

II Die Anfechtung ist erst nach dem Anfalle der Erbschaft zulässig. Einem Nacherben gegenüber kann die Anfechtung erfolgen, sobald die Erbschaft dem Vorerben angefallen ist.

III Die Anfechtung kann nur innerhalb der im § 2082 bestimmten Fristen erfolgen.

1) Die Geltendmachg hat durch AnfKlage, § 2342, Ausn nur in § 2345 I 2, binnen Jahresfrist, III,
§ 2082, zu erfolgen. Die Anf ist nicht vor dem Erbf, sond regelm erst nach dem Anfall an den Unwürdigen,
wohl aber vor dem NachEFall, § 2139, u gg die Erben des Unwürdigen zul. Wenn der Berechtigte behauptet, daß alle vor ihm nacheinander Berufenen unwürdig seien, so kann er die Klage sofort gg alle erheben,
RGRK Anm 2, bestr. Die AnfFrist beginnt mit der zuverläss Kenntn des AnfGrundes, bei TestFälsch also
mit der Kenntn der Fälschg u des Täters; bloße Vermutg genügt nicht, Celle NdsRpfl **72**, 238; auch subj
Überzeugg des AnfBerecht von der Fälschg ohne obj Beweisbark wird kaum ausreichen, zustimm RGRK
Rdz 5, Mü MDR **57**, 612; aM Ffm NJW **47/48**, 228. – Über das AnfR des Erbunwürd nach §§ 2078ff s
§ 2080 Anm 1a, Hempel aaO 77ff.

2341 Anfechtungsberechtigte.
Anfechtungsberechtigt ist jeder, dem der Weg-
fall des Erbunwürdigen, sei es auch nur bei dem Wegfall eines anderen, zustatten
kommt.

1) Der Kreis der Anfechtgsberechtigten ist weiter gezogen als bei § 2080 I, auch mittelbares Interesse
genügt; auch der Staat gehört hierher, nicht aber VermNehmer od Auflagebegünstigter, Lange Lehrb § 6
III 3a. Die Erbsch fällt aber immer nur an den Nächtberufenen, § 2344 II. Das AnfR ist weder übertragb
noch pfändb, wohl aber vererbl. Sind mehrere anfechtsberechtigt, so kann jeder allein das AnfR ausüben,
Staud-Ferid Anm 9. Über AnfBerechtigg bei Eheg s § 2080 Anm 1b. S auch § 2345 Anm 1.

2342 Anfechtungsklage.
I Die Anfechtung erfolgt durch Erhebung der Anfech-
tungsklage. Die Klage ist darauf zu richten, daß der Erbe für erbunwürdig erklärt
wird.

II Die Wirkung der Anfechtung tritt erst mit der Rechtskraft des Urteils ein.

1) Nur durch Anfechtgsklage (auch Widerklage, wohl auch verbunden mit der ErbschKlage des
§ 2018, str, nicht aber einredew od im ErbscheinVerf, BayObLG **73**, 257, Rpfleger **75**, 243) erfolgt die Anfechtg. Sie ist RechtsgestaltgsKl, str, aM RGRK Rdz 2 (Feststellungsklage nach ZPO 256), wie hier Hempel aaO
83ff. AnfGegner ist der Erbunwürdige, ev seine Erben, Staud-Ferid Anm 10, nicht sein ErbschKäufer,
§§ 2371, 2385, od der Erbteilserwerber, § 2033, Erm-Barth-Schlüter Rdz 1. Sofortiges Anerkenntn (ZPO

Erbunwürdigkeit §§ 2342–2345

307) ist mögl, LG Köln NJW 77, 1783 mit Anm von Blomeyer (MDR 77, 674). – Sachl Zuständigk richtet sich nach dem Streitwert. Dieser ist nach freiem Ermessen, ZPO 3, nach der Beteiligg des Bekl am Nachl zu bestimmen, BGH NJW 70, 197 (Aufg v LM § 3 ZPO Nr 16), bei Kl auf Feststellg der Erbunwürdigk des als AlleinE eingesetzten Bekl nach dem Wert des GesNachl, Nürnb Rpfleger 63, 219. Auch im Gerichtsstand der Erbsch, ZPO 27, mögl. Über Anerkenng ausl AnfUrteile u Geltendmachg von ErbunwürdigkGrden nach ausl Recht s Pinckernelle-Spreen DNotZ 67, 209. – Erhebg der AnfKl kann Aussetzg des ErbSchVerf rechtfertigen, BayObLG 73, 257/258. Währd der Prozeßdauer kann NachlPfleger bestellt werden, § 1960. – Zum Streitwert s auch Ffm JurBüro 71, 540, BGH NJW 70, 197, Speckmann MDR 72, 905.

2) **Der Erfolg der Anfechtg**, § 2344, tritt erst mit Rechtskr ein, die zG aller AnfBerechtigten wirkt u durch öff Urk, ZPO 794 Nr 5, ProzVergl, nicht mit dingl Wirkg ersetzt werden kann, s Dresd RJA 7, 185. Klagabweis wirkt nur zw den Parteien. Das die Erbunwürdigk rechtskräft bejahde Urt wirkt auch gg den NachlGläub, s § 2344 Anm 1; über die Möglichk eines Schutzes gg diese Drittwirkg eines zu Unrecht ergangenen ErbunwürdigkUrt s Brox FamRZ 63, 396 ff.

3) Im Fall des § 2339 I Nr 3 können die Rechtsbehelfe der **Anfechtgsklage**, § 2342, u der **TestAnfechtg**, §§ 2078, 2081, in Verbindg mit einer entspr Feststellgs- od Leistgsklage nebeneinander stehen, BGH FamRZ 68, 153, BayObLG 73, 258 (zB bei § 2339 I Nr 3).

2343 *Verzeihung.* Die Anfechtung ist ausgeschlossen, wenn der Erblasser dem Erbunwürdigen verziehen hat.

1) **Verzeihg**, s § 2337 Anm 1, BGH FamRZ 61, 437, selbst bei Mordversuch mögl; sie setzt Kenntn des ErbunwürdigkGrd voraus, Hempel aaO 70. Wenn der Erbl inf der Hdlg des Erben später stirbt, so ist Verzeihg nur dann anzunehmen, wenn er auch mit der Möglichk rechnete, daß er inf der Tat sterben werde; sonst idR nur die versuchte, nicht aber die vollendete Tötg verziehen, Halle NJ 58, 145. Bei nach dem Erbf begangenen FälschgsHdlgen ist Verzeihg naturgem ausgeschl; sie kann nicht durch die Feststellg ersetzt werden, daß der Erbl sie bei Kenntn verziehen hätte, Stgt Rpfleger 56, 160. Auch kann der AnfBerechtigte **verzichten**; in diesem Falle kann sich der Bekl ggü der AnfKlage mit Erfolg auf den wirksamen vertragsmäßigen Verzicht berufen, Staud-Ferid Anm 9.

2344 *Wirkung der Erbunwürdigerklärung.* I Ist ein Erbe für erbunwürdig erklärt, so gilt der Anfall an ihn als nicht erfolgt.

II Die Erbschaft fällt demjenigen an, welcher berufen sein würde, wenn der Erbunwürdige zur Zeit des Erbfalls nicht gelebt hätte; der Anfall gilt als mit dem Eintritte des Erbfalls erfolgt.

1) **Der Unwürdige** gilt – wie bei der Ausschlagg, § 1953 I, II – **rückwirkend** als nicht vorhanden (Ausn § 2310 I), wird aber nicht erbunfähig. Die Erbsch fällt an den gesetzl Erben, an Anwachsgsberechtigte od Ersatzerben, wozu auch die Abkömml des Täters gehören können, § 2069 (so daß der Unwürdige bei deren kinderlosem Versterben doch noch zum Zuge kommen kann). Bei Erbunwürdigk eines NachE verbleibt die Erbsch idR dem VorE od dessen Erben, § 2142 Anm 2. Der Erbunwürdige haftet nach §§ 2018 ff, 819, er haftet aber nicht mehr für NachlVerbindlichkeiten, abgesehen von NachlEigenschulden, Staud-Ferid Anm 8, 9. Dritte werden auch geschützt, soweit nicht guter Glaube, §§ 932 ff, 891 ff, 1032, 1207, od § 2366 eingreift. Hat der NachlSchuldner an den Erbunwürdigen geleistet, so wird er unter den Voraussetzgen des entspr geltden § 407 frei; er ist dch §§ 2366 f geschützt, Brox § 20 IV 2; ist er dem wirkl Erben ggü nicht befreit worden, so haftet ihm der für erbunwürdig Erklärte idR nach § 819, Staud-Ferid Anm 29. RechtsGesch zw dem Erbunwürdigen u schlechtgläub Dritten werden unwirks; eine ZwangsHyp, die zB der Staat wg der Strafprozeßkosten am NachlGrdst bestellen ließ, fällt an den Nächstberufenen, ZPO 868. Über Rechtsfolgen der ErbunwürdigkErkl eines VorE auf ErbteilsVertr mit NachE s BGH WPM 68, 474.

2) **Weitere Rechtswirkgen.** Der Erbunwürdige verliert auch den Anspr nach § 1932, nach § 1969 u einen etwa bestehenden PflichtAnspr, es sei denn, daß die AnfBerechtigg verschieden ist od aus bes Gründen anzunehmen ist, daß die Anf nach §§ 2342 ff ausschließl den ErbschErwerb zum Ggst haben sollte, Staud-Ferid § 2345 Anm 8. Bei Zugewinngemeinsch erhält jedoch auch der erbunwürdige Ehegen den Anspr auf Ausgleich des Zugewinns, § 1371 II. dessen Erfüllg aber bei grober Unbilligk verweigert w kann, § 1381 I.

2345 *Vermächtnisunwürdigkeit; Pflichtteilsunwürdigkeit.* I Hat sich ein Vermächtnisnehmer einer der im § 2339 Abs. 1 bezeichneten Verfehlungen schuldig gemacht, so ist der Anspruch aus dem Vermächtnis anfechtbar. Die Vorschriften der §§ 2082, 2083, des § 2339 Abs. 2 und der §§ 2341, 2343 finden Anwendung.

II Das gleiche gilt für einen Pflichtteilsanspruch, wenn der Pflichtteilsberechtigte sich einer solchen Verfehlung schuldig gemacht hat.

Schrifttum: Raape, Die Einrede der Erbunwürdigkeit aus § 2345 II iVm § 2083 mit Bezug auf § 2309, Festschrift für Haff, S 317; Form-Komm ErbR, 6. 614.

1) **Die Geltendmachg** der Verm- und PflichtUnwürdigk bedarf (da § 2342 ausgeschl) nicht der Klage, sond **nur** der **AnfErklärg** des Berecht, § 2341, also des Erben, hier auch eines VermNehmers, Celle NdsRpfl 72, 238, ggü dem Unwürd, § 143 I, IV, zB auch dem ErbErsBer, was im Proz auch iW der Einwendg

mögl ist (nach Fristablauf Einr aus § 2083). Über VermUnwürdigk wg widerrechtl Drohg, § 2339 I Nr 3, s Hbg HansRGZ **34** B 670, über Widerrechtlichk der Drohg aber auch BayObLG **60**, 497; über VermUnwürdigk wg FälschgsHandlgen s Celle aaO. Für eine Tat des VermNehmers gg den Erben gilt § 2345 nicht, BGH FamRZ **62**, 257. – Auch der PflichttAnspr nach § 2338a, der ErgänzgsAnspr, §§ 2325, 2329, gehört hierher, ebso gesetzl Vermächtnisse, §§ 1932, 1969, u Schenkgen vTw, § 2301, RGRK Rdz 1, sowie der ErbErs-Anspr, § 1934b II 1.

2) Wirkg der Anfechtg. Die Anf wg VermUnwürdigk beseitigt rückw den schuldrechtl Verm-Anspr des Unwürdigen, § 142 I; ist ein Ersatz-VermNehmer bestimmt, § 2190, erwirbt dieser den Anspr; ist ein MitVermNehmer vorhanden, dann sind §§ 2158, 2159 anwendb; andernf erlischt das Verm, Brox § 21 V 7. Für die Rückforderg des zur Befriedigg des VermNehmers vor der Anfechtg geleisteten gelten §§ 812 I 2, 813, 819 I, s Brox aaO 8. – Ist der PflichttAnspr wirks angefochten, so können die in § 2309 genannten entfernteren PflichttBerecht ihrerseits den Pflichtt verlangen, s RGRK Rdz 2.

Siebenter Abschnitt. Erbverzicht

Überblick

Schrifttum: Faßbender, Erbverzicht, RhNK **62**, 602; Lange, Der entgeltl Erbverzicht, Festschr für Nottarp, 1961; Larenz, Erbverzicht als abstraktes Rechtsgeschäft, JhJ **81**, 2; Damrau, Der Erbverzicht als Mittel zweckmäßiger Vorsorge für den Todesfall, 1966; Ackermann, Zum KostO – Geschäftswert bei Erbverzicht, Pflichtteilsverzicht, Anerbenverzicht, Vermächtnisverzicht, JVBl **67**, 221; Haegele, Inhalt und wirtschaftl Bedeutg des Erb-(Pflichtteils-)verzichts, Rpfleger **68**, 247; ders, Rechtsfragen zum Erbverzicht, BWNotZ **71**, 36; Haegele-Litfin IV Rdz 384 ff; Schramm, Abfindg für den ErbVerzicht = Schenkg im Sinn von § 2325 BGB, BWNotZ **71**, 162; Degenhart, Erbverzicht u Abfindgsvereinbarg Rpfleger **69**, 145; Speckmann, Der Erbverzicht als „Gegenleistg" in Abfindgsverträgen, NJW **70**, 117; Regler, Erbverzicht von Vorfahren od Ehegatten mit Wirkg für deren Abkömmlinge? DNotZ **70**, 646; Johannsen WPM **72**, 1048; **77**, 309; Oswald, Zur erbschaftssteuerl Behandlg der Abfindg für den Erb-Verz, DtSteuerZ **78**, 270; Esch-Wiesche Rdz 696–730; Form-Komm ErbR, Forml 6. 615, 623; Kipp-Coing § 82; Lange-Kuchinke § 7.

1) Begriff. Der Erbverzicht läßt ein künftiges ErbR nicht entstehen, wie anderseits der ErbVertr ein solches begründet. Er kann sich auch nur auf das PflichttR, § 2346 II, od ein Vermächtn, § 2352, beziehen. Er ist ein **erbrechtl**, abstraktes VfgsGesch, RG LZ **32**, 102, BGH **37**, 319 mit Anm v Mattern, LM § 2271 Nr 13, Larenz JhJ **81**, 1, aber keine Vfg vTw, s Damrau S 97f, Soergel-Müller Rdz 1, 2 vor § 2346. Der unentgeltl Verzicht ist keine Schenkg, §§ 516, 517 (daher auch keine GläubAnfechtg), RGRK § 2346 Rdz 1, Staud-Ferid, Rdz 57, 58 vor § 2346, dazu auch Haegele, Schramm BWNotZ **71**, 39, 162; er ist, auch wenn er mit Rücks auf eine GgLeistg erfolgt, kein ggseit Vertr, § 320ff, vgl dazu Anm 2, Degenhart aaO 146. Erbverzicht unter aufschiebender, auflösender Bedingg ist zulässig, Ffm DNotZ **52**, 488, BGH **37**, 327, BayObLG **57**, 292, BFH RdL **76**, 43; auch Erbverzicht unter der Bedingg des Gütigk des gleichzeit geschlossenen AbfindgsVertr, Damrau S 92ff, der fristgemäßen Zahlg der Abfindg, Kipp-Coing § 82 VIa. S auch Degenhart aaO, der beim entgeltl ErbVerz von einem GrdGesch ausgeht, in dem der weichde Erbe u der künft Erbl sich ggs zum Austausch von Leistgen verpfl, u zw dieser zur Leistg des AbfindgsVertr, jener zur etwa Leistg des ErbVerz; letzterer u die Übereignt der Abfindg sind abstrakte VfgsGeschäfte, mit denen der zugrdeliegde kausale ggs (§§ 320ff) SchuldVertr erfüllt w. – Der ErbverzichtsVertr, § 2348 (idF des § 56 I BeurkG), wirkt in der Weise kraft seiner selbst, daß der Verzichtende für die gesetzl Erbfolge als nicht vorhanden, die zu seinen Gunsten getroffene Vfg vTw aber als nicht erfolgt gilt, §§ 2346 I 2, 2352. Der Verzicht ändert die gesetzl Erbfolge unmittelb, währd der Vertr nach § 312 II nur schuldrechtl wirkt, Mü JfG **15**, 366. Er kann schlechthin od zG bestimmter Dritter, § 2350, erfolgen, sowie auch wieder aufgeh werden, § 2351. Die Ausschlagg, §§ 1942ff, erfolgt nach, der Verzicht vor dem Anfall der Erbsch.

2) Erbverzicht u Abfindg. Eine GgLeistg (Abfindg) wird wohl meist, aber nicht immer für den Verzicht gewährt. Sie ist für den Erbverzicht nicht begriffswesentl. Doch können die Parteien Leistg u GgLeistg voneinander abhängig machen, § 158 (vermutet wird das nicht; Soergel-Müller Rdz 7 vor § 2346), dazu Damrau S 92ff, RGRK § 2346 Rdz 3, oben Anm 1, od den Vertr als einheitl Ganzes gestalten, so daß § 139 (nicht § 2085) eingreift, s Celle NdsRpfl **49**, 121, Lange, Festschr für Nottarp 125, Barth-Schlüter, Lehrb § 5 I 4c, Damrau S 96 ff, Coing, Festschr f Schwind, 1978, 63/67, Kipp-Coing § 82 VIb, Degenhart aaO. Abgesehen hievon kann wg der abstrakten Natur des Erbverzichts die Abfindg nicht deshalb zurückgefordert werden, weil der Verzicht durch Vorversterben des Verzichtenden überflüss gew ist (anders bei Unwirksamk od Aufhebg, 2350, 2351), hier für Anwendg von § 323 Erm-Barth-Schlüter Rdz 4; ebensowenig der Verzicht etwa deshalb, weil die versprochene Abfindg unterblieb, Staud-Ferid Vorbem 82, 92 ff vor § 2346, s auch Damrau S 126 f, der in diesem Fall § 326 od §§ 323, 324 II anwenden will, ähnl Brox § 21, Erm-Barth-Schlüter aaO, für Rückforderg nach § 812 I 2 Degenhart aaO, Lange, Festschr f Nottarp 124, s auch Haegele BWNotZ **71**, 36f, Soergel-Müller Rdz 6, 8 vor § 2346. – **a)** Der Verzichtende kann sich den **Rücktritt** nur hinsichtl des AbfindgsVertr, nicht aber des abstrakten Erbverzichts vorbehalten, Einf 1 vor § 346; dahingestellt BayObLG **57**, 294. In diesem Falle ist aber der Erbverzicht auflösd bedingt durch den Rücktr vom AbfindgsVertr. Ist der Rücktr vereinbargsgem auch noch nach dem Tode der Erbl zul, so ist der Verzichtende vom Erbf an aufschiebd bedingter NachErb, der im Erbschein aufzuführen ist, BayObLG **57**, 300. Ein RücktrR, analog 2295, bei nichtigem Abfindgsversprechen ist aber zu verneinen, Damrau S 110 ff, bestr; s aber auch zur Dchführg eines Rücktr des weichden Erben Degenhart aaO 147. – **b)** Eine **Anfechtg** kann nur nach §§ 119, 123, nicht nach §§ 2281, 2078, ebenso Damrau S 110, also nicht wg Irrtums über die Höhe der Abfindg in Frage kommen, str; Erm-

Barth-Schlüter Rdz 4–6 kommen zu dem Ergebn, daß dann wenn der zur Abfind verpflichtde Vertr nichtig, der Erbverzicht wirks geschl, die Abfindg aber dennoch nicht geleistet ist, der Verzichtde nach dem Erbfall demjen, der bei Berücksichtigg des Erbverzichts Erbe geworden wäre, den Einwand unzulässig RAusübg entggehalten kann; s über die Folgen des Nichtigk des AbfindgsVertr für den Erbverzicht eingehd Damrau S 92 ff, auch Degenhart aaO, dieser auch zur Anwendg der §§ 119, 242, 138 II. – Die Höhe der Abfindg für einen vor dem 1. 7. 70 vereinb Erbverzicht w aber dch § 1931 IV nF nicht beeinflußt, Haegele BWNotZ **72**, 132. – Zum entgeltl Erbverzicht, Lange-Kuchinke § 7 V, Festschr für Nottarp, 119 ff, der vor allem beim entgeltl Erbverzicht das Zugrundeliegen eines **Verpflichtgsgeschäfts** anerkennt, s auch Damrau S 97, Degenhart aaO, Haegele BWNotZ **71**, 37 ff, Thielmann 104 ff, ferner auch § 2325 Anm 2. Eine Verpflichtg eines Erbanwärters ggü dem Erbl zum Erbverzicht endet jedenf mit dem Tode des Erbl, BGH **37**, 319 mit Anm v Mattern in **LM** Nr 13 zu § 2271. – **c)** Die Zweckmäßigkeit des Erbverzichts untersucht eingehd Damrau S 26 ff; dort auch Näheres zu dem PflichttVerzicht zur Erhaltg von Unternehmen – Einzelunternehmen, Personalgesellschaften, Beteiligg an Kapitalgesellschaften – im Familienbesitz, S 67 ff; s auch Haegele Rpfleger **68**, 247 ff, Zimmermann BB **69**, 969; Degenhart aaO. – **d)** Die Abfindg unterliegt der Schenkgsteuer, § 7 I Nr 5 ErbStG. – **e) Erbverzicht u AbfindgsVertr zw nichtehel Vater u seinem Kinde**. Währd das Kind unter den Voraussetzgen des § 1934 v von seinem Vater einen vorzeit ErbAusgl verlangen kann, ist dem Vater ein Recht, zu seinen Lebzeiten das Kind dch Geldzahlgen od sonst Leistgen für seinen späteren erbrechtl Anspr abzufinden, nicht eingeräumt, s § 1934 d I Anm 1b. Außerdem ist zweifelh, ob ein vorzeit ErbAusgl auch außerh der Altersgrenzen des § 1934 d I vereinb w kann, s § 1934 d Anm 2. Ein Abfindgs- u ErbVerzVertr zw dem nehel Kinde u seinem Vater ist aber auf jeden Fall mögl. Zu beachten ist jedoch, daß der Vater einen ErbVerzVertr nur höchst persönl abschließen kann, der Vertr bei seiner GeschUnfgk der Genehmigg der VormschG bedarf, § 2347 II, u für das Kind, wenn es unter Vormsch steht, die Genehmigg des VormschG notw ist, § 2347 I; letzteres gilt auch bei Pflegsch nach § 1706 Nr 3 gem § 1915 I u iF des § 2347 I Halbs 2; s hiezu Damrau FamRZ **69**, 588, Knur Betr **70**, 1117, Regler aaO 650f, Haegele BWNotZ **71**, 42f. Rechtl zuläss ist auch die Vereinbg eines PflichttVerz zw Vater u nehel Kind, § 2346 II, wenn zB ein Unternehmer einen ehel Abkömml zum Alleinerben eingesetzt hat; denkb ist auch ein Verz auf die sof Geltendmach des PflichttAnspr, s Damrau BB **70**, 469, 470.

3) Denkb ist auch ein Vertr, dch den ein künft Erbe sich zur Ausschlagg der Erbsch verpfl, s hiezu § 2302 Anm 1, Erm-Barth-Schlüter § 2346 Rdz 9. – Eine nach dem Erbf von einem MitE zugunsten eines and MitE abgegebene privatschriftl VerzErklärg kann die Verpfl enthalten, den letzteren so zu stellen, als ob er AlleinE wäre, §§ 133, 157, 305, Köln Rpfleger **75**, 225 = OLGZ **75**, 1.

4) DDR: Vorschr über ErbVerz sind im ZGB nicht enthalten, s Meincke, JR **76**, 47/48.

§ 2346 Wirkung des Erbverzichts.
I Verwandte sowie der Ehegatte des Erblassers können durch Vertrag mit dem Erblasser auf ihr gesetzliches Erbrecht verzichten. Der Verzichtende ist von der gesetzlichen Erbfolge ausgeschlossen, wie wenn er zur Zeit des Erbfalls nicht mehr lebte; er hat kein Pflichtteilsrecht.

II Der Verzicht kann auf das Pflichtteilsrecht beschränkt werden.

Schrifttum: Coing, Zur Lehre vom teilweisen Erbverzicht, JZ **60**, 209; Fette, Die Zulässigk eines gegenständl beschränkten PflichttVerz, NJW **70**, 743.

1) Der Verzicht kann das gesetzl Erbrecht einschl des PflichttRechts, **I**, das gesetzl Erbrecht allein zB wenn Nichtpflichtteilsberecht Verwandten od bei Vorbeh des PflichttR, das PflichttRecht allein, **II**, betreffen, über „Vorbehalt des PflichttRechts" s Anm 2. Der Verz auf das gesetzl ErbR umfaßt den Erb-ErsAnspr §§ 1934a, 1934b II, letzterer kann vom Verz ausgeschl w; der Verz kann auch auf den Erb-ErsAnspr beschr w, s unten 3a. Der Verzicht des Eheg auf sein gesetzl ErbR umfaßt auch Anspr auf **Voraus**, § 1932, der erbberecht Hausangehörigen, auch auf **Dreißigsten**, § 1969, Staud-Ferid Anm 25; s auch § 2352 Anm 1. Ggst des Verzichts können auch **Bruchteile** des Erbrechts – nicht aber reale Teile, KG JFG **15**, 98, od bestimmte Ggstände – u die Verminderg des gesetzl Erb- od Pflichtteils sein, RG **71**, 133, s auch zum beschränkten Verz auf den Pflicht Anm 3; zul ist auch ein Erbverzicht unter Bedingg od Befristg, Staud-Ferid Vorbem 33, 79 ff vor § 2346, BayObLG **57**, 292, Übbl 1, 2, die Einräumg der Befugn, Beschwergen durch Vermächtnisse od Auflagen od Beschrkgen durch Anordng einer Test-Vollstrg aufzuerlegen, Coing aaO. Ein gegenständl beschränkter PflichttVerz mit dem Ziel, daß bestimmte NachlGgst bei der Berechng des Pflichtt, § 2311, aus dem Nachl auszuklammern sind, ist als zuläss zu erachten, Fette aaO, s auch Coing aaO, 211, bestr. – **a) Verzichtende** können nur Verwandte od der Eheg sein. Der Staat, §§ 1936, 1938, 1942, kann nicht verzichten; wohl aber der künft Verz, wie sich aus der Erwähng der Verlobten in § 2347 I ergibt. Der in einem fr KindesAnnVertr nach § 1767 aF vereinb Ausschl des ErbR des Kindes ggü dem Annehmden war kein ErbverzichtsVertr. Ein Ausschl des gesetzl ErbR zw Kind u Annehmden nach geltdem R dch ErbVerzVertr ist aber mögl, Dittmann Rpfleger **78**, 278. – **b) VertrGegner** ist der Erbl. Nur wenn dch Tod eintretden Erbf bezieht sich der Erbverzicht; dagg ist ein allgem Verzicht dahin, daß der Verzichtde ein für allemal auch bei und Erbfällen vom Nachl, zB der Hoferbfolge, ausgeschl sein soll, dem geltden Recht fremd, Celle RdL **57**, 322. – **c) Verträge, unter künftigen Erben**, § 312 II, od über bereits **angefallene Erbsch** (soweit nicht § 2033 eingreift), haben nur schuldrechtl Wirkg, RG **98**, 330. Verzicht auf Zuwendg, § 2352, enthält nicht unbedingt Verzicht auf ErbR und umgekehrt, RG LZ **19**, 594.

2) Verzicht bewirkt gänzl Wegfall des Verzichtenden, vgl auch §§ 1935, 2310 S 2, 2316 I S 2. Verz auf Erb- u PflichtAnspr für jetzt u alle Zukunft hat – wenn keine ggteiligen Umstände vorliegen – auch die

Rechtsfolgen des § 2352 (Verz auf testamentar ErbR), BGH DNotZ **72**, 500. Er kann aber trotz des Verzichts durch Vfg vTw als Erbe eingesetzt werden, BGH **30**, 267, § 2351 Anm 2. Die etwaige Abfindg, Übbl 2, ist kein ausgleichspflichtiger Vorempfang, kann aber Schenkg, §§ 2325–2329, sein, wenn übermäßig. Der auf das ErbR verzichtet hat kein PflichtR, I 2. Hierin liegt die praktische Bedeutg des Erbverzichts, da das ErbR auch durch Test od ErbVertr ausgeschlossen w könnte. – Andererseits ist aber **Vorbehalt des Pflichtteilsrechts**, da ja ein Ausfluß des Erbrechts, als beschränkter Erbverzicht zul; darin kann ein Verzicht auf die Hälfte des gesetzl Erbteils liegen; er kann aber auch den Sinn haben, daß dem Verzichtenden in jedem Fall nur der PflichtAnspr verbleiben soll, Staud-Ferid Anm 39, 40. Bei auf den „gegenwärtigen Nachl-Bestand" beschränktem Verzicht ist Umdeutg in Bruchteilsverzicht mögl, KG JFG **15**, 98.

3) Verzicht nur auf den Pflichtteil (einschl des ErgänzgsAnspr, § 2325) gibt dem Erbl volle Testier- u SchenkgsFreih, beläßt aber dem Verzichtenden, soweit nicht anderw über den Nachl letztw verfügt ist, den vollen gesetzl Erbteil. In einem ErbVertr mit einem pflichtteilsberecht Abkömml, in dem Ehegatten sich ggseitig zu Alleinerben u den Abkömml zum Schluß einsetzen, kann uU ein stillschweigender PflichtVerzichtsVertr enthalten sein, BGH **22**, 364 mit Anm v Johannsen, **LM** § 2348 Nr 1, FamRZ **77**, 390. Über Beschrkg des Verzichts auf Teil des PflichtAnspr s Haegele BWNotZ **71**, 40, Fette aaO, Damrau aaO S 74, 81. Verzicht auf bereits entstandenen PflichtAnspr, ErlaßVertr, § 397, ist eine Vfg, § 397 Anm 3 a, s KG OLGZ **76**, 193. Über PflichtVerz des nehel Kindes s Übbl 2 e vor § 2346.

3a) Für den Verz auch den **ErbErsAnspr** gilt § 2346 II sinngem, § 1934b II 1; er hat zur Folge, daß der Verzichtde den ErbErsAnspr nicht erwirbt u auch kein PflichtR nach § 2338a hat; der Verzichtde kann sich aber beim Verzicht seine PflichtBerecht vorbehalten, Odersky Anm II 14 zu § 1934 b, BayObLG **75**, 420/ 433. Zulässig ist auch ein Erbverzicht unter Vorbeh des ErbErsAnspr. Der Verz auf den ErbErsAnspr hindert nicht den Eintritt der gesetzl Erbf, die nach §§ 1924, 1925 eintreten kann, wenn zZ des Erbf die Voraussetzgen des § 1934 a nicht gegeben sind. Der Verzichtde kann auch Erbe aGrd letztw Vfg w. Für den Verz gelten auch §§ 2347–2351, s Magenau, ErbErsAnspr nehel Verwandter, Diss Tüb, 1972, 74 f. Auch Teilverzicht ist mögl, s Odersky aaO, RGRK Rdz 20.

4) Wenn bei Zugewinngemeinsch der überl Eheg auf sein Erbrecht verzichtet hat und ihm auch kein Vermächtn zugewendet ist, so kann er regelm den ZugewAusgl beanspruchen, §§ 1371 II, 1373–1390, § 1371 Anm 4, Staud-Ferid Anm 26; das gilt auch, wenn der Erbverzicht vor dem 1. 7. 1958 vereinbart, der Erbf nach diesem Ztpkt eingetreten ist, § 1371 Anm 4, s Staud-Ferid Anm 26, 27. Daß diese Folge bei früheren ErbverzichtsVertr nicht gewollt war, vgl Bärmann AcP **157**, 189, ist unerhebl, wenn die VertrSchließenden den Verzicht nicht wieder aufheben, § 2351, s Schramm BWNotZ **66**, 30. Hat sich der Eheg beim Erbverzicht das PflichttRecht vorbehalten, Anm 2, so steht ihm neben dem ZugewAusgl der „kleine Pflichtt" zu, § 1371 II, Staud-Ferid Anm 40. Hat er nur auf das PflichtRecht verzichtet, so hat er die Stellg eines Erben, er kann nicht auch § 2306 I S 1, § 2318 II, §§ 2319, 2328 berufen u keine Restpflichtteile aus §§ 2305, 2307, 2326 geltd machen, Schramm aaO 31; die güterrechtl Lösg des § 1371 II steht ihm offen, wenn ihn der Erbl enterbt, Staud-Ferid Anm 35, oder er ausschlägt, § 1371 II. Wenn aber der überl Eheg auf das gesetzl ErbR einschl des Pflichtt od auf das PflichtR verzichtet hat, später aber aGrd einer Vfg vTw Erbe wird, so hat er keinen Anspr auf den Pflichtt mehr, § 1371 III Halbs 2 u Anm 5 hiezu. Zum ErbVerz eines Kindes bei Gütertrenng s Haegele BWNotZ **71**, 42.

5) Der Hoferbe kann nach §§ 2346 ff auch auf sein **HofErbR** verzichten; der ErbVerz des künft HofE bezieht sich immer nur auf die HofErbf nach dem derz HofEigtümer, mit dem der ErbVerzVertr geschlossen wird, Lüdtke/Handjery HöfeO 11 Rdz 16; 12 Rdz 16–20; Wöhrmann-Stöcker HöfeO 11, Rdz 11–14. Ein allgem ErbVerz auf einen bestimmten Hof ist dem geltden Recht fremd, s Wöhrmann-Stöcker HöfeO 11 Rdz 14. Der ErbVerz kann auf das hoffreie Vermögen beschränkt w, BGH **LM** Nr 4 zu § 7 HöfeO.

2347 *Voraussetzungen für Erbverzicht.*

I Zu dem Erbverzicht ist, wenn der Verzichtende unter Vormundschaft steht, die Genehmigung des Vormundschaftsgerichts erforderlich; steht er unter elterlicher Gewalt, so gilt das gleiche, sofern nicht der Vertrag unter Ehegatten oder unter Verlobten geschlossen wird.

II Der Erblasser kann den Vertrag nur persönlich schließen; ist er in der Geschäftsfähigkeit beschränkt, so bedarf er nicht der Zustimmung seines gesetzlichen Vertreters. Ist der Erblasser geschäftsunfähig, so kann der Vertrag durch den gesetzlichen Vertreter geschlossen werden; die Genehmigung des Vormundschaftsgerichts ist in gleichem Umfange wie nach Absatz 1 erforderlich.

1) Der Verzichtende unterliegt denselben Erfordernissen wie der VertrGegner bei Aufhebg des ErbVertr, § 2290 III; Stellvertretg zul, s auch § 108 III. Unter Vormsch steht auch das nichtehel Kind bei Pflegsch nach § 1706 Nr 3 gem § 1915; es bedarf bei ErbVerzVertr mit seinem Vater der vormgerichtl Gen, auch dann, wenn eine solche Pflegsch gem § 1707 nicht besteht. Die Genehmigg, I Halbs 1, erfolgt durch den Richter, nicht den RPfleger, § 14 Nr 17 RPflG, sie muß vor Eintritt des Erbf wirks werden, Staud-Ferid Anm 10, BGH v 8. 11. 65 III ZB 9/65; auch teilw ErbVerz unterliegt der Gen, BGH WPM **78**, 170/173. Zur Gen s LG Düss RhNK **71**, 498. Auf schuldrechtl Verträge ist § 2347 grdsätzl nicht anwendb, auch wenn sie sich wirtschaftl nachteilig auf den PflichtAnspr eines am Vertr beteiligten Minderj auswirken, BGH **24**, 372, dazu Johannsen aaO 1049.

2) Der Erbl muß (wenn er nicht geschäftsunfähig) **persönl** abschließen (gilt auch für Erbverzicht im ProzVergl, Staud-Ferid Anm 3, der auf jeden Fall mögl ist, soweit kein Anwaltszwang, besteht, BGH Betr **59**, 790, od wenn im Prozeß mit Anwaltszwang der Erbl persönl u sein anwaltschftl Vertr die Erklärgen abgeben, BayObLG **65**, 86 = NJW **65**, 1276). Der GebrechlichkPfleger, Vormd des Geistesschwachen, kann das nicht für ihn, RG HRR **29** Nr 1651, Mü JFG **17**, 181; auch bedarf es nicht dessen Zust. Minderjährige können ohne den gesetzl Vertreter in den Erbverzicht willigen, § 107; für Geschäftsunfähige kann es (abw von § 2290) der gesetzl Vertreter. Nach KonkEröffng über das Vermögen des Verzichtenden kann er noch selbst verzichten. – II 1 gilt nicht für **schuldrechtl Vertr**, dch den sich eine Pers ggü dem Erbl verpflichtet, auf ihr Erb- u PflichtR zu verzichten, s Johannsen, aaO 1049.

3) Ein Ehegatte bedarf weder als Erbl noch als Verzichtender der Zust des anderen Eheteils, vgl § 1432 Anm 2, § 1455 Anm 2, Haegele aaO 248. Verzicht auf den GesGutsanteil § 1517.

2348 *Form.* Der Erbverzichtsvertrag bedarf der notariellen Beurkundung.

Vorbem. Die Worte „gerichtlichen oder" sind gem § 56 I BeurkG mit Wirkg v 1. 1. 70 (§ 71 BeurkG) weggefallen. Die Beurk eines ErbverzichtVertr ist nur mehr in notarieller Form zul, s §§ 1 ff BeurkG.

1) Gleichzeitige Anwesenheit hier nicht erforderl, §§ 128, 152. Wird der Verzicht mit einem ErbVertr od Test verbunden, so muß auch hierfür die bestimmte Form gewahrt werden; die Formerleichterg des § 2276 II gilt dann nicht entspr, Staud-Ferid Anm 9. Ist der Erbverzicht mit der Entgeltabrede durch Bedinggen verknüpft, so bedarf auch sie der Form des § 2348, Lange, Festschr für Nottarp, 124. – Das dem Erbverzicht etwa zugrdeliegde **Verpflichtgeschäft** bedarf ebenf der not Beurk, Erm-Barth-Schlüter Rdz 3, Damrau S 131 f, Johannsen aaO 1049; KG OLGZ **74**, 263 (für schuldrechtl Verpflichtg, einen PflichttAnspr nicht geltd zu machen), Soergel-Müller Rdz 6, RGRK Rdz 3, bestr, aM Lange-Kuchinke § 7 I 4 b. – Ein Formverstoß wird durch § 313 S 2 nicht geheilt, KG JFG **7**, 133. Doch kann bei Formnichtigk u U Umdeutg in eine letztw Vfg des Erbl (Enterbg od Widerruf) in Frage kommen, Barth-Schlüter Lehrb § 5 I 5 b. Form des gerichtl ProzVergleichs genügt, § 127a, s aber wg der Erklärungen des Erbl § 2347 Anm 2, §§ 127a, 128 Anm 3 c. Im Erbscheinsverfahren ist Nichtigk od Unwirksamk des Verzichts vAw zu prüfen; Verweisg auf Rechtsweg unzul.

2) Verbindg mit anderem Vertr. In einem ErbVertr zw Eheg u einem ihrer Kinder kann ein stillschweigd erklärter PflichttVerz des als SchlußE eingesetzten Kindes enthalten sein, BGH **22**, 364; ebso in einem notariellen gemschaftl Test ein Erb- od PflichttVerz eines der Eheg, BGH NJW **77**, 1728.

2349 *Wirkung auf Abkömmlinge.* Verzichtet ein Abkömmling oder ein Seitenverwandter des Erblassers auf das gesetzliche Erbrecht, so erstreckt sich die Wirkung des Verzichts auf seine Abkömmlinge, sofern nicht ein anderes bestimmt wird.

Schrifttum: Baumgärtel, Die Wirkg des Erbverzichts auf Abkömmlinge, DNotZ **59**, 63; Stanovsky, Zur erbrechtl Ausschließg lästiger Enkel, BWNotZ **74**, 102.

1) Auf den ganzen Stamm soll sich grdsätzl der Verzicht erstrecken, also auf die vorhandenen wie die künftigen Abkömml, ohne daß er in deren Namen od Vertretg, § 2347, erklärt werden müßte (**ergänzende Norm**). Wenn, wie es die Regel ist, mit dem Erbverzicht ein AbfindgsVertr verbunden ist, liegt eine vorweggenommene Erbfolge vor, so daß durch die Erstreckg der Verzichtswirkg auf die Abkömml die Bevorzugg eines Stammes vermieden wird. Die Erstreckg tritt aber grdsätzl auch ohne Abfindg ein; allerdings wird hierbei wohl meist ein Verzicht zugunsten Dritter, § 2350, vereinbart werden. Über den Wortlaut des Gesetzes hinaus tritt die Erstreckg auch beim Verzicht auf das PflichttR, § 2346 II, ein, Baumgärtel aaO S 65, Kipp-Coing § 82 II 5, hM. Abkömml ist auch das nichtehel Kind ggü seinem Vater, das angen Kind, § 1924 Anm 3 A b; vgl Ffm OLGZ **72**, 120.

2) § 2349 gilt nicht bei Verzicht eines Vorfahren od Eheg, Regler DNotZ **70**, 646, s auch Staud-Ferid Anm 9, bei § 2352, s dort Anm 1, und wenn der Abkömml trotz des Verzichts letztw bedacht wurde, KG JFG **23**, 255. – § 2349 gilt entspr, wenn im fr KindesannahmeVertr das ErbR des Kindes dem Annehmenden ggü ausgeschlossen wird, § 1767 I aF, sowohl für künft Abkömml des Kindes, als auch wenn der Vertr mit den schon lebden Abkömmlingen des Kindes geschlossen wird, Staud-Engler § 1767 Anm 16, dazu auch Haegele BWNotZ **71**, 41; eine derart Vorschr ist im AdoptG nicht mehr enthalten, s § 1924 Anm 3 A b aa; ÜbergangsVorschr s § 1924 Anm 3 A b cc; wg ErbVerz bei Adopt nach neuem R s § 2346 Anm 1 a.

2350 *Verzicht zugunsten eines anderen.* I Verzichtet jemand zugunsten eines anderen auf das gesetzliche Erbrecht, so ist im Zweifel anzunehmen, daß der Verzicht nur für den Fall gelten soll, daß der andere Erbe wird.

II Verzichtet ein Abkömmling des Erblassers auf das gesetzliche Erbrecht, so ist im Zweifel anzunehmen, daß der Verzicht nur zugunsten der anderen Abkömmlinge und des Ehegatten des Erblassers gelten soll.

1) Wirkg des zugunsten eines anderen erklärten Erbverzichts. Er hat, wenn der Begünstigte Erbe wird, iZw zur Folge, daß ihm der volle Erbteil des Verzichtenden zufällt, KG JFG **23**, 179, dazu auch Damrau aaO 37 ff, Erm-Bartholomeyczik Rdz 3, Blomeyer FamRZ **74**, 421/426 f. Erbe werden kann er kr Gesetzes od dch Einsetzg, die meist in einem verbundenen ErbVertr erfolgt. Wird der andere nicht Erbe, so ist der Verzicht iZw ggstandslos. – Die Abkömmlinge des Verzichtenden treten nur dann an dessen Stelle (§ 2069), wenn der Verzicht erkennb zu ihren Gunsten erklärt war, KG JFG **20**, 160; s auch § 2352 Anm 1. Im übrigen ist bei Verzicht auf eine letztwillige Zuwendg, § 2352, der § 2350 nicht anwendb, Staud-Ferid § 2352 Anm 28, LG Lüb SchlHA **59**, 211, bestr, aM Blomeyer FamRZ **74**, 421/426. – **Bei mehreren Begünstigten** wird der Verzicht erst wirks, wenn sie alle wegfallen, RG LZ **26**, 1006. – Der **Verzicht nur auf den Pflichtteil**, § 2346 II u Anm 3 dort, fällt nicht unter § 2350, Staud-Ferid Anm 4. Geht die Absicht dahin, daß der PflichttBerecht auf seinen Pflichtt verzichten will, wenn eine bestimmte Pers Erbe (also PflichttSchu w), so ist ein gewöhnl, bedingter Verz gegeben, Planck-Greiff Anm 4. – Erbverzicht zur Erreichg eines bestimmten Zwecks, Celle NdsRpfl **49**, 119.

2) Unbeabsichtigte Begünstigg der Verwandten der aufsteigenden od der Seitenlinie od des Staates soll vermieden w, **II**. Verzicht also iZw hinfällig, wenn nur Fernerstehende erben würden, dagg wirks, wenn auch nur einer der Begünstigten (erste Ordng, § 1924, auch Stiefelterteil) Erbe wird. Abkömml ist auch das nichtehel Kind ggü seinem Vater, vgl Regler DNotZ **70**, 649f. Über entspr Anwendg auf Ausschl des ErbR bei Adoption, § 1767 aF, s Hamm Rpfleger **52**, 89, s ferner § 2349 Anm 2. – Wegen § 2352 s dort.

2351 *Aufhebung des Erbverzichts.* Auf einen Vertrag, durch den ein Erbverzicht aufgehoben wird, findet die Vorschrift des § 2348 und in Ansehung des Erblassers auch die Vorschrift des § 2347 Abs. 2 Anwendung.

1) Die vertragsmäßige Aufhebg (auch des Zuwendgsverzichts, § 2352, Kempt MittBayNot **78**, 63 mit Anm von Büttel, auch dieser ist formpflicht, bestr) ist nur bis zum Tode des Erbl zulässig und stellt den früheren Zustand wieder her. Abfind kann zurückgefordert werden, §§ 812ff. Daß ein minderjähriger Erbl, § 2347 II, den auf Wiederaufhebg eines vielleicht teuer erkauften Erbverzichts gerichteten Vertrag ohne Zust des gesetzl Vertreters (VormschG) wirks abschließen kann, ist wohl ein Redaktionsversehen Strohal I, 541, Staud-Ferid Anm 10, aM Haegele Rpfleger **68**, 250. Für den die Aufhebg nur gewinnenden minderjähr Verzichtenden gilt § 107, RGRK Anm. – Ein Erbverzicht, der sich gem § 2349 auch auf die Abkömml erstreckt, kann von den Parteien des Erbverzichtsvertrags ohne deren Zust aufgeh werden. Zust der durch den Verzicht Begünstigten ist nicht erforderl, Haegele aaO, Staud-Ferid Anm 8. Der AufhebgsVertr beseitigt Erb- od ZuwendgsVerz, als sei er nie erfolgt.

2) Einseitig (insb letztw) läßt sich der Verzicht nicht beseitigen, BGH **30**, 261/267. Der Verzichtende kann zwar bedacht werden, das gesetzl ErbR (u etw PflichttR) des Nächstberufenen wird aber dadurch nicht berührt; hat sich zB das PflichttR anderer Pers dch den ErbVerz vermehrt, § 2310 I 2, so kann daran dch einseit Zuwendgen des Erbl nichts geändert w, s Staud-Ferid Anm 5.

2352 *Verzicht auf Zuwendungen.* Wer durch Testament als Erbe eingesetzt oder mit einem Vermächtnis bedacht ist, kann durch Vertrag mit dem Erblasser auf die Zuwendung verzichten. Das gleiche gilt für eine Zuwendung, die in einem Erbvertrag einem Dritten gemacht ist. Die Vorschriften der §§ 2347, 2348 finden Anwendung.

Schrifttum: Baumgärtel, Die Wirkg des Erbverzichts auf Abkömmlinge, DNotZ **59**, 66; Peter, Anf od Zuwendzicht, BWNotZ **77**, 113; Jackschath, ZuwendsVerzVertr, RhNK **77**, 117.

1) Der Verzicht auf TestErbrecht (oder **Vermächtn**). **a) Allgemeines.** Die Zuwendg kann in einem einseit od gemschftl Test sowie in einem einseit od zweiseit ErbVertr enthalten sein. Die Zuwendg in einem ErbVertr muß ggü einem Dritten erfolgt sein, der mit der Zuwendg Bedachte darf grdsätzl nicht am Abschl des ErbVertr beteiligt sein, s aber unten Anm 2, ferner Jackschath aaO 117. Der Verz ist auch auf ideellen Bruchteil der Erbsch beschränkb, KG JFG **15**, 99, Jackschath aaO 120f; er hat angesichts der Widerrufsmöglichk, §§ 2253ff, nur dann Bedeutg, wenn der Erbl nachträgl geschäftsunfähig, §§ 2229ff, § 2347 II 2, od die wechselbezügl Vfg, § 2271 II, durch den Tod des anderen Teils unabänderl geworden ist, Warn **18** Nr 124, Damrau aaO S 42, Erm-Barth-Schlüter Rdz 3 vor § 2346. VertrForm: §§ 2347 II 1, 2348, dazu Jackschath aaO 118. Die nach § 312 I unwirks Übertr des in einem gemschftl Test einem Abkömml zugewendeten Erbt an seine als MitE berufenen Geschwister zu Lebzeiten des Erbl kann in einen ErbVerz zugunsten der Geschw umgedeutet w (§ 140), wenn der Erbl den Erklärgen zugestimmt hat u diese den hief geltdn FormVorschr (§ 2348) genügen (BGH NJW **74**, 43, s auch Blomeyer FamRZ **74**, 421, Johannsen WPM **77**, 309). Ein solcher Verz zugunsten best Personen ist als bedingter ErbVerz mögl (Staud-Ferid Anm 28). Der ZuwendsVerz bewirkt nicht die Aufhebg der betr Vfg vTw, diese wird ledigl ihrer Wirkg dadch entkleidet, daß beim Erbfall der Anfall der Zuwendg unterbleibt, wie wenn der Bedachte den Erbf nicht erlebt hätte, s § 2246 Anm 2, Jackschath aaO 122/123. – **b) Einzelfragen:** Der nicht aufgeführte § 2349 gilt hier nicht, KGJ **53**, 33, Stgt NJW **58**, 347, Peter aaO 115, jedenf dann nicht, wenn Abkömml des Verzichtenden ausdrückl als ErsErben eingesetzt sind, BGH v 8.11.65 III Z B 9/65, Düss DNotZ **74**, 367. Eine Ersatzberufg der Abkömml nach § 2069 ist nur dann anzunehmen, wenn zu ihren Gunsten verzichtet war; aM Baumgärtl aaO S 67, s auch RGRK Rdz 8, KG JFG **23**, 255. Bei Verzicht gg vollständige Abfindg spricht die tatsächl Vermutg gg eine Ersatzberufg, KG JFG **20**, 160, BGH NJW **74**, 43, dazu Blomeyer FamRZ **74**, 427, Jackschath aaO 122. Verzicht nach § 2352 enthält nicht notw den Verzicht auf das gesetzl Erbrecht u umgekehrt, Staud-Ferid Anm 29, s auch BGH DNotZ **72**, 500; auf jed Fall schließt ein ErbVerzVerz in Bezug auf gesetzl Erb- u PflichttR einen testamentar ZuwendgsVerz nicht für zeitl nachfolg letztw Vfgen ein, denn Verzicht auf künftiges TestErbrecht ist im G nicht vorgesehen, da der Erbl davon absehen kann, den Betreffenden zu bedenken, KG HRR **30** Nr 713. Ein Verzicht auf ein dch Test od ErbVertr begründetes **Vermächtn** dch Vertr ist zuläss, s dazu Damrau S 88ff; er kann auch auf einen Teil des vermachten Ggstandes beschränkt werden, Coing JZ **60**, 211. Verzicht beschränkt auf **gesetzl Verm, Voraus, Dreißigsten**, §§ 1932, 1969, ist ausgeschl, Staud-Ferid Anm 19, Damrau S 91. **Verzicht schließt** den Anfall der Zuwendg von vornherein aus. **Aufhebg** nach § 2351 mögl, s Erm-Barth-Schlüter Rdz 5, Kempt aaO; der Verzichtde kann vom Erbl in einer späteren Vfg erneut bedacht w, Staud-Ferid Rdz 25. § 2350 gilt nicht, s § 2350 Anm 1.

2) **Beim ErbVertr** ist zu unterscheiden: einseit Vfgen (§ 2299) können nach § 2353 ff, ferner dch Vertr nach § 2290 II 2, III od dch Rücktritt, §§ 2293ff, aufgeh w; der Erbl kann aber hinsichtl solcher Zuwendgen auch mit dem Bedachten, der VertrPartner des ErbVertrs ist, einen ZuwendgsVertr nach § 2352 S 1 schließen, Staud-Ferid, Rdz 10. Vertragl Zuwendgen an einen Dritten können nach § 2290 aufgeh w od der Erbl kann mit dem Dritten einen ErbVerzVertr abschließen, dem der VertrGegner nicht zuzustimmen braucht, Staud-Ferid, Rdz 13, s Peters aaO 114/115, Jackscath aaO 119; zum Begr **Dritter** s auch BayObLG JFG **3**, 166, Celle NJW **59**, 1923. Wer in einem ErbVertr als einz VertrPartner verzichten, kann auch auf die Zuwendg nicht nach § 2352 verzichten, Hamm DNotZ **77**, 751. Ist jed ein ErbVertr zw mehr als zwei Personen abgeschl w, so kann auch ein bedachter VertrTeil einen ErbVerzVertr mit dem Erbl schließen, BayObLG **65**, 188; **74**, 401, offen gelassen in BGH v 8. 11. 65 III ZB 9/65; s auch Jackscath aaO 119, Peter aaO 115.

Achter Abschnitt. Erbschein

Überblick

Schrifttum: Firsching, Aktuelle Fragen des Erbscheinsrechts, DNotZ **60**, 565, 640; Nachlaßrecht, 4. Aufl, 1971, S 188ff; Tröster, Eheliches GüterR und Erbscheinsverfahren, Rpfleger **60**, 38; Deubner, Die Assessorklausur in der FreiwGerichtsbark, NachlSachen, Erbscheinserteilgsverfahren, JuS **61**, 34, 66; Häußermann, Zuständigk für Erbscheine an Heimatvertriebene, BWNotZ **59**, 273; Weimar, Fragen aus dem Recht des Erbscheins, Rechtsfragen zum Erbschein, MDR **58**, 832; **67**, 556; Pernutz, Die Erbscheinverfahren im interlokalen Privatrecht, MDR **63**, 713; Welskop, Das Erbscheinsverfahren, RhNK **65**, 262; Buschmann, Die Erbfolge im Grundbuchverfahren, BlGBW **65**, 169; Johannsen WPM **72**, 1050; **77**, 309; Kumme, Der ErbErsAnspr im ErbSchVerf ZBIJR **72**, 256; Form-Komm ErbR, Forml 6. 701–714; Kipp-Coing §§ 128, 129; Lange-Kuchinke § 41; Deubner, Die Assessorklausur aus der FreiwG, 1973 (= Deubner) §§ 1–4, S 157–172; s auch Schriftt bei Übbl Anm 7, § 2369.

1) **Begriff, Bedeutg.** Der Erbschein ist ein Zeugnis über **erbrechtliche Verhältnisse** (§ 2353), jedoch, soweit es um das ErbR geht, keine im WiederaufnVerf bedeutsame Urkunde iS des § 580 Nr 7b ZPO, vgl Schlesw SchlHA **52**, 95, BVerwG NJW **65**, 1292. Seine Bedeutg ist der Art nach die gleiche wie die Eintragg im GB. Der Erbschein bekundet, wer Erbe ist u welche Anordngen des Erbl (NachEFolge, TestVollstrg) ihn beschränken. Er soll den Umfang des Erbrechts aufzeigen u die Erben möglichst genau bezeichnen, er bezeugt aber nicht den dem ausgewiesenen ErbR unterliegden Nachl, Hamm NJW **68**, 1682. Er ist im Rechts- u Geschäftsleben das sicherste Ausweismittel, muß daher aber auch spätere Änderungen berücksichtigen, die sich zZ seiner Ausstellg übersehen lassen, RG **142**, 172. – **Weitere erbrechtl Ausweise** sind das TestVollstrZeugnis § 2368; Zeugn über fortgesetzte GütGemsch § 1507; Folgezeugn des Fideikommißgerichts, § 39 VO v 20. 3. 39, RGBl 509; Heimstättenfolgezeugn, RHeimstG 19, 24, AVO v 19. 7. 40, 25, 26; Schuldbuchzeugn, § 16 RSchuldbuchG, dazu LG Essen RdL **61**, 319 (Zustdgk des NachlG, nicht des LwG, § 2353 Anm 1; aM für Zustdgk des LwG Wöhrmann RdL **58**, 185); die Zeugnisse nach GBO 36, 37.

1 a) Arten des Erbscheins:
 a) Erbschein des **Alleinerben**, § 2353;
 b) **Teilerbschein**, vgl § 2353 Anm 5; nach Mü JFG **23**, 334, Greiser DFG **36**, 192, Hense DNotZ **52**, 205, auch auf Antr eines MitE über das ErbR eines anderen MitE; zum TeilErbSch über Mindesterbteil s § 2353 Anm 5. Hat ein Erbe einen TeilErbSch erhalten u ergibt sich nachträgl, daß er AlleinE ist, so kann er entweder einen weiteren TeilErbSch über das restl Erbe od einen VollErbSch über sein AlleinErbR erhalten, AG Schöneberg Rpfleger **70**, 342;
 c) **gemeinschaftlicher Erbschein** über die Erbfolge in den ganzen Nachl bei Erbenmehrh, § 2357;
 d) **Gruppenerbschein**, äußere ZusFassg mehrerer Teilerbscheine, ausgestellt auf Antr aller darin benannten Erben, zB für mehrere zu einem einzelnen Erbstamm gehörende MitE, KGJ **41**, 90, HRR **35** Nr 1321, wenig prakt, s aber e);
 e) **gemeinschaftlicher Teilerbschein** für einzelne Erbstämme, auf Antr eines MitE, wenn zB ein MitE ausgewandert ist, s KG JFG **13**, 41, DFG **40**, 26, Mü JFG **15**, 354;
 f) **vereinigter Erbschein** (Sammelerbschein), äußere ZusFassg mehrerer Erbscheine bei mehrfachem Erbgang, KGJ **44**, 99; auch bei mehrfachen Erbgängen dürfen aber die Erbeserben nicht unter Überspringg der Zwischenglieder als Erben genannt werden, vielm sind stets dem rechtl Hergang entspr so viele Zeugnisse auszustellen als Erbfolgen vorliegen; eine Vereinigg scheidet von vornherein aus, wenn nicht dasselbe NachlG für die Erteilg aller Erbscheine zust ist, BayObLG **51**, 695;
 g) Hoffolgezeugnis und ErbSch über hoffreies Vermögen, vgl unten 8, § 2353 Anm 4, 5. – **Heimstättenfolgezeugn**, § 29 AVO z RHeimstG, vgl Woesner SchlHA **59**, 118, Ffm NJW **61**, 562, LG Hildesh NdsRpfl **62**, 17;
 h) **Gegenständl beschränkter Erbschein**, § 2369.

2) Voraussetzg ist ein Antr, § 2353, die Erfüllg bestimmter Förmlichk, Erklärgen, Nachweise, §§ 2354–2357, selbständige Prüfg des NachlG u dessen Überzeugg von der Richtigk der AntrBehauptgen, §§ 2358, 2359; Beweislast s § 2358 Anm 1 c.

3) Materielle Rechtskraft kennt das ErbSchVerfahren **nicht,** da sich an der Erbfolge durch Erteilg od Ablehng des Erbscheins sachl nichts ändert, KG NJW 55, 1074, BGH 47, 58/66. Der ErbSch bindet den Prozeßrichter nicht, wenn er ihm auch seine Aufgabe u dem Besitzer die BewLast erleichtert; s aber auch § 2365 Anm 2. Das Urt des Prozeßrichters ist stärker als der ErbSch, da der Sieger dessen Herausg erzwingen kann, § 2362 I. War od wird der ErbSch unrichtig (aGrd falscher Unterlagen od Rechtsanwendg, Anfechtg, NachEFolge), so hat das NachlG ihn einzuziehen, notf für kraftlos zu erklären, § 2361.

4) Doppelte Wirkg des Erbscheins. Er begründet die widerlegbare Rechtsvermutg der Richtigk u Vollständigk seines Inhalts, für u gg den in ihm bescheinigten Erben, s auch § 2365 Anm 2. Er schützt durch öffentl Glauben den gutgl Dritten bei Erwerb vom Erben od Leistgen an ihn, § 2365–2367.

5) Für den Grundbuchrichter, GBO 35, hat der ErbSch **volle Beweiskraft** für das Bestehen des ErbR in dem bezeugten Umfange, es sei denn, daß dem GBA nachträgl neue Tatsachen bekannt werden, welche die ursprüngl od nachträgl Unrichtigk des ErbSch ergeben, KG JFG 18, 44; Rückfrage beim NachlG angezeigt, damit dieses den ErbSch einziehen kann; bleibt aber das NachlG bei seiner Auffassg, trägt es allein die Verantwortg, Horber, § 35 GBO Anm 3 C c; vgl hierzu auch Celle NdsRpfl 58, 140, wonach das GBA jedenf an die Ausleg eines Test durch das NachlG gebunden ist, K-E-H-E GBO 35 Rdz 52 ff, s auch Bokelmann Rpfleger 71, 337, LG Heidelberg NJW 73, 1088. Erfährt das GBA von der Kraftloserkl des ErbSch, so hat es einen and zu verlangen, Horber aaO. – **a) Öffentl Test** od **ErbVertr** machen ErbSchNachw grdsätzl entbehrl, GBO 35 I 2, Celle NJW 61, 562, LG Bonn NJW 64, 208, LG Aachen Rpfleger 65, 233 (öff Test eines Ausl), Hamm Rpfleger 66, 19 (Eintrag des ErsNEVermerks) – ErbSch kann aber bei Zweifel tatsächl Art am behaupteten ErbR verlangt werden, – s auch Meikel-Imhof-Riedel § 35 GBO Anm 60; Hamm OLGZ 68, 485, NJW 69, 798; BayObLG 74, 1 (auch zur Erbenfeststellg vAw in Bayern, mit Anm v Bokelmann Rpfleger 74, 435); Stgt OLGZ 75, 147; AG Marl RhNK 76, 173; desgl Feststellg des Todes eines Verfolgten u der Erbfolge nach ihm durch eine REBehörde, BayObLG 52, 111. Zum Nachw des ErbR des NachE für GrdBuchEintr s Bokelmann, Ffm Rpfleger 74, 1, 18. Vgl auch GBO 36 37 u § 42 SchiffsRegO. Nach LG Bln JR 50, 688 kann GBO 35 entspr auch bei Eintragg des Ausscheidens eines Gesellschafters ins **HandelsReg** angewendet werden, wenn der Beibringg eines ErbSch erhebl Schwierigk entggstehen. – **b)** Zur Eintragg des Fiskus als gesetzl Erben bedarf es eines ErbSch nicht, die Übergabe des Feststellgs-Beschl nach § 1964 allein genügt nicht, Köln MDR 65, 993, s auch Hamm OLGZ 66, 109. – **c)** Ein von den **Staatl Notariaten** der DDR u von Ostberlin erteilter ErbSch w grdsätzl anerkannt u kann daher EintrGrdlage bilden, s Soergel-Kegel Art 7 EG Vorbem 486, BGH 52, 142, Broß RhNK 73, 465/482 f, s e). – **d)** Liegen im **Zwangsverfahren** zur GrdBuchberichtig, GBO 82, 82a, bei Unrichtigk des GrdBuchs dch Rechts-Übergang außerh des GrdBuchs die Voraussetzgen von GBO 82 vor, ist dieses Verf aber nicht dchführb od bietet es keine Aussicht auf Erfolg, so kann das GBA vAw berichtigen, es kann in diesem Fall das NachlGum Ermittlg der Erben des eingetr Eigters ersuchen, GBO 82a; weigert sich das AG, die Erben zu ermitteln, so kann entspr GVG 159 das OLG angerufen w, KG OLGZ 69, 134. – **e)** Über Anerkenng **ausl Zeugnisse,** zB Erbscheine holländischer Notare, s Pinckernelle-Spreen DNotZ 67, 215; auch BayObLG 65, 287; Firsching StAZ 76, 153/158, Kegel IPR⁴ § 21 IV 2 aE; über Anerkenng der von Staatl Notariaten der DDR (Bln-Ost) erteilten ErbSch, s Kuchinke, Festschr f v d Heydte, 1977 II 1005/1019 ff, 1023. Gerichte der DDR erkennen Erbscheine aus der BRep, die ein gesetzl ErbR bezeugen, nicht mehr an, Erm-Barth-Schlüter § 2353 Rdz 14 aE.

5a) Das NachlG, das einen Erbsch erteilt od sonst die Erben ermittelt hat, soll, wenn ihm bekannt ist, daß zu dem **Nachl** ein Grdst gehört, dem zust **GBA** von den Erbfall u den Erben **Mitteilg** machen, GBO 83. Über die **gebührenrechtl Vergünstigg** bei Eintrag von Erben des eingetragenen Erbl s KostO 60 IV u dazu Göttlich JurBüro 65, 976, Stöber JVBl 66, 123, Mümmler JVBl 69, 246, Brschw MDR 66, 424, Karlsr Rpfleger 66, 118, Schleswig, Celle DNotZ 66, 753, 757, NJW 67, 1576 (GebFreih bei ErbAuseinanderS; bestr, s Stöber Rpfleger 66, 183), KG DNotZ 68, 257 (Eintr v NachE), Düss, Oldbg NJW 67, 2412 ff, Hamm Rpfleger 67, 121, 69, 68, Stgt JurB 71, 250; 78, 76, KG JVBl 72, 43, Düss JurBüro 73, 55; BayObLG 73, 98 (Eintr einer NErbf, TestVollstr), Zweibr Rpfleger 77, 337, Über GerGebühren im ErbSchVerf s §§ 107, 107a, 108 mit 19 KostO, letzterer idF des Art 1 Nr 1 G v 28. 12. 68, BGBl 1458 (dazu Stoeber Rpfleger 69, 5, Mümmler JVBl 69, 25 Ackermann JVBl 69, 97, 121, 145, JurBüro, 72, 375, Lappe BB 69, 472, Höver JVBl 69, 80, Schmidt DNotZ 69, 520, Hamm NJW 69, 269, BayObLG Rpfleger 70, 181, Schalhorn, JurBüro 70, 723, BayObLG JurBüro 74, 749); die Gebühren des **Rechtsanwalts,** der einen MitE im ErbSchVerf vertritt, sind grdsätzl nach dem Wert des vom Vertretenen beanspr Erbteils zu berechnen, BGH JurBüro 69, 45; **77,** 189 (EinziehgsVerf).

6) Es kann auch ein **Erbschein zu beschränktem Gebrauch** erteilt werden, wenn durch ausdrückl gesetzl Vorschr, zB im **Rückerstattgverfahren,** Gebührenermäßigg od -freiheit gewährt ist (gegenständl beschränkte Gebührenfreih). Über Gebührenfreih s Korintenberg-Wenz-Ackermann-Lappe, KostO, Anh I, Rückerstattg, s ferner § 7a III BRüG idF des 3. ÄndG v 2. 10. 64, BGB 809. Die Erteilg eines gegenständl beschränkten ErbSch für den RE-Anspr sieht § 7a II BRüG ausdrückl vor. Ein mit beschränkenden Vermerk versehener ErbSch darf aber nur für das betr Verf verwendet werden, Haberstumpf-Firsching, NachlWesen in Bayern, Anm 2 zu § 55 Bay NachlO, KG DNotZ 42, 188. Im RE-Nerf erstreckt sich die GebührenFreih auch auf Eintragen ins Grdbuch, wenn der Berecht aGrd einer im RE-Verf ergangenen Entsch od eines dort abgeschlossenen Vergl eingetragen werden soll. Der auf das RE-Verf beschränkte ErbSch bildet daher auch die EintragsGrdlage, BayObLG 52, 67. Wird vom ErbSch auch zu einem anderen Zweck Gebr gemacht, wird die volle Gebühr nacherhoben, KostO 107a idF des GBMaßnG, s auch KostVfg 11 I. Wegen des Erbscheins für das **EntschädiggsVerf** s BEG 181 III 1, BayObLG Rpfleger **74**, 345, LG Saarbr RzW **62**, 469, § 2369 Anm 2c, auch Staud-Firsching Vorbem 42 vor § 2353, Anm 2, 35 zu § 2369, Firsching, NachlR S 230 ff. Wg des Erbscheins für Lastenausgleichszwecke s LAG 317 II, BayObLG aaO.

7) Die **Neufassg des § 2356 II 1** durch Art 1 Nr 48 GleichberG bringt zum Ausdruck, daß bei jedem Erbfall eines **Ehegatten** im ErbSchVerf zu klären ist, in welchem **Güterstand** die Ehegatten lebten, Firsching, DNotZ **60**, 644, s § 2354 Anm 4, § 2356 Anm 4, auch Soergel-Müller § 2356 Rdz 23. Bei Zugew-Gemsch ist § 1371 zu beachten, s Anm hiezu u § 1931 Anm 5. Bestr war, in welchem Güterstd volksdeutsche Flüchtlinge u Pers (Eheg) leben, die ihren Wohnsitz od gewöhnl Aufenth aus der DDR (Bln-Ost) in die BRep (Bln-West) verlegt haben; s die Hinweise der 28. Aufl, Haegele Rpfleger **69**, 325, Bürgel NJW **69**, 1838. Am 1. 10. 69 ist das G über den ehel Güterstand von Vertriebenen u Flüchtlingen v 4. 8. 69, BGBl 1067, in Kraft getreten; s hierzu Haegele, Bürgel je aaO; Firsching FamRZ **70**, 452, NachlRecht,[4] S 36 ff. § 1 d G bestimmt, daß für Eheg, die Vertriebene od Sowjetzonenflüchtlinge sind (BVFG 1, 3, 4), die beide ihren gewöhnl Aufenth im Geltgsbereich dieses G (BRep, Bln-West) haben u im gesetzl Güterstd eines außerh des Geltgsbereichs dieses G maßg Rechts leben, vom 1. 10. 69 an das ehel GüterR des BGB, also der gesetzl Güterstd der ZugewGemsch, §§ 1363 ff, gilt. Diese Regelg greift auch Platz für Eheg, die aus der sowj BesatzgsZone od dem sowj besetzten Sektor von Berlin zugezogen sind, sofern sie im Ztpkt des Zuzugs dtsche StaatsAngeh waren od, ohne die dtsche Staatsangehörigk zu besitzen, als Dtsche iS von GG 116 I Aufn gefunden haben, § 1 I des G. Eine Einschränkg enthält § 1 II des G. Tritt von den Voraussetzgen des § 1 I für die Überleitg des Güterstdes diejenige, daß beide Eheg den gewöhnl Aufenth im Geltgsbereich dieses G haben, erst nach dem 1. 10. 69 ein, so gilt für sie das GüterR des BGB vom Anfang des nach Eintritt dieser Voraussetzgen folgden 4. Monats an; die Einschränkg des § 1 II gilt entspr, § 3 des G. Der Eintritt dieser RFolgen kann, sofern nicht vorher ein EheVertr geschl od die Ehe aufgelöst ist, nach Maßg der §§ 2, 4 d G ausgeschl w. Weitere Einzelheiten s bei Haegele, Bürgel, Firsching je aaO, Anh I zu EG 15, Herz DNotZ **70**, 134, auch Lehmann, Der ehel Güterstd der DDR-Flüchtlinge in erbrechtl Sicht BB **77**, 441; BGH, Hamm FamRZ **76**, 612; **77**, 327, Anm von Reinartz NJW **77**, 1593.

8) Das **Verfahren** über die **Erteilg** von **Erbscheinen** und **Hoffolgezeugnissen** durch das **LandwirtschGericht** (HöfeO idF v 26. 7. 76, 18 II) richtet sich nach dem LwVG (LwVG 1 Nr 5,14 ff), BGH **LM** Nr 1 zu HöfeO 18; jedoch können die Länder nach LwVG 20 III bestimmen, daß die Entscheidg über Erteilg, Einziehg u KraftlosErkl eines Erbscheins (Hoffolgezeugnisses) ohne Zuziehg von Beisitzern erfolgen kann u daß insow die Vorschriften der LwVG 14, II, 21, 22 und 30 keine Anwendg finden. Von dieser Ermächtiggg haben Gebr gemacht *Niedersachsen* durch Art II AG LwVG v 19. 12. 1955 (GVBl 291), *Nordrhein-Westfalen* durch §§ 2, 3 AGLwVG v 20. 12. 60 (GVBl 462). In diesen Ländern gelten insb für die Anfechtbark der Entscheidg über Erteilen u Hoffolgezeugnissen die allg Bestimmgen des BGB u FGG. S hierzu BGH RdL **58**, 39, **63**, 247, **72**, 242, Celle NdsRpfl **71**, 203, Steffen, RdL **77**, 113; Lüdtke/Handjery Rdz 52, 53, Wöhrmann-Stöcker Rdz 46 ff je zu § 18 HöfeO; Firsching, NachlRecht S 261 ff, Erm-Barth-Schlüter § 2353 Rdz 5, RGRK Rdz 15–21 vor § 2352. Zum Verh von HoffolgezeugnVerf zum HofEFeststellgsVerf s Celle NdsRpfl **72**, 214, Lüdtke/Handjery aaO Rdz 45, Wöhrmann-Stöcker aaO Rdz 28, 45, 74 ff. S auch die Regelg in HöfeO *Rh-Pf* 30, in *Brem*HöfeG 31, in *Württ*AnerbenG Art 10 u dazu Soergel-Müller Rdz 8 vor § 2353, Rdz 29 zu § 2353.

9) Erbschein u Hoffolgezeugnis sind **öffentl Urkunden** iS der StGB 271, 272 (idF v 2. 1. 75, BGBl 1), BGH NJW **64**, 558. Sie haben die Vermutg der Echth für sich, s ZPO 437; sie sind aber keine öffentl Urkunden im Sinn von ZPO 415, 417, 418, 580 Z 7b, denn sie enthalten keine von od vor einer Behörde abgegebene Erkl u bezeugen keine Tats, sond das ErbR, Brox § 35 III 1b.

10) **DDR**: ZGB – Auszug im Anh, 35. Aufl – 413, 414; über Nachw der Erbfolge s Grundbuch-VerfO 24; s auch § 2353 Anm 1 aE.

2353 Erteilung des Erbscheins.
Das Nachlaßgericht hat dem Erben auf Antrag ein Zeugnis über sein Erbrecht und, wenn er nur zu einem Teile der Erbschaft berufen ist, über die Größe des Erbteils zu erteilen (Erbschein).

1) **NachlGericht**, FGG 72 ff, auch für ErbSch über das hoffreie Vermögen, Lüdtke/Handjery Rdz 18, Wöhrmann-Stöcker Rdz 37, 38 je zu HöfeO 18, Hbg NJW **58**, 554; aM (LwG) RGRK Rdz 19 vor § 2353, LG Köln DNotZ **59**, 492. Wohe RhNK **65**, 269, Scheyhing Anm 7 zu § 18 HöfeO; zur Abgrenz der Zustdgk Celle AgrarR **76**, 143. Die **örtl Zuständigk**, FGG 73, ergibt sich idR aus der Sterbe-Urk, s dazu KG OLGZ **73**, 149; Rpfleger **74**, 399 (Zustdgk amtsger Zweigstellen). Die Best über örtl Zustdgk gelten unabhäng davon, ob auf den Erbfall deutsches od fremdes Recht anzuwenden ist, KG OLGZ **69**, 285; Wohns- u AufenthZustdgk gelten auch für Ausländer, BayObLG Rpfleger **78**, 126; s auch Einl 6 vor § 1922 über ErsZustdgk. Örtl Unzustdgk, FGG 7, macht Erteilg nicht unwirks; aber Einziehg, ev auf Beschwerde, durch NachlG, § 2361 Anm 2. Erteilg durch Beschwerde- od RechtshilfeG nicht zul, wohl aber Anstellg der erforderl Ermittlgen, RG **95**, 287, bei ersterem ggf Weisg an NachlG, BayObLG **54**, 75; **62**, 46, Anm 6c dd. Ein Antr auf Erteilg, den der erst beim BeschwG gestellt wird, ist unbeachtl, BayObLG **51**, 568, **67**, 39, JFG 3, 151. Zuständig ist der **Richter**, sofern der Erbl eine Vfg v Tw hinterließ, § 16 I Nr 6 RPflG, s auch Firsching, NachlRecht S 10 ff, BayObLG **77**, 59; bei gesetzl Erbfolge der **Rechtspfleger**, ausgenommen Erteilg ggstdl beschr ErbSch (§ 2369), § 16 I Nr 6 RPflG; Übertragg der Erteilg dch Richter auf RPfleger s § 16 II RPflG. In *BaWü* sind die staatl Notariate als NachlGer für die Erteilg aller Erbscheine zuständig, LFGG 1 I, II, 38. - In der **DDR** und OstBln ist die Erteilg den

§ 2353 1, 2   5. Buch. 8. Abschnitt. *Keidel*

Staatl Notariaten übertragen, NotariatsG § 1 II Nr 3, § 10 I Nr 1, III, §§ 27–31; ZGB 413; NotKostO v 5. 2. 76, GBl I 99, § 5 II Nr 1. – Ersatzzuständigk s Einl 6 vor § 1922.

a) Interzonale (interlokale) **Zuständigkeit**: Hiezu w auf EG 25 Anm 5 verwiesen, s auch Jansen[2] Rdz 37–39, Keidel-Kuntze-Winkler Rdz 50 je zu FGG 73, Erm-Bartholomeyczik Rdz 2, Soergel-Müller Rdz 17 vor § 2353, Rdz 6–10 zu § 2353, RGRK Rdz 13 vor § 2353, Johannsen aaO, Broß aaO 480 ff; ferner Dörner, Zur Behandlg v dtschen Erbfällen mit interlokalem Bezug, DNotZ **77**, 324; Kuchinke, Zur interlokalen Zustdgk der NachlG in der BRep Dtschld, Festschr f v d Heydte, 1977, II, 1005.

b) Internationale Zuständigkeit. Sie hängt, abgesehen von den Fällen der anderweitigen Regelg durch StaatsVertr, der vorläufigen Sichergsmaßnahmen u des Fremdrechtserbscheins nach § 2369 – s EG 25 Anm 3, 4; § 2369 Anm 2a –, grdsätzl davon ab, daß auf den Erbfall das deutsche materielle Recht ganz od teilw Anwendg – sei es auch nur kraft Rückverweis des in erster Linie maßgebden ausländ Rechts – findet (Grdsatz des Gleichlaufs), BayObLG **58**, 34; **61**, 176; **65**, 426; **67**, 5; **72**, 383/384; Saarbr NJW **67**, 732; Soergel-Kegel Art 24 EG Vorbem 56 ff. Anknüpfg an örtl Zustdgk (s oben Anm 1), SchlHOLG, SchlHA **78**, 37. Im übr wird hinsichtl der internat Zustdgk auf EG 25 Anm 3, 4 verwiesen; s auch Jansen[2] Rdz 26–28, Keidel-Kuntze-Winkler Rdz 18 ff je zu FGG 73, Soergel-Müller Rdz 11–14, Johannsen aaO; Kuchinke aaO 1011, der 1022 mit Recht annimmt, der Grds des Gleichlaufs sei im Verh zur DDR nicht zu beachten. Die dtschen NachlGer sind auch für die Behandlg von NachlSachen deutscher Staatsangehöriger zust, die im Sudetengebiet vor od währd der Austreibg der Deutschen gestorben sind, wenn die Hinterbliebenen in das Altreich vertrieben worden sind. Sie erteilen über die Beerbg dieser Deutschen einen allgemeinen ErbSch, auch wenn sie nach dem österreichischen ABGB erfolgt, BayObLG **61**, 176 = NJW **61**, 1969, s auch BayObLG **60**, 478; **67**, 197, Maschmeier, Die Einantwortg der Verlassensch nach österr Recht dch dtsche NachlGer, Diss Münster 1972, § 2369 Anm 2b aE.

c) Erbschein für Lastenausgleich, dazu Weithase, BWNotZ **77**, 40. Die Erteilg eines ggständl beschr ErbSch ist, abgesehen von dem Fall des § 2369, s auch BGH **52**, 146 f, unzul, Hamm Rpfleger **71**, 219 (anwendbr ist nur das ErbR des BGB, nicht das RErbhG; s aber auch LG Bln Rpfleger **71**, 400 mit Anm von Bonnet). Über GebührenFreih s Übbl 6 vor § 2353. Bei Erteilg von ErbSch für LastenAuslZwecke (VertreibgsSchäden) sind §§ 229 mit 12 VII, 230, 232 II LAG idF v 1. 10. 69, BGBl 1909, zu beachten. Hieraus ergibt sich, daß in den dort geregelten Fällen der (die) Erbe(n) des unmittelb geschädigten Erbl als „Geschädigte" gelten u daher die LastenAuslAnspr nicht zum Nachl gehören. Über die gleichartige RLage bei EntschAnspr nach dem ReparationsschädenG v 12.2.69, BGBl 105, s dort §§ 2 I, II, IV, 8, 9, 38 II 2, 42, 49, 61 I Nr 6 mit LAG 229, s Celle Rpfleger **71**, 318, Soergel-Müller Rdz 18. Wird in einem solchen Fall Antr auf Erteilg eines ErbSch für LastenAuslZwecke gestellt u hatte der deutsche Erblasser zZ des Erbf weder Wohns noch Aufenth in der BRep (Bln-W), also zB im Sudetenland, u befinden sich in der BRep (Bln-W) keine weiteren NachlGgst, so ist für die ErbSchErteilg das AG Schöneberg örtl zust, § 73 II bzw § 73 I FGG mit § 7 II Zuständ-ErgG, KG, BayObLG Rpfleger **69**, 243, 429, s auch KG RdschLAG **69**, 4, Rpfleger **70**, 207, Hamm Rpfleger **72**, 103, Weithase aaO 42. Handelt es sich um die Erteilg eines ErbSch nach einem im Ausl verst Erblasser ausländ Staatsangehörigk, so ist in den genannten Fällen die Frage, ob die NachlGer in der BRep (Bln-West) für die Erteilg von ErbSch zum Zweck des LastenAusgl örtl u auch international zust sind, bestr; BGH NJW **72**, 945 erachtet die dtschen NachlGer nicht für zust, wenn der AusglAnspr nach dem LAG dadch entstanden ist, daß der AntrSteller an einem ererbten im Ausl gelegenen WirtschGut einen Schaden erlitten hat, ebso OLG Celle Rpfleger **71**, 318; BayObLG **56**, 119, Johannsen aaO 1051 u Anm LM § 2369 Nr 1, Hamm OLGZ **73**, 286 (kein ErbSch für nach 1943 verst Protektoratsangehörigen zwecks Geltendmachg von LA-Anspr); aM KG NJW **62**, 258; ist das Verm des Erbl selbst noch von einem Schaden betroffen w u hat der AusglAnspr hierin seine Wurzel, so ist die örtl u internat Zustdgk mit § 2369 I, FGG 73 III zu bejahen, Hamm NJW **73**, 2156 (AG in dessen Bezirk das zust AusglA seinen Sitz hat); BayObLG **74**, 460/463. Zur interzonalen Zustdgk BGH **52**, 146 f, **65**, 311 = LM § 73 FGG Nr 2, 4 mit Anm von Pagendarm, Johannsen (letztere ergangen auf VorleggsBeschl des KG OLGZ **75**, 287, s auch **70**, 96), **LM** § 73 FGG Nr 5 (auf VorleggsBeschl d KG Rpfleger **75**, 168). Der BGH bejaht die interzonale Zustdgk der BRep u Bln-West zur Erteilg von ErbSch für LastenAuslAnspr nach einem dtschen Erbl mit letztem Wohns in der DDR (Bln-Ost), zu dessen Nachl die LA-Anspr nicht gehören; er erachtet dann, wenn sich keine NachlGgstde in der BRep (Bln-West) befinden, das AG Schöneberg in entspr Anwendg v FGG 73 II für örtl zust; ebso KG OLGZ **78**, 156; aM BayObLG **72**, 86; Hamm OLGZ **72**, 352/355; das Ergebn der Entscheidg BGHZ **52**, 123, wonach FGG 73 III anzuwenden ist, wenn sich NachlGgstde in der BRep befinden, stellt der BGH nicht in Frage, s auch EG 25 Anm 5.

d) Erbschein für Rückerstattgs- u Entschädiggsansprüche. Für die Erteilg eines ErbSch nach einem im Ausland verstorbenen staatenlosen Erbl ist das AG zust, in dessen Bezirk sich das der Rückerstattg unterliegende frühere Vermögen des Erbl befindet, Oldbg NdsRpfl **55**, 53, Hamm NJW **54**, 1731, s auch KG RzW **61**, 479. Kommt als inländischer NachlGgst, für den ein ggständl beschränkter ErbSch, § 2369, ausgestellt werden soll, nur ein auf SchadErs wg Entziehg gerichteter RückerstattgsAnspr des Erbl in Betr, so ist das AG des Entziehgsortes örtl zur Erteilg zust, BayObLG **61**, 79; **67**, 5. Ist inländischer NachlGgst ein rückerstattgsrechtl ErfüllgsAnspr (§§ 1, 3, 7a BRüG), so ist das AG örtl zuständ, in dessen Bezirk die für die Bescheidgzustg zuständige Oberfinanzdirektion ihren Sitz hat, LG Bln RzW **66**, 208. Bei Entschädiggs-Anspr nach dem BEG ist bei ausländischen u staatenlosen Erbl das AG zust, in dessen Bezirk die Entschädiggsbehörde od die Feststellgsbehörde ihren Sitz hat, Hamm, Düss, JMBl NRW **57**, 161, 202, Stuttg BWNotZ **63**, 300. S auch Übbl 6 vor § 2253.

2) Nur dem Erben (§ 1922 I; AntrR, Anm 3, geht weiter) **ist** der **Erbschein** zu **erteilen** (mag er gesetzl od durch Test, ErbVertr berufen sein), nicht dem Erbteils-, Erbschaftserwerber, §§ 2033, 2371, VermNehmer, Auflageberechtigten; dem **ErsatzE** erst bei Anfall an ihn, dem **NachE** erst beim (dem VE nicht mehr nach dem) NEFall, §§ 2139, 2363, BayObLG **51**, 561, HRR **32** Nr 12, Keidel DNotZ **58**, 267, LG

Mannh MDR **61**, 58. Bei einem **vermißten** Erben muß nachgewiesen sein, daß er den Erbf noch erlebte od in diesem Ztpkt noch eine Lebensvermutg nach VerschG 10 bestand, vgl § 1923 Anm 2b, Ffm Rpfleger **53**, 36, Karlsr NJW **53**, 1303. Hins mehrerer zu verschiedenen Zeiten für tot erklärter Personen vgl § 1923 Anm 2b.

3) a) Der Antrag. §§ 2354–2356, formfrei, dazu LG Wuppertal Rpfleger **72**, 100, wird aber meist in der ErbSchVerhandlg, § 2356 II, zu Protokoll des NachlGer, FGG 11, gestellt, Ffm Rpfleger **70**, 206. Vertretg zul; Vollm kann nachgebracht w. Antrag muß das beanspruchte **Erbrecht** genau bezeichnen, also grdsätzl auch angeben, ob das ErbR aGrd Ges od Vfg vTw beansprucht w, BayObLGZ **73**, 28, auch **65**, 212; **67**, 1, 39; **71**, 34/45; alternative Angabe ist nur zuläss, wenn der Erbe bei Zweifeln über die Gültigk der letztw Vfg in gleichem Umfang dch das Ges wie dch das Test berufen erscheint, BayObLG **73**, 29; **74**, 464; Hamm OLGZ **67**, 71; Ffm Rpfleger **78**, 17. Ist NachErbf angeordnet, so ist im Antr auch anzugeben, wer NE ist u unter welchen Voraussetzgen die NEFolge eintritt. Keine Erteilg ohne Antr od mit abweichdem Inhalt, Ffm aaO, sonst Einziehg, wenn nicht gen w, s BayObLG **70**, 106. **Haupt- u Hilfsantrag** zul, wenn jeder Antr für sich das mit ihm beanspruchte ErbR bestimmt bezeichnet u die Reihenfolge der Prüfg u Bescheide vom AntrSt genau vorgeschrieben w, RG **156**, 172 gg Dresd JFG **3**, 155. Bei Bedenken **Z wischen Vfg**, KGJ **50**, 1, DNotZ **55**, 408, z B zwecks Änderg des Antr; bei nicht behebbarem Mangel Ablehng. S auch Firsching DNotZ **60**, 569, der mit Recht dafür eintritt, daß die Praxis bei ungenauen Anträgen nicht ängstl verfahren soll, auch Stgt BWNotZ **62**, 170. Aus dem Antr muß aber hervorgehen, ob der begehrte ErbSch unbeschränkt, § 2353, od ggständl beschr, § 2369, § 181 BEG, § 7a BRüG, sein soll, LG Frankenthal RzW **66**, 401, auch Hamm NJW **68**, 1682. Der Antr, ErbSch „nach Maßgabe des Test" zu erteilen, genügt in der Regel nicht, BayObLG **67**, 1.

b) Antragsberechtigt sind der Erbe (MitE) nach dem Erbanfall, auch der Fiskus als gesetzl Erbe nach der Feststellg des § 1964, der Anteils-, ErbschErwerber, bei letzterem bestr, ErbesE (jedoch nur auf den Namen der urspr Erben, Mü JFG **14**, 65), ein Eheg für den anderen, der Erbe ist, nur, wenn der Erbsch zum GesGut gehört u ersterer es allein verwaltet; dagg bei gemschaftl Verwaltg entweder der erbende Eheg oder beide gemeins, arg §§ 1422, 1450 nF, BayObLG **58**, 366; sowie der TestVollstr, Oldbg Rpfleger **65**, 305, Kiel NJW **76**, 2351 (wg dessen Zeugnis vgl § 2368), Nachl- u NachlKonkVerwalter, AbwesenhPfleger, § 1911, s KG JR **67**, 26; zum Antr eines unter Amtspflegsch stehen nehel Kindes s Hann DAVorm **75**, 553; Nachl- u ErbenGläub, ZPO 792, 896, wenn sie den Titel vorlegen, LG Flensbg Jur Büro **68**, 588, BayObLG **73**, 224; bei ZwVerst zwecks Aufhebg einer ErbenGemsch der AntrSt für die Erben eines Beteiligten, der MitE für einen anderen Miterben, hier aber ohne Titel, ZVG 180, 181, 17 I, III, Hamm MDR **60**, 1018.

c) Nicht antragsberechtigt sind dagg: Der durch den Erben zur Auflassg eines NachlGrdst an sich selbst Bevollmächtigte Celle JR **48**, 317; der Käufer eines NachlGrdst, solange er keinen vollstreckb Titel vorlegt, s b), LG Mü DNotZ **50**, 33; ebsowenig Vater od Mutter für das minderj Kind bei Ausschluß der Verw, Brschw DNotZ **51**, 374, ebso nicht der NachlPfleger, § 1960, sofern sich der zu erteilende ErbSch auf denjenigen Nachl bezieht, für den die NachlPflegsch angeordnet ist, KGJ **40**, 37; anders dagg, wenn es sich um die Wahrnehmg der Rechte des Erben hins eines anderen anscheind ganz od teilweise zur Erbsch gehörigen Nachl handelt, s KGJ **41**, 94; nicht das FinA (Bartholomeyczik, Lehrb § 3 III 1b).

d) Der **Antr** kann bis zur Erteilg, Anm 6, **zurückgenommen** werden. Hiezu ist ein Notar nur bei entspr Vollm ermächtigt, LG Düss RhNK **61**, 120.

4) Inhalt: Der ErbSch hat das ErbR zZ des Erbf zu bezeugen; Tod des Erben nach Ann, Erbsch- od Erbteilsverkauf bleiben daher unberücksichtigt; haben sich aber VfgsBeschränkgen, s § 2363, zw Erbf u ErbSchErteilg erledigt, so ist dies zu berücksichtigen, Brox § 35 III 1b, s § 2363 Anm 1b bb. Der ErbSch hat den Namen u Todestag des Erblassers u den Erben, MitE, s Anm 5, genau anzugeben, den Berufs-Grd (Ges od Test) regelm nicht, BayObLG **73**, 29, nur, wenn er der Bezeichng des Umfangs des ErbR dient, vgl § 1951 und § 2088 Anm 2 aE, in der Praxis meist angegeben; s auch § 2363 Anm 1b (ErbSch für VE). – **a) Einzelheiten.** Nicht herein gehören Angaben über den Umfang des Nachl, s aber § 2369, sowie den ErbR nicht berührende Beschwergen (Verm, PflichtTR, ErbErsAnspr, § 1934a [aM Kumme aaO 259], Teilganordngen), auch nicht der gesetzl Nießbr des überlebenden Eheg nach italien Recht, BayObLG **61**, 4, auch nicht der nach schweizerischem od französischem Recht, Greif MDR **65**, 447, wohl aber der VorausVerm des Alleinvorerben im ErbSch für den VorE (KG JFG **21**, 122) – nicht aber im ErbSch für den NachE (LG Düss RhNK **61**, 918) –, NEFolge u TestVollstrg, §§ 2363, 2364. Anzugeben ist das Verwaltgs- u NutznießgsR der Witwe nach HöfeO (idF v 26. 7. 76) 14, Celle MDR **49**, 165, RdL **62**, 158, Lüdtke/Handjery Rdz 30, Wöhrmann-Stöcker Rdz 42 je zu HöfeO 18. Empfehlng, Anreggen od Zusätze wie „mit der Maßgabe . . ." sind nicht zul, Schlesw SchlHA **58**, 353. Wegen der Angabe von Beschrkgen vgl Backs DFG **40**, 49. Über Fassg des Erbscheins bei **Wiederverheiratgsklauseln** s § 2269 Anm 5 f, Haegele Rpfleger **76**, 73/78 ff; über Aufn von **Verwirkgsklauseln** s § 2074 Anm 2. – Der ErbSch muß aus sich verständl sein: Bezugn auf Urk nicht zul. – **b) Beschr ErbSch** für Erbhof („Hoffolgezeugnis"), Hamm RdL **51**, 73, für Hof nach HöfeO 18 II, § 1 HöfeVfO (dazu Wöhrmann-Stöcker RdL 18 Rdz 13; Barnstedt AgrarR **76**, 241; sachl zuständig LwG), für Hof nach Hannoverschen HöfeR (sachl zuständ LwG), Celle RdL **67**, 45, für Hof nach HöfeO *RhPf* 30 I (sachl zuständig NachlG), für hoffreies Vermögen (sachl zuständ NachlG, bestr), s Hense DNotZ **52**, 208; **55**, 370; **59**, 493; KG OLGZ **67**, 360. Im Hoffolgezeugn ist festzustellen, wer kraft G od Vfg von Todes wg HofE geworden ist; ferner ist die Angabe des zum Nachl gehörden Hofes geboten; ob grdbuchmäß Bezeichng der zum Hof gehör Grdst erforderl ist, ist bestr, aber wg des Vollzugs wohl zu bejahen, Fassbender, RdL **68**, 175; Feststellgn über die Bestandteile des Hofes brauchen nicht getroffen zu werden, s Celle, Oldbg RdL **68**, 16, 123 mit Anm von Barnstedt. Im **Erbschein über das hoffreie Vermögen** muß die Aussonderg des Hofes zum Ausdruck gebracht w, Barnstedt aaO. Über das ErteilgsVerfahren vgl BGH **LM** Nr 1 z § 18 HöfeO, Übbl 8 vor § 2353. – **Kein beschr** ErbSch ist zu erteilen, wenn sich der Nachl eines Erbl mit Wohns in Bln-West (BRep) teils in Bln-West (B-

Rep) teils in Bln-Ost (DDR) befindet, KG OLGZ **67**, 358; s im übr die Hinweise bei Anm 1 a. Über ggständl beschr ErbSch s ferner § 2369 Anm 2 c. - **c)** Über die Erbf des in Dtschld befindl Verm eines dtschen Erbl, der auch unbewegl Vermögen in Österreich hinterlassen hat, kann ein allg ErbSch mit einschränkdem Zusatz erteilt werden, BayObLG **59**, 391, dazu Firsching, DNotZ **60**, 572. Über Erteilung eines ErbSch aGrd des ABGB mit der sachl-rechtl Wirkg der „Einantwortung" s BayObLG **67**, 197, auch oben Anm 1 b. - **d)** Zur SonderVorschr des § 181 II 2 BEG: Angaben über VerwandtschVerh des Erben zum Erbl im ErbSch über EntschädiggsAnspr, s KG OLGZ **66**, 612.

5) Bei mehreren Erben ist neben dem gemschaftl ErbSch, § 2357, auch Erteilung für jeden gesondert zul, vgl Übbl 1 a vor § 2353, Firsching DNotZ **60**, 640. Hier muß die Größe des Erbteils (Bruchteils der Erbsch) angegeben werden, s aber auch § 2357 Anm 4, Hamm Rpfleger **69**, 299. Zulässig ist Ausstellung eines TeilErbSch über einen Mindestarbteil, KG JFG **13**, 43, BayObLG **60**, 479, wenn über den restl Erbteil eine derzeit nicht behebb Ungewißh besteht (Vorhandensein eines nehel Kindes vor Feststellg der Vaterschaft, s Firsching DNotZ **70**, 522) od wenn sich nicht ermitteln läßt, ob alle neben dem AntrSt berufenen Erbanwärter den Erbanfall erlebt haben, Scholz, LG Aachen JR **51**, 591, 733. Zuläss, wenn auch kein TeilErbSch, ErbSch über das hoffreie Vermögen, Hamm JMBl NRW **53**, 42, Düss NJW **53**, 1870, str, s oben Anm 1, auch Barth-Schlüter Lehrb § 33 II 9.

6) Die Erteilg. - a) Sie ist bei TestErbfolge grdsätzl erst nach Eröffg zul. Sie erfolgt durch **Aushändigg** einer Urschr od Ausfertigg des Erbscheins an AntrSt (auch Aushändigg an einen von mehreren AntrStellern, zB Miterben, macht ErbSch bereits wirks) od einen von ihm bestimmten Dritten, auch eine von ihm besitmmte Behörde (GBA), a M Lange-Kuchinke § 41 II 6 b, der Niederlegg des ErbSch bei den Akten zur Aushändigg genügen läßt. Eine Erteilg liegt auch in den auf seinen Antr erfolgten Übersendg der NachlAkten mit der Urschrift des den Wortlaut des Erbscheins enthaltenden Anordnungsbeschlusses an das GBA zur Grdbuchberichtigg, BayObLG **60**, 501. Keine Erteilg enthält aber die Bekanntmach des AnordngsBeschl, FGG **16**, auch wenn sie durch Zustell einer Ausfertigg des Beschl erfolgt, BayObLG **60**, 192, 270ff, teilweise aM Firsching DNotZ **60**, 573, die Übersendg einer Abschr an die FinBeh nach § 12 ErbStDV v 19. 1. 62, BGBl I 22, s BayObLG **60**, 270, od die Mitteilg an das GBA nach GBO 83. Der ErbSch enthält keine Begründg, für die AOVfg besteht aber eine BegründgsPfl, wenn ein materiell Beteil dem Antr widersprochen hat, Jansen FGG², 84 Rdz 8. Kostenrechtl ist der ErbSch schon mit Unterschr erteilt, JFG-Erg **17**, 117. - **b)** Zuständig ist der Richter; hins des RPflegers vgl Anm 1. Kosten, KostO 107 - dazu BayObLG **63**, 319; **65**, 494; **69**, 187; s auch Übbl 5 a vor § 2353 -, trägt der AntrSt od VollstrSchu, KostO 3 Nr 4. Einsicht durch Dritte, Ausk u Erteilg von Ausfertigg an sie FGG 78, 85, dazu LG, Köln, KG Rpfleger **69**, 350; **78**, 140. - **c) Beschwerde** (Erinnerg) FGG 19, RpflG 11, Firsching DNotZ **60**, 645, Deubner § 3; RGRK § 2359 Rdz 6-11; zul gg Ablehng, ZwischenVfg, Aussetzg, Mü JFG **15**, 65. Ankündigg eines bestimmten Inhalts, sofern daran die Eröffg geknüpft wird; zul sind abweichende, bereits angekündigte Anträge abgelehnt werden, RG **137**, 226 (s auch aa), ferner gg die Anordng der Erteilg, Jansen² FGG 84 Rdn 16, s auch Hamm Rpfleger **71**, 181 über Wirkgen einer Zurückn der Beschw. - **aa)** Auch eine Ankündigg des NachlG **(Vorbescheid)**, es werde einen beantragten ErbSch erteilen, wenn nicht binnen bestimmter Frist Beschw eingelegt würde, ist zul u Beschwerdefäh, ist aber nur in AusnFällen vertretb, BGH **20**, 255, s auch RGRK 2359 Rdz 8; Vorbescheid ist auch zul, wenn ErbSch noch nicht beantragt, aber mit Antr zu rechnen ist, BayObLG **63**, 20, nicht aber als Ankündigg der Abweisg eines ErbSchAntr, Hamm NJW **74**, 1827, Rpfleger **77**, 208, KG Rpfleger **74**, 398. Zur BegründgsPfl s LG Mannh NJW **72**, 1949. Wird Vorbescheid aufgeh, so kann der Antr auf ErbSchErteilg vom BeschwG abgewiesen w; auf Beschw gg einen Vorbescheid kann das BeschwG diesen änd, es kann das AG anweisen, einen und lautden ErbSch zu erteilen, wenn ein derart Antr bereits dem AG vorgelegt war, Hamm OLGZ **70**, 117; nach ErbSchErteilg ist Beschw (weitere B) nur mit dem Ziel der Einziehg zul, BayObLG FamRZ **76**, 101/ 103. - **bb)** Gegen die **Erteilung** selbst nur mit diesem Ziele zul, u zwar wahlw neben dem Antr an das NachlG auf Einziehg, RG **61**, 273, Oldb DNotZ **57**, 21 mit Anm v Keidel, KG OLGZ **71**, 215, dazu auch Bonnet JR **72**, 229; nach Einziehg ist eine Beschw gg die Erteilg unzul. - **cc) Beschwerdeberechtigt** ist gg Ablehng der Erteilg der AntrSt, FGG 20 II, u jeder zum Antr in 1. Instanz Berecht, Firsching DNotZ **60**, 646, BayObLG **63**, 58; s auch Ffm NJW **77**, 1018, Zweibr OLGZ **78**, 155 (zur Begrdg der BeschwBefugn); gg Ablehng eines gemschaftl ErbSch jeder MitE, Keidel-Kuntze-Winkler Rdz 10 zu § 84 FGG, gg Erteilg eines ErbSch, nach FGG 20 I, s Köln OLGZ **71**, 94; BayObLG **73**, 224; **74**, 401, jeder Erbprätendent, auch der AntrSteller, KG NJW **60**, 1158. Bei Einziehg ist jeder AntrBerecht beschwerdeberecht, vgl § 2361 Anm 5. - **dd)** Die einf Beschw w nicht dch Zeitablauf **(Verwirkg)** ausgeschl, Neust NJW **58**, 836, Keidel Rpfleger **60**, 240, BayObLG **63**, 26, s auch BGH **47**, 58. Das AG bleibt zur **Änderg** seiner Vfg (Ablehng der Einziehg) nach FGG 18 I auch dann befugt, wenn es die gg die Vfg eingelegte Beschw dem BeschwG vorgelegt hat, ohne ihr abzuhelfen, Hamm JMBl NRW **59**, 176. Das Beschwerdegericht kann nicht selbst ErbSch (Hoffolgezeugnis) erteilen, sond nur Erteilg durch NachlG (LwG) anordnen, BayObLG **54**, 74, Celle NdsRpfl **64**, 131/132; es darf sich aber in allg nicht darauf beschränken, dem NachlG aufzutragen, unter Abstandnahme von seinen Bedenken gg den ErbSchAntr selbst über die ErbSchErteilg zu entscheiden, BayObLG **64**, 6, Hamm OLGZ **68**, 80, s auch Anm 1 u Übbl 8 vor § 2353. Zur PrüfgsPfl des BeschwGer bei Anfechtg der ErbSchBewilligg s BayObLG **70**, 105 = NJW **70**, 1424 mit krit Anm von Jansen. Keine Änderg des ErbSchAntr im BeschwBerf, Hamm OLGZ **68**, 332; **70**, 119. Es gilt das Verbot der reformatio in peius, Hamm OLGZ **67**, 71. Das ErbSchVerf w dch den Tod eines BeschwFührers nicht unterbrochen. - **ee)** Über **Beschwerdewert** im ErbSchVerf, wenn Grdstücke zum Nachl gehören, s zu KostO 19 nF die Hinweise Übbl 5 a vor § 2353. Über Kostenentscheid s Deubner § 4; über Zustdgk des Rechtspflegers zur Entscheidg über Erinnerg gg Kostenansatz s BayObLG **74**, 329. - **d)** Zur Frage des **Vergleiches** im ErbSchVerf s BayObLG **66**, 233/236 mH, BGH bei Johannsen WPM **77**, 270, FormKomm ErbR, Forml 6. 802.

7) Das ErbSchVerf ist **kein Rechtsstreit** iS des § 1795 I Nr 3, BayObLG **61**, 277; § 1795 Anm 2 zu 3.

2354 *Angaben des gesetzlichen Erben.* ᴵ Wer die Erteilung des Erbscheins als gesetzlicher Erbe beantragt, hat anzugeben:

1. die Zeit des Todes des Erblassers;
2. das Verhältnis, auf dem sein Erbrecht beruht;
3. ob und welche Personen vorhanden sind oder vorhanden waren, durch die er von der Erbfolge ausgeschlossen oder sein Erbteil gemindert werden würde;
4. ob und welche Verfügungen des Erblassers von Todes wegen vorhanden sind;
5. ob ein Rechtsstreit über sein Erbrecht anhängig ist.

ᴵᴵ Ist eine Person weggefallen, durch welche der Antragsteller von der Erbfolge ausgeschlossen oder sein Erbteil gemindert werden würde, so hat der Antragsteller anzugeben, in welcher Weise die Person weggefallen ist.

1) Die Angaben können, sofern sie nicht zweckm in der ErbSchVerhandlg gemacht sind, § 2356 II, auf ZwischenVfg, § 2358, nachgeholt werden. **Erbschaftsannahme** liegt schon im Antr; wg der Miterben s § 2357 Anm 2c; s jedoch § 1948 Anm 1 aE. Ist AntrSt nicht Erbe (zB der nichterbende Eheg, § 2353 Anm 3, Gläub, TestVollstr ua), muß er Ann nachweisen.

2) Andere Personen Nr 3, II, die vor od nach dem Erbf, Köln MDR **59**, 585, durch Tod od gem §§ 1933, 1934e, 1938, 2346, 1953, 2344 weggefallen sind, müssen angegeben werden, mögen sie gesetzl od TestErben sein, s Celle JR **62**, 101, KG OLGZ **75**, 93, Bln, KG Rpfleger **76**, 99; **77**, 209 (Angaben bei fr Verheiratet des Erbl). Bei Angabe der Personen nach Nr 3 ist auch die Erbfolge v dem nichtehel Kind u seinem Vater zu beachten, s Schramm BWNotZ **70**, 10; über die Wirkgen des vorzeit ErbAusgl s § 1943e Anm 1. Entfernt liegde Möglichk (Schwangersch, nichtehel Nachkommensch der Witwe) können außer Betr bleiben. Bedarf der **NachlGläub** eines ErbSch, müssen im Falle gesetzl Erbf die nach I 3, II notwend Angaben idR datenmäß bekannt sein; sonst I **1961**, KG JFG **17**, 106. Über AmtsermittlgsPfl des NachlG, wenn Gläub ErbSchAntr stellt, s LG Hildesheim MDR **62**, 56, LG Flensbg Jur Büro **68**, 558.

3) Verfügen von Todes wegen (Nr 4, also auch ErbVertr) müssen ohne Rücks auf ihren Inhalt u Gültigk angegeben u vorgelegt werden, § 2356. Ist die Gültigk der Vfg streitig, der Erbe jedoch nach der Vfg wie nach dem G zum gleichen Erbteil berufen, so kann der Antr auf Erteilg des ErbSch dahingestellt lassen, ob er aGrd der Vfg od des G zu erteilen ist, KG JW **28**, 118.

4) Der Güterstand ist seit dem 1. 7. 58 (Inkrafttr des GleichberG) als ein RVerh anzusehen, auf dem das ErbR der gesetzl Erben (überl Eheg!) beruht, **I** Nr 2. Auch hierüber sind daher im ErbSchAntr Angaben zu machen, s § 2356 II, Übbl 7 vor § 2353, Tröster Rpfleger **60**, 39, Firsching NachlR⁴ S 20ff. Gegebenenf (EG 24ff) ist auch die **Staatsangehörigk** des Erbl darzutun, RGRK Rdz 3, s BGH DNotZ **63**, 315; sie ist aber im ErbSchVerf ggf von Amts wg festzustellen, s BayObLG **65**, 380.

2355 *Angaben des eingesetzten Erben.* Wer die Erteilung des Erbscheins auf Grund einer Verfügung von Todes wegen beantragt, hat die Verfügung zu bezeichnen, auf der sein Erbrecht beruht, anzugeben, ob und welche sonstigen Verfügungen des Erblassers von Todes wegen vorhanden sind, und die im § 2354 Abs. 1 Nr. 1, 5, Abs. 2 vorgeschriebenen Angaben zu machen.

1) Erst nach der Eröffng, §§ 2260, 2300, ist der Antr zul. Bei Nichteröffng jedoch keine Zurückweis sond Nachholg der Eröffng vAw, Mü DFG **43**, 147. Der AntrSt muß außer der Angabe des Todestages des Erbl, der Erwähng etwaiger ErbRProzesse, sowie der Art u Weise des Wegfalls anderer, die das ErbR begründende Vfg (Test, ErbVertr) vorlegen, § 2356, u angeben, ob u welche sonstigen Vfgen vTw vorhanden sind.

2356 *Nachweis der Richtigkeit der Angaben.* ᴵ Der Antragsteller hat die Richtigkeit der in Gemäßheit des § 2354 Abs. 1 Nr. 1, 2, Abs. 2 gemachten Angaben durch öffentliche Urkunden nachzuweisen und im Falle des § 2355 die Urkunde vorzulegen, auf der sein Erbrecht beruht. Sind die Urkunden nicht oder nur mit unverhältnismäßigen Schwierigkeiten zu beschaffen, so genügt die Angabe anderer Beweismittel.

ᴵᴵ Zum Nachweise, daß der Erblasser zur Zeit seines Todes im Güterstand der Zugewinngemeinschaft gelebt hat, und in Ansehung der übrigen nach den §§ 2354, 2355 erforderlichen Angaben hat der Antragsteller vor Gericht oder vor einem Notar an Eides Statt zu versichern, daß ihm nichts bekannt sei, was der Richtigkeit seiner Angaben entgegenstehe. Das Nachlaßgericht kann die Versicherung erlassen, wenn es sie für nicht erforderlich erachtet.

ᴵᴵᴵ Diese Vorschriften finden keine Anwendung, soweit die Tatsachen bei dem Nachlaßgericht offenkundig sind.

Vorbem. Dch Art 3 Nr 1 des G zur Änderg des RPflG, des BeurkG u zur Umwandlg des OffenbargsEids in eine eidesstattl Vers v 27. 6. 70 (BGBl 911; in Kraft ab 1. 7. 70, Art 5 d G) ist § 56 III BeurkG folgender Satz 2 angefügt:

„§ 2356 Abs. 2 Satz 1 des Bürgerlichen Gesetzbuchs bleibt unberührt."

§ 2356 1–3

Diese Vorschr stellt nunmehr eindeut klar, daß die Generalklausel des § 56 IV BeurkG die bish Zustdgk des Ger zur Aufn eidesstattl Vers für das ErbSchVerf nicht beseitigt hat, s BT Drucks VI/874 S 5. S hiezu auch Zimmermann, Ffm Rpfleger **70**, 194/197, 206.

1) Öffentl Urk, ZPO 415: **a)** Als öff Urkunden dienen vor allem die **PersonenstandsUrk** nach § 61a PStG v 8. 8. 57, BGBl 1125, die nach § 66 dieselbe BewKraft haben wie die Personenstandsbücher, dazu Maßfeller-Hoffmann Rdz 1ff zu § 61a, Rdz 6ff zu § 66 mit Rdz 5ff zu § 60 PStG; über den Umfang der BewKraft s auch KG Rpfleger **59**, 54, **77**, 209. Zur Beweiskraft des FamBuchs, §§ 12ff PStG (§§ 12, 15, zuletzt geänd dch Art 9 Nr 2, 3 des 1. EheRG, § 15 ferner dch Art 11 Nr 2 AdoptG), s Neuschwander BWNotZ **68**, 24. – Für die Zeit vor dem PStG von 1875, RGBl 23, kommen in Frage Einträge in Kirchenbüchern, Standes- u Gerichtsregistern; für die Zeit nach dem Inkrafttr dieses Gesetzes Auszüge aus dem StandesReg über Geburten, Heiraten u Sterbefälle; über BewKraft s AVO PStG 61. Hins der BewKraft der alten FamStammbücher vgl KG JFG **15**, 52, der Geburts-, Heirats- u Todesscheine, §§ 15a–c PStG von 1875 idF v 14. 2. 1924, RGBl 116, KG OLG **46**, 243, Hamm JMBlNRW **64**, 135. Auf jeden Fall können die alten FamStammbücher als „anderes Beweismittel", I 2, in Betr kommen. – Öffentl Urk zum Nachw der nichtehel Verwandtsch zw Vater u Kind sind Ausfertiggen od beglaubigte Abschr der Anerkenng, ZustimmgsErkl, § 1600c, d, e, des Urt eines ProzG od Beschl eines VG, § 1600n, PersonenstandsUrk gem § 61a PStG, soweit sie den RandVerm über die nehel Verwandtsch enthalten, § 29 PStG, s auch Art 12 § 3 NEhelG, dazu Schramm BWNotZ **70**, 9; § 1934a Anm 6.

b) Die **Zeit des Todes** des Erblassers kann insb auch durch Todeserklärgs- od TodeszeitfeststellgsBeschl, VerschG 23, 44, nachgewiesen werden. Die hierdurch begründete Todeszeitvermut kann jedoch im ErbSchVerf widerlegt werden, BayObLG **53**, 120, Hbg NJW **52**, 147, Czapski NJW **52**, 770; aM Arnold MDR **50**, 331, 679 Anm, MDR **51**, 278, Rpfleger **57**, 147; s auch zur Kommorientenvermutg VerschG 11, Düss JMBl NRW **66**, 141, KG FamRZ **67**, 514, RzW **63**, 467, BGH NJW **74**, 699. Ausl Todeserklärgen Deutscher sind grdsätzl anzuerkennen, LG Mönchen-Gladb DNotZ **72**, 50; bestr, s Staud-Coing-Weick EG 9, Rdz 109–111. Im ErbSchVerf kann auch der Bew der Unrichtigk standesamtl beurkundeter Tatsachen nach PStG 60 geführt werden. Das Gericht muß ernsth Zweifel an der Richtigk standesamtl Urkunden aufzuklären versuchen, wenn die Erteil des Erbscheines davon abhängig ist, ohne den AntrSt auf das BerichtiggsVerf (PStG 47ff) verweisen zu können, Hamm MDR **53**, 747; s auch Staud-Firsching Anm 7. – Auch der für das RückerstattgsVerf benötigte ErbSch ist nur nach den Vorschr des BGB zu erwirken, das keinen ErbSch kennt, der nur auf RE-Anspr beschränkt ist (s aber jetzt § 7a II 1 BRüG); die in REG 51 (*AmZ*), 43 (*BrZ*), 44 (*Berl*) enthaltene Todesvermutg gilt nur für das RE-Verf, BGH **1**, 9; Ffm MDR **52**, 491, Soergel-Müller Rdz 61 zu § 2353. Desungeachtet muß aber ein ErbSch, der unzulässigerw auf die Todesvermutg des REG gestützt ist, nicht als unrichtig eingezogen werden, BayObLG **52**, 163 = NJW **53**, 144. S jetzt aber die SonderVorschr in § 7 a II 2 BRüG. – Anders ist die RLage nach dem **BEG**, nach § 181 II ist für die Erteilg des ErbSch die Todesvermutg des § 180 ausreichd, LG Hbg JR **57**, 266; vgl Pehe JR **54**, 57, Henrichs NJW **54**, 1715, Krohn RzW **64**, 12 (Bedeutg der Todesvermutgen des § 180 BEG für das BewVerf bei ErbSch für den EntschädggsAnspr); Neust RzW **62**, 374: Maßgeblichk der im EntschädiggsVerf nach § 180 II BEG getroffenen TodesZtpktFeststellg für ErbSchErteilg nach § 181 BEG, dazu Anm II 2 von Blessin-Giessler, BEG-SchlußG.

c) HeiratsUrk (Heiratsschein) nötig für Eheg, KG FamRZ **71**, 432 (SterbeUrk genügt nicht als Ersatz für HeiratsUrk, soweit das gesetzl ErbR des überl Eheg in Frage steht), nicht für Erbfolge nach der Mutter, Vater u Geschwistern. Verheiratete Erbinnen haben nur GeburtsUrk, nicht HeiratsUrk vorzulegen, da ErbR nicht auf Verheiratg beruht, Mü JFG **21**, 120, Boos NJW **49**, 335, LG Brschw DRZ **49**, 89; bei Zweifeln über die richtige Namensbezeichng Erhebgen vAw, Oldbg DNotZ **56**, 566, aM DRZ **48**, 395 Anm Boehmer, AG Delmenhorst NJW **56**, 1443. Zum Nachw der Auflösg fr Ehen des Erbl dienen SterbeUrk, ScheidgsUrt (Ausfertigg, Abschr), Auszug aus FamBuch, KG Rpfleger **77**, 209. – Zum Nachw, daß keine od keine weiteren Kinder, als keine nichtehelen Kinder des Vaters, vorhanden sind, wird das NachLg idR keine eidesstattl Vers zu verlangen haben, die Angaben des AntrStellers zus mit FamBuchAuszügen od -Abschriften reichen idR nicht aus, Neuschwander, BWNotZ **68**, 30.

d) Wegfallnachweise: ErbverzichtsVertr, § 2348, Urt über Erbunwürdigk, § 2342, AusschlErkl, § 1945 vorzeit ErbAusgl, § 1934d, e Scheidg od Aufhebg der Ehe (KG OLGZ **75**, 93, LG Bln Rpfleger **76**, 99), Erm-Barth-Schlüter Rdz 2.

e) Statt der Beibringg genügt **Bezugnahme,** wenn Urk beim Gericht (sei es auch einer anderen Abteilg) schon vorhanden. Ob die Bezugn auf die ErbSchAkten eines anderen NachLG genügt, so Köln MDR **59**, 585, ist sehr fragl. Überreichte Urk auf Verlangen (nach Fertigg von beglaubigten Abschr) zurückzugeben, KG RJA **15**, 283.

f) Sonderfälle. Über die Beschaffg von Urk für frühere Bewohner der Gebiete östl der Oder, Neiße usw vgl Pehe JR **55**, 134. V e r t r i e b e n e , die nicht über die erforderl standesamtl Urkunden verfügen, müssen zum Zweck des Erbberechtiggsnachweises idR Anlegg eines FamBuchs nach PStG 15a beantragen, sie können nicht mehr zur eidesstattl Versicherg, **II 1**, als Ersatz für PersStUrkunden zugelassen werden, Brem JR **60**, 422, KG Rpfleger **71**, 220, LG Lübeck SchlHA **71**, 93. – Bei a u s l ä n d öff Urkunden kann Legalisation verlangt werden, Staud-Firsching Anm 4, s auch Soergel-Müller Rdz 3.

2) Vorlegg der Vfg von Todes wegen erübrigt sich, wenn sich das angegangene Ger durch die Eröffng schon im Besitz der Urschrift befindet; dann Bezugn. Bei PrivTest (auch im Falle der §§ 2250, 2251) kann über Echtheit Bew erhoben werden. Eine letztw Vfg muß grdsätzl ihrem vollem Umfang nach feststehen, wenn Rechte aus ihr hergeleitet w sollen, BayObLG **67**, 206. Über die Rechtslage bei mangelnder Feststellbark eines Teils des Test s 2085 Anm 1 a E u das dort angeführte BGH-Urt LM Nr 1 zu § 2085.

3) Andere Beweismittel, I 2, (zB ZeugenBew, eidesstattl Versicherg Dritter, wenn Zeugenvernehmg nicht durchführb Düss MDR **61**, 242, aM Erm-Barth – Schlüter Rdz 4, Abschriften, FamStammbücher,

FamStandszeugnisse, Schriftproben) zugelassen, wenn zB bzgl der Echth eines eigenhänd Test Zweifel bestehen od das Test verlorengegangen (KG JW **19**, 586, Oldbg Rpfleger **67**, 416) od aus Kostengründen vernichtet ist (LG Flensbg JurBüro **76**, 532) od die Beschaffg ausländischer, älterer Urk bes kostspielig od schwierig wäre, s BayObLG **51**, 694, Hamm JMBl NRW **64**, 134. Oldbg aaO bemerkt: die Abschr eines privatschriftl Text mag Beweis dafür liefern, daß der Erbl ein entspr Test errichtet hat, s KG OLGZ **75**, 355 (Vorlage einer Ablichtg); daraus folgt indes noch nicht mit genügender Sicherh, daß er es auch bis zu seinem Tode aufrechterhalten wollte u aufrechterhalten hat, s zur Beweislast § 2358 Anm 1c. Die Teil-Abschr eines vor einem ausl Notar errichteten Test eines deutschen Erbl erachtet Oldbg NdsRpfl **63**, 181 als ausreichde Unterlage für die Erteilg eines Hoffolgezeugn. – Kenntnis **ausländischen Rechts** muß sich das Ger selbst verschaffen, evtl durch Gutachten der Universitätsinstitute; s auch das G zur Ausf des Europ Übereinkommens v 7. 6. 68, betr Auskünfte über ausländ R v 5. 7. 74 (BGBl I 1433, II 937, 938; **75** I 698, II 300) und dazu Wolf NJW **75**, 1583, Bartsch Rpfleger **75**, 273.

4) **Eidesstattl Versichergen**, II 1. Abs II ist hins des Nachweises der ZugewGemsch durch das GleichberG v 18. 6. 57 ergänzt. Dieser Nachweis ist wg des erhöhten gesetzl Erbteils des überlebenden Eheg, § 1371 I, notw, aber durch öff Urk idR nicht zu erbringen; er erübrigt sich, wenn es sich nicht um gesetzl Erbfolge handelt, sond der Erbl dem überl Eheg „den gesetzl Erbteil" zugewendet hat, der Güterstd also im Rahmen des § 2358 ermittelt w muß, KG FamRZ **61**, 447. – **a)** Die eidesstattl Versicherg – vor **Gericht** (jedes AG, Winkler Rpfleger **71**, 346, auch RechtshilfeG, s RGRK Rdz 13, Ffm Rpfleger **70**, 206; Celle MDR **70**, 930, SchlHOLG SchlHA **71**, 17; nur für Zustdgk des NachlG aber Mecke, BeurkG 1 Rdn 33[72]; Weber DRiZ **70**, 47, Erm-Barth-Schlüter Rdz 5), Rechtspfleger, § 3 Nr 1 f, Nr 2 c RPflG, od **Notar**; zum Verf s §§ 1 II, 38 BeurkG – braucht nur negativ ein Nichtwissen auszudrücken, Tröster Rpfleger **60**, 39, LG Aachen RhNK **60**, 137; BayObLG **61**, 23. Ist vom **AntrSt** (auch beim TestVollstr, KG OLGZ **67**, 249, Kiel NJW **76**, 2351, Nachl- u NachlKonkVerw, Gläub) persönl od dch gesetzl Vertreter, bei Minderj über 16 Jahren auch durch diese selbst, abzugeben, nicht aber von gewillkürtem Vertr, KG OLGZ **67**, 249, auch nicht vom Bevollmächtigten des gesetzl Vertreters, BayObLG **61**, 10. Bei ErbSch für NachE bedarf es nicht unbedingt neuer Versicherg, KGJ **46**, 146. Was das NachlG kann die Fassg der Erklärg ggf an den tatsächl Verhältn anpassen, Staud-Firsching Anm 36, 39, Erm-Barth–Schlüter Rdz 5; zur Ang des Güterstds s LG Wuppertal RhNK **73**, 265. **Bezug auf Schriftstück**, in dem die Angaben, §§ 2354, 2355, enthalten sind, ist gem §§ 38 mit 9 I BeurkG zul, falls in der Niederschr auf das Schriftstück verwiesen u es dieser beigefügt w. Es genügt auch Vorlage einer beglaubigten Abschr der eidesstattl Vers iV enthaltenen notariellen ErbSchVerhandlg, LG Berl DNotZ **68**, 51, LG Düss RhNK **69**, 725. **Verweigerung** der eidesstattl Vers vor der Vorlegg anderer BewMittel rechtfertigt Abweisg des Antr nur, wenn sich das NachlG nicht vAw die erforderl BewMittel verschaffen kann, § 2358, § 12 FGG, Erm-Barth-Schlüter Rdz 6, LG Flensbg aaO; aM Deubner § 1[12]. Bei Unrichtigk der eidesstattl Vers kann eine neue nur verlangt werden, wenn für die Entscheidg wesentl, KG DR **43**, 1071, Köln MDR **59**, 585, s auch § 2361 Anm 2. Gibt AntrSteller im ErbSchVerf eine eidesstattl Vers nach §§ 2356 II 1, 2354 I Nr 4 ab, so besteht idR kein Befürfn, ihn auch noch zur Abg einer eidesstattl Vers nach FGG 83 II anzuhalten, BayObLG **77**, 59. – **b)** **Erlaß** der Versicherg liegt im pflichtmäßigen Erm des NachlG, II 2. Wird nach Wegfall der TestVollstrg die Erteilung eines der veränderten Sachlage entspr ErbSch beantragt, so wird es nur unter bes Umständen einer erneuten eidesstattl Versicherg bedürfen, KG OLGZ **67**, 247. – **c)** B e s c h w e r d e (Erinnerng) gg Anforderg zul, KG OLGZ **67**, 248, aM RGRK Rdz 15. Unterlassg der Prüfg, ob Erlaß geboten, begründet Gesetzesverletzg nach FGG 27, Köln MDR **59**, 585. Beschw gg Ablehng des Antr auf Erteilg eines ErbSch (Hoffolgezeugn) ist auch zul, wenn das Ger sich über die Befugn, ohne eidesstattl Versicherg zu erlassen, im klaren ist, von der Erlaßmöglichkeit nicht abgesehen u den Antr deshalb abgelehnt hat, weil der AntrSteller keine eidesstattl Versicherg iS des § 2356 abgegeben hat, Celle NdsRpfl **68**, 131. – **Gebühr**: KostO 49, 107 I 2, dazu BayObLG **72**, 98, Jur Büro **74**, 842, OLG Karlsr/Freibg Just **75**, 32.

5) **Offenkundigk**, III, ZPO 291, liegt vor bei Tatsachen, die nach allg Erfahrg feststehen od dem NachlG amtl bekannt sind, zB bei Ausschlagg, Anfechtg ggü NachlG od wenn schon ein MitE die Versicherg abgegeben hatte. Hohe Wahrscheinlichk reicht nicht aus, daher ist durch 2. Eheschließg Wegfall (Tod) des 1. Gatten vor der Wiederverheiratg nicht offenkundig, sond durch SterbeUrk nachzuweisen, KG JW **35**, 1885, auch Rpfleger **77**, 209, Soergel-Müller Rdz 25.

2357 Gemeinschaftlicher Erbschein.
I Sind mehrere Erben vorhanden, so ist auf Antrag ein gemeinschaftlicher Erbschein zu erteilen. Der Antrag kann von jedem der Erben gestellt werden.

II In dem Antrage sind die Erben und ihre Erbteile anzugeben.

III Wird der Antrag nicht von allen Erben gestellt, so hat er die Angabe zu enthalten, daß die übrigen Erben die Erbschaft angenommen haben. Die Vorschriften des § 2356 gelten auch für die sich auf die übrigen Erben beziehenden Angaben des Antragstellers.

IV Die Versicherung an Eides Statt ist von allen Erben abzugeben, sofern nicht das Nachlaßgericht die Versicherung eines oder einiger von ihnen für ausreichend erachtet.

1) **Arten des Erbscheins**, vgl Übbl 1a vor § 2353.

2) **Besonderheiten**: **a)** Der **Antrag** kann von jedem Erben gestellt werden; bei gemschaftl TeilErbSch auch von einem Erben, der nicht zu dem betr Stamm gehört, Greiser, DFG **36**, 192; – **b)** in dem Antr sind sämtl **Erben** u ihre **Erbteile** anzugeben (Haupt- u Hilfsantrag zul; vgl § 2353 Anm 3; kennt AntrSt nicht alle Erben, kann nach § 2358 II geholfen werden). Erbteil ist auch hier Bruchteil des Erbrechts, nicht ein Geldbetrag. Erbteilsangabe fällt nicht unter die eidesstattl Versicherg des § 2356 II; – **c) Erbschafts-**

annahme liegt beim antragstellenden Erben idR schon im Antr, § 2354 Anm 1; bzgl der übr Miterben muß er sie nicht nur behaupten, sond auch beweisen, dh durch eigene Erkl der Miterben, Urk od eidesstattl Versicherg, § 2356, bei Verschollenen durch Erkl des AbwesenhPflegers; Voraussetzg ist hierbei entw Bestehen einer Lebensvermutg, VerschG 10, zZ des Erbfalls od Nachweis, daß der Verschollene den Erbf erlebte, RGRK Rdz 7; Oldbg NdsRpfl **52**, 53; s auch Firsching DNotZ **60**, 569. Diese BewPfl liegt auch dem nicht erbenden AntrSt (TestVollstr, Gläub) ob. Bei **fehlendem Antrag** ist der (nicht genehmigte) ErbSch einzuziehen, KG RJA **14**, 272, § 2361 Anm 2, nicht bei fehlendem AntrErfordernis (zB mangelndem Annahmenachweis) – **d) Versicherung an Eides Statt, IV,** kann von allen Miterben verlangt werden, auch wenn sie nicht AntrSt sind (beim gemeinschaftl TeilErbSch nur von den Stammesangehörigen), wenn NachlG auf Grd der eingereichten eidesstattl Vers des AntrSt die zur Begründg des Antr erforderl Tats noch nicht für festgestellt erachtet, LG Kblz Rpfleger **70**, 170, Wuppt RhNK **77**, 57; KG JFG **12**, 207. Sie kann aber nicht von NachE verlangt w, KGJ **33** A 98. AntrSt kann Mitwirkg der and nach § 2038 I 2 verlangen. **e) Beschwerde** (Erinnerg), FGG 19, 20, steht gg Ablehng dem AntrSt, aber auch dem and Miterben zu, aM 19. Aufl, vgl im übr § 2353 Anm 6. – **f)** Hins der Ermittlg des **Geschäftswerts** bei Vorausvermächtn, die alle Erben belasten, vgl BayObLG **54**, 179.

3) Zeitweilige Unzulässigk der Erteilg, wenn die Erbteile wg der zu erwartenden Geburt von Miterben od aus sonstigen Gründen, § 2043 II, noch unbestimmt sind. Hier hilft nur **Teilerbschein** für die Witwe u auch für die Abkömmlinge; nach der Geburt einzuziehen, KGJ **42**, 128. Stirbt der nehel Vater vor Feststell der Vaterschaft ohne Hinterlassg einer Ehefrau u ehel Abkömml, so kann das NachlG ErbSch für die sonstigen gesetzl Erben bis zur Feststell od Nichtfeststell der Vaterschaft des nehel Kindes nicht erteilen, s Knur Betr **70**, 1061. S auch § 2353 Anm 5.

4) Ob dann, wenn die Feststellg der Größe der Erbteile auf unüberwindl BewSchwierigk stößt, ein ErbSch erteilt w kann, der die bestehenden Zweifel offen läßt, so Firsching, NachlR, S 158, ist fragl, von BayObLG **62**, 54 im Einzelfall verneint. Lange-Kuchinke § 41 IV 3 erachtet Angabe der Bruchteile für entbehrl, wenn sämtl Erben feststehen **(vorläufiger ErbSch)**, s auch Brox § 35 II 2c, Hamm Rpfleger **69**, 299 (ErbSch mit ungewisser Erbschaftsquote, Angabe eines Mindesterbteils), SchlHOLG SchlHA **78**, 37 (vorläuf ErbSch mit Hinw auf die zu errechnden Quoten).

5) Ein MitE kann ohne Bevollmächtigg nicht beantragen, einem **anderen MitE** einen gemschaftl ErbSch zu erteilen.

2358 *Ermittlungen des Nachlaßgerichts.* ^I Das Nachlaßgericht hat unter Benutzung der von dem Antragsteller angegebenen Beweismittel von Amts wegen die zur Feststellung der Tatsachen erforderlichen Ermittelungen zu veranstalten und die geeignet erscheinenden Beweise aufzunehmen.

^{II} Das Nachlaßgericht kann eine öffentliche Aufforderung zur Anmeldung der anderen Personen zustehenden Erbrechte erlassen; die Art der Bekanntmachung und die Dauer der Anmeldungsfrist bestimmen sich nach den für das Aufgebotsverfahren geltenden Vorschriften.

1) Die Ermittlgspflicht des NachlG, FGG 12, 15, ist durch ErbSchAntr bedingt, jedoch auf die angegebenen Tatsachen u BewMittel nicht beschränkt, ihre Ausdehng steht im pflichtgem Ermessen des Ger, KG DJ **36**, 1699, BayObLG **51**, 690, **56**, 384, Ffm NJW **53**, 507. – **a) Umfang.** Sie erstreckt sich insb auf die örtl Zustdgk der Angaben der Rücks auf die Angaben der SterbeUrk über den Wohns des Erbl, KG Rpfleger **59**, 54, das Vorhandensein, die Echtheit, Wirksamk u den Sinn der Vfg vTw, ggf auf die TestierFgk (Sachverst-Gutachten!), Hamm JMBl NRW **64**, 196, MDR **67**, 496, auf die Staatsangehörigk des Erbl, KG JR **51**, 762, s § 2354 Anm 4, bei Eheg auf den Güterstd, § 1371 Anm 1, LG Hildesheim MDR **62**, 56, § 1931 IV, auf die Anf, jedoch grdsätzl nur auf die geltd gemachten AnfGrd, BayObLG **62**, 47, **73**, 257/258, auf die Ausschlagg, Düss MDR **78**, 142, u die gebundenh durch Erbrechtsanerkenng, Vergleiche der Beteiligten nicht beseitigt. Feststell der Erbunwürdigk ist nicht mögl; die Behauptg der Vernichtg eines späteren Test dch den Bedachten ist nur unter dem GesichtsPkt der Aufhebg des vorgelegten Test zu prüfen, BayObLG aaO. Auch wenn der AntrSteller aus Kostengründen das Test vernichtet u die Abg einer eidesstattl Vers verweigert hat, ist das NachlG verpfl, erforderlichenfalls weiterspr Ermittlgen zur Verbescheidg des ErbSchAntr durchzuführen, Flensbg JurBüro **76**, 532. – Eine Verpfl des NachlG, ErbErsBer zu ermitteln, besteht nicht, Schramm, BWNotZ **70**, 17. – **b) Verfahren.** Zuziehg der Beteiligten zu förml Beweiserhebgen, FGG 15, die auch durch Rechtshilfe erfolgen können, ist geboten, Keidel-Kuntze-Winkler § 15 FGG Rdz 6, KG NJW **62**, 2114, Jansen² § 15 FGG Rdz 8, nicht aber bei formloser Anhörg Beteiligter od AuskPersonen, KG NJW **60**, 486 (jedoch Wahrg des rechtl Gehörs). Auch ein Ersuchen um **eidesstattl Vernehmg** von Zeugen ist zul, da die eidesstattl Vers im FGGVerf ein allg zul BewMittel ist, Keidel-Kuntze-Winkler FGG 12 Rdz 93, Celle FamRZ **59**, 33, bestr, aM Celle Rpfleger **59**, 161. Als Zeugen können weder der AntrSt noch die am Verf materiell Beteiligten vernommen w, Hamm Rpfleger **56**, 243, JMBl NRW **63**, 120, BayObLG **60**, 216, **62**, 272, 493. Dagg ist eidl Vernehmg der Beteiligten zul, wenn andere BewMittel nicht vorhanden u eine gewisse Wahrscheinlichk für die zu erweisende Tats besteht, BayObLG **52**, 102, **53**, 5, Schlegelberger § 15 FGG Anm 27, Keidel-Kuntze-Winkler § 15 FGG Rdz 35, Barnstedt DNotZ **58**, 470, jetzt hM im Schrifttum, auch RGRK Rdz 5; aM BGHSt **5**, 112; **10**, 272, Hamm JMBl NRW **63**, 120, Jansen² § 15 FGG Rdz 78. Das persönl Erscheinen der Beteiligten kann durch Zwangsgeldfestsetzg erzwungen werden, s Hamm Rpfleger **56**, 243, bestr. Gegen Ermittlgen keine Beschw. – Verweisung auf den Rechtsweg bei TestAnfechtg unzulässig, KG NJW **63**, 767; bei anhängigem Prozeß, § 2360, darf (pflichtgem Erm) NachlG aussetzen, KG OLG **40**, 155, FamRZ **68**, 219 (bei Rechtsstr vor ausländ Ger), BayObLG **69**, 184 (Aussetzg dch RBeschwG), keine Aussetzg bei bloßer Behauptg von Erbunwürdigk, BayObLG Rpfleger **75**, 243. – Zwischen Vfg s § 2353

Erbschein §§ 2358–2360

Anm 3a. – **c)** Eine formelle **Beweislast** gibt es, abgesehen von den im G, §§ 2354, 2355, 2356, begründeten Ausnahmen, nicht, Hamm DNotZ **50**, 43, Neust FamRZ **61**, 541 mit Anm v Lutter, BayObLG **76**, 151/164, wohl aber eine Feststellgslast (**materielle Beweislast**) für die Voraussetzgen des Antrags u für die Einreden des AntrGegners, Keidel-Kuntze-Winkler § 12 FGG Rdz 102–106, Deubner JuS **61**, 35, Habscheid JZ **62**, 418, NJW **66**, 769, auch BayObLG **62**, 299, KG NJW **63**, 766, Hamm OLGZ **66**, 497, SchlHOLG SchlHA **70**, 138, Ffm Rpfleger **78**, 210. Nach den Grdsätzen der materiellen Beweislast regelt sich also die Frage, zu wessen Lasten es geht, wenn eine erhebl rechtsbegründde Tats nicht erweisb ist, Hamm OLGZ **67**, 79; KG NJW **63**, 766. Aus diesen Grdsätzen ergibt sich auch, daß den ErbSchBewerber nicht die Feststellgslast für das Nichtvorhandensein eines Ausnahmetatbestandes trifft, der ein im übr nachgewiesenes ErbR ausschließen würde; zu diesem AusnTatbestd gehören nicht nur Tats, die das zunächst begründete ErbR vernichten, zB Anfechtg des Test, Ausschlag der Erbsch, Eintritt einer auflösden Bedingg, Erbverzicht, sond auch solche Tats, die schon vor dem Erbfall die Gültigk einer letztw Vfg berühren, zB Testierunfähigk des Erbl, Vorhandensein eines WiderrufsTest, Gebundenh des Erbl an einen ErbVertr od an ein wechselbezügl Test, Stgt Just **67**, 150. Zur Beweislast bei Beurteilg der Frage, ob ein Test sittenwidrig ist, s BGH **53**, 379, § 2077 Anm 1 A b cc. – **d)** Nach LG Frankenthal RzW **63**, 28 hat NachlG bei Erteilg eines ErbSch für Entschädiggszwecke die **Beweiserleichtergen** des BEG 176 II zu beachten. – **e)** Zur **BelehrgsPfl** des RechtsPfl bei Aufn einer ErbSchVerhandlg aGrd öffentl Test s Hamm JurBüro **73**, 1184.

2) Veranlassg zur öffentl Aufforderg, II, § 1965 I, ZPO 948–950, mit der keine AusschlWirkg verbunden, besteht, wenn der AntrSt selbst nicht weiß, ob er sämtl Miterben angegeben hat, od das Vorhandensein BesserBerecht wahrscheinl ist; ob das Ger davon Gebr macht, steht in seinem pflichtgem Erm; sie kommt grdsätzl erst in Betr, wenn das Ger seiner ErmittlgsPfl genügt hat; sie ist rechtsgrdsätzl nicht ausgeschl, wenn das NachlG vorher ein öff Aufforderg iS des § 1965 erlassen hat, KG Rpfleger **70**, 339. Die öff Aufforderg soll den Kreis der Erbansprecher begrenzen u die ErbSchErteilg aGrd dieser Begrenzg ermöglichen (bes bei Auslandserben anwendbar). Nicht angemeldete Erbrechte sind bis zu ihrer etwaigen nachträgl Feststellg unberücksichtigt zu lassen, KG JFG **20**, 389, LG Bln DNotZ **51**, 525; die Anmeldg dch den AbwesenhPfleger des Vermißten reicht nicht ohne weiteres aus, diesem das ErbR zu erhalten, SchlHOLG SchlHA **65**, 279.

2359 *Feststellung des Erbrechts.* **Der Erbschein ist nur zu erteilen, wenn das Nachlaßgericht die zur Begründung des Antrags erforderlichen Tatsachen für festgestellt erachtet.**

1) Nach freier Überzeugg entscheidet das Ger über die tatsächl u rechtl Voraussetzgen des Erbrechts, ohne an BewRegeln, die Auslegg od Vergleiche, BayObLG **29**, 211, **66**, 236, der Beteiligten gebunden zu sein, Erm-Barthol-Schlüter Rdz 3. Zu beachten ist, daß eine Erbenstellg nur dch Gesetz (rechtswirks) Test od (rechtswirks) ErbVertr begründet w kann, daß die Voraussetzgen, unter denen ein Erbe wegfallen kann im Gesetz erschöpfd geregelt sind, die Erbenstellg aber nicht nach § 242 angezweifelt w kann, BayObLG **65**, 90. Auch die Einrede der unzul RAusübg hat keine Geltg. – **a)** Hinsichtl der **Bindg** des NachlG **an rechtskräftige Urteile**, dazu auch Erm-Barth-Schlüter Rdz 5, ist zu unterscheiden: Ist das ErbR des Gegners des AntrStellers bejaht, so kann es zwar einem Dritten, nicht aber der unterlegenen ProzPart ErbSch erteilen; es muß ihm dem AntrSt erteilen, wenn nicht ein Dritter Erbe ist, Staud-Firsching § 2360 Anm 9. Keine Bindg besteht aber, wenn nachträgl begründete, dem ProzRichter unbekannte Umstände auftauchen, die dem Unterlegenen die Einrede argl Ausnutzg der Rechtskr, RG **155**, 55, BGH NJW **51**, 759, gewähren würden; s auch Soergel-Müller Rdz 6, 7. – **b) Zweifel** tatsächl od rechtl Natur hat das NachlG selbständig zu entscheiden, mag dies nun zur Erteilg od Ablehng des Erbscheins führen, s BGH FamRZ **74**, 645 (Nachprüfg der Wirksk einer dch Erbl erfolgten Adoption, dazu auch BayObLG FamRZ **76**, 101). Bloße **Anfechtbark** einer Vfg vTw hindert die Erteilg nicht (wg der Aussetzg § 2360 Anm 1); über die Wirksamk einer TestAnf ist aber im ErbSchVerf zu befinden, KG NJW **63**, 766; die materielle BewLast für die AnfGründe trifft den, der ErbR an geltend macht, BayObLG **62**, 299, KG NJW **63**, 766, s § 2358 Anm 1 c. – **c)** Die Entscheidg der Flüchtlingsverwaltg über die Ausstellg von **Vertriebenenausweisen**, zB des Ausweises A für Heimatvertriebene, § 15 II Nr 1 BVFG, ist trotz § 15 V BVFG zB hins der Frage, ob der Erbl Deutscher ohne Staatsangehörigk iS des Art 116 I GG war, für das NachlG nicht bindend, vgl BayObLG **64**, 291; Kühne-Wolff Anm 1 zu § 11 LAG; BGH RzW **62**, 421. – **d) ErbSch nur nach Antrag**. Ein ErbSch anderen als des beantragten Inhalts darf nicht erteilt werden, s Firsching, DNotZ **60**, 569, vielm ist er entweder wie beantragt zu erteilen od zu verweigern, wenn trotz Anstellg aller gebotenen Ermittlgen begründete Zweifel gg die Richtigk des beantragten ErbSch fortbestehen, KG HRR **33** Nr 1492. Jedoch hat das NachlG die Beteiligten auf Bedenken über die AntrStellg hinzuweisen (s KG DNotZ **55**, 408), s auch § 2353 Anm 3a. Über Erteilg des ErbSch bei **verlorenem**, nicht erreichbarem, **Test**, s Celle MDR **62**, 410; BayObLG **67**, 206; LG Bln Rpfleger **71**, 148; KG OLGZ **75**, 355; s auch § 2255 Anm 4c. – **e)** Bei Erteilg eines ErbSch aGrd gemeinschaftl Test nach dem LängstLeb kann geprüft w, ob der ErbSch nach dem vorverstorb Eheg richt ist, Ffm Rpfleger **72**, 56.

2) Berichtigung wg offenbarer Unrichtigk, ZPO 319, KG DFG **37**, 87, auch beim ErbSch ohne Einziehg mögl, Höver, DFG **36**, 31, s jedoch § 2361 Anm 1.

3) Beschwerde vgl § 2353 Anm 6.

2360 *Anhörung des Gegners.* **I Ist ein Rechtsstreit über das Erbrecht anhängig, so soll vor der Erteilung des Erbscheins der Gegner des Antragstellers gehört werden.**

**II Ist die Verfügung, auf der das Erbrecht beruht, nicht in einer dem Nachlaßgerichte vorliegenden öffentlichen Urkunde enthalten, so soll vor der Erteilung des Erbscheins derjenige über die Gültigkeit der Verfügung gehört werden, welcher im Falle der Unwirksamkeit der Verfügung Erbe sein würde.

III Die Anhörung ist nicht erforderlich, wenn sie untunlich ist.

1) Die Erbrechtsfeststellg im Erbschein erfolgt unbeschadet der etwaigen Entscheidg des ProzeßG, vgl Übbl 3 vor § 2353. Die Anhängigk eines Prozesses auf Feststellg des Erbrechts od Herausg der Erbsch schließt theoretisch die ErbSchErteilg nicht aus, **I**, führt aber praktisch zur Aussetzg des ErbSchVerfahrens, § 2358 Anm 1b (wg der UrtWirkg vgl Übbl 3, § 2359 Anm 1). Dagg kann der RStreit nicht bis zur Erledigg des ErbSchVerf ausgesetzt werden, da ZPO 148 nicht anwendb, KG OLGZ **75**, 355; NachlVerw (Konk) ist kein Hindern der ErbSchAusstellg.

2) Anhörg, II, III, der ohne die Vfg als Erbprätendenten in Betr kommden Pers bei PrivatTest (§§ 2247, 2250, 2251) geboten, dazu Kollhosser, Zur Stellg u zum Begr der VerfBeteiligten im ErkenntnVerf der FreiwG, 1970, § 4 V 5, § 10 III 3a cc, auch KG OLG **72**, 78. Art 103 I GG hat **II** zu einer zwingden Vorschr gemacht, Soergel-Müller Rdz 5; aber keine Einziehg des ErbSch wg Verletzg des rechtl Gehörs, BGH NJW **63**, 1972; daß zahlreiche od weit entfernt wohnde Personen als gesetzl Erben in Betr kommen, reicht für Untunlichk der Anhörg, **III**, nicht aus, BayObLG **60**, 432. Das rechtl Gehör kann aber nicht als verletzt angesehen w, wenn von der Anhörg gesetzl Erben abgesehen w, die in der DDR (Ostberlin) wohnen u für die dch eine Anhörg Nachteile entstehen können, vgl Welskop RhNK **65**, 279. Es ist denkbar, daß auf der Unterlassg der Anhörg entfernter Verwandter die vom Landgericht bestätigte ErbSchErteilg nicht beruht. Keine Pflicht zur Anhörg gesetzl Erben, die aus jedem RechtsGrd ausgeschlagen haben, auch nicht zur Anhörg von Personen, denen nur ein ErbErsAnspr, § 1934a, zustehen würde. – Der Anspr auf rechtl Gehör erfordert aber nicht, daß auch bei Vorliegen eines ErbVertr od öffentl Test vor Erteilg des ErbSch od TV-Zeugnisses die gesetzl Erben gehört werden, KG NJW **63**, 880, Haegele Rpfleger **64**, 80 f, aM Köln NJW **62**, 1728, Barth-Schlüter Lehrb § 33 III 3b, Kollhosser aaO § 4 V 5. Einwendungen Dritter (aber nicht die übergangener PflichtBerecht, von § 2079 abgesehen) sind bei der AntrPrüfg zu berücksichtigen.

2361 *Einziehung oder Kraftloserklärung des unrichtigen Erbscheins.*
I Ergibt sich, daß der erteilte Erbschein unrichtig ist, so hat ihn das Nachlaßgericht einzuziehen. Mit der Einziehung wird der Erbschein kraftlos.

II Kann der Erbschein nicht sofort erlangt werden, so hat ihn das Nachlaßgericht durch Beschluß für kraftlos zu erklären. Der Beschluß ist nach den für die öffentliche Zustellung einer Ladung geltenden Vorschriften der Zivilprozeßordnung bekannt zu machen. Mit dem Ablauf eines Monats nach der letzten Einrückung des Beschlusses in die öffentlichen Blätter wird die Kraftloserklärung wirksam.

III Das Nachlaßgericht kann von Amts wegen über die Richtigkeit eines erteilten Erbscheins Ermittelungen veranstalten.

Schrifttum: Lindacher, Die vorläufige Erbscheinseinziehg, NJW **74**, 20.

1) Allgemeines. a) Der unrichtige Erbschein (und entspr das Zeugnis der GBO 36, 37, KG JFG **14**, 137) ist gefährl u muß alsbald aus dem Verkehr gezogen werden. Dazu dient die **Einziehg, I, KraftlosErkl, II,** u das Verlangen auf Herausg, § 2362. Die Einziehg setzt seine wirks Erteilg voraus, BayObLG **60**, 501/504; ist der ErbSch noch nicht erteilt, kann Aufhebg des ErteilgsBeschl in Betr kommen, Soergel-Müller Rdz 16. Für die Anregg, den ErbSch als unrichtig einzuziehn, besteht keine zeitl Grenze, BayObLG **66**, 49, 233 (VorlageBeschl) u ebso BGH **47**, 58 (gg SchlHOLG SchlHA **64**, 259 mit Anm von Scheyhing), der eine Einziehg des ErbSch, den das NachlG nach erneuter Prüfg für unricht hält, auch dann für zuläss erachtet, wenn seit Erteilg des ErbSch ein langer Zeitraum verstrichen ist, zwischenzeitl keine neuen Tats aufgetreten sind u die der Erteilg zugrdeliegde den Betroffenen widerspruchslos hingenommene TestAuslegg denkgesetzl mögl war, dazu Anm v Johannsen **LM** Nr 5; BayObLG **75**, 62/65, Rpfleger **76**, 421. Auch sonst kann der Einziehg nicht mit dem Hinweis auf Treu u Glauben entgg getreten werden. Der „Antr" auf Einziehg eines ErbSch kann mit einem neuen ErbSchAntr verbunden w. – **b)** Eine **Berichtigg** od **Ergänzg** eines ErbSch ist zuläss, wenn es sich um die Beseitigg unzulässiger od überflüssiger od um die Aufn vorgeschriebener Zusätze handelt, die den Sachverhalt des ErbSch unberührt lassen u die am öffentl Glauben des ErbSch nicht teilnehmen, KG OLG **40**, 155 Fußn f, OLGZ **66**, 612 (zur Aufn der in BEG 181 II 2 vorgeschriebenen Angaben über das VerwandtschVerh zw Erbl u Erben) mit Anm v Haegele Rpfleger **67**, 413; s auch LG Bln Rpfleger **76**, 182; zuläss ist auch die Berichtigg offenbarer Unrichtigk, ZPO 319, s § 2359 Anm 2. Im übrigen ist aber eine Änderg, Berichtigg od Ergänzg des ErbSch nicht statth, Celle NdsRpfl **55**, 189, Ffm Rpfleger **78**, 310/311, Ausn s § 2363 Anm 1b. Desh kann auch ein vorl gemeinschaftl ErbSch, in dem die Erbteile noch nicht angegeben sind, nicht ergänzt w; ist die Größe der Erbteile nachträgl festgestellt, so muß ein solcher ErbSch eingezogen u ein endgültiger gemeinschaftl ErbSch erteilt w, Hamm Rpfleger **69**, 298. – Ein Antr auf Änderg od Berichtigg ist, soweit diese Maßn unzuläss sind, als Antr auf Einziehg u Erteilg eines anderen ErbSch aufzufassen.

2) Voraussetzg ist ursprüngl oder nachträgl Unrichtigk (unrichtige Bezeichnung der Erben, Erbteile, Übersehen von ErbBerecht od Test, Anf, wirks Ausschlagg nach Erteilg, Ausschlagg eines Nacherben, Übertr der NERechte auf VorE nach Erteilg eines den NEVermerk enthaltden Erbsch, LG Bln DNotZ **76**, 569, TestNichtigk, zB inf Geisteskrankh, vgl Höver DFG **40**, 81, Nichtanführg von Beschrkgen, §§ 2363, 2364 (Ffm Rpfleger **78**, 310), u Befreiungen, § 2136, Widersprüchlichk, s KG RJA **17**, 56, and rechtl Beurteilg, Ffm Rpfleger **53**, 37, and Auslegg, BGH **47**, 48, Eintritt der Nacherbfolge, nachträgl Feststellg der Vorausset-

Erbschein **§ 2361** 2–4

zgen des § 2306 I 1 mit II, Schlesw NJW **61**, 1929, Erledigg der TestVollstrg); Einziehg auch bei richtigem, aber trotz Fehlens einer VerfVoraussetzg, BGH NJW **63**, 1972, KG NJW **63**, 880, erteiltem ErbSch (durch unzuständ Ger, Hamm OLGZ **72**, 352/353; BayObLG Rpfleger **75**, 304, von BGH Rpfleger **76**, 174 aber verneint, wenn sich die örtl Unzuständigk des tät gew Ger nicht aus einer eindeut Vorschr ergibt; es ist an der Zeit, diese Rechtspr überh aufzugeben!), durch einen nicht mit Rechtspflegeraufgaben betrauten Beamten des gehobenen Justizdienstes Ffm NJW **68**, 1289, dch einen funktionell unzust Rpfleger, LG Kblz DNotZ **69**, 431, od auf Antr eines NichtBerecht, ohne Antr od abweichd vom Antrage eines Berecht, sofern nicht der AntrBerecht die Erteilg nachträgl ausdrückl od stillschw genehmigt, BayObLG **67**, 9, **70**, 109f. Auch die unricht Beurteilg des Erbstatuts des Erbl (Art 24 ff EG), NichtAufn des die Erbfolge bestimmden ausländ R kann zur Unrichtigk des ErbSch führen, KG Rpfleger **77**, 307. BVerfG **23**, 98, das im Ggsatz zur bish RPraxis die 11. DVO z ReichsbürgerG als vom Anfang an nichtig u Verfolgte, denen die dtsche Staatsangehörigk aus polit, rass od rel Gründen entzogen worden ist, grdsätzl weiterhin als dtsche StaatsAngeh ansieht, macht die Einziehg vieler ErbSch erforderl, s Genzel JZ **69**, 98, auch § 2369 Anm 2. Auch entgg BGH **52**, 123 erteilte unbeschränkte ErbSch sind einzuziehen, Hamm OLGZ **72**, 352, bestr; aM Rpfleger **75**, 168 (VorlageBeschl), dazu BGH Rpfleger **76**, 174, der bei ErbSch für LAZwecke aGrd eines gemeinschaftl Test kann für wenig sinnvoll erachtet. Bei Erteilg eines ErbSch nach dem LängstLeb aGrd eines gemeinschaftl Test kann nachgeprüft w, ob der nach dem vorverst Eheg erteilte ErbSch richtig ist, Ffm Rpfleger **72**, 56. – **a) Einziehg erfordert** nicht, daß die Unrichtigk nachgewiesen ist; es genügt, wenn das bei der Erteilg angen ErbR nicht mehr feststeht u die nach § 2359 erforderl Überzeugg des Gerichts erschüttert ist, BayObLG **66**, 233/236, Hamm JMBl NRW **56**, 246, Celle NdsRpfl **62**, 203, KG NJW **63**, 706, Ffm Rpfleger **73**, 95, **78**, 310. Ergeben sich Zweifel an der Richtigk eines ErbSch, so ist nicht ohne weiteres einzuziehen, vielm ist über die Einziehg erst nach abschließder Aufklärg, FGG 12, zu entscheiden, BGH **40**, 54 = NJW **63**, 1972 mit Anm von Piepenbrock **LM** Nr 4, von Haegele Rpfleger **64**, 79, Karlsr MDR **69**, 223, Ffm aaO, BayObLG **74**/95/105; Düss MDR **78**, 142; s auch LG Bln Rpfleger **71**, 149 (Einziehg bei Anhängigk eines für das ErbR vorgreift GerVerf) mit Anm von Bonnet, dagg Gienke Rpfleger **73**, 52. Keine Unrichtigk tritt ein bei Erbteilsübertragg, § 2033, ErbschVerkauf, od Wechsel in der Pers des TestVollstr, ebso nicht allein desw, weil der ErbSch auf die Todesvermutg des REG AmZ 51 gestützt ist, obwohl diese Vorschr im ErbSchVerf nicht anwendb ist, BayObLG **52**, 163. Eine im ErbSchVerf abgegebene falsche eidesstattl Versicherg, § 2356 II, nötigt für sich allein nicht zur Einziehg des ErbSch, Hamm OLGZ **67**, 74. Die Einziehg des ErbSch kommt auch nicht in Betr, wenn sich nachträgl herausstellt, daß die letztw Vfg, von der das NachlG bei Erteilg ausgegangen ist, aus irgend einem Grd unwirks ist od sein könnte, sich das bezeugte ErbR im selben Umfang aber aus einer anderen letztw Vfg ergibt, Hamm aaO, wenn der ehemals unrichtige ErbSch sich später als richt erweist, LG Kblz DNotZ **69**, 430. – **b)** Das **NachlGericht** hat **von Amts wegen Ermittlgen** anzustellen, III, wenn die Anregg oder der Antr auf Einziehg, den jeder Beeinträchtigte stellen kann (zB ein NachlSchuldner, auch RNachfolger des VorE hins eines dem NachE erteilten ErbSch, Hamm JMBl NRW **62**, 63, ein TestVollstr, dessen Ernenng im ErbSch nicht erwähnt ist, Oldbg Rpfleger **65**, 305), dazu Veranlassg gibt. Die materielle **Beweislast** (Feststellglast) für die das ErbR vernichtenden Tatsachen, zB Wirksamk einer TestAnfechtg trifft den, der sie geltd macht, BayObLG **62**, 229, KG NJW **63**, 766.

3) **Die Einziehg** wird durch Vfg des NachlGerichts, das den ErbSch erteilt hatte, Hamm OLGZ **72**, 352/353, KG Rpfleger **66**, 209 (auch des NachlG, dem das AG Schöneberg [ZuständErgG 7 I 2] das EinziehgsVerf übertragen hat), ohne Rücks darauf, ob dieses örtl (intern) zust war, u zwar des Richters angeordnet, wenn die Voraussetzgen des § 16 Nr 7 RPflG vorliegen. Ob zur Einziehg eines ErbSch, der von einem Ger (Staatl Notariat) der DDR (Bln-Ost) erteilt worden ist, der entspr Anknüpfg zum Gebiet der BRep (Bln-West) ein westdtsches Ger interlokal zust ist, verneint Wengler JZ **69**, 666[6], ebso Broß RhNK **73**, 465/483, bejaht dagg das KG OLGZ **67**, 356, unter Annahme der örtl Zustdgk des AG Schöneberg u zwar für einen von einem jetzt zum Gebiet der DDR gehörden Ger erteilten ErbSch, für Bejahg auch Kuchinke, Festschr f v d Heydte, 1977 II 1005/1016, der annimmt, daß die für Erteilg eines ErbSch durch das Staatl Notariat der DDR die Erteilg eines ErbSch dch das NachlG der BRep nicht hindert. – Die EinziehgsVfg wird verbunden mit der Aufforderg an die Besitzer, die Ausfertiggen bei Vermeidg der Festsetzg von Zwangsgeld, FGG 33, binnen kurzer Frist abzuliefern; auch gewaltsame Wegnahme mögl. Rechte Dritter stehen nicht entgg. Beschwerdegericht hat die erforderl Aufklärgen grdsätzl selbst vorzunehmen, es kann aber nicht selbst einziehen, sond nur Einziehg durch NachlG anordnen, Celle NdsRpfl **55**, 189, Ffm Rpfleger **73**, 95. – **a)** Erst mit **Ablieferg** der (od der letzten) Ausfertigg wird der **Erbschein kraftlos**, I 2, BayObLG **66**, 233/235. Nicht ausreichend ist also ein bloßer Vermerk auf der Urschrift, Oldbg DNotZ **58**, 263. Dieser Vermerk u die Unbrauchbarmachg der Ausfertiggen (ähnl wie beim HypBrief) sind ledigl innerdienstl Bestätigg der tatsächl erfolgten Einziehg, Keidel DNotZ **58**, 263 Anm. Wenn, wie in Bay, die Urschrift des ErbSch an die Beteiligten hinausgegeben wird u bei den Gerichtsakten ledigl der Entwurf verbleibt, so müssen sämtl Urschriften, aber auch die nach FGG 85 erteilten Ausfertiggen an das NachlG abgeliefert werden, damit die Einziehg als erfolgt anzusehen ist, Keidel aaO. Ist keine Ausfertigg od Urschrift hinaus gegeben, zB nur der NachlAkt mit dem ErbSch dem Grdbuchamt zur Umschreibg zugeleitet worden, so genügt Bek der EinziehgsVfg an ErbSchErben, BayObLG **60**, 501. Verfügg des Rückg des ErbSch durch einstweilige Anordng, hat nicht die Wirkg der Einziehg, auch wenn dieser zurückgegeben wird; auch vorläuf Einziehg ist unzul, KG NJW **63**, 880, ebso Soergel-Müller Rdz 2; dagg für Wirksk vorläuf ErbSchEinziehg im Sinne des §§ 2365–2367 Lindacher aaO, § 2366 Anm 3. – Gebühr: KostO 108; evtl niederzuschlagen, KostO 16; über RAGebühr s BGH BB **77**, 69. – **b)** Schon **vor vollendeter Einziehg** od KraftlosErkl kann nötigenf ein **neuer ErbSch** erteilt werden.

4) **KraftlosErkl**, vgl § 176 I, ZPO 204, ist geboten, wenn mind eine der Ausfertiggen nicht zu erlangen od Erfolglosigk der Einziehg von vorneherein feststeht, BayObLG OLG **40**, 155. Sie erledigt die Einziehg; keine **Beschwerde** gg die KraftlosErkl, wenn diese nach **II** vorschriftsgem durchgeführt ist, FGG 84; wohl

aber ist die Beschw mit dem Ziel der Ausstellg eines gleichlautenden Erbscheins zul, KG JFG 10, 79, Halle NJ **49**, 21; aM Oldbg DNotZ **55**, 158; dagg Keidel daselbst 162. Ist jedoch der KraftlosErklBeschl ledigl den Beteiligten zugestellt, aber nicht nach II 2 öffentl bekannt gemacht, so ist die Beschw zul, BayObLG **58**, 364.

5) Gegen die Anordng der Einziehg wie deren Ablehng ist **Beschwerde** u weitere Beschw gegeben, FGG 19, 20, 27, Hamm DNotZ **51**, 41, Bonnet JR **72**, 229, Johannsen WPM **72**, 1072; wg der KraftlosErkl s Anm 4. – **a)** War Einziehg bereits erfolgt, hilft nur **Beschwerde mit** dem **Antrag auf Neuerteilg**. Ebenso kann das NachlG, wenn es die Einziehg für ungerechtf hält, FGG 18, nur einen neuen ErbSch mit gleichem Inhalt erteilen. Daher können auch die BeschwGerichte die vollzogene Erteilg eines Erbscheins (ebso wie die vollzogene Erteilg) nicht als solche rückgängig machen od aufheben, sond sie haben die NachlGerichte anzuweisen an, Stelle des eingezogenen ErbSch einen mit diesen gleichlautenden erneut zu erteilen, BayObLG **51**, 412 = JZ **51**, 528, BayObLG **57**, 302, Köln NJW **62**, 1727, Hamm Rpfleger **69**, 299. Über die Bindg des BeschwGerichts an seine Entsch vgl BGH NJW **55**, 21, KG NJW **55**, 1074, LM § 2353 Nr 2 Anm Johannsen. – **b) Antrags-** und gegen die **Ablehng beschwerdeberechtigt** ist jeder erbrechtl Beeinträchtigte, BGH FamRZ **74**, 645/646, so der wirkl Erbe (neben § 2362), TestVollstr, Oldbg Rpfleger **65**, 305, NachlGläub, Mü JFG **23**, 154, wenn er VollstrTitel besitzt, Hamm Rpfleger **77**, 306; auch der im ErbSch als Erbe (NachE) Bezeichnete kann mit der Beschw geltd machen, daß er nicht Erbe sei, Mü JFG **13**, 351, BGH **30**, 220 = NJW **59**, 1730; BayObLG **77**, Nr 30; der ErsNachE, daß der ErbSch des VE unrichtige Angaben über die Nacherbfolge enthalte, BayObLG **60**, 407. Am EinziehgsVerf nicht beteiligt ist aber, wer von einer durch ErbSch ausgewiesenen Person einen NachlGgst erworben hat, wenn dieser ErbSch eingezogen werden soll, BayObLG **66**, 49. – **Gegen** die **Einziehg** sind beschwerdeberecht der urspr AntrSt, der den ErbSch beantragt, der einzelne MitE, der mit den anderen MitE den Antr gestellt hatte, KG OLG **40**, 155 Fußn c, ferner alle übrigen AntrBerechtigten, auch wenn sie die Erteilg des ErbSch nicht beantragt haben, BGH **30**, 220 = NJW **59**, 1729, Keidel-Kuntze-Winkler FGG 84 Rdz 23, KG DNotZ **55**, 156 unter Aufgabe der früh Rspr; aM Brem Rpfleger **56**, 195 mit ablehnender Anm v Keidel. Ein BeschwR gg die Einziehg kann aber nur aus der Entscheidungsformel, nicht aus den Gründen hergeleitet w, KG OLGZ **66**, 74, s aber auch BayObLG **75**, 62. Über das BeschwR des NachE gg Einziehg des dem VorE erteilten ErbSch s § 2363 Anm 1a.

6) Die verfahrensrechtl Voraussetzgen für die **Einziehg** eines von einem deutschen NachlG erteilten **Fremdrechtserbscheins**, § 2369, richten sich nach § 2361, Hamm NJW **64**, 554.

7) Über Einziehg eines **Hoffolgezeugnisses** s Lüdtke/Handjery Rdz 32, Wöhrmann-Stöcker Rdz 68, 69 je zu HöfeO 18. – Zur Einziehg eines Hoffolgezeugn nach § 15 II EHRV ist das NachlG zust, BayObLG **67**, 138.

8) Das **FeststellgsVerf** gem § 37 I f LVO (jetzt § 11 I g HöfeVfO) hat Vorrang vor dem EinziehgsVerf nach § 2361; nach Ermittlg des wirkl Erben ist ggf der ErbSch einzuziehen, SchlHOLG AgrarR **73**, 301.

2362 *Herausgabeanspruch des wirklichen Erben.* ^I Der wirkliche Erbe kann von dem Besitzer eines unrichtigen Erbscheins die Herausgabe an das Nachlaßgericht verlangen.

^{II} Derjenige, welchem ein unrichtiger Erbschein erteilt worden ist, hat dem wirklichen Erben über den Bestand der Erbschaft und über den Verbleib der Erbschaftsgegenstände Auskunft zu erteilen.

1) Der wirkl Erbe (auch NE, § 2363 II, TestVollstr, § 2364 II, der unrichtigerw für tot Erklärte, § 2370 II) kann neben der Anrufg des NachlG, § 2361, gg den Besitzer eines iS des § 2361 unrichtigen Erbscheins selbständig vorgehen – **sachl-rechtl Anspr auf Herausgabe** des unricht ErbSch **an NachlGer**, Erm-Bartholomeyczik Anm 1. Gegner ist jeder Besitzer, mag er auch nicht als Erbe bezeichnet sein; auch ein MitE bei unrichtiger Erbteilsangabe. Beweispflichtig für ErbR u Besitz ist der Kläger. Jedoch gilt die Vermutg des § 2365 für den Gegner nicht, da der Kläger sonst schlechter gestellt wäre als bei dem Amtsverfahren § 2361, Staud-Firsching Anm 7, Heinsheimer LZ **15**, 1280, s auch § 2365 Anm 2. Gerichtsstand der Erbsch, ZPO 27, gilt hier nicht, wenn nicht ErbSchKlage verbunden wird. ZwVollstr nach ZPO 883. Herausgabe an NachlG (nicht schon an GVz) **wirkt als Einziehg**, § 2361 I 2.

2) Auskunft, II, § 260, kann von jedem verlangt werden, dem ein unrichtiger ErbSch erteilt wurde, also auch wenn er den ErbSch nicht besitzt od nicht mehr Erbschaftsbesitzer, § 2027, ist.

2363 *Erbschein für den Vorerben.* ^I In dem Erbscheine, der einem Vorerben erteilt wird, ist anzugeben, daß eine Nacherbfolge angeordnet ist, unter welchen Voraussetzungen sie eintritt und wer der Nacherbe ist. Hat der Erblasser den Nacherben auf dasjenige eingesetzt, was von der Erbschaft bei dem Eintritte der Nacherbfolge übrig sein wird, oder hat er bestimmt, daß der Vorerbe zur freien Verfügung über die Erbschaft berechtigt sein soll, so ist auch dies anzugeben.

^{II} Dem Nacherben steht das im § 2362 Abs. 1 bestimmte Recht zu.

Schrifttum: Backs, Testamentarische Beschränkgen des Erben im Erbschein, DFG **40**, 49; Guggumos, Ersatznacherbe u Erbschein DFG **37**, 233; Bab, Erbschein nach dem erstverstorbenen, zugunsten des überlebenden Ehegatten auf Grund eines gemeinschaftl Test, JR **52**, 468; S c h m i d t, Die Nachfolge in das Anwartschaftsrecht des Nacherben u die Erteilg des Erbscheins nach Eintritt des Nacherbfalls, BWNotZ **66**, 139.

1) a) Antragsrecht : Nur der Vorerbe ist antragsberechtigt u durch solchen ErbSch ausgewiesen. Der N a c h e r b e wird lediql als die Pers bezeichnet, zu deren Gunsten der VorE beschränkt ist, kann aber Einziehg, § 2361, beantragen u SchadErs geltd machen, RG **139**, 343, wenn er im ErbSch zu Unrecht nicht erwähnt war. Ebenso kann er die Einziehg anregen, wenn er zu Unrecht als NachE aufgeführt ist od die NachErbf unrichtig bezeichnet ist, s LG Mannh, MDR **61**, 58; gg Ablehng der Einziehg, ist er beschwerdeberecht, FGG 20 I. Dagg steht ihm kein BeschwR zu, wenn er auf Antr des VorE erteilte, einen NachE-Vermerk enthaltende ErbSch eingezogen wird, da hierdurch ein Recht des NachE nicht beeinträchtigt wird, Oldbg DNotZ **58**, 263 m Anm Keidel, BayObLG **61**, 200. S aber auch Hamm OLGZ **68**, 80, wonach der NachE beschwerdeberecht ist, wenn nach der RAuffassg des BeschwG der ErbSch keinen NEVermerk tragen soll (im Hinblick auf die Bindgswirkg für weitere Rechtszüge), BayObLG **75**, 62.

b) Inhalt des Erbscheins : aa) Die Bezeichng der Nacherben, die nach § 2358 vAw zu ermitteln sind, da ihre Feststellg sich nicht nach §§ 2354–2356, sond nach § 2358 richtet, Ffm NJW **53**, 507, RGRK Rdz 9, (auch der zweite u weitere NachE sowie der **ErsatzNachE**, RG **142**, 171; BayObLG **60**, 410; Hamm OLGZ **75**, 151/156) hat möglichst genau zu erfolgen, vgl auch GBO 51, wodurch der NachlRichter manchmal vor schwierige Aufgaben gestellt wird, vgl Höver, DFG **36**, 30. Ist die Anwartsch des NachE vererbl, § 2108 II 1, so erübrigt sich ein Vermerk im ErbSch, bestr, Nichtvererblichk ist dagg im ErbSch anzugeben, RG **154**, 330, s auch **145**, 316, Köln NJW **55**, 635. Auch Einsetzg des NE unter B e d i n g g e n ist zum Ausdruck zu bringen, LG Mannh MDR **61**, 58. Wenn die NachE zunächst nicht namentl aufgeführt w können, zB im Fall des § 2104, so ist der NachE so genau wie mögl zu bezeichnen, zB die bei Eintritt der Nacherbfolge vorhandenen ehel Abkömmlinge des Erbl; werden ihre Namen aber später festgestellt, so kann der ErbSch dch Anführg der Namen ausnahmsw ergänzt werden, Planck Anm 2c. - **bb)** Der Erbanteil des NachE ist im ErbSch nicht aufzuführen. Dagg ist ein **Vorausvermächtnis** des alleinigen VorE, § 2110 II, anzugeben, KG JFG **21**, 122, BayObLG **65**, 465 („Das Recht der Nacherben erstreckt sich nicht auf folgende Gegenstände: ..."), ferner Vfgen des Erbl nach I S 2 (§ 2137), **Befreiung** von einzelnen Beschrkgen (§ 2136) u Bestellg eines NachETestVollstr (§ 2222). Die N a c h e r b f o l g e wird im ErbSch n i c h t erwähnt, wenn sie (durch Vorversterben, Übertragg des AnwRechts auf den VorE, § 2108 Anm 5, KG JFG **18**, 223, LG Bln DNotZ **76**, 569/570, Nichteintritt einer Bedingg, Celle NdsRpfl **55**, 189) ggstandslos, der VorE also VollE geworden ist. Wenn jedoch der NachE seine A n w a r t s c h auf einen Dritten ü b e r t r ä g t, so wird im ErbSch nicht der Erwerber, sond der NachE angegeben, RGRK Rdz 8, Barth-Schlüter Lehrb § 33 III 5 h; aM KG JFG **20**, 21. Das gleiche gilt beim Erbteilserwerber (§ 2353 Anm 2) und ErbschKäufer (Übbl vor § 2371).- **cc)** Der VormschRichter ist durch ErbSch nicht gebunden, sond muß in einem **vormundschaftsgerichtl Verf** selbst nachprüfen, wer die NachE sind, wenn die Unrichtigk des ErbSch behauptet wird, KG JFG **15**, 303.

2) Unrichtig ist od wird der ErbSch beim Fehlen des vorgeschriebenen Inhalts, durch Eintritt des Nacherbfalls, § 2139, auch wenn nur einer von mehreren Vorerben weggefallen ist, KGJ **37**, 135, LG Bln WPM **61**, 313, Planck-Greiff Anm 3 zu § 2361, dazu aber auch Schmidt aaO 139 u insb Becker, Rpfleger **78**, 87, durch Nichterwähng einzelner NachE od deren Wegfall, durch unrichtige Bezeichng der Nacherbfolge, BayObLG **60**, 407, dch Übertr der NERechte auf den VorE, Bln DNotZ **76**, 569. Der ErbSch ist dann jeweils **einzuziehen**. Ist ein auf Vor- u NachErbsch lautder ErbSch nach dem Tode des VorE wg Eintritts des NErbf als unricht eingezogen worden, so kann ein RSchutzBedürfn bestehen, den ErbSch noch einmal mit Wirkg von der Ausstellg ab als unricht einzuziehen, wenn in ihm die NErbf unricht aufgeführt war, AG Osterrode, NdsRpfl **69**, 154.

2a) Bei Eintritt der Nacherbfolge kommt allein ein **Erbschein des Nacherben** in Betr, KG HRR **32** Nr 12, das gilt auch, wenn bei mehreren nur ein VorE verstorben ist, hinsichtl der eingetretenen NachErbf, Hamm NJW **74**, 1827; dazu Schmidt aaO 139ff, der auch nach Eintr des NachErbf die Erteilg eines zeitl beschränkten ErbSch für den VE für zuläss erachtet. Im ErbSch des NE ist der Ztpkt des NachErbf anzugeben, BayObLG **65**, 86, nicht aber unbedingt der Name des VorE, KGJ **50**, 85, vgl Hamm JMBl NRW **62**, 63. Eine neue eidesstattl Versicherg, § 2356 II, ist nicht unbedingt erforderl, KGJ **46**, 146. M u s t e r eines ErbSch bei eingetretener NachErbf Firsching, NachlRecht, S 214. Ein dem NachE vor Eintritt des NachErbf auf sei n en Antr erteilter ErbSch ist als unrichtig einzuziehen, LG Mannh MDR **61**, 58. Die Rechtsnachfolger des VorE haben ein RSchutzBedürfn hins des Antrags auf Einziehg des dem NachE erteilten ErbSch, wenn dieser zB einen unrichtigen Ztpkt für den Eintritt der NachErbf angibt, Hamm JMBl NRW **62**, 63.

3) Der HerausgabeAnspr, II, § 2362 I, steht dem NachE vor dem Nacherbfall auch gg den VorE zu, wenn der ErbSch Unrichtigk iS des Abs **I** enthielt. AuskBerechtigt, § 2362 II, ist er dagg erst vom Nacherbfall ab, vgl auch § 2130.

2364 *Angabe des Testamentsvollstreckers.* ^I Hat der Erblasser einen Testamentsvollstrecker ernannt, so ist die Ernennung in dem Erbschein anzugeben.
^{II} Dem Testamentsvollstrecker steht das im § 2362 Abs. 1 bestimmte Recht zu.

1) Die Angabe bezweckt, Dritten die Vfgsbeschränkg des Erben bekanntzumachen, vgl GBO 52. Auch der NachETestVollstr, § 2222, ist anzugeben, KGJ **43**, 92. Als Ausweis dient das Zeugn des § 2368; daher gehören der N a m e u der U m f a n g d e r B e f u g n i s s e in dieses, in den ErbSch aber keinesf der Name, der

§§ 2364, 2365

Umfang der Befugnisse nur in bes gelagerten Fällen, vgl Erm-Barth-Schlüter Rdz 2, auch Deubner § 1[26]. Die Angabe der TestVollstreckg erfolgt bei aufschiebder Bedingg erst mit deren Eintritt, KG JFG **10**, 73; sie muß auch erfolgen, wenn in den Fällen der §§ 2198, 2200 ein TestVollstr noch nicht ernannt ist, sie erübrigt sich, wenn er abgelehnt hatte u ein Ersatzmann nicht ernannt war od er den Erben nicht beschwert (Backs DFG **40**, 50) od wenn zw Erbf u ErbSchErteilg die TestVollstrg weggefallen ist (BayObLG Rpfleger **74**, 345). – Bei Fehlen der Angabe einer TestVollstreckg ist der ErbSch als unrichtig einzuziehen (§ 2361), BayObLG FamRZ **77**, 347/349. Durch **nachträgl Erledigg** der **TestVollstreckg** wird der ErbSch unrichtig, § 2361; Wechsel in der Pers des TestVollstr berührt ihn nicht. § 2364 gilt für das vom LwG erteilte HoffolgeZeugnis, Wöhrmann-Stöcker Rdz 42, Lüdtke/Handjery Rdz 29 je zu § 18 HöfeO.

2) Herausgabe, II, kann der TestVollstr insb verlangen, wenn die TestVollstrg im ErbSch nicht angegeben war. Er kann auch die Erteilg u die Einziehg des Erbscheins beantragen. AuskAnspr, § 2362 II, nach §§ 2205, 2209.

3) Über Erteilg eines ggständl beschränkten ErbSch mit TestVollstrgsKlausel (trustee amerikan Rs) s Ffm DNotZ **72**, 543.

2365 *Vermutung der Richtigkeit des Erbscheins.* Es wird vermutet, daß demjenigen, welcher in dem Erbschein als Erbe bezeichnet ist, das in dem Erbschein angegebene Erbrecht zustehe und daß er nicht durch andere als die angegebenen Anordnungen beschränkt sei.

1) Der ErbSch ist weder ein WertP noch eine rechtschaffende Urk, sond ein **Zeugnis mit Klarstellgsfunktion,** RG **154**, 330. **Die Rechtsvermutg** des § 2365 beginnt mit der Erteilg, § 2353 Anm 6, nicht schon mit der Bek des Anordngsbeschlusses, s § 2353 Anm 6, und endet mit der Einziehg, KraftlosErkl od Herausg, §§ 2361, 2362. Bei mehreren einander widersprechenden Erbscheinen entfällt für jeden ErbSch, soweit ein Widerspr besteht, die Vermutg seiner Richtigk, BGH **33**, 314 = **LM** Nr 1 zu § 2366, Anm v Piepenbrock, Barth-Schlüter, Lehrb § 33 V 6, aM Lange-Kuchinke § 41 II 5 b[63], wonach derjenige geschützt sein soll, der als erster gestützt auf §§ 2365 ff erwirbt, s auch Lindacher DNotZ **70**, 93. – **a)** Die **Vermutg gilt positiv** nur für das bezeugte ErbR (bei MitE auch für die Größe der Bruchteile), das dem im ErbSch als Erben Bezeichneten aus dem angegebenen BerufgsGrd – bestr – zustehe, u **negativ** dafür, daß andere als die angegebenen Beschrkgen nicht bestehen (Vollstdk Vermutg). Als solche kommen nur NEFolge, ErsatzNEFolge und TestVollstr, §§ 2363, 2364, in Frage. In Ermangelg einer Angabe hierüber gilt der Erbe als nicht beschränkt. – **b)** Dagg besteht **keine Vermutg** dafür, daß die angegebenen Beschrkgen auch wirkl bestehen, bestr. Ferner wird alles, was von Rechts wg nicht in den ErbSch gehört, zB Verm, Teilganordngn, Fortbestehen des Rechts der VorE, vgl dazu § 2140, Erbteils- oder ErbSchVerkauf, NachlVerw u -Konk, auch von der Vermutg nicht gedeckt. Der ErbSchE ist noch kein ErbSchBesitzer, § 2018. Dafür, daß der Besitzer des Erbscheins der Erbe sei, spricht selbstverständl keine Vermutg.

2) Für und gegen den ErbSchE spricht die Vermutg. Sie bedeutet im Prozeß für den Kläger eine Erleichterg der ProzFührg u der BewLast; der **klagende Erbscheinserbe** braucht nur die Rechtsbehauptg seines Erbrechts aufzustellen, der Beklagte, der selbst Erbe zu sein behauptet, mag Tatsachen nachweisen, aus denen sich die Unrichtigk des ErbSch ergeben soll; ein Zweifel an der Richtigk des ErbSch muß aber dem Inh des ErbSch zur Last fallen, Rosenberg, BewLast[5] § 16 II 4 b, Staud-Firsching Anm 25. Der **beklagte Erbscheinserbe** hat, wenn der Kläger die Voraussetzgen des von ihm behaupteten Erbrechts dargetan hat, die zur Ausschließg dieses Erbrechts dienl Tatsachen, zB die Echth des zugrunde liegenden Test, nachzuweisen, Warn **13** Nr 300, RG DR **44**, 339, LG Hagen NJW **66**, 1660, Rosenberg aaO, Staud-Firsching Anm 25; aM Planck Anm 4. Die Vermutg des § 2365 ist mit allen BewMitteln (zB Bezugn auf die NachlAkten) widerlegbar, auch mit solchen, die bei Schaffg der Urk bereits vorgelegen haben, Nürnb WPM **62**, 1200. Neue Tatsachen sind hierbei nicht erforderl, Warn **42** Nr 25. Der ProzRichter hat ggü dem ErbSch freie Hand; dies gilt insb, wenn es sich im Rechtsstreit nur um die Ausleg eines Test handelt, BGH **47**, 67.

3) Im formellen Grundbuchverkehr ist der Nachw der Erbfolge grdsätzl durch ErbSch zu führen, GBO 35 I 1. Guten Glauben kann das GBA nicht prüfen, da es nicht feststellen kann, ob der Erwerber eine etwaige Unrichtigk des Erbscheins kannte; vgl auch Übbl 5 vor § 2353. – Soweit die dem § 891 entsprechende Vermutg des § 2365 reicht, genießt der ErbSch öff Glauben, falls nicht dem GBA neue Unrichtigk-Tats bekannt werden, KG JFG **18**, 44, vgl aber auch Übbl 5 vor § 2353. Der **öffentl Glaube des Grundbuchs geht jedoch dem des Erbscheins vor.** Dem vom ErbSchErben B erwerbenden C nützt sein guter Glauben an die Richtigk des Erbscheins nichts, wenn ein anderer, A, im Grdbuch eingetragen war, Güthe-Triebel, GBO 35 Anm 12. – **Wohnsbehörden** durften den als verfüggsberechtigt nach § 14 WBewG ansehen, der durch ErbSch ausgewiesen ist, BVerwG ZMR **59**, 114. Die Vermutg des § 2365 gilt auch für Steuerbehörden BFH DWW **63**, 29.

4) Der Erbe kann sein Recht, zB in einem Rechtsstreit, auch in anderer Weise als dch Vorlegg eines **ErbSch nachweisen,** Staud-Firsching § 2353 Anm 11. Dies gilt zB für die AnsprBerechtigg des für den Fall des Todes des Versicherngsnehmers als auszahlgsberecht angeführten Erben; § 35 I 2 GBO gibt hier keinen Maßstab, Brem OLGZ **65**, 170.

5) Sondervorschriften über den Nachw des ErbR enthalten: § 7a I BRüG; hienach soll im Verf über rückerstattgsrechtl Anspr (§§ 1, 3 BRüG) von der Vorlage eines ErbSch abgesehen werden, wenn die Erbberechtigg auch ohne dessen Vorlage nachweisb ist, s hiezu Biella, BRüG, § 7a Anm 1, Mü WPM **67**, 813, Düss RzW **69**, 58. Eine gleichart Regelg trifft § 181 I BEG.

2366 *Öffentlicher Glaube des Erbscheins.* Erwirbt jemand von demjenigen, welcher in einem Erbschein als Erbe bezeichnet ist, durch Rechtsgeschäft einen Erbschaftsgegenstand, ein Recht an einem solchen Gegenstand oder die Befreiung von einem zur Erbschaft gehörenden Rechte, so gilt zu seinen Gunsten der Inhalt des Erbscheins, soweit die Vermutung des § 2365 reicht, als richtig, es sei denn, daß er die Unrichtigkeit kennt oder weiß, daß das Nachlaßgericht die Rückgabe des Erbscheins wegen Unrichtigkeit verlangt hat.

Schrifttum: Weimar, Fragen aus dem Recht des Erbscheins, Rechtsfragen zum Erbschein, MDR **58**, 832; **67**, 556; Hoffmann, Der unrichtige Erbschein (prakt Fall) JuS **68**, 228; Wiegand, Der öff Glaube des ErbSch, JuS **75**, 283; ders, Rechtsableit von NichtBerecht, JuS **78**, 145.

1) Die Verkehrssicherheit, der mit der widerlegbaren Vermutg des § 2365 nicht gedient ist, erfordert, daß der GeschPartner des ErbSchE sich unbedingt auf die Richtigk des Scheins verlassen kann („Richtigk-Funktion", s Wiegand aaO 284f). Der Schutz des § 2366 reicht aber nicht weiter, als die Vermutg des § 2365, s Anm 1 hiezu. Der **öffentl Glaube** des Erbscheins bezieht sich deshalb nicht auf die Zugehörigk eines Ggst zum Nachl, das VfgR des Erben, insb nicht darauf, daß ein im ErbSch aufgeführter MitE nicht seinen Anteil veräußert hat, BGH WPM **63**, 219. Er **schützt nur** den **rechtsgeschäftl Einzelerwerb** durch **dingl Rechtsgeschäfte** (nicht den durch ZwVollstr, dingl unvollzogene Schuldgeschäfte, Erwerb der Erbsch od eines Erbteils, §§ 2371, 2385, 2033, 2030, rechtsgeschäftl Gesamtnachfolge, Rechtserwerb kraft Gesetzes, Brox § 35 III 2a), u zwar von ErbschGgständen (Grdstücke, GrdstRechte, bewegl Sachen u Fdgen, auch Ersatzstücke, Mitgliedschafts- u sonstige Rechte, auch wenn sie außerh § 2366 nicht gutgl erworben w können, Wiegand Ju S **75**, 284).

2) Nur der – erteilte, (§ 2353 Anm 6, Wiegand aaO 285) – **in Kraft befindl Erbschein** (nicht der bereits eingezogene od für kraftlos erklärte, § 2361, auch nicht die Ausfertig eines lediglich die Erteilg anordnenden Beschl, BayObLG **60**, 192 – NJW **60**, 1722) genießt öff Glauben; nicht nötig, daß er vorgelegt, erwähnt od dem Erwerber auch nur bekannt war, s BGH **33**, 317. Durch **einstweilige Anordngen** im ErbSchVerf – § 24 FGG – kann aber die Gefahr gutgläubigen Dritterwerbs u befreiender Leistg an den ErbSchErben beseitigt ausgeschl werden, BayObLG **62**, 299, BGH **40**, 54 = LM § 2361 Nr 4 mit Anm v Piepenbrock; aM Lindacher NJW **74**, 20. Nur der redl Erwerb wird geschützt; er setzt das Bewußtsein voraus, einen ErbschGgst zu erwerben, Wiegand JuS **75**, 285 f. Kennenmüssen steht der Kenntn nicht gleich; die Kenntn des Rückgabeverlangens des ErbSch dch das NachlG, der Verurteilg zur Herausg, § 2362 I, od der Anfechtbark des Test, § 142 II, macht aber bösgl. Maßgebder Ztpkt ist die Vollendg des Erwerbs, s BGH WPM **71**, 54, anders § 892 II. ErbSchErteilg nach Auflassg, aber vor Eintragg kann also noch gutgl Erwerb vermitteln, s aber Anm 3b. Bei **mehreren einander widersprechenden Erbscheinen** entfällt für jeden ErbSch, soweit ein Widerspr besteht, die Wirkg des öff Glaubens, BGH **33**, 314 = LM Nr 1 Anm v Piepenbrock, dazu Lindacher DNotZ **70**, 99, Erm-Barth-Schlüter Rdz 4. Sind in der DDR u in der BRep widersprüchl ErbSch erteilt, so ist den letzteren der Vorzug zu geben, Ferid-Firsching, Internationales Erbrecht, Deutschland DDR Grdz E.

3) Erwerb vom Nichtberechtigten. Die §§ 892, 893, 932–936, 1032 S 2, 1207 gelten selbständig neben den §§ 2366, 2367; denn der ErbSch bietet dem Dritten nur Gewähr für das ErbR des in ihm Ausgewiesenen u das Fehlen von nicht angegebenen Beschrkgen als Erbe bezeichneten, nicht aber dafür, daß der VfgsGgst zur Erbsch u dem Erben gehört, insb nicht dafür, daß ein im ErbSch angeführter MitE nicht seinen Anteil veräußert hat, BGH WPM **63**, 219; s Boehmer, AcP **154**, 61/62, Lange-Kuchinke § 41 VII 3d, Wiegand JuS **78**, 150.

a) War zB der **Erbe bereits eingetragen,** kommen für den Erwerb lediglich die Vorschriften über den öff Glauben des **Grundbuchs,** §§ 891 ff, in Betr; – **b)** war es noch der **Erbl,** so gelten beide Arten von Vorschr, der Erwerber wird wegen des Mangels des VfgsR des Veräußerers durch den ErbSch geschützt, BGH **57**, 341, mit Anm von Mattern LM Nr 2, RGRK Rdz 12; daneben kommt ihm der öff Glaube des Grdbuchs insof zustatten, als das Grdst od das Recht daran als zur Erbsch gehörend gilt, Kuntze JR **72**, 202, Wiegand JuS **75**, 286, § 2367 Anm 1; anderers nützt bei Eintragg eines Widerspr dem Erwerber der öff Glaube des Erbscheins nichts, wenn der Erwerber zw Antr u Eintragg bösgl wird, s Erm-Barth-Schlüter Rdz 7. Der öff Glaube nach 2366 wirkt nicht im Verh unter ME, die sich auseinandersetzen wollen, Hamm FamRZ **75**, 510/513f. – **c)** Bei **Veräußerg bewegl Sachen** wird durch § 2366 der gute Gl ggü §§ 932ff erhebl erweitert, da er nur durch positive Kenntn von der Unrichtigk des ErbSch od von der Anordng der Einziehg ausgeschl wird. Auch wenn die bewegl Sachen dem wahren Erben abhanden gekommen sind, § 935, ist der Erwerber nach § 2366 geschützt, Kipp-Coing § 103 II 3, s **857** Anm 2a. Gehört die Sache nicht zum Nachl, so muß der Erwerber hins des Eigtums des Erbl gutgl sein, s Wiegand JuS **75**, 285; war sie schon beim Erbl als abhandengekommene, so erwirbt der Erwerber trotz Gutgläubigk kein Eigt, Lange-Kuchinke § 41 VII 3d.

4) Einziehg des ErbSch, seine wirks Kraftloserklärg od die Herausg des Bes an das NachlG, §§ 2361, 2362 bewirken das Erlöschen des Gutglaubenschutzes, Erm-Barth-Schlüter Rdz 8.

2367 *Leistung an Erbscheinserben.* Die Vorschriften des § 2366 finden entsprechende Anwendung, wenn an denjenigen, welcher in einem Erbschein als Erbe bezeichnet ist, auf Grund eines zur Erbschaft gehörenden Rechtes eine Leistung bewirkt oder wenn zwischen ihm und einem anderen in Ansehung eines solchen Rechtes ein nicht unter die Vorschrift des § 2366 fallendes Rechtsgeschäft vorgenommen wird, das eine Verfügung über das Recht enthält.

1) Bei **Leistgen an den Erbscheinserben**, §§ 241, 893, wird der gutgläub NachlSchu auch dann befreit, wenn der Empf sich nicht als wirkl Erbe erweist od entgg dem ErbSch beschränkt war; Haftg des Scheinerben nach § 816 II. Hierher gehören auch **einseitige Verfüggen** (Aufrechng, Kündng, Hoffmann, Wiegand JuS **68**, 228; **75**, 284; Verzicht fällt unter § 2366). Vfg ist auch die Eintr einer Vormkg ins GrdB, BGH **57**, 341 mit Anm von Kuntze JR **72**, 201, von Mattern **LM** § 2366 Nr 2. Durch bloße Schuldgeschäfte (Vermietg, Verpachtg von NachlGrdst) wird dagg der wahre Erbe nicht verpflichtet, auch nicht durch Prozesse über zur Erbsch gehörende Rechte. Das rechtskr Urt zG des Gutgläubigen wirkt nicht etwa so, als wäre der ScheinE prozeßführgsberechtigt gewesen. Der NachlSchu darf aber die Zahlg nicht bis zur Vorlegg eines ErbSch verweigern, wenn ihm das ErbR sonst ausreichd nachgewiesen wird, Soergel-Müller Rdz 2, bestr.

2) § 2367 ist entspr anzuwenden, wenn der dch ErbSch ausgewiesene Scheinerbe eines Geschäftsanteils einer GmbH an den Beschlüssen der Gesellschafterversammlg der GmbH mitwirkt, s Däubler Rdsch GmbH **63**, 181 u. Die Vererbg des GeschAnteils bei der GmbH, 1965, § 10; s hiezu ferner Schreiner NJW **78**, 921, dort auch zur Mitwirkg von Scheinerben bei OHG-(KG-) Beschlüssen.

2368 Testamentsvollstreckerzeugnis.

I Einem Testamentsvollstrecker hat das Nachlaßgericht auf Antrag ein Zeugnis über die Ernennung zu erteilen. Ist der Testamentsvollstrecker in der Verwaltung des Nachlasses beschränkt oder hat der Erblasser angeordnet, daß der Testamentsvollstrecker in der Eingehung von Verbindlichkeiten für den Nachlaß nicht beschränkt sein soll, so ist dies in dem Zeugnis anzugeben.

II Ist die Ernennung nicht in einer dem Nachlaßgerichte vorliegenden öffentlichen Urkunde enthalten, so soll vor der Erteilung des Zeugnisses der Erbe wenn tunlich über die Gültigkeit der Ernennung gehört werden.

III Die Vorschriften über den Erbschein finden auf das Zeugnis entsprechende Anwendung; mit der Beendigung des Amtes des Testamentsvollstreckers wird das Zeugnis kraftlos.

Schrifttum: Haegele, Der Testamentsvollstrecker, 5. Aufl 1975 Rdz 403 ff. – Firsching, Nachlaßrecht, 4. Aufl, 1971, S 244 ff. – Form-Komm ErbR, Forml 6. 710, 711. – Lange-Kuchinke § 41 VIII.

1) Das **TestVollstrZeugn** ist dem ErbSch verwandt. Es ist ein Zeugn darüber, daß der darin Genannte wirks zum TV ernannt ist u daß keine weiteren als die in dem Zeugn angegebenen Beschränkgen od Erweitergen seiner Befugn bestehen, KG NJW **64**, 1905, OLGZ (Hamm) **77**, 422/423, s auch Haegele, Der TV Rdz 407. Der TV kann aber den Bew seiner Ernenng u Amtsannahme auch durch Vorlegg des Test u der Ausfertig der AnnErkl führen, RG **100**, 282.

2) Der **Antrag** ist vom **TestVollstr** zu stellen, worin regelm auch die Ann des Amts liegt, od von **NachlaßGläub**, ZPO 792, 896, nicht aber vom Erben als solchem, der dann auch kein BeschwR gg die Verweigerg hat, bestr, aM Haegele TV Rdz 405, Lange-Kuchinke § 41 VIII 2²²³ª, wie hier Hamm **73**, 505, BayObLG MDR **78**, 142. Für den Inhalt des Antr gelten die §§ 2354–2356 entspr.

3) Zur **Erteilg zuständig** ist das NachlG – Richter, nicht RPfleger (§ 16 Nr 6 RPflG) –, auch wenn zum Nachl ein Hof gehört, BGH **58**, 105 mit Anm von Grell **LM** § 18 HöfeO Nr 8, Wöhrmann-Stöcker Rdz 21, Lüdtke/Handjery Rdz 57 je zu § 18 HöfeO, bestr. Für die PrüfgsPfl des NachlG gelten die §§ 2358 f entspr. Zu prüfen ist vor allem die Wirksamk der Ernenng u ihr etwaiger Wegfall nach § 2306, ferner ob etwa die Aufgaben des TV ggstandslos sind, BayObLG **56**, 186, **65**, 389, MDR **78**, 142. Nach wirks gew Entlassg kommt eine Ausstellg nicht mehr in Betr, s aber auch Anm 8b cc. – **Anhörg** der TestErben beim eigenhänd Test, II, liegt noch kein ErbSch vor, idR auch der gesetzl Erben, Haegele, TV Rdz 406, vgl § 2360 Anm 2. – Bei **aufschiebend bedingter TestVollstreckg** Erteilg erst nach Eintritt der Bedingg, KG JFG **10**, 73. – **Vorbescheid**, s § 2353 Anm 6c aa, zul.

4) Inhalt des Zeugn. Es muß Namen des Erbl u des (der) TV (auch Aufn der Berufsbezeichng, zB RA Steuerberater, ist zweckm, KG Bln Rpfleger **76**, 182) sowie Abweichgen von der gesetzl Vfgsbefugn **I** 2 und §§ 2208–2210, 2222–2224 I 3, enthalten, RG HRR **33** Nr 138. Nur im InnenVerh wirks Verwaltgsanordnungen, § 2216 II, sind nicht aufzunehmen. Es kann sich auf einen Bruchteil des Nachl beziehen, hier Angabe des Erben, od, bei Anwendg ausländ Rechts, ggstdl beschränkt sein, § 2369, KGJ **36** A 110, Staud-Firsching Anm 32–35, s auch § 2369 Anm 2b, 4, BGH ZfRV **77**, 153 mit Anm von Beitzke (Aufn eines Vermerks, wenn TestVollstrg auf ausländ, hier österr R beruht). Mögl ist auch gemschaftl od Teilzeugn od gemschaftl Teilzeugn, Übbl 1a vor § 2353, Haegele TV Rdz 411; doch müssen die aus dem Vorhandensein von Mitvollstreckern sich ergebenden Beschrkgen angegeben werden. Bei TestVollstrg für Vor- u NachErbf ist ein einheitl Zeugn zu erteilen, BayObLG NJW **59**, 1920. Enthält das Zeugn keine bes Angaben, so kommt damit zum Ausdruck, daß dem TV die Befugn nach §§ 2203–2206 zustehen, aber auch nur diese, Haegele TV Rdz 407.

4a) Einem TV, der in Vollmacht des (der) Erben ein seiner Verw unterliegdes HandelsGesch fortführt, kann das NachlGer, auch wenn ihm die Vollm nachgewiesen w, kein Zeugn hierüber, auch nicht in Ergänzg eines TV-Zeugn, erteilen; ein solches Zeugn müßte sofort zurückgefordert w, BayObLG **69**, 138.

5) Beschwerde wie beim ErbSch, § 2353 Anm 6; wahlweise auch Antr auf Einziehg, KG JW **28**, 1943.

6) Wegen **Ausfertiggen** und **Einsicht** vgl FGG 85, 78. **Grundbuch** vgl GBO 35 II, 52; Schiffs-RegO 41 II. – **Mitteilg** an **FinanzAmt** § 12 ErbStDV idF v 19. 1. 62, BGBl 22. – **Gebühr:** KostO 109 I 2.

7) Für die PrüfgsPfl des **Grundbuchrichters** gilt im wesentl das gleiche wie beim ErbSch, vgl Haegele TV, Rdz 421, Rpfleger **67**, 40, LG Köln Rpfleger **77**, 29, Übbl 5 vor § 2353.

8) Entsprechende Anwendg der Erbscheinsvorschriften, III: a) Hieraus ergibt sich insb die Anwendg der Vermutg des § 2365 u des öff Glaubens des Zeugn nach §§ 2366, 2367. Die **Vermutg** des § 2365 geht hier dahin, daß der als TestVollstr im Zeugn Bezeichnete rechtgültig TestVollstr geworden ist u daß ihm das Amt in seinem regelm Umfang zusteht od daß es nicht durch andere als die angegebenen Anordngen beschränkt ist; nicht vermutet wird aber das Fortbestehen des Amtes über seinen Wegfall hinaus, s b), RG **83**, 352 u BGH **41**, 23, und auch nicht, daß eine angegebene Beschrkg seiner Befugnisse tatsächl besteht, Lange-Kuchinke § 41 VIII 3a, Staud-Firsching Anm 11. Bei Erweiterg seiner Befugnisse besteht nur eine Vermutg für ihr Bestehen, nicht für das Fehlen nicht angegebener, Planck Anm 11. Der **öffentl Glaube**, §§ 2366, 2367, reicht soweit wie die Vermutg; er gilt für Verfüggsgeschäfte. Der Dritte kann sich aber nicht darauf verlassen, daß die Ggstände, über die der durch das Zeugn Legitimierte verfügt, wirkl zum Nachl od zu dem der Verw des TestVollstr unterliegenden Nachl gehören, Staud-Firsching Anm 13, s auch § 2211 Anm 3. Der öff Glaube erstreckt sich aber auch auf Verpflichtgsgeschäfte des Legitimierten, Barth-Schlüter Lehrb § 42 XIII 3, 4b. Der ScheinVollstr kann nach §§ 2206, 2207 NachlVerbindlichk eingehen, obwohl er in Wirklichk nicht Vollstr od nicht verpflichtgsbefugt ist, Staud-Firsching Anm 12. Der öff Glaube kommt dem Zeugn aber nicht ggü dem Erben zu, BGH **41**, 23 = NJW **64**, 1316. − Über Anwendg des § 2369 (ggständl beschränktes TestVollstrZeugn) s § 2369 Anm 4.

b) Ferner gelten grdsätzl auch die Vorschriften über **Einziehg** und **Kraftloserklärg**, § 2361. − **aa)** Abweichend von den ErbSchVorschriften wird aber das **Zeugn** bei **Beendigung** des Amtes, III, von selbst, also ohne Einziehg, kraftlos u damit die Vermutg, § 2365, und gutgläub Erwerb **gegenstandslos**, s Wiegand JuS **75**, 285. Die Beendigg kann eintreten nach §§ 2225−2227, durch Zeitablauf, § 2210, od bei auflösender Bedingg u Endtermin. Wenn allerdings ein EntlassgsBeschl des NachlG durch das BeschwG aufgeh wird, so gilt das Zeugn nicht als kraftlos geworden, BayObLG NJW **59**, 1920. Die vom Erbl selbst verfügten Beschrkgen der Amtsdauer müssen aber im Zeugn angegeben sein, widrigenf es nicht sofort kraftlos wird, RG **83**, 352. Auch bei bloß tatsächl Beendigg des Amtes durch Erledigg aller Aufgaben wird das Zeugn von selbst kraftlos, Haegele TV, Rdz 418; der Erbe od ein nachf TV kann vor Herausg des Zeugn an das NachlG verlangen, § 2362 I entspr, Lübtow Lehrb II 978; aM Strohal II, 174, für Zulassg von Einziehg u KraftlosErkl auch in diesem Fall Lange-Kuchinke § 41 VIII 5. − Ergibt sich nachträgl, daß der TV noch Aufgaben zu erfüllen hat, so ist ihm das zu den Akten genommene Zeugn, s cc), wieder auszufolgen, Haegele TV Rdz 418. − **bb)** Dagg verliert ein von **vornherein unrichtiges** (zB aGrd wg Testierunfähigk nichtigen Test erteiltes) **Zeugnis** seine Wirkg erst durch **Einziehg**, s LG Mannh MDR **56**, 379, Köln NJW **62**, 1727, BGH **40**, 54 = NJW **63**, 1972, oder KraftlosErkl. Der GeschGegner eines TestVollstr wird daher gut daran tun, sich außer dem Zeugn noch eine Bescheinigg des NachlG über Fortdauer des Amts vorlegen zu lassen, vgl Haegele TV Rdz 418. Von einem wg Verlassens der DDR dort entlassenen TestVollstr kann eine Bank zum Nachweis seiner VfgsBefugn über ein NachlKonto Vorlage eines TestVollstrZeugnisses eines westdeutschen Gerichts verlangen (BGH WPM **61**, 479, **67**, 25). Gg Ablehng der Einziehg steht einem PflichttBer kein BeschwR zu, Hamm, OLGZ **77**, 422; s auch § 2361 Anm 5b. − **cc) Kraftlos** gewordenes Zeugn vAw zu den Akten zu ziehen, BayObLG **53**, 357, KG JFG **16**, 299. Eine Einziehg wie beim ErbSch, § 2361, ist dies aber nicht, Mü NJW **51**, 74. Erteilg eines TestVollstrZeugn nach Amtsbeendigg mit Vermerk darüber zul, KG NJW **64**, 1905. − **dd) Berichtigg** des Zeugnisses (außer entspr ZPO 319) unzul, LG Mannh MDR **60**, 843, s auch § 2361 Anm 1b.

9) DDR: ZGB 371 III (Ausz im Anh 35. Aufl), NotariatsG 32 mit 27−31; GrundbuchVerfO 25.

2369 Gegenständlich beschränkter Erbschein.

I Gehören zu einer Erbschaft, für die es an einem zur Erteilung des Erbscheins zuständigen deutschen Nachlaßgerichte fehlt, Gegenstände, die sich im Inland befinden, so kann die Erteilung eines Erbscheins für diese Gegenstände verlangt werden.

II Ein Gegenstand, für den von einer deutschen Behörde ein zur Eintragung des Berechtigten bestimmtes Buch oder Register geführt wird, gilt als im Inlande befindlich. Ein Anspruch gilt als im Inlande befindlich, wenn für die Klage ein deutsches Gericht zuständig ist.

Schrifttum: Firsching, Behandlg der Nachlässe von Ausländern in der Praxis des Notars, DNotZ **52**, 330, 342, TestVollstr − executor-trustee, DNotZ **59**, 354, Aktuelle Fragen des Erbscheinsrecht, DNotZ **60**, 641, Die Behandlg der Nachlässe österreichischer Erblasser durch deutsche Gerichte, DNotZ **63**, 329 (dazu auch BGH **50**, 63: Erbf für in Österreich gelegene Grdstücke), Nachlaßrecht, 4. Aufl, 1971, S 45 ff, 212 f; Guggumos, Einfluß der Spaltg eines Ausländernachlasses auf den deutschen Erbschein, DFG **38**, 28; Schwenn, Die Anwendg der §§ 2369, 2368 auf Erbf mit engl oder amerik Erbstatut, NJW **52**, 1113, **53**, 1580; Marx, NJW **53**, 529; Johansson, Zur Frage der Erteilg von gegenständl beschränkten Erbscheinen für in Deutschland belegene Nachlaßgegenstände schwedischer Erblasser, SchlHA **60**, 332; Welskop, Das Erbscheinsverfahren, RhNK **65**, 262/273 ff; Wengler, Das neue Erbrecht von Israel, JR **66**, 401; Jansen, Niederländisches Erbrecht, RhNK **63**, 262/4, 318; Hecker, Fragen des belgischen Erbrechts in der deutschen Notariatspraxis, RhNK **76**, 9; zum belg ErbR auch Gutachten in RhNK **76**, 543; Karle, Behandlg von Ausländernachlässen u Erteilg von Erbscheinen mit Auslandsberührg dch das NachlG, Just **66**, 107, ders, Erbfälle mit AuslBerührg, BWNotZ **70**, 78; Dörner, Zur Behandlg von dtschen Erbfällen mit interlokalem Bezug DNotZ **77**, 324; Kuchinke, Zur interlokalen Zustdgk der NachlG in der BRep Deutschld, Festschr f v d Heydte, 1977, II, 1005 ff. Über ausländ ErbR s ferner Ferid-Fisching, Internationales Erbrecht, 1955 ff; Abhandlgen zum ausländ TestRecht in ZfRV **64**, 141, 151, 164, 225; **65**, 99, 104, 182, 190, 202; **66**,

176; **67**, 94; auch B u c k , RLA **66**, 161; S p e c k , Das spanische Erbrecht I, 1963; H i e r n e i s , Das besondere Erbrecht der sog Foralrechtsgebiete Spaniens, 1966; L ö b e r - S a n t o j a , Nachl von Ausländern in Spanien, 1976; S e i b o l d , Übersicht über das geltde italien ErbR, BWNotZ **78**, 62, dazu auch Hausmann FamRZ **78**, 377; B o n f i l s , Gesetzl Erbfolge, ErbR des Staates u Testierfreiheit im ErbR der UdSSR, der osteuropäischen Länder u der DDR, Diss Göttingen 1969; W e n d e l s t e i n , Gegenständl Verteilg des Nachlasses im Test (zur Ausleg amerikanischer Test) BWNotZ **66**, 274; L i p o w s c h e k , Jugoslav Immobilien-ErbR in Fällen mit AuslBerührg, RabelsZ **74**, 168; S o b h i , Familien- u ErbR in der Republik Jemen, StAZ **75**, 124; K r a i ß , ErbR der Schweiz, BWNotZ **76**, 73; P i n c k e r n e l l e - S p r e e n , Das internationale NachlVerfahrensrecht, DNotZ **67**, 195; F e r i d - Z w e i g e r t , Gutachten zum internationalen u ausländ Privatrecht 1965 u 1966, 1968, S 463ff; 1967 u 1970, S 623ff; 1969, 1970, S 249ff; 1970, 1971 S 287ff; 1971, 1972 S 309ff; 1972, 1973 S 275ff; 1973, 1974 S 330ff; 1974, 1975 S 306ff; 1975, 1976 S 254ff; K ö h l e r , Ausländ TestR, 1974; P f a f f - W a e h l e r , Familien- u ErbR der Flüchtlinge u Umsiedler, Gutachten, 1972; K e r s t e n - B ü h l i n g - A p p e l l § 125; F o r m - K o m m E r b R , Forml 6. 712; L a n g e - K u c h i n k e § 41 IV 6.

1) Zweck. Bei Vorhandensein inländ NachlGgstände soll die Möglichk einer ErbSchErteilg unter allen Umst gewährleistet w, KG JW **33**, 2068, auch wenn das für die Beerbg maßgebende ausländ Recht keinen ErbSch kennt. Welche Ggst zum Nachl gehören bestimmt sich nach der lex rei sitae, KG OLGZ **77**, 457. § 2369 ist auch auf ein dem Erbl entzogenes Grdst u den Anspr auf seine Rückerstattg anwendb, Bambg JZ **51**, 510 (aM Aubin in Anm hiezu), Hamm NJW **54**, 1731, KG RzW **61**, 479 m Nachw; vgl § 2353 Anm 1c u d. An der Auffassg, daß der Anspr, II 2, idR bereits in der Pers des Erbl entstanden sein muß (s BayObLG **56**, 121), w im Hinbl auf BGH **52**, 146 nicht mehr festgehalten, s dort u 2353 Anm 1c insb über Ansprüche nach dem LAG, auch Johannsen WPM **77**, 309f, KG OLGZ **78**, 156.

1a) Die **Erteilg** ist dem **Richter** vorbehalten, § 16 I Nr 6 RPflG. Er kann ausnahmsw auch die letztw Vfg eines Ausländers **eröffnen**, § 2260 Anm 2.

2a) Zuständigkeit : Die Voraussetzg des Fehlens eines zuständigen deutschen NachLG richtet sich nicht nach FGG 73, sond nach materiellem Recht, trifft also zu, wenn der Erbl ein Ausländer war u er nach EG 25, 27 od Staatsvertrag nach ausl Recht beerbt wird od Staatenloser mit gewöhnl Aufenth im Ausland, EG 29. – Die 11. VO zum ReichsbürgerG, wonach Juden, die ihren gewöhnl Aufenth im Ausland hatten, die dtsche Staatsangehörigk verloren haben, ist von Anfang an als nichtig anzusehen; daher haben vor dem 8. 5. 1945 verstorbene Verfolgte die dtsche Staatsangehörigk nicht verloren, soweit sie nicht zu erkennen gaben, daß sie diese nicht besitzen wollten; sie sind also, wenn sie keine u andere Staatsangehörigk erworben haben, nicht ohne weiteres als staatenlos zu erachten, Art 116 II GG kommt nur für Verfolgte in Frage, die den genannten Ztpkt überlebt haben, s BVerfG **23**, 98, dazu Makarov, Genzel JZ **68**, 559; **69**, 98; Karl, Breslauer RzW **69**, 163ff, **70**, 246ff; KG OLGZ **71**, 215. – Die **internationale** Zustdgk des ErbSchGer ergibt sich also hier aus § 2369, BayObLG **72**, 383/384; **74**, 460/463; Düss NJW **63**, 2228, Ffm DNotZ **72**, 543, s aber auch § 2353 Anm 1b; die **örtl** aus FGG 73 I od III, s dazu BayObLG **75**, 86/88; KG RzW **61**, 479, OLGZ **69**, 285, Rpfleger **71**, 256 (nach § 5 BRüG geltd zu machde SchadErsAnspr), OLGZ **75**, 294; ferner Welskop aaO 277.

b) Der **gegenständl beschränkte** ErbSch nach § 2369, dessen Erteilg die Anwendg ausländ materiellen Rechts voraussetzt, ist territorial auf das Inland beschränkt **(Fremdrechts-Erbschein).** Soweit auf den Erbfall eines Ausländers od Staatenlosen, sei es aGrd Art 29 EG, der Internat Flüchtlingskonvention, s Art 29 EG Anh III, oder anderer Staatsverträge od Rückverweisg, Art 27 EG, ganz oder teilweise deutsches Recht anzuwenden ist, erteilt das NachlG nach § 2353 einen gewöhnl **(Eigenrechts-)Erbschein,** der auch ein beschränkter sein kann, Staud-Firsching Anm 3–6, Köln NJW **55**, 755, BayObLG **64**, 387, **67**, 8, Saarbr NJW **67**, 732 mit Anm v Mezger (ErbSch über GrdVerm eines französischen Erbl in Deutschland), KG Rpfleger **77**, 307, Welskop aaO 275 f, Kegel Internat PrivatR § 21 IV 2. Über Einzelfälle s Staud-Firsching Anm 21–34, DNotZ **60**, 641, auch Pinckernelle-Spreen aaO 203 ff, Hamm NJW **73**, 2156 (Sowjetruss R); BayObLG **74**, 223 u **75**, 85 (USA); **75**, 153 (österr R, dazu Wirner Mitt BayNot **75**, 251); **76**, 151 (israel R), SchlHOLG, SchlHA **78**, 37 (Schweizer R). Bei Erteilg des ErbSch sind uU auch Vorfragen, zB Gültigk einer Ehe nach ausländ Recht zu beurteilen, s LG Stgt FamRZ **69**, 542; Aurich FamRZ **73**, 54 mit Anm von Neuhaus. Nach dtschen Erbl, die in der **DDR** (Bln-Ost) ihren letzten Wohns od Aufenth hatten, können nach BGH **52**, 123 = JZ **69**, 658 mit Anm v Wengler in der BRep (Bln-West) keine allg Erbscheine erteilt w, sond in entspr Anwendg von FGG 73 III nur in Ansehg aller in der BRep (Bln-West) befindl Ggstände (auch LastenAusglAnspr), also auf diese Ggstände **beschränkte Erbscheine.** Dieser Grds ist aber mit Recht eingeschränkt dch BGH **65**, 311 = **LM** § 73 FGG Nr 3 mit Anm v Johannsen (auf VorleggsBeschl des KG OLGZ **75**, 287) u Rpfleger **76**, 174, wonach ein (gegenständl nicht beschränkter) ErbSch für LA-Zwecke auch erteilt w kann, wenn sich in der BRep (Bln-West) keine NachlGgstände befinden (auch die LA-Anspr gehören nicht zum Nachl); es dürfte aber dem KG aaO auch darin zu folgen sein, § 2369 für die Erteilg von ErbSch nach dtschen Erbl, die im Gebiet der DDR (Bln-Ost) Wohns od Aufenth hatten, nicht anzuwenden, ebenso Geimer DNotZ **70**, 679; s auch Wengler JZ **69**, 663; EG 25 Anm 5; aM BayObLG Rpfleger **75**, 304 mit weiteren Hinweisen; Soergel-Müller Rdz 10; 35. Aufl; vgl jetzt auch hinsichtl der Erteilg v ErbSch nach „Staatsbürgern" der DDR, Kuchinke aaO 1022. Deutsche StaatsAngeh, die ihren letzten Wohns in der BRep hatten, w auch dann nach dem R der BRep beerbt, wenn sie fr in der DDR gewohnt u dort NachlVerm hinterlassen haben, Notariat III Mannheim Just **73**, 250. Zur Anknüpfg an die Staatsangehörigk bei Staatsbürgern der DDR s Vorb 14a, c vor EG 7. – Über die Beerbg **Deutscher,** die im **Sudetengebiet** vor od währd der Austreibg der Deutschen gestorben sind, erteilen die deutschen NachlG, wenn die Hinterbl in das Altreich vertrieben wurden, **allgemeine Erbscheine,** auch wenn in das ABGB folgt, BayObLG **61**, 176; **67**, 197, 347. Auch für Deutsche ohne deutsche Staatsangehörigkeit nach Art 116 I GG, Art 9 II Nr 5 FamRÄndG wird nach § 2353 ein gewöhnl ErbSch erteilt, BayObLG **64**, 292;

Erbschein **§§ 2369, 2370**

ebso für dtsche StaatsAngehör, die eine weitere Staatsangehörigkeit besitzen (Mehrstaater), Hamm OLGZ **75**, 397, bestr, s EG 7 Vorb 7a, Köln, FamRZ **76**, 170.

c) Weitere **gegenständl beschränkte** Erbscheine sind das Hoffolgezeugnis, s § 2353 Anm 4, der ErbSch überhoffreies Vermögen, bestr, vgl § 2353 Anm 4. — **aa)** Bestr ist, ob der **Erbschein** für das **Entschädiggsverfahren**, s §§ 180, 181 BEG, in ggständl od persönl für ein bestimmtes Verf beschränkter ErbSch ist, vgl Pehe JR **54**, 57, Henrichs, Schoeneich NJW **54**, 1715, **55**, 741, Boerner JR **62**, 125, RGRK Rdz 23 vor § 2353, Staud-Firsching Anm 2. Der von den Entschädiggsorganen nach BEG 181 II verlangte, unter Zugrundelegg der Todesvermutg des BEG 180 I od der Feststellg im EntschädiggsVerf nach BEG 180 II, erteilte ErbSch kann seiner Natur nach nur für Entschädiggsansprüche verlangt werden; ist aber der Todes-Ztpkt des Erbl durch SterbeUrk, TodesErklBeschl od sonstige BewMittel nachweisb, so ist bei Anwendg deutschen Rechts ein ErbSch nach § 2353, bei Anwendg ausländischen Rechts ein solcher nach § 2369 zu erteilen, Staud-Firsching Anm 2. S auch § 7a II BRüG: ErbSch für den Rückerstattgsanspruch. Unzul ist die Erteilg eines ggständl beschr ErbSch für Lastenausgleichszwecke, Hamm Rpfleger **71**, 219. — **bb)** Im übrigen gibt es **keinen gegenständl beschränkten Erbschein**, BGH **1**, 9, NJW **76**, 480/482; aM Endemann, JW **33**, 2068 und § 55 II BayNachlO v 20. 3. 03, BayBSVJu III S 166 (hierzu Beck DNotZ **51**, 504); ein derartiger ErbSch ist aber nicht ungültig u in seiner Wirkg nicht beschränkt, BayObLG **52**, 69. — Hinsichtl des für einen beschr Gebr erteilten ErbSch vgl Übbl 6 vor § 2353, auch Wengler JZ **69**, 665.

3) **Inhalt des gegenständl beschr Erbschein** nach § 2369. Er unterscheidet sich vom gewöhnlichen nur durch den Umfang seiner Wirksamk. Sein Inhalt muß ergeben, daß er nur für die im Inland (BRep einschl Bln-W) befindl NachlGgstände gilt; dagg sind die einzelnen NachlGgstände (Grdst, Mobiliar) im ErbSch nicht aufzuführen. Jedoch ist immer anzugeben, nach welchem Recht sich die Erbfolge beurteilt, BayObLG **61**, 4, Düss NJW **63**, 2230, KG Rpfleger **77**, 307, Firsching DNotZ **60**, 642, Nachlaßrecht S 163, dagg LG Ffm MDR **76**, 668; s auch § 2353 Anm 4, Greif MDR **65**, 447 (auch bei beschr ErbSch nach in der DDR wohnh Erbl, im Hinblick auf die bestehende Rechtsverschiedenh, LG Bln Rpfleger **71**, 317, aM 33. Aufl). Fehlt diese Angabe, so ist der ErbSch unvollst u daher als unrichtig, § 2361, einzuziehen, und ggf neuer ErbSch mit dem Zusatz zu erteilen, KG Rpfleger **77**, 307. Nach Bln, NJW **70**, 203, zwingt die Entscheidg des BGH v 20. 5. 69, BGH **52**, 123, die annimmt, daß in der BRep (Bln-West) nach Erbl mit letztem Wohns od Aufenth in der DDR (Bln-Ost), kein allg, sond nur in Ansehg aller in der BRep (Bln-West) befindl Ggstände, also ein auf diese Ggstände beschr ErbSch erteilt w kann, nicht zur Einziehg der vor Erlaß dieses Beschl wirks erteilten unbeschr ErbSch; s jetzt auch oben 2b.

4) Bei Anwendg ausländ Rechts ist auch ein **beschr TestVollstrZeugnis** zul, § 2368 III, s Jansen² FGG 73 Rdn 29. Die örtl Zustdgk des NachlG zur Erteilg ergibt sich aus FGG 73 I, III, die internationale aus §§ 2368 III mit § 2369; letztere w nicht etwa dadch beeinträcht od ausgeschl, daß nach dem ausländ ErbR im Ausland ein ErbSch erteilt worden ist, s BayObLG **65**, 382. Aus § 2368 III ergibt sich aber nicht ohne weiteres die Befugn des NachlG zur Ernenng od Entlassg eines TestVollstr, wenn der inländ Erbl nach seinem HeimatR beerbt wird, s § 2200 Anm 1, BayObLG **65**, 383, auch Pinckernelle-Spreen aaO 208f; zur interlokalen Zustdgk s Hamm Rpfleger **73**, 303. Über Einzelh bei Erteilg des TestVollstrZeugn unter Anwendg amerikanischen u engl Rechts s bei Firsching DNotZ **59**, 354, Staud-Firsching § 2368 Anm 32-34, Firsching, Deutsch-amerikanische Erbfälle, 1965, S 136 ff, unter Anwendg österr R BGH ZfRV **77**, 153. Das Verfahren bei der Erteilg eines TestVollstrZeugn richtet sich stets nach dtschem Recht, lex fori, BayObLG **65**, 382, 386 (dort auch über Anwendg materiellen ungarischen Rechts bei der ZeugnErteilg).

5) Bei Erteilg eines beschr Erbscheins ist **kostenrechtl** der Wert der im Inland befindl NachlGgstände maßg, KostO 107 II 3, BayObLG **54**, 175. Über Gebührenfreih bei ErbSch für den EntschädiggsAnspr s BEG 181 III mit KostO 107a, bei ErbSch für Lastenausgleichszwecke § 317 II LAG, bei ErbSch für Rückerstattgsanspr § 7a III BRüG, Übbl 6 vor § 2353. — Über **TodesErkl** mit Wirkg für das inländ Vermögen s VerschG 12 II.

6) **DDR**: ZGB — Auszug im Anh, 35. Aufl — 414.

2370 *Öffentlicher Glaube bei Todeserklärung.* I Hat eine Person, die für tot erklärt oder deren Todeszeit nach den Vorschriften des Verschollenheitsgesetzes festgestellt ist, den Zeitpunkt überlebt, der als Zeitpunkt ihres Todes gilt, oder ist sie vor diesem Zeitpunkt gestorben, so gilt derjenige, welcher auf Grund der Todeserklärung oder der Feststellung der Todeszeit Erbe sein würde, in Ansehung der in den §§ 2366, 2367 bezeichneten Rechtsgeschäfte zugunsten des Dritten auch ohne Erteilung eines Erbscheins als Erbe, es sei denn, daß der Dritte die Unrichtigkeit der Todeserklärung oder der Feststellung der Todeszeit kennt oder weiß, daß sie aufgehoben worden sind.

II Ist ein Erbschein erteilt worden, so stehen demjenigen, der für tot erklärt oder dessen Todeszeit nach den Vorschriften des Verschollenheitsgesetzes festgestellt ist, wenn er noch lebt, die im § 2362 bestimmten Rechte zu. Die gleichen Rechte hat eine Person, deren Tod ohne Todeserklärung oder Feststellung der Todeszeit mit Unrecht angenommen worden ist.

1) **Vorbem.** Fassg nach Teil I Art 5 Nr 11 GesEinhG. Hiedurch wurde die Feststellg der Todeszeit der TodesErkl gleichgestellt.

2) Der **Rechtsschein des Todes** geht weiter als die Todesvermutg, VerschG 9 I; vgl im übrigen VerschG 30, §§ 2031, 2252 IV u 2263 a, 2300a BGB.

Neunter Abschnitt. Erbschaftskauf

Überblick

Schrifttum: Patschke, Erbteilsübernahme durch den Miterben, NJW **55**, 444; Zunft, Übertragg sämtl NachlGegenstände an einen Miterben gegen Abfindg der übrigen Miterben, JZ **56**, 550; Zarnekow, Der ErbschKauf, RhNK **69**, 620; Haegele, Rechtsfragen zu ErbschKauf u Erbteilsübertragg, BWNotZ **71**, 129, **72**, 1; Johannsen, WPM **72**, 1053; Form-Komm ErbR, Forml 6. 801–804; Lange-Kuchinke § 47; Kipp-Coing §§ 111–113; Beck'sches Formularbuch, 1978, VI. 33.

1) Rechtscharakter. Der Erbschaftskauf ist ein **Schuldrechtsgeschäft,** wodurch der Erbe die ihm angefallene Erbsch, der MitE seinen Erbteil, § 1922 II, der NachE (Mitnacherbe) sein AnwR, RG **101**, 186, verkauft. Der AlleinE (und der MitE nach Teilg, RG **134**, 299) kann das SchuldGesch nur durch Einzelübertragg der verkauften Sachen u Rechte, § 2374, **erfüllen**; denn Ggst des ErbschKaufs ist nicht das ErbR, sond der Inbegriff des Nachl. Der MitE kann aber vor Teilg auch dingl über seinen Anteil verfügen u demgem den verkauften NachlTeil durch einheitl dingl Geschäft übertragen, § 2033 I. Verkauft der MitE seinen Erbteil vor AuseinandS, w aber vor der dingl Erfüll des KaufVertr der Nachl auseinandergesetzt, so tritt an die Stelle des Anspr auf Übertr des verkauften Erbteils der Anspr auf Übertr aller dem Veräußerer bei der AuseinandS zugefallenen NachlGgstände, Kipp-Coing § 111 IV. Der ErbschKauf, der der Beurkundg bedarf, §§ 2371, 2385, macht den Käufer nicht zum Erben (keine GesRechtsnachfolge, Soergel-Müller Rdz 2 vor § 2371; daher Umschreibg der Klausel vom Erbl od Verkäufer gg Käufer nur nach ZPO 729 mögl, Jonas JW **35**, 2540), sond gibt ihm dafür nur den schuldrechtl Anspr, wirtschaftl so gestellt zu werden, als ob er vom Verk Erbe sei. Dafür haftet er nach außen hin für die NachlVerbindlichk neben dem Verk, §§ 2382, 2383. Ein dem Erben erteilter ErbSch wird durch den Verkauf nicht unrichtig; der Erwerber kann keinen ErbSch für sich beantragen. Der ErbschKauf ist **Kauf** iS der §§ 433ff u ggseitiger Vertr, §§ 320ff, so daß auch Wiederkauf, RG **101**, 192, u Rücktr (zB wg Nichterfüllg der Erbverbindlichk durch den Übernehmer) mögl, Warn **33** Nr 163. Die das Verhältnis zw Käufer u Verkäufer betr Vorschriften (§§ 2372–2381) sind abdingb, zwingd dagg § 2371 (Form), §§ 2382, 2383 (GläubSchutz), Staud-Ferid Vorbem 100 vor § 2371. Vertrag über Nachl eines Lebenden, § 312.

2) Verkauf des Bruchteils einer Erbsch. Die Vorschriften über den ErbschKauf finden auch auf den Verkauf eines Bruchteils einer Erbsch, der kein Erbteil ist, und den Verkauf des Bruchteils eines Erbteils Anwendg, Staud-Ferid Vorb 57, 126, 128 vor § 2371, BGH WPM **69**, 592. Der Käufer eines einzelnen Ggst aus **einer Erbsch**, ist nur dann als ErbschKäufer anzusehen, wenn er weiß, daß es sich um die ganze od nahezu die ganze Erbsch od den ganzen od nahezu den ganzen Erbteil des Veräußerers handelt, od zumindest die Verhältn kennt, aus denen sich dies ergibt, BGH FamRZ **65**, 267 = **LM** Nr 2 zu § 2382.

3) Umstellung des Kaufpreises s 34. Aufl.

4) Über Erbteilskauf u **Grunderwerbsteuer** s BFH BStBl **61** III, 423, Staudenmaier BWNotZ **62**, 97, Zarnekow aaO 639 f (auch über ErbschSteuer).

5) Die Veräußerg eines Erbanteils an einen anderen als an einen MitE, unterliegt, wenn der Nachl im wesentl aus einem land- od forstwirtschaftl Betrieb besteht, der **Genehmigg** nach GrdstVG 2 II Nr 2; s über die Gen im einzelnen GrdstVG 2ff, 18ff.

6) Der Verkauf einer Erbsch od des Bruchteils einer solchen u die entspr ErfüllgsGesch können unter § 1365 fallen, wenn sie das ganze Vermögen des Erben im Sinn dieser Vorschr darstellen, Staud-Felgentraeger § 1365 Anm 43. S auch § 1822 Nr 1, § 2205 Anm 2d.

7) DDR: Vorschr über den ErbschKauf sind im ZGB nicht enthalten, s aber ZGB 401 (Anh, 35. Aufl), dazu Meincke JR **76**, 47/49.

2371

Form. Ein Vertrag, durch den der Erbe die ihm angefallene Erbschaft verkauft, bedarf der notariellen Beurkundung.

Schrifttum: Habscheid, Zur Heilg formnichtiger Erbteilskaufverträge, FamRZ **68**, 13; Schlüter, Durchbrechg des Abstraktionsprinzips über § 139 BGB u Heilg eines formnichtigen Erbteilskaufs dch Erfüllg, JuS **69**, 10.

Vorbem. Die Worte „gerichtlichen oder" sind gem § 56 I BeurkG mit Wirkg v 1. 1. 70 (§ 71 BeurkG) weggefallen. Die Beurkdg des ErbschKaufs ist nur in notarieller Form zul, s §§ 1ff BeurkG.

1) Der Formzwang dient dem Schutz des Verk gg Übervorteilg durch gewerbsmäßige Aufkäufer wie auch zur Legitimation des Käufers ggü Dritten, Prot **2**, 114. Ausleggsfrage, ob bloßer Erbteilsverkauf od zugleich dingl Erbteilsübertragg vorliegt (letzteres bei sofortiger KaufprZahlg anzunehmen), Warn **15** Nr 264); das dingl ErfüllgsGesch kann kraft Parteivereinbg von der rechtl Wirksamk des SchuldGrdes abhäng gemacht w, BGH FamRZ **67**, 465. Die Anteilsübertragg kann in uU formlose ErbauseinandS od Auflassg des zur Erbmasse gehörigen Grdst umgedeutet werden, RG **129**, 123, dazu aber Kipp-Coing § 111 II.[8] Überträgt ein MitE seinen Erbanteil an einen Dritten zur Sicherg für ein von diesem gewährtes Darl, dessen Höhe etwa dem Wert des Erbteils entspricht, so ist der Übertragg zugrunde liegende schuldrechtl Verhältn in Wirklichk ein ErbschKauf, wenn die Rückzahlg des Darlehens einers u die Rückübertragg des Erbanteils anderers durch die Abmachgen praktisch für immer ausgeschl sind, BGH NJW **57**, 1515. – **a) Keine Heilg.** Nach RG **129**, 123, **137**, 175, Warn **42** Nr 92, Mü JFG **14**, 64, Schlesw SchlHA **54**, 54, BGH WPM **60**, 551, NJW **67**, 1128 = FamRZ **67**, 465, DNotZ **71**, 39 wird die Ungültigk des KaufVertr – über die ganze Erbsch u über Erbteil – (Formmangel, zB einer wesentl Nebenabrede, falsche KaufprAngabe) durch die gleichzeit od später nachfolgde dingl Übertr (§ 2033) nicht geheilt, da § 313 S 2 Sondertatbestd, Staud-Ferid Anm 26ff, bestr, für Heilg beim **Erbteilskauf** mit sehr beachtl Grd Habscheid, Schlüter ja aaO, Brox § 45 III, Erm-Barth-Schlüter Rdz 4, 5, s auch RGRK Rdz 8. – **b)** Der **Formzwang**, §§ 128, 125, 152 erstreckt sich auf alle VertrAbreden, auch Nebenabreden (zB wg der ErbschSteuer, § 2379) u deren Änderg, BGH FamRZ **67**, 465; Nebenabreden, die nicht in der Form des § 2371 vereinb sind, sind nichtig, ggf ist gem § 139 auch das Gesamtabkommen nichtig, BGH aaO, s aber auch BGH WPM **69**, 592. Einwand der Nichtigk kann uU durch Einrede der Argl zurückgeschlagen werden, Warn **25** Nr 162, § 125 Anm 6, auch BGH FamRZ **67**, 465/469. Dagg keine Einrede der Argl durch den vorkaufsberechtigten MitE, wenn sich der verkaufende MitE u der Käufer auf die Formungültigk des Vertrages berufen, RG **170**, 203. Die **Aufhebg** eines nicht erfüllten ErbschKaufVertr bedarf dagg nicht der Form des § 2371, bestr, wie hier Staud-Ferid Anm 12; aA Schlesw. SchlHA **57**, 181. – **c)** Gen des VormschG nach §§ 1643, 1822 Nr 1.

2) Ein bindendes notarielles **Angebot** eines MitE zum Verkauf u zur Übertragg seines MitEAnteils kann, auch wenn der Nachl nur aus einem Grdst besteht, **nicht** durch **Vormerkg** gesichert werden, Jahr, Michaelis, JuS **63**, 229, 231. – Zur Ausleg eines in einem Vertr über die Verpflichtg zur Übertr von ErbAnt enthaltenen Auftr an den Bevollmächtigten, die ErbAnt auf sich selbst zu übertr, s Karlsr BWNotZ **70**, 22.

2372 *Umfang des Kaufgegenstandes.* Die Vorteile, welche sich aus dem Wegfall eines Vermächtnisses oder einer Auflage oder aus der Ausgleichungspflicht eines Miterben ergeben, gebühren dem Käufer.

1) Der **nachträgl Wegfall**, §§ 2180, 2192ff, auch eines Nacherben, kommt dem Käufer als Ggstück für die Erfüllg der NachlVerbindlichk, § 2382, zugute, RGRK Rdz 1. Bei Wegfall vor Kaufabschluß kann Verk uU anfechten, § 119 II. AusglPfl §§ 2050ff, 2376. – Von § 2372 abweichende Vereinbargen sind mögl, Staud-Ferid Anm 9.

2373 *Dem Verkäufer verbleibender Anfall.* Ein Erbteil, der dem Verkäufer nach dem Abschlusse des Kaufes durch Nacherbfolge oder infolge des Wegfalls eines Miterben anfällt, sowie ein dem Verkäufer zugewendetes Vorausvermächtnis ist im Zweifel nicht als mitverkauft anzusehen. Das gleiche gilt von Familienpapieren und Familienbildern.

1) **Ausleggsregel**, §§ 2139, 1935, 2094–2096, 2150; anders § 2110. Vorausvermächtnis ist auch der Voraus nach § 1932, RGRK Rdz 2.

2374 *Herausgabepflicht.* Der Verkäufer ist verpflichtet, dem Käufer die zur Zeit des Verkaufs vorhandenen Erbschaftsgegenstände mit Einschluß dessen herauszugeben, was er von dem Verkauf auf Grund eines zur Erbschaft gehörenden Rechtes oder als Ersatz für die Zerstörung, Beschädigung oder Entziehung eines Erbschaftsgegenstandes oder durch ein Rechtsgeschäft erlangt hat, das sich auf die Erbschaft bezog.

1) **Gegenstand der Herausgabepflicht** (vgl auch § 260) ist nicht die Erbsch, sond die einzelnen, nach § 433 I dingl zu übertragenden ErbschGgstände od der Erbteil, § 2033. Herauszugeben sind auch zur Zeit des ErbschKaufs vorhandene **Surrogate**, Staud-Ferid Anm 16–20, sowie vom Erben kraft der Erbenstellg erlangte Ansprüche, RGRK Rdz 2. Bei NachlVerwaltg, § 1984, bedarf es der Gen des Verw, Strohal II 420, s aber auch Planck § 2376 Anm 5. Nutzgen § 2379. Bei Übertragg seitens eines Scheinerben, §§ 2031, 944, kann der ErbschKäufer kein Recht auf Kosten des wahren Erben erwerben, s § 2030 Anm 1, § 2366 Anm 1. – Abweichd von §§ 2019, 2111, ähnl § 2041.

2) **Verkauft** ein **Eheg**, der in **Zugewinngemeinsch** gelebt hat, sein **Erbrecht** nach dem erstverstorbenen Eheg, so gilt § 1371 I; es entsteht kein Anspr auf ZugewAusgl, auf den sich der Verkauf erstrecken könnte, Staud-Ferid Anm 15.

2375 *Ersatzpflicht.* I Hat der Verkäufer vor dem Verkauf einen Erbschaftsgegenstand verbraucht, unentgeltlich veräußert oder unentgeltlich belastet, so ist er verpflichtet, dem Käufer den Wert des verbrauchten oder veräußerten Gegenstandes, im Falle der Belastung die Wertminderung zu ersetzen. Die Ersatzpflicht tritt nicht ein, wenn der Käufer den Verbrauch oder die unentgeltliche Verfügung bei dem Abschlusse des Kaufes kennt.

II Im übrigen kann der Käufer wegen Verschlechterung, Unterganges oder einer aus einem anderen Grunde eingetretenen Unmöglichkeit der Herausgabe eines Erbschaftsgegenstandes nicht Ersatz verlangen.

1) **Für den Wertersatz** Ztpkt des Verbrauchs usw als der der Bereicher maßg. Vom Verkauf ab Haftg nach Kaufvorschriften, §§ 433ff.

2376 *Beschränkte Haftung des Verkäufers.* ᴵ Die Verpflichtung des Verkäufers zur Gewährleistung wegen eines Mangels im Rechte beschränkt sich auf die Haftung dafür, daß ihm das Erbrecht zusteht, daß es nicht durch das Recht eines Nacherben oder durch die Ernennung eines Testamentsvollstreckers beschränkt ist, daß nicht Vermächtnisse, Auflagen, Pflichtteilslasten, Ausgleichungspflichten oder Teilungsanordnungen bestehen und daß nicht unbeschränkte Haftung gegenüber den Nachlaßgläubigern oder einzelnen von ihnen eingetreten ist.

ᴵᴵ Fehler einer zur Erbschaft gehörenden Sache hat der Verkäufer nicht zu vertreten.

1) **Andere Gestaltg der Gewährleistg** als beim gewöhnl Kaufgeschäft. Erschöpfende Aufzählg, der **Mängel im Recht,** für die GewährleistgsPfl besteht. Eine solche gilt wohl auch für einen den Nachl belastenden ZugewAuslAnspruch, Staud-Ferid § 2378 Anm 5, für ErbErsAnspr (§§ 1934 a–c). Es gelten insb auch §§ 439 I, 440, 442, 443. Bei Erbteilsverkauf haftet der Verkäufer auch dafür, daß nicht ErbErsAnspr (§§ 1934 a–c), AusglPflichten (§§ 2050 ff) od Teilgsanordnungen (§ 2044) bestehen, s Planck-Greiff Anm 7.

2) **Keine Haftg für Sachmängel,** II; Haftg aber bei Fehlen zugesicherter Eigenschaften von Erbsch-Sachen od bei Argl, Staud-Ferid Anm 8, Lange-Kuchinke § 47 IV 1 a.

2377 *Wiederaufleben erloschener Rechtsverhältnisse.* Die infolge des Erbfalls durch Vereinigung von Recht und Verbindlichkeit oder von Recht und Belastung erloschenen Rechtsverhältnisse gelten im Verhältnisse zwischen dem Käufer und dem Verkäufer als nicht erloschen. Erforderlichen Falles ist ein solches Rechtsverhältnis wiederherzustellen.

1) **Gegenstandslos bei Erbteilsverkauf,** § 2033, Staud-Ferid Anm 3. Vgl §§ 1976, 1991, 2143, 2175.

2378 *Nachlaßverbindlichkeiten.* ᴵ Der Käufer ist dem Verkäufer gegenüber verpflichtet, die Nachlaßverbindlichkeiten zu erfüllen, soweit nicht der Verkäufer nach § 2376 dafür haftet, daß sie nicht bestehen.

ᴵᴵ Hat der Verkäufer vor dem Verkauf eine Nachlaßverbindlichkeit erfüllt, so kann er von dem Käufer Ersatz verlangen.

1) **Bei Kenntnis des Käufers,** § 439 I, ist er demnach dem Verk ggü auch zur Befriedigg von Verm-Ansprüchen usw, § 2376, verpflichtet, RG HRR **30** Nr 2021. Haftg nach außen §§ 2382, 2383. Vgl ferner §§ 433 II, 449 ff.

2379 *Nutzungen, Lasten.* Dem Verkäufer verbleiben die auf die Zeit vor dem Verkaufe fallenden Nutzungen. Er trägt für diese Zeit die Lasten, mit Einschluß der Zinsen der Nachlaßverbindlichkeiten. Den Käufer treffen jedoch die von der Erbschaft zu entrichtenden Abgaben sowie die außerordentlichen Lasten, welche als auf den Stammwert der Erbschaftsgegenstände gelegt anzusehen sind.

1) **Beim Erbteilskauf** gilt § 2379 nicht, sond 2038 II 2. Schon verteilte Reinerträge, § 2038 II 3, behält jedoch der Verk. – ErbschSteuer hat Käufer (mangels abw, formbedürftiger Abrede) zu tragen. Vgl §§ 100 ff, 2126, 2381.

2380 *Gefahrübergang.* Der Käufer trägt von dem Abschlusse des Kaufes an die Gefahr des zufälligen Unterganges und einer zufälligen Verschlechterung der Erbschaftsgegenstände. Von diesem Zeitpunkt an gebühren ihm die Nutzungen und trägt er die Lasten.

1) **Da ein Inbegriff Kaufgegenstand,** geht die Gefahr (abw von § 446) schon mit dem Kaufabschluß über.

2381 *Ersatz von Verwendungen.* ᴵ Der Käufer hat dem Verkäufer die notwendigen Verwendungen zu ersetzen, die der Verkäufer vor dem Verkauf auf die Erbschaft gemacht hat.

ᴵᴵ Für andere vor dem Verkaufe gemachte Aufwendungen hat der Käufer insoweit Ersatz zu leisten, als durch sie der Wert der Erbschaft zur Zeit des Verkaufs erhöht ist.

1) **Folge des vorzeitigen Gefahrübergangs,** § 2380; vgl §§ 994, 996, 2022. Verwendgen nach Verkauf § 450.

2382 *Haftung gegenüber Nachlaßgläubigern.* ᴵ Der Käufer haftet von dem Abschlusse des Kaufes an den Nachlaßgläubigern, unbeschadet der Fortdauer der Haftung des Verkäufers. Dies gilt auch von den Verbindlichkeiten, zu deren Erfüllung der Käufer dem Verkäufer gegenüber nach den §§ 2378, 2379 nicht verpflichtet ist.

Erbschaftskauf §§ 2382–2385

II Die Haftung des Käufers den Gläubigern gegenüber kann nicht durch Vereinbarung zwischen dem Käufer und dem Verkäufer ausgeschlossen oder beschränkt werden.

Schrifttum: Zarnekow, Der Erbschaftskauf, RhNK 69, 620/631 ff.

1) Der Käufer haftet vom KaufAbschl an neben dem Verk, §§ 421 ff, den NachlGläub, § 1967, für alle NachlVerbindlichk, RG 112, 131, auch für Vermächtnisse, Auflagen, PflichtLasten, RGRK Anm 3, auch für Verbindlichk, die von den Erben begründet worden sind u in ordnungsmäß Verwaltg eingegangen sind, BGH 38, 187 (Anm v Mattern LM Nr 1) mit 32, 64, § 1967 Anm 4, wie ein Vermögensübernehmer, § 419 I, jedoch mit der Möglichk der HaftgsBeschrkg, § 2383; vorausgesetzt, daß der Verk der wirkl Erbe war. Beim **Erbteilkauf** bestimmt sich die Haftg aus der MitE nach §§ 2058–2063, RG 60, 131; der Käufer muß auch mit der Geltendmachg des VorkaufsR der MitE nach § 2034 rechnen, BGH LM Nr 2; vgl auch §§ 2035, 2036, 2046 I. Der Käufer des Erbteils eines MitE haftet auch für die Ansprüche eines anderen MitE gg die ErbenGemsch aus einem zw dem MitE vor dem Erbteilskauf abgeschlossenen ErbauseinandSVertr, BGH 38, 187. Bildet nicht die Erbsch ein ErbschAnteil als Ganzes ausdrückl den Ggst der Übernahme, so setzt die Haftg ggü den NachlGläub voraus, daß der ErbschKäufer weiß, es handle sich um die ganze od nahezu ganze Erbsch od den ganzen od nahezu ganzen Erbteil des Veräußerers, od daß er zumind die Verh kennt, aus denen sich dies ergibt, BGH LM Nr 2. Keine zusätzl Haftg bei formnichtigem Erbteilskauf, BGH NJW 67, 1131. – Größere Haftgsstrenge, anders § 2145 S 1, angesichts des willkürl Verkaufs erklärl, aber nur bei unbeschränkter Haftg des Verk, § 2013, praktisch. – Sonderregelg für die **Vermögensabgabe** beim Lastenausgleich: Die Veräußerg läßt die AbgabePfl des Erben grdsätzl unberührt; jedoch SchuldÜbn nach LAG 60 mögl.

2) Unwirksamk abweichender Vereinbarg, II, wie bei § 419 III; zul aber eine solche mit den Gläub, auch seitens des Verk, § 414.

2383 *Beschränkte Haftung des Käufers.* I Für die Haftung des Käufers gelten die Vorschriften über die Beschränkung der Haftung des Erben. Er haftet unbeschränkt, soweit der Verkäufer zur Zeit des Verkaufs unbeschränkt haftet. Beschränkt sich die Haftung des Käufers auf die Erbschaft, so gelten seine Ansprüche aus dem Kaufe als zur Erbschaft gehörend.

II Die Errichtung des Inventars durch den Verkäufer oder den Käufer kommt auch dem anderen Teile zustatten, es sei denn, daß dieser unbeschränkt haftet.

1) Käufer und Verk können jeder für sich, s aber I S 2, die beschränkte Haftg geltd machen u das Aufgebot, § 1973, verlangen, ZPO 1000. Käufer kann NachlVerw, § 1981 I, und Konk, KO 232 und VerglVerf, VerglO 113 I Nr 1, beantragen u hat die Einreden der §§ 1990 bis 1992, 2014, 2015; ZPO 782. Verk kann entspr KO 232 II nach § 1981 II noch NachlVerw beantragen. Im **NachlKonk** gehören zur Masse nicht nur der Nachl, sond auch die sonstigen Ansprüche aus dem KaufVertr, zB auf Übertragg von ErbschGgständen, Wertvergütg od SchadErs. Trotz des nur verfahrensrechtl KO 232 I kann KonkVerw nach KO 7, 8, 43 auch die Aussonderg der vom Verk noch nicht übertragenen NachlGgstände aus der etw ErbenKonk verlangen, vgl Jaeger-Weber KO 232, 233 Rdz 16. – Gegen die Fehlkonstruktion des I S 2 (anders § 2144 I) vgl Siber, 132, Kipp-Coing § 112 I 3.

2384 *Anzeigepflicht des Verkäufers.* I Der Verkäufer ist den Nachlaßgläubigern gegenüber verpflichtet, den Verkauf der Erbschaft und den Namen des Käufers unverzüglich dem Nachlaßgericht anzuzeigen. Die Anzeige des Verkäufers wird durch die Anzeige des Käufers ersetzt.

II Das Nachlaßgericht hat die Einsicht der Anzeige jedem zu gestatten, der ein rechtliches Interesse glaubhaft macht.

1) Anzeigepflicht entspr der des Vorerben, § 2146. Gebühr: KostO 112 I Nr 7.

2385 *Anwendung auf ähnliche Verträge.* I Die Vorschriften über den Erbschaftskauf finden entsprechende Anwendung auf den Kauf einer von dem Verkäufer durch Vertrag erworbenen Erbschaft sowie auf andere Verträge, die auf die Veräußerung einer dem Veräußerer angefallenen oder anderweit von ihm erworbenen Erbschaft gerichtet sind.

II Im Falle einer Schenkung ist der Schenker nicht verpflichtet, für die vor der Schenkung verbrauchten oder unentgeltlich veräußerten Erbschaftsgegenstände oder für eine vor der Schenkung unentgeltlich vorgenommene Belastung dieser Gegenstände Ersatz zu leisten. Die im § 2376 bestimmte Verpflichtung zur Gewährleistung wegen eines Mangels im Rechte trifft den Schenker nicht; hat der Schenker den Mangel arglistig verschwiegen, so ist er verpflichtet, dem Beschenkten den daraus entstehenden Schaden zu ersetzen.

1) Andere Veräußergsverträge, vgl dazu ZPO 1000 II, KO 233, sind Weiterverkauf, Tausch, Schenkg, II, Belastg der Erbsch seitens des Erben mit einem Nießbr, § 1089; auch ein Vertr, durch den ein ErbschVerkauf rückgängig gemacht wird, SchlHOLG SchlHA 57, 181; Verpflichtg zur Hingabe an Zahlgs Statt, Lange-Kuchinke § 47 I 3; in Verträgen über die Verpfl zur Übertr von Erbanteilen enthaltener Auftr an den Bevollm, die Erbanteile an sich selbst zu übertr, Karlsr BWNotZ 70, 22; schließl auch **außergerichtl**

§ 2385

Vergleiche zw ErbschPrätendenten über die Verteilg der Erbsch ohne Rücks auf den Anfall od über die Anerkenng eines zweifelh Test, RG **72**, 209, OLG Nürnb WPM **58**, 81, Vertr, der zum Verzicht auf das NacherbenanwartschR verpflichtet, RG DNotZ **42**, 145; s auch Zarnekow aaO 637. Alle diese Verträge unterliegen dem **Formzwang** des § 2371 (idF des § 56 I BeurkG), Warn **39** Nr 46, bestr für Rückgängigmachg des Verkaufs, § 2371 Anm 1 aE. Gebühr: KostO 36 II, 112 I Nr 7. – Zuläss ist auch die Aussetzg eines **Vermächtn** dergestalt, daß der VermNehmer berecht sein soll, den gesamten Nachl – zB ein Unternehmen – gg ein bestimmtes Entgelt zu kaufen; für die Erfüllg des Verm gelten gem § 2385 I (od II) die Bestimmgen üb den ErbschKauf entspr; der VermNehmer haftet nach §§ 2378, 2382, 2383 für die Verbindlichk des GesamtNachl, Dobroschke, Betr **67**, 803/805, auch Lange-Kuchinke § 27 II 2a. – Die von einem MitE einem Dritten unter Freistellg von § 181 unwiderrufl erteilte Vollm zur Vfg über seinen Erbteil kann nicht in einen ErbschVerkauf umgedeutet w, BGH WPM **60**, 551.

2) Der mit einer Erbschaft Beschenkte, §§ 516, 517, 523, 2301 II, hat ggü dem Schenker grdsätzl alle NachlVerbindlichk zu tragen, § 2378, von denen ihn jener bei RückFdg Zug um Zug befreien muß.

Einführungsgesetz zum Bürgerlichen Gesetzbuch

Vom 18. August 1896

(RGBl S. 604/BGBl III 400–1)

mit späteren Änderungen u ohne überholte Bestimmungen

Bearbeiter:

Dr. Bassenge:	Art 52–54, 59–63, 65–69, 73, 74, 89–91, 96, 109–133, 142, 143, 179–197
Dr. Diederichsen:	Art 33
H. Heinrichs:	Art 1–4, 32, 55, 56, 82, 83, 85, 86, 88, 163–170, 218
Dr. Heldrich:	Art 7–31, 198–203, 207–210, 212
Dr. h. c. Th. Keidel:	Art 64, 137–140, 147–152, 213–217
Dr. Putzo:	Art 93, 94, 171, 172
Dr. Thomas:	Art 75–81, 97–108, 173–178

Erster Abschnitt. Allgemeine Vorschriften

EG 1 *Inkrafttreten des BGB.* Das Bürgerliche Gesetzbuch tritt am 1. Januar 1900 gleichzeitig mit einem Gesetze, betreffend Änderungen des Gerichtsverfassungsgesetzes, der Zivilprozeßordnung und der Konkursordnung, einem Gesetz über die Zwangsversteigerung und die Zwangsverwaltung, einer Grundbuchordnung und einem Gesetz über die Angelegenheiten der freiwilligen Gerichtsbarkeit in Kraft.

1) Das EG gilt seit 7. 9. 96; str, nach anderen seit 1. 1. 1900.

EG 2 *Begriff des Gesetzes.* Gesetz im Sinne des Bürgerlichen Gesetzbuchs und dieses Gesetzes ist jede Rechtsnorm.

1) **Rechtsnormen** iS des Art 2 (für GG 28 II, 81 II, 93 I Z 4b u BVerfGG 91, 1 gilt nach BVerfG NJW 69, 1843, 70, 1363 dasselbe) sind:

a) **Gesetze** im formellen Sinne, die für die Rechtschaffg die Regel bilden. Die G dtscher Organe werden heute ausnahmslos in den GBlättern des Bundes u der Länder (in der DDR im GBl DDR) verkündet, in Bln im GVBl Bln (West); fr war Verkündg nicht in allen Fällen erforderl. Auch nicht veröffentlichte preuß Kabinettsordres sind idR Gesetze, vgl RG 111, 211, wenn sie allgverbindl sind, nicht nur die Behörden anweisen wollen. G sind auch die Kontrollratsgesetze, Militärregierungsgesetze u Gesetze der AHK, die ihre verbindl Kraft aus der Tatsache der Besetzg zogen; G der AHK u der einzelnen Hohen Kommissare wurden im ABl der AHK veröffentlicht. Nach Beendigg des Besatzgsregimes (5. 5. 55 mittags 12 Uhr) blieb das BesatzgsR so in Kraft, wie es in diesem Augenblick bestand, unterliegt nunmehr aber mit wenigen Ausn der freien Vfg des dtschen Gesetzgebers (Art 1 Abs 1 des sog ÜberleitgsVertr, BGBl 55, II 405). Für Bln (West) besteht das Besatzgsregime weiter, doch gleichen die Besatzgsmächte auch dort grdsätzl das BesatzgsR dem Zustand in der BRep an.

b) **Rechtsverordnungen,** das sind formell Verordngen, die an Kraft aber dem G gleichstehen. Sie müssen im Rahmen der G bleiben, wenn nicht ausdr weitergehde Ermächtigg besteht, was aber die hM als schon immer verfassgsw ansieht (vgl Wolff, ArchÖffR 78, 194, JZ 54, 628, dagg Mende DÖV 55, 625); fr derartige weitergehende Ermächtiggen sind erloschen, GG 129 III. Jetzt gilt GG 80. Zu den RVerordngen gehören auch Polizeiverordngen (heute gelegentl Ordngsverordnen genannt), nicht VerwVorschriften (Verordngen im materiellen Sinne), die bloße Anweisgn an den Staatsapparat sind. Auch RVerordngen müssen verkündet w (vgl G über Verkündg von RVerordngen vom 30. 1. 1950, BGBl S 23). Zu den RVerordngen gehören auch die AllgemStromvsorggsBedingngen, soweit für rechtsverbindl erklärt, vgl BGH 23, 178, u wohl auch and für rechtsverbindl erklärte Vertragsbedinngen.

c) **Staatsverträge,** vgl RG 102, 106 (Staatsverträge des dtschen Reichs gelten weiter, GG 123 II), wenn sie vom innerdtschen Gesetzgeber gebilligt u ordngsm verkündet sind, sowie nach GG 25 die **allg Regeln des Völkerrechts,** vgl BVerfG NJW 63, 435.

d) **Autonome Satzgen,** auf der Befugn nichtstaatlicher Verbände zur Schaffg von Rechtsnormen beruhd, insb Ortsgesetze, Satzgen anderer Gebietskörpersch, der Kirchen, Anstaltsordngen. Hierher gehören auch die zw Verbänden der ArbGeber u ArbNehmer abgeschl **Tarifverträge,** die Normen für das EinzelArbVerhältn aufstellen (vgl TVG), **n**icht dagg AGB, da die AGB-Aufsteller u Verwender keine RSetzgsbefugn haben. Die Geltg der AGB beruht auf vertragl Einbez (AGBG 2); anders als für rechtsverbindl erklärten Bedingngen (vgl Anm 1 b). Vereinssatzgen nehmen ihre Verbindlk aus der Tats, daß sich das Mitgl ihnen dch Beitritt oä unterworfen hat, sind also nicht RNormen iS des Art 2, vielm ähnl anzusehen wie AGB, str.

e) **Gewohnheitsrecht** (trotz der Sprachwidrigk, ungesetztes Recht unter „Gesetz" zu bringen). Es entsteht dch längere tatsächl Übg, die eine dauernde u ständ gleichmäß u allg ist u von den Beteiligten als verbindl Rechtsnorm anerkannt w, BVerfGE **28**, 28 stRspr, ähnl schon RG **75**, 41, BGH **37**, 222. Dabei schließt Mißverständn des bestehenden Rechts die Bildg von GewohnhR nicht aus, str, vgl BGH **37**, 221. Grdsätzl kann sich auf dem Gebiet des bürgerl Rechts nur BundesGewohnhR bilden, LandesgewohnhR nur für die dem LandesR vorbehaltenen Materien. – **Kein GewohnhR** sind die nach §§ 157, 242 zu berücksichtigenden Gewohnheiten u die Verkehrssitte; sie sind aus der Erfahrg zu entnehmende, den Verk tats beherrschende Übgen. – Dch Richterspruch entsteht unmittelb keine Rechtsnorm; er wirkt nur für den einzelnen entschiedenen Fall. Auch die Entscheidgn der höchsten Gerichte (anders Verfassgsgerichte, unten g) erzeugen kein Recht u binden nur im Einzelfall (grdsätzl and im engl-am Rechtskreis); die tats Autorität der hohen Gerichte führt aber oft zu ständ Anwendg der von ihnen ausgesprochenen RSätze, sog Gerichtsgebrauch. Da die beteiligten Kreise mit ihm rechnen u sich danach richten, entsteht aus ihm oft echtes GewohnhR, vgl Meyer-Ladewig AcP **161**, 97. Zur Bedeutg des GerichtsGebr vgl auch Reimann DVBl **69**, 951. – Ähnliches gilt für die **Rechtslehre**, die ebenf nicht unmittelb Recht schaffen kann, aber, wenn ihre Überzeug Allgemeingut w, zum GewohnhR führ, meist allerd nur erst über den Gerichtsgebrauch. – Die Geltg von GewohnhR endet wie die von gesetztem Recht dch Rechtssatz od dch Bildg entgegengesetzten GewohnhR, BGH **1**, 379, **37**, 224, aber nicht, wie man aus BGH **37**, 225, **44**, 349 entnehmen könnte, dch Wegfall der bish RÜberzeug allein; die Auffassg (BGH aaO), daß, wo sich GewohnhR entgg GesetzesR gebildet hatte, das GesetzesR wieder in Kraft trete, sobald die RÜberzeug der Richtigk des GewohnhR entfallen ist, ist bedenkl; vgl Hubmann JuS **68**, 61.

f) Observanz. Sie ist örtl begrenztes GewohnhR, das gleichartige Verhältnisse für den Kreis der betroffenen Verpflichteten regelt; zur Bildg genügt, wenn die vorliegenden Willensäußergn auf eine allg Rechtsüberzeug schließen lassen, RG Warn **13**, 21; vgl auch vorstehd e.

g) Entscheidgn der Verfassgsgerichte (BVerfG, Staatsgerichtshöfe der Länder). Sie haben Gesetzeskraft (vgl zB BVerfGG **31**); doch gilt das nur für den Tenor, der deshalb im BGBl od den Gesetzblättern der Länder veröffentlicht w.

2) Recht der Europäischen Gemeinschaften. RNorm iS des EG 2 ist auch das R der Europ Gemschten (EWG, EAG, EGKS). Das ergibt sich für das sog primäre GemschR (die GründgsVertr mit Ergänzgn u Änd) bereits aus ihrem Charakter als StaatsVertr (Anm 1 c), gilt aber grdsl auch für das sog sekundäre GemschR, das von den Organen der Gemsch gesetzt w (EWGV 189, EAGV 161, EGKSV 14; BVerfG E **22**, 295, **34**, 366). Keine GesKraft haben dagg die von den GemschOrganen erlassenen Richtlinien (im EGKSV Empfehlgn genannt); sie verpfl die MitglStaaten u überlassen diesen die RAngleichg. Vgl näher Runge Einf in das R der Europ Gemschten, 1972, mwNw.

EG 3 *Vorbehalt für Landesgesetzgebung.* Soweit in dem Bürgerlichen Gesetzbuch oder in diesem Gesetze die Regelung den Landesgesetzen vorbehalten oder bestimmt ist, daß landesgesetzliche Vorschriften unberührt bleiben oder erlassen werden können, bleiben die bestehenden landesgesetzlichen Vorschriften in Kraft und können neue landesgesetzliche Vorschriften erlassen werden.

1) Eine Anzahl von landesrechtl Vorbehalten des BGB u EG ist dch spätere Reichs- od BundesG überholt; vgl bei den entspr Artikeln. Landesr Vorbehalte des BGB u EG gestatten nicht eine Durchbrechg andern BundesR, RJA **14**, 155. – Vom Übergang der Landeshoheit auf das Reich (G 30. 1. 34) bis Zusammenbruch schufen Landesgesetze örtl begrenztes ReichsR. Nach RG **152**, 86, **167**, 378, BGH **18**, 122 (auch **19**, 24) waren sie örtl begrenzte Reichsgesetze; die Gerichte konnten also nicht prüfen, ob sie mit dem allg ReichsR vereinb waren, str. Nach 8. 5. 45 leiteten Länder ihre Gesetzgebsmacht ebso von der Besatzgsmacht ab, wie zonale u überzonale Gebilde; es gab also keinen Vorrang der einen vor der anderen Norm, soweit der Gesetzgeber im Rahmen der Ermächtigg der Besatzg blieb; Wirtschaftsratsgesetze gingen Landesgesetzen vor gem MRProkl 7 amZ = Ordin 126 brZ. Heute geht in BRep BundesR dem LandesR vor, GG 31; Länder haben aber grdsätzl Gesetzgebsbefugn, GG 70. Über konkurrierde u ausschließl Gesetzgebgsgewalt des Bundes vgl GG 72 ff.

EG 4 *Verweisung auf bisherige Vorschriften.* Soweit in Reichsgesetzen oder in Landesgesetzen auf Vorschriften verwiesen ist, welche durch das Bürgerliche Gesetzbuch oder durch dieses Gesetz außer Kraft gesetzt werden, treten an deren Stelle die entsprechenden Vorschriften des Bürgerlichen Gesetzbuchs oder dieses Gesetzes.

1) Art 4 setzt voraus, daß das verweisende G auf die jeweils geltenden Vorschriften des PrivatR Bezug nehmen will. Wo Verweis sich gerade auf das bish älteres Recht, nicht auf das jeweils geltende beziehen sollte (Ausleggsfrage!), bleibt es bei jenem, RG **98**, 11. Mit der entspr Ausn wird auch das ältere öff Recht dch das PrivatR des BGB ergänzt.

EG 5, 6 *(gegenstandslos)*

Internationales Privatrecht (Art 7–31)

Schrifttum

Bergmann-Ferid, Internat Ehe- u KindschaftsR, 5. Aufl 1976 ff (bish 61 Lieferg); Boschan, Europäisches FamR, 5. Aufl 1972; Bucher, Grdfragen der AnknüpfgGerechtigk im IPR, 1975; Bülow-Böckstiegel, Internat RVerkehr, 2. Aufl 1973; Dtscher Rat für IPR, Vorschläge u Gutachten z Reform des dtsch internat EheRs; derselbe, Vorschläge u Gutachten zur Reform des dtsch internat Kindsch-,

1. Abschnitt: Allgem. Vorschr. (IPR) Schriftt, Übers, Vorbem v EGBGB 7

Vormsch- u PflegschR; derselbe, Vorschläge u Gutachten z Reform des dtsch internat ErbRs; derselbe, Vorschläge u Gutachten z Reform des dtsch internat Personen- u SachenRs, 1962, 1966, 1969, 1972 sämtl herausgg v Lauterbach; Dölle, Internat PrivatR (Einf in seine Grdlagen), 2. Aufl 1972; Dorenberg, Hinkende RVerhältnisse im internat FamilienR, 1968; Drobnig, American-German Private International Law, 2. Aufl 1972; Erler, Grundprobleme des internat WirtschR, Göttingen 1956; Erman, HdKomm z BGB, 6. Aufl 1975, IPR bearbeitet von Arndt u Marquordt; Ferid, Der Neubürger im IPR, 1949; derselbe, Internat PrivatR (Leitfaden f Studium u Praxis), 1975; Ferid-Firsching, Internat ErbR, 1955 ff (bish 13 Liefergen); Ferid-Kegel-Zweigert, Gutachten zum internat u ausl PrivatR, 1965 ff (zuletzt 1976); Ficker, Grdfragen des dtsch ILR, 1952; Firsching, Einführg in das Internat PrivatR, 1974; Gamillscheg, Internat ArbeitsR, 1959; Das internat FamilienR Dtschlds u Frankreichs in rechtsvergl Darstellg, herausgg v d Gesellsch für Rechtsvergleich, Tübingen u d Société de Législation Comparée, Paris 1955; Gutzwiller, Geschichte des IPR, 1977; Hartwieg-Korkisch, Die geheimen Materialien zur Kodifikation des deutschen IPR, 1973; Heldrich, Internat Zuständ u anwendb Recht, 1969; Jayme, Spannen bei d Anwendg italienischen FamRs dch dtsch Ger, 1961; Jayme-Hausmann, Internat Priv u VerfR, 1978; Joerges, Zum Funktionswandel des Kollisionsrechts, 1971; Kegel, Das IPR im EGBGB in Soergel-Siebert, Komm 10. Aufl 1970 mit Supplementbd 1975; derselbe, Internat PrivatR (Kurzlehrb) 4. Aufl 1977; Kropholler, Internat EinhR, 1975; Knittel, Geltdes u nicht geltdes AuslandsR im IPR, 1963; Külper, Die Gesetzgebg z dtschen Internat PrivR im „Dritten Reich", 1976; Leske-Loewenfeld, RVerfolgg im intern Verkehr Bd I: Das EheR der europ u außereurop Staaten; 1. Teil Europ Staaten, 3. Aufl 1963 ff, herausgg v Erwin Loewenfeld u W. Lauterbach (9. Liefer); H. Lewald, Dtsches IPR, 1931; Lorenz, Z Struktur des internat PrivR, 1977; Makarov, Quellen des IPR, 3. Aufl 1978; derselbe, Grdriß des internat PrivRs, 1970; Mann, Recht des Geldes, 1960; derselbe, Beiträge z Internat PrivR, 1976; Marsch, Der Favor Negotii im dtschen IPR, 1976; Melchior, Grdlagen des IPR, 1932; Müller-Gindullis, Das internat PrivR in der Rspr des Bundesgerichtshofs, 1971; Neuhaus, GrdBegre des IPR, 2. Aufl 1976; Niemeyer, Vorschläge u Materialien zur Kodifikation des IPR, 1895; Nußbaum, Dtsches IPR, 1932; derselbe, Grdzüge des IPR, 1952; Pagenstecher, Grdsatz des Entscheidgseinklangs im IPR, 1951; Picone-Wengler, IPR, 1974; Raape, Dtsches IPR, 5. Aufl 1961; derselbe in Staudingers Komm Bd VI, 2: Internat PrivR, 1931; Raape-Sturm, Internat PrivR Bd I, 6. Aufl 1977; Reithmann u a, Internat VertrR, 2. Aufl 1972; Röder, Die Anwendg US-amerikan internat KindschR in Statusfragen dch dtsche Ger, 1972; Schmitt-Peters, Die Eintragg in dtsche PersStBücher in Fällen mit Auslandsberührg, 1960; Schnitzer, Hdb des internat PrivR, 2 Bde, 4. Aufl 1957/58; J. Schröder, Die Anpassg v Kollisions- u Sachnormen, 1961; derselbe, Internat Zuständk, 1971; Schwind, Hdb des österr IPR, 1975; Staud-Korkisch-Beitzke-Coing-Weick-Firsching, BGB EinfG (Art 7, 8, 9, 11), 1970; Staud-Firsching, Internat SchuldR I, 1978; Staud-Stoll, Internat SachenR, 1976; Staud-Gamillscheg (EG 13–17, ZPO 328, 606–606b), 1973; Steindorff, Sachnormen im IPR, 1958; Tomforde-Diefenbach-Weber, Das Recht des unehel Kindes u seiner Mutter im In- u Ausland, 5. Aufl 1953 ff; Ulmer, Die Immaterialgüterrechte im internat PrivatR, 1975; Vischer, Internat VertragsR, Bern 1962; Wahl, Die verfehlte internat Zustdgk, 1974; Wengler, Gutachten zum internat u ausl Fam- u ErbR, 2 Bde 1971; Martin Wolff, IPR, 3. Aufl 1954. Zu den Reformbestrebgen Vorbem 17 vor EG 7. Wg des Schriftt zum interlokalen Recht Vorbem 14 vor EG 7; wg Schriftt zum StaatsangehörkR Vorbem 7a vor EG 7.

Zeitschriften: RabelsZ (bish 42 Jahrg), ZfRV (österr), 1960 ff.

Rechtsprechungssammlungen: Die dtsche Rspr auf dem Gebiet des IPR, 1926–1934, 1945 ff (zuletzt 1975), derzeit bearbeitet v Kropholler; Sammlg der dtschen Entsch zum interzonalen PrivR, 1945 ff (zuletzt 1967), bearbeitet v Drobnig.

Übersicht

1) Art 7–31 enthalten das **Internationale Privatrecht**. Grundlagen in Vorbem vor Art 7, Allg Teil in Art 7 bis 11, Schuldrecht, u zwar (a) im allg u Schuldverträge vor Art 12, (b) unerlaubte Hdlgen in Art 12, Sachenrecht vor Art 12, Familienrecht in Art 13–23, Erbrecht in Art 24–26, allg Grunds des IPR in Art 27–31. – In der **DDR** ist das EGBGB dch § 15 Abs 1 I Z 2 EGZGB v 19. 6. 75, GBl 517 mit Wirkg z 1. 1. 76 aufgeh w. Eine umfassde Neuregelg des IPR ist dch das RAnwendgsG v 5. 12. 75, GBl I 748 erfolgt; vgl dazu unten Vorbem 2 vor EG 7.

IPR : Grundlagen
Vorbemerkung vor Art 7

1) Begriff u Aufgabe des IPR
2) Quellen des dtschen IPR
3) Landesgesetzliche Kollisionsnormen
4) Inhalt der iprechtl Vorschr des EGBGB
5) Arten der Kollisionsnormen, Lückenausfüllung, Auslegung
6) Die Anknüpfungspunkte im allgemeinen
7) Die einzelnen Anknüpfungspunkte
   a) Staatsangehörigkeit, Mehrstaater
   b) Die übrigen Anknüpfungspunkte
8) Anknüpfungen zum Zwecke der Gesetzesumgehung
9) Qualifikation (Anwendungsbereich)
10) Vorfragen
11) Angleichung
12) Verweisg auf MehrRStaaten
13) IPR u intertemporales Recht
14) Deutsches interlokales Privatrecht
15) IPR u GG
16) Verfahrensrechtl Besonderheiten bei der Anwendung ausländischen Rechts
17) Reformbestrebungen

Vorbem v EGBGB 7 (IPR) 1–3

1) Begriff u Aufgabe des IPR. Das IPR best die maßg PrivRO bei **Sachverhalten mit Auslandsberührg** (zB ausl Staatsangehörigk od ausl Wohns eines Beteil, Vornahme eines RGesch od einer unerl Hdlg im Ausland). Es besteht aus sog **Kollisionsnormen,** die dch Anknüpfg des Sachverhalts an eine best RO die z Anwendg berufenen **Sachnormen** bezeichnen. Dabei soll diej RO ausgewählt w, mit der der Sachverhalt die engste Berührig hat **(internatpriv Gerechtigk).** Der Inhalt der z Auswahl stehden Sachnormen bleibt bei der Anknüpfg grds unberücks. Die dch eine Kollisionsnorm auf einen best Fragenkomplex z Anwendg berufene RO ist das sog **Sachstatut** (zB Schuldstatut, GüterRStatut, Erbstatut). Das IPR trifft eine Regelg für internat Sachverhalte, ist aber grds **staatl,** dh von Land zu Land versch R. Eine Vereinheitlg des IPR ist in Teilbereichen dch Staatsverträge erfolgt, vgl dazu Anm 2. Bei Vereinheitlg des mat R w das IPR grdsl überflüss, vgl zB EKG 2 u dazu einschränkd Kropholler RabelsZ **74,** 372; Hartwieg ZHW **74,** 457. Obwohl das IPR z innerstaatl R gehört, ist bei der Anwendg u Fortbildg seiner Kollisionsnormen **RVergleichg** vielf unerläßl, zB f Qualifikation, Vorbem 9, od Angleichg, Vorbem 11; vgl dazu näher Jayme Festschr f Schwind (1978) 103; Kropholler ZvglRW **78,** 1; Reichelt FamRZ **78,** 312. Soweit dch das IPR **ausl R** berufen w, setzt seine Verwirklg Kenntnisse des betr fremden R voraus; wicht Hilfsmittel in der Praxis sind dabei Bergmann-Ferid, Internat Ehe- u KindschR, u Ferid-Firsching, Internat ErbR. – Währd dch das IPR das in der Sache maßg Recht best w, erfolgt die Grenzziehg zw der Zustdgk inl u ausl **Gerichte** dch die **internat Zustdgk,** BGH (GrZS) **44,** 46. Diese ist jetzt vor allem im EG-Übk über die gerichtl Zustdgk u die Vollstr gerichtl Entsch in Zivil- u Handelssachen v 27. 9. 68, BGBl **72** II 774 geregelt. Zu unterscheiden ist zw sog **Befolggsregeln** über die internat Zustdgk der **inl** Gerichte in Fällen mit Auslandsberührg, wie sie auch in dem erwähnten Übk enth sind, u sog **Beurteilgsregeln** über die internat Zustdgk **ausl** Gerichte, die vor allem im Zushang mit der Anerkenng ausl Entsch anzuwenden sind, zB n ZPO 328 I Z 1.

2) Quellen des deutschen IPR. Eine lückenh **Kodifikation** enth **EG 7–31.** Hiervon gelten EG 17 III idF v 14. 6. 76, EheRG v 14. 6. 76, BGBl 1421, EG 17 IV idF der 1. DVO z EneG, EG 18 u 29 idF von §§ 8 I u 25 des FamRÄndG v 12. 4. 38, RGBl 380, EG 22 idF des AdoptionsG v 2. 7. 76, BGBl 1749; EG 9 ist dch VerschG 12 ersetzt, EG 10 dch § 30 I Z 4 VereinsG v 5. 8. 64, BGBl 593, aufgeh. EG 13 wird ergänzt dch § 8 KonsG v 11. 9. 74, BGBl 2317 (das G betr die Eheschl u die Beurkundg des PersStandes von Bundes-Angeh im Ausland v 4. 5. 1870, RGBl 599, ist am 1. 1. 75 außer Kraft getr, §§ 28 I Z 3, 31 KonsG), ferner KRG 52 v 21. 4. 47, KRABl 273 (EheG 15a), u AHKG 23 v 17. 3. 50, AHKABl 140 (Anh zu EG 29). Personenrechtl Vorschr enthält auch BundesG v 25. 4. 51, BGBl 269 über die RStellg heimatl Ausl im BGebiet u AusländerG v 28. 4. 65, BGBl 353; abgedr u erläut Anh EG 29. Weitere Vorschr des dtschen IPR finden sich schließl verstreut in verschiedenen SpezialG, wie zB WechselG 91 ff, ScheckG 60 ff, BörsenG 61, AGBG 12; s dazu Jayme-Hausmann IPR, Eine Ergänzg zu völkerrechtl SchadErsAnspr enthält VO v 7. 12. 42, RGBl 706 (abgedr Anh zu Art 12). Über Lücken u Lückenausfüllg Anm 4 u 5. – Ergänzt werden die sachl-rechtl Bestimmgen dch verfahrensrechtl zB ZPO 16, 23, 110, 114 II, 293, 549, vor allem aber 328, 723 II 2, 606a u b, ferner FGG 36, 36a, 37 II, 38, 39 II, 43 I, 43a, 43b, 45 II, 47, 73, FamRÄndG Art 7 (Anerkenng ausl Entsch in Ehesachen). Auch einige sachl-rechtl Vorschr enthalten verfahrensrechtl Bestandteile wie EG 8, 23. Eine weitere wicht Rechtsquelle sind die **Staatsverträge**, vgl dazu systemat Kropholler, Internat EinhR. Hier sind zu unterscheiden **a)** K o l l e k t i v v e r t r ä g e, die von mehr als 2 Staaten abgeschl sind, nämlich das Haager EheschlAbk v 12. 6. 02, vgl Anh zu EG 13, das Haager Ehewirkgs-Abk v 17. 7. 05, vgl Anh zu EG 15, das Haager VormschAbk v 12. 6. 02 u das Übk über die Zustdgk u das anzuwendende Recht auf dem Gebiet des Schutzes von Mj v 5. 10. 61, vgl Anh zu EG 23, das Haager EntmAbk v 17. 7. 05, vgl Anh zu EG 8, das Haager Übk über das auf UnterhVerpflichtgen ggü Kindern anzuwendende Recht v 24. 10. 56, vgl Anh zu EG 19, das Haager TestamentsformAbk v 5. 10. 61, vgl Anh zu EG 24–26, das UNÜbk über die RStellg der Staatenlosen v 28. 9. 54, vgl Anh V z EG 29, das Genfer FlüchtlingsAbk, vgl Anh III zu EG 29. Dem Haager EhescheidgsAbk v 12. 6. 02 gehört Deutschland seit dem 1. 6. 34 nicht mehr als VertrStaat an, vgl Anh zu EG 17. Zu den Arbeiten der Haager Konferenz für IPR überh Hoyer ZfRV **61,** 65, v Schwind (Liber amicorum Baron Louis Fredericq S 1113), zur 7. Dölle RabelsZ **52,** 161, zur 8. Petersen RabelsZ **59,** 1, zur 9. Ferid RabelsZ **62,** 411, zur 10. Ficker RabelsZ **66,** 606, zur 11. Beitzke RabelsZ **69,** 204, zur 12. Stöcker NJW **73,** 1535, Lipstein RabelsZ **75,** 29, zur 13. Beitzke RabelsZ **77,** 457. **b)** E i n z e l v e r t r; vgl dazu die Anm bei den einzeln Art, insb EG 17 Anm 1. – Die staatsvertragl Regelg geht der des allg IPR vor, RG **105,** 341. Bei der **Ausleg** von StaatsVertr können Begriffe des innerstaatl Rechts nicht ohne weiteres als dem Abk zugrdeliegd angesehen werden, BGH **52,** 216, NJW **76,** 1583; bei der Ausleg v VerweisgsBegr ist eine autonome Qualifikation auf rechtsvergleichder Grdlage unter Berücksichtigg des Zweckes der Regelg vorzunehmen, Kropholler, Internat EinhR § 22 I. Z Kollision v StaatsVertr s Volken, Konventionskonflikte im IPR 1977. – Z Einwirkg der allg Regeln des VölkerR auf das IPR vgl Meessen Fschr f Mann (1977) 227.

In der **DDR** ist das EGBGB dch § 15 Abs 2 I Z 2 EGZGB v. 19. 6. 75, GBl 517 mit Wirkg z 1. 1. 76 aufgeh w; z gleichen Ztpkt sind auch die famr Kollisionsnormen der §§ 15–25 EGFGB v 20.12.65 außer Kraft getreten, § 15 Abs 1 II Z 37 EGZGB. Es gilt nunmehr das RAnwendgsG v 5. 12. 75, GBl I 748; vgl dazu Espig NJ **76,** 360; Mampel NJW **76,** 1521; Wehser JZ **77,** 449; Kittke DAVorm **77,** 545; Seiffert RabelsZ **77,** 515. Das IPR der sozialistischen Staaten untereinander regeln im wesentl Staatsverträge; dazu Neuhaus RabelsZ **67,** 543. Das RAnwendgsG betrifft daher vor allem die Beziehgen zu den übr Staaten, Espig aaO. Eine matr Regelg enth das G über internat WirtschVertr v 5.2.76, GBl I 61, dazu eingehd Enderlein ZHW **76,** 442, Seiffert aaO, Ackermann ua AWD **77,** 600.

3) Landesgesetzl Kollisionsnormen sind grdsätzl aufgeh. Soweit aber Vorbehalte zugunsten der LandesG gemacht sind, gilt das landesgesetzl KollisionsR weiter, EG 55. Fehlen für die VorbehMaterie räuml Rechtsanwendgsnormen, so sind EG 7 ff entspr anzuwenden, RG HansGZ **14** B 238. Wg des ILR Anm 14. Vor 1.1.1900 von früh Bundesstaaten abgeschl StaatsVertr bleiben unberührt, EG 56. Dies gilt insb f den bad-schweizer StaatsVertr v 6.12.1856, vgl dazu EG 25 Anm 4.

4) Inhalt der iprechtl Bestimmgen des EGBGB. Währd die Gebhardschen Vorentwürfe eine möglichst umfassende Regelg des IPR vorsahen (vgl dazu Niemeyer, Zur Vorgeschichte des IPR im dtschen BGB) u die II. Kommission jene in einem 6. Buch „Anwendg ausländischer Gesetze" aufnehmen wollte, verwies der Bundesrat auf Betreiben des Auswärtigen Amtes die Vorschr in das EG, wobei er auch die vorgesehenen vollkommenen Kollisionsnormen zum größten Teil in einseitige verwandelte, vgl Anm 5 und Hartwieg-Korkisch, Geheime Materialien. Demgem ist das **IPR lückenhaft**. So ist von den dem IPR eigentüml allg Grundsätzen nur die Rückverweisg, EG 27, die VorbehKlausel, EG 30, der Konflikt zw Gesamt- u Sonderstatut, EG 28, sowie die Staatenlosigk, EG 29, geregelt. Bestimmungen über das internat Sachenrecht fehlen vollst. Das Schuldrecht enthält nur eine Vorschr über unerl Hdlgen, EG 12. Aber auch die iprechtl Vorschr für die in den übr Büchern des BGB geregelten Materien sind lückenh u im einzelnen unvollst. Aus dem allg Teil werden in EG 7–11 GeschFähigk, Entm u Form von RGeschäften behandelt. Aufgeh sind Vorschr über TodesErkl (EG 9 ersetzt dch VerschG 12) u JPen (EG 10 aufgeh dch VereinsG v 5. 8. 64). Verhältnism reichhaltig sind die Vorschriften über das internat FamR, EG 13–23, u Erbrecht, EG 24–26. Rechtslehre u Rspr haben demgem im IPR ein besonders weites Betätiggsfeld. Das **RAnwendgsG** der **DDR** v. 5. 12. 75, GBl I 748, enth demggü eine vollst Kodifizierg des IPR auf der Grdlage allseit Kollisionsnormen. – Vom IPR zu unterscheiden das **Fremdenrecht,** das die Stellg der Ausländer in der BRep zum Gegenstande hat, geregelt dch das AusländerG v 28. 4. 65, BGBl 353; s dazu Doehring ZAuslÖffR u VölkerR **65,** 478, Kanein, AusländerG, 2. Aufl 1974, Schiedermaier, Hdb des AusländerR der BRep, 1968.

5) Arten der Kollisionsnormen, Lückenfüllg, Ausleg. Die Besonderh der Vorschr des IPR liegt darin, daß sie keine unmittelb Regelg eines Sachverhalts enth, sond nur die Rechtsordng angeben, deren Bestimmgen angewendt w sollen (Verweisungs R, nicht EntschsR). Entspr seiner Entstehg, Anm 4, enthält das dtsche IPR meist einseitige Kollisionsnormen, die ledigl den Anwendungsbereich der dtschen ROrdng festlegen, zB EG 14, 18–20, 22. Vollkommene Kollisionsnormen, die die anwendb ROrdng ganz allg best, sind selten, s EG 7, 17 I, 21. Schließl kommen auch unvollkommen zweiseitige vor, die außer dem Anwendungsbereich der eigenen ROrdng den einer fremden nur zum Teil regeln, vgl EG 13 Anm 2. Die Lücken der nicht vollkommenen Kollisionsnormen haben Rechtslehre u Rspr dch ihre **Ergänzg** iW der **Analogie** ausgefüllt, vgl zB EG 13 Anm 2, 14 Anm 2, 22 Anm 2. Das ist aber nur dann statth, wenn die unvollst Kollisionsnorm Ausfluß eines allg Grds ist, nicht deshalb auch bei Exklusivnormen, dch die nur die Anwendg des dtschen Rechts sichergestellt w soll, sei es um bestimmte Gruppen dtscher StaatsAngeh zu schützen, zB EG 13 II, 14 II, 19 S 2, sei es aus Gründen des rechtsgeschäftl Verkehrs in Deutschland, wie zB EG 7 III, 13 III, 16, od weil es sich um Spezialisiergen der dtschen VorbehKlausel handelt, EG 17 IV, vgl auch Anm 2b dort, sowie EG 21 2. Halbs u Anm 5 dort. Soweit das IPR überh keine Kollisionsnormen enthält, vgl oben, fehlt freilich ein unmittelb Anhalt. Auch hier haben aber Rechtslehre u Rspr Kollisionsnormen unter Berücksichtigt der allg Grds des dtschen IPR, vgl zB EG 13 Anm 8 hins des Verlöbnisses, EG 19 Anm 1, hins der UnterhPfl der Verwandten, zT auch des dtschen mat R od der internat Übg entwickelt, vgl zB vor EG 12 (SchuldR) u vor 13 (SachenR). – Von den Verweisgsregeln des IPR zu unterscheiden sind die **selbstbegrenzten Sachnormen,** deren Tatbestd ihre Anwendbk unmittelb regelt, die also einen kollisionsr u einen matr Bestandteil h, vgl dazu Kegel, GedächtnSchr für Ehrenzweig (1976) 51, Neuhaus, GrdBegre § 11 V (krit z Bezeichng), Mann, Fschr f Raiser (1974) 499.

6) Die Anknüpfgspunkte im allg. Die vom IPR erfaßten Sachverhalte weisen Beziehgen zu mehreren Rechtsordngen auf. Von diesen greift der Gesetzgeber diejenige Beziehg heraus, die ihm als die wichtigste erscheint u knüpft dch sie für an eine bestimmte Rechtsordng an; so gibt zB für die Bestimmg der GeschFähigk, EG 7 I, die Staatsangehörigk des Betroffenen das anzuwendde Recht an. **Anknüpfgspkte** sind also diej TatbetdsMerkmale der Kollisionsnormen, mit deren Hilfe das f den Sachverhalt maßg Recht best w. Sie können in der **Pers** der Beteil liegen (Staatsangehörigk, Wohns, gewöhnl Aufenth, Sitz einer JP), in ihrer **WillErklen** (zB RWahl dch Parteivereinbarkg bei SchuldVertr) oder in dem **Ort** ihrer **Handlgen** (zB AbschlOrt eines RGesch, ErfOrt, Gebrauchsort bei der Vollm, Tatort bei unerl Hdlgen), aber auch in **räuml Gegebenh** (zB Lageort im internat SachenR). Der wichtigste pers AnknüpfgsPkt ist die **Staatsangehörgk.** Dch sie w im dtschen IPR das f die pers RVerhe einschl des Fam- u ErbR maßg Recht (das sog **Personalstatut**) best, vgl EG 7, 13–15, 17–25, VerschG 12. Z Frage der Ersetzg der Staatsangehörigk dch den AnknüpfgsPkt des gewöhnl Aufenth in den Reformbestrebgen s unten Anm 17, ferner Lüderitz Fschr f Kegel (1977) 31. Auf den **gewöhnl Aufenthalt** wurde bish auch im dtschen interlokalen PrivatR abgestellt, vgl Anm 14 c; ebso bei Staatenlosen, EG 29 (vgl aber jetzt Art 12 des UNÜbk über die RStellg der Staatenlosen v 28. 9. 54: Wohns, ebda Anh V), verschleppten Pers, Flüchtlingen und AyslBerecht, vgl EG 29 Anh I–IV mit Erläut. Auch das Haager UnterhAbk, vgl EG 21 Anh 1, das Haager MjSchutzÜbk, vgl EG 23 Anh 4, knüpfen an den gewöhnl Aufenth an. – Viele AnknüpfgsPkte sind wandelb. Es bedarf daher auch der Best des maßg **Ztpkt** z Feststellg des anwendb Rechtes, zB Staatsangehörigk zZ des Todes bei der Best des Erbstatuts gem EG 25. W dieser Ztpkt nicht fixiert, so ist das Sachstatut grdsl **wandelb,** zB jew HeimatR bei der GeschFgk nach EG 7 I, bei den pers Ehewirkgen nach EG 14 I, beim RVerh zw den Eltern u einem ehel Kind nach EG 19. Dagg ist das Statut grdsl **unwandelb,** wenn bei der Anknüpfg auf ein Ereign z einem best Ztpkt abgest w, zB in EG 13 I, 15 I, 17 I, 21, 22 I, 24 I, 25. Vgl dazu auch Vorbem 13. – Das IPR ermöglicht zT die Wahl zw versch ROrdngen dch **alternative Anknüpfgen,** zB in EG 11, 24 II od bei der Best des Deliktsstatuts, EG 12 Anm 2; vgl dazu grdsl Beitzke Feschr f Ferid (1978) 39. – **Keine echte Anknüpfg** liegt vor, soweit aGrd der allg, EG 30 Anm 4, od einer speziellen VorbehKlausel, zB EG 17 IV, dtsches Recht z Anwendg kommt. Das gleiche gilt bei ersatzw Anwendg der lex fori, wenn sich ausl Recht überh nicht od für die VerfArt nicht schnell genug ermitteln läßt, vgl dazu Vorbem 16.

7) Einzelne Anknüpfgspunkte.
a) Staatsangehörigk. Das EG folgt bei der Best des Personalstatuts ebso wie die meisten übr europ Staa-

ten dem StaatsangehörigkPrinzip. Demggü gehen vor allem die Staaten des angloamerikan RKreises v WohnsPrinzip aus. Einige Länder knüpfen zT an die Staatsangehörigk, zT an den Wohns an (zB Frankreich u Belgien je nach Sachbereich, Schweiz je nach Personenkreis). Die Staatsangehörigk als Anknüpfgspunkt entzieht nicht nur die wichtigen Vorgänge des Personen-, Fam- u Erbrechts der Parteiwillkür (dch Wohns-Verlegg), sond hat den prakt Vorteil, daß über diesen Rechtsbegriff kein Streit herrschen kann, mag auch die Frage, welchem Staat eine Pers angehört, oft streitig sein. Sie hat das dtsche Gericht nach dem in Betr kommenden StaatsangehörigkR zu entsch, ohne dch Bescheiniggen irgendwelcher Art gebunden zu sein, wenn diese auch regelm ein wertvoller Anhaltspunkt sein w. Ist der Erwerb der Staatsangehörig die Folge eines privatrechtl RVorganges, zB der Eheschl, Abstammg, Legitimation, so ist zunächst deren Vorliegen als Vorfrage nach den dafür in Betr kommenden Normen des jew IPR, also zB nach EG 13, 18 u 22 u den sich danach ergebenden Rechtsordngen zu prüfen. Dabei ist v IPR des Staates auszugehen, um dessen Staatsangehörigk es geht, Kegel IPR § 13 II 4, Raape, Staatsangehörigk kraft Eheschl u Abstammg, 1948. Ohne Einschaltg des IPR ist das R der PersSorge als Voraussetzg z Abg der Option z Erwerb der dtschen Staatsangehörig nach Art 3 V RuStAÄndG v 20. 12. 74, BGBl 3714, z beurt, BayObLG **75**, 441.

  Erwerb und Verlust der dtschen Staatsangehörigk (s zum folgenden Maßfeller, Dtsches StaatsangehörigkR, 2. Aufl 1955 mit Erg 1957 u 1958, Lichter-Hoffmann, Staatsangehörigk als Recht, 3. Aufl 1966, mit Nachtrag 1970, Makarov, Dt StaatsangehörigkR, 2. Aufl 1971, Schätzel, Dtsches StaatsangehörigkR, 2. Aufl 1958, Schleser, Die dtsche Staatsangehörigk, 3. Aufl 1976) richten sich nach dem **Reichs- u StaatsangehörigkG v 22. 7. 13**, RGBl 583, zuletzt geänd dch G v 29. 6. 77, BGBl 1101, sowie nach der VO z Regelg v StaatsangehörigkFragen v 20. 1. 42, RGBl 40 (betr Einbürgerg ohne deutsche Niederlassg), nach dem 1. u 2. Gesetz z Regelg v Staatsangehörigk Fragen v 22. 2. 55, BGBl 65 (betr Staatsangehörigk dtscher Volkszugehöriger) u v 17. 5. 56, BGBl 431 (betr ehem Reichszugehörigk Österreichs, vgl dazu Schätzel StAZ **55**, 73, Makarov JZ **55**, 659, Maßfeller StAZ **57**, 113, 142 u n dem Gesetz z Verminderg der Staatenlosigk v 29. 6. 77, BGBl 1101. Intertemporal ferner noch v Bedeutg G v 19. 12. 63, BGBl 982 (die sonst staatenl Kind einer Dtschen erwirbt dch Geburt Staatsangehörigk der Mutter). Dch das Inkrafttr des Übk v 20. 2. 57 über die Staatsangehörigk verheirateter Frauen, BGBl **73** II 1249 am 8. 5. 1974, vgl Bek v 24. 7. 74, BGBl II 1304 (mit Liste der VertrStaaten), ist eine unmittelb Änderg des dtschen StaatsangehörigkR nicht erfolgt. Die umstr Frage der Vereinbk des § 4 I S 1 aF (Erwerb der Staatsangehörig des Vaters dch ehel Kind) mit GG 3 II h das BVerfG verneint u den GGeber angewiesen, allen nach dem 1. 4. 53 geborenen ehel Kindern dtscher Mütter einen Weg z Erwerb der dtschen Staatsangehörig zu eröffnen, BVerfG **37**, 217. Der GGeber h diesen Auftr dch **Neufassg des § 4 I** mit G v 20. 12. 74, BGBl 3714 erfüllt, vgl dazu C. Arndt NJW **75**, 140, Sturm FamRZ **75**, 198. Danach erwirbt das ehel Kind dch Geburt die dtsche Staatsangehörgk, wenn ein EltT Dtscher ist, das nehel Kind, wenn die Mutter Dtsche ist. Für die vor Inkrafttr des G aber nach dem 31. 3. 53 geborenen Kinder besteht die Möglk, die dtsche Staatsangehörgk dch Erkl zu erwerben; dabei w mj Kinder dch den Inh der PersSorge vertreten, der ohne Einschaltg des IPR nach den Vorschr des BGB z best ist, Art 3 V G v 20. 12. 74; ein nicht vertretgsberecht Elternteil bedarf z Abg der Erkl der Gen des VormSchG, die nur dann versagt w darf, wenn das Wohl des Kindes es gebietet, Zweibr FamRZ **75**, 703, Hamm FamRZ **76**, 159, BayObLG **75**, 441; Nichtanerkenng des Erwerbs der dtschen Staatsangehörigk im Heimatstaat des Kindes od Verlust seiner bish Staatsangehörigk sind grdsl kein VersaggsGrd, Düss FamRZ **77**, 56, vgl auch VG Düss StAZ **77**, 315, and aber wenn das Kind im Heimatstaat des Vaters lebt, BayObLG StAZ **78**, 240. – In der **DDR** gilt das StaatsbürgerG v 20. 2. 67, GBl I 3 mit DVO v 3. 8. 67, GBl II 681; vgl ferner Gesetz z Regelg v Fragen der Staatsbürgerschaft v 16. 10. 72, GBl I 265 (Ausbürger v Republikflüchtlingen). Das in der BRep geltde Staatsangehörigkt geht aber nach wie vor von einer einheitl dtsch Staatsangehörigk aus, die auch die Bewohner der DDR umfaßt, vgl BVerfG **36**, 31, **40**, 141, 163, Zieger Fschr f Mann (1977) 505, kritisch dazu Rumpf ZRP **74**, 201, Ridder GedächtnSchr f F. Klein (1977) 437; dieser RStandpunkt schließt nicht aus, auch das StaatsangehörigkR der DDR bei der Anwendg der kollisionsr AnknüpfgsBegr zu berücksicht, vgl Vorbem 14c. Differenzierg des mat Gehalts der Staatsangehörigk sind dadch ebenf nicht ausgeschl, Zieger, StaatsbürgerschG der DDR, 1969, Meessen JZ **72**, 673. Auch ist Unwirksamk des in der DDR erfolgten Erwerbs in BRep mögl, BGHSt **5**, 317. Dch den GrdVertr mit der DDR v 21. 12. 72 sind Fragen der Staatsangehörigk nicht berührt worden, vgl Vorbeh im Zusatzprotokoll BGBl 1973 II 426, ferner BVerfG **36**, 1, 29ff, Drobnig RabelsZ **73**, 485. Auf **Flüchtlinge u Vertriebene dtscher Volkszugehörigk**, die im Gebiet des Dtschen Reiches nach dem Stande v 31. 12. 37 Aufnahme gefunden haben, GG 116 I, sind, sofern nach dem IPR StaatsangehörigkR maßgebd ist, die dtschen Gesetze anzuwenden, Art 9 II Z 5 FamRÄndG 1961. Früh dtsche Staatsangeh, die zw dem 30. 1. 33 u 8. 5. 45 aus polit, rass od religiösen Gründen ausgebürgert worden sind, gelten als nicht ausgebürgert, wenn sie nach dem 8. 5. 45 ihren Wohns in Dtschld genommen u keinen gegenteil Willen zum Ausdruck gebracht haben; im übr haben sie AntragsR, GG 116 II, vgl dazu BVerfGE **23**, 98, 111, BVerwG MDR **77**, 956. Dch Eheschl mit einem Ausländer verlor eine solche Frau ebensowenig ihre dtsche Staatsangehörigk, BGH **27**, 378, wie ein solcher Dtscher dch Einbürgerg in einem and Staat vor Inkrafttr des GG, BVerfG **8**, 81.

  Die vor u währd des Krieges erlassenen VO u sonstigen Bestimmgen über die Staatsangehörigk, insb den Erwerb der dtschen Staatsangehörigk, sind auch heute noch von Bedeutg, jedf soweit sie nicht aufgeh sind od sich sonst dch BundesG v 22.2.55, BGBl 65 u v 17.5.56, BGBl 431 erledigt haben. Dch die AHK aufgehoben (für nichtig erkl) sind nur die VO v 23. 8. 42, RGBl 533, u FührerErl v 19. 5. 43, RGBl 315, soweit sie die dtsche Staatsangehörigk auf frz u luxemburgische StaatsAngeh übertrugen, AHKG 12 v 17. 11. 49, ABl 36 (dazu NdsMdI v 14. 11. 50–Mitteilg der authent Auslegg – StAZ **51**, 78), für *Bln* G 6 v 4. 5. 50, *GrBln* VOBl 85. Mit Wirkg v 26. 4. 45 sind dch BundesG v 17. 5. 56, BGBl 431, § 1, ausdrückl aufgehoben die VO v 3. 7. 38, RGBl 790, u 30. 6. 39, RGBl 1072, über die dtsche Staatsangehörigk im Lande Österreich; z automat Verlust der dtschen u Erwerb der österr Staatsangehörigk mit Wiederherstellg der Republik Österreich am 27. 4. 45 vgl BVerwG DÖV **75**, 533. Die 11. VO z RBürgG v 25. 11. 41, RGBl I 772 ist als nichtig anzusehen, BVerfGE **23**, 98; dazu Dierk Müller, RabelsZ **68**, 676 (auch wg der zivilrechtl Auswirkgn), Genzel StAZ **69**, 113, Hoffmann StAZ **70**, 6. Die auf Widerruf dch Aufn

1. Abschnitt: Allgemeine Vorschriften **(IPR) Vorbem v EGBGB 7 7, 8**

in die Volksliste 3 eingebürgerten Danziger u poln StaatsAngeh sind als dtsche StaatsAngeh anzusehen, falls nicht bis zum 8. 5. 45 vom WiderrufsR Gebr gemacht ist, § 28 G v 22. 2. 55, BGBl 65. **Kollektiv eingebürgerte Volksdeutsche** aus dem Sudentenland, Memel, Danzig, dem früh Protektorat Böhmen-Mähren, den poln Westgebieten, Südsteiermark, Kärnten, Krain u die in die dtsche Volksliste in der Ukraine Eingetragenen sind Deutsche, sofern sie die dtsche Staatsangehörigk nicht ausdr ausschlugen, was bis zum 25. 2. 56 mögl war; galt auch für Ehefr u Kinder, §§ 1, 5 G v 22. 2. 55, BGBl 65, dazu Schätzel StAZ **55**, 73, Makarov JZ **55**, 661. Dch den dtsch-tschechoslowak Vertr v 11. 12. 73, BGBl II 989 w Fragen der Staatsangehörigk nicht berührt, Art II Abs 2; **Sudetendtsche** sind daher weiterhin dtsche StaatsAngeh, BVerfG **43**, 203. Sonstige Kollektiveingebürgerte nur Deutsche, sofern sie nicht von ihrem früheren Staat als seine StaatsAngeh in Anspr genommen w, BVerfG **1**, 322, 331. Für Personen, die früh die österr StaatsAngeh hatten, ihre Frauen u Kinder gilt BGes v 17. 5. 56, BGBl 431; dazu Hoffmann StAZ **56**, 153. Bewohner von Eupen, Malmedy u Moresnet sind Belgier, Bek v 21. 4. 54, BAnz Nr 34. Dienst in der dtschen Wehrmacht u anderen Organisationen genügt allein zum Erwerb der dtschen Staatsangehörigk nicht, vielm muß ein Feststellgsbescheid der früh zust Stellen ergangen u zugestellt sein, § 10 G v 22. 2. 55, BGBl 65, BVerwG DÖV **61**, 517. Ggteiliger Ans noch BGH StAZ **54**, 222; diese Entsch ist überholt. Zum Feststellgsbescheid RdErl *Nds* MdI v 3. 3. 55, StAZ 109. **Deutsche Umsiedler** aGrd v UmsiedlgsMaßn währd des zweiten Weltkriegs sind im allg nur dann Deutsche, wenn ihnen eine EinbürgersgUrk ausgehändigt ist, RdErl *Nds* MdI v 2. 3. 55, StAZ 109. **Jenseits der Oder-Neiße-Linie ansässige Deutsche** h die dtsche Staatsnagehörigk auch dann nicht verloren, wenn sie dch Maßn des poln GGebers die dtsche Staatsangehörigk erworben h, Celle NJW **52**, 475, BVerfG **40**, 141, 163. Dch den dtschpoln Vertr v 7. 12. 70, BGBl II 362 h sich hieran nichts geändert, Meessen JZ **72**, 674, Seeler NJW **78**, 924. Bei der Best des Personalstatuts der jens der Oder-Neiße-Linie wohnden Dtschen ist auf die effektive Staatsangehörigk abzustellen; auf sie ist also nicht grdsl dtsches Recht anwendb, vgl BSozG FamRZ **77**, 636, aM noch BGH FamRZ **57**, 86, Augsburg (LG) DAVorm **76**, 232, vgl dazu unten. Siedeln sie in die BRep um, so erwerbv sie aber jedenf v diesem Ztpkt an das dtsche Personalstatut, vgl auch Seeler NJW **78**, 924. Im **Saarland** ist das G über die saarl Staatsangehörigk v 15. 7. 48 idF v 25. 6. 49, ABl 642, dch G v 20. 12. 56, ABl 1659, aufgeh worden, vgl dazu auch Braga FamRZ **57**, 37, Goebel StAZ **57**, 59; die dch das früh G Betroffenen waren im Verhältn zu Deutschland schon immer als dtsche StaatsAngeh anzusehen; so auch RdErl BMI v 9. 11. 50, StAZ **51**, 2.

Die **nichtdtsche Staatsangehörigk** bestimmt sich nach den in Betr kommden Staatsangehörigk-Gesetzen u etwa auf das Gebiet bezügl StaatsVertr, vgl dazu Bergmann-Ferid, Internat Ehe- u KindschR, ferner die Slg: Geltde StaatsangehörigkG (herausgegeben v der Forschgsstelle f VölkerR u ausl öff Recht der Uni Hbg) sowie die Schriftumsangaben bei Soergel-Kegel EG 29.

Bei **mehrfacher Staatsangehörigk** ist n der bish hM, wenn **eine** davon die **dtsche** ist, im allg dieser der Vorzug zu geben, RG **150**, 382; Hamm FamRZ **75**, 630, **76**, 168 (in der Begr abw aber Hamm NJW **76**, 2079: Vorrang der Staatsangehörigk des AufenthStaates); BayObLG **75**, 153, 218; Celle FamRZ **76**, 157; Bonn FamRZ **76**, 229; KG IPRspr **73** Nr 105; JM NRW IPRspr **74** Nr 186 (eingehd); Firsching, IPR § 15; Erm-Marquordt vor EG 7 Rdz 24; Raape-Sturm IPR § 9 V. Ebso RAnwendgsG DDR 5 b. Für die kollisionsr Anknüpfg entsch ist aber diej Staatsangehörigk, welcher die betr Pers am engsten verbunden ist, so Ferid RabelsZ **58**, 498, Beitzke JZ **59**, 124, Kegel IPR § 13 II 5, Neuhaus GrdBegre § 27 III 4, Heldrich NJW **78**, 2169, dh regelm die des gewöhnl Aufenth, ebso BGH **60**, 68, 82, BSozG FamRZ **77**, 636, Ffm IPRspr **74** Nr 93, Köln FamRZ **76**, 170, Düss FamRZ **74**, 528 mit abl Anm v Otto ebda 655, grdsl wohl auch Düss FamRZ **76**, 277, **77**, 56 u in einem AusnFall auch Stgt FamRZ **68**, 390; vgl auch BVerfG **37**, 217, 243, BGH FamRZ **76**, 202, NJW **78**, 1107 (Grds der **effektiven Staatsangehörigk**); dieser Grds gilt auch für die Anknüpfg des innerdeutschen Personalstatuts, vgl Vorbem 14 c, u bei der Anwendg verfr Vorschr, zB ZPO 606 ff, aM Düss MDR **74**, 1023. Auch bei Erwerb einer ausl Staatsangehörigk dch Heirat seitens eines Deutschen kann danach nicht schlechthin die gemeins Staatsangehörigk entsch, BGH FamRZ **76**, 202, and noch BayObLG **65**, 221 u fr Aufl. Die effektive Staatsangehörigk u nicht etwa die zuletzt erworbene ist auch bei **Zusammentreffen** von **zwei** ausl Staatsangehörigk maßg, Soergel-Kegel EG 29 Rdz 36, Erm-Marquordt vor EG 7 Rdz 23.

Wg der **Staatenlosen** vgl EG 29, der nunmehr weitgehd dch Art 12 des UNÜbk über die RStellg der Staatenlosen v 29. 9. 54, BGBl **76** II 474 ersetzt ist, ebda Anh V. Bei nicht feststellb Staatsangehörigk EG 29 Anm 1 aE. Zum Personalstatut der **verschleppten Pers, heimatl Ausl, Flüchtlinge** iS der Genfer Konvention u der **Asyl-Berecht** vgl EG 29 Anh I–IV.

b) **Weitere Anknüpfgspunkte; Bestimmg ihres Inhalts.** Neben der Staatsangehörgk verwenden das dtsche IPR wie auch das IPR anderer Staaten zahlreiche and Anknüpfspkte, zB Wohns, gewöhnl Aufenth, ErfOrt, Tatort, Lageort. Soweit es sich dabei um RBegr handelt, braucht sich ihr Inhalt nach den versch ROrdngen nicht notw z decken. Die Auslegg dieser Rechtsbegriffe kann nur iS der Rechtsordng erfolgen, der die auszulegende Vorschr angehört, RG **145**, 86. Der dtsche Richter hat mithin, wenn das dtsche IPR den „Wohnsitz" als Anknüpfungspunkt benutzt, zB EG 15 II, ihn iS von §§ 7 ff zu verstehen; verweist das ausl Recht, zu dessen Anwendg das dtsche IPR führt, auf das Wohnsitzland (Fall der Rückverweisg, vgl EG 27), so muß der Begriff „Wohnsitz" hier iS der ausl Rechtsordng verstanden w, BayObLGZ **67**, 423 (anglo-amerik R). S im übrigen zum Domizil-Begriff des nordam Rechts Grasmann FamRZ **64**, 346. Ausl Recht entscheidet auch über das Vorhandensein eines Wohnsitzes im Ausland als ZustdgkVoraussetzg u schließt damit die sonst gegebene InlandZustdgk, ZPO 16 aus, KG JW **37**, 821, unten Anm 9; vgl auch Serick ZZP **55**, 278. Wg des WohnsBegr im Genfer FlüchtlingsAbk u im UNÜbk über die RStellg der Staatenlosen EG 29 Anh III u V Bem z Art 12. Wg des „gewöhnl Aufenth" vgl EG 29 Anm 2; z Auslegg dieses Begr in StaatsVertr Kropholler, Internat EinhR § 22 II.

8) **Anknüpfen zum Zwecke der Gesetzesumgehg.** Gelegentl versuchen die Parteien unter Ausnutzg der unterschiedl Anknüpfsmethoden im IPR der versch Staaten die Anwendbk einer ihnen günst ROrdng z erreichen, zB dch Wohnsitzverlegg in ein Land, welches dem Domizilprinzip folgt, vgl Vorbem 7 a,

um sich scheiden zu lassen od eine nach ihrem HeimatR verbotene Ehe einzugehen. In derart Fällen w die inl **Kollisionsnormen** zG ausl umgangen. Ähnl können die Part aber auch dch zweckdienl Auswahl eines v mehreren alternativ z Vfg stehnden AnknüpfgsPkt des inl IPR die RLage z ihren Gunsten beeinflussen, zB dch Verlegg des AbschlOrtes eines Gesch ins Ausland, um die Form zu umgehcn od Gebühren zu sparen. In derart Fällen w die inl **Sachnormen** zG ausl umgangen, vgl Ferid IPR Rdz 3–160 ff. Eine allg Regel des Problems der GUmgegh besteht im dtschen IPR nicht. Grdsl ist davon auszugehen, daß auch die zweckorientierte Herstellg der TatbestdsMerkmale inl od ausl Kollisionsnormen wirks ist. Ist also die **Staatsangehörigk** zur Erreich des im bish Heimatstaat nicht mögl Zieles gewechselt worden, so ist die Ausschaltg des früh HeimatR grdsl anzuerkennen, zumal sich schwer nachweisen lassen wird, daß der StaatsangehörigkWechsel nur aus UmgehgsAbs erfolgt ist, vgl BGH NJW 71, 2124, Raape-Sturm IPR § 18 IV. Verlegen die Part den AbschlOrt eines RGesch ins Ausland, um die dtsche FormVorschr zu umgehen, so ist die Gesetzesumgeh wg EG 11 I 2 grdsl nicht z beanstanden; vgl aber auch Art 11 Anm 3. Die Beachtg der Ortsform genügt n EG 11 I 2 auch bei der Eheschl im Ausland u zwar ohne Rücks auf das HeimatR der Verlobten, Ffm FamRZ 67, 476 (Tondern-Ehe); vgl dazu auch EG 13 Anm 6 b. Wirks ist auch die fraudulöse Verbringg einer beweg l Sache in ein and Land z Herbeiführg der Anwendbk einer günstigeren lex rei sitae, Ferid IPR Rdz 3–187. Im übr ist auf den Zweck der umgangenen Kollisions- od Sachnormen abzustellen: Bei untragb Verstoß gg die GerechtgkVorstellgen des **dtschen** R kommt EG 30 z Anwendg; aM Soergel-Kegel vor EG 7 Rdz 61, 62 (entscheidd nur Ausleg der einz Kollisionsnormen). Bei Umgeh **ausl** Sachnormen, die nach dtschem IPR maßg wären, ist der Standpkt des umgangenen ausl R z berücks. Erklärt dieses die GesUmgehg f unwirks, so h der dtsche Richter dem grdsl z folgen; dies gilt auch, wenn die Unwirks auf den fremden ordre public gestützt w, der v inl Richter an sich nicht z wahren ist, und fr Aufl. Im Ergebn handelt es sich dann um den Ausschl einer Rück- oder Weiterverweisg dch die v dtschen IPR zunächst berufene ROrdng, welche ohne Rücks auf ihre Begründg z beachten ist, Soergel-Kegel v EG 7 Rdz 70; vgl dazu Art 30 Anm 2.

9) **Qualifikation (Anwendungsbereich einer Vorschr).** Die deutschen Kollisionsnormen verwenden dem System des BGB eigentüml Rechtsbegriffe wie GeschFgk, Form des RGesch, unerl Hdlg, pers RBeziehgen der Eheg, ehel GüterR usw, um ihren sachl Anwendungsbereich z best. Die Auslegg dieser Begriffe, die der Gesetzgeber in Anlehng an die eigene ROrdng gebildet hat, **folgt grdsätzl der lex fori**. So jedf die hM in der Praxis, BGH 29, 139 (Zulassg einer Handschuhehe als FormVorschr), 44, 124 (FamName der verheirateten Frau als pers Ehewirkg), 47, 324 (Trenng v Tisch u Bett als Scheidg), Hamm NJW 70, 390, Düss FamRZ 75, 42 (ProzKostenVorschußPfl als Folge der UnterhPfl); ebso die überw RLehre, vgl Raape-Sturm IPR § 15 II, Ferid IPR Rdz 4–16, Neuhaus, GrdBegre § 15 I. Dies bedeutet jedoch nicht, daß die RBegr der dtschen Kollisionsnormen notw mit denen des dtschen mat R übereinstimmen; sie müssen vielm entspr ihrer kollisionsr Funktion oft weit ausgelegt w, um auch ausl Regelgen z erfassen, BGH 47, 336 (insow autonome Qualifikation). Dabei ist auch der matrechtl Gehalt der in Betr kommden ausl Sachnormen zu prüfen, insb dann, wenn ein dem dtschen Recht unbekanntes RInstitut eingegliedert, qualifiziert w muß. War zB die verminderte GeschFgk der Ehefr nach dem früh span R eine Folge der Eheschl, gehörte sie also zu den pers RBeziehgen der Eheg, EG 14, war sie eine Folge des GüterR, EG 15 I, od handelte es sich nur um eine Frage der GeschFgk, EG 7 I 2? Vgl EG 14 Anm 4h. Die Beantwortg kann nur eine gewissenh Untersuchg des ausl RInstituts nach seinem Grd u Zweck bringen. Insow sind die ausl Sachnormen v Standpkt des ausl R z würdigen u mit den dtschen RInstituten zu vergleichen, BGH 29, 139. Ergibt die Prüfg, daß das ausl RInstitut, wenn es Bestandt des dtschen R wäre, n seiner systemat Stellg unter den SammelBegr einer dtschen Kollisionsnorm fiele, so ist es entspr zu qualifizieren. Unerhebl ist dabei, ob das ausl Recht selbst das RInstitut an einer and Stelle systemat einordnet, zB die Folgen des VerlöbnBruchs deliktl qualifiziert, vgl EG 13 Anm 8, od das dtsche RInstitut, bei dem eingeordnet wird, überh nicht kennt, BGH 55, 188 (VaterschAnerkenng nach hanefit R). Es ist auch belanglos, wenn das ausl R das RInstitut im Ggs zum dtschen als prozeßrechtl ansieht (wie die Verj im angloamerik R), obwohl der dtsche Richter ausl VerfR grdsätzl nicht anzuwenden hat, RG 145, 126ff, BGH 60, 1721. Wg versteckter FormVorschr EG 11 Anm 3. Die Regelg der BewLast gehört nach BGH 3, 342, NJW 60, 774 regelm zum materiellen R. Eine **Ausn von der Qualifizierung nach der lex fori** besteht dann, wenn letztere befiehlt, nach dem fremden R zu qualifizieren, so zB EG 7 III 2 (GrdstBegr richtet sich nach der lex rei sitae, Staud-Raape 86) sowie ZPO 16 für die Frage, ob etwa Wohns im Ausland vorhanden ist, vgl KG JW 37, 821. Weist die ausl Kollisionsnorm auf das dtsche R zurück od zu einem anderen weiter, so handelt es sich nunmehr um Ausleg dieser fremden Kollisionsnorm, so daß auch iS dieser ROrdng zu qualifizieren ist, vgl auch Anm 7b, sofern diese nicht eine Qualifikationsverweis auf ein and R enth, vgl dazu Jayme ZfRV 76, 93. Gg die grdsl Qualifikation n der lex fori vor allem Wolff IPR 54 ff (einzuordnen nach lex causae), Rabel RabelsZ 31, 24 (autonome rechtsvergleichde Ausleg der Begriffe); dazu auch Zweigert Festschr f Raape 42), Gamillscheg Festschr f Michaelis 79 (statt EinhLösg Differenzierg nach Fallgruppen). Qualifikationsfragen bei **staatsvertragl** Kollisionsnormen sind nicht nach der lex fori, sond aGrd der Entstehgsgeschichte u des Zwecks des Vertr zu beantworten, vgl Soergel-Kegel vor EG 7 Rdz 44, Kropholler, Internat EinhR § 22 I; z Ausleg internat EinhR ebso BGH NJW 76, 1583.

10) **Vorfragen.** Enth der Tatbestd einer v dtschen IPR z Anwendg berufenen Sachnorm einen RBegr, f welchen das dtsche IPR eine spezielle Kollisionsnorm bereithält, macht also zB ein ausl Deliktsstatut den SchadErsAnspr v Eigt des Kl abhäng od stellt ein ausl UnterhStatut auf die Ehelk des Kindes ab, so ergibt sich das Problem, ob solche präjudiziellen RVerh (Vorfragen) n dem f die Hauptfrage (SchadErsAnspr od UnterhAnspr) maßg R z beurteilen od das f sie maßg R gesondert z best ist. Nach hM sind Vorfragen grdsl **selbstd anzuknüpfen**; dabei ist v den Kollisionsnormen des **dtschen IPR** auszugehen, Kegel IPR § 9 II, Raape-Sturm IPR § 16 III. Danach beurteilt sich etwa die Frage der Gültigk der Ehe der Eltern (Vorfrage) bei der Entsch über die Ehelk des Kindes (Hauptfrage) nicht n dem IPR der n EG 18 z Anwendg berufenen ROrdng, sond n EG 13, BGH 43, 213; vgl dazu EG 18 Anm 3. Dagg wollen Wengler RabelsZ 34, 148,

Wolff IPR 80, Neuhaus, GrdBegre § 46 II, Jayme ZBlJugR **76**, 393 Vorfragen grdsl unter Einschaltg der Kollisionsnormen des f die Hauptfrage maßg R beurteilen (sog unselbstd Anknüpfg). Bei **staatsvertragl** KollisionsR ist eine unselbstd Anknüpfg v Vorfragen z Sicherg des internat EntschEinklangs grdsl geboten, vgl Kropholler, Internat EinhR § 22 IV, Wienke, Z Anknüpfg der Vorfrage bei internatprivatr Staatsverträgen, 1977.

11) Angleichg (Anpassung). Dch die unterschiedl Anknüpfgspunkte der einz Kollisionsnormen w oft mehrere ROrdngen in einem Fall nebeneinander z Anwendg berufen. Dabei k eine Harmonisierg erforderl w, wenn diese ROrdngen sich widersprechen (Normenhäufg) od eine Lücke lassen (Normenmangel), so etwa wenn die elterl Gew n dem MutterR der Mutter und dem VaterR dem Vater des Kindes zusteht, BGH **64**, 129, od wenn das nach EG 15 maßg GüterRStatut keine güterrechtl sond nur eine erbrechtl u das nach EG 24, 25 maßg Erbstatut keine erbrechtl sond nur eine güterrechtl Beteiligg des überl Eheg am Verm des Verst vorsieht. Die notw Harmonisierg der versch RSysteme ist dch **Anpassg** der **Kollisionsnormen** (Einschränkg od Erweiterg des Verweisgsumfangs) od der **Sachnormen** unter Berücksichtigg der Interessenlage zu erreichen, vgl dazu Kropholler Fschr f Ferid (1978) 279, Raape-Sturm IPR § 14 C.

12) Verweisg auf MehrRStaaten. Verweist das dtsche internat PrivatR auf die ROrdng eines Staates, der in versch TeilRGebiete zerfällt **(RSpaltg)**, so ist die anwendb TeilRO in erster Linie mit Hilfe des internen (interlokalen) KollisionsR der betr MehrRStaates zu best. Die Unteranknüpfg des Personalstatuts w danach vielf dch Verweisg auf das WohnsR erfolgen. Der Begr des Wohns (domicile) ist dabei iS der betr ausl ROrdng zu verstehen, vgl Vorbem 9. Knüpfen die dtschen Kollisionsnormen unmittelb an einen best Ort (zB Tatort, Lageort) an, so k die anzuwendde TeilROrdng ohne Einschaltg des fremden interlokalen R direkt mit dem dtschen IPR best w, Kegel IPR § 11 II. Bei **Fehlen** eines **einheitl interterritorialen** R (zB USA, Kanada) ist die maßg TeilROrdng stets aus den AnknüpfgsPkten der dtsch Kollisionsnormen zu bestimmen; bei Anknüpfg an die Staatsangehörigk ist hier idR auf den gewöhnl Aufenth innerh des Heimatstaates abzustellen, vgl Kegel, IPR § 11 III, dahingestellt in BayObLG **74**, 223, **75**, 86 (Erbstatut). Z den Problemen der RSpaltg in Jugoslawien s Sajko u Hepting StAZ **77**, 93 u 99, z intergentilen R in Afrika Wengler Fschr f Ferid (1978) 717. Ist das Recht eines fremden Staates nach der Religionszugehörigkeit verschieden (zB bei Staaten des Nahen u Mittleren Ostens), so ergibt sich das anzuwendde Recht aus dem interreligiösen Recht dieses Staates, ersatzw aus der Religionszugehörigk der betr Pers. Personale u territoriale RSpaltg k auch zus auftreten, vgl zB Richter, Die Rspaltg im malays FamR (1978). Eine ausdr Regelg der Anknüpfg bei MehrRStaaten enth MjSchutzÜbk 14, abgedr Anh 4 z EG 23.

13) IPR u intertemporales Recht. Bei Ablösg alten dch neues Recht w die Anwendbk der bish u der neuen RVorschr dch ÜbergBest (intertemporales Recht) geregelt, vgl zB EG 153 ff. Ändert sich das IPR, so ist die übergrechtl Frage v Anwendg der Kollisionsnormen zu beantworten, Dölle IPR § 2 IV. Bei Fehlen einer ausdrückl intertemporalen Regelg sind die allg Regeln des ÜbergR (zB Grds der Nichtrückwirkg), im dtschen IPR auch die ÜbergVorschr bei Inkrafttr des BGB in EG 153 ff entspr anzuwenden, vgl RG **48**, 168, **64**, 389, Soergel-Kegel v EG 7 Rdz 129. Ändert sich das mat Recht, so erstreckt sich die kollisionsr Verweisg auch auf die ÜbergVorschr des Sachstatuts, die über die Anwendbk der früh od späteren Best entsch. – Vom Fall der inhaltl Änd des maßg R z unterscheiden ist der Wechsel des maßg R dch Änd der die Anknüpfg begründden Tats, zB Wechsel der Staatsangehörig od des Lageorts. Die Frage der Beachtlk u d zeitl Reichweite eines solchen **Statutenwechsels** beurteilt sich nach der jew Kollisionsnorm (zB Unwandelbk des GüterR nach EG 15 I, Beurteilg abgeschl sachenr Tatbestde nach dem R des früh Lageorts vgl Vorbem 4 vor EG 13, Best der R u Pfl der nehel Mutter ggü dem Kind nach dem jew HeimatR, vgl EG 20 Anm 2). Im Zweifel bleibt ein nach dem früh Statut entstandenes subj Recht als ein wohlerworbenes weiterbestehen, gleichgült ob es auch nach dem neuen Statut entstanden wäre, BGH **63**, 107 (Ehenamen). Z Frage der Heilg eines RVerh dch Statutenwechsel Siehr, Gedächtnsschr f Ehrenzweig (1976) 129.

14) Deutsches Interlokales Privatrecht.

Schrifttum: Die ältere Literatur ist heute weitgehd überholt; mit diesem Vorbeh seien noch genannt: Beitzke, Festschr f Nipperdey (1955) 41; Beuck, Interzonales Privatrecht, 1951; Dölle, Festschrift f Raape S 149 ff; Ficker, Grundfragen des deutschen interlokalen Rechts, 1952; Hirschberg, Interzon Währgs- u Devisenrecht der UnterhVerbindlichk, Bielefeld 1968. S im übr Soergel-Kegel vor EG 7 Rdz 130 ff; Erm-Marquordt vor EG 7 Rdz 41 ff; Drobnig, Slg der dtschen Entsch zum interzonalen PrivatR 1945 ff (zuletzt 1967), derselbe, Jahrb f OstR **61** II 31, RabelsZ **73**, 485; Heldrich, NJW **78**, 2169.

a) Allgemeines. Gelten innerh eines Staates mehrere ROrdngen räuml nebeneinander, so w die jeweils maßgebl TeilROrdng dch die Kollisionsnormen des interlokalen PrivatR best. Diese h innerh eines Mehrrechtsstaates die gleiche Funktion wie das IPR im Verh mehrerer Staaten zueinander. Das interlokale PrivatR ist dem **IPR eng verwandt**, dessen Grdse in weitem Umfang entspr anwendb sind, RG **170** 202, Soergel-Kegel vor EG 7 Rdz 131. Die Buntscheckigk im PrivatR Deutschlands vor 1900 ist dch das BGB beseitigt worden, so daß das dtsche interlokale Recht im wesentl seine prakt Bedeutg verloren hatte. Dies änderte sich dch die territoriale Expansion des 3. Reiches ab 1938 (zB Angliederg Österreichs). Seit 1945 sind in Deutschland interlokalrechtl Kollisionen dch die Teilg Deutschlands in das Bundesgebiet u West-Bln einers u das Gebiet der DDR uOst-Bln andrers aufgetreten. Die divergierde REntwicklg in beiden Teilen Deutschlands führte zur Ausbildg eines „interzonalen PrivatR", um die maßg TeilROrdg zu bestimmen. Seit dem Abschl des **GrdVertr** mit der DDR v 21. 12. 72 (BGBl 1973 II 423) u der dadch eingeleiteten weltweiten Anerkenng des Bestehens zweier dtscher Staaten ist die Daseinsberechtigg eines bes innerdtschen KollisionsR zweifelh gew. Die Notwendigk eigener interlokalr Anknüpfgsregeln k auch nicht mit dem Fortbestehen einer einheitl dtschen Staatsangehörigk, vgl dazu Vorbem 7a, begründet w. Der RStandpunkt der BRep in der StaatsangehörigkFrage schließt nicht aus, auch die daneben bestehde Staatsbürgersch der DDR z Kenntn z nehmen, VG Stuttgart DÖV **78**, 657, Heldrich NJW **78**, 2169, u die Bewohner der DDR kollisionsr wie Doppelstaater z behandeln, vgl c. – Die bish teilw noch vorh REinh der beiden Staaten auf dem

Gebiet des PrivR ist dch das Inkrafttr des **ZGB der DDR** am 1. 1. 76 prakt beseitigt w. Der Verzicht auf eine kollisionsr Anknüpfg bei Anwendg v Sachnormen, die nach Wortlaut u Auslegg in West u Ost übereinstimmen, vgl 34. Aufl, kommt danach kaum mehr in Betr.

b) Quellen: Da eine gesetzl Regelg fehlt, wurden auch bish im innerdtschen KollisionsR die Regeln des allg IPR entspr angewandt, soweit keine Besonderh des interlokalen Rechts enttggstanden, BGH **1**, 109; **12**, 79; **40**, 32; Erm-Marquordt vor EG 7 Rdz 41. In der DDR w das RAnwendgsG v 5. 12. 75, GBl I 748 angewandt.

c) Anknüpfg des Personalstatuts. Art 16 u 116 I GG gehen v Fortbestehen einer einheitl dtschen Staatsangehörigk aus, die auch die Bewohner der DDR umfaßt, BVerfG **36**, 31, **40**, 163. Währd die Bürger der BRep regelm nur diese gesamtdtsche Staatsangehörigk besitzen, h die Bewohner der DDR daneben zusätzl die Staatsbürgersch der DDR, sind also fakt **Doppelstaater,** Maunz/Dürig, GG Art 16 Rdz 23, Frowein Fschr f Mann (1977) 367. Danach läßt sich auch in den zwdtschen RBeziehgen die Staatsangehörigk bei der Anknüpfg des Personalstatuts verwenden, vgl Heldrich, NJW **78**, 2169, and Vorauf. Soweit Dtsche nur die gesamtdtsche Staatsangehörigk n dem RuStAG besitzen, ist ihr Personalstatut das R der BRep, die allein in dieser Staatsangehörigk ausgeht. Soweit Dtsche neben der gesamtdtschen Staatsangehörigk noch die Staatsbürgersch der DDR besitzen, ist kollisionsr an die **effektivere** der beiden **Staasangehörigk** anzuknüpfen, vgl Vorbem 7a, bei gewöhnl Aufenth in der DDR also regelm an das R der DDR. Diese Auffassg berührt sich iErg weitgehd mit der bish Anknüpfg des innerdtschen Personalstatuts, die auf den **gewöhnl Aufenth** (z Begr s EG 29 Anm 2) abstellt, Soergel-Kegel vor EG 7 Rdz 140 mwN, Erm-Marquordt vor EG 7 Rdz 42, Raape-Sturm IPR § 20 II 4 b, BGH **40**, 32, FamRZ **76**, 612, KG FamRZ **57**, 383, Köln FamRZ **59**, 220, Hamm StAZ **59**, 294, Brem FamRZ **60**, 158, Karlsr Just **77**, 275; Drobnig RabelsZ **73**, 495 will de lege ferenda auf „Zugehörigk" abstellen. Die Anknüpfg an den gewöhnl Aufenth versagt aber jedenf bei Dtschen, die in einem **Drittstaat** leben. Hier führt die Anknüpfg an die (ggf effektive) Staatsangehörigk iErg z Anwendg derj dtschen ROrdng, z welcher der Betreffde die engere Verbindg hat, dafür schon Heldrich FamRZ **59**, 46, Blumenwitz Jahrbuch f OstR **67**, 196; aM Raape-Sturm IPR § 20 II 4a u grdsl auch Staud-Gamillscheg Rdz 387 vor EG 13, die bei AuslandsDtschen das R der BRep anwenden wollen; abw auch Kegel IPR 209, der primär an den letzten gewöhnl Aufenth in Dtschland anknüpft.

15) IPR u GG. Schrifttum: Beitzke, GG u IPR (Heft 7 Schriftenreihe der jur Gesellsch Berlin), 1961; Ferid Fschr f Dölle I (1963) 119; Bernstein NJW **65**, 2273; Gamillscheg Fschr f Nipperdey (1965) II 323; derselbe RabelsZ **69**, 654; Sturm FamRZ **72**, 16; Henrich, Jayme, Kegel, Lüderitz, Makarov, Klaus Müller, Neumayer, Siehr, Wengler, Neuhaus RabelsZ **72**, 1 ff; Stöcker RabelsZ **74**, 79; Henrich RabelsZ **74**, 490, derselbe FamRZ **74**, 105; Fischer JZ **74**, 661; Kropholler, Gleichberechtigg dch RichterR, 1975; Stöcker StAZ **75**, 209; Kropholler FamRZ **76**, 316; Görgens, Die matr u kollisionsr Gleichberechtigg der Eheg auf dem Gebiet der pers Ehewirkngn u der elterl Gew, 1976; Lockemann NJW **76**, 1004; Schwind GedächtnSchrift f Ehrenzweig (1976) 121; Sonnenberger StAZ **76**, 261; Sandrock Fschr f Mann (1977) 267.

a) Die Bestimmgen des dtsch IPR u eines dch sie im Einzelfall zur Anwendg berufenen ausl Rechts sind am GG zu messen, BVerfGE **31**, 58. Danach ist insb die Auswahl der **kollisionsrechtl Anknüpfgpunkte** auf Vereinbk mit den GrdRechten zu prüfen, BVerfGE **31**, 73. Anknüpfg an die **Staatsangehörigk des Mannes** in EG 15, 17, 18, 19, 22, war aber nach bish stRspr mit **GG 3 II vereinb,** BGHZ **42**, 8, **50**, 373, **54**, 126, 136, **64**, 19, 24, FamRZ **71**, 429, NJW **78**, 496 u 1108; Köln NJW **72**, 395; Hamm FamRZ **75**, 630; Ffm OLGZ **76**, 286 u 295; Stgt FamRZ **78**, 507. Ebso Dölle IPR § 2 IX, Wolff, IPR 217; Gutachten Max-Planck-Inst RabelsZ **53**, 119; Reinicke, NJW **72**, 649; Ferid, Festschr f Dölle I (1963) 136; Gamillscheg, RabelsZ **69**, 690; Becker, NJW **71**, 1491; Kegel, IPR § 20 I; Soergel-Kegel vor EG 13 Rdz 3ff; ders Supplementbd 1975 S 142f; Erm-Marquordt vor EG 13 Rdz 5; Firsching, IPR § 27; grdsl auch Sonnenberger StAZ **76**, 261. **AM** jedoch nunmehr KG FamRZ **75**, 627; Stgt NJW **76**, 483, AG Hbg FamRZ **78**, 416 u im Schriftt zB Makarov, RabelsZ **52**, 385; Müller-Freienfels, JZ **57**, 141; Beitzke, GG u IPR 23 ff; Sturm, Festschr z 50jähr Bestehen des Inst f ausl u internat Privat- u WirtschR der Univ Heidelberg (1967) 161; Heldrich, JZ **69**, 301; Lüderitz, FamRZ **70**, 169; Siehr RabelsZ **73**, 469; Fischer JZ **74**, 661; Stöcker StAZ **75**, 209; Kropholler FamRZ **76**, 316; Lockemann NJW **76**, 1004; Berkemann FamRZ **77**, 295; grdsl auch Henrich, FamRZ **74**, 105. Die Vermäßigk der famr Kollisionsnormen läßt sich nicht mit ihrer angebl wertneutralen Ordngsfunktion begründen. Dies verbietet die dem IPR zugrdeliegde internatprivr Gerechtigk, vgl Vorbem 1. Die kollisionsr Entsch f das HeimatR des Mannes bedeutet grdsl eine Besserstellg auf Kosten der Frau, auch wenn der Inhalt des anwendb R diese nicht benachteiligt. Vereinbk mit GG 3 II aber dann zu bejahen, wenn Anknüpfg an die Staatsangehörigk des Mannes wg geringerer Betroffenh der Frau nicht willkürl, Henrich, RabelsZ **74**, 496 für EG 18 u 22. Bei der Frage der Fortgeltg der mit GG 3 II unvereinb Vorschr EG 15, 17, 19 ist zu bedenken, daß Ann der Nichtigk gem GG 117 I die **RSicherh** im IPR erhebl gefährden würde. Die Vorschläge z Ausfüll der dadch entstehdn Gesetzeslücke sind so vielfält, daß ein Anknüpfgchaos zu befürchten wäre, vgl Gamillscheg RabelsZ **69**, 654; Neuhaus, GrdBegre § 5 III; für EG 15 ebso Henrich RabelsZ **74**, 490, derselbe FamRZ **74**, 105; vgl auch Jayme/v. Olshausen FamRZ **73**, 281. Bis zu der dringd notw gesetzl Neuregelg, vgl Vorbem 17, ist daher im Konflikt mit dem Gleichberechtiggsgebot gem GG 3 II, 117 I dem Grds der RSicherh als Bestandt der RStaatlk gem GG 20 III der Vorrang einzuräumen u weiterhin von der in EG 15, 17, 19 vorgesehenen Anknüpfg auszugehen, abl Stgt FamRZ **75**, 644, Lockemann NJW **76**, 1004, Kropholler FamRZ **76**, 316, Berkemann FamRZ **77**, 295, Jayme NJW **77**, 1378; im Erg wie hier Kegel IPR § 20 I, wohl auch Neuhaus Fschr f Kegel (1977) 27. Die Entsch des BVerfG **3**, 225 steht dem nicht entgg, da sie nur das Außerkrafttr des mat FamR betrifft; die dch die Unwirksk der famr Kollisionsnormen verurs RUnsicherh würde schon wg des geringeren EntschAufkommens auf dem Gebiet des IPR einen erhebl größeren Umfang erreichen, Kuntze StAZ **75**, 196.

1. Abschnitt: Allgemeine Vorschriften (IPR) Vorbem v EGBGB 7 15, 16

b) Auch bei Anwendg eines nach dem dtsch IPR maßg **ausl Rechts** sind nach GG 1 III die **GrdRechte zu beachten.** Die bish Auffassg, daß die GrdRechte im Bereich des IPR auch bei starker Inlandsbeziehg nur dann rechtl Wirkg h, wenn u soweit die dtsch KollNormen einschl EG 30 die Mögl dazu eröffnen, so BGH **41**, 151; **42**, 12; Beitzke GG u IPR 33, u hM, verwirft BVerfGE **31**, 72 ff im Anschl an Wengler JZ **64**, 622, JZ **65**, 100 u Bernstein NJW **65**, 2273: Es komme nach der Heranziehg ausl Rechts darauf an, ob eine innerstaatl RHandlg in bezug auf einen konkreten Sachverhalt, der mehr od weniger starke Inlandsbeziehg aufweist, zu einer Verletzg des GG führt, sich also die konkrete Anwendg einer ausl Bestimmg in einem bestimmten Pkt mit dem GG nicht verträgt. Auch das VölkerR, GG 25, verpflichte dtsch Hoheitsträger nicht zur uneingeschr Anwendg ausl Rechts auf Sachverhalte mit Auslandsbeziehg. Eine sinngerechte Auslegg der einz GrdRechte lasse allerd bei ganz od überw auslandsbezogenen Sachverhalten Einschränkgen des GrdRechtsschutzes zu, die sich nach der aus der Verfassg zu entwickelnden **Reichweite der GrdRechte** best. Soweit danach die GrdRechte auch für auslandsbezogene Sachverhalte Geltg beanspr, könnte dies entweder dch unmittelb Begrenzg der Anwendg ausl Rechts dch die GrdR-Schranken od dch Heranziehg von EG 30 verwirklicht w. Die Entsch bedeutet einen Wendepunkt in der Entwicklg des dtsch IPR. Sie hat ein zwiespält Echo gefunden. S dazu Aufsätze v Henrich, Jayme, Kegel, Lüderitz, Makarov, Klaus Müller, Neumayer, Siehr, Wengler, Neuhaus in RabelsZ **72**, 1–144; Sturm FamRZ **72**, 16; Stöcker RabelsZ **74**, 79; Schwind GedächtnSchrift f Ehrenzweig (1976) 121; Müller-Freienfels Fschr f Kegel (1977) 55. Die notw Konkretisierg des Anwendgsbereichs der dtsch GrdRNormen in internat RFällen w zweckmäßigerw mit dem Instrument des **ordre public** erfolgen, BGH **60**, 78 (ebso Kegel, IPR § 16 VII; Dölle, IPR § IX; Firsching, IPR § 27; Neuhaus, GrdBegre § 50 II; Sandrock Fschr f Mann [1977] 287), dessen Anwendg eine hinreichde Inlandsberührg voraussetzt. Die dazu vorliegde Kasuistik bietet eine Orientiergshilfe (s dazu EG 30 Anm 2 u 5). Wg der Folgergen aus dieser Entsch vgl auch EG 13 Anm 5a.

16) Verfahrensrechtl Besonderheiten bei der Anwendg ausl Rechts. Das dtsche Gericht hat grdsätzl nur sein eigenes VerfR anzuwenden (vgl dazu einschränkd Grunsky ZZP **76**, 241); dies gilt insb f das BewVerf, BGH WPM **77**, 793 (z ZPO 286) u damit auch f das ZeugnVerweigerungsR, Nagel DRiZ **77**, 33; die Regelg der BewLast ist aber grdsl dem Sachstatut zu entnehmen, BGH **3**, 342, ebso die DarleggsLast, BGH WPM **77**, 793. Die Maßgeblk der lex fori f das Verf schließt die Anwendg ausl VerfVorschr nicht aus, soweit diese vom Standpkt des dtschen IPR matrechtl zu qualifizieren sind, vgl Vorbem 9 u EG 11 Anm 3. Nach dem inl VerfR, insb ZPO 293, ist auch die **Ermittlg ausl Rechts** vorzunehmen, vgl dazu Müller, Materialien z ausl u internat PrivR Bd 10, 1968, S 66, Geisler ZZP **78**, 176. Der dtsche Ri darf nicht darauf warten, bis ihm die Part das ausl R dartut, sond er hat es **von Amts wegen festzustellen,** BGH NJW **64**, 2012, IPRspr **74** Nr 1b, insow besteht also nach ausl R keine BewLast, BGH NJW **60**, 410; dies gilt nicht f BewAngebot bzgl ausl Handelsbrauch (TatsBehauptg), BGH JZ **63**, 167. Z ermitteln ist der wirkl RZust unter Heranziehg v RLehre u Rspr, BGH IPRspr **74** Nr 4. Verpflichtg z Ermittlg ausl R gilt auch f die SchlüssigkPrüfg im VersäumnVerf, Küppers NJW **76**, 489 gg Mü ebda. Das Gericht kann sich bei der Ermittlg ausl R aller ihm zugängl ErkenntnQuellen bedienen (prakt Hilfsmittel etwa Bergmann-Ferid, Internat Ehe- u KindschR; Mergenthaler-Reichard, StA u Ausländer; Ferid-Firsching, Internat ErbR); die Part müssen es dabei nach Kräften unterstützen, BGH NJW **76**, 1581. Übereinstimmden Part-Vortrag über Inhalt des ausl R darf Ger idR als richt zugrdelegen, BAG AWD **75**, 521. In der Praxis ist vor allem die Einholg v RGutachten dch wissensch Institute übl, bei den Übers z den in Betr kommden Stellen in DNotZ **74**, 133; krit z diesem Verf Simitis StAZ **76**, 6, vgl dazu Jayme StAZ **77**, 358, Heldrich Fschr f Ferid (1978) 213; z der beweisverfr Behandlg v RAuskünften s BGH IPRspr **74** Nr 1b, z Ladg des Sachverst z mdl Verhandlg BGH NJW **75**, 2142; z Einholg u Bewertg von RAuskünften in der not Beurk-Praxis s Sturm Fschr f Ferid (1978) 428. – Daneben besteht jetzt die Mögl, fremdes R nach dem **Europäischen Übk betr Auskünfte über ausl Recht** v 7. 6. 68, BGBl **74** II 937 u dem hierzu ergangenen AusfG v 5. 7. 74, BGBl I 1433 z ermitteln. Das Abk ist f die BRep am 19. 3. 75 in Kraft getreten, vgl Bek v 4. 3. 75, BGBl II 300. Es gilt ferner f Belgien, Costa Rica, Dänemark, Frankreich (einschl überseeischer Gebiete), Griechenland, Island, Italien, Liechtenstein, Malta, Niederlande, Norwegen, Österreich, Schweden, Schweiz, Spanien, Türkei, Vereinigtes Königreich (einschl Jersey), Zypern, vgl BGBl **75** II 300, **76** II 1016, **77** II 80, **78** II 788. AuskErsuchen (z Inhalt vgl Art 4 des Übk) sind mit SachVerhDarstellg u Übersetzg in die Amtssprache des ersuchten Staates der dtschen Übermittlgsstelle vorzulegen, § 1 AusfG, die das Ersuchen unmittelb der ausl Empfangsstelle zuleitet. Dtsche Übermittlgsstellen sind f die Gerichte des Bundes der BMJ, f die Gerichte der Länder die von den Landesregiergen best Stellen, § 9 II AusfG. Vgl dazu im einz Wolf NJW **75**, 1583. – Bei **Unmögl der Feststellg** des Inhalts eines ausl R ist hilfsw auf die Regelg verwandter ROrdngen aus dem gleichen RKreis abzustellen; sollte auch dies mißlingen, gilt ersatzw dtsches R, Kegel IPR § 15 V 2; str; f unmittelb Anwendg der lex fori Baumb-Lauterbach ZPO 293 Anm 2; n BGH NJW **61**, 410 darf der dtsche Ri keine nur mögliche od wahrscheinl geltden a P ausl Vorschr anwenden; BGH **69**, 387 wendet jedenf bei starken Inlandsbeziehgen u mangelndem Widerspr der Beteil dtsches R an, krit dazu Heldrich Fschr f Ferid (1978) 209. Im Verf n ZPO 620 w in der Praxis dtsches R auch dann angewandt, wenn das an sich maßg ausl R nicht schnell genug festgestellt w k, Düss FamRZ **74**, 456. – Wg Verletzg ausl Rechts **findet Revision nicht** statt RG **95**, 268, BGH **45**, 351, u zwar selbst dann nicht, wenn es sich nach dem dtschen übereinstimmt, RG **159**, 50, od es sich um Beurteilg der Parteifähigk handelt, BGH NJW **65**, 1666. Dagg ist ausl R revisibel, soweit es sich um eine Voraussetzg für die Anwendg dtschen Rechts wie im Falle der Rückverweisg, RG **136**, 362, BGH LM EGBGB 27 Nr 3 (nicht dagg auch der Weiterverweis, BGH **45**, 351) od der Verbürgg der Gegenseitigk n ZPO 328 I Nr 5 handelt, BGH **42**, 194, **49**, 50. Auch auf die nicht vollst Anwendg ausl R kann die Rev nicht gestützt w, BGH NJW **63**, 252, IPRspr **74** Nr 2. Das RevGer kann aber eine dem BerufsgsGer unbekannte ausl RNorm prüfen u anwenden, BGH **40**, 197. Eine überraschde Anwendg ausl R in der BerufsInst ohne vorher Hinw an die Part verletzt Anspr auf rechtl Gehör, BGH NJW **76**, 474. Da das ausl R im Ggs zum dtschen grdsätzl nicht revisibel ist, kann in der TatsInst (im Ggs z RevInst, BGH NJW **78**, 1159) nicht dahingestellt bleiben, ob ausl oder dtsches R anzuwenden ist, BGH NJW **63**, 252; aber keine Beschwer der unterlegenen Part, wenn Entsch nach allen in Betr kommden Rechten gerechtfertigt, RG **167**, 280, BGH **LM** IntPr Nr 2, LG Hbg StAZ **77**, 339; s auch Steindorff JZ **63**, 200. Revisibel ist selbstverständl das dtsche IPR u das dtsche ILR, das ausl IPR dagg nur iF der Rückverweisg, BGH **45**, 351. – Im arbgerichtl Verf ist auch ausl R revisibel, BAG AWD **75**, 521.

17) Reformbestrebgen. Im Hinblick auf die gleichberechtiggsw Anknüpfg in einigen famr Kollisionsnormen ist vor allem eine gesetzl Neuregelg des internat FamR dringd notw. Bei dieser Reform wäre auch die Frage zu prüfen, ob an der grds Entsch für die **Staatsangehörig** als Anknüpfgspkt für die Personalstatut festzuhalten ist. Fluchtbeweggen im Zushang mit dem 2. Weltkrieg, Gastarbeiterzustrom u gesteigerte Mobilität innerh des gemeins Marktes lassen eine Auflockerg des StaatsangehörigGrds zG einer ergänzden Anknüpfg an den **gewöhnl Aufenth** (zum Begr vgl EG 29 Anm 2) als wünschenswert erscheinen. Dieses Anknüpfgsmittel w schon bish im dtschen interlokalen PrivatR verwandt, vgl Vorbem 14 c. Es dient zur Bestimmg des Personalstatuts Staatenloser, EG 29 (vgl aber jetzt UNÜbk über die RStellg der Staatenlosen Art 12: Wohns, EG 29 Anh V), verschleppter Pers, Flüchtlinge u AsylBerecht, vgl EG 29 Anh I–IV. Auch w es in den neueren Haager Abk bevorzugt, vgl EG 21 Anh 1 u EG 23 Anh 4. Die 2. Kommission des Deutschen Rates für internat PrivatR hat für das EheR 1962, sowie für das Kindsch-, Vormsch- u PflegschR 1966 Vorschläge gemacht, die es vermeiden, einseit auf MannesR abzustellen, aber auch entspr den Erfahrgen, die die Bevölkerungsverschiebgen ergeben, zwar weiter von der Staatsangehörig als Anknüpfg ausgehen, dann aber den gewöhnl, notf den schlichten Aufenth als AnknüpfsPkt verwenden. Zusammenfassung einer Rev dieser Vorschläge vgl Kegel Fschr f Schwind (1978) 145. Vgl weiter die Reformvorschläge z ErbR, 1969 u z Pers- u SR, 1972, dazu Sturm, NJW **74**, 1036. Grdsätzl z Stand der Reformdiskussion Neuhaus RabelsZ **71**, 401, **73**, 453, ZvglRW **77**, 82; E. Rehbinder JZ **73**, 151; Juenger NJW **73**, 1521, ders, Z Wandel des IPR, 1974; Zweigert RabelsZ **73**, 435; Schnitzer RabelsZ **74**, 317; Steindorff Materialien z ausl u IPR Bd 21 S 155; Goerke NJW **75**, 1587; Simitis StAZ **76**, 6; Lorenz, Z Struktur des IPR, 1977; Wiethölter Fschr f Kegel (1977) 213.

IPR : Allgemeiner Teil

EG 7 *Geschäftsfähigkeit.* I **Die Geschäftsfähigkeit einer Person wird nach den Gesetzen des Staates beurteilt, dem die Person angehört.**

II **Erwirbt ein Ausländer, der volljährig ist oder die rechtliche Stellung eines Volljährigen hat, die *Reichsangehörigkeit*, so behält er die rechtliche Stellung eines Volljährigen, auch wenn er nach den deutschen Gesetzen nicht volljährig ist.**

III **Nimmt ein Ausländer im Inland ein Rechtsgeschäft vor, für das er geschäftsunfähig oder in der Geschäftsfähigkeit beschränkt ist, so gilt er für dieses Rechtsgeschäft insoweit als geschäftsfähig, als er nach den deutschen Gesetzen geschäftsfähig sein würde. Auf familienrechtliche und erbrechtliche Rechtsgeschäfte sowie auf Rechtsgeschäfte, durch die über ein ausländisches Grundstück verfügt wird, findet diese Vorschrift keine Anwendung.**

Neues Schrifttum: Hepting, Die Herabsetzg des VolljAlters u ihre Auswirkgen im internat Privat- u VerfR, FamRZ **75**, 451; ders, Z Emanzipation ausl Mj dch dtsche Ger, ZBlJugR **76**, 145.

1) Allgemeines. Anknüpfgpunkt ist die Staatsangehörig; maßg ist also das **HeimatR**, nicht etwa das Wirkgsstatut, dh die Rechtsordng, die das in Betr kommende RVerh beherrscht. Auf diese Weise wird die GeschFgk einheitl für jedes RGesch, gleichgült, wo es vorgenommen w, bestimmt; vgl allerd auch EG 7 III 1. Wg der **Staatenlosen, Flüchtlinge** usw vgl EG 29 mit Anh; über **Mehrstaater** Anm 7 a vor EG 7. Rückverweisg ist zu beachten, vgl EG 27. Ergänzt wird EG 7 dch EG 8. Im **ILR** wurde bish an den gewöhnl Aufenth angeknüpft, vgl Vorbem 14 c vor EG 7. RAnwendgsG (DDR) 6 I unterstellt HandlgsFgk dem HeimatR.

2) Grundsatz, I. EG 7 enthält eine vollkommene Kollisionsnorm, Vorbem 5 vor EG 7, gilt also für Deutsche u Ausländer u ohne daß es auf den Ort, an dem das RGesch vorgenommen w, ankäme. Daraus folgt, daß die VolljährigkErkl des Heimatstaates, die nach HeimatR vorgenommene émancipation (frz Recht), die dch Anordng der HeimatBeh eingetretene Beschrkg der GeschFgk, RG **80**, 265, ihre Wirkg auch in Deutschland behalten. Z internat Zustdgk dtscher Ger z VolljErkl u EmanzipationsErkl nach ausl R vgl Fürth (AG) ZBlJugR **76**, 169, Hepting ebda 145, Staud-Beitzke Rdz 86ff. Wird nach dem HeimatR der Heiratende mündig, so ist er das auch im Bereich des deutschen Rechtes. **Ausnahme** III sowie EG 8.

3) Anwendungsbereich (Qualifikation). Was **unter Geschäftsfähig zu verstehen** ist, ist dem dtschen Recht zu entnehmen, vgl Vorbem 9 vor EG 7. Demgem ist **nicht** darunter zu verstehen die DeliktsFgk, vgl EG 12, die EheFgk, EG 13 Anm 3; auch die übr bes GeschFgken, wie etwa die TestierFgk, EG 24 Anm 3, beurteilen sich grdsl nicht n EG 7 sond n dem Wirkgsstatut, Kegel IPR § 17 I 2; dies gilt auch f eine Sonder-GeschFgk f die VaterschAnerkenng, abw Siehr StAZ **76**, 356. ProzFgk nicht in EG 7 geregelt, aM BGH JZ **56**, 535, sond aGrd bes verfahrensr Kollisionsnorm n HeimatR zu beurt, Pagenstecher Festschr f Raape (1948) 249 ff, Neuhaus JZ **56**, 537; AusnRegelg in ZPO 55. Entspr gilt f das FGGVerf, Staud-Beitzke Rdz 69, aM BayObLG **63**, 35, das auf EG 7 abstellt. Die manchen Rechtsordngen eigentüml verminderte GeschFgk der Ehefr ist eine Folge der Eheschl, ist also nach EG 14 zu beurteilen, vgl dort Anm 4 h u Vorbem 9. Keine Frage der GeschFgk sind auch InterzessionsBeschrkgen v Ehefr, BGH NJW **77**, 1011 mit Anm v Jochem (ZustErfordern bei Bürgsch), Kühne JZ **77**, 439, vgl dazu Vorbem 6 o vor EG 12 u EG 14 Anm 4 g. Ebensowenig gehören hierher sonstige VerfüggsBeschrkgen, wie zB solche inf des GüterR od der Einl eines Konkurses. Für die Wechsel- u ScheckFgk vgl WechselG 91 u ScheckG 60, die grdsätzl mit EG 7 übereinstimmen. Ob u welcher Grad der GeschFgk zum Abschl eines gültigen RGesch, aber auch zu Rechtshdlgen (Wohns, Besitzerwerb) erforderl ist, bestimmt das Wirkgsstatut, Hildesheim (AG) IPRspr **73** Nr 94, vgl Anm 1. Das HeimatR, also EG 7, sagt nur, ob u welchen Grad der GeschFgk eine Pers hat, zB erforderl Geisteszustand, KG JW **37**, 2039. Auch über die **Folgen mangelnder GeschFgk** entsch das HeimatR u nicht das Wirkgsstatut, Staud-Beitzke Rdz 25. Das HeimatR besagt mithin insofern, ob das Gesch unwirks, schwebd unwirks, anfechtb ist, aber auch ob u wie der Mangel geheilt w kann. Es beherrscht damit auch die Willensergänzg, Lewald IPR 57, besagt also, ob eine solche dch einen ges Vertreter erforderl ist, das VormschG mitzuwirken hat, RG **125**, 265. Wer der ges Vertreter ist u welche Befugnisse er hat, richtet sich aber nicht nach EG 7, sond nach EG 19, 20, 22, 23, vgl dort. Ebensowenig kommt EG 7 zur Anwendg, wenn nicht der Mj selbst, sond der ges Vertreter das Gesch abgeschl hat, RG HRR **32**, 1579.

4) II. StaatsangehörigkWechsel. Grdsätzl entsch das HeimatR im Ztpkt der Vornahme des Geschäfts od der Rechtshdlg über die GeschFgk. And bei StaatsangehörigkWechsel. Allerd wird II zT als AusnahmeVorschr angesehen u zwar lediql für den Fall, daß ein nach seinem HeimatR vollj od dch seine HeimatBeh für vollj erkl Ausländer nach diesem Ztpkt die dtsche Staatsangehörigk erwirbt; vgl zB Staud-Raape 78f, Lewald 58, jetzt auch Hepting FamRZ **75**, 455. Man wird aber den Dtschen, der Ausl wird, od den Ausl, der in seinem Heimatstaat vollj ist, nach Wechsel des HeimatR, den Staatenlosen nach Wechsel des Wohns, EG 29 Anh V, nicht and behandeln können, so daß also der Gedanke des II zum allg Grds zu erheben ist; so die jetzt hM, vgl etwa Soergel-Kegel Rdz 12, Erm-Arndt Rdz 4, differenzierd Staud-Beitzke Rdz 38f. So blieb der Doppelstaater, der in Polen mit 18 Jahren vollj geworden war, vollj auch nach seiner Übersiedlg in die BRep, Mü (LG) NJW **72**, 1624 (betr RZust vor Inkrafttr v BGB 2 nF). Der Grds des EG 7 II gilt entspr auch im **ILR**. Dch Festsetzg des VolljAlters auf 18 Jahre nach BGB 2 nF in der BRep u n ZGB 49 in der DDR sind die damit zushängden Probleme jedoch heute ggstandslos; z RLage vor dem 1. 1. 75 (Inkrafttr v BGB 2 nF) vgl 34. Aufl.

5) III ist eine **AusnVorschr** im Interesse der Sicherh des deutschen Rechtsverkehrs, deren Anwendgsbereich dch die Herabsetzg des VolljAlters in der BRep erhebl ausgedehnt w ist, vgl Hepting FamRZ **75**, 452. Eine entspr Anwendg auf and Fälle, zB inkl Vertretgsbefugn od Erfordern einer vormschgerichtl Gen, vgl EG 19 Anm 4, ist nicht statth, unricht Düss NJW **51**, 966; eine Ausn ist aber bei Interzessionsverboten des n EG 14 maßg R zuzulassen, vgl dort Anm 4 g. III gilt daher nur bei Vorn eines RGesch dch Ausl **im Inland**, wenn nach den dtschen Vorschr im Ggsatz zu den heimatrechtl die GeschFgk gegeben wäre, aM Soergel-Kegel Rdz 17, Erm-Arndt Rdz 5, die III nicht auf den Inlandverkehr beschränken wollen. Gleichgült ist, ob der Geschäftsgegner gutgl ist od nicht u ob beide Ausländer sind. Geschäft, auch Rechtshdlg, muß aber in Deutschland vorgenommen, dh in Deutschland abgeschl sein; Angebot nach dem Ausland genügt nicht, Staud-Raape 81, str. Der Ausländer gilt nur für das gerade in Betr kommende Geschäft als geschäft, nicht allg. Die Entm eines Ausl in seinem Heimatstaat wirkt grdsl auch im Inl, vgl EG 8 Anm 3; sie h aber gem III nur die im dtschen R vorgesehenen Wirkgen, wenn diese weniger weit gehen als n dem HeimatR, RG **80**, 262, Soergel-Kegel EG 7 Rdz 15. Soweit Haager EntmAbkommen zur Anwendg kommt, schließt dessen Art 9 I die Anwendbark von EG 7 III aus, die Entm hat also auch in Deutschland die Wirkgen, die sie nach dem R des Anordnungsortes hat; vgl auch Anh zu EG 8. Die AusnVorschr des III 1 ist auf Verkehrsgeschäfte beschr; sie **gilt nach S 2 nicht** für famrechtl Geschäfte wie zB Verlöbn, EheVertr, KindesAnn, Eheaufhebgskl, Anf der Ehelichk, für erbrechtl Geschäfte wie zB Errichtg u Aufhebg einer Vfg von Todes wegen, Ausschlagg der Erbsch, Erbverzicht, ErbVertr, sowie für Vfgsgeschäfte über ein ausl Grdst; ob es sich um ein ausl Grdst handelt, besagt hier ausnahmsw die lex rei sitae, da der dtsche Gesetzgeber diese Qualifikation gewollt hat, Vorbem Anm 9. Anknüpfg muß eine Vfg iS des dtschen Rechts vorliegen; Vermietg u Verpachtg wie überh Verpflichtungsgeschäfte fallen nicht hierunter. In den Fällen des III 2 verbleibt es bei dem Grds des EG 7 I, vgl Anm 2.

Anhang zu Art 7

1) Rechtsfähigk. Das EG enthält dafür keine Vorschr. Auch die RFgk ist nicht nach dem Wirkgsstatut des RGesch, sond n dem Personalstatut, also nach dem HeimatR der betr Pers zu beurteilen, allg M. Dieses entsch also nicht nur über die Voraussetzgen für den Beginn, zB ob LebensFgk des Kindes erforderl ist, sond auch über ihr Ende, also etw Lebens- u Todesvermutgen. Auch die Voraussetzgen u Wirkgen einer Todes- od VerschErkl best sich grdsl n HeimatR, vgl VerschG 12 I. Ausnahmsw k aber auch Pers mit ausl Personalstatut im Inl n dtschem R f tot erkl w, VerschG 12 II–IV. Die UN-Konv über die TodesErkl Verschollener v 6. 4. 50 ist f die BRep nicht mehr in Kraft. TodesErkl der DDR sind grdsl anzuerkennen, auch wenn nach dem R der BRep ein and TodesZtpkt festgestellt w müßte, BSozG NJW **62**, 1542. Bei z erwartder RVerweigerg (bei TodesErkl im Hinblick auf LastenAusgl od Wiedergutmachg) ErsatzZustdgk des AG Bln-Schöneberg, KG NJW **60**, 580. – Die besondere RFähigk, wie die Fähigk einer Pers zum Erwerb von Grdst in einem and Lande, richtet sich nach dem Wirkgsstatut, allgM, vgl dazu auch EG 86 u 88. ParteiFgk richtet sich ebenf nach dem HeimatR, aber nicht mit RFgk ohne weiteres gleichzusetzen, Pagenstecher ZZP **64**, 249 ff.

2) Namensrecht; vgl dazu Wengler StAZ **73**, 205, Beitzke StAZ **76**, 321. Auch der Name best sich als PersönlichkGut n dem Personalstatut, dh grdsl nach dem **HeimatR** der betr Pers, BGH **56**, 195, NJW **78**, 1107, Wengler StAZ **73**, 205. Dies gilt zB für die Einbenenng eines nehel Kindes dch den Ehemann der Mutter, BGH **59**, 261, u f die Namenserteilg dch den nehel Vater, Hbg StAZ **76**, 100, vgl EG 20 Anm 3, EG 21 Anm 6, f die NamensÄnderg, Hamm OLGZ **75**, 275, f priv Namenszusätze, Trier (AG) StAZ **77**, 169 u f das Recht zur Führg eines Adelsprädikats, BayObLG **71**, 90 u 204; Adelsabschaffg dch HeimatR also auch im Inl zu beachten, hM, abw Kegel IPR § 17 IV 2 (f entspr Anwendg d Grds des EnteigngsR). Wechsel des Per-

Anh zu EGBGB 7, 8, EGBGB 8 (IPR)

sonalstatuts läßt den Namen grdsl unberührt, BGH **63**, 107, Mü (LG) StAZ **74**, 154, KG StAZ **77**, 222, sof keine behördl NamensÄnd erfolgt, Hamm OLGZ **75**, 275 od sonstige ÄndGrde eintreten, zB weil das neue Personalstatut das R z namensm Anpass an die Umwelt gewährt, Hbg StAZ **77**, 224. Hat also zB ein Auslandsdeutscher vor Einbürger das Adelsprädikat verloren, so bleibt es auch nach dieser verloren, BayObLG **64**, 377, **71**, 204; s dazu auch Graf v Bernstorff NJW **61**, 635; wg EG 30 vgl dort Anm 5; nach § 3a NamensändG idF des ErgG v 29. 8. 61, BGBl 1621, liegt aber hier nach dieser kein wicht Grd iS von § 3 I G für Namensänderg vor. Grdsätzl keine Übersetzg ausl Adelsprädikate, Ausn vgl Brem OLGZ **67**, 229. Z Problematik islam Zwischennamen s Will StAZ **74**, 291, Hamm StAZ **78**, 65. Im ILR wird an den gewöhnl Aufenth angeknüpft, Ulm (AG) StAZ **77**, 50, vgl dazu Vorbem 14 c vor EG 7. – Soweit der Name die **Folge** eines **famrechtl Verhältnisses** ist, entsch über Erwerb u Verlust ausnahmsw das f den betr famrechtl Vorgang maßg R, Kegel IPR 271, Ferid IPR Rdz 5–41, str, also zB das KindschStatut, EG 19, vgl dort Anm 4, das Legitimationsstatut od das Adoptionsstatut, EG 22, vgl EG 22 Anm 4 a u c; f Namensänderg inf **Eheschl** gilt **wahlw** Personalstatut u Ehewirkgsstatut, vgl dazu näher EG 14 Anm 4 c. Der FamName des **nehel Kindes** ist wg der Vielzahl der in Betr kommden Personalstatute (Mutter, Vater, Muttergatte) einheitl n dem **Personalstatut des Kindes** z beurteilen, so f den Fall der Einbenenng dch den Ehem der Mutter BGH **59**, 261, Poggi FamRZ **73**, 175, aM Kegel IPR § 20 IX 2 (MutterR), Ferid IPR Rdz 8–367 (MannesR), f die Namensrteil dch den Vater Hbg StAZ **76**, 100; dies gilt auch f die namensr Folgen der VaterschAnerkenng mit Standesfolge, so iErg auch Bonn FamRZ **76**, 229, sowie f die Frage, welchen FamNamen das nehel Kind mit der Geburt erwirbt. W das nehel Kind legitimiert, so entsch über die namensr Wirkgen dagg das Legitimationsstatut, BGH NJW **78**, 1107, vgl EG 22 Anm 4a. – Der **Namensschutz** beurteilt sich grdsl n dem Personalstatut des Namensträgers; ein Ausl k jedoch im Inland keinen weitergehenden Schutz als in dtschem R beanspr, RG **100**, 182, **117**, 215, BGH JZ **53**, 728. Der Firmenname untersteht dem R des Sitzes des Unternehmens, RG **100**, 185, **117**, 215. Es entsch über Entstehg u Verletzg, jedoch kommt hier auch das R des Begehgsortes in Betr, EG 12 Anm 2. S auch J. F. Baur AcP **167**, 535.

EG 8 *Entmündigung.* **Ein Ausländer kann im Inlande nach den deutschen Gesetzen entmündigt werden, wenn er seinen Wohnsitz oder, falls er keinen Wohnsitz hat, seinen Aufenthalt im Inlande hat.**

1) Allgemeines. Aus dem Grds des EG 7 I ergibt sich, daß die Entmündigung nach HeimatR erfolgt, das auch die Wirkgen bestimmt, u die im Heimatstaat ausgesprochene Entm in Deutschland anzuerkennen ist, vgl EG 7 Anm 2. Hiervon schafft **EG 8 eine Ausn**, die deshalb auch einer Verallgemeinerg nicht fähig ist. Eine ähnl Regelg enth RAnwendgsG (DDR) 7. Im Anwendgsbereich des **HaagerEntmAbk** ist EG 8 zT ausgeschaltet, vgl Anh.

2) Entmündigg eines Ausländers in Deutschland. Weitergehd als in EG 23, vgl dort Anm 3a u vor allem b, gibt EG 8 allg die Möglichk der Entm eines Ausländers im Inland, wenn er hier seinen Wohns od jedf seinen Aufenthalt hat, ohne Rücksicht auf dtsches Recht zu entscheiden hat. Vorübergehender, wenn auch unfreiw Aufenth genügt, RG JW **12**, 914. Die Entm erfolgt nach den dtschen Gesetzen und mit deren Wirkgen. Sie muß nicht, sond kann unter den Voraussetzgen von § 6 I ausgesprochen w. Demgem kann sie auch unter and Voraussetzgen als in § 6 II wieder aufgehoben w, insb, wenn der Entmündigte ns Ausland geht. Dem Entmündigten ist Vormd zu bestellen, vgl EG 23 Anm 3a aE. Wg des VerfR ZPO 648 I. Der Heimatstaat wird meist die in Deutschland ausgesprochene Entm nicht anerkennen.

3) Entmündigg: a) eines Ausländers in seinem Heimatstaat. Sie ist grdsätzl in Deutschland anzuerkennen, RG **80**, 263, vgl auch Anm 1; **b)** eines Deutschen im Ausland. Entgg der fr hM ist sie bei gewöhnl Aufenth des Entmündigten in dem betr Land grdsl anzuerkennen, wenn ein EntmGrd auch nach dtschem Recht vorliegt, die Entm dch ein unabhäng Gericht ausgesprochen, die rechtl u tats Wirkgen zum Nachteil des Entmündigten nicht wesentl v dtschem R abweichen u kein Verstoß gg den ordre public vorliegt; BGH **19**, 240, Soergel-Kegel Rdz 2, 11, der aber, da ZPO 328 I Z 3 EG 7 nicht nennt, EG 30 zum Schutz des Dtschen genügen lassen will, jedoch Verbürgg der Ggseitigk fordert. Mögl jederzeitige Aufhebg dch dtsches Gericht mit Wirkg ex nunc, Staud-Beitzke Rdz 26, str, BGH **19**, 245: ex tunc; ggf Ersetzg dch dtsche Entm, Soergel-Kegel Rdz 12; **c)** eines Ausländers in einem dritten Staat. Sie ist in Deutschland anzuerkennen, wenn die allg Voraussetzgen der Anerkenng ausl Entsch vorliegen (internat Zustdgk des ausl Ger nach den dtschen Beurteilgsregeln, Vorbem 1 vor EG 7, kein Verstoß gg dtschen ordre public); Anerkenng dch Heimatstaat des Entmündigten ist nicht erfdl, Soergel-Kegel Rdz 5, Staud-Beitzke Rdz 47, and fr Aufl.

Anhang zu Art 8

1) Haager Entmündiggsabkommen v 17. 7. 05.

a) Allgemeines. Deutschland war seit dem 23. 8. 1912 VertrStaat des **Haager EntmAbk**, RGBl **12**, 463. Das Abk gilt heute nur mehr im Verhältn zu **Italien**, Bek v 14. 2. 55, BGBl II 188; Schweden ist am 23. 8. 62, Bek v 4. 5. 60, BGBl II 1532, ausgeschieden. Ungarn u die Niederlande h das Abk mit Wirkg z 23. 8. 1977 gekünd, Bek v 19. 8. 74, BGBl II 1211 u v 28. 4. 77, BGBl II 445. Z Anwendgsbereich vgl Staud-Beitzke Anm 6 zu EG 8. **Personell** findet das Abk nur auf Angeh eines VertrStaates Anwendg, wenn sie ihren gewöhnl Aufenth im Gebiete eines der VertrStaaten h, Art 14 II. Gilt das Abk, so entfällt die Anwendbark von EG 8. Für Erwäggen aus EG 30 ist nur im Rahmen des Abk Raum.

b) Kurze Erläuterg. Grdsätzl ist für die Entm das **HeimatR des zu Entmündigenden** maßgebend, Art 1, u zwar gilt das nicht nur für die Entm, sond auch für alle ähnl Maßregeln, soweit sie eine Beschrkg der

1. Abschnitt: Allgemeine Vorschriften **(IPR) Anh zu EGBGB 8** 1

GeschFgk zur Folge haben, Art 13. Nur ausnahmsw kann der Aufenthaltsstaat eingreifen, Art 3, 6; denn grdsätzl ist die Heimatbehörde ausschl zust, Art 2. Sind die Behörden des gewöhnl Aufenthaltsstaates aGrd von Art 6 zust, so darf dem EntmAntr nur stattgegeben w, wenn AntrBerechtigg u EntmGründe sowohl nach dem HeimatR wie dem des gewöhnl Aufenthaltsstaates gegeben sind, Art 7. Die Wirkgen der Entm sowie die Verw in Ansehg der Pers u des Verm richtet sich dann ebenf nach den Gesetzen des Aufenthaltsstaates, Art 8; jedoch ist dem Heimatstaat unbenommen, dann auch seines eine Vormsch einzuleiten, Art 10 I. Sind die ZustdgkVorschr befolgt, so wird die Entm in allen VertrStaaten anerkannt, Art 9. Wg der sich aus Art 9 ergebenden Unanwendbark von EG 7 III vgl dort Anm 5.

c) Amtl Übersetzg des Abk (ohne Art 15–19):

Art. 1 Staatsangehörigkeitsgrundsatz. Für die Entmündigung ist das Gesetz des Staates, dem der zu Entmündigende angehört (Gesetz des Heimatstaats), maßgebend, unbeschadet der in den folgenden Artikeln enthaltenen Abweichungen.

Art. 2 Zuständigkeit für Entmündigung und Anordnung der Vormundschaft. Die Entmündigung kann nur durch die zuständigen Behörden des Staates, dem der zu Entmündigende angehört, ausgesprochen und die Vormundschaft gemäß dem Gesetze dieses Staates angeordnet werden, abgesehen von den in den folgenden Artikeln vorgesehenen Fällen.

Art. 3 Vorläufige Maßregeln. Befindet sich in einem Vertragsstaat der Angehörige eines anderen Vertragsstaats in einem Zustand, für den das Gesetz seines Heimatstaats die Entmündigung vorsieht, so können alle erforderlichen vorläufigen Maßregeln zum Schutze seiner Person und seines Vermögens durch die örtlich zuständigen Behörden getroffen werden.
Hiervon ist der Regierung des Staates, dem er angehört, Mitteilung zu machen.
Die Maßregeln fallen weg, sobald die örtlich zuständigen Behörden von den Behörden des Heimatstaats die Mitteilung erhalten, daß vorläufige Maßregeln getroffen seien oder daß die Rechtslage der Person, um die es sich handelt, durch eine Entscheidung geregelt sei.

Art. 4 Mitteilungspflicht. Die Behörden des Staates, in dessen Gebiet ein zu entmündigender Ausländer seinen gewöhnlichen Aufenthalt hat, haben von diesem Sachverhalte, sobald er ihnen bekanntgeworden ist, den Behörden des Staates, dem der Ausländer angehört, Nachricht zu geben; hierbei haben sie den Antrag auf Entmündigung, falls sie mit einem solchen Antrag befaßt worden sind, und die etwa getroffenen vorläufigen Maßregeln mitzuteilen.

Art. 5 Bewirkung der Mitteilungen. Die in den Artikeln 3, 4 vorgesehenen Mitteilungen werden auf diplomatischem Wege bewirkt, sofern nicht der unmittelbare Verkehr zwischen den beiderseitigen Behörden zugelassen ist.

Art. 6. Entmündigung im Aufenthaltsstaat. a) Zuständigkeitsvoraussetzungen. Solange nicht die Behörden des Heimatstaats auf die im Artikel 4 vorgesehene Mitteilung geantwortet haben, ist in dem Lande des gewöhnlichen Aufenthalts von jeder endgültigen Maßregel Abstand zu nehmen. Erklären die Behörden des Heimatstaats, daß sie nicht einschreiten wollen, oder antworten sie nicht innerhalb einer Frist von sechs Monaten, so haben die Behörden des gewöhnlichen Aufenthalts über die Entmündigung zu befinden; sie haben hierbei die Hindernisse zu berücksichtigen, die nach der Antwort der Behörden des Heimatstaats eine Entmündigung im Heimatland ausschließen würden.

Art. 7. b) Für die Entmündigung maßgebendes Recht. Falls die Behörden des gewöhnlichen Aufenthalts auf Grund des vorstehenden Artikels zuständig sind, kann der Antrag auf Entmündigung von den Personen und aus den Gründen gestellt werden, die zugleich von dem Gesetze des Heimatstaats und dem Gesetze des Aufenthalts des Ausländers zugelassen sind.

Art. 8. c) Für die Verwaltung hinsichtlich der Person und des Vermögens sowie die Entmündigungswirkungen maßgebendes Recht. Ist die Entmündigung durch die Behörden des gewöhnlichen Aufenthalts ausgesprochen, so wird die Verwaltung in Ansehung der Person und des Vermögens des Entmündigten gemäß dem Gesetze des Ortes angeordnet; für die Wirkungen der Entmündigung ist dasselbe Gesetz maßgebend.
Schreibt jedoch das Gesetz des Heimatstaats des Entmündigten vor, daß die Fürsorge von Rechts wegen einer bestimmten Person zukommt, so ist diese Vorschrift tunlichst zu beachten.

Art. 9. Anerkennung der Entmündigung. Eine Entmündigung, die nach vorstehenden Bestimmungen von den zuständigen Behörden ausgesprochen wird, ist, soweit es sich um die Geschäftsfähigkeit des Entmündigten und die Vormundschaft über ihn handelt, in allen Vertragsstaaten wirksam, ohne daß es einer Vollstreckbarkeitserklärung bedarf.
Jedoch können Maßregeln zum Zwecke der Veröffentlichung, die das Gesetz des Ortes für eine durch die Behörden des Landes ausgesprochene Entmündigung vorschreibt, von diesem Gesetze gleicherweise auf die durch eine ausländische Behörde etwa ausgesprochene Entmündigung für anwendbar erklärt oder durch gleichartige Maßregeln ersetzt werden. Die Vertragsstaaten haben sich gegenseitig durch Vermittlung der Niederländischen Regierung die Vorschriften mitzuteilen, die sie in dieser Hinsicht erlassen haben.

Art. 10. Zusammentreffen der Entmündigung im Heimat- und Aufenthaltsstaat. Ist eine Vormundschaft gemäß Artikel 8 eingeleitet, so steht dies der Anordnung einer neuen Vormundschaft gemäß dem Gesetze des Heimatstaats nicht entgegen.
Von dieser Anordnung ist sobald wie möglich den Behörden des Staates Mitteilung zu machen, in dessen Gebiete die Entmündigung ausgesprochen worden ist.

Das Gesetz dieses Staates entscheidet darüber, in welchem Zeitpunkt die Vormundschaft, die dort eingeleitet ist, endigt. Von diesem Zeitpunkt an ist für die Wirkungen der durch die ausländischen Behörden ausgesprochenen Entmündigung das Gesetz des Heimatstaats des Entmündigten maßgebend.

*Art. 11. **Aufhebung der Entmündigung im Aufenthaltsstaat.*** *Eine Entmündigung, die durch die Behörden des gewöhnlichen Aufenthalts ausgesprochen ist, kann von den Behörden des Heimatstaats gemäß ihren Gesetzen aufgehoben werden.*

Die örtlich zuständigen Behörden, welche die Entmündigung ausgesprochen haben, können sie ebenfalls aufheben, und zwar aus allen den Gründen, die in dem Gesetze des Heimatstaats oder in dem Gesetze des Ortes vorgesehen sind. Der Antrag kann von jedem gestellt werden, der hierzu nach dem einen oder dem anderen dieser Gesetze ermächtigt ist.

Die Entscheidungen, welche eine Entmündigung aufheben, sind ohne weiteres und ohne daß es einer Vollstreckbarkeitserklärung bedarf, in allen Vertragsstaaten wirksam.

*Art. 12. **Gesamtstatut und Grundstücksstatut.*** *Die vorstehenden Bestimmungen finden Anwendung, ohne daß zwischen beweglichem und unbeweglichem Vermögen des Entmündigten zu unterscheiden ist; ausgenommen sind Grundstücke, die nach dem Gesetze der belegenen Sache einer besonderen Güterordnung unterliegen.*

*Art. 13. **Sachliches Anwendungsgebiet.*** *Die in diesem Abkommen enthaltenen Regeln gelten in gleicher Weise für die Entmündigung im eigentlichen Sinne, für die Anordnung einer Kuratel, für die Bestellung eines gerichtlichen Beistandes sowie für alle anderen Maßregeln gleicher Art, soweit sie eine Beschränkung der Geschäftsfähigkeit zur Folge haben.*

*Art. 14. **Persönliches und räumliches Anwendungsgebiet.*** *Dieses Abkommen findet nur Anwendung auf die Entmündigung von solchen Angehörigen eines Vertragsstaats, welche ihren gewöhnlichen Aufenthalt im Gebiet eines der Vertragsstaaten haben.*

Jedoch findet der Artikel 3 dieses Abkommens auf alle Angehörigen der Vertragsstaaten Anwendung.

EG 9 *Todeserklärungen.* Aufgeh dch § 46 IIb VerschG u ersetzt dch dessen § 12.

EG 10 *Juristische Personen.* Aufgeh dch VereinsG v 5. 8. 64, BGBl 593, § 30 I Z 4.

Nach Art 10

Schrifttum: Beitzke, Juristische Personen im IPR u FremdenR, 1938; Grasmann, System des internat GesellschR, 1970; Koppensteiner, Internat Unternehmen im dtschen GesellschR, 1971; Luchterhandt, Dtsches KonzernR bei grenzüberschreitenden Konzernverbindgen, 1971; Klocke, Dtsches Konzernkollisions R u seine Substitutionsprobleme, 1974; Großfeld, Praxis des Internat Privat- u WirtschR, 1975; E. Rehbinder, Materialien z ausl u IPR Bd 21 S 122; Beitzke, Z Entwicklg des internat KonzernR ZHR **74**, 533; Mann, Bemerkgen z internat PrivatR der Aktiengesellsch u des Konzerns, Fschr f Barz (1974) 219; H. P. Westermann, Das GesellschR in der Methodendiskussion um das internat PrivatR, ZGR **75**, 68; Hachenburg-Behrens, GmbHG 7. Aufl Bd I (1975) Einl Rdz 73ff; Beitzke, Einige Bem z RStellg ausl Gesellsch in dtschen StaatsVertr, Fschr f Luther (1976) 1; Bernstein, Erwerb u Rückerwerb v GmbH-Anteilen im dtsch-amerik RVerkehr ZHR **76**, 414; Wiedemann, Internat GesellschR, Fschr f Kegel (1977) 187; Sandrock, Ein amerikan Lehrstück f das KollisionsR der Kapitalgesellschaften RabelsZ **78**, 227; ders, Die multinationalen Korporationen im IPR, Berichte der dtschen Gesellsch f VölkerR Heft 18 (1978) 169; Ansay, „Gast"-Gesellschaften, Fschr f Ferid (1978) 3; Ebenroth, KonzernkollisionsR im Wandel außenwirtschaftl Ziele (1978).

1) Allg. Das EG enthält nach der Aufhebg von EG 10 keine iprechtl Vorschriften über **juristische Personen**. Die maßg kollisionsr Grds sind dch RLehre u Rspr herausgebildet worden. Die dabei z lösden **Hauptfragen** sind, welche RechtsO über die im Zushang mit einer JP auftretden privatrechtl Fragen entsch, insb ob eine JP entstanden od untergegangen u inwiew sie rechts- u geschäftsfäh ist, ferner unter welchen Voraussetzgen eine ausl JP in Deutschland anerkannt wird.

2) Personalstatut der jur Personen (Anknüpfgspunkt). Die Staatsangehörigk ist als Anknüpfgspkt unbrauchb. In Betr kommt vor allem eine Beurteilg nach dem GründgsR (so die im anglo-amerikan Bereich herrschde **Gründgstheorie**) od nach dem R des Sitzes (so im dtschen IPR herrschde **Sitztheorie**). Die Sitztheorie verdient den Vorzug, da sie diej ROrdng z Anwendg beruft, in deren Geltgsbereich der Schwerpkt des tatsächl körperschaftl Lebens liegt. Anknüpfgspkt für das Personalstatut der JP ist danach der **tatsächl Sitz der Hauptverwaltg**, RGZ **117**, 215, 217; BGHZ **53**, 181, 183; Hamm NJW **74**, 1057; Großfeld RabelsZ **67**, 1; Soergel-Kegel Rdz 150 vor EG 7; Erm-Arndt EG 10 Rdz 1; Ebenroth, KonzernkollisionsR im Wandel (1978) u hM; **abw** (f Gründgstheorie) Beitzke ZHR **64**, 1, Hachenburg-Behrens GmbHG I Einl Rdz 87, Ansay Fschr f Ferid (1978) 3 (f Gastarbeitergesellschaften) u grdsl auch Grasmann, System des internat GesellschR (der unterschiedl Behandlg v Außen- u InnenVerh verlangt); f grdsl Anwendg des Gründgstatuts, das aber in best Umfang vom Sitzstatut verdrängt w (Überlagerungstheorie) Sandrock RabelsZ **78**, 227, ders, Berichte der dtschen Gesellsch f VölkerR Heft 18 (1978) 191; f eine vermittelnde Lösg auch Wiedemann Fschr f Kegel (1977) 194, der n Fallgruppen unterscheidet. Damit ist die zur Anwendg kommende Rechtsordng der Parteiwillkür dch nominelle Festsetzg eines Verw-Sitzes in der Satzg entzogen. Bei VerwSitzen an mehreren Orten gilt der Sitz der HauptVerw; das dort geltde Recht ist maßg. Bei der Anknüpfg nicht zu berücks sind bloße Betriebsstätten. Auch im dtschen **ILR** ist Anknüpfgspkt der Sitz der Hauptverwaltg. Z Anwendg gelangt auch hier das Recht des Ortes, an dem die Verwaltg tats geführt w, vgl Ficker, GrdFragen des dtschen ILR 146, Soergel-Kegel vor EG 7 Rdz 191. Z den bei einer Enteigng der JP auftauchenden Fragen vgl Anm 5 vor EG 13. RAnwendgsG (DDR) läßt Anknüpfg des Personalstatuts JP offen.

Ausnahmen: a) wenn der Staat, in dem die JP ihren Sitz hat, seiners zB auf das Recht des Gründgsortes verweist (so in USA), ist diese Weiterverweis zu beachten, Raape IPR § 25 II, str; b) wenn der BMI, Anm 4, einem Verein oder einer Stiftg, die im Ausland ihren Sitz haben, die RFgk verleiht, §§ 23, 80 S 2, zB bei dtschen Schulvereinen im Ausland. – Bei **Sitzverlegg** in ein anderes Land besteht die JP unter Wahrg ihrer Identität fort, wenn dies n dem R sowohl des alten wie des neuen Sitzes statth ist, Kegel IPR § 17 II 2, Ferid IPR Rdz 5–68, and fr Aufl. Ist dies nicht der Fall, kommt nur Auflösg u Neugründg in Betr. Rückverlegg dtscher Gesellschaften aus den verlorenen Gebieten nach Deutschland wurden wg der Gleichh der Voraussetzgen für die Erlangg der RFgk am alten u neuen Sitz unter Identitätswahrg zugelassen, RG **107**, 94, OLG **43**, 201. Zu den iprechtl Fragen bei GesellschFusion über die Grenze hinweg Beitzke Festschr f Hallstein (1966) S 14; Hachenburg-Behrens GmbHG I Einl Rdz 102 f. Die eingetr inländ Zweigniederlass einer ausl AG, AktG 44, wird registerrechtl einem selbständ Untern gleichgestellt u kann ihren Sitz im Inland ebso wie eine inländ AG verlegen, Köln (LG) NJW **51**, 75; z Behandlg inl Zweigniederlassg bei im Ausl vollz Fusion vgl Mayer-Maly Festschr f Hämmerle (1972) 221.

3) a) Anwendgsgebiet des Personalstatuts. Das Recht des Verwaltgssitzes entsch über das Vorhandensein einer JP, RG **92**, 74, also Beginn u Umfang der RFgk im allg (wg der sog bes RFgk vgl Anh zu EG 7 Anm 1 u EG 86, 88), Fragen der Verfassg einschl der MitBest der ArbNehmer in den GesellschOrganen, vgl Däubler RabelsZ **75**, 444, Birk AWD **75**, 589, Müffelmann BB **77**, 628 (die dtschen MitBestVorschr beanspruchen aber grdsl keine Anwendg im Ausland, vgl LAG Berlin AWD **77**, 1302, Duden ZHR **77**, 182, Pipkorn ZHR **77**, 339, Bellstedt BB **77**, 1326; eine Ausn ist die gelt n BPersVG 90f für die Dienststellen der BRep im Ausland), der GeschFührg, insb der Vertretgsmacht der Organe, BGH **40**, 199 (schließt aber bei Beurteilg nicht Gesichtspkt der AnscheinsVollm aus, 204), über Form u RWirksk der Satzg u ihrer Abänderngen sowie die rechtl Folgen dieser Abänderngen, RG **73**, 367 (Formerfordern der Satzgsänderg einer GmbH mit Sitz in der BRep ist bei Vornahme im Ausl nicht ausschließl nach dortigem R zu beurteilen; Beobachtg der Ortsform gem EG 11 I 2 genügt, aM Hamm NJW **74**, 1057; Winkler NJW **72**, 981, vgl dazu EG 11 Anm 3), Fassg u Anf eines Beschl der Mitgliederversammlg, Zulässigk v StimmbindgsVertr, Overrath ZGR **74**, 86, Voraussetzg der Übertr von Anteilsrechten, währd über die Form EG 11 entsch, vgl dort Anm 2 u 3 (dies gilt auch für die Form der Übertr von GmbH-Anteilen, die bei Vornahme im Ausl gem EG 11 I 1 alternativ nach GmbHG 15 IV als Wirkgsstatut u dem R des Vornahmeortes zu beurteilen ist, BayObLG NJW **78**, 500, Maier-Reimer BB **74**, 1230, Hachenburg-Behrens GmbHG I Einl Rdz 100, Bernstein, ZHR **76**, 414, aM Staud-Firsching EG 11 Rdz 97, Winkler, NJW **72**, 982, ders Rpfleger **78**, 44); über die Beendigg der RFgk, OLG **16**, 100, BGH **51**, 27, also auch deren Entziehg, RG **129**, 98; jedoch ist bis z Beendigg der Liquidation eines inl Vermögens vom Fortbestand einer ausl JP auszugehen, die also noch nicht geltd die RFgk verloren h, Stgt NJW **74**, 1627. Soweit eine ausl jur Per nur RFgk für die Zwecke besitzt, für die sie geschaffen wurde (ultra vires-Lehre: engl Recht), wird EG 7 III 1 entspr anzuwenden sein, Soergel-Kegel vor EG 7 Rdz 154 ff, Erm-Arndt EG 7 Rdz 5. **Enteigng** dch Sitzstaat erfaßt grdsl nicht auch das im Ausland belegene Verm, BGH **25**, 127, stRspr. Hat die enteignete JP Verm im Inland, so besteht sie selbst, die Vertretgsmacht ihrer Organe u die Mitgliedsch an ihr in der BRep weiter, BGH **43**, 51. Vgl dazu näher Anm 5a vor EG 13. Enteigng des AuslVerm auch nicht über Umweg der Enteignung aller od nahezu aller MitgliedschR mögl, BGH **32**, 256. Wg des **ILR**, insb der Enteigngen in der DDR Anm 5b vor EG 13.

b) Dieselben Grds gelten auch für **handelsrechtl Gesellschaften** ohne RFgk, BGH NJW **67**, 36, Soergel-Kegel vor EG 7 Rdz 181, vgl auch RG **36**, 393, Hbg HansGZ **32** B 265 (engl partnership), Ferid Fschr f Hueck 345 (auch z Frage des renvoi), sowie allg f **Personenvereiniggen** mit eigener Organisation, die n ihrem Personalstatut **nicht rechtsfähig** sind. Wohns od Staatsangehörigk der Mitgl sind dabei ohne Bedeutg. Die ROrdng des Sitzstaates entsch vor allem darüber, welche korporative Fähigk eine solche Vereinig hat, insb aber über die haft ihrer Mitgl für die Gesellsch u grdsl auch der Gter, RG **124**, 146, BGH **LM** HGB 105 Nr 7; dies gilt auch, wenn f die Fdg ein and R maßg ist. Im allg gilt die ROrdng des Sitzstaates auch für das Innen-Verh der Gter, RG JW **11**, 718. Wg Gesellsch des bürgerl Rechts ohne eig Organisation vgl Vorbem 6 m vor EG 12.

4) Anerkennng ausländischer jur Personen; vgl dazu Serick RabelsZ **58**, 624; Großfeld, RabelsZ **67**, 1, derselbe RabelsZ **74**, 344, ders Fschr f Westermann (1974) 199; Behrens ZGR **78**, 499; Drobnig Fschr f v Caemmerer (1978) 688. Ausl JP, die nach ihrem Personalstatut wirks gegründet sind, besitzen die RFgk auch im Inland, ohne daß es dafür einer bes Anerkenng bedarf, RG **83**, 367, st Praxis; diese ergibt sich vielm aus der Anwendg der einschläg Vorschr des allg GesellschStatuts, Behrens ZGR **78**, 510, dh des R des VerwSitzes, vgl oben 2. Das gleiche gilt für ausl JP öffr Charakters; sie unterliegen der inl Gerichtsbk, BGH **18**, 1, sofern es sich nicht um hoheitl Betätigg eines ausl Staates handelt, vgl BVerfG **15**, 25, **16**, 27; Koblenz OLGZ **75**, 379; Ffm AWD **77**, 721. Die Anerkenng der JP schließt nicht ohne weiteres die Zulass zur geschäftl Tätigk in sich. Diese unterliegt vielm im allg der bes fremdenr Genehmigg des anerkennenden Staates. – Die durch EG 10 gegebene Ausnahme (Anerkenng dch Beschl des BMI) ist durch dessen Aufhebg weggefallen. Vereine mit Sitz im Ausland, deren Organisation oder Tätigk sich auf die BRep u W-Berlin erstreckt, können, da sie nicht unter der Garantie von GG 9 II stehen, außer in den Fällen der dort gegebenen Verbotsnorm allerdings auch dann verboten werden, wenn sie durch polit Betätigg die innere u äußere Sicherh, die öffentl Ordng od sonstige erhebl Belange der BRep oder eines der Länder verletzen oder gefährden, VereinsG 15 I; dabei handelt es sich um eine fremdenrechtl, nicht eine IPR-Norm; sie setzt gerade voraus, daß der ausl Verein zunächst anerkannt wurde.

5) Die **Anerkenng** jur Personen u anderer Handelsgesellschaften ist vielf **staatsvertragl** sichergestellt; vgl dazu Beitzke Festschr f Luther (1976) 1. Dabei wird zT auf die Gründgstheorie abgestellt, so daß Anerkenng unabhäng v Sitz der Hauptverwaltg erfolgt; zT wird nicht nur Sitz in dem and Vertr-Staat, sond auch das „Bestehen" nach dessen RechtsO verlangt, so etwa im dtsch-niederländ Vertr v 11.2.07, RGBl 08, 65, wieder anwendb, BGBl **52** II 435. S auch das noch nicht in Kraft getretene ÜbEink üb die gegenseitige Anerkenng von Gesellsch u jur Personen der EWGStaaten v 29. 2. 68 u das zugehör G v 18. 5. 72, BGBl II 369, nebst G z Protokoll v 3. 6. 71 betr die Auslegg obigen ÜbEink v 14. 8. 72, BGBl II 857. Inwieweit aus der **Meistbegünstiggsklausel** die Anerkenng folgt, ist Auslegsfrage, manchmal allerd auch ausdr angeordnet.

EG 11 *Form der Rechtsgeschäfte.* **I** Die Form eines Rechtsgeschäfts bestimmt sich nach den Gesetzen, welche für das den Gegenstand des Rechtsgeschäfts bildende Rechtsverhältnis maßgebend sind. Es genügt jedoch die Beobachtung der Gesetze des Ortes, an dem das Rechtsgeschäft vorgenommen wird.

II Die Vorschrift des Absatzes 1 Satz 2 findet keine Anwendung auf ein Rechtsgeschäft, durch das ein Recht an einer Sache begründet oder über ein solches Recht verfügt wird.

Neues Schrifttum: Winkler, Beurkundgen im Ausland bei Geltg dtschen Rechts, NJW **72**, 981; derselbe, Beurkundgen gesellschl Akte im Ausland, NJW **74**, 1032; Bokelmann, GmbH-Gesellschter-Versammlgen im Ausland u Beurkundg dch ausl Notare, NJW **72**, 1729; Stephan, Z internat BeurkR, NJW **74**, 1596; Mann, Z Auslegg des Art 11 EGBGB, ZHR **74**, 448; Kuntze, Z internat BeurkR, NJW **74**, 2167; Schmidt, Beurkundgen in Ausland, Betr **74**, 1216; Maier-Reimer, Veräußerg v GmbH-Anteilen vor Schweizer Notaren, BB **74**, 1230; Brambring, Z Anerkenng der ausl Beurk bei Geltg des dtschen Rechts, NJW **75**, 1255; Wuppermann, Auslandsbeurkundungen v Gesellschafterbeschlüssen im Widerstreit zw Kostenerspam u RSicherh, AWD **74**, 255; Rothoeft, V der Ortsform z GeschForm, Fschr f Esser (1975) 113; Bokelmann, Beurk v GesellschAkten dch einen ausl Notar, NJW **75**, 1625; Kropholler, Ausl-Beurk im GesellschR, ZHR **76**, 394; Winkler, Übertragg eines GmbH-GeschAnteils im Ausland, Rpfleger **78**, 44.

1) Allgemeines. Das EGBGB läßt **in erster Linie** über die Form des RGesch das **GeschäftsR** (die Gesetze, welche für das den Gst des RGesch bildende Rechtsverhältn maßg sind; auch Wirkgsstatut genannt) entscheiden. **Wahlw genügt die Beobachtg der Ortsform**, u zwar auch bei personen-, fam- u erbrechtl RGeschäften, RG Recht **13**, 701; ausgenommen sind nur die sachr, II. Bei **Eheschl** in Deutschland gilt **ausnahmsw** hingg allein die Ortsform, ohne daß es also auf das Wirkgsstatut ankäme, EG 13 III; wg der Eheschl von Nichtdeutschen in Deutschland s EheG 15a; üb staatsvertragl Sonderregel der Eheschl vgl Anh z EG 13. Besonderh gelten ferner für die Form v **Testamenten** inf des TestÜbk, Anh z EG 24–26 u Anm 3 z EG 24. Wg Besonderh im Wechsel- u ScheckR WechselG 92 u ScheckG 62. EG 11 I enthält **kein zwingendes Recht.** Die Parteien können, soweit die PartAutonomie reicht, das Wirkgsstatut u damit auch die Form eines RGesch bestimmen, RG JW **13**, 552; sie können auch die Ortsform zugunsten der des Wirkgsstatus ausschließen, BGH **57**, 337. **Rück- u Weiterverweis** sind im Falle von I 1 in dem Umfang zu berücks, wie es für die sachlrechtl Voraussetzgen, denen die Form hier ja nur folgt, der Fall ist, str, vgl auch RG JW **13**, 333, OLG **40**, 159. Sie sind aber auch bei Anwendg des Ortsrechtes zu beachten; verweist OrtsR zurück oder weiter, so RGesch aber trotzdem gült, wenn die Ortsform angewendet, da diese auf jeden Fall genügt, Soergel-Kegel Rdz 5, Erm-Arndt Rdz 14, Neuhaus Grdbegriffe § 35 II. Grdsl nicht unter EG 11 fällt die Frage, auf welche Weise ein RGesch bewiesen w kann; hier lex fori maßg, BGH LM Nr 2; und wenn ausl Beweis-Vorschr als FormVorschr zu qualifizieren ist, vgl Anm 3. Von der Verweisg des EG 11 nicht erfaßt w ausl Fiskalformen, welche die Wirksk eines RGesch v der Entrichtg einer Abgabe abhäng machen, Staud-Firsching Rdz 9, Soergel-Kegel Rdz 23. – RAnwendgsG (DDR) 16 läßt wahlw Form des GeschäftsR, des Vornahmeorts u des Wirkgslandes (in dem die Wirkg des RGesch eintreten soll) genügen.

2) Die grdsätzl Anknüpfg (I 1) verweist auf das GeschäftsR (Wirkgsstatut). Das gilt für RGesch aller Arten, u zwar auch dann, wenn etwa das R des AbschlOrtes nur die Form seiner Gesetze gelten ließe; wg der Ausnahmen Anm 1. Ist vertragl vereinb, daß der Verkauf eines ausl Grdst dt Recht unterliegen soll, so gilt § 313, BGH **52**, 239, ablehnd Wengler NJW **69**, 2237; gg ihn BGH **53**, 194 (Abschl eines formlosen Vorvertr in Deutschland über ein holl Grdst), ebso BGH **57**, 337, aM BGH **72**, 715; bei Nichtbeachtg dieser Form Heilgsmöglk nach § 313 S 2 dch EigtÜbertr nach dem R des Lageorts, auch wenn dieses weder Auflassg noch Eintr ins GB kennt, Mü OLGZ **74**, 19 (ital Recht). Wird vertragl auf ein and Recht verwiesen, so gilt die Verweisg auch, wenn der HauptVertr nicht gült ist, BGH LM Nr 4. Was unter Form des RGesch zu verstehen ist, beurteilt sich nicht entspr den allg Regeln der Qualifikation nach dtschem R, vgl Vorbem 9 vor EG 7. Abgrenzg v FormVorschr u sachlr Vorschr aber im Rahmen v I 1 im Ggs z I 2, vgl Anm 3, ohne Bedeutg, da auch die letzteren dem Wirkgsstatut z entnehmen sind, Staud-Firsching Rdz 36. Bei Vornahme von Beurk außerh des räuml Geltgsbereichs des Wirkgsstatuts ist, soweit nicht I 2 eingreift, **Gleichwertigk** der UrkPers u des BeurksVorgangs erforderl, vgl Soergel-Kegel Rdz 25; Winkler NJW **72**, 985; Mann ZHW **74**, 453 ff; Bokelmann NJW **75**, 1626; Kropholler ZHW **76**, 405 (aM Brambring NJW **75**, 1255, der statt auf die Gleichwertigk auf den Zweck der dtschen Vorschr, dh des BGB 128 abstellen will). Diese sei bei Beurk von GeschAnteilsAbtretg, Mü (LG) DNotZ **76**, 501, zust Schmidt Betr **76**, 2202, dahingestellt BayObLG NJW **78**, 500, od von SatzgsändergsBeschl einer GmbH mit Sitz in der BRep dch ausl Notar wg fehler Beratgsmöglichk nicht gegeben, Hamm NJW **74**, 1057 (vgl dazu Kuntze NJW **74**, 2167), zust Schmidt Betr **74**, 1216, Winkler NJW **74**, 1032, ders Rpfleger **78**, 44, Hachenburg-Behrens GmbHG I Einl Rdz 101, aM Stephan NJW **74**, 1596, Müller-Gindullis RabelsZ **74**, 645, der zu Recht darauf hinweist, daß die Frage der Gleichwertigk nicht ohne rechtstatsächl Untersuchg der Rolle der Beratg in der dtschen BeurkPraxis beantwortet w kann u Gebühreninteressen der dtschen Notare dabei nicht zu berücks sind; vgl weiter die abl Stellgn v Bokelmann NJW **75**, 1626, Neuhaus, GrdBegre § 46 IV, Kropholler, ZHR **76**, 411. **Dtsche Grdste** k nur vor einem dtschen Not aufgelassen w, Köln OLGZ **72**, 321, Riedel DNotZ **55**,

521, Kropholler ZHR **76**, 410, aM Mann NJW **55**, 1177; n KonsG 12 Z 1 sind aber z Entggnahme der Auflassg auch dtsche Konsularbeamte befugt. – Ist die vom Wirkgsstatut erforderte **Form verletzt**, so fragt sich zunächst, ob wenigstens die Ortsform eingehalten ist, Anm 3; ist auch das nicht der Fall, so richten sich die Folgen nach dem milderen G; denn Zweck der Vorschr ist, das RGesch möglichst bestehen zu lassen. Die Anwendg von EG 30 ist auch ggü FormVorschr mögl, OLG **3**, 263. Sie dürfte aber selten sein; insb ist auch in Deutschland formlos abgeschl KaufVertr über ein ausl Grdst gült, wenn die lex rei sitae, der ein solcher KaufVertr idR z unterstellen ist, eine Form nicht erfordert, RG **63**, 18.

3) Hilfsw genügt die Einhaltg der Ortsform, I 2. Die Vorschr ist trotzdem eine **selbständige Kollisionsnorm**. Die Ortsform genügt also selbst dann, wenn das Wirkgsstatut sie nicht genügen läßt, RG **88**, 191, BGH NJW **67**, 1177; wg der Ausnahmen Anm 4. Auch die Formgültigk der Beurk gesellschaftsr Vorgänge beurteilt sich nicht ausschl nach dem Personalstatut der JP als dem Wirkgsstatut; die Einhaltg der Ortsform genügt, BayObLG NJW **78**, 500 (betr Übertr v GeschAnteil einer GmbH), Bokelmann NJW **72**, 1729, Müller-Gindullis RabelsZ **74**, 643, Mann ZHR **74**, 452, Hachenburg-Behrens GmbHG I Einl Rdz 98, Bernstein ZHR **76**, 414; aM Hamm NJW **74**, 1057, Winkler NJW **72**, 981, ders NJW **74**, 1032, ders RPfl **78**, 44, Brambring NJW **75**, 1255, f eintraggspfl VerfassgsAkte auch Kropholler ZHR **76**, 402, der insow EG 11 II analog anwendet; differenziernd Rothoeft Fschr f Esser (1975) 113. Für schuldrechtl Verträge kann I 2 **ausgeschl** w, BGH **57**, 337, dagg Jayme NJW **72**, 1618, Frank BWNotZ **78**, 95. Im übr h I 2 Geltg f alle RGesch, also zB auch die Eheschl, vgl EG 13 Anm 6b (wg einer Ausn f die Eheschl v Nichtdtschen in Dtschland EheG 15a), AdoptionsVertr, Köln FamRZ **64**, 466, Ehe- u ErbVertr, Düss DNotZ **64**, 352; Verpflichtg z Veräußerg eines inl Grdst, BayObLG DNotZ **78**, 58, demgem können im Ausland, wenn es das R des AbschlOrtes zuläßt, auch forml KaufVertr über im Deutschland gelegene Grdst abgeschl w, RG **121**, 156, OLG **44**, 152; z Auflassg dtscher Grdst vgl Anm 4.

Was unter Form zu verstehen ist, beurteilt sich entspr den allg Regeln der Qualifikation, Vorbem 9 vor EG 7, nach dtschem R, BGH **29**, 137. Danach entsch sich, ob eine ausl Best als FormVorschr od als sachlrechtl Voraussetzg eines RGesch anzusehen ist, welche dem Wirkgsstatut z entnehmen ist. Z Form gehört daher auch das Erfordern der religiösen Eheschl zB nach griech R, Ffm FamRZ **71**, 179, Neuhaus, GrdBegre § 17 IV, and 35. u fr Aufl; die Zulässgk einer Handschuhehe, BGH **29**, 137; das Verbot der Errichtg privatschriftl Testamente im Ausl nach niederländ R, BGH NJW **67**, 1177; Unklagbk v KaufVertr über mehr als 500 $ bei mangelnder Beurk u Nichtvorliegen einer Teilleistg nach amerikan R; Ausschl des ZeugenBew f Gesch v mehr als 50 frs n frz R, cc 1341, Gamillscheg JZ **55**, 703, aM BGH ebda; BeweismittelVorschr des ital R über Urk- u ZeugenBew, Mannh (LG) NJW **71**, 2129. W ein solches Gesch in USA unklagb od in Frankreich od Italien unbeweisb vorgen, so ermangelt es also der Ortsform. Z Form iwS gehören auch Zustdgk v UrkundsPers, insb Notaren u die bei der Beurk z beachtden Regeln, Soergel-Kegel Rdz 24; auch Beurk v GesellschaftsBeschl dch ausl Not unter Beobachtg der Ortsform grdsätzl wirks, sofern nach dem Personalstatut der gesellschaftsr Vorgang nicht im Inland stattfinden muß, wie zB Hauptversammlg der AG od Gesellschafterversammlg der GmbH, Baumbach-Hueck GmbHG 49 Anm 4, dieselben AktG 121 Anm 9; z dem zuletzt genannten Bsp aM Maier-Reimer BB **74**, 1230. Dagg will Hachenburg-Behrens GmbHG I Einl Rdz 99f das Erfordern der notr Beurk bei SatzgsBeschl als InhaltsVorschr qualifizieren, die nur dem Wirkgsstatut z entnehmen ist. **Gleichwertigk** der UrkPers u des BeurkVorgangs im **Rahmen v I 2 entbehrl** (und wenn Form des dtsch Rechts als Wirkgsstatut gem I 1 beobachtet w soll), Bokelmann NJW **72**, 1731, derselbe NJW **75**, 1625, teilw aM Rothoeft Fschr f Esser (1975) 113. Ausnahmen Anm 4. Es genügt die Beachtg der **Gesetze des Ortes, an dem das Rechtsgeschäft vorgenommen wird.** Das ist bei einseit RGeschäften der Ort, an dem die Erkl abgegeben w, da die Empfangsbedürftig nicht zur Form gehört, KG HRR **31**, 1051; bei VertrAbschl unter Abwesenden der Ort, an dem die Ann erkl wird, RG **62**, 381; mit Rücks auf den Zweck der Vorschr (Verkehrserleicherg, beste Unterrichtsmöglich am jeweiligen Ort) genügt jedoch auch f jeden ErklBeitrag die Einhaltg der Form am jew ErklOrt (Spaltgstheorie), Zweigert, Fschr f Rabel I 631, Erm-Arndt Rdz 4.

Da der Gesetzgeber selbst die Ortsform genügen läßt, kommt eine Nichtanerkenng dieser Form wg **Gesetzesumgehg** auch dann nicht in Betr, wenn der AbschlOrt gerade wg der Formerleichterg, vgl Ffm OLGZ **67**, 377, od, um Kosten zu ersparen, ins Ausland verlegt worden ist, RG **62**, 381, vgl auch Vorbem 8 vor EG 7. Ebso Erm-Arndt Rdz 12, Soergel-Kegel Rdz 30, Müller-Gindullis RabelsZ **74**, 644, Maier-Reimer BB **74**, 1234, grdsl auch Kropholler ZHW **76**, 399, aM Neuhaus, Grdbegriffe § 25 I, Reithmann DNotZ **56**, 476, Winkler NJW **72**, 984, derselbe NJW **74**, 1033. Der Anreiz z Ersparn der dtschen Notariatsgebühren dürfte allerd dch die Änd der KostO dch Gesetz v 20. 8. 75, BGBl 2189, weitgehd weggefallen sein. Die Dauer des Aufenth ist belanglos. Ist die **Ortsform verletzt**, so richten sich die Folgen nach den Gesetzen, die für die Ortsform maßg waren, RG **133**, 161, KG JW **38**, 1242, Celle NJW **63**, 2235, bei Erklärgen an verschiedenen Orten also nach dem jeweiligen OrtsR; Wirksk eines DistanzVertr beurteilt sich nach dem strengeren R, Erm-Arndt Rdz 13. Bei Verletzg der Form des Wirkgsstatuts nach I 1 u des Vornahmeorts nach I 2 entsch das mildere R, Anm 2.

4) Die Ortsform genügt nicht, II, es bleibt vielm **ausnahmsw** allein bei der Form, die das Wirkgsstatut vorschreibt **a)** bei sachenrechtl **Geschäften**, also den in II genannten dingl RGeschäften, RG **79**, 78. Darunter fallen aber nicht die schuldrechtl VerpflichtgsGesch, die diesen zugrunde liegen, vgl Anm 2 u 3, auch nicht wenn der VerpflichtgsVertr nach dem in den roman Rechten geltdn Konsensprinzip den EigtÜbergang bewirkt, Köln OLGZ **77**, 201, Küppers DNotZ **73**, 666, aM Soergel-Kegel Rdz 12. Nicht hierher gehört auch die Erteilg einer Vollm, Kegel IPR § 17 V 3. Wg der Auflassg dtscher Grdste, f die n II nur die Form des Wirkgsstatuts, dh dtsches R gilt, vgl Anm 2; **b)** wenn die **Rechtsordng des Abschlußortes** ein derart RGesch nicht kennt, RG **160**, 225, Bokelmann NJW **72**, 1731, derselbe NJW **75**, 1625, aM Erm-Arndt Rdz 2; denn dann kann es eine Ortsform für ein solches Gesch nicht geben. Liegt aber nicht schon vor, wenn die jur Ausgestaltgen des RGesch in der nach dem Abschlußort u dem Wirkgsstatut zur Anwendg kommdn Form sich, wie sehr häuf, nicht völl decken. **Keine** Ausn von der hilfsw Maßgeblk der Ortsform gilt bei der Beurk gesellschaftsr Vorgänge, BayObLG NJW **78**, 500, vgl Anm 3.

IPR: Schuldrecht

Vorbemerkung vor Art 12

a) Im allgemeinen und Schuldverträge

Neues Schrifttum: Mallmann, DevisenR u IPR, Diss Bonn 1972; Siehr, Z Vorentw eines EWG-Übk über das internat SchuldR, AWD **73**, 569; v Hoffmann, VertrAnn dch Schweigen im internat SchuldR, RabelsZ **72**, 510, derselbe, Über den Schutz des Schwächeren bei internat SchuldVertr, RabelsZ **74**, 396; Pfister, Die nachträgl Vereinbg des Schuldstatus, AWD **73**, 440; Mann, Eingriffsgesetze u IPR, Fschr f Wahl (1973) 139; Schütze, Die Neuregelg der AGB u das IPR, Betr **75**, 489; Hepting, Die ADSp im internat Speditionsverkehr, AWD **75**, 457; Schulte, Die Anknüpfg v EingrNormen, insb wirtschaftl Art, im internat VertrR, 1975; Bernstein, Kollisionsr Fragen der c.i.c., RabelsZ **77**, 281; Schmeding, Z Bedeutg der RWahl im KollisionsR, RabelsZ **77**, 299; Drobnig, AGB im internat HandelsVerk, Fschr f Mann (1977) 591; Schmitz, Haftgsausschlußklauseln in AGB n englischem u internat PrivR (1977); De Nova, Wann ist ein Vertr „international"? Fschr f Ferid (1978) 307. Vgl ferner speziellere LiteraturHinw bei Anm 5 und 6.

1) Allgemeines. Die ges Regelg des internat SchuldR beschr sich auf eine AusnVorschr z Deliktsstatut in EG 12. Die maßg Grds sind in Lehre u Rspr entwickelt w. Die Kasuistik der Judikatur ist oft nur aus den bes Umst des einz Falles verständl. Daher ist vieles widersprüchl; gesicherte allg Regeln sind spärl, Streitfragen häuf. Eine Vereinheitlichg des internat SchuldR im Bereich der EG ist in Vorbereitg; vgl Vorentwurf eines Übk über das auf vertragl u außervertragl SchuldVerhe anwendb R, abgedr RabelsZ **74**, 211 u dazu Siehr AWD **73**, 569, König EuropaR **75**, 289.

2) Ermittlg des bei Verträgen anzuwendenden Rechts (Anknüpfgspunkt).

a) Die das SchuldR beherrschende **VertrFreiheit** gibt den Parteien grdsätzl die Möglichk, einen Vertr dch kollisionsr Verweisg einem bestimmten Recht zu unterstellen **(Grds der Parteiautonomie)**. Hiervon geht auch RAnwendgsG (DDR) 12 aus.

aa) In erster Linie ist also der beiders **reale PartWille** maßg, BGH **52**, 239, **53**, 189, NJW **71**, 320, **76**, 1581, wobei dch entspr RWahl auch sonst zwingend anzuwendendes Recht ausgeschaltet w k, RG **108**, 243, BGH NJW **77**, 1011, einschränkd v Hoffmann RabelsZ **74**, 396 f Vorschr z Schutz des Schwächeren (noch weitergehd Schmitz, Haftgsausschlußklauseln (1977) 97, die eine freie RWahl uneingeschränkt nur bei Vertr zw Vollkaufleuten gelten lassen will); eine Ausn gilt f das AGBG, dessen Vorschr bei Vorliegen best Inlandsbeziehgen dch RWahl nicht ausgeschl w können, vgl AGBG 12 u Erläuterg dazu; vgl auch EG 11 Anm 3 (Gesetzesumgehg). Die PartAutonomie im internat SchuldVertrR reicht somit weiter als die matrechtl VertrFreih, vgl Neuhaus, GrdBegre § 33 IV; zwingdes öffR unterliegt jedoch eigenen Anknüpfgsregeln, vgl dazu auch Anm 4; eine Sonderanknüpfg ist auch f die zwingden Vorschr des GWB geboten, vgl v Gamm NJW **77**, 1553. Die Part sind in der RWahl grdsl frei; jedoch kann ein reines InlandsGesch nicht fremdem Recht unterstellt werden, irgendeine Auslandsbeziehg muß gegeben sein, Gamillscheg AcP **157**, 313, Neuhaus, GrdBegre § 33 IV; die Wahl eines neutralen Rechts, zu dem keine räuml oder persönl Beziehgen bestehen, ist mögl, Soergel-Kegel vor EG 7 Rdz 227f, Raape IPR § 40 III. Vereinbg der Geltg ausl R der AGB ist jedoch unwirks, wenn kein anerkennenswertes Interesse besteht, AGBG 10 Z 8. Es wird idR davon ausgegangen w können, daß die Parteien ihre Rechte u Pflichten **demselben Recht** unterstellen wollten, RG **68**, 203, auch wenn das zB nur für einen Teil des Vertr gesagt ist, KG JW **37**, 1973; u zwar auch für seine ganze Dauer. Die Part können den Vertr auch **nachträgl** einem and R unterstellen, vgl BGH **17**, 77, Bremen VersR **78**, 277, Kegel IPR § 18 I 1; eine solche Vereinbg hat dann idR rückw Kraft, aM Pfister AWD **73**, 440, aber nur inter partes, die Rechte u Pflichten Dritter (Bürgen, Sichergsberechtigte) bleiben unberührt, Raape Festschr f Böhmer, 1954, S 115. Der PartWille kann aber zB auch dahin gehen, daß das VertrVerhältn später einem and Recht unterstellt wird od die Parteien sich später darüber einig w, daß der Vertr einem and Recht unterstellt w soll, ohne dieses schon zu bestimmen, so daß dann insof der mutmaßl PartWille (vgl unten) festzustellen ist, RG JW **35**, 3289, vgl auch BayObLG JW **31**, 3222. Es ist auch mögl, einzelne Wirkgen des Vertr einem and Recht zu unterstellen **(Nebenstatut)**, diesen Teil des Vertr gewissermaßen hins der anwendb ROrdng abzutrennen, RG **126**, 206, zB die Art u Weise der Erfüllg od die Pflichten des Empf, RG **73**, 379, **118**, 374, formelles Zustandekommen u mat Wirksk, Aurich (LG) AWD **74**, 282, Frank BWNotZ **78**, 95 (GrdstKauf), die Vornahme der Löschg, BGH **9**, 221. Die Parteien können auch eine v der GerStandsRegelg abw RWahl treffen, Hbg AWD **74**, 278.

bb) Der **Parteiwille** kann **ausdrückl** od **stillschw** erkl w. Ob eine stillschw Übereinkunft beider Part vorliegt, ist unter Berücksichtigg des Inhalts des Vertr, der Umst seines Zustandekommens, aber auch des Verhaltens im Proz festzustellen. Das Zustandekommen einer RWahl beurteilt sich nach der lex fori, str, aM zB Soergel-Kegel vor EG 7 Rdz 234 (Schuldstatut), dahingestellt in BGH **53**, 189. Der PartWille kann auch z Maßgeblk einer ROrdng führen, nach der die materiellrechtl Vertr formnicht wäre, vgl dazu Marsch, Favor Negotii (1976) 57; dies ist auch bei Kenntn der Part v NichtigkGrd nicht ausgeschl, wenn sie auf die Einhaltg der Verpfl vertraut h, BGH **53**, 189. Eine stillschw RWahl kann zB in der Abrede eines bes vom tatsächl Leistgsort abweichden einheitl „Erfüllgsortes" für beide Teile liegen, RG **58**, 367; **81**, 275, außerdem in der engen Verknüpfg eines KommissionsVertr mit dem HauptVertr, Hbg (LG) IPRspr **73** Nr 9, vgl auch BGH IPRspr **56–57** Nr 55, ferner in der Abrede eines „Gerichtsstandes", BGH WPM **64**, 1023, AWD **76**, 447, oder der stillschw Unterwerfg unter einen solchen, BGH NJW **61**, 1062. Das gleiche gilt für die ZahlgsVereinbg dch ein am Ort der Niederlassg des Verkäufers vom Käufer zu stelldes Akkreditiv, Düss WPM **71**, 168, die Vereinbg eines SchiedsGer wenigstens dann, wenn dieses mit den Einrichtgen eines be-

1. Abschnitt: Allgemeine Vorschriften (IPR) Vorbem v EGBGB 12 2

stimmten Landes verbunden ist, vgl zB BGH DB **64**, 1297, AWD **70**, 31, aber auch RG Warn **14**, 27, RG HRR **33**, 1935, die Vereinbg der Geltg von AGB einer Partei, BGH AWD **76**, 447 (zweifelh), die Bezugn auf Formulare, wenn diese einer ROrdng eigentüml Klauseln od Usancen enthalten, RG **95**, 164, **122**, 316, DR **41**, 1210, Hbg SeuffA **69**, 49, aber auch RG JW **29**, 927. Doch darf nicht unbeachtet bleiben, daß zB im SeefrachtVerk engl Formulare oft wegen Nichtengländern gebraucht w, Hbg MDR **54**, 422 u **55**, 109, vgl RG Recht **16**, 1322, daß Aufträge für eine fremde Börse entspr den an dieser geltden Usancen übernommen w, ohne daß damit die Unterstellg des Gesch unter eine bestimmte ROrdng beabsichtigt ist. Zur Ermittlg des PartWillens, wenn auch nur unter Berücksichtigg der ges Umst kann ferner herangezogen w das Verhalten der Parteien im Proz (beiderseit Behandlg der Sache nach ausl, Köln Jur Büro **75**, 778, vgl auch BGH NJW **76**, 1581, od nach dtschem Recht, BGH NJW **62**, 1005, s aber auch die berechtigten Bedenken Maiers ebda 1345, BGH **40**, 320, **50**, 32, WPM **77**, 478, VersR **78**, 177, irrtüml Zitat einer dtschen Vorschr reicht dafür nicht aus, LG Hbg AWD **77**, 787) iW des Rückschlusses. Hingg genügt die Sprache eines Vertr allein nicht, RG JW **11**, 225, BGH **19**, 110, sond nur, wenn and Umst hinzukommen, RG **68**, 203, DR **43**, 1066, ebso nicht der formularmäß Gerichtsstandsvermerk auf den Rechngen, BGH **LM** Art 7 ff Nr 33; ähnl Vorsicht ist bei der Währg geboten, RG **81**, 273, HRR **33**, 1935. Bei der Heranziehg aller Umst zur Ermittlg des Parteiwillens ist bei Skripturobligationen, also auch bei Wechseln zu beachten, daß sich die Erkl des PartWillens nicht aus der Urk selbst zu ergeben braucht, RG **145**, 121.

cc) Ist ein realer (ausdrückl od stillschw erkl) PartWille nicht festzustellen, so kann ein solcher iW ergänzender VertrAusslegg (§ 157 iVm § 242) als „mutmaßl Wille" der VertrParteien gefunden w (**hypothetischer Parteiwille**), wobei zu untersuchen ist, ob sich nach der Eigenart des Sachverhaltes ein **Schwerpunkt des Schuldverhältnisses** bestimmen läßt, der auf eine bestimmte Rechtsordng weist, dazu Gamillscheg AcP **157**, 303 (eingehend), die verschiedenen räuml Beziehgen des Vertr also ein zu würdigen Gewicht haben, daß eine vor allen and erkennb den Ausschlag gibt, BGH **57**, 76, NJW **61**, 25. Ist dies der Fall, so untersteht das ganze SchuldVerh einem einheitl VertrStatut. Tats handelt es sich hier nicht um die Ergründ des Willens, sei es auch iW der Fiktion, sond um die Feststellg des **Schwerpunktes des VertrVerh** mit Hilfe einer **Interessenabwägg auf obj Grdlage**, BGH **17**, 89; **19**, 110; **57**, 72; **61**, 221. Dabei sind alle Umst die Einzelfalls heranzuziehen. Der Inhalt der z Auswahl stehden Sachnormen ist auch hier bei der Anknüpfg nicht zu berücksicht, vgl Vorbem 1 vor EG 7; daher keine Bevorzug derj ROrdng, nach welcher der Vertr wirks wäre, aM Marsch, Favor Negotii (1976) 77 f. **Anhaltspkte** können sich zB ergeben aus der Staatsangehörigk der Parteien, RG **120**, 72, JW **36**, 2532, BGH **LM** EG 11 Nr 2, insb bei gleicher Staatsangehörigk, BGH WPM **77**, 793 (und bei gemeins gewöhnl Aufenth im Ausland – Gastarbeiter –, Hbg (LG) IPRspr **73** Nr 16), aus dem Wohns, bei ArbVerhältnissen aus dem ArbOrt, BAG NJW **59**, 1893, vgl dazu Anm 6b. Bei Vertr mit gewerbl Untern ist iZw das R ihrer Hauptniederlassg bzw ihrer inl Zweigniederlass anwendb, so etwa bei Abschlüssen mit Banken, vgl Anm 6n (z GarantieVertr beim Eurocheque vgl 6s), Versicherngsanstalten, BGH **9**, 41, Köln OLGZ **75**, 1, Spediteuren, Mü VersR **75**, 129, Eisenbahnen, LuftfahrtUntern, BGH NJW **76**, 1581, vgl Anm 6u; dieses Indiz ist stark, wenn es sich um ihre gewöhnl Geschäfte handelt (MassenVertr), Karlsr (LG) IPRspr **56/57** Nr 28a. Bei SchuldVertr mit der öff Hand gilt iZw das R des betr Staates, Koblenz IPRspr **74** Nr 1a, Kegel IPR § 18 I 1. Auch die Erbringg der **vertrcharakterist Leistg**, zB Warenlieferg, ArbLeistg, kann allg als Indiz bei der SchwerpktBest herangezogen w, Soergel-Kegel vor EG 7 Rdz 246; vgl dazu auch EG-Vorentw 4 u den Katalog in RAnwendgsG (DDR) 12; z vertrtyp Leistg bei LizenzVertr vgl v Hoffmann RabelsZ **76**, 208. Beim Kauf bewegl Sachen daher iZw Recht am Sitz des Verk anwendb, Anm 6a, was freil nicht damit z begründen ist, daß die Sachleistg die verwickeltere ist, vgl BGH NJW **60**, 1720, BGH **57**, 72; auch BGH **61**, 221 mißt Sitz des Verk im Verein mit and Umst entscheidde Bedeutg bei. Für Verträge mit Personen, die BerufsR unterstehen, zB Rechtsanwälte, Ärzte, ist iZw die berufl Niederlass maßg, RG **151**, 199, Deutsch Fschr f Ferid (1978) 122. Bei Handelsvertreterverträgen, falls nichts anderes bestimmt, idR der Ort der Tätigk des Handelsvertreters, BGH **53**, 332, Düss NJW **74**, 2185, bei Reedereiagenten Sitz der Agentur, Hbg MDR **73**, 140, bei Auftr GeschSitz des Beauftr, Hbg MDR **76**, 402. Schuldrechtl Vertr, die Liegenschaften zum Ggst haben, auch bei Miete, RG JW **01**, 452, werden meist dem R der belegenen Sache unterstellt, RG **101**, 64, vgl auch Vorbem 6a. Bei bewegl Sachen gilt das nicht. Die Löschgsvornahme u ihre RFolgen richten sich see- u binnenschifffahrtsrechtl nach dem Recht des Bestimmgshafens, BGH **9**, 221, Benke JZ **54**, 226. Verpflichtet sich ausl Unternehmen durch ständ dtsche Vertretg zur Lieferg nach Deutschland an den dtschen Verhandlgspartner, so entsch über Zustandekommen des Vertr dtsches Recht, BGH **43**, 25. Spätere Ereignisse, zB Wechsel der Staatsangehörigk oder Niederlass in einem and Staat, ändern an dem einmal festgestellten hypothet PartWillen nichts, KG NJW **57**, 347. RevGer kann nur nachprüfen, ob die berücks Umst einen Anhaltspkt für die entsch Bedeutg des angewandten Rechts ergeben u alle Umst für Feststellg eines Schwerpunktes berücksichtigt sind, BGH NJW **61**, 25, dazu Henrich JZ **61**, 262 (krit); weitergehend BGH **44**, 183, AWD **65**, 455.

b) Führt auch die Ermittlg des hypothet PartWillens **ausnahmsweise** zu keiner Feststellg des anzuwendenden materiellen Rechts, haben die räuml Beziehgen des SchuldVerhältn also nicht so verschiedenes Gewicht, daß eine Beziehg vor allen anderen erkennb den Ausschlag gibt, so gilt als **subsidiäre ROrdng** die des **Leistgs-(Erfülls-)Ortes**, RG JW **38**, 1175, BGH NJW **60**, 1720, BGH **57**, 72, Köln OLGZ **75**, 454. Prakt dürfte diese Notlösg nur in den seltensten Fällen erforderl w. Was als ErfOrt anzusehen ist, bestimmt der dtsche Richter dabei nach dtschem materiellem Recht, insb also nach §§ 269, 270, RG **95**, 166, BGH BB **55**, 462, hM; Einheitl KaufG **59** kommt dabei nicht in Betr, v Caemmerer Fschr f Mann (1977) 18. Soweit mehrere Verpflichtgen gegeben sind, ist also das Recht des ErfOrtes für jede einz Verpflichtg zu bestimmen, so daß bei ggseit Vertr gewöhnl die Anwendg mehrerer Rechtsordngen, die **„Aufspaltg"** des Vertr die Folge sein wird. Vgl auch Anm 6a. Bei Verpflichtgen aus einem Wechsel kann dies dazu führen, daß jede einer and Rechtsordng untersteht, RG **145**, 121.

c) **Rück- und Weiterverweisg** sind unbeachtl, wenn ein wirkl PartWille festgestellt w. Denn man kann nicht annehmen, daß die Part eine ROrdng bestimmen, um dieser dann zu überlassen, eine and an Stelle der von ihnen bestimmten zu setzen. Rück- u Weiterverweisg weichen also dem PartWillen, Bay-

ObLG JW **31,** 3222; denn dieser meint stets nur die Sach-, nicht auch die Kollisionsnormen. Das trifft auch für den hypothet Part Willen zu, da hier die SachUmst auf ein bestimmtes R hinweisen (oben a cc), dem es nicht überlassen w, sich an seine Stelle zu setzen, BAG AWD **75,** 521, aM Soergel-Kegel vor EG 7 Rdz 278, Düss WPM **71,** 168. Ist hingg ein PartWille nicht feststellb u kommt es somit auf das Recht des ErfOrtes als des gesetzl Anknüpfgspktes an, so ist nicht einzusehen, warum nicht dann auch der Grds, daß Rück- u Weiterverweisg einer ROrdng im allg zu beachten sind, vgl EG 27 Anm 2 und 3, zur Anwendg kommen soll, BGH NJW **58,** 750, **60,** 1720, Ffm NJW **67,** 503, Soergel-Kegel vor EG 7 Rdz 278, aM Raape § 11 III 3, Mann JZ **62,** 12, Hartwieg, Renvoi im dtsch internat VertrR, 1967, Firsching IPR § 33 2e dd, Neuhaus, GrdBegre § 36 II.

d) Für die Best des Schuldstatuts im dtschen **ILR** gelten grds die Regeln des IPR entspr. And als im IPR w es f das Schuldstatut bei solchen SchuldVerh, die vor dem 8. 5. 45 eingegangen wurden, nicht auf den PartWillen ankommen, da der Wille der Part sich überh nicht auf die späteren völl umgestalteten Verh richten konnte, also auch die sonst für die Ermittlg eines solchen Willens heranzuziehen Tats keine Anhaltspkte f eine wirkl WillensRichtg abgeben können. Hingg ist auch hier entgg Wolff Fschr f Raape (1948) 189, der **hypothet PartWille** zur Ermittlg des anzuwendr Rechts heranzuziehen, BGH **17,** 92; denn es handelt sich bei ihm nicht um einen Willen, sond um eine Interessenabwägg, für die die Überlegg – rein fiktiv – anzustellen ist, welches Recht die Part vernünftigerw gewählt hätten, wenn sie die Entwicklg gekannt hätten. Festzustellen also der **S c h w e r p k t des S c h u l d V e r h**, dh es ist eine Abwägg der räuml Beziehgen des Vertr vorzunehmen (Interessenabwägg), so auch BGH NJW **52,** 540, BGH **31,** 332, wobei als Ztpkt der Beginn einer unterschiedl REntwicklg Dtschlands maßg ist, also frühestens am 8. 5. 45, BGH **17,** 93. BefördergsVertr f Interzonenzüge sind also als v den jew EisenbahnVerw f ihr Gebiet abgeschl anzusehen, BGH **9,** 311; auch keine RückFdg in der DDR zuviel erhobener Beträge ggü BBahn, BGH NJW **55,** 1111. Erst wenn jene Erwäggen versagen, entsch das Recht des ErfOrtes BGH **17,** 92. Vgl auch Anm 2a. Entgg § 269 w es aber nicht mehr auf den Wohns des Schu zZ der Entstehg des SchuldVerh ankommen, wenn dieser in der DDR liegt u sich Gl u Schu im BGebiet befinden, ebso nicht f Schu, die damals östl der Oder-Neiße-Linie wohnten, Jacobsohn NJW **47/48,** 681; dahingehde Vereinbgen sind dann wg Wegfalls der GeschGrdl ggstandslos gew, Düss DRZ **48,** 307. Wg der **S c h u l d V e r h** im einz gilt das z Anm 6 Gesagte entspr. Der Zessionar einer in der DDR begründeten Fdg kann diese gg den hier wohnden Schu geltd machen, BGH **31,** 373. Zahlg können nicht mit dem Einwand abgelehnt w, sie hätten an die DDR-Notenbank abgeführt w müssen, da Kl Republikflüchtling, weil EnteignsgMaßn auf das Gebiet der DDR beschr bleiben, vgl Anm 5 b vor EG 13; der in der BRep ansäss Gl kann aber die RFolgen des § 323 geltd machen, wenn der Transfer aus DDR dauernd ausgeschl u die Befriedig aus WestVerm ungewiß ist, BGH Betr **65,** 512. Wird Bezahlg f Waren aus DDR v dem jetzt in BRep ansäss Käufer verlangt, die aus seinem enteigneten Betrieb stammen, so unzuläss RAusübg, BGH **42,** 1. Vertriebene iS BVFG v 23. 10. 61, BGBl 1883, können wg der vor dem Vertreibg begründeten Verbindlken grdsl nicht in Anspr genommen w, ggf VertrHilfeVerf, §§ 81 ff BVFG. Ingebrauchn einer Unternehmenskennzeichng in DDR gibt keinen Zeitvorrang vor späteren Kennzeichnen in BRep; entscheid vielm ggü Kennzeichen in der BRep, wann das in DDR gebrauchte Kennzeichen in BRep befugterw in Gebr gen wurde, BGH **34,** 91; s im übr auch Anm 5b vor EG 13. – Belegen ist eine Fdg am Wohns des Schu, was bei Enteigng der GeschBetr entsch, Anm 5a vor EG 13. In Wertpapieren verbriefte Fdgen folgen dem Recht der belegenen Sache, RG **107,** 44. – Gesetze der DDR sind nicht dch § 134 geschützt, BGH NJW **78,** 2356 (Fluchthilfe), k aber tats Unmöglichk der Leistg begründen, vgl Schulze ROW **78,** 162. – RAnwendgsG (DDR) 12 geht bei Best des Schuldstatuts in 1. Linie v PartVereinbg, hilfsw v der vertrcharakterist Leistg u schließl v VertrAbschlOrt aus.

3) Einfluß von Rechts- u anderen Änderungen nach VertrSchluß. Als vereinbart gilt das Recht des betr Staates in seinem jeweiligen Bestande, RG JW **28,** 1447. Bei Eintritt einer Rechtsänderung od Souveränitätswechsels ist das anwendb R aGrd des hypothet PartWill zu best, Soergel-Kegel vor EG 7 Rdz 275, aM RG **123,** 134, **131,** 49: Geltg des neuen Rechts nur bei UnterwerfgsVereinbg od Wohns beider VertrTeile im Geltgsgebiet; vgl auch BGH **17,** 77.

4) Anwendgsgebiet des Schuldstatuts. Grdsl sind Abschl u Wirkgen eines SchuldVertr n demselben R z beurteilen. Eine Aufspaltg des VertrStatuts entspr regelm nicht dem wirkl od mutmaßl PartWillen, vgl oben 2a aa u cc. Nach dem Schuldstatut beurteilt sich daher grdsl auch das **Zustandekommen** des Vertr, BGH IPRspr **56/57** Nr 34, **68/69** Nr 29, BGH **59,** 23 (dahingestellt in BGH **43,** 21), Staud-Firsching Rdz 157 vor EG 12, Ferid IPR § 5 Abz 87 u § 6 Rdz 64. Das Schuldstatut entsch also auch über die **Verbindlk v AGB,** BGH NJW **73,** 2154, **76,** 2075, Mü AWD **74,** 279, Zweibr (LG) NJW **74,** 1060; f isolierte Anknüpfg der Unterwerfg unter AGB dagg Hepting AWD **75,** 457, Kronke NJW **77,** 992, Jayme, KollisionsR u Bankgeschäfte mit AuslBerührg, 1977, ders ZHR **78,** 121, Drobnig Fschr f Mann (1977) 604. Vgl auch Scheerer AWD **74,** 181 z italien u Schmidt/Niggemann AWD **74,** 309 z französ R, ferner Nörenberg NJW **78,** 1082. Verbindlk v AGB setzt nicht voraus, daß Kunde die Sprache versteht, in der sie abgefaßt sind, Mü AWD **76,** 447, aM Koblenz IPRspr **74** Nr 159; Verschaffg der Mögl der Kenntnisn in zumutb Weise n AGBG 2 I Nr 2 erfordert nicht Übersetzg, vgl dort Anm 3 d, aM Weimar Betr **78,** 243; z Verbindlk v AGB, die nicht in der VertrSprache abgefaßt sind, s Mü NJW **74,** 2181, Jayme ZHR **78,** 110. Die grdsl Maßgeblk des Schuldstatuts schließt eine **Sonderanknüpfung** bestimmter **vorkonsensualer** Elemente nicht aus. Bei der Beurteilg, ob ein best Verhalten, insb bloßes **Schweigen,** überh **rechtsgeschäftl** Bedeutg h, ist daher auch das WohnsR des Betroffenen z berücksicht, BGH **57,** 72, Ffm AWD **76,** 107, krit v Hoffmann RabelsZ **72,** 510, and wenn der Schweigde damit nicht rechnen konnte, BGH NJW **73,** 2154, **76,** 2075 mit abl Anm v Buchmüller NJW **77,** 501; dies gilt auch f das Schweigen auf kaufm BestätSchr, vgl Ebenroth Zvgl RW **78,** 184. – Auch bei Maßgeblk **ausl** Schuldstatuts unter der Vorschr des **AGBG** anwendb, wenn der Verwender dch Werbg uä im Inland den VertrSchl herbeigeführt, der VertrPartner seinen Wohns oder gewöhnl Aufenth bei VertrSchl im Inland hatte u die Erkl abgegeben h, AGBG 12. Über Mängel der GeschFgk entscheidet EG 7, über die Form EG 11. Das Schuldstatut ist weiter maßg f die **Auslegg** des SchuldVertr, Staud-Firsching Rdz 160 vor EG 12, sowie f das Vorliegen von **WillMängeln** u deren

1. Abschnitt: Allgemeine Vorschriften **(IPR) Vorbem v EGBGB 12** 4, 5

Folgen, RG **78**, 55, Oldenbg IPRspr **75** Nr 15, ferner f die **Zulässigk** des **Inhalts** eines Vertr. Die Anwendbk **ausl EingrNormen im öff Interesse**, zB Ausfuhrverbote, Bewirtschgsmaßn, DevisenVorschr, ist umstr. Ein allg Grds der Nichtanwendg ausl öff Rechts (Territorialitätsprinzip) besteht nicht, Zweigert Fschr f Kieler Inst f internat Recht (1965) 124, Neuhaus, GrdBegre § 23 II, aM BGH **31**, 367, grdsl auch Kegel/Seidl-Hohenveldern Fschr f Ferid (1978) 239; dies zeigt etwa die Anwendg ausl StaatsangehörigkGe, Vorbem 7a vor EG 7, od ausl VerkVorschr, EG 12 Anm 2; z TerritorialitätsGrds im internat EnteigngsR vgl Vorbem 5a vor EG 13. Öffr EingrNormen eines ausl Schuldstatuts sind grdsl anzuwenden, soweit nicht EG 30 eingreift, Mann Festschr f Wahl (1973) 139, teilw abw Soergel-Kegel vor EG 7 Rdz 284, der zusätzl Durchsetzbk dch den ausl Staat fordert, und auch fr Aufl. Bei dtschem Schuldstatut kommt eine Berücksichtigg ausl EingrNormen zwar nicht über § 134, RG **108**, 241, BGH **59**, 85, NJW **77**, 2356, jedoch über § 138 in Betr, BGH NJW **72**, 1575, **77**, 2356, vgl ferner RG **115**, 97, **161**, 296; auch k solche Gesetze zu einer tats Unmöglk der Leistg führen, RG **91**, 260; eine solche mittelb Berücksichtigg ausl EingrNormen eines dritten Staates kommt auch im Rahmen der Vorschr eines ausl Schuldstatuts in Frage; f eine weitergehde Beachtg ausl EingrNormen bei abw Schuldstatut Zweigert RabelsZ **42**, 283, Schulte, Anknüpfg v EingrNormen (1975) 123. Eine vom VertrStatut unabhäng Anwendg ausl zwingder SchutzVorschr zG der schwächeren Part empfiehlt v Hoffmann RabelsZ **74**, 396. Z VerbrSchutz im internat VersR vgl Reichert-Facilides Festschr f R. Schmidt (1976) 1023. Z Frage der Anwendg ausl DevisenG vgl BGH **31**, 370, Drobnig NJW **60**, 1088 u, wenn das betr Land wie das Bundesrep dem Abk üb den Internat Währgsfond (Abk v Bretton Woods), BGBl **52** II 637, angehört, BGH **LM** Internat Währgsfond Nr 1–4, KG IPRspr **74** Nr 138. Das Schuldstatut gilt auch f die **RWirkgen** u die **Beendigg** des SchuldVerh, mithin auch f Versch bei Vertr-Schl, Mü RiW **56**, 127, Kegel IPR § 18 I 2, hM, zT abw Bernstein RabelsZ **77**, 281, der mit beachtl Grden zw Verletzg v Aufklärgs- u BeratgsPfl (VertrStatut) u v Obhuts- u ErhaltgsPfl (Deliktsstatut) unterscheidet; Leistgstörgen, zB Voraussetzgen u Folgen des Verzuges, RG **147**, 377 od Unmöglk, Einr des nichterf Vertr, RG JW **28**, 2013, od das ZurückbehaltgsR, RG LZ **14**, 283 (bei VertrSpaltg R der GgFdg maßg, Magnus RabelsZ **74**, 440); ferner auch f Rücktr u Kündigg, Staud-Firsching Rdz 201 f vor EG 12 u f das Erlöschen des SchuldVerh, BGH **9**, 34. Die Voraussetzgen der **Aufrechng** u ihre Wirkg richten sich nach dem Recht zu beurteilen, dem die Fdg, gg die aufgerechnet w, untersteht, da dieses allein sagen kann, ob es diese Wirkg zuläßt, BGH **38**, 254, Ffm NJW **67**, 501, Kegel IPR § 18 V; vgl auch Birk AWD **69**, 12; f Anknüpfg an Wohns des Aufrechnden Eujen, Die Aufrechng im internat Verkehr zw Dtschl, Frankreich u England, 1975 S 123 ff. Das angloamerikan Recht sieht die Aufrechng prozrechtl an; aber wie Verjährg materiellrechtl zu qualifizieren; s auch oben Vorbem 9 vor EG 7. Zur Wirkg v GStandsVereinbgen f die Aufrechng vgl BGH AWD **73**, 165 gg Hbg AWD **73**, 101: ausschl GStand f die GgFdg schließt Aufrechng am GStand der HauptFdg aus; vgl Geimer NJW **73**, 951.

5) Schuldverhältnis im allg.

a) Die Vollmacht. Dazu v Caemmerer RabelsZ **59**, 201; Luther RabelsZ **74**, 421. Die Vollm richtet sich nicht nach dem GeschStatut, sond nach dem Recht des Landes, in dem das Gesch vorgenommen w soll, also des **Wirkgslandes**, BGH **64**, 183, Mü IPRspr **74** Nr 10, Hbg (LG) AWD **76**, 590, aM Soergel-Kegel vor EG 7 Rdz 208 (f grdsl Anknüpfg an Aufenth des Geschäftsherrn), Ferid IPR Rdz 5–147 ff, Luther RabelsZ **74**, 421 (kumulative Anwendg des R des Wirkgslandes u des AufenthR des VollmGebers). Handelt es sich um GrdstVfgen, gilt das Recht der belegenen Sache, RG **149**, 93. Rechtsbeständigk u Rechtswirkgen einer ProzVollm für das Auftreten vor dtschen Gerichten sind nach dtschem Recht zu beurteilen, BGH MDR **58**, 319; Zweibr AWD **75**, 347; die Vollm des Kapitäns nach dem Recht der Flagge, Raape IPR § 46 IV. Das Recht des Wirkgslandes entsch auch über Bestehen u Umfang einer Vollm, Vorliegen einer AnscheinsVollm, BGH **43**, 27, dazu Kropholler NJW **65**, 1641, Zulässigk des Selbstkontrahierens, Staud-Firsching Rdz 243 vor EG 12, Haftg eines vollmachtlosen Vertr u GenehmiggsR des Vertretenen, Soergel-Kegel Rdz 210 vor EG 7, Widerruf. Über die Form entsch EG 11 I, also das R des Wirkgs- od Ausstellgsortes, KG HRR **31**, 1051 (GrdstVeräußerg), SchlHOLG SchlHA **62**, 173 (ErbteilsÜbertr), EG 11 Anm 3; die Einhaltg der Form n EG 11 I 2 genügt auch dann, wenn die Vollm sg wg ihrer inhaltl Reichweite od der Gebundenh des VollmGebers n dem R des Wirkgslandes einer and Form bedarf, Soergel-Kegel EG 11 Rdz 12, and Vorauff. Die Gültigk u der Umfang der Vollm des **HdlgsBevollm** mit ständ Niederlassg richtet sich n dem R der Niederlassg, BGH JZ **63**, 168, LG Hbg AWD **78**, 124, Ferid, IPR Rdz 5–147 ff. Wg der ges Vertretgsmacht vgl EG 19 Anm 4, EG 23 Anm 5.

b) Verjährg. Die Verj richtet sich nach dem Wirkgsstatut, im SchuldR also nach dem den Anspr beherrschenden Schuldstatut, RG **118**, 142, BGH NJW **60**, 1720. Danach bestimmt sich die gesamte Ausgestaltg der Verj, auch Unterbrechg u Hemmg, und im WechselR, Art 17 Anl 2 Genfer WechselRAbk iVm G v 30.11.33 (RGBl II 974): lex fori; BGH **LM** WG Art 1 Nr 3, Köln AWD **73**, 105 insow unzutr Mü IPRspr **74** Nr 26. Ob Klageerhebg im Ausland die Verj im Inland unterbricht, hängt von der Anerkenng des ausl Urt ab, RG **129**, 389. Wg EG 30 vgl dort Anm 5. Vgl im übr auch Vorbem 9 vor EG 7 u EG 12 Anm 4 aE, ferner Kegel, Grenze von Qualifikation u Renvoi im internat VerjR (1962) S 9. – Auch die **Verwirkg** unterliegt grdsl dem Schuldstatut, Staud-Firsching Rdz 257 vor EG 12; f Berücksichtigg auch des UmweltR Will RabelsZ **78**, 211.

c) Fdgsabtretg. Über sie entsch das für die abgetretene Fdg maßg Recht, BGH WPM **57**, 1574, Hbg VersR **67**, 1206, auch wenn dieses auf PartWillen beruht. Danach richtet sich die Möglichk der Abtretg, Warn **17**, 113, die Art u Weise ihrer Vornahme, auch die Notwendigk der SchuBenachrichtigg, RG **65**, 357, soweit es sich nicht um die bloße Form handelt. Das der Abtretg zugrunde liegende Kausalverhältn richtet sich nach seinem eigenen Statut, ist also von jener zu unterscheiden, RG JW **28**, 2013. Der Eintritt des **gesetzl Fdgsübergangs** beurteilt sich nach dem R, das für die Beziehgen zw dem Gl u dem leistdn Dritten maßg ist (Zessionsgrdstatut); das für die übergehde Fdg maßg R entsch aber über SchuSchutz, Beemelmans RabelsZ **65**, 511; Soergel-Kegel vor EG 7 Rdz 315, vgl auch BGH NJW **66**, 1620, Mü I (LG) FamRZ **74**, 473; aM Wussow NJW **64**, 2325 (für alleinige Maßgeblk des FdgsStatuts); f vollstd Kumulation v Zessionsgrd- u Fdgstatut Bernstein Festschr f Sieg (1976) 49. Für das Gebiet der SozialVers für Wanderarbeiter s Art 93 EWG-VO Nr 1408/71 v 14. 6. 71, abgedr in Sartorius II Nr 185.

d) Schuldübernahme. Maßg ist das Schuldstatut der übern Schuld, RG JW **32**, 3810. Auch hier folgt aber das der Schuldübern zugrunde liegende Gesch seinem eigenen Recht. S auch Zweigert RabelsZ **58**, 643 (VertrÜbernahme); z Haftg bei VermÜbern s v Schwind Fschr f v Caemmerer (1978) 757.

6) Einzelne Schuldverhältnisse. Aus der Anwendg der allg Grdse ergeben sich für die einz SchuldVerhe folgde Regeln:

a) Kauf. Schrifttt: Kreuzer, IPR des Warenkaufs, 1964. **Einheitl Ge über internat Kauf bewegl Sachen** u über **Abschluß v internat KaufVertr** über bewegl Sachen v 17. 7. 73, BGBl I 856 u 868, sind am 16. 4. 74 in Kraft getreten, BGBl I 358, vgl dazu Vorbem 5b vor § 433. Innerh ihres Anwendungsbereichs, dazu Landfermann NJW **74**, 385, ist die Anwendg des IPR grdsl ausgeschl, vgl EKG 2, Bamberg NJW **77**, 505, einschränkend Kropholler RabelsZ **74**, 372, Hartwieg ZHW **74**, 457, Mann JZ **75**, 14 (krit dazu Cohn JZ **75**, 246), Hellner GedächtnSchrift f Ehrenzweig (1976) 21. Z Inhalt der Einheitl KaufGe vgl die Komm v Mertens/ Rehbinder u Stötter, 1975, Dölle, 1976, ferner Leser/v. Marschall, Das Haager Einheitl KaufG u das Dtsche SchuldR, 1973, Heldrich NJW **74**, 2156, Huber JZ **74**, 433, Witte-Wegmann JR **75**, 49, Beß AWD **75**, 14; z stillschw Ausschl der Einhl KaufGe dch AGB s Hausmann AWD **77**, 186, Stötter AWD **78**, 578. Vereinbg der Anwendg dtschen R erfaßt iZw auch die Einheitl KaufGe, Landsh NJW **77**, 2033, Karlsr AWD **78**, 544, SchiedsGer AWD **78**, 336, Magnus ebda 339, ders AWD **77**, 429, Liesecke SonderBeil Nr 3/1978 zu Nr 15 WPM **78**, 5, zweifelnd Mü NJW **78**, 499.

Iü ist die Frage des anzuwendden Rechts, auch hinsichtl der GStandKlausel nach dt IPR zu beantworten, BGH **49**, 384. Bei Fehlen ausdrückl od stillschw RWahl spricht hypothet PartWille f das R am Sitz des Verk, da dieser die vertragscharakterist Leistg erbringt, Soergel-Kegel vor EG 7 Rdz 261, aM BGH NJW **60**, 1720, BGH **57**, 72, dagg im Erg wie hier BGH WPM **69**, 772, BGH **61**, 221, der Sitz des Verk im Verein mit und Umst entsch läßt. Bei der Frage des Zustandekommens einer Vereinbg über ErfOrt u GStand zw den Part ist auch WohnsR des Käufers zu berücksicht, wenn dessen Schweigen rechtsgesch Bedeutg h soll, BGH **57**, 72, vgl auch Geimer NJW **72**, 391, Schmidt-Salzer NJW **72**, 392 u oben 4. IdR w dch Ermittlg des wirkl od mutmaßl Part Willens der KaufVertr einem einheitl R unterstellt w können; and wenn die Part einz VertrBeziehgen einem sog Nebenstatut unterworfen h, vgl Anm 2a aa. F die subsidiäre Anknüpfg an den ErfOrt besteht regelm kein Bedürfn. Ist sie ausnahmsw geboten u damit der Vertr zu spalten, Anm 2b, regeln sich nach der für den ErfOrt des Verkäufers maßg ROrdng seine Liefergs-, nach der für den ErfOrt des Käufers maßgebden dessen Zahlgspflichten, RG SeuffA **74**, 1. Demgem richtet sich nach der **Rechtsordng** für die **Verpflichtgen des Verk**, wie er zu liefern hat, ob also ein Mangel von ihm zu vertreten ist, ob er nachliefern muß, RG **73**, 379, BGH NJW **61**, 25, aM Lewald IPR 253, seine SchadErsPfl wg mangelh Lieferg, RGHansGZ **30** B 132, die Voraussetzgen (zB Versch, Fristsetzg) u Folgen seines Verzuges, Hbg JW **18**, 380 (SchadErs ohne Fristsetzg), vgl auch RG **51**, 218 u Anm 4, ferner seine Rücktrittsberechtigg, RG **51**, 219. Die ROrdng für die Verpflichtgen **des Käufers** entsch über die Gefahrtragg, Lewald IPR 250, Kiel SchlHA **19**, 27, aM Hbg NiemeyersZ **21**, 68, seine Wandlgs- u Mindergsrechte, BGH NJW **61**, 26 (Annahmeverweigerg), u demgem auch über seinen RückfdgsAnspr auf den ganz oder teilw gezahlten Kaufpr, RG **55**, 107, stRspr, das Erfordern der Mängelrüge, RG **81**, 273, BGH NJW **58**, 750, hM, vgl auch Köln OLGZ **75**, 454, die Folgen seines Verzuges u seines RücktrittsR, vgl RG **51**, 218, Warn **25**, 32. Bei Abzahlungsverkäufen sei das dtsche G über die Abzahlgsgeschäfte notf über EG 30 zur Anwendg zu bringen, RG JW **32**, 591; das gleiche soll n Hamm NJW **77**, 1594 f die Verpfl z Sicherstellg n § 2 I VO z GewO 34c gelten; vgl dazu EG 30 Anm 5. Ist **Eigentumsvorbehalt** an **Importware** im Absendeland nicht od nicht voll wirks, so wird er im dtschen Bestimmgsland idR kraft Parteivereinbg voll wirks, sobald die Ware in den Besitz des dtschen Käufers kommt, BGH **45**, 95; s dazu Kegel JuS **68**, 162, Drobnig RabelsZ **68**, 450 (469), die die Wirksk des EigtVorbeh als eines nicht abgeschl Tatbestds aGrd eines Statutenwechsels bereits vom Ztpkt des Grenzübertritts an nach der ROrdng des Importlandes beurteilen; ebso Hbg RabelsZ **68**, 535; dagg will Staud-Stoll Rdz 414 ff n Art 12 (I) EG bei internat VerkGesch die Best des Sachstatuts v PartWill abhäng machen; vgl dazu Vorbem 4 vor EG 13. Für **Grundstückskauf** gilt kr hypothet PartWillens vielf, aber nicht immer das Recht des BelegenhLandes RGZ **63**, 18, BGH JZ **55**, 702 (AbwohnVereinbg), WPM **59**, 354 (GrdstVerw), Hbg (LG) IPRspr **73** Nr 4, AWD **77**, 787, Soergel-Kegel vor EG 7 Rdz 260, Frank BWNotZ **78**, 95, and etwa BGH WPM **67**, 1042, Aurich (LG) AWD **74**, 282; bei im Inland zw dtschen Part abgeschl Vertr über ausl Grdst nimmt die Rspr häuf stillschw PartWillen zG des dtschen Rechts an, BGH **52**, 239, **53**, 189, Köln OLGZ **77**, 201. Z Wirksk eines GrdstKaufs nach span Recht s Köln AWD **75**, 350, Hbg (LG) AWD **75**, 351.

b) Miete und Pacht; vgl dazu Trenk-Hinterberger, Internat WohngsmietR, 1977. Bei Fehlen einer ausdr od stillschw RWahl gilt f Grdst iZw das Recht der belegenen Sache, RG JW **01**, 452, bei bewegl Sachen das Recht des ErfOrts, insow abw Trenk-Hinterberger ZMR **73**, 1, Staud-Firsching Rdz 494 vor EG 12. Das sich so ergebende Recht entsch auch über den Charakter von Miete u Pacht, also ob ihnen dingl Wirkgen zukommen. Über KündSchutz, Miethöhe bei staatl Festsetzg u dgl entsch das R des BelegenhLandes, Trenk-Hinterberger ZMR **73**, 1.

c) Darlehen. Bestimmg des Schuldstatuts nach den allg Regeln, vgl LG Hbg IPRspr **75** Nr 14. Ist das Darl geschäftsm von einer Bank oder dgl gegeben, so führt Feststellg des hypothet PartWillens regelm zum Sitz der Bank, vgl Anm 2a cc. Ist es hyp gesichert, so Schwerpkt idR am Ort des belasteten Grdstücks, BGH **17**, 94.

d) DienstVertr. Handelt es sich um selbständige DVerpflichtete, so ist bei Fehlen einer ausdrückl od stillschw RWahl iZw kr hypothet PartWillens das Recht des BetrOrtes des DVerpfl maßg, so beim RA der Ort der Praxis, RG **151**, 193, Köln Jur Büro **75**, 778, stRspr, ebso beim Patentanwalt, Ffm AWD **77**, 432, od beim Arzt, Mü SeuffA **75**, 179, Deutsch Fschr f Ferid (1978) 122. − Beim **ArbeitsVertr**, vgl dazu Gamillscheg, Internat ArbR, 1959, Simitis Fschr f Kegel (1977) 153, Birk NJW **78**, 1825, gilt in erster Linie das von den Parteien ausdr gewählte R, BAG NJW **77**, 2039, in Ermangelg einer ausdr RWahl

1. Abschnitt. Allgemeine Vorschriften **(IPR) Vorbem v EGBGB 12 6**

das Recht des **Arbeitsortes** aGrd stillschw Vereinbg od weil das RVerhältn dort seinen Schwerpkt hat, st Rspr, zB BAG **7**, 362, **16**, 215 u hM. Dies gilt nicht f sog Ortskräfte dtscher Auslandsvertretgn, insb wenn sie dtsche StaatsAngehör sind, BAG AP IPR (ArbR) Nr 6 (iZw dtsches R maßg). Bei vorübergehend Entsendg von ArbNehmern an ausl ArbStätten bleibt R am Sitz des entsendden Untern maßg (Ausstrahlgstheorie), RAG **8**, 195, vgl auch BAG **7**, 357, IPRspr **60/61** Nr 26. Bei ständ wechselndem ArbOrt entsch Sitz des ArbGebers, BAG **16**, 215, aM Simitis Fschr f Kegel (1977) 171. Bei gewerbsm ArbNehmer-Überlassg dch ZtArbUntern beurteilt sich der ArbVertr grdsl nach dem Recht am Sitz des ZtArbUntern, vgl dazu in einz Schnorr ZfA **75**, 143. – Beschäftiggsort tritt zurück bei Vereinbg eines ortsgebundenen SchiedsGer; iZw gilt dann kr stillschw RWahl das R am Sitz des SchiedsGer, BAG IPRspr **74** Nr 42. – Bei auf Schiffen z leistden Diensten gilt iZw das Recht der Flagge, BAG IPRspr **62/63** Nr 51, krit Leffler RdA **78**, 97, im LuftArbR liegt Schwerpunkt des ArbVertr mit Pilot idR bei Nationalität des Flugzeugs, LAG Berlin AWD **75**, 303, dahingestellt BAG AWD **75**, 521 (aber jedenf im Verein mit and Umst, zB Staatsangehörig der Parteien, Hauptsitz des ArbG od VertrSprache zu berücksichtigen). – Das Recht des ArbVertr gilt iZw auch f die betriebl Altersversorgg, Fenge Betr **76**, 51. Dch Vereinbg ausl R k auch zwingde dtsche Vorschr ausgeschaltet w, was nicht ow EG 30 widerspr, insb die Vorschr des KündiggschutzG, BAG AP IPR (ArbR) Nr 10, od allgemeinverbindl TarifVertr, BAG NJW **78**, 2039. Vgl aber auch Fikentscher RdA **69**, 204 für die Angestellten von Inlandsfilialen ausl Unternehmen, sowie Däubler AWD **72**, 1, Birk Berichte der dtschen Gft f VölkerR Heft 18 (1978) 313. Auch zwingde **öffrechtl** Vorschr sind grdsl dem R des ArbVertr z entnehmen, VG SchlH SchlHAnz **73**, 55; dies gilt auch bei ausl ArbVertrStatut, str, vgl auch oben Anm 4; liegt der ArbOrt im Inland, so sind aber jedenf auch die zwingden öffrechtl Vorschr anwendb, Staud-Firsching Rdz 519 vor EG 12. Das dtsche BetrVG gilt n dem TerritorialitätsGrds f inl Betriebe ausl Untern selbst dann, wenn das ArbVerh ausl R unterstellt w ist, BAG NJW **78**, 1124. Z Problematik der MitBest vgl weiter Däubler RabelsZ **75**, 444, Birk AWD **75**, 589, Bayer ZGR **77**, 173, Simitis Fschr f Kegel (1977) 178. – Z Beurteilg v ArbVertr f dtsche ArbNehmer in Brasilien vgl Schwarz AWD **76**, 501.

e) WerkVertr unterliegt regelm Recht der Niederlassg des Untern, subsidiär dem Recht des ErfOrtes, Hbg (LG) IPRspr **72** Nr 7.

f) HandelsvertreterVertr, vgl dazu eingeh Sandberger/Teubner AWD **75**, 256, unterliegt jedenf bei Tätigk nur im Bereich einer ROrdng iZw dem R am TätigkOrt, BGH **53**, 332, Hbg MDR **73**, 140, Düss NJW **74**, 2185; der Schwerpkt des VertrVerh k aber auch in einem and Land liegen, vgl Bochum AWD **76**, 41. – Beim **Handelsmakler** ist Schwerpkt des Vertr aGrd der Umst des Einzelfalles z best, BGH NJW **77**, 1586; iZw gilt das R des Ortes, an dem der M seinen Beruf ausübt, Mü MDR **75**, 411.

g) VertragshändlerVertr: Schwerpkt des RahmenVertr regelm bei Niederlassg des Händlers, Martiny AWD **72**, 165, Sturm Festschr f Wahl (1973) 232. Dies gilt auch für EinzellieferungsVertr, Sturm aaO 225.

h) KommissionsVertr unterliegt iZw R der Niederlassg des Kommissionärs, BGH WPM **65**, 126, Ffm AWD **72**, 629.

i) Auftrag unterliegt iZw dem R am Sitz des Beauftr, Hbg IPRspr **74** Nr 11 A. – Bei **Geschäftsführg ohne Auftrag** gilt iZw das R des ErfOrtes, also WohnSt des z Auslagenersatz verpflichteten GeschHerrn, RG SeuffA **82**, 205, Hbg IPRspr **74** Nr 18, str, aM Soergel-Kegel vor EG 7 Rdz 328 (R des GeschFgOrts).

k) Verwahrg beurteilt sich iZw nach dem Recht des ErfOrtes, Kbg SeuffA **57**, 186.

l) BeherbergungsVertr unterliegt iZw R des UnterkOrts, BGH IPRspr **62/63** Nr 33, WPM **78**, 733. Zur Vereinheitlichg des R der Gastwirtshaftg vgl Einf 1 vor § 701.

m) Gesellschaft. Wg JPen u Handelsgesellschaften vgl n EG 10 Anm 3. Für GelegenhGesellschaften gilt iZw kr hypothet PartWill das R des Ortes, mit dem die Gesellsch als am engsten verknüpft anzusehen ist, um das gemeins Ziel verfolgen zu können, vgl Ferid Festschr f Hueck 349. Zur GesellschFusion über die Grenzen hinweg Beitzke Festschr f Hallstein (1966) 14; z internat Joint Venture vgl Zweigert/v Hoffmann Fschr f Luther (1976) 203.

n) Bankgeschäfte; vgl dazu Jayme, KollisionsR u Bankgeschäfte mit Auslandsberührg, 1977. Im Verk mit PrivKunden gilt iZw das R der Bank, im Verk zw mehreren Banken das R der Part, welche die vertragstyp Leistg erbringt, Canaris, BankVertrR, 1975 Anm 1214, vgl auch Hbg AWD **78**, 615 (Bankgarantie); z Anknüpfg von AkkreditivVerh s Steindorff Fschr f v Caemmerer (1978) 761, Horn ua, Dokumentenakkreditive u Bankgarantien im internat Zahlgsverkehr 1977; z RFragen im EurochequeVerk vgl unten s; z Fragen der Verbindlk v AGB vgl oben Anm 4; z Auskunftshaftg v Banken vgl Dörner WPM **77**, 962. – Bei **BörsenterminGesch** ist § 61 BörsenG spezielle Kollisionsnorm auch f § 762ff, BGH NJW **75**, 1600. Inhalt des VertrStatuts insow unerhebl, aA Samtleben AWD **75**, 501, Hadding/Wagner WPM **76**, 310, Jayme aaO S 22ff, Mann Fschr f v Caemmerer (1978) 737, Kümpel WPM **78**, 862. Bei im Ausl geschl BörsenterminGesch zw börsentermingeschäftsfäh Pers w Differenzeinwand nicht dch § 58 BörsenG ausgeschl, BGH **58**, 1, vgl dazu krit Weber/Crewett BB **72**, 595, Schwark Betr **75**, 2261, Hadding/Wagner WPM **76**, 310.

o) Bürgsch folgt ihrem eigenen R, nicht dem der Hauptschuld; f die Anknüpfg des BürgschStatuts ist der PartWille maßg, BGH NJW **77**, 1011, vgl auch Oldenbg IPRspr **75** Nr 15, hilfsw entsch der ErfOrt des Bü, RG **96**, 262, Staud-Firsching Rdz 580 vor EG 12. BürgschStatut entsch vor allem, ob der Bü zu leisten h (Art der Haftg, Einr der VorausKl, Wirkg der Tilgg der Hauptschuld auf die BürgschSchuld), RG **54**, 311, BGH NJW **77**, 1011, währd das Recht, dem die Hauptschuld untersteht, besagt, was der Bü zu leisten h, RG aaO. Erfordern der Zust des Eheg für die BürgschErkl unterliegt nicht dem BürgschStatut sond dem Ehewirkgsstatut, EG 14, od dem GüterRStatut, EG 15, so mit Recht Kühne JZ **77**, 439, Jochem NJW **77**, 1012 gg BGH ebda. – Für Bankgarantie gilt iZw Recht der Bank, Hbg AWD **78**, 615, vgl oben n).

p) Schuldanerkenntnis. Maßg ist der PartWille; daher ist bei einem deklarator SchuldAnerkenntn Vereinbg mögl, daß auf Einwendgn gg die anerkannte Fdg aus dem der Fdg zugrde liegdn Schuld-

Verhältn dtsch Recht anzuwenden ist, auch wenn KaufVertr nach ausl Recht gleichzeit das dingl Erfüllgs-Gesch darstellt, BGH NJW **71**, 320.

q) Inhaberschuldverschreibgen. Das Recht aus dem Papier folgt im allg dem Recht des Ausstellgs-ortes, den die Urk angibt, RG **126**, 196. Danach richtet sich zB, ob staatl Genehmigg erforderl, Zahlgs-sperre, RG **109**, 298. Verzinsg, Amortisation, Außerkurssetzg. Für das Recht am Papier gelten sachenrechtl Grdsätze, vgl Anm 3 vor EG 13.

r) Ungerechtf Bereicherg; vgl dazu Hay, Ungerechtf Ber im IPR, 1978. Bei einer **LeistgsKond** entsch das R, welches f die Leistgsbeziehg zw den Part maßg ist, dh also regelm das jew VertrStatut, BGH NJW **59**, 1317, WPM **76**, 792, **77**, 398, Köln OLGZ **77**, 201, Soergel-Kegel Rdz 335 vor EG 7; das f die Verm-Verschiebg selbst geltde R bleibt außer Betr. Bei einer VermVerschiebg **in sonst Weise,** insb einer Eingr-Kond entsch dagg das R, n welchem die VermVerschiebg eingetreten ist, bei einem sachenr RVorgang, zB bei Vfg eines NichtBerecht, also die lex rei sitae, BGH **35**, 267 (der aber im konkreten Fall eine EingrKond n den Regeln f die LeistgsKond anknüpfen will), Raape IPR § 51 I, Ferid IPR Rdz 6–161, Soergel-Kegel Rdz 334 vor EG 7, bei einem schuldr RVorgang (RückgrKond) zB das f die getilgte Schuld maßg Statut, Hay aaO 32.

s) Wechsel, Scheck. Vgl dazu WG 91 ff. Form der WechselErkl bestimmt sich nach Recht des Landes, in dessen Gebiet sie unterschrieben ist, WG 92; dabei sind unter Form alle GültigkErfordernisse zu verstehen, BGH **21**, 155, Mainz IPRspr **74** Nr 27, zB Beschaffenh der Unterschr des AusSt, BGH WPM **77**, 1322. Behauptg, Blankowechsel sei abredewidr ausgefüllt, muß wg ZPO 440 II der Behauptende beweisen. Jedoch richtet sich Ausfüllgsbefugn nicht nach WechselR, sond nach dem Schuldstatut, da vor Ausfüllg noch keine wechselrechtl Verbindlichk, Mü OLGZ **66**, 35. Die Wechselbürgsch ist selbstd anzuknüpfen, unterliegt also n WG 93 II dem R des UnterschrOrts, BGH NJW **63**, 252; WG 93 II ist Gesamtverweisg, Rückverweisg daher z beachten, Mainz IPRspr **74** Nr 27. – F Schecks gelten die Kollisionsnormen des ScheckG 60ff, vgl dazu Koch ZHR **76**, 10. Die Wirkgen v ScheckErklen beurteilen sich nach dem Recht des Zeichngs-ortes, ScheckG 63; dies gilt auch f den GarantieVertr zw Bank u priv Schecknehmer beim Eurocheque, Stöcklin JZ **76**, 310, währd bei Einlösg dch eine Bank iZw das Recht der garantierden Bank maßg ist, Stöcklin aaO.

t) Verträge über ImmaterialgüterRe. F VerlagsVertr gilt iZw kr hypothet PartWillens das Recht der Verlagsniederlassg, BGH **19**, 110; f verlagsrechtl LizenzVertr iZw das am Ort des Lizenznehmers geltende Recht, BGH **LM** LitUrhG § 8 Nr 13. Auch f and UrhRVertr ist iZw R am Sitz des RNehmers anwendb, Walter, GRUR-Abhandlgen Heft 9 (1977) 137. Z Anknüpfg v Vertr über gewerbl SchutzRe vgl v Hoff-mann RabelsZ **76**, 208, v Know-how-Vertr vgl Kreuzer Fschr f v Caemmerer (1978) 705.

u) Luftbeförderungsvertrag. Z Haftg bei internat Luftbeförderg vgl § 51 LuftVG, der auf das Warschauer Abk verweist, vgl weiter Böckstiegel NJW **74**, 1017, Frings Zeitschr f Luft- u WeltraumR **77**, 8; Müller-Rostin Betr **77**, 1173; z Wirksamk des HaftgsAusschl LG Mü I AWD **78**, 473 mit Anm v Dopatka. Der LuftbefördergsVertr unterliegt im übr dem von den Part gewählten R; iZw gilt kr hypothet PartWillens das R der gewerbl Hauptniederlassg des LuftfahrtUntern, vgl BGH NJW **76**, 1581, abw LG Hbg AWD **77**, 652 (BestLand); bei ausl Schuldstatut ist AGBG 12 zu beachten, vgl Böckstiegel Fschr f A. Meyer (1975) 57.

v) Schiedsvertrag. Aus dem neueren Schrifttum vgl v Hoffmann, Internat Handelsschiedsgerichtsbk, 1970; Pfaff, Die Außenhandelsschiedsgerichtsbk der sozialist Länder, 1973; Schlosser, Das Recht der internat privaten Schiedsgerichtsbk (2 Bde), 1975; Schwab Fschr f Luther (1976) 163. – F den **SchiedsVertr** gelten als matr Vertr über prozr Beziehgen die allg Regeln über das SchuldVertrStatut, BGH **40**, 322. Da-nach entsch in erster Linie der übereinstimmde PartWille. Zwar w dieser sich häuf f dasselbe Recht entsch, dem auch der HauptVertr unterliegt; die Part k aber die Schiedsvereinbg auch einem and Recht unterstellen unabhäng davon, ob sie sie selbstd od als Teil des HauptVertr treffen, BGH **40**, 323, LG Hbg AWD **78**, 124, Schwab Fschr f Luther 167. Wo ein ausdrückl od stillschw erkl PartWille nicht erkennb ist, kommt es auf den obj Schwerpkt des SchiedsVertr an. Maßg Indizien sind dabei vor allem der Sitz des SchiedsGer, RG **116**, 194, BGH **55**, 162, u das auf die Haupts anwendb Recht, BGH **40**, 323, Schlosser Rdz 241. Die **Form** des SchiedsVertr beurteilt sich nach EG 11, Samtleben BB **74**, 1616. Das **SchiedsVerf** kann einem and R unterliegen als der SchiedsVertr, BGH WPM **70**, 1050, Raape IPR S 563f, Schlosser Rdz 195ff; aM v. Hoffmann S 59 (vgl aber S 91f); str. Der beiders PartWille entsch auch über das SchiedsVerfStatut, BGH **21**, 368, Habscheid ZZP **57**, 36, Schwab Fschr f Luther 171, subsidiär (vgl ZPO 1034 II), Schlosser Rdz 430. **SchiedsrichterVertr** ist selbstd anzuknüpfen; maßg ist dabei das IPR des auf den SchiedsVertr anwendb Rechts, Müller-Freienfels Fschr f Cohn (1975) 147. Wg der **StaatsVertr** s Baumb-Lauterbach ZPO Schlußanh VI.

w) Gerichtsstandsvereinbarung. Die **Zulässgk** (einschließl der Formerfordern, BGH **59**, 23) u die **Wirkg** einer Vereinbg über die internat u örtl Zustdgk beurteilen sich nach der lex fori, also insb nach ZPO 38ff, aber auch Art 17 des Übk der Eur Gemsch über die gerichtl Zustdgk u die Vollstr gerichtl Entsch in Zivil- u Handelssachen v 27. 9. 68, Mü I (LG) NJW **75**, 1606, Hbg AWD **75**, 498, 499, Ffm AWD **76**, 107, vgl dazu BGH WPM **77**, 795, ferner Samtleben NJW **74**, 1590, Beitzke AWD **76**, 7 (z GStandsklauseln in ArbVertr), Baumgärtel Fschr f Kegel (1977) 285; Form des Art 17 EuG Übk gilt auch f Vereinbg des ErfOrts z Zw der Begr internat Zustdgk, Mü AWD **78**, 119. Prorogation eines dtschen GStands nach Hbg (LG) AWD **76**, 228 nur bei ausreichder Inlandsbeziehg zul. **Zustandekommen** einer GStandsVereinbg ist nach dem für den GesamtVertr maßg Schuldstatut z beantw, BGH **49**, 384, NJW **71**, 323, BGH **59**, 23, Zweibr (LG) NJW **74**, 1060, Hbg (LG) AWD **75**, 290, Th-P ZPO Vorbem 4 v § 38; dies gilt nicht f die Formgültgk, BGH **59**, 23, aM Wirth NJW **78**, 460, Reithmann-v Hoffmann Rdz 637, die insow EG 11 anwenden.

7) Währungsstatut a) Das Schuldstatut iwS best grdsl auch, in welcher Währg geschuldet w, Soergel-Kegel vor EG 7 Rdz 618 ff. Nach BGH **43**, 166 ist aber neben dem eigentl Schuldstatut ein bes Währgsstatut zu ermitteln, wenn sich die währgsr Entwicklg in dem betreffden Land so weit v ihrem Ausgangspkt entfernt h, daß eine Übertr auf das alte SchuldVerh nicht mehr mögl ist. Bei WährgsÄnd od -umstell soll hypothet PartWillen maßg sein, wenn sich Inhalt der Fdg dch Währgseingriff grdlegd änd würde u Beteil z Ztpkt des Eingr jede Beziehg zu dem fremden Lande verloren haben, BGH **43**, 162, aM Mann JZ **65**, 450: Bei WährgsÄnd od -Umstell w neue Währg geschuldet. Z innerstaatl u internat Zulässigk v Fremdwährgsschulden u -klauseln Seetzen AWD **69**, 253; z Umrechnsbefugn bei Fremdwährgsschulden vgl Birk AWD **73**, 425; vgl ferner Zehetner, Geldwertklauseln im grenzüberschreitdn WirtschVerk, 1976. – **UnterhVerpfl** sind grdsl in der Währg des AufenthOrts des Berecht z erf, sofern dem Verpflichteten die Zahlg in dieser Währg nicht unmögl od dem Berecht unzumutb (Verstoß gg DevisenBest) ist, vgl dazu Frankth DAVorm **77**, 62 u EG 19 Anm 6; f Wahlmöglk des Schuldn bei Vorliegen sachl Grde Düss (LG) DAVorm **74**, 629.

b) Interlokales Währungsstatut (s dazu insb Soergel-Kegel vor EG 7 Rdz 632 ff) beantwortet die Frage, in welcher Währg nach der Währgsspaltg zu zahlen ist. DevisenVorschr bleiben dabei unbeachtet, BVerfG NJW **61**, 653, Kohler NJW **72**, 398, was Ffm ebenda verkennt. BGH NJW **52**, 541, JZ **52**, 720, BGH **17**, 91 sowie ihm folgd Beitzke JZ **52**, 723 heben hervor, daß Währgsstatut nicht gleich Schuldstatut ist, sich auch dessen Grdsätze nicht unveränd auf das Währgsstatut anwenden lassen, entsch dann aber doch nach den Grdsätzen des Schuldstatuts, entspr dem hypothet Willen, BGH **17**, 93 für vertragl Anspr aus der Zeit vor der Währgsspaltg. WährgsR ist aber öff Recht, das sich die in seinem Gebiet zZ der Währgsspaltg belegenen Fdgen unterwirft, BGH NJW **60**, 1101, dazu Drobnig NJW **60**, 1088, u den etwa insow enttgegstehden PartWillen ausschließt, vgl auch Kegel JZ **52**, 659. Es w daher auf den Wohns des Schu im Ztpkt der Währgsspaltg ankommen, da der Hoheitsträger, dem dieser untersteht, best, welche Währg an Stelle der bish maßg ist, BGH **1**, 112 (unter Ablehng der Anknüpfg an den ErfOrt, vgl Beitzke aaO), **5**, 310, **14**, 216, ihnen folgd Raape IPR § 53 I; vgl auch § 3 WährG. Dieselben Erwäggen führen auch für die **Umstellg** dazu, das Recht am Wohns des Schu anzuwenden, BGH **1**, 109; **5**, 311, ebso BGH **8**, 288. Bei Wohns des Gl u Schu in demselben Währgsgebiet gilt grdsl dessen UmstR, BGH **9**, 151 u **LM** EG 7 (IzPR) Nr 43, falls nicht etwa das SchuldVerh od dessen Erf keinerlei Beziehg zu diesem Währgsgebiet hat. PensionsVerpfl in RM v in DDR erloschener AG, die schon vor Währgsspaltg u Enteign WestVerm besaß, sind ohne Rücks auf Gl-Wohns in DM-West zu zahlen, BGH **29**, 320. Hingg w Anspr in DM-Ost dch Herüberwechseln der Berecht nicht ohne weiteres zu solchen auf DM-West, BGH **LM** EG 7 (IzPR) Nr 43. Z Umstellg von hyp gesicherten Fdgen Anm 2 vor EG 13. Handelt es sich um vertragl Vereinbgen nach der Währgsspaltg, so sind die Part im Rahmen v § 3 WährgG frei; sie können also mit der dann notw devisenr Genehmigg best, in welcher Währg das SchuldVerh abgewickelt w soll. Soweit das Abschließen in der and Währg od Zahlg in einer solchen verboten ist, w dem bei Ermittlg des hypothet PartWillens Rechng z tragen sein. Z währgsr Behandlg interlokaler delikt SchadErsAnspr s Anm 5 zu EG 12. Handelt es sich nicht um eine Geldsummenschuld (bestimmte Zahl von Geldeinheiten) sond um eine Geldwertschuld (Best der Höhe nach außerh des SchuldVerh liegdn Umst, zB Quotenvermächtn), so kommt WährgsR überh nicht zur Anwendg, BGH **LM** EG 7 (IzPR) Nr 43. Ähnl liegt es bei UnterhVerpflen insof, als die Zahlgen dem Berecht einen bestimmten Lebenszuschnitt ermögl sollen, der also die Höhe der Zahlgen best; denn UnterhVerpflen gehen primär auf eine bestimmte Summe, s Anm 6 z EG 19.

Für den **Zahlungsverkehr** z beachten: Nach MRG 52 Art I 1 f u 53 sowie 3. DVO z MRG 53, die im Verh z DDR weitergelten (vgl AußenwirtschG im SchlußAnh zu Baumb-Lauterbach ZPO, ferner Peltzer AWD **77**, 383) unterliegen insb Verfüggen über Fdgen (auch ZwVollstr) dch od zG v in der DDR wohnh Pers der dtschen BBank (vgl Allg Gen Nr 6001/78 BAnz 68 v 11. 4. 78, Zusammenfassg in Betr **78**, 925); keine EinzelGen f Auszahlg eines SchmerzG an einen in der BRep verletzten Bürger der DDR od seinen hier wohnh Bevollm, Münster VersR **77**, 143. Frei ist Zahlg auf SperrKto. Einwand des Schu, Zahlg auf SperrKto käme dem Gl nicht zugute, vgl RG **165**, 219, trifft hier nicht zu. H Schu im Währgsgebiet des Berecht Sachwerte, so Rückgr zunächst auf diese, Hinterlegg im Währgsgebiet h dann keine befreiende Wirkg, KG JR **49**, 177. Das DevisenR der DDR, dazu Kringe ROW **74**, 137, Zieger AWD **75**, 1, hindert Ger der BRep nicht, den in DDR wohnh Schu z Barzahlg zu verurteilen, BGH **7**, 397. Die f ihn geltden devisenr VerfüggsBeschrkgen sind in BRep nicht zu beachten, BGH **31**, 367 u Anm 5b vor EG 13. UnterhZahlgen z Erf familienr begründeter Verpflichtgen, SchadErsZahlgen aGrd ges Haftpflicht sowie Guthaben v mj Vollwaisen sowie Pers deren Einkünfte vorwiegd aus Alters- bzw Invaliditätsrente od Soz-Hilfe bestehen, sind nach Maßg der Transferabkommen v 25. 4. 74, BGBl II 621ff transferierb. – Bei auf DDR-Mark lautden Fdgen ist z berücksicht, daß inf des Reimportverbots v DDR-Mark zw einem im Ausland geltdn, dem Wechselstubenkurs unterliegdn (Außenwährg) u einem inneren Währgssystem (Binnenwährg) mit offiziell festgesetztem Kurs unterschieden w muß. Es ist dch Auslegg z ermitteln, in welcher Währg jeweils z zahlen ist. Dies gilt auch bei Verurteilg v DDR-Mark in der BRep (z Zulässigk BGH **7**, 231, 397). Lautet eine Fdg auf DDR-Mark der Binnenwährg (Regelfall), k nicht mit Außenwährg z NennBetr od DM-Zahlg z Wechselstubenkurs erf w. Umrechng dann regelm im Verh 1 : 1, ggf KaufkraftVergl („Warenkorb"), vgl Hirschberg, Das interzonale Währgs- u DevisenR der UnterhVerbindlkten (1968) 97 ff, Neumann Rpfl **76**, 118ff, unzutr Mannh RPfl **76**, 370 m abl Anm v Neumann. DDR-Titel lauten stets auf Binnenwährg. Bei Zahlgen im Rahmen der genannten TransferAbk (insb v Unterh, vgl Bln (LG) Rpfleger **76**, 144) in jedem Fall Umrechng im Verh 1 : 1, vgl Neumann aaO.

b) Unerlaubte Handlungen

EG 12 Aus einer im Auslande begangenen unerlaubten Handlung können gegen einen Deutschen nicht weitergehende Ansprüche geltend gemacht werden, als nach den deutschen Gesetzen begründet sind.

Schrifttum: Binder, Z Auflockerg des Deliktsstatuts, RabelsZ **55**, 401; Birk, Schadensersatz u sonstige Restitutionsformen im IPR, 1969; Kropholler, Ein Anknüpfgssystem f das Deliktsstatut, RabelsZ **69**, 601; Seetzen, Z Entwicklg des internat DeliktsR, VersR **70**, 1; Jayme, Die Fam im Recht der unerl

Hdlgen, 1971; v Overbeck/Volken, Das Internat DeliktsR im Vorentw der EWG, RabelsZ **74**, 56; **Mummenhoff**, Ausnahmen v der lex loci delicti im IPR, NJW **75**, 476; Kropholler, Z Kodifikation des internat DeliktsR, ZfRV **75**, 256; Beitzke, Rück- u Weiterverweig im internat DeliktsR? Fschr f Wilburg (1975) 31; ders, Internatprivr Aspekte des SchadErs bei StrVerkUnfällen, in: Inst f OstR (Hrsg), Der SchadErs bei StrVerkUnfällen (1976) 161; ders, Kollisionsrechtliches z Deliktshaftg JPen, Fschr f Mann (1977) 107; E. Lorenz, Das anwendb DeliktsR bei Schiffszusammenstößen auf hoher See, Fschr f Duden (1977) 229; Beemelmans, Internatprivatr Fragen der Haftg f Reaktorschiffe, RabelsZ **77**, 1; Peuster, Krit Bemerkgen z Deliktsstatut VersR **77**, 795; Hübner, Der DirektAnspr gg den KfzHaftpflVersicherer im IPR, VersR **77**, 1069; Stoll, AnknüpfgsGrdse bei der Haftg f Straßenverkehrsunfälle u der Produktenhaftg n der neueren Entwicklg des internat DeliktsR, Fschr f Kegel (1977) 113, ders, Zweispurige Anknüpfg von Verschuldens- u Gefährdgshaftg im internat DeliktsR? Fschr f Ferid (1978) 397.

1) Allgemeines. EG 12 behandelt nur einen Ausnahmefall des Grds, dessen Geltg er voraussetzt. F Delikte zw **dtschen StaatsAngehör** im Ausland gilt die im **Anh I abgedr VO**. Das Haager Abk über das auf StraßenVerkUnfälle anwendb Recht v 26. 10. 68, abgedr in RabelsZ **69**, 343 ist bish nicht ratifiziert, vgl dazu Beitzke RabelsZ **69**, 204, Stoll Fschr f Kegel (1977) 123. Z DeliktsR in dem ebenf noch nicht in Kraft getr EWG-VorEntw über das auf vertragl u außervertragl SchuldVerhe anwendb Recht, abgedr in RabelsZ **74**, 211 vgl v. Overbeck/Volken RabelsZ **74**, 56. Z SchadDeckg bei VerkUnfällen im Verh z **Schweiz** vgl den **Anh II abgdr StaatsVertr**. Z Haftg ggü Dr auf dem Gebiet der Kernenergie vgl Übk v 29. 6. 60 mit ZusatzÜbk v 31. 1. 63, jeweils nebst Zusatzprotokoll v 28. 1. 64, BGBl **76** II 308 (mit Liste der VertrStaaten, ergänzt in BGBl **76** II 1468).

2) Grundsatz. a) Allgemeines. Maßg für die iprechtl Behandlg einer unerl Hdlg ist grdsl **das Recht des Tatorts**, RG **96**, 96, allg M. Rück- u Weiterverweis sind dabei nicht zu beachten, Saarbr NJW **58**, 752, Erm-Arndt EG 27 Rdz 6, Raape-Sturm IPR § 11 II 6, Beitzke Fschr f Wilburg S 31, **str**, aM Soergel-Kegel Rdz 64, AG Köln VersR **76**, 548, Darmstadt IPRspr **75** Nr 24. Ob ein Geschehen als unerl Hdlg zu qualifizieren ist, entsch sich n dtschem R, RG **138**, 243. Der in EG 12 vorausgesetzte Grds gilt auch bei Gefährdgshaftg, BGH **23**, 65, NJW **76**, 1588. vgl dazu Stoll Fschr f Ferid (1978) 397. **Tatort** ist sowohl der Handlgsort als auch der Erfolgsort. Liegen diese Orte in versch Staaten, so entsch das dem **Verletzten günstigere R**, BGH NJW **64**, 2012, Karlsruhe AWD **77**, 718, Mü IPRspr **75** Nr 23, wobei die Begrenzg dch EG 12 zu beachten ist. **Handlgsort** ist der Ort, wo eine unerl Hdlg ganz od teilw ausgeführt w; die bloße Vorbereitg bleibt außer Betr, BGH MDR **57**, 31. Bei einer Unterlassg entsch der Ort, an dem zu handeln war, Soergel-Kegel Rdz 13. Bei Gefährdgshaftg ist an den Ort des schadenstiftenden Ereign anzuknüpfen, BGH **23**, 65; dieser w zwar häuf aber nicht immer (zB Grenzdelikte) mit dem Erfolgsort zusfallen, vgl dazu Stoll Fschr f Ferid (1978) 397. Sind mehrere Handlgsorte in versch Staaten gegeben, so entsch wiederum das dem Verletzten günst R, Soergel-Kegel Rdz 14. – **Erfolgsort** ist der Ort des Eintritts der Rechtsgutsverletzg, zB Körperverletzg; der Ort des Eintritts weiterer Schäden ist nicht z berücksicht, vgl BGH **52**, 108, NJW **77**, 1590 (z ZPO 32); dies gilt auch bei einer Gefährdgshaftg, vgl Hillgenberg, Das IPR der Gefährdgshaftg f Atomschäden, 1963, 148ff; z Haftg f Reaktorschiffe vgl Beemelmans RabelsZ **77**, 1.

b) Ausnahmen. Lassen **engere gemeins Beziehgen** der Beteil zu einer and ROrdng die Anknüpfg an den Tatort als unangemessen erscheinen, so kommen Ausn v dem in EG 12 vorausgesetzten Grds in Frage. Bei **gemeins dtscher Staatsangehörigk** der Beteil gilt n der in Anh I abgedr VO dtsches R. Bei **gemeins ausl Staatsangehörigk** gilt ebenf das gemeins HeimatR v Schädiger u Geschädigten, sofern ihr Aufenth im Tatortland nur vorübergehd ist (zB Url- od GeschReise) u die Beziehg z Tatort daher zufäll erscheint, vgl BGH **57**, 265, NJW **77**, 496, aM Mummenhoff NJW **75**, 479, Peuster VersR **77**, 797. Bei gewöhnl Aufenth der Beteil im Lande des Tatorts (zB Gastarbeiter) entsch dagg auch bei gemeins Staatsangehörigk das R des Tatorts, BGH **57**, 265, da HeimatR in diesen Fällen zurücktritt, vgl dazu auch Seetzen NJW **72**, 1643. Der bloße **gemeins gewöhnl Aufenth** in einem Drittland genügt ebenf regelm nicht, um v der Anknüpfg an das TatortR abzugehen, vgl BGH NJW **77**, 496 (jedenf dann, wenn einer der Beteil die Staatsangehörigk des Tatortlandes besitzt), Dortm VersR **76**, 1186 (VerkUnfall türk GastArb in der Türkei), Darmstadt IPRspr **75** Nr 24, Kegel IPR § 18 IV 1 b, abw LG Ffm IPRspr **75** Nr 20 (dtsches R bei Verkehrsunfall jugoslaw GastArb in Ungarn), LG Köln VersR **76**, 831 (Verkehrsunfall zw Dtschem u türk GastArb in Jugoslawien), aM auch Ahrens NJW **78**, 467. Ebensowenig ist die **gemeins Registrierg** der an einem Unfall beteil Kfze u damit das gemeins VersStatut f sich allein ausr, um eine Ausn vom TatortGrds zu rechtf, BGH NJW **77**, 496, Darmstadt IPRspr **75** Nr 24, and noch Ulm (AG) AWD **75**, 109; f alternative Anknüpfg an Registriergsort Stoll Fschr f Kegel (1977) 139. – **Verkrechtl Verhaltensnormen** sind stets dem R des HdlgsOrts zu entnehmen, BGH **57**, 265, Mü NJW **77**, 502, Deutsch NJW **62**, 1680. - AGrd der im SchuldR herrschden **Parteiautonomie** ist eine v den Beteil vor od nach Begehg der unerl Handlg getr Vereinbg über das maßg Recht grdsl z beachten, vgl BGH **42**, 389, Hbg (LG) IPRspr **73** Nr 18, Aachen (LG) VersR **74**, 1092, Erm-Arndt Rdz 11, Ferid IPR Rdz 6–136, Mummenhoff NJW **75**, 479. Auf diese Weise kann eine vom TatortR abw **RWahl** getr w, so mit abw Begründg (nur matr Verweisg) im Ergebn auch Soergel-Kegel Rdz 39.

c) Einzelfälle. Für **Immaterialgüterrechte** gilt das Territorialitätsprinzip, sie werden von einem Staate mit Wirkg für sein Gebiet verliehen; in einem anderen Staat wirken sie nur soweit, als dieser sie anerkennt, was zT dch multilaterale Verträge gesichert ist (Anknüpfg an das Recht des **Schutzlandes**, vgl dazu Ulmer, Die ImmaterialgüterRe im IPR, 1975, ders RabelsZ **77**, 479; Neuhaus, Drobnig, v Hoffmann, Martiny RabelsZ **76**, 189ff). Der Warenzeicheninhaber kann aber dem Vertrieb seiner auf seine Veranlassg im Ausland registrierten u von dort ins Inland unverändert eingeführten Ware nicht aGrd der auch im Inland erfolgten Registrierg entgtreten, BGH **41**, 84. Zum TerritorialitätsGrdsatz im WarenzeichenR auch Birk NJW **64**, 1596. Für **Wettbewerbsverstöße** ist im allg das am Begehgsort herrschde Recht maßgebd, BGH **40**, 391. Als Tatort wurde zunächst auch ein dtscher angenommen, wenn zwar Maßn unterlassen wurden, um die unerl Hdlg im Ausland abzustellen, RG **150**, 271. Da das dtsche WettbewerbsR oft das strengere ist, damit also ggü ausl Firmen, die sich dann auf das dtsche Recht berufen, ohne selbst daran gebunden zu sein, eine Benachteiligg des dtschen Wettbewerbers im Ausland eintritt, läßt BGH 35, 329 in teilw Abweichg von der BGH 21, 266 niedergelegten strengeren Auffassg (dtsches Recht bei Nachbau ausl Maschinenteile in Dtschld auch für Vertrieb im Ausland) bei Wettbewerb mit einem ausl Unternehmen im Ausland das Recht des ausl Vertriebsorts auch bei Herstellg im Inland entscheiden, und zwar auch bei WettbewerbsHdlgen von Deutschen im Ausland, da eine allg Regel für dtsche Gewerbetreibende, sich bei ihrem Wettbewerb untereinander auf dem Auslandsmarkt schlechthin an die Regeln des dtschen Rechtes zu halten, nicht besteht, BGH 40, 391; es sind auch die den ausl Markt beherrschden Auffassgen zu berücksichtigen, BGH NJW 68, 1572, Soergel-Kegel Rdz 11. Dtsches Recht dann nur, wenn die Hdlgen des Dtschen nach Art u Zielsetzg ausschl oder überw sich gg den dtschen Mitbewerber richten, BGH aaO; dazu Beitzke JuS 66, 139 (maßgebd Recht des Verletzgs-, nicht Schadensortes), Ffm Betr 78, 1535. So wäre auch dtsches Recht zu rechtfertigen, wenn ein dtsches Unternehmen unberechtigterw einen ausl Anwalt damit beauftragt, ein anderes dtsches Unternehmen wg angebl Verletzgn seines Firmenrechts im Ausland zu verwarnen, BGH 14, 286. Wengler JZ 64, 372, RabelsZ 54, 401, will überhaupt auf das Recht des Marktortes abstellen, da es unberechtigt sei, die Bestimmg nach dtschem Recht solange vorzunehmen, als nur dtsche Wettbewerber für ein bestimmtes Produkt auf dem ausl Markt seien, das dt Recht aber vom ausl ablösen zu lassen, wenn ein ausl Bewerber hinzuträte; dtsches Recht sei bei Wettbewerb von Dtschen im Ausland nur bei Verstoß gg den ordre public u Inlandsbeziehg anzuwenden. Inländische Gerichtsstand gg Inländer mit inländ Gerichtsstand auch bei Markenverletzg im Ausland gegeben. Vgl im übr Joerges RabelsZ 72, 421. Zur **ProdHaftg** vgl Lorenz Festschr f Wahl (1973) 186 ff, RabelsZ 73, 317, Siehr AWD 72, 373, Sack MitarbeiterFschr f Ulmer (1973) 495 (Recht des Marktortes für Benutzerschäden, Recht des Schädiggsorts für Schädigg Dritter), Stoll Fschr f Kegel (1977) 127; z Entw einer Eur Konvention über die ProduktHaftPfl s Lorenz AWD 75, 246, Micklitz ZRP 78, 37. – Z Arzthaftg vgl Deutsch Fschr f Ferid (1978) 125. Delikt ErsatzAnspr aus **internat Luftbeförderg** unterliegen kr akzessor Anknüpfg dem maßg VertrStatut (vgl dazu Vorbem 6 u vor EG 12), Frings Zeitschr f Luft u Weltraum R 77, 18. Bei **Schiffszusammenstoß** auf hoher See sind beide Schiffe Begehgsort, RG 138, 243, bei gleicher Flagge entsch Recht dieser Flagge, RG 49, 187, vgl auch VO unten Anh I, dort Anm 1, sonst R der Flagge des Bekl, ebso E. Lorenz, Fschr f Duden (1977) 229 (aber nur in den Grenzen des KlägerR), and RG 138, 243, Hbg VersR 75, 761, die das dem Kl günstigere R anwenden (ebso fr Aufl); w von beiden Part Anspr erhoben, entsch jeweils R des in Anspr Genommenen; dies gilt entspr f Einwdg mitw Versch (R des Kl), vgl auch Soergel-Kegel Rdz 36, Raape IPR § 55 VII. In dtschen Hoheitsgewässern ist dtsches Recht ohne Rücks auf Nationalität der Schiffe anwendb, BGH 3, 321, VersR 62, 514, OGH MDR 50, 729 (Kaiser-Wilhelm-Kanal), Beitzke MDR 59, 881. In ausl Hoheitsgewässern entsch das Recht dieses Ortes (vorbehaltl EG 12), auch hins der HaftgsBeschrkg der beteiligten Reeder, BGH 29, 237, Hbg MDR 64, 421 (dän Hoheitsgewässer). In Rheinschiffahrtssachen gilt Besonderes, BGH NJW 65, 489, vgl auch MDR 74, 743. Im Anwendungsbereich des Internat Übk z einheitl Feststellg v Regeln über den Zusammenstoß v Schiffen v 23. 9. 1910, RGBl 13, 57 beurteilt sich die ErsatzPfl nach dessen Vorschr, BGH MDR 74, 743, VersR 76, 681. Über die zivilr Haftg f Ölverschmutzgsschäden s Internat Übk v 29. 11. 69 mit ZustG v 18. 3. 75, BGBl II 301, in Kraft getr am 18. 8. 75, Bek v 10. 7. 75, BGBl II 1106 (mit Liste der VertrStaaten, zuletzt ergänzt dch Bek v 16. 1. 78, BGBl II 131). Über die zivilr Haftg bei der Beförderg v Kernmaterial auf See s Übk v 17. 12. 71, BGBl 75 II 957, in Kraft getr am 30. 12. 75, Bek v 4. 2. 76, BGBl II 307; z Haftg f Reaktorschiffe vgl Beemelmans Rabels 77, 1.

3) Anwendgsbereich des Deliktsstatuts. Das so best Deliktstatut entsch zunächst darüber, ob überh eine unerl Hdlg vorliegt, also auch, ob Gefährdgshaftg gegeben ist, BGH 23, 67, ferner über die Delikts-Fgk, Versch, notwend VerschGrad u Ausschl des Versch, mitwirkdes Versch, KG JW 38, 1715, Art u Umfang des SchadErs, die Pers des ErsatzBerecht, RG JW 06, 297 (aber selbstd Anknüpfg der Vorfrage des Bestehens v UnterhAnspr gg den Getöteten, vgl Ffm (LG) VersR 75, 354, BGH VersR 78, 346 z § 844 II, BGH NJW 76, 1588 z HaftpflG 3 II), die Haftg für Verrichtungsgehilfen, BAG NJW 64, 990, die Deliktshaftg v JPen, Beitzke, Fschr f Mann (1977) 107, die Verj, BGH WPM 78, 733, nicht dagg auch über die z beachtden Verhaltensnormen, die stets dem R des HdlgsOrts z entnehmen sind, vgl Anm 2. – Mit Ausg der internat grünen VersKarte übernimmt **Versicherer** Deckgsschutz mind n den im Besuchsland geltden VersBedinggen u VersSummen, BGH 57, 265, NJW 74, 495. Unmittelb Anspr des Geschädigten gg Haftpfl-Vers ist überw deliktsr Natur u unterliegt daher TatortR, BGH 57, 265, Stgt AWD 74, 696; f alternative Anknüpfg an Deliktstatut od VersVertrStatut n dem GünstigkPrinz dagg Hübner VersR 77, 1069. **Direkt-Anspr** gg dtschen Versicherer eines im Inland zugelassenen Kfz beurteilt sich desh auch bei Unfall im Ausland n TatortR, BGH NJW 74, 495, 77, 496, Celle VersR 77, 1056, KG NJW 74, 1055, aM Köln NJW 73, 426; bei Versagg des DirektAnspr k EG 30 anwendb sein, Trenk-Hinterberger NJW 74, 1048. – Z GegendarstellgsAnspr bei ausl Presseveröffentlichgen s Thümmel/Schütze JZ 77, 786.

4) Die Ausn des EG 12. Ist n den in Anm 2 dargestellten Anknüpfgsregeln eine v einem Dtschen im Ausl begangene unerl Hdlg n ausl R zu beurteilen, so bleibt seine Haftg n EG 12 auf das n dtschem R vorgesehene Höchstmaß beschr; ein ErsAnspr besteht also nur insow, als er auch n dtschem R begründet wäre. Dabei nicht nur die dtschen DeliktsVorschr sond auch alle und Best heranzuziehen, auf die der Anspr gestützt w könnte, zB wg VertrVerletzg od ungerechtf Ber, RG 118, 141, Soergel-Kegel Rdz 61. Z beachten sind bei dieser Prüfg insb auch die VerjVorschr, vgl KG JW 38, 1715, BGH FamRZ 78, 492. Bei Verletzg einer internat registrierten Marke in einem Verbandsland des Madrider Abk ist der Anspr begründet, der bei Verletzg eines entspr Zeichens in Deutschland gegeben wäre, BGH 22, 1. EG 12 gilt auch für Haftg der Gründer einer ausl AG, Düss AWD 76, 452. – Die in EG 12 getroffene Ausn ist ein **Sonderfall des EG 30**, f dessen Anwendg daneben kein Raum bleibt. Ist das ausl Recht das günstigere, bleiben also die nach diesem möglichen Anspr hinter denen nach dtschem Recht zurück, so entsch das ausl Recht.

5) Im **ILR** ist entspr EG 12 Recht des Begehgsortes maßg, BGH FamRZ 61, 261, Düss VersR 75, 1124. RAnwendgsG (DDR) 17 I knüpft ebenf an das R der SchadVersurs an. In der DDR sind matr ZGB 330f anwendb. Besitzen Schädiger u Geschäd nur die dtsche Staatsangehörigk n dem Reichs- u StaatsangehörigkG v 22. 7. 1913 od ist diese Staatsangehörigk bei beiden die effektive, vgl Anm 14 c vor EG 7, so gilt auch bei Unfall in der DDR R der BRep, vgl Anh I Anm 4. – **Währgsrechtl** sind delikt SchadErsFdgen nicht solche Anspr, die v vornherein auf eine bestimmte Währg lauten, so daß im allg der im Westen wohnde Schu auch auf die Kl eines OstGl zu DM-West verurteilt w kann, BGH **14**, 212. Es ist der Betr zu zahlen, der erforderl ist, um den früh Zust wiederherzustellen, vgl §§ 249 ff BGB u 336 ff ZGB, ferner BGH **5**, 143. Bei einer Rente, die Schad ausgleichen soll, muß ermittelt w, welcher Betr notw, damit Geschäd sich das Erforderl kaufen kann, BGH **14**, 218. SchadErsZahlgen a Grd ges HaftPflBest sind nach Maßg des Transfer-Abk v 25. 4. 74, BGBl II 621 transferabel; Umrechng erfolgt dabei im Verh 1:1; vgl dazu Vorbem 7 b vor EG 12.

Anhang I zu Art 12

VO über die Rechtsanwendung bei Schädigungen deutscher Staatsangehöriger außerhalb der Reichsgebiets

Vom 7. 12. 1942 (RGBl I 706/BGBl III 400–1–1)

§ 1. (1) *Für außervertragliche Schadenersatzansprüche wegen einer Handlung oder Unterlassung, die ein deutscher Staatsangehöriger außerhalb des Reichsgebiets begangen hat, gilt, soweit ein deutscher Staatsangehöriger geschädigt worden ist, deutsches Recht. Es ist das im Altreich geltende Recht anzuwenden.*

(2) *Absatz 1 ist auch anzuwenden auf:*
1. *das Reich, die Länder, Gemeinden und andere Körperschaften des öffentlichen Rechts;*
2. *Handelsgesellschaften, Personenvereinigungen und juristische Personen, die im Reichsgebiet ihren Sitz haben.*

§ 2. *Der Reichsminister der Justiz erläßt die Vorschriften zur Durchführung und Ergänzung dieser Verordnung durch Rechtsverordnung oder im Verwaltungsweg.*

§ 3. (1) *Diese Verordnung tritt am siebenten Tage nach ihrer Verkündung in Kraft.*

(2) *Die Verordnung ist auch anzuwenden auf außervertragliche Schadenersatzansprüche wegen Handlungen oder Unterlassungen, die in der Zeit vom 1. September 1939 bis zum Inkrafttreten dieser Verordnung begangen worden sind. Soweit jedoch über die Schadensersatzansprüche ein rechtskräftiges Urteil ergangen oder ein Vergleich abgeschlossen ist, behält es hierbei sein Bewenden.*

(3) *Der Reichsminister der Justiz bestimmt den Zeitpunkt des Außerkrafttretens dieser Verordnung.*

Vorbem. VO ist zwar währd des Krieges u aus Anlässen des Krieges erlassen; sie ist aber nicht aufgeh u muß auch heute noch als geltendes Recht angesehen w, Soergel-Kegel Rdz 25, Erm-Arndt Anh 1 zu EG 12, BGH **34**, 222, WPM **76**, 792, Karlsr NJW **64**, 55, Köln OLGZ **69**, 152, Mü NJW **77**, 502, aM Beitzke JuS **66**, 144, zweifelnd Ballerstedt JZ **51**, 223; s auch Binder RabelsZ **55**. 410 Anm 32.

1) Allgemeines. Mit Rücks darauf, daß sich viele dtsche StaatsAngeh inf des Krieges außerh der dtschen Reichsgrenzen aufhielten, war – insb im Zusammenhang mit Schädiggen dch Kraftfahrzeuge – str gew, nach welchem Recht derart Schädiggen Deutscher dch Deutsche zu entsch sind; vgl zB Mü DR **43**, 246. VO klärt diese Frage; anwendb auch auf Zusammenstoß dtscher Schiffe in ausl Gewässern, BGH **34**, 222 (übereinstimmendes FlaggenR; aM Wengler JZ **61**, 424: das Recht des Unfallortes od des Heimathafens, da auch dort Gefahr begründet wurde, je nachdem, welches Recht dem Geschädigten günstiger ist). BGH **34**, 227 läßt dann den FlaggenR auch für die Anspr der Ladgsbeteiligten gelten, da nach seerechtl Auffasg Schiff u Ladg als Einh anzusehen. AM in beiden Fällen Beitzke NJW **61**, 1998 (locus delicti, d i also wo die gefährl Sache im Ztpkt der Schädigg sich befand oder die Pers, für die gehaftet wird, gehandelt hat, u zwar auch bei gleicher Flagge).

2) VO I 1 bringt eine **Durchbrechg des Grdsatzes**, der sich aus EG 12 ergibt, daß auf unerl Hdlgen das Recht des Tatorts anzuwenden ist, EG 12 Anm 2. Anzuwenden ist **deutsches Recht**, also vor allem die bürgerl-rechtl Vorschr einschl der G, die die HaftPfl bes regeln, aber auch alle öffrechtl, soweit sie in das bürgerl-rechtl SchadErsR eingreifen. Soweit zB bei Verkehrsunfällen für die Beurteilg der Schuldfrage die Beachtg lokaler VerkVorschr nicht dtschen Ursprungs zu prüfen ist, sind diese anzuwenden, Düss VersR **73**, 946, KG IPRspr **75** Nr 21 u EG 12 Anm 2.

3) Sachl Anwendgsbereich. VO bezieht sich, über EG 12 hinausgehend, auf **alle außervertragl SchadErsAnspr** bürgerl-rechtl Art, zB also auch den aus GeschFührg ohne Auftr; z Anwendg bei Skiunfällen vgl Karlsr NJW **64**, 65, Köln OLGZ **69**, 152, Mü NJW **77**, 502; VerkUnfällen Düss VersR **73**, 946, Psolka VersR **74**, 412. UnterhAnspr gg außerehel Erzeuger beurteilen sich nach EG 21. Auf vertragl SchadErsAnspr ist VO auch nicht entspr anzuwenden; sie unterliegen ihren eigenen iprechtl Regeln, vgl vor EG 12. Ebsowenig trifft VO eine Regelg für öffrechtl EntschädiggsAnspr.

4) Personeller Anwendgsbereich. Beide, Schädiger u Verletzter, müssen zZ der Entstehg des Schadens die dtsche Staatsangehörigk, Vorbem 7a vor EG 7, gehabt h; z Anknüpfg an eine gemeins ausl Staatsangehörigk vgl EG 12 Anm 2. Daß beide Part sich zZ des Unfalls nur vorübergehd im Ausland aufhalten, verlangt die VO nicht, aM Peuster VersR **77**, 795, Stoll Fschr f Kegel (1977) 116. Im **ILR** ist gemeins **effektive** Staatsangehörig n dem Reichs- u StaatsangehörigkG v 22. 7. 1913 erfdl, eine zusätzl bestehde Staatsbürgersch der DDR k in diesem Fall unberücksicht bleiben, vgl Anm 14 c vor EG 7; Unfälle zw Bundesbürgern in DDR sind daher grdsl n dem R der BRep zu beurteilen, KG IPRspr **75** Nr 21; bei versch Personalstatut v Schädiger u Geschädigten gilt TatortR. Auf Staatenlose, mag auf sie auch dtsches Recht zur Anwendg kommen, EG 29, bezieht sich die VO nicht. Andrers schadet spätere Abtretg des Anspr an Nichtdeutsche nicht, also auch nicht sein Übergang auf eine nichtdeutsche Versichergsgesellsch, amtl Begr. Ist zB bei einem KfzUnfall nur der Halter Deutscher, der Fahrer aber nicht, so kommt, falls auch der

Verletzte Deutscher ist, dtsches Recht nur auf den Halter zur Anwendg; denn als „begangen" ist auch der dch einen and verursachte Schaden anzusehen, für den der Deutsche einzustehen hat; vgl auch § 831. Der Anspr gg den nichtdtschen Schädiger (auch den nichtdtschen Mitschuldigen) unterliegt den gewöhnl iprechtl Regeln, EG 12 Anm 2, Bonn (AG) VersR **75**, 528. VO auch anzuwenden, wenn dtsche jur Personen des öff od priv Rechts als Schädiger, nicht etwa nur als Versicherer, KG NJW **74**, 1055, beteiligt sind, VO 1 II. Die weite Fassg von § 1 II Z 2 ergibt, daß auch nichtrechtsf Handelsgesellsch u Personenvereiniggen beteiligt sein können, vorausgesetzt allerd, daß sie im RechtsVerk ähnl wie jur Personen behandelt w (OHG, KG, nicht rechtsf Vereine), Däubler DJ **43**, 37.

5) Örtl Anwendgsbereich. Die Hdlg od Unterlassg, die AnsprGrdlage ist, muß außerh der BRep begangen sein; entsch dafür, ob der Begehgsort im Ausland lag, ist der Ztpkt der Tat.

Anhang II zu Art 12
Vertrag zwischen der Bundesrepublik Deutschland und der schweizerischen Eidgenossenschaft über die Schadensdeckung bei Verkehrsunfällen
Vom 30. 5. 1969 (BGBl **71** II 91)

Der Vertr ist in Kraft seit 22. 7. 71, BGBl II 967. Er gilt auch in Berlin.

– Auszug –

Art 1. *Die Angehörigen jedes der beiden Staaten, die im andern durch ein Kraftfahrzeug (Motorfahrzeug) geschädigt werden, haben dieselben Schadensdeckungsansprüche wie die Angehörigen des Unfallandes, gleichgültig, ob der Schaden durch ein ordentlich versichertes, ein nicht versichertes, ein ausländisches, ein entwendetes oder ein nicht ermitteltes Kraftfahrzeug (Motorfahrzeug) verursacht worden ist. Die Gleichstellung bezieht sich auch auf die Ansprüche gegen die von der Versicherungspflicht befreiten Halter von Kraftfahrzeugen (Motorfahrzeugen), wie öffentliche Körperschaften.*
Bem. Für die SchadensdeckgsAnspr maßgebd in BRep: PflichtVersG, Ausländer-PflichtVersG, VO üb den Entschädiggsfonds; für die Schweiz: StraßenverkehrsG, VerkehrsVersVO.

Art 2. (₁) *Den Angehörigen eines der beiden Vertragsstaaten sind alle Personen gleichgestellt, die auf seinem Staatsgebiet ihren Wohnsitz haben. Dazu gehören auch jene Personen, die seit der polizeilichen Anmeldung ohne wesentliche Unterbrechung mehr als ein Jahr dort wohnhaft sind.*
(₂) *Der Begriff des Kraftfahrzeugs (Motorfahrzeugs) bestimmt sich nach dem Recht des Unfallandes; Fahrzeuge mit Hilfsmotor sind den Kraftfahrzeugen (Motorfahrzeugen) gleichgestellt.*
(₃) *Fallen die von einem Kraftfahrzeuganhänger (Motorfahrzeuganhänger) verursachten Schäden nicht unter die Versicherung des Zugfahrzeugs, sondern unter eine selbstständige Anhängerversicherung, so ist der Anhänger für die Anwendung dieser Vereinbarung einem Kraftfahrzeug (Motorfahrzeug) gleichgestellt.*

Art 3. (₁) *Erfährt die Behörde eines der beiden Staaten, daß ein durch sie zugelassenes, nicht mehr versichertes Fahrzeug im Gebiet des andern Staates verwendet wird, so erstattet sie der örtlich zuständigen Zulassungsstelle oder einer Zentralstelle dieses Staates Meldung. Diese Stellen treffen, unter Berücksichtigung der Rechtslage im Zulassungslande, die gebotenen Maßnahmen, damit das Fahrzeug nicht weiter ohne die gesetzlich vorgeschriebene Haftpflichtversicherung verkehrt.*
(₂) *Zentralstellen sind, solange die Regierung der betreffenden Vertragspartei nichts anderes bestimmt, in der Bundesrepublik Deutschland das Kraftfahrt-Bundesamt, in der Schweiz die Eidgenössische Polizeiabteilung.*

Art 4. *Dieser Vertrag gilt zufolge besonderer Bevollmächtigung durch die fürstlich-liechtensteinische Regierung auch für das Fürstentum Liechtenstein.*

IPR : Sachenrecht

Vor Art 13

Neues Schrifttum: Stoll, Der Schutz der SachenRe n IPR, RabelsZ **73**, 357; derselbe, RKollisionen bei Gebietswechsel bewegl Sachen, RabelsZ **74**, 450; Drobnig, Mobiliarsicherheiten im internat Wirtsch-Verkehr, RabelsZ **74**, 468, ders, Entwicklgstendenzen des dtschen internat SachenR, Fschr f Kegel (1977) 141; Staud-Stoll, Internat SachenR, 1976.

1) Allgemeines. Eine ges Regelg fehlt vollst, vgl Vorbem 4 vor EG 7. Die maßg Grdse wurden v Rspr u Lehre entwickelt.

2) Grdsatz. Entsch ist das Recht des Lageorts (lex rei sitae), sowohl für Grdst, BGH **52**, 239, wie für bewegl Sachen, BGH **39**, 173; ausnahmsw bei im Transport befindl Sachen (res in transitu) Recht des Bestimmungsortes, vgl Anm 4. Dem PartWillen ist insow keine Einwirkg eingeräumt, Kegel IPR § 19 I, str, aM zB Drobnig Fschr f Kegel (1977) 150, Staud-Stoll Rdz 414 ff nach EG 12. – Der EigtErwerb u -verlust an Schiffen, die im SchiffsReg eines dtschen Ger eingetr sind, richtet sich n dtschem Recht, SchiffsRG 1 II. Sonst ist das R des Heimathafens maßg, vgl Kegel IPR § 19 V. Das Entstehen v SchiffsGläubRen unterliegt dem Schuldstatut des gesicherten Fdg, Hbg VersR **75**, 826 im Anschl an Prüßmann, SeehandelsR, vor HGB 754 Anm II B 3, Zweigert/Drobnig VersR **71**, 581, aA (lex rei sitae) Soergel-Kegel vor EG 7 Rdz 360, vgl auch BGH **35**, 267 (anscheind f R der Flagge). Über die Rangfolge entsch bei Anwendbk versch ROrdngen die lex fori, Oldenbg VersR **75**, 271, Prüßmann, SeehandelsR, vor HGB 754 Anm II B 4b bb, Soergel-Kegel vor EG 7 Rdz 360, aA Hbg (LG) MDR **63**, 765. Die BRep ist dem Abk üb die internat Anerkenng von Rechten an Luftfahrzeugen dch G v 26. 2. 59, BGBl II 129, beigetreten. – Auch im **ILR** lex rei sitae maßg. RAnwendgsG (DDR) 9 ff unterscheidet zw Grdst (R des Lageorts) u bewegl Sachen (R des Absendeorts bei res in transitu). Bei GrdPfdR w Fdg idR derselben Währgumstellg wie das sie sichernde GrdPfdR unterworfen sein, Ffm NJW **60**, 1304, vgl auch Anm 7 vor EG 12. Bei HöchstBetrHyp ist jedoch grdsl für die Fdg das Schuldstatut maßg. Weg der sich aus den Enteigngen in der DDR für das HypR ergebden Fragen s unten 5 b.

3) Anwendungsbereich. Die lex rei sitae, also das Recht des Lageorts zZ des Eintritts des Tatbestands gilt **für alle sachenrechtl Tatbestände**. Sie entsch, ob eine Sache iS des SachenR überh vorliegt, also auch, ob es sich um einen wesentl Bestandt handelt, über die Voraussetzgen der Entstehg, Ändg od Übertr eines dingl Rechts, insbes auch, ob die Vfg abstrakt ist u demgemäß bei Nichtigk des GrdGesch Bestand haben kann, über die Modalitäten der Übereigng, zB dch Besitzkonstitut od Abtr des HerausgabeAnspr (wobei aber die zugrdeliegden schuldr Vorgänge n dem Schuldstatut z beurteilen sind, Kegel IPR **§ 19 II**), über die Möglichk des Erwerbs einer Sache vom NichtBerecht u damit auch, ob für Besitzer bewegl Sachen EigtVermutg besteht, BGH NJW **60**, 774. Das R des Lageorts entsch auch, welche Rechte an einer Sache erworben werden können, RG HRR **30**, 2066, damit auch über Entstehg ges PfdRe (FdgsStatut insow unerhebl), aM anscheind Düss VersR **77**, 1047, teilw abw Staud-Stoll Rdz 288 ff, ferner über den Inhalt der Rechte, ihren Verlust, über EigtSchutz u Besitzschutz (aM Stoll RabelsZ **73**, 357: Rechtsverfolg außerh des BelegenhStaates nach lex fori), dh insb AbwehrAnspr des Eigentümers, LG Traunst Zeitschr f Luft- u WeltraumR **75**, 160 (betr dtsche Anlieger eines ausl Flughafens), bei WertP auch über das Recht am Papier u seine Übertr, RG IPRspr **1934** Nr 11, Kegel IPR § 19 II. N der lex rei sitae beurteilt sich auch die Unterscheidg zw bewegl u unbewegl Sachen, soweit sie matrechtl v Bedeutg ist; w sie in einer Kollisionsnorm getroffen, so entsch die ROrdng, welcher diese angehört, iF einer Rückverweis also das betr ausl IPR, RG **145**, 85 u Vorbem 9 vor EG 7. Das R des Lageorts entsch auch über die Form eines RGesch, dch das ein Recht an einer Sache begründet od über ein solches Recht verfügt w, vgl EG 11 II. Hins der Einwirkg der lex rei sitae auf die Form des GrdstKaufVertr vgl EG 11 Anm 2 aE. Hingegen entscheidet die lex rei sitae **nicht** über die der Hyp zugrde liegde Fdg, die ihrem eigenen R folgt, BGH NJW **51**, 400, Staud-Stoll Rdz 246, str; f die GeschFgk der VertrParteien bei dingl RGeschäften gilt EG 7, insbes EG 7 III 2. Soweit fam- u erbrechtl Vorgänge sachrechtl Verhältnisse beeinflussen, entsch das Personalstatut, vgl EG 15, 19, 24, 25. Allerd schafft gerade insow EG 28 eine Ausn.

4) Statutenwechsel. Wird eine bewegl Sache aus dem Machtbereich einer Rechtsordng in den einer anderen verbracht, so gehen damit nicht die bish Rechte an der Sache verloren, sond bestehen im Rahmen der neuen lex rei sitae weiter, der diese alten Rechte u Pflichten u die Folgen des Verhaltens Dritter nunmehr inhaltl unterstehen, BGH **45**, 95, Raape IPR § 57 IV, einschränkd Stoll RabelsZ **74**, 458, vgl auch Drobnig RabelsZ **74**, 468; Hübner JuS **74**, 151; demgem erhält der Besitzer von in Frankreich gestohlenem Gut auch in Deutschland die Einrede des Lösgsrechts, frz cc 2280, Raape aaO. Das erworbene dingl Recht bleibt im Land auch dann bestehen, wenn dieses strengere Anforderungen an die Entstehg stellt als das alte, außer wenn das Recht nach der neuen lex rei sitae etwa überh nicht entstehen konnte, vgl Ferid IPR Rdz 7–65. W eine mit einem besitzlosen PfdR belastete Sache (frz RegisterPfdR an Kfz) ins Inland verbracht, so besteht dieses R mit Rücks auf die Einschränkg des FaustpfandGrds in der dtschen REntwicklg (Sichergsübereigng) auch hier fort, BGH **39**, 139, Kegel IPR § 19 III, vgl dazu Drobnig Fschr f Kegel (1977) 142. Reichte nach der bish Rechtsordng ein abgeschl Tatbestd zur Entstehg eines dingl Rechts nicht aus, so wird das auch nicht dch Ortswechsel ermöglicht, Lewald IPR 178. Ist ein Tatbestd noch nicht abgeschl, zB bei der Ersitzg, so entsch ledigl das neue Sachstatut über die dingl RLage, Raape IPR § 58; war aber Ersitzg inf kürzerer Frist im und Lande abgeschl, so bleibt es dabei. Ist beim **Versendungskauf** nach dem Recht des Absendelandes bereits durch die Versendg Eigentum übergegangen, so bleibt es dabei, auch wenn das nach dem Recht des Empfangsstaates erst mit der Übergabe der Fall ist; vgl auch Vorbem 6a vor EG 12. Wird umgekehrt in letzterem Land versandt, so ist damit Eigt noch nicht übergegangen, sond erst in dem Augenblick, in dem es die Grenze des Bestimmgsstaates überquert, wenn nach dessen Recht mit der Versendg Eigt übergeht, Raape IPR § 60 I. **Vereinbg eines EV** beim internat Versendungskauf bezieht sich auf R des Käuferlandes u erlangt Wirksamk nach diesem mit Eintreffen am BestOrt, BGH **45**, 95, teilw abw Soergel-Kegel Rdz 353 vor EG 7, Drobnig RabelsZ **68**, 469, ders Fschr f Kegel (1977) 145, Stoll RabelsZ **74**, 450 (für Zulassg einer sachenr RWahl bei internat VerkGeschäften), vgl auch Behr AWD **78**, 495 u Vorbem 6a vor EG 12. Das R der Durchgangsländer bleibt ohne Bedeutg außer f gesetzl PfandR derj, welche den Transport z tun h od, wenn der Transport f längere Zeit unter- oder in einem zunächst als Durchgangsland geltden Land abgebrochen w. Handelt es sich um Ware, die erst währd des Transportes verkauft w (**res in transitu**), so werden alle irgendwie mögl Ansichten vertreten, Übersicht Markianos RabelsZ **58**, 21. Auch dem PartWillen wird Einfluß eingeräumt, so Staud-Stoll Rdz 474 ff, Erm-Arndt Anh 2 zu EG 12 Rdz 7; Raape § 60 III will genügen lassen, wenn die Vorschriften irgendeiner der in Betr kommenden Rechtsordngen (Absende-, Empfangsort, aber nicht Abschlußort oder Wohns des Eigentümers, Besitzers, Verfügers, wohl aber eines Transitlandes) beachtet sind. Gg beide Lösgen spricht ihre Unbestimmth, auch mögl Feststellgsschwierigkeiten, so daß auf eine bestimmte ROrdng abzustellen sein wird, als welche sich die des Bestimmgslandes anbietet, ohne daß es freilich darauf ankommt, ob es auch erreicht ist, Ferid IPR Rdz 7–83, Soergel-Kegel vor EG 7 Rdz 357, Markianos RabelsZ **58**, 43; RAnwendgsG (DDR) 10 stellt auf R des Absendeortes ab. **Transportmittel** werden nach dem Recht des Ortes, von dem aus sie eingesetzt werden, zu behandeln sein, Soergel-Kegel vor EG Rdz 358, Drobnig Fschr f Kegel (1977) 144. Bei einem im dtschen Register eingetragenen Schiff richtet sich Erwerb u Verlust des Eigt nach dtschem Recht, § 1 II SchiffsRG v 15. 11. 40, vgl Anm 2; ebso RAnwendgsG (DDR) 11 I.

1. Abschnitt: Allgemeine Vorschriften   **(IPR) Vorbem v EGBGB 13 5**

5) Enteignung.

Schrifttum: Seidl-Hohenveldern, Internat Konfiskations- u EnteignungsR, 1952; Wuppermann, Internat Enteigng im Brennpkt richterl Nachprüfg, AWD **73,** 505; Behrens, RFragen im chilenischen Kupferstreit, RabelsZ **73,** 394; Fickel, EnteigngsR u IPR, AWD **74,** 69, derselbe, Z Entwicklg des EnteigngskollisionsR, AWD **74,** 584; Seidl-Hohenveldern, Spaltgstheorie u BVerfG, JZ **75,** 80; ders, die RBeständgk der Spaltgstheorie, AWD **76,** 133; Teich, Die Spaltgstheorie ist hM in der dtschen Rspr u Literatur, WPM **76,** 1322; Flume, JP u Enteigng im IPR, Fschr f Mann (1977) 143; Seidl-Hohenveldern, Internat EnteigngsR, Fschr f Kegel (1977) 265; Kegel/Seidl-Hohenveldern, Z Territorialitätsprinzip im internat öff R, Fschr f Ferid (1978) 233.

a) Eine im **Ausland** erfolgte Enteigng ist zwar grdsl als wirks anzuerkennen, sie entfaltet aber keine Wirkgen über die Staatsgrenzen hinaus u ergreift nur Verm, das z Ztpkt der Enteigng der GebietsHoh des enteignden Staates unterliegt (**Territorialitätsprinzip**), BGH **25,** 134, **32,** 99, 256, **39,** 220, Hbg (LG) AWD **73,** 163. F die Belegenh einer Fdg ist der Wohns des Schu maßg, BGH **5,** 35, **25,** 139, eine hyp gesicherte Fdg kann aber auch am Ort des belasteten Grdst belegen sein, BGH **LM** EG 7 ff (Enteign) Nr 23 (typ Realkredit); z den Auswirkgen einer Enteigng im HypR vgl im übr unten b). Die Beschlagn der Fdg eines dtschen Gl gg ausländ Schu führt nicht zum Erlöschen der Fdg gg inländ Bürgen, BGH **31,** 168; **32,** 97. Auch ein MitSchu w dch enteignsbdgt Verlust der RückgrMöglk nicht ohne weiteres frei, BGH MDR **58,** 88. Bestehen bei der Enteigng einer Fdg greifb Anhaltspkte f eine Gefahr doppelter Inanspruchn des inländ Schu, kann diesem ein LeistgVR aus § 242 zustehen, BGH **23,** 337, **25,** 152, NJW **53,** 861, MDR **55,** 404. Eine Enteigng des Schu befreit diesen nicht v seinen Verbindlk, BGH Betr **62,** 768, Hilfe allenf über § 242 (Wegf der GeschGrdL, VertrHilfe) mögl, Soergel-Kegel vor EG 7 Rdz 576. Eine JP, die in ihrem Heimatstaat enteignet w, besteht in der BRep hins des hier belegenen Verm als selbstd JP in Form einer sog Rest- od **Spaltgesellsch** (zu den Begr vgl BGH **33,** 199) fort, BGH **20,** 4, **25,** 134, **33,** 199, **43,** 55; krit Koppensteiner, Berichte der dtschen Gesellsch f VölkerR 13 (1974) 65, Czapski AWD **75,** 697, Flume Fschr f Mann (1977) 143. Sie kann auch solche VermWerte beanspr, die erst nach der Enteigng in die BRep gelangt sind, Hbg (LG) AWD **74,** 411, abl Meessen AWD **73,** 177. Macht der enteignde Staat eine gg die enteignete Gesellsch begründete Fdg nunmehr gg die SpaltG geltd, so kann dies rechtsmißbräuchl sein, BGH **56,** 66. Auch die Enteigng aller od fast aller MitglschR an einer JP od die Absetzg ihrer Organe dch HohAkt wirkt nicht über den Enteignerstaat hinaus, BGH **25,** 134, **32,** 256 m Anm Seidl-Hohenveldern JZ **60,** 705, BAG IPR Nr 2, dazu auch Beitzke JZ **56,** 673; eine SpaltG entsteht jedoch nur, wenn der enteignde Staat so viele MitglschRe besitzt, daß er das Untern vermögens- u verwaltgsm beherrscht, BGH WPM **71,** 1502; dies ist nicht der Fall, wenn nahezu die Hälfte der Anteile im PrivBes bleiben, BGH AWD **77,** 779, krit dazu Teich AWD **78,** 11. Weiterbestehen der Vertretgsbefugn der Organe ist grdsl nicht über die satzgsgem Amtsdauer hinaus zu erstrecken, da Neuwahl od gerichtl Bestellg eines NotVorstd mögl, BGH **33,** 195, Tübg (LG) MDR **64,** 422, Celle NJW **65,** 504. Bei völl Enteigng geht Sitz im Enteigngsstaat verloren, zur Neubegründg eines inländ Sitzes ist konstitutiver Akt (zB Beschl der zust Organe) erforderl, BGH **33,** 204, BGH **LM** UWG 16 Nr 14 dazu RGH JZ **63,** 360; Rechte der Mitgl aber überall dort belegen, wo Gesellsch Verm besitzt, vgl BGH **20,** 13, Hbg (LG) AWD **74,** 410, Serick JZ **56,** 200. Auch die Beschlagn v in dtscher Hand befindl JP im Ausland in u nach dem 2. Weltkrieg erstreckt sich nicht auf inl VermWerte, sofern eine solche Erstreckg nicht dch AO der BesatzgsBeh od StaatsVertr erfolgt ist, BGH **25,** 127; BGH **LM** ÜberleitVertr Nr 3, WPM **76,** 1268, ferner Kuhn WPM **56,** 2. Dch Art 3 des VI. Teils des ÜberleitVertr, BGH **25,** 127, u Art 1 I (a), 2 I (a) AHKG 63, BGH **62,** 340, dazu Seidl-Hohenveldern JZ **75,** 80, w die nachträgl Wirksk v Beschlagn, die bis z Inkrafttr der Best noch nicht vollzogen waren, jedoch nicht begründet. Eine AO der Besatzgsmächte ist nun nicht mehr mögl. – Einer Enteignng ist ausnw die Anerkenng in der BRep zu versagen, wenn Art 30 eingreift. Nach LG u OLG Brem AWD **59,** 105, 207 (indones Tabakstreit) u LG Hbg AWD **73,** 163 (chilen Kupferstreit) genügt aber Völkerrechtwidrigk nicht, um Verstoß gg **ordre public** zu bejahen, Voraussetzg ist vielm auch eine enge Beziehg z dtschen Interessen, vgl zur letzten Entsch Meessen AWD **73,** 177 u **74,** 494, Wuppermann AWD **73,** 505, Fickel AWD **74,** 69 u 584, krit Seidl-Hohenveldern AWD **74,** 421, ders Fschr f Kegel (1977) 265, Behrens RabelsZ **73,** 428. Z völkerrechtswidr Enteigng Mann NJW **61,** 705 u Fschr f Duden (1977) 287, Wehser JZ **74,** 117.

b) Diese Regeln gelten auch im dtschen **ILR.** Z Grds, daß Enteignungen u Beschlagn dch die DDR nicht über ihr Territorium hinaus wirken, Ficker, GrdFragen 86 ff, Serick RabelsZ **55,** 91, BGH **5,** 37, **20,** 4 (betr Enteignng v MitglschRen an einer GmbH), **23,** 336, **31,** 168, vgl jetzt auch Art 6 GrdVertr u dazu Drobnig RabelsZ **73,** 493. Daher keine VfgMacht des DDR-Treuhänders über West-Verm, BGH **17,** 209 (unter Hinw darauf, daß in der BRep aufrechterhaltene Patente u Warenzeichen hier belegen sind). Ist ein Firmenname einem volkseigenen Betr in der DDR verliehen, so verstößt sein Gebr in der BRep gg EG 30, wenn hier das Unternehmen v seinem bish Inh unter demselben Namen weitergeführt w (Zeiß-Jena), BGH MDR **58,** 154. Setzen dann beide Unternehmen ihre Produktion unter der Bezeichng fort, die schon vor der Enteigng VerkGeltg hatte, so hat diese nur Bedeutg f den Betr des rechtmäß Inh in der BRep, BGH NJW **61,** 1919. Der DDR-Betr kann aber nach Beschlagn neu geschaffene Warenzeichen anmelden, wenn diese in den Kennzeichenschutz des früh Inh nicht eingreifn noch sonstwie auf den früh Betr u seinen good will Bezug nehmen, BGH **LM** EG 7 ff (IzPR) Nr 50. Z Erhaltg des Kennzeichensschutzes muß ein in der DDR enteignetes Unternehmen seine GeschTätgk in der BRep innerh eines solchen ZtRaums wieder aufnehmen, daß Stillegg noch als vorübergehde Unterbrechg angesehen w kann, BGH **LM** UWG 16 Nr 40a. Der in der DDR übernehmde Betr kann nicht Verwirkg geltd machen, BGH **34,** 345 m Anm Bock **LM** EG 7ff (IzPR) Nr 44, u ohne Einwilligg des Inh auch die KennzeichngsRe in der BRep nicht verwenden, BGH **LM** UWG 16 Nr 41/42, vgl nach Anm 2d vor EG 12. Verlegen zwei in der DDR enteignete Unternehmen ihren Sitz in die BRep, so kann zZ der Enteigng bestehende Fdg des einen Unternehmens gg das and im Westen geltd gemacht w, wenn Schu damals WestVerm besaß, BGH MDR **72,** 494. Vorstehde Grdse gelten auch f hoheitl od nur formal in ein privatr Gewand gekleidete od rein tats Eingr, die zwar nicht als Enteigng bezeichnet w, nach Tendenz u Wirkg aber einer solchen gleichzuachten sind, BGH **LM** RTAG Nr 1, ebso f öffr VfgBeschrkgen (zB devisenr Art), die ledigl staatl Interessen dienen, BGH **31**, 367, aA Ffm NJW **72**, 398 m krit Anm Kohler. Z neuen DevisenR der DDR Zieger AWD **75**, 1. – Z Rest- u Spaltgesellsch bei DDR-Enteignen vgl BGH **LM** RTAG Nr 1, Serick RabelsZ **55**, 99, Flume Fschr f Mann (1977) 154. – Enteignu u HypR (vgl dazu Beitzke JR **51**, 705, Drobnig RabelsZ **53**, 663): Geht die Hyp inf Enteigng des Grdst unter, so erlischt damit noch nicht die Fdg, da pers Fdg u Hyp auch in der Frage der Enteigngswirkg rechtl versch zu behandeln sind, BGH **1**, 114, **12**, 84; die Fdg ist vielm v dem in der BRep befindl Schu zu zahlen, BGH MDR **59**, 100 mit Anm Beitzke (vgl aber auch oben a). Bei Enteign der Hyp erlischt die Fdg nicht dch Zahlg der HypValuta an den RNachf, der enteignete Gl kann sich aber uU gem § 242 nicht auf die Unwirksk der Zahlg berufen, BGH **12**, 79, BGH BB **55**, 459, Mü MDR **50**,682, Berlin-W (LG) JR **52**, 27. Erfolgt doppelte Inanspruchn des im Westen befindl HypSchu, so VertrHilfe od Ausgl über § 242 mögl, vgl oben a), ferner BGH NJW **52**, 420, Seeger JR **51**, 359 u NJW **52**, 210. VfgBeschrkgen hins der Mieteinnahmen des OstGrdst geben dem HypSchu aber noch kein LeistgVR, BGH MDR **58**, 86. Von der Rückg des in der DDR verbliebenen HypBriefs kann der Schu die Leistg wg § 275 II nicht abhäng machen. F eine in der BRep belegene Hyp kann DDR-RNachf des enteigneten Eigtümers keine LöschgBewilligg erteilen, da Wirkg der Enteignng auf die DDR beschr, OLG Schlesw NJW **50**, 193; KG JR **49**, 147.

IPR : Familienrecht

EG 13 *Eheschließung.* I Die Eingehung der Ehe wird, sofern auch nur einer der Verlobten ein Deutscher ist, in Ansehung eines jeden der Verlobten nach den Gesetzen des Staates beurteilt, dem er angehört. Das gleiche gilt für Ausländer, die im Inland eine Ehe eingehen.

II In Ansehung der Ehefrau eines nach *Artikel 9 Abs. 3* für tot erklärten Ausländers wird die Eingehung der Ehe nach den deutschen Gesetzen beurteilt.

III Die Form einer Ehe, die im Inlande geschlossen wird, bestimmt sich ausschließlich nach den deutschen Gesetzen.

Schrifttum: D i e c k m a n n, Die Handschuhehe dtscher StaatsAngehör n dtschem IPR, 1959; L u t h e r, Die Formen der Eheschl nach ital Recht u ihre Bedeutg f dtsch-ital Ehen, StAZ **70**, 33; J a y m e, GrdR der EheschlFreih u Wiederheirat gesch Ausl, RabelsZ **72**, 19; O t t o, Die Wiederverheiratg in Dtschland gesch Ausl, StAZ **72**, 157; N e u m a y e r, Z Zivilehe eines Spaniers mit einer gesch Dtschen, RabelsZ **72**, 73; S i e h r, GrdR der EheschlFreih u IPR, RabelsZ **72**, 93; W e n g l e r, Die Bedeutg der verfr Best über die EheschlFreih u den Schutz der Fam f das IPR, RabelsZ **72**, 116; S t u r m, Scheidg u Wiederheirat v Spaniern in der BRep, RabelsZ **73**, 61; S c h o l l, Ehehindernisse u Eheverbote im IPR der BRep Dtschland, StAZ **74**,169; S a k u r a d a, Die diplomat Ehe in Dtschland lebder Japaner, StAZ **75**, 85; S i m i t i s, Z Reform des internat EheschlR, StAZ **75**, 237; B ö h m e r, Ein neues Haager EheschlAbk, StAZ **75**, 247; D i e c k m a n n, Z internatprivr Problematik der Handschuhehe eines dtschen Staatsangeh, StAZ **76**, 33; Siehr, Heilg dch Statutenwechsel, GedächtnSchr f Ehrenzweig (1976) 131; Krüger, Ehe u Brautgabe, FamRZ **77**, 114; Stoll, Z Reform des internat EheschlR in Dtschland, Fschr f Schwind (1978) 293.

1) Allgemeines. EG 13 **behandelt in I** die materiellen Voraussetzgen der Eheschl in Form einer unvollkommenen zweis Kollisionsnorm, die z einem alls Grds auszubauen ist, vgl Anm 2; z Reform vgl Stoll Fschr f Schwind (1978) 293. **II** gibt von dem Grds des I eine A u s n a h m e zugunsten der dtschen Frau. Wie auch sonst im PersonenR, vgl EG 7, zu dem iwS auch das FamR gehört, ist **Anknüpfungspunkt die Staatsangehörigk**, vgl Vorbem 6, 7a v für EG 7, u zwar im **Ztpkt der Eheschl**, RG HRR 30, 1736, bei der Frau also nicht die dch Eheschl erworbene. Haben die Eheg aber nach der Eheschl die Zugehörigk zu einem (dritten) Staat erworben u ist die Ehe nach diesem ihrem neuen HeimatR trotz der Verletzg des HeimatR eines Eheg zZ der Eheschl gültig (kennt es also zB den AnfGrd des bisherigen nicht), so kann die Ehe auch in Deutschland währd der Zugehörigk zu dem dritten Staat nicht für nichtig erkl w, KG JW **38**, 855; ähnl auch RG **132**, 416 mit nicht ganz zutreffender Begr, aM Soergel-Kegel Rdz 38, wohl auch BGH FamRZ **78**, 232; das gleiche gilt bei einer unter Verletzg v III im Inland in ritueller Form geschl Ehe, Anm 6 b aE; f weitergehde Möglk der Heilg unwirks Eheschl dch Statutenwechsel Siehr, GedächtnSchr f Ehrenzweig (1976) 163f. Im übr kommt der Eheschl erworbene Staatsangehörigk wie eine nach oder vor der Eheschl nicht in Betr; **Ausn II.** – Die dtsche Ehefr verliert ebensowenig wie ein dtscher Mann seit dem 1. 4. 53 dch Eheschl die dtsche Staatsangehörigkeit, vgl BVerwG StAZ **60**, 12; erwirbt sie aGrd der Eheschl nach HeimatR ihres Ehem dessen Staatsangehörigk, so ist sie Doppelstaater. Bei **Staatenlosen, Flüchtlingen** usw vgl EG 29 mit Anh, bei **Mehrstaatern** vgl Vorbem 7a v für EG 7. **III** behandelt die **Form** der im Inland geschl Ehe, währd für die im Ausland geschlossene EG 11 gilt. **Abweichgn** von dem Grds des **III** ergeben EheG 15a, BundesG über Anerkenng von Nottrauungen v 2. 12. 50, abgedr EheG 11 Anh, die von Deutschland geschl Konsularverträge, Anh zu EG 13 Anm 1, bei Auslandsehen von Deutschen § 8 KonsG v 11. 9. 74, BGBl 2317. – Im Verhältn zu einigen Staaten treten an Stelle von EG 13 die Vorschr der mit ihnen abgeschlossenen **StaatsVertr**, insbes das **HaagerEheschlAbk**; vgl dazu Anh zu EG 13. – **Verfahrensrechtl** sind Besonderheiten nicht gegeben; entspr dem allg Grds, daß das VerfR dch die lex fori bestimmt wird, gelten die Bestimmgn der ZPO, die also auch darüber entsch, ob eine Ehesache vorliegt od nicht, vgl KG JW **37**, 2039. Besitzt nur einer der Eheg die dtsche Staatsangehörigk, beurteilt sich die internat Zustdgk der dtschen FamGer f die Kl auf Aufhebg od NichtigErkl dieser Ehe nach ZPO 606, auch wenn sie v StaatsAnw od einem früh Eheg erhoben w, BGH FamRZ **76**, 336. Soweit keiner der Eheg die dtsche Staatsangehörigk hat, die Ehefr sie auch nicht zZ der Eheschl hatte, kann von einem dtschen Gericht auch in Ehenichtigk- u Aufhebgsklagen nur entschieden w, wenn zumindestens ein Eheg staatenlos ist od die von dem dtschen Gericht zu treffende Entsch im Heimatstaat des Mannes anerkannt w, ZPO 606 b Z 1; vgl dazu u zur Zuständigk in Scheidgsklagen auch EG 17 Anm 6a. – Im dtschen **ILR** wurde bish die Staatsangehörigk als Anknüpfgspkt dch den gewöhnl Aufenth der Verlobten ersetzt, vgl dazu jetzt Vorbem 14c vor EG 7. Die in der DDR geschl Ehe eines 18jähr, der dort seinen gewöhnl Aufenth hatte, war daher in der BRep auch vor Herabsetzg des VolljAlters nicht fehlerh, BGH **42**, 89. Über weitere Probleme, die sich aus der früh Verschiedenh der Voraussetzg der Ehemündigk in Verh beider dtscher Staaten ergaben, vgl 34. Aufl Vorbem 14n vor EG 7. Zust zu Erteilg des AuseinanderSZeugn bei gewöhnl Aufenth v Kind in DDR u Vater in BRep entspr FGG 37 II AG, in dessen Bezirk FürsBedürfn hervortritt, Celle FamRZ **69**, 555. Über Eheschl in den Gebieten östl v Oder u Neiße Baade StAZ **58**, 29, Skubazewski StAZ **59**, 107. – RAnwendgsG (DDR) 18 I knüpft ebso wie EG 13 I an die Staatsangehörigk beider Verl an; die Regelg der Form der Eheschl in § 18 II u III entspr sachl EG 13 III iVm 11 I.

2) Grdsatz, I. Abs I behandelt nur **a)** die Ehe eines Deutschen mit einem Ausländer, gleichgült, ob im Inland od Ausland geschl, sowie die Ehe zweier Deutscher im Ausland (S 1), **b)** die Ehe von Ausländern im Inland (S 2). In diesen Fällen soll für die Eingehg der Ehe für jeden Verlobten sein HeimatR maßg sein, vgl auch Anm 1. Diese unvollk zweiseit Kollisionsnorm h Lehre u Rspr zu einer vollständ ausgebaut u demgem daraus den Grds abgeleitet, daß **die Eingehg der Ehe bei jedem Verlobten nach seinem HeimatR im Ztpkt der Eheschließung zu beurteilen ist**, jeder Verlobte also bei der Eheschl den Vorschr seines HeimatR genügen muß, um in einer rechtsgült Ehe zu leben, RG **132**, 418, BGH **27**, 375 allg M; diese Regelg ist mit GG 6 I vereinb, BVerfG **31**, 58. Bei der Maßgeblk ihres ausl HeimatR blieb es für die Ehefr auch dann, wenn sie n § 6 RuStAG aF z Protokoll des Standesbeamten erklärte, daß sie die dtsche Staatsangehörigk erwerben wolle, BGH **46**, 95. Das EheschlStatut ist grdsl unwandelb, dahingestellt BGH IPRspr **71** Nr 123, vgl auch Koblenz IPRspr **73** Nr 33 (beide u religiöser Eheschl jüd Auswanderer); so daß für die Eheschl auch bei rückw Wiedererwerb der dtschen Staatsangehörigk dch einen Ausgebürgerten gem GG 116 II 2 das HeimatG maßg bleibt, das er damals hatte, BGH **27**, 375; zur Wandelbark des EheschlStatuts kommt es aber ausnahmsw dann, wenn eine nach dem HeimatR zZt der Eheschl bestehde Nichtigk nach dem neuen HeimatR entfällt, vgl Anm 1. Nach EG 13 I ist also bei jedem Verlobten isb über das Vorliegen v Ehehindern zu entsch. Ist ausl Recht anzuwenden, so bleibt das dtsche außer Betr, da ein EG 17 IV entspr Grds EG 13 fremd ist, RG Gruch **56**, 1017. In gewissen Fällen will das HeimatR seinen StaatsAngeh die Eheschl aber nur mit einer solchen Pers gestatten, bei der bestimmte Voraussetzgn gegeben sind. Dann handelt es sich um **zweiseitige Ehehindernisse (Eheverbote),** RG JW **30**, 1003, das Hindern darf also auch nicht in der Pers des anderen vorliegen. Ob ein derartiges Ehehindern vorliegt, ist Ausleggsfrage des R, dem die Vorschr entstammt, also uU dem ausl. Beispiele sind dem deutschen R EheG 5, 7, wohl auch 18 I, KG JW **37**, 2039 für den entspr § 1325 I, nicht dagg auch EheG **5**, aM Scholl StAZ **74**, 169 mit beachtl rechtspolit Grden, die aber mit dem klaren Wortlaut der Vorschr nicht vereinb sind.

3) Anwendgsgebiet des Grdsatzes. Er gilt nicht nur für die sachlichrechtl Ehevoraussetzgn u Eheverbote, also auch für die Willensmängel, RG JW **31**, 1340, sond nach ihm richten sich auch die **Folgen,** Hbg (LG) IPRspr **73** Nr 37, **75** Nr 38. Das nach diesem Grds in Betr kommende Recht entsch demnach, ob eine **Nichtehe** vorliegt u es überh des gerichtl Ausspruchs der Nichtigk bedarf, ob die Ehe nichtig ist oder nur ein die Wirksamk der Ehe nicht berührendes Eheverbot vorliegt, RG **120**, 37; danach muß sich also auch richten, ob der Staatsanwalt ein selbst KlageR hat, vgl auch KG JW **38**, 1242. Die **Nichtigk** kann jeder Eheg geltd machen, gleichgült, ob die Gründe in seinem oder dem HeimatR des and liegen, RG **136**, 142. Das HeimatR jedes Verlobten entsch, ob die Ehe **aufhebb od anfechtb** ist, wobei sich auch die Anf nach AuslandsR in den Formen der dtschen AufhebgskI vollzieht. Das **Aufhebgs-(Anf-)R** hat nur der, dessen HeimatR ein solches gibt, Warn **28**, 25. Das in Betr kommende Recht gibt demgem auch die Aufhebgs- (Anf-)gründe an, KG JW **38**, 855, isb die Bedeutg von Willensmängeln, Hbg (LG) FamRZ **74**, 96, zB kann danach nur ein AnfechtgsGrd wg Personen-, nicht wg EigenschaftsIrrt gegeben sein, BayObLG HRR **31**, 1431 (früh österr Recht); das verstößt ebensowenig gegen EG 30 wie die Anwendg eines Rechts, dem die Anf überh unbekannt ist, Warn **28**, 14. Qualifiziert das fremde Recht auch als dtsche, indem es Aufhebgs- als Scheidgsgründe ansieht (frz Recht hinsichtl der Täuschg über Eigenschaften), so hat der dtsche Richter EG 13 anzuwenden, Soergel-Kegel Rdz 5. Den vom dtschen EheaufhebgsR abweichenden AnfWirkgen ist auch im UrtAusspr Rechng zu tragen, vgl RG **151**, 226, demgem auch im PersStReg. Kennt das AuslandsR nicht die Aufhebgs-, sond nur die NichtigksIKl mit NichtigkWirkg, so kann auf Nichtigk geklagt w, auch wenn nach dtscher Auffassg nur Aufhebgsgründe vorliegen, Knauer DJ **39**, 558. Verfrechtl maßg bleibt in Deutschland ZPO 606 ff, für die Anerkenng ZPO 328. Bei Verschiedenh der Wirkgen eines Eheverbots od des Fehlens einer sachl Ehevoraussetzg in den in Betr kommenden Rechten **entsch das ärgere Recht,** RG **136**, 142, Hbg (LG) IPRspr **74** Nr 50, **75** Nr 38; so wäre die Ehe eines Dtschen mit einem verheirateten Engländer als Nichtehe anzusehen, Hbg (LG) FamRZ **73**, 602, Raape FamRZ **59**, 478, Soergel-Kegel Rdz 96. Sind die Folgen n beiden R ihrem sachl Gehalt n gleich, gibt LG Hbg IPRspr **75** Nr 38 dem R des verletzten Eheg den Vorzug; es besteht aber kein Bedürfn, hier vom Grds der kumulativen Anwendg abzugehen. Wird eine Ausländerehe im Heimatland wg Eheschl vor dem unzust Standesbeamten als nichtig angesehen, so hindert das eine Anerkenng des NichtigkUrt in BRep nicht (ordre public steht nicht entgg), Celle NJW **63**, 2235; dies gilt auch, soweit die Form dieser Ehe wg EG 13 III ausschließl n dtschem R z beurteilen ist, aM KG FamRZ **76**, 353, krit dazu Görgens StAZ **77**, 79, vgl auch Anm 6 a. Bei Verletzg der FormVorschr sowohl des Wirkgsstatuts als auch der Ortsform bei einer im Ausland geschl Ehe ist doch für die Folgen n dem milderen R, EG 11 Anm 2. Das ärgere Recht ergibt auch die Notwendigk eines **Schuldausspruchs** im Aufhebgs(Anf-)Urt; vgl im übr EG 17 Anm 5. Das nach EG 13 I in Betr kommende Recht regelt ferner, ob von einem Eheverbot **Befreiung** gewährt w kann, RG JW **35**, 1403, u deren Wirkg, wobei für die Befreiung die HeimatBeh des Verlobten zust bleibt, ein Ehehindern des HeimatR also nicht dch Befreiung v der Beibringg eines EhefähigkZeugn, EheG 10 Anm 3, beiseite geschoben w kann, Hamm

FamRZ **69**, 336, NJW **74**, 1626, Düss FamRZ **69**, 654 (and bei begründeten Zw über den ggwärt ausl RZust, Zweibr StAZ **77**, 16), ferner ob Nichtigk od Aufhebg (Anf) dch Zeitablauf entfällt, dch nachträgl Bestätigg geheilt w kann, sowie deren Wirkgen, KG JW **37**, 2039; zust Schwind, Österr Standesamt **58**, 38 (zugleich unter Darlegg der österr Regelg). Auch der Unterh u die **vermögensrechtl Wirkgen** einer Nichtehe od nichtigen Ehe sind nach dem Recht zu beurteilen, das über die Gültigk der Ehe entsch, Staud-Raape 338f, sehr str. Wg der **Kinder** entsch ebenf grdsätzl dieses Recht, vgl aber auch EG 18 Anm 3.

4) Ausnahmen von dem Grdsatz. a) An Stelle des HeimatR ist dasjenige, auf das es **zurück-**, EG 27, oder **weiterverweist**, anzuwenden.

b) Die Anwendg einer bestimmten Vorschr des ausl Rechts kann dch **EG 30** ausgeschl sein; vgl auch dort Anm 5. Vorsicht aber bei dessen Anwendg geboten. EG 30 schützt auch nur Belange des dtschen Rechts, nicht des fremden. Das Eheverbot der Religionsverschiedenh verstößt zwar nicht als solches, RG **132**, 416, wohl aber bei hinreichend starker Inlandsbeziehg des Falles gg EG 30, BGH **56**, 180 (dazu Strümpell StAZ **72**, 228), Hamm FamRZ **77**, 323. Mit EG 30 unvereinb ist auch die Anwendg von Art 150 schweiz ZGB, da dem dtschen R Ehescheidgsstrafen fremd, KG JW **38**, 2750; ebso das span Eheverbot der höheren Weihen, Hamm StAZ **74**, 66; nicht dagg Anerkennung der Geschlechtsumwandlg dch operativen Eingriff nach ausl HeimatR, aM Präs Hamm StAZ **74**, 69. Nach Neuhaus Fschr f Schwind (1978) 236 soll auch eine nachträgl Heilg einer wg Formmangels nichtigen Ehe in AusnFällen auf EG 30 gestützt w k. Vgl auch Anm 5c.

c) Die Ausn des EG 13 II galt zG der früheren dtschen Ehefr, deren ausl Ehem gem EG 9 III für tot erkl worden ist. EG 9 ist dch VerschG 12 ersetzt, der für jeden Eheg gilt, so daß man das auch für EG 13 II wird annehmen müssen, Soergel-Kegel Rdz 41. Möglichk der Wiederverheiratg richtet sich dann nach EheG 38 ff ohne Rücks darauf, ob die dtsche TodesErkl auch im Ausland anerkannt w. Abs II gilt aber nur, soweit die TodesErkl in Betr kommt, im übr gilt der Grds, Anm 2, allg M. Wg der übr Voraussetzgen für die neue Ehe gilt I.

5) Einzelheiten zu I. Vgl auch Anm 3 u 4b. **a) Ehehindernis der Doppelehe.** Die Beurteilg, ob eine Ehe der neuen Ehe entggsteht, ist Vorfrage, die selbstd nach den HeimatRen der erstehel Gatten z prüfen ist, vgl BGH FamRZ **76**, 336, also zB ob danach eine Nichtehe vorliegt; FeststellgsUrt nicht erfdl, Raape FamRZ **59**, 480. Auch die **Vorfrage der Scheidg der ersten Ehe** ist selbstd nach EG 17 anzuknüpfen. Unabhäng v dem f die Vorfrage maßg mat Recht ist ein **dtsches ScheidgsUrt** f dtsche Beh generell **bindd**, ein ausl Urt dann, wenn es die Ehe auch mit Wirkg f Dtschland aufgelöst h, was nach Art 7 § 1 FamRÄndG z prüfen ist, s dazu auch Otto StAZ **72**, 157, Baumb-Lauterbach ZPO 328 Anm 7, vgl ferner EG 17 Anm 6 b; **sehr str**, wie hier Soergel-Kegel Rdz 18 ff, Erm-Marquordt Rdz 9 f, Sturm RabelsZ **73**, 61, vgl auch BVerfG **31**, 58, aA die Rspr, zB BGH **41**, 135, NJW **72**, 1619, **77**, 1014 (gg Hamm Vorleggs-Beschl), Staud-Gamillscheg Rdz 298 ff (unselbstd Anknüpfg der Vorfrage, kollisionsr Relativität der R-Kraft), Müller-Freienfels Fschr f Kegel (1977) 90 (Lösg nur mit Hilfe des GG). Nach BVerfG **31**, 58 kann ein Spanier mit Rücks auf die starke Inlandsbeziehg in Dtschland eine gesch Dtsche heiraten, die Beachtg des kanon Rechts, das wg Nichtzulassg einer Ehescheidg die dtsche Scheidg der früh Ehe der Frau nicht anerkennt, in diesem Falle der dch GG 6 I garantierten EheschlFreih entggsteht; das gleiche gilt f die inländ Eheschl eines in Dtschland gesch Spaniers mit einer led Dtschen, BGH NJW **72**, 1619, od einer Spanierin u eines Jugoslawen, die beide v dtschen Ger gesch w sind u ihren gewöhnl Aufenth im Inland h, BGH NJW **77**, 1014, and noch BGH **41**, 135, **46**, 87 u 30. u früh Aufl; s auch Vorbem 15 vor EG 7. Nach der hier vertr Auffassg bedarf dieses Erg keiner verfassgsr Begr. Einen Verstoß gg GG 6 I verneinen Hamm FamRZ **72**, 140, **73**, 143, **74**, 457, Karlsr FamRZ **72**, 507 (betr Heirat eines in Dtschland gesch Italieners), Hamm NJW **73**, 2158 (betr Heirat eines in Dtschland gesch Irakers), wenn eine Anerkennung der Scheidg im Heimatland grdsl mögl ist. In diesen Fällen wollen sie – im Ggs z der hier vertr Auffassg – eine neue Eheschl v der Anerkennung der Scheidg im Heimatland abhäng machen. – Ist die fr Ehe eines Beteil im Ausl gesch w, so kommt es auf die **Anerkennung der ausl Entsch** im Inland n Art 7 § 1 FamRÄndG bzw ZPO 328 an; ist die Feststellg des Vorliegens der Anerkennungsvoraussetzgen erfolgt, so ist das ausl ScheidgsUrt in seinen RWirkg dem dtschen gleichgestellt; ist die Feststellg noch nicht herbeigeführt w, so ist das Verf z Befreiung der Beibringg des EhefähigkZeugn auszusetzen bis die Feststellg getroffen ist; w das Nichtvorliegen der Anerkennungsvoraussetzgen festgestellt, so h das ausl ScheidgsUrt im Inland keine Wirkg u ist die Ehe daher als fortbestehd anzusehen, BSozG FamRZ **77**, 636. Dagg prüft Hamm StAZ **76**, 310 (betr inländ Eheschl eines led Spaniers mit einer in ihrem Heimatstaat gesch Jugoslawin) die Nichtanwendg eines ausl Eheverbots auch hier n EG 30, worauf es n der hier vertretenen Auffassg nicht ankommen kann, vgl dazu auch Stoll Fschr f Schwind (1978) 302. – W eine Doppelehe in einem 3. Staat geschl, so besteht sie bis z NichtigErkl, Ffm OLGZ **67**, 374. Das **EhefähigkZeugn**, das gem EheG 10, vgl dort, grdsl jeder Ausländer vor der Eheschließg beizubringen hat, bindet weder den einen noch den anderen, steht also auch einer NichtigKlage, nicht entgg, RG **152**, 21. Dch eine Scheidg (Trenng) von Tisch u Bett wird die Ehe dem Bande nach nicht aufgelöst, RG **151**, 313, Karlsr NJW **73**, 425 (Trenng nach Pers u Gütern nach portugies R, vgl auch EG 30 Anm 5). Auch Juden nichtdtscher Staatsangehörigk können in Dtschland dch Rabbiner wg § 1564 (fr EheG 41) nicht gült gesch w, vgl RG **113**, 38, aM Stgt FamRZ **70**, 30; die (früher mögl) Privatscheidg dtscher StaatsAngeh in Sowjetrußland nach SowjetR wird in Dtschland nicht anerkannt, RG **136**, 142. **b)** Ehehindern der Verwandtsch od Schwägersch, des Ehebruchs od der Ann als Kind beurteilen sich n EG 13, ebso das Ehehindern der Wartezeit, vgl dazu Scholl StAZ **74**, 169, u des Auseinandersetzgszeugn, KG FamRZ **61**, 477. **c)** Ehehindernisse aus rassischen Gründen, Verbot der Eheschl mit fremden Staatsangehörigen sind n EG 30 unbeachtl, vgl Staud-Gamillscheg Rdz 452ff; dies gilt auch, soweit eine solche Eheschl, wie in Tschechoslowakei, Ungarn, Rumänien, DDR (RAnwendgsG 18 I), einer bes Gen bedarf; ebso Ferid StAZ **54**, 19, vgl auch MenschenRKonv Art 14; es trifft aber dann nicht zu, wenn AuslandsR nur Genehmigg bei Ausländerehen seiner Beamten u Offiziere fordert (Iran), KG NJW **61**, 2209. Auch Eheverbote aus rel Grden sind bei genügd intensiver Inlandsbeziehg wg EG 30 unbeachtl, BGH **56**, 180, Hamm FamRZ **77**,

323. d) Die Ehemündigk beurteilt sich n EG 13; soweit n dem Personalstatut der Verl Geschäftsfähigk verlangt w, ist über deren Vorliegen n EG 7 z entsch, Kegel IPR § 20 III 1, str, aM Staud-Gamillscheg Rdz 211. N EG 13 I beurteilt sich auch die Notwendigk der Zust Dr, Ffm MDR **51**, 299. **e)** Über WillMängel u deren Folgen entsch ebenf das n EG 13 I berufene R, vgl Anm 3. **f)** Z Möglk einer Stellvertretg vgl Anm 6 b. **g)** Auch das Erfordern einer Brautgabe (islam R) ist n dem EheschlStatut zu beurteilen, vgl dazu Krüger FamRZ **77**, 114.

6) Form der Eheschl. a) Im Inland, III. Die im Inland geschl Ehe muß der Form des EheG genügen, um Wirkg in Deutschland z h, muß also vor dem dtschen Standesbeamten in gehöriger Form geschl sein, EheG 11, 13; sonst Nichtehe bzw Nichtigk, EheG 11 Anm 2 ff; auch die AufgebVorschr sind z beachten; die Form des Wirkgsstatuts bleibt mithin außer Betr, EG 11 Anm 1. Wegen der rechtspolit Bedenklichk dieser Regelg gilt f Inländer wie f Ausl; letztere h dem StBeamten ein EhefähigkZeugn vorzulegen, EheG 10. III gilt grdsl auch, wenn die Gültigk der in Deutschland geschlossenen Ehe als Vorfrage zu beurteilen ist, vgl Henrich StAZ **66**, 219, zB bei Befreiung v EhefähigkZeugn, KG FamRZ **76**, 353 (die Entsch verkennt freil, daß im konkr Fall vorgreifl über die Anerkenng eines ausl NichtigkUrt z befinden war, vgl die berecht Kritik v Görgens StAZ **77**, 79), od bei EG 18, vgl aber dort Anm 3. Eine **Ausn** von III besteht für Ehen, bei denen beide Eheschließende Ausländer sind (nicht auch bei Doppelstaatern mit zugleich dtscher Staatsangehörigk, SchlH StAZ **74**, 153) n **EheG 15 a**: Eheschl vor einer v der Reg des Heimatstaates eines der Verl ordnungsgem ermächt Pers in der v den Ges dieses Landes vorgeschr Form (z Ermächtigg griech-orthodoxer Geistl BGH **43**, 214, Brem (LG) StAZ **76**, 172, Ffm OLGZ **78**, 2; bei einer wg mangelnder Ermächtigg nichtigen Ehe k aber dennoch Anspr auf Witwenrente bestehen, wenn sie standesamtl registriert w ist, BSozG FamRZ **78**, 587, vgl auch Neuhaus Fschr f Schwind (1968) 236), ferner nach dem BundesG v 2. 12. 50, abgedr EheG 11 Anh, sowie bei Eheschl von Ausländern vor der diplomat oder konsular Vertretg ihres Landes, sof das ein StaatsVertr zuläßt, Anm 7. Im übr gilt III auch für die Angeh der ausl Streitkräfte, BSozG FamRZ **59**, 278. Bleibt es bei der Eheschl vor dem Heimatkonsul Eheschl, macht aber das HeimatR des Ausländers die Gültigk auch im Abschl im Ausland v der kirchl Trauung abhäng, so liegt eine Ehe mit auf Dtschland beschränktem Wirkgskreis (matrimonium claudicans) vor, RG **105**, 365, da sie im Heimatland des Ausländers als Nichtehe betrachtet w; so bei nur standesamtl Eheschl eines kath Spaniers, Bln (LG) JR **55**, 60, Tribunal Supremo Madrid FamRZ **74**, 376 mit Anm v Jochem (nur nichtige Ehe, keine Nichtehe), auch bei Eheschl m einem Nichtspanier, Audiencia Territorial Madrid StAZ **60**, 82, ebso bei nur standesamtl Eheschl eines orthodoxen Griechen, BayObLG **63**, 265, dazu Krispi StAZ **67**, 117. Die Ehe ist aber in den dtschen PersStBüchern entspr den dtschen Gesetzen einzutragen, BayObLG **63**, 269. Demgem richtet sich dann die Möglichk einer NichtigErkl, Mü IPRspr **50/51**, 159, ebso der Scheidg einer solchen Ehe nur nach dtschem Recht, KG JW **36**, 2464, str, da die Scheidgsmöglichk im Heimatland mangels Anerkenng der Eheschl entfällt, EG 17 Anm 4 b; vgl auch RG JW **26**, 375, KG FamRZ **76**, 353. Umgekehrt auch denkb, daß eine in Dtschland nur kirchl geschl Ehe, für Dtschland also eine Nichtehe, EheG 11, außerh der dtschen Grenzen als gült angesehen w, wenn näml HeimatR die kirchl Eheschl für ausr ansieht; vgl auch Haager Eheschl-Abk 7. Haben die Eheg unter Verletzg v III in Dtschland in religiöser Form geheiratet u erwerben sie später beide die Staatsangehörgk eines Landes, in dessen R die Ehe gült ist, so w der Formmangel n dtschem IPR geheilt, Kblz IPRspr **75** Nr 39, vgl auch Anm 1. – Wg der Eheschl nach ital R Luther StAZ **70**, 33. **Ausnahmen von III** zT in **StaatsVertr**; vgl Anh.

b) Im Ausland. Maßg ist hier hins der Formerfordernisse EG 11 I; vgl auch dort. Danach ist die Ehe dann gült, wenn sie entw in der Form des HeimatR der Verlobten, sind sie Angeh verschiedener Staaten also entspr dem HeimatR jedes Verlobten od aber gem der Ortsform geschl ist. Ob nach dem Ortsrecht etwa die Form des HeimatR des Verlobten zur Wirksamk einer Eheschl nicht ausreicht (also zB das HeimatR verlangt kirchl Trauung u läßt sie genügen, währd das Recht des EheschlLandes obligat Zivilehe fordert), ist für die Anerkenng einer solchen Ehe in Deutschland unerhebl, RJA **15**, 278, da die Gültigk dann aus dem HeimatR folgt. Umgekehrt genügt die **Ortsform**, EG 11 I 2, auch wenn das HeimatR diese für eine wirks Eheschl nicht ausreichen läßt, RG **88**, 191. Das gilt auch, wenn beide Verlobte Ausländer sind, RG JW **26**, 375. Eine Frage der Form der Eheschl ist auch, ob die Verl sich bei der Abg der Erkl vertreten lassen k **(Handschuhehe),** hM, vgl Staud-Gamillscheg Rdz 822 ff. Als Vornahmeort ist dabei der Ort der Heiratszeremonie anzusehen. F die v einem Dtschen dch einen StellVertr in der Erkl vor einem ausl EheschlOrgan erteilte Vollm auf Eheschl muß es also auch dann die ausl Ortsform maßg, wenn die entspr Vollm in Dtschland erteilt w ist, BGH **29**, 137 (Italien), Bremen FamRZ **75**, 209 (Kolumbien, eingehd dazu Dieckmann StAZ **76**, 33), Soergel-Kegel Rdz 59, Dieckmann, Handschuhehe (Bielefeld 1959), aM Hbg (LG) StAZ **55**, 61. Dagg ist die Frage der Zulässigk einer StellVertr im Willen als sachlichr Ehevoraussetzg zu qualifizieren u n dem Grds des EG 13 I anzuknüpfen, Staud-Gamillscheg Rdz 818. – Nach dem R des EheschlOrtes bestimmt sich auch, welche Folgen sich an die Verletzg seiner FormVorschr für die Gültigk der Ehe knüpfen, RG **133**, 161, Brem FamRZ **75**, 209 (unwirks Vollm bei Handschuhehe), Dieckmann StAZ **76**, 40; ist sowohl die Ortsform wie die Form des Wirkgsstatuts verletzt, beurteilen sich die Folgen nach dem **milderen** R, EG 11 Anm 2, Folgen von Formverstößen gg III dagg nur nach dtschem R, Anm 6 a. Zur Ortsform gehören die Bestimmungen des OrtsR über die Zustdgk des Standesbeamten od Geistl, RG **133**, 161, so daß dieses also auch über die Folgen der Trauung dch einen unzust Beamten entsch, mithin auch, ob der Staatsanwalt zur NichtigkKlage legitimiert ist od nur die Aufhebg (Anf) stattfindet, KG JW **38**, 1242. Ein Dtscher kann im Ausland also eine gült Ehe auch kirchl schließen, vorausgesetzt, daß das der Ortsform entspricht, ebso wie dch die Anerkenng der Ortsform die kirchl Eheschl nur fakultativ gestattet ist. Das Wirkgsstatut, EG 11 I 1 scheidet für ihn aus, da im Ausland kein dtscher StBeamter zur Vfg steht; vgl aber Anm 7. Da EG 11 I 2 ausdr die Ortsform zuläßt, kann der Gesichtspkt der Gesetzesumgeh für die FormVorschr nicht durchgreifen, hM. Dch die Anerkenng der Ortsform ist eine Berufg auf EG 30 ausgeschl, Celle MDR **58**, 101 (ägypt Recht). Als in Dtschland wirks Eheschl eines Dtschen ist mithin auch anerkannt worden die Common-law-Ehe des nordam R (Eheschl nudo consensu), RG **138**, 214, vgl dazu auch Balogh DJZ **33**,

1424, die registrierte Sowjetehe, RG JW **31**, 1334, wohl auch die fakt Ehe, RG **157**, 257, Raape IPR § 27 III 2, der aber die Umst entscheiden lassen will (bedenkl). Wg Ausnahmen Anm 7.

7) Diplomatische u konsularische Ehen; vgl dazu die im Anh Anm 1 genannten KonsVertr, Art 6 des Haager EheschlAbk, Anh Anm 2, sowie Art 5 des CIEC Übk, Anh Anm 3. Bei **Eheschl v Dtschen im Ausl** besteht neben der Heirat entspr der Ortsform gem EG 11 I 2 in den v Auswärt Amt im Benehmen mit dem BMI bezeichneten KonsBezirken auch die Mögk der Eheschl **vor dem dtschen Konsularbeamten**; Voraussetzg dafür ist, daß mind einer der Verlobten Dtscher u keiner v ihnen Angeh des Empfangsstaates ist, § 8 I KonsG v 11. 9. 74, BGBl 2317, vgl dazu AusfVorschr v 11. 12. 74, StAZ **75**, 109 u v 22. 6. 76, StAZ **76**, 348. Verzeichn der in Betr kommden KonsBezirke in RdErl des Auswärt Amts v 11. 12. 74, StAZ **75**, 81, ergänzt dch RdErl v 15. 6. 76, StAZ **76**, 348. Der KonsBeamte ist nach § 8 I KonsG als StBeamter iSd EheG, des PStG u der dazu ergangenen AusfVorschr. Aufgb, Prüfg der Ehefgk, Vornahme u Beurk der Eheschl u die Ausstellg v PersStUrk hierü beurt sich nach diesen Vorschr. Das bish anwendb G betr Eheschl u Beurk des PersSt v BundesAngeh im Ausl v 4. 5. 1870, vgl dazu 33. u fr Aufl, ist am 1. 1. 75 außer Kraft getreten, §§ 28 I Z 3, 31 KonsG v 11. 9. 74, BGBl 2317. Über kons Eheschl in Dtschld vgl Böhmer StAZ **69**, 229. – Wg der Ehen v WehrmachtsAngeh vor MilitärJustBeamten u entspr Beamten währd des Krieges im Ausl vgl EheG 11 Anm 4 aE, wg der Anerkenng v Nottrauungen ebda Anh.

8) Verlöbnis. Das EG enthält hierüber keine bes Vorschr. Nach hM ist auf die **Eingeh des Verlöbnisses** EG 13 I entspr anzuwenden, BGH **28**, 375, Soergel-Kegel vor EG 13 Rdz 14. Das Verlöbn kommt also nur dann gült zustande, wenn es den Erfordernissen des HeimatR der Verlobten genügt. Die GeschFgk richtet sich nach EG 7 I u II, III scheidet wg III 2 aus. Wg der Form EG 11. Die **Wirkgen des Verlöbnisbruchs**, insb etw SchadErsAnspr, sind nach dem Recht des Verpflichteten zu beurteilen, BGH **28**, 379, KG JW **38**, 1715 (aM Soergel-Kegel vor EG 13 Rdz 16: Grds des schwächeren Rechts, also nur solche Wirkgen, die nach beiders Recht begründet sind, krit dazu Staud-Gamillscheg Anh n EG 13 Rdz 21). Ob das HeimatR den Anspr als bes Folge des Verlöbnisbruchs oder zB als Deliktsfolge ansieht, ist unerhebl. Für Anspr, die über den Rahmen der dch das dtsche Recht gegebenen VerlöbnisAnspr hinausgehen u auf unerl Hdlg beruhen, gilt jedoch EG 12. Rück- u Weiterverweis, EG 27, sind zu beachten, BGH **28**, 380. Die Anwendg ausl Rechts kann dch EG 30 eingeschränkt w, insb wenn dieses einen Zwang zur Eheschl unmittelb od mittelb zuläßt, vgl § 1297 Anm 1, nicht aber schon deshalb, weil das ausl Recht weitergehende Anspr als §§ 1298 ff überh zuläßt oder solche Anspr überh ablehnt, insb wenn § 1300 entspr Vorschr fehlt, Düss NJW **67**, 2121, aM BGH **28**, 385, krit dazu Dölle JZ **59**, 490, Luther FamRZ **59**, 477, Lüderitz NJW **59**, 1032, Erm-Marquordt EG 13 Rdz 27, vgl nunmehr auch BGH **62**, 282.

Anhang zu Art 13

1) Konsularverträge. Bes Vorschriften über die Eheschl enthält der KonsularVertr mit der Türkei v 28. 5. 1929, RGBl **30** II 748, wieder in Kraft, Bek v 29. 5. 52, BGBl II 608, Art 18, ferner die dtsch-schwed Vereinbg über diplomat u konsular Eheschl, in Kraft seit 26. 7. 33, RGBl II 530 (da jedoch dt Konsularbeamte in Schweden zur Eheschl nicht zugel sind, fehlt es an der Gggseitigk, Böhmer StAZ **69**, 230), das Abk mit Japan betr Erteilg standesamtl Befugnisse v 27. 6. 57, BAnz v 11. 9. 57 u StAZ **57**, 314, vgl dazu Sakurada StAZ **75**, 85 u mit der UdSSR, Art 23 KonsVertr v 25. 4. 58, BGBl **59** II 232, 469. Die in diesen Verträgen den Konsuln übertragenen Befugnisse zur Vornahme von Eheschl können bei gegebener Ggseitigk auch Konsuln und Länder haben, wenn die Handelsverträge mit diesen Ländern hins der Befugnisse der Konsuln die **Meistbegünstiggsklausel** enthalten.

2) Haager EheschlAbk v 12. 6. 02, RGBl **04**, 221.

a) Allgemeines. Das Abk ist f Deutschland in Kraft getreten am 1. 8. 04; es galt vor dem 2. Weltkrieg im Verhältn zu Italien, Luxemburg, Niederlande, Polen, Rumänien, Schweden, Schweiz u Ungarn. Schweden hat das Abk mit Wirkg v 1. 6. 59 gekündigt, Bek v 15. 5. 59, BGBl II 582, ebso die Schweiz, Bek v 16. 7. 73, BGBl II 1028, Ungarn u Polen, Bek v 21. 12. 73, BGBl **74** II 42, sämtl mit Wirkg v 1. 6. 74, nunmehr auch die Niederlande, Bek v 2. 5. 77, BGBl II 448 mit Wirkg z 1. 6. 79. Das Abk **gilt** daher **ggwärt** noch im Verh z den **Niederlanden**, Bek v 24. 12. 54, BGBl 55 II 1, sowie **Italien** u **Luxemburg**, Bek v 14. 2. 55, BGBl II 188. DDR wendet Abk mit Wirkg v 19. 1. 58 wieder an; Abk ist aber im Verh der beiden dtschen Staaten unanwendb, Bek v 25. 6. 76, BGBl II 1349. – Das neue Haager Abk über die Schließg u Anerkenng der Gültigk v Ehen v 23. 10. 76, welches zw den VertrStaaten aSt des Haager EheschlAbk v 1902 treten soll, ist noch nicht in Kraft getreten; vgl dazu Kegel IPR § 20 III 5, Böhmer StAZ **77**, 185.

b) Anwendgsgebiet. Das Abk findet nur auf Ehen Anwendg **a)** zeitl, die nach dem Inkrafttr geschl sind, RG JW **12**, 642, **b)** r ä u m l nur auf im europ Gebiet der VertrStaaten geschl Ehen, Art 9, **c)** p e r s ö n l, wenn mindestens ein Verlobter Angeh eines VertrStaates ist, Art 8 I; also auch, wenn einer der Eheschließden Dtscher ist u der andere keinem VertrStaat angehört, KG JW **37**, 2039, aM BayObLG JW **18**, 375; Soergel-Kegel EG 13 Rdz 124; Müller-Freienfels, Festschr f Ficker 308 ff. Durch das Abk wird kein Staat zur Anwendg eines R verpflichtet, das nicht dasjenige eines VertrStaates ist, Art 8 II. **Soweit das Abk eingreift, tritt es an Stelle von EG 13 u 11 I**. Für Staatenlose u Mehrstaater enthält das Abk keine Vorschr.

c) Kurze Erläuterg. EG 30 kann im Rahmen des Abk nur Anwendg finden, soweit es dieses ausdr zuläßt, vgl Art 2, 3 II, Hamm FamRZ **74**, 457. Mit den sich aus dem Abk ergebenden Ausnahmen sind also die Ehen, die dem Abk unterstehen, Anm 2b, u ihm entsprechen, auch in jedem and VertrStaat anzuerkennen. S a c h l i c h r e c h t l bestimmt sich wie in EG 13 I, dort Anm 2, das Recht zur Eingeh der Ehe in Ansehg eines jeden der Verlobten nach dem HeimatR. Diese Regelg bezieht sich auch auf WillMängel. Eine Verweisg des HeimatR auf ein anderes ist nur zu beachten, wenn sie ausdr geschieht, Art 1. Dem nach

1. Abschnitt: Allgemeine Vorschriften (IPR) Anh zu EGBGB 13 2, 3

Art 1 anzuwendden HeimatR sind ferner die Folgen einer fehlerh Ehe zu entnehmen, KG JW **36**, 1949. Wg der sachlrechtl Vorschr im übr vgl Art 2 u 3, EhefähigkZeugn Art 4, der formellen Voraussetzgen Art 5–7; z Ausleg des Art 5 II vgl Stgt FamRZ **76**, 359. An EG 13 III ändert das Abk nichts. Verfahrensrechtl Bestimmgen enthält das Abk nicht; es gilt das in EG 13 Anm 1 Gesagte.

d) Auszug aus der Amtl Übersetzg des Abk (offizieller Text franz):

Art. 1. Recht zur Eingehung der Ehe. *Das Recht zur Eingehung der Ehe bestimmt sich in Ansehung eines jeden der Verlobten nach dem Gesetze des Staates, dem er angehört (Gesetz des Heimatstaats), soweit nicht eine Vorschrift dieses Gesetzes ausdrücklich auf ein anderes Gesetz verweist.*

Art. 2. Ehehindernisse. *Das Gesetz des Ortes der Eheschließung kann die Ehe von Ausländern untersagen, wenn sie verstoßen würde gegen seine Vorschriften über*

1. *die Grade der Verwandtschaft und Schwägerschaft, für die ein absolutes Eheverbot besteht;*
2. *das absolute Verbot der Eheschließung zwischen den des Ehebruchs Schuldigen, wenn auf Grund dieses Ehebruchs die Ehe eines von ihnen aufgelöst worden ist;*
3. *das absolute Verbot der Eheschließung zwischen Personen, die wegen gemeinsamer Nachstellung nach dem Leben des Ehegatten eines von ihnen verurteilt worden sind.*

Ist die Ehe ungeachtet eines der vorstehend aufgeführten Verbote geschlossen, so kann sie nicht als nichtig behandelt werden, falls sie nach dem im Artikel 1 bezeichneten Gesetze gültig ist.

Unbeschadet der Bestimmungen des Artikel 6 Abs. 1 dieses Abkommens ist kein Vertragsstaat verpflichtet, eine Ehe schließen zu lassen, die mit Rücksicht auf eine vormalige Ehe oder auf ein Hindernis religiöser Natur gegen seine Gesetze verstoßen würde. Die Verletzung eines derartigen Ehehindernisses kann jedoch die Nichtigkeit der Ehe in einem anderen Lande als in dem, wo die Ehe geschlossen wurde, nicht zur Folge haben.

Art. 3. Ehehindernisse religiöser Natur. *Das Gesetz des Ortes der Eheschließung kann ungeachtet der Verbote des im Artikel 1 bezeichneten Gesetzes die Ehe von Ausländern gestatten, wenn diese Verbote ausschließlich auf Gründen religiöser Natur beruhen.*

Die anderen Staaten sind berechtigt, einer unter solchen Umständen geschlossenen Ehe die Anerkennung als einer gültigen Ehe zu versagen.

Art. 4. Ehefähigkeitszeugnis. *Die Ausländer müssen zum Zwecke ihrer Eheschließung nachweisen, daß sie den Bedingungen genügen, die nach dem im Artikel 1 bezeichneten Gesetz erforderlich sind.*

Dieser Nachweis kann durch ein Zeugnis der diplomatischen oder konsularischen Vertreter des Staates, dem die Verlobten angehören, oder durch irgendein anderes Beweismittel geführt werden, je nachdem die Staatsverträge oder die Behörden des Landes, in welchem die Ehe geschlossen wird, den Nachweis als genügend anerkennen.

Art. 5. Form der Eheschließung. *In Ansehung der Form ist die Ehe überall als gültig anzuerkennen, wenn die Eheschließung dem Gesetze des Landes, in welchem sie erfolgt ist, entspricht.*

Doch brauchen die Länder, deren Gesetzgebung eine religiöse Trauung vorschreibt, die von ihren Angehörigen unter Nichtbeachtung dieser Vorschrift im Ausland eingegangenen Ehen nicht als gültig anzuerkennen.

Die Vorschriften des Gesetzes des Heimatstaats über das Aufgebot müssen beachtet werden; doch kann das Unterlassen dieses Aufgebots die Nichtigkeit der Ehe nur in dem Lande zur Folge haben, dessen Gesetz übertreten worden ist.

Eine beglaubigte Abschrift der Eheschließungsurkunde ist den Behörden des Heimatlandes eines jeden der Ehegatten zu übersenden.

Art. 6. Diplomatische und konsularische Ehe. *In Ansehung der Form ist die Ehe überall als gültig anzuerkennen, wenn sie vor einem diplomatischen oder konsularischen Vertreter gemäß seiner Gesetzgebung geschlossen wird, vorausgesetzt, daß keiner der Verlobten dem Staate, wo die Ehe geschlossen wird, angehört und dieser Staat der Eheschließung nicht widerspricht. Ein solcher Widerspruch kann nicht erhoben werden, wenn es sich um eine Ehe handelt, die mit Rücksicht auf eine vormalige Ehe oder ein Hindernis religiöser Natur gegen seine Gesetze verstoßen würde.*

Der Vorbehalt des Artikel 5 Abs. 2 findet auf die diplomatischen oder konsularischen Eheschließungen Anwendung.

Art. 7. Nichtbeachtung der Ortsform. *Eine Ehe, die in dem Lande, in welchem sie geschlossen wurde, in Ansehung der Form nichtig ist, kann gleichwohl in den anderen Ländern als gültig anerkannt werden, wenn die durch das Gesetz des Heimatstaats eines jeden der Verlobten vorgeschriebene Form beobachtet worden ist.*

Art. 8. Anwendungsgebiet in persönlicher Beziehung. *Dieses Abkommen findet nur auf solche Ehen Anwendung, welche im Gebiete der Vertragsstaaten zwischen Personen geschlossen sind, von denen mindestens eine Angehöriger eines dieser Staaten ist.*

Kein Staat verpflichtet sich durch dieses Abkommen zur Anwendung eines Gesetzes, welches nicht dasjenige eines Vertragsstaats ist.

3) CIEC Übereinkommen zur Erleichterung der Eheschließung im Ausland vom 10. 9. 1964 (BGBl **69** II 451).

a) Allgemeines. ZustimmgsG der BRep G v 3. 3. 69, BGBl II 445, 588, in Kraft ab 25. 7. 69, Bek v 22. 9. 69, BGBl II 2054. Vertragsstaaten Niederlande u Türkei, Bek v 22. 9. 69, BGBl II 2054, sowie Spanien, Bek v 26. 1. 77, BGBl II 105.

b) Kurze Erläuterg. Die BRep hat Titel I Übk, der die Befreiung ausl Verlobter von Ehehindernissen ihres HeimatR dch Behörden des EheschlStaates vorsieht, von der Geltg ausgeschl, da dem die dtsch Regelg widerspricht. Über die Form des Aufgebots entsch ausschließl die am EheschlOrt geltde, wenn es sich um einen VertrStaat handelt. Ist in einem VertrStaat religiöse Eheschl vorgeschrieben, so kann statt dieser die Trauung von einem diplomat od konsular Vertreter der and VertrStaaten vorgen w, vorausgesetzt, daß a) dieser dazu nach seinem HeimatR ermächtigt ist, b) wenigstens ein Verlobter dem Entsendestaat dieses Vertreters angehört, c) kein Verlobter Angehör des EheschlStaates ist, d) kein Verlobter das R des EheschlStaates sonstwie, zB als Flüchtling od Staatenloser, als Personalstatut h. In einem solchen Fall richtet sich auch das Aufgebot nach dem Recht des Entsendestaates, Art 5 II.

c) Text des Übereinkommens (Auszug):

Titel II

Art. 4. *Das Aufgebot für eine Eheschließung, die im Hoheitsgebiet eines Vertragsstaates in der Form des Ortsrechts vorgenommen wird, beurteilt sich ausschließlich nach dem innerstaatlichen Recht dieses Staates.*

Titel III

Art. 5. *Schreibt das Recht eines Vertragsstaates die religiöse Eheschließung vor, so können in diesem Staat die diplomatischen oder konsularischen Vertreter der anderen Vertragsstaaten Eheschließungen vornehmen, wenn sie nach ihrem Heimatrecht hierzu ermächtigt sind, wenn wenigstens einer der Verlobten dem Staat angehört, der den diplomatischen oder konsularischen Vertreter entstandt hat, und wenn keiner der Verlobten die Staatsangehörigkeit des Eheschließungsstaates besitzt.*

Das Aufgebot beurteilt sich in diesen Fällen ausschließlich nach dem innerstaatlichen Recht des Staates, der den diplomatischen oder konsularischen Vertreter entsandt hat.

Titel IV

Art. 6. *Im Sinne dieses Übereinkommens umfaßt der Begriff „Angehöriger eines Staates" die Personen, welche die Staatsangehörigkeit dieses Staates besitzen, sowie diejenigen, deren Personalstatut durch das Recht dieses Staates bestimmt wird.*

4) Das Übk v 10. 12. 62 über die Erkl des Ehewillens, das Heiratsmindestalter u die Registrierg v Eheschl, BGBl 69 II 161, in der BRep in Kraft seit 7. 10. 69, Bek v 17. 2. 70, BGBl II 110, betrifft materielles Recht, dem die dt Verlöbnis- u EheRBest genügen; Abdruck des Übk u Verzeichn der VertrStaaten Soergel-Kegel EG 13 Rdz 133ff; über weitere VertrStaaten vgl zuletzt Bek v 12. 5. 78, BGBl II 845. Z Beitritt der DDR s Bek v 3. 10. 75, BGBl II 1493.

EG 14 *Persönliche Ehewirkungen.* ¹ **Die persönlichen Rechtsbeziehungen deutscher Ehegatten zueinander werden nach den deutschen Gesetzen beurteilt, auch wenn die Ehegatten ihren Wohnsitz im Auslande haben.**

II Die deutschen Gesetze finden auch Anwendung, wenn der Mann die *Reichsangehörigkeit* verloren, die Frau sie aber behalten hat.

Neues Schrifttum: Lüderitz, Gleichberechtigg im internat EheR, FamRZ 70, 169; Schmitz, Der Name der Ehefr im IPR, NJW 72, 988; Sturm, Der Name der Ehefr aus kollisionsr Sicht, FamRZ 73, 394; Hepting, Die Neufassg des §1355 BGB u das internat EhenamensR, StAZ 77, 157; Jayme, Eherechtsreform u IPR, NJW 77, 1378; Kegel, Z Reform des internat R der pers Ehewirkgen u des internat ScheidgsR in der BRep, Fschr f Schwind (1978) 145; Böhmer, Der Name der verh Frau im IPR, Fschr f Ferid (1978) 103; Bürgle, Z VersorggsAusgl bei Scheidgen mit Auslandsberührg, FamRZ 78, 388.

1) Allgemeines. EG 14 best das auf die pers Rechtsbeziehgen der Ehegatten zueinander anzuwendende Recht. Demggü geben EG 15, 16 Bestimmgen für das GüterR. **Anknüpfgspunkt** ist auch in EG 14 die **Staatsangehörigk**, hier jedoch (and als in EG 13, vgl dort Anm 2) **beider Ehegatten**. Bei Fehlen einer gemeins Staatsangehörigk sind beide HeimatRe kumulativ anzuwenden, vgl im einz Anm 2; nach dieser Auffassg ist die in EG 14 vorgesehene Anknüpfg **verfassgsrechtl** unbedenkl, vgl Soergel-Kegel, Supplementband 1975 S 143. And als in EG 13, vgl dort Anm 1, ist für die Bestimmg der Staatsangehörigk nicht auf den Ztpkt der Eheschl abgestellt; es kommt vielm auf die jeweil Staatsangehörigk an, so daß ein Staatsangehörig Wechsel beachtl ist, vgl Anm 2. Für **Staatenlose, Flüchtlinge** usw vgl EG 29 mit Anh; bei **Mehrstaatern** Vorbem vor EG 7 Anm 7a. **Rück- u Weiterverweis** sind trotz des Schweigens von EG 27 beachtl, RG 62, 400. Wg EG 30 vgl unten Anm 4. Abweichgen von EG 14 ergeben sich aus dem **Haager EhewirkgsAbk** Art 1 vgl Anh EG 15, das für den Fall seiner Anwendg an Stelle von EG 14 tritt. **Verfahrensrechtl** ergeben sich aus EG 14 keine Besonderh; da sich das VerfR nach der lex fori bestimmt, ergibt sich auch allein aus dieser, ob die Angelegenh im Wege der streitigen od freiw Gerichtsbark entschieden wird, KG JW 36, 2473. Im dtschen **ILR** wurden bish die pers RBeziehgen der Ehel dem jew gewöhnl AufenthOrt geltden Recht unterstellt, BGH FamRZ 61, 261, der allerd auch den Wohns heranzieht. Bei versch gewöhnl Aufenth der Ehel entsch der letzte gemeins gewöhnl Aufenth, KG FamRZ 58, 464, BSozG FamRZ 77, 251, Beitzke JR 52, 143; z Anknüpfg an die Staatsangehörgk s nunmehr Vorbem 14c vor EG 7. – RAnwendgsG (DDR) 19 unterstellt die pers u vermögensr Beziehgen dem beiders HeimatR; bei versch Staatsangehörigk der Eheg gilt inl Recht.

2) Der Grdsatz. EG 14 I behandelt lediglich den Fall, daß beide Eheg Deutsche sind. Dann gilt das dtsche HeimatR der beiden Eheg, gleichgült, ob sie im In- od Ausland ihren Wohns haben. Aus dieser eins Kollisionsnorm h Rechtslehre u Rspr den Grds entwickelt, daß **die persönl Rechtsbeziehgen von Ehegatten nach ihrem HeimatR beurteilt werden,** RG 91, 406. Entscheidend ist die jeweil Staatsangehörigk seit der Eheschl, Anm 1 (also auch ohne Berücksichtigg des HeimatR der Frau vor der Eheschl, Warn 13, 429), bei **Staatsangehörigk Wechsel** beider Eheg also die neue. **Ausn**: Das dtsche Recht ist anzuwenden, wenn der Mann die dtsche Staatsangehörigk verloren u eine fremde erworben, die Frau die dtsche aber behalten hat, **II**, was aber als AusnBestimmg zG eines Dtschen keiner ausdehnenden Auslegg etwa auf den Fall fähig ist, daß der Ehem der dtsche Staatsangehörigk nie besaß, Warn **13**, 429; allerdings wird die Bestimmg mit Rücks auf die Gleichberechtigg auch auf den umgekehrten Fall anzuwenden sein, ebso Erm-Marquordt Rdz 6. Dtsches Recht ist auch anwendb, wenn die Ehe nach HeimatR Nichtehe, nach dtschem Recht, EG 13 III, aber gült eingegangen ist, Wuppertal (LG) StAZ **64**, 156, aM Jochem, FamRZ **64**, 397 (Recht des gemeins Aufenth). In EG 14 sind danach folgende Fälle **nicht geregelt: a)** die Eheg hatten niemals ein gemeins HeimatR (bzw bei Staatenlosen, Flüchtlingen usw: ein gemeins Personalstatut), zB die Ehefr erwarb dch die Heirat nicht das des Mannes. In diesen Fällen sind die Heimatrechte beider Eheg so z kumulieren, daß kein Eheg mehr verlangen kann als wozu ihn sein HeimatR berechtigt u das HeimatR des and diesen verpflichtet **(Grds des schwächeren Rechts)**, KG JW **36**, 2470, NJW **63**, 51, Düss OLGZ **67**, 379, FamRZ **71**, 371, OLGZ **75**, 458, Hbg StAZ **70**, 53, Augsburg (LG) FamRZ **73**, 375, Soergel-Kegel Rdz 4, Bürgle FamRZ **78**, 390 (f VersorggsAusgl, vgl dazu Anm 4e), sehr str; für Anknüpfg an das MannesR Ffm NJW **67**, 503, Köln FamRZ **69**, 653, Hamm StAZ **71**, 26, Staud-Raape Anm A II, B II 2k, Dölle RabelsZ **51**, 374, Erm-Marquordt EG 14 Rdz 7, Firsching IPR § 28 5; die Bevorzugg des MannesR widerspricht aber GG 3 II, vgl BGH **56**, 200, 203; für Anknüpfg an gewöhnl Aufenth Makarov RabelsZ **52**, 389; Lüderitz FamRZ **70**, 169; ebso BGH NJW **76**, 1028 bei Mehrstaatern, deren gemeins Staatsangehörigk auch die effektive ist, vgl c. Der Grds des schwächeren R versagt bei der Feststellg des **FamNamens** der Eheg; insow ist in einer gemischtnat Ehe an den gewöhnl Aufenth der Eheg anzuknüpfen, BGH **56**, 203, vgl Anm 4c. **b)** Beide Eheg hatten ein gemeins HeimatR (Personalstatut), ein Ehegatte erwirbt ein and Personalstatut. In Anlehng an die im Haager EhewirkgsAbk 9 II getr Lösg entsch dann das gemeins Personalstatut, im Erg ebso BSozG FamRZ **77**, 251, Soergel-Kegel Rdz 5, die EG 14 II z allseit Kollisionsnorm erweitern. **c)** Die Eheg hatten vor der Heirat verschiedene Staatsangehörigk; durch die Heirat erwirbt die Frau die des Mannes, ohne die eigene zu verlieren, ein heute häuf Fall. Dann sind die persönl Beziehgen nach dem nunmehr gemeins HeimatR zu beurteilen, BayObLG **71**, 22, sofern die gemeins Staatsangehörigk auch die effektive ist, vgl Vorbem 7a vor EG 7; ist dies nicht der Fall, gilt die oben a) vorgeschlagene Regelg (Grds des schwächeren Rechts bzw R des gewöhnl Aufenth f den Ehenamen), aM BGH NJW **76**, 1028, der bei gewöhnl Aufenth beider Eheg im Inland dtsches Recht anwendet, dahingestellt Düss NJW **77**, 2034.

3) Anwendgsgebiet (Qualifikation). Was unter **persönl Rechtsbeziehgen von Ehegatten zueinander** zu verstehen ist, ist nicht ohne weiteres klar. Die Auslegg ergibt sich aus dem dtschen Recht u führt demgem auf die Beziehgen, die §§ 1353–1362 regeln, zB Namenswechsel der Ehefr inf Eheschl, KG StAZ **62**, 329, oder allg auf **die, die in der Ehe als solcher** (im Ggsatz zum GüterR) **ihren Grd haben**. Das können also auch vermögensrechtl Ansprüche, etwa auf Unterh, ferner auch Anspr Dritter (Schlüsselgewalt) sein, sofern sie ohne Rücks auf einen best Güterstd f alle Ehen gelten. N diesem Kriterium ist auch bei ausl REinrichtgen, die dem dtschen Recht fremd sind (zB verminderte GeschFgk der Frau, Verbot der Schenkg unter Eheleuten, KG DR **39**, 938, allg Vertretgsmacht des Mannes u dgl) zu entsch, ob es sich um eine pers od güterrechtl Beziehg handelt, wobei die Frage, ob eine reine Ehewirkg vorliegt, nach dem betr ausl Recht zu beurteilen ist, vgl Vorbem 9 vor EG 7 u unten Anm 4 g u h.

4) Einzelheiten. a) Das R, die **Herstellg** der ehel **Lebensgemeinsch** z verlangen od z verweigern, ist nach EG 14 zu beurteilen, BGH NJW **76**, 1028, u zwar auch, wenn die Klage der Vorbereitg der Scheidgskl dient, RG **147**, 385. Läßt das anzuwendende Recht das Herstellgsverlangen überh nicht zu, weil es eine entspr Verpfl nicht anerkennt od als unklagb ansieht, so liegt darin kein Verstoß gg EG 30, Staud-Gamillscheg Rdz 167, teilw abw fr Aufl; ebso wenn das ausl Recht den MißbrEinwand, § 1353 II, nicht zuläßt, RG LZ **22**, 518 (österr Recht). UU kann aber, ohne daß das ausl G selbst gg EG 30 verstößt, im Einzelfall dessen Anwendbark entggstehen, weil das ausl G die Verweigerg von formellen Voraussetzgen abhängig macht, die in Deutschland nicht zu verwirklichen sind, RG **150**, 283, Darmst (LG) NJW **62**, 1162 (ital Recht). In Deutschland wird die Herstellg i W der Klage geltd gemacht, auch wenn das ausl Recht sie der freiw Gerichtsbark zuweist, Anm 1 aE. Einer Durchsetzg der Herstellg etwa i W mittelb od unmittelb Zwanges würde wg ZPO 888 II EG 30 entggstehen. **b)** Z den pers Ehewirkgen gehören auch **Entsch- u EingrRe** eines Gatten, zB WohnsBest, KündiggsR; bei gleichheitswidr Befugn des Ehem kann EG 30 eingreifen. N EG 14 ist auch der ges Wohns der Ehefr z beurteilen, KG FamRZ **58**, 464 (interlokal). **c) Namensänderg**en inf Heirat waren n, zB der fr hM n dem Ehewirkgsstatut zu beurteilen, BGH **44**, 121, BayObLG **71**, 22, ebso noch Kegel IPR § 20 IV 3; n and Auffassg waren sie dem Personalstatut des Namensträgers z unterstellen, so Wengler NJW **63**, 593, 2230; JZ **66**, 179, Ficker Festschr f Nipperdey I, 307 f, vgl auch Anh z EG 7 Anm 2. Auch BGH **56**, 193, **63**, 107 läßt nunmehr grdsl das Personalstatut des Namensträgers gelten: die Ehefr h also n der Heirat grdsl den Namen z führen, der ihr n ihrem HeimatR zusteht; daneben gelang aber auch dann in einer gemischtnat Ehe dch den gewöhnl Aufenth der Eheg best Ehewirkgsstatut, vgl Anm 2, z Anwendg (Doppelqualifikation): gilt n dem R des gemeins gewöhnl Aufenth ein and Ehename als n ihrem HeimatR, so kann die Frau auch diesen Namen annehmen; ebso BayObLGZ **72**, 50, StAZ **78**, 100, Hamm StAZ **78**, 65, Celle StAZ **77**, 312, Köln StAZ **77**, 13, vgl ferner dazu Schmitz NJW **72**, 988, Wengler NJW **72**, 1001, Neuhaus RabelsZ **71**, 748, Sturm FamRZ **73**, 394, Kumme ZBlJugR **75**, 513, Böhmer Fschr f Ferid (1978) 103, Kegel Fschr f Schwind (1978) 156. Die **kollisionsr Wahlmöglk** zw Personalstatut des Namensträgers u dch den gewöhnl Aufenth best Ehewirkgsstatut muß **beiden Eheg** zustehen, ebso Hepting StAZ **77**, 157, Jayme NJW **77**, 1381. Z Anpassg des FamNamens des Kindes an eine in Ausübg des WahlR eingetretene Namensänderg seiner Eltern s Hbg StAZ **77**, 224. Ist der gewöhnl Aufenth in der BRep, so richtet sich der Name der mit einem Ausl verh dtschen Frau nach dtschem Recht, BayObLG **72**, 50, Saarbr StAZ **77**, 198; dies gilt auch dann, wenn die Frau zusätzl die Staatsangehörigk des Mannes dch Heirat erwirbt, da ihre dtsche Staatsangehörigk hier die effektive ist, vgl Vorbem 7a vor EG 7, z dieser Fallgestaltg s Ffm StAZ **78**, 161 (VorleggsBeschl). Sind beide Eheg Ausl mit gewöhnl Aufenth in BRep, so können sie ebenf FamNamen nach dtschem Recht annehmen, Hbg FamRZ **72**, 505, offengelassen in Oldenbg StAZ **76**, 21. Der mit einer dtschen Frau verheiratete ausl Ehem kann dch kollisionsr Option zG des dtschen AufenthR also auch v der **namensr Option** gem § 1355 II 1 Gebrauch machen u den Geburtsnamen der Frau als Ehenamen annehmen BayObLG NJW **78**, 1750, AG Nürnbg StAZ **78**, 44, Passau StAZ **78**, 15, Jayme NJW **77**, 1381; Voraussetzg dafür ist aber, daß die Eheg z Ztpkt der Eheschl ihren gewöhnl Aufenth im Inland nehmen. Häuf w die NamensÄnd v Heimat R des Ehemannes nicht anerkannt w; auf diese Gefahr eines hinkden FamNamens sollten die Eheg bei der Eheschl hingewiesen w. Nehmen die Eheg ihren ersten gewöhnl Aufenth im Ausland, so kommt die Anwendg dtschen R nur f den dtschen Partner in Frage; versagt das f den und Eheg maßg auch Heimat- od AufenthR die in § 1355 II 1 vorgesehene WahlR, so gilt f den dtschen Partner § 1355 II 2 u III, ebso Böhmer Fschr f Ferid (1978) 103; z Anwendbk v § 1355 II 2 in derart Fällen vgl die Stellng des BMdJ StAZ **77**, 300; der dtsche Partner k aber selbstverständl auch f die Anwendg des ausl AufenthR als Ehewirkgsstatut optieren, LG Hbg StAZ **78**, 162. – Die in BGHZ **56**, 193 entwickelten kollisionsr Grds sind mit Wirkg ex nunc auch auf bereits geschl Ehe anwendb, BGH **63** 107, vgl dazu Ffm OLGZ **76**, 289, Köln StAZ **77**, 13 mit Anm v Held. Dagg ändert ein Statutenwechsel in der Pers eines Eheg währd bestehder Ehe am Ehenamen nichts, BGH **63**, 107, vgl dazu auch Heilmann StAZ **74**, 160 u Vorbem 13 vor EG 7. – Nach niederländ R behält die Ehefr ihren bish FamNamen, ist jedoch befugt, den Mannesnamen z führen, vgl van Sasse von Ysselt StAZ **71**, 150, Oldenbg StAZ **76**, 21; auch das frz Recht enthält keine Norm, wonach die Frau dch Eheschl den Mannesnamen erwirbt, Ffm NJW **67**, 503, aM BayObLG **65**, 221 (GewohnhR); ebsowenig das span R, Bonn (LG) StAZ **75**, 278, vg dazu Kohler StAZ **77**, 3, Hbg StAZ **75**, 338, LG Hbg StAZ **78**, 162 (z Namensbildg bei Einbürgerg), od das chilen R, Göttingen (LG) StAZ **67**, 50; nach ital R kann Frau Doppelnamen (Mannesname, Mädchenname) führen, BayObLG **66**, 109, auch nach griech R mit Einverständn des Mannes, BayObLG **70**, 193, nach jugoslaw R haben die Eheg ein WahlR, BayObLG **68**, 7, Braunschweig (AG) StAZ **76**, 146. – Die Form des FamNamens der Frau beurteilt sich ebenf wahlw n ihrem Personalstatut od n dem R des gemeins gewöhnl Aufenth; bei Anwendbk ausl R kann also auch eine bes weibl Namensform in Betr kommen, vgl Hamm OLGZ **70**, 210; KG StAZ **77**, 222. – Ist die in Dtschland geschl Ehe nach Heimat R einer Nichtehe, so führt die Ehe in dem Namen entspr dtschem R, Wuppertal (LG) StAZ **64**, 52, vgl auch Jochem FamRZ **64**, 392. – Der Vorrang des Personalstatuts gilt auch f die **Fortführg des Namens nach Auflösg** der Ehe, so mit Recht Karlsr FamRZ **75**, 695, and fr Aufl; entspr BGH **56**, 193 sind aber auch die f die Auflösg maßg ROrdngen mitzuberücksicht, dh bei NichtigErkl od Aufhebg das nach EG 13, bei Scheidg das sich aus EG 17, zust Böhmer Fschr f Ferid (1978) 114, aM Karlsr aaO (Ehewirkgsstatut), bei Auflösg aus sonst Grd das sich aus EG 14 ergebde Recht; es besteht WahlR zw Fortführg des Namens nach dem Personalstatut od nach den Statuten gem EG 13, 14, 17. – Zum Familiennamen des Kindes nach ausl R vgl Schr des BMdJ v 30. 3. 72, StAZ **72**, 129; zur Eintr des FamNamens der Frau § 190 DA, Siehe StAZ **72**, 99. **d)** Die **Schlüsselgewalt** regelt sich ebenf nach EG 14; hM, also auch ihr Umfang, die Möglichk u insbes die Wiederherstellg, KG RJA **7**, 162, währd das Verf sich nach dem dtschen R richtet; hier also auch Zuständigk bei gewöhnl Aufenth eines Eheg im Inland, Soergel-Kegel Rdz 17, str. Im Verhältn zu Dritten gilt für in Dtschland wohnde Ausländer dtsches Recht, dh § 1357 dann, wenn es dem Dritten günstiger als das ausl ist, EG 16 II. **e) Unterhalt.** Auch für ihn ist das in Betr kommde R nach EG 14 zu ermitteln, RG **62**, 400, u zwar auch sein Anordng n ZPO 620 I Z 6 (fr ZPO 627), Ffm FamRZ **72**, 143, München FamRZ **73**, 94, Düss FamRZ **74**, 132, **75**, 44, 634, OLGZ **75**, 458, Hamm FamRZ **77**, 330, Soergel-Kegel Rdz 19; dahingestellt Hamm NJW **71**, 2137; aM Karlsr StAZ **76**, 19: dtsch R; die lex fori ist anwendb, wenn sich das maßg ausl R nicht schnell genug ermitteln läßt, Düss FamRZ **74**, 456. Z Währgsstatut s 7a vor EG 12. EG 14 gilt auch für die Pfl der Ehefr z HaushFührg, BGH NJW **76**, 1588 (österr R). Bleibt ausl UnterhAnspr hinter dtschem R zurück, so greift EG 30 nicht ow ein, KG JW **36**, 3582, and wohl bei Entfallen überh. Der UnterhAnspr der gesch Ehegatten ist n dtschem R eine Scheidgsfolge, richtet sich also nach dem gem EG 17 I zu ermittelnden R, entsprechend also bei aufgeh Ehe nach EG 13. Die **ProzKostenvorschußPfl** ist n § 1360a IV Ausfluß der UnterhPfl u daher als pers Ehewirkg iS v EG 14 z qualifizieren, Düss FamRZ **75**, 42, OLGZ **75**, 458, NJW **77**, 2034, aM Stgt NJW **56**, 1404, Köln MDR **73**, 674, Schwoerer FamRZ **59**, 449 (f Anwendg der lex fori). EG 14 gilt auch f Zuweisg v Hausrat u Ehewohng währd bestehder Ehe, Soergel-Kegel Rdz 19, aM Stgt Just **78**, 315 (lex rei sitae); im ScheidgsVerf gilt EG 17, vgl dort Anm 5. – Der **VersorggsAusgl** ist n seiner rechtssystemat Stellg in §§ 1587ff als Scheidgsfolge z qualifizieren, vgl EG 17 Anm 5, ow **15**, aM Bürgle FamRZ **78**, 388, Firsching DNotZ **78**, 441, Jochem JuS **78**, 708, die EG 14 anwenden wollen. **f)** Ob eine **Eigentumsvermutg** zw den Eheleuten od im Verh z ihren Gl gilt u in welchem Umfang, ergibt sich, wenn sie vom Güterstd unabhängig ist, ebenf aus dem nach EG 14 zu ermittelnden R, überw M; aus dem GüterRStatut u EG 15 ergeben sich nur die v einem best Güterstd abhäng Vermutgen, vgl zB § 1416 Anm 2 aE. Im Verhältn zu Dritten EG 16 II. **g)** Verbotene **Rechtsgeschäfte unter Ehegatten,** zB KaufVertr, Schenkgen u dgl, betreffen die pers Ehewirkgen, nicht etwa die GeschFgk der Eheg, so daß also das nach EG 14 zu ermittelnde R angibt, ob eine derart Beschrkg vorliegt; EG 7 III kommt mithin nicht in Betr, KG DR **39**, 938; bei EG 30 wird im allg nicht entgstehen. Hingg handelt es sich bei dem Verbot des Abschl eines GesellschVertr unter Eheleuten nach frz u belg Recht um einen Ausfluß des EhegüterR, RG **163**, 367, währd Verbot gewisser Geschäfte mit Dritten, zB Bürgsch der Frau für den Mann, ebso Pfandbestellg sich nach EG 14 richtet (nicht etwa n dem BürgschStatut, and BGH NJW **77**, 1011, vgl dazu EG 7 Anm 3 u Vorbem 6 o vor EG 12); z Schutz des inländ Verk ist aber insow entspr Anwendg v EG 7 III u 16 II geboten, Soergel-Kegel Rdz 36, Kühne JZ **77**, 440; sow f solche Gesch gerichtl Genehmigg erford, muß bei gewöhnl Aufenth eines Eheg im Inland Zustdgk der dtsch Gerichte angenommen werden, Soergel-Kegel ebda. **h) Verminderte Geschäftsfähigk der Frau** ist gleichf eine Folge der Ehe als solcher, also nach dem sich nach EG 14 ergebden Recht nicht nach EG 7 zu beurteilen, Staud-Gamillscheg Rdz 134ff; bei hinreichder Inlandsbeziehg wäre Verstoß gg EG 30 z bejahen; der inländ Verk w n EG 7 III geschützt. Dagg ist EG 7 anwendb, wenn Frau dch Heirat münd w, Soergel-Kegel Rdz 30. **i) Legalhypothek,** die in manchen Rechten dem Mißbr der ehemännl Gewalt entggwirken soll u die ebenf als Folge der Ehe als solcher anzusehen ist, setzt Wirksk nach der lex rei sitae voraus, was für Dtschland zu verneinen. **k)** Nicht einheitl kann die Frage der Qualifikation einer **allg Vertretgsmacht der Eheg untereinander** beantwortet w, vielm zu untersuchen, ob Folge der Ehe allg, dann EG 14, od des GüterR, EG 15.

1. Abschnitt: Allgemeine Vorschriften **(IPR) Anh zu EGBGB 14, EGBGB 15**

Anhang zu Art 14

1) Kurze Erläuterg zu Art 1 HaagerEhewirkgsAbk; Text Anh zu EG 15,dort auch Allg u Geltgsbereich des Abk. Abk Art 1 knüpft ebenf an das Staatsangehörigk R beider Ehegatten an. Er regelt also nicht den Fall der von vornherein verschiedenen Staatsangehörigk beider Eheg u kommt daher dann nicht zur Anwendg, KG JW **36**, 2470. Hatten die Eheg jedoch zunächst ein gemeins HeimatR, erwirbt dann einer ein anderes, so gilt das letzte gemeinsame, Art 9 II. Erwerben beide eine neue Staatsangehörigk, so entsch das neue HeimatR, Art 9 I vorbehaltl Art 10. Was unter den Rechten u Pflichten der Ehegatten in ihren persönl Beziehgen zu verstehen ist, kann nicht aus den entspr Gesetzesbestimmgen der VertrStaaten, also auch nicht aus §§ 1353ff gefolgert w. Maßg hierfür die Beratgen zu dem Haager Abk. So sollte die verminderte Geschfgk der Frau, vgl EG 14 Anm 4 h, dadch nicht betroffen w, desgl nicht die Regelg über den FamNamen, vgl Jayme FamRZ **75**, 697, wohl aber über den UnterhAnspr, Actes 1904 p 178, Soergel-Kegel EG 16 Anh Rdz 3. Die Wirkgen der Eheschl auf das Verm (hierzu gehören in diesem Zusammenhang auch die sich aus §§ 1357, 1362 ergebenden Rechte) werden dch Art 1 nicht betroffen, so daß, da Art 2 ff eine allg vermögensrechtl Regelg zw den Eheg nicht enthält, EG 14 insof entsch. Abk Art 1 betrifft aber unbedenkl das Herstellgsverlangen, RG **147**, 388, KG JW **36**, 2470, ferner die sonst sich aus §§ 1353, 1356 ergebenden Rechte u Pflichten.

Eheliches Güterrecht: a) Grundsatz; Ehevertrag

EG 15 ⁱ Das eheliche Güterrecht wird nach den deutschen Gesetzen beurteilt, wenn der Ehemann zur Zeit der Eheschließung ein Deutscher war.

ⁱⁱ Erwirbt der Ehemann nach der Eingehung der Ehe die *Reichsangehörigkeit* oder haben ausländische Ehegatten ihren Wohnsitz im Inlande, so sind für das eheliche Güterrecht die Gesetze des Staates maßgebend, dem der Mann zur Zeit der Eingehung der Ehe angehörte; die Ehegatten können jedoch einen Ehevertrag schließen, auch wenn er nach diesen Gesetzen unzulässig sein würde.

Neues Schrifttum: Bollag, Über die Wandelbk u Unwandelbk des ehel GüterR im IPR, Diss Zürich 1974; Beitzke, Wandelbk des GüterRStatuts, Fschr f Bosch (1976) 65.

1) Allgemeines. Anknüpfgspunkt ist auch hier die Staatsangehörigk. And als in EG 14 ist es aber die des Ehem zZ der Eheschl, vgl Anm 2. Für **Staatenlose** gilt EG 29 mit Anh V, für **Flüchtlinge** usw vgl Anh II u Anh z EG 29, für **Mehrstaater** vgl Vorbem 7a vor EG 7. **Rück- u Weiterverweisg** sind im ganzen Umfang des aus EG 15 abgeleiteten Grds zu beachten, obwohl EG 27 nur EG 15 II nennt, vgl BayObLG **65**, 330, Wiesbaden (LG) FamRZ **73**, 657 mit Anm Jayme. Wg der **staatsvertragl** Regelg vgl Anh. – Im dtschen **ILR** w bish anstelle der Staatsangehörigk an den gewöhnl Aufenth angeknüpft; vgl dazu nunmehr Vorbem 14c vor EG 7. Der Güterstd beurteilt sich nach dem jew gewöhnl Aufenth beider Eheg; das interlokale GüterRStatut ist also wandelb, Hamm FamRZ **63**, 253, Soergel-Kegel EG 15 Rdz 44, Erm-Marquordt EG 15 Rdz 21, Heldrich FamRZ **59**, 49; aM BGH **40**, 32, FamRZ **76**, 612, Brem FamRZ **60**, 158. Dch Ges v 4. 8. 69, BGBl I 1067 w der Güterstd v DDR-Flüchtl od daher Zugezogenen mit Wirkg v 1. 10. 69 ausdrückl auf den in der BRep geltdn Güterstd umgestellt, soweit Eheg dem nicht fristgerecht widersprochen h, EG 15 Anh II.

2) Grds für das ehel Güterrecht. Aus der zweis unvollk Kollisionsnorm von EG 15 I u II 1. Halbs entnehmen Lehre u Rspr den Grds: **Das ehel GüterR beurteilt sich nach dem HeimatR des Ehemannes zZ der Eheschl**, BGH NJW **69**, 369, grdsl jedoch unter Berücksichtig der Fortentwicklg dieses Rechts, Anm 3a. **Fortgeltg** trotz Verstoßes gg gg G 3 II u **bejahen**, vgl Henrich, RabelsZ **74**, 489, derselbe FamRZ **74**, 105, Ferid IPR Rdz 8–104 (Art 15 im Hinbl auf Ges v 4. 8. 69 nachkonstitutionelles Recht, das der VerwerfgsKompetenz des BVerfG n GG 100 unterliegt; die entggstehde Entsch BVerfG **16**, 80 konnte dies noch nicht berücksicht), Soergel-Kegel, Supplementbd 1975 S 143. F Fortgeltg im Ergebn auch BayObLG **59**, 89, **71**, 34, Stgt FamRZ **78**, 507, dahingestellt aber BayObLG **75**, 153, BGH FamRZ **76**, 612. F Anknüpfg an gemeins effektive Staatsangehörigk u hilfsw gemeins gewöhnl Aufenth beider Eheg Kropholler FamRZ **76**, 316, f den Fall der Nichtfortgeltg ebso LG Mü I MittBayNot **78**, 16. Gg Fortgeltg auch Sturm Fschr f Ferid (1978) 434 N 65. Vgl auch Vorbem 15 vor EG 7. Grds des EG 15 für Vertriebene u Flüchtlinge geändert dch G v 4. 8. 69, Anh II.

3) Folgergen aus dem Grds. Er schließt in sich a) **die Unwandelbark des GüterR**, KG DR **39**, 938, BayObLG **59**, 89, Hamm NJW **77**, 1591, ohne daß es auf den Wohns des Ehem im In- od Ausland ankäme; vgl EG 15 II Halbs 1. Erwirbt also der dtsche Ehem nach der Eheschl eine ausl Staatsangehörigk, so richtet sich das GüterR weiter nach dtschem Recht. Grdsl sind auch die inzw eingetretenen Gesetzesänderngen des HeimatR z beachten; die Verweisg auf das ausl HeimatR bezieht sich auch auf die intertemporalen Vorschr, Stgt NJW **58**, 1972; dies gilt nicht, wenn der Ehem im ZusHang mit dem Verlust der alten o dem Erwerb einer neuen Staatsangehörigk die alte Heimat verlassen h, die Beziehgen z diesem Staat also abgerissen sind (**Versteinerg** des Güterstd), BayObLG **59**, 89 (betr Sudetendtsche), **61**, 123 (betr volksdtsche Flüchtlinge), Hamm NJW **77**, 1591, str, aM zB Soergel-Kegel Rdz 4; die Versteinerg erfaßt auch die zum GüterR gehörden Kollisionsnormen des fr Heimatstaates, Hamm aaO, abl Reinartz ebda. Wg des heutigen GüterR Statuts dt Flüchtlinge unten Anh II. – Es ergeben sich aber **Einschränkgen** beim Ehevertr gem EG 15 II Halbs 2 u im Verhältn zu Dritten, EG 16. **b) die Einheitlichk des Vermögensstatuts**, dh das auf das GüterR anzuwendende Recht hat grdsätzl auch die Herrsch über die sämtl zu dem Verm gehörigen EinzelGgstände, gleichgült, wo sich diese räuml befinden. Dem nach EG 15 zu ermittelnden Recht unterstehen mithin auch die VermStücke, die nach den kollisionsrechtl Grdsätzen für das SachenR den Vorschr des Lageortes unterliegen würden, zB Grdste. Eine **Ausn** gilt aber n EG 28 f Ggst außerh des Gebiets der n EG

15 anwendb ROrdng, die n dem R ihres Lageortes bes Vorschr unterliegen, zB bei kollisionsr Spaltg des GüterRStatuts f bewegl u unbewegl Sachen, BayObLG **71**, 34 (Österreich), Staud-Gamillscheg Rdz 188, vgl auch KG NJW **73**, 428 (güterr Vereinbg rgesch Veräußergsverbots inl VermGgste unterliegt § 137); aM Soergel-Kegel Rdz 42.

4) Anwendgsgebiet des Grdsatzes. a) Die **Vorfrage** des Bestehens der Ehe ist selbstd anzuknüpfen, Soergel-Kegel Rdz 40. Ist die Ehe wg EG 13 III im Inland gült, n dem HeimatR des Mannes aber eine Nichtehe, so bleibt dies auf das GüterRStatut ohne Einfl, Stgt FamRZ **78**, 507, Staud-Gamillscheg Rdz 175. **b) Qualifikation (Verhältn zu EG 14 u 24 ff).** Welche Fragen dem ehel GüterR iS von EG 15 unterstehen, ergibt sich aus der Systematik des dtschen Rechts, KG JW **36**, 2466; das GüterRStatut gilt für alle zum Verm beider Eheg gehörden Ggstände, BGH FamRZ **69**, 28, nicht aber – entgg dieser Entsch – auch für alle auf diese Ggstände bzgl Rechtsgeschäfte zw den EheG, Gamillscheg FamRZ **69**, 80. **Mithin regelt sich nach EG 15,** welcher von den mehreren Güterstden einer ROrdng maßg ist, welche Gütermassen zu unterscheiden sind u zu welcher der Anspr eines Eheg gehört, demgem auch die Stellg des Mannes hins der Verw des Frauenvermögens, seine Klageberechtigg, RG **96**, 96, VfgsBeschrkgen inf des Güterstandes, vgl §§ 1365, 1369, BayObLG JZ **54**, 441, die auch im inl GBVerk zu beachten sind, wobei für eingetr RInh die Vermutg des § 891 spricht, KG NJW **73**, 428, and Köln OLGZ **72**, 171 (doch kann gerade insof u bei der Klageberechtigg der Abgrenzg gg EG 14 zweifelh sein; zu EG 15 gehören also nicht die allg Ehefolgen, wie die nach manchen Rechten verminderte GeschFgk der Frau, EG 14 Anm 3 u 4h, hingg die vermögensrechtl Regelgen der beiderseit Güter, die dch die Ehe ermöglicht oder veranlaßt worden sind), GesellschVerträge der Eheg, falls sie über Hauptteil des ertragbringden Verm abgeschl werden, Stgt NJW **58**, 1972, GesellschVerbot zw Eheleuten nach frz u belg Recht, RG **163**, 367, EG 14 Anm 4 g, ob eine letztwill Zuwendg zu einem SonderVerm, vgl § 1418 II Z 2, mögl ist, währd sich das auf die Zuwendg zur Anwendg kommde Recht entspr EG 25 regelt, ferner die vom Güterstd abhäng Haftg eines Eheg für Verbindlichk des and, Staud-Gamillscheg Rdz 252; nach EG 15 regelt sich ferner die Auseinandersetzg u zwar auch aGrd einer Scheidg, vgl KG JW **36**, 2466; güterrechtl z qualifizieren ist auch die fortgesetzte GütGemsch, Staud-Gamillscheg Rdz 311, od eine ehevertragl Teilgsanordng, KG JW **38**, 1718. **Versorggsausgleich** nach §§ 1587 ff ist Scheidgsfolge u daher nach EG 17 zu beurteilen, vgl dort Anm 5, str, f Anwendg v EG 15 AG Charlottenbg NJW **78**, 1116, AG Wunsiedel FamRZ **78**, 513, wohl auch AG Emmerich NJW **78**, 498. Dagg gehört **Zugewinnausgleich** dem GüterR an; das gilt auch für die **erbrechtl Lösg, § 1371 I,** da es sich bei der Erhöhung des Erbteils um ¼ um eine pauschalierten ZugewAusgl, nicht um eine allg erbrechtl Besserstellg des Eheg handelt; so die hM, vgl Ferid FamRZ **57**, 72 (and nunmehr in IPR Rdz 8–130: 1371 I sowohl güter- als auch erbrechtl zu qualifizieren), Braga FamRZ **57**, 340, Müller-Freienfels JZ **57**, 690 Anm 33, Thiele FamRZ **58**, 397; aM (erbrechtl Qualifikation) Krüger-Breetzke-Nowak, GleichberechtG (1958) Anm 2 vor 1371, Maßfeller Betr **58**, 566, Raape IPR § 336. Diese Besserung gewährt der dtsche Gesetzgeber aber im Hinblick auf das sonst zu ungünst ErbR, also doch auch unter erbrechtl Gesichtspkten, so daß eine solche Verbesserg des ErbR dch Angleich entfallen muß, wenn § 1371 I mit ausländ ErbR, EG 25, zusammentrifft u dieses den and Eheg ohnehin besser stellt als in § 1931 I, II vorgesehen, vgl Soergel-Kegel Rdz 11, Thiele FamRZ **58**, 397, Müller-Freienfels JZ **57**, 690 Anm 33, der auch zutreffd § 1371 II, III hinsichtl des Pflichtt für den nach AuslandsR Beerbten keine Wirkg beimißt, sond da allein EG 25 entscheiden läßt. Für Unanwendbark des § 1371 I bei ausländ Erbstatut u Ausgleich über § 1371 II in diesem Fall Braga FamRZ **57**, 340, v Hippel RabelsZ **68**, 351, Erm-Marquordt Rdz 13, Staud-Gamillscheg Rdz 335. Vgl zu dieser Frage ferner die Untersuchgen in Vorschläge u Gutachten z Reform des dt intern ErbR v Müller-Freienfels, Braga, Gamillscheg S 42 ff. Die Erhöhg des EhegErbteils nach **§ 1931 IV** bei **Gütertrenng** ist erbr z qualifizieren, Ferid IPR Rdz 8–134, grdsl auch Jayme Fschr f Ferid (1978) 221, aM Soergel-Kegel Rdz 9; die Anwendg des § 1931 IV bei ausl GüterRStatut setzt jedoch voraus, daß die ausl Gütertrenng derjen des BGB entspr, Jayme aaO. Wird im ErbVertr zus mit einem GüterVertr geschl, so bleibt f jenes das Erbstatut maßg, LG Mü I FamRZ **78**, 364, Soergel-Kegel Rdz 10, str, aM Raape IPR § 31 V 3 u Vorauf. – Trotz ZPO 739 kann die Verurteilg eines Ehem zur Duldg der ZwVollstr uU notwend w, wenn das nach seinem HeimatR erforderl ist, BGH LM ZPO 739 Nr 3. Siehe im übr wg der güterrechtl Verhältnisse bei Nichtigk u Aufhebg der Ehe EG 13 Anm 3, wg der Abgrenzg von EG 15 gg EG 14 dort Anm 4.

5) EheVertr. Nach dem gem Anm 2 gefundenen Recht beurteilt sich weiterhin, ob die Eheg eine and Regelg treffen können als die gesetzl, KG HRR **33**, 205, u welche Grenzen der VertrFreih, insb hins der Unterwerfg unter fremdes Recht, gesetzt sind. Wg einer solchen Begrenzg für Deutsche vgl § 1409, der auch für ehem Deutschen gilt, der noch eine and Staatsangehörigk besitzt, sofern die dtsche Staatsangehörigk die effektive ist, vgl Vorbem 7a vor EG 7; bei Wohns im Ausland kann Ehevertr n § 1409 II ausdr od stillschw dem ausl Recht unterstellt w, RG LZ **24**, 741, Soergel-Kegel Rdz 31 (matrechtl Verweis). Nach EG 15 regelt sich weiter, ob die Eheg währd der Ehe einen Ehevertr eingehen u einen bestehenden Ehevertr ändern können, was insb die romanischen Rechte nicht zulassen. Zugunsten der VertrFreih des § 1408 bestimmt aber **EG 15 II Halbs 2,** daß der Abschl eines EheVertr entgg einem Verbot des HeimatR des Ehem zZ der Heirat dann statth ist, wenn der Ehem n dem Eheschl die dtsch Staatsangehörigk (bzw dtsches Personalstatut) erwirbt od ausl Eheg ihren Wohns im Inland nehmen; der zuletzt genannte Fall trifft erst recht z, wenn die Eheg nicht beide Ausl sind, Kegel IPR § 20 V 3. Demgem können schweizerische Eheleute, die in Deutschland wohnen, auch währd der Ehe einen Ehevertr über die nach ihrem HeimatR erforderl vormschgerichtl Gen schließen, KG HRR **33**, 205, abl Kegel IPR § 20 V 3. Haben Italiener in Deutschland Gütertrenng vereinbart, so kann bei Getrenntleben § 1361 a anwendb w, BayObLG **60**, 370. EG 15 II Halbs 2 gilt auch für Ehevertr, die vor der Eheschl abgeschl sind, wenn die Eheleute nach der Eheschl ihren ersten Wohns in Deutschland nehmen, RG SeuffA **75**, 32. Im Geltgsbereich des Haager EhewirkgsAbk, vgl Anh I, gilt die Ausn des EG 15 II Halbs 2 nicht, Art 4 I Abk u dazu Ferid IPR Rdz 8–140. Die **Fähigk, einen Ehevertrag abzuschließen** (GeschFgk), richtet sich nach EG 7, die **Form** nach EG 11 I, dh entw nach dem gem EG 15 ermittelten G oder dem G des Abschließgsortes.

Anhang zu Art 15

I. Staatsverträge

1) Als StaatsVertr (pers Ehewirkgen u GüterR) kommt das Haager Abk v 17. 7. 05 betr den Geltgsbereich der G in Ansehg der Wirkgen der Ehe auf die Rechte u Pflichten der Eheg in ihren pers Beziehgen u auf das Verm der Ehegatten in Betr, RGBl **12**, 453 u 475 (**Haager EhewirkgsAbk**). In Kraft getreten für Deutschland am 23. 8. 12. Abk galt vor 2. Weltkrieg für Deutschland im Verh zu Italien, Niederlande, Polen, Rumänien, Schweden; heute im Verhältn zu Italien, Bek v 14. 2. 55, BGBl II 188; Schweden ist mit Wirkg v 23. 8. 62, Bek v 4. 5. 60, BGBl II 1532, Polen mit Wirkg v 23. 8. 72, Bek v 18. 8. 69, BGBl II 41 u die Niederlande mit Wirkg v 23. 8. 77, Bek v 28. 4. 77, BGBl II 444 ausgeschieden. – Das **neue** Haager Abk über das auf Ehegüterstde anwendb R v 23. 10. 76 ist noch nicht in Kraft getreten; vgl dazu Kegel IPR § 20 V 6, Beitzke Fschr f Bosch (1976) 65, ders RabelsZ **77**, 457.

2) Anwendgsgebiet. Wg der Einschränkgen des Geltgsbereiches in pers u sachl Beziehg vgl Art 9 u 10, Anh zu EG 14 Anm 1. Ob das Abk auch anzuwenden ist, wenn nur ein Eheg Angeh eines VertrStaates ist, kann fragl sein, vgl die Nachw KG JW **36**, 2470 (dahingestellt gelassen), verneinend Duisbg (LG) StAZ **58**, 177. Es enthält auch keine Bestimmungen für Staatenlose u Mehrstaater, so daß die Anwendg des Abk in solchen Fällen entfällt, KG aaO. Kommt das Abk zur Anwendg, so ist für die Anwendg von EG 30 kein Raum, RG **147**, 385; EG 14 u 15 kommen nur insow zur Anwendg, als das Abk das zuläßt, vgl Anh EG 14 Anm 1 aE.

3) Kurze Erläuterg. Wg Art 1 vgl Anh zu EG 14. Art 2 enthält einen dem EG 15 entspr Grds, vgl dort Anm 2 u 3, bezieht sich also auch auf die Auseinandersetzg nach Ehescheidg, KG JW **37**, 1973, Hamm NJW **68**, 1052; zur **Vereinbark mit GG 3 II** vgl Jayme/v Olshausen FamRZ **73**, 281, die für vorl Weitergeltg eintreten u Vorbem 15 vor EG 7. Der Grds wird dch Art 7 iS von EG 28, jedoch mit Beschrkg auf Grdst ergänzt. Art 3–6 enthalten Bestimmgen über den EheVertr, zT abweichd von den Bestimmgen des EG, zB FormVorschr nach den HeimatG beider Ehegatten, Art 6, bei VertrSchluß nach Eheschl entsch über die Gültigk des Inhalts das G der Eheg zZ des VertrSchlusses (also nicht des Ehem zZ der Eheschl), Art 5. Im Verhältn zu den VertrStaaten gilt die AusnBestimmg des EG 15 II Halbs 2 nicht, vgl die in DNotZ **27**, 59 mitgeteilte Entsch des KG. Hingg gelten aGrd des Vorbeh in Art 8 die Bestimmgen des EG 16 weiter (Aufrechterhaltg von § 1435, jetzt § 1412).

4) Auszug aus der Amtl Übersetzg des Abk (offizieller Text franz):

I. Die Rechte und Pflichten der Ehegatten in ihren persönlichen Beziehungen

Art. 1. Für die Rechte und Pflichten der Ehegatten in ihren persönlichen Beziehungen ist das Gesetz des Staates, dem sie angehören (Gesetz des Heimatstaats), maßgebend.

Jedoch dürfen wegen dieser Rechte und Pflichten nur solche Durchführungsmittel angewendet werden, die auch das Gesetz des Landes gestattet, wo die Anwendung erforderlich ist.

II. Das Vermögen der Ehegatten. Gesetzliches Güterrecht

Art. 2. In Ermangelung eines Vertrags ist für die Wirkungen der Ehe sowohl auf das unbewegliche als auf das bewegliche Vermögen der Ehegatten das Gesetz des Heimatstaats des Mannes zur Zeit der Eheschließung maßgebend.

Eine Änderung der Staatsangehörigkeit der Ehegatten oder des einen von ihnen ist ohne Einfluß auf das eheliche Güterrecht.

Fähigkeit zum Abschluß eines Ehevertrags

Art. 3. Für einen jeden der Verlobten bestimmt sich die Fähigkeit, einen Ehevertrag zu schließen, nach dem Gesetze seines Heimatstaats zur Zeit der Eheschließung.

Zulässigkeit des Abschlusses eines Ehevertrags

Art. 4. Das Gesetz des Heimatstaats der Ehegatten entscheidet darüber, ob sie während der Ehe einen Ehevertrag errichten und ihre güterrechtlichen Vereinbarungen aufheben oder ändern können.

Eine Änderung des ehelichen Güterrechts hat keine Rückwirkung zum Nachteil Dritter.

Inhaltliche Gültigkeit

Art. 5. Für die Gültigkeit eines Ehevertrags in Ansehung seines Inhalts sowie für seine Wirkungen ist das Gesetz des Heimatstaats des Mannes zur Zeit der Eheschließung oder, wenn der Vertrag während der Ehe geschlossen ist, das Gesetz des Heimatstaats der Ehegatten zur Zeit des Vertragsschlusses maßgebend.

Das gleiche Gesetz entscheidet darüber, ob und inwieweit die Ehegatten die Befugnis haben, auf ein anderes Gesetz zu verweisen; haben sie auf ein anderes Gesetz verwiesen, so bestimmen sich die Wirkungen des Ehevertrags nach diesem Gesetze.

Form des Ehevertrags

Art. 6. In Ansehung der Form ist der Ehevertrag gültig, wenn er gemäß dem Gesetze des Landes, wo er errichtet wird, geschlossen ist, oder wenn er geschlossen ist gemäß dem Gesetze des Heimatstaats eines jeden der Verlobten zur Zeit der Eheschließung oder aber während der Ehe gemäß dem Gesetze des Heimatstaats eines jeden der Ehegatten.

Macht das Gesetz des Heimatstaats eines der Verlobten oder, im Falle der Vertragsschließung während der Ehe, das Gesetz des Heimatstaats eines der Ehegatten die Gültigkeit des Vertrags davon abhängig, daß er, auch wenn er im Ausland geschlossen wird, einer bestimmten Form genügt, so müssen diese Gesetzesvorschriften beobachtet werden.

Anh zu EGBGB 15 (IPR)

Unanwendbarkeit für Grundstücke

Art. 7. *Die Bestimmungen dieses Abkommens sind nicht anwendbar auf solche Grundstücke, welche nach dem Gesetze der belegenen Sache einer besonderen Güterordnung unterliegen.*

Vorbehalte

Art. 8. *Jeder der Vertragsstaaten behält sich vor:*
1. *besondere Förmlichkeiten zu erfordern, wenn der eheliche Güterstand Dritten gegenüber geltend gemacht werden soll;*
2. *solche Vorschriften anzuwenden, welche den Zweck verfolgen, Dritte in ihren Rechtsbeziehungen zu einer Ehefrau zu schützen, die in dem Gebiete des Staates einen Beruf ausübt.*

Die Vertragsstaaten verpflichten sich, die nach diesem Artikel anwendbaren Gesetzesvorschriften einander mitzuteilen.

III. Allgemeine Bestimmungen. Staatsangehörigkeitswechsel

Art. 9. *Haben die Ehegatten während der Ehe eine neue, und zwar die gleiche Staatsangehörigkeit erworben, so ist in den Fällen der Artikel 1, 4, 5 das Gesetz ihres neuen Heimatstaats anzuwenden.*

Verbleibt den Ehegatten während der Ehe nicht die gleiche Staatsangehörigkeit, so ist bei Anwendung der vorbezeichneten Artikel ihr letztes gemeinsames Gesetz als das Gesetz ihres Heimatstaats anzusehen.

Ausschließung der Anwendbarkeit

Art. 10. *Dieses Abkommen findet keine Anwendung, wenn das Gesetz, das nach den vorstehenden Artikeln angewendet werden müßte, nicht das Gesetz eines Vertragsstaats ist.*

II. Gesetz über den ehelichen Güterstand von Vertriebenen und Flüchtlingen

Vom 4. 8. 1969, BGBl I 1067

Schrifttum: Herz DNotZ **70**, 134; Firsching; FamRZ **70**, 452.

1) Allgemeines. Wg der Unwandelbk des GüterRStatuts n EG 15 I, vgl dort Anm 3, die BGH **40**, 32, FamRZ **76**, 612 auch im ILR bej, vgl Anm 1 z EG 15, leben die Vertriebenen u Flüchtlinge (auch aus der DDR) n dem GüterR entspr dem Personalstatut des Ehem zZ der Eheschl; daß dieses v dem in der BRep jetzt gelten GüterR meist abweicht, ist den Ehel oft nicht bewußt; vgl die Übers von Bürgel NJW **69**, 188. Das führt dann im Erbf, wenn die Ehel Dtsche sind od geworden sind, mit Rücks auf das dtsche Erbstatut, EG 24 Anm 2, vor allem wg der nicht eintretden Erhöhg des ges Erbteils aGrd des güterr zu qualifizieren § 1371 I, vgl EG 15 Anm 4, zu überraschden Schwierigkeiten für die Ehel und ihre Erben. Das G versucht sie zu beseitigen, indem die darin genannten Ehel in den gesetzl Güterstd der BRep überführt w. Soweit ein Staats-Vertr (Haager EhewirkgsAbk, oben Anh I) entggstehen sollte, geht dieser vor, kommt also das G nicht zur Anwendg.

2) Der Personenkreis umfaßt **a)** Eheg, die Vertriebene od SowjZonenflüchtlinge iS von §§ 1, 3, 4 BVFG idF v 23. 10. 61, BGBl I 1882, sind, ferner solche Eheg, die aus der SowjZ od dem sowj besetzten Sektor von Bln zugezogen sind, wenn sie im Ztpkt des Zuzugs dtsche Staatsangehörige waren od jedenf als Dtsche iS von GG 116 I, Aufn gefunden h; **b)** beide gewöhnl Aufenth, EG 29 Anm 2, in der BRep haben, der aber nicht gemeins zu sein braucht; **c)** in einem gesetzl Güterstd leben, der außerh der BRep gilt. Das ist auch bei Ehel der Fall, die in der DDR oder Ost-Bln nach dem 6. 10. 49 geheiratet haben, da in der DDR ab 7. 10. 49 (Ost-Bln dch VO v 12. 10. 50) Gütertrenng, ab 1. 4. 66 aGrd des FamGB (§ 15) ErrungenschGemsch gesetzl Güterstd ist. Dagg ist diese Voraussetzg nicht erf, wenn sich ein als dtsches PartikularR geltder ges Güterstd n dem österr ABGB dch GG 3 II, 117 I in den Güterstd der Gütertrenng verwandelt h, BGH FamRZ **76**, 612 (Sudetendtsche). Ausgenommen sind Personen des zu a u b genannten Kreises, wenn sie aGrd EheVertr in einem nicht in der BRep geltden Güterstd gelebt haben, auch wenn es sich dabei um den damaligen dort geltden gesetzl Güterstd gehandelt hat od wenn sie, § 1 II, den bisherigen Güterstd im GüterRReg eines AG der BRep bis zum 30. 9. 1969 haben eintr lassen; vgl auch Anm 4.

3) Überleitg a) Am 1. 10. 69, § 7, wurde kraft Gesetzes der Güterstd der Anm 1 genannten Eheg, soweit sie nicht ausgen sind, in den gesetzl Güterstd des BGB übergeleitet, § 1 I. Nehmen die Eheg, sei es beide, sei es nachträgl der andere, erst am 1. 10. 69 od später ihren gewöhnl Aufenth in der BRep, so gilt für sie das gesetzl GüterR des BGB nicht sofort, sondern erst vom Beginn des 4. Monats ihres gemeinsamen gewöhnl Aufenthaltes, sofern sie nicht vorher ihren bisherigen Güterstd bei einem AG der BRep ins GüterRReg eintr ließen u damit behalten haben, § 3 S 1, 2.

Die Überleitg hat die **Wirkg,** daß nunmehr, aber ohne Rückwirkg, vgl Hamm NJW **77**, 1591, der Güterstd der ZugewGemsch, §§ 1363–1390, gilt. Begr des Zugew § 1373; bes Bedeutg im Todesfall § 1371. Anfangsverm § 1374, ist, wenn die Voraussetzg gem § 1 I, oben Anm 2, schon am 1. 7. 58, demTag des Inkrafttr des GleichberG, vorlagen, das Verm, das damals jedem Eheg gehörte, III 1. Es w also zweckmäß sein, bald ein Verzeichn dieses Verm zu fertigen, § 1377 I, um im Erb- od AuseinandSFalle der Vermutg des § 1377 III zu begegnen. Waren die Voraussetzgen erst später gegeben, so bestimmt sich das AnfangsVerm nach diesem Ztpkt. Bei späterem Erwerb in der § 1374 II genannten Art ist bei Aktiven u Passiven das Hinzugekommene zu beachten, § 1374 Anm 3. Andererseits entsch der Stichtag für das AnfangsVerm auch darüber, ob VermMindergen, § 1375 Anm 3, dem EndVerm hinzugerechnet w; sie bleiben außer Betr, wenn sie vor dem Stichtag liegen u sind nach dem damaligen GüterR zu berücksichtigen.

4) Ablehng der Überleitg, § 2. Abgesehen von der Möglichk, den bisherigen Güterstd im GüterR-Reg eines hiesigen AG eintr zu lassen, § 1 II, also einen dahingehden EheVertr zu schließen, kann jeder der Eheg (ohne den and) – ähnl GleichberG Art 8 I Z 3, vgl Grdz 5 vor § 1363 – bis zum 31. 12. 70 dem AG, u zwar bei jedem, § 4 I, in notarieller Form, BeurkG 8ff, erklären, daß „für die Ehe der bisherige Güterstand weitergelten soll". Die Erkl bezieht sich also nur auf den zw den Eheg tatsächl bestehenden Güterstd, nicht einen irrtüml od bewußt falsch angegebenen, Begr Reg-Entw zu § 2 IV, V. Für beschr GeschFähige u GeschUnfähige gilt § 1411 entspr. Ein and Güterstd als der in der BRep geltde gesetzl kann in der Erkl nicht gewählt w. Es bedürfte dann eines EheVertr. Falls die Erkl nicht gemeins abgegeben w (denkb auch von jedem Eheg bei einem and AG), ist sie dem and Eheg vAw zuzustellen, ZPO 208 ff, u falls EintrAntr gestellt w, ans zust RegG, also das des Wohns des Mannes, 1558, weiterzuleiten, § 4 II, III; bei einseit AntrStellg zudem Anhörg des and Eheg. Sind die Angaben über den Güterstd zweifelh, Ermittl des Reg-Richters, § 4 IV, dh des RPflegers, RPflG 3 Z 1e, der aber die Sache dem Richter vorzulegen hat, RPflG 5 I Z 3, da es sich um nicht in der BRep geltdes Recht handelt. Die einseit wie die beiderseit Ablehng kann bereits vor dem 1. 10. 69 abgegeben w u verhindert dann die gesetzl Überleitg, §§ 2 II, 7. Wird sie nach dem Ztpkt der gesetzl Überleitg abgegeben, so w der ursprüngl Güterstd wiederhergestellt, die Überleitg gilt als nicht erfolgt. Einwendgen gg ein RGesch unter den Eheg od ggü Dritten können daraus aber nicht hergeleitet w, § 2 III. Nehmen Eheg erst nach Inkrafttr des G ihren gewöhnl Aufenth im BGebiet, so können sie, sofern sie die Überleitg nicht in den ersten 3 Monaten nach diesem Ztpkt ablehnen, das noch binnen JahresFr nachholen, also auch nach Ablauf der 3 Monate eingetretene Überleitg wieder rückgäng machen, § 3 S 3.

§ 1. [Überleitung (Personenkreis, Wirkung)] *I Für Ehegatten, die Vertriebene oder Sowjetzonenflüchtlinge sind (§§ 1, 3 und 4 des Bundesvertriebenengesetzes), beide ihren gewöhnlichen Aufenthalt im Geltungsbereich dieses Gesetzes haben und im gesetzlichen Güterstand eines außerhalb des Geltungsbereichs dieses Gesetzes maßgebenden Rechts leben, gilt vom Inkrafttreten dieses Gesetzes an das eheliche Güterrecht des Bürgerlichen Gesetzbuchs. Das gleiche gilt für Ehegatten, die aus der sowjetischen Besatzungszone Deutschlands oder dem sowjetisch besetzten Sektor von Berlin zugezogen sind, sofern sie im Zeitpunkt des Zuzugs deutsche Staatsangehörige waren oder, ohne die deutsche Staatsangehörigkeit zu besitzen, als Deutsche im Sinne des Artikels 116 Abs. 1 des Grundgesetzes Aufnahme gefunden haben.*

II Die Vorschriften des Absatzes 1 gelten nicht, wenn im Zeitpunkt des Inkrafttretens der bisherige Güterstand im Güterrechtsregister eines Amtsgerichts im Geltungsbereich dieses Gesetzes eingetragen ist.

III Für die Berechnung des Zugewinns gilt, wenn die in Absatz 1 genannten Voraussetzungen für die Überleitung des gesetzlichen Güterstandes in das Güterrecht des Bürgerlichen Gesetzbuchs bereits damals vorlagen, als Anfangsvermögen das Vermögen, das einem Ehegatten am 1. Juli 1958 gehörte. Liegen die Voraussetzungen erst seit einem späteren Zeitpunkt vor, so gilt als Anfangsvermögen das Vermögen, das einem Ehegatten in diesem Zeitpunkt gehörte. Soweit es in den §§ 1374, 1376 des Bürgerlichen Gesetzbuchs auf den Zeitpunkt des Eintritts des Güterstandes ankommt, sind diese Vorschriften sinngemäß anzuwenden.

§ 2. [Ablehnung der Überleitung] *I Jeder Ehegatte kann, sofern nicht vorher ein Ehevertrag geschlossen worden oder die Ehe aufgelöst ist, bis zum 31. Dezember 1970 dem Amtsgericht gegenüber erklären, daß für die Ehe der bisherige gesetzliche Güterstand fortgelten solle. § 1411 des Bürgerlichen Gesetzbuchs gilt entsprechend.*

II Wird die Erklärung vor dem für die Überleitung in das Güterrecht des Bürgerlichen Gesetzbuchs vorgesehenen Zeitpunkt abgegeben, so findet die Überleitung nicht statt.

III Wird die Erklärung nach dem Zeitpunkt der Überleitung des Güterstandes abgegeben, so gilt die Überleitung als nicht erfolgt. Aus der Wiederherstellung des ursprünglichen Güterstandes können die Ehegatten untereinander und gegenüber einem Dritten Einwendungen gegen ein Rechtsgeschäft, das nach der Überleitung zwischen den Ehegatten oder zwischen einem von ihnen und dem Dritten vorgenommen worden ist, nicht herleiten.

§ 3. [Späterer Eintritt der Voraussetzungen] *Tritt von den in § 1 Abs. 1 genannten Voraussetzungen für die Überleitung des Güterstandes die Voraussetzung, daß beide Ehegatten ihren gewöhnlichen Aufenthalt im Geltungsbereich dieses Gesetzes haben, erst nach dem Inkrafttreten dieses Gesetzes ein, so gilt für sie das Güterrecht des Bürgerlichen Gesetzbuchs vom Anfang des nach Eintritt dieser Voraussetzung folgenden vierten Monats an. § 1 Abs. 2, 3 Satz 2, 3 ist entsprechend anzuwenden. Die Vorschriften des § 2 gelten mit der Maßgabe, daß die Erklärung binnen Jahresfrist nach dem Zeitpunkt der Überleitung abgegeben werden kann.*

§ 4. [Verfahren] *I Für die Entgegennahme der in den §§ 2, 3 vorgesehenen Erklärung ist jedes Amtsgericht zuständig. Die Erklärung muß notariell beurkundet werden.*

II Haben die Ehegatten die Erklärung nicht gemeinsam abgegeben, so hat das Amtsgericht sie dem anderen Ehegatten nach den für Zustellungen von Amts wegen geltenden Vorschriften der Zivilprozeßordnung bekanntzumachen. Für die Zustellung werden Auslagen nach § 137 Nr. 2 der Kostenordnung nicht erhoben.

III Wird mit der Erklärung ein Antrag auf Eintragung in das Güterrechtsregister verbunden, so hat das Amtsgericht den Antrag mit der Erklärung an das Registergericht weiterzuleiten.

IV Der auf Grund der Erklärung fortgeltende gesetzliche Güterstand ist, wenn einer der Ehegatten dies beantragt, in das Güterrechtsregister einzutragen. Wird der Antrag nur von einem der Ehegatten gestellt, so soll das Registergericht vor der Eintragung den anderen Ehegatten hören. Besteht nach Lage des Falles begründeter Anlaß zu Zweifeln an der Richtigkeit der Angaben über den bestehenden Güterstand, so hat das Registergericht die erforderlichen Ermittlungen vorzunehmen.

§ 5. *[Geschäftswert]* Für die Beurkundung der Erklärung nach § 2 Abs. 1, für die Aufnahme der Anmeldung zum Güterrechtsregister und für die Eintragung in das Güterrechtsregister beträgt der Geschäftswert 3000 Deutsche Mark.

§ 6. *[Berlinklausel]* Dieses Gesetz gilt nach Maßgabe des § 13 des Dritten Überleitungsgesetzes vom 4. Januar 1952 (Bundesgesetzbl. I S. 1) auch im Land Berlin.

§ 7. *[Inkrafttreten]* Dieses Gesetz tritt am 1. Oktober 1969 in Kraft; die §§ 2, 4 und 5 treten jedoch am Tage nach der Verkündung* in Kraft.

* Verkündung: 5. 8. 1969.

b) Schutz Dritter

EG 16 I Haben ausländische Ehegatten oder Ehegatten, die nach der Eingehung der Ehe die *Reichsangehörigkeit* erwerben, den Wohnsitz im Inlande, so finden die Vorschriften des § *1435* des Bürgerlichen Gesetzbuchs entsprechende Anwendung; der ausländische gesetzliche Güterstand steht einem vertragsmäßigen gleich.

II Die Vorschriften der §§ 1357, 1362, *1405* des Bürgerlichen Gesetzbuchs finden Anwendung, soweit sie Dritten günstiger sind als die ausländischen Gesetze.

Vorbem. § 1435 ist ersetzt dch § 1412. § 1405 ist entfallen; siehe jetzt §§ 1431, 1456.

1) Allgemeines. Es handelt sich um eine AusnBestimmg zG des dtschen Rechtsverkehrs, vgl EG 15 Anm 3a, die daher einer Verallgemeinerg nicht fähig ist. EG 16 kommt auch im Verhältn zu den Vertr-Staaten des Haager EhewirkgsAbk zur Anwendg, Anh I z EG 15 Anm 3 aE.

2) Voraussetzgen. Es muß sich **a)** um ausl Ehegatten handeln od solche, die nach Eingehg der Ehe die dtsche Staatsangehörigk erwerben, **b)** um Ehegatten mit Wohns in Deutschland. Der Begriff des Wohns bestimmt sich nach dtschem Recht. Ist der Wohns wieder ins Ausland verlegt, so entfällt EG 16; jedoch nicht bei gleichzeit Beibehalt des Inlandswohnsitzes.

3) Folgen. Im rechtsgeschäftl u ProzVerkehr gilt § 1412, so daß der Dritte mangels Eintr im GüterrechtsReg od Kenntn darauf vertrauen kann, daß der dtsche ges Güterstd gilt, u zwar ab 1. 10. 69 auch für die im G v 4. 8. 69, Anh II zu EG 15, genannten Vertriebenen u Flüchtlinge. Die ausl Regelg wirkt erst von der Eintr an. Insofern gelten §§ 1558 u FGG 161. Im Verhältn zum Dritten gelten ferner §§ 1357, 1362 I; also nicht im Innenverhältn zw den Ehegatten, vgl zB EG 14 Anm 4 f. Bei § 1357 betrifft das Verhältn nach außen auch das Recht zum Ausschluß der Schlüsselgewalt u zur Erwirkg der Aufhebg, RG Recht 06, 3262. An Stelle von § 1405 sind §§ 1431, 1456 (Einwilligg zu dem dch den and Eheg betriebenen selbstd Erwerbs-Gesch) getreten, GleichberG Art 1 Z 9. Verkehrsschutz gibt außerdem EG 7 III, s EG 14 Anm 4 g u h.

EG 17 *Ehescheidung.* I Für die Scheidung der Ehe sind die Gesetze des Staates maßgebend, dem der Ehemann zur Zeit der Erhebung der Klage angehört.

II Eine Tatsache, die sich ereignet hat, während der Mann einem anderen Staate angehörte, kann als Scheidungsgrund nur geltend gemacht werden, wenn die Tatsache auch nach den Gesetzen dieses Staates ein Scheidungsgrund oder ein Trennungsgrund ist.

III Für das Scheidungsbegehren der Frau sind die deutschen Gesetze auch dann maßgebend, wenn in dem Zeitpunkt, in dem die Entscheidung ergeht, nur die Frau die deutsche Staatsangehörigkeit besitzt.

IV Auf Scheidung kann auf Grund eines ausländischen Gesetzes im Inlande nur erkannt werden, wenn sowohl nach dem ausländischen Gesetze als nach den deutschen Gesetzen die Scheidung zulässig sein würde.

Neues Schrifttum: Hirschberg, Scheid v Flüchtlingen iS der Genfer Flüchtlingskonvention, NJW 72, 361; Jayme, Z den Auswirkgen des ital ScheidgsG auf den dtsch-ital RVerk, FamRZ 71, 221; derselbe, Z verfkonformen Auslegg des § 606 b Nr 1 ZPO bei Scheidg einer AuslEhe u versch Staatsangehörigk der Eheg, FamRZ 73, 4; Gamillscheg, Ein Vorschlag z internat ScheidgsR, RabelsZ 74, 507; Geimer, Anerkenng drittstaatl Ehescheidgen, NJW 74, 1026; Habscheid, Grdse u aktuelle Fragen z Scheidg v Ausl in der BRep, FamRZ 75, 76; Henrich, Auswirkgen des EheRReformG auf das internat FamR, Fschr f Bosch (1976) 411; Jayme, EheRReform u IPR, NJW 77, 1378; Berkemann, Internat Zustdgk, Scheidgsstatut u GleichberechtiggsGrds, FamRZ 77, 295; Plagemann, Der VersorggsAusgl bei Sachverhalten mit Auslandsberührg, NJW 77, 1989; Kegel, Z Reform des internat R der pers Ehewirkgn u des internat ScheidgsR in der BRepD, Fschr f Schwind (1978) 145; Bürgle, Z VersorggsAusgl bei Scheidgen mit Auslandsberührg, FamRZ 78, 388; Luther, Probleme der internat Zustdgk in Ehesachen, Fschr f Ferid (1978) 291.

1) Allgemeines. Abs 3 ist **neu gefaßt** dch Art 2 des 1. EheRG v 14. 6. 76, BGBl 1421; die Neufassg ist nach Art 12 Nr 13 am 1. 7. 77 in Kraft getreten. Abs 1 ist unverändert geblieben, obwohl die Ehescheid im Inland nunmehr auf Antr, nicht auf Kl erfolgt, ZPO 622 ff. Anknüpfgspkt ist die Staatsangehörigk; bei **Staatenlosen** gilt EG 29 mit Anh V, bei **Mehrstaatern** Vorbem 7 a vor EG 7, bei **Flüchtlingen** EG 29 Anh, dazu Hirschberg NJW 72, 361. Bei tats Schwierigk der Feststellg der Flüchtlings-Eigenschaft iS der Genfer Flüchtlingskonvention, Anh III z EG 29, will Münst (LG) FamRZ 74, 132 das Scheidgsstatut offen lassen, wenn Scheidg sowohl nach HeimatR als auch nach WohnsR des Kl begründet, zust

Strümpell FamRZ **74**, 133; diese Praxis erscheint im Hinbl auf die unterschiedl Nebenfolgen der Scheidg, vgl Anm 5, nicht haltb. Die **Vorfrage** des Bestehens der Ehe ist selbstd anzuknüpfen, Vorbem 6 vor EG 7, die Wirksk der Eheschl zB nach EG 11, 13. **Rück- u Weiterverweisg** sind zu beachten, EG 27, im Falle des II jedoch mit der Besonderh, daß eine Verweisg des früheren HeimatR auf das neue HeimatR als II widersprechd unbeachtet bleibt, Staud-Raape 752. Die Rückverweisg, die gem EG 27 die Anwendg dtschen R zur Folge hat, RG **136**, 366, kommt insb bei Staaten mit Domizilprinzip in Betr, also zB bei Engländern, Ffm (LG) FamRZ **76**, 640, bei Nordamerikanern RG **136**, 361, bei Norwegern, Celle JW **26**, 388, Dänen u Isländern, RG **151**, 103, Argentiniern, die ihre Ehe im Ausland geschl h, KG JW **38**, 2748, jetzt auch bei Franzosen, die ihren Wohns (bei mehreren den HauptWohns) in Dtschland h, Mezger JZ **60**, 661. **Vorbehaltsklausel** vgl Anm 2b, 6b. EG 17 steht im engsten Zusammenhang mit verfrechtl Vorschr, insb ZPO 606b u 328; dazu Anm 6. Eine **staatsvertragl Kollisionsnorm** (Maßgeblk des HeimatR) enth das dtsch-iran Niederlassgs-Abk v 17. 2. 29, RGBl **30** II 1002, noch in Kraft, vgl Bek v 15. 8. 55, BGBl II 829, dessen Art 8 III iVm Z I Abs 3 des Schlußprotokolls auch f Scheidgssachen gilt, vgl dazu Hamm FamRZ **76**, 29, BayObLG FamRZ **78**, 243 (z Unanwendbk des Abk in gemischtnat Ehen). Über staatsvertragl Bindgen dch Anerkenngs- u VollstrAbk vgl Anm 6b. Dem Haager EhescheidgsAbk v 12. 6. 02 gehört Dtschland seit dem 1. 6. 34 als VertrStaat nicht mehr an, RGBl **34** II 26; Scheidgsurteile eines and VertrStaates, die in der Zeit ergangen sind, als Dtschland VertrStaat war, sind auch nach dem Austritt anzuerkennen, KG JW **36**, 3074. Die nach EG 17 zu ermittelnde ROrdng gibt in entspr Anwendg dieser Bestimmg auch un, ob Tod, Verschh, TodesErkl, Wiederverheirat nach TodesErkl (nur Auflösg, wenn Überlebder Dtscher, EheG 38 II) od n Religionswechsel, RG **152**, 23, Verurteilg zu lebenslängl FreihStrafe, wie in einigen Staaten der USA, die Ehe auflöst; IV dann nicht anzuwenden, Raape IPR § 30 E; dagg uU EG 30 z prüfen. EG 17 gilt auch f Lockerg des Ehebandes dch Trenng v Tisch u Bett, BGH **47**, 324, auch in Form der gerichtl Bestätigg einer einverständl Trenng, AG Offenbach FamRZ **78**, 509 mit Anm Jayme, vgl auch Anm 2b. Aufhebg (Anfechtg) aber nach EG 13 zu beurteilen, dort Anm 3. Wg **ILR** vgl Anm 7.

2) Grundsatz, I, IV. a) Allg Grds. Die Scheidg der Ehe richtet sich nach dem HeimatR des Ehemannes zZ der Klageerhebg, I, dh bei einer Inlandsscheidg nunmehr zZ der Zustellg der AntrSchrift, ZPO 622, 253; wg des maßg Zeitpkts vgl Anm 3, wg der Ausnahmen Anm 4. **Fortgeltg** trotz gleichberechtiggsw Anknüpfg zu **bejahen**, BGH NJW **54**, 837, BGH **42**, 7, Köln NJW **75**, 497, Hamm FamRZ **75**, 630, **76**, 29, JM BayStAZ **77**, 201, **78**, 14, Erm-Marquordt Rdz 6, Kegel IPR § 20 VI 2, vgl Vorbem 15 vor EG 7; **sehr str**, aM KG FamRZ **75**, 627, Henrich RabelsZ **74**, 497, derselbe FamRZ **74**, 108, Jayme NJW **77**, 1378, die für verfkonforme Auslegg dch Ausgestaltg von EG 17 III z allseit Kollisionsnorm u damit für Maßgeblk des HeimatR des Kl eintreten, ebso Gamillscheg RabelsZ **74**, 507, Strümpell FamRZ **74**, 133, Habscheid FamRZ **75**, 78, Ferid IPR Rdz 8–152, Jayme FamRZ **75**, 499; aber die nahe Anknüpfg an die Staatsangehörigk des Kl gibt diesem eine sachl nicht gerechtf Möglk, dch seine Initiative das Scheidgsstatut zu best, ebso Otto FamRZ **76**, 280; f Anknüpfg an die gemeins effektive Staatsangehörigk u hilfsw den gemeins gewöhnl Aufenth der Eheg Kropholler FamRZ **76**, 316; stärker differenzierd Berkemann FamRZ **77**, 295: wenn einer der Eheg Dtscher ist, gilt dtsches R, ebso jetzt AG Hbg FamRZ **78**, 416, sonst Kumulation der HeimatRe. Düss FamRZ **76**, 277 mit Anm v Otto läßt die Frage der Fortgeltg des EG 17 I dahingestellt, will aber bei Verneing HeimatR des Kl anwenden; offen gelassen auch v Mü (LG) FamRZ **77**, 332 mit Anm v Hepting, ebso LG Hbg StAZ **77**, 339. Der Überblick über die f den Fall der Nichtfortgeltg vertretenen Ans bestätigt die Sorge vor einem **Anknüpfgschaos**, vgl Vorbem 15 vor EG 7. Bei Entsch über die Fortgeltg ist z berücksicht, daß bei gemischtnat Ehen, an denen ein Dtscher beteil ist, EG 17 schon jetzt z verfassgskonformen Erg führt: Auf Scheidsbegehren des dtschen Eheg ist dtsches Recht anwendb, EG 17 I od III; bei Scheidsbegehren des ausl Eheg w der dtsche Eheg dch EG 17 IV geschützt, Hamm FamRZ **76**, 29. EG 17 dürfte übr **nachkonstitutionelles** Recht sein, das der ausschl Kompetenz des BVerfG nach GG 100 I unterliegt. Zwar ist Neufassg des Abs 3 dch 1. EheRG nur techn Art, dch welche die GGeber die unveränd Teile der Vorschr nicht in seinen Willen aufgen h, vgl BVerfG **32**, 256, insow wie hier Henrich Fschr f Bosch (1976) 413. EG 17 I steht aber in engem inneren Zushang mit ZPO 606 b Z 1, der zweifelsfrei nachkonstitutionelles Recht ist (zuletzt neu verkündet dch 1. EheRG v 14. 6. 76, BGBl 1421, Art 6 Nr 24). Allerd erfaßt ZPO 606 b im Ggs z EG 17 alle Ehesachen; auch w Anerkenng des HeimatR des Mannes nur bei ausl Staatsangehörigk beider Eheg verlangt u daran auch iF einer Rückverweisg festgehalten. Abhängk der dtschen internat Zustdgk v der Anerkennung der Entsch nach dem HeimatR des Mannes gem ZPO 606 b Z 1 soll aber vor allem in Scheidgssachen EntschEinklang mit dem Staat gewährleisten, dessen Recht gem EG 17 I maßg ist. Bei veränderter Anknüpfg des Scheidgsstatuts würde ZPO 606 b Z 1 seines wichtigsten rpol Zwecks beraubt. Aus dem engen sachl Zushang beider Vorschr läßt sich also eine Bestätigg auch des EG 17 dch den nachkonstitutionellen GGeber obj erschließen, vgl BVerfG aaO, aM Berkemann FamRZ **77**, 299. – Z Notwendgk einer ges Reform vgl Vorbem 17 vor EG 7, Kegel Fschr f Schwind (1978) 145. – Ob der Grds stets gilt, also auch bei Scheidg von Ausl im dritten Staat, ist vielfach unbestr. Prakt wird es stets darauf ankommen, ob der Heimatstaat eine solche Scheidg anerkennt, ehe in Dtschland daran Folgen geknüpft w können, vgl Anm 6 b cc, die sich dann allerd nach dem gem EG 17 ermittelten Recht richten, vgl Anm 5. Für die Scheidg von Dtschen im Ausland macht ZPO 328 I Z 3 die Anerkenng ausdr von der Beachtg von EG 17 abhäng; vgl Anm 6 b aa. Für Inlandsscheidgen von Ausl gibt IV eine wicht Einschränkg.

b) Inlandsscheidg von Ausländern, IV. Auch diese erfolgt grdsätzl nach dem HeimatR des Ehemanns zZ der Zustellg d AntrSchrift nach ZPO 622, Anm 2 a, um zu verhindern, daß in Deutschland Ehen gesch w, die im Heimatstaat als weiterbestehd betrachtet werden. Nach dem HeimatR, vgl auch Anm 5, ist also zunächst zu prüfen, ob die Scheidg der Ehe dem Bande nach überh zul ist. Die Unzulässigk einer solchen Scheidg verstößt nicht etwa gg den ordre public, Hamm FamRZ **75**, 630, and wenn nur dem Mann, nicht der Frau ein ScheidgsR gegeben ist, vgl Soergel-Kegel EG 17 Rdz 120 u oben Vorbem 15 vor EG 7. Nach dem HeimatR entsch sich zunächst, welche Scheidgsgründe zur Vfg stehen u ob danach im gegebenen Falle die Scheidg mögl ist, also auch, ob der ScheidgsGrd noch vorgebracht (Verzeihg, Verwirkg) w kann, Warn **19**, 178, vgl auch Anm 5. Es verstößt dabei nicht gg EG 30, wenn die

Gründe des HeimatR enger als die dtschen. Die Scheidg nach dem HeimatR des Ehem kann aber von einem dtschen Gericht **nur dann ausgesprochen werden, wenn die Scheidg auch nach dtschem Recht zulässig ist,** so daß auch §§ 1564ff heranzuziehen sind. Die Beachtg des dtschen R soll eine leichtere Scheidg als nach dtschem R verhindern. EG 17 IV ist also eine bes Form der Vorbehaltsklausel, Warn **19**, 100, so daß EG 30 insof außer Betr bleibt. Der dtsche Richter kann daher nicht etwa die Prüfg nach dem HeimatR des Ehem ablehnen, weil verschieden sie mit den guten Sitten unvereinb ist. Es ist also mögl, die Scheidg nach AuslandsR überh ohne Gründe erfolgt, KG JW **36**, 3579 od ledigl eine Vereinbg der Ehel voraussetzt, aM Stgt StAZ **62**, 78 für ägypt R, wenn nur außerdem das Scheidgsbegehren auch nach §§ 1564ff begründet ist. Die Gründe, die nach dem ausl u dem dtschen Recht die Scheidg rechtfertigen, brauchen mithin weder rechtl noch tats dieselben zu sein, Kiel SeuffA **78**, 165, Ffm JW **29**, 3507. Die Beachtg des dtschen Rechts (IV) erfolgt nur bei der Scheidg selbst, nicht auch bei deren Wirkgen, vgl Anm 5, auch oben Anm 1. **Folgen der Heranziehg des deutschen ScheidgsR : aa)** Auch die Scheidg von Ausländern kann in Deutschland **nur** aGrd eines **Antr,** Henrich Fschr f Bosch (1976) 414, u **nur dch Urteil** erfolgen, § 1564, so die hM, vgl Otto StAZ **73**, 134; Soergel-Kegel Rdz 46 will dies nur bei Anwendg dtschen R gelten lassen, ebso Stgt FamRZ **70**, 30, **71**, 440, wohl auch Düss FamRZ **76**, 277 (z EheG 41), unklar Mü (LG) FamRZ **77**, 332, zweifelnd Hepting ebda; § 1564 S 1 gilt ebso wie fr EheG 41 als selbstbegrenzte Sachnorm f jede im Inland vorgen Scheidg, auch wenn sie in Anwendg ausl Rechts erfolgt. Es ist mithin Scheidg in Dtschland dch geistl Gerichte, dch ein Rabbinatskollegium, RG **113**, 41, dch Privatscheidg unwirks, aM BayObLG **78**, 32 (wenn Eheg wedler in Heimatländern noch in BRep erneut gesch w k), Kegel IPR § 20 VI 3; das gilt auch für in der BRep akkreditierte Diplomaten, deren HeimatR Privatscheidg zuläßt, Beitzke FamRZ **59**, 507, **60**, 126; daß eine derartige Scheidg, wenn sie im exterritorialen Gebäude einer Auslandsvertretg vorgen w, in der BRep Wirkgen äußern kann, so Stgt (LG) FamRZ **59**, 506, kann nicht angen w. Vgl im übr auch EG 13 Anm 5 a. Dagg steht § 1564 der Anerkenng einer im Ausland vorgen PrivScheidg auch dann nicht entgg, wenn Scheidgsstatut nach EG 17 das dtsche Recht ist, aM Düss FamRZ **76**, 277 (krit dazu Otto ebda 279), JM BayStAZ **77**, 201, **78**, 14 jew mit abl Anm v Otto, vgl dazu unten Anm 6 b. Iü tritt die Auflösg der Ehe für Dtschland aber auch mit der Rechtskr der Ehescheidg ein, § 1564 S 2; es bedarf also dazu nicht noch weiterer Akte, wie zB der transcription des code civil. Der Erteilg des Scheidebriefes dch den Mann bei Scheidg einer Judenehe (fr österr u poln Recht) kommt nur rel Bedeutg zu. Sie ist keine ProzVoraussetzg, KG JW **36**, 3574, u bleibt bei der Scheidg dch ein dtsches Gericht außer Betr, RG **147**, 399. Eine Schuldfeststellg n ausl ScheidgsR w dch IV nicht ausgeschl, Düss FamRZ **78**, 418, vgl Anm 5. — Die Zulässigk eines **gemeins Antr** der Eheg auf Scheidg ist prozeßr z qualifizieren u daher n dtschem R z beurteilen, Henrich Fschr f Bosch (1976) S 415; über die Begründth entsch das Scheidgsstatut iVm EG 17 IV, vgl Anm 4. **bb)** Auf die nach vielen R mögl **Scheidg von Tisch u Bett,** zB Portugal, Hbg (LG) FamRZ **74**, 257, Italien, kann auch in Dtschland bei Ausl entspr ihrem HeimatR erkannt w, falls nach dtsch R auf Scheidg dem Bande nach erkannt w könnte, BGH **47**, 324 (dazu Heldrich JZ **67**, 675, Jayme RabelsZ **68**, 323), Karlsr FamRZ **73**, 546, Kln NJW **75**, 497, Düss FamRZ **78**, 418 gg RG **167**, 193 u fr allg M; gilt auch für gerichtl Bestätigg der einverständl Trenng, Stgt (LG) FamRZ **74**, 255; zust ist das FamG, AG Offenbach FamRZ **78**, 509, unzutr Darmstadt (AG) FamRZ **77**, 649. Vgl auch Soergel-Kegel Rdz 65.

3) Der für die Anknüpfg maßg Zeitpunkt ; StaatsangehörigkWechsel, I, II. Der maßg Ztpkt für die Bestimmg des in Betr kommenden HeimatR des Ehem ist grdsätzl **der der Klageerhebg,** ZPO 253, dh bei einer Inlandsscheidg nunmehr der Zustell der AntrSchrift, ZPO 622. Das ist nicht gleichbedeut mit Ztpkt der letzten münd Verhandlg, Celle FamRZ **74**, 314, aM Staud-Gamillscheg Rdz 244; Soergel-Kegel Rdz 33; Erm-Marquordt Rdz 8 (wg III: Ztpkt in dem Entsch ergeht). Das sich so ergebende ScheidgsR wird durch StaatsangehörigkWechsel nach Zustell der AntrSchrift nicht mehr verändert; entspr muß das auch für einen späteren WohnsWechsel gelten, wenn Anknüpfg an den Wohns gem Rückverweis erfolgt, Stgt FamRZ **151**, 103, ebso f Statutenwechsel dch Anerkenng als Asylberecht, vgl Anh IV z EG 29, aM Hbg (LG) IPRspr **74** Nr 72. And bei **vorheriger** StaatsangehörigkWechsel; dann gilt das neue HeimatR, so daß eine bisher unscheidb Ehe nunmehr ggf gesch werden kann. Will der AntrSt jedoch die Scheidg auf **Gründe** stützen, **die vor diesem Wechsel liegen,** so müssen sie auch nach dem fr HeimatR einen Scheidgs- od wenigstens TrenngsGrd (das ist hier auch ein solcher der Scheidg od Trenng von Tisch u Bett) abgeben u auch im Ztpkt des StaatsangehörigkWechsels noch wirks sein, RG **156**, 106. Die Scheidg muß dann also nicht nur nach dem jetzigen Heimat- u dem dtschem R (I und IV), sond hins dieser Gründe auch nach dem fr HeimatR (II) gerechtfertigt sein. Daß nach bisherigem R schon auf Trenng erkannt war, ist unschädl, RG **156**, 112. ScheidgsGrde, die zeitl sowohl vom alten wie vom neuen HeimatR erfaßt w, zB Trunksucht, Getrenntleben, sind allein n dem ggwärt Personalstatut z beurteilen, Kegel IPR § 20 VI 2 b. Einer Scheidg gem §§ 1565 ff steht daher nicht entgg, daß der Kl die dtsch Staatsangehörig erst währd des Ablaufs der TrenngsFr od nach diesem Ztpkt erworben hat, RG **165**, 149, BGH NJW **71**, 2125 (z EheG 48).

4) Ausnahmen vom Grundsatz. a) Grdsätzl ist die **Staatsangehörigk der Frau** für die Bestimmg des ScheidsR unbeachtl. Besitzt sie jedoch in dem Ztpkt, in dem die Entsch ergeht, die dtsche Staatsangehörigk, so kommt ohne Rücks auf das HeimatR des Mannes, also auch, wenn nach dessen R Scheidg unzul, für das **Scheidgsbegehren der Frau** dtsches R zu Anwendg, **III**. Voraussetzg ist, daß die Frau die Scheidg beantragt u im Ztpkt der Entsch die dtsche Staatsangehörigk besitzt od dtschen iS von GG 116 I ist, FamRÄndG Art 9 II Z 5. War der Antr der Frau vor ihrer Einbürgerg mit Rücks auf die Unzulässigk der Scheidg dem Bande nach entspr dem HeimatR ihres Mannes abgewiesen worden, so steht nach ihrer Einbürgerg die Rechtskr dieses Urt der Wiederholg des Antr nicht entgg; er kann also auch auf fr Tatbestde zurückgreifen, ohne daß es auf II ankäme, der hier nicht paßt, praktisch unzutr nur, daß jene nach dtsch R nicht wirks sind; etwas abw Soergel-Kegel Rdz 42. Dagg steht erneutem ScheidgsAntr des Mannes nach I die RKraft eines fr ScheidgsUrt aGrd dtsch R nach III entgg, auch wenn dieses Urt im Heimatstaat des Mannes nicht anerkannt w, Wuppertal (LG) NJW **71**, 2130. Nur für das Scheidgsbegehren der Frau kommt dtsches R zur Anwendg, also auch dafür, was als ScheidgsGrd angesehen w kann, KG FamRZ **69**, 338, wobei allerd das Verhalten des Mannes dch sein HeimatR entschuldigt sein kann, KG JW **38**, 377, nicht dagg auch f den MitschuldAntr der bekl dtschen Ehefr ggü TrenngsKl ihres ausl Ehem, Köln NJW **75**, 497 (überholt dch 1. EheRG). **Beantragen beide Eheg** die Scheidg, so ist über den Antr des ausl Ehem nach seinem HeimatR unter Berücksichtigg des dtschen R, I iVm IV, über den Antr der dtschen Frau nach dtschem R zu entsch, III (aM Jayme NJW **77**, 1379, der hier allein dtsches R anwenden will); f die Scheidg der Ehe ist ausr, wenn sie n einem der beiden Antr begründet ist, vgl Henrich Fschr f Bosch (1976) 417; die Scheidgsfolgen, insb UnterhPfl u VersorggsAusgl, vgl dazu Anm 5, sind in diesem Fall einheitl nur nach dtschem R zu beurteilen, Raape IPR 295, Soergel-Kegel Rdz 97, Staud-Gamillscheg Rdz 54 u 537. Ist die Ehefr Ausl, so gilt auch bei gemeins Antr beider Eheg allein das HeimatR des Ehem, Anm 2. **b)** Die Scheidg einer **Ehe mit auf Deutschland beschränktem Wirkgskreis** (matrimonium claudicans, EG 13 Anm 6 a) erfolgt nur nach dtschem R, da sie nach dem HeimatR des Ehem nicht als Ehe angesehen w, Düss FamRZ **66**, 451, Hbg (LG) IPRspr **74** Nr 66, ebso Erm-Marquordt Rdz 52, Staud-Gamillscheg Rdz 221; abw Soergel-Kegel Rdz 22 (Anwendg des HeimatR, wenn dieses gleich strenge od leichtere Scheidgsbedinggen hat als das dtsche); Raape IPR 297 (nur HeimatR, außer wenn dieses Scheidg überh nicht zuläßt).

5) Anwendgsgebiet des Grundsatzes. Das HeimatR des Ehem z maßg Ztpkt, Anm 2 u 3, uU der Ehefr, Anm 4 a, bestimmt nicht nur die Zulässigk der Auflösg der Ehe u die Scheidgründe, Anm 2 b, sond auch die Einwendgen, die entggesetzt w können (zB Zeitablauf, Verzeihg), ferner – u insof bleibt EG 17 IV außer Betr u kommt ggf EG 30 zur Anwendg, Anm 2 b – auch die **Wirkungen,** so das **NamensR der Ehefrau,** allerd nur neben der Maßgeblk des Personalstatuts, so daß die Ehefr zw Namensführg entspr ihrem HeimatR u dem Scheidgsstatut wählen k, vgl EG 14 Anm 4 c, zust Böhmer Fschr f Ferid (1978) 114, str, aA zB Soergel-Kegel Rdz 99, der nur das Scheidgsstatut gelten läßt; Karlsr FamRZ **75**, 695 stellt auf HeimatR u Ehewirkgsstatut ab, ebso Henrich Fschr f Bosch (1976) 419; die **Unterhaltspflicht,** Staud-Gamillscheg Rdz 549 mN, Jayme NJW **77**, 1583, zT abw Henrich aaO (für den Unterh gem ZPO 620 währd des ScheidgsVerf gilt EG 14, vgl dort Anm 4 e); der UnterhAnspr bei einer nur nach dtschem R gült u nach diesem wieder gesch Ehe (matrimonium claudicans) richtet sich also nach dtschem Recht, Düss (LG) MDR **52**, 623. Auch das **WiderrufsR bei Schenkgen** (wie fr n EheG 73) w man zu den Scheidgswirkgen rechnen müssen, Soergel-Kegel Rdz 100, dazu eingehd Kühne FamRZ **69**, 371. Wg des RVerh der gesch Eheg zu den **Kindern** vgl EG 19 Anm 4. Über die Möglichk der **Wiederverheiratg** entsch EG 13, vgl dort Anm 3 a; zeitweises Eheverbot, das Strafcharakter h, wie zB schweiz ZGB 150, darf dtsches Ger nach EG 30 nicht aussp, KG JW **38**, 2750. Die **Vermögensauseinandersetzg** richtet sich auch bei Scheidg nach EG 15, KG JW **36**, 2466; dies gilt insb f den Ausgl des Zugew; dagg gilt für Hausratsteilg u Zuweisg der Ehewohng EG 17, Hamm FamRZ **74**, 25. Auch der **VersorggsAusgleich** nach §§ 1587 ff ist nach EG 17 zu beurteilen, ebso Kegel IPR § 20 VI 4, ders Fschr f Schwind (1978) 160, Jayme NJW **77**, 1383, Mü FamRZ **78**, 696, AG FamRZ **78**, 416, NJW **78**, 278, AG Lüneb NJW **78**, 379, AG Stgt Just **77**, 426, AG Bln-Charlottenbg FamRZ **78**, 38, str, f Anwendg v EG 14 Bürgle FamRZ **78**, 388, Firsching DNotZ **78**, 441, Jochem JuS **78**, 708, f Anwendg v EG 15 AG Wunsiedel FamRZ **78**, 513, AG Bln-Charlottenbg NJW **78**, 1116, wohl auch AG Emmerich NJW **78**, 498, f öffentl Qualifikation AG Hbg FamRZ **78**, 421 im Anschl an Plagemann NJW **77**, 1989; um Berücksichtig n dtschen R sicherzustellen, muß dtsche Ehefr ggf ebenf Scheidg beantragen, vgl Anm 4 a. Zwar beruht der VersorggsAusgl auf dem GrdGedanken des ZugewAusgl; sein Ausschl hat güterr Folgen, § 1414. Gg güterr Qualifikation spricht aber Unabhängigk des VersorggsAusgl vom Bestehen eines best Güterstds, Ausschl der Anwendg güterr Vorschr dch § 1587 III u systemat Stellg der §§ 1587ff im Anschl an Scheidgsfolge der UnterhPfl. Eintritt der Gütertrenng bei Ausschl des VersorggsAusgl nach § 1414 S 2 setzt ZusTreffen von dtschem Scheidgsstatut und dtschem GüterRStatut voraus. Gilt für VersorggsAusgl dtsches R, für die betr VersorggsAnw dagg ausl (meist öff) R, so sind etwa auftretde Spanngen, zB wg fehlder Übertragbk, dch Anwendg der AuffangTatbestde, §§ 1587 b III, 1587 f zu lösen, zust Kegel Fschr f Schwind (1978) 161, vgl auch Hbg FamRZ **78**, 421. – Die HerstellgsKl unterliegt EG 14, nicht EG 17, KG JW **35**, 1849, vgl auch EG 14 Anm 4 a.

Ob ein **SchuldAusspr** erfolgen h, ist ebenf nach dem Scheidgsstatut z beurteilen, Staud-Gamillscheg ZPO 606 b Rdz 598, Erm-Marquordt Rdz 31, da es sich um eine sachlr Frage handelt, Köln NJW **75**, 497, str, aM Mü (LG) FamRZ **77**, 332 mit unklarer Begr, Soergel-Kegel Rdz 56 (f prozeß Qualifikation). Ein SchuldAusspr kommt deshalb auch nach der Reform des dtschen ScheidgsR dch das 1. EheRG v 14. 6. 76, BGBl 1421, noch in Betr, wenn das in der Sache maßg ausl Scheidgsstatut es ausdrückl vorsieht, Düss FamRZ **78**, 418, Mü NJW **78**, 1117, Hamm FamRZ **78**, 511, aM Henrich Fschr f Bosch (1976) 417. Daß das Scheidgsstatut an die Schuldfrage irgdwelche Folgen knüpft, kann für die Aufn in die UrtFormel nach Wegfall des EheG 52 I nicht mehr genügen, und fr Aufl. Ist nach dem Scheidgsstatut ein SchuldAusspr (auch Feststellg überw Versch od Mitversch) geboten, so h er auch künft im Tenor des ScheidgsUrt z erfolgen, ebso Mü NJW **78**, 1117, Hamm FamRZ **78**, 511, AG Stgt Just **77**, 426, aA Staud-Gamillscheg ZPO 606 b Rdz 590, Jayme NJW **77**, 1382. Z Erfordern eines SchuldAusspr bei Ehetrenng nach ital Recht vgl Köln NJW **75**, 497, Mainz (LG) FamRZ **75**, 500, Jayme FamRZ **75**, 463, 499, Luther StAZ **76**, 190. Ein SchuldAusspr entfällt, wenn auf das Scheidgsbegehren einer dtschen Frau nach Abs 3 dtsches Recht anzuwenden ist, Ffm FamRZ **78**, 813. Dem h der GGeber dch Abänd des Abs 3 Rechng getragen.

6) Verfahrensrechtliches. a) Zuständigkeit, ZPO 606, 606 b. Das f das ScheidgsVerf örtl zust FamG best ZPO 606. Dch diese ZustdgkRegelg w grdsl auch die dtsche **internat Zustdgk** iS der Befolgssgsregeln, Vorbem 1 vor EG 7, begründet, ohne daß dadch die Anerkenng ausl Ehescheidgen schlechthin ausgeschll w, ZPO 606 a u dazu unten b; dch ZPO 606 w also eine **ausschl** internat Zustdgk **nicht** in Anspr gen. Eine wesentl **Einschränkg** der dch ZPO 606 begründeten internat Zustdk der dtschen FamGer ergibt sich aber bei reinen AuslEhen aus ZPO 606 b. Besitzt keiner der Eheg die dtsche Staatsangehörigk, ist auch keiner staatenlos, so kann, um Entsch zu verhindern, die im Heimatstaat nicht anerkannt w, von einem dtschen Gericht über die Scheidg nur entschieden w, wenn der gewöhnl AufenthOrt des Mannes od der Frau im Inland gelegen ist u nach dem HeimatR des Mannes die von dem dtschen Gericht zu fällde Entsch anerkannt w wird, ZPO **606 b Z 1**; vgl dazu aus Neuhaus FamRZ **58**, 13, **64**, 20, also Vorprüfg erforderl, Kobl NJW **60**, 2193. LG Stgt FamRZ **73**, 36 u LG Hbg StAZ **77**, 339 fordern wg GG 3 II zusätzl Anerkenng dch HeimatR der Frau, vgl dazu Jayme FamRZ **73**, 4. Dch Kumulation der Anerkenngserfordernisse w aber die internat Zustdgk der dtsch Ger übermäß eingeschr. Zweck des ZPO 606 b Z 1 ist EntschEinklang mit dem gem EG 17 I maßgebl Scheidgsstatut. Hält man de lege lata an der Anknüpfg an das MannesR fest, vgl Vorbem 15 vor EG 7 u oben Anm 2 a, so ist auch die ParallelVorschr von ZPO 606 b Z 1 als **fortgeltd** anzusehen, vgl Baumb-Lauterbach ZPO 606 b Vorbem A, ebso Hbg (LG) FamRZ **74**, 460, aM Berkemann FamRZ **77**, 295, Luther Fschr f Ferid (1978) 291. Bei der Prüfg der Verfassgsmäßk ist auch z berücksicht, daß ZPO 606 b Z 1 nachkonstitutionelles Recht ist, das der ausschl Verwerfgskompetenz des BVerfG nach GG 100 I unterliegt, vgl Anm 2 a. Es genügt nicht, daß eine Anerkenng nach dem HeimatR theoret mögl ist, sond das muß von den dazu berufenen Auslandsbehörden auch in der Praxis geschehen, KG JW **37**, 1979, also nicht nur von den Gerichten, sond auch von den PerStBehörden, RG **143**, 130. Daß das gerade angerufene dtsche Gericht auch nach der heimatl ZustdgkOrdng des Mannes zust sein muß, ist nur dann erforderl, wenn davon die Anerkenng abhängen sollte. **Staatsvertragl Regelgen** über die Anerkenng v ScheidgsUrt bestehen im Verh z Schweiz, Italien, Belgien Großbritannien, Griechenland u Tunesien, s dazu unten b). Auch wenn die dtsche Entsch im Heimatland des Mannes anerkannt w würde, muß sein gewöhnl AufenthOrt od der der Frau in Dtschland liegen, mithin die Zustdgk nach ZPO 606 begründet sein, ohne daß aber insof der HilfsGStand des AG Bln-Schöneberg heranzuziehen ist. Aus Vorstehdem ergibt sich also, daß dtsche Gerichte niemals über einen ScheidgsAntr entsch können, wenn das HeimatR des Mannes die ausschl Zustdgkeit in Ehesachen seiner StaatsAngeh in Anspr nimmt. ZPO 606 b Z 1 steht der Zustdgk eines dtschen Gerichts nicht entgg, wenn ein Eheg die dtsche Staatsangehörigk hat, mag er sie auch erst nach der letzten mdl TatsachenVerh erworben u urkundl nachgewiesen h, BGH **53**, 128, u mag er daneben auch noch eine fremde Staatsangehörigk h, sofern nur die dtsche die effektive ist, vgl Vorbem 7 a vor EG 7, da er dann nur als Dtscher zu behandeln ist, ebso wenn ein Eheg ein Verschleppter od Flüchtling iS des AHKG 23 od der Flüchtlingskonvention vom 28. 7. 51 mit inl Personalstatut ist, vgl dazu Hirschberg NJW **72**, 361 u Erläut bei Baumb-Lauterbach ZPO 606 b Anh, sowie EG 29 Anh III u IV; wenn ein Eheg Dtscher iS von GG 116 I ist, ohne die dtsche Staatsangehörigk zu haben, FamRÄndG Art 9 II Z 5, s Anh EG 29 Vorbem 2 a; ferner wenn auch nur ein Eheg staatenlos ist, ZPO 606 b. Die dtsche internat Zustdgk ist auch dann gegeben, wenn beide Eheg eine ausl Staatsangehörigk h, das HeimatR des Mannes die Ehe aber nicht als wirks anerkennt (matrimonium claudicans), RG **105**, 363, da eine der gesetzgeberische Grd der Bestimmg entfällt (zB bei Spaniern, die in Dtschland nur standesamtl getraut sind, währd ihr HeimatR auch für die Auslandsehe von kath Spaniern kirchl Trauung fordert, Ffm [LG] MDR **51**, 297, vgl dazu EG 13 Anm 6 a), ferner wenn der Heimatstaat die Eheg wg andersart Auslegg der StaatsangehörigkBestimmgen nicht als seine StaatsAngeh anerkennt, RG **160**, 396, schließl dann, wenn das AuslandsR überh keine ZustdgkOrdng für Scheidgsklagen h, da es Kln auf Auflösg der Ehe nicht kennt, KG JW **36**, 3579 (fr Sowjetunion, die jetzt aber dch Urt scheidet), **Einzelfälle aus der neueren Rechtsprechg** (vgl im übr Baumb-Lauterbach bei ZPO 606 b Anm 3): **Dtsche Ger** sind bei im einz unterschiedl Voraussetzgen **internat zust** für die Scheidg von Argentiniern, wenn diese die Ehe außerh Argentiniens geschl haben, KG JW **38**, 2748, Hbg (LG) FamRZ **74**, 460, vgl auch Goldschmidt RabelsZ **67**, 632 (verneind Mü NJW **64**, 979), von Belgiern, falls Bekl Wohns od gewöhnl Aufenth in Dtschland h, ferner, wenn in Dtschland der letzte gemeins Aufenth war u Kl hier zZ der KlErhebg seinen gewöhnl Aufenth hatte, dtsch-belg Abk v 30. 6. 58, BGBl **59** II 766, Art 4, vgl dazu Köln NJW **76**, 1040; Volksrepublik China, Luther Fschr f Ferid (1978) 291; Dänen, KG DR **40**, 1383, Hbg (LG) IPRspr **73** Nr 146, **74** Nr 67; Franzosen, wenn ein Franzose dch KlErhebg in der BRep od als Bekl dch ausdr Unterwerfg unter die dtsche Gerichtsbk auf die stets gegebene frz Zustdgk verzichtet u der bekl Eheg seinen Wohns in der BRep h, vgl Mezger JZ **60**, 660; Mü NJW **66**, 2274, dazu Helmreich NJW **67**, 507; LG Hbg IPRspr **75** Nr 150. Zwar erfordert die (nur deklarator) transcription ein ExequaturVerf, das aber nicht weiter geht als die Prüfg n ZPO 328, vgl frz KassHof FamRZ **65**, 46 m Anm Sonnenberger; Ghanesen, Weiden IPRspr **74** Nr 162; Griechen im Rahmen des dtsch-griech Anerkenngs- u VollstrVertr v 4. 11. 61, BGBl **63** II 110, Art 2 u 4 II, Düss (LG) FamRZ **72**, 298, Ffm FamRZ **75**, 693; LG Hbg IPRspr **75** Nr 151, Hamm FamRZ **78**, 511, vgl auch Schwimann ZfRV **60**, 74 (Nachw); Großbritannien im Rahmen des dtsch-brit Abk v 14. 7. 60, BGBl **61** II 302, Art 4 I c u UnterzeichnsProt ebda, sowie des Recognition of Divorces and Legal Separations Act 1971, Ffm FamRZ **76**, 640, Schurig FamRZ **72**, 288, Farnborough NJW **74**, 396, Turner StAZ **74**, 228, Meister FamRZ **77**, 108, Indonesien, LG Hbg StAZ **77**, 339; Iran, Paderborn (LG) FamRZ **73**, 377, vgl Krüger FamRZ **72**, 545, LG Hbg StAZ **77**, 339; Italienern, wenn der Bekl seinen Wohns od Residenzort in Dtschland h (ital cpc 4 Z 1) od wenn eine Anerkenng des dtschen ScheidgsUrt aGrd des dtsch-ital Abk in Zivil- u Handelssachen (Art 3) v 9. 3. 36, BGBl **37** II 145, in Betr kommt, vgl dazu Mü FamRZ **76**, 526, NJW **78**, 1117, Kempt IPRspr **75** Nr 57, Ffm FamRZ **78**, 510, Behn ZBlJugR **77**, 63. Nach der Reform des ital FamR kann die Ehefr nunmehr einen selbstd Wohns begründen (vgl Abk Art 13), so daß die Anerkenng eines dtschen Urt in Italien ausgeschl ist, wenn die bekl Frau getrennt v ihrem Mann außerh der BRep lebt, Düss FamRZ **78**, 418, unzutr Düss FamRZ **76**, 352 m abl Anm Jayme; Isländern RG **151**, 103; Israel StAZ **59**, 91; Jugoslawen, Offenb (LG) FamRZ **72**, 143, Mü (LG) IPRspr **74** Nr 161, Augsbg IPRspr **75** Nr 154, vgl dazu näher Geč-Korošec, Die Ehescheidsreform in den jugoslaw Republiken, 1977; Libanesen, Mü (LG) FamRZ **77**, 332; Mexico, Stgt FamRZ **74**, 459; Niederländern, RG **167**, 193, Mannh FamRZ **62**, 37, Hbg (LG) IPRspr **73** Nr 140, **74** Nr 73; Norwegen, RG DR **41**, 534; Österreichern (der Vertr v 6. 6. 59, BGBl **60** II 1246, bezieht sich jedoch nicht auf Ehe- u FamStandsachen, ausgenommen UnterhSachen, Art 14), vgl Stgt NJW **73**, 432, Hbg (LG) IPRspr **73** Nr 145, Hoyer, FamRZ **78**, 299; Peruanern, HRR **42**, 587; Polen, vorausgesetzt, daß sie Wohns in Dtschland haben u poln R angewendet ist, poln G v 15. 2. 62 Titel VI, Leske-Loewenfeld (1973) S 53f (Düss MDR **61**, 695 also nicht mehr zutreffd, da Polen nicht mehr die formelle Ggseitigk fordert); Portugiesen; Rumänen, vgl Lipowschek WGO **77**, 17; Schweden, Bln (LG) IPRspr **62/63** Nr 176; Schweizern im Rahmen des dtsch-schweiz VollstreckgsAbk v 2. 11. 29,

1. Abschnitt: Allgemeine Vorschriften (IPR) EGBGB 17 6

RGBl II 1066, Art 3 ff, KG DR **39**, 267 (Nachw), vgl dazu Mü NJW 72, 2186; Tschechoslowakei, Wiesbaden (LG) FamRZ **72**, 208; Tunesiern, wenn der Bekl seinen gewöhnl Aufenth zZ der Einl des Verf od beide Eheg ihren letzten gemeins gewöhnl Aufenth in Dtschland hatten, dtsch-tunes Abk v 19. 7. 66, BGBl **69** II 890, Art 32 II; Angehörigen der Vereinigten Staaten, wenn n dem R des jew Staates jurisdiction des dtschen Ger gegeben ist, vgl Grasmann FamRZ **64**, 345; Rheinstein RabelsZ **68**, 527, Stgt (LG) NJW **70**, 1512 (New-Mexico), Ffm FamRZ **73**, 33 (New York), Weid NJW **74**, 2190 (Massachusetts), Hbg (LG) IPRspr **74** Nr 65 (Georgia). Dagg fehlt dtschen Ger die **internat Zustdgk** bei Irak, Hamm FamRZ **74**, 26; Irland, Spanien, Mü (LG) FamRZ **74**, 257, Taiwan, Luther Fschr f Ferid (1978) 291, Türkei, Hann JZ **63**, 21, Ungarn, da ausschl Zustdgk, auch wenn nur eine Part die ungar Staatsangehörigk besitzt, Celle NJW **63**, 2232, und bei Ungarnflüchtlingen des Jahres 1956, vgl Anh III z EG 29 (bei Wohns im Inland dtsches Personalstatut u daher Anerkenng dch Heimatstaat entbehrl, vgl Celle FamRZ **74**, 314).

b) Anerkenng von Scheidungsentscheidungen. Das CIEC-Übk über die Anerkenng von Entsch in Ehesachen v 8. 9. 67, Text StAZ **67**, 320, dazu Böhmer StAZ **67**, 313 u das Haager Abk über die Anerkenng v Scheidgen sowie Trenngen u Tisch u Bett v 1. 6. 70, vgl Kegel IPR § 22 V 5, sind f die BRep noch nicht in Kraft. **Staatsvertragl Bindgen** bestehen dch die dtsch-schweiz VollstrAbk (Art 3) v 2. 11. 29, RGBl **30** II 1066; das dtsch-ital Abk in Zivil- u Handelssachen (Art 1, 3, 4) v 9. 3. 36, RGBl **37** II 145, wieder in Kraft seit 1. 10. 52, BGBl II 986; das dtsch-belg Abk in Zivil- u Handelssachen (Art 1, 2, 4) v 30. 6. 58, BGBl **59** II 766, in Kraft ab 27. 1. 61, BGBl **60** II 2408; das dtsch-brit Abk (Art 1 VIII, 3, 4 Ic, Unterzeichnungsprotokoll) v 14. 7. 60, BGBl **61** II 302, in Kraft seit 15. 7. 61 BGBl II 1025; das dtsch-griech Anerkenngs- u VollstrAbk (Art 2–4) v 4. 11. 61, BGBl **63** II 110, in Kraft seit 18. 9. 63, BGBl II 1278; das dtsch-tunes Abk (Art 27–30, 32) v 19. 7. 66, BGBl **69** II 890, in Kraft seit 13. 3. 70, BGBl II 125; Text der Abk auszugsw in Baumb-Lauterbach ZPO SchlußAnh V B. Der dtsch-österr Anerkenngs- u VollstrVertr v 6. 6. 59, BGBl **60** II 1246, Art 14 I Z 1, sowie der dtsch-niederländ Anerkenngs- u VollstrVertr v 30. 8. 62, BGBl 65 II 27, Art 1 III b, nehmen Ehesachen aus. Auch das Übk der Europ Gemsch über die gerichtl Zustdgk u die Vollstreckg gerichtl Entsch in Zivil- u Handelssachen v 27. 9. 68, BGBl **72** II 774, erstreckt sich nicht auf Scheidgssachen (Art 1 Z 1).

aa) Scheidg Deutscher im Ausland. Das AnerkenngsVerf richtet sich nach **FamRÄndG Art 7 § 1** idF dch 1. EheRG v 14. 6. 76, BGBl 1421, Art 11 Z 5, vgl dazu Baumb-Lauterbach ZPO § 328 Anm 7, Kleinrahm-Partikel, Anerkenng ausl Entsch in Ehesachen (2. Aufl 1970). Anerkenngsfäh sind nur Entsch, dch die n dem R des GerStaates die Ehe bereits aufgelöst w ist, BayObLG **77**, 71 (betr fehlde Registrierg des ScheidgsUrt); die Entsch muß also formell rechtkräft sein, Düss FamRZ **76**, 355. Anerkenngsfäh sind aber nicht nur im Ausland ergangene Urt, sond auch ist Entsch, die eine Scheidg zum Ggst haben, bei Mitwirkg einer ausl Behörde auch **Privatscheidgen,** Düss FamRZ **74**, 528, BayObLG FamRZ **78**, 243, and bei Mitwirkg einer ausl Behörde im Inland, KG FamRZ **66**, 149; denn der gesamte RAkt der Ehescheidg muß im Ausland vollzogen sein, KG FamRZ **69**, 31, teilw abw Düss FamRZ **74**, 528; Vollzug des wesentl Teils im Ausl genügt (RabbinatsScheidg v israelisch-dtschen Doppelstaatern), noch weitergehd BayObLG **78**, 32, das die Anerkenngsfähig v im Inland n ausl R vollzogenen PrivScheidgen bejaht, wenn sie im Heimatstaat des Mannes registriert w sind, vgl auch Anm 2 b, ferner Partikel FamRZ **69**, 16, Siehr FamRZ **69**, 184. Ausl PrivScheidgen sind auch dann anerkenngsfäh, wenn gem EG 17 dtsches Recht Scheidgsstatut ist, aM Düss FamRZ **76**, 277 (krit dazu Otto ebda 279, der mit Recht nur auf EG 30 abstellen will), JM Bay StAZ **77**, 201, **78**, 14. Anerkenng erfolgt nur, wenn die LJustizVerw, die allein hierfür zust ist, festgestellt hat, daß die Voraussetzgen der Anerkenng vorliegen, was dann auf Ztpkt der Rechtskr der Entsch zurückwirkt, BGH JZ **62**, 446, BayObLG **76**, 147. Die Anerkenng umfaßt auch den SchuldAusspr, BGH FamRZ **76**, 614. Zust die JustizVerw des Landes, in dem ein Eheg seinen gewöhnl Aufenth hat; falls im Inland nicht vorhanden, wo die neue Ehe geschl w soll. In den Fällen, in denen die Anerkenng Vorfrage ist, Aussetzg, ZPO 148; vgl dazu Basedow StAZ **77**, 6. Die Entsch ist für Gerichte u VerwBehörden bindd; wird die Entsch des OLG angerufen, FamRÄndG Art 7 § 1 IV, so bindet diese, Mü NJW **62**, 2013. Entsch wird dem BJM mitgeteilt, das auf Befragen Auskunft erteilt; s StAZ **51**, 147. – Die Anerkenng hängt sachl v Vorliegen der Voraussetzgen des **ZPO 328** ab. Sie ist also ua dann v versagen, wenn die Ger des UrtStaates nach den dtschen Beurteilgsregeln keine internat Zustdgk besaßen, ZPO 328 I Z 1. Der ausschl GerStand des ZPO 606 steht aber der Anerkenng nach **ZPO 606a** nicht entgg, wenn der Bekl nicht Dtscher ist oder er zwar Dtscher ist, aber seinen gewöhnl Aufenth nicht in Dtschland hat, ebso wenn die Eheg ihren letzten gemeins gewöhnl Aufenth im Ausland gehabt haben, schließl wenn der Bekl die Anerkenng beantragt. Die Anerkenng ist dabei auch in diesen Fällen davon abhäng, daß auch die dtschen ZustdgkVorschr, ZPO 606b, 328 I Z 1, beachtet sind, BayObLG **72**, 185 u 306, **75**, 44, **75**, 339, KG FamRZ **64**, 262, KG OLGZ **76**, 38, Düss FamRZ **66**, 200, Hbg IPRspr **75** Nr 177, and Mü NJW **64**, 983; intertemporal sind dabei die zZ des Erl der ausl Entsch geltden dtschen ZustdgkVorschr anzuwenden, BayObLG **74**, 471; die Parteien k auf die Einhaltg der dtschen ZuständgkVorschr nicht verzichten, Hbg IPRspr **75** Nr 177, JM NRW IPRspr **75** Nr 183, abw Geimer NJW **74**, 1026, **75**, 1079 (ZuständgkPrüfg nur auf Rüge des ScheidgsBekl). Anerkenng hängt weiter davon ab, ob die ZustellgsVorschr sowie die sachlrechtl dtschen ScheidgsVorschr nicht zum Nachteil einer dtschen Part (z Begr JM NRW IPRspr **74** Nr 186, BayObLG **75**, 374 betr Volksdtsche) außer acht gelassen sind, Z 2 u 3, dh also die Scheidg auch nach dtschem R begründet wäre, wenn das auch nicht aus demselben Grunde der Fall zu sein braucht, zumindest also auf anderer tats Grdl ein ScheidgsGrd nach dtschem Recht zur Vfg gestanden hätte, vgl Düss FamRZ **76**, 355; ist vom ausl Ger dtsches Recht angewendet, so kommt es nicht darauf an, ob es richt od falsch angewendet wurde, es nur die Nichtig, Aufhebg od Scheidg ergibt, BayObLG StAZ **67**, 292. Bei Erschleichg wird meist schon die ZustdgkVorschr, ZPO 328 I Z 1, die Anerkenng verhindern, vgl Hbg IPRspr **75** Nr 177, JM NRW IPRspr **75** Nr 183, Soergel-Kegel Rdz 125, auch EG 30, ZPO 328 I Z 4 verletzt sein, vgl dazu Senator f RPflege Brem StAZ **75**, 343. Verbürgg der Ggseitigk ist nicht Voraussetzg der Anerkenng, ZPO 328 II.

bb) Scheidg von Ausländern im Heimatstaat. In diesen Fällen hängt die Anerkenng derartiger gerichtl Entscheidgen nicht von dem zu aa genannten AnerkenngsVerf ab, Art 7 § 1 I S 3 FamRÄndG. Dies gilt n der Rspr jedoch nicht, wenn einer der gesch Eheg auch die dtsche Staatsangehörigk hatte, Celle FamRZ **63**, 365, StAZ **76**, 360, JM NRW IPRspr **74** Nr 186. Wird etwa nicht anerkannt, weil keine gerichtl Entsch vorliegt (fr Iran), so kann hier Scheid beantragt w, Köln (LG) MDR **62**, 903. Scheid durch Überg eines Scheidebriefes kann nur anerkannt w, wenn sowohl Ausfertigg wie Überg des Scheidebriefes im Ausland erfolgte, aM Düss FamRZ **74**, 528, vgl oben aa, Stgt FamRZ **71**, 440, Soergel-Kegel Rdz 46, vgl dazu oben Anm 2b. Deshalb RSchutzinteresse für ScheidgsAntr nach im Inland vollz Privatscheidg gegeben, MönchGladbach (LG) NJW **71**, 1526.

cc) Scheidg von Ausländern im 3. Staat. AnerkenngsVerf wie zu aa, vgl BayObLG **73**, 251. Maßg ZPO 328, wenn auch unter Wegfall von Z 2 u 3, da SchutzVorschr für Dtsche, ferner Z 5, vgl oben u ZPO 328 II; jedoch muß eine etwaige Rechtshängigk in Dtschland berücksichtigt sein, Mü FamRZ **64**, 444. Anerkenng hängt n ZPO 328 I Z 1 zunächst davon ab, ob die Ger des UrtStaats nach den dtschen Beurteilgsregeln über die internat Zustdgk, vgl dazu Vorbem 1 vor EG 7, zust waren, Bürgle NJW **74**, 2163, Otto StAZ **75**, 183, einschränkd Geimer NJW **74**, 1026, derselbe NJW **75**, 1079. Dabei ist n ZPO 606b auch z prüfen, ob der Heimatstaat des Mannes das Urt anerkennt, Soergel-Kegel Rdz 75; aus der kollisionsr Verweisg n EG 17 I folgt dies jedoch nicht, aM Mü NJW **64**, 979, 983, Raape IPR 314. Die Anerkenng des ScheidsUrt durch den Heimatstaat beider Eheg allein vermag die internat Zustdgk der Ger des UrtStaats nicht zu begründen, wie hier JM NRW IPRspr **75** Nr 175a, aM Düss NJW **75**, 1081, Bürgle NJW **74**, 2166, derselbe StAZ **75**, 331. Ist das ScheidsUrt in einem solchen Fall wg fehlder internat Zustdgk in der BRep nicht anzuerkennen, so steht einem erneuten Scheidsbegehren im Inland ZPO 606b nicht entgg, da der gesetzgeber Grd dieser Vorschr dann entfällt (Ehe mit beschränktem Wirkgskreis, vgl oben a), aM Bürgle StAZ **75**, 331, wie hier Otto StAZ **75**, 183.

7) Im dtschen **ILR** ist sachlrechtl EG 17 entspr anzuwenden, Hbg (LG) FamRZ **73**, 263, AG Lüneburg NJW **78**, 379, Beitzke JZ **61**, 653, Drobnig FamRZ **61**, 341, Soergel-Kegel EG 17 Rdz 143f, aM BGH **34**, 134, **42**, 99, da ein Gericht der BRep nicht die EheBestimmgen der DDR anwenden könne; zw der ROrdng der BRep u derj der DDR bestehe keine Parität, die DDR habe ggü der BRep grdsätzl kein R auf Beachtg ihrer ROrdng. Diese Ans ist nach Inkrafttr des **GrdVertr** v 21. 12. 72, BGBl 1973 II 421, **nicht** mehr aufrechtzuerhalten, vgl Art 1 u 2 des Vertr. Die Voraussetzgen der Ehescheidg w bisher nach EG 17 nach dem R des gewöhnl Aufenth des Mannes beurteilt, Erm-Marquordt EG 17 Rdz 56, teilw aM Soergel-Kegel EG 17 Rdz 145: grdsätzl gemeins Personalstatut beider Eheg; z Anknüpfg an die Staatsangehörigk vgl jetzt Vorbem 14c vor EG 7. Für das Scheidsbegehren der in BRep befindl Frau gilt EG 17 III entspr; auch EG 17 IV ist anwendb. Die Scheidsfolgen w nach dem jeweil gemeins AufenthR beider Eheg beurteilt, sonst nach dem des letzten gemeins gewöhnl Aufenth, wenn ein Eheg ihn noch hat, ebenso Arnsbg (LG) FamRZ **66**, 311; BSozG MDR **76**, 699, FamRZ **76**, 626; Recht also wandelb; z Dchfhrg eines VersorggsAusgl vgl Maier DAngVers **78**, 153, AG Lüneburg NJW **78**, 379. RAnwendgsG (DDR) 20 I knüpft Scheidsstatut an Staatsangehörigk der Eheg; in gemischtnat Ehen soll Recht der DDR Anwendg finden; das gleiche gilt bei Verweisg auf scheidgsfeindl Recht, 20 II. – Mit BGH **7**, 218, Beitzke FamRZ **56**, 37 ist DDR nicht mehr als Inland iS von **ZPO** 606 anzusehen, so daß auch bei letztem gemschaftl Wohns der Eheg in DDR ein Gericht des BGebiets od Bln-West zust sein könnte; dagg Hamm NJW **54**, 1531 (aber auch FamRZ **55**, 335). **Scheidgsurteile der DDR** sind grdsätzl in der BRep wirks, vgl dazu Drobnig FamRZ **61**, 341, Neuhaus FamRZ **64**, 18, ohne daß es eines förml AnerkenngsVerf bedarf: Art 7 FamRÄndG also unanwendb, Baumb-Lauterbach ZPO 328 Vorbem B. Voraussetzg der Anerkenng aber, daß die Ehescheidg auch der Zustdgk der DDR interlokal unterstand, also zZ der Klageerhebg wenigstens ein Eheg dort wohnte oder beide ihren letzten gemeins gewöhnl Aufenth dort gehabt h, BGH **34**, 139, FamRZ **61**, 203, weil dann nur eine konkurrierde Zustdgk der Gerichte der BRep gegeben, BGH **7**, 218. Keine Anerkenng bei ausschl Zustdgk in BRep, BGH **30**, 1, aM Köln FamRZ **59**, 219 (das eine ausschließl Zustdgk der Gerichte der BRep leugnet), ebsowenig bei Begr der Zustdgk in UmgehgsAbs, Celle NJW **59**, 2124, Stgt FamRZ **63**, 444. Anerkennungsvoraussetzg ferner, daß keine groben VerfVerstöße vorliegen, insb rechtl Gehör gegeben ist, ohne daß aber die pers Anwesenh erforderl ist, BGH FamRZ **61**, 210, daß nicht Rechtskr einer Entsch der Gerichte der BRep enttggsteht, BGH JR **62**, 259 (wg Nichtbeachtg der Ausschlußwirkg, ZPO 616, aM Drobnig FamRZ **61**, 343). Rechtshängigk bei diesen schadet nicht immer, Düss FamRZ **58**, 32, Rechtshängigk in DDR in BRep zu beachten, Celle NJW **55**, 26, außer wenn mit großer Wahrscheinlichk Anerkenng zu versagen, BGH NJW **58**, 103. Das DDR-Urt darf nicht gg die guten Sitten verstoßen, also nicht mit der in der BRep geltenden Auffassg von der Ehe schlechterdings unvereinb sein, BGH FamRZ **61**, 210, so daß also rechtsfehlerh Abweichg vom Recht der BRep nicht genügt, BGH **20**, 323; ebsowenig die Verschiedenh der beiden Rechtsordngen, Hamm FamRZ **61**, 223; schließl muß das Urt auch ZPO 328 I Z 3 entsprechen, wonach die beschwerte Partei zZ des UrtErl Wohns oder dauernden gewöhnl Aufenth in der BRep oder Bln-West hatte, also zu prüfen, ob die Ehe auch in der BRep geschieden worden wäre, wozu die Part unabhäng von dem bish Verf alle Tats bis zum Erl des DDR-Urt vortragen können, BGH **38**, 1. Das DDR-Urt gilt, bis seine Unwirksamk für die BRep dch Urt, vgl EheG 23, festgestellt ist, was nur auf Klage des Beschwerten (Ehefeststellgsklage, KG NJW **63**, 1160; Beitzke JZ **61**, 650: auch des siegreichen Kl), innerh angemessener Frist, dh im allg alsbald, nachdem ihm das Urt bekannt gew ist oder, soweit es einen Verstoß gg die guten Sitten od den Zweck eines dtschen G enthält, ohne Frist auf die der StA, BGH NJW **63**, 1981, auch noch nach dem Tode eines Geschiedenen, Ffm NJW **64**, 730, geschehen kann, BGH **34**, 134. Hat der Geschiedene ohne Verschulden von dieser Klagemöglichk keine Kenntn, so, wenn längere Zeit verstrichen, Interessen abzuwägen; aber negat Feststellg nicht mehr mögl, wenn der and inzw geheiratet hat, BGH FamRZ **65**, 37. Kritisch zu dieser Rspr Beitzke JZ **61**, 649: keine Politisierg des Rechts, keine bes Normen, also keine Anwendg von ZPO 328 I Z 3, da EG 30 genügt, so auch JZ **63**, 512. Erhebt der Beschwerte innerh angemessener Frist keine Klage, so wirkt das gleichzeit wie ein Verz auf die ihm entspr ZPO 328 I Z 1–3 zustehden Einwendgen. Wg des StBeamten EheG 5 Anm 2. Eine ergänzde Kl auf Schuldfeststellg, vgl dazu 35. Aufl u BSozG FamRZ **77**,

1. Abschnitt: Allgemeine Vorschriften (IPR) EGBGB 17, 18

248, 250, kommt n der Reform des ScheidgsR dch 1. EheRG v 14. 6. 76, BGBl 1421, nicht mehr in Betr. Für WiederAufn gg Urt eines DDR-Gerichts sind Gerichte in BRep nicht zust, Ffm NJW **57**, 307.

EG 18 *Eheliche Abstammung.* **I** Die eheliche Abstammung eines Kindes wird nach den deutschen Gesetzen beurteilt, wenn der Ehemann der Mutter zur Zeit der Geburt des Kindes Deutscher ist oder, falls er vor der Geburt des Kindes gestorben ist, zuletzt Deutscher war.

II Auf die Anfechtung der Ehelichkeit finden die deutschen Gesetze auch dann Anwendung, wenn nur die Mutter des Kindes die *Reichsangehörigkeit* besitzt oder, falls sie gestorben ist, im Zeitpunkt ihres Todes besessen hat und das Kind im Zeitpunkt der Anfechtung noch minderjährig ist oder, falls es gestorben ist, noch minderjährig wäre. Steht das Kind unter elterlicher Gewalt oder unter der Vormundschaft der Mutter, so ist ihm ein Pfleger zu bestellen, soweit dies zur Wahrung seiner Rechte erforderlich ist.

Neues Schrifttum: Kohler, Das VaterschAnerk im IslamR u seine Bedeutg das f dtsche IPR (1974); Beitzke, In favorem legitimatis aut legitimationis? Fschr f Kegel (1977) 99.

1) Allg. II eingefügt dch FamRÄndG v 12. 4. 38, vgl Einl 3e vor § 1297. **Anknüpfgspunkt** ist die Staatsangehörig. Für **Staatenlose** s EG 29 mit Anh V, **Mehrstaater** Vorbem 7a vor EG 7, **Flüchtlinge** usw Anh z EG 29. **Rück- u Weiterverweisg** sind zu beachten, allg M, vgl zB BayObLG **63**, 214, Soergel-Kegel Rdz 41. EG 18 befaßt sich nur mit ehel Abstammg eines Kindes, vgl dazu Anm 3, währd EG 19 das RVerhältn zw Eltern u ehel Kindern regelt, EG 22, die Legitimation u Adoption, EG 20, 21 das RVerhältnis des nehel Kindes zu Mutter u Erzeuger. Z ILR vgl unten Anm 7.

2) Der Grundsatz. Rspr u Lehre haben die eins Kollisionsnorm des EG 18 zu folgendem Grds ausgestaltet: **Die Ehelichk eines Kindes wird nach den Gesetzen des Staates beurteilt, dem der Ehemann der Mutter zZ der Geburt des Kindes angehört, od wenn er vorher gestorben ist, zuletzt angehört hat,** BGH **43**, 218. Ist die Ehe vor der Geburt des Kindes aufgelöst (über Scheid u Scheidsfolgen s EG 17, über Aufheb u Anfechtg s EG 13), so entsch dementspr das Recht des Ehem der Mutter zZ der Auflösg der Ehe, KG DR **39**, 246, bei Wiederheirat vor Geburt das Recht des neuen Ehemannes. Z Anwendg v EG 18 bei einer Nichtehe vgl Anm 3. Nur das Recht des Ehem zu diesen Zeitpunkten ist Anknüpfgspunkt, also **unwandelbar**, grdsätzl gleichgült mithin, welchem HeimatR er früher, insb zZ der Eheschl unterstand, ebso das der Mutter, vgl jedoch Anm 4, od des Kindes. Ändert sich die Staatsangehörigk des Ehem nach der Geburt des Kindes, so bleibt das auf das anzuwendende HeimatR ohne Einfluß, KG DR **39**, 247, Koblenz IPRspr **74** Nr 47; ändert sich auch dieses, so entsch intertemporal das dann in Betr kommende ÜbergangsR. Die Anknüpfg an die Staatsangehörig des Mannes ist wg der stärkeren Betroffenh seiner Interessen **mit GG 3 II vereinb,** BayObLG StAZ **77**, 187, Henrich RabelsZ **74**, 496, Erm-Marquordt Rdz 3, vgl dazu auch Soergel-Kegel Supplementbd 1975 S 143 u Vorbem 15 vor EG 7, aM Stöcker StAZ **75**, 209, Kropholler FamRZ **76**, 316, die f Anknüpf an den gewöhnl Aufenth des Kindes eintreten.

3) Anwendungsgebiet (Qualifikation). Die **Vorfrage,** ob eine gült Ehe der Mutter zustande gekommen ist, beurteilt sich grdsl n EG 13, BGH **43**, 213, BayObLG **66**, 1, Zweibr FamRZ **74**, 153, Köln StAZ **72**, 140, KG FamRZ **73**, 313. Ist eine im Inland n EG 13 III formgült geschl Ehe n dem HeimatR der Eheg wg Formmangels nichtig, so ist sie bei Beurteil ihres wirks Zustandekommens als Vorfrage f EG 18 daher als gült anzusehen, hM, BayObLG **63**, 265 betr Zivilrauung orthodoxer Griechen, Erm-Marquordt Rdz 5, Soergel-Kegel Rdz 5. Ist die Ehe wg EG 13 III in Dtschland eine Nichtehe, so müssen die Kinder in Dtschland aber trotzdem als ehel angesehen w, falls die Ehe n dem HeimatR beider Verlobter gült zustande gekommen ist (alternative Anknüpfg der Vorfrage in favorem legitimitatis, vgl Siehr StAZ **71**, 205 u dazu Beitzke Fschr f Kegel (1977) 102) im Erg ebso Ehelk, FamRZ **73**, 311, Neuhaus FamRZ **48**, 98, Raape MDR **48**, 583, aM BGH **43**, 213, Celle FamRZ **64**, 209, BayObLG **66**, 1, Karlsr StAZ **68**, 103, Hamm NJW **73**, 1554, Ffm OLGZ **78**, 2, Soergel-Kegel Rdz 5, hM. Ergibt sich nach dem gem EG 13 I anzuwendden Recht die Nichtigk der Ehe, so best dieses R auch die Stellg der Kinder aus einer solchen Ehe im Verhältn zu den Eheg; hinkde Ehen, EG 13 Anm 6a, ergeben mithin Ehelk, BayObLG FamRZ **64**, 45. Wird eine bigam Ehe von Ausl in Dtschland für nichtig erklärt, so bleibt das Kind jedenf so lange ehel bis das dtsch Urt im Heimatland des Kindes anerkannt ist u aus dem dortigen R sich die NEhelk ergibt, Siegen (LG) StAZ **67**, 158 (bespr Jayme). EG 18 setzt nicht unbedingt voraus, daß die Eltern zZ der Geburt des Kindes in gült Ehe leben. Erfaßt w auch die Fälle, in denen das Kind trotz einer rechtl Nichtehe mit der Geburt die RStellg eines ehel Kindes erwirbt, Bln-Schöneberg (AG), StAZ **75**, 222 (Gutachten Wengler), Kohler 166ff, aA Soergel-Kegel Rdz 5, wohl auch BGH **43**, 213. EG 18 regelt alles, was unter §§ 1591-1600 fällt, insb sind danach Beiwohngs- u VaterschVermutgen, BayObLG **63**, 265, die Geltdmachg der Nichtehelk, insb AnfFrist, Düss FamRZ **73**, 311 u AnfBerechtigg z beurteilen, Koblenz StAZ **77**, 139, zB auch eines dch nachf Ehe legitimierten Kindes, Karlsr OLGZ **69**, 349. Kürzere AnfFrist begründet nicht EG 30, Trier (LG) FamRZ **56**, 131, Düss FamRZ **73**, 311, ebensowenig Versagg des AnfR f Kindesmutter u Kind, KG DAVorm **77**, 525, OLGZ **77**, 452. Das R, das über die Ehelichk bestimmt, ergibt auch die Verwandtsch u Schwägersch zu dem Kinde. EG 18 betr nur den Erststatus des Kindes, eine Statusänderg w v EG 22 erfaßt, s dort Anm 3.

4) Ausnahme vom Grundsatz, II, vgl auch Anm 1. Der Grds bringt oft Schwierigk mit sich, wenn die Mutter nicht die Staatsangehörig des Mannes teilt u er sich um das Schicksal der Kinder nicht weiter kümmert, die AnfFrist verstreichen läßt. Das Kind bleibt dann zwar ehel, aber in der falschen Fam. Es konnte daher auch, wenn die Mutter später den Erzeuger heiratete, nicht dch Legitimation in die richtige Fam kommen. Desh gibt II, falls nicht etwa schon wg EG 27, 29 dtsches Recht anwendb, die Möglichk der Anf nach Mutterrecht. **Voraussetzgen: a)** die Mutter des Kindes ist jetzt dtsche Staatsangeh od, falls verstorben, war es im Ztpkt ihres Todes (hier nicht auch der Scheidg, Eheaufhebg, Anm 2), der Mann hat eine and

Staatsangehörigk, vgl auch RG 159, 171; Staatenlosigk, auch wenn dtsches Recht anzuwenden wäre, EG 29, genügt nicht; **b)** das Kind ist im Ztpkt der Anf, also in dem der Klageerhebg od AnfErkl ggü VormschG, § 1599, noch mj od wäre es, falls es bereits verstorben ist. Ob es mj ist, richtet sich nach dem HeimatR des Kindes, EG 7. EG 18 II ist als AusnVorschr nicht z verallgemeinern; daher keine entspr Anwendg, wenn der Ehem der Mutter erst n dem f die Anknüpfg maßg Ztpkt, vgl Anm 2, Dtscher gew ist, Henrich FamRZ 58, 124, Beitzke RabelsZ 58, 723, str, aM Soergel-Kegel Rdz 21, Raape IPR 348, Erman-Marquordt Rdz 11; aus dem gleichen Grd auch keine Anknüpfg an die Staatsangehörigk der ausl Mutter, Celle FamRZ 75, 177.

5) Anwendgsgebiet für die Ausnahme. Für die Frage, ob das Kind als ehel gilt, bleibt weiter der Grds, also EG 18 I anwendb. II läßt für den von ihm vorgesehenen AusnFall die Anwendg dtschen Rechts nur für die Anfechtg der Ehelichk zu, §§ 1594–1599, (also nicht auch bzgl der AnfGründe, vgl Köln DAVorm 72, 463), danach zu beurteilen also Frist, insb ihr Beginn, AnfBerechtigg, §§ 1595a, 1596. Nach dtschem Recht richtet sich dann aber auch das AnfR des ausl Ehem der Mutter, insb § 1594 II, gleichgült, ob nach seinem HeimatR etwa die AnfFr schon abgelaufen ist. **Wirkgen der erfolgreichen Anfechtg**: Das Kind ist nehel, das RVerhältn zw ihm u seiner Mutter richtet sich nach EG 20, also nach dtschem Recht.

6) Die Zuständigk der dtschen Gerichte ist selbst dann gegeben, wenn das Urt im Heimatstaat der Parteien nicht anerkannt w, KG DR 39, 246, BayObLG NJW 59, 1038. Zust das AG des allg Gerichtsstandes des Bekl (Mann od Kind, § 1599); bei Fehlen eines solchen ZPO 640a. Die Dchführg des Verf in Deutschland erfolgt nach dtschem Recht, ZPO 640–640h, auch wenn das Verf im Heimatland demggü Besonderheiten aufweist. Steht das Kind unter elterl Gewalt, EG 19, od Vormsch der Mutter, so ist ihm im Falle des II ein **Pfleger** für den AnfStreit zu bestellen, II 2. EG 23 bleibt also außer Anwendg. Wird im Anfechtgsstreit die NEhelk festgestellt, hat die dtsche Mutter die elterl Gewalt, § 1705, mit der sich aus § 1706 ergebden Einschränkg dch einen Pfleger, sonst EG 20. Zur Anerkenng ausl AnfUrteile Beitzke StAZ 60, 89.

7) Im dtschen **ILR** w bish an den gewöhnl Aufenth des Ehem angeknüpft, Erm-Marquordt Rdz 17, aM Soergel-Kegel Rdz 48 (grdsl gemeins Personalstatut beider Eltern); z Anknüpfg an die Staatsangehörigk vgl jetzt Vorbem 14c vor EG 7. AnfechtgsR der Mutter gem § 61 FGB verstößt nicht gg ordre public, vgl Ffm NJW 54, 1527. Bei gewöhnl Aufenth der Mutter in der BRep ist EG 18 II anwendb. DDR-Urt sind anzuerkennen, soweit Zustdgk gegeben war u ordre public nicht entgegsteht, KG NJW 55, 27. DDR ist nicht als Inland iS v ZPO 640a anzusehen, vgl KG NJW 64, 1577. – RAnwendgsG (DDR) 21 knüpft an die dch die Geburt des Kindes erworbene Staatsangehörigk an.

EG 19 *Eltern und eheliches Kind.* Das Rechtsverhältnis zwischen den Eltern und einem ehelichen Kinde wird nach den deutschen Gesetzen beurteilt, wenn der Vater und, falls der Vater gestorben ist, die Mutter die *Reichsangehörigkeit* besitzt. Das gleiche gilt, wenn die *Reichsangehörigkeit* des Vaters oder der Mutter erloschen, die *Reichsangehörigkeit* des Kindes aber bestehen geblieben ist.

Neues Schrifttum: Coester, Die Behandlg v UnterhVertr ehel Kinder im dtschen, engl u amerik KollisionsR, ZBlJugR 76, 177; Beitzke, Der Kindesname im IPR, StAZ 76, 321.

1) Allgemeines. Anknüpfgspunkt die Staatsangehörigk. Wg der Staatenlosen vgl EG 29, der Mehrstaater Vorbem 7a vor EG 7, der Flüchtlinge usw Anh z EG 29. Rück- u Weiterverweis sind zu beachten, RG JW 11, 208, BayObLG 63, 123. Wg der **VorbehKlausel** vgl Anm 4 u EG 30. EG 19 bezieht sich nur auf das RVerhältn zw Eltern u ihren ehel Kindern, wobei die Frage, ob das Kind ehel ist od nicht, nach EG 18 zu entsch ist, KG DR 39, 246. EG 19 gilt auch für die den ehel Kindern Gleichgestellten, vgl §§ 1719, 1736, 1740f, 1754. Ob u in welchem Umfang aber ein derartiges Kind einem ehel gleichgestellt od ehel inf Legitimation dch nachf Ehe ist, regelt sich nach dem gem EG 22 zu ermittelnden Recht, vgl EG 22 Anm 4a–c. EG 19 w nunmehr teilw dch **staatsvertragl Sonderregelg des Haager UnterhaltsÜbk**, Anh z EG 21 u des **Haager MjSchutzÜbk**, Anh 4 z EG 23 verdrängt, vgl BayObLG 73, 331. – EG 19 betr **nicht** das RVerhältn des **nehel Kindes** zu seiner Mutter u seinem Erzeuger, vgl EG 20, 21; ferner nicht die **UnterhPfl** unter sonst **Verwandten**, die n dem Personalstatut des in Anspr Genommenen z beurteilen ist, Kegel IPR § 20 XI 2, Staud-Raape 486, and fr Aufl; für das Vorhandensein, die Gradnähe, die sich aus der Verwandtsch u Schwägersch ergebenden Rechte u Pflichten sind EG 18–22 heranzuziehen. Wg des **ILR**, insb Unterh vgl Anm 6.

2) Grdsatz. Aus der unvollständ Kollisionsnorm des EG 19 S 1 h Lehre u Rspr den allg Grds entwickelt: **Das RVerhältn zw den Eltern u einem ehel Kinde wird nach den Gesetzen des Staates beurteilt, dem der Vater, u falls dieser gestorben ist, die Mutter angehört**, RG 170, 198; **Fortgeltg** trotz gleichberechtiggsw Anknüpfg zu **bejahen**, vgl BGH 54, 126, BayObLG 69, 70, Hbg (LG) StAZ 75, 278, Ffm OLGZ 76, 286, 423, Kegel IPR § 20 VIII 1, Erm-Marquordt Rdz 2, Coester ZBlJugR 76, 179 u Vorbem 15 vor EG 7; **sehr str,** aM Stgt NJW 76, 483, Stöcker StAZ 75, 209, Kropholler FamRZ 76, 316 (sämtl f Anknüpfg an gewöhnl Aufenth des Kindes). Dagg schlägt Henrich, RabelsZ 74, 505 verfkonforme Anknüpfg an die gemeins Staatsangehörigk der Eltern u hilfsw deren gemeins gewöhnl Aufenth vor; Ferid IPR Rdz 8–261, Beitzke StAZ 76, 321 u neuerd auch Henrich Fschr f Schwind (1978) 84 empfehlen Anwendg des HeimatR des Kindes ("Anknüpfgschaos", vgl Vorbem 15 vor EG 7); Düss StAZ 76, 274 will die Frage bei gleichen Erg nach allen in Betr kommden ROrdnungen dahingestellt lassen u hilfsw zusätzl an Aufenth der Familie anknüpfen (betr Namensgebg f ehel Kind). Die Entsch über die sachgerechte Anknüpfg muß aber dem GesGeber überlassen w, vgl Vorbem 17 vor EG 7. Die prakt Bedeutg der Streitfrage ist gering, da der Anwendungsbereich des EG 19 dch das Haager UnterhÜbk u das Haager MjSchutzÜbk erhebl eingeschränkt w ist, vgl Soergel-Kegel, Supplementbd (1975) S 143. Vorläuf maßg ist also das jeweilige

HeimatR des Vaters bzw der Mutter im Ztpkt des in Betr kommenden RVorgangs. Wechseln Vater bzw Mutter ihre Staatsangehörigk, so wechselt auch das zur Anwendg kommende Recht, das Statut ist also ex nunc **wandelbar**; jedoch bleiben n dem bish R bereits erworbene Anspr bestehen, Staud-Raape S 466; auch der Name des Kindes bleibt grdsl unverändert, vgl Anm 4 u Anh 2 z EG 7. In Betr kommt zu Lebzeiten des Vaters allein sein HeimatR, gleichgült, ob er die elterl Gewalt hat od nicht, also auch, ob sie verwirkt ist, Staud-Raape 463, Erm-Marquordt Rdz 4, aM Soergel-Kegel Rdz 3, u ob ihm oder der Mutter die PersSorge zusteht. Das HeimatR der Mutter entsch erst nach dem Tode des Vaters, dem aber nicht die Scheidg gleichsteht, RG **162**, 334. Auf das **HeimatR des Kindes** (u demgem den Wechsel dieses HeimatR) **kommt es nicht an** (aM f den Bereich der elterl Gew Henrich Fschr f Schwind (1978) 86 unter Berufg auf Art 3 MjSchÜbk im räuml-persönl Geltgsbereich dieses Abk) zwar nicht, wenn das zunächst in Betr kommde VaterR auf das WohnsR des Kindes verweist (amerik R bei Scheidg der Eltern), BayObLG **62**, 39. Ob das Kind vollj ist, zB die Mündigk dch Heirat eintritt, od ein mj Eheg der Vormsch od Pflegsch des and untersteht, entsch sich im ersteren Falle nach EG 7 (vgl insb auch EG 7 II), BayObLG **63**, 123, im letzteren nach EG 14; somit kann auch das danach in Betr kommde HeimatR die Beendigg der elterl Gewalt herbeiführen, vgl RG **91**, 403.

3) Ausnahme vom Grdsatz (S 2). Ausnahmsw entsch das HeimatR des Kindes, wenn es die dtsche Staatsangehörigk behalten, währd der n S 1 maßg EltT diese Staatsangehörigk verloren h, zB dch Erwerb einer ausl Staatsangehörigk, so daß n dem allg Grds an sich ein Statutenwechsel eintreten müßte. Es handelt sich um eine SchutzVorschr zG dtscher Kinder, die wg ihres AusnCharakters nicht analog angewandt w k, zB nicht auf Flüchtlingskinder mit dtschem Personalstatut, Kegel IPR § 20 VIII 1.

4) Anwendgsfälle (Qualifikation). EG 19 best das auf das RVerhältn zw den Eltern u einem ehel Kinde zur Anwendg kommende Recht. Unter einem solchen **RVerhältn sind zu verstehen** zunächst die in §§ 1616–1698b geregelten Materien; EG 19 gilt also auch dann, wenn Vater gesetzl Vormd ist. N EG 19 best sich das Recht z **Namensgebg**, BGH NJW **71**, 1521, Düss StAZ **76**, 274, Ffm OLGZ **76**, 286, 423, sowie allg die Frage, welchen FamNamen ein ehel Kind mit der Geburt erwirbt, Hbg (LG) StAZ **75**, 278, Celle StAZ **77**, 312; dagg will Hamm StAZ **78**, 185 (VorleggsBeschl) das HeimatR des Kindes anwenden, ebso Kühne JZ **78**, 478; das erworbene NamensR des Kindes untersteht jedenf seinem Personalstatut, vgl Anh 2 zu EG 7. Zum FamNamen des Kindes nach ausl R Schr des BMdJ StAZ **72**, 129, 333, **77**, 268. Die Volljährigk des Kindes wird nach EG 7 bestimmt, dort Anm 2, die Folge für die elterl Gewalt nach EG 19, vgl Anm 2 aE. EG 19 gilt auch für das legitimierte Kind, Köln NJW **72**, 394, soweit das Legitimationsstatut n EG 22 dafür keine Sonderregelg aufstellt, Kegel IPR § 20 VIII 2; welchen Namen das legitimierte Kind dch die Legitimation erwirbt, beurteilt sich n EG 22, BGH NJW **78**, 1107, krit Kühne JZ **78**, 478. Nach EG 19 richtet sich Anspr auf **Herausg des Kindes** (soweit Haager MjSchutzÜbk nicht eingreift, Anh 4 z EG 23), Warn **27**, 121, auch wenn er gg die Mutter gerichtet ist, BayObLG **69**, 70, vgl auch BGH **54**, 128; im zartesten Kindesalter ein RMißbr des Vaters vorliegen; Hamm OLGZ **70**, 234, vgl aber auch BGH NJW **70**, 1503 u Flensbg (LG) FamRZ **70**, 197, Wuppermann FamRZ **70**, 177 (zur Anwendg von ZPO 627 aF); grobe Bevorzugg des Mannes kann auch wg GG 3 II gg EG 30 verstoßen, Hann NJW **72**, 1625 u EG 30 Anm 5. N EG 19 beurteilt sich die **elterl Gew**, soweit nicht das Haager MjSchÜbk eingreift (f dessen extensive Anwendg insow Henrich Fschr f Schwind (1978) 86 ff), zB ob u in welchem Umfang der Elternteil **Vertretgmacht** hat, RG **170**, 199, Köln OLGZ **73**, 330, vgl auch Anh 3 z EG 21, EG 23 Anm 5 (bei der VermSorge kann EG 28 eingreifen), über VerkR der Eltern, BayObLG FamRZ **71**, 193, die Notwendigk u das Wirksamw einer Gen des VormschG, RG **110**, 174, **170** 200, die AussteuerPfl, RG LZ **23**, 449, die **Entziehg** der elterl Gewalt, KGJ **45**, 18, wie weit die Notwendigk vormschgerichtl Maßnahmen im Verhältn zu den Eltern od einem Elternteil; beachte dazu auch Haager MjSchutzÜbk, Anh 4 z EG 23; schützt das ausl Recht das Kind in wesentl geringerem Umfang als § 1666, so hilft EG 30, BayObLG JW **34**, 699. Nach EG 19 sind ferner zu beurteilen der **Wohns** des Kindes, RG **158**, 167, KG DR **39**, 246 (z Best des Wohns bei FGG 36 vgl Hamm FamRZ **77**, 132), die **beiderts UnterhPfl** bei Ausgleichg bei einer Mehrh von UnterhPfl, z UnterhAnspr des Kindes s aber **Haager UnterhAbk** Anh EG 21 (z Währgstatut s 7a vor EG 12, wg des ILR s unten Anm 6), das R zur Erziehg in einer bestimmten Rel, BayObLG **13**, 178, hingg nicht die Voraussetzgen für die FürsErz, JWG 64ff, u die Pflegekindsch, JWG 27, da es sich um öffr Maßn handelt; z Anwendbk des Haager MjSchutzÜbk vgl Anh 4e z EG 23. EG 19 u nicht EG 17 betrifft die **Verteilg der elterl Gewalt**, wenn die Eltern gesch sind, RG **162**, 329, BayObLG NJW **52**, 788, Raape IPR § 32 IV 7, Soergel-Kegel Rdz 11; (beachte aber Sonderregelg des **Haager MjSchutzÜbk**, Anh 4 z EG 23); das macht auch die systemat Stellg von § 1671 deutl. EG 19 gilt auch bei einstw AOen über die PersSorge im dtschen ScheidsVerf n ZPO 620, KG FamRZ **74**, 461. Ohne Einschaltg v EG 19 ist das Recht der PersSorge aus Voraussetzg z Abg der Option z Änderg der **Staatsangehörigk** nach Art 3 V RuStAGÄndG v 20.12.74, BGBl 3714 unmittelb nach §§ 1626ff z beurteilen, BayObLG **75**, 441; vgl dazu Vorbem 7a vor EG 7.

5) Verfahrensrechtliches. Die **internat Zustdgk** der dtschen VormschGe best sich in erster Linie n den Vorschr des Haager MjSchutzÜbk, s Anh 4 z EG 23 od eines and StaatsVertr, zB des dtsch-österr Vormsch-Abk, Anh 2 z EG 23. Soweit eine staatsvertragl Regelg nicht besteht, knüpft die neuere Rspr vor allem an die örtl Zustdgk an, BGH NJW **70**, 1503, BayObLG **69**, 70, **70**, 6, **71**, 157, **72**, 292, KG FamRZ **74**, 146, Karlsr FamRZ **69**, 161, Hamm OLGZ **70**, 227, Köln NJW **72**, 394, Zweibr FamRZ **76**, 469, vgl dazu Heldrich Heft 10 der Berichte der dtschen Gesellsch f VölkerR 1971, 102, Keidel-Winkler FGG 35 Rdz 14. Maßg sind also vor allem FGG 36, 43; der Begr des Wohns ist dabei n der lex fori z best, Hamm FamRZ **77**, 132; eine Sonderregelg der internat Zustdgk trifft Art 3 V 2 RuStAGÄndG v 20.12.74 f die dort vorgesehene vormschgerichtl Gen, KG FamRZ **77**, 59. Die Anwendbk ausl Rechts steht der Bejahg der dtschen internat Zustdgk nicht entgg (kein „GleichlaufsGrds"), vgl BayObLG **59**, 8, Hamm NJW **69**, 373, Heldrich aaO 106, Keidel-Winkler FGG 35 Rdz 15. Auch auf die Anerkenng der dtschen Entsch im Ausl kommt es grdsl nicht an, BayObLG **59**, 8, KG FamRZ **68**, 269, Saarbrücken NJW **66**, 308 (alle betr SorgeRRegelg),

Keidel-Winkler aaO, Schwimann FamRZ **59**, 325, derselbe RabelsZ **70**, 201. Das Verf vor den dtschen VormschGen folgt der lex fori; über Einschränkgen dieses Grds z Lösg der Probleme der sog wesenseigenen Zustdgk s Heldrich aaO 117 ff, Keidel-Winkler aaO. Die Abgrenzg der Zustdgk des Prozeß- u VormschG richtet sich allein n dtschem Recht, Warn **27**, 121, vgl auch BGH FamRZ **77**, 126. **Ausl Akte der FG**, insb SorgeREntschen, sind grdsl **anzuerkennen**; vgl dazu allg Firsching StAZ **76**, 153; ein bes Anerkenngs-Verf ist nicht vorgesehen; bei SorgeRRegelg im Zushang mit einem ausl ScheidgsUrt ist aber vorher Durchf des Verf n FamRÄndG Art 7 § 1 erforderl, BGH **64**, 19, Ffm OLGZ **77**, 141, SchlH SchlHA **78**, 54. ZPO 328 ist nicht unmittelb anwendb, aber in gewissem Umfang entspr heranzuziehen. Erforderl ist danach jedenf Zustdgk der ausl Beh n dtschem Recht u Entsch mit dem dtschen ordre public, BGH FamRZ **77**, 126; zweifelh aber wohl z verneinen ist, ob auch die Einhaltg der Erfordern v ZPO 328 I Z 3 notw ist, dafür Hamm FamRZ **76**, 528, BayObLG **73**, 345, vgl dazu die Kritik v Kropholler, Das Haager Abk über den Schutz Mj, 2. Aufl 1977 S 105. H nicht der Staat entschieden, dessen Recht n EG 19 maßg ist, so ist Anerkenng auch dch die Ger dieses Staates nicht erforderl, Soergel-Kegel Rdz 53; aM Dölle RabelsZ **62**, 237. Anerkenng auch nicht desh ausgeschl, weil n EG 19 dtsches Recht maßg ist, vgl BayObLG **66**, 425, Keidel-Winkler FGG 33 Rdz 55 od das Kind die dtsche Staatsangehörigk h, KG FamRZ **74**, 146, OVG Münster FamRZ **77**, 136. Verbürgg der Ggseitigk entbehrl, Soergel-Kegel Rdz 53. Z Vollstr ausl SorgREntsch vgl BayObLG **74**, 317. **Abänderg** ausl SorgeREntsch dch dtsches VormschG ist zuläss, soweit internat Zustdgk besteht u Abänderg nach dem anwendb Recht statth ist, BGH **64**, 19, KG OLGZ **75**, 119 (in Anwendg v Art 1 MjSchutzÜbk), Soergel-Kegel Rdz 54 f, Keidel-Kuntze-Winkler FGG 33 Rdz 56d; aM Firsching IPR S 105. Über Anerkenng u Vollstreckg v UnterhEntsch vgl Anh 4 b z EG 21.

6) Im dtschen **ILR** w bish anstelle der Staatsangehörigk grdsl an den gewöhnl Aufenth des Vaters angeknüpft, Erm-Marquordt Rdz 18, aM Soergel-Kegel Rdz 76 (gemeins Personalstatut der Eltern), z Anknüpfg an die Staatsangehörigk vgl nunmehr Vorbem 14c vor EG 7. Das AufenthR der Mutter entsch erst n dem Tod des Vaters. In der DDR gilt nunmehr RAnwendgsG 22 (HeimatR des Kindes). Bei gewöhnl Aufenth des Kindes in der BRep kommen **Haager UnterhÜbk**, Anh 1 z EG 21, u **Haager MjSchÜbk**, Anh 4 z EG 23 z Anwendg, vgl Kleve FamRZ **77**, 335. In vielen Fällen w die in der DDR sich aufhaltden Eltern an der Ausübg des ErzR aus tats Grden verhindert sein, § 1674 I, Frankth (LG) Rpfleger **65**, 58, Dölle § 95 I Anm 4, so daß Vormd f die Zt der Verhinderg zu bestellen, § 1674 Anm 2. And, wenn sich dieses Verbindg, Düss NJW **68**, 453, vorhanden, räuml Trenng als solche genügt nicht, KG OLGZ **68**, 79. Ist in BRep zur **Regelg der elterlichen Gewalt** ein Verf eingeleitet, so bleibt diese Zustdgk auch dann, wenn währd des Verf Kind in DDR verbracht wird; dort etwa ergehde Entsch dann hier nicht anzuerkennen, BayObLG FamRZ **59**, 122. Hat das Kind keinen eignen Wohns in der DDR, die Eltern aber in BRep, so ist für VormschAngelegenh das Ger des Ortes, an dem das Bedürfn hervortritt, zust, Hamm OLGZ **70**, 218, Jansen Anm 135 zu FGG 35. Verzieht Mutter mit Kind nach Scheidg in die BRep, so hier VormschG zur Entsch gem § 1671 zust, BGH **21**, 306. SorgeRRegelg der DDR sonst grdsätzl anzuerkennen, Celle NJW **55**, 24, kann aber bei nach FGG 36 I, 43 entspr gegebener Zustdgk u geöwhnl Aufenth des Kindes in BRep gem §§ 1696, 1671 abgeändert w, Hildesheim (LG) NJW **62**, 348. Keine Anerkenng bei Verstoß gg ordre public, zB SorgeRRegelg aus pol Grden („Republikflucht"); dann auch nicht Abänderg sond ErstEntsch gem § 1671 III 1, Berlin (LG) ZBlJR **65**, 80. Ist Mj in die BRep übergesiedelt, so ist Rat des Kreises des Wohnsitzes seiner Eltern nicht mehr beteiligtes JA, BayObLG NJW **66**, 310.

Das ehel Kind kann von seinen Eltern in entspr Anwendg von EG 19 **Unterhalt** verlangen; entscheidd also der gewöhnl Aufenth des Vaters, nach seinem Tode der Mutter. Für Höhe maßg die Lebensstellg der Eltern, § 1610; sie haben für das Kind die Beträge zur Vfg zu stellen, die diesem ein dementspr Leben ermöglichen, mithin Kaufkraft zu berücksichtigen; ebso Bchm (LG) NJW **51**, 239; Soergel-Kegel vor EG 7 Rdz 662 („Warenkorbvergleich" dazu auch Erm-Marquordt vor EG 13 Rdz 11). – Es kann (je nach ErfMöglk, vgl Hirschberg, Interzonales Währgs- u DevisenR der UnterhVerbindlk (1968) 52ff) auf DM od DDR-Mark geklagt w, vgl Anm 7b zu EG 12. Zahlg in DDR-Mark muß f Ost-Gl zumutb (kein Verstoß gg dort Gesetze) sein, Soergel-Kegel vor EG 7 Rdz 658, Verden (LG) FamRZ **60**, 373. Das ist der Fall bei Zahlg v SperrKto in der DDR; Übersendg von DDR-Mark aus dem Westen dagg verboten. Bei Zahlg v DM Transfer n dem Abk v 25. 4. 74, BGBl II 622, im Verh 1 : 1, vgl Anm 7b vor EG 12. Keine entspr Anwendg von ZPO 23a für Klagen gg Schuldn in DDR, da auch dort durchführb, Siegen (LG) NJW **65**, 698 aM Dortm (LG) NJW **64**, 2114, weil sich ProzR stark geändert, auch Kl seine Rechte wg der eingeschränkten Freizügigk nur unzulängl wahrnehmen könne.

Uneheliches Kind: a) *Uneheliches Kind und Mutter*

EG 20 Das Rechtsverhältnis zwischen einem unehelichen Kinde und dessen Mutter wird nach den deutschen Gesetzen beurteilt, wenn die Mutter eine Deutsche ist. Das gleiche gilt, wenn die *Reichsangehörigkeit* der Mutter erloschen, die *Reichsangehörigkeit* des Kindes aber bestehen geblieben ist.

Neues Schrifttum: P o g g i, Die Einbenenng im IPR, FamRZ **73**, 175.

1) Allgemeines. Die Vorschr, die das NEhelG nicht geändert hat, geht ebso wie EG 21 von der Unehelichk des Kindes aus. Ob diese vorliegt, ergibt sich aus dem nach EG 18 zu bestimmden Recht, Ffm JW **26**, 2858. Ist die Ehe, aus der das Kind stammt, nichtig, so entsch über die Ehelichk des Kindes das sich nach EG 13 ergebde Recht, EG 18 Anm 3. Ist danach das Kind ehel od hat es die Stellg eines solchen, scheidet EG 20 insow aus, Staud-Raape 499. F legitimierte od adoptierte Kinder gilt grdsl EG 22; soweit n dem danach maßg R RBeziehgn z nehel Mutter fortbestehen, gilt insow EG 20, Soergel-Kegel Rdz 8. Die UnterhRechte des nehel Kindes ggü der Mutter u dem Vater ergeben sich aus EG 20, 21, hins der Verwandten entspr dem EG 19 Anm 1 Gesagten; insow aber **Vorrang** des **Haager UnterhÜbk**, Anh 2 z Art 21, zu beachten. – **Rückverweisg** u Weiterverweisg sind zu beachten, allg M.

2) Grundsatz. Aus der einseit Kollisionsnorm von EG 20 haben Rspr u Lehre den allg Grds abgeleitet: **Das RVerhältn zw dem nehel Kind u seiner Mutter ist nach dem HeimatR der Mutter zu beurteilen,** RG 76, 283, BayObLG NJW 54, 350, ist sie staatenlos, so entsch EG 29 mit Anh V, vgl BayObLG 74, 345. **Anknüpfgpunkt** ist also die Staatsangehörig der Mutter, nicht die des Kindes; anzuwenden mithin das der jeweil Staatsangehörig der Mutter entspr Recht, so daß sich mit ihrem Staatsangehörig-Wechsel auch der Inhalt ihrer Rechte u Pflichten ggü dem Kinde ex nunc ändern kann, BayObLG 13, 212, 74, 345; das Statut ist **wandelb.** Die Anknüpfg an die Staatsangehörig der Mutter ist wg der stärkeren Betroffenh ihrer Interessen mit GG 3 II vereinb, zweifelnd Beitzke StAZ 76, 325. Eine Ausn, die als solche keiner Ausdehng fäh ist, Karlsr JFG 4, 68, gibt EG 20 S 2 zG der dtschen Kinder. Sie wirkt aber nur solange, als das Kind die dtsche Staatsangehörig behält. – Im dtschen **ILR** w bish an die Stelle der Staatsangehörig der gewöhnl Aufenth der Mutter gesetzt, vgl dazu Vorbem 14c vor EG 7. Bei gewöhnl Aufenth des Kindes in der BRep ist Vorrang des **Haager UnterhÜbk,** Anh 1 z EG 21, u des **Haager MjSchutzÜbk,** Anh 4 z EG 23, z beachten. Zieht die Mutter mit ihrem nehel Kind in die BRep, behält sie die elterl Gewalt mit der sich aus § 1706 ergebnden Einschränkg; JA w mit Grenzübertritt Amtspfleger, § 1709. Bliebe das nehel Kind allein in der BRep, so bleibt Amtspflegsch des JA entspr EG 20 S 2 bestehen, KG StAZ 63, 124, FamRZ 63, 308, aM Soergel-Kegel Rdz 29; Bestellg eines Vormd erforderl, s § 1791b. Bleibt Kind in der DDR, so ist f Vertretg dch die in die BRep übergesiedelte Mutter entspr EG 20 S 2 Recht der DDR maßg, KG NJW 69, 375. – RAnwendgsG (DDR) 22 beruft HeimatR des Kindes z Anwendg.

3) Anwendgsgebiet (Qualifikation). Nach EG 20 bestimmt sich das gesamte RVerhältn zw nehel Kind u Mutter, also ob sie die elterl Gewalt hat (insow teilw abw Henrich Fschr f Schwind (1978) 86, vgl EG 19 Anm 2), ob ihr ein SorgeR zusteht u in welchem Umfang, welche Maßnahmen zum Wohl des Kindes bei Vernachlässigg, Mißbr u dgl, § 1666, mögl sind, BayObLG 25, 369, (insow aber Vorrang des Haager MjSchutzÜbk, Anh 4 z EG 23, zu beachten); ferner der HerausgAnspr RG 76, 283, das Recht auf Erziehg, insb die rel Erziehg, Hbg HansGZ 14 B 238, die Vertretgsbefugn, das VerwR, wobei allerd das Sachstatut das VermStatut durchbricht, was aus der Erwähng von EG 19 in EG 28 zu folgern ist, weiterhin die Aufhebg u der Verlust aller dieser Rechte, sowie die Befugn z Erteilg eines Vornamens, Düss StAZ 77, 280. Dagg beurteilt sich der **FamName** des nehel Kindes n seinem **Personalstatut,** vgl Anh 2 z EG 7; dies gilt f die Frage, welchen Namen es mit der Geburt erwirbt, und noch Voraufl, f die Einbenenng dch den Muttergatten, BGH 59, 261, Poggi FamRZ 73, 175, aM Kegel IPR 423, f die Namensertelg dch den Vater, Hbg StAZ 76, 100 (vgl dazu BGH StAZ 75, 13) u f die namensr Folgen der VaterschAnerkenng mit Standesfolge, so iErg auch Bonn FamRZ 76, 229; über eine Namensänderg dch Legitimation entsch dagg EG 22, vgl dort Anm 4a, BGH NJW 78, 1107. Ob Vorm zu bestellen ist, beurteilt sich nach EG 23, ebso Soergel-Kegel Rdz 14; über ein ges ErbR od PflichttR zw Kind u Mutter entsch EG 24, 25, Soergel-Kegel Rdz 7. In den meisten roman Rechten entstehen zivilrechtl Beziehgen zw Mutter u Kind erst dch die urkundl **Anerkenng des Kindes dch die Mutter**; dieses Anerkenntn kann vom StBeamten, PStG 29a, 29b III, od dem damit dch das LJA betrauten Beamten des JA, JWG 49, PStG 29b III, beurk w. MutterschAnerkenntn w am Rande des Geburtseintrages beigeschrieben, PStG 29b I; s zur Bedeutg u Zulässigk Beitzke StAZ 62, 243, 70, 236. Für die VertrStaaten des Übereink über die Feststellg der mütterl Abstammg nehel Kinder v 12.9.62, BGBl 65 II 23, BRep, Niederlande, Schweiz, Bek v 17.8.65, BGBl II 1163, Türkei, Bek v 3.2.66, BGBl II 105, kann die Anerkenng vor der zust Behörde jedes VertrStaates erfolgen; auch dch Angehörige eines NichtVertrStaates, vgl auch Simitis RabelsZ 69, 40. Wenn nur dch ein solches Anerkenntn RBeziehgen zw Mutter u Kind nach dem VaterR hergestellt w, zB der Vater Spanier ist, so kann auch die dtsche Mutter ein solches Anerkenntn abgeben, Münst (AG) StAZ 74, 131, Niclas ZBlJR 68, 11. Wg Anerkenng dch den Vater EG 21 Anm 3.

b) Uneheliches Kind und Vater

EG 21 Die Unterhaltspflicht des Vaters gegenüber dem unehelichen Kinde und seine Verpflichtung, der Mutter die Kosten der Schwangerschaft, der Entbindung und des Unterhalts zu ersetzen, wird nach den Gesetzen des Staates beurteilt, dem die Mutter zur Zeit der Geburt des Kindes angehört; es können jedoch nicht weitergehende Ansprüche geltend gemacht werden, als nach den deutschen Gesetzen begründet sind.

Neues Schrifttum: Beitzke, Internationalrechtliches z nehel Kind, StAZ 70, 235; derselbe, Vatersch-Feststellg bei AuslKindern, ZBlJugR 73, 369; Siehr, Auswirkgen des NEhelG auf das Internat Privat- u VerfR, 1972; derselbe, Die VaterschFeststellg im dtschen IPR, DAVorm 73, 126; Kumme, Die Wirkgen der gerichtl VaterschFeststellg bei Klagen nehel Kinder gg einen ausl Erzeuger, ZBlJugR 73, 260; Sturm, De alimentorum statuti vi attractiva, JZ 74, 201; Henrich, Kollisionsprobleme bei der Anerkenng nehel Kinder, StAZ 74, 143; Niclas, VaterschFeststellgs- u UnterhAnspr gg türk Staatsangehör, ZBlJugR 75, 170; Kropholler, Die Kollisionsregeln des BGH f die Feststellg u Anerkenng der Vatersch, NJW 76, 1011; Sonnenberger, Z Entwicklg des NichtehelR im IPR, StAZ 76, 261; Buschhausen, Das VaterschAnerkenntn unter Berücksichtig ausl R iS der §§ 285 u 288 DA, StAZ 76, 252.

1) Allgemeines. Vgl auch EG 20 Anm 1. **Anknüpfgpunkt** ist auch in EG 21 die Staatsangehörig, vgl Anm 4; bei Staatenlosigk also EG 29 mit Anh V; über Mehrstaater vgl Vorbem 7a vor EG 7, über Flüchtlinge usw Anh z EG 29. Ob **Rück- u Weiterverweisg** zu beachten sind, ist bestr, aber trotz der Nichterwähng der vollst Kollisionsnorm des EG 21 in EG 27 z bej, ebso Neuhaus, Die Verpflen des unehel Vaters im dtschen IPR (1953) 42ff, Soergel-Kegel Rdz 52, jetzt wohl auch Erm-Marquordt Rdz 14, aM Raape IPR 362. Zur standesamtl Behandlg der VaterschAnerkenng eines Ausl ggü einem ausl od dtsch Kind DA 286 u Siehr StAZ 72, 103. Wg der **Staatsverträge,** die Unterh u seine Durchsetzg betr, unten Anh. Das **Haager UnterhAbk** ist bei nehel Kindern mit gewöhnl Aufenth in Dtschland od einem and VertrStaat **an Stelle von EG 21 getreten.** Z ILR vgl Anm 7.

2) Grdsatz. EG 21 selbst enthält eine **vollst Kollisionsnorm.** Anknüpfungspunkt ist das HeimatR der Mutter zZ der Geburt des Kindes. Die Anknüpfg an die Staatsangehörig der Mutter ist mit **GG 3 II vereinb,** da ihre Interessen stärker betroffen sind als die des Vaters, vgl Vorbem 15 vor EG 7 u BayVerfGH BayGVBl **56,** 78, aM Sturm JZ **74,** 210. Das Statut ist **unwandelbar.** Die Unwandelbark schließt spätere Gesetzesänderungen des MutterR nicht aus. EG 21 ist aber für den UnterhAnspr des Kindes nur dann maßg, wenn das Haager Abk v 24. 10. 56, Anh 1, nicht zur Anwendg kommt.

3) Die betroffenen Kinder. EG 21 erfaßt alle unehel Kinder, dh alle solche, die nicht n den f die Beurteilg der Ehelk in Betr kommden Statuten der EG 13 (vgl dort Anm 3 u EG 18 Anm 3), EG 18 u EG 22 als ehel anzusehen sind. Die Vorschr gilt jedoch nur f solche Anspr, die als UnterhAnspr nehel Kinder iS des dtschen Rechts z qualifizieren sind, Vorbem 9 vor EG 7. EG 21 beruft danach **nicht** auch solche ausl RVorschr z Anwendg, die auf einer vollk **Gleichstellg** ehel u nehel Kinder beruhen, wie in den meisten sozialist Ländern, bei Brautkindern in Finnland u Schweden, sowie bei Kindern, die n dem in den roman Ländern vielf geltden Anerkenngssystem anerkannt w sind. Beruht das über EG 21 z Anwendg berufene HeimatR der Mutter auf dem Grds der vollst Gleichstellg ehel u nehel Kinder, so entfällt die Anwendbk dieser Kollisionsnorm; die UnterhPfl des Erzeugers ist dann ebso wie seine sonst RBeziehgen z dem Kind entspr EG 18, 19 u 20 n dem **HeimatR des Vaters** z beurteilen, sehr str, wie hier Soergel-Kegel Rdz 18, vgl unten Anm 6. Dies gilt insb bei **Anerkenng mit Standesfolge** ieS seitens des Vaters, vgl dazu unten Anm 6; eine derart Anerkenng ist auch dch einen Ausl in der BRep mögl, Anh 3. Dagg erfaßt EG 21 auch die n geltdem **dtschen** Recht bestehden UnterhAnspr nehel Kinder; die Vorschr gilt also auch n der Reform dch das NEhelG f die UnterhAnspr des nehel Kindes einer dtschen Mutter, da wesentl Unterschiede zw den UnterhAnspr eines ehel u nehel Kindes weiterbestehen, zB §§ 1612 I 2, 1613, ands §§ 1615 f I 3, 1615d. Bei **Kindern mit gewöhnl Aufenth in der BRep** gilt die Sonderregelg des **Haager UnterhÜbk,** vgl Anh 1.

4) Anwendgsgebiet der Regelg Anders als EG 20, der das RVerhältn zw nehel Kind u seiner Mutter regelt, bezieht sich **EG 21 nur auf die Unterhaltspflicht des Vaters,** § 1615f u folgde zum nehel Kind, weiter die Entbindgs-, § 1615k, u die dch die Schwangersch u ihre Folgen entstehden UnterhKosten der Mutter, § 1615l. Unter EG 21 fallen auch Beerdiggskosten der Mutter od des Kindes, da sie eine Folge der UnterhPflicht sind. Ob ein Anspr auf Zahlg od Hinterlegg des KindesUnterh für die ersten 3 Monate, § 1615o, besteht, entsch ebenf das MutterR, in diesem Falle im Ztpkt der Entsch. Z Frage, in welcher Währg Unterh z leisten ist, s 7a vor EG 12.

Über die **Feststellg der Vatersch,** BGH **60,** 247, NJW **73,** 950 u die **RWirksk eines VaterschAnerk,** BGH NJW **75,** 1069, Hamm FamRZ **75,** 52, ist seit Inkrafttr des NEhelG nach **dtschem** R zu entsch, wenn dieses für die UnterhPfl des Vaters maßg ist, BGH **60,** 247, NJW **73,** 950, Kropholler NJW **76,** 1011, krit Beitzke ZBlJugR **73,** 369, Sonnenberger FamRZ **73,** 553, Sturm JZ **74,** 201. Dies gilt auch bei einer isolierten AbstammgsKl, KG FamRZ **75,** 53; Karlsr FamRZ **75,** 507; ebso wenn das Kind vor dem Inkrafttr des NEhelG geboren ist u eine ausl Staatsangehörig besitzt, BayObLG **73,** 315. Eine Beschränkg der VaterschFeststellg auf best RWirkgen ist n dtschen Recht nicht zul, BGH **60,** 253, aM Beitzke ZBlJugR **73,** 369; dagg ist deklarator Zusatz der Geltg f die n dtschen Recht z beurteilden RBeziehgen statth, BGH **64,** 129, gg Oldbg StAZ **74,** 302; soweit Einschränkg nichtig, ist Wirksk des VaterschAnerk n § 139 z beurteilen, BGH FamRZ **75,** 409. F die über die UnterhPfl hinausgehden RBeziehgen zw nehel Kind u Vater, insb die Wirkgen des VaterschAnerk, ist aber weiterhin das HeimatR des Vaters maßg, BGH **60,** 253, FamRZ **75,** 409, vgl unten Anm 6. Die Maßgeblk des dtschen UnterhStatus für die Vorfrage der VaterschFeststellg w mit der Sperrwirkg von BGB 1600a begründet. Zweifelh ist desh, ob der Grds **allseit** gelten soll, dh die VaterschFeststellg sich stets nach dem UnterhStatut beurteilen soll, auch wenn dieses ein ausl R ist, so Hamm DAVorm **73,** 480, Odersky FamRZ **73,** 210, Kumme ZBlJugR **73,** 260, Sturm JZ **74,** 202; dahingestellt bei Stgt FamRZ **74,** 42, mißverständl BayObLG JZ **78,** 609. Im Interesse der Vermeidg hinkder RVerhe erscheint eine restriktive Anwendg geboten, vgl Sonnenberger FamRZ **73,** 555. Bei **ausl UnterhStatut** ist dah wie bish, vgl unten 6, die VaterschFeststellg u die RWirksk eines VaterschAnerk nach dem **HeimatR des Vaters** zu beurteilen, ebso BGH **63,** 219, NJW **76,** 1028, Düss DAVorm **77,** 773, ähnl Henrich StAZ **74,** 143 für den Fall der Nichtzulassg einer VaterschFeststellg dch das UnterhStatut. Wechsel der Staatsangehörig des Vaters führt grdsl auch f die VaterschFeststellg z einem Statutenwechsel, soweit dadch nicht eine zZ der Geburt des Kindes bestehde Möglk einer gerichtl VaterschFeststellg in Fortfall käme, BGH NJW **77,** 498. Setzt ausl UnterhStatut ähnl wie nach § 1600a förml VaterschFeststellg od VaterschAnerkenng voraus u kann diese Voraussetzg nach dem HeimatR des Vaters wirks nicht erf w, greift ersatzw Beurteilg dieser RAkte nach dem UnterhStatut ein, Kropholler NJW **76,** 1011. W ein Dtscher als Vater in Anspr genommen, ist aber wg EG 21 Halbs 2 stets eine Feststellg entspr BGB 1600a erforderl. Daraus folgt zugl, daß BGB 1600a matrechtl u nicht etwa als verfr Vorschr zu qualifizieren ist, die das dtsche Ger stets seiner lex fori entnehmen müßte, Siehr DAVorm **73,** 133, aM Karlsr OLGZ **72,** 18. Das UnterhStatut entsch über Beginn, Dauer, Höhe, Verjährg, Verwirkg, aber auch, ob nach dem in Betr kommenden MutterR der außerehel Schwängerer überh in Anspr gen w kann, wobei EG 30 zG des Kindes eingreifen kann, Soergel-Kegel Rdz 21, 58.

Die im **Verh der Kindesmutter z Vater** in Frage kommden Anspr w in EG 21 einz genannt. Die Aufzählg stimmt nicht ganz mit § 1615k überein. Mit Soergel-Kegel Rdz 36 w man aber auch die weiteren Aufwendgen, die infolge Schwangersch od Entbindg erforderl w, unter EG 21 fallen lassen, so auch Stillgelder, entgangener Arbeitsverdienst, ebso Beerdigungskosten, Anm 4. Wird ein Anspr aus unerlaubter Hdlg hergeleitet, zB Verführg, entsch EG 12, Staud-Raape 527, vgl auch Soergel-Kegel Rdz 37. Z DeflorationsAnspr s EG 13 Anm 8.

5) Halbsatz 2 stellt die Anwendg dtschen Rechts sicher, ist also ein Sonderfall des EG 30, der deshalb insofern nicht neben ihm zur Anwendg kommen kann. Voraussetzg der Anwendg dieser SchutzVorschr ist n ihrer Entstehgsgeschichte u aGrd einer Analogie z EG 12, daß der in Anspr gen **Vater Dtscher** ist; Staatenlosigk genügt nicht, ebsowen Flüchtlingseigensch nach dem Genfer Abk; für volksdtsche Flüchtlinge u Vertriebene gilt jedoch Gleichstellg nach GG 116 I, Soergel-Kegel Rdz 57. Die Vorschr ist nicht analogiefäh; also keine enrspr Anwendg zG eines ausl nehel Vaters. Sind ihre Voraussetzgen erf, was der Ri vAw z prüfen h, (Einwendg), so kann gg den dtschen Vater kein weitergehender Anspr als nach dtschem Recht geltd gemacht w. Zwar gibt es keine Berufg auf die exceptio plurium mehr. Ein Dtscher kann aber nur in Anspr gen w, wenn seine Vatersch feststeht, § 1600 a, er also anerkannt hat od sie dch Urt rechtskr festgestellt ist. Die Verpflichtg muß sich im Rahmen des dtschen Rechts halten, also zB bzgl der Höhe §§ 1615f ff, der Dauer, §§ 1615a, 1601, aber auch § 1615d. Also Anspr nach MutterR einem solchen nach dtschem Recht in allen seinen Auswirkgen ggüzustellen, so auch, falls die EmpfängnZeit nach dtschem Recht für den in Anspr gen dtschen Vater günstiger ist. Ist ein Dtscher **durch ausländisches Urteil** zur Zahlg von Unterh verurteilt worden, so kann dieses nur anerkannt w, wenn der Dtsche nicht schlechter als nach dtschem Recht gestellt ist, ZPO 328 I Z 4, der EG 21 nicht nennt, wohl aber EG 30 u damit auch Halbs 2 einschließt. Es muß also auch die Vermutg des § 1600 o u ihre Entkräftg, § 1600 o II 2, beachtet sein.

6) Sonstige Rechtsverhältnisse des Kindes zum Vater. EG 21 ist eine AusnVorschr, die nur für UnterhAnspr des Kindes gg den Vater gilt (nicht auch umgekehrt), allerd auch für die Feststellg, wer der Vater des Kindes ist, sofern dtsches R UnterhStatut, vgl Anm 4 u Anh Anm 3. Für die sonstigen Rechtsbeziehgen des Kindes zum Vater u umgekehrt läßt die hM EG 18, 19 u 20 (im Umkehrschluß) entspr gelten u damit das **HeimatR des Vaters** maßg sein, Brem NJW **64**, 553, Düss NJW **72**, 396, Celle NJW **72**, 397, BayObLG **72**, 55, Stgt FamRZ **72**, 158, Soergel-Kegel Rdz 17 (Nachw), Erm-Marquordt Rdz 13; aM Beitzke StAZ **70**, 237 (UnterhStatut); ähnl auch KG StAZ **72**, 202; z Verfmäßk der Anknüpfg an das HeimatR des Vaters s Sonnenberger StAZ **76**, 261; z ErbAusgl s EG 24 Anm 3. Maßg ist das HeimatR z jew Ztpkt; das Statut ist also wandelb, Hamm DAVorm **76**, 139, vgl auch BGH NJW **77**, 498 u Anm 4. Das HeimatR des Vaters entsch auch über Rechtsstellg des nehel Kinder, die denj eines ehel Kindes völl gleichstehen, vgl Anm 3. Nach dem HeimatR des Vaters beurteilen sich ferner Voraussetzgen u RWirkgen der **VaterschAnerkennng** mit Statuswirkg, BayObLGZ **72**, 55 u 61, Karlsr FamRZ **72**, 651, soweit die RWirksk nicht n dtschem Recht als UnterhStatut z beurteilen ist, vgl Anm 4; für das Zustimmgserfordern gilt EG 22 II entspr, Karlsr aaO, Siehr DAVorm **73**, 135. Soweit es sich um eine Legitimationsanerkenng handelt, ist EG 22 unmittelb anzuwenden, vgl auch dort Anm 3. Ob das Kind den **Namen des Vaters** erwirbt, zB inf VaterschAnerkenng mit Standesfolge od Namenserteilg, ist n dem Personalstatut des Kindes z beurteilen, vgl Anh 2 zu EG 7.

7) Im dtschen **ILR** w EG 21 entspr angewandt. Die v dieser Vorschr erfaßten Anspr wurden bish grdsl nach dem Recht des gewöhnl Aufenth der Mutter zZ der Geburt beurteilt; z Anknüpfg an die Staatsangehörigk vgl nunmehr Vorbem 14c vor EG 7. Lebte die Mutter in der DDR, so ist wg der dch das FamGB vollzogenen Gleichstellg ehel u nehel Kinder die UnterhPfl des **Vaters** n seinem **Personalstatut** zu beurteilen, vgl oben Anm 3, Kegel IPR § 20 IX 5, sehr str, aM etwa BayObLG JZ **66**, 364. F die Anwendg v EG 21 Halbs 2 ist danach kein Raum. Bei **gewöhnl Aufenth** des **Kindes** in der **BRep** gilt das **Haager UnterhÜbk**, da Ggseitigk nicht vorausgesetzt; der Vorbeh zG des R der BRep n Art 2 UnterhÜbk iVm Art 1a ZustG kommt nur dann z Anwendg, wenn die effektive Staatsangehörigk des Kindes u des UnterhSchu die dtsche Staatsangehörigk n dem RuStAG v 22.7.13 ist, der Anspr in der BRep geltd gemacht w u der in Anspr Genommene seinen gewöhnl Aufenth in der BRep hat, and Vorauf. Wohnen Mutter u Kind in DDR, Vater dagg in BRep, so richtet sich **VaterschFeststellg** auch bei Beurteilg der UnterhPfl nach EG 21 entspr der im IPR für ausl UnterhStatut geltdn Regel, oben Anm 4, n dem Recht der BRep, vgl Bln-Schöneberg (AG) FamRZ **74**, 202, aM noch KG DAVorm **74**, 286, Celle FamRZ **75**, 509, vgl auch KG FamRZ **75**, 54: Negat AbstammgsKl eines in BRep wohnh Vaters beurteilt sich n dem Recht der DDR als UnterhStatut, wenn bei Anwendg des Rechts der BRep ein Obsiegen des Kl z Beseitigg eines schon vorliegden UnterhTitels führt. VaterschFeststellg wird dann n dem Recht der BRep z beurteilen, wenn Vater in der DDR wohnt, die Mutter dagg zZ der Geburt des Kindes in BRep wohnh ist, da UnterhStatut in diesem Fall Recht der BRep, vgl oben Anm 4. Wg der Umrechg des Unterh vgl Anm 7b vor EG 12. Zieht Mutter mit Kind in BRep, so wird vielf abw von EG 21 **Wandelbk** angen, Erm-Marquordt Rdz 23, Soergel-Kegel Rdz 67, der aber wg Anknüpfg an gewöhnl Aufenth der Mutter darauf hinweist, daß Verziehen v Mutter u Kind in BRep nicht genügt. Die Wandelbk ergibt sich aber auch in diesem Fall aus Art 1 II des Haager UnterhÜbk. Währd ein „republikflüchtiges" bzw v einer „republikflüchtigen" Mutter mitgen Kind n der Rspr der DDR bish keinen UnterhAnspr gg Vater in DDR hatte, OG NJ **58**, 658 u 684, dazu Soergel-Kegel EG 19 Rdz 73, w ein solcher Anspr jetzt, allerd nicht f die Vergangenh, zuerkannt u n dem Recht der BRep beurteilt, StadtG Groß-Bln DAVorm **74**, 287 u **75**, 260, dazu Niclas ZBlJugR **74**, 343. Wohnt der Vater des in der DDR befindl Kindes in BRep, so hier Pfleger, Hamm OLGZ **66**, 354. Der Höhe n sind die Zahlgen den veränderten Verh anzupassen, was auch ggü einem DDR-Urt in der BRep über ZPO 323 geschehen k, Kassel (LG) MDR **58**, 109, ebso wenn Vater hierher zieht, Frankth (LG) MDR **58**, 102. Die Mutter, die mit ihrem nehel Kind in die BRep zieht, behält die elterl Gewalt, jedoch mit der sich aus 1706 ergebden Einschränkg; also JA m it Grenzübertritt Pfleger, § 1709. Bliebe das mj Kind allein in der BRep, so Bestellg eines Vormd, § 1791 b.

Anhang zu Art 21

1) Das Haager Übereinkommen über das auf Unterhaltsverpflichtgen ggü Kindern anzuwendende Recht v 24. 10. 56, BGBl **61** II 1012, nebst ErgG v 2. 6. 72, BGBl II 589 (Art 1 a). **Schrifttum**: Müller NJW **67**, 141, Müller-Freienfels Festschr f Ficker (1967) 289, Petersen RabelsZ **59**, 31, v Schack ZBlJR **66**, 245, Scheucher (österr) ZfRV **63**, 82.

a) Allgemeines. Das Übk, das von der BRep, Österr, Spanien, Frankreich, Griechenland, Italien, Luxemburg, Norwegen, Niederlanden u Portugal gezeichnet wurde, ist von Österr, Italien, Luxemburg

Anh zu EGBGB 21 (IPR)

u der BRep ratifiziert worden. Es gilt ab 1. 1. 62 für diese 4 Staaten, Bek v 27. 12. 61, BGBl **62** II 16, ab 14. 12. 62 auch für die Niederlande, Bek v 11. 12. 62, BGBl **63** II 42, ab 1. 7. 63 für Frankreich, Bek v 11. 6. 63, BGBl II 911 (ab 1.12.66 für dessen gesamtes HoheitsGeb, Bek v 14. 6. 67, BGBl II 2001), ab 17. 1. 65 für die Schweiz, Bek v 6. 1. 65, BGBl II 40, ab 3. 2. 69 für Portugal u ab 3. 9. 69 für die portugies Überseeprovinzen, Bek v 19. 4. 70, BGBl II 205, ab 25. 10. 70 für Belgien, Bek v 14. 10. 70, BGBl **71** II 23, für die Türkei ab 28. 4. 72, Bek v 15. 9. 72, BGBl II 1460, für Liechtenstein ab 18. 2. 73, Bek v 6. 6. 73, BGBl II 716, für Spanien ab 25. 5. 74, Bek v 1. 8. 74, BGBl II 1109, f Japan ab 19. 9. 77, Bek v 23. 9. 77, BGBl II 1157. Jeder VertrStaat kann dch Niederlegg einer Urk notifizieren, daß er das Übk in allen od einzelnen HoheitsGebieten in Kraft setzen will, deren internat Beziehgen er wahrnimmt; sonst gilt es nur im Mutterland, Art 9.

b) Anwendgsbereich. Das Übk regelt das anwendb R auf dem Gebiet der UnterhPfl, enthält also **nur eine kollisionsr**, nicht auch eine zustdgkrechtl Regelg. Es gilt sachl nur f **UnterhAnspr** v **Kindern**, z Begr s Art 1 IV. In pers Hins ist das Übk auf Kinder anwendb, die ihren gewöhnl Aufenth in einem **VertrStaat** haben, Art 6 iVm Art 1 I (eine Ausn k sich aus Art 2 ergeben, vgl dort Anm 1); gleichgült ist dabei, ob der Heimatstaat des Kindes od der UnterhSchu zu den VertrStaaten gehören, BGH FamRZ **73**, 185, NJW **75**, 1068, VersR **78**, 346, Müller NJW **67**, 141. Einen MjSchÜbk 18 II entspr Vorbeh zG **and zwstaatl Vertr** enth das Übk nicht; n allg völkerr Grdsen ist aber das dtsch-iran NiederlassgsAbk v 17. 2. 29, RGBl **30** II 1006 (noch in Kraft, vgl Bek v 15.8.55, BGBl II 829) dch das Haager UnterhÜbk in seiner Geltg nicht berührt w; UnterhAnspr iran Kinder gg iran Eltern unterliegen daher weiterhin iran R, vgl dazu Krüger FamRZ **73**, 10. Das Haager Übk über das auf UnterhPfl anwendb R v 28.3.73, welches n seinem Art 18 im Verh der VertrStaaten das Übk v 24. 10. 56 ersetzen soll, ist f die BRep nicht in Kraft getreten.

c) Wortlaut des Übk (in der amtl dtschen Übersetzg des frz Originaltextes) mit **Erläutergen**.

1 Ob, in welchem Ausmaß und von wem ein Kind Unterhalt verlangen kann, bestimmt sich nach dem Recht des Staates, in dem das Kind seinen gewöhnlichen Aufenthalt hat.

Wechselt das Kind seinen gewöhnlichen Aufenthalt, so wird vom Zeitpunkt des Aufenthaltswechsels an das Recht des Staates angewendet, in dem das Kind seinen neuen gewöhnlichen Aufenthalt hat.

Das in den Absätzen 1 und 2 bezeichnete Recht gilt auch für die Frage, wer die Unterhaltsklage erheben kann und welche Fristen für die Klageerhebung gelten.

„Kind" im Sinne dieses Übereinkommens ist jedes eheliche, uneheliche oder an Kindes Statt angenommene Kind, das unverheiratet ist und das 21. Lebensjahr noch nicht vollendet hat.

1) Das Übk gilt nur f die **UnterhPfl ggü Kindern,** also nicht auch f UnterhAnspr gg das Kind; insow gelten die allg Kollisionsnormen, zB EG 19, vgl dort Anm 4. Den Begr „Kind" best Abs 4. Pflegekinder fallen nicht darunter, ob Stiefkinder, k fragl sein, da Abs 4 nicht auf Anspr gg Blutsverwandte abstellt, Petersen aaO 32. Ausgeschl sind aber jedenf die unterhaltsr Beziehgen z Verwandten in der Seitenlinie, Art 5 I. Die Anwendg auf Adoptivkinder k dch Vorbeh ausgeschl w, Art 11. – Die **Altersgrenze** w unabhäng v der Frage der Volljk auf 21 Jahre festgelegt; bei Erreichen dieser Grenze k Statutenwechsel eintreten, Stgt FamRZ **77**, 553. Anwendb ist das Übk auf alle Kinder, die sich in einem VertrStaat f gewöhnl aufhalten, so daß es also nicht auf die Zugehörigk des Heimatstaates des Kindes od des UnterhSchu z den VertrStaaten ankommt, Art 6 u 1, BGH FamRZ **73**, 185, NJW **75**, 1068, VersR **78**, 346, unzutr Mü (LG) FamRZ **76**, 100.

2) Maßg ist grdsl das R des Staates, in dem das Kind sich gewöhnl aufhält. Der Begr des **gewöhnl Aufenth** ist der gleiche wie in Art 1 Haager MjSchÜbk, vgl dort Anm 2 (Anh 4d z EG 23). Gewöhnl Aufenth ist also der Daseinsmittelpunkt des Kindes; erfdl dafür sind Aufenth von längerer Dauer u weitere, insb familiäre od berufl Beziehgen z AufenthOrt, BGH NJW **75**, 1068 (k bei ausl InternatsAufenth z verneinen sein). Bei Verlegg des gewöhnl Aufenth in einen and VertrStaat tritt ex nunc ein **Statutenwechsel** ein, Abs 2 iVm Art 6; das UnterhStatut n dem Übk ist also im Ggs z EG 21 wandelb. Bei Übersiedlg in einen NichtVertrStaat ist das UnterhStatut v diesem Zpkt an n den allg Kollisionsnormen z best, zB EG 19 u 21. Verlegt das Kind seinen gewöhnl Aufenth aus einem NichtVertrStaat in einen VertrStaat, so best sich die UnterhPfl bis z diesem Zpkt n den allg Kollisionsnormen, v diesem Zpkt an n Art 1 Übk.

3) Das **Recht** des **gewöhnl AufenthOrtes** ist maßg f das Bestehen eines UnterhAnspr (Ausn Art 3 u 4), seinen Umfang, den Eintreten eines gesetzl FdgsÜbergangs, LG Mü I FamRZ **74**, 473, sowie f die Pers des UnterhSchu. Das UnterhStatut n Art 1 gilt daher grdsl auch f die Frage, ob das Kind v dem als UnterhSchu in Anspr gen Mann **abstammt,** BGH NJW **76**, 1028 (unselbstd Anknüpfg der Vorfrage). Allerdings gilt das Übk nur f die UnterhPfl; dch seine Anwendg dürfen sonst familienr Fragen, insbes die der Abstammg nicht präjudiziert w, Art 5 II, vgl KG OLGZ **77**, 456. Eine **selbstd VaterschFeststellg** k auf das Übk daher nicht gestützt w. Soweit das n Art 1 maßg ausl UnterhStatut eine selbstd VaterschFeststellg erfordert, ist das dafür maßg R n den allg Kollisionsnormen z best (selbstd Anknüpfg der Vorfrage); anwendb ist also insow das **HeimatR des Vaters,** BGH **63**, 219, NJW **76**, 1028, Saarbr DAVorm **78**, 322, vgl auch Hbg DAVorm **76**, 434, Hamm IPRspr **75** Nr 89, and noch Mü FamRZ **75**, 284, vgl auch EG 21 Anm 4 u 6. Ist aber **dtsches R** als **UnterhStatut** gem Art 1 u 2 Übk iVm Art 1a ZustG anzuwenden, so ist wg der Sperrwirkg des § 1600a ausnahmsw auch die **Feststellg der Vatersch** u die Wirksk des **VaterschAnerk** n dtschem R z beurteilen, wobei eine Beschrkg auf best RWirkgen ausgeschl ist, BGH **60**, 247, NJW **75**, 1068, 1069, Hamm FamRZ **75**, 52, Kblz NJW **75**, 1085, Kln DAVorm **75**, 418 (gilt auch bei Maßgeblk ofenbr UnterhR inf WohnsWechsel); vgl dazu EG 21 Anm 4; deklarator Zusatz der Geltg f die n dtschem R z beurteilden RBeziehgen jedoch statth, BGH **64**, 129; z Frage der Vereinbk dieser Praxis mit Art 5 II Übk vgl Beitzke Fschr f Schwind (1978) 23f. – Das R des gewöhnl Aufenth gilt n Abs 3 ferner f die Klageberechtigg, einschl der **Vertretg** des Kindes im Verf, Kblz NJW **75**, 1085, Regensbg NJW **78**, 1117, LG Nürnbg DAVorm **78**, 404, zweifelnd v Schack ZBlJR **66**, 245, u die einzuhaltnden Fr, also auch f die Verj des Anspr, Petersen RabelsZ **59**, 33.

1. Abschnitt: Allgemeine Vorschriften **(IPR) Anh zu EGBGB 21**

4) Ausnahmen v der Maßgeblk des AufenthR k sich aus Art 2–4 Übk ergeben. Eine **Rück-** od **Weiterverweisg** dch das AufenthR ist unbeachtl, da Art 1 unmittelb auf das innerstaatl R des AufenthStaates verweist, offengelassen Regensbg NJW **78**, 1117. Bei Regelgslücken, die sich aus dem ZusSpiel v AufenthR u Erbstatut ergeben, k Anpassg, vgl Vorbem 11 vor EG 7, vorgen w, vgl LG Aurich IPRspr **75** Nr 95 (Versagg v UnterhAnspr dch UnterhStatut u v ErbersatzAnspr dch Erbstatut bei Tod des Kindsvaters).

2 Abweichend von den Bestimmungen des Artikels 1 kann jeder Vertragsstaat sein eigenes Recht für anwendbar erklären,
a) wenn der Unterhaltsanspruch vor einer Behörde dieses Staates erhoben wird,
b) wenn die Person, gegen die der Anspruch erhoben wird, und das Kind die Staatsangehörigkeit dieses Staates besitzen und
c) wenn die Person, gegen die der Anspruch erhoben wird, ihren gewöhnlichen Aufenthalt in diesem Staate hat.

1) Die Vorschr ermöglicht den VertrStaaten einen **Vorbeh** zG der Anwendg des **eigenen R** auch, wenn sich der gewöhnl Aufenth des Kindes im Ausland befindet. Die dafür aufgestellten Voraussetzgen a–c müssen kumulativ vorliegen, Petersen RabelsZ **59**, 33, Müller NJW **67**, 142. V dem Vorbeh des Art 2 h Belgien, Italien, Liechtenstein, Luxemburg, Österreich, Schweiz, Türkei (vgl Rev crit dr i p **78**, 198), sowie die **BRep** Gebr gemacht, s **Art 1a** der **ZustG** v 24.10.56 idF des ErgG v 2.6.72, BGBl II 589 (abgedr unten d). F **UnterhAnspr** dtscher Kinder, die ihren gewöhnl Aufenth im Ausland (auch in einem Nicht-VertrStaat) h, gilt daher auch dann dtsches R, wenn der Anspr vor einem inländ Ger oder Beh geltd gemacht w, der in Anspr gen UnterhSchu ebenf Dtscher ist u seinen gewöhnl Aufenth im Inland h; z Anwendbk des Vorbeh im innerdtschen KollisionsR s EG 21 Anm 7. Entspr gilt f die Anspr v Kindern aus and VertrStaaten, die einen solchen Vorbeh erkl h, sow die RVerfolgg im jew Heimatstaat erfolgt.

3 Versagt das Recht des Staates, in dem das Kind seinen gewöhnlichen Aufenthalt hat, ihm jeden Anspruch auf Unterhalt, so findet entgegen den vorstehenden Bestimmungen das Recht Anwendung, das nach den innerstaatlichen Kollisionsnormen der angerufenen Behörde maßgebend ist.

1) Das UnterhStatut ist n den allg Kollisionsnormen des EGBGB z best, wenn das n Art 1 Übk maßg AufenthR dem Kind **jeden** UnterhAnspr verweigert, also nicht schon dann, wenn der UnterhAnspr nur gg den in Anspr Genommenen nicht, wohl aber gg eine and Pers besteht od wenn er früh endet als n dem sonst anwendb R, vgl Scheucher ZfRV **63**, 85. Die prakt Bedeutg dieser AusnVorschr ist daher sehr gering.

4 Von der Anwendung des in diesem Übereinkommen für anwendbar erklärten Rechts kann nur abgesehen werden, wenn seine Anwendung mit der öffentlichen Ordnung des Staates, dem die angerufene Behörde angehört, offensichtlich unvereinbar ist.

1) Die Vorschr enth den Vorbeh des ordre public; sie geht EG 30 als Spezialregelg vor. Die Best muß sehr zurückhaltd angewandt w („offensichtl unvereinb"), vgl Scheucher ZfRV **63**, 93; abwegig insow LG Aurich IPRspr **75** Nr 95, vgl dazu Art 1 Anm 4.

5 Dieses Übereinkommen findet auf die unterhaltsrechtlichen Beziehungen zwischen Verwandten in der Seitenlinie keine Anwendung.
Das Übereinkommen regelt das Kollisionsrecht nur auf dem Gebiet der Unterhaltspflicht. Der Frage der sonstigen familienrechtlichen Beziehungen zwischen Schuldner und Gläubiger und der Frage der Abstammung kann durch Entscheidungen, die auf Grund dieses Übereinkommens ergehen, nicht vorgegriffen werden.

1) Vgl dazu Art 1 Anm 1 u 3.

6 Dieses Übereinkommen findet nur auf die Fälle Anwendung, in denen das in Artikel 1 bezeichnete Recht das Recht eines Vertragsstaates ist.

1) Die Vorschr begrenzt den **räuml-persönl** Anwendgsbereich des Übk; vgl dazu Art 1 Anm 1. Allg Voraussetzg der Anwendbk des Übk ist also grdsl, daß das Kind seinen **gewöhnl Aufenth** in einem der **VertrStaaten** h, vgl dazu oben Anh 1a. Eine **Ausn** gilt unter den Voraussetzgen des Art 2 iVm Art 1a des dtschen ZustG f dtsche Kinder, vgl dort Anm 1, sowie f die Kinder aus sonst VertrStaaten, die von dem Vorbeh des Art 2 Gebr gemacht h.

(Art 7–10 nicht abgedr)

11 Jeder Vertragsstaat kann sich bei Unterzeichnung oder Ratifizierung dieses Übereinkommens oder bei seinem Beitritt vorbehalten, es nicht auf die an Kindes Statt angenommenen Kinder anzuwenden.

1) Von diesem Vorbeh h bish kein VertrStaat Gebr gemacht.

(Art 12 nicht abgedr)

d) Dtsches ZustimmgsG v 24. 10. 56 idF des ErgänzgsG v 2. 6. 72, BGBl II 589.

Art 1a. *Auf Unterhaltsansprüche deutscher Kinder findet deutsches Recht Anwendung, wenn die Voraussetzungen des Artikels 2 des Übereinkommens vorliegen.*

2) Weitere multilaterale Abkommen, den Unterh betreffend; s auch Lansky FamRZ 62, 347. Mit Rücks auf die große allg Bedeutg der Durchsetzbark bestehen noch folgende multilaterale Verträge: **a)** UNÜbk über die **Geltendmachg von UnterhAnsprüchen im Ausland** v 20. 6. 56, BGBl 59 II 150. Es ist ein RechtshilfeAbk, das im administrativen Wege die Durchsetzg des Anspr erleichtern soll, indem dieser auf Veranlassg einer staatl Stelle des Staates, in dem sich der Berecht befindet (Übermittlgsstelle) unter Mithilfe einer Stelle im AufenthStaat des Verpflichteten (Empfangsstelle) geltend gemacht w, Art 3 I Übk. Die Erwirkg von Unterh kann auf diese Weise auch aGrd von Titeln geschehen, die anderwärts gg den Verpflichteten erwirkt sind, Art 5. Auf UnterhAnspr für mj Kinder ist das Übk nicht beschränkt. Text u Erläut bei Baumb-Lauterbach, ZPO im Anh zu GVG 168.

b) Das Übk über die Anerkenng u Vollstr von Entsch auf dem Gebiet der UnterhPfl ggü Kindern v 15. 4. 58, BGBl 61 II 1005, ist für die BRep in Kraft getreten am 1. 1. 62; in Kraft ferner für Belgien, Italien, Österr, Bek v 15. 12. 61, BGBl 62 II 15, Niederlande, Bek v 9. 6. 64, BGBl II 784, niederl Antillen u Surinam, Bek v 26. 10. 64, BGBl II 1407 u v 13. 5. 77, BGBl II 467, Ungarn, Bek v 21. 1. 65, BGBl II 123, Schweiz, Bek v 17. 8. 65, BGBl II 1164, Norwegen, Bek v 19. 10. 65, BGBl II 1584, Dänemark, Bek v 18. 1. 66, BGBl II 56, Schweden, Bek v 23. 2. 66, BGBl II 156, Frankreich, Bek v 17. 5. 67, BGBl II 1810, nebst seinen überseeischen Departementen u überseeischen HohGebieten, Bek v 16. 10. 69, BGBl II 2124, Finnland, Bek v 9. 8. 67, BGBl II 2311, CSSR, Bek v 12. 7. 71, BGBl II 988, Liechtenstein, Bek v 18. 1. 73, BGBl II 74, Türkei, Bek v 14. 8. 73, BGBl II 1280, Spanien, Bek v 13. 11. 73, BGBl II 1592, Portugal, Bek v 22. 7. 74, BGBl II 1123; AusfG v 18. 7. 61, BGBl 1033. Andere VollstrAbk, s EG 17 Anm 1, werden ebensowenig wie dch das Abk zu a berührt. Es dient der Erleichterg der Vollstr von Entsch internat oder innerstaatl Charakters, die den UnterhAnspr eines ehel, nehel od an Kindes Statt angen Kindes zum Ggst h, sofern es unverheiratet ist u das 21. LebensJ noch nicht vollendet h, umfaßt also die gleichen Anspr wie das zu 1 genannte Haager Übk. Wg Text u Erläut Baumb-Lauterbach ZPO SchlußAnh V. – Das Haager Übk über die Anerkenng u Vollstreckg v UnterhEntsch v 2. 10. 73, welches im Verh der VertrStaaten das Übk v 15. 4. 58 ersetzen soll, Art 29, ist f die BRep noch nicht in Kraft getreten.

c) Das Übk der Europ Gemsch über die gerichtl Zustdgk u die Vollstreckg gerichtl Entsch in Ziv u Handelssachen v 27. 9. 68, BGBl 72 II 774, in Kraft seit 1. 2. 73 betr auch die Anerkenng u Vollstreckg v UnterhTiteln, vgl Übk 5 Ziff 2, Wolf, DAVorm 73, 329. Sein Anwendgsbereich beschr sich auf die 6 ursprüngl EWG-Staaten. Text des Übk bei Baumb-Lauterbach SchlußAnh V.

3) Übereinkommen über die Erweiterung der Zuständigkeit der Behörden, vor denen nichtehelicher Kinder anerkannt werden können v 14. 9. 61 (vgl EG 21 Anm 2).

ZustimmgsG v 15. 1. 65, BGBl II 17; **in Kraft für BRep** am 24. 7. 65 im Verhältn zu Frankreich, Niederlande, Schweiz, Türkei, BGBl 65 II 1162, Belgien, Bek v 11. 10. 67, BGBl II 2376. Beischreibg eines solchen Anerkenntn wg seiner personenrechtl Bedeutg selbst dann im Geburtenbuch zul, wenn es nach dem HeimatR der Anerkennden ohne Bedeutg ist, Düss StAZ 66, 318, Münst (AG) StAZ 74, 131.

Zuständig zur Entggnahme solcher Anerkenntnisse **in der BRep** der StBeamte, PStG 29a, der Notar, der hierzu ermächtigte Beamte des JA, JWG 49, s auch Beitzke ZBlJR 62, 179, auch wg Anerkenngsverboten nach ausl Rechten.

Text des Übereinkommens:

Art. 1. Im Sinne dieses Übereinkommens wird die urkundliche Erklärung eines Mannes, der Vater eines nichtehelichen Kindes zu sein, als „Anerkennung mit Standesfolge" oder „Anerkennung ohne Standesfolge" bezeichnet, je nachdem, ob durch die Erklärung familienrechtliche Bande zwischen dem Anerkennenden und dem nichtehelichen Kind, auf das sich die Erklärung bezieht, hergestellt werden sollen oder nicht.

Art. 2. Angehörige von Vertragsstaaten, deren Recht die Anerkennung mit Standesfolge vorsieht, können eine solche Anerkennung auch im Hoheitsgebiet von Vertragsstaaten vornehmen, deren Recht nur die Anerkennung ohne Standesfolge vorsieht.

Art. 3. Angehörige von Vertragsstaaten, deren Recht die Anerkennung ohne Standesfolge vorsieht, können eine solche Anerkennung auch im Hoheitsgebiet von Vertragsstaaten vornehmen, deren Recht nur die Anerkennung mit Standesfolge vorsieht.

Art. 4. Die in den Artikeln 2 und 3 vorgesehenen Erklärungen werden von dem Standesbeamten und jeder anderen zuständigen Behörde in der Form öffentlich beurkundet, die das Ortsrecht vorschreibt; in der Urkunde ist stets die Staatsangehörigkeit zu vermerken, die der Erklärende für sich in Anspruch nimmt. Die Erklärungen haben die gleichen Wirkungen, wie wenn sie vor der zuständigen Behörde des Heimatstaats des Erklärenden abgegeben worden wären.

Art. 5. Ausfertigungen oder Auszüge der Urkunden über die in den Artikeln 2 und 3 vorgesehenen Erklärungen bedürfen im Hoheitsgebiet der Vertragsstaaten keiner Legalisation, wenn sie durch Unterschrift und Dienstsiegel oder -stempel der ausstellenden Behörde beglaubigt sind.

(im übrigen nicht abgedruckt)

1. Abschnitt: Allgemeine Vorschriften   (IPR) EGBGB 22 1, 2

EG 22 *Legitimation und Annahme als Kind.* I Die Legitimation eines unehelichen Kindes sowie die Annahme als Kind bestimmt sich, wenn der Vater zur Zeit der Legitimation oder der Annehmende zur Zeit der Annahme die *Reichsangehörigkeit* besitzt, nach den deutschen Gesetzen.

II Gehört der Vater oder der Annehmende einem fremden Staate an, während das Kind die *Reichsangehörigkeit* besitzt, so ist die Legitimation oder die Annahme unwirksam, wenn die nach den deutschen Gesetzen erforderliche Einwilligung des Kindes oder eines Dritten, zu dem das Kind in einem familienrechtlichen Verhältnisse steht, nicht erfolgt ist. Die Einwilligung des Kindes zur Annahme bedarf der Genehmigung des Vormundschaftsgerichts.

Neues Schrifttum: Beitzke, Legitimation n ausl Recht, StAZ 72, 265; derselbe, ZustdgkVerweig u versteckte Rückverweis in Adoptionssachen, RabelsZ 73, 380; derselbe, Beischreibg ausl Eheligerklärgen, StAZ 74, 225; Jayme, Z Anerkenng ausl Adoptionen, StAZ 74, 309; Wengler, Die Qualifikation der VaterschAnerkenng unter dem IslamR im IPR, JR 73, 488; Siehr, Z Legitimation eines dtschen Kindes in durch nachf Ehe seiner Mutter mit einem Ausl, StAZ 72, 181; Wuppermann, Vom Ordre public z neuer Qualifikation im dtschen internat LegitimationsR, NJW 72, 1599; Schwimann, Verfr Probleme im dtschen internat AdoptionsR, RabelsZ 74, 571; Schurig, F ein Verf z Anerkenng ausl Adoptionen, FamRZ 73, 178; Beitzke, Internatr z Adoptionsreform, FamRZ 76, 74; Jayme, Die Adoption mit Auslandsberührg im künft AdoptionsR, StAZ 76, 1 mit Ergänzg StAZ 76, 246; Beitzke, Z Neuregelg der Zustdgk in Adoptionssachen, FamRZ 76, 507; Jayme, Z EntschHarmonie in internat KindschR, Fschr f Bosch (1976) 459; Baer, Adoptionen mit Auslandsberührg, StAZ 77, 33; Magnus/Münzel, Adoptionen v Kindern aus Übersee, StAZ 77, 65; Beitzke, In favorem legitimitatis aut legitimationis? Fschr f Kegel (1977) 99; ders, Legitimation u Abstammungsvorfragen, Fschr f Schwind (1978) 13; Wengler/Kohler, Das VaterschAnerk des IslamR in der neueren Rspr, StAZ 78, 173; Kronke, Indones AdoptionsR in der Praxis dtscher Ger, StAZ 78, 151; Reitz, Spanngen bei der Anwendg portugies AdoptionsR dch dtsche Ger (1978); Dilger, Das VaterschAnerk des islam R in der neueren Rspr des BGH, StAZ 78, 235.

1) Allgemeines. Abs 1 u 2 geändert dch Art 2 AdoptionsG v 2. 7. 76, BGBl 1749, in Kraft getreten am 1. 1. 77. Die Neuregelg läßt die in EG 22 vorgesehene kollisionsr Anknüpfg bewußt unberührt, vgl Begr z RegEntw BTDrucks 7/3061 S 27. **Anknüpfgspunkt** ist auch hier die Staatsangehörigk; vgl im übr Anm 2. Bei **Staatenlosen, Flüchtlingen** gilt EG 29 mit Anh; über **Mehrstaater** vgl Vorbem 7a vor EG 7. **Rück- u Weiterverweis** sind zu beachten, obwohl EG 27 den EG 22 nicht nennt, EG 27 Anm 3, vgl zB Köln StAZ 77, 168. Bei einer Adopt ist im angloamerikan R in der Zuweisg an die Jurisdiktion des Domizilstaates auch eine Verweisg auf dessen sachl Recht zu sehen, BayObLG 68, 331, KG FamRZ 60, 245 (betr USA), Freibg (LG) DAVorm 77, 60 (Kanada), Wuppertal FamRZ 76, 714 (England), Raape, § 35 Anm 176, aM Wengler NJW 59, 127, der die dtsche Zustdgk u die versteckte Rückverweisg, sowie Beitzke RabelsZ 73, 380, der die letztere bezweifelt; dazu Gündisch FamRZ 61, 352. Wg der Staatsverträge, den Unterh u seine Durchsetzg betr, Anh zu Art 21; z Haager Adoptionskonvention vgl Schwind StAZ 65, 33, Ficker RabelsZ 66, 606, Jayme StAZ 73, 229, Oberloskamp RabelsZ 75, 692 (Bericht über die Ergänzgsvorschläge des Institut de Droit International). Z dtschen **ILR** s Anm 5.

2) Grdsatz. a) Allgemeines. Aus der eins Kollisionsnorm des Abs I ist der Grds zu entnehmen, daß sich **die Legitimation eines unehel Kindes sowie die Ann als Kind nach den Gesetzen des Staates richtet, dem der Vater zZ der Legitimation, der Annehmende zZ der Ann angehört,** BGH 64, 19. Die Anknüpfg des Adoptionsstatuts ist **verfassgsr unbedenkl**, da sie keine Bevorzugg des Mannes enth. Auch die Anknüpfg des Legitimationsstatuts verstößt nicht gg GG 3 II, BGH 50, 370, **64**, 19 (jedenf bei „kindes- u mutterrechtsfreundl Auslegg" des II), BGH NJW 78, 496 u 1108, Ffm NJW 76, 1592, Köln StAZ 77, 15 u 106, 78, 244, Bonn StAZ 77, 18 u 47, 78, 245, Freibg DAVorm 77, 60, Erm-Marquordt Rdz 4; de lege lata auch Soergel-Kegel Rdz 2 u Supplementbd 1975 S 143, Heldrich Fschr f Ferid (1978) 209, da Anknüpfg an die Staatsangehörigk des Mannes bei der Legitimation wg der stärkeren Betroffenh seiner Interessen nicht willkürl, vgl dazu Vorbem 15 vor EG 7, **str**, aM Beitzke StAZ 72, 268, Kropholler FamRZ 76, 316. EG 22 ist vorkonstitutionelles Recht; die Abänderg des Abs 1 dch das AdoptionsG v 2. 7. 76 ist lediglich eine terminolog Anpassg, die Neueinfügg des S 2 in Abs 2 zieht eine Folgerg aus dem Wegfall der vormschaftsgerichtl Gen dch Überg z Dekretsystem im AdoptionsR; eine Bestätig der in EG 22 I vorgesehenen Anknüpfg des Legitimationsstatuts kann darin nicht gefunden w, vgl BVerfG 32, 256. — Bei Ann als gemeinschaftl Kind u verschiedener Staatsangehörigk des Annehmenden ist das HeimatR beider Annehmenden zu berücksichtigen, KG JW 33, 2066. Wg der in Betr kommenden Ztpkte vgl Anm 4a-c. Auf die Staatsangehörigk des Kindes kommt es grdsätzl nicht an. Dies gilt auch, wenn die EhelErkl auf Antr des Kindes, § 1740a, erfolgt. Die Anknüpfg an das HeimatR des Vaters ist wg der fam- u erbr Folgen der EhelErkl auch dann nicht zufäll, wenn dieser verst ist.

b) Abs II enthält lediglich eine **AusnVorschr** zG von dtschen Kindern, die nicht zur vollkommenen Kollisionsnorm erweitert w darf. Sie ist nur anwendb, wenn das Kind die dtsche Staatsangehörigk hat, der Vater od der Annehmende aber Ausländer ist, RG 125, 265, BayObLG 67, 443, hM, aM Soergel-Kegel Rdz 7, der f Beachtg der Einwilliggserfordernisse nach dem jew HeimatR des Kindes auch bei Kindern mit ausl Personalstatut eintritt, ebso Beitzke Fschr f Schwind (1978) 22. Zweck der Exklusivnorm, die auf den Gedanken des ordre public beruht, ist es aber lediglich, z **Schutz dtscher Kinder** die Beachtg der nach dtschem Recht bestehden Einwilliggserfordernisse sicherzustellen. Neben der Best eines ausl Adoptions- oder Legitimationsstatuts ist also **kumulativ** erfdl, daß die gem §§ 1600a iVm 1600c, 1726, 1728, 1729, 1740b, 1746 I, 1747, 1749 II, III erforderl Einwilligg des Kindes sowie des Dritten, zu dem das Kind in einem famrechtl Verhältn steht, vorliegt, dh also bei der Legitimation dch nachf Eheschl die Zust des Kindes z VaterschAnerkenng bei Fehlen einer gerichtl Feststellg, §§ 1600a iVm 1600c, bei der EhelichErkl

2075

die des Kindes u der Kindesmutter, § 1726, des überlebden Elternteils § 1740b, der Ehefr des Vaters, § 1726 I 2; bei der Ann als Kind die der Eltern des Anzunehmden bzw der Mutter, § 1747, bei Verheirateten die Einwilligg des Eheg, § 1749 II. Ist jenen Vorschr nicht Genüge getan, so ist die Legitimation od die Ann in Dtschland unwirks, Hamm StAZ **76**, 104; das in §§ 1759 ff vorgesehene AufhebgsVerf setzt dtsches Adoptionsstatut nach EG 22 I voraus, Beitzke FamRZ **76**, 78. Ist die KindesAnn dch Hoheitsakt erfolgt (USA), so kann die Einwilligg nachgeholt w, BayObLG NJW **57**, 25, Celle NJW **65**, 45, auch Anm 4c. Über die ZustErfordernisse n dtschem Recht entsch der RZust im Ztpkt der Legitimation, BGH **64**, 19. Wird für das Kind die Mitwirkg seines ges Vertreter verlangt, §§ 1729, 1740c, 1746, so entscheiden Art 19, 20, 23, wer sein gesetzl Vertreter ist; die Erforderlk einer Gen des VormschG muß sich dabei nach der Ergänzg des Abs 2 dch S 2 nach dtschem Recht beurteilen, so schon bish Erm-Marquordt Rz 16, and fr Aufl. Da nach dtschem Recht die Einwilligg des Kindes z Adoption der Gen des VormschG nicht mehr bedarf, w die nach EG 22 II S 1 z Schutz dtscher Kinder auch bei Adoptionen dch einen Ausl z beachtden Einwilligserfordernisse in **Satz 2** dch die **Sachnorm** ergänzt, daß bei Adoption eines **dtschen** Kindes dch eine Ausl die Einwilligg des Kindes ausnahmsw auch der Gen des VormschG bedarf. Damit soll sichergestellt w, daß die Annahme dtscher Kinder nur erfolgt, wenn sie dem Kindeswohl dient, Begr des RegEntw BTDrucks 7/3061 S 56, krit dazu Jayme StAZ **76**, 1. Das GenErfordern besteht unabhäng davon, ob das Kind die Einwilligg selbst od dch seinen ges Vertr erteilt, vgl § 1746 I. Ist die Adoption ohne die erfdl Gen des VormschG erfolgt, so ist sie in Dtschland unwirks; §§ 1759 ff sind bei ausl Adoptionsstatut auch dann nicht anzuwenden, wenn die Adoption v einem dtschen VormschG ausgesprochen w. Auf die Adoption eines ausl Kindes dch einen Dtschen od dch einen Ausl ist die AusnVorschr des S 2 ebsowen entspr anzuwenden wie auf die Einwilligg des Kindes z Legitimation.

3) Anwendgsgebiet (Qualifikation). Über die **Vorfrage**, ob ein Kind nehel ist, entsch EG 18, Brem (AG) StAZ **77**, 141, über die Wirksamk der Eheschl iF der Legitimation dch nachfolgde Eheschl EG 13, Hamm FamRZ **59**, 28, vgl dazu Anm 4, über die GeschFgk der Beteiligten als solche u ihre Beschrkg EG 7, dagg sind SonderVorschr über die Mitwirkg v geschunfäh od geschbeschr Pers bei Legitimation od Adopt, zB §§ 1728 II, III, § 1729, 1740c, 1746, 1750 III dem nach dch EG 22 berufenen Statut z entnehmen, RG **125**, 265, ebso Soergel-Kegel Rdz 26. Die Pers des ges Vertr best sich n EG 19, 20, 23, vgl Magnus/Münzel StAZ **77**, 69. Im Regelfall, dh außerh des Anwendsbereichs v Abs 2, wird man dem HeimatR des Vaters bzw Annehmden die Notwendigk der Einwilligg entnehmen müssen (also nicht EG 19, 20), ferner welche Einwilligen erforderl sind, dgl die Möglichk der Vertretg bei Antr, Einwilligg u VertrAbschl, inwieweit für Mj u beschr Geschäftsfähige Vertretg erforderl ist, einschl des Erfordern der vormschgerichtl Gen, Augsb (LG) FamRZ **73**, 160, die Notwendigk der persönl u gleichzeitigen Mitwirkg beim AnnVertr; dieses R entsch demgem auch über Folgen dieser Mängel. Hingg entsch darüber, in welcher Form AnnVertr abzuschließen, die Einwilligen, auch die nach II, u der Antr abzugeben sind u wem ggü die Einwilligg zu erkl ist, EG 11 I, also auch dessen S 2. – Unter Legitimation u Adoption iS v EG 22 sind grdsl **alle RVorgänge** z verstehen, dch die nehel Kindern n ausl Recht die **RStellg v ehel** verliehen w, BGH **64**, 19. Daher w auch die Legitimationsanerkenng eines Kindes n hanefit R (Ägypten) vom Legitimations- u Adoptionsstatut des EG 22 mit erfaßt, BGH **55**, 188, Hamm OLGZ **71**, 250, Göttingen (AG) IPRspr **73** Nr 100, ebso die Legitimationsanerkenng n tunes R, BGH **69**, 387 (vgl dazu Heidrich Fschr f Ferid (1978) 209, Wengler/Kohler StAZ **78**, 173, Dilger StAZ **78**, 235), Düss DAVorm **76**, 364, Brschwg (LG) StAZ **77**, 107, Krüger StAZ **77**, 245, n iran Recht, Ffm NJW **76**, 1592, Münst (AG) StAZ **76**, 175, aM Wengler JR **73**, 488, ders StAZ **78**, 173, Kohler, Das VaterschAnerk im islam R u seine Bedeutg f das dtsch IPR (1976) 157 ff (Anerkenng nach islam R habe nur BewFunktion u werde desh von EG 18 erfaßt); bei dtschen Kindern Anwendung n dtschem R erforderl, II; die Einwilligg des Kindes bedarf der vormschgerichtl Gen, vgl Ffm NJW **76**, 1592, aM Kln OLGZ **76**, 300. Unter EG 22 fallen auch Legitimationen aGrd **unricht VaterschAnerk**, vgl BGH **64**, 24, Beitzke Fschr f Schwind (1978) 15, zB die GefälligkLegitimation dch einen Nichtvater n franz R, VerwG Fbg FamRZ **74**, 474, Zust des Kindes gem II z beachten, vgl auch EG 30 Anm 5. Auf VaterschAnerkenng mit Standesfolge ist EG 22 II entspr anwendb, Karlsr FamRZ **72**, 651, vgl EG 21 Anm 6.

4) Einzelheiten. a) Legitimation dch nachf Eheschl. Der für die Anknüpfg wesentl **Ztpkt** („zZ der Legitimation") ist die Eheschl. Bei mehrakt Legitimation (zB Eheschl u VaterschAnerkenng) entsch der jew Teilakt, vgl Mannheim (LG) FamRZ **72**, 590. Späterer StaatsangehörigkWechsel also selbst dann unerhebl, wenn das neue HeimatR an die Eheschl nicht diese Wirkgen knüpft; die Legitimation tritt jedoch nachträgl ein, wenn das neue HeimatR im Ggs z bish sie voraussetzt, Siehr, GedächtnSchrift f Ehrenzweig (1976) 170; Soergel-Kegel Rdz 8. Die **Vorfrage**, ob eine Ehe wirks geschl ist, ist grdsl n EG 13 z beurteilen, Hamm FamRZ **59**, 28, vgl auch EG 18 Anm 3. Ist eine in Dtschland standesamtl geschl **Ehe** n dem HeimatR der Eheg wg Formmangels **ungült**, so kommt ihr dah v Standpkt des dtschen R LegitimationsWirkg z, da über die Formgültigk der Ehe EG 13 III entsch, Hamm StAZ **56**, 62, Saarbr FamRZ **70**, 327, Bonn StAZ **77**, 18, BGH NJW **78**, 1107 (betr Spanier), Celle NJW **72**, 401 (betr Griechen); aus der hinkden Ehe ergibt sich dann eine hinkde Legitimation, vgl dazu Beitzke Fschr f Kegel (1977) 106. Ist eine im Inland geschl Ehe wg EG 13 III eine Nichtehe, währd sie n dem HeimatR der Eheschließden gült ist, so h sie ebenf Legitimationswirkg, wenn dies dem Standpkt des n EG 22 berufenen R entspr (alternative Anknüpfg der Vorfrage in favorem legitimitatis, vgl EG 18 Anm 3), im Erg ebso Köln (LG) MDR **53**, 488, aM Soergel-Kegel Rdz 30, Beitzke Fschr f Kegel (1977) 109. Ob das Kind nehel ist, beurteilt sich n EG 18, AG Brem StAZ **77**, 141, Soergel-Kegel Rdz 30. Soweit das Legitimationsstatut eine Feststellg v väterl od mütterl **Abstammg** verlangt, handelt es sich dagg nicht um selbstd anzuknüpfde Vorfragen, sond um Voraussetzgen der Legitimation, die n EG 22 z beurteilen sind, Soergel-Kegel Rdz 29 u 32, aM Beitzke Fschr f Schwind (1978) 13. – Nach dem entspr dem Grds Anm 2 zu ermittelnden Recht richten sich die **Voraussetzgen** der Legitimation, wozu auch die Bestimmg der Vatersch (also nicht etwa EG 21 anwendb) gehört, ferner, ob außer der Eheschl noch eine Anerkenng des Vaters, KG NJW **76**, 1034, Augsbg (LG) FamRZ **76**, 52, Bonn StAZ **77**, 47 (also insow kein Gleichlauf v UnterhStatut u VaterschAnerk, and Münster (AG) DAVorm **75**, 332, 395, ZBlJugR **76**, 417), vgl dazu Beitzke StAZ **75**, 134, Jayme ZBlJugR **76**, 393, sowie Zustimmg des Kindes od der Mutter od eine gerichtl Feststell erforderl ist, ferner ob das zB in Ehebruch od Blutschande erzeugte Kind überh legitimiert w kann (Bestimmgn, die das ablehnen, steht, jedenf bei starker Inlandsbeziehg, EG 30 entgg, BGH **50,** 370, Simitis StAZ **69,** 12, Programmsatz GG 6 V zu beachten, auch GG 6 I verletzt, vgl dazu Jayme StAZ **72,** 247). N dem v EG 22 I berufenen R beurteilen sich auch die **Wirkgen,** zB ob die Eheschl überh Legitimationswirkg hat, KG DR **40,** 1375, Hamm NJW **71,** 328 (bei Ablehng überh k EG 30 eingreifen, Köln StAZ **77,** 106, ZBlJugR **77,** 93; der ordre public ist aber nicht verl, wenn Legitimationswirkgen auf and Weg erreichb, BGH **55,** 188, z weitgehd daher AG Hbg DAVorm **77,** 775), ob diese ex nunc od ex tunc wirkt. N dem Legitimationsstatut best sich auch der **Name** des Kindes, BGH NJW **78,** 1107, krit dazu Jochem ebda 1728, Kühne JZ **78,** 478, vgl dazu Anh 2 z EG 7. **Eintr im Geburtenbuch** erfolgt erst, wenn Vatersch des Mannes anerkannt oder rechtskr festgestellt, PStG 31 I 1. Das kann auch nach der Eheschließg erfolgen. Ist ausl Recht anzuwenden, so hat der StBeamte die Entsch des AG, ob einzutragen ist, herbeizuführen, PStG 31 II 1. Dabei steht der Eintr nicht entgg, wenn das ausl Recht, nach dem sich die Legitimation bestimmt, deren RWirkgen nicht von der vorherigen Anerkenng od rechtskr Feststell der Vatersch abhäng macht, PStG 31 I 2. Hängt der PersSt eines Kindes von der **Anerkenng** der **Mutterschaft** ab (so Argentinien, Belgien, Brasilien, Frankreich, Italien, Luxemburg, Mexiko, Portugal, Spanien), insb die Legitimation durch Eheschl, kann der dtsche Standesbeamte ein solches Anerk beurkunden, falls es nach dem HeimatR des ausl Elternteils vor dem dtschen Standesbeamten rechtswirks abgegeben w kann, PStG 29b; vgl auch EG 20 Anm 3. Abhängig der Legitimation von vorheriger beiderseit Anerkenng verstößt nicht gg EG 30, BayObLG StAZ **58.** 288. Voraussetzg der Legitimation ist in diesen Fällen, daß beide Eltern spätestens bei der Eheschl die Anerk abgeben; bei spätere Anerkenng können aber ggf zusätzl Akte die Legitimationswirkg begründen, vgl Freibg (LG) FamRZ **65,** 622. Hinsichtl wahrheitsw Anerkenng vgl EG 30 Anm 5. Ist bei einem dtschen Kind der Vater bereits festgestellt, § 1600a, so bleibt die anläßl der Verheiratg der dtschen Mutter mit einem Franzosen nach frz R abgegebene Erkl, das Kind sei ihr gemeins Kind, in Dtschland ohne Wirkg, Siehr StAZ **72,** 181 gg Celle StAZ **71,** 336, der darauf hinweist, daß ein Eintr der Legitimation ins Geburtenbuch ab 1. 7. 70 nur dann mögl ist, wenn das Kind der erforderl VaterschAnerkenng zugestimmt hat, II, § 1600c, auch wenn die Ehe vor Inkrafttreten des NEhelG geschl war, Düss FamRZ **73,** 213, vgl auch Wuppermann NJW **72,** 1599.

b) Legitimation dch EhelichErkl. Vgl auch Anm 3. Der für die Anknüpfg wesentl Zeitpunkt ist der, in dem die EhelichkErkl wirks w; erfolgt sie in Dtschland, also der Ztpkt, in dem die Vfg des VormschG iF der §§ 1723ff dem Vater, nach seinem Tode dem Kind bekanntgemacht wird, FGG 56a, iF der §§ 1740a ff sie wirks w, FGG 56b. Ist der Vater ein Dtscher, so sind die dtschen Behörden ausschl zuständig, die Entsch einer ausl Beh, auch wenn die EhelErkl dch Urt erfolgt wäre, könnte nicht anerkannt w, vgl ZPO 328 I Z 1. Hingg steht der Anerkenng der EhelErkl eines dtschen Kindes dch einen ausl Vater nichts im Wege, wenn II erfüllt ist, BayObLG JFG **1,** 137. Im übr gilt das Anm 4a Gesagte entspr. Die Voraussetzgen der Legitimation im Rahmen von §§ 1726ff u 1740aff werden ebso wie die Wirkgen dch das n dem Grds des EG 22 I berufene R bestimmt. Z AusnRegelg n EG 22 II vgl Anm 2.

c) Annahme als Kind. aa) Der für die Anknüpfg maßg **Zeitpunkt** ist der, in dem die KindesAnn wirks w; dies gilt auch für die Einwilligg gem II, KG FamRZ **73,** 472 (rückw Inkrafttr unbeachtl,krit Schwimann ebda). Ein nach jenem Ztpkt vollzogener StaatsangehörigkWechsel kann an der KindesAnn u ihren Wirkgen nichts mehr ändern; daher auch keine Heilg einer zunächst unwirks Adoption dch Statutenwechsel, aM Siehr GedächtnSchrift f Ehrenzweig (1976) 173; bei Vornahme einer solchen Adoption im Ausland beurteilt sich deren RWirksk nach den Grdsen über die Anerkenng ausl Adoptionen, BayObLG **68,** 331, vgl dazu unten. Wird ein Kind von einem Ehepaar mit verschiedener Staatsangehörigk gemschaftl angenommen, so müssen die Voraussetzgen nach dem Recht beider erfüllt sein, KG JW **33,** 2066, Berlin (LG) IPRspr **73** Nr 101. Da das HeimatR des Kindes grdsätzl außer Betr bleibt, ist die KindesAnn auch dann zul, wenn das HeimatR des Kindes eine solche nicht kennt, RG **125,**265. PartVereinbg über das anzuwendende Recht unbeachtl, KG JFG **13,** 176. EG 22 ist auf **adoptionsähnl Verhältnisse,** zB Pflegekindsch entspr anwendb, KG DR **40,** 1375. Das nach dem Grds, Anm 2, ermittelte Recht entsch, ob das Kind u der an Enkel Statt mögl ist, sowie über die **Voraussetzgen** der KindesAnn, also auch welche Anträge u Erkl abzugeben sind, ob u unter welchen Voraussetzgen die Einwilligg des ausl Vaters ersetzt w kann, BayObLG FamRZ **69,** 44, ferner über die **Wirkgen,** insb darüber ob die bish VerwandtschVerh erlöschen u das angen Kind einem ehel Kind der Annehmden in jeder Hins gleichsteht, also eine Volladoption eintritt; die aus dem jew Status sich ergebden erbrechtl Folgen im Verh z den bish Verwandten u den Adoptiveltern sind dagg n dem Erbstatut z beurteilen, Soergel-Kegel Rdz 59. W das angen Kind einem ehel gleichgestellt, so gilt f das RVerh z den Adoptiveltern grdsl das KindschStatut n EG 19; soweit das Adoptionsstatut SonderVorschr f dieses RVerh aufstellt, bleiben diese maßg, Soergel-Kegel Rdz 58. Das Adoptionsstatut entsch auch über den Namenswechsel des Angenommenen, selbst wenn dieser von der üb die Ann befindenden AuslandsBeh angeordnet wird, BGH FamRZ **60,** 229, dagg will KG FamRZ **77,** 150 die VornamensÄnd bei einer im Ausl n ausl R vorgen Adopt auch n dem Personalstatut des Kindes beurteilen. Wg II Anm 2. EG 22 entsch auch üb die **Aufhebg.** Bei dtschem Adoptionsstatut sind §§ 1759ff auch dann maßg, wenn es sich um eine im Ausland vorgen im Inland anzuerkennde Adoption handelt. Wg der Adoption dtscher Kinder dch Amerikaner Raape IPR § 35 Anm 176, Wengler NJW **59,** 127. Ist das anzuwendende Recht das eines Landes, in dem die Ann dch Hoheitsakt (decree) erfolgt, so kann dieser auch dch den Ausspr der Ann dch das dtsche VormschG ersetzt w, so schon bish (z Bestätigg nach § 1741 aF) Soergel-Kegel Rdz 22, Wengler NJW **59,** 130, dahingestellt KG NJW **60,** 248, aM Beitzke ebda, Celle NJW **69,** 993; ist der ausl Staatsakt bereits erfolgt, so ist Ausspr dch dtsches Ger überflüss, Soergel-Kegel Rdz 24, BayObLG **69,** 376, Hann (LG) IPRspr **73** Nr 176, aM Hbg (AG) StAZ **65,** 157 (sämtl z Bestätigg nach fr Recht); war dann von der ausl Stelle II nicht beachtet, so kann die zur auch dann erforderl Einwilligg des Kindes, BGH FamRZ **60,** 229, notwend Gen des VormschG noch nachträgl erteilt werden, BayObLG NJW **57,** 25, Karlsr StAZ **58,** 208, Celle FamRZ **64,** 578, Beitzke StAZ **53,** 99, dahingesteilt KG FamRZ **74,** 217; hieran ist auch nach der Ergänzg des EG 22 II dch S 2 festzuhalten, vgl Jayme StAZ **76,** 4.

bb) Verfahrensrechtliches: Die internat Zustdgk der dtschen Ger wurde in der Praxis bish aus der örtl Zustdgk gem FGG 66 aF gefolgert, BayObLG **57**, 118, **62**, 151, **67**, 443; KG NJW **60**, 248; Heldrich, Heft 10 der Berichte der dtschen Gesellsch für VölkerR, 1971, 102, krit Schwimann RabelsZ **74**, 571. Hieran ist auch nach der Neuregelg der örtl Zustdgk in Adoptionssachen dch FGG 43b festzuhalten, vgl BayObLG StAZ **77**, 254. Die **internat Zustdgk** der dtschen VormschG z Mitwirkg an einer Adoption besteht also immer dann, wenn der Annehmde seinen Wohns od Aufenth im Inland h; ist dies nicht der Fall, so besteht die internat Zustdgk auch dann, wenn der Annehmde od das Kind die dtsche Staatsangehörigk besitzen. Bei ausl Adoptionsstatut entfällt die internat Zustdgk auch im Inland vorgen Adoption in dem betr ausl Staat nicht anerkannt w, Kegel IPR § 20 X 2 3, vgl auch BayObLG **59**, 8, aM Jayme StAZ **69**, 31 (voraussichtl Anerkenng Erfordern der intern Zust), teilw auch Schwimann RabelsZ **74**, 581. Bei Fehlen ausreichder Inlandsbeziehgen kann RSchutzbedürfn entfallen, vgl Heldrich aaO 128; dagg erwägt Ffm StAZ **75**, 98 bei Rückkehr aller Beteil in ihr Heimatland Fortfall der internat Zustdgk unter dem Gesichtspkt des forum non conveniens, vgl auch Mainz DAVorm **77**, 212, Zweibr IPRspr **75** Nr 203b. Das Problem der sog weseneigenen Zustdgk, wenn ein ausl Adoptionsstatut eine weitergehende Prüfg verlangt als § 1754 II aF, vgl fr Aufl, h sich dch die Reform des AdoptionsR dch Ges v 2. 7. 76 erledigt, vgl § 1741. Eine **ausschließl** Zustdgk der dtschen Ger für den Ausspr der Ann eines ausl Kindes dch einen Dtschen besteht nicht; sie kann aus FGG 43b II ebsowen gefolgert w wie fr aus FGG 66 II aF, vgl Baer StAZ **77**, 37, Soergel-Kegel Rdz 49, Keidel-Winkler FGG 66 Rdz 9a, BayObLG **68**, 331, Hann (LG) IPRspr **73** Nr 176; dahingestellt aber BayObLG **72**, 282, Köln FamRZ **64**, 466, Celle NJW **69**, 993, vgl auch Schurig FamRZ **73**, 178 u StAZ **73**, 144; aM Ffm NJW **74**, 2188 (krit dazu Schurig NJW **75**, 503), AG Münster IPRspr **75** Nr 109, Erm-Marquordt Rdz 32. Auch eine ausschl Zustdgk dtscher Ger z Vollzug der Adoption eines dtschen Kindes besteht nicht, vgl BGH FamRZ **60**, 229. **Anerkenng** einer **ausl Adoption,** vgl dazu Jayme StAZ **74**, 309, Jayme-Meier StAZ **76**, 72, Firsching StAZ **76**, 153, Magnus/Münzel StAZ **77**, 75, findet nicht statt, wenn sie vor einer intern unzust Stelle erfolgt ist od der dtsch ordre public entgsgesteht (kein Eltern-Kindesverhältn), Köln FamRZ **64**, 468, dagg scheitert Anerkenng nicht daran, daß entgg I dtsches Recht nicht angewendet wurde, BayObLG **68**, 331, Soergel-Kegel Rdz 54, aM Münst (AG) StAZ **74**, 48; dahingestellt Jayme StAZ **74**, 50; jedoch ist eine unter Verletzg v EG 22 II im Ausland vollzogene Adoption eines dtschen Kindes im Inland unwirks, vgl Anm 2.

cc) Nach RuStAG 6 **erwirbt** ein mj Kind mit einer nach dtschem Recht wirks Adoption dch einen Dtschen die **dtsche Staatsangehörigk**; bei einer VolljAdoption erfolgt der Erwerb der Staatsangehörigk erst dch Einbürgerg. Die Wirksk der Adoption ist nach den Grdsen des internat Privat- u VerfR z beurteilen, Jayme StAZ **76**, 2; sie kann auch bei einer im Ausland vorgen Adoption, die im Inland anzuerkennen ist, gegeben sein. Die Mjk beurteilt sich nach § 2; der automat Erwerb der dtschen Staatsangehörigk tritt also nur bis z Vollendg des 18. LebensJ ein; w das Kind nach seinem bish HeimatR schon fr volljg, so w diese Altersgrenze unterschritten, vgl Begr des RegEntw BT-Drucks 7/3061 S 65. Bei Ann dch ein Ehepaar genügt dtsche Staatsangehörigk eines Eheg. Ein Dtscher gleich welchen Lebensalters **verliert** dch wirks Adoption dch einen Ausl die dtsche Staatsangehörigk, sofern er dadch die Staatsangehörigk des Annehmden erwirbt; der Verlust tritt nicht ein, wenn der Angen mit einem dtschen EltT verwandt bleibt, RuStAG 27; diese Voraussetzg ist auch bei gemeinschaftl Ann dch ein ausl u einen dtschen Eheg erfüllt, vgl Begr des RegEntw aaO S 67. Z Erwerb u Verlust der dtschen Staatsangehörigk dch Adoption vgl auch RdErl StAZ **77**, 328, **78**, 85.

5) Im dtschen **ILR** w f die **Annahme als Kind** das Recht am gewöhnl AufenthOrt der Annehmden entspr EG 22 I angewandt, Karlsr OLGZ **77**, 399 (vgl dazu aber nunmehr Vorbem 14c vor EG 7) also bei Annahme eines Kindes aus der BRep in DDR deren Recht, Hann (LG) FamRZ **60**, 170, KG OLGZ **66**, 251, jedoch auch dann entspr EG 22 II die nach dem Recht der BRep notwend Einwilligsgerforderl, Soergel-Kegel Rdz 72. Die gesetzl Vertretg richtet sich bei einem nehel Kind gem EG 20 nach § 1706 Z 1, sofern Mutter sich in BRep aufhält. RAnwendgsG (DDR) 23 erkl ebenf HeimatR des Annehmden anwendb; bei gemeins Ann dch Eheg versch Staatsangehörigk gilt Recht der DDR; die Ann eines Kindes mit DDR-Staatsbürgersch setzt staatl Gen u Erteilg der nach FGB erfdl EinwilligssErklen voraus. – Bei der **Legitimation** w bisher ebenf auf das gewöhnl AufenthOrt des Vaters abgestellt, vgl dazu Vorbem 14c vor EG 7. Ist danach R der DDR maßg, so ist Beseitigg der Legitimation dch nachf Eheschl zu beachten. Vor der Eheschl geborenes Kind erlangt aber nach § 54 IV FGB mit Heirat der Eltern die RStellg eines währd der Ehe geborenen Kindes, vgl Vorbem 3 vor § 1719; darin liegt der Sache n eine Legitimation, vgl Köln StAZ **77**, 15. Ist das Kind in BRep geboren, wohnt es aber jetzt in DDR, ist gem FGG 36 AG Bln-Schöneberg zust, Celle FamRZ **66**, 115, währd Hamm OLGZ **66**, 514 in entspr Anwendg von FGG 37 II das AG für zust hält, in dessen Bezirk die Geburt beurkundet wurde; vgl auch PStG 31 II.

EG 23 Vormundschaft. Pflegschaft.

I Eine Vormundschaft oder eine Pflegschaft kann im Inland auch über einen Ausländer, sofern der Staat, dem er angehört, die Fürsorge nicht übernimmt, angeordnet werden, wenn der Ausländer nach den Gesetzen dieses Staates der Fürsorge bedarf oder im Inland entmündigt ist.

II Das deutsche Vormundschaftsgericht kann vorläufige Maßregeln treffen, solange eine Vormundschaft oder Pflegschaft nicht angeordnet ist.

1) Allgemeines. EG 23 enthält streng genommen nur eine ZustdgkVorschr für das dtsche VormschG bei Anordng von Vormsch oder Pflegsch über einen Ausländer, I, sowie von vorl Maßregeln, II. Er läßt aber auch die sachl-rechtl Grdsätze erkennen, nach welchem Recht zu beurteilen ist, ob eine derartige Fürsorge stattfindet, Anm 2, weiterhin nach welchem Recht die Führg der Fürsorge erfolgt, Anm 5. Verfahrensrechtl ergänzt wird EG 23 dch FGG 36ff, 47. Die in EG 23 getroffene Regelg w nunmehr weitgehd dch **Staatsverträge** verdrängt. Z beachten sind insb das **dtsch-österr VormschAbk,** das **Haager Abk**

1. Abschnitt: Allgemeine Vorschriften **(IPR) EGBGB 23** 1–4

z Regelg der Vormsch über Mj u das **Haager MjSchutzÜbk**, vgl Anh 2–4. Da Vormsch, Pflegsch u Beistandsch SchutzMaßn iS des zuletzt genannten Übk sind, vgl dessen Art 1 Anm 3, **entfällt die Anwendbk v EG 23 bei Mj mit gewöhnl Aufenth im Inland.** Die verbleibde prakt Bedeutg v EG 23 ist danach gering, vgl dazu Ferid IPR Rdz 8–402. **EG 23 regelt nur a)** die **Vormsch** im eigentl Sinne, nicht aber die übrige Tätig, die dem VormschG zuweist. Insof ist die Zustdgk des dtschen VormschG nicht dch EG 23 beschr; daher richtet sich auch das Wirksamwerden der vormschgerichtl Gen eines Geschäfts des ausl elterl Gewalthabers nicht nach dtschem Recht, § 1829, wie bei einer solchen einem dtschen Vormd ggü, Anm 5, sond nach dem Grds von EG 19, RG **170**, 200. Desgl regelt EG 23 nicht die Anordng der FürsErz bei einem Ausländer; diese folgt vielm den allg Grdsätzen, die sich aus der FürsErz als einer öffrechtl Maßregel ergeben, RG **117**, 378, vgl auch Anh 4d Art 1 Anm 3; also auch mögl ggü ausl u staatenlosen Mj, Hamm ZBlJR **65**, 111; im Verhältn zu Österreich vgl aber das Abk über Fürs u JWPflege v 17. 1. 66, BGBl **69** II 2, nebst DurchfVereinbg v 28. 5. 69, BGBl II 1285; beides in Kr seit 1. 1. 70, Bek v 11. 8. 69, BGBl II 1550; berührt nicht VormschAbk, Anh 2. **b) Die Pflegsch**, soweit sie Personalpflegsch ist, also auch die für das nehel Kind, § 1706, ebso der Pflegsch ähnl Beistandsch, Soergel-Kegel Rdz 3, aber nicht die Sammelpflegsch, vgl § 1914 Anm 1, so daß es auf die Ausländereigensch der dabei Beteiligten nicht ankommt, Staud-Raape 622 (Zustdgk für die Anordng FGG 42), ferner nicht die NachlPflegsch, die nach den erbrechtl Kollisionsnormen zu beurteilen ist. Dahin wird auch die Pflegsch für den unbekannten Nacherben zu rechnen sein, § 1913 S 2, vgl Staud-Raape 622f, Soergel-Kegel Rdz 3. Die nach EG 18 II 2 anzuordnende Pflegsch steht unter der Regelg dieser Vorschr, nicht EG 23, EG 18 Anm 6. Wg AbwesenhPflegsch nach ZustErgG § 1911 Anh. Z dtschen **ILR** s Anm 7.

2) I. Grdsatz. Ob eine Vormsch od Pflegsch über eine Pers angeordnet w kann, richtet sich nach deren HeimatR („wenn der Ausl nach den G dieses Staates der Fürsorge bedarf"), Anknüpfgspkt insof also das jeweil HeimatR des Fürsorgebedürftigen, Anm 3a u b. Bei Staatenlosen s EG 29 mit Anh V, Mehrstaatern Vorbem 7a vor EG 7, Flüchtlingen usw Anh z EG 29. Nach demselben Grds sind die Gründe der Aufhebg der Vormsch od Pflegsch, soweit sie in der Pers des Fürsorgebedürftigen liegen, festzustellen, vgl Anm 5.

3) Vormsch u Pflegsch über einen Ausländer im Inland; Zustdgk. I. Es wird grdsätzl davon ausgegangen, daß jeder Staat die Vormsch u Pflegsch über seine eigenen Staatsangeh führt; demgem wird auch eine derartige AO des ausl VormschG anerkannt, RG **81**, 377. Dazu gehört insb auch die Bestellg des Vormundes sowie der Umfang seiner Vertretgsmacht, vgl Anm 5. **EG 23 I enthält die Ausn,** daß eine Vormsch od Pflegsch im Inland auch über einen Ausl angeordnet w kann, unter folgenden **Voraussetzgen:**

a) Das HeimatR des Ausländers muß ein Fürsorgebedürfn ergeben; jenes gibt also an, ob überh eine Vormsch u Pflegsch angeordnet w kann, Anm 2. Das wäre bei einer angestrebten Ergzgs-Pflegsch für das EinbürgergsVerf eines ausl Kindes nicht der Fall, Karlsr OLGZ **69**, 485. Regelm wird daher zunächst untersucht w müssen, ob die Personen nach ihrem HeimatR unter elterl Gewalt (auch der nehel Mutter) od unter gesetzl Vormsch der Eltern stehen, was jener gleichkommt u die Anordng einer Vormsch überflüssig macht, da dann kein Fürsorgebedürfn besteht, auch nicht nebeneinander eine ausl (sei es auch gesetzl) u eine inländ Vormsch bestehen kann, KGJ **53**, 50; vgl aber auch Anm 5. Über diese Vorfrage der elterl Gewalt entsch EG 19, 20. Heiratet die Mutter u erwirbt sie dadch eine and Staatsangehörigk, so beurteilt sich nur nach dieser, ob die ges Vertretg der Mutter endet od nicht, EG 20 Anm 2. Ob der Fürsorgebedürftige mj ist, entsch EG 7. Wird er dch StaatsangehörigkWechsel volljähr u entfällt damit nach dem neuen HeimatR die Voraussetzg der Anordng, so ist die Vormsch aufzuheben, RJA **12**, 82. – Das HeimatR bleibt unberücksichtigt („oder"), wenn der Ausländer in Deutschland **entmündigt** wurde, vgl EG 8. Verweist das nach EG 23 I in Betr kommde Recht zurück, so ist dch diesem das FürsBedürfn zu prüfen, wobei ggf zu unterscheiden, ob die Rückverweig die Pers- od VermFürs w betrifft; nach diesem Recht bestimmen sich dann Voraussetzgen, Inhalt u Wirkgen der vorl Vormsch, BayObLG **70**, 300 u 306.

b) Der Heimatstaat übernimmt die Fürsorge nicht. Das ist vAw festzustellen, KGJ **27**, 164; das VormschG muß also die Beh des Heimatstaates benachrichtigen, vgl dazu RHilfeO für Zivilsachen 5f. Einer ausdr Ablehng bedarf es aber nicht, OLG **30**, 144. Schweigen nach angem Fr als Nichtübernahme z werten, ebso Nichterreichbk der ausl Beh, zB wg fehlder diplomat Beziehgen, Ferid IPR Rdz 8–404. So genügt eine Verhinderg aus tats, vgl KG JW **18**, 377, od aus rechtl Gründen, zB weil sich die Vertretgsmacht des Vormd nach engl Recht nicht auf Grdst im Ausland erstreckt; vgl Anm 5. Die Voraussetzg zu b entfällt bei Staatenlosen; insb kommt auch nicht etwa der Staat, dem sie früh angehörten, in Betr. Wird irrtümlicherw die Voraussetzg zu b angenommen, so ist die Anordng der Vormsch, RGSt **45**, 309, od Pflegsch, Warn **18**, 72 nicht nichtig, JFG **5**, 98, hM. Insb dauert bis zu ihrer Aufhebg die Vertretgsmacht des Vormundes fort. Soweit erforderl (zB der Ausländer wurde als Dtscher angesehen), hat das VormschG sich mit dem Heimatstaat in Verbindg zu setzen u die Vormsch, falls dieser übernahmebereit ist, abzugeben od bei Entfallen sonstiger Voraussetzgen die Vormsch aufzuheben. Bei StaatsangehörigkWechsel des Fürsorge-Bedürft ist entspr zu verfahren. Aufhebg muß auch erfolgen, wenn der Heimatstaat zunächst abgelehnt h, dann aber die Fürsorge übernimmt, KGJ **21**, 203.

c) Es muß ein Bedürfn vorliegen („kann"), dh der VormschRichter hat nach pflichtgem Erm zu prüfen. ZB keine Anordng, wenn das dtsche Recht einen Bedürfnisfall im Ggsatz zum ausl Recht nicht anerkennen würde, Staud-Raape 610, insb Schutz des dtschen Rechtsverkehrs nicht erforderlich ist.

d) Zustdgk ist für die Anordng einer Vormsch nur gegeben, wenn der Ausländer im Inlande Wohns od wenigstens Aufenth hat, FGG 36 I; bei einer Pflegsch genügt hingg, daß das Bedürfn der Fürsorge bei einem inländ Gericht hervortritt, FGG 37 II. Es entsch der Richter, RPflG 14 Z 4.

4) Vormundsch od Pflegsch über einen Deutschen mit ausl Wohns od Aufenthalt. Diese wird grundsätzl vom dtschen VormschG geführt, Anm 3. Ist die Anordng der Vormsch (Pflegsch), für die entspr Anm 2 das BGB gilt, im Ausland erfolgt, so kann die Anordng einer Vormsch (Pflegsch) im Inland unterbleiben, wenn das im Interesse des Mdl liegt, FGG 47 I, zB seine pers u vermögensrechtl Beziehgen ganz im Ausland liegen u die Anordng im Auslande ausr Schutz gewährt. Daraus ergibt sich, daß Deutschland nicht das ausschließl Recht zur Anordng einer Vormsch für seine Staatsangehörigen für sich in Anspr nimmt u auch eine ausl Anordng anerkennt, die Hdlgen des ausl Vormds im Inland Wirkg haben können, Raape IPR § 37 II 2, Erm-Marquordt Rdz 4. Entsch hier wie auch sonst bei AuslandsVormsch über Dtsche das MdlInteresse. Sonst gibt FGG 36 II die ZustdgkRegelg für derartige Fälle. Es ist aber auch mögl, aus Gründen des MdlInteresses eine bereits in Dtschland angeordnete Vormsch (Pflegsch) an den ausl Staat, wo der Deutsche Wohns u Aufenth hat, abzugeben. Voraussetzg ist die BereitErkl zur Übern seitens des ausl Staates u die Zust des Vormdes, über dessen Weigerg das LG unanfechtb entscheidet, FGG 47 II. Ist die Vormsch einmal an den ausl Staat abgegeben, so muß eine neue Anordng dch das dtsche VormschG erfolgen, wenn es wieder tät w will, BayObLG **24**, 379. Zwar wird das regelm nicht die Beendigg der Tätigk des ausl Vormds zur Folge haben, seine Hdlgen werden aber im Inland dann nicht mehr anerkannt, sind also hier ohne Wirkg.

5) II. Grdsatz. Die Führg der Vormsch erfolgt nach dem Recht des Staates, dem die Vormsch-Beh angehört, also nach der lex fori, RG JW **09**, 193, in Deutschland mithin nach dtschem R, RG **170**, 200, währd die Voraussetzgen für die Anordng einer Vormsch od Pflegsch das HeimatR des Betroffenen ergibt, Anm 3a. **Nach der lex fori regeln sich** also Fähigk, Berufg, Auswahl (wg der Auswahl eines Ausländers dch das dtsche VormschG vgl § 1785 Anm 2), Bestellg des Vormdes (im Grieche, der sein nehel Kind anerkannt hat, hat also trotz Art 1622 Z 6 GriechZGB kein Recht auf Bestellg als Vormd, KG OLGZ **70**, 427), seine Rechte u Pfl ggü dem Mdl, RG JW **09**, 193, JFG **4**, 72, insb also auch der Umfang seiner Vertretgsmacht. Da sich diese nach nordam Auffassg nicht auf RGeschäfte über unbewegl, Stgt Recht **16**, 261, od bewegl Verm, OLG **24**, 50, im Auslande erstreckt, kann sich Verm in Deutschland befindet, für einen Pfleger zu bestellen. Andrerseits kann die Vertretgsmacht des dtschen Vormundes aGrd des AuslandR bei Ggständen, die sich nicht in Deutschland befinden, eingeschränkt sein, EG 28, überw M. Aus der lex fori des die Vormsch führenden Gerichts ergibt sich weiter, ob der Mdl ein PfandR am Verm des Vormundes h soll, so daß dieses bei AO einer Vormsch dch ein dtsches Gericht stets, iü aber auch dann entfällt, wenn die lex rei sitae ein solches R nicht kennt; ferner die Befugnisse u der Umfang der Mitwirkg des VormschG selbst (vgl insb §§ 1821, 1822, 1828–1831, 1837), KGJ **42**, 52, sowie etwaiger weiterer Organe, die sachrechtl Voraussetzen des BeschwRechts, KG JR **26** Rspr 1957, die Wirkgen der Vormsch u Pflegsch, KG ebda, die Art u Weise der Aufhebg der Vormsch u Pflegsch, sowie auch die Beendiggsgründe, soweit sie in der Pers des Vormundes, vgl §§ 1885–1889, nicht aber, soweit sie in der des Mdl od Pfleglings liegen, vgl §§ 1882–1884, da das Fragen der Voraussetzgen der Fürsorgebedürftig sind, vgl Anm 2. Wird die Vormsch (Pflegsch) von der Beh eines Staates an die eines and Staates abgegeben, Anm 3b, so wechselt auch das anzuwendende Recht in allen vorgenannten Beziehgen, insb also auch bei einer Abgabe nach FGG 47 II, Anm 4.

6) Vorläufige Maßregeln, II. Weder Vormsch noch Pflegsch, OLG **46**, 200, auch nicht die vorl Vormsch nach § 1906, Hamm FamRZ **73**, 326, BayObLG IPRspr **71**, 341, ist als vorl Maßregel im II mögl, da dann schon die Anordng einer Vormsch od Pflegsch läge, wofür dann als immer schon die Voraussetzgen des I erfüllt sein müssen, KG OLG **46**, 200, aM Soergel-Kegel Rdz 12. Als vorl Maßregeln kommen zB in Betracht Hinterlegg von Geld u WertP, Sicherg von Guthaben, VermVerz, dh Maßnahmen, die eine Vormsch od Pflegsch vorbereiten können. **Voraussetzgen:**

a) Es muß überh eine Vormsch od Pflegsch in Betracht kommen können, also ein Fürsorgebedürfn nach dem HeimatR des Bedürftigen vorliegen, vgl Anm 2 u 3a, das Bedürfn muß gerade für den bes Fall vorliegen, KGJ **31**, 45, ist aber zu verneinen, wenn der bedürftige Ausländer im Ausland lebt, mag er auch im Inland Verm h, RG JW **32**, 588.

b) Vormsch od Pflegsch darf noch nicht angeordnet sein, weder im In- noch im Ausland. Hingg kommt es hier nicht auf die Prüfg an, ob der Heimatstaat die Fürs übernimmt, vgl Anm 3b.

c) Das VormschG muß zuständig sein, vgl FGG 43 I, 44. Für die Anordng der vorl Maßregel u ihre Wirkgen gilt das Recht des anordnenden Vormundschg. Es entsch der Richter, RPflG 14 Z 4.

7) Im dtschen **ILR** tritt an die Stelle der Staatsangehörigk der gewöhnl Aufenth des Mdls als Anknüpfgspkt, KG FamRZ **57**, 383, vgl Vorbem 14 c vor EG 7. Das **Haager MjSchutzÜbk** geht bei Mj mit gewöhnl Aufenth in der BRep EG 23 vor, da seine Anwendg Ggseitigk nicht voraussetzt, vgl Anh 4 d. Danach ist auch AO der FürsErz z beurteilen, Anh 4 e. Entsch der DDR sind grds anzuerkennen, außer wenn dort keine Zustdgk gegeben war, was aber nicht schon bei konkurrierder Zustdgk der Gerichte der BRep zu bejahen ist, Keidel JZ **55**, 383. Zustdgk f BRep im dtIR ist zu verneinen, wenn Kind in DDR gewöhnl Aufenth hat, KG NJW **57**, 1198; aber auch Gewicht der RBeziehgen zu beachten, KG FamRZ **58**, 426. Hat ein dtscher StaatsAngeh seinen gewöhnl Aufenthalt in der DDR, so ist Gericht der BRep od von Bln für **Anordng einer Pflegsch** nur zust, wenn hier Bedürfn der Fürs auftritt, KG NJW **61**, 884, Hamm FamRZ **65**, 291, vgl auch BayObLG RPfl **75**, 397; daher grds keine ErgänzgsPflegsch z Geltdmachg v UnterhAnspr des in der DDR lebende Kindes gg seinen in BRep wohnden Vater, Bln (LG) FamRZ **76**, 291; and bei Führg eines UnterhProz, zust dann entspr FGG 37 II VormschG, in dessen Bezirk die Klage erhoben wird, Hamm NJW **66**, 1225, aM Brschw MDR **63**, 136; AG Bln-Schöneberg: FGG 36 II. - RAnwendgsG (DDR) 24 unterstellt Vormsch u Pflegsch grds dem HeimatR des FürsBedürft; vorläuf Maßn dieser Art bei bes FürsBedürfn auch nach DDR-Recht mögl.

Anhang zu Art 23 (Staatsverträge)

1) Besondere Bestimmgen über Vormsch u Pflegsch mit einzelnen Staaten (Konsularverträge), dch die den Konsuln bes Befugnisse eingeräumt sind, so früh mit Italien, Spanien, Nikaragua, Ungarn u ferner

1. Abschnitt: Allgemeine Vorschriften (IPR) **Anh zu EGBGB 23** 2, 3

aGrd der Meistbegünstiggsklausel im Verhältn zu Belgien, Luxemburg u Estland, bestehen heute nicht mehr, aM Soergel-Kegel EG 23 Rdz 50. Erm-Marquordt EG 23 Rdz 41 hält den KonsularVertr mit Spanien, RGBl **1872**, 211, noch für wirks.

2) VormschAbk. Das Abk mit Österreich v 5. 2. 27, RGBl II 510, hatte sich 1938, das mit Polen v 5. 3. 24, RGBl **25** II 145, dch den Krieg erledigt. Mit Österreich ist Vereinbg über Pflegekinderschutz (Ziehkinderschutz) u über den GeschVerk in Jugendsachen v 4. 6. 32, RGBl II 197, in Kraft, Bek v 13. 3. 52, BGBl II 436, desgl seit 1. 10. 59 wieder das **dtsch-österr VormschAbk**, Bek v 21. 10. 59, BGBl II 1250 (betr nur Vormsch selbst, nicht die Tätigk des VormschG in Familiensachen); letzteres w dch das EG 23 Anm 1 genannte Abk über Fürs u JWPflege nicht berührt; es geht dem Haager MjSchutzÜbk vor, vgl dessen Art 18 II u dazu Anh 4 b.

3) Haager Abk zur Regelg der Vormsch über Mj v 12. 6. 02, RGBl **04**, 240.

a) Allgemeines. Für Dtschland in Kraft getreten am 31. 7. 04. Mit **Inkrtr des MjSchutzÜbk** ist das VormschAbk **im Verh der VertrStaaten** zueinander **nicht mehr anzuwenden**, Art 18 MjSchutzÜbk abgedr Anh 4. Das VormschAbk gilt deshalb heute noch im Verhältn zu Spanien, Belgien u Italien, Bek v 14. 2. 55, BGBl II 188, vgl auch Vorbem 2 vor EG 7. Schweden hat das Abk mit Wirkg v 1. 6. 59 gekündigt, Bek v 15. 5. 59, BGBl II 582, ebso Ungarn mit Wirkg v 1. 6. 74, Bek v 21. 12. 73, BGBl **74** II 42, die Niederlande mit Wirkg v 1. 6. 79.

b) Anwendungsbereich. Das Abk findet, soweit es sich nicht um vorl Maßregeln, Art 7, od die Benachrichtigg von der in Aussicht genommenen Einleitg der Vormsch handelt, Art 8, in persönl Hinsicht nur auf die Vormsch über Mj Anwendg, die Angeh eines VertrStaats sind u ihren gewöhnl Aufenth im Gebiet eines dieser Staaten haben, Art 9. Nicht anwendb ist es bei Staatenlosen. Räuml findet Abk nur auf die europ Gebiete der VertrStaaten Anwendg. Sachl behandelt es nur die Vormsch über Mj, also nicht anwendb auf Pflegsch (diese aber als vorl Maßregel – and EG 23, dort Anm 6 – mögl, KGJ **35**, 15), Beistandsch, KG JR **27** Rspr 1030, Vormsch für Vollj (vgl insof HaagerEntmAbk Art 8, 10), Sorgerechtsverteilg zw gesch Eltern, Knöpfel FamRZ **59**, 483, sowie sonstige Maßnahmen, die das 4. Buch des BGB dem VormschG überträgt, KGJ **45**, 18. Insof gilt also auch im Verhältn zu den VertrStaaten EG 23, hins der letztgenannten Maßnahmen das dort Anm 1a Gesagte, im übr tritt an dessen Stelle das Abk.

c) Kurze Erläuterg. Soweit das Abk gilt, scheidet EG 30 aus, da das Abk keine Vorbehalte enthält. Der **StaatsangehörigkGrds** ist scharf durchgeführt; demgem bestimmt sich die Vormsch (Zustdgk der Behörden, Umfang ihrer Tätigk, Rechte u Pflichten des Vormundes usw, vgl die Aufzählgen EG 23 Anm 2 u 5; jedoch erstreckt sich die Vertretgmacht des Vormd auch auf das ausl Verm des Mdl, soweit nicht etwa im Ausland liegende Grdst dort einer bes Güterordng unterliegen, Art 6) nach den Gesetzen des Staates, dem der Mj angehört, Art 1. An deren Stelle tritt allerd für den Fall, daß nach jenem eine Vormsch nicht angeordnet w kann od eine Übern dch den diplomat od konsular Vertreter des Heimatstaates nicht erfolgt, Art 2, für die Anordng u Führg der Vormsch (vgl auch EG 23 Anm 5) das Recht des AufenthStaates, wenn von dessen Behörden die Vormsch angeordnet w, Art 3. Auch dann richtet sich aber Grund u Dauer der Vormsch nach dem HeimatR des Mj, Art 5. Stets bleibt also zu prüfen, ob das HeimatR den Mj etwa unter elterl Gewalt stehen läßt od eine gesetzl Vormsch vorsieht, so daß die Anordng einer Vormsch nicht mehr in Betr kommt, vgl EG 23 Anm 3a. In diesen Fällen kann auch die Anordnung einer vorl Maßregel, hins deren sonst größere Freiheit besteht, Art 7 u oben Anm 3b, wenn auch das Kindeswohl od der Schutz der öff Belange sie dringend erfordern mögen, RG **162**, 329, nicht erfolgen, KG JR **27** Rspr 1030. Von der Notwendigk der Anordng einer Vormsch ist von den Behörden des AufenthStaates denen des Heimatstaats auf diplomat Wege, KGJ **41**, 27, Nachricht zu geben; diese haben sich dann zu äußern, ob ihrerseits eine Vormsch angeordnet ist od wird, Art 8.

d) Amtl Übersetzg des Abkommens (Offiz Text französisch):

Art. 1. Staatsangehörigkeitsgrundsatz. Die Vormundschaft über einen Minderjährigen bestimmt sich nach dem Gesetze des Staates, dem er angehört (Gesetz des Heimatstaats).

Art. 2. Übernahme der Fürsorge durch den diplomatischen oder konsularischen Vertreter. Sieht das Gesetz des Heimatstaates für den Fall, daß der Minderjährige seinen gewöhnlichen Aufenthalt im Auslande hat, die Anordnung einer Vormundschaft im Heimatlande nicht vor, so kann der von dem Heimatstaate des Minderjährigen ermächtigte diplomatische oder konsularische Vertreter gemäß dem Gesetze dieses Staates die Fürsorge übernehmen, sofern der Staat, in dessen Gebiete der Minderjährige seinen gewöhnlichen Aufenthalt hat, dem nicht widerspricht.

Art. 3. Hilfsweise Aufenthaltsrecht maßgebend. Falls eine Vormundschaft gemäß den Bestimmungen des Artikel 1 oder des Artikel 2 nicht angeordnet ist oder nicht angeordnet werden kann, so ist für die Anordnung und die Führung der Vormundschaft über einen Minderjährigen, der seinen gewöhnlichen Aufenthalt im Auslande hat, das Gesetz des Aufenthaltsorts maßgebend.

Art. 4. Spätere Vormundschaftsanordnung durch den Heimatstaat. Ist die Vormundschaft gemäß der Bestimmung des Artikel 3 angeordnet, so kann gleichwohl eine neue Vormundschaft auf Grund des Artikel 1 oder des Artikel 2 angeordnet werden.
Hiervon ist der Regierung des Staates, in welchem die Vormundschaft zuerst angeordnet wurde, sobald wie möglich Nachricht zu geben. Diese Regierung hat davon entweder die Behörde, welche die Vormundschaft angeordnet hat, oder in Ermangelung einer solchen Behörde den Vormund selbst zu benachrichtigen.
In dem Falle, den dieser Artikel vorsieht, bestimmt sich der Zeitpunkt, in welchem die ältere Vormundschaft endigt, nach der Gesetzgebung des Staates, in dessen Gebiete diese Vormundschaft angeordnet war.

Art. 5. Zeitpunkt und Gründe für Beginn und Beendigung der Vormundschaft. In allen Fällen bestimmen sich der Zeitpunkt und die Gründe für den Beginn sowie für die Beendigung der Vormundschaft nach dem Gesetze des Heimatstaats des Minderjährigen.

Art. 6. Umfang der vormundschaftlichen Verwaltung. Die vormundschaftliche Verwaltung erstreckt sich auf die Person sowie auf das gesamte Vermögen des Minderjährigen, gleichviel an welchem Orte sich die Vermögensgegenstände befinden.

Von dieser Regel sind Ausnahmen zulässig in Ansehung solcher Grundstücke, welche nach dem Gesetze der belegenen Sache einer besonderen Güterordnung unterliegen.

Art. 7. Vorläufige Maßregel. Solange die Vormundschaft nicht angeordnet ist, sowie in allen dringenden Fällen können die zuständigen Ortsbehörden die Maßregeln treffen, die zum Schutze der Person und der Interessen eines minderjährigen Ausländers erforderlich sind.

Art. 8. Gegenseitige Mitteilungspflicht. Liegt Anlaß vor, für einen minderjährigen Ausländer die Vormundschaft anzuordnen, so haben die Behörden des Staates, in dessen Gebiet er sich befindet, von dem Sachverhalte, sobald dieser ihnen bekannt wird, die Behörden des Staates zu benachrichtigen, dem der Minderjährige angehört.

Die in solcher Art benachrichtigten Behörden sollen den Behörden, die ihnen die Mitteilung gemacht haben, sobald wie möglich Kenntnis geben, ob die Vormundschaft angeordnet ist oder angeordnet werden wird.

Art. 9. Persönliches und räumliches Anwendungsgebiet. Dieses Abkommen findet nur Anwendung auf die Vormundschaft über Minderjährige, die Angehörige eines der Vertragsstaaten sind und ihren gewöhnlichen Aufenthalt im Gebiete eines dieser Staaten haben.

Die Artikel 7 und 8 dieses Abkommens finden jedoch auf alle Minderjährige Anwendung, die Angehörige eines Vertragsstaats sind.

4) Übereinkommen über die Zuständigkeit der Behörden und das anzuwendende Recht auf dem Gebiet des Schutzes von Minderjährigen v 5. 10. 1961, BGBl **71** II 217.

Schrifttum: Ferid RabelsZ **62/63**, 428, Kropholler, Das Haager Abk üb den Schutz Mj, 2. Aufl 1977, derselbe NJW **71**, 1721 u **72**, 371, ZfRV **75**, 207, Wuppermann FamRZ **72**, 247, derselbe FamRZ **74**, 414, Firsching Rpfleger **71**, 383, Siehr DAVorm **73**, 253, **77**, 219, Luther FamRZ **73**, 406, Jayme JR **73**, 177, Schurig FamRZ **75**, 459, Sturm NJW **75**, 2121, Stöcker DAVorm **75**, 507, Ahrens FamRZ **76**, 305, Schwimann JurBl (österr) **76**, 233, Goerke StAZ **76**, 267, Henrich Fschr f Schwind (1978) 79, Schwimann FamRZ **78**, 303.

a) Allgemeines. Das Abk ist f die BRep am 17. 9. 71 in Kraft getreten, Bek v 11. 10. 71, BGBl II 1150. Es gilt seit 4. 2. 69 ferner für die Schweiz (mit Vorbeh aus Art 15 I), Portugal, Luxemburg (mit Vorbeh aus Art 13 III u 15 I), seit 18. 9. 71 auch für die Niederlande und die niederländ Antillen (mit Vorbeh aus Art 13 III u 15 I), Bek v 22. 12. 71, BGBl **72** II 15, seit 10. 11. 72 auch f Frankreich, Bek v 9. 11. 72, BGBl II 1558 (mit Vorbeh aus Art 15 I, Bek v 10. 10. 75, BGBl II 1495), seit 11. 5. 75 auch f Österreich (mit Vorbeh aus Art 13 III), Bek v 22. 4. 75, BGBl II 699.

b) Anwendsbereich. Das Übk gilt **sachl** f Maßn z Schutz der Pers u des Verm v Mj; z Begr derart Maßn vgl Art 1 Anm 3. In **pers** Hins ist das Übk auf Mj (z Begr Art 12 mit Anm) anwendb, die ihren gewöhnl Aufenth, vgl dazu Art 1 Anm 2, in einem VertrStaat h, Art 13; ob der Heimatstaat des Mj z den VertrStaaten gehört, ist gleichgült, da die BRep einen Vorbeh n Art 13 III nicht erkl hat; das Übk ist desh auch im Verh z DDR anwendb, Art 13 Anm 1. **Zeitl** ist das Übk auf die n seinem Inkrafttr getroffenen Maßn anzuwenden, Art 17 I; es war aber auch noch in der RBeschwInst z berücksicht, BGH **60**, 68, BayObLG **72**, 292. Die Best des Übk gehen als Sonderregelg den allg Vorschr des EG vor; vor allem EG 19, 20 u 23 sind teilw dch das Übk ersetzt. Z Verh z **and StaatsVertr** s Art 18 mit Anm.

c) Grdregeln. Das Übk trifft eine Regelg der internat Zustdgk u des anwendb R auf dem Gebiet des MjSchutzes. Dabei geht es vom sog **GleichlaufsGrds** aus: sachl maßg ist das innerstaatl R der zust Ger od Beh, Art 2. Eine wesentl Einschränkg der Anwendbk der lex fori ergibt sich aber aus der in Art 3 vorgesehenen Anerkenng ges GewVerhe. Da die internat Zustdgk n Art 1 in erster Linie den Beh des Aufenth-Staates zukommt, ist grdsl das **R des gewöhnl Aufenth** des Mj maßg, also nicht sein HeimatR wie n EG 23 u Haager VormschAbk Art 1; dieser Grds gilt auch f Maßn aGrd der Gefährdgs- od EilZustdgk n Art 8 u 9, vgl Erläut dort. Eine **Ausn** zG der Anwendbk des HeimatR des Mj schafft Art 3. – **Rück-** od **Weiterverweisg** sind im Anwendungsbereich des Übk nicht z beachten, da seine Vorschr unmittelb auf das innerstaatl R verweisen, Zweibr FamRZ **74**, 153, Karlsr NJW **76**, 485, Kropholler, Haager Abk 24, vgl Art 3 Anm 1. **Vorfragen,** die nicht in unmittelb Zushang mit dem sachl Anwendgsbereich des Übk stehen, zB Bestehen einer Adopt, Ehelk des Kindes, sind selbstd anzuknüpfen, Zweibr aaO, Stgt FamRZ **76**, 359; ist im Interesse der internat EntschEinklangs unselbstd Anknüpfg geboten, vgl Vorbem 6 vor EG 7; dies gilt zB f die Vorfrage n dem Bestehen elterl Gew bei Anwendg v Art 3, Karlsr NJW **76**, 485, dahingestellt bei KG OLGZ **76**, 281. Soweit das Übk auf die Staatsangehörigk des Kindes abstellt, zB Art 3, 4, 12, entsch bei **Mehrstaatern** die effektive Staatsangehörigk, BGH **60**, 82; dies gilt auch dann, wenn eine der Staatsangehörigk die inländ ist, Kropholler, Haager Abk 23, vgl Anm 7a vor EG 7. Ist der Heimatstaat ein Mehrrechtsstaat gilt Art 14. Z Vorbeh des ordre public s Art 16.

d) Text des Übk (in der amtl dtschen Übersetzg des frz Originaltextes) mit **Erläut.**

1 *[Internationale Zuständigkeit]* Die Behörden, seien es Gerichte oder Verwaltungsbehörden, des Staates, in dem ein Minderjähriger seinen gewöhnlichen Aufenthalt hat, sind, vorbehaltlich der Bestimmungen der Artikel 3, 4 und 5 Absatz 3, dafür zuständig, Maßnahmen zum Schutz der Person und des Vermögens des Minderjährigen zu treffen.

1) Allgemeines. Die Vorschr begründet die **internat Zustdgk** der Ger od VerwaltgsBeh des **Aufenth-Staates** eines Mj f best SchutzMaßn. In Betr kommen in Dtschland vor allem das VormschG, das FamG u das JugAmt; z örtl Zustdgk s zB FGG 36 ff, 43, ZPO 606, 621 II, JWG 11. Die Zustdgk ist nicht ausschließl, schließt also die Anerkenng einer Entsch des Heimatstaats des Mj nicht aus, selbst wenn dieser kein VertrStaat ist, KG OLGZ **75**, 172. Die Zustdgk der Beh des AufenthStaates **entfällt** bei Bestehen eines **ges GewVerh** iS des **Art 3,** soweit darin keine ausfüllgsfäh Lücke, vgl Art 3 Anm 2, u soweit keine Kompetenz wg ernstl Gefährdg des Mj n Art 8 od kr EilZustdgk in dringenden Fällen n Art 9 besteht, BGH **60**, 68, Zweibr FamRZ **75**, 172, Stgt FamRZ **76**, 359, Wuppermann FamRZ **74**, 418, Ahrens FamRZ **76**, 305, Kropholler ZfRV **75**, 213, **str,** abl Ferid IPR Rdz 8–231, Stöcker DAVorm **75**, 507, Sturm NJW **75**, 2121, neuerd auch Kropholler, Haager Abk 72, Henrich Fschr f Schwind (1978) 82, die die internat Zustdgk des Aufenth-Staates auch bei Bestehen eines ges GewVerh n dem HeimatR des Mj bej, soweit trotz Anerkenng dieses RVerh n dem AufenthR ein Bedürfn n einer SchutzMaßn besteht. Die HeimatBeh des Mj k das im AufenthStaat anhäng Verf an sich ziehen, wenn das Wohl des Kindes ihrer Auffassg n das erfordert, Art 1 iVm **Art 4;** damit entfällt die Zustdgk des AufenthStaates, vgl Art 4 Anm 2; bei Verlegg seines gewöhnl Aufenth vom Heimatstaat in einen and VertrStaat bleiben die HeimatBeh f die Durchf der bish Maßn solange zust, bis die Beh des neuen AufenthStaates das Verf übernehmen, Art 1 iVm **Art 5 III,** vgl dort Anm 1. – Iü läßt **AufenthWechsel** währd eines anhäng gegebene internat Zustdgk entfallen u begründet neue, Hamm NJW **74**, 1053, Düss FamRZ **75**, 641, Stgt NJW **78**, 1746, aM KG NJW **74**, 424; aber keine Aufhebg der SchutzMaßn eines TatsGer in der BeschwInst, wenn die internat Zustdgk bei Erl der AO noch gegeben u erst später dch AufenthWechsel weggefallen ist, BayObLG **76**, 25. Dagg k Erwerb der dtschen Staatsangehörig dch den Mj u Entfallen eines bish bestehenden ges GewVerh n dem fr HeimatR die internat Zustdgk noch in der BeschwInst begründen, BayObLG FamRZ **76**, 49, Düss NJW **76**, 1596. – Z anwendb R s Art 2; z Begr des Mj Art 12.

2) Gewöhnl Aufenth. Die Zustdgk ist an den gewöhnl Aufenth des Mj geknüpft. Z verstehen ist darunter der Ort des tatsächl Mittelpktes der Lebensführg des Mj, BGH NJW **75**, 1068 („Daseinsmittelpkt"), BayObLG **73**, 345, Kropholler NJW **71**, 1724; der entggstehde Wille des Mj od eines EltT ist unbeachtl, Hbg FamRZ **72**, 514, Zweibr (LG) FamRZ **74**, 140, Kleve FamRZ **77**, 335; jedoch w dch zwangsw Unterbringg als solche, zB Strafhaft, gewöhnl Aufenth nicht begründet, Kropholler, Haager Abk 61; zeitweil Unterbrechgen beenden den gewöhnl Aufenth nicht, wenn der Schwerpkt der Bindgen der Pers dadch nicht verändert w; z Problem des Aufenth bei Internatsbesuch BGH NJW **75**, 1068, bei Kindesentführg vgl Siehr DAVorm **73**, 259, **77**, 219, Wuppermann FamRZ **74**, 416, Stöcker DAVorm **75**, 522; dch die Entführg als solche w der gewöhnl Aufenth nicht verändert, der neue Aufenth k aber bei Hinzutreten weiterer Umst z gewöhnl w, vgl Stgt NJW **76**, 483, SchlH SchlHA **78**, 54, abw wohl Karlsr NJW **76**, 485. Gewöhnl Aufenth erfordert eine gewisse Eingliederung in die soz Umwelt; als Indiz k dabei die tats Dauer des Aufenth dienen (als Faustregel w häufig etwa 6 Mo genannt, Hamm NJW **74**, 1053, Ffm IPRspr **74**, Nr 93, Stgt NJW **78**, 1746); ist der Aufenth v vornherein auf längere Dauer angelegt, so kann er aber auch schon mit seinem Beginn als gewöhnl Aufenth angesehen w, Kropholler, Haager Abk 62.

3) SchutzMaßn. Die Zustdgk erstreckt sich auf Maßn z Schutz der Pers u des Verm des Mj. Der Begr ist weit z fassen; er umfaßt alle Maßn, die im Interesse des Kindes erfdl sind, BGH **60**, 68 u umschließt sowohl privr wie öffr Maßn, Jayme JR **73**, 177. In Betr kommen insb Entsch über die Herausg des Kindes, § 1632 II, Ffm FamRZ **72**, 266, Hbg FamRZ **72**, 514, Karlsr NJW **76**, 485, über die Verkehrsregelg §§ 1634 II, 1711, Stgt NJW **78**, 1746, Maßregeln n §§ 1666–1669, BayObLG **73**, 331 u 345, StAZ **77**, 137, Zweibr FamRZ **74**, 153, Hamm NJW **78**, 1747, Übertr der elterl Gew n Scheidg, § 1671, BGH **60**, 68, BayObLG **74**, 106, KG FamRZ **74**, 144 (auch in Abänd ausl SorgeREntsch, KG OLGZ **75**, 119, BayObLG **75**, 218) od bei Getrenntleben, § 1672, BayObLG **74**, 126, Hamm NJW **74**, 1053, KG FamRZ **77**, 475 (hier ist aber stets z prüfen, ob n dem HeimatR des Mj die SorgeR kr Gesetzes auf einen EltT übergeht, Art 3), einstw AOen gem ZPO 620 nF, SchlH SchlHA **78**, 54, Feststellg des Ruhens der elterl Gew n § 1674, BayObLG **74**, 491 (and bei § 1673, BayObLG **76**, 198, da lediglich deklarator Bedeutg), Bestellg eines Beistandes n § 1685, AO einer Pflegsch u Bestellg eines Pflegers n § 1706 ff, Stgt FamRZ **77**, 208, BayObLG StAZ **78**, 208, eines ErgPflegers, § 1909 od eines Vormd; ferner HeimatR des Mj od der FürsErz, JWG **57**, 62, 65, 67, Ingolstadt (AG) DAVorm **76**, 596, Schutz des Pflegekindes, JWG 27 ff; hingg **fallen nicht** unter das Übk Einzelmaßn z Überwachg v Eltern od z Durchf einer Vormsch od Pflegsch, so die vormschger Gen v RGesch, Kropholler, Haager Abk 33 ff, Siehr DAVorm **73**, 263, grdsl auch Schwimann FamRZ **78**, 303, abw Stöcker DAVorm **75**, 507 (aber AnnexZustdgk n Art 1 bei Gen, die als Folge einer vom AufenthStaat getroffenen SchutzMaßn notw w, Kropholler aaO 35, f noch weitergeltende „Dchführgs-zuständigkeiten" Schwimann aaO), ferner nicht vormschger Befreigen v SchutzVorschr wie Befreiung v Erfordern der Ehemündigk, EheG 1 II, Erteilg des AuseinandSZeugn EheG 9. Ebsowenig gehören hierher die ges Amtspflegsch des JugA, § 1709, die selbst Sachgebieten zugehör Bestellg eines Pflegers f die Leibesfrucht, § 1912, AO der NachlPflegsch bei mj Erben, § 1960, Feststellg der Legitimation, PStG 31, Ffm FamRZ **73**, 468, EhelichErkl, § 1723, Entsch über die Anfechtg der Ehelk eines Kindes, KG OLGZ **77**, 452, Ausspr der Adopt, § 1752 I, Gen z Entlassg eines Mj aus der dtschen u zum Erwerb einer ausl Staatsangehörig, RuStAG 19, 25, Art 3 ZustimmgsG.

4) BenachrichtiggsPfl ggü Beh des Heimatstaates n Art 11.

2 *[Anwendung des Aufenthaltsrechts]* **Die nach Artikel 1 zuständigen Behörden haben die nach ihrem innerstaatlichen Recht vorgesehenen Maßnahmen zu treffen. Dieses Recht bestimmt die Voraussetzungen für die Anordnung, die Änderung und die Beendigung dieser Maßnahmen. Es regelt auch deren Wirkungen sowohl im Verhältnis zwischen dem Minderjährigen und den Personen oder den Einrichtungen, denen er anvertraut ist, als auch im Verhältnis zu Dritten.**

1) **Sachl maßg** ist das innerstaatl R der n Art 1 zust Beh (**GleichlaufsGrds**), dh prakt das AufenthR. Die lex fori best über die **Voraussetzgen** einer SchutzMaßn, zB AO der FürsErz, einschl ihrer Abänderg od Aufhebg; sie entsch ferner über die **Wirkgen**, u zwar sowohl im InnenVerh, zB Haftg des Vormd ggü Mj, als auch im Verh z Dr, zB Vertretgsmacht des Vormd od Notwendigk einer vormschger Gen, II, vgl Kropholler, Haager Abk 111 f. Sieht das innerstaatl R des AufenthStaates keine SchutzMaßn vor, da es v einem kr Gesetzes eintretden RZust ausgeht, währd n dem HeimatR des Mj eine solche Maßn geboten wäre, so ist eine entspr Anpassg des AufenthR erfdl, vgl näher Art 3 Anm 2.

3 *[Nach Heimatrecht bestehende Gewaltverhältnisse]* **Ein Gewaltverhältnis, das nach dem innerstaatlichen Recht des Staates, dem der Minderjährige angehört, kraft Gesetzes besteht, ist in allen Vertragsstaaten anzuerkennen.**

1) **Allgemeines.** Die Vorschr begründet eine Verpfl aller VertrStaaten z Anerkenng v **GewVerh**, die n dem HeimatR des Mj **kr Gesetzes** bestehen, zB elterl Gew, AmtsVormsch. Es muß sich dabei um eine RBeziehg handeln, die sich ohne gerichtl od behördl Eingreifen unmittelb ex lege aus der ROrdng des Heimatstaates ergibt. In Durchbrechg des GleichlaufsGrds w das f die Beurteilg des Bestehens eines solchen RVerh anwendb R dch **Anknüpfg** an die **Staatsangehörigk** best. Die Staatsangehörigk des Mj ist festzustellen (Ausn: Art 8, vgl dort Anm 1); die dabei auftretden Vorfragen sind n dem IPR des Staates selbstd anzuknüpfen, um dessen Staatsangehörigk es geht, Stgt FamRZ 76, 359, vgl Anm 7a vor EG 7. Bei Mehrstaatern entsch auch dann die effektive Staatsangehörigk, wenn eine davon die dtsch ist, vgl BGH 60, 82, KG OLGZ 76, 281, Düss StAZ 77, 83, SchlH SchlHA 78, 54 (Vorrang der Staatsangehörigk des AufenthStaates, die aber in den entschiedenen Fällen jew die dtsche ist), Kropholler, Haager Abk 23, str, f absoluten Vorrang der dtschen Staatsangehörigk BayObLG 75, 218, FamRZ 76, 363, Hamm FamRZ 76, 528, AG Brem IPRspr 75 Nr 71; bei Staatenlosen, Flüchtlingen usw ist auf das dch den gewöhnl Aufenth best Personalstatut, s EG 29 mit Anh, abzustellen, BayObLG 74, 95, 345, Kropholler aaO 116. Bei einem StaatsangehörigkWechsel entsch das neue HeimatR; das Statut ist also wandelb; StaatsangehörigkWechsel ist auch in der BeschwInst z berücksicht, BayObLG FamRZ 76, 49, Düss NJW 76, 1596. Bei MehrRStaaten ist die maßg TeilROrdng n Art 14 z best. – Die Verpfl z Anerkenng eines ges GewVerh besteht **unabhängig** davon, ob der **Heimatstaat** des Mj z den **VertrStaaten** gehört, Hamm NJW 78, 1747, Ahrens FamRZ 76, 312, aM Ferid IPR Rdz 8–240; bei der Anwendg des Art 5 III, vgl Anm dort. Die AnerkenngsPfl reicht nur soweit, als das HeimatR des Mj sie fordert: **Rück- od Weiterverweisg** dch das HeimatR im Rahmen v Art 3 wg des klaren Wortlauts der Vorschr (n dem „innerstaatl" R des Heimatstaates) jedoch nicht z beachten, ebso Kropholler NJW 72, 371, Siehr DAVorm 73, 267, Jayme JR 73, 181 f, Henrich Fschr f Schwind (1978) 79, 85, aM Ferid IPR Rdz 8–239, vgl auch Hbg (AG) DAVorm 74, 684 u oben Anm 4 c; z Anknüpfg v **Vorfragen** vgl ebda. – Die n Art 3 gebotene Anwendg des ausl HeimatR steht unter dem Vorbeh des ordre public, Art 16; insow auch GeltgsAnspr der dtschen **GrdRe** z berücksicht, vgl dazu BGH 60, 68, Wuppermann FamRZ 74, 419. Verstößt die ges Regelg des GewVerh n dem HeimatR des Mj offensichtl gg die dtsche öff Ordng, so entfällt die AnerkenngsPfl n Art 3; die dtschen Beh des AufenthLandes sind dann in Art 1 zust u wenden n Art 2 dtsches R an, Zweibr FamRZ 75, 172. Ein solcher Verstoß ist aber nicht bei jeder mit dem Grds des GG 3 II unvereinb Ausgestaltg des ausl HeimatR gegeben, es kommt entsch auf die Inlandsbeziehgen des Falles an, BGH 60, 68, vgl auch Nürnb (LG) FamRZ 73, 380 u EG 30 Anm 2.

2) **Einschränkg der Zustdgk des AufenthStaates.** Die internat Zustdgk der Beh des AufenthStaates n Art 1 steht unter dem Vorbeh der Verpfl z Anerkenng ges GewVerh n Art 3. Hierin liegt eine wesentl Einschränkg der Zustdgk u der Maßgeblk des AufenthR. Soweit die AnerkenngsPfl reicht, entfällt die dch Art 1 begründete Zustdgk, str, vgl dort Anm 1. Eingr in AufenthR in kr Gesetzes bestehdes Gew-Verh k die Ger des AufenthStaates nur bei ernstl Gefährdg n Art 8 u in dringenden Fällen n Art 9 vornehmen, BGH NJW 73, 417, BayObLG 74, 126, 322, Hamm NJW 75, 1083, krit dazu Schurig FamRZ 75, 459. Ein derart Eingr liegt jedoch nur vor, wenn das ausl HeimatR des Mj eine solche Maßn nicht zuläßt. Zum Begr des Eingr vgl Zweibr FamRZ 72, 649, Kropholler NJW 72, 371. Läßt das HeimatR innerh eines an sich bestehdn GewVerh gerichtl od behördl Eingr z, zB Regelg der Ausübg der elterl Gew n Scheidg, enthält es also eine **regelgsfäh Lücke**, so entfällt in diesem Umfang die AnerkenngsPfl n Art 3 u tritt die grdsl Zustdgk des AufenthStaates z Vorn v SchutzMaßn n seinem eig R gem Art 1 u 2 wieder in Kraft, so im Erg auch Schurig FamRZ 75, 459, abl Ahrens FamRZ 76, 305. Das ausl HeimatR des Mj best dabei nur den äußeren Rahmen, innerh dessen **SchutzMaßn n AufenthR** z treffen sind; dagg sind diese Maßn dch die Ger des AufenthStaates nicht selbst n dem ausl HeimatR vorzunehmen, and Nürnb (LG) FamRZ 73, 380, vgl dazu Kropholler, Haager Abk 73. – Besteht n dem dtschen R als AufenthR ein ges GewVerh (zB der nehel Mutter n § 1705), währd das ausl HeimatR des Mj ein solches R entweder überh nicht vorsieht od innerh eines solchen GewVerh eine Ausübungsregel zuläßt, so h der dtsche Ri n dn dtschem R kr Gesetzes bestehden RZust dch eine entspr AO herzustellen, zB der nehel Mutter die elterl Gew z übertr, ebso Hamm NJW 78, 1747, Kropholler ZfRV 75, 212, Sturm NJW 75, 2125 (Anpassg des dtschen SachR), krit dazu Jayme StAZ 76, 199, der z automat Eintritt des dtschen SachR bei der unselbstd Anküpfg einer Vorfrage im Rahmen v Art 2 II gelangt, ebso nunmehr Kropholler, Haager Abk 118; gg die Gleichsetzg des Übergangs der elterl Gew kr Gesetzes mit einer SchutzMaßn iSv Art 1 Karlsr NJW 76, 485, dahingestellt BayObLG StAZ 78, 208.

3) **Einzelfälle.** Ein n Art 3 anzuerkennds **ges GewVerh** besteht zB n Elternscheidg n österr R, BayObLG 74, 106, Stgt NJW 76, 483, Ffm OLGZ 77, 416, n ägypt R, BayObLG 74, 322, Zweibr FamRZ 75, 172, grdsl auch n frz R (aber AusübgsRegelg mögl), Hameln (AG) FamRZ 75, 662, vgl auch LG Saarbr DAVorm 77, 214, n griech R (Regelg der PersSorge statth), Hamm FamRZ 72, 381, Stgt FamRZ 76, 359 m Anm Jayme; n iran R hins der VermSorge, BGH 60, 68, BayObLG 74, 355 (nicht auch hins der PersSorge, Hbg (AG) IPRspr 74 Nr 90), bis z FamRReform dch Gesetz v 19. 5. 75 auch n italien R (aber AusübgsRegelg mögl), KG NJW 74, 423, Hamm NJW 74, 1053 (ebso bei Getrenntleben der Eltern,

BayObLG **74**, 126), währd des **Bestehens der Ehe** n belg R, BayObLG **74**, 491, ebso n türk R, BayObLG FamRZ **76**, 163, StAZ **77**, 137, bei **nehel** Kindern n engl R, KG DAVorm **74**, 283, u jugoslaw R, Osnabr (LG) ZBlJugR **74**, 446, **nicht dagg n Elternscheidg** n schweiz (auch nicht bei Tod des EltT, dem die elterl Gew zugeteilt w, Karlsr NJW **76**, 485) od n türk R, KG OLGZ **75**, 119, n belg, Cloppenburg (AG) IPRspr **73** Nr 58, od n israel staatl R, Hann (LG) IPRspr **73** Nr 60, n jugoslaw R, Ingolstadt (AG) DAVorm **75**, 270, n dem R des Staates Georgia (USA) hins der VermSorge, Ingolstadt (AG) DAVorm **75**, 120, währd des **Bestehens der Ehe** n span R, Hbg (AG) IPRspr **74** Nr 84, sowie f **nehel** Kinder n schweiz R, Hann (LG) DAVorm **73**, 499, n türk R, Brem (AG) ZBlJugR **73**, 445, vgl dazu Jayme aaO 438, BayObLG StAZ **78**, 208, od n griech R, Stgt (LG) DAVorm **75**, 485.

4 *[Eingreifen der Heimatbehörden]* Sind die Behörden des Staates, dem der Minderjährige angehört, der Auffassung, daß das Wohl des Minderjährigen es erfordert, so können sie nach ihrem innerstaatlichen Recht zum Schutz der Person oder des Vermögens des Minderjährigen Maßnahmen treffen, nachdem sie die Behörden des Staates verständigt haben, in dem der Minderjährige seinen gewöhnlichen Aufenthalt hat.

Dieses Recht bestimmt die Voraussetzungen für die Anordnung, die Änderung und die Beendigung dieser Maßnahmen. Es regelt auch deren Wirkungen sowohl im Verhältnis zwischen dem Minderjährigen und den Personen oder den Einrichtungen, denen er anvertraut ist, als auch im Verhältnis zu Dritten.

Für die Durchführung der getroffenen Maßnahmen haben die Behörden des Staates zu sorgen, dem der Minderjährige angehört.

Die nach den Absätzen 1 bis 3 getroffenen Maßnahmen treten an die Stelle von Maßnahmen, welche die Behörden des Staates getroffen haben, in dem der Minderjährige seinen gewöhnlichen Aufenthalt hat.

1) Allgemeines. Die Vorschr begründet eine konkurrierde Zustdgk der Beh des Heimatstaats z SchutzMaßn iS v Art 1, falls sie dies im Kindswohl f erfdl halten, etwa weil die AufenthBeh z SchutzMaßn nicht bereit od in der Lage sind od weil die HeimatBeh rascher u sachnäher handeln k, Stgt NJW **78**, 1746, vgl auch Karlsr Just **78**, 319 (unklar). Es handelt sich um eine AusnRegelg, die zurückhaltd anzuwenden ist; prakt Bedeutg gering. Die HeimatZustdgk gilt nur zG v VertrStaaten, Art 13 II; ggü NichtVertrStaaten gilt allein AufenthZustdgk gem Art 1. Umgekehrt gilt auch die Pfl z Verständig der Beh des Aufenth-Staates n I nur ggü einem VertrStaat, Kropholler, Haager Abk 84. Erf der VerständiggPfl ist Voraussetz der Zustdgk n Art 4 I, vgl KG NJW **74**, 425, BayObLG **76**, 31, dahingestellt Stgt NJW **78**, 1746. – Sachl maßg ist auch hier die lex fori, II. Z Durchf vgl III u Art 6 I mit Anm; z Zustdgk f die Mitteilgn n I s ZustG Art 2. Die v den HeimatBeh getroffenen Maßn ersetzen automat bereits getroffene SchutzMaßn des Aufenth-Staates, sofern die Voraussetzgen n I erf sind, insb die dort vorgesehene Mitteilg erfolgt ist, III, Kropholler aaO 85. Z Inkraftbleiben der Maßn des Heimatstaates bei AufenthWechsel Art 5 III.

2) Verh z Art 1. Die AufenthZustdgk n Art 1 steht unter dem Vorbeh der HeimatZustdgk n Art 4. Sie entfällt also, soweit die HeimatBeh SchutzMaßn gem Art 4 getroffen h; daher auch keine Zustdgk z Abänderg od Aufhebg solcher Maßn, Kropholler aaO 81; Ausn: Art 8 u 9.

3) BenachrichtiggsPfl ggü den Beh des gewöhnl AufenthLandes n Art 11 w idR dch die n I erfdl vorher Verständigg erf, vgl Kropholler aaO 100.

5 *[Verlegung des Aufenthalts in einen anderen Vertragsstaat]* Wird der gewöhnliche Aufenthalt eines Minderjährigen aus einem Vertragsstaat in einen anderen verlegt, so bleiben die von den Behörden des Staates des früheren gewöhnlichen Aufenthalts getroffenen Maßnahmen so lange in Kraft, bis die Behörden des neuen gewöhnlichen Aufenthalts sie aufheben oder ersetzen.

Die von den Behörden des Staates des früheren gewöhnlichen Aufenthalts getroffenen Maßnahmen dürfen erst nach vorheriger Verständigung dieser Behörden aufgehoben oder ersetzt werden.

Wird der gewöhnliche Aufenthalt eines Minderjährigen, der unter dem Schutz der Behörden des Staates gestanden hat, dem er angehört, verlegt, so bleiben die von diesen nach ihrem innerstaatlichen Recht getroffenen Maßnahmen im Staate des neuen gewöhnlichen Aufenthaltes in Kraft.

1) Mit der Verlegg des gewöhnl Aufenth, z Begr Art 1 Anm 3, v einem VertrStaat in einen anderen, ist auch ein Wechsel der internat Zustdgk des AufenthStaates n Art 1 verbunden, z den Konsequenzen f ein schwebdes Verf s Art 1 Anm 1. N Art 5 I bleiben aber die v früh AufenthStaat getroffenen SchutzMaßn vorläuf in Kraft; sie dürfen erst n Verständigg seiner Beh aufgeh w, II; z Zustdgk f diese Mitteilg s ZustG Art 2. – Mit der Verlegg des gewöhnl Aufenth in einen NichtVertrStaat entfällt die Anwendbk des Übk, Art 13 I. – Auch SchutzMaßn des **Heimatstaats**, sei es aGrd v Art 1 od sei es aGrd v Art 4, überdauern in ihrer Wirksk den AufenthWechsel, III. Voraussetzg dafür ist selbstverständl, daß der Heimatstaat z den VertrStaaten gehört, Hamm NJW **75**, 1083, u daß der Aufenth in einen and VertrStaat verlegt w, BayObLG **76**, 25. Die AufenthZustdgk steht n Art 1 unter dem Vorbeh des Fortbestandes solcher Maßn; vgl dazu Art 4 Anm 2 entspr.

6 *[Übertragung der Durchführung von Maßnahmen]* Die Behörden des Staates, dem der Minderjährige angehört, können im Einvernehmen mit den Behörden des Staates, in dem er seinen gewöhnlichen Aufenthalt hat oder Vermögen besitzt, diesen die Durchführung der getroffenen Maßnahmen übertragen.

Die gleiche Befugnis haben die Behörden des Staates, in dem der Minderjährige seinen gewöhnlichen Aufenthalt hat, gegenüber den Behörden des Staates, in dem der Minderjährige Vermögen besitzt.

1) Grdsl h die Beh des Heimatstaates die v ihnen getroffenen SchutzMaßn selbst dchzuführen, Art 4 III. Art 6 I begründet die Möglk einer ZustdgkÜbertr im Einvernehmen zw ersuchden u ersuchten Beh. Eine entspr Möglk besteht f den AufenthStaat, II.

7 *[Anerkennung der Maßnahmen, nicht ohne weiteres bei Vollstreckung]* Die Maßnahmen, welche die nach den vorstehenden Artikeln zuständigen Behörden getroffen haben, sind in allen Vertragsstaaten anzuerkennen. Erfordern diese Maßnahmen jedoch Vollstreckungshandlungen in einem anderen Staat als in dem, in welchem sie getroffen worden sind, so bestimmen sich ihre Anerkennung und ihre Vollstreckung entweder nach dem innerstaatlichen Recht des Staates, in dem die Vollstreckung beantragt wird, oder nach zwischenstaatlichen Übereinkünften.

1) Voraussetzg der AnerkenngsPfl ist die Einhaltg der ZustdgkVorschr des Übk. N dem Wortlaut der Best („nach den vorstehden Artikeln") besteht keine AnerkenngsPfl f Maßn aGrd v Art 9; insow entsch die allg Anerkenngsregeln, vgl zB EG 19 Anm 5, aM Kropholler, Haager Abk 104; z Anerkenng v Maßn n Art 8 vgl dessen II; z Anerkenng vormschgerichtl Gen vgl Schwimann FamRZ 78, 306. Bei Anerkenng v SchutzMaßn in einem ScheidsgsUrt ist Verf n FamRÄndG Art 7 § 1 dchzuführen, BGH **64**, 19, Kropholler aaO 106; vgl dazu EG 17 Anm 6 b u EG 19 Anm 5. Die AnerkenngsPfl steht unter dem Vorbeh des ordre public, Art 16. – F die **Vollstreckg** v SchutzMaßn in einem and Staat trifft das Übk keine Regelg; insow gilt das jew innerstaatl R bzw bes StaatsVertr, S 2, vgl BGH FamRZ **77**, 126.

8 *[Maßnahmen des Aufenthaltsstaates bei Gefährdung des Minderjährigen]* Die Artikel 3, 4 und 5 Absatz 3 schließen nicht aus, daß die Behörden des Staates, in dem der Minderjährige seinen gewöhnlichen Aufenthalt hat, Maßnahmen zum Schutz des Minderjährigen treffen, soweit er in seiner Person oder in seinem Vermögen ernstlich gefährdet ist.
Die Behörden der anderen Vertragsstaaten sind nicht verpflichtet, diese Maßnahmen anzuerkennen.

1) Die Einschränkgen der AufenthZustdgk n Art 1 aGrd v Art 3, 4 u 5 III gelten nicht bei **ernstl Gefährdg** des Kindeswohls; eine solche liegt idR vor, wenn die Voraussetzgen der §§ 1666–1669 u 1680 erf sind, BGH **60**, 68, BayObLG **73**, 331; ebso bei vorläuf od einstw AOen in einem Verf n §§ 1671, 1672 od 1696, BayObLG **75**, 291, sowie bei Feststellg des Ruhens der elterl Gew n § 1674 bei Verurteilg des Vaters z mehrjähr Haftstrafe, BayObLG **74**, 491. Bei Vorliegen einer ernstl Gefährdg k notf auf die Feststellg der Staatsangehörigk des Kindes u eines n dem HeimatR bestehden ges GewVerh iS der Art 3 verzichtet w, BayObLG **75**, 291, KG FamRZ **77**, 475. – Die SchutzMaßn aGrd der GefährdgsZustdgk n Art 8 sind n der lex fori z treffen, Kropholler, Haager Abk 110; sie können endgült Art sein, zB Zuweisg der elterl Gew, Kropholler aaO 88. Eine AnerkenngsPfl der übr VertrStaaten besteht nicht, II.

2) **BenachrichtiggsPfl** ggü Beh des Heimatstaats n Art 11.

9 *[Eilzuständigkeit]* In allen dringenden Fällen haben die Behörden jedes Vertragsstaates, in dessen Hoheitsgebiet sich der Minderjährige oder ihm gehörendes Vermögen befindet, die notwendigen Schutzmaßnahmen zu treffen.
Die nach Absatz 1 getroffenen Maßnahmen treten, soweit sie keine endgültigen Wirkungen hervorgebracht haben, außer Kraft, sobald die nach diesem Übereinkommen zuständigen Behörden die durch die Umstände gebotenen Maßnahmen getroffen haben.

1) Die Vorschr begründet die internat Zustdgk der Beh eines auch nur vorübergehd **einfachen Aufenth** des Mj od des Lageortes seines Verm f die in **dringden Fällen** notw SchutzMaßn; diese Voraussetzg ist nicht erf, falls die Beh am gewöhnl AufenthOrt ohne ernst Gefährdg des Mj rechtzeit v ihrer RegelZustdgk n Art 1 Gebrauch machen k, vgl Düss IPRspr **74** Nr 93; befindet sich der gewöhnl Aufenth des Mj nicht in einem VertrStaat, so entfällt die Anwendbk des Übk, Kropholler, Haager Abk 90. Die Beh des gewöhnl AufenthLandes können eine Maßn ebenf auf Art 9 stützen, zB bei Eingr in ein ges GewVerh iS v Art 3, vgl dort Anm 2. Die EilMaßn ist n der lex fori z treffen, BayObLG StAZ **77**, 137, Kropholler aaO 113 mN, abw Kegel IPR § 20 VIII 4, der das jew IPR des VertrStaates einschalten will. Die Maßn ist auf das unbdgt Erforderl z beschränken; sie tritt regelm außer Kraft, wenn die n Art 1 od Art 4 zust Beh gehandelt haben, II.

2) **BenachrichtiggsPfl** ggü Beh des Heimatstaates u des gewöhnl AufenthStaates n Art 11.

10 *[Meinungsaustausch mit den Behörden des anderen Vertragsstaates]* Um die Fortdauer der dem Minderjährigen zuteil gewordenen Betreuung zu sichern, haben die Behörden eines Vertragsstaates nach Möglichkeit Maßnahmen erst dann zu treffen, nachdem sie einen Meinungsaustausch mit den Behörden der anderen Vertragsstaaten gepflogen haben, deren Entscheidungen noch wirksam sind.

1) Die Vorschr h empfehlden Charakter („nach Möglichkeit"); ein Unterbleiben des MeingsAustausches berührt die Wirksk der getroffenen Maßn nicht. Z Durchführg vgl ZustG Art 2; unmittelb BehVerk ist statth, Kropholler, Haager Abk 99.

1. Abschnitt: Allgemeine Vorschriften **(IPR) Anh zu EGBGB 23 4**

11 *[Anzeige an die Behörden des Heimatstaates]* Die Behörden, die auf Grund dieses Übereinkommens Maßnahmen getroffen haben, haben dies unverzüglich den Behörden des Staates, dem der Minderjährige angehört, und gegebenenfalls den Behörden des Staates seines gewöhnlichen Aufenthalts mitzuteilen.

Jeder Vertragsstaat bezeichnet die Behörden, welche die in Absatz 1 erwähnten Mitteilungen unmittelbar geben und empfangen können. Er notifiziert diese Bezeichnung dem Ministerium für Auswärtige Angelegenheiten der Niederlande.

1) Die Vorschr begründet eine BenachrichtiggsPfl, deren Verletzg die Wirksk der Maßn jedoch nicht berührt, Kropholler, Haager Abk 101. Unmittelb BehVerk, II; z Zustdgk der dtschen Ger u Beh ZustG Art 2; z Zustdgk der Beh and VertrStaaten f den Empfang der Mitteilgns BAnz 1974 Nr 195, DAVorm **77** 422.

12 *[Begriff des Minderjährigen]* Als „Minderjähriger" im Sinne dieses Übereinkommens ist anzusehen, wer sowohl nach dem innerstaatlichen Recht des Staates, dem er angehört, als auch nach dem innerstaatlichen Recht des Staates seines gewöhnlichen Aufenthalts minderjährig ist.

1) Der pers Anwendgsbereich des Übk beschränkt sich auf **Mj**, vgl oben Anm 4 b. Die Mjk muß sowohl n dem HeimatR als auch n dem R des gewöhnl Aufenth gegeben sein. Rück- od Weiterverweisg sind hier wie stets unbeachtl; bei Mehrstaatern entsch die effektive Staatsangehörigk, vgl oben Anm 4 c. Die Anwendbk des Übk entfällt bei VolljErkl od Emanzipation, nicht dagg bei beschr voller GeschFgk n §§ 112, 113, vgl Kropholler, Haager Abk 45 f.

13 *[Anwendungsgebiet]* Dieses Übereinkommen ist auf alle Minderjährigen anzuwenden, die ihren gewöhnlichen Aufenthalt in einem der Vertragsstaaten haben.

Die Zuständigkeiten, die nach diesem Übereinkommen den Behörden des Staates zukommen, dem der Minderjährige angehört, bleiben jedoch den Vertragsstaaten vorbehalten.

Jeder Vertragsstaat kann sich vorbehalten, die Anwendung dieses Übereinkommens auf Minderjährige zu beschränken, die einem der Vertragsstaaten angehören.

1) Die Anwendbk des Übk setzt den gewöhnl Aufenth des Mj in einem VertrStaat voraus. Dagg ist unerhebl, ob der Mj auch die Staatsangehörigk eines VertrStaates besitzt, BGH **60**, 68, Hamm NJW **78**, 1747. Die BRep h v dem Vorbeh n III (im Ggs z Luxemburg, den Niederlanden u Österreich, vgl oben Anm 4a) keinen Gebrauch gemacht. Das Übk ist daher f die dtschen Beh auf jeden Mj mit gewöhnl Aufenth im Inland (bzw einem and VertrStaat) anwendb; es gilt daher auch f einen Mj aus der DDR, der seinen gewöhnl Aufenth in der BRep h, Kleve FamRZ **77**, 335. – Die Zustdgk der HeimatBeh aGrd des Art 4 u damit auch die Einschränkg der AufenthZustdgk n Art 1 gilt jedoch nur f VertrStaaten, II.

14 *[Uneinheitlichkeit des Heimatrechts des Minderjährigen]* Stellt das innerstaatliche Recht des Staates, dem der Minderjährige angehört, keine einheitliche Rechtsordnung dar, so sind im Sinne dieses Übereinkommens als „innerstaatliches Recht des Staates, dem der Minderjährige angehört" und als „Behörden des Staates, dem der Minderjährige angehört" das Recht und die Behörden zu verstehen, die durch die im betreffenden Staat geltenden Vorschriften, und mangels solcher Vorschriften, durch die engste Bindung bestimmt werden, die der Minderjährige mit einer der Rechtsordnungen dieses Staates hat.

1) Die Vorschr regelt die Unteranknüpfg bei Verweisen auf **MehrRStaaten,** vgl auch Anm 12 vor EG 7. Sie ist prakt v Bedeutg vor allem f die in Art 3 u 12 vorgeschriebene Anwendg des HeimatR des Mj. Das maßg TeilRGebiet w in 1. Linie dch das einheitl ILR des betr Gesamtstaats best; bei dessen Fehlen entsch die engste Bindg, dh regelm der gewöhnl Aufenth. – Art 14 gilt auch im **Verh zur DDR** f die Best der anwendb dtschen TeilROrdng, Betz FamRZ **77**, 337.

15 *(Vorbehalt zugunsten der Ehegerichte)* Jeder Vertragsstaat, dessen Behörden dazu berufen sind, über ein Begehren auf Nichtigerklärung, Auflösung oder Lockerung des zwischen den Eltern eines Minderjährigen bestehenden Ehebandes zu entscheiden, kann sich die Zuständigkeit dieser Behörden für Maßnahmen zum Schutz der Person oder des Vermögens des Minderjährigen vorbehalten.

Die Behörden der anderen Vertragsstaaten sind nicht verpflichtet, diese Maßnahmen anzuerkennen.

1) Die BRep h im Ggs z Frankreich, Luxemburg, Niederlande u Schweiz einen entspr Vorbeh nicht erkl; f dtsche Ger daher nur bei Prüfg der Anerkenng ausl Maßn v Bedeutg, vgl dazu BGH FamRZ **77**, 126.

16 *[Ordre public]* Die Bestimmungen dieses Übereinkommens dürfen in den Vertragsstaaten nur dann unbeachtet bleiben, wenn ihre Anwendung mit der öffentlichen Ordnung offensichtlich unvereinbar ist.

1) Die Vorschr enth den Vorbeh des ordre public; sie entspr inhaltl EG 30, dem sie als Spezialregel vorgeht. Die sprachl Fassg ist mißglückt: selbstverständl ist der ordre public nicht gg die Vorschr des Übk als solche anwendb, insow abweg Zweibr FamRZ **75**, 172; an der VorbehKlausel z messen ist nur das Erg der RAnwendg im Einzelfall. Prakt Bedeutg besitzt Art 16 vor allem bei der Prüfg von ges GewVerh im Rahmen v Art 3, vgl dort Anm 1; daneben auch bei der Anerkenng ausl SchutzMaßn, Art 7. Die Vorschr muß

sehr zurückhalt angewandt w („offensichtlich unvereinbar"); dies gilt auch f die Aktualisierg der **GrdRe**, als deren Einbruchstelle auch Art 16 anzusehen ist, BGH **60**, 68; entsch ist, ob das GrdR f den konkreten Sachverh unter Berücksichtigg der Gleichstellg and Staaten u der Eigenständigk ihrer ROrdngen Geltg beansprucht, BGH aaO (zB nicht wenn alle Beteil Ausl mit gleicher Staatsangehörigk sind); vgl auch Kropholler, Haager Abk 29 u EG 30 Anm 2.

17 *[Zeitpunkt der Anwendung]* Dieses Übereinkommen ist nur auf Maßnahmen anzuwenden, die nach seinem Inkrafttreten getroffen worden sind.

Gewaltverhältnisse, die nach dem innerstaatlichen Recht des Staates, dem der Minderjährige angehört, kraft Gesetzes bestehen, sind vom Inkrafttreten des Übereinkommens an anzuerkennen.

1) Die Vorschr regelt den zeitl Anwendgsbereich des Übk; vgl dazu oben Anm 4 a u b.

18 *[Inkrafttreten]* Dieses Übereinkommen tritt im Verhältnis der Vertragsstaaten zueinander an die Stelle des am 12. Juni 1902 im Haag unterzeichneten Abkommens zur Regelung der Vormundschaft über Minderjährige.

Es läßt die Bestimmungen anderer zwischenstaatlicher Übereinkünfte unberührt, die im Zeitpunkt seines Inkrafttretens zwischen den Vertragsstaaten gelten.

1) Die Vorschr regelt das Verh des Übk z and StaatsVertr. N I w das Haager **VormschAbk** v 12. 6. 02, vgl oben Anh 3, im Verh der VertrStaaten aufgeh, nicht also auch im Verh z Spanien, Belgien u Italien. Das Übk läßt n II auch and zwischenstaatl Übereinkünfte „zw den VertrStaaten" unberührt; dies gilt insb f das **dtsch-österr VormschAbk** v 5. 2. 27, Ferid IPR Rdz 8–227, vgl oben Anh 2. Wie der maßg frz Text ergibt, ist die dtsche Übersetzg insow z eng. Das Übk berührt Abk der VertrStaaten auch mit Drittländern ebenf nicht, Kropholler NJW **72**, 371. Dies gilt insb f das **dtsch-iran NiederlassgsAbk** v 17. 2. 29, RGBl **30** II 1006, noch in Kraft, vgl Bek v 15. 8. 55, BGBl II 829, vgl dazu BGH **60**, 68, welches in Art 8 III eine kollisionsr Regelg enth, vgl Remscheid-Lennep (AG) FamRZ **74**, 323, Krüger FamRZ **73**, 5, Dilger FamRZ **73**, 530. Zweifelh aber wohl z verneinen ist lediglich, ob sich der Vorrang des MjSchutzÜbk aus dem in Art 8 III S 2 des dtsch-iran NiederlassgsAbk enth Vorbeh ableiten läßt, dafür jedoch Kropholler NJW **72**, 371, wie hier mit eingeher Begr Krüger FamRZ **73**, 6, ebso nunmehr Kropholler, Haager Abk 52.

(Art 19–25 nicht abgedr)

e) Deutsches Zustimmungsgesetz vom 30. 4. 71, BGBl II 217

Art. 1 (nicht abgedruckt)

Art. 2. [Ausführungsbestimmungen] I *Für die in Artikel 4 Abs. 1, Artikel 5 Abs. 2, Artikel 10 und Artikel 11 Abs. 1 des Übereinkommens vorgesehenen Mitteilungen sind die deutschen Gerichte und Behörden zuständig, bei denen ein Verfahren nach dem Übereinkommen anhängig ist oder, in den Fällen des Artikels 5 Abs. 2, zur Zeit des Aufenthaltswechsels des Minderjährigen anhängig war.*

II *Ist ein Verfahren im Geltungsbereich dieses Gesetzes nicht anhängig, so ist für den Empfang der Mitteilungen nach Artikel 4 Abs. 1 und Artikel 11 Abs. 1 das Jugendamt zuständig, in dessen Bezirk der Minderjährige seinen gewöhnlichen Aufenthalt hat. Für den Empfang der Mitteilungen, die nach Artikel 11 Abs. 1 des Übereinkommens an die Behörden des Staates zu richten sind, dem der Minderjährige angehört, ist, wenn im Geltungsbereich dieses Gesetzes weder ein Verfahren anhängig ist noch der Minderjährige seinen gewöhnlichen Aufenthalt hat, das Landesjugendamt Berlin zuständig.*

III *Die Mitteilungen können unmittelbar gegeben und empfangen werden.*

IV *Die in den anderen Vertragsstaaten für die Mitteilungen nach dem Übereinkommen zuständigen Behörden sind im Bundesanzeiger bekanntzugeben.*

Art. 3. [Keine Einwirkung auf RuStAG] Die Vorschriften der §§ 19, 25 Abs. 1 des Reichs- und Staatsangehörigkeitsgesetzes vom 22. Juli 1913 (Reichsgesetzbl. S. 583), zuletzt geändert durch das Gesetz zur Änderung des Reichs- und Staatsangehörigkeitsgesetzes vom 8. September 1969 (Bundesgesetzbl. I S. 1581), bleiben unberührt.

(Art. 4 u 5 nicht abgedruckt)

IPR : Erbrecht

a) Beerbung eines Deutschen

EG 24 I **Ein Deutscher wird, auch wenn er seinen Wohnsitz im Auslande hatte, nach den deutschen Gesetzen beerbt.**

II **Hat ein Deutscher zur Zeit seines Todes seinen Wohnsitz im Auslande gehabt, so können die Erben sich in Ansehung der Haftung für die Nachlaßverbindlichkeiten auch auf die an dem Wohnsitze des Erblassers geltenden Gesetze berufen.**

III **Erwirbt ein Ausländer, der eine Verfügung von Todes wegen errichtet oder aufgehoben hat, die *Reichsangehörigkeit*, so wird die Gültigkeit der Errichtung oder der Aufhebung nach den**

1. Abschnitt: Allgemeine Vorschriften (IPR) EGBGB 24 1–3

Gesetzen des Staates beurteilt, dem er zur Zeit der Errichtung oder der Aufhebung angehörte; auch behält er die Fähigkeit zur Errichtung einer Verfügung von Todes wegen, selbst wenn er das nach den deutschen Gesetzen erforderliche Alter noch nicht erreicht hat. Die Vorschrift des Artikel 11 Abs. 1 Satz 2 bleibt unberührt.

Neues Schrifttum: Firsching, Dtsch-amerik Erbfälle, 1965; Schlechtriem, Ausl ErbR im dtschen VerfR, 1966; Dölle, Die RWahl im internat ErbR, RabelsZ **66**, 205; Scheuermann, Statutenwechsel im internat ErbR, 1969; Jochem, Das ErbR des nehel Kindes n dtschem Recht bei Sachverhalten mit Auslandsberührg, 1972; Kühne, Die PartAutonomie im internat ErbR, 1973; Lipstein, Das Haager Abk über die internat Abwicklg v Nachlässen, RabelsZ **75**, 29; Ferid, Der Erbgang als autonome Größe im KollisionsR, Festschr f Cohn (1975) 31; Dopffel, Dtsch-engl gemeinschl Testamente, DNotZ **76**, 335; Dörner, Z Behandlg v dtschen Erbfällen mit interlokalem Bezug, DNotZ **77**, 324; Kuchinke, Z interlokalen Zustdg der NachlGer in der BRep Dtschland, Fschr f v d Heydte (1977) 1005; Lange/Kuchinke, ErbR § 3 II.

1) Allgemeines. Anknüpfgspunkt ist grdsätzl die Staatsangehörigk, Anm 2, nur ausnahmsw der Wohns, EG 24 II, 25 S 2, u der Lageort, EG 28. Wg der Staatenlosen EG 29 mit Anh V, Mehrstaater Vorbem 7a vor EG 7, Flüchtlinge usw Anh I–V z EG 29. **Rückverweis** ist zu beachten, EG 27, so zB bei in Dtschld belegenen GrdBes, der frz, Saarbr NJW **67**, 732, od der österr Erbl, BayObLG **75**, 153, BGH ZfRV **77**, 133 m abl Anm v Beitzke, KG OLGZ **77**, 309, auch bei abw RWahl, wo diese zul, zB Schweiz NAG 22 II; desgl Weiterverweis, RG **91**, 139; vgl auch Ferid-Firsching, Internat Erbrecht I Einf 8 ff. **VorbehKlausel** hat keine große Bedeutg. So würde wohl EG 30 eingreifen, wenn überh kein ErbR gegeben wäre, ebso bei Ausschaltg der Erbunwürdig nach § 2339 Z 1 u 2, Staud-Raape 736, nicht schon bei Verneing des PflichtteilR, RG JW **12**, 22, vgl auch EG 30 Anm 5. Wg **staatsvertragl** Sonderregelg s EG 25 Anm 4. Z beachten insb das **Haager TestÜbk**, Anh z EG 24–26. Z dtschen **ILR** s EG 25 Anm 5. Wg des NachlVerf vgl EG 25 Anm 3.

2) Grdsatz. EG 24 I u 25 S 1 geben keine vollk Kollisionsnorm, Vorbem 6 vor EG 7. Aus ihnen ist aber der Grds abzuleiten: **Jeder wird nach den Gesetzen des Staates beerbt, dem er zZ seines Todes angehört** (Erbstatut), RG **91**, 139, KG JW **37**, 2527, BGH **19**, 316. RNatur, Lage der Ggstandes, Wohns des Erbl u dessen Staatsangehörigk in einem früheren Ztpkt, vgl aber Anm 5, werden also im allg nicht berücksichtigt. Auch eine v Grds abw **erbr RWahl** des Erbl ist n dtschem IPR **unbeachtl**; aus der TestierFreih ergibt sich keine Befugn z testamentar Best des Erbstatuts, BGH NJW **72**, 1001, aM Dölle RabelsZ **66**, 205, der EG 24 u 25 f dispositiv u daher eine formlose RWahl f zuläss hält; f eine eingeschränkte RWahl mit beachtl Grden auch Kühne, PartAutonomie im internat ErbR, 1973; Verweis auf eine best ROrdng als Auslegghilfe eines Testaments ist jedenf statth, vgl BGH NJW **72**, 1001, Dopffel DNotZ **76**, 347. Der Nachlaß wird grdsätzl einheitl behandelt, OLG **24**, 59 (Grdsatz der **Nachlaßeinheit**; Folge der Universalsukzession). Prakt ergeben sich allerd hier vor allem aus der obigen Regel viele **Ausnahmen** dch II u III, EG 25 S 2, 28, Rückverweis. Anm 1, StaatsVertr, EG 25 Anm 4. So entsch kr **Rück- od Weiterverweis** das Recht des letzten Wohnsitzes des Erblassers zB nach dem Recht von Chile, Dänemark, Norwegen, Schweiz f Ausländer in der Schweiz, BGH FamRZ **61**, 364, f den bewegl Nachl auch Argentinien, England, vgl Gottheiner RabelsZ **56**, 36, vgl Firsching, Dtsch-amerikan Erbfälle, 1965 (wg der Domizilbestimmg nach engl Recht vgl BayObLG **67**, 1, n dem R der USA BayObLG **75**, 86; vgl auch Erm-Arndt EG 27 Rdz 10), Frankreich, Batiffol-Lagarde, Droit internat privé, Paris 6. Aufl (1976) Nr 636 ff, währd für die Erbf hins des unbewegl Nachl nach dem IPR dieser Länder das R des Lageortes gilt (NachlSpaltg), Saarbr NJW **67**, 732 (Frankreich), BayObLG **74**, 223, **75**, 86 (USA); Österreich folgte zwar bish f die MobiliarErbf dem StaatsangehörigkGrds, ließ aber f den unbewegl Nachl die lex rei sitae gelten, BGH **50**, 63, ZfRV **77**, 133, BayObLG **71**, 34, **75**, 153 (überholt dch neues IPR-G); z NachlSpaltg kann es auch wg EG 28 kommen, vgl dort Anm 3; RückerstattgsAnspr auf ein Grdst gehört zum unbewegl Verm, Ffm NJW **54**, 111, Neuhaus RabelsZ **54**, 554. Der durch Aufspaltg entstandene Nachlaßteil ist als selbst Nachl zu behandeln, BGH **24**, 355; selbst Einsetzg auf ihn dch dem dtschen Recht unterstehende Teil, OLG **32**, 88, also mögl, KG JW **25**, 2142, desgl MitErbsch an einem solchen Teil; testamentar Einsetzg auf ihn ist nicht als Einsetzg zu einem Bruchteil mit Teilgsanordng aufzufassen, Karlsr JFG **7**, 139; NachlSpaltg ist bei Erbscheinserteilg, Auslegg des Testaments, Beurteilg der Erbfolge zu beachten, BayObLG NJW **60**, 775, so daß also auch Gültigk des Testaments, Erbeinsetzg usw für jeden Teil gesondert nach dem für ihn in Betr kommenden R zu beurteilen ist (ggf mit verschiedenen Ergebnissen). „Mehrere Nachlässe" dieser Art haften aber den NachlGläubigern wie GesSchuldn. Hierzu u wg der Vorempfänge Staud-Raape 687, wg der Vererbg von Anteilen an einer Gesellsch mit GrdVerm Ferid Festschr f Hueck 351 ff.

3) Anwendgsgebiet des Erbstatuts. a) Qualifikation. Nach dem Erbstatut, Anm 2, werden grdsätzl alle dch den Erbfall verursachten Fragen beurteilt, KG DR **41**, 1611, also Vorliegen eines Erbfalls (aber Eintritt des Todes nach Personalstatut, Todesvermutg VerschG 12), Erbfähigk (vgl auch bei Vorfragen) u Berufg z Erben, vgl Hamm NJW **54**, 1731, demgem auch das **ges ErbR** des Eheg (z Abgrenzg v Erb- u GüterRStatut EG 15 Anm 4), des nehel Kindes auch in der Form des ErbersatzAnspr (vorzeit ErbAusgl n § 1934d h aber familier Charakter, vgl dort Anm 1, u ist daher n dem HeimatR des Vaters z Ztpkt seiner Dchführg z beurteilen, vgl EG 21 Anm 6, wie hier Siehr FamRZ **70**, 463, Jochem aaO 69, str, f erbr Qualifikation Soergel-Kegel Rdz 22a vor EG 24, Beitzke StAZ **70**, 237, dahingestellt KG OLGZ **72**, 435; erwirbt der dtsche Vater nachträgl eine and Staatsangehörigk, so sind die Wirkgen des vorzeit ErbAusgl n dem früh HeimatR n in dem neuen Erbstatut z beurteilen, Siehr aaO) oder des Fiskus (auch als AneigngsR, Soergel-Kegel vor EG 24 Rdz 13ff gg Wolff IPR 227 A 4: Sachstatut). Das Erbstatut ist maßg f das **PflichttR**, BGH **9**, 154, auch in Form eines mat NotErbR od eines PflichtErgänzgsAnspr (selbst wenn er sich gg Dritte richtet, vgl RG **58**, 128); ferner f den Eintritt der Erbunwürdigk, Soergel-Kegel Rdz 26 vor EG 24, u die Wirksk eines ErbVerz. Es entsch weiter über den Umfang des Nachlasses, BGH NJW **59**, 1317, Erbsch-

Erw, Zulässigk von Vor- u Nacherbsch, Celle FamRZ **57**, 273, Ann u Ausschlagg, KG Recht **14**, 2691, Gestaltg der ErbenGemsch (Gesamthands- oder BruchteilsGemsch), AusgleichsPfl, Haftgumfang, BGH **9**, 154 (auch der Miterben mit der aus II ersichtl Einschränkg), ErbschAnspr (auch seine Abtr, KG IPRspr **72** Nr 6), Schenkg vTw, BGH NJW **59**, 1317, aM Soergel-Kegel Rdz 53 vor EG 24, ErbschKauf. N dem Erbstatut beurteilen sich grdsl die Voraussetzgen u Wirkgen der **Verfüggen vTw**, insb der statth Inhalt des Testaments, zB hins der Mögl v Erbeinsetzg od VermächtnAO, BayObLG **74**, 460 (Vindikationslegat an inl Grdst n ausl Erbstatut aber entspr EG 28 als Damnationslegat zu behandeln, Ferid IPR Rdz 7–33), TestVollstreckg, BayObLG **65**, 377, insb deren Zulässigk, KG JW **25**, 2142, die Befugn zur Ernenng u Entlassg des TestVollstr, Neuhaus JZ **51**, 646, Hamm OLGZ **73**, 289 (interlokal) u Umfang seiner RStellg, BGH NJW **63**, 46. Das Erbstatut ist auch f die **TestAuslegg**, BGH WPM **76**, 811, sowie die TestAnf maßg, BGH FamRZ **77**, 786; bei der Ermittlg des ErblWillens können aber auch RGrdse einer and ROrdng berücksicht w, unter deren Einfluß der Erbl bei der TestErrichtg stand. Soweit die Auslegg über die Gültigk entsch, kommt es im Fall eines Statutenwechsels auf das R zum Ztpkt der Errichtg an, III, vgl Anm 5. N dem Erbstatut beurteilen sich auch **Zulässigk** u **Bindgswirkg des ErbVertr**, vgl BayObLG **74**, 223, LG Mü I FamRZ **78**, 364, Ferid IPR Rdz 9–60 (maßg also das HeimatR des Erbl zZt des Todes, nicht des Vertr-Schlusses, vgl aber III), str, aM Soergel-Kegel Rdz 28 ff vor EG 24, der grdsl Personalstatut zZ der Errichtg entsch läßt; bei versch Staatsangehörig der VertrPartner muß der Vertr beiden HeimatR genügen, Ferid IPR Rdz 9–61; die gleichen Grdse gelten f **gemeinschaftl Testamente**, soweit es sich nicht um Formfragen handelt, vgl dazu c.

b) Vorfragen: Die **Erbfähigk** des zur Erbsch Berufenen, zB der Leibesfrucht, beurteilt sich grdsl ebenf n dem Erbstatut; soweit danach RFähigk erfdl ist, handelt es sich um eine selbstd anzuknüpfde Vorfrage, maßg also das HeimatR bzw bei JP das R des Sitzes, vgl Anh 1 zu EG 7 u Anm 2 n EG 10. Bezügl der **Testierfähigk**, insow sie von der GeschFgk abhäng gemacht ist, entsch EG 7, soweit es sich aber um eine bes, nur auf das Testieren abgestellte Fähigk handelt, EG 24, so auch Soergel-Kegel vor EG 24 Rdz 31, aM (Erbstatut) Staud-Raape 641; vgl auch Art 5 TestÜbk, Anh EG 26 mit Anm. Ob eine Pers die zur **Berufg erhebl RStellg** h, zB Ehefr, Adoptivkind ist, richtet sich nach dem dafür in Betr kommden Statut, also EG 13, 22, Aurich (LG) FamRZ **73**, 54; das Adoptionsstatut best auch, ob die verwandtschl Beziehgen z bish Fam erlöschen, vgl EG 22 Anm 4c aa. Welche **Ggste z Nachl** gehören, ist ebenf eine selbstd anzuknüpfde Vorfrage, Kln OLGZ **75**, 1 (VersicherngsAnspr), KG DNotZ **77**, 749 (lex rei sitae f TrHdEigt).

c) Für die **Form des Testaments** gilt **TestÜbk** (im Anh), aber auch EG 11 I, vgl Art 3 TestÜbk, so daß ein Niederländer trotz entgegstehdem Art 992 niederl BW in Dtschland ein eigenhänd Testament errichten kann, BGH NJW **67**, 1177; ergibt sich auch aus Art 5 TestÜbk (abgedr Anh), wenn auch eine Anerkenng in den Niederlanden nicht erfolgen w, Czapski NJW **67**, 1710. Beim **gemeinsch Testament** kann uU für jeden Testator ein and Statut in Betr kommen; dann Zulässigk u Gültigk nach beiden erforderl. Zu unterscheiden, ob das Verbot dieses Testaments nur Formzwecke verfolgt, wie frz u holländ Gesetzgebg, dann als gült anzusehen, wenn es der Form nach einem der in TestÜbk genannten Rechte entspricht, vgl Düss NJW **63**, 2227, aM für holländ Recht Hamm NJW **64**, 553. Wird es sachlrechtl mißbilligt, wie vom ital Recht, so ist das gemschaftl Test nichtig, BayObLG **57**, 376, Ferid RabelsZ **62**, 424 Anm 23, teilw aM Neuhaus-Gündisch RabelsZ **56**, 563. Ähnl Fragen treten in einem gemschaftl Test von Schweizern in Dtschld auf, vgl BayObLG IPRspr **75** Nr 114 (Umdeutg in Einzeltestament); z Problematik gemschaftl Testamente im dtsch-engl RVerkehr vgl Dopffel DNotZ **76**, 335.

4) Erbenhaftg, II. Auch sie richtet sich grdsätzl nach dem Erbstatut, Anm 3. II ist eine AusnVorschr, Anm 1, zG dtscher Erblasser, die bei ihrem Tode im Ausl wohnen, ist also nicht ausdehngsfähig u gibt ein Wahlrecht zw dem Erbstatut und dem WohnsR für die Erben, die aber nicht Dtsche zu sein brauchen. Das gilt aber nur für Maß u Art der Haftg, OLG **24**, 60, nicht, ob jemand Erbe ist, insof I, od ob eine Nachl-Schuld besteht. Unanwendb bei Rückverweisg auf dtsches Recht, Soergel-Kegel Rdz 3.

5) Besonderheiten bei Erwerb der dtschen Staatsangehörigk dch einen Ausländer, III. Grdsätzl kommt es auch bei Vfgen von Todes wegen (Testament, ErbVertr) hinsichtl Testierfähigk, Gültigk, allein auf das HeimatR zZ des Todes des Erbl an, Anm 2, ist also ein Staatswechsel ohne Bedeutg. Zugunsten des Ausländers, der die dtsche Staatsangehörigk erwirbt, bestimmt III **a)** hins der Testierfähigk, den auf erbrechtl RGeschäfte nicht anzuwendenden EG 7 III 1 ersetzend, vgl oben Anm 3, daß jener die Testierfähigk behält, selbst wenn er das nach den dtschen Gesetzen erforderl Alter noch nicht erreicht h; Voraussetzg aber, daß er eine Vfg vTw bereits errichtet od aufgehoben h. Auch dann würde er jedoch seine Testierfähigk dch den Staatswechsel verlieren, wenn er entmündigt war („erforderl Alter"); **b)** Gültigk der Errichtg u Aufhebg der Vfg, auch WillMängel, Soergel-Kegel vor EG 24 Rdz 41, werden nach seinem HeimatR beurteilt, das er zZ der Errichtg u Aufhebg hatte. Muß auch für Änderg einer Vfg gelten, Soergel-Kegel vor EG 24 Rdz 30. Im übr gilt sachlrechtl das Anm 3 Gesagte. Hinsichtl der FormVorschr gilt TestÜbk, Anh EG 26. – III ist als AusnVorschr gedacht, wird aber auch zG der Gültigk von Testamenten auf die entspr Fälle des Erwerbs einer and Staatsangehörigk anzuwenden sein, Erm-Marquordt Rdz 19, Soergel-Kegel vor EG 24 Rdz 30, aM Raape IPR § 38 C II 2, unentsch BGH NJW **59**, 1318.

b) Beerbung eines Ausländers

EG 25 Ein Ausländer, der zur Zeit seines Todes seinen Wohnsitz im Inlande hatte, wird nach den Gesetzen des Staates beerbt, dem er zur Zeit seines Todes angehörte. Ein Deutscher kann jedoch erbrechtliche Ansprüche auch dann geltend machen, wenn sie nur nach den deutschen Gesetzen begründet sind, es sei denn, daß nach dem Rechte des Staates, dem der Erblasser angehörte, für die Beerbung eines Deutschen, welcher seinen Wohnsitz in diesem Staate hatte, die deutschen Gesetze ausschließlich maßgebend sind.

1) **Allgemeines, S 1.** Vgl EG 24 Anm 1–3.

1. Abschnitt. Allgemeine Vorschriften **(IPR) EGBGB 25** 2–5

2) SonderAnspr eines Deutschen, S 2. Nicht ausdehngsfäh Vorschr zG Deutscher (Fall einer speziellen Retorsion, JFG **16**, 28); gg die Verfassgsmäßigk bestehen keine Bedenken, SchlHOLG SchlHA **78**, 37. Voraussetzg für S 2, daß der ausl Erbl Wohns allein in Deutschland hatte, was nach dtschem Recht zu entsch ist. Die dtsche Staatsangehörigk des AnsprErhebenden muß beim Tode des Erbl vorhanden sein, JFG **8**, 116. Er kann dann erbrechtl Anspr auch nach dtschem Recht erheben. Dies wird auch ein Ausländer od Staatenloser, denn der Grds, EG 24 Anm 2, wird nur zG eines Deutschen durchbrochen, RG **63**, 360. Derartige Anspr können auch von einem Deutschen nicht erhoben w, wenn das HeimatR des Erbl den in dessen Heimatstaat wohnenden Deutschen ausschl nach dtschem Recht, also seinem HeimatR, behandelt, mithin von demselben Grds wie das dtsche Recht, vgl EG 24 Anm 2, ausgeht. Das ist aber dann nicht der Fall, wenn das HeimatR des Erbl das Recht von dessen letztem Wohns anwendet, BGH **19**, 317, SchlHOLG SchlHA **78**, 37 (Ausländer in der Schweiz), vgl auch die Aufzählg EG 24 Anm 2, wohl aber dann, wenn das HeimatR des Erbl den Mobiliar- u ImmobiliarNachl scheidet, für jenen das HeimatR des Erbl, für diesen aber die lex rei sitae gelten läßt; denn in diesem Falle stellt das ausl Recht den Deutschen nicht schlechter als im Hinbl auf EG 28 das dtsche Recht den Ausländer, Raape IPR § 38 A II 2, Lewald 291, aM RG **63**, 356. – Erbrechtl Anspr sind solche, die ihre Wurzel im ErbR haben, also auch die auf Auskunft, Ausgleichg, Auseinandersetzg unter MitE, SicherhLeistg, § 2128, Vermächtnisse, Auflagen, Pflichtteil, RG JW **12**, 22; EG 25 S 2 gilt auch, wenn ein erbr Anspr iW der Aufrechng geltd gemacht w, BGH **19**, 315.

3) Verfahrensrecht, s dazu Heldrich NJW **67**, 417, Lange/Kuchinke, ErbR 45. Zur örtl Zustdgk vgl FGG 73. Die **internat Zustdgk** der dtschen NachlGe setzt nach der bish stRspr bei Fehlen einer staatsvertrl ZustdgkRegelg voraus, daß dtsches ErbR anzuwenden ist **(GleichlaufsGrds)**, KGJ **47**, 238, JFG **15**, 78, BayObLG **56**, 119, **58**, 34, **67**, 1, **76**, 151, KG OLGZ **77**, 309. Sie ist damit abhäng von dem nach dtschem IPR zu bestimmden HerrschBereich des dtschen mat R, wobei Rückverweisg u NachlSpaltg zu beachten sind, vgl EG 24 Anm 2. Ausn: vorl sichernde Maßn u Erteilg v ggstdl beschr Erb- u TestVollstrZeugn, §§ 2369, 2368 III. Diese Praxis ist im Schrifttum auf zunehmde **Kritik** gestoßen, vgl Heldrich, Internat Zustdgk u anwendb Recht 211, Kegel IPR § 21 IV, Wiethölter in Vorschläge u Gutachten z Reform des dtschen internat ErbR (1969) 141. Danach soll die dtsche internat Zustdgk in NachlSachen bei Vorliegen einer örtl Zustdgk, FGG 73, grds auch dann bestehen, wenn ausl R besteht, sofern dieses mit dem intern VerfR verträgl ist, also keine wesensfremde Tätk erfordert, Soergel-Kegel vor EG 24 Rdz 57 f; zT w zusätzl die Billigk der Mitwirkg der dtschen NachlGe dch das ausl Erbstatut verlangt, Keidel-Winkler FGG 73 Rdz 6, Erm-Marquordt EG 24 Rdz 49. Die Rspr h sich neuerd dieser Auffassg angenähert, soweit Ablehng der internat Zstdgk zu RVerweigerg führen würde, BayObLG **65**, 423 (Mitwirkg bei ErbschAnn u InvErrichtg nach itl Recht), dazu Heldrich NJW **67**, 417, Neuhaus NJW **67**, 1167; Hamm OLGZ **73**, 289 (interlokal) u Ffm OLGZ **73**, 180 lassen Durchbrechg des GleichlaufsGrds auch aus Grden des FürsBedürfn od der Not zu (Entlassg eines TestVollstr); SchlHOLG SchlHA **78**, 37 leitet nunmehr (allerd bei Anwendg v EG 25 S 2) internat Zustdgk schlechthin aus der örtl Zustdgk ab. Ohne Einschränkg zuläss sind vorläufig sichernde Maßregeln, da es der internat Übg entspricht, daß die inländ Gerichte im BedürfnFalle bei der Sicherg der inländ Nachl eines Ausländers mitzuwirken haben, KGJ **53**, 79. Demgem auch in diesem weiteren Rahmen NachlPflegsch nach § 1960, KG DJ **37**, 554, aber auch § 1961 mögl, KG **34**, 909, Mü JFG **16**, 98, selbst wenn das ausl Recht eine solche nicht kennt; die Vertretgsbefugn hängt auch nicht davon ab, ob der NachlPfleger zweck- u pflichtm handelt, BGH **49**, 1. Streitig, ob sichernde Maßregel auch bei TestEröffng, wohl zu bejahen, KG OLG **18**, 356, BayObLG OLG **40**, 160, s auch Staud-Raape 727. Die dtsche internat Zustdgk zur Erteilg eines ggstdl beschr **Erbscheins** in Anwendg ausl R (FremdRErbSch) ergibt sich aus § 2369, vgl dort Anm 2. Ein allg ErbSch nach § 2353 w nach der bish Praxis nur erteilt, wenn dtsches ErbR anwendb ist (EigenRErbSch); soweit bei Rückverweisg od nach EG 28 NachlSpaltg eintritt, EG 24 Anm 2, ist für den dtschem Recht unterliegden NachlTeil ein allg ErbSch nach § 2353 auszustellen, BayObLG **64**, 387, **67**, 8, Saarbr NJW **67**, 732. Eingeschr Geltg eines solchen EigenRErbSch ist in ihm zu vermerken, BayObLG **67**, 8 u 430. Nach einer im Schrifttt vertr Auffassg soll dagg die Ausstellg eines allg ErbSch gem § 2353 unabhäng von der Anwendbk dtschen R erfolgen, Soergel-Kegel vor EG 24 Rdz 57. Bei Beerbg **Deutscher** nach ausl R w auch nach ggwärt Praxis der NachlGe allg ErbSch nach § 2353 erteilt, BayObLG **61**, 176, **67**, 197 (Sudetendtsche, die vor od währd der Vertreibg gestorben sind), vgl auch BayObLG **64**, 292. Soweit dtsche NachlGe zur Erteilg eines ErbSch nach einem ausl Erbl internat zustd sind, besteht keine Bindg an etwa bereits im Ausl erteilten ErbSch, BayObLG **65**, 377, ebso dann nicht, wenn der ausl ErbSch nicht der nach dtschen iprechtl Normen maßg RLage entspr, KG IPRspr **73** Nr 105. Für das **TestVollstrZeugnis** gelten die genannten Grds entspr, vgl § 2368 III u dazu § 2369 Anm 4.

4) Staatsverträge. Als Sonderregelg z beachten sind das dtsch-iran NiederlassgsAbk v 17. 2. 29, RGBl **30** II 1006, wieder in Kraft, vgl Bek v 15. 8. 55, BGBl II 829, das in Art 8 III f die Erbf ebso wie grdsl n EG 24 u 25 die Anwendg des HeimatR vorsieht, der dtsch-türkische KonsularVertr v 28. 5. 29, RGBl **30** II 758 (Anlage zu Art 20), wieder in Kraft gem Bek v 29. 5. 52, BGBl II 608 (grdsl HeimatR, f Grdst lex rei sitae), ferner der dtsch-amerikanische Freundsch-, Handels- u KonsularVertr v 29. 10. 54, BGBl **56** II 488, nebst Protokoll, BGBl **56** II 502 (Art 9 Z 3: Inländerbehandlg bei der Erbf) u der dtsch-sowj KonsularVertr v 25. 4. 58, BGBl **59** II 232, dessen Art 28 III die Erbf in das unbewegl Verm der lex rei sitae unterstellt, vgl Hamm OLGZ **73**, 388. Weiterhin in Kraft ist auch der Niederlassgs-Vertr zw Baden u der Schweiz v 6. 12. 1856, der in Art 6 eine erbr Kollisionsnorm enth (grds lex rei sitae), vgl dazu H. Müller Fschr f Raape (1948) 229. Z Entwurf eines Haager Abk über die internat Abwicklg v Nachl, abgedr in RabelsZ **75**, 104, vgl Lipstein RabelsZ **75**, 29.

5) Im dtschen **ILR** w die z EG 24 entwickelten Grdse entspr angewandt; vgl dazu im einz Dörner DNotZ **77**, 324, Lange/Kuchinke, ErbR 48. Maßg sind danach die Gesetze am gewöhnl AufenthOrt des Erbl zZ seines Todes, BGH FamRZ **77**, 786, KG OLGZ **66**, 592, **72**, 435, Hamm OLGZ **73**, 289; z Anknüpfg an die Staatsangehörigk vgl Vorbem 14 c vor EG 7. Ein in OstBln lebds, vor dem 1. 7. 49 geb nehel Kind,

NEhelG Art 12 § 10 II 1, hat keinen Anspr auf ErbAusgl, § 1934d, gg seinen in WestBln lebden Vater, KG NJW **72**, 1005. Ist ein Erbl mit gewöhnl Aufenth in der DDR schon vor Inkrafttr der dort ges Neuordng verstorben, so ist nicht die früh, sond die jetz Regelg maßg, da auch das intertemporale Recht der DDR entsch, KG FamRZ **67**, 53. F die Beurteilg der Formgültigk v Testamenten gilt **Haager TestÜbk**, Anh z EG 24–26. Feste Regeln f die Anknüpfg der **interlokalen Zustdgk** der NachlGe der BRep h sich bish nicht herausgebildet; KG OLGZ **76**, 167 wendet GleichlaufsGrds, vgl Anm 3, entspr an, mit Recht abl Hamm OLGZ **73**, 289, das auf FürsBedürfn abstellt, Kuchinke Fschr f v d Heydte 1011 ff; BGH **65**, 311, FamRZ **77**, 786, läßt die Frage dahingestellt. Bei Erbl mit letztem Wohns in der DDR u NachlGgsten in der BRep w in entspr Anwendg v FGG 73 III ein ggständl beschr ErbSch dch jedes Ger der BRep, in dessen Bez sich NachlGgste befinden, erteilt, vgl BGH **52**, 123, insow dch BGH **65**, 311 nicht in Frage gestellt; z gleichen Erg gelangt Kuchinke aaO 1012 f dch Anwendg v § 2369; befinden sich keine NachlGgste im Gebiet der BRep, benöt der Erbe jedoch einen ErbSch z Geltmachg v LastenausgleichsAnspr, dessen Erteilg dch die NachlBeh der DDR abgelehnt w, so besteht interlokale u örtl Zustdgk des AG Bln-Schöneberg entspr FGG 73 II z Erteilg eines ggständl nicht beschr ErbSch, BGH **65**, 311, ebso schon bish KG NJW **69**, 2101, **70**, 390, OLGZ **75**, 287, and Hamm OLGZ **72**, 352, BayObLG **72**, 86; vgl dazu § 2353 Anm 1c. Über das Verf in DDR vgl §§ 413 ff ZGB u NotG v 5. 2. 76, GBl I 93, z Anerkenng dort ausgestellter ErbSch Soergel-Kegel Rdz 486 vor EG 7, Kuchinke aaO 1019 ff. In BRep eröffnete Test eines in der DDR verst Erbl sind, falls im Einzelfall nicht überw Belange entggstehen, z endgült Verwahrg an das zust staatl Notariat in der DDR zu schicken, KG OLGZ **70**, 223. – RAnwendgsG (DDR) 25 best Erbstatut n der Staatsangehörigk des Erbl zZ des Todes; f Grdste in der DDR gilt Recht des Lageortes (NachlSpaltg); dies ist gem EG 28 auch in der BRep z beachten, Dörner aaO 335.

c) Auslieferung des Nachlasses durch Vermittlung deutscher Behörden

EG 26 Gelangt aus einem im Ausland eröffneten Nachlasse für die nach den dortigen Gesetzen berechtigten Erben oder Vermächtnisnehmer durch Vermittelung deutscher Behörden Vermögen ins Inland, so kann ein anderer der Herausgabe nicht aus dem Grunde widersprechen, daß er als Erbe oder Vermächtnisnehmer einen Anspruch auf das Vermögen habe.

1) Keine eig Kollisionsnorm, will vielm dem Schutz der dtschen Beh dienen u einer Erschütterg des Vertrauens des ausl Staates auf auftragsgem Ausliefg der von ihm der dtschen Beh überantworteten NachlGgstände vorbeugen. Voraussetzg ist nur, daß aus einem im Ausland eröffneten Nachl für die Erben od Vermächtnisnehmer, die nach dem ausl IPR u den danach in Betr kommenden Sachnormen („den dortigen Ges") berecht sind, dch Vermittlg dtscher Behörden Verm ins Inland gelangt. Welche Staatsangehörigk der Erbl od die nach den G des Eröffngsortes Berechtigten haben, ist gleichgült. Ein anderer, der Deutscher od Ausländer sein kann, kann der Ausantwortg also selbst dann nicht widersprechen, wenn er abw von den am Eröffngsort geltenden Gesetzen – nach dtschem Recht einen HerausgAnspr hat, jene demgem auch nicht durch einstw Vfg verhindern. Vgl auch Staud-Raape 738f. Wohl kann er aber nach Ausantwortg des Nachl dch die dtsche Beh nunmehr gg den Empf seine ErbschAnspr geltd machen.

Anhang zu EG 24–26
Übereinkommen über das auf die Form letztwilliger Verfügungen anzuwendende Recht
Vom 5. Oktober 1961 (BGBl **65** II 1145)

(Auszug)

Schrifttum: Ferid RabelsZ **62/63**, 417 (dort auch Angabe der Materialien u des Schrifttums zur 9. Haager Konferenz); v Schack DNotZ **66**, 131; Scheucher (österr) ZfRV **64**, 216.

Vorbemerkung

1) Allgemeines. Das Übk ist f die **BRep** aGrd des ZustG v 27. 8. 65, BGBl II 1144, am 1. 1. 66 in Kraft getreten. Es gilt ferner f Belgien, Botsuana, Dänemark, DDR, Fidschi, Finnland, Frankreich, Grenada, Irland, Israel, Japan, Jugoslawien, Mauritius, Norwegen, Österreich, Polen, Schweden, Schweiz, Südafrika, Swasiland, Vereinigtes Königreich. Zum Ztpkt des Inkrafttr vgl jeweils Beilage z BGBl II Fundstellen-Nachw B 1977 S 316.

2) Abänderung des geltenden Rechts. Das Übk ist in dem Gebiet des ratifizierenden Staates, ggf im Rahmen der Vorbehalte, anzuwenden, kann aber durch Erklärg von ihm auch auf alle od einzelne andere Gebiete angewendet w, für die internationale Beziehgen er wahrnimmt, Art. 17. Mit dem Ztpkt des Inkrafttretens wird das Recht der ratifizierenden Staaten im Sinne des Übk abgeändert, ohne daß es eines bes innerstaatlichen Gesetzes bedarf. Da keine Gegenseitigkeit vorausgesetzt, ist es auch auf jedes im Ausland errichtete Testament, einschl Nottestamente, Ferid RabelsZ **62**, 424, anzuwenden, **gleichgült**, ob die Beteiligten **Angehörige eines VertrStaates** sind od das Recht eines NichtVertrStaates anzuwenden ist, Art 6.

3) Zweck des Übereinkommens. Es soll insb verhindern, daß ein an sich formgült errichtetes Test infolge Statutenwechsel des Erblassers nach seinem neuen Erbstatut als ungültig angesehen wird. Demgemäß werden in Art 1 eine Vielzahl von Anknüpfgen zur Vfg gestellt. Eine allg Lockerg der TestForm ist nicht beabsichtigt.

4) Unter das Übereinkommen fallen nur letztw Vfg, also einseit Vfgen von Todes wegen, dh Testamente, § 1937, auch Nottestamente, vgl Bem zu Art 10, ferner gemeinschaftl, Art 4, vgl Bem dort, hingg nicht Erbverträge. Ein Vorbeh wg der im Test enthaltenen Klauseln nicht erbrechtl Art ist mögl, Art 12.

1. Abschnitt: Allgemeine Vorschriften **(IPR) Anh zu EGBGB 24–26**

5) **Was Form ist**, ist nirgends gesagt, entscheidet also das nationale Recht, EG 11 Anm 3 u Bem zu Art 4. Eine gewisse Ausdehg des Formbegriffs bringt Art 5. Auch das Test in mdl Form fällt unter das Übk, vgl Art 10; die Frage des Nachw einer ernstl WillErkl beurteilt sich aber n der f das Verf geltden lex fori, Ffm OLGZ 77, 385.

Art. 1. [Anknüpfung] I *Eine letztwillige Verfügung ist hinsichtlich ihrer Form gültig, wenn diese dem innerstaatlichen Recht entspricht:*
a) des Ortes, an dem der Erblasser letztwillig verfügt hat, oder
b) eines Staates, dessen Staatsangehörigkeit der Erblasser im Zeitpunkt, in dem er letztwillig verfügt hat, oder im Zeitpunkt seines Todes besessen hat, oder
c) eines Ortes, an dem der Erblasser im Zeitpunkt, in dem er letztwillig verfügt hat, oder im Zeitpunkt seines Todes seinen Wohnsitz gehabt hat, oder
d) des Ortes, an dem der Erblasser im Zeitpunkt, in dem er letztwillig verfügt hat, oder im Zeitpunkt seines Todes seinen gewöhnlichen Aufenthalt gehabt hat, oder
e) soweit es sich um unbewegliches Vermögen handelt, des Ortes, an dem sich dieses befindet.

II *Ist die Rechtsordnung, die auf Grund der Staatsangehörigkeit anzuwenden ist, nicht vereinheitlicht, so wird für den Bereich dieses Übereinkommens das anzuwendende Recht durch die innerhalb dieser Rechtsordnung geltenden Vorschriften, mangels solcher Vorschriften durch die engste Bindung bestimmt, die der Erblasser zu einer der Teilrechtsordnungen gehabt hat, aus denen sich die Rechtsordnung zusammensetzt.*

III *Die Frage, ob der Erblasser an einem bestimmten Ort einen Wohnsitz gehabt hat, wird durch das an diesem Orte geltende Recht geregelt.*

1) **Allgemeines.** Im Interesse des favor testamenti sind 5 Anknüpfgpunkte alternativ zur Vfg gestellt, die sich dadch, daß zu b, c, d sowohl der Ztpkt der Errichtg der letztw Vfg wie der des Todes des Erblassers genannt wird, auf 8 erhöhen. Stets muß aber das Recht, das die Anknüpfg ergibt, die volle Gültigk zur Folge haben; es können also nicht einzelne Teile des Test nach diesem, andere auf Grund einer and Anknüpfung als gült angesehen w; Ausn nur bei Grdstücken, für die es einen zusätzl Anknüpfgspunkt gibt. Rückverweis findet nicht statt, wie die Bezugnahme auf das innerstaatl Recht ergibt. Die in Betracht kommenden Rechte sind dchzuprüfen, was in voller Zahl aber nur bei einem im Endergebn ungült Test erforderl sein wird, da sich die Anknüpfgen überlagern.

2) **Die Anknüpfungspunkte**
zu a: Entspricht EG 11 I 2.
zu b: Dch die alternative Anknüpfg an die Zeit der Errichtg u die des Todes können zwei versch ROrdngen anwendb sein. Bei MehrRStaaten w die maßg TeilOrdng in erster Linie dch die Vorschr ihres ILR, bei dessen Fehlen dch die engsten Bindgen des Erbl, dh regelm seinen letzten gewöhnl Aufenth in dem betr Staat best, II. Bei Mehrstaatern ist das Test bereits dann gült, wenn es einem seiner Heimatrechte entspricht („eines Staates, dessen Staatsangehörigk").
zu c: Ob ein Wohns vorhanden ist, entscheidet das Recht des Ortes, an dem der Wohns bestanden haben soll. Ist also in Deutschland die Formgültigk eines in einem and Staat errichteten Test zu prüfen, ist die Frage, ob der Erblasser dort Wohns gehabt hat, nach jenem Recht zu prüfen. Einen Vorbeh gem Art 9 h die BRep nicht erkl.
zu d: Was gewöhnl Aufenth ist, ist rein tatsächl zu beurteilen. Prakt deckt sich der Begriff teilw mit dem WohnsBegriff, so daß sich d mit c überschneiden kann.
zu e: Den Grdstücksbegriff ergibt die lex rei sitae, vgl auch EG 28. Die Anknüpfg an das R des Lageorts bezieht sich nur auf denjenigen Teil des Test, der über GrdVerm verfügt („soweit"), nicht auf den übr TestInhalt, falls nicht etwa eine der and Anknüpfgen ebenf zu dieser ROrdng führt. Es ist deshalb mögl, daß die letztw Vfg nur hinsichtl des GrdVerm gült ist; denn die Gültigk des Test hinsichtl des GrdVerm hat nicht die Gültigk des übrigen Tests zur Folge. Jedoch ist bei Maßgeblk dtsch Rechts § 2085 zu beachten.

Art. 2. [Widerruf letztwilliger Verfügungen] I *Artikel 1 ist auch auf letztwillige Verfügungen anzuwenden, durch die eine frühere letztwillige Verfügung widerrufen wird.*
II *Der Widerruf ist hinsichtlich seiner Form auch dann gültig, wenn diese einer der Rechtsordnungen entspricht, nach denen die widerrufene letztwillige Verfügung gemäß Artikel 1 gültig gewesen ist.*

Bem. Die letztw Vfg braucht nichts als den Widerruf zu enthalten. I bezieht sich nur auf den Widerruf dch letztw Vfg, § 2254. Ob eine sonstige Hdlg od Tatsache zB die Vernichtg, § 2255, Rückn aus der amtl Verwahrg, § 2256, die Eheauflösg, § 2077, als Widerruf anzusehen ist, entscheidet das n EG 24 f z bestimmde Erbstatut. II stellt sicher, daß der Widerruf in der gleichen Form geschehen kann, in der das Test gültig, also entspr Art 1 errichtet wurde, auch wenn die nach diesem zuläss Form nicht mehr zutrifft. Enthält das widerrufde Test aber auch eine neue letzw Vfg, so muß diese nach Art 1 gültig sein.

Art. 3. [Bestehende Formvorschriften der Vertragsstaaten] *Dieses Übereinkommen berührt bestehende oder künftige Vorschriften der Vertragsstaaten nicht, wodurch letztwillige Verfügungen anerkannt werden, die der Form nach entsprechend einer in den vorangehenden Artikeln nicht vorgesehenen Rechtsordnung errichtet worden sind.*

Bem. Nach EG 11 I 1 bestimmt sich die Form eines RechtsGesch nach dem Wirkgsstatut, EG 11 Anm 2. Art 1 sieht das nicht vor. Art 3 hebt ausdrückl hervor, daß trotzdem insofern an der nationalen Gesetzgebg nichts geändert wird.

Art. 4. [Anwendung auf gemeinschaftliche Testamente] Dieses Übereinkommen ist auch auf die Form letztwilliger Verfügungen anzuwenden, die zwei oder mehrere Personen in derselben Urkunde errichtet haben.

Bem. Unter das Übk fällt auch das gemschaftl Test, §§ 2265 ff, soweit es das nationale Recht zuläßt, uUmst also auch von Nichtehegatten zB Geschwistern. Dch Art 4 wird nichts über die Zulässigk solcher Test gesagt; verbietet das nationale Recht aus sachlrechtl Gründen ein gemschaftl Test, so ist es, auch wenn es im übr nach Art 1 gült wäre, ungült; rechnet hingg die nationale Gesetzgebg die gemschaftl Errichtg zur Form, so ist seine Formgültigk nach Art 1 zu prüfen; EG 24 Anm 3 aE.

Art. 5. [Zur Form gehörig] Für den Bereich dieses Übereinkommens werden die Vorschriften, welche die für letztwillige Verfügungen zugelassenen Formen mit Beziehung auf das Alter, die Staatsangehörigkeit oder andere persönliche Eigenschaften des Erblassers beschränken, als zur Form gehörend angesehen. Das gleiche gilt für Eigenschaften, welche die für die Gültigkeit einer letztwilligen Verfügung erforderlichen Zeugen besitzen müssen.

1) Bezüglich des Testierenden.

Art 5 enthält eine Erstreckg des FormBegr, jedoch nicht auf die Testierfähigk als solche, die weiter nach dem nationalen IPR zu bestimmen ist, EG 24 Anm 3, aM Erm-Marquordt EG 24 Rdz 21, wie hier Soergel-Kegel vor EG 24 Rdz 110. Die Erstreckg bezieht sich auf die Fragen, ob Alter, Staatsangehörigk od and persönl Eigensch des Erblassers bestimmte Formen für letztw Vfg nicht zulassen, mag das nach nationalem Recht auch zum sachl Recht gehören. Ob das die Gültigk beeinflußt ist unerheblich, unterliegt mithin der Prüfg nach den in Art 1 genannten Rechten. Der dtsche Mj, der über 16 Jahre ist, kann also trotz § 2233 I auch dch verschlossene Schrift ein Test gült errichten, wenn das der Ortsform zZ der Errichtg entspricht; vgl auch § 2247 IV. Der Holländer, der in der BRep wohnt, kann, obwohl sein nationales Recht das nicht zuläßt, in der BRep ein holographisches Test auch dann errichten, wenn das bei Beibehaltg seines dtschen Wohns währd eines vorübergehden Aufenth in Holland geschieht, Ferid RabelsZ **62/63**, 424.

2) Bezüglich der Eigenschaften der Zeugen.

Auch diese gehören in dem in S 1 genannten Rahmen zur Form, so daß eine and Qualifizierg dch das nationale Recht ausscheidet.

Art. 6. [Allseitige Anwendung des Übereinkommens] Die Anwendung der in diesem Übereinkommen aufgestellten Regeln über das anzuwendende Recht hängt nicht von der Gegenseitigkeit ab. Das Übereinkommen ist auch dann anzuwenden, wenn die Beteiligten nicht Staatsangehörige eines Vertragsstaates sind oder das auf Grund der vorangehenden Artikel anzuwendende Recht nicht das eines Vertragsstaates ist.

Bem. Vgl Vorbem 2.

Art. 7. [Ordre public-Klausel] Die Anwendung eines durch dieses Übereinkommen für maßgebend erklärten Rechtes darf nur abgelehnt werden, wenn sie mit der öffentlichen Ordnung offensichtlich unvereinbar ist.

Bem. Die Fassg „offensichtl unvereinbar" ergibt, daß nur im äußersten Falle davon Gebrauch zu machen ist. Also strengerer Maßstab als sonst bei ordre public anzulegen, um die Gültigk des Test zu erhalten.

Art. 8. [Intertemporale Regelung] Dieses Übereinkommen ist in allen Fällen anzuwenden, in denen der Erblasser nach dem Inkrafttreten des Übereinkommens gestorben ist.

Bem. Der Tod des Erblassers muß nach Inkraftrr des Übk (entsch ist dabei der Tag des innerstaatl Inkraftrr, dh der 1. 1. 66) erfolgt sein, so daß es mögl ist, daß ein zunächst formungült errichtetes Testament nach einem der in Art 1 genannten Rechte formgült wird. Deshalb Vorbeh nach Art 13 mögl, der bisher aber nicht gemacht wurde. Ist ein Nacherbe auf den Todesfall des Vorerben eingesetzt, so kommt das Übk nur zur Anwendg, wenn der Erblasser nach seinem Inkrafttrtr verstorben ist, also der Vorerbe die Erbsch erst nach diesem Ztpkt erlangt hat, v Schack DNotZ **66**, 138.

Art. 9. [Vorbehalt bezüglich der Bestimmung des Wohnsitzrechtes] Jeder Vertragsstaat kann sich, abweichend von Artikel 1 Abs. 3, das Recht vorbehalten, den Ort, an dem der Erblasser seinen Wohnsitz gehabt hat, nach dem am Gerichtsort geltenden Rechte zu bestimmen.

Art. 10. [Vorbehalt bezüglich mündlicher Testamente] Jeder Vertragsstaat kann sich das Recht vorbehalten, letztwillige Verfügungen nicht anzuerkennen, die einer seiner Staatsangehörigen, der keine andere Staatsangehörigkeit besaß, ausgenommen den Fall außergewöhnlicher Umstände, in mündlicher Form errichtet hat.

Art. 11. [Vorbehalt bezüglich bestimmter Formen] I *Jeder Vertragsstaat kann sich das Recht vorbehalten, bestimmte Formen im Ausland errichteter letztwilliger Verfügungen auf Grund der einschlägigen Vorschriften seines Rechtes nicht anzuerkennen, wenn sämtliche der folgenden Voraussetzungen erfüllt sind:*

a) Die letztwillige Verfügung ist hinsichtlich ihrer Form nur nach einem Rechte gültig, das ausschließlich auf Grund des Ortes anzuwenden ist, an dem der Erblasser sie errichtet hat,

b) der Erblasser war Staatsangehöriger des Staates, der den Vorbehalt erklärt hat,

c) der Erblasser hatte in diesem Staate einen Wohnsitz oder seinen gewöhnlichen Aufenthalt und

d) der Erblasser ist in einem anderen Staate gestorben als in dem, wo er letztwillig verfügt hatte.

II *Dieser Vorbehalt ist nur für das Vermögen wirksam, das sich in dem Staate befindet, der den Vorbehalt erklärt hat.*

Art. 12. [Vorbehalt bezüglich Anordnungen nicht erbrechtlicher Art] Jeder Vertragsstaat kann sich das Recht vorbehalten, die Anwendung dieses Übereinkommens auf Anordnungen in einer letztwilligen Verfügung auszuschließen, die nach seinem Rechte nicht erbrechtlicher Art sind.

Art. 13. [Zeitlicher Vorbehalt] Jeder Vertragsstaat kann sich, abweichend von Artikel 8, das Recht vorbehalten, dieses Übereinkommen nur auf letztwillige Verfügungen anzuwenden, die nach dessen Inkrafttreten errichtet worden sind.

Bem. zu Art 9–13. Die BRep h keinen Vorbeh erkl.

IPR: Allgemeine Grundsätze

(vgl auch Vorbem vor EG 7)

EG 27 *Rückverweisung.* Sind nach dem Rechte eines fremden Staates, dessen Gesetze in dem Artikel 7 Abs. 1, dem Artikel 13 Abs. 1, dem Artikel 15 Abs. 2, dem Artikel 17 Abs. 1 und dem Artikel 25 für maßgebend erklärt sind, die deutschen Gesetze anzuwenden, so finden diese Gesetze Anwendung.

Neues Schrifttum: Schwimann, „Versteckte Rückverweisg" u Art 27 EG, NJW **76**, 1000; derselbe, Fschr f Bosch (1977) 909.

1) Allgemeines. Das Problem der Rück- od Weiterverweisg ergibt sich aus der Unterschiedlk der Anknüpfgspkte, derer sich das IPR der versch Staaten bedient, zB Staatsangehörigk od Wohns bei der Best des Personalstatuts. Erklärt eine dtsche Kollisionsnorm das R eines Staates für maßg, nach dessen IPR die dtsche (**Rückverweisg**) od eine and (**Weiterverweisg**) ROrdng anwendb wäre, verweist also zB EG 25 S 1 für die Beerbg eines in Dtschland wohnden Engländers auf engl R, das die Erbf seinerseits dem DomizilR unterstellt, vgl EG 24 Anm 2, so fragt es sich, ob dieser abw kollisionsr Standpkt zu berücks ist. Die Frage w von EG 27 in 5 Fällen ausdrückl bejaht; diese Regelg w von der dtschen Rspr gg die Kritik eines Teils der Rechtslehre, vgl dazu Soergel-Kegel Rdz 20 ff, auch auf weitere Fälle ausgedehnt, vgl Anm 3. Rück- u Weiterverweisg sind danach grdsl zu beachten. Von einer **versteckten Rückverweisg** spricht man, wenn die zunächst berufene ausl ROrdng ihre Kollisionsnorm in eine ZustdgkRegel kleidet (wie beim Begr der „jurisdiction" im anglo-amerikan R) u die Ger eines and Staates f zuständ u damit auch dessen R f maßg erklärt; auch dies ist grdsl zu beachten, ebenso KG NJW **60**, 248, BayObLG **62**, 39, **65**, 245, Hbg (LG) IPRspr **73** Nr 52, Erm-Arndt Rdz 7, Hanisch NJW **66**, 2085 (mit Einschränkgn, 2091), krit z Konstruktion Schwimann NJW **76**, 1000, Fschr f Bosch (1977) 909, der unter Verzicht auf Prüfg der „jurisdiction" der inl Ger z gleichen Erg gelangt.

2) Grdsatz der Gesamtverweisg. Die dtsche Rspr steht ganz überw auf dem Standpkt, daß die Verweisg auf ein ausl Recht zB dch Anknüpfg an die Staatsangehörigk nicht nur eine solche auf seine Sachnormen, sond die Rechtsordng als Ganzes enthält, RG **78**, 234; **136**, 361; BGH **28**, 380, stRspr. Demgem hat der dtsche **Richter also auch die Kollisionsnormen des ausl Rechts zu beachten**; mithin **a)** die **Rückverweisg**, wenn näml die ausl Rechtsordng auf die dtsche zurückverweist, **b)** auch die **Weiterverweisg**, die EG 27 nicht erwähnt, wenn die ausl Rechtsordng auf die eines dritten Staates verweist, RG **91**, 139, BGH NJW **60**, 1720. Die Auslegg des Begriffes der ausl Vorschr, die die Rück- od Weiterverweisg enthält (insof also auch die Qualifikation), erfolgt allein nach dem AuslandsR, da jede Rechtsordng nur aus sich heraus verstanden w kann, RG **145**, 85, BGH **24**, 352. Liegt eine **Rückverweisg** auf das dtsche R vor, so verbleibt es bei der Anwendg der dtschen Sachnormen, RG **136**, 366, Raape-Sturm IPR § 11 VI, hM, and aber zB Soergel-Kegel Rdz 26, der danach unterscheidet, ob fremdes Recht Sachnorm- oder Kollisionsnorm-Rückverweisg enthält. Verstände man unter den „deutschen Gesetzen" auch die dtsch Kollisionsnormen, so würde das zu dem Zirkel führen, den der Gesetzgeber gerade vermeiden wollte. Über die Best der maßg dtschen TeilROrdng entsch die Regeln des dtschen ILR, vgl Vorbem 14 vor EG 7 u Hinw bei den einz Kollisionsnormen. Ebso wie die Rückverweisg ist auch die **Weiterverweisg** dch ein ausl IPR unmittelb auf die Sachnormen der betr fremden ROrdng z beziehen, vgl RG **64**, 394, Ferid IPR Rdz 3–104, sehr str, abw zB Raape-Sturm IPR § 11 VI, Soergel-Kegel Rdz 28, die entspr dem Standpkt des weiterverweisden IPR auch eine mehrf Weiterverweisg zulassen. – Rück- od Weiterverweisg sind auch im **ILR** z beachten, wenn die Kollisionsnormen der BRep auf das R der DDR verweisen u dieses das R der BRep od eines 3. Staats f anwendb erklärt, vgl KG FamRZ **68**, 91 z dem inzw aufgehobenen § 19 EGFGB. Auch RAnwendgsR (DDR) erkl Rückverweisg f beachtl; Regelg der Weiterverweisg fehlt; so deren Zulassg Espig NJ **76**, 360. – An die RAuffassg des BerufgsG über die Rückverweisg dch das ausl R ist das RevG trotz § 549 I ZPO nicht gebunden, BGH **28**, 381; es prüft also nach, ob das ausl R eine Rückverweisg enthält; and iF einer Weiterverweisg, BGH **45**, 354.

3) Anwendgsbereich. Die Aufzählg der in EG 27 genannten Vorschr des EG ist unvollst: sie beschr sich auf die wenigen vollst Kollisionsnormen des EG, bei welchen das Problem einer Rück- od Weiterverweisg auftreten k. Dementspr wurde aus der Nichterwähng der vollst Kollisionsnorm des EG 21 gefolgert, daß hier eine Rückverweisg unstatth ist; sie wird jedoch auch hier zuzulassen sein, EG 21 Anm 1. Mit dem Ausbau der einseit Kollisionsnormen z vollst ist auch in den in EG 27 nicht erwähnten Fällen die **Rückverweisg grdsl allg z beachten**, hM, vgl zB BGH **45**, 356, Soergel-Kegel Rdz 30. Vgl im übr die Ausführgn bei den einzelnen Artikeln (meist in Anm 1). **Nicht** z beachten ist die Rückverweisg im internat SchuldR, wenn ein wirkl od mutmaßl PartWille festgestellt w kann od ein hypothet PartWill ermittelt w, wohl aber, wenn an den ErfOrt angeknüpft w, str, vgl näher Anm 2 c vor EG 12. Unanwendb auch bei Verweisg auf das Recht des Tatorts, Saarbr NJW 58, 752 str, vgl EG 12 Anm 2. Z Beachtlichk der Rück- od Weiterverweisg dch das v EG 11 I S 2 berufene OrtsR s dort Anm 1. Bei **staatsvertragl** Kollisionsnormen ist Rück- od Weiterverweisg grdsl unbeachtl, vgl Kropholler, Internat EinhR § 22 III. Dies gilt insb f die in den neueren Haager Konventionen ausgespr Anwendbk des innerstaatl Rechts („loi interne"), vgl zB MjSchutz-Übk Art 2–4 u dazu Anh z EG 23 Anm 4 c. Soweit Rück- od Weiterverweis ausnahmsw z beachten, w dies zT auf die Fälle ausdr AO beschr, zB Haager EheschlAbk 1, vgl Anh z EG 13 Anm 2 c.

EG 28 *Gesamt- und Einzelstatut.* **Die Vorschriften der Artikel 15, 19, des Artikel 24 Abs. 1 und der Artikel 25, 27 finden keine Anwendung auf Gegenstände, die sich nicht in dem Gebiete des Staates befinden, dessen Gesetze nach jenen Vorschriften maßgebend sind, und die nach den Gesetzen des Staates, in dessen Gebiete sie sich befinden, besonderen Vorschriften unterliegen.**

Neues Schrifttum: Wochner, Gesamtstatut u Einzelstatut, Fschr f Wahl (1973) S 161.

1) Allgemeines. Die Kollisionsnormen des Fam- u ErbR unterstellen die RVerhe einer Pers grdsl einer einz ROrdng als „Gesamtstatut", ohne daß dabei auf den Lageort ihrer einz VermGgst Rücks gen w. N EG 28 h aber das so berufene Gesamtstatut den „bes Vorschr" einer davon versch lex rei sitae (als Einzelstatut) z weichen. Vgl auch EG 15 Anm 3 b, 24 Anm 2, 25 Anm 2.

2) Anwendgsgebiet. EG 28 enthält einen allg Grundsatz. Treffen also Gesamtstatut u Einzelstatut zus, so kommt stets das letztere zur Anwendg, auch im Falle der nicht genannten EG 20, 21, 22, 23; aber nicht, wenn an dem Ort, an dem die Sache sich befindet, ein and Gesamtstatut gilt, zB dort nicht der Staatsangehörigk-, sond der DomizilGrds herrscht, Staud-Raape 767 (3) (so wenn Dtscher mit Grdbesitz in Dänemark dort stirbt; da dort kein Einzelstatut besteht u dän Recht auf den Grdbesitz vom dän Richter nur als WohnsStatut angewendet würde, hat der dtsche Richter wg EG 24 dtsches Recht auch für die dän Grdstücke anzuwenden; EG 28 scheidet aus).

3) Besondere Vorschr. Über die Auslegg des Begr herrscht Streit. Jedenf sind darunter Vorschr über Sondervermögen, EG 57–59, 62–64, zu verstehen, also zB FideikommißVerm, RJA **12**, 212, Beerbg nach dtschem HöfeR, BGH MDR **65**, 818, Köln RdL **55**, 82, aM Soergel-Kegel Rdz 7. Weiterhin aber auch **kollisionsr Vorschren**, die eine versch Anknüpfg für bewegl u unbewegl Verm vorsehen, vor allem iF der **NachlSpaltg**, wenn also zB nach der lex rei sitae für Grdst eine and ErbROrdng gilt als für übr Verm, EG 24 Anm 2, wie in den USA u bis z neuen IPR-G auch in Österreich, BGH **45**, 352, **50**, 63, BayObLG **71**, 34, sowie in der DDR, RAnwendgsG 25 II; dies gilt auch dann, wenn die lex rei sitae nicht von den allg dtschen Kollisionsnormen als Gesamtstatut zur Anwendg berufen w, RG HRR **30**, 2066, BayObLG **59**, 390. Die Erbfolge ist dann f jeden TeilNachl nach den dort geltden Vorschr gesondert z beurteilen; hins der TestForm gilt das im Anh z EG 24 abgedruckte Übk. Gg die Anwendg von EG 28 bei kollisionsr VermSpaltg, Soergel-Kegel Rdz 11, Wochner Festschr f Wahl (1973) 161 mit eingehder Begründg aus der Entstehgsgeschichte, Raape-Sturm IPR § 12 II. **Keine** bes Vorschr sind Bestimmgen über die GenBedürftigk von RGesch über Grdst, BGH NJW **69**, 369.

EG 29 *Staatenlose.* **Soweit die Gesetze des Staates, dem eine Person angehört, für maßgebend erklärt sind, werden die Rechtsverhältnisse einer staatenlosen Person nach den Gesetzen des Staates beurteilt, in dem sie ihren gewöhnlichen Aufenthalt oder mangels eines solchen ihren Aufenthalt hat oder zu der maßgebenden Zeit gehabt hat.**

1) Allgemeines. Das EGBGB geht bei der Best des Personalstatuts v der Staatsangehörigk aus. Dieser Anknüpfgsmerkmal versagt bei Staatenlosen. EG 29 aF, Text vgl Voraufl, knüpfte ersatzw an die früh Staatangehörigk, in deren Ermangelg an Wohns u notf Aufenth an. Die sich daraus ergebden unbill Konsequenzen in den Fällen abgebrochner Verbindgen zu früh Heimatstaat bei Emigration aus polit Grden wurden dch die Anknüpfg an den gewöhnl Aufenth in der Neufassg v EG 29 dch FamRÄndG v. 12. 4. 38 beseit. EG 29 wurde n dem 2. Weltkrieg dch zahlreiche **Sonderregelgen** f Verschleppte u FlüchtlinBe ergänzt. Soweit Staatenlose unter den Anwendgsbereich dieser im Anh abgedruckten SonderVorschr fallen, ist ihr Personalstatut nicht nach EG 29, sond nach diesen Vorschr z best. Die prakt Bedeutg v EG 29 war danach schon bish gering. Sie ist nunmehr dch das **UN-Übk üb die RStellg der Staatenlosen** v 28. 9. 54, BGBl **76**, II 473, in Kraft getr am 24. 1. 76, abgedruckt **Anh V**, weiter verringert w. Die in EG 29 vorgesehene Anknüpfg des Personalstatuts v Staatenlosen gilt jetzt nur mehr f solche Staatenlose, die weder den kollisionsr Sonderregelgen f Flüchtlinge u Verschleppte noch dem UN-Übk üb die RStellg der Staatenlosen unterliegen; z Anwendgsbereich des zuletzt genannten Abk vgl Anh V Vorbem; v der Anwendg ausgen sind ua die unter der Obhut der UNRWA stehden Palästinaflüchtlinge; z weitgehd daher Raape-Sturm IPR § 9 A I, der EG 29 f außer Kraft getr hält. – EG 29 ist **entspr** anzuwenden bei Pers, deren Staatsangehörigk nicht feststellb ist.

2) Anknüpfgspunkt ist der **gewöhnl Aufenthalt,** dh der Ort eines nicht nur vorübergehden Verweilens, an dem der Schwerpkt der Bindgen einer Pers insbes in familiärer od berufl Hins, ihr Daseinsmittelpkt liegt, BGH NJW **75**, 1068 mwN z der entspr Begr im Haager UnterhÜbk u im Haager MjSch-Übk, vgl dazu Anh 3 z EG 21 u Anh 4 d z EG 23 Art 1 Anm 2. Der gewöhnl Aufenth unterscheidet sich v Wohns vor allem dadch, daß ein Wille, den Ort z Daseinsmittelpkt z machen, nicht erfdl ist, BGH aaO, Soergel-Kegel Rdz 19, aM Mann JZ **56**, 468, vgl dazu Stoll RabelsZ **57**, 192; auch einen abgeleiteten gewöhnl Aufenth, zB f Kinder entspr § 11 gibt es nicht, da allein die tats Verhe entsch; freil w Kinder idR den gewöhnl Aufenth eines EltT teilen. Der gewöhnl Aufenth ist also ein fakt Wohns, der auch dch zeitweil Abwesenh bei Rückkehrwillen nicht aufgeh w (zB Internatsbesuch), BGH NJW **75**, 1068; dagg begründet zwangsw Verbringg an einen Ort keinen gewöhnl Aufenth (Strafhaft, Kriegsgefangensch), Soergel-Kegel Rdz 22. „Wohnsitz" wurde als Anknüpfgspkt vermieden, da sich der WohnsBegr in den Rechtsordngen der verschiedenen Länder nicht deckt (amtl Begr); vgl auch Vorbem 7b vor EG 7. – Rück- und Weiterverweisg sind zu beachten, Köln NJW **55**, 755, vgl auch BGH FamRZ **61**, 364, aM Staud-Raape 779.

3) Staatenlosigk. Ob jemand staatenl ist, entsch nicht der dtsche od ausl Staatsangehörigk (er besagt nur, wie die PaßBeh – oft nolens volens – die Person hins ihrer Staatsangehörigk behandelt), sond die in Betr kommenden StaatsangehörigkGe; in dtscher Übersetzg abgedr bei Bergmann-Ferid, Internat Ehe- u KindschR. Einen Anspr auf Verleihg der dtschen Staatsangehörigk gewährt nunmehr das Gesetz z Verminderg der Staatenlosigk v 29. 6. 77, BGBl I 1101, vgl dazu Arndt NJW **77**, 1564. Der Richter ist verpflichtet, **von Amts wegen die Staatsangehörigk selbständig zu prüfen**, wo es darauf ankommen kann.

4) Einwirkg der Neuregelg auf bestehende Rechtsverhältnisse. Die Neufassg des EG 29 im Jahre 1938 wirkte bei nicht seit Geburt Staatenlosen im allg **wie ein Staatsangehörigk Wechsel**, KG DR **39**, 247, also keine Rückwirkg, BayObLG **72**, 204, Soergel-Kegel Rdz 32, str. Auch wenn auf den Staatenlosen nach EG 29 nF dtsches Recht anzuwenden ist, bleibt er deshalb Ausländer. Die Regelg des EG 29 nF gilt allg, also auch, wenn der Staatenlose seinen gewöhnl Aufenth im Ausland h, was nach dtschem R zu beurteilen ist.

5) Geltungsbereich. EG 29 gilt überall, wo an die Staatsangehörigk angeknüpft wird, sei es nun der Pers selbst oder für deren Rechte an die einer and Pers, EG 20, 21, nicht aber auch bei Exklusivnormen z Schutz od zG Dtscher wie den bes VorbehKlauseln EG 12, 18 II, 19 S 2, 20 S 2, 21, 25 S 2, ferner EG 17 III, VerschG 12 III 1.

Anhang zu Art 29 EGBGB

Vorbemerkung

1) Internationalprivatrechtliche Sonderregelungen für Volksdtsche, Flüchtlinge, Verschleppte u Staatenlose enthalten die nachstehend abgedr Abk u Ges. Aus ihnen ergibt sich auch jew der erfaßte Personenkreis. Rückwirkde Kraft kommt diesen SonderVorschr im allg ebsowen z wie der Neufassg des EG 29, vgl dort Anm 4, wie hier Soergel-Kegel Rdz 13, 45, 55 im Anh z EG 29, aM Brintzinger FamRZ **68**, 1. Erworbene Rechte bleiben zudem gewahrt, BGes v 25. 4. 51 § 8, FlüchtlKonv Art 12 II, Übk über die RStellg der Staatenlosen Art 12 II.

2) Art 116 GG befaßt sich mit Flüchtlingen und Vertriebenen dtscher Volkszugehörigk, die aber die dtsche Staatsangehörigk nicht haben, I (sie wurden nicht von der IRO betreut u fielen nicht unter die abgedr FlüchtlingsG), sowie deren Eheg u Abkömmlingen, ferner mit den früh dtschen Staatsangeh, die zw dem 30. 1. 33 u 8. 5. 45 aus polit, rass oder religiösen Gründen ausgebürgert worden sind, II.

Art 116 ^I **Deutscher im Sinne dieses Grundgesetzes ist vorbehaltlich anderweitiger gesetzlicher Regelung, wer die deutsche Staatsangehörigkeit besitzt oder als Flüchtling oder Vertriebener deutscher Volkszugehörigkeit oder als dessen Ehegatte oder Abkömmling in dem Gebiete des Deutschen Reiches nach dem Stande vom 31. Dezember 1937 Aufnahme gefunden hat.**

^{II} **Frühere deutsche Staatsangehörige, denen zwischen dem 30. Januar 1933 und dem 8. Mai 1945 die Staatsangehörigkeit aus politischen, rassischen oder religiösen Gründen entzogen worden ist, und ihre Abkömmlinge sind auf Antrag wieder einzubürgern. Sie gelten als nicht ausgebürgert, sofern sie nach dem 8. Mai 1945 ihren Wohnsitz in Deutschland genommen haben und nicht einen entgegengesetzten Willen zum Ausdruck gebracht haben.**

a) Die in I erwähnten Flüchtlinge und Vertriebenen deutscher Volkszugehörigk, die weder dadch noch aGrd der FlüchtlingsG der Länder die dtsche Staatsangehörigk erworben haben, BGH NJW **57**, 100, vgl auch Vorbem 7 a vor EG 7, werden durch **FamRÄndG v 11. 8. 61, Art 9 Abschn II Z 5** für die Fragen des deutschen bürgerl Rechts u VerfRechts dtschen Staatsangehörigen gleichgestellt:

Soweit im deutschen bürgerlichen Recht oder im deutschen Verfahrensrecht die Staatsangehörigkeit einer Person maßgebend ist, stehen den deutschen Staatsangehörigen die Personen gleich, die, ohne die deutsche Staatsangehörigkeit zu besitzen, Deutsche im Sinne des Artikels 116 Abs. 1 des Grundgesetzes sind. Rechtskräftige gerichtliche Entscheidungen bleiben unberührt.

Das gilt mithin auch für solche Personen, die ihre „Staatsangehörigkeit" von obigen Personen ableiten, also Eheg u Abkömmlinge.

b) Abs II w ergänzt dch BVerfG **23**, 98 (Nichtigk der 11. VO z RBürgG v 25. 11. 41, RGBl I 772). sodaß Verfolgte, denen zw dem 30. 1. 33 u 8. 5. 45 die dtsche Staatsangehörigk aus polit, rass oder religiösen Gründen entzogen worden ist, diese dadch nicht verloren haben, soweit sie nicht etwa diese nicht weiter besitzen wollten; ebso für Verfolgte, die den 8. 5. 45 nicht erlebt haben. Auch nach Erwerb einer fremden Staatsangehörigk können Verfolgte dch WohnsBegründg od Antragstellg nach dem 8. 5. 45 die dtsche Staatsangehörigk wiedererlangen. II gilt auch für solche früheren Deutschen, die erst nach Inkrafttr des GG den Wohns nach Deutschland verlegt haben, BGH **27**, 377 gg Lichter StAZ **54**, 245, der aus „haben" das Ggteil folgert. Er gilt auch für die Ehefr, die sich vor ihrer Rückkehr nach Deutschland mit einem Ausländer verheiratet hat, u dadch die Staatsangehörigk, wenn sie sie gehabt hätte, verloren hätte, weil auch der beantr Erwerb einer and Staatsangehörigk für den Verlust der dtschen außer Betr bleibt, BGH **27**, 378. Die Rückwirkg hins der Staatsangehörigk kann aber nicht auch hins einer vor Rückkehr im

Ausland eingegangenen Ehe gelten, so daß deren Eingeh nunmehr, also rückw, nach dtschem Recht zu beurteilen wäre. Das würde der grdsl Unwandelbark des EheschlStatuts, EG 13 Anm 2, widersprechen, BGH **27**, 380. Wird im allg auch in and Fällen der Unwandelbk z beachten sein (GüterR).

I. AHKGes 23 über die Rechtsverhältnisse verschleppter Personen und Flüchtlinge

Vom 17. 3. 1950, AHKABl 140 (SaBl 256) idF ÄndG 48 v 1. 3. 51, AHKABl 808 (SaBl 322)

(auszugsweise)

Schrifttum: Beitzke in Festschr f Haff 197ff; Dölle StAZ **50**, 106; Makarov DRZ **50**, 318; Schwenn SJZ **50**, 652; v Stackelberg NJW **50**, 808; s auch Reithmann DNotZ **58**, 512; Brintzinger FamRZ **68**, 1.

Einführung

1) Allgemeines. Um den verschleppten Personen u Flüchtlingen die Ordng insb ihrer FamVerhältnisse zu ermögl, haben die ehemal Besatzmächte die RVerhältnisse, deren Regelg nach dtschem Recht an die Staatsangehörigk anknüpft, dem Recht des gewöhnl AufenthOrtes dieser Personen unterstellt, Art 1, also eine Regelg getroffen, die EG 29 entspricht, sich auch dem Wortlaut nach an diese Vorschr anlehnt. Art 3 stellt die Genannten in Ehesachen prozessual den dtschen Staatsangeh gleich, vgl Baumb-Lauterbach ZPO 606b Anh; Art 6–9 bringen Vorschr über die Heilg nicht wirks zustande gekommener Eheschl, abgedr EheG 11 Anh III. Von den schließl Vorschr enthält Art 10 Legaldefinitionen, Art 11 ermächt die BundesBeh zu AusfBestimmgen, Art 12 erkl den dtschen Text für maßg. Das Gesetz **gilt nur im BGebiet**: für **West-Bln** vgl G 9 v 28. 8. 50, VOBl 458, idF des ÄndG v 13. 4. 51, GVBl 332.

2) Übergangsbestimmgen fehlen. Das G 23 hat für die ihm Unterstellten die **Auswirkg eines StaatsangehörigkWechsels**, ebso Fbg JZ **52**, 481, so daß die EG 29 Anm 4 genannten Grdsätze, die sich dort aus der Änderg von EG 29 ergaben, auch hier anzuwenden sind. Das Zurückgehen auf das früh HeimatR wird also öfters erforderl sein, so bei Anf der Ehelichk eines vor Erl des G in Deutschland geb Kindes, Fbg JZ **52**, 481. Hat keine rückwirkende Kraft, Neust StAZ **60**, 289, so auch Raape IPR § 10 II, Soergel-Kegel EG 29 Anh Rdz 13, aM Erm-Arndt EG 29 Rdz 16, vgl auch Anh II § 8 Anm 1.

3) Verhältn zu BundesG über die Rechtsstellg heimatloser Ausländer. Siehe dazu Einf 2 vor Anh II u Einf vor § 8 daselbst. Zu beachten auch **Abk über die Rechtsstellg der Flüchtlinge** v 28. 7. 51, Anh III.

Erster Teil. Allgemeine Vorschriften

Art. 1. Soweit das Einführungsgesetz zum Bürgerlichen Gesetzbuch bestimmt, daß die Gesetze des Staates, dem eine Person angehört, maßgebend sind, werden die Rechtsverhältnisse einer verschleppten Person oder eines Flüchtlings nach dem Recht des Staates beurteilt, in welchem die Person oder der Flüchtling zu der maßgebenden Zeit den gewöhnlichen Aufenthalt hat oder gehabt hat, oder falls ein gewöhnlicher Aufenthalt fehlt, nach dem Recht des Staates, in welchem die Person oder der Flüchtling sich zu der maßgebenden Zeit befindet oder befunden hat.

1) Wegen des Personenkreises vgl Art 10a (unten). Auf die wirkl Staatsangehörigk dieser Personen kommt es also nicht an, außer wenn sie die dtsche ist. Volksdtsche Flüchtlinge, Vorbem 2 vor Anh, u dtsche Staatsangeh fallen auch dann nicht unter das G, wenn sie noch eine und Staatsangehörigk haben. Ergänzt wird Art 1 durch § 8 G v 25. 4. 51, unten Anh II.

2) Sachl bezieht sich Art 1 dem Wortlaut nach nur auf RVorschriften, die das EG, also Art 7 ff enthält. Trotzdem wird man es aus dem Zweck des G heraus auch auf solche Gesetze anwenden müssen, die ebenf an die Staatsangehörigk anknüpfen wie VerschG 12; ebso Hann (LG) StAZ **50**, 249, Maßfeller ebda, Schwenn SJZ **50**, 653, aM Dölle 107 Anm 5, Makarov 320, Beitzke 212. Ergibt sich jedf aus FlüchtlingsAbk, Einf 3, das allg davon spricht, daß das Personalstatut des Flüchtlings sich nach dem Wohns, bei dessen Fehlen nach dem Aufenth richtet, Abk Art 12.

3) Anknüpfgspkt ist der **gewöhnl Aufenth** (wg dieses Begr EG 29 Anm 2), ist ein solcher nicht vorhanden, der Aufenth schlechthin. Überall anwendb, wo EG an die Staatsangehörigk anknüpft; vgl dazu EG 29 Anm 4. Ausgen sind dch Art 2 EG 24, 25. Entsch ist der gewöhnl Aufenth zu der Zeit, die für die Anknüpfg maßg ist; haben Verlobte also die Ehe währd ihres gewöhnl Aufenthalts in Polen geschlossen, so ist nach diesem Recht die Gültigk der Eheschl in sachl Beziehg zu beurteilen, EG 13. Für das Scheidgsbegehren der nach Deutschland geflüchteten Polin, deren Mann dorthin zurückgekehrt ist, sind die dtschen Gerichte zwar jetzt zust, Art 3, anzuwenden aber poln Recht, EG 17 I; ebso Makarov 320, Schwenn 654. EG 17 III unanwendb, da er die dtsche Staatsangehörigk der Frau voraussetzt. Überh sind alle die Bestimmgen des EG unanwendb, die ausdr zG dtscher Staatsangeh erl sind, also EG 12, 14 II, 18 II, 19 S 2, 20 S 2, 21, 22 II, VerschG 12 III (Inländerprivilegien).

Art. 2. Artikel 1 findet keine Anwendung auf die in den Artikeln 24 und 25 des Einführungsgesetzes zum Bürgerlichen Gesetzbuch geregelten Gegenstände.

Bem. In Ausnahme von der Regel des Art 1 bleibt es für die **erbrechtl Anknüpfg** bei der von EG 24, 25; maßg also die Staatsangehörigk des Erbl zZ seines Todes; vgl aber das FlüchtlingsAbk Art 12, Anh III.

1. Abschnitt: Allgemeine Vorschriften   (IPR) Anh I, II zu EGBGB 29

Art. 4. § 10 des Kontrollratsgesetzes Nr. 16 (Ehegesetz) findet auf verschleppte Personen und Flüchtlinge keine Anwendung.

Bem. Der vom Gesetz erfaßte PersKreis braucht ein **EhefähigkZeugn** nicht beizubringen. Dagg haben Flüchtlinge, die nicht unter AHKG 23 od BundesG v 25. 4. 51, Anh II, fallen, ein solches Zeugn beizubringen od Befreiung nachzusuchen, EG 29 Anh III Bem zu Art 12.

Dritter Teil. Schlußvorschriften

Art. 10. Im Sinne dieses Gesetzes bedeutet:

a) der Ausdruck „verschleppte Personen und Flüchtlinge" Personen, die nicht die deutsche Staatsangehörigkeit besitzen oder deren Staatsangehörigkeit nicht festgestellt werden kann, sofern sie ihren Aufenthalt im Gebiete der Bundesrepublik haben und eine amtliche Bescheinigung darüber besitzen, daß sie der Obhut der internationalen Organisation unterstehen, die von den Vereinten Nationen mit der Betreuung der verschleppten Personen und Flüchtlinge beauftragt ist;

b) der Ausdruck „Deutschland" die Länder Baden, Bayern, Bremen, Brandenburg, Hansestadt Hamburg, Hessen, Niedersachsen, Mecklenburg-Pommern, Nordrhein-Westfalen, Rheinland-Pfalz, Sachsen, Sachsen-Anhalt, Schleswig-Holstein, Thüringen, Württemberg-Baden, Württemberg-Hohenzollern und Groß-Berlin.

1) Verschleppte Personen u Flüchtlinge sind nur solche Pers, die nicht die dtsche Staatsangehörigk besitzen. Unter das Gesetz fallen auch die Personen, die ihre Staatsangehörigk oder Staatenlosigk von den Art 10a Genannten ableiten, also Ehefrauen u Kinder. Erforderl ist, **a)** daß die Pers eine **fremde Staatsangehörigk besitzt, staatenlos ist**, Soergel-Kegel Anh z EG 29 Rdz 5, od daß ihre Staatsangehörigk in tats (zB Findelkinder) od rechtl Beziehung nicht festgestellt werden kann; so auch Schwenn aaO. Steht eine fr Staatsangehörigk fest, läßt sich aber nicht sicher feststellen, ob diese verloren u eine neue erworben wurde, so ist von der fr Staatsangehörigk auszugehen, ebso Dölle, Makarov aaO; war das also die dtsche, so ist G 23 unanwendb. **b)** Aufenth in BGebiet. Der gewöhnl Aufenth braucht es nicht zu sein. Früherer Aufenth genügt nicht. Wg der abw Regelg im BundesG v 25. 4. 51 vgl Anh II § 1 Anm 1c u Einf 2 vor § 8. **c)** Eine amtl Bescheinigg, daß die Pers der Obhut der internat Organisation untersteht, die von den VerNat mit der Betreuung der verschleppten Personen u Flüchtlinge beauftragt ist, stellte die IRO aus; über die Anerkenng nach deren Auflösg RdSchr BMJ v 27. 3. 53, StAZ 53, 149 (statt der aufgelösten IRO Hoher Kommissar der VerNat für die Flüchtlingswesen in Bonn); wg der Flüchtlinge, für die die IRO zust war, vgl das IRO-Statut, abgedr in: Das DP-Problem, herausg vom Inst f Besatzgsfragen, Tüb 1950 S 163. Der Begr des Flüchtlings im FlüchtlingsAbk, Einf 3, deckt sich nicht mit dem des G, ist vielm weiter, Anh III.

2) Deutschland iS des G 23 umfaßt das BGebiet, DDR, Groß-Bln, jedoch nicht die Gebiete östl der Oder-Neiße-Linie u das Saarland.

II. Gesetz über die Rechtsstellung heimatloser Ausländer im Bundesgebiet

Vom 25. 4. 1951 (BGBl I 269), für West-Bln vgl G v 28. 2. 52 (GVBl 126)

(auszugsweise)

Schrifttum: Maßfeller StAZ 51, 130 ff, 155 ff; Jahn JZ 51, 326; Makarov ZauslöffRVölkR 51/52, 431.

Einführung

1) Verhältn zu AHKG 23. Beide G gelten nebeneinander, überschneiden sich, § 8 Anm 1, decken sich aber nicht völlig. Für die am 30. 6. 50 in Umsiedlg befindl verschleppten Personen gilt allein AHKG 23, § 26, vgl auch Einf 2 vor § 8.

2) G enthält außer den abgedr Vorschr öffrechtl, §§ 12 ff über Freizügigk, Vereinsfreih, Schulwesen, Anerkenng ausl Prüfgen, Zulassg zu freien Berufen, Gleichstellg hins unselbst u selbst Arbeit, SozialVers, öff Fürsorge, steuerl Gleichstellg, ferner Vorschr über VerwMaßnahmen, §§ 21 ff, bei Einbürgerg, Rückkehr in die Heimat u Auswanderg, Auswanderungsschutz, schließl über Rechtsschutz, § 24, dch die dtschen Auslandsvertretgen u bei Ausstellg von Urk, die sonst die Heimatbehörden ausstellen. G hat keine rückwirkende Kraft, Neust StAZ 60, 289, Soergel-Kegel EG 29 Anh Rdz 17. In Kraft seit 28. 4. 51.

Kapitel I. Allgemeine Vorschriften

1. (1) Heimatloser Ausländer im Sinne dieses Gesetzes ist ein fremder Staatsangehöriger oder Staatenloser, der

a) nachweist, daß er der Obhut der Internationalen Organisation untersteht, die von den Vereinten Nationen mit der Betreuung verschleppter Personen und Flüchtlinge beauftragt ist, und

b) nicht Deutscher nach Artikel 116 des Grundgesetzes ist und

c) am 30. Juni 1950 seinen Aufenthalt im Geltungsbereich des Grundgesetzes oder in Berlin (West) hatte oder die Rechtsstellung eines heimatlosen Ausländers auf Grund der Bestimmungen des § 2 Absatz 3 erwirbt.

(2) Die Bundesregierung wird ermächtigt, mit Zustimmung des Bundesrates Rechtsverordnungen zu erlassen, durch die andere ausländische Flüchtlinge zur Vermeidung unbilliger Härten den in Absatz 1 genannten Personen gleichgestellt werden.

(3) Wer seine Staatsangehörigkeit von einem heimatlosen Ausländer oder einer ihm nach Absatz 2 gleichgestellten Person ableitet, steht einem heimatlosen Ausländer im Sinne dieses Gesetzes gleich.

Anh II zu EGBGB 29 (IPR)   *Heldrich*

1) Erwerb des Heimatlosenstatuts, I. Unter G fallen nur **heimatlose Ausländer**, also Pers, bei denen folgende Voraussetzgen vorliegen: **a)** nicht dtsche Staatsangehörigk, also auch nicht solche iS des BundesG v 22. 2. 55, BGBl 65, Vorbem 7 a vor EG 7. Auch die in GG 116 genannten Volksdeutschen sind Deutsche iS des G (I Z b); vgl auch Anh Vorbem 2 a. **b)** Betreuung dch internat Flüchtlingsorganisation, vgl Anh I Art 10 Anm 1. **c)** Aufenth (schlechthin) im BGebiet oder Bln-West am 30. 6. 50 (in AHKG 23 Art 10 kein Stichtag). Gem § 2 III aber auch die Personen, bei denen a u b vorliegt u die nach dem 1. 7. 48, aber vor dem 30. 6. 50, vgl § 2 II, Aufenth ins Ausland verlegt, innerhalb von 2 Jahren Wohns od dauernden Aufenth aber ins BGebiet oder nach Bln-West zurückverlegt h. Wg der abw Regelg in AHKG 23 Art 10 vgl unten Einf 2 vor § 8.

2) Abgeleitetes Heimatlosenstatut, III. Heimatlose u damit ebenf unter das G fallende Personen sind die, die von den Anh 1 Genannten ihre Staatsangehörigk ableiten. Maßg für die Ableitg das ausl StaatsangehörigkG. Unter III müssen aber, obwohl nicht genannt, auch die Personen fallen, die ihre Staatenlosigk von einem Staatenlosen mit Heimatlosenstatus ableiten, desgl die Ehefrauen, die dch Eheschl mit einem derartigen Mann ihre Staatsangehörigk einbüßen. Personen mit abgeleitetem Heimatlosenstatus brauchen am 30. 6. 50 nicht Aufenth im BGebiet od in Bln-West gehabt zu h (Eheschl od Geburt nach diesem Ztpkt); auch sie verlieren aber Eigensch als Heimatlose im Falle § 2 I, da bei Erwerb fremder Staatsangehörigk Behandlg als Heimatloser unnötig u bei Verlegg des gewöhnl Aufenth aus dem BGebiet u Bln-West heraus Zweck des G (Aufnahme u Schutz im BGebiet) entfällt.

3) Gleichgestellte, II. Durch RVO können and Flüchtlinge nichtdtscher Staatsangehörigk den zu 1 u 2 genannten gleichgestellt w.

2. *(1) Ein heimatloser Ausländer verliert diese Rechtsstellung, wenn er nach dem 30. Juni 1950 eine neue Staatsangehörigkeit erwirbt oder seinen gewöhnlichen Aufenthalt außerhalb des Geltungsbereichs des Grundgesetzes oder von Berlin (West) nimmt.*

(2) Hat ein heimatloser Ausländer seinen gewöhnlichen Aufenthalt außerhalb des Geltungsbereichs des Grundgesetzes oder von Berlin (West) genommen, so kann er innerhalb zweier Jahre seit dem Zeitpunkt seiner Ausreise aus dem Geltungsbereich des Grundgesetzes oder aus Berlin (West) seinen gewöhnlichen Aufenthalt in den Geltungsbereich des Grundgesetzes oder nach Berlin (West) zurückverlegen. Mit der Rückkehr erlangt er wieder die Rechtsstellung eines heimatlosen Ausländers.

(3) Ein fremder Staatsangehöriger oder Staatenloser, der die Bestimmungen des § 1 Abs. 1 a und b erfüllt, nach dem 1. Juli 1948 seinen gewöhnlichen Aufenthalt im Geltungsbereich des Grundgesetzes oder in Berlin (West) hatte und ihn danach außerhalb des Geltungsbereichs des Grundgesetzes oder von Berlin (West) verlegt hat, erlangt die Rechtsstellung eines heimatlosen Ausländers, wenn er innerhalb von 2 Jahren seit dem Zeitpunkt seiner Ausreise aus dem Geltungsbereich des Grundgesetzes oder aus Berlin (West) rechtmäßig seinen Wohnsitz oder dauernden Aufenthalt in den Geltungsbereich des Grundgesetzes oder nach Berlin (West) zurückverlegt.

1) Allgemeines. Dch § 2 wird vermieden, daß neben dem dtschen Recht als Heimatlosenstatut noch das neue HeimatR zur Anwendg kommen könnte.

2) Verlust des Heimatlosenstatus, I. a) Bei Erwerb einer neuen Staatsangehörigk nach dem 30. 6. 50 (Rückerwerb des Heimatlosenstatus nicht mögl), od **b)** bei Verlegg des gewöhnl Aufenth, Begr EG 29 Anm 2, nach dem 30. 6. 50 außerh des BGebiets od Bln-West. Dadch geht Status sofort verloren, wird aber **wiedererworben**, wenn eine Pers, bei der weiter § 1 I Z a u b zutrifft, gewöhnl Aufenth innerh von 2 Jahren in BGebiet od nach Bln-West zurückverlegt.

3) Ersterwerb des Heimatlosenstatuts nach dem 30. 6. 50, III. Vgl § 1 Anm 1c. Hierunter die Fälle, in denen aGrd eines früheren gewöhnl Aufenth bis mindestens 1. 7. 48 Heimatlosenstatut auch nach dem 30. 6. 50 erworben w kann, wenn § 1 I Z a u b vorliegen u der Ztpkt der AufenthVerlegg u der der rechtm Rückverlegg (AufenthGen) nicht mehr als 2 Jahre auseinanderliegen. Vorschr hat Übergangscharakter, da sie äußerstenf für eine Verlegg ins Ausland am 29. 6. 50 in Betr kommt; andernf läge § 1 Ic vor.

3. *(1) Ein heimatloser Ausländer darf wegen seiner Abstammung, seiner Rasse, seiner Sprache, seiner Heimat und Herkunft, seines Glaubens oder wegen seiner Flüchtlingseigenschaft nicht benachteiligt werden.*

(2) Die ungestörte Religionsausübung wird gewährleistet.

4. *(1) Heimatlose Ausländer sind den im Geltungsbereich des Grundgesetzes oder in Berlin (West) geltenden Gesetzen und Vorschriften einschließlich der zur Aufrechterhaltung der öffentlichen Ordnung ergriffenen Maßnahmen unterworfen.*

(2) Sie unterstehen der deutschen Gerichtsbarkeit.

5. *Rechte und Vergünstigungen, die allgemein Angehörigen fremder Staaten nur unter der Bedingung der Gegenseitigkeit gewährt werden, sind heimatlosen Ausländern auch dann nicht zu versagen, wenn die Gegenseitigkeit nicht verbürgt ist.*

6. *Ausnahmemaßnahmen, die sich gegen Angehörige des früheren Heimatstaates eines heimatlosen Ausländers richten, dürfen gegen diesen nicht angewandt werden.*

7. *In den Fällen, in denen der Erwerb oder die Ausübung eines Rechts von der Dauer des Aufenthalts im Geltungsbereich des Grundgesetzes oder in Berlin (West) abhängig ist, ist die Zeit des Zwangsaufenthalts einer Person im Falle einer Verschleppung in der Zeit vom 1. September 1939 bis zum 8. Mai 1945 anzurechnen.*

Kapitel II. Bürgerliches Recht
Einführung

1) Kapitel II enthält lediglich eine Bestimmg über die wohlerworbenen Rechte, § 8, die kollisionsr Charakter h.

2) Allg kollisionsr Vorschr für Heimatlose enth nur AHKG 23 Art 1 u 2, die jedoch nur auf den in Art 10 dieses Gesetzes genannten PersKreis anzuwenden sind; dieser w sich aber im allg mit dem in § 1 umschriebenen decken; Unterschiede im PersKreis w sich nur dann ergeben, wenn der sich wieder in Deutschland aufhaltde Heimatlose länger als 2 Jahre abwesd war, § 2 II, III, da AHKG 23 Art 10 diese zeitl Begrenzg nicht kennt, sond nur auf den Aufenth als solchen, auch wenn er nicht der gewöhnl ist, abstellt.

8. Hat ein heimatloser Ausländer vor Inkrafttreten dieses Gesetzes nach anderen als den deutschen Vorschriften Rechte erworben, so behält er diese, sofern die Gesetze des Ortes beobachtet sind, an dem das Rechtsgeschäft vorgenommen ist. Dies gilt insbesondere für eine vor Inkrafttreten dieses Gesetzes geschlossene Ehe.

1) Unter der Herrsch eines and Rechts erworbene Rechte bleiben erhalten, wenn sie vor Inkrafttreten des G erworben wurden u das G des Ortes, an dem das RGesch vorgenommen wurde, beobachtet ist; ähnl FlüchtlingsAbk Art 12 II, vgl unten Anh III. § 8 stellt lediglich klar, daß AHKG 23 Art 1 nicht zurückwirkt, was in der dortigen Regelg fehlt, Soergel-Kegel EG 29 Anh Rdz 18, aM wg Rückwirkg Brintzinger FamRZ **68**, 7. Makarov RabelsZ **55**, 112 sieht § 8 im Hinbl auf Art 12 II Genf FlüchtlingsKonv als gegenstandslos an.

11. Im Verfahren vor allen deutschen Gerichten sind heimatlose Ausländer den deutschen Staatsangehörigen gleichgestellt. Sie genießen unter den gleichen Bedingungen wie deutsche Staatsangehörige das Armenrecht und sind von den besonderen Pflichten der Angehörigen fremder Staaten und der Staatenlosen zur Sicherheitsleistung befreit.

1) Gleichstellg im Verfahrensrecht. ArmenR wie Deutschen zu gewähren. ZPO 114 II nicht anwendb; ebso nicht ZPO 110 (Sicherheitsleistg).

Kapitel VI. Schluß- und Übergangsvorschriften

25. (betr die dch Durchf des G erwachsenden Kosten)

26. Dieses Gesetz findet keine Anwendung auf Personen, die in Umsiedlung begriffen sind und von der Internationalen Flüchtlings-Organisation (IRO) Fürsorge und Unterhalt erhalten.

1) Anm. Auf die in der Umsiedlg Begriffenen allein AHKG 23 anwendb, vgl auch Einf 1 vor § 8. Wg Übernahme der Aufgaben der IRO Anh I Art 1 Anm 1.

III. Abkommen über die Rechtsstellung der Flüchtlinge
(Genfer Flüchtlingskonvention)

Vom 28. 7. 1951 (BGBl **1953** II 559); vgl dazu auch Protokoll v 31. 1. 67 (BGBl **1969** II 1294)

Schrifttum: Mezger JZ **54**, 663; Ferid DNotZ **54**, 350; Weis JbIntR **54**, 53; Seidl-Hohenvelern, Festschr Schätzel (1960) 441; Weis/Jahn, Die Vereinten Nationen u die Flüchtlinge in: Schätzel/Veiter, Handbuch des internat FlüchtlingsR (1960) 245; Kimminich, Der internat RStatus des Flüchtlings (1962) 285; ders Fschr f Menzel (1975) 307; Beitzke, Festschr f Fragistas (1966) S 377 (Flüchtlingsscheidg); Hirschberg NJW **72**, 361 (Flüchtlingsscheidg); Brintzinger FamRZ **68**, 1 (Rückwirkg).

Vorbemerkung

1) In Deutschland in Kraft seit 24. 12. 1953, Art 2 I BundesG v 1. 9. 53, BGBl II 559. Gilt im Verhältn der BRep zu Algerien, Argentinien, Äthiopien, Australien, Belgien, Benin, Botsuana, Brasilien, Burundi, Chile, Costa Rica, Dänemark, Dominikan Republik, Dschibuti, Ecuador, Elfenbeinküste, Fidschi, Finnland, Frankreich, Gabun, Gambia, Ghana, Grenada, Griechenland, Guinea, Guinea-Bissau, Heiliger Stuhl, Iran, Irland, Island, Israel, Italien, Jamaika, Jugoslawien, Kanada, Kamerun, Kenia, Kolumbien, Kongo, Liberia, Liechtenstein, Luxemburg, Madagaskar, Mali, Malta, Marokko, Monaco, Neuseeland, Niederlande, Niger, Nigeria, Norwegen, Österreich, Panama, Paraguay, Peru, Portugal, Sambia, Sao Tomé u Principe, Schweden, Schweiz, Senegal, Sudan, Tansania, Togo, Tunesien, Türkei, Uganda, Uruguay, Vereinigtes Königreich, Zaire, Zentralafrikanische Republik, Zypern, vgl dazu zuletzt Bek v 18. 9. 78, BGBl II 1243. Liste der VertrStaaten des Protokolls v 31.1.67 in Beilage z BGBl II FundstellenNachw B 1977 S 342 zuletzt ergänzt dch Bek v 18. 9. 78, BGBl II 1243.

2) G enthält im wesentl Bestimmgen des FremdenR, die die Gleichstellg der Flüchtlinge mit den Angeh des WohnsLandes sichern sollen; Art 12 hat hingg kollisionsrechtl Inhalt. Der **Begriff des Flüchtlings** ist in Art 1 definiert, vgl dazu auch das Gutachten des Amtes des Hohen Kommissars der Vereinten Nationen betr die FlüchtlingsEigensch, RzW **68**, 150; eine **wicht Erweiterg** bringen Art 1 des **Protokolls** über die RStellg der Flüchtlinge v 31. 1. 67, BGBl **69** II 1294 u §§ 28, 44 **AuslG**, vgl Anh IV; das Abk betrifft auch die internat Flüchtlinge, die sich nicht in BRep od West-Bln aufhalten. Mj ehel Kinder, die ihre Staatsangehörigk von einem Flüchtling iS des Art 1 ableiten, besitzen ebenf die FlüchtlingsEigensch, BayObLG **74**, 95. Ob die FlüchtlingsEigensch gegeben ist, entscheidet, auch bei Vorliegen einer VerwEntsch, das Gericht selbständig, wenn diese Eigensch zB Voraussetzg der Zuständigk des angerufenen Gerichts ist,

Stgt FamRZ **62**, 161, Beitzke S 397. Nicht unter das Abk fallen (vgl Art 1 C–F) ua Personen, die einen gült Heimatpaß ihres Landes, den sie beantragt u entgegengenommen h, auch haben verlängern lassen, BGH RzW **66**, 140, ferner Flüchtlinge, die sich dem Land, aus dem sie geflohen sind, in irgendeiner Form wieder unterstellt haben, was aber nicht schon dann der Fall sein kann, wenn sie das dortige Scheidsgericht angerufen haben oder sich dort einlassen, Beitzke S 386 u FamRZ **66**, 639, ferner Pers, die eine neue Staatsangehörigk erworben haben u den Schutz dieses Landes genießen, Art 1 C; nicht darunter fallen ferner Pers, die den Schutz oder Beistand einer Organisation od einer Institution der VerNat haben, mit Ausn derjenigen, die vom Hochkommissar u damit früher auch den Organisationen, deren Aufgaben er übernommen hat (zB IRO), betreut werden, Art 1 D; ausgeschl ist die FlüchtlingsEigensch nach Art 1 D heute prakt nur mehr bei Palästinaflüchtlingen, die v der UNRWA betreut w, vgl Weis/Jahn 288, Kimminich 279; v der Konvention nicht erfaßt w ferner Pers, die von den Behörden des AufenthLandes den eigenen StaatsAngeh gleichgestellt w, Art 1 E, also auch nicht volksdtsche Flüchtlinge, Anh Vorbem 2a, schließl Kriegsverbrecher, Kriminelle u Feinde der VerNat, Art 1 F. Andererskönnen auch Pers, die illegal die Grenze überschritten haben, unter das Abk fallen, so die aus dem Fluchtlande, aber auch solche, die aus einem dritten Land gekommen sind, BVerwG NJW **59**, 451. Bedeut hat Abk in BRep u Bln-West also vor allem für die Flüchtlinge, die im Ggsatz zu AHKG 23 Art 10 außerh des BGebiets u Bln-West wohnen, auch für die im AHKG 23 Genannten bes des Erbrechts, dort Art 2, weiter für die volksdtschen Vertriebenen, die nicht die dtsche Staatsangehörigk erlangt, sond eine and Staatsangehörigk h, Ferid DNotZ **54**, 352 ff, Ferid-Firsching Internat Erbrecht „Deutschland" Anm 13, Henrich FamRZ **58**, 125, ferner für Ungarnflüchtlinge, BayObLG **74**, 95, Soergel-Kegel EG 29 Anh Rdz 28 u EG 17 Anm 6a aE; wg der Wirkg der Kollektiveinbürgergen für die Erlangg der dtschen Staatsangehörigk BundesG v 22. 2. 55, BGBl 55, Vorbem 7a vor EG 7. Zu den anerkannten FluchtGrden vgl Art 1 A 2; eine Beschrkg im berufl Fortkommen gehört hierzu nur dann, wenn die wirtsch Existenz in Frage gestellt ist; die **Verfolgg** muß auch von den Machthabern des Heimatstaates ausgehen od jedenf geduldet od nicht verhindert w, BGH RzW **65**, 238.

Art. 1 Definition des Begriffs „Flüchtling"

A.

Im Sinne dieses Abkommens findet der Ausdruck „Flüchtling" auf jede Person Anwendung:

1. Die in Anwendung der Vereinbarungen vom 12. Mai 1926 und 30. Juni 1928 oder in Anwendung der Abkommen vom 28. Oktober 1933 und 10. Februar 1938 und des Protokolls vom 14. September 1939 oder in Anwendung der Verfassung der Internationalen Flüchtlingsorganisation als Flüchtling gilt.

Die von der Internationalen Flüchtlingsorganisation während der Dauer ihrer Tätigkeit getroffenen Entscheidungen darüber, daß jemand nicht als Flüchtling im Sinne ihres Statuts anzusehen ist, stehen dem Umstand nicht entgegen, daß die Flüchtlingseigenschaft Personen zuerkannt wird, die die Voraussetzungen der Ziffer 2 dieses Artikels erfüllen.

2. Die infolge von Ereignissen, die vor dem 1. Januar 1951 eingetreten sind, und aus der begründeten Furcht vor Verfolgung wegen ihrer Rasse, Religion, Nationalität, Zugehörigkeit zu einer bestimmten sozialen Gruppe oder wegen ihrer politischen Überzeugung sich außerhalb des Landes befindet, dessen Staatsangehörigkeit sie besitzt, und die den Schutz dieses Landes nicht in Anspruch nehmen kann oder wegen dieser Befürchtungen nicht in Anspruch nehmen will; oder die sich als staatenlose, infolge solcher Ereignisse außerhalb des Landes befindet, in welchem sie ihren gewöhnlichen Aufenthalt hatte, und nicht dorthin zurückkehren kann oder wegen der erwähnten Befürchtungen nicht dorthin zurückkehren will.

Für den Fall, daß eine Person mehr als eine Staatsangehörigkeit hat, bezieht sich der Ausdruck „das Land, dessen Staatsangehörigkeit sie besitzt" auf jedes der Länder, dessen Staatsangehörigkeit diese Person hat. Als des Schutzes des Landes, dessen Staatsangehörigkeit sie hat, beraubt gilt nicht eine Person, die ohne einen stichhaltigen, auf eine begründete Befürchtung gestützten Grund den Schutz eines der Länder nicht in Anspruch genommen hat, deren Staatsangehörigkeit sie besitzt.

B.

1. Im Sinne dieses Abkommens können die im Artikel 1 Abschnitt A enthaltenen Worte „Ereignisse, die vor dem 1. Januar 1951 eingetreten sind" in dem Sinne verstanden werden, daß es sich entweder um

a) „Ereignisse, die vor dem 1. Januar 1951 in Europa eingetreten sind" oder

b) „Ereignisse, die vor dem 1. Januar 1951 in Europa oder anderswo eingetreten sind"

handelt. Jeder vertragschließende Staat wird zugleich mit der Unterzeichnung, der Ratifikation oder dem Beitritt eine Erklärung abgeben, welche Bedeutung er diesem Ausdruck vom Standpunkt der von ihm auf dieses Abkommen übernommenen Verpflichtungen zu geben beabsichtigt.

2. Jeder vertragschließende Staat, der die Formulierung zu a) angenommen hat, kann jederzeit durch eine an den Generalsekretär der Vereinten Nationen gerichtete Notifikation seine Verpflichtungen durch Annahme der Formulierung b) erweitern.

C.

Eine Person, auf die die Bestimmungen des Absatzes A zutreffen, fällt nicht mehr unter dieses Abkommen,

1. wenn sie sich freiwillig erneut dem Schutz des Landes, dessen Staatsangehörigkeit sie besitzt, unterstellt; oder

2. wenn sie nach dem Verlust ihrer Staatsangehörigkeit diese freiwillig wiedererlangt hat; oder

3. wenn sie eine neue Staatsangehörigkeit erworben hat und den Schutz des Landes, dessen Staatsangehörigkeit sie erworben hat, genießt; oder

4. wenn sie freiwillig in das Land, das sie aus Furcht vor Verfolgung verlassen hat oder außerhalb dessen sie sich befindet, zurückgekehrt ist und sich dort niedergelassen hat; oder

1. Abschnitt: Allgemeine Vorschriften (IPR) **Anh III zu EGBGB 29**

5. wenn sie nach Wegfall der Umstände, auf Grund deren sie als Flüchtling anerkannt worden ist, es nicht mehr ablehnen kann, den Schutz des Landes in Anspruch zu nehmen, dessen Staatsangehörigkeit sie besitzt.

Hierbei wird jedoch unterstellt, daß die Bestimmung dieser Ziffer auf keinen Flüchtling im Sinne der Ziffer 1 des Abschnittes A dieses Artikels Anwendung findet, der sich auf zwingende, auf früheren Verfolgungen beruhende Gründe berufen kann, um die Inanspruchnahme des Schutzes des Landes abzulehnen, dessen Staatsangehörigkeit er besitzt;

6. wenn es sich um eine Person handelt, die keine Staatsangehörigkeit besitzt, falls sie nach Wegfall der Umstände, auf Grund deren sie als Flüchtling anerkannt worden ist, in der Lage ist, in das Land zurückzukehren, in dem sie ihren gewöhnlichen Wohnsitz hat. Dabei wird jedoch unterstellt, daß die Bestimmung dieser Ziffer auf keinen Flüchtling im Sinne der Ziffer 1 des Abschnittes A dieses Artikels Anwendung findet, der sich auf zwingende, auf früheren Verfolgungen beruhende Gründe berufen kann, um die Rückkehr in das Land abzulehnen, in dem er seinen gewöhnlichen Aufenthalt hatte.

D.

Dieses Abkommen findet keine Anwendung auf Personen, die zur Zeit den Schutz oder Beistand einer Organisation oder einer Institution der Vereinten Nationen mit Ausnahme des Hohen Kommissars der Vereinten Nationen für Flüchtlinge genießen.

Ist dieser Schutz oder diese Unterstützung aus irgendeinem Grunde weggefallen, ohne daß das Schicksal dieser Personen endgültig gemäß den hierauf bezüglichen Entschließungen der Generalversammlung der Vereinten Nationen geregelt worden ist, so fallen diese Personen ipso facto unter die Bestimmungen dieses Abkommens.

E.

Dieses Abkommen findet keine Anwendung auf eine Person, die von den zuständigen Behörden des Landes, in dem sie ihren Aufenthalt genommen hat, als eine Person anerkannt wird, welche die Rechte und Pflichten hat, die mit dem Besitz der Staatsangehörigkeit dieses Landes verknüpft sind.

F.

Die Bestimmungen dieses Abkommens finden keine Anwendung auf Personen, in Bezug auf die aus schwerwiegenden Gründen die Annahme gerechtfertigt ist,

a) daß sie ein Verbrechen gegen den Frieden, ein Kriegsverbrechen oder ein Verbrechen gegen die Menschlichkeit im Sinne der internationalen Vertragswerke begangen haben, die ausgearbeitet worden sind, um Bestimmungen bezüglich dieser Verbrechen zu treffen;

b) daß sie ein schweres nichtpolitisches Verbrechen außerhalb des Aufnahmelandes begangen haben, bevor sie dort als Flüchtling aufgenommen wurden;

c) daß sie sich Handlungen zuschulden kommen ließen, die den Zielen und Grundsätzen der Vereinten Nationen zuwiderlaufen.

Art I des Protokolls über die RStellg der Flüchtlinge v 31. 1. 67, BGBl 69 II 1294

(1) Die Vertragsstaaten dieses Protokolls verpflichten sich, die Artikel 2 bis 34 des Abkommens auf Flüchtlinge im Sinne der nachstehenden Begriffsbestimmung anzuwenden.

(2) Außer für die Anwendung des Absatzes 3 dieses Artikels bezeichnet der Ausdruck „Flüchtling" im Sinne dieses Protokolls jede unter die Begriffsbestimmung des Artikels 1 des Abkommens fallende Person, als seien die Worte „infolge von Ereignissen, die vor dem 1. Januar 1951 eingetreten sind, und . . ." sowie die Worte „. . . infolge solcher Ereignisse" in Artikel I Abschnitt A Absatz 2 nicht enthalten.

(3) Dieses Protokoll wird von seinen Vertragsstaaten ohne jede geographische Begrenzung angewendet; jedoch finden die bereits nach Artikel 1 Abschnitt B Absatz 1 Buchstabe a) des Abkommens abgegebenen Erklärungen von Staaten, die schon Vertragsstaaten des Abkommens sind, auch auf Grund dieses Protokolls Anwendung, sofern nicht die Verpflichtungen des betreffenden Staates nach Artikel 1 Abschnitt B Absatz 2 des Abkommens erweitert worden sind.

Art. 12. Personalstatut. (1) Das Personalstatut jedes Flüchtlings bestimmt sich nach dem Recht des Landes seines Wohnsitzes oder, in Ermangelung eines Wohnsitzes, nach dem Recht seines Aufenthaltslandes.

(2) Die von einem Flüchtling vorher erworbenen und sich aus seinem Personalstatut ergebenden Rechte, insbesondere die aus der Eheschließung, werden von jedem vertragschließenden Staat geachtet, gegebenenfalls vorbehaltlich der Formalitäten, die nach dem in diesem Staat geltenden Recht vorgesehen sind. Hierbei wird jedoch unterstellt, daß das betreffende Recht zu demjenigen gehört, das nach den Gesetzen dieses Staates anerkannt worden wäre, wenn die in Betracht kommende Person kein Flüchtling geworden wäre.

Bem. Die Vorschr ist schlecht formuliert. Statt „Personalstatut" wäre besser „RStellg" zu sagen, hierzu u über einen weiteren Übersetzgsfehler (oben bereits richtig gestellt) Makarov RabelsZ **53**, 218, **55**, 113; ähnl auch Mezger JZ **54**, 664. Das Abk unterstellt die pers RVerhe v Flüchtlingen iS v Art 1, einschl ihrer mj ehel Kinder, BayObLG **74**, 95, **75**, 291, in erster Linie dem R ihres Wohns; die Staatsangehörigk ist also als Anknüpfg nicht maßg, BayObLG **63**, 56 (ErbR). Das Abk gibt aber nicht näher an, was es unter **Wohns** versteht. Der Begr des Wohns ist v Land z Land versch; die Ausfüllg bleibt also der lex fori überlassen. Maßg f die Anwendg des Abk im Inland ist deshalb grdsl der dtsche WohnsBegr. Dies schließt jedoch nicht aus, im Rahmen des dtschen IPR einen spezif kollisionsr WohnsBegr z entwickeln, welcher dem in den modernen Konventionen bevorzugten Begr des **gewöhnl Aufenth** entspricht, Neuhaus, GrdBegre § 29 II, Erm-Arndt Anh z EG 29 Rdz 19, and Soergel-Kegel Anh z EG 29 Rdz 38; Raape-Sturm § 9 N 5 c. Die Anknüpfg an den gewöhnl Aufenth ist z Herstellg internat EntschGleichh besser geeignet als die Wohns-

Anknüpfg, vgl Neuhaus, GrdBegre § 28 III 4; Kropholler, Internat EinhR § 22 II; z Begr des gewöhnl Aufenth vgl EG 29 Anm 2. Ebenf nach der lex fori z beurteilen ist die Frage, welche RVerhe unter das **Personalstatut** eines Flüchtlings fallen, vgl dazu Vorbem 6 vor EG 7; es handelt sich um alle diej RFragen, die nach dtschem IPR grdsl dem HeimatR unterstellt w, Soergel-Kegel aaO Rdz 42. Aus Art 12 II ergibt sich, daß keine Rückwirkg stattfindet, auch wenn mit dem Erwerb der Flüchtlingseigensch ein Statutenwechsel verbunden ist, BayObLG **68**, 7, **71**, 204 (NamensR), vgl auch Soergel-Kegel EG 29 Anh Rdz 45; demggü wollen Erm-Arndt aaO auf den Ztpkt der Flucht abstellen, für Rückwirkg Brintzinger FamRZ **68**, 9 (Nachw). Die Best des fr Personalstatuts iSv II erfolgt n dem IPR der lex fori. Soweit Flüchtlinge iS der Konvention nicht auch unter AHKG 23 fallen, Anh I, ist EhefähigkZeugn od Befreiung erforderl, BayMdJ v 13. 1. 60 MABl 34/StAZ 33, aM Beitzke S 388, der auch darauf hinweist, daß die Zustdgk in Scheidgssachen nicht von der Anerkenng des im Aufenthaltsland ergangenen ScheidgsUrt dch den Heimatstaat abhängig sein kann.

IV. Ausländergesetz
Vom 28. 4. 1965 (BGBl I 353)

Vorbemerkung

Eine wicht Erweiterg des Anwendgsbereichs von Art 12 Genfer FlüchtlingsÜbk enthält § 44 AuslG. Danach w den gem § 28 AuslG als **Asylberechtigten** anerkannten Ausl die RStellg von Flüchtlingen iS des FlüchtlingsÜbk verliehen. Dies gilt für den in § 28 Z 1 genannten PersKreis uneingeschr, § 44 I. Da sich dieser mit Art 1 FlüchtlingsÜbk deckt, ist die Vorschr nur insow von selbst Bedeutg, als die Anerkenng als AsylBerecht die erneute Prüfg der FlüchtlingsEigensch nach Art 1 FlüchtlingsÜbk erübrigt, Soergel-Kegel EG 29 Anh Rdz 25. Dagg w nach § 28 Z 2 auch sonst Ausl, die pol Verfolgte iS v GG 16 II sind, unter best Voraussetzgen als asylberecht anerkannt. Auch für diese Pers gilt die Regelg des Personalstatuts nach Art 12 FlüchtlingsÜbk, § 44 II. Da insoweit die FlüchtlingsEigensch nach Art 1 FlüchtlingsÜbk nicht vorzuliegen braucht, ist § 44 II von konstitutiver Bedeutg, Celle FamRZ **74**, 314, Soergel-Kegel aaO.

Vierter Abschnitt. Asylrecht

§ 28 Personenkreis. Als Asylberechtigte werden auf Antrag anerkannt:

1. Flüchtlinge im Sinne von Artikel 1 des Abkommens über die Rechtsstellung der Flüchtlinge,

2. sonstige Ausländer, die politisch Verfolgte nach Artikel 16 Abs. 2 Satz 2 des Grundgesetzes sind,

sofern sie nicht bereits in einem anderen Land Anerkennung nach dem Abkommen über die Rechtsstellung der Flüchtlinge oder anderweitig Schutz vor Verfolgung gefunden haben.

§ 44 Rechtsstellung. (1) *Ausländer, die nach § 28 Nr. 1 anerkannt worden sind, genießen im Geltungsbereich dieses Gesetzes die Rechtsstellung nach dem Abkommen über die Rechtsstellung der Flüchtlinge.*

(2) *Für Ausländer, die nach § 28 Nr. 2 anerkannt worden sind, gelten die Vorschriften der Artikel 2 bis 26 und 29 bis 33 des Abkommens über die Rechtsstellung der Flüchtlinge entsprechend.*

(3) *Ausländer, die nach § 28 Nr. 2 anerkannt worden sind, erhalten einen Fremdenpaß.*

(4) *Die Absätze 1 und 2 gelten nicht, soweit die Rechtsstellung der nach § 28 anerkannten Ausländer in anderen Vorschriften dieses Gesetzes günstiger geregelt wird.*

V. Übereinkommen über die Rechtsstellung der Staatenlosen
Vom 28. 9. 1954 (BGBl 1976 II 474)

Schrifttum: Kimminich, Der internat RStatus des Flüchtlings (1962) 336 ff.

Vorbemerkung

Das Übk ist f die BRep am 24.1.77 in Kraft getr, vgl Bek v 10.2.77, BGBl II 235 mit Liste der VertrStaaten. Die RStellg der Staatenlosen sollte ursprüngl zus mit der RStellg der Flüchtlinge in einer Konvention geregelt w. Dementspr stimmt das Übk weitgehd mit der Genfer Flüchtlingskonvention überein; auf die Erläutergen hierzu kann verwiesen w, vgl Anh III.

Der Begr des Staatenlosen w in Art 1 I definiert. Der AusnKatalog in Art 1 II entspr im wesentl Art 1 D-F der Flüchtlingskonvention, vgl dazu Anh III Vorbem 2. Die Anwendbk des Übk entfällt n Art 1 II i) insb bei Palästinaflüchtlingen, die unter der Obhut der UNRWA stehen. In Art 12 I w das **Personalstatut** der Staatenlosen, dh alle RVerhe, die nach dtschem IPR dem HeimatR einer Pers unterstellt sind, an den Wohns angeknüpft; die nach dem fr Personalstatut erworbenen Rechte bleiben bestehen, Art 12 II. Diese Regelg entspr Art 12 der Flüchtlingskonvention; der Begr des **Wohns** ist auch hier iS des **gewöhnl Aufenth** z verstehen, vgl dazu Anh III Bem z Art 12. Im Erg stimmt damit die Anknüpfg des Personalstatuts in Art 12 mit EG 29 überein; ein **Statutenwechsel** f Staatenlose w also dch das Inkrafttr des Übk in Dtschland **nicht** bewirkt. Im persönl Anwendbereich überschneidet sich das Übk weitgehd mit der Genfer Flüchtlingskonvention, da viele Flüchtlinge staatenlos sind. Wg der ident Anknüpfg des Personalstatuts nach beiden Abk braucht aber die Frage ihrer Abgrenzg, vgl dazu Kimminich 337 (f Anwendg der jeweils günst Regelg), kollisionsrechtl nicht entsch zu w.

Art. 1 Definition des Begriffs „Staatenloser". (1) *Im Sinne dieses Übereinkommens ist ein „Staatenloser" eine Person, die kein Staat auf Grund seines Rechtes als Staatsangehörigen ansieht.*

(2) *Dieses Übereinkommen findet keine Anwendung*

i) *auf Personen, denen gegenwärtig ein Organ oder eine Organisation der Vereinten Nationen mit Ausnahme des Hohen Flüchtlingskommissars der Vereinten Nationen Schutz oder Beistand gewährt, solange sie diesen Schutz oder Beistand genießen;*

ii) *auf Personen, denen die zuständigen Behörden des Landes, in dem sie ihren Aufenthalt genommen haben, die Rechte und Pflichten zuerkennen, die mit dem Besitz der Staatsangehörigkeit dieses Landes verknüpft sind;*

iii) *auf Personen, bei denen aus schwerwiegenden Gründen die Annahme gerechtfertigt ist,*

 a) *daß sie ein Verbrechen gegen den Frieden, ein Kriegsverbrechen oder ein Verbrechen gegen die Menschlichkeit im Sinne der internationalen Übereinkünfte begangen haben, die abgefaßt wurden, um Bestimmungen hinsichtlich derartiger Verbrechen zu treffen;*

 b) *daß sie ein schweres nichtpolitisches Verbrechen außerhalb ihres Aufenthaltslands begangen haben, bevor sie dort Aufnahme fanden;*

 c) *daß sie sich Handlungen zuschulden kommen ließen, die den Zielen und Grundsätzen der Vereinten Nationen zuwiderlaufen.*

Art. 12 Personalstatut. (1) *Das Personalstatut eines Staatenlosen bestimmt sich nach den Gesetzen des Landes seines Wohnsitzes oder, wenn er keinen Wohnsitz hat, nach den Gesetzen seines Aufenthaltslands.*

(2) *Die von einem Staatenlosen früher erworbenen, sich aus seinem Personalstatut ergebenden Rechte, insbesondere die aus der Eheschließung, werden von jedem Vertragsstaat vorbehaltlich der nach seinen Gesetzen gegebenenfalls zu erfüllenden Förmlichkeiten geachtet; hierbei wird vorausgesetzt, daß es sich um ein Recht handelt, das nach den Gesetzen dieses Staates anerkannt worden wäre, wenn der Berechtigte nicht staatenlos geworden wäre.*

EG 30 *Vorbehaltsklausel.* **Die Anwendung eines ausländischen Gesetzes ist ausgeschlossen, wenn die Anwendung gegen die guten Sitten oder gegen den Zweck eines deutschen Gesetzes verstoßen würde.**

1) Allgemeines. Ausgangspkt eines entwickelten IPR ist es, einen RFall nach der ROrdng zu entsch, z welcher er die engsten Beziehg h. Der GesGeber nimmt dabei im Interesse der internatprivatr Gerechtigk, vgl Vorbem 1 vor EG 7, bewußt Entsch in Kauf, die von den nach dem eig R zu fällenden abw. Dch die kollisionsr Verweisg auf fremdes R dürfen die inl Ger aber nicht zu Entsch genötigt w, die im Ergebn grdlegden dtschen RAnschauungen krass widerstreiten. Für solche AusnFälle schließt EG 30 zum Schutz der inl öffentl Ordng (**ordre public**) die Anwendg ausl Rechts f den konkreten Sachverhalt aus (**Vorbehaltsklausel**). Einen entspr Vorbeh machen bei im einz versch Ausgestaltg alle ROrdngen. Die allzu bereitwill Anwendg der VorbehKlausel kann aber zu empfindl Störgen im internat RVerk führen. Auf sie darf desh nur in **seltenen AusnFällen** zurückgegriffen w. Wg der Anwendg der VorbehKlausel im **ILR** vgl Anm 3.

2) Voraussetzgen der Anwendg. Die Anwendg setzt voraus a) einen Verstoß gg die dtschen **guten Sitten**, vgl dazu § 138, oder b) einen solchen gg den **Zweck eines dtschen Gesetzes**. Nach früh stRspr ist diese Voraussetzg erfüllt, „wenn der Unterschied zw den staatspol od sozialen Anschauungen, auf denen das fremde u das konkurrirde dtsche R beruhen, so erhebl ist, daß dch die Anwendg des ausl R die Grdlagen des dtschen staatl od gesellschl Lebens angegriffen w", RG **60**, 296, **138**, 214. Der Kritik des Schrifttums an dieser zu engen Formel folgt verwendet der BGH nunmehr den Maßstab, „ob das Ergebn der Anwendg des ausl Rechts zu den GrdGedanken der dtschen Regel u der in ihnen liegden GerechtkVorstellgen in so starkem Widerspr steht, daß es von uns für untragb gehalten w", BGH **50**, 376. Diese Voraussetzg ist nicht allein deshalb erf, weil das fremde R v zwingden dtschen Vorschr abweicht, BGH MDR **61**, 496. Abzustellen ist nicht auf das **Ergebnis** der RAnwendg ab, ob das fremde Recht im **konkr Fall** in untragb Widerspr z grdlegden dtschen GerechtigkVorstellgen stünde, Raape-Sturm IPR § 13 VI. Voraussetzg dafür ist, daß der Inhalt des anwendb ausl R ermittelt w k; ist dies ausgeschl, kommt Anwendg der lex fori als ErsatzR in Betr, vgl Vorbem 16 vor EG 7, Heldrich Fschr f Ferid (1978) 218 (keine Anwendg v EG 30 „auf Verdacht"), abw BGH **69**, 387, wo beide Fragen verquickt w. Wo eine **Anpassg** z Auflösg v NormWiderspr erfolgen k, vgl Vorbem 11 vor EG 7, h diese Vorrang vor Prüfg des ordre public, Kropholler Fschr f Ferid (1978) 288. EG 30 k nicht nur dann anwendb sein, wenn der pos Gehalt einer ausl Vorschr den dtschen RAnschaugen widerspricht, sond ebso, wenn sich aus dem Fehlen einer ges Regelg (zB über Legitimation nehel Kinder) ein Verstoß gg den dtschen ordre public ergibt, Hann (LG) FamRZ **69**, 669 gg Hamm FamRZ **59**, 28. Als Prüfungsmaßstab sind die RAnschaugen zZt der richterl Entsch heranzuziehen, RG **114**, 171. – Bei der Anwendg v EG 30 ist große **Zurückhaltg** geboten. Der dtsche Richter darf sich nicht zum Sittenrichter über fremdes Recht aufwerfen. Die Anwendg der VorbehKlausel setzt voraus, daß der z beurteilde Tatbestd eine **genügde Inlandsbeziehg** aufweist; die internat Zustdgk der dtschen Ger genügt allein hierfür nicht. Als Anhaltspkt kann dabei ua die Staatsangehörigk der Beteil dienen, vgl zB RG JW **38**, 1518 (Inlandsbeziehg verneint bei Scheidg v Sowjetrussen im Heimatstaat), BGH **28**, 375 (Inlandsbeziehg bejaht bei dtscher Staatsangehörigk der verlassenen Braut). Die jeweils erfdl Intensität der Inlandsbeziehg steht auch in Relation z dem jew Gehalt der z prüfden Norm: je krasser der Verstoß gg die dtschen Gerechtigk-Vorstellgen, desto schwächer k die f die Anwendg v EG 30 notw Inlandsbeziehg sein, Neuhaus GrdBegre § 49 I 2, Müller-Gindullis, IPR in der Rspr des BGH 16, abl Raape-Sturm IPR § 13 VI 4. Vor allem bei Beurteilg v **Vorfragen** kann die Inlandsbeziehg fehlen, zB Feststellg der Ehelichk von Kindern aus einer im Ausland nach dem HeimatR der Eheg wirks geschl Mehrehe, Ffm (LG) FamRZ **76**, 217; die Ehe ist als gült anzusehen trotz EheG 5, der einen dtschen Sittengesetz angehörigen Satz enthält. – Der ordre public dient insb als **Einbruchstelle der GrdRechte in das IPR**, BGH **60**, 68, vgl dazu Vorbem 15 vor EG 7. Entsch ist dabei, ob das jew GrdR f den **konkr** Sachverhalt Geltg beansprucht, was wesentl v den Inlandsbeziehgen des Einzelfalles abhängt, vgl BGH **63**, 219; keine unnöt Aufoktroyierg des Gleichberechtiggs Grds gem GG 3 II bei ausl Staatsangehörigk aller Beteil, BGH **60**, 68. Auch soweit der Geltgs-Anspr der GrdRechte reicht, verbieten sie die Anwendg ausl R nur dann, wenn es im konkr Fall z einem verfwidr **Ergebn** führt, vgl Henrich FamRZ **74**, 105. – Den **ordre public einer ausl ROrdng hat der dtsche Richter nicht zu wahren**, außer wenn das R, auf das verwiesen wird, die Rück- oder Weiterverweisg verbietet, weil das R, auf das dann verwiesen wird seinem ordre public widerspricht, vgl Raape-Sturm IPR § 13 IX, Kegel IPR § 10 VI. Wg Verstoßes gg ein ausl VerbotsG Anm 4 vor EG 12. – Der Pariser ÜberleitgsVertr läßt eine Prüfg, ob eine vom fremden Staat vorgen Enteigng dtschen Auslands-Verm gg den ordre public verstößt, nicht zu, BGH NJW **57**, 217; vgl auch Anm 5a vor EG 13 u unten Anm 5.

3) Anwendgsbereich. EG 30 enthält einen **allg Grdsatz**, der die gesamte Anwendg des ausl Rechts in Deutschland beherrscht, wie sich auch aus ZPO 328 ergibt. Der allg Grds hat auch bei einzelnen Best seinen besonderen Niederschlag gefunden, entweder zG der ausschl Anwendg von dtschem Recht, zB EG 13 III, od dch die Bestimmg, daß jedf auch dtsches Recht angewendet w muß u dieses die Grenzen bestimmt, bis zu denen die Anwendg ausl Rechts gestattet ist, EG 12, 17 IV, 21, VerschG 12 III, AGBG 12, od zum Schutze des dtschen InlandVerk, EG 7 III. Neben diesen Vorschr kommen dann Erwäggen aus EG 30 nicht mehr in Betr, vgl EG 17 Anm 2b, EG 21 Anm 2, da die dtschen Belange bereits dch diese Sonderbestimmgen gewahrt sind; f AGBG 12 aM Landfermann AWD **77**, 445. Es kann also zB die Anwendg des ausl ScheidgsR, EG 17 I, nicht noch aus Gründen des EG 30 zurückgewiesen w. Im Bereich der **Haager Kollektivverträge**, vgl Anh zu EG 8, 13, 14, 15, 21, 23, 24–26, ist für Erwäggen aus EG 30 nur in dem Umfang Raum, als die Vertr, die ja gerade die Anwendg bestimmter ROrdngen im Rahmen ihrer Vorschr sichern wollen, es zulassen, RG **147**, 385 (für das EhewirkgsAbk), Hamm FamRZ **73**, 143, **74**, 457 (für das EheschlAbk), vgl auch Anh zu EG 23 Anm 3c. Wieweit bei sonstigen StaatsVertr EG 30 eingreifen darf, ergibt idR die ausdr Erwähng des ordre public. Wg der Auswirkgen des EWG-Vertrages v Brunn NJW **62**, 985. – Die VorbehKlausel ist auch im dtschen **ILR** z beachten, KG FamRZ **75**, 54. Bei ihrer Anwendg ist hier aber die gleiche Zurückhaltg geboten wie im Verh z ausl ROrdngen, vgl Anm 2. Eine darüber hinausgehde Einschränkg des Rückgr auf den ordre public erscheint n Beseitigg der REinh auf dem Gebiet des ZivilR dch Inkrafttr des ZGB nicht mehr geboten, and Soergel-Kegel vor EG 7 Rdz 137. Auch f die Anwendg der bes VorbehKlauseln gelten keine Besonderh.

4) Folge der Anwendg. Dch EG 30 wird ein ausl RSatz von der Inlandsanwendg ausgeschl. Handelt es sich nicht nur um die Ausschaltg eines ausl RSatzes, sond entsteht eine Lücke, so ist sie zunächst aus dem anzuwendden AuslandsR zu schließen, RG **106**, 82; erst wenn dieses versagt, kommt dtsches R in Betr, KG JW **36**, 2472, hM.

5) Einzelfälle.

Aus dem **allg Teil:** Das Eingreifen von EG 30 wird bejaht bei: Koppelg der Vornamensgebg mit der kirchl Taufe, Köln (LG) StAZ **76**, 82; Fortführg des Firmennamens des in der DDR enteigneten Betriebes, dem Firma wiederverliehen ist, falls Unternehmen in BRep vom bisherigen Inh unter dem alten Namen fortgeführt w, BGH LM § 12 Nr 18; Einschränkg des Schutzes des freien Willens im Rahmen der §§ 123, 124, RG NiemeyersZ **39**, 276; Unverjährbark nach Schweiz Recht, RG **106**, 82; verneint: Namensführg nach Schweiz Recht, RG **95**, 268; bei Beseitigg der Adelsprädikate nach ausl Recht, auch wenn sie sich im wesentl gg dtsche Minderh richtet, BVerfG NJW **60**, 452, BayObLG **60**, 418 (Deutsch-Balten), jetzt ErgG z NamensÄndG v 29. 8. 61, BGBl 1621; Selbstkontrahiergsrecht in weiteremUmfange als § 181, RG JW **28**, 2013; Unterschied der VerjFristen, RG **151**, 201.

SchuldR: Bejaht bei Vorschr, die zur wirtschaftl Schädigg von Deutschland ergangen sind, RG **93**, 182, Gruch **66**, 104; Verträgen zum Schaden dtscher Einfuhrgesetze, RG JW **24**, 1710; zur Sicherstellg der Herabsetzg übermäßiger VertrStrafen, OLG **6**, 231, vgl dazu Rau AWD **78**, 23; bei Abweichg v Schutzbestimmgen des AbzahlgsG, RG JW **32**, 592, vgl auch EKG 5 II, v Hoffmann RabelsZ **74**, 396; z Durchsetzg v § 2 I 1 VO z § 34c GewO, Hamm NJW **77**, 1594 (abzulehnen da Inhalt des anwendb ausl R überh nicht geprüft, vgl dazu Dörner NJW **77**, 2032, Ahrens AWD **77**, 782); ferner bei Vereinbg eines ausl Gerichtsstandes, der zur Unmöglichk der Vollstr führt, BGH NJW **61**, 1062. Verneint: formloser Inlandskaufvertr über ausl Grdst, RG **63**, 18, EG 11 Anm 2, vor EG 13 Anm 3, u umgekehrt, RG **121**, 154; bei Fehlen einer dem § 817 S 2 entspr Vorschr, BGH NJW **66**, 730; fei fristlosem KündR eines DVertr ohne wichtigen Grd, BAG AWD **75**, 521.

SachenR: Bejaht zG der Publizität der dtschen Vorschr über das SchiffspfandR, RG **80**, 129. Eine Überprüfg der entschädiggslosen Enteigng dtschen Verm im Ausland währd u n dem 2. Weltkrieg nach Art 30 ist dch AHKG 63 u dch Teil VI Art 3 ÜberleitgsVertr ausgeschl, vgl BGH NJW **57**, 217; völkerrechtsw Enteigng verstößt nicht notw gg EG 30, Hbg (LG) AWD **73**, 163 (Chile), vgl dazu Anm 5a vor EG 13. Verneint für das FaustpfandR (ggü frz RegisterpfandR), BGH **39**, 177.

FamR; vgl dazu Wuppermann, Die dtsche Rspr z Vorbeh des ordre public im IPR seit 1945 vornehml auf dem Gebiet des FamR, 1977. **Bejaht** bei Versagg des KranzgeldAnspr der verlassenen Braut, BGH **28**, 385 (abzulehnen), nunmehr aufgegeben dch BGH **62**, 282; bei Fortbestand einer in Dtschland gesch Ehe n dem HeimatR eines Verl, der in Dtschland eine neue Ehe schließen will, BGH NJW **72**, 1619, **77**, 1014 (vgl dazu EG 13 Anm 5a); bei Ehehindern der Religionsverschiedenh (israel R) bei starker Inlandsbindg, BGH **56**, 180, Hamm NJW **77**, 1596, vgl auch EheG 10 Anm 3; bei span Eheverbot der höheren Weihen, Hamm OLGZ **74**, 103; bei Anerkenng der Geschlechtsumwandlg nach ausl Recht, Präs Hamm StAZ **74**, 69 (zu weitgehd); bei Abhängigmachen des UnterhAnspr der getrennt lebden Ehefr von einem Trenngs-Urt (Italien), Darmst (LG) NJW **62**, 1162; bei Mißbr einer Vollm z Dchführg einer Privatscheidg, Bay-ObLG **77**, 180; bei Scheidgsstrafen, EG 17 Anm 5; zG der Unverzichtbark des R der Eltern auf pers Verk mit dem Kinde, KG DJZ **31**, 365; wenn SorgeR für Knaben ab 3., für Mädchen ab 8. LebensJ nur dem Vater zusteht (iran Recht), Neust FamRZ **63**, 51, ebso bei dem insof fast gleichen irak R, KG NJW **68**, 361, desgl für syr R (Mohammedaner), Hann (LG) NJW **72**, 1625, Sorgel-Kegel Art 19 Rdz 60 (dagg enth die ähnl Regelg des hanefit R in Ägypten nach BGH **54**, 132 als solche keinen Verstoß gg den dtschen ordre public; ähnl erblickt Saarbrücken NJW **66**, 308 in der Belassg der elterl Gew beim Vater nach Ehescheidg keinen Anwendungsfall von EG 30; diese Auffassg ist dch BVerfGE **31**, 58 überholt, vgl dazu Vorbem 15 vor EG 7); bei Herausgabeverlangen eines Ausl ggü der ausl Mutter, wenn es über die nach § 1632 entwickelten RGrdsätze hinausgeht, Hbg HEZ **2**, 263 (als zu weitgehd, vgl Anm 1, abzulehnen, dagg auch BayObLG **69**, 70). Bejaht auch bei Ablehng der Legitimation von Ehebruchskindern dch nachf Ehe, sofern die Familie seit langem in Dtschland wohnt (starke Inlandsbeziehg), BGH **50**, 375, Hbg StAZ **73**, 72, Celle NJW **72**, 397, Karlsr FamRZ **72**, 651, Bonn StAZ **77**, 314, **78**, 245, s a Beitzke Fschr f Kegel (1977) 100, ebso wenn ausl R Legitimation dch nachf Ehe überh nicht kennt, BGH **69**, 387, Karlsr FamRZ **70**, 251, Hann StAZ **74**, 273, Köln StAZ **77**, 106, ZBlJugR **77**, 93, StAZ **78**, 244 (and wenn Legitimationswirkgen auf and Weg erreichb, BGH **55**, 188, z weitgehd AG Hbg DAVorm **77**, 775, das EG 30 schon dann anwendet, wenn Legitimationsstatut VaterschAnerk vor od bei der Eheschl verlangt), s a EG 22 Anm 4a, ferner bei bewußt wahrhw VaterschAnerkenng u dadch bewirkter Legitimation dch nachf Eheschl ohne Zust des Kindes, Düss FamRZ **73**, 213, vgl auch BGH NJW **75**, 1072, Celle OLGZ **72**, 93, Ffm FamRZ **73**, 468 (aM noch Fbg [LG] JZ **56**, 253, FamRZ **69**, 622); bei Verneing des UnterhAnspr des nehel Kindes gg den Erzeuger, Stgt (LG) JW **32**, 1415, aM Düss (LG) MDR **54**, 615 (nicht überzeugd); bei ausschließl Übertragg des AnfR hins rechtskr VaterschFeststellg auf den Staatsanwalt n dem Recht der DDR, KG FamRZ **75**, 54. **Verneint** bei im Ausland geschlossener polygamer Ehe, die n dem HeimatR der Eheg gestattet ist, VerwG Gelsenkirchen FamRZ **75**, 338, Ffm (LG) FamRZ **76**, 217, vgl dazu Cullmann FamRZ **76**, 313; wenn die Ehefr nach dem HeimatR des Mannes nicht dessen Namen erwerben kann, KG NJW **63**, 52, Hbg StAZ **70**, 53, Ffm OLGZ **76**, 286; bei NichtigErkl einer lange bestehden Ehe wg Eheschl vor einem örtl unzust StBeamten, Celle NJW **63**, 2235 (Chile); bei Unauflöslk der Ehe, BGH **41**, 147, auch **42**, 11, Karlsruhe NJW **73**, 425, Hamm FamRZ **75**, 630; bei einseit Scheidg nach islam R, Stgt NJW **71**, 994; wenn bei Anfechtg der Ehe als Grd nur Irrtum über die Identität der Pers zul ist, RG HRR **30**, 1736; ferner verneint bei Verlangen der Herausg eines Kindes dch seinen Vater nach italien R, BGH **54**, 123; bei Fehlen einer § 1593, Bielefeld (AG) FamRZ **63**, 458, § 1596 f, Regbg (AG) DAVorm **76**, 143, KG DAVorm **77**, 525, OLGZ **77**, 452, aM Stgt (LG) DAVorm **76**, 146, od § 1829 entspr Vorschr, RG **110**, 173, ebso bei kürzerer Frist für die EhelkAnf, Düss FamRZ **73**, 311 (Italien); bei Unmöglk der Einbenng, Hbg (AG) FamRZ **71**, 68; bei Unzulässigk der Feststellg der nehel Vatersch n dem HeimatR des Mannes bei ausl UnterhStatut u geringen Inlandsbeziehgen, BGH **63**, 219, vgl dazu EG 21 Anm 4. Die bish Rspr des BGH, wonach AuslR nicht schlechthin wg **Verstoßes gg GG 3 II** unanwendb sei, BGH **42**, 7, **54**, 132, ist dch die Entsch des BVerfG **31**, 58 überholt; vgl dazu Vorbem 15 vor EG 7 u an der erforderl InlBeziehen oben Anm 2.

ErbR: Verneint bei Versagg des PflichtteilsAnspr, RG JW **12**, 22, Köln FamRZ **76**, 170, vgl auch Hamm NJW **54**, 1731; bei Notwendigk der Zust des TestVollstr zu Verpflichtgsgeschäften über NachlGgstände, BGH NJW **63**, 46; bei ges ErbR der Lebensgefährtin, BayObLG NJW **76**, 2076.

Handels- u WirtschR: Bejaht bei Verstoß gg Vorschr des GWB z Nichtigk v Preisbindgsklauseln, Ffm (LG) AWD **74**, 629. Verneint für Ausschl des AusgleichsAnspr des Handelsvertreters, HGB 89b, BGH MDR **61**, 496 (holländ Recht), bei Ausschl des Differenzeinwands f BörsenterminGesch, Kümpel WPM **78**, 866.

GebührenR: Erfolgshonorar, nach Streitanteil berechnet, zw Anwalt in Washington u dtschem Auftraggeber zul, BGH **22**, 162, jedoch besondere Umst (so Art der eingeklagten Forderg, grobes Mißverhältn, Arbeitsleistg) zu beachten, BGH **44**, 183 (dazu Cohn NJW **66**, 772). Dem nach frz R bei einem Conseil juridique in EntschSachen zur Vertretg berecht fr dtschen RA gebührt wg EG 30 kein Erfolgshonorar, BGH **51**, 290.

EG 31 *Vergeltungsrecht.* Unter Zustimmung des *Bundesrats* kann durch Anordnung des *Reichskanzlers* bestimmt werden, daß gegen einen ausländischen Staat sowie dessen Angehörige und ihre Rechtsnachfolger ein Vergeltungsrecht zur Anwendung gebracht wird.

Schrifttum: Gutzwiller, Die Retorsion, Fschr f Mann (1977) 169.

1) Zur Zeit ohne Bedeutg. Der Richter darf von einer derartige AO keine Vergeltg üben, RG **103**, 262, daran hat sich auch heute nichts geändert, Nürnb-Fürth (LG) FamRZ **55**, 332. Es bestand auch früh keine solche AO. Zust wäre der BMJ mit Zustimmg der BRats, GG 129, aM Soergel-Kegel Rdz 3.

Zweiter Abschnitt. Verhältnis des Bürgerlichen Gesetzbuchs zu den Reichsgesetzen

EG 32 *Grundsatz.* Die Vorschriften der Reichsgesetze bleiben in Kraft. Sie treten jedoch insoweit außer Kraft, als sich aus dem Bürgerlichen Gesetzbuch oder aus diesem Gesetze die Aufhebung ergibt.

1) Grundsatz ist nach **Satz 1**, daß die früh Reichsgesetze (auch Staatsverträge, RG **71**, 293), und zwar sowohl die privatrechtl als auch alle anderen, neben dem BGB in Kraft bleiben. Sie sind im wesentl so zu behandeln, wie wenn sie mit BGB u EG in einem G enthalten wären, RG **63**, 349. Auswirkgen ergeben sich namentl in zwei Richtgen: Die allg Vorschriften des BGB gelten auch für die früh Gesetze, soweit nicht deren Zweck od bes Ausgestaltg entggsteht. Ands gehen Sonderbestimmgen anderer ReichsG, die vom BGB abweichen, vor. Bei Anwendg früherer Reichsgesetze ist stets auch Art 4 zu beachten. – Verhältn des **Handelsrechts** zum BGB vgl EG HGB Art 2.

2) Eine **Ausnahme** macht **Satz 2.** Die Aufhebg des früh Rechts kann ausdr oder stillschw erfolgt sein. Ob letzteres der Fall ist, ist Ausleggsfrage. Dabei sind namentl der Zweck des alten Gesetzes u die Absicht der betr Vorschr des BGB heranzuziehen.

3) Entsprechende Anwendg des Art 32 vorgesehen in FGG 185, GBO 116, EG ZVG 1.

EG 33 *Verwandtschaft und Schwägerschaft.* Soweit in dem Gerichtsverfassungsgesetze, der Zivilprozeßordnung, der Strafprozeßordnung, der Konkursordnung und in dem Gesetze, betreffend die Anfechtung von Rechtshandlungen eines Schuldners außerhalb des Konkursverfahrens, vom 21. Juli 1879 (Reichsgesetzbl. S. 277) an die Verwandtschaft oder die Schwägerschaft rechtliche Folgen geknüpft sind, finden die Vorschriften des Bürgerlichen Gesetzbuchs über Verwandtschaft oder Schwägerschaft Anwendung.

1) Art 33 ist **Sondervorschr** und bezieht sich nur auf die in ihm genannten Gesetze. Aus diesen kommen in Frage: GVG 155 I 3 und II 3, ZPO 41 Nr 3, 49, 383 I 3, 408, StPO 22 Nr 3, 31, 52 Nr 3, 61, 72, 361, KO 31 Nr 2, 40 II Nr 2, AnfG 3 Nr 2. – Wegen der Begriffe Verwandtsch u Schwägersch vgl §§ 1589, 1590, 1719, 1736, 1740 f, 1754 ff, 1767 II, 1770.

2) Für **andere Reichsgesetze** (und Landesgesetze, soweit in Kraft geblieben od neu in Kraft getreten) ist auf Art. 4 zurückzugreifen, vgl auch Art 32. So ist der Begriff der Verwandtsch für das StrafR nicht abgeändert, RGSt **60**, 246 stRspr.

3) Für **die nach dem BGB erlassenen** Reichs- und Landesgesetze gelten dagg grdsätzl die Begriffe des BGB, Staud-Gramm Anm 7, 8.

EG 34–51 (Diese Artikel haben den Inhalt einzelner Reichsgesetze aufgeh od abgeändert u mit dem BGB in Einklang gebracht. Die Vorschriften sind heute prakt überholt, zT auch aufgeh.)

EG 52 *Rechte Dritter bei Enteignungsentschädigung.* Ist auf Grund eines Reichsgesetzes dem Eigentümer einer Sache wegen der im öffentlichen Interesse erfolgenden Entziehung, Beschädigung oder Benutzung der Sache oder wegen Beschränkung des Eigentums eine Entschädigung zu gewähren und steht einem Dritten ein Recht an der Sache zu, für welches nicht eine besondere Entschädigung gewährt wird, so hat der Dritte, soweit sein Recht beeinträchtigt wird, an dem Entschädigungsansprüche dieselben Rechte, die ihm im Falle des Erlöschens seines Rechtes durch Zwangsversteigerung an dem Erlöse zustehen.

1) Wegen Zulässigk von Enteigngen vgl § 903 Anm 5 u EG 109. Art 52 regelt ergänzd die **Stellg der an der enteigneten Sache Berechtigten.** Sie sollen dieselben Rechte haben, die ihnen bei Erlöschen des R dch ZwVerst hins des Erlöses zustünden: dingl Surrogation bei bew Sachen (§ 1247, 2), bei auf Kapitalzahlg gerichteten Rechten an Grdst (Hyp, GrdSchuld über EG 53, BGB 1128, 1287); sonst obligator Surrogation (vgl Einl 5 e vor § 854 u Strauch, Mehrheitl RSchutz, 1972, § 35 Fußn 9). Art 52 ist nicht ein allg RSatz zu entnehmen, daß in allen (namentl landesrechtl) Fällen der Enteign die Entschädiggsumme hins der RealAnspr an die Stelle der enteigneten Sache tritt, RG **94**, 20.

2) SonderVorschr über Surrogation in neuen Bundesgesetzen gehen vor: BBauG 97 IV; StädtebauFördG 23 I; LBG 20, 23; FlurbG 72; AtomG 50; LuftVG 19 IV, VI; vgl auch StGB 74 f.

EG 53 I Ist in einem Falle des Artikel 52 die Entschädigung dem Eigentümer eines Grundstücks zu gewähren, so finden auf den Entschädigungsanspruch die Vorschriften des § 1128 des Bürgerlichen Gesetzbuchs entsprechende Anwendung. Erhebt ein Berechtigter innerhalb der im § 1128 bestimmten Frist Widerspruch gegen die Zahlung der Entschädigung an den Eigentümer, so kann der Eigentümer und jeder Berechtigte die Eröffnung eines Verteilungsverfahrens nach den für die Verteilung des Erlöses im Falle der Zwangsversteigerung geltenden Vorschriften beantragen. Die Zahlung hat in diesem Falle an das für das Verteilungsverfahren zuständige Gericht zu erfolgen.

II Ist das Recht des Dritten eine Reallast, eine Hypothek, eine Grundschuld oder eine Rentenschuld, so erlischt die Haftung des Entschädigungsanspruchs, wenn der beschädigte Gegenstand wiederhergestellt oder für die entzogene bewegliche Sache Ersatz beschafft ist. Ist die Entschädigung wegen Benutzung des Grundstücks oder wegen Entziehung oder Beschädigung von Früchten oder von Zubehörstücken zu gewähren, so finden die Vorschriften des § 1123 Abs 2 Satz 1 und des § 1124 Abs. 1, 3 des Bürgerlichen Gesetzbuchs entsprechende Anwendung.

1) Im Anschl an Art 52 gibt die Vorschr eine **Sonderregelg für Grdst.** Die Verweisg auf § 1128 (III HS 1) eröffnet §§ 1279–1290, damit auch § 1281, also Leistg nur an RInh u GrdstEigtümer gemeins; doch gilt auch § 1128 I entspr. Die Zustdgk für das VerteilgsVerf richtet sich nach ZVG 1, 2, das Verf nach ZVG 105 ff. – Wegen landesrechtl Enteigngsfälle vgl Art 109 S 2, 120 II 3; wg der Entschädigg für Bergschäden vgl Art 67 II.

EG 53a $^\text{I}$ Ist in einem Falle des Artikels 52 die Entschädigung dem Eigentümer eines eingetragenen Schiffs oder Schiffsbauwerks zu gewähren, so sind auf den Entschädigungsanspruch die Vorschriften der §§ 32, 33 des Gesetzes über Rechte an eingetragenen Schiffen und Schiffsbauwerken vom 15. November 1940 (Reichsgesetzbl. I S. 1499) entsprechend anzuwenden.

$^\text{II}$ Artikel 53 Abs. 1 Satz 2, 3 gilt entsprechend.

1) Eingefügt dch SchiffsRDVO 3. Vgl im übr die Erläut zu EG 53.

EG 54 (Gegenstandslos, betraf RayonG v 21. 12. 1871).

1) Vgl nunmehr SchutzbereichsG v 7. 12. 56 (BGBl 899), vor allem § 12 II.

Dritter Abschnitt. Verhältnis des Bürgerlichen Gesetzbuchs zu den Landesgesetzen

Vorbem. Die Anpassg des LandesR an das BGB (u FGG) ist meist in AusfGes der Länder zum BGB (zT zum FGG gesondert) erfolgt. Die Änderg der Ländergrenzen seither führten zu einer gewissen Gemengelage, die noch nicht überall bereinigt ist. Es gelten heute im wesentl:

1. Bayern: *Bay* AGBGB 9. 6. 99 BayBS III 89. ÜbergVO z BGB 9.6.99 BayBS III 101. – **2. Baden-Württemberg:** AGBGB v 26. 11. 74 GBl 498, u *ba-wü* FGG 12. 2. 75, GBl 116 idF des ÄndG 14. 12. 76 GBl 618 u daneben *Württ* AGBGB idF 29. 12. 31 RegBl 545, soweit nicht dch neues AGBGB § 51 Abs 1b Z 6, 7 u neues *ba-wü* FGG § 54 Abs 1b Z 7 aufgeh u (Kreise Hechingen u Sigmaringen) *Pr* AGBGB 20.9.99 Art 1–4, 5 § 2 u zT Art 40. – **3. Berlin:** *Pr* AGBGB 20. 9. 99 GVBl Sb I 400–1, *pr* FGG 21. 9. 99 Sb I 3212–1 mit Ändergen. – **4. Bremen:** (auch Bremerhaven) AGBGB 18. 7. 99 Sgl 400–a–1. – AGFGG 12. 5. 64 Slg 315–a–1. – **5. Hamburg:** AGBGB idF 1. 7. 58 BL 40e. – **6. Hessen:** *Hess* AGBGB 17. 7. 99 GVBl II 230–1, *Pr* AGBGB 20. 9. 99 GVBl II 230–2, *Hess* FGG 12. 4. 54 GVBl II 230–1. – **7. Niedersachsen:** *Nds* AGBGB 4. 3. 71 GVBl 73, *Nds* FGG 24. 2. 71 GVBl 44. – **8. Nordrhein-Westfalen:** *Pr* AGBGB 20.9.99 GS 176, *Pr* FGG 21. 9. 99 GS 249. – **9. Rheinland-Pfalz:** AGBGB 18. 11. 76 GVBl 259. – **10. Schleswig-Holstein:** AGBGB-Schl-H 27. 9. 74 GVBl 357. – **11. Saarland:** *Pr* AGBGB 20. 9. 99 GS 176, *Pr* FGG 21. 9. 99 GS 249, *Bay* AGBGB 9. 6. 99.

Zu den einz Vorbehalten der Art 56–152, dem diesbezügl LandesR u dessen Entwicklg vgl die eingehden Darstellgen in der 10./11. Auflage des Staudinger.

EG 55 *Grundsatz.* Die privatrechtlichen Vorschriften der Landesgesetze treten außer Kraft, soweit nicht in dem Bürgerlichen Gesetzbuch oder in diesem Gesetz ein anderes bestimmt ist.

1) **Grundsatz.** Das Reichsprivatrecht will eine erschöpfende Regelg geben; deshalb sind grdsätzl alle privatrechtlichen Vorschriften der Landesgesetze außer Kraft getreten. Neue privatrechtl Vorschriften konnten u können die Länder nicht erlassen (vgl Art 3 u 218, auch Bötticher RdA 58, 361), soweit nicht die Vorbehalte (Anm 2) eingreifen. Unberührt bleibt das LandesR, soweit es dem öff Rechte angehört (gilt auch, wenn LandesR öffentl Eigtum vorsieht, BVerwG 27, 131). Für die Abgrenzg kommt es darauf an, was bei Erlaß des EG als öff od als PrivR angesehen wurde.

2) Nicht aufgeh ist das BGB (§§ 44, 85, 907, 919, 1784, 1807, 1808, 1888, 2194, 2249) od das EG (Art 56–152) **Vorbehalte** gemacht haben. Die Vorbehalte des EG sind teils allgemeine, dh eine ganze Rechtsmaterie umfassende, teils besondere, die nur einzelne Fragen betreffen. Die Vorbehalte schließen für ihr Gebiet die Übergangsvorschriften der Art 153ff aus, RG 81, 245. Im übr vgl wg ihrer Tragweite Art 3. Über Anpassg des aufrechterhaltenen LandesR an das BGB vgl Vorbem vor EG 55.

3) **Entsprechende Anwendg** der Vorbehalte ist in FGG 189, GBO 117, EG ZVG 2 vorgesehen.

EG 56 *Staatsverträge.* Unberührt bleiben die Bestimmungen der Staatsverträge, die ein Bundesstaat mit einem ausländischen Staate vor dem Inkrafttreten des Bürgerlichen Gesetzbuchs geschlossen hat.

1) Die dch EG 56 aufrecht erhaltenen Vertr gelten weiter. Sie sind nicht dch das Ges vom 30.1.34 (Übergang der LandesHoh auf das Reich) aufgeh worden, da gült Völker-VertrR dch innerstaatl R nicht einseit beseitigt w kann (Soergel-Hartmann Rdn 3, aA RG JW **36**, 3198).

EG 57, 58 (Betrafen SonderR der landesherrl Häuser und des hohen Adels; ggstandslos.)

EG 59 *Familienfideikommisse usw.* Unberührt bleiben die landesgesetzlichen Vorschriften über Familienfideikommisse und Lehen, mit Einschluß der allodifizierten Lehen, sowie über Stammgüter.

Schrifttum: W. Lewis, Das R der Familienfideikommisse 1868, Neudruck 1969. – Däubler, Zur aktuellen Bedeutg des Fideikommißverbots, JZ **69**, 499. –

EGBGB 59-64

Vorbem: Art 59 wurde dch G v 28. 12. 68 BGBl 1451 iVm G v 10. 7. 58 BGBl 437 aufgeh, da nicht in BGBl III übernommen.

1) a) Rechtsentwicklg: KRG 45 (vgl Einl 7b vor § 854) Art X Abs 2 hat EG 59, 60, 62 aufgeh, soweit sie im Widerspr zu KRG 45 Art III stehen. Danach werden land- u forstwirtsch Grdstücke, die bisher Fideikommisse waren, freies, den allg Gesetzen unterworfenes Eigt. EG 59 war schon damals überholt. Nach WeimRV 155 II 2 waren FamFideikommisse aufzulösen. Die zur Durchf erlassenen Reichsgesetze vereinheitlichten einmal das Verfahren, so das G zur Vereinheitlichg der FamFideikommißauflösg v 26. 6.35, RGBl 785, nebst DVO v 24. 8. 35, RGBl 1103. Zust sind die Fideikommißsenate bei den Oberlandesgerichten, ein Oberstes Fideikommißgericht nur noch in *Bay* (vgl Anm 2). Das **materielle AuflösgsR** wurde dch G über das Erlöschen der Familienfideikommisse u sonstiger gebundener Vermögen v 6. 7. 38, RGBl 825, idF v 4. 12. 42 (RGBl 675; BGBl III 7811 – 2) geregelt; ferner G zur Änd des Fideik- u StiftsgsR v 28. 12. 50 (BGBl 820), geänd dch G v 3. 8. 67 (BGBl 839). – Diese Bestimmgen sind grdsätzl in Kraft geblieben, teils als BundesR (GG 125), teils – auf dem Gebiet des StiftsR – als LandesR, vgl Staud-Promberger Rdnr 26.

b) Mit dem 1. 1. 39 sind demn die noch bestehenden **FamFideikommisse** u sonstige gebundene Vermögen **erloschen**, §§ 1, 30 des G v 6. 7. 38. Dadch wurden sie freies Verm des letzten FideikBesitzers. Doch kann der Besitzer auch nach dem Erlöschen bis zur Erteilg des FideikAuflösgsscheins nur nach Maßg der vor dem Erlöschen geltenden Vorschriften, dh nach LandesR, über das FideikVerm verfügen, vorbehaltl weitergehender Ermächtigg dch FideikGericht, §§ 11, 24. Die DVO v 20. 3. 39, RGBl 509; BGBl III 7811 – 2 – 1 (einz Bestimmgen dch LandesR aufgeh, vgl Fußn zu §§ 15-26, BGBl III aaO), gibt ergänzende Bestimmgen. Die Fristen des G u der DVO sind verlängert, vgl VO v 4. 12. 42, RGBl 675, u G v 28. 12. 50, BGBl 820.

Für **Familienstiftgen** (dazu Vorbem 1 c vor § 80), auch solche außerh der FideikAuflösg, vgl VO v 17. 5. 40, RGBl 806; BGBl III 7811 – 2 –3 (dch LandesRvielf aufgeh); ferner BG v 28. 12. 50, BGBl 820 (idF v 3. 8. 67, BGBl 839), auch RSiedlG 17. – Grenzen für Familienstiftgen aus dem Fideikommißverbot vgl Däubler aaO, aber auch Staud-Promberger Rdnr 36.

2) Neuere Landesgesetze: Vgl Staud-Promberger Rdz 37ff, hier 32. Aufl.

3) Aus der Rspr: zum *bay* FideikR vgl BayObLG **19**, 189; **31**, 51; **52**, 231; **72**, 226 (Fideikommißmatrikel u § 891). *Althbg* R: Hbg JVBl **70**, 47; **71**, 50. – RG **137**, 324 (zum gemeinen R). – RG **54**, 102; KGJ **48**, 22 (zum *pr* R). – Karlsr, Bad Rspr **16**, 163 (zum *bad* StammgüterR). –

EG 60 *Revenuenhypothek.* Unberührt bleiben die landesgesetzlichen Vorschriften, welche die Bestellung einer Hypothek, Grundschuld oder Rentenschuld an einem Grundstücke, dessen Belastung nach den in den Artikeln 57 bis 59 bezeichneten Vorschriften nur beschränkt zulässig ist, dahin gestatten, daß der Gläubiger Befriedigung aus dem Grundstücke lediglich im Wege der Zwangsverwaltung suchen kann.

EG 61 *Schutz des gutgläubigen Erwerbers.* Ist die Veräußerung oder Belastung eines Gegenstandes nach den in den Artikeln 57 bis 59 bezeichneten Vorschriften unzulässig oder nur beschränkt zulässig, so finden auf einen Erwerb, dem diese Vorschriften entgegenstehen, die Vorschriften des Bürgerlichen Gesetzbuchs zugunsten derjenigen, welche Rechte von einem Nichtberechtigten herleiten, entsprechende Anwendung.

EG 62 *Rentengüter.* Unberührt bleiben die landesgesetzlichen Vorschriften über Rentengüter.

EG 63 *Erbpachtrecht.* Unberührt bleiben die landesgesetzlichen Vorschriften über das Erbpachtrecht, mit Einschluß des Büdnerrechts und des Häuslerrechts, in denjenigen Bundesstaaten, in welchen solche Rechte bestehen. Die Vorschriften des § 1017 des Bürgerlichen Gesetzbuchs finden auf diese Rechte entsprechende Anwendung.

Vorbem zu Art 59 gilt entspr für Art 60, 61, 62, 63.

EG 64 *Anerbenrecht.* I Unberührt bleiben die landesgesetzlichen Vorschriften über das Anerbenrecht in Ansehung landwirtschaftlicher und forstwirtschaftlicher Grundstücke nebst deren Zubehör.

II Die Landesgesetze können das Recht des Erblassers, über das dem Anerbenrecht unterliegende Grundstück von Todes wegen zu verfügen, nicht beschränken.

Schrifttum: **a)** Lehrbücher, Komm: Barth-Schlüter, Lehrb § 35 II; Kipp-Coing § 131; Lange-Kuchinke, Lehrb § 55 A; Hartmann in Soergel[10] Bd VII EG; Promberger in Staud EG[11] Rdz je zu Art 64; RGRK[12] Einl Rdz 6 vor § 1922; Barnstedt-Becker-Bendel, Das nordwestdtsche HöfeR, 1976; Lange-Wulff-Lüdtke/Handjery, HöfeO 8. Aufl 1978; Wöhrmann-Stöcker, HöfeO 3. Aufl 1977; Steffen, HöfeO mit HöfeVerfO, 1977; Faßbender-Hötzel-Pikalo, HöfeO, 1978; Scheyhing, HöfeO, 1967; Friese, LandwirtschR in der AmZ, 1949; Lange-Wulff, Hess-LandwR, 1950; Saure, Das LandwR in Hessen, 1950; Hartmann, Die HöfeO von RhlPf, 1954; Pelka, Das AnerbenR in WüBa u WüHo 1951; Kroeschell, LandwirtschR, 2. Aufl 1966; Pikalo, Land- u forstwirtsch GrdstVerkR u ErbR im westl Europa, 1961; Schapp, Der Schutz des Unternehmens in der Vererbg im LandwR und im Personen- u GesellschR, 1975; s Kroeschell-Winkler, Bibliographie des deutschen AgrarR, 1968, 1977; **b)** Aufsätze u Diss: Hinsichtl der Aufsätze zur HöfeO wird in erster Linie verwiesen auf Wöhrmann-Stöcker aaO, Einl Rdz 35; dazu ferner Nordalm-Hötzel-Schulte, Zweifelsfragen zum neuen HöfeR, AgrarR **77**, 51, 108; von Ohlshausen, Probleme des ZugewAusgl nach der neuen HöfeO, FamRZ **77**, 301; ders, Zur Vererbg von EhegHöfen nach dem 2. HöfeÄndG, AgrarR

77, 135; Faßbender, Der neue EhegHof kraft Ges, DNotZ **77**, 388; ders, Weitere Zweifelsfragen der neuen HöfeO, AgrarR **77**, 194; Storm, AgrarHandelsR u HöfeR, AgrarR **77** 79; Stöcker, Rechtseinheit im landw ErbR, AgrarR **77**, 73, 245; **78**, 1, dort auch über die einz AnerbenG; Steffen, Erteilg von Hoffolgezeugn RdL **77**, 113; Quadflieg-Weihrauch, Landw SonderErbR gem der HöfeO NRW, FamRZ **77**, 228; Steffen, Überleitg altrechtl EhegErbhöfe RdL **77**, 281; Becker-Bendel, Zur HöfeO, AgrarR **78**, 125, 155, 219; s weiterhin (Auswahl) Klunzinger, AnerbenR u gewillkürte Erbfolge, Diss, Tübgen 1966; Pagenstecher, Rheinl-Pf HöfeO novelliert, RdL **67**, 148; Kühlwetter, AnerbenR in der BRep Dtschld u seine Stellg zur Verfassg unter bes Berücksichtigg der Rechtsprechg der BVerfG, Diss Köln, 1967; Barnstedt, Rötelmann, Das HöfeR u die ErbRGarantie des Art 14 GG, DNotZ **69**, 14, 415; Kroeschell, Die Stellg des nehel Kindes im landwirtsch ErbR, AgrarR **71**, 3; Distelbarth, Das ErbR des nehel Kindes in der Reform u die Auswirkgen in den AnerbenR BadWürtt, Diss Hohenheim, 1972; Gade, Die gesetzl Bestimmg des HofE als verfassgsrechtl u dogmat Problem, Diss Göttingen, 1971; Liesenborgs, Das HöfeR in BadWürtt, AgrarR **74**, 310; ders, Test, ErbVertr u ÜbergVertr in der Landw, AgrarR **77**, Beil I, 23; Kreuzer, Das gesetzl AnerbenR Südwestdeutschlands u der nordwestdtschen HöfeO, AgrarR, **77**, Beil I, 12; Kroeschell, Geschichtl Grdlagen des AnER, AgrarR **78**, 147; Winkler, Bibliographie zumHöfeR, AgrarR **77**, 318. Gesetzestexte zum landwErbR bei Wöhrmann-Stöcker aaO, Teil B.

1) Tragweite des Vorbehalts. Der Vorbeh war dch das RErbhofG im wesentl überholt. Dieses ist dch KRG 45 aufgeh, vgl Einl 7b aa vor § 854, Einl 2a vor § 1922. Nach KRG 45 Art II sind die am 1. 1. 33 in Kraft gewesenen Gesetze über Vererbg von Liegenschaften, die dch das RErbhofG aufgeh waren, wieder in Kraft gesetzt worden, soweit sie nicht dem KRG 45 (insb Art III) od anderen gesetzl Vorschr des KR widersprachen. Mit dieser Maßg konnten auch neue, die Erbfolge abw vom BGB regelnde Landesgesetze erlassen werden. Das KRG 45 hat, soweit es noch wirks war, mit Ausn der Übergangsvorschr in Art XII 2 seine Wirksamk verloren; die Fortgeltg der aGrd KRG 45 Art II wieder in Kraft gesetzten Vorschriften ist aber unberührt geblieben; § 39 III GrdstVG, in Kraft seit 1. 1. 62. Auf Grd EG 64 können auch weiterhin neue die Erbfolge abw vom BGB regelnde Landesgesetze erlassen werden, soweit nicht sonstiges BundesR entggsteht. Ist landesrechtl eine **Hoferbenordng** aufgestellt, so kann der Erbl zwar nicht den ungeteilten Übergang des Hofes ausschließen, s § 16 HöfeO BrZ, es muß ihm aber das Recht erhalten bleiben, nach II einen anderen als den gesetzl Anwärter zum Hoferben zu bestimmen, s § 7 HöfeO (idF v 26. 7. 76, dazu Bendel AgrarR **76**, 149/154; Lüdtke/Handjery, Wöhrmann-Stöcker je Rdz 4 zu § 7 HöfeO; Lüdtke/Handjery Rdz 2, 3, Wöhrmann-Stöcker Rdz 3 ff je zu § 16 HöfeO). S auch Herminghausen NJW **62**, 1381, der darauf hinweist, daß der Landesgesetzgeber nach eig Ermessen bestimmen kann, ob, unter welchen Voraussetzgen, nach welcher Berechngsart u unter welchen Werten die Hofgüter einem Anwärter auszugleichen ist, s § 13 HöfeO (idF v 26.7. 76), daß er aber Art 3 GG beachten muß. § 1 Abs 2 (Art 6 I 2 AnerbenG) des *WüHo* AG z KRG Nr 45 v 13. 6. 50 verstößt nicht gg Art 64 II EG, Stgt BWNotZ **65**, 36, s aber auch Distelbarth aaO 93¹, Promberger aaO Rdz 37, 132. Die Einschränkg der Testierfreih dch das geltde AnerbenR verstößt nicht gg Art 14 GG, Staud-Boehmer aaO, Klunzinger aaO § 24 II, s auch Scheyhing, HöfeO, Anm vor § 1; allg zur Übereinstimmg des geltden AnerbenR mit dem GG Kühlwetter aaO 149 ff, Promberger aaO Rdz 151 ff, Gade aaO, Wöhrmann-Stöcker aaO, Einl Rdz 15 ff, § 7 HöfeO Rdz 35 ff; s auch BGH NJW **77**, 1923.

2) Zur Zeit gelten folgde AnerbenG: Ehem **AmZ**: Früheres Land *WüBa*: AnerbenrechtsG v 14. 2. 30, RegBl 5, mit Gebühren- u VollzVOen v 25. 2. 30, RegBl 12, 13, in Neuf v 30. 7. 48, RegBl 165, 169 geänd dch G v 7. 12. 65, GBl BaWü 301, G v 30. 6. 70, GBl BaWü 289, in Nordwürttemberg wieder in Kraft ab 24. 4. 47, in Nordbaden ab 1. 8. 48, vgl § 1 VO Nr 166 idF v 13. 1. 50, WüBa RegBl 3; diese VO ist aufgeh dch § 39 II Nr 31 GrdstVG mit Ausn der §§ 1-7, aufgeh auch § 6 dch G v 20. 6. 70, GBl BaWü 289. Dem AnerbenR unterliegen nur die Höfe, die auf Antr des Eigtümers in die Höferolle eingetragen sind, mögen sie auch früher Erbhöfe gewesen sein. – *Hess*: VO v 11. 7. 47, GVBl 44, geändert dch DVO v 31. 3. 49, GVBl 35, aufgeh dch § 39 II Nr 15 GrdstVG mit Ausn des §§ 1–5, s GVBl II Nr 81–3, führte die LandgüterO für den RegBezirk Kassel v 1. 7. 87 für das ganze Land ein, diese wurde als Hess LandgüterO neugefaßt, VO v 1.12.47, GVBl 48, 12 = GVBl II 81–5, jetzt idF v 13.8.70, GVBl 547, dazu Weimann AgrarR **78**, 188. – *Brem*: HöfeG idF v 19.7.48, GBl 124, mit 2 VOen v 19.7.48, GBl 128/9, geänd dch G v 19.10.65 (GBl 134 = Sa BremR Nr 7811–a–2, 5), dch G v 23.2.71 (GBl 14). – Ehem **BrZ**: MRVO 84 v 24. 4. 47, VOBlBrZ 25, - Art III-VI u Anl A aufgeh dch § 39 II Nr 1 GrdstVG –, ersetzt die in Anl A zusammengestellten früh Landesgesetze über die HöfeO (Anl B); sie gilt seit 1.7.76 idF v 26.7.76 (BGBl I 1933) u zwar für die ganze ehem *BritZ (Hambg, Nds, NRW, SchlH).* Der Anerbenfolge unterliegen alle Höfe, sofern sie einen WirtschWert von 20000 DM aufwärts haben (§ 1 nF). Eine landwirtsch od forstwirtsch Besitzg von weniger als 20000 DM, mind jed 10000 DM WirtschWert wird Hof, wenn der Eigtümer erklärt, daß sie Hof soln u der Hofvermerk im GrdBuch eingetr wird (§ 1 I, III, VI, VII, nF, §§ 2 ff HöfeVfO). Über Verlust der Hofeigensch s § 1 IV-VII nF; s auch die VO üb Aufhebg der Hofeigensch v 28.10.71, GVNW 347, u dazu Knüfer AgrarR **72**, 101; Pikalo, Aufhebg der Hofeigensch u ErbVertr, AgrarR **76**, 342, BGH ebda 350; Bitting, Aufhebg der Hofeigensch in Westfalen-Lippe, 1977. Über Bestandteile des Hofes s § 2 nF; dazu Nordalm, AgrarR **77**, 108; über Hofzubehör § 3 nF. S zum ganzen, Faßbender, DNotZ **76**, 394ff; Komm zu §§ 1-3 HöfeO nF. Es gibt keine Höferolle. Zur gesetzl HoferbenoS HöfeO 4, 5 (Nr 3 nF), 6 (nF), 8 (nF) 9 (I nF) u dazu Bendel AgrarR **76**, 1221 ff, Steffen RdL **76**, 57; Dressel NJW **76**, 1245; Faßbender, DNotZ **76**, 402 ff, Komm zu §§ 4, 5, 6, 8, 9 HöfeO nF. Zu § 6 I 1 Nr 3 HöfeO s NRW-VO zur Feststellg des Erbbrauchs v 7. 12. 76, GVNW 426. – Zur Best des HofE dch den Eigentümer auf Grd Vfg v Tw od Übergabe-Vertr s HöfeO 7, 8 II nF u dazu Bendel aaO 154 ff; Komm zu §§ 7, 8, 17 HöfeO nF; Steffen Gen v Übergabe-Vertr nach Änderg der HöfeO, RdL **76**, 200. Zur Vererbg nach BGB s HöfeO 10 nF u dazu Bendel aaO 161, Komm zu § 10 HöfeO nF. – Ehem **FrZ**: Früheres Land *Ba*: nach G v 12. 7. 49, GVBl 288, gilt (mit gewissen Ausnahmen) wieder G v 20. 8. 98 über die geschlossenen Hofgüter, GVBl 405, geänd dch § 39 II Nr 24 GrdstVG, dch G v 7. 12. 65, GBl BaWü 301, G v 30. 6. 70, GBl BaWü 289; mit VO v 5. 6. 1900,

Bad GVBl 790. Gilt nur für bestimmte Höfe („Schwarzwaldhöfe"). Zu § 23 HofgüterG s Karlsr AgrarR **77**, 181 mit Anm v Liesenborghs. S auch G über den StaatsVertr zw den Ländern *Ba* und *WüHo*: über die Behandlg land- und forstwirtschaftl GrenzGrdstücke v 27. 6. 51, GVBl 99. – Früheres Land *WüHo* G v 13. 6. 50, RegBl 248, führt AnerbenG v 14. 2. 30 wieder ein; Neuf v 8. 12. 50, RegBl 279, mit Änd v 30. 1. 56, GVBl BaWü **6**, v 7. 12. 65, GBl BaWü 301, 30. 6. 70, GBl BaWü 289; dazu Stgt Just **69**, 168 zu vor dem 24. 4. 47 eingetretenen Erbfällen. – *RhPf*: HöfeO idF v 18. 4. 67, GVBl 138, DVOHO-RhPf idF v 27. 4. 67, GVBl 147, u LVO über die Höferolle idF v 14. 3. 67, GVBl 144 mit Änd v 29. 10. 68, GVBl 246; s auch GrdstVerk- u -bewirtschaftsVO v 11. 12. 48, GVBl 447, aufgeh mit Ausn der §§ 59–64 dch § 39 II Nr 45 GrdstVG, ferner AV dJM v 29. 11. 69 über Führg der Höferolle in Karteiform, JBl 258.

Die HöfeO gehört zu den bes Vorschr iS des EG **28**, BGH **LM** Nr 1 zu EGBGB **28**, EG **28** Anm 3. Übergangsvorschriften, s 2. HöfeOÄndG Art 3 §§ 1–5, dazu BTDrucks 7/1443 S 32ff, Lüdtke/Handjery Rdz 54ff zu § 5, 94 ff zu § 6, 44 zu § 7 HöfeO, auch § 25 HöfeVfO (fr § 59 LVO); s ferner § 2 *WüBa* VO Nr 166 idF v 13. 1. 50, RegBl 3.

3) AnerbenR u NichtehelR, s hiezu für den Bereich der HöfeO Lüdtke/Handjery Rdz 11–21, 45, 56 zu § 5, Rdz 33 zu § 6, Wöhrmann-Stöcker Rdz 21 ff zu § 5 HöfeO; s ferner Art 1 §§ 1, 2 *BaWü* G v 30. 6. 70, GBl 289, dazu Distelbarth aaO 96 ff; *Brem* G v 23. 2. 71, GBl 14; *Hess* LandgüterG v 13. 8. 70, GVBl 547.

4) Für das **Verfahren in LandwirtschSachen** gilt das G über das gerichtl Verfahren in LandwirtschSachen v 21. 7. 53, BGBl I 667 = BGBl III 317–1, mehrf geänd, s Schönfelder, Deutsche Gesetze, Nr 39a; s dazu die Komm v Wöhrmann-Herminghausen, 1954, Lange-Wulff, 1954 mit Nachtrag 1963, Barnstedt, 2. Aufl, 1968, Pritsch 1955; s auch die in Art 2 d 2. HöfeOÄndG enthaltene HöfeVfO u dazu Barnstedt AgrarR **76**, 241, BTDrucks 7/1443 S 29ff. – Zur Erteilg v HoffolgeZeugn s Anm 8 vor, Anm 4a zu § 2353, Steffen RdL **77**, 113.

EG 65 Wasserrecht.

Unberührt bleiben die landesgesetzlichen Vorschriften, welche dem Wasserrecht angehören, mit Einschluß des Mühlenrechts, des Flötzrechts und des Flößereirechts sowie der Vorschriften zur Beförderung der Bewässerung und Entwässerung der Grundstücke und der Vorschriften über Anlandungen, entstehende Inseln und verlassene Flußbetten.

Schrifttum: Bochalli, Wass- u BodenverbandsR 4. Aufl 1972. – Gieseke, BWaStrG 1971. – Gieseke-Wiedemann, WHG 2. Aufl 1972. – Kaiser-Schlehberger-Weiß, WassVerbandsG 1969. – Kolb, Die Wasserversorgg u der Gewässerschutz im neuen Bundes- u LandesR, 1968. – Mintzel, BWaStrG 1969. – Roth-Dickenbrock, WassSicherstellgsG 1967. – Sieder-Zeitler, WHG 1965–1970. – Sievers, WassR, 1964 (Bd VI 1 der VerwGesetze von Brauchitsch-Ule). – Witzel, WHG 5. Aufl 1964. – Wüsthoff-Kumpf, Handb des dtsch WassR, 1962–74. – Wüsthoff-Grimme-Kolb, Einf in das dtsch WassR, 3. Aufl 1962. – Breuer, Öff u priv WassR, 1976. – Zum **WasserR der Länder**: *BaWü* Ziegler 1967; Bulling-Finkenbeiner 1968. – *Bay*: Zimniok 2. Aufl 1971; Fritzsche 1966; Sieder-Zeitler-Dahme ab 1970. – *Bln*: Grimme, JR **60**, 201; Matthes, WassR u UferR, 1956. – *Hess*: Feldt 1964. *Nds*: Rehder, 4. Aufl 1971. – *NRW*: Burghartz 1962; Czychowski 1968. – *Rh-Pf*: Kirdorf 1963. – *SchlH*: Thiem, WasserR 2. Aufl 1972; Schmahl, RdL **76**, 228, 312. – **Aufsätze** Boehme, WassR u GrdBuch, BWNotZ **61**, 78. – Hundertmark, Zum Schutz öffr Wasserbenutzungsrechte dch zivilr UnterlassgsAnspr, ZfWassR **68**, 228. – Seifert, Aktuelle Probleme des WasserR, DVBl **73**, 207. – Breuer NJW **77**, 1174 (Entwicklg des WasserR). – **RsprÜbbl**: Brück, NJW **72**, 737; **73**, 1069; **74**, 1357; **75**, 2093. – Vgl weiter zu § 905 Anm 1 b.

Vorbem: Rahmenkomp des Bundes für WasserhaushaltsR, GG **75** Nr 4; **72**. Konk GGebg f privatr GgStände des WassR gem GG **74** Nr 1 (vgl BVerfG **15**, 1). Beachte aber auch GG **74** Nr 21.

1a) Die Vorschr umfaßt die Rechtsverhältnisse des natürl Wassers, einschl des Grundwassers, u der sonstigen Wasserläufe. Hierher gehören außer den im Art ausdr genannten Materien auch das StauR, vgl RG HRR **30**, 434 ua. – Zum Begr des **Gewässers** WHG 1. Über Anlandgen vgl BGH **27**, 291; RG **131**, 60. – Der Vorbeh umfaßt auch die Vereine dieses Sondergebietes. – Er ist dch **WHG** wesentl eingeschränkt. Wenn der Vorbeh auch die wasserrechtl Landesgesetze unberührt läßt, so bedeutet dch nicht die subsidiäre Anwendg des **BGB** auf wasserr Verh ausgeschl, wenn auch im allg auf diesem Gebiet wg der sozialen u wirtsch Bedeutg der Gewässer für das Gemeinwohl der „Zug zum öff R" unverkennb ist (vgl Anm 2 aE), Baur § 27 V 1c. – Vgl etwa zur Anwendbark des § 909 bei GrdWassersenkg dort Anm 2. Zum Eigt des GrdStEigtümers am § 905 Anm 1 b. – Dazu Staudt-Dittmann Rdz 18 u Wolff I § 57. Zur Geltg des § 891 für den als Eigtümer einer Anlandg Eingetragenen: Trotz AmtsWidersp muß die Vermutg dch den Nachweis widerlegt w, daß der eingetr Anlieger unter keinerlei wasserrechtl Gesichtspunkten Eigtümer der Anlandg geworden ist, BGH MDR **67**, 749. – Vgl auch § 823 Anm 14 „Wasser- u Seestraßen".

b) Bundesrechtl Regelg **aa)** des Wasserhaushalts: **WasserhaushaltsG**. – Bundeseinheitl Regelg ferner für das Recht der Wasser- u Bodenverbände, **WassVerbG** u die 1. WasserverbandsVO v 3. 9. 37, RGBl 933, mehrf geänd – vgl BGBl III Nr 753–2–1. Enttgstehde landesrechtl Vorschr, GewohnheitsR u Herkommen treten außer Kraft, VO § 191. Die WassVerbVO jetzt BundesR, BVerwG **3**, 1; **10**, 238, aber keine Kodifikation, das dch ergänzbas LandesR ist, BVerwG DÖV **73**, 792. Z Zulässigk der Beitragsbemessg nach Flächenmaßstab BVerwG DÖV **73**, 781; 784. – **bb) Bundeswasserstraßen**: AGrd WeimRV 97, 171 hatte das Reich die dem allg Verk dienenden WasserStr in sein Eigt überführt (G v 29. 7. 21 – RGBl 961). Gem § 1 **G über die vermögensrechtl Verhältn der BWaStr** v 21. 5. 51 (BGBl I 352) sind die bish RWasserStr (Binnen- u SeeWaStr) ab 24. 5. 49 als BWaStr Eigt des Bundes (GG 89 I; vgl BGH **28**, 37). Zum Eigt an der Schlei: BGH **47**, 117; Schlesw SchlHA **68**, 290; an der Trave: BGH **49**, 68; an der

Weser: BGH **67**, 152; **69**, 284. – Die Verw der großen WasserVerkWege (WasserwegeR, vgl Salzwedel DÖV **68**, 103; BVerfG NJW **67**, 1956) regelt nun das **BundeswasserstraßenG** – WaStrG – v 2. 4. 68 (BGBl II 173, dazu Friesecke NJW **68**, 1267; Breuer DVBl **74**, 268). – Kompetenz hierf: GG 74 Nr 21, dazu BVerfG NJW **62**, 2243; **67**, 1956. BWaStr sind demn (Abschn 1) die in Anl zum G genannten BinnenWaStr u die Küstengewässer iS von WHG 1 I Nr 1a (Schlei: BGH **47**, 117). Abschn 2 normiert gem GG 89 III MischVerw zw Bund u Land; das dort geforderte Einvernehmen bedeuts für Plangen u Bauerlaubn bei Aus- u Neubau (§§ 13 I, 14 III). Abschn 3 regelt das Befahren mit Wasserfahrzeugen u den **Gemeinge-brauch**; Abschn 4 die Unterhaltg der BWaStr u den Betr der bundeseigenen Schiffahrtsanlagen. Zur Enteigng, Aufopferg u der Entschädigg hierfür vgl §§ 36, 44: ord **RWeg** gg den FestsetzgsBescheid der Wasser- u Schiffahrtsdirektion; zust ausschl das LG, in dessen Bezirk die Beeinträchtigg eintritt. Ausschl-Frist für Klage drei Monate nach Zustell des Bescheids. Die Zulässigk der Enteigng spricht § 44 aus; dchgeführt wird sie – aGrd etwa eines nach WaStrG festgestellten Plans – dch die Landesbehörden, § 44 II, III. – **cc)** G zur **Reinhaltg der WaStr** v 17. 8. 60 vom BVerfG für nichtig erklärt, NJW **62**, 2243. – **dd)** Dch G über den rechtl Status der **Rhein-Main-Donau**-GroßschiffahrtsStr zw dem Main u Nürnb sind deren EigtVerhältn (soweit BWaStr Eigt des Bundes, im übr Bayerns) geregelt, BGBl II 67, 2521. – **ee) WassSicherstellgsG** v 24. 8. 65, BGBl 1225 mit ÄndVO v 31. 3. 70, BGBl 358 u Änd durch Art 287 Nr 52 EGStGB v 2. 3. 74, BGBl 469.

c) Wassernutzg: Man unterscheidet den (dch WHG wg der großen soz Bedeutg der Mangelware Wasser eingeschr) schlichten **Gemeingebrauch** (zB Baden, Tränken, Bootfahren), den den Eigtümern des Gewässers, dessen Anliegern u Hinterliegern erlaubnisfrei gewährten gesteigerten Gemein-, den **Anliegergebrauch**; weiter die **schlichte** (weil nur vorübergehde) **Sondernutzg** (aGrd einer uU gebührenpfl persönl **Erlaubnis** dch die Wasserbehörde) u schließl die **gesteigerte Sondernutzg** (zB Stauwerk); die **Bewilligg** hierzu w in einem förml Verf – grdsätzl gg Benutzgsgebühr – erteilt, vgl WHG 8ff; dazu Wagner JuS **68**, 197; Wolff I § 59; ü alte wasserrechtl **Re u Befugnisse** (aus der Zeit vor WHG) : s WHG 15 u dazu BVerwG DÖV **73**, 212. – Aus der **Rspr**: BGH **28**, 43 (Rhein, dort auch zur Vereinbg eines „Wasserzinses" für Sondernutzg); zum Verankern von Wohnbooten vgl Karlsr NJW **70**, 249; VGH Mannh DÖV **72**, 653; VG Hann Wasser u Boden, **73**, 24; Kühlwasserentnahme: OVG Münster DÖV **73**, 792; Befahren priv Seen: Schlesw SchlHA **75**, 130; GemeinGebr iR der Widmg: BGH Betr **73**, 1889; Gemein-Gebr an Bundeswasserstraßen: Brem VersR **77**, 327. – Zum R auf **Wasserzufluß**: Jarass NJW **76**, 2195; BGH **69**, 1 u WPM **77**, 981 (GrdWasser).

d) Reinhaltung der Gewässer: Ein wesentl Element des **Umweltschutzes**. Vgl Kimminich, das R des Umweltschutzes, 1972, S 118ff, 163ff. – **RQuellen:** WHG; VO ü wassergefährdde Stoffe bei einer Beförderg in RohrleitgsAnlagen v 10. 12. 73, BGBl 1946. Zu den Begr des Einleitens u Einbringens BGH **46**, 17; NJW **66**, 1570; Saarbr NJW **67**, 1440. Zur Haftg einer Gemeinde für Verunreinigg dch Einleiten von Abwasser nach WHG 22 I vgl auch BGH EBE **72**, 15, dazu Brück NJW **73**, 1070. – Zur Haftg für Gewässerversuchg dch aus Tankwagen auslfdes Öl, BGH NJW **67**, 1131; NJW **74**, 1770 (chem Schadstoffe; Einleitg über Kläranlage); auch Schmidt VersR **68**, 626; auch BVerwG BayVBl **74**, 438. **Verj** der Anspr aus WHG 22 (§ 852) BGH **LM** § 852 Nr 43. Verh § 1004 zu WHG: BGH **49**, 68.

e) Enteign: Vgl Külz, JubilSchr, 10 Jahre BVerwG 1963, II 293; Gieseke WassR u Enteign, DVBl **59**, 605, 645. Landt, Enteignung u Entschädigg bei Wasserschutzgebietsfestsetzg (§ 19 III WHG), RdL **67**, 141 u die Wassergesetze der Länder, zB 86, 87 *Bay* WG. – Zur Enteigng dch Einbeziehg in **WaSchutzgebiet** (wodch Kiesabbau verhindert) vgl § 903 Anm 5 Ab bb aE; BGH **60**, 126; NJW **73**, 628; auch Bambg OLGZ **70**, 19; Steckert DVBl **74**, 543 (Beschränkgen dch *nw* AbgrabgsG). – Aufhebg der **Anliegerlage** dch Verlegg des Wasserlaufs ist keine EigtVerletzg, BGH **48**, 340 (*nds* WaG) ggü PrivatGrdst, bei Seehotel, vgl § 903 Anm 5 Hc. – Zur Enteign u Aufopferg nach **WaStrG** s oben Anm 1 b bb. – Für EntschAnspr aus WHG ord **RWeg**, BVerwG NJW **72**, 1433; **67**, 519 (*nds* WaG).

2) Die **Landesgesetze** lassen meist PrivEigt am Wasserlauf, nicht aber am fließenden Wasser selbst zu (vgl BGH **28**, 37). Doch beschränkt sich das **Eigt am Wasserlauf** nicht auf das Eigt am Bett, sond es umfaßt daneben auch die Befugnisse des Eigtümers hins des darin enthaltenen Wassers, denn Bett u Wasser ergeben erst den Wasserlauf. Doch w die privatr HerrschMacht eingeschränkt dch die sich aus der Widmg der **öff Sache** „Gewässer" ergebde Zweckbestimmung (vgl Wolff I § 57 II b); dem entspricht eine öffr **UnterhaltgsPfl**, die – je nach Art des Gewässers – dem Bund, den Ländern, Wasser- u Bodenverbänden od den Anliegern obliegt; vgl BWaStrG 7–11; WHG 28, 29 u im übr LandeswasserR. – Die größeren Wasserläufe (Gewässer 1. Ordng) stehen meistens im Eigt des Staates, sofern nicht als Bundeswasserstraße in dem der BRep, die Gewässer 2. u 3. Ordng stehen idR im (privatrechtl gedachten, str) Eigt der Anlieger; and *ba-wü* WassG 4, wonach Gewässer 2. Ordng im öff Eigt der Gemeinden stehen; abw auch *hess* WassG 5. – ZusStellg der **Landeswassergesetze** vgl Staud-Dittmann Rdz 25ff u hier 32. Aufl. – *Bln:* VO ü die Reinhaltg oberird Gewässer v 11. 12. 73, GVBl 2105; *NW:* WG geänd durch G v 18. 12. 73, GVNW 562. *Bay:* WG v 7. 3. 75, GVBl 39; *BaWü:* WG idF v 26. 4. 76, GBl 369.

3) Über **Grundwasser** (NachbSchutz) vgl § 905 Anm 1 b; an ihm kein Gemeingebrauch (vgl WHG 33). – Über privatr Eigt an **Meeresgewässern** vgl Stegemann SchlHA **65**, 97, an **Meeresstrand** vgl BGH **44**, 27; LG Kiel SchlHA **75**, 84; Soergel-Hartmann Rdnr 13; Art 73 Rdnr 5; Wolff I § 56 II c.

EG 66 **Deich- und Sielrecht.** Unberührt bleiben die landesgesetzlichen Vorschriften, welche dem Deich- und Sielrecht angehören.

1) Deiche sind künstl Dämme zum Schutz gg Hochwasser u Überschwemmgen, Siele die Abzugskanäle zur Ableitg des hinter den Deichen sich sammelnden Wassers. Vorbeh für DeichR im weitesten Sinne, auch für EigtFragen, BVerwG RdL **59**, 254; zum Eigt am Anwuchs nach Art 172 DeichO für Oldbg s BGH

67, 152. Öff Eigt an Hochwasserschutzanlagen nach *hbg* DeichG 2 ist mit GG 14 vereinb, BVerfG NJW **69**, 309; dazu Wolff § 57 I b. Zum Deichbau auf Grdst im Deichverband u zum Verbot der Bebauung eines DeichGrdst BVerwG NJW **62**, 2171; BVerfGE **24**, 367. Vgl auch WHG 31.

2) Landesgesetze: Vgl Staud-Dittmann Rdz 3, hier 32. Aufl. – *Hbg*, DeichO v 4. 7. 78, GVBl 317; *Nds*, DeichG idF v 16. 7. 74, GVBl 387 (dazu Komm v Luders-Leis, 1964).

EG 67 *Bergrecht.* I Unberührt bleiben die landesgesetzlichen Vorschriften, welche dem Bergrecht angehören.

II Ist nach landesgesetzlicher Vorschrift wegen Beschädigung eines Grundstücks durch Bergbau eine Entschädigung zu gewähren, so finden die Vorschriften der Artikel 52, 53 Anwendung, soweit nicht die Landesgesetze ein anderes bestimmen.

Neueres **Schrifttum**: Dapprich-von Schlüter, Leitfaden des BergR, 1962. – Reuss-Grotefend-Dapprich-v Schlüter, Das Allg BergG (Preuß BergG v 24. 6. 1865), 11. Aufl 1959. – Ebel-Weller, Das Allg BergG, 2. Aufl 1963, Erg 1969. – Heinemann, Der Bergschaden, 1961; ders, BergschadensR im RefEntw eines BBergG, Betr **73**, 315. – Miesbach-Engelhardt, BergR, 1962; ErgBd 1969. – Willecke-Turner, Grdriß des BergR, 2. Aufl 1970. – Kießling-Ostern, Bay BergG 1953. – ZusStellg der **Gesetze**: Heller-Lehmann, Dtsche Berggesetze 1960 mit Nachträgen. – Westermann, Das Verhältnis zw Bergbau u öff VerkAnstalten als Ggstand richterl u gesetzgeber Bewertg, 1966. – Weitnauer, Bergbau u öff VerkAnstalten 1971. – Golcher, BergwerksEigt u GrdEigt, 1969. – Turner, Zur Ausleg des § 905, JZ **68**, 250; ders, Das R zur Anl u Nutzg unterird Hohlräume, BB **69**, 156; vgl Schulte, ZfB **66**, 1888. – Bähr, Entschädigg f Beeinträchtiggen von BergwerksEigt dch öff VerkAnstalten, ZfB **69**, 323. – Zobel, Z Verh v GrdEigt u Bergbau in den Entw eines BundesbergG, Betr **74**, 324. – Graf Vitzthum, Der RStatus des Meeresbodens, 1972.

1) Konkurrierde GGebg des Bundes, GG 74, 11, der von ihr (vgl GG 72 II) bish keinen Gebrauch machte. Ländergesetze gelten als LandesR fort (GG 125); vgl BGH **11**, 104. Der **Vorbeh** überläßt das gesamte BergR einschl der diesem Gebiet angehörigen jur Personen (Gewerkschaften) der Landesgesetzgebg. Für Verschmelzg u Umwandlg von Gewerkschaften vgl jetzt aber auch AktG 357, 358, 384, 385, 393. Einheitl geregelt ist nur das Knappschaftswesen dch **ReichsknappschG** v 23. 6. 23/1. 7. 26, BGBl III 822–1, damit sind insow die landesgesetzl Vorschr überholt, vgl EGzRKnappschG 54. – Als BundesR gelten ferner **LagerstättenG** v 4. 12. 34, zuletzt geänd dch Art 189 EGStGB, mit AVO v 4. 12. 34 (RGBl 1223 bzw 1261). G zur Erschließg von Bodenschätzen v 1. 12. 36 (BGBl III 750–6). Hierzu VO v 25. 3. 38 idF des G v 29. 7. 63 (BGBl III 750-6-1), über Zulegg v Bergwerksfeldern. Vgl ferner VO über Zusammenschluß von BergbauBerecht v 23. 7. 37 (BGBl III 750–7). G üb Abbau v Raseneisenerz v 22. 6. 37 (BGBl III 750–4); VO über Aufsuch u Gewinng mineralischer Bodenschätze v 31. 12. 42 (BGBl III 751–3). Der Vertr über die Gründg der Europ Gemeinsch für Kohle u Stahl v 18. 4. 51 ist gem G v 29. 4. 52, BGBl II 445, BundesR. – G zur Verord v Rechte am **Festlandsockel** v 24. 7. 64 (BGBl 497), geänd dch G v 25. 6. 69 (BGBl 582), dch Art 190 EGStGB u G v 2. 9. 74 (BGBl 2149). – G z Anpassg u Gesundg des dtsch Steinkohlenbergbaus usw v 15. 5. 68, BGBl 365, zuletzt geänd dch G v 31. 7. 74 (BGBl 1658). – G z Förderg der Rationalisierg im Steinkohlebergbau v 29. 7. 63 (BGBl 549), zuletzt geänd dch G v 31. 7. 74 (BGBl 1658).

2) II gibt eine ergänzende Regelg für den Fall, daß die Landesgesetze Bestimmgen nicht enthalten; vgl dazu Art 52, 53. Zur Entschädigg für ein dch Bergbau unbenutzb gewordenes landwirtschaftl Grdst (*Pr allg BergG* §§ 148, 149), Hamm RdL **67**, 163 Anm Nordalm; BVerwG Betr **68**, 395. Zu *Pr* BergG 154, 148 BGH WPM **68**, 800. – Zur Haftg des Staats für Bergschäden nach der Aufhebg von Bergbaurechten od bei ZahlgsUnfähigk von Berecht im Bereich des früh Allg BergG: Turner, NJW **68**, 85. – Zum Begr des Bergwerkbesitzers iS v *pr* AllgBergG BGH **52**, 259 (gg RG) = LM Nr 7a Anm Kreft. Zur Haftg (Zeitgrenze!) des BergwBesitzers, der nicht -eigtümer ist, im Anschl an BGH **52**, 259, **59**, 151. – Zum Bergschaden dch GrdWasserentzug (Art 136 *wü* BergG) BGH **51**, 119, dazu BGH NJW **70**, 197 (Beschädigg von Zubehörgen). – Zum Ineinandergreifen von öff u priv AufO im Rahmen der §§ 153, 154 AllgBergG (*pr*) vgl Kühne aaO. Zum ErsAnspr von Mietern, Pächtern u sonst NutzgsBerecht vgl BGH NJW **70**, 197. – Zur Haftg des Landes für Bergschäden, wenn Bergbaugesellsch inzw vermögenslos gew ist, BGH **53**, 226, wonach §§ 148 ff insow gg GG 14 verstoßen, als nicht für Schadloshaltg des Berggeschädigten für den Fall gesorgt ist, daß dieser seinen Anspr gg Bergwerksbesitzer nicht realisieren kann (krit Turner NJW **70**, 1134). Zum Verh des Bergbaus zu öffr VerkAnstalten vgl BGH **57**, 375; **59**, 332; Kühne, BB **68**, 1359. – Zum dingl Sicherg der Verpfl, Bergschäden ersatzlos zu dulden: § 1018 Anm 7; § 1090 Anm 4; BGH **69**, 73 (Wirkg ggü NutzgsBerecht u öff VerkTrägern). – Plangsschaden: BGH **59**, 139. Personenschaden: BGH **63**, 234.

3) Landesrecht: Vgl 32. Aufl; zB *Nds* BergG v 10. 3. 78 (GVBl 253); *RhPf* BergG v 12. 2. 74 (GVBl 113).

EG 68 *Nichtbergrechtliche Mineralien.* Unberührt bleiben die landesgesetzlichen Vorschriften, welche die Belastung eines Grundstücks mit dem vererblichen und veräußerlichen Rechte zur Gewinnung eines den bergrechtlichen Vorschriften nicht unterliegenden Minerals gestatten und den Inhalt dieses Rechtes näher bestimmen. Die Vorschriften der §§ 874, 875, 876, *1015, 1017* des Bürgerlichen Gesetzbuchs finden entsprechende Anwendung.

1) Beispiele: Gewinn von Steinen, Ton, Schiefer. – Statt §§ 1015, 1017 gilt jetzt ErbbRVO 11. Vgl GBO 118. – *Pr* AGBGB 40 aufgeh in *Nds* dch AGBGB 29 I Nr 8 u in *Bln* (Slg Nr 400–1); vgl Staud-Dittmann Rdnrn 4, 5.

EG 69 *Jagd und Fischerei.* Unberührt bleiben die landesgesetzlichen Vorschriften über Jagd und Fischerei, unbeschadet der Vorschrift des § 958 Abs. 2 des Bürgerlichen Gesetzbuchs *und der Vorschriften des Bürgerlichen Gesetzbuchs über den Ersatz des Wildschadens.*

Schrifttum: Bergmann in v Brauchitsch-Ule, VerwGesetze des Bundes u der Länder, Bd VI ErgBd FischereiR. – Lorz, Naturschutz-, Tierschutz- u JagdR, Fischerei- u KulturpflanzenR, 2. Aufl 1967. ErgHeft PflanzenschutzG 1969. – Kommentare zum **BJagdG**: Mitzschke-Schäfer; Rühling-Selle; Vollbach-Linnenkohl, je 1971. – **LandesjagdR** (teilw mit BJagdG): *BaWü:* Kraft, 8. Aufl 1972; Eckert; Katzenmeier, je 1970. – *Bay:* Günder-Olearius 1969; Nick-Frank 3. Aufl 1972; v Bary, 2. Aufl 1972. – *Brem:* Rühling, JagdR in *Nds* u *Brem*, 1970. – *Hbg:* Tellmann, JagdR in *SchlH* u *Hbg*, 1953. – *Hess:* Hild 1970; Pfnorr 1970. – *Nds:* Tesmer 1970. – *NRW:* Hencke 2. Aufl 1972. – *Schandau* 1969. – *RhPf:* Bogner 1962; Stich in Staats- u VerwR in RhPf **69**, 670. – *Saarl:* Klein, 2. Aufl 1972. **Rspr:** EntschSlg in Jagdsachen 1967. – **LandesfischereiR:** Reimann, Die selbstd FischereiRe nach *bay* FischG, BayVBl **72**, 571, 601. – Schmid, FischereiR in *BaWü*, BWNotZ **78**, 21. – Schröder, FischereiR in *RhPf*, AgrarR **77**, 19. – Hoffmeister, FischereiR in *SchlH*, 1976.

1) Jagd. Es gilt das **BJagdG** nebst VO über die Jagdzeiten v 13. 7. 67, BGBl 723; in *Bln* gilt noch RJagdG. Entggstehde Vorschriften der Länder außer Kraft (§ 46). RahmenGesGebg des Bundes (GG 72, 75 I 3) mit Eigenzuständgk der Länder trotz EG 55 zur Ausfüllg für JagdzivilR. **LandesjagdG:** zB *BaWü* G v 25. 7. 69 (GBl 175) zuletzt geändert dch G v 10. 2. 76 (GBl 99); *Bay* G v 18. 7. 62 (GVBl 131) zuletzt geändert dch G v 15. 4. 77 (GVBl 116); *Hbg* G v 22. 5. 78 (GVBl 162); *Hess* G v 24. 5. 78 (GVBl 286); *Nds* G v 24. 2. 78 (GVBl 217); *NRW* G v 11. 7. 78 (GV 318); *SchlH* G v 13. 4. 78 (GVBl 129).

2) Fischerei. Es gilt LandesR, für Hochsee- u Küstenfischerei zu beachten GG 74 Nr 17; sow VölkerR einspielt: Bundeskompetenz für Hochseefischerei, Länderkompetenz für Binnengewässer. Doch kann für die Frage des EigtErwerbs § 958 II nicht abgeändert werden, wohl aber I. – LandpachtG v 25. 6. 52, BGBl 343, § 18, überläßt den Ländern entspr Bestimmgen für Fischereipachtvertr u solche über Pacht von Fischereirechten; vgl *SchlH* G v 25. 8. 53 (GS 7813). GrdstVG gilt für Veräußerg eines GewässerGrdst, nicht für die eines selbstd FischereiR; vgl aber GrdstVG 2 III Nr 2. – Bundesrechtl noch von Bedeutg FischereischeinG v 19. 4. 39 geänd dch Art 231 EGStGB (mit DVOen, vgl BGBl III 793–1–1) für Hochsee- u Küstenfischerei, für Binnenfischerei allerd nur als bis zur Neuregelg fortgeltdes LandesR; diese ist erfolgt in *Hess, RhPf, NW, Saarl.* – Zum FischR in der Schlei Schlesw SchlHA **68**, 290. – FischereiR u öff Glaube des GB *(Bay)* vgl BayObLG **71**, 352. – FischereiR u FlurBVerf, vgl BayVGH RdL **74**, 126. Fischereigerechtigk nach PrAGBGB 40, vgl KG OLGZ **75**, 138. – Im übr nie Nachw bei Staud-Promberger zu Art 69.

3) LandesfischereiG: zB *Bay:* G v 15. 8. 08 (BayBS IV 453). Zur Bestellg u Übertr von FischereiR nach Art 13 vgl LG Landsh MittBayNot **77**, 24. – *Hess:* G v 11. 11. 50 (GVBl 255). – *Nds:* G v 1. 2. 78 (GVBl 218). – *NRW:* G v 11. 7. 72 (GV 226) zuletzt geändert dch G v 11. 7. 78 (GV 309). – *RhPf:* G v 18. 9. 75 (GVBl 388).

4) Wg Jagd u Fischerei insb am **Meeresstrand** vgl Nachw aus Rspr u Schriftt bei Gröpper NdsRpfl **66**, Heft 5, Beilage.

EG 70–72 **Wildschaden.** (Betr Wildschaden, dch § 46 Abs 2 Z 1 BJagdG v 29. 11. 52 idF v 30. 3. 61, BGBl I 304, auch für *Bay, Brem, Hess* u *BaWü* aufgeh. Vgl Anm1 EG 69 und § 835).

EG 73 *Regalien.* Unberührt bleiben die landesgesetzlichen Vorschriften über Regalien.

1) Regalien hießen urspr alle dem Landesherrn zustehenden Rechte, später die dem Staat zustehenden, heute dem PrivR zugeordneten Rechte (BGH **LM** EG 73 Nr 1) nutzb Rechte. Von den Hoheitsrechten (höheren Regalien) wurden als sog Finanzregale als niedere Regalien geschieden. Das EG bezieht sich nur auf die letzten; in Frage kommen, sow nicht ggstandsl gew, ua Berg-, Salz-, Bernstein-, Flößerei-, Fährregal. Vgl dazu Westermann § 58 III 2, § 60, 4. Zur Frage, ob das Fährregal des Landes NRW am Niederrhein mit GG 12 I vereinb ist, BGH aaO. Wg der Ausgrabungsgesetze der Länder vgl § 984 Anm 2. Zu allem Staud-Kriegbaum zu Art 73.

2) Landesgesetze: Fr *Pr* G v 11. 2. 24 über Gewinnn von Bernstein, ALR II 14 §§ 21 ff, 76, II 15 §§ 38 ff, II 16 §§ 30 ff, *Bay* BergG 2, *Wü* BergG 3, *Ba* BergG 2, *Hess* Allg BergG 1, 2. – *Bay* WassG 23, Perlfischerei; *hess* WassG 128, Fährregal.

3) Nach WeimRV Art 155 IV waren private Regale auf den Staat zu überführen. Vgl dazu *Pr* G v 19. 10. 20.

EG 74 *Zwangs- und Bannrechte.* Unberührt bleiben die landesgesetzlichen Vorschriften über Zwangsrechte, Bannrechte und Realgewerbeberechtigungen.

1) Zwangs- u Bannrechte sind Rechte, kr deren dem Berechtigten ggü Kunden od anderen Gewerbetreibenden ein ausschl GewerbeR zusteht, zB Abdeckereigerechtigk, vgl dazu RG **103**, 409, BayObLG **54**, 216 (aufgeh dch G v 1. 2. 39, BGBl III 7831–7) od Fischereigerechtigk. Realgewerbegerechtigk sind die mit einem Grdst verbundenen selbständigen Berechtiggen, aber auch die mit einem Grdst nicht verbundenen, die wie dingl Rechte behandelt werden, zB in fr *Pr* die Apothekengerechtigk, die in das GB eingetr wurden, vgl AGBGB 40; nichteingetragene wurden als bewegl Sachen behandelt, RG **106**, 224. Heute prakt bedeutgslos, vgl GewO 7, 8, 10.

2) Nach GewO 10 II nicht neu begründb. Heute gilt GG 12. Über *altbayer* GewBerechtiggen u Verlust ihrer Ausschließlichk vgl BayObLG **54**, 303; über *bayer* Apothekenrealrechte BayObLG **57**, 61; jetzt besteht für Apotheker (unbeschadet der Approbation) Niederlassgsfreih, BVerfG NJW **58**, 1035. Vgl auch BApothG v 20. 8. 60 (BGBl 697), vor allem §§ 26, 27, 31. Vgl weiter GewO 39 a zur Aufhebg der Schornsteinfegerrealrechte, dazu SchornsteinfegerG v 15. 9. 69 u VO v 19. 12. 69, BGBl 1634, 2363; *bay* VO über Kaminkehrerrealrechte v 6. 6. 72, GVBl 201; dazu Schmitt, BayVBl **72**, 461; BayObLG **73**, 276 (KaminkehrerrealRe dch § 39a GewO nicht unmittelb aufgeh).

EG 75 *Versicherungsrecht. Unberührt bleiben die landesgesetzlichen Vorschriften, welche dem Versicherungsrecht angehören, soweit nicht in dem Bürgerlichen Gesetzbuche besondere Bestimmungen getroffen sind.*

1) Der Vorbeh ist durch G über die Beaufsichtigg der privaten Versichergsunternehmen u Bausparkassen v 6. 6. 31 (öffrechtl Seite) u das G über den VersVertr v 30. 5. 08 (privrechtl Seite) im wesentl überholt. Landesgesetze haben jetzt nur noch Bedeutg, soweit sie in jenen Gesetzen aufrechterhalten sind, vgl VVG §§ 192ff u EG VVG Art 2.

EG 76 *Verlagsrecht. Unberührt bleiben die landesrechtlichen Vorschriften, welche dem Verlagsrecht angehören.*

1) Weitgehd überholt dch G über das VerlagsR v 19. 6. 01 (RGBl 217). In *Bay* gilt noch Art 68 G zum Schutz der UrhR an literar Erzeugn u Werken der Kunst (BayBS II 627).

EG 77 *Staatshaftung für Beamte.* **Unberührt bleiben die landesgesetzlichen Vorschriften über die Haftung des Staates, der Gemeinden und anderer Kommunalverbände (***Provinzial-***, Kreis-, Amtsverbände) für den von ihren Beamten in Ausübung der diesen anvertrauten öffentlichen Gewalt zugefügten Schaden sowie die landesgesetzlichen Vorschriften, welche das Recht des Beschädigten, von dem Beamten den Ersatz eines solchen Schadens zu verlangen, insoweit ausschließen, als der Staat oder der Kommunalverband haftet.**

1) Nach Art 34 GG, der ebso wie Art 131 WeimRVerf (vgl RG **102**, 168 stRspr) unmittelb geltendes Recht, nicht nur einen Programmsatz enthält, trifft, wenn jemand in Ausübg eines ihm anvertrauten öff Amtes die ihm einem Dr ggü obliegenden AmtsPfl verletzt, die Verantwortlichk grdsätzl den Staat od die Körpersch, in deren Dienst er steht. Die früh Landesgesetze sind dadch im wesentl überholt. Sie sind nur noch insow von Bedeutg, als sie eine nähere Regelg der Amtshaftg bringen. Wegen der Einzelhaftg, auch hins der LandesG, vgl § 839 Anm 2. – Für den Rückgr des Staats gg den Beamten vgl jetzt Art 34 S 2 GG, der im Anschl an § 23 DBG (jetzt § 78 II BBG) bestimmt: Rückgriff nur bei Vors od grober Fahrlässigk. Nach § 46 II BRRG idF v 22. 10. 65, sind die Länder verpfl, eine entspr Bestimmg in ihr BeamtenR aufzunehmen.

EG 78 *Haftung des Beamten für Hilfspersonen.* **Unberührt bleiben die landesgesetzlichen Vorschriften, nach welchen die Beamten für die von ihnen angenommenen Stellvertreter und Gehilfen in weiterem Umfange als nach dem Bürgerlichen Gesetzbuche haften.**

1) Der Vorbeh bezieht sich nur auf die von Beamten selbst angenommenen Vertreter od Gehilfen, nicht auf amtl bestellte od beigegebene.

2) **LandesG:** *Pr* ALR I Titel 13 §§ 41–45 m Art 89 Nr 1b AG; Art 1 *Bay* AG.

EG 79 *Haftung von Grundstücksschätzern.* **Unberührt bleiben die landesgesetzlichen Vorschriften, nach welchen die für die amtlichen Feststellung des Wertes von Grundstücken bestellten Sachverständigen für den aus einer Verletzung ihrer Berufspflicht entstandenen Schaden in weiterem Umfange als nach dem Bürgerlichen Gesetzbuche haften.**

1) Der Vorbeh hat nur für nichtbeamtete Sachverständige Bedeutg. Für Beamte gilt § 839, vgl auch Art 77.

2) **Landesgesetze:** *Bay* AG Art 88, *Hess* AG Art 76.

EG 80 *Vermögensrechtliche Ansprüche von Beamten, Pfründenrecht.* **I Unberührt bleiben, soweit nicht in dem Bürgerlichen Gesetzbuch eine besondere Bestimmung getroffen ist, die landesgesetzlichen Vorschriften über die vermögensrechtlichen Ansprüche und Verbindlichkeiten der Beamten, der Geistlichen und der Lehrer an öffentlichen Unterrichtsanstalten aus dem Amts- oder Dienstverhältnisse, mit Einschluß der Ansprüche der Hinterbliebenen.**

II **Unberührt bleiben die landesgesetzlichen Vorschriften über das Pfründenrecht.**

1) Vgl jetzt BBG u Landesbeamtengesetze u bzgl der Bindg der Länder, die Rahmenvorschr zum BeamtenR in ihr Recht zu übern, BRRG idF v 22. 10. 65. Das SelbstbestimmgsR der Kirchen ist dch Art 140 GG iVm Art 137 III WeimRV garantiert u damit auch ihr Recht, über vermögensrechtl Anspr ihrer Amtsträger dch eigene Gerichte entsch zu lassen, BGH **46**, 96 (98).

2) Für das **Pfründenrecht,** das seiner Natur nach privrechtl NutzgsR des Pfarrers od sonstigen kirchl Stelleninhabers ist, gilt LandesR. Insoweit, wie überh hins der Beamten u Geistlichen der öffrechtl Religionsgesellschaften u ihrer Verbände sind die Länder von den in Anm 1 genannten bundesrechtl Rahmenvorschr befreit, § 135 BRRG.

EG 81 *Übertragung und Aufrechnung von Gehaltsansprüchen.* Unberührt bleiben die landesgesetzlichen Vorschriften, welche die Übertragbarkeit der Ansprüche der in Artikel 80 Abs. 1 bezeichneten Personen auf Besoldung, Wartegeld, Ruhegehalt, Witwen- und Waisengeld beschränken, sowie die landesgesetzlichen Vorschriften, welche die Aufrechnung gegen solche Ansprüche abweichend von der Vorschrift des § 394 des Bürgerlichen Gesetzbuchs zulassen.

1) Im wesentl überholt dch DBG – jetzt BBG – u die neuen Landesbeamtengesetze. Für Abtretg u Aufrechng gilt BBG § 84. – Art 81 hat noch Bedeutg für Geistliche u nichtbeamtete Lehrer an öff Unterrichtsanstalten.

EG 82 *Vereine.* Unberührt bleiben die Vorschriften der Landesgesetze über die Verfassung solcher Vereine, deren Rechtsfähigkeit auf staatlicher Verleihung beruht.

1) Für wirtschaftl Vereine, deren Rfgk auf staatl Verleih beruht (vgl BGB 22), bleiben die landesrechtl Vorschriften über die Verfassg bestehen, vgl RG HRR **36**, 1100. Aufrechterhalten sind aber nur die bes VerfassgsVorschr, die sich ausschl auf die Vereine beziehen, deren Rfgk auf staatl Verleihg beruht; allgemeine die Vereinsverfassg betreffende Vorschriften gelten auch für diese Vereine nicht mehr, RG **81**, 244. – Art 82 hat den Vorrang vor Art 163, RG **81**, 244. Näher vgl Soergel-Hartmann Anm 1.

2) Wegen der landesrechtl Zustdgk für die Verleihg vgl § 22 Anm 1. In *BaWü* müssen Altvereine sich eine dem BGB entspr Satzg geben (vgl AGBGB § 49).

EG 83 *Waldgenossenschaften.* Unberührt bleiben die landesgesetzlichen Vorschriften über Waldgenossenschaften.

1) Vgl für ehem *Pr* G v 6. 7. 75 §§ 23 ff, v 14. 3. 81 § 6. – *Hess* ForstG 10. 11. 54, GVBl 211, §§ 46 ff. – *Nordrh-Westf* ForstG 29. 7. 69 § 15 ff, GVBl 588. – *RhPf* LandesforstG v 16. 11. 50, GVBl 299 = BS 790–1, u 2. DVO v 10. 1. 52, GVBl 37, §§ 40 ff. – *Bay* 1. AusfVO zur GemO v 12. 8. 53, BS I 476, §§ 1 ff. – *NRW* LandesForstG v 29. 7. 69, GVBl 588, §§ 11 ff. – *Nds* LandeswaldG v 12. 7. 73, GVBl 233.

EG 84 (Betraf Religionsgesellschaften; gegenstandslos)

EG 85 *Vermögen aufgelöster Vereine u. ä.* Unberührt bleiben die landesgesetzlichen Vorschriften, nach welchen im Falle des § 45 Abs. 3 des Bürgerlichen Gesetzbuchs das Vermögen des aufgelösten Vereins an Stelle des Fiskus einer Körperschaft, Stiftung oder Anstalt des öffentlichen Rechtes anfällt.

1) Der Vorbeh ist für Anfall von VereinsVerm in *Bay* u im fr *Pr* nicht ausgenutzt; altes *Hess* AGBGB 11.

EG 86 *Erwerb durch juristische Personen mit Sitz im Ausland.* Unberührt bleiben die landesgesetzlichen Vorschriften, welche den Erwerb von Rechten durch juristische Personen beschränken oder von staatlicher Genehmigung abhängig machen, soweit diese Vorschriften Gegenstände im Werte von mehr als fünftausend Deutsche Mark betreffen. Wird die nach dem Landesgesetze zu einem Erwerbe von Todes wegen erforderliche Genehmigung erteilt, so gilt sie als vor dem Erbfall erteilt; wird sie verweigert, so gilt die juristische Person in Ansehung des Anfalls als nicht vorhanden; die Vorschrift des § 2043 des Bürgerlichen Gesetzbuchs findet entsprechende Anwendung.

1) EG 86 wurde dch GesEinhG Teil II Art 2 Abs 1 aufgeh, soweit er jur Personen mit Inlandssitz betrifft. Gleichzeitig sind die aGrd EG 86 ergangenen Landesgesetze, soweit sie den Erwerb durch jur Personen mit Sitz im Inland betreffen, aufgeh. Für jur Personen mit Sitz im Ausland gilt EG 86 noch; insoweit gelten Landesgesetze weiter u können neue erlassen werden. Vgl dazu EG 88 Anm 1. Für Gesellschaften nach dem Recht eines EG-Staates mit Sitz innerh der EG sind den Erwerb beschränkende Gesetze nicht mehr anzuwenden, Ges v 2. 4. 64, BGBl 248.

2) **Landesgesetze**: Allgem GenPfl besteht in den Gebieten, in denen noch *pr* Recht gilt (Art 7 *pr* AGBGB, vgl auch Art 6 *pr* AGBGB). Beschränkte GenPfl besteht in *Bay* (Art 10 AGBGB) u *NRW* (Art 6 *pr* AGBGB u G v 9. 4. 56, GVBl 134: Genehmiggspflichtig sind Schenkgen u Zuwendgen von Todes wg an ausl jur Personen bei Wert üb 5000 DM). – Keine GenPfl besteht in *Hess* (G v 22. 6. 66, GVBl 32), *Hbg* (G v 20. 5. 55, GVBl 166), *Br, Niedersachsen* u *Baden-Württemberg,* seit dem 1. 1. 1977 (Inkraftttr des neuen AGBGB) auch nicht in *RhPf.*

EG 87 (Betraf Erwerb durch Ordensangehörige; aufgeh d GesEinhG Teil II Art 2 Abs 3).

EGBGB 88-94

EG 88 *Erwerb durch Ausländer.* Unberührt bleiben die landesgesetzlichen Vorschriften, welche den Erwerb von Grundstücken durch Ausländer von staatlicher Genehmigung abhängig machen.

1) Der Vorbeh bezieht sich auf Ausländer, zu denen auch Staatenlose gehören, RG **120**, 198, ohne Rücks darauf, ob es sich um natürl od jur Personen handelt. Für jur Personen vgl aber auch Art 86. Unerhebl ist der Wert des Grdstücks und die Art des Erwerbs. Auch der schuldrechtl Vertr kann der Gen unterworfen werden, RG **128**, 371. Staatsverträge des Reichs (jetzt BRep), die Ausländern unbeschränkten Erwerb gestatten, gehen den Landesgesetzen vor. Auf StaatsAngeh der EG-Staaten sind erwerbsbeschränkende Gesetze nicht mehr anwendb, Ges v 2. 4. 64, BGBl 248.

2) Landesgesetze: ZZ besteht in keinem Land eine GenPfl für den Erwerb von Grdst dch ausl natürl Pers. Im RegBez Rheinhessen, wo sie bis zum 31. 12. 1976 noch bestand, ist sie durch das *RhPf* AGBGB v 18. 11. 1976 aufgeh worden.

3) Für ausländ **Versicherungsunternehmen** ist Art 88 dch VAG außer Kraft gesetzt, KG DJ **33**, 630.

EG 89 *Privatpfändung.* Unberührt bleiben die landesgesetzlichen Vorschriften über die zum Schutze der Grundstücke und der Erzeugnisse von Grundstücken gestattete Pfändung von Sachen, mit Einschluß der Vorschriften über die Entrichtung von Pfandgeld oder Ersatzgeld.

1) Allgemeines. Festnahme von Personen kann LandesR nicht gestatten. Soweit BGB 229ff, 859ff reichen, kein Raum für LandesR.

2) LandesR. — **a)** *Bay:* FeldschadenG v 6. 3. 02 (BayBS IV 432) 1–12, 19; FischereiG v 15. 8. 08 (BayBS IV 453) 87. — *Brem:* FeldordnsG v 13. 4. 65 (Slg Nr 45-b-1) 9ff. — *Nds:* Feld- u ForstordnsG idF v 19. 7. 78 (GVBl 605) 15ff. — **b)** *Pr* Feld- u ForstPolG idF v 21. 1. 26 (GS 83) 63ff aufgeh in: *BaWü* (§ 90 Nr 21 G v 10. 2. 76; GBl 99), *Bln* (§ 6 Nr 1 G v 18. 1. 74; GVBl 237); *NRW* (§ 22 Nr 1 G v 14. 1. 75; GVNW 125); *Hess* (§ 40 Nr 2 G v 30. 3. 54; GVBl 39), *SchlH* (§ 78 Nr 4 G v 16. 4. 73; GVOBl 122), *Saarl* (Art 53 Nr 9 G v 13. 11. 74; Amtsbl 1011).

EG 90 *Sicherheitsleistung für Amtsführung.* Unberührt bleiben die landesgesetzlichen Vorschriften über die Rechtsverhältnisse, welche sich aus einer auf Grund des öffentlichen Rechtes wegen der Führung eines Amtes oder wegen eines Gewerbebetriebs erfolgten Sicherheitsleistung ergeben.

EG 91 *Sicherungshypothek für öffentlich-rechtliche Körperschaften.* Unberührt bleiben die landesgesetzlichen Vorschriften, nach welchen der Fiskus, eine Körperschaft, Stiftung oder Anstalt des öffentlichen Rechtes oder eine unter der Verwaltung einer öffentlichen Behörde stehende Stiftung berechtigt ist, zur Sicherung gewisser Forderungen die Eintragung einer Hypothek an Grundstücken des Schuldners zu verlangen, und nach welchen die Eintragung der Hypothek auf Ersuchen einer bestimmten Behörde zu erfolgen hat. Die Hypothek kann nur als Sicherungshypothek eingetragen werden; sie entsteht mit der Eintragung.

1) Über den Umfang der Fortgeltg v *Bay* AG 123 vgl BayObLG **53**, 157. — Soweit LandesR bei Haftg der Beamten für Kassendefekte SichergsHyp vorgesehen hat, sind die Vorschr dch das als LandesR fortgeltd (Staud-Dittmann Rdz 5) ErstattgsG v 18. 4. 37, RGBl 461, § 17 aufgeh. Vgl bundesrechtl FGG 54 u Staud-Dittmann Erl zu Art 90, 91.

EG 92 (betr Zahlg aus öff Kassen; aufgeh dch G v 21. 12. 38, RGBl 1899).

EG 93 *Räumungsfristen.* Unberührt bleiben die landesgesetzlichen Vorschriften über die Fristen, bis zu deren Ablaufe gemietete Räume bei Beendigung des Mietverhältnisses zu räumen sind.

1) Landesgesetze: *Pr* G v 20. 3. 34, GS 161, dazu KG JW **34** 46; für *Bln* VO des PolizeiPräs v 24. 9. 35, GrundE **35**, 868; *Hbg* AG 25, *Brem* AG 13, idF des G v 3. 3. 32, GBl 45 mit VOen v 10. u 25. 3. 38, GBl 51, 60.

EG 94 *Pfandleihgewerbe.* I Unberührt bleiben die landesgesetzlichen Vorschriften, welche den Geschäftsbetrieb *der gewerblichen Pfandleiher* und der Pfandleihanstalten betreffen.

II Unberührt bleiben die landesgesetzlichen Vorschriften, nach welchen öffentlichen Pfandleihanstalten das Recht zusteht, die ihnen verpfändeten Sachen dem Berechtigten nur gegen Bezahlung des auf die Sache gewährten Darlehens herauszugeben.

1) Aufrechterhalten wurde zunächst das gesamte LandesR, das sich mit dem GeschBetr der gewerbl PfdLeiher, einschl der PfdLeihAnstalten befaßte, u zwar auch soweit es dem BGB widersprach. Da zweifelh sein konnte, ob zu den Vorschriften über den GeschBetr auch der zG der öff PfLeihAnstalten begründete LösgsAnspr zu rechnen sei, wurde das ausdr in II bestimmt. Nachdem die VO v 1. 6. 76 (BGBl I 1335) den GeschBetr der gewerbl PfdLeiher einheitl für das Bundesgebiet geregelt hat, ist insow der Vorbeh des Art 94 entfallen; die Landesgesetze, die den GeschBetr der gewerbl PfdLeiher regeln, sind außer Kraft getreten; sow sich diese Gesetze auch mit den PfdLeihAnstalten befassen, sind sie nur noch insow anzuwenden; § 13 VO v 1. 6. 76. – Der LösgsAnspr des II gibt ein ZbR; er ist für die Fälle von Bedeutg, in denen ein gutgl Erwerb des PfandR nach §§ 1207, 935 nicht mögl ist. Er darf nur öff Anstalten verliehen w.

2) Landesgesetze: Vgl Anm 1; sie sind nur insow von Bedeutg, als sie sich mit den PfdLeihAnstalten befassen; *Bay:* Art 91 AG; *Hess* u *NRW:* §§ 20, 21 II pr G betr das Pfandleihgewerbe v 17. 3. 1881, GS 265; *BaWü:* VO v 25. 10. 52/1. 8. 56, GBl **52**, 48; **56**, 144. – Darü, welchen öff PfdLeihAnstalten der Lösgsanspr a Grd eines landesrechtl Privilegs zusteht, vgl Lenzen, Das deutsche PfandleihR, 1929, S 18, 175. Zur Vereinbark dieses VorR mit GG 3 I vgl BGH **LM** BayAGBGB Nr 4.

EG 95 Gesinderecht.
Gegenstandslos. – Die bish landesrechtl Gesindeordngen sind aufgeh. Es gelten für das ArbVerh die §§ 611 ff.

EG 96 Altenteilsverträge.
Unberührt bleiben die landesgesetzlichen Vorschriften über einen mit der Überlassung eines Grundstücks in Verbindung stehenden Leibgedings-, Leibzuchts-, Altenteils- oder Auszugsvertrag, soweit sie das sich aus dem Vertrag ergebende Schuldverhältnis für den Fall regeln, daß nicht besondere Vereinbarungen getroffen werden.

Allg Schrifttum: Probleme des Altenteils (GBPraxis), Riggers Jur Büro **65**, 961. – Pikalo, DNotZ **68**, 69. – Eggers, JurBüro **71**, 865 (zum *nds* AltenteilsR). – Schwede, RdL **74**, 169 (z Neuregelg in *SchlH*). – Nieder, BWNotZ **75**, 3 (dingl Sicherg). – Hartung, Rpfleger **78**, 48 (WohnR).

1) Für Altenteilsverträge (vgl Übbl 5 vor § 1105) kann das LandesR nach Art 96 die VertrFreih nicht beschränken. Es kann ledigl ergänzende Vorschriften erlassen, u zw nur für den mit der Überlassg des Grdst in Verbindg stehenden schuldrechtl VersorggsVertr des Altenteilers, RG **162**, 52, Zur RNatur vgl § 759 Anm 2 b. Die dingl Sicherg des ausbedungenen Rechts untersteht nur dem BGB. Das Altenteil kann deshalb nicht als einheitl dingl Recht, sond nur unter Verwendg anderer für die Begründg dingl Rechte geeigneter RFormen, namentl der Dienstbk u Reallast, bestellt w, Hamm Rpfleger **73**, 98, wobei GBO 49 den § 874 BGB erweitert. Eine Geldabfindg für Altenteilsleistgen kann nur dch Eintr einer Hyp gesichert w, KGJ **53**, 166; *BayAGBGB* 43 läßt Geldentschädigg bei Abwesenh vom Grdst aus bes Grd (zB Verfeindg aus gleichem Versch beider Teile; BayObLG **74**, 386) zu, vgl auch Nürnb RdL **67**, 330; „Veranlassen" iSv AGBGB 44, 45 nur vorliegt, wenn iFv Art 44 der Berecht, iFv Art 45 der Verpflichtete die Störg der persönl Beziehung überw u vertr h; bei Verhalten der Ehefr ist gem § 278 einzustehen (BayObLG **72**, 232). Auch andere als landwirtsch Grdstücke können mit Leibgedinge belastet werden, BGH **LM** Art 15 *Pr* AGBGB Nr 6 (städt Grdst), ebenso nach *bay* R, BayObLG **64**, 344; auch zul, mit der Überlassg des Grdst ein WohnR u Versorggsleistgen zG eines am Vertr nicht Beteiligten auszubedingen, BGH NJW **62**, 2249. Rücktr von AltenteilsVertr im früh *Pr* unmögl, daher bei NichtErf kein Anspr auf Rück-Übertr des Grdst, Halle NJ **50**, 263; ebenso *nds* AGBGB 9. Rücktritt nach § 7 *Pr* AG auch ausgeschl, soweit er auf posit VertrVerletzg des Übernehmers gestützt w, BGH **3**, 206; keine entspr Anwendg (also Rücktr nicht ausgeschl), wenn nicht ein Grdst, sond Geld überlassen w, BGH **LM** Art 15 *Pr* AGBGB Nr 3. Abänderg vertragl vereinb Altenteilsleistgen zul, wenn sich die Verhältn erhebl verändert haben, BGH **25**, 293. Vgl dazu Übbl 1 e vor § 1105; dort auch zur Pfdsak. – Zum Problem der Samtberechtigg von Ehegatten vgl *nds* AGBGB 17, *ba-wü* AGBGB 17, *schlh* AGBGB 12.

2) Landesgesetze: *Pr* (vgl Vorb vor Art 55) AGBGB Art 15 §§ 1–10, BGH NJW **62**, 2249; *Pr* AGZVG Art 6 II, RG **152**, 104 (gilt nicht mehr für Hessen, *Hess* AGZPO u AGZVG v 20. 12. 60, GVBl II 210–15, Art 23 Ziff 5, u für *Br* § 8 Z 8 AGZPO usw v 19. 3. 63, GBl 51). – *Bay* AGBGB Art 32–48, ÜbergangsG Art 48, 116–118; VO v 14. 12. 23 (BayBS III 131), dazu Mü RdL **74**, 92 (z VerfahrensR); über bayer LeibgedingsVertr vgl RG DR **44**, 415, BayObLG **64**, 344 (auch nur nicht Versorgg zul). – *Ba-Wü* AGBGB 6–17. – *Hess* AGBGB 37 ff; vgl auch Art 4 II AGZPO und AGZVG v 20. 12. 60, GVBl II 210–15. Vgl Ffm Rpfleger **72**, 20 zum Umfang des „EinsitzR" des AGBGB 38 II, das nur als R nach § 1093 eintragb ist. Für Hbg vgl Nöldeke, *Hbg* PrivR 586. *Brem* AGBGB 27, Slg 400–a–1. *Nds* AGBGB v 4. 3. 71, GVBl 73, 5 ff. – *RhPf* AGBGB 2–18. – *SchlH* AGBGB 1–12.

EG 97 Staatsschuldbuch.
[I] Unberührt bleiben die landesgesetzlichen Vorschriften, welche die Eintragung von Gläubigern des *Bundesstaats* in ein Staatsschuldbuch und die aus der Eintragung sich ergebenden Rechtsverhältnisse, insbesondere die Übertragung und Belastung einer Buchforderung, regeln.

[II] Soweit nach diesen Vorschriften eine *Ehefrau* berechtigt ist, selbständig Anträge zu stellen, ist dieses Recht ausgeschlossen, wenn ein Vermerk zugunsten des *Ehemanns* im Schuldbuch eingetragen ist. Ein solcher Vermerk ist einzutragen, wenn die *Ehefrau* oder mit ihrer Zustimmung der Ehemann die Eintragung beantragt. Die *Ehefrau* ist dem *Ehemanne* gegenüber zur Erteilung der Zustimmung verpflichtet, wenn sie nach dem unter ihnen bestehenden Güterstand über die Buchforderung nur mit Zustimmung des *Ehemanns* verfügen kann.

1) Das StaatsschuldbuchR ist nach seiner privrechtl Seite nicht allg, sond nur in dem engen Rahmen des Art 97 den Ländern überlassen. – Vgl auch ReichsschuldbuchG idF v 31. 5. 10. Bundesschuldenverw ist an Stelle der Reichsschuldenverw getreten, VO v 13. 12. 49, BGBl 50, 1. Vgl auch § 236 Anm 1. – Bei II ist die Änderg des gesetzl Güterstandes dch Art II, 117 GG u das GleichberG zu beachten. – Der Landesgesetzgeber ist dch § 10 II des Auslandsbonds-EntschädiggsG v 10. 3. 60, BGBl 177, ermächtigt worden, zu bestimmen, daß EntschAnspr gg ein Land als Schuldbuchfdg einzutragen sind.

EGBGB 97-102

2) **Landesgesetze:** *Bay* G v 8. 11. 54, Bay BS III 540 – *Bln* G idF v 28. 2. 63, GVBl 353, DVO v 21. 7. 53, GVBl 721 mit Änderg v 3. 5. 63, GVBl 477 – *Br* G v 24. 4. 10, GBl 101 m Änderg v 8. 12. 11, GBl 37 – *Hbg* G v 29. 3. 57, BS 650–a, – *Hess* § 4 G v 4. 7. 49, GVBl 93, – *RhPfG* v 14. 12. 50, GVBl 329 = BS 65–1, – *SchlHG* v 4. 7. 49, GVBl 165; **50**, 16; DVO, GVBl **49**, 195, **50**, 166, – *BaWü* v 11. 5. 53, GBl 65=BS 82.

EG 98 Unberührt bleiben die landesgesetzlichen Vorschriften über die Rückzahlung oder Umwandlung verzinslicher Staatsschulden, für die Inhaberpapiere ausgegeben oder die im Staatsschuldbuch eingetragen sind.

EG 99 *Sparkassen.* Unberührt bleiben die landesgesetzlichen Vorschriften über die öffentlichen Sparkassen, unbeschadet der Vorschriften des § 808 des Bürgerlichen Gesetzbuchs und der Vorschriften des Bürgerlichen Gesetzbuchs über die Anlegung von Mündelgeld.

1) Der Begriff der öff Sparkasse bestimmt sich nach LandesR, RG **117**, 259. Dieses kann nicht nur ihre Organisation u Beaufsichtigg, sond vorbehaltl der Einschränkgen des Art 99 auch die privrechtl Seite des SparkassenR regeln. Wg der Vorschr über die Anlegg von Mündelgeld vgl §§ 1807 I 5, 1809, 1812. 1813. – Der Vorbeh hat dch neue Gesetze eine erhebl Einschränkg erfahren. Das G über das Kreditwesen v 10. 7. 61 – mit dem GG vereinb, BVerfG WPM **62**, 838 – läßt die Bezeichng „Sparkasse" nur noch zu für öffrechtl Sparkassen, die eine Erlaubn des BundesaufsAmtes erhalten haben, od für andere Unternehmen, die bei Inkrafttr des G eine solche Bezeichnng nach den bish Vorschriften befugt geführt haben, § 40 I. Über Bausparkassen u Spar- u Darlehenskassen § 40 II aaO. Es unterstellt alle Kreditinstitute der staatl Aufs, § 6, u gibt in den §§ 21, 22 Vorschr über den SparVerk. Landesrechtl Vorschr auf dem Gebiet des Kredit- u insb auch Sparkassenwesens bleiben nur insow aufrechterhalten, als sie dem G nicht entggstehen, § 62. Die Aufs obliegt dem BAufsAmt für das Kreditwesen, § 6; eine etwa bestehende andere staatl Aufs bleibt unberührt, § 52. Über die Verzinsg der Spareinlagen vgl §§ 13ff ZinsVO v 5. 2. 65 mit Änderg v 31. 8. 65, BGBl 33, 1062, u v 15. 6. 66, BGBl 386. Vgl RG **146**, 42 über die Auslegg der Satzg einer kommunalen Spark; ü den Begriff der öff Spark nach gemeinem Recht RG **117**, 157.

2) **Landesgesetze:** *Pr* AG Art 75, VO v 20. 7./4. 8. 32, GS 241, 275, mit späteren Änderngen, – *Bay* AG Art 109ff, SparkassenG idF v 1. 10. 56, BayBS I 574, SparkassenO idF v 14. 10. 70, GVBl 513, – *Ba-Wü* G v 4. 7. 67, GVBl 104, *Hess* SparkassenG v 2. 1. 69, GVBl I 15, – *NRW* G v 10. 7. 70, GVBl 605, – *RhPf* G v 17. 7. 70, GVBl 316, – *SchlH* G v 29. 3. 71, GVBl 138, – *Bln* G v 22. 3. 67, GVBl 521, – *Nds* G v 6. 7. 62, GVBl 77, – *Saarl* G v 17. 12. 64, ABl **65**, 21. Über SparkMustersatzgen der Länder vgl SparkFachbuch 1964 S 88ff u zur *Pr* Mustersatzg BGH **LM** PrMustersatzg f Spark Nr 1, 2, 3.

EG 100 *Öffentliche Schuldverschreibungen.* Unberührt bleiben die landesgesetzlichen Vorschriften, nach welchen bei Schuldverschreibungen auf den Inhaber, die der *Bundesstaat* oder eine ihm angehörende Körperschaft, Stiftung oder Anstalt des öffentlichen Rechtes ausstellt:

1. die Gültigkeit der Unterzeichnung von der Beobachtung einer besonderen Form abhängt, auch wenn eine solche Bestimmung in die Urkunde nicht aufgenommen ist;
2. der im § 804 Abs. 1 des Bürgerlichen Gesetzbuchs bezeichnete Anspruch ausgeschlossen ist, auch wenn die Ausschließung in dem Zins- oder Rentenscheine nicht bestimmt ist.

1) Nr 1 läßt eine Ausn von § 793 II 1 zu. Art 100 will den öff Schuldverschreibgen Erleichtergen im GeschVerk gewähren. Vgl auch § 804 Anm 4.

2) **Landesgesetze:** *Pr* AG Art 17 § 1, 2, G v 5. 12. 23, GS 547, LandesrentenbankG v 1. 8. 31, GS 154, § 37; *Bay* G v 18. 8. 23, BayBS III 541.

EG 101 *Umschreibung auf den Namen.* Unberührt bleiben die landesgesetzlichen Vorschriften, welche den *Bundesstaat* oder ihm angehörende Körperschaften, Stiftungen und Anstalten des öffentlichen Rechtes abweichend von der Vorschrift des § 806 Satz 2 des Bürgerlichen Gesetzbuchs verpflichten, die von ihnen ausgestellten, auf den Inhaber lautenden Schuldverschreibungen auf den Namen eines bestimmten Berechtigten umzuschreiben, sowie die landesgesetzlichen Vorschriften, welche die sich aus der Umschreibung einer solchen Schuldverschreibung ergebenden Rechtsverhältnisse, mit Einschluß der Kraftloserklärung, regeln.

1) Vgl § 806 Anm 1. – **Landesgesetze:** *Pr* AGBGB Art 18; *Bay* AGBGB Art 49ff, Bek v 31. 7. 31, StAnz Nr 77; *Hbg* § 7 AGZPO.

EG 102 *Kraftloserklärung von Legitimationspapieren.* I Unberührt bleiben die landesgesetzlichen Vorschriften über die Kraftloserklärung und die Zahlungssperre in Ansehung der im § 807 des Bürgerlichen Gesetzbuchs bezeichneten Urkunden.

II Unberührt bleiben die landesgesetzlichen Vorschriften, welche für die Kraftloserklärung der im § 808 des Bürgerlichen Gesetzbuchs bezeichneten Urkunden ein anderes Verfahren als das Aufgebotsverfahren bestimmen.

1) Das BGB kennt für die Urk des § 807 KraftlosErkl u Zahlgssperre nicht, § 807 Anm 3. Der Vorbeh des I läßt sie landesrechtl zu, doch hat kein Land davon Gebr gemacht.

2) Zu II § 808 Anm 3. – **Landesgesetze:** *Pr* AGZPO § 7 (gilt nicht mehr für *Hess*, *Hess* AGZPO u AGZVG v 20. 12. 60, GVBl 238, Art 23 Nr 1, u für *Br*, AG ZPO usw v 19. 3. 63, GBl 51, § 8 Z 6). – *Bay* AGBGB Art 111 ff, AGZPO Art 30. – *Hbg* AGZPO § 4; *Br* AGZPO usw v 19. 3. 63, GBl 51, § 2.

EG 103 *Ersatz für öffentlichen Unterhalt.* Gegenstandslos. – Für die Kosten bei Hilfen zur Erziehung von Minderjährigen nach dem JWG gelten die §§ 80 ff. Für die ErsAnspr des Trägers der Sozialhilfe nach dem BSHG gelten die §§ 90 ff; vgl hierü auch Einf 1 e vor § 812. Für die ErstattgsPfl der Strafgefangenen vgl § 465 StPO u § 10 JVKostO.

EG 104 *Rückerstattung öffentlicher Abgaben.* **Unberührt bleiben die landesgesetzlichen Vorschriften über den Anspruch auf Rückerstattung mit Unrecht erhobener öffentlicher Abgaben oder Kosten eines Verfahrens.**

1) Der Art ist dch RAbgO § 479 Nr 3 für den Geltgsbereich der RAbgO außer Kraft gesetzt, vgl auch RAbgO §§ 150–159. Für die Rückfdg von VerfKosten vgl GKG § 8 II, KostO § 17 II u JVKostO § 14, nach denen die Anspr auf Rückerstattg von Kosten in 4 Jahren verjähren. Damit sind die früh Landesgesetze insow außer Kraft getreten. Vgl auch Einf 6 vor § 812.

EG 105 *Haftung für gefährliche Betriebe.* **Unberührt bleiben die landesgesetzlichen Vorschriften, nach welchen der Unternehmer eines *Eisenbahnbetriebs oder eines anderen* mit gemeiner Gefahr verbundenen Betriebs für den aus dem Betrieb entstehenden Schaden in weiterem Umfang als nach den Vorschriften des Bürgerlichen Gesetzbuchs verantwortlich ist.**

1) Nach BGB haftet Untern grdsätzl nur dann, wenn ihn od seine Hilfspersonen ein Versch trifft. Das RHaftpflG geht für Eisenbahnen u die in § 2 genannten gefährl Betriebe darü hinaus u bestimmt für **Personenschäden** eine Haftg ohne Versch. Art 105 ließ eine ähnl Erweiterg dch LandsG auch für **Sachschäden** (u zw nur für diese, RG **63**, 272) zu. Für Elektrizitätswerke u Gasanstalten ist der Vorbeh überholt dch G z Änderg des RHaftpflG v 15. 8. 43, das eine Haftg für Personen- u Sachschäden vorsieht. Hins der Haftpfl der Eisenbahnen u Straßenbahnen ist der Vorbeh überholt dch das **G über die Haftpfl der Eisenbahnen u Straßenbahnen für Sachschäden** v 29. 4. 40, nach der der Betriebsunternehmer (über diesen Begriff bei mehreren Beteiligten BGH BB **64**, 103) den Sachschaden zu ersetzen hat. Nach der ErgVO v 6. 5. 41 gilt das G auch, wenn beim Betr einer Eisenbahn, für die die EVO nicht gilt, od einer Straßenbahn eine Sache beschädigt w, die ein Fahrgast an sich trägt od mit sich führt. Entspr Regelg für die Vollbahnen in § 21 Abs 5 EVO. Wg der Haftg der Eisenbahnbetriebe für beförderte Sachen vgl auch HGB § 456. – Der Vorbeh des Art 105 gilt hins der **gefährl Betriebe**, für die es bei den landesrechtl Vorschr verbleibt. Dabei deckt die Vorschr eine Abw von anderen Gesetzen als dem BGB nicht, RG **57**, 57. Die Landesgesetze sind aber nicht gehindert, den Kreis der gefährl Betriebe weiter zu fassen als § 2 RHaftPflG.

2) Landesgesetze: *Pr* EisenbahnG v 3. 11. 1838 § 25. Hier schließt aber (anders als bei § 254) jedes eig Versch des Verletzten (nicht auch seines Gehilfen) den ErsAnspr gänzl aus, § 254 ist nicht anwendb; RG **142**, 359, aM KG Recht **38**, 4655.

EG 106 *Haftung bei Benutzung öffentlicher Grundstücke.* **Unberührt bleiben die landesgesetzlichen Vorschriften, nach welchen, wenn ein dem öffentlichen Gebrauche dienendes Grundstück zu einer Anlage oder zu einem Betriebe benutzt werden darf, der Unternehmer der Anlage oder des Betriebs für den Schaden verantwortlich ist, der bei dem öffentlichen Gebrauche des Grundstücks durch die Anlage oder den Betrieb verursacht wird.**

1) Der Vorbeh betr, weiter als Art 105, Betriebe aller Art, setzt aber voraus, daß zu ihrer Ausübg ein öff Grdst benutzt w u daß dessen Benutzg erlaubt ist. Bei unerl Benutzg gelten nur §§ 823 ff, insb § 823 II.

2) Landesgesetze: *Bay* AG Art 59.

EG 107 *Haftung für Schäden an Grundstücken.* **Unberührt bleiben die landesgesetzlichen Vorschriften über die Verpflichtung zum Ersatze des Schadens, der durch das Zuwiderhandeln gegen ein zum Schutze von Grundstücken erlassenes Strafgesetz verursacht wird.**

1) Art 107 gestattet eine Erweiterg der Haftg über § 823 II hinaus. Das StrafG kann ein ReichsG oder LandesG sein; in Betr kommen namentl Feld- und Forstpolizeigesetze.

2) Landesgesetze: *Pr* Feld- u ForstpolizeiG idF v 21. 1. 26, GS 83; ersetzt in *NRW* dch Feld- u Forstschutzg idF v 24. 3. 70, GVNW 302. – *Bay* ForstG v 9. 7. 65, GVBl 113, mit 1. u 2. DVO v. 9. 12. 65, GVBl 369, 374, FeldschadenG v 6. 3. 02, BayBS IV 432 mit Änderg dch Art 31 ForststrafenG v 9. 7. 65, GVBl 117 u Art 75 Ziff 3 Landesstraf- u VerordnsG v 1. 67, GVBl 243. – *Wü* ForststrafenG idF v 19. 2. 02, RegBl 37, m Ändergen. – *Ba* ForststrafenG idF v 28. 8. 24, GVBl 251. – *Bln* Feld- u ForstschutzG idF v 18. 1. 74, GVBl 237. – *Hess* Feld- u ForststrafenG v 30. 3. 54, GVBl 39. – *Brem* G v 1. 3. 24, GBl 133. – *Nds* Feld- u ForstordngsG v 23. 12. 58, GVBl 498.

EG 108 *Tumultschäden.* Unberührt bleiben die landesgesetzlichen Vorschriften über die Verpflichtung zum Ersatz des Schadens, der bei einer Zusammenrottung, einem Auflauf oder einem Aufruhr entsteht.

1) Gilt nach BGBl III 400–1 noch in vollem Umfang trotz TumultSchädG v 15. 2. 20; vgl § 903 Anm 4i.

EG 109 *Enteignung.* Unberührt bleiben die landesgesetzlichen Vorschriften über die im öffentlichen Interesse erfolgende Entziehung, Beschädigung oder Benutzung einer Sache, Beschränkung des Eigentums und Entziehung oder Beschränkung von Rechten. Auf die nach landesgesetzlicher Vorschrift wegen eines solchen Eingriffs zu gewährende Entschädigung finden die Vorschriften der Artikel 52, 53 Anwendung, soweit nicht die Landesgesetze ein anderes bestimmen. Die landesgesetzlichen Vorschriften können nicht bestimmen, daß für ein Rechtsgeschäft, für das notarielle Beurkundung vorgeschrieben ist, eine andere Form genügt.

Schrifttum: Zum LandesR: Meyer-Thiel-Frohberg, Enteignng von GrdEigt, 5. Aufl 1959; H. Joachim, NJW **74**, 1275 (zum früh *pr* LandesR). – G. Schmitt, Das LandschaftsschutzVerf, BayVBl **73**, 91; ders, BayVBl **72**, 281. – Seufert, Bay EnteigngsR 1957. – Stich, LEnteigngsG RhPf, Praxis der Gde-Verw RhPf **70**, 76. – Eberl, Bay DenkmalschG 1973. – Friedlein-Weidinger, BayNatSchG 1973. – Burhenne, Umwelt – Raum u Natur (Losebl). - Vgl § 903 vor Anm 5. –

1) Über Enteignng im allg u nach BundesR vgl § 903 Anm 5. – S 3 eingefügt dch BeurkG. – Das Enteigngsmöglichk vorsehde (nach 1945 dch den Landesgesetzgeber vielf geänd) **RNatSchG** galt als LandesR fort (BVerfG **8**, 186), ist jedoch dch LandesR teilw aufgeh: *RhPf*, LPflegeG v 14. 6. 73 (GVBl 147) § 40; *Bay*, NatSchG v 27. 7. 73 (GVBl 437) Art 59; *SchlH*, LPflegeG v 16. 4. 73 (GVOBl 122) § 78; *Hess*, LPflegeG v 4. 4. 73 (GVBl 126); *BaWü*, NatSchG v 21. 10. 75 (GBl 654) § 70; *NRW*, LandschG v 18. 2. 75 (GV 190/791) § 69.

2) **Landesgesetze:** *Pr* G über Enteignng von Grdeigentum v 11. 6. 1874, GS 221; dazu BGH **60**, 337 (§ 36 iVm *Pr*AGBGB 10 – EntschZinsS v 4% – verstoße nicht gg GG 14; dazu abl Becker AgrarR **73**, 291); ebso BGH WPM **74**, 696; G über vereinf EnteigngsVerf v 26. 7. 22, GS 211; AG Art 12 § 1 II, Art 22 Nr 1, ALR Einl §§ 74, 75, I 8 §§ 29–31, I 11 §§ 4–11. – *Ba* EnteigngsG idF v 24. 12. 08, GVBl 703, u die ÄndG v 12. 5. 21, GVBl 127, u 13. 8. 34, GVBl 239. – *Ba-Wü* VO über Zwangsenteignung v 18. 4. 67, GBl 69. – *Bay* EnteigngsG v 11. 11. 74, GVBl 610, ÄndG v 27. 6. 78, GVBl 338. – *Bln* EnteigngsG v 14. 7. 64, GVBl 737. – *Brem* G v 5. 10. 65, Slg 214–a–1; ÄndG v 12. 6. 73, GBl 22. – *Hbg* G v 14. 6. 63, vgl Slg 214–a–1. – *Hess* EnteigngsG v 4. 4. 73, GVBl 107. – *Nds:* EnteigngsG v 12. 11. 73, GVBl 441. – *RhPf:* EnteigngsG v 22. 4. 66, GVBl 103, geänd dch G v 27. 6. 74, GVBl 290. – *Wü:* ZwangsenteigngsG v 20. 12. 88, RegBl 446, idF v Art 209, AG v 28. 7. 99, RegBl 423. – *Saarl:* Es gilt *bay* bzw *pr* R. – *SchlH:* *pr* R. – Daneben enthalten enteignsr Normen (Entschädigg) vielf die LandesG über Denkmalsschutz (zB *Bay:* G v 25. 6. 73, GVBl 328; *Bln:* G v 22. 12. 77, GVBl 2540; *Brem:* G v 27. 6. 75, GBl 265; *Hbg:* G v 3. 12. 75, GVBl 466; *Nds:* G v 30. 5. 78, GVBl 517; *RhPf:* G v 23. 3. 78, GVBl 159; *Saarl:* G v 12. 10. 77, ABl 993; Naturschutz u LandschPflege (Anm 1), Abfallbeseitigg (zB *BaWü:* G v 18. 11. 75, GBl 757; *Bay:* G v 25. 5. 73, GVBl 324; *Hbg:* G v 6. 2. 74, GVBl 72; *Hess:* G idF v 13. 2. 74, GVBl 197; *NRW:* G v 18. 12. 73, GV 562; *RhPf:* G v 30. 8. 74, GVBl 374; *Saarl:* G v 24. 12. 76, ABl 1170), Errichtg von Kinderspielplätzen, WaldG (§ 903 Anm 3d), Straßen-, Wege- u WasserR, EisenbahnG u Vorschr über Viehseuchen u Impfschäden.

3) a) In neueren Landesverfassgen schon gleicher Grds wie in GG 14 III: so *Bay* Verfassg 159, *WüBa* Verfassg 8, *Hess* Verfassg 45 II, *RhPf* Verfassg 60. *Bay* Verfassg 159, 1 gilt auch, sow er über GG 14 III 3 Rechte gewährt; billiger Ausgleich iSv *Bay*StrWG 17 II bedeutet demgem vollen Wertausgleich, BayObLG **70**, 30: Beschränkg der Garagenzufahrt dch Höherlegg der Straße. - b) DDR: vgl 32. Aufl u Vorbem 5b vor EG 13.

EG 110 *Wiederherstellung zerstörter Gebäude.* Unberührt bleiben die landesgesetzlichen Vorschriften, welche für den Fall, daß zerstörte Gebäude in anderer Lage wiederhergestellt werden, die Rechte an den beteiligten Grundstücken regeln.

Schrifttum: Proelss-Martin VVG 1973, Erl zu §§ 97, 193. –

1) Vgl §§ 1127ff, VVG §§ 97, 193.

2) **Landesgesetze:** *Ba* GebäudeversichergsG idF v 30. 1. 34 § 45, GVBl 95, geänd dch G v 15. 10. 56, GVBl 59. – *Bay:* Satzg der Landesbrandversichergsanstalt idF v 1. 2./6. 9. 71 (GVBl 111, 352). – *Hess:* BrandversichergsG idF v 30. 9. 1899 (GVBl II 55–7) Art 27. – *Wü:* GebäudebrandversichergsG v 14. 3. 1853 idF v 28. 1. 34 (RegBl 1) Art 35. *Ba-Wü:* G zur Änd des G über die Versicherg gg Unwetter- u andere Elementarschäden v 14. 12. 71, GBl 494. - *Nds:* G über die *oldbg* Landesbrandkasse vom 28. 4. 10, GVBl Sb III 377. –

EG 111 *Eigentumsbeschränkungen.* Unberührt bleiben die landesgesetzlichen Vorschriften, welche im öffentlichen Interesse das Eigentum in Ansehung tatsächlicher Verfügungen beschränken.

Bassenge **EGBGB 111–114**

1) Währd EnteigngsNormen dem Inh seine RMacht entziehen od sie beschränken, betrifft der Vorbeh des Art 111 die Einschränkg **tatsächl** Vfgen. Er bezieht sich damit auf den tatsächl Natur- u Landsch-Schutz, Kultur- u Denkmalpflege, Ausgrabswesen, BauordngsR, Wald- u ForstR. – Zu den Ländergesetzen insow vgl Übbl 2, 3 vor § 903, § 906, ferner Einl 7 vor § 854; Staud-Leiß-Bolck Rdnr 5. –

EG 112 *Bahneinheiten.* Unberührt bleiben die landesgesetzlichen Vorschriften über die Behandlung der einem Eisenbahn- oder Kleinbahnunternehmen gewidmeten Grundstücke und sonstiger Vermögensgegenstände als Einheit (Bahneinheit), über die Veräußerung und Belastung einer solchen Bahneinheit oder ihrer Bestandteile, insbesondere die Belastung im Falle der Ausstellung von Teilschuldverschreibungen auf den Inhaber, und die sich dabei ergebenden Rechtsverhältnisse sowie über die Liquidation zum Zwecke der Befriedigung der Gläubiger, denen ein Recht auf abgesonderte Befriedigung aus den Bestandteilen der Bahneinheit zusteht.

1) Der Vorbeh hat nur noch Bedeutg für die Bahnen, die nicht dch StaatsVertr v 31. 3. 20 (RGBl 774) auf das Reich übernommen sind. Der Vereinheitlichg diente auch G v 26. 9. 34 (BGBl III 932-2) betr die Anwendg landesgesetzl Vorschr üb Bahneinheiten. Vgl auch GBO 117 (u dazu M-I-R Anm 85ff).

2) **Landesgesetze**: *Pr* G über die Bahneinheiten 19. 8. 95 idF v 8. 7. 02, PrGS 237, (hierzu Güthe-Triebel S 1652ff); Anlegg von BahnGrdbuch. Es gilt in einzelnen Ländern (teilw geändert) weiter (§ 43 EisenbahnG *NRW* v 5. 2. 57 [SVG NW 93], u G v 14. 7. 64 GVBl 248, auch für Lippe; *SchlH*: § 44 LEisenbahnG v 8. 12. 56, GS SchlH 932; *Nds*: § 50 G über Eisen- u Bergbahnen v 16. 4. 1957, GVBl Sb I 93, S 772, 822; *Bln*, GVBl Sb I 930-3. Teilw ist es dch neue Ländergesetze aufgeh (LEisenbG *RhPf* idF v 23.3. 75, GVBl 142, § 47 II; *Saarl* G v 26.4.67, GVBl 402, § 49 II). – In *Hess* wurden §§ 1, 17 dch § 22 EisenbahnG v 7. 7. 67, GVBl 127, in *Nds* dch § 50 des ou G u dch § 47 Nr 3 NEG geändert. *BaWü*: WüBahneinheitenG v 23. 3. 06 (RegBl 67); § 35 LFGG v 12. 2. 75 (GBl 116); § 9 GBVO v 21. 5. 75 (GBl 398). In *Bay* gibt es den Begr der BahnEinh nicht, vgl Kurz BayVBl **71**, 454 Fußn 14.

EG 113 *Flurbereinigung.* Unberührt bleiben die landesgesetzlichen Vorschriften über die Zusammenlegung von Grundstücken, über die Gemeinheitsteilung, die Regulierung der Wege, die Ordnung der gutsherrlich-bäuerlichen Verhältnisse sowie über die Ablösung, Umwandlung oder Einschränkung von Dienstbarkeiten und Reallasten. Dies gilt insbesondere auch von den Vorschriften, welche die durch ein Verfahren dieser Art begründeten gemeinschaftlichen Angelegenheiten zum Gegenstande haben oder welche sich auf den Erwerb des Eigentums, auf die Begründung, Änderung und Aufhebung von anderen Rechten an Grundstücken und auf die Berichtigung des Grundbuchs beziehen.

Schrifttum: Die Flurbereinigg, Siebels RhNK **67**, 462. – M o l f e n t e r, FlurBereinigg, 4. Aufl 1969. – Seehusen-Schwede-Nebe, FlurBerG 2. Aufl 1966. – H i d d e m a n n, Die Planfeststellg im FlurbereiniggsVerf 1970. – T e s m e r, Die *nds* Realverbände u das RealverbandsG, RdL **69**, 309. – L i l o t t e, AgrarR **73**, 207. – H e l b i n g, AgrarR **73**, 381. – Zur neueren **Rspr** der Flurbereiniggsgerichte vgl Stiebens, RdL **70**, 173; Seehusen RdL **72**, 57; **74**, 1; 90.

1) a) Die Umlegg des ländl Grdbesitzes (Feld- u Flurbereinigg) regelt ab 1. 1. 54 das **FlurbereiniggsG** mit landesr AusfG; der Vorbeh ist überholt. Zur Förderg der land- u forstwirtsch Erzeugg kann zersplitterter od unwirtschaftl geformter ländl Grdbesitz zugelegt u gemeinsch Eigt geteilt w. Nach Eintritt der RKraft des Flurbereiniggsplans ergeht die Ausführgsanordng; zu dem in ihr zu bestimmden Ztpkt tritt die angeordnete RÄnderg ein, GB auf Ersuchen der FlurberBeh zu berichtigen; vgl §§ 61ff. Die **dingl Surrogation** ergreift auch ein AnwartschR iSv § 925 Anm 6b, BayObLG **72**, 242, zust Promberger BayNotV **72**, 294. Zu Problemen von FlurbG 14, 68, 149 III, auch zur Frage der Sonderg (Subrepartition) vgl BayObLG **69**, 263; zur Entschädigg nach FlurbG 44 III 2, OVG Kblz RdL **70**, 51; zum Charakter der FlurBerGerichte BVerwG NJW **70**, 2042.

b) Für die gutsherrl-bäuerl Verhältnisse, die Ablösg u Umwandlg von Dienstbk u Reallasten u das dazugehörige Verf gelten noch die landesrechtl Bestimmgen, zb *Hess*: G v 19.10. 62, GVBl 467; *NRW*: GemeinhTeilgsG v 28. 11. 61, GVBl 319; über Eintragg einer Interessentengesamth (= GesHand aGrd vorbehaltenen LandesR) als solcher in das GB, Hamm AgrarR **73**, 368 = RdL **74**, 73; *Nds*: G zur Bereinigg des Forst- u AgrarR (ReallastenG) v 17. 5. 67, GVBl 129. Vgl auch RealverbandsG v 4. 11. 69 (GVBl 187); zu beiden Seehusen RdL **68**, 116; **71**, 225. – *Bay*: VO üb die Ablösg von Nutzgsrechten v 12. 8. 53 (BayBS I 476, geänd 28. 11. 60, GVBl 266, 7. 12. 73, GVBl 670). – Vgl ferner *Hbg* GrenzbereiniggsG v 17. 9. 54, (GVBl 87).

2) Das ältere LandesR ist im übr sehr zersplittert. ZusStellg bei Staud-Promberger Rdnrn 72 ff u Soergel-Hartmann Rdnr 3.

3) Zu Verkehrsbeschränkgen währd u nach dchgeführter FlurBereinigg vgl Haegele, Beschränkgen Rdnrn 290–305. Vgl auch § 873 Anm 2 a u 1 c vor § 925.

4) Beachte BBauG 45ff für Umlegg innerh Bebauungsplans; nunmehr auch StädtebaufördG 16.

EG 114 *Staatliche Ablösungsrenten.* Unberührt bleiben die landesgesetzlichen Vorschriften, nach welchen die dem Staate oder einer öffentlichen Anstalt infolge der Ordnung der gutsherrlich-bäuerlichen Verhältnisse oder der Ablösung von Dienstbarkeiten,

Reallasten oder der Oberlehnsherrlichkeit zustehenden Ablösungsrenten und sonstigen Reallasten zu ihrer Begründung und zur Wirksamkeit gegenüber dem öffentlichen Glauben des Grundbuchs nicht der Eintragung bedürfen.

1) Vgl § 891 Anm 2a, § 892 Anm 2a, Übbl vor § 1105 u Art 116.

2) Landesgesetze: *Pr* AGBGB 22, AGGBO 12, AGZVG 3 (idF G v 9. 8. 35, GS 111), 6. *Hess* AblösgsG v 24. 7. 99 (GVBl II 231–9) Art 17.

EG 115 Dienstbarkeiten, Reallasten.
Unberührt bleiben die landesgesetzlichen Vorschriften, welche die Belastung eines Grundstücks mit gewissen Grunddienstbarkeiten oder beschränkten persönlichen Dienstbarkeiten oder mit Reallasten untersagen oder beschränken, sowie die landesgesetzlichen Vorschriften, welche den Inhalt und das Maß solcher Rechte näher bestimmen.

Schrifttum: Westermann, Die Forstnutzgsrechte 1941. – Haegele, Beschränkgen, Rdnr 394. –

1) Vgl Art 74, 96, 116. – Ein allg Verbot der Belastg ist wohl bei Reallasten, nicht aber bei Dienstbk dch Art 115 gedeckt (arg: „gewissen"). Die nähere Bestimmg von Inhalt u Maß muß sich in dem dch BGB gesteckten Rahmen halten. Für den Vorbeh gem Art 113 gilt die Beschrkg nicht. Beachte auch Art 116. – Die VO v 30. 7. 37 (RGBl 876) untersagt Neubestellg u Erweiterg von Holznutzrechten (in *Bay* dch ForstRG aufgeh). Altrechtl Forstnutzgsrecht, BGH Warn **66** Nr 127. – Vgl auch § 1018 Anm 5a.

2) Landesgesetze: Früh *Pr* AG 30, 32, G v 2. 3. 1850, GS 77, §§ 6, 91; FischereiG § 17 (hierzu Schlesw SchlHA **60**, 53). Wg der näheren Bestimmg des Inhalts der Dienstbk (zB Viehtrieb-, Durchfahr-, HütgsR) vgl ALR; im einz dazu Staud-Dittmann Rdz 7. – *Bay* AG, BayBS III 89, Art 85, mit VO v 17. 4. u 14. 12. 23, Bay BS III 130, 131; ForstrechteG v 3. 4. 58, GVBl 43 (zur Natur der Re vgl BayObLG **76**, 58). Wg Quellwasserableitg vgl BayObLG DNotZ **60**, 308; wg Gemeindenutzgsrechten BayObLG BayNotV **64**, 193; Honisch ebda **59**, 43 u 83; wg Übertr auf nichtlandw Anwesen, LG Nbg MittBayNot **74**, 147; wg Ablösg nach *Bay*GemO 70 vgl BayObLG **70**, 45; nach *bay* AlmG v 28. 4. 32 (BS IV 359) sind Auflassg, Bestellg v dingl Nutzgsrechten, Verpachtg ua genpfl; vgl auch GrdstVG § 4 Nr 5. Über alte *bay* Holzrechte BayObLG **72**, 267; **75**, 68 (Freiveräußergsklausel). WeideG v 28.5.1852, BayBS IV 354, insb Art 374 die Ablösg von Weiderechten nach *bay* ForstRG verstößt nicht gg GG 14 III 1, BVerwG BayVBl, **70**, 28; FischereiG v 15. 8. 08, BayBS IV 453, Art 15. – *BaWü* AGBGB 33 (Beschrkg für Reallasten). – *Hess* AGBGB 93 (dazu Ffm Rpfleger **72**, 20). – Wg *NRW* vgl EG 113 Anm 1b u Köln RhNK **76**, 87; wg *Nds* ebda. – *RhPf* AGBGB 22 (Beschrkg der Reallasten).

EG 116 Überbau und Notweg.
Die in den Artikeln 113 bis 115 bezeichneten landesgesetzlichen Vorschriften finden keine Anwendung auf die nach den §§ 912, 916, 917 des Bürgerlichen Gesetzbuchs zu entrichtenden Geldrenten und auf die in den §§ 1021, 1022 des Bürgerlichen Gesetzbuchs bestimmten Unterhaltungspflichten.

1) Die Vorschr des BGB über Überbau- u Notwegrente können landesrechtl nicht ausgeschl werden; dasselbe gilt hins der UnterhPfl für baul Anlagen in den Fällen der §§ 1021, 1022, obwohl für diese sonst die Vorschr über Reallasten entspr gelten, §§ 1021 II, 1022 S 2. – Vgl aber auch Art 120 Anm 1.

EG 117 Belastungsgrenze, Kündbarkeit von Hypotheken.
I Unberührt bleiben die landesgesetzlichen Vorschriften, welche die Belastung eines Grundstücks über eine bestimmte Wertgrenze hinaus untersagen.

II Unberührt bleiben die landesgesetzlichen Vorschriften, welche die Belastung eines Grundstücks mit einer unkündbaren Hypothek oder Grundschuld untersagen oder die Ausschließung des Kündigungsrechts des Eigentümers bei Hypothekenforderungen und Grundschulden zeitlich beschränken und bei Rentenschulden nur für eine kürzere als die in § 1202 Abs. 2 des Bürgerlichen Gesetzbuchs bestimmte Zeit zulassen.

1) I zZ ohne Bedeutg; fr *pr* G v 20. 8. 06 über Verschuldgsgrenze aufgeh dch GrdstVG 39 II Nr 5 ab 1. 1. 62. Im Falle des II hat die Vereinbg der längeren KündFrist idR nicht Nichtigk der ganzen Belastg zur Folge. Die gesetzl Bestimmg einer erlaubten längsten KündFrist soll, sofern nicht das LandesG ausdr anderes vorschreibt, die zuwiderlaufende KündAbrede nicht schlechthin vernichten, sondern nur beschränken. Die Künd ist also für die Dauer der KündGrenze ausgeschl, nach deren Ablauf wird sie frei zul.

2) Landesgesetze: Zu II: früh *Pr* AG 32 (Unkündbark höchstens 20 Jahre); hierzu Schlesw SchlHA **60**, 57; *BaWü* AG 34 (20 Jahre); *Nds* AG 21 (20 Jahre); *RhPf* AG 23 (30 Jahre); *SchlH* AG 22 (20 Jahre).

EG 118 Verbesserungsdarlehen.
Unberührt bleiben die landesgesetzlichen Vorschriften, welche einer Geldrente, Hypothek, Grundschuld oder Rentenschuld, die dem Staate oder einer öffentlichen Anstalt wegen eines zur Verbesserung des belasteten Grundstücks gewährten Darlehens zusteht, den Vorrang vor anderen Belastungen des Grundstücks einräumen. Zugunsten eines Dritten finden die Vorschriften der §§ 892, 893 des Bürgerlichen Gesetzbuchs Anwendung.

1) Einräumg des Vorrangs nur bei dem Grdst zul, zu dessen Verbesserg der Staat od die Anstalt das Darl hingegeben haben. Nach S 2 hängt die Wirksamk des Vorrangs ggü dem öff Glauben des GB von der

Eintr ab; davon kann das LandesG keine Ausn machen, es sei denn, es behandle das Darl als öff Last. – Im übr ist der Vorbeh bedeutgslos.

EG 119 *Veräußerung und Teilung von Grundstücken.* Unberührt bleiben die landesgesetzlichen Vorschriften, welche

1. die Veräußerung eines Grundstücks beschränken;
2. die Teilung eines Grundstücks oder die getrennte Veräußerung von Grundstücken, die bisher zusammen bewirtschaftet worden sind, untersagen oder beschränken;
3. die nach § 890 Abs. 1 des Bürgerlichen Gesetzbuchs zulässige Vereinigung mehrerer Grundstücke oder die nach § 890 Abs. 2 des Bürgerlichen Gesetzbuchs zulässige Zuschreibung eines Grundstücks zu einem anderen Grundstück untersagen oder beschränken.

Schrifttum: Haegele, Beschränkgen Rdnrn 592 ff.

1) Nr 1 deckt auch landesgesetzl Vorkaufsrechte, RG **112**, 72; auch solche mit dingl Wirkg, BGH WPM **69**, 1039 (Aufbaugesetze). Für land- u forstwirtsch Grdst vgl jetzt Einl 7b zu § 854.

2) **Landesgesetze:** Fr *Pr* ALR I 8 §§ 76, 77; vgl dazu aber Staud-Promberger Rdnr 35. *BaWü* AGBGB 30. *Bay* AlmG vgl Art 115 Anm 2. *Hess* AGBGB 81; G v 27. 7. 04, v 23. 5. 14, v 1. 9. 19 (dessen Art 42, 50 51 dch GrdstVG 39 II Nr 20 aufgehoben); vgl GVBl II 231 – 12, 13; G v 11. 8. 22, GVBl II 512–2. – *Rh-Pf* AGBGB 19. – *SchlH* vgl GS 403.

EG 120 *Unschädlichkeitszeugnis.* I Unberührt bleiben die landesgesetzlichen Vorschriften, nach welchen im Falle der Veräußerung eines Teiles eines Grundstücks dieser Teil von den Belastungen des Grundstücks befreit wird, wenn von der zuständigen Behörde festgestellt wird, daß die Rechtsänderung für die Berechtigten unschädlich ist.

II Unberührt bleiben die landesgesetzlichen Vorschriften, nach welchen unter der gleichen Voraussetzung:

1. im Falle der Teilung eines mit einer Reallast belasteten Grundstücks die Reallast auf die einzelnen Teile des Grundstücks verteilt wird;
2. im Falle der Aufhebung eines dem jeweiligen Eigentümer eines Grundstücks an einem anderen Grundstücke zustehenden Rechtes die Zustimmung derjenigen nicht erforderlich ist, zu deren Gunsten das Grundstück des Berechtigten belastet ist;
3. in den Fällen des § 1128 des Bürgerlichen Gesetzbuchs und des Artikel 52 dieses Gesetzes der dem Eigentümer zustehende Entschädigungsanspruch von dem einem Dritten an dem Anspruche zustehenden Rechte befreit wird.

1) I deckt auch die Erteilg von UnschädlkZeugn, wenn eines von mehreren gesamtbelasteten Grdst veräußert w, BGH **18**, 296. In *Bay* gesetzl festgelegt dch Art 1 S 2 des G v 15. 6. 1898 idF v 28. 4. 53 (BS III 124). – Gilt auch bei ErbbR (BayObLG **62**, 396; LG Lüb SchlHA **65**, 216); auch bei ideellen MitEigt-Anteilen (BayObLG **65**, 466) u MitEigt von WEigtümern, vgl Übbl 2 A aE vor WEG 1, vgl BayObLG **54**, 294. Str, ob I auch mit GrdEigt verbundene Rechte erfaßt; vgl Staud-Promberger Rdnr 17; dort auch (Rdnr 18), zur Befreiung von AuflassgsVormerkg. – I gilt, anders als Art 116, auch für Überbau- u Notwegrenten, UnschädlichkZeugn entbehrl bei Grenzregelg nach BBauG 83 III 2. Öff Lasten idR von der Anwendg ausgeschl. Formeller Vorbeh: GBO 117.

2) **Landesgesetze:** Vgl 32. Aufl u Staud-Promberger Rdz 37 ff. – *BaWü* AGBGB 22–28. – *SchlH* 14, 15 (dazu Schwede RdL **74**, 171).

EG 121 *Reallasten für den Staat.* Unberührt bleiben die landesgesetzlichen Vorschriften, nach welchen im Falle der Teilung eines für den Staat oder eine öffentliche Anstalt mit einer Reallast belasteten Grundstücks nur ein Teil des Grundstücks mit der Reallast belastet bleibt und dafür zugunsten des jeweiligen Eigentümers dieses Teiles die übrigen Teile mit gleichartigen Reallasten belastet werden.

1) Vgl § 1108 II, auch Art 120 II Nr 1. Ohne prakt Bedeutg.

EG 122 *Nachbarrecht, Obstbäume.* Unberührt bleiben die landesgesetzlichen Vorschriften, welche die Rechte des Eigentümers eines Grundstücks in Ansehung der auf der Grenze oder auf dem Nachbargrundstücke stehenden Obstbäume abweichend von den Vorschriften des § 910 und des § 923 Abs. 2 des Bürgerlichen Gesetzbuchs bestimmen.

1) Vgl Art 124, für Waldbäume auch Art 183. – *BaWü* NachbRG §§ 23 ff, 35. Zum Begr (auch Nußbäume) zutr Staud-Promberger Rdnr 3. Waldbäume: Art 183.

EG 123 *Notweg.* Unberührt bleiben die landesgesetzlichen Vorschriften, welche das Recht des Notwegs zum Zwecke der Verbindung eines Grundstücks mit einer Wasserstraße oder einer Eisenbahn gewähren.

1) Vgl § 917. – Vorbeh in keinem Lande ausgenutzt.

EG 124 *Nachbarrecht, Eigentumsbeschränkungen.* Unberührt bleiben die landesgesetzlichen Vorschriften, welche das Eigentum an Grundstücken zugunsten der Nachbarn noch anderen als den im Bürgerlichen Gesetzbuche bestimmten Beschränkungen unterwerfen. Dies gilt insbesondere auch von den Vorschriften, nach welchen Anlagen sowie Bäume und Sträucher nur in einem bestimmten Abstande von der Grenze gehalten werden dürfen.

Schrifttum: Meisner/Stern/Hodes, NachbR in der BRep (ohne Bay) u WestBln, 5. Aufl 1970. – Foag, NachbR, 4. Aufl 1968. – Glaser, NachbR in der Rspr, 2. Aufl 1973. – Glaser/Dröschel, NachbR in der Praxis, 3. Aufl 1971. – Vgl weiter zu Anm 2a.

1) Allgemeines. Das LandesR kann nur weitere Beschrkgen des Eigt od MitEigt (BGH **29**, 376) einführen, nicht aber das BGB ändern. BeseitiggsAnspr der LNachbRG schließen daher Anspr aus BGB 823 II bei gleichzeit Verletzg von SchutzG nicht aus (BGH **66**, 354); Geltdmachg kann entspr § 1004 Anm 8c RMißbr sein (BGH Betr **77**, 908).

2) LandesNachbR. – a) LNachbRG. *BaWü* G v 14. 12. 59 (GBl 171) zuletzt geändert dch § 114 G v 6. 4. 64 (GBl 151). Schriftt: Kühnle/Vetter, 13. Aufl 1975; Pelka, 8. Aufl 1974.– *Bay* AGBGB 62–80. Schriftt: Meisner/Ring, 6. Aufl 1972; Stadler, 2. Aufl 1977. – *Bln* G v 28. 9. 73 (GVBl 1654). – *Brem* AGBGB 24. – *Hbg* §§ 86–89 BauO v 10. 12. 69 (GVBl 249). – *Hess* G v 24. 9. 62 (GVBl 417). Schriftt: Hodes, 3. Aufl 1976; v Hoof, 7. Aufl 1977. – *Nds* G v 31. 3. 67 (GVBl 91). Schriftt: v Hoof/Djuren, 3. Aufl 1975; Lehmann, 2. Aufl 1977. – *NRW* G v 15. 4. 69 (GV 190). Schriftt: Dröschel/Glaser, 2. Aufl 1975; Schäfer, 3. Aufl 1975; Zimmermann/Steinke, 1. Aufl 1969. – *RhPf* G v 15. 6. 70 (GVBl 198). Schriftt: Hülbusch/Rottmüller, 2. Aufl 1974. – *Saarl* G v 28. 2. 73 (AmtsBl 210). Schriftt: wie RhPf. – *SchlH* G v 24. 2. 71 (GVBl 54) zuletzt geändert dch § 77 G v 16. 4. 73 (GVBl 122). Schriftt: Bassenge, 4. Aufl 1978. – **b)** **LWaldG** (§ 903 Anm 3d) enthalten zT Vorschr über WaldnotwegR (vgl § 917 Anm 5). – **c)** **LWasserG** (EG 65 Anm 2) enthalten zT Vorschr über Veränderg u Aufn wild abfließenden Wassers (zB *BaWü* 81; *Bay* 63; *NRW* 78; *SchlH* 67, 68).

3) RegelgsGgst der LNachbRG (Anm 2a): **NachbWand** (*Bay, Bln, Brem, Hess, Nds, NRW, RhPf, Saarl, SchlH*); vgl § 921 Anm 5. – **Grenzwand** (*BaWü, Bln, Hbg, Hess, Nds, NRW, RhPf, Saarl, Schl*); vgl § 921 Anm 6. – **Hammerschlags- u LeiterR** (*BaWü, Bln, Hbg, Hess, Nds, NRW, RhPf, Saarl, SchlH*). – **Licht- u FensterR** (*BaWü, Bay, Hbg, Hess, Nds, NRW, Saarl, SchlH*). – **Bodenerhöhgen** (*BaWü, Bln, Nds, NRW, RhPf, Saarl, SchlH*). – **Aufschichtgen** an der Grenze (*BaWü, NRW*). – **TraufR** (*BaWü, Hess, Nds, NRW, RhPf, Saarl, SchlH*). – **Wild abfließendes Wasser** (*Hess, Nds, Saarl*; vgl auch Anm 1c). – **Einfriedigg** (*BaWü, Bln, Hbg, Hess, Nds, NRW, RhPf, Saarl, SchlH*). – **Grenzabstand von Pflanzen** (*BaWü, Bay, Bln, Hess, Nds, NRW, RhPf, Saarl, SchlH*) u **Gebäuden** (*BaWü, Nds, NRW, SchlH*). – **Duldg von Versorggsleitgen** (*BaWü, Hess, RhPf, Saarl*); vgl § 917 Anm 3d. – **Befestigung von Schornsteinen u LüftgsLeitgen** (*BaWü, Bln, Hbg, Hess, Nds, NRW, RhPf, Saarl, SchlH*) u **Antennen** (*Bln, NRW, RhPf, Saarl, SchlH*) am NachbGbde. – **Anwende-/Trepp-/SchwengelR** (*BaWü* AGBGB 50, *Bay, Hess* [vgl 16 I], *Nds* [vgl 31 I], *NRW* [vgl 36 II]).

EG 125 *Verkehrsunternehmungen.* Unberührt bleiben die landesgesetzlichen Vorschriften, welche die Vorschrift des *§ 26 der Gewerbeordnung* auf Eisenbahn-, Dampfschiffahrts- und ähnliche Verkehrsunternehmungen erstrecken.

Vorbem: Jetzt § 14 BImSchG anstelle § 26 GewO aGrd BImSchG 71, in Kraft seit 1. 4. 74.

1) Die Vorschr läßt eine landesrechtl Einschränkg des UnterlassgsAnspr des § 1004 zu. BImSchG 14 abgedr bei § 906 Anm 5, vgl die Anm dort.– Vgl auch EG 105.

2) Landesgesetze (s Art 124 Anm 2): *Bay* AG 80; *BaWü* NachbRG 30; *Hess* AG 92; *Bay* u *hess* R in den entspr Landesteilen von *RhPf* u *Saarl*. – *Nds* AGBGB 24.

EG 126 *Eigentumsübertragung durch Gesetz.* Durch Landesgesetz kann das dem Staate an einem Grundstücke zustehende Eigentum auf einen Kommunalverband und das einem Kommunalverband an einem Grundstücke zustehende Eigentum auf einen anderen Kommunalverband oder auf den Staat übertragen werden.

1) Die Vorschr trifft nur polit Gemeinden u andere Kommunalverbände, nicht auch Kirchengemeinden ua. Unerhebl ist, ob das Grdst buchgsfrei (vgl GBO 3 II a, b) ist od nicht. Art 126 deckt auch Regelg der Folgekosten bei EigtÜbertr dch Landesgesetzgeber, prakt in den Fällen Einf 2 vor § 1090, BGH **52**, 229, 233.

2) Ob der Vorbeh auch den Übergang von Eigt an eingetr Grdst im Zug einer Auseinandersetzg bei Gebietsverändergen von Kommunalverbänden deckt, ist str; gg die bejahde hM (deren Arg: „dch LandesG" = aGrd Landesgesetzes) beachtl Heydt, DVBl **65**, 509 mit Nachw.

EG 127 *Eigentumsübertragung bei buchungsfreien Grundstücken.* Unberührt bleiben die landesgesetzlichen Vorschriften über die Übertragung des Eigentums an einem Grundstücke, das im Grundbuche nicht eingetragen ist und nach den Vorschriften der Grundbuchordnung auch nach der Übertragung nicht eingetragen zu werden braucht.

Schrifttum: Linde, Zum GrdstVerk mit kirchl genutzten Grdst, BWNotZ **71**, 171. –

1) Vgl GBO 3 II a. – Der Vorbeh ermöglicht landesrechtl Regelg des EigtErwerb (nicht des Verpflichtgs-Gesch, § 313), aber nur, wenn Veräußerer u Erwerber von der Eintr befreit sind. Dagg bedarf es zum Erwerb doch einen nicht Befreiten zunächst der Eintr des Veräußerers, GBO 39, RG **164**, 385. Ebso muß Eintr erfolgen, wenn das buchgsfreie Grdst mit einem Recht – außer Dienstbk, Art 128 – belastet w soll. Hat bei einem buchgsfreien Grdst mangels Eigt des Verkäufers die nach den landesrechtl Vorschriften vorgenommene Einigg dem Käufer Eigt nicht verschafft, so kann eine nachfolge Auflassg u Umschreibg auf den Käufer die Wirkg des § 892 haben, RG **156**, 122. Zum Nachw der Berechtigg, die Buchg eines buchgsfreien Grdst zu beantragen – AnleggsVerf AVOGBO 7ff, BayObLG **65**, 400 = Rpfleger **66**, 332.

2) Landesgesetze: *Preuß* AGGBO 27. – *BaWü* AGBGB 29. – *Bay* AGBGB 83. – *Brem* AGBGB 16. – *Hbg* AGBGB 29. – *Nds* AGBGB 19. – *RhPf* AGBGB 21. – *SchlH* AGBGB 21.

EG 128 *Dienstbarkeit bei buchungsfreien Grundstücken.* **Unberührt bleiben die landesgesetzlichen Vorschriften über die Begründung und Aufhebung einer Dienstbarkeit an einem Grundstücke, das im Grundbuche nicht eingetragen ist und nach den Vorschriften der Grundbuchordnung nicht eingetragen zu werden braucht.**

1) Vgl Art 127 Anm 1. – *Landesgesetze: Bay* AG 84. – *BaWü* AG 29. – *Hbg* AG 43. – *Nds* AG 20. – In den Ländern, die vom Vorbeh keinen Gebr gemacht, Entstehg von Dienstbk an buchgsfreien Grdstück seit 1. 1. 1900 nach § 873.

EG 129 *Aneignung von Grundstücken.* **Unberührt bleiben die landesgesetzlichen Vorschriften, nach welchen das Recht zur Aneignung eines nach § 928 des Bürgerlichen Gesetzbuchs aufgegebenen Grundstücks an Stelle des Fiskus einer bestimmten anderen Person zusteht.**

1) Vgl § 928 II und Art 190. Prakt ggstandslos; vgl 28. Aufl.

EG 130 *Aneignung von Tauben.* **Unberührt bleiben die landesgesetzlichen Vorschriften über das Recht zur Aneignung der einem anderen gehörenden, im Freien betroffenen Tauben.**

1) Vgl §§ 958ff u namentl § 958 Anm 2a. Der Vorbeh gestattet die Aneigng von Tauben, obwohl diese sich im Eigt eines anderen befinden. Zur Streitfrage, wann Tauben „im Freien" betroffen werden, vgl RGSt **48**, 384; KGJ **44**, 436. – Das landesrechtl AneigngsR erstreckt sich nicht auf Brieftauben, vgl BrieftaubenG v 1. 10. 38, RGBl 1335, §§ 8, 12 (aufgeh in *Hess* [s Anm 2]; in *BaWü* dch G v 3. 2. 70, GVBl 22; in *NRW* dch § 22 Nr 3 Feld- u ForstSchutzG idF v 14.1.75, GVNW 125; § 8 aufgeh in *Nds* dch G v 23. 12. 58 § 31, in *Hbg* dch G v 22. 9. 58 GuV 7824-c); i übr gilt es als LandesR fort, vgl Kääb-Rösch Art 11 Rdnr 15.

2) Landesgesetze: *Pr* VO v 4. 3. 33, GS 64, und v 13. 12. 34, GS 464. Alles früh Recht, namentl ALR I 9 §§ 111-113, ist dadch aufgeh. – *Brem* bzw *Hbg* VO zum Schutz der Felder ggen Tauben v 23. 9. 70, GBl 124, bzw v 31. 10. 58 (GVBl 386). – *Hess* v 5. 10. 56, GVBl 145 zum Schutz der Felder u Gärten gg fremde Tauben u zur Aufhebg des BrieftaubenG; geänd dch G v 16. 3. 70, GVBl 243. – *Nds* Feld- u ForstordngsG v 23. 12. 58, Sb I 452, § 27. – *RhPf:* G über Schutz der Felder gg Tauben v 9. 7. 57, BS 7823-24, BrieftaubenG v 18. 10. 50 idF v 1. 4. 53 (GVBl 35) § 6. – *SchlH:* VO zum Schutze der Felder u Gärten gg fremde Tauben v 18. 3. 66, GVBl 54.

EG 131 *Uneigentliches Stockwerkseigentum.* **Unberührt bleiben die landesgesetzlichen Vorschriften, welche für den Fall, daß jedem der Miteigentümer eines mit einem Gebäude versehenen Grundstücks die ausschließliche Benutzung eines Teiles des Gebäudes eingeräumt ist, das Gemeinschaftsverhältnis näher bestimmen, die Anwendung der §§ 749 bis 751 des Bürgerlichen Gesetzbuchs ausschließen und für den Fall des Konkurses über das Vermögen eines Miteigentümers dem Konkursverwalter das Recht, die Aufhebung der Gemeinschaft zu verlangen, versagen.**

Schrifttum: Hammer, Fragen zum StockwerksEigt BWNotZ **67**, 20.

1) StockwerksEigt, bei dem die einz Stockwerke im AlleinEigt verschiedener Berechtigter stehen, währd an Dach, Treppe usw ein gemeinschaftl Recht besteht, ist dem BGB fremd; nur bereits bestehendes StockwerksEigt bleibt aufrechterhalten; vgl EG 182. Art 131 gibt für die unzul Neubegründg einen Ers (unechtes StockwerksEigt), der den allg Vorschr des BGB über Rechte mehrerer an einer Sache angepaßt ist. – Von dem Vorbeh hat *BaWü* Gebr gemacht: G über die MitEigt an Wohneinheiten v 12. 6. 50 (RegBl 57), das dch G v 16. 2. 53 (GBl 9) wieder aufgeh. Das MitEigt an Wohneinheiten wird in WohngsEigt bzw TeilEigt nach WEG übergeleitet (AGBGB 35).

2) Über das verwandte neue Wohnungseigentum vgl das WEG, über den Unterschied zum uneigentl (EG 131) u echten (EG 182) StockwerksEigt dort Übbl 1a. WEG 63 läßt EG 131 bestehen.

EG 132 *Kirchen- und Schulbaulast.* **Unberührt bleiben die landesgesetzlichen Vorschriften über die Kirchenbaulast und die Schulbaulast.**

EGBGB 132–137 *Art. 132–136 Bassenge; Art. 137 Keidel*

Schrifttum: Brauns, Staatsleistgen an die Kirchen u ihre Ablösg, 1970;. – Scheuner, Schriften z StaatskirchenR, 1973. – Sperling, Z Fortbestand dingl Patronatslasten, BayVBl **74**, 337. – Sperl, Die GrdLagen der Kultusbaulast im Bereich des Brandenbg-Ansbacher R, 1962. – Weiteres Schrifft bei Staud-Leiß/Block z EG 132.

1) Vgl *Pr* ALR II 11 §§ 710ff, G betr Kirchenverfassgen der ev Landeskirchen (GS 221) v 8. 4. 24 u f katholische Kirchen G v 24. 11. 25, GS 585 (dazu BGH **31**, 115). In *Bay* hat AG Art 1 I die Vorschr aus der Zeit vor 1818 aufrechterhalten. Über Kirchenbaulasttitel nach Bayreuther Recht BayObLG **52**, 218; **66**, 191; BayVGH BayVBl **73**, 584; Sperling BayVBl **74**, 337. Wg der RQuellen im einzelnen vgl Soergel-Hartmann Rdnr 4 u Staud-Leiß/Bolck Rdnr 9a. Dort Rdnr 11ff auch zur Schulbaulast. Zum PfründenR vgl Art 80.

EG 133 *Kirchenstühle, Begräbnisplätze.* Unberührt bleiben die landesgesetzlichen Vorschriften über das Recht zur Benutzung eines Platzes in einem dem öffentlichen Gottesdienste gewidmeten Gebäude oder auf einer öffentlichen Begräbnisstätte.

Schrifttum: Gaedke, Handbuch des Friedhofs- und Bestattungsrechts, 3. Aufl 1971. – Klingshirn, Das neue BestattgsR in Bay, 1972. – R. Vogel, Kommunale u priv Beteiligg im Bestattgswesen, BayVBl **73**, 368.

1) Der Vorbeh überläßt das Recht zur Benutzg eines Kirchenstuhles od Begräbnisplatzes der landesgesetzl Regelg. Nach neuerer Auffassg wird die Benutzg der Begräbnisplätze dch Anstaltsordngen kr Anstaltsautonomie geordnet, so daß die Benutzgsrechte grdsätzl dem **öff Recht** angehören, BVerwG DÖV **60**, 793 u sich gg nachträgl Beschränkgen als wenig bestandsfest erweisen: zB BGH **25**, 200, 207; BVerwG DÖV **74**, 390 (nachträgl Verkürzg der Laufzeit; nachträgl Einführg einer Gebühr; kein Schutz aus Art 14 GG: hins des ursprüngl Inhalts dieser Re aus der Zeit ihrer Begründg bedenkl). Doch sind auch jetzt noch privatrechtl Vereinbgen nicht ausgeschl; sie werden aber weitgehd dch kirchenpolizei Anordngen u Befugnisse beeinträchtigt, vgl RG **118**, 22. Über deren Grenzen BayVGH BayVBl **73**, 382; BVerwG DÖV **64**, 200. – Das an sich noch geltde R vor 1900 (vgl RG **106**, 188) ist weitgehd ersetzt dch vielfält landesr Vorschr über das Bestattgs- bzw Leichenwesen, VOen zur Ausf des **GräberG** v 1. 7. 65 (BGBl 598) u üb die Zuständigk hiernach, Friedhofsordngen usw (dazu Gesetzweiser Sommer-Oehmann unter Stichworten: Bestattgs-, Friedhofs-, Leichenwesen, Gräber; neuerd *Bay* BestattgsG v 24. 9. 70, GVBl 417; *BaWü* BestattgsG v 21. 7. 70, GBl 395, 458; BestattgsVO v 10. 12. 70, GVBl 521; *Bln* BestattgsG v 2. 11. 73, GBl 1830; *Brem* BestattgsG v 21. 7. 70, GBl 395; FriedhofsO für die stadteigenen Friedhöfe in *Brem* v 27. 11. 73, GBl 225; *Hbg* FriedhofG v 2. 2. 70, GVBl 48; FriedhofsO v 17. 3. 70, GVBl 138; *Hess* Friedhofs- u BestattgsG v 17. 11. 64, GVBl 225, geänd dch G v 29. 10. 69, GVBl 199 u v 5. 10. 70, GVBl 598. – Über Zulassg gewerbl Leichenbestattg vgl BGH NJW **54**, 1483. Über Monopol von Leichentransportunternehmen auf Friedhöfen vgl Stgt NJW **59**, 246, dazu aber die beachtl Kritik von Schmidt S 1328; auch BayVGH BayVBl **73**, 380. Über FriedhGärtnereien BGH **19**, 130. Über Haftg aus dem Zust v Grabstellen (im entschiedenen Fall GesSchuld zw Friedhofsträger u NutzgsBerecht ggü Dr, Alleinschuld des NutzgsBerecht im InnenVerh) KG NJW **74**, 1560. – Der **Benutzgszwang** (dazu krit Gaedke BayVBl **72**, 290; gg ihn Grasser ebda) ist nicht verfwidr, BVerwG DVBl **74**, 681. – Zur VerfMäßigk gemeindl BestattgsUntern (GG 3, 14) BVerwG MDR **71**, 804 (bejahd).

2) Zur VerfMäßigk der §§ 1, 9 **FeuerbestG** v 19. 5. 34 (RGBl 380) vgl Hess StGH NJW **68**, 1923.

3) Vgl auch **KriegsgräberG** v 27. 5. 52 (BGBl III 2184–1). –

EG 134 (betr religiöse Kindererziehg; aufgeh dch G über die religiöse Kindererziehg).

EG 135, 136 (betr Zwangserziehg und Anstaltsvormund; aufgeh dch JWG).

EG 137 *Feststellung des Ertragswerts eines Landgutes.* Unberührt bleiben die landesgesetzlichen Vorschriften über die Grundsätze, nach denen in den Fällen des § 1515 Abs. 2, 3 und der §§ 2049, 2312 des Bürgerlichen Gesetzbuchs der Ertragswert eines Landguts festzustellen ist.

Schrifttum: Haegele, Landgut u Ertragswert im Bürgerl Recht, BWNotZ **73**, 34; Becker, Übernahme eines Landguts nach BGB, AgrarR **75**, 57; Kegel, Zum Pflichtt v GroßGrdBesitz, Festschr für Cohn 1975, 85.

1) Für den **Begriff** Ertragswert vgl § 2049 II, § 98 Anm 3, BGH NJW **64**, 1416, Hamm MDR **65**, 488, Stgt NJW **67**, 2410; zum Begr Landgut s § 98 Anm 3, § 2312 Anm 1, Becker aaO 60. Über entspr Anwendg des § 2049 u damit auch des Art 137 EG s § 1934 b I 2. – Die **Landesgesetze** legen meistens den 25fachen Betrag des jährl Reinertrages zugrunde. *Pr* AG Art 83 idF des SchätzgsamtsG v 8.6.18 § 23 (25fach), dazu OLG Oldbg RdL **66**, 238 (zu GrdstVG 16), – gilt in *Bln, NRW*, ferner im *Saarl*, soweit nicht *Bay* AG 103 maßgebd ist –, *Bay* AG 103 (18fach), dazu BGH LM § 2325 Nr 5 u Nürnbg MittBayNot **71**, 313, *Ba-Wü* AG BGB 48 (18facher jährl Reinertrag), dazu LFGG 44, 45, Richter, Just **75**, 36/39; *Hess (Darmstadt)* AG 106, 130, für *Nds* s § 28 AGBGB v 4.3.71, GVBl 73 mit § 3 II, § 4 ReallastenG v 17.5.67, GVBl 129, ehemal *Lippe* (NRW) AG 46, *RhlPf* § 24 AG BGB v 18. 11. 76, GVBl 259 (25fach), *SchlH* AG BGB 23 (150% des

EinhWerts). S allg Foag RdL **55**, 5, Goller BWNotZ **59**, 18, Staud-Promberger[11] Bem zu EG 137; Haegele BWNotZ **73**, 34, 49.

EG 138 *Erbrecht öffentlich-rechtlicher Körperschaften.* **Unberührt bleiben die landesgesetzlichen Vorschriften, nach welchen im Falle des § 1936 des Bürgerlichen Gesetzbuchs anstelle des Fiskus eine Körperschaft, Stiftung oder Anstalt des öffentlichen Rechtes gesetzlicher Erbe ist.**

1) Bedeutg des Vorbehalts. Für das Erbrecht gelten die allg Bestimmgen über den Erben, daneben die Sondervorschriften des BGB u anderer Bundesgesetze über das ErbR des Fiskus, zB §§ 1942 II, 1964–1966, – dazu § 78 FGG – 2011, 2104 S 2, § 167 III VVG, § 780 II ZPO. Die öffrechtl Körpersch dürfen nur an Stelle des Fiskus Erbe sein, eine Bestimmg, daß sie vor dem Fiskus erben, ist unzul. Auf Grd des Vorbehalts sind auch gesetzl Vermächtnisse zG öffrechtl Körperschaften zul, zB Art 112 *Brschw* AG (jetzt aufgeh dch *Nds* AGBGB 29 I Nr 1), Staud-Keidel Rdz 7; aM Lange-Kuchinke § 13 III 4 b[72]; RGRK [12] § 1936 Rdz 8.

2) Landesrecht: Für das ehem Land *Preußen* PrALR II 16 § 22, II 19 § 50ff mit Art 89 Nr 1c AG, weggefallen in *NRW*, in *Hess* (Geltgsbereich des PreußRechts). Das Land *Berlin* kann jetzt nach § 1936 Erbe werden, Lange-Kuchinke § 13 III 4 b α, s auch KG JR **63**, 21.

EG 139 *Nachlaß eines Verpflegten.* **Unberührt bleiben die landesgesetzlichen Vorschriften, nach welchen dem Fiskus oder einer anderen juristischen Person in Ansehung des Nachlasses einer verpflegten oder unterstützten Person ein Erbrecht, ein Pflichtteilsanspruch oder ein Recht auf bestimmte Sachen zusteht.**

1) Bedeutg des Vorbehalts. Der Vorbeh ermöglicht die Aufrechterhaltg landesgesetzlicher Vorschr, dch die es gestattet wird, dem Fiskus od einer anderen jur Pers ein ErbR, PflichtteilsR – auch ein nur hilfsweises für den Fall, daß das ErbR der jur Pers dch letztw Vfg ausgeschl ist – od ein Recht auf bestimmte Sachen – auch Vindikationslegat – einzuräumen, wenn es sich um den Nachl von Personen handelt, die vom Fiskus od der betr jur Pers verpflegt od unterstützt worden sind. Der Fiskus od die jur Pers kann vor od neben gesetzl od gewillkürten Erben zu ihrem Recht an der Erbsch kommen, Lange-Kuchinke § 13 III 4 b β.

2) Fortgeltg der vorbehaltenen Vorschr. Ob die aGrd des Vorbehalts ergangenen landesrechtl Vorschr überholt sind, soweit sie abw von § 25 FürsPflVO idF v 5. 6. 31, RGBl 305, 22. 12. 36, RGBl 1125, 11. 5. 43, RGBl 301, u 20. 8. 53, BGBl I 967, den FürsVerbänden ein gesetzl ErbR gewährten, war bestr, bej Kiel HRR **38** Nr 244; aM, für Fortgeltg mit Recht Petzoldt JW **38**, 2163, KG JR **50**, 728, Bufe JR **53**, 209, SchlHOLG SchlHA **60**, 339, Lange-Kuchinke § 13 III 4 b β, Soergel-Hartmann Anm 1. Die FürsPflVO ist am 1. 6. 62 aGrd § 153 I, II Nr 2 BSHG v 30. 6. 61, BGBl I 815, außer Kraft getreten. Träger der Sozialhilfe, §§ 1ff BSHG, jetzt idF v 13. 2. 76, BGBl 289, sind die kreisfreien Städte u die Landkreise sowie die von den Ländern bestimmten überörtl Träger, § 96 BSHG. §§ 92a, c BSHG treffen Bestimmgen über den Ers der Sozialhilfekosten dch den Empf u den Übergang solcher Verpflichtgen auf die Erben. Auch ggüber diesen Vorschr sind die aGrd EG 139 erlassenen landesrechtl Vorschriften als fortgeltd anzusehen, Staud-Keidel[11] Rdz 17.

3) Landesgesetze: *Pr*ALR II 16 § 22, II 19 §§ 50ff mit Art 89 Nr 1c AG – weggefallen in *NRW*, *Hess* (PreußRechtskreis); Art 100, 102 *Bay* AG; Art 127, 128 *Hess* AG; *Brschw*VO v 29. 10. 1778 aufgeh dch *Nds*AG, *Lübeck* § 142 AG (aufgeh dch § 2 des 2. G über die Sammlg des SchlH LandesR v 5. 4. 71, GVBl 182) u dazu SchlHO OLG aaO, Scheyhing SchlHA **61**, 15.

EG 140 *Fürsorge des Nachlaßgerichts.* **Unberührt bleiben die landesgesetzlichen Vorschriften, nach welchen das Nachlaßgericht auch unter anderen als den in § 1960 Abs. 1 des Bürgerlichen Gesetzbuchs bezeichneten Voraussetzungen die Anfertigung eines Nachlaßverzeichnisses sowie bis zu dessen Vollendung die erforderlichen Sicherungsmaßregeln, insbesondere die Anlegung von Siegeln, von Amts wegen anordnen kann oder soll.**

1) Der Vorbehalt ist in *Pr* und *Bay* nicht ausgenutzt, wohl aber in *Ba-Wü* LFGG **40**, 41 IV, 42; 1. VV-LFGG 9, *Hess* FGG v 12.4.54, GVBl 59, Art 23 u § 20 OrtsgerichtsG v 6.7.52, GVBl 124 (dazu DA v 17. 12. 69, JMBl **70**, 42, mehrf geänd, §§ 55–60), *Nds* FGG idF v 24. 2. 71, GVBl 43, Art 10–13.

2) Sicherungsmaßnahmen nach dem **Ableben** von **Bediensteten** einer **öffentl Behörde** fallen in den Bereich des öff Rechts; s Art 23 *Hess* FGG, Art 106 *Bay* AG mit § 26 NachlO.

EG 141 (Betraf Zuständigk f Beurkundgen, aufgeh dch BeurkG 57 IV Nr 2)

EG 142 (Betraf Vorbeh für Beurk von GrdstVeräußergsVertr)

1) Aufgehoben seit 1. 1. 70 (BeurkG 57 IV Nr 2); ebso Art 7 NotarRMaßnG (BeurkG 55 Nr 13) u Mehrzahl der landesr Vorschr (BeurkG 60 Nr 4, 11, 32, 34, 56b, 62, 64). Unberührt geblieben sind die

Vorschr über Beurk im RückerstattgsVerf (BeurkG 61 I Nr 10), zB § 2 *hessVO* v 28. 4. 50 (GVBl 65). – **Vorbehalt** noch für Ratsschreiber in *BaWü* (BeurkG 61 IV): §§ 3 III, 32 III LFGG v 12. 2. 75 (GBl 116).

EG 143 *Auflassung.* I (Betraf Vorbeh für AuflErkl)

II Unberührt bleiben die landesgesetzlichen Vorschriften, nach welchen es bei der Auflassung eines Grundstücks der gleichzeitigen Anwesenheit beider Teile nicht bedarf, wenn das Grundstück durch einen Notar versteigert worden ist und die Auflassung noch in dem Versteigerungstermine stattfindet.

1) **Abs I** aufgehoben seit 1. 1. 70 (BeurkG 57 IV Nr 3a). – **Abs II** geändert dch BeurkG 57 IV Nr 3b; vgl BeurkG § 61 I Nr 1 HS 2. Vgl *Pr* AG 26 § 2; *Bay* AG 82; *Brem* AG 18; *Hess* AG 91; *RhPf* AG 20.

EG 144–146 (Diese Vorschriften und die auf ihnen beruhenden landesgesetzl Vorschriften sind dch die HintO v 10. 3. 37 [RGBl 285] § 38 außer Kraft gesetzt.)

EG 147 *Vormundschafts- und Nachlaßsachen.* Unberührt bleiben die landesgesetzlichen Vorschriften, nach welchen für die dem Vormundschaftsgericht oder dem Nachlaßgericht obliegenden Verrichtungen andere als gerichtliche Behörden zuständig sind.

Vorbem. Gem Art 5 des G zur Änd des BGB u and Ges v 30.5.73 (BGBl I 501) wird EG 147 II gestrichen, in Kraft seit 1. 7. 73 (Art 7 d G).

1) Bedeutg des Vorbehalts. Art 147 gab der Landesgesetzgbg die Befugn, für alle den VormschG u den NachlG zugewiesenen Aufg od für einz v ihnen und als gerichtl Behörden für zuständ zu erklären. Das bestehde LandesR gilt weiter; die Länder können von dem Vorbeh weiterhin Gebr machen, s Staud-Keidel-Winkler Rdz 5, 17. Die Ausn in II ist gestrichen, denn der Vorbeh war nach Einführg der eidesstattl Vers nicht mehr berecht, s BT-Drucks 7/63 zu Art 5d G. In *Ba-Wü* ist zur Abn der eidesstattl Vers das NachlG (Notariat) berufen, LFGG 1 II, 38; über Zustdgk des Rechtspflegers s RpflG 3 Nr 2 c; 35 I, III.

2) Weitere Vorbehalte für die Bestimmg der Zuständigk anderer Behörden u für das Verfahren enthalten: FGG 189, 194, 195, 196 (Verf der landesgesetzl für zust erklärten Behörden), FGG 190 (Vorsitz im FamRat, § 1860), FGG 193 (Auseinandersetzg des Nachl od einer GütGemsch, dazu BNotO 20 IV, der hins der Zustdgk der Notare zur Vermittlg von Nachlaß- u Gesamtgutauseinandersetzgn auf das LandesR verweist). Über die bes amtl Verwahrg u Eröffng von Vfgen von Todes wg s §§ 2258a, 2258b, 2260, 2300; hins der Regelg in *Ba-Wü* s § 2258a Anm 3.

3) RechtspflegerG. Für die Länder, die von dem Vorbeh des Art 147, FGG 192 Gebr gemacht haben, gilt die SonderVorschr des RPflG 35. S auch oben Anm 1.

4) Der Vorbeh des Art 147 gilt an sich jetzt auch für die vormschgerichtl Aufgaben bei der **Annahme als Kind** nach §§ 1741–1772 BGB, Art 22 II 2 EG u FGG 56f II, da diese Verrichtgen auf Grd AdoptG dem VormschG übertr sind. Nach § 37 I Nr 18 *BaWü* LFGG idF v 14. 12. 76 (s Anm 5) sind diese Verrichtgen aber in *BaWü* dem AG als VG vorbehalten. – Der Vorbeh gilt dagg nicht für Verrichtgen für die bisher das VG u jetzt das **FamilienG** zuständ ist.

5) Landesrecht: Art 21–24 *Pr* FGG; Art 14–20 *Nds* FGG idF v 24.2.71, GVBl 43; *Ba-Wü* LFGG 1 I, II, 36, 37, 38–43, 50 (§ 37 geänd dch G v 14. 12. 76, GBl 618; dazu Richter Rpfleger **75**, 417; ders, *BaWü*-LFGG, Erl Textausg, 1975); Art 24–30 *Hess* FGG v 12. 4. 54, GVBl 59 = GVBl III Nr 250-1, § 20 *Hess* OrtsgerichtsG v 6. 7. 52, GVBl 124 = GVBl III Nr 28-1.

EG 148 *Nachlaßinventar.* Die Landesgesetze können die Zuständigkeit des Nachlaßgerichts zur Aufnahme des Inventars ausschließen.

1) Bedeutg des Vorbehalts. Art 148 ermächtigt die Landesgesetzgbg, die eigene Zustdgk des NachlG zur Aufn des Inventars auszuschließen. Die Ermächtigg bezieht sich deshalb nur auf den Fall des § 2003, nicht auf den des § 2002. Ist die Zustdgk des NachlG ausgeschl, so kann der Erbe trotzdem auf Antr auf behördl InvAufnahme beim NachlG stellen u damit auch die InvFrist wahren, § 1994; dieses muß aber die Aufn der zust Beh, dem zust Beamten od Notar übertragen. § 20 IV BNotO hat den Vorbeh nicht berührt. – S auch § 61 I Nr 2, II BeurkG.

2) Landesrecht: Art 10, 33 II, III *Bay* AGGVG idF v 7. 11. 74, GVBl 652, §§ 90 I, 91 II *Bay* NachlO, dazu BayObLG **65**, 439; *Ba-Wü* LFGG 40 III, 41 V; § 78 *Hbg* AG BGB v 1.7.58, GVBl 195; § 63 II *Brem* AG BGB v 18.7.99, GBl 61; in diesen Ländern ist die Zustdgk des NachlG für die InvAufn ausgeschl; dasselbe gilt für die ehem bayer Gebietsteile von *RhPf*, Art 63 *Bay* AVGVG v 23.2.79, GVBl SonderNr 1a/66, Nr 311; über *Preuß* R s Staud-Keidel-Winkler[11] Rdz 7–10, 16, 17, 18, ferner Art 13 *Nds* FGG; s auch § 2003 Anm 1, Jansen[2] Anm 16, Keidel-Kuntze-Winkler Rdz 9 je zu § 77 FGG, Firsching, Nachl-Recht[4] S 272ff.

EG 149, 150 (aufgeh dch TestG 50)

EG 151 Errichtung gerichtlicher oder notarischer Urkunden.
Durch die Vorschriften der §§ 2234 bis 2245, 2276 des Bürgerlichen Gesetzbuchs und des Artikel 149 dieses Gesetzes werden die allgemeinen Vorschriften der Landesgesetze über die Errichtung gerichtlicher oder notarieller Urkunden nicht berührt. Ein Verstoß gegen eine solche Vorschrift ist, unbeschadet der Vorschriften über die Folgen des Mangels der sachlichen Zuständigkeit, ohne Einfluß auf die Gültigkeit der Verfügung von Todes wegen.

Vorbem. a) Die §§ 2234–2245, 2276 waren währd der Geltgsdauer des TestG außer Kraft gesetzt. Mit dessen Wiedereinfügg in das BGB galt, mit Ausn des Art 149, wieder die urspr Fassg des Art 151.

b) Mit Wirkg vom 1. 1. 70 ist Art 151 gem § 57 IV Nr 1 BeurkG aufgehob (§ 71 BeurkG).

1) Zur fr Bedeutg des Vorbeh sowie über das ehemal LandesR und NotarR s 31. Aufl Anm 2–3, Staud-Keidel-Winkler[11] Rdz 3–26 zu EG 151.

2) Geltendes Recht.

a) Das BeurkG vom 28. 8. 69, BGBl I 1513, hat das bei der Beurk von WillErklärgen zu beobachtde **Verfahren** einheitl geregelt u in diese Regelg auch die Beurk von Test u ErbVertr einbezogen. Die §§ 2234–2245 sind weggefallen; § 2276 I hat eine neue Fassg erhalten. Die landesrechtl Vorschr, die den Bestimmgen des BeurkG entggstehen, sind aufgeh, s § 60 BeurkG. Nur für bestimmte, eng begrenzte Bereiche ist der Landesgesetzgeber befugt, das BeurkVerf abweichd zu regeln, s § 61 BeurkG (geänd dch G v 17.12.74, BGBl I 3602). Die bundesrechtl Vorbehalte zG des LandesR sind aufgeh, so Art 151 EG, auch §§ 198, 200 II FGG. Der Vorbehalt in § 200 FGG erstreckt sich inf der Herausnahme des BeurkR aus dem FGG – dessen 10. Abschn ist aufgeh – in seinem Geltgsbereich nicht mehr auf das BeurkVerf. Darüber, inwieweit das in der 31. Aufl angeführte LandesR mit Wirkg vom 1.1.70 ausdrückl außer Kraft gesetzt worden ist, s § 60 Nr 2, 3, 7, 25, 33, 38, 57, 68 BeurkG, s auch § 60 Satz 1 BeurkG. – Die bish geltden Vorschr haben noch Bedeutg für Test u ErbVertr, die vor dem 1.1.70 errichtet worden sind.

b) Notarrecht. Für die Beurk von Vfg vTw – Test u ErbVertr – sind grdsätzl die Notare zust, s § 2231 Nr 1, Ausnahmen: §§ 2249, 2250, § 2251, §§ 10 I Nr 1, 11 KonsG. Das Verf ist in den §§ 1ff BeurkG (§§ 3, 6, 7, 26 geänd dch Art 7 Nr 8 AdoptG) – SonderVorschr §§ 27–35 – geregelt. Die Vorschr über Prüfgs- u BelehrgsPfl des Notars sind jetzt in §§ 10, 17, 28 BeurkG enthalten. Daneben gilt die bundeseinheitl DONot in der ab 1. 8. 70/1. 1. 75 geltden Fassg, s BayJMBl 67/343, insb §§ 16, 26ff.

EG 152 Eintritt der Rechtshängigkeit.
Unberührt bleiben die landesgesetzlichen Vorschriften, welche für die nicht nach den Vorschriften der Zivilprozeßordnung zu erledigenden Rechtsstreitigkeiten die Vorgänge bestimmen, mit denen die nach den Vorschriften des Bürgerlichen Gesetzbuchs an die Klageerhebung und an die Rechtshängigkeit geknüpften Wirkungen eintreten. Soweit solche Vorschriften fehlen, finden die Vorschriften der Zivilprozeßordnung entsprechende Anwendung.

1) Vgl EGZPO 3, GVG 13, 14 und BGB 209ff, 284, 291ff, 818 IV, 941, 987ff, 1002, 1435, 2023, auch Staud-Keidel[11] Rdz 4 (LandesR).

Vierter Abschnitt. Übergangsvorschriften

Überblick

1) Die Vorschriften der Art 153ff gehen davon aus, daß die Bestimmgen des BGB grdsätzl nicht zurückwirken. Sie regeln die **Überleitung** des vormaligen landesgesetzl Rechtszustandes in das Recht des BGB. Sie finden keine Anwendg, soweit aGrd der Vorbehalte der Art 55–152 LandesR in Kraft geblieben ist; vgl Art 55 Anm 2. Schrifttum: H a b i c h t, Die Einwirkg des BGB auf zuvor entstandene Rechtsverhältnisse.

2) Die Bestimmgen, namentl Art 153–162, sind dch Zeitablauf im wesentl ggstandslos geworden.

EG 153–162 zeitlich überholt

EG 163 Juristische Personen.
Auf die zur Zeit des Inkrafttretens des Bürgerlichen Gesetzbuchs bestehenden juristischen Personen finden von dieser Zeit an die Vorschriften der §§ 25 bis 53, 85 bis 89 des Bürgerlichen Gesetzbuchs Anwendung, soweit sich nicht aus den Artikeln 164 bis 166 ein anderes ergibt.

1) Abw von dem Grdsatz, daß das neue Recht keine Rückwirkg äußern soll (vgl Übbl v EG 153 Anm 1), unterstellt Art 163 die bei Inkrafttr des BGB vorhandenen **juristischen Personen** in den meisten Beziehgen dem neuen Recht, soweit sich nicht aus Art 164–166 u den landesrechtl Vorbehalten, zB Art 82, Ausnahmen ergeben. Dabei ist für den Begriff der bestehenden jur Personen das bish LandesR maßg. Für die Beaufsichtigg von Stiftgen bleibt mangels Regelg dch BGB das früh Recht entscheidend, KGJ **25**, 37; im übr vgl für Stiftgen die in Vorbem 1 d vor § 80 BGB erwähnten LandesG.

2) Bei bestehenden **Vereinen ohne Rechtsfähigkeit** bleibt für die Gestaltg nach innen das alte Recht anwendb, nach außen aber gilt § 54 S 2, RG **77**, 429. – Sondervorschriften für *Bay* ÜbergangsG v 9. 6. 99, BS III 101, Art 2, für altes *Hess* AG Art 134.

EG 164 *Realgemeinden.* In Kraft bleiben die landesgesetzlichen Vorschriften über die zur Zeit des Inkrafttretens des Bürgerlichen Gesetzbuchs bestehenden Realgemeinden und ähnlichen Verbände, deren Mitglieder als solche zu Nutzungen an land- und forstwirtschaftlichen Grundstücken, an Mühlen, Brauhäusern und ähnlichen Anlagen berechtigt sind. Es macht keinen Unterschied, ob die Realgemeinden oder sonstigen Verbände juristische Personen sind oder nicht und ob die Berechtigung der Mitglieder an Grundbesitz geknüpft ist oder nicht.

1) Realgemeinden sind alle Arten agrar -und forstwirtschaftl Genossenschaften, auch solche, bei denen ein ZusHang zw Grdbesitz der Mitglieder u NutzgsR nicht besteht (Prot I 612, VI 491). Darunter fallen Markgenossenschaften, Hauberverbände (vgl Haubergordng für den Kreis Siegen v 17. 3. 79, GSNW 228), Alpengenossenschaften ua; vgl auch *nds* RealverbandsG 4. 11. 69, GVBl 187. Für Waldgenossenschaften vgl Art 83.

EG 165 *Bayerische Vereine.* In Kraft bleiben die Vorschriften der bayerischen Gesetze, betreffend die privatrechtliche Stellung der Vereine sowie der Erwerbs- und Wirtschaftsgesellschaften, vom 29. April 1869 in Ansehung derjenigen Vereine und registrierten Gesellschaften, welche auf Grund dieser Gesetze zur Zeit des Inkrafttretens des Bürgerlichen Gesetzbuchs bestehen.

1) Der Vorbeh hat nur noch für die vor dem 1. 8. 73 registrierten Gesellschaften Bedeutg, im übr überholt dch *bay* ÜbergangsG v 9. 6. 99, BS III 101, Art 1 und das GenG.

EG 166 (Betraf sächsische Vereine, gegenstandslos)

EG 167 *Landschaftliche Kreditanstalten.* In Kraft bleiben die landesgesetzlichen Vorschriften, welche die zur Zeit des Inkrafttretens des Bürgerlichen Gesetzbuchs bestehenden landschaftlichen oder ritterschaftlichen Kreditanstalten betreffen.

1) Der Vorbeh erhält, beschränkt auf die zZ des Inkrafttretens des BGB bereits bestehenden Kreditanstalten, das LandesR für die gesamte Rechtsmaterie aufrecht, also nicht nur die Bestimmgen über die Satzungen, sond auch die hyperthekl Vorschriften über Aufn, Eintr u Löschg der Pfandbriefdarlehen. Die Anstalten (Zusammenstellg bei Staud-Promberger Rdn 2) sind im früheren *Pr* Korporationen des öff Rechts, KGJ **53**, 199. Vgl *Pr* GBO 83, *Pr* AGGBO 21, EGZVG 2, 10 Z 1, *Pr* AGZVG 9, 12, 34.

EG 168 *Verfügungsbeschränkungen.* Eine zur Zeit des Inkrafttretens des Bürgerlichen Gesetzbuchs bestehende Verfügungsbeschränkung bleibt wirksam, unbeschadet der Vorschriften des Bürgerlichen Gesetzbuchs zugunsten derjenigen, welche Rechte von einem Nichtberechtigten herleiten.

1) Die Vorschr gilt auch für nach BGB unzul VfgsBeschränkgen; die Wirkg der Beschränkg ist nach dem älteren Recht zu beurteilen. Die Bestimmg findet keine Anwendg, wenn die VfgsBeschränkg des früh Rechts mit dem geltenden öff Recht unvereinb ist, KGJ **40**, 227.

EG 169 *Verjährung.* I Die Vorschriften des Bürgerlichen Gesetzbuchs über die Verjährung finden auf die vor dem Inkrafttreten des Bürgerlichen Gesetzbuchs entstandenen, noch nicht verjährten Ansprüche Anwendung. Der Beginn sowie die Hemmung und Unterbrechung der Verjährung bestimmt sich jedoch für die Zeit vor dem Inkrafttreten des Bürgerlichen Gesetzbuchs nach den bisherigen Gesetzen.

II Ist die Verjährungsfrist nach dem Bürgerlichen Gesetzbuche kürzer als nach den bisherigen Gesetzen, so wird die kürzere Frist von dem Inkrafttreten des Bürgerlichen Gesetzbuchs an berechnet. Läuft jedoch die in den bisherigen Gesetzen bestimmte längere Frist früher als die im Bürgerlichen Gesetzbuche bestimmte kürzere Frist ab, so ist die Verjährung mit dem Ablaufe der längeren Frist vollendet.

1) Unmittelb nicht mehr von Bedeutg; II ist aber auch auf and Abkürzgen von VerjFristen dch Gesetz anzuwenden, BGH NJW **61**, 25, **74**, 237, Celle NJW **63**, 2033, nicht aber auf den Fall, daß die Rspr jetzt eine kürzere VerjFr annimmt als früher, BGH NJW **64**, 1022 [1023], u nicht auch auf den Fall, daß das neue R einen ganz anderen Anspr gewährt als das alte, BGH NJW **74**, 237.

EG 170 *Schuldverhältnisse.* Für ein Schuldverhältnis, das vor dem Inkrafttreten des Bürgerlichen Gesetzbuchs entstanden ist, bleiben die bisherigen Gesetze maßgebend.

1) Allgemeines: Die Vorschr h dch Zeitablauf ihre unmittelb Bedeutg verloren. Auch soweit vor 1900 begründete DauerSchuldVerh weiterbestehen, ist heute neues Recht anwendb. Das folgt bei Miet-, Pacht- u DienstVertr aus Art 171; bei Gesellsch aus schlüss Unterwerfg unter das neue Recht, vgl RGZ **145**, 291, Art 170 gilt aber für spätere GesÄndergen idR entspr. Er ist Ausdruck des **allgemeinen Rechtsgedankens,** daß Inhalt u Wirkg des SchuldVerh nach dem Recht zu beurteilen sind, das zZ der Verwirklichg des EntstehgsTatbestd galt, BGH **10**, 394, VersR **71**, 180 (PflVG 3), Warn **71** Nr 53 (UrhG 97), Düss NJW **68**, 752 (AktG 131 nF), Hbg VersR **71**, 731 (GüKG 85), stRspr. Ein Ges kann seine zeitl Geltg zwar in den Grenzen des Art 14 GG u des verfassgsrechtl Rückwirkgsverbots (BVerfG **11**, 145, **13**, 271, **22**, 248) abw von dem Grds des Art 170 regeln, die Rückwirkg muß sich aber eindeut aus dem Wortlaut od Zweck des Ges ergeben, BGH **44**, 194, VersR **71**, 180.

2) Voraussetzg für die Anwendg fr Rechts ist, daß sich der gesamte EntstehgsTatbestd unter der Herrsch des fr Rechts vollzogen h, RG **76**, 396. Sind bedingte od befristete RGesch nach fr Recht abgeschl worden, gilt dieses auch dann, wenn die Bedingg od Befristg erst nach neuem Recht eintritt, Staud-Dittmann Rdn 5. Für SchadErsAnspr bleibt fr Recht auch bei Weiterentwicklg des Schadens anwendb, BGH VersR **71**, 180. W SchuldVerh, zB eine Gesellsch, nach Eintritt eines BeendiggsGrdes ausdr od stillschw fortgesetzt, so gilt nunmehr neues Recht, die Fortsetzg ist Neubegründg.

3) Tragweite des Grundsatzes: Ist fr Recht maßgebd, ist grdsätzl das gesamte SchuldVerh nach diesem zu beurteilen. Neues Recht gilt nur, soweit es sich um neue, an das SchuldVerh herantretde, nicht aus seiner inneren Entwicklg sich ergebde rechtserhebl Umst handelt. Nach fr Recht sind daher zu beurteilen: Form des Gesch u Folgen ihrer Nichtbeachtg, RG **55**, 36; GeschFgk der Beteiligten; Folgen von Willensmängeln; Verstoß gg gesetzl Verbot; Inhalt der Verpflichtg, insb Ort u Zeit der Erf, RG **52**, 261; Voraussetzgen für Schu- u GläubVerzug, RG **52**, 261; Zulässigk der Abtretg u Pfändg, RG **53**, 199, BGH **44**, 194; Wirkg der Erf, insb im Verh zw GesSchu, RG **55**, 287; Rücktr; Widerruf. Dagg ist neues Recht maßgebd für das Erf-Gesch, RG **52**, 263, also für Zahlg, Hinterlegg, Aufr, Erlaß; fr Recht **21**, 1401; Verzicht, RG Recht **05**, 2693; für die Form der Abtretg u die Höhe der Verzugszinsen, RG **52**, 265. Neues Recht ist ferner anwendb, soweit seine Vorschr reformatorischen Charakter h u erkennb auch in wohlerworbene Rechte eingreifen wollen, RG **66**, 216. Das ist insb für §§ 138, 242 angenommen worden.

Dienst-, Miet- und Pachtverhältnisse

EG 171 Ein zur Zeit des Inkrafttretens des Bürgerlichen Gesetzbuchs bestehendes Miet-, Pacht- oder Dienstverhältnis bestimmt sich, wenn nicht die Kündigung nach dem Inkrafttreten des Bürgerlichen Gesetzbuchs für den ersten Termin erfolgt, für den sie nach den bisherigen Gesetzen zulässig ist, von diesem Termin an nach den Vorschriften des Bürgerlichen Gesetzbuchs.

EG 172 Wird eine Sache, die zur Zeit des Inkrafttretens des Bürgerlichen Gesetzbuchs vermietet oder verpachtet war, nach dieser Zeit veräußert oder mit einem Rechte belastet, so hat der Mieter oder Pächter dem Erwerber der Sache oder des Rechtes gegenüber die im Bürgerlichen Gesetzbuche bestimmten Rechte. Weitergehende Rechte des Mieters oder Pächters, die sich aus den bisherigen Gesetzen ergeben, bleiben unberührt, unbeschadet der Vorschrift des Artikel 171.

1) Vgl §§ 571 ff, 581 II. Der Satz „Kauf bricht Miete" wurde damit auch für bestehende Verträge beseitigt.

EG 173 *Gemeinschaft nach Bruchteilen.* Auf eine zur Zeit des Inkrafttretens des Bürgerlichen Gesetzbuchs bestehende Gemeinschaft nach Bruchteilen finden von dieser Zeit an die Vorschriften des Bürgerlichen Gesetzbuchs Anwendung.

1) Vgl §§ 741 ff. – Ob eine Gemeinsch nach Bruchteilen vorliegt, bestimmt sich nach bish Recht; unerhebl ist, ob sie auf G od Vertr beruht. Für Gemeinsch anderer Art, namentl GesHandsGemsch, ist es bei dem bish Recht geblieben, Art 181 II; vgl auch für die ehel GütGemsch Art 200 u für die ErbenGemsch Art 213. Auch vertragsm Vfgsbeschränkgen der Teilhaber bleiben bestehen, Art 168.

2) Art 173 gilt nicht für die Gemeinsch, die den der Landesgesetzgebg vorbehaltenen Gebieten angehören, RG HRR **26**, 2026.

EG 174 *Inhaberschuldverschreibungen.* [1] Von dem Inkrafttreten des Bürgerlichen Gesetzbuchs an gelten für die vorher ausgestellten Schuldverschreibungen auf den Inhaber die Vorschriften der §§ 798 bis 800, 802, 804 und des § 806 Satz 1 des Bürgerlichen Gesetzbuchs. Bei den auf Sicht zahlbaren unverzinslichen Schuldverschreibungen sowie bei Zins-, Renten- und Gewinnanteilscheinen bleiben jedoch für die Kraftloserklärung und die Zahlungssperre die bisherigen Gesetze maßgebend.

II Die Verjährung der Ansprüche aus den vor dem Inkrafttreten des Bürgerlichen Gesetzbuchs ausgestellten Schuldverschreibungen auf den Inhaber bestimmt sich, unbeschadet der Vorschriften des § 802 des Bürgerlichen Gesetzbuchs, nach den bisherigen Gesetzen.

1) Im allg gilt altes Recht, Art 170, u zw selbst dann, wenn die InhSchuldverschreibg erst nach dem 1. 1. 1900 in Verk gebracht sind, wenn sie nur vorher ausgestellt. Neues Recht ist nur nach Art 174–178 anwendb. Für die Urk des § 807 gilt die Vorschr nicht.

2) II ist Ausn von Art 169.

3) Wg der SchuldVerschr auf den Inh, die ein Land od eine ihm angehörende Körpersch ausstellt, vgl Art 100, 101.

4) **Landesgesetze:** *Pr* AGBGB Art 18 § 10, *Bay* AGBGB 55, ÜbergG 8, *Hess* AGBGB 136, 137.

EG 175 Für Zins-, Renten- und Gewinnanteilscheine, die nach dem Inkrafttreten des Bürgerlichen Gesetzbuchs für ein vor dieser Zeit ausgestelltes Inhaberpapier ausgegeben werden, sind die Gesetze maßgebend, welche für die vor dem Inkrafttreten des Bürgerlichen Gesetzbuchs ausgegebenen Scheine gleicher Art gelten.

1) Vgl Art 174.

EG 176 Die Außerkurssetzung von Schuldverschreibungen auf den Inhaber findet nach dem Inkrafttreten des Bürgerlichen Gesetzbuchs nicht mehr statt. Eine vorher erfolgte Außerkurssetzung verliert mit dem Inkrafttreten des Bürgerlichen Gesetzbuchs ihre Wirkung.

1) Außerkurssetzg war früher vielf in der Weise mögl, daß das InhPapier dch einen darauf gesetzten Vermerk aus dem Verk gezogen wurde. Das ist nicht mehr mögl; an die Stelle tritt die Umschreibg auf den Namen nach § 806. – Auf Sparbücher u andere Papiere des § 808 bezieht sich die Vorschr nicht, insoweit bleibt es bei Art 170, Art 99 und für *Pr* AG Art 75 § 2.

Legitimationspapiere

EG 177 Von dem Inkrafttreten des Bürgerlichen Gesetzbuchs an gelten für vorher ausgegebene Urkunden der in § 808 des Bürgerlichen Gesetzbuchs bezeichneten Art, sofern der Schuldner nur gegen Aushändigung der Urkunde zur Leistung verpflichtet ist, die Vorschriften des § 808 Abs. 2 Satz 2, 3 des Bürgerlichen Gesetzbuchs und des Artikel 102 Abs. 2 dieses Gesetzes.

1) Es ist KraftlosErkl nach BGB zul, aber auch besonderes landesgesetzl Verf dch Art 102 vorbehalten. Art 102 Anm 2 u Art 176 Anm 1.

EG 178 Ein zur Zeit des Inkrafttretens des Bürgerlichen Gesetzbuchs anhängiges Verfahren, das die Kraftloserklärung einer Schuldverschreibung auf den Inhaber oder einer Urkunde der in § 808 des Bürgerlichen Gesetzbuchs bezeichneten Art oder die Zahlungssperre für ein solches Papier zum Gegenstande hat, ist nach den bisherigen Gesetzen zu erledigen. Nach diesen Gesetzen bestimmen sich auch die Wirkungen des Verfahrens und der Entscheidung.

EG 179 *Eingetragene Ansprüche.* Hat ein Anspruch aus einem Schuldverhältnisse nach den bisherigen Gesetzen durch Eintragung in ein öffentliches Buch Wirksamkeit gegen Dritte erlangt, so behält er diese Wirksamkeit auch nach dem Inkrafttreten des Bürgerlichen Gesetzbuchs.

1) Wird der Anspr dch Eintr nach LandesR zum dingl Recht umgestaltet, so gilt Art 184 (zB Nutzpfand, RG **47**, 56); Art 179 nur, wenn ein pers Anspr bleibt, aber wg der Eintr Wirksamk gg Dritte hat. – Beispiele: *Pr* GrundeigtumsG v 5. 5. 1872 § 8 (RG **52**, 43; **144**, 56); *Wü* G v 21. 5. 1828 Art 71.

2) Ist das Recht versehentl gelöscht, so ist WiederEintr zul, RG **82**, 23.

EG 180 *Besitz.* Auf ein zur Zeit des Inkrafttretens des Bürgerlichen Gesetzbuchs bestehendes Besitzverhältnis finden von dieser Zeit an, unbeschadet des Artikel 191, die Vorschriften des Bürgerlichen Gesetzbuchs Anwendung.

EG 181 *Inhalt des Eigentums.* I Auf das zur Zeit des Inkrafttretens des Bürgerlichen Gesetzbuchs bestehende Eigentum finden von dieser Zeit an die Vorschriften des Bürgerlichen Gesetzbuchs Anwendung.

II Steht zur Zeit des Inkrafttretens des Bürgerlichen Gesetzbuchs das Eigentum an einer Sache mehreren nicht nach Bruchteilen zu oder ist zu dieser Zeit ein Sondereigentum an stehenden

Erzeugnissen eines Grundstücks, insbesondere an Bäumen, begründet, so bleiben diese Rechte bestehen.

1) I. Der Inhalt des Eigtums ist nach neuem Recht zu beurteilen. GemeinschEigt an Giebelmauer nach *Code civil* 653 *(mitoyenneté)* jetzt MitEigt nach Bruchteilen, BGH **27**, 197 (gg RG). Über das Eigt an öff Wegen nach *Code civil* vgl RG **131**, 267; über das öff Eigt an Wegen u die Zulässigk von landesrechtl Sondernormen zu dessen Schutz *(Hbg* WegeG 4, 23, 55), BVerwG DVBl **68**, 343 Anm Schack; vgl auch Art 55 Anm 1. Zum Inhalt des Eigtums gehört auch die Duldg eines Überbaus, so daß die §§ 912ff auch dann anzuwenden sind, wenn vor 1900 übergebaut ist, RG **169**, 187. Vgl § 890 Anm 4.

2) II hält nur besond, aGrd des bish Rechts begründete Rechtsverhältn aufrecht, nicht aber Rechtsbildgen aGrd der allg Vorschr der bish Gesetze wie zB das güterrechtl od erbrechtl GesamtEigt, KGJ **28** B, 92; **33**, 227. ZB Realgemeinden, EG 164; KörperschWaldgen iS v *bay* ForstG 1852 Art 18, BayObLG **71** 125 – MittBayNot **71**, 248, Anm Roellenbleg. Badische gemeins Einfahrten u Hofräume, Karlsr BadRPrax **33**, 2. KellerEigt nach *Code civil* ist jetzt entweder StockwerksEigt, EG 182, ErbbauR od Dienstbk, KG JW **33**, 1334; über Nürnberger KellerR GrdDbk vgl BayObLG **67**, 397; **69**, 284; über *wü* KellerR vgl EG 182 Anm 1 aE. – Vgl die AusfGesetze der Länder z BGB; dazu Vorbem 1 vor Art 55.

EG 182 *Stockwerkseigentum.* Das zur Zeit des Inkrafttretens des Bürgerlichen Gesetzbuchs bestehende Stockwerkseigentum bleibt bestehen. Das Rechtsverhältnis der Beteiligten untereinander bestimmt sich nach den bisherigen Gesetzen.

Schrifttum: Dölker, Das HerbergsR in der Münchener Au, Diss Mü 1968. –

1) Vgl EG 131, 189. *Bay* Art 42 ÜbergangsG. Art 20 des G über LiegenschR *(Pfalz)* v 1. 7. 1898 (GVBl 66 Nr 1a 403–1); *Rh-Pf (Rheinhessen)* AGBGB 216ff; *Pfalz* ÜbergG 20; Überführg in MitEigt. – *Wü* Art 226ff AG, §§ 36–44 *BaWü* AGBGB. *Hess:* AGrd WEG 63 Überleitg in Wohn-(Teil-)Eigt dch G v 6. 2. 62, GVBl II 231–35. – Da neues StockwerksEigt nicht begründet w kann, ist auch die Teilg unzul, Stgt RJA **6**, 83, wenn sie zur Ausdehng des waagrechten EigtTeils auf bisher noch nicht davon betroffenen GrdstTeil führt; zul aber, wenn bisher gemeinsch Teile senkrecht zu SonderEigt aufgeteilt w, BGH **46**, 281 für *Ba* LandR Satz 664; CC Art 664 = **LM** Nr 1 Anm Mattern. Ob bei Zerstörg des Hauses Untergang od nur Ruhen mit Wiederaufleben nach Neuerrichtg, richtet sich nach LandesR; vgl Staud-Dittmann Rdz 5. Vgl auch § 1093 Anm 3d.

2) WEG (§ 63) läßt bestehdes StockwerksEigt bestehen, erleichtert Umwandlg in WE.

EG 183 *Waldgrundstück.* Zugunsten eines Grundstücks, das zur Zeit des Inkrafttretens des Bürgerlichen Gesetzbuchs mit Wald bestanden ist, bleiben die landesgesetzlichen Vorschriften, welche die Rechte des Eigentümers eines Nachbargrundstücks in Ansehung der auf der Grenze oder auf dem Waldgrundstücke stehenden Bäume und Sträucher abweichend von den Vorschriften des § 910 und des § 923 Abs. 2, 3 des Bürgerlichen Gesetzbuchs bestimmen, bis zur nächsten Verjüngung des Waldes in Kraft.

1) ZB *Bay* ÜbergangsG 9. *BaWü* NachbRG § 34. – *Hess* ForstG idF v 13. 5. 70 (GVBl II 86–7) § 13.

EG 184 *Inhalt beschränkter dinglicher Rechte.* Rechte, mit denen eine Sache oder ein Recht zur Zeit des Inkrafttretens des Bürgerlichen Gesetzbuchs belastet ist, bleiben mit dem sich aus den bisherigen Gesetzen ergebenden Inhalt und Range bestehen, soweit sich nicht aus den Artikeln 192 bis 195 ein anderes ergibt. Von dem Inkrafttreten des Bürgerlichen Gesetzbuchs an gelten jedoch für ein Erbbaurecht die Vorschriften des § 1017, für eine Grunddienstbarkeit die Vorschriften der §§ 1020 bis 1028 des Bürgerlichen Gesetzbuchs.

1) Art 184 gilt für beschr dingl Re, auch wenn sie nicht eingetr (RG **56**, 13); ebso für RAnw u Vfgs-Beschrkgen, die mit dingl Wirkg ausgestattet (RG **72**, 269; **132**, 147). Nach **altem Recht** richten sich: Bestellg u Ausleg des BestellgsVertr (BayObLG **70**, 226). Inhalt u Umfang; aber voraussehb Bedürfn-Steigerg dch Wandel der wirtschaftl Verhältn zu beachten (Karlsr OLGZ **78**, 81), sofern keine abschließde Festlegg zB dch Wegebreite (Zweibr OLGZ **68**, 143). Rang, aber Erwerb des Vorrangs dch gutgl Erwerb vorbehaltl EG 187 mögl (RG **77**, 4). Über Auswirkg nachträgl Lageveränderg BGH MDR **66**, 748 (auch über Erlöschen nach *Code civil),* Zweibr OLGZ **68**, 143. Über **Ersitzg** von WegeR Oldbg RdL **55**, 307; LG Osnabr RdL **57**, 305; eines ErbbR nach altem *wü* R BGH BWNotZ **63**, 301. Über die von Dienstbk nach gem Recht BayObLG **59**, 480; **62**, 32; Köln VersR **59**, 113; über solche einer Gemeindeservitut Oldbg NdsRpfl **55**, 196; vgl auch Anm 2; über Entstehg u Fortdauer nach ALR BayVerfGH ZMR **62**, 331; über Ersitzg nach *Code civil* Hodes NJW **62**, 1017 (Anm zu LG Wuppert); über Ersitzg u andere Entstehgsgründe nach *Bay* LandR BayObLG **62**, 70; nach *Ba* LandR Linde Justiz **62**, 136; Karlsr, Just **70**, 341; nach ALR 13 I 22 BGH **LM** PrALR Nr 6. – Vgl auch EG 189 Anm 1. Wer sich auf Entstehg nicht eingetr altrechtl Dienstbk beruft, hat hierfür volle BewLast, BayVerfGH DNotZ **61**, 39. **Nach neuem Recht** richten sich die rechtsgeschäftl Inhalts- u Rangänderg u die rechtsgeschäftl Aufhebg; KGJ **50**, 185. Anwendg des § 892: RG SeuffA **97**, 87; *Bay*VGH, BayVBl **71**, 390 (für altrechtl beschr persönl Dbkt); beachte aber Art. 187. Über althbg Annotation Hbg MDR **55**, 101. Über Reallasten vgl *Bay* ÜbergangsG 46, G v 1. 7. 98 Art 19 *(Pfalz),* GVBl *RhPf* 66 Nr 1a 403–1. – *Hess* AG 150ff. *Hbg* AGGBO 17. Über *altba* Brunnenrechte Karlsr Justiz **62**, 238; über (Nürnberger) KellerR (GrdDbk) BayObLG **67**, 397; *bay* ForstR (Freiveräußergsklausel) BayObLG

75, 68; vgl auch EG 182 Anm 1 aE. – BGH NJW **69**, 1481 zum Inh einer Dbk nach Gemeinem R, die dch Anbau ausgeübt wurde. BGH **56**, 374 zur GrdDbk nach *ba* LandR (altes FensterR).

2) Die Ausn des Satzes 2 gilt nicht für beschr pers Dienstbarkeiten. Sie gilt nur für solche Grddienstbarkeiten, die solche auch nach BGB sind; daher auch nicht für gemeinrechtl Gemeindeservituten ohne herrschdes Grdst, BayObLG **62**, 356. Vgl auch Einf 6 vor § 1018. GrenzüberbauR findet auch auf GrdDbk alten Rechts – hier: Cc-Anwendg, BGH **LM** Cc Nr 5. – Zu § 1017 vgl ErbbRVO 35, 36, 38.

EG 185 *Ersitzung.* Ist zur Zeit des Inkrafttretens des Bürgerlichen Gesetzbuchs die Ersitzung des Eigentums oder Nießbrauchs an einer beweglichen Sache noch nicht vollendet, so finden auf die Ersitzung die Vorschriften des Artikel 169 entsprechende Anwendung.

EG 186 *Anlegung der Grundbücher.* I Das Verfahren, in welchem die Anlegung der Grundbücher erfolgt, sowie der Zeitpunkt, in welchem das Grundbuch für einen Bezirk als angelegt anzusehen ist, werden für jeden *Bundesstaat* durch *landesherrliche* Verordnung bestimmt.

II Ist das Grundbuch für einen Bezirk als angelegt anzusehen, so ist die Anlegung auch für solche zu dem Bezirke gehörende Grundstücke, die noch kein Blatt im Grundbuche haben, als erfolgt anzusehen, soweit nicht bestimmte Grundstücke durch besondere Anordnung ausgenommen sind.

1) I überholt, da Anlegg des GB beendet; vgl 30. Aufl. – II meint buchgsfreie Grdst (GBO 3 II) und solche für die versehentl kein GB angelegt worden ist. Wirkg: EG 189; vgl auch Art 127.

EG 187 *Grunddienstbarkeiten.* I Eine Grunddienstbarkeit, die zu der Zeit besteht, zu welcher das Grundbuch als angelegt anzusehen ist, bedarf zur Erhaltung der Wirksamkeit gegenüber dem öffentlichen Glauben des Grundbuchs nicht der Eintragung. Die Eintragung hat jedoch zu erfolgen, wenn sie von dem Berechtigten oder von dem Eigentümer des belasteten Grundstücks verlangt wird; die Kosten sind von demjenigen zu tragen und vorzuschießen, welcher die Eintragung verlangt.

II Durch Landesgesetz kann bestimmt werden, daß die bestehenden Grunddienstbarkeiten oder einzelne Arten zur Erhaltung der Wirksamkeit gegenüber dem öffentlichen Glauben des Grundbuchs bei der Anlegung des Grundbuchs oder später in das Grundbuch eingetragen werden müssen. Die Bestimmung kann auf einzelne Grundbuchbezirke beschränkt werden.

1) Gilt nur für GrdDbkeiten, die auch solche des BGB sind, BayObLG **62**, 357. Nicht für pers Dienstbk, EG 184 (vgl BayObLG aaO zur Gemeindeservitut nach gemR). Zur Frage, ob gemeinrechtl Servitut (Bauverbot) als Real-, (GrdDbk) od als Personalservitut (beschr persönl Dbk) aGrd altrechtl ServitutVertr bestellt wurde, vgl BayObLG **70**, 226. Nach I kein lastenfreier Erwerb (BGB 892, 893) des dienden Grdst bei NichtEintr (LG Itzehoe SchlHA **75**, 84); and bei unricht Eintr od unricht Löschg nach Eintr (Staud-Dittmann Rdn 3 bzw Staud-Seuffert § 892 Rdn 70a; Lutter AcP **164**, 134; wohl auch Stgt Just **68**, 140; aA RG **93**, 63; Schiffhauer Rpfleger **75**, 187 Fußn 157; vgl auch BayObLG **72**, 267), es entscheidet Eintr im dienden Grst, auch wenn nur im Titel. Anlegg: EG 186. Über Bestehenbleiben der alten GrdDbkeiten, mögen sie eingetr sein od nicht, in der ZwVerst vgl EGZVG 9 u die einschläg Landesgesetze, zB *Pr* AGZVG 6, *Bay* AGGBO u ZVG 27. Eintr entspr § 894; GBO 19, 22 (KGJ **51**, 255, Mü BayJMBl **52**, 216); wenn GBO 22 sicher mögl, RSchBedürfn für § 894 zweifelh; vgl dort Anm 1b. Auch Widerspr (§ 899) zul, Kiel OLG **4**, 292. Unverjährb Anspr entspr § 898, LG Osnabr RdL **57**, 305. Vormkg zur Sicherg eines AufhebgsAnspr zul, erfordert aber VorEintr (LG Regbg Rpfleger **76**, 361).

2) II. In *Pr* nicht geschehen. *Bay* ÜbergangsG 10, 44 (BS III 101; hierzu BayObLG **67**, 397; **69**, 263; BayVerfGH DNotZ **61**, 39 u BayVerwBl **66**, 417. Kein EintrZwang, da die vorgesehene VO über die AnmeldeFr bish nicht ergangen); ähnl *Rh-Pf* u *Hess*. – *BaWü* AGBGB 31; *Brem* AGBGB 37; *Hbg* AGBGB 44ff.

EG 188 *Gesetzliche Pfandrechte; dingliche Miet- und Pachtrechte.* I Durch *landesherrliche* Verordnung kann bestimmt werden, daß gesetzliche Pfandrechte, die zu der Zeit bestehen, zu welcher das Grundbuch als angelegt anzusehen ist, zur Erhaltung der Wirksamkeit gegenüber dem öffentlichen Glauben des Grundbuchs während einer zehn Jahre nicht übersteigenden, von dem Inkrafttreten des Bürgerlichen Gesetzbuchs an zu berechnenden Frist nicht der Eintragung bedürfen.

II Durch *landesherrliche* Verordnung kann bestimmt werden, daß Mietrechte und Pachtrechte, welche zu der im Absatz 1 bezeichneten Zeit als Rechte an einem Grundstücke bestehen, zur Erhaltung der Wirksamkeit gegenüber dem öffentlichen Glauben des Grundbuchs nicht der Eintragung bedürfen.

1) Vgl EG 186 Anm 1. Zu **II**: vgl Art 179. – Früh *Pr* Art 9 AusfVO v 16. 11. 99, GS 562; heute überholt.

EG 189 *Erwerb und Verlust von Grundstücksrechten.* ᴵ Der Erwerb und Verlust des Eigentums sowie die Begründung, Übertragung, Belastung und Aufhebung eines anderen Rechtes an einem Grundstück oder eines Rechtes an einem solchen Rechte erfolgen auch nach dem Inkrafttreten des Bürgerlichen Gesetzbuchs nach den bisherigen Gesetzen, bis das Grundbuch als angelegt anzusehen ist. Das gleiche gilt von der Änderung des Inhalts und des Ranges der Rechte. Ein nach den Vorschriften des Bürgerlichen Gesetzbuchs unzulässiges Recht kann nach dem Inkrafttreten des Bürgerlichen Gesetzbuchs nicht mehr begründet werden.

ᴵᴵ Ist zu der Zeit, zu welcher das Grundbuch als angelegt anzusehen ist, der Besitzer als der Berechtigte im Grundbuch eingetragen, so finden auf eine zu dieser Zeit noch nicht vollendete, nach § 900 des Bürgerlichen Gesetzbuchs zulässige Ersitzung die Vorschriften des Artikel 169 entsprechende Anwendung.

ᴵᴵᴵ Die Aufhebung eines Rechtes, mit dem ein Grundstück oder ein Recht an einem Grundstücke zu der Zeit belastet ist, zu welcher das Grundbuch als angelegt anzusehen ist, erfolgt auch nach dieser Zeit nach den bisherigen Gesetzen, bis das Recht in das Grundbuch eingetragen wird.

1) Zur RGültig vgl BayVerfGH BayVerwBl **64**, 89. Nach Anlegg des GB nun überholt (vgl EG 186 Anm 1). Über Ersitzg vgl EG 184 Anm 1. Über Entstehg altrechtl Dienstbkeiten in *Bay* vgl BayObLG **62**, 70 u Fischer AgrarR **75**, 132; über altrechtl Geh- u Fahrgerechtigk BayVerfGH RdL **62**, 161; auch Foag RdL **61**, 145. Über Entstehg von Dienstbark nach gem R vgl BGH NJW **64**, 2016. Zum RErwerb kr unvordenkl Verj (Übbl 1a vor § 194) vgl Mü AgrR **72**, 54.

Zu III: Die **Aufhebg** eingetragener Rechte richtet sich nach neuem Recht; gleichviel, wann das Recht begründet worden ist. Die Aufhebg nicht eingetragener Rechte richtet sich nach altem Recht, damit sie nicht nur zum Zweck der Löschg (§ 875) eingetr w müssen. III gilt für alle Erlöschensgründe, BayObLG **67**, 403; BGH MDR **66**, 748 (zu Cc 703); auch für Untergang dch NichtGebr, BayObLG **59**, 489, LG Düss RhNK **74**, 649 u Konsolidation (Cc 705), Köln OLGZ **65**, 163 (auch zu Cc 694); vgl aber auch EG 184 S 2. Zum ÜbergangsR der Länder s Staud-Dittmann Rdz 7.

EG 190 *Aneignungsrecht des Fiskus.* Das nach § 928 Abs. 2 des Bürgerlichen Gesetzbuchs dem Fiskus zustehende Aneignungsrecht erstreckt sich auf alle Grundstücke, die zu der Zeit herrenlos sind, zu welcher das Grundbuch als angelegt anzusehen ist. Die Vorschrift des Artikel 129 findet entsprechende Anwendung.

1) Der Fiskus wird erst Eigtümer mit der Eintr, KG JFG 8, 214.

EG 191 *Besitzschutz bei Dienstbarkeiten.* ᴵ Die bisherigen Gesetze über den Schutz im Besitz einer Grunddienstbarkeit oder einer beschränkten persönlichen Dienstbarkeit finden auch nach dem Inkrafttreten des Bürgerlichen Gesetzbuchs Anwendung, bis das Grundbuch für das belastete Grundstück als angelegt anzusehen ist.

ᴵᴵ Von der Zeit an, zu welcher das Grundbuch als angelegt anzusehen ist, finden zum Schutze der Ausübung einer Grunddienstbarkeit, mit welcher das Halten einer dauernden Anlage verbunden ist, die für den Besitzschutz geltenden Vorschriften des Bürgerlichen Gesetzbuchs entsprechende Anwendung, solange Dienstbarkeiten dieser Art nach Artikel 128 oder Artikel 187 zur Erhaltung der Wirksamkeit gegenüber dem öffentlichen Glauben des Grundbuchs nicht der Eintragung bedürfen. Das gleiche gilt für Grunddienstbarkeiten anderer Art mit der Maßgabe, daß der Besitzschutz nur gewährt wird, wenn die Dienstbarkeit in jedem der drei letzten Jahre vor der Störung mindestens einmal ausgeübt worden ist.

1) I überholt. – Zu II vgl §§ 858ff, 1029; EG 180, 186.

Überleitung von Pfandrechten (Art. 192–195)

EG 192 ᴵ Ein zu der Zeit, zu welcher das Grundbuch als angelegt anzusehen ist, an einem Grundstücke bestehendes Pfandrecht gilt von dieser Zeit an als eine Hypothek, für welche die Erteilung des Hypothekenbriefs ausgeschlossen ist. Ist der Betrag der Forderung, für die das Pfandrecht besteht, nicht bestimmt, so gilt das Pfandrecht als Sicherungshypothek.

ᴵᴵ Ist das Pfandrecht dahin beschränkt, daß der Gläubiger Befriedigung aus dem Grundstücke nur im Wege der Zwangsverwaltung suchen kann, so bleibt diese Beschränkung bestehen.

EG 193 Durch Landesgesetz kann bestimmt werden, daß ein Pfandrecht, welches nach Artikel 192 nicht als Sicherungshypothek gilt, als Sicherungshypothek oder als eine Hypothek gelten soll, für welche die Erteilung des Hypothekenbriefs nicht ausgeschlossen ist, und daß eine über das Pfandrecht erteilte Urkunde als Hypothekenbrief gelten soll.

EG 194 Durch Landesgesetz kann bestimmt werden, daß ein Gläubiger, dessen Pfandrecht zu der im Artikel 192 bezeichneten Zeit besteht, die Löschung eines im Range vorgehenden oder gleichstehenden Pfandrechts, falls dieses sich mit dem Eigentum in einer Person vereinigt, in gleicher Weise zu verlangen berechtigt ist, wie wenn zur Sicherung des Rechtes auf Löschung eine Vormerkung im Grundbuch eingetragen wäre.

1) Art 192: Ausn von Art 184; Abs II (RevenuenHyp) vgl EG 60. – Zum LandesR vgl Staud-Dittmann zu Rdz 27.

2) Ebendort **EG 193** Rdz 3, **EG 194** Rdz 4 jew Nachw des **LandesR**.

EG 195 ^I Eine zu der Zeit, zu welcher das Grundbuch als angelegt anzusehen ist, bestehende Grundschuld gilt von dieser Zeit an als Grundschuld im Sinne des Bürgerlichen Gesetzbuchs und eine über die Grundschuld erteilte Urkunde als Grundschuldbrief. Die Vorschrift des Artikel 192 Abs. 2 findet entsprechende Anwendung.

^{II} Durch Landesgesetz kann bestimmt werden, daß eine zu der im Absatz 1 bezeichneten Zeit bestehende Grundschuld als eine Hypothek, für welche die Erteilung des Hypothekenbriefs nicht ausgeschlossen ist, oder als Sicherungshypothek gelten soll und daß eine über die Grundschuld erteilte Urkunde als Hypothekenbrief gelten soll.

EG 196 *Grundstücksgleiche Rechte.* Durch Landesgesetz kann bestimmt werden, daß auf ein an einem Grundstücke bestehendes vererbliches und übertragbares Nutzungsrecht die sich auf Grundstücke beziehenden Vorschriften und auf den Erwerb eines solchen Rechtes die für den Erwerb des Eigentums an einem Grundstücke geltenden Vorschriften des Bürgerlichen Gesetzbuchs Anwendung finden.

1) *Pr* AGBGB 40, AGGBO 22; *BaWü* AGBGB 32; *Hess* AG 154, 223; *Nds* AGBGB 18; *Wü* AG 232 (vgl dazu *BaWü* AGBGB 51 I Nr 6, II). Wegen *Bay* vgl AGGBO u ZVG 17 II (BayBS III 127) u § 873 Anm 2a bb.

EG 197 *Bäuerliche Nutzungsrechte.* In Kraft bleiben die landesgesetzlichen Vorschriften, nach welchen in Ansehung solcher Grundstücke, bezüglich deren zur Zeit des Inkrafttretens des Bürgerlichen Gesetzbuchs ein nicht unter den Artikel 63 fallendes bäuerliches Nutzungsrecht besteht, nach der Beendigung des Nutzungsrechts ein Recht gleicher Art neu begründet werden kann und der Gutsherr zu der Begründung verpflichtet ist.

EG 198 *Gültigkeit der Ehe.* ^I Die Gültigkeit einer vor dem Inkrafttreten des Bürgerlichen Gesetzbuchs geschlossenen Ehe bestimmt sich nach den bisherigen Gesetzen.

^{II} Eine nach den bisherigen Gesetzen nichtige oder ungültige Ehe ist als von Anfang an gültig anzusehen, wenn die Ehegatten zur Zeit des Inkrafttretens des Bürgerlichen Gesetzbuchs noch als Ehegatten miteinander leben und der Grund, auf dem die Nichtigkeit oder die Ungültigkeit beruht, nach den Vorschriften des Bürgerlichen Gesetzbuchs die Nichtigkeit oder die Anfechtbarkeit der Ehe nicht zur Folge haben oder diese Wirkung verloren haben würde. Die für die Anfechtung im Bürgerlichen Gesetzbuche bestimmte Frist beginnt nicht vor dem Inkrafttreten des Bürgerlichen Gesetzbuchs.

^{III} Die nach den bisherigen Gesetzen erfolgte Ungültigkeitserklärung einer Ehe steht der Nichtigkeitserklärung nach dem Bürgerlichen Gesetzbuche gleich.

1) **Grundsatz, I.** Die Gültigk der vor dem 1. 1. 00 geschlossenen Ehe richtet sich in sachl und formeller Hinsicht nach den bisherigen Gesetzen. Diese entscheiden auch darü, welches der verschiedenen Lokalrechte anzuwenden war, Dresden Ann **39**, 83; ferner über die Möglichk der Heilg der Mängel, Verwirkg des AnfR, im Falle der Nichtigk über das Verhältn der Eheg zueinander, währd im Verhältn zu Dritten für RGeschäfte nach Inkrafttr § 1344 (jetzt EheG 27) gilt, Staudinger VI. Ist die Ehe also nach dem bish Recht gültig, so bleibt sie es.

2) **Ausnahme, II.** Im Interesse der Aufrechterhaltg der Ehe, soweit deren Ungültigk od Anfechtbark nicht etwa schon festgestellt ist, vgl Anm 1, ist auch die nach dem bish Gesetzen nichtige od ungültige Ehe von Anfang an, also rückw als gültig anzusehen, wenn **a)** die Ehegatten noch miteinander leben, vgl jetzt EheG 17 Anm 3, die NichtigkKlage auch noch nicht erhoben war, RG JW 00, 735, **b)** der bisherige Nichtigk- oder UngültigkGrund nach den sachl wie formellen Vorschr des BGB nicht die Nichtigk od Anfechtbark zur Folge od gem dessen Heilgsvorschr diese Wirkg verloren hatte. Ist die nach dem bish Recht nichtige od ungültige Ehe nach BGB nur anfechtb, so daß also dessen Vorschriften zur Anwendg kommen, so begann die AnfFrist, auch wenn das für den Fristbeginn maßg Ereign vor dem 1. 1. 00 eingetreten ist, erst mit diesem Ztpkt (II 2), falls die Frist nicht etwa nach dem bish Recht schon abgelaufen u die Ehe gültig geworden war, JW 07, 515 und Anm 1.

EG 199 *Persönliche Rechtsbeziehungen der Ehegatten.* Die persönlichen Rechtsbeziehungen der Ehegatten zueinander, insbesondere die gegenseitige Unterhaltspflicht, bestimmen sich auch für die zur Zeit des Inkrafttretens des Bürgerlichen Gesetzbuchs bestehenden Ehen nach dessen Vorschriften.

1) Vgl §§ 1353–1362. Etwaige Schenkgsbeschränkgen entfallen. Auch rechtskräftige Entsch, die die pers Rechtsbeziehgen abw regeln, wurden unwirks. Übergangsbestimmgen nach GleichberG Art 8 Z 1, Einf 7 vor § 1353.

EG 200 **Eheliches Güterrecht.** I Für den Güterstand einer zur Zeit des Inkrafttretens des Bürgerlichen Gesetzbuchs bestehenden Ehe bleiben die bisherigen Gesetze maßgebend. Dies gilt insbesondere auch von den Vorschriften über die erbrechtlichen Wirkungen des Güterstandes und von den Vorschriften der französischen und der badischen Gesetze über das Verfahren bei Vermögensabsonderungen unter Ehegatten.

II Eine nach den Vorschriften des Bürgerlichen Gesetzbuchs zulässige Regelung des Güterstandes kann auch durch Ehevertrag auch dann getroffen werden, wenn nach den bisherigen Gesetzen ein Ehevertrag unzulässig sein würde.

III *Soweit die Ehefrau nach den für den bisherigen Güterstand maßgebenden Gesetzen infolge des Güterstandes oder der Ehe in der Geschäftsfähigkeit beschränkt ist, bleibt diese Beschränkung in Kraft, solange der bisherige Güterstand besteht.*

1) Grundsatz I, 1. Der Güterstand einer schon vor dem 1. 1. 00 bestehenden Ehe richtet sich nach den bish Gesetzen, er ist **unwandelbar**. EG 200 gilt aber nur insow, als nicht das GüterR dieser Ehen durch die Landesgesetzgebg geändert wird, EG 218. Das ist in weitem Maße geschehen, vgl Anm 3. – Überleitgsbestimmgen nach GleichberG Art 8 I Z 2–7, abgedr u erl Einf 5 vor § 1363, § 1413 Anm 4, Grdz 2 vor § 1414, Grdz 3 vor § 1415, bei § 1519.

2) Anwendgsgebiet des Grundsatzes. a) Allgemeines. Der Grds gilt nicht nur für die am 1. 1. 00 bestehenden Ehen, sond auch für die bereits an diesem Tage aufgelösten. Auch die zwischenstaatl güterrechtl Regelg des bish Rechts gilt weiter, Karlsr BadRspr **24**, 68. EG 200 meint sowohl den damaligen gesetzl wie den vertragsm Güterstand. Soweit Rechte der Eltern am KindesVerm Folgen des Güterstandes sind (Ggsatz: Rechte aGrd des Elternverhältnisses, vgl EG 203), bleiben sie bestehen, desgl die vermögensrechtl Folgen der bereits vollzogenen Einkindschaft, währd die pers gem EG 203 entfallen, RG LZ **15**, 37; vgl auch EG 209 Anm 3. Die altrechtl Gütstände wirken auch ohne Eintragg ins Güterrechtsregister gg Dritte; § 1412 (früh § 1435) gilt insow also nicht, falls nicht etwa die landesgesetzl Überleitg Eintr vorsieht, wie zT geschehen ist. Hingg ist GBEintr (Berichtigg, § 894) zB bei GütGemsch erforderl, nicht aber bei Vfgsbeschrkg der Ehefr.

b) Vermögensrechtl Wirkgen des Güterstandes. Der Grds Anm 1 gilt vor allem für die Schuldenhaftg, Vfgsbefugn, Kiel SchlHA **48**, 116, Vfgsbefugn des Überlebenden, auch im Verhältn zu den Erben des Erstverstorbenen, BGH **26**, 378, **LM** (Westf GüterR Nr 6), u Vfgsbeschränkgen der Ehegatten, einschl letztwilliger, für die Auseinandersetzg, und zwar auch nach Scheidg, mag diese auch erst nach dem 1. 1. 00 erfolgen, RG **73**, 24; hingg nicht für den Widerruf von Schenkgen, den UnterhAnspr der Geschiedenen, EG 201, weiterhin nicht für den UnterhAnspr der Ehegatten überh u die Schlüsselgewalt, EG 199.

c) Erbrechtl Wirkgen des Güterstandes, I 2. Ob solche vorliegen, ist nach den bish Regeln zu beurteilen. Trifft dies zu, wenn die Wirkgen gerade eine Folge des Güterstandes, nicht der Ehe im allg sind, Warn **08**, 239. Überh ist EG 200 I 2 als Ausn von EG 213 eng auszulegen, und nur zG des überlebenden Ehegn, nicht anderer Erben anzuwenden, RG **65**, 254. Auch das PflichtteilsR der Eheg kann aber eine Folge des Güterstandes sein, RG JW **13**, 208. Der überlebende Eheg hat nicht die Wahl, nach altem od nach neuem Recht zu erben, auch kann er nicht das ErbR nach BGB neben den Rechten aus den erbrechtl Wirkgen des Güterstandes in Anspr nehmen, RG Recht **09**, 2449. Kommt das bish GüterR zur Anwendg, so gilt das natürl auch für die Schuldenhaftg. **Erbrechtl Wirkg des altrechtl Güterstandes liegt vor** bei den Rechtssätzen des *Jütisch Low* über die Rechte des überl Gatten am gemeinschaftl Gut, KGJ **41**, 56, Totteil nach *lübischem* Recht, RG JW **03**, Beil 13, Leibzuchtsfn nach *nassauischem* Recht, KGJ **30**, 46, bei dem Recht des überl Ehegatten aGrd *westfälischer* Gütergemeinsch, die dem Grdsatz der Gleichberechtigg nicht entggsteht, BGH **LM** (WestfGüterR) Nr 3, den provinzialrechtl Pflichtteil trotz Ann der im Test angenommenen Zuwendgen zu fordern, RG **82**, 265, u überh, wenn das früh GütR Vorschriften über das letztw ErbR u das PflichtteilsR enthielt, RG JW **12**, 298, vgl auch wegen eines ErbVertr mit dem Sohn eines nicht abgefundenen Kindes BGH MDR **70**, 992; **nicht aber** bei der AusgleichsPfl, BayObLG Recht **18**, 1399, Pfl zur Auskunft, Offenbargseid, BayObLG Recht **22**, 1090, Recht des überl Gatten auf das Gesamtgut bei unbeerbter Ehe gem Art 17 § 7 *pr* VO v 22. 12. 99, KGJ **22**, 66. Insof greift also EG 213 ein. Enthält das früh GüterR nur Vorschriften über die gesetzl Erbfolge, nicht aber über die aGrd von letztw Vfg, so kommt für das TestErbR, insb PflichtteilsR des BGB in Betr, RG **96**, 202. Voraussetzgen und Form der Pflichtteilsentziehg sind niemals erbrechtl Wirkgen des Güterstandes, RG **96**, 201.

d) Verfahren bei Vermögensabsonderg unter Ehegatten nach franz und bad Recht. Vgl *Code civil* Art 755, 757, 767, Ba LR 755, 757, 767, 738a, 745a, 1335a, 1539a, 1570a, b, EGZPO 15 Z 5 geändert dch ZPO ÄndG v 17. 5. 98 Art II Z 3.

3) Überleitg durch die Länder, vgl Anm 1. Zum Zwecke der Angleichg der bish güterrechtl Regelg der einz Länder haben diese fast durchweg von der Befugnis des EG 218 Gebr gemacht; danach konnten sie auch die räuml Grenzen der Überleitgsvorschr bestimmen. Die Überleitgsvorschriften enthalten revisibles Recht. Wg der Überleitgsvorschriften vgl für das früh *pr* Gebiet AusfG 44–67, *pr* VO v 20. 12. 99, *Bay* ÜbergangsG 19–29, 62–104; 124–140 *(Pfalz)*, *Ba* GüstÜberleitgsG v 4. 8. 02, *Hess* AusfG 169–208, 230–265. *Wü* hat nur beschränkt von der Überleitgsbefugn Gebr gemacht, AusfG 311 Abs 2 Z 8, desgl *Lippe* AusfG 35.

EGBGB 200–208

4) **Ausnahme vom Grundsatz, II: Ehevertrag** auf jeden Fall im Rahmen des BGB zul, § 1408, aber auch nur mit dessen Beschrkgen, § 1409. Form § 1410.

5) **Beschränkte Geschäftsfähigk der Ehefrau nach Altrecht, III.** Heute ggstandslos.

EG 201 *Scheidung und Aufhebung der ehelichen Gemeinschaft.* I Die Scheidung und die Aufhebung der ehelichen Gemeinschaft erfolgen von dem Inkrafttreten des Bürgerlichen Gesetzbuchs an nach dessen Vorschriften.

II Hat sich ein Ehegatte vor dem Inkrafttreten des Bürgerlichen Gesetzbuchs einer Verfehlung der in den §§ 1565 bis 1568 des Bürgerlichen Gesetzbuchs bezeichneten Art schuldig gemacht, so kann auf Scheidung oder auf Aufhebung der ehelichen Gemeinschaft nur erkannt werden, wenn die Verfehlung auch nach den bisherigen Gesetzen ein Scheidungsgrund oder ein Trennungsgrund war.

1) **Grundsatz.** Die Scheidg u Aufhebg der ehel Gemsch erfolgten seit dem 1. 1. 00 nur aus den Gründen des BGB, §§ 1564ff, mit der aus II ersichtl Einschränk. Entscheidender Ztpkt ist die UrtVerkündg, nicht die Rechtskr, RG 48, 5. Ehescheidungsstrafen kennt das BGB nicht mehr; vgl auch EG 17 Anm 5.

EG 202 *Trennung von Tisch und Bett.* Für die Wirkungen einer beständigen oder zeitweiligen Trennung von Tisch und Bett, auf welche vor dem Inkrafttreten des Bürgerlichen Gesetzbuchs erkannt worden ist, bleiben die bisherigen Gesetze maßgebend. Dies gilt insbesondere auch von den Vorschriften, nach denen eine bis zu dem Tode eines der Ehegatten fortbestehende Trennung in allen oder einzelnen Beziehungen der Auflösung der Ehe gleichsteht.

EG 203 *Eltern und Kinder.* Das Rechtsverhältnis zwischen den Eltern und einem vor dem Inkrafttreten des Bürgerlichen Gesetzbuchs geborenen ehelichen Kinde bestimmt sich von dem Inkrafttreten des Bürgerlichen Gesetzbuchs an nach dessen Vorschriften. Dies gilt insbesondere auch in Ansehung des Vermögens, welches das Kind vorher erworben hat.

1) **Anfechtg der Ehelichk und Abstammgsfeststellg** vor 1900 geborener Kinder richtet sich nach damaligem Recht, RG 66, 249; daran hat auch FamRÄndG 1938 (trotz dessen § 26; s zu § 1593) nichts geändert, Maßfeller JW 38, 1223; aM Rexroth DJ 38, 715. Übergangsbest nach GleichberG, Art 8 I Z 8, 9, Einf 4 vor §§ 1616 u 1638 Anm 4; nach dem FamRÄndG v 11. 8. 61 Einf 5 B vor § 1591.

EG 204–206 (jetzt gegenstandslos)

EG 207 *Kinder aus nichtigen oder ungültigen Ehen.* Inwieweit die Kinder aus einer vor dem Inkrafttreten des Bürgerlichen Gesetzbuchs geschlossenen nichtigen oder ungültigen Ehe als eheliche Kinder anzusehen sind und inwieweit der Vater und die Mutter die Pflichten und Rechte ehelicher Eltern haben, bestimmt sich nach den bisherigen Gesetzen.

1) **Ob eine solche Ehe vorliegt,** richtet sich nach EG 198. Auf den Ztpkt der Geburt des Kindes kommt es nicht an, ebsowenig auf den Ztpkt der Nichtigerklärg.

EG 208 *Uneheliche Kinder.* I Die rechtliche Stellung eines vor dem Inkrafttreten des Bürgerlichen Gesetzbuchs geborenen unehelichen Kindes bestimmt sich von dem Inkrafttreten des Bürgerlichen Gesetzbuchs an nach dessen Vorschriften; für die Erforschung der Vaterschaft, für das Recht des Kindes, den Familiennamen des Vaters zu führen, sowie für die Unterhaltspflicht des Vaters bleiben jedoch die bisherigen Gesetze maßgebend.

II Inwieweit einem vor dem Inkrafttreten des Bürgerlichen Gesetzbuchs außerehelich erzeugten Kinde aus einem besonderen Grunde, insbesondere wegen Erzeugung im Brautstande, die rechtliche Stellung eines ehelichen Kindes zukommt und inwieweit der Vater und die Mutter eines solchen Kindes die Pflichten und Rechte ehelicher Eltern haben, bestimmt sich nach den bisherigen Gesetzen.

III Die Vorschriften des Absatzes 1 gelten auch für ein nach den französischen oder den badischen Gesetzen anerkanntes Kind.

1) **Allgemeines.** Eine Übergangsvorschr für die Feststellg der Ehelichk oder Unehelichk eines Kindes fehlt. Grdsätzl ist das nach den zZ seiner Geburt geltenden Gesetzen zu bestimmen; vgl auch EG 203 und EG 207 Anm 1. EG 208 befaßt sich nur mit der rechtl Stellg des unehel Kindes, also auch nicht mit der Stellg der unehel Mutter zum Kindesvater.

2) **Grundsatz, I 1, III.** Die rechtl Stellg der vor dem 1. 1. 00 geborenen unehel Kinder bestimmt sich nach dem 1. 1. 00 grdsätzl nach BGB, also §§ 1589 (mithin auch Eintritt des Kindes in die Fam der Mut-

ter), 1601ff, 1705–1707, 1924ff, 2303. Demgem fielen damals auch ggseitige Erbansprüche des Vaters u Kindes, OLG **3**, 119, fort. Den unehel Kindern sind gleichgestellt die nach den *frz* od *bad* Gesetzen anerkannten Kinder, III, vgl auch *Code civil* 334ff, *Ba* LR 340, 340a, auch wenn die Anerkenng erst nach dem 1. 1. 00 erfolgt war, RG Gruch **56**, 334. Diese Kinder bleiben unehel.

3) **1. Ausnahme, I 2.** In gewisser Beziehg bleiben aber für die in EG 208 I 1 und III genannten unehel Kinder **die bisherigen Gesetze maßgebend,** näml für **a)** die Erforschg der Vaterschaft, also ihre Zulässigk RG **48**, 168; **b)** das Recht des Kindes, den Vatersnamen zu führen, zB für anerkannte Kinder. Das Kind behält auch ein etwaiges Recht zur Führg des Witwennamens der Mutter, JFG **2**, 137; **c)** die UnterhaltsPfl des Vaters, BayObLG **2**, 211.

4) **2. Ausnahme, II.** Entspr dem Grds ist das Recht, das auf die nach dem 1. 1. 00 geborenen Kinder anzuwenden ist, ohne Rücks darauf, wann sie erzeugt sind, das des BGB. Zugunsten von Kindern, denen nach dem bish Vorschriften aus einem bes Grunde die Stellg von ehel zukommt (wg der legitimierten vgl EG 209), insb **Brautkindern,** gilt das bish Recht, wenn sie vor dem 1. 1. 00 erzeugt sind. Dasselbe gilt für die Frage, inwieweit Vater u Mutter eines solchen Kindes die Pflichten u Rechte wie ggü ehelichen Kindern haben, zB ein ErbR.

EG 209 *Legitimation, Annahme an Kindes Statt.* Inwieweit ein vor dem Inkrafttreten des Bürgerlichen Gesetzbuchs legitimiertes oder an Kindes Statt angenommenes Kind die rechtliche Stellung eines ehelichen Kindes hat und inwieweit der Vater und die Mutter die Pflichten und Rechte ehelicher Eltern haben, bestimmt sich nach den bisherigen Gesetzen.

1) **Grundsatz.** Ist die Legitimation (legitimatio per subsequens matrimonium und per rescriptum principis) od die Annahme an Kindes Statt **vor dem 1. 1. 00 erfolgt,** dh ist bei der letzteren der Vertr vorher vollwirks geworden, RG Gruch **47**, 653, so beurteilen sich auch die Wirkgen nach dem bish Recht, RG JW **14**, 418; mithin also zB auch, ob sich die Wirkgen der Ann auf die Abkömmlinge erstrecken, BayObLG **12**, 508, ob die Rechte u Pflichten ehel Eltern haben, das NamensR des Kindes. Der Inhalt dieser Rechte u Pflichten richtet sich aber nach EG 203, OLG **7**, 72. Hat das Kind nicht die volle Stellg des ehel Kindes erhalten, so gilt das BGB nur mit den sich nach dem bish Recht ergebenden Beschrkgen, RG JW **19**, 824; dch Wiederholg der KindesAnn kann eine Ergänzg iS des BGB bewirkt werden, OLG **10**, 8.

2) **Die Pflegekindschaft** ist dem BGB unbekannt, vgl Einf 3 vor § 1741. S aber JWG 27 ff.

3) **Die Einkindschaft,** dh die rechtl Gleichstellg der Kinder aus 1. Ehe mit den aus 2. Ehe zu erwartenden, kennt das BGB nicht. Die erbrechtl Wirkgen bleiben nach EG 214 bestehen, RG JW **15**, 95, desgl die rein vermögensrechtl, RG Gruch **47**, 135; die personenrechtl u damit auch famrechtl nur, wenn der vor dem 1. 1. 00 geschl Einkindschaftsvertr eine gültige KindesAnn enthielt, RG JW **37**, 1716, vgl auch EG 200 Anm 2.

Übergangsrechtl:

NichtehelG Art 12 § 11. Soweit nach den Artikeln 208, 209 des Einführungsgesetzes zum Bürgerlichen Gesetzbuch Vorschriften aus der Zeit vor dem Inkrafttreten des Bürgerlichen Gesetzbuchs anzuwenden sind, bleiben diese Vorschriften weiterhin maßgebend; die §§ 2 bis 10 gelten in diesem Falle nicht.

Bem. Entgg Art 12 § 1, abgedr Einf 7b vor § 1589, bleibt für nehel Kinder, die vor Inkrafttr des BGB (1. 1. 00) geboren sind, der bisherige Rechtszustand bestehen, was bes für erbrechtl Verhältnisse wicht sein kann. Für diese Personen gilt demgem auch Art 12 § 2, Vorbem 2 vor § 1600a, nicht; war eine Vatersch-Erforschg nach dem damals geltden Recht ausgeschl, findet sie auch jetzt nicht statt. Ebensowenig sind die ÜbergangsBest §§ 2–10 anwendb.

Vormundschaft: a) Allgemeines

EG 210 I Auf eine zur Zeit des Inkrafttretens des Bürgerlichen Gesetzbuchs bestehende Vormundschaft oder Pflegschaft finden von dieser Zeit an die Vorschriften des Bürgerlichen Gesetzbuchs Anwendung. Ist die Vormundschaft wegen eines körperlichen Gebrechens angeordnet, so gilt sie als eine nach § 1910 Abs. 1 des Bürgerlichen Gesetzbuchs angeordnete Pflegschaft. Ist die Vormundschaft wegen Geistesschwäche angeordnet, ohne daß eine Entmündigung erfolgt ist, so gilt sie als eine nach § 1910 Abs. 2 des Bürgerlichen Gesetzbuchs für die Vermögensangelegenheiten des Geistesschwachen angeordnete Pflegschaft.

II Die bisherigen Vormünder und Pfleger bleiben im Amte. Das gleiche gilt im Geltungsbereiche der preußischen Vormundschaftsordnung vom 5. Juli 1875 für den Familienrat und dessen Mitglieder. Ein Gegenvormund ist zu entlassen, wenn nach den Vorschriften des Bürgerlichen Gesetzbuchs ein Gegenvormund nicht zu bestellen sein würde.

1) **Grundsatz.** Vom 1. 1. 00 ab gilt für Vormsch und Pflegsch das BGB, §§ 1773ff, 1909ff. Also auch hins der Voraussetzgen.

2) **NachlPflegschaft.** Auch für diese gilt EG 210, KGJ **24**, 23.

EG 211 überholt

b) Mündelsicherheit von Wertpapieren

EG 212 In Kraft bleiben die landesgesetzlichen Vorschriften, nach welchen gewisse Wertpapiere zur Anlegung von Mündelgeld für geeignet erklärt sind.

1) Vgl wg der landesgesetzl Vorschr u der heutigen Regelg § 1807 Anm 2 zu Z 4. Nur die vor dem 1. 1. 00 danach mündelsicheren Papiere bleiben es, ihr Kreis kann nicht erweitert werden. Die Mündelsicherh gilt nur in dem betr Lande.

EG 213 *Erbrechtliche Verhältnisse.* Für die erbrechtlichen Verhältnisse bleiben, wenn der Erblasser vor dem Inkrafttreten des Bürgerlichen Gesetzbuchs gestorben ist, die bisherigen Gesetze maßgebend. Dies gilt insbesondere auch von den Vorschriften über das erbschaftliche Liquidationsverfahren.

1) Grundsatz. Je nachdem, ob Erbl vor od nach 1900 gestorben, gilt altes od neues Recht, RG **87**, 120/124. Der Begriff erbrechtl Verhältnisse ist im weitesten Sinne auszulegen, Staud-Winkler[10] Rdz 3ff; zB zwischen Vor- u NachE (UnentgeltlichkBegriff des § 2113 II auch auf früh Recht anzuwenden, RG DR **39**, 635), Erben u TestVollstr, KG JR **26** Nr 2027, auch RG HRR **32** Nr 1452; ErbenGemsch, s BGH **55**, 66 = LM Nr 7 zu code civil mit Anm von Mattern (bei einer im vorigen Jahr unter der Herrsch des rheinisch-französ Rechts entstandenen ErbenGemsch kann vor erfolgter Teilg kein MitE über seinen Anteil an einem NachlGgst verfügen; Weitergeltg des Cc), s allg Lange Lehrb § 3 I 2a, Soergel-Hartmann Anm 1–5; RGRK[12] Einl Rdz 7 vor § 1922; er umfaßt auch das formelle ErbR, s Heldrich, Internationale Zustdgk u anwendb Recht, 1969, § 8[106]; Einschränkgen EG 214, 217, 200. – LiquidationsVerf nach *Pr* AllgGerO 51, §§ 53ff und sonstigem LandesR (zB *Wü* NachlAuseinandersetzg). Bei Eintritt eines Erbeserben in die Rechtsstellg eines vor dem 1. 1. 1900 verst Erbl gehen auch die VerfLagen der FreiwG auf über, zB das R auf Erteilg einer Erbbescheinigg nach dem *preuß* G betr die Ausstellung gerichtl Erbbescheiniggen vom 12. 3. 1869 (GS 473), LG Köln RhNK **70**, 206.

2) Zum Höferecht s Anm 3 aE.

3) ÜbergangsVorschr für das Inkraftttr der erbrechtl Best des G über die rechtl Stellg der nichtehel Kinder vom 19. 8. 69, BGBl 1243, s Art 1 Nr 86–93 NEhelG, sind enthalten in Art 12 §§ 1, 10, 11 NEhelG; s die Anm zu Art 12 § 10 im Anh I zu § 1924, BVerfG NJW **77**, 1677/1678, 1681, Anm nach Art 209 EG. Über ÜbergangsVorschr für das Inkraftttr erbrechtl Best des 1. EheRG v 14. 6. 76 (BGBl I 1421, in Kraft ab 1. 7. 77, Art 12 Nr 13a d G) s Art 12 Nr 3, 5, 11 d G; zum ÜbergangsR zu §§ 1933, 2077 s Battes FamRZ **77**, 433/440. Über Vorschr für das Inkraftttr erbrechtl Vorschr des AdoptG v 2. 7. 76 (BGBl I 1749, in Kraft ab 1. 1. 77, Art 12 Nr 10d G) s Art 12 § 1 IV, V, §§ 2, 3 u dazu § 1924 Anm 3 A b cc m H. ÜbergangsVorschr für die erbrechtl Verhältn im HöfeR enthält Art 3 §§ 3–5 des 2. HöfeOÄndG; s zu § 3 Köln DNotZ **78**, 308; BGH AgrarR **77**, 303/304; Lüdtke/Handjery Rdz 54 zu § 8 HöfeO.

4) DDR. Eine ÜbergangsVorschr zum Inkraftttr des neuen ErbR (ZGB-DDR 362–427, 1.1.76) enthält das EG zum ZGB 8 (Auszüge im Anh der 35. Aufl).

EG 214 *Verfügungen von Todes wegen.* **I** Die vor dem Inkrafttreten des Bürgerlichen Gesetzbuchs erfolgte Errichtung oder Aufhebung einer Verfügung von Todes wegen wird nach den bisherigen Gesetzen beurteilt, auch wenn der Erblasser nach dem Inkrafttreten des Bürgerlichen Gesetzbuchs stirbt.

II Das gleiche gilt für die Bindung des Erblassers bei einem Erbvertrag oder einem gemeinschaftlichen Testamente, sofern der Erbvertrag oder das Testament vor dem Inkrafttreten des Bürgerlichen Gesetzbuchs errichtet worden ist.

1) Nach bisherigem Recht richtet sich Errichtgs- u Aufhebgsform u -fähigk (Ausn EG 215 I), sowie d e Bindg (II; RG **77**, 172), Widerruf, Lösbark der Bindg, nicht aber Anfechtbark, Unwirksamk wg des Inhalts. **Inhalt und Wirkg** sowie **Auslegg** richten sich vielm nach den Grdsätzen des EG 213 (BayObLG JFG **3**, 153), also nach BGB, wenn Erbl nach 1900 gestorben (Auslegg dann nach § 133: wahrer Erbl-Wille zZ der Errichtg); wenn Erbl vor 1900 gestorben, Auslegg nach früh Recht, Celle HRR **41** Nr 769, s allg RGRK[12] aaO. – Ähnl § 51 II TestG. Über das ÜbergangsR zu den die **Form der Errichtg von Vfgen vTw** betr Vorschr des *Beurk*G v 28. 8. 61, BGBl 1513, s Einf 6, 7 vor § 2229.

EG 215 *Testierfähigkeit.* **I** Wer vor dem Inkrafttreten des Bürgerlichen Gesetzbuchs die Fähigkeit zur Errichtung einer Verfügung von Todes wegen erlangt und eine solche Verfügung errichtet hat, behält die Fähigkeit, auch wenn er das nach dem Bürgerlichen Gesetzbuch erforderliche Alter noch nicht erreicht hat.

II Die Vorschriften des § 2230 des Bürgerlichen Gesetzbuchs finden auf ein Testament Anwendung, das ein nach dem Inkrafttreten des Bürgerlichen Gesetzbuchs gestorbener Erblasser vor diesem Zeitpunkt errichtet hat.

1) Vgl EG 24 III; § 2229 III 2 gilt nicht. Vgl im übr §§ 2229, 2230.

EG 216 (Gegenstandslos)

EG 217 ***Erbverzicht.*** I Die vor dem Inkrafttreten des Bürgerlichen Gesetzbuchs erfolgte Errichtung eines Erbverzichtsvertrags sowie die Wirkungen eines solchen Vertrags bestimmen sich nach den bisherigen Gesetzen.

II Das gleiche gilt von einem vor dem Inkrafttreten des Bürgerlichen Gesetzbuchs geschlossenen Vertrage, durch den ein Erbverzichtsvertrag aufgehoben worden ist.

1) Nach bish Recht bestimmen sich Errichtg u Aufhebg von Erbverzichtsverträgen u ihre Wirkgen, wenn die Verträge vor dem 1. 1. 1900 geschl worden sind, gleichgültig, ob der Erbl vor od nach diesem Ztpkt gestorben ist, s RG Recht **10** Nr 338, RGRK[12] § 1931 Rdz 16.

EG 218 ***Befugnisse der Landesgesetzgebung.*** Soweit nach den Vorschriften dieses Abschnitts die bisherigen Landesgesetze maßgebend bleiben, können sie nach dem Inkrafttreten des Bürgerlichen Gesetzbuchs durch Landesgesetz auch geändert werden.

1) Vgl EG 3 mit Anm.

Verschollenheitsgesetz

Vom 15. Januar 1951

(BGBl I S 63/BGBl III 401–6)

Vom Abdruck wird auch in dieser Auflage abgesehen, vgl im Bedarfsfalle 31. Auflage, die dem heutigen Rechtsstand in der BRep im allgem entspricht. **Neu** zu VerschG 9, 11, 44: BGH **62**, 112 = NJW **74**, 699 nimmt mit überzeugden Gründen an, daß die Vermutg des § 11 für den gleichzeit Tod von mehreren gestorbenen od für tot erklärten Menschen, bei denen die Todeszeitfolge nicht zu beweisen, den übr Todeszeitvermutgen des VerschG u VerschÄndG vorgeht (anders die bis dahin überwiegde Meing, auch hier 31. Aufl). Die Vermutg des VerschG 11 führt, wie BGH Rpfleger **75**, 57 überzeugd ausführt, nicht dazu, die nach den and Bestimmgen des VerschG od VerschÄndG festgesetzte oder festzusetzde Todeszeit zu ändern. Ein rechtl Interesse an der TodesErkl (§ 16 II c) kann nach wie vor nur angen w, wenn die schon zu Lebzeiten begründete RBeziehgen des AntrSt dch den Tod des Verschollenen derart berührt w, daß dch den Tod ein Recht od eine Pfl für den AntrSt entsteht, erlischt od sonst verändert w (Ffm OLGZ **77**, 407 im Anschl an BGH **4**, 323, **9**, 111; aA LG Marburg NJW **77**, 2124). Wer geltd macht, er sei anstelle des Verschollenen Erbe eines nach Beginn der Verschollenh Verstorbenen geworden, ist daher nicht antrberecht (Ffm aaO; aA LG Marburg aaO). – Der Text des VerschG ist abgedruckt in Schönfelder, Deutsche Gesetze, Nr **22**.

In der **DDR** ist das Gesetz aufgeh dch das neue ZGB; an seine Stelle treten ZGB 461–464.

Gesetz zur Änderung von Vorschriften des Verschollenheitsrechts

Vom 15. Januar 1951

(BGBl I S 59/BGBl III 401–7)

Vom Abdruck wird auch in dieser Auflage abgesehen, vgl im Bedarfsfalle 31. Auflage u vorstehende Bemerkung zum VerschG.

Beurkundungsgesetz

Vom 28. August 1969 (BGBl I S 1513),

geändert durch Gesetze vom 27. Juni 1970 (BGBl I S 911), vom 17. Dezember 1974 (BGBl I S 3602) u vom 2. Juli 1976 (BGBl I S 1749).

– Auszug –

Bearbeiter: H. Heinrichs, Präsident des Landgerichts Bremen §§ 1–26; ObLGRat Dr. h. c. Keidel §§ 27–35; im übrigen wurde vom Abdruck abgesehen.

(In Verweisungen bedeuten §§ 1–71 solche des BeurkG, andere §§ ohne Zusatz solche des BGB)

Schrifttum: a) **Kommentare** u Textausgaben mit Erl: Arnold, BeurkG, 2. Aufl 1970; Haegele, BeurkG, 1969; Höfer-Huhn-von Schuckmann, BeurkG, 1972; Jansen, FGG, 2. Aufl, 1971, Bd 3; Keidel-Kuntze-Winkler, FGG, 11. Aufl, 1978; Mecke, BeurkG, 1970; Reithmann, Allg UrkR, 1972; Riedel-Feil, BeurkG, 1970.
b) **Aufsätze:** Appell, Auswirkgen des BeurkG auf das Familien- u ErbR, FamRZ **70**, 520; Bink, BeurkG, JurBüro **70**, 1; Haegele, BeurkG, Rpfleger **69**, 365, 414; Höfer, BeurkG in der Praxis, JurA **70**, 740; Mattern, Entw eines BeurkG, Rpfleger **69**, 37; Mecke, Entw eines BeurkG, DNotZ **68**, 584; Weber, REinheit im BeurkWesen, DRiZ **70**, 45; Zimmermann, Zweifelsfragen zum BeurkG, Rpfleger **70**, 189.

Einführung

1) Im bisherigen Recht fehlte eine zusfassde Regelg des BeurkWesens. Die Vorschr waren in Bundes- u LandesGes verstreut. Bundesrechtl galten insb FGG 167ff mit BNotO 20–37, die Vorschriften des BGB über Errichtg von Testamenten u Erbverträgen u daneben eine ganze Reihe von Bestimmgen für bes Fälle. Der Rest war aGrd der Vorbehalte der EGBGB 141–143, 151 u der FGG 191, 198, 200 landesrechtl geregelt. Das BeurkR war dadch außerordentl unübersichtl geworden u zwar auch, was die Zustdgk der UrkPersonen betrifft. Eine bundesrechtl Regelg war daher seit langem fäll. Sie ist nunmehr enthalten in dem BeurkG.

2) Wesentlichste Gedanken des BeurkG sind: **a)** Das BeurkG konzentriert die **Beurkundgszuständigkeit** auf die Notare als die dafür bes geschaffenen Organe der vorsorgden RPflege; die Ausnahmen von diesem Grds sind stark eingeschränkt. – **b)** Das BeurkVerf w iS einer bundesrechtl **Kodifikation** geregelt, zu diesem Zweck werden mit wenigen Ausnahmen alle in den verschiedensten Gesetzen verstreuten Vorschriften, auch soweit sie sachl nicht geändert sind, in das BeurkG übernommen. Dabei wird nicht nur die Beurk-Tätigk als solche, sond es w auch die dazugehörigen Nebentätigkeiten behandelt. – **c)** Das Ges **vereinfacht** das BeurkVerf; die Förmlichk, von deren Beachtg die Wirksamk der Beurk abhängt, w auf das notw Maß beschr.

3) Überblick. Das Ges gilt zunächst unmittelb nur für UrkTätigk der **Notare** (§ 1 I); seine Vorschr sind aber dch § 1 II auf die öffentl Beurk dch and Amtspersonen, soweit solche jetzt noch dafür zust sind, entspr anwendb. Diesem GrdsParagraph folgen weitere wicht allg Vorschr (§§ 2–5). Der zweite Abschnitt (§§ 6–35) regelt recht eingehd die Beurk von WillErkl, wobei auch die Prüfgs- u Belehrgspflichten des Notars behandelt w, der dritte Abschnitt (§§ 36–43) betrifft die sonstigen Beurk, die teils ebenf als Niederschriften gefertigt w, teils als einfache Zeugnisse (wozu die UnterschrBeglaubigg gehört). Als vierter Abschnitt (§§ 44–45) folgen Ordngsvorschriften über die Behandlg der Urkunden, Erteilg von Ausfertiggen, Übersetzgen u Abschriften usw. Der fünfte Abschnitt enthält die sehr umfangreichen Schlußvorschriften, insb die Aufhebg bzw Änderg des bisher geltden R.

4) Bei der **Kommentierg** des BeurkG haben sich die Verfasser darauf **beschränkt**, die materiell-rechtl Bedeutg in bezug auf das ZivilR, insb die Fragen der Wirksamk der Beurk u die aus der Unwirksamk herzuleitden Folgen zu erörtern. Deshalb wurde auch von der Kommentierg der §§ 36 ff abgesehen.

5) Die Paragraphenüberschriften sind amtl.

Erster Abschnitt. Allgemeine Vorschriften

BeurkG 1 *Geltungsbereich.* I Dieses Gesetz gilt für öffentliche Beurkundungen durch den Notar.

II Soweit für öffentliche Beurkundungen neben dem Notar auch andere Urkundspersonen oder sonstige Stellen zuständig sind, gelten die Vorschriften dieses Gesetzes, ausgenommen § 5 Abs. 2, entsprechend.

1) Aus § 1, insb II folgt, daß der GesGeber das BeurkR **umfassd** regeln u damit nunmehr die ausschließl Zustdgk des BGesGebers auf diesem Gebiet in Anspr nehmen wollte. Gesetze, die BeurkFragen anderw regeln, sind damit beseitigt, soweit sie nicht nach §§ 58, 59 für BundesR (grdsätzl ja!) u § 61 für LandesR (grdsätzl nein!) in Geltg bleiben sollen.

2) Die Zuständigkeit der Notare, die vom Ges vorausgesetzt w, ergibt sich in erster Linie aus BNotO 20, wonach die Notare zust sind, Beurk jeder Art vorzunehmen. Die Zustdgk der Notare ist also grdsätzl umfassd. Sie gilt aber nicht für die Beurk in laufden od einzuleitden Verf, an denen Notare nicht beteiligt sind, insb nicht für die Beurk von Anträgen, Erklärgen u Vergleichen im Rahmen von Zivil-, Straf-, u VerwProzessen od behördl Verfahren. Sie erstreckt sich dementspr auch nicht auf sog behördl EigenUrk, BayObLG **75**, 227. Für gerichtl Vergleiche bestimmt der neue BGB 127 a, daß die Aufn von Erklärgen in ein gerichtl Protokoll die not Beurk ersetzt (vgl dort).

3) Beurkunden bedeutet das Errichten eines Schriftstückes über Tats u Vorgänge, die die UrkPers selbst wahrgenommen h (Reithmann DNotZ **74**, 6), od kurz: „urkundl bezeugen." Gleichgült ist, ob die bezeugten Tats WillErkl, Erkl nicht rechtsgeschäftl Inhalts od sonst Vorgänge sind. Die vom Notar od einer and UrkPers innerh der Grenzen ihrer Amtsbefugn formgerecht aufgenommenen Urk h nach ZPO 415, 418 volle BewKraft für die beurk Tats, jedoch ist GgBew unricht Beurk zul.

4) Nach II ist das Ges auch auf **andere Urkundspersonen** anwendb, soweit diese („neben dem Notar") für die Errichtg von ZeugnUrk im Rahmen vorsorgder RPflege zust sind, Jansen Rdn 6, Mecke Rdn 21. Die prakt wichtigsten Fälle sind: BeurkZustdgk der AmtsG (§ 62) u Jugendämter (JWG 49) für Vatersch-Anerkenntn; Aufn eidesstattl Versichergen dch die Ger gem §§ 2356, 2368, 1507; Beglaubigg dch VerwBehörden gem dem in § 63 aufrecht erhaltenen LandesR (Vorsteher der OrtsGer in *Hess* u *RhPf*, vgl Keidel-Kuntze-Winkler § 63 Rdn 1). Nicht anwendb ist II auf: Errichtg von NotTest vor dem Bürgermeister (§ 2231); Beurk dch Konsul (KonsularG 10 ff; vgl dazu Geimer DNotZ **78**, 1 ff) od Standesbeamte (§ 58); Beurk von Wechsel- u Scheckprotesten u Zustellgen dch Postbeamte (Sonderregelgen in WG 79, ScheckG 55, ZPO 195); Beurk von Zustellgen od Versteigergen dch GerVollzieher (Sonderregelgen in ZPO u BGB). Es gilt ferner nicht für Beurk, die mit der sachl Zustdgk eines Ger od einer VerwBeh für ein best Verf zushängen, Anm 2. ZusStellg bei Jansen Rdn 20–32, Winkler Rpfleger **71**, 344, Haegele Rpfleger **72**, 295, ferner Hornung Rpfleger **72**, 203 (BeurkBefugn im ZwVerstVerf).

BeurkG 2 *Überschreiten des Amtsbezirks.* **Eine Beurkundung ist nicht deshalb unwirksam, weil der Notar sie außerhalb seines Amtsbezirks oder außerhalb des Landes vorgenommen hat, in dem er zum Notar bestellt ist.**

1) § 2 entspr dem fr BNotO 11 III. Er gilt über § 1 II entsprechd auch bei Überschreitg des Amtsbezirks einer and UrkPers, so daß die Überschreitg der örtl Zustdgk in keinem Falle mehr zur Nichtigk des BeurkAktes führt. Im Ausland von einem dtschen Notar dchgeführte Beurk sind unwirks, Jansen Rdn 6, Blumenwitz DNotZ **68**, 716, Winkler DNotZ **71**, 146, hM (aA 30. Aufl); dagg ist die im Inland vorgen Beglaubigg einer im Ausland vollzogenen od anerkannten Unterschr wirks, Jansen Rdn 7, hM. Zur Beurk dch ausl Notar, wenn RGesch nach dtsch R formbedürft, vgl EGBGB 11 Anm 3.

BeurkG 3 *Verbot der Mitwirkung als Notar.* [I] **Ein Notar soll an einer Beurkundung nicht mitwirken, wenn es sich handelt um**
1. **eigene Angelegenheiten, auch wenn der Notar nur mitberechtigt oder mitverpflichtet ist,**
2. **Angelegenheiten seines Ehegatten, früheren Ehegatten oder seines Verlobten,**
3. **Angelegenheiten einer Person, die mit dem Notar in gerader Linie verwandt oder verschwägert oder in der Seitenlinie bis zum dritten Grade verwandt oder bis zum zweiten Grade verschwägert ist oder war,**
4. **Angelegenheiten einer Person, deren gesetzlicher Vertreter der Notar ist oder deren vertretungsberechtigtem Organ er angehört, oder**
5. **Angelegenheiten einer Person, die den Notar in derselben Angelegenheit bevollmächtigt hat oder zu der er in einem ständigen Dienst- oder ähnlichen ständigen Geschäftsverhältnis steht.**

[II] **Handelt es sich um eine Angelegenheit mehrerer Personen und ist der Notar früher in dieser Angelegenheit als gesetzlicher Vertreter oder Bevollmächtigter tätig gewesen oder ist er für eine dieser Personen in anderer Sache als Bevollmächtigter tätig, so soll er vor der Beurkundung darauf hinweisen und fragen, ob er die Beurkundung gleichwohl vornehmen soll. In der Urkunde soll er vermerken, daß dies geschehen ist.**

[III] **Absatz 2 gilt entsprechend, wenn es sich handelt um**
1. **Angelegenheiten einer Person, deren nicht zur Vertretung berechtigtem Organ der Notar angehört,**
2. **Angelegenheiten einer Gemeinde oder eines Kreises, sofern der Notar Mitglied der Gemeinde- oder Kreisvertretung ist, der die gesetzliche Vertretung der Gemeinde oder des Kreises obliegt, oder**
3. **Angelegenheiten einer als Körperschaft des öffentlichen Rechts anerkannten Religions- oder Weltanschauungsgemeinschaft oder einer als Körperschaft des öffentlichen Rechts anerkannten Teilorganisation einer solchen Gemeinschaft, sofern der Notar einem durch Wahlen gebildeten Organ angehört, dem die gesetzliche Vertretung der Körperschaft obliegt.**

In den Fällen der Nummern 2 und 3 ist Absatz 1 Nr. 4 nicht anwendbar.

Vorbem: Wg der vom AdoptionsG v 2. 7. 1976 (BGBl I S 1749) eingeführten „Volladoption" (§§ 1754, 1755) gibt es nunmehr auch fr Verwandte u (trotz § 1590 II) fr Verschwägerte. Das AdoptionsG hat daher in I Nr 3 die Worte „oder war" angefügt.

1) Bedeutg des Mitwirkgsverbots: § 3 I, der im wesentl BNotO 16 I aF entspr, aber auch die Fälle der fr FGG 170, BGB 2234, 2276 umfaßt, ist eine **Sollvorschrift**. Seine Verletzg führt daher nicht mehr zur Unwirksamk der Beurk (vgl aber Anm 4). Gleichwohl ist die Befolgg des § 3 unbedingte AmtsPfl des

Notars. Die Absätze II u III entsprechen im wesentl den bisher BNotO 16 IV u V; nur sind dch III 3 jetzt auch die Kirchengemeinden u ähnl Körpersch von der Vorschr umfaßt.

2) I Z 1–3 betreffen den Notar selbst u nahe Angeh. – Z 4 schließt den Notar aus, wenn er zu den gesetzl Vertretern einer natürl od jur Person gehört od dem vertretgsberecht Organ einer JP angehört, um deren Angelegenh es sich handelt; nach III 2 gilt das aber nicht, wenn der Notar einer Gemeinde- od Kreisvertretg od dem vertretgsberecht Organ einer Kirchengemeinde (od ähnl Körpersch) angehört. – Z 5 schließt den Notar aus, wenn er bevollmächt Vertreter ist od auch nur in ständ Dienst- od ähnl GeschVerhältn zu der beteil Pers steht. Der SyndikusAnw darf also als Notar Angelegenheiten seines Dienstherrn nicht beurk. Das gilt auch für den RAnw, der ständ für einen AuftrGeber tät ist, wenn er dabei weisgsgebunden handeln muß. Der freie, nicht weisgsgebundene Anw dagg darf, auch wenn er einen Mandanten ständ berät od vertritt, als Notar auch dessen Angelegenheiten beurk (hat dann aber II zu beachten), Keidel-Winkler Rdn 54; denn er steht nicht in einem GeschVerhältn zu seinem AuftrGeber, das einem ständ Dienstverhältn ähnelt, krit Stürner JZ **74**, 159.

3) II u III begründen bes Hinweispflichten des Notars, wenn er zu einer der Personen, deren Angelegenh in Frage steht, in den genannten Verh steht; der erfolgte Hinw soll in der Urk erwähnt w.

4) Strengere **Sondervorschriften** über die Bedeutg der AusschlGründe enthalten für WillErkl die §§ 6 u 7, gewisse Sonderbestimmgen für TestErrichtg auch §§ 2231–2233 u für Erbverträge § 2276 in ihrer neuen Fassg sowie allg für letztw Vfgen § 27. Für Beurk des JugAmtes enthält JWG 49 I S 2 eine die Z 5 verdrängde Sonderregelg, KG OLGZ **73**, 116.

BeurkG 4 *Ablehnung der Beurkundung.* **Der Notar soll die Beurkundung ablehnen, wenn sie mit seinen Amtspflichten nicht vereinbar wäre, insbesondere wenn seine Mitwirkung bei Handlungen verlangt wird, mit denen erkennbar unerlaubte oder unredliche Zwecke verfolgt werden.**

1) § 4 entspr etwa dem fr BNotO 14 II. Der Fall der Ablehng der Beurk wg Befangenh bleibt nach BNotO 16 II (früh 16 III) daneben bestehen. Wann die Beurk mit den AmtsPfl nicht vereinb ist, ist nach der BeurkArt verschieden. Bei Beurk iS des § 128 hat er abzulehnen, wenn das Gesch ganz od teilw nichtig ist, etwa wg Verstoßes gg §§ 134, 138, AGBG 9ff. Dagg darf der Notar die Beglaubigg einer Unterschr nicht deshalb ablehnen, weil er die unterzeichnete Erkl für unzul hält, LG Mü Rpfleger **72**, 255 mit Anm Winkler.

BeurkG 5 *Urkundensprache.* ¹ **Urkunden werden in deutscher Sprache errichtet.**
II Der Notar kann auf Verlangen Urkunden auch in einer anderen Sprache errichten. Er soll dem Verlangen nur entsprechen, wenn er der fremden Sprache hinreichend kundig ist.

1) Der bish FGG 175 verlangte ausnahmslos die Errichtg der Urk in dtscher Sprache; das war, wenn nicht alle Beteil dtsch verstanden, wohl aber alle einer and Sprache mächt waren, sehr unzweckm. Desh die Ausn des II. Der Notar ist aber nicht verpflichtet zur Beurk in fremder Sprache, BNotO 15 II nF. Zul auch die Errichtg von Urk teils in dtscher u teils in fremder Sprache od die Verwendg verschiedener fremder Sprachen, BT-Drucksache V/3382 S 28. Vorausetzg ist ein entspr Verlangen aller Beteil, Hagena DNotZ **78**, 396. Soweit die Urk in fremder Sprache errichtet w, dürfte auch die Verwendg fremder Schriftzeichen zul sein, Höfer JurA **70**, 745. Für and UrkPers, die noch für Beurk zust sind, gilt II nicht (vgl § 1 II); sie dürfen nur Urk in dtscher Sprache errichten. Anders nur die Konsuln nach KonsG 10 III Nr 1.

2) Wg der Beurk von WillErkl vgl auch § 8.

Zweiter Abschnitt. Beurkundung von Willenserklärungen

Überblick

1) Der 2. Abschnitt bringt in 5 Unterabschnitten besondere Bestimmungen für die Beurk von WillErkl u zwar **a)** über die RFolgen der Nichtbeachtg von AusschließgsGründen bei der Beurk von WillErkl (§§6, 7) – **b)** über das, was bei der Protokollierg von WillErkl zu beachten ist (§§ 8–16) – **c)** über die sehr bedeuts Prüf- u BelehrgsPflichten (§§ 17–21) – **d)** über Besonderheiten, die bei der Beurk von Erklärgen behinderter Personen, näml von Tauben, Stummen, Blinden u Schreibunfähigen (§§ 22–26) zu beachten sind – **e)** über Besonderheiten für Test u ErbVertrErrichtgen (§§ 27–35).

2) Der 2. Abschnitt ersetzt die §§ 168–181 FGG und eine Reihe von Vorschr der BNotO sowie die meisten BeurkVorschriften, die das BGB für Testamente u Erbverträge enthielt.

1. Ausschließung des Notars

BeurkG 6 *Ausschließungsgründe.* ¹ **Die Beurkundung von Willenserklärungen ist unwirksam, wenn**
1. **der Notar selbst,**
2. **sein Ehegatte,**
3. **eine Person, die mit ihm in gerader Linie verwandt ist oder war oder**

BeurkG 6, 7

4. ein Vertreter, der für eine der in Nummern 1 bis 3 bezeichneten Personen handelt, an der Beurkundung beteiligt ist.

II An der Beurkundung beteiligt sind die Erschienenen, deren im eigenen oder fremden Namen abgegebene Erklärungen beurkundet werden sollen.

Vorbem: Das AdoptionsG v 2. 7. 1976 (BGBl I S 1749) hat I Nr 3 neu gefaßt u im Hinbl auf § 1755 auf fr Verwandte ausgedehnt; vgl Vorbem zu § 3.

1) Allgemeines. § 6 hebt von den AusschlGrden des § 3 diejenigen heraus, deren Nichtbeachtg die Beurk von WillErkl im ganzen unwirksam macht. Die Vorschr beschr die Unwirksamk auf die unumgängl notw Fälle. Nur wenn der Notar (die and UrkPers, § 1 II) selbst, sein Eheg (nicht ein fr), Aszendenten od Deszendenten in der Urk Erklgen abgeben od wenn ein Vertreter für sie Erklgen abgibt, ist die Beurk ganz unwirks. – Nach § 38 ist § 6 entspr anwendb bei der Abn von Eiden u der Aufn eidesstattl Versichergen.

2) Der Begriff der **Beteiligg** ist, and als fr in der BNotO, aber ebso wie im fr FGG 168 S 2f formell zu verstehen, beteiligt ist also derjenige, dessen Erkl beurkundet w, gleichviel ob er sie im eig Namen od für und and abgibt, Jansen Rdn 2, Keidel-Winkler Rdn 5. Auf die materielle Beteiligg (ob es iS des § 3 eine Angelegenh des Notars od der Pers der Z 2–4 ist) kommt es für § 6 (and § 7) nicht an; wirks, wenn auch nach § 3 unzul, wäre also die Beurk der Ann eines vom Notar selbst gemachten VertrAngebots, soweit nicht § 7 eingreift; wirks ggf auch Beurk eines dem Notar gemachten VertrAngebots. Nicht „beteiligt" sind Personen, die bei der Beurk sonst anwesd sind, insb nicht Schreibhilfen. Die Zuziehg einer Schreibhilfe ist auf die Wirksamk der Beurk stets ohne Einfluß. – In § 15 (Versteiger) gilt ein engerer Begr der Beteiligg.

3) Folgen der Unwirksamkeit. Ob die Unwirksamk der Beurk auch die der WillErkl zur Folge h, richtet sich nach materiellem Recht, insb §§ 125 ff BGB. Verlangt das G notarielle Beurk, dann ist die WillErkl wg Formmangels nichtig. Beruht die Beurk auf ParteiVereinbg, so ist es AusleggsFrage, ob die WillErkl trotz des Formmangels gült ist, vgl § 125 Anm 2, 3. Da § 925 für Auflassg nur „Erklärg" vor Notar, nicht „Beurkundg" vorschreibt, ist sie auch bei Verstoß gg § 6 wirks, Jansen Rdn 11, BGH **22**, 314 (für fr Recht).

4) Zu I. Z 1: Der Notar kann wirks keine Erkl beurk, die er selbst abgibt; auch nicht, wenn er als Vertreter handelt, zB die vormschgerichtl Gen eines Vertr für den Vormd der GgPartei mitteilt. (Er kann diese Erklärg nicht wirks beurk, aber die der GgPartei, daß sie Kenntn genommen h). – **Zu Z 2**: Bei Beurk von Erklärgen des fr Eheg od des Verlobten gilt § 6 nicht. – **Zu Z 3**: Nur bei Verwandten auf- u absteigder Linie, nicht bei Geschwistern od Verschwägerten greift § 6 ein. – **Zu Z 4**: **Vertreter**: Beurk einer WillErkl ist auch unwirks, wenn der „Vertreter" für nicht rechtsfäh Verein od nicht rechtsfäh Gesellsch (zB OHG) handelt, an der der Notar od die Personen der Ziff 2 u 3 beteil sind, weil die WillErkl dann sachl auch in Namen der VereinsMitgl od Gesellschafter abgegeben w. Bei Erklgen für eine jur Pers, der der Notar angehört, gilt das nicht, Jansen Rdn 10. Der Verwalter kr Amtes (TestVollstr usw) ist dem Vertreter gleichzustellen, Keidel-Winkler Rdn 22.

5) Weitere UnwirksamkGründe personeller Natur vgl §§ 24 II, 27. Teilunwirksamk bei Beurk von WillErkl, die dem Notar od seinem Angeh rechtl Vorteile bringen, s § 7. Geisteskrankh des Notars berührt Wirksamk der Beurk nicht, Jansen Rdn 13, str, aA Keidel-Winkler Rdn 25.

BeurkG 7 *Beurkundungen zugunsten des Notars oder seiner Angehörigen.*
Die Beurkundung von Willenserklärungen ist insoweit unwirksam, als diese darauf gerichtet sind,

1. dem Notar,
2. seinem Ehegatten oder früheren Ehegatten oder
3. einer Person, die mit ihm in gerader Linie verwandt oder verschwägert oder in der Seitenlinie bis zum dritten Grade verwandt oder bis zum zweiten Grade verschwägert ist oder war,

einen rechtlichen Vorteil zu verschaffen.

Vorbem: Das AdoptionsG v 2. 7. 1976 (BGBl I S 1749) hat in I Nr 3 die Worte „oder war" angefügt; vgl Vorbem zu § 3.

1) Allgemeines. Die nach § 3 (vgl dort) verbotene Mitwirkg des Notars bei WillErkl, die ihm od seinen nahen Angeh rechtl Vorteile bringen, hat nicht die Unwirksamk des gesamten UrkAktes, sond nur diejenige der WillErkl zur Folge, die dieser rechtl Vorteile verschaffen sollen. Sind noch andere Erklärgen beurk, so ist ihre Beurk wirks, es gilt aber § 139, Keidel-Winkler Rdn 13. Ob auch die WillErkl unwirks ist, beurteilt sich nach materiellem R, § 6 Anm 3. Bei Vfgen vTw vgl außerdem § 27.

2) Unwirksamk der Beurk tritt hier auch ein, wenn ein fr Eheg des Notars od wenn Verwandte dritten Grades der Seitenlinie od Verschwägerte zweiten Grades begünstigt sind, der **Personenkreis** ist also erhebl weiter, als bei § 6.

3) Unter **rechtlichem Vorteil** ist jede Erweiterung von Rechten od Verminderg von Pflten zu verstehen, gleichgült ob es sich um vermögensrechtl od sonst Rechte u Pflten handelt, Keidel-Winkler Rdn 3. Eine wirtschaftl Besserstellg ist weder erforderl noch ausr. Der Notar kann daher wirks eine Bürgsch zu seinen Gunsten beurkunden, Keidel-Kuntze-Winkler Rdn 5, str. § 7 gilt auch dann, wenn dem Vorteil Verpfl ggüberstehen; er ist unanwendb, wenn der Vorteil einer vom Notar (seinen Angeh) verwalteten Vermögens-Masse od jur Pers eingeräumt w. Beurk einer Vollm auf den Notar wohl zul, da die Macht, WillErkl mit Wirkg für einen and abzugeben, keinen rechtl Vorteil darstellet, Mecke Rdn 5, RG **121**, 34, **155**, 178, OGH NJW **49**, 64; str; unbedenkl ist die Beurk der Vollm (Ermächtigg) auf den Notar zumindest dann, wenn sie der Förderg u Durchführg des beurk RGesch dient, Jansen Rdn 7. Unzul dagg die Benenng als SchiedsRi od TestVollstr (§ 27), Keidel-Kuntze-Winkler Rdn 7.

2. Abschnitt: Beurkundung von Willenserklärungen **BeurkG 8–10**

2. Niederschrift

BeurkG 8 *Grundsatz.* **Bei der Beurkundung von Willenserklärungen muß eine Niederschrift über die Verhandlung aufgenommen werden.**

1) Die Beurk von WillErkl kann nur in der Form der **„Verhandlung"** erfolgen, über die ein Protokoll (Niederschrift, vgl § 9) aufgenommen w muß. Ein Vermerk (vgl § 39) würde nicht genügen u die Beurk unwirks machen. Verhandlg bedeutet die Erörterg mit den Beteiligten u die Formulierg ihrer WillErklen. – Bei der Beurk von Versammlgen, zB Hauptversammlg der AG, w nicht die dort abgegebene WillErkl, sond der Hergang beurkundet; §§ 36f, nicht § 8 gelten, Düss NJW **77**, 2216, Mecke Rdn 9, hM. – And als nach fr FGG 175 ist es nicht mehr notw, daß das Protokoll in deutscher Sprache abgefaßt ist (vgl dazu auch oben § 5).

2) Die **Niederschr** od ein Teil davon, kann vor der Verh entworfen sein, auch von einem and als dem Notar. Sie muß in übl Schriftzeichen hergestellt sein. Ob Stenografie zul ist, ist str, vgl Keidel-Winkler Rdn 7. Man w insow ZPO 160a entspr anwenden können. Das Stenogramm ist vorzulesen, zu genehmigen, dies ist in der Urkunde zu vermerken u eine Übertr in Langschrift ist baldmöglichst als Anlage zu der Urk zu bringen. Ein angefertigtes Protokoll ist keine „Niederschrift" iS des § 8 u muß daher wirks sein, da § 9 I^2 Bezugn auf eine „Schrift" als Anlage zuläßt u das Stenogramm als Schrift zu werten ist.

3) Nach Abschl der Beurk sind **Änderen** nur zur Berichtigg offenb Schreibfehler zul. Bei sonstigen Änderen od Ergänzen muß aGrd einer erneuten Verhandlg eine NachtragsUrk errichtet w (DONot 30 IV), BGH **56**, 159, Jansen Rdn 20.

4) Für die Niederschr einer Vfg vTw vgl auch §§ 34, 35.

BeurkG 9 *Inhalt der Niederschrift.* ^I **Die Niederschrift muß enthalten**
1. die Bezeichnung des Notars und der Beteiligten sowie
2. die Erklärungen der Beteiligten.
Erklärungen in einem Schriftstück, auf das in der Niederschrift verwiesen und das dieser beigefügt wird, gelten als in der Niederschrift selbst enthalten.
^{II} **Die Niederschrift soll Ort und Tag der Verhandlung enthalten.**

1) Allgemeines: WirksamkErfordern sind nur noch die Bezeichng des Notars u der Beteil (Anm 2), die Aufn der Erkl der Beteil u, soweit diese in einer beigefügten Schrift enthalten sind, die Verweisg darauf (Anm 3); ferner nach § 13 das (ev nach § 14 eingeschränkte) Vorlesen, Genehmigen u Unterschreiben, ggf nach § 16 das Übersetzen, bei Tauben die Vorlage zur Durchsicht (§ 23) u bei Pers, mit denen sich der Notar nicht verständigen kann, die Zuziehg der VertrauensPers des § 24, schließl bei Schreibunfähigen die Zuziehg eines Zeugen od zweiten Notars nach § 25; für letztw Vfgen enthalten auch §§ 30–33 Muß-Vorschr. Sonst sind alles, auch die in II verlangte Angabe von Ort u Tag, OrdngsVorschr, zu deren Beachtg der Notar zwar verpflichtet ist, deren Nichtbeachtg die Wirksamk der Beurk aber nicht berührt. Bedeutg der Unwirksamkeit der Beurk vgl § 6 Anm 3.

2) Die **Bezeichng** des Notars u der Beteil (§ 6 Anm 2) muß im Text der Niederschr erfolgen, jedoch kann uU Unterschr im Zushang mit dem sonst UrkInhalt genügen, BGH **38**, 132, LG Nürnb DNotZ **71**, 764. Vgl auch § 10 Anm 2. Die Bezeichng sonst mitwirkder Pers (Zeugen, 2. Notar usw) ist AmtsPfl des Notars, aber nicht WirksamkVoraussetzg der Beurk.

3) a) Erkl in **Protokollanlagen** gelten als Teil der Niederschr, wenn auf sie in der Niederschr verwiesen u sie dieser beigefügt w. Sie müssen dementspr mit vorgelesen (§ 13) u ggf zur Durchs (§ 25) vorgelegt w. Unterschr ist nicht erforderl (and iF des § 14, dort aber nur SollVorschr). Die Unterzeichng der Niederschr deckt die Anlage, Jansen Rdn 23. Die Erkl in der Anlage w Teil der öffentl Urk u nimmt an ihrer BewKraft teil.

b) I S 2 bezieht sich auf Anlagen, die Erkl enthalten, nicht dagg auf **Lagepläne**, Karten, Zeichngen usw. Solche können dadch zwar beigefügt u in Bezug genommen w. Sie werden dadch zwar nicht Inhalt der beurk Erkl (aA Brem DNotZ **71**, 663), können aber zu deren Auslegg dienen, BGH **59**,15, Weber DNotZ **72**, 133.

c) Bezugnahme auf **nicht beigefügte od nicht verlesene Urkunden:** Sind Erkl in Schriftstücken enthalten, auf die in der Niederschr verwiesen, die aber nicht beigefügt sind od die zwar beigefügt sind aber nicht verlesen wurden, so sind diese Erkl nicht öffentl beurk; die ggf erforderl Form ist nicht gewahrt. Das gilt vor allem iF der Bezugn auf eine nicht mitbeurkundete Baubeschreibg (BGH NJW **78**, 102, aA noch BGH **63**, 359). Dagg ist die UrkForm gewahrt, wenn die in Bezug genommene Urk selbst eine öff Urk ist (Keidel-Kuntze-Winkler Rdn 51, Crusius DNotZ **66**, 662, Hamm DNotZ **32**, 714), der Notar muß aber auch hins der in Bezug genommenen Urk seinen Pflten aus § 17 genügen, BerktK DNotZ **71**, 4. Bsp: Bezugn auf einen unwirks gewordenen älteren Vertr, RG **77**, 418; auf TeilgsErkl gem WEG, Röll NJW **76**, 167.

BeurkG 10 *Feststellung der Beteiligten.* ^I **In der Niederschrift soll die Person der Beteiligten so genau bezeichnet werden, daß Zweifel und Verwechslungen ausgeschlossen sind.**
^{II} **Aus der Niederschrift soll sich ergeben, ob der Notar die Beteiligten kennt oder wie er sich Gewißheit über ihre Person verschafft hat. Kann sich der Notar diese Gewißheit nicht verschaffen, wird aber gleichwohl die Aufnahme der Niederschrift verlangt, so soll der Notar dies in der Niederschrift unter Anführung des Sachverhalts angeben.**

1) Allgemeines. § 10 enthält nur (wesentl!) OrdngsVorschriften, die die Wirksamk der Beurk nicht berühren; er ersetzt FGG 176 III u BNotO 27.

2) Bei der **Feststellg der Identität** der Beteil (§ 6 II) ist der Notar nicht an gesetzl BewRegeln gebunden, er muß aber mit bes Sorgf vorgehen; denn die Niederschr bekundet mit der BewWirkg öffentl Urk auch die Tats, daß die protokollierte Erkl von dem in der Niederschr Genannten abgegeben ist; Behörden, denen die Urk vorgelegt w, prüfen das nicht mehr nach. IdR hat sich der Notar von dem ihm unbekannten Beteil einen amtl mit Lichtbild versehenen Ausweis vorlegen zu lassen, RG 156, 32. Es genügt auch Vorstellg dch Pers, deren Zuverlässigk dem Notar bekannt ist, Keidel-Kuntze-Winkler Rdn 9. Ausnahmsw kann auch Sachkunde im Zushang mit and BewMitteln ausr sein. – Die **Bezeichng** der Beteil soll Zweifel u Verwechselgen ausschließen. Erforderl idR Vor- u Zunamen, ggf Mädchennamen, Geburtstag, Beruf u Wohnort (DONot 25 II). Zur Wirksamk der Beurk genügt aber jede Bezeichng, die klar erkennen läßt, wer gemeint ist.

3) II verpflichtet den Notar zur Angabe, wie er die Identität festgestellt hat. Am sichersten ist es, sich Personalpapiere vorlegen zu lassen (RG 156, 32 verlangt das für den Regelfall). Aber jede and Art der Identitätsfeststellg, zB Vorstellg dch Dritte (möglichst nicht dch GgPartei!), sogar dch Sachkunde (Vorsicht! vgl RG 81, 129) ist zul. Wo Feststellg nicht mögl, muß Niederschr das angeben, II 2; wenn die Beteiligten aber nicht auf Beurk bestehen, sollte der Notar sie ablehnen.

BeurkG 11 *Feststellung über die Geschäftsfähigkeit.* I Fehlt einem Beteiligten nach der Überzeugung des Notars die erforderliche Geschäftsfähigkeit, so soll die Beurkundung abgelehnt werden. Zweifel an der erforderlichen Geschäftsfähigkeit eines Beteiligten soll der Notar in der Niederschrift feststellen.

II Ist ein Beteiligter schwer krank, so soll dies in der Niederschrift vermerkt und angegeben werden, welche Feststellungen der Notar über die Geschäftsfähigkeit getroffen hat.

1) Auch § 11 ist bloße OrdngsVorschr, verlangt aber genaue Beachtg. Er ersetzt BNotO 28.

2) Der Notar ist zur **Prüfg der Geschfgk** nur verpflichtet, wenn Anhaltspunkte für Bedenken bestehen, Ffm DNotZ 78, 505, ferner iF des II: bei jugendl Pers muß er sich Personalausweis vorlegen lassen, Stgt DNotZ 76, 426. Führt die Prüfg zur Verneing, so soll der Notar nicht beurkunden, bleiben Zweifel, so soll er das im Protokoll vermerken. Bei Schwerkranken soll er Krankh u Ergebn seiner Prüfg jedenf vermerken; das gleiche gilt nach § 28 bei Verfügen von Todes wg (vgl dort) hinsichtl aller Wahrnehmgn des Notars über Geschfgk.

3) Über **VerfüggsBefugn** braucht sich Notar im Protokoll normalerw nicht zu äußern. Ergeben sich aber Zweifel, so greifen die Prüfgs- u Belehrgspflichten des § 17 ein (vgl dort) u damit ggf auch die Pfl des § 17 II 2, sich über seine Bedenken zu äußern.

BeurkG 12 *Nachweise für die Vertretungsberechtigung.* Vorgelegte Vollmachten und Ausweise über die Berechtigung eines gesetzlichen Vertreters sollen der Niederschrift in Urschrift oder in beglaubigter Abschrift beigefügt werden. Ergibt sich die Vertretungsberechtigung aus einer Eintragung im Handelsregister oder in einem ähnlichen Register, so genügt die Bescheinigung eines Notars nach § 21 der Bundesnotarordnung.

1) Auch § 12 ist OrdngsVorschr, er entspr dem fr BNotO 29 III. Zweifel an Vertretgsberechtigg führen zu Prüfgs- u BelehrgsPfl des § 17 (vgl dort).

2) Kann der Notar die Bescheinigg des S 2 selbst ausstellen, so nimmt er sie zweckmäßigerw in die Niederschr auf.

BeurkG 13 *Vorlesen, Genehmigen, Unterschreiben.* I Die Niederschrift muß in Gegenwart des Notars den Beteiligten vorgelesen, von ihnen genehmigt und eigenhändig unterschrieben werden. In der Niederschrift soll festgestellt werden, daß dies geschehen ist. Haben die Beteiligten die Niederschrift eigenhändig unterschrieben, so wird vermutet, daß sie in Gegenwart des Notars vorgelesen und von ihnen genehmigt ist. Die Niederschrift soll den Beteiligten auf Verlangen vor der Genehmigung auch zur Durchsicht vorgelegt werden.

II Werden mehrere Niederschriften aufgenommen, deren Wortlaut ganz oder teilweise übereinstimmt, so genügt es, wenn der übereinstimmende Wortlaut den Beteiligten einmal vorgelesen wird. § 18 der Bundesnotarordnung bleibt unberührt.

III Die Niederschrift muß von dem Notar eigenhändig unterschrieben werden. Der Notar soll der Unterschrift seine Amtsbezeichnung beifügen.

1) § 13 enthält **Wirksamkeitserfordernisse,** soweit das Vorlesen, Genehmigen u eighdg Unterschreiben der Beteil in Gegenwart des Notars u die Unterschr des Notars (III) in Frage stehen. Die Feststellg im Protokoll ist nur OrdngsVorschr. Fehlt sie, so greift, wenn es unterschrieben ist, noch die Vermutg des I 3 ein.

2) Vorlesen: Die ganze Niederschrift muß vorgelesen w, nicht etwa nur diejenigen Teile, die die Formbedürftigk begründen, BayObLG DNotZ 74, 51. Gleichgült, wer vorliest, aber Notar muß zugegen sein, (BGH NJW 75, 940), natürl auch alle Beteil; vgl aber Anm 5. Abspielen einer TonbandAufn genügt nicht, Hamm DNotZ 78, 56, Jansen Rdn 10, Keidel-Kuntze-Winkler Rdn 7, Schippel DNotZ 70, 61, Ffm NJW 73, 1131 (zu ZPO 162 aF), aA Bühling JR 60, 3 u hier 32. Aufl. Verzicht auf Verlesg ist unbeachtl. Eigenes Lesen

2. Abschnitt: Beurkundung von Willenserklärungen **BeurkG 13–15**

dch die Beteil reicht nicht aus (and für Taube, vgl § 23), lautes Diktat ersetzt Vorlesen nicht. Nicht nöt ist Vorlesen in einem Zug; es kann nach Fertigstell eines Teils der Niederschr jeweils dieser Teil u am Schluß die Schlußformel verlesen werden. Hat ein Beteil beim Vorlesen eine VertrBest überhört, so ist die Beurk deshalb nicht unwirks, seine Erkl aber gem § 119 anfechtb (BGH NJW **78**, 1480). Über Vorlesen von Anlagen vgl § 9 Anm 3a.

3) Die **Genehmigung** (Form gleichgült, zB Kopfnicken) muß zeitl nach dem Vorlesen in Anwesenh aller Beteil u des Notars erfolgen; vgl aber Anm 5.

4) **Unterzeichnung** muß eighdg erfolgen, also dch die Beteil persönl, nicht dch zur Unterschr Ermächtigten. Handführen ist zul, wenn der betreffde Beteil damit einverstanden ist u mitwirkt, BGH **LM** TestG 16 Nr 1. Bei Schreibunfäh gilt § 25; Handzeichen ist keine Unterschr. – Unterschreiben bedeutet nach dem Sprachgebrauch mit dem eigenen Namen unterschreiben. Daher Unterzeichn mit bürgerl Familiennamen immer ausreichd, mit Künstlernamen, wenn Identität feststeht, unbedenkl; auch Unterschr verheirateter Frau mit Mädchennamen wohl ausreichd, wenn Identität eindeut. Einzelkaufmann kann mit Firma zeichnen, da sie ein gesetzl Name. Vertreter kann nach hM mit Namen des Vertretenen zeichnen, Jansen Rdn 35. Leserlichk der Unterschr nicht nöt, aber es muß erkennb sein, daß volle Namenszeichng gewollt. Ausländer können ggf in fremder Schrift unterzeichnen, vgl § 5 Anm 1. Die Unterschr des Notars muß so angeordnet sein, daß sie dem ProtokollInh nach der VerkAuffassg deckt; Unterschr unter Kostenrechng daher nicht ausr, BayObLGZ **76**, 275. Unterzeichnet Notar nicht mit and Namen, so ist das unschädl, wenn richt Name aus der Urk hervorgeht, BayObLG NJW **56**, 24, Jansen Rdn 35. Beurk dagg unwirks, wenn ein and Notar als der gem § 9 I Z 1 bezeichnete unterschreibt, Hamm OLGZ **73**, 177. Nachholg der Unterschr des Notars ist zul, u zwar auch dann noch, wenn der Beteil inzw verstorben (LG Aachen DNotZ **76**, 428). And aber iF einer Vfg vTw (Keidel-Kuntze-Winkler Rdn 52). Nachholg der Unterschr eines Beteiligten erfordert Aufn einer NachtrUrk, Jansen § 8 Rdn 21.

5) Nicht alle in der Niederschr aufgeführten Beteiligten müssen notwendigerw an der gesamten Verhandlg teilnehmen u bei dem Vorlesen, der Gen u der Unterzeichng **anwesd** sein. Denn nur soweit sie selbst WillErkl abgeben, sind sie beteiligt (§ 6 II). Es ist also unschädl, wenn sich ein Beteiligter, nachdem seine Erkl verlesen, er sie gen u unterschrieben hat, entfernt u der Rest der Niederschr erst später vorgelesen, gen u unterschrieben w, Keidel-Winkler Rdn 15.

6) II stellt klar, daß bei Aufn mehrerer Urk, die zum Teil gleichlauten, ein einmaliges Verlesen der gleichlautden Teile u getrenntes Verlesen der unterschiedl genügt. Der Hinw auf BNotO 18 (Verschwiegenhpflicht) soll daran erinnern, daß die Beteil mit solchem Vorgehen einverstanden sein müssen, weil jeder von ihnen Anspr darauf hat, daß Dritte (auch Beteil an weitgehd gleichlautden Geschäften) von ihren Erkl nichts erfahren.

BeurkG 14 *Eingeschränkte Vorlesungspflicht.* I **Werden bei der Bestellung einer Hypothek, Grundschuld, Rentenschuld, Schiffshypothek oder eines Registerpfandrechts an Luftfahrzeugen Erklärungen, die nicht im Grundbuch, Schiffsregister, Schiffsbauregister oder im Register für Pfandrechte an Luftfahrzeugen selbst angegeben zu werden brauchen, in ein Schriftstück aufgenommen, auf das in der Niederschrift verwiesen und das dieser beigefügt wird, so braucht es nicht vorgelesen zu werden, wenn die Beteiligten auf das Vorlesen verzichten; eine Erklärung, sich der sofortigen Zwangsvollstreckung zu unterwerfen, muß in die Niederschrift selbst aufgenommen werden.**

II **Wird nach Absatz 1 das beigefügte Schriftstück nicht vorgelesen, so soll es den Beteiligten zur Kenntnisnahme vorgelegt und von ihnen unterschrieben werden. § 17 bleibt unberührt.**

III **In der Niederschrift muß festgestellt werden, daß die Beteiligten auf das Vorlesen verzichtet haben; es soll festgestellt werden, daß ihnen das beigefügte Schriftstück zur Kenntnisnahme vorgelegt worden ist.**

1) § 14 erleichtert bei der Bestellg von GrdpfandR das BeurkVerfahren, indem er die Möglichk zu einer **Beschrkg der VorlesgsPfl** eröffnet. Erforderl ist ein Verz sämtl Beteil, Keidel-Winkler Rdz 9. Der Verz muß in die Urk aufgen w (III), andfalls ist die Beurk unwirks. Vorlesg kann insow ausgeschl w, als im GrdBuch Bezugn gestattet, Celle DNotZ **71**, 601. Es muß sich daher um unmittelb auf das GrdpfandR bezogene Erkl handeln; auf sonst bei Gelegenh der Bestellg des GrdpfandR abgegebene Erkl ist § 14 unanwendb, BayObLG DNotZ **74**, 376. VorlesgsVerz ist auch nur für Protokollanlagen zul („Gebot räuml Trenng"), bei eigentl UrkTeilen dagg auch dann nicht, soweit sie nicht eintraggsbedürft Erkl enthalten, BayObLG DNotZ **74**, 52.

2) II (Vorlage zur Kenntnisn, Unterschr unter Anlage) enthält ledigl OrdngsVorschr.

BeurkG 15 *Versteigerungen.* **Bei der Beurkundung von Versteigerungen gelten nur solche Bieter als beteiligt, die an ihr Gebot gebunden bleiben. Entfernt sich ein solcher Bieter vor dem Schluß der Verhandlung, so gilt § 13 Abs. 1 insoweit nicht; in der Niederschrift muß festgestellt werden, daß sich der Bieter vor dem Schluß der Verhandlung entfernt hat.**

1) § 15 entspr im wesentl dem fr FGG 181. Er ermöglicht es, bei Versteigergen (vgl BGB 156), von der UnterschrLeistg (auch Vorlesen usw) dch die Bieter überh abzusehen, die nicht an ihr Gebot gebunden bleiben, u bei den an ihr Gebot gebunden bleiben ebso zu verfahren, wenn sie sich vor Schluß der Verh entfernt haben; das vorzeit Entfernen muß aber in der Urk festgestellt w, sonst ist die Beurk des Gebots wg fehlder Unterschr unwirks. § 15 gilt für freiw Versteigergen aller Art, öffentl (zB §§ 383, 461, 966 II, 1219, 1235) u nicht öffentl, von Mobilien u von Grdstücken (für Auflassg gilt er aber nicht, Unterschr des Bieters also nöt, Keidel-Kuntze-Winkler Rdn 12).

2151

BeurkG 16 *Übersetzung der Niederschrift.* ^I Ist ein Beteiligter nach seinen Angaben oder nach der Überzeugung des Notars der deutschen Sprache oder, wenn die Niederschrift in einer anderen als der deutschen Sprache aufgenommen wird, dieser Sprache nicht hinreichend kundig, so soll dies in der Niederschrift festgestellt werden.

^{II} Eine Niederschrift, die eine derartige Feststellung enthält, muß dem Beteiligten anstelle des Vorlesens übersetzt werden. Wenn der Beteiligte es verlangt, soll die Übersetzung außerdem schriftlich angefertigt und ihm zur Durchsicht vorgelegt werden; die Übersetzung soll der Niederschrift beigefügt werden. Der Notar soll den Beteiligten darauf hinweisen, daß dieser eine schriftliche Übersetzung verlangen kann. Diese Tatsachen sollen in der Niederschrift festgestellt werden.

^{III} Für die Übersetzung muß, falls der Notar nicht selbst übersetzt, ein Dolmetscher zugezogen werden. Für den Dolmetscher gelten die §§ 6, 7 entsprechend. Ist der Dolmetscher nicht allgemein vereidigt, so soll ihn der Notar vereidigen, es sei denn, daß alle Beteiligten darauf verzichten. Diese Tatsachen sollen in der Niederschrift festgestellt werden. Die Niederschrift soll auch von dem Dolmetscher unterschrieben werden.

1) § 16 II 1 u III 1 u 2 sind **WirksamkErfordernisse**; im übr enthält § 16 OrdngsVorschriften. Er ersetzt FGG 179, 180. – Für Vfgen vTw vgl die strengere Vorschr des § 32.

2) **Notwendigkeit der Übersetzg.** Sie ist erforderlich, wenn der Beteil erklärt, der Sprache der Urk (nach § 5 muß es nicht die dtsche sein) nicht kundig zu sein, ferner, wenn der Notar dieser Überzeugg ist. Diese Voraussetzgen sollen in der Niederschr festgestellt w. Enthält die Niederschr diese Feststellg (nur dann!) sind II und III anzuwenden, muß also übersetzt u, wenn Notar nicht selbst übersetzt, Dolmetscher hinzugezogen w. An die Erkl eines Beteiligten, er sei der BeurkSprache nicht mächt, ist der Notar, von Fällen offensichtl Mißbr abgesehen, auch dann gebunden, wenn er sie für unricht hält, BGH NJW **63**, 1777.

3) **Hinreichend kundig** (I) ist ein Beteiligter, wenn er den Inhalt der Urk versteht u eindeut zum Ausdruck bringen kann, ob er sie genehmigt; nicht erforderl ist, daß er sich in der Sprache der Urk geläuf ausdrücken kann, Keidel-Winkler Rdn 7, aA BGH DNotZ **64**, 174, Jansen Rdn 3. Der Notar muß von der Verständiggsmöglichk voll überzeugt sein, sonst verletzt er seine Amtspflichten, wenn er II u III nicht beachtet.

4) Zu „übersetzen" ist die Niederschr, dh die ganze Niederschr. Übersetzen bedeutet soviel wie mündl in der and Sprache vortragen; Vorlesg der Originalniederschr ist dann für den sprachunkund Beteil nicht nöt (bei Mitwirkg anderer muß auch sie vorgelesen w). Auf Verlangen soll eine schriftl Übersetzg angefertigt u zur DchSicht vorgelegt w, worauf der Notar hinweisen soll. All das soll in der Niederschr festgestellt w. Der Notar kann, wenn er die erforderl Sprachkenntnisse hat, selbst übersetzen; er darf von der Zuziehg eines Dolmetschers uU auch dann absehen, wenn ihm eine zuverlässige Übersetzg vorliegt u er diese verlesen kann (Hagena DNotZ **78**, 393); iü ist Zuziehg eines Dolmetschers WirksamkErfordern.

5) Für den **Dolmetscher** gelten die AusschließgsGrde des § 6, deren Nichtbeachtg die Beurk ganz unwirks macht, u diejenigen des § 7, deren Nichtbeachtg die Beurk vor Erkl unwirks macht, die dem Dolmetscher u seinen Angeh rechtl Vorteile bringen (womit nach § 139 das ganze Gesch nichtig sein kann).

6) **Beeidigg** des nicht schon allg vereidigten Dolmetschers erfolgt entspr GVG 189. Sie ist nicht notw, wenn die Beteil (alle, nicht nur der Sprachunkund) darauf verzichten, u auch sonst nur OrdngsVorschr. Auch die Mitunterzeichg dch den Dolmetscher ist OrdngsVorschr, ihr Fehlen macht die Beurk nicht unwirks. Notw ist aber die Anwesenh des Dolmetschers bei dem gesamten BeurkAkt. Keine Beeidigg bei Beurk dch Konsul, KonsG 10 III Nr 2.

3. Prüfungs- und Belehrungspflichten

BeurkG 17 *Grundsatz.* ^I Der Notar soll den Willen der Beteiligten erforschen, den Sachverhalt klären, die Beteiligten über die rechtliche Tragweite des Geschäfts belehren und ihre Erklärungen klar und unzweideutig in der Niederschrift wiedergeben. Dabei soll er darauf achten, daß Irrtümer und Zweifel vermieden sowie unerfahrene und ungewandte Beteiligte nicht benachteiligt werden.

^{II} Bestehen Zweifel, ob das Geschäft dem Gesetz oder dem wahren Willen der Beteiligten entspricht, so sollen die Bedenken mit den Beteiligten erörtert werden. Zweifelt der Notar an der Wirksamkeit des Geschäfts und bestehen die Beteiligten auf der Beurkundung, so soll er die Belehrung und die dazu abgegebenen Erklärungen der Beteiligten in der Niederschrift vermerken.

^{III} Kommt ausländisches Recht zur Anwendung oder bestehen darüber Zweifel, so soll der Notar die Beteiligten darauf hinweisen und dies in der Niederschrift vermerken. Zur Belehrung über den Inhalt ausländischer Rechtsordnungen ist er nicht verpflichtet.

1) **Allgemeines.** Die Prüfgs- u BelehrgsPflten des Notars waren fr dch BNotO 26, 29, 31 u LänderVorschr geregelt; §§ 17 ff wollen sachl nichts ändern. Jedoch gilt jetzt wg § 1 II alles, was fr zT nur für Notar galt, für alle BeurkPersonen. – § 17 enthält die GrdVorschr, §§ 18–20 enthalten bes häuf vorkommende HinwPflichten, § 21 die Pfl, sich bei Grdst- u GrdPfandRGeschäften über den Inhalt des Grdbuchs zu vergewissern.

2) Nach § 17 I u II obliegen dem Notar folgde AmtsPflten: **a)** Der Notar hat den **wahren Willen** der Beteil zu erforschen, dh er hat darauf hinzuwirken, daß die Beteil ihren wirkl Willen richt, vollst u eindeut äußern. Bestehen mehrere rechtl Gestaltgsmöglichk, muß er die mit den geringsten rechtl Risiken aufzeigen, BGH **27**, 276, **70**, 375, VersR **76**, 730, Keidel-Kuntze-Winkler Rdn 6.

2. Abschnitt: Beurkundung von Willenserklärungen **BeurkG 17–20**

b) Der Notar hat den **Sachverhalt**, den die Beurk regeln soll, zu klären. Das bedeutet jedoch nicht, daß dem Notar eine dem FGG 12 vergleichb Pfl zur Amtsermittlg obliegt, Keidel-Winkler Rdn 10. Die Klärg hat vielm dch Befragg der Beteil zu erfolgen. Auf deren Angaben darf der Notar sich grdsätzl verlassen, muß aber bedenken, daß dem Laien rechtl Begr vielf nicht geläuf sind.

c) **Belehrgspflicht**: Der Notar hat die Beteil über die rechtl Tragweite des Gesch zu belehren, dh er hat aufzuzeigen, von welchen Voraussetzgen der beabsichtigte rechtl Erfolg abhäng ist u welche unmittelb RWirkgen sich an ihn knüpfen. Der Umfang der BelehrgsPfl richtet sich nach der Persönlichk der Beteil u den sonst Umst des Einzelfalls. Der Notar muß insb bei unerfahrenen Beteil (I S 2) auf Risiken hinweisen, die sich aus der gewählten RKonstruktion ergeben, so etwa, wenn der Käufer eine nicht gesicherte Vorleistg erbringen (BGH VersR **61**, 352, **69**, 423, **76**, 731, Ffm DNotZ **78**, 565) od eine nur teilvalutierte BauHyp übernehmen soll (BGH NJW **78**, 219). Die Prüfg des Notars hat sich auch darauf zu erstrecken, ob die erforderl GeschFgk (§§ 11, 28), Vertretgsmacht (§ 12) u VfgsBefugn gegeben ist. Falls Anhaltspkte bestehen, muß er über die VfgsBeschrkg des § 1365 aufklären, BGH **64**, 216. BelehrgsPfl erstreckt sich bei entspr Frage der Beteiligten auch auf die Kosten der Beurk, Zweibr DNotZ **77**, 58. Dagg begründet § 17 idR keine Pfl zur Belehrg über wirtschaftl od steuerl Folgen, Keidel-Kuntze-Winkler Rdn 17, BGH NJW **67**, 931, **75**, 2016, Schlesw NJW **72**, 2001, Mü DNotZ **73**, 181, Brschw DNotZ **77**, 492; eine solche Pfl kann sich aber uU aus allg RGrds (BelehrgsPfl aus BetreuungsVerpfl) ergeben, vgl die Hinw unter e.

d) **Formuliergspflicht**: Der Notar hat den von ihm ermittelten Willen der Beteil klar u unzweideut in der Urk wiederzugeben. Bestehen Zweifel, ob das Gesch dem Ges od dem wahren Willen der Beteil entspr, hat er gem II zu verfahren. Überzeugt er sich von der Nichtigk od Anfechtbark des Gesch, hat er die Beurk abzulehnen.

e) **Einzelheiten** zur Prüfgs- u BelehrgsPfl s § 839 Anm 15 „Notar"; vgl ferner Daimer-Reithmann, Prüfgs- u BelehrgsPfl des Notars, 4. Aufl 1974, Jansen Rdn 4 ff, Haug DNotZ **72**, 388, 453, Kapp BB **74**, 113, Haver Betr **74**, 1897, ferner Röll DNotZ **76**, 453 (zu den AnfVorschr der KO, der VerglO u des AnfG).

3) **III** bestimmt ausdrückl, daß der Notar auf Anwendbark ausl R hinweisen u das in dem Protokoll vermerken soll. Belehrg über den Inhalt des ausl R ist also nicht vorgesehen; die aus der BelehrgsPfl folgde Haftg für die Richtigk der Belehrg wäre dem Notar nicht zuzumuten. Belehrt er aber, so muß Belehrg richtig sein. AuslR iS von III ist auch das R der DDR, aA Jansen Rdn 22.

BeurkG 18 *Genehmigungserfordernisse.* **Auf die erforderlichen gerichtlichen oder behördlichen Genehmigungen oder Bestätigungen oder etwa darüber bestehende Zweifel soll der Notar die Beteiligten hinweisen und dies in der Niederschrift vermerken.**

1) § 18 entspr sachl der fr BNotO 30. Der Notar soll danach die etwa erforderl Genehmiggen usw einzeln anführen.

2) Die wichtigsten **GenErfordernisse** sind zZ die vormsch- und nachlaßgerichtl Gen des BGB, die Gen für GrdstGeschäfte nach BBauG 19, 51, StädtebauFördG 15, 57 (Übbl 12b dd vor § 873) u GrdstVG (Einl 7b bb vor § 854), die Gen für WertsichgsKlauseln nach WährG 3 (§ 245 Anm 5) u die Gen nach AWG für Außenhandel bzw MRG Nr 53 für Interzonenhandel. Über weitere GenErfordernisse vgl die ZusStellg bei Mecke Rdn 2.

3) Die **Einholg** der erforderl Gen ist Sache des Notars nur, wenn er sie übernommen hat, Winkler NJW **73**, 886.

BeurkG 19 *Unbedenklichkeitsbescheinigung.* **Darf nach dem Grunderwerbsteuerrecht oder dem Kapitalverkehrsteuerrecht eine Eintragung im Grundbuch oder im Handelsregister erst vorgenommen werden, wenn die Unbedenklichkeitsbescheinigung des Finanzamts vorliegt, so soll der Notar die Beteiligten darauf hinweisen und dies in der Niederschrift vermerken.**

1) **Allgemeines.** § 19 ersetzt den bish BNotO 34 I, schreibt jedoch vor, daß der Hinw in die Niederschr aufgenommen w soll, damit Streitigkeiten darü, ob Hinw erfolgte, vermieden w. – Die HinwPfl des fr BNotO 34 II auf Gebührenpflichten ist weggefallen, da jedermann mit Entstehg von Gebühren rechnet.

2) Der **Hinweis** kann sich auf die Erforderlichk der UnbedenklichkBescheinigg (EGAO 1977 Art 79 § 3) beschr, § 19 begründet keine Pfl zur Belehrg über steuerl Folgen, Knur DNotZ **72**, 167, Mü DNotZ **73**, 181, Haver Betr **74**, 1897. Neben § 19 gilt ErbStDV 13 weiter, wonach bei Beurk von Schenkgen auf mögl SchenkgsSteuerPfl hinzuweisen ist.

BeurkG 20 *Gesetzliches Vorkaufsrecht.* **Beurkundet der Notar die Veräußerung eines Grundstücks, so soll er, wenn ein gesetzliches Vorkaufsrecht in Betracht kommen könnte, darauf hinweisen und dies in der Niederschrift vermerken.**

1) Die HinwPfl erstreckt sich nur darauf, daß die Möglichk eines VorkaufsR besteht, Brschw DNotZ **77**, 438. Die „Bedeutg" des VorkR im einzelnen zu erklären, ist nicht nöt, auch kaum dchführb; die rechtl Wirkgen hat der Notar schon nach § 17 zu erläutern. Der erfolgte Hinw soll in der Niederschr erwähnt w.

2) Hauptfälle des ges VorkR (vgl Übbl 3 vor § 1094) sind BBauG 24 ff, StädtebauFördG 17, 57, RSiedlG 4 u HeimstG 11, auch § 2034.

BeurkG 21 *Grundbucheinsicht, Briefvorlage.* I Bei Geschäften, die im Grundbuch eingetragene oder einzutragende Rechte zum Gegenstand haben, soll sich der Notar über den Grundbuchinhalt unterrichten. Sonst soll er nur beurkunden, wenn die Beteiligten trotz Belehrung über die damit verbundenen Gefahren auf einer sofortigen Beurkundung bestehen; dies soll er in der Niederschrift vermerken.

II Bei der Abtretung oder Belastung eines Briefpfandrechts soll der Notar in der Niederschrift vermerken, ob der Brief vorgelegen hat.

1) **Allgemeines.** § 21 I entwickelt die aufgeh BNotO 35 I, 36 fort; er gilt für Geschäfte über alle im Grdbuch eingetragenen od einzutragende Rechte, nicht nur für Auflassg uä. Er ist bei bloßer UnterschrBeglaubigg (§ 40 II) nicht anzuwenden, wohl aber, wenn Notar die Urk selbst entworfen h, Jansen Rdn 13, DNotZ 72, 422. Beurk ohne Kenntn des GrdBStandes erfordert ein entspr Verlangen aller Beteil, eine eingehde Belehrg über die damit verbundenen Gefahren u die Aufn eines entspr Vermerks, jedoch ist die Beurk auch bei Nichteinhaltg dieser SollVorschr wirks.

2) **Verschaffg der Kenntnis.** Wie sich der Notar über den Grdbuchinhalt unterrichtet, ist seine Sache; das Gesetz gibt dafür keine Anweisgen mehr. Einsicht in das Handblatt ist ausr; idR besteht keine Pfl, die GrdAkten einzusehen, Jansen Rdn 6, DNotZ 72, 424, str.

3) II entspricht dem fr BNotO 35 II, gilt jetzt aber, weil in Abschnitt 2 enthalten, nur noch für Beurk, nicht mehr für Beglaubiggen, wofür die Vorschr auch nicht passen würde.

4. Beteiligung behinderter Personen

BeurkG 22 *Taube, Stumme, Blinde.* I Vermag ein Beteiligter nach seinen Angaben oder nach der Überzeugung des Notars nicht hinreichend zu hören, zu sprechen oder zu sehen, so soll zu der Beurkundung ein Zeuge oder ein zweiter Notar zugezogen werden, es sei denn, daß alle Beteiligten darauf verzichten. Diese Tatsachen sollen in der Niederschrift festgestellt werden.

II Die Niederschrift soll auch von dem Zeugen oder dem zweiten Notar unterschrieben werden.

1) **Allgemeines.** § 22 ersetzt FGG 169 u § 2233 I, weicht aber zwecks Erleichterg des Verf u zur Verdeutlichg ab. Er ist jetzt bloße OrdgsVorschr ohne Einfluß auf die Wirksamk der Beurk. Für Taube gilt ferner § 23, für Taube u Stumme, mit denen sich der Notar schriftl nicht verständigen kann, auch § 24. Beachte auch § 2233 nF, wonach, wer Geschriebenes nicht lesen kann, nur mündl u, wer nicht hinreichd sprechen kann, nur die SchriftÜbergabe testieren kann.

2) **„Nicht hinreichd"** hören, sprechen od sehen kann der Beteil, wenn er infolge seines Gebrechens eigene Erklgen nicht so abgeben kann, daß sie für alle Beteil u den Notar verständl sind, oder mündl Erkl u Fragen des Notars od and Beteil nicht mit Sicherh verstehen kann. Auch wo völl dauernde Taubh, Stummh, Blindh nicht vorliegen, ist nach § 22 zu verfahren, wenn das Gebrechen, die Fähigk, sich verständl zu machen bzw der Verhandlg zu folgen, beseitigt. Hinreichd sprechen kann aber, wer in der Lage ist, ein verständl Ja-Wort auszusprechen, wenn er sich damit einwandfrei verständl machen kann, BayObLG DNotZ **69**, 301 (zum fr R).

3) Wenn die Behinderg (im Hören, Sprechen, Sehen) nach Angabe des betr Beteil od nach der (pflichtgem gebildeten) Überzeugg des Notars besteht, kommt § 22 immer zur Anwendg; ob die Behinderg tatsächl vorhanden ist, ist nicht maßgebd. Auch dann können die Beteil (nur alle gemeins) auf Zuziehg des 2. Notars od Zeugen verzichten. Die Beurk ist aber auch wirks, wenn ein Zeuge od 2. Notar nicht zugezogen w.

4) Der Zeuge od 2. Notar sollen mitunterschreiben (II). Zeuge od 2. Notar können gleichzeit Schreibzeuge iS des § 25 (auch für einen and Beteiligten) sein.

5) Ausschließgsgründe für Zeugen od 2. Notar vgl § 26.

6) Für Beurk letztw Verfüggen vgl ferner §§ 31 ff u § 2233 nF.

BeurkG 23 *Besonderheiten für Taube.* Eine Niederschrift, in der nach § 22 Abs. 1 festgestellt ist, daß ein Beteiligter nicht hinreichend zu hören vermag, muß diesem Beteiligten anstelle des Vorlesens zur Durchsicht vorgelegt werden; in der Niederschrift soll festgestellt werden, daß dies geschehen ist. Hat der Beteiligte die Niederschrift eigenhändig unterschrieben, so wird vermutet, daß sie ihm zur Durchsicht vorgelegt und von ihm genehmigt worden ist.

1) § 23 hatte Vorbilder in § 2242 II u LandesR. Das grdsätzl notw Vorlesen der Niederschr hat bei Tauben keinen Sinn; es wird dch **Vorlage zur Durchsicht** ersetzt, die ohne entspr Verlangen zu erfolgen hat (Genehmigg u Unterschr sind daneben nöt!). Die Vorlage (nicht ihre Feststellg im Protokoll) ist Wirksamk-Voraussetzg der Beurk der Erkl des Tauben. Es gilt aber die Vermutg des S 2, wenn der Taube unterschrieben hat. Fehlt in der Niederschr die Feststellg, daß der Beteiligte nicht hinreichd hören kann, dann ist auch die Vorlage zur Durchsicht nicht WirksamkErfordernis; ob die Behinderg tatsächl besteht, ist hierfür unerhebl. Er ist natürl AmtsPfl des Notar, die Feststellg in das Protokoll aufzunehmen.

2) Sind neben dem Tauben and Beteil vorhanden, so muß auch vorgelesen w (§ 13).

3) Für Taube, die nicht schreiben od lesen können, tritt § 24 an die Stelle von § 23.

4) Tauben, die die Sprache der Niederschrift nicht beherrschen, muß eine schriftl Übersetzg vorgelegt w, Mecke Rdn 6.

2. Abschnitt: Beurkundung von Willenserklärungen BeurkG 24–26

BeurkG 24 *Besonderheiten für Taube und Stumme, mit denen eine schriftliche Verständigung nicht möglich ist.* I Vermag ein Beteiligter nach seinen Angaben oder nach der Überzeugung des Notars nicht hinreichend zu hören oder zu sprechen und sich auch nicht schriftlich zu verständigen, so soll der Notar dies in der Niederschrift feststellen. Wird in der Niederschrift eine solche Feststellung getroffen, so muß zu der Beurkundung eine Vertrauensperson zugezogen werden, die sich mit dem behinderten Beteiligten zu verständigen vermag; in der Niederschrift soll festgestellt werden, daß dies geschehen ist. Die Niederschrift soll auch von der Vertrauensperson unterschrieben werden.

II Die Beurkundung von Willenserklärungen ist insoweit unwirksam, als diese darauf gerichtet sind, der Vertrauensperson einen rechtlichen Vorteil zu verschaffen.

III Das Erfordernis, nach § 22 einen Zeugen oder zweiten Notar zuzuziehen, bleibt unberührt.

1) § 24 ersetzt § 2242 II 2, FGG 178 u Vorschriften des LandesR. Er enthält zT OrdngsVorschr, zT WirksamkErfordernisse.

2) Satz 1 verlangt von dem Notar die diesbezügl Feststell in der Niederschr, wenn ein Beteil erklärt oder der Notar davon überzeugt ist, daß der Beteil nicht hinreichd hören od sprechen und sich auch nicht schriftl **verständigen** kann; Unterlassen der Feststellg hat auf Wirksamk der Beurk keinen Einfluß. Hat Notar diese Feststellg in der Niederschr getroffen (nur dann!), **muß** VertrauensPers (eine Art Taubstummendolmetscher) zugezogen w u währd des ges BeurkVorgangs anwesd sein, BGH NJW **70**, 1602. Feststellg dieser Zuziehg im Protokoll u Mitunterzeichng dch sie sind bloße OrdngsVorschriften.

3) Echte Ausschließgsgründe gibt es für die VertrPers nicht; oft sind auch gerade die nächsten Angeh die Einzigen, die sich verständigen können. Nur sind WillErkl, die die VertrPers rechtl begünstigen würden, unwirks (**II**), vgl die Anm zu dem rechtsähnl § 7.

4) Die Zuziehg der VertrPerson des I ersetzt nicht die Zuziehg eines Zeugen oder 2. Notar nach § 22 od § 25.

5) Für letztw Verfügen vgl ferner §§ 31 ff u § 2233 nF.

BeurkG 25 *Schreibunfähige.* Vermag ein Beteiligter nach seinen Angaben oder nach der Überzeugung des Notars seinen Namen nicht zu schreiben, so muß bei dem Vorlesen und der Genehmigung ein Zeuge oder ein zweiter Notar zugezogen werden, wenn nicht bereits nach § 22 ein Zeuge oder ein zweiter Notar zugezogen worden ist. Diese Tatsachen sollen in der Niederschrift festgestellt werden. Die Niederschrift muß von dem Zeugen oder dem zweiten Notar unterschrieben werden.

1) § 25 entspr etwa dem fr FGG 177 II u § 2242 III, die ebenf den Schreibzeugen betrafen. And als in §§ 16 II, 23, 24, 32 gilt § 25 auch, wenn sich aus der Niederschr nichts über das Gebrechen (hier Schreibunfähigk) ergibt.

2) Wenn ein Beteiligter seinen Namen nicht schreiben kann bzw dies erklärt od Notar diese Überzeugg gewinnt, entfällt das Erfordern der Unterschr. An seine Stelle tritt **(Wirksamkeitserfordernis!)** die Zuziehg eines 2. Notars od Schreibzeugen (bei Vorlesen u Genehmigen) und das Unterschreiben des Schreibzeugen od 2. Notars (ebenf Mußvorschrift!). Die Feststellg im Protokoll ist nur SollVorschrift. Schreibunfäh ist auch, wer nur mit einem Handzeichen zu unterschreiben vermag. Wer (nur) mit fremden Schriftzeichen unterzeichnen kann, ist dagg schreibfäh, Jansen Rdn 2. Die Beurk ist auch dann wirks, wenn der Notar die fremden Schriftzeichen nicht zu lesen vermag (str).

3) Die Zuziehg eines 2. Notars od Schreibzeugen erfüllt gleichzeitig die Vorschr des § 22 (S 1 Schlußhalbsatz); ebso die des § 29, wenn der Testator die Zuziehg eines Zeugen od Notars verlangt hat. Zuziehg eines Schreibzeugen genügt auch dann, wenn mehrere Beteiligte schreibunfäh sind, Jansen Rdn 6.

4) Ein Blinder, der schreiben kann, muß unterschreiben (wenn er nicht erkl, nicht schreiben zu können).

BeurkG 26 *Verbot der Mitwirkung als Zeuge oder zweiter Notar.* I Als Zeuge oder zweiter Notar soll bei der Beurkundung nicht zugezogen werden, wer

1. selbst beteiligt ist oder durch einen Beteiligten vertreten wird,
2. aus einer zu beurkundenden Willenserklärung einen rechtlichen Vorteil erlangt,
3. mit dem Notar verheiratet ist oder
4. mit ihm in gerader Linie verwandt ist oder war.

II Als Zeuge soll bei der Beurkundung ferner nicht zugezogen werden, wer

1. zu dem Notar in einem ständigen Dienstverhältnis steht,
2. minderjährig ist,
3. geisteskrank oder geistesschwach ist,
4. nicht hinreichend zu hören, zu sprechen oder zu sehen vermag,
5. nicht schreiben kann oder
6. der deutschen Sprache nicht hinreichend kundig ist; dies gilt nicht im Falle des § 5 Abs. 2, wenn der Zeuge der Sprache der Niederschrift hinreichend kundig ist.

Vorbem: Das AdoptionsG v 2. 7. 1976 (BGBl I S 1749) h in I Nr 4 die Worte „oder war" angefügt; vgl Vorbem zu § 3.

1) Die AusschlGründe des § 26 treten für den Zeugen od 2. Notar an die Stelle derjenigen der fr FGG 170–173 u §§ 2234–2237. Sie sind ggü dem fr Recht vermindert u alle Mußvorschriften sind zu Sollvorschrif-

ten geworden; Nichtbeachtg macht Beurk daher nicht nichtig, Ffm DNotZ **71**, 500. Die nur für den Zeugen, nicht den 2. Notar geltenden AusschlGründe des II (fr § 2237 u FGG 173) sind im wesentl unverändert; Z 5–8 gelten jetzt aber auch für RGesch unter Lebden.

2) Die AusschlGründe des **I** sind etwa dieselben, wie sie nach § 6 I für den Notar selbst gelten; vgl daher dort.

3) Zu den einzelnen AusschlGründen des **II**: **Zu Z 1**: Angestellte des Notars sollen nicht Zeuge, wohl können sie Schreibhilfe sein. Referendare u Notariatsassessoren stehen in keinem Dienstverhältn zum Notar, können also Zeuge sein. – **Zu Z 3**: Geisteskrank u geistesschwach vgl BGB 6 Anm 2a; Entmündigg ist nicht entscheidd. – Zu **Z 4** vgl § 22 Anm 2. – **Zu Z 5** vgl § 25. – **Zu Z 6** vgl § 16.

5. Besonderheiten für Verfügungen von Todes wegen

Einführung

Schrifttum: S Einf vor § 1; RGRK, Soergel-Müller je Anh zu §§ 2229 ff; Erm-Hense Anh zu § 2246 aF; Kipp-Coing §§ 27, 28; Lange-Kuchinke § 18. Über konsularisches Konsulat s Geimer DNotZ **78**, 3.

1) Früheres Recht. Die Errichtg öff Test (einschl des DreizeugenTest) u ErbVertr war bis 31. 12. 69 in §§ 2229–2246, 2249–2251, 2258a, b, 2265, 2266, 2274–2277 u 2300 geregelt.

2) Neues Recht. Das am 1. 1. 70 in Kraft getretene BeurkG hat Zustdgk u Verf für die Beurk von WillErkl im wesentl einheitl geregelt, s Einf 1–3 vor § 1. In diese Regelg ist auch die Beurk öff Test u ErbVertr einbezogen. Zust für die Beurk ist grdsätzl der Notar (§ 2231 Nr 1; BNotO 20; BeurkG 1, 64, Notar im Landesdienst, BadWürtt LFGG 3, 13–25, 48–50); Ausnahmen: Konsul, KonsG 11 I, II mit 10 III, Bürgermstr, §§ 2249, 2250 I, DreizeugenTest, §§ 2250, 2251. Die materielle Form ist im BGB geregelt, Mecke DNotZ **68**, 608, s §§ 2231–2233, 2249 I, 2250, §§ 2265, 2266, 2274, 2275, § 2276 I. Die Vorschr über das Verfahren bei der Beurk von Vfgen vTw sind im BeurkG enthalten. Es gelten die allg Vorschr der §§ 1–5 u die Vorschr über die Beurk von WillErkl, §§ 6–26, soweit sie nicht, wie etwa §§ 14, 15, 19–21, SonderVorschr über die Beurk bestimmter WillErkl enthalten. Außerdem sind in §§ 27–35 Besonderh für die Beurk von Vfgen vTw geregelt. Über Verschließg u bes amtl Verwahrg von Test u ErbVertr treffen § 34 sowie §§ 2258a, b, 2277, § 2300 Best. Über Aufhebg u Änd des fr Rechts s Einf 6b vor § 2229.

3) Inhalt der SonderVorschr. § 27 enthält eine Klarstellg hinsichtl der Ausschließg des Notars u and mitwirkder Pers wg Verh zum Bedachten, § 28 ergänzt § 11, § 29 handelt von der Zuziehg von Zeugen od einem zweiten Notar auf Verlangen der Beteiligten, § 30 regelt im Anschluß an §§ 2232, 2276 I die Errichtg von Test u ErbVertr dch Überg einer Schrift näher, § 31 betr Besonderh für Errichtg von Vfgen vTw des Stumme, § 32 ergänzt § 16 für den Fall, daß ein Sprachunkundiger seinen letzten Willen mündl erklärt. § 33 schließt sich hinsichtl des ErbVertr an § 2276 I an. § 34 regelt Verschließg u Verwahrg von Test u ErbVertr. § 35 bringt eine Formerleichterg bei einer Niederschr ohne Unterschr des Notars.

4) Allgemeines zur Niederschrift. Bei der Errichtg eines Test u der Beurk eines ErbVertr **muß** der Notar über die Verhandlg eine Niederschr aufnehmen, § 8. Die Niederschr **muß** in dtscher Sprache aufgen w, § 5 I; unter den Voraussetzungen des § 5 II **kann** sie der Notar auch in einer and Sprache errichten, s §§ 16, 32 je mit Anm. Die Niederschr **muß** nach § 9 I enthalten: die Bezeichung des Notars u der Beteiligten (Erbl, and VertrSchließde, s oben § 9 Anm 1), die Erklärgen der Beteiligten u bei Errichtg dch Überg einer Schrift die Feststellg, daß die Schrift übergeben worden ist, § 30. Etwa erforderl Zeugen u ein zweiter Notar **sollen** in der Niederschr aufgeführt w, §§ 22, 25, 29. Die Niederschr **soll** Ort u Tag der Verhandlg enthalten, § 9 II. Sie **muß** in Gegenwart des Notars den Beteiligten (Erbl, and VertrSchließde) vorgelesen, s BGH NJW **75**, 940; **78**, 1480; Hamm Rpfleger **78**, 18, von ihnen gen u eigenhänd unterschrieben w, § 13 I; auf Verlangen **soll** die Niederschr den Beteiligten auch zur Durchsicht vorgelegt w, § 13 I 3; auch der Notar **muß** die Niederschr eigenhänd unterschrieben w, § 13 III (s dazu oben Anm 4, s auch § 35). Die **Gen der Niederschr** kann auch dch Zeichen od Gebärden zum Ausdruck gebracht w, auch dch widerspruchsloses Unterzeichnen, Keidel-Kuntze-Winkler, § 13 Rdz 26; sie muß der Vorlesg zeitl nachfolgen. – Die **Unterzeichng** dch Beteiligte kann mit Unterstützg eines Dritten vorgenommen w, die UnterschrLeistg muß aber von ihrem Willen abhäng bleiben, die Schriftzüge dürfen nicht von einem Dritten geformt sein, s BGH **27**, 274/276, **47**, 68/71, LM Nr 1 zu TestG 16, Keidel MDR **58**, 837, Holzhauer, Die eigenhänd Unterschrift, 1973, 242ff. Die Niederschr **soll** auch von den ÜberwachgsPers (§§ 22 II, 29, Zeugen, zweiter Notar), der VertrauensPers (§ 24 I 3) u dem Dolmetscher (§ 16 III 4) unterschrieben w; bei Schreibunfähigk des Beteiligten, § 25, **muß** der Zeuge od zweite Notar die Niederschr unterschreiben. – S dazu die Anm zu den angeführten §§ des BeurkG, Brox § 10 IV 4, Barth-Schlüter Lehrb § 17 III 4, Lübtow, Lehrb, I 191 ff; Lange-Kuchinke § 28 IV, V.

5) Geltungsbereich. Die Vorschr des BeurkG gelten für **öffentl** vor dem Notar zu errichtde Test (einseit Vfgen vTw, § 1937) u für ErbVertr (zweiseit Vfgen vTw, § 1941, s auch BeurkG 33), ferner für das reine WiderrufsTest, § 2254, ebenso das spätere widersprechde Test, § 2258, wenn sie als öffentl errichtet w, u den einen ErbVertr aufhebenden Vertr, § 2290 IV, ferner für die unter § 2301 I 1 fallenden Vertr, s Anm 2 hiezu; vgl dazu Jansen² Rdz 4, 5 vor BeurkG 27. Bes Vorschr über die Anwendg des BeurkG auf letztwl Vfgen enthalten KonsG 11 I, II (für vor dem Konsularbeamten errichtete Test u ErbVertr, §§ 2249, 2250 I (BürgermstrTest,) §§ 2250, 2251 (DreizeugenTest).

6) Übergangsrecht. Siehe Einf 7 vor § 2229, auch Keidel-Kuntze-Winkler Rdz 9–11 vor BeurkG 27.

7) Zum BeurkVerf nach dem **KonsG** (10, 11), s Geimer aaO 18ff, auch hier Anh zu § 2231.

BeurkG 27 *Begünstigte Personen.* Die §§ 7, 16 Abs. 3 Satz 2, § 24 Abs. 2, § 26 Abs. 1 Nr. 2 gelten entsprechend für Personen, die in einer Verfügung von Todes wegen bedacht oder zum Testamentsvollstrecker ernannt werden.

1) Allgemeines. a) Früheres Recht. Die Ausschließg der UrkPersonen u der an der Beurk mitwirkden Pers bei der Errichtg eines öff Test wg Verhältn zum Bedachten war bis 31. 12. 69 in § 2235 geregelt. Entspr galt diese Vorschr auch für den Dolmetscher, fr § 2244 I 2, für den Bürgermstr, die Zeugen u den Dolmetscher beim NotTest des Bürgermstr, § 2249 I 3, 4 aF, ebso für die Zeugen beim DreizeugenTest, § 2250 aF, u beim SeeTest, § 2251; sie griff auch Platz bei der Beurk eines ErbVertr, § 2276 I aF, bei den vor einem Konsul errichteten Test u ErbVertr, KonsG 16a I 1 aF. Vgl. auch die fr FGG 171 I Nr 1, II, 180.

b) Neues Recht. Für die Ausschließung des Notars von der Beurkundg von Willenserklärgen zu seinen Gunsten od zu Gunsten seiner Angehörigen gilt seit 1. 1. 70 § 7 (geänd dch Art 7 Nr 8 c AdoptG). Dieser ist entspr anzuwenden auf den Dolmetscher, § 16 III 2; eine gleichart Vorschr enthält § 24 II für die VertrauensPers; für den Zeugen u den zweiten Notar gilt § 26 I Nr 2. 27 stellt klar, daß Pers, die in einer Vfg vTw – öff Test, ErbVertr – bedacht od als TestVollstr eingesetzt w, solchen Pers gleich stehen, die aus einer zu beurk WillErkl einen rechtl Vorteil erlangen, s BTDrucks V/2382 S 34, Ffm DNotZ **71**, 500. Zum Begr des rechtl Vorteils s Mecke § 7 Rdn 4, 5, Riedel-Feil § 7 Rdn 5, Jansen² § 7 Rdz 3 ff, Keidel-Kuntze-Winkler § 7 Rdz 3ff. §§ 7, 16 III 2, 24 II mit 27 gelten auch, wenn der Erbl dem Notar eine verschl Schrift übergibt, s § 2232, § 30, der Notar also nicht erkennen kann, ob diese Vorschr beachtet sind, Mecke § 27 Rdz 7.

2) Ausschließg des Notars. Der AusschließgsGrd der §§ 7 mit 27 erstreckt sich auch auf den UrkNotar selbst; dieser ist aber auch ausgeschlossen, wenn sein Eheg od sein fr Eheg od Personen, die mit ihm in gerader Linie verwandt od verschwägert od in der Seitenlinie bis zum 3. Grad verwandt od bis zum 2. Grade verschwägert sind, – auch das nichtehel Kind ist mit seinem Vater in gerader Linie verwandt –, in dem zu beurk Test bedacht od als TestVollstr eingesetzt w sollen, s §§ 1589, 1590, – § 1589 II ist m Wirkg v 1. 7. 70 weggefallen, Art 1 Nr 3, Art 12 § 27 NEhelG. Der PersKreis ist also weiter wie der in § 6 (geänd dch Art 7 Nr 8 b AdoptG). – Über den Notarvertreter s BNotO 39 IV, 41 II, den Notariatsverweser BNotO 57 I; für die Notare im Landesdienst in *Ba-Wü* s BeurkG 64 mit LFGG 3 I.

3) Ausschließg sonstiger mitwirkder Pers. Für den Dolmetscher gelten die Grdsätze in Anm 2 entspr, s § 16 III 2 mit §§ 7, 27. Für den Zeugen od zweiten Notar ist der in § 26 I Nr 2 geregelte AusschließgsGrd im wesentl derselbe wie für den Notar nach § 7 Nr 1, s § 26 Anm 2; ebso für die Vertrauensperson, s § 24 II. Über die unterschiedl Regelg der Rechtsfolgen eines Verstoßes s Anm 5.

4) Der Begriff, in einer Vfg vTw bedacht od zum TestVollstr ernannt zu w, stimmt mit der Regelg in dem fr § 2235 überein. Bedacht sind Erben, auch VorE, NachE, ErsE, ErsNachE, VermNehmer auch Nach- od ErsVermNehmer; als nicht bedacht sind aber anzusehen Auflagebegünstigte (§§ 2192 ff); Erm-Hense Rdz 3, bestr, aM Höfer-Huhn Anm 2, Lange-Kuchinke § 18 II 4c. Die Benenng als Vormd, GgVormd, Pfleger, Beistand od Mitgl eines Familienrats (§§ 1776, 1777, 1792 IV, 1915, 1917, 1881, 1868) sowie die AO von Befreiungen für den Vormd, Pfleger (§§ 1852–1856, 1917 II) sind nicht als Willenserklärg anzusehen, die auf einen rechtl Vort gerichtet sind, Jansen² Rdz 8; RGRK Rdz 3; aM Soergel-Müller Rdz 3. Die Folgen der TV-Ernenng können nur dadch umgangen werden, daß der Erbl den UrkNotar in einem eigenhänd od in einem vor einem and Notar errichtt Test ernennt. Ebenso bleibt die Ernenng des mitwirkden Notars gült, wenn eine übergebene Schrift als eigenhänd Test aufrecht erhalten w kann. Es ist nicht ausgeschl, daß das NachlG gem § 2200 den Notar, der das Ernenngs-Ersuchen beurkundet hat, zum TV ernennt, Jansen Rdz 9. Da auch die VollmErteilg grdsätzl darauf gerichtet ist, dem Bevollmächt einen rechtl Vort zu verschaffen, kann der Erbl dem UrkNotar dies ohne Niederschr auch keine Vollm über den Tod hinaus zur Verwaltg u Verteilg des Nachl erteilen, Jansen aaO, Soergel-Müller Rdz 4.

5) Rechtswirkgen. a) Notar, Dolmetscher, Vertrauensperson. Eine entgg §§ 7, 16 III 2, 24 II mit 27 in der Vfg vTw angeordnete Bedenkg od Ernenng zum TestVollstr hat die Unwirksamk der Beurk dieser Vfg zur Folge, **Teilunwirksamk**; TestErrichtg daher zweckm dch and Notar! Diese bewirkt idR nicht die Unwirksamk des ganzen Tests, § 2085, AusleggsFrage; für ErbVertr ist § 2298 maßgebd. Die Unwirksamk seiner Erbeinsetzg kann als fehlde Bestimmg des Erben iSv §§ 2104, 2105 angesehen w, § 2104 Anm 1, Jansen Rdz 11, nicht aber als Wegfall iS des § 2094, dazu Anm 1, bestr, wohl aber als Wegfall gem § 2096, s auch Jansen Rdn 11 aE. Über den Begr Unwirksamk s § 6 Anm 3.

b) Zeuge u zweiter Notar. Der AusschließgsGrd nach § 26 I Nr 2 mit § 27 ist dagg als **SollVorschr** ausgestaltet; eine entgg dieser Vorschr in der Vfg vTw getroffene Anordg macht die Beurk nicht unwirks, s Ffm DNotZ **71**, 500.

6) Weitere Anwendgsfälle. §§ 27 mit 7, 16 III 2, 24 II gelten auch für die Errichtg des NotTest vor dem Bürgermstr, § 2249 I, auch § 2250 I; auf das DreizeugenTest, § 2250 III, finden §§ 27 mit 7, 26 II Nr 2 entspr Anwendg; s auch § 2251 (SeeTest). Nach KonsG 11 I mit 10 III richtet sich das bei der Errichtg von Test u ErbVertr vor einem Konsularbeamten zu beobachtde Verf nach dem BeurkG, s dazu Geimer aaO 18 ff. Es gilt § 27 mit den dort angeführten Bestimmgen.

BeurkG 28 *Feststellungen über die Geschäftsfähigkeit.* Der Notar soll seine Wahrnehmungen über die erforderliche Geschäftsfähigkeit des Erblassers in der Niederschrift vermerken.

1) Allgemeines a) Früheres Recht. Die Pfl des Notars, sich vor der Beurk von RGesch von der Gesch-Fgk der Beteiligten zu überzeugen, ggf entspr Feststellgen in die Niederschr aufzunehmen und uU die Beurk abzulehnen, war bis 31. 12. 69 in BNotO 28 geregelt. Für die Errichtg des öff Test galt § 2241 a III; diese Vorschr war auch anzuwenden bei der Errichtg eines NotTest vor dem Bürgermstr, § 2249 I 3 aF, ebso beim

DreizeugenTest, § 2250 aF, u beim SeeTest, § 2251. Sie griff auch Platz bei der Beurk eines ErbVertr, § 2276 I aF, sowie bei vor dem Konsul errichteten Test u ErbVertr, KonsG 16a I 1 aF.

b) Neues Recht. Das BeurkG hat die Prüfg der GeschFgk der Beteiligten u das Verhalten des Notars bei Zweifeln hieran u bei deren Fehlen allgemein in § 11 geregelt. Diese Vorschr ersetzt BNotO 28, sie gilt auch für die Beurk von Test u ErbVertr. Dabei wird auf die „erforderliche" GeschFgk abgestellt; damit wird die Testierfähigk beim Test, § 2229 (mit Anm 2, 6c), u die GeschFgk beim ErbVertr, § 2275, erfaßt. § 11 wird ergänzt dch die für die Beurk von Vfgen vTw geltde SonderVorschr des § 28, die dem fr § 2241a III 2 entspricht u die sicherstellen soll, daß dann, wenn nach dem Tod des Erbl über seine GeschFgk, TestierFgk, Streit entsteht, die Wahrnehmgen des Notars als BewMittel zur Vfg stehen, s BTDrucks V/33 3282 S 34. Über Feststellg der Beteiligten s § 10 mit Anm hiezu, auch Jansen Rdz 2 ff, Keidel-Kuntze-Winkler Rdz 4 ff je zu BeurkG 10. Auf die Feststellg der Pers des Erb (Beteiligten) hat der Notar äußerste Sorgf zu verwenden, BGH **LM** § 36 DONot aF Nr 1; kennt er die Beteiligten nicht, so muß er sich idR AuswPapiere, möglichst amtl LichtbildAusw vorlegen lassen, Keidel-Kuntze-Winkler Rdz 8 zu BeurkG 10; BGH, OLG Stgt DNotZ **56**, 503; **76**, 426. Zur Identitätsfeststellg kann er sich auch einer AuskunftsPers bedienen (DONot 25 I 2); nicht ausgeschl sind hiezu auch and Beteiligte od mit einem Beteiligten Verwandte (DONot 25 I 3). Auch wenn sich der Notar nicht die erforderl Gewißh über die Pers des Beteiligten verschaffen kann, darf er die Beurk nicht ablehnen, wenn dieser die Aufn der Beurk nicht verlangt; nur wenn er zu der Überzeugg gelangt, daß der Erschienene seine Persönlich absichtl zur Verfolg unredl Zwecke verdunkelt, darf er die Beurk ablehnen, Jansen² Rdz 8, Keidel- Kuntze-Winkler Rdz 12 je zu BeurkG 10. Über den FeststellgsVerm s BeurkG 10 I 2; 10 enthält aber nur Soll-Vorschr, s Keidel-Kuntze-Winkler Rdz 18 hiezu.

2) Vermerk in der Niederschrift. Nach § 11 soll der Notar eine Feststellg über die erforderl GeschFgk eines Beteiligten nur treffen, wenn deren Vorhandensein bei einem Beteiligten zweifel od ein Beteiligter schwer krank ist. Bei Beurk einer Vfg vTw soll er nach § 28 jedenf vermerken, welche Wahrnehmgen er über die erforderl GeschFgk des Erbl gemacht hat, BT-Drucks V 3282 S 34. Als Wahrnehmgen, die dieser Feststellg dienen, kommen in Betr der persönl Eindruck, der auf der Grd einer Unterhaltg mit dem Erbl gewonnen w, ggf ein Gespräch mit dessen Angehörigen od dem behandelnden Arzt. Das **Ergebn der Wahrnehmgen** soll in der Niederschr festgehalten w; zB: aus dem persönl Eindruck u der Unterhaltg mit dem Erbl habe ich die Überzeugg gewonnen, daß dieser testierfäh ist, s Künzel-Bühling, Formularbuch u Praxis der FreiwG, S 797, Haegele Rpfleger **69**, 414, Mecke Rdz 2, Riedel-Feil § 11 Rdz 6. Für den und VertrSchließen beim ErbVertr gilt § 28 nicht.

3) Prüfpflicht des Notars. Dieser ist verpflichtet, sich vor der Beurk von Test von der TestierFgk des Erbl, §§ 2229, auch 2230, 2233 I, 2253 II, EG 7, 24 III, u vor der Beurk eines ErbVertr von der GeschFgk der VertrSchließden zu überzeugen, s zu letzterer § 2275 mit der SonderVorschr über Ehegatten u Verlobte, für den VertrGegner, der nicht Erbl ist, § 2275 Anm 4. Es kann auch Anlaß bestehen, die Staatsangehörigk des Erbl zu prüfen, wenn an die Möglichk von Auslandsbeziehgen zu denken ist, BGH DNotZ **63**, 315, s auch Grader DNotZ **59**, 563, Jansen Rdz 1, Höfer-Huhn Anm 4 je zu BeurkG 11, insb Sturm, KollissionsR, terra incognita für den Notar? Festschr für Ferid 1978, 417. – Beschränkgen der TestFreih, zB Bindg dch gemeinschaftl Test, ErbVertr, fallen nicht unter BeurkG 28, sie sind aber gem BeurkG 17 II mit dem Testierden zu erörtern u evtl im Vermerk darin in die Niederschr aufzunehmen, Jansen Rdz 5 zu BeurkG 28, s auch BGH DNotZ **74**, 296 mit Anm von Haug = **LM** § 19 DNotO Nr 6.

4) Ablehng der Beurkundg. Kommt der Notar bei der Prüfg zu dem Ergebn, daß dem Erbl od einem VertrSchließden beim ErbVertr die erforderl GeschFgk, s Anm 3, fehlt, so soll er die Beurk ablehnen, s § 11 I 1, jedoch ist im allg Zurückhaltg mit der Ablehng geboten, Staud-Firsching Anm 16 zu dem fr § 2241a, Mecke § 11 Rdz 3, Riedel-Feil § 11 Rdz 8. Bei Ablehng der Beurk Beschwerde nach BNotO 15 I.

5) Zweifel an der GeschFgk. Bleibt der Notar a Grd seiner Prüfg im Zweifel über das Vorliegen der erforderl GeschFgk, so soll er seine Zweifel in der Niederschr feststellen, § 11 I 2, § 28. Er kann die Beteiligten auf seine Bedenken u deren Rechtsfolgen hinweisen u ihnen raten, von ihrem Verlangen auf Beurk Abstand zu nehmen; er darf aber in diesem Fall die Beurk nicht ablehnen, s Jansen § 11 Rdz 6.

6) Schwere Erkrankg. Ist der Erbl od beim ErbVertr der and VertrSchließde schwer krank, so soll der Notar dies in der Niederschr vermerken u angeben, welche Feststellgen er über die GeschFgk getroffen hat, § 11 II, § 28, s auch Mecke § 11 Rdz 5, Riedel-Feil § 11 Rdz 6, Keidel-Kuntze-Winkler § 11 Rdz 12, Höfer JurA **70**, 749 f.

7) Weitere Anwendgsfälle. § 11 I 2, II u 28 gelten auch für die Errichtg von NotTest vor dem Bürgermstr, das DreizeugenTest und das SeeTest, §§ 2249 I, 2250, 2251, u für die Errichtg von Test u ErbVertr vor dem Konsularbeamten KonsG 11 I mit 10 III.

BeurkG 29 *Zeugen, zweiter Notar.* Auf Verlangen der Beteiligten soll der Notar bei der Beurkundung bis zu zwei Zeugen oder einen zweiten Notar zuziehen und dies in der Niederschrift vermerken. Die Niederschrift soll auch von diesen Personen unterschrieben werden.

1) Allgemeines. a) Früheres Recht. Nach der bis 31. 12. 69 geltden Fassg des § 2233 II war es dem Notar freigestellt, in and als den dort I geregelten Sonderfällen der Beteiligg Behinderter einen zweiten Notar od zwei Zeugen bei der Beurk zuzuziehen. Er sollte von dieser Befugn Gebr machen, wenn der Erbl es verlangte. Die Zuziehg sollte unterbleiben, wenn der Erbl widersprach. – **b) Neues Recht.** Nach § 29 ist dem Notar eine Befugn, nach seinem Belieben bis zu zwei Zeugen od einen zweiten Notar bei der Beurk zuzuziehen, nicht mehr eingeräumt. Er kann u soll dies nurmehr auf Verlangen der Beteiligten. Über Sonderfälle s Anm 2 A.

2. Abschnitt: Beurkundung von Willenserklärungen BeurkG 29

2) Zuziehg von Zeugen od zweitem Notar. A) Sonderfälle. a) Beteiligg Tauber, Stummer, Blinder, § 22. Nach § 2233 I aF mußte der Notar einen zweiten Notar od zwei Zeugen bei der Beurk eines Test od ErbVertr (§ 2276 I aF) zuziehen, wenn der Erbl (anderer VertrSchließder beim ErbVertr) nach seiner Überzeugg taub, blind, stumm od sonst am Sprechen verhindert war. In diesen Fällen bestand also ein Zuziehgszwang. § 22 I ersetzt § 2233 I aF (u fr FGG 169). Er schränkt die Vorschr über die Zuziehg insofern ein, als ein Zeuge od ein zweiter Notar genügen, die Wirksamk der Beurk nicht mehr von der Anwesenh dieser Personen abhängt (Ausn § 25) u die Beteiligten auf die Zuziehg überh verzichten können.

aa) Voraussetzgen. § 22 greift Platz, wenn ein Beteiligter (Erbl), also bei Beurk eines gemschaftl Test einer der Eheg, beim ErbVertr einer der VertrSchließden, nicht hinreichd zu hören, zu sprechen od zu sehen vermag; über letztere Voraussetzgen s § 22 Anm 2, auch 2233 Anm 3, 4, Mecke Rdz 2, Keidel-Kuntze-Winkler Rdz 3 ff je zu BeurkG 22; BayObLG **68**, 268 (stumm), SchlHOLG SchlHA **70**, 138 (blind). Ob ein Beteiligter als taub, stumm od blind iS des § 22 anzusehen ist, richtet sich in erster Linie danach, ob er sich selbst als behindert erklärt; ist dies der Fall, dann ist der Notar daran gebunden u hat das vorgesehene Verf einzuhalten, Mecke § 22 Rdz 3. Daneben wird auf die Überzeugg des Notars abgestellt, für den Fall, daß ein Beteiligter seine vom Notar erkannte Behinderg nicht zugeben will, s BT-Drucks V/3282 S 33, auch Keidel-Kuntze-Winkler Rdz 10 ff.

bb) Verfahren. Sind die Voraussetzgen unter aa) gegeben, so soll der Notar einen Zeugen od einen zweiten Notar bei der Beurk, §§ 8, 13, zuziehen. Auf die Zuziehg können die Beteiligten – bei mehreren nur alle gemeins, § 22 Anm 3, – verzichten. In der Niederschr sollen die sich bei der Anwendg des § 22 I 2 ergebden Tats festgestellt w. Vermerkt w soll also der Umst, daß ein Beteiligter nicht hinreichd zu hören, zu sprechen od zu sehen vermag, ob dies auf seinen eigenen Angaben od auf der Überzeugg des Notars beruht, ferner die Tats der Zuziehg des Zeugen od zweiten Notars – mit Namen u Anschr der Beteiligten, auf die Zuziehg zu verzichten. Wird ein Zeuge od Notar zugezogen, so soll er währd der Beurk zugg sein; er soll die Niederschr unterschreiben, § 22 II. **Verstöße gg § 22 machen die Beurk nicht unwirks.**

cc) Ist in der Niederschr gem § 22 I festgestellt, daß ein Beteiligter **nicht hinreichd zu hören** vermag, so muß diesem Beteiligten die Niederschr an Stelle des Vorlesens, § 13 I, vor der Gen zur Durchsicht vorgelegt w, § 23 mit Anm 1 u 2. Dies muß in Ggwart des Notars geschehen, s § 13 I 1, Mecke § 23 Rdz 3. Feststellg in der NiederSchr ist SollVorschr, § 23 S 1 Halbs 2; gesetzl Vermutg bei Unterzeichng dch tauben Beteiligten, s § 23 S 2. § 23 gilt aber nur für taube Beteiligte, die sich schriftl zu verständigen vermögen. Sind neben dem tauben Erbl, zB bei einem ErbVertr, and Beteiligte vorh, so muß die Niederschr auch vorgelesen w, BeurkG 13 I, 23 Anm 2.

dd) Bei Beteiligg **Tauber od Stummer**, mit denen nach ihrer Angabe od nach der Überzeugg des Notars, s oben aa), **eine schriftl Verständigg nicht mögl ist, ist § 24** (Zuziehg einer VertrauensPers) zu beachten, s Anm 2, 3 hiezu. Die VertrauensPers muß sich mit dem behinderten Beteiligten verständigen können, dieser muß ihre Zuziehg billigen. Die VertrauensPers braucht kein beeidigter Dolmetscher zu sein, es genügt jede geeignete Pers, meist kommen nahe Angeh inbetr; die AusschließgsGrd des § 26 finden keine Anwendg, Jansen Rdz 5, Keidel-Winkler[10] Rdz 10, 11 je zu § 24; jed ist § 24 II zu beachten. Ausgeschlossen ist eine schriftl Verständigg, zB, wenn ein Tauber nicht lesen, ein Stummer nicht schreiben kann, s Mecke § 24 Rdz 3. Die nach § 24 I 2 (Feststellg in der Niederschr) **zwingd** vorgeschriebene Zuziehg einer VertrauensPers läßt das Erfordern, einen Zeugen od zweiten Notar zuzuziehen, unberührt, § 24 III; ein Zeuge od zweiter Notar nach §§ 22, 29 od ein Schreibzeuge nach § 25 können also nicht gleichzeit VertrauensPers sein, ebsowenig der UrkNotar selbst, Keidel-Kuntze-Winkler § 22 Rdz 12. Ein Verzicht der (aller) Beteiligten auf Zuziehg des Zeugen oder zweiten Notars ist aber auch in diesem Fall zul.

ee) Bei der **Auswahl** des Zeugen od zweiten Notars sind die AusschließgsGrde des § 26, insb § 27 mit § 26 I Nr 2, zu beachten; es handelt sich aber nur um Sollvorschriften. Geb für zweiten Notar KostO 151, Auslagen für Zeugen KostO 137 Nr 4.

b) Beteiligg Schreibunfähiger, § 25. aa) Voraussetzgen. Die Zuziehung eines Zeugen od zweiten Notars ist beim Vorlesen u bei der Gen der Niederschr, § 13 I, zwingd vorgeschrieben, wenn ein Beteiligter nach seinen Angaben od nach der Überzeugg des Notars, s dazu oben a) aa), auch Mecke § 25 Rdz 2, 3, **seinen Namen nicht zu schreiben vermag** u nicht bereits nach § 22 ein Zeuge od zweiter Notar zugezogen worden ist. S § 25 Anm 1, 2. Es kommt also nur auf die NamensUnterschr an. Die Ursache für die Unfähigk seinen Namen zu schreiben, ist ohne Bedeutg, sie kann in einer Erkrankg, Verletzg liegen od darin, daß der Beteiligte Analphabet ist. Als schreibunfäh ist auch zu erachten, wer nur mit einem Handzeichen zu unterschreiben vermag; dies gilt auch dann, wenn er nur mit einem Schnörkel unterschreiben kann, der nicht als Unterschr anzusehen ist od wenn seine Hand geführt u nicht nur gestützt w muß, Keidel-Winkler § 25 Rdz 3, s auch BayObLG **51**, 598, BGH **27**, 274, Keidel MDR **58**, 837. Ein Amputierter od Körperbeschädigter, der mit dem Mund od einem Fuß zu unterschreiben vermag, ist dagg nicht schreibunfäh. Analphabet, der seinen Namen schreiben kann, ist aber kein Schreibunfäh, Höfer JurA **70**, 745. Ausländer, die ihren Namen nur in fremder SchriftSpr schreiben können, sind sicher dann als schreibfäh anzusehen, wenn der Notar die Schriftzeichen, zB neugriechische, beherrscht, Keidel-Kuntze-Winkler § 25 Rdz 4, weitergehd Jansen § 25 Rdz 2, der auf das letztere Erfordern verzichtet. Auch **Blinde**, die schreibkund sind, sind nicht unf, ihre NamensUnterschr zu leisten, Jansen § 25 Rdz 2; desh enthält auch die Erkl, blind zu sein, nicht ohne weiteres die Angabe, nicht schreiben zu können, Keidel-Kuntze-Winkler § 25 Rdz 8, vgl BGH **31**, 136.

bb) Verfahren. Sind die Voraussetzgen des § 25 S 1 gegeben, so soll diese Tats in der Niederschr festgestellt w. Vermerkt w soll der Umst, daß ein Beteiligter seinen Namen nicht zu schreiben vermag, ob dies auf seinen Angaben od auf der Überzeugg des Notars beruht, ferner die Tats der Zuziehg des Zeugen od zweiten Notars. Von der Feststellg der Voraussetzgen in der NiederSchr ist aber die zwingd vorgeschr Zuziehg eines Zeugen od zweiten Notars hier nicht abhäng, Riedel-Feil § 25 Rdz 5, Mecke § 25 Rdz 2. Die Feststellg braucht auch nicht verlesen zu w; sie bedarf lediql der Bestätigg dch die Unterschr der mitwirkden Pers, Keidel-Kuntze-Winkler § 25 Rdz 13. Erkennt ein Beteiligter erst nachträgl die Unfähigk, seinen Namen zu schreiben, so muß die Vorlesg u Gen in Ggwart eines Schreibzeugen od zweiten Notars wiederholt w, Jansen² § 25 Rdz 5; die Zuziehg eines Schreibzeugen genügt, auch wenn mehrere Beteiligte, zB beim gemschaftl Test, schreibunfäh sind, Jansen aaO Rdz 6. – Der Zeuge oder zweite Notar, mag er nach § 22 od erst auf Grd § 25 zugezogen sein, muß beim Vorlesen der Gen der Niederschr anwesd sein, Mecke § 25 Rdz 6, er **muß** die Niederschr unterschreiben. Hierauf kann nicht verzichtet w, weil die Unterschr des „Schreibzeugen" ein wesentl Merkmal einer echten Urk, näml die Unterschr des Beteiligten (Erbl, anderer VertrSchließder beim ErbVertr), ersetzt, BTDrucks V/3282 S 34. Für die nach § 25 zugezogenen Zeugen od für den zweiten Notar bildet § 26 kein Hindern, Lange-Kuchinke § 18 VI 2 d⁶⁷.

cc) § 25 bezieht sich nicht auf die Schreibunfähigk mitwirkder Pers, deren Unterschr vorgeschrieben ist, zB Dolmetscher, § 16 III 5, VertrauensPers § 24 I 3, od Zeugen, §§ 22 II, 25 S 3, 29 S 2; erklärt einer v ihnen, seinen Namen nicht schreiben zu können, so muß die Beurk unter Hinzuziehg einer and geeigneten Pers wiederholt w, s Jansen² § 25 Rdz 9.

B) Zuziehg von Zeugen, zweitem Notar im übrigen, § 29.

a) Voraussetzgen. Ohne Vorliegen der Voraussetzgen der §§ 22, 24 od 25 soll der Notar **nur auf Verlangen der Beteiligten** bei Beurk von Vfgen vTw bis zu zwei Zeugen od einen zweiten Notar zuziehen. Er kann anregen, daß die Beteiligten ein solches Verlangen äußern, er kann die Zuziehg aber nicht mehr nach Belieben vornehmen. Eine solche Anregg empfiehlt sich uU im Hinbl auf Erfordern des ausländ Rechts, s Höfer-Huhn Anm 1. Sind mehrere Beteiligte, zB beim ErbVertr, vorhanden, so müssen alle Beteiligten das Verlangen äußern, der Wunsch eines von ihnen genügt nicht. Dolmetscher od VertrauensPers können nicht gleichzeit Zeugen sein.

b) Verfahren. Die Zeugen od der zweite Notar sollen währd der Beurk zugegen sein, sie sollen auch die Niederschr unterschreiben, § 29 Satz 2. Das Verlangen der Beteiligten u die Zuziehg von Zeugen od einem zweiten Notar soll in der Niederschr vermerkt w, § 29 S 1. Das Fehlen der Unterschr berührt aber die Wirksamk der Beurk nicht, Riedel-Feil § 29 Rdz 5, Keidel-Kuntze-Winkler Rdz 11.

c) Bei Auswahl der Zeugen od des zweiten Notars sind die Ausschließgsgrde des § 26, insb § 27 mit § 26 I Nr 2, zu beachten, siehe oben A a) ee).

d) Da § 29 eine Sollvorschr ist, w die Wirksamk die Beurk nicht dadch beeinträchtigt, daß der Notar ohne Verlangen der Beteiligten Zeugen od einen zweiten Notar zuzieht od dies gg ihren Wunsch unterläßt; das gleiche ist der Fall bei Verletzg der FormVorschr, zB bei Verstoß gg § 26, Keidel-Kuntze-Winkler Rdz 11.

3) Weitere Anwendgsfälle: §§ 22, 24, 25 und 29 gelten auch für Beurk von Test u ErbVertr dch den Konsularbeamten, KonsG 11 I mit 10 III. Beim NotTest vor dem Bürgermstr hat dieser zwei Zeugen zuzuziehen, zwingde Vorschr; über Ausschließg der Zeugen s § 2249 Anm 5b, c, bb. Die Unterzeichng der Niederschr dch die Zeugen ist MußVorschr, § 2249 I 5 mit Anm 6. Über Anwendg des § 2249 im Fall des § 2250 s dessen I. Über das Verf beim DreizeugenTest s § 2250 Anm 4.

BeurkG 30 *Übergabe einer Schrift.* Wird eine Verfügung von Todes wegen durch Übergabe einer Schrift errichtet, so muß die Niederschrift auch die Feststellung enthalten, daß die Schrift übergeben worden ist. Die Schrift soll derart gekennzeichnet werden, daß eine Verwechslung ausgeschlossen ist. In der Niederschrift soll vermerkt werden, ob die Schrift offen oder verschlossen übergeben worden ist. Von dem Inhalt einer offen übergebenen Schrift soll der Notar Kenntnis nehmen, sofern er der Sprache, in der die Schrift verfaßt ist, hinreichend kundig ist; § 17 ist anzuwenden. Die Schrift soll der Niederschrift beigefügt werden; einer Verlesung der Schrift bedarf es nicht.

1) Allgemeines. a) Früheres Recht. Für die Errichtg eines öff Test dch Überg einer Schrift waren bis 31. 12. 69 die fr §§ 2238, 2241 I Nr 3, 2243 maßgebd.

b) Neues Recht. Materielle RechtsGrdlage für die Errichtg eines öff Test zur Niederschr eines Notars dch Überg einer Schrift bildet seit 1. 1. 70 § 2232 nF. Diese Vorschr gilt auch für die Errichtg eines ErbVertr gem § 2276 I nF. § 30 stellt eine Ergänzung hierzu dar u regelt iVm den allg Vorschr des BeurkG über die Beurk von Willenserklärgen das dabei einzuhaltde Verf.

2) Verfahren bei Übergabe einer Schrift. a) Übergabeerklärg. Die Überg einer Schrift bei der TestErrichtg, s hiezu § 2232 Anm 4, muß mit der Erkl des Erbl verbunden sein, daß die Schrift seinen letzten Willen enthalte. Die Erkl muß nicht gerade mit den in § 2232 S 1 vorgeschriebenen Worten abgegeben w, RG 82, 154; sie kann auch Antwort auf eine Frage sein, RG 108, 400; notf kann sie in der Feststellg des § 30 S 1 u der GenErkl gem § 13 I gefunden w, da der sachl Wille des Erbl in diesem Fall schon schriftl vorliegt, hier also eine bes Sicherg gg Undeutlichk der ErblErkl nicht notw ist, RG 92, 32/33, Haegele Rpfleger 69, 416¹⁶; dazu wie es aber aus BewGrden erforderl sein, daß die Gen in der Niederschr festgestellt ist (SollVorschr!), § 13 I 2; bezügl der ÜbergErkl nach § 9 I 2 zu verfahren (Verweis auf ein diese Erkl enthaltdes SchriftSt), wie es Mecke Rdz 5 für zul erachtet, wird kaum prakt w.

b) Inhalt der Niederschr. Die Niederschr muß, außer dem sich allg aus §§ 9–11 ergebden Inh, die Feststellg der SchriftÜberg enthalten. Außerdem muß in der Niederschr die Erkl, die übergebene Schrift enthalte den letzten Willen des Erbl, festgestellt w, § 9 I Nr 2, Mecke § 30 Rdz 4. Fehlt die Feststellg der Übergabe, so ist die Beurk unwirks, auch wenn die Übergabe tatsächl erfolgt ist. Die Beifügg der Schrift u die Aufn der Erklärg des Erbl in die Niederschr allein genügen nicht, Jansen, Rdz 2. Der Notar soll vermerken, ob die Schrift offen od verschlossen übergeben worden ist, § 30 S 3. Für die Niederschr gilt § 13.

c) Behandlg der Schrift. aa) Der Notar soll die übergebene Schrift – etwa dch genaue Beschreibg in der Niederschr, zB verschlossener brauner Briefumschl, od dch Anbringg eines Merkmals, auf das in der

2. Abschnitt: Beurkundung von Willenserklärungen **BeurkG 30, 31**

Niederschr hingewiesen ist, – derart kennzeichnen, daß eine Verwechslg ausgeschl ist, s BTDrucks V/3282 S 35, Mecke Rdz 6. S auch § 34 I. Zweckmäßig ist der Vermerkvorschlag von Jansen[2] Rdz 3: „Zu Urk-Rolle Nr . . . . übergebene Schrift . . . ."

bb) Die Prüfgs- u BelehrgsPfl des Notars umfaßt in diesem Fall auch den Inh der offen übergebenen Schrift, s Mecke Rdz 7, BGH DNotZ **74**, 298 (zum fr § 2241b) mit Anm von Haug, ders, allg DNotZ **72**, 388; Lange-Kuchinke § 18 III 3b. Um dieser PrüfgsPfl gem § 17, s Anm 2 hierzu, nachkommen u den Erbl ggf auf Bedenken hinweisen zu können, soll der Notar von dem Inh einer offen übergebenen Schrift Kenntn nehmen, sofern er der Sprache, in der sie abgefaßt ist, hinreich kund ist, § 30 S 4. Ist die Schrift nur schwer lesb, so w der Notar den Erbl veranlassen, sie deutl zu schreiben od schreiben zu lassen, s Riedel-Feil Rdz 4. Bei Üderg einer verschlossenen od offenen Schrift, die in einer dem Notar nicht verständl Fremdsprache abgefaßt ist, ist er berecht, wenn auch nicht verpflichtet, den Erbl über deren Inh zu befragen u ihn auf mögl Bedenken hinzuweisen, s Reimann Anm 10, RGRK Rdz 5.

cc) Die Schrift muß nicht nach § 13 I vorgelesen w. Sie soll der Niederschr beigefügt w; von der Erfüll dieser AmtsPfl des Notars hängt aber die Wirksamk der Beurk nicht ab, § 30 S 5. Eine Verbindg der Schrift mit der Niederschr nach § 44 ist nicht vorgeschrieben. Der Notar soll beides in einem Umschlag verschließen u in die bes amtl Verwahrg bringen, Keidel-Kuntze-Winkler Rdz 18. S auch § 2232 Anm 4.

3) ErbVertr. Auch beim ErbVertr kann die Erkl des letzten Willens dch Üderg einer offenen od verschlossenen Schrift nach Maßg des § 2233 u des § 30 erfolgen, § 2276 I; auch der and VertrSchließde kann die Ann der Erkl des Erbl in einer übergebenen Schrift ausdrücken, s § 2276 Anm 2a.

4) Sonderfälle. a) Minderjährige, § 2229 I mit Anm 3, können ein Test, abgesehen von der Errichtg dch mündl Erkl, nur dch Üderg einer offenen Schrift errichten, § 2233 I mit Anm. 2 Die Üderg einer verschlossenen Schrift ist ihnen verwehrt, s § 2247 IV. Über Errichtg eines ErbVertr dch beschr GeschFähige, s § 2275 II, III.

b) Lesensunfähige können ein Test nur dch mündl Erklärg errichten, die Errichtg dch Üderg einer Schrift ist ausgeschlossen, § 2233 II. Dies gilt auch für die Beurk eines ErbVertr, § 2276 I.

c) Pers, die nicht hinreichd zu sprechen vermögen **(Stumme)** können ein Test nur dch Üderg einer Schrift errichten, § 2233 III mit Anm 4, s hiezu auch die SonderVorschr der §§ 22, 23, auch § 31 mit Anm 2.

5) Weitere Anwendgsfälle. § 2232 mit § 30 gelten auch für die Errichtg des NotTest vor dem Bürgermstr, § 2249 I, s auch § 2250 I. Beim DreizeugenTest § 2250 ist die Errichtg eines Test dch Üderg einer Schrift ausgeschlossen, das gilt auch für das SeeTest nach § 2251. Für die von dem Konsularbeamten zu errichtden Test u ErbVertr richtet sich das Verf nach dem BeurkG, KonsG 11 I mit 10 III; es gelten also auch § 30 u für die materielle Form § 2232, s BTDrucks V/3282 S 42.

BeurkG 31 ***Übergabe einer Schrift durch Stumme.*** **Ein Erblasser, der nach seinen Angaben oder nach der Überzeugung des Notars nicht hinreichend zu sprechen vermag (§ 2233 Abs. 3 des Bürgerlichen Gesetzbuchs), muß die Erklärung, daß die übergebene Schrift seinen letzten Willen enthalte, bei der Verhandlung eigenhändig in die Niederschrift oder auf ein besonderes Blatt schreiben, das der Niederschrift beigefügt werden soll. Das eigenhändige Niederschreiben der Erklärung soll in der Niederschrift festgestellt werden. Die Niederschrift braucht von dem behinderten Beteiligten nicht besonders genehmigt zu werden.**

1) Allgemeines. a) Früheres Recht. Die Errichtg eines öff Test dch Stumme war bis 31. 12. 69 in § 2233 I aF (Zuziehgszwang) u in dem fr § 2243 (weitere FormVorschr) geregelt. Anwendg beim ErbVertr, § 2276 I aF.

b) Neues Recht. Materielle RechtsGrdlage für die Errichtg eines öff Test dch Stumme ist jetzt § 2233 III. Hiernach kann der Stumme wie bish ein öff Test nur dch Üderg einer Schrift errichten. § 31 enthält die im BeurkundgsVerf hiebei zu beachtden Besonderh, s auch § 30. Der Zuziehgszwang ist in Form einer SollVorschr in § 22 geregelt. Es soll also zu der Beurk ein Zeuge od ein zweiter Notar zugezogen w, es sei denn, daß die Beteiligten darauf verzichten; die Zuziehg od die Verz soll in der Niederschr festgestellt w; s auch unten Anm 2 b bb. – Die genannten Bestimmgen gelten auch für die Beurk eines ErbVertr, § 2276 I, s auch § 33.

2) Verfahren bei Übergabe einer Schrift. a) Voraussetzgen. § 31 gilt für Pers, die sich inf eines natürl Fehlers dch die Sprache in keiner Weise verständl machen können; am Sprechen verhindert ist somit ein Beteiligter (Erbl od anderer VertrSchließder beim ErbVertr) nur, wenn er seine Sprache überh nicht gebrauchen od nur unartikuliert lallen kann. Dieser Umst ist aber nicht gegeben, wenn er das Sprechen zu einzelnen Punkten dch Zeichen u Gebärden unterstützen od ersetzen muß, BayObLG **68**, 272, § 2233 Anm 4 a. Für die Feststellg, ob der Beteiligte nicht hinreichd zu sprechen vermag, genügt seine Angabe, s § 29 Anm 2 a aa, maßgebd ist außerdem die Überzeugg des Notars; auf diese wird abgestellt für den Fall, daß er seine vom Notar erkannte Unfähigk zu sprechen, nicht zugeben will od sie nicht entspr ausdrücken kann, s § 2233 Anm 3, 4.

b) Verfahren. aa) Der Erbl muß mit der Üderg der Schrift, s § 2232 Anm 4, die **Erklärg** verbinden, daß sie seinen letzten Willen enthalte, § 2232, § 30 Anm 2 a. Diese Erkl muß er bei der Verhandlg in Gegenwart des Notars (u des zugezogenen Zeugen od zweiten Notars, SollVorschr), Jansen[2] Rdz 4 – also nicht schon vorher – **eigenhänd**, s § 2247 Anm 2 a, **in die Niederschr**, s §§ 8, 9, od auf ein bes Blatt schreiben. Die Erkl wird desh nicht Bestandteil der Niederschr iS des § 9 I 2, Soergel-Müller 3, bestr, aM Reimann Anm 10. Sie braucht desh, wenn die Niederschr gem § 13 I vorgelesen od einem Taubstummen gem § 23 zur Durchsicht vorgelegt w, nicht mit vorgelesen od zur Durchsicht vorgelegt zu w, Mecke § 31 Rdz 5; aM Jansen Rdz 4; sie braucht auch nicht bes unterschrieben zu w; wie hier Keidel-Winkler[10] Rdz 6. Die notarielle

Niederschr über die Verhandlg muß aber gem § 13 I vorgelesen od im Fall des § 23 dem Erbl zur Durchsicht vorgelegt u auch von ihm unterschrieben w, Mecke § 31 Rdn 6. Das bes Blatt soll der Niederschr beigefügt w. S auch RGRK Rdz 5.

bb) Die **Niederschr** soll, außer dem sich allg aus §§ 9–11 ergebden Inh, die Feststellg enthalten, daß der Erbl nach seinen Angaben od nach der Überzeugg des Notars nicht hinreich zu sprechen vermag, s § 22 u die weiter dort für den Inh der Niederschr aufgestellten Erfordern, s auch § 29 Anm 2 A bb. Ferner muß § 30 S 1 beachtet w.

Auch das eigenhänd Niederschreiben der Erkl in die Niederschr od auf einem bes Blatt soll vermerkt w, § 31 S 2. Über Behandlg der Schrift s § 30 Anm 3, auch § 34 I.

3) ErbVertr. Wird ein ErbVertr beurkundet u ist der Erbl stumm, § 2233 III, so müssen für die Erkl, daß die übergebene Schrift seinen letzten Willen enthalte, §§ 31 mit 30 beachtet w, § 2276 I, s auch § 30 Anm 3. Das gilt auch für die AnnErkl des and VertrSchließden, wenn dieser stumm ist, § 33.

4) Sonderfälle. a) Stumme, mit denen eine schriftl Verständigg nicht mögl ist, § 24. Vermag ein Beteiligter (Erbl, anderer VertrSchließer beim ErbVertr) nach seinen Angaben od nach der Überzeugg des Notars, s dazu oben Anm 2a, nicht hinreich zu sprechen, u sich auch nicht schriftl zu verständigen, s § 29 Anm 2 A a dd, so kann er weder ein Test errichten noch einen ErbVertr schließen, denn er kann die zwingde FormVorschr des § 31 S 1 nicht einhalten, s für den ErbVertr § 33, – für das eighdg Test § 2247 IV. § 24 kann wg der SonderVorschr des § 31 S 1 nicht Platz greifen, s auch § 2229 Anm 6 d aa, Haegele Rpfleger **69**, 417, Mecke Rdz 4, Erm-Hense Rdz 4.

Das gleiche gilt für stumme, schreibunfäh Beteiligte (Erbl od and VertrSchließde beim ErbVertr). Vermag ein Stummer iS des § 25 seinen Namen nicht zu schreiben, so ist er auch nicht in der Lage den Erfordern des § 31 S 1 zu genügen. Diese können aber nicht dch Anwendg des § 25 ersetzt w.

b) Stumme, sprachunkundige Beteiligte, § 16. Bei stummen Beteiligten iS des § 31, die nach ihren Angaben od nach der Überzeugg des Notars, s oben Anm 2 a, der dtschen Sprache od, wenn die Niederschr in einer and als der dtschen Sprache aufgenommen w, dieser Sprache nicht hinreich kund sind, ist § 16 zu beachten. § 32 greift nicht Platz, denn er gilt nur für den Fall, daß der Erbl seinen letzten Willen mündl erklärt. Siehe im übr Anm zu § 16, auch Jansen § 31 Rdz 7.

5) Weitere Anwendgsfälle. § 2233 III mit § 31 gilt auch für die Errichtg des NotTest vor dem Bürgermeist, § 2249 I, auch § 2250 I. Beim DreizeugenTest, § 2250, ist die Errichtg eines Test dch Überg einer Schrift ausgeschlossen; dies gilt auch für die SeeTest, § 2251. Für die vor einem Konsularbeamten zu errichtden Test u ErbVertr richtet sich das Verf nach dem BeurkG, KonsG 11 I mit 10 III, s Anm 5 zu § 30.

BeurkG 32 **Sprachunkundige.** Ist ein Erblasser, der dem Notar seinen letzten Willen mündlich erklärt, der Sprache, in der die Niederschrift aufgenommen wird, nicht hinreichend kundig und ist dies in der Niederschrift festgestellt, so muß eine schriftliche Übersetzung angefertigt werden, die der Niederschrift beigefügt werden soll. Der Erblasser kann hierauf verzichten; der Verzicht muß in der Niederschrift festgestellt werden.

Schrifttum: Hagena, Die Best über Errichtg einer Urk in einer fremden Sprache u die Übersetzg von Niederschr, DNotZ **78**, 387.

1) Allgemeines. a) Früheres Recht. Für die Errichtg öff Test u die Beurk von ErbVertr galt, wenn der Erbl od der and VertrSchließende beim ErbVertr der dtschen Sprache nicht mächt war, bis 31. 12. 69 der § 2244; s auch § 2276 I aF.

b) Neues Recht. Für das Verf in diesen Fällen sind ab 1. 1. 70 die §§ 16 mit 6, 7, 27, 32, 33 maßg.

2) Verfahren bei mündl Erklärg des letzten Willens, § 32.

a) Schriftl Übersetzg. Sind die Voraussetzgen des § 16 I gegeben, s Anm 2, 3 hiezu, auch unten Anm 3a, u ist in der Niederschr eine dementspr Feststellg, SollVorschr, aufgen, so greift die den § 16 ergänzde Vorschr des § 32 Platz. Für den Regelfall muß hier eine schriftl Übersetzg angefertigt w, WirksamkErfordern für die Beurk; der Niederschr soll sie beigefügt w. Die schriftl Übersetzg soll den Beteiligten zur Durchsicht vorgelegt w, § 16 II 2. Diese Tats sollen in der Niederschr festgestellt w, § 16 II 4.

b) Verzicht. Auf die Anfertigg einer schriftl Übersetzg kann der Erbl verzichten; ein solcher Verz muß in der Niederschr festgestellt w, denn er ersetzt ein wesentl Erfordern, § 32 S 2. Die Anwendg dieser Vorschr kommt in Frage, wenn dies bei einem schwerkranken Erbl nicht mehr eine längere Zeit verbleibt, um eine schriftl Übersetzg anzufertigen, s BT-Drucks V/3282 S 35. In diesem Fall muß aber die Niederschr an Stelle des Vorlesens mündl übersetzt w, § 16 Anm 4. Diese Tats sollen in der Niederschr festgestellt w, § 16 II 4.

c) Für die **Übersetzg** gilt § 16 III, auch II. § 16 III bestimmt, daß für die Übersetzg ein Dolmetscher zugezogen w muß, falls der Notar nicht selbst übersetzt, s § 5 II. Bei der Auswahl des Dolmetschers sind gem § 6, 7 mit 27 zu beachten. Ist der Dolmetscher nicht allg vereidigt, so soll ihn der Notar vereidigen, s § 189 GVG, es sei denn, daß alle Beteiligten darauf verzichten; s Keidel-Winkler[10], Rdz 22 ff, Jansen[2] Rdz 21 ff je zu § 16. Die vorgenannten Tats sollen in der Niederschr festgestellt, die Niederschr soll auch vom Dolmetscher unterschrieben w, § 16 III 4. Der Dolmetscher muß so lange anwesd sein, als sein Grd u Zweck seiner Beziehg es erfordern, Jansen aaO Rdz 25. Die Niederschr muß – gleichgült, ob eine schriftl Übersetzg angefertigt w, oder der Erbl (die Beteiligten) darauf verzichten – auch mündl übersetzt w, Mecke Rdz 3, Keidel-Winkler[10] Rdz 4. Übersetzg u Niederschr soll der Notar in einem Umschlag verschließen u in die bes amtl Verwahrg bringen, § 34.

3) Verfahren bei Übergabe einer Schrift. Bei dieser Art der Beurk eines Test od ErbVertr gilt § 32 nicht, denn diese Vorschr ist nur anwendb, wenn der Erbl seinen letzten Willen mündl erklärt, s §§ 2232, 2276 I, § 33. Es ist vielm nach § 16 zu verfahren, s BT-Drucks V/3282 S 36, Keidel-Kuntze-Winkler Rdz 7.

2. Abschnitt: Beurkundung von Willenserklärungen **BeurkG 32, 33**

a) Voraussetzen. § 16 ist anzuwenden, wenn ein Beteiligter (Erbl od and VertrSchließder beim Erb-Vertr) nach seinen Angaben, § 29 Anm 2 Aa aa, od nach der Überzeugg des Notars, dazu BGH NJW **63**, 1777, § 31 Anm 2a, der dtschen Sprache nicht, wenn die Niederschr in einer und als der dtschen Sprache aufgenommen w, s § 5, dieser Sprache nicht hinreichd kund ist, § 16 I mit Anm 3, Mecke § 16 Rdz 2. Der Ausdr „kundig" bedeutet dasselbe wie das im fr § 2244 I verwendete Wort „mächtig". Mit dem Zusatz hinreichd wird klar gestellt, daß es auf die im Einzeln erforderl Sprachkenntn ankommt, Keidel-Kuntze-Winkler § 16 Rdz 6. Rechng getragen ist dem Umstand, daß nach § 5 II unter den dort angeführten Voraussetzgn die Urk auch in einer und Sprache als der dtschen errichtet werden kann. Über nicht hinreichende Sprachkenntn verfügt ein Beteiligter, wenn er die Sprache der Niederschr nicht so gut versteht, daß er dem Vorlesen der Schrift folgen kann, Keidel-Kuntze-Winkler aaO Rdz 7.

b) Verfahren. In der Niederschr soll festgestellt w, daß die Voraussetzgn des § 16 I gegeben sind. Ist dies geschehen, so muß dieser Niederschr, hier vor allem die mit der Überg der Schrift verbundene Erkl, § 2232 nF, auch § 30, dem Beteiligten an Stelle des Vorlesens übersetzt w. Sie muß ihm also mündl in der and von ihm beherrschten Sprache vorgetragen w, s § 16 Anm 4. Auf Verlangen des Beteiligten soll die Übersetzg außerdem schriftl angefertigt, ihm zur Durchs vorgelegt u diese Übersetzg der Niederschr beigefügt w; sie ist aber nicht Bestandteil der Niederschr, Mecke § 16 Rdz 5. Auf die Möglichk, eine schriftl Übersetzg zu verlangen, soll der Notar hinweisen. Diese Tats sollen in der Niederschr festgestellt w. Die mündl od ev die schriftl Übersetzg kann der Notar, falls er die erforderl Sprachkenntn besitzt, s § 5 II S 2, selbst vornehmen, andernf muß er einen Dolmetscher zuziehen, s § 16 II, III 1. Bei dessen Auswahl sind die Ausschließgsgrde der §§ 6, 7 mit § 27 zu beachten. S dazu oben Anm 2 c, auch Höfer JurA **70**, 748.

4) ErbVertr. Für die Beurk eines ErbVertr, § 2276 I, gelten §§ 16, 32. Sie sind anzuwenden, wenn einer der Beteiligten (Erbl, anderer VertrSchließder, der nur die Ann erklärt) sprachunkund iS des § 16 I ist, s auch § 33.

5) Weitere Anwendgsfälle. §§ 16, 32 gelten auch für Errichtg eines NotTest dch den Bürgermstr, § 2249 I, auch § 2250 I. Für das DreizeugenTest ist eine Anwendg dieser Bestimmgen nicht vorgesehen; jedoch kann gem § 2250 III 2, 3 die Niederschr außer in der dtschen auch in einer und Sprache aufgenommen w. Der Erbl u die Zeugen müssen aber der Sprache, in der die Niederschr aufgenommen ist, hinreichd kund sein; diese Tats sollen in der Niederschr festgestellt w, wenn sie in einer und als der dtschen Sprache aufgenommen wird. Entspr gilt für das SeeTest § 2251. Für die vor einem Konsularbeamten errichteten Test u ErbVertr richtet sich das Verf nach dem BeurkG, KonsG 11 I mit 10 III; §§ 16, 32 finden daher Anwendg.

BeurkG 33 *Besonderheiten beim Erbvertrag.* **Bei einem Erbvertrag gelten die §§ 30 bis 32 entsprechend auch für die Erklärung des anderen Vertragschließenden.**

1) Allgemeines. a) Früheres Recht. Für die Formerfordern des ErbVertr verwies § 2276 I aF auf § 2233 aF u die fr §§ 2234–2245, also auf die Form des öff Test, s § 2276 Anm 2.

b) Neues Recht. Ab 1. 1. 70 sind nach § 2276 I auf die nur zur Niederschr eines Notars zul Beurk eines ErbVertr, § 2231 Nr 1, §§ 2232, 2233 nF anzuwenden. Was nach diesen Vorschr für den Erbl gilt, gilt für jeden der VertrSchließden. Das förml Verf richtet sich nach den Vorschr des BeurkG, s § 2276 Anm 2b. § 33 schließt sich an § 2276 I 2 Halbs 2 an, s BT-Drucks V/3282 S 36.

2) Anwendg der §§ 30–32. a) Unmittelb Anwendg. Die §§ 30 bis 32 gelten unmittelb für die Erklärg des Erbl, also desjen VertrSchließden, der in dem ErbVertr vertrmäß Vfgen vTw trifft, § 2278. Sie greifen also Platz beim einseit ErbVertr für den Erbl sowie dann, wenn beide VertrTeile als Erbl auftreten, zweiseit ErbVertr; in diesem Fall gelten §§ 30–32 für die VertrTeile, soweit sie als Erbl verfügen u entspr, soweit sie die vertragsmäß Vfgen des and Teils annehmen, s Dittmann Anm 2. – **b)** Entspr Anwendg der §§ 30–32. Sie gilt gem § 33 für den Fall, daß nur einer der VertrSchließden seinen letzten Willen erklärt u daß der and VertrTeil diese Erklärg ledigl annimmt; hier schreibt § 33 für letztere die entspr Anwendg der §§ 30–32 vor. Diese sind auch entspr anwendb, wenn bei einem ErbVertr zw mehr als zwei Beteiligten mehrere VertrSchließde ledigl die Annahme der letztw Vfg des (der) and VertrTeils (e) erklären, vgl Reithmann DNotZ **57**, 527. Das materiell-rechtl GgStück hiezu bildet § 2276 I 2 Halbs 2, s oben Anm 1 b.

3) Beurkundsverfahren. a) Für die Beurkdg des ErbVertr gelten die allg Bestimmgn der §§ 2–5, die Bestimmgn über die Beurkdg von Willenserklärgen, §§ 6–13, §§ 16–18, 22–26 u die Besonderh für Vfgen vTw, §§ 27–35; wg der Besonderh des BeurkVerf s § 2276 Anm 2 b, ferner § 27 Anm 1 b, § 28 Anm 1 b, § 29 Anm 2 A a, b, B a, § 30 Anm 3, § 31 Anm 3 u § 32 Anm 3.

b) Hinsichtl der entspr Anwendg der §§ 30–32 auf den and VertrSchließden (der nicht Erbl ist), ist hervorzuheben. Zu § 30: Der VertrGegner (od sein Vertr, s § 2274 Anm 2) kann seine AnnErklärg dem Notar mündl erklären (§§ 2276 I 2, 2232). Seine WillErklärg kann auch in einer offenen od verschlossenen Schrift enthalten sein, die er dem Notar mit der Erklärg übergibt, sie enthalte die Annahme der vertrmäß Vfg des and Teils. Im übr ist in den letzteren Fällen nach § 30 BeurkG zu verfahren. Zu § 31: Ist der VertrGegner od sein Vertr stumm, § 2233 III, so muß er seine Erklärg, daß die übergebene Schrift seinen Willen (od den des Vertretenen) enthalte, bei der Verhandlg eigenhänd in die Niederschr od auf ein bes Blatt schreiben, das der Niederschr beigefügt w soll, vgl § 31 S 2, 3 und zu beachten. Zu § 32: Ist der VertrGegner (od sein Vertr) der UrkSprache nicht hinreichd kund ist dies in der Niederschr festgestellt, so muß bei mündl Abgabe der AnnErklärg nach § 32 verfahren w. Es muß eine schriftl Übersetzg angefügt w, sofern der VertrGegner od sein Vertr nicht darauf verzichtet. Bei Überg einer Schrift gilt § 32 nicht; es ist nach § 16 zu verfahren, s § 32 Anm 3, 4.

c) Hinsichtl der Anwendbark der übr BeurkVorschr auf den and VertrSchließden s § 2276 Anm 2, auch Dittmann Anm 4. § 28 ist nicht anwendb, Keidel-Kuntze-Winkler Rdz 4, s aber auch Dittmann aaO.

d) Über Beurk bei Verbindg zw Erb- u EheVertr s § 2276 Anm 4, auch Dittmann § 33 Anm 5.

4) Weiterer Anwendsfall. § 2276 I nF, § 33 gelten auch für die Beurk eines ErbVertr dch einen Konsularbeamten, s KonsG 11 I mit 10 III.

BeurkG 34 *Verschließung, Verwahrung.* I Die Niederschrift über die Errichtung eines Testamentes soll der Notar in einen Umschlag nehmen und diesen mit dem Prägesiegel verschließen. In den Umschlag sollen auch die nach den §§ 30 bis 32 beigefügten Schriften genommen werden. Auf dem Umschlag soll der Notar den Erblasser seiner Person nach näher bezeichnen und angeben, wann das Testament errichtet worden ist; diese Aufschrift soll der Notar unterschreiben. Der Notar soll veranlassen, daß das Testament unverzüglich in besondere amtliche Verwahrung gebracht wird.

II Beim Abschluß eines Erbvertrages gilt Absatz 1 entsprechend, sofern nicht die Vertragschließenden die besondere amtliche Verwahrung ausschließen; dies ist im Zweifel anzunehmen, wenn der Erbvertrag mit einem anderen Vertrag in derselben Urkunde verbunden wird.

1) Allgemeines. a) Früheres Recht. Für die Verschließg u die bes amtl Verwahrg öff Test galten bis 31. 12. 69 der fr § 2246 iVm § 2258a, b aF, für die bes amtl Verwahrg von ErbVertr § 2277 aF sowie § 2300; s auch BNotO 25 III aF, DONot 16 in der ab 1. 1. 66 bundeseinheitl geltden fr Fassg.

b) Neues Recht. Ab 1.1. 70 bilden RechtsGrdlage für die Verschließg u die bes amtl Verwahrg öff Test u ErbVertr § 34, §§ 2258a, b, 2277, 2300, BNotO 25 II, DONot 16 id ab 1.8.70, Abs 2 id ab 1.1.75 geltden Fassg (BayJMBl **75**, 343), s auch AktO 27. Dazu Seybold-Hornig, BNotO[5] § 25 Anm 8–11. Über die bes Regelg in *BaWü* s LFGG 1 II, 46 III; 1. VO LFGG v 5. 5. 75, Just 201 §§ 11–19.

2) Verschließg von Test. § 34 I 1–3 ersetzt den fr § 2246. Hiernach soll der Notar die Niederschr über die Errichtg eines Test in einen Umschlag nehmen. In den Umschlag sollen auch die nach §§ 30–32 der Niederschr beigefügten Schriften genommen w, also die offen od verschlossen übergebene Schrift, die den letzten Willen des Erbl enthält, § 2233, § 30, das bes Blatt mit der Erkl des stummen Erbl, die übergebene Schrift enthalte seinen letzten Willen, § 31, die schriftl Übersetzung der Niederschr, §§ 16 II, 32, sowie ein Schriftstück, dessen Inhalt als in der Niederschr selbst enthalten gilt, s §§ 9 I 2, 44, Mecke § 34 Rdz 2, Reimann § 34 Anm 2. Den Umschlag soll der Notar mit seinem Prägesiegel, BNotO 2, DONot 2, verschließen. Die Gegenwart der mitwirkden Pers u des Erbl bei diesen Maßnahmen ist nicht mehr vorgeschrieben. Dem Notar ist damit die Möglichk gegeben, die Niederschr noch einmal zu prüfen u Formfehler, die etwa unterlaufen sind, zu entdecken, s BT-Drucks V/3282 S 36; er kann ggf eine Ergänzg der Niederschr veranlassen, s Keidel DNotZ **52**, 573, Mecke § 13 Rdz 18, auch DONot 30. Auf den Umschlag soll der Notar den Erbl seiner Person nach näher bezeichnen u angeben, wann das Test errichtet worden ist, s das Umschlagmuster Anl 1 der bundeseinheitl AV über Benachrichtigg in NachlSachen von 1.10.73, BayJMBl 211, weitere Fundstellen, auch für die Änderngen, s unten Anm 7. Für ein gemeinschaftl Test kann ein zweiter Umschl, der die Personalien des zweiten Erbl enthält, dem ersten beigefügt, od ein Umschl mit den Personalien beider Erbl verwendet w, vgl Kersten-Bühling-Appel, Formularbuch u Praxis der FreiwG[16] S 844, Haegele § 34 Anm V 5, dort auch weiteres über die einzuhaltden Formalien. Die Aufschr auf dem Umschlag soll der Notar unterschreiben, s auch § 35, ferner Reimann Anm 11. Datum ist nicht vorgeschrieben, aber zweckm, Riedel-Feil Rdz 5. Er soll veranlassen, daß das Test ohne schuldh Zögern, § 121 BGB, in besondere amtliche Verwahrg gebracht w, auch Test von Ausländern, Kiefer RhNK **77**, 65/75. Über Anfertigg eines Vermerkblattes u Zurückbehaltg einer begl Abschr s DONot 16 I, Dumoulin, Kanzleiter DNotZ **66**, 70ff, **70**, 583f.

3) Verwahrg des Test. Zustdgk u Verf für die bes amtl Verwahrg sind in §§ 2258 a, b geregelt, s Anm hiezu. Das verwahrde Ger kann der Erbl bestimmen, s § 2258 a Abs 3; er kann aber den Notar nicht von der öffentl-rechtl VerwahrgsPfl befreien, Höfer-Huhn Anm 4, Reimann Anm 5. Die Ablieferg des Test darf nur unterbleiben, wenn der Erbl sich vor der Ablieferg zum Widerruf entschließt u das Test in Gegenwart des Notars vernichtet, Höfer-Huhn Anm 6, Jansen Rdz 2. Die Rückgabe eines noch nicht zur bes amtl Verwahrg gelangten öffentl Test an den Erbl gilt nicht als Widerruf, BGH NJW **59**, 2113. – Erklärgen, die den Widerruf wechselbezügl Vfgen eines gemschaftl Test enthalten, § 2271 I, sind nicht in bes amtl Verwahrg zu bringen, Keidel-Kuntze-Winkler Rdz 10. – Über die Zustdgk der NachlG – Notariate – in *Ba-Wü* s § 2258a Anm 3.

4) Verschließg von ErbVertr. Nach § 34 II 1 gelten hiefür die in § 34 I enth Bestimmgen entspr, s § 2277 Anm 2 und oben Anm 2.

5) Verwahrg von ErbVertr. a) Verwahrg. Die bes amtl Verwahrg des ErbVertr bildet die Regel; über ihre Dchführg s § 2277 Anm 3 a; außer den nach Anm 2 in den Umschl zu nehmden Schriftstücken sind auch eine etwaige Vollm des VertrGegners für seinen Vertr, die etwa beigebrachte Zust des gesetzl Vertr u die etwa eingeholte Gen des VG, § 2275 I, 3, in den Umschlag mit zu verwahren, Dittmann Anm 17. Die Verwahrg unterbleibt, wenn die VertrSchließden sie ausschließen, § 34 II, s § 2277 Anm 3 b. Wird der ErbVertr mit einem andern Vertr in derselben Urk, also in ders Niederschr verbunden, zB mit einem EheVertr, § 2276 II, § 2277 Anm 5 a, auch Jansen Rdz 16, so ist nach § 34 II Halbs 2 iZw anzunehmen, daß die bes amtl ausgeschlossen sein soll; Verschließg u bes Verwahrg sind in diesem Fall nur auf Antr eines VertrSchließenden vorzunehmen, Dittmann Anm 22. Güterrechtl Vereinbargen, die ledigl erbrechtl Folgen haben, gehören nicht in die bes amtl Verwahrg, Mümmler JurBüro **76**, 1616.

b) Ausschließg der besonderen amtlichen Verwahrg. Wird diese ausgeschlossen, so bleibt die Niederschr über den ErbVertr in der Verwahrg des Notars, BNotO 25 II nF, also nach DONot 19 in seiner UrkSammlg. Über ErbVertr, die der Notar in seine Verwahrg nimmt, hat er nach Maßg von DONot 16 III ein Verzeichn zu führen, s Dumoulin, DNotZ **66**, 75. Ihm obliegt es, das Standesamt des Geburtsorts des Erbl od die Hauptkartei für Test beim AG Schöneberg in Bln zu benachrichtigen, s AV über

2. Abschnitt: Beurkundung von Willenserklärungen BeurkG 34, 35

Benachrichtigg in NachlSachen v 3. 7. 78 I Nr 2, *Bay*JMBl 94, u dies auf dem Umschlag zu vermerken. Nach Eintritt des Erbf hat er die Urk an das zust NachlGer abzuliefern, in dessen Verwahrg sie bleibt, BNotO 25 II 2, ferner DONot 16 II (id ab 1.1.75 geltden F), § 2300, auch Mecke Rdz 4.

c) Aufhebg der bes amtl Verwahrg, s § 2277 Anm 3c, Hamm Rpfleger **74**, 257.

6) Weitere Anwendgsfälle. § 34 I gilt auch für das **NotTest** vor dem **Bürgermstr** an die Stelle des Notars tritt, s § 2249 I, auch § 2250 I, § 2258a II Nr 2, nicht aber für den **DreizeugenTest**, § 2250; über dessen Verwahrg s Anm 5 hiezu, über die des SeeTest § 2251 Anm 5. Für Verschließg u Verwahrg der vor einem **Konsularbeamten** errichteten Test u ErbVertr gilt § 34, KonsG 11 I mit 10 III; über die bes amtl Verwahrg s ferner KonsG 11 II. Wird die bes amtl Verwahrg eines ErbVertr ausgeschl, so bleibt die Niederschr in der Verwahrg des Konsularbeamten.

7) Von der Verwahrg ist das Standesamt zu benachrichtigen, das seiners vom Tod des Erbl das Gericht (Notar) verständigt. Bundeseinheitliche Bek der Länder üb Benachrichtigg in NachlSachen idF v 3. 7. 78: *Bad-Württ*, DieJ **78**, 305; *Bay*, JMBl **78**, 94; *Bln*, ABl **78**, 1275; *Brem*, ABl **78**, 429; *Nds*, NdsRpfl **78**, 181; *NRW*, JMBl **78**, 185; *RhPf*, JBl **78**, 142; *Saarl*, GMBl **78**, 526; *SchlH*, SchlHA **78**, 151; *Hamb*, JVBl **78**, 86; *Hess*. JMBl **78**, 605; dazu die bundeseinheitl AO über Mitteilgen in Zivilsachen v 1. 10. 67, BayJMBl 125, 2. Teil Nr XVII/1, Text mit Änderngen bei Piller-Hermann Abschn 3c, Neu-Bek HessJMBl **78**, 373. **DDR**: Vfg v 1. 9. 54, StAZ 178.

8) Von der zu verwahrden Urk kann sich der Erbl eine einf od begl **Abschr** aushändigen lassen. Auch währd der bes amtl Verwahrg kann er **Einsicht** od eine Abschr verlangen, wobei aber das Test dem Erbl nicht zurückgegeben w darf, s insb KG JFG **4**, 159; die Identität des Erbl ist hiebei genau zu prüfen. Beim gemschaftl Test ist die Einwilligg des and Eheg nicht erforderl. — Über Einsicht nach Eröffng s § 2264. Über Einsicht des amtl verwahrten ErbVertr s § 2277 Anm 4. S hiezu Firsching, NachlRecht[4] S 98.

BeurkG 35 *Niederschrift ohne Unterschrift des Notars.* Hat der Notar die Niederschrift über die Errichtung einer Verfügung von Todes wegen nicht unterschrieben, so ist die Beurkundung aus diesem Grunde nicht unwirksam, wenn er die Aufschrift auf dem verschlossenen Umschlag unterschrieben hat.

1) Allgemeines. a) Früheres Recht. Der fr § 2242 IV schrieb vor, daß die Niederschr über die Beurk eines öff Test von den mitwirkden Pers, also auch von dem UrkNotar unterschrieben w muß; die Unterschr des Notars konnte nicht dch seine Unterschr auf dem Umschlag, in den die Urk genommen worden ist, ersetzt w, BGH **17**, 69, Hamm DNotZ **52**, 80. Dies galt auch für den ErbVertr, § 2276 I aF.

b) Neues Recht. Auch nach § 13 III muß die Niederschr über die Beurk eines öff Test od ErbVertr vom Notar unterschrieben w. § 35 läßt aber bei der Niederschr üb die Errichtg einer Vfg vTw eine Ersetzg der fehlden Unterschr des Notars dch die Unterzeichn der Aufschrift auf dem Umschl zu. Unterschr der Kostenrechng genügt grdsätzl nicht, BayObLG **76**, 275, auch **55**, 206.

2) Anwendgsbereich für die **notarielle Beurkdg**. Der neue § 35 soll eine Fehlerquelle beseitigen, die zur Nichtigk von Vgfen vTw führen kann. Die Vorschr geht davon aus, daß der verschlossene Umschlag als Zubehör der Niederschr über Errichtg einer Vfg vTw angesehen w kann u desh die nach § 34 als Soll-Vorschr angeordnete Unterzeichng der Aufschr auf dem Umschlag auch die darin eingeschlossene Niederschr deckt, BT-Drucks V/3282 S 36. § 35, wonach in Abmilderg des zwingden § 13 III 1 die unter der Niederschr fehlde Unterschr dch die Unterschr des Notars auf dem verschlossenen Umschlag ersetzt w, setzt **voraus**, daß die Niederschr über die Vfg vTw gem § 34 in den Umschl genommen, mit der vorgeschriebenen Aufschr versehen u daß diese von dem Notar unterschrieben hat, Siegelg wird nicht gefordert, Riedel-Feil Rdz 3. Mit Recht fordert aber Reimann Anm 5, daß die Unterschr auf dem Umschlag von der Pers stammt, welche die Beurk vorgenommen hat; die Unterschr des NotarVertr od - Verwesers kann also nicht diejenige des Notars ersetzen, der beurkundet hat. — § 35 ist also anwendb bei Beurkundg eines **öffentl Test**, das stets in einen Umschlag zu nehmen, zu verschließen u in bes amtl Verwahrg zu bringen ist. Darauf aber, ob das Test in amtl Verwahrg gebracht w ist, kommt es für § 35 nicht an, ebso RGRK Rdz 2. Für die Beurk von **ErbVertrag** kann § 35 nur gelten, wenn der ErbVertr verschlossen w, nicht dagegen, wenn die Urk beim Notar verbleibt, da in diesem Fall die Urk lediql offen in der Urkundssamlg aufbewahrt w, s DNotO **19**, Riedel-Feil Rdn 5, BayObLG **76**, 275/278. Wird sie aber etwa nachträgl auf Antr der Beteiligten verschlossen u in bes amtl Verwahrg gebracht, so greift § 34 I Platz; die etwa fehlde Unterzeichng der Niederschr kann sodann dch die Unterzeichng der Aufschrift auf dem verschlossenen Umschlag, in den der ErbVertr nachträgl gen w, seitens des Notars als ersetzt gelten, Reimann Anm 6, s auch Keidel-Kuntze-Winkler Rdz 4; aM Haegele Rpfleger **69**, 417, Höfer-Huhn Anm 55 (unheilb Nichtigk). Nachholb ist die Unterschr des Notars auf dem **Umschlag** nur, solange der Erbl lebt, Erm-Hense Rdz 3, weitergeh Riedel-Feil Rdz 3; s auch zu § 13 BeurkG Lange-Kuchinke § 28 V 3 a[58]. Auch bei **Verbindg von Ehe- u ErbVertr**, § 2276 II, gilt § 35, Keidel-Kuntze-Winkler Rdz 5, Dumoulin DNotZ **73**, 56, bestr, aM Mecke § 33 Rdz 5.

3) Wirkung. Sind bei einem öff beurk Test od einem ErbVertr die Voraussetzgen des § 35 gegeben, so ist die Beurk nicht unwirks. Es handelt sich also trotz Fehlens der Unterschr der UrkPers unter der Niederschr um eine vollwirks Beurk; sie ist mit der unterschriebenen Aufschr auf dem Umschlag kraft Ges zu einer Einh zusammengefaßt; die Urk ist also nicht mit einem Mangel behaftet (s LG Stade NdsRpfl **75**, 121); für sie gelten somit die §§ 415 ff ZPO uneingeschränkt; aM Soergel-Müller Rdz 4, der eine solche Urk als fehlerh u der freien Beweiswürdigg (ZPO 286) unterliegt ansieht.

4) Weitere Anwendgsfälle. § 35 gilt auch für das **NotTest** vor dem Bürgermstr, § 2249 I, auch § 2250 I; nicht aber für das **DreizeugenTest**, § 2250, u das **SeeTest**, wohl aber für die vor einem **Konsularbeamten** errichteten Test u ErbVertr, KonsG 11 I mit 10 III.

Dritter Abschnitt. Sonstige Beurkundungen

BeurkG 36–43 (Abdruck unterbleibt)

Vierter Abschnitt. Behandlung der Urkunden

BeurkG 44–54 (Abdruck unterbleibt)

Fünfter Abschnitt. Schlußvorschriften

1. Verhältnis zu anderen Gesetzen

BeurkG 55–69 (Abdruck unterbleibt)

2. Geltung in Berlin[1]

BeurkG 70 Dieses Gesetz gilt nach Maßgabe des § 13 Abs. 1 des Dritten Überleitungsgesetzes vom 4. Januar 1952 (Bundesgesetzbl. I S. 1) auch im Land Berlin.

3. Inkrafttreten

BeurkG 71 Dieses Gesetz tritt am 1. Januar 1970 in Kraft.

---
[1] S. für Berlin ÜbernahmeG vom 9. 9. 69, GVBl 1860.

Gesetz zur Regelung des Rechts der Allgemeinen Geschäftsbedingungen (AGB-Gesetz)

Vom 9. Dezember 1976 (BGBl I S. 3317)

Bearbeiter der §§ 1–11 und §§ 13–30: Heinrichs, Präsident des Landgerichts Bremen, des § 12: Professor Dr. Heldrich

Materialien zum AGBG: 1. Teilbericht der ArbGruppe beim BMJ (mat Recht), 1974 (BMJArbGr 1. TBericht); 2. Teilbericht (VerfR), 1975 (BMJArbGr 2. TBericht); RefEntw 1974 (Betr **74** Beil 18); RegEntw (BT-Drs 7/3919); CDU-Entw (BT-Drs 7/3200); Bericht des RAusschusses des BT (BT-Drs 7/5412 u 5422, RA-Bericht); Vorschläge des Vermittlausschusses (BT-Drs 7/5636); teilw abgedruckt bei Dietlein/Rebmann, AGB aktuell, S 223 ff. Vgl iü Einf 2b.

Schrifttum: Die kaum noch zu übersehde Zahl von Veröffentlichgen aus der Zeit vor der gesetzl Neuregelg hat zu einem wesentl Teil nur noch rgeschichtl Bedeutg. Grdlegd für die rechtl rpolit Diskussion aber weiter R a i s e r, R der AGB, 1935/1961. Eingehd zum fr Recht unter Berücksichtigg der gesetzl Neuregelg auch Schmidt-Salzer, AGB, 2. Aufl 1977 (NJW-Schriftenreihe). Vgl iü die Nachw der BMJ-ArbGr 1. TBericht S 123–137, 2. TBericht S 94–95.

a) **Kommentare:** Dietlein/Rebmann, 1976; Dittmann/Stahl, 1977; Koch/Stübing, 1977; Löwe/Graf v Westphalen/Trinkner, 1977; MüKo/Kötz (matrechtl Teil), Gerlach (VerfVorschr), 1978; Ulmer/Brandner/Hensen, 3. Aufl 1978; Schlosser/Coester-Waltjen/Graba, 1977; Stein, 1977 (vgl die Besprechg von Tilmann ZHR **78**, 152).

b) **Aufsätze:** Eickmann Rpfleger **78**, 1; Heinrichs NJW **77**, 1505; Keller MDR **77**, 184; Kühne JR **77**, 111; Lindacher JZ **77**, 604; Löwe JuS **77**, 421; Müller-Graff JZ **77**, 245; Schippel/Brambring DNotZ **77**, 131, 197; Schmidt-Salzer NJW **77**, 129; Stürner BWNotZ **77**, 106; Weber Betr **76**, 2241; Wolf NJW **77**, 1738.

c) **Schrifttum zu Einzelfragen:** s bei den einz Vorschr. Spezialschrifttum zu einz AGB s § 9 Anm 8.

d) **Zu den AGBG-Entwürfen:** BNotK AGB u vorsorge Rpflege, 1975; Dietlein NJW **74**, 969 u 1065; Hiddemann DRiZ **74**, 219; Kötz, Gutachten f den 50. DJT; Leonardy DRiZ **76**, 108; Löwe, Festschr für Larenz, 1973 S 373 u BB **74**, 1033; Pinger MDR **74**, 705; Schlosser ZRP **75**, 148; Schlosser ua, Verbraucherschutz im Modellversuch, 1975; Ulmer Ref f den 50. DJT; Weber Betr **74**, 1801; Wolf JZ **74**, 466.

Einführung

1) AGB als Mittel der Rationalisierg u Risikoabwälzg. AGB haben für den R- u WirtschVerk der modernen Industrie-Gesellsch überragde Bedeutg. Dch die Massenproduktion u den Massenkonsum von Waren u DLeistgen hat sich der Ablauf des Güter- u LeistgsVerk weitgehd verändert. An die Stelle des ausgehandelten u gemeins ausgestalteten Vertr, von dem das VertrModell des BGB ausgeht, ist in fast allen Bereichen der Produktion, des Handels u des DLeistgs-Gewerbes der dch vorformulierte AGB standardisierte Vertr getreten. Zu dieser Entwicklg hat beigetragen, daß das Ges wichtige neu herausgebildete VertrTypen nicht od nur unzureichend regelt (AutomatenaufstellVertr, BankVertr, BauträgerVertr, LeasingVertr, ReiseveranstaltgsVertr). Vor allem geht es dem Untern aber darum, seinen vielf auf MassenVertr angelegten GeschVerk zu rationalisieren u zu vereinfachen.

Neben diesen pos zu beurteilden Aspekten bringt die Verwendg von AGB aber zugleich schwerwiegde **Nachteile** mit sich. Prakt alle AGB sind von dem Bestreben geprägt, die RStellg des Untern zu stärken u die Rechte des Kunden zu schmälern. Trotzdem gelingt es dem Untern dchweg mühelos, seine AGB zum VertrBestandt zu machen. Der Kunde erkennt zumeist ihre Tragweite u Bedeutg nicht. Er hätte idR auch nur die Wahl, entweder unbill AGB zu akzeptieren od KonsumVerz zu leisten. Die Verwendg von AGB führt daher im Ergebn dazu, daß der Untern unter Ausnutzg seines wirtschaftl u intellektuellen Übergewichts wesentl Teile des VertrInh einseit best u die im dispos Recht vorgesehene vertragl Risikoverteilg entscheid zu seinen Gunsten verändert.

2) Notwendigkeit u Entstehg der Neuregelg. a) Eine sozialstaatl Ordng (GG 20, 28) kann die mit dem Gebr von AGB verbundenen Mißstände nicht hinnehmen. Sie muß auch für Vertr, deren Inh dch AGB best w, ein ausr Maß an VertrGerechtigk sicherstellen. Da der GesGeber lange Zeit untät blieb, hat die Rspr iW der RFortbildg Grds über die **Inhaltskontrolle** von AGB herausgebildet (BGH **22**, 94, **41**, 154, **60**, 380). Damit war ein erster Schritt in die richt Richtg getan. Die auf die Generalklauseln des BGB gestützte Rspr reichte aber nicht aus, um die entstandenen Mißstände zu beseitigen. Ihr fehlten vor allem Breitenwirkg u hinreichd konkretisierte Beurteilgsmaßstäbe. In der Reformdiskussion hat sich daher seit 1972 mit Recht fast allg die Ans dchgesetzt, daß ein wirks Schutz vor unangem AGB nur dch **Maßnahmen des Gesetzgebers** erreicht w kann (vgl insb Kötz, Löwe, Ulmer, Hiddemann, Pinger, Weber u Wolf, alle aaO). In diesem Sinne hat auch 1974 der 50. DJT mit großer Mehrh votiert (NJW **74**, 1987). Er hat damit zugleich die Ans von Grunsky (BB **71**, 1113) abgelehnt, daß bei einer Intensivierg der Verbraucheraufklärg u -beratg der Wettbew für angem AGB sorgen könne u w. Zur RVergleichg u Vereinheitlichg innerh der EG s v Hippel RabelsZ **77**, 237.

b) Entstehg: Das Ges ist der vorläuf Abschl der Reformdiskussion, die Raiser (aaO) bereits 1935 eröffnet hat. Die Ergebn dieser Diskussion u der Rspr sind in einer 1972 vom BMJ eingesetzten ArbGruppe aufgearbeitet u in Vorschläge für gesetzgeb Maßn umgesetzt worden. Die ArbGruppe legte 1974 den 1. TBericht (mat Recht) u 1975 den 2. (VerfR) vor (vgl dazu Dietlein NJW **74**, 969 u 1065, Schlosser ZRP **75**, 148).

Einf v AGBG 1, AGBG 1   G. z. Regelg. d. Rechts d. Allg. Geschäftsbed. *Heinrichs*

Der aus dem 1. TBericht entwickelte RefEntw wurde im Juni 1974 veröffentlicht (Betr **74** Beil 18) u anschließd mit geringen Änderungen als RegEntw (ohne VerfVorschr) im BT eingebracht (BT-Drs 7/3919). Der Entw u ein entspr CDU-Entw (BT-Drs 7/3200) wurden in der 97., 98., 99. u 100. Sitzg des BT-R-Aussch beraten, dch VerfVorschr ergänzt (BT-Drs 5412 u 5422) u anschließd vom BT einstimm verabschiedet. Wg Bedenken gg einz VerfVorschr rief der BR den VermittlgsAussch an. Dessen Vorschlägen (BT-Drs 7/5636) stimmten BT u BR am 10. u 12. 11. 1976 zu.

3) Inhalt. a) Das Ges knüpft an die Ergebn der bish Rspr an u übernimmt diese zT mit Änderungen als gesetzl Vorschr (zB §§ 3–6). Es bringt zugleich ggü dem bish Recht wesentl **Verbesserungen** u Ergänzgen. Es ändert das allg Vertr- u SchuldR derart einschneid wie kein and Ges seit Inkrafttr des BGB. Es greift in den berecht Kern der PrivAutonomie (Übbl 1a vor § 104) nicht ein, sond zieht die überfäll Konsequenz daraus, daß der Untern dch die Verwendg von AGB die VertrFreih allein in Anspr nimmt (BGH **51**, 53, **70**, 310) u idR zur Stärkg seiner RPosition u einer unangem Verkürzg der Rechte des Kunden mißbr. Es will gewährleisten, daß für den dch AGB ausgeformten Vertr das „Diktat der marktstärkeren Part" (Hefermehl) beseitigt u VertrGerechtigk wiederhergestellt w. Es gehört zu den Ges zum **Schutz des Verbrauchers,** seine Vorschr gelten aber zT auch im HandelsVerk (vgl unten d bb).

b) Im **materiellen Recht** bringt das Ges im wesentl folgde Neuergen: **aa)** Schwerpkt sind die Vorschr über die InhKontrolle. Sie bestehen aus einer Generalklausel (§ 9) u einem umfangreichen Katalog **unzulässiger Klauseln** (§§ 10, 11). Dieser hat die Praxis der AGB-Verwendg bereits erhebl verändert. Die Mehrzahl der vor dem 1. 4. 1977 aufgestellten AGB ist inzw zG der Kunden abgeändert worden (vgl die Nachw in § 9 Anm 7). **bb)** Das Ges stellt für die Einbez von AGB zusätzl Voraussetzgen auf (§ 2); der Verwder ist gehalten, ausdr auf die AGB hinzuweisen. **cc)** Das Ges enthält eine neue gefaßte BegrBestimmung der AGB (§ 1). Seine Vorschr gelten danach auch für kurze (ledigl aus einem Satz bestehde) AGB sowie für FormularVertr, u zwar auch für den not beurk FormularVertr.

c) Zur Intensivierg der GerKontrolle sieht das Ges im **Verfahrensrecht** eine UnterlKl gg den Verwder (Empfehler) unwirks Klauseln vor (§ 13). Klagbefugt sind Verbraucher- u WirtschVerbände, ferner Handels- u Handwerkskammern (§ 13 II). Die in der Reformdiskussion gelegentl erhobene Fdg nach Einf einer Anmelde- u GenPfl für AGB hat das Ges dagg mit Recht nicht übernommen.

d) Anwendgsbereich: aa) Zeitl gilt das Ges für Vertr, die nach dem 1. 4. 1977 geschl w (§ 28, über Ausn vgl dort). **bb) Persönl** u sachl Ausn vom Geltgsbereich des Ges ergeben sich aus den §§ 23, 24. Werden AGB ggü einem **Kaufm** für ein HandelsGesch verwendet, gelten wesentliche SchutzVorschr des Ges (§§ 2, 10 u 11) nicht (vgl § 24 Anm 3). Unanwendb ist das Ges ferner auf Untern **öffr Körperschaften,** sow deren Benutzg dch RNormen (Ges, VO od Satzg) geregelt ist (vgl § 1 Anm 1).

Erster Abschnitt. Sachlich-rechtliche Vorschriften
1. Unterabschnitt. Allgemeine Vorschriften

AGBG 1   *Begriffsbestimmung.* ᴵ **Allgemeine Geschäftsbedingungen sind alle für eine Vielzahl von Verträgen vorformulierten Vertragsbedingungen, die eine Vertragspartei (Verwender) der anderen Vertragspartei bei Abschluß eines Vertrages stellt. Gleichgültig ist, ob die Bestimmungen einen äußerlich gesonderten Bestandteil des Vertrages bilden oder in die Vertragsurkunde selbst aufgenommen werden, welchen Umfang sie haben, in welcher Schriftart sie verfaßt sind und welche Form der Vertrag hat.**
ᴵᴵ **Allgemeine Geschäftsbedingungen liegen nicht vor, soweit die Vertragsbedingungen zwischen den Vertragsparteien im einzelnen ausgehandelt sind.**

Schrifttum: Heinrichs NJW **77**, 1505; Graf v Westphalen Betr **77**, 943; Pawlowski BB **78**, 161; Schnur MDR **78**, 92; Wolf NJW **77**, 1937.

1) Allgemeines: Die in I enthaltene BegrBest legt den Anwendgsbereich des Ges fest, w insow aber dch die sachl u persönl Ausn in §§ 23 u 24 eingeschr. Die Definition ist weitgefaßt u bezieht auch FormularVertr u kurze aus einer einz Klausel bestehde Bdggen ein (Anm 3). Daß individuell ausgehandelte Bdggen keine AGB sind, folgt bereits aus der BegrBest, w aber in II ausdr wiederholt. Die Geltg der AGB beruht auf vertragl Einbeziehg (§ 2). Sie sind **keine Rechtsnormen** (BGH **9**, 3; **17**, 2), da dem AGB-Verwder keine RSetzgsbefugn zusteht. Umgekehrt gilt, daß RNormen keine AGB sind. Ist die Benutzg von Unternehmgen der **öffentl Hand** od von priv Unternehmen dch Gesetz, VO od Satzg geregelt, liegen begriffl keine AGB vor (BT-Drs 7/5422 S 4, Dietlein NJW **74**, 973). Auch die SchutzVorschr des § 9 ff finden keine Anwendg (Vorbem 2 c vor § 8). Uneingeschr anwendb ist das Ges dagg auf AGB, die behördl Gen bedürfen (arg § 16), insb also auch auf AVB (Helm NJW **78**, 129).

2) Begriff der AGB (I S 1): **a)** Es muß sich um **VertrBdggen** handeln, dh um Best, die den Inh eines Vertr gestalten sollen. Art u RNatur des Vertr sind gleichgült. Auch VfgGesch u Vertr des SachenR sind einbezogen, ebso Regelgn verfahrens- od vollstreckgsrechtl Inh. Auch die formularmäß Unterwerfg unter die sofort ZwVollstr fällt daher in den Anwendgsbereich des AGBG (Stürner JZ **77**, 431, Dietlein JZ **77**, 683, aA Kümpel WPM **78**, 746). Ausgen sind aber gem § 23 I Vertr des Arb-, Erb-, Fam- u GesellschR. Scheinb einseit Erkl können AGB enthalten, so etwa Klauseln in AusglQuittgen od VollmUrk (LG Nürnb AnwBl **78**, 166). Die Vorschr des Ges sind nach ihrem Schutzzweck auch auf einseit, vom Verwder vorformulierte Erkl des Kunden wie Vollm u Ermächtigg anwendb, soweit diese der inhaltl Ausgestaltg des VertrVerh dienen (Heinrichs NJW **77**, 1506, Ffm BB **76**, 1245), ferner auf EintrBewilliggen (Stürner JZ **77**, 639); auch dch derart ErklFormulare greift der Verwder in die rgeschäftl PrivAutonomie des Kunden ein (vgl iü die Klauselverbote der §§ 10 Nr 1 u 11 Nr 15b, die vom Verwder vorformulierte KundenErkl betreffen od miterfassen). **b)** Die VertrBdggen müssen **vorformuliert** sein, dh sie müssen für eine mehrfache Verwendg schriftl aufgezeichnet od in sonst Weise (Programm eines Schreibautomaten, Tonband) fixiert sein (s auch Anm 3 c). IdR w die AGB sprachl unverändert in den Vertr einbezogen; § 1 ist aber auch dann erf, wenn die VertrBdggen sprachl variiert w, sofern sie in der Sache unverändert bleiben (Heinrichs NJW 77, 1506, Schippel/Brambring DNotZ 77, 142). **c)** Die VertrBdggen müssen für eine **Vielzahl** von Vertr aufgestellt worden sein. Nicht erforderl ist eine „unbest" Vielzahl von Verwendgsfällen (and BGH 33, 218 für das bish Recht). AGB sind auch die für eine bezt Zahl von Kauf- od Mietobjekten entworfenen VertrBdggen, ebso TeilsgErkl nach dem WEG, sobald sie in einen ErwerbsVertr einbezogen worden sind (Lö–vW-Tr Rdn 7 u zum fr R BayObLG NJW 73, 151, Hamm OLGZ 75, 431). Die untere Grenze der geplanten Verwendgen dürfte bei 3-5 liegen (MüKo-Kötz Rdn 6, Ko-Stü Rdn 15, abw v Falkenhausen BB 77, 1126), das Ges gilt aber bereits im 1. Verwendgsfall. Benutzt eine VertrPart die von einem and vorformulierten VertrBdggen (zB VOB, MietVertrFormular eines Hausbesitzervereins), ergibt sich deren abstrakt-genereller Charakter bereits aus der Zweckbestimmg des Aufstellers; es ist nicht erforderl, daß die Partei selbst eine mehrfache Verwendg plant. KlauselVerwder ist daher auch, wer ohne Wiederholgsabsicht ein gebräuchl VertrMuster benutzt (Heinrichs NJW 77, 1506; Lö–vW-Tr Rdn 8) od einen Teil eines MusterVertr verwendet (Pawlowski BB 78, 161). Gleichgült ist, ob die Verwendg im geschäftl od nichtgeschäftl Bereich erfolgt. **d)** Der Verwder muß dem and VertrPart die Bdggen **„stellen"**. Dieses Merkmal bringt den entscheidden Grd für die rechtl Sonderbehandlg von AGB zum Ausdr. AGB sind nicht das Ergebn von individuellen VertrVerhandlgen, sond werden dem and Teil vom Verwder einseit auferlegt. Wird das VertrMuster von einem unbeteiligten Dr (Notar) vorgeschlagen, ist § 1 I nicht erf, es sei denn, daß es sich in Wahrh um eine Hilfstätig für eine der VertrPart handelt (Heinrichs NJW 77, 1507, Ul-Br-He Rdn 19). Für die Abgrenzg zw einseit auferlegten AGB u dem gemeins ausgestalteten VertrInh kommt es darauf an, ob die Bdggen dch IndVereinbg (§ 1 II) od global dch Einbez (§ 2) VertrBestandt gew sind; vgl dazu Anm 4 (abw v Falkenhausen BB 77, 1127; seine Ans, bei VhdlgsBereitsch des Verwders entfalle das Merkmal „stellen", auch wenn kein Aushandeln stattfindet, ist mit dem Schutzzweck des Ges nicht vereinb u würde zu dem Ergebn führen, daß § 1 II überflüss ist). Verlangen beide VertrPart unabhäng voneinand die Einbez ders AGB (Bsp: VOB) ist das AGBG unanwendb (Locher NJW 77, 1801; Jagenburg BauR 77, Sonderheft S 8; Ul-Br-He Rdn 20). Sein Wortlaut trifft nicht zu, weil er RBeziehgen zw einem Verwder u einer and VertrPart betrifft, nicht aber RBeziehgen zw zwei Verwdern. Sein Zweck trifft nicht zu, weil keine der Part in die VertrGestaltgsFreih der and eingreift. Wer seinem VertrPart aufgibt, seinem VertrAngebot best AGB zGrd zu legen, ist dagg (zumindest in Anwendg des § 7) **Verwder**. Das gilt ebso, wenn ein marktstarker Wiederverkäufer die Gewährleistgsrisiken aus dem Weiterverkauf für eine Vielzahl von Fällen auf seinen Lieferanten überwälzt (Beise Betr 78, 286).

3) Der (sachl überflüssige) **I S 2** bringt zum Begr der AGB ergänzde **Klarstellgen;** er soll Zw über den Anwendungsbereich des Ges ausräumen. **a)** Unerhebl ist, ob die Bdggen einen gesonderten Bestandt des Vertr bilden od in den VertrText eingearbeitet sind. Soweit **FormularVertr** die Merkmale von I 1 erf, stehen sie daher AGB in jeder Hins gleich (ebso für das bish Recht BGH 62, 251, 63, 239, NJW 77, 2360). **b)** Gleichgült ist der **Umfang** des Klauselwerks. Auch einz Klauseln (Freizeichng, EigtVorb, Schild „Sie fahren in diesem Wagen auf eig Gefahr", RG 145, 395) sind unter den Voraussetzgen von I 1 AGBG (ebso die bish hM vgl 35. Aufl Einf 6 Aa vor § 145, aA BGH NJW 74, 850, WPM 78, 792). **c)** Unerhebl ist auch die verwandte **Schriftart** (Druck, Maschine, Handschrift). Das Ges verwirft damit eine gelegentl vertretene Ans (Schmidt-Salzer), daß AGB gedruckt sein müssen. Auch wenn die VertrBdggen für jeden VertrSchl dch Schreibautomat, Schreibmaschine od von Hand neu geschrieben w, sind sie AGB, sofern sie inhaltl unverändert verwandt w (Anm 2b). **d)** Gleichgült ist auch die Form des Vertr. Das Ges gilt daher auch für **notariell beurkundete** Vertr, soweit diese AGB enthalten (FormularVertr) od in Bezug nehmen (krit BNotK AGB u vorsorgde Rpflege). Es folgt damit der Rspr (BGH 62, 251, DNotZ 75, 716) u trägt der Erfahrg Rechng, daß auch der Inh von notr beurk Vertr vielf allein von den marktstärkeren Part best w u ausschließl auf deren Interessen Rücks nimmt. Das AGBG iVm BNotO 14 II, BeurkG 4 begründet eine notarielle InhKontrolle von FormularVertr. Der Notar muß seine Amtstätig versagen, wenn ein FormularVertr unwirks Klauseln enthält (Heinrichs NJW 77, 1507, Stürner BWNotZ 77, 106); bei Zw hat er die Beteiligten umfassd zu belehren (BeurkG 17).

4) Sow die VertrBdggen zw den Part im einz ausgehandelt sind, also eine **Individualvereinbg** vorliegt, ist das Ges unanwendb. Ein solcher Fall kann auch gegeben sein, wenn vorformulierte Bdggen einer Part zum VertrInh gemacht w. **a)** Für eine IndVereinbg genügt aber nicht, daß der and Teil über Bedeutg u Tragweite der Klauseln belehrt worden ist (BGH NJW 77, 625, Celle NJW 78, 326, Heinrichs NJW 77, 1507, ganz hM, aA allein Schmidt-Salzer NJW 77, 133). Unerhebl ist auch eine vom Kunden bes unterschriebene Erkl, der VertrInh sei in allen Einzelh ausgehandelt; sie kann wirkl Aushandeln nicht ersetzen (BGH NJW 77, 432, 624, Heinrichs aaO). Eine IndVereinbg liegt auch dann nicht vor, wenn der Kunde (etwa dch Ankreuzen) zw versch vorformulierten Bdggen wählen kann (Wolf NJW 77, 1941). **b)** Der Verwder muß zu Vhdlgen über den VertrInhalt bereit sein. Seine **Verhandlungsbereitschaft** muß dem Kunden ggü unzweideut erklärt w u ernsth sein (BGH NJW 77, 624, Heinrichs aaO). Letzteres kann vielf nach seinem Verhalten bei fr VertrSchl beurteilt w. Wer angebl immer vhdlgsbereit ist, tatsächl aber nie etwas ändert, kann sich idR nicht auf § 1 II berufen. **c)** Beiderseit VhdlgsBereitsch reicht aber nicht, um eine IndVereinbg zu bejahen (Celle NJW 78, 326; Heinrichs NJW 77, 1508, Löwe NJW 77, 1328, Wolf NJW 77, 1937, Trinkner BB 77, 715, Graf v Westphalen Betr 77, 943, aA möglichw BGH NJW 77, 624). Erforderl ist vielm, daß sich die VhdlgsBereitsch in einem wirkl Aushandeln konkretisiert. Das ist der Fall, wenn die Vhdlgen zu Änderngen der vom Verwder vorgelegten VertrBdggen geführt haben, gleichgült, ob sich seine Zugeständn zu Klauseln seiner AGB od auf den VertrKern (Festlegg von Ware u Preis) beziehen. Ausnw kann ein Aushandeln aber auch dann zu bejahen sein, wenn die vom Verwder vorgelegten VertrBdggen unverändert geblieben sind (BGH NJW 77, 624, Heinrichs aaO, Ul-Br-He Rdn 33, str, aA Löwe, Graf v Westphalen, Trinkner aaO). Ein solcher AusnFall den auch Celle NJW 78, 326, 327 für „denkgesetzl" mögl hält, kann vorliegen, wenn die Part den Inh der vorformulierten Bdggen u denkb Alternativen im einz erörtert haben u der Kunde sich unter Verz auf Änd mit dem Inh der auch ihm sachgerecht erscheinden Bdggen einverstanden erklärt hat. Im Zw bedarf es einer werdten Beurteilg aller Umst die Einzelfalls einschl der Stellg des Kunden u des zw den Part etwa bestehden wirtschaftl u intellektuellen Machtgefälles. Entscheid ist, ob der Kunde über eine EinverständnErkl gem § 2 hinausgegangen ist u sich die VertrBdggen inhaltl derart zu eigen gemacht hat, daß sie auch Ausdr seiner rgeschäftl Selbstbestimmg u Verantwortg sind (Heinrichs aaO). Das kann idR nur angen w, wenn der Kunde unter Berücksichtigg seiner intellektuellen Fähigk u Kenntn die **reale Möglichkeit** h, auf den Inh der VertrBdggen Einfluß zu nehmen (Wolf NJW **77**, 1939; Garn JZ **78**, 302). Keine IndAbrede, wenn der Kunde nach Ablehng von ÄndVorschlägen erklärt, er sei mit allem einverstanden. Sie kann ands in bes gelagerten Fällen auch dann gegeben sein, wenn der Verwder seine Klauselwerk nicht zur Disposition stellt, den Kunden aber von deren sachl Notwendigk überzeugt (Bsp: gg § 11 Nr 10 verstoßender HaftgsAusschl bei Verkauf aus Konkursmasse). **c)** Ein Aushandeln einz Klauseln ändert grdsl nichts daran, daß die übr AGB bleiben („soweit"). Aus den Umst kann sich aber etwas and ergeben, etwa wenn Klauseln von zentraler Bedeutg Ggst des Aushandelns waren.

5) Beweislast: Wer sich auf den Schutz des Ges beruft, muß im Streitfall beweisen, daß die zum VertrBestandt gemachten Klauseln AGB iSv § 1 I sind. Dazu genügt idR der Nachw, daß ein gedrucktes od sonst vervielfältigtes Klauselwerk od Muster oft u des Teils verwandt worden ist (RegEntw S 17). Macht der Verwder geltd, seine AGB seien im konkr Fall nicht bloß einbez, sond ausgehandelt worden (§ 1 II), trifft ihn die BewLast. Das gilt auch bei einem notariell beurkundeten Vertr (Heinrichs NJW **77**, 1509, aA Schippel/Brambring DNotZ **77**, 131, 159). Wg des Schutzzwecks des Ges sind an diesen Bew strenge Anforderungen zu stellen. Er kann keinesf dch schriftl Bestätigg des Kunden erbracht w, die Bdggen seien im einz ausgehandelt w (BGH NJW **77**, 624, Heinrichs aaO). Sind in dem vorformulierten Text nachträgl Änd eingefügt worden, so ist das jedoch ein Indiz dafür, daß insow eine IndVereinbg vorliegt (Ul-Br-He Rdn 46).

AGBG 2 *Einbeziehung in den Vertrag.* I Allgemeine Geschäftsbedingungen werden nur dann Bestandteil eines Vertrages, wenn der Verwender bei Vertragsabschluß

1. die andere Vertragspartei ausdrücklich oder, wenn ein ausdrücklicher Hinweis wegen der Art des Vertragsabschlusses nur unter unverhältnismäßigen Schwierigkeiten möglich ist, durch deutlich sichtbaren Aushang am Ort des Vertragsabschlusses auf sie hinweist und
2. der anderen Vertragspartei die Möglichkeit verschafft, in zumutbarer Weise von ihrem Inhalt Kenntnis zu nehmen,

und wenn die andere Vertragspartei mit ihrer Geltung einverstanden ist.

II Die Vertragsparteien können für eine bestimmte Art von Rechtsgeschäften die Geltung bestimmter Allgemeiner Geschäftsbedingungen unter Beachtung der in Absatz 1 bezeichneten Erfordernisse im voraus vereinbaren.

1) Allgemeines: a) Zur Einbez von AGB in den EinzVertr bedarf es einer vertragl Abrede. Deren Eigenart besteht darin, daß die AGB nicht inhaltl ausgehandelt w, sond lediglich ihre Geltg vereinb w (§ 1 Anm 2d). Für die Abrede hat sich die Bezeichng **EinbezVereinbg** dchgesetzt (von Raiser „Verweisg" u von Hefermehl „GeltgsVereinbg" genannt). Sie ist kein bes RGesch, sond Teil des jeweiligen Vertr, der sich iF der Verwdg von AGB aus dem individuell ausgehandelten VertrKern u dem global einbez AGB zussetzt. Bei FormularVertr fällt die EinbezAbrede prakt ununterscheidb mit dem übr VertrInh zus.

b) Die bish Rspr nahm eine EinbezVereinbg bereits dann an, wenn der Kunde vom Vorhandensein der AGB wußte od bei Anwendg gehöriger Sorgf hätte wissen müssen u wenn für ihn erkennb war, daß der Untern den Vertr nur unter Zugrundelegg seiner AGB abschl wollte (BGH **3**, 203, **18**, 99, stRspr sog „Unterwerfg" des Kunden unter die AGB). An die Einbez wurden damit deutl geringere Anforderungen gestellt als sonst an das Zustandekommen von vertragl Vereinbgen. In bewußter Abkehr von dieser Rspr will § 2 sicherstellen, daß die Einbez von AGB wirkl vom **rechtsgeschäftl Vertragswillen** beider Part getragen w (BT-Drs 7/3919 S 13). Eine EinbezVereinbg setzt nunmehr voraus: einen deutl Hinw des Verwders auf seine AGB (Anm 2); die Möglichk für den Kunden, vom Inh der AGB Kenntn zu nehmen (Anm 3); die EinverständnErkl des Kunden (Anm 4). Fehlt eines dieser Erfordern, gilt der Vertr ohne die AGB (§ 6 I). Im voraus getroffenen Abreden über die Geltg best AGB sind nur noch unter den Voraussetzgen des § 2 II wirks (Anm 5). § 2 ist **zwingdes Recht,** jedoch mit der Einschrkg, daß der Kunde dch IndVereinbg auf die Einhaltg von I Nr 2 verzichten kann (vgl Anm 3 b). Unter dem Gesichtspkt des Kundenschutzes ist der Wert des § 2 nicht sehr hoch zu veranschlagen. Die Erf der dem Verwder auferlegten Obliegenh nützt dem Kunden wenig. Wenn er sich auf Verhdlgen über den Inh der AGB einläßt, w er idR nichts erreichen, läuft aber Gefahr, gem § 1 II den Schutz des AGBG zu verlieren. Unanwendb sind die Grds des § 2 auf den kaufm Verk u die Verwdg von AGB ggü jur Pers des öffR (§ 24 u unten Anm 6). Sonderregelgen bestehen auch für behördl gen od erlassene Tarife u Bdggen von VerkUntern (§ 23 II Nr 1), ferner für AGB von Bausparkassen, Versicherern u KapitalanlageGesellsch (§ 23 III, s dort).

2) Der Verwder muß den Kunden **ausdrückl** darauf **hinweisen,** daß der Vertr unter Zugrundelegg best AGB abgeschl w soll, I Nr 1. **a)** Der Hinw kann mdl od schriftl erfolgen. Er kann auch in einem vom Verwder vorformulierten VertrAngebot enthalten sein, muß aber bei Verwendg einer Urk wg der geforderten Ausdrücklk so angeordnet u gestaltet sein, daß er vom Dchschnittskunden auch bei flüchtiger Betrachtg nicht übersehen w kann. Der bloße Abdruck der AGB auf der Rücks der VertrUrk genügt nicht. Auch bei fernmdl VertrSchl ist ein ausdr Hinw zwingd erforderl. An diesem Erfordern w im Anwendgsbereich des § 2 auch nichts dadch geändert, daß die Verwendg von AGB verk- od branchenübl ist. Der

Hinw muß **bei VertrSchl** erfolgen. Bei ständ GeschVerbindg genügen daher Hinw bei fr Gesch nicht, ebsowenig bei sich länger hinziehden VertrVerhandlgen ein anfängl erteilter Hinw. Abdruck auf einer Marke od ähnl, von der der Kunde erst nach VertrSchl Kenntn nehmen kann, ist gleichf nicht ausr (Ul-Br-He Rdn 19), so insb nicht bei Kleidermarke (RG **113**, 425), Fahrschein (RG JW **31**, 1958), Eintrittskarte (Nürnb VersR **55**, 444), Verwahrgsschein (LG Gött DAR **52**, 8, LG MöGladb NJW **58**, 792), doch ist hier idR ein Hinw dch Aushang ausr (unten b). Bei kleinen InhPapieren (§ 807) gilt zwar an sich die Kreationslehre (§ 807 Anm 2a), wonach der Inh des RVerh dch einseit Akt des Ausstellers festgelegt w (§ 793 Anm 3). § 2 dürfte aber nach seinem Schutzzweck bei kleinen InhPapieren als SonderVorschr der Kreationslehre vorgehen (so wohl auch Ul-Br-He Rdn 26). Hinw erst in AuftrBestätigg, die rechtl eine modifizierte Ann-Erkl ist, ist idR zu spät (vgl Anm 4). Der Hinw muß best sein. Beifügg der AGB ist nicht erforderl (arg I Nr 2). An der erforderl Bestimmth fehlt es aber, wenn von den in Bezug gen AGB mehrere Fassgen existieren. **b)** Ist ein ausdr Hinw wg der Art des VertrSchl nur unter unverhältnismäß Schwierigk mögl, genügt ausnw ein deutl sichtb **Aushang** am Ort des VertrSchl. Hauptanwendgsfall sind die konkludent geschl Massenverträge, bei denen ein ausdr Hinw wg des Fehlens eines persönl Kontakts zw den VertrPart unmögl ist (Schlo-Coe-Gra Rdn 43). Beispiele sind die Benutzg automat Schließfächer u Kleiderablagen, die Parkhausbenutzg, der Erwerb von Waren od Eintrittskarten aus Automaten sowie Beförderungs- u ähnl Vertr, die konkludent dch Inanspruchn der Leistg zustandekommen. Die Ausn gilt darüber hinaus auch für sonst Gesch des MassenVerk, bei denen ein ausdr Hinw an sich mögl wäre, aber eine unverhältnismäß u im Grd überflüss Erschwerg der Massenabfertigg darstellen würde (Ul-Br-He Rdn 35, str), so etwa bei Vertr mit Kinos, Theatern, Sportveranstaltern, Lottoannahmestellen und Chemischreiniggen (Schmidt Vers-R **78**, 594). In Selbstbediengsläden u Kaufhäusern genügt ein Aushang, wenn es sich um den Verkauf von typ Massenartikeln handelt, in allen and Fällen ist dagg ein ausdr Hinw erforderl (Ul-Br-He Rdn 36). Der Aushang muß so angeordnet w, daß er nicht übersehen w kann; dem Kunden ist nicht zuzumuten, die Wände nach ausgehängten AGB abzusuchen. Der Aushang kann sich darauf beschr, auf die AGB hinzuweisen, ohne ihren Inh mitzuteilen, sofern dem I Nr 2 anderweit genügt ist (Ul-Br-He Rdn 38). Ausr daher Schild: „Für alle Vertr gelten unsere AGB. Diese liegen für Sie an der Kasse zur Einsicht bereit". Die BewLast für den Hinw trägt der Verwder. Bei **FormularVertr** sind § 2 I Nr 1 (u ebso Nr 2) idR praktisch bedeutungslos erf; der ausdr Hinw ergibt sich daraus, daß die AGB in dem dem Kunden zur Durchsicht u Unterschr vorgelegten VertrText enthalten sind. Der Verwder braucht den Kunden nicht darauf hinzuweisen, daß die VertrBedinggen teilw den Charakter von AGB haben (Leonardy DRiZ **76**, 109).

3) a) Weitere Voraussetzg für die Einbez von AGB ist, daß der Verwder dem Kunden die **Möglichk** verschafft, in zumutb Weise vom **Inhalt der AGB Kenntnis** zu nehmen, I Nr 2. Diese Obliegenh besteht auch bei gebräuchl und veröffentlichten AGB. Handelt es sich um einen VertrPart, der berufl häuf mit dem VertrMuster zu tun hat (Bsp: Bauhandwerker u VOB), darf Verwder aber davon ausgehen, daß dieser sich selbst ow die Kenntn vom Inh der AGB verschaffen kann (Locher NJW **77**, 1801). Bei einem VertrSchl unter Anwesden kann I Nr 2 dch Vorlage der AGB erf w. Es reicht aber auch, daß die AGB zur Einsicht aushängen od ausliegen. Etwas and gilt jedoch bei sehr umfangreichen AGB, deren Lektüre längere Zeit erfordert. Bei ihnen kann der Kunde mit Rücks auf das ZumutbarkErfordern Aushändigg verlangen (Schlo-Coe-Gra Rdn 56). Bei einem VertrSchl unter Abwesden kann dem Erfordern idR nur dch Übersendg der AGB genügt w. Die Aufforderg, sie im GeschLokal des Verwders einzusehen, genügt wg des ZumutbarkKriterium idR nicht (AG Ffm BB **78**, 524). Für Vorverkaufs- u AnnStellen hat I Nr 2 die Folge, daß die AGB sämtl Untern vorrät haben müssen, deren Wk- od Dienstleistg sie vermitteln. **b)** Problemat ist die Einhaltg von I Nr 2 beim **fernmündl VertrSchl**. Der Verwder ist idR außerstande, dem Kunden vor dem fernmdl VertrSchl die Möglichk zu verschaffen, vom Inh der AGB Kenntn zu nehmen. Das Vorlesen der AGB ist keine praktikable Lösg. Das Angebot des Verwders, die AGB nachzusenden, genügt den Anfordergen von I Nr 2 nicht, da es die Möglichk der Kenntnisnahme erst für einen Ztpkt nach VertrSchl eröffnet. Unproblemat sind daher allein die Fälle, in denen die AGB dem Kunden währd der VorVhdlgen od bei einem fr Gesch übermittelt worden sind. Auch sonst sind die Part aber in der Lage, fernmdl einen Vertr unter sofort Einbez von AGB abzuschließen. Der Kunde kann dch IndVereinbg (nicht dch formularmäß Erkl) auf die Einhaltg von I Nr 2 verzichten (Schlo-Coe-Gra Rdn 53, ähnl Ul-Br-He Rdn 43, Lö-vW-Tr Rdn 16, Ko-Stü Rdn 34, str, aA **36**. Aufl). Für diese Ans sprechen die Erfordern des R- u Wirtsch-Verk u der unter dem Gesichtspkt des Kundenschutzes geringe Wert der Vorschr (Anm 1). Hinzukommt: Der Kunde braucht die Möglichk, vom Inh der AGB Kenntn zu nehmen, nicht auszunutzen. Die insow bestehde EntschFreih muß - bei zweckentspr Auslegg - die Befugn mitumfassen, den Verwder von der Obliegenh des I Nr 2 freizustellen. Es wäre widersinn, die Obliegenh zur KenntnVerschaffg auch ggü einem Kunden zu bejahen, der erklärtermaßen vom Inh der AGB keine Kenntn nehmen will. – Ist der Kunde nicht bereit, auf die Einhaltg von I Nr 2 zu verzichten, kann der Vertr unter der aufschiebden Bdgg geschl w, daß der Kunde die ihm zu übermittelnd AGB dch NichtWiderspr genehmigt. Außerdem bleibt der Weg, die AGB nachträgl dch ÄndVereinbg zum VertrInh zu machen (Anm 5b). **c)** Der Kunde muß in **zumutbarer Weise** von dem Inh der AGB Kenntn nehmen können. Dazu gehört auch, daß die AGB für einen Dchschnittskunden mühelos lesb sind (BT-Drs 7/3919 S 18), ferner ein Mindestmaß an Übersichtlk u ein im Verhältn zur Bedeutg des Gesch vertretb Umfang. AGB, deren Lektüre übermäß Zeit beansprucht, sind nach neuem Recht für einf Gesch des tägl Lebens unzul. Ausgeschl ist nunmehr im Anwendungsbereich von § 2 auch, daß die auf eine and VertrGestaltg zugeschnittenen AGB VertrInh w können; die Feststellg, welche Klausel gilt u welche nicht, setzt in diesen Fällen ein rechtl know how voraus, das der Dchschnittskunde nicht besitzt (auf den EinzFall abstelld die bish Rspr BGH VRS **27**, 339, **LM** HGB 346 C Nr 8, VersR **72**, 274, Bilda BB **71**, 110). **d)** Aus I Nr 2 ergibt sich das Gebot, daß die AGB für den Dchschnittskunden **verständlich** sein müssen (Ul-Br-He Rdn 44; ebso zum fr R BGH **70**, 309). Klauseln, die nicht nur in den Randzonen, sond auch in ihrem Kernbereich unklar sind, sind unwirks (Schlosser WPM **78**, 569). Das gilt ebso für Klauseln, deren Tragweite nur der Jurist versteht, soweit eine klare u unzweideut Fassg mögl u zumutb ist (vgl Nürnb NJW **77**, 1402: Unwirksamk der Klausel „§ 537 ist unanwendb"). Aus dem gleichen Grd können auch sog salvator Klauseln unwirks sein (vgl Vorbem 3b vor § 8). Werden die VertrVhdlgen in dtsch Sprache geführt, ist der Verwder bei einem in der BRep geschl, dtsch Recht unterstehen Vertr aber nicht verpfl, für ausl Kunden Übersetzgen der AGB bereit zu halten (Mü AWD 76, 447, str, aA Weimar Betr 78, 243).

4) a) Zur Einbez ist weiter das **Einverständnis** des Kunden erforderl, das jedoch nur dann rechtl erhebl ist, wenn der Verwder den Obliegenh des I Nr 1 u 2 genügt hat (Anm 1). Das Einverständn kann ausdr od dch schlüss Verhalten erkl w. Es ist idR zu bejahen, wenn es nach vorheriger Erf von I Nr 1 u 2 zum VertrSchl kommt. Nimmt der Verwder erstmals in der **AuftrBestätigg** (§ 148 Anm 2 a bb) auf beigefügte AGB Bezug, so bedeutet das Schweigen des Kunden idR keine Zust (BGH 18, 212, 61, 287, Betr 77, 1311). Auch die Entgegn der Leistg drückt im nichtkaufm Verk kein wirkl rgeschäftl Einverständn (Anm 1 b) mit den erstmals in der AuftrBestätigg mitgeteilten AGB aus; sie kann daher im Anwendungsbereich des § 2 nur auswn als Einverständn gewertet w. Die Fälle, in denen die Rspr ein Einverständn bejaht hat (BGH 61, 287, NJW 63, 1248, Betr 71, 2106), betr überwiegd den kaufm Verk. Sind an Kinderspielplatz (Köln VersR 70, 577) od Trimm-Dich-Pfad (Karlsr VersR 75, 381) Schilder mit HaftgsAusschlKlauseln angebracht, so bedeutet Schweigen idR gleichf Ablehng. **b)** Die Einbez setzt weiter voraus, daß zw Verwder u Kunden ein **wirksamer Vertrag** zustande gekommen ist (Schlo-Coe-Gra Rdn 67). Scheitert der VertrSchl, richten sich die RBeziehgen der Part nach den gesetzl Vorschr u nicht nach den AGB des einen Teils. Die AGB können auch den VertrSchl nicht abw vom Ges regeln, da der Vertr der GeltgsGrd der AGB ist.

5) Die Einbez kann auch im voraus od iW eines ÄndergsVertr nachträgl vereinb w. **a)** Im voraus getroffene EinbezAbreden (II), sog **Rahmenvereinbgen** (BGH WPM 74, 273), müssen den Anfordergen von I (Anm 2–4) genügen. Sie sind nur wirks, wenn die Art der betroffenen RGesch best bezeichnet ist. Sie müssen zudem auf die Einbez best AGB gerichtet sein. Vereinbgen, daß AGB in ihrer jeweiligen Fassg gelten sollen, sind unzul (BT-Drs 7/3919 S 18). Die damit für best Branchen (Banken) verbundene Schwierigk sind in Kauf zu nehmen. **b)** Obwohl vom Ges nicht erwähnt, ist auch die nachträgl Einbez von AGB dch **ÄndergsVereinbg** mögl. Für sie gelten die Anforderges des I sinngem, jedoch kann das Einverständn des Kunden idR nur bei entspr ausdr Erkl angen w. Werden dem Kunden nach VertrSchl vom Verwder AGB zugängl gemacht (dch Aufdruck auf Rechngen, Versandanzeigen, Maklerexposes, Warenbegleitpapieren, Lieferscheinen usw), so kann aus seinem Schweigen nicht auf Abschl einer ÄndergsVereinbg geschl w (RG 133, 338, Zweibr OLGZ 68, 389), ebsowenig aus Entgegn der ihm ohnehin gebührenden Leistg. Hat der Verwder bei einem fernmdl VertrSchl (Anm 3 b) auf seine AGB hingewiesen u diese anschließd unverzügl übersandt, bedeutet ein Schweigen des Kunden aber idR Zust mit der nachträgl Einbez der AGB. **c)** Die **Beweislast** für die Erf der EinbezVoraussetzgen des § 2 trifft denjenigen, der sich auf die AGB beruft, idR also den Verwder.

6) Für den HandelsVerk zw **Kaufleuten** gilt § 2 nicht (§ 24 Nr 1). Die Beurteilg hat daher von der bish Rspr auszugehen. Diese bejaht eine EinbezVereinbg bereits dann, wenn der Kunde vom Vorhandensein der AGB wußte od bei Beobachtg gehöriger Sorgf hätte wissen müssen u wenn für ihn erkennb war, daß der Untern den Vertr nur unter Einbez seiner AGB abschl wollte (BGH 3, 203, 9, 3, 12, 142, 18, 99). Sie benutzt damit eine wenig glückl Formulierg („fahrl WillErkl"), wenn sie auch in der Sache zu billigenswerten Ergebn kommt. Entscheid ist in Wahrh, ob die vertragl Einigg der Part sich auch auf die Einbez der AGB des einen Teils erstreckt. Das ist erfdl dch Ausleg (§§ 133, 157, HGB 346) festzustellen. **a)** Unproblemat ist die **ausdr** Einbez. Sie ist auch dann wirks, wenn die AGB dem für den VertrSchl maßgebl Schreiben nicht beigefügt waren u der Kunde den Inh der AGB nicht kennt (BGH 1, 86, 33, 219, NJW 76, 1887, vgl aber unten d). Rahmenvereinbgen können abw von § 2 II auch auf die jeweilige AGB-Fassg abstellen. **b)** Für die Einbez dch **schlüssiges Verhalten** ist erforderl, daß der Verwder erkennb auf seine AGB verweist u das Verhalten des and Teils bei Würdigg aller Umst als Einverständn gewertet w kann (Schmidt-Salzer AGB Rdn D 30). Die Verweisg muß grdsl währd der Verhandlg über den konkr Vertr erfolgen. Der Hinw bei fr Gesch, auf fr Rechngen od in fr Korrespondenz genügt nicht, ebsowenig Hinw auf Schriftstücke, die nach VertrSchl eingehen (oben Anm 5b). Bei ständ GeschVerbindg, die aber eine gewisse Häufigk von Vertr voraussetzt (BGH Betr 73, 1393), können AGB dch wiederholte Hinw in Rechngen od ÄnlnI zum VertrBestandt w (BGH 42, 55), nicht aber dch Hinw in Lieferscheinen, da der für die Vertretg des GeschPart zust Pers idR nicht bekannt w (BGH Betr 78, 1587). **c) Bestätiggsschreiben** sind wg ihrer rechtserzeugden Wirkg (§ 148 Anm 2a) ein ausr EinbezTatbest. Verweisen sie auf AGB, so w diese mangels Widerspr auch dann VertrInh, wenn sie nicht beigefügt waren (BGH 7, 190, 18, 216). Auch hier gilt aber der Grds, daß dareh Abw vom mdl Vereinbarten nicht gedeckt sind (BGH Betr 69, 2172). Abdruck auf der Rücks od bloße Beifügg dagg nicht ausr (RG JW 25, 779, Düss NJW 65, 762). **d)** Auch im kaufm Verkehr gilt der Grds, daß der Verwder dem and Teil ermöglichen muß, vom Inh der AGB in **zumutb** Weise **Kenntnis** zu nehmen, wenn dieser unter Kaufl auch flexibler anzuwenden ist als der starre § 2 I Nr 2 (vgl BGH NJW 71, 2127, Bambg BB 72, 1341, 73, 1371, Karlsr NJW 72, 2185, Mü NJW 74, 1659, 1660). Die Zeit der Dchschnittskunden verständl sein (Anm 3 d). Kaum lesb u drucktechn verwirrd angeordnete AGB w auch im kaufm Verk nicht VertrBestandt (BGH WPM 78, 978, 979). **e)** Verweisen beide Part auf ihre **widersprechden** AGB, hielt die fr Rspr idR die letzte Verweisg für entscheidd, da der and Teil diese dch Erbringg der Leistg od Empfang der GgLeistg stillschw gebilligt habe (BGH **LM** § 150 Nr 3 u 6, Köln MDR 71, 762). Diese Rspr ist mit Recht kritisiert w (vgl Tengelmann Betr 68, 205, Schmidt-Salzer BB 71, 595, Grasmann Betr 71, 561, Schlechtriem BB 74, 1309). IdR ist anzunehmen, daß die AGB beider Teile nur insow VertrBestandt w, als sie übereinstimmen (v Westphalen Betr 76, 1318), ü liegt an sich Dissens (§§ 154, 155) vor, der aber wg der in § 6 I angeordneten Anwendg des dispositiven R die Wirksamk des Vertr nicht hindert (Schlo-Coe-Gra Rdn 119, ebso die neuere Rspr BGH 61, 282, Betr 74, 2466, 77, 1311, Karlsr Betr 72, 1914, BB 73, 817, Ffm BB 75, 1606, krit Ebel NJW 78, 1033). **f)** Die bish Rspr geht davon aus, daß AGB ohne bes Hinw VertrInh w können, sofern die Verwendg **branchenüblich** ist. Das ist anerkannt worden für AGB der Banken (BGH NJW 71, 2127, WPM 73, 636), kommunaler HafenBetr (BGH **LM** AGB Nr 21 a), Krankenhäuser (Karlsr NJW

75, 598), FlughafenUntern (Karlsr VersR **71**, 159) u die ADSp (BGH **LM** HGB 436 Nr 1 Bl 2 R, Mü VersR **68**, 360). Daran w man wg der starken VerkGeltg dieser AGB für den kaufm Verkehr festhalten können (so auch BT-Drs 7/3919 S 43). Eine Ausdehng über den Bereich der kommunalen Betr, Versicherer u Kreditinstitute sowie der ADSp ist aber abzulehnen (Erm-Hefermehl Rdz 34 vor § 145). Eine Sonderstellg haben die ADS, die einz AGB, die zu **Handelsbrauch** erstarkt sind (vgl Schlegelberger SeeVersR Vorbem II 1). Sie w, ohne daß es einer Einbez bedarf, gem § 346 HGB VertrInh. **g)** Bei Vertr mit Ausl-Berührg ist zunächst zu prüfen, ob der Vertr dtschem Recht untersteht (Vorbem 2 v EGBGB 12). Ist das der Fall, gelten für die Einbez grdsl die allg Regeln; erforderl ist ein für den ausl VertrPartner verständl Hinw auf die AGB (vgl Kronke NJW **77**, 992). GerStandsVereinbgen müssen, soweit einschläg, dem SchriftlichkErfordern des EuGVÜ 17 (BGH NJW **77**, 494) entspr.

AGBG 3 *Überraschende Klauseln.* **Bestimmungen in Allgemeinen Geschäftsbedingungen, die nach den Umständen, insbesondere nach dem äußeren Erscheinungsbild des Vertrags, so ungewöhnlich sind, daß der Vertragspartner des Verwenders mit ihnen nicht zu rechnen braucht, werden nicht Vertragsbestandteil.**

1) Allgemeines. Die Eigenart der EinbezAbrede (§ 2) besteht darin, daß die vorformulierten Klauseln nicht im einz ausgehandelt, sond global zum VertrBestandt gemacht w (§ 2 Anm 1). Der Kunde wäre in seiner Verantwortgsfähigk überfordert, wenn man seiner auf globale Unterwerfg gerichteten Erkl die gleiche Bindgswirkg beimessen wollte wie einer IndVereinbg. Er muß vielm darauf vertrauen dürfen, daß sich die AGB im Rahmen dessen halten, was bei Würdigg aller Umst bei Vertr dieser Art zu erwarten ist. Gehen AGB über diese Grenzen hinaus, w sie als überraschde Klauseln von der Einbez nicht erfaßt u nicht VertrInhalt. § 3 enthält damit eine negative EinbezVoraussetzg. Er entspr im wesentl der bish Rspr; diese gebrauchte jedoch idR das Merkmal „überraschd" ununterscheidb neben dem Kriterium „unangemessen" od „unbillig" (BGH **17**, 3, **33**, 219, **38**, 185, **54**, 109). Infdessen waren die Grenzen zw dem Ausschl überraschder Klauseln (Restriktion der Einbez) u der richterl InhKontrolle nicht mehr zu erkennen. Dies will die Neuregelg ändern (BT-Drs 7/3919 S 19). Für den Schutz vor unbill Klauseln sind die §§ 9ff maßgebd nicht § 3. Gleichwohl gibt es Überschneidgen zw § 3 u den Klauselverboten der §§ 9ff. So betreffen die § 11 Nr 13 u 14 Klauseln, deren Einbez idR schon an § 3 scheitert. Prakt Bedeutg hat § 3 vor allem bei den Klauseln, die gem § 8 der InhKontrolle entzogen sind.

2) Voraussetzgen: a) Die Vorschr ist nur bei Klauseln mit einem **starken Überraschgsmoment** anwendb. Die Klausel muß nach den Umst so ungewöhnl sein, daß der Kunde mit ihr keinesf zu rechnen brauchte; ihr muß ein „Überrumpelgs- od Übertölpelgseffekt" innewohnen (MüKo/Kötz Rdn 8). Es genügt daher nicht, daß die Klausel unübl ist (BT-Drs 7/3919 S 19). Inhaltl Unangemessenh, die bei AGB weit verbreitet ist, ist gleich nicht ausr, ands aber auch nicht erforderl. Zw den dch die Umst bei VertrSchl begründeten Erwartgen u dem tatsächl Inh der AGB muß ein deutl Widerspr bestehen. Dabei sind alle Umst zu berücksichtigen, insb das äußere Erscheinungsbild des Vertr, dh sein dch IndVereinbg festgelegter VertrKern (§ 2 Anm 1) u die Fassg der VertrUrk, ferner die Werbg des Verwders (BGH **61**, 275) u die dem VertrSchl vorangegangenen Verhdlgen. **b)** Ob § 3 anwendb ist, beurteilt sich nach den Kenntn des **jeweiligen VertrPartners** (Ul-Br-He Rdn 9). Eine für eine Hausfrau überraschde Klausel kann daher bei Verwendg im HandelsVerk unbedenkl sein. Wußte der Kunde von der Klausel, ist § 3 unanwendb. Das kann angesichts der geringen rechtl „know how" typ Kunden aber nicht ow dann angen w, wenn der Kunde die AGB dchgelesen hat (BGH NJW **78**, 1519, 1520). Überraschgseffekt kann entfallen, wenn eine ow zu verstehde Klausel drucktechn so angeordnet ist, daß Kenntnisn dch den Kunden zu erwarten ist (BGH **47**, 210, Betr **76**, 1616). Auch behördl genehmigte AGB können überraschde Klauseln enthalten, wenn das auch nur in AusnFällen zutreffen w. **c) Beispiele** Aushöhlg des zugesagten VersSchutzes dch weitgehde Risikoausschlüsse (LG Ffm VersR **77**, 351, krit Schaefer VersR **78**, 4); Kauf einer Sache mit (nicht bes kenntl gemacht) DauerAuftr zur Wartg od Verpfl zum Warenbezug (Kaffeemaschine u Kaffee); Miete einer Sache mit ErwerbsPfl bei Beendigg der Mietzeit; ProvZusage für FolgeGesch in MaklerAGB (BGH **60**, 243); der Werbg u dem Auftreten widerspr VermittlerKlausel in AGB eines Reiseveranstalters (BGH **61**, 275); Klausel in DarlVorVertr, die BierbezugsPfl auch bei Nichtinanspruchn des Darl begründet (BGH NJW **78**, 1519); Klausel in AGB einer Detektei, wonach neben dem Honorar eine Umlage zu zahlen ist (BGH BB **78**, 637); uU Klauseln über Erweiterg od Verlängerg des EigtVorbeh, s Graf v Westphalen Betr **77**, 1637, 1685, aA Thamm BB **78**, 20. Die Mehrzahl der bish nach dem Überraschgskriterium gelösten Fälle (zB BGH NJW **77**, 195, LeasingVertr, Freizeichng von einer HauptPfl) ist nunmehr der InhKontrolle (§§ 8ff) zuzuordnen. **d)** Die BewLast obliegt dem, der sich auf § 3 beruft, idR also dem Kunden. Behauptet der Verwder, er habe den Kunden auf eine Klausel bes hingewiesen, so ist er hierfür bewpflichtig (BGH NJW **78**, 1519, 1520).

AGBG 4 *Vorrang der Individualabrede.* **Individuelle Vertragsabreden haben Vorrang vor Allgemeinen Geschäftsbedingungen.**

AGBG 5 *Unklarheitenregel.* **Zweifel bei der Auslegung Allgemeiner Geschäftsbedingungen gehen zu Lasten des Verwenders.**

1) Allgemeines: Die **Auslegg** von AGB richtet sich grdsl nach den für RGesch gelten allg Regeln der §§ 133, 157 (Raiser AGB S 251, Weber AGB Nr 311, Schmidt-Salzer AGB Rdn E 1). Auch bei Anwendg der §§ 133, 157 können die einseit festgelegten AGB aber nicht schemat mit IndVereinbgen gleichgestellt w; Rspr u Lehre haben vielm für AGB bes Auslgsregeln herausgebildet, die deren Eigenart Rechng tragen (Anm 2-5). Das Ges übernimmt zwei dieser Grds in die §§ 4 (Vorrang der IndAbrede) u 5 (Unklarheitenregel) u läßt die übr von der Rspr entwickelten Auslggsregeln unberührt (BT-Drs 7/5422 S 5). Es bringt daher für die Auslegg ggü dem bish Recht **keine sachl Änderg,** sond beschr sich auf die Kodifikation von TeilErgebn der Rspr.

2) Vorrang der Individualabrede (§ 4). Er war schon im bish Recht allg anerkannt (BGH BB **60**, 227, **LM** HGB 355 Nr 3 Bl 2, Schmidt-Salzer AGB 1971 Rdz 86) u ist Ausdr des funktionellen RangVerh zw IndVereinbg u AGB (Trinkner in Festschr für Cohn, 1975, S 191, str, aA Ul-Br-He Rdn 7). AGB sollen als vorformulierte generelle Regeln (als Ers des abbedungenen dispositiven R) die von den Part getroffene IndAbrede ausfüllen u ergänzen. Sie dürfen aber die im EinzFall ausgehandelte rgeschäftl Einigg nicht zunichte machen od aushöhlen. Zw § 4 u den KlauselVerboten der §§ 9 ff bestehen Überschneidgn. So betreffen die §§ 10 Nr 4, 11 Nr 1, 11 u 14 Klauseln, die idR schon wg § 4 nicht VertrBestand w. **a)** Klauseln, die in **direktem Widerspruch** zur IndVereinbg stehen, sind daher unwirks. Das gilt auch bei einem Konflikt mit handschriftl Zusätzen (BGH NJW **69**, 1626). Ggü der beim Kauf gegebenen RepZusage ist der GewlAusschl in AGB ohne Wirkg (BGH Betr **71**, 2208). Bestellt Kunde ausdr eine ganz best Ware, w die zG des Verwders vorgesehene formularmäß Ersetzungsbefugn nicht VertrInhalt (BGH NJW **70**, 992 u jetzt § 10 Nr 4). Behandeln die Part zwei Konten als Einh, ist Trennungsklausel in AGB unbeachtl (BGH **LM** HGB 355 Nr 3 Bl 2 R). Soll AuftrGeb zum DirektVerk des Grdst berecht bleiben, ist AlleinAuftrKlausel in MaklerAGB ggstlos (BGH **49**, 87). **b)** Auch bei einem nur **mittelb Widerspr** hat die IndAbrede Vorrang. Vertragl Zusichergen von best Eigensch können daher nicht dch formularmäß GewlAusschlKlauseln zunichte gemacht w (BGH **50**, 206 u § 9 Anm 4), die Vereinbg einer best Lieferzeit nicht dch eine Klausel, wonach Liefertermine unverbindl seien (BT-Drs 7/3919 S 20, aA BAG NJW **67**, 751), eine Festpreisabrede nicht dch einen in den AGB in Bezug genommenen Kostenanschlag (Nürnb MDR **77**, 137). Eine spezielle Haftgsregelg im IndVertr hat Vorrang vor der HaftgsBeschrkg gem ADSp (BGH VersR **77**, 516); die Abrede über Behandlg in der 3. Pflegeklasse zum übl Pflegesatz geht formularmäß Klausel über LiquidationsR des Klinikchefs vor (LG Saarbr NJW **77**, 1496). Wird Sicherh für best Fdg gegeben, kann Haftg nicht dch formularmäß Klausel auf and Anspr ausgedehnt w (Kümpel WPM **77**, 704, aA BGH WPM **58**, 722). Gibt Kunde Scheck ausdr nur zum Einzug u zur Gutschr, kann Bank aGrd ihrer AGB nicht Eigt an dem Scheck beanspruchen (aA BGH **69**, 29). Unzul ist es auch, wenn den von den Part abgegebenen WillErkl dch AGB eine Bedeutg beigelegt w, die sich in Widerspr zu dem geäußerten Willen setzt. Wer als Vertreter eines und auftritt, also nicht sich, sond den Vertretenen verpfl will, kann daher nicht dch AGB in die persönl Haftg belastet w (LG Bln NJW **69**, 141 mAv Schmidt-Salzer, für den entschiedenen Fall vgl aber jetzt § 1357 nF); § 11 Nr 14 hat daher nur klarstellde Bedeutg. Formularmäß Klauseln können der tatsächl erteilten BankAusk nicht den Charakter einer solchen nehmen (BGH **49**, 171). **c)** Der Vorrang der IndVereinbg gilt auch ggü der **Schriftformklausel;** diese kann an der RVerbindlichk der höherrang individuellen mdl Absprachen nichts ändern (Schmidt-Salzer NJW **68**, 1259, Leonardy DRiZ **76**, 110, Ko-Stü Rdn 14, MüKo/Kötz Rdn 7, Lö-vW-Tr Rdn 29, Schlo-Coe-Gra Rdn 22, wohl auch BGH NJW **68**, 32, 33 rSp, str, aA BAG NJW **67**, 751, u – auf das Vorrangproblem überh nicht eingeh – BGH BB **77**, 61 mAv Trinkner, vgl auch § 125 Anm 2 zur Verbindlichk nachträgl mdl Abreden trotz vereinb Schriftlichk). Die Entstehgsgeschichte des Ges steht dieser Beurteilg nicht entgg. Der BT hat weder den Vorschlag des RegEntw (BT-Drs 7/3919 § 9 Nr 17), ausdr der mdl Abrede den Vorrang zu geben, noch den ggteil Vorschlag der CDU (BT-Drs 7/3200 § 3 II) übernommen, sond die Frage der Rspr überlassen. Voraussetzg für die RWirksamk der mdl Abrede ist bei einem VertrSchl mit einem Vertreter aber eine Abw von VertrMuster berecht Vollm (Ul-Br-He Rdn 33). Hat Verwder dem Vertreter jegl Abw vom VertrMuster untersagt, kann sich Vollm gleichwohl aus HGB 54 ff od den Grds über die Duldgs- od AnschVollm (§ 173 Anm 4) ergeben. Unberührt bleibt der Grds, daß VertrUrk die Vermutg der Vollständigk u Richtigk für sich h (§ 125 Anm 5).

3) Objektive Auslegg. AGB sind eine generelle Regelg für eine Vielzahl von Vertr (§ 1). Für ihre Auslegg sind daher nicht der Wille u die Abs der Part des EinzVertr entscheidd, e sei denn, daß sich der Vorrang der IndAbrede auswirkt (Anm 2). Maßgebd ist vielm der obj Inh der typ Sinn der Klausel; AGB sind ausgeh von den VerständnMöglichk eines Dchschschnittskunden **einheitl** so auszulegen, wie sie von verständ u redl VertrPart unter Abwägg der Interessen der normalerw beteil Kreise verstanden w (BGH **7**, 365, **17**, 3, **33**, 218, stRspr). Ausleggsmittel, die sich dem typ an Gesch dieser Art beteil Dchschnittskunden verschließen, dürfen (and als bei der Auslegg von RNormen) nicht herangezogen w (BGH **60**, 177, Betr **78**, 629). And als bei der IndVereinbg kommt es nicht auf das Ergebn im EinzFall, sond darauf an, daß das AusleggsErgebn als allg Lösg des stets wiederkehrden InteressenGgs angem ist (BGH **60**, 380). In AGB verwendete RBegr sind idR entspr ihrer jur Fachbedeutg zu verstehen (BGH **5**, 367, Betr **69**, 1146); üi kommt es auf den ÄlgSprachgebrauch an, den FachBegr außerh des allg Sprachgebrauchs auf die fachwissenschaftl Bedeutg (Schmidt-Salzer AGB Rdn E 39).

4) Unklarheitenregel (§ 5) a) Sie war schon im bish Recht allg anerkannt (BGH **5**, 115, **47**, 216, **62**, 89, stRspr). Ist eine Klausel unklar od mehrdeut, so geht dies zu Lasten des Verwders, da er sich klarer hätte ausdrücken können u müssen. Selbstverständl genügt nicht, daß Streit über die Auslegg besteht (BGH Betr **78**, 629). Voraussetzg ist vielm, daß nach Ausschöpfg der in Betr kommden Auslegungsmethoden ein nicht behebb Zw bleibt u mindestens zwei Ausleggen rechtl vertretb sind (BGH **LM** § 157 A Nr 14, NJW **54**, 1846). Die bish teilw geübte Praxis, die Unklarheitenregel außerh ihres eigentl Anwendgsbereichs als ein Mittel verdeckter InhKontr einzusetzen, muß im Hinbl auf §§ 9 ff u die auf die §§ 9 ff abgestellten VerfVorschr (§ 13 ff) aufgegeben w. So kann etwa die Klausel „gekauft wie besichtigt u unter Ausschl jeder Gewährleistg" nicht als unklar, sond allenf gem §§ 9 ff beanstandet w (BGH NJW **77**, 1055, aA LG Mü NJW **77**, 766). Ist die Klausel nicht nur in den Randzonen, sond in ihrem Kernbereich unklar, ist sie bereits gem § 2 I Nr 2 unwirks (§ 2 Anm 3 d); auf § 5, der nur wirks Klauseln betr, kommt es in diesem Fall nicht an. **b)** Eine **ergänzde Auslegg** ist auch bei AGB mögl (BGH **54**, 115, **60**, 362). Sie darf aber nicht mehr iS einer verdeckten InhKontrolle angewandt w. Sie tritt außerdem hinter § 6 zurück. Ist eine Lücke dch NichtEinbez od Unwirksamk von AGB entstanden, gilt § 6. Nur bei sonst Lücken kommt eine ergänzde VertrAuslegg (§ 157 Anm 2) in Betr, die auf die Interessen beider Part Rücks zu nehmen hat. Unzul eine ergänzde Auslegg, die unbill Klauseln soweit entschärft, daß sie der InhKontrolle gerade noch standhalten

Erster Abschn. Sachl.-rechtl. Vorschr. 1. Allg. Vorschriften **AGBG 5, 6**

(BGH **62**, 89, NJW **77**, 1336, 1338). Das gilt insb dann, wenn für die Reduktion auf das zul Maß mehrere Gestaltgsmöglichk in Betr kommen u nicht feststellb ist, welche Regelg die Part bei Kenntn der Unwirksamk der Klausel getroffen hätten (BGH **62**, 89, WPM **74**, 627).

5) Prinzip der dem Kunden günstigsten Auslegg. Einschrkgen von gesetzl normierten Rechten sind iZw eng auszulegen (Erm-Hefermehl Rdz 39 vor § 145, Schmidt-Salzer AGB Rdn E 51). Dieser sog RestriktionsGrds (Ul-Br-He Rdn 11) u die Unklarheitenregel ergänzen sich zu dem Prinzip, daß iZw die dem Kunden günstigere Auslegg dem Vorzug zu geben ist. Dieses ist bei der Auslegg von Freizeichnungsklauseln anerkannt (§ 276 Anm 5 B aa), gilt aber auch sonst, so etwa für versicherngsvertragl AusschlKlauseln (Schlesw VersR **56**, 445).

6) Revisibilität. Die Auslegg von AGB ist in der RevInstanz voll nachprüfb, sofern ihr Anwendgsbereich über den Bezirk eines OLG hinausreicht (BGH **22**, 112, **47**, 220, NJW **74**, 1135, stRspr). Das gilt ebso, wenn die zu beurteilde Klausel mit denen in and OLG-Bezirken völl übereinstimmt (BGH **LM** ZPO 549 Nr 15, NJW **74**, 1136), nicht aber für ausl AGB (BGH **49**, 362, MDR **66**, 483). Hat das OLG die Auslegg der IndVereinbg unterl, kann das RevGer diese selbst vornehmen, sow keine weiteren tats Feststellgen erforderl sind (BGH **65**, 107).

AGBG 6 *Rechtsfolgen bei Nichteinbeziehung und Unwirksamkeit.* I Sind Allgemeine Geschäftsbedingungen ganz oder teilweise nicht Vertragsbestandteil geworden oder unwirksam, so bleibt der Vertrag im übrigen wirksam.
II Soweit die Bestimmungen nicht Vertragsbestandteil geworden oder unwirksam sind, richtet sich der Inhalt des Vertrages nach den gesetzlichen Vorschriften.
III Der Vertrag ist unwirksam, wenn das Festhalten an ihm auch unter Berücksichtigung der nach Absatz 2 vorgesehenen Änderung eine unzumutbare Härte für eine Vertragspartei darstellen würde.

1) Allgemeines: Nach § 139 hat die Nichtigk eines Teils eines RGesch die GesNichtigk zur Folge, wenn nicht ausnw anzunehmen ist, daß es auch ohne den nichtigen Teil vorgen worden wäre. Diese Regel paßt für AGB offensichtl nicht. Sie berücksichtigt das Schutzbedürfn des Kunden nicht, der idR an Aufrechterhaltg des Vertr interessiert ist, nach § 139 aber bereits bei Unwirksamk einer einz unbill Klausel die Rückgängigmachg des Vertr befürchten müßte. Auch dogmat bestehen Bedenken, den auf IndVereinbgen zugeschnittenen § 139 auf AGB anzuwenden. § 6 best daher, daß der Vertr wirks bleibt, wenn AGB ganz od teilw nicht VertrBestandt gew od unwirks sind. Das war schon bish allg anerkanntes Recht (BGH **22**, 92, **62**, 327, NJW **72**, 1228, NJW **77**, 1058, 1059). Die Vorschr faßt die Ergebn der bish Rspr zus, präzisiert sie u entwickelt sie zT weiter (Anm 4).

2) Wirksamkeit des Vertrages. Sie bleibt nach I in zwei Fallgruppen unberührt: **a) Nichteinbezieh** der AGB in den Vertr. Dabei ist gleichgült, ob die EinbezVereinbg nicht zustande kommt (§ 2), dch § 3 beschr w od unwirks ist. § 6 I ist daher auch bei formnichtl EinbezVereinbg anwendb, ebso iF der Anf (Vorbem 4 f vor § 8). Ist eine AGB-Klausel wg des Vorrangs der IndVereinbg (§ 4) ohne Wirkg, ist § 6 unanwendb. Es gilt die IndVereinbg mit dem sie ergänzden dispositiven Recht. **b) Unwirksamkeit** der AGB. Sie wird sich insb aus §§ 9–11 ergeben u betrifft grdsl die Klausel im ganzen, nicht nur den gg das Klauselverbot verstoßden Teil (vgl Einf 3 b v § 8). Der Grds der Aufrechterhalt des Vertr gilt aber auch dann, wenn die Nichtigk der AGB auf § 134 od and Vorschr beruht (MüKo/Kötz Rdn 3, Lö-vW-Tr Rdn 3 u zum fr Recht BGH NJW **72**, 1228, Betr **73**, 517, ferner BGH **51**, 55, NJW **70**, 30, aA offenb BT-Drs 7/3919 S 20). **c)** Der Vertr bleibt auch dann wirks, wenn sich die Unwirksamk (NichtEinbez) auf **alle Klauseln** erstreckt. Das Ges entscheidet damit eine Frage, die der BGH wiederholt offengelassen h (NJW **72**, 1228, Betr **73**, 517). **d)** Besteht über die Einbez der AGB **offener Dissens**, ist der Vertr auch dann unwirks, wenn sich die Part über den individuellen VertrKern vollst geeinigt haben (Schlo-Coe-Gra Rdn 4); in einem solchen Fall ist § 6 I vielleicht seinem Wortlaut nach, nicht aber dem Sinn nach erf. Anders jedoch, wenn die Part den Vertr gleichwohl dchführen. Dann muß der offene Dissens den sonst NichtEinbezFällen gleichgestellt w.

3) Ergänzg des Vertragsinhalts (II). Sow AGB nicht VertrBestandt gew od unwirks sind, richtet sich der Inh des Vertr nach den gesetzl Vorschr. Das bedeutet idR, daß anstelle der unwirks (nichteinbez) Klauseln das dispositive Recht tritt, vielf in der Weise, daß die Klausel ersatzlos entfällt. Fehlen ausdr gesetzl Vorschr, etwa bei einem im Ges nicht geregelten VertrTyp, so bleibt der Vertr vorbehaltl III gleichwohl wirks (zT abw für das bish Recht BGH **51**, 55 mit klarstellder Erläuterg in NJW **71**, 1034). Die Lückenausfüllg erfolgt gem § 157 (sow erforderl unter Heranziehg von §§ 242, 315) nach den Grds, die allg für die rechtl Behandlg von gesetzl nicht geregelten SchuldVertr gelten (§ 305 Anm 5 b). Klausel, wonach iF der Unwirksamk nicht das dispositive Recht, sond eine Regelg maßgeb sein soll, deren wirtschaftl Erfolg dem der unwirks sow wie mögl entspr, ist wg Verstoßes gg II nichtig (Ko-Stü Rdn 5, Ul-Br-He 26, aA Baumann NJW **78**, 1953). II kann nur dch IndVereinbg, **nicht dch formularmäß Klauseln abbedungen** w (§ 7 Anm 1). Vgl auch Vorbem 3c vor § 8.

4) Gesamtnichtigkeit tritt ein, wenn das Festhalten an dem gem II geänderten Vertr für eine der VertrPart eine unzumutb Härte darstellen würde (III). Das w nur in seltenen AusnFällen zutr. Bei DauerSchuldVerh ist vorweg zu prüfen, ob das KündR aus wicht Grd (§ 242 Anm 4 F) ausr, um Härten auszugleichen. **a)** Auf seiten des **Verwders** führt die Unwirksamk (NichtEinbez) der AGB dchweg zu einer Verschlechterg seiner RStellg. Das ist aber sein Risiko u rechtf grdsl nicht die Anwendg von III. Für den Verwder kann eine unbill Härte idR nur dann angen w, wenn dch den Wegfall der AGB ein derart auffäll Mißverhältn zw Leistg u GgLeistg entsteht, daß ihm das Festhalten am Vertr nicht mehr zugemutet w kann. **b)** Für den **Kunden** bedeutet die Nichtanwendbark der AGB prakt immer eine Verbesserg seiner RPosition. Eine unbill Härte kann sich aber daraus ergeben, daß der nach Wegfall der AGB maßgebde VertrInh aus der Sicht des Kunden unklar ist u Ungewißh u Streit über die beiderseit Rechte u Pflten droht. Das kann zutr, wenn bei einem gesetzl nicht geregelten VertrTyp alle od die Mehrzahl der AGB entfallen (insow gelten die Grds von BGH **51**, 55, NJW **71**, 1034 weiter, vgl auch BT-Drs 7/3919 S 21). **c)** Enthalten die nichteinbez AGB die Festlegg des **Entgelts** od die Leistgsbeschreibg (§ 8), kann die Lücke uU dch Abstellen auf das übl od angem Entgelt (den entspr Leistgsumfang) geschl w (§§ 157, 315, 316). Ist das nicht mögl, tritt GesNichtigk ein. **d)** Ist der Vertr gem § 6 III nichtig, steht dem Kunden idR ein **SchadErsAnspr** wg c.i.c. zu (Vorbem 3 c vor § 8).

AGBG 7 *Umgehungsverbot.* Dieses Gesetz findet auch Anwendung, wenn seine Vorschriften durch anderweitige Gestaltungen umgangen werden.

1) Allgemeines: Wie insb die Erfahrg mit dem AbzG zeigt, sind SchutzVorschr zG des wirtschaftl Schwächeren häuf Umgehgsversuchen ausgesetzt. Im bürgerl R gibt es keinen geschriebenen allg Grds, der derart Versuchen entggwirkt (vgl aber § 134 Anm 4). Der GesGeber hat daher (abw vom RegEntw) im § 7 ausdr ein Umgehgsverbot aufgen. Aus ihm ergibt sich zugl, daß die Vorschr des Ges **zwingdes Recht** sind (Müller-Graff JZ **77**, 248). Sie sind einer Änd dch formularmäß Klauseln entzogen, können aber uU (je nach dem Schutzzweck der Norm) dch IndVereinbg abgeändert w (arg § 1 II).

2) Anwendgsbereich: Wg der weiten Fassg des Ges, insb der §§ 1 u 9, u seines Schutzzweckes kann UmgehgsVersuchen idR schon dch Auslegg begegnet w. Diese hat den Vorrang vor einer Anwendg des § 7. Ob eine Umgehg vorliegt, entscheidet eine vom Zweck des Ges ausgehde wirtschaftl Betrachtg. Eine Umgehg ist zu bejahen, wenn der zu beurteilde Sachverhalt nicht unter die gesetzl Vorschr subsumiert w kann, er nach Sinn u Zweck des Ges aber von der Vorschr erfaßt w soll. Es genügt das Vorliegen der obj Voraussetzgen, eine UmgehgsAbs ist nicht erforderl (Ul-Br-He Rdn 5, AbzG § 6 Anm 2 a aa). Gleichgült ist, ob der UmgehgsVersuch das Ges im ganzen betrifft od eine einz Vorschr. Eine Umgehg kann vorliegen, wenn ein GroßBetr seine Abnehmer veranlaßt, ihm von ihm selbst entworfene AGB „zu stellen". Sie ist auch dch Benutzg von Gestaltgsmöglichk des Vereins- od GesellschR (Ausn in § 23 I) denkb (Warenabsatz auf gesellschr Grdlage), ferner iF des § 12 dch einen VertrSchl währd einer Kaffeefahrt ins Ausl. Die Umgehg einz Vorschr w insb bei den Klauselverboten der §§ 10, 11 in Betr kommen.

2. Unterabschnitt. Unwirksame Klauseln

Vorbemerkung

1) Allgemeines. Für AGB sind schärfere InhSchranken notw als die allg Grenzen der VertrFreih (§§ 134, 138), weil der Verwder für die vorformulierten Klauseln allein die Freih inhaltl Gestaltg (Einf 3 c vor § 145) in Anspr nimmt u den Kunden auf die AbschlFreih (Einf 3 b vor § 145) beschr (BGH NJW **76**, 2346). In einer sozialstaatl Ordng muß gewährleistet sein, daß der Kunde dch AGB nicht unangem benachteiligt w (Einf 1 u 2 vor § 1). Zur Erreichg dieses Zieles sieht das Ges einen umfangreichen Katalog verbotener Klauseln vor (§§ 10, 11). Eine kasuistische Regelg dieser Art muß notw lückenh sein. Der Verbotskatalog w daher dch eine Generalklausel (§ 9) ergänzt. Sie bildet das Kernstück des Ges: Sie legt den Maßstab der InhKontrolle fest u ist zugl allg Auffangtatbestd. Prakt ist die InhKontrolle so dchzuführen, daß zunächst die Verbote des § 11 (keine Wertgsmöglichk), dann die des § 10 (mit Wertgsmöglichk) u erst dann die Generalklausel heranzuziehen ist. Bei der Ausgestaltg der §§ 9 ff knüpft das Ges an die Ergebn der bish Rspr an, geht aber über diese deutl hinaus (vgl insb § 11 Nr 2, 6, 7, 10). Es beendet zugl den Streit darü, wie die richterl InhKontrolle von AGB rdogmat zu begründen ist (vgl dazu 34. Aufl Einf 6 D b vor § 145).

2) Anwendungsbereich. a) Er ergibt sich aus der in § 1 enthaltenen weitgefaßten BegrBestimmg. Er geht dch die ausdr Einbez von FormularVertr jeder Art u kurzen (ledigl aus einer Klausel bestehden) AGB erhebl über die Grenzen hinaus, in denen die InstanzGer bish InhKontrolle ausgeübt haben. Vorformulierte GrdstKaufVertr, MietVertr, BauträgerVertr, KreditVertr unterliegen nunmehr ebso der InhKontrolle wie AGB ieS (vgl iü Anm zu § 1). Wg der SchutzVorschr der §§ 9 ff w die VertrPart von KlauselVerwdern in Zukunft vielf besser stehen als bei Abschl einer IndVereinbg, für die ledigl die InhSchranken der §§ 134, 138 gelten (vgl BGH DNotZ **77**, 21). **b) Ausnahmen** vom sachl Anwendgsbereich ergeben sich aus §§ 8 u 23 (vgl dort). Werden AGB ggü **Kaufleuten** für HandelsGesch od ggü jur Pers des öffR verwandt, ist nach § 24 allein die Generalklausel des § 9 Grdl der InhKontrolle, die Verbotskataloge der §§ 10 u 11 finden keine Anwendg (vgl näher § 9 Anm 5). **c) Unanwendb** sind die §§ 9 ff, soweit vertragl od verträhnl SchuldVerh **RNormen** (Ges, VO, Satzg) geregelt sind. RSätze, auch rangniedere, sind begriffl keine AGB (§ 1 Anm 1). Eine InhKontrolle ist daher nicht statth ggü den AVersorgB für Strom u Gas (VO gem EnergiewirtschaftsG 7, BGH **9**, 393, **23**, 179, **64**, 356 u § 23 Anm 2 b bb), ABefördB für den LinienVerk vom 27. 2. 1970, BGBl I S 230 (VO gem PersBefördG 58 I Nr 3, Loh BB **70**, 1017 u § 23 Anm 2 b cc), KVO (VO gem GüKG 20 a BVerfG VRS **23**, 321, BGH VersR **59**, 502). Bei Anstalten in Betr der **öffentlichen Hand** ist zu unterscheiden: Ist ihre Benutzg öffr ausgestaltet, ist das AGB-Ges grdsl unanwendb; die für das RVerh maßgebden Bdggen des öffR müssen aber den Grds der Erforderlichk u Verhältnismäßigk genügen (BGH **61**, 13, Götz JuS **71**, 349, Rüfner DÖV **73**, 809). Kommt das BenutzgsVerhältn nicht dch VerwAkt, sond dch einen öffr Vertr zustande (Einf 4 h vor § 305), gelten aber üb VwVfG 62 die Vorschr des AGBG entspr (Stober DÖV **77**, 398, Ul-Br-He § 9 Rdn 29). Handelt es sich um privrechtl ausgestaltete BenutzgsVerh, ist das AGBG unanwendb, wenn das RVerh dch Gesetz od aGrd gesetzl Ermächtigg dch VO geregelt ist. Die öff Hand, die den sonst KlauselVerwdern in der mißbräuchl Überwälzg von Risiken um nichts nachsteht, ist damit von den SchutzVorschr der §§ 9 ff weitgehd freigestellt. Da sie idR zw einer privr u öffr Ausgestaltg des BenutzgsVerh wählen u eine Begründg des RVerh dch VerwAkt vorsehen kann (Einf 4 h cc vor § 305), kann sie die Einrichtgen dem AGBG entziehen, deren Benutzg bish dch AGB geregelt ist. Das ist eine bedauerl Lücke im Schutz ggü mißbräuchl Klauseln. Der für Unternehmgen der öff Hand vom DJT gefaßte Beschl (NJW **74**, 1988) ist daher bislang nicht erf. Die vom BT-RAussch ausgesprochene Erwartg, die öff Hand w ihre Bdggen an das AGBG anpassen (BT-Drs 7/5422 S 4), ist wenig realistisch.

3) Rechtsfolgen: a) Verstößt eine Klausel gg § 9 od eines der Verbote der §§ 10, 11, ist die Klausel unwirks, der Vertr iü dagg grdsl wirks (§ 6). Die **Unwirksamk** (= Nichtig vgl Übbl 4 a Abs 3 vor § 104) ist vAw zu beachten. Zu ihrer Heilg bedarf es entspr § 141 einer Bestätigg dch eine IndVereinbg (Schlo-Coe-Gra Rdn 15). Stillschw Bestätigg kann nur bei Kenntn von der Unwirksam angen w (BGH Betr **77**, 158). Auch das **GrdBuchamt** muß die Nichtig beachten (Schlo-Coe-Gra Rdn 17, Lö-v W-Tr Rdn 52, Stürner JZ **77**, 491, 639, Eickmann Rpfleger **78**, 6, aA Schippel-Brambring DNotZ **77**, 156 FN 44 u für das fr Recht LG Würzb DNotZ **75**, 221 = JZ **75**, 287 mAv Scheyhing). Prakt Bedeutg hat das im GBVerf idR nur dann, wenn formularmäß Bdggen Bestandt im Eintr Bewilliggen (GBO 19) sind. Einer Prüfg des GrdGesch (die ohnehin grdsl nicht zu den Aufg des GBAmtes gehört) bedarf es wg der Beschr der Nichtig auf die einz Klausel (§ 6) dchweg nicht. **b)** Verstößt der Inhalt einer AGB-Klausel teilw die §§ 9 ff, so ist die Klausel grdsl **im ganzen unwirksam** (Larenz AT § 29a III d; Ko-Stü § 9 Rdn 36; Schlo-Coe-Gra § 6 Rdn 9; Lö-v W-Tr § 6 Rdn 2, die das Problem allerd mit Fragen einer einschränkden, die Unwirksamk überh vermeidden Klauselauslegg vermengen; aA Ul-Br-He § 9 Rdn 93). Das ergibt eine am GesZweck orientierte Auslegg der in §§ 9ff angeordneten UnwirksamkFolge. Das AGBG will bei der Verwendg von AGB für mehr Transparenz sorgen. AGB sind nur wirks, wenn sie klar u verständl sind (§ 2 Anm 3d); der RVerk soll von Störgen dch unwirks Klauseln freigehalten w (Vorbem 2 v § 13). Wer diese Ziele des Ges dch die Verwendg von unzul AGB beeinträchtigt, darf nicht dadch begünstigt w, daß seine unzul Klausel dch Reduktion auf das gesetzl gerade noch zul Maß teilw aufrecht erhalten w. Die nach dem GesZweck angem RFolge ist vielm Totalnichtigk. And aber, wenn der Verwder die Klausel nach sorgf Prüfg der Sach- u RLage subj für wirks halten durfte. Hier ist die dem GesZweck entspr RFolge Reduktion der Klausel auf den zul Inh (vgl auch Lindacher AcP **173**, 129 ff zur Ges- od Teilnichtigk des § 138). Diese Grds gelten entspr, wenn der Verwder seinen AGB **salvatorische Klauseln** hinzufügt („SchadErsAnspr sind ausgeschl, soweit dies gesetzl zul ist"). Derart Zusätze ändern an der Totalnichtigk der gg §§ 9ff verstoßden Klausel nichts, wenn es dem Verwder mögl u zumutb ist, den Anwendgsbereich der Klausel klar u verständl anzugeben. Ist rechtl zweifelh, inwieweit das AGBG eine Beschrkg von KundenR zuläßt, sind weit gefaßte Klauseln mit salvator Zusätzen dagg zul (ähnl MüKo/Kötz § 6 Rdn 13, Schlosser WPM **78**, 243, s auch § 2 Anm 3d). Verantwortl für die entstehe Unklarh ist in diesem Fall nicht der Verwder, sond das AGBG. **c)** Die Verwendg von unzul Klauseln verstößt gg die bei VertrVerhandlgen bestehde Pfl zur ggs Rücksichtn u Loyalität; sie begründet daher eine **SchadErsPfl** nach den Grds über c. i. c. (§ 276 Anm 6 b bb, § 309 Anm 1). Der SchadErsAnspr tritt (abgesehen vom Fall des § 6 III) neben den ErfAnspr. Er kann auf Ers von RBeratgskosten od auf RückFdg von Leistgen aGrd unwirks Klauseln gerichtet sein (dann Konkurrenz mit Anspr aus § 812). **d)** Die Verwendg von unwirks Klauseln begründet gem § 13 einen **UnterlAnspr.** Dieser Anspr, den von Verbraucher- u WirtschVerbänden geltd gemacht w kann, soll gewährleisten, daß die Verbote der §§ 9ff in der Praxis des WirtschLebens dchgesetzt w.

4) Verhältnis zu and Vorschriften: a) Wie die eigenständige Regelg der UnwirksamkFolgen in § 6 zeigt, enthalten die §§ 9 ff keine ges Verbote iSv **§ 134.** Verstößt eine Klausel zugl gg § 134, bestehen beide UnwirksamkGrde nebeneinand, prakt w aber der Prüfg nach § 134 der Vorrang einzuräumen sein. **b)** Ggü **§ 138** sind die §§ 9 ff lex specialis. Soweit es um den Schutz vor unbill Klauseln in AGB geht, w § 138 dch den spezielleren Schutzzweck der §§ 9 ff verdrängt (vgl den entspr Vorrang des KündSchG u der gesetzl Beschr von WettbewVerboten, § 138 Anm 5 m u w). Eine Anwendg des § 138 kommt nur in Betr, wenn die IndVereinbg sittenw ist, ferner dann, wenn die AGB nicht wg Benachteiligg des Kunden, sond aus sonst Grden (Benachteiligg Dr, § 9 Anm 2 b, Förderg der Unzucht) anstöß ist (MüKo-Kötz Rdn 7). **c)** Auch ggü **§ 242** sind die §§ 9ff eine der spezielleren Vorschr. Sie behandeln einen Fall von institutionellem RMißbr (§ 242 Anm 4 C d). Daraus ergibt sich zugl, daß bei individuellem RMißbr (etwa einem Verstoß gg das Verbot des venire contra factum proprium) § 242 anwendb ist. Außerdem bleibt § 242 in den RGebieten Grdl der richterl InhKontrolle von formularmäß Klauseln, für die das AGBG gem § 23 I nicht gilt. **d)** Die InhKontrolle setzt voraus, daß die AGB VertrBestandt gew sind. Scheitert die Einbez bereits an **AGBG 2, 3 od 4**, sind die §§ 9ff daher unanwendb. Der Ri kann jedoch die Frage der Einbez offen lassen u die Klausel gem §§ 9ff für unwirks erklären. **e)** Vor Prüfg der Unwirksamk gem §§ 9ff muß der Inhalt der Klausel dch **Auslegg** (§ 157) ermittelt w. Ergibt diese, daß eine Klausel entgg dem ersten Anschein keine unangem Benachteiligg enthält, sind die §§ 9ff unanwendb. Doch dürfen Klauseln, die nach ihrem Wortlaut u Zweck unzul sind, nicht dch Auslegg so weit gemildert w, daß sie gesetzl zul sind (§§ 4, 5 Anm 4 b). **f)** Bei argl Täuschg über den Inh der AGB w das **AnfechtgsR** (§ 123) dch die Sonderregeln der §§ 9ff nicht berührt. Anf kann auf die EinbezVereinbg beschr w (vgl zur TeilAnf § 142 Anm 1) u läßt dann gem § 6 den Vertr iü bestehen. Hat sich der Kunde über die Einbez od den Inh der AGB geirrt, kann er gem § 119 anfechten (Ko-Stü § 2 Rdn 11, aA 37. Aufl), muß jedoch iF des Irrt über den Inh der AGB nachweisen, daß er insow best Vorstellgen hatte (§ 119 Anm 2 b).

AGBG 8   **Schranken der Inhaltskontrolle.** Die §§ 9 bis 11 gelten nur für Bestimmungen in Allgemeinen Geschäftsbedingungen, durch die von Rechtsvorschriften abweichende oder diese ergänzende Regelungen vereinbart werden.

1) Allgemeines: Leistgsangebot u Entgelt w idR auch bei Verwendg von AGB dch IndVereinbg festgelegt. Das ist aber nicht notw so; uU w auch die beiders zu erbringdn Leistgen dch AGB iS des § 1 best. Klauseln dieser Art müssen von einer Anwendg der §§ 9 ff ausgenommen w, da das AGBG eine gerichtl Kontrolle von Leistgsangeboten u Preisen nicht ermöglichen will u (aus verfassgsrechtl Grden) wohl auch nicht darf. Die richterl Kontr von AGB muß außerdem dort ihre Grenze finden, wo AGB lediigl den Inh der einschläg gesetzl Vorschr wiederholen. § 8 beschr die InhKontr daher (in Übereinstimmg mit der bish Rspr) auf Klauseln, die von RVorschr abweichen od diese ergänzde Regelgen enthalten. Leistgsfestlegde AGB scheiden damit ebso als Ggst der InhKontr aus wie die mit dem Ges übereinstimmden Klauseln. Bei leistgsfestlegden AGB bleibt dem Kunden aber der Schutz der §§ 3, 4.

2) Inhalt der Vorschrift: Der InhKontr entzogen sind: **a) Leistgsbeschreibgen,** die Art, Umfang u Güte der geschuldeten Leistg festlegen, aber die für die Leistg geltden gesetzlichen Vorschr unberührt lassen. Beispiele sind Baubeschreibgen, Kataloge, Prospekte, VOB/C (Heiermann Betr **77**, 1735) DIN- u and techn Normen, ZuteilgsBdggen der Bausparkasse. Im VersR gehören zur Leistgsbeschreibg Risikoausschlüsse u -Beschrkgen (Sieg VersR **77**, 491, Schaefer VersR **78**, 4, str, aA Helm NJW **78**, 131, Ul-Br-He Rdn 27). Diese können aber uU gem § 3 unwirks sein (dort Anm 2c). **b) Preisregelgen.** Hierher gehören PrFestsetzgen, Klauseln über Nebenkosten, soweit diese Bestandt der GgLeistg sind, über Rabatte, Skonti, bei Darl auch über die Höhe von Bereitstellgszinsen. Klauseln über Nebenkosten können aber gem § 3 unwirks sein (dort Anm 2c); außerdem ist § 4 anzuwenden, wenn die Auslegg der PrAbrede ergibt, daß sie die Nebenkosten miterfaßt (Ul-Br-He Rdn 17). Der InhKontr unterliegen dagg: Klauseln, die die Voraussetzgen des VergütgsAnspr abw vom Ges regeln (BGH **60**, 381, BB **78**, 637), Pr ErhöhgsKlauseln (§ 11 Nr 1), Klauseln über einen Ausschl von PrErhöhgen sowie alle Regelgen über die iF einer Leistgsstörg zu erbringden Aufwendgen, Entschädiggen u ErsLeistgen (§§ 10 Nr 7, 11 Nr 5, 6 u 10c), auch über die Höhe von VerzZinsen. Bei den RVorschr, die abgeändert od ergänzt w, kann es sich selbstverständl auch um ungeschriebene RGrds handeln. **c) Mit normativen Regelgen übereinstimmde AGB.** Sie können wg der Bindg der Ri an das Ges nicht Ggst der InhKontr sein. Diese wäre auch deshalb leerlaufd, weil an die Stelle der unwirks Klausel gem § 6 die gesetzl Vorschr treten würde. Werden dch AGB die für einen and VertrTyp geltden gesetzl Vorschr für anwendb erklärt (SachmängelHaftg nach KaufR bei WkVertr, BGH **65**, 359), so liegt in Wahrh eine RÄnderg vor, die §§ 9ff sind also anwendb. Setzen gesetzl Vorschr eine Ausfüllg dch AGB voraus (Bsp: VVG 40 II 3, 89 II, 174 IV, 176 IV), handelt es sich um rechtsergänzde AGB, die der richterl InhKontrolle unterliegen (aA Sieg VersR **77**, 491). Dagg gilt der Ausschl des § 8, soweit dch AVB die Folgen von ObliegenhVerletzgen in Übereinstimmg mit VVG 6 geregelt w.

AGBG 9 Generalklausel.

I Bestimmungen in Allgemeinen Geschäftsbedingungen sind unwirksam, wenn sie den Vertragspartner des Verwenders entgegen den Geboten von Treu und Glauben unangemessen benachteiligen.

II Eine unangemessene Benachteiligung ist im Zweifel anzunehmen, wenn eine Bestimmung

1. mit wesentlichen Grundgedanken der gesetzlichen Regelung, von der abgewichen wird, nicht zu vereinbaren ist, oder
2. wesentliche Rechte oder Pflichten, die sich aus der Natur des Vertrages ergeben, so einschränkt, daß die Erreichung des Vertragszwecks gefährdet ist.

Schrifttum: Schapp Betr **78**, 621; Weick NJW **78**, 11.

1) Allgemeines: a) Vgl zunächst Vorbem vor § 8. Das PrivR erhält dch den § 9 eine weitere wicht Generalklausel. Sie beruht auf dem Grds von Treu u Glauben (§ 242) u soll unbill AGB als mißbräuchl Ausnutzg der VertrFreih unterbinden. Die Vorschr behandelt damit einen Fall von institutionellem RMißbr (§ 242 Anm 4 C d). Die in §§ 10 u 11 enthaltenen Klauselverbote gehen als SonderVorschr dem § 9 vor. § 9 ist dementspr als AuffangVorschr erst nach den §§ 10, 11 heranzuziehen (Vorbem 1 vor § 8), u zwar in der Weise, daß zunächst § 9 II u erst dann § 9 I zu prüfen ist. **b)** Der für die InhKontrolle nunmehr maßgebde Prüfmaßstab ist in § 9 I festgelegt (Anm 2). Er w in § 9 II ergänzt dch Angabe typ rechtl Kriterien, deren Nichtberücksichtigg idR zur Unwirksamk der Klausel führt (Anm 3 u 4). § 9 gilt (and als die §§ 10 u 11) auch im kaufm Verk (Anm 5). Bei Freizeichnungsklauseln, dem traditionell wichtigsten Anwendgsfeld richterl InhKontrolle, ergänzen sich die VerbotsVorschr des § 11 u § 9 zu einer differenzierten u wenig übersichtl Lösg (Anm 6). Weitere Einzelfälle sind in Anm 7 zusammengefaßt.

2) Verbot unangemessener Benachteiligg. a) Für die **Fassg** der Generalklausel war in der Reformdiskussion eine Vielzahl von sachl kaum von einand abw Vorschlägen gemacht worden (vgl die Nachw bei Kötz Gutachten f den 50. DJT A 64). Der RegEntw wollte das Merkmal eines „angem InteressenAusgl" zum Maßstab der InhKontrolle machen. Das Gesetz erklärt dagg AGB für unwirks, wenn sie den VertrPart des Verwders entg den Geboten von Treu u Glauben unangem benachteiligen. Es hat damit eine tragfäh u brauchb Formulierg gefunden, wenn auch die ausdr Erwähng von Treu u Glauben überflüss ist. Sie tritt an die Stelle der von der Rspr gebrauchten höchst unterschiedl Umschreibgen, deren Zahl Schmidt-Salzer bereits 1971 mit 27 ermittelt hat. In der Sache stimmt § 9 I mit den Grds der BGH-Rspr überein; unvereinb mit der Neuregelg aber die von den InstanzGer fr teilw geübte Praxis, nur offensichtl mißbräuchl Klauseln iW der InhKontrolle zu beanstanden. **b)** Eine nach Treu u Glauben unangem benachteiligg setzt voraus, daß es sich um **Nachteile von einigem Gewicht** handelt. Unbequeme od nur geringfüg nachteilige Gestaltgen rechtf keine Anwendg des § 9. Die Benachteiligg muß den VertrPart des Verwders treffen. Die Benachteiligg Dr (zB bei Sicherhsklauseln der Gläub) reicht nicht aus, es sei denn, daß sie mittelb auch den Kunden beeinflußt (Verhinderg weiterer KreditAufn, Ausschl von Schutzwirkgen zum Nachteil von Angeh). - Auch eine erhebl Benachteiligg kann zul sein, sofern sie nicht **unangemessen** ist. Zur Beurteilg bedarf es einer umfassden Würdigg, bei der die Interessen beider Part, EigArt u Inh des Vertr u die Anschauungen der beteil VerkKreise zu berücksichtigen sind. Dabei ist - ebso wie bei der Auslegg von AGB (§ 5 Anm 3) - von einer überindividuell-generellen Betrachtg auszugehen (BGH **22**, 90, Ul-Br-He Rdn 65, 66). Abzuwägen sind die Interessen der üblicherw beteiligten Kreise. Werden AGB ggü versch Kundenkreisen verwandt, kann die rechtl Bewertg unterschiedl ausfallen. So kann etwa eine in einem Vertr mit einem Letztverbraucher unangem Klausel im kaufmänn Verkehr tragb sein. Verkehrsüblichk schließt Unangemessenh nicht aus (BGH NJW **73**, 990). Die geringe **Höhe des Entgelts** ist grdsl keine Rechtfertigg für unbill Klauseln (BGH **22**, 98, NJW **73**, 1193, Weber Betr **71**, 180). Nur aus bes, von ihm darzulegden Grden kann sich der Verwder auf das sog Preisargument berufen (BT-Drs 7/3919 S 22), so etwa wenn er die Leistg zu zwei Preisen anbietet, einem höheren mit voller Haftg u einem niedrigeren mit eingeschr Haftg. Für die Abwägg kann auch die **Versicherbark** der von den formularmäß Klauseln betroffenen Risiken eine Rolle spielen. Zwar kann die bloße Möglichk der Selbstversicherg keine unangem Freizeichng rechtfertigen. Die Freizeichng ist aber in den Grenzen von § 11 Nr 7 wirks, wenn die Kunden üblicherw kaskoversichert sind u der Verwder wg des HaftgsAusschl zu einem bes günst Pr anbietet (BGH 33, 219, 38, 186, NJW 68, 1718, 1720; MüKo/Kötz Rdn 8). Auch Rationalisiergsinteressen des Verwders sind zu berücksichtigen, wenn sie auch uU ggü höherrang Belangen des Kunden zurücktreten müssen. Ein nach Treu u Glauben zu berücksichtigder Umst kann auch darin liegen, daß der Verwder kollektive GesInteressen seiner Kunden wahrzunehmen hat. Das trifft auf Versicherer u Bausparkassen zu, ferner auch auf VersorggsUntern. **c)** Ob eine AGB-Klausel eine unangem Benachteiligg enthält, ist eine **revisible** RFrage, keine Tatfrage. Die **Beweislast** für die der rechtl Wertg zGrde liegden Tats richtet sich nach allg Grds. Wer die Unwirksamk einer Klausel gem § 9 I geltd macht, ist bewpfl. In den Fällen des § 9 II w dagg die unangem Benachteiligg vermutet („iZw"). Wer sich auf diese Vermutg beruft, muß deren Voraussetzgen beweisen; alsdann ist es Sache des and (idR des Verwders), die Vermutg zu entkräften. In der Praxis spielen Fragen der BewLast bei Anwendg des § 9 allerd kaum eine Rolle, da idR allein die rechtl Bewertg, nicht aber irgendwelche tatsächl Fragen str sind.

3) a) Sind AGB mit **wesentlichen Grundgedanken** des abbedungenen dispositiven R unvereinb, ist iZw eine unangem Benachteiligg zu bejahen, § 9 II Nr 1. Diese (wenig glückl formulierte) Vorschr knüpft an den von der Rspr entwickelten Grds an, daß den Regeln des dispositiven Rechts für die InhKontrolle von AGB eine **Ordngs- u Leitbildfunktion** zukommt (BGH 41, 154, 54, 110, 60, 380). Allerd ist, wie schon bish, nicht jede Abw von dispositiven Recht unzul. Unwirksamk tritt aber nur ein, wenn die Klausel mit einem RGrds unvereinb ist, der nicht auf ZweckmäßigkErwäggen, sond auf einem **Gerechtigkeitsgebot beruht**; das soll das Merkmal „wesentl GrdGedanken der gesetzl Regelg" nach seiner Entstehgsgeschichte aussagen (BT-Drs 7/5422 S 6, RegEntw 23). Die dem Richter insow aufgegebene wertde Beurteilg darf nicht bei dem abstr gesetzl VertrTyp („KaufVertr") stehen bleiben. Sie muß auch die wirtschaftl u soziale Bedeutg der konkreten Auspräigg des VertrTyps („KaufVertr über fabrikneue Sachen") mitberücksichtigen (Weick NJW 78, 11). Ergibt sich danach eine Abw vom wesentl GrdGedanken des dispositiven R, hat die Klausel nur dann rechtl Bestand, wenn der Verwder ausnw überwiegde, auch bei voller Würdigg der Interessen des Kunden berechte Grde darlegen kann. **b)** Der in II Nr 1 ausgesprochene allg Grds w dch die Klauselverbote der §§ 10, 11 weiter konkretisiert. Diese ist zT Anwendungsfälle des II Nr 1, so etwa § 10 Nr 2 (Nach-Fr), Nr 3 (RücktrVorbeh), Nr 5 (Fingierte Erkl), § 11 Nr 2 (ZbR), Nr 4 (Mahng, FrSetzg), Nr 5 (Pauschalierg von SchadErsAnspr), Nr 7 (Haftg bei grobem Versch), Nr 8 (Verz u Unmögl), Nr 9 (TeilVerz u Teilunmöglk), Nr 10 (Gewährleistg), Nr 11 (Haftg für zugesicherte Eigenschaften) u Nr 15 (BewLast). Für das **MaklerR**, dem RGebiet, in dem der Grds über die Leitbildfunktion des dispositiven Rechts vor allem entwickelt worden ist, enthält das Gesetz keine bes Klauselverbote, da dch eine gefestigte Rspr geklärt ist, daß für alle wesentl Abw von § 652 zG des Maklers eine IndVereinbg erforderl ist. Unwirks sind danach alle formularmäß Klauseln, die einen ProvAnspr unabhäng vom wirks Zustandekommen eines Vertr begründen (BGH NJW 65, 246, 67, 1225, 73, 1276), AlleinAuftrKlauseln (BGH 60, 377, NJW 77, 624), Vorkenntn-Klauseln (BGH NJW 71, 1135, Betr 76, 1711) u Klauseln über eine ProvPfl für FolgeGesch (BGH 60, 243). Diese Rspr gilt weiter; ihre RGrdlage sind nunmehr § 9 I u II Nr 1 (vgl näher Einf 4b vor § 652). Zu den wesentl dch AGB nicht abänderb GrdGedanken der PrivROrdng können auch ungeschriebene RGrds gehören wie der Grds der **Vorteilsausgleichg**. Der Verwder muß sich daher bei vorzeitiger VertrAuflösg aus dem Versch des Kunden ersparte Aufwendgen u anderweit Verdienst auch anrechnen lassen, wenn seine AGB Abweichdes best (BGH 54, 109 – AllGO der WirtschPrüfer; BGH NJW 73, 1190 – GOI – dort mit Ausleg gelöst; vgl auch § 11 Nr 5 u dort Anm 5).

4) Aushöhlg von Hauptpflichten (II Nr 2). **a)** Der Grds, daß wesentl Rechte od Pflten nicht dch formularmäß Klauseln ausgehöhlt w dürfen, entspr der bish Rspr (BGH 50, 206, NJW 73, 1878). Er ist **in Wahrh lediglich eine Konkretisierg von II Nr 1**: Klauseln, die wesentl Rechte u Pflten derart einschränken, daß der VertrZweck gefährdet w, verstoßen notw zugl gg wesentl GrdGedanken des PrivR. Gleichwohl ist die Unterscheidg von Nr 1 u 2 aus prakt Grden berecht. Bei Nr 1 geht es um mißbräuchl Abweichgen vom dispositiven GesRecht, bei Nr 2 um Gefährdgen des VertrZweckes. Die „Natur des Vertr" ergibt sich bei den gesetzl nicht geregelten Vertr aus der VerkAnschauung u aus der Rspr entwickelung Grds. Welche Rechte u Pflten „wesentl" sind, richtet sich nach Art u Inh des jeweil Vertr (Schlosser WPM 78, 562). Bei ggs Vertr w das idR für die beiderseit Anspr zutreffen, die zueinand im GgseitigkVerh stehen (Einf 1 c cc vor § 320), zugl aber auch für wicht NebenPfl, wie etwa die SchutzPfl, sow es um die Einhaltg von obj grdlegden SorgfAnforderg geht. Wann eine Einschränkg gefährdet, hängt von einer wertden Beurteilg der Umst des EinzFalls ab. Die Voraussetzg ist zu bejahen, wenn die wesentl Folgen einer vom Verwder zu vertretden Verletzg einer HauptPfl auf den Kunden überwälzt w, ferner wenn die Dchsetzg von wesentl Rechten des Kunden ausgeschl od einschneidd beschr w. Der Nachw, daß die Klausel trotzdem angem ist, ist zwar zul („iZw"), w aber vom Verwder nur selten zu erbringen sein. Unzul daher HaftgsAusschl für Konstruktionsfehler (BGH NJW 71, 1797), für Schäden inf von unsachgem Einfüllen von Heizöl dch den Lieferanten (BGH NJW 71, 1036), für grdlegde Mängel der betriebl Organisation (BGH NJW 73, 2154, 74, 900), für eine von vornherein unsachgem Verlegg der Versorggsleitgen eines Wasserwerks (BGH NJW 71, 226); für Fahr- u Ladgstüchtigk im SchiffsR (BGH 49, 363, 65, 367, 71, 167, 171), für Pflten bei der Pkw-Abliefergsinspektion (BGH NJW 69, 1708), für Pfl des Verfrachters, Güter an legitimierten Inh des Konnossements auszuliefern (BGH VersR 74, 590), für Pfl der Bank, den ÜberweisgsBetr dem Konto des Empfängers gutzubringen (LG Freibg BB 78, 474), ferner beim MietVertr die ausschließl Überwälzg des Risikos von Gebrauchsbeeinträchtiggen auf den Mieter (BGH NJW 77, 195). Wird dem Kfz-Mieter gg Zahlg eines zusätzl Entgelts eine Haftgsfreistellg zugesagt, so sind formularmäß Beschrkgen der Freistellg unwirks, soweit sie mit dem am Leitbild der KaskoVers orientierten Schutz unvereinb sind (BGH 70, 309).

5) Kaufm Verk (Helm BB **77**, 1109). Bereits im fr Recht war anerkannt, daß die Grds über die richterl Inh-Kontrolle auch für den kaufm Verk gelten (BGH NJW **76**, 2346 mwNw, str). Hieran anknüpfd best § 24 II, daß § 9 auch auf RGesch zw Kaufl (§ 24 Anm 3) u die Verwendg von AGB ggü jur Pers des öffR u öffr SonderVerm (§ 24 aaO) anzuwenden ist. Dagg gelten die primär auf den Schutz des priv Letztverbrauchers ausgerichteten EinzVerbote der §§ 10 u 11 für den kaufm Verk nicht. Sie können aber über § 9 im HandelsVerk zu beachten sein; dabei ist auf die geltden Gewohnh u Gebräuche angem Rücks zu nehmen (§ 24 II). Für den weitgehd mit vorformulierten Texten arbeitden kaufm Verkehr w der Anwendgsbereich der InhKontrolle dch die weite BegrBestimmg des § 1 erhebl ausgedehnt. In vielen Fällen, in denen bish § 138 herangezogen worden ist (standardisierte BierliefergsVertr, Sicherngsklauseln, WettbewVerbote), ist nunmehr § 9 die maßgebde Norm. Auch iü w der neue Beurteilgsmaßstab dazu führen, daß im HandelsVerk formularmäß Klauseln häufiger als bisher der InhKontrolle nicht standhalten. Zwar ist bei der gebotenen Abwägg zu berücksichtigen, daß der Kaufm typw als geschgewandt u in der Dchsetzg eig Interessen erfahren gilt (eine iü für den Minderkaufm fragwürd Ann). Ebso fällt ins Gewicht, daß sich manche Branchen auf best formularmäß Risikoabwälzgen eingestellt u ihre Kalkulation u uU ihre Versichergen darauf eingerichtet h. Benachteiliggen, die ggü dem priv Letztverbraucher unangem sind, w daher im kaufm Verk vielf noch zul sein. Trotzdem gelten aber die Vorschr des § 9 II nunmehr auch im HandelsR: Formularmäß Beschrkgen von wesentl RGrds des PrivR sind idR unzul, ebso die den VertrZweck gefährdde Beschrkg von wesentl Rechten od Pflten. Daraus w abzuleiten sein, daß die Verbote der §§ 10 u 11, die Konkretisiergen des § 9 II Nr 1 u 2 sind, grdsl auch im HandelsR zu beachten sind. Aus den Verhältn des kaufm Verk kann sich aber ergeben, daß RGedanken od Rechte, die im bürgerl Recht „wesentl" sind, im kaufm Verk einen and Stellenwert h. Überdies kann der Verwder dartun („iZw"), daß im Ergebn keine unangem Benachteiligg des Kunden vorliegt. Soweit die Verbote der §§ 10 u 11 nicht auf § 9 II, sond allein auf § 9 I beruhen, lassen sich allg Regeln über ihre Beachtg (Nichtbeachtg) im HandelsR kaum aufstellen, zumal die Unangemessenh je nach der Branche unterschiedl zu beurteilen sein kann. Handelt es sich um einen Minderkaufm, der ggü seinen Abnehmern den Klauselverboten des AGBG unterliegt, müssen die Voraussetzgen des § 9 eher bejaht w als bei einem Untern, der die ihm formularmäß angelasteten Risiken ebso formularmäß auf seinen Abnehmer abwälzen kann. Bei den Erläutergen der EinzVerbote w jeweils auch (kurz) zur Anwendg im kaufm Verk Stellg genommen.

6) Freizeichnungsklauseln (Ausschl od Beschrkg von SchadErs- u GewlAnspr). Sie sind in der gerichtl Praxis der HptGgst der InhKontrolle. Kontrollmaßstab sind nunmehr die Klauselverbote des § 11, daneben aber auch die Generalklausel des § 9. Aus ihnen ergibt sich folgde differenzierte (u nicht sehr übersichtl) Regelg: **a)** Der Ausschl u **jede Beschrkg** der Haftg sind **verboten: aa)** bei **grobem Verschulden** des Verwders od eines ErfGeh, gleichgült, welche AnsprGrdl im EinzFall in Betr kommt, § 11 Nr 7 (dort Anm 7), **bb)** bei Fehlen einer **zugesicherten Eigensch,** § 11 Nr 11 (dort Anm 11). **b)** In ihrem wesentl **Kernbestand** sind geschützt: **aa)** Rechte des Kunden bei **Verz** des Verwders od von diesem zu vertretder **Unmöglichk,** § 11 Nr 8 (dort Anm 8). **bb)** GewlAnspr § 11 Nr 10 (dort Anm 10): Dem Kunden muß, abgesehen vom Fall des Kaufs gebrauchter Sachen, mindestens ein Recht auf Nachbesserg, ErsLieferg, Minderg, Wandlg od eine sonst wirtschaftl gleichw Befugn eingeräumt w (§ 11 Anm 10a); beim Fehlschlagen der Nachbesserg lebe die ausgeschl gesetzl GewlR auf. Welches GewlR dem Kunden zustehen soll, kann der Verwder in den Grenzen des § 9 best; verboten ist jedoch, die GewlPfl auf die Einräumg von Anspr gg Dritte zu beschrken (§ 11 Anm 10b). Die Gewl kann auch, insb wenn eine Nachbesserg unmögl ist (Bsp: ReiseVertr), in der Begründg eines ErsAnspr bestehen. Dieser darf betragsmäß begrenzt w, die Haftgssumme muß jedoch in einem vertretb Verhältn zum Umfang der typw zu erwartden Nachteile stehen. Zul daher beim ReiseVertr eine Beschrkg auf den ReisePr (Ffm NJW **73**, 470, Hamm NJW **75**, 1360, Köln VersR **76**, 971), sow nicht § 11 Nr 7 od 11 anzuwenden sind od es sich um GesundhBeschädiggen des Reisden handelt (LG Ffm NJW **77**, 1687). Unwirks dagg ist die Haftgsbegrenzg in den AGB der Chemischreiniger auf das Fünfzehnfache des Entgelts, da eine sachgerechte Relation zur Schadenshöhe fehlt (Köln VersR **69**, 764, AG Nürnb NJW **77**, 1200, aA Schmidt VersR **78**, 595). **c)** Bei **Anspr aus pVV** ist, soweit der HaftgsAusschl nicht bereits an § 11 Nr 7 scheitert, § 9 Grdl der InhKontr. Hier lassen sich allg Regeln nur beschr aufstellen; entscheidd ist, ob die AusschlKlausel bei Würdigg aller Umst unangem ist. Abgesehen von den Fällen groben Versch (oben a aa) sind HaftgsBeschrkgen dann unzul, wenn es um die Verletzg einer **Hauptpflicht** geht u die ErsPfl zur Erreichg des VertrZweckes erforderl ist (Bsp Anm 4). Auch die VerkSichergsPfl, die in VertrBez Bestandt der vertragl SchutzPfl ist (§ 276 Anm 7 c bb), ist HauptPfl. Eine formularmäß Freizeichng ist unangem, weil sie den Kunden schlechter stellen würde als einen Dr, der in keinen RBez zum Verwder steht. Unangem sind auch HaftgsBeschrkgen, die dem **Standesrecht** widerspr (Hbg NJW **68**, 303, Stettin DR **44**, 112, vgl auch Deutsch VersR **74**, 301 – freie Berufe –, Boergen NJW **69**, 913 – RA –). Für die gewerbliche Bewachg gilt die VO über das BewachgsGew idF v 1. 6. 1976 (BGBl I 1341), wonach der Kunde dch Abschl einer Vers zu schützen ist (vgl dazu Janssen NJW **69**, 1096). Das ist auch für Parkhochhäuser usw die angem Form der Kundensicherg (BGH NJW **72**, 151, 68, 1720, vgl auch LG Mü VersR **73**, 93, Waschanlage). Für die nicht versicherb grobe Fahrlässigkt gilt § 11 Nr 7. Soweit § 11 Nr 7 nicht entggensteht, ist der HaftgsAusschl der ADSp grdsl unbedenkl, da auch hier die Haftg im Ergebn dch eine TransportVersicherg ersetzt w (BGH **LM** ADSp 57 Nr 1 Bl 3). Besteht für den VertrGgst typw eine VollkaskoVersicherg, ist HaftgsAusschl uU vertretb, weil es dem Kunden gleichgült ist, ob sein Versicherer od der Verwder den Schaden trägt (vgl BGH **33**, 220 – Schiff –, Karlsr VersR **71**, 159 – Flugzeug). Besteht sichere u zumutb Aufbewahrgsmöglichk für WertGgst, ist Freizeichng zul (Karlsr NJW **75**, 597 – Krankenhaus –). Haftgsbegrenzgen in AGB der Banken w in den Grenzen des § 11 Nr 7 weiterhin als wirks anzuerkennen sein (vgl BGH **13**, 200, **49**, 172, **LM** § 157 (Ga) Nr 3, Betr **74**, 1013). Berufg hierauf aber unzul, wenn Bank dch Befolgg eines unricht Rates selbst Vorteile hatte (BGH **13**, 200, NJW **71**, 2267, **72**, 1200).

7) Sonstige Klauseln: Die §§ 10 u 11 enthalten einen umfangreichen Katalog verbotener Klauseln; vgl daher zunächst dort. Die folgde ZusStellg erfaßt ledigl in §§ 10 u 11 nicht behandelte Klauseln; ausgen sind auch Freizeichnungsklauseln (Anm 6) u formularmäß HaftgsErweitergen (§ 11 Anm 4): **AbtretgsVerbote**

Erster Abschnitt. Sachl.-rechtl. Vorschriften. 2. Unwirksame Klauseln **AGBG 9, 10**

idR zul, da sie den Kunden nur unwesentl beeinträchtigen u berecht Belange des Verwders schützen (BGH **51**, 113, **56**, 175, § 399 Anm 3). Unzul Ausschl des FdgÜbergangs gem VVG 67 (BGH NJW **76**, 672). – **AusschließlichkBindgen** bei AutomatenaufstellVertr idR zul, da dch ein berecht Interesse des Verwders gedeckt (BGH NJW **71**, 1035). – Formularmäß Ausschl des Anspr auf SichergHyp des **Bauunternehmers** unzul (Mü BB **76**, 1001); ebso formularmäß Änd des § 645 (Köln OLGZ **75**, 323). – **Detekteivertrag**: Unwirks Klausel, wonach Eilzuschlag auch für nicht eilig geleistete Dienste zu zahlen ist (BGH WPM **78**, 637); ebso Klausel, wonach neben dem Honorar eine Umlage gezahlt w soll (BGH BB **78**, 637). – **Ehemäkler**: Ausgestaltg des Vertr als DienstVertr mit erfolgsunabhäng VergütgsPfl wohl unbedenkl (Löwe BB **78**, 173, aA LG Hbg ebda). Der Kunde ist aber berecht, den Vertr in der Fr des § 621 zu kündigen (§ 11 Anm 12c); iF der Künd gilt für seinen RückzahlgsAnspr § 10 Nr 7. Der Vermittler muß neben den vorausbezahlten Monatsbeiträgen auch einen angem Teil des Grundbeitrages erstatten (Ul-Br-He Anh §§ 9–11 Rdn 291). – **Eigentumsvorbehalte** als angem Sichergmittel grdsl zul (BGH NJW **70**, 30, § 455 Anm 2); wg den neuen Beurteilgsmaßstäben (§ 9) w aber zu prüfen sein, ob die bish, in der Erweiterg u Ausgestaltg dieses Sichergmittels großzüg Praxis in vollem Umfang aufrechterhalten w kann; vgl Graf v Westphalen Betr **77**, 1637, 1685, BB **78**, 281, Thamm BB **78**, 20, 2038 u § 455 Anm 2. – **Einwendgs-Dchgriff**: Wird ein wirtschaftl einheitl Gesch dch eine formularmäß Klausel in zwei Vertr aufgespalten, kann die Klausel gem § 9 unwirks sein. Kunde steht dann der sog EinwendgsDchgriff offen, so beim AbzGesch (Anh 3 zu AbzG 6), finanziertem EhemäklerVertr (§ 656 Anm 3), FernunterrichtsVertr vom FernUSG 2 V Nr 4, ferner beim finanzierten DienstVertr (LG Augsbg NJW **72**, 637, **73**, 1704), finanziertem Verk eines Waschsalons (BGH NJW **78**, 1427), LeasingVertr (LG Augsbg NJW **73**, 709, Düss NJW **73**, 1612, vgl auch Gilles JZ **75**, 305). – **Fluchthilfe**: Klausel, wonach Vergütg sofort nach Eintreffen in der BRep fäll, uU unwirks (BGH NJW **77**, 2358); ebso HaftgsAusschl für grobe Fahrlk von ErfGehilfen (BGH **69**, 309). – **Gerichtsstandsklauseln**: Sie kommen nach dem ab 1. 7. 1977 geltden Recht nur noch für den vollkaufm Verkehr in Betr. Dort sind sie unbedenkl (vgl Köln VersR **76**, 537, LG Bielef MDR **77**, 672, str). – **Grundpfandrechte**: Formularmäß SchuldAnerkenntn u Unterwerfg unter die ZwVollstr wg Verstoß gg § 11 Nr 15 unwirks (str, vgl § 11 Anm 15). Wirks Klausel über KündR iF des EigtWechsels (Ffm WPM **77**, 1219). – **Maklervertrag**: Vgl Anm 3. – **Mietvertrag**: Wirks: Klausel, wonach Miete im LastschriftVerf zu zahlen ist (Weimar Betr **77**, 667). Unwirks: Klausel, wonach bei LeasingVertr Fälligk der Restmiete bereits bei zweiwöch Verzug mit einer Rate eintritt (Stgt Betr **78**, 122); Klausel, wonach Vermieter die Mietrückstand nachgeben darf, Miete aber weiter zu zahlen ist (BGH **71**, 196, 204), und aber, wenn die Rückn nur vorläuf zu SichergsZwecken erfolgt (BGH Betr **78**, 1338). Ist bei Kfz-Vermietg gg Zahlg eines zusätzl Entgelts zG des Mieters eine Haftgsfreistellg nach Art einer Kasko-Vers vereinb worden, so sind unwirks: Klausel, wonach Mieter für das Nichtvorliegen von grober Fahrlk bewpflichtet (BGH **65**, 118); Einschränken der Haftgsfreistellg, soweit sie mit dem Leitbild der KaskoVers unvereinb (BGH NJW **78**, 945); Wegfall der Haftgsfreistellg bei Verz auf polizeil UnfallAufn (LG Ffm NJW **78**, 952). – **Pfandrecht**: Bestellg in AGB über WkVertr wirks (BGH NJW **77**, 1240; krit Picker NJW **78**, 1417), ebso in ADSp (BGH **17**, 1, NJW **63**, 2222). – Klausel, wonach **Reiseveranstalter** bloßer Vermittler, unverbindl, sofern mit Werbg u älter VertrInhalt unvereinb (BGH **61**, 275, Ffm NJW **73**, 470, Nürnb OLGZ **73**, 313). Freizeichng Anm 6 b bb; Mängelrügen § 11 Anm 10 f; RücktrGebühren § 10 Anm 7. – **Schriftformklausel**: Hins mdl Nebenabreden unwirks (§§ 4, 5 Anm 2); hins späterer Ändergen ggstlos, wenn Part übereinstimmd die Maßgeblichk der mdl Vereinbg wollten (§ 125 Anm 2), iü vgl § 11 Nr 16. – **Verjährg**: Formularmäß Abkürzg unzul, soweit sie die RStellg des VertrPart unangem verschlechtert (BGH **64**, 244). Das gilt ebso für die formularmäß Festlegg von AusschlußFr (BGH **71**, 167, 170). Sonderregelg für GewlAnspr in § 11 Nr 10 f. Zul im kaufm Verk, sow mit redl VerkAnschauung vereinb (vgl BGH VersR **72**, 40). – **Zinsen u Kreditgebühren**: Wird ein Darlehn vorzeit fäll gestellt, muß Rückrechng der Kreditgebühren erfolgen (Hamm NJW **74**, 1951, Düss WPM **76**, 825, Ffm NJW **78**, 1927, Bachmann NJW **78**, 867, aA Celle NJW **78**, 1487). Auf Klauseln über die Höhe von VerzZinsen ist § 11 Nr 5 anwendb, da es sich um eine Pauschalierg des Anspr aus §§ 286, 288 II handelt. Bearbeitgsgebühren: vgl § 10 Anm 7. VerzZinsen ohne Mahng: § 11 Anm 4a.

8) **Einzelne AGB** (vgl Ul-Br-He Anh §§ 9–11 Rdn 1–981): **ADSp**: Helm VersR **77**, 586. **AVB**: Sieg VersR **77**, 489; Helm NJW **78**, 129; Bauer BB **78**, 476. **Anzeigenvertrag**: Wronka BB **76**, 1581, Graf v Westphalen BB **77**, 423. **ArchitektenVertr**: Kaiser BauR **77**, 313. **Banken** u Sparkassen, Kümpel WPM **77**, 695, Rehbein Betr **77**, 1349. **BaubetreuungsVertr**: Brambring NJW **78**, 777. **Bauverträge (VOB)**: Heiermann Betr **77**, 1733; Jagenburg BauR **77** Sonderheft 1; Korbion VersR **77**, 681; Locher NJW **78**, 1801, BauR **77**, 221; Stürner BWNotZ **77**, 109. **Chemischreinig**: Schmidt VersR **78**, 593. **Grundpfandrechte**: Stürner JZ **77**, 491, 639; Dietlein JZ **77**, 637; Kümpel WPM **78**, 746. **Reiseverträge**: Bartl NJW **78**, 733. **SteuerberatgsVertr**: Rohweder DStR **78**, 63.

AGBG 10 *Klauselverbote mit Wertungsmöglichkeit.* In Allgemeinen Geschäftsbedingungen ist insbesondere unwirksam

1. (Annahme- und Leistungsfrist)
eine Bestimmung, durch die sich der Verwender unangemessen lange oder nicht hinreichend bestimmte Fristen für die Annahme oder Ablehnung eines Angebots oder die Erbringung einer Leistung vorbehält;

2. (Nachfrist)
eine Bestimmung, durch die sich der Verwender für die von ihm zu bewirkende Leistung entgegen § 326 Abs. 1 des Bürgerlichen Gesetzbuchs eine unangemessen lange oder nicht hinreichend bestimmte Nachfrist vorbehält;

3. (Rücktrittsvorbehalt)
die Vereinbarung eines Rechts des Verwenders, sich ohne sachlich gerechtfertigten und im Vertrag angegebenen Grund von seiner Leistungspflicht zu lösen; dies gilt nicht für Dauerschuldverhältnisse;

4. (Änderungsvorbehalt)
die Vereinbarung eines Rechts des Verwenders, die versprochene Leistung zu ändern oder von ihr abzuweichen, wenn nicht die Vereinbarung der Änderung oder Abweichung unter Berücksichtigung der Interessen des Verwenders für den anderen Vertragsteil zumutbar ist;

5. (Fingierte Erklärungen)
eine Bestimmung, wonach eine Erklärung des Vertragspartners des Verwenders bei Vornahme oder Unterlassung einer bestimmten Handlung als von ihm abgegeben oder nicht abgegeben gilt, es sei denn, daß
   a) dem Vertragspartner eine angemessene Frist zur Abgabe einer ausdrücklichen Erklärung eingeräumt ist und
   b) der Verwender sich verpflichtet, den Vertragspartner bei Beginn der Frist auf die vorgesehene Bedeutung seines Verhaltens besonders hinzuweisen;

6. (Fiktion des Zugangs)
eine Bestimmung, die vorsieht, daß eine Erklärung des Verwenders von besonderer Bedeutung dem anderen Vertragsteil als zugegangen gilt;

7. (Abwicklung von Verträgen)
eine Bestimmung, nach der der Verwender für den Fall, daß eine Vertragspartei vom Vertrage zurücktritt oder den Vertrag kündigt,
   a) eine unangemessen hohe Vergütung für die Nutzung oder den Gebrauch einer Sache oder eines Rechts oder für erbrachte Leistungen oder
   b) einen unangemessen hohen Ersatz von Aufwendungen verlangen kann;

8. (Rechtswahl)
die Vereinbarung der Geltung ausländischen Rechts oder des Rechts der Deutschen Demokratischen Republik in Fällen, in denen hierfür kein anerkennenswertes Interesse besteht.

Vorbemerkg: Vgl zunächst Vorbem vor § 8 u § 9 Anm 1. Für die Verbote des § 10 ist kennzeichnd, daß sie unbest RBegr verwenden, die Feststell der Unwirksamk also eine richterl Wertg erfordert. Sie sind idR Konkretisieren des § 9 I, einz Verbote knüpfen aber auch an die in § 9 II enthaltenen RGedanken an. Verstößt der Inhalt einer AGB-Klausel teilw gg ein Klauselverbot, so ist die Klausel grdsätzl **im ganzen unwirksam** (Vorbem 3b vor § 8). Anwendg im kaufm Verk: Vgl § 9 Anm 5 u bei den einz Klauselverboten.

1) Annahme- u Leistgsfrist (Nr 1): a) Die Vorschr soll gewährleisten, daß der Kunde dch formulармäß Ausgestalt der Fr zur Ann des VertrAngebots (1. HalbS) u der LeistgsFr nicht benachteiligt w (2. HalbS). Sie gilt für Vertr aller Art, Halbs 1 ggf auch für dingl Vertr. Dogmat stellen Klauseln über die Dauer von AnnFr keine VertrBdggen ieS dar, weil der Vertr vor Ann rechtl noch nicht existiert. Es handelt sich vielm um VertrAbschlKlauseln, die das Ges aber eigentl VertrBdggen gleichstellt. **b) Annahmefrist**: Abw vom dispositiven § 148 best vielf nicht der Kunde, sond eine formulармäß Klausel des Verwders, wie lange der Kunde an sein Angebot gebunden ist. WirksamkVoraussetzg ist nunmehr: **aa)** Die AnnFr darf nicht **unangem** lang sein. Wann das zutrifft, ist nach Inh u wirtschaftl Bedeutg des Vertr unter Berücksichtigg beiders Interessen u der VerkAnschauung zu entsch. AusgangsPkt kann die in § 147 II vorgesehene Fr (dort Anm 5) sein, die aber maßvoll überschritten w darf. **bb)** Die Fr muß **hinreichd best** bezeichnet sein. Ein Dchschnittskunde muß ohne Schwierigk u ohne rechtl Beratg feststellen können, wann die Bindg an sein VertrAngebot entfällt. Das wird sich idR nur dch Verwendg kalendarischer Bezeichnungen erreichen lassen (Lö-vW-Tr Rdn 6). Unzul Klauseln, die die Dauer der Fr von ungewissen Ereign (Hdlgen des Verwders, Bestätigg des Zulieferers, Eingang der KreditAusk) abhäng machen. **c) Leistgsfrist**: Es gelten die gleichen WirksamkKriterien wie bei der AnnFr. Hier geht es vor allem darum, den Schutz des § 11 Nr 8 (RücktR u SchadErsanspr bei Verz des Verwders) zu ergänzen; der Verwder kann sich nicht mehr hinter mißbräuchl LieferFrKlauseln zurückziehen. **aa)** Unangem Länge: Entscheid die Umst des Einzelfalls, insb die Art der zu erbringenden Leistg u die VerkAnschauung. Handelt es sich um eine Lieferg, die sich Verwder erst beschaffen muß, kommt uU längere Fr in Betr. Braucht der Verwder wg der starken Nachfrage nach seinem Produkt eine unübl lange Fr, muß er eine IndVereinbg treffen. **bb)** BestimmthGebot: b bb gilt entspr. Formulармäß Klauseln wie „Lieferg sobald wie mögl", „Lieferg nach Eintreffen der Ware", „Liefertermin gilt nur bei rechtzeitiger Selbstbelieferg" sind unwirks (es gilt also § 271), zul dagg „Lieferg ca 1 Monat". In AVB sind unbest LeistgsFr dagg weiterhin zul, sow sie mit VVG 11 I übereinstimmen (arg § 8). **d)** Im **kaufm Verk** müssen sich formulармäß Klauseln über Ann- u LeistgsFr gleich im Rahmen des Angem halten (§§ 9 I, 24). Es ist aber zu berücksichtigen, daß dem Verwder ein geschgewandter u in der Wahrnehmg eig Interessen geübter Partner ggüsteht. Was im Verk mit Nichtkaufleuten gg Nr 1 verstößt, kann daher bei RGesch zw Kaufl noch zul sein.

2) Nachfrist (Nr 2): a) Ebso wie bei der AnnFr ist es auch bei der NachFr des § 326 I weitgehd übl, daß ihre Dauer abw vom dispositiven Recht nicht vom Kunden als Gläub, sond vom Verwder als Schu best u dabei allein auf die Interessen des Verwders ausgerichtet w. Nr 2 soll derart Klauseln mit dem BenachteiliggsVerbot (§ 9 I) in Einklang bringen. Sie ergänzt den Schutz der Nr 1 (LieferFr) u des § 11 Nr 8

Erster Abschnitt. Sachl.-rechtl. Vorschriften. 2. Unwirksame Klauseln **AGBG 10** 2–5

(RücktrR u SchadErsAnspr aus § 326). **aa) Unangem Dauer**: Ausgangspkt der Prüfg ist die NachFr, die ohne die Klausel maßgebd wäre (§ 326 Anm 5 a bb). Diese Fr darf im Zuge der notw Generalisierg überschritten w. Zul sind aber ledigl maßvolle Abw. **bb) BestimmthGebot**: Vgl Anm 1 b bb. Die FrDauer kann prakt nur auf Tage od Wochen abgestellt w; zul natürl auch eine Wiederholg des GesWortlauts (arg § 8). **b)** Nr 2 ist auf die Fr der §§ 634, 283 entspr anwendb (§ 9). **c)** Für ihre Anwendg im **kaufm Verk** gilt Anm 1 d sinngem.

3) Rücktrittsvorbehalt (Nr 3): a) Die Vorschr beruht auf § 9 I, zugl aber auch auf dem RGedanken des § 9 II Nr 1. Die bish vielfach übl Klauseln, wonach dem Verwder einem unbeschr RücktrR zustand („freibleibd", „die Reise kann ohne Angabe von Grden abgesagt w"), gestalten ggs Vertr im Ergebn in nur einseit bindde RGesch um u verstoßen damit gg einen wesentl Grds der PrivROrdng. Nr 3 schränkt daher die Zulässigk derart Klauseln ein. Sie verbessert damit den bish von der Rspr dch restriktive Auslegg derart Klauseln gegebenen Schutz. Die Vorschr gilt nicht nur für den Rücktr, sond für alle einseit Lösgsrechte, auch, wenn sie als auflösde Bdgg ausgestaltet sind. **aa) Sachl gerechtf Grund**: Er liegt vor, wenn das RücktrR auf ein vertrwidr Verhalten des Kunden abstellt. Die Voraussetzgen des gesetzl RücktrR brauchen nicht erf zu sein; Abw zG des Verwders sind aber nur zul, soweit die berecht Belange des Kunden gewahrt sind (kein Rücktr bei leichter VertrVerletzg) u § 11 Nr 4 nicht entggsteht. RücktrGrd kann die schlechte Vermögenslage des Kunden sein (Düss Betr **76**, 1712, aA Schlo-Coc-Gra Rdn 41) ebso eine wesentl Änderg der bei VertrSchl bestehden Verh; die strengen Voraussetzgn des Wegfalls der GeschGrdl (§ 242 Anm 6 B) brauchen nicht vorzuliegen. Ebso kann das RücktrR im Rahmen des Angem auf den Eintritt od Nichteintritt eines künft Ereign abgestellt w. Weiterhin zul sind daher der Vorbeh der Selbstbeliefg (Liesecke WPM **78**, Beilage 3, S 46; Ul-Br-He Rdn 13; § 279 Anm 4), „Höhere Gewalt"-Klauseln u beim Reise-Vertr ein RücktrR mangels Beteiligg (RegEntw S 25). **bb)** Die RücktrGrde müssen im Vertr **angegeben** w, und zwar so, daß der Dchschnittskunde ohne Schwierigk feststellen kann, wann der Verwder sich vom Vertr lösen darf. **cc)** Für **Dauerschuldverhältn** (Einl 5 vor § 241), ein Begr, der dch das AGBG erstmals in die GesSprache übernommen w, gelten die Beschrkgen der Nr 3 nicht. Dabei sind WiederkehrSchuld-Verh (§ 326 Anm 13 Abs 2) eingeschl (BT-Drs 7/5422 S 7). DauerschuldVerh sind auch nach dispositivem Recht so ausgestaltet, daß sie ohne bes Grd dch Künd beendet w können. Ein Recht zur fristlosen Künd kann aber dch AGB nur dann begründet w, wenn ein wicht Grd besteht (§ 9 II Nr 1 u zum bish R Karlsr Betr **71**, 572). **b) Kaufm Verk**: Anm 1 d gilt entspr.

4) Änderungsvorbehalt (Nr 4): a) Die auf § 9 I, zugl aber auch auf § 9 II Nr 2, beruhde Vorschr beschr Klauseln, wonach der Verwder die versprochene Leistg ändern od von ihr abweichen darf. Derartige formularmäß ErsetzgsBefugn (§ 262 Anm 3 d), die uU schon gg § 4 (Vorrang der IndVereinbg) verstoßen, sind nur wirks, wenn die Änd unter Berücksichtigg der Interessen des Verwders für den Kunden zumutb ist. Qualitätsverschlechtergen, Ändergen des Materials, des Modells u wesentl MaßAbw sind idR nicht zul (and uU bei Sachen, die zum sofort Verbrauch best sind), ebsowenig Klauseln, wonach der AuftrGeb seine ZahlgsPfl dch Abtr von Anspr gg Dr erf kann (Ffm NJW **78**, 1662). Das Verbot gilt auch für verdeckte ÄndVorbeh, die in IrrtKlauseln od in einem GewährleistgsAusschl enthalten sein können. Unbedenkl sind techn Verbessergen, uU auch geringfüg FarbAbw ggü der Bestellg. Bei Herstellg u Verk von EigtWo u Häusern sind baurechtl od techn notw Änderg zul, sofern sie keine Wertverschlechterg darstellen u auch iü mit den Interessen des Kunden vereinb sind. Die BewLast für die Zumutbark der Abw trägt nach der Fassg der Vorschr („wenn nicht") der Verwder. Sie kann Bedeutg erlangen, wenn die Part darü streiten, ob eine techn Änd eine Verbesserg ist od nicht. **b) Kaufm Verk**: Anm 1 d gilt entspr. Zumutb sind Abw, die die beabsichtigte Verwendg (Weiterverkauf, betriebl Gebrauch) nicht beeinträchtigen.

5) Fingierte Erklärgen (Nr 5): a) Die Vorschr beruht auf § 9 II Nr 1. Der Grds, daß Schweigen idR keine WillErkl ist u daher nicht als Zust gewertet w darf (Einf 3 b vor § 116), gehört zu den wesentl Grd-Gedanken des PrivR. Eig Schweigen darf der Verwder zwar als Zust fingieren (Düss MDR **78**, 144), Schweigen des Kunden dagg nur dann, wenn die Klausel folgden Anfordergen genügt: **aa)** Dem Kunden muß eine **angem Erklärgsfrist** eingeräumt w. Was angem ist, richtet sich nach den Umst des EinzFalls. Da das Schreiben des Kunden idR ohne seine Veranlassg zugeht und die ErklWirkg allein dem Interessen des Verwders dient, ist die Fr geräum zu bemessen. Die untere Grenze dürfte bei 1–2 Wochen liegen. Klauseln, die eine sofort od unverzügl GgErkl verlangen, sind unwirks. **bb)** Die Klausel muß dem Verwder die Verpfl auferlegen, den Kunden auf die **Bedeutg** des Schweigens **bes hinzuweisen**. Dieser Hinw muß auch tatsächl erfolgen, wobei der Zugang vom Verwder zu beweisen ist (Anm 6). Auch wenn an u bb erf sind, tritt die ErklWirkg nicht ein, wenn der Kunde ohne sein Versch vom Schreiben des Verwders keine Kenntn erhalten h, weil dann der MindestTatbestd einer WillErkl nicht vorliegt (Einf 4b vor § 116). **cc)** Genügt die Fiktionsklausel den formellen Erfordern der Nr 5, so ist weiter zu prüfen, ob ihr **Inhalt** mit den § 9 ff vereinb ist (Stübing NJW **78**, 1609). So kann etwa wg § 11 Nr 10 kein Verzicht des Kunden auf GewlAnspr fingiert w. Aus § 9 ergibt sich, daß Fiktionsklauseln nur dann wirks sind, wenn für sie ein **berecht Interesse** gegeben ist (Banken, Versichergen) u die Belange der Kunden gewahrt sind. Erkl von grdsl Bedeutg, wie etwa das Einverständn mit PrErhöhgen, LeistgsÄndergen od einer VertrAufhebg, kann auch unter den Voraussetzgen von Nr 5 nicht als Zust fingiert w. **dd)** Wg **VOB** (B) § 12 Nr 5 Abs 1 u 2 (Fiktion der Abn 12 Werktage nach schriftl Mitteilg über die Fertigstellg der Leistg; Abn dch 6täg Gebrauch) bestimmt § 23 II Nr 5, daß Nr 5 auf die VOB nicht anzuwenden ist. Die Ausn für VOB (B) § 12 Nr 5 Abs1 ist (auch verfassrechtl) bedenkl, da kein Grd ersichtl ist, die Mitteilg des Best and zu behandeln als sonst Erkl eines KlauselVerwders (Lö-vW-Tr Rdn 10). Die Ausn für Abs 2 ist überflüssig, da es in Wahrh um eine Abn dch schlüss Verhalten geht. Außerdem hat der GesGeber übersehen, daß auch VOB § 15 Nr 3 S 5 (Anerkenng von Stundenlohnzettel) u wohl auch § 16 Nr 3 II 1 (vorbehaltl Ann der Schlußzahlg) Fiktionsklauseln enthalten. **b)** Im **kaufm Verk** bleiben die Grds über das Schweigen auf ein kaufm Bestät-Schr (§ 148 Anm 2) unberührt; iü w Schweigen auch im HandelsR nur dann aGrd formularmäß Klauseln als Zust gewertet w können, wenn eine angem ErklFr bestand u ein entspr Hinw erfolgt ist.

6) Fiktion des Zugangs (Nr 6): a) Nach § 11 Nr 15 sind die Grds der BewLastVerteilg jeder formularmäß Änderg entzogen. Da die BewLast für den Zugang einer WillErkl beim Absender liegt (§ 130 Anm 2 c), würde aus § 11 Nr 15 an sich folgen, daß dch AGB für das ZugangsErfordern keine BewErleichtergen geschaffen w können. Die vom BT (entgg dem RegEntw) eingefügte Nr 6 enthält aber insow eine Sonderregelg. Sie beschr das Verbot auf Erkl von bes Bedeutg. Für Erkl ohne bes Bedeutg kann dagg im Rahmen des Angem best w, daß sie bei Vorliegen best Voraussetzgen (zB 5 Tage nach Absendg) als zugegangen gelten. Den Bew der Absendg hat jedoch der Verwder zu erbringen (Stübing NJW **78**, 1611). Aus dem Bericht des BT-RAussch ergibt sich, daß die KündErkl von bes Bedeutg sein soll (S 7); iü trägt die Entstehgsgeschichte zur Abgrenzg nichts bei. Als Erkl von bes Bedeutg w wohl alle rgeschäftl WillErkl sowie Mahngen, Fr- u NachFrSetzgen anzusehen. Als Erkl ohne bes Bedeutg verbleiben Mitteilgen u Anz, dch die die RStellg des Kunden nicht nachteil verändert w (Ul-Br-He Rdn 7, Schlo-Coe-Gra Rdn 6, str, aA Kümpel WPM **77**, 703). Für den **kaufm Verk** w Nr 6 – ebso wie § 11 Nr 15 (dort Anm 15b) – gem §§ 9, 24 II zu übernehmen sein.

7) Abwicklg von Verträgen (Nr 7): a) Nach § 11 Nr 5 ist die Pauschalierg von Anspr auf Schadens- u WertErs nur in best Grenzen zul. Nr 7 bringt eine entspr (allerd einen unbest RBegr enthaltde) Regelg für die iF des Rücktr (§§ 346 ff) od der Künd (§§ 628, 649) entstehden Anspr. Die Vorschr ist leerlaufd, sow die Anspr des Klauselverwenders dch zwingdes Recht festgelegt, Pauschaliergen also unzul sind (AbzG 2, 1 III. FernUSG 4 V, 5 III). Sie betrifft Anspr auf **aa)** Vergütg für die Nutzg od den Gebrauch eines Rechts. **bb)** Vergütg für erbrachte Leistgen (hier soll nach dem RegEntw S 26 auch der an sich and angelegte Anspr aus § 649 einbez sein). **cc)** Ers von Aufwendgen. **b)** Klauseln über die Pauschalierg dieser Anspr sind unwirks, wenn die Pauschalen unangem hoch sind. Ausgangspkt für die Prüfg sind die Beträge, die ohne die Klausel kr Ges geschuldet worden wären. Bei der Pauschalierg darf aufgerundet w; zul sind aber nur maßvolle Abw. Analog § 11 Nr 5 muß Kunden der GgBew offenstehen, daß die im konkreten Fall für den Verwder entstandenen Nachteile wesentl niedriger waren als die Pauschale (Schlo-Coe-Gra Rdn 10). Klausel, wonach Bank neben Verzugszinsen u RVerfolgskosten eine 5%ige Bearbeitgsgebühr beanspruchen kann, ist unwirks (Hamm NJW **74**, 1951; Bachmann NJW **78**, 867). Tritt der Besteller vor Baubeginn vom BauVertr zurück, ist dagg eine pauschale „Abstandssumme" von 5% unbedenkl (BGH NJW **78**, 1054, 1055). Nr 7 gilt selbstverständl auch dann, wenn der Rücktr (die Künd) als Annullierg, Stornierg, Abmeldg od dgl bezeichnet w. Bei der Bemessg der Pauschale muß der Verwder den Grds der VortAusgl (§ 9 Anm 3) berücksichtigen. Die Anrechg von ersparten Aufwendgen u anderweit Verdienst darf daher nicht ausgeschl w (BGH **54**, 109 – AllGO der WirtschPrüfer; BGH **60**, 353 – GOI). Stornogebühren bei Rücktr vom ReiseVertr vgl BGH JZ **73**, 368. Für die **BewLast** gilt § 11 Anm 5 entspr. Der Verwder muß im Streitfall die BemessgsGrdl der Pauschale (übl Sätze, Kalkulation) darlegen u nachweisen, alsdann steht dem Kunden der GgBew offen, daß die im konkreten Fall erforderl Aufwendgen geringer waren als die Pauschale. **c)** Kaufm Verk: § 11 Anm 5 gilt sinngem.

8) Rechtswahl (Nr 8): a) Zu den Grds, die dch formularmäß Klauseln mißbraucht w können, gehört auch der im SchuldR geltde Grds der freien RWahl (vgl Vorbem 2 v 12 EGBGB). Nach bish Recht konnten SchuldVertr mit nur schwacher AuslBeziehg dch AGB-Klauseln ausl Recht unterstellt u dadch dem dtschen Recht entzogen w. Das benachteiligt den geschäftl unerfahrenen Kunden, weil er das fremde Recht nicht kennt, sich nur mit Schwierigk über dessen Inh informieren kann u damit rechnen muß, daß ihn das ausl Recht weniger schützt als das dtsche. Nach Nr 8 ist deshalb eine RWahlklausel nur noch dann wirks, wenn für die Anwendg des ausl Rechts ein anerkennswertes Interesse besteht. Gleichgült ist, ob der Vertr insg od nur in best rechtl Beziehgen dem fremden R unterstellt w (Nebenstatut). Ebso ist unerhebl, ob die AGB die RWahl ausdr od stillschw trifft. Das anerkennswerte Interesse des Verwders muß stärker wiegen als das typw gegebene Interesse des Kunden an der Anwendg dtschen Rechts (Ul-Br-He Rdn 7, str). Es kann auch bei einem inländ VertrSchl zw dtschen Part gegeben sein, etwa wenn der Vertr ein ausl Grdst od Wertpapier betrifft (RegEntw S 27). Ausl Sitz des Verwders reicht nicht aus, and aber bei Banken, Versicherern (Reichert-Facilides VersR **78**, 481) u Spediteuren, wo diesem Merkmal auch ohne AGB-Klausel bes Bedeutg zukommt (Vorbem 2a v § 12 EGBGB). Nicht ausr, daß der Verwder eine ausl Muttergesellsch h od ausl Produkte vertreibt. Auch wenn aGrd einer wirks RWahlklausel od nach allg Grds ausl Recht anzuwenden ist, können gem § 12 die Vorschr des AGBG zu berücksichtigen sein. Erklärt eine formularmäß Klausel das EKG für anwendb, so gilt Nr 8 nicht, da das EKG kein ausl, sond dtsches Recht ist. **b) Kaufm Verk:** Nr 8 zielt in erster Linie auf den Schutz geschäftl Unerfahrenh ab. Er ist daher auf RGesch zw Kaufl nicht anzuwenden, doch kann die formularmäß Wahl ausl Recht bei einem reinen InlGesch gg § 3 (überraschde Klauseln) verstoßen.

AGBG 11 — Klauselverbote ohne Wertungsmöglichkeit.
In Allgemeinen Geschäftsbedingungen ist unwirksam

1. (Kurzfristige Preiserhöhungen)

eine Bestimmung, welche die Erhöhung des Entgelts für Waren oder Leistungen vorsieht, die innerhalb von vier Monaten nach Vertragsabschluß geliefert oder erbracht werden sollen; dies gilt nicht bei Waren oder Leistungen, die im Rahmen von Dauerschuldverhältnissen geliefert oder erbracht werden, sowie bei Leistungen, auf deren Preise § 99 Abs. 1 oder 2 Nr. 1 des Gesetzes gegen Wettbewerbsbeschränkungen Anwendung findet;

2. (Leistungsverweigerungsrechte)

eine Bestimmung, durch die

a) das Leistungsverweigerungsrecht, das dem Vertragspartner des Verwenders nach § 320 des Bürgerlichen Gesetzbuchs zusteht, ausgeschlossen oder eingeschränkt wird, oder
b) ein dem Vertragspartner des Verwenders zustehendes Zurückbehaltungsrecht, soweit es auf demselben Vertragsverhältnis beruht, ausgeschlossen oder eingeschränkt, insbesondere von der Anerkennung von Mängeln durch den Verwender abhängig gemacht wird;

3. (Aufrechnungsverbot)

eine Bestimmung, durch die dem Vertragspartner des Verwenders die Befugnis genommen wird, mit einer unbestrittenen oder rechtskräftig festgestellten Forderung aufzurechnen;

4. (Mahnung, Fristsetzung)

eine Bestimmung, durch die der Verwender von der gesetzlichen Obliegenheit freigestellt wird, den anderen Vertragsteil zu mahnen oder ihm eine Nachfrist zu setzen;

5. (Pauschalierung von Schadensersatzansprüchen)

die Vereinbarung eines pauschalierten Anspruchs des Verwenders auf Schadensersatz oder Ersatz einer Wertminderung, wenn

a) die Pauschale den in den geregelten Fällen nach dem gewöhnlichen Lauf der Dinge zu erwartenden Schaden oder die gewöhnlich eintretende Wertminderung übersteigt, oder
b) dem anderen Vertragsteil der Nachweis abgeschnitten wird, ein Schaden oder eine Wertminderung sei überhaupt nicht entstanden oder wesentlich niedriger als die Pauschale;

6. (Vertragsstrafe)

eine Bestimmung, durch die dem Verwender für den Fall der Nichtabnahme oder verspäteten Abnahme der Leistung, des Zahlungsverzugs oder für den Fall, daß der andere Vertragsteil sich vom Vertrag löst, Zahlung einer Vertragsstrafe versprochen wird;

7. (Haftung bei grobem Verschulden)

ein Ausschluß oder eine Begrenzung der Haftung für einen Schaden, der auf einer grob fahrlässigen Vertragsverletzung des Verwenders oder auf einer vorsätzlichen oder grob fahrlässigen Vertragsverletzung eines gesetzlichen Vertreters oder Erfüllungsgehilfen des Verwenders beruht; dies gilt auch für Schäden aus der Verletzung von Pflichten bei den Vertragsverhandlungen;

8. (Verzug, Unmöglichkeit)

eine Bestimmung, durch die für den Fall des Leistungsverzugs des Verwenders oder der von ihm zu vertretenden Unmöglichkeit der Leistung

a) das Recht des anderen Vertragsteils, sich vom Vertrag zu lösen, ausgeschlossen oder eingeschränkt oder
b) das Recht des anderen Vertragsteils, Schadensersatz zu verlangen, ausgeschlossen oder entgegen Nummer 7 eingeschränkt wird;

9. (Teilverzug, Teilunmöglichkeit)

eine Bestimmung, die für den Fall des teilweisen Leistungsverzugs des Verwenders oder bei von ihm zu vertretender teilweiser Unmöglichkeit der Leistung das Recht der anderen Vertragspartei ausschließt, Schadensersatz wegen Nichterfüllung der ganzen Verbindlichkeit zu verlangen oder von dem ganzen Vertrag zurückzutreten, wenn die teilweise Erfüllung des Vertrages für ihn kein Interesse hat;

10. (Gewährleistung)

eine Bestimmung, durch die bei Verträgen über Lieferungen neu hergestellter Sachen und Leistungen

a) (Ausschluß und Verweisung auf Dritte)
die Gewährleistungsansprüche gegen den Verwender einschließlich etwaiger Nachbesserungs- und Ersatzlieferungsansprüche insgesamt oder bezüglich einzelner Teile ausgeschlossen, auf die Einräumung von Ansprüchen gegen Dritte beschränkt oder von der vorherigen gerichtlichen Inanspruchnahme Dritter abhängig gemacht werden;

b) (Beschränkung auf Nachbesserung)
die Gewährleistungsansprüche gegen den Verwender insgesamt oder bezüglich einzelner Teile auf ein Recht auf Nachbesserung oder Ersatzlieferung beschränkt werden, sofern dem anderen Vertragsteil nicht ausdrücklich das Recht vorbehalten wird, bei Fehlschlagen der Nachbesserung oder Ersatzlieferung Herabsetzung der Vergütung oder, wenn nicht eine Bauleistung Gegenstand der Gewährleistung ist, nach seiner Wahl Rückgängigmachung des Vertrags zu verlangen;

c) **(Aufwendungen bei Nachbesserung)**
die Verpflichtung des gewährleistungspflichtigen Verwenders ausgeschlossen oder beschränkt wird, die Aufwendungen zu tragen, die zum Zweck der Nachbesserung erforderlich werden, insbesondere Transport-, Wege-, Arbeits- und Materialkosten;

d) **(Vorenthalten der Mängelbeseitigung)**
der Verwender die Beseitigung eines Mangels oder die Ersatzlieferung einer mangelfreien Sache von der vorherigen Zahlung des vollständigen Entgelts oder eines unter Berücksichtigung des Mangels unverhältnismäßig hohen Teils des Entgelts abhängig macht;

e) **(Ausschlußfrist für Mängelanzeige)**
der Verwender dem anderen Vertragsteil für die Anzeige nicht offensichtlicher Mängel eine Ausschlußfrist setzt, die kürzer ist als die Verjährungsfrist für den gesetzlichen Gewährleistungsanspruch;

f) **(Verkürzung von Gewährleistungsfristen)**
die gesetzlichen Gewährleistungsfristen verkürzt werden;

11. **(Haftung für zugesicherte Eigenschaften)**
eine Bestimmung, durch die bei einem Kauf-, Werk- oder Werklieferungsvertrag Schadensersatzansprüche gegen den Verwender nach den §§ 463, 480 Abs. 2, § 635 des Bürgerlichen Gesetzbuchs wegen Fehlens zugesicherter Eigenschaften ausgeschlossen oder eingeschränkt werden;

12. **(Laufzeit bei Dauerschuldverhältnissen)**
bei einem Vertragsverhältnis, das die regelmäßige Lieferung von Waren oder die regelmäßige Erbringung von Dienst- oder Werkleistungen durch den Verwender zum Gegenstand hat,

a) eine den anderen Vertragsteil länger als zwei Jahre bindende Laufzeit des Vertrags,

b) eine den anderen Vertragsteil bindende stillschweigende Verlängerung des Vertragsverhältnisses um jeweils mehr als ein Jahr oder

c) zu Lasten des anderen Vertragsteils eine längere Kündigungsfrist als drei Monate vor Ablauf der zunächst vorgesehenen oder stillschweigend verlängerten Vertragsdauer;

13. **(Wechsel des Vertragspartners)**
eine Bestimmung, wonach bei Kauf-, Dienst- oder Werkverträgen ein Dritter an Stelle des Verwenders in die sich aus dem Vertrag ergebenden Rechte und Pflichten eintritt oder eintreten kann, es sei denn, in der Bestimmung wird

a) der Dritte namentlich bezeichnet, oder

b) dem anderen Vertragsteil das Recht eingeräumt, sich vom Vertrag zu lösen;

14. **(Haftung des Abschlußvertreters)**
eine Bestimmung, durch die der Verwender einem Vertreter, der den Vertrag für den anderen Vertragsteil abschließt,

a) ohne hierauf gerichtete ausdrückliche und gesonderte Erklärung eine eigene Haftung oder Einstandspflicht oder

b) im Falle vollmachtsloser Vertretung eine über § 179 des Bürgerlichen Gesetzbuchs hinausgehende Haftung

auferlegt;

15. **(Beweislast)**
eine Bestimmung, durch die der Verwender die Beweislast zum Nachteil des anderen Vertragsteils ändert, insbesondere indem er

a) diesem die Beweislast für Umstände auferlegt, die im Verantwortungsbereich des Verwenders liegen;

b) den anderen Vertragsteil bestimmte Tatsachen bestätigen läßt.

Buchstabe b gilt nicht für gesondert unterschriebene Empfangsbekenntnisse;

16. **(Form von Anzeigen und Erklärungen)**
eine Bestimmung, durch die Anzeigen oder Erklärungen, die dem Verwender oder einem Dritten gegenüber abzugeben sind, an eine strengere Form als die Schriftform oder an besondere Zugangserfordernisse gebunden werden.

Vorbemerkg: Vgl zunächst Vorbem vor § 8 u § 9 Anm 1. Die in § 11 zugefaßten Klauselverbote sollen sich von denen des § 10 dadch unterscheiden, daß sie keine unbest RBegriffe verwenden, die Klausel also unabhäng von einer richterl Wertg unwirks ist (vgl aber Nr 5 b „wesentl" u 10 d „unverhältnismäß"). Die Verbote stellen in ihrer Mehrzahl Konkretisierngen der in § 9 II enthaltenen RGedanken dar, dh sie betreffen Klauseln, die mit wesentl GrdGedanken der PrivROrdng nicht zu vereinbaren sind od auf eine Aushöhlg von KardinalPflten od -Rechten hinauslaufen. ZT geht es auch darum, vor überraschden Klauseln zu schützen (§ 3) od den Vorrang der IndVereinbg (§ 4) zu sichern (Nr 1, 11, 13 u 14). Verstößt der Inhalt einer Klausel teilw gg ein Klauselverbot, so ist die Klausel grdsätzl **im ganzen unwirksam** (Vorbem 3 b vor § 8). Anwendg im kaufm Verk: Vgl § 9 Anm 5 u bei den einz Klauselverboten.

1) Kurzfristige Preiserhöhgen (Nr 1) (Schrifft: Burck Betr **78**, 1385 ff). **a)** Das Verbot knüpft an die Vorschr in § 1 I u V der VO über PrAngaben vom 10. 5. 1973 (BGBl, 461) an. Es gilt (vorbehaltl unten b) für alle entgeltl Vertr; das Wort „Ware" ist neben „Leistg" überflüssig. Nr 1 ist auch anwendb, wenn der Pr nicht ziffernmäß festgelegt, ohne daß die taxmäß od übl Vergütg geschuldet w, (str), ferner auch dann, wenn das Entgelt nicht in einer Geldleistg sond etwa in Diensten besteht (Schlo-Coe-Gra Rdn 16). Sog Tagespreisklauseln („VerkaufsPr ist der am Liefertag gült ListenPr") sind keine PrErhöhgsKlauseln, fallen also an sich nicht unter Nr 1 (Stein Rdn 5, str), jedoch w die Vorschr nach ihrem Schutzzweck entspr anzuwenden sein (Ko-Stü Rdn 8). Voraussetzg ist, daß die Leistg bei normalem Ablauf innerh von 4 Monaten nach VertrSchl erfolgen soll. Die Vereinbg eines festen Liefertermins iS einer kalendermäß Festlegg (§ 284 II Nr 1) ist nicht erforderl. Die Angabe eines ca-Liefertermins genügt, ebso der Verz auf eine ausdr Festlegg der Leistgzeit (§ 271). Die tatsächl spätere Leistg macht die PrErhöhg nicht zul, es sei denn, daß das Leistgs-Hindern aus der Sphäre des Kunden stammt. Das Verbot gilt auch für Klauseln, die auf ein Ansteigen der Selbstkosten abstellen u zwar auch dann, wenn sie eine Erhöhg der MwSt auffangen sollen (AG Krefeld NJW **78**, 1535, Ul-Br-He Rdn 5, aA Burck Betr **78**, 1385 ff). Selbstverständl einbezogen sind auch verdeckte Erhöhgsklauseln (zB IrrtKlauseln). Behält sich der Verwder ein RücktrR vor, gilt § 10 Nr 3. **b)** Das Verbot gilt nicht für **DauerschuldVerh**, ein Begr, der dch das AGBG erstmals in die GesSprache übernommen w (vgl bereits § 10 Nr 3). Aus der Entstehgsgeschichte ergibt sich auch hier, daß das Ges unter DauerSchuldVerh (Einf 5 vor § 241) auch die sog WiederkehrSchuldVerh (§ 326 Anm 13 Abs 2) verstanden wissen will (BT-Drs 7/5422 S 8). Da auch das Darl DauerSchuldVerh ist, fallen ZinsÄndKlauseln nicht unter Nr 1. Ausgenommen sind ferner die Entgelte der in § 99 I u II Nr 1 GWB angeführten VerkTräger. Inwieweit PrErhöhgsklauseln als Wertsicherungsklauseln einer Gen bedürfen, richtet sich nach WährG 3 (s § 245 Anm 5). Unberührt bleibt auch MHRG 10, der bei MietVertr über WoRaum MietGleitklauseln untersagt. **c)** Auch wenn das Verbot in Nr 1 nicht zum Zuge kommt, sind dem Vorbehalt einseit PrErhöhg dch die **Generalklausel** des § 9 Schranken gesetzt. Er ist nur zul, wenn er auf eine Änd der bei VertrSchl vorliegden Verh abstellt u das Ausmaß des PrErhöhg in einem angem Verh zur eingetretenen Änd bringt (RegEntw S 28). Der Krankenhausträger kann sich eine Nachberechg vorbehalten, wenn ein Antr auf Erhöhg des Pflegesatzes gestellt ist, die zust Beh aber noch nicht entschieden hat; wirks ist die Klausel aber nur dann, wenn sie den Umfang der mögl Erhöhg erkennen läßt (Ffm NJW **78**, 595). **d)** Für den **kaufm Verk** kann das starre Verbot der Nr 1 nicht übernommen w. Dagg w die unter c) dargelegten Beschrkgen auch auf RGesch zw Kaufl anzuwenden sein.

2) Leistgsverweigergsrecht (Nr 2): a) Das Ges geht davon aus, daß die §§ 273, 320 RGrds von erhebl GerechtigkGehalt sind (RegEntw S 28). **aa)** Es best daher in bewußter Abkehr von der bish Rspr (unten b, vgl aber BGH **63**, 238), daß § 320 jeder Änderg od Einschrkg dch AGB entzogen ist. Unberührt bleiben die sich aus dem Ges ergebden Beschrkgen des LeistgsVR wie etwa der Grds, daß Fdg u GgFdg zueinand im GgseitigkVerh stehen müssen (§ 320 Anm 2). Es gilt auch weiter die Regel des § 320 I 1 letzter Halbs, wonach das LeistgsVR entfällt, wenn für den Kunden eine VorleistgsPfl besteht (Schlo-Coe-Gra Rdn 15; Ul-Br-He Rdn 11; aA Weitnauer BauR **78**, 77). Unbedenkl sind Vorleistgsklauseln aber nur im Rahmen des bisher Verkehrsübl (Ratenzahlgen nach Maßg des Baufortschritts, Eintrittskarte, Zusendg unter Nachnahme). Sow Nr 2 Anlaß für die Schaffg neuer Vorleistgsklauseln sein sollte, ist § 9, notf § 7, anzuwenden. **bb)** § 273 kann, sow der GgAnspr auf demselben VertrVerh beruht, gleich dch AGB weder ausgeschl noch eingeschr w. Als Fall unzul Einschrkg w dabei (überflüssigerw) die Klausel ausdr angeführt, die das ZbR von der Anerkenng von Mängeln dch den Verwder abhäng macht. Beim Rücktr vom Eigenheimbewerber Vertr kann Käufer daher trotz entggstehder Klausel Zug um Zug gg Räumg die Erstattg seiner EigenLeistgen verlangen (BGH **63**, 238). Das ZbR steht nur noch insow zur Disposition von AGB, als es sich um GgAnspr handelt, die zwar aus demselben LebensVerh iSd § 273 stammen (§ 273 Anm 4), aber nicht aus demselben VertrVerh, sond aus fr od and Gesch. In diesem Bereich ist der Ausschl des ZbR unbedenkl. **b)** Für den **kaufm Verk** w der formularmäß Ausschl des LeistgVR (§§ 273, 320) entspr der bish Rspr grdsl als zul anzuerkennen sein (BGH **62**, 327, NJW **58**, 419, WPM **76**, 1016, Mü OLGZ **78**, 217). Die bereits in der bish Rspr vorgesehenen Ausn müssen aber wg des Verbots unangem Benachteilig (§ 9) weiterentwickelt w. Bei groben VertrVerletzgen des Verwders tritt der Ausschl des LeistgVR zurück (ähnl BGH Betr **72**, 868), ebso wenn der Verwder mangelh geleistet u er bereits den Teil des Entgelts erhalten h, der dem Wert seiner Leistg entspr (ähnl BGH **48**, 264, NJW **70**, 386, vgl auch Nr 10 d); ebso, wenn der Verwder (Bautunter) selbst im Verh zum BauUntern einen Teil der Vergütg zurückhält (BGH NJW **78**, 634); ferner wenn der GgAnspr, auf den die Zb gestützt w, entscheidsreif ist (BGH NJW **60**, 859, **70**, 386, WPM **78**, 790).

3) Aufrechngsverbot (Nr 3): a) Das formularmäß AufrVerbot ist insow unwirks, als es unbestr od rechtskr festgestellte GgFdgen betrifft. Das entspr der bish Rspr (BGH NJW **60**, 859, Betr **77**, 627, 993, Dempewolf Betr **76**, 1753) u dem Satz „dolo facit, qui petit, quod statim rediturus est". Auch wenn die GgFdg zwar bestr, aber entscheidsreif ist, hat das AufrVerbot zurückzutreten (MüKo/Kötz Rdn 26). Als konkretisierte Ausformg des § 9 kann Nr 3 gem § 24 II auch für den **kaufm Verk** übern w. **b)** Ein AufrVerbot ist aGrd der Generalklausel (§ 9) wirkgslos, wenn es wg **Konkurses,** Vermögensverfalls od aus sonst Grden die Dchsetzg einer GgFdg des Kunden vereiteln u diesen damit unangem benachteiligen w (BGH NJW **75**, 442, Betr **78**, 1927, dort mit Auslegg gelöst). Auch dieser Grds ist im nichtkaufm u kaufm Verk in gleicher Weise anwendb. **c)** Sieht man von diesen beiden Sonderfällen ab, führt die Regelg in Nr 2 u 3 bei GgFdgen aus demselben VertrVerhältn zu wenig befriedigden Ergebn. Bei GgAnspr, die nicht auf Geld gerichtet sind, steht dem Kunden aus dem AGB nicht einziehb LeistgVR zu (Anm 2). Bei GgAnspr auf Geld ist die LeistgV als Aufr zu werten (§ 273 Anm 5 d), deren formularmäß Verbot in Nr 3 nur für einen Sonderfall für unwirks erkl w. Der RegEntw (S 29) hält diese unterschiedl Behandlg von Geld- u SachleistgsFdgen für vertretb. Das ist aber nicht überzeugd. Die Aufr ist kein auf bloßen ZweckmäßigkErwäggen beruhdes RInstitut, sie hat vielm zugleich eine Sichergs- u VollstrFunktion („PfandR an eig Schuld" s § 387 Anm 1), der in Zeiten häufiger Insolvenzen bes Bedeutg zukommt. Die unterschiedl Behandlg kann (entgg Ul-Br-He Rdn 7) auch nicht damit gerechtfertigt w, daß der Schu wg seiner vom AufrAusschl betroffenen GgFdg ja WiderKl erheben könne, denn diese Möglichk besteht beim Ausschl des LeistgsVR gleichf. Das AufrVerbot muß daher bei konnexen GeldFdgen aGrd der in Nr 2 zum Ausdr kommden Wertg zumindest dann zurücktreten, wenn es sich um GgAnspr handelt, die aus einer zur LeistsV berecht SachleistgsFdg hervorgegangen sind (Anspr aus § 633 III od sonst GeldFdg, die an die Stelle des Anspr auf Nachbesserg getreten ist; Anspr aus § 250 statt Anspr auf Naturalrestitution).

4) Mahng, Fristsetzg (Nr 4): a) Dch das Verbot w die Bestimmg (§ 284 I), daß Verz erst nach Mahng eintritt, einer Änderg dch AGB entzogen. Außerdem w die Vorschr klauselfest, die GläubR von der Setzg einer NachFr abhäng machen (§ 326 I, wohl auch §§ 634, 250). Dagg kann dch AGB auf das (rechtspolit fragwürd) Erfordern einer Ablehngsandrohg verzichtet w (Ul-Br-He Rdn 2, BGH **67**, 102, BB **69**, 383). Unberührt bleiben die gesetzl Ausn vom Erfordern der Mahng u FrSetzg. Verboten sind auch Klauseln, die zwar Mahng u FrSetzg nicht ausdr für entbehrl erkl, deren RFolgen aber ipso facto eintreten lassen (Verzinsg ohne Mahng, obwohl Leistgszeit nicht nach dem Kalender best, RegEntw S 29). **b)** Das Ges geht davon aus, daß die §§ 284, 326, sow sie GläubR von Mahng od NachFrSetzg abhäng machen, Ausdr eines wesentl GrdGedankens der PrivROrdng sind (§ 9 II Nr 1). Das trifft aber auch auf sonst Voraussetzgn von SchadErsAnspr zu, insb auf den Grds, daß die Haftg Umst voraussetzt, die der Schu zu vertreten h. In Anlehng an Nr 4 ergibt sich daher aus der Generalklausel (§ 9) die Folgerg, daß formularmäß **Haftgserweitergen** zum Nachteil des Kunden idR unzul sind. AGB können daher die Mieterhaftg nicht auf Zufall ausdehnen (aA zum fr R Stgt VersR **72**, 770). Auch eine formularmäß Erweiterg der Verkäuferhaftg ist unwirks (Heinze NJW **73**, 2184, Schmidt-Salzer NJW **71**, 654, aA BGH ebda). Wg der für den VertrPart unbefriedigden Regelg der RStellg des unerkennb Geisteskranken w es dagg weiterh zul sein, daß insow Schäden auf den bei VertrSchl noch geschäftsfäh Kunden überwälzt w (BGH **52**, 61, aA wg des GerechtigkGehalts des § 104 Emmerich JuS **72**, 368). **c)** Für den **kaufm Verkehr** paßt das starre Verbot der Nr 4 nicht. Hier ist es auch zul, formularmäß eine schuldunabhäng Haftg zu begründen, sofern die SchadensUrs aus dem Gefahrenkreis des Schu stammt (vgl RG **170**, 239, FrachtVertr; BGH **LM** § 138 (Bb) Nr 1, MietVertr).

5) Pauschalierg von SchadErsAnspr (Nr 5) (Schriftt: Frank/Werner Betr **77**, 2171; Reich NJW **78**, 1570): **a)** Das Ges geht als selbstverständl davon aus, daß SchadPauschalierg (Begr u Abgrenzg § 276 Anm 5 A b) u VertrStrafe versch Rechtsinst sind; das dürfte dazu beitragen, den insow immer noch bestehden theoret Streit zu beenden. Die Vorschr erkl PauschaliergsKlauseln in Übereinstimmg mit der bish Rspr grdsl für zul (BGH NJW **70**, 32, NJW **77**, 382, BAG NJW **67**, 751) u zwar für SchadErsAnspr jeder Art sowie für Anspr auf Ers von Wertminderg (§ 347). Sie gilt auch für Zinsklauseln, die den Anspr aus §§ 288 II, 286 pauschalieren, ist aber leerlaufd, sow der Anspr dch zwingdes Recht (AbzG 2) festgelegt ist. Nicht erfaßt sind AufwendgsErs u Vergütgen für Nutzgen u Leistgen, für die § 10 Nr 7 gilt. Die Klausel muß zwei Anfordergen entspr: **aa)** Die Pauschale darf den nach dem gewöhnl Lauf der Dinge zu erwartden Schaden (Wertminderg) nicht übersteigen. Dieser § 252 S 2 nachgebildete Grds entspr im wesentl der bish Rspr. Währd diese zT nur offenb MißVerh beanstandete, führen aber nun auch unwesentl Abw vom typ Schaden zur Unwirksamk der Klausel. Für unbedenkl erklärte Pauschalen: 15% im Kfz-Neugeschäft (Hamm DAR **78**, 104, 829); 20% im Gebrauchtwagenhandel (BGH NJW **70**, 32); 25% bei Möbelkauf (BAG NJW **67**, 751, BGH NJW **70**, 2017); 2 od 3% für Nichtabruf eines Darl (BGH Betr **78**, 1732, 1733, Nürnb WPM **68**, 348); 40% bei WkVertr (Nürnb MDR **72**, 418, krit Reich NJW **78**, 1570). Unwirks: 5% Bearbeitgsgebühr bei Verzug mit DarlFdg (Mü MDR **78**, 407); wohl auch 50% der Restmiete bei Fernsprechnebenstellen (vgl BGH **67**, 312, der die Frage jedoch offen läßt, aA Ul-Br-He Rdn 25); 35 od 40% bei Elektrogeräten (Ul-Br-He Rdn 25). Die Pauschale muß sich am SchadBegr des BGB ausrichten, Einbez von nicht ersetzb Positionen (uU Vorsorge- u Bearbeitgskosten vgl bei § 249) macht die Klausel unwirks. **BewLast:** Der Vorschlag der ArbGruppe beim BMJ (1. TBericht S 70) legte unzweideut dem Verwder die BewLast auf („es sei denn"). Die Ges gew Fassg ist zwar weniger eindeut, aber ebso zu verstehen (BGH **67**, 319, krit Hensen Betr **77**, 1689, Weyer NJW **77**, 2237). Das entspr allg BewLastGrds (Vorbem 8 vor § 249); aus der Entstehgsgeschichte ergibt sich nicht, daß dch die and Formulierg die BewLastVerteilg geändert w sollte. Der Verwder muß daher nachweisen, daß seine Pauschale dem typ Schadensumfang entspr. **bb)** Die Klausel muß den Nachw offen lassen, der Schaden (die Wertminderg) sei überh nicht entstanden od wesentl niedriger. Dieser Grds entspr der bish Rspr (BGH Betr **76**, 381). Nicht erforderl, daß Klausel GgBew ausdr für zul erklärt (Frank/Werner Betr **77**, 2172). Bewpflicht ist insow der Kunde (Frank/Werner aaO S 2174, unricht Bartl NJW **78**, 735, der sich zu Unrecht auf BGH **67**, 312 beruft). Das nach der Überschrift („ohne Wertgsmöglichk" systemwidr Merkmal „wesentl" ist bei Abw von etwa 10% erf (Ul-Br-He Rdn 20), bei höheren Pauschalen uU schon bei einem geringeren Prozentsatz. Nachw einer andweit Verwertg des VertrGgst schließt Pauschale für entgangenen Gewinn nicht aus, wenn Verwder den neuen Kunden ohnehin hätte beliefern können (§ 252 Anm 4). **b)** Gem §§ 9, 24 II w Nr 5 grdsl auch im **kaufm Verkehr** anzuwenden sein (BGH **67**, 312); auch dort sind Pauschalen auf den tats entstandenen Schaden zu beschr.

6) Vertragsstrafe (Nr 6): a) Das Ges wertet VertrStrafKlauseln (mit Recht) als eine idR unangem Benachteiligg (§ 9 I), da sie dem Kunden erhebl Nachteile aufbürden (LeistgsPfl ohne SchadNachw, Herabsetzg gem § 343 verbunden mit ProzKostenRisiko), ohne dch ein überw Interesse des Verwders gerechtf zu sein. Im Ggs zu dem von der ArbGruppe beim BMJ vorgeschlagenen völl Verbot (1. TBericht S 71) bringt Nr 6 eine kasuistische Verbotsnorm. Diese knüpft (leider) weder an die Systematik der §§ 341 ff noch an die des Rechts der Leistgsstörgen an. **aa)** Die Vorschr geht vom Normalfall aus, daß der **Kunde** eine **Geldleistg** u der Verwder eine nicht in Geld bestehde Leistg (Sachleistg) zu erbringen hat. Für diese Fallgruppe bringt sie für die meisten denkb VertrVerletzgen des Kunden ein VertrStrafVerbot (NichtAbn od verspätete Abn, ZahlgsVerz, Lösg vom Vertr). Unter „Lösg vom Vertr" w auch der Fall zu verstehen sein, daß der

Kunde bei einem individuell ausgehandelten, aber formularmäß ergänzten MakleralleinAuftr anderweit verk. Zul ist eine VertrStrafKlausel für den Fall der **Erschleichg der Leistg** (Schwarzfahrer), der nicht von Nr 6 erfaßt w (BT-Drs 7/5422 S 8) u auch gem § 9 unbedenkl ist (vgl AG Ffm VRS **51** Nr 111). Auch für pVV des Kunden besteht (abgesehen von der unberecht Lossagg vom Vertr) kein VertrStrafVerbot, es w aber bei leicht fahrl pVV aus dem GesZusHang mit Nr 6 unter Heranziehg von § 9 abzuleiten sein. **bb)** Schuldet der **Kunde** eine **Sachleistg**, ein auch im nichtkaufm Verk vorkommder Fall (Händlerformular für Ankauf von gebrauchtem Pkw), sind VertrStrafKlauseln nach dem Wortlaut von Nr 6 nur verboten, wenn sie an die Lösg vom Vertr od die NichtAbn des Entgelts (!) anknüpfen. Sie sind dagg zul bei sonst pVV, Unmöglichk u auch iF des Verzugs, da der SachleistgsSchu nicht in „Zahlgs"-Verz kommt. Diese Unterscheidg zw Geld- u Sachschulden ist iF des Verz sachgerecht, da der Schaden, der dch Verzögerg einer Sachleistg entsteht, vielf nicht meß- od nachweisb ist, also das Bedürfn nach einer VertrStr als Druckmittel besteht. Dagg sind weitergehde Unterscheidgen zw Geld- u Sachschulden nicht angebracht. Auch wenn der Kunde SachleistgsSchu ist, werden daher nach der Nr 6 zGrde liegden Wertg unter Heranziehg der Generalklausel (§ 9) VertrStrafKlauseln insow als unwirks anzusehen sein, als sie Fälle von Fahrlässigk betreffen (Ul-Br-He Rdn 11). **cc)** Das VertrStrafVerbot gilt auch für **Verfallklauseln** (Vorbem 2b vor § 339) u, sofern begriffl eine VertrStrafe vorliegt (Vorbem 1 vor § 339), selbstverständl auch dann, wenn der Verwder eine and Bezeichng wählt („Abstand", „Reueprovision" usw) od die Leistg an einen Dr zu erbringen ist. **b)** Im **kaufm Verkehr** sind VertrStrafKlauseln grdsl zul (BGH NJW **76**, 1886, Betr **76**, 1148). Sie verstoßen aber gg die Generalklausel (§ 9), falls sie den VertrPart unangem benachteiligen, etwa wenn die Voraussetzgen für die Entstehg des Anspr bes niedrig od die Strafe bes hoch ist (vgl LG Ffm NJW **75**, 1519). Der Grds des § 340, daß die verwirkte Strafe auf den SchadErsAnspr wg NichtErf anzurechnen ist, kann dch AGB nicht abbedungen w (BGH **63**, 256), ebsowenig § 341 III, wonach die Strafe bei Ann der Erf vorbehalten w muß (Hamm Betr **75**, 1601, Köln BauR **77**, 425).

7) Haftg bei grobem Verschulden (Nr 7). a) Die in den Nr 7–11 enthaltenen, sachl zugehörden Klauselverbote sollen die **Rechte** des Kunden bei **Nicht- u SchlechtErf** sichern. Sie bringen dabei ggü dem bish Recht erhebl Verbessergen (vgl den Übbl in § 9 Anm 6). **b)** Nr 7 erstreckt das Verbot formularmäß Freizeichng auf alle Fälle grob schuldh VertrVerletzgen, gleichgült ob diese auf den Schuldner selbst, seinen gesetzl Vertreter, einen sonstigen Angest od einen sonst ErfGehilfen zurückzuführen ist. Das Ges weicht damit bewußt (u mit Recht) von der bish Rspr ab, die eine Freizeichng für grobes Versch von ErfGeh zuließ u nur für leidte Angest eine Ausn machte (vgl unten c). Das Freizeichngsverbot gilt für alle vertragl SchadErs-Anspr, unabhäng davon, ob sie aus Verz, Unmöglichk, pVV od dem GewlR hergeleitet w und zwar auch dann, wenn die VOB VertrGrdl ist (Locher NJW **77**, 1803, a A Korbion VersR **77**, 683). Auch Anspr aus c. i. c. sind ausdr einbez, auf delikt Anspr ist Nr 7 entspr anwendb (MüKo/Kötz Rdn 57, Ul-Br-He Rdn 20 hM). Die Vorschr gilt nach ihrem Schutzzweck grdsl auch dann, wenn die Klausel nicht die SchadErsPfl, sond bereits die SorgfaltsPfl u damit die Voraussetzg des SchadErsAnspr abbedingt (Schlosser WPM **78**, 564). Die Begr des Vors u der groben Fahrlk stimmen, mit denen des BGB überein (vgl § 276 Anm 2 u § 277 Anm 2). Der Vors des Schu selbst w nicht bes erwähnt, weil insow § 276 II gilt. Handelt es sich um einen obj groben Verstoß, ist grobe Fahrlk aber aus subj Grden nicht gegeben, kann Freizeichng wg § 9 II Nr 2 (dort Anm 4) unwirks sein. Grobes eig Versch ist vor allem bei schweren Organisationsmängeln zu bejahen (BGH Betr **73**, 2137, NJW **74**, 900, Hbg VersR **77**, 612). Verboten ist nicht nur der HaftgsAusschl, sond auch jede Haftgsbegrenzg (etwa dch Einführg einer Höchstgrenze od den Ausschl entfernterer Schäden). Geschützt ist aber nur der Anspr gg den Verwder, der Anspr gg den ErfGehilfen kann dch eine Haftgsfreistell zGDr (§ 276 Anm 5 B a bb) abbedungen w (MüKo-Kötz Rdn 58). Gleichgült ist, ob als ErfGeh ein ArbN des Verwders od ein and Untern tät geworden ist. Bei einer Kette von ErfGeh, etwa bei einer Banküberweisg, gilt das Verbot für die ganze Kette. Soweit der Verwder sich gem §§ 675, 664 I S 2 die Recht der Substitution vorbehalten hat, wie die Banken in der nF ihrer AGB (s Kümpel WPM **77**, 698), ist Nr 7 nicht anwendb, es sei denn, daß der Tatbestd einer GesUmgeh (§ 7) vorliegt. Freigestellt von Nr 7 sind gem § 23 II Nr 3 best BefördergsBdggen u gem § 23 II Nr 4 staatl gen Lotterie- u AusspielVertr (vgl dort). **c)** Für RGesch zw **Kaufl** w an der bish kaufm Anschauung Rechng tragden Rspr festzuhalten sein (Helm BB **77**, 1109, aA Ul-Br-He Rdn 34, Lö-vW-Tr Rdn 17). Das Freizeichngsverbot (§ 9) beschr sich danach auf grobes Versch des Schu selbst u seiner leitden Angest (BGH **20**, 164, **38**, 183, **70**, 364, **LM** ADSp 57 Nr 1). In diesem Umfang besteht es auch dann, wenn der Verwder keine MonopolStellg einnimmt (BGH **38**, 185), die AGB unter Mitwirkg der beiderseit Interessenverbände aufgestellt worden sind (BGH **20**, 167, Betr **69**, 963), wenn der Kunde aus trifft Grd die angebotene SpeditionsVers nicht abgeschl hat (BGH NJW **78**, 1918), wenn der Verwder auf die Notwendigk einer KaskoVersicherg hingewiesen h (BGH NJW **62**, 1195). Der Begr des leitden Angest entspr in etwa dem des Repräsentanten iS des VersR (BGH NJW **56**, 1066, **73**, 2107, KG DAR **77**, 296, Schmidt-Salzer NJW **69**, 291 u § 278 Anm 4e). Ausnw kann auch der HaftgsAusschl für sonst ErfGehilfen gg § 9 verstoßen (BGH **69**, 309).

8) Verzug, Unmöglichkeit (Nr 8). a) Die Vorschr sichert dem Kunden iF des Verz des Verwders u einer von diesem zu vertretden Unmöglichk einen dch AGB nicht entziehb Bestand an Rechten. Sie gilt für jede Art von Vertr, nicht aber für pVV. Unvermögen steht dabei der Unmöglichk gleich. Geschützt sind: **aa)** Recht, sich vom Vertr zu lösen (RücktrR, KündR). Es kann je nach dem VertrTyp beruhen: iF des Verz auf §§ 326 (evt iVm § 440), 636, iF der Unmöglichk auf § 325 (evt iVm § 242 Anm 4 F). Bei begonnenem Dauer-SchuldVerh kann auch das KündR aus wicht Grd in Betracht kommen (§ 242 Anm 4 F). Das Recht auf Lösg vom Vertr ist jeder Änderg dch AGB entzogen. Es darf weder ausgeschl noch eingeschr w. Unzul daher auch Befristg od Verknüpfg des Rücktr mit Abstandszahlg. **bb)** Anspr auf SchadErs. Er kann iF des Verz auf § 286 od § 326 beruhen, iF der Unmöglichk auf § 280 od § 325. Die Ans von Reuter (Betr **78**, 193), der SchadErsAnspr aus § 286 sei dch Nr 8 nicht geschützt, beruht auf einer einseit Auslegg der Entstehungsgeschichte u ist mit Wortlaut u Zweck der Vorschr unvereinb (wie hier MüKo/Kötz Rdn 70, Ko-Stü Rdn 11). Der Anspr darf nicht ausgeschl w. Einschrkgen sind dagg abgesehen vom Fall groben Versch (Nr 7) zul, etwa dch Festlegg einer Haftgssumme od den Ausschl entfernterer Schäden. Der verbleibde Umfang der

ErsPfl muß aber in einem vertretb Verh zur Schadenshöhe stehen. Nach dem Grdgedanken der Nr 8 u der Generalklausel (§ 9) ist eine weitgehde Aushöhlg der ErsPfl od gar eine nur symbol Entsch („1 DM") nicht zul. Klausel, wonach iF leichter Fahrlk kein SchadErs zu leisten ist, ist keine zul Einschrkg, sond ein unzul TAusschl der SchadErsPfl (Lö-v W-Tr Rdn 7, aA Schlosser WPM **78**, 566). **b)** Für den **Verk zw Kaufl** w Nr 8a (Künd- od RücktrR) gem §§ 9, 24 II zu übernehmen sein; er sichert einen MindestRSchutz, der auch im kaufm Verk unverzichtb ist (Lö-v W-Tr Rdn 10). Ob u inwieweit der Ausschl von SchadErsAnspr unzul ist, w dagg für RGesch zw Kaufl nicht allg, sond je nach Art des Vertr u der herrschden VerkAnschauung zu entscheiden sein.

9) Teilverzug u Teilunmöglichk (Nr 9). a) Diese Vorschr ergänzt Nr 8. Nach §§ 325 I S 2, 326 I S 3 kann der Gläub bei Teilunmöglichk (TeilVerz) vom ganzen Vertr zurücktreten od SchadErs wg NichtErf der ganzen Vertr verlangen, wenn die TeilErf für ihn kein Interesse h. Ähnl gilt gem § 280 II für nicht ggs Vertr. Diese Rechte dürfen dch AGB nicht ausgeschl w. Einschrkgen sind an Nr 8 zu messen; sie sind daher hinsichtl des Rücktr unzul, hinsichtl des SchadErs in den Grenzen von Anm 8 a bb zul. Klauseln über die Pfl zur Ann von Teilleistgen läßt Nr 9 unberührt (RegEntw S 32). Sie w aber unanwendb, wenn feststeht, daß die Restleistg nicht mehr erbracht w kann u die TeilErf für den Kunden ohne Interesse ist. **b)** Der Grds, daß die TeilErf der NichtErf gleichsteht, wenn der Gläub an der Teilleistg kein Interesse hat, ist ein wesentl RGedanke des PrivR, wenn seine prakt Bedeutg auch nicht sehr groß ist. Nr 9 w daher gem §§ 9, 24 II auch im kaufm Verk anzuwenden sein.

10) Gewährleistg (Nr 10). Allgemeines: Die auf § 9 II Nr 1 u 2 beruhde, aus zahlreichen EinzVerboten bestehde Vorschr soll den Kunden vor einer Aushöhlg gesetzl od vertragl GewlAnspr schützen. Der RegEntw (BT-Drs 7/3919) wollte sie auf Kauf-, Wk- u WkLiefergsVertr über neu hergestellte Sachen beschr. Der BT hat ihren Anwendungsbereich dch eine (sprachl nachläss) Neuformulierg des EinleitgsS wesentl erweitert. Wie sich aus der Entstehgsgeschichte ergibt (BT-Drs 7/5422 S 8), ist als zweite Alternative „Vertr über Leistgen" zu lesen. Die Vorschr gilt daher grdsl für **alle Kauf-, Wk- u WkLiefergsVertr**. Ausgen sind KaufVertr über gebrauchte Sachen (unten g) u wohl auch über Fdgen u Rechte; letztere w zwar vom Wortlaut, nicht aber vom Zweck der Vorschr erfaßt. Nr 10 tritt damit neben die §§ 476, 637, deren Anwendgsbereich wesentl enger ist, die dafür aber auch bei IndVereinbgen gelten. Welche Sachen **neu** sind, richtet sich nach dem Schutzzweck der Vorschr u den Anschauungen des redl Verk. Danach w Nr 10 auch für den Verkauf von sog Vorführwagen gelten. Bei Verkauf von EigtWo w sie auch dann anwendbar sein, wenn diese nach Bezugsfertigk einige Zeit leer gestanden h od kurzfristig vermietet waren. Ist ein renovierter Altbau Ggst des Vertr, ist Nr 10 dagg unanwendb (Brambring NJW **78**, 778, aA Gebhard MittBayNot **77**, 105, der die Renovierg als „Leistg" iSv Nr 10 ansieht). Wg der weiten Fassg des EinleitgsS („Vertr über Leistgen") sind als weiterer VertrTyp mit GewlVorschr auch **MietVertr** einbez (Lö-v W-Tr Rdn 4, str, aA Schlo-Coe-Gra Rdn 25, Ul-Br-He Rdn 3). Dabei ist die Vorschr für Vertr über WoRaum zwar wg § 537 III leerlaufb, bei sonst Vertr, insb LeasingVertr (vgl Blomeyer NJW **78**, 975, BGH NJW **77**, 195, 849), aber dchaus prakt bedeuts. Wahrscheinl ist jedoch eine teleologische Reduktion auf die Vermietg neuer Sachen geboten. Es ist wohl kaum zu rechtf, daß die GewlAnspr einer gebrauchten Sache stärker geschützt sein sollen als die eines Käufers.

a) Ausschluß u Verweisg auf Dritte (a). Die Vorschr enthält mehrere Verbote: **aa)** Unzul ist der **völlige Ausschl** von GewlAnspr. Das entspr der bish Rspr (vgl bb). Werden ausdr „Waren mit kleinen Fehlern" verkauft, hat Kunde keine GewlAnspr, da stillschw individueller GewlAusschl anzunehmen ist. **bb)** Dem Kunden muß mindestens ein **Recht auf Nachbesserg**, ErsLieferg, Minderg, Wandlg od eine sonst wirtschaftl gleichwert Befugn verbleiben. Dieser von der Rspr entwickelte Grds (BGH **22**, 90, **37**, 94 zum KaufVertr; **62**, 83 u 323 zum WkVertr) w zwar in der Vorschr nicht ausdr ausgespr, ergibt sich aber aus ihrem ZusHang: Buchstabe b) schützt den Kunden iF des Fehlschlagens der Nachbesserg, räumt ihm also eine über den NachbesserungsAnspr hinausgehde unentzieh RStellg ein. Daraus ergibt sich zugl, daß das AGBG als Mindestrechtsschutz des Kunden einen NachbesserungsAnspr od eine wirtschaftl gleichwert GewlR verlangt. Beschrkg auf einen GewlAnspr (zB Minderg) u Ausschl weitergehender Rechte ist grdsl zul (Brambring NJW **78**, 780). **cc)** Unwirks sind Klauseln, dch die der Verwder die eig Haftg ausschl u den Kunden auf **Anspr gg Dritte** verweist. Die bish Praxis der BauträgerGesellsch, die eig Haftg dch Abtr der Anspr gg den BauUntern u den Architekten zu ersetzen, w damit unzul, ebso der HaftgAusschl dch Garantiekarte. Schon in der bish Rspr war anerkannt, daß derart Klauseln unverbindl seien, soweit der Mangel im Verantwortgsbereich des Verwders seine Urs hat od die Befriedig aus den abgetretenen Rechten fehlschlägt (BGH **62**, 251, Betr **75**, 682). Das Ges geht (mit Recht) weiter u bringt insow ein striktes Verbot. Dabei ist selbstverständl weiterhin zul, daß der Verwder dem Kunden Anspr gg Dr vermittelt. Dadch w aber seine eig Haftg nicht berührt. **dd)** Unzul sind **Subsidiaritätsklauseln**, die (wie fr der MusterVertr für Architekten) die Haftg des Verwders von einer vorherigen gerichtl Inanspruchn Dr abhäng machen. Der Kunde kann zwar weiterhin verpfl w, sich zunächst außergerichtl an die mithaftden Dr zu wenden. Er ist aber nicht gehalten, gg Dr gerichtl vorzugehen. Wenn dieser nach Aufforderg nicht in angem Fr leistet, kann der Kunde den Verwder in Anspr nehmen. Eine Aufforderg ist entbehrl, wenn der Dr die Leistg ernsth u endgült verweigert od offensichtl nicht leistgsfäh od unauffindb ist (Ul-Br-He Rdn 23). **ee)** Die in Buchstabe a) enthaltenen Verbote gelten auch dann, wenn die Freizeichng sich auf **einzelne Teile** beschr (Batterie od Reifen bei Pkw). Unzul daher auch Beschrkg der Gewährleistg auf die im AbnProtokoll festgehaltenen Mängel od auf solche, deren Beseitigg der Verwder von einem Dr verlangen kann (BGH **67**, 101).

b) Beschränkg auf Nachbesserg (b): Begrenzt der Verwder seine GewlPfl auf einen Anspr auf Nachbesserg od ErsLieferg, dh auf den dem Kunden einzuräumden Mindestrechtsschutz (vgl oben b bb), müssen die Belange des Kunden für den Fall gesichert w, daß die Nachbesserg scheitert. Die an die bish Rspr (BGH **22**, 90) anknüpfde Vorschr best daher, daß die Klausel dem Kunden bei Fehlschlagen der Nachbesserg das Recht auf Minderg od Wandlg einräumen muß u zwar dch **ausdrücklichen Vorbehalt**. Er muß den Inh der Nr 10b vollständ u richt u für den Kund verständl wiedergeben (Ul-Br-He Rdn 34). Wie sich aus dem Ges-

Wortlaut ergibt, muß der Verwder statt der Begriffe Wandlg od Minderg dem Kunden verständl Umschreibgen benutzen (Rückgängigmach des Vertr, Herabsetzg des Pr). Entspr der Vorb diesen Anfordergen nicht od fehlt er, ist die Freizeichng im ganzen unwirks. **aa)** Ein **Fehlschlagen** der Nachbesserg (ErsLieferg) ist zu bejahen, wenn sie unmögl ist, ernsth u endgült verweigert w, unzumutb verzögert w od vergebl versucht worden ist. Die Verzögerg ist unzumutb, wenn der Verwder trotz Aufforderung nicht in angem Fr nachgebessert h. Aufforderg mit zu kurzer Fr setzt angem Fr in Lauf, eine Ablehngsandrohg ist nicht erforderl (Ul-Br-He Rdn 46 str). Wieviele Nachbessergsversuche der Kunde dem Verwder gestatten muß, hängt von der Art des Mangels u einer Abwägg der beiders Interessen ab (Karlsr DAR **77**, 323). Nur ein Versuch, wenn sich Verwder als unzuverläss erwiesen hat, wenn Kunde auf die Benutzg der Sache angewiesen od wenn Einsendg an den Verwder vorgesehen (Ul-Br-He Rdn 38). Sonst w idR zwei Versuche zumutb sein, ausnw auch mehr. **bb)** Dem Kunden muß nach seiner Wahl ein Recht auf **Wandlg od Minderg** vorbehalten sein. Bei Vertr über Bauleistgen kann er wg der dort bei Rückabwicklg des Vertr bestehden Schwierigk auf Minderg beschr w. Bauleistgen (VOB(A) § 1) sind Arbeiten, die in dem Bauwerk (§ 638 Anm 2 c) geschaffen, erhalten od geändert w (BGH NJW **73**, 368). Der Anspr des Kunden auf SchadErs w dch die Vorschr nicht geschützt, Freizeichng insow kann aber gg Nr 7, Nr 11 od die Generalklausel (§ 9) verstoßen.

c) Aufwendgen bei Nachbesserg (c) : § 25 hat in das BGB einen neuen § 476a eingefügt. Ist an Stelle des Rechts auf Wandlg od Minderg ein Recht auf Nachbesserg vereinb, muß nach dieser Vorschr der Verk auch die zur Nachbesserg erforderl Aufwendgen, insb Transport-, Wege-, Arb- u Materialkosten, tragen; ausgen sind Mehraufwendgen inf Verbringen der Sache an einen and Ort, es sei denn, die Ortsänderg entspr dem bestimmgsgem Gebrauch. Diese Vorschr gilt nach § 633 II S 2 nF auch für den WkVertr. Dch Buchstabe c w die §§ 476a, 633 II S 2 jeder Einschrkg dch AGB entzogen. Unzul daher auch eine Klausel, wonach GewL davon abhängt, daß der Kunde die Sache auf seine Kosten an den Verwder einschickt (aA für den kaufm Verk BGH **LM** § 138 (Bc) Nr 11). Die Ausn für Mehraufwendgen dch Ortsveränderg gilt auch hier; das AGBG kann (u will) dem Kunden nicht mehr Rechte verschaffen, als ihm nach dispositive Recht zustehen würde. Zu den einz Merkmalen des § 476a vgl dort.

d) Vorenthalten der Mängelbeseitigg (d) : Hat der Verk (Untern) mangelh geliefert, so kann er die vertragl od gesetzl geschuldete Nachbesserg nach dispositivem Recht nicht von der vorherigen Zahlg des Entgelts abhäng machen. Zwar steht ihm gem §§ 320 od 273 ein LeistgsVR zu, wenn sein GgAnspr fäll ist (vgl beim WkVertr § 641). Das LeistgsVR bedeutet aber nur, daß der Verk (Untern) die Überg der nunmehr vertrgemäß Sache nach der Nachbesserg von der Erf seines EntgeltsAnspr abhäng machen kann. Viele AGB ändern diese RLage ab u best, daß die Bezahlg des vollen Preises Voraussetzg der Mängelbeseitigg sein soll. Diese unangem Benachteiligg des Kunden ist nunmehr verboten. Zwar kann der Verwder die Nachbesserg von einer Teilleistg abhäng machen; diese darf aber unter Berücksichtigg des Mangels nicht „unverhältnismäß" (nach Überschrift des § systemwidr!) hoch sein, dh sie muß sich am Wert der mangelh Leistg ausrichten. Hat der Verwder nachgebessert u dem Kunden die Möglichk einer Nachprüfg verschafft, steht Nr 10 der Geltendmachg eines LeistgsVR nicht mehr entgg (Lö-vW-Tr Rdn 7). Währd Buchstabe d) die Erweiterg des LeistgsVR des Verwders betrifft, ist das umgekehrte Problem, die Beschrkg des LeistgsVR des Kunden, in Nr 2 geregelt.

e) Ausschlußfrist für Mängelanzeigen (e) : Die Vorschr unterscheidet zwei Arten von Mängeln. **aa) Offensichtl** : das sind Mängel, die so offen zutage liegen, daß sie auch dem nicht fachkund Dchschnittskunden bei flücht Betrachtg auffallen (RegEntw S 35). Bloße Erkennbark (HGB 377 II) reicht nicht aus. Für offensichtl Mängeln können RügeFr begründet w; diese müssen aber hins ihrer Länge angem sein (§ 9). 3 Tage sind zu kurz (Hbg MDR **74**, 577). Die untere Grenze liegt bei 1 Woche (Lö-vW-Tr Rdn 4, für 2 Wochen Ul-Br-He Rdn 58); bei einem ReiseVertr sind 3 Wochen ab Rückkehr angem (Mü MDR **75**, 494). Unwirks Klausel, die Anspr auf solche Mängel beschr, die von örtl Reiseleitg in Niederschr festgehalten worden sind (LG Ffm NJW **77**, 2165). FrAblauf ist analog §§ 477, 637 ohne Wirkg, wenn der Verwder den Mangel argl verschwiegen h (LG Ffm NJW **78**, 1008). **bb) Nicht offensichtl Mängel :** Die für sie vorgesehenen RügeFr dürfen nicht kürzer sein als die VerjFr für das gesetzl GewlAnspr (§§ 477, 638). RügeFr für nicht offensichtl Mängel h daher nur in dem prakt selten vorkommden Fall Bedeutg, daß die VerjFr vertragl verlängert worden ist, etwa dch Übern einer Garantie. Hier tritt ggf der RVerlust wg Verletzg der RügePfl bereits mit Ablauf der gesetzl VerjFr ein, obwohl die vertragl VerjFr noch nicht beendet ist.

f) Verkürzg der Gewährleistgsfristen (f) : Die (sprachl nachlässige) Vorschr meint mit GewlFr die gesetzl VerjFr für GewlAnspr. Sie wertet die §§ 477, 638 als wesentl RGedanken für den PrivRO u verbietet daher ihre formularmäß Abkürzg. Unzul auch alle mittelb Verschlechterungen wie die Festlegg eines von den gesetzl Vorschr abw fr VerjBeginns, die Nichtberücksichtigg von gesetzl Hemmgszeiten (Ul-Br-He Rdn 78) od die formularmäß Best, daß für WkVertr die VerjVorschr des KaufR gelten sollen. Eine Ausn von diesem Verbot enthält § 23 II Nr 5. Die in der VOB (B) 13 Nr 4 festgesetzte 2 jähr VerjFr bleibt trotz Abw von der 5 jähr Fr des § 638 verbindl, wenn die Part dem Vertr die VOB zGrde legen. Da die VerjRegelg der VOB auch für den Best Vorteile bringt (Unterbrechg bereits dch schriftl Rüge, weitere selbstd VerjFr für MängelbeseitiggsAnspr), hält der GesGeber sie insg für ausgewogen u angem. VOB (B) 13 Nr 4 kann daher auch nicht in Anwendg des § 9 für unwirks erklärt w (Locher NJW **77**, 1803, Jagenburg BauR **77** Sonderheft S 19, str). Die Ausn soll nur gelten, wenn die VOB als Ganzes dem Vertr zGrde gelegt wird (RegEntw S 42). Das ist aber schon mit dem GesWortlaut kaum zu vereinb (die VOB muß für die Leistg, nicht für den Vertr im ganzen „VertrGrdl" sein) u erweist sich bei einer am GG 3 u am Schutzweck des Ges orientierten Auslegg vollends als nicht haltb. Wenn in einem Vertr über Bauleistgen die formularmäß GewlRegelg sowohl insg als auch in der VerjFrage ebso od noch günstiger ist als die Vorschr der VOB (B), ist § 23 II Nr 5 entspr anwendb (s Heiermann Betr **77**, 1737). Auch in Vertr mit Bauträger kann Verj abgekürzt w, sow GewlRegelg der VOB (B) übernommen w (Schippel-Brambring DNotZ **77**, 214; Brambring NJW **78**, 780, aA Brych MDR **78**, 180; vgl bereits § 10 Anm 5 a dd). Bei BauVertr kann die Neuregelg dazu führen, daß der Architekt gem § 638 5 Jahre, der BauUntern gem VOB aber nur 2 Jahre haftet. Der Architekt kann jedoch gg den BauUntern auch dann gem § 426 Rückgriff nehmen, wenn die Anspr des Bauherrn bereits verj sind (§ 426 Anm 2a).

g) Generalklausel (§ 9). Dch Nr 10 (iVm Nr 7 u Nr 11) werden die GewlAnspr des Kunden in ihrem wesentl Kernbereich umfassd gg denkb Beeinträchtiggen geschützt. Für eine ergänzde Heranziehg der Generalklausel bleibt zZ – bis neue Klauseltypen entwickelt worden sind – nur begrenzt Raum. Zul ist weiterhin der formularmäß GewlAusschl beim Verk von Grdst (vgl BGH NJW **67**, 32, Glaser JR **67**, 201), bei sonst gebrauchten Sachen (BGH NJW **70**, 31, **76**, 1055, Düss NJW **56**, 306), insb bei gebrauchten Kfz (BGH NJW **77**, 1055), bei Kunstauktionen (BGH NJW **75**, 970, Löhr GRUR **76**, 411, abl v Hoyningen-Huene NJW **75**, 963). Er dürfte aber bei grdlegden den VertrZweck erhebl gefährdden Mängeln mit § 9 II Nr 2 unvereinb u daher insow unwirks sein (LG Augsbg NJW **77**, 1543/2267). Der dem Best dch a) u b) gesicherte Mindeststandard des NachbessergsAnspr ist bei manchen WkLeistgen, so etwa beim **Reisevertrag**, leerlaufd. Hier gebietet die Generalklausel iVm den Wertgen von a) u b), daß dem Best ein **SchadErsAnspr** (MindergsR) belassen w muß (vgl § 9 Anm 6 b bb).

h) Kaufm Verkehr (§§ 9, 24 II): Auch bei RGesch zw Kaufl muß sichergestellt w, daß die im dispositiven Recht begründeten GewlAnspr in ihrem GrdBestand dch formularmäß Freizeichngen od Einschrkgen nicht abbedungen w können. Die Rspr, an die Nr 10 anknüpft, betr zu einem erhebl Teil Beziehgen zw Kaufl. Von den Verboten der Nr 10 w daher für den kaufm Verkehr zu übernehmen sein: a) 1. Alternative, (Ausschl), b (Beschrkg auf Nachbesserg), c (Kosten der Nachbesserg) u d (Vorenthaltg der Nachbesserg), nicht dagg a) 2. u 3. Alternative, (Verweisg auf Dr), e (RügePfl) u f (VerjFr). Verweisgs- u Subsidiaritätsklauseln gelten bei BauträgerVertr iZw nicht für das Versch des Architekten (BGH **70**, 193). Sie sind unwirks, soweit der Mangel im Verantwortgsbereich des Verwders seine Urs hat od die Befriedigg aus den abgetretenen Rechten fehlschlägt (BGH **62**, 251, NJW **76**, 1934). Im übr sind sie dagg grdsl wirks (BGH **70**, 193; aA KG NJW **77**, 854). Hält der Verwder ggü dem BauUntern einen Teil der Vergütg zurück, kann der Kunde ein ZbR wg WkMängel auch dann geltd machen, wenn es formularmäß ausgeschl ist (BGH aaO). – Abkürzg der VerjFr u Begr von RügePfl über HGB 377 hinaus müssen sich in den Grenzen des redl kaufm Verk halten.

11) Haftg für zugesicherte Eigenschaften (Nr 11). Die Vorschr beruht auf dem RGedanken der §§ 4 (Vorrang der IndAbrede) u 9 II Nr 2 (Unabdingbark von KardinalPflten). Sie verbietet für den SchadErsAnspr aus §§ 463, 480 II, 635 wg Fehlens zugesicherter Eigensch jede (unmittelb od mittelb) Einschrkg. Nr 11 gilt auch dann, wenn der Verwder nicht den SchadErsAnspr, sond die RVerbindlichk seiner Zusicherngen ausschließt (Ko-Stü Rdn 9). Eine in die Zusicherg selbst aufgen Begrenzg („wir sichern x zu, haften hierfür aber nur bis zum Betrag y"), ist dagg wirks (vgl Weitnauer BauR **78**, 78). HaftgsBeschrkgen für Mangelfolgeschäden sind unzul, sow die ErsPfl auf §§ 463, 635 beruht, dagg zul, sow pVV AnsprGrdl ist (RegEntw S 37), es sei denn, daß es sich um eine vorsätzl od grob fahrl VertrVerl handelt (Nr 7). Inwiew die Haftg für Mangelfolgeschäden auf den §§ 463, 635 einers u pVV ands beruht, w im Kauf- u WkVertrR unterschiedl beurteilt (vgl § 463 Anm 4 a u Vorbem 4 e v § 635). Für den Anspr aus § 538 u den Garantie-Vertr gilt Nr 11 nach ihrem Wortlaut nicht, doch ist die Vorschr entspr anwendb (Ul-Br-He Rdn 2). Das in Nr 11 enthaltene Verbot war bereits in der bish Rspr im wesentl anerkannt (BGH **50**, 200, **59**, 158, Betr **75**, 2317), diese ließ jedoch in begrenztem Umfang noch Freizeichng zu (BGH NJW **74**, 272). Es ist von derart grdlegder Bedeutg, daß es gem §§ 9, 24 II auch im **Verk zw Kaufleuten** zu beachten ist (Schlo-Coe-Gra Rdn 20).

12) Laufzeit bei Dauerschuldverhältnissen (Nr 12).

a) Die Vorschr gilt entgg ihrer Überschrift nicht für alle DauerschuldVerh (Einl 5 vor § 241), sond nur für best **Kauf-, Wk-, WkLiefergs- u DienstVertr**, wobei auch GeschBesorggs- u MaklerVertr einbez sind. Nicht betroffen sind insb Miet- u PachtVertr (einschließl LeasingVertr), auch nicht AutomatenaufstellVertr. Voraussetzg ist, daß die Vertr auf regelmäß Leistgen gerichtet sind. Diese müssen daher period zu erbringen sein. Nicht erforderl ist, daß Menge od Umfang der period zu liefernden Waren od zu bewirkenden Leistgen gleichbleiben soll. Die Vorschr ist daher zB anzuwenden auf Zeitschriftenabonnements, Vertr mit Buch- u SchallplattenGemeinsch, mit Ehemäklern, UnterrichtsVertr, SchlankhKurse, WartgsVertr (alles Bsp des RegEntw bzw des RA-Berichts), aber auch auf BierliefergsVertr, Vertr mit Steuerberatern u PflegeVertr. Vertr über die Belieferg mit Elektrizität, Gas u Wasser sind nicht betroffen (§§ 23 II Nr 2). Ausgen sind gem § 23 II Nr 6: aa) Verk zugehöriger Sachen (Lexikareihe, Subskription eines Sammelwerks). Was zugehört, entscheidet die VerkAnschauung, nicht der Verwder. bb) VersicherngsVertr. Sie fallen ohnehin nicht unter die Vorschr; die ausdr Freistellg hat nur klarstellde Bedeutg. cc) Vertr zw Inh von UrhR u ähnl SchutzR mit Verwertgsgesellsch (Ges v 9. 5. 65, BGBl I 1294). Für diese Vertr passen wg der bei ihnen bestehden bes Gegebenh die strikten Verbote der Nr 12 nicht.

b) Verbotene Klauseln: Die Vorschr verbietet: **aa)** Längere Laufzeit als 2 Jahre. Gesetzl Vorschr über eine kürzere Laufzeit (FernUSG 5:6 Monate) bleiben unberührt. Maßgebd ist der festgelegte Beginn des VertrVerh. Er kann mit dem Datum des VertrSchl zufallen, aber auch fr liegen (VertrSchl am 16. 4. 77 rückwirkd ab 1. 3. 1977: Vertr endet am 28. 2. 79). Soll der Vertr für mehr als 2 Jahre fest abgeschl w, bedarf es einer IndVereinbg (§ 1 Anm 4). Kann Kunde dch Ankreuzen die VertrDauer best, gilt Nr 12 nicht, sofern auch eine geringere VertrDauer als 2 Jahre zur Auswahl steht. **bb)** Stillschw Verlängerg um jeweils mehr als ein Jahr. Es kann formularmäß best w, daß der Vertr sich mangels Künd verlängert, jedoch längstens um 1 Jahr. **cc)** Längere KündFr als 3 Monate. Die Fr ist nach der VerkSitte noch gewahrt, wenn die Künd spätestens am 3. Werktag nach formellem FrBeginn (3. 10. zum 31. 12.) erfolgt (§ 565 Anm 3 b aa 3). Zur Form der Künd vgl Nr 16.

c) Generalklausel (§ 9): Auch wenn die Laufzeitregelg mit Nr 12 vereinb ist, kann sie gem § 9 unwirks sein. So ist ein Vertr über Nachhilfeunterricht trotz einer entggstehden formularmäß Klausel gem

§ 621 Nr 3 jeweils zum Monatsende kündb (LG Ffm MDR **76**, 313). Auch beim EhemäklerdienstVertr stellt der formularmäß Ausschl des ordentl KündR (§ 621) eine unangem Benachteiligg dar (ähnl Ul-Br-He Anh §§ 9–11 Rdn 293). Das in Nr 12 nicht erwähnte **KündR aus wichtigem Grd** (§ 242 Anm 4 F) kann dch AGB nicht ausgeschl od wesentl eingeschr w, da es auf einem wesentl GrdGedanken des PrivR iSd § 9 II Nr 1 beruht. Es ist bei einem AutomatenaufstellVertr auch gegeben, wenn Gastwirt den Betr aus Grden schließen muß, die außerh seines Verantwortgsbereiches liegen (BGH WPM **73**, 388, **77**, 112).

d) Auch im **Verk zw Kaufl** (§§ 9, 24 II) sind formularmäß Klauseln über eine längere VertrDauer nur im Rahmen des Angem zul, wobei auf die Gebräuche u Gewohnh des HandelsVerk Rücks zu nehmen ist. Die auf den Schutz des Letztverbrauchers zugeschnittene starre Nr 12 kann für RGesch zw Kaufl nicht übernommen w.

13) Wechsel des Vertragspartners (Nr 13). a) Die Vorschr soll verhindern, daß dem Kunden aGrd formularmäß Klauseln ein and VertrPartner aufgenötigt w kann. Sie gilt für Kauf-, Dienst- u WkVertr jeder Art. Bei and Vertr können entspr Klauseln gg § 3 (überraschde Klausel), § 4 (Vorrang der IndVereinbg) od § 9 verstoßen. Verboten sind Klauseln, die für die Übertr des VertrVerhältn im ganzen (§ 398 Anm 4) best, die nach dem Ges erforderl Zust des Kunden brauche nicht eingeholt zu w od gelte als erteilt. Nr 13 gilt auch iF der SchuldÜbern (§ 415, Ul-Br-He Rdn 5, str). Dagg w die Abtr von Fdgen dch Nr 13 nicht berührt (sie setzt keine Zust des Schu voraus), ebsowenig der SchuWechsel kraft Ges. Auch Ändergen in der RPersönlk des Verwders (Umwandlg) fallen nach Wortlaut („Dr") u Zweck nicht unter das Verbot, wenn die wirtschaftl Identität gewahrt bleibt. **b)** Das Verbot gilt nicht bei: **aa)** Namentl Bezeichng des Dr. Sie muß so gefaßt sein, daß Verwechslgsmöglichk ausgeschll wird. **bb)** Einräumg eines Rücktr od KündR. An die Ausübg des Rechts dürfen keine Nachteile geknüpft sein. **c)** Im **kaufm Verk** (§§ 9, 24 II) ist darauf abzustellen, ob der Wechsel des VertrPartners berecht Interessen des and Teils beeinträchtigt. Das ist idR zu bejahen, wenn mit dem PartWechsel eine Änd der VertrDchführg verbunden ist (BGH **LM** § 242 (Bc) Nr 23: BierliefergsVertr).

14) Haftg des Abschlußvertreters (Nr 14): a) Wer als Vertr eines and eine WillErkl abgibt, will nicht sich, sond den Vertretenen verpfl. Formularmäß Klauseln über eine eig Haftg des Vertr sind daher bereits wg Fehlens einer EinbezVereinbg (§ 2) u wg des Vorranges der IndVereinbg (§ 4) wirksglos (so im Ergebn auch die bish Rspr: Karlsr OLGZ **69**, 146, LG Bielefeld NJW **73**, 1797, LG Nürnb BB **73**, 1603, ferner LG Essen NJW **72**, 1813). Nr 14 hat daher klarstellde u verfahrensrechtl Bedeutg (§ 13 Anm 2 b). Buchstabe **a)** verlangt für die VertrHaftg des Vertr eine ausdr u gesonderte Erkl. Diese muß vom übr VertrText äußerl deutl abgeh w, in ihrer Formulierg klar u unzweideut sein u bes unterschrieben w. Da es sich in Wahrh um eine IndVereinbg zw Verwder u Vertreter handelt (Lö-vW-Tr Rdn 4) ist aber auch eine mdl HaftgsÜbern mögl (strenge BewAnfordergen!), es sei denn, daß nicht Schuldmitübern, sond Bürgsch (§ 766) vorliegt. Buchstabe **b)** versteht sich von selbst. Eine weitergehde als die gesetzl Haftg (§ 179, evtl c. i. c. § 276 Anm 6 b ff) kann nur dch IndVereinbg zw Verwder u Vertreter begründet w. Nr 14 gilt auch umgekehrt. Wer die WillErkl im eig Namen abgibt, dem kann nicht dch AGB der Wille unterstellt w, er handele zugl im Namen eines Dr (Ffm BB **76**, 1245). **b)** Als Ausprägg des § 4 gilt Nr 14 auch im **Verk zw Kaufl**.

15) Beweislast (Nr 15). a) Die Vorschr geht im Anschl an die Rspr (BGH **41**, 154) davon aus, daß die geschriebenen u ungeschriebenen Beweislastregeln nicht auf bloßen ZweckmäßigkErwäggen beruhen, sond Ausdr von sachlog bedingten GerechtigkGeboten sind. Aus diesem Ansatz h die Rspr abgeleitet, daß formularmäß Klauseln unzul sind, sow sie dem Kunden die BewLast für Umst aus dem Verantwortgsbereich des Verwders auferlegen (BGH **41**, 154, **LM** AGB Nr 30, NJW **73**, 1193, Düss Betr **72**, 35). Die Nr 15 führt diesen Grds in Buchstabe a) als wicht Anwendgsfall an (vgl § 282 Anm 2), erweitert ihn aber zu einem **allg Verbot von Beweislastklauseln** zum Nachteil des Kunden. Damit die geschriebenen u ungeschriebenen BewLastRegelgen einer Änd dch AGB entzogen, unzul auch verdeckte BewLastÄnd, etwa dch formularmäß abstr Schuldanerkenntn (Stürner JZ **77**, 639, Soergel-Baur Rdn 21 v § 1113, aA LG Stgt JZ **77**, 761, Kümpel WPM **78**, 749). Auch die Grds über den Bew des ersten Anschl können nicht dch formularmäß Klauseln verändert w (Ul-Br-He Rdn 8, str). Sonderregeln bestehen für SchadErs- u WertmindergsPauschalen (§ 11 Nr 5) u Zugangsfiktionen (§ 10 Nr 6), dagg nicht für AVB (krit Voosen VersR **77**, 895), die aber an den speziellen Regelgn des VVG zu messen sind. **b)** Unwirks auch formularmäß **Tatsachenbestätiggen** (b), gleichgült ob die Bestätiggn rgeschäftl Charakter h oder nicht (Ul-Br-He Rdn 13, 14). Die Vorschr zeigt, daß unter dem RBegr der AGB auch reinst, von Verwder formularmäß festgelegte Erkl des Kunden fallen (§ 1 Anm 2a). Beispiele für unwirks TatsBestätiggen: Erkl, die VertrBdggen seien ausgehandelt worden (BGH NJW **77**, 624), es habe eine eingehde Belehrg stattgefunden; der Kunde sei weder überredet noch getäuscht worden; er habe die Sache im einwandfreien Zustand übernommen. Zul sind gesondert unterschriebene Empfangsbekenntn (Quittg § 368), eine bes Urk ist nicht erforderl. Die Vorschr nimmt formularmäß Bestätiggen (obwohl sie scheinb ZPO 416 genügen) die formelle BewKraft u damit auch die materielle. Formularmäß TatsFiktionen („Schäden, die nicht binnen 24 Stunden gemeldet w, gelten als allein vom Kunden verursacht") fallen an sich nicht unter Nr 15, sie sind aber „erst recht" als unwirks anzusehen (MüKo/Kötz Rdn 155, vgl aber § 10 Nr 6). Ands ist zu erwägen, ob für Nr 15 eine teleolog Reduktion notw ist. Sow der Verwder für best Umst nicht dch AGB aushaftl kann (Bsp: Haftg für einf Fahrlk von ErfGeh), müßte er auch das den Kunden weniger Belastde tun dürfen, näml seine Haftg unter Umkehrg der BewLast aufrechterhalten. **c)** Das Verbot von BewLastKlauseln w wg der grdlegden, oft prozeßentscheidden Bedeutg der BewLast grdsl auch im kaufm Verkehr (§§ 9 II Nr 2, 24 II) zu berücksichtigen sein (Lö-vW-Tr Rdn 25). Das gilt zumindest für BewLastklauseln, die unter Nr 15a fallen.

16) Form von Anzeigen u Erkl (Nr 16). a) Die Vorschr will verhindern, daß dem Kunden bei Ausübg seiner Rechte dch übersteigerte Formerfordern RNachteile entstehen. Sie betrifft nicht vertragl Nebenabreden (s § 5 Anm 2) od ÄndergsVereinbgen (§ 125 Anm 2), sond ausschließl einseit Erkl (Anz) des Kunden.

Gleichgült ist, ob es sich um geschähnl Hdlgen (Mahng, FrSetzg, Aufforderg, Mitteilg, vgl Übbl 2 c vor § 104) od um einseit RGesch (Anf, Rücktr, Künd) handelt. Für diese kann keine strengere Form als die Schriftform (§§ 126, 127 BGB) best w. Zwar soll der Verwder nach dem RABericht (S 10) berecht sein, dem Kunden abw von §§ 126, 127 vorzuschreiben. Das hat aber im Wortlaut des Vorschr keinen Ausdr gefunden (Lö-vW-Tr Rdn 6, aA Helm NJW **78**, 121). Unzul sind auch Klauseln, die bes Zugangserfordern (eingeschriebener Brief, Ablieferg gg Quittg) aufstellen. Unter das Verbot fallen auch Klauseln, die für Erkl (Anz) den Zugang an eine best Stelle des Verwders vorschreiben (Ul-Br-He Rdn 7 str). **b) Kaufm Verkehr** (§§ 9, 24 II). Die Verbote der Nr 15 w auch auf RGesch zw Kaufl anzuwenden sein, soweit nicht Gewohnh des HandelsVerk entggstehen. Sie entspr der Tendenz des HandelsR, bestehde Rechte nicht an bloßen Förmlichk scheitern zu lassen.

Zweiter Abschnitt. Kollisionsrecht

AGBG 12 *Zwischenstaatlicher Geltungsbereich.* Unterliegt ein Vertrag ausländischem Recht oder dem Recht der Deutschen Demokratischen Republik, so sind die Vorschriften dieses Gesetzes gleichwohl zu berücksichtigen, wenn

1. der Vertrag auf Grund eines öffentlichen Angebots, einer öffentlichen Werbung oder einer ähnlichen im Geltungsbereich dieses Gesetzes entfalteten geschäftlichen Tätigkeit des Verwenders zustande kommt und
2. der andere Vertragsteil bei Abgabe seiner auf den Vertragsschluß gerichteten Erklärung seinen Wohnsitz oder gewöhnlichen Aufenthalt im Geltungsbereich dieses Gesetzes hat und seine Willenserklärung im Geltungsbereich dieses Gesetzes abgibt.

Schrifttum: Drobnig, AGB im internat HandelsVerk, Fschr f Mann (1977) 591; Jayme, AGB u IPR, ZHR **78**, 105; Sonnenberger, Bemerkgen z IPR im AGBG, Fschr f Ferid (1978) 377; Reichert-Facilides, Auswirkgen des AGBG auf das dtsche internat VersVertrR, VersR **78**, 481; Nörenberg, Internat Verträge u AGB, NJW **78**, 1082.

1) Allgemeines: Die Vorschr des AGBG sind in Fällen mit Auslandsberührg jedenf dann anzuwenden, wenn der Vertr dtschem Recht untersteht. Kraft der das internat SchuldR beherrschden Privatautonomie steht es den Part jedoch grdsl frei, das anwendb Recht dch ausdr od stillschweige RWahl zu best; bei Fehlen einer RWahl ist das maßg Recht aGrd objektiver Anknüpfgskriterien (Schwerpkt des VertrVerh, hilfsw ErfOrt) zu ermitteln, vgl Vorbem 2 a u b vor EG 12. Dch zweckdienl RWahl oder Beeinflussg der objektiven Anknüpfgsmerkmale können deshalb auch unliebs zwingde Vorschr des dtschen Rechts zG einer den Interessen ein Part besser entspr ROrdng ausgeschaltet w. Die Gefahr unlauterer Manipulationen ist gerade bei der Verwendg von AGB wg der wirtschaftl u intellektuellen Überlegenh des Verwenders nicht gering. Die in § 10 Z 8 angeordnete Unwirksk der Wahl eines ausl Rechts bei Fehlen eines anerkennenswerten Interesses betrifft nur unangemessene vorformulierte RWahlklauseln in AGB u läßt eine individuelle RWahl unberührt; vor allem läßt sie die Mögl bestehen, daß der Vertr bei Fehlen einer RWahl kr objektiver Anknüpfg ausl Recht zu unterstellen u damit die Geltg des AGBG ausgeschl ist. Aus diesem Grd schreibt § 12 die Berücksichtigg des AGBG auch bei Geltg ausl Schuldstatuts vor, wenn best Inlandsbeziehgen vorliegen. Es handelt sich um **Sonderanknüpfg zwingder Vorschr**, wie sie auch in Art 7 des EG-VorEntw eines Übk über das auf vertragl u außervertragl SchuldVerh anwendb Recht vorgesehen ist, vgl dazu König EuR **75**, 306, u im neueren Schrift für zwingde Vorschr zum Schutz des Schwächeren generell empfohlen w, vgl v Hoffmann RabelsZ **74**, 396. § 12 ist **unanwendb** ggü **Kaufleuten** u JPers des öff R, vgl § 24 mit Erl.

2) Voraussetzgen: Die regelw Ausdehng des Anwendgsbereichs des AGBG bei Maßgeblk eines ausl Schuldstatuts greift aber nur dann ein, wenn die **räuml Beziehgen** des Gesch zum inl Markt den Schutz der inl Verbr gebieten. Diese Voraussetzg sieht § 12 als erf an, wenn (kumulativ) a) der Vertr zustandekommt aGrd einer inl Werbg od einer ähnl geschäftl Initiative des Verwenders im Inland u b) der Kunde bei VertrAbschl seinen Wohns od gewöhnl Aufenth (vgl dazu EG 29 Anm 2) im Inland hat u seine WillensErkl (mündl oder dch Absendg eines Schriftstücks) im Inland abgibt. Bestellt ein im Inland wohnh Verbr bei einem Untern mit Sitz im Ausland, die ihn im Inland erfolgte Werbg dazu veranlaßt worden zu sein, so ist § 12 ebsowen anwendb wie bei einem VertrAbschl währd eines AuslandsAufenth, selbst wenn er dch Werbg im Inland vorbereitet od die Auslandsreise vom Untern organisiert (Kaffeefahrt) worden ist, vgl Begr zu RegEntw BT-Drucks 7/3919 S 41. Die BewLast für das Vorliegen dieser Voraussetzgen trägt nach allg Grds derj, der sich auf die Anwendbk der Vorschr beruft; f BewLastumkehrg dagg Stein, AGBG Rdz 3.

3) Durchsetzg des AGBG: Sind die erfdl Inlandsbeziehgen gegeben, so sind die Vorschr des AGBG „zu berücksichtigen". § 12 schreibt also bei ausl VertrStatut nicht ausnahmslos die unmittelb Anwendg des AGBG vor, sond trägt der jew Ausgestaltg des ausl Rechts Rechng. Bietet dieses dem Verbr im Erg einen entspr Schutz, so besteht für die Anwendg des Gesetzes keine Veranlassg; ist dies nicht der Fall, so muß die Anwendg des AGBG die etwa bestehenden Systemunterschiede zw dtschem u ausl Recht berücksicht, vgl Begr zum RegEntw aaO. Die Vorschr sichert also die Beachtg des **dtschen Rechts** als eines **Mindeststandards** hinter dem das VertrStatut zum Nachteil des Verbr im Erg nicht zurückbleiben darf, zust Jayme ZHR **78**, 119, wohl auch Sonnenberger Fschr f Ferid (1978) 393; abw Kegel IPR § 18 I 3, Schlosser AGBG Rdz 8, die auch ein Unterschreiten dieses Standards zulassen. Auf welchem rechtstechn Weg ein dem AGBG gleichwert Verbraucherschutz gewährleistet w, ist unerhebl. Erfdl ist also ein Vergl der materiellen Lösgen, zu welchen das dtsche Recht u das ausl Schuldstatut im konkreten Fall gelangen, ebso Jayme Fschr f Schwind (1978) 110, ders ZHR **78**, 119, MüKo/Kötz Rdz 5. Nur wo diese Lösgen divergieren, ist nach § 12 ein dem dtschen AGBG entspr VerbrSchutz zu gewährleisten, aM Reichert-Facilides VersR **78**, 481 (f Sonderanknüpfg v §§ 1–7 AGBG). Die Vorschr ähnelt in ihrer Funktion somit einer bes **VorbehKlausel**, vgl EG 30 Anm 3, abl Landfermann AWD **77**, 445. Wie bei jeder Anwendg des ordre public ist der Eingr in das in erster Linie zur Anwendg berufene ausl Schuldstatut auf das unbedingt erfdl Mindestmaß zu beschr, zust Ul-Br-He Rdz 10; es sind nur diej Korrekturen vorzunehmen, die notw sind, um mit den Best des AGBG zu vereinbarde Erg zu erzielen; z den prakt Schwierigk einer solchen Anpassg vgl Sonnenberger, Fschr f Ferid (1978) 394.

Dritter Abschnitt. Verfahren

Vorbemerkung

1) Notwendigk u Entstehg der VerfVorschr. Die Unzulänglichk der bish richterl InhKontrolle von AGB beruhte zu einem wesentl Teil auf ihrer fehlden Breitenwirkg. Wenn ein Ger eine Klausel für unwirks erklärte, galt diese Feststell nur für den EinzFall (sie erwuchs nicht einmal in Rechtskr, da es sich um die InzidentEntsch einer Vorfrage handelte). Der Verwder war nicht gehindert, die mißbilligten Klauseln geringfüg umformuliert od unverändert weiterzubenutzen u sie gg rechtl unerfahrene Kunden auch dchzusetzen. In der Reformdiskussion bestand daher allg Einverständn darü, daß das AGBG neben mat-rechtl Vorschr auch Vorschr über ein KontrollVerf enthalten müsse. Erhebl Meingsverschiedenh herrschte aber darü, wie das KontrollVerf am zweckmäßigsten u wirksamsten auszugestalten sei. Neben einigen Modellen einer Präventivkontrolle dch VerwBeh wurden versch Vorschläge für eine nachträgl gerichtl Kontrolle entwickelt u zT als flankierende Maßn die Einf von Verbraucherbeauftragten u die kollektive Aufstellg von AGB empfohlen (vgl BMJArbGr 2. TBericht). Um die Ergebn der Diskussion abzuwarten, enthielt der RegEntw (BT-Drs 7/3919) noch keine VerfVorschr. Sie sind erst vom BT in das Ges eingefügt worden. Der GesGeber h sich für eine nachträgl gerichtl Kontrolle entschieden u hierzu den Verbraucher- u WirtschVerbänden UnterlAnspr gg den Verwder u Empfehler unwirks Klauseln eingeräumt, die ggü dem Empfehler dch einen WiderrAnspr ergänzt w (§ 13). Einzelh der VerfRegelg (Zustdgk der LG od der OLG – § 14 –; Bindgswirkg des UnterlUrt für den RStreit zw Kunden u Verwder – § 21 –) waren zw BT u BR umstr, die Differenzen konnten erst in den letzten Sitzgen der 7. Legislaturperiode überbrückt w. In der **Praxis** haben die §§ 13 ff bisher noch nicht die vom GesGeber erhoffte Bedeutg erlangt. Obwohl die meisten AGB auch heute noch unwirks Klauseln enthalten, ist die Anzahl der gerichtl Verf gem §§ 13 ff verhältnismäß gering (die von Ul-Br-He Rdn 22 geschätzte Zahl von 200 dürfte eher zu hoch als zu niedr sein), vor allem wohl deshalb, weil die in erster Linie als Kl in Betracht kommden Verbraucherverbände finanziell nicht ausr ausgestattet sind.

2) RNatur der AGB-Kontrollklage: Der Unterl- u WiderrAnspr des § 13 soll gewährleisten, daß der RVerk von unwirks AGB freigehalten w (BT-Drs 7/5422 S 10). Er dient damit zugl dem Schutz des Verbrauchers. Obwohl AGB keine RNormen sind (§ 1 Anm 1), hat das in §§ 13 ff geregelte Verf gewisse Übereinstimmgen mit der abstr Normenkontrolle (BMJArbGr 2. TBericht S 33). Auch im Verf gem §§ 13 ff geht es darum, eine abstrakt-generelle Regelg losgelöst von einem Einzelfall auf ihre Vereinbark mit einer (ranghöheren) Norm zu überprüfen. Die Entsch lautet aber nicht auf Feststellg der Unwirksamk der AGB, sond auf Unterlassg od Widerr. Der Anspr ist dem entspr wettbewr Anspr nachgebildet. Wie dieser ist er kein rein proz RBehelf, sond ein mat-rechtl Anspr iS des § 241 (Ul-Br-He § 13 Rdn 16, Ko-Stü § 13 Rdn 22). Er ist aber nicht abtretb (§ 13 iVm BGB 399). Alle nicht vertragl Unterl- u WiderrAnspr haben in ihren Voraussetzgen u Wirkgen Gemeinsamk; diese treffen auch auf den Anspr aus § 13 zu (vgl dort).

AGBG 13 *Unterlassungs- und Widerrufsanspruch.* ⁱ Wer in Allgemeinen Geschäftsbedingungen Bestimmungen, die nach §§ 9 bis 11 dieses Gesetzes unwirksam sind, verwendet oder für den rechtsgeschäftlichen Verkehr empfiehlt, kann auf Unterlassung und im Fall des Empfehlens auch auf Widerruf in Anspruch genommen werden.

ⁱⁱ Die Ansprüche auf Unterlassung und auf Widerruf können nur geltend gemacht werden

1. von rechtsfähigen Verbänden, zu deren satzungsmäßen Aufgaben es gehört, die Interessen der Verbraucher durch Aufklärung und Beratung wahrzunehmen, wenn sie in diesem Aufgabenbereich tätige Verbände oder mindestens fünfundsiebzig natürliche Personen als Mitglieder haben,

2. von rechtsfähigen Verbänden zur Förderung gewerblicher Interessen oder

3. von den Industrie- und Handelskammern oder den Handwerkskammern.

ⁱⁱⁱ Die in Absatz 2 Nr. 1 bezeichneten Verbände können Ansprüche auf Unterlassung und auf Widerruf nicht geltend machen, wenn Allgemeine Geschäftsbedingungen gegenüber einem Kaufmann verwendet werden und der Vertrag zum Betriebe seines Handelsgewerbes gehört oder wenn Allgemeine Geschäftsbedingungen zur ausschließlichen Verwendung zwischen Kaufleuten empfohlen werden.

ⁱᵛ Die Ansprüche nach Absatz 1 verjähren in zwei Jahren von dem Zeitpunkt an, in welchem der Anspruchsberechtigte von der Verwendung oder Empfehlung der unwirksamen Allgemeinen Geschäftsbedingungen Kenntnis erlangt hat, ohne Rücksicht auf diese Kenntnis in vier Jahren von der jeweiligen Verwendung oder Empfehlung an.

1) Allgemeines: Vgl Vorbem. Der Anspr aus § 13 richtet sich gg **Störgen des RVerk** dch die Verwendg od Empfehlg unwirks Klauseln in AGB (§ 1). Formularmäß Klauseln aus dem Bereich des Arb-, Erb-, Fam- u GesellschR (§ 23 I) sowie die unter § 8 fallden Klauseln können nicht zum Ggst einer Kl gem § 13 gemacht w. Alle übr AGB können dagg mit der Kl aus § 13 angegriffen w. §§ 23 II, 24 schließen die Kl nicht aus, beschr aber uU den Prüfmaßstab.

2) Anspr gg den Verwender: Der UnterlAnspr setzt voraus: **a) Verwendg** von AGB. Nicht erforderl ist, daß die AGB (§ 1) bereits in einen Vertr einbez worden sind. Es genügt, daß sie iVm Angeboten od der Aufforderg zur Abgabe von Angeboten in den rgeschäftl Verk gelangt sind (BT-Drs 7/5422 S 10, Ul-Br-He Rdn 4). Auch bei sonst UnterlAnspr ist anerkannt, daß eine drohde RVerletzg ausr (§ 1004 Anm 6 a; B-Hefermehl Einl UWG Rdz 228). **b)** Die AGB müssen **unwirks Bestimmgen** enthalten. Teilw unwirks Klauseln stehen völl unwirks gleich, u zwar auch dann, wenn die TUnwirksamk ausnw nicht die gesamte Klausel ergreift (vgl Vorbem 3 b v § 8). Es ist nicht Sache des Kl od des Ger; aus einer teilw unwirks Bestimmg den wirks Teil „herauszufinden" (MüKo/Gerlach Rdn 19). Nach dem GesWortlaut besteht der UnterlAnspr nur dann, wenn die Unwirksamk auf den §§ 9–11 beruht. Der Zweck des Ges, Störgen des RVerk dch die Verwdg unwirks Klauseln entggzuwirken u die Kunden vor mißbräuchl AGB zu schützen, rechtf aber eine erweiternde Auslegg: Ein UnterlAnspr ist auch dann gegeben, wenn AGB Klauseln enthalten, die unabhäng von dem Umst des Einzelfalls überraschd iS des § 3 sind, ebso Klauseln, die gg gesetzl Verbote (§ 134) od FormVorschr (§ 125) verstoßen, sofern die verletzte Norm die gleiche Schutzrichtg hat wie die §§ 9 ff (ähnl Lö-vW-Tr Rdn 20, 21; Bsp: gem ZPO 38 ff unwirks GerStandVereinbg; gem § 313 unwirks Erwerbsverpflichtg in AGB eines Bauträgers od Maklers). **c) Passivlegitimiert** ist der Verwder, dh derjenige, in dessen Namen der dch AGB vorformulierte Vertr geschl w soll. Der Anspr besteht auch dann, wenn die AGB dch einen Angest od sonst Vertreter in den Verk gebracht worden sind. Zwar fehlt eine dem UWG 13 II entspr Vorschr. Für UnterlAnspr ist aber auch sonst anerkannt, daß sich der GeschInh die Hdlgen seiner HilfsPers ohne die Entlastgsmöglichk des § 831 I 2 als mittelb Störer zurechnen lassen muß (§ 1004 Anm 4 a). Verwder iSv § 13 kann auch der Vermittler (Vertreter) sein, sofern er den vermittelten Vertr AGB zGrde legt u dies auch in seinem Interesse geschieht („Vermittlg" von Gebrauchtwagenkauf dch Händler, ebso Schlo-Coe-Gra Rdn 41). **d) Wiederholgsgefahr:** Sie ist wie beim wettbewr UnterlAnspr (B-Hefermehl Einl UWG Rdz 227) ungeschriebenes Tatbestandsmerkmal. Sie ist keine ProzVoraussetzg, sond Element des mat-rechtl Anspr (§ 1004 Anm 6 c, str). Sie ist gegeben, wenn eine Wiederholg ernsth u greifb zu besorgen ist. Da die AGB in einer Vielzahl von Fällen verwandt w sollen (§ 1), streitet für das Vorliegen einer Wiederholgsgefahr idR eine tatsächl Vermutg (Ul-Br-He Rdn 18). Es ist Sache des Verwders, diese tatsächl Vermutg zu entkräften. Seine Zusage, die unwirks Klausel nicht mehr zu verwenden, ist idR nicht ausr, insb dann nicht, wenn er die Ans vertritt, die Einwendgen gg die Wirksamk der Klausel seien an sich unberecht. Ausgeräumt ist die Wiederholgsgefahr dagg, wenn der Verwder eine ernsth UnterlErkl abgibt u sich bereit erkl, die UnterlPfl dch ein VertrStrafVersprechen zu sichern (ebso bei WettbewVerstößen B-Hefermehl Einl UWG Rdz 234). Auch die Aufg des GeschBetr oder der Druck neuer u die Vernichtg der alten AGB kann ausr. **e) RSchutzbedürfnis:** Die UnterlKlage ist keine Kl auf künft Leistg (§ 259), sond richtet sich auf eine bereits ggwärt geschuldete Leistg (§ 1004 Anm 6b). Das RSchutzbedürfn bedarf daher idR keiner bes Darlegg. Es fehlt, wenn sich das Ziel auf einem einfacheren od billigeren Weg erreichen läßt (Vollstreckg aus einem bereits vorliegden Titel). IdR kein RSchutzinteresse, wenn ein und Verband ein rechtskr UnterlUrt erstritten h (Anm 4d), ferner dann nicht, wenn sich der Verwder einer gg ihn erlassenen einstw Vfg vorbehaltlos unterworfen hat (BGH Betr **64**, 259).

3) Anspr gg Empfehler: a) Um den RVerk umfassd vor Störgen zu schützen, gibt das Ges einen UnterlAnspr auch gg den, der unwirks AGB für den rgeschäftl Verk **empfiehlt**. Als Empfehler kommen vor allem Verbände aller Art in Betracht. Empfehler ist aber auch, wer AGB-Formulare (etwa für Miet-Vertr od den Verk von Gebrauchtwagen) lose od in Form von Abreißblocks vertreibt, ferner der Verfasser von Formularbüchern (BT-Drs 7/5422 S 10, aA Pawlowski BB **78**, 164), nicht aber der Verleger (Ul-Br-He Rdn 10). Auch Körpersch des öffR können Empfehler sein (aA Sieg VersR **77**, 492). Dagg sind Meinsäußergen im rwissenschaftl Schrift keine „Empfehlgen für den rgeschäftl Verk" (BT-Drs aaO). Der RA, der einen Verwder intern beraten hat, fällt nicht unter § 13 (Ul-Br-He Rdn 13, Lö-vW-Tr Rdn 41). Der Anspr gg den Empfehler soll gewährleisten, daß Störgen des RVerk dch unwirks AGB auch dort begegnet w kann, wo der Anspr gg den Verwder nicht ausr. Als Empfehlgen sind daher nur solche Äußergen zu verstehen, die sich an mehrere potentielle Verwder richten. Die interne „Empfehlg" dch den beratden RA ist keine selbstd Störgsquelle. Wg der weiteren Voraussetzgen des UnterlAnspr gilt Anm 2 entspr. **b)** Neben dem UnterlAnspr kann ggn dem Empfehler auch ein **Widerrufsanspruch** gegeben sein. Er ist ein Fall des BeseitiggsAnspr, wie er auch im § 1004 (dort Anm 5), bei Störg delikt geschützter R u RGüter (Einf 9 vor § 823) u im WettbewR (B-Hefermehl Einl UWG Rdz 243) anerkannt ist. Er setzt neben der Empfehlg unwirks AGB voraus: **aa)** Dch die Empfehlg muß ein **fortdauernder Störgszustand** entstanden sein (Einf 9 b vor § 823; B-Hefermehl Einl UWG Rdz 251). Dieser ist bei schriftl Empfehlgen in AGB bis zur Rückn zu bejahen. Er kann entfallen, wenn der Verband von seiner fr Erkl unzweideut abgerückt ist od wenn das Formularbuch inzw in berichtigter Aufl erschienen ist. **bb)** Der Widerr muß **notw u geeignet** sein, den Störgszustand zu beseitigen (B-Hefermehl Einl UWG Rdz 252). Diese Voraussetzg ist idR gegeben. Sie kann entfallen, wenn die Unwirksamk der beanstandeten Klausel dch und Veröffentlichgen in der Branche bereits allg bekannt ist od wenn der Empfehler aGrd der Kl eines und Verbands bereits widerrufen hat. **cc) Art des Widerrufs:** Sie ist im Urt zu bestimmen (§ 17 Nr 4). Da der Widerr der „actus contrarius" zur Empfehlg ist, ist er an den gleichen PersKreis zu richten u ebso vorzunehmen wie diese (Bsp: Schreiben an VerbandsMitgl, Veröffentlichg in Zeitg). Vollstr gem ZPO 888.

4) Klagbefugn (II u III): Das Ges erkennt nur best Verbänden ein KlagR zu, nicht dagg dem Kunden od Mitbewerber (der jedoch uU gem UWG 1 klagberecht sein kann). Die Regelg ist dem wettbewr KlagR der Verbände (UWG 13) nachgebildet; sie stimmt mit UWG 13 zT wörtl überein. Klagberecht sind:

a) Verbraucherverbände (II Nr 1): **aa)** Der Verband muß **rechtsfähig** sein, dh er muß im VereinsReg eingetragen sein (BGB 21). **bb)** Er muß satzgsgem **Interessen der Verbraucher** wahrnehmen. Dabei muß es sich um allg Verbraucherinteressen handeln. Ein Verband, der ledigl Interessen seiner Mitgl vertritt, hat kein KlagR (B-Hefermehl UWG 13 Rdz 20). Die Verbraucherinteressen müssen dch **Aufklärg u Beratg** wahrgen w, etwa dch Verbreitg von Schriften, Vorträge, Versammlungen, Einrichtg von Beratgsstellen. Es genügt nicht, daß der Verband nur aufklärt od nur berät, er muß in beiden Bereichen tät sein (B-Hefermehl aaO, str). Keinesf klagbrecht ist ein Verband, der Verbraucherinteressen nur dch RVerfolgg wahrnehmen will (Fricke GRUR **76**, 685). Der Schutz von Verbraucherinteressen muß der Hauptzweck sein. Hausfrauenverbände, Gewerksch u ähnl, die neben ihren eigentl Aufgaben auch Verbraucherinteressen mitvertreten, fallen nicht unter II Nr 1. Der Verband kann sich auf die Vertretg best Verbraucherinteressen beschr (Mieter, AbzKäufer); dann ist auch sein KlagR entspr eingeschr. Die satzgsgem Aufg muß der Verband auch **tatsächl wahrnehmen** (BGH NJW **72**, 1988). Er muß die für eine Aufklärgs- u Beratgtätigk erforderl personellen u sachl Voraussetzgen besitzen. **cc)** Mindestens 2 Verbraucherverbände od 75 natürl Pers müssen **Mitglieder** des Verbandes sein. Diese Voraussetzg muß, da sich die MitglZahl nicht aus dem VereinsReg ergibt, notf dch Zeugen nachgewiesen w. **dd)** Das Ger muß **von Amts wg prüfen,** ob der Verband klagbrecht ist. Es handelt sich um eine unverzichtb ProzVoraussetzg, die im Ztpkt der letzten mdl Vhdlg vorliegen muß (BGH NJW **72**, 1988). IdR w sich die Prüfg auf die Satzg u eine vom Vorstand vorzulegde Mitgliederliste beschr können. Bestehen Anhaltspkte dafür, daß die satzgsmäß Aufg in Wahrh nicht erf (sond nur Proz geführt) w, ist aber weitere Aufkl nöt. Die BewLast für die Voraussetzgen des II Nr 1 trägt der Verband. **ee)** III beschr das KlagR der Verbraucherverbände auf den **nichtkaufm Verkehr** (Mü BB **78**, 1183). Betrifft die Verwendg von AGB od die Empfehlg ausschließl Vertr, die von Kaufl zum Betr ihres Handelsgewerbes abgeschl w, sind nur die in Nr 2 u 3 genannten Verbände klagebercht.

b) Verbände zur Förderg gewerbl Interessen (II Nr 2). **aa)** Der Verband muß **rechtsfähig,** also im VereinsReg eingetr sein (BGB 21). **bb)** Der Verband muß die Aufg h, **gewerbl Interessen** zu fördern. Eine entspr ausdr satzgsmäß Festlegg ist (and als iFv II Nr 1) nicht erforderl. Es genügt, wenn die Satzg erkennen läßt, daß der Verband auch der Förderg gewerbl Zwecke dienen soll (BGH GRUR **65**, 485) u diese Tätigk auch tatsächl ausgeübt w (BGH NJW **72**, 1988). Die Förderg gewerbl Zwecke braucht nicht dch Aufklärg u Beratg zu geschehen; and als iFv II Nr 1 kann die Verfolgg von Verstößen gg das UWG u das AGBG das HaupttätigkFeld des Verbandes sein. Daß dem Verband Gewerbetreibde als Mitgl angehören, w vom Ges nicht gefordert (BGH GRUR **65**, 485). Der Verband muß aber wirkl den Zweck haben, gewerbl Interessen zu fördern (u nicht etwa den, Beschäftigsmöglich für RA zu schaffen). **cc)** Die Verwendg od Empfehlg der unwirks Klauseln muß in den **satzgsmäß Interessenbereich** des Verbandes eingreifen. Das ist weit auszulegen (B-Hefermehl UWG 13 Rdz 14). Das KlagR entfällt nur dann, wenn die VerletzgsHdlg zu den Aufg des Verbandes keinerlei Beziehg h (BGH GRUR **71**, 586). Daß der Verband mit seiner Klage im wesentl nur die Interessen eines Mitbewerbers od Kunden wahrnimmt, ist unschädl. Bei einem weit gefaßten satzgsmäß Aufgabengebiet (etwa „Verband zur Bekämpfg mißbräuchl AGB" nach dem Vorbild der Zentrale zur Bekämpfg unlauteren Wettbewerbs, B-Hefermehl Einl UWG Rdz 33) besteht ein prakt fast unbegrenztes KlagR. **dd)** Auch die Voraussetzgen des II Nr 2 sind vAw zu prüfen (vgl a dd).

c) Industrie- u Handelskammern (Ges vom 18. 12. 56, BGBl I 926) u **Handwerkskammern** (HandwO 90 ff). Die VerletzgsHdlg (Verwendg od Empfehlg unwirks Klauseln) muß zu dem AufgBereich der Körpersch in Beziehg stehen, wobei (entspr b bb) eine weite Auslegg geboten ist. Zul sind insb Kl gg Mitgl, gg Mitbewerber von Mitgl u gg Untern, die ggü Mitgl AGB verwenden.

d) Wg ders Verwdg (Empfehlg) von unwirks Klauseln können mehreren Verbänden Anspr auf Unterl (Widerr) zustehen. Diese Anspr sind rechtl selbstd u von einand unabhäng. **Mehrere Verbände** können daher gleichzeitig u nebeneinander **klagen;** dem steht weder die Einr der RHängigk noch (nach Abschl des ErstProz) die der Rechtskr entgg (BGH GRUR **60**, 379). Eine rechtskr Verurteilg kann aber das RSchutzinteresse für eine weitere Klage ausschließen (BGH aaO).

5) Verjährg (IV). Die Vorschr ist UWG 21 nachgebildet, bemißt die mit Kenntn der Verwdg (Empfehlg) beginnde VerjFr aber auf 2 Jahre (statt 6 Monate), um dem Berecht hinr Zeit zur Prüfg der RLage zu lassen. **a) Anwendgsbereich:** Die VerjRegelg gilt für den Unterl- u WiderrAnspr des I, nicht aber für die Rechte, die dem Kunden wg der Verwendg unwirks Klauseln zustehen. **b)** Die zweijähr VerjFr beginnt, wenn der AnsprBerecht von der Verwendg (Empfehlg) **Kenntn** erlangt hat. Erforderl ist Kenntn des gesetzl Vertreters des Verbandes, die Kenntn von Mitgl od Angest reicht nicht aus (B-Hefermehl UWG 21 Rdz 15), jedoch muß sich der Verband gem § 242 die Kenntn des im Tatermittlg beauftragten anrechnen lassen (BGH NJW **68**, 988). Bei GesVertretg genügt Kenntn eines GesVertreters. Der Berecht muß aGrd der Kenntn in der Lage sein, Klage zu erheben. Er muß daher von der Verwdg (Empfehlg) der unwirks Klausel u der Pers des Verwders (Empfehlers) Kenntn haben. Hinsichtl der UnwirksamkGrde genügt Kenntn der tatsächl Umst, nicht erforderl ist, daß der Berecht der TatUmst richt rechtl würdigt. **c)** Die vierjähr Verj beginnt mit der **Verwendg** (Empfehlg). Dabei sind die Vorverhandlgen u der spätere VertrSchl als Einh anzusehen. Kommt es zum VertrSchl, beginnt die Verj daher mit der Einbez der AGB in den Vertr. Bei der Empfehlg kommt es auf den Zugang bei den Empfängern an. **d)** Werden die unwirks AGB erneut verwendet (empfohlen), entsteht ein **neuer Anspruch;** die VerjFr beginnt erneut zu laufen. Die Verj des fr Anspr schließt die Geltdmach des neuen nicht aus (BGH NJW **73**, 2285).

AGBG 14 *Zuständigkeit.*

I Für Klagen nach § 13 dieses Gesetzes ist das Landgericht ausschließlich zuständig, in dessen Bezirk der Beklagte seine gewerbliche Niederlassung oder in Ermangelung einer solchen seinen Wohnsitz hat. Hat der Beklagte im Inland weder eine gewerbliche Niederlassung noch einen Wohnsitz, so ist das Gericht des inländischen Aufenthaltsorts zuständig, in Ermangelung eines solchen das Gericht, in dessen

AGBG 14, 15 G. z. Regelg. d. Rechts d. Allg. Geschäftsbedingungen. *Heinrichs*

Bezirk die nach §§ 9 bis 11 dieses Gesetzes unwirksamen Bestimmungen in Allgemeinen Geschäftsbedingungen verwendet wurden.

II Die Landesregierungen werden ermächtigt, zur sachdienlichen Förderung oder schnelleren Erledigung der Verfahren durch Rechtsverordnung einem Landgericht für die Bezirke mehrerer Landgerichte Rechtsstreitigkeiten nach diesem Gesetz zuzuweisen. Die Landesregierungen können die Ermächtigung durch Rechtsverordnung auf die Landesjustizverwaltungen übertragen.

III Die Parteien können sich vor den nach Absatz 2 bestimmten Gerichten auch durch Rechtsanwälte vertreten lassen, die bei dem Gericht zugelassen sind, vor das der Rechtsstreit ohne die Regelung nach Absatz 2 gehören würde.

IV Die Mehrkosten, die einer Partei dadurch erwachsen, daß sie sich nach Absatz 3 durch einen nicht beim Prozeßgericht zugelassenen Rechtsanwalt vertreten läßt, sind nicht zu erstatten.

1) Allgemeines: Die Vorschr enthält für die sachl u örtl Zustdgk eine Sonderregelg; sie ist, sow sie die örtl Zustdgk betrifft, UWG 24 nachgebildet. **a) Anwendungsbereich**: Die ZustdgkRegelg gilt für Unterl- u WiderrKl gem § 13. Sie erfaßt auch einstw VfgVerf (ZPO 937, vgl § 15 Anm 5) u Streitig über Abmahnkosten (§ 15 Anm 3). Für RStreitig zw Kunden u Verwder gelten die allg ZustdgkRegeln des GVG u der ZPO. **b) Ausschließl Zuständigk**. Sowohl die sachl als auch die örtl Zustdgk ist eine ausschl. GerStandVereinbgen sind daher unwirks (ZPO 40 II). Die Unzustdgk ist vAw zu beachten. Im höheren RZug greifen aber für die sachl Zustdgk ZPO 529 II, 566 u für die örtl ZPO 512a, 549 II ein.

2) Sachl Zuständigk: Die LG sind ohne Rücks auf den Wert des StreitGgst zust. Die Abs des BT, eine erstinstanzl Zustdgk der OLG zu schaffen, ist am Widerstand des BR gescheitert. Da eine GVG 95 I Nr 5, UWG 27 I entspr Vorschr fehlt, sind die Zivilkammern zust u nicht die KfH. Das gilt auch dann, wenn es um die Verwendg von AGB im kaufm Verk geht, gem § 24 S 2 also die im HandelsVerk geltden Gewohnh u Gebräuche angem zu berücksichtigen sind (Ul-Br-He Rdn 12).

3) Örtl Zuständigk: Zust ist das Ger der gewerbl Niederlassg des Bekl; hilfsw kommt es für den GerStand auf den Wohns des Bekl, seinen Aufenth od die Verwendg der AGB an. Aus der örtl Zustdgk ergibt sich zugl auch die **internationale Zuständigk** der dtsch Ger. Im Verh zu den VertrStaaten des EuG-Übk (BGBl 72 II 774) sind dessen Vorschr zu beachten. Danach ist das Abstellen auf die gewerbl Niederlassg (Art 5 Nr 5), auf den Wohns (Art 2 I) u den Verwendgsort (Art 5 Nr 3) unbedenkl. Ggü Pers, die in einem and VertrStaat ihren Wohns h, ist der GerStand des Aufenths gem EuG-Übk Art 2 I unanwendb (Schlo-Coe-Gra Rdn 3). **a) Gewerbl Niederlassg**: Erforderl ist ein auf die Erzielg dauernder Einn gerichteter GeschBetr. Hierunter fallen auch landwirtsch Betr, gewerbsmäß Vermieter, privwirtschaftl betriebene Lehreinrichtgn, Sanatorien, Schulen usw. In Zweifelsfällen kann die Rspr zum GewerbeBetr iSd § 196 (dort Anm 4 b) Anhaltspkte geben, obwohl sie von einer and Problemstellg ausgeht. Nöt ist eine Niederlassg (ZPO 21): **aa)** Das Gesch muß an dem Ort, zumindest für einen TBereich, seinen Mittelpkt h. **bb)** Es muß eine im wesentl selbstd, zu eigenem VertrSchl berecht Leitg h. **cc)** Es muß über entspr äußere Einrichtgen verfügen. **dd)** Die Beziehg zu dem Ort muß auf eine gewisse Dauer angelegt sein (in Zweifelsfällen 1 Jahr ZPO 21 str). Wer an den RSchein hervorruft, er habe an einem Ort eine gewerbl Niederlassg, ist hieran gebunden. Bestehen mehrere Niederlassgen, kommt es darauf an, von welcher die Verwendg (Empfehlg) der AGB ausgegangen ist. Trifft diese Voraussetzg auf mehrere Niederlassgen zu, hat der Kläger das WahlR gem ZPO 35. **b) Wohnsitz**: Er ist den BGB 7–11 zu entnehmen. Bestehen mehrere Wohns, gilt ZPO 35. **c) Aufenthalt** (ZPO 16): Auch ein vorübergehnde od unfreiwilliger Aufenth genügt. Entscheid ist der Ztpkt der KlagErhebg (ZPO 253 I, 261 II Nr 2). Ein späterer Wechsel schadet nicht. **d) Verwendg** der AGB. Sie ist nur dann maßgebd, wenn der Verwder (Empfehler) im Inland weder eine gewerbl Niederl noch Wohns od Aufenth h. Verwendet worden sind AGB überall dort, wo sie bei der Anbahng von geschäftl Kontakt, bei VertrVerhandlgen od VertrAbschl in Bezug genommen, vorgelegt od sonst zum Ggst des rgeschäftl Verk gemacht worden sind (§ 13 Anm 2 a). Unter mehreren Verwendgsorten hat der Kläger die Wahl (ZPO 35). Bei Klagen gg den Empfehler kommt es auf den Ort der Empfehlg an (im Ges versehentl nicht ausdr erwähnt); darunter ist sowohl der Ort der Abgabe als auch des Zugangs der Empfehlg zu verstehen.

4) Konzentration bei einem Landgericht (II–IV). **a)** Die Zustdgk für Verf gem § 13 kann dch VO der LRegierg (LJustizVerw) bei einem LG für den Bezirk mehrerer LG konzentriert w. Die Vorschr ist UWG 27 II–IV nachgebildet. Von ihr haben die Länder Bay, Hess u NRW Gebrauch gemacht (vgl die Nachw bei Ul-Br-He Rdn 10). Die Zustdgk kann auf LGBezirke ausgedehnt w, die einem and OLG-Bezirk angehören, nicht aber auf das Gebiet eines and Landes (abw GWB 93 II). **b)** Die Part können sich auch dch RA vertreten lassen, die bei dem LG zugelassen sind, an dessen Stelle das gem II bezeichnete ist (III). Die hierdch entstehden Mehrkosten braucht der Gegner nicht zu erstatten (IV). Eine ErstattgsPfl kommt aber insow in Betracht, als sie die Kosten einer andf notw Informationsreise der Part zu ihrem beim ProzGer zugelassenen RA nicht übersteigen (B-Hefermehl UWG 27 Rdz 6).

AGBG 15 **Verfahren.** I Auf das Verfahren sind die Vorschriften der Zivilprozeßordnung anzuwenden, soweit sich aus diesem Gesetz nicht etwas anderes ergibt.

II Der Klageantrag muß auch enthalten:
1. den Wortlaut der beanstandeten Bestimmungen in Allgemeinen Geschäftsbedingungen;
2. die Bezeichnung der Art der Rechtsgeschäfte, für die die Bestimmungen beanstandet werden.

1) Allgemeines: Die in § 13 I begründeten Rechte sind privrechtl ausgestaltete, im ZivilProz geltd zu machde Unterl- u WiderrAnspr. Es versteht sich daher von selbst, daß auf das Verf die Vorschr der ZPO (u das GVG) anzuwenden sind, sow das AGBG keine Sonderregelgn enthält. I hat daher nur klarstellde Bedeutg. II bringt ergänzde Best zum KlAntr. Im Zushang des § 15 muß außerdem auf einige verfahrensrechtl Probleme eingegangen w, die sich typw bei Geltdmachg von Anspr aus § 13 ergeben (Anm 3 ff).

2) Klagantrag: II ergänzt ZPO 253 II Nr 2, wonach die Klage einen best Antr enthalten muß. Die Vorschr gilt sowohl für die Unterl- als auch für die WiderrKlage. **a)** Der KlAntr muß den Wortlaut der beanstandeten Klausel anführen. **b)** Er muß den **Umfang des erstrebten Verwendgsverbots** (Widerr-Gebots) best bezeichnen. Dieses (teils aus ZPO 253 II Nr 2, teils aus § 15 II Nr 2 abzuleitde) Erfordern bedeutet: **aa)** Der Antr muß angeben, ob das Verwendgsverbot (WiderrGebot) nur für den **nichtkaufm Verk** od auch für den HandelsVerk (§ 24) gelten soll. **bb)** Er muß die **Art der RGesch** bezeichnen, für die das Verwendgsverbot (WiderrGebot) ergehen soll. Damit w dem Gedanken Rechng getragen, daß dieselbe Klausel unwirks, bei einer und aber wirks sein kann. Wie die Substantiierg zu erfolgen hat, hängt von den Umst des EinzFalles ab. Sie kann auf den rechtl VertrTyp abstellen, uU aber auch auf best Produkte od Leistgen. Ggf kann das Verwendgsverbot für Vertr aller Art begehrt w (BT-Drs 7/5422 S 11). **cc)** Ist die Klausel nur **teilw unwirks**, braucht der Kl seinen Antr nicht entspr einzuschr (§ 13 Anm 2b). Es ist Sache des Bekl, seine AGB so umzuformulieren, daß die teilw Unwirksamk u damit das Verwendgsverbot entfällt (Lö-vW-Tr Rdn 4). **c)** Entspr der Antr nicht den vorstehden Erfordern, muß das Ger auf eine sachdienl Fassg des Antr hinwirken (ZPO 139). Werden die Mängel gleichwohl nicht behoben, ist die Klage als unzul abzuweisen.

3) Abmahng: Für den Kläger ist es ein Gebot des eig Interesses, den Bekl vor Klagerhebg zu mahnen u zu verwarnen. Die Kosten einer berecht Abmahng kann er nach den Grds der GoA vom Verwder (Empfehler) ersetzt verlangen (BGH **52**, 393, LG Freibg NJW **76**, 2216, str). Unterbleibt die Abmahng, kann der Bekl die Kostenlast – ebso wie im WettbewerbsProz (B-Hefermehl Einl UWG Rdz 422) – idR dch ein sofort Anerkenntn abwenden (ZPO 93). Ausnw kann auch ohne vorher Abmahng Veranlassg zur KlErhebg bestehen. Das ist der Fall, wenn der Kläger berecht Grd zu der Ann hatte, er w seinen Anspr ohne gerichtl Hilfe nicht dchsetzen können u wenn ihm die dch die Abmahng eintretde Verzögerg nicht zugemutet w kann (MüKo/Gerlach Rdn 11), so etwa bei einem schweren vorsätzl Verstoß (Hamm BB **76**, 1191).

4) Einstw Vfg: Eine dem UWG 25 entspr SonderVorschr fehlt. Es gelten daher die allg Best der ZPO 935, 940. Deren Voraussetzgn w hins des WiderrAnspr idR nicht erf sein. And aber beim UnterlAnspr (MüKo/Gerlach Rdn 20; Schlo-Coe-Gra § 13 Rdn 12; Lö-vW-Tr Rdn 20; aA Düss Betr **78**, 1730). Erforderl ist **a) VfgsAnspr** (IndividualAnspr). Er ergibt sich aus § 13. Der AntrSt muß glaubh machen, daß der AntrGeg unwirks AGB verwendet (empfiehlt). **b) VfgsGrd.** Er ist gegeben, wenn eine Veränderg des bestehden Zustands die Vereitelg od wesentl Erschwerg der RVerwirklichg befürchten läßt (ZPO 935) od wenn es zur Sicherg des RFriedens dringd erforderl erscheint, ein streitiges RVerh einstw zu regeln (ZPO 940). Wird glaubh gemacht, daß der AntrGeg unwirks AGB verwendet u handelt es sich um einen Verstoß von einigem Gewicht, w sowohl ZPO 935 (Baumb-Lauterbach dort Anm 1 B) als auch ZPO 940 (ders dort Anm 3 B) zutreffen. Ein VfgsGrd ist aber zu verneinen, wenn der AntrSt trotz Kenntn des Verstoßes längere Zeit untätig geblieben ist od die DchFührg des Verf verzögert h (MüKo/Gerlach Rdn 23).

5) Feststellgsklage: Hat ein Verband dch Erkl ggü der Öffentlichk od dch Verwarng od Abmahng best Klauseln als unwirks beanstandet, kann der Verwder (Empfehler) berecht sein, gem ZPO 256 FestellgsKl zu erheben. Ein Feststellgsinteresse ist gegeben, wenn dch die Berührg des Verbandes in den GeschBetr des Verwders (Empfehlers) störde Unsicherh über die Wirksamk der AGB entstanden ist (Ul-Br-He Rdn 29). Es kann aber idR erst dann bejaht w, wenn der Verwder (Empfehler) den Verband erfolgl zur Rückn seiner Erkl aufgefordert h. Das RVerh, dessen Nichtbestehen festzustellen ist, ist der Anspr des Verwders (Empfehlers) aus § 13. Der Antr kann aber abgekürzt auf Feststell der Wirksamk der str Klauseln gerichtet w. Obwohl die FeststellgsKl das Spiegelbild der Klage gem § 13 ist, gelten für sie die allg Vorschr der ZPO u nicht die §§ 13 ff (str). Einz Best w aber wg ihres Schutzzwecks entspr anzuwenden sein, so insb § 22.

AGBG 16

Anhörung. Das Gericht hat vor der Entscheidung über eine Klage nach § 13 zu hören

1. die zuständige Aufsichtsbehörde für das Versicherungswesen, wenn Gegenstand der Klage Bestimmungen in Allgemeinen Geschäftsbedingungen sind, die von ihr nach Maßgabe des Gesetzes über die Beaufsichtigung der privaten Versicherungsunternehmungen zu genehmigen sind, oder

2. das Bundesaufsichtsamt für das Kreditwesen, wenn Gegenstand der Klage Bestimmungen in Allgemeinen Geschäftsbedingungen sind, die das Bundesaufsichtsamt für das Kreditwesen nach Maßgabe des Gesetzes über Bausparkassen, des Gesetzes über Kapitalanlagegesellschaften, des Hypothekenbankgesetzes oder des Gesetzes über Schiffspfandbriefbanken zu genehmigen hat.

1) Allgemeines: Aus der Vorschr ergibt sich, daß auch die AGB der richterl InhKontrolle unterliegen, die mit behördl Gen erlassen worden sind (§ 1 Anm 1). Sie soll sicherstellen, daß die GenBeh in dem gerichtl KontrollVerf ihren Standpkt darlegen kann. Die Best erfaßt aber nicht alle genbedürft AGB, sond nur die folgden: **a)** AVB, die gem VAG 5, 8 vom BAufsAmt f das Versichergswesen (od der zust LBeh) zu genehmigen sind. **b)** AGB der Bausparkassen (BausparkassenG v 16. 11. 1972 – BGBl 2097 – §§ 5, 8, 9), AGB der KapitalanlageGesellsch (Ges über KapitalanlageGesellsch idF vom 14. 1. 1970 – BGBl 127 – § 15), AGB der HypBanken (HypBankenG vom 5. 2. 1963 – BGBl I S 81 – § 15), AGB der Schiffspfandbriefbanken (SchiffsbankenG idF vom 8. 5. 1963 – BGBl 301 – § 15), die nach den angeführten Ges der Gen des BAufs-Amtes für das Kreditwesen bedürfen.

2) Das Ger hat die zust Beh zu hören. Das bedeutet: **a)** Die Beh muß dch abschriftl Übersendg der Kl, der KlBeantwortg u aller sonst wesentl Schriftsätze über den Ggst des Verf unterrichtet u über den ersten Termin informiert w. Spätere Termine brauchen nur auf ausdr Wunsch mitgeteilt zu werden. **b)** Die Beh hat das Recht, sich schriftl u dch Vortrag in der mdl Verhandlg zur Sache zu äußern. **c)** Nach Abschl der Inst ist der Beh eine Ausfertig der Entsch zu übersenden. **d)** Im nächsten RZug ist die Beh erneut zu hören. **e)** Einstw Vfgen können ohne vorherige Anhörg der Beh ergehen. Sie ist aber nachträgl zu unterrichten, in geeigneten Fällen (Anberaumg eines VerhandlgsTermins) auch vorher.

AGBG 17 *Urteilsformel.* Erachtet das Gericht die Klage für begründet, so enthält die Urteilsformel auch:

1. die beanstandeten Bestimmungen der Allgemeinen Geschäftsbedingungen im Wortlaut;
2. die Bezeichnung der Art der Rechtsgeschäfte, für die die den Unterlassungsanspruch begründenden Bestimmungen der Allgemeinen Geschäftsbedingungen nicht verwendet werden dürfen;
3. das Gebot, die Verwendung inhaltsgleicher Bestimmungen in Allgemeinen Geschäftsbedingungen zu unterlassen;
4. für den Fall der Verurteilung zum Widerruf das Gebot, das Urteil in gleicher Weise bekanntzugeben, wie die Empfehlung verbreitet wurde.

1) Allgemeines: Die Vorschr regelt die Fassg der UrtFormel. Sie enthält keine abschließde Regelg („auch"). Ergänzd gelten die zu ZPO 313 I Nr 4 herausgebildeten Grds.

2) Inhalt der UrtFormel: Sie enthält neben der Entsch über die Kosten u die vorläuf Vollstreckbark: **a)** Den Wortlaut der unwirks Klausel u ein in seinem Umfang best bezeichnetes **Verwendgsverbot** (Nr 1 u 2). Insow gelten die Ausführgen zum KlAntr (§ 15 Anm 2b) entspr. **b)** Das Gebot, die Verwendg od die Empfehlg (vom Ges versehentl nicht erwähnt) **inhaltsgleicher** Klauseln zu unterlassen (Nr 3). Es ist vAw in die UrtFormel aufzunehmen. Es soll gewährleisten, daß die ZwVollstr (ZPO 890) auch bei Verwendg umformulierter, aber sachl übereinstimmder Klauseln mögl ist. Es hat aber im Ergebn nur klarstellde Bedeutg. Nach der Rspr (BGH **5**, 193, sog „Kerntheorie") kann sich der Verletzer dch eine Änderg der Verletzgsform allg nicht dem VerbotsUrt entziehen, sofern die VerletzgsHdlg in ihrem Kern unverändert bleibt. **c)** Bei WiderrUrt das Gebot, das Urt in gleicher Weise **bekannt zu geben,** wie die Empfehlg verbreitet wurde (Nr 4). Auch dieses Gebot ist vAw zu erlassen. Es muß die Art der Bekanntmachg konkret festlegen. Wie die Empfehlg verbreitet worden ist, hat das Gericht gem ZPO 139 aufzuklären. Vgl iü § 13 Anm 3b. **d)** Die Androhg von Ordngsgeld od Ordngshaft (ZPO 890 II), dies aber nur bei einem entspr Antr d Klägers.

3) Für Beschlüsse im einstw VfgsVerf gilt § 17 entspr. Auch die Formulierg von Verwendgsverboten in gerichtl Vergl sollte sich an § 17 anlehnen.

AGBG 18 *Veröffentlichungsbefugnis.* Wird der Klage stattgegeben, so kann dem Kläger auf Antrag die Befugnis zugesprochen werden, die Urteilsformel mit der Bezeichnung des verurteilten Verwenders oder Empfehlers auf Kosten des Beklagten im Bundesanzeiger, im übrigen auf eigene Kosten bekanntzumachen. Das Gericht kann die Befugnis zeitlich begrenzen.

1) Das Ger kann den Kläger ermächtigen, die UrtFormel u die PartBezeichng des Bekl öffentl bekanntzumachen. Die Vorschr gilt auch für Urt, die der Klage nur zT stattgeben, nicht aber im einstw VfgVerf (Ul-Br-He Rdn 3 str). Die Entsch ist im Urt zu treffen, nicht in einem bes Beschl. Sie erfolgt nach pflmäß Ermessen. Das Ger hat abzuwägen, ob die Veröffentlichg zur Beseitigg der eingetretenen Störg (§ 13 Anm 1) erforderl ist. Die UWG 23 II nachgebildete, wenig zweckmäß Vorschr unterscheidet: **a) Bekanntmachg im Bundesanzeiger.** Die Kosten gehen zu Lasten des Beklagten. Sie können als VollstrKosten gem ZPO 788 beigetrieben w. Da der BAnz von KlauselVerwder kaum u von Kunden überh nicht gelesen w, ist diese Art der Bekanntmachg nur von geringem Nutzen. Die im Bericht des BT-RAussch (S 12) erwähnten Verbraucherverbände sollten sich nicht aus dem BAnz, sond gem § 20 III beim BKartellamt informieren, da dort wesentl umfassdere Informationen gesammelt w. **b) Sonstige Bekanntmachg** (insb in Tageszeitg). Sie kann sachgerecht sein, um das Publikum zu unterrichten u irrige Vorstellgen zu beseitigen. Sie w aber dadch entwertet, daß der Kl die Kosten tragen muß. **c)** Das Ger kann die Befugn **zeitl begrenzen** (S 2). **d)** Die Veröffentlichg auf Kosten des Bekl ist nur zul, wenn das Urt rechtskr ist od die Voraussetzgen der **vorläuf Vollstreckbark** (uU gg SicherhLeistg) vorliegen. Das wird für die Veröffentlichg auf Kosten des Klägers entspr anzunehmen sein, obwohl diese an sich keine Vollstreckg iSd ZPO 704ff ist (MüKo/Gerlach Rdn 2). Wird das Urt aufgeh od abgeändert, hat der Verwder (Empfehler) gem ZPO 717 II Anspr auf eine berichtigde Bekanntmachg.

AGBG 19 *Einwendung bei abweichender Entscheidung.* Der Verwender, dem die Verwendung einer Bestimmung untersagt worden ist, kann im Wege der Klage nach § 767 ZPO einwenden, daß nachträglich eine Entscheidung des Bundesgerichtshofs oder des Gemeinsamen Senats der Obersten Gerichtshöfe des Bundes ergangen ist, welche die Verwendung dieser Bestimmung für dieselbe Art von Rechtsgeschäften nicht untersagt, und daß die Zwangsvollstreckung aus dem Urteil gegen ihn in unzumutbarer Weise seinen Geschäftsbetrieb beeinträchtigen würde.

1) Allgemeines: Es ist ein allg anerkannter RGrds, daß eine spätere Änderg der Rspr weder eine Klage aus ZPO 767, noch aus ZPO 323, noch eine RestitutionsKl rechtf (StjSchP § 767 Anm II Fußn 77; § 322 Anm X 7 Fußn 229; § 580 Anm IV 2 Fußn 45). Von diesem RGrds macht § 19 eine (bedenkl) Ausn. Die Vorschr soll ein Korrelat zu § 21 sein, wonach dem UnterlUrt uU auch im RStreit zw Kunden u Verwder Bindswirkg zukommt. Wg ihres AusnCharakters u des ihr zGrde liegden eingeschr gesetzgeb Zweckes ist die Vorschr eng auszulegen. Keinesf darf aus ihr gefolgert w, daß zur Begründg von VollstrAbwehrklagen nunmehr allg eine Änderg der Rspr genüge. Die Vorschr war im GesGebgsVerf lebh umstr. Ihre prakt Bedeutg w denkb gering sein. Obwohl die Vorschr auf ZPO 767 verweist, handelt es sich in Wahrh nicht um eine VollstrAbwehrKl, sond um ein WiederAufnVerf eig Art.

2) Voraussetzgen der Klage: a) Klageberechtigt ist allein der Verwder. Ein entspr KlagR für den (von § 21 nicht betroffenen) Empfehler besteht nicht (Lö-vW-Tr Rdn 3; aA Schlo-Coe-Gra Rdn 4). **b)** Dem Verwder muß die Verwendg best Klauseln untersagt worden sein; gg ihn muß also ein **UnterlUrt** gem §§ 17, 13 vorliegen. VersäumnUrt u AnerkUrt genügen. Gem ZPO 795, 767 w auch einstw Vfgen u gerichtl Vergl, soweit sie Verwendgsverbote gem §§ 17, 13 enthalten, einzubez sein, obwohl ihnen die Bindgswirkg des § 21 nicht zukommt (Ul-Br-He Rdn 11). Hat der Verwder außergerichtl eine UnterlVerpfl übernommen, steht ihm unter den Voraussetzgen des § 19 ein KündR aus wicht Grd zu (vgl § 242 Anm 4 F). Für Urt aus RStreitigk zw Kunden u Verwder gilt § 19 nicht. **c) Nachträgl abweichde Entscheidg: aa)** Sie muß der BGH od der GmS-OGB erlassen h. **bb)** Die Entsch muß die Verwendg einer entspr Klausel „nicht untersagt" h. Es muß sich also um eine Entsch in einem Verf gem § 13 handeln. Höchstrichterl Entsch in einem RStreit zw Kunden u Verwder eröffnen die KlMöglich des § 19 nicht, da sie nicht über die Untersagg von Klauseln befinden (Lö-vW-Tr Rdn 10, aA Schlo-Coe-Gra Rdn 9). Die Entsch muß eine EndEntsch sein. Beschlüsse im ArmenrechtsVerf od gem ZPO 91a reichen nicht aus. **cc)** Die Entsch muß eine entspr Klausel u dieselbe Art von RGesch betreffen. Wörtl Übereinstimmg ist nicht erforderl. Entscheidd ist, ob beide Klauseln in ihrem für die WirksamkPrüfg wesentl „Kern" (§ 17 Anm 2b) übereinstimmen. In diesem Sinn ist auch die vom Ges geforderte Übereinstimmg des Anwendgsbereichs („dieselbe Art von RGesch") zu verstehen. **dd)** Die Entsch muß nachträgl ergangen sein. Maßgebd ist insow ZPO 767 II. Danach muß die höchstrichterl Entsch nach Schluß der mdl Verhandlg im ErstProz verkündet worden sein, bei Beendigg der ErstProz durch VU nach Ablauf der EinsprFr. Auf den Ztpkt der Kenntniserlangg kommt es nicht an. **d)** Die Vollstr des Verwendungsverbots muß den GeschBetr des Verwders **unzumutb beeinträchtigen.** Das ist idR anzunehmen, wenn Mitbewerber die im ErstProz verbotene Klausel benutzen u sich daraus für den Verwder Nachteile im Wettbewerb ergeben. Hat der Verwder keinen GeschBetr (§ 1 Anm 2c), kommt es darauf an, ob er in seiner WirtschFü unzumutb beeinträchtigt w. **e)** Im übr sind die für die Kl aus ZPO 767 geltden allg Regeln anzuwenden.

AGBG 20 *Register.*

I Das Gericht teilt dem Bundeskartellamt von Amts wegen mit
1. Klagen, die nach § 13 oder nach § 19 anhängig werden,
2. Urteile, die im Verfahren nach § 13 oder nach § 19 ergehen, sobald sie rechtskräftig sind,
3. die sonstige Erledigung der Klage.

II Das Bundeskartellamt führt über die nach Absatz 1 eingehenden Mitteilungen ein Register.

III Die Eintragung ist nach zwanzig Jahren seit dem Schluß des Jahres zu löschen, in dem die Eintragung in das Register erfolgt ist. Die Löschung erfolgt durch Eintragung eines Löschungsvermerks; mit der Löschung der Eintragung einer Klage ist die Löschung der Eintragung ihrer sonstigen Erledigung (Absatz 1 Nr. 3) zu verbinden.

IV Über eine bestehende Eintragung ist jedermann auf Antrag Auskunft zu erteilen. Die Auskunft enthält folgende Angaben:
1. für Klagen nach Absatz 1 Nr. 1
    a) die beklagte Partei,
    b) das angerufene Gericht samt Geschäftsnummer,
    c) den Klageantrag;
2. für Urteile nach Absatz 1 Nr. 2
    a) die verurteilte Partei,
    b) das entscheidende Gericht samt Geschäftsnummer,
    c) die Urteilsformel;
3. für die sonstige Erledigung nach Absatz 1 Nr. 3 die Art der Erledigung.

1) Allgemeines: Die Vorschr sieht vor, daß beim BKartellAmt alle Verf gem §§ 13 u 19 u die in diesen Verf ergehden rechtskr Entsch registriert w. Dadch soll für Verbraucherverbände, Verwder, Kunden u Ger eine umfassde u zuverläss Informationsquelle geschaffen w. Mitzuteilen sind auch sonst Erledigen, wie KlRücknn, Vergl, Verweisg, Erledigg der Hptsache u 6-monatiger Nichtbetrieb. Die Löschgsregel (III) trägt dem Gedanken Rechng, daß die wirtschaftl Verh u die Anschauungen der am RVerk Beteiligten sich ändern. Nach Ablauf von 20 Jahren ist daher eine Löschg unbedenkl. Entsch, die auf Dauer wicht bleiben, w ohnehin anderwt veröffentlicht. Für einstw Vfgen sieht das Ges keine MitteilgsPfl vor. Sie w nach dem Zweck des Ges aber zumindest dann zu bejahen sein, wenn Widerspr eingelegt worden u ein Urt ergangen ist (aA Ul-Br-He Rdn 6).

2) AuskAnspr: Er steht jedermann zu. Ein berecht Interesse braucht nicht dargelegt zu werden. Die AuskPfl beschr sich auf den Inh der Eintr. Zur Übersendg von UrtAbschr ist das Amt nicht verpflichtet. Der Berecht kann sich insow gem ZPO 299 II an den zust GerPräsidenten wenden. Soweit das BKartAmt über AuskErsuchen gem IV entscheidet, ist es als JustizBeh iSd EGGVG 23 anzusehen. Zul RBehelf daher der Antr auf gerichtl Entsch.

AGBG 21 *Wirkungen des Urteils.* Handelt der verurteilte Verwender dem Unterlassungsgebot zuwider, so ist die Bestimmung in den Allgemeinen Geschäftsbedingungen als unwirksam anzusehen, soweit sich der betroffene Vertragsteil auf die Wirkung des Unterlassungsurteils beruft. Er kann sich jedoch auf die Wirkung des Unterlassungsurteils nicht berufen, wenn der verurteilte Verwender gegen das Urteil die Klage nach § 19 erheben könnte.

1) Allgemeines: In RStreitigk, für die die PartMaxime gilt, erwachsen Urt nur für die ProzPart u ihre RNachfolger in Rechtskr. Wenn ein Verwder eine gem §§ 13, 17 verbotene Klausel weiter benutzt, begründet die ZuwiderHdlg nach der ZPO nur im Verh der ProzPart RFolgen. Der Verband kann den Verwder gem ZPO 890 zur Befolgg des Verbots anhalten (Ordngsgeld bis zu 500000 DM). Dagg kann der Kunde in einem etwaigen Proz mit dem Verwder aus dem Urt im UnterlProz nach allg prozeßr Grds keine Rechte herleiten. Bereits die ArbGr beim BMJ (2. TBericht S 47) hat die Ans vertreten, daß dieses Ergebn mit den Erfordern eines wirks Verbraucherschutzes unvereinb sei. Dieser Ans hat sich der Ges-Geber angeschl (der BR allerdings erst, nachdem er gg § 21 erfolgl den VermittlgsAussch angerufen hatte); er h daher dem Kunden die Befugn eingeräumt, sich im IndividualProz auf die Wirkg des UnterlUrt zu berufen. Geschieht dies, muß das Ger im IndividualProz ohne eig Sachprüfg von der Unwirksamk der Klausel ausgehen. Eine entspr Befugn des Verwders besteht nicht. Ist im Verf gem § 13 die Klage mit der Begr abgewiesen worden, die Klausel sei wirks, so bindet diese Entsch das für den IndividualProz zust Ger nicht. Da der Kunde im (Verf gem § 13 nicht beteiligt war, wäre eine Bindg zu seinen Lasten auch mit GG 103 unvereinb.

2) Rechtsnatur: Die in § 21 geregelte UrtWirkg ist ein bes ausgestalteter Fall der RKraftErstreckg (MüKo/Gerlach Rdn 4; Ul-Br-He Rdn 6; str, aA 37. Aufl). **a)** Das Urt im UnterlProz ist nicht vAw zu beachten, sond nur, wenn sich der Kunde darauf beruft. Es handelt sich somit um eine **Einrede**. Sie fällt nicht unter ZPO 282 III u kann bis zum Schluß der mdl Verhandlg geltd gemacht w. **b)** Die Einr knüpft nicht an das UnterlGebot an, sond an ein tragds Element des Urt, näml die in den Grden getroffene Feststellg, die Klausel sei unwirks. Diese Feststellg w aber von der RKraft des UnterlUrt miterfaßt (MüKo aaO). Dch die Erhebg der Einr w die RKraft dieser Entscheidg auf den IndividualProz erstreckt. Bei einer RNachf auf Seiten des Verwders ist ZPO 325 entspr anwendb.

3) Voraussetzgen der Einrede: a) Es muß ein **UnterlassgsUrt** (§§ 13, 17) vorliegen. Ein VersäumnUrt od AnerkUrt reicht, eine einstw Vfg od ein Vergl nicht. Auch wenn die einstw Vfg dch Urt bestätigt w ist, bleibt § 21 unanwendb. Die in einem summar Verf erlassene Entsch kann in einem auf volle Sachprüfg angelegten RStreit haben (Düss Betr **78**, 1730). Bei Vergl läßt sich eine dem § 21 entspr Wirkg dch ergänzde Abrede (Vertr zGDr BGB 328) erreichen. **b)** Das Urt muß **rechtskr** sein. Zwar w das im Ges nicht ausdr gesagt, ergibt sich aber aus der Entstehgsgeschichte (BT-Drs 7/5422 S 13) u daraus, daß es sich dogmat um einen Fall der RKraftErstreckg handelt. **c)** Der Verwder muß dem Urt (nach Eintr der Rechtskr) **zuwider gehandelt** h. Er muß also gleiche od inhgleiche Klauseln verwandt haben (vgl § 17 Anm 2b). Auf vorher abgeschl Vertr erstreckt sich die Bindgswirkg nicht (Ul-Br-He Rdn 4 str). **d)** Die Einr entfällt, wenn die Voraussetzgen für eine **Klage gem § 19** erf sind (vgl dort). KlErhebg ist nicht erforderl. Das Bestehen des KlRecht kann vom Verwder als GgEinr geltd gemacht w.

AGBG 22 *Streitwert.* Bei Rechtsstreitigkeiten auf Grund dieses Gesetzes darf der Streitwert nicht über 500 000 Deutsche Mark angenommen werden.

1) Der Streitwert ist gem ZPO 3 nach bill Erm festzusetzen. Abzustellen ist auf das Interesse des Klägers an der DchSetzg des UnterlAnspr. Klagt ein gemeinnütz Verband, der keine eig wirtschaftl Interessen verfolgt, ist Streitwert das Interesse der Allgemeinh an der beanstandeten gesetzwidr Klauseln (BGH NJW **67**, 2402). Klagt ein wirtschaftl Interessenverband, ist auf die Summe der Interessen seiner Mitgl abzustellen; nimmt er zugleich Belange von NichtMitgl wahr, sind auch diese zu berücksichtigen (BGH aaO). NebenAnspr auf Einräumg einer Veröffentlchgsbefugn haben einen eig Streitwert (Hbg MDR **77**, 142), der auf etwa 1/10 des Wertes der Hauptsache anzusetzen ist. Im höheren RZug kommt es auf das Interesse des RMittelklägers an, bei einer Berufg des Verwders also auf sein Interesse an der weiteren Benutzg der beanstandeten Klausel. Mangelnde LeistgsFähigk des Verbandes darf nicht streitwertmindernd berücksichtigt w (B-Hefermehl Einl UWG Rdz 281). Um das Kostenrisiko der Verbände im Rahmen des Vertretb zu halten, darf der Streitwert aber nicht höher festgesetzt w als auf 500000 DM. Die im GesGebgsVerf diskutierten weitergehenden Vorschläge (Regelstreitwert von 5000 DM, Höchstwert 200000 DM, gespaltener Streitwert entspr UWG 23a) sind leider nicht Ges geworden.

Vierter Abschnitt. Anwendungsbereich

AGBG 23 *Sachlicher Anwendungsbereich.* I Dieses Gesetz findet keine Anwendung bei Verträgen auf dem Gebiet des Arbeits-, Erb-, Familien- und Gesellschaftsrechts.

Vierter Abschnitt. Anwendungsbereich **AGBG 23, 24**

II Keine Anwendung finden ferner
1. § 2 für die mit Genehmigung der zuständigen Verkehrsbehörde oder auf Grund von internationalen Übereinkommen erlassenen Tarife und Ausführungsbestimmungen der Eisenbahnen und die nach Maßgabe des Personenbeförderungsgesetzes genehmigten Beförderungsbedingungen der Straßenbahnen, Obusse und Kraftfahrzeuge im Linienverkehr;
2. die §§ 10 und 11 für Verträge der Elektrizitäts- und der Gasversorgungsunternehmen über die Versorgung von Sonderabnehmern mit elektrischer Energie und mit Gas aus dem Versorgungsnetz, soweit die Versorgungsbedingungen nicht zum Nachteil der Abnehmer von den auf Grund des § 7 des Energiewirtschaftsgesetzes erlassenen Allgemeinen Bedingungen für die Versorgung mit elektrischer Arbeit aus dem Niederspannungsnetz der Elektrizitätsversorgungsunternehmen und Allgemeinen Bedingungen für die Versorgung mit Gas aus dem Versorgungsnetz der Gasversorgungsunternehmen abweichen;
3. § 11 Nr. 7 und 8 für die nach Maßgabe des Personenbeförderungsgesetzes genehmigten Beförderungsbedingungen und Tarifvorschriften der Straßenbahnen, Obusse und Kraftfahrzeuge im Linienverkehr, soweit sie nicht zum Nachteil des Fahrgastes von der Verordnung über die Allgemeinen Beförderungsbedingungen für den Straßenbahn- und Obusverkehr sowie den Linienverkehr mit Kraftfahrzeugen vom 27. Februar 1970 abweichen;
4. § 11 Nr. 7 für staatlich genehmigte Lotterieverträge oder Ausspielverträge;
5. § 10 Nr. 5 und § 11 Nr. 10 Buchstabe f für Leistungen, für die die Verdingungsordnung für Bauleistungen (VOB) Vertragsgrundlage ist;
6. § 11 Nr. 12 für Verträge über die Lieferung als zusammengehörig verkaufter Sachen, für Versicherungsverträge sowie für Verträge zwischen den Inhabern urheberrechtlicher Rechte und Ansprüche und Verwertungsgesellschaften im Sinne des Gesetzes über die Wahrnehmung von Urheberrechten und verwandten Schutzrechten.

III Ein Bausparvertrag, ein Versicherungsvertrag sowie das Rechtsverhältnis zwischen einer Kapitalanlagegesellschaft und einem Anteilinhaber unterliegen den von der zuständigen Behörde genehmigten Allgemeinen Geschäftsbedingungen der Bausparkasse, des Versicherers sowie der Kapitalanlagegesellschaft auch dann, wenn die in § 2 Abs. 1 Nr. 1 und 2 bezeichneten Erfordernisse nicht eingehalten sind.

AGBG 24 *Persönlicher Anwendungsbereich.* Die Vorschriften der §§ 2, 10, 11 und 12 finden keine Anwendung auf Allgemeine Geschäftsbedingungen,
1. die gegenüber einem Kaufmann verwendet werden, wenn der Vertrag zum Betriebe seines Handelsgewerbes gehört;
2. die gegenüber einer juristischen Person des öffentlichen Rechts oder einem öffentlich-rechtlichen Sondervermögen verwendet werden.

§ 9 ist in den Fällen des Satzes 1 auch insoweit anzuwenden, als dies zur Unwirksamkeit von in den §§ 10 und 11 genannten Vertragsbestimmungen führt; auf die im Handelsverkehr geltenden Gewohnheiten und Gebräuche ist angemessen Rücksicht zu nehmen.

1) Allgemeines: Entgg der AbschnÜbschr w der grds Anwendgsbereich des Ges nicht dch die §§ 23 f, sond dch die BegrBest des § 1 festgelegt. § 23 bringt Beschrkgen des sachl Geltgsbereichs, § 24 des persönl. Eine prakt wicht Ausn w nicht dadg, da sie sich bereits aus dem Grds ergibt, daß RNormen begriffl keine AGB sind (§ 1 Anm 1): Soweit VertrBdggen dch VO, Satzg od Grds des öffR festgelegt sind, wie bei den meisten **Anstalten u Betr der öffHand**, ist das Ges unanwendb (Vorbem 2 c v § 8; best EinzFälle unter Anm 2 b bb u cc).

2) Ausn vom sachl Anwendsbereich (§ 23): a) Bereichsausnahmen (§ 23 I): Sie betreffen folgde RGebiete: **aa) ArbeitsR:** Trotz des Schutzes dch zwingde gesetzl Vorschr u kollektive Vereinbgen besteht auch im ArbR ein Bedürfn für eine inhaltl Kontrolle der einseit vom ArbG festgesetzten ArbBdggen; die Rspr hat daher iW der RFortbildg Grds über eine richterl **Billigkeitskontrolle** bei gestörter VertrParität herausgebildet (BAG **22**, 194, NJW **71**, 1149, Betr **72**, 2113, **74**, 294, Becker NJW **73**, 1913, Lieb Betr **73**, 69, Zöllner AcP **176**, 244, v Hoyningen-Huene, Billigk im ArbR 1978, S 127 ff). Eine gesetzl Absicherg dieser Rspr u flankierde verfahrensrechtl Maßn (UnterlKl der Gewerksch u BetrR) wären dringd erwünscht; sie sind im AGBG nicht vorgesehen. Bis zum Eingreifen des GesGebers w die bish richterrechtl Regeln weiter anzuwenden sein; dabei w im EinzFall über §§ 242, 315 auch Grds des AGBG (etwa § 11 Nr 15) herangezogen w können. Die Ausn gilt für ArbVertr jeder Art (Einf 1 e vor § 611). Bei arbeitnehmerähnl Pers (ArbGG 5 I S 1) sind dag die auf die Zustdgk der ordentl Ger abgestellten Vorschr der §§ 23 ff unanwendb. Grdsl anwendb ist dagg die mat-rechtl Vorschr des AGBG, sie gelten aber nicht für TarifVertr (Ul-Br-He Rdn 7, sehr str). Auf DienstVertr mit selbstd Tätigen erstreckt sich § 23 I nicht. **bb) Fam- u ErbR:** Sow hier ausnw FormularVertr benutzt w, besteht für eine Anwendg des Ges kein Bedürfn. Die Freistellg betrifft auch den ErbschKauf (§ 2371, vgl Ul-Br-He Rdn 14, str) u Vertr über einen vorzeit Erb-Ausgl (§ 312 II), bei mehreren Betroffenen gelegentl vorformuliert u standardisiert w. Vertr des FamR sind nur solche, die famrechtl RBeziehgen regeln (§§ 1372, 1408, 1585 c, 1587 o), nicht dagg schuldrechtl Vertr zw Eheg od Verwandten (Ul-Br-He Rdn 18). **cc) GesellschR:** Es umfaßt das Recht der Handels-Gesellsch (einschl der stillen Gesellsch), das GenossenschR (Ffm Betr **77**, 2181), das Recht der BGB-Gesellsch u des VereinsR. Nicht freigestellt sind Vereinbgen über die Ausübg von GterR (DepotstimmR) sowie SatzgsBest eines Verbandes, die RBeziehgen zu Dr regeln (BGH **LM** § 25 Nr 10, Ffm NJW **73**, 2209). Werden gesellschr Gestaltgen zur Umgehg des Ges benutzt, ist § 7 anzuwenden. Im VereinsR unterliegt die Satzg gem §§ 242, 315 einer richterl InhKontr (§ 25 Anm 3a). Entspr gilt für formularmäß Regelgen bei einer sog PublikumsKG (BGH **64**, 238, KG Betr **78**, 1025, 1922, Martens JZ **76**, 511). Zur InhKontrolle von GesellschVertr vgl näher U. H. Schneider ZGR **78**, 1 ff.

b) Nach § 23 II u III finden **einzelne Vorschr** des Ges auf best Arten von Vertr od AGB keine Anwendg: **aa) Nr 1:** Die angeführten Tarife u BeförderungsBdgg sind keine RNormen, w aber gem §§ 6 VI EVO, 39 VII PersBefG öff bekannt gemacht. Für sie kann daher auf eine förml Einbez verz w. Auch nach § 157 bedeutet die Inanspruchn von BeförderungsLeistgen Einverständn mit den maßgebden Bdggen. Hins der EVO u der VO vom 27. 2. 1970 (cc) ist eine Einbez schon deshalb nicht erforderl, weil sie RNormen sind (Anm 1). **bb) Nr 2:** Die am 27. 1. 1942 gem EnergWG 7 für allg verbindl erkl Strom- u Gasversorggs-Bdgg sind als RNormen (BGH **9**, 393, **23**, 179, **66**, 65) ipso jure der Anwendg des Ges entzogen. Ihre weitgehden HaftgsBeschrkgen sind – wie bish (BGH NJW **59**, 1423) – wirks, aber eng auszulegen (BGH NJW **69**, 1903, BGH **64**, 359). Dagg gelten die Bdggen vom 27. 1. 1942 für Sonderabnehmer nur kr Einbez. Um den Sonderabnehmer nicht besser zu stellen als den Tarifabnehmer, best Nr 2, daß die Bdggen vom 27. 1. 1942 auch bei vertragl Einbez von den Verboten der §§ 10 u 11 freigestellt sind. Eine wirkl Gleichstellg w dadch aber nicht erreicht, da dem Sonderabnehmer der Schutz des § 9 bleibt. **cc) Nr 3:** Die VO vom 27. 2. 1970 (BGBl 230), die dch eine summenmäß Haftgsbegrenzg von § 11 Nr 7 u 8 (Haftg bei grobem Versch, Verz u Unmöglich) abw, fällt als VO gem PersBefördG 58 I, Nr 3 nicht unter das Ges (vgl Loh BB **70**, 1017). Nr 3 ermöglicht aus Grden der Gleichbehandlg, daß privrechtl gestaltete Bdggen die Regelg der VO übernehmen. **dd) Nr 4:** Bei staatl gen Lotterie- od AusspielVertr (§ 763) kann die Haftg für grobes Versch entgg § 11 Nr 7 ausgeschl w, da andf die Gefahr eines kollusiven Zuswirkens zw Kunden u einem Angest (ErfGeh) des Verwders bestehen würde. Der Wortl der AusnVorschr reicht weiter als der in der Entstehgsgeschichte hervorgehobene Zweck. Dem ist dch Anwendg des § 9 Rechng zu tragen. **ee) Nr 5:** Die VOB (B) w hins ihrer „Fiktion" der Abn (§ 10 Nr 5) u ihrer VerjRegelg (§ 11 Nr 10 f) vom Ges freigestellt; vgl § 10 Anm 5 a dd u § 11 Anm 10 f. Im übr findet das AGBG dagg auf die VOB Anwendg (vgl das Schriftt in § 9 Anm 8). **ff) Nr 6:** Sie gestattet, daß bei Verk zugehöriger Sachen, VersVertr u Vertr mit Inh von UrhR formularmäß weitergehende zeitl Bindgen begründet w, als § 11 Nr 12 für sonst DauerSchuldVerh zuläßt (vgl dort Anm 12a). **gg) III:** Auch bei Vertr mit Bausparkassen (BauspG 1 I) Versicherern (VVG 1) u KapitalanlageGesellsch (KAGG) gelten für die Einbez von AGB an sich die Erfordern des § 2 (Ul-Br-He Rdn 53, str). § 2 ist hier aber lex imperfecta. Die behördl gen AGB w auch dann VertrInh, wenn der Verwder den Obliegenh des § 2 nicht erf. III hat im wesentl nur klarstelle Bedeutg: Da bes gesetzl Vorschr fehlen, würde auch über § 6 II iVm §§ 157, 242 die Lücke dch Heranziehg der gen AGB zu schließen sein.

3) Ausn von persönl Anwendgsbereich (§ 24). a) § 24 bringt hins der Anwendg des Ges auf **Kaufleute** eine **mittlere Lösg**. Es hat dabei für eine Frage, die in der Reformdiskussion bes umstr war (vgl Ul-Br-He Rdn 2), einen brauchb Kompromiß gefunden. Nach § 24 gilt das Ges grdsl auch dann, wenn AGB ggü Kaufleuten, jur Pers des öffR u öffr Sondervermögen verwendet w. Es bestehen jedoch drei wesentl Einschrkgen: **aa)** Zur **Einbez** von AGB in den Vertr genügt jede auch stillschw erklärte Willens-übereinstimm der Part; die Erfordern des § 2 brauchen nicht erfüllt zu sein (näher § 2 Anm 5). **bb)** Für die **Inhaltskontrolle** ist allein § 9 nebst der Ergänzg in § 24 S 2 maßgebd; die Klauselverbote der §§ 10 u 11 gelten nicht (näher § 9 Anm 5). **cc)** Die SchutzVorschr des § 12 für Vertr, die ausl Recht unterstehen, ist unanwendb. **b)** § 24 betrifft: **aa) Kaufleute.** Die Vorschr unterscheidet (and als AbzG 8 u ZPO 38) nicht zw Voll- u Minderkaufl. Sie gilt für HandelsGesellsch (HGB 6), alle im HandelsReg Eingetragenen (HGB 2, 3 II) einschließl des Scheinkaufm (HGB 5), für denjenigen, der ein GrdHandelsgewerbe (HGB 1) betreibt auch ohne Eintr. Sie ist unanwendb auf nicht kaufm Gewerbetreibde sowie auf Angeh freier Berufe. **bb)** Der Vertr muß zum **Betrieb des Handelsgewerbes** gehören (HGB 343). Das trifft auf alle Vertr zu, die dem Interesse des Gesch, der Erhaltg seiner Substanz od der Erzielg von Gewinn dienen sollen (BGH LM HGB 406 Nr 1). Eingeschlossen sind auch Hilfs- u NebenGesch, ungewöhnl Vertr, vorbereitde u abwickelde Gesch (Einzelh bei Baumb-Duden zu HGB 343). Im Streitfall gilt die Vermutg des HGB 344 I, wonach die von einem Kaufm vorgen RGesch iZw zum Betr seines Handelsgewerbes gehören. **cc) Jurist Pers des öffR:** alle Körpersch, einschließl der Gebietskörpersch, sowie Anstalten u Stiftgen des öffR (näher Vorbem 1 vor § 89). **dd) Sondervermögen des öffR:** Bundesbahn, Bundespost, LAG-Ausgl-Fond (Diederichsen BB **74**, 379). Sie nehmen selbstd am RVerk teil, h aber keine eig RPersönlichk.

Fünfter Abschnitt. Schluß- und Übergangsvorschriften

AGBG 25 (Die Vorschr hat in das BGB einen neuen § 476 a u § 633 II 2 eingefügt, vgl dort)

AGBG 26 **Änderung des Energiewirtschaftsgesetzes.** § 7 des Energiewirtschaftsgesetzes vom 13. Dezember 1935 (Reichsgesetzbl. I S. 1451), zuletzt geändert durch Artikel 18 des Zuständigkeitslockerungsgesetzes vom 10. März 1975 (Bundesgesetzbl. I S. 685), wird wie folgt geändert:

1. In Satz 1 werden die Worte „allgemeine Bedingungen und" gestrichen.

2. Die Sätze 1 und 2 werden Absatz 1.

3. Es wird folgender Absatz 2 angefügt:

II Der Bundesminister für Wirtschaft kann durch Rechtsverordnung mit Zustimmung des Bundesrates die allgemeinen Bedingungen der Energieversorgungsunternehmen (§ 6

Abs. 1) ausgewogen gestalten. Er kann dabei die Bestimmungen der Verträge einheitlich festsetzen und Regelungen über den Vertragsabschluß, den Gegenstand und die Beendigung der Verträge treffen sowie die Rechte und Pflichten der Vertragspartner festlegen; hierbei sind die beiderseitigen Interessen angemessen zu berücksichtigen. Die Sätze 1 und 2 gelten entsprechend für Bedingungen öffentlich-rechtlich gestalteter Versorgungsverhältnisse mit Ausnahme der Regelung des Verwaltungsverfahrens.

1) Die Vorschr paßt die VO-Ermächtigg des § 7 EnergieWGes an die Erfordern des GG 80 an. AGrd der Ermächtigg sollen neue allg VersorggsBdggen erlassen w, die einen Ausgl zw den Anfordergen des AGBG u den bes Gegebenh der Versorgg mit Strom u Gas gewährleisten sollen (RegEntw S 45). Vgl iü § 23 Anm 2 b bb.

AGBG 27 *Ermächtigung zum Erlaß von Rechtsverordnungen.* Der Bundesminister für Wirtschaft kann durch Rechtsverordnung mit Zustimmung des Bundesrates die allgemeinen Bedingungen für die Versorgung mit Wasser und Fernwärme ausgewogen gestalten. Er kann dabei die Bestimmungen der Verträge einheitlich festsetzen und Regelungen über den Vertragsabschluß, den Gegenstand und die Beendigung der Verträge treffen sowie die Rechte und Pflichten der Vertragspartner festlegen; hierbei sind die beiderseitigen Interessen angemessen zu berücksichtigen. Die Sätze 1 und 2 gelten entsprechend für Bedingungen öffentlich-rechtlich gestalteter Versorgungsverhältnisse mit Ausnahme der Regelung des Verwaltungsverfahrens.

1) Die Vorschr ergänzt den § 7 EnergieWG. Sie schafft die Möglichk, für die Versorgg mit Wasser u Fernwärme dch VO allg VersorggsBdggen zu erlassen. Von der Ermächtigg soll spätestens bis zum 31. 3. 1980 Gebrauch gemacht w, da andf das AGBG anwendb w (§ 28 III).

AGBG 28 *Übergangsvorschrift.* I Dieses Gesetz gilt vorbehaltlich des Absatzes 2 nicht für Verträge, die vor seinem Inkrafttreten geschlossen worden sind.

II § 9 gilt auch für vor Inkrafttreten dieses Gesetzes abgeschlossene Verträge über die regelmäßige Lieferung von Waren, die regelmäßige Erbringung von Dienst- oder Werkleistungen sowie die Gebrauchsüberlassung von Sachen, soweit diese Verträge noch nicht abgewickelt sind.

III Auf Verträge über die Versorgung mit Wasser und Fernwärme sind die Vorschriften dieses Gesetzes erst drei Jahre nach seinem Inkrafttreten anzuwenden.

1) Das Ges gilt grdsl nur für Vertr, die nach dem 31. 3. 1977 (§ 30) abgeschl w. Entscheidd ist, ob die AnnErkl vor od nach dem 1. 4. 1977 0 Uhr zugeht (Einf 1 b vor § 145). Für fr zustandegek Vertr weiterhin das bish Recht maßgebl (vgl 35. Aufl Einf 6 vor § 145). Das neue Recht w aber anwendb, wenn ein dch Künd od Zeitablauf beendeter Vertr fortgesetzt w. Es gilt ferner, wenn dch ÄndVereinbg der sachl od zeitl Anwendgbereich des Vertr erweitert wird od abgeänderte AGB in den Vertr einbezogen werden (Ul-Br-He Rdn 2). Dagg w das AGBG nicht schon dadch anwendb, daß ein Vertr infolge Nichtausübg des KündR um eine weitere Periode fortgesetzt w.

2) II trifft für best **DauerschuldVerh** eine Sonderregelg. Für sie gilt die Generalklausel des § 9 (nicht die §§ 10 u 11) auch dann, wenn der Vertr vor dem 1. 4. 1977 abgeschl worden ist. Die Vorschr verstößt nicht gg das verfassgsrechtl Rückwirkgsverbot (EGBGB 170 Anm 1), da sie ausschließl Rechte u Pflichten betrifft, die nach dem 31. 3. 1977 entstehen. Sie ist anzuwenden auf **a)** Vertr über regelmäß Warenlieferg en, Dienst- u WkLeistgn. Der Begr ist aus § 11 Nr 12 entnommen u genau so auszulegen wie dort (§ 11 Anm 12). VersVertr fallen nicht unter ihn (Ul-Br-He Rdn 6, str, aA Bauer BB **78**, 477). **b)** Vertr über die Gebrauchsüberlassg von Sachen (nicht Rechte). Das sind Miete, Pacht u Leihe, nicht dagg das Darl.

3) Für Vertr über die Versorgg mit Wasser u Fernwärme gilt das Ges nach III erst ab 1. 4. 1980. Dch diese rechtspolit fragwürd AusnVorschr soll der bish RZustand bis zum Erlaß der geplanten VO (§ 27) aufrecht erhalten bleiben.

AGBG 29 *Berlin-Klausel.* Dieses Gesetz gilt nach Maßgabe des § 13 Abs. 1 des Dritten Überleitungsgesetzes vom 4. Januar 1952 (Bundesgesetzbl. I S. 1) auch im Land Berlin. Rechtsverordnungen, die auf Grund dieses Gesetzes erlassen werden, gelten im Land Berlin nach § 14 des Dritten Überleitungsgesetzes.

AGBG 30 *Inkrafttreten.* Dieses Gesetz tritt vorbehaltlich des Satzes 2 am 1. April 1977 in Kraft. § 14 Abs. 2, §§ 26 und 27 treten am Tage nach der Verkündung* in Kraft.

* Verkündung: 15. 12. 1976.

Gesetz betr. die Abzahlungsgeschäfte

Vom 16. Mai 1894 (RGBl S 450/BGBl III 402–2). Zuletzt geändert durch die Vereinfachungsnovelle vom 3. Dezember 1976 (BGBl I S 3281)

Bearbeiter: Prof. Dr. Putzo, Vorsitzender Richter am Oberlandesgericht München

Einleitung

1) Allgemeines. a) Neues allg **Schrifttum:** Erman-Weitnauer–Klingsporn, BGB-Komm mit AbzG, 6. Aufl, 1976; Ostler-Weidner (fr Crisolli-Ostler), Komm 6. Aufl, 1971; Winkler, AbzG EntschSammlg, 1963ff Losebl. – **b) Zweck** des G ist Schutz des wirtschaftl u soz schwächeren AbzK. Dabei ist zu berücks: Wirtschaftspol ist einers der AbzKauf unerwünscht, weil er eine (meist verdeckte) Verteuerg der Ware verurs u Einkommensschwache zu überflüss Anschaffen verführt, ands notw, weil er den frühzeit od sonst unmögl Erwerb nützl WirtschGüter ermögl u Absatz sowie Produktion steigert. **c) Reformen** w erst dch die nach dem 2. Weltkrieg eingesetzten mod Absatzmethoden notw. Die Reformbestrebgen hatten folgde Ziele: **aa)** Schriftform mit offengelegter Verteuerg u Einschränkg der GerStandsVereinbg. Das ist dch §§ 1a, 6a (AbzGNov v 1. 9. 69, BGBl 1541) erf. **bb)** Unverzichtb WiderrufsR des AbzK u Ausdehng auf Gesch, die wirtsch dem AbzGesch entspr. Das ist dch das G v 15. 5. 74 dchgeführt, dch Ergänzg des § 1a u Einfügg der §§ 1b, 1c, 1d u 6b. In Kr getreten am 1. 10. 74. **d) Anwendungsbereich.** Allg gilt das AbzG, wenn ein AbzGesch vorliegt (vgl den Begr Anm 2) u der AbzK nicht eingetr Kaufmann ist (§ 8); zT gilt das AbzG bei Gesch des § 1c. Eine konkrete Schutzbedürftigk des AbzK ist nicht notw (BGH stRspr, zB 67, 241). Größe des Gesch u Höhe des KaufPr schließen die Anwendg des AbzG nicht aus. Eine derart Beschränkg w gefordert (vgl Ostler-Weidner § 1 Anm 64 mwN), insb Unanwendbk bei nicht Schutzbedürft (Pramann Betr 74, 2093). Vom GZweck w Spekulationskäufe u Handelskäufe großen Umfangs nicht erfaßt; jedoch läßt die eindeut Regelg des § 8 eine solche Einschränkg nicht zu. **e) Verhältnis zum BGB:** Vor dem BGB in Kr getreten, dch Art 32 EGBGB aufrechterhalten, ist das AbzG materiell ein Teil des BGB (SchuldR) als SondRegelg des AbzGesch, für das iü, soweit nicht dch das AbzG geregelt, das BGB gilt, insb die §§ 320ff, 433ff, 459ff.

2) Begriff des Abzahlungsgeschäfts: (auch TeilzahlgsGesch gen). Es ist iS der GÜberschrift eine Verbindg von Warenkauf u KreditGesch, stets ein ggseit Vertr (§§ 320ff). **a) Entwicklung:** Bis zur AbzGNov v 1. 9. 69 (Einfügg von §§ 1a, 6a) wurde von der hM der Begr des AbzGesch aus § 1 abgeleitet u als wesentl, notw Merkmale herausgestellt: (1) Kauf od UmgehgsVertr gem § 6; (2) Bewegl Sache; (3) Teilzahlgsabrede; (4) Übergg; (5) RücktrVorbeh des AbzV. Dch die §§ 1a, 6a ist von deren Zweck u Voraussetzen her auf jeden Fall die Überg als notw Voraussetzg eines AbzGesch entfallen (Knippel NJW **71**, 1117; KG NJW **75**, 1327; LG Zweibr NJW **74**, 193), weil §§ 1a, 6a RFolgen vorschreiben, die idR vor Überg der Sache eintreten. Die RücktrVorbeh u der Rücktr selbst sind nach richt Auffassg (vgl Ostler-Weidner § 1 Anm 60) von uns nur Voraussetzgen für die Anspr u RFolgen des § 1, 2 gewesen, aber nicht notw BegrMerkmal des AbzGesch. Vereinbg eines EigtVorbeh ist nie für erforderl gehalten worden. **b) Neuer Begriff:** Das AbzG verlangt für seine konsequente Anwendg einen einheitl, nicht auf die einz §§ aufgespaltenen Begr des AbzGesch (vgl Knippel NJW **71**, 1117). Hierzu sind nur noch folgde Voraussetzgen notw: **aa) Kaufvertrag** (§ 433) unter Einschl aller WerkliefergVertr (§ 651; Ostler-Weidner § 1 Anm 7 mwN; bestr); ferner die UmgehgsVertr (§ 6 Anm 2). Auch private Gesch, da der AbzV nicht gewerbsm handeln muß. **bb) Bewegliche Sachen** müssen Ggst des Vertr (Anm a) sein; eine entspr Anwendg auf unbewegl Sachen u Re ist nicht mögl (allgM). Daher insb nicht auf Verm u Nachl, gewerbl Untern (zB Waschsalon als Ganzes, Mü OLGZ **73**, 341), sowie gemischte Vertr über Lieferg v Sachen verbunden mit werkvertrl Leistgen (BGH NJW **73**, 2200); hier kann grdsätzl das AbzG, wenn das einheitl Entgelt aufschlüsselbar ist, nur auf den Teil des Vertr, der den Kauf betr, angewendet w (BGH aaO, vgl aber nunmehr § 1b IV). Sachen, die wesentl Bestandt sind (§ 93) können nicht Ggst eines AbzGesch sein, weil sie nicht sonderrechtsfäh sind; wohl aber Zubeh (§ 97). Sachgesamth (zB Bücherei, Fertighaus, Zimmereinrichtg) können Ggst eines einheitl SchuldVerh sein (Einf 3c vor § 90); daher ist auch AbzGesch mögl (hM) mit einheitl, nicht auf jede einzelne Sache isolierter RücktrFiktion (Gramm AcP **158**, 257; aA Ostler-Weidner § 1 Anm 17); erst recht bei einer aus mehreren Teilen bestehden Sache (zB mehrbänd Buchwerk), auch wenn sukzessiv geliefert w (LG Hbg NJW **73**, 804; Mösenfechtel MDR **74**; 111). Beim Kauf mehrerer, nicht dch einheitl SachInbegr verbundener Sachen ist grdsätzl nie dementspr Mehrh von AbzGesch anzunehmen (vgl aber für sog Sammelbestellg § 1a Anm 7). Auch bei ZusFassg in einen Vertr sind sie als Einzelkäufe zu bewerten, Rücktr, Verrechng, Vergütg gem § 2 für jede Sache gesondert zu beurt. Hingg sind Käufe (Abonnements) v Buch- od Schallplattenreihen wg der sukzessiven Lieferg keine AbzGesch (Hönn NJW **73**, 272 mwN), fallen aber nunmehr unter § 1c. **cc) Teilzahlungsabrede** ist die Vereinbg der VertrPart, daß der KaufPr (§ 433 II) od die entspr Vergütg (§ 6) entgg der ges Regelg nicht auf einmal sond in mind 2 Teilen (Raten) zu leisten ist (umstr; vgl Ostler-Weidner § 1 Anm 44 mwN; BGH NJW **78**, 1315). α) **Zeitpunkt:** Die Teilzahlsabrede muß im urspr KaufVertr, auf jeden Fall vor der Überg getroffen sein (Erm-Weitnauer-Klingsporn Vorbem III A a, bb; bestr); andrnf liegt Stundg vor. Die 2 Teilzahlgen müssen nicht beide nach der Überg fäll sein (umstr, vgl Ostler-Widner aaO). Die TeilzahlgsAbrede kann in einem and, wirtsch zushängden Vertr enthalten sein (SukzessivLieferg von Eispulpulver u Miete einer Eismaschine, BGH **62**, 42). β) **Bestimmtheit:** Höhe u Fälligk der Anzahlg u Raten müssen (wg § 315), um den Begr des AbzGesch zu erf, nicht best sein (BGH NJW **54**, 185); jedoch besteht

Gesetz betr die Abzahlungsgeschäfte **AbzG 1** 1–4

in § 1a I hierzu eine FormVorschr u Obliegenh des AbzV. γ) **Wechsel:** Die Teilzahlsabrede kann dadch getroffen w, daß der AbzK (mind 2) Wechsel über den KaufPr akzeptiert (RG **136**, 137). Dadch w der Charakter des AbzGesch nicht berührt, gleichgült ob die Wechsel gestückelt w od ob nur ein sog Rahmenwechsel (zur Sicherg), ob er erfhalber (§ 364 II) od an ZahlgsStatt (§ 364 I, dann § 6) begeben w (das zuletzt genannte ist str, vgl Ostler-Weidner § 1 Anm 56). δ) **Beweislast** dafür, daß ein AbzKauf vorliegt, hat ggü dem auf RestKaufPrZahlg klagden Verk wg § 271 I der verklagte Käufer (aA BGH NJW **75**, 206).

AbzG 1 *Rückgewähransprüche bei Rücktritt.* I Hat bei dem Verkauf einer dem Käufer übergebenen beweglichen Sache, deren Kaufpreis in Teilzahlungen berichtigt werden soll, der Verkäufer sich das Recht vorbehalten, wegen Nichterfüllung der dem Käufer obliegenden Verpflichtungen von dem Vertrage zurückzutreten, so ist im Falle dieses Rücktritts jeder Teil verpflichtet, dem anderen Teil die empfangenen Leistungen zurückzugewähren. Eine entgegenstehende Vereinbarung ist nichtig.

II Dem Vorbehalte des Rücktrittsrechts steht es gleich, wenn der Verkäufer wegen Nichterfüllung der dem Käufer obliegenden Verpflichtungen kraft Gesetzes die Auflösung des Vertrages verlangen kann.

1) **Allgemeines. a) Zweck:** § 1 ist (vor allem iVm § 5) die wicht SchutzVorschr des AbzG. Es w verhindert, daß der AbzK bei Rückg der Sache dch abweichde Vereinbg entgg § 346 auch seine bisher gezahlten KaufPrRaten verliert od dabei übervorteilt w. **b) Abdingbarkeit:** I S 1 ist zwingd (I S 2). Die Nichtigk erfaßt (dem Zweck des AbzG entspr) nur die betr Vereinbg, nicht das übr RGesch (allgM); es gilt dann die gesetzl Regelg des § 1. Entggstehd sind zB Vereinbg, daß AbzV die Leistgen des AbzK nicht zurückgewähren muß, die KaufPrFdg trotz Rücktr nicht erlisch. Zul sind hingg abweichde Vereinbgen, die den AbzK günst stellen, ferner Vereinbg (insb Vergl, § 779), die nach dem Rücktr getroffen w (hM, BGH LM § 6 Nr 5). **c) Anwendungsbereich:** Bei allen AbzGesch (Einl 2); nur beim Rücktr des AbzV (beim finanz Kauf dem der FinBank, BGH NJW **72**, 46; vgl Anh nach § 6); wg der Fiktion des § 5 in allen Fällen, bei denen der AbzV die Sache an sich nimmt, wie das (statt Rücktr) bezeichnet w. Wg der Anwendg auf AbzGesch über mehrere Sachen vgl Einl 2b,bb. § 1 gilt nicht bei Widerr (§ 1b).

2) **Anspruchsvoraussetzungen** des RückgewährAnspr sind: (1) Vorliegen eines AbzGesch (Einl 2); (2) Überg des KaufGgst (Anm 3); (3) RücktrR des AbzV (Anm 4); (4) RücktrErkl (Anm 5). Alle diese Voraussetzgen müssen erf sein, damit die RFolgen (Anm 6) eintreten. Fehlt es an der Überg, so gebietet der Schutzzweck des AbzG (Anm 1a), daß der AbzK nicht schlechter gestellt w darf, als er nach § 1 im Falle des Rücktr gestellt wäre; insow ist eine entspr Anwendg des § 1 gerechtf. Das entspr im Ergebn der Ansicht v Knippel (NJW **65**, 1006 u **71**, 1117) u der des LG Wuppertal (NJW **66**, 1129).

3) **Übergabe** der Sache. **a) Begriff:** Entspr grdsätzl der Verpfl des Verk gem § 433 I (dort Anm 2 A a) u ist unabhäng von der Übereign. Die Überg muß auch beim UmgehgsGesch (§ 6) in einer entspr Weise vorliegen. Dem Zweck des AbzG entspr muß wirtschaftl betrachtet zur Nutzg, insb zum Gebr od Verbrauch überlassen w. **b) Voraussetzungen:** Abweichd von den für den Kauf allg geltden ÜbergBegr (Anm a) gelten beim AbzGesch folgde Besonderh: **aa) Mittelbarer Besitz:** Grdsätzl ist Verschaffg des unmittelb Bes erforderl, daß dem AbzK der mittelb Bes (§ 868) eingeräumt u der HerausgAnspr (der dingl, § 985 od schuldrechtl, zB § 556) abgetreten w, genügt ausnahmsw (aA die hM u 30. Aufl: nie) dann, wenn dadch dem AbzK wirtschaftl der Gebr od die bestimmsgem Nutzg verschafft w (Ostler-Weidner 26; Knippel NJW **65**, 1006), zB Verkauf eines aufgestellten, im unmittelb Bes eines Dr stehden Warenautomaten. **bb) Vertragliche Einigung** genügt (wie bei § 854 II), wenn der AbzK die Sache bereits (insb aus and RGrd) besitzt u die VertrPart (auch stillschw) vereinb, daß die Sache nunmehr aGrd des AbzGesch besessen w (RG JW **05**, 18; bestr). **cc) Traditionspapiere** (insb §§ 424, 450, 650 HGB) reichen als ÜbergErs idR nicht aus, weil der AbzK dadch nicht der Gebr der Sache eingeräumt w (vgl Ostler-Weidner 30). **dd) Zeitpunkt:** Zeitl muß die Überg vor Fälligk des restl KaufPr geschehen, weil sonst der Begr des AbzGesch nicht erf w (vgl Einl 2 b, cc). **ee) Versendung:** W dem AbzK die Sache zugesandt, so ist zu unterscheiden: α) Beim echten Versendgkauf (§ 447) kommt die Überg erst zustande, wenn dem AbzK die Sache ausgeliefert ist; denn § 447 betr nur die Preisgefahr, bewirkt aber keinen Besitz-Überg. β) Bei bloßer Zusendg der Sache nach Kauf u Konkretisierg in Anwesenh des AbzK im Gesch-Raum des AbzV kann die Überg schon bei VertrSchl im GeschRaum des AbzV stattgefunden haben (Staud-Ostler § 447 Anm 16).

4) **Rücktrittsrecht.** Es muß dem AbzV zustehen, damit der ausgeübte Rücktr (Anm 5) wirks ist. Das gilt auch für den fingierten Rücktr (§ 5). Bei UmgehgsGesch (§ 6) steht dem RücktrR das KündR gleich. **a) Vertragliches** RücktrR (I). Seine Ausgestaltg u die von den Part festgelegten Voraussetzgen beschränkt das AbzG nicht. Für die Anwendg des § 1 bestehen 2 Voraussetzgen: **aa) Rücktrittsvorbehalt** im Vertr kann auch nachträgl über § 305 vereinb sein, entweder dch ausdr Vorbeh (§ 346), dch Verwirkgsklause (§ 360) od dch EigtVorbeh (§ 455); ferner dch die sog Selbsthilfeklausel (Pfl die Abholg der Sache dch den AbzV zu dulden), die wg § 5 wie ein RücktrVorbeh wirkt (Ostler-Weidner 90). **bb) Nichterfüllung** der VertrPfl des AbzK. Das kann sich auf jede VertrPfl beziehen, nicht nur auf die HauptPfl (§ 433 II) sond auch auf jede NebenPfl (hM), die auch erst dch den Vertr begründet w, zB Pfl zur Anz best Tats (Wechsel von ArbPlatz od Wohns, ZwVollstrMaßn), zur Versicherg der Sache, zur GebrBeschränkg u Obhut. Da die VertrPart bei der Ausgestaltg der RücktrVoraussetzgen (abgesehen von §§ 134, 138) frei sind, muß zur NichtErf nicht Versch des AbzK (§§ 276, 278) od Verzug (§§ 284, 285) hinzutreten, wenn dies nicht im Vertr vorgeschrieben od in den Fällen der §§ 360, 455 gesetzl notw ist. Hierzu w in Schriftt u Rspr meist nicht genügd differenziert zw den vertragl Best u den gesetzl Erfordern. Entgg dem Wortlaut

w von § 1 auch die Fälle umfaßt, daß der Rücktr ohne od aGrd and Voraussetzgen als NichtErf von Pfl des AbzK zul ist (RG **92**, 391), denn der Schutzzweck des AbzG umfaßt erst recht die Fälle, in denen der Rücktr in die Willkür des AbzV gestellt ist (Ostler-Weidner 74; bestr).

b) Gesetzliches RücktrR (II) ist ausdr dem vertragl gleichgestellt, aber nur, wenn es wg NichtErf der VertrPfl besteht. Die Voraussetzgen richten sich nach BGB. Es kommen folgde Fälle in Betr: **aa) Verzug** mit der HauptLeistg (insb Zahlg des KaufPr, § 433 II) gem § 326 (daher idR NachFr notw). Bei KalTag-Fälligk ist aber Mahng entbehrl (§ 284 II 1); Versch ist wg § 285 notw; beruht der Verz aber bei Geldschuld auf Mittellosigk des AbzK, ist das Versch dadch nicht ausgeschl (vgl § 279 u § 285 Anm 1). Bei Verz mit einzelnen od mehreren Raten nach erbrachter Teilleistg ist § 326 I 3 zu beachten. **bb) Unmöglichkeit** die Hauptleistg (insb § 433 II) zu erf (§ 325 I). Nachträgl subj Unvermögen steht dem gleich (§ 275), bei Geldleistg wg § 279 stets zu vertreten. Bei Teilleistg ist § 325 I S 2 zu beachten. Die fingierte Unmöglichk des § 325 II ist wg § 326 prakt bedeutgsl. **cc) Positive Vertragsverletzung** kann unter best Voraussetzgen auch bei Verletzg (insb Verz, Unmöglk) von NebenPfl, Rücktr od (bei UmgehgsGesch, § 6) Künd rechtf (vgl § 276 Anm 7e, bb). **bb) Störung der Geschäftsgrundlage** kann nur ausnahmsw zu Rücktr od Künd berecht (vgl § 242 Anm 6c).

c) Ausschluß des RücktrR führt dazu, daß der Rücktr (Anm 5) unwirks ist, der AbzK die Sache nicht herausgeben muß od ggf zurückverlangen kann, da der KaufVertr dann weiterbesteht; § 1 ist dann unanwendb. Es kommen in Betr: **aa) Verzicht** des AbzV auf vertragl u gesetzl RücktlR, im KaufVertr od nachträgl, dch Vertr (§ 397) od einseit WillErkl (§ 397 Anm 1a); geht dann der AusleggsRegel des § 455 vor. Naheliegd für Sachen, die dch Gebr wertl w od im Verh zum RückholgsAufwand weniger wert sind. Verzicht ist aber bedeutgsl beim fingierten Rücktr des § 5. **bb) Erlöschen:** dch FrAblauf (§ 355), od in den Fällen des § 351 (Verschlechterg usw), § 354 (Verz des Berecht) u § 356 S 2 (Mehrh v RücktrBerecht). **cc) Treu und Glauben,** wenn der Zahlgsrückstand nur geringfüg (RG [GS] **169**, 140 [143]) od wenn er für AbzK u AbzV unterschiedl bedeuts u daher zweckwidr ist, wg unzulässl RsAusübg (§ 242 Anm 4c), ferner wg Verwirkg (§ 242 Anm 9) insb, wenn die RücktrErkl unangemessen verzögert w (BGH **25**, 52; vgl aber Scholz MDR **68**, 631); jedoch keinesf (etwa wg venire contra factum proprium) dch Erhebg der ZahlgsKl (hM, Wendt MDR **59**, 969 mwN). **dd) Stundung** des KaufPr gem § 454 (also nicht, wenn sich der AbzV das Eigt vorbehalten hat). Daß das RücktrR dadch in den Fällen der §§ 325 II, 326 gehindert sei (so Ostler-Weidner 58 u 137; bestr), ist zu verneinen, weil die TeilzahlgsAbrede keine Stundg darstellt sond die originäre Fälligk des KaufPr festlegt, § 454 als AusnVorschr eng auszulegen u beim AbzKauf als abbedungen anzusehen ist.

5) Rücktrittserklärung (bei UmgehgsGesch gem § 6 entspr die Künd) ist Ausübg eines GestaltgsR (Anm 4, Einf 1c vor § 346), daher bedinggsfeindl (Einf 6 vor § 158; Ostler-Weidner 159), dch formlose empfangsbed WillErkl (§ 349), auch im Proz mögl. Bei Mehrh v AbzK od AbzV ist § 356 zu beachten. Zeitl ist der Rücktr mögl vom Abschl des Vertr an (unabhäng von der Überg; bestr) bis zur völl Erf (Abwicklg) des AbzGesch (KölnJW **34**, 438). Rücktr kann erkl w: **a) Ausdrücklich:** Das ist der Regelfall des § 349. **b) Schlüssig:** dch unbedingtes Verlangen, die Kaufsache herauszugeben, insb dch KlErhebg (RG **144**, 62); aber nicht wenn aGrd and Umstände der RücktrWille des AbzV ausgeschl erscheint (vgl § 133 Anm 5). **c) Fingiert:** dch Rückn der Sache u gleichstehde Tatbestände (§ 5; vgl dort).

6) Wirkungen: Sie gelten in allen Fällen des Rücktr od bei UmgehgsGesch (§ 6) der Künd. **a) Grundsatz:** Es erlöschen die ErfAnspr die mit dem ErfInteresse zuhängden Anspr aus Vertr; das VertrVerh wandelt sich in ein AbwicklgsVerh (Einf 1b vor § 346); aber nur zw den Part, nicht im Verh zu Dr, die den KaufGgst erworben haben. Bei der Rückabwicklg haben die VertrPart auf die Interessen des and Rücks zu nehmen u vermeidb SchadZufügg zu unterl (BGH WPM **72**, 970). **b) Rückgewähransprüche** (I) sind nach den §§ 1–3 (Sonderregelg) zu beurt; die §§ 346 ff gelten nur subsidiär, soweit das AbzG nichts best (allgM). Zurückzugewähren ist nur, was aGrd des AbzGesch geleistet worden ist (BGH **44**, 237). **aa) Anspr des AbzV:** Rückg der betr Sache (gleichgült in welchem Zust), ggf RückÜbertr des Eigt. Ist das unmögl, kann das Surrogat (§ 281), SchadErs nur bei Versch (§ 280) od Verz (§ 287) verlangt w. Weitere Anspr des AbzV (insb wg Gebr, Verschlechterg u Beschädigg der Sache) nur aus § 2. **bb) Anspr des AbzK:** Rückzahlg (von Geld), RückÜbertr od WertErs (sonstige Leistgen) u zwar der bei AbzK geleisteten Vergütg, Hauptleistg u Nebenleistgen insb Teilzahlgszuschlägen u -zinsen (allgM), VertrStrafen (hM), ferner die für die erloschene KaufPrFdg bestellte Sicherh (LG Bochum MDR **56**, 336), soweit nicht vereinb ist, daß sie für den RückgewährAnspr weiterhaften sollte (Ostler-Weidner 184, bestr). Geld ist erst ab Rücktr zu verzinsen (hM), da der RGrd für die strengere Haftg des § 347 S 3 nicht zutrifft (vgl § 347 Anm 2). Nicht dazu gehören: Die gewöhnl Erhaltgskosten, die stets der AbzK zu tragen hat (§§ 347 S 1 u 2, 994 I 2; BGH **44**, 237); Vorteile, der der AbzV aus Verwendg der zurückgen Sache zieht (BGH WPM **69**, 1384.) **c) Wechsel:** W sie vom AbzK (od einem Dr) für die KaufPrFdg akzeptiert, besteht wg § 364 II iZw die KaufPrFdg fort. Ihr Erlöschen dch Rücktr berührt den Bestand der WechselFdg nicht; jedoch kann der AbzK die Wechsel als empfangene Leistg (Anm b) aus § 1 vom AbzV herausverlangen. Sind sie vom AbzV weiterbegeben, so gilt, wenn der Dr den Wechsel geltd macht, Art 17 WG (beim finanz Kauf vgl aber § 6 Anh Anm 4), so daß nur bei Bösgläubigk dem Dr der RückgewährAnspr vom AbzK erfolgreich entgegesetzt w kann. Umstr ist, ob als RGrd der Wechsel bei Rücktr an Stelle der KaufPrFdg die Anspr aus § 2 treten u der AbzV (od der Dr) dann soviel Wechsel behalten u geltd machen darf, wie es seinen Anspr gem § 2 entspr. Das w von der hM grdsätzl verneint (BGH **51**, 69; Zweibr NJW **67**, 1472 mwN) u nur ausnahmsw zugelassen, wenn es vereinb ist (BGH aaO), auch stillschw insb, wenn der AbzV sich wg der Vermögenslosigk des AbzK Wechsel von einem zahlgsfäh Dr geben läßt (BGH NJW **59**, 1084). **d) Beseitigung** der RücktrWirkgen ist nur dch Vertr, ggf NeuAbschl des AbzGesch mögl (hM; Ostler-Weidner 163 mwN).

7) Verjährung. Hierfür ist zu unterscheiden: **a) Kaufpreisforderung** (bei UmgehgsGesch § 6, die entspr Vergütg). Die Fr beträgt bei priv AbzGesch 30 Jahre (§ 195), bei gewerbl 2 od 4 Jahre (§ 196 I Nr 1,

II). Dem entspr die VerjFr der einz Raten. Der VerjBeginn ist aber bei den einz Raten voneinander unabhäng, weil die Verj nicht vor Fälligk beginnt (§ 198 Anm 1); nur über § 201 kann die Verj gleichzeit beginnen. Wenn die ges Restschuld gem § 4 II fäll w, läuft die Verj von diesem Ztpkt ab für die Restschuld; die laufde Verj vorher fäll Raten w dadch nicht berührt. Zahlg einer Rate unterbricht die Verj vorher fäll Raten (§ 208). Wechsel, die für die KaufPrFdg begeben sind, verj selbstd (Art 70 WG). Verj beim fin Kauf: § 6 Anh Anm 4 d. **b) Rückgewähransprüche**: Beginnen stets mit Zugang der RücktrErkl (Anm 5, § 198). **aa)** Der AbzK: 30 Jahre (§ 195); § 196 bleibt außer Betr, weil er nur für Anspr der Verk gilt. **bb)** Des AbzV: 2 od 4 od 30 Jahre (wie Anm a), weil § 196 I Nr 1, II nicht von der VergütgsAnspr betrifft (vgl § 195 Anm 1) u der Rücktr das AbzGesch nur in das AbwicklgsVerh (Einf 1 c aF § 346) umwandelt (jetzt hM insb BGH NJW 72, 630; Hamm MDR 72, 605; KG NJW 69, 1255, LG Stgt MDR 71, 133; Ostler-Weidner 189; aA: 30. Aufl, § 196 Anm 1 aE u die fr hM, mwN bei Ostler-Weidner aaO). **c) Rücktritt**: Unterliegt als GestaltsR der Verj nicht. **d) Sonstige Ansprüche** w in der Verj dch das AbzG nicht beeinflußt. Das gilt insb für Wechsel (vgl Anm a), SchadErs u MängelGewlAnspr aus dem KaufVertr, für die allein die allg Regeln des BGB gelten. Für den finanz Kauf: § 6 Anh Anm 4 d.

AbzG 1 a *Formvorschrift.* ᴵ **Die auf den Vertragsschluß gerichtete Willenserklärung des Käufers bedarf der schriftlichen Form. Die Urkunde muß insbesondere enthalten**
1. **den Barzahlungspreis,**
2. **den Teilzahlungspreis,**
3. **den Betrag, die Zahl und die Fälligkeit der einzelnen Teilzahlungen,**
4. **den effektiven Jahreszins.**

Der Barzahlungspreis ist der Preis, den der Käufer zu entrichten hätte, wenn spätestens bei Übergabe der Sache der Preis in voller Höhe fällig wäre. Der Teilzahlungspreis besteht aus dem Gesamtbetrag von Anzahlung und vom Käufer zu entrichtenden Raten einschließlich Zinsen und sonstigen Kosten. Effektiver Jahreszins sind Zinsen und sonstige vom Käufer zu entrichtende Kosten (Differenz zwischen Teilzahlungs- und Barzahlungspreis), ausgedrückt als einheitlicher, auf das Jahr bezogener, Vom-Hundert-Satz vom Barzahlungspreis abzüglich Anzahlung, unter Berücksichtigung der Zahl, der Fälligkeit und des Betrages der Teilzahlungen.

ᴵᴵ **Der Verkäufer hat dem Käufer eine Abschrift der Urkunde auszuhändigen.**

ᴵᴵᴵ **Genügt die Willenserklärung des Käufers nicht den Anforderungen des Absatzes 1, so kommt der Vertrag erst zustande, wenn die Sache dem Käufer übergeben wird. Jedoch wird in diesem Falle eine Verbindlichkeit nur in Höhe des Barzahlungspreises begründet; der Käufer ist berechtigt, den Unterschied zwischen dem Barzahlungspreis und einer von ihm geleisteten Anzahlung in Teilbeträgen nach dem Verhältnis und in den Fälligkeitszeitpunkten der vereinbarten Raten zu entrichten. Ist ein Barzahlungspreis nicht genannt, so gilt im Zweifel der Marktpreis als Barzahlungspreis.**

ᴵⱽ **Die Absätze 1 und 2 finden keine Anwendung, wenn der Käufer ohne vorherige mündliche Verhandlung mit dem Verkäufer das auf den Vertragsabschluß gerichtete Angebot auf Grund eines Verkaufsprospektes abgibt, aus dem der Barzahlungspreis, der Teilzahlungspreis, der effektive Jahreszins sowie die Zahl und Fälligkeit der einzelnen Teilzahlungen ersichtlich sind.**

ⱽ **Der Angabe eines Barzahlungspreises (Absatz 1 Satz 2 Nr. 1) und eines effektiven Jahreszinses (Absatz 1 Satz 2 Nr. 4) bedarf es nicht, wenn der Verkäufer nur gegen Teilzahlungen verkauft und hierauf im Verkaufsprospekt deutlich erkennbar hinweist.**

1) Allgemeines. a) Inkrafttreten: seit 1. 7. 70, die Vorschr betr den effektiven Jahreszins sind eingefügt dch G v 15. 5. 74; in Kr seit 1. 10. 74. **b) Zweck**: Schutz des AbzK vor KaufAbschl zu kostspieligen Finanziergsspesen dch Zwang zu Hinw auf den PrUnterschied u die Laufzeit der Raten. **c) Anwendungsbereich**: nur AbzGesch (Einl 2), also auch unabhäng davon, ob die Sache übergeben ist (ebso Knippel NJW 71, 1117 u Weick BB 71, 317; BGH 62, 42). Auch für verdeckte AbzGesch (§ 6), so daß beim finanzierten AbzGesch auch der DarlVertr der Form des § 1 a bedarf (§ 6 Anm 3a), ferner für priv (nichtgewerbsm) AbzGesch, obwohl das vom GGeber wohl nicht beabsichtigt war u zu unangemessenen Ergebnissen führt. § 1 a gilt auch nicht entspr bei reinen Ratenzahlgs(Personal)Krediten (Celle NJW 78, 1487). Abs I u II gelten nicht für den Versandhandel (Abs IV, Anm 6). **d) Übergangsregelung**: nach Art 2 I G v 1. 9. 69 gilt § 1 a nur für Vertr, die ab 1. 7. 70, die Änd betr den effektiven Jahreszins gelten nur für Vertr, die ab 1. 10. 74 abgeschl w. VertrSchluß: § 151, also erst mit Ann des Angebots, Rückdatierg ist unwirks. **e) Unabdingbarkeit**: Sie ist wg des Schutzzwecks u des Charakters von § 1 a als FormVorschr zu bejahen, jedenf soweit der AbzK ungünstiger gestellt w würde.

2) Vertragsschluß. Es bestehen folgde Möglichk: **a) Durch schriftliche Kauferklärung** (I). Zustandekommen des Vertr richtet sich nach § 151. Die WillErkl des Käufers kann je nach den tats Umst Angebot od Ann sein; sie muß aber stets die Vorschr entspr (I; vgl Anm 3 a, b). **b) Durch Übergabe** der gekauften Sache (III), wenn den Anfordergen des I versehentl od bewußt nicht genügt w (vgl Anm 4). Übergabe: grdsätzl wie § 433 Anm 2a, soweit darin eine einverständl Mitwirkg des Käufers vorausgesetzt w. Dies ist wg der RFolge des VertrSchlusses erforderl. Es genügt daher die Abtretg des HerausgAnspr § 931; jedenf dann nicht, wenn sie bei VertrAbschl lediql vorgesehen war (BGH NJW 77, 1632), beim Versendgkauf ebsowen die Auslieferg gem § 447 I. Die Überg ist erst vollzogen, wenn der AbzK seinen BesWillen (auch schlüss) äußert; es steht ihm mangels AbnahmePfl (§ 433 II) frei, die Übern zu verweigern (BGH aaO). Bei teilb Sache, mehreren Sachen od einer Sachgesamth muß grdsätzl für die Wirksamk des Vertr restlos übergeben sein. Ist nur teilw übergeben, kann für das Zustandekommen des Kaufs § 467

S 2 entspr angewendet w, weil die Interessenlage ähnl ist. **c) Durch formlose Einigg:** (gem § 151) nur beim Versandhandel (Anm 6), wenn vorher keine mdl VertrVerh stattgefunden haben.

3) Urkunde (I, II). **a) Form:** (I 1) Schriftform des § 126 I. Nur die Unterschr muß vom AbzK (od dessen Vertr) stammen. Wer die Urk schreibt od das Formular ausfüllt, ist gleichgült. § 126 II gilt nicht, weil nicht der Vertr sond nur die WillErkl des Käufers der Schriftform unterliegt. Auch Verpfl in einen VorVertr wäre formbedürft. **b) Inhalt:** Grdsätzl muß die Urk alle für den Inhalt des KaufVertr maßgebl Angaben (zB Bezeichng der gekauften Sache, VertrBdggen) aufweisen, u zwar zushängd, übersichtl u verständl (BGH **62**, 42). Auf jeden Fall: **aa) Barzahlungspreis** (Nr 1). Legal definiert in I 3. Die MWSt muß darin enthalten sein (BGH **62**, 42). Der Verk hat den Preis anzugeben, den er üblweise bei entspr BarGesch verlangt (Weidner NJW **70**, 1779). Bei Verstoß gg die Angabe eines überhöhten BarzahlgsPr kann § 123 erf sein; auf jeden Fall treten die RFolgen der Anm 5 ein. Da in I 3 nur auf die Fällig abgestellt ist, nicht auf die tats Zahlg, muß ein Barzahlgsrabatt nicht abgezogen w (Loebell MDR **69**, 979; aA Lieser Betr **71**, 901). Der Hinw darauf ist zul. **bb) Teilzahlungspreis** (Nr 2): Legal definiert in I 4. Ist als Summe anzugeben, jedenf sowie u so genau der AbzV dazu in der Lage ist (Karlsr NJW **73**, 1067), kann zusätzl aufgeschlüsselt w, darf aber keinesf zu einer Verschleier führen (vgl Weick BB **71**, 317). Anzahlg ist der erste, vor od bei Übergabe fäll, auf den KaufPr anzurechnde GeldBetr, gleich ob bar gezahlt od verrechnet (insb aus Inzahlgsnahme einer and Sache). Zinsen: sie sind nach der planmäß Laufzeit der Raten (Nr 3) zu errechnen. Sonstige Kosten: nur solche, die dadch verurs w, daß statt in bar auf Raten bezahlt w, also insb sog Bearbeitgsgebühren (für vermehrte Buchgen, Überwachg), Kreditbeschaffgsspesen, kalkuliertes Ausfallrisiko, Provision, VersKosten (Ostler-Weidner 8). Die MWSt gehört zum KaufPr; sie ist also darin enthalten (Karlsr NJW **73**, 2067). Nicht: Verpackg, Porto u Fracht. Außer diesen letztgenannten Posten muß der TeilzahlgsPr dem Betr entspr, den der Käufer zur Erfüllg des Vertr tats entrichten muß, sofern er rechtzeit zahlt: denn Verzugsschaden (§ 286) ist ggf unabhäng davon zu ersetzen. **cc) Teilzahlungsplan** (Nr 3): Der Betr ist in Geld, nicht in Bruchteilen des TeilzahlgsPr (Anm bb) anzugeben. Zahlg: iZw ohne eine Anzahlg. Fällig: sie muß auf einen nach dem Kalender best od bestimmb Tag bezogen sein. **dd) Effektiver Jahreszins** (Nr 4): Legal definiert in I 5. Der DifferenzBetr ist dch Abzug des BarzahlgsPr (Anm aa) vom TeilzahlgsPr (Anm bb) festzustellen. Dieser Betr ist in der Urk nicht anzugeben. Der Prozentsatz ist von dem zu errechnen, der tats kreditiert w; daher sind Anzahlg u die planmäß Teilzahlgen vom BarzahlgsPr abzusetzen. Es genügt eine Stelle hinter dem Komma (vgl Scholz MDR **74**, 881). **c) Aushändigung** (II). Die Pfl trifft iF des § 6 neben dem Verk auch den VertrPartner des UmgehgsGesch (Weidner NJW **70**, 1779). Statt der Abschr (Durchschlag) kann das Original ausgehändigt w. Die Abschr muß den nach Anm b erforderl Inhalt haben u mit dem Original übereinstimmen, braucht aber nicht solche Angaben zu enthalten, die nur für den GeschBetr (insb die Organisation) des Verk bedeuts sind. Der Anspr auf Aushändigg ist fäll nach Abgabe der WillErkl des Käufers gem I. BewLast für Aushändigg: der Verk. Für Bestätigg der Aushändigg sollte eine gesonderte (zweite) Unterschr verlangt w, nicht die unter der KaufErkl genügen. RFolgen unterbliebener Aushändigg: Anm 4c.

4) Rechtsfolgen. a) Bei Fehlen der Schriftform: aa) Die WillErkl des Käufers ist unheilb nichtig (§ 125; aA Ostler-Weidner **71**, 901; schwebde Unwirksk); vgl Anm cc. Sie kann wirks nur neu in Schriftform vorgen w. Es besteht keine AbnPfl gem § 433 II (LG Kleve NJW **74**, 2005). Bei mdl Abschl besteht keine Pfl zu nachträgl formgerechter Vornahme (wg VorVertr Anm 3a). **bb)** Der VertrSchluß dch Überg (III, Anm 2b) tritt auch ein, wenn nur mdl Erkl vorlagen, weil III 1 auf die Anfdgen des ganzen I abstellt. Ob das dem Schutzzweck des § 1 a entspr, ist trotz der Sanktion des III 2 zweifelh. **cc)** Die Überg (Anm 2b) stellt keine Heilg dar (vgl §§ 313, 518), beendet auch nicht eine schwebde Unwirksamk (wie zB § 177; aA Weidner NJW **70**, 1779), sond bewirkt erst das Zustandekommen des Vertr (Anm b) mit der gem III 2, 3 (Anm 5) beschr Verbindlichk, also mit and Inhalt als bei Anm aa. **dd)** Bis zur Überg hat der Verk Zeit, die Erforderlichk des I zu prüfen u die Wahl, ob er übergibt u die Sanktion der RFolgen des III hinnehmen will. Der Käufer kann die Überg ablehnen, weil seine einverständl Mitwirkg erforderl ist (Anm 2b). Damit ist ein Zustdekommen des Vertr endgült ausgeschl (BGH NJW **77**, 1632). **b) Bei Inhaltsmängeln:** Ist die Urk im Inhalt (Anm 3b) unvollständig od mit einem dch Auslegg nicht zu beseitigdem Widerspr behaftet (zB mit Rechenfehler über erhebl Beträge), kommt der Vertr noch nicht zustande, sond erst dch Überg; dann nur mit beschr Verbindlichk. Im übr gilt Anm a, cc, dd. **c) Nichtaushändigg der Urkunde** führt keinesf zur Nichtigk des Vertr, auch nicht zu schwebder Unwirksamk. Es besteht ein klagb Anspr auf Erf; ferner ein ZbR (insb mit der Zahlg) aus § 273, nicht aus § 320, weil der Anspr nicht im GgseitigkVerh steht (aA Weidner NJW **70**, 1779); es handelt sich nur um eine NebenPfl.

5) Beschränkte Verbindlichkeit (III 2, 3) für den Käufer, wenn der Vertr erst dch Übergabe geschl w (Anm 2b). Mit Ausn des Pr kommt der Vertr mit dem Inhalt zustande, den die Partner in ihren früh Erkl zugrundegelegt haben. Als Sanktion gg den Verk (dem bdg R nachgebildet) ist ledigl der Pr auf den BarzahlgsPr herabgesetzt. Das gilt auch, wenn der Käufer den TeilzahlgsPr mühelos hätte selbst ermitteln können (Karlsr NJW **73**, 2067). **a) Barzahlungspreis:** wie Anm 3b, aa. Maßg ist der in der Urk od der beim formfehlerh Vertr mdl vom Verk genannte. Ist er nicht genannt, so wird nach der widerlegbaren Auslegsregel des III 3 der MarktPr als BarzahlgsPr fingiert. Aus den Umst kann sich insb die Auslegg ergeben, daß ein vom Hersteller empfohlener RichtPr als BarzahlgsPr gelten soll. Gibt es weder einen solchen Pr noch einen MarktPr, w der übl od angemessene TeilzahlgsZuschl vom genannten TeilzahlgsPr abgezogen. MarktPr ist der am ErfOrt allg gezahlte DurchschnPr (vgl § 453) setzt nicht einen Markt ieS voraus. **b) Ratenzahlung** (III 2, 2. Hs): Es steht dem Käufer frei, bar zu bezahlen (u hierfür einen weiteren PrNachl auszuhandeln) od auch ohne Zust des Verk Raten zu bezahlen, die aber nicht niedr sein od länger hinausgeschoben w dürfen, als III 2, 2. Hs gestattet. Dies setzt voraus, daß entweder Zahl od Höhe der Raten u ihre Fälligk genannt waren. Fehlt es gerade daran, ist die für die betr KaufGgstände übl u durchschnittl Ratenanzahl u FälligkPeriode (idR monatl) zugrundezulegen. Anzahlg: wie Anm 3b, bb. **Bsp** für Berechng: BarzahlgsPr 1000 + TeilzahlgsZuschl 250 = TeilzahlgsPr 1250 — Anzahlg 250 = Ratensumme

1000; 10 mtl Raten. Der Käufer braucht dann 10 mtl Raten in Höhe von nur je 75 zu zahlen (BarzahlgsPr 1000 — Anzahlg 250 = neue Ratensumme 750). Sind die Raten verschieden hoch vereinb, w sie nach dem selben System verhältnism herabgesetzt. An seine Entsch, wie er zahlen will, ist der AbzK gebunden (Ostler-Weidner 19).

6) Versandhandel. Er ist wg des bes Vertriebssystems (Bestellg aGrd Katalogs) privilegiert dch IV, aber nur dann, wenn der Käufer allein aGrd des VerkProspekts (Katalog) bestellt u keine mdl Verh mit dem Verk (insb nicht dch seinen Vertr) vorangegangen ist. Bei dem sog Sammelbesteller kann eine solche mdl Verk-Verhdlg (Empfehlg der Ware, PreisVgl) vorangegangen sein, so daß dann IV nicht anzuwenden ist. Die Vorschr über Schriftform, Inhalt u Aushändigg der Urk (I, II; Anm 3) gelten nicht, wenn der VerProspekt für die verkaufte Sache (Mängel bei der Angabe für and Sachen sind unschädl) die in IV verlangten Angaben enthält. Für diese gelten (trotz des Wortlauts am Anfang des IV) die Legaldefinitionen des I 3 u 4. BarzahlgsPr: Anm 3 b, aa. TeilzahlgsPr: Anm 3 b, bb. Effektiver Jahreszins: Anm 3 b, dd. Teilzahlgen: umfaßt auch die Anzahlg (Anm 3 b, bb). Fälligk: Im Ggsatz zu Anm 3 b, cc kann hier nicht ein kalenderm best od bestimmb Tag gemeint sein, sond nur die ZahlgsPeriode (idR mtl) u für die Anzahlg od 1. Rate ein nach einem Vorgang bestimmb Tag (zB bei Lieferg od 8 Tage nach Rechngsempfang). Man w zulassen müssen, daß TeilzahlgsPr, effektiver Jahreszins sowie Zahl u Fälligk der Raten nach best Pr od Pr-Gruppen für den ganzen VerkProspekt zugefaßt dargestellt w (aber auch dann deutl zu ersehen sind); andernf würde die Herstellg der Versandhauskataloge unnöt verteuert.

7) Kauf mehrerer Sachen dch einheitl Vertr zu gleichen VertrBdggen u einheitl TeilZahlg, einschl sog Sammelbestellg. Hierfür erscheint es zul, wenn die Angaben in der Urk (I, Anm 3 b) nicht für jede einzelne Sache getrennt, sond einheitl für die Summe aller Sachen gemacht w. Das entspr der Meing des BTRAussch (BTDrucks V/4521; Gerlach NJW 69. 1939). Im übr gelten für solche Vertr keine Besonderh.

8) Ausschließliche Teilzahlungsverkäufer (V). Nach V ist Angabe des BarzahlgsPr (Anm 3b, aa) u des effektiven Jahreszinses (Anm 3b, dd) entbehrl. Der Verkauf nur gg Teilzahlg muß ausschl, allg u mind für einen längeren ZtRaum vorgen w u darf nicht nur als vorübergeh geplant sein. Der Hinw muß in einem VerkProspekt geschehen, der dem Käufer vor VertrSchluß mind zugängl zu machen, am besten auszuhänd ist. Mündl Hinw genügt nicht. BewLast für die Voraussetzgen des Abs V trägt der Verk. Die Angabe des BarzahlgsPr, der in den Fällen des V nur fiktiv sein kann od einen Kalkulationsposten darstellt, ist nicht verboten. Wird er angegeben, obwohl allg nur gg Teilzahlg verkauft w, u ist er manipuliert, so kann ein WettbewVerstoß vorliegen, auch § 123 erf sein.

AbzG 1b *Widerrufs- und Rückgaberecht.* ᴵ Die auf den Vertragsschluß gerichtete Willenserklärung des Käufers wird erst wirksam, wenn der Käufer sie nicht dem Verkäufer gegenüber binnen einer Frist von einer Woche schriftlich widerruft.

ᴵᴵ Zur Wahrung der Frist genügt die rechtzeitige Absendung des Widerrufs. Der Lauf der Frist beginnt erst, wenn der Verkäufer dem Käufer die in § 1a Abs. 2 genannte Abschrift, welche in drucktechnisch deutlich gestalteter Weise eine schriftliche Belehrung über sein Recht zum Widerruf einschließlich Namen und Anschrift des Widerrufsempfängers sowie einschließlich der Bestimmung des Satzes 1 enthalten muß, ausgehändigt hat. Die Belehrung über das Widerrufsrecht ist vom Käufer gesondert zu unterschreiben. Ist streitig, ob oder zu welchem Zeitpunkt die Abschrift dem Käufer ausgehändigt worden ist, so trifft die Beweislast den Verkäufer. Unterbleibt die Aushändigung der in Satz 2 genannten Urkunde, so erlischt das Widerrufsrecht des Käufers zu dem Zeitpunkt, zu dem der Verkäufer die Sache geliefert und der Käufer den Kaufpreis vollständig entrichtet hat.

ᴵᴵᴵ Abweichend von Absatz 2 Satz 2 ist in den Fällen des § 1a Abs. 4 Voraussetzung für den Beginn des Laufs der Widerrufsfrist, daß

1. der Verkaufsprospekt bei den Preisangaben auch eine drucktechnisch deutlich gestaltete Belehrung über das Recht des Käufers zum Widerruf einschließlich Namen und Anschrift des Widerrufsempfängers sowie einschließlich der Bestimmung des Satzes 1 von Absatz 2 enthält und der Käufer das auf den Vertragsabschluß gerichtete Angebot mittels eines Bestellformulars des Verkäufers abgibt, das eine gleichlautende Belehrung enthält, oder

2. der Verkäufer dem Käufer in besonderer, drucktechnisch deutlich gestalteter Urkunde eine Belehrung des in Nummer 1 bezeichneten Inhalts ausgehändigt hat.

ᴵⱽ Hat sich der Verkäufer in Zusammenhang mit der Lieferung einer beweglichen Sache zu einer Dienst- oder Werkleistung verpflichtet, so kann der Käufer, falls diese Leistung ohne die Lieferung der Sache für ihn kein Interesse hat, seine Willenserklärung auch widerrufen, soweit sie die Dienst- oder Werkleistung zum Gegenstand hat.

ⱽ Räumt in den Fällen des § 1a Abs. 4 der Verkäufer dem Käufer schriftlich ein uneingeschränktes Rückgaberecht von mindestens einer Woche nach Erhalt der Ware ein, so entfällt das Widerrufsrecht. Die Ausübung des Rückgaberechts durch den Käufer geschieht durch Rücksendung der Sache, bei nicht postpaketversandfähigen Waren durch schriftliches Rücknahmeverlangen. Rücksendung und Rücknahme erfolgen auf Kosten und Gefahr des Verkäufers. Zur Wahrung der Frist genügt die rechtzeitige Absendung der Sache oder des Rückgabeverlangens. Für die Belehrung über das Rückgaberecht gelten Absatz 2 und Absatz 3 entsprechend.

ⱽᴵ Entgegenstehende Vereinbarungen, insbesondere über einen Ausschluß des Widerrufsrechts, sowie ein Verzicht auf das Widerrufsrecht sind unwirksam.

1) Allgemeines. a) Inkrafttreten: eingefügt dch G v 15. 5. 74 (BGBl 1169); in Kr seit 1. 10. 74. Erfaßt nur RGesch, die ab 1. 10. 74 abgeschl w sind (Art 2 G v 15. 5. 74). Maßgebd für den Ztpkt des VertrSchl sind §§ 130 u 151. **b) Zweck:** § 1b verwirkl eine Reformbestrebg, wonach der AbzK die RFolgen von übereilten u unüberlegten KaufVertr nachträgl soll beseit können. **c) Unabdingbarkeit** ist hinsichtl Voraussetzgen, Wirkg u RFolgen des gesamten § 1b vorgeschrieben (VI). Daher kann insb auf das R zum Widerr nicht wirks verzichtet w (Abs VI; aA offenb LG Bln NJW **77**, 254). Die Unabdingbk bezieht sich wg des Schutzzwecks nur auf Vereinbgen, die den AbzK ungünst stellen. **d) Anwendungsbereich.** Grdsätzl alle AbzGesch (auch die verdeckten) u die diesen dch § 1c gleichgestellten Vertr; nicht nur HaustürGesch. Das RückgR (V) gilt nur für den Versandhandel (§ 1a IV); es tritt an die Stelle des WiderrufsR.

2) Vertragsschluß. Die darauf gerichtete WillErkl des AbzK kann das VertrAngebot od die VertrAnn darstellen. Zur Entstehg des WiderrR: Anm 3b). **a) Wirkung des Widerrufsrechts** (Anm 3) auf den VertrSchluß: Es besteht zunächst (nach Abschl des KaufVertr) ein dem § 177 entspr SchwebeZustd (Holschbach NJW **75**, 1109). Das endgült Zustandekommen des Vertr w dch das WiderrufsR beeinflußt: **aa)** Dahingehd, daß der Vertr im Falle des Widerr überh nicht zustande kommt. **bb)** Daß der Vertr, wenn fristgem Widerr unterbleibt, erst später zustandekommt. **b) Wirkung des Rückgaberechts** (Anm 3) auf den VertrSchl ist dieselbe wie beim Widerr (Anm a). In V ist das nicht deutl zum Ausdruck gekommen, aber vom GGeber offenb gewollt. **c) Zeitpunkt:** Die WillErkl des AbzK, auch die bei VertrAbschl dch Überg (§ 1a Anm 2) u formlose Einigg (§ 1a Anm 2c) wird, wenn der Widerr od die Rückg unterbleibt, ex nunc wirks; nicht rückwirkd zum Ztpkt der Abgabe (im Fall der forml Einigg § 151, vgl dort Anm 1); zum Ztpkt des Zugangs (§ 130 I 1, im Fall der schriftl KaufErkl, § 1a Anm 2a) od zum Ztpkt der Überg (im Fall des § 1a Anm 2b). Es kommt daher auch der KaufVertr erst eine Woche nach diesen Vorgängen (Zugang od Abg der WillErkl sowie Überg) wirks zustande. Bis dahin besteht ein SchwebeZust wie vor Eintritt einer aufschiebden Bedingg (vgl Einf 3 vor § 158).

3) Widerrufs- und Rückgaberecht des AbzK (I, V). **a) Rechtsnatur:** Es sind GestaltgsRe (vgl 3b vor § 346; Übbl 3d vor § 104), die vom AbzK ausgeübt w können, nicht v bloß Mithaftgen, auch wenn er Eheg ist. In der Ausübg des WiderrR ist der AbzK völl frei u soll dch die RFolgen so gestellt w, daß er keine wirtschl Nachteile erleidet (vgl § 1d); deshalb ist das WiderrufsR auf zushängde D- u WerkLeistgen erstreckt (IV; Anm 7). **b) Entstehung:** Bei allen AbzGesch schon ab dem Ztpkt, an dem der AbzK die auf den VertrSchl gerichtete WillErkl abgegeben hat (Anm 2), selbst wenn sie nicht der Form des § 1a I entspr. Das bedeutet, daß das WiderrR schon vor FrBeginn (Anm 4e) entstehen u ausgeübt w kann. Ist das WiderrR dch ein RückgR ersetzt (V S 1), kann dieses erst ausgeübt w, sobald der AbzK die gekaufte Sache geliefert erhalten hat. Auch bis zu diesem Ztpkt besteht ein WiderrR nicht, sond lediglich eine faktÜberleggsFr. **c) Erlöschen** von Widerr- u RückgR tritt ein: **aa)** Mit FrAblauf, wenn ordngsgem belehrt ist (vgl II S 2 u 5, III, V S 4). **bb)** Mit vollständ Abwicklg des AbzGesch (insb voller KaufPrZahlg, beim finanz AbzKauf mit der DarlGewähr, LG Bln NJW **77**, 254), wenn nicht eine ordngsgem Urk (od Abschr) ausgehänd wurde (II S 5). Für das RückgR ist das gleiche (gesetzestechn schlecht gelöst) dch Verweis in V S 4 vorgesehen.

4) Widerruf (I) der WillErkl, die auf den VertrSchl gerichtet ist (vgl Anm 2 u § 1a Anm 2). **a) Begriff:** Widerr ist die Zurückn einer best WillErkl u stellt seinerseits eine empfangsbedürft WillErkl dar, die den allg dafür geltden Regeln unterliegt (§§ 105 ff). **b) Form:** Schriftl Erkl (I), aber nicht die Schriftform des § 126. **c) Inhalt:** Bezeichng des Vertr in einer Weise, daß er identifiziert w kann. Das Wort Widerr muß nicht ausdrückl gebraucht w; sinnentspr Ausdrücke genügen (§ 133). Die Pers desjenigen, der den Widerr erkl, muß erkennb sein. **d) Frist** (I): 1 Woche; zu berechnen gem §§ 187 I, 188, 193. **e) Fristbeginn** (II S 2–4): Er ist grdsätzl auf das gewöhnl WirksWerden der auf den VertrSchl gerichteten WillErkl anzusetzen. Die Fr beginnt keinesf eher, auch nicht, wenn die schriftl Belehrg (II S 2) schon vorher ausgehänd w. Andseits beginnt die Fr nie bevor diese Belehrg dem AbzK ausgehänd ist. Da die Unterschr des AbzK dazu gehört (II S 3), ist auch sie zum FrBeginn notw. Gesond Unterschr: eine zweite neben der des § 1a I 1, räuml von ihr getrennt, aber in derselben Urk mögl. Form u Inhalt der Belehrg (II S 2): Sie muß ggü dem normalen VertrText drucktechn unübersehb hervortreten, am besten dch Fettdruck od Einrahmg, bes auch bei, wenn sie beim finanz AbzK im DarlVertr enthalten ist (LG Bln NJW **77**, 254). Enthalten muß sie: WiderrR gem I einschl Bezeichng des FrBeginns; WiderrEmpfänger, nicht notw der AbzVerk, aber jedenf bindd hinsichtl Pers u Anschrift des Empfängers. Ist der AbzV als WiderrEmpfänger benannt, kann auch beim finanz, verdeckten AbzGesch (§ 6 Anm 2b, dd) dieses Gesch nur dem AbzV, nicht dem DarlGeb ggü widerrufen w. Hinweis auf die Maßgeblk der Absendg des Widerr (II S 1). Für den Versandhandel gilt die SondRegel des III (vgl Anm 5b). Das WiderrR besteht auch schon vor dem FrBeginn (Anm 3b). **f) Fristwahrung** (II S 1): Es genügt dafür Absendg des der Anm a, b entspr Schreibens vor Ablauf der Fr (vgl Anm d). Wann es zugeht (§ 130 I), ist unerhebl. Der Widerr muß aber, um überh wirks zu w, dem Empf (Anm e) gem § 130 I 1 zugehen; denn S 1 bezieht sich nur auf die FrWahrg. Einschreiben mit Rückschein ist zu empfehlen. **g) Beweislast** trägt der AbzVerk für Aushändigg der Belehrg, der AbzK (II S 4) für rechtzeit Absendg u den Zugang des Widerr. **h) Wirkung:** Anm 2a.

5) Sonderregelung für den Versandhandel (III, V). Sie ist dem § 1a IV (dort Anm 6) angepaßt. Kennzeichen für den Versandhandel ist: (1) Keine mdl VertrVhdlg. (2) Bestellg aGrd VerkProspekt (insb Katalog). Es muß das konkrete Gesch auf diese Weise abgeschl w, so daß der Kauf im Warenhaus eines Versandhandelsunternehmens nicht darunter fällt. **a) Wahlrecht** des AbzVerk, ob er dem AbzK das WiderrR beläßt od statt dessen ein RückgR einräumt (V). Grdsätzl besteht auch im Versandhandel das WiderrR. **b) Fristbeginn** für den Widerr (III). Die Belehrg (entspr dem II S 2) kann alternat nach Nr 1 od Nr 2 geschehen. **aa) Nr 1:** Die Belehrg (Inhalt wie Anm 4e) muß nicht bei jeder PrAngabe sond nur bei der ZusFassg stehen (vgl § 1a Anm 6 aE). Außerdem muß die Belehrg auch auf dem Bestellschein stehen u hervorgehoben sein. **bb) Nr 2:** Aushändigg einer bes (dh einer eigenen), nur die Belehrg enthaltden Urk; mit Urk kann der GGeber wohl nur ein Formular gemeint haben, das den Aussteller, näml den AbzVerk erkennen läßt. Daß der AbzK auf diese Urk die Unterschr des II S 3 setzen muß u das Formular behalten soll, ist daraus zu entnehmen, daß III einleit nur den S 2 aus II nennt. Die gesonderte Unterschr auf dem Bestellschein (§ 1 a I) ist selbstverständl von vornherein notw.

6) Rückgabe und Rücknahmeverlangen (V): Kann das WiderrR nur im Versandhandel (vgl Anm 5) ersetzen (vgl Anm 3). Die Auswirkg auf den VertrSchl entspr dem des Widerr (Anm 2b). **a) Begriffe:** Rückg ist die dch den AbzK vorgenommene Rücksendg (od Überg) der gekauften Sache an den AbzV. Sie ist Tathandlg (Überbl 1 vor § 104), an deren Vornahme die einem Widerr entspr RFolgen gebunden sind. Erfolgt rechtzeit Rückg, kommt der Vertr nicht zustande; unterbleibt sie, wird die zum KaufVertr führde WillErkl des AbzK wirks u der VertrSchl erfolgt. Das entspr dem Eintritt einer aufschiebden Bedingg (§ 158 I BGB). Das RücknVerlangen ist eine einseitige, empfangsbedürf WillErkl (Überbl 1c, 2 vor § 104) mit der der AbzK (unter Angabe des KaufVertr) den AbzVerk auffordert, den identifizierb bezeichneten KaufGgst abzuholen. **b) Voraussetzungen** (V S 1): Einräumg eines RückgRs an Stelle des WiderrRs. Es hat wie die Belehrg (Anm 5b) schriftl zu geschehen; keine Schriftform des § 126. Das RückgR muß uneingeschränkt sein; dh es muß dem AbzK völl frei zustehen, ohne Voraussetzgen u Bedingen. Es muß mind mit WochenFr eingeräumt w, aber auch länger mögl. Das RücknVerlangen setzt voraus, daß die Ware, die es betr, nach der Vorschr der Post (§ 2 VI, § 25 V PostO) als Paket (wg Gewicht bis 20 kg zul) nicht angenommen w. **c) Form:** Nur für das RücknVerlangen, das schriftl erkl w muß, aber nicht in der Schriftform des § 126. Verlangt der AbzK die Rückn mdl, tritt mangels Voraussetzgen des V S 2 nicht die Wirkg (Anm 2b) ein. **d) Frist:** Es ist diejenige, die der AbzVerk schriftl eingeräumt hat. Berechng: §§ 187 I, 188, 193. **e) Fristbeginn:** Er ist grdsätzl auf den Tag der Ab- od Auslieferg an den AbzK anzusetzen; iü gilt insb für die Belehrg Anm 4e entspr (V S 5). **f) Fristwahrung:** Das RücknVerlangen ist entspr dem Widerr (Anm 4f) zu behandeln. Für die Rückg ist es nicht notw, daß die Kaufsache dem AbzVerk zugeht, weil Rücksendg u Rückn auf Gefahr des AbzVerk gehen (V S 3). **g) Beweislast:** entspr Anm 4g. **h) Wirkung:** Anm 2b. Bei RücknVerlangen ist der AbzVerk zur Abholg verpfl. Bei Rücksendg hat der AbzVerk dem AbzK die Kosten zu erstatten (V S 3); Rücksendg unfrei (§ 5 PostO) ist zul.

7) Verbundene Dienst- oder Werkleistung. Begr: Einf 2a vor § 611; Einf 1a vor § 631. Bsp: Unterricht, MontageArb, GeräteWartg. Die Verbindg mit dem AbzGesch muß nicht im selben Vertr od in der selben Urk (§ 1a) bestehen. Der Widerr (Anm 4) kann von vornherein auf die D- od WerkLeistg erstreckt w; es kann auch getrennt erkl w, jedoch fristgem (Anm 4d–f). Wirkg: wie Anm 4h.

AbzG 1c *Anwendung auf ähnliche Geschäfte.* Die Vorschriften des § 1a Abs. 1 Satz 1, Absatz 2 und des § 1b gelten entsprechend, wenn die Willenserklärung des Käufers auf den Abschluß eines Geschäftes gerichtet ist, das

1. die Lieferung mehrerer als zusammengehörend verkaufter Sachen in Teilleistungen zum Gegenstand hat und bei dem das Entgelt für die Gesamtheit der Sachen in Teilleistungen zu entrichten ist;
2. die regelmäßige Lieferung von Sachen gleicher Art zum Gegenstand hat;
3. die Verpflichtung zum wiederkehrenden Erwerb oder Bezug von Sachen zum Gegenstand hat.

1) Allgemeines: a) Inkrafttreten: wie § 1 b Anm 1 a. Vor dem 1.10.74 abgeschl Vertr, die unter § 1 c fallen würden (vgl Anm 2), sind keine AbzGesch; § 1a ist nicht entspr anwendb (BGH WPM **77**, 394). **b) Zweck:** Ein Teil der SchutzVorschr des AbzG soll auf Gesch erstreckt w, die nicht AbzGesch sind, bei denen aber der Schutzzweck des AbzG zutrifft. **c) Unabdingbarkeit:** Sie ist aus der entspr Anwendbk von § 1 a I S 1, II u § 1 b in gleicher Weise zu folgern (vgl § 1 a Anm 1e, § 1b Anm 1c).

2) Voraussetzungen u Anwendbk ist auf die WillErkl des Käufers (VertrAngebot od – Ann) bezogen. **a) Nr 1:** Verk v Sachgesamth, deren BestandT sukzessive geliefert w, wobei das jeweils auf die TeilLieferg entfalle (Teil)Entgelt bei (vor od nach) der Lieferg des betr Teils zu zahlen ist. Bsp: Mehrbänd Sammelwerke (insb Lexikon). **b) Nr 2:** Umfaßt KaufVertr üb eine regelm (dh auf best ZtAbschn od innerh best ZtRäume) zu erbringde Lieferg v Sachen in festliegder Menge od Mindestmenge, zB Kaffee, Kindernährmittel, Eispulver, Zeitg- u Zeitschriftenabonnements. Es muß eine WillErkl (einziger Kaufentschluß) auf Abschl eines Gesch vorliegen (BGH NJW **77**, 714 [Aussteuersortiment]). Unerhebl ist, ob auch das Entgelt in Teilleistgen zu erbringen ist; gilt auch bei einmal Zahlg. **c) Nr 3:** Ist auf Vertr zugeschnitten, bei denen nicht eine von vornherein festliegde Lieferg best Sachen vereinb w, sond Erwerbs- u BestellPfl bestehen, zB: sog BuchGemsch, Schallplattenring, nicht aber BierliefergsVertr (Mü NJW **77**, 1692 mwN).

3) Wirkung. Die Verweisg des § 1c bewirkt: **a) Schriftform** der WillErkl des Käufers (VertrAngebot od – Ann), wie § 1a Anm 2a, 3a. **b) Aushändigung** der KaufVertrUrk, des Bestellscheins od ähnl Bezeichng; wie § 1a Anm 3c. **c) Widerrufs- od Rückgaberecht:** wie § 1b Anm 2 – 7. Diese Re bestehen nicht in bezug auf die EinzelLiefergen, sond nur in bezug auf den ganzen Vertr (im Einzelfall auch Abonnement, Beitritt od ähnl bezeichnet) nach dessen Abschl in den Fristen, wie sie sich aus § 1b Anm 4c, 6d ergeben. Da § 1c das RückgR beim Versandhandel nicht ausschließt, muß auch bei der ersten (Teil)Lieferg genügen, sofern der Verk ein RückgR eingeräumt hat. **d) Leistungsausgleich** nach Widerr od Rückg richtet sich nach § 1d.

AbzG 1d *Ausgleich nach Widerruf.* ¹Im Falle des Widerrufs ist jeder Teil verpflichtet, dem anderen Teil die empfangenen Leistungen zurückzugewähren. Der Widerruf wird durch den Untergang oder eine Verschlechterung der Sache nicht ausgeschlossen. Hat der Käufer den Untergang oder die Verschlechterung der Sache zu vertreten, so hat er dem Verkäufer den Wert oder die Wertminderung zu ersetzen.

II Ist der Käufer nicht nach § 1 b Abs. 2 Satz 2 oder Absatz 3 belehrt worden und hat er auch nicht anderweitig Kenntnis von seinem Recht zum Widerruf erlangt, so hat er den Untergang oder eine Verschlechterung der Sache nur dann zu vertreten, wenn er diejenige Sorgfalt nicht beachtet hat, die er in eigenen Angelegenheiten anzuwenden pflegt.

III Für die Überlassung des Gebrauchs oder der Benutzung bis zu dem Zeitpunkt der Ausübung des Widerrufs hat er deren Wert zu vergüten; die durch die bestimmungsgemäße Ingebrauchnahme eingetretene Wertminderung hat außer Betracht zu bleiben.

IV Der Käufer kann für die auf die Sache gemachten notwendigen Aufwendungen vom Verkäufer Ersatz verlangen.

V Entgegenstehende Vereinbarungen sind nichtig.

1) Allgemeines: a) Inkrafttreten: wie § 1 b Anm 1 a. **b) Zweck:** Um dem AbzK die EntschlFreih für Widerr u Rückg zu erhalten, soll er dch die RFolgen vor jedem Nachteil bewahrt w. **c) Unabdingbarkeit** (V): Sie besteht nach dem GZweck nur für solche Vereinbgen, die den AbzK ungünst stellen (wie § 2 Anm 1b). **d) Anwendungsbereich:** Alle Fälle des Widerr nach §§ 1b, 1c, aber auch die der Rückg u des RücknVerlangens (§ 1b Anm 6); obwohl sie in § 1d nicht erwähnt sind (Redaktionsversehen). Prakt anwendb wird § 1d nur dann, wenn der AbzV die Sache an den AbzK vor dem Widerr aushänd.

2) Rückgewährpflichten (I S 1; ist dem § 346 S 1 BGB nachgebildet). Zurückgewähren bedeutet Rückleistg im vollen Umfang, in derselben Weise u auf demselben Weg; ggf an od üb Dr (vgl § 346 Anm 2). Die Erf hat Zug-um-Zug zu geschehen; § 3 gilt entspr (Scholz MDR **75**, 969).

3) Wertersatz (III). § 2 u § 347 BGB sind weder subsidiär noch entspr anwendb. Es gilt ausschließl die SondRegelg des § 1d. Sie bewirkt eine Schlechterstellg des AbzV, der mit dem Widerr od RückgR von vornherein rechnen muß u der auch den Pr danach kalkulieren w. Der AbzK hat jedenf nur den Gebr- od BenutzgsWert zu ersetzen, der auf den ZtRaum vom Empfang der Sache bis zur Ausübg des WiderrR (hier also ohne Rücks auf den Ztpkt der Rücksendg od Rückn) od bis zur Rückg (vgl § 1b Anm 6) entfällt. Für die Ermittlg des Gebr- od BenutzgsWerts gilt grdsätzl § 2 Anm 5b (Wortlaut in III Hs 1 ist dem § 2 I S 2 Hs 1 nachgebildet). Im Proz: § 287 ZPO. Ausgeschl ist es aber, die dch InGebrNahme bewirkte (erhöhte) Wertminderg zu berücks (III Hs 2). Dies kann bei vielen GebrGütern einen erhebl tats Wertverlust bedeuten, den allein der AbzV zu tragen hat, insb bei Kfz, Kleidgsstücken (es sind höchst unbill, geradezu groteske Ergebn denkb, vgl krit Scholz MDR **74**, 969). Es ist insb bei Kfz anzuraten, die Auslief nach Ablauf der WiderrFr vorzunehmen. Keine Regelg trifft das G für den ZtRaum, in dem der AbzK nach Widerr die Sache bis zur Rückn od verspäteten Rücksendg behält. Hierfür gelten dann die Vorschr des Eigt-Bes-Verh (§§ 987 ff BGB).

4) Aufwendungsersatz (IV). Er ist nur dem AbzK, nicht dem AbzV zugedacht, da die Anwendg von § 2 ausgeschl ist (vgl Anm 3). Notw Aufwendgn: der Begr deckt sich mit dem des § 994 BGB (dort Anm 1), weil Verwendgn u Aufwendgn dasselbe bedeuten (vgl § 256 Anm 1). Nur Aufwendgn hinsichtl der Sache, nicht solche für od im Zushang mit der Vertr (zB Porto), sind zu ersetzen.

5) Untergang und Verschlechterung der Sache (I S 2, 3; II). **a) Begriffe:** Unterg ist Vernichtg od völl Zerstörg der Sache; nicht darunter fällt die anderweit Unmöglk der Herausg (vgl § 351 S 1), insb dch Veräußerg od unfreiwill Verlust. Vom gesetzgeb Zweck ausgeh ist das verfehlt, weil der unfreiwill Verlust (zB inf Diebstahls) dem Untergang gleichgestellt w müßte; jedoch können derart Lücken u Mängel wg des entggstehden GWortlauts nicht mehr als Redaktionsversehen behandelt w. Verschlechterg: Dazu gehört nicht der Umstand, daß die Sache gebraucht ist, auch wenn sie dadurch nicht mehr neu ist; jedoch Substanzverletzgen u Verlust v Bestandt u Zubehör; jede Beeinträchtigg der Funktionsfähigk. **b) Widerrufsrecht,** entspr das RückgR (vgl Anm 1d). Es w nur dch Untergang u Verschlechterg (Anm a) nicht beeinträcht; anderweit Unmöglk der Herausg schließt es aus (vgl Anm a). **c) Wertersatz** (I S 3): Der Anspr setzt voraus, daß der AbzK den Untergang od die Verschlechterg (Anm a) zu vertreten hat (vgl Anm d). Höhe des WertErs: Es ist nicht der VerkPr zugrdezulegen, da bei Widerr der Gewinn des AbzV entfällt, sond der Wert, den die Sache im unverkauften Zustd für den AbzV hätte, näml AnschaffgsPr zuzügl der mit der Anschaffg u Bereitstellg (nicht der Weiterveräußerg) verbundenen Kosten. Im Proz gilt § 287 ZPO. **d) Haftungsmaß** (I S 3, III). Grdsätzl ist Vorsatz u Fahrlässigk zu vertreten (§ 276 BGB); nur im Fall des III Sorgf wie in eigenen Angelegenh (§ 277 BGB). Auch Haftg für ErfGehilfen (§ 278 BGB) ist denkb, da aGrd des AbzGesch schon wg des EigtVorbeh für den AbzK ObhutsPfl bestehen, die unter § 278 BGB fallen (dort Anm 4a, bb). Die Belehrg gem § 1b II S 2, III, auf die III verweist, muß im Falle des RückgR (vgl Anm 1d) sich auf dieses beziehen (§ 1b V S 5). Die anderweit Kenntn des Widerr (Rückg)R kann dch Dr od dch eine nicht ordngsgem Belehrg des AbzV erlangt sein. Das erhöhte Haftgsmaß (§ 276 statt § 277 BGB) tritt aber erst ein, sobald der AbzK diese Kenntn erlangt. **e) Beweislast:** AbzV für Unterg u Verschlechterg, sowie für Belehrg u Kenntn im Rahmen des III. AbzK für Fehlen v Vorsatz od Fahrlk sowie das SorgfMaß wie in eig Angelegenh (§ 282 u § 277 Anm 3).

AbzG 2 *Ersatzansprüche des Verkäufers.* **I** Der Käufer hat im Falle des Rücktritts dem Verkäufer für die infolge des Vertrages gemachten Aufwendungen, sowie für solche Beschädigungen der Sache Ersatz zu leisten, welche durch ein Verschulden des Käufers oder durch einen sonstigen von ihm zu vertretenden Umstand verursacht sind. Für die Überlassung des Gebrauchs oder der Benutzung ist deren Wert zu vergüten, wobei auf die inzwischen eingetretene Wertminderung der Sache Rücksicht zu nehmen ist. Eine entgegenstehende Vereinbarung, insbesondere die vor Ausübung des Rücktrittsrechts erfolgte vertragsmäßige Festsetzung einer höheren Vergütung, ist nichtig.

Gesetz betr die Abzahlungsgeschäfte   **AbzG 2** 1–4

II **Auf die Festsetzung der Höhe der Vergütung finden die Vorschriften des § 260 Abs. 1 der Zivilprozeßordnung entsprechende Anwendung.**

1) Allgemeines. a) Zweck: Ergänzt § 1 u soll dabei unter Schutz des AbzK gewährleisten, daß bei der Abwicklg des VertrVerh nach dem Rücktr der Umfang der RückgewährAnspr mögl gerecht festgelegt w. **b) Abdingbarkeit:** I 1 u 2 sind zwingd (I 3). Wirks sind aber abweichde Vereinbg, die den AbzK günst als die gesetzl Regelg stellen (BGH WPM **66**, 321) u solche Vereinbg, die nach dem Rücktr getroffen w (Ostler-Weidner 99). Nichtig sind insb: Abreden, daß AbzV berecht ist, nach Rücktr die Sache ohne Bindg an obj Wert u höchstmögl Pr anderw zu verwerten u der Erlös anzurechnen ist (vgl BGH WPM **66**, 1174 u Anm 2c); höhere, insb pauschalierte ÜberlassgsVergütg (allg M); ErsPfl für unverschuldete Verschlechterg od Verlust. **c) Anwendungsbereich:** Er entspr dem § 1 Anm 1c. Für § 2 ist aber bes zu beachten, daß er nur für den Zeitraum bis zum Rücktr (§ 1 Anm 5) gilt; für den folgden Zeitraum bemessen sich die Anspr nach den allg Vorschr des BGB (vgl Anm d). **d) Verhältnis zum BGB:** Im AnwendgsBer (Anm c) schließt § 2 die Anwendg des § 347 aus. Für die Zeit ab Wirksamk des Rücktr (Anm 5) gelten für SchadErs, Nutzgen, ÜberlassgsVergütg, Verwendgen u Verzinsg §§ 346 S 2, 347, 987ff. Insb ist auch Verzug des AbzK mit der Rückg der Sache u damit verschärfte Haftg mögl (vgl §§ 286, 287, 990 II). **e) Verjährung:** Die Anspr aus § 2 verj wie der RückGewAnspr (§ 1 Anm 7b). Ist der AbzV nach Verj der KaufPrFdg (§ 1 Anm 7a) zurückgetreten, kann er die Anspr aus § 2 nicht mehr geltd machen, weil sonst der AbzK dch das AbzGesch schlechter gestellt würde als beim gewöhnl Kauf (BGH **48**, 249).

2) Höhe der Ansprüche. a) Begrenzung. AufwendgsErs (Anm 3), SchadErs (Anm 4) u Überlassgs-Vergütg (Anm 5) sind für sich u insges begrenzt dch das ErfInteresse (Vorbem 2g vor § 249) des AbzV; denn er darf dch das zum Schutz des AbzK erlassenen AbzG nicht besser gestellt w, als wenn der Vertr ordngsgem erf worden wäre (hM; BGH NJW **67**, 1807; RG **138**, 28; Ostler-Weidner 10 mwN). **b) Feststellung:** geschieht im Proz gem § 287 ZPO; der in II genannte § 260 stammt noch aus der alten Fassg der ZPO. **c) Anrechnung** eines bei Weiterverkauf dch den AbzV erzielten Mehrerlöses ist zG des AbzK zul (BGH WPM **72**, 970); vgl auch Anm 1b.

3) Aufwendungsersatz (I 1 Hs 1). **a) Aufwendungen** sind freiwill Auslagen u Aufopfergen von VermWerten für einen best Zweck (vgl § 256 Anm 1). Das zugrdeliegde AbzGesch muß hierfür ursächl sein („infolge"); das bedeutet: das konkrete AbzGesch für die best Aufwendg. Die Aufwendg darf nicht überflüss od unangebracht sein (BGH WPM **72**, 970). **b) Ersatz** ist stets auf Geld gerichtet, da nicht § 249 (Naturalrestitution) anzuwenden ist, sond § 256 (vgl dort Anm 2). Besteht die Aufwendg nicht in Geld, ist der Betr zu zahlen, der zZ der Zahlg (im Proz zZ der letzten mdl Verhdlg) ausreicht, um die Aufwendg auszugleichen (Erm § 256 Anm 6). Zinsen für die Aufwendgen können nicht verlangt w (BGH WPM **59**, 1038; Ostler-Weidner 53; bestr, aA bis 30. Aufl). **c) Einzelheiten.** Es kommt als erstattgsfäh in Betr: **aa) Vertragskosten:** insb Porto, Formulare (Ostler-Weidner 27) u sonst für das Zustandekommen des Vertr erforderl Kosten. **bb) Vertriebskosten,** vor allem Prov, insb für Handelsvertreter; stets zu erstatten, wenn sie nicht zu den allg GeschUnkosten gehören u der AbzV nicht Rückzahlg der Prov erlangen kann (BGH NJW **59**, 2014; bestr). Aufwendg für Werbg (Reklame) fallen nicht darunter, weil sie vor dem VertrAbschl, nicht inf des Vertr erbracht w (allgM, vgl Hörle Gruch **55**, 202). **cc) Herstellungs- und Ausbesserungskosten** sind nicht erstattgsfäh, auch wenn sie auf des Wünschen des AbzK beruhen, da sie ausschließl der Erf der VertrPfl (GglLeistg) dienen, den Preis mitbest u sich auf den Wert der zurückverlangten Sache auswirken (vgl Düss Betr **61**, 1353). **dd) Transport:** Verpackg, Fracht, Spediteurkosten, eigene anteil Transportaufwendg des AbzV, die der Zusendg an den AkzK dienen, sind grdsätzl erstattgsfäh, ebso Kosten für Aufstellg u Montage (einhellig hM; vgl Ostler-Weidner 30–32). Für Kosten des Rücktransports ist das sehr bestr, da sie inf des Rücktr entstehen. Da der AbzK zur Rücksendg aber verpfl ist, kann AufwendgsErs aus §§ 670, 683 verlangt w (Karlsr MDR **70**, 587 mwN). Darunter fallen nicht die dch den WeiterVerk entstandenen Kosten (zB Überführg eines Kfz, Köln NJW **64**, 1966). **ee) Steuern:** Umsatz u MWSt sind nur ausnahmsw zu erstatten, wenn der AbzV sie nicht zurückerhält (Hamm JMBl NRW **58**, 255). **ff) Versicherungsprämien,** die spez für das betr AbzGesch gezahlt w (insb Kasko, KreditVers) sind zu erstatten, auch wenn der AbzK die VersPfl nicht übernommen hat (hM; Ostler-Weidner 44 mwN). **gg) Finanzierung:** Diskontspesen sind zu erstatten, soweit es sich um Entgelt für die DLeistgen der Bank (zB Bearbeitgsgebühren, Prov) handelt (insow allgM), nicht hingg die ZwZinsen, weil das eingesetzte Kap im Rahmen der GebrVergütg berücks w (Düss MDR **62**, 52; sehr bestr; aA insb BGH **19**, 330, wobei zum Ausgleich die KapVerzinsg bei der GebrWertVergütg außer Betr bleiben soll). Das gilt für die Finanzierg wie für die Refinanzierg, so daß die vom AbzV u der FinBank gezahlten DarlZinsen nicht zu erstatten sind, sond allein die Spesen u DLeistgsEntgelte (Köln NJW **64**, 1966). **hh) Inkasso:** Es sind nur zu erstatten, die Postgebühren u solche Spesen (Prov, Entgelte an Dr), die allein dch den betr Vertr entstanden sind, nicht aber das, was zu den allg GeschUnkosten zählt (zB Anteile an Buchgskosten od Gehälter). **ii) Rechtsverfolgung:** α) Mahnkosten w nach den Grdsätzen der Anm hh) behandelt. β) Bei ProzKosten (einschließl MahnVerf) aus RStreitigk zw AbzV u AbzK vor dem Rücktr ist das Verh zw proz u matrechtl KostenerstattgsAnspr (vgl Th-P IV vor § 91) zu beachten. Keinesf beschränkt § 2 den erlangten proz KostenerstattgsAnspr des AbzV. Die ihm auf dem gleichen Weg auferlegten Kosten kann er idR auch nicht über § 2 als matrechtl Kostenerstattg verlangen (vgl Th-P aaO 2 aE). γ) DrWiderspruchsKl (§ 771 ZPO): Hat der AbzV obsiegt, kann er die Kosten vom AbzK verlangen (aber § 255 beachten), wenn er sie vom Bekl nicht beitreiben kann (hM). Hat er verloren, kann Ersatzfähigkeit nur verneint w, wenn es an der Kausalität (Anm 3a) fehlt (im einzelnen umstr, vgl Ostler-Weidner 42 mwN).

4) Schadensersatz (I 1 Hs 2). **a) Beschädigung** umfaßt die Vernichtg u völl Zerstörg (allgM), Verschlechterg dch Substanzverletzg od übermäß Gebr, Unmöglk der Rückg u Belastg mit dingl R (Ostler-Weidner 55). Diese weite Auslegg des Begr beruht auf einer Analogie zu §§ 347, 989. Nicht: die Abnutzg dch den gewöhnl Gebr; diese w bei der ÜberlassgsVergütg (Anm 3) berücks. **b) Verschulden** des AbzK gem §§ 276, 278 od zu vertretde Umstände sind erforderl. Dafür kommen in Betr: bei SchuVerz Zufall

(§ 287 S 2), Haftg gem §§ 827, 829, 833. **c) Umfang:** §§ 249ff, insb entgangener Gewinn (§ 252); im Falle der Unmöglk auch das Surrogat (§ 281).

5) Überlassgsvergütung (I 2). **a) Allgemeines: aa) Art:** stets in Geld. **bb) Zeitraum:** maßgebd ist der von Überg (§ 1 Anm 3) bis zum Wirksswerden der RücktrErkl (§ 1 Anm 5). Von da an bis zur Rückg ist über §§ 346 S 2, 347 S 2, 987 nur Vergütg für den tats Gebr zu leisten (J. Blomeyer MDR **68**, 6), wg der umstr RFolgen bei unangemessener Verzögerg der RücktrErkl vgl J. Blomeyer aaO; Scholz MDR **68**, 631. **cc) Bemessungsgrundlagen:** Es ist zunächst die Höhe des Überlassgswerts (Anm b) festzustellen; danach erfolgt die Korrektur („Rücksicht") dch die Wertminderg (Anm c). W sie dch die Vergütg für den GebrWert voll umfaßt u abgegolten, bleibt sie ohne Einfluß (allgM; RG **169**, 141), weil die normale Abnutzg u Wertminderg mit der ÜberlassgsVergütg idR abgegolten w. Nur wenn die tats Wertminderg dch Abnutzg u Verlust der Neuheit die normale Wertminderg übersteigt, ist die ÜberlassgsVergütg höher als der GebrWert. Im umgekehrten Falle kann sie aber auch niedr sein; jedoch w dies prakt nur noch selten zutreffen, da die moderne Volkswirtsch in erster Linie auf fabrikneue Massengüter abstellt u der Gebrauchtwarenmarkt (außer Kfz) immer bedeutgsl w. Bei echten verbrauchb Sachen (insb Lebens- u Genußmittel, Brennstoffen) ist stets der Barpreis als Warenwert für die ÜberlassgsVergütg anzusetzen. **b) Überlassungswert.** Er ist am Wert der Nutzgen (§ 100) zu messen (hM), also der GebrVorteile u Früchte (diese aber nur soweit sie vertrgem dem AbzK verbleiben u nicht vom AbzV aus Eigt herausverlangt w können). Maßgebd ist der obj Verkehrswert der Nutzgen ohne Rücks darauf, ob sie tats gezogen w, die Sache also benutzt w od nicht (hM; RG **138**, 28 [32]; **147**, 344). Bei Sachen, die üblw vermietet od verpachtet w, ist entspr der übl Miete od Pacht zu bemessen (vgl BGH **19**, 330). Dabei ist zu berücks: Abzuziehen ist der den Verm über § 536 treffde ErhaltsAufwd, wenn er vom AbzK zu tragen war (BGH **44**, 237; hierzu krit Loewenheim NJW **66**, 972 u Mezger **LM** Nr 5/6) u Minderg od Wegfall der MietzinsPfl wg Sachmangel (BGH WPM **72**, 558). Miete od Pacht ermäß sich bei geringer Benutzg nur, wenn auch üblw die Höhe von Miete u Pacht davon beeinflußt w (Reinicke Betr **59**, 1106). Bei and Sachen ist der gewöhnl Wert der GebrÜberlassg zu ermitteln od zu schätzen (BGH **19**, 330); dazu gehören auch fabrikneue Kfz, da nur gebrauchte üblw vermietet w (Ffm NJW **69**, 1967). Zugrdezulegen sind: KapEinsatz, anteil GeschUnkosten, Risikoausgleich u angem UnternGewinn (vgl BGH WPM **69**, 1384; Ffm aaO). Finanziergskosten dürfen in diesem Rahmen nicht angesetzt w (BGH NJW **73**, 1078). **c) Wertminderung.** Sie ist zu ermitteln aus der gewöhnl, vertrgem vorausgesetzten Abnutzg, dem NeuhVerlust u dem Wertverlust, der dadch entsteht, daß die Sache regelm, dch schnell aufeinandfolgde Modelländerg veraltet (Ostler-Weidner 90; sehr bestr). Die Differenz ist aus dem Wert zZ der Überg u der Rückg zu entnehmen (RG **138**, 34). Außer Betr bleiben: allg Preisrückgänge (hM, BGH **5**, 373 [376]); verschuldete Beschädigg, weil als Schaden zu ersetzen (Anm 4); der Versteigergs- od Veräußergsverlust (Differenz zw allg obj Veräußergswert u dem konkret erzielten Mindererlös), da dieser Erlös vom Zufall od der Willkür des AbzV abhängt (hM; Ostler-Weidner 87a). Die veröffentl Richtsätze für Wertminderg best Waren sind nicht verbindl, meist auch veraltet u dch die sich ständ ändernden Verh überholt.

AbzG 3 Erfüllung Zug um Zug.
Die nach den Bestimmungen der §§ 1, 2 begründeten gegenseitigen Verpflichtungen sind Zug um Zug zu erfüllen.

1) Allgemeines. a) Zweck: Schutz des AbzK; außerdem Folge der allg bürgerl-rechtl Grdsätze (§§ 348, 322, 274). **b) Abdingbarkeit** ist uneingeschr zu verneinen; abweiche Vereinbg, soweit sie den AbzK schlechter stellen, auch nach Rücktr, sind nichtig (allgM), aber ohne Auswirkg auf die and VertrBest. **c) Anwendungsbereich:** Bei allen AbzGesch (Einl 2) einschl der UmgehgsGesch (§ 6) für die Anspr aus §§ 1, 2; ferner für die Anspr aus § 1d (dort Anm 2), insow auch für die Gesch des § 1c. **d) Rechtsnatur:** Keine Einrede, sond eine von Amts w zu beachtde AnsprBeschränkg (Ostler-Weidner 6; Schaumburg JR **75**, 446 mwN; bestr), weil § 3 nicht abdingb ist u das AbzG vermeiden will, daß der AbzK den Bes der Sache verliert ohne seine Leistung im Rahmen des § 2 zurückzuerhalten. Als Einr bliebe § 3 beim VersUrt unbeachtet. **e) Erfüllungsort** für die Rückgewähr ist der des Vertr (AbzGesch), da ein AbwicklgsVerh vorliegt (§ 346 Anm 2). Er ist somit gemeins (bestr; aA Ostler-Weidner 13: für jede Leistg gesondert nach § 269 zu best). Das bedeutet, daß der ErfOrt der Kaufsache aus dem AbzK der zur Zug-um-Zug-Leistg maßgebde ErfOrt für das AbwicklgsVerh nach Rücktr ist (aA Nürnb WPM **74**, 1175).

2) Wirkung. Grdsätzl ist zu beachten, daß dem AbzK aus § 1 regelm ein GeldAnspr zusteht, dem AbzV neben Rückgewähr der Kaufsache (§ 1) aus § 2 ebenf ein GeldAnspr. Solange nicht eine der Part aufrechnet (§ 388), kann das Gericht die gegen GeldzahlgsPfl nicht verrechnen. Jede der Part muß für die Schlüssigk ihrer Kl nur den eigenen Anspr darlegen, um ein VersäumnUrt (§ 331 ZPO) zu erwirken. Die Zug-um-Zug-Einrede w dann nur berücks, wenn der Kläger vorträgt, daß der Bekl sich (auch schon vor dem Proz) darauf berufen hat (Th-P § 331 Anm 2).

3) Prozessuales. a) Zuständigkeit: Für die örtl gilt § 6a. Sachl §§ 23, 71 GVG. **b) Klageantrag:** AbzV kann nicht mit Erfolg Kl auf KaufPrZahlg mit Kl auf Herausg verbinden, weil darin Rücktr vom KaufVertr liegt (§ 1 Anm 5b), selbst wenn dies auf EigtVorbeh gestützt w (hM). Unzul ist wg § 253 II Nr 2 ZPO ein KlAntr, der wahlw auf Zahlg od Herausg gerichtet ist (allgM). HilfsAntr auf Herausg ist nur sinnvoll, wenn dies keinen Rücktr darstellt, näml für den Fall, daß die KaufPrFdg wg Nichtigk des Vertr nicht besteht. HilfsAntr auf Zahlg des KaufPr ist nur zweckm, wenn die Wirksamk des Rücktr zweifelh ist u deshalb die HerausgKl unbegründet sein kann. **c) Urteil:** Verurteilg Zug-um-Zug ist kein aliud iS des § 308 I ZPO, sond ein weniger; daher Teilunterliegen, wenn unbedingte Verurteilg beantragt w. **d) Prozeßvergleich** über Anspr aus dem AbzGesch sind mat wie AbzGesch zu behandeln, daher insb Bindg an §§ 3, 4. **e) Vollstreckungsabwehrklage** (§ 767 ZPO) gg VollstrTitel über die KaufPrFdg ist zul u begründet, wenn nachträgl (§ 767 II ZPO) Rücktr, insb fingierter gem § 5 erfolgt. **f) Zwangsvollstreckung:** § 322 Anm 2.

AbzG 4 *Vertragsstrafe und Verfallklausel.* I Eine wegen Nichterfüllung der dem Käufer obliegenden Verpflichtungen verwirkte Vertragsstrafe kann, wenn sie unverhältnismäßig hoch ist, auf Antrag des Käufers durch Urteil auf den angemessenen Betrag herabgesetzt werden. Die Herabsetzung einer entrichteten Strafe ist ausgeschlossen.

II Die Abrede, daß die Nichterfüllung der dem Käufer obliegenden Verpflichtungen die Fälligkeit der Restschuld zur Folge haben solle, kann rechtsgültig nur für den Fall getroffen werden, daß der Käufer mit mindestens zwei aufeinander folgenden Teilzahlungen ganz oder teilweise im Verzug ist und der Betrag, mit dessen Zahlung er im Verzug ist, mindestens dem zehnten Teile des Kaufpreises der übergebenen Sache gleichkommt.

1) Allgemeines. Zweck: entspr § 1 Anm 1a, Abdingbark: § 3 Anm 1b; eine unzul Verfallklausel w auf das gesetzl zul Maß zurückgeführt (RG **64**, 92). AnwendgsBer: wie § 3 Anm 1c. Verh zum BGB: I ist SondRegelg ggü § 343 I, bei AbzGesch daher an Stelle des § 343 I S 1 u 3 anzuwenden, aber prakt bedeutgsl, weil die Vorschr inhaltl gleich sind. IÜ gelten die §§ 339–345. Die VerfallklauselVorschr (II) schränkt lediglich die VertrFreih im Rahmen des § 271 ein.

2) Vertragsstrafe (I). Der NichtErf steht die nicht vertrgem Erf gleich (allgM). Grdsätzl gilt das gleiche wie in den Anm zu § 343, mit der Abweichg, daß wg § 8 auch bei Vollkaufleuten, die nicht im Handelsregister eingetr sind, trotz §§ 348, 351 HGB die VertrStrafe herabgesetzt w kann. Insb ist zu beachten: VertrStrafe ist auch für Anspr aus §§ 1, 2 mögl (bestr). Verzug, daher idR Versch, ist erforderl (§ 339 S 1, § 285 u § 339 Anm 3). Ob ErfAnspr ausgeschl ist, wenn VertrStrafe verlangt w, hängt davon ab, ob § 340 I od § 341 I vorliegt. Rücktr ist nach Erlöschen des ErfAnspr (§ 340 I) nicht mehr mögl. Mit Rücktr entfällt Grdlage für künft Verwirkg von VertrStrafe; eine bereits geleistete muß zurückgewährt w (§ 1 Anm 6 b, bb).

3) Verfallklausel (II). **a) Zulässigkeit:** Stets Vertr od VertrÄnderg gem § 305 notw („Abrede"). Soweit der Verfall auf ZahlgsVerz abgestellt w, nur zul mit dem dch II festgelegten Inhalt od günst für den AbzK. Dagg w verstoßen, wenn für den ges KaufPr ein Wechsel begeben w, der bei geringerem ZahlgsVerz als § 4 vorgelegt w kann (RG **136**, 137); das kann gg Dr nur über Art 17 WG eingewendet w. Restschuld ist der BarPr zuzügl aller Teilzahlungszuschläge, abzügl aller bisherigen Zahlgen (Mü NJW **69**, 53). **b) Voraussetzungen** einer zul Verfallklausel sind: **aa) Zahlungsverzug** (§ 284) mit mind 2 aufeinanderfolgden Raten, ganz od teilw. § 366 gilt nicht (hM). Jede Zahlg gilt nach stillschw Vereinbg für die älteste Rate (Ostler-Weidner 66). Dann kann der AbzK allein keine wirks Best treffen (bestr). **bb) Zehntel des Kaufpreises** ist der vereinb GesPr (einschl aller dch die Teilzahlg bedingten Zuschläge). Der Verz (§ 284) muß sich auf das Zehntel erstrecken, wobei alle rückständ Raten zu berücks sind. Bei einheitl KaufPr für mehrere Sachen (zB Sammelwerk) kommt es auf den GesamtPr, nicht nur auf den übergebenen Teil an (Mösenfechtel MDR **74**, 111; bestr; aA bis 33. Aufl). **c) Wirkung:** Die Fälligk der ges Restschuld (Anm a) tritt ohne weiteres ein (§ 158 I; hM). Eine verspätete Leistg ist noch möglich, wenn nicht eine Vereinbg gem § 271; diese ist nicht mehr an § 4 gebunden. Eine Auswirkg auf das RücktrR (§ 1 Anm 4) ist mit dem WirksWerden der Verfallklausel nicht verbunden. Eine gg Abs II verstoße Verfallklausel ist nichtig (§ 134). Umdeutg in zul MindMaß ist mögl. Danach richtet sich beim finanz Kauf dann die Fälligk des Darl.

AbzG 5 *Fingierter Rücktritt.* Hat der Verkäufer auf Grund des ihm vorbehaltenen Eigentums die verkaufte Sache wieder an sich genommen, so gilt dies als Ausübung des Rücktrittsrechts.

1) Allgemeines. a) Zweck: Verhindert eine Umgehg der §§ 1–3, indem er den Rücktr fingiert, wenn der AbzV den Bes der Sache sich aus seinem Eigt verschafft. Schützt den AbzK davor, den Bes der Sache zu verlieren u weiter den KaufPr zu schulden (BGH WPM **66**, 1175). **b) Abdingbarkeit:** § 5 ist eine zwingde gesetzl Fiktion (allgM). **c) Anwendungsbereich:** Alle AbzGesch (Einl 2), auch die UmgehgsGesch (§ 6) u beim finanz AbzKauf, also insb, wenn die FinBank aGrd SichgEigt die Sache dem AbzK wegnimmt (BGH NJW **72**, 46). Gilt auch, wenn der AbzV auf Rücktr verzichtet hat u wenn der AbzK mit der Rückn einverstanden ist (BGH aaO). Gilt nicht, wenn der AbzK vorher den Rücktr erkl hat (Karlsr OLGZ **69**, 316), ferner nicht bei den Gesch des § 1 c.

2) Voraussetzung ist allein, daß der AbzV die Sache an sich genommen hat. Es ist (entgg dem Wortlaut) nicht erforderl, daß er dies aGrd des EigtVorbeh (hierzu § 455 Anm 1, 2) getan hat; denn dch diese Fassg in § 5 sollte lediglich klargestellt w, daß auch die Zurückn der Sache aGrd dingl Rechts, also auch außerh des gewöhnl schuldrechtl Weges über den Rücktr (§ 346) diese RFolge auslösen sollte (Ostler-Weidner 4). Daher ist weder erforderl, daß ein EigtVorbeh bestand noch daß der AbzV die Rückn mit seinem Eigt begründet od rechtf, die Wegn ankünd od dem AbzK ggü Rücktr erklärt (BGH NJW **73**, 1078); er muß nicht einmal Eigtümer sein. Nur mit dieser Auslegg w der Schutzzweck des § 5 erfüllt u ist die vom richt Ergebn der Rspr u des Schriftt zu § 5 logisch begründet. Wiederansichnehmen bedeutet, daß der AbzV dem AbzK die Nutzgsmögl der Sache entzieht u den Bes der Sache od ihren wirtschaftl Wert sich selbst zuführt. Im einz gilt folgdes: **a) Besitzverschaffung** gem § 854 ist der Regelfall. Der mittelb Bes (§ 868) genügt, insb wenn der AbzK auf Verlangen des AbzV die Sache an einen Dr herausgibt, der dem AbzV den Bes vermittelt (BGH **LM** Nr 2). Die BesÜbertr muß stets auf Verlangen des AbzV geschehen (BGH aaO u WPM **69**, 1384), so daß freiw BesAufg des AbzK mit zeitl getrennter, nachfolgder Inbesitznahme dch den AbzV nicht genügt (BGH **LM** Nr 9). Es genügt auch nicht, daß der AbzV einz Teile der Sache an sich nimmt, um den Gebr der Sache dch den AbzK zu unterbinden (Kiel BB **57**, 692, Celle BB **68**, 1308). **b) Wertverschaffung** genügt, insb, wenn der AbzV die Sache an einen Dr weiterveräußert (BGH **LM** Nr 11 a), auch dann, wenn der AbzK vorher den Bes freiw aufgegeben hat (BGH **45**, 111); jedoch nicht, wenn er den Weiterverkauf im Einverständn des AbzK zu best Preis unter Anrechng auf die Restschuld vornimmt (BGH WPM **66**, 1175), schon gar nicht, wenn der AbzK unter Zust des AbzV die Sache aus eig Interesse an einen Dr weiterveräußert (BGH NJW **74**, 187). **c) Klagen** auf Herausg, auch bei KonkAussonderg können, da ihre Erhebg (§ 253 ZPO) noch keine Bes- od GebrEntziehg beim AbzK bewirkt, nicht die Fiktion des § 5 auslösen (aA die hM); sie stellen aber idR eine schlüss RücktrErkl dar (§ 1 Anm 5 b) u haben daher die gleiche Wirkg. Dasselbe gilt vom RückgVerlangen. Keinesf gilt das für die VorzugsKl gem § 805 ZPO (BGH NJW **63**, 1200), die auch noch keinen schlüss Rücktr darstellt. **d) Herausgabevollstreckung** (§ 883 ZPO) führt, wenn sie erfolgreich ist, auf jeden Fall zur Fiktion des § 5; prakt bedeutgsl, da idR schon die Kl die schlüss RücktrErkl enthält (§ 1 Anm 5 b). **e) Pfändung** der Kaufsache löst noch nicht die Wirkg des § 5 aus, gleichgültig ob die Sache gem § 808 ZPO beim AbzK verbleibt od vom GerVollz weggen w, ob wg der KaufPrFdg od and Fdg, ob die Sache ohne Willen od im ausdrückl Auftr des AbzV gepfändet w (hM: im einzelnen bestr, vgl Ostler-Weidner 123–131 mwN u Brehm JZ **72**, 153). **f) Pfandverwertung** dch öff Versteigerg (§ 814 ZPO) od and Verwertg (§ 825 ZPO), die im Auftr des AbzV vorgen w, führt in allen Fällen zur Fiktion des § 5; gleichgült ob wg KaufPrFdg od und Fdg, ob vom AbzV selbst od von einem Dr erworben (hM; BGH **55**, 59; Ostler-Weidner 132–136 mwN).

3) Wirkung. § 5 fingiert nur die RücktrErkl (§ 1 Anm 5). Zur Wirksamk des Rücktr muß stets das RücktrR (§ 1 Anm 4) gegeben sein (BGH WPM **76**, 583). Fehlt es, so bleibt die RücktrFiktion ohne Wirkg, das AbzGesch bestehen. Da die KaufPrFdg dch Rücktr erlischt, ist ggf die Kl aus § 767 ZPO begrdet. Darüber hinaus wirkt § 5 nicht; nimmt dem AbzK nicht das Recht aus § 3 (vgl Brehm JZ **72**, 153) u beschr insb nicht die Art u Weise der ZwVollstr, verbietet insb dem AbzV nicht, die Sache wieder an sich zu nehmen. Derart RFolgen können nur aus §§ 1, 3 im Rahmen des § 825 ZPO abgeleitet w (vgl LG Bielefeld NJW **70**, 337 mwN).

AbzG 6 *Umgehungsgeschäfte.*
Die Vorschriften der §§ 1 bis 5 finden auf Verträge, welche darauf abzielen, die Zwecke eines Abzahlungsgeschäfts (§ 1) in einer anderen Rechtsform, insbesondere durch mietweise Überlassung der Sache zu erreichen, entsprechende Anwendung, gleichviel ob dem Empfänger der Sache ein Recht, später deren Eigentum zu erwerben, eingeräumt ist oder nicht.

1) Allgemeines. a) Zweck: Der Schutz des AbzG soll nicht auf eine best Art von RGesch (Kauf) beschr sein, da sonst die SchutzVorschr dch die Wahl eines and RGesch, das fakt denselben Zweck wie ein AbzGesch erreicht, leicht umgangen w könnten. Alle Vertr, die bei wirtschaftl Betrachtgsw auf dasselbe Ergebn gerichtet sind wie ein offenes AbzGesch, sind daher ohne Rücks auf ihre rechtl Ausgestaltg im entspr der Anwendg des AbzG (auch des § 6 a) unterworfen. **b) Bedeutung:** Im Hinbl auf die Masse der vom GGeber schon befürchteten Umgehungsversuche des AbzG hat § 6 große Bedeutg erlangt; § 6 bildet heute den Anwendgsschwerpunkt des AbzG. Aus § 6 w über den eigentl AnwendgsBer hinaus der Grds der wirtschaftl Betrachtgsw u eine grdsätzl Wertg des GGebers abgeleitet, wonach iZw den Interessen des AbzKäufers der Vorrang zu geben ist. Dieser Gesichtspunkt spielt insb im Bereich des finanz Kaufs eine entscheidde Rolle (vgl Anm 2 a, cc, 2 b, dd u Anh Anm 3), der heute weiter verbreitet ist als das einfache AbzGesch, in dem der Verk selbst kreditiert. Dch die AbzGNov vom 1. 9. 69 (BGBl 1541) ist § 6 weiter aufgewertet w, weil nun auch die §§ 1 a, 6 a anzuwenden sind, wenn die Voraussetzgen des § 6 vorliegen. **c) Abdingbarkeit:** Aus dem Zweck des § 6, der verdeckte Umgehgen des AbzG verhindern soll, ergibt sich, daß er erst recht entgegenstehde vertragl Vereinbgen u auch ihre Abdingg im ganzen verbietet.

2) Anwendungsbereich. a) Allgemeines: Vgl zunächst Anm 1 a u 1 b. **aa) Grundsatz:** Erforderl ist, daß ein verdecktes AbzGesch vorliegt. Entspr dem Schutzzweck der Vorschr ist diese Frage unter wirtschaftl Betrachtgsw zu beurteilen (BGH **LM** Nr 2). Entscheid ist also, ob dabei „die Zwecke eines AbzGesch (§ 1) erreicht", ob also der Beteil sich darüber einig geworden sind, daß dch das abgeschl RGesch letztl der Erwerb von Waren gg Teilzahlg erreicht w soll. Voraussetzg ist immer, daß das RGesch als unverhülltes unter den Begr des AbzGesch iS des § 1 fallen würde (vgl Einleitg 2). Ggstd muß daher immer eine bewegl Sache sein, deren endgült Austausch gewollt ist, wobei die GgLeistg des Erwerbers in Teilzahlgen bewirkt w soll. Der Güteraustausch braucht nach dem Wortlaut des § 6 nicht in einer Übereigg zu bestehen, es genügt vielm auch eine längerfr GebrÜberlassg, die dem Erwerber tats dieselbe Stellg einräumt, wie wenn er Eigtümer wäre; dies gilt bes bei Überlassg von Sachen, die sich innerh überschaub Zeiträume bis zur Wertlosigk abnützen (vgl Ostler-Weidner, Anm 16 ff). Ausdrückl Abreden der Part über eine endgült u dauernde Überlassg der Sache sind jedoch nicht erforderl, es genügt eine stillschw beiderseit Absicht. Obwohl der Begr Abzielen darauf hindeutet, daß in subjekt Richtg eine UmgehgsAbs erforderl ist, genügt nach hM die obj Feststellg der Merkmale des § 6, da anders der vom GGeber gewollte Schutz nicht gewährl wäre (KG JW **31**, 75). **bb) Scheingeschäft** (§ 117). Liegt es vor, ist § 6 unanwendb, denn es gilt das verdeckte Gesch, für das dann, wenn es ein AbzGesch ist, die Vorschr des AbzG unmittelb gelten. **cc) Finanzierter Kauf** (vgl Anm b, dd): Die Rspr wendet § 6 über den Wortlaut hinaus an, weil der Zweck eines AbzGesch nicht nur in and RForm, sondern ebso dch eine Aufspaltg des wirtschaftl einheitl Vorgangs in mehrere selbständ Gesch (Kauf u Darl), also dch eine Aufspaltg der Funktionen, erreicht w kann (BGHZ **47**, 253 mwN). Diese Ausdehg des AnwendgsBer folgt aus der in § 6 enthaltenen gesetzgeber Wertg des vorrang Schutzes des AbzK. **b) Einzelfälle.** Wann ein Vertr unter § 6 fällt, kann nur anhand der Verh des Einzelfalles entschieden w. Nach seinem wirtschaftl Endzweck muß der Vertr den Empfänger so stellen, als hätte er die Sache vom VertrPartner auf Abzahlg erworben. Ein sicherer Anhaltspunkt für das Vorliegen eines UmgehgsGesch ist immer die dauernde GebrÜberlassg aber auch die befr, wenn die Sache inf des Gebr ihrer Natur nach wg Abnutzg völl od nahezu wertlos wird w. **aa) Miete:** Die häuf MietkaufVertr (Einf 3 a v vor § 535) fallen stets unter § 6, weil ein ErwerbsR vertragl eingeräumt w. Dasselbe gilt bei Vertr, die dem Benutzer kein vertragl ErwerbsR geben, die EigtÜbertr aber Endziel des Gesch ist u die erbrachten Leistgen wirtschaftl die Zahlg eines Kaufpr darstellen (BGH **62**, 42). Es ist zu prüfen, ob angesichts der Höhe der Mietzinsraten, der vereinb Überlassgsdauer u des Anfangs- u Restwertes der überlassenen Sache in Wahrh nicht doch eine, wenn auch befr od kündb GebrÜberlassg bis zur Entwertg der Sache vorliegt u der Benutzer mit seinen Mietzinsen den Gesamtwert bezahlen soll. Die Vereinbg, daß der Vermieter zu einem best Ztpkt bereit ist, über die Frage der Übereigng zu verhandeln, diese dann aber nur gg Barzahlg des dann zu vereinbden Pr vornimmt, steht der Anwendg des § 6 nicht entgg, weil ebenf die Umgehg bezweckt w. **bb) Leasing-Verträge** (Begr vgl Einf 4 vor § 535) fallen unter § 6, wenn dem LeasNehmer ein ErwerbsR (insb dch eine Kaufoption, 4 d vor § 504) eingeräumt u daher die EigtÜbertr Endziel des Vertr ist (BGH **62**, 42 [45] u NJW **77**, 848 u 1058). Ob darühinaus § 6 anwendb ist, wenn der LeasNehmer währd der GrdMietZt soviel an Zahlgen erbringt, daß dadch Sachwert, Zinsanteil u Gewinn beglichen w u die Zahlgen insges dem Teilzahlgs Pr bei Kauf gleichkommen, ist umstr (vgl BGH NJW **78**, 1432). Maßg w sein, ob der LeasNehmer sich in der VertrZt den Wert zueignen kann od aGrd eigenen Entschlusses die Sache nach Ablauf der VertrZt zu erwerben (BGH aaO). Danach kann nur das sog FinanziergsLeas v Konsumgütern unter § 6 fallen, nicht das sog OperatingLeas (keine GrdMietZt u kurzfrist KündMöglk des LeasN) u die Fälle, in denen laufder Service des LeasG u die Zweitverwertg dch ihn VertrZweck sind (BGH NJW **77**, 848). Es ist auch § 1 a anwendb (BGH NJW **77**, 1058; für Anwendbk v §§ 1 b u 1 d: J. Blomeyer NJW **78**, 973). **cc) Sonstige gemischte Gebrauchsüberlassungsverträge** (zB Nießbr, Verwahrg, TreuhandVertr), sowie auch DarlVertr, wenn die Zinshöhe für vertretb Sachen erkennen läßt, daß es sich in Wahrh um KaufPrRaten handelt (zB LG Brschw MDR **75**, 229). Ferner ein AutomatenaufstellgsVertr, der mit einem zeitl u umfangsmäß festgelegten Warenbezug verbunden ist (zB Eispulver für Eismaschine, LG Zweibr NJW **74**, 193); Übereigng v Gaststätten-Inv gg Übern eines Darl mit mtl Zins- u TilggsLeistgen (LG Brschw NdsRPfl **75**, 17). **dd) Finanzierter Kauf**: Hier hat § 6 große prakt Bedeutg im Rahmen des sog **B-Geschäfts** erlangt, bei dem eine FinBank den KaufPr in Gestalt eines Darl kreditiert u an den AbzV unmittelb auszahlt. Ggwärt volkswirtsch Bedeutg u Umfang des B-Gesch sind umstr. Für weitgehde Bedeutgslosk Scholz JZ **75**, 727; dagg Gilles JZ **75**, 729. Die Anwendbk des § 6 u damit der Vorschr des AbzG steht hier nur insow in Frage, als es (neben §§ 1 a, 6 a) um Störgen in der Abwicklg des DarlVerh geht, wobei es sich in der Regel um ZahlgsVerzug des DarlN handelt. Diesem drohen dch die Rückholg der inzw meist im SichergsEigt der FinBank stehden Sache dieselben Gefahren wie einem AbzK, dem ein Verk seine den KaufPr kreditiert hat, näml: Verlust der Sache bei uU weiterbestehder ZahlgsVerpfl ggü der Bank od eine Verfallklausel. Der Schutz des AbzG über § 6 w in Fällen dieser Art auch im Verh DarlN zu FinBank gewährt (schon KG JW **31**, 75; RG **131**, 213; BGH **47**, 241 u 253). Voraussetzg ist, daß KaufVertr u DarlVertr wirtschaftl eine auf ein Ziel ausgerichtete Einh bilden od sich zu einer solchen Einh ergänzen, daß keiner der beiden Vertr ohne das Zustandekommen des and geschl worden wäre. Wg der tats Anhaltspunkte, die für eine solche Einh sprechen vgl BGH **47**, 253 [255] mwN. Es ist ein Indiz für eine solche Einh, daß FinBank u Verk in einer dauernden GeschVerbindg stehen. Die Einschaltg eines Maklers, der das Darl vermittelt, steht der Ann einer solchen Einh von KaufVertr u DarlVertr nicht entgg (Mü MDR **76**, 225), jedoch w verlangt, daß der KaufGgst dem Kreditgeber zur Sicherg übereignet ist; das ist bedenkl, da die FinBank auch iW der Zw-Vollstr die dem Käufer (DarlNehmer) gehörde Sache verwerten kann, wodch dieser sie schließl ebso verlieren kann wie bei einem sonst Vorgehen der Bank nach § 5. Deshalb entspr sein Schutzbedürfn dem des AbzK, wenn der Verk in die dem Käufer gehörde Sache vollstreckt. Das AbzG ist nicht anwendb, wenn es sich um einen echten PersKredit (vgl Anh Anm 1 a, aa, sog AnschaffgsDarl) handelt, da dieser mit dem KaufVertr nicht eine Einh bildet (BGH **47**, 253 u NJW **70**, 701). Die Abgrenzg ist im Einzelfall schwierig, vgl auch Emmerich, JuS **71**, 277. Gewährt die Bank den Kredit für den Kauf eines best Ggst, ist § 6 anwendb, wenn zusätzl die Übereigng des Ggst zur Sicherg der Bank erfolgt (BGH aaO). Es ist zu beachten, daß zu nehmd PersKredite gewährt w, die von einem Kauf best Ggst losgelöst sind (Weick BB **71**, 321; Scholz JZ **75**, 727). Liegt ein fin AbzKauf als sog **C-Geschäft** vor, bei dem der Käufer zur Sicherg der kreditierden Bank Wechsel akzeptiert hat, so ändert dies an der Anwendbk des AbzG über § 6 jedenf dann nichts, wenn die Bank od deren ReFinBank die Rechte aus dem Wechsel geltd macht, weil der Schutz des AbzG auch besteht, wenn Wechsel gegeben sind (BGH **15**, 241); eben w ein Dr der Rechte aus dem Wechsel geltd macht u weiß, daß dieser im Rahmen eines fin AbzKaufs begeben wurde (vgl BGH **43**, 258 u **51**, 69). Erst recht ist § 6 anwendb, wenn die Bank wirtschaftl betrachtet gar kein Dr ist, sond nur eine selbstd RPers, die aber wirtschaftl od organisator in den Ber des AbzVerk eingegliedert ist, wie das häuf bei den FinBanken der großen Kauf- u Versandhäuser der Fall ist. Hier ist in Wahrh gar kein Dr eingeschaltet, vielm liegt wirtschaftl Identität von AbzVerk u FinBank vor, sodaß die Probleme des DreiecksVerh gar nicht auftreten (RG **131**, 213; Ostler-Weidner, Anm 109), auch wenn in derart Fällen der Kredit aus Umgehgsgründen als PersKredit (unechter Personalkredit) ausgestaltet ist. Wg der sehr str Frage, ob der AbzKäufer u DarlNehmer der FinBank Einwendgen aus dem KaufVertr entgghalten kann, vgl Anh; dabei handelt es sich nicht um ein Problem des § 6, da diese Fragen nicht im AbzG geregelt sind; denn dieses geht vom Leitbild des selbst kreditierden AbzV aus. **ee) Finanzierter Verkauf** liegt vor, wenn der DarlG (FinBank) das Darl dem AbzV gewährt u sich den KaufPrAnspr abtreten läßt. Hier bleiben die Einwendgen wg § 404 BGB dem AbzK erhalten. Bei GewlAusschl gelten dann die Regeln in Vorbem 4 a vor § 459.

3) Rechtsfolgen: a) Allgemeines: Liegt ein UmgehgsGesch nach § 6 vor, so gelten die Vorschr des AbzG entspr, ohne daß die RNatur des Vertr sonst berührt w; insb dch die Form (§ 1 a Anm 1 c), den Widerr- u RückgR (§ 1 b) u der Gerichtsstand (§ 6 a Anm 1 a; Löwe NJW **71**, 1825). Sind einz VertrBedingen desh nichtig, weil gg das AbzG verstoßen w (§ 134 BGB), ist der Vertr nicht unwirks, sond gilt mit gesetzl Inhalt weiter. Die urspr HauptleistgsPfl des Erwerbers entfällt, wenn die Sache zurückgen w (auch v mithaftden Verk, wenn die Sache dem DarlG sichergsübereignet ist, Hamm WPM **77**, 933), sowie in allen und Fällen des § 5, der hier ebenf gilt. Der Schutz des AbzG greift also in vollem Umfang ein, sodaß der Erwerber, Mieter, DarlNehmer usw dagg geschützt ist, die Sache zu verlieren u die urspr vereinb GgLeistg ohne Rücks hierauf weiter erbringen zu müssen. Im Rahmen des AbwicklgsVerh nach § 2 kommen im UmgehgsGesch etwa enthaltene Vereinbgen über die Höhe der Nutzgsvergütg wg § 2 Abs 1 S 3 nicht zum Zuge: ebso gilt § 4. **b) Besonderheiten bei Abwicklung des Darlehens**, Zw AbzK u FinBank bei § 2: Zu den Aufwendgen der FinBank, für die der DarlNehmer Ers zu leisten hat, gehören weder die DarlSumme noch die Kosten, die dem DarlGeber dch die Verwertg des KaufGgst erwachsen sind (BGH **47**, 246); dagg ist von der FinBank eine Anzahlg zu berücks, die der Käufer dem Verk geleistet hat (BGH **47**, 241). Die FinBank muß sich also wie der Verk behandeln lassen u bildet mit ihm (jedenf im Rahmen der Anwendg des AbzG) eine Einh im Verh zum Käufer. Dagg bleibt die Rückn der Sache dch die FinBank auf deren Verh zum Verk, der auch für die Rückzahlg des Darl haftet, ohne Einfluß (BGH **47**, 248), sodaß diese Haftg weiterbesteht (§ 425; § 356 gilt nicht od ist als abbedungen anzusehen).

Anhang zu § 6

Der finanzierte Kauf

Literatur: Daum, Der BGH zum finanz AbzKauf in NJW 1968, 372ff; Emmerich, Der finanz AbzKauf in JuS 1971, 273ff; Esser, Das Verh von KaufVertr u DarlVertr beim B-Gesch des finanz Teilzahlgsgesch, in Festschr für Eduard Kern, 1968, S 87ff; Hörter, Der finanz AbzKauf, 1969, 125ff; Larenz, Leistgsstören beim „finanz Ratenkauf", in Festschr f Michaelis, S 193; Marschall von Bieberstein, Das AbzGesch u seine Finanzierg, 1959; Müller-Laube, Teil-Zahlungskredit u UmsatzGesch, 1973; Ostler-Weidner, Komm 6. Aufl, Anh zu § 6 AbzG; Pagendarm, Das finanz AbzGesch, WPM 1967, 434; Thomas Raiser, Einwendgen aus dem KaufVertr ggü dem FinanzInstitut beim finanz AbzKauf, RabelsZ 33 (1969), 457ff; Reiss, Die RStellg des Kreditgebers ggü dem AbzK bei der Finanzierg von AbzGesch, 1970; Vollkommer, Der Schutz des Käufers beim B-Gesch, FestSchr für Larenz, 1973, S 703ff; Weitnauer, Neue Entscheidgn zum AbzR, JZ 1968, 201.

1) Allgemeines. Nicht zu den Voraussetzgn eines finanzierten AbzK gehört das SichergsEigt des Kreditgebers (Stgt NJW 77, 1926). **a) Arten der Teilzahlungsfinanzierung:** Es sind folge Gruppen zu unterscheiden. **aa) Echter Personalkredit** (vgl Einf 3a vor § 607): ihn gewährt eine vom AbzV völl unabhäng Bank ohne Bezug auf den AbzKauf, wobei das Darl an den DarlN zur freien Vfg ausgereicht w. Hier sind Darl u AbzKauf völl getrennt. Im Verh Bank zu AbzK gelten weder das AbzG (vgl § 6 Anm 2b, dd) noch die hier nachfolgden Ausführgen. **bb) Unechter Personalkredit** liegt vor, wenn zw Bank u AbzV eine wirtsch Identität besteht (vgl § 6 Anm 2b, dd) od das Darl von der Bank für den Kauf bei best, der Bank bekannten Verk (also nicht zur freien Vfg des DarlN) gewährt w, bar, dch Überweisg od dch sog A-Gesch (Ausg von Gutscheinen). **cc) Abzahlungskredite** kommen als sog B- od C-Gesch vor (vgl § 6 Anm 2b, dd), wobei regelm der DarlBetr an den AbzV ausgereicht w. **dd) Kreditkartensystem.** Hier w der KaufPr nicht vom Käufer an den Verk bezahlt, sond zw dem Verk u Kreditkartenausgeber sowie zw diesem u dem Käufer abgerechnet. Ein finanz AbzKauf kann nur dann vorliegen, wenn zw Kreditkartenausgeber u Käufer eine Teilzahlgsabrede (Einl 2 b, cc) besteht. **b) Problemstellung:** Wg des Zusammenhangs zw dem AbzGesch u dem KreditGesch beim unechten PersKredit u AbzKrediten (Anm a, bb u cc) w über § 6 das AbzG angewandt (§ 6 Anm 2 b, dd), damit die im AbzG geregelte Materie (insb Form, Gerichtsstand, Widerr- u RücktrFolgen) auf das KreditGesch übertr w kann. Hingg regelt das AbzG nicht die allg bürgerl-rechtl Einwdgen, die dem AbzK aus dem KaufVertr zustehen können (insb Nichtigk, Anfechtg, Unmöglk, NichtErf, MängelGewl), weil das AbzG davon ausgeht, daß der AbzV auch den Kredit gewährt, AbzV u AbzK damit die selben VertrPart aus ein u demselben RVerh w. Das entspr nicht dem wirkl Verh, denn heute w dch die modernen Absatzmethoden idR eine FinBank als DarlG eingeschaltet. Dadch entsteht dch aufgespaltene Funktionen das DreiecksVerh AbzK (DarlN), AbzV (od dessen Zessionar, vgl BGH NJW 76, 1093) u FinBank (DarlG) u als zentrales Problem: Ob der AbzK in seiner Eigensch als DarlN der FinBank als DarlG die Einwdgen aus dem KaufVertr entggsetzen kann (Anm d). **c) Anwendungsbereich** entspr dem des § 6 Anm 2b; zB für Erwerb eines Waschsalons dch eine nicht unter § 8 fallde Pers (BGH NJW 78, 1427). **d) Einwendungsdurchgriff** stellt sich als Zentralproblem dar. Hierbei geht es nicht um die entspr Anwendg des AbzG, da diese Materie im BGB enthalten ist u das AbzG sie nicht regelt; denn das AbzG geht davon aus, daß AbzKauf u Kredit in einem RGesch verbunden sind u der AbzK seinem VertrPart diese Einwdgen aus dem KaufVertr sowieso entggsetzen kann. Das AbzG hat auf dieses Problem jedoch folgden Einfluß: Die aus § 6 AbzG zu entnehmde gesetzgeber Wertg für Schutz u Interessenvorrang der AbzK (§ 6 Anm 1b) gilt erst recht, wenn der Vertr nichtig ist, der AbzV ihn verletzt, nicht od mangelh erf. Daher dürfen dem AbzK diese Re nicht dadch geschmälert w, daß der AbzV die Aufspaltg des Vertr herbeiführt.

2) Lösungswege: a) Theorien: Entscheid ist, ob die beiden Vertr als ein RGesch od als zwei selbstd RGesch anzusehen sind. Die **Einheitstheorie** (Einh v Kauf u DarlVertr) hat nur wenige Anhänger gefunden. Daher bildet die **Trennungstheorie** grdsätzl Trennung von Kauf- u DarlVertr) den Ausgangspunkt der Lösgsversuche, währd die erzielten Ergebn letztl auf eine Behandlg der beiden Vertr als Einh hinauslaufen, insb auch in der Weise, daß das Zustdekommen des AbzGesch davon abhäng ist, ob der DarlVertr zustdekommt (Ffm BB 77, 1573) u umgekehrt (Köln OLGZ 77, 313). Obwohl man von der Trenngstheorie ausgeht, w auf verschiedene Weise versucht, den EinwdgsDchgriff ggü der FinBank zuzulassen. **b) Herrschende Rechtsprechung:** Die Praxis orientiert sich in erster Linie an der Rspr des BGH. Aus ihr ist das Bestreben erkennb, den AbzK bei Einwendgen nicht schlechter zu stellen als den Käufer, dem der AbzV selbst den Kredit gewährt hat. Trotzdem bejaht der BGH in stRspr (entspr der TrenngsTheorie) zwei selbstd Vertr (Kauf u Darl), wobei weitere mit dem Kauf verbundene RVerh u ihre RFolgen ohne Einfluß bleiben (zB ein ArbVertr, BGH NJW 73, 1275). Grdlagen der BGH-Rspr sind: **aa) Treu und Glauben** (§ 242): Der BGH argumentiert in **22**, 90 noch ungenau mit einer unzul Umgehg der Gewl-Vorschr dch AGB im Zusammenhang mit einem AbzGesch. In BGH **37**, 94 ist bereits deutl ausgesprochen, daß es dem AbzK nicht zum Nachteil gereichen dürfe, wenn der wirtschaftl einheitl Vorgang des AbzGesch in ein Darl u einen KaufVertr aufgespalten w. In derselben Entsch verlangt der BGH für den Dchgriff der Sachmängeleinwendgen aus dem KaufVertr ggü dem DarlRückzahlgsAnspr der FinBank, daß zw ihr und dem AbzV eine auf Dauer angelegte GeschVerbindg bestehe (meist ein RahmenVertr), wenn der Verk wg Konk keine Gewl mehr erbringt. In 47, 233 stellt der BGH dem Konk des Verk den Fall gleich, daß die Ware überh nicht geliefert wurde u der Käufer den KaufVertr wg § 123 wirks angefochten hat, der Verk aber unbekannten Aufenth ist, sodaß der Käufer ihn nicht heranziehen kann. In NJW 71, 2303 mit Anm v Löwe = JZ 72, 51 mit Anm v König = JuS 72, 284 mit Anm v Emmerich, dem zustimmd Nöcker Betr 72, 377 gibt der BGH ausdrückl das Erfordern der dauernden GeschVerbindg auf u ersetzt sie dch die dem AbzK sich darstellde (subj) wirtschl Einh des Kauf- u DarlGesch (hierzu krit Strätz JR 72, 95); insb wenn der AbzK die beiden Vertr währd desselben Vorgangs, Besuch u Vorlage dch den Vertr des AbzV, unterschreibt (BGH WPM 75, 1298). Der EinwendgsDchGriff w versagt, wenn der AbzK sich an den leistgsfäh AbzV halten kann (BGH NJW 73, 452; hierzu krit Weick JZ 74, 13). **bb) Verschulden bei Vertragsschluß:** Neben dem Weg über § 242 wendet der BGH eine Konstruktion über c.i.c. (§ 276 Anm 6) an, um dem Käufer den EinwdgsDchgriff zu gestatten (BGH 33, 293 u 302; 47, 207 u 217). Es wird an der TrenngsTheorie festgehalten u der FinBank eine AufklärgsPfl über diejen allg u bes VertrRisiken auferlegt, die sich daraus ergeben, daß das AbzGesch in Kauf u Darl aufgespalten w, zB: Warng vor Vorausquittg u Aufklärg über ihre RFolgen in deutl, nicht bloß formularmäß Weise. Hierfür genügt die Belehrg, daß Einwendgen u Einreden irgendwelcher Art aus dem KaufVertr ggü dem DarlG ausgeschl sind (vgl BGH NJW 73, 452); insb daß das Darl auch zurückzuzahlen sei, wenn der Käufer (DarlN) die Sache nicht erhält od diese mangelh sei (Zweibr MDR 75, 142). Diese BelehrgsPfl ist nicht erf bei einem Hinw im Rahmen einer „SelbstAusk", getrennt vom DarlVertr (BGH WPM 75, 1298). Verletzt die FinBank diese Pfl schuldh, so haftet sie dem DarlN auf SchadErs. Er ist dch Naturalrestitution (§ 249) so zu stellen, als sei die DarlSumme an den Verk nicht ausbezahlt worden u damit eine RückzahlgsPfl ggü der FinBank nicht entstanden (BGH 47, 207 [214]). Hat der Verk den AbzK getäuscht, w die Anf (§ 123) des DarlVertr, den der Verk vermittelt hat, auch ggü der FinBank, die nicht Dr iS des § 123 II ist, zugelassen (BGH 47, 217 [224]). Hierfür w keine auf Dauer angelegte GeschVerbindg zw Verk u FinBank verlangt; es genügt, daß der Verk bei Abschl des DarlVertr im Einzelfall mitwirkt, weil die FinBank nach § 278 für das Versch des Verk einzustehen hat (vgl Daum aaO; BGH Betr 72, 868). **cc) Kritik:** Die Rspr des BGH ist nicht geeignet, das Problem des EinwdgsDchgriffs befriedigd zu lösen; sie schafft auch nicht Klarh u RSicherh. Der BGH hält nur noch äußerl u verbal an der TrenngsTheorie fest, läßt aber in den meisten Fälle den EinwdgsDchgriff im Ergebn zu, entw über § 242 od über Versch bei VertrSchl; das w auch von Emmerich (aaO) kritisiert. Soweit der BGH die FinBank aus eigener Verletzg ihrer AufklärgsPfl ggü dem Käufer haften läßt, ist die Konstruktion bedenkl: Die FinBanken können derart AufklärgsPfl leicht dadch erf, daß sie klare, auch opt abgesetzte Hinweise u Warngen in die Formulare aufnehmen, ohne daß dadch der Käufer wirks geschützt wäre; denn es entspr allg Erfahrg, daß er derart Klauseln weder liest noch versteht u beachtet (im Ergebn zutreffd beurt in BGH WPM 75, 1298). Außerdem berücks der BGH zu wenig das Erfordern der Kausalität, indem er unterstellt, der Käufer hätte bei zureichder Aufklärg den DarlVertr nicht unterschrieben (vgl BGH 47, 207 [214]). Außerdem kann § 254 zu Lasten des AbzK unangemessene Ergebn herbeiführen. **cc) Literatur:** Es w verschiedene Auffassgen vertreten: Marschall v Bieberstein (aaO) will § 404 BGB anwenden, weil w die Konstruktion über das Darl für die Umgeh einer FordergsAbtretg hält. Esser (aaO) bevorzugt eine bereichergsrechtl Lösg, indem er das Darl als zweckbezognes RGesch ansieht, das unwirks w, wenn der KaufVertr nichtig ist od beseit w. Larenz (II § 34 IV, bis zu 10. Aufl) schlug vor, einen Wegfall der GeschGrdlage anzunehmen u den DarlVertr nicht dem KaufVertr nichtig ist od unwirks w. Diese Lösgsversuche befriedigen nicht: Sie führen nicht in allen Fällen von Störgen des KaufVertr zu einem angem Schutz des AbzK. Außerdem sind sie inkonsequent, weil sie von der TrenngsTheorie ausgehen, sie aber dchbrechen od unterlaufen. Die neueren Meingen führen zu besseren Ergebn: Th. Raiser (aaO) gelangt bei wirtschaftl Einh des Vorgangs zu dem Ergebn, daß AbzV u FinBank wie eine Pers behandelt w. Larenz (Festschr für Michaelis) befürwortet eine ausdehnde Anwendg des § 273, um das Synallagma trotz der VertrAufspaltg wiederherzustellen. Strätz (JR 72, 95) nimmt wirtschaftl Einh an u wählt den Weg über Wegfall der GeschGrdlage. Vollkommer (S 709 ff) sieht Kauf u Darl im Rahmen eines dreiseit Vertr als Teilstücke die eine rechtl Einh bildden GesGesch u rechtl daraus den EinwendgsDchgriff unter Anwendg der Grdsätze richterl Inhaltskontrolle v AGB ab.

3) Ergebnis. Das rechtspol erwünschte Ergebn, den Tendenzen von Th. Raiser, Larenz (Anm 2 c aE) u des BGH (Anm 2 b) entspr, kann übereinstimmd mit Vollkommer (Anm 2 c aE) aGrd des geltenden Rs auf folgde Weise erzielt w: KaufVertr u Darl bilden bei unechten PersKrediten u AbzKrediten (Anm 1 a, bb), eine Einh. Der funktionelle Zusammenhang w nur dch die AGB od den FormularVertr in zwei Vertr aufgespalten, währd wirtschaftl ein einheitl RGesch vorliegt, bei dem AbzV, FinBank u (bei Hing von Wechseln, sog C-Gesch) ReFinBank zuswirken. Das rechtf den uneingeschränktem EinwdgsDchgriff über § 9 AGBG anzunehmen (vgl dort Anm 7 EinwendgsDchgriff). Diejenigen Teile der AGB, die AbzKauf u Darl nicht nur funktionell sond rechtl trennen, sind unwirks, weil sie das vom BGB beim abz Vertr festgelegte Synallagma von Leistg u GgLeistg willkürl zerreißen, damit §§ 320, 322 verletzen u einseit die Interessen derj wahren, die diese AGB aufgestellt haben. Zudem gibt das AbzG auch im Ber der UmgehsGesch (§ 6) dem Schutz des AbzK Vorrang. Das Ergebn (voller Einwdgs-Dchgriff) führt zu klaren Entsch u gewährleistet RSicherh. Außerdem w prakt der gesamte Ber der TeilzahlgsFin erfaßt, weil so gut wie ausnahmsl mit AGB od FormularVertr gearb w.

4) Rechtsfolgen bei unechten PersKrediten u AbzKrediten. Sie decken sich nach der neuen Auffassg (Anm 3) weitgehd mit der BGH-Rspr (Anm 2 b), in den entschiedenen Einzelfällen, weil der BGH, obwohl er von der TrenngsTheorie ausgeht, im Ergebn den AbzK so behandelt, als habe der AbzV den KaufPr selbst kreditiert (EinhTheorie). Soweit Ehegatten des AbzK für das Darl mithaften genießen sie den Schutz des AbzG in gleichem Umfang wie der AbzK selbst (BGH NJW 75, 1317). **a) Anspruchsgrundlagen:**

Ihre rechtl Qualifikation als KaufPrFdg (§ 433 I) DarlRückzahlgsAnspr (§ 607 I) u (beim C-Gesch) Wechsel-Fdg (Art 28 WG) bleibt unberührt. Die KaufPrFdg erlischt dch Erf (§ 362 I), wenn die dch das Darl ausgereichten Geldmittel dem AbzV zufließen. Alle and Re u Pfl aus dem AbzKauf behalten ihre Grdlage u RNatur aus dem KaufVertr. Das AbwicklgsVerh besteht, wenn der Verk zurücktritt, grdsätzl zw ihm u dem AbzK (BGH NJW **76**, 1093). W. Baur (NJW **75**, 2008) nimmt für das Darl Wegfall des VertrZwecks an, daher ungerechtf Ber u Einr aus § 821. **b) Einwendungen** des AbzK, die den KaufVertr betreffen, können von ihm dem DarlRückzahlgsAnspr (§ 607) mit der Wirkg enttgegesetzt w, daß er ebso die Zahlg verweigern od bezahlte Betr zurückfordern kann, wie er nach dem KaufVertr dem Verk ggü berecht wäre (insb gem §§ 320ff; § 478; §§ 467, 346; § 812). Insow tritt der DarlRückzahlgsAnspr an die Stelle der erloschenen KaufPrFdg. Der AbzK ist dabei weder besser noch schlechter zu stellen als ggü dem AbzV (Stgt NJW **77**, 1244). Bei RücktrFiktion (§ 5), die von der FinBank ausgelöst w, besteht das AbwicklgsVerh (§§ 1, 2, 3) nur im Verh zw ihr u dem AbzK (BGH **57**, 112). Zum RückzahlgsAnspr einschränkd auf ungerechtf Ber u Bösgläubk: W. Baur NJW **75**, 2008. **c) Wechsel** (beim sog C-Gesch). Der EinwdgsDchgriff besteht im gleichen Umfang wie gg den DarlRückzahlgsAnspr (Anm b), soweit die WechselFdgen von der FinBank od der ReFinBank geltd gemacht werden; denn der wirtschaftl einheitl Vorgang (Anm 3) u die funktionelle Aufspaltg erstrecken sich auch auf die ReFinanzierg. Art 17 WG steht diesem EinwdgsDchgriff nicht entgg, weil die dem Wechsel zugrundeliegde RBeziehg zum AbzK sich auch noch im Verh zur ReFinBank erstreckt. Nur wenn ein gutgläub Dr den Wechsel erwirbt, sind die Einwdgen dch Art 17 WG abgeschnitten. **d) Andere Sicherungsmittel** als EigtVorbeh od Wechsel, unterliegen dem EinwendgsDchgriff grdsätzl wie Anm c u e, bb; zB eine später bestellte SichergsGrdSch, jedenf dann, wenn Inh der AbzV od die FinBank ist od der Zessionar von vorneherein am AbzGesch beteil war (BGH NJW **76**, 1093). **e) Verjährung** der KaufPrFdg kommt nicht in Betr, da sie dch Erf erloschen ist (§ 362). Aus diesem Grd scheidet auch der EinwdgsDchgriff (Anm b) aus. Es ist daher lediql zu unterscheiden: **aa) Darlehensrückzahlung** (§ 607 I). Für diese Fdg würde regelm § 195 (30 Jahre) gelten (hierfür: BGH **60**, 108 mwN; hierzu krit Weick JZ **74**, 13). Die kurzen Fr des § 196 I Nr 1, II (2 od 4 Jahre) erscheinen jedoch deshalb gerechtf, weil für die Darlehen (zu denen der Verj gehört) der DarlRückzahlgsAnspr an die Stelle der KaufPrFdg tritt (Anm b) u wirtschaftl inf der funktionellen Aufspaltg eine modifizierte KaufPrFdg darstellt. Das gilt auch für Anspr des DarlG, die er aus § 2 ableitet (BGH NJW **78**, 1581). **bb) Wechselforderung:** Sie tritt wg § 364 II idR neben den fortbestehdn DarlRückzahlgsAnspr. Da dch die Verj nicht der Anspr beseit w (§ 222), könnte deshalb auch bei verj Kaufpr- od DarlRückzahlgsFdg gg die dafür begebene Wechsel nicht das Fehlen der zugrdliegden Fdg (§ 812) eingewendet w. Die WechselFdg verj selbstd (Art 70 WG). Dabei verbleibt es auch beim finanz Kauf, weil auch beim normalen AbzK die Wechselbegebg mögl ist u daher diese konkrete RFolge keine Auswirkg der funktionellen Aufspaltg darstellt. Diese ergibt sich auch daraus, daß beim Wechsel als Umlaufpapier der Übergang auf Gutgläub von vorneherein mögl u vorhersehb ist.

AbzG 6a *Gerichtsstand.*
I Für Klagen aus Abzahlungsgeschäften ist das Gericht ausschließlich zuständig, in dessen Bezirk der Käufer zur Zeit der Klageerhebung seinen Wohnsitz, in Ermangelung eines solchen seinen gewöhnlichen Aufenthaltsort hat.

II **Eine abweichende Vereinbarung ist jedoch zulässig für den Fall, daß der Käufer nach Vertragsschluß seinen Wohnsitz oder gewöhnlichen Aufenthaltsort aus dem Geltungsbereich dieses Gesetzes verlegt oder sein Wohnsitz oder gewöhnlicher Aufenthaltsort im Zeitpunkt der Klageerhebung nicht bekannt ist.**

1) Allgemeines. a) Inkrafttreten: Gilt seit 1.1.70. Abs II ist neu gefaßt, Abs III aufgeh dch die Vereinfachungsnovelle mit Wirkg ab 1. 7. 77. **b) Zweck:** Schutz des wirtsch schwachen, oft ungewandten AbzK. Er soll davor geschützt w, den Proz vor einem oft weit entfernten Ger zu führen u hierfür erhöhte Aufwendgen leisten zu müssen. Die hieraus sich ergebde Gefahr falscher VersäumnUrt soll vermieden w. **c) Übergangsregelung:** Nach Art 2 II G v 1.9.69 gilt § 6 a auch für Kl aus AbzGesch, die vor dem 1. 1. 70 abgeschl sind. Diese Rückwirkg ist nicht verfwidr (BVerfG NJW **71**, 1449). Wg weiterer Einzelh vgl 32. Aufl. **d) Mahnverfahren:** Die ausschließl Zustdgk des MahnGer geht dem § 6 a vor (§ 689 II ZPO). Für den RZustd bis zur Vereinfachungsnovelle (II Nr 2, III) s 35. Aufl.

2) Anwendungsbereich. a) Abzahlungsgeschäft: grdsätzl wie § 1 Anm 1–5, also nur bei Kauf bewegl Sachen u mind 2 Teilzahlgen. Auf RücktrR des Verk kommt es hier nicht an (wie § 1a Anm 1c). Auch ist nicht erforderl, daß die Sache übergeben ist, weil § 6a im Ggsatz zu § 6 nicht auf § 1 verweist u der Schutzzweck bei § 6a sich auch auf den Fall erstreckt, daß der Verk Anspr (insb auf SchadErs) ohne od vor Übergabe der Kaufsache geltd macht und § 1 sich nur auf die spez RFolgen nach Übergabe (insb Gebr) der Sache bezieht. Gilt nicht nur bei sog HaustürGesch, sond in allen Fällen, auch bei AbzKauf im Laden (insow gesetzgeberisch verfehlt, Gerlach NJW **69**, 1939). § 6a gilt auch für die verdeckten AbzGesch des § 6 u damit auch für das UmgehgsGesch (ebso Weidner NJW **70**, 1870, LG Mannh NJW **70**, 2112; Mü WPM **72**, 986). Ferner für priv (nichtgewerbsm) AbzKäufe (wofür die Anwendbark des § 6 a wohl nicht beabsichtigt war, auch nicht angebracht ist). § 6 a ist nicht entspr anwendb auf Verträge, die in § 6 b fallen, aber vor dessen Inkrafttr (1. 10. 74) abgeschl w (BGH NJW **76**, 1354). **b) Parteistellung:** Es ist gleich, wer klagt: ob Käufer (BGH NJW **72**, 1861; zB wg Gewährleistg) od Verk. Gilt auch für Widerkl (§ 33 II ZPO) u wenn ein wg § 6 beteiligter Dr klagt od verklagt w, aber nur im Verh zum AbzK. Bei mehreren AbzKäufern mit versch allg GerStand gilt § 36 Nr 3 ZPO. **c) Ansprüche:** Es fallen alle Anspr darunter, die aus einem AbzGesch (näml dem KaufVertr) erwachsen können: Erfüll (Zahlg, Übereigng); SchadErs (wg Unmöglk, Verzug, pos VertrVerletzg), aus Rücktr, insb auf Rückg der Kaufsache (LG Düss NJW **73**, 1047); aus Gewährleistg, ferner aus Wechseln od Schecks, die für die KaufPrFdg, beim finanz Kauf (vgl § 6 Anm 3 a u Anh zu § 6 Anm 4 c) für die DarlFdg begeben w, sofern der Wechsel vom AbzV (BGH NJW **74**, 747; Stgt MDR **73**, 321), von der FinBank, der ReFinBank od einem gem Art 17 WG

Gesetz betr die Abzahlungsgeschäfte **AbzG 6a–7**

bösgl Dr geldt gemacht w (Löwe NJW **71**, 1825; aA 30. Aufl; gg Anwendg des § 6 a im WechselProz: Evans-v. Krbek NJW **75**, 861); auch Anspr aus ungerechtf Ber, insb nach Anf (D. Meyer MDR **71**, 812; LG Hechingen NJW **72**, 952). **Nicht**: aus unerl Hdlg, insb § 823 II u § 263 StGB (aA Zöller-Vollkommer 4), keinesf aus Bürgsch (hM; aA LG Ffm Rpfleger **74**, 364 m abl Anm v Vollkommer) u Kl aus § 767 ZPO gg Titel aus AbzGeschFdgen.

3) Feststellung des Gerichtsstands. a) Zeitpunkt. Im RStreit vAw in jeder Lage des Verf bis zum Urt. **b) Sachlich:** Je nach Streitwert (od Prorogation) ist das AG oder LG zust. **c) Örtlich:** Ausschließl u grdsätzl das WohnsGer des Käufers (I). **d) Wohnsitz:** §§ 8–11 BGB. Nur hilfsw: Gewöhnl **Aufenthaltsort**; das ist nach ges Terminologie (vgl § 606 ZPO) nur ein Ort (Stadt, Gemeinde), wo sich jemand ständ o längere Zeit, nicht nur vorübergehd, aufhält (Th-P § 606 Anm 3a). Das bedeutet, daß für Käufer, die zZ der KlErhebg weder Wohns noch gewöhnl AufenthOrt haben, kein ausschl GerStand nach I gilt Sie können im GerStand des § 16 ZPO, der auch vorübergehden Aufenth umfaßt, verklagt w. Insow wäre auch eine GerStandsvereinbg von vorneherein zul (§ 40 II ZPO). **e) Maßgebender Zeitpunkt:** allein der der KlErhebg; das ist nach § 253 I ZPO (Zustell der KlSchrift) zu beurt. Nachträgl Wohns- od AufenthOrtsVerlegg ist unerhebl (§ 261 III Nr 2 ZPO). Ist der RStreit dch ein MahnVerf eingeleitet w, ist der Ztpkt der Abg maßgebd (§§ 696 I, 700 III ZPO); Rückbeziehg (§§ 696 III, 700 II ZPO) u andauernde Zustdgk (§ 261 III Nr 2 ZPO) entspr nicht dem Zweck des § 6 a u dem neugeregelten MahnVerf.

4) Gerichtsstandvereinbarung. a) Inhalt: Es gelten §§ 38–40 ZPO. Sie darf nicht allg gehalten sein (zB für „RStreitig aus diesem Vertr"). Folge: Anm b. Kann auch nicht teilw als für die zul Fälle (Anm c) vereinb aufrechterhalten w (vgl aber Anm d). Zweifelh ist, ob es zul u wirks ist, wenn vereinb w: „soweit es gesetzl (od nach § 6 a AbzG) zul ist". Der Schutzzweck des § 6 a u die Formulierg „für den Fall" sprechen dagg, soweit es sich um die Ausn nach II handelt. Zweckm ist jedenf für den Verk, die Ausn des Abs II u die sonstigen zul Fälle (Anm c, cc) ausdrückl in dem Formular aufzunehmen; damit wäre jedenf für die Fälle der Anm c, cc dem § 40 I ZPO entsprochen. **b) Nichtigkeit:** ist wg § 40 II ZPO, § 134 BGB nach Abs I für das Klage(Urt)Verf grdsätzl gegeben. Ausn: II (Anm b, aa). Nichtigk kann sich auch in diesen AusnFällen aus § 40 I ZPO u aus sonstigen allg bei § 38 ZPO behandelten Grden ergeben. **c) Zulässigkeit: aa) Abs II:** Wohns u gewöhnl AufenthOrt: Anm 3 d. α) 1. Alt: insb auf GastArbN zugeschnitten. Grd: RVerfolgg vor ausl Ger wäre wg des größeren finanziellen Aufwands unzumutb u, weil dtsches R anzuwenden ist, auch für die ausl Ger unzweckm. VertrSchluß: § 151. β) 2. Alt: KlErwiderg: wie Anm 3 e. Nicht bekannt bedeutet, daß der Verk u seine HilfsPers trotz zumutb Nachforschen die Anschrift des Käufers nicht kennen. Im Rahmen des bei ProzVoraussetzgen zul FreiBew w es im allg genügen, wenn eine Ausk der Stadt od Gemeinde, insb des Einwohnermeldeamts vorgelegt w, daß der Käufer, der im KaufVertr den betr Wohnort angegeben hat, dort nicht bekannt od unbekannt verzogen ist; nur unter bes Umst kann auch der Nachw verlangt w, daß der Käufer später keine neue Anschrift mitgeteilt hat. **bb)** Für sonstige Anspr, die aus Anlaß eines AbzGesch entstehen, aber nicht auf ihm selbst beruhen (zB aus unerl Hdlg, vgl Anm 2 c), kann auch im Rahmen eines Vertr über ein AbzGesch zul der GerStand vereinb w. **cc)** Sachl Zustdgk ist nicht ausschl; AG od LG kann daher prorogiert w. **d) Alte Gerichtsstandvereinbarungen:** s 35. Aufl.

5) Verweisung und Abgabe. Das Gericht des Abs I w vom verweisden Ger ggf iW des FreiBew festgestellt. Entschieden w dch Beschl. **a) Klageverfahren:** auch nach Abg (§ 696 V ZPO) erfolgt Verweis gem § 281 ZPO nur auf Antr des Kl. Stellt er ihn nicht, ist, falls I zutrifft, die Kl als unzul abzuweisen. Das gilt auch, wenn der AbzK klagt; denn III aF ist nicht entspr anwendb (Löwe NJW **73**, 1162; aA BGH NJW **72**, 1861; Zöller-Vollkommer 5 b). Wg Verweisg in der BerInstanz vgl ThP § 512a, 2 c. **b) Mahnverfahren:** Das MahnGer (§ 689 ZPO) gibt ab an das im Mahngesuch bezeichnete Ger (§ 690 I Nr 5 ZPO), sowohl bei Widerspr (§§ 696 I, 698 ZPO) als auch bei Einspr (§ 700 III ZPO). Ist das Ger, an das abgegeben w, nicht gem § 6a AbzG zuständ, verweist es (§ 281 ZPO) an das ausschließl zuständ Ger (Anm 3), weil die Abg nicht bindet (§ 696 V ZPO).

AbzG 6b *Gerichtsstand.* § 6a gilt entsprechend für Klagen aus Geschäften im Sinne des § 1c.

1) Inkrafttreten: wie § 1 b Anm 1 a. Es kommt nicht auf den Ztpkt der KlErhebg an, sond auf den Ztpkt, an dem der Vertr, aus dem geklagt oder gerichtl gemahnt w, abgeschl w ist. **Anwendung:** Die Gesch, die in § 1 c Anm 2 aufgeführt sind, für alle Kl u MahnVerf, auch wenn sie sich nicht auf einen Widerr beziehen. Die Anwendg des § 6a ist dieselbe wie bei AbzahlgsGesch. Es ist kein Anlaß für eine „entspr" Anwendg zu erkennen, so daß § 6a in gleicher Weise gilt wie bei AbzGesch.

AbzG 7 *Lotterielose und Inhaberpapiere.* [I] Ordnungswidrig handelt, wer Lotterielose, Inhaberpapiere mit Prämien (Gesetz vom 8. Juni 1871, Reichsgesetzbl. S. 210) oder Bezugs- oder Anteilscheine auf solche Lose oder Inhaberpapiere gegen Teilzahlungen verkauft oder durch sonstige auf die gleichen Zwecke abzielende Verträge veräußert.

[II] Es begründet keinen Unterschied, ob die Übergabe des Papiers vor oder nach der Zahlung des Preises erfolgt.

[III] Die Ordnungswidrigkeit kann mit einer Geldbuße bis zu zehntausend Deutsche Mark geahndet werden.

1) Abs I ist geändert, Abs III eingefügt dch Art 122 EGStGB; in Kr ab 1. 1. 75. Das RGesch ist bürgerrechtl wirks, da sich das Verbot nur gg eine VertrPart (AbzV) richtet u der Zweck des § 134 (dort Anm 2a) daher nicht zutrifft (hM; Ostler-Weidner 32 mwN).

AbzG 8 *Kaufmannseigenschaft des Käufers.* Die Bestimmungen dieses Gesetzes finden keine Anwendung, wenn der Empfänger der Ware als Kaufmann in das Handelsregister eingetragen ist.

1) Voraussetzungen für die Unanwendbk des AbzG (zur Kritik vgl Einl 1 d): **a) Eintragung** als Kaufm in das Handelsregister; also zB auch die oHG u ihre Gesellsch (LG Rottw WPM **77**, 518). Allein auf die Eintr kommt es an, sodaß der eingetr ScheinKaufm (§ 5 HGB) nicht dch das AbzG geschützt w. Anderers gilt das AbzG für den nicht eingetr VollKaufm (hM; BGH **15**, 243; vgl auch Einl 1 d); auch für RAe (BGH NJW **77**, 1632). Maßgebder Ztpkt für Eintr ist der des VertrAbschl. **b) Empfänger** der Kaufsache muß dieser Kaufm sein, bei Vertretg kommt es auf den Vertretenen an (Ostler-Weidner 7; sehr bestr); denn Empfänger ist stets der Käufer od der Schu des Entgelts aus dem UmgehgsGesch (§ 6).

2) Wirkung. Der Schutz des AbzG entfällt insges. Beim finanz Kauf (Anh zu § 6) scheidet daher auch der EinwdgsDchgriff aus (BGH **37**, 95).

AbzG 9 *Übergangsrecht.* Verträge, welche vor dem Inkrafttreten dieses Gesetzes abgeschlossen worden sind, unterliegen den Vorschriften desselben nicht.

1) Ist ggstandslos.

Zweites Gesetz über den Kündigungsschutz für Mietverhältnisse über Wohnraum – 2. WKSchG

Vom 18. Dezember 1974 (BGBl I 3603), geändert durch Gesetz zur Änderung des Bundesbaugesetzes vom 18. August 1976 (BGBl I 2221) und durch Gesetz zur Änderung des Wohnungsmodernisierungsgesetzes vom 27. Juni 1978 (BGBl I 878)

Bearbeiter: Prof. Dr. Putzo, Vorsitzender Richter am Oberlandesgericht München

Einführung

1) Entstehung. Das (erste) WKSchG trat am 31. 12. 74 außer Kraft (Art 3 § 3 III 1. WKSchG). Es hat sich nach Ansicht des BT-Rechtsausschusses günst ausgewirkt (BT-Drucks 7/2629 A) u wurde dch das 2. WKSchG mit einigen Änd als DauerR ausgestaltet. Dieses gilt seit 1. 1. 75.

2) Inhalt. Der KündSchutz (bisher Art 1 § 1. WKSchG) wurde in das BGB als neuer § 564 b u Neufassg des § 565 III eingearbeitet (Art 1 2. WKSchG), der sonstige Bestandsschutz (Art 1 § 2 1. WKSchG) dch Art 2 2. WKSchG erweitert, aufrechterhalten u die Regelg der Mieterhöhg (bisher Art 1 § 3 1. WKSchG) dch Art 3 §§ 1–10 2. WKSchG ausgestaltet. Der Art 4 2. WKSchG enthält die ÜbergangsRegelg, Art 5 die Abgrenzg zu dem noch im Land Berlin geltden MSchG. Art 6 regelt die Mieterhöhg für die ab 1. 1. 75 nicht mehr preisgebundenen Wohngen in Hbg, Mü u Landkreis Mü (vgl Einf 12 a vor § 535). Art 7 enthält die Berlin-Klausel. Art 8 regelt das Inkrafttr.

Art. 1. Änderung des Bürgerlichen Gesetzbuchs

Art. 2. Mietverträge auf bestimmte Zeit

I Ist nach dem 28. November 1971 ein Mietverhältnis über Wohnraum auf bestimmte Zeit eingegangen, so kann der Mieter spätestens zwei Monate vor der Beendigung des Mietverhältnisses durch schriftliche Erklärung gegenüber dem Vermieter die Fortsetzung des Mietverhältnisses verlangen, wenn wichtige Vermieter ein berechtigtes Interesse an der Beendigung des Mietverhältnisses hat. § 564b des Bürgerlichen Gesetzbuchs gilt entsprechend.

II Eine zum Nachteil des Mieters abweichende Vereinbarung ist unwirksam.

III Diese Vorschrift gilt nicht für Wohnraum, der zu nur vorübergehendem Gebrauch vermietet ist, und für Mietverhältnisse über Wohnraum, der Teil der vom Vermieter selbst bewohnten Wohnung ist und den der Vermieter ganz oder überwiegend mit Einrichtungsgegenständen auszustatten hat, sofern der Wohnraum nicht zum dauernden Gebrauch für eine Familie überlassen ist.

1) Allgemeines. Entspr mit veränd Inhalt dem Art 1 § 2. 1. WKSchG. Ist offenb desh nicht in das BGB aufgen, da erwartet w, daß die Vorschr zunehmd an prakt Bedeutg verliert (BT-Drucks 7/2011 B zu Nr 2). **a) Zweck:** Soll verhindern, daß dch Abschl v MietVerh auf best Zeit, der KündSchutz des § 564b umgangen w kann. **b) Anwendungsbereich:** Nur befristete MietVerh (§ 564 Anm 2) ohne Verlängergsklausel (§ 565a). Sie müssen im Ggsatz zu Art 1 § 2 1. WKSchG (Stichtag 31. 10. 1970) nach dem 28. 11. 1971 (Inkrafttr des 1. WKSchG) begrdet w sein (VertrAbschl). Umfaßt auch die MietVerh, die vor dem Stichtag auf unbest Zeit abgeschl u dann über § 305 auf best Zeit umgestellt w. Gilt nicht für MietVerh, die gem § 5 II HausratVO begrdet w (BayObLG NJW 73, 2299 zu Art 1 § 2 1. WKSchG), keinesf für MietVerh, die auf best Zeit vor dem 28. 11. 1971 begrdet wurden. Die MietVerh, die zw dem 30. 10. 70 u. 28 11. 71 auf best Zeit begründet w, fallen unter Art 2 2. WKSchG. Keine Anwendg auf alle MietVerh über WoRaum zum vorübergehden Gebr (§ 564b Anm 3c) u möblierten WoRaum innerh der VermWohng (§ 564b Anm 3d). Bei EinliegerWohngen (§ 564b Anm 3a, b; in III nicht erwähnt) besteht inf der Verweisg in I 2 nur eingeschr KündSch u daher kein FortsetzgsAnspr (auch ohne Ann eines RedaktionsVersehens, Vogel JZ 75, 73 [76]; aA Löwe NJW 75, 9 [12]; H. A. Schmidt WM 76, 41). **c) Unabdingbarkeit** nach Abs II zG des Mieters vorgeschrieben. Gemeint sind damit Vereinbgen, die die R des Mieters aus Abs I ausschließen od beschr, nicht Vereinbgen, die der Mieter nach entstandenem od erloschenem FortsetzgsAnspr abschließt (vgl Anm 3 a). **d) Verhältnis zu sonstigem Mieterschutz:** spez zu § 556 b; wie § 564 b Anm 1 d. **e) Außerordentliche Kündigung** des befr MietVerh w dch Art 2 nicht beschränkt. Der Verm kann auch noch außerord künd, nachdem der Mieter die Fortsetzg des MietVerh bereits verlangt hat.

2) Voraussetzungen des FortsetzgsAnspr sind: **a) Fortsetzungserklärung:** in Schriftform (§ 126); ist einseit, empfangsbed WillErkl. Sie enthält zugleich das Angebot (§ 145), den MietVertr zu denselben Bedinggen fortzusetzen. BewLast: Mieter. **b) Erklärungsfrist:** 2 Monate vor Beendigg des MietVerh, so daß wg § 130 die Erkl des Verm (seinem Vertreter [§ 164] od Empfangsboten) zB am 31. 7. bis 24 Uhr zugehen muß, wenn das MietVerh am 30. 9. enden würde. Zwingde AusschlFr. W sie versäumt, kann der FortsetzgsAnspr auch nicht später erhoben w (vertRabschl). BewLast: Mieter. **c) Fehlen berechtigter Interessen** auf Seiten des Verm, bezogen auf Beendigg des MietVerh. Auf die Interessen des Mieters kommt es nicht an, so daß er den Anspr auch hat, wenn ihm eine ErsWo zur Vfg stünde. Die Interessen des Verm sind gem § 564b II Nr 1–3 (mit gleicher BewLast) wie dort zu beurt (§ 564b Anm 5–8). Da jedoch eine Künd des Verm nicht in Betr kommt, ist § 564b III unanwendb.

3) Wirkung. a) Materiell-rechtlich: Der Mieter hat einen Anspr auf Abschl eines MietVertr zu gleichen Bedinggen, aber nunmehr auf unbest Zeit, mit der Folge, daß dann ord Künd nach §§ 564 II, 565 grdsätzl mögl ist. Der Verm kann (mit dieser Wirkg) das VertrAngebot (vgl Anm 2a) jederzeit, auch nach Beendigg des MietVerh (dann mit Rückwirkg) dch ausdrückl WillErkl annehmen od diese RFolge gem § 151 eintreten lassen. Lehnt der Verm das ab (ausdrückl od gem § 150 II), so bleibt die Möglk über § 305 das MietVerh mit and Bedinggen, auch mit erhöhtem Mietzins fortzusetzen. Ein solcher Vertr verstößt nicht gg die dch Abs II vorgeschriebene Unabdingbk, weil dem Mieter bis dahin die Möglk offenstand, die Fortsetzg ohne MietErhöhg dch Kl zu erzwingen (vgl Anm 1 c). Bei EinliegerWohngen (Anm 1 b aE) verlängert sich wg Fehlens einer KündFr der MietVertr nicht um 3 Monate (aA Schmidt-Futterer ZMR **76**, 97).
b) Prozessual: Der Anspr kann dch eine GestaltgsKl (Antr: Das MietVerh ... w mit Wirkg vom ... fortgesetzt) od dch LeistgsKl auf Abgabe der WillErkl zur Fortsetzg des MietVerh geltd gemacht w. Die Wirkg kann in beiden Fällen (mit mat-rechtl Rückwirkg) nicht vor formeller RKraft eintreten (§ 894 ZPO). Vbdg v Kl u Anspr (§§ 147, 260 ZPO) sowie WiderKl sind nach den gleichen Grdsätzen wie § 564 b Anm 11 b zul.

4) Prozeßrechtliches. Grdsätzl wie § 564b Anm 11 a, c, d. Der Mieter kann gg die RäumgsKl den FortsetzgsAnspr nicht als bloße Einwendg geltd machen, sond muß die Fortsetzg des MietVerh herbeiführen, indem er darauf klagt, nur zweckm die WiderKl. Da der Bestd des MietVerh für die RäumgsKl vorgreifl ist, muß mind zugleich über den FortsetzgsAnspr entschieden w.

Art. 3. Gesetz zur Regelung der Miethöhe

Einführung

1) Allgemeines. a) Anwendungsbereich. Das MHRG erfaßt grdsätzl alle MietVerh üb WoRaum (Einf 8b vor § 535). Bei MischmietVerh (Einf 9 vor § 535) ist das MHRG nur anwendb, wenn der Mietwert der WoRäume überwiegt (BGH NJW **77**, 1394). Ist für eine Garage die Miete gesond festgesetzt, gilt das MHRG nur für die WoRäume (LG Mannh WM **75**, 15 für § 3 WKSchG). Das MHRG gilt nicht für WoRäume, die aGrd dingl WohnR überlassen sind (LG Mannh WM **75**, 171), ebensowenig für Alten- u PflegeheimVertr (Staehle NJW **78**, 1359). Ausgen ist dch § 10 II (vgl dort): preisgebundener WoRaum; nur zu vorübergehdem Gebr vermieteter WoRaum; mind überwiegd möbl, nicht dauernd für den Gebr einer Fam best WoRaum. **b) Unabdingbarkeit:** Nur zG des Mieters u grdsätzl für Vereinbgen vor Beginn der Mietzeit (vgl § 10 I). **c) Übergangsregelung:** Es gilt Art 4 2. WKSchG.

2) Inhalt. Das MHRG regelt die MietErhöhg für folgende Fälle: **a)** Höheres Entgelt wg allg Änderg der wirtsch Verh (§ 2), bisher § 3 I–VI 1.WKSchG. **b)** Ausgleich für baul Änderngen; bisher nicht vorgesehen. **c)** Erhöhg der Betriebskosten (§ 4); bisher § 3 VII 1.WKSchG. **d)** Erhöhg der KapKosten (§ 5); bisher nicht vorgesehen. **e)** Öffnt geförderte od steuerbegünst WoRaum im Saarland (§ 6); neu. **f)** Bergmannswohngen (§ 7); neu.

MHRG 1 Die Kündigung eines Mietverhältnisses über Wohnraum zum Zwecke der Mieterhöhung ist ausgeschlossen. Der Vermieter kann eine Erhöhung des Mietzinses nach Maßgabe der §§ 2 bis 7 verlangen. Das Recht steht dem Vermieter nicht zu, soweit und solange eine Erhöhung durch Vereinbarung ausgeschlossen ist oder der Ausschluß sich aus den Umständen, insbesondere der Vereinbarung eines Mietverhältnisses auf bestimmte Zeit mit festem Mietzins ergibt.

1) Allgemeines. a) Anwendungsbereich: Für WoRaum: wie Einf 1a. MietVerh: Für unbest u für best Zt abgeschl (vgl § 564 Anm 2), auch solche mit VerlängersKlausel u die nach Art 2 2.WKSchG verlängert sind. S 1 betr nur die ord Künd, insb die ÄndKünd, nicht aber für and RVerh, zB dingl WohnR (LG Mannh Justiz **76**, 127). **b) Zweck:** MietErhöhg sollen nicht unter dem Druck drohder Künd zustandekommen. Statt dessen soll der Verm angem MietErhöhg auch gg den Willen des Mieters bei Fortbestd des MietVerh in dem Verf der §§ 2–7 dchsetzen können (S 2). Ausn: S 3. **c) Unabdingbarkeit:** wie Einf 1 b vor § 1.

2) Kündigungsverbot (S 1). Eine Künd zum Zweck der MietErhöhg ist dch S 1 verboten, auch wenn der Verm dafür ein berecht Interesse iS des § 564 b (Art 1 Nr 1 2.WKSchG) hätte. Eine dennoch erkl Künd zu diesem Zweck, insb ÄndKünd ist nichtig (§ 134). Voraussetzg: Der Zweck, den höheren Mietzins zu erzielen, muß auf das betr gekünd MietVerh gerichtet sein, mit dem VertrPartner od einem Dr. Behauptgs- u BewLast für unzul Zweck trägt der Mieter.

3) Vereinbarter Ausschluß der Mieterhöhung (S 3). Diese Regelg entspr dem § 3 I S 2 1.WKSchG. **a) Voraussetzungen:** Der Ausschl der Mieterhöhg muß sich ergeben (alternat): **aa)** Ausdrückl (S 3 1. Alt); in gesonderten Vertr od die Vereinbg muß einen VertrBestdteil darstellen, nicht notw im MietVertr enthalten od mit ihm verbunden sein; auch dch Vertr mit Dr mögl, zB mit dem ArbG (Weimar Betr **72**, 325 für § 3 I S 2 1.WKSchG). **bb)** Aus den Umst zu entnehmen (S 3, 2. Alt). Derart Vereinbg liegen insb dann vor, wenn für best Zt, auch für LebensZt des Mieters (vgl LG Lübeck MDR **72**, 612) ein fester MietPr vereinb od bei fest vereinb Mietzins ein KündR des Verm ausgeschl ist. **b) Wirkung:** Für den sich aus dem Vertr ergebden MietGgst (auch Teil desselben) ZtRaum („solange") ist das MietErhöhgsVerf (§§ 2–7) ausgeschl. Diese Wirkg tritt bei MietVerh auf best Zt mit VerlängersKlausel nur für die ursprüngl vereinb, feste MietZt ein (vgl BT-Drucks 7/2638 III Nr 6). Vom Mieter währd der MietZt freiw hingen MietErhöhgen bleiben zul u wirks (§ 10 I). **c) Mietpreisgleitklauseln:** Sind sie vereinb, w sie ab 1. 1. 75 (Art 4 I 2. WKSchG) unwirks, aber nicht für die Zt vorher (BGH BB **77**, 315). Das gilt für Wertsichergs- u SpanngsKlauseln sowie LeistgsVorbehalte (Löwe NJW **75**, 9 [12]). Weitere Erhöhgen finden nur nach §§ 2–7 statt (S 2); sie schließen aber die Wirkg der Anm b (fester, nicht erhöhb MietPr) iR aus (BT-Drucks 7/2011 B zu Art 3 § 2), weil sich aus ihnen ergibt, daß die Miete nicht fest best auf der ursprüngl vereinb Höhe bleiben soll.

MHRG 2 *Erhöhung bis zur ortsüblichen Vergleichsmiete.* I Der Vermieter kann die Zustimmung zu einer Erhöhung des Mietzinses verlangen, wenn

1. der Mietzins, von Erhöhungen nach den §§ 3 bis 5 abgesehen, seit einem Jahr unverändert ist und

2. der verlangte Mietzins die üblichen Entgelte, die in der Gemeinde oder in vergleichbaren Gemeinden für nicht preisgebundenen Wohnraum vergleichbarer Art, Größe, Ausstattung, Beschaffenheit und Lage gezahlt werden, nicht übersteigt.

Von dem Jahresbetrag des verlangten Mietzinses sind die Kürzungsbeträge nach § 3 Abs. 1 Satz 3 bis 7 abzuziehen, im Fall des § 3 Abs. 1 Satz 6 mit elf vom Hundert des Zuschusses.

II Der Anspruch nach Absatz 1 ist dem Mieter gegenüber schriftlich geltend zu machen und zu begründen. Dabei kann insbesondere Bezug genommen werden auf eine Übersicht über die üblichen Entgelte nach Absatz 1 Nr. 2 in der Gemeinde oder in einer vergleichbaren Gemeinde, soweit die Übersicht von der Gemeinde oder von Interessenvertretern der Vermieter und der Mieter gemeinsam erstellt oder anerkannt worden ist, ferner auch auf ein mit Gründen versehenes Gutachten eines öffentlich bestellten oder vereidigten Sachverständigen. Begründet der Vermieter sein Erhöhungsverlangen mit dem Hinweis auf entsprechende Entgelte für einzelne vergleichbare Wohnungen, so genügt in der Regel die Benennung von drei Wohnungen anderer Vermieter.

III Stimmt der Mieter dem Erhöhungsverlangen nicht bis zum Ablauf des zweiten Kalendermonats zu, der auf den Zugang des Verlangens folgt, so kann der Vermieter bis zum Ablauf von weiteren zwei Monaten auf Erteilung der Zustimmung klagen. Wird die Klage binnen dieser Frist nicht erhoben, so kann ein neues Erhöhungsverlangen frühestens neun Monate nach Ablauf der Klagefrist gestellt werden, es sei denn, daß das frühere Verlangen nicht wirksam war.

IV Ist die Zustimmung erteilt, so schuldet der Mieter den erhöhten Mietzins von dem Beginn des vierten Kalendermonats ab, der auf den Zugang des Erhöhungsverlangens folgt.

1) Allgemeines. Abs I S 2 ist angefügt dch Art 3 G v 27. 6. 78; in Kr seit 1. 7. 78. **a) Anwendungsbereich**: Einf 1 a vor § 1 u § 1 Anm 1 a, weil § 2 zu den Vorschr gehört, auf die § 1 S 2 verweist. § 2 gilt insb nicht: für eine Erhöhg der BetrKosten; hierfür ist § 4 anzuwenden, Erhöhg wg KapKostenErhöhg; hierfür gilt § 5 als SoVorschr. Bei WoModernisierg gilt § 2 od § 3 alternativ (vgl § 14 ModEnG). **b) Zweck**: Mieterhöhgen sollen nur in angem Rahmen zur Erhaltg der Wirtschaftlk des Hausbesitzes zugelassen w, den Mieter nicht mehr als bis zur ortsübl VglMiete belasten. Auslegg u Anwendg des MHR dürfen nicht zu einem MietPrStop führen (BVerfG NJW **74**, 1499 für Art 1 § 3 1. WKSchG). **c) Unabdingbarkeit**: wie Einf 1 b vor § 1. Frei vereinb Erhöhg der Miete außerh des Verf gem § 2 ist daher jederzeit währd des MietVerh forml mögl u wirks, wenn der Mieter damit einverstanden ist (§ 10 I), dies stellt eine Änd des MietVertr gem § 305 im Rahmen der verbliebenen VertrFreih dar. Grenze: § 2b WiStG. **d) Mietzins**: wie § 535 Anm 3a, bb, also ohne die Entgelte für Nebenleistgn (sog Grund- oder Kaltmiete, Schmidt-Futterer C 2ff; dagegen Marienfeld ZMR **76**, 225). **e) Einreden** aus dem MietVerh, insb aus § 537 u § 320 können gg den Anspr nicht erhoben w (Sennekamp ZMR **78**, 196).

2) Begriff des Erhöhungsanspruchs. § 2 gibt dem Verm unter best Voraussetzgn einen Anspr gg den Mieter auf Zust zu der von ihm verlangten MietErhöhg (I). Verweigert der Mieter die Zust, kann der Verm darauf klagen (III). Der ErhöhgsAnspr ist auf Abgabe einer WillErkl dch den Mieter gerichtet, näml auf eine Zust, die eine formfreie einseit, empfangsbed WillErkl darstellt, dem Wesen nach die Ann (§ 151) einer angetragenen VertrÄnd (§ 305); sie fällt nicht unter §§ 182 ff, weil diese Zust von einem Dr ausgehen muß. Prozessual handelt es sich um eine LeistgsKl; für die ZwVollstr gilt § 894 ZPO. Der ErhöhgsAnspr kann auf die GrdMiete od auf die GesMiete gerichtet w (Barthelmess ZMR **72**, 361 für Art 1 § 3 1.WKSchG).

3) Voraussetzungen des Erhöhungsanspruchs (I). Sie lassen eine Steigerg nur bis zur ortsübl VglMiete zu. Vorausgesetzt w kumulativ: **a) Nr 1: Bisheriger Mietzins** muß seit einem Jahr, rückgerechnet vom Ztpkt der ErklAbg (Erhöhungsverlangen II 1, Anm 4a) unveränd geblieben sein. Unberücksicht bleiben (dh dürfen kürzer als 1 Jahr zurückliegen), gleich ob frei vereinb od im MietErhöhgsVerf des Art 1 § 3 1. WKSchG vorgen MietErhöhg wg KapKostenverteuerg (§§ 3, 5), sowie alle BetrKosten (§ 4). Unerhebl ist, ob die vereinb Miete zZ ihrer Vereinbg unter der ortsübl VglMiete lag (Korff NJW **75**, 2281; aA Derleder NJW **75**, 1677). **b) Nr 2: Verlangter Mietzins.** Er ist an den VglKriterien zu orientieren. Oberste Grenze ist die ortsübl VglMiete. Auch v Mieter finanz Verbessergen können berücks w (hierzu Fricke ZMR **76**, 325). Bei Modernisierg mit öff Fördergsmitteln ist nach I 2 ein KürzgsBetr abzuziehen. Mängel der Wo sind nur zu berücks, wenn die Re an den § 537 ff versagen, wie die Mangelbeseitigg für den Verm unzumutb ist (LG Mannh MDR **77**, 140; bestr). Der Mietz ist nach folgdn Grdsätzen zu ermitteln: **aa)** Lage mögl in derselben Gemeinde, nur wenn darin nicht vorhanden, ist auf vergleichb, möglichst nahegelegene Gemeinden zurückzugreifen. **bb)** Der WoRaum muß von einem and Verm stammen (hM für Art 1 § 3 I 1. WKSchG; zB LG Stgt NJW **74**, 1252, jetzt gedeckt dch II S 3) u vergleichb sein nach den 5 Kriterien des Gesetzestextes, wobei die Größe nicht zu stark abweichen darf (zB 40–60% LG Hbg ZMR **76**, 150). Weiter fallen insb noch folgde Umstde darunter: Haustyp, BauAusführg, GrdRiß, ErhaltgsZust, sanitäre Anlagen, Fußbodentyp, Stockwerk, Vorderhaus od RückGeb, Hofraum, Gartenbenutzg, wobei stets ungefähre Angaben genügen (Graf NJW **76**, 1480). Die Anfdgen dürfen nicht überspannt w;

2. WKSchG Art. 3 (MHRG)

nicht erforderl: Geschoßhöhe, Balkongröße, Anfangstermin der VglMiete (Zöll BlGBW **73**, 163 für Art 1 § 3 I 1. WKSchG). Die qm-Zahl darf maßvoll abweichen (zB Wo v 70 qm geeignete BerechngsGrdlage für 100 qmWo) u kann bei größerer od kleinerer VglWo BerechngsGrdlage bilden; dies gilt auch für die and wesentl Umstde, soweit sie voneinander abweichen. Die VglWo müssen ledigl identifizierb sein (Bezeichng des Hauses, Geschoß u Lage, vgl LG Lüneb MDR **77**, 494). Namen v Verm u Mieter sind nicht unbedingt erforderl (aA AG Mchn ZMR **76**, 284 m abl Anm v Kronberger ZMR **77**, 88). Für die richterl Entsch gilt § 287 ZPO.

4) Ausschluß des Erhöhungsanspruchs (I, Anm 3) trotz Vorliegen der Voraussetzgen. **a) Durch Vereinbarung** gem § 1 S 3. § 1 Anm 3 a, b; das ist nicht mehr gegeben bei MietPrGleitklauseln (§ 1 Anm 3 c). **b) Durch versäumte Klagefrist** (III 2) zeitl begrenzt auf 9 Monate, vom Ablauf der KlFr (III 1) an berechnet gem §§ 187 I, 188 II. Ausn: wenn das frühere Verlangen, für das die KlFr versäumt w, unwirks war, insb wg Fehlens einer der Voraussetzgen des I od II (Anm 2, 5); denn dem Verm kann nicht zugemutet w, eine aussichtsl Kl zu erheben u damit abgewiesen zu w, nur um die Sperrwirkg zu vermeiden. Behauptgs- u BewLast für diesen AusnTatbestd trägt der Verm.

5) Erhöhungsverlangen (II) ist die Geltdmachg des ErhöhgsAnspr aus I (Anm 2); er stellt eine einseit empfangsbed WillErkl dar, für die § 130 gilt, nicht eine bes ProzVorauss (v Krog ZMR **77**, 260; vgl Anm 7b; aA LG Frankth ZMR **77**, 29). Es muß v Verm ausgehen; insb im Falle des § 571 (LG Köln BlGBW **75**, 258) u bei Mehrh v Mietern gg jeden gerichtet w (LG Hbg ZMR **76**, 151; vgl Anm a aE). **a) Form:** schriftlich (II 1) bedeutet Schriftform (§ 126; Hbg BlGBW **75**, 257); jedoch mit der Ausn des § 8 (ohne eigenhänd Unterschr), wenn die Erkl dch automat Einrichtgen gefert w. Bei Mehrh v Mietern muß das Schreiben jedem in der entspr Form zugehen (LG Hbg ZMR **78**, 311); das ist bei VollmErteilg unter den Mietern im MietVertr entbehrl (Ganschezian-Finck NJW **74**, 116 [117] für Art 1 § 3 1. WKSchG). **b) Inhalt:** Unbedingt notw ist, daß die Höhe des neu verlangten MietPr dch den verlangten EndBetr od dch den ErhöhgsBetr bezeichnet w (LG Köln ZMR **78**, 309 m Anm v Weimar). Zur Begründg: Angabe v identifizierb VglWo, wobei den Anfdgen der Anm 3 b, aa u bb zu genügen ist. Die Zahl dieser VglWo muß idR 3 betragen, aus besond Grden auch weniger od mehr (jedoch kaum über 5 hinaus, vgl BVerfG NJW **74**, 1499). Im Proz kann der Sachverst auch and Wohngen als die benannten im Gutachten heranziehen (LG Düss DWW **76**, 32 für 1. WKSchG). Die Angabe v VglWo kann ganz unterbleiben (II S 2), wenn sie ersetzt w dch Bezugn auf: (1) Übersichten (Mietwerttabellen u sog Mietspiegel); sie müssen v der Gemeinde od v Interessenverbänden (insb Mieter- od HausBesVereine) erstellt sein, v der Gemeinde allein, von den Verbänden entw gemeins od v dem einen erstellt u v dem and anerkannt. Sie müssen einen repräsentativen Querschnitt des ortsübl Entgelte für vglb WoRaum wiedergeben u dürfen nicht veraltet sein (üb typ Mängel vgl Marienfeld BlGBW **77**, 211). Die Bezugn muß den verlangten Mietsatz erkennen lassen (Wangemann WM **76**, 21 mwN). (2) Vorlage des begrdeten Gutachtens eines öff bestellten od vereid Sachverst; deren Bestellg muß das entspr Gebiet (Bewertg v WohnGeb) umfassen. Umstr ist, in welchem Umfang der Sachverst das Gutachten begrden muß (vgl LG Mannh MDR **78**, 406). Keinesf dürfen Angaben üb identifizierb VglWo verlangt w (so aber LG Hann WM **77**, 100), weil sie für die MietErhöhgsErkl des Verm verlangt w u das Gutachten die Begrdg ersetzen soll, ebso Marienfeld BlGBW **77**, 211. Gerichtl BewSicherg weder nöt noch zul (LG Mannh WM **76**, 58). (3) Sonst BewMittel sind dadch zugelassen, daß Übersichten u Gutachten nur beispielh („insb") erwähnt sind (BT-Drucks 7/2011 B zu § 2); in Betr kommt ein gerichtl Urt üb eine verglb Wohng (Vogel JZ **75**, 73 [78]). **c) Zeitpunkt:** Der Verm muß für jedes ErhöhgsVerlangen die Voraussetzg des I Nr 1 (Anm 3a) beachten, für ein wiederholtes u weiteres die des III 2 (Anm 4b). Sog Nachschieben der Begrdg im Proz ist unter den Voraussetzgen der §§ 263, 264 Nr 1 ZPO zul (v Krog ZMR **77**, 260; aA 36. Aufl u LG Frankth WM **77**, 75). **d) Rücknahme** des ErhöhgsVerlangens ist zul bis zur Einreichg der Klage (Anm 7); danach bleibt KlageRückn (§ 269 ZPO) mögl.

6) Zustimmung zur Mieterhöhung. Begr der Zust: Anm 2. **a) Überlegungsfrist** des Mieters (III 1): Sie beginnt mit dem Zugang (§ 130) des ErhöhgsVerlangens (Anm 5), das nach Form u Inhalt wirks sein muß, um die Fr in Lauf zu setzen (hM für Art 1 § 3 1. WKSchG; aA LG Heidelb NJW **75**, 1974). Vom Zugang des ErhöhgsVerlangens an kann die Zust erteilt, dh die angetragene VertrÄnd (§ 305) angen w (§ 151). Die beiden Monate (MindestFr) laufen, wenn das ErhöhgsVerlangen bis 24 Uhr des letzten Monatswerktags (§ 193) zugeht (§ 130), vom 1. bis zum letzten des folgden Monats (28., 29., 30. od 31., od vorher je nach Monat u Art des Tags, § 188 III). Geht das ErhöhgsVerlangen am 1. eines Monats zu, läuft sie fast 3 Monate. **b) Erteilte Zustimmung:** Mit ihrem Zugang (§ 130) ist die MietErhöhg vertr vereinb, vgl Anm 8. Die Zust kann in der widerspruchsl Zahlg der verlangten höheren Miete liegen. **c) Nicht erteilte Zustimmung:** Sie kann ausdrückl verweigert w u bedeutet die Ablehng des Antr (vgl § 146). Der Mieter braucht überh nichts zu erkl. Erteilt er die Zust nicht, w die Kl zul (Anm 7). **d) Verspätet erteilte Zustimmung:** Da inf der SoRegelg des § 2 die allg Vorschr der §§ 148, 150 nicht gelten, kann die Zust auch später noch wirks erkl w, auch währd des Proz u wirkt so, wie sie IV vorschreibt, gleichgült, ob sie vor od nach dem Beginn des 4. KalMonats erkl w; ggf wirkt sie zurück. Ist die Kl (Anm 7) bereits erhoben, erledigt sich die Haupts, wobei in aller Regel den Mieter die Kosten treffen w (§ 91a ZPO). **e) Teilweise Zustimmung:** Der Mieter kann dem ErhöhgsVerlangen auch zu einem betrags- od quotenmäß best Teil zust. Hierfür gelten die Anm a–c sinngem. Die Wirkg erteilter Zust treten dann nur für diesen Teil ein; insb ist Kl für den restl Betr zul (vgl Anm 7 a), wenn der Verm nicht die Zust als neues Angebot (§ 150 I) annimmt; in diesem Fall ist die Haupts erledigt (§ 91 a ZPO).

7) Klage (III 1). Sie ist eine LeistgsKl auf Abg einer WillErkl (vgl Anm 2). **a) Klageantrag:** Um best zu sein, muß er enthalten: Identifizierb Angabe des MietVerh, Betr der neuen Miethöhe, WirkskZtpkt. Bei teilw freiw Zust des Mieters ist der Antr auf den verweigerten Teil zu richten. Der Betr des ErhöhgsVerlangens (Anm 2) u KlAntr müssen sich nicht decken (aA LG Stgt NJW **74**, 1252 für Art 1 § 3 1. WKSchG). **b) Klagefrist** (III 1). Sie ist eine bes ProzVorausetzg, beträgt 2 Monate u beginnt mit dem 1. des Monats, der auf den Ablauf der ÜberleggsFr (Anm 6a) folgt. Da der Beginn der ÜberleggsFr (Anm 6a) von einem nach Form u Inhalt wirks ErhöhgsVerlangen abhängt, wirkt sich dies auch auf den Beginn der KlFr aus. FrEnde ist nach § 188 III zu best. Der FrBeginn ist unabhängig davon, ob der Mieter die Zust vor Ablauf der ÜberleggsFr ausdrückl verweigert. FrWahrg: § 270 III ZPO gilt uneingeschr (LG Hagen NJW **77**, 440 für §§ 261 b, 496 III ZPO aF). Die Kl ist vor Beginn der KlFr mangels RSchutzBedürfn unzuläss, es sei denn, daß der Mieter die Zust bereits ausdrückl verweigert hat (Barthelmess ZMR **72**, 203 für Art 1 § 3 1. WKSchG; bestr). Zweifelh u umstr ist, ob eine verfrüht eingereichte Kl nach Ablauf der Überleggs-Fr zul w (vgl LG Essen ZMR **78**, 312 m Anm v Tiefenbacher). **c) Zuständigkeit**: die des § 29a ZPO ausschließl; obwohl das ErhöhgsVerlangen vom Wortlaut des § 29 a ZPO nicht gedeckt ist, kann es unter dem Begr Erf eingeordnet w (hM für Art 1 § 3 1. WKSchG; Löwe NJW **72**, 2017). **d) Streitwert**: 1-jähr Betr der angestrebten Erhöh entspr § 16 I GKG (hM; Gallas ZMR **77**, 263 mwN; aA LG Mü I ZMR **78**, 220: 3jähr ErhöhgsBetr); ebso der Beschwerdewert (LG Hbg MDR **77**, 496).

8) Eintritt der Mieterhöhung (IV). **a) Voraussetzung** ist stets die wirks Zust des Mieters (Anm 6a, b, d), gleich ob sie erteilt od nach Urt gem § 894 ZPO fingiert ist. Mit der wirks Zust heilen auch Mängel an Form u Inhalt des ErhöhgsVerlangens (Anm 5; vgl für Art 1 § 3 1.WKSchG Ganschezian-Finck NJW **74**, 116 [119]). **b) Zeitpunkt**: Der Mietzins ist erhöht ab Beginn (1. Tag) des 4. KalMonats nach Zugang (§ 130) des ErhöhgsVerlangens (Anm 5), so daß mind 3 Monate dazwischen liegen. Bedeutgsl ist, wann die Zust erteilt od gem § 894 fingiert w. **c) Rechtsfolgen**: Bei Abschl des Proz ist bei Verurt der erhöhte Teil des Mietzinses als rückstand zu behandeln. Für Verzinsg greift idR § 284 II ein. Für Künd wg ZahlsVerz ist in § 9 II eine Regelg getroffen. Dem Mieter bleibt das KündR des § 9 I 2.

MHRG 3 *Mieterhöhung bei Verbesserungen.* ¹ Hat der Vermieter bauliche Änderungen durchgeführt, die den Gebrauchswert der Mietsache nachhaltig erhöhen, die allgemeinen Wohnverhältnisse auf die Dauer verbessern oder nachhaltig Einsparungen von Heizenergie bewirken (Modernisierung), oder hat er andere bauliche Änderungen auf Grund von Umständen, die er nicht zu vertreten hat, durchgeführt, so kann er eine Erhöhung der jährlichen Miete um elf vom Hundert der für die Wohnung aufgewendeten Kosten verlangen. Sind die baulichen Änderungen für mehrere Wohnungen durchgeführt worden, so sind die dafür aufgewendeten Kosten vom Vermieter angemessen auf die einzelnen Wohnungen aufzuteilen. Werden die Kosten für die baulichen Änderungen ganz oder teilweise durch zinsverbilligte oder zinslose Darlehen aus öffentlichen Haushalten gedeckt, so verringert sich der Erhöhungsbetrag nach Satz 1 um den Jahresbetrag der Zinsermäßigung, die sich für den Ursprungsbetrag des Darlehens aus dem Unterschied im Zinssatz gegenüber dem marktüblichen Zinssatz für erststellige Hypotheken zum Zeitpunkt der Beendigung der Maßnahmen ergibt; werden Zuschüsse oder Darlehen zur Deckung von laufenden Aufwendungen gewährt, so verringert sich der Erhöhungsbetrag um den Jahresbetrag des Zuschusses oder Darlehens. Ein Mieterdarlehen, eine Mietvorauszahlung oder eine von einem Dritten für den Mieter erbrachte Leistung für die baulichen Änderungen steht einem Darlehen aus öffentlichen Haushalten gleich. Kann nicht festgestellt werden, in welcher Höhe Zuschüsse oder Darlehen für die einzelnen Wohnungen gewährt worden sind, so sind sie nach dem Verhältnis der für die einzelnen Wohnungen aufgewendeten Kosten aufzuteilen. Kosten, die vom Mieter oder für diesen von einem Dritten übernommen oder die mit Zuschüssen aus öffentlichen Haushalten gedeckt werden, gehören nicht zu den aufgewendeten Kosten im Sinne des Satzes 1. Mittel der Finanzierungsinstitute des Bundes oder eines Landes gelten als Mittel aus öffentlichen Haushalten.

ᴵᴵ Der Vermieter soll den Mieter vor Durchführung der Maßnahmen nach Absatz 1 auf die voraussichtliche Höhe der entstehenden Kosten und die sich daraus ergebende Mieterhöhung hinweisen.

ᴵᴵᴵ Der Anspruch nach Absatz 1 ist vom Vermieter durch schriftliche Erklärung gegenüber dem Mieter geltend zu machen. Die Erklärung ist nur wirksam, wenn in ihr die Erhöhung auf Grund der entstandenen Kosten berechnet und entsprechend den Voraussetzungen nach Absatz 1 erläutert wird.

ᴵⱽ Die Erklärung des Vermieters hat die Wirkung, daß von dem Ersten des auf die Erklärung folgenden Monats an der erhöhte Mietzins an die Stelle des bisher zu entrichtenden Mietzinses tritt; wird die Erklärung erst nach dem Fünfzehnten eines Monats abgegeben, so tritt diese Wirkung erst von dem Ersten des übernächsten Monats an ein. Diese Fristen verlängern sich um drei Monate, wenn der Vermieter dem Mieter die voraussichtliche Mieterhöhung nach Absatz 2 nicht mitgeteilt hat oder wenn die tatsächliche Mieterhöhung gegenüber dieser Mitteilung um mehr als zehn vom Hundert nach oben abweicht.

1) Allgemeines: Abs I S 6 ist neugefaßt u Abs V aufgehoben seit 1.1.77 dch G v 18.8.76 (BGBl 2221; Änd des BBauG) Abs I S 1 neugefaßt und S 7 angefügt dch Art 3 G v 28.6.78; in Kr seit 1.7.78. **a) Zweck**: Die Regelg soll den Verm veranlassen, sich von Verbessergen des vermieteten WoRaums nicht dadch abhalten zu lassen, daß dementspr Mieterhöhungen ausgeschl wären. § 3 schafft über § 541 a hinaus jedoch keine DuldgsPfl des Mieters (Vogel JZ **75**, 73 [79]). **b) Anwendungsbereich**: wie § 2 Anm 1a. Zeitl: vgl Art 4 2. WKSchG. Nur bei vom Verm dchgeführten Verbessergen. Stammen sie vom Mieter, ist eine Erhög gem § 2 mögl (Fricke ZMR **76**, 325). **c) Unabdingbarkeit** wie § 2 Anm 1 c. **d) Verhältnis zu anderen Mieterhöhungen**. MietErhög nach §§ 2 u 5 sind von der des § 3 unabhäng u wahlw mögl (vgl § 14 II ModEnG); jedoch nicht kumulativ (Weimar ZMR **76**, 33). IdR ist eine Erhög gem § 2 nicht nützl, weil der dch die Verbesserg (insb Modernisierg) gestiegene Wohnwert meist nicht ausreicht, um eine Erhög der Miete auf das Maß zu rechtfert, das notw wäre, die erwachsenen ModernisiergsKosten zu decken; dies geschieht dann unabhäng vom Verf des § 2 allein dch § 3 (vgl Löwe NJW **75**, 9 [14]). Dadch

2229

2. WKSchG Art. 3 (MHRG) *Putzo*

kann der MietPr stärker erhöht w als der nach § 2 inf gestiegenen Wohnwerts. **e) Ausschluß der Erhöhung** dch Vertr hindert sie (§ 1 S 3; § 1 Anm 3); hierfür prakt kaum bedeuts. Ein allg Ausschl der MietErhöh bezieht sich iZw auf den Fall des § 2, nicht auf den des § 3.

2) Verfahren: Im Ggsatz zu § 2 ist die MietErhöh v einer Zust des Mieters unabhäng. Sie erfordert zu ihrer Wirksk nur eine nach Form u Inhalt vorgeschriebene Erkl u Berechng der verlangten Erhöhg (III) u das obj Vorliegen der Voraussetzgen (I). Dem Mieter bleiben folgde Möglk: Nachprüfg der Berechng; Kl auf Herabsetzg des ErhöhgsBetr (LeistgsKl auf Abg einer WillErkl zur VertrÄnd gem § 305); die Künd (§ 9 I 2).

3) Voraussetzungen (I). Behauptgs- u BewLast hierfür trägt der Verm. **a) Bauliche Änderungen:** Sie müssen als Modernisierg (I 1) den GebrWert der WoRäume od die allg WoVerh, insb auch die der zugehörden GebTeile (zB Hauszugänge, Treppenhaus, Lift) auf die Dauer verbessern (zB moderne Badeeinrichtgen, bessere Küchenherde, Lüftgen, ZentralHeizg). Eine Verbesserg ist als Voraussetzg nicht notw wenn der Verm die baul Änd nicht zu vertr hat (zB Umstellg v Stadt- auf Erdgas, Vogel JZ **75**, 73 [78]) od Heizenergie nachhalt (dh auf lange Dauer) eingespart w. Eine Veränderg der vorhandenen Bausubstanz ist nicht nöt; es fallen auch zusätzl Installationen darunter, zB Einbau sanitärer Anlagen, wie Toiletten, Bad u Hauswaschmaschine (zweifelnd: Schmitt-Futterer MDR **75**, 89 [93]). Reine BauerhaltgsMaßn genügen nicht (Schopp ZMR **75**, 97). Ebensowo geringfüg, den Wohnwert nicht erhöhde Änderngen, zB Teppich- statt Filzboden, Doppel- statt Einfachfenster (Weimar ZMR **76**, 33), Auswechlg v Gasgeräten. Eine Zust des Mieters ist nicht erforderl (arg § 541 a, § 20 ModEnG; aA LG Hbg MDR **77**, 1021). **b) Aufteilung** (I 2). Die Aufteilg auf die mehreren Wohngen (entspr Mieter) erfolgt dch den Verm; sie hat angem zu geschehen; iü gelten §§ 315, 316. **c) Abzüge vom Erhöhungsbetrag** (I 3-7) sind unter genau best Voraussetzgen vorzunehmen, um ungerechtfert Vorteile des Verm zu verhindern. Zu den einzelnen Begr: MieterDarl (Einf 11b, dd vor § 535); Mietvorauszahlg (Einf 11b, cc vor § 535); Leistg v Dr sind insb solche v ArbG, ferner solche aus I 7 u § 14 ModEnG. Fiktive InstdhaltgsEinsparngen dürfen nicht abgezogen w (Gelhaar ZMR **78**, 164). **d) Schriftliche Erklärung** (III) des Verm: Schriftform: § 126, bei automat Fertigg § 8. Sie ist empfangsbedürft WillErkl. Zugang: § 130. Inhalt: Angabe einer bestimmb, Erhöhg, nicht notw des ausgerechneten ErhöhgsBetr (BT-Drucks 7/2011 B zu § 4) u die nach EinzelBer u Aufteilg, bezügl der betr Wohngen aufgeschlüsselten Kosten (Aufwendgen). Die Erkl darf nicht vor Abschl der baul Änderg abgegeben w. Zum Inhalt vgl Rupp ZMR **77**, 323. W gg diese Anfdgen verstößen, ist die Erkl unwirks, kann aber ohne Rückwirkg jederzeit nachgeholt w. **e) Ankündigung** (II) ist nicht WirkskVoraussetzg.

4) Wirkung (IV). Die MietErhöh tritt als Änd des MietVertr inf der einseit Erkl des Verm ein (also rechtsgestaltd u abweichd von § 305) aber nur wenn sie wirks ist u nicht gg die Voraussetzgen (Anm 3) verstoßen w. Zur Ermittlg des Betr vgl Marienfeld ZMR **78**, 38. Der Ztpkt ist unterschiedl: **a)** Ab 1. des folgden Monats bei Abgabe (Zugang gem § 130 notw) bis einschl 15. des Monats 24 Uhr. **b)** Ab 1. des übernächsten Monats bei Abgabe ab 16. des Monats 0 Uhr. **c)** Verlängerg der Fr (Anm a u b) um 3 Monate (Berechng: § 188 II), wenn der Hinw gem II (formlos; BewLast: Verm) unterblieben ist od die darin genannte voraussichtl MietErhöhg um 10% überschritten w (verglichen mit der in der Erkl [Anm 3] tats angegebenen Erhöhg).

MHRG 4 *Erhöhung der Betriebskosten.* **I** Für Betriebskosten im Sinne des § 27 der Zweiten Berechnungsverordnung dürfen Vorauszahlungen nur in angemessener Höhe vereinbart werden. Über die Vorauszahlungen ist jährlich abzurechnen.

II Der Vermieter ist berechtigt, Erhöhungen der Betriebskosten durch schriftliche Erklärung anteilig auf den Mieter umzulegen. Die Erklärung ist nur wirksam, wenn in ihr der Grund für die Umlage bezeichnet und erläutert wird.

III Der Mieter schuldet den auf ihn entfallenden Teil der Umlage vom Ersten des auf die Erklärung folgenden Monats oder, wenn die Erklärung erst nach dem Fünfzehnten eines Monats abgegeben worden ist, vom Ersten des übernächsten Monats an. Soweit die Erklärung darauf beruht, daß sich die Betriebskosten rückwirkend erhöht haben, wirkt sie auf den Zeitpunkt der Erhöhung der Betriebskosten, höchstens jedoch auf den Beginn des der Erklärung vorausgehenden Kalenderjahres zurück, sofern der Vermieter die Erklärung innerhalb von drei Monaten nach Kenntnis von der Erhöhung abgibt.

IV Ermäßigen sich die Betriebskosten, so ist der Mietzins vom Zeitpunkt der Ermäßigung ab entsprechend herabzusetzen. Die Ermäßigung ist dem Mieter unverzüglich mitzuteilen.

1) Allgemeines. a) Zweck. Für solche außerh der Einflußsphäre des Verm eintretde Kostensteigerngen soll ein gg § 2 vereinfachtes Verf gelten u verhindert w, daß sich der Verm dch unangem hohe Vorauszahlg ungerechtfert Liquidität u Zinseszinsen verschafft. **b) Anwendungsbereich:** wie § 2 Anm 1b. **c) Unabdingbarkeit:** wie § 2 Anm 1c. **d) Verhältnis zu Mieterhöhungen:** § 4 ist unabhäng von den Mieterhöhgen der §§ 2, 3, 5, die nur die sog GrdMiete betr. Es ist gleichgült, ob die BetrKosten als Nebenentgelt bes ausgewiesen od in den im MietVertr vereinb Pr eingerechnet sind (sog Warmmiete). Für das Verf gem § 4 müssen diese Betr dann dch Aufschlüsselg aus dem GesBetr herausgezogen w. **e) Ausschluß durch Vereinbarung:** wie § 3 Anm 1 e.

2) Vorauszahlungen (I). **a) Höhe:** Sie muß angem sein, dh die Vorauszahlgen müssen an der Höhe der zu erwartden BetrKosten ausgerichtet w, dürfen sie auch leicht übersteigen u. müssen nicht dem jahreszeitl Ablauf angepaßt w (zB bei Heizg). **b) Zeitraum:** Der BemessgsZtraum darf nicht länger als ein Jahr sein, kürzer (zB halb- od vierteljährl) darf er sein. Die ZahlgsZträume sind nicht ausdrückl vorgeschrieben. Angem w sein, sie auf die MietZahlgsFälligk zu legen od höchstens vierteljährl Vorauszahlg zu vereinb.

2. Gesetz üb. d. KündSchutz f. Mietverhältnisse üb. Wohnraum **2. WKSchG Art. 3 (MHRG)**

c) Abrechnung (I 2): nur dch schriftl Darstellg, nicht notw Schriftform des § 126. Jährl: nicht notw das KalJahr od das Jahr gerechnet vom Beginn des MietVertr, sond ein einmal festgelegtes u dann einzuhaltdes GeschJahr, zweckmäß an den Heizperioden orientiert.

3) Voraussetzungen: a) Betriebskosten sind die unter § 27 II. BerVO fallden, näml: laufde öff Lasten des Grdst, Kosten der Wasserversorgg, des Betr der zentralen Heizgsanlage, der zentralen Brennstoffversorggsanlage, Versorgg mit Fernwärme, der zentralen Warmwasserversorggsanlage, der Versorgg mit Fernwarmwasser, der Reinigg u Wartg v Warmwassergeräten, des Betr des Pers- od Lastenauszuges, der Straßenreinigg u Müllabfuhr, der Entwässerg, der Hausreinigg u Ungezieferbekämpfg, der Gartenpflege, der Beleuchtg, der Schornsteinreinigg, der Sach- u HaftpflVers, Kosten für den Hauswart, des Betr der GemschAntenne, des Betr der maschinellen Wascheinrichtg u sonst BetrKosten iS des § 145 II. BerVO Anl 3 Nr 16. Nicht darunter fallen insb InstandsetzgsKosten. Nur BetrKosten, deren Umlage nach dem MietVertr nicht ausgeschl ist, dürfen zugrdegelegt w (AG Hann WM 77, 172). **b) Erhöhung** (II). Es dürfen nur die Beträge zugrde gelegt w, die erhöht w, seitdem letztmals der betr Posten (nicht ein and) vereinb od dch Umlage (bisher Art 1 § 3 VI 1. WKSchG) erhöht worden ist. Gleichgült ist aus welchem Grd die Erhöhg eingetreten ist. **c) Ermäßigung** (IV): Es gelten die Grdsätze der Anm b sinngem; jedoch muß sich der Gesamtsatz der BetrKosten ermäß haben (BT-Drucks 7/2011 B zu § 4). Die Mitt ist forml wirks, aber zweckmäß ist eine schriftl Darstellg. Unverzügl: wie § 121. Bsp: Wegfall eines Hausmeisters. **d) Schriftliche Erklärung** (II). Grdsätzl wie § 3 Anm 3b. Anteil: Dabei ist v gleichmäß BerechngsGrdlagen auszugehen, insb Wohngsgröße u -zahl, uU vom Lage der Wohng (zB bei Lift) od Verursacd. Grdsätzl gilt § 315. Inhalt: Grd der Umlage u ein bestimmb, den Mieter treffder GeldBetr, der nicht ausgerechnet sein muß (BT-Drucks 7/2011 B zu § 4). Angabe der dem Verm entstandenen Erhöhg nach Betr u Angabe, nach welchem Grds aufgeschlüsselt w. Verstöße bewirken Nichtigk, jedoch kann die Erkl jederzt (ohne Rückwirkg) wiederholt w.

4) Wirkung (III). Nur eine der Voraussetzgen (Anm 3) entspr schriftl Erkl bewirkt, daß der Mieter die erhöhten BetrKosten schuldet. Hier ist zu unterscheiden: **a) Künftige Erhöhung** (III 1): wie § 3 Anm 4a, b. **b) Rückwirkende Erhöhung** (III 2): Die rückwirkde Erhöhg v dem Verm erwachsenen v ihm in der Erkl (Anm 3) umgelegten BetrKosten muß aus der Erkl hervorgehen u verlangt w. Rückwirkg für den Mieter ist begrenzt u stets v Kenntn des Verm abhäng, weil sich der letzte Hs nicht auf den vorangehden Hs (mit der absoluten ZtGrenze) sond auf die allg Rückwirkg zum Ztpkt der für den Verm eingetretenen Erhöhg bezieht. BewLast für Kenntn u Ztpkt der Abgabe der Erkl trägt der Verm. **c) Rechte des Mieters.** Nachprüfg der Kostenberechng, Verlangen, notf Kl auf Herabsetzg der Umlage; nicht Künd gem § 9 I 1.

MHRG 5 ^{I} Der Vermieter ist berechtigt, Erhöhungen der Kapitalkosten, die nach Inkrafttreten dieses Gesetzes infolge einer Erhöhung des Zinssatzes aus einem dinglich gesicherten Darlehen fällig werden, durch schriftliche Erklärung anteilig auf den Mieter umzulegen, wenn

1. der Zinssatz sich
   a) bei Mietverhältnissen, die vor dem 1. Januar 1973 begründet worden sind, gegenüber dem am 1. Januar 1973 maßgebenden Zinssatz,
   b) bei Mietverhältnissen, die nach dem 31. Dezember 1972 begründet worden sind, gegenüber dem bei Begründung maßgebenden Zinssatz

   erhöht hat,

2. die Erhöhung auf Umständen beruht, die der Vermieter nicht zu vertreten hat,
3. das Darlehen der Finanzierung des Neubaues, des Wiederaufbaues, der Wiederherstellung, des Ausbaues, der Erweiterung oder des Erwerbs des Gebäudes oder des Wohnraums oder von baulichen Maßnahmen im Sinne des § 3 Abs. 1 gedient hat.

^{II} § 4 Abs. 2 Satz 2 und Absatz 3 Satz 1 gilt entsprechend.

^{III} Ermäßigt sich der Zinssatz nach einer Erhöhung des Mietzinses nach Absatz 1, so ist der Mietzins vom Zeitpunkt der Ermäßigung ab entsprechend, höchstens aber um die Erhöhung nach Absatz 1, herabzusetzen. Ist das Darlehen getilgt, so ist der Mietzins um den Erhöhungsbetrag herabzusetzen. Die Herabsetzung ist dem Mieter unverzüglich mitzuteilen.

^{IV} Das Recht nach Absatz 1 steht dem Vermieter nicht zu, wenn er die Höhe der dinglich gesicherten Darlehen, für die sich der Zinssatz erhöhen kann, auf eine Anfrage des Mieters nicht offengelegt hat.

1) Allgemeines. a) Zweck: Es soll die Wirtschaftlichk des HausBes trotz starker Erhöhg der KapKosten gewahrt w. **b) Anwendungsbereich**: wie § 2 Anm 1b. **c) Unabdingbarkeit**: wie § 2 Anm 1 c. **d) Verhältnis zu anderen Mieterhöhungen**: § 5 steht selbstd u unabhäng neben den §§ 2, 3 u 4; auch § 5 gestattet wie § 3 Erhöhg über die ortsübl VglMiete hinaus.

2) Voraussetzungen. a) Für Erhöhung (I): Die Nr 1-3 müssen kumulativ vorliegen. Die Zinserhöhgen müssen nach dem 1. 1. 75 (Inkrafttr) fäll w. Der Ztpkt des DarlVertr ist maßgebd, wenn er nach dem 1. 1. 73 abgeschl w (Vogel JZ 75, 73 [79]). Nicht zu vertreten (I Nr 2) sind die Erhöhgen insb dann, wenn sie von dem DarlG vertrgem verlangt w können; Vorhersehbk dch den Verm ist unerhebl (aA LG Mannh NJW 77, 2269). Zu vertreten (§ 276) ist sie insb, wenn der Verm mit dem DarlG eine Zinserhöhg ohne Zwang vereinb würde, um sie auf die Mieter abzuwälzen. **b) Ermäßigung** (III): kommt nur nach vorangegangener Mieterhöhg gem Anm a in Betr u darf die Miete, die vor der Erhöhg galt, nicht unterschreiten. **c) Schriftliche Erklärung**: § 4 Anm 3c sinngem. Die Verweisg (II) auf § 4 II 2 bedeutet, daß die Erkl unwirks ist, wenn die Angaben zur Zinserhöhg u die Berechng der anteil MietErhöhg nebst notw Erläutergen unterbleiben.

2231

3) Ausschluß der Erhöhung kommt in Betr: **a)** Durch Vereinbarung gem § 1 S 3 (§ 1 Anm 3); diese Vereinbg kann sich auf den MietPr allg, muß sich nicht spez auf die Erhöhg der KapZinsen beziehen. **b) Unterbliebene Offenlegung** (IV): Die Anfrage ist formlos, jederzeit mögl (aber bei erteilter Ausk nicht wiederholt). Nach dem G muß nur die Höhe des Darl mit erhöht Zinssatz, nicht der Zinssatz selbst offengelegt w. Die schlecht redigierte Best gibt zu Zweifeln Anlaß (Lutz DWW 74, 272 [279]).

4) Wirkung: Der Eintritt der Mieterhöhg hängt v Vorliegen der Voraussetzgen u wirks schriftl Erkl ab (Anm 3). Weil nur auf S 1 des § 4 III, nicht auf dessen S 2 verwiesen ist, gibt es nur eine künft Erhöhg (wie § 3 Anm 4 a, b), keine rückwirkde. Rechte des Mieters: wie § 4 Anm 4c.

MHRG 6 *Sonderregelung für das Saarland.* ᴵ Hat sich der Vermieter von öffentlich gefördertem oder steuerbegünstigtem Wohnraum nach dem Wohnungsbaugesetz für das Saarland in der Fassung der Bekanntmachung vom 7. März 1972 (Amtsblatt des Saarlandes S. 149), zuletzt geändert durch Artikel 3 des Wohnungsbauänderungsgesetzes 1973 vom 21. Dezember 1973 (Bundesgesetzbl. I S. 1970), verpflichtet, keine höhere Miete als die Kostenmiete zu vereinbaren, so kann er eine Erhöhung bis zu dem Betrag verlangen, der zur Deckung der laufenden Aufwendungen für das Gebäude oder die Wirtschaftseinheit erforderlich ist. Eine Erhöhung des Mietzinses nach den §§ 2, 3 und 5 ist ausgeschlossen.
ᴵᴵ Die Erhöhung nach Absatz 1 ist vom Vermieter durch schriftliche Erklärung gegenüber dem Mieter geltend zu machen. Die Erklärung ist nur wirksam, wenn in ihr die Erhöhung berechnet und erläutert wird. Die Erklärung hat die Wirkung, daß von dem Ersten des auf die Erklärung folgenden Monats an der erhöhte Mietzins an die Stelle des bisher zu entrichtenden Mietzinses tritt; wird die Erklärung erst nach dem Fünfzehnten eines Monats abgegeben, so tritt diese Wirkung erst von dem Ersten des übernächsten Monats an ein.
ᴵᴵᴵ Soweit im Rahmen der Kostenmiete Betriebskosten im Sinne des § 27 der Zweiten Berechnungsverordnung durch Umlagen erhoben werden, kann der Vermieter Erhöhungen der Betriebskosten in entsprechender Anwendung des § 4 umlegen.
ᴵⱽ Ermäßigen sich die laufenden Aufwendungen, so hat der Vermieter die Kostenmiete mit Wirkung vom Zeitpunkt der Ermäßigung ab entsprechend herabzusetzen. Die Herabsetzung ist dem Mieter unverzüglich mitzuteilen.
ⱽ Die Absätze 1 bis 4 gelten entsprechend für Wohnraum, der mit Wohnungsfürsorgemitteln für Angehörige des öffentlichen Dienstes oder ähnliche Personengruppen unter Vereinbarung eines Wohnungsbesetzungsrechtes gefördert worden ist, wenn der Vermieter sich in der in Absatz 1 Satz 1 bezeichneten Weise verpflichtet hat.

1) Diese SondRegelg beruht darauf, daß im Saarland (and als im übr BGebiet) die Kostenmiete nicht dch ges Vorschr sond dch privrechtl Vereinbg festgelegt ist. Dadch w für diesen WoRaum im Saarland die Regelg eingeführt, die im übr BGebiet für die Erhöhg der Kostenmiete bei preisgebundm WRaum gilt (vgl Einf 13c vor § 535).

MHRG 7 *Sonderregelung für Bergmannswohnungen.* ᴵ Für Bergmannswohnungen, die von Bergbauunternehmen entsprechend dem Vertrag über Bergmannswohnungen, Anlage 8 zum Grundvertrag zwischen der Bundesrepublik Deutschland, den vertragschließenden Bergbauunternehmen und der Ruhrkohle Aktiengesellschaft vom 18. Juli 1969 (Bundesanzeiger Nr. 174 vom 18. September 1974), bewirtschaftet werden, kann die Miete bei einer Erhöhung der Verwaltungskosten und der Instandhaltungskosten in entsprechender Anwendung des § 30 Abs. 1 der Zweiten Berechnungsverordnung und des § 5 Abs. 3 Buchstabe c des Vertrages über Bergmannswohnungen erhöht werden. Eine Erhöhung des Mietzinses nach § 2 ist ausgeschlossen.
ᴵᴵ Der Anspruch nach Absatz 1 ist vom Vermieter durch schriftliche Erklärung gegenüber dem Mieter geltend zu machen. Die Erklärung ist nur wirksam, wenn in ihr die Erhöhung berechnet und erläutert wird.
ᴵᴵᴵ Die Erklärung des Vermieters hat die Wirkung, daß von dem Ersten des auf die Erklärung folgenden Monats an der erhöhte Mietzins an die Stelle des bisher zu entrichtenden Mietzinses tritt; wird die Erklärung erst nach dem Fünfzehnten eines Monats abgegeben, so tritt diese Wirkung erst von dem Ersten des übernächsten Monats an ein.
ᴵⱽ Im übrigen gelten die §§ 3 bis 5.

1) Dch diese Vorschr sollen die Mieten für diese Wohngen niedr gehalten w, indem die allg Erhöhg auf die ortsübl VglMiete unterbunden u dch die SondRegelg des I S 1 ersetzt w.

MHRG 8 *Ausnahme von der Schriftform.* Hat der Vermieter seine Erklärungen nach den §§ 2 bis 7 mit Hilfe automatischer Einrichtungen gefertigt, so bedarf es nicht seiner eigenhändigen Unterschrift.

1) Zweck: Soll den Erfordern neuzeitl Bürotechnik entggkommen. Bedeutet eine Ausn v § 126. **Anwendbar** auf alle schriftl Erkl gem §§ 2–7. Gilt nur für die betr schriftl Erkl, die dch automat Einrichtg gefert, nicht nur vorbereitet w.

MHRG 9 *Kündigungen.* ᴵ Verlangt der Vermieter eine Mieterhöhung nach § 2, so ist der Mieter berechtigt, bis zum Ablauf des zweiten Monats, der auf den Zugang des Erhöhungsverlangens folgt, für den Ablauf des übernächsten Monats zu kündigen. Verlangt der Vermieter eine Mieterhöhung nach den §§ 3, 5 bis 7, so ist der Mieter berechtigt, das Mietverhältnis spätestens am dritten Werktag des Kalendermonats, von dem an der Mietzins erhöht werden soll, für den Ablauf des übernächsten Monats zu kündigen. Kündigt der Mieter, so tritt die Mieterhöhung nicht ein.

ᴵᴵ Ist der Mieter rechtskräftig zur Zahlung eines erhöhten Mietzinses nach den §§ 2 bis 7 verurteilt worden, so kann der Vermieter das Mietverhältnis wegen Zahlungsverzugs des Mieters nicht vor Ablauf von zwei Monaten nach rechtkräftiger Verurteilung kündigen, wenn nicht die Voraussetzungen des § 554 des Bürgerlichen Gesetzbuchs schon wegen des bisher geschuldeten Mietzinses erfüllt sind.

1) Kündigungsrecht des Mieters (I). Entspr der Regelg bei and einseit Mieterhögen (vgl Einf 13c vor § 535): **a) Anwendungsbereich**: Nur die Mieterhöhungen aus §§ 2, 3, 5–7, nicht bei BetrKostenerhöhg (§ 4); auch MietVerh, die auf best Zt abgeschl sind. **b) Voraussetzung**: Ein Mieterhögsverlangen (§ 2 Anm 5) od eine einseit Erkl bei den §§ 3, 5–7 (vgl § 3 Anm 3 d). Das KündR entsteht ohne Rücks darauf, ob diese Erkl des Verm wirks sind od nicht, weil eine Nachprüfg bei Ungewißh darü unsicher u unzumutb ist (ebso Schmidt-Futterer WM 76, 65). **c) Überlegungsfrist** für den Mieter entsteht be § 2 dadch, daß er nach Zugang der Erkl des Verm noch mind 2 Monate Zt hat, die Künd zu erkl; die ÜberleggsFr ist kürzer in den and Fällen (vgl § 3 IV, § 5 II, § 6 II 3, § 7 III); keine Verlängerg um 3 Monate, wenn der Hinw gem § 3 II unterblieben ist (aA Schmidt-Futterer WM 76, 65). **d) Kündigung.** Sie ist außerord u befristet, unabhäng v den allg KündFr. Es gelten die allg Vorschr: wie § 564 Anm 3. **e) Kündigungsfrist**: Da Endtermin der Ablauf des übernächsten Monats ist (Berechng § 188 III), ist die KündFr 2 Monate. Die Künd muß spätestens am letzten Tag des Monats an dem die ÜberleggsFr (Anm c) abläuft, erkl w, wg § 193 uU am ersten Werktag des nächsten Monats. **f) Wirkung**: Das MietVerh endet zu dem KündZtpkt, ohne daß die Mieterhög eintritt. W die Wohng nicht geräumt, gilt § 557.

2) Kündigungsbeschränkung des Vermieters (II). **a) Zweck**: Der Mieter soll ausreich Zeit haben die aufgelaufenen ErhöhgsBetr zu zahlen, um eine außerord Künd aus § 554 vermeiden zu können. **b) Anwendbar**: auf alle Fälle der §§ 2–7, auch § 4, obwohl BetrKosten nicht Mietzins darstellen müssen. **c) Kündigungsverbot** für 2 Monate ab formeller RKr des Urt (§ 19 EGZPO), sofern der Verm aus § 554 (allein od teilw wg der aufgelaufenen ErhöhgsBetr) außerord künd könnte. Eine trotzdem erkl Künd ist nichtig, (§ 134). § 554 II Nr 2 bleibt anwendb, auch wenn die Künd erst nach Ablauf der 2 Monate erfolgt u der Mieter bis dahin nicht gezahlt hat.

MHRG 10 *Unabdingbarkeit und Anwendungsbereich.* ᴵ Vereinbarungen, die zum Nachteil des Mieters von den Vorschriften der §§ 1 bis 9 abweichen, sind unwirksam, es sei denn, daß der Mieter während des Bestehens des Mietverhältnisses einer Mieterhöhung um einen bestimmten Betrag zugestimmt hat.

ᴵᴵ Die Vorschriften der §§ 1 bis 9 gelten nicht für Mietverhältnisse
1. über preisgebundenen Wohnraum,
2. über Wohnraum, der zu nur vorübergehendem Gebrauch vermietet ist,
3. über Wohnraum, der Teil der vom Vermieter selbst bewohnten Wohnung ist und den der Vermieter ganz oder überwiegend mit Einrichtungsgegenständen auszustatten hat, sofern der Wohnraum nicht zum dauernden Gebrauch für eine Familie überlassen ist.

1) Unabdingbarkeit(I). **a) Grundsatz**: Nichtig (§ 134) sind alle Vereinbgen, die die Re des Mieters auf gleichbleibde od nur gesetzmäß erhöhten MietPr aufheben od beschränken, sofern sie vor dem Abschl des MietVerh vereinb w. Dazu gehören auch alle VerfVorschr, die den Mieter schützen sollen, zB Warte- u KlFr (Schmidt-Futterer MDR 75, 89 [95]). Das gilt auch für MietPrGleitklauseln (Wertsicherungs-Klauseln) soweit sie den Mieter verpfl würden, über die ges zul Erhög des MietPr hinaus Miete zu bezahlen. Derart Klauseln sind ab 1. 1. 75 bei MietVerh, die auf unbest u best Zt abgeschl sind, unwirks u gestatten aus sich keine Mieterhög (and bisher Art 1 § 4 I. WKSchG Anm 1a); sie entfalten nur noch die in § 1 Anm 3c dargestellte Wirkg. Bei Staffelmieten sind nur zul, wenn sie sich im Rahmen der ortsübl VglsMiete (§ 3) halten (Vogel JZ 75, 73 [77]; LG Hbg DWW 75, 243 m abl Anm v Lutz geht offenb v allg Unzulässk aus). Das Verbot v Staffelmieten darf nicht dadch umgangen w, daß für best vorangehde Zt-Räume eine MietPrErmäßigg vereinb w (Weimar WM 75, 161). **b) Ausnahme** (I letzter Hs): Freie Vereinbg (§ 305) zw Mieter u Verm währd des MietZt über MietErhögen mit od ohne Rücks auf Eintritt der Voraussetzgen hierfür, ist zul (BT-Drucks 7/2011 B zu § 8). Die Zust des Mieters bedeutet seine Mitwirkg zur VertrÄnd (vgl § 2 Anm 2). Form u Anlaß der Vereinbg sind gleichgült (Freund/Barthelmess ZMR 75, 33 [37]). Jedoch muß sich die Zust des Mieters auf einen best Betr beziehen (Vogel JZ 75, 73 [76]). Es besteht auch VertrFreih für den Ztpkt, unabhäng v den Voraussetzgen des § 2 (Weimar BlGBW 75, 246). BewLast für Vereinbg: Verm (Weimar aaO).

2) Anwendungsbereich des MHRG (II) dch negat Abgrenzg. Einliegerwohng iS des neuen § 564b sind davon nicht ausgenommen. **a) Nr 1** (preisgebundener WoRaum): Damit sind die in Einf 13c vor § 535 aufgeführten Gruppen v WoRaum gemeint, die der alten PrBindg (dort Anm cc) u der Bindg an Kosten- od VglMiete unterliegen (insb SozWohngen). MietErhöhg kann erst nach Ablauf der PrBindg verlangt (AG Münst WM 77, 100; AG Köln WM 77, 169), die Erkl auch nicht vor Ablauf der PrBindg abgegeben w (LG Wuppert NJW 77, 1691). **b) Nr 2**: Vorübgehder Gebr: wie § 564 b Anm 3 c. **c) Nr 3**: Möblierter WoRaum: wie § 564 b Anm 3 d, daher ist für möblierten WoRaum außerh der VermWohng das MHRG anzuwenden, wenn er nicht zum vorübergehden Gebr vermietet ist.

Art. 4. Anwendung auf bestehende Mietverhältnisse

I Ein Mietverhältnis, das zur Zeit des Inkrafttretens dieses Gesetzes besteht, richtet sich von diesem Zeitpunkt an nach dem neuen Recht.

II Artikel 3 § 3 ist auch auf vor Inkrafttreten dieses Gesetzes begonnene bauliche Änderungen anzuwenden, die nach Inkrafttreten dieses Gesetzes beendet werden.

1) Das G gilt für alle seinem AnwendgsBer unterliegenden MietVerh seit 1. 1. 75. Für den ZtRaum vor dem 1. 1. 75 ist das 1. WKSchG anzuwenden. Bei WillErkl (Künd, MietErhöhgsVerlangen u Zust) kommt es auf den Zugang an; liegen sie vor dem 1. 1. 75 gelten die RWirkgen nach altem R, auch wenn sie erst 1975 eintreten (Freund/Barthelmess ZMR **75**, 33 mit Einzelh). Abs II enthält hiervon eine Ausn.

Art. 5. Geltung für mieterschutzfreie Mietverhältnisse über Wohnraum im Land Berlin

Die Artikel 1 bis 4 gelten im Land Berlin für Mietverhältnisse über Wohnraum, auf die die §§ 1 bis 19 und 24 bis 31 des Mieterschutzgesetzes nicht anzuwenden sind.

1) Da in Bln das MSchG noch bis 31. 12. 80 gilt (Einf 12a vor § 535), bestand nur Anlaß, die mieterschutzfreien MietVerh unter den Schutz des 2.WKSchG zu stellen.

Art. 6. Sondervorschriften für München und Hamburg

I In der kreisfreien Stadt München und im Landkreis München (Gebietsstand bis zum 30. Juni 1972) sowie in der Freien und Hansestadt Hamburg gilt Artikel 3 § 2 bis zum 31. Dezember 1976 mit der Maßgabe, daß bei Wohnungen, die bis zum 20. Juni 1948 bezugsfertig geworden sind und weniger als sechs Wohnräume einschließlich Küche haben, die Zustimmung zu einer Erhöhung des Mietzinses höchstens für einen Betrag verlangt werden kann, der die Grundmiete nicht um mehr als zehn vom Hundert übersteigt.

II Grundmiete im Sinne des Absatzes 1 ist die Miete, die am 31. Dezember 1974 preisrechtlich zulässig war, abzüglich folgender in ihr enthaltener Beträge:

1. Umlagen für Wasserverbrauch,
2. Kosten des Betriebs der zentralen Heizungs- und Warmwasserversorgungsanlagen,
3. Umlagen für laufende Mehrbelastungen seit dem 1. April 1945,
4. Untermietzuschläge,
5. Zuschläge wegen Nutzung von Wohnraum zu anderen als Wohnzwecken,
6. Mieterhöhungen für Wertverbesserungen nach § 12 der Altbaumietenverordnung.

1) Dch diese Regelg endete die MietPrBindg für Hbg, Mü u den Landkreis Mü soweit sie noch bestand mit dem 31.12.74 (vgl Einf 12a vor § 535). Für den WoRaum in diesen Gebieten gilt seit 1. 1. 75 hinsichtl der Miethöhe insb das MHRG mit der dch Art 6 bewirkten Einschränkg, daß bis 31. 12. 76 die GrdMiete (II) nur bis zu 10% erhöht w darf, auch wenn die ortsübl VglMiete im Einzelfall höher liegt.

Art. 7. Berlin-Klausel

Dieses Gesetz gilt nach Maßgabe des § 13 Abs. 1 des Dritten Überleitungsgesetzes vom 4. Januar 1952 (Bundesgesetzbl. I S. 1) auch im Land Berlin.

Art. 8. Inkrafttreten

I Dieses Gesetz tritt am 1. Januar 1975 in Kraft.

II Soweit das Mieterschutzgesetz noch in Geltung ist, treten die Artikel 1 bis 4 mit dessen Außerkrafttreten in Kraft. Das Inkrafttreten des Artikels 5 nach Absatz 1 bleibt hiervon unberührt.

Gesetz über das Wohnungseigentum und das Dauerwohnrecht (Wohnungseigentumsgesetz)

Vom 15. März 1951 (BGBl I S 175/BGBl III 403–1),

geändert durch Gesetze vom 26. Juli 1957 (BGBl I S 861), vom 30. Mai 1973 (BGBl I S 501) und vom 30. Juli 1973 (BGBl I S 910)

Bearbeiter: Dr. Bassenge, Vorsitzender Richter am Landgericht Lübeck

Schrifttum: a) Kommentare: Bärmann-Merle-Pick, 2. Aufl 1973; Bärmann-Pick, WEG mit Erl, 9. Aufl 1978. – Baur in Soergel-Siebert, 10. Aufl 1968. – Diester, WEG 1952. – Friese-Mai-Käss, WEG 1966. – Friese-Mai-Wienicke, WEG 1974. – Hubernagel, WEG 1952. – Pritsch in RGRK 1962. – Ring in Staud 1963. – Westermann in Erman, 6. Aufl 1975. – Weitnauer-Wirths, 5. Aufl 1974. – **b) Sonstiges:** Bärmann, Praxis des WE, 2. Aufl 1968. – Brüggemann, WE 1965. – Dammertz, WE u DWR 1970. – Diester, Wichtige RFragen des WE, NJW-Schriftenreihe Heft 19, 1974. – Koepp, WE in der Praxis, 4. Aufl 1973. – Groß, Die RBeziehgen zw WohngsUntern u Erwerber bei der Erstveräußerg von EigtWohngen, 1971. – Wienicke, Das WERecht, 1975. – Röll, TeilgsErkl u Entstehg des WE, 1975. – Merle, Bestellg u Abberufg des Verw nach § 26 WEG, 1977. – **c) Aufsätze zum Erwerb:** Knöchlein-Friedrich, Die Gestaltg des KaufVertr über Eigenwohng u EigtWohngen, MittBayNot **71**, 129. – Pleyer-Schleiffer, Die Sicherg der Erwerber von EigtWohngen u Eigenheimen – Möglichk der Mitwirkg von KreditInst, WPM Beil 2/72 zu Nr. 30. – **d) Rspr:** Diester, Die Rspr zum WEG 1967; ders, BB BB Beil 6/66 zu Nr 15. – Mattern, Rspr des BGH zum WEG, WPM **73**, 662. – Pikart, Rspr des BGH zum MitEigt, WPM **75**, 402. – **e) Ausland:** Wietek/Wietek-Gilet, DNotZ **78**, 130 (Frankreich). – Löber/Martin, WE in Spanien, 1974.

Überblick

1) Das BGB läßt Eigt an realen Teilen eines Gbdes nicht zu (BGB 93, 94). BruchtMitEigt am Grdst mit Verw- u Benutzgsregelg u Ausschl der Aufhebg mit Wirkg für u gg die SonderRNachf (BGB 746, 751, 1008, 1010) bietet gewissen Ers, setzte sich aber nicht dch. Das dingl WohngsR (BGB 1093) erfüllt wg der Unveräußerlichk, der Unvererblichk u der Beschrkg auf Wohnzwecke nicht die Wünsche nach eigner Wohng u scheidet für gewerbl Nutzg aus. StockwerksE (EG 182) ist nicht neu begründb; für uneigentl StockwerksE vgl EG 131 Anm 1.

a) Das **WEG** gibt neue RFormen: **WohngsEigt/TeilEigt** (zusfassd: **RaumEigt**). Es ist BruchtMitEigt am Grdst u seinen wesentl Bestandt mit AlleinEigt an Räumen. Es unterscheidet sich von echten StockwerksE insb dadch, daß bei diesem MitEigt am Grdst nicht notw; vom unechten StockwerksE dadch, daß bei diesem ausschl BenutzgsR u kein Eigt an der Wohng. – **DauerwohnR/DauernutzgsR.** Es kommt dem dingl WohngsR nahe, ist aber veräußerl u vererbl u läßt Vermietg u Verpachtg zu. – **WohngsErbbR/TeilErbbR.** Es ist BruchtMitErbbR u BruchtMitEigt an den in § 5 II genannten GbdeTeilen verbunden mit AlleinEigt an Räumen.

b) Auf wirtschaftl Gebiet liegen die mit der Beleihg, der Festlegg der Höhe der einz Bruchteile u des Entgelts zushängden Schwierigk. Bes Vorsicht beim Erwerb geboten, wenn GesHyp besteht od Kosten des Hauses noch nicht feststehen od die Errichtg von den WEAnwärtern dch AufbauVertr (Übbl 2 E c) übern wird. Im allg hat sich das WE bewährt u dchgesetzt, weniger das DWR.

c) Reformen. Urspr Mißständen haben die Ge vom 30. 5. u 30. 7. 73 (BGBl 501, 910; amtl Begründg BTDrucks 7/62) abgeholfen. – GEntw des BRates (BTDrucks 8/162) soll ua Größe der WEGemsch begrenzen, Abänderbark von Vereinbgen erleichtern, schriftl BeschlFassg ermöglichen, BeschlFähig der WEigttümerversammlg erleichtern u ProzVerf für Anspr aus § 16 einführen (vgl Demharter Rpfleger **77**, 41; Bärmann Rpfleger **77**, 233). GEntw der BReg (BTDrucks 8/693) soll §§ 55–58 ändern, siehe dazu S. 2279.

2) WohngsEigt (und TeilEigt).

A. Rechtsnatur. Das WE ist **echtes Eigt** u zwar eine Mischg von AlleinEigt (BGB 903 ff) an Räumen (SE) u BruchtMitE (BGB 1008 ff) am Grdst u seinen wesentl Bestandt (gmschaftl Eigt), wobei trotz des wirtschaftl Übergewichts des SE rechtl das MitE im VorderGrd steht (BGH **49**, 251). Die **unauflösl Verbindg von MitEAnteil am Grdst u SE an Räumen** w als Beschrkg (nicht als Belastg) des MitEAnteils dch SE aufgefaßt. Das MitE ist dch eigenes SE verstärkt, dch fremdes beschr. – Das WE ist denselben rechtl Gestaltgen unterworfen wie gewöhnl BruchtMitE. Es gelten, soweit nicht das WEG u Vereinbgen der WEigttümer entggstehen (§ 10), BGB 747 ff, 1008 ff; damit auch die LandesG über UnschädlichkZeugn (EG 120; LG Mü I MittBayNot **67**, 365).

B. Inhalt des WE.

a) Das WE genießt **EigtSchutz** nach GG 14 u BGB 985, 1004 (§ 13 Anm 1 b, 2 b), der Bes an den von ihm erfaßten Ggst **Besitzschutz** nach BGB 859 ff (§ 13 Anm 1 b, 2 b). Es gewährt **Gebrauchs- u Nutzgs-Re** (§§ 13 ff).

b) Das WE ist **vererblich** (BGB 1922); die Vererblichk ist unbeschrkb (§ 12 Anm 1 a).

Überbl v WEG 1 2 Wohnungseigentumsgesetz. *Bassenge*

c) Über das **Grdst als ganzes od reale Teile** können nur alle WEigtümer gemschftl verfügen (BGB 747 S 2; Schlesw SchlHA **74**, 85). – aa) Bei **Abveräußerg** eines GrdstTeils kann der AuflAnspr nicht in einem einz WohngsGB vorgemerkt w (BayObLG **74**, 118), sond nur dch Eintr in allen gem WE-GBVfg 4. **Hinzuerwerb** eines Grdst mögl dch Aufl an alle WEigtümer zu MitE, sodann TeilgsErkl od Vertr entspr §§ 3, 4 aller für das neue Grdst u Vereinigg dch Zuschreibg entspr BGB 890 (Ffm Rpfleger **73**, 394; Oldbg Rpfleger **77**, 22). – bb) Bei **Belastg** mit GrdPfdR entsteht GesGrdPfdR an allen WERechten (W-W § 3 Rdn 30), ebso wenn diese sämtl belastet w. Hierdch droht den WEigtümern die gleiche Gefahr wie sonst GrdstEigtümern bei GesGrdPfdR (vgl § 16 Anm 3, Übbl 2 B c vor BGB 1113), Bestellg von Teil-Hyp vorzuziehen. Zur Belastg mit BauhandwerkerSichHyp vgl Anm E c aE. GrdDbk (BayObLG NJW **75**, 59) u beschr pers Dienstbk (KG Rpfleger **76**, 180) am gemschaftl Eigt nur dch Belastg des ganzen Grdst bestellb.

d) Über sein **WERecht** kann jeder WEigtümer frei verfügen (BGB 747 S 1); aber VeräußergsBeschrkg mit dingl Wirkg vereinb (§ 12). – aa) **Veräußerg** wie die eines gewöhnl MitEAnteils am Grdst (vgl BGB 1008 Anm 3a). Wg Mitübergangs des Anteils am VerwaltgsVerm vgl § 27 Anm 2. Zur Frage des ges VorkR aus BBauG 24 bei TeilgsVeräußerg (bejaht) u bei Weiterveräußerg (verneint): Ffm Rpfleger **72**, 335; vgl aber Brschw DNotZ **77**, 438. – bb) **Ideelle Teilg** in MitEAnteile ist nur iVm Übertr eines Bruchteils an eine and Pers mögl (BGH **49**, 250). Es entsteht dann eine BruchtGemsch am WE (der MitEAnteil w nicht unterteilt). Zust der and WEigtümer nicht notw wg § 25 II 2; vgl aber § 12 Anm 1 a bb. Zur Belastg eines solchen Bruchteils mit einer Reallast vgl LG Mü II MittBayNot **68**, 317. – cc) **Reale Teilg** dch einseit Erkl des WEigtümers ggü dem GBA derart mögl, daß die bish geschl RaumEinh in mehrere solche u das WERecht in entspr viele WERechte unterteilt w. Sie kann als reine Vorratsteilg entspr § 8 erfolgen (BGH **49**, 250), Zust der and WEigtümer nicht notw wg § 25 II 1; sie kann auch gleichzeit mit Vereinigg zu neuen WERechten (BayObLG **76**, 227) od mit Veräußerg alle od einiger der neuen WERechte erfolgen, Zust der and WEigtümer wg entspr Anwendg von § 25 II 2 (vgl § 25 Anm 2 c) nicht notw (Brschw MDR **76**, 1023; BayObLG Rpfleger **77**, 140; aA Stgt OLGZ **73**, 179; vgl aber § 12 Anm 1 a aa). – dd) **Änderg der MitE-Anteile** u **Austausch** von **Räumen** vgl § 6 Anm 1. – ee) **Belastg** wie die eines gewöhnl MitEAnteils am Grdst (vgl BGB 1008 Anm 3 b) mit GrdPfdR, dingl VorkR (auch zG der and MitEigtümer), Reallasten (vgl Düss DNotZ **77**, 305), Nießbr, DWR, in der Ausübg auf das SE (nicht aber auf das MitE; KG OLGZ **76**, 257) beschr Dienstbark (BayObLG NJW **75**, 59). Sie ergreift den MitEAnteil u das SE. Der AlleinEigtümer von TeilE kann künft MitEAnteil an diesem gesondert belasten (quotenm beschränkte Belastg), wenn die Anteile kr GebrRegelg best WERechten zu dienen best sind u deshalb bei diesen im WohngsGB gemäß GBO 3 III eingetr wurden (BayObLG **74**, 466).

e) **ZwVollstr** in das WE ebso wie beim gewöhnl MitEigtAnteil, vgl Einf 3d vor § 1008, dch ZwVerst, ZwVerw u ZwHyp (die, wenn die WEigtümer GesSchuldn sind, GesHyp sein kann). Zur Wirkg einer EigtBeschrkg nach § 12 auf die ZwVerst des WE Rudolphi, BlGBW **60**, 369; Bärmann § 12 Rdz 51; das R, die Zustimmg zum Erw zu verlangen, w dann vom Ersteher ausgeübt, § 12 Anm 5. Pfändg des Anteils an der Gemsch ist unzul. Zweifelh u bestr ist die Pfändbark des Anteils am VerwaltgsVerm (den „gemeinschaftl Geldern", § 27 I Nr 4); vgl Diester § 3 Anm 28 u hier § 27 Anm 2. Vgl auch § 11 Anm 1 b. – Scheide hiervon freiw Verst nach §§ 53ff. WE im **Konk des WEigtümers** vgl Naumann, KTS **71**, 158 u Pick, JR **72**, 102; vgl auch § 16 Anm 3. – Im **Konkurs des Bauträgers** ist ErwerbsAnspr dch Vormerkg (§ 24 KO; jetzt idF des G v 22. 6. 77, BGBl I 998) nur beschränkt (je nach Baufortschritt) geschützt, Müller Betr **74**, 1561, MittBayNot **74**, 247; vgl auch Baginski RhNK **75**, 96.

C. Entstehg des WE. a) Dch **Vertr** (§ 3) der MitEigtümer über die Einräumg von SE an einer in sich abgeschl (§ 3 II) RaumEinh iSv § 1 II od III in einem bereits errichteten od noch zu errichtden Gbde. Einigg in Form der Aufl u Eintr (§ 4). Notw ist Verbindg jedes MitEAnteils mit SE; Größe der im GB einzutragden MitEAnteile (GBO 47) aber frei vereinb (vgl § 3 Anm 1a), obw sie für Verteilg der Nutzgen u Lasten maßg (§ 16); wg nachträgl Änderg vgl § 6 Anm 1. Jeder MitEAnteil erhält eig GBBlatt (§ 7 I): „WohngsGB", „TeilEigtGB"; Ausn § 7 II (gemschaftl GBBlatt). – **b)** Dch **Teilg** (Vorratsteilg) seitens des Eigtümers (§ 8), auch wenn Gbde noch nicht errichtet. Einseit Erkl des GrdstEigtümers in Form GBO 29 ggü GBA.

D. Gegenstand des WE. a) Ggst des SE sind die zur RaumEinh gehörden Räume nebst gewissen Bestandt (vgl § 5 Anm 1). Der Inhalt entspr BGB 903 (vgl § 13 Anm 1). – **b)** Ggst des MitE sind das Grdst, die nicht zum Gbde gehörden Anlagen, die für den Bestand u die Sicherh des Gbdes erforderl sowie die dem gemeins Gebr der WEigtümer dienden u die vom SE ausgen GbdeTeile (vgl § 5 Anm 2). Der Inhalt ist das R auf MitGebr u auf Anteil an den sonstigen Nutzgen (vgl § 13 Anm 2).

E. Die Gemeinsch der WEigtümer. a) Leitgedanken: aa) Sie ist ein nicht rechts- u parteifäh (BGH NJW **77**, 1686) PersVerband gemischter RNatur (BayObLG **59**, 457), der bes Schutz- u TreuePfl auferlegt (BayObLG **71**, 313). In §§ 18–29 geregelt; abw Vereinbg grdsätzl zul; hilfsw gelten BGB 741 ff (vgl § 10 Anm 1).

bb) Die Gemsch **entsteht** rechtl jedenf (s aber auch unten Anm b) iF des § 3 mit der Eintr ins GB, iF des § 8 mit der eines Dritten als WEigtümer. – Da eine Vereinbg nach § 10 II nicht auf Austausch, sond auf die Vereinigg von Leistgen gerichtet ist (vgl § 705 Anm 3 c), ist die Anwendg der **§§ 320 ff** dementspr eingeschränkt (vgl Soergel-Baur § 10 Rdnr 5; Bärmann Rdz 29). Für die ggs **Haftg** gilt nicht § 708, sond § 276; Mieter u Untermieter sind Erfüllungsgehilfen des WEigtümers, BayObLG NJW **70**, 1550.

cc) WGemsch grdsätzl **unauflösl**; außer dch gemeinschaftl Vertr (vgl auch zu F). Einseit Sprengg der Gemsch, abw dch Klage auf § 749, ausgeschl, selbst bei wicht Grunde WEG 11. Auch PfändgsGläub u KonkVerwalter haben kein Recht auf Aufhebg. Dagg kann ein grob gemeinschaftswidr handelnder Gemeinschafter auf Klage der and aus der Gemsch entfernt w, WEG 18, 19. Vgl Anm 4. Zur Frage der Auflösg einer (rechtsfehlerh) fakt Gemsch vgl § 3 Anm 4 u § 11 Anm 2. – Nutzgen u Lasten des gemeins Eigt entspr den im GB eingetr Bruchteilen, WEG 16. –

dd) Gemeinschaftl Verw des gemeins Eigt, unter notw Einschaltg eines **Verwalters,** dessen Rechte u Pflichten im einzelnen geregelt sind (§§ 26ff). Bestellg dch Beschl der WEigtümer, notf dch das AG, WEG 43 I Nr 3. Ein VerwBeirat kann bestellt w, § 29. –

ee) Beschlüsse der Gemsch idR nach Stimmenmehrh. Jeder WEigtümer hat eine Stimme, Versammlg aber nur beschlußfäh, wenn die Erschienenen mehr als die Hälfte der MiteigtAnteile vertreten, WEG 25 II, III. Letzteres gilt nicht bei BeschlFassg über Entziehg des WE eines grob gemeinschaftswidr Handelnden (§ 18 III). Vgl auch § 10 Anm 3. –

b) Inwieweit gilt WEG schon für die **werdende WEigtümergemeinsch**? Also vor dem Ztpkt zu Anm E a bb oben. – **aa)** Bärmann (§ 10 Rdz 2) meint, entscheidd sei der Ztpkt des § 873 II, ja schon der Abschl eines formgült (§ 313) ErwerbsVertr. Auch BayObLG (**68**, 239) legt ua dem Grad der Sicherg des künft WEigtümers (dch Vormerkg den formgült Anspr) Bedeutg bei für die RBeziehgen der werdden Gemsch zu dem von ihr schon bestellten Verw. Demggü stellt KG NJW **70**, 330 vornehml auf die Intensität der tatsächl Eingliederg des künft WEigtümers in die fakt Gemsch ab; ob diese in Vollzug gesetzt ist, lassen auch Rietschel (in Anm zu BGH **LM** § 43 Nr 1 = **44**, 43) u W – W (§ 3 Anm 6 g) entscheiden. – **bb) Stellungnahme:** Sowohl das mat Recht der WEG (§§ 10–29) als auch das VerfR (§ 43) will den Besonderheiten der WEGemsch Rechng tragen. Für diese Sonderreglg besteht im Interesse geordneter GemschBeziehgen ein Bedürfn bereits vor dem rechtl Vollzug d GemschGründg (§§ 3, 4, 8), wenn eine **WE-Gemeinsch faktisch entstanden,** denn die Dauer des GBuchEintrVerf darf (vgl BGB 873 II, GBO 17, 18 II) für die Beteiligten zu keinem Rechtsnachteil führen. Die Gemsch ist fakt entstanden, sobald sie mit Ausn des Vollzugs im GBuch der späteren RechtsGemsch entspricht. Hierfür Voraussetzg am obj Bezugsobjekt, eine bereits bestehde PersGemsch u eine rechtl gesicherte Anwartsch (§ 925 Anm 6 b) auf den dingl RErwerb. Nicht ausreichd dagg die InteressenGemsch ledigl schuldrechtl Beziehggen zw Käufern u Verkäufer. **Obj Bezugsobjekt** entsteht erst mit Aufteilg (§ 8) u Anlegg d WGrdBücher (§ 7), denn bis dahin könnte der Eigtümer die Aufteilg einseit widerrufen od ändern (GBO 31; BGB 873 II steht dem nicht entgg, BayObLGZ **72**, 401; **74**, 281f.). Käuferrechte gem BGB 440 ersetzen das obj Bezugsobjekt nicht. **Personengemeinsch** setzt dingl intensiviertes NachbarschVerh (Paulick AcP **152**, 432; W-W Vorbem Rdz 17 c), also Inbesitznahme zumindest einer Wohng dch Dritterwerber voraus (zur notw WohnGemsch BGH NJW **74**, 1140; BayObLG **74**, 281; Hbg NJW **63**, 818; KG NJW **70**, 330); Gebäude muß abw v §§ 3, 4 also bereits errichtet s **Dingl Anwartschaft** des Erwerbers darf nicht mehr vom Willen des Verkäufers abhäng sein (abw KG NJW **70**, 330), also nöt ErwerbsVertr (§ 4) u AuflVormerk (§ 883) od EintrAntr (GBO 13) des Erwerbers; auch hier nicht ausreichd die nach außen unwirks VertrBindg gem § 873 II, weil diese anderweit Vfg des Veräußerers nicht hindert (zu allem BayObLG **74**, 275; Diester Rechtsfragen die WE Rdz 84–901; W-W § 3 Rdz 6g, § 43 Rdz 4g–n). – Zutr dah BGH **59**, 104 (= **LM** § 18 WEG Nr 1 Anm Mattern), wonach bei Verstößen iSv § 18 die dort vorgesehene Entziehg erst ab dingl RErwerb (Einigg u Eintr), bis dahin aber bei gleichem Tatbestd Rücktritt des Veräußerers wg posit VertrVerletzg dch den (im entschiedenen Fall allerd noch einz) Bewerber gem BGB 326 gegeben ist (dazu § 18 Anm 1c). – Daß dah § 11 II in solch frühem Ztpkt schon zu Lasten der Gläub des Erwerbers eingreift (so aber Groß S 194), erfordert der Schutzzweck des § 11 nicht; auch W – W wenden (§ 3 Rdnr 6g) die § 10ff nur auf die RBeziehgen werdder WEigentümer untereinander an. – Zutr ist die Rspr aber in der Anwendg der §§ 43ff großzüg. Für die in § 43 genannten Streitigk näml erfordert die gleiche Interessenlage die Anwendbark des elastischen StreitVerf der FG (vgl dort Anm 1) bereits auf die werdde Gemsch. So gibt BayObLG **68**, 233 schon dem von ihr bereits bestellten Verw die Möglichk, gg ihre Beschlüsse über seine RStellg od über die Verwaltg des Anwesens den FGRichter anzurufen (§ 10 III allerd setzt die Anlegg des WGB voraus, vgl Hamm OLGZ **68**, 89). – Auch wenn der KaufVertr erst privschriftl geschl ist, kann nach BayObLG NJW **65**, 1485 der in Besitz seines späteren WE eingewiesene Käufer (Anwärter) ihm dch die TeilgsVereinbg zugedachten Schutzrechte gg Störgen dch andere künft WEigt, deren Rechte formal noch dem GrdstEigtümer zustehn, im Weg der VerfGeschFührg in eig Namen gem § 43 gg den Störer geltd machen, wobei in der Einweis in den Nutzbesitz die stillschw Übertr der VerfGeschFührg liegt. Dagg ist der notw in den Bes eingewiesene Kaufinteressent keinesf Mitgl der Gemsch u Beteiligter iSv § 43, BayObLG **73**, 6ff. Zum StimmR aber des Anwärters s § 23 Anm 2 aE. – Daneben (vgl Diester Rspr Teil I A I 2) hat der gestörte WE-Anwärter aber auch die Möglichk, im ordentl RWeg gg den Bauträger vorzugehen, wenn es dieser als nach § 8 teilder GrdstEigtümer versäumt hatte, die künft WEigtümer vertragl zu binden, um den Anwärter davor zu schützen, daß ihr künft WE dch unangemessenen Gebrauch der übr RaumEigtRechte beeinträchtigt w; der Bauträger kann auf Verhinderg der Störg verklagt w, BGH FrWW **64**, 32 = Diester Rspr Teil II A I Nr 8.

cc) Bezeichnderw wendet BGH **56**, 136 auch auf das in einem Träger-BewerberVertr begründete NutzgsVerh zw Träger und Eigenheimbewerber vor EigtÜbergang grdsätzl BGB 538 II entspr an.

c) Daß das **Gebäude noch nicht errichtet** ist, hindert die Begründ von WE nach § 3 od § 8 nicht. Die Anwartsch auf den künft – dch den Aufbauplan (§ 7 Abs 4 Nr 1) hinreichd individualisierten (BayObLG **73**, 80) – Ggst des SE reicht aus, um dessen Begr zu erfüllen (BayObLG NJW **57**, 753/54); über die Entstehg des SE in solchem Fall s § 3 Anm 2. – Dann aber ist eine unauflösl Gemsch der MitEigtümer jetzt schon mögl (§ 11), die Entziehgklage (§ 18), zB wg Nichtleistg der Baukostenzuschüsse zul (beachte aber BGH NJW **72**, 1667 – oben Anm E b bb). Dingl wirkde GemschVereinbgen sind jetzt schon mögl, zu deren Ggst auch der Aufbau des Gebäudes (**Bauvereinbg**) gemacht w kann (BayObLG **74**, 281). Für Streitigk aus diesem GemschVerhältn gelten §§ 43ff (Diester Rspr Teil I A I 3; abw Hbg NJW **61**, 1168). Abzulehnen Röll NJW **78**, 1507, wonach Fertigstell entspr § 22 II beschließb. – Statt dessen können die künft WEigtümer ihre RBeziehgen für die Bauzeit dch einen bes **AufbauVertr** (hierzu Koeble NJW **74**, 721) regeln, dessen Dchführg auch zum Ggst einer Gesellsch ad hoc gemacht w kann. – Mag dieser od jener Weg gewählt w, so **haften** die künft WEigtümer aus den in ihrem Namen dch den Bauträger abgeschl Bauverträgen regelm nicht nach BGB 427, 421, sond nur anteilig (BGH NJW **59**, 2160; Karlsr Just **69**, 42) u zwar auch, wenn dies nicht ausdr vereinbart (Ffm MDR **56**, 229), iZw entspr den vorgesehenen WE-Anteilen; s auch § 10 Anm 1. Bruchteilshaftg nach Hamm, Betr **73**, 1890, auch ggü dem von allen WEigtümern mit Arbeiten am GemschEigt (Heizg) betrauten Unternehmen; bedenkl! aM Kirchner MittBayNot **73**, 263; Brych MittBayNot **73**, 336. – Nach Aufteilg Anspr auf **Bauhandwerker-SichHyp** (BGB 648) als GesHyp (BGB 1132) an allen von der Werkleistg betroffenen (Celle NdsRpfl **76**, 197) WERechten in voller Höhe der WerklohnFdg, soweit nicht Eigt bereits auf Dr übergegangen, die nicht pers Schu des Werklohns (Mü NJW **75**, 220; Düss BauR **75**, 62; Ffm NJW **75**, 785; Köln OLGZ **75**, 20).

d) Gewährleistg (Schrifttt: Kapellmann MDR **73**, 1; Mattern WPM **73**, 664; Deckert NJW **75**, 854; Groß BauR **75**, 12; Baginski RhNK **75**, 63; Riedler Betr **76**, 853; Reithmann-Brych-Manhart, Kauf vom Bauträger, 2. Aufl 1977, S 41 ff; Rosenberger BauR **78**, 241). Sie richtet sich, soweit nicht im Vertr geregelt, nach RNatur (nicht nach Bezeichng) des Vertr zw Veräußerer u Erwerber (vgl BGB 675 Anm 3 c). **WerkVertrR** nach BGH NJW **77**, 1336 ohne Rücks auf Baufortschritt bei VertrSchluß auf Baumängel anwendb, wenn Veräußerer sich zur Herstellg verpflichtet. **KaufVertrR** anwendb auf Grdst-Mängel od wenn Nichthersteller veräußert. – **aa) Übergabe** (wichtig für BGB 477) u **Abnahme** (wichtig für BGB 638) sind VertrPfl aus ErwerbsVertr. Sie hat daher für das SE u das MitE an jeden einz Erwerber zu erfolgen bzw ist von ihm zu erklären; dabei Trenng zw SE u MitE mögl (str). – **bb) Gewährleistgs-Anspr** hat jeder einz Erwerber aus dem ErwerbsVertr; §§ 11, 12 stehen Wandlg nicht entgg (Düss NJW **71**, 1847). – Bei Mängeln am **SE** kann jeder WEigtümer ohne Beteiligg der Gemsch GewlAnspr geltd machen u dchsetzen. – Bei Mängeln am **MitE** darf jeder WEigtümer nach hM in der Rspr alle GewlAnspr selbstd geltd machen (BGH **62**, 388; **LM** § 21 Nr 1; NJW **77**, 1336; Köln NJW **68**, 2069; Mü NJW **73**, 2027; Ffm MDR **74**, 848; zT abw NJW **75**, 2297; aA KG NJW **76**, 522 mit Anm Brych NJW **76**, 1097; LG Dortm BauR **76**, 211). Erst die Dchsetzg (Vollstr) eines NachbessergsAnspr unterliege als Eingr in das MitE der VerwBefugn der Gemsch, die darüber gem § 21 mit Mehrh entscheide (BGH aaO). Im Schrifttt w verschiedene Auffassgen vertreten: Teils w für alle GewlAnspr außer Wandlg (aA insow Deckert aaO) eine gemschaftl Geltmachg dch alle (Groß u Deckert aaO) bzw alle noch gewährleistgsberecht (Kapellmann aaO) WEigtümer für notw gehalten; im InnenVerh beschließe die Mehrh, die auch im AußenVerh vertrete. Einschränkd Baginski aaO: Solange noch kein MehrhBeschl der noch gewährleistgsberecht WEigtümer vorliege, könne jeder einz Gewährleistg verlangen (so auch Bärmann § 1 Rdz 154); danach gelte dies nur für Wandlg u Minderg, der NachbessergsAnspr sei zur unteilb Leistg iSv BGB 432 geworden. Nach W-W § 8 Anh Rdn 23 ff kann jeder WEigtümer selbstd Nachbesserg verlangen; Entscheidgn u Erkl, die auf Umgestaltg des Anspr aus BGB 633 II gem 633 III, 634 abzielen, kann nur die Gemsch treffen u erklären (MehrhBeschl), um Kollisionen unterschiedl GewlAnspr zu vermeiden; ist Nachbesserg gem BGB 634 I 3 ausgeschl, kann jeder WEigtümer selbstd zw Wandlg, Minderg u SchadErs wählen. Vgl auch unten cc). – **cc) Freizeichnungsklauseln**, nach denen der Bauträger seine GewlPfl dch Abtr eig GewlAnspr gg die Bauhandw an der Erwerber erfüllt, sind zul (vgl Vorbem 4 vor BGB 459, BGB 637 Anm 1; BGH **70**, 389; Betr **78**, 1073), sow nicht AGBG 11 Nr 10a entggsteht (eingehd Reithmann-Brych-Manhart aaO S 70 ff; vgl auch Gebhard MittBayNot **77**, 102). Ein vom Bauträger der Gemsch abgetr Anspr gg die Bauhandw geht auf unteilb Leistg iSv BGB 432 u kann nur von der Gemsch geltd gemacht w (BayObLG **73**, 68; W-W § 8 Anh Rdn 26); im InnenVerh beschließt die Mehrh, die auch im AußenVerh vertritt bzw den Verw nach § 27 II Nr 5 (BayObLG aaO) od Dr (LG Köln BauR **76**, 443) dazu ermächtigt.

F. Beendigg der WohngsGemsch. SE kann dch Aufl u Eintr aufgeh w (WEG 4). So können WEigtümer einf Miteigtümer bleiben. Bisheriges SE wird gemeinschaftl Eigtum. – Aufhebg der Gemsch selbst mögl dch Vertr aller Gemeinschafter. Od wenn alle SERechte ggstandslos gew dch völl Zerstörg des Gebäudes (vgl WEG 9 I Nr 2, auch 11 I 3). Auseinandersetzg nach GemschR (BGB 752 ff). Für Berechng des Wertes der Anteile gilt WEG 17. Bei Vereinigg aller WERechte in einer Pers (dch Erbfall, Veräußerg, Erwerb in ZwVerst) kann Eigtümer die Einteilg in WE aufrechterhalten u einzelne wieder veräußern od er kann gewöhnl AlleinEigt herstellen, indem er Schließg der WohngsGB beantragt; mit dem Schließg u Anlegg eines gewöhnl GBBlatts erlöschen die WERechte, WEG 9 I Nr 3; III. S auch § 3 Anm 4.

G. Ob EigtWohngen als **Heimstätten (§ 1 RHG)** ausgegeben w können, ist bestr, wird aber überw jedenf dann bejaht (aA offenb Pritsch § 30 Anm 26), wenn das WE vertikal geteilt ist (Reihen-, Einfamilienhaus) od seine Teilg dem nahe kommt (Teppichbauweise, vgl Diester Rpfleger **60**, 114); so Ffm DNotZ **63**, 442; Neust Rpfleger **63**, 85 m Anm Diester; ders Rspr Teil I A VI 1, 2; W-W § 30 Rdnr 11b, § 62 Rdnrn 1a, b. Grdsätzl bejahd Bärmann § 1 Rdz 141ff. Der hM ist zuzustimmen. BayObLG **67**, 128 hat entschieden, daß auch der horizontalen Aufteilg eines Wohnhauses in WE nicht entggstehe, daß das Grdst Heimstätte ist; solange es als solche eingetr, müsse das GBA auch solche eintraggsbedürft Veränderngen vollziehen, die dem Begr Heimstätte widersprächen. Es sei Sache des Ausgebers, dies notf mittels des HeimfallAnspr geltd zu machen (§ 12 RHG, § 17 AVORHG). Dem ist zuzustimmen. Allerd ist damit noch nicht entschieden, ob eine – nicht vertikal geteilte – EigtWohng als Heimstätte ausgegeben w darf. Auch hiergg dürften keine durchschlagdn Bedenken bestehen, falls nur tats die Voraussetzgen der §§ 1, 29 RHG, §§ 2, 46 AVORHG erfüllt. Jedenf ist auch in einem solchen Fall der Verwaltgsakt der Ausgabe für das GBA bindd u von ihm nicht nachzuprüfen (vgl BayObLG **64**, 313/18; **65**, 18 ff; KG JFG **4**, 384/386; Wormit-Ehrenforth, RHG 4. Aufl. § 1 Anm 5, § 4 Anm 2, 4).

3) Dauerwohnrecht. WEG 31 ff. Bei nicht Wohnzwecken dienenden Räumen: Dauernutzgsrecht. Nachgebildet dem dingl WR (§ 1093). Dingl Belastg des Grdst (od auch eines WE-Rechts); RNatur: Dbkt. Nicht höchstpersönl (wie Nießbr, beschr pers Dbkt), nicht subj dingl (wie GrDbkt). Rechtspolit sollte es Baukostenzuschüsse von Mietern dch Verdinglichg des MietR sichern. Wg § 91 w dieser Zweck nur bed erreicht, zumal ZVG 57c auch den Mieter schützt. Dementspr ist DWR ohne große wirtsch Bedeutg geblieben. Besonderh vor allem: **veräußerl u vererbl**, Befugn zur Vermietg u Verpachtg u gewerbl Nutzg. Bestellg auf Zeit zul. Hier ist insb an die Sicherg der Zahlg eines Baukostenzuschusses gedacht. –

Bei zeitl unbegrenzt eingeräumten Dauerwohnrechten kann das Entgelt als Beitr zu den GrdstLasten vereinb w. – Immer muß es sich um Räume handeln, daher kein DauernutzgsR an unbebautem Grdst. Aber mögl Erstreckg auf außerh des Gebäudes liegde Teile des Grdst (zB Garten), § 31 I 2; insow gilt § 954. – Dingl **Bestellg**: § 873. Der EintrBewilligg (GBO 19, 29) beizufügen ein Aufteilgsplan u Bescheinigg über die Abgeschlossenh des W, § 32. Eintr kann abgelehnt w, wenn nicht in bestimmter Richtg (zB Heimfall) Bestimmgen getroffen (§ 32 III). – Verhältn zw Eigtümer u DauerwohnBerecht zT den NießbrauchVorschr nachgebildet (§ 34), die auch sonst entspr heranziehb. Wg entspr Anwendg von § 1026 vgl § 8 Anm 2. HeimfallsAnspr, der vereinb, nicht ausübbar, wenn MieterschutzVorschr eingreifen, § 36 II. – Bedenkl u das ganze Institut entwertt, daß das DWR in der ZwVerst des Grdst erlischt, wenn es nicht in das geringste Gebot fällt. Unzureichde Hilfe bietet § 39, wonach als Inhalt des DWR mit Zust der gleich- u vorstehden Realgläub das Bestehenbleiben in der ZwVerst vereinb w kann, auch wenn es nicht in das geringste Gebot fällt; aber nur für den Fall, daß ein GrdPfdGläub od Reallastgläub die ZwVerst betreibt, also nicht, wenn wg öff Lasten versteigert w; Vereinbg schlechthin dann unwirks, wenn Berecht mit Entgeltszahlgen im Rückstand. Der Eigtümer wird von Bestellg langfristiger Dauerwohnrechte abgeschreckt dch die LöschgsPfl des § 41 II. – Auch ErbbR mit DWR belastb. Es bleibt beim Heimfall des ErbbR bestehen, § 42. – Zum **Wohnbesitz** (schuldr DWR) nach Art I Nr 3 G v 23. 3. 76 (BGBl I 737) vgl Einf 2 i vor § 535.

4) **Verfahrensvorschriften.** Die Entschdg über Streitigk der WEigtümer untereinander weitgehd dem AG als Gericht der freiw Gerichtsbark übertr, WEG 43ff. Nachgebildet dem Vorschr der 6. DVO z EheG. Ausschl dch Schiedsgerichtsvertr zul, BayObLG 73, 1. Wird einem gemeinschaftswidr handelnden WEigtümer das WE dch Urteil (das die Verurteilg zur Veräußerg des WE ausspricht, § 19) entzogen, so findet die freiw Verst des WE dch einen Notar statt (WEG 53ff).

5) **Ergänzende Vorschr:** Vfg des BMJ über die grundbuchm Behandlg der WESachen v 1. 8. 51 mit Ändergen (vgl § 7 Anm 1). – Richtl des BMWo für Ausstellg der Bescheiniggen gem WEG 7 IV 2, 32 II 2 v 19. 3. 74 (BAnz Nr 58). – Vgl ferner über die geschäftl Behandlg von WEGGrdbuchsachen die bei Bärmann S 977 ff aufgeführten Vorschr der Landesjustizverwaltgen.

6) In **West-Bln** gleichlautendes WEG v 2. 8. 51 (GVBl 547), nur Fassg des § 59 geändert (vgl dort Anm 1). Vgl auch Anm 5. **Saarland:** WEG v 13. 6. 52 (ABl 686); auch abgedr bei W-W 2. Aufl, Anh VI; im wesentl entspr dem WEG der BRep; vgl wg abweichder Einzelh 28. Aufl. G gilt weiter für die vor Ende der Übergangszeit begründeten WE u DWR, diese können aber in die entspr Rechte des WEG der BRep umgewandelt w; für neue Rechte gilt WEG der BRep; G v 30. 6. 59 (BGBl 313) § 3 II 1.

7) Amtl Begr abgedr bei Bärmann u W-W. – Zur Reform 1973 s oben 1c. – Die Überschr über den §§ des WEG sind amtl.

8) Zur **steuerrechtl Begünstigg** des Ersterwerbs von EigtWohng gem § 7b EStG binnen 8 Jahren ab Fertigstellg BFH WPM 73, 307 = Betrieb 73, 1631; s auch Anm § 61.

I. Teil. Wohnungseigentum

WEG 1 *Begriffsbestimmungen.* ᴵ Nach Maßgabe dieses Gesetzes kann an Wohnungen das Wohnungseigentum, an nicht zu Wohnzwecken dienenden Räumen eines Gebäudes das Teileigentum begründet werden.

ᴵᴵ **Wohnungseigentum ist das Sondereigentum an einer Wohnung in Verbindung mit dem Miteigentumsanteil an dem gemeinschaftlichen Eigentum, zu dem es gehört.**

ᴵᴵᴵ **Teileigentum ist das Sondereigentum an nicht zu Wohnzwecken dienenden Räumen eines Gebäudes in Verbindung mit dem Miteigentumsanteil an dem gemeinschaftlichen Eigentum, zu dem es gehört.**

ᴵⱽ **Wohnungseigentum und Teileigentum können nicht in der Weise begründet werden, daß das Sondereigentum mit Miteigentum an mehreren Grundstücken verbunden wird.**

ⱽ **Gemeinschaftliches Eigentum im Sinne dieses Gesetzes sind das Grundstück sowie die Teile, Anlagen und Einrichtungen des Gebäudes, die nicht im Sondereigentum oder im Eigentum eines Dritten stehen.**

ⱽᴵ **Für das Teileigentum gelten die Vorschriften über das Wohnungseigentum entsprechend.**

1) Zu den **RBegriffen** des § 1 vgl Übbl 2 A vor § 1. Als OberBegr für WE u TeilE h sich „RaumE" eingebürgert. Umwandlg von WE in TeilE (u umgekehrt) erfordert Zust aller RaumEigtümer (Brschw MDR 76, 1023) u Eintr.

2) **WE** nur an Wohngen, was nicht gleichbedeutd mit „zu Wohnzwecken dienenden Räumen". Ob letztere Wohngen sind, entsch die VerkAuffassg nach Maßg der baul Ausgestaltg iS des Aufteilgsplanes (§ 7 IV 1), nicht der tats, oft wechselnden NutzgsArt (BayObLG 73, 1, 8). Vgl Z 4 der Richtl v 3. 8. 51 (BAnz 1951 Nr 152); danach muß eine Wohng nach ihrer baul Ausgestaltg die Führg eines Haushs ermöglichen u unabhäng von der Raumzahl stets eine Kochgelegenh enthalten, währd Wasserversorgg, Ausguß u Abort zwar vorhanden sein müssen, je nach Ortsüblichk aber auch außerh der Wohng liegen dürfen (vgl zum 2. WoBG BVerwG BayVBl 72, 105). Auch ein Einzelzimmer kann eine Wohng sein (nicht aber ein Toilettenraum; Düss NJW 76, 1458); ebso sämtl Räume eines von mehreren auf demselben Grdst befindl Gbdes (zB Einfamilienhaus; BGH 50, 56). Zum Erfordern der Abgeschlossenh vgl § 3 Anm 1 b bb.

3) TeilE an Räumen, die nicht Wohnzwecken dienen, zB Büro, Läden, Garagen, nicht aber Toilettenraum (Düss NJW **76**, 1458). Maßg ist die urspr baul Zweckbestimmg gem TeilgsErkl (§§ 3, 8) u Aufteilgsplan (§ 7 IV 1), nicht der Gebr. Dah selbst bei dauernder gewerbl Nutzg einer Wohng keine RÄnderg des WE in TeilE (BayObLG **73**, 1) u umgekehrt. Auch hier gilt § 3 II.

4) Der 1973 eingeführte **IV** verbietet im Hinbl auf § 6 Erstreckg von RaumE über die Grenzen eines Grdst hinaus; dabei unerhebl, ob Gbde auf einem (vgl Ffm ZMR **74**, 251) od mehreren (vgl BayObLG **70**, 163) Grdst steht. Übergangsregelg Art 3 § 1 ÄndG v 30. 7. 73, BGBl 910:

(1) *Ist vor Inkrafttreten dieses Gesetzes Wohnungs- oder Teileigentum in der Weise begründet worden, daß Sondereigentum mit gleich großen Miteigentumsanteilen an mehreren Grundstücken verbunden wurde, gelten die Grundstücke als bei der Anlegung des Wohnungs- oder Teileigentumsgrundbuchs zu einem Grundstück vereinigt.*

(2) *Ist das Sondereigentum mit unterschiedlich großen Miteigentumsanteilen an mehreren Grundstücken verbunden worden, gelten die Eigentumsrechte bei der Anlegung des Wohnungs- oder Teileigentumsgrundbuchs als rechtswirksam entstanden, soweit nicht andere, die rechtswirksame Begründung ausschließende Mängel vorliegen.*

Wg der Wirkg u der grundbuchm Behandlg der fingierten Vereinigg s BGB 890, GBO 5, GBVfg 6, 13. Das Vereiniggshindern der Vereinigg kommt hier nicht in Betr, wenn, was Voraussetzg für Entstehen wirks WE ist, sämtl MitEigtAnteile beider Grdst jew mit SE od TeilE verbunden sind (§ 3 I „jedem der MitEigtümer"; Ffm OLGZ **69**, 387; § 4 Anm 1a).

5) Über **Ggst von SE u gemschaftl Eigt** vgl § 5 Anm 1, 2, auch Übbl 2 D vor § 1.

1. Abschnitt. Begründung des Wohnungseigentums

WEG 2 *Arten der Begründung.* Wohnungseigentum wird durch die vertragliche Einräumung von Sondereigentum (§ 3) oder durch Teilung (§ 8) begründet.

WEG 3 *Vertragliche Einräumung von Sondereigentum.* I Das Miteigentum (§ 1008 des Bürgerlichen Gesetzbuches) an einem Grundstück kann durch Vertrag der Miteigentümer in der Weise beschränkt werden, daß jedem der Miteigentümer abweichend von § 93 des Bürgerlichen Gesetzbuches das Sondereigentum an einer bestimmten Wohnung oder an nicht zu Wohnzwecken dienenden bestimmten Räumen in einem auf dem Grundstück errichteten oder zu errichtenden Gebäude eingeräumt wird.

II Sondereigentum soll nur eingeräumt werden, wenn die Wohnungen oder sonstigen Räume in sich abgeschlossen sind. Garagenstellplätze gelten als abgeschlossene Räume, wenn ihre Flächen durch dauerhafte Markierungen ersichtlich sind.

Schrifttum: Däubler DNotZ **64**, 216 (Gründgsmängel). – Gaberdiel, NJW **72**, 847 (Gründgsmängel). – V. Heynitz, DNotZ **71**, 645 (Kfz-Stellplätze). – Staudenmaier, BWNotZ **75**, 170 (Kfz-Stellplätze). – Noack, Rpfleger **76**, 193 (Kfz-Stellplätze).

1) Begründg des WE (TeilE) dch Vertrag (Form: § 4).

a) Notw **BruchtMitE** (BGB 1008) am Grdst, das schon besteht (Umwandlg in WE dch InhaltsÄnderg des Eigt, die nicht gegen den Willen eines MitEigtümers mögl; Mü NJW **52**, 1297) od zugl nach BGB 1008 Anm 2a begründet wird. Größe der MitEAnteile frei vereinb ohne notw Relation zu der des SE (BGH NJW **76**, 1976); wg Änderg vgl § 6 Anm 1. Jeder MitEigtümer muß SE erhalten (Ffm OLGZ **69**, 387); wg Verbindg von SE mit MitE an versch Grdst vgl § 1 Anm 4.

b) Zu II: aa) SE setzt einen **Raum** voraus (§ 1: Gbde); dah ausgeschl SE an unbebauten Flächen des Grdst wie Gartenflächen u im Freien liegden Kfz-Stellplätzen (auch bei dauerh Markierg; Hamm NJW **75**, 60). Hier nur SonderNutzgsR (§ 15) mögl. S 2 (Novelle 73) beendet Streit über SE-Fähigk von **Kfz-Abstellplätzen** in Sammelgarage dch rückwirkde ges Fiktion. Dauerh Markierg ist jede sichtb u stets rekonstruierb zeichnerische Festlegg der Stellplätze in Übereinstimmg mit dem Aufteilgsplan (§ 7 IV) in der Garage, nicht aber auf Hebebühne (BayObLG **74**, 466; Düss RhNK **78**, 85) od Garagendach (LG Lüb Rpfleger **76**, 252; aA Ffm Rpfleger **77**, 312). Derart markierte Garagenstellplätze können entw mit demselben MitEAnteil wie das SE an einer Wohng (dann einheitl GB-Blatt) od auch mit eig MitEAnteil verb w; im letzt Fall eig GB-Blatt für den sonderrechtsfäh Stellplatz od auch gem GBO 4 gemschaftl GB-Blatt. Mögl, aber unzweckm, auch gemschaftl GB-Blatt für WE u TeilE am Stellplatz mit versch Grdst. – **bb)** Die einz Wohngen (Gewerberäume) sollen in sich **abgeschl** sein (II), also vor allem einen eig abschließb Zugang vom Freien od Treppenhaus od Vorraum aus haben. Vgl Richtl Z 5: wesentl Abgrenzg des SE von dem der übr MitEigtümer u vom gemschaftl Eigt; unschädl dagg räuml ZusHang mit Räumen im NachbHaus, LG Mü I Rpfleger **73**, 141; vgl auch unten zu d. Nachw, dem GBA dch Bescheinigg nach § 7 IV 2, § 59 zu erbringen; doch ist diese für GBA nicht bindd, das jedenf an Hand des Aufteilgsplans selbst nachprüfen kann, BayObLG **71**, 102, 246 mit Nachw; vgl auch § 31 Anm 1.

c) Nicht alle Räume des Hauses müssen SE sein, zB können Läden, Garagen od auch einz Wohngen (zweckm für Hausmeisterwohng; vgl BayObLG **72**, 349) gemsch Eigt sein (§ 5 III).

d) Mit einem MitEAnteil können **mehrere Wohngen** eines Gbdes, auch **sämtl Wohngen** eines von mehreren auf demselben Grdst befindl Gbdes (LG Kiel SchlHA **69**, 179), als SE verbunden w. Die Wohngen müssen vorbehaltl GBO 5, 1 nicht als Gesamth in sich abgeschl sein (BayObLG **71**, 102).

e) Unwirks ist **Aufteilg** des bereits mit einem SE verbundenen MitEAnteils, denn damit würde entgg § 6 die Verbindg des SE mit einem best MitEAnteil gelöst (AG Brem MDR **57**, 676). Über Teilg des WE-Rechts vgl Übbl 2 B d bb, cc vor § 1; über Änderg des MitEAnteils vgl § 6 Anm 1.

f) Entspr BGB 890 können mehrere WERechte zu einem **vereinigt** w, wenn sie demselben Eigtümer gehören, auf demselben Grdst liegen u als Gesamth abgeschl sind (Hbg NJW **65**, 1765; Stgt OLGZ **77**, 431; aA bzgl Abgeschlossenh LG Ravbg Rpfleger **76**, 303; 37. Aufl). – WE kann nicht einem Grdst nach BGB 890 II zugeschrieben w (Düss JMBlNRW **63**, 189; W–W Rdn 25 b; aA Diester Rspr Teil II Nr 16 Anm b).

2) Vertragl Begr mögl nicht nur bei schon bestehendem, sond auch bei **erst zu errichtendem** Gebäude. SE entsteht erst schrittw mit Errichtg der betreffden RaumEinh, nicht erst mit Gesamtherstellg (hM; vgl Röll DNotZ **77**, 69 mwN). Bis zu diesem Ztpkt besteht für den einzelnen MitEigtümer eine Anwartsch auf das (werdende) SE, die diesem – abgesehen von der tatsächl HerrschMacht – rechtl gleichsteht (Hamm Rpfleger **78**, 182; vgl aber auch Lutter AcP **164**, 144). – Über die **Vorwirkgen** der in Entwicklg begriffenen **WGemsch** s Übbl 2 E b vor § 1. Wenn von dem geplanten Bau Abstand genommen w, müssen die WGrdbücher entspr § 9 geschl u muß wieder ein gewöhnl GBBlatt für das Grdst angelegt w. – Wg späterer Abweichgen vom AufteilgsPlan vgl § 7 Anm 4. – Wg des **Aufbauvertrages** s Übbl 2 Ec vor § 1.

3) GesHandsGemschaften zB ErbenGemsch, können WE für die einzelnen Teilh nur unter Umwandlg in BruchteilsE dch Auflassg begründen. Dagg kann ihn eines WE selbst eine GesHandsGemsch sein. Auch eine JP. Auch eine **BruchteilsGemsch,** weil das WE, und als das schlichte MitE, eine reale Herrsch über eine W gewährt (SE), BGH **49**, 250; Neust NJW **60**, 295 (Ehel). In diesem Fall haften die MitEigtümer am WE der WEigtümerGemsch für die Erf der Verpfl zur Lasten- u Kostentragg als Gesamtschuldner (Zweck-Gemsch), Stgt OLGZ **69**, 232. – Da das SE sich einer Wohng immer nur mit einem MitE-Anteil verbunden sein kann, ergeben sich rechtstechn Schwierigk, wenn zB ein zwei Ehepaaren zu je einem Viertel gehördes Doppelhaus in WE aufgeteilt u jedes Ehepaar eine Raumeinh bekommen soll. Der von Neust (NJW **60**, 1067) vorgeschlagene Weg, bei Teilg nach § 3 die Viertelsbruchteile im GB des Grdst auf Hälfteanteile „verbunden im WE" zurückzuführen, um so die Zahl der ME-Anteile mit der vorgesehenen Zahl der Eigt-Wohngen in Einklang zu bringen, begegneten Schriftt (vgl Weitnauer DNotZ **60**, 115, 118 Fußn 9; Bärmann NJW **60**, 295; Diester Rpfleger **69**, 432) u Rspr (BayObLG **69**, 82; LG Mü I Rpfleger **69**, 431) krit. Die hiernach überw Meing läßt die Verlautbarg der Vereinigg (Rückführg auf entspr Zahl) im Bestandsverzeichn des WE-GB genügen, da die Zusammenlegg als rechtstechn Maßn keine materielle RÄnderg begr, sond nur die Schaffg des WE vorbereite. Dem ist nicht nur aus prakt Gründen, sond auch desh zuzustimmen, weil die von Neust aaO vorgeschlagene bes Verbindg der MitEigtümer im GB des Grdst dem SachenR fremd ist. Gleiche Erwäggen für ähnl Fälle bei Teilg nach § 8 BayObLG aaO. – Zur GB-Technik vgl auch Ripfel BWNotZ **69**, 224.

4) Gründgsmängel des WE können auf **Mängeln** des **VfgsGesch** (EinräumgsVertr § 3; TeilgsErkl § 8) – so bei fehlder GeschFäh eines Beteiligten (BGB 105), Anfechtg einer WillErkl (§ 142) od Vfg eines Nicht-Berecht (§ 185) – sowie auf **InhMängeln** des WE – so bei Begründg von SE an bestandsnotw GbdeTeilen (§ 5 Anm 2 b), Unbestimmth des SE im Aufteilgsplan (Hamm OLGZ **77**, 264) od Abweichg der Bauausführg von Aufteilgsplan (BayObLG **73**, 78; Diester NJW **71**, 1157) – beruhen. Immer richtet sich RFolge der Mängel danach, ob **Eintragg ins GB** erfolgt ist; zu dessen PrüfgsPfl vgl BayObLG **71**, 101; Düss DNotZ **73**, 552; Horber § 18 Anm 3; W–W § 7 Rdz 10 b; erkennb Mängel sind EintrHindern iSv GBO 18; nicht zu prüfen Anfechtbark. Ohne Eintr entsteht kein R, allenf dingl Anwartsch (§ 873 Anm 3 e; § 925 Anm 6 b). Bis dah gelten die allg Regeln für mangelh RGesch (Übbl 4 vor § 104). Anders **nach Eintr ins GB:**

a) Mängel des VfgsGesch (Abschlußmängel) w dch Eintr nicht behoben, wohl aber dch guten Glauben bei WeiterVfg (§ 892). Soweit dah § 892 nicht hilft: Nichtigk bei Mitwirkg eines GeschUnfäh od bei wirks Anfechtg des EinräumgsVertr. Keine Teilnichtigk, weil einf MitEigt (§ 1008) u WE an einem Grdst nebeneinander nicht mögl (Gaberdiel NJW **72**, 849; W–W § 3 Rdz 6e, f; abw Däubler DNotZ **64**, 225; vgl § 4 Anm 1a). Jedoch treten NichtigkFolgen erst ex nunc ab Geltendmachg ein; bis dah gelten Regeln der **fakt Gesellsch** bei in Vollzug gesetztem nichtigem Vertr (Einf 5 vor § 145; BGH NJW **71**, 377). Dah Auflösg der nichtigen WEGemsch gem § 749 (§ 11 Anm) gilt hier nicht; abw Gaberdiel aaO); Berichtigg des GB (GBO 22) u Rückabwicklg des Gesch (§ 812), sow nicht Umdeutg, § 140, mögl od gen (§ 185) heilt.

b) InhMängel des WE w dch Eintr nicht geheilt; insb kein Gutglaubensschutz (Hamm OLGZ **77**, 264) u keine gesetzl Vermutg (§ 891) für Wirksamk einer von R wg unwirks Eintr (Däubler aaO). Die unzul Eintr (Beispiele s oben) führt zur Amtslöschg (GBO 53); jed Löschg nur insow, als Eintr mit G unvereinb (vgl BGH NJW **66**, 1656; Horber § 53 Anm 11 Bb). Ob WE im übr mit zul Inh entstanden, ist Ausleggsfrage (§ 139); maßgebl das erkennb Gewollte (§§ 133, 157), Däubler aaO. Dah WE wirks zB, wenn SE aus RIrrt an konstitutiven Gebäudeteilen vereinb w (vgl BGH NJW **68**, 1230, BayObLG **66**, 20 gg Köln NJW **62**, 156 u Ffm NJW **63**, 814); hier bleibt der gem § 5 notw gemsch Gebäudeteil gemsch Eigt (§ 1 IV), es genügt Löschg der Eintr, sow diese unzul. Ebenso war zul Umdeutg (§ 140) des bis 1. 9. 73 unzul SE an Kfz-Stellplatz in gem § 15 zul Vereinbg des SondernutzgsR an bestimmter Fläche (oben Anm 1 e); Stumpp BayNotV **71**, 10; Bärmann § 3 Rdz 24). Unwesentl Abweichg der Bauausführg vom Aufteilgsplan kann dch Planberichtig behoben w (Diester NJW **71**, 1157; Bärmann § 7 Rdz 76; W–W § 7 Rdz 10a). Abweichg bei innerer Raumgestaltg des SE stets unschädl, BayObLG **67**, 25. Dagg entsteht bis zur Änderg von TeilgsErkl u Aufteilgsplan gem § 22 gemsch Eigt statt SE sow Abweichg vom Plan erhebl, zB Erstellg von 10 Eigt-Garagen auf 9 hierfür vorgesehenen Plätzen, BayObLG **73**, 80 u 267, vgl § 7 Anm 4. – Bei Unvereinbark des Gewollten mit dem rechtl Mögl (zB SE nur für einen Teil der MitEigtümer) erfordert Heilg des RMangels dahingehde Einigg u Eintr (§ 4). Ob RAnspr auf neue Einigg besteht, ist eine vor dem ProzGer (nicht § 43) zu klärde Frage des GrdGesch. Kommt Einigg nicht zustande, besteht gleichw fakt Gemsch (Däubler u Gaberdiel je aaO; Bärmann § 3 Rdz 54 ff; W–W § 3 Rdz 6 c) mit Bindg der MitEigtümer (§ 1008) an die gesetzl Regeln des WE, insb Ausschl des § 749 (§ 11 Anm 2).

WEG 4 *Formvorschriften.* I Zur Einräumung und zur Aufhebung des Sondereigentums ist die Einigung der Beteiligten über den Eintritt der Rechtsänderung und die Eintragung in das Grundbuch erforderlich.

II Die Einigung bedarf der für die Auflassung vorgeschriebenen Form. Sondereigentum kann nicht unter einer Bedingung oder Zeitbestimmung eingeräumt oder aufgehoben werden.

III Für einen Vertrag, durch den sich ein Teil verpflichtet, Sondereigentum einzuräumen, zu erwerben oder aufzuheben, gilt § 313 des Bürgerlichen Gesetzbuchs entsprechend.

1) I, II betr den **dingl Vertr** über Einräumg u Aufhebg von SE, mit dem schon bestehdes od zgl zu begründdes MitE (vgl § 3 Anm 1a) verbunden w soll. Für die Übertr schon bestehden WE gelten BGB 873, 925 ff.

a) Immer erfordert **vertragl Begründg des WE** (Einräumg von SE) **Einigg in der Form der Aufl** (unbedingt u unbefristet; zu den Förmlichkten der not Beurkg, insb Umfang der VerlesgsPfl, Hauger BWNotZ **74**, 29; Ritzinger BWNotZ **73**, 104) u **Eintr** im WGrdBuch. Zum Umfang der PrüfgsPfl des GBA Düss DNotZ **73**, 552; Eickmann Rpfleger **73**, 341. Anspr auf Einräumg des SE kann dch Vormerkg im GB des Grdst gesichert w (vgl § 8 Anm 3 a). Zur Bestimmbark von Ansprüchen LG Stgt BWNotZ **71**, 25 u § 885 Anm 4b. – **§ 925a** ist nicht anwendb, W-W Rdnr 5; Horber Anh § 3 Anm 2 A a. – **Formellrechtl** sind bei Umwandlg gewöhnl MitEigt in SE GBO 20, 22 II nicht anwendb, weil materiellrechtl keine EigtÜbertr vorliegt, aber GBO 29: EintrBewilligg aller MitEigtümer; vgl auch § 7 III (W-W Anm 3; Haegele GBRecht Rdnr 1544; Horber Anh § 3 Anm 2 Ba, str. – WE entsteht für jeden einzelnen erst, wenn allen MitEigtümern WE dingl bestellt u sie alle eingetr sind, denn das mit SE verbundene MitEigt (§ 1) kann nicht neben „einf" MitEigt am selben Grdst bestehen (§ 3 Anm 4; Bärmann § 4 Rdz 7; W-W § 7 Anm 1 aE). Verwechsle damit nicht die Frage, wann die Anwartsch auf SE sich in VollR verwandelt – s § 3 Anm 2. Wg der Eintr vgl § 7.

b) Ist das Grdst als solches belastet od sind es sämtl MitEAnteile, so bedarf es zur Begr von WE nicht der Zust des RealBerecht (W-W § 3 Rdn 16); das Haftgobjekt bleibt das gleiche; GrdPfdR w GesGrdPfdR an den umgewandelten od neu begründeten MitEAnteilen mit SE (Mü NJW **75**, 220). Nießbr u Dienstbark hindern nicht. Auch Zust der DWBerecht nicht notw (Ffm NJW **59**, 1977; vgl § 8 Anm 2c). Ist dagg ein bestehender gewöhnl MitEigtAnteil besonders belastet (was für DWR ausscheidet, WEG 31 Anm 2, § 1018 Anm 2), so bedarf die Umwandlg in WE der Zust dieser RealBerecht, BayObLG **57**, 115 mit Nachw; § 876, 877 zwar nicht unmittelb anwendb, da das BGB Änderg des Eigt selbst nicht kennt, jedoch entspr, weil Haftgobjekt geändert w, was zur Beeinträchtigg des Rechts führen kann. Vgl Weitnauer DNotZ **60**, 120; BayObLG **74**, 221 f.

c) Entspr gilt bei Rückumwandlg von WE in gewöhnl Eigt, sowohl materiell-, wie formalrechtl: Zustimmg sämtl WEigtümer (§ 4, BGB 873, 925, GBO 29). Vgl auch § 9 II. – Vereinigg u Aufteilg: s § 3 Anm 1h.

2) III betr den **schuldr Vertr**, der dem dingl (Anm 1) zugrde liegt. Für das VerpflGesch zur Übertr von WE gilt BGB 313 (vgl dazu Röll NJW **76**, 167 mwN; BGH MittBayNot **74**, 200; NJW **75**, 43, 536). Für **ErwerbsVerpfl** (auch solche im VorVertr) besteht Beurkundgsgebot erst, wenn nach dem 30. 6. 73 begründet (G zur Änd des BGB v 30. 5. 73, BGBl 501). III gilt auch für Beitritt zu einer PersGesellsch, die ihren Mitgliedern WE verschaffen soll (BGH DNotZ **78**, 422). – Vor dem 1. 7. 73 begründete ErwVerpfl bleiben forml verbindl, auch einseit Verpfl im KaufanwartschVertr (BGH **57**, 394). Kaufbewerber ist dann, wenn Übereign unterbleibt, auf Anspr aus § 812, uU aus §§ 823, 276 (bei dolosem Verhalten des Bauträgers, BGH NJW **72**, 1189; Mattern WPM **72**, 670; Lorenz JuS **66**, 429) angewiesen. UU aber Umdeutg (§ 140) des nichtigen (§ 125) VorVertr in forml wirks Verpfl zur Einräumg eines DauerwohnR (§ 31, BGH NJW **63**, 339). Anderers auch forml KaufVertr unwirks, wo VorVertr erkennb (§§ 133, 157) beiders bindde VertrPfl begründete (BGH NJW **73**, 517). VertrAusslegg ermöglichte so, den Kaufbewerber aus seiner ErwPfl zu entlassen, vgl Stgt NJW **73**, 147; Löwe NJW **72**, 715; weitere Nachw s 32. Aufl Anm 2. – Soll das WoBauUnternehmen nach dem Inh des Träger-BewerberVertr schon beim GrdstErwerb für Rechng des Bauinteressenten (verdeckte Stellvertretg, TrHd) handeln, so hat dieser auch bei formlosem VertrSchluß nach EigtErwerb des WoBauUnternehmens krG (§§ 675, 667) Anspr auf WeiterÜbertr des Eigt an ihn, BGH BB **70**, 375. ÜbertrPfl muß aber Folge, nicht Inh der GeschBesorgg sein, andernf § 313, BGH JZ **71**, 556. Die vielf übl Klausel, der Kaufanwärter könne die Aufl erst verlangen, wenn er nach Abschl des vorgesehenen KaufVertr alle Verpflichtgn gegenüb dem VertrPartner erfüllt habe, schiebt in solchen Fällen die Fälligk des gesetzl entstandenen AuflAnspr hinaus; in bes Fällen (§ 242) ist aber auch hier der AuflAnspr sofort fäll, BGH WPM **68**, 1014. Schon der schuldr Vertr begründet, sof die Wohngen übergeben sind, gemschrechtl Beziehgn zw den Wohnskäufern u zw diesen u dem Verwalter, s Übbl 2 E b vor § 1. Zum Begr des **BetreuerVertr** im GgSatz zum **BewerberVertr** vgl § 675 Anm 2 c u Mattern WPM **72**, 670. – Um den VertragsGgst kennzeichnen zu können, müssen Aufteilgs-, zumindest Baupläne vorliegen, Diester Rdn 5; Pritsch Anm 14. – Anspr auf Übertr des MitEigtAnt u Verschaffg des SE dch **Vormerkg** sicherb (vgl § 8 Anm 3a). – Vom **Verpflichtgsvertrag** zu scheiden ein vielf auf Errichtg des Gebäudes auf gemeins Kosten geschl **Aufbauvertrag**; hierzu u zur GewlPfl des Bauträgers vgl Übbl 2 E b bb u cc vor § 1. – **Sachmängel**: Übbl 2 E d vor § 1.

3) Für **Aufhebg des SE** gilt Entspr. Mitwirkg sämtl WEigtümer nöt; formelles Konsensprinzip, GBO 19, 29 vgl Horber Anh § 3 Anm 6 A b. Sie können in gewöhnl MitE umwandeln od gleichzeit hiermit AlleinE einem Dr einräumen. Dingl Gläub am WE (nicht die am Grdst) müssen der Aufhebg zustimmen, §§ 877, 876. Unzul, daß nur ein Teil der WEigtümer das WE in schlichten MitEigtAnteil umwandelt. Es kann nicht

gleichzeit teils einfaches MitE, teils WE bestehen; vgl § 3 Anm 1 c. Aber es kann das SE eines ausscheidenden WEigtümers zum gemeinschaftl Eigt gemacht od der Bruchteil verändert w, Diester Anm 10. – Wg der Belastgen vgl § 9 Anm 3. – **Aufgabe** des WE entspr § 928 mit Folge der Herrenlosigk u AneigngsR.

4) Wg **Veräußerg** von WE vgl Übbl 2 B d a avor § 1; wg nachträgl **Quotenänderg** § 6 Anm 1.

5) Die für Veräußerg von Grdst u GrdstAnteilen nötigen **Genehmiggen** u UnbedenklichkBescheiniggen für die Eintr (vgl Übbl 12b vor § 873 u § 925 Anm 7, 8) sind nur erforderl, wenn MitEigtAnteile mit SE neu eingeräumt od übertr w, nicht aber bei Umwandlg bestehenden MitE in WE, vgl Hornig DNotZ 51, 201. In diesem Falle, da kein EigtÜbergang, auch keine GrdErwSteuer; vgl auch § 61 Anm 3. Gen für Teilg nach BBauG 19 V Nr 5 nicht notw (VG Regbg Rpfleger **74**, 432).

WEG 5 *Gegenstand und Inhalt des Sondereigentums.* ᴵ Gegenstand des Sondereigentums sind die gemäß § 3 Abs. 1 bestimmten Räume sowie die zu diesen Räumen gehörenden Bestandteile des Gebäudes, die verändert, beseitigt oder eingefügt werden können, ohne daß dadurch das gemeinschaftliche Eigentum oder ein auf Sondereigentum beruhendes Recht eines anderen Wohnungseigentümers über das nach § 14 zulässige Maß hinaus beeinträchtigt oder die äußere Gestaltung des Gebäudes verändert wird.

ᴵᴵ Teile des Gebäudes, die für dessen Bestand oder Sicherheit erforderlich sind, sowie Anlagen und Einrichtungen, die dem gemeinschaftlichen Gebrauch der Wohnungseigentümer dienen, sind nicht Gegenstand des Sondereigentums, selbst wenn sie sich im Bereich der im Sondereigentum stehenden Räume befinden.

ᴵᴵᴵ Die Wohnungseigentümer können vereinbaren, daß Bestandteile des Gebäudes, die Gegenstand des Sondereigentums sein können, zum gemeinschaftlichen Eigentum gehören.

ᴵⱽ Vereinbarungen über das Verhältnis der Wohnungseigentümer untereinander können nach den Vorschriften des 2. und 3. Abschnittes zum Inhalt des Sondereigentums gemacht werden.

1) Ggst des SE sind (abw von BGB 93, 94) die zur WEinh gehörden Räume. Auch abgeteilte Nebenräume (Keller, Speicher, Toiletten) od Räume in auf dem Grdst befindl NebenGbden (Garagen, Stellplätze iSv § 3 II 2, Gartenhäuser) sowie Veranden, Loggien, Balkone, Dachterrassen (Stoll SchlHA **78**, 45); SE aber auch hier nicht an den konstruktiven Teilen (Ffm Rpfleger **75**, 178; Köln OLGZ **76**, 142; Karlsr OLGZ **78**, 175). Ferner iSv BGB 93 trennb u wg ihrer Zweckbindg nicht für die Ausgestaltg dieser Räume als wesentl geltde Bestandt, zB nichttragde Innenwände, Innentüren, Fußbodenbelag sowie wärme- u schalldämmder Estrich (Köln aaO), Einbauschränke, Heizkörper. Kein SE an nichtwesentl Bestandt (BGH NJW **75**, 688; vgl Anm 5). – § 5 setzt unabdingb Grenze für die Bildg von SE, deren Mißachtg gemsch Eigt be- od entstehen läßt (§ 3 Anm 4). Ges Vermutg für gemsch Eigt, da SE Ausn von BGB 93.

2) Ggst des gemeinschaftl Eigt. – **a) Grd u Boden** einschl außerh von Gbden liegder GrdstFlächen (Ffm Rpfleger **75**, 179); zB Hof, Garten, offene Kfz-Stellplätze. – **b)** Diejenigen **GbdeTeile**, die für Bestand od Sicherh des Gbdes notw (II), zB Fundament, tragde Konstruktion, Dach, Kamin, Außenwände. Notw gemsch Eigt auch, wenn die solche GbdeTeilen auch, wenn alle Räume eines von mehreren auf einem Grdst befindl Gbdes SE eines (BGH **50**, 56) od einzelner (Karlsr OLGZ **78**, 175) WEigtümer. Notw gemsch Eigt auch an Außenanlagen, zB Balkonaußenwand (Ffm NJW **75**, 2297); Abschlußgitter u Bodenplatte von Balkonen (BayObLG **74**, 269), Brandmauer (BayObLG **71**, 279), Wohngstür (LG Stgt Rpfleger **73**, 401), Außenputz (Düss BauR **75**, 62), Fenster einschl äußerer -läden u -rahmen (Ffm NJW **75**, 2297) sowie Rolladen (aA LG Memmg Rpfleger **78**, 101) u -kästen. – **c) Anlagen u Einrichtgen**, die dem gemsch Gebr d WEigtümer dienen, zB Treppenhaus, Waschmaschine (BayObLG NJW **75**, 2296); nicht notw, daß sie sich im Bereich des SE befinden, zB Wasserleitg, Zentralheizgsanlage (Diester Rpfleger **72**, 450; Conitz Rpfleger **73**, 390; aA LG Bayr Rpfleger **73**, 401; vgl auch Schopp Rpfleger **75**, 91). Sie dienen nicht gemsch Gebr, wenn sie nur von dem WEigtümer, der sie errichtet hat, betrieben w sollen u auch and Grdst dienen (BGH NJW **75**, 688). – **d)** Kraft **Vereinbg** nach III; vgl § 3 Anm 1c. – **e) Gemsch Gelder**, § 27 I Nr 4; vgl § 27 Anm 2.

3) Gemeinschaftl SE (MitSE, NachbEigt) kann an nichttragenden Wänden zw zwei WEinh bestehen (allgM). Auch an and SEfäh Ggst (zB Etagenheizg, Fahrstuhl, Nebenräume) ist MitSE mögl (Bärmann Rdn 66; May JZ **57**, 81; Hurst DNotZ **68**, 131; LG Kempt MittBayNot **75**, 166; aA W-W Rdn 17; Karstädt BlGBW **66**, 51; Düss Rpfleger **75**, 308; LG Düss RhNK **74**, 477; vgl auch Diester NJW **65**, 793). Wg der Teile zu II bei Einzel- u Doppelhäusern vgl § 1 Anm 2 aE. Auch bei Teilveräußerg des WE (Übbl 2 B d cc vor § 1) MitSE begründb (May JZ **57**, 81).

4) Vereinbargen als Inhalt des SE (IV). Das Verh der WEigtümer untereinander kann dch Vereinbgen (§ 10 Anm 2 a) od TeilgsErkl (§ 8 Anm 1 b) geregelt w. Diese schuldr Vereinbgen w (entspr ErbbRVO 2) dch Eintr in das WohngsGB als **Inhalt des Eigt** (nicht als Belastg wie nach BGB 1010) in dem Sinne verdinglicht, daß sie bei Übertr des WERechts auf einen SonderRNachf ohne Übern gg diesen wirken; dingl Re w dadch nicht geschaffen (Weitnauer Rpfleger **76**, 341). Währd sie ohne Eintr auch nicht gg einen bösgl SonderRNachf wirken, wirken sie iRv BGB 746 ohne Eintr für einen SonderRNachf. Die Vereinbgen müssen sich das Grdst betreffen, dessen MitEAnteile mit dem SE verbunden sind (Ffm Rpfleger **75**, 179).

5) Für nicht wesentl Bestandteile (also auch die nach BGB 95 II) trifft WEG keine Sonderregelg; sie können also im EinzelEigt od im MitEigt (§§ 1008 ff) von WEigtümern od auch von Dr stehen (BayObLG **69**, 29; BGH NJW **75**, 688). §§ 5, 6 gelten für sie nicht.

WEG 6 *Unselbständigkeit des Sondereigentums.* I Das Sondereigentum kann ohne den Miteigentumsanteil, zu dem es gehört, nicht veräußert oder belastet werden.

II Rechte an dem Miteigentumsanteil erstrecken sich auf das zu ihm gehörende Sondereigentum.

1) I Ist die Folge davon, daß WE der mit SE an einer W verbundene MiteigtAnteil am Grdst ist. Dementspr rechtl unmögl, daß mit einem der MiteigtAnteile kein SE verbunden ist. Daher SonderRUnfgk des SE iS des § 96. Veräußerl u belastb, auch verzichtb (§ 928) daher nur das WE (= MiteigtAnt plus SE). Gleiches gilt für die Vererbg u die ZwVollstr (Übbl 2 B e vor § 1). Vgl auch § 5 Anm 3. Einzelsachen, die nicht wesentl Bestandteile (§§ 93–95) sind (§ 5 Anm 2, 5), sind frei veräußerl u belastb. **Änder der MitEAnteile** innerh der WEGemsch dch Aufl (einseit Erkl, wenn sie in einer Hand) u Eintr ohne Änderg des SE u ohne Zust der and WEigtümer mögl (BGH NJW **76**, 1976); vgl aber § 12 Anm 1 a. Aufhebg des SE nur umfassd mögl (§ 4); dann Umwandlg der WE-Gemsch in gewöhnl MEigtümerGemsch des BGB, §§ 1008, 741 ff. Dagg keine notw Umwandlg bei Vereinigg aller EigtWohngen in einer Hand (§ 9 I 3). **Übertr von Teilen des SE u Austausch** innerh der WEGemsch ohne Änderg des MitEAnteil mögl (Celle DNotZ **75**, 42; Schlesw SchlHA **77**, 203); Zust der and WEigtümer nicht notw (vgl auch § 12 Anm 1 a aa). – Anspr auf Übertr von MitEAnteilen u/od SETeilen vormerkb (AG Würzbg MittBayNot **76**, 173; LG Kempt MittBayNot **77**, 63).

2) II. Nach Begründg des WE kann nur dieses, nicht der MiteigtAnteil als solcher, belastet w. Belastg des Grdst selbst nur noch mit solchen Dienstbkeiten, die nur das Grdst als solches ergreifen können. Da GB schon geschl (§ 7 I 3), muß Eintr auf den WGrdbüchern erfolgen wie bei Fortbestehen solcher Rechte nach Bestellg des WE; vgl § 7 Anm 5.

Vor Begründg des WE am MiteigtAnteil bestehende Rechte setzen sich am WE fort, erstrecken sich also auch auf das SE des Teilhabers. Dah EntwehrgsAnspr des GrdPfdGläub auch bei Verschlechterg der Wohng (§§ 1133 ff).

3) War eine W vor der Begründg v SE vermietet od verpachtet, so gilt § 571. Mieter genießt auch Mieterschutz. Vgl W-W Anm 5. Zu den rechtl u soz Problemen bei Umwandlg von Mietwohngen in EigtWohngen vgl Giese, BB **68**, 1271; vgl auch Häring, Die Umwandlg von Mietwohngen in EigtWohngen, BlGBW **69**, 124. – Miete von SE kann sich auch auf Benutzg von MiteigtTeilen erstrecken, Bärmann AcP **155**, 18.

WEG 7 *Grundbuchvorschriften.* I Im Falle des § 3 Abs. 1 wird für jeden Miteigentumsanteil von Amts wegen ein besonderes Grundbuchblatt (Wohnungsgrundbuch, Teileigentumsgrundbuch) angelegt. Auf diesem ist das zu dem Miteigentumsanteil gehörende Sondereigentum und als Beschränkung des Miteigentums die Einräumung der zu den anderen Miteigentumsanteilen gehörenden Sondereigentumsrechte einzutragen. Das Grundbuchblatt des Grundstücks wird von Amts wegen geschlossen.

II Von der Anlegung besonderer Grundbuchblätter kann abgesehen werden, wenn hiervon Verwirrung nicht zu besorgen ist. In diesem Falle ist das Grundbuchblatt als gemeinschaftliches Wohnungsgrundbuch (Teileigentumsgrundbuch) zu bezeichnen.

III Zur näheren Bezeichnung des Gegenstandes und des Inhalts des Sondereigentums kann auf die Eintragungsbewilligung Bezug genommen werden.

IV Der Eintragungsbewilligung sind als Anlagen beizufügen:

1. eine von der Baubehörde mit Unterschrift und Siegel oder Stempel versehene Bauzeichnung, aus der die Aufteilung des Gebäudes sowie die Lage und Größe der im Sondereigentum und der im gemeinschaftlichen Eigentum stehenden Gebäudeteile ersichtlich ist (Aufteilungsplan); alle zu demselben Wohnungseigentum gehörenden Einzelräume sind mit der jeweils gleichen Nummer zu kennzeichnen;
2. eine Bescheinigung der Baubehörde, daß die Voraussetzungen des § 3 Abs. 2 vorliegen.

Wenn in der Eintragungsbewilligung für die einzelnen Sondereigentumsrechte Nummern angegeben werden, sollen sie mit denen des Aufteilungsplanes übereinstimmen.

V Für Teileigentumsgrundbücher gelten die Vorschriften über Wohnungsgrundbücher entsprechend.

Schrifttum: Diester, Rpfleger **65**, 193; **67**, 270. – Haegele, GBR Rdz 1524–1598. – Horber, § 3 Anh. – KEHE, § 3 Rdz 16–30, § 20 Rdz 117–134. – MIR, § 3 Anh II. – Ritzinger, BWNotZ **73**, 104.

1) Vgl Vfg über die grundbuchm Behandlg der WESachen – WEGBVfg – v 1. 8. 51 (BAnz Nr 152) mit Änderg v 15. 7. 59 (BAnz Nr 137), 21. 3. 74 (BGBl I 771) u 12. 77 (BGBl I 2313).

Grdsätzl ist **für jedes WE** ein **besonderes GBBlatt** anzulegen, I (Ausn: II). Bezeichng: „WGrdbuch" od „TeileigtGrdbuch" od – wenn SE sowohl an einer W wie an nicht zu Wohnzwecken dienenden Räumen besteht u nicht einer dieser Zwecke offensichtl überwiegt – „Wohngs- u TeileigtGrdbuch". Bei gemeinschaftl GBBlatt (II) entspr mit Zusatz: „gemeinschaftliches" (dies kann wohl auch das alte GBBlatt des Grdst sein). Verwirrg zu besorgen bei verschiedener Belastg. Zu GBVfg 20; WEGBVfg 3 vgl Celle Rpfleger **71**, 184; dazu Riggers, Jur Büro **71**, 743. Wg gemsch GB-Blatt für WE u TeilE an Garage usw § 3 Anm 1 d. Dem WE kann ideeller Bruchteil an einem Grdst od an TeilE gem GBO 3 III zugeschrieben w (BayObLG **74**, 466).

2) Anlagen zur EintrBew (IV). a) Aufteilgsplan ergibt Aufteilg des Gbdes, sowie Lage (auf dem Grdst u im Gbde; Hamm OLGZ **77**, 264) u Größe des SE u des MitE; Angabe der Einzelausgestaltg (zB

I. Teil. 1. Abschnitt: Begründung des Wohnungseigentums **WEG 7, 8**

Lage der Fenster) nicht notw (BayObLG **67**, 25). Nr 1 Halbs 2 (eingefügt dch G v 30. 7. 73) erfordert Nr für jeden einz („jeweils") Raum (LG Heilbr BWNotZ **76**, 125; aA LG Bayr MittBayNot **75**, 102: farb Umrandg u eine Nr genügen). Mangelh Kennzeichn als SE läßt insow kein SE sond MitE entstehen (BayObLG **73**, 267; Hamm OLGZ **77**, 264); GB dann unricht, vgl Anm 4 u § 3 Anm 4. – Bezugn auf EintrBew (III) erfaßt auch in ihr in Bezug gen Aufteilgsplan (Keidel-Kuntze-Winkler § 40 Rdn 17; Bärmann Rdn 66). – Verstoß gg S 2 macht Eintr nicht unwirks. – **b)** Bescheinigg (Nr 2) vgl § 59; sie bindet GBA nicht (Ffm Rpfleger **77**, 312).

3) Voraussetzgen der gem § 4 erforderl **Eintr**: Antr, Bewilligg, GBO 13, 19 (GBO 20 gilt nur, sow Beteiligte nicht bereits als MEigtümer eingetr), 29; Beifügg der Anl nach **IV**, ggf Zustimmg **DrittBerecht**, BGB 877, 876, BayObLG **58**, 267; so auch bei Vereinbg über **InhÄnderg**, § 5 IV, § 10 II (vgl § 10 Anm 2a aE). – Zur (beschr) PrüfgsPfl des GBA BayObLG **71**, 102; Düss DNotZ **73**, 552; Eickmann Rpfleger **73**, 341; W-W Rdz 10b-c; vgl § 3 Anm 4. – Eingetr w muß **der Bruchteil** des MitE, GBO 47, u die Angaben I 2. Bezugn auf EintrBewilligg gem III (entspr § 874). Vereinb VeräußergsBeschrkgen (§ 12) ausdrückl einzutragen, WEGBVfg 3 II; zur Form (GBO 29) des Nachw der VeräußergsGen des Verw BayObLG **64**, 239.

4) War **Gebäude** bei Eintr **noch nicht errichtet** (dann Anwartsch, § 3 Anm 2), so kann WE erst mit Errichtg der im Aufteilgsplan vorgesehenen WEinh entstehen. Weicht Bauausführg wesentl vom Plan ab, entsteht kein SE; neue Einigg u Eintr notw (BayObLG **73**, 78; Diester NJW **71**, 1153; Düss OLGZ **77**, 467, vgl aber auch Rgfleger **70**, 26). Auch kein gutgl Erwerb von WE gem dem Plan mögl, denn tats Gestaltg der Räume gehört nicht zum Inhalt des WEGB (vgl auch § 892 Anm 4a). Anders Lutter AcP **164**, 141. – Bei unwesentl Abweich dagg GB nicht unricht; es genügt Berichtigg des AufteilgsPlans entspr der Bauausführg. – Weicht die baul Einzelausgestaltg, ohne die Bestimmth des WE anzutasten, vom Aufteilgsplan ab, so muß der Erwerber dies nach SachmängelgewährsR (Kauf-WerkVertr) mit dem Veräußerer abwickeln, BayObLG **67**, 25.

5) Bei Aufl an Miteigtümer unter gleichzeit Begr von WE Zwischenbuchg auf altem GBBlatt nicht nötig, W-W Anm 2, Weitnauer DNotZ **51**, 490.

6) a) Schließg des **GBBlatts des Grdst selbst** (I 3). Bestehende GrdstR müssen auf die neuen WGrdbücher übertragen w. Bei GrdPfdRechten u Reallasten Vermerk der Mithaft. Können die Rechte nicht auf dem WE als solchem bestehen, sond nur am Grdst selbst, zB Wegerechte, so sind sie in Abt II der sämtl WGrdbücher derart einzutr, daß die Belastg des ganzen Grdst erkennb ist, WEGBVfg 4. Ebso bei Vfg-Beschrkgen hins des Grdst selbst u dingl Vorkaufsrechten. – Gleiches gilt bei Neubelastg des Grdst mit solchen Rechten. – Über Veräußerg realer (unbebauter) GrdstTeile vgl Weitnauer, DNotZ **51**, 492; BayObLG **74**, 118. Über Vergrößerg des WE-Grdst dch HinzuErw s Übbl 2 Bc cc vor § 1.

b) Schließg unterbleibt, wenn auf GBBlatt von der Abschreibg nicht betroffene Grdst eingetr, WEGBVfg 7 S 2.

WEG 8 **Teilung durch den Eigentümer.** ^I Der Eigentümer eines Grundstücks kann durch Erklärung gegenüber dem Grundbuchamt das Eigentum an dem Grundstück in Miteigentumsanteile in der Weise teilen, daß mit jedem Anteil das Sondereigentum an einer bestimmten Wohnung oder an nicht zu Wohnzwecken dienenden bestimmten Räumen in einem auf dem Grundstück errichteten oder zu errichtenden Gebäude verbunden ist.

^{II} Im Falle des Absatzes 1 gelten die Vorschriften des § 3 Abs. 2 und der §§ 5, 6, § 7 Abs. 1, 3 bis 5 entsprechend. Die Teilung wird mit der Anlegung der Wohnungsgrundbücher wirksam.

1) Teilg dch den Eigtümer ist die in der Praxis bevorzugte Art der Begr von WE/TeilE (**Vorratsteilg**). Sie ist schon vor Errichtg des Gbdes mögl (Übbl 2 E c vor § 1); zur Zulässigk, bevor der TeilgsGgst ein Grdst im RSinn ist, vgl Saarbr OLGZ **72**, 129. Über Mängel der TeilgsErkl vgl § 3 Anm 4.

a) Teilgsbefugt ist der GrdstEigtümer, in seinem Konk der KonkVerw (BayObLG **57**, 108); bei Mit- (BayObLG **69**, 82) od GesHandsEigt nur alle zus, da § 8 nur die Teilg des VollEigt zuläßt. Teilg dch bloßen BuchEigtümer unwirks, aber gutgl Erwerb von WE dch Dr mögl (vgl § 3 Anm 4a).

b) Das **Verh der WEigtümer** ist als Inhalt des SE mit Wirkg wie Vereinbg iSv § 10 in der TeilgsErkl regelb (II iVm § 5 IV); aber Auslegsfrage, ob gesamte TeilgsErkl VereinbgsWirkg haben soll (BayObLG **75**, 201). Zul zB: Aufstellg der Hausordng od Ermächtigg dazu an Verw (dessen HausOrdng aber nicht wie Vereinbg wirkt; BayObLG aaO), VerwBestellg (§ 26 Anm 1 a a), VollmErteilg zur Begr von SonderNutzgsR (BayObLG **74**, 294); vgl auch Karstädt MDR **65**, 256. Wirkt nach Eintr im GB ggü Erwerbern (Hamm Rpfleger **78**, 60). Da nur einstimm änderb, kann Eigtümer dch Zurückbehaltg eines StimmR Änderg verhindern; Abhilfe ggü RMißbr begrenzt dch § 10 I: nichtig sind gem BGB 134 Abw von unabdingb Vorschr des WEG (BayObLG **72**, 314) u Verstöße gg BGB 138 I; Verstöße gg BGB 242, 315 bewirken keine Nichtigk sond sind in Verf nach § 43 zu beheben (Diester Rpfleger **65**, 193, 202; W-W § 10 Rdn 14 f, g; aA Hamm OLGZ **75**, 428). Bei Auslegg (BGB 133, 157; Stgt OLGZ **74**, 404) strenger Maßstab bzgl Erkennbark gefährl Vorbeh des Eigtümers zum Nachteil künft WEigtümer: was für RUnkund nicht erkennb, gilt als nicht vereinb (BayObLG **74**, 294). FormularErkl dch RBeschwGer auslegb (Köln Rpfleger **72**, 261).

2) Voraussetzgen. a) Erkl der Teilgsbefugten (Anm 1a) ggü dem GBA unter Beifügg von Aufteilgsplan u Bescheinigg (§ 7 IV); sachlrechtl formfrei, verfrechtl gilt GBO 29. – **b) Eintr im GB** auf bes WohngsGB. Gemschaftl WohngsGBBlatt unzul: II 1 iVm § 7 II; da OrdngsVorschr, Verstoß unschädl (str). Bei Veräußerg des Grdst vor Anlegg des WohngsGB muß erst der GrdstErwerber eingetragen w (Düss DNotZ **75**, 168). – **c) Zust der RealGläub** wg Anm 3b nicht notw (Saarbr OLGZ **72**, 129). Auch nicht die der DWBerecht, wenn deren R sich auf zu einem einzelnen neuen WE gehörde Räume erstreckt; dann besteht das DWR an dem betr WE fort u erlischt an den and analog BGB 1026 (BayObLG **57**, 102). – **d)** Gen nach BBauG nicht notw (BBauG 19 V Nr 5; vgl VG Regbg Rpfleger **74**, 432).

3) Teilg wird wirksam mit Anlegg sämtl WohngsGB **(II 2). a)** Schon **vorher** kann, sobald der Aufteilgs-/Bauplan vorliegt (Ffm DNotZ **72**, 180; BayObLG **74**, 118) od schon erstellte SERäume zweifelsfrei beschreibb (BayObLG **77**, 155) u der MitEAnteil bestimmt ist (Meyer-Stolte Rpfleger **77**, 121), der Anspr auf Übertr von MitE u Einräumg von SE dch **Vormerkg** im GB des Grdst gesichert w. Veräußert der Eigtümer vor Anlegg der WohngsGB, so sichert die Vormkg den Anspr auf Verschaffg von MitE (BayObLG Rpfleger **76**, 13). Zur Wirkg der Vormerkg im Konk des Eigtümers vgl Übbl 2 B e vor § 1. – **b)** Mit Anlegg w der **Eigtümer Inh sämtl WERechte;** gehörte das Grdst einer PersMehrh, so setzt sich das GemschVerh am Grdst an den WERechten fort (BayObLG **69**, 82 für MitE). GrdPfdR am Grdst w zu GesGrdPfdR an den WERechten (BGH NJW **76**, 2132); für WKäufer GesBelastg bes gefährl wg BGB 1132 (§ 16 Anm 3, BayObLG NJW **73**, 1881), dah AufteilgsVerpfl (BGB 1132 II) od LastenfreistellgsVerpfl des Gläub (dazu Schöner DNotZ **74**, 327), regelm gg Abtr der KaufpreisFdg, dringd geboten u auch vormerkgsfäh. Über die WERechte kann einz verfügt w (Übbl 2 B d vor § 1). – Ist das Gbde noch nicht gebaut, kann noch kein WE entstehen (§ 3 Anm 2). Vfgen sind aber schon jetzt mögl mit der Folge, daß sich das R des Erwerbers od Berecht mit Entstehg der Wohng auf das WE erstreckt (vgl Riedel MDR **51**, 468); dingl Anw auf Erwerb des SE (BayObLG **73**, 82).

4) Änderg, Aufhebg. Bis zur Entstehg einer fakt od rechtl WEigtümer-Gemsch (Übbl 2 E a bb, b vor § 1) kann der Eigtümer die TeilgsErkl einseit ändern, danach Zust aller WEigtümer notw (BayObLG **74**, 217, 275). Gleiches gilt für Wiedererwerb des schlichten GrdstEigt dch einseit AufhebgsErkl (GBO 31, 29) u Eintr; WohngsGB zu schließen u GBBlatt für Grdst wieder anlegen (BayObLG **57**, 116). – Über Zust der RealBerecht vgl BayObLG **57**, 117; **74**, 217; LG Mü II MittBayNot **75**, 165.

5) Gebühren u Geschäftswert: KostO 76 I, 21 II; Ackermann Rpfleger **60**, 115. Wg Gebührenbefreiung bei steuerbegünstigten Wohngen WohnGebBefrG § 1 I, IV a; hierzu BayObLG **64**, 250.

WEG 9 *Schließung der Wohnungsgrundbücher.* [I] Die Wohnungsgrundbücher werden geschlossen:

1. von Amts wegen, wenn die Sondereigentumsrechte gemäß § 4 aufgehoben werden;
2. auf Antrag sämtlicher Wohnungseigentümer, wenn alle Sondereigentumsrechte durch völlige Zerstörung des Gebäudes gegenstandslos geworden sind und der Nachweis hierfür durch eine Bescheinigung der Baubehörde erbracht ist;
3. auf Antrag des Eigentümers, wenn sich sämtliche Wohnungseigentumsrechte in einer Person vereinigen.

[II] **Ist ein Wohnungseigentum selbständig mit dem Rechte eines Dritten belastet, so werden die allgemeinen Vorschriften, nach denen zur Aufhebung des Sondereigentums die Zustimmung des Dritten erforderlich ist, durch Absatz 1 nicht berührt.**

[III] **Werden die Wohnungsgrundbücher geschlossen, so wird für das Grundstück ein Grundbuchblatt nach den allgemeinen Vorschriften angelegt; die Sondereigentumsrechte erlöschen, soweit sie nicht bereits aufgehoben sind, mit der Anlegung des Grundbuchblatts.**

1) I ordnet in 3 Fällen Schließg des WGrdbuches an. Daneben § 34 GBVfg. Schließg erfolgt dch Durchkreuzg sämtl beschriebener Seiten mit roter Tinte u Eintr des Schließgsvermerks in der Aufschrift, GBVfg 36.

2) Schließg hat idR **keine materielle Wirkg**, hier aber Erlöschen des WE mit der Folge, daß gewöhnl ME entsteht (BGB 1008, 741) u Auflösgsverbot (§ 11) wg § 749 entfällt (W-W Rdz 5). **a)** Im Falle I 1 erlöschen die SE Rechte u damit das WE mit Eintr der vereinbarten Aufhebg.

b) Bei Totalzerstörg des Gebäudes (I 2) kann es zweifelh sein, ob das WE erlischt (an einer nicht vorhandenen Sache kann kein Eigt, auch kein SE bestehen) od nur ruht (vgl für das WohngsR § 1093 Anm 3d). I 2 sagt, daß es ggstandslos u spricht das Erlöschen erst nach Anlegg des gewöhnl GBBlatts aus (III). Jedenf ist das MitE am Grd u Boden noch vorhanden u dies bes Gemsch der WEigtümer noch nicht erloschen. Es bleibt ihr noch ein beschr Wirkgskreis. RLage ähnelt der, daß WE vor Errichtg des Gebäudes begründet wurde (vgl § 3 Anm 2). I 2 sieht von vertragl Aufhebg nach § 4 ab. Wenn alle WEigtümer den Wiederaufbau nicht wollen, so können sie die Schließg der WGrdbücher beantragen (Form: GBO 29). Schließg hat hier materielle Wirkg. WEGemsch wandelt sich in eint MitEGemsch. – Teilzerstörg: vgl § 22. § 9 uU entspr anwendb bei extremer Abweichg der Bauausführg vom Plan (vgl Diester, Rpfleger **65**, 193, 197); nicht aber, wenn in den Grdrissen der urspr geplanten EigtWohngen jew mehrere kleinere Mietwohnungen errichtet wurden, Düss DNotZ **70**, 42; vgl Riedel MDR **51**, 468. –

c) I 3: Vereinigg sämtl WERechte in einer Hand zB dch Erbgang, ZwVerst. Hier besteht zunächst ein der RLage des § 8 entspr Zustand. Auf Antr Schließg des WGrdbuches mit der materiellen Wirkg des Erlöschens bei Anlegg des gewöhnl GBBlatts.

3) II: Schließg des GB läßt Belastgen des gemsch Grdst unberührt. Solche des bish WE w Belastgen des jew MitEigtAnt. Können sie ihrer Art nach an MitEigtAnt nicht bestehen (Dbkt, DWR) erlöschen sie dch NichtÜbertr (vgl Übbl 2 C b vor § 11; Horber Anh 6 A b zu § 3). Sow demn Erlöschen des WE seine Belastg berührt, muß Dritter zustimmen, BGB 876, 877, BayObLG **58**, 273, 277; vgl § 4 Anm 1 b; wie hier W-W Rdz 5; aA Bärmann Rdz 14.

4) § 9 gilt für das gemeinschaftl WGrdbuch (§ 7 II) entspr.

5) Gerichtsgebühren: KostO 76 III.

I. Teil. 2. Abschnitt: Gemeinschaft der Wohnungseigentümer **WEG 10** 1, 2

2. Abschnitt. Gemeinschaft der Wohnungseigentümer

WEG 10 *Allgemeine Grundsätze.* I Das Verhältnis der Wohnungseigentümer untereinander bestimmt sich nach den Vorschriften dieses Gesetzes und, soweit dieses Gesetz keine besonderen Bestimmungen enthält, nach den Vorschriften des Bürgerlichen Gesetzbuches über die Gemeinschaft. Die Wohnungseigentümer können von den Vorschriften dieses Gesetzes abweichende Vereinbarungen treffen, soweit nicht etwas anderes ausdrücklich bestimmt ist.

II Vereinbarungen, durch die die Wohnungseigentümer ihr Verhältnis untereinander in Ergänzung oder Abweichung von Vorschriften dieses Gesetzes regeln, sowie die Abänderung oder Aufhebung solcher Vereinbarungen wirken gegen den Sondernachfolger eines Wohnungseigentümers nur, wenn sie als Inhalt des Sondereigentums im Grundbuch eingetragen sind.

III Beschlüsse der Wohnungseigentümer gemäß § 23 und Entscheidungen des Richters gemäß § 43 bedürfen zu ihrer Wirksamkeit gegen den Sondernachfolger eines Wohnungseigentümers nicht der Eintragung in das Grundbuch.

IV Rechtshandlungen in Angelegenheiten, über die nach diesem Gesetz oder nach einer Vereinbarung der Wohnungseigentümer durch Stimmenmehrheit beschlossen werden kann, wirken, wenn sie auf Grund eines mit solcher Mehrheit gefaßten Beschlusses vorgenommen werden, auch für und gegen die Wohnungseigentümer, die gegen den Beschluß gestimmt oder an der Beschlußfassung nicht mitgewirkt haben.

1) I: Für das neuart bes GemschVerhältn (dazu Übbl 1 Ea aa vor § 1) der WEigtümer ist in der nachstehenden Reihenfolge maßg: **a)** die **zwingenden Vorschr des WEG.** Was zwingt, also auch dch Vereinbg nicht abdingb ist, besagt das G dch die Worte „kann nicht" u dergl. Demn zwingd § 5 II (Umkehrschluß aus 5 III; BGH 50, 56; vgl § 5 Anm 2), § 6 (Unselbständigk des SE, vgl aber § 6 Anm 1), § 11 (Unauflöslichk, vgl aber § 11 I 3), § 12 II, § 18 I, IV (Anspr gg den gemschwidr WEigtümer auf Veräußer seines WE), § 20 II (Verwalter), § 27 III (Aufgaben u Befugn des Verwalters nach § 27 I, II). Daneben sind zwingd die Vorschr des BGB, auf die **I** Bez nimmt: §§ 745 III, 747 u sinngem auch §§ 35, 137 (wg § 747, BayObLG 73, 82). **b)** Die **Vereinbg** der WEigtümer (soweit nicht nach **a** unabdingb ges Bestimmgen) u deren Beschlüsse; der Vereinbg steht gleich die dch TeilgsErkl nach § 8 gegebene GemschOrdng (BayObLG 72, 317; vgl § 8 Anm 1). Zur Abgrenzg der Vereinbgen von (auch einstimm) Beschlüssen der WEigtümer BayObLG 73, 83 u unten Anm 3. Inwiew formeller Inhalt einer Vereinbg auch deren mat Bestandteil (also bindd gem § 21 III), ist Auslegsfrage; Bindgswirkg nur für in Vertr abw Gestaltg d RBeziehgen der WEigter untereinander für die Zukunft, BayObLG 74, 275; Köln Rpfleger 72, 261. **c)** Die **abdingb Bestimmgen des WEG.** Sie treten aber hinter den Vereinbgen nur insow zurück, als sie dch diese erkennb ergänzt od geändert w sollen. Der schlichte Hinw in einer Vereinbg auf eine gesetzl Regelg beseitigt deren Abdingbark nicht, BayObLG 72, 150. **d)** Die **Vorschr des BGB** über MitEigt u Gemsch, §§ 1008 ff, 741 ff. Zu beachten, daß ein freiwill eingegangenes GemeinschVerh bes Schutz- u TreuePfl auferlegt, § 242, BayObLG MDR 72, 145. Vgl Übbl 2 E a vor § 1. – Über Beginn der WEGemsch auch schon vor Eintr aller im GB vgl § 43 Anm 1; Übbl 2 E b vor § 1; vgl auch BayObLG 57, 171 über entspr Vereinbgen; über den AufbauVertr vgl § 4 Anm 2.

2) II u III regeln die **Wirksamk** von Vereinbgen u Beschl **ggü SonderRNachfolgern** der WEigtümer. Gg GesRNachf wirken sie schlechthin. II ist SonderVorschr ggü BGB 746 (W-W Rdn 13; aA LG Köln ZMR 77, 377).

a) Vereinbargen über das GemschVerhältn der WEigtümer, in Ergänzg od Abw des WEG, ferner die Abänderg od Aufhebg solcher Vereinbg bedürfen zur Wirksamk gg SonderRNachf der Eintr im GB als Inhalt des SE (§ 5 Anm 4). Zu den Vereinbgen (II) können auch die über die Tragg der Kosten des erst zu errichtenden Gebäudes gehören; vgl § 4 Anm 2, § 43 Anm 1. VertrStrafe (Vereinsstrafe) bei Verletzg der GemschPfl kann in der GemschOrdng vorgesehen w; Verhängg dch MehrhBeschl; Gericht kann diese uU annullieren (§§ 23 IV, 43 I Nr 4), BayObLG 59, 457. Zul zB Vereinbgen über Ruhen des StimmR (§ 25 Anm 4), VeräußergsBeschrkgen (§ 12 Anm 1), GebrRegelgen (§ 15 Anm 2), Unterwerfg unter sof ZwVollstr wg rechngsmäß bestimmb Hausgelder (Celle NJW 55, 953), SchiedsGer- u Schiedsgutachterklausel (BayObLG 73, 2), VerwBestellg u -Abberufg (§ 26). – VorkR nicht als Inhalt des SE vereinb, nur als Belastg des WERechts (Brem Rpfleger 77, 313; aA Alsdorf BlGBW 78, 92). Mw Unzulässigk von KnebelgsKlauseln, die Eigt u MitgliedschRe der WEigtümer aushöhlen – u der Befugn des GBA, dies nachzuprüfen vgl § 8 Anm 1; Düss DNotZ 73, 552; Eickmann Rpfleger 73, 341; Diester Rspr Teil I A III 1; Riedel Rpfleger 66, 225/232; vgl auch BayObLG NJW 65, 821 = Rpfleger 65, 224 zust Diester. Die hM (vgl auch W-W Rdn 14g) verneint grdsätzl die diesbezügl PrüfgsPfl des GBA. – Nachtr **Inhaltsänderg** bedarf der Zust der Inh dingl Rechte am WE (BGB 877; BayObLG 74, 217), soweit diese von Änderg betroffen (LG Stgt MittBayNot 74, 213; Ffm Rpfleger 75, 309).

b) Beschlüsse der WEigtümer (§ 23) wirken gg SonderNachf auch ohne Eintr im WohngsGB; ihnen stehen gerichtl Entscheidgen nach § 43 gleich, da sie Beschl der WEigtümer ersetzen. Belastg des Grdbuchs sollte vermieden w. Diese Wirkg ohne Eintr u daher ohne Gutglaubensschutz mag erträgl sein, weil sich der Erwerber eines WEAnteils Einsicht in die Beschlüsse verschaffen kann (§ 24 V). Freilich keine Gewißh, daß alle Beschlüsse in einer Niederschr aufgenommen u – bei Aufn – noch schriftl vorhanden sind. Verweisg auf SchadErsAnspr unbefriedigd. Nach Hamm OLGZ 68, 89 besteht vor Anlegg des WGrdbuchs (§ 8 II 2) noch keine WEigtümergemeinsch, die Beschlüsse mit Wirkgskraft gem §§ 10 III, 23 fassen kann; vgl dazu Übbl 2 E b vor § 1.

2247

c) Den Beschlüssen stehen die **Entscheidgen des Richters** nach § 43 gleich, da sie Beschlüsse der WEigtümer ersetzen. Entscheidgsbefugn des Ger aber nur insow, als MehrBeschl der WEigtümer zul gew wäre, KG Rpfleger **72**, 62.

3) Hiernach wesentl die **Unterscheidg zw Vereinbgen u Beschlüssen**, die vom G nicht festgelegt. Nicht jeder einstimm gefaßte Beschl ist bereits Vereinbg, solange er nicht erkennb (Auslegg BGB 133) Ergänzgen od Abweichgen vom G mit rechtsgestalter Wirkg für die Zukunft sein in Form eines KollektivVertr äußern soll (Tasche DNotZ **73**, 457; BayObLG **75**, 201). Dah zB nicht notw Vereinbg bei schriftl Universalstreich einer Klausel in FormularVertr (Köln Rpfleger **72**, 261) od bei reinen VerwRegelgen (LG Mannh MDR **76**, 582: Flurreinigg). Willensbildgen über Angelegenh, über die WEG od die Vereinbg im obigen Sinn BeschlFassg eröffnet, sind gem § 23 I Beschlüsse (vgl W–W Rdnr 12). Hiernach kann ein Ggst, der der Regelg dch Beschl nicht offen steht, dch nachträgl Vereinbg geregelt w, währd umgekehrt auch eine einstimm getroffene Regelg unter den Voraussetzgen des § 23 I Beschl iS des § 10 III sein wird (hM, vgl Diester Anm 17 a; Soergel-Baur Rdnr 4).

4) Beschlußfassg erfordert **a) Einstimmigk** für Ergänzg od Abweichg v G (sow zul: s oben Anm 1), für Änderg früh Vereinbg (§§ 10, 15 II, 21 III), für VfgsHandlgen (BGB 35, 137, 747) u für außergewöhnl baul Maßnahmen am GemschEigt (§ 22), BayObLG **73**, 72 = NJW **73**, 1086. **b) Mehrh** der stimmberecht WEigtümer im Falle § 18 (Entzieg des WE). **c) Sonst** Mehrh gem § 25. Ein MehrhBeschl über Angelegenh, die Einstimmigk erfordert, w mit Ablauf der AnfechtgsFr (§ 23 IV) wirks, sof er nicht gg unabdingb Vorschr des G (oben Anm 1a) verstößt (BGB 134) od sonst (BGB 138) nichtig ist, § 23 Anm 5; BGH **54**, 65; BayObLG NJW **74**, 1910.

5) Wg der „dingl" Wirkg vgl § 12 Anm 4a, b. **Wirkg** gg den EinzelRNachf bedeutet nicht Eintritt in die Haftg des Vorgängers für Rückstände (Köln OLGZ **78**, 151). Dingl wirks die (als Inhalt des SE eingetr) Vereinbg, daß Erwerber einer EigstWohng für vom Veräußerer geschuldeten VerwKostenBeitr haftet (Köln aaO).

6) IV: Wirkg von Mehrheitsbeschlüssen ggü Dritten. Sie binden alle WEigtümer, u zwar auch im Außenverhältn. Es liegt also im MehrhBeschl zugleich die Vollm an die Mehrh, die Minderh bei der Ausführg des Beschl zu vertreten. Zur Durchf der Beschl ist der Verwalter berechtigt u verpflichtet, § 27 I 1. Zur gerichtl od außergerichtl Geltdmach von Anspr bedarf er aber besonderer Vollm dch MehrhBeschl, § 27 II 5. Stellt er zB aGrd eines Beschl einen Hausmeister an od vergibt er Reparaturen, so haften sämtl MitEigtümer, auch wenn sie gg den Beschl gestimmt haben, nach außen gesamtschuldnerisch. Ist der Verwalter verhindert, zB wg § 181 od weil es sich um seine eig Bestellg od Abberufg handelt, so müssen die WEigtümer selbst handeln. Hierbei vertritt die Mehrh die Minderh. Die Mehrh kann sich dch einen Bevollm vertreten lassen. Zweifelh, ob ein MehrhBeschl auch zur Verfügen namens der Gesamth berecht, zB zur Künd eines Hausmeistervertrages. Für BGBGesellsch u ErbenGemsch von hM (die nur Klage auf Zust zuläßt) abgelehnt, vgl § 747 Anm 3, § 2038 Anm 3b. Jedoch bei dem Wortlaut des § 10 IV hier anzunehmen (RechtsHdlgen aGrd eines MehrhBeschl). Sonst könnte die Minderh prakt einen MehrhBeschl sabotieren, was bei der Unauflöslichk der WEGemsch unerträgl wäre (Verurteilg zur Zust ist umständl Ersatz). Beachtl Merle S 48, 59: Wirkg auch ggü SonderRNachf eines WEigtümers als bei BeschlFassg nicht mitwirkder WEigtümer.

WEG 11 *Unauflöslichkeit der Gemeinschaft.*

¹ Kein Wohnungseigentümer kann die Aufhebung der Gemeinschaft verlangen. Dies gilt auch für eine Aufhebung aus wichtigem Grund. Eine abweichende Vereinbarung ist nur für den Fall zulässig, daß das Gebäude ganz oder teilweise zerstört wird und eine Verpflichtung zum Wiederaufbau nicht besteht.

II Das Recht eines Pfändungsgläubigers (§ 751 des Bürgerlichen Gesetzbuches) sowie das Recht des Konkursverwalters (§ 16 Abs. 2 der Konkursordnung), die Aufhebung der Gemeinschaft zu verlangen, ist ausgeschlossen.

1) a) Grdsätzl Unauflöslich der WEGemeinsch. Wichtige Ausn von § 749, wonach jeder Teilh jederzeit einseit Aufhebg verlangen kann, sofern nichts Ggteiliges vereinbart, was aber trotzdem das Recht der Aufhebg bei wicht Grunde nicht ausschließt. Aufhebg der WEGemsch grdsätzl also nur dch neue gemeins Vereinbg, die die Begr einfachen MitEigt od gleichzeit dessen Auflösg zum Inhalt haben kann (§ 4 Anm 3); Formbedürftigk, wenn Tatbestd des § 313 erfüllt. Eins Sprengg der WGemsch dch einen WEigtümer wäre unerträgl u würde das neue RInstitut entwerten. Wer nicht in der WGemsch bleiben will, muß sein WE veräußern. Aufhebg des WE auch nicht dch MehrhBeschl, weil VfgsHdlg (§ 10 Anm 4; BayObLG **73**, 82).

b) Auch VollstrGläub u KonkVerwalter können (außer im Falle I 3) nicht Aufhebg verlangen (II), was sie bei gewöhnl Gemsch auch bei entggstehder Vereinbg dürfen, § 751, KO 16 II; KO 17, 19 helfen dem KonkVerw nicht, Düss NJW **70**, 1137. Gläub des WEigtümers können nicht dch Pfändg des MitEigtAnt vollstrecken, sond nur nach ImmobiliarR, ZPO 864 II, vgl Übbl 2 B e vor § 1. Das in II vorsorgl ausgespr Verbot für den PfändsgGläub kann mithin Bedeutg nur für den Fall haben, daß ausnahmsw (Anm 2) der WEigtümer Anspr auf Aufhebg der Gemsch hat. Vgl W–W Anm 3. – KonkVerwalter kann das WE freihänd veräußern od dch ZwVerst verwerten (ZVG 172ff); er h aber nicht die Möglichk, den Anteil an Fonds u Rücklagen getrennt zur Masse zu ziehen u zu verwerten, Pick JR **72**, 102. Vgl auch § 16 Anm 3 aE.

2) Ist die WGemsch entstanden, erschwert I die Berufg auf **AbschlMängel**. Grdsätzl entsteht auch bei Gründgsmängeln fakt Gemsch wie bei in Vollzug gesetztem nichtigem GesellschVertr, BGH **55**, 5, Einf 5 vor § 145. Hierf gelten die Regeln des WEG (auch § 11) entspr, sow der Schutzzweck des G nichts Gg-Teiliges verlangt. Dah zu unterscheiden iSv § 3 Anm 4. Für **InhMängel** des WE gilt § 11 unter Ausschl von § 749, denn eine unauflösb Gemeinsch war wirks gewollt u der InhMangel ist – notf mit Herstellgs-Anspr aus GrdGesch – behebb. And bei **Willensmängeln** des VfgsGesch: Der Schutz des GeschUnfäh geht vor, sow nicht § 892 zug Dritterwerbers eingreift (s dort Anm 2b, 5c). So grds auch bei Anfechtg (§ 142; W-W § 3 Rdz 6c). Abhilfe dch Umdeutg (BGB 140) od Gen (§ 185). Ob dem RückabwicklgsAnspr des Anfechtden die Möglichk des SchadErsAnspr (§§ 823 II, 826) od der Weiterveräußerg (darin läge Gen nach BGB 185) entgg gesetzt w kann, ist fragl, denn idR w dem AnfGegner die Übernahme des Ant u damit Behebg des Mangels eher zumutb sein. Zu allem § 3 Anm 4; Däubler DNotZ **64**, 216; Gaberdiel NJW **72**, 847; Diester § 13 Rdz 18a; ders, NJW **71**, 1157; W-W Rdz 6c; Bärmann, AcP **155**, 16. **Wandlg**: Übbl 2 E d cc vor § 1.

3) Ausnahme a) I 3. Einseit kann Aufhebg nur kraft ausdrückl Vereinbg verlangt w, wenn Gebäude ganz od teilw zerstört u keine Verpflichtg zum Wiederaufbau besteht. Da eine solche grdsätzl besteht, (§ 22 II), Ausschl ausdrückl zu vereinbaren. – **b)** In sinngem Anwendg des I 3 abweiche Vereinbg auch für den Fall zul, daß iF Anm 2 zu § 3 das Gebäude etwa inf BauBeschränkg nicht erstellt w kann, so zutr W-W Rdnr 6a (str).

WEG 12 *Veräußerungsbeschränkung.* **I** Als Inhalt des Sondereigentums kann vereinbart werden, daß ein Wohnungseigentümer zur Veräußerung seines Wohnungseigentums der Zustimmung anderer Wohnungseigentümer oder eines Dritten bedarf.

II Die Zustimmung darf nur aus einem wichtigen Grunde versagt werden. Durch Vereinbarung gemäß Absatz 1 kann dem Wohnungseigentümer darüber hinaus für bestimmte Fälle ein Anspruch auf Erteilung der Zustimmung eingeräumt werden.

III Ist eine Vereinbarung gemäß Absatz 1 getroffen, so ist eine Veräußerung des Wohnungseigentums und ein Vertrag, durch den sich der Wohnungseigentümer zu einer solchen Veräußerung verpflichtet, unwirksam, solange nicht die erforderliche Zustimmung erteilt ist. Einer rechtsgeschäftlichen Veräußerung steht eine Veräußerung im Wege der Zwangsvollstreckung oder durch den Konkursverwalter gleich.

1) Über **Veräußerlichk** des WE vgl Übbl 2 B d aa vor § 1. **a) Veräußergsbeschränkg** ist – abw von § 137, ähnl ErbbRVO 5ff – mit **dingl Wirkg** (dazu Anm 4a) vereinb: aber nur dahin, daß die Veräußerg der Zust anderer WEigtümer od Dritter bedarf, die nur aus wicht Grd versagt w darf (dies unabdingb, BayObLG **72**, 348); vollst Veräußersverbot unzul. Grd: Verhinderg des Eindringens unerwünschter Teilh. – § 12 schränkt nur die VeräußersBefugn ein, dah unbeschränkb RNachf dch **Erbfolge**, Vermächtn (LG Nürnb MittBayNot **76**, 27) u TeilgsAO (BGB 2048), dem Anspr aus BGB 2147 kann nicht daran scheitern, daß Erbl für sein sonst Verm anderw Erbf best; and wohl bei VerschaffgsVerm BGB 2170. – **aa) Vereinbg erfaßt nicht** (weil kein unerwünschtes Eindringen Fremder): Veräußer (ZwVerst) des ganzen Grdst (alle WERechte gleichzeit); reale Vorratsteilg eines WERechts (BGH **49**, 250); Veräußerg von SETeilen innerh der Gemsch (Celle DNotZ **75**, 42); Änderg von MitEAnteilen unter WERechten desselben WEigtümers (BGH NJW **76**, 1976) od von Anteilen an einem WERecht; ideelle Teilg mit BruchteilsÜbertr innerh der Gemsch (wg § 25 II 2 u GesSchuld bei § 16 II). – Ersteckg der Beschrkg auf diese Fälle dch Vereinbg/TeilgsErkl mögl (BGH **49**, 250; NJW **76**, 1976); auch dann gilt II (BGH **49**, 250). Hat Eigtümer nach § 8 mit VeräußergsBeschrkg nach § 12 I aufgeteilt, dann entfällt bei Veräußerg eines Anteils dch Eigtümer selbst idR die Zust des sonst hierzu Berufenen, LG Mü I DNotZ **62**, 193; LG Bielefeld Rpfleger **74**, 111 m krit Anm Schopp für den Fall der Ersterveräußerg nach langjähr Bestehen der Gemsch. Diester Rpfleger **74**, 245 weist mit Recht darauf hin, daß AusnTatbestd der Ersterveräußerg nicht gegeben, wenn Wohng bereits (zB dch Mieter) bewohnt war. – **bb)** Vereinbg **erfaßt auch** RückAufl nach vereinb Aufhebg des ErwerbsVertr (BayObLG **76**, 328; and wohl nach Anfechtg od Wandlg); ideelle Teilg mit BruchteilsÜbertr außerh der Gemsch. Weiter (weil für § 16 II maßg MitEAnteil betroffen): Ausscheiden aus der Gemsch dch Übertr ideellen Anteils an einem WERecht (Celle Rpfleger **74**, 438; aA Schmedes Rpfleger **74**, 421) od ganzen WERechts (BayObLG **77**, 40) innerh der Gemsch; Änderg von MitEAnteilen unter WERechten versch WEigtümer (aA wohl BGH NJW **76**, 1976; LG Stgt BWNotZ **74**, 18).

b) Bedenkl die (allerd ausschließb) **Ausdehng** in III 2, welche die Beleihg erschwert. Bedenkl auch die dingl **VeräußergsBeschrkg zG Dritter** (Abs I); sie war nicht notw. GrdPfdGläub kann nicht Dritter sein, da § 1136 sogar schon die schuldr Vereinbg für nichtig erklärt, hM; abw Bärmann Rdz 22–23.

c) Im Ggsatz zu ErbbRVO 5 II sieht WEG 12 I eine dingl wirks **Beschränkbark der Belastg** des WE nicht vor, also auch nicht der Bestellg eines dingl WohngsR (§ 1093) od eines DWR. Gleichwohl läßt BGH **37**, 203, 209 in Dchbrechg des § 137 I eine gem § 12 I, III (also iS von Anm 4a unten) wirkde, eintrfäh u zum Inhalt des SE gemachte Vereinbg zu, die die Belastg des WE mit DWR beschr; zust W-W Rdnr 1 nur, soweit es sich um eigtähnl DWR (iS von § 31 Anm 5) handelt, da dieses prakt der Veräußerg gleichkomme, abl für and DWR. Gg BelastgsBeschrkg schlechthin Bärmann Rdz 4.

d) Dingl **VorkaufsR** zul nur als Belastg des WERechts, nicht als Inhalt des SE (§ 10 Anm 2a). Kein gesetzl VorkR der übr WEigentümer, daher kein wicht Grd (II) die Ankaufsbereitsch der Gemsch, wenn Wohng an Dritte verkauft w soll; so selbst bei Hausmeisterwohng BayObLG **72**, 348, 352.

e) Über **VermietgsBeschrkg** vgl § 15 Anm 2a, 3a.

2) Form. VeräußersBeschrkg muß zum Inhalt des SE dch gemeinschaftl Vereinbg od nach § 8 gemacht u im GB eingetr w; formellrechtl keine Bezugn auf EintrBewilligg (auch nicht wg Ausnahmen): WEG GBVfg 3 II; aber jedenf für Einzelheiten, so zutr W-W Rdnr 4a; vgl Weitnauer u Diester, Rpfleger **68**, 207; LG Marburg (Anm Haegele) Rpfleger **68**, 26; LG Kempten Rpfleger **68**, 58 mit Nachw; AG Göppingen Rpfleger **66**, 14, zust Haegele; materiellrechtl Bezugn zul, § 874 (VeräußergsBeschränkg gehört zum Inhalt des SE, § 7 III); Vermerk auf Hyp- od GrdSchBrief: vgl WEG GBVfg 3 I c, II; 5 u Diester Rpfleger **68**, 41 zu Saarbr u LG Kempten, Rpfleger **68**, 57/8. Fehlt Eintr, keine dingl Wirkg, auch nicht im Verhältn zu den (ursprüngl) WEigtümern selbst. Umdeutg nach § 140 in schuldrechtl Verpflichtg mögl. Vereinbg ist vorhandenen RealGläub ggü nicht wirks, außer bei deren Zust od bei Belastg des Grdst im ganzen, vgl Friese MDR **51**, 592; BayObLG NJW **58**, 2018 mit Nachw über die für Belastg aller MiteigtAnteile mit GesGrd-PfdR, str. – Zust bedarf formellrechtl der Form GBO 29, Hamm OLGZ **67**, 109. Fehlt sie: GB-Sperre, da VeräußergsBeschrkg absolute Wirkg, auch wenn ausdrückl Bestimmg wie in ErbbRVO 15 (dazu BGH **33**, 85); hM, vgl BayObLG **61**, 394. Bei Zust dch Eigtümerversammlg Nachw dch Protokoll mit öff Beglaubigg der nach § 24 V nötigen Unterschr, BayObLG **61**, 392; **64**, 237.

3) Anspr auf Zust (II). Gg and WEigtümer u Verw im Verf nach § 43, gg Dr dch Klage. In beiden Fällen keine Ersetzg der Zust, sond nach ZPO 894 vollstreckb Verpfl zu ihrer Erteilg (BayObLG **77**, 40). Sachbefugt nur der Veräußerer, nicht der Erwerber. Zur freiw Versteigerg nach §§ 19, 53 ff vgl unten Anm 6. Vgl § 11 Anm 2 aE. – Wicht Grd für Versagg der Zustimmg nur die Gefahr des Eindringens persönl od wirtsch unzumutb RNachfolger in die Gemsch; Gesichtspkt der Nützlichk allein (zB Erhaltg der rechtl nicht zweckgebundenen Hausmeisterwohng [BayObLG **72**, 348]; Verhinderg der Benutzg einer Wohng als Arztpraxis [Karlsr Just **76**, 260]) reicht nicht. – Kein ZbR ggü Anspr auf Zust (BayObLG **77**, 40).

4) Verstoß gg Beschrkg nach I. a) III 1 läßt rgesch Veräußerg (schuldr u dingl Vertr) schwebd unwirks, solange nicht Zust erteilt ist; Gen heilt rückw (BGB 184 I; Bärmann Rdn 41; aA W-W Rdn 6), denn „solange nicht" spricht nicht eindeut dagg. Gen gilt entspr BGB 1829 II, 1366 III als verweigert (Bärmann Rdn 42); dann entfällt Bindg an Vertr. Für AuflVormerkg Zust nicht notw (BayObLG **64**, 237). – **b)** III 2 stellt Veräußerg iW der ZwVollstr u dch KonkVerw der dch RGesch gleich. Gemeint ist Geld-Vollstr; die gem ZPO 894 zu erzwingde rgesch Übereign fällt unter § 12 III 1. Die Gleichstell ist bedenkl u führt zu Schwierigk: **aa)** Verweigern and WEigtümer od Verw die Zust, steht dem VollstrGläub (Konk-Verw) der Weg des § 43 offen: dort Feststellg, daß Verweigerg mangels wicht Grdes unberecht; damit ist Zust als erteilt anzusehen. Verweigert Dr Zust, so Kl gegen ihn auf Erteilg notw (ProzG). **bb)** KO 6 II ergibt Befugn des KonkVerw, Anspr des Gläub in eig Namen geltd zu machen (vgl Hamm OLGZ **66**, 574). Der EinzelGläub muß den Anspr seines VollstrSchu auf Zust – der nicht nur iF II 2, sond vorbehaltl II 1 auch im Bereich des I schlechthin besteht (Pritsch Anm 20) – pfänden u sich zur Einziehg (Ausübg) überweisen lassen, wie wie iF ErbbRVO 7 (BGH **33**, 83) zul ist (Pritsch aaO; Bärmann Rdn 51). Ähnl wie iF ErbbRVO 8 ist aber auch gem § 12 III 2 nur die Veräußerg iW der ZwVollstr od KonkVerw unwirks. Die notw Zust muß daher nicht schon bei Anordng od Beitritt, sond erst zum Zuschlag vorliegen (Bärmann Rdn 55; Zeller § 28 Nr 47). Bis dahin für ZustBerecht weder ZPO 766 noch 772, 771. **cc)** für dingl HypKl (BGB 1147) Zust daher ebenf noch nicht notw. Auch für ZwVerw od Eintr einer ZwHyp gilt der Beschrkg nicht. Wird (zB aGrd einer GesBelastg) das ganze Grdst veräußert, greift der Schutzzweck des § 12 I nicht ein, daher keine Zust notw (BayObLG NJW **58**, 2016).

5) Das Verf nach §§ 18, 19, 53 ff führt zu freiw Versteigerg. Der rechtskr Zuschlag ersetzt den KaufVertr (vgl § 57 Anm 1). Daher greift § 12 III 1 unmittelb, nicht erst über § 12 III 2 ein. Das Erfordern der Zustimmg erschwert das an sich dornenvolle Verf noch mehr, so daß Einschränkg der VeräußergsBeschrkg insow anzuraten (III 2 ist abdingb). – Über § 12 im ZwVerstVerf vgl Rudolphini BlGBW **60**, 369.

WEG 13 *Rechte des Wohnungseigentümers.* I Jeder Wohnungseigentümer kann, soweit nicht das Gesetz oder Rechte Dritter entgegenstehen, mit den im Sondereigentum stehenden Gebäudeteilen nach Belieben verfahren, insbesondere diese bewohnen, vermieten, verpachten oder in sonstiger Weise nutzen, und andere von Einwirkungen ausschließen.

II Jeder Wohnungseigentümer ist zum Mitgebrauch des gemeinschaftlichen Eigentums nach Maßgabe der §§ 14, 15 berechtigt. An den sonstigen Nutzungen des gemeinschaftlichen Eigentums gebührt jedem Wohnungseigentümer ein Anteil nach Maßgabe des § 16.

1) Inhalt des SE (I). – a) Das SE ist **echtes Eigt,** kein beschr dingl R (Paulick AcP **152**, 427). I umschreibt seinen Inhalt entspr BGB 903; Beschrkgen ergeben sich aus den Pfl als WEigtümer (§ 14), Vereinbgen (§ 10), GebrRegelgen (§ 15), NachbR (BGB 906 ff) u Sozialbindg (GG 14). Baul Veränderg zul, solange sie ohne Auswirkgen auf das gemsch Eigt u §§ 14, 15 nicht entggstehen (Weimar JR **74**, 57). Bei Vermietg (wg Beschränkg § 15 Anm 2 a, 3 a) ist WEigtümer der Gemsch für Beachtg der §§ 14, 15 dch Mieter verantwortl (BGB 278; BayObLG **70**, 76; vgl auch Weimar JR **75**, 184). NutzgsÄnderg zul, soweit nicht §§ 14, 15 entggstehen (BayObLG **73**, 1). – **b) EigtSchutz** genießt das SE nach BGB 985, 1004 u dch öffrechtl NachbKl (OVG Bln BauR **76**, 191). **BesSchutz** genießt der WEigtümer als Alleinbesitzer seines SE (TeilBes an GbdeTeil) nach BGB 859 ff auch ggü und WEigtümer (BGB 865). – **c)** Für **Schaden** am SE dch unterl Instandsetzg des gemsch Eigt haftet der Verw (BGH NJW **72**, 1319), uU auch die and WEigtümer bei Verletzg der Pfl aus § 16 II (W–W § 21 Rdz20).

2) Inhalt des gemeinschaftl Eigt (II). – a) MitGebrR (S 1) in den Grenzen der §§ 14, 15. MitGebr ist Teiln am Gebr (idR) dch MitBes (BayObLG **73**, 267). Mangels abw GebrRegelg nach § 15 gleicher Mit-Gebr auch bei ungleichen MitEAnteilen, da MitBes nicht in ideelle od reale Bruchteile aufteilb (BayObLG aaO). **Anteil an sonstigen Nutzgen** (S 2), also am mittelb (BGB 99 III: zB aus Vermietg von gemsch Eigt) u natürl (BGB 99 I: zB Erzeugn des gemsch Gartens) Früchten nach Maßg des § 16. – **b) EigtSchutz:** Bei Beeinträchtigg des gemsch Eigt ist jeder WEigtümer auch in seinem SE betroffen u kann die Anspr aus BGB 985, 1004 alleine nach Maßg von BGB 1011 geltd machen (BayObLG **75**, 177); ebso die öffrechtl NachbKl (OVG Bln BauR **76**, 191). **BesSchutz:** Als Mitbesitzer kann jeder WEigtümer die Anspr aus

I. Teil. 2. Abschnitt: Gemeinschaft der Wohnungseigentümer **WEG 13–15**

BGB 859 ff gg Dr allein geltd machen, Wiedereinräumg entzogenen Bes kann nur zu MitBes verlangt w; ggü Mitbesitzern Beschrkg dch BGB 866 (BGH **62**, 243).

3) Wg **rgeschäftl Verfügen** über das WERecht vgl Übbl 2 B d vor § 1.

WEG 14 *Pflichten des Wohnungseigentümers.* Jeder Wohnungseigentümer ist verpflichtet:

1. die im Sondereigentum stehenden Gebäudeteile so instandzuhalten und von diesen sowie von dem gemeinschaftlichen Eigentum nur in solcher Weise Gebrauch zu machen, daß dadurch keinem der anderen Wohnungseigentümer über das bei einem geordneten Zusammenleben unvermeidliche Maß hinaus ein Nachteil erwächst;
2. für die Einhaltung der in Nr. 1 bezeichneten Pflichten durch Personen zu sorgen, die seinem Hausstand oder Geschäftsbetrieb angehören oder denen er sonst die Benutzung der im Sonder- oder Miteigentum stehenden Grundstücks- oder Gebäudeteile überläßt;
3. Einwirkungen auf die im Sondereigentum stehenden Gebäudeteile und das gemeinschaftliche Eigentum zu dulden, soweit sie auf einem nach Nrn. 1, 2 zulässigen Gebrauch beruhen;
4. das Betreten und die Benutzung der im Sondereigentum stehenden Gebäudeteile zu gestatten, soweit dies zur Instandhaltung und Instandsetzung des gemeinschaftlichen Eigentums erforderlich ist; der hierdurch entstehende Schaden ist zu ersetzen.

1) Die Rechte der WEigtümer w hier (abdingg § 10 I 2) aus Gründen des von Treu u Glauben (§ 242) beherrschten GemschVerh (BayObLG **71**, 319) eingeschränkt. Weitergehde Pfl (auch zu unterlassen) können gem § 15 begründet w. Sow hierb R des § 13 ausgehöhlt w, ist Einstimmigk notw, §§ 10, 15 I. Bei Streit: § 43 I 1. Die Begr „geordnetes ZusLeben" u „unvermeidl" Störg sind iSv § 242 zu beurteilen; dah kann für Wohnanlage im Stadtkern anderes gelten als für solche am Stadtrand. Oft str die Zulässigk der Nutzg „in sonst Weise" (§ 13 I): Arztpraxis in Wohng (BayObLG **73**, 1; AG Hbg MDR **57**, 43; Weimar MDR **71**, 726) od BüroBetr grdsätzl zul, allenf unter Auflagen u Voraussetzgn, BayObLG **71**, 276, desgl maßvolle Haustierhaltg, BayObLG **72**, 92, sow nicht Verbot vereinb, was nicht sittenwidr (vgl § 21 Anm 5).

a) Nr. 1: Pflicht zur Instandhaltg des SE u zum schonenden Gebrauch (vgl § 21 Anm 5) von SE und ME. Darin auch Pflicht beschlossen, den Mieter des u WEigtümers nicht im MietBes zu stören (Kehrseite zu Nr 2) Ffm NJW **61**, 324. Recht auf Unterlassg kann Vermieter als eig Anspr aus dem GemeinschVerh, also im Verf nach §§ 43ff geltend machen. Daneben wird man aber dem Mieter ein RSchutzbedürfn zubilligen müssen, eigene Anspr wg Besitzstörg, uU auch gestützt auf die Drittschutzwirkg des WEGemeinschVerhältn zG der Mieter des WEigtümers geltend zu machen u zwar vor dem Streitgericht. Liegen die verfahrensrechtl Voraussetzgn dafür vor, daß der Vermieter diese Anspr seines Mieters in Prozeßstandsch, als fremde Rechte im eig Namen, geltend macht, so erscheint es sehr fragl, ob auch hierfür das Verf nach §§ 43 ff eröffnet ist, wie Ffm aaO (ebenso Weimar WM **73**, 38) annimmt. In Wahrh kann die ProzFührgsbefugn den VerfahrensGgst nicht in und VerfArt (FGG) einführen; zul aber Beteiligg des Mieters am Verf nach § 43 im Weg der Streitverkündg, BayObLG **71**, 66.

b) Nr. 2: deklariert eig Pflicht des WEigtümers, keine Haftg für Fremdverschulden. SchadErsAnspr also nur bei schuldh Verletzg der GemeinschPfl. Greift § 823 I nicht ein, dann daneben keine delikt Haftg, da Nr 2 kein SchutzG iS von § 823 II (Bärmann Rdz 54). Daneben Haftg ggü MitEigtümern gem §§ 278, 831 (vgl Erm-Westermann Anm 3), ähnl wie ein Mieter dem Vermieter für Dritte haftet, vgl. § 278 Anm 4a aE; BayObLG **70**, 65 = NJW **70**, 1550; vgl Übbl 2 E a vor § 1.

c) Nr 3: Die DuldgsPfl entspricht der Befugn des WEigtümers nach § 13 bzw ist sie das Spiegelbild des nach Nrn 1, 2 zul Gebrauchs, zB DuldgsPfl für vorübergehde Störg des SE bei Einbau od Instandsetzg einer Etagenheizg: LG Ellwangen nach Diester Rspr Nr 44; AG Hbg Rpfleger **69**, 132; bei Installation von Telefon od TV-Antenne: AG Starnbg MDR **70**, 679; Bärmann Rdz 56. Weitergehde Eingriffe sind nach §§ 862ff, 1004 im Verf nach §§ 43ff abzuwehren. Notf: § 18 II 1. Erhöhte DuldgsPfl: § 21 V Nr 6. – Bes Bedeutg erlangt § 14 iVm § 22 I 2. DuldgsPfl besteht ggü baul Veränderngen, die für WEGemsch zwingd erforderl (BayObLG **71**, 273; KG WPM **72**, 709), das kann zB sein Einzäung des Parkplatzes, Beleuchtg der Zufahrt, Verlegg des Müllplatzes, Verbesserg der GemschAntenne, Einbau einer gemsch Waschmaschine im Keller, auch einer Sammelheizg. Über Duldg and baul Veränderngen vgl § 22 Anm 1 b. – Zur Verteilg von Nutzen u Lasten insow § 16 III (vgl BayObLG **73**, 78).

d) Nr 4: Haftg für rechtm Handeln. Den im Fall der Nr 4 entstehden Schaden muß der Geschädigte anteilm mittragen, § 16 IV.

2) RFolgen bei Nichterfüllg dieser Pflichten.

a) ErfAnspr auf Einhaltg der Pflichten. Weg des § 43 I Nr 1.

b) SchadErsPfl wg VertrVerletzg bei Versch (§ 276). SchadErsAnspr wg Verletzg gemeinschaftl Eigt: teilb SchadErs kann jeder anteilig (§ 420) an sich, aber auch ganz an alle fordern (§ 1011). – Geltdmach des SchadErsAnspr ebenf nach § 43 I 1 iW der freiw Gerichtsbark. Dieser Weg nicht dadch zu umgehen, daß Anspr gleichzeit (od allein) auf unerl Hdlg gestützt w. Vgl § 43 Anm 1. Duldgspfl dch § 866 nicht ausgeschl, BGH NJW **74**, 1189. **c)** Bei wiederholten schweren Verstößen Entziehgsklage des § 18 II 1; s im übr oben Anm 1 a–d.

WEG 15 *Gebrauchsregelung.* ¹ Die Wohnungseigentümer können den Gebrauch des Sondereigentums und des gemeinschaftlichen Eigentums durch Vereinbarung regeln.

II Soweit nicht eine Vereinbarung nach Absatz 1 entgegensteht, können die Wohnungseigentümer durch Stimmenmehrheit einen der Beschaffenheit der im Sondereigentum stehenden Gebäudeteile und des gemeinschaftlichen Eigentums entsprechenden ordnungsmäßigen Gebrauch beschließen.

III Jeder Wohnungseigentümer kann einen Gebrauch der im Sondereigentum stehenden Gebäudeteile und des gemeinschaftlichen Eigentums verlangen, der dem Gesetz, den Vereinbarungen und Beschlüssen und, soweit sich die Regelung hieraus nicht ergibt, dem Interesse der Gesamtheit der Wohnungseigentümer nach billigem Ermessen entspricht.

Schrifttum: Zimmermann, NutzgsBeschrkg des SE, Rpfleger **78**, 120. - Riedler, VermietgsBeschrkg, ZMR **78**, 161. - Röll, Dbk u SondernutzgsR, Rpfleger **78**, 352.

1) Gebrauch – AlleinGebr am SE (§ 13 I) u MitGebr am gemeinschaftl Eigt (§ 13 II 1) – ist die tats Art der Benutzg; nicht dazu gehören VerwMaßn nach § 21, baul Veränderg en nach § 22 (Celle MDR **68**, 48; BayObLG **71**, 280; Stgt OLGZ **74**, 404), Vfgen od Verpfl dazu.

2) Gebrauchsregelg dch die WEigtümer; für Mehrhausanlage u in sich abgeschl Hausteile vgl § 25 Anm 2 a. Sie kann Art u Maß des Gebr regeln, GebrPfl (zB Anschl an GemschAntenne) od GebrVerbot (zB Nutzg als Arztpraxis) begründen od best Gebr von Zust des Verw (der sie uU schon künft WEigtümer erteilen kann, BayObLG **71**, 273) od and WEigtümer abhäng machen (BGH **37**, 203). Unzul Vereinbg über SE uU in GebrRegelg umdeutb.

a) Dch **Vereinbg (I)** od **TeilgsErkl** (§ 8) kann **jede GebrRegelg** getroffen w; zB VermietgsBeschrkg (BGH **37**, 203; über Ausleg einer UntervermietgsBeschrkg vgl AG Karlsr Rpfleger **69**, 131), NutzgsBeschrkg (Hamm OLGZ **78**, 10: nur als Laden). Wirkg gg SonderRNachf nur bei Eintr (§ 10 II). Vereinbg bzw TeilgsErkl notw, wenn Gebr ausgeschl w soll (arg § 10 I 1 iVm BGB 743 II, 745 III 2). Ausschließl Nutzg eines Teils des gemschaftl Eigt dch einz WEigtümer (**SonderNutzgsR**) schließt and vom MitGebr aus; daher Vereinbg/TeilgsErkl notw für Zuweisg von TeilAlleinBes an gemschaftl Eigt (BayObLG DNotZ **75**, 31; Pick NJW **72**, 1742; aA KG Rpfleger **72**, 62), selbst wenn begünstigter WEigtümer dafür sein SE zum MitGebr zur Vfg stellt (BayObLG **61**, 322). Da GebrRegelg für gemsch Eigt zugl InhaltsÄnderg des SE, ist die Zust der RealBerecht am SE nötig (BGB 877), wenn deren Benachteiligg nicht ausgeschl (BayObLG **74**, 217; Ffm Rpfleger **75**, 309). Änderg einer dch Vereinbg/TeilgsErkl getroffenen GebrRegelg nur dch Vereinbg; Übertr innerh der WEGemsch ohne Zust der übr WEigtümer zul (Hbg NJW **76**, 1457; LG Mannh Rpfleger **76**, 317; Weitnauer Rpfleger **76**, 341; Merle Rpfleger **78**, 86; aA LG Hbg Rpfleger **75**, 366; Noack Rpfleger **76**, 193; BayObLG DNotZ **77**, 667 Anm Ertl). Alleiniges SonderNutzgsR eines WEigtümers am ganzen gemschaftl Eigt vereinb (LG Köln NJW **61**, 322).

b) Dch **MehrhBeschl (II)** kann (sofern nicht Vereinbg/TeilgsErkl entggesteht, die auch Beschl nach II ganz ausschließen können) nur eine GebrRegelg getroffen w, die einem **ordngsm Gebr** entspr u daher keinen Ausschl vom Gebr enthalten darf (BayObLG **72**, 94, 109). Wirkg gg SonderRNachf gem § 10 III. - Bzgl gemschaftl Eigt zB regelb: Betreten des Heizgsraums (BayObLG **72**, 94: uU auch Ausschl); Öffngszeit für Haustür (LG Wuppt Rpfleger **72**, 451); turnusm Benutzg der Waschküche uä (BayObLG **72**, 113). Bzgl SE zB regelb: Begrenzg der Haustierhaltg (BayObLG **72**, 90), der Wäschetrockng auf Balkon (Oldbg NdsRpfl **77**, 213) u des Musizierens; nicht aber (insow Regelg nach Anm 2a notw) übermäß od unnöt Beeinträchtigg des SE wie Ausschl od ihm gleichkommde Beschrkg der Haustierhaltg (KG NJW **56**, 1679) od des Musizierens (Oldbg aaO: uU auf Zimmerlautstärke), Gebot od Verbot best Nutzgsart (BayObLG **75**, 236; Karlsr OLGZ **76**, 145) od Gestattg belästigder Immissionen (AG Wuppt Rpfleger **77**, 445). - Ein die Grenzen von II überschreiter MehrhBeschl muß nach §§ 43 I Nr 4, 23 IV für ungült erklärt w, nur ausnahmsw nichtig nach § 23 Anm 5a (KG Rpfleger **72**, 62).

c) Für **SonderEigt im MitEigt** mehrerer WEigtümer (vgl § 3 Anm 3) können diese WEigtümer GebrRegelg nach BGB 1010 treffen (BayObLG **74**, 466).

3) Durchsetzg (III). a) Jeder WEigtümer kann verlangen, daß **nach I od II geregelter Gebr** eingehalten w. Dabei ist unangefochtener MehrhBeschl verbindl, auch wenn Vereinbg notw war (BGH **54**, 65). Vereinbgswidr Vermietg ist wirks, and WEigtümer können nur Unterl od SchadErs verlangen (BGH DNotZ **68**, 302 nicht entspr anwendb, da zw WEigtümern od im Verh zum Verw kein Verh nach BGB 868 besteht). Verlangen nur im Verf nach § 43 I Nr 1 durchsetzb, auch UnterlAnspr (Ffm NJW **65**, 2205). - **b)** Fehlt GebrRegelg, so kann jeder WEigtümer gerichtl Regelg im Verf nach § 43 I Nr 1 verlangen. Konkreter Antr nicht notw (Hamm OLGZ **69**, 278). Gericht kann nur GebrRegelg treffen, für die MehrhBeschl nach II ausreichd (KG Rpfleger **72**, 62). Währd des Verf nach III können WEigtümer Beschl nach II treffen, der im Verf nach III bindet, solange er nicht auf Anfecht für ungült erklärt w, was im gleichen Verf mögl (KG aaO). - **c)** Unterl der Beeinträchtg von SE inf Gebr des gemschaftl Eigt dch and WEigtümer kann nur der gestörte WEigtümer verlangen (LG Heilbr Just **74**, 337).

WEG 16 Nutzungen, Lasten und Kosten.

I Jedem Wohnungseigentümer gebührt ein seinem Anteil entsprechender Bruchteil der Nutzungen des gemeinschaftlichen Eigentums. Der Anteil bestimmt sich nach dem gemäß § 47 der Grundbuchordnung im Grundbuch eingetragenen Verhältnis der Miteigentumsanteile.

II Jeder Wohnungseigentümer ist den anderen Wohnungseigentümern gegenüber verpflichtet, die Lasten des gemeinschaftlichen Eigentums sowie die Kosten der Instandhaltung, Instandsetzung, sonstigen Verwaltung und eines gemeinschaftlichen Gebrauchs des gemeinschaftlichen Eigentums nach dem Verhältnis seines Anteils (Absatz 1 Satz 2) zu tragen.

III Ein Wohnungseigentümer, der einer Maßnahme nach § 22 Abs. 1 nicht zugestimmt hat, ist nicht berechtigt, einen Anteil an Nutzungen, die auf einer solchen Maßnahme beruhen, zu beanspruchen; er ist nicht verpflichtet, Kosten, die durch eine solche Maßnahme verursacht sind, zu tragen.

IV Zu den Kosten der Verwaltung im Sinne des Absatzes 2 gehören insbesondere Kosten eines Rechtsstreits gemäß § 18 und der Ersatz des Schadens im Falle des § 14 Nr. 4.

V Kosten eines Verfahrens nach § 43 gehören nicht zu den Kosten der Verwaltung im Sinne des Absatzes 2.

1) **Allgemeines.** Eingetr MitEAnteil ist maßg für Anteil an Nutzgen, Lasten u Kosten des gemschaftl Eigt; abw Verteilgsschlüssel in Vereinbg/TeilgsErkl mögl (BayObLG 74, 172), wo auch Änderg dch nicht eintragb MehrhBeschl vorgesehen w kann (Tasche DNotZ 73, 453). Abw von maßg VerteilgsSchlüssel erfordert Einstimmigk; MehrhBeschl w aber dch Nichtanfechtg wirks (BayObLG aaO). Beteiligg auch an Lasten u Kosten von Teilen des GemschEigt, die einz WEigtümer nicht benutzen (Karlsr OLGZ 78, 175; LG Mü Betr 77, 2231). Dagg MehrhBeschl zul (§ 21 III, V) über Notwendigk kostenverursachd Maßn (sow nicht § 22 Einstimmigk erfordert) u über ertragshindernde Instandhaltgrückstell (W-W Rdn 8; Bärmann Rdn 191–194). Keine Änderg der Lastenverteilg wg Leerstehens (BayObLG Rpfleger 76, 422; dazu Röll NJW 76, 1474). Zur Kostenverteilg bei schrittw Fertigstell Röll NJW 76, 1473.

2) **I**: Die **Nutzgen** (jur u natürl Früchte) gebühren den Teilhabern anteilig, jeder hat Anspr auf anteil Gewährg gg die übr Teilhaber bzw den Verwalter. Fruchtziehg steht als Verw allen gemschaftl zu, § 21 I. Dem Verwalter nur aGrd Vereinbg od MehrhBeschl nach § 21 III, hM. Vgl auch § 743 Anm 1, auch darüber, daß ein Gläub eines WEigtümers nicht den Bruchteil der Nutzgen, sond nur den Anspr auf den Reinertrag nach Abzug der Lasten u Kosten **pfänden** lassen kann. – GrdPfdR auf einzelnem WE u dessen Zw-Verw ergreift diesen Anspr nicht, W-W Rdnr 4. – Über Eigt an den Nutzgen vgl § 27 Anm 2.

3) **II**: **Lasten u Kosten** des gemeinschaftl Eigt. Regelg entspricht § 748. Jedoch gehören GrdSteuern nicht zu den gemeins Lasten, § 61. Zu den priv Lasten gehören ua die HypZinsen, die Tilggsbeträge, sow nicht die WEigtümer den Tilggsdienst als GemschLast vereinb haben (§ 27 II 1, vgl BGB 427; BayObLG NJW 58, 1824). Auch wo diese Vereinbg fehlt (zB bei Gesamthaftg, § 1132, für DarlSchuld des Bauträgers, BayObLG 58, 278) bejaht BayObLG 73, 142 ausgleichspfl gemsch Last, sow zur Abwendg der sonst drohnd ZwVerst Leistgen an dingl Gläub zu erbringen sind; ebenso Bärmann Rdz 18, 40, 66; aA Weitnauer DNotZ 74, 82, der hier AusglPfl außerh der Gemsch aus §§ 426, 774 II, nicht aus § 16, herleitet; vgl W-W Rdz 12a. – Kosten der Verw weit zu verstehen, auch Vergütg für Verwalter, ProzKosten, Verbrauchs- u Benützgsentgelte für Wasserversorgg, Müll- u Abwasserbeseitig, BayObLG 72, 150 (offen, wenn Verbrauchszähler angebracht). Wg Unterwerfgsklausel, ZPO 794, 800, vgl Celle DNotZ 55, 322. – **Mehrh von Berecht** (§ 3 Anm 3) haften für die auf ihr WERecht entfalldn Lasten als GesSchu (Stgt OLGZ 69, 232). **SonderRNachf** tritt in SchuldÜbern in Rückstände der RVorgängers nur ein, wenn dies gem § 10 II vereinb (KG OLGZ 77, 1; Köln OLGZ 78, 151 mwN). – Verpflichtg zu unteilb Leistg besteht nur im **InnenVerh** ggü den jeweil and WEigtümern (KG OLGZ 77, 1). Kein **ZbR**, auch nicht gestützt auf § 21 IV (BayObLG 75, 56) u keine **Aufrechng**, soweit GgFdg nicht gemschbezogen iSv § 21 II od BGB 680, 683 od anerkannt (BayObLG Rpfleger 76, 422; enger KG OLGZ 77, 1). Nach KonkEröffng über Verm eines WEigtümers entstandene Kosten sind **Masseschulden** (Düss NJW 70, 1137; vgl auch Röll NJW 76, 1475); vorher entstandene nicht in solche umwandelb (Stgt OLGZ 78, 183). – Im **AußenVerh** haften alle WEigtümer für GemschSchulden als GesSchu (BGH 67, 232). – **VorschußPfl**: § 28 II. – **Verj**: BGB 195 (BGB 197 bei Vereinbg regelm Zahlgen).

4) **III**: Weder Nutzen noch Kosten entfallen auf WEigtümer, der baul Veränd od nicht notw Aufwendgen zulässigerw widersprochen od nicht zugestimmt hatte. Voraussetzg der Befreig, daß die Maßn über ordngsm Verw (§ 21 III) hinausgeht, mag sie auch (uU für alle) nützl sein. Kosten, die nicht von allen zu tragen sind, dürfen nicht aus der InstandhaltsRücklage bestritten w, AG Wiesb MDR 67, 126. Bärmann Rdz 74 will bei nützl Anlagen, deren abgetrennte Nutzg nicht mögl, den Widersprechden jedenf mit Kosten der laufden Instandhaltg belasten; bedenkl, denn die Mehrh kann die Minderh nur im Rahmen der ordngsm Verw verpflichten. – Zur DuldgsPfl des überstimmten WEigtümers vgl § 14 Anm 1 c. Keine Befreiung, wenn gem § 22 I unzul MehrhBeschl mangels Anfechtg wirks wurde (Brschw MDR 77, 583; aA 36. Aufl; vgl auch BayObLG 73, 78).

5) **IV** (1. Fall) berührt nicht die Pfl des nach § 18 verurteilten WEigtümers zur Kostentragg. Wird Klage gg ihn abgewiesen, muß er sich an den Kosten anteilig beteiligen (W-W Rdnr 14; aM Fr-M Anm 4b); dies ergibt die sonst überflüss Hervorhebg in IV. – Zu IV (2. Fall) vgl § 14 Anm 3.

6) **V**: dazu gehören auch Vorschüsse auf VerfKosten (BayObLG 76, 223). Vgl auch § 47 Anm 2a.

7) **Streit** über Verteilg der Nutzgen usw entsch AG nach § 43 I 1. Die Beiträge zieht der Verw ein (§ 27 II Nr 1); Auftr für gerichtl Einziehg (**§ 43 I 1**) an Verw erfordert MehrhBeschl (§ 27 II Nr 5; BayObLG 73, 73) ohne Mitwirkg des Säumigen (§ 25 V). Ahndg der Säumen dch Vorenthaltg des Mitgebrauchs unzul (§ 745 III 2; Bärmann Rdz 100). Zul aber Vereinbg einer VertrStrafe (BayObLG 59, 461). – UU Entziehgsklage nach § 18 II 2.

WEG 17 *Anteil bei Aufhebung der Gemeinschaft.*

Im Falle der Aufhebung der Gemeinschaft bestimmt sich der Anteil der Miteigentümer nach dem Verhältnis des Wertes ihrer Wohnungseigentumsrechte zur Zeit der Aufhebung der Gemeinschaft. Hat sich der Wert eines Miteigentumsanteils durch Maßnahmen verändert, denen der Wohnungseigentümer gemäß § 22 Abs. 1 nicht zugestimmt hat, so bleibt eine solche Veränderung bei der Berechnung des Wertes dieses Anteils außer Betracht.

WEG 17, 18 Wohnungseigentumsgesetz. *Bassenge*

1) Über Aufhebg der Gemsch vgl §§ 11, 9. Ist Aufhebg ausnahmsw zul, so erfolgt die Teilg nach §§ 752 ff.

2) Die Bedeutg von S 1 besteht darin, daß bei der Auseinandersetzg nach Aufhebg der WGemsch Verbesserngen u Verschlechtergen des SE zugunsten bzw zu Lasten des einzelnen WEigtümers berücks werden. Hierdch Anreiz zu Wertverbessergen des SE u Abschreckg vor Verschlechtergen.

3) S 2 betrifft Wertänderngen des gemeinschaftl Eigt. Entspr § 16 III bleibt die aufgedrängte Bereicherg (hierzu § 951 Anm 2c dd) bei der AuseinandS außer Betracht, ebso bei der EinhBewertg § 61; vgl § 16 Anm 4.

4) § 17 entspr anwendb, wenn die WEigtümer die WGemsch in schlichte EigtGemsch umbilden (§ 4 Anm 3; Bärmann Rdz 7).

WEG 18 *Entziehung des Wohnungseigentums.* I Hat ein Wohnungseigentümer sich einer so schweren Verletzung der ihm gegenüber anderen Wohnungseigentümern obliegenden Verpflichtungen schuldig gemacht, daß diesen die Fortsetzung der Gemeinschaft mit ihm nicht mehr zugemutet werden kann, so können die anderen Wohnungseigentümer von ihm die Veräußerung seines Wohnungseigentums verlangen.

II Die Voraussetzungen des Absatzes 1 liegen insbesondere vor, wenn

1. der Wohnungseigentümer trotz Abmahnung wiederholt gröblich gegen die ihm nach § 14 obliegenden Pflichten verstößt;

2. der Wohnungseigentümer sich mit der Erfüllung seiner Verpflichtungen zur Lasten- und Kostentragung (§ 16 Abs. 2) in Höhe eines Betrages, der drei vom Hundert des Einheitswertes seines Wohnungseigentums übersteigt, länger als drei Monate in Verzug befindet.

III Über das Verlangen nach Absatz 1 beschließen die Wohnungseigentümer durch Stimmenmehrheit. Der Beschluß bedarf einer Mehrheit von mehr als der Hälfte der stimmberechtigten Wohnungseigentümer. Die Vorschriften des § 25 Abs. 3, 4 sind in diesem Falle nicht anzuwenden.

IV Der in Absatz 1 bestimmte Anspruch kann durch Vereinbarung der Wohnungseigentümer nicht eingeschränkt oder ausgeschlossen werden.

1) Als Ausgleich gg die grdsätzl Unauflöslichk der WGemsch gibt § 18 gg einen Störenfried den **Entziehungsanspruch**. Ob ges Regelg geglückt, bleibt abzuwarten. Zur VertrStrafen (mit RNatur von Vereinsstrafen), BayObLG NJW **60**, 292. – Materielle **Voraussetzgen : a)** Generalklausel (I): schwere schuldh (wg Verschulden einschränkd Bärmann Rdz 12ff, 23; W-W Rdz 4a) Verletzg der GemschPflichten ggü and WEigtümern u Unzumutbark der Fortsetzg der WGemsch. **b)** Verstöße nach II, wobei Unzumutbark nicht festgestellt zu w braucht. Im Falle II 2 setzt Verzug Vertretenmüssen voraus, §§ 285, 279. – WEigtümerversammlg (Anm 5a) muß beschließen, daß der Ausschluß verlangt werden soll. Ob das Verlangen sachl begründet ist, entscheidet einzig u allein das ProzGer (§§ 19, 51). Befugn zur EntziehgsKl nicht abdingb (IV), doch II, III gem § 10 II abdingb, Celle DNotZ **55**, 320, zust Weitnauer; W-W Rdnr 10 (str; aM Karstädt BlGBW **64**, 99). – **Verwirkg** bei langem Zuwarten mit Geltendmachg (Bärmann Rdz 8). Streitig, ob AusschlFrist trotz IV vereinb u eintraggsfäh, was LG Kassel (Diester Rspr Teil II Nr 51a) verneint; berecht Bedenken hiergg Diester in Anm ebenda, sowie W-W Rdnr 9. **c) Zeitgrenze:** Verstöße gg die Gemsch dch Käufer einer EWohng stellen in seinem Verh zum Veräußerer posit Verletzg des Erwerbs-Vertr dar. BGH **59**, 104 (= **LM** Nr 1 Anm Mattern) gibt dem Veräußerer bis zum Ztpkt des dingl RErwerbs dch den Käufer noch das RücktrittsR nach **BGB** 326; von da ab jedoch gilt WEG 18. Dieses Kriterium soll aber nicht allgemein gelten, also nicht ausschließen, daß WEG in Einzelfragen auch schon auf die werdde Gemsch (vgl Übbl 2 E b vor § 1), umgekehrt KaufR noch nach Eintr des Käufers ins WE-GB anwendb ist (vgl BGH WPM **71**, 958 für GewlAnspr).

2) Die schwere PflVerletzg braucht nicht ggü allen and Teilh begangen zu sein, genügd einem einzelnen ggü. Im Falle I wird es sich idR um Verletzgen gg § 14 handeln, es kommen aber auch andere in Frage (Beleidiggen ua), ebso wie nach § 554a (dort Anm 2), § 723 II (dort Anm 1b; Bärmann Rdz 17). UU kann schon ein einziger Verstoß so schwer sein, daß Tatbestd von I vorliegt. Aber Entziehgsklage das „letzte Mittel", wenn andere RBehelfe versagen; AG Mü MDR **61**, 604. Nicht unbedingt nötig, daß Pflichtverletzg noch fortdauert, LG Nürnbg DtschRspr I (152) Bl 21 (Duldg bordellart Betr in vermieteter Wohnung).

3) II 1: es müssen mindestens 3 grobe Verstöße vorliegen, einer vor Abmahng, zwei danach. And bei Unzumutbark nach 1. Abmahng dch Verwalter od auch nur einen WEigtümer, mag dieser selbst auch nicht unmittelb verletzt sein; denn alle Mitbewohner haben Interesse an Aufrechterhaltg des Hausfriedens. Ist der Störenfried ein Haus- od BetriebsAngeh eines WEigtümers (TeilEigtümers), so muß eig PflVerletzg nach § 14 Nr 2 vorliegen.

4) II 2: wg des Einheitswertes vgl § 17 Anm 3 u § 61. – Abwendg der Folgen nach § 19 II. Zahlt der Bekl währd des Proz, so ist Klage in der Haupts erledigt, Kläger müssen sich auf KostenAntr beschränken.

5) a) Der Klage muß ein **Beschl der WEigtümer** zugrunde liegen, daß Entziehg verlangt w soll (oder kann). Der Störer stimmt nicht mit (§ 25 V). Absolute StimmenMehrh aller WEigtümer, nicht nur der erschienenen u bei Mehrhausanlage auch nicht nur der des betr Blocks (BayObLG Rpfleger **72**, 144; krit

2254

I. Teil. 2. Abschnitt: Gemeinschaft der Wohnungseigentümer   **WEG 18, 19**

Diester, Wicht RFragen des WE Rdn 250) nach Köpfen notw, qualif Mehrh vereinb (Celle NJW **55**, 954; Bärmann Rdn 51; W-W Rdn 10). Falls nur zwei WEigtümer vorhanden, ist BeschlFassg in Versammlg entbehrl (Staud-Ring Anm 10), zumal sachl Entscheidg, wie auch sonst, allein dch das Gericht. Über Gültigk des Beschl (Ordnungsmäßigk nach III) entsch FG-Richter, nicht ProzGer (KG OLGZ **67**, 462; str). WEigtümer können Aussetzg des EntziehgsVerf beschließen, zB um Störer Gelegenh zum Wohlverhalten zu geben (BayObLG **75**, 57).

b) Wer die Klage gg den Störer erheben kann u muß, vom G nicht geregelt. Jedf werden nicht alle and WEigtümer, also auch die überstimmten, zu klagen brauchen. Sonst ist Regelg prakt Schlag ins Wasser. Da MehrhBeschl Außenwirkg hat (§ 10 Anm 6), sind die die Mehrh Bildenden ermächtigt, den Beschl zur Ausführg zu bringen. Aber auch Klagebefugn eines einzelnen WEigtümers wird anzuerkennen sein (ebso Hubernagel § 19 Anm 2a in entspr Anwendg des § 432; so auch LG Nürnbg-Fürth, vgl Diester Rspr Teil II Nr 52. Mehrere klagen als notw Streitgenossen (Unteilbark des StreitGgst, vgl StJP § 62 II 1c); sie können dem Verwalter ProzVollm erteilen, aber wohl auch einen der Teilh ermächtigen, im eig Namen zu klagen. Teilw abw Diester Anm 9; Pritsch III 1.

c) Klage im ord RWeg (§ 43 I Nr 1) beim AG des Grdst, § 51. Keine ausschließl Zustdgk (ebso Fr-M Anm 4). Schiedsgericht vereinb (BayObLG **73**, 1). Abgabe (entgg § 51) dch ProzGer an FG-Ger trotz § 46 I 3 nach BayObLG **58**, 244 nicht bindd.

d) Klageantrag geht auf Verurteilg des Bekl zur Veräußerg seines WE (§ 19 I). And Fr-M Anm 4: Verurteilg in die Einwillgg in die Verst des WE u dessen Übertragg auf den Ersteher u auf Räumg nach Zuschlag u Herausg an den Ersteher. Jedoch hat das Urteil nach § 19 I „auf Veräußerg" ohne weiteres diese Verpflichtgen zum Inhalt. – **e)** Wg der Kosten vgl § 16 Anm 4. –

WEG 19 *Wirkung des Urteils.* ¹ Das Urteil, durch das ein Wohnungseigentümer zur Veräußerung seines Wohnungseigentums verurteilt wird, ersetzt die für die freiwillige Versteigerung des Wohnungseigentums und für die Übertragung des Wohnungseigentums auf den Ersteher erforderlichen Erklärungen. Aus dem Urteil findet zugunsten des Erstehers die Zwangsvollstreckung auf Räumung und Herausgabe statt. Die Vorschriften des § 93 Abs. 1 Satz 2 und 3 des Gesetzes über die Zwangsversteigerung und Zwangsverwaltung gelten entsprechend.

II Der Wohnungseigentümer kann im Falle des § 18 Abs. 2 Nr. 2 bis zur Erteilung des Zuschlags die in Absatz 1 bezeichnete Wirkung des Urteils dadurch abwenden, daß er die Verpflichtungen, wegen deren Nichterfüllung er verurteilt ist, einschließlich der Verpflichtung zum Ersatz der durch den Rechtsstreit und das Versteigerungsverfahren entstandenen Kosten sowie die fälligen weiteren Verpflichtungen zur Lasten- und Kostentragung erfüllt.

III Ein gerichtlicher oder vor einer Gütestelle geschlossener Vergleich, durch den sich der Wohnungseigentümer zur Veräußerung seines Wohnungseigentums verpflichtet, steht dem in Absatz 1 bezeichneten Urteil gleich.

1) Eigen- u neuart Wirkg des auf Veräußerg des WE, also zur Vorn einer Hdlg, lautenden Urteils od Vergleichs (III). Das Urteil wird als solches auf Abgabe von Erklärgen aufgefaßt. Vollstr nicht nach ZPO, sond dch eine „freiwillige" Verst (gemeint wohl eine solche iW der freiw Gerichtsbark) des WE nach §§ 53 ff. – Das Urteil ersetzt mit RKraft für diese Verst u die Eintr des Erstehers erforderl Erklärgen. Mit dieser unklaren Bestimmg ist (vgl W-W Rdnr 3) die Vollm auf den Notar zum Abschl des Kaufvertr mit dem Ersteher u die AuflErkl gemeint. Ferner bildet Urteil zugunsten des Erstehers, also eines Dr, der am Proz nicht beteiligt war, den Titel für die Vollstr auf Räumg u Herausg (ohne daß es hierauf lauten müßte). Erteilg der Klausel entspr ZPO 727 ff aGrd Ausfertigg des rechtskr Zuschlagsbeschlusses. – Keine Vollstr gg einen and Besitzer (zB Mieter), ZVG 93 I 1 gilt nicht. Wird trotzdem vollstreckt, kann Besitzer (wenn er z Bes berechtigt) nach ZPO 771 widersprechen, § 19 I 3, ZVG 93 I 2, 3. – Urt ersetzt (weil keine ZwVerst) die für Veräußerg notw Gen nicht: VormschG, §§ 1643, 1821; VerwBeh § 2 GrdstVG; wg BBauG s dort § 19 V 5.

2) Ersteher erwirbt WE erst mit Eintr im WGrdbuch.

3) Geltendmachg des Rechts aus II iW ZPO 767.

4) Unklar, wie der alten WEigtümer vorgehen können, wenn der Ersteher, etwa im Einverständn mit dem „abgemeierten" Störer, die Vollstr unterläßt. Vgl Friese NJW **51**, 510. Kann sich als neuer WEigtümer eintragen lassen, kann die Unterlass der Vollstr uU die Kl aus § 18 rechtfertigen. Hat er die Erkl über die Ann der (fingierten) AuflErkl nicht abgegeben od sich nicht eintragen lassen, so ist er nicht Teilh der W-Gemsch gew. Dann wird (vorbehaltl § 826) in Ausfüllg der GesLücke gg den Ersteher aus § 18 auf Veräußerg der Anwartsch auf das WE zu klagen sein (zust Soergel-Baur Rdz 1; Pritsch Anm 5; Diester Anm 3). Erm-Westermann Rdz 2 nimmt Vollm des Notars an, aus dem Kauf auf Abn zu klagen (zustimmd Pritsch Anm 4, W-W Rdnr 5); aber das kommt im G wohl kaum z Ausdr, widerspr auch der Stellg des Notars; so auch Bärmann § 19 Rdz 8. – Vgl auch unten § 56 Anm 1.

5) VorkaufsR (§ 12 Anm 1d) ausübb, da § 512 nicht die freiw Verst betrifft. – Vorkehrgen dagg, daß Erwerber das WE wieder an den Verurteilten veräußert, trifft G nicht; s aber § 56 Anm 1. – Der Gefahr, daß Verurteilter dch Belastgen od Veräußerg den Erfolg des Urteils vereitelt, ist dch Vormerkg (ZPO 895) zu begegnen.

2255

3. Abschnitt. Verwaltung

WEG 20 *Gliederung der Verwaltung.* ^I Die Verwaltung des gemeinschaftlichen Eigentums obliegt den Wohnungseigentümern nach Maßgabe der §§ 21 bis 25 und dem Verwalter nach Maßgabe der §§ 26 bis 28, im Falle der Bestellung eines Verwaltungsbeirats auch nach Maßgabe des § 29.

^{II} Die Bestellung eines Verwalters kann nicht ausgeschlossen werden.

1) Vorbem zum 3. Abschn. Dieser betrifft nur die Verw des gemschaftl Eigtums, nicht die des SE; dieses verwaltet jeder SEigtümer allein. Wg Geltdmachen von GewlAnspr dch Verwalter vgl Übbl 2 E d vor § 1.

2) II: Bestellg eines Verwalters unabdingb, auch wenn nur 2 WEigtümer. Das schließt aber nicht aus, daß gleichw kein Verw bestellt w, denn gerichtl Bestellg nur auf Antr (§ 26 II; so auch für § 44 III) u § 20 II verbietet nur (zwingd iSv § 10 I 2) Ausschl des Verw dch Vereinbg.; alle WEigtümer müssen dann die Verw-Maßn nach § 26–28 gemeins vornehmen (Merle S 21). Unabdingb ges Inhalt der VerwBefugn: § 27 I–III. – Bestellg u Abberufg: § 26; gehört zur ordngsgem Verwaltg iSv § 21 IV (Merle S 22).

WEG 21 *Verwaltung durch die Wohnungseigentümer.* ^I Soweit nicht in diesem Gesetz oder durch Vereinbarung der Wohnungseigentümer etwas anderes bestimmt ist, steht die Verwaltung des gemeinschaftlichen Eigentums den Wohnungseigentümern gemeinschaftlich zu.

^{II} Jeder Wohnungseigentümer ist berechtigt, ohne Zustimmung der anderen Wohnungseigentümer die Maßnahmen zu treffen, die zur Abwendung eines dem gemeinschaftlichen Eigentum unmittelbar drohenden Schadens notwendig sind.

^{III} Soweit die Verwaltung des gemeinschaftlichen Eigentums nicht durch Vereinbarung der Wohnungseigentümer geregelt ist, können die Wohnungseigentümer eine der Beschaffenheit des gemeinschaftlichen Eigentums entsprechende ordnungsmäßige Verwaltung durch Stimmenmehrheit beschließen.

^{IV} Jeder Wohnungseigentümer kann eine Verwaltung verlangen, die den Vereinbarungen und Beschlüssen und, soweit solche nicht bestehen, dem Interesse der Gesamtheit der Wohnungseigentümer nach billigem Ermessen entspricht.

^V Zu einer ordnungsmäßigen, dem Interesse der Gesamtheit der Wohnungseigentümer entsprechenden Verwaltung gehört insbesondere:

1. die Aufstellung einer Hausordnung;
2. die ordnungsmäßige Instandhaltung und Instandsetzung des gemeinschaftlichen Eigentums;
3. die Feuerversicherung des gemeinschaftlichen Eigentums zum Neuwert sowie die angemessene Versicherung der Wohnungseigentümer gegen Haus- und Grundbesitzerhaftpflicht;
4. die Ansammlung einer angemessenen Instandhaltungsrückstellung;
5. die Aufstellung eines Wirtschaftsplans (§ 28);
6. die Duldung aller Maßnahmen, die zur Herstellung einer Fernsprechteilnehmereinrichtung, einer Rundfunkempfangsanlage oder eines Energieversorgungsanschlusses zugunsten eines Wohnungseigentümers erforderlich sind.

^{VI} Der Wohnungseigentümer, zu dessen Gunsten eine Maßnahme der in Absatz 5 Nr. 6 bezeichneten Art getroffen wird, ist zum Ersatz des hierdurch entstehenden Schadens verpflichtet.

1) I entspricht § 744 I. Vgl dort Anm 1 über den Begr der VerwGemsch. Verw ist der Inbegr aller über den Gebr hinausgehden Maßn zur Substanzerhalt u Zweckwahrg hins des gemsch Eigt u zur Regelg des ZusLebens in der Gemsch; sie umfaßt unter Ausschl von VfgsHandlgen (§ 747) u baul Veränd (§ 22) sow tatsächl Handlgen (Abs V 2) als auch RHandlgen (Begründg u Geltdmachg von Rechten u Pfl). Sie ist Recht u Pfl aller WEigtümer. Einschrkg dch die Aufgaben des Verwalters (§§ 26–28). Nach KG OLGZ **78**, 146 sind die WEigtümer trotz § 27 I Nr 2, III zu tätiger Mithilfe bei der Verwaltg (zB Instandhaltg des Gemsch-Eigt) befugt, ohne daß Verpfl dazu dch MehrhBeschl begründb. Nach Celle MDR **70**, 678 kann ein einz WEigtümer bei Verletzg des gemschaftl Eigt dch den Verw SchadErsAnspr gg diesen nicht gem §§ 1011, 432 geltd machen; aA Bärmann Rdz 17; jed beschränkt **II** (enger als BGB 747 II) HandlgsR des einz WEigtümers auf Fälle unmittelb drohnden Schadens. Soweit denm Verw ProzFührg erfordert, sind die WEigtümer notw Streitgenossen (ZPO 62, vgl § 43 Anm 4). Damit schließt **I** die actio pro socio aus. Zur ProzFührgsBefug des Verw § 27 Anm 3 zu II 5. – Ausn vom gemeins VerwR dch G (II, III) od aGrd Vereinbg (§ 10 I 2). – Jeder WEigtümer kann das gemschaftl Eigt betr Gewährleistgs- (BGH **LM** Nr 1) od ErfüllgsAnspr (BGH **62**, 388) aus ErwerbsVertr einklagen, ohne daß Veräußerer Berufg auf fehlden GemschBeschl mögl (vgl Übbl E d bb vor § 1).

2) II entspricht § 744 II, 1.Halbs, jedoch unter Beschrkg des Rechts u der Pfl zu VerwHdlgen eines einzelnen WEigtümers auf die zur Abwendg eines unmittelb drohnden Schadens notwendigen; dies beruht auf Recht u Pfl des Verwalters nach § 27 I 2. – Der einzelne WEigtümer kann Ers seiner Aufwendgen iW des § 43 verlangen, § 16 II. – § 744 II, 2. Halbs nicht anwendb, dafür IV (W-W Rdnr 5).

3) III entspricht § 745 I 1. **MehrhBeschl** (über dessen Zustandekommen: § 25) zul nur über Angelegenh iSv **I**, also nicht, wo Einstimmigk erforderl: Ergänzg od Abweichg vom G; Abänderg der Vereinbg; Vfgs-

I. Teil. 3. Abschnitt: Verwaltung **WEG 21, 22**

Hdlgen u außergewöhnl baul Maßn (BayObLG 73, 71). Jed w MehrhBeschl über einstimm zu treffde Maßn wirks dch Ablauf d AnfechtgsFrist (§ 23 IV), BGH **54**, 65, sow er nicht gg unabdingb Vorschr des G verstößt (§ 134) od wg § 138 nichtig ist (BayObLG **73**, 81). Nichtig zB Eingriff in SE od dingl AnwartschR auf dieses dch MehrhBeschl, BayObLG **73**, 78. Zur MehrhBildg bei **Mehrhausanlagen** s § 25 Anm 2 a. – **Geltdmachg der Ungültigk** eines Beschl: §§ 23 IV, 43; Nichtigk kann stets geltd gemacht w, auch dch FeststellgsAntr, BayObLG **65**, 283, od einredeweise, § 23 Anm 5. Wirkg der Beschlüsse gg SonderR-Nachf auch ohne Eintr im GB: § 10 III (dort Anm 6). Zur Ordngsmäßigk der Verwaltg bei GebrErlaubn an NichtWEigtümer vgl BayObLG **75**, 201.

4) IV lehnt sich an § 745 II an. Im Wege des § 43 kann einzelner WEigtümer auch bei Vereinbg od MehrhBeschl ordngsmäß Verw verlangen, also insb die Nichtausführg oder mangelh Ausführg geltd machen, u zwar gegen den Verwalter od (u) die WEigtümer. IV aber auch, wenn MehrhBeschl nicht zustande kam. Die Aufzählg in V hindert die Gemeinsch nicht, weitere Aufgaben einer ordngsm Verw zuzurechnen; so kann der WEigtümer, der in dem zu seinem SE gehör Keller einen Öltank aufgestellt hat, dch MehrhBeschl gezwungen w, eine Gewässerschäden HaftPflVers abzuschließen, Brschw OLGZ **66**, 571. IV gibt ggü Anspr der Gemsch aus § 16 II keine Retention, s dort Anm 3. – Eine als solche unzul Anfechtg eines MehrhBeschl kann als Antr auf Entscheid über die Ordngsmäßigk der Verwaltg für die Zukunft zul sein, BayObLG **72**, 150.

5) V. Aufzählg nur beispielh (BayObLG **73**, 72; Pick NJW **72**, 1743). Abdingb, jedoch gem §§ 43, 21 IV erzwingb Maßn, die zur ordngsm Verwaltg gehören. – Die **Hausordng (Nr 1)** ist eine ZusFassg der Gebr- (§ 15) u VerwaltgsRegelgen (I–IV). Sie darf, wenn sie nicht in Vereinbg/TeilgsErkl enthalten ist, nur bestimmen, was dch MehrhBeschl (§§ 15 II, 21 III) regelb ist; in diesem Rahmen darf sie auch vom Gericht im Verf nach §§ 15 III, 21 IV, 43 erlassen w (Hamm OLGZ **69**, 278). Dem Verw obliegt die DchFührg, ihm kann auch die Aufstellg übertr w (Hamm OLGZ **70**, 399). – **Nr 2**: Darunter fallen Wiederherstellg des urspr Zustandes (BayObLG **71**, 280; Pick NJW **72**, 1742) u Anpassg des vorhandenen Zustandes an neues BauR (LG Mü Betr **77**, 2231); uU auch DchSetzg von GewlAnspr (vgl Übbl 2 E d vor § 1). – **Nr 3**: Abschl der Feuerversicherg ist Sache der WEigtümer-Gemsch, der der Haftpflichtversicherg Sache jedes einz WEigtümers. – **Nr 4**: Verwaltg der im MitE der Zahldn stehdn (§ 27 Anm 2) Instandhaltgsrücklage; zu deren Bedeutg u Verwendgszweck vgl Hamm OLGZ **71**, 96; Ffm MDR **74**, 848; Röll NJW **76**, 937. Sie ist nicht obligator, kann jedoch gem IV verlangt w. – **Nr 5**: Aufstellg des WirtschPlans (vgl § 28 Anm 1). – **Nr 6**: vgl AG Hann Rpfleger **69**, 132 u dazu § 22 Anm 1b; vgl auch § 27 II Nr 6.

WEG 22 *Besondere Aufwendungen, Wiederaufbau.* **I Bauliche Veränderungen und Aufwendungen, die über die ordnungsmäßige Instandhaltung oder Instandsetzung des gemeinschaftlichen Eigentums hinausgehen, können nicht gemäß § 21 Abs. 3 beschlossen oder gemäß § 21 Abs. 4 verlangt werden. Die Zustimmung eines Wohnungseigentümers zu solchen Maßnahmen ist insoweit nicht erforderlich, als durch die Veränderung dessen Rechte nicht über das in § 14 bestimmte Maß hinaus beeinträchtigt werden.**

II Ist das Gebäude zu mehr als der Hälfte seines Wertes zerstört und ist der Schaden nicht durch eine Versicherung oder in anderer Weise gedeckt, so kann der Wiederaufbau nicht gemäß § 21 Abs. 3 beschlossen oder gemäß § 21 Abs. 4 verlangt werden.

Schrifttum: Kürzel, BlGBW **68**, 204. – Stoll, SchlHA **73**, 142. – Weimar JR **74**, 57.

1) I. Außergewöhnl baul Ändergen bedürfen, weil über ordngsgem Verw iSv § 21 V Nr 2 hinausgehd, der Zust aller WEigtümer, so auch wenn sie allen nützen od der Gemsch keine Kosten entstehen (BayObLG **71**, 322; aA **75**, 206). Auf die Wesentlichk kommt es hier also nicht an. **a) Einstimmiger Beschluß** aller WEigtümer nöt für die in I aufgeführten Maßnahmen; hierzu gehören auch wesentl Verbessergen des Gebäudes (zB Einbau einer Sammelheizg; Durchbruch zum NachbHaus, um 2 EigtWohngen miteinand zu verbinden, BayObLG **71**, 281; nicht Verstärkg der Fernsehantenne, AG Starnbg, MDR **70**, 679; wohl aber Ersetzg der Kohlen- dch Ölheizg; noch nicht erforderl Ausbessergen; Umgestaltg des Gartens od Beseitigg eines Zauns (BayObLG **75**, 201); Umbau mit Verringrg der gemsch Eigt (KG OLGZ **76**, 56); Bebauung unbebauter Flächen (zB mit Garage; Celle DWW **61**, 29); Umwandlg einer Grünfläche in Park- (Stgt OLGZ **74**, 404) od Kinderspielplatz (LG Mannh ZMR **76**, 51) od Terrasse (KG WPM **72**, 708); Terrassenunterkellerg (Hamm OLGZ **76**, 61); Umwandlg gemschaftl Kfz-Abstellplätze in Garagenreihe (BayObLG **73**, 81); Anbringg einer Balkontreppe (BayObLG **74**, 269); das Betonieren der Zufahrt zu Garage in SE (Celle MDR **68**, 48); Entferng od Stillegg gemsch Gasleitg (BayObLG Rpfleger **76**, 291); Aufstellg eines Geräteschuppens auf Grünfläche (KG Rpfleger **77**, 314); Stillegg eines Lifts (AG Mü ZMR **76**, 312); Veränderg einer Böschgstützmauer zur Aufn von Mülltonnen (Karlsr OLGZ **78**, 172); Anschluß des Hauses (im Ggs zum Anschluß der Wohng an ein Hause befindl Hauptleitg, § 21 V Nr 6) an Gasleitg (AG Hann Rpfleger **69**, 132). – Keine baul Veränderg bloße Farbmarkierg von Parkflächen (Karlsr MDR **78**, 495) od Austausch des Asphaltbelages der Zufahrt gg Platten (Schlesw SchlHA **68**, 70 [Grenzfall]; zur Abgrenzg baul Veränderg v modernisierder Instandhaltg Stoll SchlHAnz **73**, 142). Unter § 21 V 2 fällt Verstärkg der Stromleitg für die übl HaushGeräte (Stoll aaO); ErsBeschaffg für gemsch Geräte (BayObLG NJW **75**, 2296); Erstanlage eines Gartens auf nicht für and Zwecke vorgesehener Fläche (BayObLG **75**, 201).

b) Ausn I 2: Zust eines WEigtümers entbehrl, der nach § 14 Nr 3 zur Duldg der baul Veränderg verpfl. DuldgsPfl besteht ggü baul Verändergen, die für WEGemsch zwingd erforderl (§ 14 Anm 1 c). And baul Verändergen sind von den WEigtümern zu dulden, für die sie keine Nachteile bewirken (BayObLG **75**, 177; Karlsr OLGZ **78**, 172); Nachteile aber gegeben bei Beeinträchtigg des MitGebr od der konstruktiven Stabilität sowie, wenn äußeres Bild des Gbdes (Hbg MDR **77**, 230) od sein Bestimmgszweck verändert w,

§ 745 III; weiter: wenn bei Festzuweisg von Kfz-Abstellplätzen nicht alle WEigtümer zum Zug kämen, mögen sie auch derzeit keinen Wagen haben (KG OLGZ **67**, 479); bei Umwandlg von Grünfläche in Kfz-Abstellplatz (Stgt OLGZ **74**, 404); Vergrößerg der Belegbark (zB Aufstockg). – Ist Zust nicht nach I 2 entbehrl, so ergibt sich Entbehrlichk grdsätzl auch nicht aus BGB 242 (KG Rpfleger **77**, 314). – Trifft I 2 zu, so ist nur noch Zust aller Betroffenen erforderl, denn I 2 schaltet Nichtbetroffene aus (Bärmann Rdz 70; W-W Rdz 3; aA KG OLGZ **67**, 479; NJW **69**, 2205: MehrhBeschl statt Einstimmigk). – Der WEigtümer, der nicht zustimmt, ist an Nutzgen u Kosten nicht beteiligt (§ 16 III; BayObLG **75**, 201), auch bleibt Werterhöhg nach § 17, 2 insow außer Betr.

c) Ob Einstimmigk nöt od MehrhBeschl genügt, ist Streit nach § 43 I Nr 1 (KG aaO); vgl § 23 IV 1.

d) § 22 I gilt nicht für Baumaßnahmen zur Ausführg der im Aufteilgsplan (§ 7 IV 1) vorgesehenen Gebäude u Anlagen, denn das dingl AnwartschR auf Erwerb des SE an den „zu errichtden Gebäuden", §§ 3, 8, kann nicht dch Beschl vereitelt w, § 747; BayObLG **73**, 82.

2) II: völl od teilw **Zerstörg des Gebäudes** (dazu Alsdorf BlGBW **77**, 88).

a) Pfl zum Wiederaufbau schlechthin, wenn Schaden dch Versicherg od sonstwie (SchadErsAnspr) gedeckt. – Über ErsPfl des Gebäudefeuerversicherers, auch wenn einer der WEigtümer den Brand vorsätzl od grobfahrl gelegt h, vgl BB **59**, 1042.

b) Zerstörg des Gebäudes zu mehr als der Hälfte seines Wertes: Pfl zur Beteiligg am Wiederaufbau, wenn die Voraussetzgen zu a nicht vorliegen, nur aGrd einstimmigen Beschl od Vertr aller WEigtümer.

c) Zerstörg des Gebäudes zu weniger als dem halben Wert. Wiederaufbau auf gemeins Kosten kann dch MehrhBeschl od gem § 21 IV verlangt w, auch wenn Schaden nicht gedeckt. Diese Bestimmg kann sich uU verhängnisvoll für den betroffenen WEigtümer auswirken. Wenn zB ein Flügel des Hauses, der weniger als die Hälfte des Hauses wert ist, dch Lawine od Hochwasser zerstört w u keine Versicherg besteht, dann kann die Mehrh den Wiederaufbau beschließen, so daß sich auch die Minderh ohne Rücks auf ihre finanzielle Lage am Aufbau beteiligen muß. Dazu muß dann der betroffene SEigtümer die Kosten der Wiederherstellung des SE allein tragen. – Ob hier ein Verlangen nach § 21 IV berechtigt, wird bes streng zu prüfen sein.

d) Besteht keine WiederaufbauPfl: § 11 I 3, § 9 I 2.

3) I u II abdingb (Stgt OLGZ **74**, 404). Zul zB Übertr der Genehmiggsbefugn auf Verw; dann aber MaßnAnfechtg §§ 21 IV, 43 I Nr 2 (BayObLG **74**, 269). Ist gg I bereits verstoßen, gilt das Verf nach § 43 I Nr 1 auch für den BeseitiggsAnspr aus BGB 1004 (§ 13 Anm 1 b, 2 b) od den SchadErsAnspr aus BGB 249 auf Wiederherstellg wg Verletzg der GemschPfl gem § 14 Nr 1 (Stgt NJW **70**, 102; BayObLG **71**, 279; Hamm OLGZ **76**, 61).

WEG 23 *Wohnungseigentümerversammlung.* **I** Angelegenheiten, über die nach diesem Gesetz oder nach einer Vereinbarung der Wohnungseigentümer die Wohnungseigentümer durch Beschluß entscheiden können, werden durch Beschlußfassung in einer Versammlung der Wohnungseigentümer geordnet.

II Zur Gültigkeit eines Beschlusses ist erforderlich, daß der Gegenstand bei der Einberufung bezeichnet ist.

III Auch ohne Versammlung ist ein Beschluß gültig, wenn alle Wohnungseigentümer ihre Zustimmung zu diesem Beschluß schriftlich erklären.

IV Ein Beschluß ist nur ungültig, wenn er gemäß § 43 Abs. 1 Nr. 4 für ungültig erklärt ist. Der Antrag auf eine solche Entscheidung kann nur binnen eines Monats seit der Beschlußfassung gestellt werden, es sei denn, daß der Beschluß gegen eine Rechtsvorschrift verstößt, auf deren Einhaltung rechtswirksam nicht verzichtet werden kann.

1) Abdingbar.

2) Zu I: Bei Mehrhauswohnanlage sind über nur ein Haus betr Angelegenheiten mitbestimmgsberecht nur die in diesem Hause Berechtigten, § 15 Anm 2; BayObLG **61**, 328; Diester Rpfleger **62**, 63; and im Verf nach § 18, s dort Anm 5a. Vorgemerkte WE-Erwerber, die im Bes ihres WE u denen aufgelassen ist, die aber noch nicht im GB eingetr, sind stimmberecht; Teiln ist stimmberecht WEigtümer macht den Beschl nur ungült, wenn dies für Ergebn ursächl, LG Wuppertal Rpfleger **72**, 451, zust Diester.

3) II: Erforderl u genügd Angabe, die erkennen läßt, worüber verhandelt u beschl w soll; es genügt Erkennbark des Ggst der BeschlFassg, nicht notw auch Überschaubark des mögl BeratgsErgebn u seiner etw RFolgen (Stgt NJW **74**, 2137). Schlagwortart Bezeichng insb ausreichd, wo Sache schon früher (uU in Rundschreiben) erörtert w war; vgl auch BGB 32 Anm 2. Beschl selbst bedarf der Bestimmth, vgl § 24 Anm 4. Wahl des Vorsitzden, Verpflichtg des abberufenen Verwalters, seine Unterlagen dem neuen herauszugeben, fallen nicht unter II (BayObLG **65**, 45). Bei Verstoß gilt IV (LG Hdlbg, Diester Rspr Teil II Nr 56; LG Hbg NJW **62**, 1867); dch Vereinbg aller WEigtümer abdingb u verzichtb (KG OLGZ **74**, 399).

4) III entspricht BGB 32 II. Auch ohne WEVersammlg schriftl Zust der WEigtümer ausreichd bei Einstimmigk. Diese Einstimmigk allein macht den Beschl aber zur Vereinbg (§ 10 Anm 3). MehrhBeschl kann nicht schriftl gefaßt w. Haben alle in der WEVersammlg Anwesden zugestimmt, können die Abwesden ihre Zust schriftl geben (W-W Rdnr 3). Übereinstimmde schriftl Erkl im Verf nach § 43 genügen idR für III nicht (KG OLGZ **74**, 399). StimmR haben hier auch WEigtümer, deren StimmR nach § 25 V ruht (LG Dortm MDR **66**, 843). BeschlAnregg kann von Verw u jedem WEigtümer ausgehen.– Schriftl ZustErkl ist, wenn sie dch Abgabe ggü dem Vorsitzden der WEVersammlg (§ 24 V) wirks gew ist, unwiderrufl (W-W Rdz 3b; aA Hbg MDR **71**, 1012; Merle S 46 Fußn 124 mwN: widerrufl bis Zugang letzter ZustErkl). Beschl erst mit Zugang letzter ZustErkl getroffen (BayObLG **71**, 313; Hbg aaO; aA KG OLGZ **74**, 399: mit Bek). Stimmt auch nur ein WEigtümer nicht zu, so liegt kein Beschl vor (BayObLG aaO). III schützt Minderh, daher nicht dch TeilgsErkl/Vereinbg abdingb (Hamm MittBayNot **78**, 58).

5) IV. a) Beschl kann wg seines **Inhalts** nach BGB 134 (zB bei Verstoß gg unabdingb Vorschr), BGB 138 (Sittenwidrigk des Inhalts od des Zustandekommens; zB argl Vereitelg der Mitwirkg, StimmRManipulation dch Bauträger) **nichtig** sein u dann dch Ablauf der AnfechtgsFr nicht wirks w (BayObLG **75**, 57). Verstoß gg § 242 begründet nur Anfechtbark (BayObLG MDR **78**, 673). Nichtigk kann jederzeit einredew, auch dch FeststellgsAntr (§ 43, BayObLG **65**, 283) geltd gemacht w; Berufg auf Nichtigk kann verwirkt w (vgl BGB 242 Anm 9). – Verstöße gg Vorschr über das **Zustandekommen** führen (weil sämtl verzichtb) nur zur Anfechtbark, wesh jeder nicht angefochtene nur formell fehlerh Beschluß mit Ablauf der AnfFr wirks w (BGH **54**, 65).

b) Bei **sonstigen inhaltl** od **bei formellen Mängeln** muß der Beschl erst für ungült erklärt w. Dies wirkt zurück (BayObLG **76**, 211); bei schon vollzogenem Beschl hat überstimmte Minderh gg Mehrh Anspr auf Rückgängigmachg bzw Folgenbeseitig (BayObLG **75**, 201). Keine aufschiebde Wirkg der Anf (BayObLG **77**, 226); zw Anf u gerichtl Entsch kann § 44 III helfen. Unerhebl Verstöße gg rein formale Vorschr (BayObLG **65**, 40) od solche gg SollVorschr (zB § 24 III 2) führen nicht zur UngültigkErkl. – Inwiew Gericht in MehrhBeschl der WEigtümer ändernd eingreifen kann, ist str. Verneind zunächst Hamm OLGZ **71**, 96; bejahd nunm, wenn ggü einem MehrhBeschl gem § 21 IV ordngsgem Verw verlangt w (MDR **71**, 662). Verneind Bärmann § 43 Rdz 41; einschränkd auf richterl GestaltgsR gem § 242 u Änderg der ordngsm Verw iSv § 21 IV W-W § 43 Rdz 12. Grdsätzl muß die VertrAutonomie der Parteien beachtet w; die Ersetzg einer (ungült) umfassden VerwVereinbg dch das üll Erm des Richters ist abzulehnen; vorsicht Einzeleingriffe mögen zul sein. Bei teilw Ungültig eines Beschl gem BGB 139 zu prüfen, ob insges für ungült zu erklären. Die als solche unzul Anfechtg eines MehrhBeschl der WEigtümer kann als Antr auf Entscheidg über die Ordngsmäßigk der Verwaltg für die Zukunft zul sein (BayObLG **72**, 150).

c) IV 2 setzt eine **Ausschlußfrist** für den im Verf nach § 43 I Nr 4 zu verfolgden Antr; sie dient der RSicherh u kann dch Vereinbg/TeilgsErkl nicht verlängert (aA Bärmann Rdz 43) sond nur verkürzt w (vgl ZPO 224). Prot über BeschlFassg (§ 24 VI) muß WEigtümer mind eine Woche vor Ablauf vorliegen (BayObLG **72**, 246); Verstoß ist PflVerletzg des Verw, dadch aber keine Fristverlängerg. Bei unverschuldeter Fristversäumg Wiedereinsetzg entspr FGG 22 II (BGH **54**, 65). – **aa)** Fristwahrg dch AntrStellg; innerh der Fr muß der angefochtene Beschl bezeichnet (BayObLG **74**, 172), der Antr aber nicht begründet w (BayObLG **74**, 305). AntrStellg bei unzust Ger genügt, wenn AntrSteller alsbald Verweisg beantragt (BayObLG **68**, 233). FrBeginn bei BeschlFassg in Versammlg mit Verkündg des Ergebn od seiner Aufn in Prot (Merle S 47); bei BeschlFassg nach III mit Feststellg u Bek des Ergebn dch Verw (KG WPM **72**, 710; aA Hbg MDR **71**, 1012: mit Zugang letzter ZustErkl). – **bb) GeltgsBereich.** IV 2 gilt auch für Streit, ob für Beschl Einstimmigk erforderl od Mehrh ausreicht (BGH **54**, 65); nicht aber für Streit, ob überh ein Beschl zustande gekommen, zB weil keine Mehrh (Celle NJW **58**, 307; Bärmann Rdz 43) od gemäß BGB 134, 138 nichtig (BayObLG **75**, 286). – **cc) ZweitBeschl** gleichen Inhalts kann ErstBeschl ersetzen od nur bestätigd wiederholen (Ausleggsfrage). Bestätigg kann zur rückwirkden Heilg formeller Mängel des ErstBeschl erfolgen (BayObLG **77**, 226). Bei Ersetzg w ErstBeschl aufgehoben u für ZweitBeschl läuft neue Frist (BayObLG **75**, 284). Bei Bestätigg läuft jedenf dann neue Fr, wenn formell fehlerh ErstBeschl geheilt w soll (vgl BayObLG **77**, 226).

WEG 24 *Einberufung, Vorsitz, Niederschrift.* **I** Die Versammlung der Wohnungseigentümer wird von dem Verwalter mindestens einmal im Jahre einberufen.

II Die Versammlung der Wohnungseigentümer muß von dem Verwalter in den durch Vereinbarung der Wohnungseigentümer bestimmten Fällen, im übrigen dann einberufen werden, wenn dies schriftlich unter Angabe des Zweckes und der Gründe von mehr als einem Viertel der Wohnungseigentümer verlangt wird.

III Fehlt ein Verwalter oder weigert er sich pflichtwidrig, die Versammlung der Wohnungseigentümer einzuberufen, so kann die Versammlung auch, falls ein Verwaltungsbeirat bestellt ist, von dessen Vorsitzenden oder seinem Vertreter einberufen werden.

IV Die Einberufung erfolgt schriftlich. Die Frist der Einberufung soll, sofern nicht ein Fall besonderer Dringlichkeit vorliegt, mindestens eine Woche betragen.

V Den Vorsitz in der Wohnungseigentümerversammlung führt, sofern diese nichts anderes beschließt, der Verwalter.

VI Über die in der Versammlung gefaßten Beschlüsse ist eine Niederschrift aufzunehmen. Die Niederschrift ist von dem Vorsitzenden und einem Wohnungseigentümer und, falls ein Verwaltungsbeirat bestellt ist, auch von dessen Vorsitzenden oder seinem Vertreter zu unterschreiben. Jeder Wohnungseigentümer ist berechtigt, die Niederschriften einzusehen.

1) Kommt der Verwalter der Pfl zur Einberufg nicht nach, so entsch auf Antr eines WEigtümers das AG nach § 43 I 2. Es kann entspr BGB 37 II, AktG 122 III, GenG 45 III AntrSteller zur Einberufg ermächtigen u Vorsitz regeln (BayObLG **70**, 1; aA Merle S 26: §§ 43 I Nr 2, 45 III, ZPO 887). Einzelner WEigtümer hat kein R, einzuberufen od Tagesordnungpunkte anzukündigen (LG Hbg NJW **62**, 1867); doch kann er sein Ziel gem § 43 I Nr 2 verfolgen (BayObLG **70**, 1).

2) II begründet das als solches unabdingb (BayObLG **72**, 318) R einer nach Kopfzahl der W-(Hamm NJW **73**, 2300) u TeilEigtümer (AG Mü Rpfleger **75**, 254) zu ermittelnden Minderh auf Einberufg einer ao Versammlg. Vereinbg, daß die Hälfte od mehr der WEigtümer erforderl, wäre nichtig (§ 134; vgl § 23

Anm 5) mit der Folge, daß der gesetzl Regel gilt. Das MinderhBegehren muß den Ggst (entspr 23 II) und den Grd (Dringlichk) bezeichnen. Mißbräuchl Begehren unbegründet, vgl BGB 37 Anm 2 b.

3) III will vermeiden, daß bei Fehlen eines Verw (§ 20 Anm 2) od dessen Untätigk zur Einberufg der Umweg der §§ 26 III, 43 I 2, 3 gewählt w muß. EinberufgsR setzt, wo nichts Abweichdes vereinb (§ 10 II), voraus, daß der Vorsitzde des Beirats, bzw sein Vertreter selbst WEigtümer ist (§ 29 Anm 1 aE).

4) IV Einberufg: Form u Frist der Ladg nur OrdngsVorschr. Mangel begr Anfechtg (§ 23 IV) nur bei Kausalität (BayObLG **72**, 140; **73**, 68; Merle S 31); ebso Nichteinladg eines StimmBerecht (vgl BGH NJW **73**, 235). Bei gemschaftl WE (vgl § 3 Anm 3) sind alle Berecht zu laden, sofern Vereinbg/TeilgsErkl nichts and vorsieht (Ziege NJW **73**, 2185).

5) Für anderw Beschl nach V genügt Stimmenmehrh (W-W Rdnr 4).

6) Beschlüsse wirken gg SonderNachf auch ohne Eintr, § 10 III. Kein Schutz Gutgläubiger. Bedenkl, weil keine Gewähr für ordngsm Niederschr u Aufbewahrg. Beschl muß hinreichd bestimmt u in seinen Auswirkgen übersehb sein, Stgt NJW **61**, 1359.

7) Wahl des Versammlgsleiters (V) nicht selbstd anfechtb, BayObLG **65**, 45.

8) VI SchutzVorschr wg § 10 III. Über öffentl Beglaubigg vgl § 26 IV. Verstoß gg VI macht Beschl nicht nichtig (Hamm DNotZ **67**, 38). Gefordert w ErgebnProtokoll, doch auch Ablaufprotokoll daneben zul, weil uU sachdienl; Pfl zur Aushändigg des Protokolls (uU auch einer Änderg, BayObLG **73**, 69) kann sich ausnw (§ 242) aus §§ 675, 666 ergeben, BayObLG **72**, 251. Bei beleidigdem ProtInhalt Recht des Betroffenen auf Berichtgg od Gegendarstellg in gleicher Form, BayObLG **74**, 89; **73**, 69/75.

9) Aus § 23 IV 2 folgt Pfl des Verwalters, Niederschr über VersammlgsBeschl den WEigtümern so rechtzeitig (nach Bärmann Rdz 40 unverzügl) zur Einsicht zugängl zu machen, daß die Frist gewahrt w kann, vgl BayObLG **72**, 246; LG Fbg Rpfleger **68**, 93, zust Diester. WEigtümer kann Dritten ermächtigen, statt seiner einzusehen. Bei berecht Interesse kann er Dritten auch selbstd Einsicht gestatten (vgl W-W Rdnr 8).

WEG 25 *Mehrheitsbeschluß.* ¹ Für die Beschlußfassung in Angelegenheiten, über die die Wohnungseigentümer durch Stimmenmehrheit beschließen, gelten die Vorschriften der Absätze 2 bis 5.

ᴵᴵ Jeder Wohnungseigentümer hat eine Stimme. Steht ein Wohnungseigentum mehreren gemeinschaftlich zu, so können sie das Stimmrecht nur einheitlich ausüben.

ᴵᴵᴵ Die Versammlung ist nur beschlußfähig, wenn die erschienenen stimmberechtigten Wohnungseigentümer mehr als die Hälfte der Miteigentumsanteile, berechnet nach der im Grundbuch eingetragenen Größe dieser Anteile, vertreten.

ᴵⱽ Ist eine Versammlung nicht gemäß Absatz 3 beschlußfähig, so beruft der Verwalter eine neue Versammlung mit dem gleichen Gegenstand ein. Diese Versammlung ist ohne Rücksicht auf die Höhe der vertretenen Anteile beschlußfähig ; hierauf ist bei der Einberufung hinzuweisen.

ⱽ Ein Wohnungseigentümer ist nicht stimmberechtigt, wenn die Beschlußfassung die Vornahme eines auf die Verwaltung des gemeinschaftlichen Eigentums bezüglichen Rechtsgeschäfts mit ihm oder die Einleitung oder Erledigung eines Rechtsstreits der anderen Wohnungseigentümer gegen ihn betrifft oder wenn er nach § 18 rechtskräftig verurteilt ist.

1) Allgemeines. § 25 enthält die formellen Voraussetzgen für einen MehrhBeschl; sie sind alle dch Vereinbg/TeilgsErkl abdingb. Ein MehrhBeschl genügt dort, wo das G nicht Einstimmgk verlangt (BayObLG **73**, 72). Einstimmigk notw in den Fällen des § 10 I 2 (einschl Änderg einer Vereinbg), des § 22 u für VfgsHdlgen (BGB 35, 137, 747); Mehrh zugelassen in §§ 15 II, 18 III, 21 III, 26 I, 28 IV u V, 29 I. - Zur Gültigk eines unangefochtenen MehrhBeschl, für den Einstimmigk notw war, vgl § 23 Anm 5c.

2) Stimmenmehrheit (II).

a) StimmR haben alle WEigtümer, bei Mehrhausanlage od in sich abgeschl Hausteil nur die wirkl Betroffenen (BayObLG **75**, 177; LG Wuppt Rpfleger **72**, 451), wobei Betroffenh sich auch aus § 16 II ergeben kann (LG Mü Betr **77**, 2231); zum StimmR des noch nicht im GB eingetr Erwerbers von WE vgl KG OLGZ **78**, 142 u Übbl 2 E b vor § 1. Fehldes StimmR bewirkt Ungültigk nur bei Kausalität (LG Wuppt aaO). Das StimmR ist unübertragb, aber dch Vertr ausübb; aber keine verdrängde Vollm für GruppenVertr dch Vereinbg/TeilgsErkl (W-W Rdn 2a; Diester, Wicht RFragen des WE Rdn 285; Schmid DNotZ **75**, 138; aA Tasche DNotZ **74**, 581). In Angelegenh nach §§ 15, 16, 21 (nicht bei Vfgen) hat der Nießbraucher am WE entspr BGB 1066 das StimmR (Schöner DNotZ **75**, 78; Anwendg von II 2 aber abzulehnen); ebso WohngsRInh (BGB 1093) in Angelegenheiten nach § 15 II (BGH Rpfleger **77**, 55). Vereinbg/TeilgsErkl kann Ruhen des StimmR bei schuldh gemschwidr Verhalten vorsehen (BayObLG **65**, 34) u Ausübg dch Vertr einschränken (Karlsr OLGZ **76**, 273).

b) Mehrheit der erschienen od vertretenen (Celle NJW **58**, 307) StimmBerecht nach Köpfen (II 1), nicht nach MitEAnteilen (abw § 18 III). Ohne Rücks auf die Zahl seiner WERechte zählt jeder WEigtümer nur einmal (BGH **49**, 250); also auch nach realer Vorratsteilg ohne Veräußerg (Übbl 2 B d cc vor § 1), nach Veräußerg vgl Anm 2 c. Bei Stimmengleichh MehrhBeschl unmögl, dann aber R jedes WEigtümers nach §§ 15 III, 21 IV; zur Anfechtg einer AntrAblehnung vgl § 43 Anm 1 aE. Ist nur einer erschienen, so kann er bei BeschlFähigk alleine beschließen. - **Stimmenthaltg** bedeutet Ablehng, denn das G stellt (wenn auch ausdr nur für BeschlFähigk) auf die Zahl der Erschienenen ab (Celle NJW **58**, 307; KG NJW **78**, 1439 mwN abl Anm Merle). Wer nicht in die Entscheidg einbezogen w will, muß den Raum verlassen, wodch sich Anteil der Ja-Stimmen erhöht (vgl aber Anm 3a). - Vereinbg/TeilgsErkl kann zB Mehrh nach MitEAnteilen (Hamm OLGZ **75**, 428), WERechten (Karlsr OLGZ **76**, 145) od qualif Mehrh vorsehen; gilt

I. Teil. 3. Abschnitt: Verwaltung **WEG 25, 26**

auch für MehrhBeschl nach § 26 I 1 (KG OLGZ **78**, 142; Hamm OLGZ **78**, 184; aA 37. Aufl). RMißbr mögl, zB wenn Bauträger sich MehrstimmR für zurückbehaltenes TeilE u damit funktionswidr Einfluß sichert (vgl § 8 Anm 1 b; Karlsr aaO; Hamm aaO). – Über Streit, ob Beschl mit StimmenMehr gefaßt, vgl § 23 Anm 5c.

c) Einheitl StimmR (II 2) bei gemschaftl WE mehrerer (vgl § 3 Anm 3). Alle zus haben eine Stimme, keine StimmRQuote (Ziege NJW **73**, 2185); Willensbildg intern nach jeweil GemschRegeln. Da einheitl Ausübg notw, kann einer alleine nur bei ges od rgesch VertrMacht stimmen (aA Ziege aaO: Erschienener stets zur Stimmabgabe befugt); rgesch Vollm muß Inhalt u Umfang klar erkennen lassen (BayObLG **74**, 294 für Vollm in TeilgsErkl). Bei divergierden Stimmen Stimmenthaltg (Ziege aaO), sofern nicht einer AlleinVertrMacht hat. – Nach Teilveräußerg real geteilten WERechts gilt für alle Inh der Teile II 2 entspr; aber TeilstimmR, wenn Vereinbg/TeilgsErkl II 1 dch StimmR nach MitEAnteilen ersetzt (Bärmann § 8 Rdn 43, 45; vgl auch BGH **49**, 250; aA wohl Stgt OLGZ **73**, 179). – Vereinbg/TeilgsErkl kann Ruhen des StimmR vorsehen, wenn keine StimmRVollm auf EinzPers erteilt w (Diester Rpfleger **63**, 68).

3) Beschlußfähigkeit (III, IV). a) Die erschienenen od vertretenen (Celle NJW **58**, 307) StimmBerecht müssen die Mehrh aller im GB eingetr MitEAnteile (KG OLGZ **74**, 419) halten **(III)**; bei Verstoß nur Anfechtbark nach § 43 I Nr 4 (LG Hbg NJW **62**, 1867). Währd Versammlg kann BeschlUnfähigk mit Wirkg ex nunc eintreten. – **b)** Neue Versammlg nach BeschlUnfähigk der ersten ist stets beschlfäh **(IV)**. Sie ist nach der ersten Versammlg (Stöber Rpfleger **78**, 10; Celle NdsRpfl **78**, 149; aA LG Wuppt Rpfleger **78**, 23: auch gleichzeit) wie diese einzuberufen; Vereinbg/TeilgsErkl kann Einberufg vorsehen (Tasche DNotZ **74**, 582; aA W-W Rdn 5), da III u § 24 IV abdingb.

4) Ruhen des StimmR (V). RGesch ist hier Vertr od einseit WillErkl, wie zB Beschl über Einräumg von SonderR (BayObLG **74**, 269) od Entlastg des Verw, der WEigtümer (Stgt OLGZ **74**, 404). Nicht unter V fallen Beschl über mitgliedschaftl Angelegenheiten (Merle S 33;; vgl § 26 Anm 1 a aa, 2 a aa). Bei Abstimmg über Schaffg von Stellplätzen kein Ruhen hins WEigtümer, denen sie doch weiteren Beschl zugewiesen w sollen (Stgt OLGZ **74**, 404). Bei gemschaftl StimmR (II 2) wirkt Ausschl nicht notw gg alle; maßg, ob KollisionsGrd alle berührt (Ziege NJW **73**, 2185). Vom StimmR ausgeschl WEigtümer ist nach Normzweck nicht in Vollm vertret stimmberecht (vgl GmbHG 47 IV, AktG 136). – Bei Verstoß nur Anfechtbark nach § 43 I Nr 4 (LG Hbg NJW **62**, 1867). – Vereinbg / TeilgsErkl kann V abdingen (aA W-W Rdn 1; aA Bärmann Rdn 61) u erweitern (vgl Anm 2a, c). – V ist SonderRegelg ggü BGB 181 (Karlsr OLG **76**, 145).

WEG 26 *Bestellung und Abberufung des Verwalters.* I Über die Bestellung und Abberufung des Verwalters beschließen die Wohnungseigentümer mit Stimmenmehrheit. Die Bestellung darf auf höchstens fünf Jahre vorgenommen werden. Die Abberufung des Verwalters kann auf das Vorliegen eines wichtigen Grundes beschränkt werden. Andere Beschränkungen der Bestellung oder Abberufung des Verwalters sind nicht zulässig.

II Die wiederholte Bestellung ist zulässig; sie bedarf eines erneuten Beschlusses der Wohnungseigentümer, der frühestens ein Jahr vor Ablauf der Bestellungszeit gefaßt werden kann.

III Fehlt ein Verwalter, so ist ein solcher in dringenden Fällen bis zur Behebung des Mangels auf Antrag eines Wohnungseigentümers oder eines Dritten, der ein berechtigtes Interesse an der Bestellung eines Verwalters hat, durch den Richter zu bestellen.

IV Soweit die Verwaltereigenschaft durch eine öffentlich beglaubigte Urkunde nachgewiesen werden muß, genügt die Vorlage einer Niederschrift über der Bestellungsbeschluß, bei der die Unterschriften der in § 24 Abs. 6 bezeichneten Personen öffentlich beglaubigt sind.

Schrifttum: Diester NJW **70**, 1107 u **71**, 1153. – Clasen BlGBW **72**, 110. – Kürzel BlGBW **72**, 25. – Pick JR **72**, 99. – Weimar WM **73**, 8. – Merle, Bestellg u Abberufg des Verw nach § 26 WEG, 1977.

1) Bestellg des Verwalters, unabdingb (§ 20 II). Schuldr Vertr, Vereinbg/TeilgsErkl u MehrhBeschl sind insow nichtig, als sie über I 2 hinausgehde Beschrkgen für die VerwBestellg (zB Zust eines GrdPfdGläub) od Ermächtigg des Verw zur Übertr der Verwaltg auf Dr ohne MitspracheR der WEigtümer (BayObLG **75**, 327; vgl aber Ffm Rpfleger **76**, 253) od aufschiebde Bdgg (KG OLGZ **76**, 266), enthalten; Erleichtergen zul. Verw kann WEigtümer (bei VorratsTeilg auch der Eigtümer, BayObLG **74**, 305) od Dr sein, auch PersGesellsch od jur Person (KG NJW **56**, 1697); nach Merle S 74 gg hM auch mehrere WEigtümer als BGB-Gesellsch. Zu unterscheiden ist zw dem BestellgsAkt u dem Abschl des VerwVertr (Merle-Trautmann NJW **73**, 118; BayObLG **74**, 305):

a) BestellgsAkt, der im InnenVerh der WEigtümer bestimmt, wer Verw wird. Bestellg für über 5 Jahre ist nicht nichtig, sond endet 5 Jahre nach Wirksamk des BestellgsAkts **(I 2)**; nicht dch Vereinbg/TeilgsErkl abdingb. Wiederbestellg (auch mehrf) zul, vor Ablauf der Fr in **II** aber nichtig; nach Merle S 70 Wiederbestellg mit sof Wirkg jederzeit mögl. Dch einen BestellgsAkt können mehrere Verw nacheinander (für jeden gilt I 2) bestellt w, aber jeder nur einmal (LG Mü II MittBayNot **78**, 59). – Langfristige Bestellg (auch in Vereinbg/TeilgsErkl) vor dem 1. 10. 73 endet am 31. 9. 78 (G v 30. 7. 73, BGBl 910, Art 3 §§ 2, 5). – **aa)** BestellgsAkt kann **MehrhBeschl** (§ 25) der WEigtümer sein **(I 1)**; zum Verw zu bestelldr WEigtümer hat StimmR (Hamm OLGZ **78**, 184). So können auch die Bdggen der VerwTätigk (zB VergütgsErhöhg) geregelt w (KG NJW **75**, 318). Er kann auch Inhalt einer Vereinbg/TeilgsErkl sein (BayObLG **74**, 275, 305), aber auch dann gilt I 2 bis 4. Beschl verbindl, solange nicht dch § 23 IV rückwirkd für ungült erklärt (BayObLG **76**, 211); kein AnfR des zuvor abberufenen Verw (KG OLGZ **78**, 178). – **bb)** BestellgsAkt kann auch **GerichtsBeschl** im Verf nach § 43 I Nr 3 sein **(III)**, aber nur auf Antr eines WEigtümers od eines Dr (zB Mieter, GrdPfdGläub) u wenn Verw fehlt od im Einzelfall verhindert (zB BGB 181; Bärmann Rdn 50). Best Pers braucht nicht benannt zu w; Ger nicht an Vorschlag gebunden. Bestellg w mit RKraft wirks (§ 45 II; vorher einstw AO nach § 44 III zweckm, für die Antr nach III notw), wirkt wie Bestellg nach

I 1 (Hamm OLGZ **67**, 109; NJW **73**, 2301) u endet mit MehrhBeschl über Bestellg eines Verw (auch desselben) bzw mit Ablauf der BestellgsFrist (für die I 2 gilt). Zuvor abberufener Verw hat gg die Bestellg kein BeschwR (Köln OLGZ **69**, 389). – Zul auch Verpfl der WEigtümer zur Mitwirkg bei Bestellg nach §§ 21 IV, 43 I Nr 1 (vgl Merle S 88 ff).

b) Verwaltervertrag zw WEigtümern u Verw neben BestellgsAkt notw, da niemand zur AmtsÜbern verpfl; erst dch ihn erlangt die bestellte Pers die RStellg als Verw (W-W Rdn 3; Merle-Trautmann aaO; Hamm NJW **73**, 2301; BayObLG **74**, 305). – **aa) VertrSchluß** nach BGB 145 ff. BestellgsAkt enthält zugl das VertrAngebot an den Verw (Bärmann Rdn 31) od schon die Ann seines Angebots. VertretgsMacht, den Zugang der VertrErkl an den Verw herbeizuführen u ggf nähere VertrBdggen in dem im BestellgsAkt gezogenen Rahmen (zB Höhe der Vergütg) auszuhandeln, hat bei Bestellg nach I 1 od dch Vereinbg die Mehrh (BayObLG **74**, 305), bei Bestellg nach III der AntrSteller (aA Merle S 84 f). Bestellg wirkt gem § 10 II, III auch gg SonderRNachf eines WEigtümers, so daß er VerwVertr beitreten muß (beachtl Merle S 49, 58: VerwVertr wirkt gem § 10 IV ggü SonderRNachf). BestellgsAkt kann auch Vollm zum VertrAbschluß enthalten. – **bb) VertrInhalt.** Auftr od idR GeschBesorggsVertr (BGB 662, 675), für den auch I 2 gilt (W-W Rdn 5 b); VerwVertr darf nicht als EigtInhalt verdinglicht w (Karstädt BlGBW **66**, 47); vgl LG Nürnb MittBayNot **75**, 161 für Wertsicher bzgl VerwVergütg. Verwaltg ist iZw entgeltl auch wenn WEigtümer Verw ist (and bei BGB 662); bis zum VertrSchluß uU VergütgsAnspr aus BGB 677 ff (vgl Hamm NJW **73**, 2301). Anspr des gewerbsm Verw aus BGB 670 verj gem BGB 196 Nr 7 (LG Mannh MDR **72**, 687). WEigtümer haften aus Vertr dem Verw als GesSchu u sind ihm ggü GesGläub.

2) Abberufung des Verwalters. Sie kann vom Vorliegen wicht Grde abhäng gemacht w (**I 3**). Beschrkg der Abberufg aus wicht Grd (zB qualifizierte Mehrh, Zust Dr, Hinausschieben des Wirksamwerdens [KG OLGZ **78**, 178], abschließde Aufzählg od Ausschl best Grde) in schuldr Vertr, Vereinbg/TeilgsErkl od MehrhBeschl sind nichtig; siehe aus der Zeit vor dem 1. 10. 73 sind ab 1. 10. 78 unwirks (G v 30.7.73, BGBl 910, Art 3 §§ 2, 5), Ausschl der Abberufg nach I 1 aus wicht Grd aber schon jetzt unwirks (BayObLG **72**, 139). Beschrkg jederzeit Abberufg zul (Merle S 97). – **Wicht Grde** sind zB: Mißachtg des Willens der WEigtümer (BayObLG **72**, 139); Verletzg der Pfl aus § 27; verzögerte Vorlage von WirtschPlan u Abrechng (BayObLG **65**, 34); unzumutb Selbstherrlichk (BayObLG **72**, 139); nicht notw vom Verw versch Zerstörg des VertrauensVerh (Oldbg MDR **70**, 761); Vermögensverfall (Stgt OLGZ **77**, 433); auch Umst außerh des VerwVerh od vor Bestellg (KG OLGZ **74**, 399). BGB 626 II gilt nicht (Ffm NJW **75**, 545). – Nach Abberufg sind VerwUnterlagen gem BGB 175, 667, 657 an die WEigtümer herauszugeben (BayObLG **75**, 327); notf erst AuskunftsAnspr gem BGB 666 zur Konkretisierg des HerausgAntr (Stgt BWNotZ **76**, 69); RWeg: § 43 Anm 1 b. – Auch hier zu unterscheiden (BayObLG **72**, 139):

a) AbberufgsAkt, der im InnenVerh der WEigtümer bestimmt, den Verw abzuberufen. VerwStellg endet erst mit Zugang der AbberufgsErkl bei Verw. – **aa)** Abberufg dch **MehrhBeschl** (auch bei Bestellg dch Vereinbg/TeilgsErkl nach **I 1**; nicht dch einen WEigtümer nach § 21 II, dch VerwBeirat nur in Ausführg eines MehrhBeschl (BayObLG **65**, 34). WEigtümer, der Verw ist, hat StimmR (Stgt OLGZ **77**, 433; aA Merle S 36 bei Abberufg aus wicht Grd). Beschl verbindl, solange nicht nach § 23 IV für ungült erklärt (KG OLGZ **78**, 178). Rückwirkg dieser Entscheidg rechtfertigt AnfR des Verw geg Abberufg nach § 43 I Nr 4, IV Nr 2 trotz auflösd bdgt wirks Abberufg (aA AG Köln MDR **77**, 53); zum Umfang der gerichtl Prüfg vgl KG OLGZ **74**, 399. – **bb)** Abberufg dch **GerichtsBeschl** nicht vorgesehen. Zul aber Verpfl der WEigtümer zur Mitwirkg bei Abberufg nach §§ 21 IV, 43 I Nr 1 (weitergehd Merle S 95: Abberufg dch AG) bei nach I 1 (aA BayObLG **72**, 250) u nach III bestellten Verw. Abberufg unmittelb dch GerBeschl nach Stgt OLGZ **77**, 433 aber bei StimmenMehrh des Verw.

b) Kündigg des VerwVertr idR in der Abberufg enthalten. War die Künd unberecht, weil zB kein wicht Grd iS BGB 626 gegeben, so hat Verw vertragl (BGB 615) Erf u SchadErsAnspr (BayObLG **74**, 275; Köln OLGZ **69**, 389); eine nach I 2 wirks Abberufg (weil zB nicht wicht Grd gegeben) bewirkt dann nur Erlöschen der RStellg als Verw sowie erteilter Vollm (BGB 168 S 2; BayObLG NJW **58**, 1824; Merle-Trautmann aaO Fußn 20). Gekündigter Verw darf mit VergütgsAnspr gg Fdg auf Rückzahlg von Gemsch-Geldern aufrechnen (BayObLG **76**, 165). – Auch Verw kann gem BGB 622, 626, 671 kündigen, wodch VerwStellg endet; aber keine isolierte Amtsniederlegg (aA insow Merle S 102). – RWeg: § 43 Anm 1 b.

3) Legitimation als Verw bedarf vor allem im GB-Verk (GBO 29) öff Beglaubig (BeurkG 40), zB bei Notwendigk der Zust zur Veräußerg (§ 12). IV läßt insow öff beglaub Niederschr über BestellgsBeschl ausreichen (LG Köln RhNK **77**, 109 für vor 1. 10. 73 bestellte Verw); § 27 V bleibt unberührt.

WEG 27 *Aufgaben und Befugnisse des Verwalters.* I Der Verwalter ist berechtigt und verpflichtet:

1. Beschlüsse der Wohnungseigentümer durchzuführen und für die Durchführung der Hausordnung zu sorgen;
2. die für die ordnungsmäßige Instandhaltung und Instandsetzung des gemeinschaftlichen Eigentums erforderlichen Maßnahmen zu treffen;
3. in dringenden Fällen sonstige zur Erhaltung des gemeinschaftlichen Eigentums erforderliche Maßnahmen zu treffen;
4. gemeinschaftliche Gelder zu verwalten.

II Der Verwalter ist berechtigt, im Namen aller Wohnungseigentümer und mit Wirkung für und gegen sie:

1. Lasten- und Kostenbeiträge, Tilgungsbeträge und Hypothekenzinsen anzufordern, in Empfang zu nehmen und abzuführen, soweit es sich um gemeinschaftliche Angelegenheiten der Wohnungseigentümer handelt;

I. Teil. 3. Abschnitt: Verwaltung **WEG 27** 1–3

2. alle Zahlungen und Leistungen zu bewirken und entgegenzunehmen, die mit der laufenden Verwaltung des gemeinschaftlichen Eigentums zusammenhängen;
3. Willenserklärungen und Zustellungen entgegenzunehmen, soweit sie an alle Wohnungseigentümer in dieser Eigenschaft gerichtet sind;
4. Maßnahmen zu treffen, die zur Wahrung einer Frist oder zur Abwendung eines sonstigen Rechtsnachteils erforderlich sind;
5. Ansprüche gerichtlich und außergerichtlich geltend zu machen, sofern er hierzu durch Beschluß der Wohnungseigentümer ermächtigt ist;
6. die Erklärungen abzugeben, die zur Vornahme der in § 21 Abs. 5 Nr. 6 bezeichneten Maßnahmen erforderlich sind.

III Die dem Verwalter nach den Absätzen 1, 2 zustehenden Aufgaben und Befugnisse können durch Vereinbarung der Wohnungseigentümer nicht eingeschränkt werden.

IV Der Verwalter ist verpflichtet, Gelder der Wohnungseigentümer von seinem Vermögen gesondert zu halten. Die Verfügung über solche Gelder kann von der Zustimmung eines Wohnungseigentümers oder eines Dritten abhängig gemacht werden.

V Der Verwalter kann von den Wohnungseigentümern die Ausstellung einer Vollmachtsurkunde verlangen, aus der der Umfang seiner Vertretungsmacht ersichtlich ist.

1) Der **Verwalter** ist nicht Organ der Gemsch iSv BGB 31, sond als Beauftragter od GeschBesorger (§ 26 Anm 1 b bb) weisgsgebundener Sachwalter fremden Verm (Pfeuffer NJW **70**, 2233; BayObLG **72**, 139) mit ges umschriebener VertretgsMacht (str; aA Merle S 10 ff mwN). Er ist nicht Verw iSv WoVermG 2 II Nr 2 (LG Mü I NJW **74**, 2287; Mü MDR **75**, 931; Hbg Betr **76**, 577). – **a) VertretgsMacht.** IRv II (ohne Nr 5) ist er ges Vertreter der WEigtümer (KG OLGZ **76**, 269; Diester Rdz 7; Pritsch Anm 9; aA Bärmann Rdn 33; ges vermutete Bevollmächtigg). IRv I, der nur das InnenVerh des Verw zu den WEigtümern betrifft, hat er keine ges VertretgsMacht (Pritsch Anm 4, 9; Bärmann Rdn 11, abzulehnen aber die dort angen ges vermutete Bevollmächtigg; BGH **67**, 232 für Nr 2 bei außergew nicht dringl Instandsetzg großen Umfangs; aA Soergel-Baur Rdn 1, W–W Rdn 3 u 34. Aufl für Nr 2 u 3); Bevollmächtigg dch WEigtümer (sow nicht II eingreift) notw, die zB idR in Beschl nach § 21 V 2 enthalten. – **b) Haftung. aa)** Der Verw haftet den WEigtümern für PflVerletzg aGrd des VerwVertr od BGB 823; RWeg: § 43 Anm 1 b. **bb)** Die WEigtümer haften Dr für vom Verw zugefügten Schaden nach BGB 831 (Bärmann § 26 Rdn 83; Weimar JR **73**, 8; aA W–W Rdn 20: BGB 31), bei vorvertragl u vertragl Versch nach BGB 278. Aus RGesch des Verw mit Dr haften die WEigtümer als GesSchu, soweit nichts and mit Dr vereinb (BGH MDR **78**, 134). **cc)** Im Verh der WEigtümer untereinander ist der Verw nicht ErfGehilfe (W–W § 21 Rdn 20). – **c) Gehilfen.** Der Verw darf sich zur Erf seiner Aufgaben Gehilfen bedienen. Soweit er rgesch Vertreter iRv I ist, darf er UnterVollm erteilen, wenn die eigene VertretgsMacht es erlaubt; soweit er ges Vertreter iRv II ist, darf er es nur, wenn es ihm dch Beschl der WEigtümer gestattet ist (Beschl nach II Nr 5 gestattet idR Bestellg eines ProzBevollm). Zur Übertr der VerwStellg vgl § 26 Anm 1.

2) Zu I: Unter **Nr 1** fallen auch Überwachg hins § 14, Abmahng (vgl § 18 Anm 3), Anträge nach § 43 I Nr 4. Wg Weisgsgebundenh des Verw (BayObLG **72**, 139, 142) keine MaßnahmenAnf, § 43 I 2, wenn der befolgte Beschl nicht gem § 43 I 4 angefochten, BayObLG **72**, 246. Verw hat selbst vereinbgswidr Beschl auszuführen, wenn diese nicht angefochten u nichtig ist (§ 23 Anm 5; BayObLG **74**, 86). – **Nr 2:** Wg der GewlAnspr s Köln OLGZ **78**, 7. – Zur Vertretgsmacht der Verw im Rahmen der Nr 2 vgl Anm 1a. Vgl weiter § 21 II (enger) u V 2. Aufwendgen des Verw bei der Instandhaltg usw sind VerwKosten u grdsätzl aus der Rücklage, § 21 V 4, zu bestreiten (BGH **67**, 232). – **Nr 3: Notmaßn:** entspr § 21 II. Dringder Fall setzt keine unmittelb drohde Gefahr voraus, ausreichd Notwendigk iSv § 21 III u Unzumutbark, hierf WEVersammlg einzuberufen. Keine ges Vollm für AusführgsGesch (Bärmann Rdn 20), sond Anspr gg WEigtümer auf AufwendgsErs od SchuldÜbern (Bärmann Rdn 20). – **Nr 4: Gemeinschaftl Gelder**, (an ihnen nicht TrHdEigt des Verw, Hbg WPM **70**, 1307, sond MitE aller WEigtümer), insb Vorschüsse nach § 16 II, § 28 II, Instandhaltgsrücklagen, § 21 V 4, Nutzgen gemeinschaftl GrdstTeile. Auch eingezahlte Baugelder, wenn Vereinbg nach § 10 II (vgl dort Anm 2a); LG Bln JR **62**, 222 folgert hieraus, daß einzelner WEigtümer nicht eine der Gemsch zustehde Fdg gg Verw anteilig geltend machen kann; aber fragl, ob man nicht die RLage hins des AufbauVertr insow selbstd beurteilen muß. Die BruchteilsGemsch an diesem zweckgebundenen Verm teilt die grdsätzl Unauflöslichk des WE, § 11 (Pick JR **72**, 102; Röll NJW **76**, 937 mwN Fußn 1; aA W–W Rdz 17). Daher auch Pfändg unzul; zul aber Pfändg des Anspr auf Auskehrg von Überschüssen, deren Verteilg beschlossen ist. Vgl auch § 16 Anm 2. Bei Veräußerg des WE tritt Erwerber auch in die Gemsch am VerwVermögen ein; Diester Anm 16 (str); W–W aaO helfen mit Annahme einer idR stillschw vereinb Abtretg. SonderRNachf (als Schuldbeitritt) in Beitragsrückstandsschulden des bish WEigtümers, die Pick (JR **72**, 102 mit Nachw Fußn 34) befürwortet, ist nach geltdem R kaum zu begründen, würde auch die erzwungene Veräußerg des WE (§ 18!) erschweren.

3) Zu II: – **a) Nr 1:** Wg Lasten- u Kostenbeiträgen der WEigtümer s § 16; dort auch wg Beitreibg u wg Tilggsleistg auf GesGrdSch. Bei den Hyp- u GrdSchZinsen u TilggsBetr handelt es sich nur um die auf dem Grdst selbst od den sämtl Anteilen ruhenden GrdPfdRechte. Freilich kann jeder Eigtümer den Verwalter auch mit der Abführg der Zinsen u TilggsBetr der allein sein WE belastenden GrdPfdRechte beauftragen; auch bei Einzelbelastg iRv GesFinanzierg keine gemschaftl Angelegenh u nicht dch Vereinbg der WEigtümer zu solcher machb (KG NJW **75**, 318; aA Schlesw NJW **61**, 1870 abl Anm Karstädt; BayObLG Rpfleger **78**, 256). Auch Einziehg von ErbbZinsanteilen, Karlsr Justiz **62**, 89. WEigtümer hat die in II 1 genannten Leistgen zu Händen des Verwalters an die WEigtümerGemsch zu erbringen; unmittelb Abführg an Gläub befreit ihn ggü der Gemsch grdsätzl nicht, BayObLG NJW **58**, 1824 Anm Bärmann NJW **59**, 1277. – Befugn zur gerichtl Geltdmachg (§ 43 I Nr 1) nur nach Maßg II Nr 5 (Anm 3e).

b) Nr 2: VfgsMacht des Verw für Zahlgen aus dem gemsch Geld (I 4) im Rahmen ord Verw (I 1–3) nach Maßg des WirtschPlans (§ 28 I); sonst Erhebg von Sonderumlagen. Gläub ist zur Entggnahme von Teilzahlgen einz. WEigtümer nicht verpfl, BGB 266; solche Zahlgen befreien, vorbeh Gen, den einz WEigtümer auch nicht von seiner BeitrPfl iSv § 16 II. – Entggnahme: auch R zur Abnahme, BGB 640, auch Mängelrüge, Fristsetzg, BGB 634; nicht aber Wandlg, §§ 462, 634, weil GestaltgsR (oben zu I 1). – Es muß sich um ErfHdlg iR gemschaftl Verpfl handeln (BGH **67**, 232).

c) Nr 3: Verw ist ZustellgsBevollm für die Gemsch, nicht aber VerfBevollm (BayObLG **75**, 237; vgl II Nr 5). Zustellg der Terminsbestimmg im ZwVerstVerf über einen WEAnteil, ZVG 41 I, an Verwalter mitWirkg für die übr WEigtümer (die Beteiligte, ZVG 9, Stgt NJW **66**, 1036). Verwalter kann aber nicht wirks für die WEigtümer Zustellgen entggnehmen in Verf, in denen er selbst VerfGegner der WEigtümer ist wie zB bei § 43 I Nr 2 (BGB 181, ZPO 185; BayObLG **73**, 145) od wenn bei § 43 I Nr 4 PflVerletzg des Verw BeschlGgst (Stgt OLGZ **76**, 8); ggf (zB bei Ungewißh über Anschrift von WEigtümern) kann das Ger gemeins ZustBevollm analog ZPO 57, 779, 787 bestellen (BayObLG **73**, 145).

d) Nr 4: Gesetzl Vertretgsmacht für alle im Rahmen ord Verw gebotenen rechtl Erhaltgsmaßn, zB Unterbrechg der Verj (BGB 209), Beweissicherg (BayObLG **76**, 211), RechtsmittelFr.

e) Nr 5: Die Ermächtigg (dch Beschl od Vereinbg/TeilgsErkl) begründet rgesch Vertretgsmacht (Stgt Just **77**, 378). Sie kann allg od für den Einzelfall erteilt w. Einstimmig nur nötig, wenn es sich um eine nur einstim zu beschließde Maßn handelt (vgl § 25 Anm 1). Die WEigtümer können aber auch den Verwalter ermächtigen, im eigenen Namen auf Leistg an sich od die Gemsch zu klagen (aktive VerfStandsch; Stgt aaO); dies auch bei Anspr gg einen WEigtümer (BayObLG **71**, 316); aber keine passive VerfStandsch für WEigtümer (BayObLG **75**, 233). Diese Ermächtigg kann sich auch aus den Umst ergeben (Hbg MDR **66**, 146). Die einz WEigtümer können dem Verw auch EinzelVollm erteilen; er vertritt dann nur VollmGeber (bei MehrhBeschl dagg einzelne Minderh). – Nr 5 gilt für Anspr der Gemsch gg Dr (zB GewlAnspr bzgl GemschEigt; vgl auch Übbl 2 E d cc vor § 1) od WEigtümer (zB § 16); nicht für Kl nach § 18, wo Vollm der KlBerecht erforderl (Bärmann Rdz 64; W–W Rdz 11). Verw darf nicht GestaltgsR ausüben u hierdch Anspr erst begründen; Zust der WEigtümer zum Abschl eines MietVertr über GemschEigt dch Verw ermächtigt diesen vorbehaltl II Nr 4 nicht schon zur Kündg (LG Bambg NJW **72**, 1376). – Zur Umschreibg der VollstrKlausel (ZPO 727) bei VerwWechsel vgl LG Hann NJW **70**, 436 Anm Diester.

4) I u II nicht abdingb (III), aber erweiterb. Daraus folgt aber nicht, daß Gesamthandeln aller WEigtümer auf diesen Gebieten unwirks (aA im Ergebn Merle S 14 f).

5) Zu IV. Abdingb; dagg beachtl Pick JR **72**, 101; jedenf ist den WEigtümern abweichende Vereinbg abzuraten. Bankmäß wickelt sich also der ZahlgsVerk der WEigtümerGemsch über das vom Verw errichtete Kto als Fremdkto ab, Hbg WPM **70**, 1307. Mögl auch Anderkonto (TreuHKonto auf Namen des TreuH; Capeller MDR **74**, 708), wenn Verw einer hierzu befugten Berufsgruppe angehört, vgl Schönle, Bank- u BörsenR § 7 II 3a 3–5, auch Pick aaO). Jedenf muß gewährleistet sein, daß über das Konto der Gemsch v Verw (als deren Vertreter, nicht als Inh des Kontos!) nur für die betr Gemsch verfügt w, BGH **17**, 146; daher für mehrere Gemsch getrennte Konten nöt. Zu **IV S 2**: Möglich der Beschrkg der Vertretgsmacht des Verwalters (Erm-Westermann Anm 2; nach aM solche der VfgsBefugn). Dies ist kein Widerspr zu I 4, sond eine wg III notw AusführgsVorschr dazu, Karlsr, Diester Rspr Teil II Nr 65. Solche Beschrkg kann in Einzelfällen zweckm sein, oft wird sie aber die Verw behindern. Beschrkg erfolgt dch Vereinbg, § 10 II, od gem § 8. Nachträgl: einstimig Beschl aller WEigtümer nöt (so auch Soergel-Baur Rdnr 5), ebso zur Aufhebg wirks Beschrkg. Vgl hierzu Diester NJW **61**, 1331; dieser hält uU StimmenMehrh für ausr nach § 21 III; ebso W–W Rdnr 18b; aber dieser bei einer allg Beschrkg des Verwalters nicht anwendb, weil nicht im voraus feststellb, ob im konkr Einzelfalle eine unbeschränkte Vfg über Geld der WEGemsch in den Kreis ordngsm Verw gehört, sofern man hier überh von ordngsm Verw „entspr der Beschaffenh des gemeinsen Eigtums" sprechen kann; bedenkl die Meing von Diester, bei überörtlicher zentraler Verw sei Beschrkg des Verwalters mit ordngsm Verw unvereinb. Der **Konk des Verw** erfaßt die gesondert gehaltenen Gelder nicht, Pick JR **72**, 101; bei pflichtwidr Vermischg mit eigenen: KO 46. Dies auch wicht Grd iS v § 26 Anm 2.

6) Weitere Rechte u Pfl des Verwalters: §§ 24, 25 IV, 28, alles abdingb, ferner § 43 I 2, 4, auch aGrd Vereinbg od Beschl.

7) V. Die VollmUrk enthält nur eine Anerkenng der ges Vertretgsmacht, aber BGB 172, 173, 175 entspr (nach W–W Rdnr 19 unmittelb) anwendb. Inhaltl kann sich die Urk darauf beschränken, daß der Verwalter zur Wahrnehmg der ges Rechte nach dem WEG mit Wirkg für u gg die WEigtümer befugt ist. – Wird Ausstellg der Urk verweigert, Weg des § 43 I Nr 2 (W–W Rdnr 19; Soergel-Baur Rdnr 6; aA 28. Aufl). – Will Verwalter aGrd eines MehrhBeschl tätig w, so benötigt er für die entspr RHdlgen nicht einer SonderVollm aller WEigtümer, er legitimiert sich dch die GeneralUrk u begl Abschr des MehrhBeschlusses; BayObLG NJW **64**, 1962; auch Diester DNotZ **64**, 724; Riedel Rpfleger **64**, 374. Zum Nachw der Vollm (GBO 29) s § 26 IV; auch zur öffr NachbKl, VGH Ba-Wü Just **73**, 259.

8) Verf nach § 43 I 2 für Anfechtg gg VerwMaßn; ist diese inzw dch MehrhBeschl gebilligt, entfällt **RSchutzInt** für Anfechtg der Maßn; dann aber während der Tatsacheninstanzen Übergang zur Anfechtg des Beschl zul, KG Rpfleger **72**, 62; BayObLG **72**, 246.

9) Haftg des Verw für schuldh ObliegenhVerletzg u unerl Handlg, § 823; Weimar JR **73**, 8. **AnsprBerecht** ist die Gemsch im Verf gem § 43, BGH NJW **72**, 1319, bei Beschädigg des SE auch der einzelne WEigtümer (§ 14 Anm 1). Wg Haftg der WEigtümer für den Verw vgl Anm 1 b bb.

WEG 28 *Wirtschaftsplan, Rechnungslegung.* [1] Der Verwalter hat jeweils für ein Kalenderjahr einen Wirtschaftsplan aufzustellen. Der Wirtschaftsplan enthält:
1. die voraussichtlichen Einnahmen und Ausgaben bei der Verwaltung des gemeinschaftlichen Eigentums;

2. die anteilmäßige Verpflichtung der Wohnungseigentümer zur Lasten- und Kostentragung;
3. die Beitragsleistung der Wohnungseigentümer zu der in § 21 Abs. 5 Nr. 4 vorgesehenen Instandhaltungsrückstellung.

II Die Wohnungseigentümer sind verpflichtet, nach Abruf durch den Verwalter dem beschlossenen Wirtschaftsplan entsprechende Vorschüsse zu leisten.

III Der Verwalter hat nach Ablauf des Kalenderjahres eine Abrechnung aufzustellen.

IV Die Wohnungseigentümer können durch Mehrheitsbeschluß jederzeit von dem Verwalter Rechnungslegung verlangen.

V Über den Wirtschaftsplan, die Abrechnung und die Rechnungslegung des Verwalters beschließen die Wohnungseigentümer durch Stimmenmehrheit.

1) WirtschPlan (I). Er dient der Vorausplang der Einnahmen u Ausgaben u bildet die GrdLage für die VorschußZahlgen; er w mit Ablauf des WirtschJahres nicht ggstlos (Hamm OLGZ 71, 96). – **a) Aufstellg** dch Verw ohne bes Aufforderg, von jedem WEigtümer nach § 43 I Nr 2 erzwingb. Unterl kann Abberufgs- (§ 26) u KündGrd (BGB 626) sein. – **b) Inhalt.** Ordngsgem Buchführg entspr Aufstellg der das gemsch Eigt betr VermVerh unter geordneter GgüStellg der Einnahmen u Ausgaben (BGB 259). Auf der Einnahmenseite insb die Beiträge zur Kosten- u Lastendeckg (§§ 16 II, 21 V 4) u die dem GemschVerm zuflüsßden Erträge des gemsch Eigt (zB Mietzins); nicht aber ein nicht ausgleichspfl Nutzgswert (BayObLG 73, 78). Auf der Ausgabenseite insb die aus den Einnahmen zu deckden Kosten u Lasten (§ 16 II), die Rückstellg (§ 21 V 4) u die an die WEigtümer auszuschüttden Erträge; nicht aber ganz ungewöhnl Auslagen, bei denen der Verw notf nach § 27 I Nr 2, 3 handeln muß (Hamm OLGZ 71, 96). – **c) MehrhBeschl (V)** macht den Plan erst wirks (BayObLG 71, 313). Jeder WEigtümer hat nach §§ 21 IV, 43 I Nr 1 verfolgb Anspr auf BeschlFassg (BayObLG 72, 150) u kann Beschl nach §§ 23 IV, 43 I Nr 4 anfechten (Hamm OLGZ 71, 96).

2) VorschußPfl (II). Erzwingg gem § 43 I Nr 1 (LG Heilbr Just 74, 268), dch Verw aGrd Beschl gem § 27 II Nr 5 od SpezVollm (Bärmann § 16 Rdz 100). Endet nicht vor BeschlFassg über Abrechng nach III (BayObLG 77, 67). Außerh des WirtschPlans kann Verw Vorschüsse für ungewöhnl Maßn gem § 27 I Nr 2, 3 dch SondUmlage einfordern (BGB 669).

3) Abrechng (III) ist die Jahresrechng für das abgelaufene KalJ. – **a) Aufstellg** dch Verw ohne bes Aufforderg, von jedem WEigtümer auch noch nach Ende des VerwAmtes nach § 43 I Nr 2 erzwingb (Hamm OLGZ 75, 157; BayObLG 75, 161). Unterl kann Abberufgs- (§ 26) u KündGrd (BGB 626) sein; bei Mängeln uU SchadErsPfl aus pos VertrVerletzg (BayObLG 75, 369). LeistgsOrt iS BGB 269 ist der Ort, an dem das Gbde belegen ist (Karlsr NJW 69, 1968). – **b) Inhalt.** Geordnete GgüStellg aller Einnahmen u Ausgaben unter Beifügg der Belege u Darlegg der KtoStände (BGB 259; Hamm OLGZ 75, 157). Zu den Einnahmen gehören insb die Vorschüsse der WEigtümer u ihre AusglZahlgen für Unterschüsse des Vorjahrs (Hamm aaO). Die Abrechng muß für die WEigtümer bei zumutb Sorgfalt verständl u nachprüfb sein (BayObLG 75, 369). Sieht der WirtschPlan unentgeltl Garagenbenutzg vor, so kann nicht Berücksichtig von Nutzgen verlangt w (BayObLG 71, 313). – **c) EinsichtsR** in Abrechng u Belege am Ort der VerwFührg hat jeder WEigtümer auch noch nach BeschlFassg gem Anm 3d (Karlsr MDR 76, 758) u ohne Gestattg dch MehrhBeschl (BayObLG 72, 246); RGrdLage: § 28 III, BGB 675, 666, 259. Erzwingb nach § 43 I Nr 2. Kein Anspr gg Verw auf Erteilg von Abschriften, aber eigenes AnfertiggsR (Karlsr aaO). – **d) MehrhBeschl (V)** ergibt die endgült Lasten- u Kostenbeiträge für das vergangene Jahr, dabei wirkt aber der WirtschPlan nicht vorgreifl (BayObLG 74, 172). Er umfaßt auch die Entlastg des Verw (Bärmann Rdz 117; W–W Rdz 7); nach Entlastg keine weitere AuskPfl über Ggst der BeschlFassg (BayObLG 75, 161). Jeder WEigtümer hat nach §§ 21 IV, 43 I Nr 1 verfolgb Anspr auf BeschlFassg u kann Beschl nach §§ 23 IV, 43 I Nr 4 anfechten; nicht nach § 23 IV aufgeh Beschl ist auch bei materieller Unrichtigk verbindl (BayObLG 77, 89).

4) RechngsLegg (IV). – a) Verpfl (Inhalt: BGB 259) besteht jederzeit, aber nur aGrd MehrhBeschl (aA Bärmann Rdz 107; Diester in Anm zu Karlsr NJW 69, 1968). – **b)** Daneben hat jeder WEigtümer aus BGB 675, 666 im Verf nach § 43 I Nr 2 erzwingb Anspr auf Ausk. Der Anspr geht gem BGB 432 auf Ausk an alle (BGB 666 Anm 1), dh an die WEigtümerVersammlg (BayObLG 72, 166; dort auch zu Ausn).

5) Abdingbark. § 28 ist dch Vereinbg/TeilgsErkl abdingb (Bärmann Rdz 5).

WEG 29 *Verwaltungsbeirat.* I Die Wohnungseigentümer können durch Stimmenmehrheit die Bestellung eines Verwaltungsbeirats beschließen. Der Verwaltungsbeirat besteht aus einem Wohnungseigentümer als Vorsitzenden und zwei weiteren Wohnungseigentümern als Beisitzern.

II Der Verwaltungsbeirat unterstützt den Verwalter bei der Durchführung seiner Aufgaben.

III Der Wirtschaftsplan, die Abrechnung über den Wirtschaftsplan, Rechnungslegungen und Kostenanschläge sollen, bevor über sie die Wohnungseigentümerversammlung beschließt, vom Verwaltungsbeirat geprüft und mit dessen Stellungnahme versehen werden.

IV Der Verwaltungsbeirat wird von dem Vorsitzenden nach Bedarf einberufen.

1) Der **VerwBeirat** ist eines der drei VerwOrgane der Gemsch (§ 20 I). Bestellg dch Vereinbg/TeilgsErkl abdingb; dazu genügt aber nicht, daß in TeilgsErklVordruck BestellgsVerpfl der (späteren) WEigtümer gestrichen (Köln Rpfleger 72, 261). – **a)** Von I 2 abw **ZusSetzg** (zB weniger Mitgl; Wahl Außenstehder) bedarf Vereinbg/TeilgsErkl (Bärmann Rdz 6, 8; Schmid BlGBW 76, 61; aA BayObLG 72, 161; 35. Aufl:

MehrhBeschl). – **b) Haftg** ggü den WEigtümern nur aus Auftr u §§ 823, 826; keine Haftg entspr AktG 93, 116, 117 (aA Bärmann Rdz 26). Da Beirat kein Organ iSv BGB 31 (BayObLG aaO), Haftg der WEigtümer ggü Dr für BeiratsHdlgen nur aus BGB 831 (W-W Rdz 3; aA Weimar JR **73**, 8 u zT Schmid aaO).

2) Aufgaben: II, III, § 24 III. Ohne Auftr keine Verpfl zur Überwachg (BayObLG **72**, 161) u kein R zur Künd (BayObLG **65**, 34) des Verw. Zum AuskAnspr der WEigtümer ggü dem Beirat vgl BayObLG aaO (grdsl nur in der WEigtümerVersammlg). – Weitere Aufgaben können dem Beirat zugewiesen w, soweit nicht zwingde Vorschr über die Aufgaben u Befugn und VerwOrgane entggstehen (vgl Schmid BlGBW **76**, 61). Übertr dch MehrhBeschl, soweit AufgabenBeschrkg and VerwOrgane nicht Vereinbg/TeilgsErkl erfordert. Zur Geltdmachg von GewlAnspr der WEigtümer dch den Beirat vgl Ffm NJW **75**, 2297.

3) RWeg bei Streit über Bestellg u Tätigk des Beirats (auch wenn Außenstehder Mitgl): § 43 I Nr. 1.

4. Abschnitt. Wohnungserbbaurecht

WEG 30 ᴵ Steht ein Erbbaurecht mehreren gemeinschaftlich nach Bruchteilen zu, so können die Anteile in der Weise beschränkt werden, daß jedem der Mitberechtigten das Sondereigentum an einer bestimmten Wohnung oder an nicht zu Wohnzwecken dienenden bestimmten Räumen in einem auf Grund des Erbbaurechts errichteten oder zu errichtenden Gebäude eingeräumt wird (Wohnungserbbaurecht, Teilerbbaurecht).

ᴵᴵ Ein Erbbauberechtigter kann das Erbbaurecht in entsprechender Anwendung des § 8 teilen.

ᴵᴵᴵ Für jeden Anteil wird von Amts wegen ein besonderes Erbbaugrundbuchblatt angelegt (Wohnungserbbaugrundbuch, Teilerbbaugrundbuch). Im übrigen gelten für das Wohnungserbbaurecht (Teilerbbaurecht) die Vorschriften über das Wohnungseigentum (Teileigentum) entsprechend.

1) § 30 gilt bei alten (bis 21. 1. 1919 begründeten, für die §§ 1012–17 gelten) ErbbRechten (vgl aber Anm 3) wie bei neuen (für diese ErbbRVO).

2) Begründg von WErbbR (TeilerbbR) entspr §§ 3, 8 entw dch Umwandlg bestehender MiterbbRechte in WErbbR, also dch Beschrkg der Anteile dch SE, od dch Übertragg des ErbbR an mehrere zu Bruchteilen unter gleichzeit Vereinbg von SE dch die Erwerber od dch Vorratsteilg. Zust des GrdstEigtümers nicht erforderl (BayObLG **78**, 157), außer wenn Veräußerg des ErbbR nach ErbbRVO 5 mit dingl Wirkg von Zust abhängig. Die bloße Vorratsteilg (BayObLG aaO) u die Umwandlg nach I sind keine Veräußerg nach ErbbRVO 5. Zw WErbbBerecht kein dingl sicherb ErbbZins vereinb (Düss DNotZ **77**, 305).

3) Bei neuen ErbbRechten (Anm 1) erwirbt der Berecht an dem Gebäude Eigt, und ErbbVO 12 u Anm. Deshalb kann hier für den WErbbBerect, der Miteigtümer des Gebäudes wird, SE an Räumen entstehen. Bei den **alten** ErbbRechten bleiben bestehende Gebäude im Eigt des GrdstEigtümers (§ 1012 Anm 3b). Hier kann kein SE an Räumen entstehen; dies nur bei MitE am Gebäude mögl. WErbbR ist aber Mitberechtigg am ErbbR, nicht am Gebäude. Daher an alten ErbbRechten, wenn Gebäude schon bei Entstehg bestand, WErbbR überh nicht begründb, mag das G dies auch für mögl gehalten h. Dem GrdstEigtümer kann nicht dch die Einräumg v WErbbR das Eigt an seinen Gebäudeteilen entzogen w. Auch mit Zust des GrdstEigtümers hier WErbbR nicht begründb, da eben SE an einem Gebäudeteil nur mögl ist, wenn das Eigt am Grdst u Gebäude selbst in Anteile aufgeteilt ist. Ebso W-W Rdnr 4. Vgl auch Pritsch Anm 11.

4) WErbbR vererbl, veräußerl, belastb wie WE. Ist zur Veräußerg des ErbbR Zust des GrdstEigtümers nöt (ErbbRVO 5 II), so auch zur späteren Veräußerg. Mit Erlöschen des ErbbR dch Zeitablauf erlischt auch das WErbbR einschl des SE. Wg der Entschädigg vgl ErbbRVO 27. – Vereinbarter HeimfallAnspr des GrdstEigtümers wirkt auch später ggü WErbbR.

5) Vertragsm Einräumg von SE bedarf sachrechtl nicht der Form des § 4 II (Auflassg), vgl ErbbRVO 11 I; W-W Rdnr 10a; str; zweifelnd Bärmann Rdz 34; verfahrensrechtl aber GBO 20, 29. Wg der Form der Eintr vgl WEG GBVfg 8 u Weitnauer DNotZ **51**, 494; eingeh – auch zum Inhalt des GrdSchBriefs an WErbbR Saarbr, Rpfleger **68**, 57, zust Diester dort S 41.

6) Über Belastg des ErbbR mit DWR: § 42.

7) Zum UntererbbR vgl Übbl 5c vor § 1012 u W-W Rdnr 12b.

II. Teil. Dauerwohnrecht

WEG 31 *Begriffsbestimmungen.* ᴵ Ein Grundstück kann in der Weise belastet werden, daß derjenige, zu dessen Gunsten die Belastung erfolgt, berechtigt ist, unter Ausschluß des Eigentümers eine bestimmte Wohnung in einem auf dem Grundstück errichteten oder zu errichtenden Gebäude zu bewohnen oder in anderer Weise zu nutzen (Dauerwohnrecht). Das Dauerwohnrecht kann auf einen außerhalb des Gebäudes liegenden Teil des Grundstücks erstreckt werden, sofern die Wohnung wirtschaftlich die Hauptsache bleibt.

ᴵᴵ Ein Grundstück kann in der Weise belastet werden, daß derjenige, zu dessen Gunsten die Belastung erfolgt, berechtigt ist, unter Ausschluß des Eigentümers nicht zu Wohnzwecken

II. Teil. Dauerwohnrecht **WEG 31** 1–5

dienende bestimmte Räume in einem auf dem Grundstück errichteten oder zu errichtenden Gebäude zu nutzen (Dauernutzungsrecht).

III Für das Dauernutzungsrecht gelten die Vorschriften über das Dauerwohnrecht entsprechend.

1) Allg Übbl über das DWR: Übbl 3 v § 1. – Zwei Formen einer neuen **Art von Dienstbk : a) Dauerwohnrecht,** Recht zum Bewohnen od zur sonstigen Benutzg einer bestimmten W in einem fremden Gebäude od eines ganzen Gebäudes. Insow wie WohngsR des § 1093. Aber dadch von diesem wesentl verschieden, daß es vererbl u veräußerl ist u zu Vermietg u Verpachtg berechtigt. – **b) Dauernutzgsrecht** ist das Recht zur Nutzg nicht zu Wohnzwecken dienender Räume in einem Gebäude (zB auch Tankstelle mit Tankwartraum, LG Münster, DNotZ 53, 148; nach LG Ffm NJW 71, 759 auch U-Bahnhof); der Berecht kann, wie Mieter von GeschRäumen, die Außenfläche des genutzten Gebäudes für Reklamezwecke verwenden, Ffm BB 70, 731. Für beide Formen die gleichen Vorschr. – Vermischg beider Formen mögl; dann Eintr als „DWR u DauernutzgsR", BayObLG 60, 237. Zur dingl Sicherg einer Bierbezugsverpflichtg dch DauernutzgsR für Brauerei, Andresen Betr 66, 1759. – Über Umdeutg u Überleitg früh vereinb Wohngsrechte BGH 27, 158; zur Konversion (§ 140) von WE in DWR vgl BGH NJW 63, 339, dazu § 4 Anm 2; keine Umdeutg des Antr auf Eintr einer beschr pers Dienstbk auf die eines DWR (Hamm Rpfleger 57, 251 Anm Haegele); auch nicht umgekehrt, LG Münster DNotZ 53, 148 Anm Hoche u Haegele Rpfleger 55, 176. –

2) **Bestellg :** Nach § 873 dch (formlose) Einigg u Eintr (in Abt II). Formellrechtl GBO 13, 19, 29; zeitl begrenzt od unbegrenzt, aber nicht bedingt, § 33 I 2. Für Bestellg nicht Voraussetzg, daß das Gebäude schon errichtet ist, es muß aber mindestens schon Bauzeichng vorliegen (vgl § 32). Solange die Räume nicht errichtet sind, ruht das NutzgsR. Gebäude muß vom Besteller errichtet w. Soll DWBerecht Eigtümer des Gebäudes w, nur ErbbR mögl, vgl Hoche DNotZ 53, 153. Pfl zur Errichtg kann zum dingl Inhalt des DWR gemacht w, vgl § 33 Anm 4. – Bestellg auf Grdst, ErbbR, § 42, WE (TeilE), auch auf WErbbR, Weitnauer DNotZ 53, 124, nicht aber auf gewöhnl MitEigtAnt, BayObLG 57, 110; uU auf mehreren Grdst, LG Hildesh NJW 60, 49; Hampel Rpfleger 61, 129. – Keine Bestellg entspr § 8. **Eigtümer** kann ein DWR für sich selbst bestellen. Bei Ausübg des HeimfallAnspr (§ 36) od sonst Vereinigg in einer Hand, kein Erlöschen, § 889. Für die Bestellg eines DWR für mehrere Berecht gilt das zu § 1093 Anm 2 Gesagte, allerd mit der Maßg, daß die hM (W-W Rdnr 3c; Bärmann Rdz 50; Soergel-Baur Rdnr 3; Pritsch Anm 11; Haegele BWNotZ 69, 117, 132) ein DWR auch in BruchtGemsch für zul erachtet.

3) **Veräußerl u vererbl,** § 33 I 1. Wg Veräußersbeschränkg vgl § 35. Belastb gem § 1068 mit Nießbr (hM, vgl Soergel-Baur Rdnr 2, vgl § 1069 Anm 2), aber nicht wie WohngsR des § 1093, Reallast, Dbk od mit GrdPfdRechten. Verpfändb (§ 1274) u pfändb (ZPO 857); für beides Eintr nöt; Pfändg wie bei Buch-Hyp, Weitnauer DNotZ 51, 497; Hubernagel § 37 Anm 4b. Überweis an Gläub zur Einziehg mit Recht der Verst od Veräußerg gem ZPO 857 V od (statt Überweisg) Verwertg nach ZPO 844, zB Übertragg auf Gläub zum Schätzgswert.

4) **Rechtsverhältn zw Eigtümer u DWBerechtigten.** Zu unterscheiden:

a) Grundgeschäft aa) wenn es, wie dies die Regel, entgeltl vereinb, ist es formfrei, da § 313 nicht eingreift. Umdeutg s Anm 1 aE. Doch kann das VerpflGesch auch Schenkg sein – dann § 518 – od Einbringg in Gesellsch. Meist liegt **Rechtskauf** vor (zust BGH NJW 69, 1850; vgl aber auch Bettermann ZMR 52, 29 Fußn 1, 11). Entgelt entw in der Form wiederkehrder, mietzinsähnl Leistgen oder als einmal Betr, insb zur Verwendg zum Aufbau; auch beide Formen gemischt. – **bb)** Anspr auf Entgelt nicht dingl gesichert, kann auch nicht zum Inh des DWR gemacht w (vgl im Ggsatz dazu ErbbRVO 9). – **cc)** Bei Leistgsstörgen in GrdGesch: Grds gelten §§ 320ff u Vorschr über Rechtskauf. Da KaufGegst ein Recht, das zum SachBes berecht, gelten über § 451 die §§ 446–450, aber auch § 459ff, vgl Vorbem 3a aE vor § 459; Diester § 38 Rdn 8; Bärmann Rdz 66ff; W-W Rdnr 8 vor § 31. – Bei Verzug des Berecht mit Entgeltzahlg: § 326, doch § 454 zu beachten: kein Rücktr mehr, wenn DWR bestellt u Entgelt gestundet; so auch W-W § 38 Rdnr 4; aA Bärmann Rdz 85. – Wird dem DWBerecht geschuldete Leistg nachträgl unmögl, trägt er die Preisgefahr insow nach KaufR selbst; anderes soll gelten, wenn Entgelt in mietzinsähnl wiederkehrden Leistgen besteht: dann §§ 323, 324 (so Bärmann Rdz 82; vgl auch W-W Rdnr 8 vor § 31); doch ist mit Bestellg des DWR u Besitzeinweisg die synallagmat Pflicht des Bestellers erbracht. Zur WiederaufbauPfl des GrdstEigtümers s § 33 Anm 3 aE. – **dd)** Wg Verdinglichg des schuldrechtl Verhältn vgl § 38. – Wg Mieterschutz bei Heimfall s § 36 Anm 2.

b) Ges Schuldverhältn zw Eigtümer u DWBerecht entspr dem zw Eigtümer u Nießbraucher, vgl Einf 1 vor § 1030. Vom WEG lückenh geregelt, in §§ 33 II, III, 34 I, 41. PartAbreden mögl u der ges Regelg vorgeh. Ergänzd Vorschr über Nießbr, sofern mit Natur des DWR vereinb; Anhaltspunkte gibt § 1093 I 2. Anwendb zB § 1034 (Hubernagel § 33 Anm 6e), wohl auch § 1051 (vgl § 33 Anm 5) u § 1031 (str). Grdsätzl nicht anwendb Mietvorschr, insb kein KündR bei Verzug des Berecht mit Entgeltszahlg, da es beim DWR als einem dingl R keine Künd gibt. Hoche NJW 54, 960; BGH 27, 161. Bei Erlöschen des DWR hat Berecht keinen Mieterschutz; s aber auch § 37 Anm 1c.

c) Die zum **Inhalt des DWR** gemachten Vereinbgen gem §§ 33 IV, 35, 36, 39.

5) **Eigentumsähnliches DWR.** 1. WohnBauG idF v 25. 8. 53 § 20 IV führt (leider!) diesen RBegr ein. Merkmal: der Berecht ist wirtschaftl einem WEigtümer gleichgestellt. Es bestehen gewisse (begünstigde) SonderVorschr für diese Sonderform, vgl 1. WohnBauG 19 III, 31, ferner § 2 I Nr 3b WohngsbauprämienG idF v 21. 2. 68 (BGBl 137); vgl W-W Rdnr 6 vor § 31, § 62 Rdnrn 8 ff; Bärmann Vorbem 15 vor § 31. Abgrenzg, wann das DWR wirtschaftl mietähnl, wann eigtähnl, ist sehr schwer. EinkSteuerRichtl Nr 57 versuchen eine Umschreibg dieses vagen Begr: Rechte u Pfl des Berecht sollen denen eines WE entsprechen und der Berecht muß beim Heimfall vertragl eine angemessene Entschädigg erhalten.

WEG 31–33 Wohnungseigentumsgesetz. *Bassenge*

6) Einräumg u Veräußerg von DWR nicht grunderwerbsteuerpfl. And bei eigtähnl DWR (Anm 5); dort auch GrdSteuerPfl für DWBerecht, sonst für GrdstEigtümer; vgl die Nachw bei Bärmann §§ 61/62 Rdz 175 ff u Dammertz S 74 ff. – Mehrwertsteuer, MStG § 4 Nr 12 c, vgl Bärmann aaO Rdz 192. –

7) MietpreisR u Mietpreisbindg. BGH **52**, 243 verneint die Geltg der MietpreisbindgsVorschr (konkret: der §§ 18 ff I. BMietG) auf DWR u zwar nicht nur mit hM beim sog eigtähnl DWR (vgl oben Anm 5) sond auch beim wirtsch mietähnl DWR: dieses sei kein „den Miet- od PachtVerh ähnl entgeltl NutzgsR" iS der Verweisgvorschriften des I.–V. BMietG; aA Bärmann Rdz 116; W-W Rdz 15 vor § 31.

8) DWR **endet** mit Fristablauf (falls vereinbart), dch Aufhebg gem § 875, die, iF des § 36 I der Zust des HeimfallBerecht bedarf (hM, W-W Rdnr 3 c; Bärmann Rdz 95; Soergel-Baur Rdnr 9 b); **nicht** mit Heimfall (§ 36), nicht dch Zerstörg des Gebäudes, vgl § 33 Anm 3, § 1093 Anm 3 d (aA für § 1093 BGH **7**, 268). – Bei Erlöschen des DWR kein Mieterschutz für Berecht, vgl aber auch § 37 Anm 1 c.

WEG 32 *Voraussetzungen der Eintragung.* I Das Dauerwohnrecht soll nur bestellt werden, wenn die Wohnung in sich abgeschlossen ist.

II Zur näheren Bezeichnung des Gegenstandes und des Inhalts des Dauerwohnrechts kann auf die Eintragungsbewilligung Bezug genommen werden. Der Eintragungsbewilligung sind als Anlagen beizufügen:

1. eine von der Baubehörde mit Unterschrift und Siegel oder Stempel versehene Bauzeichnung, aus der die Aufteilung des Gebäudes sowie die Lage und Größe der dem Dauerwohnrecht unterliegenden Gebäude- und Grundstücksteile ersichtlich ist (Aufteilungsplan); alle zu demselben Dauerwohnrecht gehörenden Einzelräume sind mit der jeweils gleichen Nummer zu kennzeichnen;

2. eine Bescheinigung der Baubehörde, daß die Voraussetzungen des Absatzes 1 vorliegen.

Wenn in der Eintragungsbewilligung für die einzelnen Dauerwohnrechte Nummern angegeben werden, sollen sie mit denen des Aufteilungsplans übereinstimmen.

III Das Grundbuchamt soll die Eintragung des Dauerwohnrechts ablehnen, wenn über die in § 33 Abs. 4 Nrn. 1 bis 4 bezeichneten Angelegenheiten, über die Voraussetzungen des Heimfallanspruchs (§ 36 Abs. 1) und über die Entschädigung beim Heimfall (§ 36 Abs. 4) keine Vereinbarungen getroffen sind.

1) I u II entsprechen § 3 II u § 7 III, IV. Abgeschlossenh der Wohng liegt auch vor, wenn die Räume mit Räumen auf dem NachbGrdst eine geschl Einh bilden, LG Mü I Rpfleger **73**, 141 = DNotZ **73**, 417 m Anm Walberer. Über Aufteilgsplan bei Belastg des ganzen Grdst vgl LG Münster DNotZ **53**, 151. – Wg der Bescheinigg vgl § 59 Anm 2, § 7 Anm 2.

2) III ist rein verfrechtl Vorschr. Da die genannten Vereinbgen nicht getroffen w müssen, ist DWR bei Eintr ohne diese sachlrechtl wirks. – Da materielles R keine Vereinbgen verlangt, darf GBA Eintr nicht ablehnen, wenn EintrBew weder Vereinbgen noch Negativklausel enthält u subsidiäre ges Regelg vorhanden (BayObLG **54**, 67). Enthält EintrBew aber solche Vereinbgen, so muß GBA (entspr GBO 20) wirks Zustandekommen prüfen (Düss DNotZ **78**, 354; sehr str).

WEG 33 *Inhalt des Dauerwohnrechts.* I Das Dauerwohnrecht ist veräußerlich und vererblich. Es kann nicht unter einer Bedingung bestellt werden.

II Auf das Dauerwohnrecht sind, soweit nicht etwas anderes vereinbart ist, die Vorschriften des § 14 entsprechend anzuwenden.

III Der Berechtigte kann die zum gemeinschaftlichen Gebrauch bestimmten Teile, Anlagen und Einrichtungen des Gebäudes und Grundstücks mitbenutzen, soweit nichts anderes vereinbart ist.

IV Als Inhalt des Dauerwohnrechts können Vereinbarungen getroffen werden über:

1. Art und Umfang der Nutzungen;
2. Instandhaltung und Instandsetzung der dem Dauerwohnrecht unterliegenden Gebäudeteile;
3. die Pflicht des Berechtigten zur Tragung öffentlicher oder privatrechtlicher Lasten des Grundstücks;
4. die Versicherung des Gebäudes und seinen Wiederaufbau im Falle der Zerstörung;
5. das Recht des Eigentümers, bei Vorliegen bestimmter Voraussetzungen Sicherheitsleistung zu verlangen.

1) Veräußerg des DWR: Schuldrechtl formfrei; dingl: § 873. Veräußerg beschränkb nach § 35. Heimfall kann für Fall der Veräußerg vereinb w, § 36. Veräußerg kann, and als Bestellg, auch bdgt erfolgen. Aus Veräußerbark folgt Verpfändbark u Pfändbark, § 31 Anm 3.

2) Unzulässig ist **bedingte Bestellg.** Daher auch solche auf die Dauer eines von den Beteiligten über die Räume abgeschl Mietvertrages, zumal dieser dch das dingl Recht ersetzt w, vgl Hoche, DNotZ **53**, 154, ihm insow folgend Erm-Westermann Anm 2. – Zul befristete Bestellg; auch **auf Tod** des Berecht; str, nun aber hM, auch Bärmann Rdz 61. Dem ist zuzustimmen; Vererblichk ist die Regel bei veräußerl Rechten. § 31 I 1 betont den Ggsatz zum WohngsR nach § 1093, s dort Anm 1 d. Damit ist aber Befristg mit unbestimmtem Endtermin nicht ausgeschl; Wortlaut des § 33 I verbietet nur bedingte Bestellg.

II. Teil. Dauerwohnrecht

3) II, III enthalten ges Schuldverbindlichk des DWBerecht (vgl § 31 Anm 4b). Verweisg auf § 14 bedeutet eine solche Pfl zur Instandhaltg nur dem Eigtümer ggü, nicht and DWBerechtigten od Mietern ggü. Schon aus § 1041, der hier wie beim WohngsR, § 1093, anwendb, ergibt sich Pflicht des Berecht, die (seinem Recht unterliegenden) Räume instand zu halten u Ausbesserg u Erneuerg insow vorzunehmen, als zur gewöhnl Unterhaltg gehört. Darüber hinaus können (u sollen, § 32 III) auch hierüber Vereinbgen getroffen w. Zweckm übernimmt DWBerecht die SchönhReparaturen. Lastentragg (dazu § 16 Anm 3) u Versicherg obliegt dem Berecht nicht schon kr G; §§ 1045, 1047 nicht anwendb (vgl § 1093 I 2). – Vereinbg (als Inhalt des DWR) aber nur über die dem DWR unterliegenden u die für gemeinschaftl Nutzg bestimmten Gebäudeteile, nicht für das ges Grdst (außer wenn DWR bzgl dieses), BayObLG **59**, 530. § 14 Nr 4, auch Halbs 2, gilt entspr auch für DWR (W-W Rdnr 9). – Bei **Zerstörg** des Hauses Eigtümer zum Wiederaufbau bei Fehlen einer Vereinbg (die aber auch stillschw getroffen sein kann, zB in der Pfl zur Versicherg) nicht verpflichtet (aA Bärmann Rdz 91; wie hier Diester § 33 Anm 5; Pritsch § 33 Anm 20). Tut er das, so entsteht das bisher ruhende DWR wieder, vgl § 1093 Anm 3d. Da BereichergsAnspr des Berecht wg der im voraus gezahlten Vergütg zweifelh, genaue Regelg für den Fall der Zerstörg anzuraten, s § 31 Anm 4a bb.

4) Vereinbgen gem IV im GB (Bezugn auf EintrBewilligg genügt) zu verlautbaren, sie werden dadch Inhalt des DWR („dingl" Wirkg: vgl § 10 Anm 2). Ohne Eintr nur schuldrechtl Wirkg. Mittelb Zwang zu den Vereinbgen IV 1–4 dch § 32 III. Aus IV 2, 4 folgt, daß auch Verpflichtg des Eigtümers zum Erst- u auch Wiederaufbau (vgl W-W Rdnr 15) Inhalt des DWR sein kann, wenn dieses, was nach § 31 zul, an noch nicht errichtetem Gebäude bestellt ist. Unter IV 1 fällt (u daher dingl dch Eintr sicherb) Vereinbg, daß für **Vermietg** od Wechsel in der Nutzg Zust des Eigtümers nöt, BayObLG **60**, 239. Folgen eines Verstoßes wie zu § 12 Anm 4b dargelegt (vgl W-W Rdnr 12; Soergel-Baur Rdnr 9). Beachte, daß Vereinbg eines Entgelts nicht zum Inh des DauerR gemacht w, auch nicht, wie der ErbbZins (§ 9 ErbbRVO) durch Reallast gesichert w kann; hM. Ausgleich dch die eigenartige Verknüpfg des dingl Rechts mit dem GrdGesch gem § 38, s dort Anm 2.

5) a) Wird über IV 1–4 nichts od nichts Ausreichendes vereinb (was dch § 32 III verhindert w soll), aber trotzdem das DWR eingetr, so ist dieses wirks entstanden. Lücken des schuldrechtl Vertr sind aus dessen Natur (s § 31 Anm 4a) u §§ 157, 133, 242 auszufüllen. Liegt bloß schuldrechtl Abrede über IV 1–4 vor, so wirkt sie für u gg RNachf, § 38. DWBerecht hat, wenn nicht ausnahmsw NichtEintr beiders gewollt, klagb Anspr auf Abgabe der dingl EiniggsErkl u entspr EintrBewilligg. Vgl hierzu Diester § 32 Anm 11 ff. Stimmt EintrBewilligg mit dingl Einigg (§ 873) nicht überein, so ist für Wirksamk des DWR ohne Bedeutg, nur GB kann bzgl Inhalts des DWR unrichtig sein. – **b)** Wird über das Recht zur Sicherh nichts vereinb (IV 5), Anwendbark der §§ 1051ff zweifelh, aber wohl zu bejahen. Der Ausschl dieser §§ in § 1093 I 2 steht nicht entgg, da DWR inhaltl umfassender als das WohngsR. Da es auch zur Nutzg berechtigt, kommt es einem Nießbr gleich. Bedürfn für Anwendg von §§ 1051ff besteht. Anders hM (W-W Rdn 16, Diester Rdnr 17; wie hier wohl Bärmann Rdz 153 ff).

6) Für Streitigk nicht Weg des § 43, sond ProzWeg vor Streitgericht, § 52.

WEG 34 *Ansprüche des Eigentümers und der Dauerwohnberechtigten.*
I Auf die Ersatzansprüche des Eigentümers wegen Veränderungen oder Verschlechterungen sowie auf die Ansprüche der Dauerwohnberechtigten auf Ersatz von Verwendungen oder auf Gestattung der Wegnahme einer Einrichtung sind die §§ 1049, 1057 des Bürgerlichen Gesetzbuches entsprechend anzuwenden.

II Wird das Dauerwohnrecht beeinträchtigt, so sind auf die Ansprüche des Berechtigten die für die Ansprüche aus dem Eigentum geltenden Vorschriften entsprechend anzuwenden.

1) I. a) Ersatzansprüche des Eigtümers wg Verändergen u **Verschlechtergen.** WEG geht davon aus, daß solche Anspr entstehen können. Sie können bei Benutzg der Räume u Mitbenutzg des sonst Teile des Anwesens (vgl § 33 III) über das gesetzl od vereinbargsgem erlaubte Maß hinaus entstehen, u zwar aus dem zugrunde liegenden schuldrechtl Vertr od Delikt. Für diese ErsAnspr wird lediglich die **Verjährg** geregelt: nach §§ 1057, 558 II in 6 Monaten seit Wiedererlangg des unmittelb Besitzes der Räume; gilt auch, soweit Anspr auf Delikt beruht (vgl § 1057 Anm 1; Bärmann Rdz 23; Soergel-Baur Rdnr 1).

b) ErsAnsprüche des Berechtigten wg **Verwendgen.** Hier Anwendbark § 1049 ausdr bestimmt. Anspr auf Ers entspr GeschFührgsR; voller Ers zu leisten, wenn Voraussetzgen der §§ 683, 679, 670, 684 S 2, u zwar vom Eigtümer zZ der Verwendg. Sonst Bereichergsanspr, § 684 S 1, auch gg späteren Eigtümer. Verj nach §§ 1057, 558 II in 6 Monaten seit Beendigg des DWR.

c) Anspr des Berecht auf Gestattg der **Wegnahme** einer Einrichtg nach § 1049 II. Verjährg: 6 Monate ab Beendigg des DWR, §§ 1057, 558 II. Vor Auszug hat Berecht WegnR, §§ 1049 II, 258.

2) II. Der DWBerecht hat gg Beeinträchtiggen seines Rechts die gleichen Rechte wie ein Nießbraucher (vgl § 1065 u Anm), insb §§ 1004, 985.

WEG 35 *Veräußerungsbeschränkung.* Als Inhalt des Dauerwohnrechts kann vereinbart werden, daß der Berechtigte zur Veräußerung des Dauerwohnrechts der Zustimmung des Eigentümers oder eines Dritten bedarf. Die Vorschriften des § 12 gelten in diesem Falle entsprechend.

1) Abweichg von § 137 wie in § 12; vgl Anm dort. Str, ob für Anspr auf Zust (vgl § 12 II) hier ProzWeg (§ 52) od Verf nach § 43; für ersteres die hM (Bärmann Rdz 10; Diester Rdnr 3; Soergel-Baur Rdnr 3; Pritsch Anm 4; dagg W-W Rdn 3). Eintr der VeräußergsBeschrkg im GB selbst nicht vorgeschrieben (auch nicht in der sich nur auf das WE beziehenden WEGBVfg), daher Bezugn auf EintrBewilligg mögl, aber nicht rats. – Unzul Vereinbg der Unveräußerlichk, Diester Anm 1. §§ 413, 399 greifen nicht ein (vgl Einl 5a dd vor § 854 u W-W Rdnr 4).

2) Zul hier (and als nach § 12) Vereinbg, daß Veräußerg des DWR von Zust eines GrdPfdGl abhäng; § 1136 betr nur Veräußerg des Eigtums. Jedoch von solcher Vereinbg abzuraten.

3) Zul u eintragb, daß gem BVersG 75 Veräußerg eines langfrist DWR (§ 41) auf 5 Jahre nur mit Zust der VersorggsBeh, BayObLG **56**, 278; absolute Wirkg.

WEG 36 *Heimfallanspruch.* I Als Inhalt des Dauerwohnrechts kann vereinbart werden, daß der Berechtigte verpflichtet ist, das Dauerwohnrecht beim Eintritt bestimmter Voraussetzungen auf den Grundstückseigentümer oder einen von diesem zu bezeichnenden Dritten zu übertragen (Heimfallanspruch). Der Heimfallanspruch kann nicht von dem Eigentum an dem Grundstück getrennt werden.

II Bezieht sich das Dauerwohnrecht auf Räume, die dem Mieterschutz unterliegen, so kann der Eigentümer von dem Heimfallanspruch nur Gebrauch machen, wenn ein Grund vorliegt, aus dem ein Vermieter die Aufhebung des Mietverhältnisses verlangen oder kündigen kann.

III Der Heimfallanspruch verjährt in sechs Monaten von dem Zeitpunkt an, in dem der Eigentümer von dem Eintritt der Voraussetzungen Kenntnis erlangt, ohne Rücksicht auf diese Kenntnis in zwei Jahren von dem Eintritt der Voraussetzungen an.

IV Als Inhalt des Dauerwohnrechts kann vereinbart werden, daß der Eigentümer dem Berechtigten eine Entschädigung zu gewähren hat, wenn er von dem Heimfallanspruch Gebrauch macht. Als Inhalt des Dauerwohnrechts können Vereinbarungen über die Berechnung oder Höhe der Entschädigung oder die Art ihrer Zahlung getroffen werden.

1) HeimfallAnspr (vgl ErbbRVO § 2 Nr 4, §§ 3, 4) ist der Anspr des (jeweiligen) Eigtümers gg den DWBerecht, daß dieser ihm od einem Dr unter bestimmten, frei vereinb Voraussetzgen das DWR übertrage. Den DWBerecht schützt hierbei § 138; unwirks daher Vereinbg des Heimfalls für jeden Fall der Veräußerg des DWR; dies auch Umgeh von §§ 35, 12 II 2; str; wie hier im Ergebn W-W Rdnr 4a; Bärmann Rdz 78; aA Diester Rdnr 4. Für Vereinbg des Heimfalls bei Tod des DWBerecht gilt das zu § 33 Anm 2 Gesagte. Anspr geht bei GrdstVeräußerg auf den neuen Eigtümer über. **Begr des HeimfallR** dch Einigg u Eintr als Inhalt des DWR, wenn auch nur dch Bezug auf die EintrBewilligg. HeimfallR ist subj-dingl Recht, eine Art dingl WiederkaufsR. Nicht selbstd übertragb, pfänd-, verpfändb, I 2; doch kann Dritter iS von I 1 ermächtigt w, Anspr geltd zu machen (ProzStandsch); konkursfest (Soergel-Baur Rdnr 2). – Der erhobene HeimfallAnspr entfaltet ggü kollidierden ZwischenVfgen (auch solchen iW der ZwangsVollstr) Vormerkgswirkg (vgl § 883 Anm 5, 6; Soergel-Baur Rdnr 2; Bärmann Rdz 8; Staak SchlHA **59**, 141). GBA soll Eintr des DWR ablehnen (vgl aber auch § 32 Anm 2 zu BayObLG NJW **54**, 959), wenn die Voraussetzgen, an die Heimfall nach der EintrBewilligg geknüpft, nicht hinreichd bestimmt oder gesetzwid sind; unzul ist Abrede jederzeitiger Geltdmachg des HeimfallAnspr. – Bei Übertr des DWR auf Eigtümer entsteht DWR an eigenem Grdst, vgl § 31 Anm 2.

2) HeimfallAnspr nicht ausüb, wenn sich DWBerecht, falls er Mieter wäre, auf **Mieterschutz** (vgl Einf 13 vor § 535) berufen könnte, II, es sei denn, daß er sich unter Verzicht auf diese Schutzbestimmgen zum Heimfall verpflichtet hat. Vgl auch Bärmann § 36 Rdz 58 ff. Wenn kein Mieterschutz §§ 556a–c entspr, W-W § 36 Rdnr 3a; Dammertz RhNK **70**, 123.

3) Macht Eigtümer vom HeimfallR Gebrauch, so muß er den Berecht angemessen **entschädigen,** wenn DWR zeitl unbegrenzt od auf länger als 10 Jahre eingeräumt, § 41 I, III (vgl ErbbRVO 32). Sonst nur nach bes Vereinbg, IV. Eine solche Vereinbg insb wichtig, wenn Berecht Entgelt sofort ganz od teilweise erbring. Vereinbg nach IV entw bloß schuldrechtl od dingl als Inhalt des DWR (dann Eintr nötig), vgl BGH **27**, 161. Unter IV S 2 rechnet BayObLG **60**, 240 auch Vereinbg über Offenlegg des Aufwands für baul Änderg.

4) Ohne Vereinbg eines HeimfallAnspr kein Anspr des Eigtümers auf Rückübertr, auch nicht bei PflVerletzgen des DWBerecht; freilich kann bei extremer Sachlage § 242 (vgl Einl 2b Abs 2 vor § 854) zur richterl Zubilligg eines übervertragl HeimfallAnspr führen; zust Bärmann Rdz 87. Ist schuldrechtl Vertr nichtig, Anspr aus Bereicherung auf Löschg (nicht auf Übertragg).

5) Beruft sich der DWBerecht auf Verj (III), so muß er im Streitfall beweisen, wann der Eigtümer von Eintritt der Voraussetzgen erfahren. Ausn von § 902.

6) Über prozessuale Zustdgk vgl § 52. LeistgsKlage des HeimfallBerecht (ZPO 894).

WEG 37 *Vermietung.* I Hat der Dauerwohnberechtigte die dem Dauerwohnrecht unterliegenden Gebäude- oder Grundstücksteile vermietet oder verpachtet, so erlischt das Miet- oder Pachtverhältnis, wenn das Dauerwohnrecht erlischt.

II Macht der Eigentümer von seinem Heimfallanspruch Gebrauch, so tritt er oder derjenige, auf den das Dauerwohnrecht zu übertragen ist, in das Miet- oder Pachtverhältnis ein; die Vorschriften der §§ 571 bis 576 des Bürgerlichen Gesetzbuches gelten entsprechend.

III Absatz 2 gilt entsprechend, wenn das Dauerwohnrecht veräußert wird. Wird das Dauerwohnrecht im Wege der Zwangsvollstreckung veräußert, so steht dem Erwerber ein Kündigungsrecht in entsprechender Anwendung des § 57a des Gesetzes über die Zwangsversteigerung und Zwangsverwaltung zu.

II. Teil. Dauerwohnrecht **WEG 37–39**

1) Einfluß des Erlöschens u des Übergangs des DWR auf **Miet- u Pachtverträge,** die der DWBerecht über die Räume abgeschl hat.

a) DWR erlischt: Miet- (Pacht-)verhältn erlischt ebenf (and § 1056, ErbbVO 30). Eigtümer kann vom Mieter Herausg (§ 985), nicht aber entspr § 556 III, W-W Rdnr 2) verlangen. Kein Mieterschutz. Haftg des DWBerecht uU nach § 541, Erm-Westermann Rdz 1; W-W Rdn 4.

b) DWR wird veräußert od aGrd HeimfallAnspr auf Eigtümer od Dr übertr: RNachf tritt in Miet-(Pacht-)verhältn ein, entspr §§ 571–576, also ist Besitzüberlassg an Mieter vorausgesetzt, Soergel-Baur Rdnr 2. Kein ges KündR des Erwerbers. Mietverhältn bleibt auch bestehen, wenn der Eigtümer das auf ihn übertragene DWR löschen läßt, Fr-M Anm 3; Soergel-Baur Rdnr 3; Constantin NJW **69,** 1417 der zutr auf Schutzzweck des II hinweist, aM W-W Rdnr 4; Bärmann Rdz 41.

c) Veräußerg des DWR iW der ZwVollstr, also nach Pfändg u Überweisg u Verwertg dch Veräußerg, ZPO 857, 844: Eintritt des Erwerbers wie zu b, jedoch mit KündR des ZVG 57a (vgl aber auch die anwendb §§ 57c, d ZVG). Aber Mieterschutz, soweit er nocht gilt (Erm-Westermann Anm 2; Bärmann Rdz 47; W-W Rdnr 6).

Zu b und c: Hatte der Veräußerer des DWR ohne Zust des Eigtümers vermietet, obwohl als Inhalt des DWR Unvermietbark od Abhängigk von Zust des Eigtümers vereinb war (vgl § 33 IV 1), so berührt dies die Wirksamk des Mietvertr zw den Mietspart nicht, daher tritt auch der Erwerber in diesen Vertr ein (aM Pritsch III 2; wie hier nun auch W-W Rdnr 5, zust Constantin NJW **69,** 1417, der auch auf die Möglichk hinweist, daß sich der DWBerecht zum Verzicht auf das DWR für den Fall der Vermietg verpfl, wobei zwar der materielle Verz [§ 875], nicht aber die Löschgsbewilligg [als VerfahrensErkl] bedingt abgegeben w kann). Eigtümer kann aber auch vom Erwerber Unterlassg verlangen, bei schon erfolgter Vermietg Aufhebg des Mietverhältn, soweit dies nach Mieterschutzbestimmgen mögl.

2) War W bei Begr des DWR schon vermietet, Eintritt gem § 577, W-W Rdnr 6.

WEG 38 *Eintritt in das Rechtsverhältnis.* **I** Wird das Dauerwohnrecht veräußert, so tritt der Erwerber an Stelle des Veräußerers in die sich während der Dauer seiner Berechtigung aus dem Rechtsverhältnis zu dem Eigentümer ergebenden Verpflichtungen ein.

II Wird das Grundstück veräußert, so tritt der Erwerber an Stelle des Veräußerers in die sich während der Dauer seines Eigentums aus dem Rechtsverhältnis zu dem Dauerwohnberechtigten ergebenden Rechte ein. Das gleiche gilt für den Erwerb auf Grund Zuschlages in der Zwangsversteigerung, wenn das Dauerwohnrecht durch den Zuschlag nicht erlischt.

1) § 38 behandelt den Einfluß der Veräußerg **a)** des DWR, **b)** des Grdst auf das RVerhältn zw DWBerecht u Eigtümer. – **Zu a): Erwerber des DWR** tritt kr G in die laufenden Verpflichtgen des insoweit freiwerdenden DWBerecht ein. Befreiende Schuldübern. Aber keine Haftg für Rückstände. – Bürgschaften u Pfandrechte erlöschen entspr § 418; Hubernagel Anm 1 d. I gilt auch bei Verst des DWR, Erm-Westermann Anm 2. – **Zu b): GrdstErwerber** tritt in die Rechte des Veräußerers ein. Ges Fordergsübergang wie in § 571 (ohne Geltg des § 571 II). Aber auch nur f die Zukunft u für die Dauer seines Eigt. Gilt auch bei mehrf Veräußerg. Ob die W dem DWBerecht schon überlassen war, ist (and als bei § 571) gleichgült. Auch bei Erwerb des Grdst iW der ZwVerst (sofern DWR bestehen bleibt, also in das geringste Gebot fällt, vgl auch § 39) od vom KonkVerw, Diester Anm 15. Also nicht etwa ein KündR des Erwerbers entspr ZVG 57. VorausVfgen über das Entgelt für das DWR sind dem Erwerber ggü schlechthin wirks. §§ 573, 574, ZVG 57, 57b gelten nicht; vgl § 40 Anm 1.

2) § 38 bezieht sich in beiden Fällen über Wortlaut hinaus auf die beiders (währd der Dauer der Berechtigg – I , bzw des Eigt – II –, vgl W-W Rdz 7) sich ergebden Rechte u Pflichten aus dem schuldrechtl GrdVertr (im Anschl an den GesWortlaut einschränkd Bärmann Rdz 13ff). Für die ges u die dch Einigg u Eintr zum Inhalt des DWR gemachten Rechte u Pfl ergibt sich Wirkg für u gg RNachf schon aus dem dingl Recht. § 38 betrifft sämtl Rechte u Pfl aus dem Vertr, zB Pfl zur Entrichtg wiederkehrden Entgelts, Tragg von Lasten, Errichtg des Gebäudes (§ 33 Anm 4), ua auch aus bloß schuldrechtl vereinb Heimfall (Hoche NJW **54,** 960); nicht aber Anspr aus § 812, zB bei rechtsgrundloser Bestellg (so jetzt auch Westermann § 123 II 4 b). Bestr, ob § 38 auch diejen Rechte u Pflichten aus dem GrdVertr trifft, die hätten verdinglicht w können (§§ 33 IV, 35, 36, 39, 40 II), es aber nicht geworden sind; die Frage w heute überw verneint (Bärmann Rdz 17; Westermann § 68 II 4 b; W-W Rdnr 5; aA Diester Rdnr 9, 10; vgl auch Staak SchlHA **58,** 140). § 38 hat zur Folge, daß auch ein gutgl Erwerber nicht geschützt w; denn auch ohne Eintr sind die obligator Rechte u Pfl verdinglicht, so daß hins der ab RNachfolge entstehenden prakt kein Unterschied zu den gesetzl od kr Vereinbg zum Inhalt des DWR gehörenden besteht.

WEG 39 *Zwangsversteigerung.* **I** Als Inhalt des Dauerwohnrechts kann vereinbart werden, daß das Dauerwohnrecht im Falle der Zwangsversteigerung des Grundstücks abweichend von § 44 des Gesetzes über die Zwangsversteigerung und Zwangsverwaltung auch dann bestehen bleiben soll, wenn der Gläubiger einer dem Dauerwohnrecht im Range vorgehenden oder gleichstehenden Hypothek, Grundschuld, Rentenschuld oder Reallast die Zwangsversteigerung in das Grundstück betreibt.

II Eine Vereinbarung gemäß Absatz 1 bedarf zu ihrer Wirksamkeit der Zustimmung derjenigen, denen eine dem Dauerwohnrecht im Range vorgehende oder gleichstehende Hypothek, Grundschuld, Rentenschuld oder Reallast zusteht.

III Eine Vereinbarung gemäß Absatz 1 ist nur wirksam für den Fall, daß der Dauerwohnberechtigte im Zeitpunkt der Feststellung der Versteigerungsbedingungen seine fälligen Zahlungsverpflichtungen gegenüber dem Eigentümer erfüllt hat; in Ergänzung einer Vereinbarung nach Absatz 1 kann vereinbart werden, daß das Fortbestehen des Dauerwohnrechts vom Vorliegen weiterer Voraussetzungen abhängig ist.

1) Bei ZwVerst des Grdst bleibt DWR nach ZVG 44, 52 bestehen, falls im geringsten Gebot, daher grdsätzl nur, wenn DWR Rang vor dem des betreibenden Gläub; anderfl erlischt es grdsätzl mit Zuschlag (mit WertErsAnspr am VerstErlös, soweit dieser reicht), ZVG 91, 92. WEG 39 bezweckt nun: der DWBerecht soll in der vom ranggleichen od vorgehenden GrdPfd- u Reallastgläub betriebenen ZwVerst keine schwächere Stellg haben als ein Mieter (dessen Recht bestehen bleibt u dem trotz ZVG 57a wg des Mieterschutzes vielleicht nicht gekündigt w kann; beachte §§ 57c, d). Aber statt das Bestehenbleiben des DWR anzuordnen, macht § 39 dies von einer zum Inhalt des DWR (dch Einigg u Eintr) gemachten **Vereinbg** abhäng. Erforderl Zust der gleich- u vorstehenden GrdPfdR- u ReallastGläub (sowie der Nießbraucher u PfandGläub an diesen Rechten). Hierdch wird die Regelg möglicherw praktisch ggstandslos bleiben. Aber ohne eine solche Vereinbg Stellg des DWBerecht bei Vorbelastg so stark gefährdet, daß von Bestellg ohne ausr Sichergen des Berecht abzuraten. Bedenkl ist Vereinbg, daß DWR nur bestehen bleibt, wenn Eigtümer seinen Zahlgspflichten ggü Realgläub nachkommt. Bedenkl auch die Vorschr, daß Bestehenbleiben von Entrichtg der fälligen Zahlgen abhängt. Erhebl tats u rechtl Schwierigkeiten bei Streit der Beteiligten im VerstTermin! Gefährdg des DWR in der ZwVerst entwertet das neue RInstitut u hat auch schon weitgehende Ablehng zur Folge gehabt (Diester Rpfleger 54, 286).

2) Eintr beim DWR u den gleich- u vorstehenden Rechten des Abs II, da die Vereinbg eine Rangverschiebg bedeutet, GBVfg 18 (LG Hildesh Rpfleger 66, 116 zust Riedel; W-W Rdnr 13; Bärmann Rdz 49; aA Soergel-Baur Rdnr 3). Bezugn auf EintrBewilligg mindestens unzweckm. Eintr beim DWR schon vor Zust dieser Gläub mögl, aber dann entspr Hinweis zweckm, Schl SchlHA 62, 146. Für Zust GBO 29.

3) Vereinbg wirkt nicht ggü VollstrGläubigern des ZVG 10 Nr 1–3. Auch dies gefährdet die Stellg des DWBerecht. Schwacher Trost für ihn: § 268.

4) Haben nicht alle, sond nur einzelne der genannten Gläub zugestimmt, so hängt Bestehenbleiben des DWR davon ab, ob der Nichtzustimmende hierdch beeinträchtigt w. Dies wird er dann nicht, wenn sein eig Recht auf alle Fälle in das geringste Gebot fällt, also bestehenbleibt, zB betreibender Gläub, der zugestimmt hat, steht an 2. Stelle nach einer Hyp (deren Gläub nicht zugestimmt h), aber vor dem DWR; vgl hierzu W-W Rdnrn 6 ff.

5) DWBerecht kann aus dem DWR nicht selbst die ZwVerst betreiben, BayObLG 57, 111.

WEG 40 *Haftung des Entgelts.* **I** Hypotheken, Grundschulden, Rentenschulden und Reallasten, die dem Dauerwohnrecht im Range vorgehen oder gleichstehen, sowie öffentliche Lasten, die in wiederkehrenden Leistungen bestehen, erstrecken sich auf den Anspruch auf das Entgelt für das Dauerwohnrecht in gleicher Weise wie auf eine Mietzinsforderung, soweit nicht in Absatz 2 etwas Abweichendes bestimmt ist. Im übrigen sind die für Mietzinsforderungen geltenden Vorschriften nicht entsprechend anzuwenden.

II Als Inhalt des Dauerwohnrechts kann vereinbart werden, daß Verfügungen über den Anspruch auf das Entgelt, wenn es in wiederkehrenden Leistungen ausbedungen ist, gegenüber dem Gläubiger einer dem Dauerwohnrecht im Range vorgehenden oder gleichstehenden Hypothek, Grundschuld, Rentenschuld oder Reallast wirksam sind. Für eine solche Vereinbarung gilt § 39 Abs. 2 entsprechend.

1) Regel (I 2): Anspr auf das Entgelt für die Bestellg des DWR, auch wenn es mietzinsähnl in wiederkehrenden Leistgen zu erbringen, ist nicht wie eine MietzinsFdg zu behandeln. Daher wirkt jede Zahlg des DWBerecht an den Eigtümer, auch eine Vorauszahlg, befreiend auch ggü rechtsgeschäftl GrdstErwerber (vgl § 38 Anm 1 zu b), Ersteher in ZwVerst, KonkVerwalter, Zwangsverwalter (vgl aber Ausn Anm 2). Wirks ach sonst Verfügen (Abtretg, Pfändg). §§ 573, 574, KO 21 gelten nicht, §§ 1123, 1124 nicht ggü nachstehenden GrdPfdGläub u Reallastberecht. ZVG 57b nicht anwendb, außer wenn DWR kr Vereinbg nach § 39 bestehen bleibt; VorausVfg muß dann auch dem betreibenden Gl ggü wirks sein (W-W Rdnr 12). Auf Vereinbg, daß Vorauszahlgen in bestimmtem Umfang unwirks sind, sollte sich kein DWBerecht einlassen; ihre Gültigk wird heute überw bejaht (W-W Rdnr 9a; Pritsch Anm 9; Soergel-Baur Rdnr 1).

2) Ausn (I 1): Erstreckg der vor- u gleichstehenden GrdPfdRechte u Reallasten u der wiederkehrenden öff Lasten auf die EntgeltsFdg wie auf eine MietzinsFdg. Also insow gelten §§ 1123 ff, ferner G über die Pfändg von Miet- u PachtzinsFdgen wg Anspr aus öff GrdstLasten v 9. 3. 34, RGBl 181. Auswirkg in ZwVerw, wenn diese wg der genannten Rechte angeordnet; EntgeltsFdg wird erfaßt, auch wenn sie auf einmalige Leistg gerichtet (Diester Anm 5a); ebso Anspr auf Lastenbeiträge (§ 33 IV 2, 3). Wg der Unwirksamk von VorausVfgen vgl § 1124 Anm 2.

3) Die in II vorgesehene weitergehende Vereinbg wird kaum prakt w.

WEG 41 *Besondere Vorschriften für langfristige Dauerwohnrechte.* **I** Für Dauerwohnrechte, die zeitlich unbegrenzt oder für einen Zeitraum von mehr als zehn Jahren eingeräumt sind, gelten die besonderen Vorschriften der Absätze 2 und 3.

II Der Eigentümer ist, sofern nicht etwas anderes vereinbart ist, dem Dauerwohnberechtigten gegenüber verpflichtet, eine dem Dauerwohnrecht im Range vorgehende oder gleichstehende Hypothek löschen zu lassen für den Fall, daß sie sich mit dem Eigentum in einer Person vereinigt, und die Eintragung einer entsprechenden Löschungsvormerkung in das Grundbuch zu bewilligen.

III Der Eigentümer ist verpflichtet, dem Dauerwohnberechtigten eine angemessene Entschädigung zu gewähren, wenn er von dem Heimfallanspruch Gebrauch macht.

1) Bei **langfristigem DWR** ges Pfl des Eigtümers **a)** zur Löschg nachträgl EigtümerGrdSch u Bewilligg entspr **LöschgsVormerkg** (II), **b)** zur **Entschädigg** bei Heimfall; zu a abdingb, zu b nicht. Pflichten des jeweiligen Eigtümers. 10-Jahres-Frist läuft ab Bestellg od nachträgl Verlängerg. Langfristigk eintraggsbedürftig, Staak SchlHA 59, 142.

2) II: Gilt auch für GrdSch, wenn sie dch Ablösg (§ 1192 Anm 2) auf Eigtümer übergeht (hM). – Die aus II entspringden Rechte u Pfl der Beteiligten gehen – auch ohne entspr Vormerkg – auf **RNachfolger im Eigt u im DWR** über (§ 38; Bärmann Rdz 11; Erm-Westermann Rdz 1); desh auch keine Eintr einer zul Abdingg im GB (Diester Rdz 9; aA Bärmann Rdz 11); ist der Anspr aus II nur teilw abbedungen, zeigt sich dies ohneh in der einschränkden Fassg der Vormerkg. – Das DWR h nicht schon kr G die Wirkg einer LöschgsVormerkg iSv II, da das G – wie W-W Rdz 2 zuzugeben ist – ausdrückl nur von Verpflichtg hierzu spricht. Desh muß sich der DWBerecht gg Vfgen des Eigtümers über EigtGrdPfdRechte (dazu § 1179 Anm 2c aa; zu eng dah Bärmann Rdz 13, der den Fall des § 1143 ausnehmen will) dch Erzwingg der ihm nach II zustehden **Vormerkg** sichern. Unzutreff allerd Bärmann Rdz 14, der meint, diese Vormerkg sichere auch gg unbefugte Vfgen des noch fälschl als Gläub eingetr BuchBerecht über das als solches noch nicht deklarierte EigtGrdPfdR; die dementspr Rspr des RG ist heute im Schrifttum aufgegeben; wie hier Westermann § 108 II 4d u bei Erm § 1179 Rdz 7; Baur § 46 IV 4a u bei Soergel Rdz 17; W-Raiser § 46 Fußn 27; Staud-Scherübl Rdz 15b; Zagst (Schriftt von § 1179) S 45 mit Nachw Fußn 1; oben § 1179 Anm 4. – Kosten der Vormerkg trägt Eigtümer, Fr-M Anm 2.

3) Für die Angemessenh der dem Grunde nach unabdingb (vgl BGH 27, 158; Diester Rspr Teil II Nr 88 Anm b) **Entschädigg** (III) w insb die Höhe der geleisteten Entschädigg, Dauer der Benutzg, Verbessergen u Verschlechtergen der W währd der Benutzg maßgebd sein. Vgl auch Staak aaO (s Anm 1). Entsch dch Gericht (nicht das des § 52). Vertragl Vereinbg über die Höhe mögl; Entschädig muß aber angemessen sein, BGH 27, 162; vgl auch in NJW 60, 1621. Nach Celle NJW 60, 2293 ist III schlechthin abdingb; abzulehnen, vgl Diester Rspr Teil I B II 3.

4) Vgl auch § 35 Anm 3.

WEG 42 *Belastung eines Erbbaurechts.* **I** Die Vorschriften der §§ 31 bis 41 gelten für die Belastung eines Erbbaurechts mit einem Dauerwohnrecht entsprechend.
II Beim Heimfall des Erbbaurechts bleibt das Dauerwohnrecht bestehen.

1) Wg ErbbRVO 33 I kann nach deren § 5 II (s dort Anm 1) als Inh des R vereinb w, daß seine Belastg mit jenen bestehenbleibden Rechten der Zustimmg des GrdEigtümers bedarf. Entspr Norm fehlt im WEG trotz § 42 II. Gesetzeslücke dahin auszufüllen, daß auch die Notwendigk der Zustimmg zur Belastg mit DWR zum Inh des ErbbR gemacht w kann, Stgt NJW 52, 979; nun auch Ingenstau Rdz 9 mit weiteren Nachw; and Bärmann Rdz 10, teilw auch W-W Rdz 4, der aber doch für eigtumsähnl DWR (vgl § 31 Anm 5) der hier vertretenen Ans zustimmt. – Ist bei Bestellg des ErbbR vor dem WEG eine Vereinbg gem ErbbRVO 5 II getroffen, wobei an die Belastg mit DWR nicht gedacht w konnte, so ist Belastg mit DWR mangels Einigg u Eintr zustimmgsfrei. Aber der der Abrede zugrunde liegende schuldrechtl Vertr wird idR nach §§ 157, 242 dahin ergänzt w müssen, daß auch eine Verpflichtg zu einer entspr dingl Einigg über das DWR besteht.

2) Bei Erlöschen des ErbbR erlischt auch das DWR. DWBerecht hat die gleichen Rechte wie bei Erlöschen eines gewöhnl DWR, also zB auch das WegnR (§ 34 Anm 1c).

III. Teil. Verfahrensvorschriften

1. Abschnitt. Verfahren der freiwilligen Gerichtsbarkeit in Wohnungseigentumssachen

WEG 43 *Entscheidung durch den Richter.* **I** Das Amtsgericht, in dessen Bezirk das Grundstück liegt, entscheidet im Verfahren der freiwilligen Gerichtsbarkeit:

1. auf Antrag eines Wohnungseigentümers über die sich aus der Gemeinschaft der Wohnungseigentümer und aus der Verwaltung des gemeinschaftlichen Eigentums ergebenden Rechte und Pflichten der Wohnungseigentümer untereinander mit Ausnahme der Ansprüche im Falle der Aufhebung der Gemeinschaft (§ 17) und auf Entziehung des Wohnungseigentums (§§ 18, 19);
2. auf Antrag eines Wohnungseigentümers oder des Verwalters über die Rechte und Pflichten des Verwalters bei der Verwaltung des gemeinschaftlichen Eigentums;
3. auf Antrag eines Wohnungseigentümers oder Dritten über die Bestellung eines Verwalters im Falle des § 26 Absatz 3;
4. auf Antrag eines Wohnungseigentümers oder des Verwalters über die Gültigkeit von Beschlüssen der Wohnungseigentümer.

II Der Richter entscheidet, soweit sich die Regelung nicht aus dem Gesetz, einer Vereinbarung oder einem Beschluß der Wohnungseigentümer ergibt, nach billigem Ermessen.

III Für das Verfahren gelten die besonderen Vorschriften der §§ 44 bis 50.

IV An dem Verfahren Beteiligte sind:
1. in den Fällen des Absatzes 1 Nr. 1 sämtliche Wohnungseigentümer;
2. in den Fällen des Absatzes 1 Nrn. 2 und 4 die Wohnungseigentümer und der Verwalter;
3. im Falle des Absatzes 1 Nr. 3 die Wohnungseigentümer und der Dritte.

WEG 43 1   Wohnungseigentumsgesetz. *Bassenge*

Schrifttum: Kapellmann, RWegprobleme vor endgült Begründg des WEigt, MDR **69**, 620. – Merle/Trautmann, Zur VerfZuständigk in WE-Sachen, NJW **73**, 118. – Trautmann, Die Verf-Zuständigk in WEigtSachen, Diss Mainz 1973. –

1) I weist die dort aufgeführten Streitigk, auch soweit sie materiell der Streitgerichtsbark zugehören, dem elastischeren Verf der **freiwilligen Gerichtsbarkeit** zu (vgl zum Motiv BayObLG **63**, 164); keine abw BeteilVereinbg. Dies ist als Begründg eines bes RWegs zu behandeln (Karlsr NJW **75**, 1976); über Verh zur Streitgerichtsbark vgl § 46. Soweit keine SondVorschr, gelten FGG 2–34; in StreitVerf (Anm 1 e) ergänzd ZPO heranziehb (BayObLG **73**, 5). Kein **MahnVerf** (ZPO 688 ff), da dies der FG unbekannt u mit FGG 12 unvereinb (LG Schweinf Rpfleger **76**, 20; Stephan NJW **75**, 2059; aA LG Heilbr Just **74**, 227; Bärmann Rdz 28; Vollkommer Rpfleger **76**, 1). – WEG 43 ff können schon vor Eintr des im WohnBes befindl **WEAnwärters** anwendb sein (Hbg NJW **63**, 819; KG NJW **70**, 330; BayObLG **72**, 163; Ffm Rpfleger **76**, 253); vgl auch Übbl 2 E b vor § 1; § 14 Anm 1, 2; unten Anm 4. IZw Verf nach § 43 (BayObLG **72**, 163). – Ausschließl sachl u örtl **Zuständigk** (I), keine abw BeteilVereinbg. – **AntrVerf** ohne Bindg an Sach-Antr u Bezeichng des AntrGegners (BayObLG **72**, 249); zum Antr bei BeschlAnfecht vgl § 23 Anm 5 c aa. **AntrRückn** ohne Zust des AntrGegners zul; zur Wirkg Bassenge JR **74**, 142. – **VerfVerbindg** entspr ZPO 147 zul; zB EinzelAntr mehrerer WEigtümer nach I Nr 4 (BayObLG **77**, 226). – **VerfStandsch:** § 27 Anm 3 e. – **RSchutzInt** erforderl (BayObLG **72**, 246); iF I Nr 4 idR gegeben (KG OLGZ **76**, 56), and wenn AntrSteller bei Mehrhausanlage kein StimmR (vgl Anm 4); vgl auch Anm 1 b, d; § 27 Anm 8. Bei FeststellgsAntr gilt ZPO 256 entspr. – **GgAntr** entspr ZPO 33 zul, wenn Beteil ident u rechtl ZusHang (KG OLGZ **76**, 271); RSchutzInt wg Möglichk einseit AntrRückn (KG aaO). GgAntr gg Verw auch zul, wenn er in VerfStandSch für WEigtümer handelt (BayObLG **71**, 313). – **Nebenintervention u Streitverkünd** entspr ZPO 72 ff zul (BayObLG **70**, 65; vgl aber NJW **74**, 1147). – **Amtsermittlg** (FGG 12); zur Darleggs- u BewLast BayObLG **73**, 149. – **GrdEntscheidg** entspr ZPO 304 zul (Düss NJW **70**, 1137).

a) Unter **I 1** fallen alle Streitigk aus der Gemsch der WEigtümer (uU auch deren Mieter, BayObLG **70**, 66; Ffm NJW **61**, 324) u aus der Verw des gemeins Eigtums, also die in §§ 10–30 geregelten Angelegenh. – **Beispiele:** Streit über Benutzg der gemsch Eigt (BayObLG **63**, 161; Stgt OLGZ **74**, 404); Streit aus AufbauVereinbg (BayObLG NJW **57**, 753); Feststellg der Stimmenzahl eines WEigtümers (BayObLG **65**, 286); Streit ob nach § 22 I 1 zu beschließen od § 22 I 2 eingreift (KG OLGZ **67**, 479), worüber schon im voraus gerichtl Entsch herbeigeführt w kann. Auch über Einziehg eines Erbbauzinsanteils, Karlsr Justiz **62**, 89. Auch Anspr aus § 1004 (Ffm NJW **65**, 2205) u SchadErsAnspr aus einem Tatbestd, der eine Verletzg der Gemsch-Pflichten bedeutet, gleichviel, ob der Anspr zugl auf Gesetz (BGB 823, 1004) gestützt ist; dies gilt auch, wenn AntrSteller sein RFolgebegehren nur auf eine der konkurrierenden AnsprGrdlagen stützt, wenn nur der Tatbestd von I 1 erfüllt ist (vgl Soergel-Baur Rdnr 3, Mü NJW **68**, 994 mit Nachw; BayObLG **70**, 65); denn auch der Anspr aus § 1004 BGB gründet in der Verletzg der GemschVerpflichtgen, KG WPM **72**, 708. Nach Mü MDR **72**, 239 auch Streit um Ausgl (§ 426), wenn bei Ablösg einer GesBelastg die einz WEigtümer verschiedene Beträge bezahlt haben. Anspr auf Beseitigg baul Verändergen (§§ 22 I, 14 Nr 1, BGB 1004), vgl § 22 Anm 3. – **Nicht:** Streit über Wirksamk der Bestellg od aus Veräußerg von WE, auch wenn Veräußerer selbst WEigtümer bleibt (BGH **62**, 388); Streit darüber, was SE od gemsch Eigt ist,(Karlsr NJW **75**, 1976), sofern er nicht nur Vorfrage für Streit über RBeziehgen aus der Gemsch ist (zB über MitGebrR; BayObLG **70**, 264); Streit aus AufbauVertr (vgl Übbl 2 E c vor § 1). – Zu den in Nr 1 ausgn Anspr gehört nicht der auf Auflösg der Gemsch selbst.

b) Unter **I 2** fallen alle dem Verw bei der Verwaltg erwachsden Re u Pfl, ebso wie Anspr der WEigtümer gg den Verw, sofern nur ein innerer ZusHang mit der Verwaltg besteht; §§ 21 V – 28. Hierfür gleichgült, ob Anspr auf WEG, Vertr od Delikt gestützt. Zwar sind BestellgsAkt u VerwVertr zu scheiden (§ 26 Anm 1), doch sind Re u Pfl hieraus ident. § 43 unterstellt Streit zw Verw u WEGemsch möglichst weitgehd dem FGVerf (BGH **59**, 58). – **Beispiele:** Anfechtg von VerwMaßn (RSchutzInt hierfür erst nach erfolgl Abmahng; BayObLG **72**, 251); Einhaltg der HausOrdng (KG NJW **56**, 180; Hamm OLGZ **70**, 399); VergütgsAnspr aus GoA (Hamm NJW **73**, 2301); Erfüllgs- u SchadErsAnspr (BayObLG **74**, 275) u Herausg von VerwUnterlagen (BayObLG **75**, 327) nach Abberufg; AuskPfl des Verw (BayObLG **72**, 166); Einsicht in VerwUnterlagen (BayObLG **72**, 247); Gen der GewAusübg (BayObLG **73**, 8) u der Haustierhaltg (BayObLG **72**, 90); Zust zum Verkauf (BayObLG **72**, 349); Anfechtg von WirtschPlan u Abrechng (BayObLG **73**, 79); SchadErsAnspr gg Verw aus Vertr od Delikt (BGH **59**, 58); VergütgsAnspr des Verw; Feststellg der Wirksamk der VerwBestellg u des VerwVertr (KG OLGZ **76**. 266). – **Nicht:** Streit über Gelder, die späterer Verw als Baubetreuer vor Bildg der WEGemsch empfangen u verwendet hat (BGH **65**, 264); Streit aus VermietgsAuftr für SE (Brschw MDR **76**, 669).

c) Unter **I 3** fällt die gerichtl Bestellg des Verw nach § 26 III (vgl § 26 Anm 1 a bb).

d) Nach **I Nr 4** ist nicht nur Ungültigk, sond auch Gültigk von Beschlüssen feststellb, Celle NJW **58**, 307 wg § 23 IV aber nur im Umfang der AntrStellg entspr ZPO 308, BayObLG **74**, 172. AntrFrist: § 23 Anm 5 c. – Antr mehrerer WEigtümer nebeneinand zul (BayObLG **77**, 226). Auf bestätigden ZweitBeschl steht Anf des ErstBeschl nicht entgg (BayObLG aaO; Hamm MittBayNot **78**, 58); ErstBeschl nicht mehr anfechtb, wenn er dch ZweitBeschl rückwirkd ersetzt od bestätigder ZweitBeschl unanfechtb geworden ist (Hamm aaO). – Beschl darauf zu prüfen, ob Zustandekommen u Inhalt Ges, Vereinbg/TeilsgErkl u Grds ordngsmäß Verwaltg (§ 21 II) entspricht (Hamm OLGZ **71**, 96); vgl § 23 Anm 5a, b. Zur ÄndersgBefugn des Ger vgl § 23 Anm 5b. – I Nr 4 betrifft auch Beschl nach § 18 I (vgl § 18 Anm 5a aE). – Der RWeg nach § 43 I (Nr 4) ist uU für den Verwalter innerhalb der Anwärter nur der die EigtWohngen im GB eingetr sind (vgl Übbl 2 E b aa vor § 1). – AntrR hat bei gemschaftl WE (vgl § 3 Anm 3) jeder WEigtümer (Ziege NJW **73**, 2185; BayObLG **75**, 201 für MitEigt). Anf eines Beschl, dch den vom AntrSteller gewünschte BeschlFassg abgelehnt wurde unzul, da Gericht dem negat Beschl nicht dch posit ersetzen kann; aber Umdeutg in Antr auf ordngsm Verwaltg (I 1, § 21 IV) mögl (BayObLG **74**, 172).

e) Die Sachen nach Ziff 1 u 2 sind nach hM **echte StreitVerf** der FG (vgl Keidel-Winkler § 12 Rdz 109 ff); Trautmann aaO S 10 ff verneint dies mit guten Gründen für Sachen nach Ziff 3 u 4.

III. Teil. 1. Abschnitt: Verfahren der freiw. Gerichtsbarkeit **WEG 43, 44**

2) Zul SchiedsVertr im Rahmen von ZPO 1025. W-W Rdnr 14a, Soergel-Baur Rdnr 9, bejahen die Möglichk, die Schiedsklausel gem §§ 5 IV, 10 II zu verdinglichen; so auch BayObLG 73, 1.

3) Zu II: Richter ist bei der Entsch an das G, an Vereinbgen u gült Beschlüsse der WEigtümer gebunden, sofern diese nicht nach §§ 134, 138 BGB nichtig sind od ihre Ungültigk gem § 43 I Nr 4 festgestellt ist (Hamm DNotZ 67, 38; Karlsr OLGZ 78, 175). Iü entsch er nach bill Ermessen; zur gerichtl ErmNachprüfg BayObLG 73, 1; KG MDR 69, 925. Richterl VerwRegelg nur insow zul, als MehrhBeschl mögl wäre (§ 15 Anm 2; § 25 Anm 1).

4) Beteiligte (IV); sie sind wg § 45 II **materiell** Beteil. IFv Nr 1 u 3 sind sämtl WEigtümer Beteil; iFv Nr 2 jedenf dann, wenn der VerfGgst alle betrifft (BayObLG 70, 292; Stgt BWNotZ 76, 18), währd zB iFv Nr 2 iVm I Nr 4 bei Mehrhausanlagen u abgeschl GbdeTeilen nur nach § 25 Anm 2 a StimmBerecht Beteil sind (BayObLG 75, 177). Das Ger hat die Beteil vAw festzustellen (BayObLG 72, 250) u dch Mitteilg der Antr, Termine, Sachvorträge, Ermittlsergebn u Entscheidgen **formell** zu beteiligen (Stgt BWNotZ 76, 18). Haben WEigtümer das Verf nach § 23 IV eingeleitet, so ist die formelle Beteiligg der übr am Verf gewahrt, wenn die Schriftsätze der AntrSteller dem Verw zugestellt w (BayObLG 75, 238); wg ZustellgsVollm des Verw bei Interessenkonflikt vgl § 27 Anm 3 c. Inwiew sich ein Beteil **aktiv** am Verf beteiligt, steht in seinem Belieben; auch ohne aktive Beteiligg ist er weiter formell zu beteiligen, da sich Veranlassg zu aktiver Beteiligg erst im Laufe des Verf ergeben kann (zu weitgehd Hamm OLGZ 71, 101). Inwiew Beteil zur SachAufklärg anzuhören sind, richtet sich nach FGG 12. — **Verfahrenszuständigk beginnt** im Interesse der schon v recht Entstehg von WEigt (§ 4) bestehnden GemschBeziehgen, sobald Gemsch in rechtl gesicherter Form tats entstanden (Übbl 2 Eb vor § 1), also nach Anlegg der WoGrdbücher (§ 7) u Bezug d Wohng nach bindd ErwerbsVertr, BGH NJW 74, 1140; BayObLG 74, 280 f; 68, 818 (vgl Schrifft oben vor Anm 1). Streitig, ob AuflVormerkg erforderl (W-W Anm 4 i–n); wohl entbehrl wenn EintrAntr GBO 13 bereits v Erwerber gestellt (Horber § 31 Anm 2 D a; KGJ 24, 95). — Beteiligte sind aber nicht bereits vor RHängigk **ausgeschiedene WEigtümer** (od früh Anwärter), BGH 44, 43. Anders, wenn Ausscheiden erst nach Rechtshängigk, es sei denn, daß damit zugl RSchutzinteresse weggefallen, KG NJW 70, 330; BayObLG 75, 55. — **Verwalter** ist kraft seines Amtes beteiligt, so daß mit diesem grdsätzl auch seine ParteiEigensch endet, Hamm OLGZ 71, 96. Aber auch der abberufene Verw ist noch Beteiligter iSv IV Nr 2, wenn ihn der neue Verw in VerfStandsch auf Herausg der BuchsUnterlagen belangt, BayObLG 69, 209; zust Diester, Rpfleger 70, 55; BGH NJW 72, 1318. Der Umstand allein, daß aus der Nichtigk eines WEigtümerBeschl Haftg des früh Verw ggü der WE-Gemsch entstehen kann, macht jenen nicht zum Beteiligten iSv IV Nr 2, Hamm aaO. Dagg ist der Verw gem I Nr 2 iVm III Nr 2 zu beteiligen, wenn im Verf nach I Nr 1 der AntrGegner einwendet, eine Maßnahme des Verw (Tierhaltverbot) sei gesetzwidr, BayObLG 72, 90.

WEG 44 *Allgemeine Verfahrensgrundsätze.* **I Der Richter soll mit den Beteiligten in der Regel mündlich verhandeln und hierbei darauf hinwirken, daß sie sich gütlich einigen.**

II Kommt eine Einigung zustande, so ist hierüber eine Niederschrift aufzunehmen, und zwar nach den Vorschriften, die für die Niederschrift über einen Vergleich im bürgerlichen Rechtsstreit gelten.

III Der Richter kann für die Dauer des Verfahrens einstweilige Anordnungen treffen. Diese können selbständig nicht angefochten werden.

IV In der Entscheidung soll der Richter die Anordnungen treffen, die zu ihrer Durchführung erforderlich sind. Die Entscheidung ist zu begründen.

1) Das **Verf** nach FGG ist (and als ZPO 128) nicht notw **mündl** (Keidel-Winkler Anm 3 vor FGG 8). Dah enthält § 44 SollVorschr zwecks Beschleunigg u Vereinfachg, wenn mündl Verhandlg im Einzelfall entbehrl. Doch können FGG 12 u GG 103 solche erforderl machen, umsomehr, da im FGG-Verf Anwaltszwang nur für Verf der weiteren Beschw (FGG 29). Zum **rechtl Gehör** Keidel-Winkler § 12 Anm 10; dazu gehört Berücksichtigg aller Schriftsätze, die bis zur „Hinausgabe" der gerichtl Entscheid (BayObLG 68, 228) bei Gericht eingehen (BGH 12, 252; BayObLG 69, 189) u dem Gegner zur Stellgnahme mitzuteilen sind, BayObLG 72, 350. Für Mitteilg — nach BVerfG NJW 74, 133 notw gg EmpfBescheinigg! — gilt ZPO 176 entspr, BGH NJW 74, 240 (einschr LG Mü I Rpfleger 74, 193).

2) a) Zu I: In allen TatsInst muß mündl Verhandlg stattfinden, wenn sie zur Sachaufklärg notw ist od Raum für VerglGespräch besteht u Vergl nicht aussichtslos erscheint (Hamm Rpfleger 78, 60); Aussichtslosigk folgt noch nicht aus Scheitern außergerichtl VerglVerhandlg (KG Rpfleger 72, 62) od der VerglVerhandlg vor den Anwälte (Zweibr Rpfleger 77, 141). **b) Zu II:** Vgl ZPO 159–164. VollstrTitel (§ 45 III).

3) Einstw Anordng (III) iR anhäng HauptsacheVerf vAw od auf Antr eines Beteil; Erlaß u Ablehng von Erlaß/Aufhebg/Aussetzg der Vollziehg nicht selbstd anfechtb (BayObLG 77, 44); auch wenn ProzGer zuständ wäre (Hamm OLGZ 78, 16). Anordng ohne Antr ausnahmsw unzul, wo G Antr voraussetzt, § 26 III. Anordng (and als einstw Vfg, ZPO 935) nur für VerfDauer, nach dessen Beendigg ist sie ohne Aufhebg ggstandslos w; Abschl: § 45 II. - Anf (§ 45 I) nur, wenn auch Hauptsache angefochten od wenn nicht in anhäng HauptsacheVerf ergangen (BayObLG aaO). Bei TeilAnf muß Anordng dah den Ggst des BeschwVerf betreffen, um selbst anfechtb zu sein; so im Ergebn BayObLG 72, 246.

4) Entsch nicht an die beiders Anträge gebunden (BayObLG 72, 154; Ffm NJW 61, 324), wohl aber an den dch SachAntr best StreitGgst bei BeschlAnfechtg (wg § 23 IV, BayObLG 74, 172). Bei Maßnahmenanfechtg darf u soll Ger nicht ausprechen, was unzuläs, sond darlegen, was geboten. Zur Vollstreckgsfähigk gerichtl Auflagen Ffm NJW 61, 325. In Entscheidg über Gültigk der Abberufg des Verwalters kann dessen Verpflichtg zur Herausg der Unterlagen (§ 26 Anm 1) ausgesprochen w, BayObLG 65, 46. Die Erledigg der Hauptsache erfaßt bei Gleichh des VerfZiels sämtl SachAntr der Beteiligten.

WEG 44–46   Wohnungseigentumsgesetz. *Bassenge*

5) Die Anordnung nach **IV 1** setzt materiellr Anspr voraus, begründet einen solchen als VerfNorm aber nicht, Stgt NJW **70**, 102. Wo ZwVollstr in Betr kommt muß Entscheid vollstreckgsfäh Inhalt haben. Vollstreckbark erst ab formeller RKraft, § 45 II, III, vorh nur bei einstw Anordng, III.

WEG 45 *Rechtsmittel, Rechtskraft.* **I** Gegen die Entscheidung ist die sofortige Beschwerde zulässig, wenn der Wert des Beschwerdegegenstandes fünfzig Deutsche Mark übersteigt.

II Die Entscheidung wird mit der Rechtskraft wirksam. Sie ist für alle Beteiligten bindend.

III Aus rechtskräftigen Entscheidungen, gerichtlichen Vergleichen und einstweiligen Anordnungen findet die Zwangsvollstreckung nach den Vorschriften der Zivilprozeßordnung statt.

IV Haben sich die tatsächlichen Verhältnisse wesentlich geändert, so kann der Richter auf Antrag eines Beteiligten seine Entscheidung oder einen gerichtlichen Vergleich ändern, soweit dies zur Vermeidung einer unbilligen Härte notwendig ist.

1) Frist für die sofortige Beschwerde: 2 Wochen, FGG 22, FGG 16 III nicht gewahrt dch Verkünd des EntscheidgsSatzes in Abwesenh der Beteiligten; ZPO 312 I, 329 I nicht entspr anwendb; auch die anschließde formlose Mitteilg des Beschl setzt die BeschwFr nicht in Lauf, BayObLG **70**, 65 = NJW **70**, 1550. Ausreichd Gesamtwert mehrerer verbundener Verf. Einlegg: FGG 21. Es entsch das LG. AG kann nicht abändern, FGG 18 II. In der BeschwInstanz darf der VerfGgst unter den Voraussetzgen ZPO 264, 529 dch Erweiterg od Änderg des Antr sowie GgAntr geändert w (BayObLG **75**, 53). – **BeschwR** hat bei AntrAbweisg nur der AntrSteller (FGG 20 II). Sonst jeder Beteil (§ 43 IV), der eine Beeinträchtigg seines R auf ordentl Verw (§ 21 IV) dch die angefochtene Entscheid behauptet; nach KG OLGZ **76**, 56 alle Beteil (§ 43 I, IV) unabhäng von FGG 20 I. Kein BeschwR haben nur wirtschaftl betr Dritte (zB HypoGläub), die vonRechtskr (II) nicht erfaßt, BayObLG **74**, 13. BeschlAnfechtg (§ 43 I 4) setzt wg § 45 II 2 nicht voraus, daß BeschwFührer gg den Beschl gestimmt hatte. Für str Frage, ob Beschwer nötig, Brox ZZP **81**, 379; Bettermann ZZP **82**, 24. – Unselbstde AnschlBeschw zul (BGH NJW **78**, 1977).

2) Weitere Beschwerde vom G nicht erwähnt. Weil aber die allg Vorschr des FGG, hier §§ 27 ff, anwendb sind (u § 58 I 3 die weitere Beschw ausdr ausschließt), ist die sof weitere Beschw hier statth, hM (BayObLG **63**, 163); nach Hamm OLGZ **71**, 491 ohne Rücks auf BeschwWert; aA zutr BayObLG **58**, 237. Über sie entsch das OLG, in *Bayern* das ObLG (AGGVG 23), in *Rh-Pf* OLG Zweibr (G v 9. 8. 62, GVBl 127). Ev der BGH nach FGG 28.

3) Rechtskraft II: keine vorl Vollstreckbark. Dah Entscheidg erst nach Ablauf der Fr (FGG 22 I: 2 Wochen) vollstreckb, jed einstw AnOrdng sofort (§ 44 III). – **Bindg** (entspr ZPO 322) aller Beteiligten (§ 43 IV), gleichgült ob sie sich am Verf beteiligt hatten, Hamm OLGZ **71**, 101. Bei schuldl Unkenntn von Verf Wiedereinsetzg, FGG 22 II, BGH NJW **70**, 1316. Bindg hindert aber nicht Antr auf Abänderg Abs IV.

4) ZwVollstr III : s § 44 Anm 5. ZwVollstr nach ZPO, insb ZPO 724, 750 (Stgt Rpfleger **73**, 311), 888 ff anwendb. Das Ger der FG ist zuständ, wenn nach ZPO das ProzG im VollstrVerf entscheidet; Verf u RMittel richten sich nach ZPO (Köln NJW **76**, 1322). Das AG ist als VollstrG nach ZPO 764 für die Aufgaben zuständ, die die ZPO ihm zuweist (zB ZPO 766), u das ProzG für Klagen nach ZPO 771; Verf u RMittel in beiden Fällen nach ZPO.

5) Abänderg IV: nur auf Antr, nur dch AG u nur bei Veränd der tats Verh (so auch bei abw Vereinbg, vgl Celle NJW **64**, 1861), nicht bei geänd RAuffassg. – Daneben zul (u ggf gesondert anfechtb) Berichtigg u Ergänzg entspr ZPO 319 ff, Bärmann Rdz 80; ebso WiederAufn des Verf ZPO 578 ff bei schweren VerfMängel (BayObLG **74**, 9; hier BewLast des AntrStellers!).

WEG 46 *Verhältnis zu Rechtsstreitigkeiten.* **I** Werden in einem Rechtsstreit Angelegenheiten anhängig gemacht, über die nach § 43 Abs. 1 im Verfahren der freiwilligen Gerichtsbarkeit zu entscheiden ist, so hat das Prozeßgericht die Sache insoweit an das nach § 43 Abs. 1 zuständige Amtsgericht zur Erledigung im Verfahren der freiwilligen Gerichtsbarkeit abzugeben. Der Abgabebeschluß kann nach Anhörung der Parteien ohne mündliche Verhandlung ergehen. Er ist für das in ihm bezeichnete Gericht bindend.

II Hängt die Entscheidung eines Rechtsstreits vom Ausgang eines in § 43 Abs. 1 bezeichneten Verfahrens ab, so kann das Prozeßgericht anordnen, daß die Verhandlung bis zur Erledigung dieses Verfahrens ausgesetzt wird.

1) Abgabe (I) vom ProzGer an das FGGer vAw dch Beschl, in höherer Instanz dch Urt unter Aufhebg des ErstUrt; im MahnVerf gibt bis zum Widerspr/Einspr der Rpfleger (unricht insow LG Schweinf Rpfleger **76**, 20) und danach der Richter ab (Vollkommer Rpfleger **76**, 1 zu III 1). Verf vor FGGer setzt bish Verf nicht fort, vgl jedoch wg der Kosten § 50. Für Abgabe von FGGer an ProzGer gilt GVG 17 (BayObLG Rpfleger **75**, 245; aA Karlsr NJW **75**, 1976: LwVG 12 entspr). – **a)** Der AbgabeBeschl ist mit **Beschw** anfechtb (Hbg NJW **61**, 1168; Köln NJW **64**, 1678; Mü NJW **68**, 994; Celle NdsRpfl **78**, 33; aA Bambg NJW **65**, 1491; Karlsr NJW **69**, 1442; Vollkommer Rpfleger **76**, 1), denn die Verschiedenh der Verf gebietet entspr Anwendg von GVG 17 u nicht von ZPO 281 II 1 (BGH **40**, 6). Da Beschw noch Teil des Verf vor dem ProzGer, unbefristete Beschw u weitere Beschw nach ZPO 568 II. – **b) Bindg** (I 3) auch bei fehlerh Abgabe; and bei offensichtl Unrichtigk (Karlsr OLGZ **75**, 285). FGGer darf AntrBefugn nach § 43 I Nr 1, deren Fehlen Unzulässigk des FGVerf ergeben würde, nicht mehr prüfen (BayObLG NJW **65**, 1484). Hat ProzGer nach ZPO 276 an anderes verwiesen, so kann dieses noch nach § 46 abgeben (BayObLG **70**, 65). Bei (grds unzul) Rückverweisg an ProzGer gilt FGG 5 entspr (Karlsr OLGZ **75**, 285), nicht ZPO 36. – **c) Unterlassene Abgabe** bewirkt nicht Nichtigk der Sachentscheid des ProzGer. Die RKraft des Urt steht in ihren obj Grenzen einem Verf nach § 43 entgg, wenn VerfBeteil nur die ProzPart od deren RNachf sind. Sind auch and Pers Beteil, so kann wg der weiterreichdn RKraftWirkg (§ 45 II) eine neue u inhaltl abw Entscheidg ggü den Beteil ergehen, die nicht ProzPart waren.

III. Teil. 1. Abschnitt. Verfahren der freiw. Gerichtsbarkeit WEG 46–51

2) Aussetzg (II). An die Entscheid des FGGer ist das ProzGer nur gebunden, wenn die ProzPart zu den Beteil des FGVerf od deren RNachf gehören. – Für Aussetzg des FGVerf gilt ZPO 148 entspr.

WEG 47 *Kostenentscheidung.* Welche Beteiligten die Gerichtskosten zu tragen haben, bestimmt der Richter nach billigem Ermessen. Er kann dabei auch bestimmen, daß die außergerichtlichen Kosten ganz oder teilweise zu erstatten sind.

1) Kostenentscheid. – **a)** Als **unselbstd** vAw zus mit der Hauptsacheentscheidg; nachholb entspr ZPO 321 (Hamm Rpfleger **66**, 334). Anfechtb nach FGG 20 a I. – **b)** Als **selbstd** vAw nach AntrRückn, Erledigg der Hauptsache, Vergl od BeschwRückn (hier aber entgg BayObLG **75**, 284 keine Änderg der Kostenentscheid der Vorinstanz, weil dies unzul Rückn der Beschw nur hins der Hauptsacheentscheid gleichkäme, vgl BayObLG **67**, 238; and **73**, 246). Anfechtb nach FGG 20 a II. – **c) Beteil** sind wg GG 103 nur die formell Beteil (BayObLG **75**, 238; and **73**, 246), aktive Beteiligg aber nicht erforderl (Hamm OLGZ **71**, 105).

2) Inhalt. – **a) Gerichtskosten (S 1).** Bill Erm ermöglicht, die Kosten dem Obsiegden aufzuerlegen (BayObLG **75**, 286, 369), zB weil er materiellr kostenerstattgspfl ist. Bei selbstd Kostenentscheidg (Anm 1 b) ist ohne abschließde Prüfg vermutl VerfAusgang zu berücksichtigen (BayObLG **75**, 234). Da VerfKosten keine VerwaltgsKosten (§ 16 V), trägt Verw Kosten pers idR nur, wenn er in Wahrnehmg eigener Interessen od aus pers Versch am Verf beteiligt (BayObLG **75**, 239, 369). Nach BayObLG **73**, 246 kann angeordnet w, daß abw von 16 V Kostenschuld aller WEigtümer aus VerwaltgsVerm zu tilgen. – **b) Kostenerstattg (S 2)** für AnwKosten u notw Auslagen nur ausnahmsw bei bes Grd; grdsl trägt jeder Beteil seine Kosten selbst (BayObLG **65**, 290).

3) Zum **Gerichtskostenvorschuß** bei VerfEinleitg vgl BayObLG **71**, 289. – **Kostenfestsetzg** nach Erstattgsanordng (Anm 2 b) gem FGG 13 a II.

WEG 48 *Kosten des Verfahrens.* ¹ Für das gerichtliche Verfahren wird die volle Gebühr erhoben. Kommt es zur gerichtlichen Entscheidung, so erhöht sich die Gebühr auf das Dreifache der vollen Gebühr. Wird der Antrag zurückgenommen, bevor es zu einer Entscheidung oder einer vom Gericht vermittelten Einigung gekommen ist, so ermäßigt sich die Gebühr auf die Hälfte der vollen Gebühr.
 ᴵᴵ Der Richter setzt den Geschäftswert nach dem Interesse der Beteiligten an der Entscheidung von Amts wegen fest.
 ᴵᴵᴵ Für das Beschwerdeverfahren werden die gleichen Gebühren wie im ersten Rechtszug erhoben.

1) Die Gebühr bestimmt sich nach der KostO, ebso das Verf bzgl GeschWertfestsetzg, Celle Rpfleger **60**, 192. Hierzu bei gemeins Behandlg u Entscheid mehrerer verbundener WE-Verf: BayObLG **67**, 25. KostO 8 grdsätzl anwendb, doch darf Antr eines WEigtümers gem § 43 I Nr 4 nicht wg KostO 8 II zurückgewiesen w, BayObLG **71**, 289. – **Armenrecht**: FGG 14, ZPO 114 ff.

2) GeschWert II: Festsetzg abw v KostO 30, 131 II nicht nach freiem Erm. Maßgebl das Interesse aller (vgl §§ 43 IV, 45 II 2) Beteiligten (BayObLG Rpfleger **75**, 98). Dem hierdch erhöhten Kostenrisiko begegnet die ErmFreih bei der KostenEntsch, § 47, dort Anm 2. Beachte auch § 15 Anm 1 (für Mehrhausanlagen). Weitere Erleichterg des Kostenrisikos brachte ÄndG v 30. 7. 73, wonach RegelGeschWert des Jahresmietwerts der Gebäude entfällt. Abhilfe auch dch zurückhaltde Bewertg des Interesses im Einzelfall: zB bei Streit nur über StimmR, BayObLG **65**, 290; über Heizkostenvorschuß, Zaunerrichtg, KG Rpfleger **69**, 404; über die Befugn, einen VerwBeirat zu bestellen, Köln Rpfleger **72**, 261. Bei Streit über Abberufg des Verw entspricht Wert der vom Verw bis VertrEnde erwarteten Vergütg, Köln NJW **73**, 765. – **Anfechtg** der Wertfestsetzg § 31 III KostO: Kosteninteresse muß DM 100.– übersteigen. Weitere Beschw nur bei Zulassg, Celle Rpfleger **60**, 192.

3) III macht, and als KostO 131, keinen Unterschied zw erfolgl u erfolgreichem RMittel (Ffm OLGZ **75**, 100). III gilt auch für weitere Beschw; I 2 greift auch ein, wenn RBeschwGericht aufhebt u zurückverweist, BayObLG **72**, 69.

WEG 49 *Rechtsanwaltsgebühren.* (Betraf RAGebühren; aufgeh dch Art XI § 4 V Nr 15 KostRÄndG v 26. 7. 57, BGBl. 861; vgl jetzt RAGebO § 63 I Nr 2, II).

WEG 50 *Kosten des Verfahrens vor dem Prozeßgericht.* Gibt das Prozeßgericht die Sache nach § 46 an das Amtsgericht ab, so ist das bisherige Verfahren vor dem Prozeßgericht für die Erhebung der Gerichtskosten als Teil des Verfahrens vor dem übernehmenden Gericht zu behandeln.

1) Fassg beruht auf Art X § 6 KostRÄndG v 26. 7. 57. Vorschr gilt jetzt nur noch für Gerichtskosten, für Anwaltskosten vgl BRAGebO 14, 63 I Nr 2. Vor dem abgebden ProzGer enstandene GerKosten w neben §§ 47, 48 nicht gesondert angesetzt; sie können aber (insb bei Abgabe dch BerufsGer) für die Billigk-Entsch von Bedeutg sein, LG Stgt Justiz **71**, 356 (vgl BGH **12**, 254 für Abg in LandwSachen).

2. Abschnitt. Zuständigkeit für Rechtsstreitigkeiten

WEG 51 *Zuständigkeit für die Klage auf Entziehung des Wohnungseigentums.* Das Amtsgericht, in dessen Bezirk das Grundstück liegt, ist ohne Rücksicht auf den Wert des Streitgegenstandes für Rechtsstreitigkeiten zwischen Wohnungseigentümern wegen Entziehung des Wohnungseigentums (§ 18) zuständig.

WEG 51–55

1) Keine ausschließl Zustdgk. Streitwert nach MitEigtAnteilen der Kläger, höchstens dem des Bekl, LG Nürnb-Fürth, JurBüro **64**, 830. – Keine Aussetzg analog MSchG 11, LG Nürnb-Fürth NJW **63**, 720. Für Streitigk aus Aufhebg der Gemsch (§ 17) gelten weder § 43 noch § 51, sond allg Recht (GVG, ZPO); die Gültigk der Beschlüsse nach § 18 I, III prüft aber der FG-Richter, vgl § 18 Anm 5 a aE.

WEG 52 *Zuständigkeit für Rechtsstreitigkeiten über das Dauerwohnrecht.* Das Amtsgericht, in dessen Bezirk das Grundstück liegt, ist ohne Rücksicht auf den Wert des Streitgegenstandes zuständig für Streitigkeiten zwischen dem Eigentümer und dem Dauerwohnberechtigten über den in § 33 bezeichneten Inhalt und den Heimfall (§ 36 Abs. 1 bis 3) des Dauerwohnrechts.

1) Bei DWR immer ord StreitVerf. Keine ausschließl Zustdgk vorbehaltl von ZPO 24.

2) Keine Ausdehg auf andere als die bezeichneten Streitigk über das DWR. Betrifft also zB nicht Streit über Gültigk der Bestellg od Zahlg des Entgelts, wohl aber Streit über Zustimmg (vgl § 35 Anm 1, str).

3. Abschnitt. Verfahren bei der Versteigerung des Wohnungseigentums

WEG 53 *Zuständigkeit, Verfahren.* I Für die freiwillige Versteigerung des Wohnungseigentums im Falle des § 19 ist jeder Notar zuständig, in dessen Amtsbezirk das Grundstück liegt.

II Das Verfahren bestimmt sich nach den Vorschriften der §§ 54 bis 58. Für die durch die Versteigerung veranlaßten Beurkundungen gelten die allgemeinen Vorschriften. *Die Vorschriften der Verordnung über die Behandlung von Geboten in der Zwangsversteigerung vom 30. Juli (richtig: Juni) 1941 (Reichsgesetzbl. I S. 354, 370) in der Fassung der Verordnung vom 27. Januar 1944 (Reichsgesetzbl. I S. 47) sind sinngemäß anzuwenden.*

1) Die Vorschr über die freiw Verst lehnen sich an PrFGG 66ff an. – Kosten: KostO 47, 123, 144. – Die genannten Verordngen sind aufgeh dch G v 20. 8. 53, BGBl 952. Jetzt: ZVG.

WEG 54 *Antrag, Versteigerungsbedingungen.* I Die Versteigerung erfolgt auf Antrag eines jeden der Wohnungseigentümer, die das Urteil gemäß § 19 erwirkt haben.

II In dem Antrag sollen das Grundstück, das zu versteigernde Wohnungseigentum und das Urteil, auf Grund dessen die Versteigerung erfolgt, bezeichnet sein. Dem Antrag soll eine beglaubigte Abschrift des Wohnungsgrundbuches und ein Auszug aus dem amtlichen Verzeichnis der Grundstücke beigefügt werden.

III Die Versteigerungsbedingungen stellt der Notar nach billigem Ermessen fest; die Antragsteller und der verurteilte Wohnungseigentümer sind vor der Feststellung zu hören.

1) Antragsberechtigt ist jeder der Kläger für sich allein.

2) Amtl Verzeichn der Grdst (II 2): vgl GBO 2 II u Henke-Mönch-Horber, GBO § 2 Anm 3.

3) Feststellg der Versteigerungsbeding (III). Muß vor Terminsbestimmung erfolgen (vgl § 55 II 5). Sof Beschw, § 58. VerstBedinggen müssen angemessenem Kaufvertr entspr. Dingl Rechte bleiben alle bestehen.

WEG 55 *Terminsbestimmung.* I Der Zeitraum zwischen der Anberaumung des Termins und dem Termin soll nicht mehr als drei Monate betragen. Zwischen der Bekanntmachung der Terminsbestimmung und dem Termin soll in der Regel ein Zeitraum von sechs Wochen liegen.

II Die Terminsbestimmung soll enthalten:

1. die Bezeichnung des Grundstücks und des zu versteigernden Wohnungseigentums;
2. Zeit und Ort der Versteigerung;
3. die Angabe, daß die Versteigerung eine freiwillige ist;
4. die Bezeichnung des verurteilten Wohnungseigentümers sowie die Angabe des Wohnungsgrundbuchblattes *und, soweit möglich, des von der Preisbehörde bestimmten Betrages des höchstzulässigen Gebots;*
5. die Angabe des Ortes, wo die festgestellten Versteigerungsbedingungen eingesehen werden können.

III Die Terminsbestimmung ist öffentlich bekanntzugeben:

1. durch einmalige, auf Verlangen des verurteilten Wohnungseigentümers mehrmalige Einrückung in das Blatt, das für Bekanntmachungen des nach § 43 zuständigen Amtsgerichts bestimmt ist;
2. durch Anschlag der Terminsbestimmung in der Gemeinde, in deren Bezirk das Grundstück liegt, an die für amtliche Bekanntmachungen bestimmte Stelle;
3. durch Anschlag an die Gerichtstafel des nach § 43 zuständigen Amtsgerichts.

IV Die Terminsbestimmung ist dem Antragsteller und dem verurteilten Wohnungseigentümer mitzuteilen.

V Die Einsicht der Versteigerungsbedingungen und der in § 54 Abs. 2 bezeichneten Urkunden ist jedem gestattet.

1) Zu II 4: Keine Bestimmg des Höchstgebots mehr dch PreisBeh; vgl auch Anh zu § 313.

III. Teil. 3. Abschnitt. Verfahren bei der Versteigerung des Wohnungseigentums **WEG 56–58**

WEG 56 *Versteigerungstermin.* I In dem Versteigerungstermin werden nach dem Aufruf der Sache die Versteigerungsbedingungen und die das zu versteigernde Wohnungseigentum betreffenden Nachweisungen bekanntgemacht. Hierauf fordert der Notar zur Abgabe von Geboten auf.

II Der verurteilte Wohnungseigentümer ist zur Abgabe von Geboten weder persönlich noch durch einen Stellvertreter berechtigt. Ein gleichwohl erfolgtes Gebot gilt als nicht abgegeben. Die Abtretung des Rechtes aus dem Meistgebot an den verurteilten Wohnungseigentümer ist nichtig.

III Hat nach den Versteigerungsbedingungen ein Bieter durch Hinterlegung von Geld oder Wertpapieren Sicherheit zu leisten, so gilt in dem Verhältnis zwischen den Beteiligten die Übergabe an den Notar als Hinterlegung.

1) Aus der Nichtigk der Abtretg der Rechte aus dem Meistgebot an den verurteilten Störenfried (II 3) folgt, daß idR auch die Rückübereign dch den Ersteher u neuen WEigtümer an den Ausgewiesenen nichtig ist. Vgl Friese NJW 51, 510, auch oben § 19 Anm 4; so auch Bärmann Rdz 25. Zeitablauf u Veränderg der Umst mögen im Einzelfall anderes Ergebn rechtfertigen. Nach aA (Staud-Ring Anm 4; Soergel-Baur Rdnr 4) soll Rückerwerb wirks sein, doch soll (so Soergel-Baur aaO) aus dem alten Titel die Vollstr wiederholt w. Bärmann Rdz 26 u W-W Rdnr 1 weisen auf Schutz dch VeräußersBeschrkg nach § 12 hin, Bärmann aaO sowie Diester aber auch auf §§ 134, 138, 826 BGB.

WEG 57 *Zuschlag.* I Zwischen der Aufforderung zur Abgabe von Geboten und dem Zeitpunkt, in welchem die Versteigerung geschlossen wird, soll *unbeschadet des § 53 Abs. 2 Satz 3* mindestens eine Stunde liegen. Die Versteigerung soll solange fortgesetzt werden, bis ungeachtet der Aufforderung des Notars ein Gebot nicht mehr abgegeben wird.

II Der Notar hat das letzte Gebot mittels dreimaligen Aufrufs zu verkünden und, soweit tunlich, den Antragsteller und den verurteilten Wohnungseigentümer über den Zuschlag zu hören.

III Bleibt das abgegebene Meistgebot *hinter sieben Zehnteln des von der Preisbehörde bestimmten Betrages des höchstzulässigen Gebots oder in Ermangelung eines solchen* hinter sieben Zehnteln des Einheitswertes des versteigerten Wohnungseigentums zurück, so kann der verurteilte Wohnungseigentümer bis zum Schluß der Verhandlung über den Zuschlag (Absatz 2) die Versagung des Zuschlags verlangen.

IV Wird der Zuschlag nach Absatz 3 versagt, so hat der Notar von Amts wegen einen neuen Versteigerungstermin zu bestimmen. Der Zeitraum zwischen den beiden Terminen soll sechs Wochen nicht übersteigen, sofern die Antragsteller nicht einer längeren Frist zustimmen.

V In dem neuen Termin kann der Zuschlag nicht nach Absatz 3 versagt werden.

1) Mit Rechtskr des Zuschlags (vgl § 58) Abschl des KaufVertr. Gebot ist Offerte. Zum EigtÜbergang nöt noch Ann der ds Urteil ersetzten ÜbereignsErkl des Ausgewiesenen dch den Ersteher (einseitig, aber Form des § 925) u Eintr. Vgl auch Friese MDR 51, 593. – Kein Erlöschen der auf dem WE ruhenden dingl Rechte dch den Zuschlag.

2) Wg I u III vgl § 53 Anm 3, § 55 Anm 1.

WEG 58 *Rechtsmittel.* I Gegen die Verfügung des Notars, durch die die Versteigerungsbedingungen festgesetzt werden, sowie gegen die Entscheidung des Notars über den Zuschlag findet das Rechtsmittel der sofortigen Beschwerde mit aufschiebender Wirkung statt. Über die sofortige Beschwerde entscheidet das Landgericht, in dessen Bezirk das Grundstück liegt. Eine weitere Beschwerde ist nicht zulässig.

II Für die sofortige Beschwerde und das Verfahren des Beschwerdegerichts gelten die Vorschriften des Reichsgesetzes über die Angelegenheiten der freiwilligen Gerichtsbarkeit.

Ergänzung während der **Drucklegung**:

Der Gesetzentwurf der Bundesregierung (BT-Drucksache 8/693) sah zu den §§ 55–58 WEG folgende Änderungen vor, die voraussichtlich am **1. 1. 1979** in Kraft treten sollen:

a) In § 55 Abs. 2 wird folgender Satz 2 angefügt:

„Ist in einem früheren Versteigerungstermin der Zuschlag aus Gründen des § 57 Abs. 3 versagt worden, so soll auch diese Tatsache in der Terminsbestimmung angegeben werden."

b) In § 56 Abs. 1 Satz 1 werden das Wort „und" durch einen Beistrich ersetzt und hinter dem Wort „Nachweisungen" die Worte „und dessen vom Notar festgesetzter Verkehrswert" eingefügt.

c) § 57 wird wie folgt geändert:

aa) Absatz 3 erhält folgende Fassung:

„(3) Bleibt das abgegebene Meistgebot hinter *fünf Zehnteln des Verkehrswertes des versteigerten Wohnungseigentums* zurück, so ist der Zuschlag zu versagen. Bleibt das abgegebene Meistgebot hinter sieben Zehnteln des Verkehrswertes zurück, so kann der verurteilte Wohnungseigentümer bis zum Schluß der Verhandlung über den Zuschlag (Absatz 2) die Versagung des Zuschlags verlangen."

bb) Folgender neuer Absatz 6 wird angefügt:

„(6) Der Notar setzt den Verkehrswert nach Anhörung der Beteiligten fest; er zieht nötigenfalls einen oder mehrere Sachverständige zu."

d) § 58 wird wie folgt geändert:
   aa) In Absatz 1 Satz 1 werden hinter den Worten „festgesetzt werden," die Worte „gegen die Festsetzung des Verkehrswertes" eingefügt.
   bb) In Absatz 1 wird hinter Satz 1 folgender Satz 2 eingefügt:
   „Der Zuschlag oder die Versagung des Zuschlags können mit der Begründung, daß der Verkehrswert unrichtig festgesetzt sei, nicht angefochten werden."
   cc) Die bisherigen Sätze 2 und 3 des Absatzes 1 werden Absatz 2, der bisherige Absatz 2 wird Absatz 3.

IV. Teil. Ergänzende Bestimmungen

WEG 59 *Ausführungsbestimmungen für die Baubehörden.* Der Bundesminister für Wohnungsbau erläßt im Einvernehmen mit dem Bundesminister der Justiz Richtlinien für die Baubehörden über die Bescheinigung gemäß § 7 Abs. 4 Nr. 2, § 32 Abs. 2 Nr. 2.

1) Fassg in Bln-West: WEG v 2. 8. 51 (GVBl 547). Richtl v 19. 3. 1974 (BAnz Nr 58); RNatur: allg VerwVorschr gem GG 84 II.

WEG 60 *Ehewohnung.* Die Vorschriften der Verordnung über die Behandlung der Ehewohnung und des Hausrats (Sechste Durchführungsverordnung zum Ehegesetz) vom 21. Oktober 1944 (Reichsgesetzbl. I S. 256) gelten entsprechend, wenn die Ehewohnung im Wohnungseigentum eines oder beider Ehegatten steht oder wenn einem oder beiden Ehegatten das Dauerwohnrecht an der Ehewohnung zusteht.

WEG 61 *Einheitsbewertung.* Jedes Wohnungseigentum bildet eine wirtschaftliche Einheit im Sinne des § 2 des *Reichs*bewertungsgesetzes und einen selbständigen Steuergegenstand im Sinne des Grundsteuergesetzes.

1) Jetzt: BewertgsG v 10. 12. 65, BGBl 1861, idF v 27. 7. 71, BGBl 1157. Es ist für jedes WE ein bes Einheitswert festzustellen; vgl dort § 93. Die iSv § 22 I 2 aufgedrängte Bereicherg dch baul Veränd bleibt bei EinhBewertg außer Betr, vgl § 17 Anm 3.
2) GrdsteuerG idF v 7. 8. 73 (BGBl 965); die samtverbindl Haftg von MitEigtümern gem GrdsteuerG 7 II ist durch § 61 für WEigtümer beseitigt. Grdsteuerbefreiung nach II. WohnbauG § 92 (BGBl 65, 1618).
3) Über die steuerrechtl Fragen vgl insb Merle bei Bärmann zu §§ 61/62. Ersterwerb grderwerbsteuerfrei nach den LandesG; vgl Bärmann Rdz 46 ff. Vgl wg DWR § 31 Anm 6. Zur steuerrechtl Begünstigg (Abschreibg) des Ersterwerbs eines EWohng gem § 7b EStG binnen 8 Jahren ab Fertigstellg BFH WPM **73**, 307 = Betr **73**, 1631. Maßgebl für die Steuerbegünstigg, daß im Ztpkt der Bezugsfertig die Teilgs-Erkl (§ 8) dem GBA bereits zum Vollzug (§ 7) eingereicht (§ 13 GBO) war, BVerwG NJW **74**, 1397 (vgl Übbl 2 E b vor § 1).

WEG 62 *Gleichstellung mit Eigenheim.* Im Wohnungseigentum stehende Wohnungen, die die Voraussetzungen einer Kleinwohnung im Sinne der Vorschriften über die Gemeinnützigkeit im Wohnungswesen erfüllen, stehen in steuer- und gebührenrechtlicher Hinsicht einer Wohnung im eigenen Einfamilienhaus (Eigenheim) gleich.

1) Steuer- u gebührenrechtl Begünstiggen gem WohnbauGebG v 30. 5. 53/24. 8. 65 (BGBl 53 I 273/ 65 I 945), wenn die im WE stehende W einer Kleinwohng iS des G über die Gemeinnützigk im Wohngswesen v 29. 2. 40 (RGBl 437) mit DVO v 25. 4. 57 (BGBl 406), geänd dch VO v 19. 12. 62 (BGBl 738), entspricht. Nach BayObLG **74**, 285 insow BelehrsgsPfl des GBA über drohden Ablauf der FünfjahresFr. Gilt nicht für Notargebühren, BayObLG **57**, 172. Vgl Einzelh W-W Rdnrn 2a ff.

WEG 63 *Überleitung bestehender Rechtsverhältnisse.* I Werden Rechtsverhältnisse, mit denen ein Rechtserfolg bezweckt wird, der den durch dieses Gesetz geschaffenen Rechtsformen entspricht, in solche Rechtsformen umgewandelt, so ist als Geschäftswert für die Berechnung der hierdurch veranlaßten Gebühren der Gerichte und Notare im Falle des Wohnungseigentums ein Fünfundzwanzigstel des Einheitswertes des Grundstückes, im Falle des Dauerwohnrechtes ein Fünfundzwanzigstel des Wertes des Rechtes anzunehmen.

II Erfolgt die Umwandlung gemäß Absatz 1 binnen zweier Jahre seit dem Inkrafttreten dieses Gesetzes, so ermäßigen sich die Gebühren auf die Hälfte. Die Frist gilt als gewahrt, wenn der Antrag auf Eintragung in das Grundbuch rechtzeitig gestellt ist.

III Durch Landesgesetz können Vorschriften zur Überleitung bestehender, auf Landesrecht beruhender Rechtsverhältnisse in die durch dieses Gesetz geschaffenen Rechtsformen getroffen werden.

1) I, II beziehen sich zB auf Umwandlg von StockwerksE in WE, von dingl WohngsR in DWR, uU auch von Mietverhältn in solches (Hbg MDR **55**, 42), nicht aber von MitE in WE (BayObLG **57**, 172).
2) EGBGB 131 nicht aufgeh. Auch noch bestehendes echtes StockwerksE (EG 182) bleibt unberührt.
3) Von III hat Hessen Gebrauch gemacht, G v 6. 2. 62, GVBl 17.

WEG 64 *Inkrafttreten.* Dieses Gesetz tritt am Tage nach seiner Verkündung in Kraft.

1) Inkraftttr: 20. 3. 1951.

Ehegesetz 1946

Kontrollratsgesetz Nr. 16

Vom 20. Februar 1946 (KRABl S 77/BGBl III 404–1), zuletzt geändert durch das Gesetz zur Neuregelung des Volljährigkeitsalters vom 31. Juli 1974 (BGBl I 1713) und entscheid dch das Erste Gesetz zur Reform des Ehe- und Familienrechts (1. EheRG) vom 14. Juni 1976 (BGBl I 1421) sowie das Gesetz über die Annahme als Kind und zur Änderung anderer Vorschriften (Adoptionsgesetz) vom 2. Juli 1976 (BGBl I 1749)

Bearbeiter: Prof. Dr. Diederichsen

Schrifttum:

Beitzke, Zum EheG v 20. 2. 46, DRZ **46**, 136. – Dombois-Schumann, Weltliche u kirchliche Eheschließung, Gladbeck 1953. – Gerold, Ehegesetz, Stuttg 1950. – K. u H. Freiherren v Godin, EheG 2. Aufl, Berlin 1950. – Hefermehl bei Erman BGB, 4. Aufl 1967. – Hoffmann-Stephan, Ehegesetz, 2. Aufl München 1968. – Müller-Freienfels, Ehe u Recht, 1962. – Nehlert, Das EheG des KR für Deutschland, JR **47**, 69. – Neuhaus, RabelsZ **68**, 24 (EheschGründe, rechtsvergl). – Nörr, Bürgerl EheauflösgsR u Religion, JZ **66**, 545. – Ramm, JZ **63**, 47, 81 (kritisch). – RGRK (Wüstenberg), 1968. – v. Scanzoni, Das großdeutsche EheG, 3. Aufl 1943. – Sohm, Recht der Eheschl, 1875. – Volkmar-Antoni-Ficker-Rexroth-Anz, Großdeutsches Eherecht (Komm). – Wolf-Lüke-Hax, Scheidg u Scheidgsrecht, 1959; Bergerfurth, Das EheR, 4. Aufl 1974. – Vgl iü SchriftVerzeichn vor dem 4. Buch sowie zur Reform: Bürgle FamRZ **73**, 508.

Einleitung

1) Zur Entstehung u Fortentwicklung des Gesetzes. A. Bald nach der Einbeziehg Österreichs i das Reichsgebiet ergab sich i Interesse einer Vereinheitlichg, aber auch der Verbesserg der geltenden eherechtl Bestimmgen die Notwendigk zur Schaffg eines neuen EheG, des Ges zur Vereinheitl des Rechts der Eheschl und der Eheschdg i Lande Österreich und i übrigen Reichsgebiet v 6. 7. 38, RGBl 807. Es enthielt zT typisch natsoz Gedanken (Anm 2), aber auch Verbesserg gü den bisherigen Bestimmgen des BGB, die es aufhob, vgl unten § 78. So stellte es die Aufhebg (früher Anfechtg) der Ehe i ihrer Würdigg der Scheidg gleich, ermöglichte eine Ehescheidg ohne Verschulden (Zerrüttgsgrdsatz), ließ eine einverständl Unterhaltsregelg vor der Scheidg zu (nach der damaligen Rspr war eine solche i allg unsittl u daher nichtig) u machte allein das Wohl des Kindes bei Zuteilg des Personensorgerechts nach der Scheidg zur Richtschnur. **Nach dem Zusammenbruch** wurden die zahlr auf Österreich bezügl Bestimmgen, wo heute noch das EheG 1938 unter Streichg einiger Bestimmgen gilt, vgl Schwind, Komm z österr Eherecht, ggstandslos, das BlutschutzG verfiel als typisch natsoz G der Aufhebg. Das nunmehr ergehende **KRG 16 (EheG 1946)** reinigt das EheG 1938 von den aufgehobenen u unanwendb Bestimmgen u übernimmt größtenteils den bisherigen Text wörtl. Kleine sprachl Abweichgen (wahrscheinl dch die Übersetzg der entspr Bestimmgen des EheG 1938 i die Sprachen der Besatzungsmächte u die Rückübersetzg ins Deutsche entstanden) lassen noch nicht ohne weiteres auf eine Änderg der Vorschr schließen. Eine Begründg des G wurde nicht gegeben; der Zweck der Änderungen ergibt sich aber ohne weiteres aus der Sachlage. Wegen Ergänzgen des G unten Anm 3. – KRG 16 galt zunächst i ganz Deutschland u ist am **1. 3. 46 in Kraft** getreten, § 80.

B. Der **I. RegEntw z FamRG** wollte das EheG wieder an den entspr Stellen des BGB i dieses mit geringen Veränderg einbauen, also in die §§ 1303 ff Eheschließg, Nichtigk, Aufhebg, in die §§ 1564 ff Ehescheidg. Der Entw ist nicht G geworden. Das **GleichberG** hat das EheG i ganzen unberührt gelassen u nur die sorgerechtl Bestimmgen für die Kinder ins BGB zurückgeführt, EheG 25 II, III, 40, 71, 74, 75. Aus dem Schweigen des GleichberG können Schlüsse über seine Einstellg zum EheG nicht gezogen w, auch nicht insof, ob der GleichberGrds beim EheG ohne weiteres eingreift oder seine Bestimmgen nach Konsultation der früh Besatzungsmächte geändert w können, Reinicke NJW **57**, 938. Tatsächl entspricht EheG nicht in allen Bestimmgen dem **Grundsatz der Gleichberechtigg von Mann u Frau, GG 3 II.** Da KRG, griff er wegen Z 7b des Besatzungsstatuts zunächst GG 3 II, 117 I nicht ein, so daß auch ab 1. 4. 53 EheG unverändert fortgalt. Ebenso Hagemeyer NJW **53**, 601, Finke NJW **53**, 610, Dölle JZ **53**, 353, Arnold MdR JZ **53**, 260. Mit Aufhebg des Besatzungsstatuts dch die Bonner Verträge am 5. 5. 55, Prokl v 5. 5. 55, AHKBl 3272, ist EheG jedoch ein G geworden, das nunmehr der dtschen Gesetzgebungsgewalt untersteht, seine Bestimmungen also an den dch GG festgelegten unverzichtb Grundprinzipien geprüft werden müssen, worauf schon Beitzke FamR 4. Aufl S 66 hinwies. Allerdings sind mit dem GG unvereinb Bestimmungen des BesatzgsR nicht ohne weiteres nichtig; es besteht aber eine Verpflichtg der BReg, solche Bestimmgen nach Konsultation der Besatzungsmächte dem GG in einer angemessenen Zeit anzupassen, BVerfG NJW **63**, 947. Das ist bisher nicht geschehen. Der vielf vertretenen Auffassg, daß diese Vorschr nur in einem dem GG angepaßten Sinne angewendet werden dürfen, so Bosch FamRZ **54**, 113, **55**, 177, Groß FamRZ **55**, 226, H. Krüger bei Krüger-Breetzke-Nowack, Gleichberechtigg Einl 155 ff, Müller-Freienfels, Ehe u Recht S 193 A 2, Ffm FamRZ **55**, 175, Celle FamRZ **56**, 128, 24. u fr Aufl ist nicht zu folgen; demgemäß für vorläufige Weitergeltg Brschw FamRZ **55**, 361, BayObLG FamRZ **62**, 120, Hamm FamRZ **64**, 212, RGRK (Wüstenberg) Einl 31 z EheG, Ach-Gr Einl II c EheG, Beitzke FamRZ **58**, 11, derselbe KurzLehrb § 2, Reinicke NJW **65**, 386.

C. **Durch das GleichberG** Art 8 Z 1 haben EheG 25 II, III, 40, 71, 74, 75 ihre Wirksamk verloren, u zwar auch für Bln, AO BK/O (57) 12 der AllKdtr Bln v 12. 8. 57, ZVOBl 1004; § 20 II DVO u ErgVO v 27. 7. 38 u § 19 II AusfVO v 12. 7. 48 (früh BrZ) sind aufgehoben, s dazu Anm 3.

D. Das **FamRÄndG** v 11. 8. 61, BGBl 1221, verweist unter Abänderg von §§ 1 II, 4 III, 6 II die dort genannten Befreiungen i das FGGVerf, bezieht einige Vorschr der 1. DVO, Anm 3, i das G, den verfrechtl Teil i das FGG ein u ändert EheG 48 II ab. EheG 25 (Kinder aus nichtigen Ehen) ist wieder i das BGB eingegliedert, §§ 1591 I 1, 1719.

E. Art 2 NEhelG v 19. 8. 69, BGBl 1243, ändert EheG 4 I, 9 ab.

F. Art 2 VolljkG ändert EheG 1.

G. Das **1. EheRG** hat das ScheidgsR wieder dem BGB eingefügt (§§ 1564ff) unter Aufhebg der entsprechden Bestimmgen des EheG u Einfügg bzw Ergänzg anderer Vorschr. Soweit es sich noch um Bestimmgen des Kontrollrates handelte (vgl Einl 1 A), wurden sie nicht, wie die bereits der BuGesetzgebgskompetenz unterliegden Vorschriften, aufgeh, sond außer Wirksamk gesetzt (vgl 1. EheRG Art 3 Z 1 u 3). Das 1. EheRG gilt auch in **Berlin** (ÜbernG v 24. 6. 76, GVBl Bln 1299; Alliierte Kommandantur Bln, AnO v 22. 7. 76, GVBl Bln 1382). Zur weiteren **Reform** vgl Einf 6 v § 1353.

2) Grdsätzl Unterschiede des EheG 1946 ggü dem EheG 1938. Fortgefallen sind die Eheverbote der Blutsverschiedenheit u der Mangel der Ehetauglichk u damit zusammenhängend die Einreih der Kinder aus diesen Ehen unter die unehel, §§ 4, 5, 29 EheG 38. Nach dem EheG 46 sind die Kinder aus jeder Art von nichtigen Ehen den ehel gleichgestellt, EheG 25. Als NichtigkGrd ist die sog StaatsangehörigkEhe fortgefallen, § 23 EheG 38. An Stelle des Aufhebgsgrundes über Umst, die die Person des and Eheg betreffen, § 37 EheG 38, ist der des Irrtums über die persönl Eigenschaften iS des früheren Rechtes getreten, EheG 32.

Die Verweigerg der Fortpflanzg, § 48 EheG 38, ist kein absoluter Scheidsgrund mehr, hat also nur i Rahmen der „anderen Eheverfehlgen" Bedeutg. Ebenso ist der Scheidsgrund wg vorzeitiger Unfruchtbark fortgefallen. Nach dem an Stelle des § 55 EheG 38 tretenden § 48 ist einem Scheidsantrage nicht stattzugeben, wenn das wohlverstandene Interesse der Kinder die Aufrechterhaltg der Ehe erfordert.

Die zu weitgehende Befugn der nahen Angehörigen des Mannes, der geschiedenen Frau die Namensführg zu versagen, ist gestrichen, EheG 57. Die Möglichk des Widerrufs der Schenkg nach Scheidg ist ähnl der Regelg des BGB wieder eingeführt.

Ein bedeutsamer Fortschritt ist die Bestimmg, daß die Verteilg der Kinder in erster Linie aGrd der Einigg der Eltern, die allerdings vom VormschG zu genehmigen ist, eintritt, § 74, jetzt § 1371 BGB.

3) Ergänzt wurde das EheG 38 durch **sechs DVO: 1.** v 27. 7. 38, RGBl 923, **2.** v 28. 9. 38, RGBl 1323, **3.** v 29. 10. 40, RGBl 1488, **4.** v 25. 10. 41, RGBl 654, **5.** v 18. 3. 43, RGBl 145 u **6.** v 21. 10. 44, RGBl 256. Dch § 79 S 2 EheG 46 wurden nur die DurchfBest z EheG 38 aufgehoben, die mit dem neuen Ges unvereinb waren; vgl EheG 79 Anm 2. Infolgedessen ist die 3. DVO entfallen, die die Zustimmung der höheren VerwBeh für die Ausstellg deutscher EhefähigkZeugnisse u die Bestätigg ausländischer vorsah. Die Fortgeltg der **5. DVO**, die den Staatsanwalt ermächtigt, die Berechtigg eines anhäng Scheidgsbegehrens od auch das Recht auf Ehescheidg vor vorausgegangene Scheidgskl nach dem Tode des scheidgsberecht Eheteils feststellen zu lassen. war bestr. Das **FamRÄndG**, Anm 1 D, hebt diese DVO sowie die 2.-5. DVO ganz auf, ferner zT unter Einbeziehg der Bestimmg ins EheG §§ 1–12, 14, 20–86, 87 II, 88–90, der 1. DVO, desgl die entspr Vorschr der EheGAusfVO u ihrer ErgänzgsVO für die fr BrZ u der RechtsangleichsO für das Saarland, vgl EheG Anh I Vorbem, bereinigt damit das ganze Gebiet, indem es auch solche Vorschriften ausdrückl aufhebt, die bereits nicht mehr angewendet wurden oder ggstandslos waren, FamRÄndG Art 9 I Z 11, 12, 14, 16, 18, 25. Dch das **1. EheRG** Art 11 Z 2 sind mit Wirkg v 1. 7. 77 aufgeh worden die §§ 16, 17, 18 S 2–4 u 19 II der 1. DVO z EheG, die §§ 15, 16, 17 S 2–4 u 18 II der AVO z EheG v 12. 7. 48, VOBl BritZ 210, sowie Art 5 Abschn VI §§ 14, 15, 16 S 2–4 u 17 II des RAngleichgsG v 22. 12. 56, ABl Saarl 1667. **Es gelten** (mit einigen Ändergen) weiter die **6. DVO** (HausratsVO) u die nicht aufgehobenen Bestimmgen der 1. DVO. Für **Bln (West)** bestimmte die AO der Kdtr v 21. 11. 61, GVBl 1672, daß EheG 2 II, 4 III, 6 II, 8 II, 10 II, 12 III, 25 I und 48 II ihre Wirksamk verlieren u setzt an Stelle von § 10 II einen Art 7 § 2 FamRÄndG entspr Text (Kosten). – Die geschäftsmäßige Behandlg der Ehesachen (auch der MitteilgsPfl) regelt AktO 38 Z 5.

Ergänzungen des EheG enthalten ferner das **KRG 52** = EheG 15a (bes Zust für die Trauung v Nichtdeutschen), das **BundesG ü die Anerkenng von Nottrauungen** v 2. 12. 50, BGBl 778, erläut Anh z EheG 11, **AHKGes 23 Art 6–9** (Heilg nicht wirks zustandegekommener Eheschl v verschleppten Pers u Flüchtl, erläut ebda, **BundesG ü die Anerkenng freier Ehen rassisch u pol Verfolgter** v 23. 6. 50, BGBl 226, erläut Anh z EheG 13, u **BundesG ü die Rechtswirkgen des Ausspruchs einer nachträgl Eheschließg** v 29. 3. 51, erläut ebda. Wg der ergänzenden Vorschriften des **PStG** vgl Einl 2 vor § 1297. Wg **IPR** EG 13 u dort Anm 7.

4) Übergangsvorschriften fehlen; vgl dazu die Überblicke der Abschnitte u Unterabschnitte.

5) Die Überschriften der Paragraphen des EheG sind Bestandteile des G mit Ausn der dch das 1. EheRG eingefügten Bestimmgen.

Erster Abschnitt. Recht der Eheschließung

Überblick

1) Der Abschnitt enthält die Bestimmgen über die Ehefähigk, EheG 1–3, währd die Willensmängel ledigl i ihren Folgen bei der Fehlerhaftigk der Eheschließg dargestellt w, EheG 18, 30–34, weiterh die Eheverbote, EheG 4–10, beide Unterabschnitte **ergänzt dch** verfrechtl Vorschriften des FGG idF des FamRÄndG, FGG 44a, C. Es folgen die formellen EheschlBest. EheG 11–15, nebst dem durch KRG 52, KRABl 273, hinzugefügten § 15a, ergänzt dch PStG 3–8 sowie dessen 1. AVO 16–34 I mit den inzwischen ergangenen AbändVO, vgl Einl vor § 1297 Anm 2. Weiterh sind die Nichtigk, EheG 16–27, die Aufhebg der Ehe, EheG 28–37, sowie die Wiederverheiratg im Falle der Todeserklärg, EheG 38–40, ergänzt dch DVO 13, 16–19, geregelt. Im **Saarland** sind die ergänzenden Vorschriften i FamRAnpassG v 27. 1. 51, ABl 320 zusammengefaßt. Zur Aufhebg einzelner dieser Bestimmgen Einl 3 v EheG 1.

2) Übergangsrecht Einf 3 vor EheG 16; **internationales Privatrecht** EG 13, ergänzt dch EG 11 I u das BundesG v 4. 5. 1870, vgl Vorbem 2 vor § 1297, nebst KRG 52 = EheG 15a (Eheschl v Ausländern i Deutschland); **interlokales Recht** EGBGB 13 Anm 1.

A. Ehefähigkeit

EheG 1 *Ehemündigkeit.* I Eine Ehe soll nicht vor Eintritt der Volljährigkeit eingegangen werden.

II Das Vormundschaftsgericht kann auf Antrag von dieser Vorschrift Befreiung erteilen, wenn der Antragsteller das 16. Lebensjahr vollendet hat und sein künftiger Ehegatte volljährig ist.

1) Rechtsentwicklg. Inhalt § 1303 aF u wörtl übereinstimmd § 1 EheG 1938. Fassg dch FamRÄndG Art 2 Z 1a sah Eingeh einer Ehe dch den Mann nicht vor Vollendg des 21., der Frau des 16. LebJ vor, I, Befreiung beider war zul, für den Mann jedoch nur nach Vollendg des 18. LebJ u VolljkErklärg, II. VolljkG Art 2 Z 1 setzt den noch als KontrollratsG Nr 16 in Kraft befindl § 1 I EheG außer Wirksamk (Bln, vgl BT-Drucks 7/117 S 10, dch AO der Alliierten Kommandantur v 14. 8. 74, GVBl 1919).

2) Das in EheG 1 I aF auf 21 J festgesetzte EhemündigkAlter des Mannes konnte nach Herabsetzg des VolljkAlters auf 18 J nicht mehr beibehalten w. Es erschien dem GesGeb nicht sachgerecht, den 18–21 jähr für den Teilbereich der Eheschl die EntscheidgsFreih zu versagen (BT-Drucks 7/117 S 10). Nachdem das VolljkG auch für die Frau die Eingeh der Ehe an den Eintr der Volljk bindet, I, entsprechen **Volljk u Ehemündigk** einander. Letzteres ist ledigl noch desh von Bedeutg, weil es zwar keine VolljkErkl mehr gibt (vgl § 3 aE), wohl aber eine Herabsetzg des AltersErfordern bei Eingeh einer Ehe. Befreiung von der Voraussetzg der Volljk kann einheitl für beide Geschlechter nach Vollendg des 16. LebJ erteilt w, II.

3) Währd die Nichtbeachtg der Ehemündigk als solche nach früherem R für den Bestand der Ehe keine Wirkgen hatte (LG Hbg FamRZ **64**, 565), bedeutet nach Inkrafttr des VolljkG ein Verstoß immer auch zugleich, daß mind ein Verlobter noch mj war; dann EheG 3, 30.

4) Befreiung vom Erfordern der Volljk einheitl für Mann u Frau unter drei **Voraussetzgen: a)** Der künft Eheg muß seinerz volljg, also mind 18 J alt sein. Ausgeschl danach Ehe zw Mj. **b)** Der AntrSteller muß das 16. LebJ vollendet haben. Darin liegt f die Frau ggü dem früh RZustd eine Verschlechterg insofern, als sie Befreiung vom EhemündigkErfordern auch erlangen konnte, wenn sie noch nicht 16 J alt war. Für die Befreiung schadet nicht, daß AntrSteller noch unter elterl Gew od Vormsch steht (vgl §§ 1633, 1793 Anm 2a). Infolgedessen kann auch der gesetzl Vertreter, dem die Sorge zusteht, den Antr stellen (Hamm OLGZ **65**, 363). **c)** VormschG „kann" Befreiung erteilen, u zwar nicht allg, sond nur für die Eingeh der Ehe mit einem best Partner (Göppinger FamRZ **61**, 463, Kblz FamRZ **70**, 200). VormschG hat außer den bes Voraussetzgen des II zu prüfen, ob die Verlobten zus die erforderl geist u sittl Reife, insb eine wechselseit Bindg, die sie zu einer geordnete Erziehg des evtl erwarteten Kindes gewährleistet erscheinen läßt (BT-Drucks 7/1962; DRiZ **74**, 199; Bienwald NJW **75**, 959), ferner ob die Ehe Aussicht auf Bestand hat (Bökelmann StAZ **75**, 330), in AusnFällen auch, ob die notw ExistenzGrdl vorh ist. Bsp für Ablehng der Befreiung bei kindl Mutter AG Ravbg DAVorm **76**, 433. Auf ein öff Interesse kommt es nicht an, sond auf das Beste des Heiratswilligen, das bei Absicht zur Heirat der vom AntrSteller geschwängerten, entspr Anm 4 a älteren Frau nur noch ausnahmsw zu bejahen s dürfte (vgl Landshut FamRZ **60**, 284). Befreiung eines **Ausländers** kommt nur in Betr, wenn dtsches R für die EheVoraussetzgen anzuw ist (EG 13), dh bei Staatenlosen mit gewöhnl Aufenth in Dtschl (vgl EG 29) od bei Rückverweis (EG 13 Anm 4a). ÜbergangsVorschr für vor Inkrafttr des VolljkG gestellte Antr od bereits bewilligte Befreiungen, für die das bish R fortgilt, in VolljkG Art 10 Z 1 u 2.

5) Verfahren. Zuständigk f die Befreiung FGG 43, 36 I 1; es entsch Richter RPflG 14 Z 18; JA muß gehört w (JWG 48 I 2). Gg die Ablehng des Gesuchs Beschwerde der Verlobten (FGG 20 II) u des gesetzl Vertreters des Mj (FGG 57 I Z 9). Gg Erteilg der Befreiung Beschw der Elt (FGG 57 Z 9). Gebühren KostO 97a.

EheG 2 *Geschäftsunfähigkeit.* Wer geschäftsunfähig ist, kann eine Ehe nicht eingehen.

Vorbem. Der Vollständigk halber vom EheG 1938 neu eingefügt; keine Änderg der früheren Regelg; vgl für diese § 1325. Vom EheG 1946 wörtl übernommen.

1) Verstoß geg EheG 2 hat Nichtigk zur Folge, EheG 18. Wg der **Geschäftsunfähigk** vgl BGB 104. Unerhebl also bei noch bestehender Entmündigg wg Geisteskrankh, BGB 104 Z 3, ob Grd für die Entmündigg weggefallen. Ergänzt wird EheG 2 dch EheG 18, das die Nichtigk nicht nur bei einem die freie Willensbestimmg ausschließenden Zustand krankh Störg der Geistestätigk eintreten läßt, sondern auch bei Abgabe der EheschlErkl i Zustand der Bewußtlosigk oder vorübergehender Störg der Geistestätigk; vgl auch BGB 105 II. Zustimmg des gesetzl Vertreters unerhebl. **Heilg nur dch Bestätigg** mögl, EheG 18 II, vgl aber auch EheG 30.

EheG 3 *Einwilligung des gesetzlichen Vertreters und der Sorgeberechtigten.* I Wer minderjährig oder aus anderen Gründen in der Geschäftsfähigkeit beschränkt ist, bedarf zur Eingehung einer Ehe der Einwilligung seines gesetzlichen Vertreters.

II Steht dem gesetzlichen Vertreter eines Minderjährigen nicht gleichzeitig die Sorge für die Person des Minderjährigen zu oder ist neben ihm noch ein anderer sorgeberechtigt, so ist auch die Einwilligung des Sorgeberechtigten erforderlich.

III Verweigert der gesetzliche Vertreter oder der Sorgeberechtigte die Einwilligung ohne triftige Gründe, so kann der Vormundschaftsrichter sie auf Antrag des Verlobten, der der Einwilligung bedarf, ersetzen.

1) Früheres Recht. EheG 3 trat an Stelle von §§ 1304–1308; aber elterl Einwilligg nur noch für den M u in der Geschäftsfähig Beschränkten erforderl, nicht mehr für den für vollj Erklärten bis zum vollendeten 21. Lebensj; gab ferner Mutter Einwilligsrecht neben dem Vater. – Wörtl vom EheG 1946 übernommen. Die Übertragg der Vertretgsmacht auf beide Eltern, § 1629 Anm 1, hat hier gewisse Änderg en in der Gesetzesanwendg gebracht, Anm 3.

2) Die Einwilligg ist erforderl bei Mj (BGB 106) u bei solchen, die aus and Grden in der GeschFähigk beschr s (BGB 114). Nachdem das VolljkG zw Mann u Frau nicht mehr unterscheidet (vgl vor allem auch EheG 1 II), betrifft die Vorschr nunmehr beide Geschlechter. Nach früh Recht konnte der Mann die Befreiung vom Mangel der Ehefähigk nicht erhalten (sond mußte für vollj erklärt w), so daß die Bestimmg insofern nur für die Frau Bedeutg hatte.

3) Der Kreis der Einwilliggsberechtigten, I, II. a) Der gesetzl Vertreter, i allg also beide Eltern, § 1629 Anm 1, uU aber auch ein Elternteil allein, § 1671 I, 1672, 1678–1681, iF des § 1705 die Mutter, des § 1736 nur der Vater, des § 1740f der überl Elternteil, des § 1757 I der Annehmende, des II beide Annehmenden, ferner der Vormd, § 1793, uU der Pfleger, §§ 1630, 1666, 1671 V, 1794, 1909, 1915. Das Recht zur Einwilligg ist Ausfluß des Sorgerechts für die Person, § 1626 II, vgl auch BGH **21**, 345. Einwilliggsberechtigt also der in persönl Angelegenheiten des Kindes Vertretgsberechtigte, ohne daß freilich erforderl, daß ihm auch die tatsächl Fürsorge zustünde, wie II ergibt („nicht gleichzeitig"). Beistand hat kein Einwilliggsrecht, ebensowenig Mitvormd, dessen Wirkgskreis auf die Vermögenssorge beschränkt ist, vgl § 1797 Anm 2a. Der GegenVormd ist niemals gesetzl Vertreter. **b) Der für den Mj Sorgeberechtigte,** sei er nun allein sorgeberechtigt oder zusammen mit dem gesetzl Vertreter. Hierhin gehört aber nicht der Erziehungsbeistand, JWG 58, auch nicht das LandesJA als Fürsorgeerziehgsbeh, da auf diese die Sorge nicht übergeht, vgl auch Einf 5 vor § 1626, u es die Ausübg der Sorge nur auf den JWG 69 IV genannten Gebieten, zu denen Einwilligg nicht gehört hat, JW 69, so auch Potrykus ZBlJR **68**, 100, aM Lukes StAZ **62**, 32, Duisbg (LG) StAZ **67**, 188. Im Falle der Nichtigk, Eheaufhebg, Scheidg der Ehe der Eltern kommt es darauf an, wem der VormschRichter die Personensorge übertragen hat, § 1671. Da diese Übertragg auch die des VertretgsR in Personensorgesachen in sich schließt, § 1626 II, ist dann Einwilligg des anderen geschiedenen Eheg nicht erforderl (oben a); ist Pfleger bestellt, § 1671 V, so kein Elternteil einwilliggsberechtigt. Ebsowenig bedarf es der Einwilligg des Elternteils, dessen elterl Gewalt ruht, § 1675; jedoch hat bei Ruhen wg beschränkter Geschäftsfähigk oder Gebrechlichk, die Bestellg eines Pflegers erforderl macht, § 1910 I, der betroffene Elternteil die persönl Sorge neben dem gesetzl Vertreter, § 1673 II 2, also einwilliggsberechtigt. Ist dem überlebenden Elternteil die Personensorge völlig entzogen, § 1666, entfällt sein EinwilligsR, BayObLG NJW **65**, 868. Einwilliggsberechtigt die leibl Eltern des angenommenen Kindes, wenn sie ausnahmsweise ihr Sorgerecht wiedererlangen. §§ 1765 II, 1768. **Zu a und b:** Einwilliggsberechtigt ist der, der zZ der Eheschl gesetzl Vertr oder Sorgeberechtigter ist, Beitzke StAZ **58**, 197. Hatte ein früherer Berecht seine Einwilligg bereits gegeben, ist eine neue Einwilligg einzuholen, aM Planck § 1304 Anm 6. Das VormschG kann, wenn die Einwilligg nicht im Interesse des Kindes liegt, dem vertretgsberechtigten Elternteil auch das Sorgerecht (Vertretgsmacht) insoweit entziehen, als die Einwilligg in die Eheschl in Betr kommt, KG DR **41**, 1601.

4) Die Einwilligg, s dazu auch Lukes StAZ **62**, 30, ist ein einseitiges empfangsbedürftiges RGesch, vgl § 183 I, kann auch dem beschränkt Geschäftsfähigen ggü erklärt w, ist aber immer für den bestimmten Fall, nicht allg zu geben. Einwilligg dch **öff oder öff beglaubigte Urk** dem StBeamten nachzuweisen; Beurkundg oder Beglaubigg kann auch der StBeamte vornehmen, PStG 5 IV, BeurkG 58; wg Einzelheiten Lukes StAZ **62**, 58. Einwilligg bis zur Eheschl **frei widerrufl**, § 183, kann auch befristet oder bedingt gegeben werden, soweit sich das mit dem Wesen der Ehe verträgt; gültig zB Bedingg, daß Gütertrenng erfolgt, BayObLG Recht **12**, 1482. **Höchstpersönl Recht,** Vertretg im Willen daher unzul, zul nur bei Erklärg des Willens; muß entspr §§ 1728 III, 1748 II auch dann als wirks angesehen w, wenn der Einwilligende beschränkt geschäftsfähig ist, Lukes StAZ **62**, 30.

5) Die Verweigerg der Einwilligg u ihre Ersetzg, III. Sowohl der gesetzl Vertreter, I, wie der Sorgeberecht, II, müssen ihre Einwilligg erteilen. Ersetzg dch VormschRichter bei Verweigerg ohne **triftige Gründe**. Diese Vorschr schränkt mithin das EntscheidgsR der Eltern, also auch wenn beide in der Ablehng einig sind, § 1627 Anm 1, sowie auch § 1673 II 3, kennzeichnet sich aber gerade deshalb als AusnVorschr, vgl Aachen (LG) ZBlJugR **66**, 167. Triftige Gründe können sich aus der Person jedes Verlobten u dem wohlverstandenen FamInteresse ergeben, die beide zu berücksichtigen sind, insb also bei Mangel am nötigen Einkommen, Krankh, schlechtem Ruf, Tüb JR **49**, 386, ungünstige Rechtsstellg der Ehefrau, Neust FamRZ **63**, 443 (Ehe mit Mohammedaner). Derartige Gründe wird der VormschRichter zu beachten haben u damit eine obj begründete Einstellg der Berechtigten. Pflichtwidrig oder Mißbr braucht bei der Verweigerg nicht vorzuliegen, KG OLGZ **69**, 104. Ersetzg abzulehnen, wenn sich die Verweigerg obj rechtfertigen läßt, BGH **21**, 340, zu weitgehend Göppinger FamRZ **59**, 398, der Eingreifen des VormschG auf obj Mißbr der Elternrechte oder Gefährdg des Kindeswohls beschränken will, weil GG 6 ein solches bei Vorliegen triftiger Gründe nicht gestatte; die Befugn des VormschG ergibt sich aus 6 II 2, die scharfen Voraussetzg des III gelten nur für Trenng des Kindes von der Familie. Ein ErsetzgsGrd kann aber zB Legitimation des Kindes der Braut dch die beabsichtigte Ehe sein, OLG **35**, 341, aber auch Mü HRR **42**, 4, selbst unter Zurückstellg religiöser Bedenken, BGH **21**, 349, Kblz (LG) FamRZ **59**, 422. Verwandtenehe braucht nicht in jedem Falle ein triftiger Versagsgrund zu sein, SchlHOLG SchlHA **49**, 133. **Antragsberechtigt** der Verlobte, der die Einwilligg bedarf; vgl auch FGG 59 I 1. Die **Zuständigk** des VormschG ergeben FGG 43, 36, 35; es entscheidet der **Richter**, RPflG 14 Z 12. **Ermittlgen** von Amts wegen, FGG 12. Anhörg der Eltern, § 1695, bei Vertretg dch Vormd oder Pfleger auch weiterer Verwandter oder Verschwägerter, § 1847 I; Nichtanhörg weiterer BeschwerdeGrd, FGG 27. Die Entsch des VormschG wird erst mit der Rechtskraft wirks, FGG 53 I 1, demgem **sofortiges Beschwerderecht** der in I und II Genannten, FGG 60 I 2, auch des Mj selbst, FGG 59; PersSorgeBerechtigte haben gg Ersetzg der Einwilligg des gesetzl Vertr kein BeschwR, KG OLGZ **69**, 104. Kosten KostO 94 Z 6. Die **Ersetzg** der Einwilligg dch das VormschG hat dieselbe **Wirkg wie die Einwilligg**.

6) Folgen des Verstoßes gg EheG 3. Zu unterscheiden, ob die Einwilligg des gesetzl Vertreters od des daneben Sorgeberechtigten einzuholen war. **Das Fehlen der Einwilligg des gesetzl Vertr**, gleichgültig, ob es ein Elternteil, der Vormd oder Pfleger ist, hat zur Folge, daß die Aufhebg der Ehe vom zZ der Eheschl beschränkt GeschFähigen bzw seinem gesetzl Vertreter begehrt werden kann, EheG 30 I, vgl auch EheG 35 II. Nach Heilg des Mangels Aufhebg ausgeschl, also wenn der gesetzl Vertreter (nachträgl) genehmigt, der VormschRichter seine Genehmigg ersetzt od der unbeschr geschäftsfähig Gewordene die Ehe bestätigt hat, EheG 30 II und III. Beim **Fehlen der Einwilligg des Sorgeberechtigten** iS von Anm 3b treten Folgen nicht ein.

B. Eheverbote

Einführung

Neues Schrifttum: Ramm JZ **63**, 47, 81 (kritisch).

1) Das EheG stellt neben die Ehevoraussetzgen die **Eheverbote**; beide werden durch die Ehehindernisse umfaßt, von denen noch PStG u seine AVO spricht. Auch das EheG unterscheidet t r e n n e n d e E h e v e r b o t e , EheG 4–6, u a u f s c h i e b e n d e , EheG 7–10, u unterstreicht das durch die verschiedene Verbotsform „darf nicht" u „soll nicht". Daraus ergibt sich gleichzeitig, daß ein Eheverbot, soweit es überhaupt auf den Bestand der Ehe einwirkt, i m m e r n u r z u r N i c h t i g k f ü h r e n k a n n , niemals zur Aufhebg, die nur den Interessen des verletzten Gatten Rechng trägt.

2) Die Eheverbote sind abschließend aufgezählt. Ablehng des Aufgebots wg zu großen Altersunterschieds oder wg mangelnder Ehetauglichk unzul, s auch Ramm JZ **63**, 49. Und bei Geschlechtskrankh; zwar kein Eheverbot; aber strafrechtl verboten, G z Bekämpfg der Geschlechtskrankh v 23. 7. 53, BGBl 700, § 6. Fortgefallen ist gü den Eheverboten des EheG 1938 auch das der mangelnden Heiratserlaubn. Auch Strafvollzug u Untersuchungshaft steht einer Eheschl nicht entgg, selbst wenn es sich um eine lebenslängl Strafe handelt, Nürnbg FamRZ **59**, 116 m Anm Bosch, Celle FamRZ **61**, 119, Hamm FamRZ **68**, 387, Dölle § 7 IV, Hoffmann-Stephan Einl vor § 11 Anm 48 (Nachw), sodaß die Strafvollzugs-Beh die Eheschl nicht untersagen kann, aM Beitzke § 9 u 27. Aufl. Ob das R auf Eheschl aus GG 6 I hergeleitet w kann, so allerd Hoffmann-Stephan aaO, ist bestr, Gernhuber § 5 III. –

3) Ergänzt wird der Unterabschnitt dch 1. DVOzEheG, §§ 13, 15 (für die früh BrZ idF der AVO EheG v 12. 7. 48, VOBlBrZ 210), PStG 5a, 7a, PStG AVO 14, FGG 44a, 44b, ferner hinsichtl des Ehefähigk-Zeugnisses für dtsche StaatsAngeh bei Auslandsheirat dch PStG 69b (Anh zu EheG 10), weiterhin die Vorschriften des EheG über die Nichtigk einer Ehe u deren Aufhebg.

EheG 4 *Verwandtschaft und Schwägerschaft.* ¹ Eine Ehe darf nicht geschlossen werden zwischen Verwandten in gerader Linie, zwischen vollbürtigen und halbbürtigen Geschwistern sowie zwischen Verschwägerten in gerader Linie. Das gilt auch, wenn das Verwandtschaftsverhältnis durch Annahme als Kind erloschen ist.

II *(aufgehoben dch das 1. EheRG Art 3 Z 1)*

III Das Vormundschaftsgericht kann von dem Eheverbot wegen Schwägerschaft Befreiung erteilen. Die Befreiung soll versagt werden, wenn wichtige Gründe der Eingehung der Ehe entgegenstehen.

1) Rechtsentwicklg. EheG 4 kehrt zu § 1310 zurück, indem er §§ 6, 7 EheG 1938 zusammenfaßt u das Eheverbot der GeschlechtsGemsch, § 1310 II, wieder einführt, aber ebenso wie EheG 1938 eine Befreiung von dem der Schwägersch vorsieht. NEhelG Art 2 Z 1 streicht in I „gleichgültig, ob die Verwandtschaft auf ehelicher oder auf unehelicher Geburt beruht". **Ergänzg** dch FGG 44a. **Fassg III** Art 2 Z 1b FamRÄndG. EheG 4 I unabh v seiner Verfassungsmäßigk als KontrollratsR anwendb (vgl BVerfG NJW **74**, 545). Vereinbark mit GG 2 u 6 wurde v der Rspr bejaht (BVerwG FamRZ **60**, 435; Hamm FamRZ **63**, 248; Hbg FamRZ **70**, 27; krit dazu Lüke NJW **62**, 2177; Ramm JZ **63**, 48), vom BVerfG aaO hins II verneint (vgl Anm 4), dieser Widerspruch jedoch dch 1. EheRG Art 3 Z 1 dch Aufhebg v II aF beseitigt. I 2 angef dch AdoptG Art 3 Z 2. – **Tabellarische Übersicht** StAZ **66**, 245.

2) Verwandtschaft grdsl Blutsverwandtsch. In gerader Linie verwandt sind Personen, deren eine von der anderen abstammt, gleichgült, ob die Verwandtsch auf ehel oder unehel Geburt beruht, § 1589 u Anm. Hier jede Eheschl ohne Unterschied des Grades verboten; dgl bei vollbürtigen Geschwistern, dh solchen, die dasselbe Elternpaar haben, u halbbürtigen, dh solchen, die einen Elternteil gemeinsam haben. Kein Eheverbot bei von den Eltern aus früheren Ehen „zusammengebrachten Kindern" oder zwischen Vetter u Base oder Onkel u Nichte. Der Blutsverwandtsch steht heute, nach Einführg der Volladoption (Einf 1 v § 1741), die dch KindesAnn geschaffene gesetzl Verwandtsch gleich, u zwar auch nach Erlöschen, also nach Aufhebg des AnnVerhältn (§§ 1759ff), so daß Ehe zw leibl Tochter der Adoptivmutter u deren Adoptivsohn ausgeschl ist (and noch Peters StAZ **62**, 26).

3) Schwägerschaft. Vgl § 1590 I u dort Anm 2. Ehe also verboten zwischen Stiefvater u Stieftochter (gerade Linie), nicht zwischen Stiefmutter u Mann der verstorbenen Stieftochter (Seitenlinie). V o r a u s s e t z g d e s E h e v e r b o t s ist eine gültige Ehe. Jede Ehe wird aber als solche angesehen, bis sie dch gerichtl Urt rechtskr für nichtig erklärt ist, EheG 23. In diesem Falle entfällt das Eheverbot der Schwägersch, regelm wird aber das der GeschlechtsGemsch vorliegen. Eheverbot bleibt auch nach Aufhebg oder Scheidg der die Schwägersch begründenden Ehe bestehen, § 1590 II, jedoch kein Eheverbot hinsichtl der Kinder aus der 2. Ehe des and Eheg; wohl insof aber idR Eheverbot der GeschlechtsGemsch.

4) Das Eheverbot der **Geschlechtsgemeinschaft** (II aF; vgl dazu 35. Aufl) ist dch 1. EheRG Art 3 Z 1 beseitigt w mit Wirkg v 16. 6. 76 (1. EheRG Art 12 Z 13 Nr 2).

5) Wirkgen bezügl Verwandtschaft u Schwägerschaft. T r e n n e n d e s E h e v e r b o t. Der StBeamte kann Nachweis des Nichtvorhandenseins verlangen, PStG 5 II. - Sofern Befreiung nicht bewilligt, II, ist die trotzdem geschlossene **Ehe nichtig,** 21 I. Kinder ehel, § 1591 I 1. Strafrechtl Folgen StGB 173. Ehe bei nachträgl Befreiung von Anfang an gültig, EheG 21 II.

6) Befreiung vom Eheverbot der Schwägerschaft, III. Es entsch das V o r m s c h G dch den R i c h t e r, RpflG 14 Z 18. Zust FGG 44a I. Genaue Prüfg erforderl; die gesamten Umstände zu berücksichtigen. Ablehng, wenn **wichtige Gründe** entgegenstehen; Frage des Einzelfalles, wobei das allg sittl Empfinden bes zu berücksichtigen, so zB Ablehng einer Eheschl zwischen Mann mit wesentl jüngerem nehel Kind seiner geschiedenen Ehefr, Hamm FamRZ **63**, 248, aber auch Ramm JZ **63**, 49. Da zweiseitiges Eheverbot, EG 13 Anm 2, müssen beide Teile bereit sein. Für A u s l ä n d e r ist diese Befreiung dch dtsche Beh nur mögl, soweit das sein HeimatR zuläßt, EG 13 Anm 3 aE, also bei Rückverweisg, EG 27, oder bei Staatenlosen, auf die dtsches Recht anzuwenden, EG 29. Sonst nur Befreiung dch HeimatBeh. – Entsch des VormschG, die gem FGG 16 bekanntzumachen, unanfechtb. Kann nach Eheschl nicht mehr geändert w, FGG 44a II, vgl auch FGG 18. Gg Versagg der Befreiung Beschw, FGG 20; „wichtige Gründe" unbestimmter RBegriff, Hbg FamRZ **70**, 27. Gebühren KostO 97a.

EheG 5 **Doppelehe.** Niemand darf eine Ehe eingehen, bevor seine frühere Ehe für nichtig erklärt oder aufgelöst worden ist.

DVO § 13. Das Verbot der Doppelehe (§ 8 [jetzt: 5] des Ehegesetzes) steht einer Wiederholung der Eheschließung nicht entgegen, wenn die Ehegatten Zweifel an der Gültigkeit oder an dem Fortbestand ihrer Ehe hegen.

1) Rechtsentwicklg. § 5 EheG 46 entspr wörtl § 8 EheG 38. EheG 38 u 1. DVO 13 entsprechen dem § 1309 I. § 1309 II ist weggelassen, ohne daß damit i Endergebn eine Änderg eingetreten ist; vgl Anm 2. In DVO 13 ist statt „§ 8" „§ 5" zu lesen; so für die Länder der **fr BrZ** AVO z EheG v 12. 7. 48, VOBlBrZ 210, § 13. DVO 13 dch FamRÄndG Art 9 I Z 11 nicht aufgehoben.

2) Grundsatz der Einehe. Trotz der Fassg zweiseitiges Eheverbot, EG 13 Anm 2, das also auch nicht in der Person des anderen vorliegen darf, RG **152**, 36. Ein Verheirateter darf eine Ehe nur eingehen, wenn **a) seine frühere Ehe für nichtig erklärt** ist, EheG 23; ist diese eine Nichtehe, EheG 11 Anm 5, so bleibt die „zweite" Ehe gültig. Ebenso, wenn vor Nichtigerklärg der 1. Ehe eine 2. Ehe geschlossen, dann aber die 1. für nichtig erklärt wurde; denn dann lebte der Eheg zZ der 2. Eheschl mit einem Dritten nicht in gültiger Ehe, EheG 20. Insof hat EheG 5 also nur den Charakter eines aufschiebenden Eheverbots. Allerdings auch dann StGB 171. – **b) Oder seine frühere Ehe aufgelöst ist,** dch Tod, Wiederverheiratg eines Eheg, nachdem der andere für tot erklärt w, EheG 38 II, Scheidg, EheG 41, Aufhebg, EheG 29. Auch das erschlichene Urt löst die Ehe auf, EheG 41 Anm 2. Nicht ausreichd Trenng von Tisch u Bett, da diese nicht das Eheband löst, RG HRR **29** 1101. **Zu a und b.** Wird das Nichtigk-, Aufhebgs- od ScheidsUrt im Wege der W i e d e r - A u f n des Verf beseitigt, ZPO 579f, was aber nach 5 Jahren seit Rechtskraft eines solchen Urt nicht mehr mögl, ZPO 586 II 2, so kann die inzwischen geschlossene Ehe der Nichtigk verfallen; nach BGH **8**, 284 NJW **59**, 45, FamRZ **76**, 336 immer; dagg Peters MDR **54**, 193, MDR **59**, 533, Rudolph JR **54**, 4, Ramm JZ **63**, 82, Rühsmann AcP **167**, 410 (der entspr EheG 38 II entscheiden will). Daß ein derartiges WiederAufnVerf unzul sei, läßt sich aus dem G jedoch nicht begründen, wenn auch im Ergebn oft unerfreul, Enn-Kipp-Wolff § 11 A 7 (mit Nachw), Grunz JR **49**, 33, vgl auch RG **171**, 40; aM Endemann § 161, Schnell NJW **47/48**, 131, letzterer für den Fall der Wiederverheiratg, ebenso Hamm SJZ **49**, 522. In einem solchen

Falle den Bestand der 1. Ehe von Billigkeitserwäggen abhängig zu machen, Völker SJZ **48**, 401, widerspricht dem absoluten Charakter der Vorschr. Das Bestehen der zunächst ordngsmäßig geschlossenen 2. Ehe aber jedenfalls dann zu schützen, wenn die Scheidg der 1. Ehe zu bestätigen ist, indem Zulässigk u Grd der WiederAufn nicht dch ZwischenUrt festgestellt, sondern das 1. Urt bestätigt wird, Beitzke SJZ **49**, 555, vgl auch MDR **52**, 388, Zeuner MDR **60**, 87, RGRKomm (Wüstenberg) 26, wobei wg des Bestandsschutzes der 2. Ehe darüber hinweggesehen w kann, daß die „Bestätigg" tatsächl eine Aufhebg ex tunc mit Ersetzg ex nunc in sich schließt. And natürl, wenn Scheidg der 1. Ehe aufgehoben wird. Vgl im übr auch EheG 24 Anm 2. Das praktisch nicht sehr bedeuts aufschiebende Ehehindern des § 1309 II aF (Ehehindern nach Erhebg einer Restitutions- oder Nichtigkeitskl) ist weggefallen. Erfolgt die NichtigErklärg oder Scheidg dch Urt im Ausland, so hängt dessen Wirkg im Inland von der Anerkenng des Urt gem Art 7 § 1 FamRÄndG v 11. 8. 61, BGBl 1221, ab, vgl auch EG 17 Anm 6b. Ist Ehe nur deshalb Doppelehe, weil der jetzige Nichtigkeitskläger Antr auf Anerkenng des vor der 2. Eheschl ergangenen ausl ScheidgsUrt unterläßt, Art 7 § 1 III, so Erhebg der Nichtigkeitskl rechtsmißbr, BGH FamRZ **61**, 427. Das ScheidgsUrt eines sowjz Gerichts ist auch in BRep wirks, bis das Ggteil dch Urt festgestellt ist, Vorbem 14n von EG 7; ist Wirksamk in BRep dem StBeamten zweifelhaft, so hindert das nicht, wenn es sich um Einwendgen aus ZPO 328 I Z 1–3 handelt u mehr als ein Jahr verstrichen; sonst wird er dch Nachfrage bei dem anderen Eheg, sofern dieser in BRep seinen gewöhnl Aufenthalt hat, bei Zweifeln wg Verstoßes gg die guten Sitten oder den Zweck eines G der BRep bei Staatsanwaltsch klären müssen, ob Ehefeststellgsklage beabsichtigt, BGH FamRZ **61**, 207. War die Ehe von Ausländern im Inland für nichtig erklärt oder geschieden, so soll die Wiederverheiratg nur erfolgen, wenn das Urt auch im Heimatstaat anerkannt wird, Köln (LG) FamRZ **62**, 158, Celle NJW **63**, 2223, Mü NJW **63**, 2233, vgl auch EG 17 Anm 6b Z cc. Ist das nicht der Fall, die Wiederverheiratg aber trotzdem erfolgt, so ist sie gültig, KG JW **38**, 1258 ebenso Raape S 317 A 105; insof also nur aufschiebendes Eheverbot. Demggü wollen Reichel AcP **124**, 203, Soergel-Siebert-Kegel EG 13 A 18, Dehner NJW **63**, 2201, Hann (LG) JZ **63**, 21 die Wiederverheiratg dann immer zulassen, während Maßfeller in IntFamR S 226 meint, es wäre das EhefähigkZeugn, EheG 10, zu versagen, vgl auch dort Anm 3; so auch Karlsr StAZ **63**, 42. S auch Gamillscheg JZ **63**, 22 (Nachw), ferner EG 13 Anm 5a.

3) Trennendes Eheverbot. Keine Befreiung mögl. Die zweite Ehe unheilb nichtig, EheG 20, bleibt es auch dann, wenn die 1. Ehe nachträgl aufgelöst wird, vgl aber auch Anm 2 u EheG 24 Anm 2; and bei nachträgl NichtigErkl der 1. Ehe, Anm 2a. Wg der Rechtsfolgen der Nichtigk EheG 26f, StGB 171.

4) Wiederholg der Eheschl, DurchfVO 13. Bei berechtigten Zweifeln der Eheg an der Gültigk oder dem Fortbestand ihrer Ehe, also vor deren NichtigErkl, können sie die Eheschl wiederholen, ohne daß die bisherige der neuen entgegenstünde. Der StBeamte hat dann mitzuwirken, ohne die Gültigk der bisherigen Ehe zu prüfen. Soweit aber deren Bestätigg mögl ist, EheG 18 II, 30 II, Wiederholg unzweckmäß, da Bestätigg zurückweist, nicht aber Wiederholg. Neue Eheschl vollzieht sich unter denselben sachlrechtl u formellen Voraussetzgen wie eine Eheschl überhaupt; lediglich das Eheverbot der Wartezeit besteht nicht, da hier ggstandslos. Da neue Eheschl keine Rückw, kann NichtigErkl der ersten Bedeutg haben, Mü OLG **43**, 348, aM Hbg OLG **14**, 215 (NichtigErkl unzul), sonst jedf mangels RSchutzinteresses abzulehnen.

EheG 6 *Eheverbot des Ehebruchs (Außer Wirksamk bzw aufgehoben dch das 1. EheRG Art 3 Z 1 u 3, I mit Wirkg vom 16. 6. 1976; 1. EheRG Art 12 Z 13c. Zum früh Recht 35. Aufl).*

EheG 7 *Annahme als Kind.* **I Eine Ehe soll nicht geschlossen werden zwischen Personen, deren Verwandtschaft oder Schwägerschaft im Sinne von § 4 Abs. 1 durch Annahme als Kind begründet worden ist. Das gilt nicht, wenn das Annahmeverhältnis aufgelöst worden ist.**

II Das Vormundschaftsgericht kann von dem Eheverbot wegen Verwandtschaft in der Seitenlinie und wegen Schwägerschaft Befreiung erteilen. Die Befreiung soll versagt werden, wenn wichtige Gründe der Eingehung der Ehe entgegenstehen.

1) Eheverbot auf Grund Adoption. Neufassg dch AdoptG Art 3 Z 7. Da das dch die Ann als Kind begründete VerwandtschVerhältn auf alle Mitglieder der neuen Fam ausgedehnt w (§ 1754), ist das Eheverbot des EheG 4 I zu übernehmen. Da dem Eheverbot der AdoptivVerwandtsch wie im bish Recht auch kftig kein NichtigkGrd entsprechen soll, handelt es sich bloß um ein aufschiebdes Eheverbot (BT-Drucks 7/5087 S 23); die entgg dem Verbot geschl Ehe ist also wirks (Soll-Vorschr). Dch die dem Verbot zuwider erfolgde Eheschl wird ggf das AnnVerhältn aufgeh (§ 1766). Gilt auch in Bln (ÜbernG v 29. 7. 76, GVBl Bln 1619; AnO der Alliierten Komm v 6. 8. 76, GVBl Bln 1638).

2) Die Adoption hindert die Eheschließg nicht, wenn das AnnVerhältn aufgelöst ist, **I 2**, was nur iFv §§ 1760, 1763 geschehen kann (§ 1759), u wenn das VormschG **Befreiung von dem Eheverbot** erteilt hat, **II 1**. Die Vorschr läßt die Befreiung in weiterem Umfang zu als bei leibl Verwandtsch. Eine Befreiung ist nur für Adoptionsverwandte in gerader Linie ausgeschl; ein EltT soll sein Kind u ein GroßEltT sein Enkelkind nicht heiraten können. Das VormschG kann aber die Ehe zw Geschwistern zulassen, deren Verwandtsch auf der Ann beruht (BT-Drucks 7/3061 S 57). Das VormschG soll ijF der Befreiung prüfen, ob **wichtige Gründe** der Eingeh der Ehe entgegstehen, **II 2**; vgl EheG 4 Anm 6.

EheG 8 *Wartezeit.* **I Eine Frau soll nicht vor Ablauf von zehn Monaten nach der Auflösung oder Nichtigerklärung ihrer früheren Ehe eine neue Ehe eingehen, es sei denn, daß sie inzwischen geboren hat.**

II Von dieser Vorschrift kann der Standesbeamte Befreiung erteilen.

PStG 7a. *Die Befreiung vom Ehehindernis der Wartezeit erteilt der Standesbeamte, der das Aufgebot erläßt oder Befreiung vom Aufgebot bewilligt. Kann die Ehe wegen lebensgefährlicher Erkrankung eines Verlobten ohne Aufgebot geschlossen werden, so ist für die Befreiung der Standesbeamte zuständig, vor dem die Ehe geschlossen wird.*

PStG AVO 14. *Der Standesbeamte soll die Befreiung von dem Ehehindernis der Wartezeit nur versagen, wenn ihm bekannt ist, daß die Frau von ihrem früheren Mann schwanger ist.*

1) Rechtsentwicklg. Wörtl aus § 11 EheG 38 übernommen; dieser entsprach § 1313. **Ergänzende Vorschr** PStG 7a u AVO 14. – **II Fassg** dch Art 2 Z 1d FamRÄndG.

2) Allgemeines. – Aufschiebendes Eheverbot. Vorschr soll verhüten, daß ein nicht in die neue Ehe gehöriges Kind i dieser als eheliches geboren wird, § 1600. Die dennoch eingegangene Ehe ist gültig. Eheverbot gilt nur für verheiratet gewesene Frauen, auch bei Eheschl derselben Eheg mit Scheid oder NichtigErkl der ersten Ehe, hM, aM Bosch FamRZ **60**, 498, zweifelnd RGRKomm 6, nicht aber bei deren Wiederholg, 1. DVO z EheG 13, abgedr EheG 5, oder bei zwischenzeitl Geburt. Wird die frühere Ehe für nichtig erklärt oder dch Urt aufgelöst, beginnt die Wartezeit mit Rechtskraft des Urt.

3) Befreiung, II. Zuständig der StBeamte, der das Aufgebot erläßt od Befreiung vom Aufgebot bewilligt, PStG 7a. Befreiung soll **nur versagt w,** wenn StBeamten bekannt ist, daß die Frau von ihrem früh Mann schwanger ist (AVO PStG 14); der Wunsch, dem neuen Ehem die Vaterrolle zu erleichtern, reicht für die Befreiung nicht aus (AG Kstz StAZ **76**, 311). Gg die Entsch des StBeamten Aufsichtsbeschwerde an seine vorgesetzte DienstBeh oder Antr auf gerichtl Entsch, PStG 45. Gebühren: AVO PStG 68 Z 14.

EheG 9 *Auseinandersetzungszeugnis des Vormundschaftsrichters.* Wer ein Kind hat, für dessen Vermögen er zu sorgen hat oder das unter seiner Vormundschaft steht, oder wer mit einem minderjährigen oder bevormundeten Abkömmling in fortgesetzter Gütergemeinschaft lebt, soll eine Ehe nicht eingehen, bevor er ein Zeugnis des Vormundschaftsgerichts darüber beigebracht hat, daß er dem Kind oder dem Abkömmling gegenüber die ihm aus Anlaß der Eheschließung obliegenden Pflichten erfüllt hat oder daß ihm solche Pflichten nicht obliegen.

1) Rechtsentwicklg. Gleichlautend mit § 12 EheG 38, der inhaltsgleich mit § 1314. In der Fassg etwas geändert dch Art 2 Z 2 NEheIG.

2) Zweck der Vorschr ist der Schutz des Kindes vor vermögensrechtl Nachteilen bei Wiederverheiratg der Eltern. **Aufschiebendes Eheverbot.** Trotzdem geschlossene Ehen sind gültig, das VormschG kann aber die Verw des Kindesvermögens entziehen, § 1684, den Vormd entlassen, § 1886; die auf Wiedereinziehg des zu Unrecht erteilten Zeugnisses abzielende Beschw ist jedoch ggstandslos, weil der Bestand der Ehe nicht erschüttert wird, Karlsr FamRZ **62**, 197.

3) Voraussetzgen. a) Ein Kind des Heiratswill, auch die seinen eigenen gleichgestellten Kinder, §§ 1736, 1740f, 1757, ehel wie nehel, für dessen Verm er zu sorgen hat, s auch § 1705, oder das unter seiner Vormsch od seiner Pflegsch steht, § 1915; es kann auch ein Vollj sein, 1896, 1897, 1903; gleichgültig, ob aus einer früheren oder der letzten Ehe, KG StAZ **25**, 207. – Oder **b)** fortgesetzte GüterGemeinsch mit einem mj oder bevormundeten Abkömml, vgl § 1493. – EheG 9 liegt vor, wenn der Elternteil, der ein Kind wie zu a hat, überh eine Ehe, also auch die 1., eingehen will; bei Wiederverheiratg § 1683.

4) Zeugnis des VormschG. Zuständigk FGG 43; es erteilt der RPfleger, da Richter nicht vorbehalten, RpflG 3 I Z 2a. Soweit das Zeugn nicht ohne weiteres erteilt w kann, weil dem Elternteil nicht die elterl Gewalt zusteht oder Aufschub für die Auseinandersetzg, §§ 1683, 1493 II, gewährt wird, darf das VormschG die Erteilung nicht von der Erfüll anderer als der i diesen §§ genannten Pflichten abhängig machen, KGJ **53**, 18. Das Zeugn ist zu erteilen, wenn der überlebende Eheg Alleinerbe ist, eine Auseinandersetzg nach § 1683 nicht in Betr kommt, aber nel **44**, 32. Unbeschränkte Geltg des Zeugnisses, aber nicht für 3. Ehe, KG StAZ **25**, 207, Ströhm StAZ **62**, 106. Dem Auseinandersetzzeugn muß wg § 1683 Satz 2 eine Bescheinig des VormschG gleichstehen, i der dem Verlobten die Auseinandersetzg nach der Eheschl gestattet wird. Vgl auch Peters Rpfleger **60**, 341. Der StBeamte hat lediglich die formell richtige Erteilg des Zeugnisses zu prüfen, nicht aber, ob es mit Recht ausgestellt ist, OLG **5**, 404. Gebühren KostO 94 I Z 2.

EheG 10 *Ehefähigkeitszeugnis für Ausländer.* **I** Ausländer sollen eine Ehe nicht eingehen, bevor sie ein Zeugnis der inneren Behörde ihres Heimatlandes darüber beigebracht haben, daß der Eheschließung ein in den Gesetzen des Heimatlandes begründetes Ehehindernis nicht entgegensteht.

II Von dieser Vorschrift kann der Präsident des Oberlandesgerichts, in dessen Bezirk die Ehe geschlossen werden soll, Befreiung erteilen. Die Befreiung soll nur Staatenlosen und Angehörigen solcher Staaten erteilt werden, deren innere Behörden keine Ehefähigkeitszeugnisse ausstellen. In besonderen Fällen darf sie auch Angehörigen anderer Staaten erteilt werden. Die Befreiung gilt nur für die Dauer von sechs Monaten.

1. DVO § 15. *Ausländer im Sinne des § 14 [jetzt: 10] des Ehegesetzes sind Personen, die die deutsche Staatsangehörigkeit nicht besitzen.*

PStG 5a. (1) *Das Ehefähigkeitszeugnis für ausländische Verlobte muß, falls durch Staatsvertrag nichts anderes vereinbart ist, mit der Bescheinigung des zuständigen deutschen Konsuls darüber versehen sein, daß die ausländische Behörde zur Ausstellung des Zeugnisses befugt ist. Das Zeugnis verliert seine Kraft, wenn die Ehe nicht binnen sechs*

1. Abschnitt: Recht der Eheschließung. B. Eheverbote **EheG 10** 1–3

Monaten seit der Ausstellung geschlossen wird; ist in dem Zeugnis eine kürzere Geltungsdauer angegeben, ist diese maßgebend.

(2) Will ein Verlobter von der Beibringung des Ehefähigkeitszeugnisses befreit werden, so hat der Standesbeamte den Antrag entgegenzunehmen und die Entscheidung vorzubereiten; hierbei hat er alle Nachweise zu fordern, die vor der Anordnung des Aufgebots erbracht werden müssen. Auch kann er eine eidesstattliche Versicherung über Tatsachen, die für die Befreiung von der Beibringung des Ehefähigkeitszeugnisses erheblich sind, verlangen.

Schrifttum: Gamillscheg bei Staudinger, Komm, EGBGB Teil 3, 10./11. Aufl 1973 Art 13 Rdn 692 ff.

1) Rechtsentwicklg. Stimmt mit § 14 EheG 38 überein; dieser entsprach § 1315 II. Wird ergänzt dch 1. DVO 15, dem für die **fr BrZ** AVO v 12. 6. 48, VOBlBrZ 210, § 14 entspricht, u dch PStG 5a. **Fassg II** FamRÄndG Art 2 Z 1e. **Zweck:** Vermeidg v Ehen, die im Heimatland eines der Verlobten nicht anerkannt w, BGH **41**, 139, u Erleichterg f den Standesbeamten bei der Prüfg, ob HeimatR des Ausl die Eheschließg erlaubt, Hamm NJW **73**, 2158.

2) Grundsatz, I. Der Ausländer kann i Deutschland eine Ehe nicht eingehen, bevor er nicht das i EheG 10 I näher bezeichnete **Zeugnis** beigebracht hat, was nicht MenschenrechtsKonv Art 14 widerspricht, KG NJW **61**, 2209. Das gilt auch für Ehen von Ausländern, die im Inland geschl, aber vom Ausl nicht anerk werden (KG FamRZ **76**, 353) u wird auch auf Ehen ausgedehnt w müssen, die vor dtschen Auslandsvertretern zwischen Deutschen u Personen, die nicht StaatsAngeh des Gastlandes sind, geschlossen w, Marquordt StAZ **62**, 338; Liste der nach dem AuslPStG dazu ermächtigten Vertretgen StAZ **62**, 183. – Nicht jedes Zeugn, das Behörden ausl Staaten als EhefähigkZeugn bezeichnen, genügt dieser Best, Beyer StAZ **57**, 29. Zusammenstellg der Zuständigk der inneren Beh der Auslandsstaaten bei Maßfeller Komm zum PStG S 233. Das Zeugn eines diplomatischen od konsularischen Vertreters des Auslandsstaates genügt nicht, u zwar auch nicht für die Angeh der Vertragsstaaten des HaagEheschlAbk, dort Art 4, abgedr Anh zu EG 13. Das Zeugn muß mit der Bescheinigg des zust dtschen Konsuls ü die Befugn der AuslandsBeh zu seiner Ausstellg versehen sein, PStG 5a I 1 vgl auch Anm 3, falls sich nicht aus einem mit dem Heimatstaat des Ausländers abgeschl StaatsVertr ergibt, daß es einer solchen Bescheinigg zur Anerkenng des Zeugnisses i Deutschland nicht bedarf; so bei **Dänemark** (das BeglaubAbk v 17. 6. 36, RGBl II 213, ist seit 1. 9. 52 wieder in Kraft, Bek v 30. 6. 53, BGBl II 186), **Österreich** (BeglaubVertr v 21. 6. 23, RGBl **24** II 61, wieder in Kraft seit 1. 1. 52, Bek v 13. 3. 52, BGBl II 436), **Luxembg**, Abk v 7. 12. 62, BGBl **64** II 194, Art 1 (in Kraft seit 7. 9. 66, BGBl II 592). Mit der **Schweiz** gilt die Vereinbarg v 6. 6. 56, BGBl **60** II 454, in Kraft seit 1. 9. 60, Bek v 7. 8. 60, StAZ 230, dazu Maßfeller StAZ **56**, 181, 209. Sie enthält ebenf einen Beglaubiggsverzicht, sieht aber ferner ein Verf zur Erlangg v EhefähigkZeugnissen durch direkten Verkehr mit dem StBeamten des Heimatstaates vor, Art 9ff, desgl Abk mit Luxemburg, Art 9. Eine gewisse Erleichterg bringt auch das Haag Übk v 5. 10. 61 zu Befreiung ausl öff Urk von der Legalisation, BGBl **65** II 876, das sich auch auf Urk der VerwBehörden bezieht, Art 1 I b, u deren Legalisation dch eine Apostille ersetzt, die von der zust Stelle der Errichtungsstaates ausgestellt wird, Art 3 I; für BRep in Kraft seit 13. 2. 66 (Kosten VO v 27. 6. 70, BGBl 905). Verzeichn der für Erteilg der Apostille zust ausl Behörden BAnz **71**, Nr 67 v 7. 4. 71. Auch die Mitglieder der ausl Streitkräfte in Deutschland unterstehen seit 5. 5. 55 den dtschen Gesetzen; request der amerik DienstSt ist keine Anweisg an StBeamten, s RdErl MdJ BaWü v 29. 6. 55, StAZ 178. Das Zeugn soll dem StBeamten die Nachprüfg, ob ein Ehehindern nach dem HeimatR des Ausländers vorliegt, erleichtern. Er wird sich im allg darauf verlassen können, wenn er nicht begründete Zweifel hat; es hindert ihn aber nicht an der Nachprüfg, ob ein Ehehindern vorliegt, u Ablehng der Vornahme der Ehschl, BGH **46**, 93, steht auch einer NichtigkErkl nicht entgg, RG **152**, 23, BayObLG StAZ **63**, 329. Es verliert seine Kraft, wenn nicht das Aufgebot 6 Monate seit Ausstellg, falls eine kürzere Geltgsdauer im Zeugnis angegeben ist, innerh dieser Frist, beantragt ist, PStG 5 a I 2. **Ausländer** iS dieser Bestimmg sind alle Nichtdeutschen, EheG DVO 15, also auch die Staatenlosen; nicht jedoch Deutsche iS von GG 116, I, die dtsche StaatsangehörigK nicht haben, da diese insof dtschen StaatsAngeh gleichstehen, FamRÄndG Art 9 II Z 5, abgedr Anh EG 29 Vorbem 2 a, heimatlose Ausländer iS des BundesG v 25. 4. 51 u Vertriebene u Flüchtlinge gemäß AHKG 23, vgl EG 29 Anh I u II.

3) Befreiung II, PStG 5 a II (vgl dazu auch Strucksberg JR **50**, 69; **51**, 556; Albers StAZ **51**, 224; **52**, 49; **54**, 145, 170, Guggumos StAZ **54**, 2, Beyer StAZ **57**, 29), Otto StAZ **72**, 157 (Wiederverheiratg gesch Ausländer). Es handelt sich hier nur um Befreiung von dem I genannten Zeugn, nicht aber um eine solche von einem Eheverbot des ausl Rechts, Hamm NJW **69**, 373, wofür die ausl Behörden an sich zust bleiben; so auch, wenn nur aufschiebdes Ehehindern, BGH **56**, 180. Bei Befreiung nach II 3 zunächst festzustellen, um welcher Art Befreiung es sich handelt, da dann idR ganz and Zustdgk u Rechtsweg, Hamm FamRZ **69**, 338, vgl auch Beitzke FamRZ **67**, 596, Dieckmann StAZ **70**, 8, so wenn das ausl Ehehindern hier nicht zu beachten wäre, wovon aber nicht das Verbot der Heirat der Tochter der verst Ehefr aus einer fr Ehe gehört, Düss FamRZ **69**, 654. Grdsätzl Befreiung nach II 2 nur Staatenlosen sowie Angeh solcher Länder, deren innere Behörden EhefähigkZeugnisse nicht ausstellen, wie zB Argentinien teilweise, StAZ **54**, 119, Belgien, Brasilien, StAZ **55**, 231, Bulgarien, StAZ **50**, 287, Frankreich, StAZ **62**, 216, Griechenland, Celle StAZ **62**, 249, Indien StAZ **53**, 200, Iran, KG NJW **61**, 2209, Mexiko StAZ **56**, 235, Rumänien, Sowjetunion, oder deren Zeugnisse nicht den Anfordergen genügen. Ehefähigkeitszeugnisse stellen zB aus: Dänemark, Marcus StAZ **62**, 318, Großbritannien, StAZ **51**, 218, Holland, Düss FamRZ **69**, 654, Italien, Bachmann StAZ **62**, 21, Polen, Bergmann-Ferid S 9, Portugal StAZ **52**, 19, Bergmann-Ferid S 12, Schweiz, Dtsch-Schweiz-Vereinbg v 8. 10. 52, StAZ **53**, 223, Ungarn, Celle NJW **63**, 2232; Verzeichn zust ausl Behörden *WüBa* StAZ **50**, 30, *RhPf* StAZ **50**, 54. Die ausl Zeugnisse sind von dem dtschen Konsul im Ausland zu legalisieren, Anm 2. Eine einfache Bestätigg des ausl Konsuls genügt nicht, um von dem Erfordern des PStG 5 a I 1 abzusehen; Konsularzeugnisse nur Unterlage für den BefreiungsAntr, *RhPf* StAZ **53**, 17; vgl auch *NRW* RdErl MdI v 17. 12. 52, StAZ **53**, 56. Bei Ländern, deren innere Behörden Zeugn ausstellen,

EheG 10, Anh zu EheG 10   Ehegesetz. *Diederichsen*

kommt Befreiung nur in **bes Fällen** in Betr, II 3. Das darf aber nicht dazu dienen, die nach dem HeimatR des ausl Verl zur Erlangg des Zeugn grdsätzl erforderl zeitraubden, Karlsr Just **72**, 317, Formalitäten z umgehen od z ersparen, KG NJW **69**, 987. Befreiung eines Ausl v Ehehindern seines HeimatR widerspr EG 13 I; vgl EG 13 Anm 3, Beyer StAZ **57**, 33, KG NJW **69**, 987, Mü NJW **63**, 1159, 2233 (Italien, dazu Jayme NJW **64**, 207). Grdsätzl Voraussetzgen für II 3 also, daß ein Ehehindern nach dem HeimatR des ausl Verlobten nicht besteht od nach dem dt ordre public unbeachtl ist (Hamm MDR **74**, 933). Befreiung mögl, wenn die Verweigerg des Zeugn dch die HeimatBeh erfolgt, weil AntrSt seiner MilitärPfl nicht nachgekommen ist, Köln FamRZ **69**, 335, vgl aber auch Hbg StAZ **62**, 216. Spaniern, auch ehem Priestern (Hamm OLGZ **74**, 103), die in der BRD gesch wurden od eine hier lebde gesch Frau heiraten wollen, ist die Befreiung z gewähren (BVerfG NJW **71**, 1509; BGH NJW **72**, 1619 mAv Otto), entspr geschiedener Spanierin, wenn beide Verlobte von dt Gerichten gesch wurden u beide ihren gewöhnl Aufenth in der BRep Dtschld haben (BGH NJW **77**, 1014). Der hier maßgebde Gesichtspkt des ordre public versagt aber wg Haager EheschließgsAbk bei Italienern, so daß bei ihnen Befreiung nicht erteilt w kann, Hamm FamRZ **73**, 143 mAv Jayme, u ebso (wg der Möglichk, die Scheidg nach islam Recht herbeizuführen) bei einem in der BRD geschiedenen Iraker, Hamm NJW **73**, 2158. Vgl iü EG 13 Anm 5. Dem ausl Eheverbot der Religionsverschiedenh ist die Beachtg zu versagen, wenn ein jüd Israeli in der BRD eine dtsch Nichtjüdin heiratet, (BGH **56**, 180, dazu Strümpell StAZ **72**, 228); ebso bei Heirat zweier Israelis, der in Israel das Eheverbot der Religionsverschiedenh entggstünde (Hamm FamRZ **77**, 323). Sind beide Verl Ausländer u kann keiner ein EhefähigkZeugn beibringen, so müssen beide Befreiung beantragen. Den BefreiungsAntr entggzunehmen u die Entsch dch Sammlg der Urkunden vorzubereiten, hat der StBeamte; er kann dabei auch eidesstattl Versichergen über Tatsachen, die für die Befreiung erhebl sind, verlangen. Außerdem kann er die sonstigen Nachweise für ein Aufgebot einzufordern, PStG 5a. Für Angeh der alliierten Streitkräfte gilt nichts Besonderes, vgl RdErl *Hess* MdI v. 4. 5. 55, StAZ **55**, 131, insb auch Angeh amerik Truppen, Bachmann StAZ **55**, 189; desgl für Flüchtlinge iS der FlüchtlKonvention, vgl EG 29 Anh III, *BaWü* Erl MdJ v 4. 5. 59, StAZ **59**, 230. Es sind die gesamten Verhältnisse der Verlobten zu berücksichtigen. Befreiung nachprüfb JustizVerwAkt; kein Gnadenakt, BGH **41**, 136, also keine Ablehng aus sachfremden Gründen, als das Vermehrg der Ehehindernisse wäre, Beyer StAZ **57**, 32, KG NJW **61**, 2212. Auch wenn die Verlobten ein TraubereitschZeugn nicht vorlegen wollen, kann das Zeugn nicht verweigert w, da dem GG 4 I, 140 iVm Weimarer Verf Art 136 IV (Glaubens- u Gewissens-Freih) entggsteht; keine Verweigerg bei Nichtanerkenng der in Deutschland geschl Ehe wg der Form, KG NJW **61**, 2212, Wengler NJW **67**, 348. EhefähigkZeugn gilt nur für 6 Monate, II 4, innerh deren die Eheschl vorgenommen sein muß. **Zuständig** ist der OLGPräs, in dessen Bez die Ehe geschlossen werden soll, II 1; wird sie dann vor dem ermächtigten StBeamten eines anderen Bez geschlossen, so ist die erteilte Befreiung auch dort wirks, Riechert StAZ **63**, 57. Gg ablehnde Entsch des OLGPräs Antr auf gerichtl Entsch, über den OLG endgültig entscheidet, EGGVG 23ff, s Baumb-Lauterbach (ZPO) EGGVG 23 Anm 1 C, BGH **41**, 128, an der OLGPräs aber nicht mitwirken darf, BGH FamRZ **63**, 556. An befreiende Entsch des OLGPräs ist der StBeamte nicht gebunden, BGH **46**, 87. Gebühren für Befreiung EheG 77a, für Entsch des OLG EGGVG 30, KostO 131.

Anhang zu EheG 10
Ehefähigkeitszeugnis für deutsche Staatsangehörige

PStG 69b. (1) *Zur Ausstellung eines Ehefähigkeitszeugnisses, dessen ein Deutscher zur Eheschließung im Ausland bedarf, ist der Standesbeamte zuständig, in dessen Bezirk der Verlobte seinen Wohnsitz, beim Fehlen eines Wohnsitzes seinen Aufenthalt hat. Hat der Verlobte im Inland weder Wohnsitz noch Aufenthalt, so ist der Ort des letzten gewöhnlichen Aufenthalts maßgebend; hat er sich niemals oder nur vorübergehend im Inland aufgehalten, so ist der Standesbeamte des Standesamts I in Berlin (West) zuständig.*

(2) *Das Ehefähigkeitszeugnis darf nur ausgestellt werden, wenn der beabsichtigten Eheschließung kein Ehehindernis entgegensteht; der Standesbeamte kann von Ehehindernis der Wartezeit befreien. Die Beibringung eines ausländischen Ehefähigkeitszeugnisses für den anderen Verlobten ist nicht erforderlich. Das Ehefähigkeitszeugnis gilt nur für die Dauer von sechs Monaten.*

(3) *Lehnt der Standesbeamte die Ausstellung des Ehefähigkeitszeugnisses ab, so kann der Antragsteller die Entscheidung des Gerichts anrufen. Die Vorschriften der §§ 45, 48 bis 50 sind entsprechend anzuwenden.*

Vorbem. Länder der fr BrZ: Gleichlautend mit 1. DVOzEheG, § 9 ist der dort geltende § 9 AVO z EheG v 12. 7. 48, VOBl BrZ 210. Infolge der Änderg des PStG gilt an Stelle von PStG AVO 27 II PStG 7a S 2, von PStG AVO 31 PStG 3, 4, von PStG AVO 32 PStG 7a S 1 u PStG AVO 14, von PStG AVO 114 PStG 69b.

1) Ob ein EhefähigkZeugn für die Eheschl **erforderl** ist, richtet sich nach der Gesetzgebg des Eheschl-Staates. PStG 69b findet nur auf dtsche StaatsAngeh Anwendg; also nicht auf Staatenlose, denen für sie dtsches Recht gilt, EG 29, mit Ausnahme der Flüchtlinge u Vertriebenen deutscher Volkszugehörigk sowie deren Eheg u Abkömml, sofern sie im Gebiet des dtschen Reiches nach dem Stand v 31. 12. 37 Aufn gefunden haben, GG 116 I; denn auch diese Personen sind als Deutsche iS des PStG anzusehen, PStG 69c, vgl auch FamRÄndG Art 9 II Z 5; verlegen solche Personen Wohns ins Ausl u wollen dort die Ehe schließen, so erhalten sie auf Antr Zeugnis, RdErl MdI *NRW* v 31. 3. 51, StAZ **104**, *Nds* v 10. 1. 51, StAZ 199. Zu prüfen hat der StBeamte lediglich, ob bei dem AntrSt ein Ehehindern, auch ein zweiseitiges, EG 13, Anm 2, vorliegt, ferner ist ihm die Persönlichk des ausl Verlobten durch Urk nachzuweisen; nicht zu prüfen, ob in dessen Person nach seinem Recht Ehehindernisse vorliegen, II, Hbg (AG) StAZ **65**, 185. – Gebühren PStG AVO 68 Z 15.

1. Abschnitt: Recht der Eheschließung. C. Eheschließung **Einf v EheG 11, EheG 11**

C. Eheschließung

Schrifttum: Hans-Friedr C Thomas, Formlose Ehen, Bielef 1973 (Beitzke AcP **174**, 94).

Einführung

1) Der Unterabschnitt gibt die **formellen EheschlVorschr.** Sie enthalten den **Grundsatz der obligatorischen Zivilehe.** Während die Vorschriften des EheG 11 ff sonst denen der §§ 1316–1321 ähnl sind, unterscheiden sich dadurch wesentl von dem Recht des BGB, daß als unerläßl Voraussetzg einer Eheschl die Mitwirkg eines StBeamten aus der Reihe der zwingenden Voraussetzgen herausgehoben wird, EheG 11, während § 1317 diese nur als eine von mehreren auf- u damit den weiteren erforderliche Voraussetzgen der gleichzeit Anwesenh der Parteien u der persönl Abgabe der Erkl gleichstellte. Das Fehlen von jedem dieser Erfordernisse machte, soweit nicht § 1324 II vorlag, die Ehe früher zur **Nichtehe,** § 1324 I. Jetzt ist nur dann eine solche gegeben, wenn ein StBeamter nicht mitwirkt („kommt nur zustande"). Man wird also die Eheschl nicht als einen reinen Vertr famrechtl Art ansprechen können, da gerade von der Mitwirkg einer dritten Pers, einem Staatsorgan, das Zustandekommen der Ehe überhaupt abhängt, EheG 11 Anm 2. –

2) Der Unterabschnitt wird ergänzt dch das BundesG ü die Anerkennung von Nottrauungen, AHK 23 Art 6–9 (Heilg nicht wirks zustandegekommener Eheschl von verschleppten Personen u Flüchtlingen), BundesG ü die Anerkenng freier Ehen rassisch und pol Verfolgter u BundesG ü die Rechtswirkgen des Ausspruchs einer nachträgl Eheschließg, sämtl erläut Anh zu EheG 11 u 13; ferner dch die Vorschriften ü das Aufgebot, die Eheschließg u die Eintragg im Heirats- u FamBuch in PStG 3–15c, PStG AVO 10–23.

EheG 11 [I] Eine Ehe kommt nur zustande, wenn die Eheschließung vor einem Standesbeamten stattgefunden hat.

[II] Als Standesbeamter im Sinne des Absatzes 1 gilt auch, wer, ohne Standesbeamter zu sein, das Amt eines Standesbeamten öffentlich ausgeübt und die Ehe in das Familienbuch eingetragen hat.

1) Früheres Recht. Wörtl wie § 15 EheG 38; früher §§ 1317, 1319, vgl Einf Anm 1.

2) Erfordernis der Mitwirkg des Standesbeamten, I. Die übereinstimmende Erklärg der Verlobten, die Ehe miteinander eingehen zu wollen, ist noch keine Eheschl. Sie kann allein dazu werden („nur zustande"), wenn sie vor einem StBeamten abgegeben wird, EheG 13 in Verb mit 11 I. Durch diese Heraushebg der Erforderlichk der Mitwirkg des StBeamten gßüber den übrigen notw Erfordernissen stellt I nicht nur den **Grundsatz der obligatorischen Zivilehe** an die Spitze des formellen EheschlRechtes, sondern **grenzt auch die Ehe von der Nichtehe ab**; denn auch die **formell fehlerhafte, aber vor einem StBeamten geschlossene Ehe trägt wenigstens „den Keim der formellen Gültigk in sich",** vgl EheG 11 iVm 13, 17, auf deren Nichtigk sich zudem niemand vor der Feststellg dch Urt berufen kann, EheG 23. Wird die EheschlWillen vor einem Nichtstandesbeamten, der auch nicht die Voraussetzgen des II erfüllt, erklärt, so hilft dem auch nicht die Eintragg ins FamBuch ab (anders § 1324 II); es bleibt stets eine Nichtehe, auf die sich jeder berufen kann, ohne daß es einer NichtigErkl bedürfte; vgl aber auch Anh.

3) Standesbeamter, I. StBeamter ist idR der **Bürgermeister** und **sein allg Vertreter,** soweit jener von der Gemeinde, die die Zustimmg der höheren VerwBeh einzuholen hat, zum StBeamten, dieser zu seinem Stellvertreter bestellt ist. In Gemeinden, die einen Stadtkreis bilden, werden bes StBeamte, die Berufsbeamte sind, bestellt, PStG 53, 54. Der StBeamte darf nur für einen StABez bestellt w, vorbehaltl der Befugn der unteren VerwBeh, die Wahrnehmg der StandesamtsGesch im Notfall vorübergeh einem benachbarten StBeamten zu übertragen, PStG 56. Wird er also außerh seines Bez tätig, so ist er nicht StBeamter; vgl aber Anm 4. Ist jemand zum StBeamten bestellt, der nicht hätte dazu bestellt w dürfen oder sollen, so beeinflußt die Wirksamk seiner Amtshandlgen nicht; and, wenn es am Bestellgsakt fehlt. Bestellg erfolgt dch die Gemeinde nach Zustimmg der höheren VerwBeh, die sie auch widerrufen kann, PStG 54 I, so daß der StBeamte zur weiteren Ausübg seines Amtes nicht befugt ist. Zuständigk des StBeamten EheG 15. Ist der **StBeamte nicht zur Mitwirkg bereit,** so hat die Eheschl auch nicht vor einem StBeamten stattgefunden, vgl RG **166**, 342. Die Folge ist eine Nichtehe, aM v Godin Anm 6 (da das in EheG 11 nicht z Ausdr komme) unter Übersehen des „nur".

4) „Als Standesbeamter gilt", II. Ähnl § 1319 gilt als StBeamter auch, wer **a)** das Amt eines StBeamten öffentl ausübt, also insbes im Standesamt selbst amtl Gesch vornimmt, **und b)** die Ehe auch in das FamBuch, vgl zu diesem EheG 14 Anm 3, einträgt. ZB also der Stellvertreter des Bürgerm, der aber nicht zu seinem Stellvertreter als StBeamten bestellt ist, od eine noch nicht od eine nicht mehr zum StBeamten bestellte Person; vgl auch Anm 3. Die **Eintragg** einer solchen Eheschl ins FamBuch **macht sie vollgültig**; EheG 17 II bezieht sich nur auf EheG 13. Die Gutgläubigk der Verlobten ist and is § 1319 unerhebl. Ebso wird die dch einen griechl Geistl geschl Ehe mit ihrer Eintr ins dt HeiratsReg wirks, H analog (LSG Stgt FamRZ **77**, 259 mAv Bosch). – StBeamter war auch der Militärjustizbeamte während des Krieges, kriegsähnl Unternehmens oder eines bes Einsatzes i einem Gebiet, das nicht zum Deutschen Reich gehörte, oder in dem, obwohl es dazu gehörte, kein StBeamter vorhanden war, für Wehrmachtsangeh u ihre Verlobten, WehrmPStG 22; für den männl Angeh des RArbD war der Sachbearbeiter für Strafrecht bei den Arbeitsgauen, VO v 10.4.40, RGBl 626 Art V, für die PolBeamten, die i den Ostgebieten, dem ehem GenGouv oder sonst außerhalb des Reichsgebietes tätig waren, entspr PolDienststellen zust, RdErl RMdl v 9.9.40, RMBliV 1807. Wg des Begriffs Wehrmachtsangh § 32 WehrmPStG u § 21 WehrG v 21.5.35, RGBl 609. Derartige Ehen konnten gültig auch vor kriegsgefangenen MilJustizbeamten u diesen gleichgestellten Personen bis zum Inkrafttr des KRG 34 v 20.8.46 betr Auflösg der Wehrmacht geschlossen w, Fbg NJW **49**, 185, Präs ZJABrZ ebda, Hbg, StAZ **49**, 208 unter Berufg auf Br MRG 153, BrMR-

ABl 3/32; auch für solche MilJustBeamte in Norwegen nach Kriegsende, Brem (LG) StAZ **67**, 101; unrichtig Bielefeld NJW **47/48**, 105, LG Halle NJ **48**, 164. Vgl dazu auch Anh I G § 1 Anm 1c zu a 1. Keine analoge Anwendg v II bei einer Eheschließg nach EheG 15a, aber Anspr auf WwenRente, wenn dtscher StaBeamte die Ehe in das FamBuch eingetr hat (BSG FamRZ **78**, 587).

5) Fälle der Nichtehe. Wie in Anm 2 gesagt, kann jetzt in formeller Hins eine Nichtehe nur die Folge der mangelnden Mitwirkg eines StBeamten sein, während die Nichtbeachtg anderer zwingender Eheschl-Vorschr, EheG 13, lediglich die Vernichtbark der Ehe zur Folge hat, EheG 17 I; auch diese entfällt uU durch Zeitablauf, EheG 17 II. Demgem ist eine **Nichtehe nur gegeben**, wenn beiderseitig der Eheschließgswille erklärt, EheG 13 Anm 3b, ist **a)** vor einer Person, die nicht StBeamter ist, also zB vor einem Geistl od Rabbiner. Folge einer ausschließl Trauung dch kathol Geistl iJ 1946 in Dtschld ist die Versagg einer Wwenrente (BSG FamRZ **78**, 240). Vgl aber Anh. Für Mitgl der Streitkräfte iS der Bonner Vertr gilt, sofern nicht EheG 15a vorliegt, nichts Abweichendes. Auch die im Falle lebensgefährl Erkrankg oder wg eines schweren sittl Notstandes, PStG 67, vor der standesamtl Eheschl vorgenommene kirchl Trauung bleibt ohne bürgerlrechtl Wirkg, wenn ihr nicht die standesamtl folgt. Eintragg ins FamBuch unerhebl. Wegen der östl der Oder-Neiße-Linie nach der Besetzg vor einem Geistl vorgenommenen Eheschl Anh I. 1946 i Schlesien vor einem nicht amtierenden dtschen StBeamten vorgenommene Eheschl wird als Nichtehe anzusehen sein, Celle StAZ **63**, 241. – Da im Falle der Ferntrauung, EheG 13 Anm 3a, der Batalionskdr nicht StBeamter war, ist es für die Gültigk der Ehe ohne Bedeutg, wenn ihm diese Eigensch fehlte. **b)** Zwar vor einem StBeamten – gem I oder II –, der aber nicht zur Mitwirkg bereit war, vgl Anm 3; Eintragg ins FamBuch unerhebl, wird dann praktisch auch nicht in Betr kommen. **c)** Vor einer Person, die zwar nicht StBeamter ist, dieses Amt aber öff ausübt, II, die Ehe jedoch nicht ins FamBuch einträgt, Anm 4. **d)** Nichtehe schließl auch bei Eheschl von Gleichgeschlechtigen, da begriffl nicht mögl, mag sie auch vor dem StBeamten stattgefunden haben, KG StAZ **58**, 207, **e)** wenn der Eheschl-Wille überh nicht erklärt worden ist. Wg der Geltendmachg der Nichtehe vgl Einf 1a vor EG 16.

Anhang zu EheG 11

I. Bundesgesetz über die Anerkennung von Nottrauungen

Vom 2. 12. 1950 (BGBl 778) Amtl Begr BAnz Nr 237

Gilt nur im Bundesgebiet

(Für BerlinW entspr Ges v 28. 6. 51, VOBl 497)

Einführung

Schrifttum: Maßfeller StAZ **50**, 274; Ders, Das gesamte PersStRecht (Komm).

Am Ende des Krieges u nach diesem sind vielfach „Ehen" vor Geistlichen, zB anläßl der Besetzg der Gebiete östl der Oder-Neiße oder i dänischen Flüchtlingslagern von Personen, die nicht als StBeamte iS des EheG gelten können, dgl vor Offizieren u Beamten der Wehrmacht, ohne daß die Voraussetzgen des WehrmachtPStG gegeben waren, geschlossen worden. Die Eheschl hatten deshalb nicht die Wirkg einer solchen, die Ehen sind nach dem EheG Nichtehen. Das G verleiht ihnen unter bestimmten Voraussetzgen die gleichen Wirkgen, wie einer vor dem StBeamten eingegangenen Ehe. Derartige Regelgen waren schon früher in der BrZ, AmZ u in RhPf getroffen worden. Die Regelg des BundesG behält die bisherige grdsätzl bei, klärt aber Zweifelsfragen, enthält auch einige Abweichungen. Die bisherigen Vorschr werden dch das neue G außer Kraft gesetzt, aGrd dieser Vorschr beim HauptStA eingetragene Ehen behalten aber ihre Gültigk. Nochmaliger Antr also nicht erforderl. Ähnl Regelg dch AHKGes 23, die jedoch zT abweicht; vgl die Erläut unten II. Dort auch zum Zusammentreffen beider Regelgen. – Dch das neue G werden die Formvorschr für das Zustandekommen einer gültigen Ehe erweitert. Solche Ehen werden also auch außerh des BGebietes anzuerkennen sein. – **Richtlinien** BMdI v 27. 2. 51, GMBl 82 (StAZ 122). – Gilt auch i **Saarland**, Art 5 VIII RechtsAnglG v 22. 12. 56, abgedr StAZ **57**, 74.

1 *Sachlich-rechtl. Voraussetzung und Wirkung der Eintragung.* (1) *Ist eine in der Zeit vom 1. Januar 1945 bis zum 1. August 1948 erfolgte Eheschließung deshalb ohne Rechtswirkung geblieben, weil die Eheschließung nicht vor dem Standesbeamten stattgefunden hat, sondern entweder*

a) *im Geltungsbereich des Personenstandsgesetzes vom 3. November 1937 (Reichsgesetzbl. I S. 1146) oder in den von der deutschen Wehrmacht nach dem 12. März 1938 besetzten Gebieten vor einem deutschen Lagerältesten, einem ehemaligen deutschen Standesbeamten oder richterlichen Militärjustizbeamten oder vor einer anderen nicht zuständigen deutschen Stelle oder*

b) *im Reichsgebiet östlich der Oder-Neiße-Linie innerhalb der Grenzen vom 31. Dezember 1937, in Danzig, im ehemaligen Memelland, in den eingegliedert gewesenen Ostgebieten oder im früheren Generalgouvernement vor einem Geistlichen,*

so erlangt diese Eheschließung vom Zeitpunkt der nicht rechtswirksamen Eheschließung an die gleichen Wirkungen wie eine vor dem Standesbeamten gemäß § 15 des Ehegesetzes vom 6. Juli 1938 (Reichsgesetzbl. I S. 807) oder § 11 des Ehegesetzes vom 20. Februar 1946 (Kontrollratsgesetz Nr. 16) erfolgte Eheschließung, wenn sie in das Familienbuch des Hauptstandesamts in Hamburg eingetragen worden ist.

(2) *Die Vorschriften über das eheliche Güterrecht finden erst von dem Tage an Anwendung, an dem die Eheschließung in das Familienbuch des Hauptstandesamts in Hamburg eingetragen worden ist. Die Anwendung ist ausgeschlossen, wenn die Ehe vor der Eintragung in das Familienbuch durch den Tod (§ 2) oder die Wiederverheiratung eines Ehegatten (§ 4) aufgelöst worden ist.*

1. Abschnitt: Recht der Eheschließung. C. Eheschließung **Anh zu EheG 11**

1) Voraussetzungen I.

a) Bekundung des Eheschließgswillen muß vorgelegen haben; es werden also die Erfordernisse von EheG 13 erfüllt sein müssen; der Ausspruch des „StBeamten" gem EheG 14 ist nicht erforderl. Ebensowenig, daß es sich um dtsche Staatsangeh handelte.

b) Ohne Rechtswirkg, da nicht vor dem Standesbeamten. Die Rechtswirkg muß davon abhängig gewesen sein, daß sie vor dem StBeamten erfolgte. Das war überall dort, wo das EheG allg galt, allg, wo es nur für dtsche Staatsangeh galt, für diese der Fall u zwar ausnahmslos. Das Geltgsgebiet des EheG deckt sich mit dem des PStG.

c) Bekundung muß erfolgt sein:

a 1) vor Personen, die wie StBeamte gehandelt haben, ohne solche zu sein oder deren Funktion zu haben (abschließende Aufzählg); nämlich vor **aa)** einem dtschen Lagerältesten, wie das namentl i dänischen Flüchtlingslagern geschah, **bb)** einem dtschen ehemaligen StBeamten, **cc)** einem richterl Mil-Justizbeamten, dh solche, die nicht die Funktion von StBeamten hatten. Solange das der Fall war, vgl EheG 11 Anm 4, liegt eine Nottrauung nicht vor, kommt G also nicht zur Anwendg. Soweit es sich um Fälle handelt, die als zweifelh angesehen w können, zB die Trauung dch kriegsgefangene MilJustizbeamte, vgl die EheG 11 Anm 4 aE genannten Fälle, wird jedoch dem Eintraggsantr stattzugeben sein, ebenso Maßfeller 276, da sonst die zweifelh Fälle ggü den zweifelsfrei nichtigen benachteiligt wären. Im sonst können ja Zweifel an der Gültigk der Eheschl dch Wiederholg beseitigt w, 1. DVOEheG 13; **dd)** einer anderen nicht zust dtschen Stelle, wozu auch der Vertrauensmann des Lagers zu zählen ist. Diese Stelle muß irgendwie auf die dtsche Verw zurückzuführen sein, ohne daß zu ihrem Tätigkeitsgebiet eine standesamtl Tätigk gehört haben müßte oder sie es nur für befugt gehalten hat, also weit auszulegen; ebenso Maßfeller 276. Nicht hierhin gehört der Geistl. Handelte es sich um einen StBeamten iS von EheG 11 II oder einen unzust StBeamten, EheG 15 Anm 4, so kommt Heilg dann in Betr, wenn keine Eintragg ins FamBuch erfolgte, EheG 11 Anm 4. – Zu **aa–dd**: die Bekundg des EheschlWillens muß erfolgt sein entweder i Geltgsbereich des PStG v 3. 11. 37 (dieses galt außer i Deutschland mit den Grenzen von 1937 in Österreich, Sudetenland, Danzig, Memelland, den eingegliederten Ostgebieten (Posen, Westpreußen, Ost-Oberschlesien), Eupen, Malmedy u Moresnet, Untersteiermark, Luxemburg, Elsaß-Lothringen, i Bez Bialjstock; ferner für die dtschen Staatsangeh i Protektorat Böhmen-Mähren, i den Niederlanden, Norwegen, i Generalgouvernement, i den besetzten Ostgebieten) oder i den von der dtschen Wehrmacht nach dem 12. 3. 38 besetzten Gebieten, also zB auch i Frankreich.

a 2) vor einem Geistlichen, auch nichtdeutschem, auch mit anderem Bekenntn als beide Verlobte, jedoch einer anerkannten Kirche oder Sekte angehörig. Ob die „Eheschl" den relig Vorschriften des trauenden Geistl entsprach, unerhebl, ebenso, ob StBeamter außer Funktion. Bekundg des EheschlWillens vor dem Geistl muß erfolgt sein im Reichsgebiet östl der Oder-Neiße-Linie innerh der Grenzen v 31. 12. 37, i Danzig, i ehem Memelland, i den eingegliedert gewesenen Ostgebieten od im früh Generalgouvernement (weitergehend insof AHK 23, unten unter II). Erfolgte die Bekundg vor dem Geistl im übrigen Reichsgebiet zB in Brandenburg oder Vorpommern keine Anerkenng; die Erkl des EheschlWillens bleibt weiter ohne rechtl Wirkg. Heilg nur dch formgerechte Eheschl mit Wirkg ex nunc mögl. Keine Heilg nicht erforderl, wenn etwa, wie zB im früh GenGouv, Nichtdeutsche vom Geistl sich trauen ließen u dem damaligen OrtsR entsprach; denn dann gültige Ehe, EGBGB 11; ähnl für die meisten Rechtsgebiete Jugoslawiens.

d) Zeitlich. Erkl zu a muß in der Zeit vom 1. 1. 45 bis 1. 8. 48 abgegeben sein, dh spätestens am 31. 7. 48. Spätere Erkl können nicht anerkannt w; also nur Wiederholg unter Einhaltg der Vorschr v EheG 11 ff mit Wirkg ex nunc mögl.

e) Eintragg i Familienbuch des Hauptstandesamts i Hamburg; vgl dazu §§ 2, 3. Weder der Tod eines oder beider Eheg, § 2 I 2, noch die inzw erfolgte erneute Eheschl, § 4, ist ein HindergsGrd.

2) Wirkungen, I, II. Formmangel wird rückwirkend geheilt. EheschlTag ist der der Abgabe der Erkl; nach diesem, aber vor der Eintragg beim HauptStA Hamburg geborene Kinder also vom Zeitpunkt dieser Eintragg aber mit Wirkg von ihrer Geburt an ehel, vor Abgabe der Erkl geborene gelten kraft Legitimation vom Tage der Eheschl an als ehel; Mitteilg des VormschG, PStG 31. Ein nach der Eheschl errichtetes gemeinschaftl Testament, § 2268, wird rückwirkend wirks. Güterrechtl Wirkgen treten jedoch erst mit der Eintragg der Eheschl beim HauptStA ein; sie treten auch zu diesem Zeitpunkt nicht ein, wenn vor Eintragg ein „Ehegatte" gestorben ist oder sich „wieder" verheiratet hat, vgl § 4. Der überlebende Eheg wird also nicht nachträgl erbrecht.

3) Umfang der Heilung. Die Eheschl hat dch die Eintragg die Wirkg wie eine solche, die vor dem StBeamten geschl wurde, § 15 EheG 1938/§ 11 EheG 1946. Nur dieser Mangel wird geheilt, also nicht Formverstöße gg § 14 EheG, wie im übr die Überschr „Anerkennung von Nottrauungen" ergibt, auch nicht Verstöße gg Eheverbote; ebenso Maßfeller 275 f. Erfolgte trotz solcher die Eintragg, vgl § 2, so Nichtigkeitskl mögl; ebenso Aufhebgskl in den Fällen EheG 30 ff.

2 *Förmliche Voraussetzungen.* (1) *Die Eintragung erfolgt nur auf Antrag. Sie ist auch noch nach dem Tode eines Ehegatten oder beider Ehegatten zulässig. Antragsberechtigt ist jeder Ehegatte oder, wenn beide Ehegatten verstorben sind, jedes gemeinschaftliche Kind.*

(2) *Die Eintragung soll nur erfolgen, wenn festgestellt ist, daß ein Eheverbot im Sinne der §§ 4 bis 6 des Ehegesetzes vom 20. Februar 1946 nicht vorgelegen hat. Auf Personen, die die deutsche Staatsangehörigkeit nicht besitzen, ist § 10 des Ehegesetzes vom 20. Februar 1946 anzuwenden.*

(3) *Die Eintragung soll ferner nur erfolgen, wenn wenigstens einer der Ehegatten seinen gewöhnlichen Aufenthalt im Geltungsbereich dieses Gesetzes hat oder, falls beide Ehegatten verstorben sind, zur Zeit seines Todes gehabt hat.*

Anh zu EheG 11

1) Allgemeines. Während § 1 die sachlrechtl Voraussetzgen enthält, die vorhanden sein müssen, damit die Nottraug die Wirkg einer Eheschl vor einem StBeamten hat, bringt § 2, ergänzt dch § 6, die förmlichen. § 2 enthält nur Ordnungsvorschr; Verstoß gg sie beeinträchtigt Wirkg der Eintragg nicht.

2) Antrag, Antragsberechtigung, I. Eintragg erfolgt nur auf formlosen Antr, nicht von Amts wegen, Antragsberecht jeder Eheg, also unabh voneinander, der eine auch wider den Willen des andern, was insb i Interesse des Kindes wichtig ist. Ist ein Eheg gestorben, so nur der Überlebende. Sind beide Eheg gestorben, jedes gemeinschaftl Kind, ebenf unabh voneinander, das selbst dann, wenn Eltern die Nichtehe nicht zu einer wirksamen erhoben wissen wollten, also gg ihren Willen, eine wenig glückl Lösg, die auch damit nicht recht i Einklang steht, daß der Wille der Eltern oder eines Elternteils maßg bleibt, wenn mindestens dieser den 31. 12. 51 erlebt und keinen Antr stellt, § 6. Wg der AntrFrist § 6.

3) Prüfung der Standesbeamten hat sich zu erstrecken darauf, ob **a)** eine Erkl iS von § 1 Anm 1a vorliegt, **b)** die Erkl vor einer der i § 1 genannten Personen i den dort genannten Gebieten abgegeben wurde. Wg des Nachweises zu a und b vgl § 3. **c)** Eheverbote iS der §§ 4–6 EheG 1946 vorgelegen haben I, also im Zeitpunkt der ErklAbgabe etwa das Eheverbot der Verwandtsch, Schwägersch oder GeschlechtsGemsch, der Doppelehe oder Ehebruchs vorlag. Zu beachten, daß EheG 4/1946 das Eheverbot der GeschlechtsGemsch wieder einführt, also weiter geht, als die vielleicht zZ der Abgabe der Erkl noch geltenden EheG 6, 7/1938. Stellt StBeamter fest, daß Eheverbot nach EheG 4–6 vorliegt, so hat er die Eintragg abzulehnen; jedoch kann AntrSt Befreiung v Eheverbot der Schwägersch u GeschlechtsGemsch, vgl EheG 4 Anm 7, sowie des Ehebruchs, EheG 6 Anm 4, erwirken, wie sich daraus ergibt, daß eine solche sogar noch bei bestehender Ehe mögl ist, EheG 21 II, 22 II. Weitere Ehevoraussetzgen u Eheverbote sind nicht zu prüfen. Eine Heilg tritt weder insofern noch hins etwa vorhandener Eheverbote nach EheG 4–6 ein, § 1 Anm 3. Ausländer müssen ein EhefähigkZeugn beibringen, bei dem also idR die Prüfg eine weitergehende als nach § 2 II G sein wird, oder Befreiung erwirken, EheG 10. **d)** Dem Aufenthaltserfordern, III, genügt ist. Leben beide Eheg, so soll wenigstens einer, genügend aber auch der von Antr Stellende seinen gewöhnl Aufenth, vgl dazu EGBGB 29 Anm 2, im BGebiet haben. Ist ein Eheg gestorben, so ist das für AntrSt erforderl. Sind beide Eheg gestorben, so gewöhnl Aufenth des antragstellenden gemeinschaftl Kindes der Eheg im BGebiet nicht erforderl, wohl aber soll einer der beiden Eheg zZ seines Todes sich im BGebiet für gewöhnl aufgehalten haben.

3 *Eintragung.* (1) *Der Standesbeamte des Hauptstandesamts in Hamburg trägt die Eheschließung in das Familienbuch ein, wenn die Voraussetzungen für die Eintragung gemäß § 2 nachgewiesen sind. Die Eheschließung vor der deutschen Stelle oder vor dem Geistlichen (§ 1) muß durch eine von diesen ausgestellte Urkunde nachgewiesen werden.*

(2) *Für die Eintragung wird keine Gebühr erhoben.*

1) Eintragung erfolgt, nachdem Antr gestellt ist u Voraussetzgen des § 2 II u III nachgewiesen sind; AntrSt muß also die erforderl Urkunden beibringen u Erkl abgeben, wg § 2 III Aufenthaltsbescheinigg. Nachweis der Bekundg des Eheschl Willens vor einer der i § 1 genannten Personen kann nur durch eine von diesen ausgestellte Urk geführt w; sonst Heilg nicht mögl. Eidesstattl Versichern genügen nicht. Urk kann aber nachträgl ausgestellt w. Wg der Eintraggsvermerke wird vorl AVZJA v 12. 8. 49, ZJBlBrZ 169, 250, entspr angewendet w können. Eintragg gebührenfrei, II.

2) Bei Ablehnung der Eintragung Antr auf Entsch beim AG, PStG 45.

4 *Weitere Eheschließung vor Eintragung.* (1) *Ist einer der Ehegatten vor der Eintragung der Eheschließung in das Familienbuch des Hauptstandesamts in Hamburg eine neue Ehe eingegangen, so steht diese Ehe der Eintragung der früheren Eheschließung nicht entgegen. Die durch die Eintragung nach § 1 rechtswirksam gewordene frühere Ehe ist mit Schließung der neuen Ehe aufgelöst worden. Dies ist im Familienbuch zu vermerken.*

(2) *Die §§ 40, 55 und 57 des Ehegesetzes vom 20. Februar 1946 sind sinngemäß anzuwenden.*

1) Hat ein Ehegatte inzwischen eine neue Ehe geschlossen, I, so ist das kein Eintraggshindern. Mit Eintragg der ersten Eheschließg wird deren Formmangel ex tunc geheilt, sie ist aber mit der Schließg der 2. Ehe aufgelöst worden. Daran ändert auch nichts eine spätere NichtigErkl der 2. Ehe. Antragsberecht wie sonst, also jeder Eheg, auch der wiederverheiratete, so daß Regelg trotz des Wortlauts auch für den Fall zu gelten haben wird, daß jeder der beiden Eheg eine neue Ehe eingegangen ist. Eintragg mit Rücksicht auf die Rückwirkg auch dann zuläss, wenn Eheg der zunächst unwirks Erkl sich inzw vor dem StBeamten geheiratet haben; dann jedoch keine Auflösg der früheren Eheschl, sondern rückw nachträgl Heilg der bereits einmal vorgenommenen, jetzt formgült wiederholten Eheschl. Eintragg hat Bedeutg für die Ehelichk früher geborener Kinder.

2) Wirkung der Auflösung, II. Dch die Heilg des Trauungsmangels der 1. Ehe hat diese auch die Wirkgen einer solchen erhalten, § 1 Anm 2. Die Auflösg dch die 2. Eheschl gleicht der Auflösg einer Ehe dch Wiederverheiratg nach TodesErkl, wird also hinsichtl der Wirkgen wie diese so behandelt, als ob die Ehe ohne Schuldausspr geschieden worden wäre. Wg des Kindersorgerechts also § 1671. Die Ehefr kann ihren früheren Namen wieder annehmen, EheG 55, die Weiterführg des Namens des Mannes aus der nachträgl anerkannten Ehe kann ihr vom VormschG untersagt w, EheG 57. Güterrechtl Wirkgen konnten nicht eintreten, da die Auflösg der früh Ehe schon vor ihrer Eintragg eintrat, solche aber erst seit der Eintragg gesetzl mögl sind, § 1 II G. Erbrechtl Wirkgen ggü dem and Eheg sind mit der Auflösg entfallen. Einen Unterhaltsanspr hat ebenso wie i Falle von EheG 38 II keiner der früheren Eheg. Die Kinder, die in der nachträgl wirks gewordenen Ehe geboren w, sind ehel Kinder des 1. Mannes, die nach der 2. Eheschl geborenen solche des 2. Ehem, § 1600 I. Soweit vorehel Kinder aus der 2. Ehe vorhanden sind, werden diese demnach

1. Abschnitt: Recht der Eheschließung. C. Eheschließung **Anh zu EheG 11**

nicht dch die 2. Ehe legitimiert (was rückw i PStReg berichtigt w muß), sondern gelten bis zur durchgeführten Anfechtg dch den 1. Ehem, für den die Frist des § 1594 erst von der Registrierg der Ehe ab laufen kann, als ehel des 1. Ehem; ebenso Maßfeller 278.

5 *Benachrichtigung seitens des Standesbeamten.* Der Standesbeamte des Hauptstandesamts in Hamburg gibt den Ehegatten oder, wenn beide Ehegatten verstorben sind, den gemeinschaftlichen Kindern von der Eintragung und den gemäß der §§ 1 und 4 eingetretenen Rechtswirkungen Kenntnis.

1) Benachrichtigg erfolgt an beide Eheg, also auch den, der keinen Antr gestellt hat, nach ihrem Tode an sämtl gemschaftl Kinder. Ggstand der Benachrichtigg die Rechtsfolgen der Eintragg, also die in § 1 genannten Folgen, Zeitpunkt der güterrechtl Folgen, Folgen für die Kinder, etwaige Folgen gem § 4 G.

6 *Antragsfristen.* (1) *Anträge auf Eintragung der Eheschließung können nur bis zum 31. Dezember 1951 gestellt werden. Kriegsgefangene können den Antrag jedoch noch bis zum Ablauf eines Jahres nach Rückkehr aus der Kriegsgefangenschaft stellen.*

(2) *Wird ein Kriegsgefangener nach dem 31. Dezember 1951 für tot erklärt oder seine Todeszeit gerichtlich festgestellt oder wird sein Tod einem Antragsberechtigten erst nach dem 31. Dezember 1951 bekannt oder stirbt ein zurückgekehrter Kriegsgefangener, ohne das Recht zur Stellung des Antrags verloren zu haben, und ist der Ehegatte des Kriegsgefangenen vor dem 1. Januar 1952 verstorben, so können gemeinschaftliche Kinder den Antrag noch binnen eines Jahres seit der Todeserklärung, der gerichtlichen Feststellung der Todeszeit oder dem Bekanntwerden des Todes des Kriegsgefangenen stellen.*

1) Die Frist für den Antrag auf Eintragg endete regelm mit dem 31. 12. 51. Eine Frist für den spätesten Zeitpunkt der Eintragg wie i ZJAVO v 13. 8. 48 § 4 ist nicht mehr vorgesehen. Erfolgt eine Eintragg aGrd eines verspätet gestellten Antr, so äußert die Eintragg trotzdem ihre volle Wirkg, da § 6 nur Ergänzg der Ordngsvorschr des § 2.

2) Fristenerstreckung für Kriegsgefangene und ihre Kinder, I, II. Solange ein Eheg kriegsgefangen ist, läuft die Antragsfrist nicht gg ihn. Die gemeinschaftl Kinder werden auch dann nicht antragsberecht, wenn der nicht kriegsgefangene Eheg verstorben ist. **a)** Stirbt der Kriegsgefangene i der Gefangensch, nachdem der and Eheg, ohne Eintraggsantr zu stellen, vorverstorben ist u wird den nunmehr antragsberechtigten gemeinschaftl Kindern der Tod des Kriegsgefangenen vor dem 31. 12. 51 bekannt (Gerücht genügt nicht), so endet auch für sie die Frist am 31. 12. 51, also keine Fristerstreckg, selbst wenn die verbliebene Frist nur sehr kurz ist. Wird der Tod erst nach dem 31. 12. 51 bekannt, so endet für die Kinder i diesem Falle die AntrFrist erst ein Jahr nach dem Bekanntwerden. **b)** Wird der Kriegsgefangene vor dem 31. 12. 51 für tot erklärt oder seine Todeszeit gerichtl festgestellt, ist also der Beschl vor diesem Zeitpunkt rechtskr geworden u ist der and Eheg vorverstorben, ohne Eintragg beantragt zu haben, so findet auch dann keine Fristerstreckg hinsichtl des AntrRechtes der Kinder statt. Wird der Beschl erst nach dem 31. 12. 51 rechtskr, so läuft für die Kinder eine einjährige Antragsfrist von dem Tage der Rechtskraft an. **c)** Kehrt der Kriegsgefangene zurück, gleichgültig wann, so kann er bis zum Ablauf eines Jahres nach seiner Rückkehr, das von seiner poliz Meldg an zu rechnen sein wird, Eintraggsantr stellen. Stirbt der bisherige Kriegsgefangene innerh dieses Jahres u ist sein zurückgebliebener Eheg vor dem 1. 1. 52 verstorben, ohne Eintraggsantr zu stellen, so können die Kinder nunmehr binnen eines Jahres seit Bekanntwerden des Todes des Kriegsgefangenen Eintraggsantr stellen, also auch in den Jahren 1952ff. Sind beide Eheg erst nach dem 1. 1. 52 gestorben, so haben die Kinder auch dann kein AntrRecht, wenn zZ des Todes des früheren Kriegsgefangenen für ihn die AntrFrist noch nicht abgelaufen war; der Ablauf der AntrFrist gg den zurückgebliebenen Eheg bleibt dann maßgebend.

7 *Aufhebung bisheriger Vorschriften.* (nicht abgedruckt)

II. AHKG 23 über die Rechtsverhältnisse verschleppter Personen und Flüchtlinge

Vom 17. 3. 1950, AHKABl 140 (SaBl 256): idF ÄndG v 1. 3. 51, AHKABl 808 (SaBl 322)

(auszugsweise)

Gilt nur im Bundesgebiet

In BerlinW gleichlautendes G 9 v 28. 8. 50, VOBl 458, idF ÄndG 13. 4. 51, VOBl 322

Zweiter Teil. Heilung nicht wirksam zustande gekommener Eheschließungen

Einführung

Schrifttum: Beitzke Festschrift f Haff S 197ff, Dölle StAZ **50**, 106, Makarov DRZ **50**, 318; Maßfeller, Das gesamte PersStRecht (Komm); Schwenn SJZ **50**, 652.

1) Allgemeines. Verschleppte Personen u Flüchtlinge (wg der Legaldefinition Art 10a G, abgedr EGBGB 29 Anh) haben häufig während ihres Aufenth i Deutschland Ehen vor Geistl geschlossen. Diese Ehen sind nach dtschem Recht Nichtehen, EGBGB 13 III. Um den Genannten eine Ordng ihrer Verhältnisse vor der Auswanderg zu ermöglichen, gibt AHKG 23 ua auch Vorschriften für die Heilg dieser

Ehen. Die Regel ähnelt der des BundesG v 2. 12. 50, vgl oben I. Dieses heilt auch die fehlerhafte Ehe von Ausländern, BundesG 1 Anm 1a. Einem solchen bleibt es also unbenommen, auch einen Antr nach § 2 BundesG zu stellen, das sich nicht in allem mit den Vorschr von AHKG 23 deckt (vgl zB BundesG 1 u AHKG 23 Art 6), ebenso Maßfeller StAZ **50**, 274ff; aM Dölle aaO 111, der sich darauf beruft, daß sich die Besatzungsmächte i Besatzungsstatut 2d die Zustdgk für verschleppte Personen u die Aufn von Flüchtlingen vorbehalten hatten. Aber aus diesem GesetzgebgsVorbeh folgt noch nicht, daß sich diese Personen nicht ihrerseits der Möglichkeiten des dtschen Rechts bedienen dürfen. Sie wären dann wg der zT engeren Voraussetzgen des G 23 schlechter als andere Ausländer gestellt, was sicherl nicht beabsichtigt war. Umgekehrt kann die Ehe von Personen, die nicht Verschleppte u Flüchtlinge sind, nicht iW von G 23 geheilt w, also nicht die von Deutschland vor einem Geistl geschlossene Ehe. G 23 ist in seiner **Anwendbark auf verschleppte Personen u Flüchtlinge iS von Art 10a AHKG 23 beschränkt.**

2) Deutscher Text maßgebend. BBehörden können AusfBestimmungen erlassen, also insb solche für die Standesämter. **Richtlinien** BMJ v 10. 7. 50, StAZ 194, u 28. 2. 51, StAZ 123.

3) AHKG 23 ergänzt ebenso wie BundesG v 2. 12. 50 das **deutsche formelle EheschlRecht** u ist ein Teil von ihm. Die geheilte Eheschl ist also als solche auch i Ausland anzuerkennen.

Art. 6 *Sind verschleppte Personen oder Flüchtlinge in der Zeit vom 8. Mai 1945 bis zum 1. August 1948 in Deutschland vor einem Geistlichen nach den Vorschriften des Religionsbekenntnisses dieses Geistlichen eine Ehe eingegangen, die infolge Nichtbeachtung der Vorschriften des deutschen Rechtes oder der vom Kontrollrat erlassenen Rechtsvorschriften über die Art der Eheschließung nicht wirksam zustandegekommen ist, so erlangt die Ehe, sofern sie beim Hauptstandesamt in Hamburg eingetragen wird, vom Zeitpunkt ihrer Eingehung an die gleiche Rechtswirkung, als wenn sie unter Beachtung der Vorschriften der Paragraphen 11 bis 15a des Kontrollratsgesetzes Nr. 16 geschlossen wäre.*

1) Allgemeines. Art 6 enthält die sachlrechtl Voraussetzgen der Heilg der bisher unwirks Ehe (Nichtehe) u die Wirkg der Heilg.

2) Voraussetzgen.
a) Bekundg des EheschlWillens muß vorliegen. Auf die Einhaltg der Vorschr von EheG 13 kommt es dabei nicht an, vgl Anm 2; zB also auch Eheschl dch Stellvertreter.
b) Ehe darf nicht wirks zustandegekommen sein. Das ist bei jeder i Deutschland nur vor einem Geistl geschlossenen Ehe der Fall, EGBGB 13 III (vgl unten c), gleichgült, ob diese zZ der Geltg des EheG 1938, dh bis zum 28. 2. 46, oder des seither geltenden KRG 16 (EheG 1946) geschl wurde. Die Unwirksam infolge Nichtachtg der Vorschriften des dtschen Rechts meint nur Formvorschr, wie sich insb aus der Heilg i Umfang der Vorschr des EheG 11–15a ergibt; ebenso Dölle aaO 109.
c) Eheschließg vor einem Geistlichen nach den Vorschriften seines Religionsbekenntnisses. Staatsangehörig des Geistl ohne Bedeutg; auch nicht erforderl, daß Religionsbekenntn der oder auch nur eines Verlobten dasselbe wie das des Geistl. Eheschl muß aber nach den Vorschr des Religionsbekenntnisses des Geistl erfolgt sein, also zB nach kanon Recht, protestant KirchenR, jüd Ritual.
d) Eheschließg in Deutschland. Das ist nach der Legaldefinition von Art 10b G im BGebiet, dem der SowjZ u i Groß-Bln (also ohne die Gebiete östl der Oder-Neiße-Linie u des Saarlands).
e) Zeitlich muß die Eheschl in der Zeit vom 8. 5. 45 bis 1. 8. 48, also spätestens am 31. 7. 48 liegen.
f) Eintragg beim Hauptstandesamt in Hamburg. Weder Tod eines oder beider Eheg oder deren bereits erfolgte anderweite Verheiratg ist ein HindergsGrd.

3) Wirkg der Eintragg. Die Ehe erlangt mit Wirkg vom Zeitpunkt ihrer Eingeh an, also **rückwirkend** die gleiche Rechtswirkg, als wenn sie unter Beachtg von EheG 11–15a geschl wäre. Alle Formverstöße werden also geheilt, nicht nur die Nichtbeachtg des Abschlusses vor dem zust StBeamten, EheG 11. Mithin keine NichtigkKlage wg Formmangels, EheG 17; wohl aber wg aller sachlrechtl Mängel, soweit bei diesen nicht noch nachträgl Befreig gewährt w kann, worüber das HeimatR zZ der Eheschl entscheidet, EG 13 I. Nach der Eheschl, aber vor der Eintragg geborene **Kinder** sind ehel geboren, vor der Eheschl geborene sind dch die Eintragg mit Wirkg von der Eheschl ab legitimiert.

Art. 7 *Die Eintragung einer gemäß Artikel 6 eingegangenen Ehe durch den Standesbeamten des Hauptstandesamts in Hamburg erfolgt auf Antrag eines Gatten dieser Ehe oder, wenn beide Gatten verstorben sind, auf Antrag eines gemeinschaftlichen Kindes unter Vorlegung einer von dem Geistlichen, vor dem die Ehe eingegangen ist, unterzeichneten Heiratsurkunde oder eines Auszugs aus einem Trauungsregister, in dem die Ehe eingetragen ist. Der Antrag muß vor dem 1. Januar 1952 bei der genannten Behörde eingegangen sein.*

1) Antrag. Die Eintragg erfolgt nicht von Amts wegen; es bedurfte vielmehr eines formlosen Antrages beim HauptStA i Hbg bis zum 31. 12. 51. Antragsberecht war jeder Eheg oder nach dem Tode beider jedes gemeinschaftl Kind.

Art. 8 *Schließt ein Gatte einer im Artikel 6 dieses Gesetzes bezeichneten Ehe später, jedoch vor Eintragung dieser Ehe, eine neue Ehe mit einer dritten Person unter Beachtung der Vorschriften der Paragraphen 11 bis 15a des Kontrollratsgesetzes Nr. 16, so bewirkt die gemäß Artikel 6 und 7 erfolgte Eintragung der früheren Ehe die Heilung dieser Ehe nur bis zum Zeitpunkt der zweiten Eheschließung; die in religiöser Form eingegangene Ehe gilt als im Zeitpunkt der zweiten Eheschließung aufgelöst.*

1) Weitere Eheschließg vor Eintragg; vgl § 4 BundesG v 2. 12. 50, oben I. Die relig geschlossene Ehe wird auch hier dch die 2. Eheschl aufgelöst; sie wird aber weiter als eine im Zeitpunkt der relig Eheschl rechtswirks geschlossene angesehen. Der Wortlaut „bewirkt die Heilg nur bis zum Zeitpunkt der 2. Eheschl", ist ungenau, wie der 2. Halbsatz ergibt. Über die Wirkgen der Auflösg ist nichts bestimmt. Man wird sie der rechtsähnl liegenden Vorschr von EheG 40 entnehmen können.

Art. 9 *Wegen Vornahme einer in Artikel 6 bezeichneten Eheschließung findet gegen den Geistlichen kein Strafverfahren gemäß Paragraph 67 des Personenstandsgesetzes statt.*

EheG 12 *Aufgebot.* I Der Eheschließung soll ein Aufgebot vorhergehen. Das Aufgebot verliert seine Kraft, wenn die Ehe nicht binnen sechs Monaten nach Vollziehung des Aufgebots geschlossen wird.

II Die Ehe kann ohne Aufgebot geschlossen werden, wenn die lebensgefährliche Erkrankung eines der Verlobten den Aufschub der Eheschließung nicht gestattet.

III Von dem Aufgebot kann der Standesbeamte Befreiung erteilen.

PStG 3. Vor der Eheschließung erläßt der Standesbeamte das Aufgebot. Es wird eine Woche lang öffentlich ausgehängt. Der Standesbeamte kann die Aufgebotsfrist kürzen oder auf Antrag der Verlobten Befreiung vom Aufgebot bewilligen.

PStG 4. Zuständig für das Aufgebot ist jeder Standesbeamte, vor dem die Ehe geschlossen werden kann.

1) Früheres Recht. EheG 12 wörtl aus § 16 EheG 38 übernommen u entspricht § 1316. **Fassg III** FamRÄndG Art 2 Z 1 f. Ergänzt durch PStG 3–5, PStGAVO 10–12, 16 Z 1.

2) Allgemeines. Dch Aufgebot sollen etwaige Eheverbote festgestellt w. Der StBeamte hat, wenn ihm ein solches zur Kenntn kommt, Eheschl abzulehnen, PStG 6 I, Aufgebot selbst, wenn Kenntn vor diesem, PStG 5 I. **Nur Sollvorschr.** Das Aufgebot gehört nicht zu den notw Förmlichk der Eheschließ. Aufgebot nicht erforderl im Fall der Ferntrauung, EheG 13 Anm 3a, u vor dem MilJustizbeamten, EheG 11 Anm 4.

3) Aufgebot, I, II. Die näheren Bestimmgen enthalten PStG 3, ferner PStGAVO 10 (Bestellg des Aufgebots durch die Verlobten), PStG 5, PStGAVO 11 (Urk zum Nachw, daß Eheverbote nicht entggstehen u Befreiung von der UrkBeibringg), PStG 5a, PStGAVO 11 (EhefähigkZeugn, vgl auch EheG 10, u Nachw der Staatsangehörigk), PStGAVO 12 (Bekanntmachg). Unzul Ablehng des Aufgebots wg zu großen Altersunterschieds od weil dieses nur zZw der Wohngsbeschaffg (Müller-Freienfels StAZ **62**, 145). Wg Besonderh betr der Urk vgl Breidenbach StAZ **75**, 136. **Zuständig** ist jeder StBeamte, vor dem gem EheG 15 die Ehe geschl w darf (PStG 4). Die 6-Mo-Frist beginnt, wenn Wo-Frist f Bekanntmachg gem PStG 3 S 2 abgelaufen ist. Bei Vorn einer Eheschließg ohne Aufgebot wg lebgefährl Erkrankg muß dem ärztl Zeugn zu auf und Weise nachgewiesen w, daß Eheschl nicht aufschiebb, u glaubh gemacht w, daß kein Ehehinder besteht (PStG 7). Befugn zur Entsch darüber u zur Vorn der Eheschl hat nur der gem EheG 15 I–III zust, nicht der gem EheG 15 IV ermächtigte StBeamte.

4) Befreiung, III. Zust für die Befreiung vom Aufgebot ist der StBeamte, der für Aufgebot zust ist, PStG 7a, desgl für die **Abkürzg der Aufgebotsfrist,** PStG 3 S 3 iVm 4. DienstAufsBeschw an die untere VerwBeh PStG 59 (meistens Landrat oder Oberbürgerm); bei Ablehng außerdem Antr auf gerichtl Entsch mögl, PStG 45. Gnadenakt. Gebühren PStGAVO 68 Z 11–14.

EheG 13 *Form der Eheschließung.* I Die Ehe wird dadurch geschlossen, daß die Verlobten vor dem Standesbeamten persönlich und bei gleichzeitiger Anwesenheit erklären, die Ehe miteinander eingehen zu wollen.

II Die Erklärungen können nicht unter einer Bedingung oder einer Zeitbestimmung abgegeben werden.

1) Bisheriges Recht. Wörtl übernommen aus § 17 EheG 38 u entspricht § 1317, jedoch nicht in seiner Wirkg, vgl EheG 17 ggü § 1324 u wg des Fehlens der Mitwirkg des StBeamten Anm 2. Ergänzt wurde EheG 13 dch WehrmachtsPStG 13 ff, vgl Einl vor § 1297 Anm 2.

2) Allgemeines. EheG 13 nennt – im Ggsatz zu EheG 14 – die **zwingenden Voraussetzungen für eine gültige Eheschließg.** Verstoß gg diese macht die Ehe vernichtb, EheG 17 I; auch die Vernichtbark entfällt uU nach Zeitablauf, EheG 17 II. Aus diesen zwingenden Voraussetzgen ist die **Mitwirkung des Standesbeamten** entspr seiner Bedeutg für das Zustandekommen einer Ehe herausgehoben, vgl EheG 11 Anm 2 u 5, Einf vor EheG 11 Anm 1. Allein für die Heilg der Mitwirkg eines Nichtstandesbeamten ist die Eintragg im FamBuch – zT – noch wesentl, EheG 11 Anm 4 u 5; ü die Heilg eines Mangels gem EheG 13 entscheidet und als früher nur noch Zusammenleben u Zeitablauf, EheG 17 II, nicht mehr die Registereintragg.

3) a) Die Verlobten (vorheriges Verlöbn oder dessen Gültigk aber nicht erforderl) müssen **gleichzeitig anwesend sein.** Wehrmachtsangeh, vgl dazu § 32 WehrmPStG u § 21 WehrG v 21. 5. 35, RGBl 609, die am Kriege, einem kriegsähnl Unternehmen oder einem bes Einsatz teilgenommen u ihren Standort verlassen hatten, ebenso männliche Angeh des RArbD, § 5 VO v 10. 4. 40, RGBl 626, ferner die Wehrmachtsangeh oder andere dtsche Staatsangeh, die sich i einem fremden Staate aufhielten u deren Rückkehr i das dtsche RGebiet infolge eines Krieges, kriegsähnl Unternehmens oder eines bes Einsatzes nicht mögl oder wesentl erschwert war, konnten ihren Willen, die Ehe einzugehen, auch zur Niederschr des Bataillonskdrs, Abteilgskdrs oder eines i gleicher Dienststelle befindl militär Vorgesetzten, erklären **(Ferntrauung).** Die Wirksamk der Ehe wird aber nicht dadurch beeinträchtigt, wenn sie vor dem Regimentskdr geschlossen wurde, oder beide Eheg gutgläub i Wirklickk nicht vorliegende Wehrmachtsangehörigk des Mannes annahmen, RG **169**, 345. Abgegebene Erkl war unwiderrufl, verlor aber nach 6 Monaten (bei Auslandsaufenth mit erschwerter Rückkehrmöglickk nach 9 Monaten) ihre Kraft, wenn die Frau ihre entspr Erkl bis zu diesem Zeitpunkt nicht vor dem StBeamten ihres gewöhnl oder mangels eines solchen ihres Aufenthalts schlechthin abgegeben hatte. Voraussetzg dafür war aber, daß der Mann deutl seinen EheschlWillen erklärt hatte, Mü HRR **42**, 57. An die Stelle des Bataillonskdrs trat bei Wehrmachtsangeh, die zu einer Beh gehörten, der Kommandeur oder Vorstand der Beh, bei Insassen von Lazaretten oder Krankenhäusern der leitende Arzt, bei Kriegsgefangenen der rangälteste Offizier des höchsten Dienstgrades, WehrmPStG **13**, 21 a; dazu auch Maßfeller DJ **39**, 1730, StAZ **40**, 184, **42**, 174. Wg weiterer Vorgesetzter, vor denen die Erkl abgegeben w konnte, RdErl RMJ v 25. 2. 43, MBliV 357. Bei Kriegsgefangenen sollte die Niederschr an die diplomat oder konsular Vertreter der Schutzmacht weitergeleitet w. Ein Wehrmachtsangeh konnte i fremden Staat seinen EheschlWillen zur Niederschr eines dtschen Militärattachés erklären, falls dieser verhindert war, zu der des dtschen diplomat oder konsular Vertreters erklären, WehrmPStG 21 a; entsprechendes galt für Deutsche, die nicht Wehrmachtsangeh waren, aber sich i fremden Land befanden, sowie für Zivilinternierte. Diese konnten ihren EheschlWillen zur Niederschr ihres Vertrauensmannes erklären, WehrmPStG 21 b. Diese Ferntrauungen konnten gültig auch nach dem 8. 5. 45 (früh **BrZ**: bis zum 31. 1. 49, VO ZJA v 5. 1. 49, VOBl BrZ 15) erfolgen, also vor einem Wehrm Richter i Gefangensch, sofern ihm weiter dienstl Funktionen belassen waren; die ihm seinerzeit übertragenen Funktionen als StBeamter wirkten dann weiter fort. Wg der Wirksamk solcher Eheschl vgl EheG 11 Anm 4, aber auch dort Anh I § 1 Anm 1 c. Die Vorschriften ü die Ferntrauung galten aber auch für die PolBeamten i den Ostgebieten, dem früheren Generalgouvernement u diejenigen, die sonst außerh des RGebiets tätig waren, RdErl RMJ v 9. 9. 40, RMBliV 1807. Wg der Inh der Erkl des Mannes u der Niederschr WehrmPStG 15–17. Die Ehe kam i dem Zeitpunkt zustande, in dem die Frau vor dem StBeamten ihren Willen, die Ehe einzugehen, erklärte oder, falls zu diesem Zeitpunkt der Mann schon gestorben war, am Tage, an dem dieser seinen Willen, die Ehe einzugehen, zur Niederschr erklärt hatte, ebda 19. Die Frau konnte ihren Willen, die Ehe einzugehen, auch vor dem richterl MilJustizbeamten bekunden.

b) Erklärg des EheschlWillens durch beide Verlobte. forml, auch dch Zeichen; bei Tauben, Stummen u der dtschen Sprache nicht Mächtigen Zuziehg eines Dolmetschers, 1. AVO PStG 5, 6. Wird der Eheschl Willen nicht von beiden erklärt, so Nichtehe, auch wenn StBeamter einträgt. Heiratete eine Person unter falschem Namen, so ist die Ehe trotzdem zustande gekommen, Beitzke Festschr f Dölle I 229 (außer bei Fehlen einer Vollmacht für den verdeckten Stellvertr), jedoch Standesregisterberichtig, Beitzke StAZ **56**, 55. **Zufügg einer Bedingg oder Zeitbestimmg** (II) macht Eheschl nichtig, EheG 17 I. Mangel der Ernstlichk des Eheschl Willens steht dem Zustandekommen einer gültigen Ehe nicht entgg, RG Recht 20, 3396 und bei EheG 19. Die auf Grd des sog „Führererlasses" v 6. 11. 41, abgedr RJM **47**, 113, wonach der RJM ermächtigt wurde, die nachträgl Eheschl von Frauen mit gefallenen oder i Felde verstorbenen Wehrmachtsangeh anzuordnen, wenn nachweisb die ernstl Abs, die Ehe einzugehen, bestanden hatte u keine Anhaltspunkte dafür vorlagen, daß die Abs vor dem Tode aufgegeben war, u des daraufhin ergangenen Erl RJM v 15. 6. 43 (beide ausdrückl nicht veröffentlicht) erfolgten **Eheschließungen nach dem Tode** sind Nichtehen, natürl erst recht, wenn ein Teil irrtüml für tot gemeldet war u zurückkehrte, Nürnbg FamRZ **65**, 380, **70**, 246, Dölle JZ **51**, 291. Fragen haben zT Bedeutg dch Regelg der Rechtswirkgen der nachträgl Eheschl verloren, Anh II. In **Hbg** war VO v 14. 1. 46, VOBl 6, der Bürgerm bis 28. 2. 46 befugt, die nachträgl Eheschl unter den Voraussetzgen, die der Erl v 6. 11. 41 nennt, anzuordnen; weitere derartige Anordgen unzul, OVG Hbg StAZ **52**, 106. Auch die früher aGrd dieses Erl angeordneten Eheschl waren darin ausdrückl für rechtswirks erklärt.

c) Persönl Abgabe der Erkl, Stellvertretg ausgeschlossen. Wg der Ferntrauung oben Anm 3a.

d) Unterschrift der Ehel gem PStG 11 II im Heiratsbuch. Deren Fehlen hindert Ausstellg einer Heirats-Urk nicht (BayObLG FamRZ **76**, 150).

4) Wg der **Eheschl von Ausländern im Inlande** vgl EG 13 Anm 6a, 7 u Anh dazu sowie EheG 15a.

EheG 13a *Erklärung über den Ehenamen.* I Der Standesbeamte soll die Verlobten vor der Eheschließung befragen, ob sie eine Erklärung darüber abgeben wollen, welchen Ehenamen sie führen werden.

II Haben die Ehegatten die Ehe außerhalb des Geltungsbereichs dieses Gesetzes geschlossen, ohne eine Erklärung nach § 1355 Abs. 2 Satz 1 des Bürgerlichen Gesetzbuchs abgegeben zu haben, so können sie diese Erklärung nachholen. Die Erklärung ist abzugeben, wenn die Eintragung des Ehenamens in ein deutsches Personenstandsbuch erforderlich wird, spätestens jedoch vor Ablauf eines Jahres nach Rückkehr in den Geltungsbereich dieses Gesetzes.

III Ergibt sich aus einer Erklärung nach Absatz 2 eine Änderung gegenüber dem bisher von den Ehegatten geführten Namen, so erstreckt sich die Namensänderung auf den Geburtsnamen eines Abkömmlings, welcher das vierzehnte Lebensjahr vollendet hat, nur dann, wenn er sich der Namensänderung durch Erklärung anschließt. Ist der frühere Geburtsname zum Ehenamen eines Abkömmlings geworden, so erstreckt sich die Namensänderung auf den Ehenamen nur dann, wenn die Ehegatten die Erklärung nach Satz 1 gemeinsam abgeben. Die Erklärungen sind spätestens vor Ablauf eines Jahres nach Abgabe der Erklärung nach Absatz 2 abzugeben.

IV Auf die Erklärungen ist § 1617 Abs. 2 Satz 2 und 3 des Bürgerlichen Gesetzbuchs entsprechend anzuwenden.

1) **Bestimmung des Ehenamens.** Keine amtl Überschr. Die dch 1. EheRG Art 3 Z 4 eingef Bestimmg ergänzt die in § 1355 nF getroffene namensrechtl Regelg, wonach die Eheg vor der Eheschl eine förml Erklärg über ihren künft gemeins FamNamen abgeben können, wenn nicht der Geburtsname des Mannes

Ehename w soll. Der Mannesname kann also FamName aGrd ausdrückl Bestimmg dch die Verlobten od aGrd ihres Schweigens werden. IjF hat der StBeamte die Verlobten vor der Eheschl zu befragen, ob sie eine Erkl über den Ehenamen abgeben wollen. Unterbleibt die Befragg versehentl, hat dies auf die Wirksamk der Eheschl keinen Einfluß (Soll-Vorschr). Wg Einzelheiten vgl § 1355 Anm 2c.

2) Nachholung der Erklärg bei Auslandsehen, II. Haben die Eheg die Ehe außerh des Geltgsbereichs des EheG, also außerh der BRep Dtschl einschließl des Landes Bln, geschlossen, ohne daß sie eine Namenswahl getroffen haben, so können sie diese Erkl nachholen. Gleichgült, ob die Eheg die Wahl nicht treffen konnten od nicht treffen wollten, obw dem ausländ Recht, unter dem die Eheschl erfolgte, eine entspr Möglk vorsah. Die Erkl ist nachzuholen bei Eintragg des Ehenamens in ein dt PersStandsbuch, also zB bei der Geburt eines Kindes in Dtschl od auch – bei fortdauerndem AuslAufenth – wenn ein Legitimationsvermerk für ein in Dtschl geborenes vorehel Kind zum Geburtseintrag beizuschreiben ist (BT-Drucks 7/650 S 181). Spätestens ist die Namensbestimmg nachzuholen vor Ablauf von 1 J nach der Wiedereinreise in die BRep samt WestBln. Bei Fristversäumg verbleibt es bei dem bish geführten Namen. Keine Anwendg von II, wenn die Erkl über den Namen bei einer Eheschl im Inland versehentl unterblieben ist.

3) Erstreckg auf Abkömmlinge, III u IV. Die Regelg entspricht derj in § 1617 mit der Einschränkg, daß sich die NamensÄnd der Elt auf Abkömmlinge bis zu deren 14. LebensJ automat erstreckt u es der AnschließgsErkl erst für ältere Kinder bedarf.

Anhang

I. Bundesgesetz über die Anerkennung freier Ehen rassisch und politisch Verfolgter

Vom 23. 6. 1950 (BGBl 226), Änderg v 7. 3. 56 (BGBl 104)

Schrifttum: Küster SJZ **50**, 807; Maßfeller, Das gesamte Personenstandsrecht (Komm) 1951.

1) Zusammenfassende Erläuterung. a) Allgemeines. Gesetz, das Berlin dch G v 7. 9. 56, GVBl 1003, die Änderg dch G v 10. 9. 56, GVBl 1010 übernommen hat, ersetzt früh G dort u in der früh AmZ. Die aGrd des früh Rechts ausgesprochenen Anerkennungen bleiben bestehen; damals versäumte Anträge – sie mußten bis 31. 12. 49 gestellt sein – konnten bis 31. 12. 57, von Abwesenden noch länger, nachgeholt w. Gilt auch i **Saarland,** RechtsAnglG v 22. 12. 56 Art 5 IX, abgedr StAZ **57**, 74. Österreich hat ein entspr G v 16. 12. 53, östBGBl 54 Nr 14, erlassen; dazu Maßfeller StAZ **54**, 193, Tannert JZ **60**, 594.

2) Begünstigt sind **a)** Verlobte, denen aus rassischen Gründen die standesamtl Eheschl unmögl gemacht worden war, § 1 I, auch wenn sie später nachgeholt wurde, vgl § 1 II. Das sind die, denen nach § 4 EheG 38 iVm § 1 BlutschG v 15. 9. 35, RGBl 1146, sowie § 2 BlutschG AVO v 14. 11. 35, RGBl 1334 (vgl auch die Begriffsbestimmgn „Jude" u „jüdischer Mischling" in §§ 2 II, 5 der 1. VO z RBürgG v 14. 11. 35, RGBl 1333) schlechthin verboten war oder die nach BlutschG AVO 4 u 6 eine Ehe nicht schließen sollten; aber auch auf die Eheschl anzuwenden, die der Genehmigg unterlagen, BlutschG AVO 3, ohne daß eine solche nachgesucht wurde, da andernfalls die Personen benachteiligt würden, die wg tatsächl oder vermeintl Aussichtslosigk der Genehmigg, also veranlaßt dch das BlutschG, einen Genehmiggsantr nicht gestellt haben. Auch sonstige Personen wie Wehrmachtsangeh, die der Heiratserlaubn bedurften, § 13 EheG 38, u Reichsbeamte, die zB nicht die frühere Frau eines Juden heiraten sollten, AVRMJ v 19. 10. 43, DJ 502, od deren Eheschl mit einem Mischling 2. Grades der Genehmigg bedurfte, RBürgG 25 II 2, gehören insow hierher. Ebenso Küster 808. Das Eheverbot für „Schutzangeh" mit Personen, die nicht Schutzangeh waren, VO v 25. 4. 43, RGBl 271, fällt nicht hierunter, da diese Personen nicht rassisch Verfolgte, ebensowenig Personen, denen aus ErbgesundhGründen das EhefähigkZeugn verweigert wurde, Ffm NJW **64**, 1678. **b)** Politisch Verfolgte, die infolge der Verfolgg unter falschem Namen verborgen oder in sonstiger Weise außerh der bürgerl Ordng lebten, § 4. Weit auszulegen: poliz Meldg i Gastlande schließt das noch nicht aus, wenn nicht mögl, dort Ehe wie pol Verfolgten zu schließen, BVerwG DVBl **54**, 367. Das Leben außerh der bürgerl Ordng muß der Grd f nicht erfolgte Eheschl sein, BVerwG StAZ **62**, 9.

3) Voraussetzgen der Anerkenng. a) Die zu 2 Genannten müssen, trotzdem ihnen die standesamtl Eheschl unmögl gemacht worden war, den Entschluß, eine dauernde Verbindg einzugehen, gehabt und ihn auch ernstl bekundet haben. Beispielsw sind Erwirken einer kirchl Trauung u Erkl vor den Angeh genannt; es genügt aber auch jede andere Art, aus der sich das genannte Verhalten ergibt, zB Erkl vor dem Geistl oder anderen Personen, daß sich die Verlobten nunmehr als Ehel ansehen, u entspr weiteres Verhalten, Ringtragen, Unterhalts- u Erbverträge, Geburt mehrerer Kinder u dgl. Vorherige Scheidg braucht den Willen nicht entgggzustehen, jedenfalls dann nicht, wenn sie nur im Hinblick auf die rassische Verfolgg geschah, BVerwG StAZ **60**, 256, oder unter Berücksichtigg der subj Vorstellg der Eheg die weitere Aufrechterhaltg der Ehe für sie unzumutb war, BVerwG **62**, 69, ebenso wenn Partner zunächst freiwillig von Eheschl Abstand genommen hatten, diese dann aber dch natsoz Gesetzgebg verhindert wurde, BVerwG NJW **54**, 895. Aufgabe des Zusammenlebens, das dch NatSoz Belastgen ausgesetzt war, spricht nicht schon für Abstandnahme von der Bindg, BVerwG FamRZ **63**, 361. Keine Anerkenng, wenn der Entschl, in freier Ehe zu leben, später aufgegeben worden ist, was sich daraus ergibt, daß im Falle des § 1 I der Tod die standesamtl Eheschl verhindert haben, der Wille also damals noch vorhanden gewesen sein muß. Dementspr wird bei späterer standesamtl Eheschl der Wille, eine wirkl Ehe zu führen, auch bis zu dieser Zeit ununterbrochen gewesen sein müssen; **b)** zZ der Bekundg des Eheschl Willens muß eine standesamtl Eheschl für die Verlobten unmögl gewesen sein. Wurde die Ehe später standesamtl geschlossen, so weitere Voraussetzg der Anerkenng der früheren freien Ehe die Wiedergutmachg eines Schadens, wobei ein Vermögensschaden nur dann in Betr kommt, wenn er nach den Verhältnissen der Beteiligten erhebl war, § 1 II; stets genügt ideeller Schaden, insb also unehel Geburt der Kinder; **c)** der Antrag, § 2 I, der noch bis zum 31. 12. 57 gestellt werden konnte. Die Frist ist bei Abwesenden, dazu § 1911 Anm 2, insb Kriegsgefangenen hinausgeschoben, § 2 III–VI u G v 7. 3. 56, BGBl 104; abwesend auch, wenn Wohns i SowjZ Antragstell in BRep hindert, BVerwG FamRZ **63**, 359, bis zur Übersiedlg, BGH FamRZ **64**, 428. Antragsberechtigt ist, falls eine standesamtl Trauung infolge Todes eines Verlobten nicht mehr nachgeholt werden konnte, der Überlebende, falls das geschehen ist, beide Verlobte zusammen oder, wenn einer inzw verstorben ist, der Überlebende, § 2 II. Lebt keiner der Verlobten oder nach späterer standesamtl Eheschl keiner der Eheg mehr, so ist jedes gemeinschaftl Kind allein antragsberecht, § 2 VI.

4) Die **Anerkennng** ist Justizverwaltungssache. Auf sie hat der Betroffene einen Anspr (kein Gnadenakt), BVerwG NJW **58**, 725. Zuständigk § 3 I. Zu den dem Antr beizufügenden Urkunden u der Vorbereitg der Entsch vgl AV *Nds* MdI v 27. 7. 50, ABl 288 (StAZ 223), RdErl *NRW* v 15. 8. 50, MinBl 776 (StAZ 224), ü die Fassg der Eintragg i den PersStBüchern RdSchr BMI v 17. 8. 50, GemMinBl 89 (StAZ 221) ü Mitteilg der Anordngn gem Erl *Nds*MdI v 30. 9. 50, StAZ **51**, 79, Ausf v HeiratsUrk RdErl *Hess*MdI v 27. 4. 51, StAZ 147, Hbg v 19. 4. 51, StAZ 172. In der Entsch ist der Tag, der als solcher der Eheschließg gelten soll, festzusetzen, wobei auf die Geburt von Kindern aus dieser Ehe Rücksicht zu nehmen ist. Haben die Verlobten später die standesamtl Eheschl nachgeholt, so erfolgt also eine Rückdatierung. Entsch ergeht gebührenfrei. Stellt sich später heraus, daß Voraussetzgn nicht vorlagen, so keine Anfechtg entspr EheG 16 ff, sondern nur Widerruf dch VerwBeh, BGH **22**, 70, RGRKomm (Wüstenberg) Anm 70 vor EheG 11, aM wohl BVerwG MDR **62**, 80. – Gg die Entsch der JustVerw Antr auf gerichtl Entsch mögl, ü die OLG entscheidet, EGGVG 23 ff, eingefügt dch VwGO v 21. 1. 60, BGBl 17, Baumb-Lauterbach (ZPO) EGGVG 23 Anm 1 C, ebso Lücke JuS **61**, 208, RGRKomm (Wüstenberg) Anm 67 vor EheG 11, aM Tannert JZ **60**, 592 Anm 3: VerwGerichte, da JustVerwAkt nicht auf Gebiet des bürgerl Rechts, zu dem aber Eheschl doch gerechnet wird. BVerwG MDR **62**, 80, BGH **22**, 67 beziehen sich auf Klagen vor Inkrafttr von EGGVG 23ff. **Klageberecht** auch der, der mit dem Verstorbenen verheiratet oder i einer Anerkenng entspr Weise verbunden war, BVerwG StAZ **60**, 256, desgl derjenige, der behauptet, dch die Anerkenng in seinem Erbrecht verletzt zu sein, zumal er vorher, obwohl es sich um einen Eingr in das von ihm ausgeübte ErbR handelt, niemals gefragt wurde, ablehnd allerd BVerwG NJW **58**, 725, BVerwG JZ **59**, 543 (zum Berliner G), Bettermann DVBl **58**, 830, wie hier Tannert DVBl **58**, 752, JZ **60**, 592, Bernhardt JZ **63**, 305 Anm 37, 38, 52 Jansen FGG Komm ErgHft EGGVG 23 Anm 2b, Baumb-Lauterbach ZPO § 24 EGGVG Anm 2 B, zweifelnd Dölle § 20 III 3bb.

5) Wirkgen. Diese frühere Verbindg erhält die Rechtswirkg einer gesetzl Ehe, was insb für die Kinder von Bedeutg ist. Es wird dadurch aber nicht etwa eine wirkl Ehe mit rückw Kraft hergestellt, BGH **22**, 65. Keine güterrechtl Wirkg, § 1 III; Gütertrenng. Wohl aber erbrechtl, §§ 1931, 1932. Wg der Sozialversicherg § 5.

§ 1. (1) *Haben Verlobte, denen aus rassischen Gründen die standesamtliche Eheschließung unmöglich gemacht worden war, dessenungeachtet den Entschluß, eine dauernde Verbindung einzugehen, durch Erwirken einer kirchlichen Trauung, durch Erklärung vor den Angehörigen oder auf andere Weise ernstlich bekundet, so kann die Landesjustizverwaltung, wenn der Tod des einen Teils die Nachholung der standesamtlichen Eheschließung verhindert hat, der Verbindung die Rechtswirkungen einer gesetzlichen Ehe zuerkennen. Hierbei ist der Tag festzusetzen, welcher als Tag der Eheschließung zu gelten hat.*

(2) *Ist die standesamtliche Eheschließung vor Inkrafttreten dieses Gesetzes nachgeholt worden, so kann die Landesjustizverwaltung, wenn dies zur Wiedergutmachung eines Schadens erforderlich ist, bestimmen, daß die Wirkungen der Eheschließung schon von einem früheren Zeitpunkt an als eingetreten gelten. Dies gilt entsprechend, wenn die Abwesenheit eines Teiles die Nachholung der standesamtlichen Eheschließung bis zum Inkrafttreten dieses Gesetzes verhindert hat und die standesamtliche Eheschließung binnen sechs Monaten nach Wegfall des Hindernisses nachgeholt wird. Ein bloßer Vermögensschaden ist nur zu berücksichtigen, wenn er nach den Verhältnissen der Beteiligten erheblich ist.*

(3) *Eine Anordnung nach Absatz 1 und 2 hat keine Rechtswirkung für das eheliche Güterrecht.*

§ 2. (1) *Die Anordnung nach § 1 Abs. 1 oder Abs. 2 ergeht nur auf Antrag.*

(2) *Antragsberechtigt sind im Falle des § 1 Abs. 1 der überlebende Verlobte, im Falle des § 1 Abs. 2 die Ehegatten gemeinsam, oder, falls ein Ehegatte verstorben ist, der andere Ehegatte.*

(3) *Der Antrag muß binnen eines Jahres nach Inkrafttreten dieses Gesetzes gestellt werden.*

(4) *Abwesende, insbesondere Kriegsgefangene, können den Antrag nach § 1 Abs. 1 noch binnen eines Jahres nach ihrer Rückkehr stellen. Im Falle des § 1 Abs. 2 genügt es, wenn sie und ihre Ehegatten den Antrag binnen 6 Monaten nach der Eheschließung stellen. Im Falle ihres Ablebens beginnt die Antragsfrist für den überlebenden Verlobten mit dem Bekanntwerden des Todes, frühestens mit dem Inkrafttreten dieses Gesetzes.*

(5) *Im Falle der Todeserklärung oder der gerichtlichen Feststellung der Todeszeit eines Verlobten kann der andere Verlobte den Antrag nach § 1 Abs. 1 binnen eines Jahres nach der Todeserklärung oder der Feststellung der Todeszeit stellen.*

(6) *Sind beide Verlobte oder beide Ehegatten verstorben, so kann der Antrag von jedem gemeinschaftlichen Kind binnen der Fristen der Absätze 3 bis 5 gestellt werden.*

§ 3. (1) *Für eine Anordnung nach § 1 ist die Landesjustizverwaltung zuständig, in deren Bereich der Antragsteller zur Zeit des Antrags seinen Wohnsitz hat. Haben die Ehegatten keinen gemeinsamen Wohnsitz, so ist der Wohnsitz des Ehemannes maßgebend. Hat keiner der Antragsberechtigten seinen Wohnsitz im Geltungsbereich dieses Gesetzes, so ist die Senatskommission für die Justizverwaltung in Hamburg zuständig.*

(2) *Für das Verfahren werden keine Gebühren erhoben.*

1. Abschnitt: Recht der Eheschließung. C. Eheschließung **Anh zu EheG 13a**

§ 4. *Die Bestimmungen der §§ á bis 3 gelten sinngemäß für die außergesetzliche Verbindung eines politisch Verfolgten, sofern dieser wegen der Verfolgung unter falschem Namen, verborgen oder in sonstiger Weise außerhalb der bürgerlichen Ordnung lebte und hierdurch an der standesamtlichen Eheschließung gehindert war.*

§ 5. *Die in § 5 des Gesetzes über die Behandlung der Verfolgten des Nationalsozialismus in der Sozialversicherung vom 22. August 1949 (WiGBl. S. 263) für die Stellung eines Rentenantrages vorgesehene Frist rechnet von der Rechtskraft des Beschlusses an, durch den einer Verbindung die Rechtswirkungen einer gesetzlichen Ehe zuerkannt werden oder durch den die Wirkungen der Eheschließung bereits als früher eingetreten festgestellt werden.*

II. Bundesgesetz über die Rechtswirkungen des Ausspruchs einer nachträglichen Eheschließung

Vom 29. 3. 1951 (BGBl 215/BGBl III 404–7)

(In BerlinW entspr Ges v 23. 1. 52, VOBl 75)

Amtl Begr BAnz 51, 74. **Richtlinien für geschäftl Behandlg** BMdI v 8. 6. 51, GMBl 227 (SaBl 1194).

Schrifttum: Dölle JZ **51,** 291, Maßfeller StAZ **51,** 83, Peters Rpfleger **51,** 255.

1) Gesetz entsch nicht über Gültigk nachträgl Eheschl, vgl dazu EheG 13 Anm 3b, sondern regelt nur Rechtswirkgen des Ausspruchs, dh eines Hoheitsaktes. Eine Ehe kommt dadch nicht zustande. **Voraussetzgen: a)** Es muß eine AO der obersten VerwBeh (MdI, für Hbg SenatsKomm, vgl dort VO v 19. 1. 46, Hbg VOBl 6, OPräs, soweit er Oberste VerwBeh war, früher RMJ) im oder außerh des Geltgbereichs der VO bis zum 31. 3. 46 (Bln: 8. 5. 45) ergangen sein: spätere AO sind unwirks, **b)** der StBeamte muß daraufhin ausgesprochen haben, daß zwischen einer Frau u einem bereits verstorbenen Mann nachträgl die Ehe geschlossen sei. Ebenso, wenn Mann für tot erklärt oder der Todeszeitpunkt festgestellt wird, § 1 III. VO greift auch ein, soweit auf AO der MR nachträgl Eheschl als ungültig angesehen wurde, zB HansJVBl **46,** 36, 79, oder rechtskr festgestellt war, daß nachträgl Eheschl wirkgslos, außer wenn das mit Erschleich, § 3, begründet oder die Entsch aGrd der § 7 II genannten gesetzl Nachkriegsregelgen ergangen war, § 5 II, III.

2) Rechtswirkgen (abschließende Aufzählg): **a) für die Frau:** Erhält FamNamen des Mannes, § 1 I Z 1, dessen Führg ihr jedoch unter den Voraussetzgen des § 2 I, vgl dazu EheG 57 Anm 3b, auf Antr einer mit dem Mann bis zum 2. Grad verwandten Pers dch VormschG untersagt w kann. Es entsch der Richter, RPflG 14 Z 13. Wg des Verf EheG 57 Anm 5. Der Frau stehen weiterhin die öff-rechtl Versorggs- u VersicherngsAnspr u Anspr aus einer betriebl Alters- u Hinterbliebenenversorgg wie einer Witwe zu (**Berliner G** enthält jedoch kein ErbR, auf das auch meistens bei Erwirkg der AO verzichtet w mußte; vgl § 6. **b) Für das Kind:** Hat die Rechtsstellg eines ehel Kindes, vgl auch Düss StAZ **51,** 273, also auch Erbrecht. Der Wiederhelg des FeststellgsVerf für vor diesem Zeitpunkt geborene Kinder, wenn ein solches bereits stattgefunden hat, bedarf es nicht. Die Kinder haben die Stellg wie dch nachf Ehe legitimierte Kinder, § 1719 Anm 1; dagg nur Anfechtg, §§ 1595 ff, da § 1720 aufgeh. – Diese gesetzl Regelg gilt aber in vermögensrechtl Beziehg nur insow, als nicht zB im Zushang mit dem Ausspruch andersartige Erkl von den Beteiligten (dh den Personen, deren rechtl Stellg dch den Ausspruch beeinflußt wird) abgegeben wurden oder man sich verglichen oder ein dahingehendes vorbehaltloses Anerkenntn abgegeben hat, § 6; also zB die Frau auf das ErbR des Kindes verzichtet hat.

3) Rechtsunwirksamk des Ausspruchs, §§ 3, 4. a) Erschleich, insb auch unlautere Ausnutzg der Beziehgen zur NSDAP, da sonst derartige Frauen ungerechtfertigte Vorzugsstellg erhielten; es genügt bevorzugte Beschleunigg; der Machtmißbrauch der NSDAP muß dem eigenen Vorteil in nicht zu billigender Weise dienstb gemacht worden sein; selbständ Einschaltg der NSDAP genügt nicht. Ferner Täuschg; jedoch muß sich die begünstigte Person daran beteiligt haben, BGH FamRZ **54,** 44. **b) Begründeter Zweifel am EheschlWillen des gefallenen Mannes,** daß er also die Ehe nicht geschlossen hätte, wenn er nicht gefallen wäre. Die Zweifel sind nicht begründet, wenn der Eheg zZ seines Todes noch nicht verheiratet war, BGH FamRZ **54,** 44. **Geltendmachg** der Rechtsunwirksamk nur, wenn dch rechtskr Urt festgestellt, § 4 I, vgl dazu EheG 23; Wirkg ex tunc. Klagebefugn § 4 II, Zuständigk § 4 III; wg der NichtigkKlage ZPO 634, 635, 636a, 637. Klage gg Frau u Kind, den Ausspruch des StBeamten für unwirks zu erklären; notwendige Streitgenossensch, ZPO 62. Ist Frau oder Kind gestorben, Klage gg Überlebenden. Wird Unwirksamk festgestellt, Kinder unehel. Vor Inkrafttr der VO ergangene Urt bleiben nur bestehen, soweit Gültigk des Ausspruchs des StBeamten festgestellt wird, § 5 I. Ist aber der Ausspruch erfolgt, obwohl der Mann lebt, so wirkgslos, Nürnb FamRZ **65,** 380.

4) Gilt auch im **Saarland,** Art 5 VII RechtsAnglG v 22. 12. 56, abgedr StAZ **57,** 74.

§ 1. (1) *Hat auf Grund einer bis zum 31. März 1946 ergangenen Anordnung einer obersten Verwaltungsbehörde ein Standesbeamter ausgesprochen, daß zwischen einer Frau und einem bereits verstorbenen Manne nachträglich die Ehe geschlossen sei, so hat dieser Ausspruch folgende Rechtswirkungen erzeugt:*

1. Die Frau hat den Familiennamen des Mannes erhalten.

2. Ihr stehen die Ansprüche nach dem Gesetz über die Versorgung der Opfer des Krieges (Bundesversorgungsgesetz) vom 20. Dezember 1950 (Bundesgesetzbl. S. 791) sowie die öffentlich-rechtlichen Versicherungsansprüche und die Ansprüche aus einer betrieblichen Alters- und Hinterbliebenenversorgung wie einer Witwe zu. Hinsichtlich der Gewährung von Witwengeld aus einem Beamtenverhältnis oder einem sonstigen öffentlich-rechtlichen Dienstverhältnis des Verstorbenen wird sie wie die Witwe eines Beamten behandelt, der die Ehe erst nach dem Eintritt in den Ruhestand geschlossen hat. Weitergehende Ansprüche nach Landesrecht bleiben unberührt.

3. Ein von dem Manne stammendes Kind der Frau hat die Rechtsstellung eines ehelichen Kindes erlangt; § 1720 des Bürgerlichen Gesetzbuchs findet entsprechende Anwendung.

(2) *Die Rechtswirkungen gelten mit dem Tage als eingetreten, der in dem Ausspruch des Standesbeamten als Tag der Eheschließung bezeichnet worden ist.*

(3) *Die Vorschriften der Absätze 1 und 2 gelten auch in den Fällen, in denen der Mann für tot erklärt oder sein Tod nach den Vorschriften des Verschollenheitsrechts gerichtlich festgestellt worden ist.*

§ 2. (Aufgehoben dch 1. EheRG Art 11 Z 1 mit Wirkg vom 1. 7. 1977).

§ 3. *Der Ausspruch des Standesbeamten hat keine Rechtswirkung, wenn er erschlichen ist oder wenn begründet Zweifel bestehen, ob der Mann die Ehe geschlossen hätte.*

§ 4. (1) *Niemand kann sich auf die Rechtsunwirksamkeit des Ausspruchs berufen, solange er nicht durch gerichtliches Urteil für rechtsunwirksam erklärt ist.*

(2) *Die Klage auf Feststellung der Rechtsunwirksamkeit des Ausspruchs kann von dem Vater und der Mutter des Mannes sowie von dem Staatsanwalt erhoben werden. Die Klage ist gegen die Frau und die Kinder zu richten.*

(3) *Für die Klage ist das Landgericht ausschließlich zuständig, in dessen Bezirk die nachträgliche Eheschließung beurkundet worden ist. Hat das hiernach zuständige Landgericht seinen Sitz nicht im Geltungsbereich dieses Gesetzes, so bestimmt sich die Zuständigkeit nach dem gewöhnlichen Aufenthalt der Frau oder, wenn diese im Geltungsbereich dieses Gesetzes keinen gewöhnlichen Aufenthalt hat, nach dem gewöhnlichen Aufenthalt des ältesten, im Geltungsbereich dieses Gesetzes lebenden Kindes.*

(4) *Auf die Klage finden die für die Ehenichtigkeitsklage geltenden Vorschriften der Zivilprozeßordnung entsprechende Anwendung.*

§ 5. (1) *Rechtskräftige gerichtliche Entscheidungen, die auf der Feststellung beruhen, daß durch den Ausspruch des Standesbeamten eine gültige Ehe zustande gekommen ist, werden durch dieses Gesetz nicht berührt.*

(2) *Rechtskräftige gerichtliche Entscheidungen, die auf der Feststellung beruhen, daß der Ausspruch des Standesbeamten keine Rechtswirkungen habe, stehen der Anwendung dieses Gesetzes nicht entgegen, es sei denn, daß der Ausspruch des Standesbeamten aus den in § 3 dieses Gesetzes bezeichneten Gründen für rechtsunwirksam erklärt worden ist.*

(3) *Rechtskräftige gerichtliche Entscheidungen, die auf Grund der diesem Gesetz entsprechenden Vorschriften der Britischen Zone oder des Landes Rheinland-Pfalz ergangen sind, bleiben unberührt.*

§ 6. (1) *Vermögensrechtliche Erklärungen, die von den Beteiligten im Zusammenhang mit dem Ausspruch abgegeben worden sind, sind rechtswirksam, es sei denn, daß der Ausspruch des Standesbeamten für rechtsunwirksam erklärt wird*

(2) *Das gleiche gilt für Vergleiche und vorbehaltlose Anerkenntnisse, die sich auf die vermögensrechtlichen Folgen des Ausspruchs beziehen.*

§ 7. (1) *Dieses Gesetz tritt am Tage nach der Verkündung in Kraft.*

(2) *Mit dem Inkrafttreten dieses Gesetzes treten außer Kraft:*

1. die Verordnung des Präsidenten des Zentral-Justizamts für die Britische Zone über die Rechtswirkungen des Ausspruchs einer nachträglichen Eheschließung vom 13. August 1948 (Verordnungsbl. für die Britische Zone S. 237),

2. das rheinland-pfälzische Landesgesetz über die Rechtswirkungen des Ausspruchs einer nachträglichen Eheschließung vom 24. Februar 1949 (Gesetz- und Verordnungsbl. S. 81).

(3) *Ansprüche, die auf Grund der aufgehobenen Bestimmungen erworben sind, bleiben unberührt.*

EheG 14 *Trauung.* I *Der Standesbeamte soll bei der Eheschließung in Gegenwart von zwei Zeugen an die Verlobten einzeln und nacheinander die Frage richten, ob sie die Ehe miteinander eingehen wollen und, nachdem die Verlobten die Frage bejaht haben, im Namen des Rechts aussprechen, daß sie nunmehr rechtmäßig verbundene Eheleute seien.*

II *Der Standesbeamte soll die Eheschließung in das Familienbuch eintragen.*

1) Rechtsentwicklg. Stimmt wörtl (jetzt jedoch infolge unrichtiger dtscher Übersetzg „im Namen des Rechts") mit § 18 EheG 38 überein u entspricht i wesentl § 1318 I u III. - **Ergänzt wird EheG 18** dch PStG 8; wg der Bestimmungen über das FamBuch vgl Anm 3.

2) EheG 14 enthält die **nichtzwingenden Vorschr,** deren Verletzg die Wirksamk der Eheschl nicht beeinflußt. Als **Zeugen** sollen nicht mitwirken Mj, Eidesunfähige, Personen, denen die bürgerl Ehrenrechte aberkannt sind. Die **Frage** u Antwort erfolgt bei Tauben dch einen Dolmetscher, EheG 13 Anm 3b. Die Eheschließg soll in einer der Bedeutg der Ehe entspr würdigen u feierl Weise vorgenommen w, PStG 8. Der Ort der Eheschl ist demgem abgesehen von Krankheitsfällen idR i Dienstgebäude des StBeamten. Die Verlobten werden dch den StBeamten als **kraft Gesetzes rechtmäßig verbundene Eheleute** erklärt. Der Ausspr ist lediglich deklarator; auch nach dem EheG wird die Ehe nicht von, sondern **vor** dem StBeamten geschlossen, EheG 13 Anm 3.

3) Eintragg im FamBuch, II. Die Eheschließg wird im Beisein der Eheg u der Zeugen i Heiratsbuch beurkundet, PStG 9. Das FamBuch soll von dem StBeamten, vor dem die Ehe geschl wird, spätestens am folgenden Werktage angelegt u, PStGAVO 19; es wandert mit den Eheg mit, PStGAVO 21, PStG 13. Die Eintragg i FamBuch ist für die Wirksamk der Ehe nicht wesentl; Ausn EheG 11 II, vgl EheG 13 Anm 2. Über den Zweck des FamBuchs Einl vor § 1297 Anm 2 aE. Die Eintragg i FamBuch regelt PStG 12 ff, PStGAVO 19–23.

1. Abschnitt: Recht der Eheschließung. C. Eheschließung EheG 15, 15a

EheG 15 *Zuständigkeit des Standesbeamten.* I Die Ehe soll vor dem zuständigen Standesbeamten geschlossen werden.

II Zuständig ist der Standesbeamte, in dessen Bezirk einer der Verlobten seinen Wohnsitz oder seinen gewöhnlichen Aufenthalt hat. Unter mehreren zuständigen Standesbeamten haben die Verlobten die Wahl.

III Hat keiner der Verlobten seinen Wohnsitz oder seinen gewöhnlichen Aufenthalt im Inland, so ist für die Eheschließung im Inland der Standesbeamte des Standesamts I in Berlin oder der Hauptstandesämter in München, Baden-Baden und Hamburg zuständig.

IV Auf Grund einer schriftlichen Ermächtigung des zuständigen Standesbeamten kann die Ehe auch vor dem Standesbeamten eines anderen Bezirkes geschlossen werden.

1) Rechtsentwicklg. § 19 EheG 38 ist wörtl unter Hinzufügg der Ersatzzuständigk für die 3 Westzonen übernommen u entspricht §§ 1320, 1321, ohne wesentl Neuergen zu bringen.

2) Zuständigk des Standesbeamten, I–III. Wg Wohns vgl BGB 7 ff, wg gewöhnl Aufenth EG 29 Anm 2. – Gem III können auch Personen, die nicht dtsche Staatsangeh sind, selbst wenn sie keinen Wohns oder gewöhnl Aufenth i Deutschland haben, i Deutschland eine Ehe eingehen. Vor Mißbräuchen schützt das Erfordern des EhefähigkZeugnisses gem EheG 10. Lehnt ein StBeamter wg Unzuständigk ab, so Antr auf Entsch dch das AmtsG, PStG 45, 50, FGG 69, gg dessen Entsch einfache Beschw. FGG 19. – Gem KonsG v 11. 9. 74 (BGBl 2317) § 8 gelten in best KonsBezirken als StBeamte iS des EheG die **Konsularbeamten**, die befugt sind, Eheschließgen vorzunehmen (einschließl Aufgebot, Ausstellg der entspr Urk usw), sofern mind einer der Verlobten Dtscher u keiner v ihnen Angehöriger des Empfangsstaates ist.

3) Ermächtigg eines anderen Standesbeamten, IV. Sie soll schriftl u kann dch jeden nach II und III zust StBeamten erfolgen. Der ermächtigende StBeamte bleibt aber weiter zust („auch vor"). Auch der ermächtigte StBeamte hat eine Eheschl abzulehnen, wenn ihm der Ehe entggstehende Eheverbote zur Kenntnis kommen, PStG 6 I. Weiterermächtigg unzul.

4) Verstoß gegen EheG 15 ist ohne Wirkg für den Bestand der Ehe, dh also, wenn die Eheschl vor dem unzust StBeamten erfolgt ist oder ein solcher ermächtigt hat. Hat aber der StBeamte die Eheschl nicht i dem Bez, für den er bestellt ist, vorgenommen, so hat er als Nichtstandesbeamter gehandelt, EheG 11 Anm 3; vor der Gefahr einer Nichtehe wird aber meist EheG 11 II schützen. Hat ein außerh seines Bez tätiger StBeamter ermächtigt, so liegt zwar keine Ermächtigg vor; aber Eheschl vor dem „ermächtigten" StBeamten trotzdem unschädl, da dieser dann nur unzust.

EheG 15a *Besondere Zuständigkeit für Nichtdeutsche.* I Als Ausnahme von den Bestimmungen der §§ 11, 12, 13, 14, 15 und 17 dieses Gesetzes kann eine Ehe zwischen Verlobten, von denen keiner die deutsche Staatsangehörigkeit besitzt, vor einer von der Regierung des Landes, dessen Staatsangehörigkeit einer der Verlobten besitzt, ordnungsgemäß ermächtigten Person in der von den Gesetzen dieses Landes vorgeschriebenen Form geschlossen werden.

II Eine beglaubigte Abschrift der Eintragung der so geschlossenen Ehe in das Standesregister, das von der dazu ordnungsgemäß ermächtigten Person geführt wird, erbringt vollen Beweis der Eheschließung. Der deutsche Standesbeamte des Bezirkes, in dem die Eheschließung stattfand, hat auf Grund der Vorlage einer solchen beglaubigten Abschrift eine Eintragung in das Familienbuch zu machen und die Abschrift zu den Akten zu nehmen.

Schrifttum. Raape, Festschr f Kiesselbach (1947) 141; Sonnenberger StAZ **64**, 289; Weyers FamRZ **64**, 169, 568; **65**, 1; Mergenthaler StAZ **67**, 175.

1) Eingefügt durch KRG 52 v 21. 4. 47, KRABl 273. Ändert EGBGB 13 III ab, vgl auch dort, ermöglicht also Eheschl von Ausländern i Deutschland in anderer als der vom EheG vorgeschriebenen Form.

2) Voraussetzgen, I. a) Die Verlobten müssen **beide Nichtdeutsche** sein, können verschiedene Staatsangehörigk haben, gleichgültig welche. Es kann auch ein Verlobter staatenlos sein, jedoch nicht beide, da es dann an der Voraussetzg zu b und c fehlt. Hat ein Verlobter außer der ausl Staatsangehörigk auch die dtsche, so findet EheG 15a nach ihm eindeut Wortl keine Anwendg (Schlesw StAZ **74**, 153 m aA zust Bosch FamRZ **74**, 655; aA auch Raape Festschr f Kiesselbach S 147). Eheschließg eines Ausl mit einem Dtschen bzw Doppelstaater in der Form des EheG 15a führt zur Nichtehe iSv EheG 11 (Celle FamRZ **65**, 43), nicht zur nichtigen Ehe (so Kleve FamRZ **64**, 365). **b)** Die Ehe muß **vor einer Person** geschl sein, die ordngsmäß von der Regierg ihres Landes ermächtigt ist, gerade auch in der BRep bei Eheschließgen mitzuwirken (BGH NJW **65**, 1129; LSozG Rh-Pf FamRZ **74**, 375; aA AG Münst ZBlJugR **76**, 417: ausr TrauungsZustdgk nach dem G des Entsendestaates). Das entsch das öff R des betr Landes. Werden haupts diplomat Vertreter u Konsuln, aber auch Militärgeistl bei Mitgliedern der Streitkräfte iS der Bonner Verträge sein, nicht aber ein beliebiger kath Pfarrer, der auf Grund kanonischen Rechts mitwirkt, Celle FamRZ **64**, 209, BayObLG FamRZ **66**, 147, aM Weyers FamRZ **64**, 169, der den Ermächtiggserfordern nicht ausschließl Charakter gibt, was mit G schwer vereinbar. Demgemäß sind auch orthodox-griech Priester nicht schon aGrd ihrer Zustdgk zur Mitwirkg bei der Eheschl griech StaatsAngeh ermächtigt, Hamm NJW **70**, 1509, sond nur die von der griech Reg benannten (Ernenng in Verbalnote v 15. 6. 64, vgl auch StAZ **65**, 15), aber nicht rückwirkd, BGH **43**, 222. Auch Spanien hat demgem Geistliche ermächtigt, zB RdErl *Hess*MdJ v 8. 5. u 2. 6. 64, StAZ 184, *Nds*MdJ v 7. 7. 64, StAZ 213. Geistl der römkath Kirche genügen aGrd ihrer kirchl Trauungsbefugn nicht; ebensowenig die Eintr der Trauung in das span Zivilregister; nachträgl Benenng ohne Rückwirkg, BSG NJW 72, 1021. Da Ermächtigg von dtschen StBeamten, vgl II, schwer zu erkennen, läßt sich dieser (so jedenf Übg in Hbg) bei Spaniern u Griechen Auszug aus dem Konsulatsregister, in das Eheschl eingetragen w, vorlegen u Ermächtigg der Stelle, vor der Eheschl vorgenommen w, dch Konsulat bestätigen; andernfalls Nachfrage bei der diplomat Vertretg des Landes. **c) Ein Verlobter muß die Staatsangehörigkeit der ermächtigten Person haben;** also falls einer staatenlos ist, vor dem Ermächtigten des Landes des and Verlobten. **d)** Eheschl muß erfolgen **in der Form des Ermächtiggslandes,** nicht etwa in der des Landes, dem der andere angehört. Wirkgen von Formmängeln also auch nach dem betr Auslandsrecht zu beurteilen. Demgemäß mögl, daß Südkoreaner u Japaner in Dtschld ihre Eheschl ihrem ermächtigten diplomat Vertreter anmelden u dieser die persönl vor ihm bekannte übereinstimmde WillErkl entggnimmt, Schurig StAZ **71,** 94; abw Beitzke StAZ **64,** 25 (Eheschl sei nach diesen Rechten ein zweigeteiltes RechtsGesch, sodaß § 15a unanwendb).

3) Eintragg, II. Die ermächtigte Person od eine sonstige, die von ihrer Regierg zur Führg eines derartigen Registers ermächtigt ist, zB Konsul, trägt Eheschl in dieses ein. Begl Abschr der Eintragg ins konsular Standesregister erbringt vollen Bew der Eheschl. Der dtsche StBeamte, in dessen Bez Eheschl stattfand, hat seinerseits aGrd der Vorlage einer solchen beglaubigten Abschr, vgl auch Anm 2b, zu prüfen, ob die Voraussetzgen von I gegeben waren, dann aber ohne weitere Prüfg Eheschl in das FamBuch einzutragen. Vorlage einer Bescheinigg des ausl Geistlichen aus seinem Kirchenbuch genügt nicht, BGH **43,** 226.

D. Nichtigkeit der Ehe

Einführung

1) Nichtehe und vernichtbare (nichtige) Ehe. a) Nichtehe. Wie das BGB kennt auch das EheG die Nichtehe – ohne ihre Folgen im einzelnen gesetzl zu bestimmen –, läßt sie aber anders als jenes in formeller Hinsicht **nur beim Fehlen der Mitwirkg eines Standesbeamten** eintreten. Wg der einzelnen Fälle EheG 11 Anm 5; vgl aber auch Anh dort. Sachlrechtl Nichtehe auch bei Eheschl dch Gleichgeschlechtige, mag auch § 11 erfüllt sein, KG StAZ **58,** 207. In beiden Fällen liegt dann eine Ehe überhaupt nicht vor, RG **133,** 166, ebso wenn die Erkl, die Ehe schließen zu wollen, nicht abgegeben wurde. Mithin **bedarf es auch keiner NichtigkErkl,** RG **120,** 37, die Nichtigk kann vielmehr ohne weiteres geltend gemacht w; es ist aber auch die Klage auf Feststellg des Nichtbestehens einer Ehe mögl, die dann Ehesache ist u auf die zT die verfahrensrechtl Vorschr für die Ehenichtigkeitskl entspr anzuwenden sind; auch dieses Urt wirkt für u gg alle, ZPO 638. Mitwirkg des Staatsanwalts im Rahmen von ZPO 634 mögl. Keine Scheidg einer Nichtehe; wird Scheidgskl erhoben u implicite das Nichtbestehen der Ehe festgestellt, so ist die Klage abzuweisen. Demgem kann sich auch jeder der Beteiligten sofort mit einem Dritten verheiraten, ohne daß ihm das Ehehindern der bestehenden Ehe oder Wartezeit, EheG 5, 8, entggstände. Ein EheVertr wäre rechtl bedeutgslos, Gesamtgut nicht entstanden, soweit etwas einem Ehegatten aus dem Vermögen des anderen zugute gekommen ist, erfolgt Rückgewähr nach den Grdsätzen der ungerechtf Ber, ferner §§ 985 ff, eine eigentl Auseinandersetzg findet nicht statt, es kommen vielmehr die Vorschr über die auftragslose GeschFührg zur Anwendg. Die Kinder sind nehel, auch bei gutem Glauben der Eltern. Eine Legitimation konnte nicht erfolgen, wie auch sonstige Folgen einer Eheschl nicht eintreten können, vgl zB § 1771 (aus dem Wegfallen von dessen II 2, vgl § 1771 aE, ist nicht etwa das Ggteil zu folgern). Eine **Heilg der Nichtehe** ist nicht mögl. Es hilft bei auf Formfehler beruhender Nichtehe nur mit Wirkg ex nunc die nunmehr wirks vorgenommene Eheschl. Wg Scheidg der Nichtehe vgl v Schwind RabelsZ **74,** 523.

b) Die nichtige Ehe, richtiger vernichtb Ehe genannt, wird bis zur NichtigErkl wie eine gültige Ehe behandelt, RG **120,** 37; vgl auch EheG 23; Herstellgsverlangen nach § 1353 aber im allg Rechtsmißbrauch, § 1353 Anm 7; vgl auch EheG 27. Eine solche Ehe kann geschieden w, RG HRR **29,** 1101. Auf die **Nichtigk** kann sich niemand berufen, wenn sie nicht **durch gerichtl Urteil** rechtskräft festgestellt ist, ZPO 636a. Demgemäß ist die NichtigkKlage im Ggsatz zu § 1329 auch nach Auflösg der Ehe mögl, kann dann allerdings nur dch den Staatsanwalt erhoben werden, vorausgesetzt, daß wenigstens ein Eheg noch am Leben ist, EheG 24. AGrd der NichtigErkl wird die Ehe mit **rückwirkender Kraft als nicht geschlossen angesehen,** vgl auch RG **88,** 328. Aber auch hier bei Wiederverheiratg Eheverbot der Wartezeit, EheG 8. Für die **vermögensrechtl Auseinandersetzg** gelten nicht die güterrechtl, sondern die allg Vorschriften, allerdings mit der sich aus EheG 26 ergebenden Maßgabe. Soweit diese nicht eingreift, werden auch die Unterhaltsleistgen aus dem Gesichtspunkt ungerechtf Ber zurückgewähren, meist allerdings dch die dann nach rechtl Grd seitens der Frau geleistete Arbeit, vgl § 1356, abgegolten sein, vgl auch KG JW **37,** 3231. Ist die Ehe eines verstorbenen Bundesbeamten für nichtig erklärt, so hat die frühere Ehefrau einen Anspr auf Unterhaltsrente, wenn der Verstorbene bei Beurteilg seiner UnterhaltsPfl kraft gesetzl Vorschr wie ein allein schuldiger Ehem zu behandeln war, EheG 26 I, oder er der Frau nach Maßgabe von EheG 61 II iVm 1. DVO z EheG 16 (**Länder der früh BrZ**: AVOzEheG 15, VOBlBrZ **48,** 210, aufgeh ab 1. 7. 77 dch 1. EheRG Art 11 Z 2) Unterhalt zu gewähren hatte, BBG 125 III. Wird die neue Ehe einer Bundesbeamtenwitwe für nichtig erklärt, so wird für die Zeit, während der die neue Ehe bestand, kein Witwengeld gewährt. Wg Wiederauflebens des Witwengeldes gilt das EheG 37 Anm 3b Gesagte, BBG 164 III 2. Zur WwenRente, wenn Ehe erst nach dem Tode des Versicherten f nichtig erklärt w ist, BSG FamRZ **75,** 336. – Für die **Haftg** der Eheg gilt nicht § 1359, sondern § 276. Die Frau erhält, soweit sie ihre dtsche Staatsangehörigk dch Eheschl verloren hatte, wieder die **Staatsangehörigk** wie vor der Ehe, da die den StaatsangehörigkErwerb vermittelnde Eheschließg weggefallen ist. Sie hat den **FamNamen** zu führen, den sie vor der nichtigen Eheschl hatte. Die **Kinder aus nichtigen Ehen** sind in allen Fällen ehel Kinder, § 1591 I 1. Entspr gilt, wenn das Kind dch die

1. Abschnitt: Recht d. Eheschließg. D. Nichtigk. d. Ehe **Einf v EheG 16, EheG 16, 17**

Ehe, die nachher für nichtig erklärt ist, legitimiert wurde, § 1719. Vgl auch § 1771 II. Im Ggsatz zu § 141 I ist eine Heilg der Nichtigk mit Rückwirkg in den Fällen EheG 17 II, 18 II, 19 II, 21 II, 22 II mögl, 19 u 22 mit Wirkg v 1. 7. 77 abgesehen v Altehen außer Wirksamk (1. EheRG Art 3 Z 1).

2) Verfahrensrechtliches zur Nichtigkeitskl. Sie ist **Ehesache**, ZPO 606; es gelten ZPO 606–621f mit den sich aus ZPO 631–637 ergebenden Besonderheiten. Wg der **Klagebefugn** vgl EheG 24, insbes wg der des Staatsanwalts u den sich daraus ergebenden Besonderheiten, dort Anm 4. Klageverbindg nur mit der Ehefeststellskl zul, ZPO 633; wird die Nichtigkeitskl also zB hilfsweise im EheaufhebgsProz geltend gemacht, so muß sie abgewiesen w, KG JW **38**, 1539. Wg der einstweiligen Anordnungen insb ü den Unterhalt während u nach dem NichtigkProz vgl Übbl vor EheG 41 Anm 5 h. Die **Nichtigk kann** auch nach Auflösg der Ehe **nur durch Urteil** auf Nichtigkeitskl hin festgestellt w, EheG 23 Anm 2. Dementspr sieht auch ZPO 151 die Aussetzg eines Verfahrens vor, dessen Ergebn von der Nichtigk einer Ehe abhängt. Die Feststellg einer **Schuld am Abschluß der nichtigen Ehe** ist für den Urteilsausspruch nicht ausdrückl vorgeschrieben, obwohl die Schuldfeststellg wg EheG 26 (vgl auch 1. DVO 16) für Altfälle wesentl war; EheG 26 u insow 1. DVO ab 1. 7. 77 außer Wirksam aGrd 1. EheRG Art 3 Z 1 u Art 11 Z 2. Die Schuld ist aber zweckmäßigerweise in den Gründen zu untersuchen u muß untersucht werden, sofern es darauf für die KostenEntsch ankommt; vgl auch SchlHOLG SchlHA **52**, 93, unricht Kblz NJW **50**, 391. Die Feststellg ist aber in einem Verf gem EheG 26 nicht bindend; insof aA Stgt NJW **55**, 1360. Wie hier Brschw NdsRpfl **51**, 88, RGRKomm (Wüstenberg) § 24 Anm 19; vgl zu der Frage auch Schwab JZ **55**, 730. – Die Nichtig-Erkl der Ehe ist vom StBeamten **im FamBuch zu vermerken**, PStG 14, PStGAVO 6, u zwar mit Rücks auf die personenstandsrechtl Wirkgen der NichtigErkl auch, wenn die Ehe schon aufgelöst ist, vgl PStG 13 V.

3) ÜbergangsVorschr kennt EheG 46 nicht. Seine Vorschriften waren also ab 1. 3. 46 zu beachten. Es können daher vorher geschlossene Ehen nur noch aGrd der jetzigen NichtigkGründe für nichtig erklärt w, sofern sie auch nach damaligem Recht vernichtb waren. NichtigkUrt aGrd des EheG 38 bleiben bestehen. **Internationales Privatrecht** vgl EG 13 Anm 3.

I. Nichtigkeitsgründe

Vorbemerkung

1) Wegen der **trennenden und aufschiebenden Eheverbote** vgl Einf 1 vor EheG 4.

EheG 16 Eine Ehe ist nur in den Fällen nichtig, in denen dies in §§ 17 bis 22 dieses Gesetzes bestimmt ist.

1) Früheres Recht. Abgeändert; entspricht § 1323.

2) Nur die erschöpfend in EheG 16 aufgezählten Gründe können die Nichtig einer Ehe zur Folge haben, vgl auch EheG 39 Anm 4a. Allg privatrechtl Gründe der Nichtig unanwendb.

EheG 17 *Mangel der Form.* I Eine Ehe ist nichtig, wenn die Eheschließung nicht in der durch § 13 vorgeschriebenen Form stattgefunden hat.

II Die Ehe ist jedoch als von Anfang an gültig anzusehen, wenn die Ehegatten nach der Eheschließung fünf Jahre oder, falls einer von ihnen vorher verstorben ist, bis zu dessen Tode, jedoch mindestens drei Jahre, als Ehegatten miteinander gelebt haben, es sei denn, daß bei Ablauf der fünf Jahre oder zur Zeit des Todes des einen Ehegatten die Nichtigkeitsklage erhoben ist.

1) Rechtsentwicklg. Wörtl § 21 EheG 38, der § 1324 wesentl abänderte, vgl Anm 2.

2) Formmangel nach EheG 13, I. Der Mangel der Mitwirkg eines StBeamten macht die „Ehe" regelm zur Nichtehe, EheG 11 Anm 2; Mangel also unheilb außer dch Eintragg ins FamBuch im Falle des EheG 11 II, ebda Anm 4, aber auch Anh. Ist eins oder mehrere der zwingenden Formerfordernisse von EheG 13, vgl dort Anm 3a–c, nicht erfüllt, so ist, falls ein StBeamter mitgewirkt hat, **die Ehe nur nichtig**, so daß es also, und als bei der Nichtehe, Einf vor EheG 16 Anm 1a, eines mit Erfolg durchgeführten Nichtigk-Verf bedarf, falls sich jemand auf die Nichtigk berufen kann, EheG 23. Die für die Heilg dieser Mängel ist die Eintragg ins FamBuch unwesentl. Die Gültigk von Ferntrauungen, EheG 13 Anm 3a, wird durch mangelnde oder fehlende Angaben i der Niederschr nicht berührt, sofern nur der EheschlWille deutl zum Ausdruck gekommen u der andere Verlobte ausreichd erkennb bezeichnet ist, 3. AVOPStG §15 II. Ist die Niederschr nicht vor dem Bataillonskdr erklärt, so ist das ebenfalls für die Gültigk der Ehe ohne Bedeutg, EheG 11 Anm 5. – Die Folgen von Fehlern i der Willenserklärg w nicht dch EheG 17, sondern dch EheG 18, 30–34 geregelt.

3) Heilg, II. Dch regelm **fünfjähriges Miteinanderleben der Ehegatten.** Anzeichen hierfür auch die gemeins Namensführg seitens der Eheg u Kinder. Eine vorübergehende Trenng braucht nicht entggzustehen; and natürl, wenn die Nichtigkeitskl vor Ablauf der 5 Jahre erhoben ist. Gutgläubigk unerhebl. Stirbt ein Eheg vor Ablauf der fünf Jahre, so genügt ein dreijähriges Zusammenleben. Bei früher erfolgtem Tode nur Nichtigk, wenn sie auf Klage des Staatsanwalts ausgesprochen ist, EheG 24 I 2. – Gem II tritt **Heilg des Mangels** von vornherein ein; and bei Wiederholg der Eheschl, EheG 5 Anm 4. Über die Heilg von Formmängeln bei der Eheschl von Verschleppten u Flüchtlingen gemäß AHKG 23 vgl EheG 11 Anh II bei § 1 Anm 2.

EheG 18 *Mangel der Geschäfts- oder Urteilsfähigkeit.* I Eine Ehe ist nichtig, wenn einer der Ehegatten zur Zeit der Eheschließung geschäftsunfähig war oder sich im Zustand der Bewußtlosigkeit oder vorübergehenden Störung der Geistestätigkeit befand.

II Die Ehe ist jedoch als von Anfang an gültig anzusehen, wenn der Ehegatte nach dem Wegfall der Geschäftsunfähigkeit, der Bewußtlosigkeit oder der Störung der Geistestätigkeit zu erkennen gibt, daß er die Ehe fortsetzen will.

1) Rechtsentwicklg. Wörtl aus § 22 EheG 38; I entspr wörtl, II lehnt sich an § 1325 II an.

2) Voraussetzgen, I. Nichtigk, vgl Einf vor EheG 16 Anm 1b, tritt ein, wenn zZ der Eheschl ein Eheg entweder **a)** geschäftsunfäh war, vgl EheG 2 Anm 1, oder **b)** wenn sich ein Eheg im Zustande der Bewußtlosigk oder vorübergehender Störg der Geistestätigk befand; auch diese muß dem Zwecke der Vorschr entspr die freie Willensbestimmg ausschließen, RG 103, 400.

3) Heilg durch Bestätigg, II (vgl auch EheG 30, 35 II). **Voraussetzgen a)** die Geschäftsunfähigk, Bewußtlosigk oder vorübergehende Störg der Geistestätigk muß behoben sein und **b)** der bisher unfähige Eheg (nicht der andere) muß **zu erkennen geben, daß er die Ehe fortsetzen will,** also zB dch weiteres Zusammenleben oder Wiederaufn der ehel Gemsch, Herstellgskl, Geschlechtsverkehr u dgl, nicht aber schon dch Mitleidsäußergen, kleine Aufmerksamkeiten. Die Auffassg des anderen Teils ist unerhebl. Wg des Zeitpunktes, bis zu dem die Hdlg vorgenommen sein muß, vgl EheG 24 Anm 2. Die **Bestätigg** ist and als die des § 1325 II, vgl KG JW **37**, 2039, eine **RechtsHdlg**, bei der auch die Willensrichtg beachtl ist, vgl Übers vor BGB 104 Anm 1e, so daß GeschFgk zur Erreichg des Erfolges wesentl ist; vgl EheG 30 I u II, aber auch EheG 31 Anm 4. Zustimmend Volkmar Anm 3; ähnl auch Manigk, Rechtswirksames Verhalten S 425. Aus diesem rechtl Charakter der Bestätigg im EheG, die zwar mit der Verzeihg verwandt ist, vgl EheG 49 Anm 3 u 4, sich aber mit ihr keineswegs i Anwendgbiet deckt, folgt, daß sie einer Form nicht bedarf, der Wille also auch stillschweigendzum Ausdruck kommen kann, auch nicht gerade güber dem and Eheg, daß die Bestätigg unwiderrufl ist, ncht nichtig oder anfechtb sein kann und daß der bestätigende Eheg nicht gerade Kenntn davon zu haben braucht, daß er bei der Eheschl geschäftsunfähig war; es genügt vielmehr der Fortsetzgswille als solcher, also der Wille, weiter mit dem anderen in einer Ehe zu leben, u das Bewußtsein, daß an seiner GeschFgk u damit an der Gültigk der Ehe berechtigte Zweifel bestanden, RG **157**, 129; nur dann kann er Fortsetzgswillen haben. Ebso RGRKomm (Wüstenberg) 10. Die Bestätigg kann auch nicht dch einen Vertreter erfolgen. Wohl bedarf es aber seiner Einwilligg, wenn der Eheg zZ der Bestätigg noch in der GeschFgk beschränkt war; andernfalls Aufhebgskl, EheG 30, 35 II.

4) Die Wirkg der Heilg besteht darin, daß die Ehe als von Anfang an gültig anzusehen ist; and § 141 u die Wiederholg der Eheschl, EheG 5 Anm 4. **Die Möglichk der Bestätigg entfällt,** wenn vorher die Ehe bereits rechtskr für nichtig erklärt, EheG 23, oder aufgelöst, vgl EheG 5 Anm 2, ist oder wenn sie erst nach der letzten mündl Verhandlg vorgenommen wurde, aM Staudinger § 1325 Anm 3d, außer wenn solchenfalls der Eintritt der Rechtskraft dch Berufgseinlegg verhindert wird, ähnl v Godin Anm 5, oder Kl vor Eintritt der Rechtskr zurückgenommen wurde, Hoffmann-Stephan Anm 3 d.

EheG 19 *Namensehe. (Außer Wirksamk aGrd des 1. EheRG Art 3 Z 1; vgl Einl 1 G vor EheG 1. Zum früheren Recht 35. Aufl.)*

EheG 20 *Doppelehe.* Eine Ehe ist nichtig, wenn einer der Ehegatten zur Zeit der Eheschließung mit einem Dritten in gültiger Ehe lebt.

1) Früheres Recht. Entspr wörtl § 24 EheG 38 u § 1326.

2) Allgemeines. Vgl EheG 5. **Nichtige Ehe,** Einf 1b vor EheG 16. Die Nichtigk unheilb, greift also auch dann ein, wenn die frühere Ehe nachträgl aufgelöst ist; vgl jedoch auch EheG 24 Anm 2 u EheG 5 Anm 2. Es hilft dann Wiederholg der Eheschl, aber nur für die Zukunft, vgl aber auch EheG 5 Anm 4 aE. Die Nichtigkeitskl kann außer von jedem Eheg u dem Staatsanwalt auch von dem Dritten, mit dem die frühere Ehe geschlossen war, erhoben werden u ist dann gg beide Eheg der späteren Ehe zu richten, ZPO 632. Zur Klagebefugn auch EheG 24 Anm 2. Das auf die Nichtigkeitskl ergehende Urt wirkt für u gg alle, ZPO 636 a. Strafvorschr StGB 171, 338.

3) Voraussetzg der Nichtigk ist das Bestehen einer gültigen Ehe zZ der Eheschl. Auf die Gutgläubigk über die Auflösg der früheren Ehe, zB Vertrauen auf eine unricht SterbeUrk (Ausn EheG 38), auf Anerkenng der i Ausland erfolgten Scheidg, vgl dazu EheG 5 Anm 2, kommt es nicht an. Nichtigk tritt auch ein, wenn das ScheidgsUrt der früheren Ehe im WiederaufnahmeVerf beseitigt wird (BGH FamRZ **76**, 336). Die **frühere Ehe muß gültig** oder jedenfalls nicht für nichtig erklärt sein, vgl EheG 23, auch RG **120,** 37. Wird die erste Ehe nach der Eingehg der zweiten für nichtig erklärt, so ist die zweite gültig, EheG 5 Anm 2. Wird die Nichtigk der ersten Ehe erst im NichtigkProz ü die zweite Ehe geltend gemacht, so Aussetzg nach ZPO 151 oder unabhäng von dem dort vorgesehenen Antr Abgabe der Akten an die Staatsanwaltsch, vgl auch RG **120,** 37, u Aussetzg nach ZPO 149. Ist die frühere Ehe aufgelöst, EheG 5 Anm 2b, so kommt diese Abgabe allein i Betr. Erhebt der Staatsanwalt die Kl nicht, so ist das NichtigkVerf wg der zweiten Ehe durchzuführen.

EheG 21 *Verwandtschaft und Schwägerschaft.* I Eine Ehe ist nichtig, wenn sie zwischen Verwandten oder Verschwägerten dem Verbote des § 4 zuwider geschlossen worden ist.

II Die Ehe zwischen Verschwägerten ist jedoch als von Anfang an gültig anzusehen, wenn die Befreiung nach Maßgabe der Vorschrift des § 4 Abs. 3 nachträglich bewilligt wird.

1. Abschnitt: Recht d. Eheschließg. D. Nichtigk. d. Ehe   **EheG 21–24**

1) Früheres Recht. Entspr § 25 EheG 38; früher § 1327 idF FamÄndG 2, vgl auch Einf vor § 1297 Anm 3e. **Ergänzt wird EheG 21** (Befreiung) dch EheG 4 III.

2) Vgl EheG 4 nebst Anm. Folge des Verstoßes gg die Eheverbote ist **Nichtigk der Ehe,** Einf vor EheG 16 Anm 1b.

3) Heilg mit rückw Kraft **durch nachträgl Befreiung** ist bei Verstoß gg das Eheverbot der Verwandtsch nicht mögl, wohl aber bei dem der Schwägersch; wg der Befreiung vom Eheverbot der GeschlechtsGemsch EheG 4 Anm 7. Für die nachträgl Befreiung gilt das dort Gesagte entspr. Zuständig VormschG, EheG 4 III. Da Nichtigkeitskl auch nach Auflösg der Ehe erhoben w kann, vorausgesetzt, daß noch ein Eheg lebt, EheG 24 II 2, so muß auch noch solange nachträgl Befreiung mögl sein, Maßfeller StAZ **38,** 281 (Ehe bleibt aber natürl aufgelöst), selbstverständl aber nicht nach NichtigErkl.

EheG 22   *Ehebruch.(Außer Wirksamkeit ab 1. 7. 77 aGrd 1. EheRG Art 3 Z 1; vgl Einl 1 G vor EheG 1. Zum früh Recht vgl 35. Aufl.*

II. Berufung auf die Nichtigkeit

Vorbemerkung

1) Vgl Einf vor EheG 16 Anm 1b, wg des Verf dort Anm 2; wegen der Nichtehe dort Anm 1a.

EheG 23   Niemand kann sich auf die Nichtigkeit einer Ehe berufen, solange nicht die Ehe durch gerichtliches Urteil für nichtig erklärt worden ist.

1) Früheres Recht. Wörtl aus § 27 EheG 38 übernommen; vorher § 1329, von dem aber EheG 23 grdsätzl abweicht, Anm 2.

2) Die Berufg auf die Nichtigk setzt immer ein rechtskräftiges Nichtigkeitsurteil voraus. Solange die Ehe nicht rechtskr für nichtig erklärt ist, ist sie als gültige Ehe anzusehen, hat auch solange derenWirkgen. Über die Gültigkeit einer Ehe kann nie in einem anderen Verf als Vorfrage entschieden w, dann vielmehr Aussetzg, ZPO 151. Das schließt aber nicht aus, daß auch vor NichtigErkl der 2. bigamischen Ehe der and Eheg der 1. aus dieser Rechte geltend macht, zB auf Wiederherstellg klagt, Tüb NJW **50,** 389, Beitzke ebda gg Grund NJW **49,** 293. Das Urt, das auf die Nichtigkeitskl ergeht, gleichgült, ob sie der Staatsanwalt oder ein Eheg erhoben hat, **wirkt für und gegen alle,** ZPO 636a, **u stellt damit den Bestand der Ehe ein für allemal klar.** Die Erhebg einer Nichtigkeitskl ist demgemäß auch noch nach Auflösg der Ehe mögl, EheG 24 I 2; sie ist nur unstatth, wenn keiner der Eheg mehr am Leben ist, EheG 24 II, so daß also dann die Ehe für immer als gültig anzusehen ist.

3) Wirkg der NichtigkErklärg. Mit der Rechtskraft des NichtigkUrt wird die Ehe **von vornherein vernichtet.** Wg der weiteren Folgen vgl EheG 26, 27 u Einf vor EheG 16 Anm 1b.

4) Nichtehe. Für sie gilt EheG 23 nicht. Auf sie kann sich jeder berufen, ohne daß es eines besond FeststellgsUrt bedarf. Geschieht das einredeweise, so Aussetzg nach ZPO 154 I. Das dann auf die nunmehr erhobene Klage auf Feststellg der Nichtigk wg der inter omnes-Wirkg aber z bejahen, LG Hbg FamRZ **73,** 602.

EheG 24   *Klagebefugnis.* ¹ In den Fällen der Nichtigkeit kann der Staatsanwalt und jeder der Ehegatten, im Falle des § 20 auch der Ehegatte der früheren Ehe, die Nichtigkeitsklage erheben. Ist die Ehe aufgelöst, so kann nur der Staatsanwalt die Nichtigkeitsklage erheben.

II Sind beide Ehegatten verstorben, so kann eine Nichtigkeitsklage nicht mehr erhoben werden.

1) Rechtsentwicklg. Entspr § 28 II u III EheG 38 fast wörtl; I ist, zT wg KRG 1, weggefallen. Im BGB nicht geregelt.

2) Klagebefugn bei bestehender Ehe, I, 1. Außer dem Staatsanwalt jeder der beiden Eheg, i Falle der Doppelehe auch der Eheg der früh Ehe. Ob ein Eheg bei der Eheschl gutgl gewesen ist, ist für seine Klagebefugnis unerhebl. Aber keine Klagebefugn (unzul Rechtsausübg), wenn 1. Ehe aufgelöst u bei Klageerhebg allein die 2. besteht, der die Nichtigkeitskl erhebende Eheg sich aber von der 2. auf diese Weise unter starkem Verstoß gg sittl Verpflichtung zu lösen will, um eine andere (3.) Ehe einzugehen, Bruns JZ **59,** 151, BGH **30,** 140, einschränkend BGH **37,** 56, bestätigt NJW **64,** 1853 (auch bei Hinwendg zum Partner der 1. Ehe, die geschieden ist). Beitzke MDR **52,** 388, Boehmer NJW **59,** 2189, halten eine Nichtigkeitskl bei Doppelehe stets für unzul, wenn die 1. Ehe nicht wiederhergestellt w kann. Unzul Klage des StaatsAnw, wenn bigam Ehe intakt u 1. Ehe inzw geschieden ist, wg GG 6 I (LG Ffm NJW **76,** 1096). Unzul ist die Nichtigkeitskl, wenn sich Kl weigert, das ausl ScheidgsUrt für seine 1. Ehe anerkennen zu lassen, BGH FamRZ **61,** 427. Im Falle von EheG 18 I hat Klagebefugn nicht nur derjenige, der geschäfts- oder urteilsunfähig war, sondern auch der andere, dessen Klagerecht (ebenso wie das des Staatsanwalts) aber dch Bestätigg seitens des früher Geschäfts- oder Urteilsunfähigen hinfällig w kann, sofern die bestätigende Hdlg vor der letzten TatsachenVerh erfolgt; vgl auch EheG 18 Anm 3. Die Klagebefugn jedes interessierten Dritten, wenn näml von der Nichtigk der Ehe ein Recht oder von der Gültigk eine Verpflichtg abhing, ist dch EheG 1938 beseitigt.

3) Klagebefugn nach Auflös der Ehe, I, 2, II. Die Zulassg der Nichtigkeitskl nach Auflös der Ehe ist erforderl, da gem EheG 23 die Nichtig nur noch dch Nichtigkeitskl geltend gemacht w kann. Wg der Fälle der Auflös vgl EheG 5 Anm 2b. Die Klagebefugn hat, da in diesem Falle keine berecht Interessen eines Eheg auf dem Spiele stehen dürften, die nicht gleichzeitig auch öff wären, **allein der Staatsanwalt, I 2.** Sind beide Eheg gestorben, so hat auch er keine Klagebefugn mehr, II, da ein öff Interesse nicht mehr besteht. Die Ehe wird also auch weiterhin als gültig angesehen, Warn **41**, 9, hat auch erbrechtl Wirkgen, Dölle AkZ **39**, 155, Kanka DR **39**, 1369.

4) Die Nichtigkeitskl des Staatsanwalts insbesondere. Sie ist zu Lebzeiten beider Eheg gg beide zu richten; sie sind notwendige Streitgenossen, ZPO 62. Stirbt ein Eheg während des Rechtsstreits, so ist der Rechtsstreit gg den Überlebenden fortzusetzen, ZPO 636. Ebenso, wenn der Eheg i der Rechtsmittelinstanz gestorben ist u allein das Rechtsmittel eingelegt hatte, Fechner J W **38**, 2115. Stirbt auch der zweite Eheg während des Verf, so gilt ZPO 619. Lebte zZ der Klageerhebg nur noch ein Eheg, so ist die Klage des Staatsanwalts gg diesen zu richten, ZPO 632. – Der **Staatsanwalt kann die Klageerhebg aber auch einem Eheg überlassen**, der dann gg den anderen (der Eheg der 1. Ehe im Falle der Doppelehe gg beide) zu klagen hat, ZPO 632. Auch dann kann der Staatsanwalt den RStreit betreiben, insb selbständige Anträge stellen u Rechtsmittel einlegen, ZPO 634. Stirbt i einem derartigen Falle ein Eheg, so ist der Rechtsstreit i der Hauptsache erledigt, ZPO 628; Fortsetzg des Rechtsstreits wg der Kosten zul, ZPO 91a, StJSchP ZPO 91a I 2c. **Zuständig für die Klageerhebg** ist die Staatsanwaltsch am Sitz des FamGerichts, GVG 143. Lehnt sie die Klageerhebg wg mangelnden Interesses ab, DienstaufsichtsBeschw GVG 146, 147, aber nicht Antr auf gerichtl Entsch, EGGVG 23ff.; ebso RGRK (Wüstenberg) 5 gg Lüke JuS **61**, 210. Wg des VerfRechts im übr Einf 2 vor EheG 16. – Keine unzuläss RAusübg, wenn Staatsanw NichtigkKl erst nach mehr als 25jähr ZusLeben der Beteiligten erhebt (BGH NJW **75**, 872 m Anm Ruthe FamRZ **75**, 334).

III. Folgen der Nichtigkeit

Vorbemerkung

1) Wg der **sonstigen Folgen** der Nichtigk einer Ehe Einf vor EheG 16 Anm 1b, dort auch wg der Kinder, wg der elterl Gewalt § 1671 VI. Zur Nichtehe Einf vor EheG Anm 1a. **Übergangsbestimmgen** fehlen. Ist die Ehe vor dem 8. 5. 45 rechtskr aus den in § 29 I EheG 38 genannten Gründen für nichtig erkl oder die Unehelichk der Kinder aus diesen Gründen festgestellt worden, so sind die Kinder unehel, bei Namensehen war das noch bis Inkrafttr des EheG 46 (1. 3. 46) der Fall (mit den übrigen Gründen dürfte nach dem 8. 5. 45 eine Nichtigk nicht mehr begründet worden sein, zT war das wg KRG 1 nicht mehr mögl). Das Kind bleibt unehel mit allen Folgen der Unehelichk (UnterhAnspr jedoch wie ein ehel, § 29 IV EheG 38). Ist das NichtigkUrt nach dem 1. 3. 46 rechtskr gew, so sind die Kinder auch aus einer Namensehe stets ehel, EheG 25 u jetzt § 1591 I 1. Vgl auch Einf vor EheG 16 Anm 3. Im übr können Übergangsschwierigkeiten nicht auftreten.

EheG 25 *Rechtliche Stellung der Kinder.* I dch Art 9 I Abs I FamRÄndG außer Wirkg, II u III dch Art 8 II Nr 1 GleichberG, in *Berlin* I dch AO der AllKdtr v 21. 11. 61, GVBl 1672, II u III dch AO v 12. 8. 57, GVBl 1004.

Fassung bis 30. 6. 1977:

EheG 26 *Vermögensrechtliche Beziehungen der Ehegatten.* I Hat auch nur einer der Ehegatten die Nichtigkeit der Ehe bei der Eheschließung nicht gekannt, so finden auf das Verhältnis der Ehegatten in vermögensrechtlicher Beziehung die im Falle der Scheidung geltenden Vorschriften entsprechende Anwendung. Dabei ist ein Ehegatte, dem die Nichtigkeit der Ehe bei der Eheschließung bekannt war, wie ein für schuldig erklärter Ehegatte zu behandeln.

II Ein Ehegatte, der die Nichtigkeit der Ehe bei der Eheschließung nicht gekannt hat, kann binnen sechs Monaten, nachdem die Ehe rechtskräftig für nichtig erklärt ist, dem anderen Ehegatten erklären, daß es für ihr Verhältnis in vermögensrechtlicher Beziehung bei den Folgen der Nichtigkeit bewenden solle. Gibt er eine solche Erklärung ab, so findet die Vorschrift des Absatzes 1 keine Anwendung.

1. DVO z EheG § 16. Soweit auf die vermögensrechtlichen Beziehungen der Ehegatten aus einer für nichtig erklärten Ehe die im Falle der Scheidung geltenden Vorschriften entsprechende Anwendung finden (§ 31 Abs. 1 [jetzt § 26 Abs 1] des Ehegesetzes), kann im Falle des § 69 Abs. 2 [jetzt § 61 Abs 2] des Ehegesetzes jeder Ehegatte Unterhalt ohne Rücksicht darauf verlangen, wer die Nichtigkeitsklage erhoben hatte.

1) Die Vorschr des EheG 26 in der oben stehden Fassg verliert mit dem 30. 6. 1977 ihre Wirksamk aGrd des 1. EheRG Art 3 Z 1 (vgl Einl 1 G vor EheG 1). An ihre Stelle tritt die unten abgedruckte Neufassg von EheG 26. Gem 1. EheRG Art 12 Z 5 gilt jedoch für Ehen, die nach dem bisher (also vor dem 1. 7. 1977 geltden) Vorschriften für nichtig erklärt worden sind, EheG 26 aF weiter. Zur Kommentierg vgl die 35. Aufl. 1. DVO z EheG 16 aufgeh dch 1. EheRG Art 11 Z 2.

1. Abschnitt: Recht d. Eheschließg. E. Aufhebg. d. Ehe   **EheG 26, 27, Einf v EheG 28**

Fassung ab 1. 7. 1977:

EheG 26 *Vermögensrechtliche Folgen der Nichtigkeit.* ¹ Die vermögensrechtlichen Folgen der Nichtigkeit einer Ehe bestimmen sich nach den Vorschriften über die Folgen der Scheidung.

ᴵᴵ Hat ein Ehegatte die Nichtigkeit der Ehe bei der Eheschließung gekannt, so kann der andere Ehegatte binnen sechs Monaten, nachdem die Ehe rechtskräftig für nichtig erklärt ist, durch Erklärung gegenüber dem Ehegatten die für den Fall der Scheidung vorgesehenen vermögensrechtlichen Folgen für die Zukunft ausschließen. Gibt er eine solche Erklärung ab, ist insoweit die Vorschrift des Absatzes 1 nicht anzuwenden. Hat auch der andere Ehegatte die Nichtigkeit der Ehe bei der Eheschließung gekannt, so steht ihm das in Satz 1 vorgesehene Recht nicht zu.

ᴵᴵᴵ Im Falle des § 20 stehen dem Ehegatten, der die Nichtigkeit der Ehe bei der Eheschließung gekannt hat, Ansprüche auf Unterhalt und Versorgungsausgleich nicht zu, soweit diese Ansprüche entsprechende Ansprüche des Ehegatten der früheren Ehe beeinträchtigen würden.

1) **Eingef dch 1. EheRG Art 3 Z 5;** Überschrift nicht amtl. Bezügl Ehen, die vor dem 1. 7. 77 für nichtig erklärt wurden, EheG 26 aF (vgl den vorstehden Abdruck). Wird eine Ehe für nichtig erkl, so werden damit grdsl sämtliche Ehewirkgen rückwirkd beseitigt. Die Anwendg dieses Grdsatzes würde bedeuten, daß die Beziehgen der Eheg zueinander so anzusehen sind, als ob die Ehe nie bestanden hätte. Ausgeschl wären danach nicht nur Folgergen für die Zukft, wie zB die ggseit UnterhPfl; auch für die zurückliegde Zeit wären alle wirtschaftl Vorgänge, die ihre Grdlage in der Ehe finden, der Rückabwicklg unterworfen. In Abweichg von diesem Grds behandelte schon das bisherige Recht die nichtige Ehe weitgehd so, als hätten die Eheg bis zur NichtigErkl der Ehe in gült Ehe gelebt. EheG 26 nF weicht von der aF in flgden Pkten ab: Die vermögensrechtl Folgen der Nichtigk der Ehe sollen sich grdsl – also auch iF der beiderseit Bösgläubigk – nach den Folgen der Scheidg bestimmen, I. Ferner soll die Entsch des gutgläub Eheg für die NichtigkFolgen nur für die Zukft mögl sein, II 1 u 2. Schließl soll dieses Wahlrecht dem gutgläub Eheg auch nur dann zustehen, wenn der and Eheg bösgläub war, II 1 u 3 (BT-Drucks 7/650 S 182). EheG 26 gilt für sämtl NichtigkFälle, nicht aber für die Nichtehe (Einf 1 a vor EheG 16); für die Eheaufhebg gilt (vgl auch früher §§ 1345, 1347) eine entspr Regelg (EheG 37 II nF). EheG 26 kommt nur zur Anwendg, wenn die Ehe dch rechtskr Urt für nichtig erklärt ist (EheG 23). Bis dahin ist sie auch in vermögensrechtl Beziehg wie eine gült Ehe zu behandeln. Geregelt wird nur das **Verhältn der Eheg in vermögensrechtl Beziehg**, insb also das UnterhR u die güterrechtl Beziehgen. Wg der sonst Wirkgen der NichtigErkl, auch des VersorggsAnspr einer Beamtenwitwe Einf 1 v § 1569 sowie Einf 1 b vor EheG 16.

2) **Eintritt der vermögensrechtl Scheidgsfolgen, I.** Ehenichtigk bedeutet danach vermögensrechtl das gleiche wie die Scheidg. Im Ggsatz zu EheG 26 aF gilt das nunmehr auch für den Fall, daß beide Eheg bei der Eheschließg die Nichtigk gekannt haben (BT-Drucks 7/650 S 182 mit ausführl Begründg). Einschränkg iF der Doppelehe (III). Vermögensrechtliche Folgen sind der nachehel Unterh (§§ 1569 ff), der Zugewinn-Ausgl (§§ 1372 ff) sowie der VersorggsAusgl (§§ 1587 ff).

3) **Ausschluß der Scheidgsfolgen, II.** Der gutgläub Eheg soll unter bestimmten Voraussetzgen die vermögensrechtl Folgen der Scheidg ausschließen dürfen. **a) Voraussetzgen: aa)** Ein Eheg hat die **Nichtigk der Ehe zZ der Eheschl nicht gekannt**, dh ihm waren die dch die Nichtigk bedingten Tats unbekannt u daß sie einen NichtigkGrd abgeben (RG **109**, 65); späteres Erkennen unerhebl. **bb)** Der **and Eheg muß die Nichtigk der Ehe gekannt haben.** Kennenmüssen genügt nicht, ebsowenig, wenn der and Eheg die NichtigkGrde später erfährt. Die Bösgläubigk muß beweisen, wer sich darauf beruft (RG **78**, 369); wg ihrer Feststellg im Urt Einf 2 vor EheG 16. **cc)** Die Erkl muß **binnen 6 Monaten** nach Eintritt der Rechtskr des NichtigkUrt abgegeben, dh hier: dem and Eheg zugegangen sein (§ 130); Zugang der Erkl danach ohne Wirkg. **b) Rechtsfolge der einseitigen Gutgläubigkeit** ist, daß der gutgläub Eheg dch Erklärg ggü dem and Eheg die für den Fall der Scheidg vorgesehenen vermögensrechtl Folgen **für die Zukft** ausschließen kann, nicht dagg für die Vergangenh, weil die Rückabwicklg der vermögensrechtl Beziehgen vielf prakt unausführb ist, des Zugewinns idR gar nicht wünschensw ist (BT-Drucks 7/650 S 183). Bei beiderseitiger Gut- wie Bösgläubigk verbleibt es bei I.

4) **Scheidgsfolgen bei Doppelehe, III.** Die Vorschr trägt dem Gedanken Rechng, daß es iF der Doppelehe unbill ist, demj Eheg, der die Nichtigk der Ehe bei der Eheschl gekannt hat, Ansprüche auf Unterh u VersorggsAusgl zuzugestehen, wenn hierdch entsprechde Anspr des Eheg der früheren Ehe beeinträchtigt würden (BT-Drucks 7/650 S 183).

EheG 27 *Schutz gutgläubiger Dritter.* *(Außer Wirksamk ab 1. 7. 77 aGrd 1. EheRG Art 3 Z 1; vgl Einf 1 G vor EheG 1. Grund: Die Vorschr erübrigt sich, nachdem EheG 26 nF für den vermögensrechtl Bereich eine Rückwirkg der Ehenichtigk ausschließt; BT-Drucks 7/650 S 180. Obwohl in 1. EheRG Art 12 Z 5 nicht mit aufgeführt, muß die Vorschr für Altfälle fortgelten; vgl oben EheG 26 aF Anm 1 sowie iü die 35. Aufl.).*

E. Aufhebung der Ehe

Einführung

1) **Aufhebg und Nichtigk.** Während die Nichtigk einer Ehe die Folge der öff Interessen ist, **trägt die Aufhebg**, die an Stelle der Anf getreten ist, **den Belangen des einzelnen Eheg Rechng.** Daraus erkl sich auch die Verschiedenartigk der Wirkgen. Das EheG trägt aber auch der Wirklichk Rechng, wenn es davon ausgeht, daß Willensmängel bei Eingehg der Ehe grdsätzl nicht die dch die Eheschl begründete tatsächl

LebensGemsch der Eheg nachträgl aus der Welt schaffen, vielmehr nur dem Eheg, in dessen Person sie vorlagen, uU das Recht geben, die Fortsetzg dieser ehel LebensGemsch zu verweigern. Demgem **löst die Aufhebg die Ehe nur mit Wirkg für die Zukunft auf,** EheG 29; ihre Wirkgen sind denen der Scheidg gleichgestellt, EheG 37. Grdsätzl gg das ganze RInstitut: M Höhne, GeltgsAnspr der EheAufhebg, Diss Ffm 1974.

2) Unterschiede des Aufhebgs- und Scheidgsrechts. Trotz der Annäherg der Aufhebg an die Scheidg ist es dennoch nicht angängig, beide Rechtseinrichtgen zu verschmelzen. Die Aufhebg gibt eine Auflösgsmöglichk aus Gründen, die zZ der Eheschl vorgelegen haben (was also internationalprivatrechtl die Anwendg von EG 13 – nicht EG 17 – bedingt), die Scheidg aGrd von später eingetretenen. Die dem Scheidgsrecht angehörige Verzeihg, EheG 49, umfaßt nicht alle Fälle, in denen ein aufhebgsberecht Eheg nach Entdeckg des Aufhebgsgrundes zu erkennen geben kann, daß er die Ehe fortsetzen will, EheG 30 II, 31 II, 32 II, 33 II, 34 II. Den Scheidgsanspr kann auch der i der GeschFgk beschränkte Eheg nur selbst geltend machen, die Aufhebg i Falle von EheG 30 nur der gesetzl Vertreter, vgl Anm 3.

3) Verfahrensrechtl zur Aufhebgsklage. Es gelten im allg die Vorschr des bisherigen Anfechtgsverf die 1. DVO z EheG 40 der neuen Aufhebgskl angepaßt hat. **Zur Klageerhebg befugt** ist grdsätzl nur der aufhebgsberecht Eheg selbst – nach seinem Tode also keine Aufhebg mehr, vgl auch ZPO 619 – u zwar auch, wenn er i der GeschFgk beschränkt ist, ZPO 607 I. **Ausnahmen** bestehen nur insof, als nur der sorgeberechtigte ges Vertreter klagebefugt ist **a)** im Falle von EheG 30, solange der Eheg i der GeschFgk beschränkt ist, vgl dort Anm 3, **b)** bei GeschUnfähigk des Eheg. In letzterem Falle bedarf der ges Vertreter der Genehmigg des VormschG, ZPO 607 II (es entsch der Richter, RPflG 14 Z 14), vgl auch EheG 35 IV u 36. Zuständigk FGG 36, 45 vgl auch Übbl Anm 5 vor § 1773. Anhörg der Verwandten u Verschwägerten § 1847. Genehmigg erfolgt dem gesetzl Vertreter ggü, §§ 1828, 1831. Nachträgl Gen zul, RG **86**, 15, jedoch nur innerh der Klagefrist des EheG 35, vgl RG **118**, 145. Genehmigg des VormschG nur zur Klageerhebg, nicht zu deren Fortführg erforderl, also nicht, wenn Eheg im Laufe des Proz geschäftsunfäh gew ist, RG **86**, 15. Mit Erhebg der Aufhebgskl werden **sämtl Gründe**, aus denen Aufhebg begehrt werden konnte, dh soweit sie dem Berechtigten bekannt waren, vgl EheG 35 Anm 2, **rechtshängig**. Nach dem damit zusammenhängenden **Grundsatz der Einheitlichk der Entsch**, Übbl vor EheG 41 Anm 5f und g (35. Aufl), kann nicht neben einer AufhebgsKl gleichzeit noch eine andere aus anderen Gründen durchgeführt w. Wg der Verbindg von Aufhebgs- u ScheidgsKl EheG 29 Anm 3. Wg der Fristwahrg dch Erhebg der AufhebgsKl für die Scheidgründe u umgekehrt EheG 35 Anm 2. ZPO 629 ist zwar aufgehoben, 1. DVO zu EheG 43, das auf die AufhebgsKl ergehende Urt – auch das abweisende – wirkt aber ebenf **für und gegen alle**, EheG 29 Anm 2. Vgl im übr Übbl vor EheG 41 Anm 5 (35. Aufl). Für das Eheaufhebgsverf ist der Verhdlgs- u **Entscheidgsverbund** der ZPO 623 I, 629 nicht vorgeschrieben; auch keine analoge Anwendg (AG Kamen FamRZ **78**, 122; aA Darmst FamRZ **78**, 44).

4) ÜbergangsVorschr fehlen. Es gelten, auch für Ehen aus der Zeit vor Inkrafttr des EheG 38, ledigl die Best des EheG 46. **Internationales Privatrecht** vgl EG 13 Anm 3.

I. Allgemeine Vorschriften

EheG 28 Die Aufhebung der Ehe kann nur in den Fällen der §§ 30 bis 34 und 39 dieses Gesetzes begehrt werden.

1) Früheres Recht. Wörtl aus § 33 EheG 38 übernommen; entspr § 1330.

2) Die Aufzählg der Aufhebgsgründe ist erschöpfend: keine entspr Anwendg mögl. Nach NichtigErkl einer Ehe findet eine Aufhebg nicht mehr statt, vgl auch RG **59**, 412.

EheG 29 Die Ehe wird durch gerichtliches Urteil aufgehoben. Sie ist mit der Rechtskraft des Urteils aufgelöst.

Fassung bis 30. 6. 1977:

1. DVO z EheG § 17. Wird die Ehe aufgehoben und ist ein Ehegatte im Sinne des § 42 [jetzt: 37] Abs. 2 des Ehegesetzes oder des § 19 Abs. 2 dieser Verordnung als schuldig anzusehen, so ist dies im Urteil auszusprechen.

Fassung bis 30. 6. 1977:

1. DVO z EheG § 18. Wird in demselben Rechtsstreit Aufhebung und Scheidung der Ehe begehrt und sind die Begehren begründet, so ist nur auf Aufhebung der Ehe zu erkennen. Die Schuld eines Ehegatten, welche das Scheidungsbegehren oder einen Schuldantrag gegenüber diesem Begehren rechtfertigt, ist im Schuldausspruch (§ 17 dieser Verordnung, §§ 60 und 61 [jetzt: 52 und 53] des Ehegesetzes) zu berücksichtigen. Ist hiernach jeder der Ehegatten als schuldig anzusehen, so sind beide für schuldig zu erklären. Ist das Verschulden des einen Ehegatten erheblich schwerer als das des anderen, so ist zugleich auszusprechen, daß seine Schuld überwiegt.

1) Rechtsentwicklg. Wörtl § 34 EheG 38 entnommen; früher § 1343, jedoch damals Wirkg der Aufhebg ex tunc, vgl auch Anm 2. **Ergänzt wird EheG 34** dch 1. DVO z EheG 17, 18, für **Länder der früh BrZ** AVO z EheG 16, 17 v 12. 7. 48, VOBlBrZ 210, wörtl übereinstimmd unter Einfügg der §§-Bezeichnungen des EheG 46. 1. DVO z EheG 17 u 18 S 2–4 ab 1. 7. 77 aufgeh dch 1. EheRG Art 11 Z 2.

2) Wirkg des Urteils. Die Aufhebg der Ehe kann **nur durch Urteil** i einem Aufhebgsrechtsstreit erfolgen. Aufhebgsgründe können also nicht inzidenter geltend gemacht w; dann vielmehr VerfAussetzg, ZPO 152. Erst das rechtskr Urt i einem Aufhebgsstreit, das für **u gegen alle wirkt,** Einf vor EheG 28

1. Abschnitt: Recht der Eheschließg. E. Aufhebung d. Ehe **EheG 29, 30**

Anm 3, löst die Ehe auf, hat mithin and als das Urt i AnfStreit, vgl für dieses RG **88**, 326, nicht deklarator, sond **rechtsgestaltende Wirkg**. Das AufhebgsUrt vernichtet nicht wie früher das auf Anfechtungskl ergehende Urt § 1343, den Bestand der Ehe von vornherein, sondern **hebt sie nur für die Zukunft auf**, vgl Einf vor EheG 28 Anm 1. Damit tritt zu den dem BGB bekannten Auflösgsmöglichk für eine Ehe eine neue hinzu, vgl EheG 5 Anm 2b. Da aber dch Tod oder Scheidg die Ehe gleichfalls aufgelöst wird, ergibt sich gleichzeit, daß die dch jene Ereignisse aufgelöste Ehe nicht nochmals aufgelöst w kann (bei Tod eines Eheg während des Aufhebgsrechtsstreits ZPO 619). Aufhebgsgründe können aber auch nach dem Tode weiter geltend gemacht w, §§ 1933, 2077 I, 2268 II, 2279. Da für Namensrecht, Unterh u Kinderzuteil die Schuldfrage nicht mehr erhebl sein kann, ist die **Schuld künftig nicht mehr besonders im Urteil auszusprechen**. Bei der Aufhebg einer Ehe von Ausländern ist der Urteilsausspruch ihrem Heimatrecht anzupassen, vgl RG **151**, 226 und EG 13 Anm 3. Die Aufhebg der Ehe ist im FamBuch zu vermerken, PStG 14 Z 2.

3) **Aufhebgs- und Scheidgsantrag**, DVO 18. Beide können miteinander verbunden w, ZPO 610; über sie muß dann in demselben Urt entschieden werden, sonst unzul TeilUrt, Düss HRR **42**, 12. Es kann in demselben Verf Scheidg nicht nur hilfsweise neben der Aufhebg u umgekehrt, wie auch i Wege der Klage u Widerkl, vgl auch RG **104**, 292, sondern **Aufhebgs- und Scheidgsgründe können auch nebeneinander geltend gemacht werden** mit dem Erfolge, daß beide untersucht w müssen. Es kann aber i der Klage auch eine Reihenfolge angegeben w. Es sind also **folgende Möglichk gegeben**:

a) AufhebgsKl, hilfsweise ScheidgsAntr. b) Umgekehrt. c) Aufhebgs- und Scheidgsgründe in derselben Klage gleichwertig nebeneinander. Dann ist zu **unterscheiden**: Greifen die Scheidgs-, aber nicht die Aufhebgsgründe durch, so ist nicht das Aufhebgsbegehren abzuweisen, sondern wie sonst bei Häufg von Klagegründen nur auf Scheidg zu erkennen. Ein etwa anderslautender Antr ist umzudeuten; ebenso Fechner JW **38**, 2115. Entspr bei umgekehrtem Ergebn. Sind Aufhebgs- und Scheidgsbegehren berechtigt, so ist nur auf Aufhebg zu erkennen, 1. DVO z EheG 18 S. 1. Das geschieht aber nur aus Vereinfachgsgründen, da der Aufhebg kl wie früher ohne weiteres der Vorrang eingeräumt wird. Erweist sich i der Berufg die Aufhebg als unbegründet, so ist das Urt dahin zu ändern, daß nunmehr auf Scheidg erkannt wird (falls diese durchgreift). d) Wird Aufhebg mit der Klage, Scheidg mit der Widerkl geltend gemacht, so ist bei Berechtigg beider Klagen ebenf nur auf Aufhebg zu erkennen, DVO 18 S 1. Da hier ein streit Verf vorliegt, ist es sinnv, auch nach dem 1. EheRG (§ 1564) statt von einem Antr von einer ScheidgsWiderKl zu sprechen. Ein SchuldAusspruch im UrtTenor kommt nicht mehr in Betr. Soweit für Urt, die vor dem 1. 7. 77 ergangen sind, das bisherige Recht maßgebl ist, vgl 35. Aufl.

II. Aufhebungsgründe

Vorbemerkung

1) Wegen des **Übergangsrechts** Einf 4 vor EheG 28.

EheG 30 *Mangel der Einwilligung des gesetzlichen Vertreters.* I Ein Ehegatte kann Aufhebung der Ehe begehren, wenn er zur Zeit der Eheschließung oder im Falle des § 18 Abs. 2 zur Zeit der Bestätigung in der Geschäftsfähigkeit beschränkt war und sein gesetzlicher Vertreter nicht die Einwilligung zur Eheschließung oder zur Bestätigung erteilt hatte. Solange der Ehegatte in der Geschäftsfähigkeit beschränkt ist, kann nur sein gesetzlicher Vertreter die Aufhebung der Ehe begehren.

II Die Aufhebung ist ausgeschlossen, wenn der gesetzliche Vertreter die Ehe genehmigt oder der Ehegatte, nachdem er unbeschränkt geschäftsfähig geworden ist, zu erkennen gegeben hat, daß er die Ehe fortsetzen will.

III Verweigert der gesetzliche Vertreter die Genehmigung ohne triftige Gründe, so kann der Vormundschaftsrichter sie auf Antrag eines Ehegatten ersetzen.

1) **Rechtsentwicklg**. Wörtl aus § 35 EheG 38 übernommen. I 1 = § 1331, I 2 = § 1336 II 2, II = § 1337 I 1, III = § 1337 I 2, von diesem jedoch zZ abweichen.

2) **Sachl Voraussetzgen des Aufhebgsbegehrens**, I 1. a) **Beschränkte Geschäftsfähigk aa)** zZ der Eheschl, EheG 3 Anm 2, oder **bb)** bei der Bestätigg, vgl EheG 18 Anm 3. Beiwohng dch den beschränkt GeschFähigen schließt also das AufhebgsR noch nicht aus, vgl hingg EheG 31 Anm 4. **b) der gesetzl Vertreter**, vgl EheG 3 Anm 3a, **nicht die Einwillig im Falle aa zur Eheschl, im Falle bb zur Bestätigg gegeben hatte**. Die Einwillig des gesetzl Vertreters zur Eheschl fehlt auch dann, wenn der Vormd od Pfleger selbst sein Mdl heiratet, ohne daß zur Erteilg der Einwilligg ein Pfleger, § 1909, bestellt ist; entspr §§ 1795, 1915. Wg der Klagefrist dann EheG 35 IV. Das Fehlen der Einwilligg des Sorgeberecht zur Eheschl gefährdet den Bestand der Ehe nicht, hat aber andere Folgen, EheG 3 Anm 7. War der Mj zZ der Einwilligg des gesetzl Vertreters zu der „Bestätigg" etwa noch geschäftsunfäh, bleibt die Ehe natürl nichtig, EheG 18 Anm 3 a.

3) **Klagebefugn**, I 2. Die Aufhebungskl erheben kann **grundsätzlich** nur der Eheg, der zZ der Eheschl oder Bestätigg noch mj war, nicht der andere; vgl auch Einf vor 28 Anm 3. **Ausnahme**: nur der ges Vertr kann in diesem Falle die Aufhebgskl erheben, solange der Eheg i der GeschFgk beschränkt ist; vgl auch ZPO 612. Die Genehmigg des VormschGi in diesem Falle nicht erforderl, vgl RG **86**, 15. Die AufhebgsKl kann auch gg den Willen des Eheg erhoben werden, wenn das sein Wohl verlangt. **Klagefrist** EheG 35 I, ihr Beginn EheG 35 II; läßt der gesetzl Vertreter die Frist verstreichen, erlischt das Recht auf Aufhebg, EheG 36 gilt nur bei GeschUnfähigk des Eheg; vgl hierzu EheG 35 Anm 2 u 5. Schuldfrage EheG 37 II.

4) Ausschließg der Aufhebg, II, III, tritt dann ein, wenn **a)** der gesetzl Vertreter genehmigt; vgl auch § 184. Genehmigg des VormschG nicht erforderl. Voraussetzg einer wirks Gen ist Kenntn des gesetzl Vertreters vom AufhebgsGrd u AufhebgsR, wozu eine gewisse Vorstellg von diesem genügt, RG LZ **20**, 861. Genehmigg kann stillschweigd erfolgen; in dem Gestatten des weiteren Zusammenwohnens braucht sie aber nicht noch ohne weiteres zu liegen, vgl RG BayZ **2**, 256. Sie kann auch noch während des Aufhebgsrechtsstreits erfolgen; insb wird sie in der Zurückn der Klage zu sehen sein. **Verweigert der gesetzl Vertreter die Genehmigg** ohne triftige Gründe, vgl dazu EheG 3 Anm 5, so kann das VormschG die Gen ersetzen. Es entsch der Richter, RPflG 14 Z 12. Antragsberechtigt ist jeder Eheg (abw EheG 3 III). Wg der Verf EheG 3 Anm 5; **b)** der **unbeschränkt geschäftsfähig gewordene Eheg** zu erkennen gibt, daß er die Ehe fortsetzen will; vgl EheG 18 Anm 3 u 31 Anm 4. Anzunehmen, wenn der vollj Gewordene briefl seine Liebe u Treue versichert, Dresden DR **42**, 81.

EheG 31 *Irrtum über die Eheschließung oder über die Person des anderen Ehegatten.* I Ein Ehegatte kann Aufhebung der Ehe begehren, wenn er bei der Eheschließung nicht gewußt hat, daß es sich um eine Eheschließung handelt, oder wenn er dies zwar gewußt hat, aber eine Erklärung, die Ehe eingehen zu wollen, nicht hat abgeben wollen. Das gleiche gilt, wenn der Ehegatte sich in der Person des anderen Ehegatten geirrt hat.

II Die Aufhebung ist ausgeschlossen, wenn der Ehegatte nach Entdeckung des Irrtums zu erkennen gegeben hat, daß er die Ehe fortsetzen will.

1) Früheres Recht. Wörtl übernommen aus § 36 EheG 38; I 1 = § 1332, I 2 = § 1333 erste Alternative, II = § 1337 II.

2) Die drei Fälle. I. a) Nichtwissen des Eheg, daß es sich um eine Eheschl handelt, dh um eine nach dtschem Recht gültige; zB wenn er die Wirkg einer kirchl Auslandstrauung i Deutschland nicht gekannt hat, selbst wenn er wußte, daß sie nach ausl oder kirchl Recht gült ist, RG JW **25**, 1639. Jedoch berechtigt bloßer Zweifel u Unterlassg der Prüfg nicht zur Aufhebg, Warn **31**, 165. **b) Nichtwollen.** Der Eheg wollte eine Erkl, eine Ehe einzugehen, nicht abgeben. Das ist aber nicht schon dann der Fall, wenn der WehrmAngeh bei der Ferntrauung, EheG 13 Anm 3a, annahm, daß seine Erkl nur 2 statt 6 Monate wirks bliebe, Doelle AkZ **43**, 212. **c) Personenirrtum,** dh Personenverwechslg zB dch einen Blinden. Wg des IrrtumsBegr vgl EheG 32 Anm 2.

3) Klagebefugn hat nur der irrende Eheg, nicht der andere. Der beschränkt geschäftsfähige Eheg ist prozeßfäh, erhebt also nicht die Kl dch seinen gesetzl Vertreter, ZPO 612 I. Klagefrist EheG 35. Für den geschäftsunfäh Eheg kann allerd nur der gesetzl Vertreter klagen, u zwar mit Gen des VormschG, ZPO 612 II, u innerh der sich aus EheG 35 I und IV ergebenden Frist. Versäumg unschädl, wenn die GeschUnfgk später wegfällt, EheG 36.

4) Ausschließg der Aufhebg, II, i Falle der Bestätigg, vgl EheG 18 Anm 3. Die Bestätigg in II unterscheidet sich aber von der in EheG 18 II dadurch, daß i letzteren Falle das Weiterbestehenlassen der Ehe dch deren Fortsetzg genügt, während i EheG 30 ebenso wie i EheG 31-34 dch die Bestätigg nur die Aufhebgsgründe ausgeschl w, die zZ ihrer Vornahme bekannt waren, vgl für das frühere Recht auch RG HRR **28** 126. Das ergibt sich daraus, daß i diesen Fällen die Bestätigg nicht nur den Willen zur Ehefortsetzg, sondern auch den des Verzichts auf das AufhebgsR in sich schließt, der bei EheG 18 II nicht in Betr kommt. – Die Bestätigg kann nur dch den Eheg selbst erfolgen; bei GeschUnfgk ist eine solche mithin nicht mögl. Hingg steht beschränkte GeschFgk nicht entgg (i Ggsatz zu EheG 18 II), da hier das G nicht wie i EheG 30 die Gen der Bestätigg dch den gesetzl Vertreter fordert. Bei Beiwohng nach Entdeckg des Irrtums, vgl dazu EheG 35 Anm 3 b, also kein Aufhebgsrecht mehr.

EheG 32 *Irrtum über die persönlichen Eigenschaften des anderen Ehegatten.* I Ein Ehegatte kann Aufhebung der Ehe begehren, wenn er sich bei der Eheschließung über solche persönlichen Eigenschaften des anderen Ehegatten geirrt hat, die ihn bei Kenntnis der Sachlage und bei verständiger Würdigung des Wesens der Ehe von der Eingehung der Ehe abgehalten haben würden.

II Die Aufhebung ist ausgeschlossen, wenn der Ehegatte nach Entdeckung des Irrtums zu erkennen gegeben hat, daß er die Ehe fortsetzen will, oder wenn sein Verlangen nach Aufhebung der Ehe mit Rücksicht auf die bisherige Gestaltung des ehelichen Lebens der Ehegatten als sittlich nicht gerechtfertigt erscheint.

1) Rechtsentwicklg. § 32 EheG 46 schränkt den weitergehenden § 37 EheG 38 ein u stellt § 1333 I (ohne die 1. Alternative, vgl EheG 31 Anm 1) wieder her. II wörtl aus § 37 II EheG 38 entnommen, entspr § 1337 II mit einschränkendem Zusatz. Wg des **Übergangsrechts** vgl Einf 4 vor EheG 28.

2) Irrtum im allg; vgl auch BGB 119 Anm 2. Irrt ist Vorstellg von etwas Falschem, aber auch Nichtkenntn einer Tats, RG **62**, 205, vgl auch Anm 5. Der Grd des Irrt ist unerhebl, also auch, ob er auf Fahrlk beruht, RG JW **29**, 244, ob der and Eheg geglaubt hat, daß der Irrende keinen Anstoß nehmen wird, RGRK Anm 4 zu EheG 37. Kein Irrtum, wenn der Eheg an der persönl Eigensch des anderen zweifelt, RG **85**, 324, oder mit der Möglichk der Unrichtigk seiner Annahme rechnet, RG JW **27**, 2124. Der Irrtum muß für die Eheschl ursächl gewesen sein, RG JR Rspr **27**, 205. Den **Irrtum ist nur erhebl a)** als Irrt ü die Person des anderen Eheg, vgl EheG 36 Anm 2c, **b)** als Irrt ü persönl Eigensch des and Eheg, die den irrenden Eheg bei Kenntn der Sachlage u verständiger Würdigg des Wesens der Ehe von der Eingehg der Ehe abgehalten hätten.

3) Irrtum über Umstände, die die persönl Eigenschaften des anderen Eheg betreffen, dh solche, die einer Person, und zwar nicht nur als ein außer ihr Liegendes, mehr oder weniger Vorübergehendes u Zufälliges, sondern dergestalt wesentl zukommen, daß sie als Ausfluß u Betätigg ihres eigentl Wesens, als ein integrierender Bestandteil ihrer Individualität erscheinen, RG **52**, 310; **146**, 241. AnfGründe bilden mithin nur die Eigenschaften körperl, geistiger u sittl Art, die hiervon verschiedenen persönl Verhältnisse nur in sehr beschränktem Umfange, RG **104**, 336, näml nur insow, als sie derart i der Persönlichk begründet sind, daß sie nach allg Lebensauffassg persönl Eigensch gleichstehen wie Ehre, nicht aber Vermögensverhältnisse, Beruf, Rel (aM LG Bielefeld NJW **54**, 1768, RGRK Anm 54), Staatsangehörigk, auch nicht die Unmöglichk, eine nach kath Kirchenrecht gültige Ehe einzugehen, Stgt NJW **59**, 2121, Priesterweihe, Ffm FamRZ **64**, 258. Vgl Anm 8.

4) Die Eigenschaften müßten den irrenden Eheg **a) bei Kenntn der Sachlage und bei verständiger Würdigg des Wesens der Ehe von der Eingehg einer solchen abgehalten haben.** Das ist ein **obj Maßstab**, der aus dem Wesen der Ehe zu gewinnen ist. Eigensch muß also bei verständiger Betrachtg geeignet sein, das Zustandekommen einer wahren Gemsch zu hindern, wobei daher nicht außer Betr bleiben darf, daß jede Ehe Enttäuschgen ausgesetzt ist u jeder verständige Eheg Geduld üben muß. Die Eigensch muß also eine gewisse Stärke haben, um der Eingehg einer Ehe entggzustehen. – **b)** Die **persönl Umst müßten gerade den irrenden Eheg v der Eingehg einer Ehe abgehalten haben.** Zu dem obj kommt also ein **subj Maßstab hinzu**, der jenen aber niemals einengen (besondere Empfindlichk eines Eheg wird nicht berücksichtigt, RG LZ **32**, 391). Also auch zu prüfen, wie eine solche Eigensch gerade auf den irrenden Eheg unter Berücksichtigg von dessen Eigenheiten u Lebensverhältnissen, BGH **25**, 78 (krankh Hang einer Kleinbäuerin zum Schlafen) wirken muß; insof also auch der individuellen Persönlichk des Irrenden, seinen allg Lebensverhältnissen, seiner Berufszugehörigk, seinem Alter Rechng zu tragen, BGH **25**, 66. Steht aber zB fest, daß der Eheg den anderen unter allen Umst geheiratet hätte, so findet eine Aufhebg nicht statt; ob die Grenze nach dem obj Maßstab eingehalten ist, ist dann auch nicht mehr zu prüfen. Ein Anzeichen für eine derartig oder ähnl weitgehende Ansicht kann die eigene laxe Auffassg sein, RG JW **11**, 543. Dieses Merkmal weist also Ähnlichk mit dem mangelnden Empfinden für die Ehezerstörg i Scheidgsrecht auf, vgl EheG 49.

5) Bei der Eheschl müssen die die Person des and Eheg betreffenden Umst vorgelegen haben. Das aber auch dann zu bejahen, wenn erst die späteren Auswirkgen das Ausmaß der damals schon vorhandenen Eigensch erkennen lassen, BGH FamRZ **57**, 370, RGRKomm (Wüstenberg) 8, 9 unter Ablehng der weitergehenden Rspr des RG. Daher Vorhandensein u Umfang der Kenntnis bei der Eheschl bes sorgfält zu prüfen, Warn **19**, 173, wobei alle bis zur Urteilsfällg vorhandenen Erkenntnisquellen genutzt w können, RG **103**, 325, BGH **LM** Nr 2. Der Mangel braucht nicht während der Ehe fortgewirkt zu haben; oft dann aber Bewährg, Anm 6 b. Es genügt, wenn die Anlage bekannt war, die die begründete Besorgn rechtfertigte, daß die Krankh nach dem gewöhnl Lauf der Dinge künft ausbrechen könne, BGH FamRZ **67**, 372. Deshalb können Auswirkgen früherer Umst keinen AufhebgsGrd abgeben, wenn sie von vornherein zu erwarten waren oder deren Bedeutg nicht wesentl vergrößern, RG **164**, 106. Ebsowenig kommt es auf Wandlgen der Anschaugen des Aufhebgskl an.

6) Ausschließg der Aufhebg, II. Sie findet statt **a) bei Bestätigg** dch den Eheg, der irrte; vgl dazu EheG 18 Anm 3 und EheG 31 Anm 4; wg Entdeckg des Irrt EheG 35 Anm 3 b. Eine Bestätigg liegt auch nicht vor, wenn zwar auf das Aufhebgsrecht verzichtet wird, aber die ehel Gemsch aufgehoben bleiben soll; hingg braucht das Fehlen des Geschlechtsverkehrs noch nicht gg den Fortsetzgswillen zu sprechen, RG DR **40**, 2001, wie umgekehrt auch nicht jeder Geschlechtsverkehr als Bestätigg aufgefaßt w muß, Düss HRR **42**, 100, vgl auch EheG 49 Anm 3. **b) Bei Bewährg** seitens des Eheg, auf dessen persönl Umst sich der Irrt bezog, dh wenn das Aufhebgsverlangen mit Rücksicht auf die bisherige Gestaltg der ehel Lebens der Eheg sittl nicht gerechtfertigt ist. Es ist also der Entwicklg der Ehe i gegebenen Falle Rechng zu tragen. So wird ein vorehel Fehltritt der Frau, auch Geburt eines unehel Kindes, dann nicht zur Aufhebg führen, wenn er im Laufe der langjährigen Ehe seine Bedeutg verloren u in keiner Weise ungünst eingewirkt hat oder einwirken wird. Eine „Bewährg" ist aber der Natur der Sache nach nicht mögl, wenn der persönl Umst eine Zeitlang nicht i Erscheing tritt, aber weiter vorhanden ist, zB ein Schub der Schizophrenie vorüber ist.

7) Verfahren und Beweislast. Wg des Verf im allg vgl Einf Anm 3 vor EheG 28. Klageberechtigt ist nur der irrende Eheg. Die **Klagefrist** beginnt mit der Entdeckg des Irrt, EheG 35 II. Im allg berechtigen wg ZPO 616 neue Tats, die zum Bew des bisher verneinten persönl Umst dienen könnten, nicht, eine neue Aufhebgskl zu erheben, vgl RG **128**, 74. Aber dann mögl, wenn verschiedene Grade der zur Grdlage der Aufhebgskl gemachten Eigensch i Frage kommen, u die neuen Tats auf eine stärkere Entwicklg der Eigensch, als bisher angenommen u bewiesen, hindeuten, vgl RG JW **31**, 2493. Der die Aufhebg Beanspruchende hat sowohl das Vorhandensein der Umst, RG **103**, 322, wie seinen Irrt, nicht etwa der Bekl dessen Kenntn zu beweisen, Warn **15**, 119. Wahrscheinlichk genügt nicht, Warn **27**, 32. Mögl ist uU aber eine Umkehrg der Beweislast nach den Grds des Bew des ersten Anscheins, wenn Bekl mit einer persönl Eigensch belastet ist, deren Kenntn einen vernünftigen Menschen von Eheschl abgehalten hätte, RG LZ **21**, 143; dann hat Bekl besondere Umst darzutun, die Kl trotzdem z Eheschl bestimmten, BGH **LM** Nr 1; vgl auch Rühl NJW **59**, 1570. S auch Anm 8 „Geistige Erkrankg" aE.

8) Einzelfälle. Unter Berücksichtigg der früheren Rspr zu § 1333 und dem vorstehend Gesagten liegen also (soweit nicht verneint) persönl Eigenschaften vor u kann ein AufhebgsGrd gegeben sein, vgl aber auch Anm 6 b.

Abtreibung vor der Ehe, RGRKomm (Wüstenberg) 44.
Alter, Recht **13**, 2092; bei einer Frau, die älter ist als der Mann, uU schon ein sonst nicht sehr erhebl Altersunterschied, RG JW **28**, 896.

EheG 32 8   Ehegesetz. *Diederichsen*

Auffassg über das Wesen der Ehe bei ägypt Ehem kein relevanter Irrt (aA LG Hbg FamRZ **74**, 96 m zutr krit Anm Oberloskamp).

Beiwohnungsunfähigk. a) P s y c h i s c h e, wenn auf längere Zeit trotz ärztl Behandl nicht behebb u keine Anhaltspkte, daß behoben w könnte, ohne daß Kl das beweisen müßte, Hamm OLGZ **65**, 31, Nürnb FamRZ **65**, 611: gleichgült, ob nur der Ehefr ggü oder allg besteht, SchlHOLG SchlHA **52**, 29, vgl auch RG JW **11**, 543, völl Empfindslosigk, auch wenn Beiwohnsfähigk gegeben, Warn **12**, 216. **b)** K ö r p e r l i c h e r. Hier gilt das bei körperl Krankheiten Gesagte. Kl muß also beweisen, daß keine Besserungsmöglichk. Aber keine Klage, wenn Folge des Alters, RG Recht **09**, 3084, od wg Ungeschicklichk, Warn **31**, 143.

Beiwohnungswilligk auch bei Eheschließg mit 56 bzw 60 J (AG Kamen FamRZ **78**, 122).

Bescholtenheit; vorehel Verw eines Bordells, Hamm FamRZ **56**, 383; s auch „strafb Hdlgen" u „vorehel Geschlechtsverkehr der Frau".

Ehebruch in einer früheren Ehe, RG JW **07**, 3, oder mit einer Verheirateten, RG JW **04**, 204. Bewährg, Anm 6b, hier bes häuf; ähnl schon RG LZ **32**, 391.

Fallsucht, hängt von der Häufigk u Schwere der Anfälle sowie der Gefährdg der Nachkommensch ab, RG LZ **18**, 913; RG HRR **33**, 1191.

Familienverhältnisse, Vorstrafen oder unsittl Lebenswandel der Eltern oder Geschwister der Verlobten kein AufhebgsGrd, Warn **33**, 27.

Geistige Erkrankg ist eine geistige Eigensch, kann, sofern sie unheilb ist, was insb auch bei Erkrankg auf ererbter Grdlage der Fall ist, jedoch nur dann AufhebgsGrd sein, wenn der krankh Zustand sowohl an sich wie in seiner Erscheingsweise nach der Lebensauffassg u allg Erfahrg von vornherein mit Wesen der Ehe unvereinbar, RG JW **22**, 1199, Warn **32**, 51; Schwachsinn leichter Art also nicht ausreichd, RG JW **33**, 2764, u natürl nicht vorübergehende Störgen, RG Gruch **65**, 95, mangelnde Anpassungsfähigk, RG Gruch **68**, 324; zu berücksichtigen die bes Eigenart der Geistesanlagen u die Art u Schwere der späteren Entwicklg, RG HRR **29**, 1010. Auch die A n l a g e zu einer schweren geist Erkrankg reicht aus, wenn sie bereits zZ der Eheschl die begründete Besorgn rechtfertigte, daß sie schon nach dem gewöhnl Verlauf der Dinge, also auch ohne Hinzutreten bes widr Verhältnisse zu einem Ausbruch der unheilb Erkrankh führen würde, BGH FamRZ **67**, 372. Entscheidend auch die Möglichk der Vererbg auf die Nachkommensch, weshalb AufhebgsGrd noch nicht deshalb zu verneinen, wenn bei einer vererbten Anlage, wie zB angeborener Schwachsinn, Schizophrenie, zirkuläres (manisch-depressives) Irresein, die Krankh bei dem and Eheg selbst bisher nicht in Erscheing getreten ist (Anlageträger), RG JW **36**, 395, Hamm NJW **62**, 1773. Gleichgültig deshalb in einem solchen Falle auch, dch welches Ereign Manifestation der Krankh ausgelöst wurde, RG **148**, 399. Aber bei nur latenter Anlage des and Eheg strenge Beweisanfordergen zu stellen; AufhebgsKl muß also nachweisen, daß ererbte u vererbb Anlage bei Eheschl vorhanden u überdur hschnittl Gefährdg gegeben ist, RG **148**, 395, **153**, 78; dabei kann auch die eigene Anlage des Kl für einen beachtl Teil über den Grad der Gefährdg der Nachkommensch herangezogen w, RG **158**, 276; vgl aber auch Anm 7, ferner Rühl NJW **59**, 1570 u vom medizinischen Standpunkt Kranz NJW **59**, 793. Bekl kann demggü Zurückgehen oder Verlieren der Anlage dartun, RG JW **36**, 249. Zur Untersuchg kann er nicht gezwungen, jedoch aGrd der sonstigen BewAufn ein Gutachten eingeholt w, BGH NJW **52**, 1225. Verweigert Bekl, der mehrjähr in einer Heilanstalt untergebracht u sterilisiert wurde, u das bei der Eheschl verschwiegen hatte, die Ärzte von ihrer SchweigePfl zu entbinden u sich untersuchen zu lassen, so trifft den Bekl die BewLast für das Nichtvorhandensein einer Geisteskrankh, das den and von der Eheschl abgehalten hätte, BGH NJW **72**, 1131. – Klagefrist läuft erst von dem Ztpkt, in dem der AufhebgsBerecht die Krankh in ihrer ganzen Schwere u Wirkg für die EheGemsch erkannt hat, RG JW **39**, 636 u EheG **35** Anm 3b. „Bewährg", Anm 6b, kommt bei ererbten u vererbb Krankh nicht in Betr, vgl auch RG JW **39**, 636. – Aufhebgsgründe ferner: schwere Hysterie, Warn **31**, 164, starke Anfällig für hochgrad Nervenleiden, RG JW **22**, 162, psychopath Anlage, RG HRR **29**, 1010.

Geschlechtl Anomalien: Päderastie, auch verdächtiger Umgang mit Päderasten, Warn **17**, 43; vorehel Verfehlgen des Mannes mit Kindern, RG JW **10**, 475; Gleichgeschlechtlichk, Königsbg HRR **39**, 142; übermäßiger Hang zur Selbstbefriedigg, Warn **34**, 189; geschlechtl Befriedigg des Mannes ledigl dch widernatürl Umgang mit Frauen, RG JW **35**, 2714; Transsexualismus (Bochum FamRZ **75**, 496).

Gewalttätiger Charakter, RG LZ **21**, 455.

Gewohnheitsverbrecher. Auch wenn Straffälligk als solche bei der Eheschl bekannt war, dch spätere Straftat aber die Anlage erst richtig erkannt wurde; vgl auch EheG **35** Anm 3.

Körperl Krankheiten. Es muß sich um eine u n h e i l b K r a n k h handeln oder die Heilg unwahrscheinl sein, RG **103**, 323, zB Gehirnhautentzündg mit Gliederstarre u Gliederzittern (chronische Encephalitis), BGH **LM** Nr 1, postencephalitischer Parkinsonismus, Brschw NdsRpfl **60**, 15, Narkolepsie (krankh Schlafanfälle), BGH **25**, 78. AufhebgsGrd entfällt, wenn dch nicht lebensgefährl Operation zu beseitigen. Weigert sich der and Eheg, so nicht Aufhebgs-, sondern uU ScheidgsGrd, RG LZ **28**, 832. Jedoch kann auch heilb Vaginismus (unheilb ist AufhebgsGrd, RG **67**, 57) AufhebgsGrd sein, wenn hinzukommt, daß die Frau ihrer geistigen Einstellg nach GeschlechtsVerk überhaupt ablehnt u einen Heilgswillen nicht hat, RG JW **30**, 989. Auf die Fähigk zur Empfängn kann es dann nicht ankommen, Warn **12**, 32. Beim Manne kann Aufhebg wg Beiwohnungsunfähigk, vgl auch dort, verlangt w, auch bei Unfähigk zur Vollendg des Beischlafs, Warn **31**, 124 vgl auch „Unfruchtbark der Frau" u „Zeuggunfähigk". AufhebgsGrd ist ferner eine Krankh, die die Nachkommensch gefährden, RG **146**, 243, oder sonst verhindern kann, RG **147**, 211; es gilt insof das dazu bei „geistiger Erkrankg" Gesagte; vgl auch „Tuberkulose".

NEhel Kinder. Verneint im allg ggü dem Mann, RG JW **02** Beil 285; and aber wenn er außer mehreren Kindern aus früh Ehen noch mehrere unehel Kinder von verschiedenen Frauen hat, vgl Nürnb FamRZ **66**, 104; bei Verheimlichg in derart Umfang auch Unwahrhaftigk, s dort. Bejaht bei Frau, auch wenn über vorehel Geschlechtsverkehr als solchen hinweggesehen wurde, RG **104**, 335; Bewährg prüfen, Anm 6b.

1. Abschnitt: Recht der Eheschließg. E. Aufhebung d. Ehe **EheG 32, 33**

Rasse ist zwar eine persönl Eigensch, ihr fehlt aber das Anm 4 genannte obj Merkmal.

Sklerose, multiple, Warn **33,** 81.

Staatsangehörigk gehört zu den persönl Verhältnissen, die die Aufhebg nicht begründen, Anm 3.

Strafbare Hdlgen vor der Ehe, vgl auch Anm 2, da Anzeichen für einen Charakterfehler: demgem im allg nicht, wenn es sich um leichte Verfehlgen handelt. Bei dem obj Maßstab sind hier die Lebensverhältnisse des Aufhebg begehrenden Eheg bes zu berücksichtigen, Anm 4 a. Auch bei lange vor der Eheschl liegenden Straftaten uU, vgl auch Warn **32,** 139, Aufhebg berecht, wenn näml wg der Schwere oder der Häufigk der Straftat Bescholtenh die Folge, RG JW **10,** 475. Hier aber bes sorgfält Bewährg zu prüfen, Anm 6 b.

Syphilis ist nach dem heutigen Stand der ärztl Wissensch bei rechtzeitiger geeigneter Behandlg heilb, also kein AufhebgsGrd, wenn Ausheilg erfolgt ist u Spätfolgen nicht zu befürchten sind; die lediglabstr Möglichk von Folgen genügt nicht zur Aufhebg, RG DR **41,** 1413. Steckt ein Mann die Frau, wenn auch unwissentl dch vorehel Verkehr an, so kann eine verständige Würdigg des Wesens der Ehe den Mann trotzdem zur Eheschl führen, RG HRR **32,** 1212; vgl auch Anm 4 a.

Tuberkulose. Knochentuberkulose, Warn **17,** 210, Lungentuberkulose, Warn **15,** 22, nicht, wenn einigermaßen sicher ausheilb, BGB **LM** Nr 2, Unterleibstuberkulose, RG **146,** 243, uU auch die vererbl Anlage hierzu; vgl „körperl Krankheiten".

Unfähigk der Frau zur Erfüllg der Hausfrauenpflichten uU, Warn **30,** 97.

Unfruchtbark der Frau. Vgl das bei „körperl Krankheiten" Gesagte. IdR AufhebgsGrd, RG **94,** 123. Der Unfruchtbark ist gleichzustellen die inf Veranlagg bei jeder Schwangersch herbeigeführte übermäßige Lebensgefahr, RG JW **22,** 163; ebenso Gebärmutterverlagerg, wenn dadurch die Fruchtbark der Frau in erhebl Weise gefährdet wird, RG **147,** 213, Erkrankg der Frau zZ der Eheschl, die einen späteren Eingriff mit eintretender Unfruchtbark zur Folge hat, RG JW **27,** 1191. Aber keine Aufhebg, wenn Unfruchtbark dch leichten Eingriff hätte behoben werden können, der Mann ihr aber gleichgült ggüberstand u die Ehe fortsetzte.

Unwahrhaftigk, also Charakterfehler, Oldbg MDR **55,** 166. Sie wird regelm nur auf Grund mehrerer Hdlgen, nur ausnahmsweise schon wg einer feststellb sein. Auf einen unwahrhaftigen Charakter kann zB geschlossen w aus unrichtigen Angaben, Warn **33,** 27, über Alter, Zahl der früheren Ehen, Kiel SchlHA **33,** 12, Grd der Scheidg, uU aus falschen Angaben über die Vermögensverhältnisse, RG JW **31,** 1340, aus dem Hang zu Betrügereien, RG JW **05,** 532, Unregelmäßigkeiten wg verschwiegener schlechter Vermögenslage, Köln FamRZ **56,** 382. Über die Grenzen der AufklärgsPfl EheG 33. Die unricht Angabe über vorehel Geschlechtsverkehr (vgl auch dort) ist nicht als ausreichend angesehen worden, Warn **27,** 14, vgl aber auch unehel Kinder; wohl aber unrichtige Versprechen über die rel Erziehg der Kinder, Warn **20,** 165.

Verletzg der Verlöbnistreue dch den Mann, RG JW **14,** 646, die Frau, Warn **33,** 130, falls nicht in eigener Anschauungen des AufhebgsKl Verzicht anzunehmen, Anm 4 b.

Vermögensverhältnisse als solche: nein, vgl Anm 3 aE.

Vorehel geschlechtliches Verhalten. Es entsch der Einzelfall, wobei alle Umst zu berücksichtigen, so auch die Anschauung der Zeit u ihre Wirkg auf den Irrden, Anm 4 b. **Bei der Frau** nicht jeder GeschlechtsVerk, so kein AufhebgsGrd der GeschlechtsVerk, der dem früheren Verlobten in sicherer Erwartg der Ehe gewährt wurde, RG HRR **29,** 2001, die Vergewaltigg, uU die einmalige Verführg. And bei einem Dauerverhältn, Warn **33,** 80, wenn die Frau öff mit einem Mann in eheähnl Verhältn gelebt hat, RG LZ **27,** 389, oder sie kurz nacheinander mehrmals verlobt war u stets den Geschlechtsverkehr gestattet hat, RG JW **11,** 812, von einem anderen Manne ein Kind hat, RG **104,** 335, oder von einem solchen schwanger ist, nicht aber, wenn das Kind zZ der Eheschl schon lange gestorben war, RG JW **38,** 2209; bedenkl Aufhebg, weil Mann geglaubt hat, Frau sei von ihm schwanger, Celle MDR **58,** 426 und von ihm FamRZ **66,** 150. Andererseits kann trotz erhaltener Jungfräulichk mangelnde Zurückhaltg in geschlechtl Dingen vor der Ehe die Aufhebg zur Folge haben, vgl RG JW **35,** 3095. Hier aber **stets besonders zu prüfen, a)** ob der Mann die Frau etwa trotz des Mangels geheiratet hätte, vgl oben. Das aber noch nicht deshalb zu bejahen, weil der Mann selbst mit der Frau in der Verlobgzeit verkehrt hat, Warn **31,** 126, oder weil diese bereits einmal verheiratet war. Sieht der Mann über einen vorehel Verkehr hinweg, so will er damit noch nicht einen Verkehr mit vielen Männern hinnehmen, Warn **27,** 181. And, wenn der Mann den Verdacht eines vorehel Verkehrs der Frau nicht klärt, sond sie trotzdem heiratet, RG JW **12,** 244; **b)** vor allem die „Bewährg", Anm 6 b. **Beim Mann** wird in vorehel GeschlechtsVerk ein AufhebgsGrd im allg nicht zu sehen sein, wohl aber bei bes Umst. So kann häuf ehebrecherischer Verk zur Aufhebg führen, RG JW **04,** 204, **25,** 356. Vgl auch nehel Kinder.

Zeuggsunfähigk, vgl „körperl Krankh".

EheG 33 *Arglistige Täuschung.* I Ein Ehegatte kann Aufhebung der Ehe begehren, wenn er zur Eingehung der Ehe durch arglistige Täuschung über solche Umstände bestimmt worden ist, die ihn bei Kenntnis der Sachlage und bei richtiger Würdigung des Wesens der Ehe von der Eingehung der Ehe abgehalten hätten.

II Die Aufhebung ist ausgeschlossen, wenn die Täuschung von einem Dritten ohne Wissen des anderen Ehegatten verübt worden ist, oder wenn der Ehegatte nach Entdeckung der Täuschung zu erkennen gegeben hat, daß er die Ehe fortsetzen will.

III Auf Grund einer Täuschung über Vermögensverhältnisse kann die Aufhebung der Ehe nicht begehrt werden.

1) Rechtsentwicklg. Wörtl aus § 38 EheG 38 übernommen. I = § 1334 I 1, II Halbs 1 = § 1334 I 2, II Halbs 2 = § 1337 II, III = § 1334 II.

2) Arglistige Täuschg. Sie kann bestehen **a)** i der Vorspiegelg falscher oder Entstellg wahrer Tats, **b)** der Unterdrückg wahrer Tats. Vgl auch BGB 123 Anm 2. Bloßes Verschweigen genügt im allg nicht, RG **52**, 306. Vielmehr muß dann eine Offenbarungspflicht bestehen, was sich nur aus dem Einzelfall ergeben kann, da keine allg OffenbargsPfl, Warn **13**, 348, zB nicht bei Vergewaltigg dch den eigenen Vater, RG DRZ **28** Nr 451. Die OffenbargsPfl kann folgen aus einer ausdrückl Nachfrage oder aus dem Umst, wenn also der and Eheg erkennb Wert auf die Mitteilg bestimmter Verhältnisse legt, Warn **26**, 91. Mit Rücksicht auf das Wesen der Ehe muß aber eine OffenbargsPfl ohne weiteres angenommen werden bei Beiwohngsunfähig u erbl Krankh, unheilb u ansteckenden Leiden, zB Tuberkulose, die jederzeit in eine offene übergehen kann, BGH LM Nr 2, wohl aber auch, ob der andere bereits verheiratet ist, ein Kind hat u wg Verletzg seiner UnterhPfl geschieden, deshalb auch bestraft worden ist, Celle FamRZ **65**, 213. Allerd wird eine Täuschg immer nur dann feststellb sein, wenn der andere Eheg das Wesen der Krankh erkennt hat, Warn **31**, 125. OffenbargsPfl bei starker gleichgeschlechtl Veranlagg, da diese nach der Lebenserfahrg geeignet ist, eine gesunde u natürl Entwicklg des Ehe- u Familienlebens ungewöhnl zu gefährden, BGH NJW **58**, 1290. **Täuschg erhebl** über alle Umst, die den Getäuschten bei Kenntn der Sachlage u bei verständiger Würdigg des Wesens der Ehe von ihrer Eingehg abgehalten haben würden. Wegen dieser Voraussetzg vgl EheG 32 Anm 4a. In Betr kommt also nicht nur die Irrtumserregg über persönl Eigensch wie in EheG 32, vgl dort Anm 3; ausdrückl ausgeschlossen als AufhebgsGrd ist aber die Täuschg ü die Vermögensverhältnisse, III, zB bei Nichtangabe von Schulden, RG JW **02**, Beil 285. Jedoch kann diese, wenn sie die Folge einer lügenhaften Anlage ist, zur Aufhebg gem EheG 32 berechtigen, vgl dort Anm 8 „Unwahrhaftigk". **In subj Hinsicht** genügt Vorsatz. Der Tatbestd der Argl ist also bereits erfüllt, wenn der Täuschende verhindern wollte, daß der andere von der Eheschl Abstand nimmt, oder wenn er auch nur in berechnender Weise auf die Möglichk hin, daß die Eheschl sonst nicht zustande kommt, geflissentl von der Mitteilg einer Tats absieht, RG **111**, 5. Die Argl wird nicht ausgeschlossen bei Verschweigg inf mangelnden Muts, Scheu vor Aufregg, RG JW **31**, 1363, Scham, RG Recht **19**, 1977, Hoffng auf einen glückl Eheverlauf, RG **111**, 5. Entscheidend nicht seine Überzeugg hiervon, sond ob er geglaubt hat, daß der and Eheg bei voller Kenntn der Tats die Ehe geschl hätte, BGH NJW **58**, 1290. SchädiggsAbs nicht erforderl, RG JW **31**, 1363, auch nicht Schuldfähigk, Hamm FamRZ **64**, 438 (Schizophrenie); s auch EheG 37 Anm 2. Fahrlk des Getäuschten steht EheG 33 nicht entgg. Entscheidend ist der Ztpkt der Eheschl, RG SeuffA **86**, 184. Die Täuschg muß für die Eheschl **ursächl** gewesen sein, wenn sie auch nicht die alleinige Ursache zu sein braucht. Auch Veranlassg zu einer zeitl früheren Eheschl kann uU genügen, RG JW **20**, 832.

3) Täuschg dch einen Dritten nur dann erhebl, wenn der and Eheg um die Täuschg zZ der Eheschl weiß; Wissenmüssen genügt nicht. Mögl bleibt aber dann Aufhebgskl aus EheG 32, wenn dessen Voraussetzgen vorliegen.

4) Ausschließg der Aufhebg, II. a) Wenn ein Dritter getäuscht u der Eheg, zu dessen Gunsten die Täuschg erfolgte, hiervon nichts gewußt hat, vgl Anm 3; **b)** wenn der aufhebsberecht Eheg nach Entdeckg der Täuschg, EheG 35 Anm 3b, bestätigt, vgl dazu EheG 31 Anm 4 und 18 Anm 3. Das liegt aber noch nicht vor, wenn der Getäuschte ohne Erfolg versucht, ü die Täuschg hinwegzukommen, RG **163**, 139. Keine Bestätigg gg den Willen des Getäuschten. Unzul Rechtsausübg, wenn der getäuschte Ehem Aufhebg nicht wg der Täuschg, sond nur, um sich einer anderen Frau zuzuwenden, erstrebt, BGH **5**, 186, aber nicht, wenn er sich eigener schwerer Eheverfehlgen schuldig gemacht hat u der and Eheg desh Scheidg begehrt, BGH NJW **58**, 1290.

5) Verfahrensrechtliches. Klageberechtigt ist allein der getäuschte Eheg, der auch die volle Beweislast hat. Wg der Klagefrist EheG 35. Bei der Schuldabwägg, § 29 Anm 3d, trifft den täuschenden Eheg regelm eine schwere Schuld, die überwiegende bei einem geringen Verschulden des anderen, BGH **29**, 273.

EheG 34 *Drohung.* I Ein Ehegatte kann Aufhebung der Ehe begehren, wenn er zur Eingehung der Ehe widerrechtlich durch Drohung bestimmt worden ist.

II Die Aufhebung ist ausgeschlossen, wenn der Ehegatte nach Aufhören der durch die Drohung begründeten Zwangslage zu erkennen gegeben hat, daß er die Ehe fortsetzen will.

1) Früheres Recht. Wörtl aus § 34 EheG 38 übernommen. I = § 1335, II = 1337 II.

2) Widerrechtl durch Drohg bestimmt, I; vgl dazu BGB 123 Anm 3. Klagerecht nur der Bedrohte. Klagefrist EheG 35, Folgen EheG 37.

3) Ausschließg der Aufhebg, II, bei Bestätigg; vgl dazu EheG 31 Anm 4 und 18 Anm 3.

III. Erhebung der Aufhebungsklage

1) Wegen der **verfahrensrechtl Besonderheiten der Aufhebgsklage u der Klagebefugn** vgl Einf v EheG 28 Anm 3, 29 Anm 2 u 3, 30 Anm 3, 31 Anm 3, 32 Anm 7, 34 Anm 2.

EheG 35 *Klagefrist.* I Die Aufhebungsklage kann nur binnen eines Jahres erhoben werden.

II **Die Frist beginnt in den Fällen des § 30 mit dem Zeitpunkt, in welchem die Eingehung oder die Bestätigung der Ehe dem gesetzlichen Vertreter bekannt wird oder der Ehegatte die unbeschränkte Geschäftsfähigkeit erlangt, in den Fällen der §§ 31 bis 33 mit dem Zeitpunkt, in welchem der Ehegatte den Irrtum oder die Täuschung entdeckt; in dem Falle des § 34 mit dem Zeitpunkt, in welchem die Zwangslage aufhört.**

1. Abschnitt: Recht d. Eheschließg. E. Aufhebung d. Ehe **EheG 35–37**

III Der Lauf der Frist ist gehemmt, solange der klageberechtigte Ehegatte innerhalb der letzten sechs Monate der Klagefrist durch einen unabwendbaren Zufall an der Erhebung der Aufhebungsklage gehindert ist.

IV Hat ein klageberechtigter Ehegatte, der geschäftsunfähig ist, keinen gesetzlichen Vertreter, so endet die Klagefrist nicht vor dem Ablauf von sechs Monaten nach dem Zeitpunkt, von dem an der Ehegatte die Aufhebungsklage selbständig erheben kann oder in dem der Mangel der Vertretung aufhört.

1) Früheres Recht. Wörtl aus § 40 EheG 38 übernommen. I und II entsprechen wörtl § 1339 I und II, III und IV wörtl §§ 203 u 206 BGB.

2) Die Klagefrist, I, beträgt 1 Jahr. Berechng der Frist §§ 187 I, 188 II. **Ausschlußfrist,** die von Amts wegen zu beachten ist, RG JW **06**, 355. Auf die Innehaltg kann also weder verzichtet, noch kann eine Verlängerg vereinbart w. Aber genügend, wenn die Nichtzustellg der fristgerecht eingereichten KlageSchr i der mdl Verh nicht gerügt, vorausgesetzt, daß diese ZPO 253 II entspricht u die dch die Nichtrüge eingetretene Rechtshängigk noch als „demnächst" i S v ZPO 261 b III angesehen w kann, BGH **25**, 72. Außer der Frist ist eine bes Überleggfrist nicht gegeben, Warn **33**, 81. **Die Frist wird gewahrt** dch Erhebg der Aufhebgsklage, uU auch bei einem unzust Gericht, wenn näml dann gem ZPO 276 ans zust verwiesen wird, so auch bei ausschließ Gerichtsstand zul ist, KG JW **29**, 869. Aber keine Fristwahrg bei Abweisg wg Unzustdgk. – Dch Klage wird die Frist auch für alle sonst noch vorhandenen Aufhebgsgründe des AufhebgsKl gewahrt, mit denen aber die Aufhebg nur dann i Urt begründet w darf, wenn jener sich darauf beruft, RG HRR **31**, 834; desgl dch die zunächst erhobene Scheidgskl, RG DR **39**, 778; ebenso wahrt die Aufhebgskl die Frist für die Scheidgründe, RG **104**, 157. Für den AufhebgsBekl erfolgt dadurch jedoch keine Fristwahrg. Er muß selbst fristgemäß die Widerkl erheben, RG **104**, 157; vgl auch ZPO 281. Durch Klagerückn entfällt die dch die Klageerhebg eingetretene Fristwahrg. Daß die Frist verstrichen ist, wozu auch der Ztpkt der Kenntn gehört, hat der Aufhebgsgegner zu beweisen, RG **160**, 19.

3) Fristbeginn, II. Die Jahresfrist beginnt **a)** im Falle der mangelnden Einwilligg des gesetzl Vertr zur Eheschl oder zur Bestätigg, EheG 30, i dem Ztpkt, in dem er von der Eheschl oder der Bestätigg Kenntn erlangt; vgl dazu b. Erlangt der Eheg die unbeschr GeschFgk, nachdem die Frist bereits gg seinen bisherigen gesetzl Vertreter zu laufen begann, so läuft die begonnene Frist gg ihn weiter; **b)** im Falle des Irrtums oder der Täuschg, EheG 31–33, in dem Ztpkt, in dem diese entdeckt w. Bloße Vermutg genügt nicht, RG JW **28**, 896, auch nicht Kennenmüssen, RG JW **39**, 636, sond der Kl muß von den die Aufhebg begründenden Tats, nicht der Krankh als solcher, Kenntn haben; Kenntn bedeutet aber nicht nur das Erkennen als solches, sond auch der Tragweite der Umst, zB der Unheilbark u Gefährlichk eines Geschlechtsleidens, Warn **23/24**, 127, das Wissen um die Anlage zu einer unheilb Geisteskrankh, zZ der Eheschl, die die Besorgn rechtfertigt, daß sie auch dem Hinzutreten bes wdr Umst zu einem künft Ausbruch führen kann, BGH FamRZ **67**, 375. Ergeben bes Tats eine erhebl schwerere Wertg, so läuft die Frist erst von deren Kenntn an, RG **128**, 74, so zB genuine Epilepsie anstatt der bisher bekannten gewöhnl, Düss HRR **39**, 1396. Nicht erforderl Überzeugg, daß das Gericht den Grd auch als ausreich anerkennen wird, RG BayZ **16**, 293, ebensowenig die Kenntn des Aufhebgsrechts selbst, Warn **34**, 105. **c)** Bei Drohg im Ztpkt des Aufhörens der Zwangslage.

4) Fristhemmg, III. Vgl dazu Anm zu § 203. Unabwendb Zufall liegt auch vor bei Unmöglichk der Klageerhebg inf Mittellosigk u Ablehng des Armenrechts, RG JW **30**, 3312. Keine Fristhemmg bei Getrenntleben, da eine EheG 50 I 3 entspr Vorschr fehlt.

5) Beendigg der Frist, IV. Wg der Berechng der Frist Anm 2. IV gilt für den Geschäftsunfähigen, da der beschränkt Geschäftsfähige selbst (aber Ausn EheG 30 I) die Kl erheben kann, Einf 3 vor EheG 28. Vgl im üb Anm zu § 206 wg der Klagebefugn bei GeschUnfgk des Aufhebgsberechtigten Einf, 3 vor EheG 28. Die Geisteskrankh des Aufhebgsgegners ist auf den Ablauf der Frist ohne Einfluß, OLG **32**, 1.

6) Verjährg des Aufhebgsrechts tritt nicht ein, da eine EheG 50 II entspr Vorschr nicht vorhanden ist.

EheG 36 *Versäumung der Klagefrist durch den gesetzlichen Vertreter.* **Hat der gesetzliche Vertreter eines geschäftsunfähigen Ehegatten die Aufhebungsklage nicht rechtzeitig erhoben, so kann der Ehegatte selbst innerhalb von sechs Monaten seit dem Wegfall der Geschäftsunfähigkeit die Aufhebungsklage erheben.**

1) Früheres Recht. Wörtl aus § 41 EheG 38 übernommen; früher § 1340.

2) Vgl EheG 35. Gilt nicht für den beschränkt Geschäftsfähigen; wg dessen selbständiger Klagebefugn Einf vor EheG 28 Anm 3. Ihm ggü läuft daher auch die Frist ab. GeschUnfgk fällt auch bei Eintritt der beschränkten GeschFgk weg. Hat die Frist dann gg den Vertr zu laufen begonnen, so steht dem Eheg nur noch der Rest der Frist zur Verfügg, EheG 35 Anm 3a.

IV. Folgen der Aufhebung

Fassung bis 30. 6. 1977:

EheG 37 I Die Folgen der Aufhebung einer Ehe bestimmen sich nach den Vorschriften über die Folgen der Scheidung.

II In den Fällen der §§ 30 bis 32 ist der Ehegatte als schuldig anzusehen, der den Aufhebungsgrund bei Eingehung der Ehe kannte; in den Fällen der §§ 33 und 34 der Ehegatte, von dem oder mit dessen Wissen die Täuschung oder die Drohung verübt worden ist.

1) Die Vorschr des EheG 37 II in der obigen Fassg verliert mit dem 30. 6. 77 ihre Wirksamk aGrd des 1. EheRG Art 3 Z 1 (vgl Einl 1 G vor EheG 1). An ihre Stelle tritt die unten abgedruckte Neufassg von EheG 37 II. Gem 1. EheRG Art 12 Z 5 gilt jedoch für Ehen, die nach den bisher (also vor dem 1. 7. 77) geltden Vorschriften aufgeh worden sind, EheG 37 II aF weiter. Vgl dazu die Kommentierg der 35. Aufl.

Fassung ab 1. 7. 1977:

EheG 37 I Die Folgen der Aufhebung einer Ehe bestimmen sich nach den Vorschriften über die Folgen der Scheidung.

II Hat ein Ehegatte in den Fällen der §§ 30 bis 32 die Aufhebbarkeit der Ehe bei der Eheschließung gekannt oder ist in den Fällen der §§ 33 und 34 die Täuschung oder Drohung von ihm oder mit seinem Wissen verübt worden, so kann der andere Ehegatte ihm binnen sechs Monaten nach der Rechtskraft des Aufhebungsurteils erklären, daß die für den Fall der Scheidung vorgesehenen vermögensrechtlichen Folgen für die Zukunft ausgeschlossen sein sollen. Gibt er eine solche Erklärung ab, findet insoweit die Vorschrift des Absatzes 1 keine Anwendung. Hat im Falle des § 30 auch der andere Ehegatte die Aufhebbarkeit der Ehe bei der Eheschließung gekannt, so steht ihm das in Satz 1 vorgesehene Recht nicht zu.

1) Wirkgen der Eheaufhebg im allg. Neufassg von II dch 1. EheRG Art 3 Z 6 (vgl Einl 1 G vor EheG 1) als Folge der Aufgabe des Schuldprinzips bei der Scheidg (Einf 1 v § 1564). In Durchführg des Gedankens, daß dch die erfolgreiche Aufhebg die Ehe nicht rückw vernichtet, sond **nur für die Zukunft aufgelöst** wird (Einf 1 v EheG 28 u EheG 29 Anm 2), hat die Aufhebg auch nur die Folgen der Eheauflösg dch Urteilsspr, also die Scheidg, I. Der Bestand der Ehe kann also auch nicht im Wege des SchadErs für Leistgen währd der Ehe in Frage gestellt w (BGH **48**, 88). Entspr dem ScheidgsUrt enthält heute auch das Aufhebgs-Urt keinen SchuldAusspr mehr. Geblieben ist, daß über II in drei Fällen für die vermögensrechtl Folgen das Verschulden Berücksichtigg findet, näml iF der Täuschg od Drohg u wenn iFv EheG 30-32 ein Eheg die Aufhebbark zZ der Eheschl gekannt hat.

2) Die Wirkgen im einzelnen. a) Hins des Namens § 1355 IV, ergänzt dch PStG 15 c; **b)** hins der Unterh §§ 1569 ff mit der sich an II ergebnen Einschränkg; **c)** hins der Kinder §§ 1671, 1634. Die Kinder sind ebso wie die aus geschiedenen Ehen ehel. Über die Übertr der elterl Gewalt entsch der Richter (RPflG 14 Z 15); **d)** ZugewinnAusgl gem §§ 1372 ff; **e)** VersorggsAusgl gem §§ 1587 ff; **f)** wg des Widerrufs von Schenkgen gilt nicht mehr EheG 73, sond die allg Vorschr (§§ 530 ff); **g)** wg Wiederverheiratg EheG 8, 9.

3) Ausschluß der vermögensrechtl Scheidgsfolgen, II. Die Vorschr entspricht EheG 26 II; vgl dort Anm 3. Ist ein Eheg für die Aufhebbark der Ehe verantwortl, so kann der and Eheg dch entspr Erkl die vermögensrechtl Scheidgsfolgen für die Zukft ausschließen. **Zweck:** Es soll verhindert w, daß derj, der bei der Eheschl unlauter handelt, gerade aus seinem Fehlverhalten Vorteile zu Lasten seines Opfers zieht (BT-Drucks 7/650 S 184). **Die AusschlErkl ist zulässig,** wenn **a)** der and Eheg den Mangel der Einwilligg des gesetzl Vertr (EheG 30) oder den Irrtum über die Eheschl, die Pers des and Eheg od dessen persönl Eigenschaften (EheG 31, 32) **gekannt** hat. Im Falle von EheG 30 genügt Kenntn vom äußeren Tatbestd, gleichgült, ob es sich um die eigene beschränkte Geschäftsfähigk od die des Ehepartners handelt; ferner muß Kenntn vom Fehlen der Einwilligg des gesetzl Vertr vorgelegen haben, währd es auf die Kenntn der Folgen nicht ankommt (Hbg NJW **65**, 872). Hat auch der and Eheg Kenntn von der fehlden Geschäftsfähigk u Einwilligg des gesetzl Vertr gehabt, so steht ihm das AusschließgsR nicht zu, **S 3**; es bleibt dann bei den vermögensrechtl Folgen der I. In den Fällen EheG 31, 32 muß noch der innere Tatbestd hinzukommen, daß dem Bekl auch der Irrtum des Kl u dessen Ursächlichk für die Eheschl bekannt war, der Bekl also wußte, daß der Kl bei Kenntn von der Eheschl Abstand genommen hätte (BGH **25**, 83), was Kl beweisen muß. **b)** Ein Eheg kann die vermögensrechtl Folgen der Eheaufhebg ferner dann ausschließen, wenn der and Teil ihn dch **Täuschg od Drohg** zur Eheschl veranlaßt hat (EheG 33, 34). Bei Täuschg od Drohg dch einen Dritten reicht es aus, wenn der and Eheg darum gewußt hat (vgl EheG 33 Anm 3).

F. Wiederverheiratung im Falle der Todeserklärung

Einführung

1) Die Regelg entspricht im allg der des BGB. Das Aufhebgsrecht haben aber i Falle, daß der für tot Erklärte noch lebt, nicht beide Eheg, § 1350, sond nur der Wiederverheiratete, EheG 39 I. Dieser kann also von der neuen Ehe zurücktreten, folgerichtig aber zu Lebzeiten des 1. Eheg nur diesen heiraten, EheG 39 II 1.

2) Der Tod des früheren Eheg ist bei Wiederverheiratg des Überlebenden im Regelfalle dch Sterbeurkunde nachzuweisen. Lebt der frühere Eheg trotzdem, war also die Urk unricht, so liegt Doppelehe vor, EheG 5, 20, da die frühere Ehe zZ der neuen Eheschl nicht aufgelöst war. Auch Gutgläubigk verhindert nicht die Nichtigk der 2. Ehe (die Meing Schubarts JR **48**, 296, der auch diesen Fall wie den des EheG 38 II behandeln will, ist mit dem G unvereinb; wie oben RGRKomm [Wüstenberg] § 38 Anm 34, Tüb NJW **50**, 389, vgl auch Volkmar SJZ **49**, 321, Schrodt JR **50**, 236); unricht KG SJZ **50**, 269. Vgl ferner BGH **LM** EheG 38 Nr 1. Nicht and wäre an sich die Rechtslage zu beurteilen, wenn der and Eheg aus der früheren Ehe für tot erkl ist, aber lebt. EheG 38 ff regeln diesen Tatbestd aber ggteilig im Interesse der Aufrechterhaltg der neuen Ehe. Die Vorschr sind also Ausnahmebestimmgen; vgl dazu EheG

1. Abschn: Recht d. Eheschließg. F. Wiederverheiratg. i. F. d. TodesErkl. **EheG 38, 39**

38 Anm 4. Dch VerschÄndG Art 3 ist dem EheG 38 ff der Fall der gerichtl Feststellg der Todeszeit gleichgestellt, soweit nicht ein Berecht vor Inkrafttr des AbändG bereits NichtigkKl wg Doppelehe erhoben hatte.

3) ÜbergangsVorschr Einf 4 vor EheG 28, **internationales Privatrecht** VerschG 12 III. Vgl auch ZPO 328 I Z 3.

EheG 38 I Geht ein Ehegatte, nachdem der andere Ehegatte für tot erklärt worden ist, eine neue Ehe ein, so ist die neue Ehe nicht deshalb nichtig, weil der für tot erklärte Ehegatte noch lebt, es sei denn, daß beide Ehegatten bei der Eheschließung wissen, daß er die Todeserklärung überlebt hat.

II Mit der Schließung der neuen Ehe wird die frühere Ehe aufgelöst. Sie bleibt auch dann aufgelöst, wenn die Todeserklärung aufgehoben wird.

1) Früheres Recht. Wörtl übernommen aus § 43 EheG 38. Mit § 1348 gleichlautend.

2) Allgemeines. Vgl auch Einf Anm 2. Wg der TodesErkl u der sich daran knüpfenden Vermutg VerschG 9. Von dieser gibt EheG 38 nicht etwa eine dahingehende Ausn, daß die Ehe auf jeden Fall bis zur Wiederverheiratg fortbesteht, vgl RG **60**, 196, sond behandelt nur den Fall, daß der für tot Erklärte bei der neuen Eheschl noch lebt. Die Ehe mit einem Eheg, der für tot erkl ist u der den Ztpkt der neuen Eheschl nicht erlebt hat, ist i Ztpkt seines Todes aufgelöst.

3) Bestand der neuen Ehe, I. Sie ist i Abweichg von EheG 5, 20, vgl Einf Anm 2, nicht nichtig, obwohl der frühere Eheg noch, dh zZ der 2. Eheschl lebt. **Die 2. Ehe ist aber nichtig,** wenn a) beide Eheg (weiß nur der Wiederverheiratete, daß der für tot Erklärte noch lebt, so nur EheG 39) b) bei der Eheschl (nachträgl Kenntn schadet also nicht) c) wissen, daß der frühere Eheg die TodesErkl überlebt hat, daß also die Urt über die TodesErkl falsch ist, Warn **23/24**, 126. Fahrl Unkenntn steht nicht gleich. Darauf aber natürl nur Nichtigk, wenn das tatsächl der Fall gewesen ist; dann ändert auch sein späterer Tod nichts an der Nichtigk der 2. Ehe, EheG 5 Anm 2a. Stirbt hingg der frühere Eheg zwar nach der TodesErkl, aber vor der Wiederverheiratg, so Anm 2.

4) Auflösg der früheren Ehe, II. Sie wird, falls der verschollene u für tot erkl Eheg noch lebt (ist er gestorben u für tot erkl, so wird die Ehe natürl mit dem Tode, wenn dessen Ztpkt nicht bekannt ist, also in dem festgesetzten Ztpkt des Todes aufgelöst, vgl VerschG 9 Anm 2), mit der Schließg der neuen Ehe aufgelöst, II 1. Daran ändert auch die Aufhebg des die TodesErkl aussprechenden Beschl nichts, II 2; wg der Anfechtgskl vgl VerschG 30 ff. War Beschl allerd schon vor der Eheschl aufgehoben, so gilt EheG 5 uneingeschränkt, auf den guten Gl kommt es dann nicht mehr an. EheG 38 II 1 ist eine **Ausnahmevorschr**; aus ihr kann also nicht etwa die Auflösg der früheren Ehe, die zwar i Ausl geschieden, deren Scheidg aber i Inl nicht anerkannt wird, im Falle der Wiederverheiratg des geschiedenen Eheg gefolgert w. Das käme auf eine Ausschaltg von ZPO 328 heraus, der gerade die Belange des dtschen u i Deutschland verbliebenen Eheg bes wahren soll. **Wirkg von II:** Nicht nur die frühere Ehe ist aufgelöst, sond auch ihre Wirkgen, insb die erbrechtl, §§ 1931, 2077 ff, 2281 ff, fallen fort. Wegen der Kinder § 1671. Diese Wirkgen bleiben auch bei Auflösg der 2. Ehe bestehen, auch wenn diese dch den Tod der 2. Ehefr vor Aufhebg der TodesErkl aufgelöst wird, Düss FamRZ **65**, 612; ist die 2. Ehe aber nichtig, so entfällt auch die eheauflösende Wirkg, die frühere Ehe hat ununterbrochen fortbestanden. Wirkgen treten ohne Rücksicht auf Wohns der Eheleute vor Verschollenh, Ztpkt der TodesErkl oder Wiederverheiratg ein, LSozG Essen FamRZ **62**, 376.

5) Rechtsstellg des für tot erklärten Eheg. Er kann, wenn die Anm 3a–c genannten Voraussetzgen vorliegen, die er beweisen muß, Nichtigkeitskl erheben; wg der Klagebefugn im übr EheG 24. Außerdem kann er wg Ehebruchs auf Scheidg klagen, EheG 42. Ist die frühere Ehe aber gem II 1 aufgelöst, so kann auch er eine neue Ehe schließen. Diese verfällt der Nichtigk, wenn die 2. Ehe des zurückgebliebenen Eheg für nichtig erkl wird, Anm 4 aE. Solange er nicht wiederverheiratet ist, wird ihm ein UnterhAnspr entspr EheG 61 II zugebilligt w müssen, Hamm (VerwG) FamRZ **65**, 146, Arnold FamRZ **60**, 222, Bosch FamRZ **61**, 379, Neumann-Duesberg JR **68**, 209, wohl auch RGRK (Wüstenberg) Anm 20; aM LSozG Essen FamRZ **62**, 376, Dölle § 30 I 2; AG Bad Schwalbach NJW **78**, 1333.

Fassung bis 30. 6. 1977:

EheG 39 I Lebt der für tot erklärte Ehegatte noch, so kann sein früherer Ehegatte die Aufhebung der neuen Ehe begehren, es sei denn, daß er bei der Eheschließung wußte, daß der für tot erklärte Ehegatte die Todeserklärung überlebt hat.

II Macht der frühere Ehegatte von dem ihm nach Absatz 1 zustehenden Recht Gebrauch und wird die neue Ehe aufgehoben, so kann er zu Lebzeiten seines Ehegatten aus der früheren Ehe eine neue Ehe nur mit diesem eingehen. Im übrigen bestimmen sich die Folgen der Aufhebung nach § 37.

Fassung bis 30. 6. 1977:

1. DVO z EheG § 19. (1) *In den Fällen des § 44* [jetzt: 39] *des Ehegesetzes kann die Aufhebung der Ehe nur binnen eines Jahres begehrt werden. Die Frist beginnt mit dem Zeitpunkt, in dem der Ehegatte aus der früheren Ehe Kenntnis davon erlangt hat, daß der für tot erklärte Ehegatte noch lebt.*

(2) *Soweit sich in den Fällen des § 44 [jetzt: 39] des Ehegesetzes die Folgen der Aufhebung nach den Vorschriften über die Folgen der Scheidung bestimmen, ist der beklagte Ehegatte als schuldig anzusehen, wenn er bei der Eheschließung gewußt hat, daß der für tot erklärte Ehegatte die Todeserklärung überlebt hat.*

1) Die Vorschr des EheG 39 II 2 in der obigen Fassg verliert mit dem 30. 6. 77 ihre Wirksamk aGrd des 1. EheRG Art 3 Z 1 (vgl Einl 1 G vor EheG 1). An ihre Stelle tritt die unten abgedruckte Neufassg von EheG 39 II. Gem 1. EheRG Art 12 Z 5 gilt jedoch für Ehen, die nach den bisher (also vor dem 1. 7. 77) geltden Vorschr aufgeh w sind, EheG 39 II aF weiter. Vgl insof die 35. Aufl.

Fassung ab 1. 7. 1977:

EheG 39 ^I Lebt der für tot erklärte Ehegatte noch, so kann sein früherer Ehegatte die Aufhebung der neuen Ehe begehren, es sei denn, daß er bei der Eheschließung wußte, daß der für tot erklärte Ehegatte die Todeserklärung überlebt hat.

^{II} Macht der frühere Ehegatte von dem ihm nach Absatz 1 zustehenden Recht Gebrauch und wird die neue Ehe aufgehoben, so kann er zu Lebzeiten seines Ehegatten aus der früheren Ehe eine neue Ehe nur mit diesem eingehen. Im übrigen bestimmen sich die Folgen der Aufhebung nach § 37 Abs. 1. Hat der beklagte Ehegatte bei der Eheschließung gewußt, daß der für tot erklärte Ehegatte die Todeserklärung überlebt hat, so findet § 37 Abs. 2 Satz 1, 2 entsprechende Anwendung.

1) Rechtsentwicklg. Wörtl aus § 44 EheG 38 übernommen. Entspr §§ 1350, 1351, aber erhebl abweichend. EheG 39 wird **ergänzt** dch 1. DVO z EheG 19, für **Länder der früh BrZ** AVOzEheG v 12. 8. 48, VOBlBrZ 210, § 18, mit § 19 der 1. DVO z EheG unter Berichtigg der Zitate gleichlautend. II 2 geänd u 3 eingef dch 1. EheRG Art 3 Z 1 u 7; 1. DVO z EheG 19 II ab 1. 7. 77 aufgeh dch 1. EheRG Art 11 Z 2.

2) Allgemeines. EheG 39 schafft mit Rücksicht auf die Eigenart der Wirkg der Wiederverheiratg nach TodesErkl einen weiteren Fall der Aufhebg, EheG 28, um die Möglichk der Wiedervereinigg zu geben. Wg des **Verfahrens**, Einf v EheG 28 Anm 3 (dort auch wg der Klagebefugn) u EheG 29 Anm 2 u 3, gelten keine Besonderheiten. **Klagefrist:** 1 Jahr seit Erlangg der Kenntn von dem Leben des für tot Erklärten seitens des Aufhebgsberecht, 1. DVO z EheG 19 I; wegen des Erlangens der Kenntn EheG 35 Anm 3b.

3) Voraussetzgen der Aufhebg, I. a) Der für tot Erklärte muß zZ der Erhebg der Aufhebgskl, vgl EheG 35 Anm 2, noch leben; beweispflichtig der AufhebgsKl; Erleben der Eheschl des Zurückgebliebenen genügt also nicht. **b)** Aufhebsberecht ist nur der zurückgebliebene Eheg, der sich wiederverheiratet hat, jedoch nur dann, wenn er bei der Eheschl keine Kenntn davon hatte, daß der für tot Erklärte die TodesErkl überlebt hat, vgl EheG 38 Anm 3c; die Aufhebgskl entfällt also nicht erst dann, wenn der AufhebgsKl noch bei der Eheschl Kenntn vom Weiterleben des für tot Erklärten in diesem Ztpkt hatte, zumal dann die Nichtigkeitskl eingreift, EheG 5. Eine Bestätigg der 2. Ehe, so daß Aufhebgsrecht ausgeschlossen wird, kennt das G nicht, Oldbg FamRZ 58, 321. **c)** Die 2. Ehe muß noch bestehen. Ist sie aufgelöst, vgl dazu EheG 5 Anm 2b, so ist das Aufhebgsrecht erloschen. **d)** Der Eingeh einer neuen Ehe mit dem 1. Eheg darf kein NichtigkGrd enttggstehen; denn das Aufhebgsrecht ist ihm nur zur Ermöglichg der Wiedervereinigg mit dem für tot Erklärten gegeben, Anm 2 u 4; zust Soergel-Vogel Anm 2, abweichend Hoffmann-Stephan Anm 3 C. Kommt es dann allerd nicht zur Wiederverheiratg, so hat das keine Rückwirkgn. Ü den Fall der Nichtigk der 2. Ehe des Zurückgebliebenen EheG 38 Anm 4 u 5 aE. **Kein Aufhebgsrecht** hat der für tot Erklärte.

4) Wirkgen der Aufhebg, II; dazu auch Ramm JZ 63, 50. **a) Wiederverheiratg.** Entspr dem Zweck des dem zurückgeblieb u wiederverheirateten Eheg gegebenen Aufhebgsrechts, Anm 2, kann dieser nach der Aufhebg seiner 2. Ehe eine neue nur **mit dem für tot Erklärten eingehen,** II 1. Eine trotzdem mit einem anderen eingegangene Ehe wäre aber gültig, wie EheG 16 ergibt, also nur aufschiebendes Eheverbot; ebso Hoffmann-Stephan Anm 5 A b, v Godin Anm 5. Unricht v Scanzoni Anm 6. Verweigert der für tot Erkl Eheschl mit dem zurückgebliebenen Eheg, so entfällt Eheverbot; ebso BayObLG NJW **61,** 1725, Soergel-Vogel Anm 2, aM Zeitler JR **51,** 426 (unmögl Ergebn), auch Hoffmann-Stephan Anm 5b. Da durch die Eingeh der 2. Ehe seitens des zurückgebliebenen Eheg die frühere Ehe aufgelöst worden ist, EheG 38 II, lebt dch die Auflösg der 2. Ehe aGrd der Aufhebgskl nicht etwa die 1. Ehe wieder auf, sond es bedarf einer neuen Eheschl, deren Voraussetzgn selbständ zu prüfen sind, zB EheG 8. **b)** Hinsichtl der **Wirkgen im übr,** II 2 u 3, gilt das EheG 37 Anm 2 u 3 Gesagte. Wg der Kinder § 1671. Hat der bekl Eheg bei der Eheschl gewußt, daß der für tot erklärte Eheg die TodesErkl überlebt hat, wäre es unbill, den klagden Eheg mit den Scheidgsfolgeansprüchen auch künft zu belasten. Dem klagden Eheg steht daher das Recht zu, den Ausschluß der vermögensrechtl Scheidgsfolgen für die Zukft zu erkl (BT-Drucks 7/650 S 184). Zur Kenntn 1. DVO z EheG 19 II, abgedr bei EheG 39 aF. Eine Kenntn des zurückgebliebenen wiederverheirateten Eheg kann nicht in Betr kommen, da dann sein KlageR entfällt (Anm 3 b). Bei Kenntn beider Eheg der neuen Ehe bleibt es bei den vermögensrechtl Scheidgsfolgen ebso wie bei beiderseitigem Nichtwissen.

EheG 40 (hat seine Wirksamk verloren, GleichberG Art 8 II Z 1; s jetzt § 1671 – Scheidg ohne Schuldausspr).

Zweiter Abschnitt. Recht der Ehescheidung

Hinweis

Das Recht der Ehescheidg ist dch das 1. EheRG unter Aufhebg der entspr Bestimmgen des EheG **mit Wirkg vom 1. 7. 1977** in das BGB zurückversetzt worden (vgl §§ 1564–1587 p mit Einf u Anm). Gleichzeit wurden die ScheidgsVorschriften des EheG außer Wirksamk gesetzt (1. EheRG Art 3 Z 1); vgl dazu Einl 1 G vor EheG 1. Doch gelten die bisherigen ScheidgsBestimmgen für sog. **Altehen,** dh für solche, die vor dem 1. 7. 1977 nach altem R gesch w sind, wobei es auf den Eintr der Rechtskr nicht ankommt (Einf 6 v § 1569), dann auch noch hinsichtl der UnterhRegelg fort. Für die UnterhAnsprüche aus Ehen, die bis zum 30. 6. 1977 gesch wurden, kommt es also nach wie vor auf den **Schuldausspruch** an. **Art 12 Ziff 3 Abs 2 des 1. EheRG** lautet:

„*Der Unterhaltsanspruch eines Ehegatten, dessen Ehe nach den bisher geltenden Vorschriften geschieden worden ist, bestimmt sich auch künftig nach bisherigem Recht. Unterhaltsvereinbarungen bleiben unberührt.*"

Aus diesem Grd werden die ScheidgsVorschr des EheG auch in den kommden Auflagen abgedruckt; von einem Abdruck der Erläutergen muß dagg aus Platzgründen Abstand genommen werden; es wird gebeten, insof auf die 35. Aufl zurückzugreifen. Soweit zu den alten Bestimmgen noch Rspr ergeht, wird diese selbstverständl nachgewiesen.

A. Allgemeine Vorschriften

Fassung bis 30. 6. 1977:

EheG 41 Die Ehe wird durch gerichtliches Urteil geschieden. Sie ist mit der Rechtskraft des Urteils aufgelöst. Die Voraussetzungen, unter denen die Scheidung begehrt werden kann, ergeben sich aus den nachstehenden Vorschriften.

1) Vgl den Hinweis vor EheG 41.

B. Ehescheidungsgründe

I. Scheidung wegen Verschuldens (Eheverfehlungen)

Fassung bis 30. 6. 1977:

EheG 42 *Ehebruch.* I Ein Ehegatte kann Scheidung begehren, wenn der andere die Ehe gebrochen hat.

II Er hat kein Recht auf Scheidung, wenn er dem Ehebruch zugestimmt oder ihn durch sein Verhalten absichtlich ermöglicht oder erleichtert hat.

1) Vgl den Hinweis vor EheG 41.

Fassung bis 30. 6. 1977:

EheG 43 *Andere Eheverfehlungen.* Ein Ehegatte kann Scheidung begehren, wenn der andere durch eine schwere Eheverfehlung oder durch ehrloses oder unsittliches Verhalten die Ehe schuldhaft so tief zerrüttet hat, daß die Wiederherstellung einer ihrem Wesen entsprechenden Lebensgemeinschaft nicht mehr erwartet werden kann. Wer selbst eine Verfehlung begangen hat, kann die Scheidung nicht begehren, wenn nach der Art seiner Verfehlung, insbesondere wegen des Zusammenhangs der Verfehlung des anderen Ehegatten mit seinem eigenen Verschulden, sein Scheidungsbegehren bei richtiger Würdigung des Wesens der Ehe sittlich nicht gerechtfertigt ist.

1) Vgl den Hinweis vor EheG 41.

II. Scheidung aus anderen Gründen

Fassung bis 30. 6. 1977:

EheG 44 *Auf geistiger Störung beruhendes Verhalten.* Ein Ehegatte kann Scheidung begehren, wenn die Ehe infolge eines Verhaltens des anderen Ehegatten, das nicht als Eheverfehlung betrachtet werden kann, weil es auf einer geistigen Störung beruht, so tief zerrüttet ist, daß die Wiederherstellung einer dem Wesen der Ehe entsprechenden Lebensgemeinschaft nicht erwartet werden kann.

1) Vgl den Hinweis vor EheG 41.

Fassung bis 30. 6. 1977:

EheG 45 *Geisteskrankheit.* Ein Ehegatte kann Scheidung begehren, wenn der andere geisteskrank ist, die Krankheit einen solchen Grad erreicht hat, daß die geistige Gemeinschaft zwischen den Ehegatten aufgehoben ist, und eine Wiederherstellung dieser Gemeinschaft nicht erwartet werden kann.

1) Vgl den Hinweis vor EheG 41.

Fassung bis 30. 6. 1977:

EheG 46 *Ansteckende oder ekelerregende Krankheit.* Ein Ehegatte kann Scheidung begehren, wenn der andere an einer schweren ansteckenden oder ekelerregenden Krankheit leidet und ihre Heilung oder die Beseitigung der Ansteckungsgefahr in absehbarer Zeit nicht erwartet werden kann.

1) Vgl den Hinweis vor EheG 41.

Fassung bis 30. 6. 1977:

EheG 47 *Vermeidung von Härten.* In den Fällen der §§ 44 bis 46 darf die Ehe nicht geschieden werden, wenn das Scheidungsbegehren sittlich nicht gerechtfertigt ist. Dies ist in der Regel dann anzunehmen, wenn die Auflösung der Ehe den anderen Ehegatten außergewöhnlich hart treffen würde. Ob dies der Fall ist, richtet sich nach den Umständen, namentlich auch nach der Dauer der Ehe, dem Lebensalter der Ehegatten und dem Anlaß der Erkrankung.

1) Vgl den Hinweis vor EheG 41.

Fassung bis 30. 6. 1977:

EheG 48 *Aufhebung der häuslichen Gemeinschaft.* I Ist die häusliche Gemeinschaft der Ehegatten seit drei Jahren aufgehoben und infolge einer tiefgreifenden, unheilbaren Zerrüttung des ehelichen Verhältnisses die Wiederherstellung einer dem Wesen der Ehe entsprechenden Lebensgemeinschaft nicht zu erwarten, so kann jeder Ehegatte die Scheidung begehren.

II Hat der Ehegatte, der die Scheidung begehrt, die Zerrüttung ganz oder überwiegend verschuldet, so darf die Ehe gegen den Widerspruch des anderen Ehegatten nicht geschieden werden, es sei denn, daß dem widersprechenden Ehegatten die Bindung an die Ehe und eine zumutbare Bereitschaft fehlen, die Ehe fortzusetzen.

III Dem Scheidungsbegehren ist nicht stattzugeben, wenn das wohlverstandene Interesse eines oder mehrerer minderjähriger Kinder, die aus der Ehe hervorgegangen sind, die Aufrechterhaltung der Ehe erfordert.

1) EheG 48 I u III außer Wirkg, II aufgehoben aGrd 1. EheRG Art 3 Z 1 u 3; vgl den Hinweis vor EheG 41.

C. Ausschluß des Scheidungsrechts

Fassung bis 30. 6. 1977:

EheG 49 *Verzeihung.* Das Recht auf Scheidung wegen Verschuldens besteht nicht, wenn sich aus dem Verhalten des verletzten Ehegatten ergibt, daß er die Verfehlung des anderen verziehen oder sie als ehezerstörend nicht empfunden hat.

1) Vgl den Hinweis vor EheG 41.

Fassung bis 30. 6. 1977:

EheG 50 *Fristablauf.* I Das Recht auf Scheidung wegen Verschuldens erlischt, wenn der Ehegatte nicht binnen sechs Monaten die Klage erhebt. Die Frist beginnt mit der Kenntnis des Scheidungsgrundes. Sie läuft nicht, solange die häusliche Gemeinschaft der Ehegatten aufgehoben ist. Fordert der schuldige Ehegatte den anderen auf, die Gemeinschaft herzustellen oder die Klage auf Scheidung zu erheben, so läuft die Frist vom Empfang der Aufforderung an.

II Die Scheidung ist nicht mehr zulässig, wenn seit dem Eintritt des Scheidungsgrundes zehn Jahre verstrichen sind.

III Der Erhebung der Klage steht der Antrag auf Anberaumung eines Sühnetermins gleich, sofern die Ladung demnächst erfolgt. Der Antrag verliert diese Wirkung, wenn der Antragsteller im Sühnetermin nicht erscheint oder die Klage nicht binnen drei Monaten seit dem Abschluß des Sühneverfahrens erhebt.

IV Für die Sechs- und Dreimonatsfrist gilt § 35 Abs. 3 und 4 entsprechend.

1) Vgl den Hinweis vor EheG 41.

2. Abschn.: Recht der Ehescheidg. D. Schuldausspr. E. Folgen der Scheidg. **EheG 51–57**

Fassung bis 30. 6. 1977:

EheG 51 *Nachträgliche Geltendmachung von Scheidungsgründen bei Scheidung wegen Verschuldens.* I Nach Ablauf der in § 50 bezeichneten Fristen kann während eines Scheidungsstreites ein Scheidungsgrund noch geltend gemacht werden, wenn die Frist bei der Klageerhebung noch nicht verstrichen war.

II Eheverfehlungen, auf die eine Scheidungsklage nicht mehr gegründet werden kann, können auch nach Ablauf der Fristen des § 50 zur Unterstützung einer auf andere Eheverfehlungen gegründeten Scheidungsklage geltend gemacht werden.

1) Vgl den Hinweis vor EheG 41.

D. Schuldausspruch

Fassung bis 30. 6. 1977:

EheG 52 *Bei Scheidung wegen Verschuldens.* I Wird die Ehe wegen Verschuldens des Beklagten geschieden, so ist dies im Urteil auszusprechen.

II Hat der Beklagte Widerklage erhoben, und wird die Ehe wegen Verschuldens beider Ehegatten geschieden, so sind beide für schuldig zu erklären. Ist das Verschulden des einen Ehegatten erheblich schwerer als das des anderen, so ist zugleich auszusprechen, daß seine Schuld überwiegt.

III Auch ohne Erhebung einer Widerklage ist auf Antrag des Beklagten die Mitschuld des Klägers auszusprechen, wenn die Ehe wegen einer Verfehlung des Beklagten geschieden wird und dieser zur Zeit der Erhebung der Klage oder später auf Scheidung wegen Verschuldens hätte klagen können. Hatte der Beklagte bei der Klageerhebung das Recht, die Scheidung wegen Verschuldens des Klägers zu begehren, bereits verloren, so ist dem Antrag gleichwohl stattzugeben, wenn dies der Billigkeit entspricht. Absatz 2 Satz 2 und § 50 Abs. 3 gelten entsprechend.

1) Vgl den Hinweis vor EheG 41. An vereinbarten Verzicht auf Feststellg eines überwiegen Versch sind die Parteien des EhescheidgsProz gebunden (Hamm FamRZ **76**, 92); ebso bei Verzicht auf Schuldfeststellg vor poln Ger (BGH FamRZ **76**, 614).

Fassung bis 30. 6. 1977:

EheG 53 *Scheidung aus anderen Gründen.* I Wird die Ehe auf Klage und Widerklage geschieden und trifft nur einen Ehegatten ein Verschulden, so ist dies im Urteil auszusprechen.

II Wird die Ehe lediglich auf Grund der Vorschriften der §§ 44 bis 46 und 48 geschieden und hätte der Beklagte zur Zeit der Erhebung der Klage oder später auf Scheidung wegen Verschuldens des Klägers klagen können, so ist auch ohne Erhebung der Widerklage auf Antrag des Beklagten auszusprechen, daß den Kläger ein Verschulden trifft. Hatte der Beklagte bei der Klageerhebung das Recht, die Scheidung wegen Verschuldens des Klägers zu begehren, bereits verloren, so ist dem Antrag gleichwohl stattzugeben, wenn dies der Billigkeit entspricht. § 50 Abs. 3 findet entsprechende Anwendung.

1) Vgl den Hinweis vor EheG 41.

E. Folgen der Scheidung

I. Name der geschiedenen Frau

EheG 54–57 *(Außer Wirksamkeit gesetzt durch das 1. EheRG Art 3 Z 1 u Art 12 Z 13b mit Wirkung vom 1. 7. 1976).*

1) Berücks ein ScheidgsVergl zw den Ehel die Frage der Namensführg nicht, kann der Ehem die Namensführg dch die gesch Frau nicht mehr später iSv EheG 55 aF untersagen (BGH StAZ **78**, 154).

II. Unterhalt

Schrifttum: Engelhardt, Neues UnterhaltsR u frühere Scheidgen, JZ **76**, 576.

a) Unterhaltspflicht bei Scheidung wegen Verschuldens

1) Vgl den Hinw vor EheG 41. Auch die Geltdmachg v UnterhAnsprüchen nach den EheG 58 ff ist seit dem 1. 7. 77 FamSache u gehört vor die FamG (BGH FamRZ **78**, 102 m abl Anm Jauernig; Stgt FamRZ **78**, 249).

Fassung bis 30. 6. 1977:

EheG 58 ^I Der allein oder überwiegend für schuldig erklärte Mann hat der geschiedenen Frau den nach den Lebensverhältnissen der Ehegatten angemessenen Unterhalt zu gewähren, soweit die Einkünfte aus dem Vermögen der Frau und die Erträgnisse einer Erwerbstätigkeit nicht ausreichen.

^{II} Die allein oder überwiegend für schuldig erklärte Frau hat dem geschiedenen Mann angemessenen Unterhalt zu gewähren, soweit er außerstande ist, sich selbst zu unterhalten.

1) Vgl den Hinweis vor EheG 41. Die unterschiedl Behdlg v Mann u Fr nicht verfassgswidr (Stgt FamRZ **78**, 249). Keine VorschußPfl für UnterhProz zw gesch Eheg (Schlesw SchlHA **78**, 19; aA Münst NJW **77**, 1066). Einer gesch Frau, die ein 10j Kind zu versorgen hat, ist eine ErwTätigk zuzumuten, wenn sie iR eines FamVerbandes im väterl Geschäft tät ist (BSG FamRZ **77**, 197). Pensionierter Oberstleutnant zahlt ³/₇ seines NettoEink als Unterh zuzügl fiktiver Zinseinkfte aus Veräußergsgewinn, der in Wirklichk zur Anschaffg eines Segelbootes verwendet wurde (Schlesw SchlHA **78**, 66).

Fassung bis 30. 6. 1977:

EheG 59 ^I Würde der allein oder überwiegend für schuldig erklärte Ehegatte durch Gewährung des im § 58 bestimmten Unterhalts bei Berücksichtigung seiner sonstigen Verpflichtungen den eigenen angemessenen Unterhalt gefährden, so braucht er nur so viel zu leisten, als es mit Rücksicht auf die Bedürfnisse und die Vermögens- und Erwerbsverhältnisse der geschiedenen Ehegatten der Billigkeit entspricht. Hat der Verpflichtete einem minderjährigen unverheirateten Kinde oder bei Wiederverheiratung dem neuen Ehegatten Unterhalt zu gewähren, so sind auch die Bedürfnisse und die wirtschaftlichen Verhältnisse dieser Personen zu berücksichtigen.

^{II} Der Mann ist unter den Voraussetzungen des Absatzes 1 von der Unterhaltspflicht ganz befreit, wenn die Frau den Unterhalt aus dem Stamm ihres Vermögens bestreiten kann.

1) Vgl den Hinweis vor EheG 41. Bei der Bemessg des UnterhAnspr der gesch Ehefr sind anderweit UnterhPflichten des Mannes seiner 2. Ehefr u Kindern ggü zu berücks (Stgt FamRZ **78**, 249).

Fassung bis 30. 6. 1977:

EheG 60 Sind beide Ehegatten schuld an der Scheidung, trägt aber keiner die überwiegende Schuld, so kann dem Ehegatten, der sich nicht selbst unterhalten kann, ein Beitrag zu seinem Unterhalt zugebilligt werden, wenn und soweit dies mit Rücksicht auf die Bedürfnisse und die Vermögens- und Erwerbsverhältnisse des anderen Ehegatten und der nach § 63 unterhaltspflichtigen Verwandten des Bedürftigen der Billigkeit entspricht. Die Beitragspflicht kann zeitlich beschränkt werden; § 59 Abs. 1 Satz 2 findet entsprechende Anwendung.

1) Vgl den Hinweis vor EheG 41. Wiederaufgelebte WwenRente aus früh Ehe bleibt auß Betr, aber Selbstbehalt des InAnsprGen iHv 1000 DM zuzügl Krankhbedingter Mehrkosten (Düss FamRZ **78**, 695).

b) Unterhaltspflicht bei Scheidung aus anderen Gründen

Fassung bis 30. 6. 1977:

EheG 61 ^I Ist die Ehe allein aus einem der in den §§ 44 bis 46 und 48 bezeichneten Gründen geschieden und enthält das Urteil einen Schuldausspruch, so finden die Vorschriften der §§ 58 und 59 entsprechende Anwendung.

^{II} Enthält das Urteil keinen Schuldausspruch, so hat der Ehegatte, der die Scheidung verlangt hat, dem anderen Unterhalt zu gewähren, wenn und soweit dies mit Rücksicht auf die Bedürfnisse und die Vermögens- und Einkommensverhältnisse der geschiedenen Ehegatten und der nach § 63 unterhaltspflichtigen Verwandten des Berechtigten der Billigkeit entspricht. § 59 Abs. 1 Satz 2 und Abs. 2 finden entsprechende Anwendung.

1) Vgl den Hinweis vor EheG 41. II verstößt nicht gg GG 3 I (BSG FamRZ **77**, 198). Der Anspr auf eine wiederauflebde WwenRente (BVersG) ist ggü dem UnterhAnspr aus II subsidiär, so daß die UnterhBedürftigk der gesch Ehefr nicht unter Hinw auf diese WwenRente in Frage gestellt w kann (Düss FamRZ **78**, 597).

c) Art der Unterhaltsgewährung

Fassung bis 30. 6. 1977:

EheG 62 ^I Der Unterhalt ist durch Zahlung einer Geldrente zu gewähren. Die Rente ist monatlich im voraus zu entrichten. Der Verpflichtete hat Sicherheit zu leisten, wenn die Gefahr besteht, daß er sich seiner Unterhaltspflicht zu entziehen sucht. Die Art der Sicherheitsleistung bestimmt sich nach den Umständen.

^{II} Statt der Rente kann der Berechtigte eine Abfindung in Kapital verlangen, wenn ein wichtiger Grund vorliegt und der Verpflichtete dadurch nicht unbillig belastet wird.

III Der Verpflichtete schuldet den vollen Monatsbetrag auch dann, wenn der Berechtigte im Laufe des Monats stirbt.

1) Vgl den Hinweis vor EheG 41.

Fassung bis 30. 6. 1977:

EheG 63 I Der unterhaltspflichtige geschiedene Ehegatte haftet vor den Verwandten des Berechtigten. Soweit jedoch der Verpflichtete bei Berücksichtigung seiner sonstigen Verpflichtungen den eigenen angemessenen Unterhalt gefährden würde, haften die Verwandten vor dem geschiedenen Ehegatten. Soweit einem geschiedenen Ehegatten ein Unterhaltsanspruch gegen den anderen Ehegatten nicht zusteht, haben die Verwandten des Berechtigten nach den allgemeinen Vorschriften über die Unterhaltspflicht den Unterhalt zu gewähren.

II Die Verwandten haften auch, wenn die Rechtsverfolgung gegen den unterhaltspflichtigen Ehegatten im Inland ausgeschlossen oder erheblich erschwert ist. In diesem Falle geht der Anspruch gegen den Ehegatten auf den Verwandten über, der den Unterhalt gewährt hat. Der Übergang kann nicht zum Nachteil des Unterhaltsberechtigten geltend gemacht werden.

1) Vgl den Hinweis vor EheG 41.

Fassung bis 30. 6. 1977:

EheG 64 Für die Vergangenheit kann der Berechtigte Erfüllung oder Schadenersatz wegen Nichterfüllung erst von der Zeit an fordern, in der der Unterhaltspflichtige in Verzug gekommen oder der Unterhaltsanspruch rechtshängig geworden ist, für eine länger als ein Jahr vor der Rechtshängigkeit liegende Zeit jedoch nur, soweit anzunehmen ist, daß der Verpflichtete sich der Leistung absichtlich entzogen hat.

1) Vgl den Hinweis vor EheG 41.

d) Begrenzung und Wegfall des Unterhaltsanspruchs

Fassung bis 30. 6. 1977:

EheG 65 *Selbstverschuldete Bedürftigkeit.* I Ein Unterhaltsberechtigter, der infolge sittlichen Verschuldens bedürftig ist, kann nur den notdürftigen Unterhalt verlangen.

II Ein Mehrbedarf, der durch grobes Verschulden des Berechtigten herbeigeführt ist, begründet keinen Anspruch auf erhöhten Unterhalt.

1) Vgl den Hinweis vor EheG 41.

Fassung bis 30. 6. 1977:

EheG 66 *Verwirkung.* Der Berechtigte verwirkt den Unterhaltsanspruch, wenn er sich nach der Scheidung einer schweren Verfehlung gegen den Verpflichteten schuldig macht oder gegen dessen Willen einen ehrlosen oder unsittlichen Lebenswandel führt.

1) Vgl den Hinweis vor EheG 41. Keine Verwirkg, wenn die unterhaltsberecht Ehefr mit and Mann in eheähnl Gemsch lebt, wohl aber ist sie entspr der Vermutg v BSHG 122 beweispflichtig, daß sie v dem and Mann nicht unterh w bzw keine Vergütg für seine Versorgg erhält (Kln FamRZ **78**, 252).

Fassung bis 30. 6. 1977:

EheG 67 *Wiederverheiratung des Berechtigten.* Die Unterhaltspflicht erlischt mit der Wiederverheiratung des Berechtigten.

1) Vgl den Hinweis vor EheG 41.

Fassung bis 30. 6. 1977:

EheG 68 *Wiederverheiratung des Verpflichteten.* Bei Wiederverheiratung des Verpflichteten finden die Vorschriften des § 1604 des Bürgerlichen Gesetzbuchs über den Einfluß des Güterstandes auf die Unterhaltspflicht entsprechende Anwendung.

1) Vgl den Hinweis vor EheG 41.

Fassung bis 30. 6. 1977:

EheG 69 *Tod des Berechtigten.* I Der Unterhaltsanspruch erlischt mit dem Tode des Berechtigten. Nur soweit er auf Erfüllung oder Schadenersatz wegen Nichterfüllung für die Vergangenheit gerichtet ist oder sich auf Beträge bezieht, die beim Tode des Berechtigten fällig sind, bleibt er auch nachher bestehen.

II Der Verpflichtete hat die Bestattungskosten zu tragen, soweit dies der Billigkeit entspricht und die Kosten nicht von den Erben zu erlangen sind.

1) Vgl den Hinweis vor EheG 41.

Fassung bis 30. 6. 1977:

EheG 70 *Tod des Verpflichteten.* **I** Mit dem Tode des Verpflichteten geht die Unterhaltspflicht auf die Erben als Nachlaßverbindlichkeit über.

II Der Erbe haftet ohne die Beschränkungen des § 59. Der Berechtigte muß sich jedoch die Herabsetzung der Rente auf einen Betrag gefallen lassen, der bei Berücksichtigung der Verhältnisse des Erben und der Ertragsfähigkeit des Nachlasses der Billigkeit entspricht.

III Eine nach § 60 einem Ehegatten auferlegte Beitragspflicht erlischt mit dem Tode des Verpflichteten.

1) Vgl den Hinweis vor EheG 41.

e) Beitrag zum Unterhalt der Kinder

EheG 71 (Vorschr hat Wirkg verloren, GleichberG Art 8 II Z 1; s auch Einl 1 C zu EheG).

f) Unterhaltsverträge

Fassung bis 30. 6. 1977:

EheG 72 Die Ehegatten können über die Unterhaltspflicht für die Zeit nach der Scheidung der Ehe Vereinbarungen treffen. Ist eine Vereinbarung dieser Art vor Rechtskraft des Scheidungsurteils getroffen worden, so ist sie nicht schon deshalb nichtig, weil sie die Scheidung erleichtert oder ermöglicht hat. Sie ist jedoch nichtig, wenn die Ehegatten im Zusammenhang mit der Vereinbarung einen nicht oder nicht mehr bestehenden Scheidungsgrund geltend gemacht hatten, oder wenn sich anderweitig aus dem Inhalt der Vereinbarung oder aus sonstigen Umständen des Falles ergibt, daß sie den guten Sitten widerspricht.

1) Vgl den Hinweis vor EheG 41. Zul die ZwVollstr aus einem ScheidgsVergl gg den and Eheg, soweit dieser sich verpfl hat, Unterh „für die Kinder" zu leisten (Mü FamRZ **76**, 639).

g) Widerruf von Schenkungen

Fassung bis 30. 6. 1977:

EheG 73 **I** Ist ein Ehegatte für allein schuldig erklärt, so kann der andere Ehegatte Schenkungen, die er ihm während des Brautstandes oder während der Ehe gemacht hat, mit Ausnahme von solchen von unerheblichem Geld- oder Gefühlswert, widerrufen. Die Vorschriften des § 531 des Bürgerlichen Gesetzbuchs finden Anwendung.

II Der Widerruf ist ausgeschlossen, wenn seit der Rechtskraft des Scheidungsurteils ein Jahr verstrichen ist oder wenn der Schenker oder der Beschenkte verstorben ist.

1) Vgl den Hinweis vor EheG 41.

III. Verhältnis zu den Kindern

EheG 74, 75 (Sorge für die Person des Kindes, persönl Verk mit den Kindern) ohne Wirkg, GleichberG Art 8 II Z 1, Einl 1 C zu EheG; s jetzt §§ 1671 u 1634.

F. Recht zum Getrenntleben nach Verlust des Scheidungsrechts

EheG 76 (Außer Wirksamkeit gem 1. Ehe G Art 3 Z 1; vgl Einl 1 G vor EheG 1).

Dritter Abschnitt. Härtemilderungsklage

EheG 77 (Da die Frist zur Erhebg der Klage am 29. 2. 48 abgelaufen ist, BGH **LM** Nr 1, heute bedeutungslos).

Vierter Abschnitt. Zusätzliche Bestimmungen

EheG 77a **I** Für die Befreiung von der Beibringung des Ehefähigkeitszeugnisses für Ausländer (§ 10 Abs. 2) wird eine Gebühr von 10 bis 500 Deutsche Mark erhoben.

4. Abschnitt: Zusätzliche Bestimmungen EheG 77a–80, Anh I, II

^{II} Ein Zuschlag nach Artikel 4 des Gesetzes über Maßnahmen auf dem Gebiet des Kostenrechts vom 7. August 1952 (Bundesgesetzbl. I S. 401) wird nicht erhoben.

Bem. Hinzugefügt dch Art 2 Z 2 FamRÄndG.

EheG 78 Die §§ 1303 bis 1352, 1564 bis 1587, 1608 Abs. 2 und die §§ 1635 bis 1637, 1699 bis 1704, 1771 Abs. 2 Satz 2 des Bürgerlichen Gesetzbuchs, Artikel II §§ 1 und 2 des Gesetzes gegen Mißbräuche bei der Eheschließung und der Annahme an Kindes Statt vom 23. November 1933 (RGBl. I S. 979) und Artikel I des Gesetzes über die Änderung und Ergänzung familienrechtlicher Vorschriften und über die Rechtsstellung der Staatenlosen vom 12. April 1938 (RGBl. I S. 380) bleiben aufgehoben.

1) Entspr § 84 EheG 1938. EheG 1946 hat keine rückw Kraft, EheG 80. EheG 78 stellt klar, daß die genannten Vorschr, die bereits dch EheG 1938 aufgehoben wurden, nicht wieder in Kraft treten.

EheG 79 Das Gesetz zur Vereinheitlichung des Rechts der Eheschließung und Ehescheidung im Lande Österreich und im übrigen Reichsgebiet vom 6. Juli 1938 (Reichsgesetzbl. I S. 807) wird hiermit aufgehoben. Gleichermaßen aufgehoben sind alle Bestimmungen der zu seiner Durchführung ergangenen Gesetze, Verordnungen und Erlasse sowie diejenigen aller sonstigen Gesetze, welche mit dem gegenwärtigen Gesetz unvereinbar sind.

1) Aufhebg des Ehegesetzes 1938.

2) Aufhebg der Durchführungsbestimmgen, 2. Für die Aufhebg der DVO jetzt FamRÄndG Art 9 I, s Einl 3 vor EheG.

EheG 80 Dieses Gesetz tritt am 1. März 1946 in Kraft.

1) **Übergangsbestimmungen** fehlen; die des EheG 1938 sind aufgeh. Die Übergangsbestimmgen des BGB sind nicht anwendb. Es traten also die Bestimmgen des EheG 1946 sofort in Kraft u waren sofort zu berücksichtigen. Vgl dazu die Bem bei den einz Abschnitten.

Anhang I zum Ehegesetz

Verordnung zur Durchführung und Ergänzung des Gesetzes zur Vereinheitlichung des Rechts der Eheschließung und der Ehescheidung im Lande Österreich und im übrigen Reichsgebiet (Ehegesetz)

1. Durchführungsverordnung zum Ehegesetz

Vom 27. 7. 1938 (RGBl I S 923)

In **den Ländern der früh BrZ** wurden die damals noch geltenden Bestimmgen der 1. DVO in der AVO z EheG v 12. 7. 48, VOBl BrZ 210, zT unter Anpassg des Textes u Aufhebg versch Bestimmgen der 1. DVO-EheG neu veröffentlicht, VO 1–27, im übr aufrechterhalten, VO 33 S 2. Entspr geschah in Art 5 Abschn VI des saarl RechtsangleichG s G v 22. 12. 56, ABl 1667. Aufhebg verschiedener Vorschr dch 1. EheRG Art 11 Z 2 (vgl Einl 3 v EheG 1).

Von der 1. DVO gelten weiter §§ 13, 15, 18 S 1, 19 I, 87 I u die entspr Bestimmungen der AVO für die früh *BrZ* u des *saarl* RechtsangleichgsG. Vgl auch Einl 3 zum EheG.

Es sind abgedruckt u ggf erläutert: DVO 13 bei EheG 5, DVO 15 bei EheG 10, DVO 16 bei EheG 26, DVO 17, 18 bei EheG 29, DVO 19 bei EheG 39. § 87 I betr das Inkrafttr der 1. DVO. Soweit die 1. DVO Bestimmgen des BGB, seines EG oder des PStG abgeändert hat, ist es dabei verblieben; vgl die jeweil Vorbem bei den Paragraphen. Vgl ggf die 35. Aufl.

Anhang II zum Ehegesetz

Verordnung über die Behandlung der Ehewohnung und des Hausrats

(6. Durchführungsverordnung zum Ehegesetz)

Vom 21. 10. 1944 (RGBl I 256/BGBl III 404-3)

Jetzt abgedruckt als Anhang zu § 1587 p BGB.

Gesetz für Jugendwohlfahrt (JWG)

In der Fassung vom 25. April 1977 (BGBl I 633) mit Berichtigung vom 26. Mai 1977 (BGBl I 795)

– Auszug –

Bearbeiter: Prof. Dr. Diederichsen

Schrifttum zum JWG: Potrykus NJW **62**, 285, ZBlJugR **62**, 61; Haarmann ZBlJugR **62**, 185; Göppinger FamRZ **63**, 21; Firsching im Hdb der amtsgerichtl Praxis: FamR 2. Aufl 1962. **Kommentare** von Potrykus, 2. Aufl 1972 mit Nachtrag 1974; Riedel, 4. Aufl 1965; ders, Textausg m Erl, 7. Aufl 1971; Krug, Komm. 12. u 13. Aufl, 1972; Friedeberg-Polligkeit-Giese, Komm, 3. Aufl. 1973; Jans-Happe, 2. Aufl 1971 ff (1.–4. Lfg); Gräber, 2. Aufl 1963; Hill, Komm Opladen 1975; Deisenhofer, Änd u Ergänzgen des JWG, ZBlJR **71**, 69. Vgl auch Staudinger-Göppinger Anh zu § 1666 (system Erl von JWG **55 ff**).

Inhaltsübersicht

Abschnitt I. Allgemeines

Abschnitt II. Jugendwohlfahrtsbehörden
1. Jugendamt
   a) Zuständigkeit
   b) Aufbau und Verfahren
2. Landesjugendamt
3. Oberste Landesbehörde
4. Besondere Aufgaben aller Jugendwohlfahrtsbehörden

Abschnitt III. Bundesregierung und Bundesjugendkuratorium

Abschnitt IV. Schutz der Pflegekinder
1. Erlaubnis zur Annahme
2. Aufsicht
3. Vorläufige Unterbringung
4. Behördlich angeordnete Familienpflege
5. Ermächtigung der Länder

Abschnitt V. Stellung des Jugendamts im Vormundschaftswesen; Vereinsvormundschaft
1. Amtspflegschaft und Amtsvormundschaft
   a) Allgemeine Bestimmungen
   b) Gesetzliche Amtspflegschaft und gesetzliche Amtsvormundschaft
   c) Bestellte Amtspflegschaft und bestellte Amtsvormundschaft
2. Beistandschaft und Gegenvormundschaft des Jugendamts
3. Weitere Aufgaben des Jugendamts im Vormundschaftswesen
4. Vereinsvormundschaft

Abschnitt V a. Vormundschaft und Pflegschaft über Volljährige

Abschnitt VI. Erziehungsbeistandschaft, Freiwillige Erziehungshilfe und Fürsorgeerziehung
1. Erziehungsbeistandschaft
2. Freiwillige Erziehungshilfe und Fürsorgeerziehung

Abschnitt VII. Heimaufsicht und Schutz von Minderjährigen unter 16 Jahren in Heimen

Abschnitt VIII. Kostentragung bei Hilfen zur Erziehung für einzelne Minderjährige

Abschnitt IX. Straftaten und Ordnungswidrigkeiten

Schlußbestimmung

Einleitung

1) Zur Entstehungsgeschichte. Das RJWG v. 9. 7. 22, RGBl 633, wurde zur Behebg der Jugendnot, insb der Verwahrlosg nach dem 1. Weltkrieg, geschaffen. Es enthielt Regelgen zum Schutze der Jugend, zu denen noch andere wie das G über die Verbreitg jugendgefährdender Schriften idF v. 29. 4. 61, BGBl 497, G zum Schutze der Jugend in der Öffentlichk idF v. 27. 7. 51, BGBl 1058, solche arbeitsrechtl u schulischer Art usw treten, die zus mit dem JGG v 4. 8. 53, BGBl 751 nebst Änd u den DurchfGesetzen des JugR bilden. Die Regelg des RJWG, das am 1. 4. 24 in Kraft trat, EG v 9. 7. 22, RGBl 647, schränkte wg der damaligen Finanznot des Reiches die Durchf des RJWG dch die VO v 14. 2. 24, RGBl 110, stark ein, indem Reich u Länder bis auf weiteres nicht verpflichtet waren, Bestimmgen des RJWG durchzuführen, die neue Aufgaben od eine wesentl Erweiterg bereits bestehender Aufgaben f die Träger der JugWohlfahrt enthielten. Die Nov v. 1. 2. 39, RGBl 109, brachte natsoz Gedankengut (Führerprinzip), das das ÄndG v. 28. 8. 53, BGBl 1035, wieder beseitigte. Das JA, dem schon bisher in der Haupts die Durchf der öff JugHilfe, also der JugPflege u JugFürsorge, § 2 II, oblag u weiter obliegt, §§ 4–7, u das bei jeder kreisfreien Stadt u jedem Landkreis besteht, § 12 II, wurde aus JugWohlfahrtsausschuß u Verw des JA aufgebaut, § 13 II. Diese Nov, die das „lebendige JA" schaffen wollte, erfüllte nicht die in sie gesetzten Hoffngen. Wie die Begr zur damaligen RegVorlage (BDrucks 289/60) hervorhebt, sind sowohl die Anfordergen, die von der Gesellsch an jeden einzelnen aus der jungen Generation gestellt w, als auch die Erziehgsnotstände seit Erl des RJWG erhebl gewachsen. Weiterhin war im Hinbl auf GG Art 6 II u III klarzustellen, inwieweit die staatl Gemsch selbst zur Erziehg der Jugend verpflichtet u berecht ist u inwieweit sie bei der Durchf der Erziehg den zunächst Erz-Verpflichteten helfen soll. Da die Zustdgk des Bundes auf Grd von GG 74 Nr 7 gegeben ist, führte das zum **RJWGÄndG v 11. 8. 61**, BGBl 1193, u zur Neufassg vom gleichen Tage, BGBl 1206, die auch die §§-Zahlen änderte. Sie ist am 1. 7. 62, §§ 48, 49 bereits am 1. 1. 62 in Kraft getreten. Ua wurden die Vorschr über den Schutz der Pflegekinder, §§ 27 ff, die Stellg des JA im VormschWesen, §§ 37 ff, die FürsErziehg, §§ 64 ff, neu gefaßt u als gesetzl Formen der JugHilfe die ErzBeistandsch, §§ 55 ff, u die Freiw ErzHilfe, §§ 62 ff, in das G aufgenommen, die Aufsicht über Pflegekinder in Heimen dch Bestimmgen über die Heimaufsicht ergänzt. Auch Vorschr über die Kostentragg, §§ 80 ff, enthält das G. Weitere Änd dieses G dch G v 22. 12. 67, BGBl 1348, wg BVerfG NJW **67**, 1799; s Bem zu §§ 12, 24, 25.

Abschnitt I: Allgemeines **Einl v JWG 1, JWG 1**

Eine Anpassg an das G üb d rechtl Stellg der nehel Kinder sah bereits Art 2 des RegEntw zur Einf dieses Gesetzes vor, wurde aber aus Zeitgründen nicht fertiggestellt. Das holte nunmehr das Änd- u ErgG v 27. 6. 70, BGBl 920, nach. Die Neufassg des JWG wurde am 6. 7. 70, BGBl 1197, bekannt gemacht. Der wesentl Unterschied ggü der fr Fassg besteht darin, daß die Voraussetzgen für die Bestellg der Vereins-, bestellten u gesetzl AmtsVormsch nun das BGB, §§ 1791 a–c, enthält, in das auch die zugehör Normen übernommen sind.

2) Inhalt des JWG. Nach einigen allg Vorschr, §§ 1 ff, regelt der 2. Abschn den Behördenaufbau nebst deren Aufgabenkreis, §§ 4 ff, Abschn 3 die Aufgaben der BReg u die Errichtg des BJugendkuratoriums; von einem BJA ist abgesehen, wohl aber die oberste LandesBeh mit gewissen Aufgaben bedacht worden, § 22. Geregelt ist weiter der Schutz der Pflegekinder, §§ 27 ff, für eine Ergänzg im Pflegekinderschutz in Heimen hat, § 79, die Stellg des JA im VormschWesen u die VereinsVormsch, §§ 37 ff, die ErzBeistandsch, Freiw ErzHilfe u FürsErz, §§ 55 ff. An Stelle der Anstaltspflege ist die Heimaufsicht, § 78, getreten. Es folgen Bestimmgen über die Kostentragg bei Hilfen zur Erziehg für einzelne Mje, §§ 80 ff, u über Straftaten u Ordngswidrigkeiten, §§ 86 ff.

3) Verhältnis zum BGB. Das JWG enthält zu einem wesentl Teil öffR, zT aber auch PrivR. Es regelt die sachlrechtl Voraussetzgen für die vorgesehene Ersatzerziehg ebso wie das zugeh VerfR. Es enthält weiterhin allg Best über Amtspflegsch u AmtsVormsch, §§ 37 ff. Beistandsch u GgVormsch des JA, § 46, sowie Vorschr für die weiteren Aufg des JA im VormschWesen u Vorschr zur VereinsVormsch, §§ 53 f, ferner die Anwendbark seiner Vorschr bei Vormsch u Pflegsch über Volljg, § 54a. Die Best über die Ersatzerziehg, §§ 55 ff, sind eine Ergänzg u Erweiterg der im BGB vorgesehenen Schutzmaßnahmen im Interesse des Kindes in personensorgerechtl Beziehg, § 1666, u bedeuten zT eine Beschränkg des Elternrechts, vgl aber auch § 3. Nach Art II § 1 Nr 16 des Sozialgesetzbuches (SGB) – Allgemeiner Teil – v 11. 12. 75 (BGBl I 3015) gilt das **JWG** mit Wirkg v. 1. 1. 76 an bis zu seiner Einordng in das SGB mit den zu seiner Änderg und Ergänzg erlassenen Gesetzen **als besonderer Teil des SGB**.

4) Geltungsbereich § 1 Anm 3. In DDR ist das RJWG aufgeh, EGFamGB v 20. 12. 65, GBl **66** I 19, § 27 Nr 5. Das Organ der JugHilfe hat die geeigneten Maßnahmen zu treffen, FamGB 50 S 1.

5) Reform. Zum ReferentenEntw des JugendhilfeG vgl Wiesner DAVorm **78**, 1 ff mwNachw; Knapp ZRP **78**, 136.

6) §§ 1–89 ohne Zusatz sind solche des JWG, andere §§ ohne Zusatz solche des BGB.

Abschnitt I. Allgemeines

JWG 1 *Grundsätze.* I Jedes deutsche Kind hat ein Recht auf Erziehung zur leiblichen, seelischen und gesellschaftlichen Tüchtigkeit.

II Das Recht und die Pflicht der Eltern zur Erziehung werden durch dieses Gesetz nicht berührt. Gegen den Willen des Erziehungsberechtigten ist ein Eingreifen nur zulässig, wenn ein Gesetz es erlaubt.

III Insoweit der Anspruch des Kindes auf Erziehung von der Familie nicht erfüllt wird, tritt, unbeschadet der Mitarbeit freiwilliger Tätigkeit, öffentliche Jugendhilfe ein.

1) Allgemeines. Dch I w dem Kind **kein klagb RechtsAnspr auf Erziehg** eingeräumt. Nur Programmsatz, der aber bei Auslegg zu berücksichtigen, hM; eingeh Krug Anm 6. Festgestellt w aber die Verpflichtg des Staates, bei Versagen der Fam einzugreifen, III, also nur subsidiär. Die privatrechtl Seite ergibt sich aus der ErziehgsPfl der Eltern, II u § 1631, von der nehel Mutter, § 1705 S 2. Vernachlässigg kann uU Entziehg der Personensorge zur Folge haben, § 1666. Besteht kein ErziehgsR wie bei der verheirateten Mj, keine Anwendg des JWG, Darmst (LG) NJW **65**, 1235.

2) Kind, Jugendlicher iS des JWG ist der nicht Vollj, BGB 2, 3 II; es gebraucht die Begriffe also anders als zB JGG u JSchutzG.

3) Anwendgsgebiet. Das JWG ist auf **jedes deutsche Kind**, ehel u nehel, anwendb. Staatsangehörigk nach dem RuStAG mit Änderg und Ergänzg, Vorbem 7 a vor GG 7, zu beurteilen. Gleichstehen Deutsche iS v GG 116 I gem Art 9 II FamRÄndG, ferner die Deutschen gleich zu Behandelnden, EG 29, AHKG 23, BG v 25. 4. 51 u Flüchtlings-Konv, sämtl Anh zu EG 29. Inwieweit JWG auch **auf ausl Kinder** anwendb, ist f die einzelnen Bestimmgen nach deren Charakter u Zweck zu entscheiden, Potrykus Anm 5. Anwendb FürsErz, RG **117**, 378, BayObLG **51**, 275, wg des öffentl Charakters, ebso Pflegekinderschutz, § 27 Anm 1, nicht aber AmtsVormsch, § 1791c. Ist EG 23 zu beachten, s dort Anm 1. Soweit staatenlose Kinder nicht unter die obigen Gesetze fallen, sind sie Ausländer. Nicht unter das G fallen Ausländer unter 18 Jahren, die nach ihrem HeimatR vollj od für vollj erkl sind.

4) Verhältn zum Erziehgsrecht u der Erziehgspflicht der Eltern, II. Das ErziehgsR steht den Eltern als natürl Recht zu u hat den **Vorrang vor jedem staatl Eingreifen**, GG 6 II. Infolgedessen kann ein solches grdsätzl nicht gg den Willen des Erziehgsberecht, also des Inhabers des Personensorgerechtes, §§ 1626 II, 1671 I u VI, 1672, 1705, 1736, 1757, 1773, 1793, 1915, EheG 37 I erfolgen, der sich aber auch nicht des Personensorgerechts entledigen kann, § 1631 Anm 1. Nur bei Versagen des Erziehgsberecht od drohender Verwahrlosg des Kindes aus and Gründen ist ein staatl Eingreifen gestattet, das gesetzl verankert sein muß, II 2 entspr GG 6 III. Versch nicht erforderl. Derartige die ElternR einschränkende Vorschriften sind §§ 5, 64 BGB 1666, 1838, 1915, RKEG 2 II, 3 II, JGG 5 ff. Auch soweit öff JugHilfe eintritt, ist die vom Personensorgeberecht bestimmte Grundrichtg der Erziehg, sofern sie das Kindeswohl nicht gefährdet, zu beachten § 3 I 2.

5) Eintreten der öffentl Jugendhilfe, III, erfolgt **nur subsidiär** ggü dem vorrangigen ErziehgsR der Berechtigten, Anm 4, aber auch der Familie, also auch der hierzu Gehörigen, Einl 1 vor § 1297, näml zB der Geschwister des Kindes od der Eltern, Verschwägerten, u nur „insoweit" es erforderl ist. Das Kind hat ein subj öff Recht auf öff JugHilfe, Gräber Anm 10. Die freie JugHilfe, § 5 IV, hat das Recht der Mitarbeit; soweit ihre Träger geeignete Einrichtgen od Veranstaltgen haben, tritt die öff JugHilfe, § 2 II, zurück, § 5 III 2; vgl aber auch § 8 III. Zum Begriff der Fam in diesem Zushg Zöller FamRZ **78**, 4.

JWG 2 **Öffentliche Jugendhilfe.** I Organe der öffentlichen Jugendhilfe sind die Jugendwohlfahrtsbehörden (Jugendämter, Landesjugendämter, oberste Landesbehörden), soweit nicht gesetzlich die Zuständigkeit anderer öffentlicher Körperschaften oder Einrichtungen, insbesondere der Schule, gegeben ist.

II Die öffentliche Jugendhilfe umfaßt alle behördlichen Maßnahmen zur Förderung der Jugendwohlfahrt (Jugendpflege und Jugendfürsorge) und regelt sich, unbeschadet der bestehenden Gesetze, nach den folgenden Vorschriften.

1) Jugendwohlfahrt beinhaltet **Jugendpflege,** näml Förderg der gesunden Jugend, **und Jugendfürsorge,** die sich im wesentl mit gefährdeter od bereits gefallener Jugend befaßt. Die JugWohlfahrt regelt das JWG, soweit nicht sonst Regelgen erfolgt sind, zB dch BGB, JGG. Die öff JugHilfe w dch Maßnahmen der JugWohlfahrtsbehörden, I, verwirklicht, soweit nicht gesetzl and öff Einrichtgen, insb die Schule, zust sind.

JWG 3 **Berücksichtigung der Personensorgeberechtigten.** I Die öffentliche Jugendhilfe soll die in der Familie des Kindes begonnene Erziehung unterstützen und ergänzen. Die von den Personensorgeberechtigten bestimmte Grundrichtung der Erziehung ist bei allen Maßnahmen der öffentlichen Jugendhilfe zu beachten, sofern hierdurch das Wohl des Kindes nicht gefährdet wird. Ihr Recht, die religiöse Erziehung zu bestimmen, ist im Rahmen des Gesetzes über die religiöse Kindererziehung vom 15. Juli 1921 in der im Bundesgesetzblatt Teil III, Gliederungsnummer 404-9, veröffentlichten bereinigten Fassung, stets zu beachten.

II **Den Wünschen der Personensorgeberechtigten, die sich auf die Gestaltung der öffentlichen Jugendhilfe im Einzelfall richten, soll entsprochen werden, soweit sie angemessen sind und keine unvertretbaren Mehrkosten erfordern.**

III **Die Zusammenarbeit mit den Personensorgeberechtigten ist bei allen Maßnahmen der öffentlichen Jugendhilfe anzustreben.**

1) Allgemeines. Im Ggsatz zu GG 6 III, der nur das AbwehrR der Eltern ggü Angriffen des Staates regelt, werden in § 3 Weisgen über das Verhalten der öff JugHilfe ggü dem PersSorgeberecht, § 1 Anm 4, dahin gegeben, daß sie in der Familie begonnene Erzieh unterstützen u ergänzen soll, I 1. § 3 ergänzt damit § 1. **Angestrebter Grundsatz:** ZusArbeit mit dem PersSorgeberecht, III. Auch aus § 3 ergibt sich der grdsätzl Vorrang der Eltern, § 1 Anm 4, 5.

2) Die bisherige Grundrichtg der Erziehg, I (zu diesem Begr Kraus RdJB **73**, 84), ist bei jeder Maßn zu beachten. Das entfällt, wenn dem Berecht die PersSorge ganz, nicht nur auf einem Teilgebiet, entzogen ist (§ 1666). Voraussetzg der Beachtg jedoch, daß das **Kindeswohl** nicht gefährdet w, was schon dann zu bejahen ist, wenn die ErzRichtg dem Wohl des Kindes zuwiderläuft. Zu diesem Begr § 1671 Anm 3; sa § 55 Anm 2. Schädig braucht noch nicht eingetreten zu sein. Schuldh Gefährdg nicht erforderl. Zu beachten ist stets die Bestimmg der religiösen Erziehg dch die PersSorgeBerecht, sofern sie mit RKEG im Einklang steht, was bei Taufen hinter dem Rücken des and Teils nicht der Fall ist (RKEG 2 Anm 1 u 3 im Anh zu § 1631). I 3 gilt auch f die Bestimmg einer nicht bekenntnismäß Weltanschauung (RKEG 6); sa JWG 71 III.

3) Wünschen der Personensorgeberechtigten im Einzelfall, II, soll entsprochen werden. Sie müssen aber angemessen sein, was zB zu verneinen ist, wenn sie das Kindeswohl gefährden würden; ferner müssen die Mehrkosten, die etwa entstehen, zB dch Unterbringg in einer and Fam, vertretb sein, also mit dem für die Erziehg zu erwartenden Erfolg einigermaßen im Einklang stehen.

Abschnitt II. Jugendwohlfahrtsbehörden

Übersicht

1) Abschn II, dch Art II des ÄndG v 11. 8. 61 bes stark umgestaltet, legt die Organe der JugWohlfahrtsbehörden (Jugendamt, Landesjugendamt, Oberste Landesbehörde) u ihren Aufgabenkreis fest. Das **Jugendamt,** das aus dem JugWohlfahrtsausschuß u der Verwaltg des Jugendamts besteht, § 13 II, u dessen Verf landesrechtl geregelt wird, § 13 I, ist dch den ihm zugewiesenen Aufgabenkreis, §§ 4 ff, die ausführende Beh, währd das **Landesjugendamt** die gleichm Erfüllg der den Jugendämtern obliegenden Aufgaben sicherzustellen u deren Arbeit zu unterstützen hat, § 19 I. Die **Oberste Landesbehörde** soll Einrichtgen u Veranstaltgen der JugHilfe anregen u fördern, überh die Bestrebgen auf dem Gebiet der JugHilfe unterstützen, die gemachten Erfahrgen übermitteln u deren Verwertg sorgen, § 22. Geregelt werden auch die **Träger der freien Jugendhilfe,** § 5 IV, u ihre Stellg zur öff JugHilfe, §§ 7, 8 II u III, 9. Diese ist **SelbstVerwAngelegenh der Gemeinden u Gemeindeverbände**; jede kreisfreie Stadt u jeder Landkreis errichtet ein JA, § 12 II.

Abschnitt II: Jugendwohlfahrtsbehörden JWG 4–6

1. Jugendamt

a) Zuständigkeit

JWG 4 *Aufgaben des Jugendamts.* Aufgaben des Jugendamts sind
1. der Schutz der Pflegekinder gemäß den §§ 27 bis 36,
2. die Mitwirkung im Vormundschaftswesen gemäß den §§ 37 bis 54a,
3. die Mitwirkung bei der Erziehungsbeistandschaft, der Freiwilligen Erziehungshilfe und der Fürsorgeerziehung gemäß den §§ 55 bis 77,
4. die Jugendgerichtshilfe nach den Vorschriften des Jugendgerichtsgesetzes,
5. die Mitwirkung bei der Beaufsichtigung der Arbeit von Kindern und jugendlichen Arbeitern nach näherer landesrechtlicher Vorschrift,
6. die Mitwirkung bei der Fürsorge für Kriegerwaisen und Kinder von Kriegsbeschädigten,
7. die Mitwirkung in der Jugendhilfe bei den Polizeibehörden, insbesondere bei der Unterbringung zur vorbeugenden Verwahrung, gemäß näherer landesrechtlicher Vorschrift.

JWG 5 *Weitere Aufgaben des Jugendamts; Träger der freien Jugendhilfe.*
I Aufgabe des Jugendamts ist ferner, die für die Wohlfahrt der Jugend erforderlichen Einrichtungen und Veranstaltungen anzuregen, zu fördern und gegebenenfalls zu schaffen, insbesondere für
1. Beratung in Fragen der Erziehung,
2. Hilfen für Mutter und Kind vor und nach der Geburt,
3. Pflege und Erziehung von Säuglingen, Kleinkindern und von Kindern im schulpflichtigen Alter außerhalb der Schule,
4. erzieherische Betreuung von Säuglingen, Kleinkindern, Kindern und Jugendlichen im Rahmen der Gesundheitshilfe,
5. allgemeine Kinder- und Jugenderholung sowie erzieherische Betreuung von Kindern und Jugendlichen im Rahmen der Familienerholung,
6. Freizeithilfen, politische Bildung und internationale Begegnung,
7. Erziehungshilfen während der Berufsvorbereitung, Berufsausbildung und Berufstätigkeit einschließlich der Unterbringung außerhalb des Elternhauses,
8. erzieherische Maßnahmen des Jugendschutzes und für gefährdete Minderjährige.
Maßnahmen nach den Nummern 1 und 5 bis 7 können sich auch auf Personen über 18 Jahre erstrecken.

II Zu den Aufgaben nach Absatz 1 gehört es auch, Einrichtungen und Veranstaltungen sowie die eigenverantwortliche Tätigkeit der Jugendverbände und sonstigen Jugendgemeinschaften unter Wahrung ihres satzungsgemäßen Eigenlebens zu fördern, insbesondere
1. ihre Tätigkeit auf den in Absatz 1 Nr. 6 genannten Gebieten,
2. die Ausbildung und Fortbildung ihrer Mitarbeiter,
3. die Errichtung und Unterhaltung von Jugendheimen, Freizeitstätten und Ausbildungsstätten.

III Das Jugendamt hat unter Berücksichtigung der verschiedenen Grundrichtungen der Erziehung darauf hinzuwirken, daß die für die Wohlfahrt der Jugend erforderlichen Einrichtungen und Veranstaltungen ausreichend zur Verfügung stehen. Soweit geeignete Einrichtungen und Veranstaltungen der Träger der freien Jugendhilfe vorhanden sind, erweitert oder geschaffen werden, ist von eigenen Einrichtungen und Veranstaltungen des Jugendamts abzusehen. Wenn Personensorgeberechtigte unter Berufung auf ihre Rechte nach § 3 die vorhandenen Träger der freien Jugendhilfe nicht in Anspruch nehmen wollen, hat das Jugendamt dafür zu sorgen, daß die insoweit erforderlichen Einrichtungen geschaffen werden.

IV Träger der freien Jugendhilfe sind
1. freie Vereinigungen der Jugendwohlfahrt,
2. Jugendverbände und sonstige Jugendgemeinschaften,
3. juristische Personen, deren Zweck es ist, die Jugendwohlfahrt zu fördern,
4. die Kirchen und die sonstigen Religionsgesellschaften öffentlichen Rechts.

V Das Nähere zu den Absätzen 1 bis 3 wird durch Landesrecht bestimmt.

JWG 6 *Gewährung von Erziehungsbeihilfen.* I Zu den Aufgaben nach § 5 Abs. 1 gehört es, im Rahmen der Einrichtungen und Veranstaltungen die notwendigen Hilfen zur Erziehung für einzelne Minderjährige dem jeweiligen erzieherischen Bedarf entsprechend rechtzeitig und ausreichend zu gewähren.

II Werden einem einzelnen Minderjährigen nach § 4 oder 5 Hilfen zur Erziehung gewährt, so gehört hierzu der in einer Familie außerhalb des Elternhauses des Minderjährigen, in einem Heim oder in einer sonstigen Einrichtung gewährte notwendige Lebensunterhalt.

III Ist im Rahmen von Hilfen zur Erziehung nach den Absätzen 1 und 2 in Verbindung mit § 5 Abs. 1 eine Maßnahme zur schulischen oder beruflichen Bildung einschließlich der Berufsvorbereitung eingeleitet worden, so kann diese Maßnahme über den Zeitpunkt des Eintritts der Volljährigkeit hinaus fortgesetzt werden, wenn der Volljährige dies beantragt und sich bereit erweist, am Erfolg der Maßnahme mitzuwirken. Der Antrag kann auch schon innerhalb eines Zeitraumes von sechs Monaten vor Eintritt der Volljährigkeit gestellt werden. Die §§ 80 bis 84 gelten entsprechend.

IV Die Vorschriften der Absätze 1 bis 3 gelten nicht für die Gewährung von Ausbildungsbeihilfen.

JWG 7 *Verhältnis zur freien Jugendhilfe.* Das Jugendamt hat über die Verpflichtungen nach den §§ 5 und 6 hinaus die freiwillige Tätigkeit zur Förderung der Jugendwohlfahrt unter Wahrung ihrer Selbständigkeit und ihres satzungsgemäßen Charakters zu unterstützen, anzuregen und zur Mitarbeit heranzuziehen, um mit ihr zum Zwecke eines planvollen Ineinandergreifens aller Organe und Einrichtungen der öffentlichen und freien Jugendhilfe zusammenzuwirken.

JWG 8 *Gleichartige Maßnahmen der freien und der öffentlichen Jugendhilfe.* I Bei Förderung nach vorstehenden Bestimmungen sind die Grundsätze zu beachten, die landesrechtlich für die Durchführung der Aufgaben der Jugendhilfe gelten.

II Bei Förderung gleichartiger Maßnahmen mehrerer Träger der freien Jugendhilfe sind unter Berücksichtigung ihrer Eigenleistungen gleiche Grundsätze und Maßstäbe anzulegen.

III Werden gleichartige Maßnahmen der freien und der öffentlichen Jugendhilfe durchgeführt, so sind bei Förderung der Träger der freien Jugendhilfe unter Berücksichtigung ihrer Eigenleistungen die Grundsätze und Maßstäbe anzuwenden, die für die Finanzierung der Maßnahmen der öffentlichen Jugendhilfe gelten.

JWG 9 *Unterstützung der freien Jugendhilfe.* I Träger der freien Jugendhilfe dürfen nur unterstützt werden, wenn sie die Gewähr für eine den Zielen des Grundgesetzes förderliche Arbeit und für eine sachgerechte, zweckentsprechende und wirtschaftliche Verwendung der Mittel bieten sowie öffentlich anerkannt sind.

II Die Bundesregierung wird ermächtigt, durch Rechtsverordnung mit Zustimmung des Bundesrates Grundsätze festzulegen, nach denen die Anerkennung der Träger der freien Jugendhilfe erfolgt.

JWG 10 *Amtshilfe.* Die Behörden des Bundes, der Länder, der Selbstverwaltungskörper, die Organe der Versicherungsträger und die Jugendämter haben sich gegenseitig und die Jugendämter einander zur Erfüllung der Aufgaben der Jugendwohlfahrt Beistand zu leisten. Die Organe der Versicherungsträger sind insbesondere zur Auskunfterteilung über alle das Beschäftigungsverhältnis des Minderjährigen und der zu seinem Unterhalt verpflichteten Personen betreffenden Tatsachen verpflichtet.

JWG 11 *Örtliche Zuständigkeit.* Das Jugendamt ist zuständig für alle Minderjährigen, die in seinem Bezirk ihren gewöhnlichen Aufenthaltsort haben. Für Minderjährige ohne gewöhnlichen Aufenthaltsort ist für vorläufige Maßnahmen das Jugendamt zuständig, in dessen Bezirk das Bedürfnis der öffentlichen Jugendhilfe hervortritt.

b) Aufbau und Verfahren

JWG 12 *Errichtung von Jugendämtern.* I Die öffentliche Jugendhilfe gemäß §§ 4 und 5 ist Selbstverwaltungsangelegenheit der Gemeinden und Gemeindeverbände.

II Jede kreisfreie Stadt und jeder Landkreis errichten ein Jugendamt.

III Die oberste Landesbehörde kann die Errichtung eines gemeinsamen Jugendamts durch benachbarte Stadt- und Landkreise sowie eines Jugendamts durch kreisangehörige Gemeindeverbände oder Gemeinden zulassen. Im Bedarfsfalle können in einer Gemeinde mehrere Jugendämter errichtet werden.

Bem. Durch BVerfG (Urt v 18. 7. 67) für nichtig erklärt, BGBl **67** I 896; vgl dazu Potrykus ZBlJR **67**, 293, Küchenhoff NJW **68**, 433.

JWG 13 *Zusammensetzung, Verfassung, Verfahren.* I Zusammensetzung, Verfassung und Verfahren des Jugendamts werden auf Grund landesrechtlicher Vorschriften geregelt.

II Das Jugendamt besteht aus dem Jugendwohlfahrtsausschuß und der Verwaltung des Jugendamts.

Abschnitt II: Jugendwohlfahrtsbehörden

III Die Aufgaben nach diesem Gesetz werden durch den Jugendwohlfahrtsausschuß und durch die Verwaltung des Jugendamts wahrgenommen.

JWG 14 *Jugendwohlfahrtsausschuß.* I Dem Jugendwohlfahrtsausschuß müssen angehören

1. Mitglieder der Vertretungskörperschaft und in der Jugendwohlfahrt erfahrene oder tätige Männer und Frauen aller Bevölkerungskreise, die von der Vertretungskörperschaft zu wählen sind,
2. Männer und Frauen, die auf Vorschlag der im Bezirk des Jugendamts wirkenden Jugendverbände und der freien Vereinigungen der Jugendwohlfahrt durch die Vertretungskörperschaft zu wählen sind. Die freien Vereinigungen und die Jugendverbände haben Anspruch auf zwei Fünftel der Zahl der stimmberechtigten Mitglieder des Ausschusses,
3. der Leiter der Verwaltung oder ein von ihm bestellter Vertreter,
4. der Leiter der Verwaltung des Jugendamts,
5. ein Arzt des Gesundheitsamts,
6. Vertreter der Kirchen und der jüdischen Kultusgemeinde,
7. ein Vormundschaftsrichter, ein Familienrichter oder ein Jugendrichter.

Landesrecht bestimmt, wer die Vertreter zu den Nummern 5 und 7 benennt.

II Nach näherer Bestimmung des Landesrechts und der Verfassung des Jugendamts können weitere Personen dem Jugendwohlfahrtsausschuß angehören.

III Stimmberechtigte Mitglieder sind nur die unter Absatz 1 Nr. 1 und 2 aufgeführten Personen. Die übrigen Mitglieder haben nur beratende Stimme. Ob der Leiter der Verwaltung und der Leiter der Verwaltung des Jugendamts stimmberechtigt sind oder beratend teilnehmen, bestimmt sich nach Landesrecht.

JWG 15 *Tätigkeit des Jugendwohlfahrtsausschusses.* Der Jugendwohlfahrtsausschuß befaßt sich anregend und fördernd mit den Aufgaben der Jugendwohlfahrt. Er beschließt im Rahmen der von der Vertretungskörperschaft bereitgestellten Mittel, der von ihr erlassenen Satzung und der von ihr gefaßten Beschlüsse über die Angelegenheiten der Jugendhilfe. Er soll in Fragen der Jugendwohlfahrt vor jeder Beschlußfassung der Vertretungskörperschaft gehört werden und hat das Recht, an sie Anträge zu stellen. Er tritt nach Bedarf, zumindest sechsmal im Jahr, zusammen und ist auf Antrag von mindestens einem Drittel der stimmberechtigten Mitglieder einzuberufen.

JWG 16 *Leiter der Verwaltung; Fachkräfte.* I Die laufenden Geschäfte des Jugendamts werden von dem Leiter der Verwaltung oder in seinem Auftrag von dem Leiter der Verwaltung des Jugendamts im Rahmen der Satzung und der Beschlüsse der zuständigen Vertretungskörperschaft und des Jugendwohlfahrtsausschusses geführt.

II Zum Leiter der Verwaltung des Jugendamts dürfen nur Personen bestellt werden, die auf Grund ihres Charakters, ihrer Kenntnisse, ihrer Erfahrungen und in der Regel auf Grund einer fachlichen Ausbildung eine besondere Eignung für die Jugendhilfe haben; vor ihrer Bestellung ist der Jugendwohlfahrtsausschuß zu hören.

III Für die Auswahl und Ausbildung der in der Verwaltung des Jugendamts auf dem Gebiet der Jugendwohlfahrt tätigen Fachkräfte stellt die oberste Landesbehörde Richtlinien auf und legt die allgemeinen Voraussetzungen für die Eignung fest.

JWG 17 *Verhältnis zu den Gesundheitsämtern.* Die den Gesundheitsämtern nach § 3 des Gesetzes über die Vereinheitlichung des Gesundheitswesens vom 3. Juli 1934 in der im Bundesgesetzblatt Teil III, Gliederungsnummer 2120-1, veröffentlichten bereinigten Fassung übertragenen Aufgaben werden nicht berührt. Das Gesundheitsamt und das Jugendamt müssen ihre Maßnahmen aufeinander abstimmen.

JWG 18 *Übertragung von Geschäften.* Der Leiter der Verwaltung des Jugendamts kann im Rahmen der Beschlüsse des Jugendwohlfahrtsausschusses die Erledigung einzelner Geschäfte oder Gruppen von Geschäften besonderen Ausschüssen sowie freien Vereinigungen der Jugendwohlfahrt, Jugendverbänden oder einzelnen in der Jugendwohlfahrt erfahrenen und bewährten Männern und Frauen widerruflich übertragen. Das Nähere regelt die oberste Landesbehörde*. Die Verpflichtung des Jugendamts, für die sachgemäße Erledigung der ihm obliegenden Aufgaben Sorge zu tragen, wird hierdurch nicht berührt.

---
1) Dazu Potrykus ZBlJugR 64, 189.

---
* Amtl. Anm.: Vgl. Urteil des Bundesverfassungsgerichts vom 18. Juli 1967 (BGBl. I S. 896).

2. Landesjugendamt

JWG 19 *Errichtung.* ᴵ Zur Sicherung einer gleichmäßigen Erfüllung der den Jugendämtern obliegenden Aufgaben und zur Unterstützung ihrer Arbeit sind Landesjugendämter zu errichten.

ᴵᴵ Größere Länder können mehrere Landesjugendämter errichten.

ᴵᴵᴵ Kleinere Länder können ein gemeinsames Landesjugendamt errichten. Die Jugendämter eines Landes oder eines Landesteils können dem Landesjugendamt eines anderen Landes angeschlossen werden. Auch kann für Jugendämter verschiedener Länder oder Landesteile ein Landesjugendamt errichtet werden.

JWG 20 *Aufgaben.* ᴵ Dem Landesjugendamt liegen ob

1. die Aufstellung gemeinsamer Richtlinien und die sonstigen geeigneten Maßnahmen für die zweckentsprechende und einheitliche Tätigkeit der Jugendämter seines Bezirks,
2. die Beratung der Jugendämter und die Vermittlung der Erfahrungen auf dem Gebiet der Jugendwohlfahrt,
3. die Schaffung gemeinsamer Veranstaltungen und Einrichtungen für die beteiligten Jugendämter,
4. die Mitwirkung bei der Unterbringung Minderjähriger,
5. die Zusammenfassung aller Veranstaltungen und Einrichtungen, die sich auf die Fürsorge für gefährdete und verwahrloste Minderjährige beziehen,
6. die Ausführung der Freiwilligen Erziehungshilfe und der Fürsorgeerziehung, sofern nicht nach § 74 Abs. 2 andere Behörden für zuständig erklärt sind,
7. die Vermittlung von Anregungen für die freiwillige Tätigkeit sowie die Förderung der freien Vereinigungen auf allen Gebieten der Jugendwohlfahrt und ihres planmäßigen Zusammenarbeitens untereinander und mit den Jugendämtern im Bereich des Landesjugendamts,
8. die Heimaufsicht gemäß § 78 und die Aufgaben nach § 79.

ᴵᴵ Weitere Aufgaben können dem Landesjugendamt durch die oberste Landesbehörde übertragen werden.

JWG 21 *Verfassung, Wahrnehmung der laufenden Geschäfte.* ᴵ Die Aufgaben des § 20 werden durch den Landesjugendwohlfahrtsausschuß und durch die Verwaltung des Landesjugendamts im Rahmen der Satzung und der dem Landesjugendamt zur Verfügung gestellten Mittel wahrgenommen.

ᴵᴵ Die laufenden Geschäfte werden von dem Leiter der Verwaltung des Landesjugendamts im Rahmen der Satzung und der Beschlüsse des Landesjugendwohlfahrtsausschusses geführt.

ᴵᴵᴵ Die im Bezirk des Landesjugendamts wirkenden freien Vereinigungen der Jugendwohlfahrt und die Jugendverbände haben Anspruch auf zwei Fünftel der Zahl der stimmberechtigten Mitglieder des Landesjugendwohlfahrtsausschusses. Sie sind auf Vorschlag der Verbände von der obersten Landesbehörde zu ernennen. Die übrigen Mitglieder werden durch Landesrecht bestimmt.

ᴵⱽ § 16 Abs. 2 und 3 gilt entsprechend.

3. Oberste Landesbehörde

JWG 22 *Aufgaben.* Die oberste Landesbehörde soll die Bestrebungen auf dem Gebiet der Jugendhilfe unterstützen, die Erfahrungen den Trägern der freien und der öffentlichen Jugendhilfe übermitteln sowie auch sonst für die Verwertung der gesammelten Erfahrungen sorgen. Sie soll insbesondere Einrichtungen und Veranstaltungen der Jugendhilfe anregen und fördern, soweit sie über die Verpflichtungen der Jugendämter und Landesjugendämter hinaus zur Verwirklichung der Aufgaben der Jugendhilfe im Lande von Bedeutung sind, in besonderer Weise die Voraussetzungen für die Weiterentwicklung der Jugendhilfe schaffen oder zur Behebung von besonderen Notständen erforderlich sind.

4. Besondere Aufgaben aller Jugendwohlfahrtsbehörden

JWG 23 Die Jugendämter, Landesjugendämter und obersten Landesbehörden sollen

1. die Öffentlichkeit über die Lage der Jugend und über die Maßnahmen der Jugendhilfe unterrichten,
2. bei Maßnahmen der Jugendhilfe, die einer Ergänzung durch andere gesetzliche Träger der Jugendhilfe bedürfen, ein planvolles Zusammenwirken anstreben,
3. die Fortbildung der Fachkräfte der Jugendhilfe anregen, fördern und gegebenenfalls durchführen.

Abschnitt III. Bundesregierung und Bundesjugendkuratorium

JWG 24 *Ermächtigung zum Erlaß von Ausführungsvorschriften.* Zur Sicherung einer tunlichst gleichmäßigen Erfüllung der Aufgaben der Jugendämter kann die Bundesregierung mit Zustimmung des Bundesrates Ausführungsvorschriften erlassen.

Bem. Durch BVerfG (Urt v 18. 7. 67) für nichtig erklärt, BGBl 67 I 896; vgl dazu Potrykus ZBlJR **67**, 293, Küchenhoff NJW **68**, 433.

JWG 25 *Aufgabenkreis der Bundesregierung.* ᴵ Die Bundesregierung kann die Bestrebungen auf dem Gebiet der Jugendhilfe anregen und fördern, soweit sie über die Verpflichtungen der Jugendämter, Landesjugendämter und obersten Landesbehörden hinaus zur Verwirklichung der Aufgaben der Jugendhilfe von Bedeutung sind.

ᴵᴵ Die Bundesregierung legt dem Bundestag und dem Bundesrat in jeder Legislaturperiode, erstmals zum 1. Juli 1971, einen Bericht über Bestrebungen und Leistungen der Jugendhilfe vor. Jeder dritte Bericht soll einen Überblick über die gesamte Jugendhilfe vermitteln; der Bericht soll erstmals zum 1. Juli 1979 erstattet werden. Die Berichte sollen auch Ergebnisse und Mängel darstellen und Verbesserungsvorschläge enthalten.

ᴵᴵᴵ Die Bundesregierung beauftragt mit der Ausarbeitung der Berichte jeweils eine Kommission, der bis zu sieben fachkundige Persönlichkeiten angehören, und fügt eine Stellungnahme mit den von ihr für notwendig gehaltenen Folgerungen bei.

ᴵⱽ Der Bundesregierung sind von den Trägern der Jugendhilfe die erforderlichen Auskünfte zu erteilen.

ⱽ Die Bundesregierung wird ermächtigt, durch Rechtsverordnung mit Zustimmung des Bundesrates das Nähere über die Auskunftserteilung nach Absatz 4 zu regeln.

Bem. Das BVerfG hat § 25 I nur mit der Einschränkg für verfassgskonform erklärt, daß die BReg solche Bestrebgen auf dem Gebiet der JugHilfe fördert, die der Aufg nach „eindeut überregionalen Charakter" haben, also ihrer Art nach nicht dch ein Land allein wirks gefördert w können, wie zB bei zentralen Einrichtgen, deren Wirkgsbereich sich auf das BGebiet als Ganzes erstreckt, bei gesamtdeutschen u bei internationalen Aufgaben, BVerfG NJW **67**, 1799.

JWG 26 *Bundesjugendkuratorium.* ᴵ Zur Beratung der Bundesregierung in grundsätzlichen Fragen der Jugendhilfe wird ein Bundesjugendkuratorium errichtet.

ᴵᴵ Das Nähere regelt die Bundesregierung durch Verwaltungsvorschriften.

Abschnitt IV. Schutz der Pflegekinder

Einleitung

Schrifttum: Haarmann ZBlJugR **62**, 8; Reuter RdJB **76**, 193 (Elt-Kind-Gruppen).

1) **Schutz dch das Jugendamt.** Um Mißbräuchen bei Pflege-(Zieh-, Halte-)Kindern vorzubeugen, gehört der Schutz der Pflegekinder zu den Aufgaben des Jugendamts, § 4 Z 1. Eine rechtl Verpflichtg, ein Pflegekind aufzunehmen, besteht es auch nicht bei der Übern einer Vormsch, § 1785, nicht. **Grundlage des Pflegeverhältnisses** ist der Pflegevertr zw dem Personensorgeberecht u der PflegePers, nachdem das JA dieser die Aufn eines Pflegekindes erlaubt hat, § 28. Inhalt des Pflegevertrages, der auch mdl abgeschlossen sein kann, Verbleib des Kindes, seine Versorgg, Entgelt u dgl. Pflegeverhältn berührt die elterl Gewalt nicht; jedoch w regelm ihre Ausübg übertr werden, § 1626 Anm 3. Das Pflegekind untersteht der Aufs des JA, § 31, das dieses bei Gefahr im Verzuge äußerstenf unter gleichzeitigem Widerruf der Erlaubn, § 29 II, aus der Pflegestelle entfernen u vorl anderw unterbringen kann, § 33, sofern der Sorgeberecht es nicht zurücknimmt.

2) **Verhältnis z Landesrecht.** Das BundesR legt den Begriff des Pflegekindes fest, § 27, währd die Pflegeperson, § 28, ihren Eigenschaften nach nicht näher angegeben ist, diese vielm nur aus § 29 I folgen. Die Länder können die Vorschr über Pflegerlaubn, Aufsichtsbefugnisse u AnzPfl ausgestalten, § 35 I, auch weitere Vorschr zum Schutz Minderjähriger erlassen, § 36, zB RdErl des Min f Arb, Gesundh u Soz NRW, DAVorm **76**, 6.

1. Erlaubnis zur Annahme

JWG 27 *Pflegekinder.* ᴵ Pflegekinder sind Minderjährige unter 16 Jahren, die sich dauernd oder nur für einen Teil des Tages, jedoch regelmäßig, außerhalb des Elternhauses in Familienpflege befinden.

II **Pflegekinder sind nicht**
1. Minderjährige, die sich bei ihren Personensorgeberechtigten befinden,
2. Minderjährige, die sich bei Verwandten oder Verschwägerten bis zum dritten Grad befinden, es sei denn, daß diese Personen Minderjährige gewerbsmäßig oder gewohnheitsmäßig in Pflege nehmen,
3. Minderjährige, die aus Anlaß auswärtigen Schulbesuchs für einen Teil des Tages in Pflege genommen werden, oder die zum Zweck des Schulbesuchs in auswärtigen Schulorten in Familien untergebracht sind, wenn die Pflegestelle von der Leitung der Schule für geeignet erklärt ist und überwacht wird,
4. Minderjährige, die bei ihrem Lehrherrn oder Arbeitgeber untergebracht sind, wenn die Pflegestelle von der nach Landesrecht zuständigen Behörde für geeignet erklärt ist und überwacht wird,
5. Minderjährige, die unentgeltlich für eine Zeit von nicht mehr als sechs Wochen in Pflege genommen werden,
6. Minderjährige, die sich in Freiwilliger Erziehungshilfe oder Fürsorgeerziehung befinden.

1) Allgemeines. § 27 umschreibt den Begr der Pflegekinder, der aber nur für das JWG gilt (für SteuerR BFH NJW **63**, 781, für KindergeldG BSozG NJW **62**, 2319, Beamtenbesoldg BVerwG MDR **61**, 710, auch nicht für das StrafR, RGSt **58**, 61, wohl aber für JWG 88). Anwendb auch auf ausl Kinder, vgl EGBGB 22 Anm 4 c, da § 1 als Programmsatz nicht beschr u von öffrechtl Interesse ist, dort Anm 1 u 3, Potrykus RJWG 19 Anm 4. Wann die Eigensch als Pflegekind vorliegt, ist bundesrechtl abschließd geregelt; landesrechtl können nicht weitere Gruppen zu Pflegekindern bestimmt, wohl aber ihr Schutz erhöht werden, § 36.

2) Voraussetzungen, I.

a) **Minderjährige unter 16 Jahren, I.** Berechng § 187 II. Grdsätzl also alle, ehel wie nehel, nachdem in II Z 2 dch ÄndErgG, Vorbem, „unehel" gestrichen ist. Alter kann landesgesetzl heraufgesetzt w, § 36.

b) **Außerhalb des Elternhauses in Familienpflege, I.** Im Elternhaus ist auch das nehel Kind untergebracht, das bei der Mutter wohnt. Elternhaus kann mithin auch aus einem Elternteil, weibl od männl, bestehen. Nicht in FamPflege bei Unterbringg in Heimen, Anstalten od sonst Einrichtgn, zB Kindergärten, da diese ihrers unter Aufs des LJA stehen, § 79, vgl auch II Z 6. Das Kind muß in der Pflegestelle **dauernd**, also nicht bloß vorübergehd, vgl II Z 5, sein; Mittagstisch, FerienAufenth genügt nicht, eine gewisse dauernde Wartg, zB auch möblierte Unterbringg ausr, Gräber Anm 7, Riedel Anm 4, aber auch erforderl, sonst keine Pflege; es muß sich um erzieherische Einwirkg handeln. Ausr, wenn sich Kind einen Teil des Tages an der Stelle befindet; dann aber regelm, also nicht bloß gelegentl; so zB jeden Vormittag, jede Nacht, bestimmte Tage jeder Woche. BFH, vgl Anm 1, zieht die Grenzen wesentl enger: Lösg der natürl Beziehgn zw Kind u Eltern, NJW **63**, 781.

3) Ausnahmen, II, von I gibt II vollständ an. **Z 1**: Mj, die sonst unter I fallen würden, sind Mündel u Pfleglinge, auch die nach § 1671 V, PersSorgeberechtigte § 1 Anm 4. Mj, die sich bei ihren Eltern befinden, haben ohnehin nicht die Eigensch von Pflegekindern, Anm 2. **Z 2**: Ehel wie nehel Kinder u die ihnen gleichstehenden sind ausgen, also auch die aus nichtigen Ehen, §§ 1591 I 1, 1719, auch Kinder aus Nichtehen, EheG Einf 1 a vor § 16, die dann nehel sind. Verwandte od Verschwägerte bis zum 3. Grad sind zB Onkel u dessen Frau im Verhältn zum Neffen, §§ 1589, 1590. Ausn trifft nicht zu, wenn diese gewerbsm, um also eine dauernde Einnahmequelle zu haben, oder gewohnheitsm Minderjährige in Pflege nehmen, gleichgült, ob gerade die verwandten Kinder od and. Daß ein Entgelt gezahlt w, genügt nicht, zumal die Ausgaben oft höher sein w. **Z 3**: Auswärtige Schüler; jedoch muß die Pflegestelle v der Schulleitg ausdr für geeignet erkl sein u überwacht werden. Handelt es sich um ein Heim, so kein Pflegekind, Anm 2b; also keine Pflegeerlaubnis für von der Leiterin einer staatl genehmigten priv Ersatzschule aufgenommenen Schüler, Karlsr ZBlJR **67**, 316. **Z 4**: Ebso bei Unterbringg beim Lehrherrn od Arbeitgeber; Anerkenng dch die nach LandesR zust Beh erforderl. **Z 5**: Bis zu 6 Wochen w nicht als dauernd, Anm 2, angesehen. Entgeltl ist auch die Pflege gg Sachbezüge, auch Ers der baren Auslagen, Gräber Anm 15. **Z 6**: Vgl §§ 62, 65. Gilt auch bei Durchf in geeigneten Familien, § 69 III.

JWG 28 *Erlaubnis des Jugendamts.* Wer ein Pflegekind aufnimmt (Pflegeperson), bedarf dazu der vorherigen Erlaubnis des Jugendamts. Kann in Eilfällen die Erlaubnis nicht vorher erwirkt werden, so ist sie unverzüglich nachträglich zu beantragen. Wer mit einem Pflegekind in den Bezirk eines Jugendamts zuzieht, hat die Erlaubnis zur Fortsetzung der Pflege unverzüglich einzuholen. Die Erlaubnis kann befristet oder unter einer Bedingung erteilt oder mit Auflagen versehen werden.

1) Pflegeperson ist jede Pers (aber nicht eine jur), die ein Pflegekind iS von § 27 aufnimmt, gleichgült, ob sie die Erlaubn des JA hat od nicht, das Pflegeverhältn w aber erst mit Erteilg der Erlaubn begründet; der Pflegevertrag, Einl 1 vor § 27, ist bis dahin schwebd unwirks, § 182. Wg der erforderl Eigenschaften einer PflegePers § 29 I, vgl auch § 27 Anm 2 b.

2) Grundsätzl **Erlaubnis des Jugendamtes** einzuholen, bevor Pflegekind aufgenommen wird; nur in Eilfällen, also bei Schaden f das Kind, nachträgl Beantragg. Zustdgk § 30. Erlaubn erlischt mit Verlassen des

Abschnitt IV: Schutz der Pflegekinder **JWG 28-31**

Bezirks des JA dch die PflegePers, was diesem unverzügl anzuzeigen ist, § 32. Die PflegePers hat bei dem nunmehr zust JA unverzügl, BGB 121, die Erlaubn zur Fortsetzg der Pflege einzuholen. Die Erteilg der Erlaubn (erstmalig od Fortsetzg) ist bisher als ErmEntsch angesehen worden; so Riedel Textausg Bem zu § 28, Potrykus Anm 3 C zu RJWG 20 u hM. Entscheidd aber das Wohl des Kindes, das leibl, geist u seel gewährleistet sein muß, § 29 I. Das gibt keinen ErmSpielraum, zumal den angemessenen Wünschen der PersSorgeberecht entsprochen w soll, § 3 II, so daß ein öffrechtl Anspr auf ErlaubnErteilg besteht; so auch Krug Anm 5 u schon früher OVG Berlin JZ **61**, 235, aM Riedel Anm 6, Portrykus NJW **63**, 387, Gräber § 29 Anm 2, VGH Kassel ZBlJugR **62**, 241. VerwRechtsweg gegeben. Erlaubn ist die Zustimmg des JA zum Vertr zw PflegePers u Sorgeberecht, Anm 1. Die Notwendigk einer Erlaubn bedeutet eine Einschränkg des SorgeR der Eltern od sonst Sorgeberecht hins der Unterbringg des Kindes, §§ 1631, 1800. Der Sorgeberecht hat nach Unterbringg des Kindes nicht das Recht, es ohne weiteres aus der Pflegestelle zu entfernen. Die Erlaubn kann befristet, unter einer Bedingg od Aufl erteilt w, aber nicht jederzeit widerrufl. Einer Ordngswidrigk macht sich der schuld, der ein Pflegekind ohne die vorgeschriebene Erlaubn aufnimmt oder in Pflege behält, § 88 I Z 1. Erlaubn erlischt mit Beendigg des Pflegeverhältn, also auch mit Verlassen des JABezirks, vgl § 28 S 3, dch KindesAnn.

JWG 29 *Voraussetzungen der Erlaubnis; Widerruf.* **I Die Erlaubnis darf nur erteilt werden, wenn in der Pflegestelle das leibliche, geistige und seelische Wohl des Pflegekindes gewährleistet ist.**

II Die Pflegeerlaubnis kann widerrufen werden, wenn das Wohl des Pflegekindes es erfordert.

1) Voraussetzungen, I. I lehnt sich an den Programmsatz des § 1 I an. Die vom PersSorgeberecht bestimmte Grundrichtg der Erzieh ist, sofern dadch das Kindeswohl nicht gefährdet wird, zu beachten, § 3 I 2. Das Kindeswohl muß hins aller 3 Voraussetzgen gewährleistet sein, wozu einwandfreie u gesicherte Unterbringg u gute Erziehg ebso gehören, wie daß die PflegePers ethisch einwandfrei ist. Es soll eine langfristige Unterbringg ermöglicht w, um dem Kind eine Heimstatt in einer Fam zu geben u es vor schädl Pflegestellenwechsel zu bewahren, BegrRegVorl zu Art III Nr 4. Diese Voraussetzgen gelten für die Aufn wie für die Fortsetzg eines Pflegeverhältnisses. Weitere Bestimmgen zur Pflegeerlaubn sind dem LandesR vorbehalten, § 35 I. Vgl ferner § 28 Anm 2.

2) Widerruf, II. Er muß erfolgen, wenn das Wohl des Pflegekindes es erfordert, also eine od mehrere Voraussetzgen des I in Fortfall gekommen sind od sich nachträgl erweist, daß sie nicht vorhanden waren, zB unricht Erziehg in geistiger Hins, OVG Bln JZ **53**, 280. Sonst Verletzg der AufsPfl, § 31. Auf Versch der PflegePers kommt es nicht an, auch nicht auf ihre Belange, da allein das Kindeswohl entscheidet. Anfechtg im VerwRechtsweg. Vorl Unterbringg mögl, § 33.

JWG 30 *Örtliche Zuständigkeit des Jugendamts.* **Zuständig für die Erteilung und den Widerruf der Erlaubnis ist das Jugendamt, in dessen Bezirk die Pflegeperson ihren gewöhnlichen Aufenthalt hat.**

1) Zuständig für Erteilg u Widerruf der Erlaubn, §§ 28, 29, ist, abw von § 11, das JA des gewöhnl Aufenthaltes der PflegePers. Muß auch gelten für die AnzPfl, § 32, dementspr die Aufs, § 31, u die vorl Unterbringg, § 33. Abweichgen können sich ergeben aus § 34 S 1.

2. Aufsicht

JWG 31 *Aufsicht über Pflegekinder.* **I Pflegekinder unterstehen der Aufsicht des Jugendamts. Die Aufsicht erstreckt sich darauf, daß das leibliche, geistige und seelische Wohl des Pflegekindes gewährleistet ist.**

II Das Jugendamt hat die Pflegeperson zu beraten und bei ihrer Tätigkeit zu unterstützen.

III Das Jugendamt kann Pflegekinder widerruflich von der Beaufsichtigung befreien.

1) Der Aufsicht des örtl zuständigen Jugendamts unterstehen alle Pflegekinder, gleichgült, ob die Erlaubn z PflegeVertr erteilt ist.

2) Aufsicht und andere Aufgaben des Jugendamts, I u II. Kraft seines AufsRechts kann JA Auskünfte verlangen, sich das Pflegekind vorstellen lassen, auch in der Wohng aufsuchen. Wg Gewährleistg des leibl, geist u seel Wohls des Pflegekindes § 29 Anm 1. Ist es nicht gewährleistet, Widerruf, § 29 II, andernf Verletzg der AufsPflicht. Die Ausgestaltg der AufsBefugnisse ist Sache des LandesR, § 35 I. **Beratg u Unterstützg der Pflegeperson** soll verhindern, daß die guten Pflegestellen, deren Gewinnung ausschlaggebd für das Erreichen des sozialpädagog Ziels ist, noch seltener werden. Das JA hat also eine ähnl Stellg wie das VormschG ggü dem Vormd, § 187 u dort Anm 4. Wegen Abgabe an ein and JA, § 43, u Aachen (LG) ZBlJR **72**, 309 (entspr Grdsatz).

3) Befreiung v der Beaufsichtigg, III. Bei Pflegekindern ErmessensEntsch des JA. LandesR kann weitere Vorschr erlassen, § 35 I. Zustdgk § 30. Voraussetzg auch hier, daß das leibl, geist u seel Wohl des Kindes gesichert ist; denn das ist die Voraussetzg für die Belassg eines Pflegekindes überh, § 29 Anm 2. Befreiung von der Beaufsichtigg berührt Eingriffe des JA nicht, zB § 33. Für die Mutter eines nehel Kindes ergibt sich nichts Besonderes.

JWG 32 *Anzeigepflichten.* Wer ein nach § 31 Abs. 1 der Aufsicht unterstehendes Kind in Pflege hat, ist verpflichtet, dessen Aufnahme, Abgabe, Wohnungswechsel und Tod dem Jugendamt unverzüglich anzuzeigen.

1) **Die Anzeigepflicht haben** die Pflegepersonen, § 28 Anm 1.

2) **Umfang der Anzeigepflicht.** Aufn, vor der die Erlaubn einzuholen ist, § 28 Anm 2, Abgabe, Wohngswechsel u Tod. Zust zur Entggnahme der Anz § 30. Wohngswechsel ist auch ein solcher im Bez des JA. Bei Wohngswechsel in den Bez eines and JA ergibt sich eine doppelte AnzPfl, näml beim bish JA des AufenthOrtes der PflegePers wg der Beendigg, § 28 Anm 2, u bei dem neuen, bei dem die Erlaubn zur Belassg, dh zum Beginn eines neuen PflegeVerh sofort einzuholen ist, § 28 S 3, das nunmehr zu prüfen hat, ob die Voraussetzgn hierfür vorliegen, § 29 Anm 1. Anz hat unverzügl zu erfolgen, § 121. Näheres über die AnzPfl bestimmt LandesR, § 35 I. Verletzg der AnzPfl ist Ordngswidrigk, § 88 I Z 2.

3. Vorläufige Unterbringung

JWG 33 I Bei Gefahr im Verzuge kann das Jugendamt das Pflegekind sofort aus der Pflegestelle entfernen und vorläufig anderweit unterbringen. Das Grundrecht der Unverletzlichkeit der Wohnung (Artikel 13 Abs. 1 des Grundgesetzes) wird insoweit eingeschränkt.

II Das Jugendamt ist verpflichtet, die Personensorgeberechtigten, die Pflegeperson und das zuständige Vormundschaftsgericht von der getroffenen Maßnahme unverzüglich zu benachrichtigen.

Schrifttum: Rehbinder ZBlJugR **62**, 311.

1) **Allgemeines.** § 33 gilt nur für das Pflegekind, § 27, hier auch bei Befreiung von der Beaufsichtigg, § 31 III. Dch § 33 wird das GrdR der Unverletzlichk der Wohng, GG 13 I, eingeschränkt, vgl auch GG 19 I.

2) **Entferng u anderweitige Unterbringg, I.** Zul nur bei **Gefahr im Verzuge,** dh es muß das körperl, geist od seel Wohl des Kindes bei weiterem Verbleiben unmittelb erhebl gefährdet sein, so daß sof Eingreifen des JA notw ist. Das zu verneinen, wenn der Sorgeberecht, der aber eigenmächt das Kind nicht entfernen darf, § 28 Anm 2, od das VormschG, § 1838, FGG 33 III, rechtzeit eingreifen können; vgl auch § 3 III. Die **Maßnahmen des JA**, dch die die erteilte Erlaubn widerrufen ist, § 29 II, sind Entferng des Kindes aus der Pflegestelle, die aber bei Weigerg der PflegePers nicht dch das JA selbst, sond nur mit poliz Hilfe erfolgen kann, und vorl anderw **Unterbringg**. Letztere kommt nur dann in Betr, wenn eine solche nicht dch den Sorgeberecht, dem das Kind möglichst zu übergeben ist, od auch dch das VormschG erfolgt. Ob die dch das JA vorgenommene vorl Unterbringg zur endgültigen wird, hängt ebenf von der Bestimmg des Sorgeberecht, ggf dem VormschG ab. Zust das JA der PflegePers, § 30, bei AufsFührg dch and Stellen, §§ 34, 35, das für die Pflegestelle zust JA. Kosten § 81.

3) **Pflicht zur Benachrichtigg, II.** Sie besteht seitens des JA ggü den PersSorgeberecht der PflegePers u dem zust VormschG, FGG 43, 36 (falls dann noch eilig, FGG 44), diesem u den Sorgeberecht, um ihnen die Möglichk zu geben, selbst einzugreifen, Anm 2. Benachrichtigg über die getroffenen Maßnahmen muß infolgedessen unverzügl, § 121, erfolgen. Soweit mögl, w das JA beide schon vor dem Eingreifen benachrichtigen, Anm 2.

4. Behördlich angeordnete Familienpflege

JWG 34 Bei Kindern, die von anderen landesgesetzlich zuständigen Behörden in Familienpflege untergebracht werden, steht die Erteilung der Erlaubnis und die Aufsicht diesen Behörden zu. Doch kann die Übertragung dieser Befugnisse von diesen Behörden auf das örtlich zuständige Jugendamt durch die zuständige Landesbehörde angeordnet werden.

1) **Zuständigk anderer Behörden, S 1.** Wg Familienpflege § 27 Anm 2b. Jugendämter, insb städtische, können Pflegekinder in einem andern JA unterbringen; Unterbringg kann auch dch Fürs-Behörden für Hinterbliebene od Kriegsbeschädigte erfolgen. Dann liegt den unterbringen Behörden in Abweichg von § 30 die Erteilg der Erlaubn u die Aufs, demgem auch der Widerruf, § 29 II, ob. Ihnen ggü ist auch die Anz über Aufn, Abgabe, Wohngswechsel u Tod zu machen, § 32. Hingg erfolgt die Entferng u vorl Unterbringg, § 33, dch das nach § 30 zust JA, da die Zustdgk der unterbringenden Beh nicht dahin erweitert ist. Vgl auch die LänderVereinbg über die Unterbringg von Pflegekindern dch die zust Beh außerh des Landes v 20. 11. 25, RMinBl 1399.

2) **Übertragg auf das zust JA, S 2.** Die für die übertragde Beh zust LandesBeh kann die Übertr auf das nach § 30 zust JA anordnen.

5. Ermächtigung der Länder

JWG 35 *Ausführungsvorschriften, Anwendung auf andere Pflegekinder.*
I Das Nähere über die Pflegeerlaubnis, die Aufsichtsbefugnisse und die Anzeigepflicht wird durch Landesrecht bestimmt.

II Durch Landesrecht kann bestimmt werden, inwieweit die Vorschriften dieses Abschnitts auf Pflegekinder anzuwenden sind, die unter der Aufsicht einer Vereinigung stehen, die der Jugendwohlfahrt dient und durch das Landesjugendamt für geeignet erklärt ist.

Abschnitt V: Stellung des Jugendamts im Vormundschaftswesen usw. **JWG 36–37**

JWG 36 *Weitere landesrechtliche Vorschriften.* Die Befugnis der Länder, weitere Vorschriften zum Schutz der Minderjährigen zu erlassen, die sich regelmäßig außerhalb des Elternhauses in Familienpflege befinden, bleibt unberührt.

Bem. Allg zum Schutz von Mj; nur erweiternd, zB Erhöhg des Alters von Pflegekindern in § 27 I, nicht einengd. Grenze § 1 II.

Abschnitt V. Stellung des Jugendamts im Vormundschaftswesen; Vereinsvormundschaft

Einleitung

1) Die Stellg des JA im VormschWesen ist zwar dieselbe geblieben, die gesetzl Regelg ist aber and gegliedert. Die Voraussetzgen für die Bestellg eines Vereins- od AmtsVormd sowie das Eintreten der gesetzl AmtsVormsch ist nunmehr im BGB geregelt, §§ 1791a–c, desgl deren Entlassg, §§ 1887, 1889, vgl aber auch JWG 39a. Das JWG enthält Organisation u Zustdgk, JWG 4–23. Die Aufgaben des JA, insb als Amtspfleger u AmtsVormd, enthält sowohl BGB wie JWG, um beide G aus sich heraus verständl zu machen, krit dazu BRat, Drucks VI/674 S 18. Folge ist, daß sich übereinstimmde Regelgen ergeben, zB JWG 47 I = § 1849, JWG 47a = § 1850 I u II. Anderers wird unter Streichg von JWG 43 aF die Pflegsch für eine Leibesfrucht nur noch in § 1912 geregelt. Das alles, ebso wie die stärkere Betong der Amtspflegsch wg §§ 1706 ff bringt eine Veränderg dieses Abschn mit sich.

2) Der Abschnitt enthält Best über die Amtspflegsch u AmtsVormsch, §§ 37–45, die Beistand- u GgVormsch, § 46, solche über weitere Aufgaben des JA im VormschWesen, §§ 47–52, u einige öffrechtl Vorschr zur VereinsVormsch.

1. Amtspflegschaft und Amtsvormundschaft

Vorbemerkung

Der 1. Unterabschnitt stellt die **Amtspflegsch,** bisher JWG 52 aF, wg ihrer gesteigerten Wichtigk, §§ 1706 ff, neben die AmtsVormsch; denn grdsätzl (Ausn § 1707 bei entspr GgAntr der Mutter) erhält jedes nehel Kind, soweit nicht insb bei Minderjährgk der Mutter AmtsVormsch eintreten muß, §§ 1773, 1791c, von Gesetzes wg als Pfleger das JA für die in § 1706 näher bezeichneten Angelegenh, § 1709. Zustdgk JWG 42. Das JA ist auch sonst als Vormd von Gesetzes wg berufen, wenn die Voraussetzgen der Vormsch vorliegen od nach Aufhören der Pflegsch noch vorhanden sind, JWG 41. Da der Gesetzgeber die Einzelpflegsch u EinzelVormsch für das Bessere hält, sehen JWG 39a, 39b entspr Entlassgsmöglichkeiten vor. Neben die gesetzl Amtspflegsch u Vormsch stellt der UnterAbschn die **bestellte Amtspflegsch u Vormsch,** JWG 45, die, soweit es sich um die AmtsVormsch handelt, mit § 1791b gleichlaut ist (vgl dazu oben Einl).

a) Allgemeine Bestimmungen

JWG 37 *Ausübung der amtspflegerischen und amtsvormundschaftlichen Obliegenheiten.* Das Jugendamt wird Pfleger oder Vormund in den durch das Bürgerliche Gesetzbuch und die folgenden Bestimmungen vorgesehenen Fällen (Amtspflegschaft, Amtsvormundschaft). Es überträgt die Ausübung der Aufgaben des Pflegers oder Vormunds einzelnen seiner Beamten oder Angestellten. Im Umfang der Übertragung sind die Beamten und Angestellten zur gesetzlichen Vertretung des Minderjährigen befugt. Die Übertragung gehört zu den laufenden Geschäften im Sinne des § 16.

1) Allgemeines. § 37 enthält ebso wie §§ 38–39b Bestimmgen, die sowohl für die gesetzl, §§ 40 ff, wie die bestellte Amtspflegsch u AmtsVormsch, § 45, gelten. Sie unterscheiden sich wesentl von der Pflegsch u Vormsch des BGB, da es sich nicht nur um eine befreite Pflegsch u Vormsch handelt, sond auch grdlegde Bestimmgen des Pflegsch- u VormschR von der Anwendg ausgeschl sind, § 38 I–III, V–VII. Das Tätigwerden des JugA als Amtspfleger f ein nehel Kind hat weder obrigkeitl noch schlicht-hoheitl Charakter, sond gehört dem PrivatR an, so daß Kl eines als nehel Vater in Anspr genommenen Mannes auf best Verhaltensweise des JA vor dem VerwG unzul ist (OVG Münst DAVorm **78,** 391).

2) Das JA wird Amtspfleger oder AmtsVormd, S 1, vgl auch § 4 Z 2, also das JA als solches, weder der Träger des JA, noch ein Beamter od Angestellter, dem die Ausübg der Obliegenheiten übertr w, S 2, so daß also eine Zustellg an den Träger des JA nicht rechtswirks bewirkt w kann, LSozG Mü ZBlJugR **58,** 328, vgl auch Anm 4. Das JA als Amtspfleger oder AmtsVormd untersteht der Aufs des VormschG, § 1837 I; die allg Verw hat insofern kein Eingriffs- od WeisgsR, Münster JZ **52,** 731. Die Zustdgk des JA richtet sich, soweit nicht eine bes besteht, zB § 42, nach § 11.

3) Übertragg der Ausübg, S 2, 4; dazu Potrykus ZBlJugR **66,** 95. Das JA übt nicht selbst die Amtspflegsch od AmtsVormsch aus, sond hat die Ausübg zu übertr („es überträgt"). Das kann an eine Pers für alles, aber auch an mehrere nebeneinander, § 1797 II, geschehen; übertragen müssen sämtl Obliegenheiten werden, beim JA selbst kann also nichts zurückbleiben, Gräber Anm 9 B, Riedel Anm 10, aM Krug Anm 6, der seine Ans auf „im Umfang der Übertragg" stützt. Die Übertr gehört zu den laufenden Geschäften, kann also dch den Leiter der Verw od in seinem Auftr vom Leiter der JA-Verw erfolgen, § 16. Eine Übertr dch den JugWohlfahrtsAusschuß daher nicht erforderl. Übertr kann aus Gründen der Klarh nicht stillschw erfolgen, wohl aber dch die GeschVerteilg. IdR erfolgt Übertr auf namentl bezeichnete Beamte oder Angestellte; mögl auch Bestellg eines bestimmten Vertr; eine Übertr auf den für den Buchstaben entspr dem zZ geltden GeschPlan zust Beamten zul, nicht aber bei Bezugn auf den jeweils geltden, da dann ein Wechsel nach dem jeweil Bedürfn erfolgen könnte, KG FamRZ 68, 326. Eine Übertr auf freie Vereiniggen der JugWohlfahrt, JugVerbände od einzelne erfahrene u bewährte Personen, § 18, kommt nicht in Betr. Unricht Übertr macht Erkl zu der eines Unbefugten. Der betraute Beamte od Angestellte, der kein AblehngsR hat, w mit Übertr nicht zum AmtsVormd (AmtsVormd ist u bleibt das JA, Anm 4), sond hat nur die Ausübg der vormschl Obliegenheiten od des ihm übertr Teils im Rahmen der §§ 1793 ff mit den sich aus JWG 38 ergebenden Abweichgen. Wieweit etwa das JA neben dem betrauten Beamten handeln u ihm Weisgen erteilen kann, ist str, BSozG FamRZ 60, 490 (dahingestellt), w aber hins des Handelns zu verneinen sein, vgl auch Gräber Anm 8 u unten Anm 4, da alle Obliegenheiten übertr sein müssen, was auf ein Alleinhandelsollen hinweist, mag auch das JA AmtsVormd bleiben, ebenso Beitzke StAZ 60, 202; hingg kann diesem nicht verwehrt sein, jedenf intern dem Beamten (Angest), der für das JA die amtsvormschaftl Obliegenheiten ausübt, Weisgen zu erteilen. Das ergibt sich auch daraus, daß das JA selbst in seiner Eigensch als AmtsVormd der Aufs des VormschG unterliegt, § 1837. Soll der Mdl bei dem Träger des JA untergebracht w, so muß für den Abschl des Vertr ein Pfleger, §§ 1796, 1909, bestellt w, KG JFG 8, 89. Übertr wird die Ausübg einer bestehden AmtsPfleg- od AmtsVormsch, §§ 40, 41, BGB 1709, 1710, also ein bestehder Kreis von Obliegenheiten, nicht in der Zukunft liegder, so daß irgendwelche Erkl bzgl Übernahme unnöt. Der Beamte des JA kann auch Antr auf Abgabe an ein and JA, ebso wie auf Bestellg eines EinzelVormds, § 45, im Hinblick auf das ihm anvertraute Wohl des Mdls stellen, desgl Weiterführg bei dem JA eines and Bez, JWG 43. Übertr kann w weitere Aufgaben des JA im VormschWesen, JWG 47 ff, auch nicht seine Pflichten aus §§ 1849 ff, da keine Obliegenheiten eines AmtsVormd. Die Übertr auf den Beamten od Angestellten des JA w mit der AnO, § 16, wirks. Sie kann widerrufen w. Für Amtspflichtverletzgen eines Beamten (Angestellten) des JA bei Ausübg der amtsvormschaftl Obliegenheiten hat der Träger des JA einzustehen, GG 34, BGB 839, aM Krüger JZ 55, 634. Außerdem haftet das JA nach § 1833, BGH 9, 255, Nürnb FamRZ 65, 454. Einlegen von Rechtsmitteln erfolgt dch den betrauten Beamten (Angestellten), u zwar für den gesetzl Vertr, also für das JA als AmtsVormd, Düss FamRZ 65, 289, so daß auch die weit Beschw ohne Hinzuziehg eines RA eingelegt w kann, KG FamRZ 57, 185, steht aber nicht im freien Erm des betrauten Beamten od Angestellten; die Erfolgsaussichten sind vielm sorgfält zu prüfen, ohne daß es nun außen auf Weisges des JA od Verwandter des Mdls ankäme, Stgt MDR 56, 169, vgl auch Kblz ZBlJugR 53, 259.

4) Rechtl Stellg des Beamten oder Angestellten, S 3. Er ist mit der Übertr in ihrem Umfang allein befugt, die Obliegenh des gesetzl Vertreters des Mdls auszuüben, u weist sich dch die Bescheinigg des VormschG, § 1791 b II, aus. Falls eine vollst Übertr nicht erfolgt ist, sollte das vermerkt sein, da der Mdl nur insoweit vertreten wird, als Übertr erfolgt ist. Beamter (Angestellter) handelt im Namen des Mdls, jedoch sind seine Handlgen u Erkl dem öffrechtl Träger der AmtsVormsch zuzurechnen, sind als solche der Behörde, S 2, die Erkl bedarf daher nicht der öffentl Beglaubigg, falls sonstige Voraussetzgen von ZPO 415 erfüllt, BGH **45**, 362, Riedel Anm 2, auch Beitzke ZBlJR **63**, 92 (falls Beamter od Angestellter Dienstsiegel des JA benutzen darf), aM Krug Anm 8, RGRK Anm 15 zu § 1706 aF, Staud-Göppinger Anm 59 zu § 1706 aF, Dölle § 102 II 2, Stgt FamRZ **65**, 393. Zustellgen können wirks an ihn, aber auch beim JA selbst vgl ZPO 171 II, erfolgen, BSozG FamRZ **60**, 490, zust Beitzke, nicht aber an den Träger des JA, Anm 2.

JWG 38 *Anwendung von Vorschriften des BGB.* I Auf die Amtspflegschaft und die Amtsvormundschaft sind die Bestimmungen des Bürgerlichen Gesetzbuchs anzuwenden, soweit sich aus diesem Gesetz nicht ein anderes ergibt.

II Ein Gegenvormund wird nicht bestellt.

III Dem Jugendamt stehen die nach § 1852 Abs. 2, §§ 1853 und 1854 des Bürgerlichen Gesetzbuchs zulässigen Befreiungen zu.

IV Hat das Jugendamt über die Unterbringung eines Minderjährigen zu entscheiden, so ist hierbei auf das religiöse Bekenntnis oder die Weltanschauung des Minderjährigen u seiner Familie Rücksicht zu nehmen.

V Die Anlegung von Mündelgeld gemäß § 1807 des Bürgerlichen Gesetzbuchs ist auch bei der Körperschaft zulässig, bei der das Jugendamt errichtet ist.

VI Das Jugendamt kann für Aufwendungen keinen Vorschuß und Ersatz nur insoweit verlangen, als das Vermögen des Minderjährigen ausreicht. Allgemeine Verwaltungskosten werden nicht ersetzt. Eine Vergütung kann dem Jugendamt nicht bewilligt werden.

VII Gegen das Jugendamt wird kein Zwangsgeld festgesetzt.

1) Allgemeines. Auch die AmtsPflegsch u AmtsVormsch sind Pflegsch u Vormsch iS des 1. u 3. Titels des 3. Abschnitts des 4. Buches des BGB. So ergibt sich von selbst, daß **grdsätzl die Vorschr über die Vormsch u Pflegsch auch auf sie anwendb** sind, zumal ja ihre Voraussetzgen u auch manche Besonderh jetzt ins BGB aufgen sind, §§ 1706, 1791 c. Mit Rücks darauf, daß AmtsPflegsch u AmtsVormsch von einer Behörde, dem JA, wahrgen w, sind aber eine Reihe von Vorschr hier unnöt, die zT ausdrückl für unanwendb, II, VI, VII, oder abgeändert, IV, für anwendb erkl w, zT ergibt sich aber die Unanwendbark auch aus dem andersart Charakter der AmtsVormsch, ohne daß ausdr ihre Nichtanwendg bestimmt ist. Die Liste des § 38 ist demgem zu vervollständigen; vgl auch die Übersicht bei Riedel Anm 10.

Abschnitt V: Stellung des Jugendamts im Vormundschaftswesen usw. **JWG 38–39a**

2) Unanwendb Vorschriften, II, VI, VII. Die Bestellg eines Gegenvormunds entfällt, da mit der Stellg des JA als Pfleger od Vormd nicht vereinb. Demgem entfällt die Anwendg aller damit zushängen Vorschr, §§ 1792, 1799, 1802 I 2, 1826, 1832, 1833 I 2, 1835 I 2, 1844, 1854 III, 1891, 1895, ferner §§ 1809, 1810, 1812, 1813, 1825, soweit darin der GgVormd erwähnt ist. Bestellg eines MitVormd ist zul, jedoch nur zu geteilter Verw, § 1797 II, da sonst ähnl Bedenken wie beim GgVormd. Die AmtsPflegsch u AmtsVormsch ist eine **befreite**, so daß sie in vermögensrechtl Beziehg wesentl freier gestellt ist, §§ 1852 II bis 1854; demgem auch unanwendb §§ 1814–1816 iVm § 1817, ferner §§ 1818–1820, 1840–1843, aM hins § 1818 Gräber Anm 4. Die Schlußabrechng, § 1890, ist zu legen. Aufhebg der Befreiung kommt ggü JA nicht in Betr; dann nur Bestellg einer EinzelPers als Vormd mögl, JWG 39a. Für unanwendb sind ferner erkl § 1788, das VormschG hat keine Ordngsstrafgewalt, dementspr auch § 1837 II 2, FGG 33, jedoch hat das VormschG die Aufs über die amtsvormschaftl Tätigk des JA, § 1837 I, KG JW **36**, 3067. Neben § 1801 II tritt der wörtl übereinstimmde IV, ebso neben § 1835 IV u § 1836 III der gleichlautde VI. An Stelle von § 1835 I 2–4 u II, JWG 38 II 2 u 3. Eine anderw Unterbringg des Mdls dch das VormschG, § 1838, ist nicht mögl, wohl aber Anordng einer anderw Unterbringg beim AmtsVormsch, JWG 65; SicherhLeistg, § 1844, kann nicht angeordnet w, Entlassg ist in § 1887 bes geregelt. Wg weiterer Einschränkg der vermögensrechtl Aufs des VormschG dch LandesR § 39. Wg Vorschuß u Ersatz bei Aufwendgen Anm 5.

3) Weitere unanwendb Vorschriften mit Rücks auf den Charakter der gesetzl AmtsVormsch: die über Anordng, Berufg, Auswahl, Unfähigk u Untauglk, Ablehng, §§ 1774–1787, da das JA v Gesetzes wg AmtsPfleger od AmtsVormd w, §§ 1706, 1709, 1791c, JWG 40, 41, u sie auch auf den Beamten od Angestellten, dem die Ausführg der Obliegenheiten übertr w, § 37 Anm 3, §§ 1779–1787 nicht anwendb sein können. Ebsowenig erfolgt eine Bestellg, § 1789; die Bestallg, § 1791, w dch die Bescheinig des VormschG, § 1791c III, ersetzt. Für die bestellte AmtsVormsch gilt Entsprechdes mit der Maßg von § 1791b II. Anwendb bleiben §§ 1774, 1775, 1779. Es entfallen weiter § 1845 (Eheschl des zum Vormd bestellten Elternteils), §§ 1849–1851, JWG 37 Anm 3. Die Entlassg regeln § 1887, JWG 39 a u b. Anwendb bleiben §§ 1795, 1909 bei Interessenwiderstreit, § 37 Anm 3, vgl aber auch Anm 4.

4) Anlegg v Mündelgeld, V. Dem JA ist gestattet, dieses auch bei Körpersch anzulegen, dch die das JA errichtet worden ist, § 12; also zB Anlage bei den Kommunalsparkassen mögl. Stets aber mündelsichere Anlage, § 1807, erforderl. Vgl § 1807 Anm 2 „zu Z 4".

5) Ersatz v Aufwendgen, VI. Es gilt auch hier, daß die Vormsch unentgeltl geführt w, § 1836 I 1. Aufwendgen zum Zweck der Führg der Vormsch sind aus dem MdlVerm zu ersetzen, soweit es ausreicht, allg VerwKosten wie Einrichtg u Unterhaltg des JA, Porti, Telefon u dergl jedoch nicht. Vorschuß, § 1835, kann nicht verlangt w. Bei Streit über die Höhe der Aufwendgen entsch der Zivilrichter.

6) Rücksichtn auf das religiöse Bekenntn od die Weltanschauung, IV, bei der Unterbringg des Mdls, vgl auch § 1801 u Anm. Bei Mangel einer entspr Stelle aber auch konfessionsfremde Unterbringg mögl, BayObLG JW **27**, 217. Dann Anf im VerwRechtsstreit mögl. Nötigenf kann ein MitVormd, § 1797 II, zur Wahrnehmg der rel Belange des Kindes bestellt w. IV nur anwendb, wenn JA die PersSorge hat. Der betraute Beamte (Angest) des JA braucht nicht demselben Bekenntn wie der Mdl anzugehören.

JWG 39 *Landesgesetzliche Einschränkung des Aufsichtsrechtes des Vormundschaftsgerichtes.* **Die Landesgesetzgebung kann bestimmen, daß weitere Vorschriften des ersten Titels des dritten Abschnitts im vierten Buche des Bürgerlichen Gesetzbuchs, welche die Aufsicht des Vormundschaftsgerichts in vermögensrechtlicher Hinsicht sowie beim Abschluß von Lehr- und Arbeitsverträgen betreffen, gegenüber dem Jugendamt außer Anwendung bleiben.**

1) Dch Landesgesetzgebg kann nur die Aufs des VormschG in vermögensrechtl Hins gelockert w, also nicht nur der §§ 1837 ff auf diesem Gebiet, sond auch der §§ 1802 ff, §§ 1812, 1822. Nicht außer Anwendg gesetzt werden kann, daß der Amtsvormd Rechng legt, § 1890, das VormschG diese prüft u deren Abn durch Verhdlg mit den Beteiligten vermittelt, § 1892. Für die VereinsVormsch scheiden landesrechtl Erleichtergen aus.

JWG 39a *Entlassung des Jugendamts und Bestellung eines anderen Pflegers oder Vormunds.* **I Das Vormundschaftsgericht hat das Jugendamt als Pfleger oder Vormund zu entlassen und einen anderen Pfleger oder Vormund zu bestellen, wenn dies dem Wohle des Minderjährigen dient und eine andere als Pfleger oder Vormund geeignete Person vorhanden ist.**

II Die Entscheidung ergeht von Amts wegen oder auf Antrag. Zum Antrag sind berechtigt der Minderjährige nach Vollendung des vierzehnten Lebensjahres sowie jeder, der ein berechtigtes Interesse des Minderjährigen geltend macht. Das Jugendamt soll den Antrag stellen, sobald es erfährt, daß die Voraussetzungen des Absatzes 1 vorliegen.

III Das Vormundschaftsgericht soll vor seiner Entscheidung auch das Jugendamt hören.

1) Fassg Bek v 6. 8. 70 (BGBl 1197). § 39 a ersetzt § 50 aF u stimmt iü mit § 1887 I, II, III 2 überein, soweit es sich um die AmtsVormsch handelt. Der Entlassg des AmtsVormd u Bestellg einer and Pers steht der des Amtspflegers gleich. Vgl die Anm dort. Gg die Ablehng der Entlassg des JA als Pfleger BeschwR des nehel Vaters, sofern er Vatersch anerkannt h (BayObLG FamRZ **75**, 178).

JWG 39b *Entlassung des Jugendamts als Pfleger oder Vormund auf seinen Antrag.* Das Vormundschaftsgericht hat das Jugendamt als Pfleger oder Vormund auf seinen Antrag zu entlassen, wenn eine andere als Pfleger oder Vormund geeignete Person vorhanden ist und das Wohl des Minderjährigen dieser Maßnahme nicht entgegensteht.

Bem. § 39b ersetzt JW 45 aF, gilt aber sowohl für die bestellte wie die gesetzl AmtsVormsch. Der Amtspfleger steht insofern dem AmtsVormd gleich. Im übr stimmt § 39b mit § 1889 II 1 überein; s die Anm dort.

b) Gesetzliche Amtspflegschaft und gesetzliche Amtsvormundschaft

JWG 40 *Eintreten der gesetzlichen Amtspflegschaft.* I Mit der Geburt eines nichtehelichen Kindes wird das Jugendamt Pfleger nach § 1706 des Bürgerlichen Gesetzbuchs, wenn die Mutter Deutsche im Sinne des Grundgesetzes ist. Das gleiche gilt, wenn die Mutter staatenlos oder heimatlose Ausländerin im Sinne des Gesetzes über die Rechtsstellung heimatloser Ausländer im Bundesgebiet vom 25. April 1951 in der im Bundesgesetzblatt Teil III, Gliederungsnummer 243–1, veröffentlichten bereinigten Fassung oder Flüchtling im Sinne des Abkommens vom 28. Juli 1951 über die Rechtsstellung der Flüchtlinge (BGBl. 1953 II S. 559) ist oder als Asylberechtigte nach § 28 des Ausländergesetzes vom 28. April 1965, zuletzt geändert durch Art. 3 des Gesetzes vom 25. Juni 1975 (BGBl. I S. 1542), anerkannt ist und wenn sie ihren gewöhnlichen Aufenthalt im Geltungsbereich dieses Gesetzes hat.

II Absatz 1 ist nicht anzuwenden, wenn bereits vor der Geburt des Kindes ein Pfleger bestellt oder angeordnet ist, daß eine Pflegschaft nicht eintritt, oder wenn das Kind nach § 1773 des Bürgerlichen Gesetzbuchs eines Vormunds bedarf.

III Ergibt sich erst später aus einer gerichtlichen Entscheidung, daß das Kind nichtehelich ist, und bedarf es eines Pflegers, so wird das Jugendamt in dem Zeitpunkt Pfleger, in dem die Entscheidung rechtskräftig wird.

IV Für ein nichteheliches Kind, das außerhalb des Geltungsbereichs dieses Gesetzes geboren ist und dessen Mutter die Voraussetzungen des Absatzes 1 erfüllt, tritt die gesetzliche Pflegschaft erst ein, wenn es seinen gewöhnlichen Aufenthalt im Geltungsbereich dieses Gesetzes nimmt. Die gesetzliche Pflegschaft tritt nicht ein, wenn im Geltungsbereich oder außerhalb des Geltungsbereichs dieses Gesetzes bereits eine Pflegschaft oder Vormundschaft anhängig ist.

1) Die AmtsPflegschaft tritt von Gesetzes wegen ein, JWG 40 ergänzt also §§ 1706, 1709. Eintreten im Ztpkt der Vollendg der Geburt des nehel Kindes, BGB 1. Das geschieht nicht, wenn bereits vor der Geb ein Pfleger bestellt od angeordnet ist, daß die Pflegsch nicht eintritt, §§ 1708, 1707 I Z 1, od nicht eine Pflegsch, sond Vormsch in Betr kommt, § 1705 Anm 2. War für die Leibesfrucht der nehel Mutter ein Pfleger bestellt, § 1912, so Amtspflegsch nach § 1706, da Pflegsch für die Leibesfrucht mit der Geburt des Kindes endet, § 1918 II. **NEhel Kinder** sind die nehel geborenen, auch wenn eine Legitimation dch nachfolge Ehe, § 1719, unmittelb zu erwarten ist, Kinder aus Nichtehen, EheG 11 Anm 5, Einf 1 vor EheG 16, Kinder, die nach dem 302. Tage nach Auflösg od NichtigErkl der Ehe geboren sind, vorausgesetzt, daß nicht feststeht, daß der EmpfängnZtpkt weiter als 302 Tage zurückliegt, § 1591, 1592 I u II, währd den Ehe od innerh v 302 Tagen nach Auflösg od NichtigErkl der Ehe geborene Kinder, deren NEhelk nachträgl rechtskr festgestellt ist, § 1593, ZPO 641. Ztpkt der Rechtskr entsch für den Eintritt der AmtsPflegsch. Wg einiger weiterer Fälle der nachträgl festgestellten NEhelk § 1705 Anm 1c. Die NEhelk eines zunächst mit Rücks auf § 1591 für ehel geltden Kindes kann sich auch daraus ergeben, daß der Mann für tot erkl od sein Todesztpkt festgestellt w, der TodesZtpkt u damit die Auflösg der Ehe aber früher als 302 Tage vor der Geburt liegen. Lebt der für tot erkl Mann, so kommt die TodesErkl in Wegfall u damit die AmtsPflegsch, die erst dann wieder eintritt, wenn ein rechtskr Urt erwirkt w, dch das die NEhelk festgestellt w, § 1593. Kinder aus nichtigen Ehen, §§ 1591, 1593, 1719, sind ehel, ebso Findelkinder, § 1773 II, da bei letzteren die NEhelk der Geburt nicht feststellb, so daß für sie nur die Bestellg eines AmtsVormds bleibt, § 1773 II. Ehel Kinder kommen niemals unter gesetzl AmtsVormsch, für sie nur bestellte mögl, JWG 45.

2) Internationale Abgrenzung, I.

a) § 40 gilt **für nichtehel Kinder deutscher Mütter** iS von GG 116. Das sind die Mütter, die nach dem RuStAG v 22. 7. 13 u seinen Abänderngen u Ergänzngen, Vorbem 7a vor EG 7, die dtsche Staatsangehörigk haben, einschl derer, die als Flüchtlinge od Vertriebene dtscher Volkszugehörigk od als dessen Eheg od Abkömml eines solchen im Gebiet des dtschen Reiches in den Grenzen v 31. 12. 37 Aufnahme gefunden, GG 116 I, vgl auch EG 29 Anh Anm 2a, od in der Zeit vom 30. 1. 33 bis 8. 5. 45 zwar ausgebürgert w sind, aber nach dem 8. 5. 45 ihren Wohns in Deutschland durch eu nicht entgegengesetzten Willen zum Ausdr gebracht haben, GG 116 II, Anh zu EG 29 Anm 2b. Auf den gewöhnl Aufenth der Mutter od des Kindes zZ der Geburt kommt es nicht an; vgl aber auch c.

b) Gleichgestellt sind **staatenlose Mütter**, EG 29, **heimatlose Ausländerinnen** iS d G v 25. 4. 51, BGBl I 269, EG 29 Anh II, **Flüchtlinge** iS des Abk v 28. 7. 51, BGBl 53 II 559, s Anh III nach EG 29, falls sie ihren gewöhnl Aufenth im Bundesgebiet haben. Zum gewöhnl Aufent EG 29 Anm 3. **Asylberechtigte** nach § 28 AuslG v 28. 4. 65, BGBl I 353, also außer den oben genannten Flüchtlingen, sonstige Ausländer, die polit Verfolgte gem Art 116 II 2 GG sind, sofern sie nicht schon in einem and Land Anerkenng nach dem FlüchtlingsAbk od anderweit Schutz vor Verfolgg gefunden haben. Für and nichtdtsche Kinder nur bestellte AmtsVormsch mögl, § 45.

Abschnitt V: Stellung des Jugendamts im Vormundschaftswesen usw. **JWG 40-42**

c) **Nehel Kinder, die außerhalb des Geltgsgebiets des JWG geboren sind,** kommen nicht ohne weiteres unter Amtspflegsch, sond nur dann, wenn sie in der BRep ihren Aufenth nehmen (nicht nur besuchsw), was im allg sich nach dem Aufenth der Mutter richten w, vgl BGB § 11, u nicht schon im Ztpkt des Zureisens beabsichtigt zu sein braucht, ferner wenn der Mutter die Voraussetzgen des I erfüllt, Anm 2. Die AmtsVormsch entfällt für solche Kinder, wenn bereits im Geltgsbereich oder außerh des Geltgsbereichs des JWG eine Pflegsch od Vormsch eingeleitet war. Vgl auch EG 23.

3) Beendigg der gesetzl Amtspflegsch, vgl auch § 1915, tritt inf Tod, Verschollenh od TodesErkl des Mdls ein, § 1884, inf Entlassg des JA als AmtsVormd u Bestellg eines EinzelVormds, JWG 39a u b, desgl dch Wegfall ihrer Voraussetzgen, § 1882, näml Volljährigk des Pfleglings, § 1918 I, volle Übertr der elterl Gewalt auf die Mutter, § 1707 II S 2, dch Übersiedlg des Kindes ins Ausland, dch EhelichErkl im Ztpkt der Bek an den Vater, FGG 56a, auf Antr des Kindes mit Rechtskr der Vfg, FGG 56b, bei Adoption eines nehel Kindes im Ztpkt der Bek an den Annehmden, FGG 67, BayObLG **57**, 125. Im Falle der Legitimation dch nachfolge Ehe, § 1719, endigt die Amtspflegsch erst dch Aufhebg seitens des VormschG, § 1883 I. Wird in diesem Falle auf AnfKl nachträgl festgestellt, daß der Ehem der Mutter nicht der Vater des Kindes ist od ist im Falle der auf Antr des Vaters erfolgten EhelichErkl des Kindes dch AnfKl festgestellt, daß der Mann nicht der Vater des Kindes ist, §§ 1600m ff, od w das AnnVerhältn mit einem nehel Kinde aufgeh, §§ 1768ff, so tritt im Ztpkt der Rechtskr der Entsch, im Falle des KindesAnnVertr im Ztpkt, in dem die Aufhebg wirks w, § 1772 Anm 1, Amtspflegsch wieder ein u zwar entspr III des JA, in dessen Bez der Rechtskr der Entsch od zZ des Eintritts der Wirkgen der Aufhebg des AnnVertr das Kind seinen gewöhnl Aufenth hat. Entspr gilt bei Aufhebg des EntlassgsBeschl durch das BeschwGer, BayObLG FamRZ **64**, 530.

JWG 41 *Eintreten der gesetzlichen Amtsvormundschaft.* **I** Mit der Geburt eines nichtehelichen Kindes, das nach § 1773 des Bürgerlichen Gesetzbuchs eines Vormunds bedarf, wird das Jugendamt Vormund, wenn die sonstigen Voraussetzungen des § 40 Abs. 1 vorliegen. Dies gilt nicht, wenn bereits vor der Geburt des Kindes ein Vormund bestellt ist. § 40 Abs. 3 und 4 gilt entsprechend.

II War das Jugendamt Pfleger eines nichtehelichen Kindes nach § 1706 des Bürgerlichen Gesetzbuchs, endet die Pflegschaft kraft Gesetzes, und bedarf das Kind eines Vormunds, so wird das Jugendamt Vormund, das bisher Pfleger war.

1) Allgemeines. JWG 41 bestimmt den Eintritt der gesetzl AmtsVormsch, ergänzt also § 1791c, s dort Anm 2.

2) Gesetzliche Amtsvormundsch tritt mit der Geburt eines nehel Kindes ein, wenn Amtspflegsch, § 1706, JWG 40 Anm 1, nicht in Betracht kommt, aber die Voraussetzgen des § 1773 sowie die des JWG 40 I, dort Anm 2, gegeben sind, im wesentl also, wenn die dtsche Mutter od eine solche, die rechtl so behandelt w, nicht die elterl Gewalt hat. Vormd w das JA; wg der Zustdgk JWG 42. Gesetzl AmtsVormsch tritt nicht ein, wenn vor der Geburt bereits ein Vormd bestellt war, § 1774 S 2. Wird erst nach der Geburt festgestellt, daß das Kind nehel ist, so wird das JA mit dem Ztpkt der Rechtskr der Entsch, § 40 Anm 1, AmtsVormd. Ebso iF von JWG 40 IV im Ztpkt, wenn das nehel Kind seinen gewöhnl Aufenth in der BRep nimmt, was nach dtschem Recht zu beurteilen ist. Aber keine gesetzl AmtsVormsch des JA, wenn außerh des Geltgsbereichs des JWG bereits eine Pflegsch od Vormsch besteht.

3) Beendigung der Amtspflegschaft bei Bedarf eines Vormd, II. Gleichlautd mit § 1791c II, vgl dort Anm 3.

JWG 42 *Örtliche Zuständigkeit des Jugendamts.* **I** Für die Pflegschaft oder Vormundschaft, die mit der Geburt eines nichtehelichen Kindes kraft Gesetzes eintritt, ist das Jugendamt zuständig, in dessen Bezirk das Kind geboren ist.

II Ergibt sich erst später aus einer gerichtlichen Entscheidung, daß das Kind nichtehelich ist, so ist das Jugendamt zuständig, in dessen Bezirk das Kind in dem Zeitpunkt, in dem die Entscheidung rechtskräftig wird, seinen gewöhnlichen Aufenthalt hat oder bei Fehlen eines solchen sich tatsächlich aufhält.

III In den Fällen des § 40 Abs. 4 ist das Jugendamt zuständig, in dessen Bezirk das Kind seinen gewöhnlichen Aufenthalt nimmt.

1) Allgemeines. Gilt sowohl für die gesetzl Amtspflegsch wie AmtsVormsch, nicht für die bestellte Amtspflegsch od bestellte AmtsVormsch.

2) Zuständig ist abweichd vom JWG 11 das **JA** des GebOrtes des Kindes. Demnach mögl, daß GebOrt u gewöhnl Aufenth des Kindes, idR der der Mutter, nicht dieselben sind. Entsprechd, wenn nach der Geb dch gerichtl Entsch die NichtEhelk festgestellt w; dann das JA zust, in dessen Bz das Kind zZ des Rechtskr-Werdens der Entsch seinen gewöhnl Aufenth od bei Fehlen eines solchen den tatsächl Aufenth hat. Ist das Kind außerh des Geltgsbereichs des JWG geboren u erfüllt die Mutter die Voraussetzgen von JWG 40 IV, so ist das JA zust, in dessen Bez das Kind seinen gewöhnl Aufenth nimmt, JWG 40 Anm 2c.

3) Zuständig für die gesetzl Amtspflegsch u die gesetzl AmtsVormsch ist das **VormschG**, in dessen Bez der Pflegling od Mdl zu der Zeit, in der Pflegsch oder Vormsch krGesetzes eintreten, § 1706, JWG 40, 41, Wohns, bei Fehlen eines solchen im Inland Aufenth haben, FGG 36 I 1, IV; daran ändert sich auch nichts, wenn für Geschwister bereits eine Vormsch besteht, da FGG 36 I 2 nicht anwendb. Vorläuf Maßnahmen,

2343

wie Ausstellg der Bescheinigg, §§ 1709 S 3, 1791c III, kann bis zum Eingreifen des oben genannten VormschG, das seine Zustdgk behält, BayObLG FamRZ 59, 372, auch das der GebOrtes treffen, FGG 36b; es hat das ord VormschG von den getroffenen Maßnahmen zu unterrichten.

4) In der DDR haben nehel Mütter die vollen Elternrechte, FamGB 46. Siedelt eine Mutter mit einem noch nicht 18 Jahre alten Kind in die BRep über, so w das JA, in dessen Bez das Kind Aufenth nimmt, Amtspfleger des Kindes, JWG 40 IV.

JWG 43 *Abgabe an ein anderes Jugendamt.* ¹ Sobald es das Wohl des Kindes erfordert, soll das die Pflegschaft oder Vormundschaft führende Jugendamt bei dem Jugendamt eines anderen Bezirks die Weiterführung der Pflegschaft oder der Vormundschaft beantragen. Der Antrag kann auch von dem Jugendamt eines anderen Bezirks sowie von der Mutter und von einem jeden, der ein berechtigtes Interesse des Kindes geltend macht, gestellt werden. Das die Pflegschaft oder die Vormundschaft abgebende Jugendamt hat den Übergang dem Vormundschaftsgericht unverzüglich mitzuteilen.

II Gegen die Ablehnung des Antrags kann das Vormundschaftsgericht angerufen werden.

Lit: Czerner ZBlJugR **75**, 256.

1) Dch § 43 wird insb Verändergen im AufenthOrt des Mdl Rechng getragen; ähnl FGG 46. Auf die bestellte AmtsVormsch nicht anwendb (KG JFG **13**, 443), wohl aber auf die Amtspflegsch gem § 1706 (Aach ZBlJR **72**, 309).

2) Verbesserg des MdlWohls auf die Dauer gesehen, ist die Voraussetzg einer Abgabe u berecht allein zu einem Antr auf Abgabe u Übern der Amtspflegsch u AmtsVormsch; Interessen der Mutter od anderer Dritter od ZweckmäßigkGründe für die Führg der Pflegsch od Vormsch, zB Schwierigkeiten bei der Eintreibg des Unterhalts, KG JFG **13**, 445, idR auch Unterbringg der Geschwister im gleichen Bez, BayObLG **65**, 365, scheiden aus; FGG 36 I 2 nicht anwendb, JWG 42 Anm 3. Ob Abg das MdlWohl verbessert, ist danach z beurt, ob die Führg der Amtspflegsch od AmtsVormsch bei dem and JA vorteilhafter für die Entwicklg des Mdl, JWG 1, ist, was unter Heranziehg sämtl Umst, Hamm ZBlJugR **58**, 176, f jed Einzelfall z beurt ist. Im allg wird die Ermöglichg einer ständ Fühlgnahme des Pfleg od Vormds u direkte Überwachg, BayObLG **65**, 364, dem Mdl nützl sein, wie auch § 11 S 1 ergibt, BayObLG **56**, 81. Zweck der Amtspflegsch, § 1706, wird am ehest sichergestellt, wenn nach einem Wechsel des gewöhnl Aufenth der nehel Mutter u des Kindes das f diesen zust JA tät w (Stgt Just **72**, 285; Aach ZBlJR **72**, 309), freil nicht, wenn Mu Dirne u Kind in Pflegestelle (Gött DAV **75**, 557). Kommen mehrere JA in Betr, so entscheidet obiger GesPkt auch die Auswahl, Celle ZBlJugR **52**, 123. Dch ständ AufenthVerlegg des Mdls kann die Fühlgnahme erhebl erschwert sein, so daß dann Abg im allg erforderl, Stgt ZBlJugR **62**, 118. Bei vorübergehder aber oft Amtshilfe ausreich (§ 10), etwa wenn Kind zZw späterer Adoption an and Ort lebt (Duisbg DAVorm **75**, 328). Dch Heim, in dem der Mdl untergebracht ist, wird andererseits meist eine genügde pers Betreuung des Mdl gewährleistet sein, so daß dch Abgabe eine Betreuung für den Mdl nicht einzutreten braucht (Celle ZBlJugR **65**, 175; Oldbg FamRZ **65**, 457). Zur Bejahg nicht erforderl, daß MdlWohl gefährdet würde. PflegschAbgabe untunl, solange VaterschFeststellg u UnterhFrage noch nicht endgült geklärt (Saarbr DAVorm **74**, 666). Wohl des Kindes rechtfertigt idR die Abgabe der AmtsPflegsch an ein and JA, wenn KiMutter u Kind ihren gewöhnl Aufenth in den Bez dieses JA verlegt haben u die Abstammg des Ki u die UnterhPfl des Vaters geklärt sind (BGH **70**, 52 aGrd VorlageBeschl Hamm DAVorm **77**, 618). Entscheid ist die Gewährleistg der Fühlg u direkten Überwachg dch den neuen Amtspfleger (Kln DAVorm **77**, 623); und jedoch, wenn die Betreuung des Kindes dch dritte Fachkräfte in einem Heim gewährleistet ist (Bambg DAVorm **77**, 624). Dagg kann ein isoliertes Kontinuitätsinteresse vS des JugA nicht anerkannt w (aA LG Mü I DAVorm **77**, 625). Wg Ungleichartigk der Zielsetzgen ist nicht ijF Abgabe der Amtspflegsch an das JA, dem die Pflegeaufsicht obliegt, erforderl (Duisbg DAVorm **75**, 61).

3) Die Antragsteller, I 1, 2. a) Das die Vormsch führende JA hat die Verpflichtg (soll = muß), den Antr auf Weiterführg dch das JA des and Bez zu stellen, S 1. Kann dch den mit der Führg der pflegerischen od vormschaftl Obliegenheiten betrauten Beamten od Angest geschehen. Auch dch ein JA, das selbst übernommen hatte, de mehrf Abgabe nicht unzul. – **b)** Ein anderes JA, insb auch dasjenige, das übernehmen soll, dann jedoch nur das JA selbst, da dort noch keine Amtspflegsch od AmtsVormsch für das Kind besteht, § 37 S2 also nicht zutrifft. Sträubt sich das die Vormsch führde JA, entsch VormschG, vgl KG JFG **3**, 71. – **c)** Die nehel Mutter. – **d)** Personen mit berechtigtem Interesse, insof jede, ohne daß eine od Bindg zu dem Pflegling od Mdl zu bestehen braucht. Können auch jur Pers sein. Berecht Interesse ist nicht so weg wie rechtl, näml auf ein Recht gestütztes Interesse. Auch hier handelt es sich aber nur um das Interesse des Pfleglings oder Mdls, das ein anderer geltd macht. – **e)** Entspr FGG 59 der über 14 Jahre alte Pflegling od Mdl, allg M.

4) Übern inf Einverständn des anderen JA, I 3. Erkl das and JA, für das der Vorsitzende des JA od sein Stellvertreter handeln muß, § 16 I, nicht etwa ein mit amtsvormschaftl Obliegenheiten betrauter Beamter, vgl auch Anm 3b, Ffm SeuffA **82**, 223, sein Einverständn mit der Übern, geht die Amtspflegsch od AmtsVormsch ohne weiteres auf dieses über, BayObLG JFG **11**, 76. Also keine Entlassg des bisherigen Amtspflegers od AmtsVormd. Die Erkl kann nur das JA selbst abgeben; denn die Pflegsch od Vormsch besteht bei dem übernehmden JA noch nicht, Anm 3b. AnzPfl des abgebden JA an das VormschG, bei dem die Pflegsch od Vormsch bisher geführt wurde, u zwar unverzügl. Auch ist die § 42 erteilte Bescheinigg zurückzugeben. Das VormschG, das aber nur wechselt, wenn es selbst abgibt, FGG 46, 36, KG JFG **2**, 123, stellt für das JA, das übernommen hat, eine neue aus. Abgabe der Akten kann landesrechtl angeordnet w. Die Pfl zur Übersendg der Akten zwecks Einsichtnahme ergibt § 10. AbgabePfl hins der Akten kann bei RechenschAblegg u Vermögensherausg bestehen u dann vom Mdl im ProzWege erzwungen w, KG JW **37**, 351 u § 1890 Anm 1. Gegen die Übern kann Beschw beim VormschG nicht eingelegt w, da II nicht anwendb. Aber verwgerichtl Verf mögl.

5) Ablehng des Antrags, II, gibt jedem AntrSt, auch dem über 14 Jahre alten Kind, FGG 59, das Recht, das VormschG, bei dem bisher die Pflegsch od Vormsch geführt wurde, anzurufen. Grund für die Ablehng kann sowohl die der Abg wie der Übern sein, BayObLG **11**, 76. Das VormschG muß den Antr als unzul abweisen, wenn der AntrSt zur Stellg des Antrags auf Abgabe u Weiterführg nicht legitimiert war, Anm 2. Wird der Antr deshalb od aus sachl Gründen a b g e l e h n t, so hat der, der das VormschG angerufen hat, einf Beschw, FGG 20 II, 19. Wird die Abgabe angeordnet, so ebenf einf Beschw aus FGG 57 I Z 9 für diejenigen, die das mit dem Wohl des Mdls nicht für vereinb halten, insb auch für das JA, das die Übern u Weiterführg abgelehnt hatte, ferner Beschw aus FGG 20 I, nicht aber sof Beschw aus FGG 60 I Z 2, da auf Amtspfleger od AmtsVormd nicht anwendb, Paderborn (LG) ZBlJugR **52**, 172, Riedel Anm 12. Das die Abgabe ablehnde JA hat auch nicht die sof Beschw aus FGG 60 I Z 3, da die Anordng der Abgabe keine Entlassg des Amtspflegers od AmtsVormd ist, BayObLG **56**, 77. Auch sof Beschw aus FGG 60 I Z 2 ist nicht gegeben, Paderborn (LG) ZBlJugR **52**, 172, Keidel FGG 60 Anm 9. Der Beschl des VormschG w mit der Bekanntg wirks, FGG 16; wird die Übern angeordnet, so geht damit die Amtspflegsch od AmtsVormsch über. Weitere Beschw mögl. Gg die Entsch des JA DienstAufsBeschw u VerwGerichtsVerf, also auch an Stelle der Anrufg des VormschG.

JWG 44 *Anzeigepflicht von Standesamt und Jugendamt.* Der Standesbeamte hat die nach § 48 des Gesetzes über die Angelegenheiten der freiwilligen Gerichtsbarkeit dem Vormundschaftsgericht zu erstattende Anzeige über die Geburt eines nichtehelichen Kindes unverzüglich dem Jugendamt zu übersenden. In der Anzeige ist das religiöse Bekenntnis der Mutter anzugeben, wenn es im Geburtseintrag enthalten ist. Das Jugendamt hat die Anzeige unverzüglich an das Vormundschaftsgericht weiterzuleiten und ihm den Eintritt der Pflegschaft oder der Vormundschaft mitzuteilen.

1) Allgemeines. § 44 ändert § 48 FGG im Falle der Geburt eines nehel Kindes ab.

2) Anzeigepflicht des Standesbeamten, S 1, 2. Die Geburt eines Kindes ist dem StBeamten binnen einer Woche anzuzeigen, PStG 16; wg der zur Anz Verpflichteten PStG 17. Die AnzPfl besteht für den StBeamten ggü dem nach § 42 zust JA hins jedes n e h e l K i n d e s, von dessen Geburt er auf diese Weise erfährt, gleichgült, ob es ein dtsches od ausl Kind ist; die Voraussetzgen des Eintritts der Amtspflegsch od AmtsVormsch hat er nicht zu prüfen. Beizufügen hat er eine Mitteilg darüber, ob u welchem Bekenntn die Mutter angehört, ggf welcher Religions- od WeltanschauungsGemsch. Er entnimmt die Mitteilg den standesamtl Urkunden od befragt die Mutter, was nach GG 140 iVm WRV 136 III 2 zul ist, da das Kind u seine Familie grdsätzl ein Recht auf Unterbringg in einer entspr Pflegestelle haben, § 38 IV. Der AnzPfl muß der StBeamte unverzügl, § 121, nachkommen.

3) Anzeigepflicht des Jugendamtes, S 3. Das JA entsch, ob die rechtl Voraussetzgen der Amtspflegsch od AmtsVormsch vorliegen, §§ 40, 41, teilt das bejahendenf dem zust VormschG unter Weiterleitg der GeburtsAnz u der Mitteilg über das rel Bekenntn mit. Zust VormschG FGG 36; ist die Zustdgk fragl, empfiehlt sich Anz an jedes VormschG, das zust sein kann, Riedel Anm 5, Potrykus Anm 3 zu § 37 RJWG aF. Liegen die Voraussetzgen einer Amtspflegsch od AmtsVormsch nach Ansicht des JA nicht vor od hält es die Bestellg eines EinzelVormd für angebracht, so teilt es das dem VormschG ebenf unter Weiterleitg der standesamtl Unterlagen mit. Eine MitteilgsPfl besteht auch ggü dem AmtsG des GebOrtes, wenn etwa dessen Tätigk für Sofortmaßnahmen erforderl sein kann, FGG 36b. Die Mitteilgen des JA an das VormschG haben ebenf unverzügl, § 121, zu erfolgen, um Schadensfälle zu vermeiden.

c) Bestellte Amtspflegschaft und bestellte Amtsvormundschaft

JWG 45 Ist eine als Einzelpfleger oder Einzelvormund geeignete Person nicht vorhanden, so kann auch das Jugendamt zum Pfleger oder Vormund bestellt werden. Das Jugendamt kann von den Eltern des Minderjährigen weder benannt noch ausgeschlossen werden.

1) Bem. JWG 45, der dch die allg Best von JWG 37–39b ergänzt w, gilt für ehel u nehel Kinder, falls die Voraussetzgen des § 1773 gegeben sind. Er stimmt unter Einbeziehg der Pflegsch mit § 1791b I überein; s Anm dort. Bestellt w das JA als solches, das dann seinerseits auf einen Beamten od Angestellten überträgt, JWG 37 S 2. Form der Bestellg § 1791b II. Ein GgVormd kann nicht bestellt w, JWG 38 II, wohl kann aber das JA in seiner Eigensch als bestellter Amtspfleger od bestellter AmtsVormd zum GgVormd bestellt w, JWG 46.

2. Beistandschaft und Gegenvormundschaft des Jugendamts

JWG 46 Die Bestimmungen der §§ 37 bis 39b und 45 gelten für die Bestellung des Jugendamts zum Beistand oder Gegenvormund entsprechend.

1) Allgemeines. Die fr in § 52 mitgenannte Möglichk der Bestellg des JA als MitVormd ergeben bereits §§ 1775, 1797 II u als Pfleger § 1915. Hier also nicht mehr genannt. Beistandsch §§ 1685 ff, GgVormd § 1792; vgl auch JWG 45 Anm 1 aE. JWG 46 auf Volljj anwendb.

2) Das zuständige JA muß dch VormschG **bestellt werden**; es gelten also §§ 1791b, 1685 ff. Wirkgskreis in schriftl Vfg, §§ 1791b II, 1685 II, zu bezeichnen. Einverständn des JA erforderl. Findet sich eine zum Beistand, GgVormd od Pfleger geeignete EinzelPers, so JWG 39 a, b.

3. Weitere Aufgaben des Jugendamts im Vormundschaftswesen

Vorbemerkung

Es handelt sich um Aufgaben des JA entspr JWG 4 Z 2. Währd aber das JA als Amtspfleger u Amts-Vormd unter Aufs des VormschG steht, JWG 37 ff, behandelt der 3. Unterabschnitt des Abschn V **Aufgaben des JA im VormschWesen in selbstd Stellg neben dem VormschG**. Das JA steht also lediglich unter der Aufs seiner vorgesetzten Behörde u ist zwar Hilfsorgan, aber nicht untergeordnet. Ein BeschwR hat es gg Maßnahmen des VormschG nur im Rahmen von FGG 57 I Z 9.

§§ 47–48 d gelten für ehel wie nehel Kinder.

JWG 47 *Vorschlagsrecht und -pflicht des Jugendamts.* I Das Jugendamt hat dem Vormundschaftsgericht die Personen vorzuschlagen, die sich im einzelnen Falle zum Pfleger, Vormund, Beistand, Gegenvormund oder Mitglied eines Familienrats eignen.

II Erlangt das Jugendamt von einem Falle Kenntnis, in dem ein Pfleger, Vormund, Beistand oder Gegenvormund zu bestellen ist, so hat es dies dem Vormundschaftsgericht unverzüglich mitzuteilen. Es soll mit der Anzeige den Vorschlag nach Absatz 1 verbinden.

1) **Vorschlag geeigneter Personen, I.** Gleichlautd mit § 1849 nF unter Einbeziehg des Pflegers u Beistands; s Anm zu § 1849.

2) **Verpflichtung des Jugendamts zur Mitteilung, II,** falls Bestellg eines Pflegers, Vormd, Beistands od GgVormd erforderl ist, verbunden mit dem Vorschlag einer geeigneten Pers, bei Fehlen einer solchen das JA selbst, § 1791 b. Unverzügl, § 121; anderenf SchadErsPfl mögl, § 839. VormschG an Vorschlag nicht gebunden. JA BeschwMöglk nur iRv FGG 59 I Z 9. Meldg eines Pflegefalles an VormschG ist kein anfechtb VerwAkt, OVG Bln NJW **73**, 868.

JWG 47a *Überwachungspflicht des Jugendamts.* I Das Jugendamt hat in Unterstützung des Vormundschaftsgerichts darüber zu wachen, daß die Vormünder für die Person der Mündel, insbesondere für ihre Erziehung und ihre körperliche Pflege, pflichtmäßig Sorge tragen. Es hat dem Vormundschaftsgericht Mängel und Pflichtwidrigkeiten anzuzeigen und auf Erfordern über das persönliche Ergehen und das Verhalten eines Mündels Auskunft zu geben.

II Erlangt das Jugendamt Kenntnis von einer Gefährdung des Vermögens eines Mündels, so hat es dem Vormundschaftsgericht dies anzuzeigen.

III Die Absätze 1 und 2 gelten für die Pflegschaft und für die Beistandschaft nach § 1690 des Bürgerlichen Gesetzbuchs entsprechend.

1) **Bem. I u II** gleichlautd mit § 1850 BGB; vgl Anm dort.

JWG 47b *Mitteilungspflichten des Vormundschaftsgerichts und Vormunds gegenüber dem Jugendamt.* I Das Vormundschaftsgericht hat dem Jugendamt die Anordnung der Vormundschaft unter Bezeichnung des Vormunds und des Gegenvormunds sowie einen Wechsel in der Person und die Beendigung der Vormundschaft mitzuteilen.

II Wird der gewöhnliche Aufenthalt eines Mündels in den Bezirk eines anderen Jugendamts verlegt, so hat der Vormund dem Jugendamt des bisherigen gewöhnlichen Aufenthalts und dieses dem Jugendamt des neuen gewöhnlichen Aufenthalts die Verlegung mitzuteilen.

III Die Absätze 1 und 2 gelten für eine die Sorge für die Person betreffende Pflegschaft und für eine Beistandschaft, wenn dem Beistand die Geltendmachung von Unterhaltsansprüchen übertragen ist, entsprechend.

1) **Die Mitteilgen dienen** der Durchf der Überwachgspflichten des JA u des VormschG, JWG 47a. Keine MitteilgsPfl in VermAngelegenh, wenn Pflegsch nur für die Pers angeordnet ist, wohl aber hinsichtl des Beistands, dem die Geltdmachg von UnterhPflichten, § 1690, also eine Angelegenh zur selbstd Erledigg übertr ist.

JWG 47c *Unterstützung des Jugendamts durch örtliche Einrichtungen.* Die Landesgesetzgebung kann bestimmen, daß örtliche Einrichtungen geschaffen werden, die das Jugendamt bei der Erfüllung seiner Aufgaben nach den §§ 47 und 47a dieses Gesetzes sowie nach § 1779 Abs. 1 und nach § 1862 Abs. 1 des Bürgerlichen Gesetzbuchs unterstützen.

JWG 47d *Beratung und Unterstützung durch das Jugendamt.* Das Jugendamt hat die Pfleger, Vormünder, Beistände und Gegenvormünder seines Bezirks planmäßig zu beraten und bei der Ausübung ihres Amtes zu unterstützen.

Abschnitt V: Stellung des Jugendamts im Vormundschaftswesen usw.   **JWG 47d–48a**

1) Allgemeines. Ebso wie das JA das VormschG hinsichtl der Überwachg des Vormd zu unterstützen hat, JWG 47a, hat es mit Rücks auf seine größeren Erfahrgen u Kenntnisse diese den Vormd usw zur Vfg zu stellen.

2) Tätigkeit des JA. Zustdgk richtet sich nach dem Wohnort, notf AufenthOrt des Vormd, Pflegers usw ("seines Bezirks"), nicht JWG 11. Es hat zu **beraten**. Aus falscher, auch ungenügder Beratg Haftg, § 839, mögl, Bambg ZBlJR **53**, 258. **Unterstützg** bei Maßnahmen gg den Mdl, **Vertretg** bei VertrAbschl. Beratg u Unterstützg bezieht sich nicht auf Vormd u Pfleger Volljähriger, Riedel Anm 3a, aM Krug Anm 2, beide zu JWG 51 nF.

Vormundschaftsgerichtshilfe

a) Unterstützung und Anzeigepflicht des Jugendamts

JWG 48 Das Jugendamt hat das Vormundschaftsgericht bei allen Maßnahmen zu unterstützen, welche die Sorge für die Person Minderjähriger betreffen. Es hat dem Vormundschaftsgericht Anzeige zu machen, wenn ein Fall zu seiner Kenntnis gelangt, in dem das Vormundschaftsgericht zum Einschreiten berufen ist.

1) Unterstützgspflicht des JA, S 1. Die UnterstützgsPfl besteht nur bei personensorgerechtl Maßnahmen des VormschG bei Mj, ehel u nehel. Sie ergibt keine Unterordng des JA unter VormschG, Vorbem vor § 47. Das JA soll dch seine bessere Kenntn der Verhältn der Mj seines Bez u die geeigneten Ermittlgsmethoden dem VormschG die Unterlagen für seine Entsch liefern. Es hat auf Ersuchen des VormschG die Tatsachen des Einzelfalls zu ermitteln, sie als solche mitzuteilen u dann gesondert zu werten, grdsätzl also zu der Anfrage, den gestellten Anträgen u, soweit es dazu in der Lage ist, zu den voraussichtl notw Maßnahmen gutachtl Stellg nehmen, die zu begründen ist, BayObLG **53**, 354. Es handelt sich mithin um den Bericht einer sachverst Beh. Sie kann sich bei der Ermittlg zwar Hilfspersonen bedienen, kann ihnen aber nicht die unterstützde Tätigk selbst übertr; § 18 unanwendb. Eine Übersendg des Berichts der Hilfspersonen genügt ebsowenig wie eine unbegründete Meingsäußerg, BayObLG JFG **8**, 65. Zu erstatten ist der Bericht vom zuständ JA, § 11, selbstd, das seinersich der BeistandsLeistg anderer JA, soweit notw, bedienen kann, § 10. Erforderlichenf hat das JA AktenEins, FGG 34. Das VormschG hat aber auch selbst Ermittlgen anzustellen, FGG 12, insb die Beteiligten zu hören, KG JFG **17**, 286, kann auch weitere JA befragen (gesch Ehegatten in versch Bezirken) u Sach- u Rechtslage selbstd beurteilen; der Bericht des JA ist nicht dazu bestimmt, als BewMittel der gerichtl Entsch unmittelb zu Grde gelegt zu w, KG FamRZ **60**, 501.

2) Anzeigepflicht, S 2, gleichlautd mit § 1694, s auch dort. Das JA hat allg dem VormschG Anz von ihm bekannten Fällen der Notwendigk eines vormschgerichtl Eingreifens zu machen, vgl auch JWG 47, 47a. Die UnterstützgsPfl des JA geht darü hinaus. Das VormschG muß sie in den §§ 48a I, II, 48b u die genannten Fällen in Anspr nehmen. Es kann das JA, zT allerd nur mit dessen Einverständn, mit der Ausf vormschgerichtl Anordngen betrauen, § 48c. Da das JA keine ÜberwachgsPfl der Eltern, auch nicht der nehel Mutter, § 1705 Anm 2, hat, wird eine AnzPfl in den Fällen nicht bestehen, SchadErsPfl, § 839, also nicht in Betr kommen können, in denen nur eine Überwachg zur Kenntn derartiger Fälle führen kann, wenn JA auch Verdachtsgründen w nachgehen müssen, Staud-Engler § 1694 Rdn 6. And die Stellg des JA ggü Pflegern, Vormd, Beiständen, JWG 47a. Ob das VormschG Grd zu Maßnahmen hat, steht in seinem Erm, auch hinsichtl deren Art, vgl auch JWG 47. BeschwR des JA nur nach FGG 57 I Z 9, KGJ **45** A 34.

Pflicht zur Anhörung des Jugendamts

JWG 48a I Das Vormundschaftsgericht hat das Jugendamt vor einer Entscheidung nach folgenden Vorschriften des Bürgerlichen Gesetzbuchs zu hören:

1. (weggefallen) – *dch VolljkG Art 6 Z 2 (VolljkErkl gem § 3)* –
2. § 1597 Abs. 1 und 3 und in den entsprechenden Fällen des § 1600k Abs. 1 Satz 2, Absatz 2 und 3 (Anfechtung der Ehelichkeit und der Anerkennung),
3. § 1632 Abs. 2 (Herausgabe des Kindes),
4. § 1634 Abs. 2 und § 1711 Abs. 1 Satz 2 (Verkehr mit dem Kinde),
5. § 1666 (Gefährdung des Kindes),
6. §§ 1671 und 1672 (elterliche Gewalt nach Scheidung und bei Getrenntleben der Eltern),
7. § 1679 (Verwirkung der elterlichen Gewalt),
8. § 1707 (Entscheidung über die Pflegschaft),
9. §§ 1723, 1727, 1738 Abs. 2 und § 1740a (Ehelicherklärung),
10. § 1741 (Annahme eines Minderjährigen als Kind), sofern es nicht eine gutachtliche Äußerung nach § 56d des Gesetzes über die Angelegenheiten der freiwilligen Gerichtsbarkeit abgegeben hat, §§ 1760, 1763 (Aufhebung des zu einem Minderjährigen begründeten Annahmeverhältnisses), § 1751 Abs. 3 und § 1764 Abs. 4 (Rückübertragung der elterlichen Gewalt).

II Das Vormundschaftsgericht hat das Jugendamt ferner zu hören vor einer Entscheidung nach § 1 Abs. 2 des Ehegesetzes (Ehemündigkeit) und nach § 3 Abs. 3 des Ehegesetzes (Einwilligung zur Eheschließung).

III Bei Gefahr im Verzuge kann das Vormundschaftsgericht einstweilige Anordnungen schon vor Anhörung des Jugendamts treffen.

Vorbem. Fassg Bek v 6. 8. 70, BGBl 1197 mit Änd dch VolljkG v 31. 7. 74, BGBl 1713 u AuswSG v 26. 3. 1975, BGBl 774. Z 10 geänd dch AdoptG Art 10 Z 1.

1) Allgemeines. In den in § 48a genannten Fällen ist **das VormschG verpflichtet, das JA zu hören**, ohne daß freilich dem JA, dessen Vorschlägen nicht gefolgt wird, daraus ein BeschwR erwächst od die schon wirks gewordene Entsch, falls eine Anhörg nicht erfolgt ist, in Frage gestellt ist, da es sich um eine reine Verf-Vorschr handelt, BayObLG JFG **6**, 118. Dem Recht des JA, gehört zu w, entspricht seine Pfl, sich eingehd mit dem Fall zu beschäftigen, anderers aber auch wieder die Pfl des VormschG, auf Ordngsmäßigk der Äußerg des JA zu halten u ggf auf Vervollständigg hinzuwirken, KG JFG **12**, 101, widrigenf ebso wie bei Nichtanhörg ein Fehler des Verf vorliegt, der im allg zur Rückverweisg der Sache führen w, Mü JFG **13**, 335. Anhörg grdsätzl immer, also auch wenn Abweisg des Antr vorauszusehen, BayObLG **52**, 179, auch wenn AuslandsR zur Anwendg kommt, Hamm FamRZ **72**, 309. Kommt das JA seiner ÄußergsPfl nicht nach, so DienstAufsBeschw. Aber nicht erforderl, daß Bericht des JA mit einem bestimmten eigenen Vorschlag schließt, kann zB empfehlen, Sachverst zu hören, Hamm NJW **68**, 454. Ist Mj in BRep übergesiedelt, so ist Rat des Kreises des Wohns der in der SowjZ wohnden Eltern nicht mehr beteiligtes JA, BayObLG NJW **66**, 310. Von der **Anhörg darf nur abgesehen** werden bei unzul Antr, bei GenehmiggsAntr für einen nichtigen Vertr, KG JW **35**, 870 (AdoptionsVertr), ferner wenn ordngsm Äußerg trotz aller Vorstellgn ggü dem JA u der AufsInst nicht zu erreichen ist, KG JFG **12**, 101. Einstw AO dürfen bei Gefahr im Verzug, dh zur Vermeidg schwerer unmittelb bevorstehder od weiterer Nachteile für das Kind (vgl auch § 67 I), zB bei § 1666, auch ohne Anhörg des JA, das aber oft wenigstens fernmdl wird angefragt w können, erfolgen, **III.** Sie können, falls erforderl, auch auf Grd des JABerichts als Glaubhaftmachg ohne eigene Ermittlgen des VormschG ergehen, KG JFG **20**, 244. Die auf die Nichtanhörg gestützte Beschw hat das JA nur im Interesse des Mdl, FGG 57 I Z 9, BayObLG JFG **6**, 117, also dann nicht, wenn die Entsch nur mit der sof Beschw angefochten w kann, weil FGG 57 II die BeschwMöglichk nach FGG 57 I Z 9 ausschließt u FGG 20 nicht gegeben ist, Stgt FamRZ **64**, 374 (VolljErkl), aM Hamm ZBlJR **66**, 203. Mj hat, wenn er 14. Jahr vollendet hat, eig Beschw, FGG 59. Weitere Beschw wg Nichtanhörg führt zur Zurückverweisg, Celle FamRZ **61**, 33.

2) Anhörgspflicht besteht, I, II, in den Fällen der § 1597 I u III (Anf der Ehelichk des mj Kindes dch den gesetzl Vertr), § 1600k I 2, II (entspr Anf der Anerkenng des nehel Kindes), § 1632 II (Herausg des Kindes), §§ 1634, 1711 I 2 (VerkRegelg), § 1666 (Gefährdg des geist od leibl Wohls), auch bei Aufhebg der Maßnahmen, Mü JFG **13**, 335, §§ 1671, 1672 (Verteilg der elterl Gewalt nach Scheidg, NichtigErkl der Ehe od Getrenntleben der Eltern, BayObLG **51**, 330, Hamm JMBlNRW **63**, 16), § 1679 (Verwirkg der elterl Gewalt), § 1707 (Entsch über die Pflegsch für das nehel Kind), §§ 1723, 1727 (Ersetzg der Einwilligg der Mutter od Ehefrau des Vaters bei EhelErkl), § 1738 II (RückÜbertr der Ausübg der elterl Gewalt), § 1740a (EhelErkl auf Antr des Kindes), § 1751 (Gen des gesetzl Vertr od Zustimmg des mj Kindes zum KindesAnnVertr, vgl auch JWG 48b, KindesAnn dch Ausl od ins Ausland), § 1764 IV (RückÜbertr der elterl Gewalt nach KindesA), § 1760, 1763 (Aufhebg des AnnVerh), EheG 1 II (Befreiung vom Erfordern des Ehemündigk), EheG 3 III (Ersetzg der Eheeinwilligg). AnhörgsPfl besteht auch bei der dch das VormschG zu genehmigden Auswanderg von Mädchen unter 18 Jahren, § 9 VO gg Mißstände im Auswandergswesen v 14. 2. 24, RGBl I 107.

b) Mitwirkung der zentralen Adoptionsstelle bei Kindesannahme durch und bei Ausländern

JWG 48 b In den Fällen des § 11 Abs. 1 Nr. 2 und 3 des Adoptionsvermittlungsgesetzes vom 2. Juli 1976 (BGBl. I S. 1762) hat das Vormundschaftsgericht vor dem Ausspruch der Annahme außerdem die zentrale Adoptionsstelle des Landesjugendamts zu hören, die nach § 11 Abs. 2 des Adoptionsvermittlungsgesetzes beteiligt worden ist. Ist eine zentrale Adoptionsstelle nicht beteiligt worden, so ist das Landesjugendamt zuständig, in dessen Bereich das Jugendamt liegt, das nach § 48 a Abs. 1 Nr. 10 gehört wurde oder das eine gutachtliche Äußerung nach § 56 d Abs. 1 des Gesetzes über die Angelegenheiten der freiwilligen Gerichtsbarkeit abgegeben hat.

1) Fassg dch AdoptG Art 10 Z 2. Handelt es sich um die Ann eines ausländ Kindes od um die Ann dch einen Ausl, ist die zentrale AdoptStelle (AdVermiG 11 II) zu hören, gleichgült, ob der Ausl seinen Wohns od ständ Aufenth im In- od Ausland hat. Dasselbe gilt, wenn der Annehmde, gleichgült, welcher Staatsangehörigk, Wohns od gewöhnl Aufenth, EG 29 Anm 2, im Ausland hat. Anhörg ist kein RGesch, BayObLG NJW **66**, 354.

c) Betreuung mit der Ausführung von Anordnungen

JWG 48 c Das Vormundschaftsgericht kann das Jugendamt mit der Ausführung der Anordnungen nach § 1631 Abs. 2 des Bürgerlichen Gesetzbuchs (Unterstützung der Eltern), § 1634 Abs. 2 Satz 1 und § 1711 Abs. 1 Satz 2 des Bürgerlichen Gesetzbuchs (Verkehr mit dem Kinde) und mit dessen Einverständnis auch mit der Ausführung sonstiger Anordnungen betrauen.

1) Heranziehg des JA ohne besondere Befragg. Nach § 1631 II hat das VormschG die Eltern bei der Erziehg des Kindes dch geeignete Maßregeln zu unterstützen. Es handelt sich dabei nur um eine solche personenrechtl Art auf Antr der Eltern, § 1631 Anm 2. Das VormschG kann seinerseits die Durchf solcher Maßregeln, zB Verwarng, dem JA überlassen. Im Falle der VerkRegelg nach Scheidg, § 1634 II 1, od mit dem nehel Vater, § 1711 I 2, kann dem JA zB die Zuführg des Kindes zu dem and Elternteil, die Rückführg, erforderlichenf Überwachg, § 1634 Anm 3, übertr w.

Abschnitt V: Stellung des Jugendamts im Vormundschaftswesen usw. **JWG 48 c–49**

2) **Der Übertragg der Ausführg anderer Anordngen muß das JA zustimmen.** Das liegt aber nicht in seinem Belieben, JWG 48 I 1, sond nur bei Vorliegen eines bes Grdes, insb wenn das JA die Maßregel nicht mit dem Kindeswohl für verträgl hält, kann es ablehnen, ohne daß aber das VormschG, das gg die Ablehng der Übertr die DienstAufsBeschw hätte, an die Ans des JA gebunden wäre.

d) *Gutachtliche Äußerung des Jugendamts bei Unterhaltsfeststellung*

JWG 48 d Wirkt das Vormundschaftsgericht bei der Sicherung des Unterhalts eines Minderjährigen mit, so hat sich das Jugendamt auf Verlangen über die Höhe des Unterhalts gutachtlich zu äußern.

1) **Gutachtliche Heranziehg des Jugendamts** steht im pflichtgemäßen Erm des VormschG nach Lage des Einzelfalles. Wie auch sonst, hat JA seine Meing zu begründen, u mit Tatsachen zu belegen. Solche Äußergen w dann zu erfordern sein, wenn es sich um Unterh des Mj sowohl ehel wie nehel handelt u die Ermittlgen des VormschG, FGG 12, nicht ausreichen; so zB in den Fällen der §§ 113 III, 1747 III, bei UnterhStreitigkeiten der gesch od getrennt lebden Eltern wg des KindesUnterh, soweit diese nicht vor dem ProzGer ausgetragen w, also insb bei UnterhVergleichen, Abfindgen, §§ 1615 e, 1822 Z 12, Art der Unterh-Gewährg an ein Kind, § 1612.

Beurkundung und Beglaubigung

a) *Ermächtigung durch das Landesjugendamt*

JWG 49 I Das Landesjugendamt kann auf Antrag des Jugendamts Beamte und Angestellte des Jugendamts ermächtigen,
1. die Erklärung, durch welche die Vaterschaft anerkannt wird, die Zustimmungserklärung des Kindes sowie die etwa erforderliche Zustimmung des gesetzlichen Vertreters zu einer solchen Erklärung (Erklärungen über die Anerkennung der Vaterschaft) zu beurkunden oder, soweit die Erklärung auch in öffentlich beglaubigter Form abgegeben werden kann, zu beglaubigen,
2. die Verpflichtung zur Erfüllung von Unterhaltsansprüchen eines Kindes oder zur Leistung einer an Stelle des Unterhalts zu gewährenden Abfindung zu beurkunden, wenn das Kind im Zeitpunkt der Beurkundung minderjährig ist,
3. die Verpflichtung zur Erfüllung von Ansprüchen einer Frau nach den §§ 1615 k und 1615 l des Bürgerlichen Gesetzbuchs (Entbindungskosten und Unterhalt) zu beurkunden,
4. die in § 1617 Abs. 2 und § 1618 des Bürgerlichen Gesetzbuchs bezeichneten Erklärungen (Name des Kindes) zu beglaubigen,
5. den Widerruf der Einwilligung des Kindes nach § 1746 Abs. 2 des Bürgerlichen Gesetzbuchs zu beurkunden,
6. den Verzicht des Vaters des nichtehelichen Kindes nach § 1747 Abs. 2 Satz 3 des Bürgerlichen Gesetzbuchs zu beurkunden,
7. den Widerruf einer Erklärung nach Artikel 12 § 2 Abs. 3 Satz 2 des Adoptionsgesetzes zu beglaubigen.

Der Beamte oder der Angestellte des Jugendamts soll keine Beurkundungen vornehmen, wenn ihm in der den Gegenstand des Amtsgeschäfts bildenden Angelegenheit die Vertretung eines Beteiligten obliegt. Die Landesregierungen werden ermächtigt, durch Rechtsverordnung die zuständige Behörde abweichend von Satz 1 zu bestimmen. Sie können diese Ermächtigung auf oberste Landesbehörden übertragen.

II Beurkundungen, Beglaubigungen und die Erteilung von Ausfertigungen sind gebührenfrei.

III Für die Tätigkeiten nach Absatz 1 ist jedes Jugendamt zuständig.

Vorbem. Fassg der Bek v 11. 8. 70, BGBl 1197 mit Änd dch G v 10. 3. 1975, BGBl 685. Ersetzt JWG 49 I, III aF. Einfügg von I Ziff 5–7 dch AdoptG Art 10 Z 3.

1) **Allgemeines.** Die Beurk- od Beglaubiggsbefugn der Beamten od Angestellten eines JA w dch das BeurkG v 28. 8. 69, BGBl 1513, nicht berührt, abgesehen davon, daß das JWG späteres Gesetz ist. Außer der allg Zustdgk der Notare, können die JWG 49 genannten Erkl auch dch Beamte u Angestellte vom JA – auch in der Zwischenzeit zw Inkrafttr des BeurkG u JWG nF, BeurkG 59 – vorgen w, desgl dch das AmtsG, BeurkG 62, u im RechtsStr dch das Gericht, ZPO 641 c. Die Erklärgen gemäß Anm 3 a u d kann im übr auch der StBeamte beurk u beglaub, PStG 29 a, 31 a.

2) **Ermächtigg durch das Landesjugendamt**, I, od die Beh, die landesgesetzl mit der Wahrnehmg von dessen Aufgaben betraut ist, JWG 89. Ermächtigg kann nur auf Antr des JA, bei dem es sich hierbei nicht um ein laufdes Gesch handelt, so daß der Jugendwohlfahrtsausschuß mitwirken muß, JWG 16, erfolgen, kann auch nur namentl bezeichneten Personen erteilt w, die Beamte od Angestellte des JA sein müssen. Der Beamte od Angestellte kann demselben JA angehören, bei dem die Amtspflegsch od Amts-Vormsch geführt w, soll aber keine Beurk vornehmen, wenn er einen Beteiligten in der den Ggst des AmtsGesch bildden Angelegenh vertritt; die Nichtigk der Beurk hat ein Verstoß hiergg aber nicht zur Folge („soll"). Dem Verbot läßt sich im übr leicht ausweichen, weil im Interesse der ungehinderten Abg der in JWG 49 genannten Erkl jedes JA zust ist, III; JWG 11 gilt also nicht.

3) Ermächtiggen, I, zur **a)** Beurkundg der Erkl, dch die die Vatersch anerkannt w, §§ 1600a S 1, 1600e I (schließt ohne weiteres auch die Befug zur Beurk eines MutterschAnerkenntn, EG 20 Anm 3, ein, Begr RegVorl, ferner PStG 29b III), die ZustimmgsErkl des Kindes, §§ 1600c, 1600e I, ferner zur Beglaubigg der Anerkenng des gesetzl Vertr des Vaters des Kindes u der Zustimmg des gesetzl Vertr des Kindes, § 1600e I 2, **b)** zur Beurkundg der Verpfl des Unterhalts, JWG 50 I, ZPO 794 I Z 5, od einer Abfindgszahlg, § 1615e, für das Kind, falls es im Ztpkt der Beurk noch mj ist, **c)** zur Beurkundg der Verpfl des Vaters zur Zahlg von Entbindgskosten der Mutter u der dch die Geburt verurs Unterhaltskosten für die Mutter, §§ 1615k u l, JWG 50 I, ZPO 794 I Z 5, **d)** zur Beglaubigg der Erkl des Kindes zw 5 u 18 Jahren, den Mädchennamen der Mutter, den diese nach Auflösg od NichtigErkl ihrer Ehe aGrd eherechtl Vorschr wiedererhalten hat, EheG 55ff, annehmen zu wollen, § 1617 II 2, ebso die Erkl des Ehemannes der Mutter od der des Vaters des Kindes sowie die des Kindes u der Mutter, daß das Kind den Namen des Ehemannes der Mutter od seines Vaters tragen soll, § 1618 (Einbenenng). Die ZustimmgsErkl des gesetzl Vertr des Kindes bedarf keiner Beglaubigg, **e)** zur Beurkundg des Widerrufs der Einwilligg des Kindes in die Adoption (§ 1746 II), **f)** des Verzichts des Vaters des nehel Kindes, das Kind als ehel zu erklären od die Ann des Kindes zu beantragen, **g)** zur Beglaubigg des Widerrufs, nicht der Erkl selbst, die notarieller Beurk bedarf, wodurch auf ein bereits bestehdes Adoptionsverhältn das AdoptG nicht angewandt w soll.

4) Gebührenfreih, II, für Beurk, Beglaubiggen, Erteilg von Ausfertiggen.

b) Zwangsvollstreckung aus derartigen Urkunden

JWG 50 I Aus Urkunden, die eine Verpflichtung nach § 49 Abs. 1 Nr. 2 oder 3 zum Gegenstand haben und die von einem Beamten oder Angestellten des Jugendamts innerhalb der Grenzen seiner Amtsbefugnisse in der vorgeschriebenen Form aufgenommen sind, findet die Zwangsvollstreckung statt, wenn die Erklärung die Zahlung einer bestimmten Geldsumme betrifft und der Schuldner sich in der Urkunde der sofortigen Zwangsvollstreckung unterworfen hat. Auf die Zwangsvollstreckung sind die Vorschriften, welche für die Zwangsvollstreckung aus gerichtlichen Urkunden nach § 794 Abs. 1 Nr. 5 der Zivilprozeßordnung gelten, mit folgenden Maßgaben entsprechend anzuwenden:

1. Die vollstreckbare Ausfertigung wird von dem Beamten oder Angestellten des Jugendamts erteilt, der für die Beurkundung der Verpflichtungserklärung zuständig ist,
2. über Einwendungen, welche die Zulässigkeit der Vollstreckungsklausel betreffen, und über die Erteilung einer weiteren vollstreckbaren Ausfertigung entscheidet das für das Jugendamt zuständige Amtsgericht.

II Für Urkunden, die von einem Beamten oder Angestellten des Jugendamts innerhalb der Grenzen seiner Amtsbefugnisse in der vorgeschriebenen Form aufgenommen worden sind, gelten § 642c Nr. 2 und § 642d der Zivilprozeßordnung (Regelunterhalt, Zu- und Abschlag zum Regelunterhalt) entsprechend.

1) Voraussetzgen, I. a) Es muß sich um eine Urk handeln, die eine Verpfl zur Zahlg von Unterh-Anspr eines Kindes od einer an Stelle eines solchen UnterhAnspr tretden Abfindg, JWG 49 I Z 2, oder um die Entbindgskosten der Mutter od deren Unterh aus Anlaß der Geburt, JWG 49 I Z 3, zum Ggst hat. **b)** Die Urk muß von einem hierzu vom LJA ermächtigten Beamten od Angestellten des JA in gehör Form aufgen sein. **c)** Der Schu muß sich zur Leistg einer bestimmten Geldsumme verpfl haben, also nicht auch anderer Sachen wie nach ZPO 794 Z 5 mögl; **d)** er muß sich außerdem der sofort ZwV unterworfen haben, Baumb-Lauterbach ZPO 794 Anm 7.

2) Besonderheiten der Durchführg der ZwV, die sonst im übr gem ZPO 724–793 stattfindet, ZPO 795. **a)** Die vollstreckbare Ausfertigg w von dem für die Beurk zust Beamten od Angestellten des JA erteilt, ggf seinem Nachf, der zur Beurk derartiger Urk zust ist; über die Erteilg einer weiteren vollstrb Ausfertigg, vgl ZPO 797 III, entsch nicht dieser, sond das für das JA zust AmtsG, u zwar der RPfleger, (RPflG 20 Z 12); die Ausfertigg selbst erfolgt dann wiederum dch das JA (AG Düss DAVorm **75**, 53). **b)** Das gen Ger entsch auch über Einwendgen, welche die Zulässigk der VollstrKlausel betreffen (vgl ZPO 797 III).

3) Zum Inhalt der Verpflichtgsurkunde, II. Der Vater kann sich in der Urk zur Zahlg des Regel-Unterh verpfl, § 1615f, ZPO 642c Z 2, auch eines Zu- od Abschlags dazu ZPO 642d, was zur Folge hat, daß die Höhe des danach zu leistden Betr dch GerBeschl unter Berücksichtigg der RegelUnterhVO, Anh zu §§ 1615 f und g, festgesetzt w u iF der Änderg des Regelbedarfs, nach dem sich der RegelUnterh errechnet, ohne sonstigen für die Berechng des RegelUnterh maßgeblchen Umst, auf Antr der Betrag des RegelUnterh ohne RechtsStreit neu festgesetzt w kann, ZPO 642b. Zur techn Dchführg der Errichtg v RegUnterhVollstrTiteln iW der Neufestsetzg vgl Kemper DAVorm **74**, 574.

JWG 51 **Unterstützung eines Elternteils durch das Jugendamt.** I Das Jugendamt hat einen Elternteil, dem die Sorge für die Person des Kindes allein zusteht, auf Antrag bei der Ausübung der Personensorge, insbesondere bei der Geltendmachung von Unterhaltsansprüchen des Kindes zu beraten und zu unterstützen.

II Leben die Eltern des Kindes getrennt, ohne daß die Sorge für die Person des Kindes einem Elternteil übertragen ist, so gilt Absatz 1 für den Elternteil entsprechend, in dessen Obhut sich das Kind befindet oder der Unterhaltsansprüche des Kindes gegen den anderen Elternteil geltend machen will.

1) Allgemeines. Ist nicht auf Eltern nehel Kinder beschr, sond dient außer der Hilfe in PersSorgesachen insb der Geltdmachg von UnterhAnspr von Kindern, die sich bei einem alleinstehden Elternteil befinden, gleichgült, ob diese Kinderverteilg sich aus dem Gesetz, § 1705, hier also bei Ausschaltg des Pflegers, § 1707, einer GerEntsch, §§ 1671, 1672, od aber den tatsächl gegebenen Verh, also der Trenng der Eltern ohne GerEntsch ergibt. Erstreckt sich aber nicht auf Anspr mit UnterhErsFunktion wie Waisenrenten aus Sozial-Vers, VersorggsAnspr od Abfindgen; denn Unterstütz u Beratg Verstoß gg RBeratgG, LSozG Stgt NJW **71**, 1719, Krug Anm 2, vorausgesetzt, daß JA nicht Vormd od Beistand des sorgerecht Elternteils ist; ebso bei Geltendmachg eines RentenAnspr gg Träger des gesetzl RentenVers, BSG FamRZ **71**, 530.

2) Unterstützg und Beratg. Erstreckt sich vor allem auf Hilfe dem in Anm 1 genannten Elternteil bei Verfolgg des UnterhAnspr für das Kind, der sich auch gg und als den Vater, zB die Voreltern, richten kann, §§ 1615a, 1601, im übr aber auf alle Fragen der PersSorge. Hilfe nur auf Antrag, da JA keine AufsBeh gü den Eltern, and zB bei § 1666, vgl auch JWG 47 II. Auch anwendb, wenn ein Elternteil, mögen die Eltern auch zusleben, die UnterhLeistg des and für das Kind für zu gering hält, vgl § 1360a I. Hilfe des JA zB dch Belehrg des Elternteils über die UnterhHöhe, die Mittel, den UnterhAnspr zu erlangen, insb die außergerichtl, JWG 50.

JWG 51a ***Hilfe bei der Adoption wegen Gleichgültigkeit.*** I Gleichzeitig mit der Belehrung nach § 1748 Abs. 2 Satz 1 des Bürgerlichen Gesetzbuchs hat das Jugendamt den Elterteil über Hilfen zu beraten, die das Verbleiben des Kindes in der eigenen Familie oder seine Unterbringung in einer geeigneten Familie ermöglichen könnten. Im Verfahren über die Ersetzung der Einwilligung in die Annahme als Kind hat das Jugendamt dem Vormundschaftsgericht mitzuteilen, welche Hilfen gewährt oder angeboten worden sind.

II Vor einer Ersetzung der elterlichen Einwilligung in die Annahme als Kind nach § 1748 Abs. 3 des Bürgerlichen Gesetzbuchs hat das Jugendamt zu prüfen, ob durch Gewährung von Hilfen die Familienunterbringung des Kindes ermöglicht oder die Gefahr für das Kind auf andere Weise behoben werden kann.

1) Eingef dch Art 2 AdoptRÄndG zu § 1747a, jetzt § 1748 BGB. Beruht die Ersetzg der elterl Einwilligg in die Adoption ihres Kindes auf eig Gleichgültigk, § 1748 I 1, so ist zuvor das JA z Belehrg u Beratg der Elt einzuschalten, § 1748 II, das dazu ggf deren AufenthOrt z ermitteln h. **Zweck:** Die Adoption soll nicht aGrd der Unerfahrenh u aus Mangel an Kenntn ü die Möglk, das leibl Elt-Kind-Verhältn z festigen, gefördert w. Aufg des JA ist es, dch Ausschöpfen aller Hilfsmaßn die Fälle nur scheinb Gleichgültigk v der Einwilliggsersetzg auszuscheiden.

2) Die Beratg erstreckt sich auf **Hilfen**, die das Verbleiben des Kindes in der eig od seine Unterbringg in einer geeign and Fam ermögl.

JWG 51 b Das Jugendamt hat den Vater des nichtehelichen Kindes über seine Rechte aus § 1747 Abs. 2 Satz 2 und 3 des Bürgerlichen Gesetzbuchs zu beraten. Die Beratung soll so rechtzeitig erfolgen, daß der Vater sich, ehe das Kind in Pflege gegeben wird (§ 1744 des Bürgerlichen Gesetzbuchs), entscheiden kann, ob er die Ehelicherklärung oder die Annahme des Kindes beantragen oder ob er auf den Antrag verzichten will, spätestens jedoch vor der Anhörung des Jugendamts oder vor der Abgabe der gutachtlichen Äußerung durch das Jugendamt.

1) Eingef dch AdoptG Art 10 Z 5.

JWG 52 ***Hilfe für werdende Mütter.*** I Das Jugendamt hat eine werdende Mutter mit ihrem Einverständnis zu beraten und zu unterstützen, soweit ein Bedürfnis hierfür erkennbar geworden ist.

II Ist anzunehmen, daß das Kind nichtehelich geboren wird, so hat das Jugendamt im Einverständnis mit der Mutter vor der Geburt die Feststellung der Vaterschaft durch Ermittlungen und sonstige Maßnahmen vorzubereiten. Dies gilt nicht, wenn mit dieser Aufgabe ein Pfleger für die Leibesfrucht betraut ist oder wenn das Vormundschaftsgericht angeordnet hat, daß eine Pflegschaft nicht eintritt.

III Das Jugendamt hat die Mutter eines nichtehelichen Kindes mit ihrem Einverständnis vor und nach der Entbindung bei der Geltendmachung ihrer Ansprüche nach den §§ 1615k und 1615l des Bürgerlichen Gesetzbuchs zu beraten und zu unterstützen.

1) Allgemeines. Frühzeit SchwangerschFürs bei nehel wie bei ehel Schwangersch. Auf diese Fürs gibt JWG 52 in dem dort gegebenen Rahmen einen RechtsAnspr („Das JA hat"), dessen Ausführg allerd vom Einverständn der Mutter abhäng ist. Ein nicht gewünschter Eingr in die PrivSphäre der Mutter ist zu vermeiden. Für das JA besteht daher keine ErmittlgsPfl, es soll aber von sich aus Hilfe anbieten, ist jedoch zur Hilfe nur verpfl, wenn sie verlangt w u ein Bedürfn für Beratg u Unterstützg erkennb ist, I. Keine Proz-Vertretg, RBeratgG 1.

2) Besonderheiten bei der Geburt eines nehel Kindes, II. III. a) Für das Kind. Die Verpfl zur Hilfe, die auch hier vom Einverständn der Mutter abhäng ist u deshalb auch entfällt, wenn das VormschG auf Antr der Mutter angeordnet hat, daß eine Pflegsch nicht eintreten soll, § 1707 Z 1, od bereits eine Pflegsch für die Leibesfrucht angeordnet ist, § 1912, weiterhin vor der Geburt ein Pfleger bestellt ist, § 1708, be-

steht hier vor allem in der Ermittlg der Vatersch, die bereits vor Geburt des Kindes anerkannt w kann, § 1600b II, desgl der voraussichtl UnterhVerhältnisse dch Beschaffg von BewMaterial, nach Möglichk auch Abg einer VerpflErkl od einstw Vfg auf Zahlg von Unterh für die ersten 3 Monate od Hinterlegg, § 1615 o.
b) Für die Mutter. Diese hat dch die Geburt einen Anspr auf Entbindgskosten, § 1615k, u auf Unterh § 1615 l. Auch hier hat bei Einverständn der Mutter das JA die Vorbereitgn zur Geltdmachg der Anspr zu treffen, wenn die Mutter einverst ist, auch eine einstw Vfg, ggf AO der Hinterlegg der Beträge zu veranlassen, ohne daß eine Gefährdg des Anspr glaubh gemacht w müßte, § 1615 o.

JWG 52 a *Familiengericht.* **Für die Anwendung der vorstehenden Vorschriften tritt das Familiengericht hinsichtlich der ihm obliegenden Verrichtungen an die Stelle des Vormundschaftsgerichts.**

1) Eingef dch 1. EheRG Art 11 Z 4b.

4. Vereinsvormundschaft

JWG 53 ¹ **Durch die Landesgesetzgebung kann bestimmt werden, unter welchen Voraussetzungen ein rechtsfähiger Verein vom Landesjugendamt für geeignet erklärt werden kann, Pflegschaften, Vormundschaften oder Beistandschaften zu übernehmen.**

II **Die Eignungserklärung ist widerruflich und kann unter Auflagen erteilt werden. Sie soll nur erteilt werden, wenn der Verein eine ausreichende Zahl fachlich ausgebildeter Mitglieder hat. Sie kann ferner auf den Bereich eines Landesjugendamts oder auf einen Teil dieses Bereichs beschränkt werden.**

Bem. Die bürgerrechtl Best über die VereinsVormsch enthält jetzt das BGB, so § 1791a (Bestellg) § 1887 (Entlassg). JWG 53 enthält nur noch die öffrechtl Best.

JWG 54 (Ändergen des EG 136 u §§ 1783, 1784, 1786 Nr 1, 1887; dort berücksichtigt. Der aufgeh § 1887 ersetzt dch NEhelG).

Abschnitt Va. Vormundschaft und Pflegschaft über Volljährige

JWG 54a **Auf die Vormundschaft, Pflegschaft und Gegenvormundschaft über Volljährige sind die §§ 11, 37 bis 39b, 45, 47 bis 48 und 53 entsprechend anzuwenden. Dies gilt sinngemäß, wenn nach § 1897 Satz 2 des Bürgerlichen Gesetzbuchs an die Stelle des Jugendamts eine andere Behörde tritt.**

1) Um dem großen Mangel an geeign EinzelVormd Rechng z tragen, eröffnen §§ 1791 b, 1792 I 2 die Möglk, das JA zum (Gg)Vormd od Pfleger z machen. Vgl auch § 1897 S 2.

2) Demgem sind JWG 37–39b, 45 ferner 47–48 entspr anwendb, ebso 53, so daß VereinsVormsch auch hier zul ist. Da es eine gesetzl AmtsVormsch bzw -pflegsch des JA nicht gibt, finden dagg JWG 40–44 keine Anwend. Heranziehg v JWG 11 schließt nicht aus, daß das VormschG bei der Auswahl eines JA als Pfleger die Belange des Pfleglings berücks, BayObLG Rpfleger 73, 134.

Abschnitt VI. Erziehungsbeistandschaft, Freiwillige Erziehungshilfe und Fürsorgeerziehung

Einleitung

1) **Verhältn zum bisherigen Recht.** Das RJWG behandelte im 1. Unterabschn des VI. Abschn die Schutzaufs u FürsErz. An die Stelle der Schutzaufs ist im JWG die im wesentl ihr gleichgestellte ErzBeistandsch, §§ 5ff, getreten. Der 2. Unterabschn des JWG behandelt die Freiw ErzHilfe, deren Regelg bisher der Landesgesetzgebg überlassen war, sodann die FürsErz. Geregelt werden also Formen der öff Erziehg, die zu den Pflichtaufgaben der JÄmter gehören, § 4 Z 3, ohne daß damit die Gesamth der mögl Maßnahmen behandelt wird; vgl dazu auch JGG 34 III u § 1666 Anm 5. Im Abschn VI geht der Gesetzgeber davon aus, daß freiwilligen Hilfen, die mit dem PersSorgeberechtigten vereinbart werden, ggü gerichtl angeordneten Maßnahmen der Vorrang zu geben ist. Begr RegVorl zum VI. Abschn; damit wird auch GG 6 II Rechng getragen, daß Pflege u Erziehg der Kinder zuvörderst die den Eltern obliegende Pfl ist. Es ist sowohl der gerichtl angeordneten ErzBeistandsch, § 57, eine auf Antr der PersSorgeberechtigten bestellte, § 56, wie der vom Gericht angeordneten FürsErz, §§ 64 ff, die Freiw ErzHilfe, §§ 62, 63, vorangestellt. Das geschieht auch im Hinbl darauf, daß bei allen Maßnahmen der öff JugHilfe die ZusArbeit mit den PersSorgeberechtigten anzustreben ist, § 3 III.

Abschn. VI: Erziehgsbeistandsch; Freiw. Erziehgshilfe **Einl u Vorb v JWG 55, JWG 55**

2) Verh zu anderen Gesetzen. Der VI. Abschn **ergänzt BGB** §§ 1631 II, 1666, dort auch Anm 8, §§ 1800, 1838, 1915. Die Hilfe für Gefährdete, die das 20. LebensJ vollendet haben, insb in einer Anstalt, einem Heim od einer gleichart Einrichtg, behandeln **§§ 72–74 BSHG**, währd die Freiw ErzHilfe u FürsErz nur Minderjährige, die das 20. LebensJ noch nicht vollendet haben, §§ 62, 64. Auch das **JugGericht** kann ErzMaßregeln anordnen, JGG 3 S 2, 5 I, dh, abgesehen von der Erteilg v Weisgen, ErzBeistandsch u FürsErz. JGG 9, vgl auch Roestel ZBlJR **68**, 61. Dadch soll die Straftat nicht geahndet werden; denn ErzMaßregeln sind keine Strafen. Vielm sollen wie nach JWG ErzMängel dch erzieher Einwirkg beseitigt werden (Richtl zu JGG 9). Die Voraussetzgen, Ausübg, Ausführg u Beendigg richten sich nach JWG; vgl auch JGG 12 S 1, 82 II. Demgem auch nach dessen ZustdgkRegeln. ErzBeistandsch auf Antr, § 56, u Freiw ErzHilfe, § 63, also die milderen Formen der ErzBeistandsch u der FürsErz kommen hier nicht in Betr, JGG 12 S 2. ErzMaßregeln u Zuchtmittel des JGG können nebeneinander angeordnet w, nicht aber FürsErz u JugArrest, JGG 8 I. ErzBeistandsch kann auf Antr der Staatsanwaltsch vom JugRichter auch im vereinfachten JugVerf angeordnet w, JGG 76. Der JugRichter, der nach Möglichk zugleich VormschRichter sein soll, JGG 34 II, kann dem VormschRichter im Urt die Auswahl u Anordng von ErzMaßregeln überlassen, JGG 53. Das muß bei Jugendl geschehen, wenn sie von Gerichten für allg Strafsachen abgeurteilt u ErzMaßregeln für erforderl gehalten werden, JGG 104 IV. Der VormschRichter muß dann bei unveränderten Umst eine ErzMaßregel anordnen, JGG 73 S 2. Der JRichter kann bis zur Rechtskr des Urteils auch vorl Anordngen zur Erziehg des Jugendlichen treffen, JGG 71 II S 1, 72 III 1, nicht aber vorl FürsErz, JGG 71 I. Die Aufhebg einer von ihm angeordneten ErzMaßregel kann nicht von ihm, sond nur vom VormschRichter verfügt werden. Bei jugendl Soldaten der BWehr kann ErzBeistandsch u FürsErz nicht angeordnet w, sond nur ErzHilfe dch den Disziplinarvorgesetzten, JGG 112a Z 1 u 2.

Bewährgsaufsicht, JGG 22ff, ist eine Überwachg straffälliger Jugendlicher, setzt also eine Verurteilg zu Strafe voraus. JWG gilt nicht. Eine gleichzeit bestehende ErzBeistandsch ruht bis zum Ablauf der Bewährgszeit, JGG 8 II 2.

3) Persönl Anwendgsgebiet. Die Maßnahmen des VI. Abschn kommen, wie das JWG überh, **nur für Minderjährige**, ehel wie unehel, in Betr. Entscheidender Ztpkt § 64 Anm 2. Da es sich um behördl Maßnahmen der öff Erz handelt, sind ihr auch **ausländ Kinder** unterworfen, BayObLG **53**, 289, EG 23 Anm 1, die sich in der BRep aufhalten, jedoch ist bei der ErzBeistandsch des § 56 u bei FreiwErziehgshilfe das Einverständn des PersSorgeberechtigten erforderl. Auch EG 23 u etw Staatsverträge zu beachten.

1. Erziehungsbeistandschaft

Vorbemerkung

Schrifttum: Becker ZBlJugR **62**, 1.

1) Die ErzBeistandsch **entspricht der Schutzaufs des RJWG.** Währd diese aber ganz auf den Mj abstellte, bringt die Neufassg zum Ausdruck, daß es sich nicht so sehr um eine Beaufsichtigg der Lebensführg des Mj, als um eine erzieherische Hilfe für Eltern u Kind handelt, Begr RegVorl zu § 56 RJWG. Demgem ist ErzBeistandsch schon mögl, wenn die leibl, geist od seel Entwicklg des Mj gefährdet ist, § 55 (enger § 56 RJWG). Die Regel soll die beantragte ErzBeistandsch, die dch die JA gewährt wird u an der das VormschG nicht beteiligt ist, sein, § 56 u dort Anm 1. Erst wenn bei Gefährdg od Schädigg ein ErzBeistand nicht bestellt wird, greift das VormschG ein, § 57.

§ 58 regelt die Pflichten des ErzBeistandes, § 59 die Auskunftspflichten Dritter, § 60 die Pflichten des JA ggü dem ErzBeistand, § 61 die Beendigg der ErzBeistandsch. Die ErzBeistandsch ist die mildere Erziehgs-Maßn ggü FreiwErziehgshilfe u FürsErz. Es gilt die **Regel**, daß die Stufe anzuwenden ist, die erforderl ist, also nicht die schärfere, wenn die mildere genügt. Das bedeutet aber nicht, daß mit der mildesten Form begonnen w soll; es ist von vornherein die für den Einzelfall richt Maßregel zu treffen. Die angeordnete mildere Form schließt auch die schärfere aus, so daß nicht neben der milderen eine schärfere angeordnet w kann.

JWG 55 *Voraussetzungen.* **Für einen Minderjährigen, dessen leibliche, geistige oder seelische Entwicklung gefährdet oder geschädigt ist, ist ein Erziehungsbeistand zu bestellen, wenn diese Maßnahme zur Abwendung der Gefahr oder zur Beseitigung des Schadens geboten und ausreichend erscheint.**

1) Allgemeines. § 55 enthält die sachlrechtl Voraussetzgen für eine ErzBeistandsch, gleichgült, ob sie eine freiw, § 56, od eine vom VormschG angeordnete ist, § 57. Die ErzBeistandsch ist ggü der FürsErz die mildere Form, kann also auch an Stelle der vorl FürsErz angeordnet w, vgl Karlsr JFG **3**, 85; die freiw ErzBeistandsch ist die angeordnete, vgl auch Vorbem 1 vor § 55. Wg der Bedeutg der Fassgsänderg Vorbem 1 vor § 55 u unten Anm 2, wg Minderjährigk u pers Anwendgsgebiet Einl 3 vor § 55. ErzBeistandsch kann auch noch nach Vollendg des 17. Lebensjahres angeordnet w (anders §§ 62, 64), dürfte sich aber mit Rücks auf die Beendigg bei Eintr der Volljährigk, § 61 I, oft nicht empfehlen, da nur bei einer gewissen Dauer erfolgversprechd. Eine untere Altersgrenze besteht nicht. Die Voraussetzgen des § 55 müssen auch bei Anordng der ErzBeistandsch dch den JugRichter vorliegen, die aber gg jugendl Soldaten nicht mögl ist, JGG 112a Z 1; jedoch bleibt eine frühere ErzBeistandsch bestehen. Das Pflegekindverhältn wird dch die ErzBeistandsch nicht berührt, Arg § 27 II Z 6.

2) Gefährdg oder Schädigg der leibl, geist oder seel Entwicklg. Anders als in dem entspr RJWG 56 wird Verwahrlosg nicht genannt. Dieser als Voraussetzg für die FürsErz stark umstrittene Begr, S 9525 f der 164. Sitzg des Dtschen BT, vgl auch ZBlJugR **62**, 141, erscheint nur dort noch als Voraussetzg, auch nicht bei der milderen Form der FreiwErzHilfe, § 62. Trotzdem hält Riedel Anm 5 Schädigg u Gefährdg für dasselbe wie Verwahrlosg od drohende Verwahrlosg, will also auch hier die bish Ausleg des Verwahrlosgbegriffs u zwar schon im Interesse der Einheitlichk der Ausleg heranziehen, fordert mithin ein erhebl Sinken des leibl, sittl u bzw od seel Zustandes des Kindes unter das Erziehgsziel, aber auch – nicht ganz im Einklang hiermit – ein verhältnism frühes Eingreifen. Ähnl auch Gräber Anm 5, der im übr ganz auf die Auswahl der zur Vfg gestellten Mittel, das Erziehgsziel zu erreichen, abstellt, dabei freilich daran vorübergeht, daß die abgestuften Mittel auch idR für die verschiedenen Stufen der Gefährdg u Verwahrlosg eingesetzt w sollen, deren Beseitigg allerd auch in starker Weise dch die Gegebenheiten der Umwelt bedgt sind, so daß eine Gefährdg, der sonst mit ErzBeistandsch entgegengetreten w könnte, wg der Gefährlich der Umwelt u dem damit stärkeren Grad der Gefährdg nur dch FürsErz beseitigt w kann. Krug Anm 5 ist der Ans, daß eine Verhütg der Verwahrlosg nicht mehr Voraussetzg ist, vielm eine Gefährdg od Schädigg der Entwicklg genüge, wobei die Gefährdg der Entwicklg früher alsdie im Anfangsstadium befindl Verwahrlosg, die noch verhütet w kann, liege. Der Gesetzgeber, Begr RegVorl zu § 56, hielt die SchutzAufs, die nur zur Verhütg einer Verwahrlosg angeordnet w konnte, für zu eng. „Eltern bedürfen in der Durchführg ihrer Erziehgspflichten häuf schon der Unterstützg eines ErzBeistands, wenn noch keine Verwahrlosg ihres Kindes droht. Eine solche Hilfe darf ihnen nicht verwehrt w, wenn sie zur Abwendg einer ErzGefährdg geboten ist"; vgl zur BegrRegVorl zu § 62. Danach ist also diese Voraussetzg bereits zu bejahen, wenn das Verhalten des Kindes, ohne daß eine Verwahrlosg zu drohen braucht, eine Entwicklgsgefährdg od gar Schädigg zeigt, ähnl Potrykus ZBlJugR **62**, 62, Staud-Göppinger § 1666 Anh RdNr 22, Krug (vgl oben), wie das zB bei bes schwierigen Kindern, die sich eindeut gg die Eltern stellen, so daß diese die Einwirkg verlieren, der Fall sein kann. Insb ist dabei an alleinstehende Mütter zu denken. Im Verhalten des Mj muß eine Entwicklgsgefährdg liegen, ein Abweichen von dem in § 1 I aufgestellten Programmsatz. Vermutgen genügen nicht, auch nicht nur Möglichkeiten, es muß vielm an Hand objektiver Merkmale die Störg einer gesunden Entwicklg, die dem Mj nachteilig wird, festgestellt werden („gefährdet ist"). Es genügt, wenn die **leibl od die geist**, zB Zurückbleiben dch Schulschwänzen, überm Verzärtelg, **od die seel Entwicklg**, also vor allem auf charakterl u sexuellem Gebiet gefährdet ist, der Mj mithin hinter Gleichaltrigen auf einem dieser Gebiete erhebl zurückbleibt od eine so andersart Entwicklg nimmt, daß eine Gefährdg erkennb wird. Meistens wird es wg ihres inneren Zusammenhanges eine Gefährdg auf mehreren dieser Gebiete sein. Wenn Krug Anm 5 schon eine wahrscheinliche Störg genügen lassen will, so könnte das dazu führen, daß den Eltern dch Anordg der Bestellg der ErzBeistandsch (§ 57) zu sehr in die ihnen zunächst obliegende Erziehg hineingeredet wird. Ihnen stehen zudem noch andere Möglichkeiten zu Gebote, näml der Antr beim VormschG um Unterstützg, § 1631 II, u die Bestellg eines Beistandes, § 1685, sei es überh, sei es für gewisse Angelegenheiten. Auch wenn eine **Schädigg**, was ebenf an obj Merkmalen festgestellt sein muß, **schon eingetreten ist**, kann noch ErzBeistandsch in Betr kommen, also selbst bei beginnender Verwahrlosg, da auch dann nur die erforderl Maß zu ergreifen ist, Vorbem 1. Anderers kann aber auch bei nur drohender Verwahrlosg FürsErz erforderl sein, § 64. Einzelfall entscheidet. Versch des PersSorgeberechtigten od Mj ist nicht Voraussetzg.

3) Gebotene Maßn. Die Bestellg eines ErzBeistandes muß zur Abwendg der Gefahr od Beseitigg des Schadens für den jeweil Einzelfall geboten u ausr erscheinen, darf also aller Voraussicht nach das richt Maß weder unter- noch überschreiten. Im allg wird es sich hier um einmal schwerere Entgleisungen handeln, keine Dauergefährdg; so auch Potrykus ZBlJugR **62**, 62, s auch OVG Lüneb ZBlJR **72**, 132. Es bedarf also einer tatbestandsmäß Aufklärg des Falles nach seinen Ursachen u dem vermutl Erfolg der Maßnahmen dch das JA. Eine and Maßregel kann richtiger, eine ErzBeistandsch aber auch unnöt sein, weil bereits eine zureichende Maßregel getroffen wurde, zB Bestellg eines Beistands, § 1685; dann abzulehnen. Es kann sich auch empfehlen, den Wirkgskreis des Beistands auf der VermSorge zu beschränken u für die PersSorge einen ErzBeistand zu bestellen, wenn dessen Person geeigneter ist. Frage des Einzelfalles. Die Eltern sind vom JA zu beraten, § 5 I Z 1. Zur Probe darf eine Maßn nicht ergriffen w, Vorbem 1 vor § 55. Wesentl für die zu ergreifende Maßn wird die Bereitsch der Personensorgeberechtigten sein, ihrers alles Erforderl zu tun, BayObLG JFG **6**, 74, insb mit Hilfe des ErzBeistands zusammen auf den Mj iS von § 1 I einzuwirken. Fehlt diese Bereitsch ist od besteht keine Möglichk, daß der Erziehgsberechtigte wieder mit dem Mj in rechte Fühlg kommt, wird ErzBeistandsch nicht das Richtige sein, weil sie nur eine Unterstützg des PersSorgeberechtigten ermöglicht, nicht einen unmittelb Eingriff in sein ErzR, § 58 I 1; wg der Voraussetzgen für eine Bereitsch zur Mitarbeit Isbary ZBlJugR **60**, 143. Handelt es sich um eine Vormsch, kann Wechsel des Vormds in Betr kommen.

JWG 56 Bestellung auf Antrag der Personensorgeberechtigten.

I Das Jugendamt bestellt den Erziehungsbeistand auf Antrag der Personensorgeberechtigten.

II Der Erziehungsbeistand ist durch eine andere Person zu ersetzen, wenn es das Wohl des Minderjährigen erfordert.

1) Allgemeines. Das G geht davon aus, daß die Bestellg eines ErzBeistands auf Antr die Regel, die auf Anordng des VormschG, § 57, die Ausn bildet, die erstere vor allem deshalb vorzuziehen ist, weil das Einverständn des PersSorgeberechtigten mit der Bestellg in größerem Maße seine Bereitsch gewährleistet, mit dem ErzBeistand zum Wohle des Kindes zus zu wirken, BegrRegVorl zu § 57.

2) Die Voraussetzgen müssen die sachlichen des § 55 sein, insb muß die Bestellg eines ErzBeistandes zur Abwendg der Gefahr od Beseitigg des Schadens geboten u ausr erscheinen, § 55 Anm 3. Formell ist ein Antr bei dem nach § 11 zust JA erforderl, den nur der PersSorgeberecht, bei mehreren (zB Eltern, unehel Mutter u Vormd, § 1707 I, also auch der Vertreter in PersSorgesachen, soweit die im übr PersSorgeberechtigten die Vertretg nicht ihrers haben, unricht Becker ZBlJugR **62**, 3: Pfleger; dagg auch Gräber

Abschnitt VI: Erziehungsbeistandschaft, Freiwillige Erziehungshilfe usw. **JWG 56, 57**

Anm 6) nur alle zus stellen können. Mangels Einigg bleibt ledigl § 57. Nicht zul (aber unprakt), dch Entzieh der PersSorge bei dem Nichtantragswilligen zu einer Bestellg nach § 56 zu kommen, da dann Freiwilligk fehlt, Krug Anm 3, Staud-Göppinger Anh § 1666 Anm 45, vgl auch Göttingen (LG) NJW **55**, 1596, aM Riedel Anm 3. Es handelt sich nicht um eine Entsch des JA aus eig Erm, sond der PersSorgeberecht gibt seine Zust zu dem VerwAkt der Bestellg. Die Zust w regelm in der AntrStellg zu sehen sein, sofern nicht landesrechtl eine bes Form vorgeschrieben wird. Antr unter einer Bedingg unzul; wohl aber für eine bestimmte Zeit. Widerruf des Einverständnisses führt ebso wie Antr auf Aufhebg, § 61 II 3, zur Aufhebg der Bestellg dch das JA, da dann Freiwilligk fehlt; führt aber, wenn ErzBeistandsch weiter erforderl, zur Anordng dch VormschG, § 57.

3) Die Bestellg des Erziehgsbeistandes, I, II, erfolgt dch das JA. Das VormschG wird im Falle des § 56 nicht tätig. Das JA prüft, ob der od die PersSorgeberechtigten den Antr gestellt haben u ob die sachl Voraussetzgen vorliegen. Ist der AntrSteller nicht legitimiert, was auch dann zu bejahen ist, wenn nicht alle PersSorgeberechtigten, Anm 2, den Antr gestellt haben, so Zurückweis als unzul, bei Fehlen der sachl Voraussetzgen als unbegründet. Sind die Voraussetzgen gegeben, muß das JA ErzBeistand bestellen; keine Erm-Frage. Nur EinzelPers, nicht zB Träger der freien JugHilfe. JA wird aber versuchen, gerade durch diese eine geeignete Pers zu finden, wobei es völl frei ist. Der zu Bestellende muß seiners bereit sein; eine Verpflichtg zur Ann besteht nicht. Bestellg kann auch mit gewissen Auflagen, auch Befristg erfolgen. Die Auswahl ist entspr dem Wohl des Kindes zu treffen, § 58 Anm 1, ist also auf den Einzelfall abzustellen; vgl auch § 3 II. Das rel Bekenntnis des Kindes ist zu beachten, § 3 I 3. Tätigk ehrenamtl. Der bestellte ErzBeistand ist durch einen anderen zu ersetzen, wenn das Wohl des Kindes es erfordert, II (früh schwächer: „förderlich erscheint", RJWG 60 I 3), evtl auch wg mangelnder ZusArbeit mit dem zur Mitwirkg bereiten PersSorgeberechtigten. Ersetzg aber auch, wenn ErzBeistand seiners seine Bereitsch widerruft. Die Bestellg wie die Aufhebg der Bestellg dch das JA sind VerwAkte, gg die von den die Betroffenen Widerspr erhoben u im Dienstaufs Wege verfolgt od, falls nicht abgeholfen wird, AnfKl im VerwRechtsweg erhoben w kann, VwGO 68 ff.

JWG 57 *Anordnung durch das Vormundschaftsgericht.* **I** Liegen die Voraussetzungen des § 55 vor, wird aber ein Erziehungsbeistand nicht nach § 56 bestellt, so ordnet das Vormundschaftsgericht die Bestellung an. Der Erziehungsbeistand ist sodann vom Jugendamt zu bestellen. § 56 Abs. 2 ist anzuwenden.

II Das Vormundschaftsgericht entscheidet von Amts wegen oder auf Antrag. Antragsberechtigt ist jeder Personensorgeberechtigte und das Jugendamt.

III Vor der Beschlußfassung sind die Antragsberechtigten und der Minderjährige zu hören, soweit sie erreichbar sind.

IV Der Beschluß des Vormundschaftsgerichts ist den in Absatz 2 Satz 2 Genannten und dem Minderjährigen, wenn er das 14. Lebensjahr vollendet hat, bekanntzugeben. Die Begründung des Beschlusses ist dem Minderjährigen nicht mitzuteilen, soweit sich aus ihrem Inhalt Nachteile für seine Erziehung ergeben können.

V Hat ein Vormundschaftsgericht entschieden, in dessen Bezirk der Minderjährige nicht seinen gewöhnlichen Aufenthaltsort hat, so soll die Sache auf Antrag des Jugendamts gemäß § 46 des Gesetzes über die Angelegenheiten der freiwilligen Gerichtsbarkeit, sofern nicht besondere Gründe dagegensprechen, an das Vormundschaftsgericht abgegeben werden, in dessen Bezirk der Minderjährige seinen gewöhnlichen Aufenthaltsort hat.

1) Allgemeines. Im Ggsatz zur ErzBeistandsch auf Antr, § 56, bei der das VormschG nicht beteiligt ist, bedarf es bei § 57 der Anordng der ErzBeistandsch dch das VormschG, Vorbem 1 vor § 55. Das Verf richtet sich insofern ergänzd nach FGG.

2) Voraussetzgen, I 1, sind sachlrechtl die des § 55 wie bei § 56; ferner Fehlen der Bestellg eines Erz-Beistands, gleichgült, aus welchem Grunde, vgl zB § 56 Anm 2. Antrag nicht erforderl, da VormschG vAw handeln muß, II. Jedoch kann auch ein Antr von einem PersSorgeberecht – es genügt der Antr von einem, § 56 Anm 2 – gleichgült, ob er Amtsvormd ist oder nicht, gestellt werden. Stellen alle PersSorgeberechtigten od der allein Berecht den Antr, so wird das VormschG sie zunächst auf einen Antr beim JA, § 56, verweisen, da § 57 nur anzuwenden ist, wenn § 56 nicht mögl. § 57 trifft aber auch dann zu, wenn die PersSorgeberechtigten od einer von ihnen nach Bestellg eines ErzBeistands dch das JA gem § 56 ihre Einwilligg zurückgezogen od Aufhebg der ErzBeistandsch beantragt haben, obwohl die Voraussetzungen des § 55 noch vorliegen, § 56 Anm 2. Beantragt ein Dritter Anordng, so ist das zwar nicht als Antr zu werten, kann aber eine beachtl Anregg sein. Zur ErzBeistandsch kann es auch kommen, weil das VormschG anläßl eines and Verfahrens zu der Überzeugg kommt, daß ErzBeistandsch die richt Maßregel ist.

3) Verfahren. Zuständig ist VormschG, FGG 43, 36, insb auch FGG 43 II. Bei Mj mit Wohns in SowjZ entsch der hies Aufenthalt, Fbg NJW **55**, 1885. Ist die ErzBeistandsch anhängig, so zieht das die Zustdgk desselben VormschG auch für and Verrichtgen, die eine unter das VormschG od Pflegsch betreffen, nach sich, mögen auch die Voraussetzgen der früheren ZustdgkBestimmg sich geändert haben, § 77 II, so für die AO der FürsErz, aber nicht der vorläufigen, KG JFG **17**, 126. Wird AO der ErzBeistandsch bes eilig notw, ist dafür auch das Gericht zust, in dessen Bezirk das Bedürfn der Fürs hervortritt; dazu gehören auch die Entsch vorbereitenden Hdlgen. Dem VormschG hat jedoch sofort eine dem endgült zust Gericht Mitteil zu machen, § 77 I. Die **Abgabe** des AOVerfahrens u des weiteren Verfahrens an ein and VormschG kann aus wicht Grd erfolgen, wenn sich dieses einverst erkl, FGG 46 I, III; falls nicht einverst, Entsch des gemeinschaftl oberen Gerichts, FGG 46 II. Hat aber das VormschG entschieden u hat der Mj dort nicht seinen gewöhnl Aufenthalt, EG 29 Anm 2, so soll die Sache auf Antr des nach

§ 11 zust JA an das VormschG, das für den jetzigen gewöhnl Aufenthaltsort des Mj zust ist, abgegeben w, falls nicht bes Gründe dagg sprechen, V, im Ggsatz zu FGG 46 I also grdsätzl; gg Nichtabgabe Beschw des beantragenden JA, FGG 57 I Z 9. Wenn Krug Anm 9, Riedel Anm 5 die erleichterte Abgabe mit Rücks auf die früh Regelg des RJWG 57 III auch bereits vor Erl der Entsch des VormschG zulassen wollen, so steht das mit dem ggü früh geänderten Gesetzestext des § 57 V nicht in Einklang. **Anzuhören** sind die nach II **Antragsberechtigten**, falls sie erreichb sind, was aber auch der Fall, wenn schriftl od telefon mögl. Ferner das nach § 11 zust JA, III, auf dessen ordnungsgem u erschöpfende Äußerg das VormschG nötigenf hinzuwirken hat, § 48 Anm 4a. Hat das JA den Antr gestellt u ihn ausf begründet, wird sein nochmalige Anhörg erübrigen, falls sich ggü seiner früh Stellungnahme nichts Wesentliches geändert hat. Hat das JA einen and Antr gestellt, von dem wesentl abgewichen wird, wird es idR nochmals zu hören, also Gelegenh zur Stellgn zu geben sein. Das wird insb wg der in bes Maße auf die beteiligten Personen abgestellten ErzBeistandsch auch dann der Fall sein müssen, wenn FürsErz beantragt war, aM Karlsr JFG 3, 87. Hält das VormschG für gewöhnl an einem and Ort als seines Wohnsitzes auf, ist auch das JA des wöhnl Aufenthaltsortes zu hören, Jena JFG 8, 71. Zu hören auch der Mj, falls das nicht etwa wg seiner frühen Jugend untunl. Eine AnhörgsPfl weiterer Personen kann sich aus FGG 12 ergeben; denn das VormschG darf sich nicht auf den Bericht des beantragenden JA verlassen, sond hat **eigene Ermittlgen** anzustellen, um sich selbst den entscheidnn Eindruck zu verschaffen, Mü JFG 14, 53. Nichtanhören der in III Genannten ist VerfVerstoß, der idR zur Aufhebg der Entsch führt. Anhörg u Ermittlg haben hier auch deshalb eine so große Bedeutg, weil das VormschG nur so feststellen kann, ob ErzBeistandsch überh Erfolg verspricht, was regelm dann zu verneinen sein w, wenn sich die PersSorgeberechtigten gg eine solche stellen u der Mj sich bei ihnen aufhält.

4) Die Entscheidg des Vormundschaftsgerichts geht auf AO, Ablehng od auf Unzulässigk, wenn ein Nichtantragsberecht den Antr gestellt hat u auch vAw ErzBeistandsch nicht angeordnet wird. Erfolgt AO vAw, so erübrigt sich eine Entsch auf den Antr. JA muß der AO nachkommen; findet es keine geeignete Persönlichk, so sof Benachrichtigg des VormschG, damit dieses and Maßnahmen treffen kann, Stgt FamRZ 66, 322. Sind die Voraussetzgn des § 55 nicht gegeben, Ablehng u zwar auch, wenn eine and ErzMaßn angeordnet wird; denn Antr auf ErzBeistandsch nicht auch gleichzeit auf FürsErz, Karlsr JFG 3, 85. **Entsch** ergeht dch den Richter, RPflG 12 Z 23. Verf gebührenfrei, KostO 91, Begr an sich trotz der Erwähng in IV 2 nicht erforderl, arg FGG 25; empfiehlt sich aber wg Beschw, bei deren Einlegg sonst in einem Bericht nachzuholen. Wirksamwerden der Entsch mit Bek, FGG 16; jedoch ist eine etw Begr, aus der sich Nachteile für die Erziehg des Mj ergeben könnten, diesem nicht mitzuteilen, IV 2, was aber nicht zu einer Verweigerg des rechtl Gehörs führen darf. Bek an die AntrBerechtigten, II 2, nicht nur die Antr-Steller, ferner an den Mj, wenn er das 14. Lebensj vollendet hat. Gg die Entsch **Beschwerde**, FGG 20 I, 57 I Z 9, also der AntrBerechtigten, des JA, des über 14 Jahre alten Mj, § 59, weiter aller, die ein berecht Interesse an der Wahrnehmg der Sache haben, zB des nicht sorgeberecht Elternteils. Auf ErzBeistandsch auch zu erkennen, wenn ein Verf auf AO der FürsErz ausgesetzt wird, für die Dauer dieser Aussetzg, § 68 III. Hier hat VormschG nicht zu prüfen, ob die Voraussetzgen des § 55 vorliegen; Voraussetzg ist nur diese Aussetzg. Da dann Teil des FürsErzVerfahrens, kommen nur dessen Rechtsmittel, so sof Beschw in Betr, Riedel Anm 14 u hM.

5) Anordng der Erziehgsbeistandschaft dch den Jugendrichter, JGG 9 Z 2. Dieser kann ErzBeistandsch unter den Voraussetzgen des § 55 selbst anordnen, kann aber dem VormschRichter auch die AO von ErzMaßregeln überlassen, JGG 53. Das muß geschehen, wenn der Jugendl vor Gerichten für allg Strafsachen steht u ErzMaßregeln für erforderl gehalten werden, JGG 104 IV. Das VormschG hat dann eine ErzMaßregel anzuordnen, § 53, falls die sachl Voraussetzgen des § 55 gegeben sind, also ErzBeistandsch. S im übr Einl 2 vor § 55.

6) Bestellg des Erziehungsbeistandes. Sie erfolgt in allen Fällen **durch das JA,** sobald die AO des VormschG wirks gew ist, FGG 16, so daß ein Hinausziehen der Bestellg u Überwachg des Mj „in loser Form" unzulässig ist, Stgt FamRZ 66, 322. Wg Auswahl u Wechsel § 56 Anm 3.

JWG 58 *Aufgaben des Erziehungsbeistandes.*

I Der Erziehungsbeistand unterstützt die Personensorgeberechtigten bei der Erziehung. Er steht dem Minderjährigen mit Rat und Hilfe zur Seite und berät ihn auch bei Verwendung seines Arbeitsverdienstes. Er hat bei der Ausübung seines Amts das Recht auf Zutritt zu dem Minderjährigen. Das Grundrecht der Unverletzlichkeit der Wohnung (Artikel 13 Abs. 1 des Grundgesetzes) wird insoweit eingeschränkt.

II Der Erziehungsbeistand hat dem Jugendamt und, falls er auf Grund eines Beschlusses des Vormundschaftsgerichts bestellt ist, auch dem Vormundschaftsgericht auf Verlangen zu berichten. Er hat jeden Umstand unverzüglich mitzuteilen, der Anlaß geben könnte, weitere erzieherische Maßnahmen zu treffen.

1) Allgemeines. Der ehrenamtl ErzBeistand engt die Rechte u Pflichten des PersSorgeberechtigten nicht ein. Er vertritt weder den Mdl noch trifft er sonstige Entscheidgn. Auch nicht für den Mj, soweit es dessen Arbeitsverdienst angeht. Seine Tätigk ist eine unterstützende u beratende, er bedarf also des vollen Vertrauens der PersSorgeberechtigte wie des Mj, soll die ErzBeistandsch zu einem Erfolg führen. Er hat das pädagogische Minus im Verhältn zw dem PersSorgeberecht u Mj dch seine verständnisvolle Tätigk auszugleichen, Krug Anm 2. Der ErzBeistand ist vom JA bestellt, untersteht also nur ihm; nur der auf AO des VormschG bestellte hat auch Pflichten ggü dem VormschG, II 1.

2) Unterstützg des PersSorgeberechtigten, Rat u Hilfe gegenüber dem Minderjährigen, I, w nur mögl sein, wenn er sich volle Kenntn von dem Verhalten des Mj u dem Verhältn des PersSorgeberechtigten zu ihm verschafft, also in ständ Fühlg mit beiden, vor allem mit dem Mj ist, um die Wirkg der ge-

Abschnitt VI: Erziehungsbeistandschaft, Freiwillige Erziehungshilfe usw. **JWG 58–61**

troffenen Maßnahmen festzustellen. Insb hat er sich darüber zu unterrichten, wie der Mj die ihm obliegenden Arbeiten verrichtet u seine Freizeit verbringt, aber auch das Geld, das er verdient u das ihm, wie übl, zur freien Verwendg überlassen ist, § 113 Anm 4, verwendet. Er wird ihn insof auch beraten u versuchen, sofern erforderl, Einfluß auf ihn zu nehmen. Die Möglichk, den Arbeitsverdienst selbst in Empfang zu nehmen u für den Mj anzulegen, hat der ErzBeistand ohne Zust nicht. Im übr ist das vermögensrechtl Gebiet dem ErzBeistand verschlossen. Immerhin können sich gerade von dort her erzieherische Schwierigkeiten einstellen, die sich auf das pers Gebiet auswirken können, also ebenf vom ErzBeistand beobachtet w müssen, der bei Mißständen beim PersSorgeberecht vorstellig werden, falls schwerwiegender, Mitteilg an JA, im Falle des § 57 auch dem VormschG machen muß, II 2. Um diesen Pflichten nachkommen zu können, hat der ErzBeistand, aber nur dieser selbst, nicht eine HilfsPers Recht auf Zutritt zu dem Mj, gleichgült, wo dieser sich befindet, zB also auch insoweit in die Wohng des Vermieters, die Arbeitsstelle, kann sich dort so lange aufhalten, wie der damit verbundene Zweck es erfordert. Die Unverletzlichk der Wohng, GG 13 I, ist insoweit eingeschränkt u damit GG 19 I Genüge getan. Notf bleiben Ordngsstrafen, § 1837, FGG 33, falls vormschgerichtl Anordng des ErzBeistandsch, od Inanspruchn polizeil Hilfe, dch die freilich das dann bereits erschütterte Vertrauensverhältn noch mehr erschüttert würde. Mit dem in Untersuchgshaft befindl Mj hat der ErzBeistand dasselbe VerkehrsR wie der Verteidiger, JGG 93 III; er kann der nicht öff Verh gg den Jugendl beiwohnen, JGG 48 II.

3) Berichts- und Mitteilgspflicht, II. Bericht nur auf Verlangen. Ob period od nur von Fall zu Fall berichtet w soll, wird von dem Berecht bestimmt. Ist der ErzBeistand gem § 56 bestellt, ist er nur dem JA zum Bericht verpflichtet, ist seine Bestellg vom VormschG angeordnet, § 57, auch diesem. MitteilgsPfl, II 2, entspr. Unverzügl § 121. Als weitere erzieherische Maßnahmen kommt FürsErz in Betr. Jedoch wird Mitteilg auch zu machen sein, wenn der Zweck der ErzBeistandsch erreicht u sie aufzuheben od eine schwächere Maßregel am Platz ist.

JWG 59 *Auskunftspflichten.* Die Personensorgeberechtigten, der Arbeitgeber, die Lehrer und Personen, bei denen sich der Minderjährige nicht nur vorübergehend aufhält, sind verpflichtet, dem Erziehungsbeistand Auskunft zu geben.

1) Auskunftspflichten bestehen ggü dem ErzBeistand seitens der PersSorgeberechtigten, der ArbGeber, der Lehrer jegl Art, soweit sie den Mj unterrichten u unterrichtet haben, der Personen, bei denen sich der Mj nicht nur vorübergeh aufhält, also auch der Pflegeeltern. Beurteilg nach dem Einzelfall; kann auch zu bejahen sein, wenn Mj regelm einen Teil des Tages (seine Freizeit) bei ihnen verbringt. Die Auskunft hat sich auf alles zu erstrecken, was mit der Erziehg in Verbindg steht, also zB Verhalten bei der Arbeit, in der Schule, in der Freizeit, Arbeitsverdienst, Art seines Verbrauchs; sie kann für den ErzBeistand Anlaß zu einer Mitteilg gem § 58 II 2 sein. Die AuskunftsPfl besteht währd der ganzen Zeit, in der der Mj zu den § 59 genannten Personen in dem dort genannten Verhältn steht, aber auch zu ihren Vorgängern, also den früh Lehrern u ArbGebern. Erzwungen kann die Auskunft nicht werden, da FGG 33 I eine gesetzl geordnete Befugn zur Verhängg einer Ordngsstrafe voraussetzt; für Erzwingbark Riedel Anm 2, Gräber Anm 4, Potrykus Anm 7 zu RJWG 58. VormschR kommt hier nicht zur Anwendg, der ErzBeistand untersteht auch allein der Aufs des JA u nicht dem VormschG, auch wenn dieses die ErzBeistandsch angeordnet hat, § 57 Anm 6.

JWG 60 *Pflichten des Jugendamts.* Das Jugendamt hat den Erziehungsbeistand zu beraten und bei seiner Tätigkeit zu unterstützen.

1) Bem. Beratg u Unterstützg erforderl, weil es hauptberufl ErzBeistand nicht gibt. Zur Beratg gehört nicht nur eine solche für den Einzelfall, sond auch Vorträge u dergl. Zwangsmittel kann das JA nicht zur Vfg stellen, § 59 Anm 1, stehen diesem aber auch nicht ggü dem ErzBeistand zur Vfg; dann nur Wechsel, § 56 II. Beratendes JA ist dasjenige, das den ErzBeistand bestellt hat. Vgl im übr Erläut zu §§ 31 Anm 2, 51 Anm 2.

JWG 61 *Beendigung der Erziehungsbeistandschaft.* ^{I} Die Erziehungsbeistandschaft endet mit der Volljährigkeit.

^{II} Die Erziehungsbeistandschaft ist aufzuheben, wenn der Erziehungszweck erreicht oder die Erreichung des Erziehungszwecks anderweitig sichergestellt ist. Sie ist insbesondere aufzuheben, wenn die Ausführung der Freiwilligen Erziehungshilfe oder der Fürsorgeerziehung beginnt. Sie ist ferner aufzuheben, wenn im Fall des § 56 Abs. 1 ein Personensorgeberechtigter die Aufhebung beantragt. Für die Aufhebung ist in den Fällen des § 56 Abs. 1 das Jugendamt, in den übrigen Fällen das Vormundschaftsgericht zuständig.

1) Beendigg aus tatsächl od rechtl Gründen tritt ohne Entsch des JA od VormschG ein bei Volljährigkeit, I (interzonal § 40 Anm 5), mit Rechtskr der VolljErkl, mit dem Tode des Mdls od seiner rechtskr TodesErkl, nicht aber mit dem Tode des ErzBeistands; dann Bestellg eines anderen dch das JA. Kein AufhebgsVerf.

2) Beendigg durch Aufhebg, II. a) Bei Erreichg des Erziehgszwecks oder anderweitiger Sicherstellg, II 1, wenn also eine weitere ErzHilfe nicht mehr nöt od wenn das zwar der Fall ist, sie aber mit anderen Mitteln, schwächeren od schärferen, erreicht wird; denn es soll die gerade angebrachte Maßregel angewendet w, Vorbem 1 vor § 55. Eine solche anderweit Sicherstell liegt insb in der Ausführg der FreiwErzHilfe u der FürsErz, II 2, Verhängg einer JugStrafe, JGG 17 ff, jedoch erst dann, wenn ihre Ausführg tats beginnt, § 69. Das ist auch der Fall, wenn das FürsErzAOVerf nach Aussetzg, § 68 III, fortgesetzt w. Der im Reg-

JWG 61, Vorbem v JWG 62, JWG 62

Entw zu RJWG 61 vorgeschlagene AufhebgsGrd der Eheschl des mj Mädchens ist nicht Gesetz geworden; dazu Krug Anm 1, 4; Staud-Göppinger Anh § 1666 Anm 108 halten die Aufrechterhaltg derErzBeistandsch für einen verfassgswidr Eingr in die Ehe, GG 6 I. Freilich beschränkt sich das PersSorgeR bzgl der Verheirateten auf die Vertretg in den pers Angelegenheiten, § 1633. – **b)** Aufhebg erfolgt auch, wenn **bei beantragter ErzBeistandsch**, § 56, der PersSorgeberecht, bei mehreren auch nur einer die Aufhebg beantragt od, was dem gleichsteht, sein Einverständn mit der Bestellg widerruft, weil dann Freiwilligk, die Voraussetzg dieser Bestellg, nicht mehr vorliegt, § 56 Anm 2; vorausgesetzt freilich, daß dann nicht AO nach § 57 vAw erfolgen muß. – **c)** Wenn **ErzBeistandsch sich erledigt hat**, zB durch dauernde Übersiedlg des Mj ins Ausland, Verschollenh.

3) Verfahren. Ist der ErzBeistand auf Antr der PersSorgeberechtigten bestellt, § 56, entsch das nach § 11 zust JA über die Aufhebg der ErzBeistandsch. Anfechtg im DienstaufsWege od VerwGerichtsVerf nach Widerspr. Hat das VormschG die ErzBeistandsch angeordnet, § 57, od ist das dch das JGG geschehen, Einl 2 vor § 55, § 57 Anm 5, erfolgt die Aufhebg der ErzBeistandsch dch das nach §§ 43 III, 36 FGG zust VormschG, das, soweit erforderl, Ermittlgen anzustellen hat, FGG 12, u dch Beschl entsch, der mit seiner Bek an die AntrBerechtigten, § 57 II 2, FGG 16, wirks wird. Beschw FGG 19, 20, 57 I Z 9. Mit Aufhebg endet auch das Amt des ErzBeistands, ohne daß es noch seiner bes Entlassg bedarf; jedoch wird ihn, soweit noch erforderl, das JA unterrichten.

2. Freiwillige Erziehungshilfe und Fürsorgeerziehung

Vorbemerkung

1) Die Freiwillige Erziehungshilfe war bisher dch den RdErl RMJ v 25. 8. 43, MinBlMdJ 1387, geregelt. Sie ähnelt in den Voraussetzgen, § 62, der auf Antr der PersSorgeberechtigten gewährten ErzBeistandsch, §§ 55, 56. Die FreiwErzHilfe wird vom LJA auf Grd eines VerwVerf gewährt, § 63, in dem auch die Aufhebg, § 75, stattfindet. Die Gewährg setzt voraus, daß die PersSorgeberechtigten bereit sind, die Durchf zu fördern, § 62. Das Nähere über die Ausf wird landesrechtl geregelt, § 74 I. Pflegekindsch wird dch FreiwErzHilfe od FürsErz ausgeschlossen, § 27 II Z 6.

2) Die Fürsorgeerziehg kann vom VormschG, § 64, od vom JugG, JGG 9 Z 3, angeordnet w u ist der schwerste Eingriff in das ErziehgsR des PersSorgeberechtigten, § 69, idR mit einer and Unterbringg des Mj verbunden, um ihn dem bisherigen ungünst Einfluß zu entziehen, § 71. Die FürsErz v om VormschG wird angeordnet, wenn der Mj zu verwahrlosen droht od verwahrlost ist u keine and ausr ErzMaßn gewährt w kann, § 64, ist also subsidiär ggü jeder and ErzMaßn. Bei Gefahr im Verzuge kann das VormschG auch vorl FürsErz anordnen; es kann auch die FürsErz bis zu einem Jahr aussetzen, § 68. Nur das VormschG kann nach Anhörg des LJA u JA, u zwar auch für den Fall der AO dch das JugG, die FürsErz aufheben, § 75. Die Ausf der FürsErz, deren Regelg im einzelnen Ländersache ist § 74, erfolgt dch das LJA, § 70, das auch den Aufenthalt des Mj bestimmt, § 71.

3) Regelg des JGG s Einl 2 vor § 55, wegen des pers Anwendgsgebietes Einl 3 vor § 55.

JWG 62 *Sachliche Voraussetzungen der Freiwilligen Erziehungshilfe.* Einem Minderjährigen, der das 17. Lebensjahr noch nicht vollendet hat und dessen leibliche, geistige oder seelische Entwicklung gefährdet oder geschädigt ist, ist Freiwillige Erziehungshilfe zu gewähren, wenn diese Maßnahme zur Abwendung der Gefahr oder zur Beseitigung des Schadens geboten ist und die Personensorgeberechtigten bereit sind, die Durchführung der Freiwilligen Erziehungshilfe zu fördern.

1) Allgemeines. Die FreiwErzHilfe ist wie die ErzBeistandsch u FürsErz eine ErzMaßn der öff JugHilfe, §§ 2 II, 4 Z 3. Sie ist ein schärferer Eingriff als die ErzBeistandsch, ein milderer als die FürsErz; vgl auch Potrykus ZBlJugR 62, 61, Roestel ZBlJugR 62, 150. Stets ist der mildeste, dh noch ausreichde Eingr zu wählen, OVG Lüneb g ZBlJR 72, 132. Eine gerichtl AO der FreiwErzHilfe dch das JugG kommt mit Rücks auf das Erfordern der Bereitsch der PersSorgeBerecht, die Durchf zu fördern, nicht in Betr.

2) Voraussetzgen. a) Es muß sich um einen Mj handeln, der noch nicht das 17. LebJ vollendet hat. Herabsetzg v 20 auf 17 J dch VolljkG Art 6 Z 4. Entscheidd Ztpkt § 64 Anm 2. – **b) Gefährd** od **Schädigg der Entwicklg.** Mit Rücks auf die Abstufg der ErzHilfen muß der Fall bei FreiwErzHilfe aber schwerer liegen als die ErzBeistandsch, also eine Dauergefährdg od Schädigg vorhanden sein, Potrykus ZBlJugR 62, 62. FreiwErzHilfe ist aber schon zu gewähren, wenn die leibl, geist od seel Entwicklg gefährdet ist, also bei Störg der gesunden Entwicklg, die das Entwicklgsziel, § 1 I, in Frage stellt, vgl § 55 Anm 2. Kann aber auch gewährt w, wenn eine Schädigg eingetreten ist, insb unmittelb Verwahrlosg droht od schon eingetreten ist, § 64 Anm 3, aM Roestel ZBlJugR 62, 149 (sei im G nicht zum Ausdr gekommen, dagg auch Gräber Anm 5), falls die Maßn noch ausreicht, § 64 S 2. Anderers muß diese auch geboten sein; es darf keine schwächere Maßn mehr ausreichen, insb nicht ErzBeistandsch, Vorbem 1 vor § 55. – **c)** Verlangt wird ausdr die **Bereitsch des PersSorgeberechtigten**, dh aller, § 56 Anm 2, also auch des JA, wenn den Eltern das PersSorgeR entzogen ist, BVerwG 38, 164, die Durchf zu fördern, also dabei mitzuarbeiten, nicht nur sie sich gefallen zu lassen od damit einverst zu sein. Die Bereitsch muß ernsth u glaubh erscheinen, BegrRegVorl zu § 62. Das wird zu ermitteln, nach Möglichk deshalb auch festzustellen sein, ob etwa die Gefahr besteht, daß der PersSorgeberecht, bald nach Eintr der FreiwErzHilfe, insb Unterbringg des Mj in einer Familie od einem Heim, § 69 III, sein Einverständn widerruft, Riedel Anm 7. Ist mit Förderg nicht zu rechnen, ist Antr

Abschnitt VI: Erziehungsbeistandschaft, Freiwillige Erziehungshilfe usw. **JWG 62-64**

auf FreiwErzHilfe abzulehnen. Einverständn kann nicht dadch herbeigeführt w, daß dem nicht fördergsbereiten PersSorgeberecht das SorgeR entzogen u einem Pfleger zum Zwecke der entspr Erkl übertr wird, da darin Umgeh liegt, Essen (LG) FamRZ **62**, 174.

3) Auf die Gewähr FreiwErzHilfe besteht ein **RechtsAnspr,** wenn die sachl Voraussetzgen gegeben u ein Antr, § 63, gestellt ist. Gewähr erfolgt dch das LJA.

JWG 63 *Gewährung der Freiwilligen Erziehungshilfe.* **Das Landesjugendamt gewährt Freiwillige Erziehungshilfe auf schriftlichen Antrag der Personensorgeberechtigten. Der Antrag ist bei dem Jugendamt zu stellen. Das Jugendamt nimmt zu dem Antrag Stellung.**

1) Formelle Voraussetzg ist ein Antr, der zur Festlegg des Einverständnisses schriftl, § 126, von allen PersSorgeberecht gestellt sein muß, § 56 Anm 2; ist ein PersSorgeberecht nicht einverst, entfällt FreiwErzHilfe. Antr beim nach § 11 zust JA, das die erforderl Ermittlgen anstellt, vor allem die Erfolgsaussichten prüft u zu dem Antr gutachtl Stellg nimmt.

2) Entscheidg des LJA. Zust das übergeordnete LJA, vgl aber auch §§ 89, 74 II. Die Entsch lautet auf Unzulässigk, Ablehng, da nicht begründet, od Gewähr der FreiwErzHilfe, § 62 Anm 3. VerwAkt, der im Widerspruchs- u im Verf vor den VerwGerichten angefochten w kann. Lautet der Entsch des LJA dahin, daß FreiwErzHilfe nicht gewährt w, eine Entsch, an die VormschG gebunden ist, Ffm ZBlJR **69**, 214, so hat dieses bei Vorliegen der Voraussetzgen des § 64 FürsErz anzuordnen, Hamm ZBlJug **63**, 169.

JWG 64 *Sachliche Voraussetzungen der Fürsorgeerziehung.* **Das Vormundschaftsgericht ordnet für einen Minderjährigen, der das 17. Lebensjahr noch nicht vollendet hat, Fürsorgeerziehung an, wenn sie erforderlich ist, weil der Minderjährige zu verwahrlosen droht oder verwahrlost ist. Fürsorgeerziehung darf nur angeordnet werden, wenn keine ausreichende andere Erziehungsmaßnahme gewährt werden kann.**

1) Allgemeines. Vgl Vorbem vor § 62. § 64 gibt die sachl Voraussetzungen an, § 65 regelt das AOVerf des VormschG, das hier im Ggsatz zur FreiwErzHilfe zu entsch hat. FürsErz ist eine ErzMaßn, keine Strafe. Der umstrittene Begr der Verwahrlosg ist im Hinbl auf GG 6 III beibehalten. Auch gg Ausländer u Staatenlose kann FürsErz angeordnet w, Einl 3 vor § 55. Keine FürsErz ggü jugendl Soldaten; WehrPfl erst ab 18 J, freiw diene Soldaten müssen mind 17 J alt sein (WehrPflG 1; § 7 SoldatenlaufbahnVO, BGBl I 1751). Die Altersgrenze von 17 J fixiert die Zulässigk der endgült u auch vorläuf FürsErz (§ 67) auch für Übergangsfälle (Hamm NJW **75**, 655).

2) Betroffene: Mj, die das 17. LebJ (Herabsetzg dch VolljkG Art 6 Z 5) noch nicht vollendet haben (§ 62 Anm 2a). Bevorstehde Eheschl steht grdsl nicht entgg (allerd dann wohl kaum Befreiung iSv EheG 1 II), ijF aber Eheschl, da dann kein ErzR der Elt mehr (vgl § 1 II, § 1633), wohl auch GG 6 I entggstünde (Stgt FamRZ **67**, 161, Darmst NJW **65**, 1235; aM BGH **49**, 308, Köln FamRZ **67**, 235, Lücken JZ **69**, 29, da öff ErzR des LJA eigenständ). Entscheider Ztpkt ist bei AO der, in dem der Beschl des VormschG zwecks Zustell zur Post gegeben w, so auch, wenn sof Beschw zurückgewiesen w. Wird **Antr auf AO zurückgewiesen,** aber in der BeschwInst angeordnet, so maßg der Ztpkt des Hing dieses Beschl zu Post, BGH **12**, 248, zust Beitzke RJWG **63** Anm 16, aM Gräber Anm 5 (Rechtskr, da eine **weitere** Mindestausführgszeit von 1 Jahr sichergestellt sein soll; vgl § 69 II); ebso wenn mf weiterer Beschw erstmals AO ergeht. Antr u Rechtsmittel müssen zurückgewiesen w, wenn das 17. LebensJ inzw vollendet wurde. Wird die **Beschw gg die AO zurückgewiesen,** so bleibt es bei dem Ztpkt, in dem der anordnende Beschl zur Post gegeben wurde. Wäre der die Ablehng bestätigende Beschl des LG zwecks weiterer Ermittlgen aufzuheben u muß Volljährigk bis zu deren Abschl eintreten, so wird statt Zurückverweisg die weitere Beschw als unbegründet zurückgewiesen, vgl BGH NJW **54**, 108, 637 (Anm Potrykus). Eine Ausnahme hins der Altersgrenze besteht, wenn vorl FürsErz angeordnet war, § 67 IV, dh vollziehb ist, § 69 II; Rechtskraft nicht erforderl, Hamm FamRZ **64**, 103, Brschw MDR **63**, 761. Keine untere Altersgrenze, so daß auch bei Klein- u Kleinstkindern, die körperl zu verwahrlosen drohen, FürsErz mögl; jedoch nur in seltensten Fällen, da idR Mittel ausreichen werden, BGH **21**, 181; **8**, 134; vgl auch Anm 4.

3) Verwahrlosg. Die Regelg ist ganz auf den Mj abgestellt, so daß es auf ein Versch des Mj od der ErzBerechtigten nicht ankommt. Immerhin wird der Beschl, § 65 III, dazu, ebso zur Zulänglichk der Eltern für die Erziehg überh, Stellg nehmen müssen, da oft erst die Einstellg der Erziehgsberechtigten ergibt, ob FürsErz erforderl ist, vgl § 1666 Anm 2–4, § 1838, auch die Feststell für die Ausf der FürsErz wichtig sein kann. Verwahrlosg ist ein Zustand von einiger Dauer, ein erhebl Sinken des körperl, geist od sittl Zustandes unter den Durchschnitt Gleichaltr bei gleichen sozi Verhältnissen, gemessen also an einem obj Maßstab, eine dem sich aus § 1 I ergebden Erziehgsziel entgesetzte Entwicklg, BayObLG ZBlJR **72**, 313, KG FamRZ **64**, 164, allg M, vgl aber auch Gräber Anm 9, Riedel Vorbem 3 vor § 55. Es genügt das Absinken auf einem der genannten Gebiete, BayObLG ZBlJR **70**, 26, jedoch meist schwer zu entsch, zB nach heutiger Erkenntn auch das körperl in das seel u geist Gebiet hineinwirkt (aM RJWG **63** I Z 1 S 2). Die Verwahrlosg muß schon eingetreten sein (heilde FürsErz). **Verwahrlosg droht,** also die Fortsetz des bish Lebens des Mj (in seinen Abartigkeiten, in der bish Umwelt) voraussichtl zur Verwahrlosg führen wird, BayObLG ZBlJR **72**, 313, ohne daß Verwahrlosg schon erkennb sein muß (vorbeugde FürsErz); jedoch nicht so weitgehd wie Gefährdg iS §§ 55, 62, vgl § 55 Anm 2, aM Riedel Anm 7 u § 55 Anm 5. Jedoch hat diese Unterscheidg ihre früh Bedeut verloren (kein Versch des ErzBerecht mehr erforderl), so daß auch nicht mehr scharf auseinandergehalten w muß. **Beispiele** für Verwahrlosg: Kinder ohne Schulbildg wg Herumziehens der Eltern, BayObLG **30**, 245; idR außerehel Verk eines 16jähr Mädchens, Köln ZBlJugR **60**, 122, aber meist anders beurteilt, wenn mit demselben Mann u ernste Heiratsabsichten, Mü JFG **14**, 56, BayObLG **53**, 40, so auch Karlsr ZBlJugR **61**, 31 (Kind aus einer solchen Verbindg u darauf ernste HeiratsAbs), aM Ffm FamRZ **63**, 54; wiederholtes Aufgeben der Arbeitsstelle, um sich der Arbeit zu entziehen u herumzustreunen, Köln ZBlJugR **65**, 205, ebso des Schulbesuchs; übergroße Verzärtelg, die zur Lebensuntüchtig u Faulh führt; charakterl völlige Unzuverlässigk u Undisziplinierth, Hamm ZBlJugR **55**, 85. Ein schwer erziehb Kind ist noch kein verwahrlostes.

4) Fürsorgeerziehg erforderlich. Sie ist es nicht, wenn eine and ausr ErzMaßn, die auch dchgführt w kann (vgl auch die Angaben in JGG 34 III, § 1666 Anm 5, § 1838, JWG 55ff, ferner Einwirkg dch Schule, Kirche, JugBewegg uä) gewährt w kann, S 2 **(Subsidiarität)**, Kassel (LG) FamRZ **71**, 38; vgl auch Vorbem 1 vor § 55 u Roestel ZBlJugR **62**, 149. Das ist vom VormschG zu untersuchen; aus der Begr der AO muß auch hervorgehen, aus welchen Gründen an sich sonst geeignete Mittel den Zweck hier nicht erfüllen würden; andernf VerfFehler, Mü JFG **23**, 193. Für 12jähr Jungen ist FürsErz ungeeignet (Heimunterbringg), Kassel aaO. Aber keine Ablehng der FürsErz mit der theoret Begr, den Eltern das Aufenth-BestimmgsR zu entziehen u auf einen Pfleger zu übertr, der den Mj in einem geeigneten Heim unterbringt, KG ZBlJR **70**, 28. Mögl AO der FürsErz währd der Aussetzg einer JugStrafe, obwohl diese widerrufen w kann, Saarbr OLGZ **68**, 74. Drohde od schon eintretde Verwahrlosg bedeuten für sich allein noch nicht AO der FürsErz. Schlechter Ruf allein genügt nicht, BayObLG **61**, 88. Vielm Sache des Einzelfalles, dessen sämtl Umst zu klären u im Hinbl auf die Erforderlk der Maßn zu werten sind. So wird bei selbstverdienendem Mj regelm ein Wechsel der Umwelt genügen, also SorgeREntziehg u Pflegerbestellg, KG JFG **3**, 108, BayObLG **53**, 44. Auch in and Fällen kann Unterbringg bei einer geeigneten Fam genügen, was im allg bes zu prüfen ist, Mü JFG **16**, 63. Daß in angeordnete andersart Maßnahmen seitens der Eltern störd eingegriffen würde, ist kein Grd für AO der FürsErz, da StGB 235 ausr Schutz, BGH **21**, 182. FürsErz ist auch nicht zum Schutze Dritter vor dem Mj eingerichtet, Riedel Anm 6a. Stets zu prüfen, ob nicht Maßnahmen nach §§ 55, 57 u FreiwErzHilfe, § 62, noch genügen, bei denen jedoch die Wirksamk sehr von der Bereitwillig der Eltern zur Erziehg u ihrer Fähigk dazu abhängt. Ist keine dieser Maßnahmen ausr, ist bei drohender Verwahrlosg von mehreren PersSorgeberecht auch nur einer nicht zur Förderg der FreiwErzHilfe bereit, § 62 Anm 2c, od zieht sein Einverständn im Falle der FreiwErzHilfe zurück u ist das LJA nicht bereit, FreiwErzHilfe zu gewähren, an die VormschG gebunden ist, Hamm ZBlJugR **63**, 169, u die es nicht erwirken kann, ist also eine mildere Maßn nicht gesichert, muß VormschG FürsErz anordnen, Brschw ZBlJugR **65**, 204, selbst dann, wenn ihr Erfolg zumindest sehr fragl ist (der früh RJWG 63 II ist entfallen, vgl auch JWG 75 Anm 2d); denn pädagog Erziehbark nicht Voraussetzg der FürsErz, Neust ZBlJugR **64**, 55, da allenf dann, wenn aGrd längerer Heimunterbringg mit Sicherh feststeht, daß eine weitere HeimErziehg keinen Erfolg verspricht, Brem FamRZ **71**, 324. Keine AO, wenn geist od seel Regelwidrigkeiten des Mj vorliegen, die von vornherein fachärztl nachgewiesen sind (medizin Unerziehbark), auch eine and Art der Hilfe gesichert ist, insb der Mj sich im Elternhaus aufhält, Karlsr ZBlJR **68**, 322, da sonst die AO sofort wieder aufgeh werden müßte, § 75 II, ebso Hamm FamRZ **64**, 101, Stgt OLGZ **66**, 591; ist das nicht der Fall, so auch hier zunächst FürsErz aM Celle OLGZ **66**, 460, das AO dann ablehnt, wenn andere Art der Hilfe nicht gesichert sei u JWG 75 II 2 davon ausgehe, daß medizin Unerziehbark erst nach angeordneter FürsErz festgestellt wird.

5) Sind die **Voraussetzgen** gegeben, muß FürsErz angeordnet w; keine ErmSache. Befristete od bedingte Überweisg zur FürsErz unzul, KG JFG **12**, 175. Art der Durchf kann nicht vorgeschrieben w, da Sache des LJA, § 69 I. Mögl Abseh der AOVerf, § 68, wenn Aussicht besteht, daß AOVerf wg Besserg, also Fortfall der Verwahrlosgsgefahr od Beseitigg der Verwahrlosg nicht durchgeführt zu w braucht. AO vorläuf FürsErz zur Prüfg, ob diese Aussicht auf Erfolg bietet, so früh RJWG 67 S 2, ist nicht mehr mögl. Nur dann keine AO, wenn FürsErz undurchführb, weil Mj sich dauernd im Ausland aufhält.

JWG 65 *Entscheidung durch das Vormundschaftsgericht.* I Das Vormundschaftsgericht entscheidet von Amts wegen oder auf Antrag. Antragsberechtigt sind das Jugendamt, das Landesjugendamt und jeder Personensorgeberechtigte. Der Kreis der Antragsberechtigten kann durch Landesrecht erweitert werden.

II **Vor der Entscheidung sind die Antragsberechtigten und der Minderjährige zu hören. Das Vormundschaftsgericht soll die Personensorgeberechtigten und den Minderjährigen mündlich anhören, soweit dies ohne erhebliche Schwierigkeiten geschehen kann. Der Kreis der Anzuhörenden kann durch Landesrecht erweitert werden.**

III Der Beschluß ist mit Gründen zu versehen. Er ist den Antragsberechtigten und, wenn Fürsorgeerziehung angeordnet wird, dem Minderjährigen, wenn er das 14. Lebensjahr vollendet hat, zuzustellen. § 57 Abs. 4 Satz 2 ist anzuwenden.

IV Gegen den Beschluß steht den in Absatz 3 Satz 2 Genannten die sofortige Beschwerde mit aufschiebender Wirkung zu.

V **§ 57 Abs. 5 ist anzuwenden.**

1) Die Zuständigkeit richtet sich nach FGG 43, 36. Wg Wohns des Kindes BGB 11. FGG 43 II wird dch § 77 II erweitert; ist also eine ErzBeistandsch anhängig, so dort auch Zustdgk für AO der FürsErz nicht aber, wenn die vorl FürsErz als eilige Maßn mit Zustdgk nach § 77 I angeordnet ist bei diesem Gericht, BayObLG JFG **8**, 68. Maßgebender Ztpkt, in dem VormschG mit der Sache befaßt wird, FGG 43 I, Eingehen des Antrags od, falls das nicht der Fall, Kenntn des VormschG von Tatsachen, die an amtswegiges Verf in Gang bringen, Karlsr NJW **55**, 1885. Das kann ein ausr begründeter Antr auf AO der vorl FürsErz beim ordnungsgem zust Gericht sein, BayObLG NJW **62**, 302. Die Zustdgk bleibt auch bei WohnsÄnderg des Mj, ebenso Ellwangen (LG) ZBlJugR **65**, 176; aber Abgabemöglichk, V. Zustdgk ist auch wicht für die Bestimmg des LJA, dem die Ausführg der FürsErz obliegt, § 70, u die Pfl zur Kosten-

Abschnitt VI: Erziehungsbeistandschaft, Freiwillige Erziehungshilfe usw. **JWG 65** 1–4

tragg, § 85 III. Infolgedessen AnfGrd; sof Beschw auch seitens der AusfBeh mit dem Ziele der Aufhebg u Abgabe an das zust Gericht, KG JW **35**, 1036.

2) Antragsberechtigt, I, ist **a)** das **JA**, auch wenn es Amtsvormd ist, KG JW **35**, 2517. Zust ist das JA, in dessen Bezirk der Mj zZ der AntrStellg seinen gewöhnl Aufenth hat, falls dieser fehlt, das JA, in dessen Bezirk das Bedürfn der öff JugHilfe hervortritt, § 11. Wird das Verf vAw eingeleitet, zust das JA, das im EinleitgsZtpkt den Antr hätte stellen können, KG JW **38**, 2145. Aufenthaltsänderg des Mj ändert nichts an der weiteren Zustdgk des JA u damit seiner BeschwBerechtigg, KG JFG **17**, 337. Das für vorl Maßnahmen zust JA, § 11 S 2, ist nicht auch für Beantragg der endgült FürsErz zust; **b)** das **LJA** od die Beh, der landesrechtl die Zustdgk des LJA übertr ist, § 74 II, da das LJA FreiwErzHilfe zu gewähren hat, § 63, u dabei die Notwendigk einer FürsErz hervortreten kann. AntrStellg auf FürsErz bei bestehender FreiwErzHilfe zul; **c) jeder PersSorgeberechtigte;** haben mehrere Personen das PersSorgeR, jeder für sich allein; **d)** weitere Personen, denen **Landesrecht** die AntrBefugn zuerkannt hat, I 2. – Antr eines Nichtberechtigten kann, wenn Prüfg ergibt, daß seine Ansicht zutrifft, das VormschG zur Einl eines Verfahrens veranlassen.

3) Verfahren, II. a) Das Verf, FGG 12, kommt in Gang dch einen Antr oder vAw. Einl des Verf in nicht anfechtb Vfg od Beschl, Mü JFG **15**, 5, die nicht mitgeteilt zu w brauchen. Dch einen Antr auf AO der vorl FürsErz wird Gericht auch mit dem Verf auf endgült FürsErz befaßt, BayObLG **61**, 317, nicht aber ist Antr auf AO der ErzBeistandsch, § 57 III, auch Antr auf Einl einer FürsErz, Karlsr JFG **3**, 85. Wird der Antr zurückgenommen, muß sich das VormschG schlüssig werden, ob es das Verf vAw fortsetzt; Verf also nicht ohne weiteres beendet, BayObLG NJW **62**, 302. Auch mögl, daß Antr auf ErzBeistandsch geht, § 57 II, sich dann aber herausstellt, daß inf ablehnender Haltg der PersSorgeberechtigten FürsErz angebracht ist. – **b)** Gesetzl Vertretg des Mj muß währd des ganzen Verf gegeben sein. Ist vAw zu beachten. Verf kann solange, als nicht vertreten, nicht fortgesetzt werden, KG JFG **4**, 76. Das JA, das Amtsvormd ist u das die Einl des Verf beantragt hat, ist an der gesetzl Vertretg nicht gehindert, BayObLG NJW **62**, 964, § 1795 Anm 1. – **c)** Anhörpflicht besteht ggü den AntrBerechtigten, Anm 2, Jansen FGG 12 Rdnr 85, also auch des nach § 11 zustJA, gleichgült, ob sie einen Antr gestellt haben od nicht. Es sind (soll = muß, Hamm JMBlNRW **63**, 17) beide Eltern zu hören, wenn sie beide personensorgberecht (ganz od zT) sind, so daß der gehörte Elternteil seine sof Beschw auch die Nichtanhörg des anderen stützen kann, KG JW **38**, 2146. Der nicht personensorgeberecht Elternteil braucht nicht gehört zu w, falls das nicht FGG 12 gebietet. Anzuhören ferner der Mj. Dieser (auch formlos in Abwesenh des dann zu unterrichtenden VerfBevollm, Köln, ZBlJugR **65**, 24) u die PersSorgeberechtigten sollen vom VormschG mdl gehört w, damit sich dieses einen unmittelb Eindruck, bei den PersSorgeberechtigten insb über ihren etw Willen mitzuwirken u ihre Erzieherfähigk, aber auch ihre Einstellg zu dem Kinde machen kann; wird regelm von des Wichtigk für die Beantwortg der Frage sein, ob FürsErz erforderl ist, § 64 Anm 4. Nur wenn erhebl Schwierigkeiten mit der mdl Anhörg verbunden sind, vgl § 1695 I 2, was in der RMittelinstanz nachgeprüft w kann, kann davon abgesehen w. Müssen also AusnFälle sein wie Geisteskrankh, sehr jugendl Alter, Auslandsod unbekannter Aufenthalt, aber uU zB auch Rücksicht aufs Kind, das inf Sittlichkeitsdelikts psychisch bes labil ist (Riedel Anm 10b). Ergeben sich bes Schwierigkeiten aus der Entfernung od weil Mj Gefängnisstrafe verbüßt, so Rechtshilfe od Amtshilfe. Mußte VormschG aus bes Gründen von Anhörg absehen, so ist diese in BeschwInst nachzuholen, falls da die Gründe weggefallen sind, Hamm OLGZ **65**, 250. Gründe für anderweit Anhörg od deren Unterbleiben müssen sich aus sden Akten ergeben, KG JFG **17**, 319. AntrStellg dch das JA oder LJA ersetzt die Verpflichtg, sie anzuhören, jedenf dann nicht, FGG 12, wenn neue Tatsachen hervorgetreten sind u wenn das VormschG von ihrem Vorschlag, auch hins der zu ergreifenden Maßnahmen, abweichen will; aM Karlsr JFG **3**, 85 bei AO einer schwächeren als der beantragten Maßn (aber gerade dann ist die Ansicht des besser unterrichteten JA wichtig, ob jene ausreicht). Ergeben sich weitere ergänzende, Tatsachen u BewMittel, keine Wiederholg erforderl, sondern erst, wenn aGrd neuer Sachverhalts entschieden w soll, KG NJW **67**, 985. Zum Umfang der Anhörg des JA u LJA § 48 Anm 2 u 4a. Ihre Anhörg regelm schriftl. Die Zustellg des Beschlusses ist keine Anhörg, sie muß ihrem Zweck nach vorher erfolgt sein. Der Kreis der Anzuhörenden kann durch LandesR erweitert werden, II 3, so in *Bayern* die Schul- u die geistlBeh, dh die Leitg, BayObLG **62**, 4. – **d)** Das VormschG darf sich nicht den Bericht des JA u seiner Hilfspersonen ohne weiteres zu eigen machen, wie sich schon aus der pers AnhörgsPfl der PersSorgeberechtigten u des Mj ergibt. Darüber hinaus möglicherw auch eig **Ermittlgspflicht des VormschG,** FGG 12. Werden Zeugen vernommen, so gebietet der Anspr auf rechtl Gehör die Zuziehg der am Verf Beteiligten, um ihnen die Fragemöglichk zu geben, Hamm FamRZ **60**, 291, Keidel FGG **15** Anm 6, anders, wenn es sich nur um die formlose Anhörg einer AuskunftsPers handelt, BayObLG NJW **60**, 2287. Wg SachverstGutachten § 66. **e)** Nichtanhörg ist VerfVerstoß, der zur Aufhebg führen kann. Anhörg, falls bei VormschG nicht mögl, in RMittelInst gegebenenfalls nachzuholen, Hamm ZBlJugR **65**, 139, BayObLG ZBlJR **70**, 115; jedoch regelm keine Wiederholg der schon vom VormschG durchgeführten Ermittlgen, sofern Sachlage dieselbe, BayObLG JFG **5**, 83. Wird Nichtanhörg auf weitere Beschw festgestellt, Zurückverweisg.

4) Entscheidg des Vormundschaftsgerichts, III, ergeht dch Beschluß, der abw von FGVerf stets zu begründen ist, sich also über Zustdgk, tats Feststellgn u deren rechtl Würdigg, insb daß die getroffene Maßn erforderl war, § 64, auslassen muß. Fehlen der Begr, auch wenn sie nicht ausreicht, VerfMangel. Lediglich Bezugn auf Begr für vorl AO reicht nicht ausr, Schweinfurt (LG) ZBlJugR **56**, 86. Es entsch der Richter, RPflG 12 Z 23. Die Entsch kann auf AO, Abweisg des Antrags als unzul od als unbegründet gehen. Aber keine vorl AO wg § 67, auch nicht in der Form der Aussetzg, KG JFG **20**, 165. Verf kann ausgesetzt w, § 68. Es kann auch auf vorl FürsErz erkannt w, währd das Verf auf endgültige, das noch nicht abgeschl ist, weiterläuft; mögl auch AO der vorl u der endgült FürsErz in einem Beschl. Da Beschw gg die vorl AO keine aufschiebende Wirkg hat, § 67 II 2, wohl aber die Beschw gg den die endgült FürsErz anordnenden Beschl, IV, der also erst mit Rechtskr wirks wird; vgl auch § 69 II. Wie die FürsErz auszuführen ist (zB Art der Unterbringg) kann das die FürsErz anordnende VormschG nicht bestimmen, da das ein Eingriff in die

JWG 65, 66   Jugendwohlfahrtsgesetz. *Diederichsen*

Rechte des LJA, § 69 I, wäre; etw Erörtergen also nicht mehr als unverbindl Vorschläge. Das VormschG hat die Maßn anzuordnen, die erforderl ist, Vorbem 1 vor § 55, § 64 Anm 4. Das LJA hat die Ausführg, ohne daß der Mj nochmals darüber gehört w müßte, ob Einweisg in ein Heim od FamErz erfolgen soll, BayVGH ZBlJR **66**, 169. Kommt es nicht zur beantragten FürsErz, sond entscheidet es zB auf PersSorgeentziehg u Pflegerbestellg, §§ 1666 I, 1909, od anderw Unterbringg, § 1837, so wird es den Antr für erledigt erklären. Beschl ist gem FGG 16 II 1 zuzustellen, da mit der Bek der Lauf der sof BeschwFrist beginnt. Zustellg an alle AntrBerechtigten, Anm 2, gleichgült, ob sie sich am Verf beteiligt haben od nicht, der anordnende Beschl ferner an den Mj, falls er das 14. LebensJ vollendet hat; die Begr an ihn jedoch nur soweit, als erzieherische Nachteile sich nicht ergeben können, § 57 Anm 4. Ein WiederaufnahmeVerf gg den rechtskräftigen AnOBeschluß gibt es nicht, da JWG 75 II 1 genügt, Hamm MDR **66**, 1003.

5) Beschwerde, IV. Gg jede Entsch nur die sofortige mit aufschiebender Wirkg, ausnahmslos; hierzu Gräber Anm 27. Beschw einlegen kann jeder AntrBerechtigte, Anm 2, gleichgült, ob er sich am Verf beteiligt hat od nicht, auch der Elternteil, dem das PersSorgeR entzogen ist, § 1666, wenn die Entsch darüber noch nicht rechtskr od nur dch vorl AnO getroffen ist, Köln FamRZ **72**, 218, Krug Anm 11; er verliert es mit der endgült Verneing seines SorgeR, Anm 2c. Gilt auch für den Mj über 14 Jahre, IV, JWG 59, u zwar selbständig, ebso wie sein ges Vertreter, KG HRR **28**, 1831, so daß für jeden besondere Fristen laufen. Das JA kann als solches Beschw einlegen, aber auch der betraute Beamte, § 37 S 2, zu dessen Obliegenh das gehört; beschwberecht auch das ausführde LJA, JWG 69 (od die an seine Stelle tretde Beh, JWG 74 II), auch wenn es nicht das für den Aufenth zust LJA ist, BayObLG **64**, 22. Hat ein unzust VormschG Beschl erl, haben sowohl die FürsErzBeh des Bezirks des unzust wie das zust VormschG BeschwR auf Abgabe an das zust VormschG, KGJ **53**, 62, JFG **12**, 159, BayObLG **51**, 674. Abgegeben w kann, auch wenn beim VormschG das VormschVerf anhängig ist, FGG 43 II, das FürsErzVerf allein, KG JFG **22**, 75. Die 2-Wochen-Frist, FGG 22, läuft für jeden BeschwBerechtigten ab Ztpkt der Zustellg an ihn, so daß also für Rechtskr des Beschl die Fristen gg alle abgelaufen sein müssen. Auch das BeschwGericht kann iW der Abänderg der Entsch des VormschG zu einer and Maßn als beantragt kommen, Neust Rpfleger **52**, 291, jedenf wenn sie milder ist, Mü JFG **14**, 56, zB statt FürsErz Maßn nach § 1666, Brschw FamRZ **57**, 265, aM KG JW **37**, 2207 (aliud). Aber nicht mögl aus dem Verf der endgült FürsErz in das der vorl überzugehen, da das selbständ Verf, KG JFG **12**, 172. S dazu auch Riedel Anm 24. Gg Entsch des LG sof weitere Beschw, FGG 29 II.

6) Anordng der Fürsorgeerziehg durch Jugendgericht richtet sich verfrechtl nach JGG, soweit die JugRichter selbst die AO trifft u nicht dem VormschRichter die AO von Erziehgsmaßregeln überläßt, JGG 53. Sachlrecht gilt § 64 auch für JugRichter. Vgl auch Einl 2 vor § 55.

JWG 66   *Untersuchung durch Sachverständigen.* **I** Das Vormundschaftsgericht kann im Verfahren nach § 64 zur Beurteilung der Persönlichkeit des Minderjährigen die Untersuchung durch einen Sachverständigen anordnen.

II Zur Vorbereitung des Sachverständigengutachtens kann das Vormundschaftsgericht die Unterbringung des Minderjährigen bis zu sechs Wochen in einer für die pädagogische, medizinische oder psychologische Beobachtung und Beurteilung geeigneten Einrichtung anordnen. Erweist sich diese Zeit als nicht ausreichend, so kann das Vormundschaftsgericht die Unterbringung durch Beschluß verlängern. Die Dauer der Unterbringung darf insgesamt drei Monate nicht überschreiten. Das Grundrecht der Freiheit der Person (Artikel 2 Abs. 2 Satz 2 des Grundgesetzes) wird insoweit eingeschränkt.

III Gegen einen Beschluß nach den Absätzen 1 und 2 steht den nach § 65 Abs. 1 Satz 2 und 3 Antragsberechtigten die sofortige Beschwerde mit aufschiebender Wirkung zu.

1) Allgemeines. § 66 ergänzt § 65; unanwendb bei § 57. SachverstUntersuch ohne Unterbringg, I, SachverstUntersuchg mit Unterbringg, II; insof wg GG 19 I GrundR der Freih der Pers eingeschränkt. Ziel ist ein SachverstGutachten über die Persönlichk des Mj, so daß also Untersuchgen zu and Zwecken, zB KrankhZustand hier ausscheiden. Insof nur FGG 12, 15. Kosten der Unterbringg § 85 IV.

2) Sachverständigengutachten, I. Zweck, dem VormschG die Beurteilg der Persönlichk des Mj zu ermöglichen, ferner, um festzustellen, ob medizin nachweisbare Unerziehbark, die eine and Art der Hilfe als FürsErz notw macht, § 75 II 2, vorliegt; denn dann wäre die Anordng der FürsErz abzulehnen, § 64 Anm 4. Mitwirkg des Mj nach FGG 33 erzwingb.

3) Unterbringg zur Vorbereitg des Gutachtens, II, erst statt, wenn mit einiger Sicherh zu erwarten, daß FürsErz angeordnet wird. Also zunächst die Voraussetzgen des § 64 festzustellen, vgl BayObLG **53**, 59, also zunächst auch Anhörgen durchzuführen, § 65 II. Unterbringg aber auch statth, wenn Verf auf vorl FürsErz läuft u umgekehrt, § 67 III. Ob eine Unterbringg erforderl wird, oft nur auf Grd einer ärztl Stellgnahme zu entscheiden. Es soll sich mit Rücks auf die Vollständigk des zu erzielenden PersönlichkBildes um eine für die pädagog, medizin u psycholog Beobachtg u Beurteilg geeignete Einrichtg handeln, die im UnterbringgsBeschl genannt sein muß. Zunächst Unterbringg auf 6 Wochen, nach Anraten des Arztes auch kürzer. Kann bis höchstens 3 Monate verlängert w, wenn 6 Wochen nicht ausreichen. Neben UnterbringgsAO eine solche vorl FürsErz mögl, § 68 III. Kosten der Unterbringg sind solche der FürsErz. Wenn sie angeordnet w, § 85 IV.

4) Rechtsmittel, III. Die Untersuchg dch einen Sachverst, I, wie die Unterbringg, II, ordnet VormschRichter, RPflG 12 Z 23, dch Beschl an, der gem FGG 16 II den AntrBerecht, § 65 Anm 2, zuzustellen ist, (wg BeschwFr) auch dem Mj. Gg beide Beschlüsse sof Beschw mit aufschiebender Wirkg. Beschwberechtigt die AntrSteller nach § 65 I S 2 u 3, dort Anm 2, gleichgült, ob sie sich am Verf bisher beteiligt haben; ferner der mind 14j Mj (KG FamRZ **75**, 352). Auch VerlängergsBeschl bes anfechtb.

2362

Abschnitt VI: Erziehungsbeistandschaft, Freiwillige Erziehungshilfe usw. **JWG 67** 1–4

JWG 67 *Vorläufige Fürsorgeerziehung.* I Bei Gefahr im Verzuge kann das Vormundschaftsgericht die vorläufige Fürsorgeerziehung anordnen.

II Gegen die Anordnung der vorläufigen Fürsorgeerziehung steht den nach § 65 Abs. 1 Satz 2 und 3 Antragsberechtigten und dem Minderjährigen, wenn er das 14. Lebensjahr vollendet hat, die sofortige Beschwerde zu. Sie hat keine aufschiebende Wirkung. § 18 Abs. 2 des Gesetzes über die Angelegenheiten der freiwilligen Gerichtsbarkeit ist nicht anzuwenden.

III Die vorläufige Fürsorgeerziehung kann neben einer Unterbringung nach § 66 Abs. 2 angeordnet werden.

IV Ist die vorläufige Fürsorgeerziehung angeordnet, so kann die endgültige Fürsorgeerziehung auch noch angeordnet werden, nachdem der Minderjährige das 17. Lebensjahr vollendet hat.

V Die Anordnung ist aufzuheben, wenn das Vormundschaftsgericht die Anordnung der endgültigen Fürsorgeerziehung ablehnt oder innerhalb von sechs Monaten keinen die Fürsorgeerziehung anordnenden Beschluß erlassen hat.

1) Allgemeines. Die AO erfolgt auf Grd eines summarischen Verf bei Gefahr im Verzug. Vorl FürsErz ist Teil des AOVerf, ist von ihm abhängig, aber eine Maßregel besonderer Art, Anm 3. Vorl FürsErz zur Prüfg, ob FürsErz Aussicht auf Erfolg bietet, so RJWG 67 S 2, also die versuchsw angeordnete, gibt es nicht mehr. AO der vorl FürsErz dch den JugRichter ist als vorl ErzMaßn nicht zul, JGG 71 I 2.

2) Sachl Voraussetzgen. a) Gefahr im Verzuge, ein in der RMittelinstanz nachprüfb RBegriff, ist gegeben, wenn der Mj verwahrlost – Anfangsstadium genügend, KG FamRZ 65, 52 – od weiter verwahrlosen würde, wenn nicht sofort, also vor Durchf des endgült FürsErzVerf eingegriffen w u demzufolge Entferng des Mj aus der bisherigen Umgebg dringl ist, BayObLG ZBlJR 64, 218, ZBlJR 68, 26. Beurteilg des Einzelfalls; aber zu verneinen, wenn eine ernstl beabsichtigte Heirat verhindert w soll, Düss ZBlJR 68, 89, Ist endgült FürsErz rechtskr angeordnet, kann Gefahr im Verzuge nicht mehr gegeben sein. Für das Abgleiten müssen bestimmte Anhaltspunkte gegeben sein, nicht nur Vermutgen, insb ist die vorl FürsErz nicht das Mittel, um festzustellen, ob die endgült erforderl ist; Verborgenhalten allein genügt nicht, Düss ZBlJR 68, 90. Daß JA Aufenthaltsbestimmg zusteht, schließt aber Gefahr im Verzuge nicht ohne weiteres aus, Köln ZBlJ 63, 260. **b)** AO der endgült FürsErz muß wahrscheinl sein, BayObLG ZBlJR 63, 142, Gräber Anm 2, 2, Ach-Gr-Beitzke RJWG 67 Anm 1, so jetzt auch KG FamRZ 65, 52 ggü KG JFG 23, 12, „nicht aussichtslos sein" (wohl auch BGH MDR 53, 732, Riedel Anm 5), wenn auch alle Voraussetzgen des § 64 nachgewiesen sein müssen. Jedenf müssen aber die Ermittlgen für das endgült FürsErzVerf sofort eingeleitet, nicht darf damit bis zum Abschl des vorl Verf gewartet werden, Stgt ZBlJR 67, 202. Auch hier aber noch Möglichk, Anm 3, zu prüfen, ob nicht eine and Maßn als FürsErz in Betr kommen kann, § 64 S 2, Celle ZBlJR 58, 270, die auch sofort verwirklicht werden könnte, KG JFG 23, 14, sonst von dieser Prüfg Abstand zu nehmen, aM Hamm ZBlJR 65, 176, das grdsätzl, da Eilmaßn, die Frage, ob eine weniger einschneidende Maßn ausreicht, nicht prüfen will, was aber der Subsidiarität der FürsErz widerspricht, andererseits kaum eine andere Möglichk, auch bei Antr der Eltern auf FürsErzHilfe, sofern ihre Bereitsch nicht offensichtl ist, besteht; eine Folge davon, daß es an einer vorl FürsErz zur Vorbereitg der FürsErzHilfe fehlt; hierzu Roestel ZBlJR 66, 81. Bei offensichtl medizin Unerziehbark abzulehnen, Hamm ZBlJR 58, 148. Aber auch hier keine zeitraubenden Ermittlgen, so daß nur bei feststehender med Unerziehbark Ablehng, vgl auch JWG 64 Anm 4, Maßn aber nicht von Klärg dieser Frage abhäng gemacht werden darf, Hamm FamRZ 65, 345. Der Mj darf nicht über 17 J (Herabsetzg dch VolljkG Art 6 Z 6) sein (arg IV).

3) Verfahren. Bes Verf, das neben dem AOVerf, § 65, nach eigenen Regeln läuft, KG JFG 12, 172. Zuständiges VormschG § 65 Anm 1. Ist also das endgült FürsErzVerf eingeleitet, dann auch vorl FürsErz bei diesem, § 77 II. In Betr kann wg der Eiligk aber auch die einstweil Zustdgk nach § 77 I kommen. Einl des Verf vAw od auf Antr, § 65 Anm 2. Mit Rücks auf die erforderl Schnelligk ges Vertretg des Mj nicht unbdgt geboten, Karlsr JFG 4, 70, auch muß sich VormschG meist mit Glaubhaftmachg begnügen, insb den behördl unterbreiteten Vorgängen, falls sie sorgfält Ermittlg erkennen lassen, auch BewMittel angeben u nicht nur Werturteile sind, KG JFG 23, 14. Anhörg des Mj u der ErzBerecht dch VormschG nicht schlechthin geboten, BGH NJW 53, 1587, BayObLG ZBlJR 71, 217 (wohl aber im BeschwVerf, 72, 315, wenn auch nicht immer persönl, Düss ZBlJR 67, 202, da wg sof Vollziehbark, Anm 5, nicht mehr eilbedürft, BayObLG ZBlJR 63, 141); aM Köln (LG) FamRZ 60, 445 wg des einschneidden Eingriffs. Jedenf darzulegen, weshalb von Anhörg werd od der persönl abgesehen wurde. Eig Ermittlgen dch VormschG nur durchzuführen, soweit ohne Zeitverlust mögl; auch telefonisch. Insb bei Wohnort der Anzuhörden im gleichen Ort. Anhörg darf aber den verfolgten Zweck nicht in Frage stellen. Ermessensfrage der Nichtanhörg nachprüfb, Stgt NJW 63, 1161.

4) Entscheidg des VormschG erfolgt dch den Richter, RPflG 12 Z 23. Ordnet an od lehnt ab. Anordng, für die bes Antr nicht erforderl, kann zus mit UnterbringgsBeschl, § 66 II, ergehen, **III**. Auch zus mit Beschl, der die endgült FürsErz anordnet, § 65 Anm 4. Ist sowohl vorl wie endgült FürsErz beantragt, wird aber nur die endgültige angeordnet, so liegt darin die Ablehng der vorl, KG JFG 12, 172. Nicht mögl Aussetzg des Verf, da dann nicht Gefahr im Verzuge; § 68 gilt nur für das endgült Verf, hat dann aber zur Folge, daß die vorl FürsErz aufgeh ist, § 68 I 3; vgl auch Krug Anm 4. Vollendet Mj vor Entsch über AO das 17. Jahr, so ist Verf einzustellen, ein etw Antr abzuweisen, *arg* IV; s auch § 64 Anm 2. Das gilt auch für vor Inkrafttr des VolljkG anhäng gewordene Übergangsfälle (Hamm NJW 75, 655). Für den Beschl ist Begr nicht vorgeschrieben, da § 65 III 1 nicht in Bezug genommen; aber zweckm. Zustell des anordnenden Beschl gem FGG 16 II 1 wie nach § 65 III 2, der ablehnden Bek nach FGG 16 II 2, da insof nur einf Beschw, Anm 5. Beschl ist in Abw von FGG 18 II jeder Zeit dch VormschG abänderb, § 67 II 3, also auch nach sof Beschw od Rechtskr, BayObLG **53**, 44. Abändergen sind je nach Inhalt ebenf nach FGG 16 II 1 od 2 bekannt zu machen.

5) Beschwerde, II. Gegen den anordnenden Beschl sof Beschw ohne aufschiebende Wirkg, II 1 u 2. Das AmtsG kann ihr aber in Widerspr zu FGG 18 II selbst abhelfen, II 3. Beschwerdeberecht die Antr-Berecht einschl der dch LandesR hierzu Berecht, § 65 I 2, 3 u Anm 2 dort. Um die Sechsmonatsfrist, V, nicht verstreichen zu lassen, muß VormschG aber auch währd des BeschwVerf das Verf, die endgült FürsErz betr, weitertreiben. Das BeschwGericht kann anordnen, daß die Vollziehg des Beschlusses des VormschG auszusetzen ist, FGG 24 III; wird es insb tun, wenn die tats Grdlagen der Entsch auch für eine vorl AO unzureichd sind. Entsch des BeschwGerichts wird erst mit Rechtskr wirks, da gg diese weitere sof Beschw stattfindet, FGG 29 II, 26 S 1. BeschwGericht kann aber sof Wirksamk der Entsch anordnen, FGG 26 S 2. BeschwG kann nicht im BeschwVerf nach § 65 vorl FürsErz anordnen, da and Verf, KG JFG **12**, 172, Stgt OLGZ **66**, 591. Hatte BeschwG aber im Verf nach § 65 das BeschwVerf ausgesetzt u ist damit die vorl FürsErz aufgeh, § 68 I 3, so kann es bei Aufhebg der Aussetzg auch vorl FürsErz wieder anordnen, KG JFG **19**, 207, wogg ErstBeschw ans OLG, Gräber Anm 4; jedoch nur dann, wenn die aufgeh vorl FürsErz nicht schon rechtskr angeordnet war, vgl KG JFG **19**, 210. BeschwG kann auch, wenn es das für ausr hält, ErzBeistandsch statt vorl FürsErz anordnen. Karlsr JFG **3**, 85, vgl auch § 65 Anm 5, str. Die Aussetzg der Vollziehg einer rechtskr Entsch ist unzul. Gg ablehnenden Beschl einf Beschw; Beschw-Berechtigte FGG 20, 57 I Z 9, auch JA u LJA, BGH **42**, 113. Einf (weitere) Beschw auch, wenn LG im BeschwWege vormschgerichtl AO aufgeh hat, wie die Nichterwähng in den Sonderregelg von II ergibt; so auch BayObLG **65**, 73, Jans-Happe Anm 7, aM Düss ZBlJugR **64**, 20. Wird dem Antr des JA auf vorl FürsErz stattgegeben, so muß es gehört werden, wenn von anderer Seite Aufhebg beantragt, BGH **42**, 116.

6) Aufhebg der Anordng, V. a) Wenn AO der endgültigen FürsErz abgelehnt wird, § 65 IV, Rechtskr nicht erforderl, Riedel Anm 12, aM 23. Aufl. AO anderer Maßnahmen anstatt der endgültigen FürsErz rechtfertigen nicht die Aufrechterhaltg; **b)** wenn innerh von 6 Monaten seit Erlaß des AOBeschl der vorl FürsErz, also als dieser zur Zustellg an der Post gegeben wurde, BayObLG NJW **63**, 208 (wg § 69 II), BGH **12**, 252, KG FamRZ **64**, 162, Potrykus ZBlJugR **63**, 272 (Brschw MDR **63**, 761: spätestens mit ihrem Vollzug), die endgültige nicht angeordnet ist; Rechtskr nicht erforderl. Das auch dann der Fall, wenn der die endgült FürsErz anordnende Beschl aufgeh u rechtskräft zurückverwiesen ist, BayObLG FamRZ **65**, 347. – Zeit, in der Vollzug der AO ausgesetzt war, FGG 24 II, ist mitzurechnen, (LG) FamRZ **64**, 461. Grdsätzl unzul, im AufhebgsBeschl vorl FürsErz neu anzuordnen, Düss ZBlJ R **64**, 20, KG FamRZ **64**, 162, aM bei weiterer Verwahrlosg Stgt FamRZ **67**, 236, Krug Anm 9, Staud-Göppinger Anh § 1666 Anm 447; **c)** wenn das Verf auf endgült FürsErz ausgesetzt wird, § 68 I 3; **d)** wenn sich herausstellt, daß eine endgültige FürsErz nicht mehr angeordnet werden kann, Ffm NJW **57**, 1404 (Entweichen in die SowjZ) od sonst die Voraussetzgen für die endgült FürsErz von selbst endet, es also keines Beschlusses bedarf, ist das bei a, b u d notw. Beschl ist sofort wirks, FGG 24 I. Zustellg entspr Anm 4; einf Beschw, FGG 19; BeschwBerechtigg FGG 20, 57 I Z 9, mithin auch der Eltern gg Ablehng der Aufhebg, BayObLG FamRZ **63**, 53. Aber nicht sof Beschw; denn heranzuziehen weder § 67 II 1, da dort AOVerf, noch § 75 V, VI entspr, die auf § 75 abgestellt sind.

JWG 68 *Aussetzung des Anordnungsverfahrens.* **¹** Das Vormundschaftsgericht kann das Verfahren zur Anordnung der Fürsorgeerziehung durch Beschluß bis zu einem Jahr aussetzen. Die Aussetzung kann aus besonderen Gründen durch Beschluß des Vormundschaftsgerichts auf höchstens ein weiteres Jahr verlängert werden. Eine vorläufige Fürsorgeerziehung ist durch die Aussetzung aufgehoben. Über das vollendete 17. Lebensjahr hinaus kann das Verfahren nicht ausgesetzt werden.

II Gegen die Aussetzung steht den nach § 65 Abs. 1 Satz 2 und 3 Antragsberechtigten die sofortige Beschwerde zu.

III Für die Dauer der Aussetzung hat das Vormundschaftsgericht die Bestellung eines Erziehungsbeistands anzuordnen.

1) Allgemeines. Aussetzg kommt nur für das AOVerf der endgültigen FürsErz in Betr, nicht der vorl, § 67 Anm 4. Diese endet vielm dch Aussetzg, I 3. Gilt auch nicht, wenn JugGericht auf Fürs Erz erkennen will. Die dch das G geschaffene Aussetzgmöglichk schließt ein Ruhen des Verf aus, Gräber § 65 Anm 3 B. Der in § 68 nicht genannte erzieherische Zweck, damit also auch die sachl Voraussetzg für eine Aussetzg ist, dem Mj eine Bewährgszeit zu lassen; es müssen Anzeichen dafür vorliegen, daß auch ohne FürsErz eine Besserg eintreten wird. Unzul, wenn VormschG nur Verdacht auf Vorliegen von § 64 hat, bestimmte Feststellgen aber nicht treffen kann u dch die Aussetzg sich hierüber weitere Klarh verschaffen will (Aussetzg zu Beweiszwecken), KG JFG **16**, 202. Es müssen also die Voraussetzgen für FürsErz gegeben sein, auch diese als richt Maßn erkannt u nur die Frage offen sein, ob dch Aussetzg dem Mj FürsErz erspart bleiben kann. Aussetzg hat nur Sinn bei einer gewissen Dauer; deshalb kann die Aussetzg nicht über das vollendete 17. LebensJ hinaus erfolgen, I 4. Herabsetzg der Altersgrenze von 20 auf 17 J dch VolljkG Art 6 Z 7 (zur Begrdg BR-Drucks 284/1/74).

2) Aussetzg vAw od auf Antr. aber nicht gleichzeit mit dem Antr auf Einl der FürsErz; AntrBerecht § 65 Anm 2. Ermittlgen zur Vorbereitg der Aussetzg. soweit erforderl, FGG 12. In deren Rahmen auch

Abschnitt VI: Erziehungsbeistandschaft, Freiwillige Erziehungshilfe usw. **JWG 68, 69**

Anhörg des JA, das am besten unterrichtet sein wird. ErmessensEntsch. Aussetzg durch Beschl zunächst bis auf ein Jahr; zu kurz zwecklos, da das kein einwandfreies Bild ergeben kann, KG JFG 23, 131. Kann bis auf 2 Jahre, aber nicht über Vollendg des 17. LebensJ hinaus verlängert w. Gericht muß es noch mögl sein, nach Ablauf etwa notw Ermittlgen anzustellen, eine abschließde sachl Entsch zu treffen u, sofern es auf FürsErz erkennt, diese wirks, BGH 12, 248, herauszugeben, Hamm OLGZ 65, 360, bevor der Mj das 17. LebensJ vollendet, da andernf nur auf Aufhebg der FürsErz erkannt w kann, so daß die Aussetzg bereits eine endgült Entsch wäre. Nicht bloßes Hinausschieben, sond Besserungsaussicht zu überprüfen; sie muß wahrscheinl u nicht etwa nur Besserg unter dem Druck des Verf, KG JFG 23, 131, sein. Mögl, daß zunächst nur auf weniger als ein Jahr ausgesetzt, dann mehr verlängert wird. Stets durch Beschl, der selbständ anfechtb. Deshalb Begr zweckm, wenn vom G auch nicht verlangt. Während der Aussetzg werden idR die Ermittlgen ruhen; werden im Hinbl auf das Verhalten des Mj solche erforderl, Anm 4, so währd dieser Zeit keine Aussetzg, KG OLG 46, 216. Mit dem AussetzgsBeschl ist ErzBeistandsch anzuordnen, dessen Bestellg dch das JA erfolgt, § 57 I 2, 3. Das ist eine dch G angeordnete Folge, III, ohne daß die gesetzl Voraussetzgen des § 55 vorliegen, also auch § 64 S 2 gerade der weitere AOVerf der FürsErz verhindert hätte. Der ErzBeistand soll dem Mj währd der Bewährgszeit helfen, aber dem JA u VormschG auch vermitteln, wie u ob die Aussetzg zum beabsichtigten Enderfolg hilft. Wird die Aussetzg verlängert, ist auch die ErzBeistandsch entspr zu verlängern. Nach Ablauf der Aussetzg ist sie aufzuheben, § 61 II. Eines Ausspruchs über das Entfallen der etwa angeordneten vorl FürsErz bedarf es nicht, da es sich um eine von Gesetzes wg eintretende Folge handelt, I 3; tritt aber erst mit Rechtskr des AussetzgsBschl ein, nicht schon mit der Bekanntgabe, Stgt FamRZ 67, 236. Der aussetzende Beschl ist allen AntrBerechtigten nach FGG 16 II 1 zuzustellen, für den ablehnenden genügt einf Bek, FGG 16 II 2.

3) Beschwerde, II. Gg Aussetzg sof Beschw ohne aufschiebende Wirkg, FGG 24 I. BeschwBerecht § 65 I 2, 3 dort Anm 2. Wird AussetzgsBeschl dch LG aufg, ebenf, Stgt FamRZ 67, 236; beschwberecht auch die Eltern FGG 20 I. Gg ablehnenden Beschl einf Beschw gem FGG 20, 57 I Z 9, Riedel Anm 12, Krug Anm 6, Staud-Göppinger § 1666 Anh Anm 320 aM KG JW 34, 1424, Gräber Anm 14, Soergel-Siebert-Lange Anm 46. Hat VormschG Aussetzg abgelehnt u die endgült FürsErz angeordnet, setzt dann aber BeschwGer aus, so ist dagg die sof weit Beschw gegeben, Oldbg NdsRpfl 74, 132; iü liegt darin eine Aussetzg der Entsch, so daß LG bei Beendigg der Aussetzg sein BeschwVerf fortsetzen muß. Unzul, zus mit dem AussetzgsBeschl den AOBeschl des VormschG aufzuheben, BGH 38, 195, aA Riedel Anm 12. Zur WiederAO der weggefallenen vorl FürsErz § 67 Anm 5. Hat VormschG Aussetzg angeordnet u ist vorl FürsErz damit entfallen, wird dann aber Aussetzg vom LG aufgeh, lebt vorl FürsErz wieder auf, KG DR 39, 873. Im BeschwVerf kann LG nicht endgült FürsErz, wohl aber unter Aufhebg der angefochtenen Aussetzg vorl FürsErz anordnen, da im Erl eines AussetzgsBeschl immer eine Ablehng der damit unverträgl vorl FürsErz zu sehen, KG JFG 12, 169. Ablauf der Aussetzungsfrist währd des BeschwVerf macht dieses ggstandslos.

4) Nach Ablauf der Aussetzgsfrist ist das AOVerf fortzusetzen, also zu entscheiden, ob FürsErz nunmehr angeordnet od abgelehnt od eine and ErzMaßn, zB ErzBeistandsch, wenn diese genügt, §§ 55, 57, 64 S 2, angeordnet wird, § 65 Anm 5. Wird FürsErz angeordnet u war früher vorl FürsErz angeordnet, so bedarf es, nachdem diese dch die Aussetzg weggefallen war, § 68 I 3, für deren AO eines neuen Beschlusses; sie lebt nicht von selbst wieder auf. Mögl auch eine vorzeit Fortsetzg des AOVerf, wenn sich näml erweist, daß die Aussetzg nicht den erwarteten Erfolg haben wird. Auch dagg kein RMittel aus den Anm 3 genannten Gründen; anfechtb nur die dann ergehende AO der FürsErz, aM Riedel Anm 14.

JWG 69 *Ausführung durch das Landesjugendamt.* [I] Freiwillige Erziehungshilfe und Fürsorgeerziehung werden vom Landesjugendamt unter Beteiligung des Jugendamts ausgeführt.

[II] Die Fürsorgeerziehung ist mit Rechtskraft, die vorläufige Fürsorgeerziehrg mit Erlaß des Beschlusses ausführbar.

[III] Die Freiwillige Erziehungshilfe und die Fürsorgeerziehung werden unter Aufsicht des Landesjugendamts in der Regel in einer geeigneten Familie oder in einem Heim durchgeführt. Eine nicht nur vorläufig angeordnete Fürsorgeerziehung kann widerruflich in der eigenen Familie des Minderjährigen unter Aufsicht des Landesjugendamts fortgesetzt werden, wenn dadurch ihr Zweck nicht gefährdet wird. Die Aufsicht erstreckt sich darauf, daß das leibliche, geistige und seelische Wohl des Minderjährigen gewährleistet ist.

[IV] Bei Ausführung der Fürsorgeerziehung gilt das Landesjugendamt für alle Rechtsgeschäfte, welche die Eingehung, Änderung oder Aufhebung eines Arbeits- oder Berufsausbildungsverhältnisses oder die Geltendmachung der sich aus einem solchen Rechtsverhältnis ergebenden Ansprüche betreffen, als gesetzlicher Vertreter des Minderjährigen. Es ist auch befugt, den Arbeitsverdienst und die Renten des Minderjährigen zu verwalten und für ihn zu verwenden.

[V] Bei Ausführung der Fürsorgeerziehung ist das Landesjugendamt befugt, die Entmündigung eines Minderjährigen wegen Geisteskrankheit oder Geistesschwäche zu beantragen.

1) Allgemeines.
a) Erziehgsbehörde für Freiw Erziehgshilfe und Fürsorgeerziehg, I, ist das LJA od die Behörde, der unter den Voraussetzgen des § 74 II landesrechtl die Zustdgk des LJA übertr ist. Ihr liegt die Ausführg ob, I u § 20 I Z 6, wobei ErzBeh das JA mit seiner näheren u damit besseren Kenntn der Verhältnisse des Mj zu beteiligen hat. I spricht von Ausf, womit nach BegrRegVorl die Tätigk der Organe der öff JugHilfe gemeint ist, III von Durchf, dh der Erziehg des einzelnen in Pflegefamilien u Heimen; bes Wert

hat diese Unterscheidg nicht, vgl auch Riedel Anm 3. Zust § 70. Das VormschG hat mit der Ausf nichts zu tun, also FGG 33 II unanwendb, Ffm NJW **71**, 849. Wg etwaiger Vorschläge im AOBeschl § 65 Anm 4. Trotzdem will VerwG Brschw NJW **63**, 1892 die Entsch bei Streitigk über die Ausf dem VormschG übertr; vgl aber Anm 2 u 3, auch Brschw NJW **64**, 456. Für Schaden inf Pflichtverletzg, § 839, anläßl der Ausführg u der Beaufsichtigg der Durchf, II, haftet der Kostenträger, § 85; für den aus der Anstalt entwichenen Sohn, der sich mit Wissen des Vaters bei diesem aufhält, aber der Vater, RG **98**, 247.

b) Dch die AO der FürsErz geht die **elterl Gewalt** nicht auf die Behörde über. Sie kann ledigl in einem gewissen Umfang, den der Erziehgszweck bestimmt, nicht ausgeübt w. Das „gilt" auch für IV, der ledigl bestimmt, daß das LJA für die dort genannten RechtsGesch als gesetzl Vertreter gilt. Wird also die FürsErz aufgehoben, so ist dadurch die elterl Gewalt in ihrem ganzen Umfang wiederhergestellt, vgl auch Einf 5 vor § 1626, § 1666 Anm 8, ferner Staud-Göpping Anh § 1666 Anm 469, Krug Anm 17; ähnl auch Riedel Anm 7, Gräber Anm 22 (Ausübg der elterl Rechte u Pflichten bzgl Unterh, Erziehg, Beaufsichtigg dch Behörde); zu weitgehd Potrykus § 70 (aF) Anm 13 (Übergang kraft öffentl Rechts). Unberührt bleiben die Teile der elterl Gewalt, deren Ausübg dch die FürsErz nicht berührt w, zB Einwilligg zur Operation, KG JFG **13**, 33, Stellg eines Strafantrags, StGB 65, Einwilligg zur Eheschl, EheG 3 II Anm 3b, Potrykus ZBlJR **68**, 100, Riedel Anm 7, Staud-Göppinger Anh § 1666 Anm 487, aM Lukes StAZ **62**, 32, Duisbg (LG) StAZ **67**, 188.

2) Beginn der Ausführg, II. a) Die Gewährg Freiw ErzHilfe ist ein VerwAkt, der mit DienstaufsBeschw sowie nach WidersprVerf mit AnfKl angefochten w kann. Widerspr u AnfKl haben aufschiebende Wirkg, VwGO 80 I, jedoch AO sof Vollz mögl, VwGO 80 II Z 4. Von der Wiederherstellg der aufschiebenden Wirkg, VwGO 80 V 1, wird im allg abzusehen sein, um den im öff Interesse liegenden Zweck der FürsErz nicht zu gefährden, Krug Anm 10. – **b)** Sof Beschw gg endgült FürsErz hat aufschiebende Wirkg, § 64 Anm 5; Ausführbark also erst mit Rechtskr. Voraussetzg daher Zustellg an die in § 65 III 2 Genannten u Ablauf der RMittelfrist gg alle. RechtskrZeugnis FGG 31. Erfolgt die AO der FürsErz dch JugG, Einl 2 vor § 55, § 64 Anm 1, so Ausf erst nach Rechtskr des Urteils. – **c)** Vorl FürsErz; Beschw ohne aufschiebende Wirkg, kann also mit Erl des Beschlusses, dh wenn er zur Post gegeben wird, BGH NJW **54**, 638, ausgeführt werden, wenn nicht seine Vollziehg ausgesetzt ist, § 67 Anm 5.

3) Durchführg der Freiw Erziehgshilfe und Fürsorgeerziehg, III, vgl auch Anm 1b, stehen unter Aufs der ErziehgsBeh, die dafür zu sorgen hat, daß das leibl, geist u seel Wohl des Mj, § 1 I, § 62 u dort Anm 2b, § 64 Anm 3, gewährl ist, III 3, darauf also zu achten hat, daß der Mj, dessen Aufenth die ErzBeh bestimmt, § 71 I 1, u die auch für die erforderl Differenzierg der Einrichtgen u Heime nach der jeweils zu leistenden Erziehgsaufgabe zu sorgen hat, § 72, entspr dem Erziehgsziel untergebracht wird. Dazu gehört auch ärztl Betreuung, soweit erforderl; insb also eine Untersuch bei Unterbringg, wie das RJWG 70 II 4 ausdr vorschrieb, aber auch jetzt noch im Interesse des leibl Wohls des Mj, aller Personen, bei denen er untergebracht wird, erforderl ist; so auch Riedel Anm 4, Krug Anm 16 u für die früh Regelg BGH ZBlJugR **57**, 187, der Amtspflichtverletzg annimmt. Ob der Mj in einer geeigneten Fam od in einem Heim untergebracht w, steht im Erm der ErzBeh u hängt davon ab, ob eine für den jeweil Fall u seine Eigenart geeignete Fam vorhanden ist od ob besser in einem Heim der drohenden od vorhandenen Verwahrlos entgegengetreten w kann, was insb dann zweckmäß sein wird, wenn die Unterbringg in einer Familie schon einmal gescheitert ist, BayObLG ZBlJugR **66**, 169. Die Entsch über die Art der Unterbringg ist ein VerwAkt, der im WidersprVerf, ggf mit der AnfKl angefochten w kann; entspr Anm 2a. Demggü meint VerwG Brschw FamRZ **64**, 105, daß dem VormschG die gerichtl Kontrolle der Verw hins der FürsErz in vollem Umfang (zB Entsch über Beurlaubg) übertr sei; ähnl OVG Lüneb NJW **64**, 1687 (Entsch ob Unterbringg zu nichtsteh a oder b, da ErzMaßn allein Sache des VormschG), Staud-Göppinger Anh § 1666 Anm 497ff; aber die gesamte Ausf ist Sache des LJA, das VormschG ist nur auf dem laufenden zu halten, § 71 V; ebso BayVGH ZBlJR **66**, 205, Krug Anm 10, Riedel Anm 4, Brschw NJW **64**, 456, das die Sache nur übernommen hat, weil das VerwG sich für unzust erklärt hat. III nennt nur 2 Unterbringgsmöglichkeiten, ohne sie damit zu erschöpfen; so zB auch in Lehr- u Arbeitsstelle, die jedoch idR regelm mit der Unterbringg in einer Fam verbunden sein wird. – **a) Unterbringg in einer geeigneten Familie.** Darunter nicht nur VollFam, sond auch EinzelPers zB Witwe, nehel Mutter zu verstehen, aber auch die nächste Verwandtsch wie Groß-, Stiefeltern, Geschwister. Fam nur geeignet, wenn das Erziehgsziel verwirklicht w kann; das gilt nicht nur hins der Unterbringg u der Verwendg der ihr im Interesse des Mj gezahlten Beträge, sondern vor allem auch der pädagog Eigng für die Rückführg des Mj auf geordnete Bahnen, insb hins Schulbesuch od Arbeitsstelle, wie auch in sittl Beziehg. Geeignet auch nur dann, wenn alle FamMitglieder, mit denen Mj in Berührg kommt, den Anfordergen entsprechen. Zweckmäß u landesrechtl oft vorgeschrieben ein schriftl Erziehgsvertrag mit Pflichten u Vergütg. Der Mj wird dadch nicht zum Pflegekind; Pflegekindsch u FreiwErzHilfe sowie FürsErz schließen sich aus, § 27 II Z 6. Auch Unterbringg in der eigenen Familie des Mj ist mögl, jedoch nur, wenn es sich um FürsErz, aber nicht nur vorl FürsErz handelt, der Erziehgszweck nicht gefährdet w u der Mj vorher schon anderw untergebracht war, es sich also nur um Fortsetzg der schon begonnenen FürsErz handelt. Die Stellg der Eltern bleibt dieselbe wie sonst bei der FürsErz. Unterbringg nur dann dem Gebr zu machen ist, wenn es nicht den Erziehgszweck gefährdet. – **b) Unterbringg in einem Heim,** das seiners der Aufs der ErzBeh untersteht; vgl auch § 72. Ob eine solche erfolgt, hängt vom Ermessen der Beh ab, s oben. Bes gerichtl Genehmigg entfällt bei FreiwErzHilfe, auch wenn Vormd od Pfleger bestellt ist, weil es sich hier um Erziehgsmaßnahmen, nicht aber FreihEntziehg handelt, wie auch BVerfG NJW **60**, 811 unterscheidet; hierzu nachdr im Nachwort von Randenborgh ZBlJugR **63**, 40, 67. Auch muß Heimunterbringg auf Antr des PersSorgeberechtigten, worin Widerruf eines dch den früh Antr gem § 63 gegebenen Einverständnisses liegt, aufgeh werden, § 75 III, so daß damit die Unterbringg ihres Zwangscharakters entkleidet ist, Maunz-Dürig GG 104 Anm 11; ebso Hbg (AG) FamRZ **61**, 393, Schüler-Springorum FamRZ **61**, 296, Riedel Anm 6, Staud-Göppinger § 1666 Anh RdNr 156 ff, vgl auch Maunz-Dürig GG 104 Anm 3 u Arnold FamRZ **63**, 486, aM Hamm FamRZ **62**, 397, Düss ZBlJugR **63**, 54, Göttingen (LG) FamRZ **63**, 530, Augsbg (LG) ZBlJugR **64**, 212,

Abschnitt VI: Erziehungsbeistandschaft, Freiwillige Erziehungshilfe usw. **JWG 69–71**

Krug Anm 6, Potrykus NJW **62**, 1050, ZBlJugR **62**, 63 (Genehmigg), vgl auch § 1800 Anm 3. Düss NJW **63**, 397 will Genehmiggsbedürftigk bei FreiwErzHilfe von einer Anfrage beim LJA über die Art des Heims abhäng machen, läßt aber den freiw Charakter dieser ErzHilfe außer acht. Der sorgerecht Elternteil hat bei Vorliegen für die Heimunterbringg Anspr auf freiw ErzHilfe in einem geschl Heim, Stgt ZBlJR **71**, 352. Auch FürsErz ist ErzMaßn; s insof JWG 71 I 2. Jedenfalls läge in Anordng dch das VormschG auch die Entsch über Zulässigk der FreihEntziehg, ebso Hampel FamRZ **63**, 543; über Art u Weise ihres Vollzugs hat es nicht zu entscheiden, Maunz-Dürig GG 104 Anm 28, also keine Angabe eines bestimmten Heimes; das vielm Sache des LJA. Die Notwendigk der Fortdauer wird von ihm laufd geprüft, § 73.

4) Als gesetzlicher Vertreter des Minderjährigen, IV, gilt bei Ausf der FürsErz die ErzBehörde **a)** für alle Rechtsgeschäfte, die die Eingehg, Änderg, Aufhebg eines Arbeits- od Berufsausbildgsverhältnisses betreffen, kr bes gesetzl Bestimmg, so daß die für Vormd od Pfleger notw Gen des VormschG, § 1822 Z 5, 6, 7 nicht erforderl ist, aM Gräber Anm 21, wie hier Ach-Gr-Beitzke RJWG 70 Anm 5; **b)** für Geltendmachg der Ansprüche aus solchen Rechtsverhältnissen, um einen Mißbr zu verhindern; **c)** diesen Arbeitsverdienst u Renten des Mj kann („ist befugt") ErzBeh verwalten, insb auf Sparkonto anlegen, ohne aber an die Anleggsarten der §§ 1806 ff gebunden zu sein, u jene für den Mj verwenden. Soweit dem Mj zuzumuten, Abdeckg der dch die FreiwErzHilfe od FürsErz entstehenden Kosten daraus, § 85 I 2, zweifelnd Potrykus RJWG 70 Anm 15, ablehnend Gräber Anm 23; Grenze jedenf ZPO 850 ff. Durch diese gesetzl Vertretg seitens der ErzBeh wird die Vertretg dch die Eltern nur insoweit berührt, als sie sie in dem genannten Umfang nicht ausüben können; aber kein Übergang auf die ErzBeh, worauf auch „gilt" hinweist, Einf 5 vor § 1626, Beitzke FamRZ **58**, 9, Krug Anm 17, Staud-Göppinger Anh § 1666 Anm 469, aM Riedel Anm 7, Potrykus Anm 13 unter Berufg auf RG **75**, 279 (Übergang der Rechte). Bzgl c besteht nur eine Befugn, die die des ges Vertreters nicht ausschließt. ErzBeh braucht von Befugn keinen Gebr zu machen.

5) Entmündigg wegen Geisteskrankh oder Geistesschwäche, V. ErzBeh tritt zu den AntrBerechtigten von ZPO 646 hinzu. ErzBeh muß in diesem Falle eine and Form der Hilfe bereitstellen; das hat die Aufhebg der FürsErz zur Folge, wenn diese and Form gesichert ist, § 75 I 1.

JWG 70 *Zuständiges Landesjugendamt bei Fürsorgeerziehung.* **Die Fürsorgeerziehung eines Minderjährigen ist von dem Landesjugendamt auszuführen, in dessen Bezirk das Vormundschaftsgericht seinen Sitz hat. Wird die Fürsorgeerziehung vom Jugendgericht angeordnet, so ist sie von dem Landesjugendamt auszuführen, das zuständig wäre, wenn das Vormundschaftsgericht die Fürsorgeerziehung angeordnet hätte.**

Bem. Gilt nur für FürsErz, aber auch die vorl. Das ausführende LJA od die an dessen Stelle landesrechtl tretende Beh, § 74 II, wird nach dem VormschG bestimmt, das die FürsErz anordnet. Mit rechtskr AO der FürsErz liegt also die ausführende FürsErzBeh fest. Da sich entspr der mit der Ausf befaßten ErzBeh der Kostenträger bestimmt, §§ 81, 85, muß VormschG seine Zustdgk, § 65 Anm 1, genau prüfen. Unrichtige Zustdgk gibt sof Beschw. Ist auch in BeschwInst vAw zu prüfen. Hat JugGericht FürsErz angeordnet, so hat ErzBeh ihre Zustdgk nach der des VormschG zu bestimmen, das zu einer AO zust gewesen wäre, S 2.

JWG 71 *Aufenthaltsbestimmung; Mitteilungspflicht.* **I Das Landesjugendamt bestimmt den Aufenthalt des Minderjährigen. Für die Unterbringung in Fürsorgeerziehung werden die Grundrechte der Freiheit der Person (Artikel 2 Abs. 2 Satz 2 des Grundgesetzes) und der Freizügigkeit (Artikel 11 Abs. 1 des Grundgesetzes) insoweit eingeschränkt.**
II Der Minderjährige soll in einer Familie oder einem Heim untergebracht werden, in denen die Erziehung nach den Grundsätzen seiner Kirche, Religionsgesellschaft oder Weltanschauungsgemeinschaft durchgeführt wird. Davon kann abgesehen werden, wenn eine geeignete Familie oder ein geeignetes Heim nicht vorhanden ist oder besondere erzieherische Bedürfnisse des Minderjährigen es erfordern; seine religiöse Betreuung muß gesichert sein.
III Minderjährige, die keiner Kirche oder sonstigen Religionsgesellschaft und keiner Weltanschauungsgemeinschaft angehören, sollen nach Möglichkeit nur mit Einverständnis der Personensorgeberechtigten oder, wenn sie das 14. Lebensjahr vollendet haben, nur mit ihrem Einverständnis in einer Familie oder einem Heim untergebracht werden, in denen die Erziehung nach den Grundsätzen einer bestimmten Kirche, Religionsgesellschaft oder Weltanschauungsgemeinschaft durchgeführt wird.
IV Den Personensorgeberechtigten ist unverzüglich mitzuteilen, wo der Minderjährige untergebracht ist. Auch die Eltern, denen das Sorgerecht nicht zusteht, sind zu unterrichten, soweit sie erreichbar sind. Das Vormundschaftsgericht kann auf Antrag des Landesjugendamts anordnen, daß der Unterbringungsort nicht mitzuteilen ist, wenn durch die Mitteilung der Erziehungszweck ernstlich gefährdet wird. Gegen den anordnenden Beschluß steht den Personensorgeberechtigten und den Eltern die Beschwerde zu. Gegen den ablehnenden Beschluß steht die Beschwerde mit aufschiebender Wirkung dem Landesjugendamt zu.
V Ist Fürsorgeerziehung angeordnet, so ist auch dem Vormundschaftsgericht der Ort der Unterbringung mitzuteilen.

1) Allgemeines. Für die Unterbringg in FürsErz werden die Grundrechte der Freih der Pers u der Freizügigk im Hinbl auf GG 19 I 2 ausdr eingeschränkt. Für FreiwErzHilfe nicht erforderl, da diese auf Antr eines PersSorgeberechtigten sofort aufgeh werden u der Mj entlassen w muß, § 75 III, vgl auch § 3 II u § 69 Anm 3b.

2) Aufenthaltsbestimmg durch die ErzBeh, I–III, § 74 II, § 69 Anm 1, für FreiwErzHilfe u FürsErz, s auch § 69 Anm 3. Der Mj, der einer Kirche, Religionsgesellsch od WeltanschauungsGemsch angehört, soll möglichst in einer Fam od Heim untergebracht w, wo die Erziehg nach gleicher Anschauung durchgeführt wird; also auch, wenn Ehepaar, bei dem der protestant Mj untergebracht ist, in Mischehe lebt, aber Erziehg protestant durchgef w; bei Heimerziehg, wenn die Einstellg zu dem Bekenntn auch im Lehrplan u dch regelm Unterricht zum Ausdr kommt. Die Sicherg der rel Betreuung genügt, Besuch des Gottesdienstes, Teiln am Konfirmandenunterricht usw. Von derartiger Unterbringg kann abgesehen w, wenn eine geeignete Fam od Heim nicht vorhanden ist, zB nicht entspr dem Bekenntn des Mj, der einer Sekte angehört, oder eine solche Fam nicht bekannt ist, Krug Anm 5, oder weil die bes Bedürfnisse des Mj erfordern, daß er in eine bes Fam od einem bes Heim untergebracht wird, das auf das Bekenntn des Mj nicht ausgerichtet ist. Gehört Mj keiner Kirche, Religions- od WeltanschauungsGemsch an, so bedarf es zu seiner Unterbringg in einer Fam od einem Heim, in der die Erziehg nach den Grdsätzen einer Kirche, Religions- od WeltanschauungsGemsch durchgeführt wird, des Einverständnisses des PersSorgeberechtigten, falls der Mj das 14. LebensJ noch nicht vollendet hatte, ist das der Fall, nur das des Mj. Wird das Einverständn nicht gegeben od widerrufen, was jederzeit geschehen kann, so II 2 entspr anzuwenden, Riedel Anm 5. Entscheidg über Unterbringg VerwAkt; wg Anfechtg § 69 Anm 3.

3) Mitteilgspflicht, IV, V. Unverzügl Mitteilg über Unterbringg mit genauer Anschrift auch bei Wechsel an PersSorgeberechtigte in jedem Falle, ferner an die Eltern, denen das PersSorgeR nicht zusteht, §§ 1666, 1671–1674, diese nur, soweit sie erreichb sind, also die Anschriften beschafft werden können. Dem VormschG ist der Unterbringsort mitzuteilen, wenn vorl od endgült FürsErz angeordnet ist, V; bei FreiwErzHilfe nicht, da das VormschG nicht beteiligt ist, § 63. Wen die MitteilgsPfl trifft, regelt LandesR, § 74 I. ErzBeh kann aber beim VormschG, das FürsErz angeordnet hat od an das die Sache abgegeben ist, § 65 Anm 1, beantragen, daß der Unterbringsort nicht mitzuteilen ist. Dem Antr hat VormschG nur zu entsprechen, wenn dch Mitteilg der Erziehgszweck ernstl gefährdet würde, zB bei Familienerziehg Wegnehmen aus der Lehrstelle, Aufhetzen, aufsässiges Benehmen. Genügt Besuchsverbot, so Antr abzulehnen. Gg AO, den Ort nicht mitzuteilen, was auch regelm die Verweigerg der Akteneinsicht, aus denen ja der Ort zu ersehen, zur Folge haben wird, hat jeder PersSorgeberecht u jeder Elternteil die einf Beschw, die keine aufschiebende Wirkg hat, FGG 24 I. Gg Ablehng hat ErzBeh die einf Beschw mit aufschiebender Wirkg, IV 5.

JWG 72 *Differenzierung der Einrichtungen und Heime.* Das Landesjugendamt soll zur Durchführung der Freiwilligen Erziehungshilfe und der Fürsorgeerziehung für die erforderliche Differenzierung der Einrichtungen und Heime nach der zu leistenden Erziehungsaufgabe sorgen.

JWG 73 *Berichterstattung des Landesjugendamts.* Ist Fürsorgeerziehung angeordnet, so hat das Landesjugendamt dem Vormundschaftsgericht über die Entwicklung des Minderjährigen und die Aussichten, die Fürsorgeerziehung aufzuheben, jährlich mindestens einmal zu berichten.

Bem. Bezieht sich nur auf FürsErz. ErzBeh, § 69 Anm 1, hat von sich aus mindestens einmal jährl dem VormschG zu berichten über Entwicklg u Aussichten der Aufhebg der FürsErz, worauf zutreffendenf die Aufhebg vAw einzuleiten, § 75 IV 1. Hat auch Bedeutg, wenn LJA landesrechtl für Aufhebg zust ist, § 75 VI, wg der Möglichk, dann Entsch des VormschG anzurufen, § 75 V. VormschG kann auch von sich aus Bericht anfordern, § 10.

JWG 74 *Landesrechtliche Regelungen.* I Das Nähere über die Ausführung der Freiwilligen Erziehungshilfe und der Fürsorgeerziehung wird durch Landesrecht geregelt.

II Die Landesregierung kann in einem Land, in dem am 1. Januar 1961 eine andere landesrechtliche Regelung bestand, die Zuständigkeit der Landesjugendämter nach diesem Abschnitt anderen Behörden übertragen.

1) I bezieht sich nur auf die Ausführg der FreiwErzHilfe u FürsErz. Dem LandesR ist die Regelg insoweit überlassen, als sie nicht in §§ 69–73 bundesrechtl erfolgt ist. Auf Gewährg der FreiwErzHilfe u AO der FürsErz (hier landesrechtl Vorbehalte § 65 I 2 u II 3) sowie Aufhebg beider (landesrechtl Vorbehalt § 75 VI) bezieht sich I nicht. In Betr kommen zB Grdsätze über Fam- u Heimunterbringg, Zuchtmittel, Erziehgsverträge.

2) II tritt im VI. Abschn an Stelle von § 89, soweit es sich um das LJA handelt. Landesrechtl die Übertr dieser Aufgaben des LJA an das JA mögl.

JWG 75 *Ende und Aufhebung der Freiwilligen Erziehungshilfe und Fürsorgeerziehung.* I Die Freiwillige Erziehungshilfe und die Fürsorgeerziehung enden mit der Volljährigkeit.

II Die Freiwillige Erziehungshilfe oder die Fürsorgeerziehung ist aufzuheben, wenn ihr Zweck erreicht oder anderweitig sichergestellt ist. Erfordern erhebliche, fachärztlich nachgewiesene geistige oder seelische Regelwidrigkeiten des Minderjährigen eine andere Form der Hilfe, so ist die Freiwillige Erziehungshilfe oder die Fürsorgeerziehung erst aufzuheben, wenn die andere Form der Hilfe gesichert ist. Die Fürsorgeerziehung kann auch unter Vorbehalt des Widerrufs aufgehoben werden.

Abschnitt VI: Erziehungsbeistandschaft, Freiwillige Erziehungshilfe usw. **JWG 75** 1–4

III Die Freiwillige Erziehungshilfe ist vom Landesjugendamt unverzüglich aufzuheben, wenn ein Personensorgeberechtigter die Aufhebung beim Landesjugendamt beantragt.

IV Die Fürsorgeerziehung wird durch das Vormundschaftsgericht von Amts wegen oder auf Antrag aufgehoben. Der Antrag kann von den nach § 65 Abs. 1 Satz 2 und 3 Antragsberechtigten und von dem Minderjährigen selbst, wenn er das 14. Lebensjahr vollendet hat, gestellt werden.

V Das Vormundschaftsgericht hat vor der Aufhebung der Fürsorgeerziehung das Landesjugendamt und das Jugendamt zu hören. Dem Landesjugendamt steht gegen den die Fürsorgeerziehung aufhebenden Beschluß die sofortige Beschwerde mit aufschiebender Wirkung zu. Wird die Aufhebung abgelehnt, so steht jedem Antragsberechtigten die Beschwerde zu.

VI Durch Landesrecht kann bestimmt werden, daß für die Entscheidung über die Aufhebung der Fürsorgeerziehung nach Absatz 4 an Stelle des Vormundschaftsgerichts das Landesjugendamt zuständig ist mit der Maßgabe, daß der Antragsteller gegen die Ablehnung des Antrags innerhalb von zwei Wochen seit Zustellung des ablehnenden Bescheides die Entscheidung des Vormundschaftsgerichts anrufen kann; gegen den Beschluß des Vormundschaftsgerichts findet die sofortige Beschwerde statt.

1) **Beendigg, I**, erfolgt von selbst; kein AufhebgsBeschl. Fälle der Beendigg: Volljährigk des Mj, auch wenn Erziehgszweck nicht erreicht ist, wg SowjZ Einl 3 vor § 55, VolljährigkErkl, Tod, TodesErkl, VerschG 9 I.

2) **Aufhebgsgründe, II, III.** Bezieht sich auf FreiwErzHilfe u endgült, nicht auf vorl FürsErz; dazu § 67 Anm 6. – a) **Erreichg des Zwecks**, also bei der FreiwErzHilfe, wenn die Gefährdg od schon eingetretene Schädig der leibl, geist od seel Entwicklg des Mj, § 62 Anm 2, bei der FürsErz die drohende od eingetretene Verwahrlos, § 64 Anm 3, beseitigt ist u eine Gefährdg nicht mehr besteht, die AOVoraussetzgen also entfallen sind. Dabei werden nicht nur die veränderte Umwelt u ihre zukünftigen Einwirkgsmöglichkeiten, sond vor allem auch die Persönlichk des Mj, ihre Festigg, insb auch seine Arbeitsfähig u Arbeitswillig zu berücksichtigen sein; aber nicht erforderl, daß sich der Mj längere Zeit in freier Arbeit bewährt hat od Rückfällig völl ausgeschl ist, KG JFG **4**, 108. Es genügt hinreichd sichere Wahrscheinlichk. Bei Zwecklosigk keine Aufhebg, sond nur anderw Sicherstellg, § 64 Anm 4. Aufhebg erfolgt aber, wenn sich ergibt, daß die Voraussetzgen der AO der FürsErz nicht vorgelegen haben, was auch dann zu bejahen ist, wenn ein and Mittel hätte angewendet we müssen. II ersetzt also auch ein WiederaufnVerf, worauf Gräber Anm 10 u Vorbem 3 § 62 hinweist. – b) **Anderweitige Sicherstellg.** Entspr dem Grds, daß nur die der Schwere nach erforderl Erziehmaßnahme zu verhängen ist, Vorbem 1 vor § 55, § 64 Anm 4, sind FreiwErzHilfe u FürsErz auch aufzuheben, wenn eine and ErzMaßregel nunmehr ausreichen würde, BayObLG **5**, 91, etwa ErzBeistandsch od Pflegerbestellg verbunden mit Maßnahmen aus § 1666. Das wird insb nach den bish Erziehungserfolgen, aber auch der Persönlichk des Mj von Fall zu Fall zu beurteilen sein. Auch Verheiratg eines weibl FürsZöglings kann anderw Sicherstellg sein. – c) **Medizinische Unerziehbark, I 2**, die erhebl sein muß, also nicht etwa nur Schwererziehbark; strenger Maßstab, Hann (LG) ZBlJR **63**, 322; pädagog Unerziehbark nicht ausreichd, keine Aufhebg wg Zwecklosigk, BayObLG ZBlJugR **70**, 113 (Nachw) gg Celle ZBlJugR **67**, 259. Die Unerziehbark muß fachärztl nachgewiesen sein (Ermittlreg FGG 12); es müssen geist od seel Regelwidrigkeiten zu Tage treten, also meistens Geistesschwäche od Geisteskrankh, die vor AO der FürsErz nicht erkannt wurden, § 64 Anm 4, oder erst später voll erkennb geworden sind. Der Mj muß also inf seines Zustandes erzieherischen Einwirken unzugängl sein, weil sein Verhalten nicht seinem Willen unterliegt, auf den eingewirkt w könnte, sond sein Handeln trieb ist. Die für die Erziehg zur Vfg stehenden Einrichtgen sind hier fehl am Platze. Aber erst Aufhebg, wenn die and Form der Hilfe, die in Betr kommt, gesichert ist, also zB Unterbringg in einer Anstalt. – d) **Andere Aufhebgsgründe**, so wenn Fortsetzg der Erziehgsmaßnahmen nicht mögl, weil Mj dauernd außerh der BRep, nicht aber, wenn er zZ unauffindb ist, jedoch nich, wie Münster (LG) NJW **64**, 1906 will, wg Zwecklosigk der Anstaltserziehg, da Gesetzgeber gerade RJWG 63 II gestrichen h, so auch Saarbr NJW **68**, 455, Celle ZblJR **67**, 259. – e) **Aufhebg der FreiwErzHilfe auf Antr, III.** FreiwErzHilfe wird nur dann gewährt, wenn alle PersSorgeberecht bereit sind, diese zu fördern, § 62, was sie dch ihren Antr zum Ausdr bringen, § 63. Die Freiwillig entfällt, wenn auch nur ein PersSorgeberecht, § 63 Anm 1, nicht mehr einverst u den AufhebgsAntr, der schriftl zu sein braucht, stellt. Dann unverzügl, § 121, Aufhebg. LJA entscheidet; seine Entsch kann im DienstAufsWege od VerwGerichtsVerf angefochten w.

3) **Aufhebg unter Vorbehalt des Widerrufs, II 3,** nur bei FürsErz mögl. Erfolgt bei Zweifeln über die endgült Besserg, für die aber doch Anhaltspunkte vorhanden sein müssen; liegt aber nicht schon vor, wenn etwa nach Heimerziehg Mj in eig Fam untergebracht wird, § 69 III 2. Ist richt Aufhebg der FürsErz; die Voraussetzgen, vgl Anm 2a, müssen sämtl gegeben sein, vgl auch Mü JFG **5**, 89, die PersSorgeberechtigten können ihre Rechte wieder voll ausüben, vgl § 69 IV, auch jede Verantwortg der ErzBeh entfällt, desgl die Kostentragg, § 85. KeinRMittel gg diese Art Aufhebg, da darin keine Ablehng des Aufhebgsvertrages liegt, Riedel Anm 12. Droht Verwahrlos od ist sie schon eingetreten, ergeht **Widerrufs Beschl**; ist nicht gleich AO, vielm Fortsetzg des AufhebgsVerf, das nunmehr mit Fortsetzg der FürsErz endet. Aber erforderl, daß Voraussetzgen, unter denen FürsErz fortgesetzt w kann, gegeben sind, diese also weiter erforderl ist, § 64 Anm 4. Da nur Fortsetzg, also Wiederaufleben, braucht die Altersgrenze von 20 Jahren nicht eingehalten zu sein, ebso Riedel Anm 12, aM Krug Anm 6. **FortsetzgsBeschl steht Ablehnung der Aufhebg gleich**; also einf Beschw, V 3; keine aufschiebende Wirkg, FGG 24 I.

4) **Aufhebgsverfahren, IV–VI.** Bei Vorliegen eines AufhebgsGrdes Anspr auf Aufhebg. Es sind 2 Verfahrensarten mögl, das vormschgerichtl Verf, IV, V, so in *Bayern, Hessen, Württemberg, Lippe*, u das seitens des Landesjugendamts angeordnete AufhebgsVerf dch das LJA, dessen Entsch aber im Ablehngsfalle der Entsch des VormschG unterliegt, VI. Regelg gilt auch für dch den JugRichter angeordnete FürsErz, Einl 2 vor § 55.

JWG 75-76

A. Das vormundschaftsgerichtl Aufhebgsverfahren, IV, V. Örtl zust VormschG, bei dem FürsErzVerf anhängig ist, nach erfolgter Abgabe also dieses. Für Verf maßg IV u V sowie FGG. Verf kommt auf Antr od vAw in Gang. Antragsberecht § 65 I 2 u 3, also auch die vom LandesR für antragsberecht Erklärten, dort Anm 2, gleichgült, ob sie sich am Verf bisher beteiligt haben od nicht; antragsberecht JA § 70 Anm. Außerdem der über 14 Jahre alte Mj. LJA u JA müssen vor Aufhebg gehört w. I 1 s auch § 48 Anm 4. Sonstige Anhörgspflichten können sich aus FGG ergeben. Aussetzg kommt nicht in Betr, da dann die Aufhebgvoraussetzgen, II, nicht gegeben sein können, § 68 Anm 1. Entsch dch Beschl des Richters. Bek FGG 16; Empfänger LJA u die AntrBerechtigten. Bei Aufhebg, auch unter Vorbehalt, hat nur LJA, vgl aber auch § 74 II, sof Beschw, die aufschiebende Wirkg hat, V 2; Beschl also nicht vor Rechtskr auszuführen. Bei Ablehng, auch AO der Fortdauer der FürsErz bei Widerrufsvorbehalt, einf Beschw jedes AntrBerechtigten, V 3, also auch des über 14 Jahre alten Mj.

B. Die landesrechtl angeordnete Aufhebg durch das LJA, VI. An Stelle des LJA kann im Rahmen des § 74 II auch eine and Beh landesrechtl bestimmt w, so in früh preuß Teilen v NRW die LJÄmter, Wuppertal (LG) NJW 64, 1907, im lippischen Teil VormschG. Örtl zust ist die FürsErzBeh, in deren Bezirk das VormschG, das die FürsErz rechtskr angeordnet hat, seinen Sitz hat, § 70 Anm, auch dann, wenn das VormschG die Sache an ein and VormschG abgegeben hat, FGG 46, u dort das VormschG und nicht die FürsErzBeh über die Aufhebg entsch, Dresden JFG 7, 78. Gg Aufhebg der FürsErz, auch bei Vorbehalt des Widerrufs (gg das dann nach einigen Landesrechten dem LJA gegebene WiderrufsR hat Potrykus ZBlJugR 63, 185 wg GG 104 II 1 Bedenken; vgl aber § 69 Anm 3b), AufsBeschw od Widerspr u AnfKl im VerwGVerf; regelm mit aufschiebender Wirkg, VwGO 80 I. Gg den Aufhebgantr ablehnenden Beschl nur Anrufg des VormschG u nur desjenigen, der Aufhebgantr gestellt hat, binnen 2 Wochen seit Zustellg des AblehngsBeschl an ihn; keine Wiedereinsetzg, Riedel 14, Potrykus RJWG 72 Anm 13, da nur bei sof Beschw vorgesehen, FGG 2 II; aM Gräber Anm 37 (analog). Bei Ablehng der Aufhebg dch VormschG hat AntrSt sof Beschw; Riedel 14 will das nicht auf den AntrSt beschränken, was der Beschränkg des Anrufgsverfahrens auf den AntrSt, VI, widerspricht, KG JFG 6, 85. Entsch VormschG nicht in der Sache, sond lehnt es nur aus formellen Grden ab, einf Beschw, KG JFG 3, 115. Hebt VormschG auf, so sof Beschw der ErzBeh mit aufschiebender Wirkg, vgl KG JFG 17, 373, währd der AntrSt u and AntrBerechtigte kein BeschwR haben; denn ErzBeh soll bei Aufhebg kr ihrer Stellg stets diese Möglichk haben, V 2 entspr, Potrykus RJWG 72 Anm 15.

JWG 75a *Begonnene Schul- oder Berufsbildung.* I Ist im Rahmen der Freiwilligen Erziehungshilfe oder der Fürsorgeerziehung eine Maßnahme zur schulischen oder beruflichen Bildung einschließlich der Berufsvorbereitung eingeleitet worden, so kann diese Maßnahme über den Zeitpunkt des Eintritts der Volljährigkeit hinaus fortgesetzt werden, wenn der Volljährige dies beantragt und sich bereit erweist, am Erfolg der Maßnahme mitzuwirken. Der Antrag kann auch schon innerhalb eines Zeitraumes von sechs Monaten vor Eintritt der Volljährigkeit gestellt werden.

II § 85 gilt entsprechend.

1) Eingef dch VolljkG Art 6 Z 8. Die Herabsetzg des VolljkAlters bewirkt, daß ErziehgsMaßn nach dem JWG nach Vollendg des 18. LebJ nicht mehr angeordnet od fortgesetzt w können, da es kein originäres staatl ErzR ggü Erwachsenen gibt (BVerfG 22, 180). Mit der elterl Erziehg endet daher auch die staatl Möglk, diese iR der JugWohlfahrt zu ergänzen od zu ersetzen (BT-Drucks 7/117 S 12). Bereits eingeleitete Ausbildgs-Maßn können daher nur auf Betreiben des Betroffenen selbst fortgesetzt w. Die Vorschr soll dem Jugdl iRd freiw ErzHilfe od der FürsErz die Möglk geben, über den Ztpkt des Eintr der Volljk hinaus die begonnene Schul- od Berufsausbildg abzuschließen (BT-Drucks 7/1762 S 6).

2) Fortsetzgsfäh sind nur Maßn der **schulischen und beruflichen Bildg** einschl der Berufsvorbereitg, was der Herauslösg dieses Lebensausschnitts aus der allg Erziehg entspricht (vgl § 1610 Anm 4a). Wechsel der begonnenen Ausbildg fällt nicht darunter. Im Rahmen der Berufsvorbereitg kann bisheriger Heim-Aufenth fortgesetzt w, wobei der Auszubildde unabh von seiner Volljk sich der Anstaltsdisziplin unterwerfen muß.

3) **Voraussetzg:** a) Die schul u beruf BildgsMaßn müssen bereits vor Erreich der Volljk **eingeleitet** worden sein. Das ist zeitl so zu verstehen, daß der Auszubildde noch als Mj mit der Ausbildg begonnen u eine innere Beziehg zu dem angestrebten AusbildgsZiel gewonnen haben muß, so daß ein Abbruch der Ausbildg bei Erreichg der VolljkGrenze pädag als nicht sinnvoll erscheinen würde. b) Der **Antrag** des Vollj iFv I 2 auch v gesetzl Vertreter zu stellen. c) Der Auszubildde muß **sich bereit erweisen,** am Erfolg der AusbildgsMaßn mitzuwirken. Bes Leistgen werden in diesem ZusHg nicht v ihm erwartet, wohl aber ordentl, dem Dchschnitt entspr MitArb. Ist diese Bereitsch zunächst vorh, entfällt aber nach Eintr der Volljk, dann Abbruch der Ausbildg.

JWG 76 *Kosten.* Das gerichtliche Verfahren ist kostenfrei. Die nach § 65 Abs. 2 Satz 2 und 3 mündlich zu hörenden Personen werden entsprechend den für Zeugen geltenden Vorschriften des Gesetzes über die Entschädigung von Zeugen und Sachverständigen in der Fassung der Bekanntmachung vom 1. Oktober 1969, zuletzt geändert durch Artikel 1 des Gesetzes vom 22. November 1976 (BGBl. I S. 3221), entschädigt; dies gilt nicht für den Minderjährigen und seine Eltern sowie für Behördenvertreter.

1) **Kosten des gerichtl Verfahrens.** Tritt an Stelle der Regelg der KostO. KostenEntsch unnötig. Regelt entspr systemat Einordng nur die Kosten des 2. Unterabschn des VI. Abschnitts, also nur der FürsErz, da bei FreiwErzHilfe ein Gericht nicht beteiligt ist. Gilt sowohl für das vormschgerichtl Verf in

allen Instanzen wie auch für das Verf vor den VerwGerichten. Kostentragg für Durchf der FürsErz §§ 80ff. Zum gerichtl Verf rechnet auch die Untersuchg dch Sachverst, § 66 I, die Unterbringgskosten, § 66 II, jedoch nur, wenn vorl oder endgült FürsErz angeordnet wird, § 85 IV.

2) Entschädigg angehörter Personen, S 2. Sonderregel für die nach § 65 II 2 u 3 zur mdl Anhörg geladenen Personen, bei denen aber der Behördenvertreter, der Mj u seine personensorgeberecht Eltern, also auch die Adoptiveltern, die unehel personensorgeberecht Mutter, nicht aber die Stief- u Pflegeeltern ausscheiden. Werden jene Personen zu Beweiszwecken herangezogen, so § 1 ZuSEntschG.

JWG 77 *Besondere örtliche Zuständigkeiten.* I Für eilige, auf Grund dieses Abschnitts zu treffende Maßregeln ist neben dem in § 43 des Gesetzes über die Angelegenheiten der freiwilligen Gerichtsbarkeit bezeichneten Gericht einstweilen auch das Gericht zuständig, in dessen Bezirk das Bedürfnis der Fürsorge hervortritt. Das Gericht hat die angeordneten Maßnahmen unverzüglich dem endgültig zuständigen Gericht mitzuteilen; dieses wird damit ausschließlich zuständig.

II § 43 Abs. 2 des Gesetzes über die Angelegenheiten der freiwilligen Gerichtsbarkeit ist auch anzuwenden, wenn eine Maßnahme des Vormundschaftsgerichts für einen Minderjährigen erforderlich wird, für den eine Erziehungsbeistandschaft oder ein Fürsorgeerziehungsverfahren anhängig ist.

1) Allgemeines. § 77 betrifft nur den VI. Abschn, also die vormschgerichtl AO der ErzBeistandsch u die FürsErz, nicht aber die Zustdgk des JA, für die § 11 maßg ist.

2) Eilzuständigkeit, I. In eiligen Fällen, also solchen, in denen schnell eingegriffen w muß, um eine Schädigg des Wohls des Mj zu vermeiden, besteht nicht nur die Zustdgk des VormschG nach FGG 43; es ist auch das Gericht zust, in dessen Bezirk das FürsBedürfn hervortritt; also beide nebeneinander. Das nach I zust Gericht hat die Pfl einzugreifen u darf nicht abwarten, ob das nach FGG 43 zust Gericht vielleicht eingreifen wird; greift dieses ein, so entfällt damit die Zustdgk nach I. Mögl, daß sich nach I die Zustdgk mehrerer Gerichte ergibt; dann Regelg nach FGG 4. Da § 77 nur für Maßregeln entspr dem VI. Abschn gilt, muß ErzBeistandsch, § 57, od FürsErz, § 65, wahrscheinl sein; denn nur insof ist EilZustdgk eröffnet, nicht für and Maßnahmen, zB nach § 1666. Aus dem einstw Charakter der Vorschr ergibt sich, daß es sich nicht um endgült Entsch handeln kann, also nicht um AO der endgült FürsErz, wohl aber der vorl. Hat sich das Bedürfn erledigt, ist eine Zustdgk nach I nicht mehr gegeben. Das VormschG, das die eil Maßn getroffen hat, ist verpflichtet, unverzügl, § 121, dem nach FGG 43, 36 zust VormschG **Mitteilg** zu machen; mit dem Eingang der Mitteilg wird dieses ausschließl zust, so daß die Zustdgk des bisher handelnden VormschG damit entfällt. Das schließt nicht aus, daß an dieses die Sache abgegeben w, wenn die Voraussetzgen gem §§ 65 V, 57 V vorliegen. **Beschwerde** gg die vorl Maßregel, zu der auch das JA berechtigt ist, in dessen Bezirk der Mj wohnt, BayObLG **59**, 182, kann bei beiden VormschG eingelegt w, vgl BayObLG **6**, 40. Zust ist das dem nach FGG 43, 36 zust VormschG vorgeordnete LG, KG JFG **3**, 94.

3) Erweiterg der Zuständigk, II, damit in allen Angelegenheiten eines Mj dasselbe VormschG tätig w kann, vgl KG JFG **2**, 84. Vormschgerichtl Verrichtgen, FGG 43, sind auch ErzBeistandsch u FürsErz, KG JFG **22**, 79, so daß also dort, wo die Zustdgk eines VormschG für ErzBeistandsch begründet war, ohne Rücks auf die WohnsÄnderg des Mj auch die für FürsErz begründet ist; jedoch begründet die AO der vorl FürsErz nicht die Zustdgk für die endgültige, KG JFG **17**, 126, Karlsr NJW **55**, 1885. Die Abgabe der Pflegsch an ein and VormschG, FGG 46, zieht nicht auch die ebda geführte FürsErz nach sich, KG JFG **22**, 75.

Abschnitt VII. Heimaufsicht und Schutz von Minderjährigen unter 16 Jahren in Heimen

Vorbemerkung

Schrifttum: Haarmann ZBlJugR **62**, 8; Jans ZBlJugR **62**, 121; Reuter RdJB **76**, 193 (Elt-Kind-Gr).

Der VII. Abschn enth eine einheitl Regelg der Heimaufs u des Schutzes von Mj unter 16 Jahren in Heimen. Die öff Aufs für die FürsErz ist aber nur im VI. Abschn geregelt, §§ 69ff, soweit das nicht dem LandesR überlassen ist, § 74 II, Haarmann ZBlJugR **62**, 16, Pant ZBlJugR **62**, 195, aM Jans ZBlJugR **62**, 121, Happe ZBlJugR **62**, 248.

JWG 78 I Das Landesjugendamt führt die Aufsicht über Heime und andere Einrichtungen, in denen Minderjährige dauernd oder zeitweise, ganztägig oder für einen Teil des Tages, jedoch regelmäßig, betreut werden oder Unterkunft erhalten. Satz 1 gilt nicht für Jugendbildungs-, Jugendfreizeitstätten und Studentenwohnheime sowie für Schülerwohnheime, soweit sie landesgesetzlich der Schulaufsicht unterstehen.

II Die Aufsicht erstreckt sich darauf, daß in den Einrichtungen das leibliche, geistige und seelische Wohl der Minderjährigen gewährleistet ist. Die Selbständigkeit der Träger der Einrichtungen in Zielsetzung und Durchführung ihrer erzieherischen Aufgaben bleibt unberührt, sofern das Wohl der Minderjährigen nicht gefährdet wird.

III In den der Heimaufsicht unterliegenden Einrichtungen muß die Betreuung der Minderjährigen durch geeignete Kräfte gesichert sein. Über die Voraussetzungen der Eignung sind Vereinbarungen mit den Trägern der freien Jugendhilfe anzustreben.

IV Der Träger der Einrichtung hat dem Landesjugendamt zu melden
1. Personalien und Art der Ausbildung des Leiters und der Erzieher der Einrichtung,
2. jährlich die Platzzahl und ihre Änderung,
3. die Änderung der Zweckbestimmung der Einrichtung,
4. unverzüglich unter Angabe der Todesursache den Todesfall eines in einer Einrichtung nach Absatz 1 betreuten Minderjährigen.

V Das Landesjugendamt soll die Einhaltung der Vorschriften der Absätze 3 und 4 in den seiner Aufsicht unterliegenden Einrichtungen regelmäßig an Ort und Stelle überprüfen. Das Grundrecht der Unverletzlichkeit der Wohnung (Artikel 13 Abs. 1 des Grundgesetzes) wird insoweit eingeschränkt. Das Landesjugendamt soll das Jugendamt und einen zentralen Träger der freien Jugendhilfe, wenn diesem der Träger der Einrichtung angehört, bei der Überprüfung zuziehen.

VI Einem zentralen Träger der freien Jugendhilfe kann auf Antrag die Überprüfung von Einrichtungen eines ihm angehörenden Trägers widerruflich übertragen werden, wenn dieser dem Antrag zustimmt.

VII Die oberste Landesbehörde kann den Betrieb von Einrichtungen, die der Heimaufsicht unterliegen, vorübergehend oder auf die Dauer untersagen, wenn Tatsachen festgestellt werden, die geeignet sind, das leibliche, geistige oder seelische Wohl der in der Einrichtung betreuten Minderjährigen zu gefährden und eine unverzügliche Beseitigung der Gefährdung nicht zu erwarten ist. Die Landesregierungen werden ermächtigt, durch Rechtsverordnung die zuständige Behörde abweichend von Satz 1 zu bestimmen. Sie können diese Ermächtigung auf oberste Landesbehörden übertragen.

VIII Das Nähere wird durch Landesrecht bestimmt. Nach Landesrecht bestimmt sich auch, ob und gegebenenfalls inwieweit Studentenwohnheime einer Aufsicht unterliegen.

JWG 78a *Meldepflicht.* I Der Träger einer Einrichtung, in der Minderjährige unter 16 Jahren ganztägig dauernd betreut werden und die der Heimaufsicht nach § 78 unterliegt, hat dem Landesjugendamt bei der Aufnahme eines Minderjährigen in der Einrichtung dessen Personalien und außerdem jährlich einmal die Personalien aller in der Einrichtung untergebrachten Minderjährigen zu melden jeweils mit Geburtsdatum, Angaben über den bisherigen Aufenthalt, Bezeichnung der einweisenden Stelle oder Person, Auskunft über die Beziehungen zur eigenen Familie, einer Äußerung darüber, ob für den Minderjährigen die Annahme als Kind in Betracht kommt und über etwa bereits laufende Vermittlungsbemühungen.

II Das Landesjugendamt kann widerruflich einzelne Einrichtungen, die regelmäßig nur Minderjährige aufnehmen, für welche die Annahme als Kind nicht in Betracht kommt, von der Meldepflicht ausnehmen. Das Landesjugendamt kann ferner bestimmen, daß von der wiederholten Meldung desselben Minderjährigen abgesehen werden kann.

Bem. Eingef dch AdoptionsvermittlgsG § 19 II Z 1.

JWG 79 *Entsprechende Anwendung des Pflegekindesschutzes.* I Die §§ 28 bis 33 und 35 über den Schutz der Pflegekinder sind auf Minderjährige unter 16 Jahren entsprechend anzuwenden, die dauernd oder zeitweise, ganztägig oder für einen Teil des Tages, jedoch regelmäßig, in Einrichtungen, die der Heimaufsicht nach § 78 Abs. 1 unterliegen, betreut werden oder Unterkunft erhalten. An die Stelle des Jugendamts tritt das Landesjugendamt; die Aufsichtsbefugnisse werden durch Landesrecht geregelt. An der Wahrnehmung der Aufgaben kann das Jugendamt beteiligt werden.

II Das Landesjugendamt kann Einrichtungen von der Anwendung des § 28 widerruflich befreien. Die Befreiung kann nur versagt werden, wenn das Landesjugendamt Tatsachen feststellt, die die Eignung einer Einrichtung zur Pflege und Erziehung Minderjähriger unter 16 Jahren ausschließen.

Abschnitt VIII. Kostentragung bei Hilfen zur Erziehung für einzelne Minderjährige

Vorbemerkung

Die Träger der öff JugHilfe tragen die Kosten für die Hilfen zur Erziehg einzelner Mj, soweit das dem Mj u seinen Eltern, die hierzu an erster Stelle verpflichtet sind, Celle ZBlJugR **62**, 214, nicht zuzumuten ist, § 81; nur bei FreiwErzHilfe u FürsErz steht der Träger der öff JugHilfe an erster Stelle, § 85. Die einheitl Bestimmgen hierfür sind im wesentl auf Vorschr des BSHG aufgebaut, verwenden auch dessen Terminologie. S auch Roth-Stielow ZBlJugR **65**, 1, Baensch FamRZ **65**, 364. Der Abschn regelt ferner die Erstattg

Abschnitt VIII. Kostentragung bei Hilfen z. Erziehung f. einzelne Minderjährige **JWG 80–85**

von Kosten unter mehreren Trägern der öff u freien Hilfe, §§ 83, 84, sowie den Rückgriff ggü Dritten u Unterhaltspflichtigen, § 82. Auch bei pünktl UnterhLeistg dch den Verpfl kann Träger der JugHilfe zu den Kosten der FreiwErzHilfe **wahlweise** den Mj dch LeistgsBescheid gem JWG 85 od den UnterhVerpfl dch Überleitungsanzeige gem BSHG 90 heranziehen (OVG Bln FamRZ **75**, 348).

JWG 80 *Geltungsbereich.* Die Bestimmungen dieses Abschnitts gelten für Hilfen zur Erziehung für einzelne Minderjährige nach § 4 oder § 5, soweit diese Leistungen von den Organen der öffentlichen Jugendhilfe gewährt werden.

JWG 81 *Grundsätzliche Kostentragung.* I Die Träger der öffentlichen Jugendhilfe, die für die Gewährung der Hilfen zur Erziehung für einzelne Minderjährige zuständig sind, tragen die Kosten der Hilfe, soweit dem Minderjährigen und seinen Eltern die Aufbringung der Mittel aus ihrem Einkommen und Vermögen nicht zuzumuten ist.

II Abschnitt 4 des Bundessozialhilfegesetzes mit Ausnahme der §§ 81 und 86 ist entsprechend anzuwenden, soweit in den folgenden Vorschriften nichts anderes bestimmt wird.

III Landesrecht kann bestimmen, ob und inwieweit Hilfen nach § 5 unabhängig davon gewährt werden, ob dem Minderjährigen und seinen Eltern die Aufbringung der Kosten zuzumuten ist.

IV Zu allgemeinen Verwaltungskosten werden der Minderjährige und seine Eltern nicht herangezogen. Landesrecht kann bestimmen, inwieweit sie zu den Kosten für den zur Erziehung erforderlichen Personalbedarf herangezogen werden können.

JWG 82 *Rückgriff gegen Dritte und Unterhaltspflichtige.* Für die Überleitung von Ansprüchen gegen Dritte und für die Inanspruchnahme eines nach bürgerlichem Recht Unterhaltsverpflichteten sind die §§ 90 und 91 des Bundessozialhilfegesetzes entsprechend anzuwenden.

JWG 83 *Kostenerstattung zwischen öffentlichen Trägern.* I Wird die Hilfe zur Erziehung von einem Jugendamt gewährt, dessen Zuständigkeit auf § 11 Satz 2 beruht, so sind die §§ 103 bis 113 des Bundessozialhilfegesetzes für die Kostenerstattung zwischen öffentlichen Trägern entsprechend anzuwenden.

II Landesrecht bestimmt, wer für dieses Gesetz überörtlicher Träger im Sinne der §§ 106 und 108 des Bundessozialhilfegesetzes ist.

JWG 84 *Kostenerstattung gegenüber Trägern der freien Jugendhilfe.* I Werden zur Durchführung von Hilfen zur Erziehung Einrichtungen von Trägern der freien Jugendhilfe in Anspruch genommen, sind Vereinbarungen über die von den öffentlichen Kostenträgern zu erstattenden Kosten anzustreben, soweit darüber keine landesrechtlichen Vorschriften bestehen.

II Die Bundesregierung kann im Falle des Absatzes 1 durch Rechtsverordnung mit Zustimmung des Bundesrates bestimmen, welche Kostenbestandteile bei den zu erstattenden Kosten zu berücksichtigen sind.

JWG 85 *Kostenaufbringung bei Freiwilliger Erziehungshilfe und Fürsorgeerziehung.* I Freiwillige Erziehungshilfe und Fürsorgeerziehung werden unabhängig davon gewährt, ob dem Minderjährigen und seinen Eltern die Aufbringung der Kosten zuzumuten ist. Soweit es ihnen zuzumuten ist, haben sie zu den Kosten beizutragen. Das Nähere zu Satz 2 wird durch Landesrecht bestimmt. Die Landesregierungen werden ermächtigt, durch Rechtsverordnung zu bestimmen, daß für die Festsetzung und Einziehung der Beiträge abweichend von § 69 Abs. 1 das Jugendamt zuständig ist. Sie können diese Ermächtigung auf oberste Landesbehörden übertragen.

II Die Aufbringung der öffentlichen Mittel ist durch Landesrecht für die Freiwillige Erziehungshilfe und die Fürsorgeerziehung nach einheitlichen Grundsätzen zu bestimmen.

III Die Kosten der vorläufigen Fürsorgeerziehung fallen dem Kostenträger zur Last, der die Kosten einer endgültig angeordneten Fürsorgeerziehung zu tragen hat, und zwar auch dann, wenn die Fürsorgeerziehung nicht angeordnet worden ist.

IV Im Sinne dieser Vorschrift rechnen die Kosten einer Unterbringung nach § 66 Abs. 2 zu den Kosten der Fürsorgeerziehung, wenn die vorläufige oder endgültige Fürsorgeerziehung angeordnet worden ist.

1) Grundsatz und Ausnahme für die Kostenaufbringung. Grdsätzl haftet der Mj u seine Eltern, wozu auch die unehel Mutter u der unehel Vater gehören, Stgt FamRZ **68**, 213, für Kosten der Hilfe, § 81 I, jedoch unter Berücksichtigg von § 82 JWG u §§ 90, 91 BSHG. Bei freiw ErzHilfe u FürsErz haftet hingg der öffentl Kostenträger für die dadch entstehdn bes Kosten. Es kommt also nicht darauf an, ob die Kosten vom

JWG 85–89   Jugendwohlfahrtsgesetz. *Diederichsen*

Mj od seinen Eltern aufgebracht w können; auf diese kann aber zurückgegriffen werden, I 1, wenn ihnen eine Beteiligg zugemutet w kann, I 2, worüber das LandesR Bestimmg trifft; denn es handelt sich um ErzKosten, § 1708 I 2. Zu diesen Kosten gehören auch die einer Unterbringg zwecks Untersuchg des Mj iS v § 66 II, wenn die vorl od endgült FürsErz angeordnet ist, IV. Zuzumuten ist dem Mj, zu den Kosten seiner Heimunterbringg iH des ihm v seinem Vater tatsächl gezahlten Unterh beizutragen (OVG Bln FamRZ 75, 348).

JWG 85a   Die Vorschriften des § 118 des Bundessozialhilfegesetzes über Kostenfreiheit gelten entsprechend mit der Maßgabe, daß eine Befreiung von Beurkundungs- und Beglaubigungskosten nicht eintritt.

Abschnitt IX. Straftaten und Ordnungswidrigkeiten

JWG 86–88 (nicht abgedruckt)

Schlußbestimmung

JWG 89   Welche Behörden die in diesem Gesetz der obersten Landesbehörde oder dem Landesjugendamt übertragenen einzelnen Aufgaben wahrzunehmen haben, bestimmt die Landesregierung.

Bem. § 89 gilt nicht für Abschn VI; insoweit § 74 II.

Truppenschäden (Stationierungsschäden)

[Aus Raumgründen nicht mehr abgedruckt. Im Bedarfsfalle vgl. 35. Auflage].

Sachverzeichnis

Bearbeiter: Oberstlandesgerichtsrat a. D. Dr. h. c. Th. Keidel

Es bezeichnen: **Fette** Zahlen ohne Zusatz die Paragraphen des BGB; **fette** Zahlen mit Zusatz „AbzG" die Paragraphen des Gesetzes betreffend die Abzahlungsgeschäfte; **fette** Zahlen mit dem Zusatz „AGBG" die Paragraphen des Gesetzes zur Regelung des Rechts der Allgemeinen Geschäftsbedingungen; **fette** Zahlen mit dem Zusatz „BeurkG" die Paragraphen des Beurkundungsgesetzes; **fette** Zahlen mit Zusatz „EG" die Artikel des Einführungsgesetzes zum BGB; **fette** Zahlen mit Zusatz „EheG" die Paragraphen des Ehegesetzes; **fette** Zahlen mit dem Zusatz „ErbbRVO" die Paragraphen der VO über das Erbbaurecht; **fette** Zahlen mit dem Zusatz „JWG" die Paragraphen des Gesetzes für Jugendwohlfahrt; **fette** Zahlen mit dem Zusatz „WEG" die Paragraphen des Wohnungseigentumsgesetzes; **fette** Zahlen mit Zusatz „2. WKSchG" die Paragraphen des 2. Gesetzes über den Kündigungsschutz für Mietverhältnisse über Wohnraum. Erklärung weiterer abgekürzter Zusätze siehe im Abkürzungsverzeichnis.

Magere Zahlen und Buchstaben bezeichnen die Erläuterungen
Anh = Anhang; Einf = Einführung; Einl = Einleitung; Grdz = Grundzüge;
Übbl = Überblick; Vorb = Vorbemerkung.

A

Abänderungsklage bei Geldrente aus unerlaubter Handlung 843 4 D d, 844 6 B b, C; durch den Sozialversicherungsträger Vorb 7 c cc vor **249**; im UnterhaltsR Einf 4 a vor **1569**, Einf 6 vor **1601**; gg VerwendgsVerbot für AGB AGBG **19**
Abänderungsverfahren bei elterl Gewalt **1696**; der nehel Mutter **1707** 4
Abänderungsvertrag 305 2; Grdst-Veräußerg **313** 10; Güterstand **1412** 2b, 3; Hypothek **1119** 1
Abbau der Wohnungszwangswirtschaft, Einf 12 vor **535**
Abbuchungsverfahren 270 1 e
Abfallbeseitigungsgesetze Übbl 2 c vor **903**
Abfangen von Kunden **826** 8 u dd
Abfindung, Abfindungsrecht **262** 3 d; Anrechng bei Auseinandersetzg der fortges Gütergem **1501**; ausscheidender Gesellsch **738** 2, **1365** 2, **1375** 3a; bei Erbverzicht Übbl 2 vor **2346**; Gutsübernahme **330** 5; Kapital bei Körperverletzg **843** 6; bei Mietverhältnis für vorzeitige Beendigg **571** 4; der MitE bei Hofnachfolge Einf 9 vor **2032**; nichtehel Kind **1615 e** 2b, **1924** Anh Art 12 § 10 3, **1934d** 1 b; bei SchadErs, Berufg auf A als unzul RAusübg **242** 4 D a; AErkl als pactum de non petendo zGDr **328** 3 b; Unterhalt nach Ehescheidg **1569** 2f, **1585** 3, **1585 c**; beim VersorggsAusgl **1587 I**; Wegfall der GeschGrdlage **242** 6 D a
Abfindungsklauseln im GesellschVertr **738** 2d, **1375** 3, **1922** 3a cc, **2311** 1a
Abgaben öff, Gewährleistg wegen **436**; Rückerstattg EG **104** 1; Rückforderg Einf 6 vor **812**
Abgeltung der Gebäudeentschuldgssteuer Einl 4 f vor **854**, **1047** 4; s auch Abgeltghypothek
Abgeltungshypothek für Gebäudeentschuldgssteuer Übbl 2 B d bb vor **1113**, **1115** 1 c
Abhandenkommen, Begriff **935** 4
Abholungsanspruch des Besitzers **867**; des Eigentümers **1005**
Abholzungsverträge 956 7
Abholzverbot 903 5 H a e
Abkömmlinge, Übbl 3 vor **1589**; Anteilsverzicht bei fortges Gütergemsch **1517** 1; Ausbildungsbeihilfe für Stiefkinder bei Zugewinngemeinsch **1371** 3; Ausgleichspflicht **1934b** 4, **2050–2057**; Beschränkg in guter Absicht **2338**; Erbrecht **1924ff**, **1924** 3 B b aa; gemeinsch und nicht gemeinsch bei fortges Gütergem **1483** 2, 3; Klage auf Aufhebg der fortg Gütergem **1495**; Rechte u Verbindlk bei fortg Gütergem **1487**; Pflichtteilsanspr **2303, 2309, 2333, 2338a**; PflichtBerechng **2311** 4; Unterhaltsanspr **1609**; UnterhPfl **1606** 2; Zuwendg an – **2069** 1, **2070** 1; Zuwendungen aus Gesamtgut der Gütergem **2054, 2331**
Ablehnung der Leistg **250** 1, **283** 3 b; bei gegenseit Vertr **276** 7 c aa, e bb, **326** 5 b; von Vertragsantrag u Schenkung bei Gütergem **1432** 4, 5, **1455** Nr 4; der VertrErf dch KonkVerw **276** 7 g
Ablieferungspflicht, Erbvertr **2300**; Testamente **2259**
Ablösung von Gebäudeteilen **836** 4, **837, 838, 908**; Zahlung für Mieteinrichtgen Einf 11b gg vor **535**
Ablösungsrecht 268; Hypothek **1150**; PfandR **1249**; Rentenschuld **1201**
Ablösungsrenten, staatl EG **114**
Abmahnung vor Erhebg der UnterlassgsKlage gg AGB – Verwender AGBG **15** 3; vor Rücktritt von ErbVertr **2293** 2
Abmarkung 919
Abnahme der gekauften Sache **433** 6; Verzug **293** 5; des Werkes **640, 646**
Abrechnung 782 2
Abruf, Lieferung auf A **433** 7 h
Abschichtung eines Miterben **2042** 7
Abschlagszahlungen, Rückforderung überzahlter Einf 6 d vor **812, 820** 2 d
Abschlepper, Haftpflicht **823** 14 (Kraftverkehr)
Abschlußmängel bei Dauerschuldverhältnissen Einf 5c vor **145**; bei der Gesellsch **705** 3c d; beim Wohnungseigentum WEG **11** 2
Abschlußprämie 611 7c
Abschlußprüfer der AG, Haftung gegenüber Gläubigern **823** 9f, 14, **826** 8i
Abschlußzwang, Einf 3 vor **145**
Abschreibung, pfandfreie **1175** 3
Absolute Rechte, dingl Einl 2 a vor **854**; Verjährg **194** 1c
Abstammung, Einf vor **1591**; eheliche Einf vor **1591**; **1591** ff; Beweis Einf 2, 3 vor **1591**; Feststellg dch Anfechtg der Ehelichk **1594** ff; Geltendmachg der Nichtehelichk **1593**; interlokales R EG **20** 2; offenb Unmöglichk **1591** 4; Verfahrensfragen Einf 2, 3 vor **1591**; Voraussetzgen **1591** 2; Wiederverheiratg der Mutter, Ehelichk bei **1600**; nichteheliche **1600 a** ff; Feststellung dch Anerkennung der Vatersch **1600 a** 2, **1600 b**–**1600 e**; Anfechtg der Anerkenng **1600 g**–**1600 m**; Unwirksamk der Anerkenng

Abstand

Fette Zahlen = §§

1600 f; VaterschVermutg im Anfechtgs-Verfahren **1600 m;** Feststell dch gerichtl Entscheid **1600 n, 1600 o;** VaterschVermutg im Prozeß **1600 o;** ÜbergangsR Vorb 2 vor **1600 a,** Anh zu **1600 o**

Abstand im Mietverhältnis Einf 11 b gg vor **535**

Abstellplätze bei Wohnungseigentum WEG 3 1 b

Abstrakte Verträge, Übbl 3 c vor **104,** Einl 5 vor **854**

Abteilung für Familiensachen Einf 4 vor **1564**

Abtreibung, Einwilligg in – als Mitverschulden 254 3 a hh; als ZerrüttgsUtsache bei Ehescheidg **1565** 3; Zustimmg des anderen Eheg **1353** 2 b aa

Abtrennungsrecht 997

Abtretung 398; Abstraktheit **398** 1 a; Anzeige **409;** der Ansprüche des Beschädigten **255** 3, 4; Aufrechng des Schuldners **406;** Aushändigg der Urkunde **410** 1; Auskunftspflicht **402** 1; Ausschluß **399;** dch AGB – Klausel AGBG 9 7; bedingte od befristete Fdg **398** 3 c; Bestimmbark der Fdg **398** 3 d; Beurkundgspflicht **403** 1; Blankoabtretg **398** 1 b; der Dienstbezüge **411** 1, EG **81;** dingl AnwartschRecht **925** 6 b; Diskontierg von Buchfdgen **398** 1 c; Einwendg des Schuldners **398** 3 a, 6 b, **404** 1; zur Einzieh **398** 6, 7; Einziehgsermächtigg **398** 7; ErbErsAnspr **1934 b** 3 a cc, **2317** 6; fiduziarische **398** 6; Fdgsmehrheit **398** 3 d; Form **398** 1 b, 2, **313** 2 a; kr Gesetzes **412, 408** 2; von GestaltgsR **413** 1 c; Gestaltgsrechte des Schuldners **404** 1; Globalzession **398** 3 d, **929** 6 A; gutgläub Neugläub **405** 1; höchstpers Anspr **399** 2 b; Hypothek **1154–1156;** Inkassomandat **398** 7; internat PrivatR Vorb 5 c vor EG **12;** Kenntnis **406** 2, **407** 2; Konflikt zw mehreren Voraus-, insb zw verlängertem EigtVorbeh u Globalzession **398** 3 e; künftige Fdg **398** 3 c; mehrfache **408;** der Mieterrechte **549** 7; Nebenrechte **399** 4, **401** 1; nichtabtretbarer Fordergen **399** 6, **400;** öffentl-rechtl Fdgen Übbl 2 vor **398;** PfandR **1250, 1251;** Prozeßführgsermächtigg **398** 7; sonstige Rechte **413;** Rechtshängigk **407** 1; Rechtsgrund der Abtretg **398** 1 a; Schein **398** 5, 6; an Schuldner **398** 1 d; Schuldnerschutz bei Rechtsgeschäften mit Altgläub **407** 1; Sparkassenbuch **398** 2; stille **398** 1 c; Teilabtr **398** 3 b; unpfändbare Fdg **400** 1; unsittl **138** 5 a, **398** 1 c; Unzulässig **399** 5; Urkundenübergabe **398** 2, **402** 1, 2, **405, 409, 410;** Verfügg **185** 2, **398** 1 a; von VersorggsAnspr **1587 i;** Voraus- künft Fdg **398** 3 c; vorzeit Erbausgleich **1934 d** 1; Vorzugsrechte **401** 2

Abtretung des Herausgabeanspruchs 931; EigtÜbertragg **931;** gutgläub Erwerb **934;** mittelbarer Besitz **870** 2; Pfandbestellg **1205** 5

Abwässer, Verunreinigg **823** 14, EG **65** 1 d; –leitg GrdStBestandteil **95** 2 b

Abwehranspruch, gg Beeinträchtigg **1004;** Abtretg **1004** 3 c; gg hoheitl Handlg **906** 8 b; durch Rauch, Geräusche usw **906** 5, Rechtsweg **906** 8 b; gegen gefahrdrohende Anlagen **907;** bei Grunddienstbark **1027;** Nießbrauch **1065;** des Pfandgl **1227**

Abwerbung von Arbeitnehmern, Vereinsmitgliedern **611** 4 c, **826** 8 u bb

Abwesende, Willenserklärung **130** 1 b

Abwesenheit, NotverwaltgsR eines Eheg **1429, 1454**

Abwesenheitspflegschaft, 1911; Aufhebg **1921;** für jur Pers Anh z **1911;** Vermögenssperre Anh zu **1911** 1

Abwicklung s Liquidation

Abwicklungsverhältnis bei Beendigg des Besitzmittlgsverhältnisses Vorb 1 d vor **987**

Abzahlungsgeschäft: Anfechtg **123** 1 d cc; AufwendgsErs AbzG **1 d** 4; Begriff Einl 2 vor AbzG **1;** effektiver Jahreszins AbzG **1 a** 3 b dd; Einwendgsdurchgriff AbzG **6** Anh 2, 3; Erfüllg AbzG **3;** ErsAnspr des Verkäufers bei Rücktritt AbzG **2;** Finanzierg **138** 5 c, **278** 6 a, AbzG **6** 2 b dd, Anh; Form AbzG **1 a;** Gerichtsstand AbzG **6 a, 6 b;** Nichtigk der Verfallklausel **134** 3 a, AbzG **4** 3 c; Reform Einl 1 c vor AbzG **1;** Rückgaberecht AbzG **1 b;** Rückgewährpflicht AbzG **1 d** 2; Rücknahmeverlangen AbzG **1 b** 6; Rücktritt des Verkäufers AbzG **1, 5;** Sachgesamtheit Einl 2 b bb vor AbzG **1, 1 c** 2 a; im Rahmen der Schlüsselgewalt **1357** 2 b aa; TeilzahlgAbrede Einl 2 b cc vor AbzG **1, 1 a** 3; Umgehungsgeschäft AbzG **6;** Verfallklausel AbzG **4** 2; Verjährg **195** 2, **196** 4 a; Versandhandel AbzG **1 a** 6, **1 b** 5; Vertragsstrafe AbzG **4** 2; Wechsel AbzG Einl 2 b cc vor **1, 1** 6 c, **6** Anh 4 c; Widerrufsrecht AbzG **1 b;** Ausgleich nach Widerruf AbzG **1 d**

Abzahlungshypothek, Übbl 2 B d dd vor **1113**

Abzahlungskredit Einf 3 e vor **607;** AbzG **6** 2 b dd, **6** Anh

actio pro socio Übbl 1 c bb vor **420, 705** 7 a, **709** 1

Adäquanztheorie Vorb 5 b vor **249**

Adel, Teil des Namens **12** 2 a, **1355** 2 b; bei Auslandsdeutschen Anh zu EG **7** 2

Adoption: Adoptionsdekret **1752** 1; Alterserfordernis **1741** 2 c; Annahme dch einen Alleinstehenden **1741** 4 a; Annahme des eigenen nichtehel Kindes **1741** 4 b; Annahme dch Ehegatten **1741** 3 a, b, dch einen Eheg allein **1741** 3 b, eines Kindes des Eheg **1741** 3; Annahme dch Beschluß **1741** 2 c; Annahmeantrag **1752** 1; Annahmeantrag bei Volljährk des Anzunehmden **1768;** Annahmevertrag **1746** 1; Aufhebg **1742** 2 c, **1759–1766,** bei Annahme eines Volljährigen **1771;** Aufhebg von Amts wegen **1763;** Aufheb wegen Eheschließg **1766** 1, wegen Mängel der Begründg **1760** 1, 2; AufhebgsAntr **1762;** AufhebgsSperren **1761;** Aufrechterhaltg wegen ersetzbarer Einwilligg **1761** 2, wegen Kindeswohl **1761** 3; A bereits angenommener Kinder **1742** 2; Blankoadoption **1747** 3; Dekretsystem Einf 1 vor **1741, 1746** 1, 2, **1752** 1, **1760** 2, **1768** 1; Ehe zw Annehmendem u Kind **1766;** Einwilligg der Eltern **1741** 2 c, **1742** 2, **1747,** des Ehegatten des Annehmenden **1742** 2, **1749** 1, des Eheg des Anzunehmden **1749** 2, des Kindes **1741** 2 c, **1746;** Eheverbot aGrd A EheG **7;** Eltern-Kind-Verhältn **1741** 2 b; Elternrecht **1747** 1; Erbrecht **1924** 3 A b, **1931** 4 a, **1925** 7, **1926** 3 a, **2053** 2, **2066** 2, **2067** 1, **2069** 1, **2079** 2, **2107** 1, **2349** 3, IPR EG **22** 4 c; Erlöschen früherer Verwandtschaftsverhältnisse **1755** 1; Ersetzg der Einwilligg der Eltern **1748, 1749** 1; Familienname nach Aufhebg **1765;** Form der Einwilligg der Beteiligten **1750;** Garantie der Familienzugehörigkeit **1763** 1 b; Geheimhaltg **1758** 1; Geschäftsfähigk des Annehmden **1741** 2 c, **1743** 4; A geschäftsunfähiger od beschränkt geschäftsfähiger Volljähriger **1768** 2; dch Großeltern **1747** 1; Grundsatz der Ausschließlichkeit **1742** 1, 2 b; Herstellg eines gesetzl Verwandtschaftsverhältn **1754** 1; historische Entwicklung, Einf 1 vor **1741;** Inkognitoadoption **1747** 3, **1750** 1, **1754** 1, **1755** 1, **1758** 1; Interessen der Kinder des Annehmden **1741** 2 c, **1745** 1; interlokales Privatrecht Einf 4 vor **1741,** EG **22** 5; internationales PrivatR Einf 4 vor **1741,** EG **22** 1; Kinder des Anzunehmden **1742** 1, **1745** 1; Kinderlosigkeit **1741** 2 c; Kindes-

Magere Zahlen = Erläuterungen **Amtspflicht**

wohl, Berücksichtigg Einf 1 vor **1741**, **1741** 2 a, **1744** 2, **1751** 2, **1760** 2, **1763** 2, **1767** 2; s auch Wohl des Kindes; Mindestalter **1743** 1–3; Name des Kindes **1757** 1; Namensänderung dch VormGer **1757** 2; Nichtigkeit **1759** 1; Offenbargs- u AusforschgsVerbot **1758**; Pflegeverhältnis **1744**; Pflichtteilsrecht **2309** 5; Probezeit vor Annahme s Adoptionspflege; Recht auf Kenntnis der eigenen Abstammg **1758** 1; rechtliche Stellg des Kindes **1754**; Ruhen der elterlichen Gewalt **1751**; soziale Bedeutg, Einf 1 vor **1741**; Sperrvermerk im Geburtenbuch **1758** 1; Staatsangehörigkt des Kindes **1754** 1, 2, EG **22** 4 c; Stiefkindadoption **1755** 2; Teilaufhebg bei Ehegattenadoption **1764** 4; Tod des Annehmden **1752** 1, **1753** 2, **1764** 1; Tod des Kindes **1753** 1, **1764** 1; ÜbergangsVorschr Einf 2 vor **1741**; A unter Verwandten **1756** 1; Unterhaltspflicht während der Adoptionspflege **1751** 3; Verfahren bei Aufhebg **1759** 2; Verkehrsrecht **1751** 1, **1754** 3, **1755** 1; Verlust von AufhebgsGründen **1760** 3; Vertragssystem Vorb 1 vor **1741**, **1768** 1; Volladoption, Einf 1 vor **1741**, **1745** 1, **1754** 1, **1756** 1, **1767** 1; Volladoption Volljähriger **1772**; A Volljähriger **1767**–**1772**; Voraussetzgen **1743** 1; Vorbehalt EG **147** 4; Widerruf der Kindeseinwilligg **1746** 4; Wirkg der Aufhebg **1764**; Wohnsitz **11**
Adoptionshilfe Einf 2 vor **1741**
Adoptionspflege Einf 2 vor **1741**, **1744**, **1747** 3, **1758** 2
Adoptionsstatut EG **22** 1
Adoptionsvermittlung Einf 2 vor **1741**
Affektionsinteresse des Käufers **467** 3 a
Affidavitverfahren bei Wertpapieren Einf 5 b vor **793**
Afterpfand, **1274** 1 c cc
Ähnlichkeitsgutachten zur Feststellg der Abstammg Einf 3 vor **1591**
Änderungsverträge, Formbedürftigk **126** 2 a, **313** 10
Akkordkolonne Einf 4 a cc vor **611**
Akkordlohn 611 6 c dd
Akkreditiv 270 1 b, **362** 3, **675** 3 a, **780** 2 d, namentl Einf 4 vor **783**; Bestätigg Einf 4 vor **783**; IPR Vorb 6 n vor EG **12**; Widruflk Einf 4 vor **783**, **790** 1
Aktien, mißbräuchl Ausnutzg **826** 8 l; Nachlaßwert **2311** 3; Nießbrauch **1068** 3 a; Option zur Rückübertragg Vorb 1 vor **504**; Sachmängelhaftg Vorb 3 vor **459**; TestVollstrVerwaltg **2205** 1 b gg; Übereigng **930** 2 c; Vererblichk **1922** 2 a gg; **2032** 8, **2042** 2 e; Vermächtnis des Nießbrauchs Einf 4 vor **2147**
Aktienbuch, Einsicht **810** 4
Aktiengesellschaft, Gutglaubensschutz beim GrdstErwerb **892** 3 b cc
Akzeptkredit Einf 3 b vor **607**, **675** 3 a
Alleinverdienerehe 1360 3 a; Wohnsitzwahl **1353** 2 b b
Allgemeine Bedingungen der Elektrizitätsversorgungsunternehmungen **903** 5 H a bb; **906** 5 b dd; **1004** 7 c gg; AGBG **23** 2 b bb
Allgemeine Geschäftsbedingungen, AufrechngsVerbot in – AGBG **11** 2; Auslegg AGBG **5**; Ausschluß nicht fristgemäß geltend gemachter Anspr **637** 1; Ausschluß des LeistgsWeigersR in – AGBG **11** 3; der Banken Einf 7 g vor **1204**, **1206** 2 c, **1274** 1 a; AGBG **9** 8, **11** 7; Begriff AGBG **1**; und BestätiggsSchreiben AGBG **2** 6 c; Beweislastklausel AGBG **11** 15; Einbeziehg in Vertr AGBG **2**; Gleichstellg der FormularVertr AGBG **1** 3; u Individualvereinbarg AGBG **1** 4;

Freizeichng in – AGBG **9** 6, **648** 1, **676** 3 c; für grobes Verschulden AGBG **11** 7; bei zugesicherten Eigenschaften AGBG **11** 11; Gerichtsstandsklauseln AGBG **9** 7, AbzG **6 a** 4; Ausschluß der Gewährleistg in – AGBG **11** 10; u gute Sitten Vorb 4 b vor AGBG **8**; Inhaltskontrolle Vorb 1–4 vor AGBG **8**; dch GrdBuchamt Vorb 3 a vor AGBG **8**; bei finanziertem Kauf AbzG Anh **6** 3; IPR AGBG **12**, Vorb 2 a, 4 vor EG **30** 3; Geltg des AGBG für Kaufleute AGBG **24**; Klauselverbot AGBG **10**, **11**; Pfandrechtsbestellg Einf 7 vor **1204**; u PreiserhöhgsKlauseln AGBG **11** 1; Rechtsnatur AGBG **1** 1; sog salvatorische Klauseln Vorb 3 b vor AGBG **8**; u Sachmängelhaftg AGBG **11** 10; u Schadenspauschalier AGBG **11** 5; überraschende Klauseln AGBG **3**; UmgehgsGeschäfte AGBG **7**; Unklarheitenregel AGBG **5**; Unklarh als UnwirksGrd AGBG **2** 3 d; Unterlassgsklage gg Verwender u Empfehler unwirksamer – AGBG **13**; Unwirksamk von – AGBG **6**; Vertragsänderg Vorb 4 vor **459** (Gewährleistg); VertrStrafversprechen in – AGBG **11** 6; Vorrang der Individualabrede AGBG **4**; Verweis beider Parteien auf widersprechende – AGBG **2** 6; Verwendg unwirks AGB als c. i. c. Vorb 3 b vor AGB **8**; zwischenstaatl Recht AGBG **12**, Vorb 2 a, 4 vor EG **12**, EG **30** 3
Allgemeine Gütergemeinschaft s Gütergemsch
Allgemeines Kriegsfolgengesetz s unter KriegsfolgenG
Almgesetz, bay EG **115** 2, **119** 2
Altbankengesetz, Berliner, Sondervorschr über Vererbg Einf 7 vor **2032**
Altbaumietenverordnung, Einf 12 a vor **535**
Altbauwohnung Einf 12 vor **535**
Altenteil, EG **96**, **1093** 1 c; Anspr auf dingl Sicherg **242** 4 B a; Eintragg im Grundbuch Übbl 5 vor **1105**; im Erbauseinandersetzgsvertr **2042** 3; Erbvertrag Übbl 5 vor **2274**; Reallast (u Nießbrauch) Übbl 5 vor **1105**; als Vermächtn Einf 4 vor **2147**; Wegfall der GeschGrdlage **242** 6 D a
Alternative Erbeinsetzung **2073** 2; altern Kausalität Vorb 5 cc vor **249**, **830** 3 b; altern Vermächtn **2148** 4, **2151**, **2152**
Altersgrenzen beim vorzeit Erbausgleich **1934 d** 2
Altersstufen 2 2
Altersversicherg, Unterhalt der Eheg **1578** 3
Altersversorgung von Arbeitnehmern, Einf 7 vor **611**; Annahme des Angebots **145** 1
Altölgesetz 906 2
Altsparergesetz, Geltendmachg von Entschädiggsansprüchen dch TestVollstr **2205** 1 b ff
A-Meta-Geschäft 705 9 b bb
Amortisationshypothek s Tilgungshyp
Amtsgericht, f Auflassg **925** 4 c; Aufnahme eidesstattl Versicherg **2356** Vorb 4; als Familiengericht Einf 4 vor **1564**, s auch unter „Familiengericht"; als NachlG Einl 5, 5 a vor **1922**; als VormGer Übbl 5 vor **1773**; WohngsEigtSachen WEG **43**
Amtspfleger (Jugendamt) **1709**, **1710**, JWG **37** ff, **40**; bestellter JWG **45**; Entlassung, Ersetzg dch Einzelpfleger JWG **39 a**, **39 b**; **1887**, **1889**, **1915**; Beendigg der Amtsvormundsch **1710**; Beendigg der Amtspflegsch JWG **41**
Amtspflegschaft des Jugendamts **1709**; JWG **37** ff; Aufhebg **1707** 2; bestellte A JWG **45**; gesetzl A über nichtehel Kinder **1709**, **1710**, JWG **37** ff, **40**; internationale RechtsGrdSätze JWG **40** 2; Zuständigk des Jugendamts JWG **42**; u Amtsvormundsch **42** 3; Beendigg JWG **41**
Amtspflicht, geschützter Dritter **839** 5 A, B;

2377

Amtsvormund Fette Zahlen = §§

Einzelfälle **839** 5 B c; gegenüber Beamten **839** 5 A; geg öffentlich-rechtl Körperschaft **839** 5 B b; Haftg für Verletzg **839**; Inhalt **839** 4; s a Beamtenhaftg, Justizbeamte, Richterhaftg
Amtsvormund (Jugendamt) Einl 3b vor **1297**; Übbl 4b vor **1773**; **1791**c; JWG **37** ff; Anlegg von Mündelgeld JWG **38** 4; **1805** 1, **1806** 1; Antrag auf Entlassg des JgdAmts u Bestellg eines Einzelvorm JWG **39**, **39**a; Bescheinigg des VG über Eintritt der A **1791**c; bestellter A Übbl 4 vor **1773**; Grdz 1 vor **1773**; **1791**b; JWG **45**; Bestellg **1789** 1; **1791**b; JWG **45**; Entlassg, Ersetzg dch Einzelvormd **1789** 1, **1889**; JWG **39**a, **39**b; Interessengegensatz **1796** 2; Rücksichtnahme auf religiöses Bekenntn des Mündels od d Familie **1779** 4c; JWG **38** 6
Amtsvormundschaft Übbl 4b vor **1773**; **1791**b, **1791**c; JWG **37**–**45**; Abgabe an anderes JgdAmt JWG **43**; Anlegg von Mündelgeld **1805** 1, **1806** 1; JWG **38** 4; Anwendg von Vorschr des BGB JWG **38**; Beendigg Übbl 4 vor **1773**, Grdz 1 vor **1773**; JWG **40** 3; bestellte **1791**b; JWG **45**; Bestellg **1789** 1, **1791**b; JWG **45**; zum Beistand, Pfleger JWG **45**, **46**; intern RechtsgrdSätze JWG **40** 2; gesetzl A über nichtehel Kinder Übbl 4 vor **1773**; Grdz 1 vor **1773**, **1791**c; JWG **40**–**42**; Übertragg vormundsch Obliegenh auf Beamte u Ang des JgdA JWG **37** 3, 4; Zuständigk des JgdA JWG **42**; Zuständigk des VG JWG **42** 3
Analogie Einl V 3a vor **1**; im IPR Vorb 5 vor EG 7
Anbau an Nachbarwand **921** 5a; an Grenzwand **921** 6a
Anderkonto allgemein **328** 3b, Einf 3 o vor **607**; Aufrechng **387** 4a
Änderung, Änderungskündigg Vorb 2 a ii vor **620**; der AO der Stundg des PflichttAnspr **2331**a 3c, des Anspr auf vorzeit Erbausgleich **1934**d 9c dd; der Wirkungen des Kindesannahmevertr **1767** 1; der Anordnungen des VormGer hins der elterl Gewalt **1696**; der güterrechtl Verhältn **1408**; rechtskr Entscheidungen des VormGer **1382** 5; der Sorgerechtsverteilg **1671** 7; bei Unterhalt eines Kindes **1612** 5; rechtskräft Entscheidgn üb VersorggsAusgl **1587** d; s a Abänderungsvertr
Änderungsvorbehalt in AGB AGBG **10** 4
Aneignung **958**; bei AbtrenngsR **997** 3; Bestandteile **956** 3; Fiskus **928** 5, EG **190** 1; gesetzl verbotene **958** 3a; Gestattg durch Nichtberechtigte **957** 1; von Grdst **928** 5, EG **129**, **190**; Sache, herrenlose **958** 2a; von Tauben EG **130**; Verletzg von Aneigngsrechten **823** 6e, **958** 3b; wildes Tier **960** 1
Anerben, Beschränkg dch TestVollstr **2197** 4; Bestimmg **1937** 1a
Anerbenrecht, landesgesetzl EG **64** 1, 2; fortges Gütergemeinsch Vorb 3 vor **1483**; u NichtehelR EG **64** 3; s auch KontrollratsG **45**
Anerkenntnis **781**; bei AnfechtgsKlage wegen Erbunwürdigkeit **2342** 1; Kondiktion **812** 2b; negatives **397** 6; im Prozeß Übbl 5 vor **104**; der Unterhaltspfl **1600**a 4; Verjährgsunterbrechg **208** 2; vertragliches bei Verjährg **222** 2
Anerkennung ausländ Adoptionen EG **22** 4; ausländ Akte der FreiwG EG **19** 5; von Entscheidgn der Gerichte der DDR, EG **17** 7, **30** 3; Übk über A von Entscheidgn in Ehesachen EG **17** 6b; von Erbscheinen der DDR Übbl 5 c vor **2353**; von AuslandErbsch EG **25** 3; von Gesellschaften des Auslands Anh zu EG **10** 4; A von Maßnahmen auf Gr des MSA, Anh zu EG **23** § 7; von Scheidgsurteilen EG **17** 6 b, EG **30** 5

Anerkennung der Mutterschaft für nichteheliche Kinder EG **20** 3
Anerkennung der Vaterschaft nichtehelicher Kinder **1600**a 2; Anfechtg **1600**g–**1600**m; keine Bedingg, Zeitbestimmg **1600**b; Doppelanerkenng **1600**b 4; Form **1600**e; Geschäftsunfähigk, beschränkte GeschFähigk **1600**d; intern Privatrecht EG **21** 7, **21** Anh 3, **22** 4, **30** 5; Rechtsnatur **1600**b 1; Unwirksamk **1600**f; Zustimmg des Kindes **1600**c; Übk über die Erweiterg der Zustdgk von Behörden, vor denen diese anerkannt w können EG **21** Anh 6
Anfall der Erbschaft **1942** 3; des Vereinsvermögens **45**, **46**
Anfangstermin **163**
Anfangsvermögen bei Zugewinngemeinsch **1373** ff; Begriff **1374** 2; Berechng **1376** 1–3; Hinzurechnungen **1374** 3, 4; land- u forstwirtsch Betrieb **1376** 4; Verzeichnis **1377**
Anfechtung, Allgemeines Übbl 4d vor **104**, **119** 1, **121** 1; -erklärg **121** 4, **143** 1; -gegner **143** 4; Annahme an Kindes Statt **1755**; Annahme oder Ausschlagg der Erbschaft **1954** 1–3, **1955**, **2308**, des ErbErsAnspr **1934**b 3b; Anerkenng der Vaterschaft **1600**f–**1600**m; Ansprüche des VertrParteien **142** 2; Arglist, eigene **123** 1a; wegen arglistiger Täuschung **123** 1–3; Ausschlußfrist **121** 5, **124** 2; Berechtigter **143** 3; – BereicherungsAnspr **812** 6 A c bb, **813** 2 b; Bestätigg **144**; Bestätiggsschreiben **148** 2 a; der Bevollmächtigg **173** 4; Beweislast **119** 6, **121** 6, **122** 4; Dauerschuldverhältnis Einf 5c vor **145**; Dienst- u ArbeitsVertr **611** 2; Drohg **123** 1–3; Ehelichk **1593**–**1597**; Erbvertr **2281**; bei Erfüllungsgeschäften **142** 2, Einf 3d vor **346**; Form **143** 2; Gesellschaftsvertrag **705** 3d, Ausscheiden eines Gesellschafters **736** 1; Grundgeschäft **142** 2; Irrtum **119**, **122**; dch Klageerhebg **121** 3; Konversion **813** 2; letztw Vfg **2078**–**2082**; keine Anf der Bedingg oder Befristg allein **2078** 4; u Mängelhaftg **119** 4 d; bei Nichtigk Übbl 4 d vor **104**, **123** 1 b; SchadensErs **122**, **123** 1 c; teilweise **142** 1; des TestWiderrufs **2253** 5, **2256** 2; Übermittlg, irrige **120** 1; Überschuldg d Nachlasses **1954** 1; trotz Untergangs der zurückzugewährenden Leistg **123** 5; unverzügliche **121** 2, 3; Vereinsbeschlüsse **32** 1; Vereinssatzg **25** 2; Verfolgtentestamente **2078** 5; Verjährgsbeginn bei – **200** 1; VermAusschlagg **2308** 2; Verschulden **122** 5; Verzicht **144** 1; der Wahl **263** 1; des Vorschlags der Eltern über elterl Gewalt nach Scheidg **1671** 2; vorsorgliche A im Prozeß **143** 2; Wirkg **142**
Anfechtungsfrist, Drohg u Täuschg **124** 2; Ehelichk **1594**; Erbvertr **2283**; Irrtum **121**; letztw Vfg **2082** 1, 2; Anerkenng der Vatersch **1600**h–**1600**i
Angebot, Voraussetzg des GläubVerzuges **294**, **295**; stillschweigendes **295** 1; wörtliches **295**
Angehörige **530** 2c, Einl 1 vor **1297**; Einbeziehg in die Schutzwirkg des Vertrages **328** 2b; Ers von Fahrtkosten für Krankenhausbesuche **249** 2 d; Ausschl von Regreßansprüchen gg A Vorb 7c ff vor **249**; Ersatz von Schockschäden Vorb 5c dd vor **249**
Angemessener Unterhalt, **519**, **528**, **829**, **1360**, **1603**, **1608**, **1610**, **1963**; Begriff **1360**a 1
Angemessenheit des Ausgleichsbetrags beim vorzeit Erbausgleich **1934**d 3
Angestelltenhaftung **831**; Entlastgsbeweis **831** 6
Angestellter, Begriff Einf 1h vor **611**; Arbeitsverhinderg **616**; Kündigg **622** 2; keine Freizeichng für grobes Versch von leitden – AGBG **11** 7 b

Angleichung im IPR Vorb 11 vor EG **7**
Angriff, Notwehr **227**; gegenwärtiger **227** 1 c; provozierter **227** 1 e
Anhörung, Eltern **1695**; GgVormund **1799** 2, **1826** 1; Jugendamt **1671** 7, **1695** 1, **1696**, **1750** 3; des Mündels **1827** 1; vor Unterbringg **1800** 3 d; Vater des nichtehel Kindes vor Gen der Annahme an Kindes Statt **1747 b**; Verwandte **1847** 1
Ankaufsrechte 313 2 d, Vorb 4 d vor **504**, Übbl 4 vor **1094**; Vormerkung Vorb 4 b vor **504**, **883** 2 e aa
Anknüpfung im IPR Vorb 6–8 vor EG **7**; Vorb 15 vor EG **7**, EG **19** 2; alternative A Vorb 6 vor EG **7**; bei im Drittstaat wohnenden Deutschen Vorb 14 c vor EG **7**
Anlage, zum Schaden neigde Vorb 5 dcc vor **249**; gefahrdrohende **907**; bei Grunddienstbark **1020** 3, **1021**, **1022**; Nießbrauch **1037**; Schadens- u hypothet Kausalität Vorb 5 f aa vor **249**
Anlageempfehlung Vorb 3 a vor **459**
Anlagevertrag 675 3 a; falsche Beratg **276** 4 c
Anlandung EG **65** 1
Anlegung von Geld durch Eltern **1642**; Vorerbe **2119**; Vormd **1806–1811**
Anlernverhältnis Einf 5 b vor **611**
Anliegergebrauch 905 2 b aa
Anmeldung zur Eintragg ins Vereinsregister **59 ff**, **67**, **71**, **74**, **76**
Annahme, der Anweisg **784** 1–3; Beurkundg **128**; erfüllungshalber **364** 4; an Erfüllgs Statt **364** 1–3; der Kaufsache **464** 3; Vermächtnis **2180** 1–3; unter Vorbehalt **464** 4; s a Vertragsannahme
Annahme als Kind 1741 ff; s unter „Adoption"
Annahme der Erbschaft 1943 2, 3; vor Anfall **1951** 3; Anfechtg **1954**, **1957**; nach ausländ Erbstatut **1945** 3 c; bedingungsfeindl **1947**; mehrfache Berufg **1948**; Beschränkg auf Teil **1950**; durch Ehegatten **1943** 3; bei Gütergemeinschaft **1432** 2, **1455**; mehrere Erbteile **1951**; Irrtum **1949** 1, 2; dch Minderjähr **107** 3, **1945** 1 b; Passivprozesse vor – **1958** 2; Sicherg des Nachl vor – **1960**, **1961**; Ungewißh **1960** 4
Annahme des Erbersatzanspruchs 1934 b 3 b, Einf 4 vor **1942**
Annahme des Vermächtnisses 2180
Annahmeerklärung u Annahmefrist s Vertragsannahme
Annahmeverzug, Angebot mangelhafter Ware **324** 5; bei Unmöglichk **324** 5; Vergütungsanspr des Dienstpfl **615**; s. Gläubigerverzug
Annoncenexpedition 675 3 a
Anordnung, Änderg v Anordnungen des VormGer **1696**; behördl als Ausschluß der Widerrechtlk **823** 7 B b; behördl u Ursachenzushang Vorb 5 d ee vor **249**; Dritter bei Vormundsch oder Pflegsch **1803** 1, 2, **1927** 2, 3; einstweil im Ehescheidgsverf Einf 4 m vor **1564**, Einf 4 d vor **1569**; keine widersprechenden bei fortges Gütergem **1518**; über Sorgerecht **1671** 7
Anpassung (Angleichung) im intern PrR Vorb 11 vor EG **7**, EG **30** 2
Anpassungsverordnung bezügl Unterhaltsrenten Minderjähriger **1612 a** 3
Anrechnung, bei Ausgleich **2055**; bei vorzeit Erbausgleich **1934 d** 5; bei Ersatzpflicht zum Gesamtgut **1476** 2; bei Forderungsmehrheit **366**; auf Kaufpreis **364** 4 b; von Leistgn auf Regelbedarf des nichtehel Kindes **1615 g**; beim Unterh geschied Eheg **1577**; bei Übertragg von Vermögensggständen **1383**; Vorempfang bei Pflichtteil **2315**; von Vorteilen auf SchadErsAnspr Vorbem

Anweisung

7 vor **249**; auf Zinsen u Kosten **367** 1; beim Zugewinnausgleich **1380**
Anscheinsbeweis, Vorb 8 vor **249**, **823** 13, **828** 2 b
Anscheinsvollmacht 173 4; eines Elternteils **1629** 3; bei Geschäften eines Miterben zur Fortführg eines Gewerbebetriebs **1967** 4
Anschlußbeschwerde in WE-Sachen WEG **45** 1
Anschlußzwang als Enteignung **903** 5 H a ff
Anspruch 194 1; nach Anfechtg **123** 1 c; eingetr, Übergangsvorschr EG **179** 1, 2; gefährdeter, Selbsthilfe **229** 2; Herausgabe eines bestimmten Gegenstandes **292** 2; Konkurrenz **194** 3, **276** 9, **463** 4 a, **557** 5, Einf 2 vor **823**, **839** 7 a, mit BereichergsAnspr Einf 4, 5 vor **812**, **813** 2 b; verhaltener – **271** 1 a, **368** 3; nicht verjährbarer **194** 4; Verjährg des rechtskräftigen **218**, **219** 1, 2; Verletzg Vorb 1 vor **275**; Wegfall **242** 4 vor A
Anstalt des öff R, Haftg **89** 1, **276** 8; Benutzgsverhältn Einf 4 h cc vor **305**; Begriff bei Unterbringung **1800** 3 a
Anstaltsunterbringung des Kindes durch Eltern **1631** 4; durch Familienrat **1872** 1; des Mündels dch Vormund **1800** 3, **1837** 3, **1901** 1; dch Pfleger **1910** 3 b; Unterhalt **1606** 4
Anstandspflicht, BereichergsAnspr bei Erfüllg **814** 3
Anstellungstheorie 839 2 B
Anstiftung, Begriff **830** 3
Anteil am Gesamtgut der Gütergem **1419** 2; eines Miterben s Erbteil
Antenne, Hochantenne d Mieters **550** 2
Antrag auf Ehescheidg Einf 4 f vor **1564**, **1564** 1, **1566** 2; s auch Vertragsantrag
Antrittserwerb der Erbsch **1922** 1 a
Anwachsung 2094, **2095**; von Gesellschaftsanteil **736** 1, 2, **738** 1, 2; u Form des § 313 **313** 4 a; Nacherbfolge **2142** 3; Verhältn zur Ersatzbeinsetzg **2099** 1
Anwartschaft, Einf 3 vor **158**; dingl **873** 3 e; auf Eigentum **455** 3, **823** 5 c, 6 a, **925** 6 b, **929** 6; gutgläub Erwerb **929** 6 B b bb; Übertragung **929** 6 B b; bei Erbfolge Einf 1 a vor **1922**, **1937** 3 a, **2289** 2 b; bei Nacherbfolge Einf 4 vor **2100**, **2108** 2–5; bei ErsNacherbf **2102** 3; Ggstand der Kondiktion **812** 4 b, 5 A a; bei Grunddienstbarkeiten Einf 2 b vor **1018**; Pfändg **929** 6 B c, **1274** 1 c aa, **1287** 3 b; ges Pfandrechte **929** 6 B d; auf Ruhegeld Einf 7 b vor **611**; unerl Handlung **823** 6; A auf Vermächtn **2179** 1; auf Versorgg beim VersorgsAusgl **1587 a**, **1587 b**, s unter „Versorgungsausgleich"
Anwartschaftsrecht des Auflassgsempfängers **925** 6 b; **1287** 3 b; des Hypothekengläubigers **1163** 4 d; aus bedingter Übereigng **929** 6 B; gutgläubiger Erwerb **929** 6 B b bb; Pfändg **929** 6 B c; Übertragbark **929** 6 B b aa, **413** 1 b; bei Verbindg, Vermischg **949** 2; Vererblichk **1922** 3 a hh; A am Zubehör, Erstreckg der Hypothek **1120** 4; s auch „Nacherbe"
Anweisung 270 1 b, **783**; Abstraktheit Einf 1 a vor **783**; Akkreditiv **270** 1 c, Einf 4 vor **783**; Annahme **783** 3, **784** 1, 2; Annahme als Leistg **788**; Annahmeverpflichtg **784** 1 b, **787** 2; Aushändigung **785** 1; Ausschließg d Übertragg **792** 2; Ausschluß des WiderrufsR **790** 2; Begriff Einf 1 vor **783**; BereichergsAnspr **784** 3; des Bestellers **645**; Deckgsverhältn Einf 1 b vor **783**, **784** 3; Einwendgen nach Annahme **784** 3, **792** 3; Einziehungspflicht **788** 2; Geschäftsunfähiger **791**; Grundgeschäft **783** 3; Inhaberanweisg **783** 1; Innenverhältn Einf 1 b vor **783**; Kassenliefer-

2379

Anwenderecht Fette Zahlen = §§

schein Einf 2e vor **783**; kaufmännische Einf 2a vor **783**, **783** 1, 2b; auf Kredit **787** 2; Kreditbrief Einf 2d vor **783**, **778** 1b; an eig Order **783** 1; auf Schuld **787** 1; Tod **791**; Übertragg **792**; Unmöglichk **790** 4; Verjährg **786**; Verweigerg der Annahme, Anzeige **789**; Wechsel ungültiger **783** 1; Werkvertrag **645**; Widerruf **790**
Anwenderecht EG **124**
Anzahlungen, **362** 1
Anzapfen, Sittenwidrigkeit **826** 8 p
Anzeige, v Abtretg **409**; Formvorschriften für – in AGB AGBG **11** 16; v Hinterlegg **374** 2; v Mängeln der Kaufsache **478**, Einf 5 vor **545**; des Nacherbfalls **2146**; bei Pfandbestellg **1205** 5 b, **1280**; des Vermieters vom Eigentumsübergang **576**; der verspäteten Vertragsannahme **149** 2
Anzeigenblatt, unentgeltl Lieferg, unlaut Wettbewerb **826** 8 u mm
Anzeigenvertrag Einf 5 vor **631**
Anzeigepflicht im Arbeitsverhältnis **616** 1 f, 4 d dd; des Beistandes **1686**; Beauftragten **663**; der Erben des Auftraggebers **673**; des Jugendamts **1694**; JWG **47 a**, **48**; des Mieters **545** 2; als vertragl NebenPfl **276** 7 c dd; bei Notwendigk einer Pflegschaft **1909** 4; des Standesbeamten JWG **44**; bei Wiederverheiratg des überlebenden Elternteils **1683**; des Werkunternehmers, Verletzg **650** 3
Anzeigepflichtige Entlassungen Vorb 3a ff vor **620**
Apothekenpacht, Einf 2 e vor **581**
Apotheker, Fahrlk, Einzelfälle **823** 14; Apothekenkonzession, Verpachtg **306** 3, Einf 2 e vor **581**; Apothekenprivileg als GrdstBestandteil **96** 2; bayerische Apothekenrealrechte EG **74** 2
Äquivalenzstörungen beim ggs Vertrag **242** 6 C a
Äquivalenztheorie beim Kausalzusammenhang Vorb 5b vor **249**; beim gegenseitigen Vertrag Einf 1c aa vor **320**
Arbeiter, Begriff Einf 1 i vor **611**; Lohnfortzahlg bei Krankh **616** 4e
Arbeitgeber, Begriff Einf 1f vor **611**; –darlehen Einf 3 vor **607**; – wechsel **613 a**
Arbeitgeberwechsel 613 a; Kündigg **613** a 1 e
Arbeitgeberzuschüsse aus sozialem Anlaß **611** 7 g
Arbeitnehmer, Begriff Einf 1g vor **611**
Arbeitnehmerähnliche Person Einf 1g vor **611**; Kündigungsschutz Vorb 3 h vor **620**
Arbeitnehmererfindung 611 13
Arbeitnehmerschutzrecht Einf 8 vor **611**
Arbeitnehmerüberlassungsgesetz Einf 4 a ee vor **611**
Arbeitnehmerüberlassungsvertrag Einf 2 c, 4 a ee vor **611**
Arbeitsamt, AmtspflVerletzg **839** 15
Arbeitsbedingungen Einf 6 vor **611**
Arbeitseinkommen des Kindes **1649** 2
Arbeitsgemeinschaft in der Bauwirtschaft **705** 9c
Arbeitskampf Vorb 1 e vor **620**
Arbeitspapiere 611 1 b bb; kein ZurückbehaltgsR **273** 5 a
Arbeitspflicht 611 3
Arbeitsplatzgestaltung 618 2 a
Arbeitsplatzschutz Einf 8g vor **611**, **618**
Arbeitsplatzwechsel u Urlaub **611** 12f
Arbeitsrecht, Begriff Einf 1c vor **611**; vgl im übrigen die Übersichten vor **611** u Einf vor **611** sowie Einzelstichworte
Arbeitsunfall 611 14a
Arbeitsverhältnis, Anzeigepfl im – **616** 1 f; Begriff Einl 1 e, 4 vor **611**
Arbeitsvermittlung, nichtige **134** 3 a
Arbeitsvertrag, Anfechtg **119** 1 c, Einf 5 c bb vor **145**, **611** 2; Abschluß **611** 1; Abschlußmängel Vorbem 1 c vor **145**; Änderg **611** 1 c; auflösend bedingter Vorb 1 b ff vor **620**, **620** 1 c; Begriff Einf 1 d vor **611**; Bruch **611** 1 e, **249** 3 b; einstw Vfg **611** 1 f; einseit Inhaltsbestimmg Einf 3 c cc vor **145**, AGBG **23** 2 a; Mängel **611** 2 b; Nichtigk **134** 3 a; Sittenwidrigk **138** 5 b; Vertragsverletzgen **611** 1 e
Arbeitszeitregelung 618 2 b
Arbeitszeitschutz Einf 8b vor **611**
Architekt, Arbeitsgemsch **631** 1d; Art d Vertrags, Einf 2a aa vor **611**, Einf 5 vor **631**, **648** 2; als Bauwerksunternehmer **648** 2a; als ErfüllgsGehilfe des Bauherrn **278** 6 a, **631** 3 b; Gebührenordnung **612** 2 b; Haftg Einf 5 vor **631**; Honorar-Ordnung **632** 2; Konkurrenz mit Haftg des Statikers Vorb 3 e vor **633**; Koppelungsverbot **631** 1 b; Mustervertrag, Auslegg **157** 5 b; Pflichten Einf 5 vor **631**; Prüfervermerk **781** 2d; Subsidiaritätsklausel Vorb 3e vor **633**; AGBG **11** 10a; Schadensersatzpflicht **635** 2; **637** 1; Schlußrechng **242** 4 C e; **632** 1; Verantwortlichk **276** 4c; Verjährg der Ansprüche **196** 4a, **8**, **198** 2, **638** 2 c, 5; Verkehrssicherungspflicht **823** 14; Vorarbeiten, Vergütg **623** 2; Vollmacht **167** 3a; Wettbewerb **661** 1
Arglist, Anfechtg bei eigener **123** 1a; bei Vertragsschluß **826** 8b
Arglisteinrede 157 4, **242** 2, 4 C a, **826** 6, 8a, b; ggüber Formmangel **125** 6, **242** 4 D; ggüber Nichtigk Übbl 4 a vor **104**; ggüber Verjährg Übbl 3 vor **194**, **242** 4 D; ggüber Gebrauchsweisen v **242** 4 E; bei unerlaubter Handlg **853**; s. a. Einrede
Arglistige Täuschung s. Täuschg
Armenanwalt, Honorarvereinbarg **134** 3a
Armenrecht bei Inventarerrichtg **2003** 2; bei NachlPflegsch **1960** 5 C c bb
Armenrechtsgesuch, Verjährg bei **202** 2, **203** 1
Arresthypothek 1190 1c; s a Hyp
Arzneimittelgesetz 134 3 a, **823** 16 E
Arzneimittelvertrieb unter Nichtbeachtg des Apothekenzwangs **134** 3a, **826** 8 u nn
Arzt, Einf 2a bb vor **611**; Aufklärgspflicht **823** 7 B f, 14; Belegarzt **305** 5 a, Einf 2 a vor **611**, **705** 10; Beweislast bei Haftg Vorb 8 vor **249**, **282** 2 e, **823** 13 a, 14; Einwilligg für Eingriff **823** 7 B f; Haftung für Erfüllungsgehilfen **278** 6a; Schadensersatz, Mitverschulden **254** 3 a c; Staatshaftg f Arzt **839** 3b, 5b tt; Fahrlässig Einzelfälle **823** 14; GebührenO v 18. 3. 65 **612** 2 a; als verfassungsmäßig berufener Vertreter **89** 2b; Praxisverkauf **138** 5 o; als Verrichtungsgehilfe **831** 3 b, c; Vertrag, Einf 2 a bb vor **611**; ursächlicher Zusammenhang Vorb 5 d bb, cc vor **249**
Arztpraxis, Mithilfe der Ehefrau **705** 8
Arztsozietät 705 9 b aa
Asylberechtigte, Rechtsstellg Vorb 7a vor EG **7**, Anh 4 nach EG **29**
Atomschäden, Unfallhaftg **823** 14
Aufbaudarlehen Einf 11b ff vor **535**
Aufbauleistungen Einf **11** vor **535**
Aufbauvertrag Einf **11** vor **535**; **1124** 2; Übbl 2 E c vor WEG **1**, WEG **4** 2
Aufbewahrungspflicht des Käufers **433** 7f
Aufenthalt, gewöhnlicher, Anknüpfg im interlokalen Recht Vorb 14 c vor EG **7**, EG **21** Anh 3, EG **23** Anh 4 c, EG **29** 1, 2; s auch „gewöhnl Aufenth"
Aufenthaltsort 7 1; Bestimmg durch Eltern **1631** 4

Aufwendungen

Auffahren im Kraftverkehr 823 14 „Kraftverkehr", 830 3d; Beweis des ersten Anscheins für Verschulden Vorb 8a cc vor 249
Aufforderung, Anmeldg der Erbrechte 1965 1; an Vormd zur Mitteilg der Genehm des VormschG 1829 3
Aufgabe des Eigtums 959, bei Grdst 928; s auch Aufhebung
Aufgebot vor Eheschließg EheG 12; der Erbrechte 1965; Grundstückseigentümer 927; Hypothekenbrief 1162; Hypothekengläub 1170–1171; NachlGläub 1970–1974; Postsparbücher 808 3; Reallastberechtigter 1112; Todeserklärg: Voraussetzgen VerschG 2ff, Vorkaufsberechtigte 1104; Vormerkg 887
Aufgedrängte Bereicherung 951 2 c dd
Aufhebung der Annahme als Kind 1759–1766, 1771, 1772; des Beistandes 1692; des Dienst(Arbeits-)Verh 134 4, Vorb 1 c vor 620; der Ehe s Eheaufhebg; Erbvertr 2290; Gemeinsch 749–758; v GrdstRechten 875, 876; GrdstErwgsvertr 313 9; des Güterstandes 1408; der Gütergem 1447–1449, 1469 f; der fortges Gütergem 1495, 1518; Aufhebg der Lebensgemeinschaft als Ehescheidungsgrund 1565 2a, 3, 1566, 1567; Übergangsvorschr hiezu EG 201 1, 2; Hypothek 1183; Konkurs, Einfluß auf elterl Vermögensverw 1670; rechtskr Entscheidgen des VormschG über Stundg der AusglForderg 1382; Schuldverhältn 305 3; Test 2253–2258; Wohnsitz 7 3, 8 1
Aufklärungspflichten u argl Täuschg 123 2c; des Arztes 823 7 B f, 14; des Käufers 433 7 j; im Schuldverh 242 4 B d, 276 6 b cc; Verletzg 276 6 b cc, 7 c dd; beim Werkvertr 631 2 a; s auch unter „Arzt"
Auflage, Anspr auf Erfüll 525 2, 2194; Begriff Einf 1 vor 158, 525 1, 1940 1; BereichAnspr 2196 2; Bestimmg des Begünstigten 2193; DDR-Recht 1940 3, Einf 2 vor 2192; ErbSt Einf 1 vor 2191; im Erbvertr 1941; Ggstand 2192 2; Klagerecht 525 3, 2194; Lastenausgleich 2192 1; Mängel bei Schenkg 526; NachlVerbindlichk 1967, 1972; Nichterfüllg der 527; Nichtigk 2192 2, 2302 1; Schenkg unter 525–527; Sittenwidrigk 2192 2; 2195 1; durch Testament 1940; bei TestVollstreckg 2205 1b bb; Unmöglk 525 1f; VermächtnisVorschr, Anwendg 2192 1; bei Zustimmgsersetzg 1365 6
Auflassung 925; Anwartschaft 873 3e, 5, 925 6b); Aufhebg 925 3d; bedingungsfeindl 925 5b; Behörden, zuständ 925 4, landesrechtl EG 143 5; Bestandteile 93 6; Bindg 873 5, 925 5; Form 925 3; Genehmigg, behördl 313 15a, Einl 7b cc vor 854, 925 7; Konditkion 313 13a, 812 4b; Kosten 449 2; UnbedenklichkBescheinigg 925 9; in Versteigerungstermin EG 143 1; Vollmacht 313 7, 13b, 1937 1; Vormerkg 428 1; bei Teilg von WohngsEigt WEG 8 3 b; bei ZwVerst 883 4 b; Wirkg 925 6; Zubehör 926
Auflösung der Ehe s Eheauflösg; der häusl Gemeinsch als Ehescheidgsgrund 1565–1568; des Vereins 41, 45–53, 74, 75 1; s a Verein
Aufopferungsanspruch, öffentlrechtl 903 4; 906 5 b c; bürgerlrechtl 903 3 c, 906 5 b dd, 908 4; Verjährg 195 2, 903 4e
Aufrechnung 387; nach Abtretg 406; Anerkenng des Saldos 387 2; bei Anfechtgsrecht 387 6, 7; AufrLage 389 1; Beschränkg dch AGB-Klauseln AGBG 11 3; Erklärg 388 1; Erlöschen der Fdgen 389 1; eventuelle im Prozeß 388 3; Fälligk der GgFdg 387 6; Fdg, auflösd bedingte 387 6; aus vorsätzl unerl Handlg 393 1; Fdg, beschlagnahmte 392 1; Fdg, einredebehaftete 390 1, 2; Gehaltsanspr EG 81; Ggseitigk der Fdgen 387 4; gg Gesamtgutsfordg 1419 3; Gesamtschuld 422; Gesellschaft 719 2d; Gleichartigk der Fdgen 387 5; internat PrivR Vorb 4 vor EG 12; im Hypothekenrecht 1142 3; Konditkion bei AufrBefugnis 813 2b; durch Konkursgläub 392 1; Leistgsort 387 8, 391 1; Liquidität 387 8; Mehrh von Fdgen 396 1; Mieter 552a; bei Hypothek 1125; Miterbengemeinschaft 2040 4; NachlGläub 1977 1–5; gg öffrechtl Fdgen 395 1, 2; im Prozeß 388 2; Rückbeziehg der Wirkg 389 1; SchadErsAnspr nach Verjährg 479 1, 2; Skontration 387 3; gg Teilfdg 389 3; unpfändbare Fdg 394 1; unzulässige RAusübg 242 4 D c; vertragl Ausschluß 387 3, 537 3; Vorvertr 387 2; Währgsreform 389 1
Aufrechnungsverbot 394; unzulässige RAusübg 242 4 D c; AGB AGBG 11 3
Aufsicht über Beistand 1691; der Eltern über die Kinder 1631 3; über Pfleger 1915 2; Vormd 1837 2
Aufsichtspflicht, Einzelfälle 823 14; der Eltern 1631 3 b; über Minderj 832; Verletzg 832
Aufsichtsrat, Geschäftsbesorgg 675 3a
Auftrag 662; Abgrenzung Einf 4b vor 433, Einf 2 vor 662; Abschluß 662 2; Abweichung von Weisung 665 3, 4; Anzeige der Ablehnung 663; Anzeigepflicht bei Tod des Auftraggebers 673 2; Aufwendungen, Aufwendungsersatz 670; Auskunftserteilung 666 2b; Begriff Einf 1 vor 662; Beendigung 671–674; Benachrichtigung des Auftraggebers 666 2a; Bindung an Weisung 665 2; Form 662 2a; Fortdauer 674; Gefälligkeitsvertrag Einf 1 vor 662; Gehilfenzuziehung 664 2; zur Grundstücksbeschaffung 313 5; zur Grundstücksveräußerung 313 5; Geschäftsbesorgung 662 3; Geschäftsbesorgungsvertrag 675; Geschäftsunfähigkeit des Auftraggebers 672 1, 674; des Beauftragten 673 1; Haftung des Beauftragten 662 5c, 663 1 (unterlassene Anzeige), 664 1a (bei verbotener Übertragung), 664 1b (bei gestatteter Übertragung), 664 2 (für Gehilfen), 665 3 c (bei Abweichung von Weisung); Haftung des Auftraggebers 670 3; Herausgabe 667 2–4; Hilfeleistung ohne Auftrag 670 3; internationales PrivatR Vorb 6i vor EG 12; Kündigung 671 3; Nichtigkeit 662 2a; Notbesorgung 672 2, 673 2; öffentliche Bestellung 673 2a; öffentliches Sicherbieten 663 2b; im öffentlichen Recht Einf 5 vor 662; Pflichten des Auftraggebers 662 5b; des Beauftragten 662 5a; Rechnungslegung 666 2c; Tod des Auftraggebers 672; des Beauftragten 673; Übertragung der Ausführung 664; Übertragbarkeit des Anspruchs auf Ausführung 664 3; Unentgeltlichkeit 662 4; Verzinsung 668; Vorschuß 669; Weisung des Auftraggebers 665; Widerruf 671 2
Auftragsbestätigung 148 2 a bb
Aufwendungen, bei Abzahlgsgeschäften AbzG 2 3 a; AGB-Klauseln über Ersatz von – AGBG 10 7; des ArbGebers, des ArbNehmers 611 11; Begriff 256 1; zur Behebg von Mängeln beim Werkvertr 633 4; der Eltern für Kind 1648; Ersatz bei Auftrag 670; des Dienstverpflichteten 611 11, des Geschäftsführers oA 683; Ersatz bei GläubVerzug 304 1, 2, bei Verwahrg 693; der Kinder f Eltern 1618; fehlgeschlagene als Schaden Vorbem 2b cc vor 249; bei Nachbesserg beim Kauf 476 a; bei NachlVerwaltg 1978 5; zur Schadensabwendg Vorb 2 c cc vor 249; Verrechng ggü BereichergsAnspr 818 6 C d; des Vorerben 2124; Vormund 1835 1–3; vgl a Verwendungen

Aufwertung | Fette Zahlen = §§

Aufwertung 242 8; Aufwertgsvertr 516 4i; Ausgleichsanspr 242 6 C a, Einf 5 vor 812; Vergleich 779 9 c; v Vermächtnissen 2174 2 e
Ausbeute s Früchte
Ausbeutung fremden geistigen Eigentums, Erfinderrechts 687 2c
Ausbeutungsgeschäfte 138 5 k, n
Ausbietungsgarantie, Einf 3 c vor 765; Formbedürftigkeit 313 4 b
Ausbildungsbeihilfe für nichtgemeinsch Abkömml bei Zugewinngemsch 1371 3; für nichtehel Kinder 1371 3; als Erbfallschuld 1967 3
Ausbildungsdauer, Unterhalt 1610 4 a dd
Ausbildungskosten 1610 4; der Ehegatten, Tragung 1360a 1 c; des Unterhaltsverpflichteten 1603 3
Ausbildungsverhältnisse Einf 5 vor 611
Auseinandersetzung, allg bei Gesellsch 730, zw Miterben 2042, mit DDR-Angehörigen 2042 9a; Abstandnahme 731 1; Anfecht der Erbauseinandersetzg 2042 3; Aufschub, Unbestimmth der Erbanteile 2043 1–3; GläubErmittlg 2045 1; AuseinandersGuthaben bei Gesellsch 717 2 c; AuseinandersKlage 2042 5 b; Ausgleichspflicht bei 2050–2057; Ausschließg 2044 1; Berichtigg der NachlVerbindlichk 2046 1, 2; Berichtigg der GSchulden 733 1; DevisenVorschr Einf 4 vor 2032; Durchführg bei Gesellsch 731–735, zw Miterben 2046–2049; Eheverbot, aufschiebendes EheG 9 2; Familienschriftstücke 2047 2; Genehmigg gem GrdstVG bei Erbauseinandersetzg Einl 7b cc a vor 854, 2042 2c; Gen des anderen Eheg 1365 2; 2042 2b; fortg Gütergemsch 1497, 1498; Gütergemsch 1471 ff; Kinder, ehel EheG 9 3a, 1683, nichtehel 1705 2; Kinder, Beteiligg minderj 2042 1; Klagbark des Guthabens 730 2d; Klage auf 2042 5b; Kündiggsfrist 2044; Landgut, Übernahme 2049; Liquidation 730 1; Miterbe als NachlGläub 2046 4; Nacherbe 2042 2; Rückerstattg der Einlagen 733 2, 3, 738 2c; Rückgabe überlassener Ggstände 732 1, 738 2 a; Schiedsvertrag 2042 1; Teilauseinandersetzg 2042 7; Teilsanordngen des Erbl 2042 3, 2048; TestVollstr 2042 8, 2048; Überschußverteilg 734 1, 2, 2047 1; Umstellg Vorb 1 vor 1471, 1498 1, 2042 9; Verbindlk, str 2046 1, 2; Vermittlg, gerichtl 2042 5a; Vermögenssperre bei Erbschaftsauseinandersetzg Einf 5 vor 2032; Vertrag 2042 2; VollstrSchutz Einf 3b vor 2032; Vor- u Nacherbe 2130 1; vorzeitige Erb- 312 2 a, Übbl 7 vor 2274; Währgsreform 2042 3, 2048 1; bei Wiederverheiratg 1683 2
Auseinandersetzungsvertrag, Form bei Erbauseinandersetzg 2042 2
Auseinandersetzungszeugnis, EheG 9; für nichtehel Mutter EheG 9 3
Ausfallbürge 769 1, 774 2 b
Ausfallhypothek 1113 4e
Ausgleichsanspruch 242 6 C a; bei Beamtenhaftg, 841; zw Eheg nach Beendigg des Güterstands, VermVerknüpfg 1372 1, 1378; zw Gesamtgläubigern 430; zw Gesamtschuldnern 426; Sonderbestimmgen 426 3 b, bei unerlaubter Handlg 840 3; bei EigtBeeinträchtigg 903 3 c bb, 904 1a, 906 5, 6, 1004 7c; Rechtsweg 906 8; Verjährg 903 5 G e; nach HöfeO, Vererblichk 1922 3a ee; bei Zugewinngemeinschaft s dort; s a Ausgleichung, Versorgungsausgleich
Ausgleichsquittung 397 6, Vorb 3a vor 620
Ausgleichung, Abkömmlinge als MitE 2050–2057, bei ErbErsAnspr 193 b 3, 2050 4; Abkömml als Testamentserben 2052 1, entfernterer 2053 1; Beweislast 2050 1; – für besondere Leistgen 2052 2, 2057 a; Auskunft üb Zuwendgen 2057 1–4; Durchführg (Idealkollation) 2055 1; Erbquotenberechng 2055 1; Mehrempfang 2056 1; Pflichtteil 2316; Umstellg 2055 2; Voraussetzg 2050; Wegfall eines Abkömmlings 2051 1; Zuwendgen aus Gesamtgut 2054 1–4; im Zuweisgsverf 2042 20 b dd
Aushöhlung durch Verfügen unter Lebenden bei gemeinsch Test 2271 3, bei Erbvertr 2286 3
Auskunft 259–261 2, 4; bei Abtretg 402 1; des Arbeitgebers 611 8d; über Ausgleich 2057; Beauftragter 666; von Behörden, SchadensersPfl 839 4 g; unter Ehegatten bei Beendigg der Zugewinngemeinsch 1379 2; ErbErsAnspr 1934 b 3 a cc, 2314 7; Erbschaftsbesitzer 2027, DDR-Recht 2027 4; unrichtiger Erbschein 2362 2; Fiskus als Erbe 2011; über Gesamtgutsverwaltg 1435; Gesellschafter 713 2 c; Haftg 676 B c, 826 8 c, 839 2 A c, 4 a; Hausgenossen des Erblassers 2028; Miterben 2038 4, 2057 4; NachlPfleger, -Verwalter 2012; Nebenanspr bei SchadErs 259–261 2 d bb, 823 12 h, 826 5 c; Nebenverpflichtg bei Verträgen 676 4; Pflichtteil vatR Vorb 6i vor EG 12; Kündigung 671 3; 2314, 2325 1, 2329 1; bei Herausgabe der ungerechtf Bereicherung 818 2, 3; Staatshaftg 839 2 A c, 4 g; unentgeltl 676 3 b; Unterhalt 1361; 1580; 1605; Verjährung von Auskunftsansprüchen 195 2, 2314 1 b bb; Verkäufer 444; VermNehmer 2174 2 k; VersorggsAusgleich 1587 e; Vertrag über 676 3; Vorerbe 2121 1, 2127; Vormund 1799, 1839; Zugewinn 1379
Auskunfteivertrag Einf 5 vor 631
Auskunftserteilungsvertrag 676 3
Auskunftspflicht 259–261 2, 4, 5, 676 5; des Arbeitgebers 611 8d; des Arbeitnehmers 611 4d dd; bei Beendigung des Güterstandes 1379 2; des Verkäufers 433 4 a; 444; bei Herausgabe der ungerechtfert Bereicherung 812 7, 818 3 f; unter Ehegatten 1353 2b gg; beim Unterh geschied Eheg 1580; Unterhaltsverpflichteten über Einkommen 1603 1; des Unternehmens beim Werkvertrag 631 3a; nach Treu und Glauben 259–261 2d; beim VersorgsAusgl 1587e 1, 3
Auskunftsverordnung 1587 o 1
Auslagen, Verjährung des Anspruchs 196 4 a
Ausland, Verwendg von AGB ggü – AGBG 2 3d; Anerkenng von ausländischen Scheidungsentscheidungen EG 17 6b; Verweisg auf ausländ Recht im Ehevertr 1409; Wohns des Eheg im Ausland 1409; Wohnsitz bei Ausschlagg 1944 5
Ausländer, Beamtenhaftg ggüber 839 2 Aa bb; Beerbg EG 25; EhefähigkZeugnis EheG 10; Befreiung v Erfordern d Ehemündigk EheG 1 5b; Eheschließg EheG 13 4, 15a; Erbschein 2369; Fürsorgemaßn für Kinder 1666 1; GrdstErw EG 88; heimatlose Ausländer EG 29 Anh II; Inlandsscheidg EG 17 2b; NachlFürsorge 1960 5 A, 1961 1; Pflegsch, Vormundsch EG 23; TestEröffng 2260 2; Vereine 23
Ausländische Arbeitnehmer Einf 4b kk vor 611
Ausländische Ehegatten, Namenswahl 1355 3 d
Ausländische Kinder, Anwendg des JWG, JWG 1 3; 64 1; Amtspflegsch JWG 40 2b; Amtsvormundsch JWG 40 2b
Ausländisches Grundstück, Verkauf 313 2 e
Ausländisches Recht, Auskünfte über – 2356 3, Vorb 16 vor EG 7; Uneinheitlichk Vorb 12 vor

Magere Zahlen = Erläuterungen **Bank**

EG 7; Unmöglichkeit der Feststellg Vorb 16 vor EG 7, EG 30 2 a; Verweis im Ehevertr **1409**
Ausländische Streitkräfte im Bundesgebiet, Arbeitnehmer Einf 4b ii vor **611**; Ehefähigk-Zeugn EheG 10 3; Eheschließg EG 13 6, EheG **15 a** 2; Jagd u Fischerei EG **69** 4; Nichtehe EheG **11** 5
Auslandsbonds Einf 5c vor **793**
Auslandsschulden, deutsche, Bürgschaft Einf 3f vor **765**
Auslegung, Einl V 2 vor **1**, Einf 2 vor **116**, **133** 4; allgemeiner Geschäftsbedinggen AGBG **4**, **5**; behördliche Akte **133** 7; Erbvertrag **1941** 1, **2084** 6; ergänzende – **157** 2 a, **2084** 4 b; Freizeichnsklauseln **276** 5 B a; Gesamtverhalten **133** 2; Gesetze **133** 7, der Besatzungsmächte Einl V 2 a vor **1**; Möglichkeit der – **133** 7 6; **2084** 4 e; schlüssiges Verhalten **133** 5; Schweigen **133** 5; Eintragg im GB **133** 7, **873** 4 d; gemeinschaftl Testamente **2084** 4 a; **2269** 3; letztwillige Vfg **2066**–**2073**, **2084**; Verträge **157**; Vorverhandlgn Einf 4 vor **145**; Willenserklärgen **133** 1; Wertsichergsklauseln **245** 5 c
Auslobung **657**; u Auftragserteilg **661** 3; mehrfache **659**; Mitwirkung mehrerer **660** 1; Preisausschreiben **661**; Verteilg der Belohng **660**; Widerruflichk **658**
Ausreißer **823** 16 D bb
Ausschlagung der Erbschaft, **1943** ff; Anfechtg **1954**–**1957**, **2308**; nach ausländ Erbstatut **1945** 3 c; Bedingsfeindlk **1947** 1, 2; DDR-Recht Einf 5 vor **1942**; dch Ehegatten **1945** 1, bei Gütergemsch **1432** 2, **1455**, bei Zugewinngemsch **1371** 4, 5, **1950** 1, 2, **1953** 2 b, **2305** 1, **2308**, **2307** 1; Einsicht in Erklärg **1953** 3; Empfangsbestätig **1945** 4; Erbschaftsteile **1950** 1; Erlöschen **1943** 2; Form **1945** 1–3; Frist **1944**; Fristbeginn **1944** 2–6, **2260** 3; Fristablauf, Wirkg **1944** 1; Fristversäumg, Anfechtg **1956**; Irrtum über Berufsgrund **1949** 1, 3; mehrere Erbteile **1951** 1, 2; mehrfache Berufg **1948**, **1949** 3; Mitteilgspfl des NachlG **1953** 3; der Nacherbschaft **2142**; des PflichttBerechtigten **2306** 3, 4; Rechtsgeschäft usw vor – **1959**; nicht Schenkg **517** 2; teilw, Gestattg durch Erblasser **1951** 5; Vererblichk des Rechts **1952** 1; Vermögenssperre Einf 2 vor **1942**; Vertrag über – **2302** 1, **2346** 3; Vollmacht **1945**; der Vorerbschaft **1952** 2; vormundschaftsger Genehmigg **1643** 2a **1822** 3; Willensmängel **1954** 1e; Wirkg **1953** 1; Zeitpunkt **1946** 1, 2; Zeugnis **1954** 4
Ausschlagung des Erbersatzanspruchs **1934 b** 3 b; Einf 4 vor **1942**
Ausschlagung des Vermächtnisses **2180**
Ausschließlichkeitsvertrag **826** 8 u cc
Ausschließung der Abtretg **399** 3; der Eltern von der Vermögensverwaltg **1638**; der Erbauseinandersetzg **2043** bis **2045**; des Erbrechts des angenommenen Kindes **1767** 2; v gesetzl Erbf **1938**; d NachlGläub **1973**, **1974**; Schlüsselgewalt **1357** 4; aus Verein **25** 3–5, rechtl Gehör **25** 5 b; des Verkehrsrechts des nichtsorgeberechtigten Elternteils **1634** 3b; des VersorgsAusgl **1408** 3b, **1587c**, **1587h**; Vormund **1782**
Ausschlußfrist **186** 1, Übbl **4** a vor **194**; BereichergsAnspr nach Ablauf Einf 5 b vor **812**; bei Lohn, Gehalt **611** 6k; für Mängelanzeige AGBG **11** 10e; unzulässige RAusübg **242** 4 D c; bei Anwendg der Best über Unterbrech der Verjährg **208** 1
Ausschlußurteil bei GrdstEigentum **927**; gg HypGläub **1170**, **1171**; bei NachlGläub **1970** 3; Reallastberechtigte **1112**; Vorkaufsberechtigter **1104**; Vormerkg **887**

Ausschlußwert beim Blutgruppengutachten Einf 3 b aa vor **1591**
Außenbereich Übbl 12 b dd vor **873**, Übbl 2 d bb vor **903**
Außengesellschafter als Treuhänder Einf 7 A vor **929**
Außenwirtschaftsverkehr u Erbfolge Einf 9b c vor **1922**, Einf 2 vor **1942**; Geldschulden im – **245** 6; s. auch „Devisenbewirtschaftung"
Aussetzung des Erbscheinsverfahrens **2356** 1 b; des ScheidgsVerfahrens Einf 4 e vor **1564**
Aussonderungsrecht des Treugebers Einf 3 vor **164**, Einf 7 B b vor **929**
Aussperrung, Vorb 1 e bb vor **620**, **826** 8 k
Ausspielung **762** 5, **763**, s auch Lotterie
Ausstattung **1624**; AusgleichsPfl **2050** 3 a; Ausstattgsverspr **1624** 3, als VzGDr **328** 3 b; bei Berechng des Anfangsvermögens **1374** 3 d; Haftg f Ausstattgskosten bei Gütergemsch **1444**, **1464**; aus KindVermög **1625** 1; Schenkg **1624** 1, 4, 5, **516** 4f
Aussteuer **1624** 1; Ausgleichg **2050** 3 a
Ausstrahlungstheorie, Rechtsanwendg für an ausländ Stätten entsandte Arbeitnehmer Vorb 6 d vor EG **12**
Austauschvertrag, Einf 1c bb vor **320**
Austritt aus Verein **39**, **58**
Ausübung der Rechte Einf 1, 2 vor **226**; der Grddienstbark **1020** 1, 2
Auszeichnungen, sittenwidriges Gesch **138** 5 k
Autobahnen Vorb 1 vor **89**, Übbl 2c vor **903**; Auffahrtsunfälle **823** 14; Ausübg öffentl Gewalt **839** 2 A C; Störg dch – **906** 5a, cc, **1004** 4; VerkSichergsPflicht **823** 8, 14
Autobahnverwaltung, Amtspflicht **839** 15
Automaten **854** 3 a, **868** 3 c cc, **929** 2 a, 3 b, **932** 2 b, **935** 4 a; VertrAngebot **145** 1
Automatenaufstellungsvertrag **305** 5a, Einf 2 e vor **535**, **555** 1, **705** 10; Anfechtg **123** 2 b; Sittenwidrigk **138** 5 c
Automatenbrief **951** 2 c
Autor, sittenwidrige Bindg **138** 5 b
Autorennen, Aufsichtspflicht **823** 14
Autovermietung Minderjähriger **107** 3; **254** 3a dd aE; BereichergsAnspr **812** 4 d, **819** 2 e
Avalkredit **675** 3 b

B

Baden-Württemberg: Beurkundungsrecht (Test, ErbVertr) Einf 6 a vor **2229**; Erbenermittlg **2262** 2; Inventaraufnahme **2002** 2, **2003** 1; Landgutbewertg **2049** 2; EG **137** 1; Nachlaßfürsorge **1960** 5 A; EG **140** 1; Notarhaftg **2231** 5; Notariatsrecht, BeurkG **27** 2; Sonderzuständigk in Nachlaßsachen Einl 7 vor **1922**, **1945** 2, **2253** 1; EG **147** 1, 5; BeurkG **34** 2; in Vormundschaftssachen **147** 1, 5; Testamentseröffg **2261** 1, **2273** 4; Vermittlg der ErbauseinanderS **2042** 5 a; Verwahrg von Testamenten **2258** a 3, **2259** 4; **2277** 3; BeurkG **34**
Bagatellschäden u merkantiler Minderwert **251** 4 b aa
Baggerunternehmer, Haftg **276** 4 c
Bahneinheiten, EG **112**
Balten, StaatsangehörigkRecht Vorb 7a vor EG 7
Bank, Auskunft u Rat **676** 3–5; Bank dt Länder (Deutsche Bundesbank) Vorb 1 vor **89**; Bankeinlage Einf 3o vor **607**, **700** 1; Bankvertrag Einf 5 vor **631**, **675** 3b; Belehrgspflicht **662** 5a, **665** 4; Bindg an Aufträge **665** 2; Erfüllungsgehilfen **278** 6b; Fahrlässigkeit **276** 4c; Geschäftsbedinggen,

Bankgarantie Fette Zahlen = §§

allg Einf 7 vor **1204, 1206** 2, AGBG **9** 6 c cc; Geschäftsbesorgg **675** 3 b; internationales PrivatR Vorb 6 n vor EG **12**; Zinseszins **248**
Bankgarantie, IPR Vorb 6 n, o vor EG **12**
Bankkonten 675 3 b; Vererbg, Erbnachweis **1922** 3 a rr
Banknoten, Kauf **437** 3 c
Banküberweisung 270 1 b, 2 c, **328** 3, **667** 2 b, **675** 3 b; Erfüllg durch **362** 3; Quittg **368** 3; steckengebliebene **270** 1 b, 2 c, **675** 3 b
Bankvertrag 675 3 b
Bargeld, Anlegg dch Eltern **1642**
Barkauf Einf 3 c vor **433**
Barkaution Übbl 3 a vor **1204**
Barwertverordnung 1587 a Anh II
Bassinvertrag Einf 7 B d vor **929**
Bau auf fremden Grdst **951** 1 f, 2 c bb
Baubeschränkungen als Mangel **434** 2 c, **459** 2 a; Wirkg zugunsten Dritter **328** 3 b; s auch Bebauungsanordnungen
Baubetreuungs –, Bauträgervertrag 675 3 c; AufklärgsPfl **276** 6 b cc; Formbedürftigk **313** 5 a, b; Pflichten des Bauträgers **242** 4 B a; SchadensErsPfl **538** 1 e, **637** 1; Verjährg der Ansprüche **196** 8
Baubevollmächtigungsvertrag, s Baubetreugsvertr
Baudarlehen Einf 3 g vor **607**
Bauerwartungsland 903 5 G a cc
Bauforderungssicherungsgesetz, SchutzG **823** 9 f
Baugebietsfestsetzung Übbl 2 d bb vor **903**
Baugenehmigung, Versagg als Enteignung **903** 5, als Fälligkeitsvoraussetzung **271** 1 d
Baugeräte, kein Grundstückszubehör **97** 8
Baukostenzuschuß 326 1, Einf 11 b vor **535, 549** 1 d, **574** 2 a, **1124** 2; Rückgewähr bei vorzeitiger Kündigg **557** a 2, **812** 5 c
Baulärm, Schutz gg **906** 1
Bauleitplanung s unter „Baugebietsfestsetzung"
Baum auf Grenze **923**; Landesrecht EG **124**; auf Nachbargrdst **907** 2 a; Schadensbemessg bei Zerstörg od Beschädigg **249** 3 b; Überfall v Früchten **911**; Überhang **910**
Baumaschinen, Überlassg bemannter Einf 3 a vor **535**
Baumaterial Grdstückszubehör **97** 8
Baunutzungsverordnung Einl 7 a vor **854**, Übbl 2 d bb vor **903**
Bauordnung, Enteign **903** 5 B c, H d; als Schutzgesetz **823** 9 b, f
Bauordnungsrecht, Rechtsnachfolge **1922** 6
Baupolizei, Haftg **839** 15
Baupolizeiliche Vorschriften, Verstoß gg **134** 3 a
Bauprojekte, Vergütg **632** 2
Baurecht, öffentliches u NachbarR Übbl 2 d bb vor **903**
Bauspardarlehen Einf 3 h vor **607**
Bausparvertrag, Begünstigg Dritter für den Todesfall **331** 1 b, **516** 1, 4 l; **2301** 4 b; Anfechtg **2078** 8; kein Scheingeschäft **117** 1; Tod des Bausparers **1922** 3 g
Bausperren als Enteignung **903** 5 H d
Baustellenverkehr, Behinderg dch – **906** 2 c
Bauträger, Erwerb vom **631** 1, **675** 3 c; Konkurs Übbl 2 B e vor WEG **1**
Bauträgerglobalhypothek, Vormerkg **1179** 2 a
Bauträgervertrag s Baubetreugsvertr
Baunfälle, AnschBew Vorb 8 a cc vor **249**; MitVersch **254** 3 a ff
Bauunternehmer, BBindg bei GrdstVerkauf als VzGDr **328** 3 b; Anspr auf Hypothekenbestellg **648**; Aufsichtspflicht **823** 14; ErfüllgsGehilfe **278**

6 b; Schadensersatzanspr gg B u Architekten **421** 1, **635** 3 d
Bauverbote als Enteignung **903** 5 H d cc
Bauvereinbarung künftiger W-Eigentümer Übbl 2 E c vor WEG **1**
Bauvertrag Einf 3 vor **631**
Bauwerk 638 2 c, **1012** 2; Bestandteil des Erbbaurechts ErbbRVO **12**; Verjährg der Gewährleistgsansprüche **638** 2 b
Bauwerksicherungshypothek 648; bei Bildg von WohngsEigt **648** 2 b, Übbl 2 E c vor WEG **1**
Bauwich Übbl 2 d bb vor **903**
Bauwichgarage Übbl 2 d bb vor **903**
Bayern: Erbenermittlg **2262** 2; Landgutbewertg **2049** 1, EG **137** 1
Beamtenhaftung 839; Amtspflichtverletzg **839** 4, 15; anderweitige Ersatzmöglichk **839** 7; Ausgleich **841** 1; BundesentschädiggsG **839** 12 k; ggü Dienstherrn (Anwendg der Grds über gefahrengeneigte Arb) **276** 5 C; geschützter Dritter **839** 5; bei Doppelstellg des Beamten **839** 2 B; Einzelfälle **839** 15; Ermessensmißbrauch **839** 4 c; für Hilfspersonen EG **78**; für Justizbeamte **839** 2 A f; Rechtsmittel, schuldhafte Nichteinlegg **839** 9 a, b; Rückgriff des Staates **839** 14; Anwendg von § **254, 254** 2 c; Staatshaftg **839** 2; s. a. Richterhaftg
Beamtenrecht: Fehlen der Genehmigg nach – **134** 3 a
Beamter, Anspr, vermögrechtl EG **80** 1; Amtspflicht, Inhalt **839** 4 a, Verletzg **839** 4; Begriff **839** 3; Ehrverletzg dch B Einf 8 b cc vor **823**; Fdgübergang auf Dienstherrn bei Verletzg Vorbem 7 c dd vor **249**; Gehaltsanspr, Abtretg, Aufrechng **394** 1, **400** 1, **411**, EG **81**, Verwirkg **242** 9 f; Haftg bei unerlaubter Handlg **89** 1; Haftg s Beamtenhaftg; für Hilfspersonen EG **78**; Kündigg bei Versetzg **570**; Pflegschaft für Dienststrafverf **1910** 7, **1915** 2; Versorgungsausgleich **1587** b 3; Vormdbestellg **1784** 1, **1888**
Bebauungsanordnungen 903 5 Hd
Bebauungsvorschriften, Schutzgesetze **823** 9 f
Bebauungsplan Übbl 12 b dd vor **873**
Bedienstetenwohnung Einf 13 c dd vor **535**
Bedingung, Einf 2–4 vor **158**; adäquate, Vorb 5 b vor **249**; Anwartschaftsrecht Einf 3 vor **158**; auflösende, aufschiebende Einf 3, 4 vor **158**; bedinggsfeindl Rechtsgeschäfte Einf 6 vor **158**; Beeinträchtigg des Rechts vor Eintritt **160** 1; Eintritt **158** 1; Einwirkg, unzulässige **162** 1; Rechtsbedingg Einf 2 vor **158**; Rückbeziehg **159** 1; unerlaubte Einf 4, 6 vor **158**; unsittl Einf 4 vor **158**; Vfg, anderweitige vor Eintritt **161** 1; Vfg, letztwillige **2070, 2075**, gesetzwidrige, unsittl B **2075** 4; Vertragsbedinggen Einf 2 vor **158**, AGBG **1** 2 a; Voraussetzg des Geschäftsabschlusses Einf 2 vor **158**; Willkürbedingg Einf 4 vor **158**; Zeitpunkt des Eintritts **162** 2; bei Zuwendgen **158** 2
Bedürftigkeit des Schenkers **528** 2; selbstverschuldete **1579** 2 c; Voraussetzg des Unterhalts **1602** 2, **1577** 1
Beendigung, Amt des Beistandes **1691** 2; elterl Gewalt **1626** 2; fortgesetzte Gütergemeinsch **1492** ff; Gütergemeinsch **1415** 2; Gütertrenng **1414** 2; NachlPflegsch **1960** 5 C e; Pflegsch **1918**; TestVollstreckg **2225** 1; Vormundsch **1710, 1882** ff; Zugewinngemeinsch durch Tod **1371**, auf andere Weise **1372** ff
Beerbung, Deutscher im Ausl EG **24** 1–3
Beerdigungskosten, Eigenverbindlichk des Erben **1968** 1 b; Ers bei Tötg **844** 3; NachlVerbindlk **1968** 1; Tragg durch Hofübernehmer **1968** 3; dch Sozialhilfeträger **1968** 4; Teil der Unterhaltspfl

2384

Magere Zahlen = Erläuterungen   **Beschränkte persönliche Dienstbarkeit**

1615 3; bei Tod des geschied Eheg **1586** 1; bei Tod der nichtehel Mutter inf Schwangersch od Entbindg **1615 m, 1615 n**
Beförderungsvertrag Einf 5 vor **631**; als Vertr mit Schutzwirkg zGDr **328** 3 a dd
Befreiung, von Verpflichtgen, BereichergsAnspr **812** 4 c; Pfleger **1917** 2; Volljk bei Eheschließg EheG **1** 2, 4; Vorerbe **2135, 2137**; Vormund **1852–1857, 1903, 1904**
Befreiungsanspruch 257, Vorb 2 d vor **249**; Abtr **399** 2 a; Aufr **387** 5; v Bürgschaft **775**
Befreiungsvermächtnis, Inhalt **2173** 4
Befriedigung s Erfüllg
Befristung Einf 5 vor **158, 163, 2074** 1 c; von Arbeitsverhältnissen **620** 1
Begehungsort Einf 10 vor **823**; s a Tatort
Beglaubigung, öffentl **129;** Form BeurkG **39–42**
Begleitname, Begriff **1355** 1, 3
Begräbnisplatz, Landesrecht EG **133**
Beherbergungsvertrag Einf 3 b vor **535,** Einf 1 vor **701;** Erfüllungsgehilfen **278** 6 d; Haftg des Gastwirts **701 ff**; Beweislast bei Verschulden **282** 2; intern PrivatR Vorb 61 vor EG **12;** mit mehreren **702** 2 c
Behörde, Täuschg der **138** 5 s; Zugehen von Willenserklärgen **130** 2 a
Behördenangestellte u -arbeiter Einf 4 b hh vor **611**
Beihilfe, Begriff **830** 3
Beihilfeansprüche der Beamten, Vererblichk Einl 4 l vor **1922**
Beistand 1685 ff; anwendbare Vorschriften **1691**; Antrag **1685** 2 c; Aufhebung **1692;** Beendigung des Amtes **1690** 2, **1691**; Beiziehg zur Aufnahme des Vermögensverzeichn **1689**; Bestellg **1685**; Genehmigg von Rechtsgeschäften **1687**; Ersetzg der Genehmigg **1687**; als gesetzl Vertreter des Kindes **1690** 2; Jugendamt als – **1791** b 3, JWG **46**; Meinungsverschiedenh mit Elternteil **1686** 1; für nichtehel Kind vor Geburt **1708**; Pflichten **1686**; Übergangsvorschr EG **211**; Unterhaltsansprüche, Geltendmachg **1690** 1; Verein als – **1791 a** 3; Verfahren **1685** 2, **1692** 2; Vergütg **1691**; Vermögensverwaltg **1690,** Einf 2 vor **1909**; Vermögensverzeichn **1689**; Voraussetzgen für Bestellg **1685** 2; Wirkgskreis **1685** 1, **1686**; Zweck **1685** 1
Beiträge, Aufrechng mit Beiträgen zu Krankenkasse **394;** der Eheg zum Familienunterhalt **1360** 3; der Gesellschafter **706,** Erhöhg **707;** z Unterhalt s Unterhaltsbeitrag; der Vereinsmitglieder **58**; Verletzg der Beitragspflicht als Aufhebgsgrund bei Gütergemsch **1447, 1469**
Bekanntmachung der Auflösg des Vereins **50** 1; der Eintragungen im GüterRRegister **1562**; der Entziehg der Rechtsfgk **50** 1; der NachlVerw **1983**; von Rechnungsgrößen zur Durchführg von Versorgungsausgleich **1587a** Anh I
Belastung, altrechtl EG **184** 1, 2; Belastgsgrenze EG **117**; Beschränkgen Übbl 12 vor **873**; genehmiggsbedürftige Übbl 12 b vor **873;** v Grdst **873**; v GrdstRechten **873, 876**; mit Verbindlichk (UnterhaltsPfl) als Schaden Vorb 2 d vor **249**
Belegarztvertrag s unter „Arzt"
Belehrung dch Verkäufer **433** 4 b
Belehrungspflicht des Notars BeurkG **17–20;** des Rechtspflegers in ErbschVerhandlg **2358** 1 c
Beleidigung, als Ehezerrüttgsursache bei Scheidg **1565** 3; durch die Presse Einf 8, 9 vor **823, 823** 6 g, **824** 6 e
Beleihungsgrenze Übbl 2 B d bb vor **1113,** ErbbRVO **19 ff**

Beleuchtung, durch Vermieter **535** 2 b, **823** 14 unter „Beleuchtg"
Belohnung, Ers von – bei SchadErsPfl **249** 2 e
Benachrichtigung der Beteiligten nach Test-Eröffng **2262**; in NachlSachen BeurkG **34** 7
Benachteiligungsabsicht, Einfluß auf Berechnung des Endvermögens **1375** 3 c; Bereicherungsanspr gg Dr **1390** 2; beim Erbvertrag **2287** 2 b, **2288** 2; Inventar **2005** 1
Benützungsentschädigungen f Vorenthalten der Mietsache **557**
Benutzungspflicht des Pächters **581** 3 c
Bereicherungsanspruch 812 ff; vgl ungerechtf Bereicherg
Bereicherungskette 812 5 B b aa
Bereicherungsrecht, s ungerechtfertigt Bereichrg
Bereiterklärung zur Zahlung von Beiträgen zur Rentenversicherung **1587b** 4 d
Bergarbeiterwohnungen Vorb 2 c vor **565 b–e**
Berggasthaus, Verkehrssichergspflicht **276** 4 c
Bergleute, Kündigungsschutz Vorb 3 e vor **620**
Bergrecht, Landesgesetze EG **67, 68;** u Enteignung EG **67** 2
Bergregale EG **67** 3, **73** 1
Bergschäden, 1090 4; Entschädig **1128** 1 a, EG **67** 2
Bergungsvertrag Einf 5 vor **631**
Bergwerk, Bergwerkseigt Übbl 4 a vor **903**; bei Nacherbfolge **2123**; Nießbrauch am **1038**
Bergwerksbesitzer EG **67** 2
Berichtigung des Grundbuchs s Grundbuchberichtigg
Berliner Testament 2269
Beruf, Begriff **1610** 4 a aa; Mitarbeit im – des Erb als ausgleichspflichtige bes Leistg **2057a** 2 b; Unterhaltssicherg **1360** 1, 3, **1574, 1603** 2; Verl pflichtg zum -wechsel **254** 3 b dd
Berufsausbildung Vorb 2 vor **611**; Kosten **1610** 4
Berufssportler, Transfer eines Einführ 4 k vor **433**
Berufsunfähigkeit, Unterh nach Scheidg **1571** bis **1573**; Versorgungsausgleich bei Scheidung Einf 3 a vor **1587**
Berufswahl des Kindes **1610** 4 a bb, **1631** 2; Verhältnis zur Unterhaltspflicht **1360** 1, 3, **1603** 2
Berufung, mehrerer Erben **2032** 2; zur Erbschaft **1942** 2; mehrere Erbteile **1951** 1; mehrfache, zum Erben **1948** 1–3; der MitglVersammlg **36, 37**; zum Pfleger **1916** 1, **1917;** verschiedene Gründe erbrechtl Art **1951** 2; zum Vormd **1776 ff**
Besatzungsangehörige s ausländische Streitkräfte
Beschädigung von Sachen, Schadensbemessg **251** 4
Beschäftigungspflicht 611 10
Bescheinigung über Eintritt der gesetzl Amtsvormundsch **1791**c; Rückgabe **1791**
Beschlagnahme, Aufrechng bei **392**; Eigentumserwerb an beschlagnahmten Sachen **935** 4; bei HypHaftg **1121** 4 a–d; Miet- und Pachtzinsfordgen **1123** 3, 4; Pflegsch Einf 2 vor **1909**; Wirkg **1121** 4 d
Beschlußfassung bei der Gesellsch Vorb 5 vor **709**; des Vereins **32, 28**; der WE-Eigentümer WEG **10**; der WE-Eigentümersammlg WEG **23–25**
Beschränkte Geschäftsfähigkeit s Geschäftsfähigk, beschränkte
Beschränkte persönliche Dienstbarkeit, Anwendbark der Vorschr üb Grddienstbk Einf 1a vor **1090**; Begriff Übbl 1 vor **1018, 1090**; Belastg **1092** 1; Inhalt, Vorteil **1090** 2; jur Person **1092** 3; Überlassg der Ausübg **1092** 2; Übertragg **1092** 1; Umfang der Ausübg **1091** 1; Vererbg **1092** 1; Wettbewerbsverbot **1090** 4;

Beschwerde

Wohngsrecht **1093** 1–4; Zwangsvollstreckung, Konkurs Einf 1 e vor **1090**
Beschwerde, im Erbscheinsverfahren **2353** 6 c; Erbscheinseinziehgsverfahren **2361** 5; in Familiensachen Einf 41 vor **1564**; im Verf zur Regel der elterl Gewalt nach Scheid **1671** 7 d; gg AO der Gebrechlichkeitspflegschaft **1910** 5; im Unterbringgsverfahren **1800** 3 b; im Verkehrsregelungsverfahren **1634** 4 d; im Verf bei Auswahl des Vormunds **1779** 5 im Verf bei Versorgungsausgleich Einf 5 vor **1587**
Beschwerdewert im Erbscheinsverfahren **2353** 6 c ee
Beseitigungsanspruch 1004 5; mißbräuchl Ausübg **1004** 8 c; Verjähr **198** 1; bei unerl Handlg Einf 9 vor **823**
Besichtigung, Vorlegg v Sachen zur **809**
Besichtigungsrecht des Vermieters **535** 3 c cc
Besitz 854; Arten Übbl 3 vor **854**; Beendigg **856** 1–3; Begriff Übbl 1 vor **854**; Besitzdiener **855**; Eheg **854** 3 c, **866** 1 b, **868** 2 c bb, bei Gütergemsch **1422** 3, **1450** 4, bei Gütertrenng Grdz 1 vor **1414**; Eigenbesitz Übbl 3 a vor **854**, **872**; Einwendgen gg Besitzklage **863** 1; Entziehg **858** 4, **861** 1; Erlöschen der Anspr **864**, durch Stellvertr **854** 5; fehlerh **858** 7; bei Gesamthandgemeinschaften **854** 6; als Grundlage für EigtVermutg bei Eheg **1362** 2; internat PrivR Übbl 7 vor **854**, Vorb 3 vor EG **13**; bei Jur Personen **854** 5 b; Kondiktion **812** 4 b; **861** 7 a; Mitbes **866**; mittelb **868**, mehrfacher mittelb **871**; des Nacherben **2139** 3; Nebenbes, s dort; Nießbraucher **1036**; als Recht **823** 6 b; Rechtsnachfolger **858** 7; Schutz des mittelb **869**; Selbsthilfe **859**, **860**; Störg **858** 5, **862** 1; Teilbesitz **865**; an Testamenten **2259**; des TestVollstr **2205** 2 a; Übergangsbestimmgen Übbl 6 vor **854**, EG **180**; Übertragg des mittelb **870**; unmittelb Übbl 3 b vor **854**; ungerechtfert **858** 7; unredlicher **858** 7; Vererbg **857** 1, **1922** 3 a, **2032** 4 c; Verlust **856** 3; Verfolggsrecht **867** 2; Wiedererlangg **1001** 2; Wiedereinräumgsanspr **861** 2; s a Eigenbesitz, Eigenmacht, verbotene, Eigentumsvermutg, Rechtsbesitz
Besitzdiener 855; Aufgabe einer Sache Vorb 1 a vor **965**; Gutgläubigkeit bei Erwerb dch Besitzdiener **990** 1 a; Kenntnis bei Vornahme dingl Rechtsgesch f Besitzherrn **166** 1; Selbsthilferecht **860** 2
Besitzeinweisung vorläufige **854** 1 a
Besitzentziehung, Begriff **858** 4; Besitzbereicherungsklage **861** 7; Unterlassgsklage **861** 7; Wiedereinräumgsanspr **861** 2, Erlöschen **864**; bei mittelb Besitz **869** 3
Besitzer, Befriediggsrecht für Verwendgen **1003** 1–3; bösgläubiger **990**; Eigentumsvermutg **1006**; Einreden **986**; Fremdbesitzer Übbl 3 a vor **854**, Vorb 1 b, 2 b aa vor **987**; Herausgabeanspr des früheren **1007**; Herausgabepflicht **985**; Klage wegen Verwendgen **1001**, **1002**; Lasten **995**; Nutzgen **993**, Herausgabe **987**, **988**; Rechtsstellg Übbl 1 vor **854**; SchadErsatz **989**, **992**; Verfolggsrecht **867** 1, 2; Verwendgen **994**, **996**, bei Rechtsnachfolge **999**; Wegnahmerecht **997**; Zurückbehaltungsrecht **1000**
Besitzklage 861 6; Einwendgen aus dem materiellen Recht **863** 1; des mittelb Besitzers **869** 3
Besitzkonstitut 930 1, 2; vorweggenommenes **868** 3 b, **930** 3
Besitzmittlungsverhältnis 868 2; abstraktes **930** 4 a bb; Besitzschutz bei – **869** 2, 3; EigtErw **390**, gutgläub **933**; EigtVorbeh **868** 2 c, bb; Insichgeschäft **929** 5 a bb, **930** 3; mehrfaches **871**; Nebenbesitz **868** 1; nichtiges **868** 2; Nutzungen **991**; SichÜbereign **930** 4; vorweggenommenes **930** 3
Besitzschutz 859–862; allg Übbl 2 vor **854**; Dienstbark, altrechtl EG **191** 1; Einwendgen gg Besitzklage **863**; Erbe **857** 2; Erlöschen der Anspr **864**; Grddienstbk **1029** 1, 2; b Mitbesitz **866** 2; b mittelbarem Besitz **869** 1–3; Pfandrecht **1227** 2 a; Teilbesitz **865** 2; Verfolggsrecht **867** 2
Besitzstörung 858 5; Besitzstörgsanspr **862**, Erlöschen **864**; b mittelbarem Besitz **869** 3; Unterlassgsklage **862** 2
Besserungsklausel 271 2 e
Bestallung, NachlPfleger **1960** 5 C c; Vormd **1791**; Rückgabe **1893** 2
Bestandsangaben, Erstreckg d Grundbuchvermutg auf **891** 4 c, **892** 4 a
Bestandsschutz 903 5 A b bb, C a bb; von jur Pers u Vereinen **823** 6 h
Bestandsverzeichnis 259–261 4 a
Bestandteil, Auflassg, Erstreckg auf **93** 6, **926** 1; Begriff **93** 2, **94**, **95** 1; Beschränkg d Rechte am **93** 1; EigtErw **953** 1, **954** 1, **955** 2, **956** 2; Eigentumsvorbehalt **93** 6; Einzelfälle **93** 7, **94** 4; Erbbaurecht **95** 4; Haftg f Hypothek **1120** 2, 3, **1121**, **1122**; Gebäude **93** 5, **94** 4 c; Herde, Öfen, Heizkörper im Wohnhaus **94** 4 a; Giebelmauer **94** 5; Grundstück **93** 4, 5, **94** 1; Recht als Grundstücksbestandteil **96** 1, 2; Pflanzen **93** 5, **94** 3; scheinbarer **95** 1; Sondereigt **93** 6; Überbau **94** 5; durch Verbindg **946**, **947**; Verbindg mit Grdst od Gebäuden **94** 1, 2; Verbindg zu vorübergehdem Zweck **94** 2 c, 3 aE, **95** 1, 2; Verbindg zur Ausübg eines dingl Rechts **95** 3; Wegnahmerecht des Besitzers **997**; wesentlicher **93** 3–6, **94** 1; Zubehör **97** 2–5, **98** 1; Zuschlag in der ZwVersteigg **93** 6; Zuschreibg v Grdst als **890** 4
Bestätigung 141 1, Einf 1 vor **182**; bei Anfechtbark **144**; der Ehe EheG **18** 3, **30** 2, **31** 4; des Erbvertr **2284**; bei nichtigem Rechtsgeschäft **141**; bei unwirksamer AGB-Klausel Vorb 3 a vor AGBG **8**; keine rückwirkende Kraft **141** 3
Bestätigungsschreiben Einf 3 c bb vor **116**, **148** 2; Anfechtg **148** 2 d
Bestattung, gewidmete Sachen Einf 4 b vor **90**; maßgebl Wille **1968** 2
Bestechung, Sittenwidrigk **138** 5 c; Herausgabe des dch – Erlangten **667** 3 a
Bestellung des Beistandes **1685**, **1691**; öff zur Besorgg von Geschäften **663** 2 a; des Pflegers **1708** 2, **1915** 2; des Vormundes **1789** bis **1790**
Bestellungskosten 102; Ersatzanspr des Besitzers **998** 2
Beteiligte am WEG-Verfahren WEG **43** 4
Beteiligung an Rechtsgeschäft, Einsicht in Urkunde darüber **810** 2, 4; an unerlaubter Handlg **830**
Beteiligungsdarlehen Einf 3 j vor **607**
Betretungsverbot 1004 7 c dd, 9 a
Betreuer- Bauherrn- Vertrag 675 3 c
Betrieb, Begriff Einf 1 j vor **611**
Betriebliche Altersversorgung, Versorgungsausgleich bei Scheid Einf 2, 3 c vor **1587**, **1587** 2 a, **1587** b 2, **1587** f 2, **1587** g 2
Betriebliche Übung Einf 3 e vor **116**, Einf 6 d bb vor **611**
Betriebsaufspaltung u Auflassung von Grundstücken **925** 2 c
Betriebsbuße Vorb 2 e vor **339**
Betriebserfindung 611 13
Betriebsferien 611 12 g

Betriebsgefahr, Mitverantwortlichk 254 1b, 4a cc; s Betriebsrisiko
Betriebsgemeinschaft u Betriebsrisiko 615 3
Betriebsgruppe Einf 4 a cc vor 611
Betriebsinhaberwechsel 611 1 g, 613 a
Betriebskostenerhöhung bei Mietwohnung WoRSchG 3 7
Betriebsräte, Einf 6c vor 611; Anhörung vor Kündigg Vorb 2d dd vor 620, 626 2d; Kündigg 622 4a, 626 5 l; Zustimmg zur Einstellg von Arbeitnehmern 611 1 b ee; zur Kündigg Vorb 2 a kk vor 620, 626 2 e
Betriebsrisiko (Arbeitsvertrag) 615 4
Betriebsschutz Einf 8a vor 611
Betriebsübergang u Arbeitsverhältnis 613a; u Ruhegeld Einf 7 e gg vor 611
Betriebsübung als Vereinbarg im Arbeitsrecht Einf 6 d vor 611
Betriebsvereinbarungen Einf 6c vor 611
Betriebsverfassungsgesetz, SchutzG 823 9f
Betriebsverlegung 611 3d
Beurkundung 125 1, 128; der Abtretg 403; fehlende bei Vertragsschluß 154 2; gesellschaftl Akte im Ausland EG 11 3; notarielle 313 11, 128 1, 2, s Beurk notarielle; Kosten bei Grdst-, Schiffskauf 449; Schenkgsversprechen 518; statt Schriftform 126 6; UnterhAbfindungsvertr 1615e 3; Verletzt wesentl Formvorschr 128 1; von Verträgen 128 2; Vertragsannahme bei öffentl 152; Zustdgk, s Beurkdg notarielle
Beurkundung, notarielle 128, BeurkG 1 ff; Ablehng BeurkG 4; im Ausland EG 11 3, BeurkG 2 1; Beteiligtenfeststellg BeurkG 10; Ermächtigg des Jugendamts zur B JWG 49; Ersatz dch gerichtl Vergl 127 a, 128 3; Niederschrift BeurkG 8–16, Übersetzg BeurkG 16, Urkundensprache BeurkG 5, 16, 32; von Vfg von Todes wegen BeurkG 27–35, auch Erbvertrag, Testament; von Vertrag über VersorgsAusgleich 1408 3 b, 1587 o 4; von Willenserklärgen BeurkG 6–35; Zuständigk der Amtsgerichte BeurkG 1 4, des Notars BeurkG 1; andere Urkundspersonen BeurkG 1
Beurkundungsgesetz (fette Zahlen 1–35 sind Paragraphen des BeurkG), Amtsbezirk des Notars 2; Ausschließg des Notars 6, 7, 27; Beteiligtenfeststellg 10; Beteiligt behinderter Personen 22–25; Feststellg der Geschäftsfähigk der Beteiligten 11, 28; Geltungsbereich 1; Inkrafttreten 71; Mitwirkg von zweitem Notar 22, 24, 25; von Vertrauensperson 24; von Zeugen 22, 24, 25, 29; MitwirkgsVerbote für Notar 3; zweiten Notar, Zeugen 26, 27, Vertrauensperson 24; Prüfgs- und BelehrgsPflicht des Notars 17–21, 30; Urkundensprache 5, 16, 32; Verwahrg von Testamenten, Erbverträgen 34; Zuständigk des Notars 1 anderer Urkundspersonen 1
Beurkundungskosten beim Kauf 449
Bevollmächtigter, einseitiges RGeschäft 174 1; Mitteilg u Bekanntmach üb Person 171, 173 2; Unterschrift 126 4
Bevollmächtigungsvertrag 167 1; Anfecht g 173 4; s a Vertretung
Bewachungsverträge, Geschäftsbedinggen Einf AGBG 9 6 c cc
Bewährung, Ausschließg der Eheaufhebg EheG 32 6b
Beweggrund, Übbl 3 e vor 104; Irrtum im 119 1 a, 3, 2078 2; u GeschGrdlage 242 6 B b
Beweis des ersten Anscheins, Vorb 8 a vor 249, 823 13a, 828 2 b

Blutgruppenuntersuchung

Beweisfragen bei Abstammung Einf 2, 3 vor 1591; bei Feststellg der nehel Vatersch 1600 o 2; bei notariellen Urkunden BeurkG 35 3
Beweislast, Vorb 8 vor 249; Anf letztw Vfg 2078 1c; Annahme als Erfüllg 363; bei Ausschluß des EhegattenErbR 1933 3; Erbscheinsverfahren 2358 1c; formularmäßige Klausel über – AGBG 11 15; bei Anspr wg Immissionen 806 7; Haftg für Hilfspersonen 831 6 B, 8; Nichtigk letztw Vfg 2077 1 A b cc; für Sittenwidrigkeit 138 1 h, des Test 2077 1 A b cc; TestAnf 2078 5, 2081 2; Testierfähigk 2229 7; Umkehr Vorb 8b vor 249; bei Unmöglichk 282; Unterhalt des Eheg nach Scheidg 1577 4; im übrigen s bei den einzelnen Stichworten
Beweissicherung, Antrag bei Gewährleistgsanspr 477 3, 478; Kostenersatz 249 2 e; Verjährgsunterbrechg 209 4, 212 3
Beweissicherungs- u FeststellungsG, erbrechtl Best Einl 4g vor 1922
Bewerbervertrag für WohngsEigt WEG 4 2
Bewertungsgrundsätze bei Pflichtteilsberechng 2311 3; bei Zugewinngemeinschaft 1376 1–4, 1384, 1387
Bewilligung der Vormerkg 885 3; des Widerspruchs 899 5a; s a Eintraggsbewilligg
Bewirtschaftungsvorschriften, Verstoß gg 134 3a, 817 3c aa
Bewußtlosigkeit, Ehenichtigk EheG 18; Trunkenh 105 3; bei unerl Handl 827, 829; bei Willenserklärgen 105 3
Bezirksschornsteinfeger, enteigngsgleicher Eingriff 903 5 C a cc; Amtspflichtverletzg 839 15; Vertrag Einf 5 vor 631
Bezugnahme auf Eintraggsbewilligg 874; bei Hyp 1115 5, 6; auf Satzg 1115 6
Bezugsbeschränkte Waren, Schadenersatz 251 1
Bienen, Abwehr des Bienenflugs, Schädigg der Bienen 903 5 H e, aa, 906 2a; EigtErwerb durch Einzug in fremde Wohng 964 1; Herrenloswerden 961 1; Vereinigg mehrerer Schwärme 963; Verfolggsrecht 962 1
Bierbezugsverpflichtung, Brauereidarlehen, Einf 3i vor 607; Sicherung dch DauernutzgsR WEG 31 1; Sittenwidrigk 138 5 c; als VzGDr 328 3 b
Bierlieferungsvertrag Einf 3a vor 535
Bild Recht am eig 823 6 i; BereichergsAnspr bei Verletzg 812 4
Bildzeichen, Schutz 12 7
Billiges Ermessen, LeistgsBestimmg 315 4
Billigkeit im ArbeitsR 611 7
Billigkeitshaftung 829, 254 3 a bb
Binnenschiff, Erwerb 929a 1
Binnenschiffahrtsrecht, Personenbeförderg 631 4
Biostatistische Methode zum Vaterschaftsnachweis Einf 3d vor 1591, 1600 o 2a
Bitte, letzte, 2084 3c, Einf 1 vor 2192
Blankett, abredewidrige Ausfüllg 119 2b, 173 5
Blankettquittung 370 2
Blanketturkunde bei Bürgschaftserklärg 766 1
Blankoabtretung 126 3b, 398 1b
Blankoadoption 1747 3
Blankounterschrift 126 3 b; u IrrtAnf 119 2 b; Beglaubigung 129 2; BeurkG 40
Blinde, Beurk von Willenserklärgen BeurkG 22; Erbvertr 2276 2 b cc; Testamentserrichtg 2229 6 b, d aa, 2232 3 c, 2233 3, 2247 2 a, BeurkG 29 2
Blutentnahmeverweigerung Übbl 2 vor 1591
Blutgruppensystem Einf 3b aa vor 1591
Blutgruppenuntersuchung Einf 2 b, 3 b, e vor

Blutsverwandschaft

1591, 1600 o 2 b; Feststellg der nichtehel Vaterschaft **1600** o 2
Blutsverwandschaft, Begriff EheG **4** 2, Übbl 2 vor **1589**; Eheverbot EheG **4**; nichtehel Kind **1600** o
Bodenkredit Einf 3 b vor **607**
Bodenrecht, außerhalb des BGB Einl 7 vor **854** Reform Einl 7 c cc vor **854**
Bodenschätze, Enteign **903** 5 G a dd, EG **109** 2
Bordellverträge 138 5c, **817** 3f; Kaution **817** 3 a
Börsentermingeschäft 764 5; IPR Vorb 6 n vor EG **12**
Bote, Begriff **120** 1, Einf 2 vor **164**; unrichtige Übermittlg **120** 1, 2, 4, Haftg hierfür **179** 1; Zugehen v WillErkl durch **130** 1 b
Boykott u Dekartelliergsges **823** 14 unter „Boykott", **826** 8k, 8u, cn
Brandgefährdung, – Stiftung **823** 14
Brauereidarlehen Einf 3 i vor **607**
Brautkinder, Einf 3 vor **1297**, EG **208** 4
Bremen, Höfegesetz EG **64** 2
Brief, Briefwechsel z Erfüllg der Schriftform **127**; Test in Briefform **2084** 3c, **2247** 2c bb
Briefeigentümergrundschuld 1163 4d bb
Briefgrundschuld 1191 1
Briefhypothek, Übbl 2 B a vor **1113, 1116** 1–3; Abtretg **1154**; Darlehenshingabe nicht erfolgte **1139** 1; Erwerb **1117**; Geltendmachg **1160, 1161**; Künd, Zurückweisg **1160** 3; Mahnung, Zurückweisg **1160** 3; Umwandlg **1116** 5; s a Hypothek
Brieftauben EG **130**
Bringschulden 269 3; Gläubigerverzug **300** 3c
Bruchteil Erbeinsetzg auf **2087–2092**; Gemsch nach Bruchteilen **741**; Grdst-Bruchteil: Hypothek **1114**, Reallast **1106**, Vorkaufsrecht **1095**; ÜbergVorschr f Gemsch EG **173**; Gemsch nach Bruchteilen u Wohnungseigentum WEG **3** 3; s auch Anteil, Miteigentum
Bruchteilseigentum 1008; Überführg von Gesamthands- in B-Eigentum **313** 4 a, **2042** 2
Bruttolohn 616 5b; Grdlage der SchadBerechng des verletzten Lohnempfängers Vorb 7c ee vor **249, 249** 2c
Bucheigentümer, Vermutg für **891, 1148** 1
Buchersitzung 900
Buchforderung, SicherhLeistg durch **236**; bei Nacherbf **2117, 2118**; bei Vormundsch **1815, 1816**
Buchgeld 245 1a
Buchhypothek, Übbl 2 B a vor **1113, 1116** 4; Abtretg **1154** 3; Umwandlg **1116** 5; s a Hypothek
Buch- und Schallplattenreihen, Kauf Einl 2 h vor AbzG **1**
Buchungsfreie Grundstücke, Dienstbark EG **128** 1; EigtÜbertragg EG **127** 1, 2
Büdnerrecht, Begriff EG **63** 1
Bühnenaufführungsvertrag Einf 1 i vor **581**
Bühnenengagement Einf 2a dd vor **611**
Bühnenengagementsvermittlung 134 3a
Bundesanzeiger 799 1a, **2061** 4
Bundesautobahnen s Autobahnen
Bundesbahn, nicht jur Pers Vorb 1 vor **89**; Haftg für verfassgsm berufene Vertr **89** 2; s a Eisenbahn
Bundesbaugesetz, Einl 7a vor **854**; Pflegschaft **1911** 1, **1913** 1; Bebauungsanordnungen **903** 5 H d; Enteign **903** 5 H d; Entschädiggspflicht bei Bausperren **903** 5 A b, dd; Genehmigungspflichten für Rechtsgeschäfte Übbl 12b dd vor **873**; Umleggsverf Übbl 12b dd vor **873**; Auflassung **925** 7b; Vorkaufsrecht der Gemeinden Vorb 1

vor **504, 508** 3, Übbl 3c vor **1094**; Vormerkg hierfür **883** 1b cc
Bundesdatenschutzgesetz 823 15 B d
Bundesentschädigungsgesetz, Verhältn z **839, 839** 12k; erbrechtl Vorschr Einl 4e vor **1922, 1936** 2; Erbschein **2353** 1d, **2356** 1b, **2369** 2c
Bundesfernstraßengesetz, Enteigng nach – **903** 5 B c; Gemeingebrauch **905** 2b aa; Straßenbaulast, Haftung **823** 8c, 9 g
Bundesgrenzschutz, Arbeitsplatzschutz Vorb 3f vor **620**
Bundesimmissionsschutzgesetz 906 5a dd; Rechtsquellen **906** 1e aa
Bundesleistungsgesetz, 903 5 Jb; Verhältn zu Enteign **903** 5 K c
Bundesmietengesetze Einf 12 vor **535**
Bundespost s Post
Bundesraumordnungsgesetz Einl 7a vor **854**
Bundesrepublik, Haftg **839** 2 B
Bundesseuchengesetz 903 4i
Bundessozialhilfegesetz, Zuweisung von Arbeit Einf 3b vor **611**; Übergang der Träger der Sozialhilfe **2072**; Übergang der Kostenersatzforderung auf Erben Einl 4k vor **1922**; Ersatzanspruch des Trägers der Sozialhilfe gegen Unterhaltspflichtigen Einf 5b vor **1601, 1613** 1, 2; Fdgübergang auf Träger der Sozialhilfe **412** 1; keine Anrechng von Leistgen auf Regelunterhalt des nichtehel Kindes **1615** g 3; keine Anrechng auf SchadErs Vorb 7 c cc aE vor **249**
Bundesverfassung s Grundgesetz
Bundesversorgungsgesetz, Schutz von EntschädiggsAnspr **903** 5 C a cc
Bundeswasserstraßengesetz EG **65** 1b bb
Bundeswehr, Befehlserteilg, Disziplinarstrafe **839** 15; keine Geltg des Wehrmachts-FGG Einf 1 vor **2229**; s Wehrmachtsangehörige
Bürge, Ausfallbürgsch Einf 2c vor **765, 771** 2; Befreiungsanspr gg Hauptschuldner **775** 1; Befriedigg des Gläub **774** 2a; Drittverpfänder u B **1225** 2d; Einrede aus BürgschVertr **768** 1a, aus dem Hauptschuldner zustehenden GestaltgsR **768** 2b, **770** 4, des Hauptschuldners **768** 2, der Verjährg des Hauptschuld **765** 1, der Vorausklage **771–773**; Erlaß der Hauptschuld **765** 3b, **774** 2a; Erlöschen der Hauptschuld durch Verschulden des Bürgen **765** 3c; Freiwerden bei RAufgabe durch Gläub **776** 2; Innenverhältn zum Hauptschuldner **774** 1, 2c; Konk des Hauptschuldners **773** 2; Kredit- u HöchstbetragsB Einf 2d vor **765, 765** 2; mehrere, Ausgleichspflicht **769** 1; MitB Einf 2d vor **765, 769**; NachB Einf 2a vor **765**; RückB Einf 2b vor **765**; RückgriffsR aus Innenverhältn **774** 1, 2d, e; RückgriffsR aus gesetzl Fdgsübergang **774** 2; selbstschuldnerischer B Einf 2c vor **765, 771** 2, **773** 1; Übergang der Hauptfdg mit Nebenrechten **774** 2b, c; Urteil zw Hauptschuldner u Gläub **767** 2e; Verzicht des Schuldners auf GestaltgsR **768** 2b, **770** 1–4; Wahlrecht **768** 2b
Bürgerliches Recht, Begriff Einl III vor **1**
Bürgermeistertestament 2249; Form **2249** 5, 6, 7; GültigkDauer **2249** 8, **2252**; Haftg **839** 15, **2249** 3; Voraussetzgen **2249** 2, 4
Bürgschaft, Abhängigk v Hauptschuld **767, 765** 3; Änderg u Erweiterg der Hauptschuld **767** 1, 2c; Anfechtbark der Hauptschuld **770** 2; Anspruch auf Befreiung **775**; Aufklärgspflicht des Gläub Einf 1g vor **765**; Aufrechnungsrecht des Hauptschuldners **770** 3; Ausbietgarantie Einf 3c vor **765**; Auslandsschulden, deutsche Einf 3f vor **765**; Ausübg eines Wahlrechts d Haupt-

schuldners 767 2d; bedingte 765 1; befristete 765 1; Begriff Einf vor 765; Bürgschaftsfähigk 765 1; Delkrederehaftg Einf 3d vor 765; Devisensperre, Einfluß 765 3b; Einreden des Bürgen 768; Erfüllsort 765 1; Fordergsabtretg 401; Fordergsgarantie Einf 3c vor 765; Form 766 1–3, des Vorvertr 766 4; Fordergsübergang auf Bü 774 2; Freiwerden des Bü 776; Gerichtsstand 765 1; keine Gesamtschuld mit Hauptschuldner Einf 1d vor 765, 765 1; Änderg der GeschGrundlage 242 6 B b; GewL Bürgsch 641 1, Einf 1 e vor 765; Gewährvertr Einf 3 c vor 765; Grundverh zw Bü u Hauptschuldner Einf 1 h vor 765; Haftg für Nebenfdgen 767 2 a;' Hauptschuld 765 1; Höchstbetrag 765 1; internat PrivatR Vorb 6 o vor EG 12; für Kontokorrentkredit 777 1; Kosten der Künd u Rechtsverfolgg 767 2 b; Kreditauftrag Einf 3a vor 765, 778; Kreditbürgsch 765 2; Künd der Hauptschuld 767 2 d; Künd durch Bü 765 1; für künftige Verbindlk 765 2, 777 1; landw Schuldenregelgsverfahren 765 3 b; mehrere Bürgen 769; mündl Nebenabreden 766 3; Rückgriffsrecht des Bü 774 1, 2; Schuldmitübernahme Übbl 2b vor 414, Einf 3b vor 765; selbstschuldnerische 773 1a; Stundg der Hauptschuld 767 2d; Umfang der Schriftform 766 3; Umstellg 767 3; Untergang der Hauptschuld 765 1, 3b, 767 1; Veräußergsverbot 137 2; Verjährg 195 1, 765 1; VermögSperre 765 3 b; Verzicht des Hauptschuldners auf Einreden 767 2 d, 768 2 a; Vollkaufmann 766 4, 771 1; Vorausklage, Einrede 771–773; Vorzugsrecht, Aufgabe 776; Schriftform für Vorvertrag Einf 4 b vor 145; Wechselbürgsch Einf 3 e vor 765, 766 3; Wegfall der GeschGrdlage beim HauptSchu 242 6 D b; Widerrufsrecht 765 1; auf Zeit 777 1, 2

Bürgschaftserklärung, 766; Blanketturkunde 766 1; Schriftform 766 1, 2; Vollmacht, Form 766 4

Bürgschaftsforderung, Abtretg 765 1

Bürgschaftsschuld 765 1; dauernde Abhängigk Einf 1e vor 765, 765 3, 767 1

Bürgschaftsvertrag, Einf 1, 2 vor 765, 765; Form 766 1–4

Buße, SchadErs 840 2 c

C

Campingplatzinhaber, Haftung 701 2
Chartervertrag, Einf 5 vor 631
Chemische Reinigung, Einbeziehg von ABG AGBG 2 2; Freizeichng AGBG 9 6 c cc
Cif-Klausel 269 9, 448 3; Gefahrübergang 447 2
Cirka-Klausel 157 3 b
Clausula rebus sic stantibus 242 6; s a Geschäftsgrundlage
Commodum, stellvertr 281 1d
Condictio s Bereicherg
Culpa in contrahendo, Einf 4 vor 145, 242 5, 276 6; Erfüllungsgehilfe 278 1; mitwirkendes Verschulden bei 254 2, 4, 5; Verhältn z Gewährleistg Vorb 2c vor 459; des Vertreters 164 3; dch Verwendg unwirks AGB Vorb 3 b vor AGBG 8; s Verschulden beim Vertragsschluß
Custodian, Einf 2 vor 1909, Anh zu 1911 1; Haftung 662 6a, 823 14; s a Treuhänder

D

Damnationslegat 1939 1
Darlehen 607–610; Abgrenzg zu anderen Rechts-

geschäften Einf 4 vor 607; Abschluß 607 1 a; Abtretg 607 1 d; Arten Einf 3 vor 607; Ausgl-Pflicht 2057a 2b, d; Begriff Einf 1 vor 607; Bürgsch für nichtiges Darlehen 765 3a; Erfüllg 607 1 c; Fälligk 609; internationales PrivatR Vorb 6 c vor EG 12; Kündigg 609; öffentl D Einl 3 p vor 607; partiarisches D Einl 3 j vor 607, 705 10; Rückerstattg 607 3; 609; D für Spielzwecke 138 5 j, 762 4; Umwandlg 609 2; unregelmäß VerwahrgsVertr 700; Verjährg 195 2; Vorvertr Einf 1 vor 607, 610 1a; Wegfall der Geschäftsgrundlage 242 6 Db, 610 1b; Widerspruch bei DarlHyp 1139 1–3; Zinsen 608
Darlehensschuldschein 607 4
Darlehensversprechen Einf 1 vor 607, 610
Datenschutz 823 15 B d
Dauerangestellter, Kündigg 622 4a
Dauernutzungsrecht WEG 31 1b
Dauerpfleger 1909 2 a
Dauerpflegschaft zur Wahrnehmg der Rechte eines Minderj in einer Familiengesellschaft 1909 2
Dauerschuldverhältnisse, Einl 5 vor 241; Abschlußmängel Einf 5 c vor 145; Kündigg aus wichtigem Grund 242 4 F, 326 1, 469 3; formularmäßige Klauseln über Laufzeit AGBG 11 12; Unmöglichkeit 275 4, 5; Verjährg 194 1d; positive Vertragsverletzg 276 7e
Dauerwohnrecht, Aufhebg WEG 31 8; Begriff WEG 31; Eintragg WEG 32; Haftg des Entgelts WEG 40; Heimfallanspr WEG 36; Inhalt WEG 33; Veräußergsbeschränkg WEG 35; Vererblichk 1922 3a nn; Vermietg WEG 37, Mietpreisrecht WEG 31 7; bei Zwangsversteiger WEG 39
Deckadresse, Zugehen von Willenserklärg 130 2
Decknamen, Schutz des – 12 1a
Deckungshypothek Übbl 2d bb vor 1113
Deckungskauf, Deckungsverkauf 325 5 a b
Deckungsverhältnis, Einf 2a vor 328; bei Anweisg Einf 1 b vor 783, 787; im BereicherungsR 812 5 B b cc; Einwendungen aus 334 1
Deckvertrag Einf 5 vor 631
Defensivzeichen 826 8 s aa
Deichrecht EG 66
Deichunterhaltungspflicht 823 14
Dekretsystem bei der Adoption Einf 5 vor 1741
Deliktsstatut EG 12 3
Demonstration, Haftg für Schäden 823 14, 830 2 c; MitVersch 254 3 a hh
Denkmalschutzgesetz, bayerisches, VorkaufsR, Übbl 3c vor 1094; – Gesetze der Länder EG 109 2, EG 111 1
Denunziation als unerlaubte Handlg 823 14, 826 8 d, dd; MitVersch 254 3 a hh
Depotgesetz 931 3b, 1207 1c bb
Depotvertrag, Falschbuchung 675 3 b
Dereliktion s EigtAufgabe
Deutsche Bundesbank, AbrechngsVerfahren 675 3 a; Verwahrg von Wertpapieren 2116 3
Deutsche Demokratische Republik: Anfechtg testamentar Vfgen 2078 9; Annahme an Kindesstatt EG 22 5; Ausschlagg der Erbsch Einf 5 vor 1942; Auflage 1940 3, Einf 2 vor 2192; devisenrechtliche Beschränkgen Einl 9a vor 1922, Vorb 7b vor EG 12; eheliches Güterrecht Einf 8 vor 1363; Ehemündig EG 13 1; Ehescheidg EG 17 7; Eigentum Übbl 6 vor 903; Enteignng Vorb 2, 5b vor EG 13; Erbberechtigg von Angehörigen der BRep in der DDR Einl 5 vor 1922; Erbeinsetzg 2087 3, 2088 5, 2089 2, 2090 2, 2091 2, 2094 6; Erbengemsch Einf 12 vor 2032; Erbenhaftg Einf 9 vor 1967; Erbhöfe in der DDR Einl 2a vor 1922; Erbrecht Einl 1b, 3f vor 1922; 1923 8, 1924 9,

Deutsches Rotes Kreuz

1925 7, 1937 5; EG 25 5, des überlebden EheG 1931 6, interlokales Recht 1931 7; ErbschAnspr Einf 2 vor 2018; Erbschein Übbl 10 vor 2353, 2353 1a, 2369 1b, 6; EG 25 5; Erbunwürdigk Übbl 3 vor 2339; kein Erbvertr Übbl 11 vor 2274; kein ErbschKauf Übbl 7 vor 2371; kein ErbVerzicht Übbl 4 vor 2346; Ersatzerbe 2096 6; FamGB DDR Einl I 3 f vor 1; Gesetzbuch der Arbeit Einl I 3 f vor 1; Grundvertrag Vorb 14a vor EG 7; interlokales Privatrecht Vorb 14 vor EG 7; interlokales R der Annahme an Kindesstatt EG 22 5; ErbR EG 25 5; Rückverweisg EG 27 2; interlokales R der unerlaubten Handlg EG 12 5; interlokales Währungsstatut Vorb 7 b vor EG 12; internationales PrivatR Übbl 1, Vorb 2, 14 vor EG 7; keine Legitimation Einf 3 vor 1719; keine Miterbenausgleichg 2050 6; Nachlaßfürsorge 1960 6; Nachlaßverwaltg 1975 7; nichtehel Kinder: Abstammg EG 20 2, ErbR 1924 9; Unterhalt EG 21 8; RechtsanwendungsG (ErbR) Einl 11 vor 1922, s weiter unter „Rechtsanwendungsgesetz"; Rechtsentwicklg Einl I 3f vor 1; Scheidsurteil, Wirksamk EG 17 7; Staat, ErbR 1964 4; Staatsangehörigk Vorb 7a vor EG 7; Staatliches Notariat, Aufgaben in Nachlaßsachen Einf 5 b vor 1922; 2353 1; TestamentsR Einf 4 vor 2064, 2064 4; 2067 3, 2069 5, 2077 7, 2084 7, Einf 5 vor 2229, 2231 8, 2247 7, 2253 7, 2256 7, 2260 4, 2273 8, Übbl 10 vor 2353, 2353 1, 2369 6; Testamentsvollstreckg Einf 11 vor 2197, 2368 7; Testierfähig 2229 8; Vermächtnis 1939 5, Einf 9 vor 2147; Vermittlg der ErbauseinanderS 2042 9; VertragsG Einl I 3f vor 1; Volljährigk 2 3; Voraus des Eheg 1932 6; keine v Nacherbsch Einf 11 vor 2100; WährgsGesetzgeb 245 1b; Zahlungsverkehr 245 4d, 269 8; Vorb 7b vor EG 12; ZGB-DDR Einl I 3f vor 1; ErbR Einl 3f vor 1922; Auszug im Anh (35. Aufl) S 2327; EG ZGB Auszug im Anh (35. Aufl) S 2337; Zuständigk in Nachlaßsachen Einl 5 b vor 1922, 2353 1

Deutsches Rotes Kreuz, keine AmtspflVerletzg 839 15

Deutsch-iranisches Niederlassungsabkommen EG 17 1b, Anh zu EG 21 3, EG 23 Anh 4b, EG 25 4

Deutsch-Sowjetischer Konsularvertrag EG 25 4

Devisenbewirtschaftung, Auflassung 925 7d; bei Bürgsch 765 3b; DDR Vorb 7b vor EG 12; Einfluß auf Geldschulden 245 6; Erbauseinandersetzg Einf 4 vor 2032; Erbfolge Einl 9 vor 1922; Grundstücke u Grundstücksrechte Übbl 12b ee vor 873; Unmöglchk mangels Genehmigg 275 4; s auch „Außenwirtschaftsverkehr"

Devisengesetze, ausländische Vorb 7 vor EG 12; Verstoß 134 2 d, der DDR, Verstoß beim Vermächtnis 2171 2 a

Dienstbarkeit, Begr Übbl 1 vor 1018; beschränkt persönl Übbl 1c vor 1018, 1090; buchgsfreie Grdst EG 128 1, 2; GeschGrdlage 242 6 D d; Inhalt des Altenteils Einf 1b vor 1090; landesrechtl EG 113, 115 1, 2, EG 184 1; Beeinträchtigg durch Überbau Vorb 1b vor 912; Übertragg 1092; Umfang 1091; Wohngsrecht 1093; s a Grunddienstbark

Dienstberechtigter Einf 1b, 3b vor 611

Dienstentgang, SchadErs f 845

Diensterfindung 611 13 b

Dienstfahrt, Staatshaftg 839 2 c bb

Dienstleistungspflicht 611 3, 613, 614; der Ehegatten 1356 4; kraft Ges 845 2; der Kinder 1619; persönl 613 1; Vorleistg 614

Dienstvereinbarung Einf 6c bb vor 611

Dienstverhältnis, Begriff Einf 1b, 3 vor 611; Entstehg 611 1; Beendigg Vorb 1 vor 620, 620; Inhalt Einf 3b vor 611; zw Eltern u Kind 1619 4; Kündigg 621, 626, 627

Dienstverschaffungsvertrag, Einf 2c, 4a bb, ee vor 611; Haftg für ErfGehilfen 278 4 b; als VzGDr 328 3 a ee

Dienstvertrag, Abgrenzg Einf 2 vor 611; Abschluß 611 1b; Änderg 611 1c; Anfechtg 611 2; Annahmeverzug 615; Beendigg Vorb 1 vor 620, 620; Begriff Vorb 1 s, 2 a vor 611; zw Eltern u Kind 1619 4; Form 611 1a aa; Fortsetzg 625; internationales PrivatR Vorb 6d vor EG 12; Kündigg 621, 626, 627; Mängel 611 2a; Vergütg 611 6, 7, 612, 615, 616, 628; Verlängerg auf unbestimmte Zeit 625; als Vertr mit Schutzwirkg zGDr 328 3 a ff; vormschger Genehmigg 1822 7

Dienstwohnung, Zuteilg nach Scheid Anh zu 1587p 4 1; s a Werkwohng

Differenzgeschäft 764; Börsentermingesch 746 5; DiffEinwand 764 2, 4; offenes D 764 1b; verdecktes D 764 1c

Differenzhypothese Vorb 2 vor 249

Diktierter Vertrag, Einf 3 b ee vor 145

Dinglicher Anspruch Einl 5 vor 854

Dingliches Recht, Bestandteil eines Grundstücks 96 1, 2; Einteilg Einl 4 vor 854; Gegenstand Einl 3 vor 854; ÜbergVorschr EG 184 1, 2; Wesen Einl 2a vor 854

Dingliches Rechtsgeschäft Einl 5 vor 854

Dingliches Vorkaufsrecht s Vorkaufsrecht

Direktanspruch gg deutschen Versicherer bei KfzUnfall im Ausland EG 12 3

Direkterwerb 398 3 c

Direktionsrecht im Arbeitsverhältnis Einf 6f vor 611, 611 5

Direktverkäufe, Sittenverstoß 826 8 u hh

Dirne, Mietvertrag mit – 138 5g; Schadensersatz wegen entgangenen Gewinn 252 2

Dirneneinwand bei Feststellg der nehel Vatersch 1600 o 2 b

Diskont 272 1

Diskontierung 398 1c

Diskriminierungsverbot des § 26 GWB 826 8j, 249 3 a

Dispositionsnießbrauch 1030 4d

Dissens, versteckter 119 2, 155 1–3; s a Einiggsmangel

Distanzvertrag, IPR, Form EG 11 3

Dividendengarantie als VzGDr 328 3 b

Dividendenschein s Gewinnanteilschein

Dokumentation, Schutz 823 15 D e

Dokumentenakkreditiv Einf 4 vor 783

Dollarbonds, Bereinigung Einf 5 vor 793

Dolmetscher als Erklärungsbote 120 1; Vertrag Einf 2 a vor 611; bei Beurkundg von Willenserklärgen BeurkG 16

Dolmetscher bei Testamentserrichtg BeurkG 32, 2249 1 a, 5 bb, 2250 4; Anwesenh BeurkG 32 3 b; Ausschließg BeurkG 16 mit 6, 7, 26, 27; 32 3

Doppelanwartschaft beim Eigentumsvorbehalt 929 6 B a cc

Doppelarbeitsverhältnis Einf 4a dd vor 611

Doppelbuchung v Grdst 891 2a, 892 4 a

Doppelehe, Ehenichtigk EheG 20 2, 3; Eheverbot, trennendes EheG 5; als EhezerrüttgsUrs 1565 3; intern PrivR EG 13 5; NichtigkKlage EheG 20 2, EheG 23; Wiederholg der Eheschl EheG 5 4

Doppelkonditionenlehre 816 3 b; beim Doppelmangel 812 5 B b ee

Magere Zahlen = Erläuterungen   **Ehebruch**

Doppelmangel beim BereichergsAnspr 812 5 B b ee
Doppelstaater, DDR – Staatsangehörige Vorb 14 c vor EG 7; s auch „Mehrfache Staatsangehörigkeit"
Doppelte Inanspruchnahme beim Auseinanderfallen von Hyp u Fdg 242 4 D d
Doppeltreuhand Einf 7 B d vor 929, 1191 3
Doppelverdienerehe 1360 3b; Unterhalt nach Scheidg 1578 2; VersorggsAusgleich Einf 9 vor 1587; Wohnsitzwahl 1353 2b bb, 1360 3b
Doppelvermietung Einf 1g vor 535, 541 1 b
Doppelwohnsitz 7 4, 11 1a
DP s Heimatlose
Draufgabe 336; Anrechng 337 1; Reugeld 336 1; Rückgabe 337 1; Schadensersatz 336 1, 338 1, 2; bei Unmöglichk 338
Dreiecksverhältnis im BereicherngsR 812 5 B b cc
Dreißigster 1969
Dreizeugentestament 2250; Anwendgsfälle 2250 2; Form 2250 4, 6; GültigkDauer 2250 5, 2252; Zeugen 2250 3, 4 c
Dreschvertrag Einf 5 vor 631
Dritter, Ablösgsrecht 268, 1150; Amtspflichtverletzg, geschützter – 839 5 B; Auflage, Bestimmung dch Dritten 2193; BereicherngsAnspr bei Drittbeziehg 812 5 B b; Bestimmg der Leistg durch 317–319; Leistg durch 267; Vermächtnis, Bestimmg dch Dritten 2151, 2153, 2154, 2156; Versprechen der Leistg an Einf vor 328; Vertr zugunsten 328 s a dort; Widerrufsrecht des Dritten bei Rechtsgeschäften eines Eheg 1366 3a, 1427, 1453; Wirkg der Eintragg im GüterRRegister für Dritte 1412, 1431, 1449, 1456, 1470; ZugewinnausglAnspr gg Dritte 1390
Drittschaden, Geltendmach Vorb 6 vor 249; Mitverschulden 254 5 a cc; aus unerlaubter Handlg Vorb 6 b ee vor 249, 852 2
Drittschulderklärung 781 2 b
Drogist, VerkSichergsPfl 823 14 (Explosion)
Drohung, Anfechtg wegen 123, 2078; Anfechtgsfrist 123 1 a, 124 1, 2, 2082, 2283; Beweislast bei Anfechtg 123 6, bei verspäteter 124 3; durch Dritte 123 1d; Eheaufhebgsgrund EheG 34; Eheverfehl 1565 3; Erbunwürdigk 2339 2; Erfüllungsgeschäft 123 1 a; Kollektivdrohg 123 1d; beim gerichtl Vergleich 123 3b, 779 8 c
Duldungsvollmacht 173 4; eines Elternteils 1629 3
Düngemittel, Pfandrecht aus Lieferg Einf 3 vor 1204
Dünger, Gutsinventar 98 Nr 2; Zurücklassg bei Beendigg der Pacht eines Landguts 593 3
Durchführungszuständigkeit nach MSA, Anh zu EG 23 4 MSA 1
Durchgangserwerb 398 3 c
Durchgriff von Einwendgen 305 6a; beim AbzGesch AbzG 6 Anh 2, 3; bei Aufspaltung eines Vertrags durch AGB AGBB 9 7; bei BereichergsAnspr 812 B 5 b ee; auf Mitgl jur Pers 242 4 D g; „Vereinsrecht" Vorb 4 vor 21
Düsseldorfer Tabelle 1361 4, 1610 1, 1615 f 1
Dynamisierung der Renten Einf 3a vor 1587, 1587 4; BarwertVO 1587a Anh II 1 2b bb

E

Effektive Staatsangehörigkeit Vorb 7 a vor EG 7, EG 15 5
Effektivgarantieklausel 611 6b
Effektivklausel, begrenzte 611 6b

Ehe, Bedeutung Einl 1 vor 1297; Begriff u Wesen Einf 1 vor 1353; diplomatische, konsularische Ehe EG 13 7; Doppelverdienerehe 1360 3b; u Familie, sittenwidrige Vereinbar 138 5 d; fehlerhafte vor StandesB geschlossene Ehe EheG 11 2; freie – von rassisch u politisch Verfolgten 1931 2a, Anh I zu EheG 13; Hausfrauenehe Einf 1b vor 1353; Haushaltsführungsehe 1360 3a; kirchliche Verpflichtgen 1588 1; auf Lebenszeit 1353 1; im Ausland geschlossene Mehrehe Einf 1 vor 1353; Pflichten gegenseitige 1353 1–3; Übergangsvorschr EG 198; Verjährungshemmg 204 2; Vermittlg 656; Zuverdienerehe 1360 3b
Ehe, nichtige, Einf 1b vor EheG 16; s Ehenichtigk
Eheähnliches Zusammenleben, Einf 8 vor 1353; kein Erstattungsanspruch bei Nichtzustandekommen der Ehe 812 6 A
Eheaufhebung, Einl 2 vor EheG 1, Einf vor EheG 28; Aufhebgsgrde, Aufzählg EheG 28 2, s a Eheaufhebungsgründe; Ausschließ bei Bewähr EheG 32 6b; Ausschließ durch Fortsetzg der Ehe EheG 30 4b, 31 4; Bestätigg EheG 32 6a; Beamtenehe EheG 37 3b; FamBuch, Vermerk EheG 29 2; Erbrecht 1931 2c, 1933, 2077 3, 2268, 2279; Folgen EheG 37; Geltendmachg EheG 29, s a EheaufhebKlage; Gründe, zZ der Eheschl vorliegde Einf 2 vor EheG 28; internat PrivR Einf 4 vor EheG 28, EG 13, 3; Kinder EheG 37 3c; Namen der Frau EheG 37 3a, 54–57; Recht des für tot Erklärten EheG 39 3; nach Tod eines Eheg EheG 29 2; Übergangsvorschr Einf 4 vor EheG 28, EheG 29 1; durch Urteil EheG 29, 2, 37 2; Verjährg des Anspr EheG 35 6; Verzeihg Einf 2 vor EheG 28; Wirkg ex nunc Einf 1 vor EheG 28, EheG 29 2
Eheaufhebungsgründe EheG 28, 30–34, 39; arglist Täuschg EheG 33; Beiwohngsunfgk EheG 32 8; Drohg EheG 34; Ehebruch, früherer EheG 32 8; Einwilligg, fehlende des gesetzlichen Vertreters EheG 30 1–3; Einzelfälle EheG 32 8; Erklärgsirrtum EheG 31 2b; geistige Krankh EheG 32 8; Geschlechtsverkehr, vorehelicher der Frau EheG 32 8; Irrtum üb Eheschließg EheG 31 2a; Irrtum üb die Person des and Eheg betr Umstände EheG 32; Jungfräulk EheG 32 8; körperl Krankh EheG 32 8; Personenirrtum EheG 31 2 c; Täuschg durch Dr EheG 33 3; bei Todeserklärg EheG 39; ÜbergangsR Vorb vor EheG 30; Vermögensverhältn EheG 32 8
Eheaufhebungsklage EheG 29 3; Beweislast EheG 32 7, 33 5; EhegErbrecht 1933 2, 3; Erhebg EheG 35; Folgen der Aufhebg EheG 37; Genehmigg des VormschG Einf 3 vor EheG 28; Klagebefugnis Einf 3 vor EheG 28, EheG 31 3, 32 7, 33 5; Klagefrist EheG 35, 36 1, 2; Mitschuldantr EheG 29 3d; Rechtshängigk aller Aufhebgsgründe Einf 3 vor EheG 28; ScheidAntr EheG 29 3a, b; hilfsweise EheG 29 3a, b; unzul RAusübg 242 4d „Eherecht"; UrtWirkg: für u gg alle Einf 3 vor EheG 28, EheG 29 2, rechtsgestaltde EheG 29 2; Sicherheitsleistg für Zugewinnausgleich 1389; Verbindg mit Scheidungsantrag EheG 29 3; Widerklage (Antrag) auf Scheidg EheG 29 3 d; Zuständigk Einf 3 vor EheG 28
Eheauflösung, Gründe EheG 5 2b; minderjähr Ehefrau 1633 2; Name des angenommenen Kindes 1757; Rechtskraft des ScheidUrt 1564 2; durch Tod bei Gütergemeinsch 1482; u Verfggen v Todesw 2077, 2268, 2279
Ehebruch, als Angriff 227 1; Begriff 1565 3; als

2391

Ehebruchskind

ScheidgsGrund **1565** 2b; Schadensersatz Einf 1c vor **1353**, **823** 6f, 15 F; Unterlassungsklage Einf 1 c vor **1353**

Ehebruchskind, Schadensersatz wegen Unterhaltskosten Einf 1 vor **1353**

Ehedauer, Herabsetzung des Unterhaltsanspruchs **1361** 3a, **1579** 2a; s auch Ehezeit

Ehefähigkeit EheG 1–3; keine bei Geschäftsunfähigk EheG **2**

Ehefähigkeitszeugnis, Ausländer EheG **10**, Befreiung EheG **10** 3; Antr auf gerichtl Entscheidg EheG **10** 3; Gebühren EheG **77a**; Inländer, Anh zu EheG **10**, Prüfgspflicht des Standesbeamten Anh zu EheG **10** 1; internat PrivatR EG **13** 5a; Staatenlose Anh zu EheG **10** 1; Flüchtlinge Anh zu EheG **10** 1, Anh I zu EG **29** AHKG **4** Bem

Ehefrau, Ehe- u Familienname **1355**; Erwerbstätigk, Berechtig **1356** 3, Verpflichtg **1360** 3b, **1361**; Ersatzanspr bei unerlaubter Handlg **843** 4 A d; Vorb 2c dd vor **249**; geschäftsbeschränkte nach AltRecht EG **200** 5; Geschäftsfähigk Einf 2b vor **1353**; Geschäftsfähig, intern PrivR EG **14** 4h; Minderjährige **1633**; Schlüsselgewalt (Geschäfte z Deckg des Lebensbedarfs) **1357**, s a dort; Staatsangehörigk Vorb 7a vor EG **7**, EG **13** 1, EheG **12** 3; Staatsangehörig, deutsche bei Ehescheid EG **17** 6a; Unterhaltsanspr bei Getrenntleben **1361**; Unterhaltspfl **1360**, **1360a**; Vertretungsmacht **173** 4f; Vormund für minderj Ehefrau **1778**; s a Ehegatte, Ehemann, Frau

Ehegatte, Annahme der Erbsch **1943** 3, **1432**, **1455**; Antr auf Eintragg im GüterRReg **1561**; Arbeitsverhältnis Einf 1 g vor **611**; Aufgebot der NachlGläub **1970** 3; ausländisches, Schutz gutgläub Dritter EG **16** 1–3; Ausschlagg der Erbsch **1945** 1b, **1432**, **1455**; kein BereicherungsAnspr weg ggseit Zuwendgen Einf 5b vor **812**; Besitz **866** 1b, **868** 2c bb, bei Gütergemeinsch **1422** 3, **1450** 4, bei Gütertrenng Grdz 1 v **1414**; Eigentumsvermutg **1362**; Einzahlg auf Konto des and **328** 3b; Entscheidgsbefugn **1353** 2; Erbauseinandersetzg **2042** 2; Erbrecht s EhegattenerbR; Erbvertr zw Ehegatten **2275** 3, **2276** 3, **2279** 2, **2280**; Einbeziehung in die Schutzwirkung von Verträgen **328** 2b; Ersatzanspr bei unerlaubt Handlg **843** 4 A d, **845** 2, 3; gemeinsch Test **2265** 2; Gen zu Rechtsgeschäften **1365–1369**; ggseitige Verträge Einf 2b bb vor **1353**; Geschäfte zur Deckg des Lebensbedarfs **1357**; Gesellschaftsverhältnis **705** 8, **1356** 4d; Getrenntleben **1353** 3; Haftungsgemeinschaft **1357** 2a; Hausratsverteilung bei Getrenntleben **1361a**, Anh zu **1587p**; HausratVO **18a**; Hausratsübereign an anderen Eheg **929** 3a; Innengesellschaft **705** 8, **1356** 4d; Inventarerrichtg **1432**, **1455**, **1993** 2, **2008**; Kostenvorschuß f gerichtl Verfahren **1360a** 3; Lebensgemeinsch **1353** 2; Mietvertr **535** 1d, 3f; MietvertrKündigg **569** 1, 3c; minderj Ehegatte **1633**; Mitarbeit im Beruf und Geschäft des anderen **1356** 4, Unentgeltlichk **1356** 4; Mitarbeitspfl im Haushalt **1356** 2; Name **1355**; persönl RBeziehungen, internat PrivR EG **14**; interlokales PrivR EG **14** 1; Überg Vorschr EG **199, 200**; Rechtsgeschäfte über Haushaltungsgegenstände **1369**; über Vermögen im Ganzen **1365**; kein Gutglaubensschutz Vorb 4 vor **932**, **1368** 2, **1369** 3; PflichttRecht **2303**; Verzicht auf Pflicht **1432**, **1455**; PflichttEntziehg **2335**; Pflichtverletzg als Einrede gg Zugewinnausgl **1381** 2; Recht zum Getrenntleben **1353** 3; Rechtsgesch miteinander Einf 2 c vor **1353**; Sonderrechtsnachfolge des verstorbenen Mieters **569a**, **569b**; Sorgfaltspfl **1359**; Schutz der Intim-

sphäre **823** 6f; Übereign an Eheg **929** 3a; Übergangsregelg GleichberG **8** I 1, Einf 7 vor **1353**; Überlassg der Vermögensverwaltg **1413**, Übergangsvorschr GleichberG **8** I 2, **1413** 4; Unterhaltspfl **1360**ff, **1608**, Umfang **1360a**, bei Getrenntleben **1361**; Geltendmach des Kindesunterhalts bei Getrenntleben **1629** 5; Verhältn bei nichtiger Ehe EheG **26**, bei Nichtehe EheG **26** 2; Verjährg **204**; VermächtnAnnahme u -Ausschlagg **1432**, **1455**, **2180**; Vermögensübertragg, Geschäftsgrundlage **242** 6 D c; Vertretg, ggseitige Einf 2b vor **1353**, EG **14** 4k, bei Mitarbeit im Gesch **1356** 4b; Voraus **1932**; Vormf Vollj **1900**; Wohnsitz **1353** 2b bb; Zuwendungen aus dem Gesamtgut **2054**, **2331**; s a Ehemann, Ehefrau

Ehegattenerbrecht 1371, **1931–1934**; DDR **1931** 6; Scheidgsantrag, AufhebgsKl **1933** 1–3, **2077**, **2268**, **2279**; ÜbergVorschr EG **200** 2c; gleichzeitige Verwandtschaft **1934**; Voraus **1932** 1–5, DDR **1932** 6; Zugewinngemeinsch **1371** 1, 2, **1931** 5

Ehegattengeschenke 516 4 f

Ehegattengesellschaft 705 8, **1356** 4d, **1931** 5a

Ehegesetz, DurchfVOen, Fortgeltung, Aufhebg Einf 3 vor EheG **1**, EheG **79** 2; Änderg durch FamRÄndG Einl 1 D vor EheG **1**; Gleichberechtigg v Mann u Frau Einl 1 B, C vor EheG **1**; Änderg des Eheg dch das 1. EheRG Einl 1 G vor Ehe G **1**; Inkrafttreten EheG **80**; Übergangsvorschr Einf 3 vor EheG **16**, Vorb vor EheG **25**, EheG **80** 1

Eheherstellungsklage, Einf 3 vor **1353**; internat PrivR EG **14** 4a; Mißbrauch **1353** 3; Schlüsselgewaltentziehg **1357** 4; s a ehel Lebensgemeinschaft

Ehehindernis, Annahme als Kind **1683** 1, EheG **7**; intern PrivatR EG **13** 3, 5; Vormundschaft **1845** 1; s a Eheverbot

Eheliche Abstammung s Ehelichk

Eheliche Kinder, rechtl Stellg **1616–1698b**; Wohnsitz **11** 1; s a Ehelichk

Eheliche Lebensgemeinschaft, absol R Einf 1 vor **1353**, **1353** 1–3; Aufhebg der – als Scheidgs-Voraussetzg **1353** 3b, **1565** 2; Aufhebgsgrd **1353** 3c; Entscheidgsbefugn **1353** 2b cc; Getrenntleben **1565** 2; HerstellgKl Einf 3 vor **1353**; Hindernisbeseitiggspflicht **1353** 2; Mißbrauch des HerstellVerlangens **1353** 3a; Mitarbeitspfl **1356** 4; ScheidAntr, Recht auf **1565** 2; Unterhalt bei Aufhebg **1361**, **1361a**; VerweigR **1353** 3; Wiederherstellg **1356** 2, 4

Ehelicher Aufwand s Familienunterhalt

Ehelicherklärung 1723ff; Allgemeines: internat PrivR EG **22** 4b; Verh zur Legitimation dch nachf Ehe Einf 1 vor **1719**; Wohnsitz des Kindes **11** 2; auf Antr des Kindes **1740a–1740g**; Anhörg von Angehörigen **1740d**; Antrag **1740a**, **1740c**; Antragsfrist **1740e**; Einwilligg des überleb Elternteils **1740b**; elterl Gewalt **1740f** 1; Erfordernisse **1740a**; intern PrivatR EG **22** 2; Name des Kindes **1740f** 1; Namenserteil für Mutter **1740g**; Rechtsstellg des Kindes **1740f**; Vertretg des Kindes beim Antr **1740c**; Zustdgk des VormschG **1740a** 3; auf Antr des Vaters **1723–1739**; Antr **1723**, **1730**; Bedinggs-Feindlich **1724**; Einwilligg des Kindes der Mutter **1726**; Ersetzg der Einwilligg **1727**; der Zustimmg der Ehefrau des Vaters **1727** 3; elterl Gewalt **1736**, **1738**; Erfordernisse **1723**; Form von Antr, Einwillig **1730**; Mängel heilb **1735** 1; Tod des Kindes, des Vaters **1733**; UnterhPfl des Vaters **1739**; Unwirksamk der E **1735** 2; Vertretg bei

Magere Zahlen = Erläuterungen

Ehescheidungsverfahren

Antr, Einwilligg **1728**, **1729**; Wirkgen für das Kind **1736**, für die Mutter **1738**, erbrechtl **1924** 3 B
Eheliches Güterrecht 1363–1518; allgem Einf vor **1363**; Aufwand, ehelicher s Familienunterhalt; Ehevertrag s dort; Flüchtlinge Anh II zu EG **15**; fortges Gütergemeinsch s dort; gesetzl Güterrecht Grdz 1 vor **1363**, s a Zugewinngemeinsch, Gütertrenng, Gütergemeinsch s dort; Güterrechtsreg s dort; Gütertrenng s dort; interlok PrivR EG **15** 1; internat PrivR EG **15**, **16**, Anh 1 zu EG **15**; DDR Einf 8 vor **1363**; Überg-Vorschr EG **200**, Einf 10 vor **1363**, Grdz 5a, b, c vor **1363**; Grundsatz der Unwandelbarkeit im internationalen PrivR EG **15** 3; Verweis auf nicht mehr geltendes oder ausländ Recht **1409**; vertragsmäß Güterrecht **1408–1518**; Vertragsfreiheit Einf 1 vor **1363**, Grdz 1 vor **1408**, **1408** 4; Vertriebene Anh II zu EG **15**; Zugewinngemeinsch s dort
Ehelichkeit 1591–1600; Beiwohng des Mannes, Vermutg **1591**; EhelichkVoraussetzgen **1591**; Empfängniszeit **1592**; Feststellg, ÜbergVorschr EG **208** 1; Geltendmachg der Unehelichk **1593**; internat PrivR EG **18** 1–3; Kinder aus für nichtig erkl Ehe EheG **25**; künstl Befruchtg **1591** 5, **242** 4 D h; Wiederherstellg **1593** 2; Wiederverheiratg der Frau **1600**; s a Ehelichkeitsanfechtg
Ehelichkeitsanfechtung 1593–1600; Anerkenntnis **1594** 4; AnfErklärg nach Kindestod **1599**; Anf-Frist für Mann **1594** 1; AnfKlage **1593** 2, **1599**; AnfR der Eltern des Mannes **1595**a, **1599**; des Kindes **1596**, **1597**, **1599**; des gesetzl Vertreters des Kindes **1597**, des Mannes **1593** 1, **1594**, **1599**; Ausgleichsanspruch für Prozeßkosten gg Erzeuger **1615**b 2; Fristversäumnis **1594** 3; höchstpersönl Recht des Mannes **1595** 1; internat PrivR EG **18** 4–6; nach Mutterrecht EG **18** 4; Stellg der Mutter **1597** 2 c; nach der Scheidg **1629** 2; Tod des Kindes **1599**; Tod des Mannes **1595**a, **1596**, **1599**; ÜberggsR EG **203** 1; unzul RAusübg **242** 4 D h; UrtWirkg **1593** 2, Vormundschaftsgericht **1599**; vorz Wiederverheiratg der Frau **1600**
Ehemäklervertrag 656 1; finanzierter – **656** 3; Vergütg **656** 2
Ehemann, Ehelichkeitsanfechtg durch E **1594**, **1599**; Antr auf Eintragg im Güterrechtsreg **1561** 3; Eigentumsvermut **1362**; Grdstückserwerb f Rechng der Ehefrau **667** 3b; Unterhaltspfl **1360 ff**; Unterhalt der Frau bei Getrenntleben **1361**; Bestellg zum Vormd für minderj Ehefr **1778**; s a Ehegatte, Ehefrau
Ehemietwohnung, 535 1a, **866** 1 b; Schicksal nach Auflösg der Ehe **753** 2, Anh zu **1587**p; dch Tod **569**a, **569**b
Ehemißbrauchgesetz, Einl 3c vor **1297**
Ehemündigkeit, EheG **1**; Befreiung EheG **1** 2, 4; VormschG EheG **1** 5; Sonderregelg der DDR, Vorb 14n vor EG **7**
Ehename, Begriff **1355** 2; Änderg **1355** 5; Ehename nach Scheidg **1355** 4; bei Annahme als Kind **1757** 1; Name des nichtehel Kindes **1617** 3
Ehenichtigkeit, Einf 1b vor EheG **16**; Berufg auf – EheG **23** 2; Bewußtlosigk EheG **18** 2b; Doppelehe EheG **5**, **20**, 2, 3; elterl Gewalt **1671** 6; Entmündigg weg Geisteskrankheit EheG **2**, **18**; kein Erbrecht **1931** 2c; vermögensrechtl Folgen EheG **26** 2–4; Formmangel, Heilg durch Miteinanderleben EheG **2** 1, EheG **18** 2a; Gründe EheG **16**; Gutgläubigk, WahlR betr VermögFolgen EheG **26** 4; Heilg durch Bestätigg EheG **2** 1, **18** 3; internat PrivR Einf 3 vor EheG **16**, EG **13** 3; Kinder, Stellg bei – **1591**; Legitimation v Kindern **1719** 2b; Mangel der Geschäftsfgk EheG **18**; NichtigkUrt EheG **23** 2; Schwägerschaft EheG **21** 2; Störg der Geistestätigk EheG **18** 2b; Übergangsvorschr Einf 3 vor EheG **16**, EG **207**; vermögensrechtl Wirkgen EheG **26**; Vermerk im Familienbuch Einf 2 vor EheG **16**; Verwandtsch EheG **21** 2; Wirkg der Heilg EheG **17** 3, **18** 3; Wirkg des Urteils EheG **23** 2, 3
Ehenichtigkeitsklage, Einf 2 vor EheG **16**, EheG **23** 2; Erhebg durch Eheg EheG **23** 2, **24** 2; Erhebg durch StA EheG **23** 2, **24** 2–4; Klagebefugnis EheG **24**; Wirkg EheG **23**; SicherhLeistg für ZugewinnausglAnspr **1389**, **1390** 5; unzulässige RAusübg **242** 4 D e; Zuständigk EheG **24** 4
Eherecht, Rechtsentwicklg Einl vor EheG **1**
Ehesachen, Einf 4 vor **1564**, Einf 2 vor EheG **16**, Einf 3 vor EheG **28**
Ehescheidung, Allgemeines Einf vor **1564**; Anerkenng ausländischer Urteile EG **17** 6b; Antrag Einf 4 vor **1564**; Ausschluß der – im Interesse der Kinder **1568** 2, im Interesse des anderen Eheg **1568** 3; Anwendg deutschen Rechts EG **17** 4, 6a; Auseinandersetzg nach – **1478**; Ausländer EG **17**; BereicherungsAnspr nach – **812** 6 A d bb; Eheaufhebg Einf 2 vor EheG **28**, s auch Eheaufhebg; EheScheidgsGründe **1565** 2, 3; **1566** 2, 3; einseitige Ehesch **1566** 2; einverständliche Ehesch **1566** 2; einstweilige Anordngen Einf 4 m vor **1564**; Erbrecht **1931** 2c, **1933**, **2077**, **2068**, **2079**; Erleichterg **1385**d; Fristen **1564** 3; Geschichte Einf 2 vor **1564**; Gründe **1564** 2, **1565** 1; Härtefälle **1564** 3, **1568**; Hausrat nach Scheidg, Anh zu **1587**p; internationales Privatrecht Einf 5 vor **1564**, EG **17**; internationale Zuständigk EG **17**, 1, 6; interzonales Recht EG **17**; Kinder, Verhältnis zu **1617**; Mietvertrag **535** 1; Name des geschiedenen Eheg **1355** 4; Personensorgerecht für Kinder **1671**; Regelg im BGB Einf 4 vor **1353**; Scheitern der Ehe als Grund **1564** 3, **1565** 1; Schuldanspruch nach ausländR EG **17** 5; vor Ablauf des TrenngsJahres **1565** 4; Übergangsvorschriften Einf 6 vor **1564**, EG **201** 1, 2; Unterhaltsanspruch des geschiedenen Eheg vor **1569**, **1569** ff; Urteilserfordernis **1564** 1; Verfahren Einf 4 vor **1564**; VerfassgsMäßigkeit des – Rechts Einf 3 vor **1564**; Verkehr mit Kindern **1634**; Verschuldensprinzip nach altem Recht Einf 2 vor **1564**; Voraussetzgen der Zerrüttg **1562** 2; Voraussetzgen des Scheiterns der Ehe **1565** 2; Wahl des Zeitpunkts Einf 8 vor **1587**; Wirkgen Einf 3 vor **1564**; als Wegfall der GeschGrundlage **242** 6 D c, – des Rechtsgrundes für eine Leistg **812** 6 A c bb, d bb, **818** 6 D f; Wohng nach Scheidg Anh zu **1587**p; Zerrüttgs-Prinzip Einf 2 vor **1564**; **1564** 3, **1565** 1; ZerrüttgsUrsachen **1565** 2b, 3; ZerrüttgsVermutung **1564** 3, **1566**; Zugewinnberechng **1384**; zuständiges Gericht Einf 4 vor **1564**
Ehescheidungsantrag Einf 4e vor **1564**, **1566** 2; EhegattenErbrecht **1933** 3, **2077**, **2268**, **2279**; IPR EG **17** 6; Prozeßkostenzuschuß **1360**a 2; Sicherheitsleistg für ZugewinnausglAnspr **1368**, **1390**
Ehescheidungsgründe, Scheitern der Ehe **1564** 3 **1565** 2 3; Vermutg des Scheiterns der Ehe **1566**,
Ehescheidungsreform Einf 6 vor **1564**
Ehescheidungsurteil, Anerkenng ausländ EG **17** 6b; erschlichenes **1564** 2; Grundsatz der Einheitlichk Einf 4j vor **1564**; Rechtskraft Einf 4i vor **1564**, **1564**; Rechtsmittel Einf 4b vor **1564**; Wirkg **1564** 2
Ehescheidungsverfahren, AmtsermittlgsGrund-

2393

Eheschließung

satz Einf 4g vor **1564, 1565** 2b; Anhängige Verfahren vor dem 1. 7 77 Einf 6 vor **1564**; Anhängigkeit dch Einreich ein Antragsschrift Einf 4e vor **1564, 1564** 1; Anwaltsprozeß Einf 4c vor **1564**; einstweilige Anordng Einl 4 l, m vor **1564**; Kosten Einf 4k vor **1564**; Mitwirkg des Staatsanwalts Einf 4f vor **1564**; örtl Zuständk Einf 4d vor **1564**; Prozeßfähigkeit des geschäftsbeschränkten Eheg Einf 4b vor **1564**; Rechtsmittel Einf 4l vor **1564**; sachl Zuständigk des Familienger Einf 4 vor **1564**; Übergangsvorschr Einl f vor **1564**; Urteil Einf 4 j vor **1564**
Eheschließung, Anerkennung freier Ehen rassisch u politisch Verfolgter Anh I z EheG **13**; Anerkenng von Nottrauungen EheG **11** Anh 1; Anwesenheit, gleichzeit EheG **13** 3a; Aufgebot EheG **12**; Ausländer im Inland EheG **13** 4, **15** a; EG **13** 6a, 7; mit Ausland, Erleichterg Anh 3 zu EG **13**; Bedingsfeindlk EheG **13** 3b; als Beding erbrechtl Zuwendgen **2074** 1; Deutsche im Ausland EG **13** 6b, 7; Ehemündigk s dort; Eheverbot s dort; Eheschließ des Kindes, Vermögenseinkünfte **1649**; Einwilligg EheG **13** 3; Erkl des Eheschließgswillens EheG **13** 3b; Ferntrauung EheG **13** 3a; Form EheG **13, 14**; Formmangel EheG **17**; Heilg unwirks Eheschl Anh I u II z EheG **11**; Genehmigg d gesetzl Vertr EheG **30**; Geschäftsfgk der Ehegatten Einf 2b vor **1353**; internat PrivR EG **13** 1–7; vor Konsuln EG **13** 7, EG **13** Anh; nachträgl Eheschl nach dem Tode EheG **13,** 3b, EheG **13** Anh II, **1931** 2d, **1924** 7; Nichtstandesbeamter EheG **13** 3a; obligator Zivilehe Einf 1 vor EheG **11, 11** 2; Ort EheG **14** 2; Staatsvertr, MeistbegünstKlausel Anh I zu EG **13**; Standesbeamter Mitwirkg EheG **11** 2, EheG **13** 3a; Form EheG **13, 13** 2, **14** 2; Staatsangehörigk EG **13** 1; E von Straf-, Untersuchsgefangenen Einf 2 vor EheG **4**; Übergangsvorschr des GleichberG Grdz 5a b vor **1363, 1363** 2, Grdz 2 vor **1414**; Vertragsnatur Einf 1 vor EheG **11,** Einf 1 vor **1297**; Vorschriften, nicht zwingende EheG **14** 2; Wiederholg EheG **5** 4; Wirkgen Einf 2 vor **1353**
Ehestörungsklage, Einf 1 c vor **1353**
Eheverbot, Einf vor EheG **4**; abschließende Aufzählg Einf 2 vor EheG **4**; Annahme an Kindes Statt EheG **7** 2; aufschiebendes Einf 1 vor EheG **4**; Auseinandersetzgszeugn, fehlendes EheG **9** 2; Befreiung EheG **4** 6, **6** 7; Blutsverwandte in gerader Linie EheG **4** 2; Doppelehe EheG **5** 2, 3; Geschwister EheG **4** 2; intern PrivR EG **13** 2–5; Schwägersch EheG **4** 3; VormschG EheG **4** 7; Wartezeit EheG **8** 2
Eheverfehlung, des Scheidungsgegners **1565** 2b; Ehebruch **1565** 2b, 3; Einzelfälle **1565** 3
Ehevertrag 1408 ff; Abschl durch gesetzl Vertr **1411** 1, 2; Anfechtg wegen GläubBenachteil **1408** 2, Arglisteinrede des Scheidgsberecht **1408** 2; Dauer **1408** 2; einseitige Aufhebg **1408** 2; Eheauflösg **1408** 2; Eintragg im Güterrechtsreg **1412** mit Erbvertr **2276** 4, 5; fortges Gütergemeinsch **1483** 1; Form **1410**; Genehmigg dch VormschG **1411** 1; Gegenstand **1408** 3; beschr Geschäftsfähigk **1411** 1; Geschäftsunfähigk **1411** 2; Int PrR EG **15** 5, Kenntnis Dritter **1412** 3b; ÜbergVorschr EG **200** 4; ÜbergVorschr GleichberG **8** I 2, **1413** 4; Überlassg der Vermögensverw, Widerruf **1413** 2; Umdeutg **1941** 1; Vertragsfreiheit Einf 1 vor **1363**, Grdz 1 vor **1408, 1408** 4, Beschränkg der Vertragsfreih **1409**; Versorgungsausgleich, Ausschließg **1408** 3 b, **1414** 1 d; Verweisg auf nicht mehr geltdes oder ausl Recht

1409; VorbehGut **1418** 3 a; Wirksamk ggüber Dritten **1412** 1. 3
Ehewirkungen, intern PrivR EG **14**
Ehewohnung, Besitz **866** 1 b; einstweilige Anordng Einf 4 m vor **1564**, HausrVO **13 IV** (Anh zu **1587** p); Schicksal nach Auflösg der Ehe **535** 1 a, **753** 2, **866** 1 b dd, Anh **1587** p, dch Tod **569** a, **569** b; bei Wohngseigentum WEG **60**
Ehezeit, Begriff **1587** 3
Ehezerrüttung, Begriff **1565** 1; Vermutung **1566**; Voraussetzgen **1565** 2, 3
Ehre, allgemein Einf 2 vor **1**; Gegenstand vermögensrechtl Geschäfte **138** 5 c, e; Schutz Einf 8 b aa vor **823**
Ehrenämter der Ehefrau **1356** 1
Ehrenamtliche Richter, Haftung **839** 8 a
Ehrenkränkung, Ersatzpflicht bei **823** 14
Ehrenwort, Bindg **138** 5 c
Eidesstattliche Versicherung 259–261 6; des Erben **2006**; bei Gütergemsch **2008** 5; des Erbsch-Besitzers **2027**; des Hausgenossen ggü Erben **2028**; der MitE bei Erbausgl **2057**; Klage auf Leistg 259–261 2, 5 c bb; Kosten des Verf 259–261 6 c dd, **2006** 5; Rechnsglegg 259–261 3, 6 a; Rechtsschutzinteresse 259–261 6 b; zuständiges Gericht 259–261 6 c, **2006** 4, **2028** 3; im Verf der ErbschErteilg **2356**
Eigenbedarf d Vermieters **556 a** 6 a bb; bei Wohnraum **564 b** 7
Eigenbesitz 872, auch Übbl 3 vor **854**; Buchersitzg bei **900**; Ersitzg v bewegl Sachen **937**
Eigengeld 1199 4
Eigengrenzüberbau 912 2 b
Eigenhändiges Testament 2231 2 a; **2247**; gemeinschaftl Test **2267**; Übergangsrecht **2247** 1; Unterschrift, eigenhänd **2247** 2 c; Verwahrg **2248**; Zeit- u Ortsangabe **2247** 2 b
Eigenhändlerverträge 138 5 e
Eigenheim, Übbl 3b vor **903**; Auflassg **925** 4f
Eigenheimbewerbervertrag Einf 3 vor **433**
Eigenmacht, verbotene, **858** 1; Abwehrrecht **859** 2; Besitzentziehg, Begriff **858** 4; Besitzentziehgsanspr **861** 1; Besitzstörg **858** 5; Besitzstörgsanspr **862** 2; Einzelfälle **858** 3; Erlöschen der Besitzansprüche **864, 869**; Gestattg der Beeinträchtigg **858** 6; Grdst, Entsetzg **859** 3 b; Rechtsnachfolger **858** 7; Selbsthilfe **859**; Wiedereinräumgsanspr **861** 2
Eigenrechtserbschein 2369 2 a
Eigenschaft, arglist Vorspiegelg **463** 3; Irrtum über wesentl **119** 4; persönl, Begriff EheG **32** 3; bei Eheschließg EheG **32** 8; wesentl der Person **119** 4 a, b; wesentl d Sache od des Gegenstandes **119** 4 c; zugesicherte der Kaufsache **459** 4, **463** 3 a, der Mietsache **537** 3 b; zugesicherte, SchadErs wegen Fehlens **463, 480** 3, AGBG **11** 11
Eigentümer, Abholgsanspr **1005** 1; Abwehranspr gg Beeinträchtigg **1004**; Aufgebot **927**; Befugnisse **903**; Beschränkg der Verfügungsbefugnis **1136** 1; Herausgabeanspr **985**; Hypothekenbefriedigg durch **1142–1145**; Verbot v Einwirkgen **906**; Verhältn zu Besitzer **987–993**, siehe auch Besitz und Besitzer
Eigentümerdienstbarkeit Einf 2b vor **1018**, Einf 1b vor **1090**
Eigentümer-Erbbaurecht ErbbRVO **1** 1 c
Eigentümergrundschuld, Übbl 3 E vor **1113**, **1163** 4b, 5b, **1177** 3, **1196**; Bedeutg **1196** 1; Bestellg **1196**; Entstehg **1177** 3 a; Entstehg durch Umwandlg einer EigHyp **1163** 4b, 5b; Fdgsunterlegg **1198** 2; Gesamthyp **1163** 5b; Inhalt **1197**; InhÄnderg **1196** 3; Löschungsanspruch

2394

Magere Zahlen = Erläuterungen **Einbauten**

1196 4; Löschgsvormerkg **1179** 2c cc; aus nichtiger Hyp **1196** 2; Rang **1177** 3 b; bei Tilggs-Hypothek Übbl 2 d aa vor **1113**; Übertragg **1196** 3; Umstellg **1113** 7, **1196** 4; Umwandlg **1198** 2; Umwandlg in Hyp **1163** 4c, **1198** 3; Veräußer des Grdst **1163** 5 b; Vfgsbefugnis des Eigentümers **1177** 3c; Vfg über künftige **1163** 5c; Verteilg, Klage auf Einwilligg **1172** 3; vorläufige Vfgsbeschränkg **1163** 4d, 6; Währgsreform **1113** 7, **1196** 4; Zinsanspr, Eigentümer **1197** 3; ZwVollstr-Verbot für Eigentümer **1197** 1, 2
Eigentümerhypothek, Übbl 3 E vor **1113**, **1163**; Berichtigg des GB **1163** 4 b; Bestellg, rechtswirksame **1163** 3; Erlöschen der Fdg **1163** 4 c; Fdg, nachträgl Entstehen **1163** 4c; Gesamthyp **1163** 5 b; Gesamthyp, Bruchteilsgemeinschaft **1172** 2; Miteigt nach Bruchteilen **1163** 4 b; Nichtentstehg der Fdg **1163** 4 a; Umwandlg in bedingte Eigt-Grundschuld **1163** 4 b; Tilggshyp Übbl 2 B d vor **1113**; Vereinigg von Hyp u Fdg in der Hand des Gläub **1177**
Eigentümernießbrauch **1039** 3 a
Eigentümerteilhypothek **1176**
Eigentümerwohnrecht Einf 1 b vor **1090**
Eigentum, Abwehranspr gg Beeinträchtigg **1004**; Anlagen, gefahrdrohende **907**; Ansprüche aus **985**, **986**, auf Nutzgen **987**, **988**, **990**, **991**, **993**, auf SchadErs **989**, **990**, **992**, auf Verwendgen **994**; Aufgabe **959**; Arten Übbl 5 vor **903**, Aufopferg, ErsAnspr **903** 3c; aufschiebend bedingtes **455** 3; Befugnisse des Eigentümers **903**; Begriff Übbl 1 vor **903**, **903**; Belieben, Einschränkg **903** 2 b; Begrenzg **905** 1; Beschränkgen, landesrechtl EG **109**, **111**; DDR – Recht Übbl 6 vor **903**; Eigenheim **111** 3; Einf 3 vor **903**; Eigentumsvorbehalt **929** 6, s a dort; Einwirkg fremde, Ausschluß **903** 3; Einwirken, Verbot **906**, negative **906** 2c; Erlöschen d Rechte Dritter **936**; Erzeugnisse **953** 1; Gegenstand Übbl 4 vor **903** 1; Gemeingebrauch **905** 2 b; Gemeinschaftsgebundenheit Übbl 1, 2 vor **903**; Gesamthandeigt Übbl 5c vor **903**; Gewässer **905** 2 b; Hausratsersatzbeschaffg **1370**; Hausratverteilg bei Getrenntleben **1361a**; Heimstätte Übbl 3a vor **903**; Inhalt **903**; Übergangsvorschr EG **181** 1, 2; Nachbarrechte, Beschränkgen Übbl 2 d vor **903**, **906** 1; nachbarrechtl Anspr **906–924**, landesrechtl EG **122**, **123**; Notstand **904**; öffentlrechtl Körperschaften Übbl 4d vor **90**; SchadErsAnspr bei Beeinträchtigg **903** 3c; – an nicht eingetr Schiffen **929a**; Schutzrecht **823** 5; Sichergsübereigng **930** 4; treuhänd Einf 7 vor **903**; VorbVerkäufer, Erlöschen **929** 6 B a; Vorschr EG **181**, **189**; UnterlassKlage **903** 3 b; VerbietgsR, Ausschließg **905** 2; Vfgsrecht **903** 2a; Verletzg **823** 5; VorbehVerkäufer, Erlöschen **929** 6 B a; on Wegen **905** 2 b; Wohngseigt WEG **1** ff; s a Eigentums . . .
Eigentumsanspruch **985**; Anwendg entspr Vorschr Einf 4 vor **985**; Übersicht Einf vor **985**; s Herausgabeanspr, Eigentumsstörg, Unterlassgsklage, Verwenden
Eigentumsaufgabe **959** 1; s a Eigentumsverzicht
Eigentumsausschluß **927**; Aufgebotsverfahren **927** 3; Ausschlußurteil **927** 1, 4 a
Eigentumsbeschränkungen, Übbl 1, 2, 3 vor **903**; landesgesetzl EG **111** 1, 2; nachbarrechtl EG **124**; s Enteigng
Eigentumserwerb **929** ff; Absendg des Stückeverzeichn Einf 2d vor **929**; Abtretg d Herausgabeanspr **931** 1–3; Anwartschaftskauf **929** 6 B b; bedingte Übereigng **929** 6 B a; Bestandteil **953** 1,

954 1, **955** 1, **956** 2, 3 Vermutg bei Ehegatten **1362**; Einigg Einf 2 vor **929**, **929** 2; Erzeugnisse **953** 1, **954** 1, **955** 1, **956** 2, 3; Fund Vorb 1c vor **965**; kraft Gesetzes Einf 4 vor **929**; an Grdst, Übersicht Einf vor **925**; an Grundstückszubehör **926**; guter Glaube Einf 2c vor **929**, **932**–**934**, s a EigentErwerb v Nichtberecht; an hinterlegten Sachen Einf 3c vor **372**; Insichgeschäft **929** 5a bb, b, **930** 3; mit Mitteln des Kindes **1646**; rechtsgeschäftl Einf 3 vor **929**; an Schiffen **929a**; Schuldurkunden **952** 3; durch Staatsakt Einf 4 vor **929**, Vorb 3 vor **932**; Stellvertretg **929** 5; Übergabe **929** 3; Verarbeitg **950** 3; Verbindg u Vermischg **946** 3, **947** 3, **948** 1; kraftVerwaltungsakt Einf 4 vor **929**, s a Aneignig, Ersitzg, Fund u Schatz
Eigentumserwerb von Nichtberechtigten **932** ff; Abhandenkommen **935** 4; Abtretg des HerausgAnspr **934** 1–4; Besitzmittlg **933** 2; Besitzerlangg **934** 3; Beweislast **932** 5; Einwilligg **185** 2; Erlöschen d Rechte Dr **936** 2, 4; Geld **935** 5 a; Geschäftsfgk, Mangel Vorb 4 vor **932**; an Grdst **892** 1–7; guter Glaube, maßgebder Zeitpunkt **932** 3, **933** 2, **934** 4, **935** 5 c; „Hand wahre Hand" Vorb 1 vor **932**; InhPap **935** 5; Kenntnis des Nichtber **932** 2 a; NachforschPfl **932** 2 b, 3; nachträgl Kenntnis **936** 4; durch öff Versteig veräußerte Sachen **935** 5 c; Rechtsirrtum **932** 5 c; Stellvertretg **932** 2 c; Unkenntnis, grobfahrl **932** 2 b, Veräußergswille, fehlender Vorb 4 vor **932**; Vermutg für Bösgläubigk **932** 2 b; Vertretgsrecht, Mangel Vorb 4 vor **932**; Weiterveräußerg an Bösgläubigen **936** 4; Zeitpunkt des Erwerbs Vorb 1 b vor **932**, **933** 1, **934** 2, 3; durch ZwVollstr Vorb 3 vor **932**
Eigentumsmißbrauch als Sittenwidrigk **826** 8 e
Eigentumsstörung, Abwehranspr **1004**; Duldgspfl **1004** 7; GBEintragg, unrichtige **1004** 2d; Unterlassgsanspr **1004** 6; Verjährg **198** 2a, **221** 1; Verschulden, beiderseitiges **254** 2b; Wiederholgsgefahr **1004** 2c
Eigentumsübertragung, an den, den es angeht **929** 5a bb; bedingte **929** 6 B a; buchgsfreie Grdst EG **127** 1, 2; an den anderen Eheg **929** 3 a; durch Landesges EG **126** v; Verpflichtg bei Grdst **313**; s Eigentumserwerb; an Grdst s a Auflassg
Eigentumsverletzung **823** 5; NachbarrechtsbeschränkgsG **823** 5e
Eigentumsvermutung **1006**; bei Ehegatten **1362**; internat PrivR EG **14** 4 f
Eigentumsverschaffung dch Verkäufer **433** 2 b
Eigentumsverzicht **928**
Eigentumsvorbehalt **455** 1–4, **929** 6; bei AbzahlgsG AbzG **5**; in AGB AGBG **9** 7; Bedingg **455** 3; Beweislast **455** 1 j; einfacher **455** 2a; erweiterter **455** 2b; Fakturenvermerk **929** 6 B aa; Fruchtziehg **956** 8; gutgläubiger Erwerb **455** 1; Herausgabeanspr des Verk **455** 5; intern PrivatR Vorb 6 a vor EG **12**, Vorb 4 vor EG **13**; Kontokorrentvorbehalt **455** 2 b, c, **929** 6 A; Konzernvorbehalt **455** 2 b ee, **929** 6 A; Leistg des Dr bei **267** 6; mittelbarer Besitz bei **868** 2c bb, **929** 6 B a cc; nachgeschalteter **455** 2 b bb; nachträgl **455** 2, **929** 6 B a bb; Rücktritt **455** 4; Sachbestandteil **93** 6; verlängerter **138** 5 v, **398** 3 d cc, **455** 2 b cc; Vorb 6 B f vor **929**; Ermächtigung zur Veräußerg bei verlängertem – **185** 2; Konflikt mit Globalzession **398** 3 d cc, e, **455** 2 b bb, **929** 6 A; vertragswidriger **455** 2; weitergeleiteter **455** 2 b aa, **929** 6 A
Eigentumswohnung, Erwerb **433** 1a, WEG **2**, **3**
Einbauküchen, wesentl Bestandteil **93** 7
Einbauten des Mieters **547a**

Einbenennung

Einbenennung nichtehel Kinder **1618**; intern PrivatR Anh 2 zu EG **7**; EG **20** 3
Einbeziehungsvereinbarung bei AGB AGBG **2**; bei widerstreitenden AGB AGBG **2** 6e
Einbringung bei Gastwirten **701–704**; Sachen des Mieters **559** 3–5
Einfügung s Verbindg
Einführungsgesetz zum ZGB – DDR Übs 1 vor EG **7**, Vorb 2 vor EG **7**, Auszug Anh S 2337, 35. Aufl
Eingebrachtes Gut, Auseinandersetzg nach Scheidung bei Schuldaussprr **1478**
Eingetragener Verein 55–79; Änderg des Vorstandes **67, 68**; Eintragg **64–66**; Eintrag der Auflösg **74**, des Konkurses **75**, der Liquidation **76**, v Satzgsänderungen **71**; Entziehg d Rechtsfähigk mangels Mitgl **73**; Vertretgsmacht des Vorstandes **70**; s a Verein u Vereinsregister
Eingriffskondiktion 812 1, 3, **951** 1 a, d
Eingriffsnormen im öffentlichen Interesse, IPR Vorb 4 vor EG **12**
Einheitshypothek Übbl 2 d e vor **1113**
Einheitskondiktionenlehre 816 3 b; beim Doppelmangel **812** 5 B b ee
Einheitsmietvertrag, Wohnräume Einf 8d vor **535**; Ausleg revisibel **157** 6
Einheitswert für WE WEG **61** 1
Einigung, abstraktes RGesch **873** 3a, **929** 2b; Begriff **873** 3, **929** 2a; Besitzerwerb **854** 4; Bindg **873** 5a; Eigentumserwerb **929** 2; – der Eltern über elterl Gewalt nach Scheidg **1671** 2, Wegfall der GeschGrdlage **242** 6 D c; Erklärungen, voneinander abweichende **155** 2, 3; teilweise bei Vertragsschluß **154**; Vfgsbeschränkg, nachträgl **878** 1–5; Vertreter **929** 5; Widerruflichk **313** 13a, **873** 5; s a Auflassg u Einigungsgrundsatz
Einigungsgrundsatz, Übbl 3 vor **873**, **873** 1–3; Ausnahmen **873** 2c
Einigungsmangel, Begriff **154** 1; mehrdeutige Erkl **155** 2, 3; Mißverständnis **155** 2; negatives Interesse **155** 3; offener **154** 1; Vergessen od Übersehen eines Punktes **155** 2, 3; versteckter **155** 1, 2
Einkaufsbedingungen Vorb 4 vor **459**
Einkindschaft, altrechtl EG **209** 3
Einkommensteuer des Erbl, Erben, Einl 10 vor **1922**
Einkünfte, des Gesamtguts bei Gütergemeinsch **1420**; des Kindesvermögens **1649**
Einlage in Gesellschaft **706** 1
Einliegerwohnung 564b 3a, 10, 2. WKSchG **2** 1b, 3a
Einmanngesellschaft, keine bei BGB-Gesellschaft **736** 1; Durchgriffshaftg **242** 4 D g; SchadErsAnspr des Alleingesellschafters bei Schädigung der – Vorbem 6a vor **249**
Einrede der allg Arglist **242** 2 b, 4 C a, **826** 6, 8; aufschiebende **202** 1; aufschiebende des Erben **2014–2017**; der Bereicherg **821**; grober Unbilligk gg Zugewinnausgleich **1381** 2; des nicht erfüllten Vertrages **320**; Kondiktion bei E **813** 2 a; rechtszerstörende bei Hyp **1169** 2; Verjährg der E **194** 2; Verjährg, E der **222** 1; u Verzug **284** ; des Zurückbehaltgsrechts **273** 1, **284** 2
Einrichtung, Begriff **258** 2
Einsicht in Erbvertr **2264** 3, **2277** 4, **2300** 3; Geschäftsbücher und Papiere durch Gter **716** 1; Güterrechtsregister **1563** 1; Nachlaßinventar **2010**; Testament **2264** 2, BeurkG **34** 8; Urkden **810**, **811**; in Vereinsregister **79** 1
Einspruch gegen Eintragg ins Vereinsregister **61** II, **62**, **63** 1, 2; gg Erwerbsgeschäft des anderen Eheg **1431** 4, **1456**

Einsturz eines Gebäudes **836**; Gefahr **908**
Einstweilige Anordnung, Einf 5m vor **1564**; hinsichtl Sorgerecht auch **1671** 7
Einstweilige Verfügung gg unwirks AGB AGBG **15** 4; Erwerbsverbot **136** 1, **313** 13a; auf Räumg von Wohngen **556a** 7; Unterhalt nichtehel Kinder **1615o**; Vormerkg **885** 2; bei SichersHypothek des Bauunternehmers **648** 3; Veräußerungsverbot **136** 1; bei verbotener Eigenmacht **861** 6f; WiderspEintragg **899** 5 b
Eintragung ins Grundbuch **873** 1 a, 4 a; Kondiktion **812** 4 b; ins Güterrechtsregister **1558 ff**; Hyp **1115** 1–6, Kosten **449** 2; Rang des Rechts **873** 4 c, **879**; Rechtsänderg **891** 1 a; ins Vereinsregister s dort; Vermutg für Bestehen des Rechts **873** 4 c
Eintragungsbewilligung, Bezugnahme **874**, bei Hyp **1115** 1a, 5, 6; Vorauss der Bindg **873** 5a dd
Eintragungsfähigkeit, Übbl **8–11** vor **873**
Eintragungszeugnis, Verein **69**
Eintrittsgeld, Sittenwidrigkeit **826** 8p
Eintrittskarten 807 2
Eintrittsklausel im Gesellschaftserbrecht **1922** 3 a cc, dd, ee
Eintrittsrecht beim Kauf Vorb 4c vor **504**
Einverleibung 588 3, Vorb 2 vor **946**, **1048** 1
Einverständliche Ehescheidung Einf 4 f vor **1564**, **1566** 2; – Scheidungsabsicht **1565** 3
Einwendungen bei Abtretg **404**; gg Annahme der Anweisg **784** 3; Besitzschutzanspr **863**; gg Dritte bei Ausschluß des gesetzl Güterst **1412**; gg Dr bei Vertr zugunsten Dr **334**; Schuldübernahmen **417**; Schuldverschr auf Inh **796**; Schuldversprechen **780** 5
Einwendungsdurchgriff beim AbzGesch AbzG **6** Anh 2, 3; ggü Trennungsklauseln in AGB AGBG **9** 7; bei zusammengesetzten Verträgen **305** 6a
Einwilligung, Begriff Einf 1, 2 vor **182**, **183**; zur Annahme als Kind **1746–1750**; eines Eheg bei Gütergemeinsch **1423–1428**, **1431**, **1453**, **1456**; eines Eheg bei Zugewinngemeinsch **1365**, **1369**; zur Ehelicherklärg **1726–1730**, **1740b**; zur Eheschließg EheG **3**; zur Verfügg eines Nichtberechtigten **185** 2; des Verletzten **823** 7 B f; **254** 6 c; Vertrag Minderj **108** 1; des Vorbeh-Verkäufers zu Vfgen des VorbehKäufers **185** 2; Widerruflichk **183** 1; s a Genehmigg, Zustimmg, Zustimmgsersetzg
Einwirkungen, Abwehranspr **906** 5, **1004**; Anlagen **907**; Beseitiggsanspr **907** 1, 3b; Ausschluß fremder **903** 3a, **906** 2; Duldgspfl **906** 3, 4; Einsturzgefahr **908** 1–3; SchadErsAnspr **903** 3c, **906** 5b; Unterlassgsklage **903** 3b, **906** 5a; **907** 3b; unzulässige auf Bedingg **162**
Einzelakttheorie (Enteign) **903** 5 A b
Einzelarbeitsvertrag Einf 6 d vor **611**
Einziehung des AnwartschaftsR **929** 6 B b ii; des Erbscheins **2361**; Beweislast **2361** 2; von in der DDR erteilten ErbSch **2361** 3; u ErbenfeststellgsVerf **2361** 8; Hoffolgezeugnis **2361** 7; Zuständigk des NachlGer **2361** 3; als Enteignung **903** 5 H a g
Einziehungsermächtigung 398 7, **665** 2, **675** 3 b, **812** 5 B b cc; -verfahren **270** 1 e
Einziehungsklausel im GmbH-Recht und Erbrecht **1922** 3 a gg; **2301** 3 a
Einziehungsverordnung, Einf 4 f vor **1922**
Einziehungsvollmacht, Widerruf **790** 3; s a Inkasso
Eisenbahn u Ausübg öffentl Gewalt **839** 2 A c; Fahrkarten **807** 2; Fahrlässigk **276** 4 c; Haftg für beförderte Sachen **276** 10a, **278** 5, EG **105** 1, f Sachschaden EG **105** 1, f aufbewahrtes Gepäck

Magere Zahlen = Erläuterungen

Enteignung

Einf 2 vor **688**; Immissionen **906** 1, 3 a, 5 a cc; Kontrahierzwang Einf 3 b vor **145**; Personen- u Güterbeförderg öffentlrechtl? Einf 4 h cc vor **305**; Unfallhaftg, Einzelfälle **823** 14; Unterlassgsklage, Ausschluß EG **125**; Verpachtg eines Betriebs **581** 1; s auch Bundesbahn
Eisenbahn-Bau- u BetriebsO, Schutzgesetz **823** 9 f
Elektrizität, Lieferg **433** 1 c bb
Elektrizitätsversorgungsleitungen 903 5 H a bb, **1004** 7 c gg
Elektronische Datenspeicherung 823 15
Elektronische Datenverarbeitung, Programmherstellg, WerkVertr Einf 5 vor **631**
Elterliche Gewalt, allgemein Einf vor **1626, 1626**; bei Adoption **1741** 2 c, **1744** 3, **1751** 1, **1755** 1; nach Aufhebung der Adoption **1764** 3; Alleinausüb durch einen Elternteil **1678–1681**; Arztbeauftragg **1629** 2; Aufenthaltsbestimmg **1631** 4; Aufsichtsrecht **1631** 3; Beendigg **1626** 2, durch Tod des Kindes **1698** b, durch Todeserklär **1677**; Begriff **1626** 4; Beginn **1626** 2; Beistandsch **1685** ff; Benenng eines Vormds **1776, 1777**; Berufswahl **1626** 4 a; Besitznahme am Kindesvermögen **1626** 4 c; bei Eheauflösg dch Tod **1681**; bei Ehescheid **1671**; bei Ehenichtigk **1671** 6; ehrloses Verhalten **1666** 4 c; Ende **1626** 2; kein Entscheidgsrecht des Vaters **1628**; Entziehg der Personensorge **1666** 5, der Vermögensverwaltg **1669, 1684**, der Vertretgsmacht **1629** 6; Ergänzgspfleger **1909**; Erziehgsrecht **1626** 4 a, **1631** 1; Fortführg nach Beendigg **1698** a, bei Kindestod **1698** b; Fürsorge, tatsächliche **1626** 4 a; Fürsorgeerziehung **1666** 8; JWG **64** ff; Wirkg für die elterl Gewalt JWG **69** 1 b; Gefährdg der Kindesinteressen **1666** 3, des Kindesvermögens **1667** ff; Geschäftsbeschränkth **1673** 3; Geschäftsbesorgg bei Kindestod **1698** b; Geschäftsunfähigk **1673** 2; gesetzl Vertretg **1626** 4 b, **1629**; bei Getrenntleben **1672, 1678** 2; GleichberG Einf 4 vor **1626**; und GrundG Einf 5 vor **1626, 1628** Vorb B, **1629** Vorb B; Haftg ggüber Kind **1664**; Heirat eines Elternteils **1683**; Herausgabe des Vermögens **1698**; Herausgabeanspr **1632** 2; Interessenkollision **1629** 6; interlokales PrivatR EG **19** b, IPR Vorb 11 vor EG **7**, EG **19**, EG **23** Anh 4 (Mj SchutzÜbk) **1** 3; Jugendamt, Anzeigepflicht **1694**; Klage auf Kind **1631** 2; Konkurs **1670, 1680**; Meinungsverschiedenheiten zw Eltern **1627**, mit Beistand **1686** 1, mit Pfleger **1630** 3, **1679**; Mißbrauch des Sorgerechts **1666** 4; Mutter, nichtehel **1705**; Personensorge s Personensorgerecht; Pfleger **1630, 1666** 4, **1671** 5, **1673, 1706–1710**; RechenschAblegg **1698**; Rechtsgesch, genehmigggspflichtige **1643**; Rechtshandlungen, schwebend unwirks **1629** 4; religiöse Erziehg **1626** 4 a, Anh zu **1631**; Ruhen **1673– 1678**; Scheid der Ehe **1671, 1678** 2; Schenkungen a Kind **1629** 4; Schenkungsverbot **1641**; Sorgfalt **1664**; Sorgerechtsmißbrauch **1666** 4 a; kein Stichentscheid des Vaters **1628**; tatsächl Fürsorge **1626** 4 a; Tochter, verheiratete **1633**; Tod eines Eheg **1681** 1, **1677**; Todeserklär eines Elternteils **1681** 2, **1677**; Trenng in Bestandteile **1626** 3; Übergang auf einen Elternteil **1678, 1679**; ÜbergVorschr Einf 4 vor **1616**; Übertragg auf einen Elternteil **1671, 1672, 1678, 1679**; Übertragg auf Vormd oder Pfleger **1671, 1679**; Unterbringg des Kindes **1666** 5; UnterhPflegsch **1629** 5; Unterhaltsrechtsverletzg **1666** 6; Unverzichtbark **1626** 3; Verhinderg in der Ausübg **1674, 1693**; Verkehrsbefugnis s dort; Verlust mit Bestellg eines Vormds oder Pflegers **1679**; Vernachlässigg **1666** 4 b; Verwaltg des Kindesvermögens s Kindesvermögen; Vertretgsmacht **173** 4 f, **1626** 4 b, **1629**; Verwirkg **1676, 1679**; Verwirkg als Aufhebgsgrund bei fortges Gütergemsch **1495**; kein Verzicht **1626** 3; Anrufg des VormschG mangels Einigung **1627** 2; vormundschger Maßnahmen **1666** 5, **1667** ff, **1693**; Wiederaufleben **1674**; Wiederverheirat eines Elternteils **1683, 1684**; Züchtiggsrecht **1631** 2; ZurückbehaltsgsR **1632** 2; s Eltern, Mutter, Vater
Elterliche Gewalt über nichteheliche Kinder 1705–1712; Amtspflegsch der JA **1709**, JWG **37** ff; Anhörg des Vaters **1712**; Beistand vor Geburt **1708**; der Mutter **1705**; Pfleger für das Kind **1706–1709**, Aufgaben **1706**, Aufhebg der Pflegsch **1707** 3, Einschränkg **1707** 4, Nichteintritt der Pflegsch **1707** 2; Vertretg bei Geltendmachg von UnterhAnspr **1706** 2, bei Feststellg der Vatersch **1706** 2, bei Regelg von Erb- u PflichttRechten des Kindes **1706** 2, **1934** b 6, Übbl **8** vor **2303**; Rechtsstellg des Kindes **1705** 2, der Mutter **1705** 2, **1706** 1, **1707**, des Vaters Einf 2 vor **1705, 1705** 3; ÜbergangsR **1705** 4; VerkehrsR des Vaters mit dem Kinde **1711**; Vormsch das Kind **1705** 2, **1707**; Überleitg der Pflegsch in Vormsch **1710**
Eltern, Anhörg durch VormschG **1695**; Ausschließung eines Vormds durch Eltern **1782**; Befreiung eines Vormds durch Eltern **1856**; Ehelichkeitsanfechtg der E des Mannes **1595 a, 1599**; elterl Gewalt s dort; Eltern als Erben **1925** 1–3; Erbsch-Ausschlagg für Kinder **1945** 1 b; Grundgesetz, Begriff Einf 5 vor **1626**; PflichttAnspr **2303, 2309**; PflichttBerechg **2311** 4; PflichttEntziehg **2334**; UnterhPfl **1606** 4; Unterhalt bei Getrenntleben **1606** 4; Unterhalt für unverheiratetes Kind **1612** 2; intern PrivR EG **19**; Verh zw Eltern u Kind, ÜbergVorschr GleichberG **8** I 8, Einf 4 vor **1616**; Verjährg zw Eltern u Kind **204**; Eltern als Vormd f Volljährigen **1899**; Widersprechende Anordnungen **1856**; Wirkg der Adoption auf die leibl Eltern **1755**
Emanzipation, Überggsvorschr EG **154** 1
Emissionsrichtwerte 906 1 e aa
Empfängniszeit Einf 3 a vor **1591, 1592, 1600** o 2 a
Empfangsbote 120 2 a a
Empfehlung, Haftg f **676, 826** 8 c
Endtermin 163; – Sonn- u Feiertag **193** 2
Endvermögen bei Zugewinngemsch **1373** ff, Auskunftsrechtg **1379**; Begriff **1375**; Hinzurechnungen **1375** 3; land- u forstwirtsch Betrieb **1376** 4; Vermut für Umfang **1377** 4; Wertermittlg **1376**
Energieversorgung 433 1 c bb; Haftungsausschluß AGBG **23** 2 b bb
Energiewirtschaftsgesetz, Enteign **903** 5 B c, Ha aa; Ermächtigg zum Erl von Allg Versorgs-Bedinggen AGBG **26**
Enteignung, EG **109**, Übbl 1 vor **903, 903** 5; Anschlußzwang **903** 5 H a; AKG **903** 5 I e; im Ausland **903** 5 I h; Bausperren, Bauverbote **903** 5 H d; Baulandbewertung **903** 5 G a; Bebauungsanordnungen **903** 5 H c; Begriff **903** 5 A; durch Besatzungsmächte **903** 5 I g; Bewertungsstichtag **903** 5 G d; Bodenreform **903** 5 H b; Bundesleistungs G **903** 5 I b; DDR Vorb 5 b vor EG **13**; Eingriff: Art und Inhalt **903** 5 C b aa; Gegenstand **903** 5 C a; Unmittelbarkeit des Eingriffs **903** 5 C b; Einzelakttheorie **903** 5 A b; Einzeleingriff **903** 5 A b; Enteignungstheorien **903** 5 A b; Entschädigungsanspruch **903** 5 G, EG **52, 53**, der

Enteignungsgleicher Eingriff Fette Zahlen = §§

Nebenberechtigten **903** 5 E a; Erstreckung der Hypothek auf Entschädigung **1128** 1 a; Folgenbeseitigungsanspruch **903** 5 K d; Folgeschäden **903** 5 G a ff; Gewerbebetrieb **903** 5 H c; interlokales PrivatR Vorb 14 g vor **EG 7**, Vorb 5 vor **EG 13**, **EG 30** 2; internationales PrivatR nach **EG 10** 3, Vorb 5 vor **EG 13**, **EG 30** 5; Junctimklausel **903** 5 B; Kraftfahrzeugbeschlagnahme **903** 5 I c; Konkurrenzen **903** 5 K; Landesrecht EG **109** 1, 2; Mitverschulden **254** 2 c, **903** 5 C c bb; Rechtsweg **903** 5 F b, G; Sachbefugnis für Entschädigungsanspruch **903** 5 E; Sondergesetze **903** 5 I; Sonderopfer **903** 5 A a; Sozialbindung des Eigentums **903** 5 A b; Verfahren **903** 5 F a; Verjährung **903** 5 G e; Verzinsung **903** 5 G b; Vorteilsausgleichung **903** 5 G c aa; Verwirkung **903** 5 G d aa, H d cc; Wasserrecht EG **65** 1 e; Wirtschaftslenkungsmaßnahmen **903** 5 H a aa; Wohnraumbeschlagnahme **903** 5 I c

Enteignungsgleicher Eingriff 903 5 D; Entschädigung **903** 5 G a hh; Mitverschulden **254** 2 c, **903** 5 G c bb; Rechtsweg **903** 5 G g; Verjährung **903** 5 G e.

Enteignungsvorwirkung 903 5 G a, d aa

Enterbung 1938, 2085 1; Pflichtt **1938** 2, **2303**; bei Zugewinngemeinsch **1371** 2, 4, **1938** 2, **2303** 3

Entfernung, Erzeugn vom Grdst **1121** 3; Sachen des Mieters **560** 2, **561**

Entgeltlichkeit, Begriff Einf 4 c vor **305, 516** 4 a, **2113** 2 a, **2205** 3

Entlassung aus der Mithaft **1175** 3; des Pflegers **1919 ff**; des TestVollstr **2227**; des Vormunds **1886–1889**

Entlastung, Anspruch auf **397** 6; negatives Schuldanerkenntn **397** 6; des Vereinsvorstands **27** 3; Vormund **1892** 5

Entlastungsbeweis 831 6; bei Aufsichtspflicht **832** 6; Gebäudeeinsturz **836** 8; Tierhalter **833** 6

Entleiher, Erhaltgskosten **601** 1; Haftg für Verschlechterg **602** 1; Haftgsumfang **599** 1; Gebrauchsrecht **603**; Rückgabepflicht **604** 1; Tod **605** 1; sonstige Verwendgen **601** 2

Entmündigung 6 1–4; Aufhebg d EntmündBeschl **115**; Ausländer im Inland EG **8, 23** 3 a; Folgen hins Geschäftsfähigkeit **104** 4, **114, 115**; internat PrivR EG **8** 1–3; als Klagegrund für Aufhebg der Gütergem **1447, 1469**, der fortgesetzten Gütergem **1495**; Testierunfähigk **2229** 6 c cc, **2230, 2253** 4; ÜbergVorschr EG **155, 156**; Verfahren **6** 1; Vormd **1885** 1

Entmündigungsabkommen, Haager, Anh zu EG **8**

Entschädigung, Enteign EG **52, 53, 903** 5 G; Verarbeitg, Verbindg, Vermischg **951**; Verhältnis zum Bereicherungsanspruch **818** 1

Entschädigungsgesetze, erbrechtl Vorschr, Einl 4 e, 1 vor **1922**

Entschädigungsverfahren, Erbschein Übbl 6 vor **2353, 2353** 1 d, **2369** 2 c

Entscheidung über Grund des Anspruchs 843 4 D b

Entscheidungsverbund im ScheidgsVerfahren Einf 4 f vor **1564**; kein – im Eheaufhebgsverfahren Einf 3 vor **1564**

Entschuldungsverfahren, Abwicklg Übbl 12 a vor **873, 925** 7 d; Auflassg in **925** 4 g; Belastg nach Eröffng Übbl 12 a vor **873**; Verfügsgs-Beschränkgen Übbl 12 a vor **873**

Entwehrung 441 1

Erbanfall 1942 3

Erbanteil s Erbteil

Erbauseinandersetzung s unter Auseinandersetzg

Erbausgleich, vorzeitiger, für das nichtehel Kind **1934 d, 1934 e**; Altersgrenzen für Geltendmachg dch Kind **1934 d** 2; kein E bei Annahme als Kind **1755** 1 b, **1934 d** 1; Ausgleichsbetrag **1934 d** 3; Ausschluß **1934 d** 7; keine gesetzl Erbfolge **1934 e** 1; u GrundG **1934 d** 1 c; internationales PrivatR EG **24** 3; Inhalt im allgemeinen **1934 d** 1; Leistgn des Vaters ohne wirksame Vereinbarg od gerichtl Entsch **1934 d** 5; Ausgleichs-, Anrechnungspflicht **1934 d** 5, **3215** 6; kein PflichttRecht **1934 e** 1; Prüfungspfl des NachlaßG vor ErbSchErteilg **1934 e** 3; Rechtswirkgen **1934 e**; Rücktrittsrecht **1934 d** 5; Stundg **1934 d** 9, Verfahren **1934** 9 c, Zuständigk **1934** 9 c, aa, bb, nachträgl Änderg **1934** 9 c cc; Übertragbark **1934 d** 8; Vereinbarg **1934 d** 5, Anfechtg der Vereinbarg **1934 e** 1; Vererblichk **1934 e** 1; Verjährg **1834 d** 4; Verlangen **1934 d** 2; Voraussetzgn **1934 d** 2; Zurücknahme des Verlangens **1934 d** 6, Rechtswirkgen im Prozeß **1934 d** 6 b

Erbbaurecht, Übbl 2 vor **1012, 1012**, ErbbRVO (= VO) **1**; Arrestvollz VO **8** 1; Aufhebg VO **26** 1; auflösende Bedingg VO **1** 4; Bauwerk, Begriff VO **1** 1 b; Bauwerk, Bestandteil VO **12** 1; Bauwerke, mehrere VO **1** 1 a; Bauwerk, Untergang VO **13**; Bauwerk zu Wohnzwecken VO **9 a** 2 E; Beendigg VO **26–30**; Bekanntmachg von Eintraggen VO **17**; Belastg Übbl 5 c vor **1012**, VO **18–22**; BelastgsGgstand VO **1** 1 a; Berechtigter VO **1** 1 c; Beschränkg auf Gbdeteile **1014** 1, ErbbRVO **1** 3; Besitz VO **1** 1 d; Bestandteile **94** 4; Bestellg einer BauwerksicherngsHypothek **648** 1; Eigt an Bauwerk **1012** 2; Eintragg VO **14** 1, **15** 1; Entschädig Übbl 2 f aa vor **1012**, VO **1, 27, 1, 28** 1; Entstehg Übbl 4 vor **1012, 1015**; ErbbGrdbuch VO **14–16**; Erneuerg VO **31**; Feuerversicherg VO **23**; keine Genehmigg nach GrdstVG Übbl 4 vor **1012**; Gesamterbbaurecht VO **1** 1 a, **2** 2 d, **12** 1 b, 3, **14** 1; GrdstR, entspr Anwendg Übbl 3 vor **1012**, VO **11** 1; grdstgleiches Recht Übbl 3 vor **1012, 1017**; Heimfall VO **2, 6** 2, **32** 1, **33** 1; Heimstätte Übbl 5 b vor **1012**; Kaufberechtigg, -verpflichtg VO **2** 2 g; KonkVerwalter, Wirksamk der Vfgen VO **8** 3; KündR des GrdstEigt bei Miet- und PachtKündR des GrdstEigt bei Miet- und Pachtvertr VO **30** 1; auf Lebenszeit VO **1** 4; Mündelhyp VO **18–20, 22**; Nachbar-ErbbauR VO **1** 3; **2** 2 d; **12** 1 b, 3; Rang Übbl 4 vor **1012**, VO **10** 1; schuldrechtl Vertrag, Form **313** 2 e, Übbl 4 a aa vor **1012**, VO **11** 3; Übergangsbestimmungen VO **36, 38, 39**; Übertragg, Heilg formloser **313** 13 b; UntererbbR Übbl 5 c vor **1012**, VO **33** 1; Veräußerg VO **5–8**; Vfg, Zustimmg des Eigentümers VO **5** 1, **6** 1; Vererblichk **1922** 3 a nn, VO **1** 4, **2** 2 d; Vergleich, keine Begründg mit dingl Wirkg **779** 1 a; Verjährg des Heimfallanspr VO **4** 1; Bestellg dch Vorerben VO **1** 4, **10** 1, **2113** 1 b aa; Wegnahme des Bauwerks VO **34**; Wohnbedürfnis Minderbemittelter VO **27** 1, **32** 1; WohngserbbauR WEG **30**; Zwangsversteigerg des Erbbaurechts VO **24** 1; des Grdst VO **25** 1; ZwVollstr, Wirksamk VO **8** 1–3

Erbbauzins VO (= ErbbRVO) **9, 9 a**; Anpassg **245** 5 c bb, VO **9** 1 b, **9 a** 2; Bestimmtheitsgebot VO **9** 1 b; dingl Sicherg VO **9** 1 b cc; Erhöhgsanspr bei Bauwerk zu Wohnzwecken VO **9 a** 2, Übergangsregelg VO **9 a** 3; Geschäftsgrdlage **242** 6 C a aa, Db, Erbb RVO **9** 1 b bb; Gleitklauseln **245** 5 c, VO **9** 1 b ee, 2 a, **9 a** 2 C a; Umstellg

Magere Zahlen = Erläuterungen **Erbrecht**

VO 9 2c; Verzugszinsen ErbbRVO 9 2c; Vormerkg für Erhöhg **9a** 2f
Erbbegräbnis EG 133
Erbbiologisches Gutachten Einf 3c vor **1591**, **1600o** 2b; bei Feststellg der nichtehel Vaterschaft **1600o** 2b
Erbe, Antrag auf NachlVerw **1981** 2; Aufgebotseinrede **2015** 1; Aufwandersatz **1978** 5; Auskunftspfl bei Pflichtteil **2314**, Verletzg der Auskunftspfl bei InventErrichtg **2005** 2; BenachteiligAbsicht **2005** 1; BereichAnspr **2023** 2; Besitzerwerb **857**; Dreimonatseinrede **2014** 1, 2; Einwendg der beschränkten Haftg **1973** 6; Einzelanspr gg ErbschBesitzer Einf 1 vor **1967**, **2018**, **2029**; Fdgen gg Erbl **1967** 5; Geburt zu erwartende **1963** 1; gesetzl s dort; Haftg s Erbenhaftg; HaftgsbeschränkgsR Einl 1 vor **1967**; KonkAntragspflicht **1980**; Lebens- u Unfallvers Übbl 2 vor **1942**; Mehrheit s Erbengemeinsch; Miterbe s dort; InventErrichtg **2006** 1–5, durch Ehegatten bei Gütergemeinsch **2008**; nichtehel Kind **1924** 3 B Anh **1934a**; Pflichtteilsberecht **2318** 2 b; PflichttErgänzAnspr **2328** 1, 2; PflichtLast, Kürzg **2323** 1; PflichtLast bei VermAusschlagg **2321** 2 a, 3; Prozeßführg bei TestVollstr **2212** 3; Rechtsstellg Übbl 1 vor **1942**; Schutz vor Annahme **1958** 1–3; Unbekanntsein **1960** 3; ungewisser **2043** 1, 2, **2105** 2; Verfüggsbeschränkg bei NachlVerwaltg **1984** 2; Vfgsbeschränkg durch TestVollstr **2211** 1; Verhältnis zu TestVollstr **2218**; VerschweigEinrede **1974** 1; Verwaltgspflicht **1978** 1–3; VerweigEinrede **1973** 1; Verwirkg der HaftBeschränkg **2013** 1; Verzicht auf Erbrecht **2352** 1, s a Erbverzicht; Vollstr von NachlGläub in EigVermög **1984** 4; vorläufiger **1958** 1, **1959** 1–3; Wegfall **1930** 2, **2094** 2, **2096** 1
Erbeinsetzung 1937, **2060**–**2073**, **2087**; alternative **2073** 2; Anwachsg **2094**, **2095**; auflösd bedingte **2075** 1–3; aufschiebd bedingte **2066** 3, **2074** 1, 3; auf Bruchteile **2088** 1, **2089** 1, **2090** 1, **2091** 1; Ehescheid- od -aufhebgGrde **2077** 3; Erbanteile unbestimmte **2091** 1; Erbvertrag **1941**; Ersatzerbe **2096**–**2099**; gemeinschaftl Erbteil **2093**, **2094** 4; Nacherbe **2100** 4; Nichtehelichenrecht **1924** 3 B b gg, **2066** 2, **2067** 1, **2068** 1, **2069** 2; Stiftg **2101** 3; unbestimmte **2092** 1, **2091** 1; Verwirkgsklausel **2074** 2; Zustimmg des LwG **1937** 1 a
Erbenermittlung 1964 2; **2262** 2
Erbengemeinschaft 2032; AuseinanderS **2042**, **2046**; s a AuseinanderS; Umstellg bei AuseinanderS **2042** 9; AuseinanderS, Aufschub **2043**–**2045**; Ausgleichspflicht **2050**–**2057**; Auskunftspflicht **2057**; keine Begründg einer „engeren" – **2032** 1b; Besitz **854** 6d, **857** 2; DDR-Recht Einf 12 vor **2032**; keine – mit ErbErsAnsprBerecht Einf 2a vor **2033**, **2038** 3g; fortgesetzte – Einf 2 vor **2032**; **2032** 5; **2038** 2, 4; **2059** 3, Beendigg **2042** 7a; Geltendmachg v Anspr **2039**; Haftg f NachlVerbindlk **2058** ff; – u Miete **2038** 3c; TeilauseinanderS **2042** 7; Vfg über NachlGegenstände **2040**; Vfgsbeschränk des MitE **2033**; Verwaltg **2038**; bei Vor- u NachE **2100** 2; VorkaufsR d MitE **2034**–**2037**; DDR-Recht **2034** 6
Erbenhaftung, **1967**ff; ausgeschlossene NachlGläub **1973**, **2013** 3; Beschränkg a NachlÜberschuß Einf 1 vor **1967**, **1973** 1; Beschränkgsrecht Einf 1b vor **1967**, **1975** 1; DürftigkEinrede **1990** 2; Erschöpfgseinrede **1990** 1; eigene Schuld, Begleichg aus NachlMitteln **1979** 1; Gläub, letztwilliger **1991** 1; internat PrivR EG 24 2; keine – des ErbErsAnsprBerecht Einf 5a vor **1967**; bei

KonkUnwürdigk **1991** 2; Lastenausgleich Einf 4 vor **1967**, **2046** 1; mehrere Erbteile **2007** 1; Miterben **2058**ff; NachlKonk **1975** 3; Nachlaßschädigg **1978** 1; Nachlaßverbindlk **1967** 1, gutgläub Berichtigg **1979** 2, 3; NachlVerwaltg **1975** 2; unbeschränkbare Einf 1 vor **1967**, **2013** 2, ggüb einzelnen NachlGläub **2013** 4; UnterhaltsPfl ggü geschiedenen Eheg **1586b**; VerglVerfahren **1975** 4; Versorggsausgleich **1587e** 5; vorläufig unbeschränkte Einf 1 vor **1967**; bei Vormerkg **884**; s a Erbe, Inventar, Inventarerrichtung
Erbersatzanspruch, Allgemeines **1924** 3 B, **1934a** 1, **1934b** 1; Abfindungsergänzung nach HöfeO **2042** 10b ee; Annahme **1934b** 3b; Ausgleichspflicht **1934b** 4, **2050** 4; Ausschlagg **1934b** 3b; Berechng **1934b** 2; Bewertg des Nachlasses **1934b** 2a–c; Beschränkg, Beschwerg **2306** 6, **2308** 3; Entstehg **1934b** 3b; Entziehg **1937**; **2338a**; teilweise **2305** 5; – u Erbschein **1934b** 5; Erbunwürdigk **1934b** 3a, **2345**; Feststellg der nichtehel Vatersch **1934c**, beim Tod des Kindes **1934c** 3; beim Tod des Vaters **1934c** 2; Geltendmachg dch Pfleger **1934b** 6, bei Testamentsvollstreckg **2113** 1; IPR EG 24 3; keine Teilnahme an MiterbenGemsch Einf 2a vor **2032**; NachlVerbindlickh **1934b** 3a, Einf 5a vor **1967**, **1967** 3, **1991** 4, **1992** 1; E des nichtehel Kindes **1934a** 2, beim Tod des Vaters **1934a** 2a, beim Tod väterl Verwandter **1934a** 2b; des nichtehel Vaters **1934a** 2c aa, bb; von Abkömmlingen, Verwandten des Vaters **1934a** 2c cc, dd, d; Ordngsfolge u E **1930** 1; Pflichtteilsrecht **1934b** 3a, Übbl 7 vor **2303**; **2338a**; Rechtsnatur **1924** 3 b ee, **1934b**, Einf 2b vor **2147**; Stundg **1934b** 3 a cc, **2331a** 4; Verjährg **1934b** 3 c; Vermächtnisrecht **1934 b** 3 b; Vertr mit künft gesetzl Erben über E **312** 2; Verwaltg dch TestVollstr **2223** 2; Verzicht **1934b** a, **2346** 3 1, 3 a; Zusatzpflichtt **2305** 5; Zuwendg **2304** 2 a
Erbeserben 2032 2; Erbscheinsantr **2353** 3 b; Erbschein Übbl 1a, f vor **2353**; Ausschlagg **1952** 2
Erbfähigkeit 1923
Erbfall 1922 1, **1942** 3; Nacherbfolge Einf 4 vor **2100**
Erbfolge, Begriff Einl 1, Übbl 1 vor **1922**; Berufg der Abkömmlinge **1924**, **1925** 3; Eheg **1931**–**1934**; in Mietverhältnis **569a**, **569b**; gesetzl kraft Test **2032** 1a, bei Nichtigk der letztw Vfg **2077** 1d; nach Linien **1924**, 4 **1925** 4; Ordng **1924** 3, **1925** 1; Ordngsfolge **1930** 1; Schoßfall **1925** 2, **1926** 2, **1928** 2; nach Stämmen **1924** 5; Vermögenssperre Einl 8a vor **1922**; Verwandtschaft, mehrfache **1927** 1; vorbereitende Maßnahmen **1937** 5; vorweggenommene E **892** 3a, Übbl 7 vor **2274**; Wegfall der Eltern **1925** 4
Erbgesundheit, G zum Schutze der **823** 14
Erbhof s KontrollratsG 45, auch Anerbenrecht, Höfeordng
Erbhofrecht, Aufhebg, Wirkung auf letztw Verfüggen **2084** 4c
Erbkundliches Gutachten Einf 3 c vor **1591**
Erblasser, Anfechtg der letztw Vfg **2080** 5, **2271** 4, **2281**; bei fortg Gütergemsch **1483** 2, 3; persönl Bestimmg der Bedachten **2065** 1, 2; Pflegerbenenng **1917** 1; Ruhestätte **2038** 1; Teilgsanordngen **2048**; Zuwendg, bedingte **2065** 2, 4, **2066** 3; Zuwendg, befristete **2066** 3
Erbpachtrecht EG 63
Erbrecht, Annahme als Kind **1754** 2, **1755** 1b, **1764** 1, **1770** 1, **1924** 3 A b, **1925** 7, **1926** 3a, **1931** 4a, **2053** 2, **2066** 2, **2067** 1, **2069** 1, **2079** 1, **2107** 1; Aufgebot zur Anmeldg **1965** 1; keine Anwendg

2399

Erbrechtsregelungsverordnung

des AGBG AGBG 23 2a aa; DDR-Recht s unter „Deutsche Demokratische Republik"; Ehegatte s Ehegattenerbrecht; ErbrechtsregelsVO Einl 2b vor **1922**; VO über Anwendungsbereich erbrechtl Vorschr Einl 2d vor **1922**; Beweislast im ErbR-Streit **2365** 2; Feststellungsklage, Einf vor **2018**, **2018** 2; gesetzl **1924** ff; interlokales Recht Vorb 14o vor EG **7**; internat PrivR EG **24–26**; nachgeborenes Kind **1924** 7; Nachweis Übbl 5 vor **2353, 2365**, ohne Erbschein **2365** 4, 5; öffentl Körpersch EG **138, 139**; Reform Einl 8 vor **1922**; Staat **1936** 1–3; soziale Funktion Einl 8 vor **1922**; Staatenloser EG **29**; ÜbergVorschr EG **213** 1; nichtehel Kind **1924** 3 B, Anh, **1934a**; unzulässige RAusübg **242** 4 Df; Vermögenssperre Einl 9a vor **1922**; Vorbehaltsklausel EG **30** 5; Zeugnis über E s Erbschein

Erbrechtsregelungsverordnung Einl 2b vor **1922**

Erbschaft, Annahme s Annahme der Erbschaft; Ausschlag s Ausschlag der Erbsch; Ausschlag nicht Schenkg **517**; vormundschaftsgerichtl Genehmigg **1643** 2c, **1822** 3; Begriff Einl 1 vor **1922, 1922** 3; Bestand **2111** 1; Erwerb, vorläufiger **1944** 4; Herausgabe **2103** 1, **2130**; Nießbrauch **1089**; Ruhen **2105** 1; Schenkg **2385** 2; Verzeichn der Gegenstände **2121** 1, 2; Voraus **1932**

Erbschaftsanspruch, s Erbschaftsbesitzer

Erbschaftsausschlagung 1943 ff, s im übrigen unter Ausschlagg der Erbschaft

Erbschaftsbesitz, Begriff **2018** 2, auch **857** 1; Anrechng auf Ersitzzeit **944**

Erbschaftsbesitzer, Anspruch Einf vor **2018**, **2018**; Auskunftspflicht **2027** 1, **2362** 2; Begriff **857** 1, **2018** 2; Bösgläubigk **2024**; eidesstattl Versicherg **2027** 1; Einwendgen des Schuldners gg ErbschBes **2019** 4; Einzelanspr **2029**; ErsAnspr nach Herausgabe **2022** 3; Ersatzherausgabe **2019** 1; Ersitzg **2026** 1, 3; Erwerb mit Mitteln der Erbschaft **2019** 2; Erwerb, rgeschäftl **2019** 3; Früchte **2020** 1; gutgläub Schuldner **2019** 4; Haftg nach BereichGrdsätzen **2021** 1; Haftg nach Rechtshängigk **2023** 1; Haftgumfang **2029** 1; Herausgabe des Erlangten **2018** 4; HerausgAnspr d NachE **2130** 1; Nutzgen HerausgPfl **2020** 1; Scheinerbe **2031**; Surrogation **2019** 1; unerl Handl **2025** 1; verbot Eigenmacht **2025** 2; Verjährg **2026** 2, **2031** 3; Verwendgersatz **2022**; Verwendgersatz nach Rechtshängig **2023** 3; Weiterveräußerg **2030**; ZbRecht **2022** 2

Erbschaftsgegenstände, Ersatz für verbrauchte **2134** 1, 2; Unmögl der Herausgabe **2021** 2

Erbschaftskauf 2371 ff; Anfall, dem Verkäufer verbleibender **2373** 1; Anzeigepflicht **2384** 1; Aufhebg der Vereinigg **2377** 1; Begriff Übbl 1 vor **2371**; Erbschaftssteuer **2379** 1; Erbteilskauf Übbl 1 vor **2371**, **2379** 1; Erfüllg Übbl 1 vor **2371**; Formzwang **2371** 1; Gefahrenübergang **2380** 1; Gewährleistg **2376** 1, 2; Haftg, Innenverhältn **2378** 1, des Käufers ggüb Erben **2030** 1, ggüb NachlGläub **2382** 1, 2, beschränkte **2383** 1; HerausgPfl des Verk **2374** 1; Lasten **2379** 1; NachlVerwaltg **2374** 1; Nutzgen **2379** 1; Umdeutg **2371** 1; Umstellg Übbl 1 vor **2371**; Verwendgen **2381** 1; Wegfall einer Beschwerg **2372** 1; Weiterverkauf **2375** 1; Wertersatz **2375** 1; Zugewinngemeinsch **2374** 2

Erbschaftsteuer Einl 10 vor **1922**; Auflage Einf 1 vor **2192**; ErbErsAnspr **1934b** 6; ErbschBesitzer **2022** 1; EhegErbR **1931** 1; ErbschKauf **2379** 1; Irrtum üb Höhe, AnfGrd **1954** 1a; Pflichtteil Übbl 9 vor **2303**, **2317** 1; TeilsAnordng **2048** 2;

TestVollstr **2205** 1b; Vermächtnis Einf 8 vor **2147**; Vorerbe Einf 9 vor **2100**, **2126** 1; vorzeit Erbausgl **1934d** 10; bei Wiederverheiratgsklausel **2269** 5c

Erbschaftsteuerversicherung Einl 10 vor **1922**

Erbschein, Übbl 1 vor **2353**, **2353**; u Adoption **1924** 3 A b zu aa bis bb; Anhörg des Gegn **2360** 2; Antr **2353** 3; AntrBegründg **2354–2356**; bei Anwachsg **2094** 6; Arten Übbl 1a vor **2353**; Auskunftspfl **2362** 2; ausländ Erbschaft **2369** 2, 3, 5, EG **25** 3; ausländ Erbsch, Anerkenng Übbl 5d vor **2353**; Berichtigg **2361** 1b; f beschränkt Gebrauch Übbl 6 vor **2353**; Beschwerde **2353** 6c, **2357** 2e, **2361** 5; Beweiskraft Übbl 5 vor **2353**; Beweislast **2358** 1; Bezeichnung des NE **2363** 1b; Bindg an rechtskräftige Urteile **2359** 1; DDR-Recht Übbl 10 vor **2353**, **2353** 1; eidesstattliche Versicherung **2356** 1; Einziehg **2361** 3, 5; Erbenmehrheit **2353** 5, **2357**; f Erbhof **2353** 4, f erbhoffreies Vermögen **2353** 5; ErbrFeststellg **2359** 1, 2; Ergänzg **2361** 1b; ErmittlPfl des NachlG **2358** 1; Erteilg **2353** 1, 2, 6; ggständl beschränkter **2353** 4b, **2360** 2 b; gemeinschaftl **2357** 1–3; GBVerkehr Übbl 5 vor **2353**, **2365** 3; Güterstand Übbl 7 vor **2353**, **2356** 4; Herausg-Anspr **2362** 1; Hinterlegg **1960** 5 B; Inhalt **2353** 4; interlokales PrivatR **2353** 1 a, EG **25** 5; kein – für ErbErsAnspr **1934b** 5, **2353** 4a; Kosten Einl 5 vor **1922**; Einf 7 vor **1967**; Übbl 5a vor **2353**; **2353** 5 c ee; Kraftloserkl **2361** 4; Leistg an Erbscheinerben **2367** 1; NEFall **2343**, EG **25** 5; öff Glaube **2365** 3, **2366** 1–3, **2367** 1; öffentl Urkunde Übbl 9 vor **2353**; ProzRichter, Bindg **2365** 2; Prüfg der TestAnfechtg **1944** 6; Teilerbschein **2353** 5; TestVollstr – Bezeichng **2364** 1; Todeserklärg, irrtüml **2370**; Unrichtigk **2361** 1, 2; Vermutg der Erbeneigenschaft **2365** 1; Vermutg der Richtigk u Vollständigk **2365** 1; Verwirkgsklausel **2074** 2; Vorerbe **2363** 1; Wiederverheiratsklausel **2269** 5f; Zugewinngemeinsch, Nachw **2356** 4

Erbstatut EG **24** 2, 3

Erbteil, Annahme u Ausschlagg bei Berufg zu mehreren E **1951**; Anwachsg **2094** 1, **2095** 1; Begriff **1922** 7; Erhöhg **1935** 3, 4; gemeinschaftl **2093** 1; Kauf **2371** 2; Käufer, Haftg **2036** 1; Pfändg **2033** 2c; Rückübertragg **2033** 1a; Sicherngsbedürfnis **1960** 2; Übertragg zwecks Ausschlag des MitEVorkaufsrechts **826** 8f cc; Unbestimmth **2043** 2, **2091** 1; Unterbruchteile **2093** 2; Vfg über **2033** 1–3; Verpfändg **1276** 2b, **2033** 2b; Weiterveräußerg **2037** 1; ZwVollstr **2059** 1

Erbunfähigkeit, relative **1923** 4

Erbunwürdigkeit Übbl vor **2339**; Anfecht-Berecht **2341** 1; AnfechtKl **2342** 1; ausländ Erbstatut **2342** 1; Test Anfechtgsrecht des Erbunwürdigen **2080** 1 v; DDR-Recht Übbl 3 vor **2339**; ErbErsAnspr **2345** 1; im ErbSchVerf **2358** 1 a; Anteilsunwürdig bei fortges Güt-Gemsch **1506** 1, 2; Geltdmachg, Voraussetzgen **2340** 1; Gründe **2339** 2; Pflichtteilsberechtigter **2345** 2; VermNehmer **2345** 1; Verzeihg **2343** 1; Wirkg **2344** 1, **2345** 2; vorzeitiger Erbausgleich **1934d** 7; bei Zugewinngemeinsch **1371** 4, **2344** 2

Erbvertrag 1941, Übbl 2 vor **2274**; Abkömmling, pflichtteilsberecht **2289** 4; Abschluß, persönl **2274**; Anfechtg **2281**, **2282**; Anfechtfrist **2283** 1; AnfechtR Dr **2285** 1; AnfechtWirkg **2283** 2; Arten Übbl 3 vor **2274**; AufhebTest **2291** 1–3, gemeinschaftl **2292** 1–3; AufhebVertr **2290** 1–3, Anfechtg des AufhebV **2290** 4; Auflage **2278** 4,

2279 1; Aushöhlg durch Verfggen unter Lebenden 2286 3; Auslegg 1941 1, 2084 6, 2276 2 e, 2279 1, 2280, 2299 1, bei Einsetzg v Kindern (nehel) 2066 2a, u Anfechtg 2281 1b; Bestimmgen, vertragsgemäß 2278 2a, 4, einseit 2278 2 b; Bestätigg 2284 1; Ehe Auflösg 2279 2; Eheeingehg nach ErbV 2289 2; EhegErbV 2279 2, Ausleggsregel 2280 1; Ehevertr 2276 4, 5; einseit Vfgen 2299 1; Einsetzg auf den Überr 2287 2a; Einsicht 2264 3, 2277 4, 2300 3; ErbeinsetzgsVertr 2278 4; entgeltl ErbV Übbl 3c vor 2274; 2276 4; Eröffng 2300 3; Eröffngsfrist 2300a 1; Errichtg 2276; BeurkG 33; formlose Erbvertr 125 6 D; und gemeinschaftliches Test Übbl 2 vor 2274; Irrtum 2281 2a; E u Leibgedingsvertr 2278 2a cc; letztwillig Verfgen, Aufhebg früherer 2289 1a; letztwillig Verfgen, nachträgl 2289 1 b; Nichtigk Übbl 10 vor 2274, 2298 1; Pflichtt bei EhegErbvertr 2280 2; PflichtteilsentziehgsR 2297 1; Rücknahme 2277 3c; RücktrR 2281 1, 2293, Verfehlgen 2294 1, Aufhebg der Gg-Verpflichtg 2295 1, Form 2296 1, 2, 2297 1, vom zweiseit ErbV 2298 2, 3; Rücktrittsvorbehalt 2293 1–3; Schenkg nach Anfall 2287; Übergabevertr Übbl 5 vor 2274; Übergangsvorschr TestG 51 2, 3, Einf 3–8 vor 2229; Übergeh eines PflichtBerecht 2281 2b; Umdeutg 2084 5; Unterhaltsvertr 2278 4; Unwirksamkeit 2276 5, 6, 2279 2; Verbindg mit EheVertr Übbl 4 vor 2274, 2276 4, 5; IPR EG 15 4b; VfgR des Erbl 2286 1; Verlöbn Auflösg 2279 2; Vermächtnisvertr 2278 4; VermNehmer, Schutz 2288 1–3; Verstoß gg gute Sitten 2298 1a; Vertr zG Dr 1941 3; Verschließg 2277 2, BeurkG 34; Verwahrg, amtl 2277 3, BeurkG 34; Verzicht auf Anspr aus 2352 1; Vorbehalt anderw Verfggen Übbl 2 vor 2274; geheimer Vorbehalt 2279 1; E aus vorerbhofrechtlicher Zeit Übbl 5a vor 2274; Widerruflk Übbl 2 vor 2274; zweiseit 2298 1; Zweitgeschäfte nach vertragsmäßigen Vfgen 2289 1 c

Erbverzicht Übbl 1 vor 2346, 2346; Abfindg Übbl 2 vor 2346, als Schenkg 2325; Anfechtg Übbl 2 vor 2346; bei Kindesannahme 2346 1a; altrechtl, Gültigkeit EG 217 1; Anfechtg 2351 1, 2; Begünstigte, mehrere 2350 1; Begünstigg, unbeabsichtigte 2350 2; Eheg, künftiger 2346 1; entgeltl ErbVerzicht Übbl 2 vor 2346, 2348; u Erbausgleich 1934 e 2, Übbl 2 vor 2346, 2348; u Erbausgleich 1934 e 2, Übbl 2e vor 2346; ErbErsAnspr 2346 1, 3a; u Erbvertr 2290 1; Verbindg mit ErbVertr 1941 1, 2277 5; durch Erbvertr bedachter Dr 2352 2; Erstreckg auf Abkömmlinge 2349 1; Form 2348 1; GgLeistg Übbl 2 vor 2346; GeschäftsFgk 2347; HoferbR 2346 5; NERecht 2108 5, 2142 1; des nichtehel Kindes gg Abfindg 1934 d 1, Übbl 2e vor 2346; Pflichtteil 2346 3; Prozeßvergleich 2347 2; Rücktritt Übbl 2 vor 2346; stillschweigender 2265 4; TestErbrecht 2352 1; Übergangsrecht EG 217; Vorbehalt des PflichtteilsR 2346 2; Zugewinnausgleichsanspr 1371 4, 5, 2347 2, 4

Erfinderrecht, Ausbeutung fremden E 687 2c

Erfindung, Arbeitnehmer-, Dienst-, Betriebserfindg 611 13; Haftg für Brauchbarkeit 437 1

Erfolg, Nichteintritt der mit der Leistg bezweckten (BereicherungsAnspr) 812 6 A b

Erfolgsbeteiligung 611 7 b, c

Erfolgshaftung 276 10a

Erfolgshonorar für Anwalt 138 5 e

Erfüllung 362 1; Abgrenzung zu Darlehen Einf 4e vor 607; Annahme als 362 1, 363 2; Annahme erfüllgshalber 364 4; Annahme an Erfüll Statt 364 1–3, Gewährleistg 365; dch Banküberweisg 362 3; Beweislast nach Annahme 363 1, 3; bei Fordergsmehrheit (Anrechng der Leistg) 366; bei rückständigem Mietzins 554 2; Gesamtschuld 422; Interesse des Gläubigers 280 5; Quittg 368–370; schuldhaftes Verhalten bei Gelegenheit der Erfüllg 278 4c; teilweise 325 7c; teilweise während der Nachfrist 326 10; Theorie der realen LeistgsBewirkg 362 1; Übernahme 329; überobligationsmäßige Schwierigk 242 6 C a bb, 275 1b; Untergang des Anspr 326 7a; unter Vorbehalt 362 2; Vorbehalt des Gläub 363 2; Vorschußzahlg 321 1; Wegfall der GeschGrdlage 242 6 Dc; Zug um Zug 274

Erfüllungsgehilfe, Begriff 278 3; Haftg f 276 6b ff, 7f, 278 3–6, 463 3; formulärmäßiger Haftungsausschluß für – AGBG 11 7; Haftg des E bei c. i. c. 276 6b ff, bei posit VertrVerletzg 276 7f; öffrechtl Verhältnisse 276 8; Verschulden 278 5; des Wohnseigtümers WEG Übbl 2 E a bb vor 1

Erfüllungsinteresse 122 3, Vorb 2 g vor 249

Erfüllungsort 269; u Gerichtsstand 269 2c; im Fall des Rücktritts 346 2; bei Wandlg 467 1d; Wohnsitz des Schuldners 447 1; s a Leistgsort

Erfüllungsübernahme, Begriff 329 1, 2; ggü Bürgen 329 2, Einf 3 b vor 765

Ergänzende Auslegung 157 2a, 242 2a; von AGB AGBG 5 4; letztw Vfgen 2077 5, 2084 4 b, 6

Ergänzung eines RGeschäfts 141 1; Pflichtteil 2325 ff

Ergänzungspflegschaft 1909; für Auseinandersetzg zw Eltern u Kind 1683 2

Ergänzungsvorbehalt im Testament 2086

Erhaltung des Vermögens des Erbl, als bes Leistg, AusgleichsPfl 2057a

Erhaltungs- u Verbesserungsarbeiten an Mieträumen 541a

Erhaltungsmaßregeln, Erbengemeinsch 2038 3c; Gemeinsch 744; Gesamtgut 1455 2; Mitwirkgspf der Eheg 1451, 1472 2

Erhöhung des Erbteils 1935 3, 4

Erholungsurlaub 611 12

Erlaß 397 1–5; Aufhebungsvertrag 397 5; des Auflassgsanspruchs 313 9; Gesamtschuld 423; Hyp 1168 1a, cc; pactum de non petendo 397 3c; Unterhclt 1615 i; Wegfall der GeschGrdlage 242 6 D c

Erlöschen von Schuldverh Übbl vor 362

Ermächtigung 167 1, 185 4, Einf 1 vor 783, 783 3; allg, durch VormschG 1825 1; zur Einziehg 398 7; als Verfügg 185 1; Mj in Dienst oder Arbeit zu treten 113 2–4; Mj zum selbständigen Betrieb eines Erwerbsgeschäfts 112 1–3; Quittgsüberbringer 370; des Vorbehaltskäufers zur Weiterveräußerg 185 2; Treuhänder Einf 7 C b vor 929

Erneuerungsschein, Begriff 803 2b; Bezugsrecht 805 1, 2; Verlust 804

Ernstlichkeit, mangelnde 118

Eröffnung des Erbvertr s unter „Erbvertrag", des Test s unter „Testament"

Erprobungskauf 495 1

Errungenschaftsgemeinschaft, Vorschr durch GleichberG aufgehoben 1519 ff; ÜbergVorschr GleichberG 8 I 7 bei 1519; vertragl Vereinbarg 1409 1

Ersatz der Aufwendgen des Vormunds 1835; aus der Staatskasse 1835 1

Ersatzanspruch, Abtretg 281 1, 2; Aufwendungen der Eltern für Kind 1648; bei Gütergemeinsch 1435, 1445, 1467; s a Surrogation

Ersatzbeschaffung

Ersatzbeschaffung, Hausrat bei Zugewinngemeinsch **1370**
Ersatzdienst, Kündiggsschutz Vorb 3 f dd vor **620**
Ersatzerbe, 2096, 2097; Eintritt 2096 2; Einsetzg, ggseit 2098 1; Ersatznacherbe 2102 3, 2139 1 d; u Nacherbe 2096 1, 2102 1–3; Verhältn zur Anwachsg 2099 1
Ersatzhypothek 1164; 1182
Ersatzland als Entschädigg 903 5 G a
Ersatzteillager von Luftfahrzeugen, Verpfändg Einf 6 b vor **1204**
Ersatzvermächtnis 2190
Ersatzverzicht bei Unterhaltsmehrleistgn eines Eheg **1360 b**
Ersatzwohnung, Schwierigk bei Beschaffg, Widerspr gg Kündigg 556 a 6
Ersatzzuständigkeit in NachlSachen Einl 5 a vor **1922**
Erschließung von Baugelände 677 2 b
Erschließungsbeiträge nach dem BBauG als außerordentl Last 2126 1; Ersatz 677 2 b, 812 5 B b aa; Sicherung 1113 4 c
Erschöpfungseinrede d Erben **1990, 1991;** Geltendmachg durch NachlPfleger, TestVollstr, Sozialversicherungsträger 1990 1 b
Ersetzung der Zustimmung s Zustimmungsersetzg
Ersetzungsbefugnis 262 3 c; formularmäßige Klauseln über – AGBG **10** 4
Ersitzung Übbl 1 a vor **194, 937;** Besitzvermut **938;** Besitzverlust **940;** Bösgläubk **937** 3; EigBes, 10jähr **937** 2; Erbschaftsbesitzer **944** 1; Erwerb, ursprüngl Vorb 1 a vor **937;** Grunddienstbark Einf 2 d vor **1018;** Hemmg **939** 1; neue **942** 1; Nießbrauch **1033** 1; Rechte Dr **945** 1 3; Sonderrechtsnachfolge **943** 1; ÜbergVorschr EG **185;** ungerechtf Bereicherg Einf 1 e vor **812,** Vorb 1 a vor **937;** Unterbrechg **940–942**
Erstattungsanspruch, öffentl-rechtl Einf 6 d vor **812**
Erstattungsverfahren 282 1
Ertragssteuer, Berücksichtigg bei PflichttBerechg **2311** 2 b, 3
Ertragswert, Landgut, ErbErsAnspr **1934 b** 2 d; Ermittlg **2049** 2; fortges Gütergemsch **1515** 1; landesrechtl Vorschr EG **137;** Pflichtt **2312** 1; bei Zugewinngemeinsch **1376**
Erwerb v Grundstücken, Verpflichtg, Formbedürftigk **313** 2 b; von Erbbaurechten ErbbRVO **11** 3; von Wohnungseigentum WEG **4** 2
Erwerbsbeschränkungen, Übbl 13 vor **873;** f Ausländer EG **88;** GrdstErwerb **925** 7 i; jur Personen EG **86;** Ordensangehörige EG **87**
Erwerbsfähigkeit, Beeinträchtigg **843** 2, 4, 6
Erwerbsgeschäft eines Eheg bei Gütergemeinsch **1431, 1456;** Führg für Rechng des Gesamtguts **1442;** Haftg für Verbindlichk **1440, 1462;** GüterRReg Eintrg **1561;** des Minderj **112;** neues des Kindes **1645, 1823;** Vfg über **1822** 4; Verwendg der Einkünfte für Unterhalt des Kindes **1649**
Erwerbstätigkeit der Eheleute **1356 4, 1360** 3 b; bei Getrenntleben **1361** 3 b; Verpflichtg **1360** 3 b
Erwerbsunfähigkeit, Geldrente **843** 4; Kapitalabfindg **843** 6; UnterhAnspr **1602** 2 b, **1576;** VersorgsAusgl nach Scheidg Einf 3 a vor **1587**
Erwerbsverbote, 888 5; behördliche **136** 1, **313** 13 a; EintrHindernis **888** 5; f Versteigerer **456** 1 d, **457, 458**
Erwirkung Einf 3 e vor **116**
Erzeuger, Anerkenng der nichtehel Vatersch **1600 a–1600 f;** Anfechtg der Anerkenng **1600 g** bis **1600 m;** Rechtspflichtn ggü der Mutter

Fette Zahlen = §§

1615 k–1615 n; UnterhPflicht ggü dem Kinde **1615 a–1615 i;** Tod des Kindes **1615, 1615 a;** Verwandtsch mit dem nichtehel Kinde **1589** 3
Erzeugergemeinschaft im Sinn des MarktstrukturG **21** 1 b
Erzeugnisse, EigtErw Vorb vor **953, 954** 1, **955** 2, **956** 2; Grundstück **94** 3; Haftg f Hypotheken **1120** 3, **1121, 1122,** Pfandrecht **1212;** landwirtschaftl **98** 3
Erziehung, ehel Kind **1631** 2; nichtehel Kind **1705** 2; Kosten **1610** 4 b; Unterstützung durch VormschG **1631** 5 b; s. a. Religiöse Kindererziehg
Erziehungsbeistand, Anhörg d Antragsberechtigten u d Minderjährigen vor Bestellg JWG **57** 3; Antragsrecht d Personensorgeberechtigten JWG **56** 2, **57** 2; Aufgaben **1685** 1, JWG **58;** Auskunftspflicht gegenüber E JWG **59;** Auswahl JWG **56** 3; Bekanntmachg d Beschlusses des VormschG JWG **57** 4; Berichtspflicht JWG **58** 3; Beschwerde gegen den Beschluß d VormschG JWG **57** 4; Bestellg durch Jugendamt JWG **56;** durch JugendG JWG **57** 5; durch VormschG JWG **75;** bei Aussetzg d Fürsorgeerziehungsverfahrens JWG **68** 2; Mitteilgspflicht d E JWG **58** 3; Pflichten d Jugendamts gegenüber E JWG **60**
Erziehungsbeistandschaft, JWG **55–61;** **1666** 8; **1793** 2 a; Abgabe d gerichtl Verfahrens JWG **57** 3; Aufhebg JWG **61** 2, 3; Beendigg JWG **61;** Kosten JWG **80 ff;** Verhältnis zur Fürsorgeerziehg Vorb 1 vor JWG **55;** Voraussetzgen f Anordnung JWG **55, 56** 2; Zuständigk d Jugendamts **56** 3; des VormschG **57** 3; Eilzuständigk **77** 2
Erziehungshilfe s unter „freiwillige Erziehungshilfe"
Erziehungskosten als Unterhalt **1610** 4
Erziehungsmittel 1631 5 a
Erziehungsrente Einf 7 vor **1587**
Essen-Möller, s unter „Biostatistische Methode"
Europäisches Übereinkommen betr Auskünfte über ausländisches Recht **2356** 3, Vorb 16 vor EG **7**
Euroscheck Vorb 2 a, 6 s vor EG **12**
Euthanasie-Testament 1937 6
Evakuierte, Rückführg Einf 5 B d vor **535**
Eventualaufrechnung 388 3
EWG-Recht, Gleichbehandlung von Arbeitnehmern **611** 9
Ewiggeld 1199 4
exceptio doli s Arglisteinrede
Exterritoriale, Wohnsitz **7** 1

F

Fabrikationsfehler 823 16 D bb
Fachzeitschrift, unlautere Werbg **826** 8 u mm
Factoringbank, Rechtsstellung **816** 4, **818** 6 C b
Factoringvertrag 305 5 a, Einf 3 o vor **433; 455** 2 b cc; Konflikt mit verlängertem Eigentumsvorbehalt **398** 3 e; keine Treuhand Einf 7 A vor **929**
facultas alternativa 262 3 c
Fahrlässigkeit, Begriff **276** 1 b, 4, **823** 3; bewußte **276** 4 a; Einzelfälle **276** 4 c; grobe **276** 4 a, **277** 2, **680, 823** 3 f, AGBG **11** 7; Irrtum, entschuldbarer **823** 3 a; konkrete **277** 2; leichte **276** 4 a; Maßstäbe **276** 4 b, **823** 3 b; Rechtsirrtum **285** 2, **823** 3 a; unbewußte **276** 4 a
Fahrlehrer, Haftg aus unerl Handlg **823** 14
Fahrnisgemeinschaft, Vorschr durch GleichberG aufgehoben **1549 ff;** ÜbergVorschr GleichberG **8** I **7** bei **1519;** vertragl Vereinbarg **1409** 1

Fährregal EG 73 1, 2
Fahrstuhlanlage, Haftg 535 2d; Erhaltgpflicht 536 4
Fahrzeugkauf mit Fahrlehrerverpflichtg Einf 5 vor 631
Faktisches Arbeitsverhältnis Einf 5c vor 145, Einf 4a aa vor 611; f Gemeinschaft bei WE-Begründg Übbl 2b bb vor WEG 1, bei Gründungsmängeln der WE-Gemsch WEG 11 2; Personengesellschaft 705 3d, Einf 5c vor 145; Vertragsverhältnis Einf 5 vor 145, Übbl 2c vor 433; bei Geschäftsführung 677 3
Fälligkeit 284 2; FälligkKlausel 271 2d, Vorb 2b vor 339, AGBG 10 1; FälligkVO Übbl 6 vor 1113
Falsche Bezeichnung (falsa demonstratio) 155 2; des Bedachten 2078 1a; bei GrdstVeräußerg 313 8e, 873 3c, 925 5a, ErbbRVO 1 2
Falschlieferung 459 1e; Verjährg der Anspr 477 1
Familie, Bedeutg Einl 1 vor 1297; strafrechtl Schutz Einl 2 vor 1297; Unterhalt s Familienunterhalt
Familienangehörige, Sonderrechtsnachfolge des verstorbenen Mieters 569a
Familienausgleich s unter „Kindergeld"
Familienbilder, bei ErbschKauf 2373
Familienbuch, Einrichtg Einl 2 vor 1297; Eintragg d Eheschließg EheG 11 2, 13 2, 14 3; Familienstammbuch bei Erbschein 2356 1
Familienfideikommisse, EG 59; vgl auch Fideikommißauflösgsstiftg
Familiengericht Einf 2 vor 1297, Einf 4 vor 1564; AnhörgsPflichten 1795; Anwaltsprozeß Einf 4c vor 1564; internationale Zustdk EG 13 1; örtl Zustdk Einf 4d vor 1564; Prozeßfähigk des geschäftsbeschränkten Eheg Einf 4b vor 1564; sachliche Zustdgk: 1382, 1383, 1634, 1671, 1672, 1696; Einzelheiten Einf 4a vor 1564; VersorgsAusgl Einf 5 vor 1587, Einf 5 vor 1587, 1587 e 2
Familiengesetzbuch der DDR s unter „DDR"
Familienlastenausgleich Einf 3 vor 1601
Familienmitglieder als Gesellschafter 705 8
Familienname 1355; Änderg 12 2a, 1355 5, 1616 2, Einl 3g vor 1297; bei Annahme als Kind 1757, 1767; Begriff 1355 1; Begleitnahme 1355 3; FN, Ehelicherklärg 1736 1, 1740 f, – für Mutter 1740 g; Einbenennung 1618; Erwerb 12 2; der Frau nach Scheidg 1355 4; Wiederannahme des fr Namens 1355 4; der Kinder ehel 1616, nichtehel 1617, EG 208 3; vgl auch Name
Familienpapiere 2047; 2373
Familienplanung 1353 2b aa; als Zerrüttungsursache 1565 3
Familienrat, Allg Grdz 1 vor 1858; Anordng, elterl 1858 2, Voraussetzg 1868 1; Antrag 1859; Aufhebg 1879 1, 2, 1880 1, Folgen 1881 1; AuslagErs 1877 1; Auswahl der Mitglieder 1862 1; Beschlüsse 1874 1; Bestellg von Nichtangehörigen 1867 1; Berufg als Mitgl 1861 1; Einberufg 1873 1; Einsatz 1858 1, 3, 1859 1; Einsetzg bei Volljähr 1905 1; ErsMitglBestellg 1863 1; internat PrivR Grdz 2 vor 1858; Maßregeln, vorläuf 1876 1; Mitgl, Ausbleiben 1875 1; MitglAusschließg 1874 2; MitglBestellg 1870 1, unter Vorbehalt 1871 2; Mitgliedschaft, Beendig 1878 1, 2; MitglZahl 1860 1, 2; Pflegsch 1915 2; Rechtsstellg 1872 1; ÜbergVorschr EG 210 1; ÜbernPfl 1869 1; Unfähigk 1865 1; Untauglk 1866 1; keine Unterbringung des Mündels ohne Genehmigg des VormschG 1872 1; Untersagg der Einsetzg 1859 2; Verhinderg eines Mitgl 1864 1, Zuständigk des Rechtspflegers 1860 1
Familienrecht, Allg Einl 1–3 vor 1297; keine

Anwendg des AGBG AGBG 23 2a; Familienbuch Einl 2 vor 1297; Ges über Änderg von FamNamen u Vornamen Einl 3 g vor 1297; Ges über Änderg famrechtl Vorschr u Rechtsstellg der Staatenlosen Einl 3 e vor 1297; Ges gg Mißbräuche bei Eheschl u KindAnnahme Einl 3c vor 1297; Ges über relig KindErz Anh zu 1631; interlok Recht 14n vor EG 7; internat PrivR Einl 5 vor 1297; Ges über die rechtl Stellg nichtehel Kinder Einl 3 l vor 1297; PersonenstandsG Einl 2 vor 1297; als Recht 823 6f; Reformbestrebungen Einl 6 vor 1297; Vereinheitl der Zuständigk in Fam- u Nachlaßsachen Einl 3d vor 1297; Vorbehaltsklausel EG 30 5
Familienrechte, Verletzg 823 6f
Familienrechtsänderungsgesetz, Einl I 3d vor 1, Einl 3k vor 1297, Einf 5a vor 1591, Einf 5 vor 1741, Einf 1D vor EheG 1; erbrechtl Vorschriften Einl 3a vor 1922; nachträgl Erklärg eines Ehegatten über Geltg der Gütertrennung Grdz 5 vor 1363; Übergangsvorschriften Einf 5b vor 1591
Familiensachen Einf 6 vor 1363, Einf 4a vor 1564
Familienstiftung Vorb 1 vor 80; EG 59 1, 3
Familienunterhalt, Art 1360 3, 1360a 2; Begriff 1360 1; Geltendmachg 1360 2; Prozeßkostenvorsch 1360a 3; rechtl Natur 1360 2; Reihenfolge der Verwendg der Einkünfte 1420; Umfang 1360a; Verletzg als Aufhebgsgrd bei Gütergemsch 1447, 1469; Verpflichtg beider Eheg 1360
Fangprämie bei Ladendiebstahl 823 12a, 249 3b
Fehlbetrag, Haftg für – bei Gesellschaftsauseinandersetzg 739 1; s auch „Mankohaftg"
Fehler der Kaufsache 459 3; der Mietsache 537 2; des Werkes 633
Fehlschätzung bei Bestimmg der Leistg dch Dritte 319 2
Feiertage, Fristablauf 193 1, 2; staatl anerkannt 193 3
Feiertagslohn 611 6e
Feld- u Forstschutzgesetze EG 89 2, 107 2, 130 2
Fensterrecht EG 124 3
Ferienwohnung, Kündigg 565 3b bb; ErfOrt 269 5
Fernlehrverträge (Fernunterricht) Einf 2 a ff vor 611; BeratgsPfl des Untern 276 6 b cc; KündR aus nicht Grd 242 4 F; Sittenwidrigk 138 5e; Vertragsschluß ohne Erlaubnis 134 3a; Zurückweisg 333 3
Fernleitungen, Entschädigg für Duldung 903 5 H a bb
Fernsehen, Ausübg hoheitl Gewalt 839 15; Eingriff in PersönlichkRecht 823 15 D, 1004 9 a; kreditgefährdende Veröffentlichgen 823 6 g, 824 6 e
Fernsehstörungen 906 2 c
Fernsprechanlagen als Fabrikzubehör 97 8
Fernsprecher, Anbringg, Recht zur 550 2; Fernsprechanschluß Einf 2i vor 535, 535 1b; Mißverständnis 119 2; Rechtsverhältnis des FernsprTeilnehmer 535 1b; VertrAntrag 147; Zugehen v WillErklärg 130 1b
Fernstraßen, Gemeingebrauch 905 2b aa; Verkehrssicherungspflicht 823 8c
Ferntrauung 1931 2b, EheG 13 3a
Fernwärme 535 2 c
Fertighaus, Kauf Einf 4 c vor 433
Festlandsockel 905 1a
Festpreisvereinbarg u veränderte Verhältn 242 6 C a bb
Feststellung der nichtehelichen Vaterschaft 1600a, 1600n, 1600o

Feststellungsklagen Fette Zahlen = §§

Feststellungsklagen zwischen Erblasser u Erbberechtigten **1922** 1 c
Feuerwerk, Haftg **823** 14
Fideikommißauflösungsstiftung Vorb 1 vor **80**, **80** 1, **85** 1, **87** 1, **88** 1
Fideikommißrecht EG **59**
Fiduziarische Rechtsgeschäfte Übbl 3 g vor **104**, **117** 1, namentl Einf 3 vor **164**; Abtretg **398** 6, Einf 7 vor **929**; SichÜbereign **930** 4; Verjährg **223** 1
Fiktive Genehmigung im GrdstVerkehr Einl 7 b cc vor **854**
Fiktive Nachversicherung **1587b** 3; s auch „Versorgungsausgleich"
Filialleiter einer Bank, Rechtsstellg **31** 2
Filmbezugsvertrag **305** 5 a
Filmmietvertrag, Verjährg der Ansprüche **197** 2 b
Filmschauspieler, -regisseur Einf 2 a dd vor **611**
Filmverleih Einf 3 a vor **535**, Einf 1 i vor **581**
Filmverwertung **305** 5a, Einf 1 i vor **581**; Verjährgsfrist **196** 4 a, **197** 2 f
Filmverwertungsvertrag Einf 1 i vor **581**
Finanzamt, kein Erbscheinsantrag **2353** 3 c; Eintragg als Hypothekengläubiger **1115** 3; Bescheinigg des Verkäufers zur Vorlage beim - **433** 4 i
Finanzierter Kauf AbzG **6** 2 b dd, Anh; Sichergs-Mittel AbzG **6** Anh 4 d
Finanzierung im Abzahlungsgeschäft AbzG **6** 2 a, Anh; der Schadensbeseitigg, FKosten als Teil des Schadens **249** 3 b, Pfl des Geschädigten zur VorF **254** 3 b ee; FKosten, kein Ansatz bei Überlassgs-Vergütg AbzG **2** 5 b
Finanzierungsbeiträge im Mietrecht Einf 11 vor **535**
Finanzierungsklausel als auflösde Bedingg **158** 1
Finanzmakler **654** 2 c
Finanzvermögen Übbl 4 d vor **90**
Findelkind, Wohnsitz **11** 3
Finder, Ablieferungspflicht **967**, **978** 2; Aufwendungsersatz **970** 1, **978** 4; Anzeigepflicht **965**; Begriff Vorb 1 b vor **965**; Bereicherungshaftg **977**; EigtErwerb **973**, **974**, **978** 4; Finderlohn **971**, **972**, **978** 3; Haftg **968**, **978** 2; Herausgabe an Verlierer **969**, **978** 3b; Rechte nach Ablieferung **975**, **978** 3; Verzicht auf EigtErwerb **976**; ZbR **972**
Firma als Name **12** 1 a, 2 b, IPR EG **7** Anh 2; Handeln für F **164** 4
Fischereipacht Einf 2 d vor **581**
Fischereirecht EG **69**; Bestandteil d Grdst **96** 2; Erwerb **873** 2 b
Fischsterben, Schadensbemessg **249** 3 b
Fiskus, AneigngsR **928** 5, EG **129**, **190** 1; Anfall des Vermögens aufgelöster Vereine **46**; Erbrecht **1936** 2-4, **1964** 1-3; kein Ausschlagsrecht **1942** 5; Erbrecht am Nachl eines Verpflegten EG **139**; Erbrecht, vermutetes **1964-1966**; DDR-Recht **1964** 4; Feststell als Erbe **1964** 2; Haftg **89** 1; Haftgsbeschränkg als Erbe **2011** 1; als jur Person Vorb vor **89**; NE **2104** 4; Vermächtn **2149**; Verwaltgs- u Finanzvermögen Übbl 4 d vor **90**
Fixgeschäft, Begr **271** 2 b, c; Rücktr **361**
Fixkauf Einf 3 k vor **433**
Flaschenpfand Übbl 3 b vor **1204**; als Vertragsstrafe **339** 1
Fluchthilfevertrag **138** 5 e, k, **662** 6, **762** 1 c
Flüchtlinge, Begriff im Sinn der Flüchtlingskonvention Anh III zu EG **29**; EhefähigkZeugnis Anh zu EheG **10** 1; Eingliederg in Landwirtschaft Einf 4 vor **581**; Feststellg der Flüchtlingseigenschaft Art III zu EG **29** Vorb 2; Güterstand Anh II zu EG **15**, Bedeutg für Erbschein Übbl 7 vor **2353**; Heilg unwirks Eheschl **1931** 2 b, EheG **11** Anh II; Rechtsstellg Anh zu EG **29**, der – deutscher Volkszugehörig Anh zu EG **29**; s a Heimatlose
Flüchtlingskredit als Darlehen Einf 1 b vor **607**; Beamtenhaftg **839** 2 A c
Fluglärm **542** 2 c, **903** 5 B c, **905** 1a, **906** 2 a, 3 b aa, 5 a dd, 6 c, **1004** 4 a
Fluglotsen, Haftg der BRep **839** 15
Flugverkehr **839** 15
Flugzeuge, s Luftfahrzeuge
Flurbereinigung EG **113**, Einl 7 a vor **854**; Enteigng **903** 5 H a cc; Holznutzgsrechte **1018** 5 a; Rechte des Miterben **2038** 3 c
Flurstück **890** Vorb
Fluß Übbl 4 c vor **90**; Eigentum EG **65** 1, 2
fob-Klausel **269** 9; Gefahrübergang **447** 2
Folgebeseitigungsansprüche **903** 5 K d, **1004** 9 a
Folgesachen bei Ehescheid Einf 4 f vor **1564**
Folgeschäden **249** 2 e, **903** 5 G a ff
Forderung, Abtretbark **398** 3, s a Abtretg; Aufrechenbark **387** 4-8; Begriff Einl 1 a vor **241**, Übbl 1 vor **398**; Forderg z gesamten Hand, Übbl 4 b vor **420**; Fordergsgemeinsch Übbl 4 a vor **420**; gemeinschaftl bei unteilbarer Leistg **432**; geteilte **420**; Nießbrauch an **1074-1079**; öffentlrechtl Übbl 2 vor **398**; Pfändbark, Beschränkgn **400** 1; Pfändbark künftiger **398** 3 d; Pfandrecht **1279-1290**; Übergang kr Ges Vorb 7 c vor **249**, **412** 1; unerl Handlg **853** 1; unvollkommene Einl 4 vor **241**
Forderungsauswechslung bei Hyp **1180**; bei PfandR Einf 5 b cc, 6 a cc vor **1204**; **1204** 3 a
Forderungsgarantie Einf 3 c vor **765**
Forderungskauf **437**; Anfechtg **119** 4 c; Haftung für Zahlgsfähigk des Schuldners **438**
Forderungsübergang, auf ArbG Vorb 7 c ee vor **249**; Beamtengesetze Vorb 7 c dd vor **249**; Bürgschaft **774**; gesetzl **406** 1 a, **407** 1, 2, **412**, **421** 2 a; Hyp **1143** 1-5, **1150** 4; Kenntnis von **407** 2; Nebenrechte **401** 1, 2; auf Sozialversicherungsträger Vorb 7 c cc vor **249**; auf Versicherer Vorb 7 c bb vor **249**; Unterhaltsanspr **1607** 3, **1615** b; s a Abtretung
Forderungsverletzung **823** 6h; s a Vertragsverletzg
Forderungsvermächtnis **2173**
Form, AbzahlgsGesch AbzG **1a**, Aufhebg der vereinbarten **125** 2, **154** 2; Formfreiheit **125** 1, Einf 4 d vor **305**; formlose u formgebundene Verträge Einf 4 d vor **305**; formularmäßige Schriftformklauseln in AGB AGBG **9** 7; Formzwang, gesetzl u rechtsgeschäftl **125** 1, 2, Aufhebg vereinbarter **125** 2a, **305** 3; gesetzl, Übersicht **125** 1; gewillkürte Schriftform **127**; F bei Grundstückserwerb, -Veräußerer **313**; intern PrR EG **11**; beim Kauf Einf 1 b vor **433**; Kündigg von Mietverhältnis **564a**; nachträgl Vereinbarg **125** 3; Nebenerklärg **125** 3; notarielle **127a**, **128**, BeurkG **6**ff; Mangel s Formmangel; vereinbarte **125** 1; der Ausschließg des VersorgsAusgl **1408**, **1587** o; des Vorvertrags Einf 4 b vor **145**; Zweck Einf 4 d vor **305**; im übrigen s bei den einzelnen Stichworten, a Beurkundung, notarielle
Formmangel, Arglisteinrede **125** 6, **826** 8g; bei Eheschließungen EheG **17**; Folge **125** 2, 3, **313** 12; Heilg durch Auflassg u Eintragg **313** 13, 14; Heilg im IPR EG **11** 2; Heilg bei Eheschließungen Anh I, II nach EheG **11**, EheG **17** 3; Heilg durch Erfüll **125** 4; bei Hofübergabe **125** 6 D; Kindesannahmevertrag **1756** 2; und Treu u Glauben **125** 6
Formularverträge, Gleichstellg mit AGB AGBG

Magere Zahlen = Erläuterungen **Früchte**

1 3; s im übr unter Allgemeine Geschäftsbedingungen
Forstgesetze EG 83, 124 2b
Forstliches Saat- u Pflanzgut, G über, Übbl 2c vor 903
Forstnutzungsrechte EG 115
Fortbildung, Unterhalt, 1360 o 1c, 1572, 1610 4a dd
Fortbildungskosten des Arbeitnehmers 611 7h
Fortbildungsverhältnis Einf 5e vor 611
Fortgesetzte Gütergemeinschaft 1483–1518; Abkömml, anteilsberecht 1483, ausgeschlossener 1511 3; Abkömml, Geschäftsfgk 1487 2; Abkömml, verheirateter, Ersetzg der Zustimmg 1487 2; AblehngsR des überlebenden Eheg 1484; Anrechng der Verbindlichkeiten 1500 2; Anteilsbeschränkg in wohlmeinender Absicht 1513 2; Anteilsherabsetzung 1512 1, 2; Anteilsverzicht eines Abkömml 1517 1; Anteilsunwürdigk des Abkömml 1506 1, 2; Anordngen unzuläss 1518 2; Anwendbark der Vorschr über die Gütgsch 1487 1, 2; Aufhebg dch Eheg 1492 1; AufhebgKl: Gründe 1495 1, 2, Urteil, Wirkg 1496 1; Auseinandersetzg: Anrechng von Abfindgen 1501 1, 1511, 3 c Durchführg 1498 1, 2, MitwirkPflicht 1497 2, AuseinandersetzAnspr 1497, Auseinandersetz Guthaben, Abtretg 1497 2, Verfahren 1497 1, Zeugnis des VormschG 1493 2; Ausgleich des Vorempfangs 1483 2, 3, 1503 2; Ausgleich bei Zuwendungen aus dem Gesamtgut 2054; Auskunftspflicht des EheG 1511 3a; Ausschließg durch letztwill Vfg 1509 1, 2; Ausschließ, Eintr in GüterReg 1509 2; AusschließWirkg 1510 1; Ausstattg 1499 2; Beendigg 1494; beerbte Ehe 1483 1; Befreiung, unzuläss des überleb Eheg 1518 2; Eheg, Pflichten bei Wiederverheiratg 1493 2; Ehevertrag 1483 1, 1518; Einsetzg der Erben des Abkömml als NE 1513 2; Erbteil des überleb Eheg 1483 2; Erbunwürdigk 1506 1, 2; Fdgen des Eheg, Fällig 1487 3; Gesamtgut, Zugehörigk 1485 1; Gesamtgutanteil: Anwachsg 1490 1, Schutz gg Verkürzg 1505 1, Teilg unter Abkömml 1503, Unvererblk 1490 1; Gesamtguteigensch, Vermutg für 1485 2; Gesamtgutsverbindlk 1488, 1489; GBEintr 1485 3; GüterReg Vorb 2 vor 1483, 1485 3; Haftgsausgleich der Abkömml 1504 1; Haftgsbeschränk des Eheg 1489 2; Handelsreg, Eintr 1485 2; Inventarerrichtg 1489 2; Konk des Eheg 1488 2; Landgut 1515 1; Liquidationsgemeinsch 1497; Mitteilgspflicht des Eheg 1511 3a; Pflichtteilsanspruch 1482 2, Pflichtteilsergänzg 1483 2, 3, bei Zuwendungen aus dem Gesamtgut 2331; Rechtsstellg des Eheg 1487 1, 2, der Abkömmlinge 1487 1,2; Schulden des Eheg, Fällig 1487 3; Sondergut 1486 2, 3; TestVollstr für Abkömml 1513 2; Tod eines Abkömml 1490 1, des Eheg 1494 1; Übergangsvorschr GleichbergG 8 I 6 bei Grdz 3 vor 1415; Übernahmerecht des Eheg 1502 1, 1515 2, der Abkömml 1502 2, 1515 1; Unterhaltsmerecht durch letztwill Vfg 1515 1, 2; UnterhPfl des Eheg 1487 1; unzulässige Anordnungen 1518 2; Verbindlk des Abkömml 1488 1b; Verbindlk des Erblassers 1483 2; Verzicht eines Abkömml 1491; Verzicht auf GesGutanteil 1517 1; VorbehGut 1486 1, 3; Vorschr, zwingende 1518 1; Wiederverheiratg des Eheg, aufschiebendes Ehehindernis 1493 2, EheG 9 3b; Zeugniserteilg 1507; Zustimmg zu Zuwendgen des und EheG 1516 1; Zuwendgen an Dr 1514 1; ZwVollstr 1488 2
Fortsetzung einer aufgelösten Gesellschaft 736
Franchisingvertrag Einf 1 i vor 581
Frau, Vormundsch über verheir oder verheir ge-

wesene Frau 1901; Wohnsitz der minderj Frau 8 2; s a Ehefrau
Freiberufliche, Recht am eingerichteten Gewerbebetrieb 823 6g
Freie Mitarbeiter Vorb 1 g vor 611
Freiheit, Verletzg 823 4c; der Kunst, Schranken 823 15 D
Freiheitsentziehung, Unterbringg des Mündels mit – 1800 3
Freistellungsanspruch des Arbeitnehmers 611 3f, 14b ee, c; Umfang 157 5b
Freiwillige Erziehungshilfe JWG 62, 63, 77, 75; 1666 8; Antr auf Gewährg JWG 63 1; aufenthaltsbestimmg dch Erziehungsbehörde JWG 69 3; 71 2; Aufhebg JWG 75 2; Ausführg dch LandesjgdAmt JWG 69 1, 72, 74; Beendigg JWG 75 1; Erziehgsbehörde JWG 69 1; Familienunterbringg JWG 69 3,71; Gewährg dch das Landesjgd-Amt, JgdAmt JWG 63 2; Heimunterbringg JWG 69 3, 71; Kosten JWG 80 ff; Kostenaufbringg JWG 85 1; MitteilgsPflicht JWG 71 3; Verhältn zur Fürsorgeerziehg JWG 74 4; Voraussetzgen JWG 72 2, 63 1; Anordng dch VG JWG 65; Wesen JWG 62 1
Freiwillige Gerichtsbarkeit, Anerkenng ausländ Akte EG 19 5; FG-Familiensachen Einf 4 vor 1564; Versorgs-Ausgleichverfahren Einf 5 vor 1587; Haftg für Entscheidgen 839 8; – kein Rechtsstreit im Sinn des § 1795, 1795 2; WEG-Verfahren WEG 43 1
Freiwillige Mitarbeit des Ehegatten 1360 3
Freiwillige Versteigerung 457 1b
Freizeichnungsklauseln 276 5 B, 279 4, 433 2C, Vorb 2e, 3 vor 459, 676 3, AGBG 9 6, 11 7–11; bei Erwerb von WEigt Übbl 2 E d cc vor WEG 1; Wirkg zu Gunsten Dritter 276 5 B a cc
Freizeit, Verlust von F als Schaden? Vorb 2b dd vor 249
Fremdbesitzer, nichtberechtigter Übbl 3a vor 854, Vorb 1b vor 987; VerwendgsErsatz Vorb 1b, c vor 994
Fremdenrecht Vorb 4 vor EG 7
Fremdrechtserbschein 2369 2; Einziehg 2361 6
Fremdwährungsschuld 245 4, 5b, 1113 6
Friedenspflicht als Bedingg in letztw Verfüggen 2074 2
Friedhof, Landesrecht EG 133; Haftg für Standfestigk von Grabsteinen 823 14
Friseur, unerl Handlg 823 14b
Frist, Auslegg, gesetzl 189 1, 193 1–3; Ausschlußfrist Übbl 4a vor 194; Beginn 187 1–3; Begriff 186 1; Ende 188 1, 2, 4; festbestimmte 361; Verlängerg 190 1, prozeßrechtl Fr 190 1; zur VertrAnnahme 148 3; Wahrg 188 3; Einzelfälle: F für Anfechtg der Ehelichkeit 1594, 1596 3, 1598; für Ehelicherklärg 1740 e; für Widerspruch bei Wohngskündigg 456a 5d
Fristsetzung bei gegens Vertr 326 5, entbehrlich 326 6, 11; bei Verurteilg 283 3b; bei Werkvertr 633 2 A b cc, 634
Frostschäden, Anscheinsbeweis Vorb 8a cc vor 249
Früchte, Ausbeute, bestimmgsgemäße 99 2a; Begriff 99 1; Erstattg von Fruchtgewinnungskosten 102 1; Ertrag, bestimmgsgemäßer 99 3a; Erwerb durch gutgläub Besitzer 955; bei Herausgabe eines landwirtschaftl Grdst 998; Jagdbeute 99 3a; ordnungswidrig gezogene Ausbeute des Nutzgsberechtigten 99 3a, des Nießbrauchers 1039, des VorE 2133; Pfandrecht Einf 3 vor 1204, 1212 3; Rechtsfrüchte 99 3; regelmäßig wiederkehrende Leistungen 101, 1, 3; Sachfrüchte 99 2; Überfall

2405

Fund

911; Übergang des Fruchtziehgsrechtes **99** 4; Verteilg bei nacheinander Berechtigten **101** 1; Vorerbe **2111** 3, **2130** 1, **2133**

Fund, Ablieferg **967, 975, 978** 2; Anzeige **965**; Begriff Vorb 1a vor **965**; EigtErwerb des Finders **973, 974, 978** 4, der Gemeinde **976, 981**, der Behörde/Verkehrsanstalt **981**; Herausgabe an Verlierer **969, 978** 3b; in Behörde/Verkehrsanstalt **978**; Versteigerg **979–982**; Schatz **984**; unanbringbare Sache **983**; verderbliche Sache **966** 2; Verwahrung **966**

Fünfzehnhundertmarkvertrag 826 8i

Funkenflug, Verbrennungsschäden **906** 1c

Funktionsnachfolge, Haftung **419** 2c, **839** 2 Bc

Funktionstheorie 839 2 B

Für-Prinzip beim VersorggsAusgleich **1587** 3

Fürsorgeerziehung JWG **64–77**; **1666** 8, **1838** 1, **1800** 3, Anhörgspflichten vor Entscheid JWG **65** 3c; **1800** 3; Anordng durch JugG JWG **65** 6; durch VormschG JWG **65**; Antragsberechtigg JWG **65** 2; **1795** 1; Aufenthaltsbestimmg JWG **71** 2; Aufhebg JWG **75** 2–4; durch Landesjugendamt JWG **75** 4 B; durch VormschG JWG **75** 4 A; Aufhebgsgründe JWG **75** 2; Aufhebg unter Widerrufsvorbehalt JWG **75** 3; Aufhebsverfahren JWG **75** 4; Aussetzg des Anordngsverfahrens JWG **68**; Beendigg JWG **75** 1; Bekanntmachg d Entscheid JWG **65** 4; Berichterstattg durch Landesjugendamt JWG **73**; Beschwerde JWG **65**, 5 67 5, **68** 3; u Eheschließg JWG **64** 2; AO der FE u elterl Gewalt JWG **69** 1b; Entscheid durch VormschG JWG **65** 4; Entmündiggsantrag JWG **69** 5; Erziehungsbehörde JWG **69** 1; gesetzl Vertretg d Minderjährigen JWG **69** 4; **1631** 1; heilende FE JWG **64** 3; Kosten, gerichtl JWG **76**; der Durchführg JWG **80**ff; Kostenaufbringg JWG **85** 1; 20. Lebensjahr JWG **64** 2; Mitteilg d Unterbringg JWG **71** 3; Übergang des ErziehgsR **1838** 2b; Untersuch d Minderjährigen durch Sachverständige JWG **66**; Unterbringg z Untersuch JWG **66** 3; Verfahren JWG **65** 3; Verhältn zur Erziehungsbeistandsch JWG Vorb 1 vor **55**, **64** 4; zur freiwilligen Erziehgshilfe JWG **62** 1, **64** 4; VerkehrsR d Eltern **1634** 1; Verwahrlosg als Voraussetzg JWG **64** 3; Voraussetzgen, sachl JWG **64** 2; vorläufige FE JWG **67**; vorbeugende FE JWG **64** 3; Zuständigk d VormschG **65** 1, **77** 3; Eilzuständigk JWG **77** 2

Fürsorgepflicht des Arbeitgebers **611** 8, **617, 618**; gg Beamten **276**, **618** 1; Amtspflichtverletzg **839** 5 A

Fusion von Vereinen **41** 2d

Fußballspieler, überhöhte Zuwendgen **138** 5 q; als Arbeitnehmer Einf 1g vor **611**; Transfer Einf 4k vor **433**

Fußgänger, Unfallhaftg **823** 14; MitVersch **254** 3b ee

Futtermittelkauf, Gewährleistg Vorb 4a vor **459**; zugesicherte Eigenschaften **459** 7

G

Garagen, Miete Einf 7 vor **535**; – RGaragenO, Übbl 2d bb vor **903**; Schutz der Fußgänger gegen Verletzg dch techn Einrichtgen **823** 14; Wohnungseigentum WEG 3 1b, c; LaternenG, Beleuchtg **823** 14; s a Parken

Garantie für zugesicherte Eigenschaften **459** 7; Werkvertr Vorbem 3 d vor **633**

Garantieeinbehalt 641 1a

Garantiefrist, Einfluß auf Verjährg beim Kauf **477** 4

Garantievertrag, Begriff **477** 4, Einf 3c vor **765**; Fdgskauf **438** 1, **459** 7; Euroscheck Vorb 2a, 6 s vor EG **12**; intern PrivatR Vorb 6o vor EG **12**; Verjährg von Anspr aus Garantieversprechen **195** 2

Gasleitungen, Erhaltungspfl des Vermieters **536** 4

Gastarbeiter 611 1b cc; Wohnraum **563** 3b bb 1; s auch ausländ Arbeiter

Gastaufnahmevertrag 305 6, Einf 2 vor **701**; Beweislast bei Verschulden **282** 2; Erfüllungsgehilfen **278** 6d

Gaststättenbezeichnung, Schutz **12** 4b

Gaststättengesetz u Nachbarrecht Übbl 2d cc vor **903**

Gastwirt, Ablehng der Aufbew von Sachen des Gastes **702** 3; Begriff **701** 2; Beleuchtgspflicht **823** 14; Beweislast für Einbringg u Verlust von Sachen **701** 9; Erlöschen des ErsAnspr für eingebrachte Sachen **703**; Freizeichng von Haftg **702a**; Haftg f eingebrachte Sachen **701**, für abgestellten PKW **701** 6, Haftg für Geld, Wertpap u Kostbark **702** 2b; Umfang der Haftg **702**; Haftg für Bediengspersonal **278** 6 d, **701** 8; Pfandrecht **704** 2; Übereinkommen über Haftg der Gastwirte für von ihren Gästen eingebrachte Sachen v 17. 12. 62 Vorb 1b vor **701**, Vorb 6 l vor EG **12**; Unfallhaftg, Einzelfälle **823** 14; VerwahrgsPfl u Haftg Einf 2 vor **688**

Gattungskauf, Gefahrübergang **243** 4a; Gewährleistg **480**; NachliefAnspr **480** 2; SchadErs **480** 3; Viehkauf, Ersatzliefg **491** 1, 2

Gattungsschuld 243; beschränkte **262** 3a; Bestimmg des Leistgsggstands **243** 2; Bindg des Schuldners **243** 4b; Ersatzherausgabe **281** 3; Freizeichnungsklausel **279** 4; Gefahrtragg **300** 3c; vom Gläub zu vertretende Unmögl **324** 5; Gläub-Verzug **300** 3; Haftg für Unvermögen **276** 10a; Konzentration (Konkretisierg) **243** 3, **300** 3c; Unvermögen **279** 1, 2; Vergütgsgefahr **300** 3a

Gattungsvermächtnis 2155; Rechtsmängel **2182** 1; Sachmängel **2183** 1

Gebäude, Begriff **94** 4c, **908** 2b; Einsturz **836** 4; Einsturzgefahr **908**; Unfallhaftg, Einzelfälle **823** 14, MitVersch **254** 3a ff; s a Grdst; Unterhaltg **836** 1; Unterhaltspflichtiges **837**; Verbindg, feste mit dem Boden **94** 2b; wesentl Bestandteile des Gebäudes **94** 4, **95** 2; wesentl Bestandteil des Grdst **94**, **95**; Wiederherstellg zerstörter EG **110** 1, 2

Gebäudebesitzer, Haftg **837** 1

Gebäudereinigung, Werkvertr Einf 5 vor **631**

Gebäudeschaden 836, auch **837, 838**

Gebäudeteil, Ablösg **836–838**

Gebäudeversicherung 1127 1, **1128**

Gebrauchsmuster, Erschleichen **826** 8m; ungerechtf Bereicherg bei Verletzg Einf 6b vor **812**; Vererblk **1922** 3a aa; Verletzg durch Gehilfen **831** 2 C g

Gebrauchsüberlassung der Mietsache **535** 2a; an Dritte **549** 2, **553** 4

Gebrauchsvorteile, entgangene als Schaden Vorb 2b vor **249**; s auch Nutzungen

Gebrauchte Sachen, Schadensersatz **251** 4

Gebrauchtwagen, Anfechtg wg arglistiger Täuschg **123** 2c; Aufklärgspflicht **460** 3; Inzahlnahme, **364** 1, **515** 1; Gewährleistg **459** 5b; Rückgabe mangelhaften G **460** 4; Schadensersatz für Zerstörg, Beschädigg **251** 4; Zusicherg „generalüberholt" **459** 7c

Gebrechlichkeitspflegschaft 1910; Aufhebg **1920**; Ruhen der elterl Gewalt **1673**

Magere Zahlen = Erläuterungen **Geldschuld**

Gebührenfreiheit bei Eintragg von Erben ins Grdbuch Einl 5 vor **1922**, Einf 11 vor **2032**, Übbl 5a vor **2353**; von NachE Einf 6a vor **2100**; bei ErbSch-Erteilg für Entschädigg, Lastenausgleich, Rückerstattg Übbl 6 vor **2353**
Geburt 1
Geburtsname: Begriff **1355** 1, 2b; des ehel Kindes **1616**; des nehel Kindes **1617**
Gefahr, Abwendg einer droh **228**, einer ggwärtg **904**; für Wohl u Vermögen des Kindes **1671** 5; Geldschulden **270** 2c; Handeln auf eigene **254** 6c, Einf 3c vor **823**; Leistgsgefahr **300** 3; bei Pacht **588**; Pflicht z Abwendg **823** 8b; Sichaussetzen der G **254** 4, 6; Vergütgsgefahr **300** 3a; bei Werkvertrag **644**; s a Gefahrübergang
Gefährdung, Befriedigg aus Nachl **1981** 4; Klagegrd für Aufhebg der Gütergemsch **1447**, **1469**; des Wohles des Kindes **1666** 3; des Kindesvermögens **1667**; der künftigen ZugewinnausglFdg **1386** 3; der Pers eines Volljähr **1906** 2b; des eigenen angem Unterh **1581**; des Vermögens **1906** 2b
Gefährdungshaftung 276 10b, Einf 4 C vor **823**; Abwägg **254** 4a cc, b cc; Eisenbahnbetrieb EG **105**; intern PrR EG 12 2; öffentlichrechtl **903** 5 D b
Gefahrgeneigte Arbeit 276 5C, **611** 14b, **618** 3c
Gefahrübergang, Annahmeverzug **300** 3; ErbschKauf **2380** 1; bei Gattgsschulden **279** 1; Kauf **433** 2, **446**; Versendgskauf **447**; Werkvertr **644** 3, **651** 3a
Gefälligkeit, Zusagen Einl 2 vor **241**
Gefälligkeitsfahrt, Haftg Einl 2 vor **241**, **254** 6; Minderj **254** 6; Tierhalterhaftg **833** 2b
Gefälligkeitslegitimation EG 22 3
Gefälligkeitsmiete Einf 2b vor **535**
Gefangene als Arbeitnehmer Einf 1g vor **611**
Gefälligkeitsvertrag, Auftrag Einl 1 vor **662**
Gegendarstellung, Recht auf Einf 1 vor **823**, **823** 15 F; bei ausländischen Presseveröffentlichen EG 12 3
Gegenleistung, Bestimmgsberechtigter **316**; bei GläubVerzug **298** 2, 3
Gegenseitiger Vertrag, 320 ff; Anwendgsgebiet der Vorschr Einf 3 vor **320**; Begriff Einf 1c vor **320**; BereicherungsAnspr bei Nichteintr des bezweckten Erfolgs **812** 6 A d; Einrede des nichterfüllten Vertr Einf 2b vor **320**, **320** 1, 2c bb; Erfüllg, verspätete **286** 1, 2, **326** 3; Fristsetzg **326** 3; Ggleist bei Unmöglk Vorb 1 vor **323**; Gesellschaftsvertr Einf 1c bb vor **320**; Leistg an Dritten Einf 1c bb vor **320**; Leistgsaustausch Einf 1c bb vor **320**; Sonderregelgen Einf 1e vor **320**; Störg Einf 2c vor **320**; SchadErsAnspruch bei Nichterfüll **283** 3, 4; nicht typischer Einf 1c cc vor **320**; Vergleich Einf 1c bb vor **320**; Vergütgsgefahr **300** 3a; VertrVerletzg, positive **7**e bb; Verzug, Anwendgsgebiet **326** 1–3; Vorleistungspflicht **320** 4; Wegfall der Geschäftsgrundlage **242** 6 C a; s a LeistgsverweigRecht
Gegenstand, Begriff Übbl 2 vor **90**; der Abzahlgsgeschäfte AbzG 1 2; körperl **90** 1; unkörperl **90** 3; Gegenstände bei Veräußerg eines Gewerbebetriebs, auch unkörperl Güter (Geschäftswert, Kundschaft) **157** 5c
Gegenvormund 1792; Anhörg durch VormschG **1799** 2, **1826** 1; Anlegg von MdlGeld, Mitwirkg **1810** 2; Aufsicht des VormschG **1799** 1, **1837**; AufwandErs **1835** 1–3; Auskunftspflicht **1839**; AuskunftsR **1799** 2; Ausschließg **1852** 2; Beendigd des Amts **1895** 1; Bestellg **1792** 1, 2, **1904**; Beschwerde **1792** 3, **1799** 1; EinsichtsR **1799** 2; Genehmigg **1832** 1; Haftg **1833** 2; Jugendamt als G

1791b 3, **1792** 2, JWG 46; bei Pflegschaft **1915** 3; Pflichten **1799**; Pflichtwidrig **1837** 3; Ordnungsstrafen Rechngslegg, Mitwirkg **1824** 1, **1854** 2, **1891** 1; ÜberwachgPflicht **1972** 1, **1799** 1, 2; ÜbergVorschr EG 210 1; Verein als G **1791**a 3; Vfgen, Genehmigg **1812** 4; Vergütg **1836** 2, 3; VermögVerzeichnis, Mitwirkg **1802** 3; VertretMacht **1799** 1; bei Vormundsch über Volljährigen **1903**, **1904**
Gehalt 611 6, s auch Lohn; vermögensrechtl Anspr der Beamten EG 80; Abtretbark, Aufrechng **394** 1, **400** 1, **411** 1, EG 81; Rückforderg überhobenen Gehalts Einf 6 vor **812**; Verjährg Übbl 6 vor **193**, **197** 2d
Gehaltsfortzahlung 616; und Schadensersatz Vorb 7c ee vor **249**, **616** 5
Geheimer Vorbehalt 116; bei Test **2077** 1a dd; bei Erbvertr **2279** 1
Geheißerwerb 929 3, **932** 1
Gehilfe, Haftg des G f unerl Handlg **830** 3; Haftg d Verrichtgsgehilfen **831**; Zuziehg bei Auftrag **664** 2; s a Erfüllungsgehilfe
Gehorsamspflicht des Arbeitnehmers **611** 5
Geisteskrankheit Begriff **6** 2; EheAufhebgGrd EheG 32 8; als Ehezerrüttgs Urs **1565** 3; zZ der Eheschließg, Nichtigk EheG 18 2; Entmündigg 6 1; Härteklausel **1568**; Notar bei Beurk BeurkG 6 5; unerlaubte Handlg bei **827**, **829**; s a Geschäftsunfgk
Geistesschwäche, s a Geschäftsunfgk; Begriff u Entmündigg wegen **6** 2; Testierfähigk bei Entmündigg **2229** 6c cc, **2253** 4
Geistesstörung 6 2; Ehenichtigk EheG 18; als Ehezerrüttgs Urs **1565** 3; Geschäftsunfähigk wegen **104** 3; bei TestErrichtg **2229** 6c bb; WillErklärgen Geistesgestörter **105**
Geistiges Eigentum, sittenwidrige Verletzg **826** 8h
Geistlicher, Haftg **839** 15
Geld, Anlegg durch Eltern **1642**, dch VorE **2119**, durch Vormund **1806**–**1811**; Begriff **245** 1a; dt Währg **245** 1b; EigentErwerb b Abhandenkommen **935** 5; Hinterlegg **233**, **372** 1; PfandR Übbl 3 a vor **1204**, **1228** 1, **1229** 1 c; Umsetzung in Geld, des Gesamtguts **1475**, des Gesellschaftsvermögens **733** 3; verbrauchbare Sache **92** 1b; Vermengg **948** 1b; Geldwechsel als Tausch **433** 1a; Wertvindikation **985** 3c
Geldentschädigung, bei ideellem Schaden **253** 4; als SchadErsatz **249** 2, **250**, **251**
Geldentwertung, und Wegfall der Geschäftsgrundlage **242** 6 C a aa; Umfang der Kondiktion **818** 5; bei Hyp **875** 3 a, **1113** 5, 7; bei Zugewinnausgleich **1381** 2d; s a Aufwertg
Geldrente, bei Körperverletzg **843** 4; Leibrente **760**; Tötg **844** 6; Unterhalt bei **1612** 1, **1615a**, **1615f** 2; Unterhalt des Ehegatten **1361** 4, nach Scheidg **1585**; beim Versorggs Ausgleich **1587g**
Geldschuld 243 1, **244**, **245**; Aufwertg **242** 8; Bessergsklausel **271** 2 e, **315** 2 b; devisenrechtl Beschränken **245** 6; Erfüllg, Einritt **270** 2c; keine Gattgsschuld **245** 2; Gefahrtragg **270** 2c; Geldübermittlg **270** 1b; Geldsortenschuld **245** 2; Goldmünzklausel **245** 5a; Goldwertklausel **245** 5a; Inhalt **245** 3; interzonale Fragen **245** 4d, Vorb 2, 7 b vor EG 12; Prozeßzinsen **291** 1, 2; Schickschuld **270** 2; Übersendgskosten **270** 2d; Umwandlg in Darlehen **607** 2; Unvermögen **245** 2; Verzugszinsen **288**; Währgsreform Einl 7 vor **241**; Wegfall der Zinspflicht **301** 2; Wertsicherungsklausel, **245** 5, Übbl 1 e vor **1105**, **1113** 5, ErbbRVO 9 2; Wertschuld **245** 2; Zahlg **244**

2407

Geldsortenschuld

Geldsortenschuld, Begriff 245 2, 4c; Goldmünzklausel 245 5a, c; uneigentl 245 4c
Geldstrafen, Aufrechng 395 1; Erstattg 134 3a; Vollstreckg in Nachlaß 1966 6
Geldsummenschuld 245 2; Verzinsg 291 1
Geldwertschuld 245 2; interzonales Recht Vorb 14 l vor EG **7**; Verzinsg 291 1
Geldwertvindikation 985 3c
Geliebte, Zuwendungen an 138 5 f, g
Geliebtentestament 138 5 f, 2077 1 A b bb ß
Geltungsbereich der Rechtsnormen Einl IV 3 vor **1**
Gemeinde, Duldgsvollmacht 170–173 4, 178 1; Eigenbedarf vor Wohnraum 556a 6a bb; Form der Verpflichtg 125 1; Haftg der 89 2, für Feuerwehr 680 1; als jur Person Einf 2 vor **21**, Vorb 1 vor **89**; Konkurs 89 3; NamensR 12 3; NutzgsR der G, Eintraggsfähigk Übbl 8 vor **873**; Sittenverstoß bei Vertrag mit G 138 5 j; Verwaltgs- u Finanzvermögen Übbl 4 d vor **90**; VorkaufsR nach BBauG Übbl 3 c vor **1094**
Gemeindenutzungsrechte, altrechtl, EG 115 2
Gemeindeservitut EG 184 1
Gemeindetestament 2249; GültigkDauer 2249 8, 2252
Gemeindewaisenrat, Jugendamt an Stelle des – Grdz 1 vor **1849**
Gemeiner Wert des Nachl bei Berechng des ErbErsAnspr 1934b 2; bei PflichttBerechng 2311 3
Gemeingebrauch 903 3d, 905 2b, 1004 7b; ihm dienende Sachen Übbl 4c vor **90**; an öffentlichen Gewässern EG 65 1c
Gemeinheitsteilung EG 113
Gemeinschaft 741; Abgrenzg zur Miete Einf 2f vor **535**, Anteil 741 1, 5; Anteil an Gebrauchsvorteil 743 1, 2, 745 3; Anteilsgleichheit 742 1, 8; Aufhebg, teilw Vorb 2 vor **749–758**; Aufhebgsanspr Vorb 2 vor **749**, 749 2; Aufhebg bei wichtigem Grund 749 2; Aufhebg bei Tod eines Teilh 750 1; Aufhebgsausschluß, Wirkg gg Sondernachf 751 1, 2; Auseinandersetzg Vorb 3 vor **749**; ehel 1353, s a ehel Gemeinschaft; Bindungswirkung der Beschlüsse der Beteiligten 745 1; Erhaltgsmaßnahmen 744 2; keine Anwendg der Grundsätze über faktische Gesellschaft 741 6; faktische WE-Gemsch Übbl 2 E b bb vor **WEG 1**; Fruchtbruchteilsanspr 743 1, 745 3; Gebrauchsbefugnis 743 2; Gewährleistg bei Aufhebg 757 1; Gegenstandsänderg 745 3; Gesamtschulden, BerichtiggAnspr 755 1, 2; Haftg der Teilnehmer ggüber Dr 741 6c; Klagerecht des Teilh 745 2; Kosten der Erhaltg, Verwaltg u Benutzg 748 1; KündFrist 749 2; Lasten des gemeinschaftl Ggstandes 748 1; PfändgsR des Gläub des Teilh 747 2, 751 2; Teilh, notw Streitgenossen 747 3; Teilauseinandersetzg Vorb 2 vor **749**; TeilhRechte, Zuweisg an Pfandgläub 1258 2; TeilhSchulden, BerichtigAnspr 756 1; Teilg in Natur 752 2; Teilg durch Verkauf 753 1; Teilgsdurchführg Vorb 2 vor **749**, 752 1; Teilgsvereinbarg Vorb 1b vor **749**; Übergangsvorschr EG 173 1–3; Verfügg üb Gemeinschaftsggst 744 2, 747 3; Verfüggsbefugnis üb Anteil 747 1, 2; Verjährg d Aufhebgsanspr 758 1; Verkauf von Fdgen 754 1, 2; Verlosg 752 2c; Versteigern unter den Teilh 753 1; Verwaltg durch Teilhaberbeschluß 745 1; Verwaltg gemeinschaftl 744 1; Wesen 705 1a, 741 1, 5; Wirkg des Teilhaberbeschl gg Rechtsnachf 746 1; der Wohngseigentümer Übbl 2 E vor **WEG 1**, **WEG 10ff**
Gemeinschaftliches Eigentum, Änderg des Anteils WEG 6 1; Begründg WEG 3 1a; Gebrauchsregel WEG 15; Gegenstand WEG 5 2; Geltendmachg schuldrechtl Ansprüche Vorb 5 vor **633**; 633 2 (WerkVertr); Inhalt WEG 13 2; Verwaltg WEG **21ff**
Gemeinschaftliches Testament, Anfechtg 2271 4; Arten Einf 3 vor **2265**; Ausschlagg 2271 3c aa; Berliner Test 2269 1, 5; Begriff Einf 2 vor **2265**; Bindg an 2271 3; Eheauflösg 2268 1; Eheg 2265 2; eigenhändiges 2267; Einsicht 2264 2, 2272 2; Verhältn z Erbvertr 2271 1; Eröffng 2273; Eröffngsfrist 2263 3a; Errichtung 2256–2267; Form 2265 3a–e; Form, Gültigk intern PrivR EG 24–26 Anh, EG 24 3; Mitunterzeichnung des anderen Eheg 2267 4; Nichtigk 2077 1, 2265 2, 2268; Nottest 2266; öffentliches 2265 3; Pflichtteil 2269 4, 2271 4; Pflichtteilsentziehung durch Überlebenden 2271 3c bb; Rücknahme 2272 2; Scheidg der Ehe 2268 2; Teilwiderrufg 2273 2–4; Tod eines Eheg 2271 3; Übergangsrecht TestG 51 2–4, Einf 4–8 vor **2229**; Umdeutg 2265 2; für gemeinschaftl Unfalltod 1923 2b; Verfehlgen eines Abkömml 2271 3 a; Verfügg unter Lebenden 2271 3 a; Verwahrg nach Teilverkündg 2273 3; Wechselbezüglk Einf 3c vor **2265**, 2270 1, 2; Widerruf 2255 6, 2271; Widerruf wechselbezgl Vfgen 2270 3, 2271 1, 2; Widerrufsvorbehalt 2271 3c cc; WiederverheiratKlausel 2269 5; Zeit- u Ortsangabe 2267 4
Gemeinschaftsinteresse, Rechtsformen der Verwirklichg 705 1a
Gemeinschaftskonto Einf 3 o vor **607**
Gemeinschaftsordnung WEG 8 1b; 10 1b 2a
Gemeinschaftspraxis 705 9 b aa
Gemischte Verträge 305 6; Formpflicht 313 8c; mit Miete Einf 3 vor **535**
Genehmigung, Begriff Einf 1, 2 vor **182**, 184; Beistand 1687; behördliche zu Anwartschaftsrechtsveräußerg des Mitnacherben Einf 4 vor **2100**; des und Eheg 1365–1369; zu Erbteilsübertragg 2033 1c; des VorE 2112 1; zu Erbauseinandersetzg Einf 6 vor **2032**, 2042 2c; zu Erbschaftskauf Übbl 2 vor **2371**; GrdstVeräußerungsvertrag 313 13b, 15, Einl 7b vor **854**, 925 7; behördl u Bedingg 162 3; u Unmöglichk 275 9a; unter Vertragsänderg 275 9a; ErklEmpfänger 182 1, 184 1; Erlanggg der Rechtsfgk durch – Einf 4 vor **21**; Form Einf 2 vor **182**, 184 1; für Grundstücke bei Vermögenssperre Übbl 12d vor **873**, 885 1d; Handeln ohne Vertretgsmacht 177, 178 3; Hinweis dch Notar BeurkG 18; Gegenvormund 1832 1; Geschäftsführg oA 687 1, 2; von Mj abgeschlossenen Vertrages 108 1, 2; Pflicht, an der Herbeiführg der behördl – mitzuwirken 242 4 B c; rückwirkende Kraft 184 1, 275 9; Schuldübernahme 415 3, 4; Schutz der Rechte Dritter 184 2; der Stiftg 80–84; unwiderruflich 187 1, 185 2; beim Vorkaufsrecht 505 1, 510 2; Wertsichergsklauseln 245 5a; Widerrufsrecht des Dritten 1366 3a, 1427, 1453; s a Einwilligg, Zustimmg, Zustimmgersetzg, vormschgerichtl Genehmigg
Genehmigung des Vormundschaftsgerichts, s vormschgerichtl Genehmigg
Generalsubstitut d Rechtsanwalts 664 1
Generalübernehmer, Generalunternehmer 631 1d
Genossenschaft, Benutzg ihrer Einrichtgen Einf 2g vor **535**; als Gründergesellsch, Haftg 21 2; GrdstZuweisg 313 2c; Vererblichk der Mitgliedschaft 1922 3a gg; TestVollstrg hiebei 2205 1b hh; vormschgerichtl Genehmigg des Eintritts 1822 10

gentleman agreement, Einl 2 vor 241; Auslegg 157 5c
Geräusche, Abwehr 906 5, 1004
Gericht, fr gerichtl Beglaubigg 129 1; fr gerichtl Beurkundg 128 1; Errichtg gerichtl Urkunden fr EG 151; Verjährg bei Bestimmg des Gerichts 210; Zustdgk in Hausratssachen 861 6e, Anh zu 1587p 11, s auch „Familiengericht", in WE-Sachen WEG 43, 53
Gerichtliche Entscheidung, Antrag auf – wegen Ehefähigkeitszeugnis EheG 10 3; Anerkenng ausl Scheidgsurteile EG 17 6b; Befreiung v Ehehindernis der Wartezeit EheG 8 3; nach BBauG Übbl 12b dd vor 873; nach GrdstVG Einl 7b dd vor 854
Gerichtlicher Vergleich 779; Auflassung im –925 4c; Erbvertr 2276 2; Erbverzicht 2347 2; Ersetzg der notariellen Beurkundg 127a, 128 3, 1587c; Testament 2247 1; Wegfall der GeschGrdlage 242 6 D h
Gerichtsferien, Fristhemmg 191 1
Gerichtskosten in Nachlaßsachen Einl 5 vor 1922
Gerichtsstand 269 2c; AbzahlgsGesch AbzG 6a; internat PrivR Vorb 2a, 4 vor EG 12; – Klauseln in AGB AGBG 9 7; bei Nichtigk des Vertrags 139 3; Vereinbarg 269 4, Vorb 6w vor EG 12, AbzG 6a 4; RNatur Einf 4h ee vor 305
Gerichtsvollzieher, als Besitzer 868 2 c bb; als Erfüllungsgehilfe 278 6 d; Erwerbsverbot 456–458; Haftg 839 5 B c mm, 15; Stellg Einf 3 vor 164, Einf 2 h vor 611; kein Vertreter bei Pfändg Einf 1a vor 164; Mitteil des Rücktr vom ErbVertr 2296 1; des Widerrufs beim gemeinsch Test 2271 2 B a aa; Zustellg v Will-Erkl 132
Gesamtakt bei Beschlußfassg der Vereinsversammlg 32 1, nicht bei Gesellschaftsgründg 705 3 a
Gesamteigentümergrundschuld 1196 2
Gesamterbbaurecht ErbbRVO 1 1a; 2 2d; 121b, 3; 14 1
Gesamtforderung, Begriff Übbl 1 vor 420
Gesamtgläubiger, Aufrechng 719 2d; Ausgleich 430 1; GesGläubigerschaft Übbl 1b vor 420, 428; Vereinigg von Fdg u Schuld 429 1; Verzug 429 1
Gesamtgrundschuld, Verzicht des Gläub auf Gesamthyp 1175 2
Gesamtgut, der Gütergemsch 1416, der fortges Gütergemsch 1485; Abgabe einer Willenserklärg 1450; Ablehng einer Schenkg 1432 5, 1455; Ablehng eines Vertragsantr 1432 4, 1455; Anfall eines Miterbenanteils 2033 5; Annahme u Ausschlagg einer Erbsch oder eines Vermächtn 1432 2, 1455; Aufhebgsklage, Gründe 1447, 1448, 1469, Wirkg 1449, 1470; Aufrechng gg Gesamtgutsfdgen 1419 3; Auseinandersetzg 1471–1481; nach Scheidg 1478, Surrogation 1473, Teilg 1477, ÜbernahmeR 1477 2, 3, Überschuß 1476, Verfahren 1474 ff, Verwaltg bis Auseinandersetzg 1472; Ausgleich mit Vorbehalts- u Sondergut 1445, 1467; Ausgleich des Zugewinns, Verzicht 1432 3, 1455; Ausgleich bei Zuwendungen aus Gesamtgut 2054, 2331; Auskunfteilg durch verwaltenden Eheg 1435; Ausstattgsversprechen 1444, 1466; Bereicher 1434, 1457; Besitz 1422 3, 1450, 866 1 b, 868 2 c bb; Einkünfte, Verwendg zum Unterhalt 1420; Einwillig des nicht verwaltenden Eheg 1423–1428; Einwillig bei gemeinsch Verwaltg 1452, 1453; Erbschaftsschulden des nicht verwaltenden Eheg

1439, bei gemeinsch Verwaltg 1461; Erhaltgsmaßnahmen 1455; Ersatzleistg des verwaltenden Eheg 1435, 1445; Ersatzvornahme bei Krankh oder Abwesenh eines Eheg 1429, 1454; Ersetzg der Zustimmg durch VormG 1426, 1430, 1452; Erwerb währd der Gütergemsch 1416; Erwerbsgeschäft eines Eheg 1431, 1456; Fälligk der Ausgleichsanspr 1446, 1468; Fortsetzg eines anhäng Rechtsstreits 1433, 1455; Gesamthandsgemeinsch 1416 1, 1419; Geschäftsunfähigk u -Beschränkth eines Eheg 1458; Grundstücksverfgg 1424; Gütertrenng als Folge der Aufhebg 1449, 1470; Haftg des Gesamtguts 1437–1440, 1459 ff; Haftg im Innenverhältn 1441–1444, 1463 ff; Haftg, persönl des verwaltenden Eheg 1437 3, 1459, des nicht verwaltenden 1434 4; Haftg für Verbindlk aus Erbschaften u Vermächtn 1439, 1461; Inventarerrichtg 1432, 1455, 1993 2; Inventarfrist 2008 2; Konkurs des verwaltenden Eheg 1437 6, bei gemeinsch Verwaltg 1459 5; Kosten eines Rechtsstr 1438 3, 1441, 1443, 1465; Mitwirkgspfl 1451, 1472; Notverwaltgsrecht 1429, 1454; notwendige Maßnahmen 1455, 1472; ordnungsgemäße Verwaltg 1435, 1451, 1472; Pflicht-Ergänzg bei Zuwendungen aus Gesamtgut 1425, 1455, 2317 1; PflichtVerzicht 1432, 1455, 2317 1; Prozeßkosten 1443, 1465; Rechtsgeschäfte des nicht verwaltenden Eheg 1438 2, der gemeinschaftl verwaltenden 1450 3; Rechtsgesch ggüber dem anderen Eheg 1455 2; Rechtsstellg des verwaltenden Eheg 1422 1, des nicht verwaltenden 1422 2, der gemeinsch verwaltenden 1450 2; Rechtsstreitigkeiten 1422, 1433, 1438, 1441, 1450, 1465; Schenkungen aus Gesamtgut 1425; Sondergut s dort; ÜbergVorschr Grds 3 vor 1415; Befugnis des TestVollstreckers, wenn Anteil am Gesamtgut zum Nachl gehört 2205 2 g; Umstellg bei Auseinandersetzg Vorb 1 vor 1471; ungerechtfertigte Bereicherung des G 1434, 1457; Unpfändbk des Gesamtgutanteils 1419 2; Unterhalt der Familie aus dem Gesamtgut 1420; Unterhalt verwaltender aus dem Gesamtgut 1604; – Verbindlichk 1432, 1438, 1459, 1460; Verfügg über Gesamtg 1422, 1450; keine Verfügg über Anteil am Gesamtg u den einzelnen Ggständen 1419 2; Verfügg über Gesamtg im ganzen 1423, über Grundst 1424; Verfügg ohne Zustimmg des anderen Eheg 1428, 1453; Verhinderg des verwaltenden Eheg 1429, 1454; Vertretg, ggseitige der Eheg 1416 1; Verwaltg, Regelg durch Ehevertr 1421; Verwaltg durch einen Eheg 1421–1449, durch beide Eheg 1450–1470, 1472 1; Verwalter, Rechtsstellg 1422 1; Vorbehaltsgut s dort; Vormundsch über einen Eheg 1436, 1458; Widerspruch gg Zwangsvollstr in Gesamtgut 1455; Zugewinnausgleich, Verzicht 1432 3, 1455; Zuwendungen aus Gesamtg, Ausgleichg, 2054, 2331; Zwangsvollstr in Gesamtg 1422 4b, 1437 5, 1459 2
Gesamthand, ungerechtfert Bereicherg 812 5 B b ff, 818 6 A d
Gesamthandsanteil, PfandR 1258 1 b
Gesamthandseigentum Übbl 5c vor 903; MiteigtVorschr, Anwendbark 1009 2; Überführg in Bruchteilseigt bei Grdst 313 4a
Gesamthandsforderung Übbl 1c bb vor 420
Gesamthandsgemeinschaft, Belastg 1009 2; Gütergemsch 1416 1, 1419; Erbengemsch Einf 2 vor 2032; Fdgberechtig Übbl 1 c bb vor 420; Gesellsch 705 5 718 1; Haftg für Schuld Übbl. 2 c vor 420; nicht rechtsf Verein 54 1;

Gesamthandsgläubiger Fette Zahlen = §§

Wesen Übbl 1 c bb vor **420**; – Wohnungseigentum WEG 3 **3**
Gesamthandsgläubiger, Begriff Übbl 1c bb vor **420**
Gesamthypothek, Übbl 2 B c vor **1113, 1132** 2–4; Ausschlußurteil **1170** 4a, **1175**; Befriedigg durch Eigentümer **1173**; Befriedigg aus Grdst **1181** 1b, 2b, 3a; EigHyp **1163** 5b; Eigentümergesamthyp **1172**; Eintr auf allen GB-Blättern **1132** 4b; Ersatzhyp, Rangrücktritt **1182** 2, 3; Fdgsübergang **1143** 5; Mithaftvermerk **1132** 4a; Rang bei Teil **1176**; RückgriffsR bei Befriedigg durch Eigentümer **1173** 4; Übergang kraft Ges **1173** 3, 4b; Übergang auf ersatzberecht Schuldner **1174** 2; Verteilg **1132** 5; Verzicht **1175**
Gesamtleistung, unteilbare Übbl 1 c vor **420**
Gesamtnachfolge, Besitzvererbg **857** 3; Grundsatz **1922** 4, **1942** 1, **2032** 1; keine Vermögensübernahme **419** 3a
Gesamtsache s Sachgesamtheit
Gesamtschuld 421ff; Abtretg **425** 2; Anfechtg **425** 2; Aufrechng **422** 1; Ausgleichspflicht **421** 4, **426** 1–3; Begriff **421** 1; Erfüllg **422** 1; Entstehgsgrund **421** 1c; Erlaß **423** 1; Fordergsübergang **426** 1c; Gemeinsch des Zwecks **421** 1 d aa, 2; gesetzl **421** 3 b; Gesamtwirkg von Tatsachen **422** 1, **423** 1, **424** 1, **425** 1; GläubVerzug **424** 1; Haftgfreistellg u G **426** 5; Hinterlegg **422** 1; Inhalt **421** 1; Innenverhältn **426** 1a; keine G bei mehreren Bereicherten Einf 8e vor **812**; Kündigg **425** 1c, 2; rechtsgeschäftl **421** 3a; Rücktritt **425** 2; Schuldnerverzug **425** 2; Übergang der Gläubigerfordg im Rahmen der Ausgleichspflicht **426** 4; unechte **421** 2; Unmöglk **425** 2; unteilbare Leistg **431** 1; Unterlassg Übbl 3 vor **420**; Urteil, rechtskr **425** 2; Vereinigg **425** 2; Verjährg **425** 2; Vertragsschuld **427** 1; Verschulden **425** 2
Gesamtwandelung 469 2
Geschäft, fremdes, Absicht als eig zu führen **677** 2b, **687** 2; fremdes, irrtüml Behandlg als eigenes **687** 1; Mitarbeit im–des Erbl als ausgleichspfl bes Leistg **2057a** 2; Scheingeschäft **117** 1, 2, verdecktes **117** 3; zG dessen, den es angeht **164** 1, **677** 2b
Geschäfte zur Deckg des Lebensbedarfs in der Ehe s „Schlüsselgewalt"
Geschäftsähnliche Handlungen, Übbl 2 c vor **104**; Begründg u Aufhebg des Wohnsitzes **8** 1
Geschäftsanteile, Kauf **437** 2e; Gewährleistg Vorb 3a vor **459**; der GmbH Nießbrauch **1068** 4; Übertragg **413** 1 b; Vererbg **1922** 3a gg; Verw dch TestVollstr **2205** 1 b *ff*
Geschäftsbedingungen, s allgemeine Geschäftsbedingungen
Geschäftsbesorgung, Abgrenzg von DienstVertr Einf 2 b vor **611**, Einf 2c vor **662**; Begriff Einf 2c vor **662, 662**, 3, **675** 2a; entgeltl **675**; in Fremdinteresse **675** 2 b, **677** 2 b; vorl Erben **1959** 1, 2; im Konkurs **675** 4c; Nichtigk **675** 3; selbstständ wirtschaftl Tätigk **675** 2a; Umfang bei GeschFührg o Auftr **677** 2a
Geschäftsfähigkeit, Begriff Einf 2 vor **104**; Entmündigter **114** 1, 2; Geisteskrankheit **104** 4; geschäftsähnliche Handlungen s dort, ferner Einf 5 vor **104, 105** 1; fehlende des Geschäftsführers **682**; guter Glaube Einf 4 vor **104**; Handlungsfgk Einf 1 vor **1**, Einf 1 vor **104**; internat PrivR EG **7** 1–5; Minderjähriger **106** 1, 2, **112** 1, 3; öffentl Recht Einf 2 vor **104**; Prüfg dch Notar BeurkG **11**, **28**; Staatenloser EG **29**; Tathandlungen Einf 5 vor **104**, **105** 1; Testierfähigk **2229**; Verfügungsfgk Einf 3 vor **104**;

des Vertreters **165**; Zugehen von WillErkl bei beschränkter **131** 1
Geschäftsfähigkeit, beschränkte, Eheaufhebg EheG **30** 2; Ehegatte bei Erbvertr **2275** 3; Ehelicherklärg **1728**, **1740e**; Eheschließg EheG **3**; Ehevertrag **1411**; ErbvertrAufhebg **2290**; Erfüllg ggü beschränkt Geschäftsfähigen **362** 1; Rücktritt v Erbvertr **2296**; Ruhen der elterl Gewalt **1673**; Testierfähigk **2229** 6b; Unterhaltsvereinbarg **1615e** 3e; Willenserkl **106–114**; Willenserkl ggüber Vertreter **165**; Zugehen **131**; Wohnsitz **8** 1
Geschäftsführung, Gter, ergänzende Anwendg von Auftragsrecht **713** 1, s a Gesellschaft; Vereinsvorstand **26** 2, **27** 3
Geschäftsführung ohne Auftrag 677ff; Anspr des GeschFührers bei Genehmigg **684** 1, 2; entsprechend Anwendg der Vorschr **677** 1e; Anzeigepfl des GeschFührers **681** 2; AufwendAnspr bei Schenkgsabsicht **685** 1, 2; Aufwendgsersatz **670** 2, **677** 1 d, **683** 4; Ausbeutg fremden Urheber R **687** 2, 1; Ausschluß der Rechtswidrigk **677** 4g; Ausführg im Interesse des GeschHerrn **677** 4c, d, **683** 1; Begriff **677** 1a; Eigengeschäftsführg **687** 1, 2; Erfüll im öff Interesse **679** 2b; Führg in eig Namen **687** 2; Gesch zG dessen, den es angeht **677** 2b; GeschFgk des GeschHerrn **682** 1; GeschHerr **677** 2b; gesetzl Unterhaltspflicht des GeschHerrn **679** 2c; Herausgabe des Erlangten **681** 3; Haftg des GeschFührers **677** 1 d, **683** 4; Haftg des GeschFührers bei fehlender GeschFähigk **682** 1; Haftgsminderg bei drohender Gefahr **680** 1; internat PrivR Vorb 6i vor EG **12**; Irrtum ü d Person des GeschHerrn **686** 1; MitVersch **254** 2b; objektiv fremdes Geschäft **677** 2b; öffentl-rechtl GoA **677** 1g; Pflichten des GeschFührers **677** 4; Pflicht d GeschHerrn **679** 2a; als rechtl Grund für ungerechtfert Bereicherg **812** 4c; subjektiv fremdes Geschäft **677** 2b; Tod **677** 4f; Übernahme geg Interesse u Willen d GeschHerrn **677** 4d, **678** 1, **683** 1, 2, 3; unechte **687** 2; Vergütg **683** 4; Verjährg **677** 5; bei Verpflichtg zur Besorgg ggüber Dr **677** 2e; Ausschluß der Ausgleichg für bes Leistgen **2057a** 2d; Wahrg eig Interessen des GeschFührers **677** 2d; Weiterführg des begonnenen Geschäfts **677** 4e; Wille entggstehender des GeschHerrn **678** 1, **679** 1, 2; wirkl oder mutmaßl Wille d GeschHerrn **677** 4c, **683** 3
Geschäftsgeheimnis, Verwertg **826** 8 u ii
Geschäftsgrundlage, Änderg nachträgl **119** 2, **242** 6; Ausgleichsanspruch **242** 6 C a; Begriff **242** 6 B a; Fehlen **242** 6 B i; Irrtum **119** 2, **242** 6 C d; Wegfall **242** 6 B a; bei Auftrag **667** 4c; bei Bürgschaft **242** 6 B i, **765**1; bei DienstvertrVorb 1a d vor **620**; Einzelfälle **242** 6 D; bei gemschaftl Test **2271** 5; bei GesellschaftsVertr **242** 6 D d, **705** 3b, c; bei Leibrente **759** 1f; bei Miete **537** 1c cc; Rechtsfolgen **242** 6 B f; u vertragl Risikoverteilg **242** 6 B d; bei Sachmängelhaftg **242** 6 E a; bei Schenkg **527** 1; beim Vergleich **242** 6 D h, **779** 5, 8e; bei Vorschlag der Eltern über elterl Gewalt nach Scheidg **242** 6 D c, **1671** 3; u wirtschaftl Unmöglichk **242** 6 Ca bb; u Zuwendg zw Ehegatten **242** 6 D c; u Zweckstörgen **242** 6 C b
Geschäftsordnung des Vereins **25** 1
Geschäftsräume, Miete, Einf 7 vor **535, 565** 2b, 3; Entschädiggsanspr **557** 2
Geschäftsraummiete Einf 7 vor **535**
Geschäftsrecht im IPR EG **11** 1
Geschäftsunfähigkeit, Begriff Einf 2 vor **104**, **104** 1; Annahme an Kindes Statt **1746**; Anwalts-

Vertr Einf 2 vor **104**; des Auftraggebers **672** 1; des Beauftragten **673** 1; Begründg u Aufhebg eines Wohnsitzes **8**; Beweislast **104** 6; Ehelichklärg **1729, 1740c**; Ehenichtigk EheG 2 **1**, 18; Ehevertr **1411** 2; Erbvertr, Anfecht **2282**, Aufhebg **2290** 2; Folgen **104** 5, **105**; Freiheitsentziehg, BeschwerdeR **1800** 1; Gründe **104**; nachträgl GeschUnfähigk **153**; partielle **104** 3; Rücktr v Erbvertr **2296** 1; PflegschAnordnungsverf, AntrR Einf 2 vor **104**; BeschwerdeR **1910** 5; Ruhen der elterl Gewalt **1673**; Testierunfähigk **2229** 6c; Zugehen von WillErkl **131** 1

Geschäftswert, keine Sache **90** 3; einer Gesellschaft **718** 2d

Geschenk, Verlobg, Rückgabeanspr **1301** 1, 2; s a Schenkg

Geschiedener Ehegatte, Name **1355** 4; Wiederannahme eines früheren Namens **1355** 4; Unterhaltsanspr EheG **1569**ff

Geschiedenenwitwenrente Einf 8, 9 vor **1587**

Geschlecht der natürl Person **1** 4

Geschlechtliche Beziehungen, Vertrag im Zusammenhg mit – **138** 5g

Geschlechtsänderung (= Umwandlg) EG **13** 4b, EG **30** 5 (FamilienR); keine Eintragg im Geburtenbuch **1** 4

Geschlechtskrankheiten, Ehescheidungsgrund **1565** 3

Geschlechtsmißbrauch 825

Geschwister, Ausgleich bei Unterhaltsleistg ggü Eltern Einf 5 vor **1601**; Begriff im Erbrecht **2084** 4 a; Eheverbot EheG **4**; ggseitiger Unterh **814** 3, **1601** 2, **1649** 2

Gesellschaft 705 2, 3; Abschlußmängel **705** 3d; Abgrenzg **705** 1b, 2; ähnliche Verträge **705** 10; Änderg der Grundlagen Vorb 2 vor **709**; Anteil am GVermögen **719** 1, 2; Anwachsg **736** 1, 2c, **738** 1, 2; Aufgaben der Geschäftsführg Vorb 2 vor **709**; Auflösg, Bedeutg Vorb 2 vor **723**, s a Auseinanders; Auflösgsgründe, allg Vorb 1 vor **723**; Aufrechng gg Fdgen **719** 2d; Auseinandersetzg des Vermögens s dort; Ausscheiden Ausschließg s Gesellschafter; Begriff Vorb 1 vor **21**, **705** 2; Beiträge **705** 4c, 7a, **706**, **707**, **718** 2a; Besitz **854** 6b; Dauer, beschränkte **723** 1b; Dienstverträge mit Gtern **713** 1; Ehegattengesellschaft **1356** 4 g; Einlage **706**, **707**; EinmannG **736** 1; Einstimmigkeitsatz **709** 1 a vor **104**; Entscheiden durch Stimmenmehr Vorb 1 b vor **709**; faktische G Einf 5 c vor **145**, **705** 3 d, **741** 6; fehlerhafte **705** 3d; Fortsetzg Vorb 2 vor **723**, **723** 1, 2 d, **727** 1 c, **728** 1, **736** 1–3, **738** 1, 2; GelegenheitsG **705** 4a, 9b bb; Gesamthandvermögen **705** 5, **713** 2c aa; GesamthandaußenG **705** 5, **718** 1; GeschFührg **709**–**715**; GeschFührg, gemeinschaftl der Gter Vorb 1 a, 3 vor **709**, **709**; GeschFührgEntziehg Vorb 3a vor **709**, **712** 3; GVermögen **705** 5, **718**; Gewerbebetrieb durch Minderkaufleute **705** 9 b aa; Gewinnanteil **717** 2b, **722**, s a Auseinanders; Haftg für GSchulden **718** 3; Haftg aus Wechseln **705** 5; Auftreten als Handelsgesellsch **714** 2, 3c; InnenG **705** 3d, 8; InteressenGemeinsch **705** 9 b bb, 10; internat PrivR Vorb 6 m von EG **12**; Kartelle **705** 9 b bb; Konsortien **705** 9 b bb; Konzerne **705** 9 b bb; Künd eines Gters **723** 1, Künd durch Pfändgsgläub **725** 2b; auf Lebenszeit **724** 1; Mehrheitsbeschl Vorb 5 b vor **709**; Mitgliedsch in OHG **705** 3 d; partiarischer Vertr **705** 4 b, 10; Pfändg des GAnteils **725** 2; Schuld ggüber Dr **733** 1 a; Schuld ggüber Gtern **733** 1 b; Schutz des gutgl Schuldners **720** 1; societas leonina **705** 4 b; stille **705** 8; Surrogationserwerb **718** 2 c; tatsächl **705** 3 d; Teilg d Vermög **719** 1, 2 a; Testamentsvollstreckg **2205** 1 a cc; Tod eines Gters **727** 1; TestVollstrg **2205** 1 b cc; Übernahmerecht **736** 1; Übertragbark der Mitglsch **717** 1 a; Übertragg der GeschFg Vorb 1 c vor **705**; Umstellg bei Auseinandersetzg **730** 4; Unmöglichwerden des Zwecks **726** 1, 2; Unterbeteiligg **705** 8, **717** 1a; unzulässige RAusübg **242** 4 D g; VermögÜbernahme **731** 1, **736** 2 c; Vertretg im Prozeß **714**; Vertretgsmacht Vorb 4 v **709**, **714**; Verpflichtgen ggüber Gtern **705** 7b; Verwaltg des GVermögens **705** 7c; auf Zeit, unbest **723** 1a, **724** 1; Zubuße **707** 1, 2; ZweimannG **736** 1, **737** 1; Zweck **705** 2, 4; Zweckerreichg **726** 1

Gesellschaft mit beschränkter Haftg, Anteile, TestVollstr-Verwaltg **2205** 1b ff; Haftg d Geschäftsführers **831** 7; Vererblichk **1922** 3 a gg, **2032** 7; vormundschGer Genehmigg **1822** 10

Gesellschafter, Absondergrecht bei Konkurs eines MitGters **728** 1; Abtretg des G-Anteils **719** 2b; actio pro socio **705** 7a; Anteil am Gewinn u Verlust **722**; Anspr gg and Gter **733** 1c; Anspr aus GeschFg **713** 2, **717** 2a; Anspr auf Rechngsabschluß **713** 2c dd; Aufwendgsersatz **705** 7b; Aufrechnung **273** 4; Auseinandersetzungsanspr **719** 2a, **730** 2b, e; Auseinandersetzgsguthaben, Anspr auf **717** 2c, **730** 2d, ausgeschiedener **738**, Anspr auf Rechngslegg **740** 1; Ausfall des G inf unerlaubter Handlg **842** 1; Auskunftspflicht **713** 2c; Ausscheiden Vorb 3 vor **723**, **736** 1, **738** 1; Ausschließg **737** 1; Ausschluß von GeschFg **710** 1; Befriedigsrecht ggüber Gläub **725** 2c; Beitragspflicht **706** 1, 2; Berechtigg am GVermögen **705** 5; Beschlüsse Übbl 3 a vor **104**, Vorb 5 a, b vor **709**; Eintritt neuer **736** 3; Entziehg der Vertretgsmacht **715** 1; Erfindung **611** 2 c; Gefährdg der Einlage **707** 2; Geschäfte, schwebde **740** 1; GeschFg Ausfluß der Mitglschaft Vorb 3 a vor **709**, **713** 1; GeschFgbefugnis **709** 1, 2; eines einzelnen G bei gemeinsamer GeschFgsbefugnis **709** 1b; GeschFgsBefugnis, Fortdauer **729** 1; GeschBeteiligg, Widerruf von deren Schenkg **530** 1; Gewinnanteilanspr **717** 2b; Gewinnverteilgsanspr **721** 1; Haftg, persönl für GSchulden **718** 4; Haftg bei Erfüllg der GPflichten **708** 1; Haftg der neu Eintretenden für GSchulden **736** 3a; Haftg des vertretenen **714** 3c; jurist Pers **705** 3a; Kreditgewinnabgabe **730** 5; Künd der GeschFg Vorb 3b vor **709**, **712** 3; Künd d G aus wichtigem Grd **723** 1b; Künd z Unzeit **723** 2; KonkEröffng **728** 1; Lastenausgleich **730** 5; LeistgsverweigergsR **705** 3c, **706** 1b; Mitwirkg bei GeschFg **705** 7c; Nachschußpflicht **735** 1–3, **739** 1; Pfändung des Anteils am GVermögen **719** 2b; pfändbare Ansprüche **717** 2d; Pflichten bei Auseinandersetzg **731** 4; Pflichten des GeschFührers **713** 2c; Pflicht zur Verschwiegenh **705** 7; Rechngsleg-Anspr **721** 1, **730** 2c; Rücktrittsrecht **705** 3c; Sonderrechte **713** 1; Sondervergütg **705** 7b; Stimmrecht **134** 3 a, **138** 5 s, **705** 7c, Vorb 5 c, vor **709**; Stimmenthaltg bei Interessenkollision **705** 7, Vorb 5 c vor **709**; Treupflicht **705** 7, **738** 2; Übertragbark der Einzelrechte **717** 1d, 2; Übertragg des Anteils an einzelnen Ggständen **719** 2c; Übertragg der GeschFg an Gter **710** 1; Unterrichtgs- u NachprüfgsR **713** 2c ee, **716** 1; unzuläss Beschränkg des KündRechts **723** 1b; Verbürg für Ge-

2411

Gesellschaftsanteil   Fette Zahlen = §§

sellsch-Schuld **775** 1; Verfehlgen Vorb 3b vor **709**; Verfügg über Anteil am GVermögen **719** 2b; Verpfändung des Anteils **719** 2b; verstorbener, Anfall des G-Anteils **727** 1 d, **1922** 3a ee, **2032** 6; Vertretg **714** 1, 2; Wechsel **727** 1b, **736** 3b bb; Weisgen an Geschführer **713** 2 b; Widerspruchsrecht bei GeschFgsbefugnis **711** 1

Gesellschaftsanteil 719 1, 2; Kauf **433** 1b cc, **437** 2e, Vorb 3e vor **459**; Gewährleistg Vorb 3e vor **459**; Nießbrauch an – **1068** 3; Testamentsvollstreckung **2205** 1 a cc; Vererblichkeit **1922** 3a cc; **2032** 5, 6; Vor- und Nacherbfolge **2113** 1 b cc

Gesellschaftsrecht, abdingbares **705** 8; keine Anwendg des AGBG **23** 2a; Anwendungsgebiet **705** 9; Unübertragbark **717** 1; Verwirkg in G **242** 9f; unzul Rechtsausübg **242** 4 D g

Gesellschaftsreisen 705 10

Gesellschaftsverhältnisse, sittenwidrige Vereinbarg **138** 5 h

Gesellschaftsvermögen 705 5, 8, **718** 1

Gesellschaftsvertrag 705 3; Abänderg **705** 3b; Abfindgsklausel **738** 2 d; Abschlußmängel Einf **1** 5 c vor **145**, **705** 3 d; Anfechtg **705** 3 d; atypischer **705** 8; Abfindgsklauseln u Pflichtberechng **2311** 1; Auflösg dch Konkurs eines Gters **728** 1; Auflösg durch Tod eines Gters **727** 1, 2; Auflösg durch Zweckerreichg **726** 1; ggs Vertr **705** 3c, Einf 3b vor **320**; GrdstEinbringg **313** 4a; Inh **705** 2; Künd **705** 3c, **723** 1, 2, **725** 2b; Nachfolgeklauseln **1922** 3a u, **2301** 3a; Nichtigk, Berufg auf Einf 5c vor **145**, **705** 3 d, 4d; Rücktritt **705** 3c; vormschaftsgerichtl Genehmigg **1822** 4

Gesetz, Auslegg Einl V 2 vor **1**, **133** 7; Inkrafttreten **187** 2; Nichtigk **139** 2; Rechtsnorm Einl IV vor **1**, EG **2** 1 a

Gesetzesänderung, internat PrivR Vorb 3 vor EG **12**

Gesetzesumgehung 134 4; im Recht der AGB AGBG **7**; im internat PrivR Vorb 8 vor EG **7**, hinsichtl Form EG **11** 3

GesetzlicheErben, Abkömmlinge **1924**; als Kind Angenommene s Adoption; Eheg s Ehegattenerbrecht; Ehelicherklärg **1924** 3 A; Eltern und deren Abkömml **1925** 1, 2; Einsetzg **2066** 1, 2; Fiskus **1936**; Großeltern **1926** 3; Halbgeschwister **1925** 4; Legitimation **1924** 3 A; NachE **2104** 1–3; nichtehel Kind **1924** 3 B bc, **1934a** 2c; nichtehel Vater **1924** 3 B bc, **1934a** 2c; Ordng, Begriff **1924** 3; Ordngen **1924–1929**; nichtehel Kind **1924** 3 B a; Verwandte **1924** 2; VorE **2105** 1, 2; Wegfall **1935** 2

Gesetzlicher Güterstand, Grdz 1 vor **1363**; s Zugewinngemeinschaft, Gütertrennung

Gesetzlicher Vertreter, Annahme an Kindes Statt **1751**; Ehelicherklärg **1728**, **1729**, **1740c**; Ehelichkeitsanfecht durch g V **1597**; Ehevertr **1411**; Erbvertr **2275** 2, **2282** 1, **2290**, **2296**; Ermächtigg des Mj zur Begründg eines Dienstverhältn **113** 2–4; Genehmigg eines ohne Einwilligg geschlossenen Vertrages **108** 1, 2; für Geschäftsunf und Geschäftsbeschränkte Einf 2 vor **104**; für Minderjährige **107** 1, 3; Haftg für Verschulden **278** 2; TestErrichtg **2229** 3; Wohnsitz **8**; s a Vertreter, Vertretungsmacht

Gesetzliches Pfandrecht an bewegl Sachen **1257**; Erlöschen **1257** 2 f; gutgläub Erwerb **1257**, 2a; IPR Vorb 2 vor EG **13**; Rang **1257**, 2b

Gesetzliches Schuldverhältnis Einf 5 u 6 vor **305**, Einl 5 c vor **854**, Einf 1 vor **1030**, Übbl 1 c bb vor **1204**

Gesetzliches Vermächtnis, Einf 2 vor **2147**;

Ausbildgsbeihilfe an einseitige Abkömml **1371** 3; Dreißigster **1969**; Voraus **1932** 4

Gestaltungsgeschäfte Übbl 3d vor **104**

Gestaltungsrecht Übbl 4d vor **104**; Übertragg **413** 1c

Gestattungsvertrag 903 5 C

Gesundheitsschädigung, Geldrente **843** 1, 4; Haftg f **823** 4; Ersatz von Heilgskosten **249** 2d; f vorgeburtl G – **823** 4b; Schmerzensgeld **847** 1–4; Wohngskündgg wegen **544**

Getrenntleben von Ehegatten **1567**; der Eltern, Übertragg der elterl Gewalt **1672**, **1678** 3; Eigentumsvermutg **1362** 2; Hausratsverteilg Anh **1587p**, **18a**; Herausgabe von Haushaltsgegenständen **1361a**; als ScheidgsVoraussetzg **1564** 3, **1565** 4, **1566** 1, 2, 3, **1567** 2; Feststellg der Dauer **1567** 3; kurzfristige Unterbrechg zur Versöhng **1567** 3; negative FeststellgsKlage auf Recht Einf 3a vor **1353**; Rechtsfolgen **1567** 1; Rechtsnatur **1567** 1; Schlüsselgewalt **1357** 2a; Unterhalt **1361**; als ZerrüttgsVermutg **1566** 1; Zugewinnausgleich **1385**

Gewährfristen beim Viehkauf **482**; Beginn **483**; Mängelvermutg **484**

Gewährleistung, Abdingbark Vorb 1a vor **459**; Abtretg von – Ansprüchen **402** 2, Vorb 4 g vor **459**; Anfechtg wegen arglist Täusch Vorb 2d vor **459**; bei Annahme an ErfüllStatt **365**; Ansprüche **462**, aus unerl Handlg Vorb 2f vor **459**; Anwendbark allg Vorschriften **320** 2c bb, Vorb 2 vor **459**; arglist Verschweigen von Mängeln **460** 4; bei Aufhebg der Gem **757** 1; Beschränkg dch Klauseln in AGB AGBG **11** 10; bei Erbschaftskauf **2376**; Gattgskauf **480**; Gattgsvermächt **2183**; Fehlen zugesicherter Eigschaft **463** 1, 2; Gefahrübergang Vorb 2 vor **459**, **459**, 6; grobfahrläss Unkenntnis **460** 3; Grundlage **459** 1; Hauptmängel **482** 1; bei Hingabe an Erfüllg Statt **365** 1; Irrtum des Käufers Vorb 2e vor **459**; Kauf „wie besichtigt" **476** 1; Kenntnis des Mangels **460** 1, 2; Klausel: „ohne Garantie" **476** 1; mehrmalige **475**; Miete **536–541**; als Nebenverpflichtg Einf 3c vor **765**; bei Verfehlg des Ausschlusses **476** 2; positive Fordergs-, Vertragsverletzg **276** 7b, Vorb 2b vor **459**; Pfandverkauf **461** 1, 2; bei Rechtskauf **437**; Rechtsmangel **434–436**; Sachmangel **459** ff; Unmögl Vorb 2a vor **459**; Verjährg der Ansprüche **477**; vertragl Abänderg Vorb 4 vor **459**; vertragl Ausschluß **476** 1; Verschulden bei Vertragsschluß Vorb 2c vor **459**; bei Vergleich über den Pflichtteil **493** 1, **2332** 3; Verlust bei Viehkauf **485** 1; Verwirkg **464** 5; Verzicht **476** 1; Verzug Vorb 2a vor **459**; Viehkauf **481**, **492** 1, 2; Wegfall der Geschäftsgrundlage **242** 6 D e; bei WohngsEigtErwerb Übbl 2 E d vor WEG **1**

Gewährvertrag Einf 3c vor **765**

Gewalt, höhere hemmt Verjährg **203** 1; Staatshaftg bei öffentl **839** 2c; tatsächl **854** 1

Gewerbeberechtigung als GrdstBestandteil **96** 2, **873** 2c; altbayerische Gewerbeberechtiggen EG **74** 2

Gewerbebetrieb, Gegenstand der Enteigng **903** 5 H c; als Leistgsort **269** 6; Recht am eingerichteten **823** 6 g; Vererblichkeit **1922** 3 a bb, **2038** 1 a; Verjährg bei Leistgen für **196** 4 a

Gewerbeordnung § **26**, **906** 5a dd, EG **125** 1

Gewerbepolizeiliche Vorschriften, Verstoß gg **134** 3a

Gewerbesteuerausgleichsgesetze, Schutzgesetz **823** 9g

Magere Zahlen = Erläuterungen **Grundbuch**

Gewerbetreibender, Ersatz für Verdienstausfall 249 2c
Gewerbliche Pfandleihe Einf 8 vor 1204
Gewerbliche Räume, MietR, s Geschäftsräume
Gewerblicher Rechtsschutz, unzul RAusübg 242 4 D g; Verwirkg 242 9f
Gewerbliche Schutzrechte, Kauf 433 1b
Gewerkschaft, Ausschluß aus 25 5e; Beitritt Minderjähriger 113 4; Klagerecht 54 2 A
Gewinn, nicht abgehobener 721 1; Begriff 721 1; entgangener 252; Überschuß 734 1
Gewinnanspruch bei Gesellschaft 717 2b; Verjährg 804 3
Gewinnanteilschein, Begriff 803 2a; neuer 805; Verlust 804 1, 2
Gewinnbeteiligung 157 5b, 611 7b
Gewinnstammrecht, Nießbrauch 1068 4
Gewissensnot, Einfluß auf Leistgspfl des Schuldners 242 1d bb
Gewöhnlicher Aufenthalt, im IPR Vorb 6 vor EG 7, Anh 3 zu EG 21, Anh 4c zu EG 23; EG 29 2, Anh III zu EG 29, Anh V zu EG 29 Vorb, s unter „Aufenthalt"
Gewohnheitsrecht Einl IV 2a vor 1, Rechtsnorm EG 2 1e
Giebelmauer, s „Nachbarwand"
Giroüberweisung 270 1d, 328 3, 362 3, 675 3b; steckengebliebene Überweisg 675 3b; Überweisungsauftrag 665 2, 675 3b; Widerruf 665 2
Girovertrag 675 3b
Glasbausteine in der Grenzmauer Übbl 2 d aa vor 903
Glaube, guter, Begriff 932 2; bei Ersitzg 937 3; beim Erwerb von Eheleuten 892 5c, Vorb 4 vor 932; kein Gutglaubensschutz bei Nachl-Sachen 1922 4, bei Vermögenssperre Vorb 2c vor 932; s a Eigtserwerb vom Nichtberechtigt, gutgläub Erwerb
Glaube, öffentlicher s öffentl Glaube
Glaubenswechsel als Eheverfehlung EheG 43 13
Gläubiger, Eigentumsvermutg bei Eheg 1362; Mehrheit Übbl vor 420; Rechte und Pflichten Einl 1c vor 241; Schädigg 138 5i; Sicherstellg v Vereinsglüb 52; Unkenntn der Erben, Schuldnerverzug 285 2
Gläubigeranfechtung, keine GlA d ErbschAusschlagg 1954 1; Verhältn zu § 134, 134 3a; zu § 138, 138 1f dd
Gläubigerbenachteiligung 134 3a, 826 8i
Gläubigergefährdung 138 5c
Gläubigergemeinschaft, Ausgleich 432 2d; Fordergsrecht Übbl 4c vor 420, 432 1 a, 2; Herausgabeanspr des Miteigentümers 432 1c
Gläubigerverzug 293 ff; Angebot 294 2a; Annahmeverhinderg, vorübergehende 299 1, 2; Beendigg 293 4; Begriff Einf vor 293, 293 1; Ersatz von Mehraufwendungen 304 1, 2; Fixgeschäft 293 2b; Gattgsschuld 300 3; bei Gesamtschuld 424; Grundstückpreisgabe 303 1, 2; Herausgabe von Nutzgen 301 2, 302 1; Hinterlegg der geschuldeten Sache 303 1; Leistgsunfähigk des Schuldners 297 1, 2; Nichtanbieten der Gegenleistg 298 1–3; Schickschuld 294 2b; Teilangebot 294 2d; Unmöglk 293 2b, 297; Verschulden 293 3e, 299 1; Verschuldenshaftg des Schuldners 300 2; Vorauss d Hinterlegg 372; Wirkg 293, 3, 300 1–3; Zinsleistgspfl 301 1
Gleichberechtigung von Mann und Frau, s Gleichberechtigungsgesetz, ferner: Einf 6 vor 1353, Einf 2–5 vor 1363; im Arbeitsrecht Einf 6c vor 611; im EheG Einl 1 B, C vor EheG 1; Ehe- u

Familienname 1355 Vorb; ehel Güterrecht Einf 2–5 vor 1363; Eheschließg u Ehescheidg Einl 1 B vor EheG 1; eigenmächtiges Vorgehen als Scheidgsgrund 1565 3; elterl Gewalt Einf 4 vor 1626; Entscheidgsbefugn der Eheg 1353 2, 1354; Gütergemeinsch Grdz 1 vor 1415; Hoferbfolge 1922 4; intern PrivR Vorb 15 vor EG 7; Kranzgeld Vorb 1300; Legitimation Einf 3 vor 1719; Lohngleichheit 611 9; Name, Ehe- u Familienname der 1355; Namensführg nach Scheidg 1355 4; relig Kindererziehg Anh zu 1631 RKEG 1 1; UnterhPflicht der Eheg 1360, 1604 Vorb, 1606 Vorb, bei Scheidg 1569 ff; vertragsmäßiges GüterR Grdz 1 vor 1408
Gleichberechtigungsgesetz, Einl I 3 e vor 1, Einl 3i vor 1297, Einf 4 vor 1626, Einl 3 vor 1922; Inkrafttreten Einl 3i vor 1297; Überg- u Schlußvorschr s Verzeichn der abgedruckten Gesetze
Gleichgültigkeit als Grund für die Ersetzg der elterl Zustimmg bei Adoption 1748
Gleichheitsgrundsatz, Geltg im PrivR? 242 1 d bb; G u Testierfreiheit 2077 1 A b dd
Gleichmäßige Behandlung von Arbeitnehmern 611 7e dd, 9
Gleitklausel 245 5b aa, c; ErbbRVO 9 1b; Übbl 1b vor 1105; 1113 5b; für Mietzins WoRK-SchG 3 3, 7f
Globalzession 398 3d, 929 6 A; Konflikt mit verlängertem EigtVorb 398 3e
Glockengeläut 906 2a, 3b aa, 5a cc, 8b
Glücksspiel 762 5; Förderg, Sittenverstoß 138 5j; Gesetzesverstoß 134 3a
GmbH, Durchgriffshaftg 242 4 D g; Geschäftsanteil: Bewertg im Nachlaß 2311 3, Nießbrauch 1068 4, Übertragg 413 1 b; Satzgsänderg im Ausland, nach EG 3; EG 11 2; Verw dch Test-Vollstr 2205 1b ff; Verpfändg 1274 1c dd, 1276 2c; Vererblichk 1922 3a gg, Einf 3 vor 1967, 2032 7, 2042 2c, 2367 2, Auflagen 2192 2, Haftg Vorb 3 vor 1967, Vermächtnis 2174 2b, 2318 3; SchadensersAnspr des Alleingesellschafters Vorb 6a vor 249; Verwaltg dch TestVollstr 2205 1b ff; Gutglaubensschutz beim GrdstErwerb 892 3b cc, dd; Gründergesellschaft 705 9b aa
GmbHuCo, Selbstkontrahieren der GeschFührer bei Gründg 181 4a; TestVollstreckg, 2205 1b cc; Vererbg der Beteiligg 1922 3a dd
Goldmünzklausel, Inhalt 245 5a
Goldwertklausel, Inhalt 245 5a
Good will im Zugewinnausgleich 1376 2
Grabeland Einf 2b vor 581
Grabmal, Auswahl 1968 2a
Gratifikation 611 7e; Rückzahlg bei Kündigg Vorb 2a vor 339
Grenzabstand von Bäumen, Hecken EG 124 3; von Gebäuden Übbl 2d bb vor 903
Grenzbaum 923
Grenzeinrichtung, Eigt 921 4; Vermutg des Rechts zur gemeinschaftl Benutzg 921 3; gemeinschaftl Benutzg 922; Unterhaltungskosten 922 3
Grenzhecke, Eigentum 921 4
Grenzregelung Vorb vor 919
Grenzscheidungsklage 920
Grenzwand 905 1c, 921 6, EG 124 3
Grenzzeichen, Errichtg 919
Griechen, Eheschließung vor Priester EheG 15a 2
Großeltern, VerkehrsR mit Enkeln 1634 1c, 1666 4a
Grund des Anspruchs, Schuldanerkenntnis 781 2a
Grundbuch, Allg Übbl 2–9 vor 873; Gütergemsch 1416 4; Anlegg 873 2c, EG 186 1;

2413

Grundbuchamt

Berichtiggsanspr s dort u Grundbuchberichtigg; Berichtigg durch Eintr d MitE **2032** 9; Bezugnahme auf Bewilligg **874**; Buchersitzg **900**; DauerwohnR WEG **32**; Eintragg **873** 4; Erbbaugrdbuch ErbbRVO **14** 1, **16**; Erbanteil **2033** 1c; Erbschein Übbl 5 vor **2353**, **2365** 3; Inhalt **892** 4a; Löschg **875** 4; Nacherbenvermerk Einf 6 vor **2100**, **2113** 1b, 2b, 4; öffentl Glaube s dort; Richtigkeit **891** 1b; Sperre **878** 5b, **883** 5c, **888** 5, **892** 5b, Übbl 3c vor **1094**; Unrichtigk, HypBrief **1140** 1; TestVollstrEinf 6 vor **2197**; Vollzug eines Grundstücksvertrags nach Tod eines Vertragsteils **1922** 3a qq; Widerspruch gg Richtigk **899**; Wohngseigentum WEG **7**–**9**; Zugewinngemeinschaft, Einwilligung des Eheg zu Rechtsgesch über Vermögen im Ganzen **1365** 7

Grundbuchamt, Inhaltskontrolle von AGB Vorb 3a vor AGBG **8**; Verfahren bei Eintragg v W-Eigt WEG **4** 1a; WEG **7**; bei Vfgen des Test-Vollstr über Grdst **2205** 3b; des VorE über Grdst **2113** 2b

Grundbuchberichtigung, Berichtiggsanspr **894**, unzul RAusübg **242** 4 D i; Erhebg durch Miterben **2039** 1 d, 2 a; Kosten **897**; schuldrechtl BerichtiggsAnspr **812** 4 b, **894** 8; TestVollstr Einf 6 vor **2197**, **2212** 3; Verjährg **898**, **902** 1c; Vorlegg des Briefs **896**; Voreintragg d Verpflichteten **895**; Widerspr gg Richtigk **899**; ZwangsVerf, Erbenermittlg Übbl 5 d vor **2353**

Grundbucheinsicht dch Notar BeurkG **21**

Grundbuchmaßnahmengesetz **1113** 7

Grundbuchrecht, Bestimmtheitsgrundsatz Übbl 5 vor **873**; Eintraggsgrundsatz Übbl 4 vor **873**

Grundbuchrichter, Haftg **839** 2, 5 B c bb, **15** (Richter)

Grundbuchvermutung **891**; Doppelbuchg **891** 2a, 4d; Umfang **891** 4; Widerlegbark **891** 1 b; Widerlegg **891** 5

Grunddienstbarkeit **1018** ff; Anlage auf baulicher Anlage **1022** 1; Anlagen, Unterhaltspflicht **1020** 3, **1021**; Anpassg **242** 4 D i; Mitbenutzg des Eigentümers **1021** 3; Ausübg **1020** 1, 2, **1023**, ungebühr l **1020** 2; Bedürfnissteiger **1018** 4; Beeinträchtigg, Abwehranspr **1027** 2, 3, 4a, SchadErs **1027** 5; Begriff Übbl 1a vor **1018**, **1018** 5; Benutzg in einzelnen Beziehgen **1018** 5; Berechtigter **1018** 3; Besitzschutz **1029** 1, 2; Bestandteil **96** 2; Bestellg Einf 2b vor **1018**, nichtige **1019** 3; Erlöschen Einf 4 vor **1018**; Ersitzg Einf 2c vor **1018**; Eintragg Einf 2c vor **1018**; Gesamtberechtigg **1018** 3; GrdstTeil **1018** 2, 3; Inhalt **1018** 4; Inhaltsänderg Einf 3 vor **1018**; Landesrecht Einf 6 vor **1018**; mehrfache Übbl 3 vor **1018**; Rücksichtnahme, ggs **1020** 1; Schong, tunlichste **1020** 2; Tankstellendienstbark Einf 2b vor **1018**, **1018** 5b; Teilg des belast Grdst **1026**, des herrsch Grdst **1025**; ÜbergVorschr Einf 3 vor **1018**; ÜbergVorschr EG **187** 1, 2; Umfang d Ausübg Einf 5 vor **1018**, **1019** 2c; Unterlassg v Handlgen **1018** 6; Verjährg **1028**; Verlegg d Ausübg **1023**; Vorteil für herrsch Grdst **1019**; Wettbewerbsverbot **1018** 6; Zusammentreffen mehrerer Nutzgsrechte **1024** 1, 2

Grundeigentum, landesrechtl Beschränkungen EG **124** 1, 2

Gründergesellschaft, Verhältn zum späteren eV **21** 2b

Grunderwerbsteuer, bei Auflassg **925** 9; Bestellg u Übertragg von Erbbaurechten Übbl 4a bb, 5a vor **1012**; bei Erbanteilserwerb **2033**, Schriftf; im Zushang mit Erbfall Einl 10 vor **1922**; beim Erbteilskauf Übbl 1 vor **2371**

Grundgesetz f d BundRep, Deutscher iS des GG Anh z EG **29**; Eigentum Übbl 1 vor **903**; EheR Einf 1 d vor **1353**; Enteigng **903** 5d cc; Elternrecht Einf 5 vor **1626**; Erbrecht Einl 1b vor **1922**, **1924** 3 B, Anh 2a, **1934d** 1c; Gleichberechtigg v Mann u Frau Einl 3i vor **1297**, Einf 3, 4 vor **1363**, Einf 4, 5 vor **1626**, **1628** Vorb B, **1629** 1, **1634** 1; HausratsVO 5 Vorb Anh zu **1587p**; IPR u GrundG Vorb 15 vor EG **7**, EG **30** 2a; PrivatR u – **242** 1d; u Rechtsbegriff der guten Sitten **138** 1b; nichtehel Kinder Einf 2 vor **1705**; Staatshaftg **839** 2

Grundpfandrechte Übbl 1, 3 vor **1113**

Grundrechte und ausländ Recht Vorb 15b vor EG **7**; Drittwirkg im PrivatR **242** 1d; im ErbR Einl 1b vor **1922**, Übbl 3 vor **2064**; im IPR Vorb 15 vor EG **7**; EG **30** 2; u gute Sitten **138** 1b, **2077** 1 A b aa; der Pflege u Erziehg des Kindes durch die Eltern Einf 5 vor **1626**, **1631** 2; der Kinder Einf 5b vor **1626**; der freien Meingsäußerg **823** 6g, 15 D, **824** 6a; Verbotsgesetze? **134** 2d

Grundschuld Übbl 2 A b vor **1113**, **1191**; anwendbare Vorschr **1192**; Befriedigg d Gläub Übbl 3 D II vor **1113**; EigGrdschuld, Übbl 3 E vor **1113**, **1196**, **1197**; Einreden **1191** 2; Fälligk **1193** 1; Inhabergrdsch **1195**, s a dort; Inhaltsänderg **1191** 4c; Kündigg **1193**; Nießbrauch **1191** 4b, **1080**; Pfändg **1191** 4b; Pfandrecht **1291**; Rangrücktritt **880** 3c; Rechtsnachf, bösgläub **1191** 3h; Sichergszweck Übbl 2 A b vor **1113**, **1191** 3; Sichergsgrdsch, Verwertg **1191** 3; Sonderrechtsnachfolge **1191** 3f; Übergang kr Ges **1192** 2; Übertragg **1191** 4b; Umstellg **1113** 7; UmstellgsGrdsch **1113** 7; Umwandlg in Hyp **1198**, in Rentensch **1203**; unkündbare, landesrechtl EG **117**; Verhältnis zur Fdg **1191** 2; auf vermachtem Grundstück **2166** 1, 2; Verpfändg **1191** 4b; Verzicht **1191** 4d; Vorerbe **2114** 1–4; Zahlgsort **1194** 1; Zinsen **1192** 3

Grundschuldbrief, EigtErw **952** 2b, 3; auf d Inhab **795** 1b; Übergabe **1191** 3a

Grundstück, Aneigng EG **129** 1; Bebauung ohne Eigentumsübergang am Grdst, ungerechtf Bereicherg **812** 6 A d; Belastg **873**; Belastgsbeschränkgen Übbl 12 vor **873**; BelastGrenze, landesrechtl EG **117** 1, 2; Begriff Übbl 3a vor **90**, Übbl 1 vor **873**; Besitzaufgabe **303** 1, 2; Bestandteile, wesentliche **93** 4–7, **94** 1; buchgsfreies EG **127** 1, 2; EG **128** 1, 2; Eigentum, Erwerb **925**, Verzicht **928**; Einbringg in Gesellschaft **313** 4a; Erwerb, Formzwang **313** 2b; Erwerbsbeschränkgen u -verbote Übbl 13 vor **873**; Erzeugnisse **94** 3; Form f Mietvertrag **566**; Genehmigg bei Vermögenssperre Übbl 12d vor **873**; Gesamtgutsgrundst **1424**; Haftg bei Benutzg öffentl EG **106**; internat PrivR EG **28** 4; Katasterparzelle Übbl 1a vor **873**; landwirtschaftl Einl 7b vor **854**; Pacht **582** 1; Preisüberwachg, Aufhebg **313** 15 b; Rangverhältnisse **879** bis **881**; Teilg **890** 5, EG **119**; Überbau **912**–**916**; Unfallhaftg, Einzelfälle **823** 14; Veräußerg u Mietverh **571**; Veräußergs- u Belastgsbeschränkgen Übbl 12 vor **873**; Verpflichtg zur Übertragg **313** 2a; Verbessergsdarlehen EG **118** 1, 2; Vereinigg **890** 3, EG **119**; Versteigerg im Rahmen des Zugewinnausgleichs **1372** 1; Vertiefg **909**; G im wirtschaftl Sinn Übbl 1 vor **873**; als Zubehör **97** 3c; Zusammenlegg EG **113** 1, 2; zugesich Größe **468** 1

Grundstücksbestandteil s Bestandteil

Magere Zahlen = Erläuterungen **Güterstand**

Grundstückseigentum s Auflassg, Eigentumsausschluß, Eigentumsverzicht
Grundstückserwerb, 925; Architektenbindg bei – 631 1b; durch Ausländer EG 88 1; Verpflichtg 313 2b; VersichUnternehmen, ausländ EG 88 3; ÜbergVorschr EG 189
Grundstückserwerbs-, veräußerungsvertrag 313; Abänderung 313 10; Abschlußvollm 313 6; Abtretg des AuflAnspr 398 2; Aufhebg 313 9; AuflVollm 313 7; Form 313 2, 3, 4, 8, 11; Formmangel, Folge 313 12; Genehmigg, behördl 313 15a; Einl 7b bb vor 854; GesellschVertr 313 4a; Heilg 313 13, 14; Parzellierungsvertr 313 4b; VerschaffgAuftrag 313 5; VeräußAuftrag 313 5; Vergleich 313 4b
Grundstücksgleiche Rechte Übbl 3a vor 90, 873 2a, EG 196
Grundstücksgröße, Zusicherg 468 1
Grundstückskauf, Gewährleistung 459 5a; intern PrivatR, Vorb 6a vor EG 12
Grundstücksmiete Einf 6 vor 535
Grundstücksrecht, altrechtl, Aufhebg EG 189 1; Aufhebg 875, eines belasteten 876 1–3; Begründg 873; an eigener Sache 889; Grundbuchsystem Übbl 3 vor 873; Höchstbetrag des Wertersatzes 882; Inhaltsänderg 877 1–4; Löschg 875 1b, 4; Rangverhältnisse 879–881; Übertragg 873; Verjährg, eingetrag 902 1, 2, gelöschtes 901 1–3; Vormerkg z Sicherg 883–888; s auch Bodenreform, BBauG, GrdstVG
Grundstücksschätzer, Haftg 276 4 c, EG 79 1
Grundstücksteilung, Beschränkg, landesrechtl EG 119 1, 2; Reallast EG 121 1
Grundstücksveräußerung, Beschränkg, landesrechtl EG 119 1, 2; Beurkundg, Zuständigk fr EG 142 1, 2; Lastenausgleich 157 5b, 433 3 A a, b, 436 4; UnschädlkZeugn EG 120 1, 2; Vertrag über s GrdstVeräußergsvertrag
Grundstücksvermächtnis im HöfeR Einf 4b vor 2147
Grundstückszubehör, EigtÜbergang 926 1, 2; gutgl Erwerb 926 3; s a Zubehör
Grundstückverkehrsgesetz, Aufhebg des KRG 45 Einl 7b aa vor 854, Einl 2a vor 1922; Genehmiggspflichten für den landw Grdstücksverkehr Einl 7b bb, cc vor 854; im einzelnen: für Auflassg Einl 7b bb, cc vor 854, 925 7a; keine Gen für Erbbaurecht Übbl 4 vor 1012; Gen für Kauf Einf 5 vor 433, Einl 7b bb vor 854, für Veräußerer 313 15, Einl 7b bb vor 854, Übbl 12b aa vor 873; für Nießbrauch Einf 2a vor 1030; für Vorkaufsrecht Übbl 3 vor 1094, 1098 2; Widerspruch wegen fehlender Gen 899 1c; Zwangsgeld 1000 2c; gerichtl Zuweisungsverfahren Einl 4i vor 1000, Einf 6 vor 2032, 2042 10; Verfahrensrechtliches Einl 7b dd vor 854
Gründungsmängel bei der Gesellsch Einf 5c vor 145, 705 3c, d; beim Wohnungseigentum WEG 3 4, 8 1, 11 2
Grundvertrag Vorb 7a, 14a vor EG 7
Grundwasser, BereicherungsAnspr bei Ableitg 812 3a; Eigentum 905 1b; Entziehg 903 3a; Senkg 909 2, EG 65 1; Veränderg 907 2c; Verseuchg EG 65 1d
Gruppenarbeitsverhältnis Übbl 2c bb vor 420; Einf 4 a cc vor 611; Kündigg Einf 4 a cc vor 611
Grüne Versicherungskarte EG 12 3
Güteantrag, Verjährg 212a
Gütergemeinschaft, Ablehng einer Schenkg 1432, 1455; Ablehng eines Vertragsantrags 1432, 1455; Abschluß 1415 1; auf Abzahlg gekaufte Gg-

stände 1473 1; allgemeine Vorschr 1408–1414; anhängiger Rechtsstreit 1432, 1455; Annahme u Ausschlag von Erbsch u Vermächtn 1432, 1455; Anteil am Überschuß 1476 f; Arbeitsverdienst eines Eheg 1418 2; Aufhebg durch Tod 1472 4; Aufhebgsklage 1447, 1448, 1469, 1479; Aufrechng 1419 3; Aufwand, ehel s Familienunterh; Auseinandersetzg s Gesamtgut; Ausgleichungspflichten 1445, 1446; Ausgleich des Zugewinns, Verzicht 1432, 1455; Ausstattgsversprechen 1444, 1466; Beendigg 1415 2; Beerbg 1482; Bereicherg 1434, 1457; Besitz 854 3c, 866 1b, 868 2c bb, 1422 3, 1450 4; Duldgsurteil 1422 4b; Einkünfte, Verwendg zum Unterhalt 1420; Eintragg im GrdB 1416 4; Einwilligg des nicht verwaltenden Eheg 1423–1428, bei gemeins Verwaltg 1452; Ersetzg der Zustimmg 1426, 1430, 1452; Erwerbsgeschäft eines Eheg 1431, 1456; Gemeinsch z gesamten Hand 1416 1, 1419; Gesamtgut s dort; Geschäftsfähigk 1411; GrdB-Berichtigg 1416 4; Gütertrenng als Folge der Aufhebg 1414, 1449, 1470; Haftg s Gesamtgut; InventErrichtg 1432, 1455, 1993 2; InventFrist 2008 1; Mitwirkgspflicht 1451, 1472 2; – mit neuem Eheg, Unterh des geschiedenen Eheg 1583; Notverwaltgsrecht 1429, 1454; PflichtVerzicht 1432, 1455, 2317 1; Prozeßkosten 1443, 1465; Rechtsstellg des gesamtgutverwaltenden Eheg 1422 1, des nicht verwaltenden 1422 2, der gemeins verwaltenden 1450 2; Rechtsstreitigkeiten bei Verwaltg dch einen Eheg 1422 4, bei gemeinsch Verwaltg 1450 5; Fortsetzg eines anhäng Rechtsstr 1433, 1455; Schenkungen u Schenkgsverspr aus Gesamtgut 1425; Sondergut s dort; ÜbergVorschr GleichberG 8 I 6, Grdz 3 vor 1415; Unterhaltspfl 1583, 1604 2; Vfg über zum Gesamtgut gehörige NachlGrdst dch VorE 2113 2a cc; Verwaltg des Gesamtguts s Gesamtgut; Vorbehaltsgut s dort; ZugewinnausglVerzicht 1432, 1455; Zustimmg des anderen Eheg 1423–1428; Ersetzg der Zustimmg 1426, 1430, 1452; Zwangsvollstr s Gesamtgut
Güterkraftverkehrsgesetz, Schutzgesetz 823 9g; Tarifunterbietg 134 4, 242 4 C a
Güterrecht, Unwandelbark EG 15 3a; s eheliches Güterrecht
Güterrechtsregister, altrechtl Güterstand, keine Eintr EG 200 2a; Antrag, formelle Prüfg Vorb 2 vor 1558, 1560 3; Antragsprinzip 1560; Antragsrecht beider Eheg 1561 3, eines Eheg 1561 2; Antrags- u Beschwerderecht des Notars 1560 2; uAusländer EG 16 3; Bekanntmachg der Eintr Vorb 1 vor 1558, 1562 1; Berichtigg einer Eintr Vorb 1 vor 1558; Einsicht 1563; Eintragg: Abschrift 1563 1, Fassg 1560 3, bei unzuständ Ger 1558 1, wirkgslose Vorb 2 vor 1558, Wirkg ggüb Dr Vorb 1 vor 1558; eintragsfähige Tatsachen Vorb 2 vor 1558; Form des Antrags 1560 2; Kosten Vorb 3 vor 1558; internat PrivR EG 16; öff Glaube Vorb 1 vor 1558; Registergericht, zuständ 1558 1; Eintragg der Beschränkg der Schlüsselgewalt 1357 4; ÜbergVorschr GleichberG 8 I 3, Grdz 5a vor 1363; Wiederholg der Eintr 1559 2, 1561 2c; Wohnsitzverlegg 1559 1; Zeugnis 1563 1; Zuständigk, des AG (RegisterGer) 1558 1, des Rechtspflegers 1558 2
Güterstand, altrechtl EG 200, erbrechtl Wirkgen EG 200 2c, vermögensrechtl Wirkgen EG 200 2b, d; Aufhebg u Veränderg 1408; G im Erbscheinsverfahren Übbl 7 vor 2353, 2356 4; von Flüchtlingen, Vertriebenen Übbl 7 vor 2353, Anh zu EG 15; gesetzl, Grdz 1 vor 1363; intern

2415

Gütertrennung

PrivR **1931** 4a aE, EG **15**; subsidiärer gesetzlicher Grdz **1** vor **1363**, **1414** 1; – Vertrag, keine bes amtl Verwahrg **2277** 5a, BeurkG **34** 5; Vertragsfreiheit, Schranken **1408** 4, **1409** 1; Zulässig alter BGB-Güterstände **1409** 1; auch ehel Güterrecht

Gütertrennung, außerordentl gesetzl Güterstand Grdz **1** vor **1363**; Beendigg **1414** 2; Besitz Grdz **1** vor **1414**; Eintragg ins Güterrechtsregister Vorb **2** vor **1558**; Eintritt **1414** 1; ErbR des Eheg **1930**; ÜbergVorschr GleichberG **8** I 3, FamRÄndG **9** II 6, Grdz **5** vor **1363**, Grdz **2** vor **1414**; PflichttR des Eheg, der Abkömml **2303** 3c; Wesen Grdz **1** vor **1414**; Wirkg ggüber Dr **1412** 2, **1414** 1

Güterzuordnung als Rechtsgrund für die Eingriffskondiktion **812** 6 B

Gütestelle, Vergleich **127a**, **128** 3a

Gutachtensvertrag Einf **5** vor **631**

Guter Glaube s Glaube, gutgläub Erwerb

Gute Sitten, Verstoß eines ausländ Ges gg – EG **30**; s Sittenverstoß

Gutgläubiger Erwerb, Anwartschaft **929** 6 B b bb; bewegl Sachen **932–935**; nach bedingter Verfügg **161** 2; von Grdstücken, Rechten an Grdst **892**; des Pfandrecht **1207**, **1208**; beim Gattgsvermächtn **2182** 2; vom Erben bei Test-Vollstreck **2211** 3; Veräußergsverbot **136** 3; von Vormerkgen **885** 2d, 3d, 5b; v Zubehör **926** 3; s a Glaube, guter, Eigtumserwerb vom Nichtberechtigten

Gutsüberlassung, mit Leistg an Dr **330** 5; – u Erb-Vertr Vorb **5** vor **2274**; an Miterben **2049**; PflichttBerechng **2312**; vorweggenommene **2301**

H

Haager Ehescheidungsabkommen EG **17** 1; Eheschließgsabkommen Anh **2** z EG **13**; Ehewirkgsabkommen Anh z EG **14**, Anh z EG **15**; Entmündiggsabkommen Anh z EG **8**; Abkommen zur Regelg d Vormundsch üb Minderj Anh **3** zu EG **23**; – u ordre public EG **30** 3

Haager Kaufrechtsübereinkommen Einf **5b** vor **433**, Vorb **6a** vor EG **12**

Haager Übereinkommen über das auf Unterhaltsverpflichten gegenüber Kindern anzuwendende Recht Anh **1** zu EG **21**; über Anerkenng u Vollstreckg von Entsch auf dem Gebiet der Unterhaltspflicht gegenüber Kindern Anh zu EG **21**; über die Zuständigk der Behörden und das anzuwendende Recht auf dem Gebiet des Schutzes von Minderjährigen Anh **4** zu EG **23**

Hafenlotse 839 15

Haftung für Angestellte **831**; Anstalt des öffR **89** 1, **276** 8; Arbeitnehmer bei gefahrgeneigter Arbeit **611** 14b; Aufsichtspflicht, Verletzg **832**; des Auftraggebers **670** 3; außerh bestehender Schuldverh **276** 10b; bei Ausübg von Hoheitsrechten **89** 1; d Beamten aus unerl Handlg **89** 1, **839**, ggü dem Dienstherrn **276** 5 C; des Beauftragten **662** 5c; Begriff Einl **3** vor **241**; Benutzg öff Grdst EG **106** 1, 2; Beschränkg des Erben **1975** 1; gesetzl Vorb **3a** vor **249**; Besitzer, bösgläub **990** 3; Besitzer für Nutzungen **987** 1; Besitzerlangg durch unerl Handlg **992** 1; BesMittler, gutgläub **991** 2; aus BilligkGründen **829** 1, 3; des Bürgermeisters **2249** 3; für Dr **823** 8e; Ehegatten, Umfang **1359**, bei nichtiger Ehe Einf **1b** vor EheG **16**; der Eisenbahn **89** 2a, **276** 10a, für Sachschä-

den EG **105** 1; des Erben s Erbenhaftg; Erfolgshaftg **276** 10a; für Erfüllgsgehilfen **278**; Erlaß für Vorsatz im voraus **276** 1c; Freizeichnungsklausel **276** 5 B; **279** 4; AGBG **9** 6, **11** 7–11; Gastwirt **701–703**; bei dauernder Geschäftsverbindg **276** 6e; Gefährdgshaftg **276** 10b; gefährl Betrieb EG **105** 1, 2; Gesamtschuldner bei unerl Handlg **840** 2; aus Gesetz Vorb **3a** vor **249**; für gesetzl Vertreter **278** 2; GrdstSchäden EG **107** 1, 2; für Hilfspersonen **278**, auch **831**, unbefugt herangezogene **278** 3b; jur Pers für Vertreter **31** 1–3, **89** 1; der Liquidatoren **51** 1, **53** 1, 2; Luftfahrzeuge s dort; die machtlosen Vertreters **179** 1; Maßstab **276** 1a bb; Milderung, vertragl **254** 6, **276** 5 B; mitwirkendes Verschulden **254**; des Notars **839** 15; Pfandgläubiger **1223** 1 a; positive Vertragsverletzg Vorb **1** b vor **275**, **276** 7, **282** 2; rechtmäß Eingriff Einf **4** vor **823**, **903**, 5 a; Sachentziehg **848** 1; Sachhaftg Einl **3** c vor **241**; für Schulden bei Vermögensübernahme **419** 4; des Stifters **82** 1; Stiftg **89** 1; Tierhalter **833**; aus unerl Handlg Vorb **3d** vor **249**, **823** ff; bei Unmöglichk **280**; unzurechngsfg Person **827** 1, **829** 2; nichtrechtsfäh Verein **54** 2d; des Verletzten für Hilfspersonen, gesetzl Vertreter **254** 5; für verfassungsmäß berufene Vertreter **89** 2a, **278** 2b; Verletzg öff-rechtl Pflichten **276** 8; Vermieter **535** 2d; verschärfte H für BereichersAnspr **818** 7, **819**, **820** 1; Verschärfung, vertragl **276** 5 A; aus Vertrag Vorb **1** vor **249**; des Vertreters einer jur Pers **89** 1; für Verschulden, Anwendungsgebiet **276** 1a; für Verschulden bei Vertragsverhandlungen **276** 6b; für Verschulden bei verbotenem Vertrag **309** 1–3; für Verschulden bei Vertragsabschluß **307** 1; ohne Verschulden **276** 10, Einf **4** vor **823**; Vormd **1833** 1, 2; für Zufall **275** 6, **276** 10a, **287** 2

Haftungsausschluß u AusglPfl **426** 5; Ausleg **276** 5 B a; zG Dritter **276** 5 B a cc, Vorbem **5b** vor **328**; stillschweigder **254** 6a; Grenzen der Zulässigk **276** 5 B b; AGBG **9** 6, **11** 7–11; bei Sachmängeln (Kauf) **476**

Haftungsausschlußklauseln AGBG **6** 6; IPR Vorb **2** aa vor EG **12**

Haftungseinheit mehrerer Schädiger **254** 4c cc; u Gesamtschuldneraugleich **426** 3b

Halbtagsbeschäftigung des Ehegatten **1361** 2

Hallenbad, Haftg aus unerlaubter Handl **823** 14

Halten von Kraftfahrzeugen auf Straßen **823** 14

Haltestelleninsel im Kraftverkehr **823** 14

Hamburger Arbitrage 476 1

Hammerschlags- u Leiterrecht Übbl **2d** aa vor **903**, EG **124** 3

Handeln auf eigene Gefahr **107** 3, **254** 6; mit sich selbst **181**; ohne Vertretgsmacht **177–180**

Handelsbeschränkgen, Verstoß gg **134** 3a

Handelsbräuche 157 5 b, **433** 3 A

Handelsgeschäft, Vererblichk **1922** 3a bb, **2032** 3; Haftung der Erben Einf **3** vor **1967**

Handelsgesellschaft, internat PrivR nach EG **10** 3

Handelsmäkler, internationales PrivatR Vorb **6f** vor EG **12**; Pfandverkauf **1221** 2

Handelsrechtliche Vorschriften, Verstoß gg **134** 3c

Handelsregister, fortges Gütergemsch, Eintr **1485** 3; MitE **2032** 4; NachE Einf **6a** vor **2100**; TestVollstr Einf **7** vor **2167**, **2205** 1b bb cc; Vollmacht über den Tod hinaus Einf **8b** vor **2197**

Handelsunternehmen, Auskunftspfl über zum Nachlgehöriges **2314** 1b aa; ErbGemeinsch **2032** 4; Fortführg als Erbschaftsannahme **1943** 2; IPR **2**, **3**

Magere Zahlen = Erläuterungen

Herausgabeanspruch

nach EG **10**; dch Vorerben **2112** 1; Nießbrauch **1050** 1, **1085** 4; TestVollstr Einf 7 vor **2197**, **2205** 1 b; Vererblichk **1922** 3a bb
Handelsvertreter Einf 1g vor **611**, Einf 3b vor **652**; intern PrivatR Vorb 2a, 6f vor EG **12**; Minderjähriger **111** 2, **113** 2; Ausgleichsanspruch internat PrivR EG **30** 5
Handgeschäfte Einf 4e vor **305**, Einf 2a vor **433**
Handkauf Einf 3d vor **433**
Handlungen, geschäftsähnliche Übbl 2c vor **104**; rechtl bedeutsame Übbl 2a vor **104**; rechtsgeschäftl Übbl 1b vor **104**; Tathandlungen Übbl 2d vor **104**; unerl s unerl Handlg
Handlungsbevollmächtigter, internat PrivR Vorb 5a vor EG **12**
Handlungsfähigkeit, Begriff Einf 1 vor **1**, Einf 1 vor **104**; keine Entäußerung dch Rechtsgeschäft **137** 1 c
Handlungsfreiheit als Rechtsgut **823** 6 h
Handlungshaftung 1004 4a
Handlungsvollmacht, Erteilg **167** 3a, durch TestVollstr **2205** 1 b
Handschuhehe EG **13** 6b
Handwerksbetrieb, Vererblichkeit **1922** 3a bb, Wert als Nachl-Bestandteil **2311** 3
Handzeichen, beglaubigtes **126** 6; Unterschrift **126** 3, 6; Form der Beglaubigg BeurkG **39, 40**; bei Testamenten fr **2242** 4, **2247** 2c aa
Haptoglobintypen bei der Vaterschaftsfeststellg **1591** 4a
Härteklausel, bei EheScheid **1568**
Hauptgemeindebeamter, Nottestament **2249** 9 a
Hauptmängel beim Viehkauf **482**
Haupt- u Nebenleistung 241 6
Hauptsache Verhältn z Zubehör **97** 3; Wandlg wegen Mangels der – **470**
Hausarbeitstage Einf 8c vor **611**
Hausarbeitszeit Einf 6 vor **1353**; als HaushaltsführsEhe **1360** 3a; Aufhebg des gesetzl Leitbildes der Hausfrauenehe **1356** 1
Hausfrauenrente Einf 7 vor **1587**
Hausfrieden, Verstöße des Mieters **550** 2, Vorb 6 vor **553, 554a**
Hausgehilfen Einf 4b gg vor **611**; Wohnsitz **7** 2
Hausgemeinschaft, Verstöße gg **550** 2; im Verschollenheitsrecht VerschÄndG **7** 1
Hausgenosse, AuskPflicht über Nachl **2028** 1, 2; eidesstattl Versicherg **2028** 3
Hausgewerbetreibende, Kündigungsschutz Vorb 3g vor **620**
Haushalt, Führg durch Eheleute **1356** 1; Haushaltführg als Beitrag zum FamUnterh **1360** 3b; Mitarbeit im – als ausgleichspflicht bes Leistg **2057a** 2b; häusl Wirkgskreis **1357** 2
Haushaltsführung als Beruf **1356** 1; der Eheleute **1356** 1; Wert **1356** 2
Haushaltsführungsehe 1360 3a; neue Ehe des unterhpfl Eheg **1582** 1; Schutz dch UnterhR **1569** 1; VersorgsAusgl Einf 9 vor **1587**; Einschränkg der Wahl **1360** 3
Haushaltsgegenstände, z Führg eines angemessenen Haushalts notw **1932**; kein Gutglaubensschutz Vorb 4 vor **932, 1369** 4; Eigentum an von einem Eheg angeschafften – **1357** 3 a, bei Ersatzbeschaffungen in der Zugewinngemeinsch **1370**; Schlüsselgewalt **1357** 2b; Verfügung in der Zugewinngemeinsch **1369** 2; kein Gutglaubensschutz Vorb 4 vor **932, 1369** 3; Verteilg bei Getrenntleben **1361a** 2, Anh zu **1587p** 18a
Haushaltsgeld für Ehefrau **929** 2, **1360a** 1; s auch „Taschengeld"
Haushaltskosten 1357 2 b, **1360 a** 1 b

Haushaltsmaschinen, Verwendung in Mietwohnungen **535** 2a bb
Haushaltsvorstand, Verkehrssicherungspflicht **823** 14
Häuslerrecht, Begriff EG **63** 1
Häusliche Gemeinschaft, Auskftspflicht **2028** 1
Hausmannsehe als Haushaltsführungsehe **1360** 3a
Hausmeisterwohnung bei WE WEG **3** 1c
Hausrat Übbl 2c vor **903**, Einf 4 vor **929**; Erfassg EG **109** 3c; Besitz der Ehefrau **866** 1b; bei Getrenntleben **1361a** 2; kein Gutglaubensschutz Vorb 4 vor **932, 1369**; nach Scheidg, Anh zu **1587p**
Hausratsentschädigung im Verf nach d 6. DVO EheG Anh zu **1587p** 1 2
Hausschwamm als Fehler der Kaufsache **459** 2
Haussohn, Dienstlohnansprüche, Verjährg **196** 9
Haustier, Begriff **833** 6a; bei Miete **535** 2a; Schadensers bei Verletzg eines – **251** 2; Tierhalterhaftg **833** 1, 5
Haustürgeschäfte, Verbot **134** 2 a
Hausverbot 903 2a, **1004** 2a aa
Hauswesen, Leitg **1356** 1–3; Geschäfte z Deckg des Lebensbedarfs **1357**
Hehler, Haftg **830** 3
Heidelberger Bedarfstabelle 1615f 1
Heilbehandlungskosten, Ers von **249** 2 c; Erstattungspflicht **843** 1, 7
Heilmittelwerbung, Gesetzesverstoß **134** 3a; Unzulässigkeit **826** 8 u nn
Heilung, Bestätigg **141** 1; von unwirksamen AGB Vorb 3a vor AGBG **8**; der Ehenichtigk EheG **18** 3; ErbschKauf **2371** 1; des Formmangels **125** 4; des Formmangels bei unwirksamen Eheschließungen Anh nach EheG **11**; bei GrdstVeräußerg **313** 13, 14, bei Schenkgsverspr **518** 5
Heimarbeit, Vermittlg **134** 3a
Heimarbeiter Einf 1g, 8e vor **611**; **618** 1; Kündigungsschutz Vorb 3g vor **620**
Heimatlose, heimatlose Ausländer EG **29** Anh II; EhefähigkZeugnis EheG **10** 2, Anh z EheG **10** 1; Heilg unwirks Eheschließung **1931** 2b, EheG **11** Anh II; Verschleppte, Begriffsbestimmg EG **29** Anh I; s a Flüchtlinge
Heimfallanspruch bei Dauerwohnrecht WEG **36**; bei Erbbaurecht ErbbRVO **3, 4,** auch Übbl 2f vor **1012**
Heimkehrer, Kündiggschutz Vorb 3e vor **620**
Heimpflegevertrag Einf 3a vor **535**; Gesetzesverstoß **134** 3a
Heimstätte, Begriff Übbl 3a vor **903**; Belastg Übbl 12b vor **873**; Erbbaurecht Übbl 3c vor **1012**; Erbrecht Einl 4c vor **1922**, Einf 8 vor **2032**; Heimstättenfolgezeugn Übbl 1a, g vor **2353**; PflichttErgAnspr gg mit H Beschenkten **2329** 4; Verzicht auf Heimstättenfolge **1950** 4; VorkaufsR Übbl 3b vor **1094**; Wert bei PflichttBerechng **2311** 3; als Wohnungseigentum Übbl 2 H vor WEG **1**
Heirat u Personensorge f Minderj 1633
Heiratsübereinkommen Anh zu EG **13** 4
Heiratsvermittlung, 656
Heizenergie, Einsparg von **541a**
Heizung von Mieträumen **535** 2b cc
Heizungsanlagen, wesentl Bestandteil **93** 7
Hemmung der Verjährg **202** ff, **477** 3
Herabzonung als Enteignung **903** 5 C a bb, H d cc
Herausgabeanspruch, Abtretg **870, 931** 1–3; Anordng der Erbl **2103**; Anwendg des § 281, **281** 1a; des § 283 **283** 2; wegen Ausfalls der Ausgleichsfdg **1390**; des Auftraggebers **667**; Be-

Herrenlose Sache   Fette Zahlen =§§

rechtigter **985** 2; wegen Bereicherg des Gesamtguts **1434, 1457**; Besitzerlangg durch unerl Handlg **992**; des früheren Besitzers **1007**; Besitzer gutgläub **993**; BesMittler für Dr **991** 1, 2; Besitzrecht besseres **1007** 4; gübg Kläger **986** 2, gübg Dr **986** 5; Besitzverlust, freiwilliger **1007** 2c; Bösgläubigk **990** 1; des Eigentümers **985**; Einreden **986** 1–3; des Erben **2018**; Erbschein **2362**; Erlöschen **985** 2a, b; des Kindes, Anspruch gg Dritte **1632** 3 a; zwischen Eltern **1632** 3 b, wegen Beendigg der elterl Gewalt **1698**; des Nacherben **2130**; Nutzgen Vorb vor **987, 988, 1007** 5a; Rechtshängigk **292** 1–3; Rechtsnachf, bösgl **985** 4c; SchadErs **985** 3b, **989, 990, 1007** 5 a bb; des Sorgeberechtigten **1632**; aus ungerechtfert Bereicherg **812** 7; **816** 5b, **818** 2; Unmöglk nach Rechtshängigk **989** 1, 2; Verbindg v Besitzkl mit dingl Anspr **1007** 1b; Verhältn zu vertragl od delikt Anspr Vorb 2 vor **987**; des Vermieters **556**; Wertersatz **985** 3b; Zurückbh Recht wegen Verwendgen **1000**

Herrenlose Sache, Aneigng **958** 2; Bienenschwarm **961**; Tiere **960**

Herstellungsklage, s unter „Eheherstellungsklage"

Herstellungstheorie 465 1 c bb

Heuerlingsvertrag Einl 1 vor **581**

Heuerlingswohnungen Einl 7a vor **854**

Hilfeleistung ohne Auftrag **670** 3

Hilfspersonen, Haftg f **831**, auch **278**; Anrechng von MitVersch **254** 5

Hinterbliebenenversorgung Einf 7g vor **611**

Hinterlegung, allg Einf vor **372**; Annahmeanordnung Einf 3b vor **372**; Anzeigepflicht **374** 2; Ausschluß des Rücknahmerechts **376** 2, **378** 1; Besitz **868** 2b; dingl Wirkungen Einf 3c vor **372**; Erlöschen des GläubRechts **382** 1; des Erlöses **383** 3; geeignete Ggstände Einf **372** 1; Gefahrtrag **379** 1b; Gesamtschuld **422**; hinterleggsunfähige Sachen **383** 1; Hyp **1171** 2b; Kosten **381** 1; bei Leistg Zug um Zug **373** 1, 2; MdlVermög **1808** 1, **1814** 1–4, **1818** 1; Nachweiserklärg **380** 1; öffrechtl Verhältnis Einf 3a vor **372**; Ort **374** 1; Pfandrecht **1217, 1224**; Rücknahme **379** 2; Rücknahmerecht **376** 1, **377** 1; Rückwirkg **375** 1; zu Sicherungszwecken Einf 2b vor **372**; ungerechtfert Bereicherg dch – **812** 4b; Vereinsauflösg **52** 1; Verfahren Einf 3 vor **372**; auf Verlangen des Gläub Einf 2a vor **372**; des VersteigErlöses **489** 3; Verweisg auf **379** 1a; Voraussetzgen Einf 1 vor **372, 372**; VorE **2116**; Währgsumstellg **700** 5; Zinsen u Nutzungen **379** 1c; Zwangshyp bei Verurteilg zu H **1113** 4c

Hinterlegungssachen, Anfechtg von Justizverwaltgsakten, Rechtsbehelfe Einf 3a vor **372**

Hinterlegungsschein über ErbVVerwahrg **2277** 5; TestVerwahrg **2258b**

Hinzurechnungen, zum Anfangsvermögen **1374** 3, 4; zum Endvermögen **1375** 3, 4

Hochschullehrer, Amtspflichtverletzg **839** 2 B

Hochzeitsgeschenke, 516 4f, **1932** 3

Höchstbetragshypothek 1190; Arresthyp **1190** 1c; Umstellg **1190** 8, **1113** 7; Umwandlung **1190** 5, nach EigtWechsel **1190** 5; Zwangshyp **1190** 1c

Höchstpersönliche Rechte, Abtr **399** 2 b; Vererblk **1922** 3 b

Höchstpreise, Überschreitg **134** 3b

Höchstbetragsbürgschaft 765 2

Höfeordnung, EG **64** 2; 2. Neufassung EG **64** 2; HöfeO RhldPf EG **64** 2, Einf 3 vor **1942, 1950** 3, Einf 4 vor **1967, 2058** 5; angenommenes Kind **1754** 2; Ausschlagg des Hofes **1945** 5; Ehegattenhof **1482** 1, Vorb 3 vor **1483, 1515** 1, Ehescheidg Vorb 1 vor **1471, 1478** 4; Vererbg **1922** 5a, **1937** 1a; beschr Erbschein **2353** 4; ErbVertr u Hofübergabe **2289** 3; erbenbestimmg **1937** 1a, formlose **125** 6 D; Gesamtgut **1416** 2; Hofanfall, Ausschlagg Einf 3 vor **1942, 1950** 3; Hoferbe, nehel Kind **1934a** 4; Ausgleichspflicht **2050** 4, **2057a** 8; Haftg f NachlVerbindlichk **2058** 5, **2176** 2; Hoferbfolge **1922** 5; vorweggenommene Übbl 7a vor **2274**; HöfeverfahrensO EG **64** 4; hoffreies Vermögen **1922** 5a, **1937** 1a, Einf 9 vor **2032**; Hofübergabevertrag Übbl 5 vor **2274**; Hofübernahme, Tragg der Beerdiggskosten für Übergeber **1968** 3; NichtehelichenR EG **64** 2, 3; PflichttRecht Übbl 5 vor **2303, 2311** 1a, 5; Testamentsvollstreckg **2197** 4; Übergangsvorschr EG **213** 3; Unterhaltsanspruch **1603** 1; Vermittlg der Auseinandersetzg **2042** 5a; VermächtnisR Einf 4b, 5a vor **2147**; Vor- u Nacherbfolge Einf 8 vor **2100**; **2108** 5a; Zustimmg des LwVG **1937** 1a; s a Kontrollratsgesetz 45

Höhere Gewalt, Verjährungshemmg **203** 1

Hoferbenvermerk, EG **64** 2; Löschung **2113** 1

Hoffnungskauf 433 1a; Loskauf **763** 2

Hoffolgezeugnis, Erteilg Übbl 8 vor **2353, 2353** 4b; Einziehg **2361** 7

Hofname 12 2a

Hofübergabevertrag Übbl 5 vor **2274**; Formverstoß, formloser H **125** 6 D; Wegfall der Geschgrdlage **242** 6 D d

Hoheitsrechte, Ausnutzung **138** 5a; Haftg bei Ausübg **89** 1, **831** 2 C c; kein AbwehrAnspr **906** 5a bb; privatrechtl Tätigkeit **839** 2 C

Holschulden 269 3

Holz, Erwerb im Wald **854** 3b, 4c, **929** 3e

Holznutzungsrechte 1018 5i, EG **115**; in der Flurbereinigg **1018** 5a

Hotelzimmerbestellg, Absage **242** 6 C b

Hunde als Haustiere für Berufszwecke, Haftg **833** 6

Hundezucht, Duldg der Einwirkgen **906** 2a

Hypothek Übbl 1 vor **1113, 1113**; Abgeltgshyp Übbl 2 B d bb vor **1113**; Ablösgsrecht **1150** 1–5, s a HypAblösRecht; Abtretg s HypAbtretg; Abzahlgshyp Übbl 2 B dd vor **1113**; Ändergen kr Gesetzes **1183**; Anspr des Schuldners auf Berichtiggsunterlagen **1167** 1; Anzeige von Gbdeschaden **1128** 4a; Arten Übbl 2 vor **1113**; Aufhebg rechtsgeschäftl **1183**; Aufhebg, Freiwerden d persönl Schuldners **1165** 2, 3; Aufrechngsbefugnis des Eigentümers **1142** 3; Aufrechgsrecht des Mieters **1125** 1; ausländ Währg **1113** 4c, 5a, 6; Ausschlußurteil **1170**; Ausschluß der Übertragbark **1154** 1b; BefriediggsR des Eigtümers **1142** 1, 2; Begründg **1113** 3; Belastg eines Bruchteils **1114** 1–3; Benachrichtigg des Schuldners von ZwVerst **1166** 1, 2; Berichtigg, Zustimmg **1138** 4; Berichtiggsbewilligg, Anspr auf **1144** 3b, **1145** 2a; Beschlagnahme: Erzeugn **1120** 1, 3a, **1121** 4, Miet- u Pachtzinsfdgen **1123** 3, 4; Bestandteil, Erstreckg auf **1113** 2, **1120** 1, 2; Briefübergabe **1117**; Buchhyp s dort; Deckgshyp Übbl 2 B d bb vor **1113**; Doppelsicherg **1113** 4e; EigtGrdschuld vor Briefübergabe **1117** 4a, s EigtGrdschuld; Eigentümerhyp s dort; Einigg **1113** 3a, **1117** 1a, 2b; Einreden **1137, 1157, 1169**; Einrede der unterlassenen Benachrichtigg des Schuldners **1166** 3; Eintragg **1113** 2, 3; **1117** 1a; EntschädiggAnspr bei Enteigng **1128** 1a, **1153** 1a; Entstehg des dingl Rechts **1117** 1a; Erlaß **1168** 1a cc; Erlöschen, Befriedigg aus dem Grdst **1181** 2, 3; Erlöschen hinsichtl der abgetretenen Zinsen

1159 2; Ersatzanspr des Schuldner gg Eigentümer 1164 1, 2; Ersatzhyp 1182; Erweiterg, Zustimmg 1119 1; Erwerb der Briefhyp 1117, nach Fdgsentstehg 1163 6; Erzeugn, Entferng 1121 3, 1122 2b; Erzeugnisse, Erstreckg auf 1113 2, 1120 1, 3; Fälligkeit 1141 1; FälligkVO Übbl 6 vor 1113; Fdg, Auswechslg 1180; Fdgsübergang auf Eigentümer 1143 3; Gefährdg 1133, 1134; Geldbetrag der Fdg, Eintr 1115 4; Gesamthyp s dort; Gläub, Eintr 1115 3; GrdstHaftg für gesetzl Zinsen, KündKosten 1118; Goldwertklausel 1113 4c; gutgläub Erwerb von Erzeugnissen 1121 5, 6; Hauszinssteuerabgeltgshyp Übbl 2 B d bb vor 1113; HinterlegR des Eigentümers 1142 3; Hyp Übergang auf Eigentümer 1143 4, 1170 4, 1171 4; Einfluß des Krieges Übbl 8 vor 1113; Künd s HypKündigg; Legalhyp EG 14 4i; Leistgen, wiederkehrende, Erstreckg auf 1126 1, in Zwangsvollstreck Übbl 8c vor 1113; Löschg s Hypothekenlöschg; Löschgsvormerkg 1179 1–4. s a dort; Lösgsbefugnis 1113 4c; Mehrheit von Gläubigern 1113 3c; Nebenleistgen, Eintrag, Verlöschen 1178; Nebenleistgen, Eintr 1115 5; Nebenrechte, Übergang auf Gläub 1143 4; für nichtrechtsfg Verein 1115 3; persönl Fdg, Vermutg für Bestehen 1138 2; Pfandrecht 1274 1c bb, gesetzl an Früchten 1120 3c; Privatverkaufsabrede, Nichtigk 1149 1, 2; Rang der Teilhyp 1151 2; Rangrücktritt 880 3c, Freiwerden des persönl Schuldners 1165 2, 3; Rückgriffshyp 1173 4; Ruinenhyp Übbl 8b vor 1113; Satzg einer Kreditanstalt, Bezugnahme 1115 1b, 6; Schuldenregelgshyp Übbl 12a vor 873; Schuldgrund, Eintr 1115 2; Schweizer Goldhyp 1113 6; Strafzinsen 1178 5; Stundg Sondervorschr Übbl 6 vor 1113; Teilhyp 1151, 1152; Teilg 1151; Tilgungsbeträge s Tilggshypothek; Treuhänder als HypGläub 1113 3b; Übergg auf Schuldner 1164 1, 3; Übergangsvorschr Übbl 7 vor 1113; Übertragg 1153 1–3; Umstellg 1113 7; Umstellgsgrdsch 1113 7; Umwandlg 1186, 1190 5, 1198; Veräußerg von Erzeugnissen 1121 2; Verfallklausel 1149 1, 2; Verfüggsbeschränkg, übermäß des Eigentümers 1136 1; Vermutg f eingetragenen Eigtümer 1148 1; Verpfändg 1274 1c bb; Verschlechterg des Grdst 1133, 1134; Versichergsfdg, Haftg 1127–1130; Versichergspflicht des Eigentümers 1127, 1127 1a, 1128 2; Verzicht 1168 1–4; Verzichtanspruch 1169 1–3; Verzugszinsen aus Grdst 1146 1, 2; Vertragshilfe Übbl 8b bb vor 1113; Vorausverfügg über Miet- u Pachtzins 1124; Vorbehalt, landesrechtl Übbl 7 vor 1113; Vorerbe 2113 1, 2, 2114 1–4; Währg, ausländ 1113 6; wertbeständige 1113 5; Widerspruch bei Darlehenshyp 1139 1–3; Widerspruch, Eintragg zur Sicherg von Einreden 1157 3; Zinsen 1178 5, Abtretg 1159 2; Zinserhöhg 1119 2; Zinssatz 1115 5a; Zinssenkg Übbl 5 vor 1113; Zubehör, Erstreckg auf 1113 2, 1120 4; Zubehör, Zurückschaffgsanspr 1121 4d, 1135 1; Zubehörverschlechterg 1135 1; Zuschreibg 1131 1, 2; Zwangsvollstreckg 1147; s auch Brief-, Buch-, Einheits-, Zusatz-, Revenuen-, Wertpapierhyp

Hypothekenablösungsrecht 1150; Befriediggsrecht des Eigentümers 1142 1

Hypothekenabtretung 1154–1159; Anerkenntn gesetzl Übertragg 1155 2b cc; BeglaubiggsAnspr 1154 2e; BriefHyp 1154 2; Briefübergabe 1154 2c; BuchHyp 1154 3; Einreden, vor Abtretg entstandene 1157, nach Abtretg entstandene 1156 2c; des persönl Schuldners 1156 1a, 1157 1a; Erteilg der AbtretgsErkl 1154 2a; Form 1154 2, 3; ge-

richtl ÜberweisgsBeschl 1155 2b bb; Nebenleistgen 1154 4c; Einwendgen 1159 3; RGesch mit bish Gläub über Zinsen 1158 2a; Schutz des gutgl Erwerbers 1156 1a; Teilabtretg 1154 4a; Urkundenkette 1155 2b; VfgsBeschrkgen Übbl 12 vor 873, 1154 1b; Vorerbe 2114 2; Zinsen 1154 4c, künftige 1158 1, 2b, rückständige 1159 2

Hypothekenbanken, Deckgsfdg Übbl 2 B d bb vor 1113, 247 3

Hypothekenbrief 1116 1–3; Aufgebot 1162 1; Aushändiggsanspr des Eigtümers 1144 3a; Ausschließg 1116 4; EigtErwerb 952 2b; Inhalt 1116 3; Kraftloswerden durch Ausschlußurteil 1170 4b, 1171 4; Teilbrief 1152 1, 2; Übergabevermutg 1117; Vermerk teilw Befriedig 1145 2b; Vorlegg, Teilbefriedigg 1145 2c; Vorleggspfl bei jeder Eintr 1116 3, bei Geltendmachg 1160, 1161; Widerspruch zum Grdbuchinhalt 1140 1, 2

Hypothekenforderung, Aufrechg nach Beschlagnahme 1125 1; Auswechslg 1180 1–4; Befriedigg durch Eigtümer 1143 2, 1173 2, durch Dr 1150 3, durch Schuldner 1174 1; Befriedigg durch ZwVollstr 1147 2, 3; Teilbefriedigg 1145 1, 1176 1, 2; Teilg 1151 1; Titel 1147 2c; Übertragg 1153 2, 3, auf Eigentümer 1173 2a; Vereinigg mit persönl Schuld 1173 2b; Verjährg 223; Vorrang der restl 1176 3

Hypothekengewinnabgabe 1113 7; Grundstücksverkauf 436 4; Laufzeitabkürzg Anh nach 1047; bei Nießbrauch 1047 3c, Anh nach 1047; PflichtBerechg 2311 2; bei Vorerbsch 2142 2; vgl auch Lastenausgleich

Hypothekengläubiger, Annahmeverzug 1144 3c; Aufgebotsverfahren 1170 3, 1171 3; Aufrechng ggüb Eigtümer 1142 3b; Ausschließg 1171 2–4; Befriedigg Übbl 3 D vor 1113, sofortige 1133 3; EinziehgsR bei GbdversichFdg 1128 3; UnterlassKlagen bei Gefährdg 1134 3a

Hypothekenhaftung Übbl 3 A vor 1113; Freiwerden von Erzeugnissen 1121, 1122 1; Leistgen, wiederkehrende, rückständige 1126 1; Mietzinsforderg 1123 1, 2; Nießbrauchbestellg 1124 4b; Pachtzinsfdg 1123 1, 2; Zubehör, Aufhebg der Eigensch 1122 3

Hypothekenkündigung 1141; Briefhyp 1160 3; Vorerbe 2114 2

Hypothekenlöschung, Bewilligg, Anspr auf 1144 3b aa, 1145 2a; Quittg, löschgsfg 1144 3b cc

Hypothekenpfandbriefe Einf 5e vor 793

Hypothekensicherungsschein 1127 1a

Hypothekenzinsen, Eintragg ins Grundbuch 1115 5a; Haftung des Grundstücks 1118; für Verzugszinsen 1146; Zinsen bei Höchstbetragshypothek 1190 2b; regelmäßig wiederkehrende Last 103 2; s a HypAbtretg

Hypothetische Schadensursachen Vorb 5f vor 249

I

Idealverein 21; Bestandsschutz 823 6h
Immaterialgüterrecht Übbl 2 vor 90; IPR Vorb 6t vor EG 12, EG 12 2c; Verletzg 823 12b
Immaterielle Einwirkungen auf Grundstücke 1004 2d
Immissionen 906; summierte I 906 6d; s. BundesimmissionsG
Impfschäden Einf 4 vor 823, 903 4b–i
Inbegriff 259–261 2 c, 4 a; Übereign 930 2 c, 4; Verpfändg 1204 2 b
Incoterms 448 3

Individualvereinbarung Fette Zahlen = §§

Individualvereinbarung, AGBG unanwendbar bei – AGBG **1** 4; Vorrang der – vor AGBG **4**
Industrieabfall, Haftung **823** 16 D c cc
Inflationsraten u Werkvertragsvergütung **631** 1
Inflationstestament 2256 1
Ingenieur, Mustervertrag nach der GebO **638** 5a
Inhabergrundschuld 1195; Erteilg eines neuen Briefes **800** 1
Inhaberhypothek 1187; Buchhyp **1195** 1
Inhaberlagerschein, Berufg auf Ungültigk **796** 3
Inhaberpapier Einf 1c vor **793**; Anwendg des R der InhSchuldverschreibg **807** 3, **808** 3; Beweispapier **807** 1a; eigentliche, Beispiele **807** 1d, 2; Eigentumserwerb bei Abhandenkommen **935** 5; Eigentumsvermutg bei Eheg **1362**; Erwerb durch Eltern mit Mitteln des Kindes **1646**; FdgsR Einf 1c aa vor **793**; hinkende **808** 1; kleine **807** 2; Legitimationspapier **807** 1c; Leihhausscheine **808** 1a; Leistungsbefreiung **808** 2; MitglR Einf 1c bb vor **793**; Nießbrauch Vorb 2 vor **1068**, **1081–1084**; Pfandrecht **1293**, **1294**; Sparkassenbücher **808** 1; Theaterkarten **807** 2; Übertragg Einf 1c vor **793**; unvollkommene **807** 1; Versichergsscheine **808** 1a
Inhaberschuldverschreibung 793 ff; Abhandenkommen **799** 2a; Aushändigg **797** 1; Ausstellg („Kreation") **793** 2; Beispiele **793** 1d; Dividendenscheine **803** 2a; Eigtumserwerb am Papier **793** 3, **797** 2; Eigentumsvermutg **793** 3; Eintritt der Leistungspflicht **793** 2, **794** 1; Einwendgen **796** 1–3; Erlöschen des Anspr **801**; Erneuergsschein **803** 2b, **805**; Ersatzurkunde **798** 1; Hyp für **1187–1189**; internat PrivR Vorb 6q vor EG **12**; Kraftloserklärg **799–800**; Kündigg **247**; Leistg gegen Aushändigg **797**, an Nichtberecht **793** 4; öffentl EG **100**, **101**; Pfandrecht **1293**, EG **101**; Umstellg Einf 5a vor **793**; Prüfg der Legitimation des Inh **793** 4; Schriftform **793** 5; staatl Genehmigg **795** 1; Übergangsvorschr EG **174** 1–4, **175**, **176** 1; Umschreibg auf den Namen **806** 1, 2, EG **101**; Umstellg Einf 5a vor **793**; Verjährg **801** 1b, **804** 3; Vernichtg **799** 2b; Vorleggsfrist **801** 1a, **802** 1; Zahlgssperre **799** 1c, 2c, **802** 1; Zinsscheine **803–805**
Inhaltskontrolle von AGB, Anwendungsbereich Vorb 2 vor AGBG **8**; von Arbeitsbedinggen AGBG **24** 2a aa; dch Grundbuchamt Vorb 3a vor AGBG **8**; **873** 3d; Generalklausel AGBB **9**; von GrdstVertr AGBG **24** 2 a cc; Klauselverbote AGBG **10**, **11**; Schranken der – AGBG **8**; Verhältnis zu anderen Vorschriften Vorb 4 vor AGBG **8**; von Vereinssatzgen **25** 3a
Inkasso 675 3b; Abtretg **398** 6, Einf 7 A vor **929**; Mandat **398** 7; Scheckinkasso **675** 3b; -zession **398** 7
Inkassobüro, Ers der Kosten des **286** 2 b
Inkognitoadoption 1747 3, **1750** 1, **1754** 1, **1755** 1, **1758** 1
Inkrafttreten des AdoptG Einf 5 vor **1741**; des AGBG, AGBG **30**; BGB EG **1**; des EG EG **1**; des BeurkG, BeurkG **71**, des EheG, EheG **80**, des 1. EheR Einf 2 vor **1564**; des GleichbG Einl 3i vor **1297**; des MietRÄndG Einf 12b vor **535**; des NichtehelG Einf 2 vor **1705**; des TestG Anh zur Einf vor **2229**; des WohngsigtG WEG **64**
Innengesellschaft 705 3a, d, 8, Einf 7 A vor **929**; Auseinandersetzg **705** 8, **733** 3; – zwischen Eheg **705** 8, **1356** 3 g; bei Gütertrenng **1414** 2
Innerbetrieblicher Schadensausgleich 611 14
Insassenunfallversicherung, Anrechg auf SchadErs Vorb 7 c aa vor **249**; Vererblichkeit der Versicherungssumme **1922** 3 a
Insemination 1591 5; Ehelichkeitsanfecht **242** 4 D h (KindschaftsR), **1594** 3

Insichgeschäft 181, **868** 3; bei Eigentumserwerb **929** 5a bb, 5b, **930** 3; TestVollstr **2205** 2
Instruktionsfehler 823 16 D bb
Interesse, berechtigtes, Wahrnehmg **823** 7 B a; Kollision bei Stimmrecht Vorb 5c vor **709**; negatives Vorb 2g vor **249**; bei unerlaubter Handlg **823** 12a, **839** 10a; positives Vorb 2g vor **249**; Wegfall **286** 3, **326** 11
Intergentiles Recht Vorb 12 vor EG **7**
Interlokales Privatrecht: Allgemeines Vorb 14a vor EG **7**; Annahme als Kind **1924** 3 A b dd (u Erbrecht); EG **22** 5; Anknüpfg an Personalstatut Vorb 14c vor EG **7**; ehel GüterR EG **15** 1; Ehemündigk EG **13** 1; ehel Abstammg EG **18** 7; Ehewirkg, persönliche EG **14** 2; elterl Gewalt EG **19** 6; Enteigng Vorb 5b vor EG **13**; ErbR EG **25** 5; gewöhnl Aufenth, Anknüpfg Vorb 14a vor EG **7**; jur Person, Anknüpfg, Vorb EG **10** 2; Legitimation EG **22** 5; nichtehel Kind, Abstammg EG **20** 2; Unterhalt EG **21** 8; Rückverweisg EG **27** 2; SachenR Vorb 2 vor EG **13**; SchuldR Vorb 2 d vor EG **12**; Staatsangehörigk, Wechsel EG **7** 4; unerlaubte Handlg EG **12** 4, 5; Todeserklärg EG **7** Anh 1; Volljährigk EG **7** 1, 4; Vorbehaltsklausel EG **30** 3; Vormundsch EG **23** 7; Währgsstatut Vorb 7 b vor EG **12**
Internationale juristische Personen Vorb 1 vor **89**
Internationaler Kaufvertrag Einf 5 vor **433**, Vorb 6a vor EG **12**
Internationales Privatrecht (Fette Zahlen sind Artikel des EG) **Allgemein:** Anknüpfgspunkte Vorb 6–8 vor **7**; Aufgabe, Begriff Vorb 1 vor **7**; Domizilprinzip Vorb 6, 7b vor **7**; Einzelstatut, Zusammentreffen mit Gesamtstatut **28**; Gesamtverweisg, Grdsatz **27** 2; u Grundgesetz Vorb 15 vor **7**, **30** 2; Inhalt d – nach BGB Vorb 4 vor **7**; Kollisionsnormen Vorb 3–5 vor **7**; ordre public **30**; Personalstatut Vorb 6, 7 vor **7**; Qualifikation Vorb 9 vor **7**; Quellen Vorb 2 vor **7**; Rückverweise **27**; selbstbegrenzte Sachnorm Vorb 5 vor EG **7**; StaatsangehörigkPrinzip Vorb 6, 7 vor **7**; Territorialitätsgrdsatz Vorb 6 vor **7**; Vergeltgsrecht **31**; Vorbehaltsklausel Vorb **30**; Weiterverweisg **27** 1, 2b. **Einzelheiten:** Abschlußort, Verlegg ins Ausland Vorb 8 vor **7**; Annahme als Kind **22** 4c; Arbeitsvertrag Vorb 6d vor **12**; Beerbg, Ausländer im Inland **25**; Beerbg eines Deutschen im Ausl **24**; Beherbergungsvertr Vorb 6 l vor **12**; Bürgschaft Vorb 6o vor **12**; Darlehen Vorb 6 c vor **12**; Dienstvertr Vorb 6d vor **12**; Eheaufhebg **13** 3; Ehefähigkzeugn **13** 5a; Eheg, ausländ, Schutz gutgl Dr **16** 1–3; Eheherstell-Anspr **14** 4a; Ehehindern **13** 5; ehel Kind Rechtsverhältn zu den Eltern **19** 1–5; Ehelichk **18**; Ehelichkeitsanfechtg **18** 4–6; EhelkErkl **22** 4b; Ehescheidg **17**, Deutsche im Ausland **17** 3, Vorbehaltsausspr **17** 5, StaatsangehörigWechsel **17** 3, Vorbehaltsklausel **17** 1, Zuständigk **17** 6; Eheschließung **13**, Ehefrau, früher deutsche, Rück- od Weiterverweisg **13** 4a; EheschlißAbkommen, Haager Anh 2 zu **13**; Eheschließform im Inland **13** 6a, im Ausland 6b; Ehewirkgen, persönl **14** 1–3; Ehevertr **15** 5; Enteigng Vorb 5 vor **13**; Entmündigg, Ausländer im Inland **8** 2, Deutscher im Ausl **8** 3b; EntmündAbkommen, Haager Anh zu **8**; Erbrecht, erbhaft bei Tod des Erbl im Ausl **24** 2; Erbrecht **24–26**; ErfüllOrt Vorb 2b vor **12**; Fdgsübertragg Vorb 5c vor **12**; Form **11**; Garantieversprechen Vorb 6 vor **12**; Gerichtsstand Vorb 2a vor **12**; Geschäftsfgk **7**; Geschäftsfgk der Ehefrau **14** 4h; Geschäftsführg ohne Auftrag Vorb 6 i vor **12**; Gesellschaft Vorb 6 m vor **12**; Gleich-

berechtigg v Mann u Frau Vorb 15 vor 7; Güterrecht 15; Handelsvertretervertr Vorb 6f vor 12; InhabSchuldverschreibg Vorb 6 m vor 12; juristische Person, allgemein nach 10, 1 Anerkenng ausländischer nach 10 4; Kauf Einf 5 vor 433, Vorb 6a vor 12; Kommissionsvertr Vorb 6h vor 12; Legalhypothek 14 4i; Legitimation durch nachf Ehe 22; Massenvertr Vorb 2a vor 12; Miete Vorb 6b vor 12; Minderjährigenschutzabkommen Anh 4 zu 23; NachlAusliefferg durch deutsche Behörden 26; NamensR Anh 2 zu 7; NamensR, ehel 14 4c; Übereinkommen über Änderg von Namen u Vornamen Einl 3g vor 1297; 14 4c; Pacht Vorb 6b vor 12; Pflegsch 20; Rechtsfgk Anh 1 zu 7; Reformbestrebgen Vorb 17 vor 7, Vorb 1 vor 12; RGesch, verbotene zw Eheg 14 4g; Sachenrecht Vorb vor 13; Scheidg von Tisch und Bett 13 5a; ScheidUrt, ausländ, Anerkenng 17 6b; Schlüsselgewalt 14 4d; Schuldanerkenntn Vorb 6 p vor 12; Schuldverträge, allgem Vorb 1 vor 12, Parteiwille 2a, Schuldstatut 4; Sondervermögen 28 3; Spiel u Wette Vorb 6 n vor 12; Staatsangehörig, Wechsel zur GesUmgehg Vorb 8 vor 7; Staatenloser 29 Anh V; Todeserklärg EG 7 Anh 1; nichtehel Kind, Rechtsverhältn zur Mutter 20, zum Vater 21 5; nichtehel Mutter, RVerhältn zum Vater 21 5; unerl Handlg, Recht des Tatorts 12 1–4; ungerecht Bereicherg Einf 8g vor 812, Vorb 6 r vor EG 12; Unterh, ehel 14 4e; Übereinkommen, Haager, über das auf Unterhaltsverpflichtgen gegenüber Kindern anzuwendende Recht Anh zu 21; über das auf die Form letzter Vfgen anwendbare Recht 24–26 Anh; Vaterschaftsanerkenng 21 7, 22 2; Vereine nach 10; Verfahren bei Anwendg ausländ Recht, Vorb 16 vor EG 7, EG 13 1; Verjährg Vorb 5b vor 12; Verlagsvertr Vorb 6t vor 12; Verlöbn 13 8; Versorgungsausgleich 1587a 3 Ziff 2; EG 14 2, 14 5, EG 15 4, EG 17 5, 7; VertragshändlerVertr Vorb 6 g vor 12; Vertretgsmacht der Eheg untereinander 14 4 k; Verwahrg Vorb 6 h vor 12; Vollmacht Vorb 5a vor 12; Vorfragen Vorb 10 vor EG 7; Vormsch: Ausländer in Deutschl 23 1–3, Deutscher im Ausl 23 4, Einleit durch Konsuln Anh 1 zu 23, vorl Maßregeln 23 6; Wechsel Vorb 6 s vor 12; Werkvertr Vorb 6e vor 12; Wohnsitz Vorb 7b vor 7; Wohnsitzwechsel zur GesUmgehg Vorb 8 vor 7
Internationale Zuständigkeit, Begriff Vorb 1 vor EG 7; Befolgungsregeln Vorb 1 vor EG 7; Beurteilungsregeln Vorb 1 vor EG 7, EG 17 6 b cc; ehel Abstammg EG 18 6; in NachlSachen EG 25 3; für Erbscheinserteilg 2353 1b, 2369 2a, EG 25 3; für Haager Minderjährigenschutzabkommen EG 23 Anh 4; für AnO der NachlInventarerrichtg 2003 3; für AO der Nachlaßverwalt 1975 2; für Schutzmaßnahmen nach dem MjSchutzÜbk (MSA) EG 23 Anh 4, MSA 1 1, 2, 3 2, 4, 5 1, 6 1, 9; Testamentsvollstreckerentlassg 2227 7; TestVollstrZeugniserteilg 2369 3; für Unterlassgsklage gg AGB-Verwender AGBG 14 3; für VormschSachen EG 19, 5, EG 23 3–6, Anh EG 23 (MSA)
Intertemporales Recht u IPR Vorb 12 vor EG 7
Interzession, Begriff Einf 1 b vor 765
Interzonales Recht Vorb 14 vor EG 7; bei Geldschulden 245 4d; s interlokales PrivR
Interzonale Zuständigkeit, Anfechtg letztw Vfgen 2081 2; für Erbscheinserteilg 2353 1a, EG 25 5
Interzonenhandel Vorb 7 b vor EG 12; Amtspflicht 839 5 B c yy

Intimsphäre 823 15 B; u argl Täuschg 123 2 c
Inventar, Begriff 586 1; Gewerbebetrieb 98 1, 2; Grdst, Pacht mit Inventar 586–591, Nießbrauch mit Inventar 1048; als Zubehör 98 1–3; s a Inventarerrichtg
Inventarerrichtung 1993; Arten Vorb 2 vor 1993; bei ausländ Erbl 2003 3, EG 25 3; Beamter, zuständ 2002 1; BenachteilAbsicht 2005 1; Berichtigg 2005 3; Bezugnahme 2004 1; durch Ehegatten 1993 2, bei Gütergemeinsch 1432, 1455, 2008 3; Einsicht 2010; freiwillige 1993 1; Frist s Inventarfrist; Fristbestimmg 1994 1, unwirksames 2000; gerichtl 2003; GläubAntrag 1994 1, 2; Inhalt 2001; MitE 1994 1, 2003 1, 2063 1, 2; Mitwirkg amtl 2002 1; eidesstattl Versicherg 2006, 2008 5; rechtzeitige 2009 2; Untreue 2005 1; Unvollständigk 2005 1; Unwirksamk der privaten 2002 1; Verfahren 2003 2; Vermutg der Vollständigk 2009 1–3; Zuständig nach LandesR EG 148; Zweck Vorb 1 vor 1993
Inventarfrist, Ablaufhemmg 1997 1, 1998 1; Ablaufwirkg 1994 1; Beginn 1995 1; Beschwerde 1994 1; Bestimmg ggüb dem anderen Eheg bei Gütergemeinsch 2008 1; Bestimmg, unwirksame 2000 1; Dauer 1995 1; Fiskus 2011 1, 2; mehrere Erbteile 2007 1; MitteilPfl des NachlGer 1999 1; neue 2005 4; NachlPfleger 2012 1; Tod des Erben 1998; Verlängerg 1994 3, 1995 1; Wiedereinsetzg 1996 1
Investmentanteilscheine 793 1 d; ausländische Einf 5f vor 793; Kraftloserklärg 799 1, 800; Miteigentum Einf 3e vor 1008; Pfandrecht 1258 1, 1292 1, 1293 1; Übereigng 935 5 b; s a Kapitalanlagegesellsch
Inzahlungnahme 515 1; eines Gebrauchtwagens beim Kfz-Kauf 364 1, Einf 5 vor 631
Irreguläres Pfandrecht Übbl 3 vor 1204
Irrtum, Allgemeines 119 2; Anerkenng der Vaterschaft 1600 g 2, 1600 m 2; Angemessenh des Preises 119 3, 4 c; durch arglistige Täuschung 123 2 a; Begriff 119 2, EheG 32 2; in der Berechng 119 3; Berufsgrd bei ErbschAnnahme 1949 1, 2; Beweggrd 119 1 a, 3, 2078 2; Beweislast 119 6, bei Anfechtg 122 4; Eheschließg EheG 31 2; Entschuldbark 119 1 b; Erbvertr 2281 2 a; ErklHandlung 119 3; ErklInhalt 119 3; falsa demonstratio 119 2; Fernsprecher 119 2, 120 2; Geschäftsgstand 119 3; Geschäftsgrdlage 119 2, 3, 242 6 C d; über Kreis der gesetzl Erben 2066 4; Kausalzushang 119 5; letztwill Vfg 2078 1, 2; maschinell zustande gekommene Erklärgen 119 1c; NachlÜberschuldg 1954 1; Person des Bedachten 2078 1, 2; Pers des and Eheg EheG 31 2c; Pers des ErklGegners 119 3; RFolgen 119 1 b; RechtsI 285 2; RNatur eines Geschäftes 119 3; SchadErs bei Anfechtg 122 1–3, 5, 2078 1; tatsächl Folgen des Geschäfts 119 3; Übermittlg, irrige 120 1; Umstände, die Person des and Eheg betr EheG 32 2, 3; unbeachtlicher 119 3; bei Vereinsbeschlüssen 32 1; bei Vereinssatzg 25 2; Verhältnis z Gewährleistg 119 4 d, Vorb 2 d, e vor 459; Vermögensverhältnisse 119 4b, EheG 32 3; Vertrauensschaden 122 3; u Vorsatz 276 3; üb den Wert 119 4 c; wesentl Eigensch 119 4 a

J

Jagd, Haftg 823 14; Pacht Einf 2c vor 581, 581 1; Pacht u Besitz am Grdst Übbl 4b vor 854; Pacht u Veräußerg des Grdst 571 1b; Wildschaden 835, EG 70 –72

Jagdhund

Jagdhund, Haftung **833** 6 b
Jagdrecht, Bestandteil des Grundstücks **96** 2; BundesjagdG EG **69** 1, als Schutzgesetz **823** 9 f; keine Grunddienstbark **1018** 5 a
Jastrowsche Formel beim gemschaftl Testament **2269** 4
Jubiläumsgabe 611 7 e
Jugendamt, Amtsvormund Übbl 4 b vor **1773, 1791 b, 1791 c**; JWG **37–45**; Anhörg **1671** 7, **1694** 1, **1695** 1, **1711** 3, **1779** 2; JWG **48** a; bei Annahme als Kind JWG **48a, 48b, 51a, 51b**; bei Eheliicherklärg **1727** 4; JWG **48a**; Anzeigepfl **1694, 1850**; JWG **47** a; Aufgaben Grdz 1, 2 vor **1849**; JWG 4 ff; Aufsicht über Pflegekinder JWG **31**; Ausführg v Anordngen des VG JWG **48** c; BeratgsPflichten JWG **47d, 51, 51b, 52**; Beschwerde R **1694** 1; Bestellg z Amtsvormd **1791** c; JWG **45**; Bestellg z Beistand JWG **46**, zum Erziehgs Beistand JWG **56**; BeurkdgsBefugn JWG **49**; Entgegennahme v VaterschAnerkenntn **1600** e; JWG **49**; Ersetzg der Einwilligg der Eltern bei Adoption **1748**, JWG **51a**; Erziehgs-Beistandsch **1666** 8; JWG **55** ff; freiw Erziehgs Hilfe, Stellungnahme JWG **63**; FürsErzhg **1666** 8; JWG **64** ff; Antr gg Mündel **1795** 1; JWG **65** 2; Mitvormund **1775** 2; Organisation, Verfahren JWG **12** ff; Pflegsch für nichtehel Kinder (Amtspflegsch) **1709, 1710**; JWG **37** ff; Pflegsch über Leibesfrucht, AntragsR **1912**; Rechtsstellg Grdz 1, 2 vor **1849**, Einl 1 vor JWG **37**; Unterh Minderjähriger, Gutachtenspfl JWG **48** d; UnterstützgsPfl ggü sorgeberecht Elternteil **1771** 7; JWG **51**; ggü FamilienGer JWG **52a**, ggü VG **1850**; JWG **48**; VerpflichtgsErklärgen vor JgdA **1600** k 2, JWG **49**; vertraulAuskünfte **1695** 2; Stellg bei Verkehrsrecht des nichtehel Vaters **1711**; JWG **48** c; Vertretg d nichtehel Kindes **1706, 1707**; als Vormd Einl 3 b vor **1297, 1751**, Übbl 4 ff vor **1773, 1778** 2 f, **1791 b, 1791 c**; JWG **37 ff, 41 ff, 45**; Vormundsch über Volljährige **1897** 1; JWG **54a**; Zuständigk örtl JWG **11**; s auch Amtsvormund
Jugendarbeitsschutzgesetz Einl 8 d vor **611**; SchutzG **823** 9 f
Jugendhilfe JWG **2, 3, 7–9**
Jugendhilfegesetz, Reform Einl 5 vor JWG **1**
Jugendlicher, Haftg **828, 829**; Testierfähigk **2229** 3, **2247** 3
Jugendwohlfahrtsbehörden, JWG **2**
Jugendwohlfahrtsgesetz Einl 3 b vor **1297, 1666** 8, Übbl 4 vor **1773**; Einl 1 vor JWG **1**
Junctimklausel 903 5 B b
Juristische Person, AbwesenhPflegsch **1911** Anh; Anerkenng ausländ Einl 5 vor **21**, nach EG **10** 4, 5; ausländ, nach EG **10** 1–5; Bank deutscher Länder Vorb 1 vor **89**; Begriff vor **21**, Vorb vor **89** aE; beschr persönl Dienstbark **1092** v; Besitz **854** 5 b; Bundesautobahnen Vorb 1 vor **89**; Entsteh Einl 2, 4 vor **21**; Erbfähigk **1923** 1 b; Erwerbsbeschränkg, landesrechtliche EG **86**; Finanzvermögen Übbl 4 d vor **90**; Gebietskörperschaften Vorb vor **89**; Haftg für Vertreter **31** 1–3, **89** 1; interlokales PrivatR nach EG **10** 2; internat JP des öff Rechts Vorb 1 vor **89**; internat PrivR nach EG **10** 1–5; Konkurs **89** 3; Kreditgefährdung **824** 1; LandeszentrBanken Vorb 1 vor **89**; als Nacherbin **2101** 3; Nießbrauch **1059 a** ff; des öff Rechts Einl 2 vor **21**, Vorb vor **89**; Haftg **89** 1; PersönlichkSchutz **823** 15 B f; VertretgsMacht **26** 3; Pflegschaft Einl 2 vor **1909, 1909** 1, Anh nach **1911, 1913** 1; d Privatrechts Einl 2 vor **21**; Reichsbank Vorb 1 vor **89**; Religionsgesellsch Vorb 1

vor **89**; Schutz des Namens **12** 1a; Sitz **24** 1; Staatsangehörigk Einf 5 vor **21**; als TestVollstr **2197** 3; Übergangsvorschr EG **163** 1, 2; Übertragg des Vermögens **310** 3, **311** 3; verfassungsmäßig berufene Vertreter **89** 2; Vertretg nach außen Einf 3 vor **21**; Verwaltgsvermögen Übbl 4 d vor **90**; als Vorerbe **2105** 2; Vorkaufsrecht **1098** 6; Zweigstelle Einf 7 vor **21**

K

Kabelpfandrecht Einf 4 vor **1204**
Kahlschlagsrecht für Nießbraucher **1036** 2, **1041** 2 a
Kaminkehrer: Realrechte EG **74** 2; s unter Bezirksschornsteinfeger
Kapitalabfindung 249; bei Körperverletzg u Tötg **843** 6, **844** 6 C; f Unterhalt nach Ehescheidg **1585**
Kapitalanlage dch Testvollstrecker **2216** 1
Kapitalanlagegesellschaft, keine Aufhebg der Gemeinsch **1008** 4; Sicherzsübereigng von Sondervermögen **930** 4 g; Verpfändg von Ggständen des Sondervermögens **1204** 2 a; von Miteigentumsanteilen **1258** 1 c; s a Investmentanteilscheine
Kapitalgesellschaft in Gründung **705** 9 b aa; Vererblichk der Mitgliedsch **1922** 3 a gg, **2032** 7, 8; Stellg des TestVollstr **2205** 1 h ff–hh
Kapitalversicherung, Bezugsberechtigg nach Ehescheidg **330** 2 c a E, **2077** 6
Kaptatorische Verfügungen 2074 1 a
Kartell 54 4, **705** 9 b bb, auch **134** 3 a, **138** 5 j; Mißbrauch **826** 8 j; Verstoß gg -recht **134** 3 a; Einf 3 b vor **145**; s a Wettbewerbsbeschränkungen
Kassatorische Klausel vgl Verfallkl, Verwirkgskl
Kassenarzt Einf 2 a bb vor **611**
Kassenfehlbestände, Beweislast **282** 2 f; s auch „Mankohaftg"
Kassenlieferschein Einf 2 e vor **783**
Kassenpatient Einf 2 a bb, cc vor **611**
Kassenskonto 272 1
Kataster 919 3
Katasterbezeichnung, unrichtige **313** 8 e
Katasterparzelle Übbl 1 a vor **873**; u öffentl Glaube **891** 4 c, **892** 4 a
Katastrophenschutz, Amtspflichtverletzg **839** 15; Notstandsrecht **904** 1 b
Kauf 433–454; Abgrenzg Einf 2, 4 vor **433**; Abnahmepfl **433** 6; Abschluß Einf 1 b vor **433**; Annahme d Kaufsache **464** 3; arglistige Vorspieglg einer Eigensch **460** 4, **463** 3; Arten Einf 3 vor **433**, Vorb vor **494**; AuskunftsPfl **433** 4 a, **444** 1, 2; BefördergsGefahr **447** 6; Begriff Einf 1 a vor **433**; Beweislast **433** 8, **442**; Eigentumsverschaffg **433** 2 b; Eigentumsvorbehalt **455**; ErbschKauf Übbl vor **2371**; Fehler der Kaufsache **459** 3; FordergsKauf, Haftg **438**; finanzierter Kauf AbzG **6** Anh; Garantie **438** 1, **459** 4, **477** 4; Gefahrübergang **446, 447**; Ggstand **433** 1; Gewährleistg bei Rechtsmängeln **434, 435, 437, 439–441**, bei Sachmängeln **459–493**, s auch unter „Gewährleistg"; Gewährleistgsausschluß **443**, Vorb 4 vor **459**, AGBG **11** 10; Hauptpflichten **433** 2, 3, 5, 6; internat Kauf Einf 5 vor **433**, Vorb 6 a vor EG **12**; Kosten **448, 449, 451**; Minderg **462, 465, 472**; Nachbesserg **462** 1 b, **466a**; Nebenpflichten **433**, 4, 7 – u öffentl R Einf 2 b vor **433, 434** 2 c; Nichterfüllg dch Verkäufer **440, 441**; Rechtskauf **433** 2, **437**; Rechtsmängel **434, 435, 437, 439–441**;

Magere Zahlen = Erläuterungen   **Kindesvermögen**

Rücktritt 440, 441, 454, 455, 1, 4; Sachmängel 459–493; Stundg des Kaufpreises 452 3, 454 3; Übergabe 433 3 b, 446 3; Übergang der Nutzgen 446 5; Unmöglichk 440, 441; Verjährg 196 Nr 1, 477, 478; Versendg 433 4h, 447; VertrPartner Einf 1c vor 433; Verwirkg 242 9f; Verwendgen, Ersatz 450; Verzinsg d Kaufpreises 452; Wandelg 242 4 D g, 462, 464–467, 469 bis 471; Wegfall d Geschäftsgrdlage 242 6 D e; Wertpapiere 437 3; in der Zwangsvollstreckg 456

Kaufanwärtervertrag über Grundstücke 313 2 d, 631 1b, 675 3c

Kauf auf Probe 495, 496

Kaufkraftminderung, Geschäftsgrundlage 242 6 C a aa

Kaufkraftschwund des Geldes, bei Pflichtteilsberechng 2315 3; bei PflichttErgänzg 2325 4; bei ZuwendgsAusgl 2055 2

Kauf nach Probe 494, 496

Kauf nach Wahl Einf 3 vor 433

Kaufpreis 433 5; Fällligk 433 5a dd; Herabsetzg bei Mindergn 462 4, 472 1, 2; Marktpreis 453; Stundg 452 3, 454; unzulässiger 1243; Verweigerg bei Mangel 437; VerjährgsBeginn 198 2; Verzinsg 452; Zahlgspflicht 433 5

Kaufpreisersatz 433 5a ee

Kaufpreisfinanzierungshypothek, Vormerkg 1179 2a

Kaufpreisklauseln 433 5a dd, AGBG 11 1

Kaufpreisverzinsung 433 7b

Kaufverträge, internationale Einf 5 vor 433, Vorb 6a vor EG 12

Kauf zur Probe Vorb 1 vor 494

Kaufzwangsklausel in Erbbaurechtsverträgen 138 5 e, ErbbRVO 2 2g

Kausa, Übbl 3e vor 104

Kausale Verträge Übbl 3 e vor 104

Kausalzusammenhang, s Ursachenzusammenhang

Kaution, Barkaution Übbl 3 vor 1204; Mietkaution Einf 11b hh vor 535; Pachtkaution 572 1; Zurückbehaltungsrecht 273 5c; Verfallabrede 1229 1 c

Kegelbahn, Haftg aus unerlaubter Handlg 823 14

Kellerrecht EG 181 2

Kenntnis des Rechtsmangels (BereicherungsAnspr) 819 2

Kennzeichnungsschutz im interlokalen Privatrecht Vorb 14g, i vor EG

Kernenergie, Haftg 823 14; IPR EG 12 2

Kernkraftwerk, öffentl-rechtl Nachbarschutz Vorb 2d gg vor 903

Kettenarbeitsverhältnis Einf 4a ff vor 611

Kind, Aufenthaltsbestimmung 1631 4; Aufwendungen für elterl Haushalt 1620; Beaufsichtigg 1631 3; Berufswahl u -Ausbildungskosten 1610 4, 1626 4 c; BilligkHaftg 829 3, 254 3 a bb; Dienstleistgspflicht 1617; ehel Kinder, Rechtsstellg Einf vor 1616, ÜbergVorschr bei GleichberG 8 I 3, Einf 4 vor 1616; bei Ehenichtigk 1591; bei Nichtehe Einf 1 a vor EheG 16; Ehelichkeitsanfechtg durch Kind 1596–1599; K bei Ehescheidg 1568 2; Einkünfte aus Kindesvermögen, Verwendg 1649; elterl Gewalt s dort; kein alleiniges EntscheidgsR des Vaters 1628; Erwerb mit Mitteln des Kindes 1646; Erwerbsgeschäft, neues 1645; Erziehg 1626 4 a, 1631 1; Unterstützg durch VormG bei Erziehg 1631 2; Familienname 1616 2; Gefährdg der Person 1666, des Kindesvermögens 1667 ff; Hausangehörigk 1619 2; Herausgabe 1632, Entscheidg des VormG 1632 3; Heirat des Kindes 1633, 1649; interlok PrR EG 18 7, 19 6; intern PrivR EG 18, 19, Anh EG 23 4 (MjSchutzÜbk); minderj Kind, elterl Gewalt 1626; nachgeborenes Kind, Erbrecht 1924 7; Name 1616; Namensänderg des Vaters 1616 2; Namensrecht bei Adoption 1757, 1765; nichtehel Kind s dort; aus nichtiger oder ungültiger altrechtl Ehe EG 207 1; Personensorge s PersonensorgeR; persönl Verkehr s Verkehrsbefugn; Pflegerbestellg 1630; religiöse Kindererziehg Anh zu 1631; SorgeR s PersonensorgeR; Staatsangehörigk 1616 2; kein Stichentscheid des Vaters 1628; Tod des Kindes, unaufschiebbare Geschäfte 1698b; ÜbergVorschr EG 203, GleichberG 8 I vor 1616, GleichberG 8 I 9, 1638; unerwünschtes als Schaden Vorb 2 d vor 249; Unterhaltsanspr ggüber Eltern 1602 3, 1603 4, Art der Gewährg 1612; Unterhalt, interlok Recht EG 19 6, 21 8; Unterhaltspflicht der Eltern 1606 4; VaterschVermutg 1591; Vergütg für Dienstleistungen 1619 4; Verhinderg der Eltern 1693; Verkehr 1634; Vermögen des Kindes s Kindesvermögen; Verträge mit Schutzwirkg, zG des Kindes 328 3a hh; Vertretg 1626 4b, 1629; Ausschluß der Vertretg 1629 4, Entziehg 1629 6; vormundschger Anordnungen 1696; Vorm (Familien) Gericht, Fühlgnahme mit Kind 1695 3; vormundschger Genehmigung 1634; Vornahme 1616 3; Wohl des Kindes 1627, 1666; Wohnsitz 11; Zuwendg 2068 1; vgl auch Ausstattg, elterl Gewalt, Kindesvermögen, Personensorgerecht, nichtehl Kinder, Verkehrsbefugn

Kindergarten, Schutzmaßnahmen 823 14

Kindergeld, Anrechng auf Unterhalt des Kindes 1602 2c, 1615g, Anh zu 1615f, g, Regelbedarfs-VO 2 2

Kinderspielplätze 823 14, EG 109 2

Kindertagesstätte, Haftg 276 4 c; Vertragsverhältnis Einf 4 h cc vor 305

Kinderzulagen 511 6 d; Anrechng auf Unterhalt des nichtehel Kindes 1616g

Kindesvermögen, allgemein 1626 4c, 1638 1; Anlegg von Geld 1642, durch Beistand 1688; Anhörg der Eltern 1695, Aufwendgsersatz 1648; Auseinandersetzg vor Wiederverheiratg eines Elternteils 1683; Auseinandersetzgszeugn EheG 9; Ausschlagg von Erbschaft u Vermächtn 1643 2c; Ausschluß der elterl Verwaltg durch Bestimmg Dritter 1638 2, durch Pflegerbestellg 1630; Beendigg der elterl Verwaltg 1670, 1673 ff, 1698 ff; Beistand, Vermögensverwaltung 1690; Beschränkungen der elterl Verwaltg 1638 ff; Einkünfte des Kindesvermögens 1649, bei Heirat des Kindes 1649; elterl Verwaltg bei Ehescheidg und Ehenichtigk 1671, bei Getrenntleben 1672; Entziehg der Verwaltg wegen Nichterstellg der VermVerzeichn 1684, wegen Ungehorsams gg vormundschger Anordnungen 1669, wegen Unterhaltsgefährdg 1666 6, wegen Vermögensgefährdg 1667 ff, Folgen 1680; Erbausschlagg 1643 2c; Erwerb mit Mitteln des Kindes 1646; neues Erwerbsgeschäft 1645; Fortführung der Geschäfte 1698a, 1698b; Gefährdg 1666 6, 1667 ff; genehmigungsfreie RGeschäfte 1643 3; genehmigungspflichtige RGeschäfte 1643 2; Grundst-Verfügen 1643 2a; Haftg 1664; Herausgabe bei Beendigg 1698 1; Konk eines Elternteils 1670, 1680; Meingsverschiedenheiten zw Eltern 1627, mit Pfleger 1630 3; Miet- u Pachtverträge 1643 2e; Nutznießg weggefallen 1649 1; Pflegerbestellung 1630 1; RechenschLegg 1649 3, 1698 2; Ruhen der elterl Gewalt 1673 ff; SchadensErsPflicht, Gesamtschuld 1664; Schenkungen aus Kindes-

2423

Kindeswohl

verm **1641**; SicherhLeistg **1668–1672**; Sorgfaltspfl **1664**; Sperrvermerk **1642** 1; kein Stichentscheid des Vaters **1628**; Surrogation **1646**; TestVollstr **1638** 2; Tochter, unverheiratete **1633**; Tod des Kindes **1698** b; Tod eines Elternteils **1681**; Todeserklärg eines Elternteils **1677**; ÜbergVorschr GleichberG 8 I 9, **1638** 4; keine Überwachg durch Pfleger **1638** 2; Einfluß auf den UnterhAnspr **1649** 2 b; Verfügg über Grdst u GrdstRechte **1643** 2 a, über Vermögen im ganzen **1643** 2 b; verheiratete Tochter **1633**; Verhinderg eines Elternteil **1674**; VermÜberlassg an Kind **1644**; VermVerfall **1667**; VermVerzeichn **1682**, bei Wiederverheiratg eines Elternteils **1683**; Vertretg **1629**; Verwendg der Einkünfte **1649**; Verwirkg **1676**, Folgen **1679**; Vormund, Vermögensverwaltg, s Vormund; VormundschG, Entscheidg über Meingsverschiedenh **1627** 2, mit Pfleger **1630**, bei Geldanlegg **1642**, bei Verhinderg der Eltern **1693**; vgl auch elterl Gewalt, Kind

Kindeswohl 1671 3; Gefährdg **1666**, Verfahren, **1666** 7, Verschulden **1666** 2; Berücksichtigg bei Adoption **1741** 2 a

Kindschaftsrecht, unzulässige RAusübg **242** 4 D h

Kirchenbaulast, landesrechtl Vorschr EG **132** 1

Kirchengemeinde, Haftg **89** 2; jur Person Vorb 1 vor **89**

Kirchenstuhlrecht, landesrechtl Vorschr EG **133** 1

Kirchliche Beamte, Amtspflichtverletzung **839** 15

Kirchliche Verpflichtungen bei Ehe **1588**

Klage auf Anfechtg der Ehelichkeit **1599**; auf Aufhebg der Gütergem **1447, 1448, 1469**, der fortges Gütergem **1495**; auf vorzeitigen Zugewinnausgleich **1385 ff**; auf Feststell der Verwandtschaft Übbl 6 vor **1589**; unterbricht Verjährg **209**; schafft Verzug **284** 3 e

Klarstellungsvermerk Übbl 4 vor **873**

Klausel, cif-Klausel **269** 9; einzelne Vertr-Klauseln **157** 5 c; fob-Klausel **269** 9; mißbilligte Klauseln im Einheitsmietvertrag Einf 8 d vor **535**; Gewährleistgsausschluß **476** 1; Preisklauseln beim Kauf **433** 5 a dd; Kostenklauseln **448** 3; Selbstbelieferungsklausel **433** 4 h bb; Übernahmekl bei Kauf **448** 3; verbotene – in AGB AGBG 10, 11; Verfallklausel s dort; Verwirkungsklausel s dort; Wertsicherungskl s dort

Kleingartenpacht Einf 2 b vor **581**

Knebelungsvertrag 138 5 k, **826** 8 i bb

Know-how-Vertrag Einf 1 vor **581**; Kauf **433** 1 c cc

Kollektivdrohung 123 1 d

Kollisionsnormen, Anknüpfg, echte Vorb 6 vor EG **7**; Begriff Vorb 5 vor EG **7**; Berücksichtigg fremden R Vorb 9 vor EG **7**; landesgesetzl Vorb 3 vor EG **7**; Staatsvertr Vorb 2, 3 vor EG **7**; Zusammentreffen mit Übergangsrecht Vorb 13 vor EG **7**

Kommanditanteile, Verwaltg dch TestVollstr **2205** 1 b dd; Vererblichk **1922** 3 a dd, **2091** 1, **2032** 5; Vermächtnis **2174** 2 b

Kommanditgesellschaft, Gründg, Eintritt, vormundschaftsgerichtl Genehmigg **1822** 4 b; Haftg auf Grd Rechtsscheins **714** 3 c; u Testamentsvollstreckung **2205** 1 b dd; Vererblichk der Rechtsstellg des Komplementärs **1922** 3 a cc, **2032** 5

Kommanditgesellschaft auf Aktien, Fortsetzg mit Erben **1922** 3 a gg

Kommanditist, Duldungsvollmacht **173** 4 f

Kommissionsvertrag Einf 4 i vor **433, 675** 3 a, Vorb 6 h vor EG **12**; Schadensliquidation des Drittinteresses bei – Vorb 6 b aa vor **249**

Kommunmauer 94 5; s „Nachbarwand"

Kondiktion = Anspr aus ungerechtfertigter Bereicherg s dort

Konditionsgeschäft 158 1, Einf 3 n vor **433**; Gefahrübergang **446** 3 b

Konfusion s Vereinigung

Konkurrenz v Anspr **276** 9, **463** 4 a, Einf 4, 5 vor **812, 818** 1 c, Einf 2 a vor **823, 839** 12, Vorb 2 vor **987**; und Verjährg **194** 3

Konkurrenzerzeugnisse, aus dem Verkehr ziehen **826** 8 u kk

Konkurs, Gter **728** 1; des Gläub, keine höhere Gewalt **203** 1; JP **89** 3; Mißbrauch des KVerf **826** 8 v; bei Nacherbfolge Einf 5 vor **2100, 2115**; NachlKonkurs s dort; bei TestVollstr Einf 2 vor **2197**; Verein **42** 2, 3, 75; VermögVerwaltg der Eltern, Ende **1670**; Vormerkg im- **883** 4 a; Anordnungen des VormschG **1680**

Konkursrichter, Amtspfl **839** 5 B c, 15

Konkursverwalter, Ablehng der Leistg **276** 7 g, bei Sukzessivliefergsverträgen **326** 13; Anfechtg von RGesch des Erben **1979** 5; Einwand des Sittenverstoßes des Gemeinschuldners geg K **817** 3 b; Erwerbsverbot **456–458**; LeistgsKondiktion **812** 5 B b bb; Rechtsstellg Einf 3 vor **164**; Veräußerg eines Grdst u Mietverh **571** 2 c

Konsensprinzip s Einiggsgrundsatz

Konsensualverträge Einf 4 c vor **305**; bei Darlehen **607** 1

Konsortialkredit Einf 7 B c bb vor **929**

Konsortien 705 9 b bb

Konstituierung des Nachl dch TestVollstr **2221** 1

Konstruktionsmängel, Gewährleistg für, Vorb 4 e vor **459**

Konsul, Konsularbeamter, Auflassg vor Konsul **925** 4 e, EG **11** 4; Eheschließg EG **13** 7, Anh 1 zu EG **13**; Erbvertrag, Testament vor Konsul Anh zu **2231**; Einf 7 vor BeurkG **27**; BeurkG **27** 6; Verwahrg von Testamenten, Erbverträgen BeurkG **34** 6

Konsulargesetz, erbrechtl Vorschriften Einl 4 k vor **1922**

Konto Einf 3 o vor **607**; u Depot zugunsten Dritter auf den Todesfall **2301** 4

Kontokorrent 305 4, **387** 2; Verjährg der Anspr aus anerkanntem – **195** 1; – der eingestellten Forderg **202** 2

Kontokorrentvorbehalt 455 2 b dd

Kontrahierungszwang s Abschlußzwang

Kontrolle der Berufsausbildg **1610** 4 a; von Vermögen s Vermögenssperre

Kontrollorganisation, Kosten als Schadensersatz Vorb 2 c cc vor **249**

Kontrollratsgesetz 16 s Ehegesetz und die einzelnen Stichwörter

Kontrollratsgesetz 37 betr Aufhebg einiger gesetzl Bestimmgen auf dem Gebiet des Erbrechts Einl 2 b vor **1922**

Kontrollratsgesetz 45 betr Aufhebg des ErbhofGes u Einführg neuer Bestimmgen über land- u forstwirtschaftl Grundst: Einl 7 b vor **854**, Einl 2 a vor **1922**; Änderg, Aufhebg des KRG Einl 7 b vor **854**; s a Anerbenrecht, Höfeordng

Kontrollratsgesetz 52 s EheG **15** a

Konventionalscheidung 1565, 1566 4

Konversion 140

Konzentration s Gattgsschuld

Konzern 705 9 b bb

Konzernkollisionsrecht 2 nach EG **10**

Konzernvorbehalt 455 2 b ee

Konzessionsvertrag, Wegfall der Geschäftsgrundlage **242** 6 D f

Magere Zahlen = Erläuterungen **Kündigung**

Koppelungsgeschäfte 138 5 l; Architekt, Bauingenieur 631 1 b; kein K zwischen Verpfl zum Grundstückserwerb u Inanspruchnahme eines Baubetreuers 675 3 c ee
Körper des lebenden Menschen 90 2; Recht am eigenen 90 2
Körperlicher Gegenstand 90, s a Sache
Körperschaft öffrechtl, Erbrecht EG 138 1; öffrechtl, Haftg u Konkurs 89; Verwaltgs- u Finanzvermögen Übbl 4 d vor 90; s a jur Person
Körperschaftswald Übbl 5 c vor 903
Körperteile, künstliche, Rechte daran nach dem Tod 1922 3 d
Körperverletzung, Ersatz f entgangene Dienste 845; Ersatzanspr 843 1; Geldrente 843 1, 2, 4; Haftg f 823 4 b; Heilgskosten 249 2 d, 843 1; Kapitalabfindung 843 6; PflichttEntziehung 2333, 2335; Schmerzensgeld 847 3, 4
Kosten der Auflassg 449; Aufrechng gegenüber 396; der Ausstattung eines Kindes 1444, 1466; bei Beurkundgen im Bereich einer Erbengemsch Einf 11 vor 2032; ErbscheinsVerf Übbl 5 a vor 2353; Erlöschen der Hypothek 1178; der Fruchtgewinng 102; der Hinterlegg 381; im Mietprozeß Einf 10 a ff vor 535, 556 a 7 d; in NachlSachen Einl 5 a vor 1922, Haftg der Erben Einf 7 vor 1967; Pfandhaftg 1210; der Rechtsverfolgg als Schaden 249 2 e; der Übergabe bei Kauf 448; bei VermächtnEntrichtg 2174 2 b; der Versendg 448 3; Verteilg der Leistg auf 367; vormundschgericht Maßnahmen 1667, 1668 2; s a Prozeßkosten
Kostenanschlag 650 1; Überschreit 650 2
Kostenentscheidung in WE-Sachen der FreiwG WEG 47 ff
Kostenerstattungsanspruch, Fälligkeit, Aufrechnung 387 6
Kostenmiete Einf 8 c aa, 11 b ee vor 535
Kraftfahrer, Schuldanerkenntnis 781 2 c
Kraftfahrzeugbetriebe, AufklärgsPfl 276 6 b cc; SorgfaltsPfl 276 4 c
Kraftfahrzeugbrief 444 1; Eigentum am 952 2 c; bei Eigentumsvorbeh 455 1 h; u guter Glauben 932 2 b, 1207 6 a; bei Übereign 929 2 a
Kraftfahrzeuge Einf 4 vor 929; Bereinigg v Zuweisungen 903 5 I c; Miete, Reifenmängel 538 1, 537 2 c; Sachmängel 459 5 b; Sicherübereigng 930 4 f; EigtVerlust 959 1; Untersuchungspfl beim Kauf 460 3; Wartg Einf 5 vor 631
Kraftfahrzeugschaden, Anwaltskosten 249 2 e; Auslagenpauschale 249 3 b; Eigenreparatur 249 2 b; Finanzierungskosten 249 2 b; Gebrauchsvorteile Vorb 2 b bb vor 249; merkantiler Minderwert 251 4 b aa; Mietwagenkosten 249 1 b; Mitverschulden des Halters 254 3 a ee; Nebenklagekosten Vorb 5 c ee vor 249; Reparaturkosten 251 4 b; Reparaturwerkstatt ErfGehilfe? 254 5 b; Reparaturkosten größer als Zeitwert 251 4 b bb; Sachverständigenkosten 249 2 e; Schadensfreiheitsrabatt, Verlust 249 4 3 b; Schadensminderungspflicht 254 3 b ff; Totalschaden, echter, unechter, wirtschaftlicher 251 4 b cc; Verteidigerkosten Vorb 5 c ee vor 249; Wiederbeschaffungswert 251 4 a aa
Kraftloserklärung, Erbschein 2361 4; hinkende InhPap 808 3 b; HypBrief 1162 1–4; InhSchuldverschreib 799 2, 3, 800 1; LegitimationsPap EG 102 1, 2; TestVollstrZeugnis 2368 3; Vollmachtsurkunde 176
Kraftverkehr, Aufsichtspfl des Halters 823 14; Aufwendungsersatz für zur Vermeidg eines Unfalls erlittenen Schaden am Fahrzeug 677 2 b;

Beweis des ersten Anscheins Vorb 8 a cc vor 249; Entlastgsbeweis 831 6, 9; Fahrlässigk 276 4 c; Haftg bei Schwarzfahrten 823 14; Mitverschulden 254 3 a cc, b ff; Unfallhaftg, Einzelfälle 823 14; Beweislast 823 13 a
Kraftwagenführer, Auswahl, EntlastgsBeweis 831 6 a
Kranführer, Haftg 276 4 c
Krankenfürsorge bei Dienstverhältnis 617
Krankenhaus, Arzt als Erfüllungsgehilfe 278 6 a; Aufsichtspflicht 832 3 b; Haftg 276 5 B b cc, der Stadtgemeinde 278 6 a; Dienstvertr Einf 2 a cc vor 611; Kontrahierungszwang, Einf 3 b vor 145; Unfallhaftg 823 14; verfassungsmäßig berufene Vertreter 89 2 b
Krankenhauskosten, für das ehel Kind, Kostenschuldner kraft Schlüsselgewalt 1357 2 b
Krankenkasse, Aufrechng mit Beiträgen 394; als jur Person Vorb 1 vor 89; Geschäftsführg oA f K 677 2 a b
Krankenpapiere, Einsicht 611 15, 810 3; Weitergabe 823 15 C
Krankheit, ansteckd od ekelerregende als EhezerrüttgsUrs 1565 3; Arbeitslohn bei 616 2–4; Irrtum als Eheaufhebgsgrund EheG 32 8; Kostentragg bei Getrenntleben der Eheg 1361 2; Verhinderer eines Eheg bei Gesamtgutsgeschäften 1429, 1454
Kranzgeld 1300; Gleichberechtigg von Mann u Frau Vorb 1300
Kreditabwicklung 675 3 b
Kreditanstalten, Hypothek für 1115 6; landschaftl EG 167 1
Kreditauftrag 778
Kreditbrief 778 1 b, Einf 2 d vor 783
Krediteröffnungsvertrag Einf 3 k vor 607
Kreditgebühren 246 1, 248 1; Rückrechnung bei vorzeitiger Rückzahlg des Darlehens AGBG 9 7; wucherische 138 4 a aa
Kreditgefährdung 824
Kreditgeschäfte u Abzahlungsvertrag AbzG 6 2 b dd, Anh
Kreditgewinnabgabe Anh 1 zu 1047; der Gesellschafter 730 5; PflichtBerechng 2311 2; bei Vor- und Nacherbschaft 2126 2
Kreditkartensystem AbzG Anh zu 6 1 a dd
Kreditkauf, Einf 3 c vor 433; RücktrittsR des Verkäufers 325 9
Kredittäuschungsvertrag 138 5 i, 826 8 i bb
Kreditvertrag, s Darlehen; Haftg des Auftraggebers als Bürge 778 2; mit Minderj 110 4
Kreditwesen, Gesetz über das Kr, Verstoß gg 134 3 a; erbrechtl Vorschriften Einl 4 h vor 1922
Kreis, Haftg 839 2 B
Krieg, Einwirkungen auf Schuldverhältnisse Einl 7 vor 241, insbes. richterl Vertragshilfe 242 7; Einwirkg auf Grundpfandrechte Übbl 8 vor 1113; Verjährg, Hemmg 202 5
Kriegsfolgengesetz Einl 7 c vor 241; Einf 5 vor 793; Enteigng 903 5 I e; Erbrecht Einf 4 g vor 1922
Kriegsgefangene s Heimkehrer
Kritik, geschäftsschädigende 823 6 g, 15 D
Kundenfang 826 8 u dd; dch Angebot branchenfremder Nebenware 826 8 u dd
Kündigung, Allg: Auftrag 671; Begriff Einf 3 a vor 346, 542 3 a, 564 3; Darlehen 609 2, 3; v Dauerverträgen aus wichtigem Grunde 242 4 F; Einschränkg 564 4; Gesamtschuld 425 2; des Gläub nach Abtretg 410; Grundschuld 1193; Hypothek 1141; Leihe 605; Mißbrauch 564 4; Pacht 581 4, 595, 596; Sittenwidrigkeit 138 5 i; TestVollstr 2226; Vereinsaustritt 39 1; Verjährg bei

2425

Kündigungsbeschränkung   Fette Zahlen = §§

199; Werkvertrag **643**, **649**; bei hohem Zins **247**; **Dienst- u Arbeitsvertrag** Vorb 2 vor **620**, **621–628**; ÄndersKündigg Vorb 2a ii vor **620**; bei Arbeitskampf Vorb 1e cc vor **620**; außerordentl Vorb 2b vor **620**, **624**, **626**, **627**; Erfordernisse Vorb 2 vor **620**; fristlose **626**, **627**; Frist **621**, **622**, **626** 3b; Gründe Vorb 3a vor **620**; **626** 4–6; Nachschieben von Gründen Vorb 2 vor **620**; ordentliche Vorb 2a vor **620**, **621**, **622**; SchadensErs **628**; Schutz des Arbeitnehmers Vorb **3** vor **620**; Vertrauensverhältnisse **627**; **Mietvertrag** : **564** 3, **564**b; bei Abtretg der Mietzinsfdg **554** 1; Angabe des Grundes **564** 3b; Auflockerg der Termine **565**; kein Ausschluß des Mieterkündiggsrechts **543**; bedingtes Mietverhältnis **565**a; bewegl Sachen **565** 3b cc; Form **564** 3c, **564a 564b** 5; Frist **542** 3b, **565**; Geschäftsräume **565** 1b, **565**; GrdstMiete **565**, **565**; K wegen Mieterhöhg 2.WKSchG **3**; langfristige Verträge **567**; mehrere Beteiligte **564** 3f; Mietverhältnis mit Verlängergsklausel **565**a; Mischräume **564** 3d; Nichtgewährg des Gebrauchs **542**, **543**; Teilkündig **564** 3d; Tod des Mieters **569**, **569**a; ungesunde Wohng **544**; Veräußerg des Grdst **571** 5; Verjährg, Beginn **199**; des Vermieters **553–554**b; Versetzg des Beamten **570**; aus wichtigem Grd **554**a; Werkmiet-, Werkdienstwohnungen **565**b–**565**e; Wohnräume **565** 3b bb; Widerspruch des Mieters **556**a, **556**b; Zahlungsverzug **554**
Kündigungsbeschränkung im Arbeitsrecht Vorb 2b vor **620**
Kündigungsfristen, gesetzl, Wahrg **193** 2; s auch unter „Kündigung"
Kündigungsschreiben bei Wohnraummiete **564**a, **564**b 5
Kündigungsschutz bei Arbeitsverhältnissen Vorb **3** vor **620**; Pachtvertrag Einf 2a, b vor **581**; bei Wohnraum **564**b, 2.WKSchG **3**
Kundmachung eines Test dch österreichisches VerlassenschGer **1944** 3, **2260** 2d
Kundschaft, keine Sache **90** 3
Kunstauktion, Gewährleistg Vorb 4e vor **459**
Kunstfehler Vorb 5d bb vor **249**, **276** 4c, **823** 14
Künstler, Verträge mit K Einf 2a dd vor **611**, Einf 5 vor **631**
Künstlername, Schutz **12** 1, 4b
Künstliche Befruchtung 1591 5; unzulässige Rechtsausübung bei der Ehelichkeitsanfecht **242** 4 D h (KindschaftsR), **1594** 3
Kunstwerk, freie Meinungsäußerg **823** 15 D e
Kursgewinne bei Wertpapieren, keine Nutzgen **100** 1
Kurzarbeit 611 3c, **615** 3

L

Lackschäden an Kraftfahrzeugen **251** 4b aa
Ladendiebstahl 249 Vorb 2b ee, **249** 3b, **781** 2d, **823** 12a
Ladeninhaber, Besitzerwerb **854** 3a
Lagerschein 405 1
Land, als jur Person Vorbem 1 vor **89**; Verwaltgsu Finanzvermögen Einf vor **90** 4d
Landbeschaffungsgesetz 903 5 B c, G d bb, I f
Landesgesetzgebung, Befugnisse EG **218** 1; Vorbehalt EG **3** 1, EG **55** 2
Landesjugendamt, Aufgaben, Organisation JWG **19** ff; Anhörg bei Adoption JWG **48** b; Ermächtigg v Beamten des JgdA zur Beurkdg JWG **49**;

freiw ErziehgsHilfe JWG **63**, **69**, **71–75**; **1666** 8; FürsErziehg, AntrRecht JWG **65**, AufenthBestimmg JWG **71** 2, Durchführ JWG **69** 3; gesetzl Vertretg des Kindes **1629** 4; JWG **69** 4
Landespflegegesetze der Länder EG **109** 1
Landesplanung Einl 7 a vor **854**
Landesrecht, Aufhebg durch BGB EG **55** 1; Vorbehalte EG **55** 2
Landeszentralbank Vorb 1 vor **89**
Landgut, Begriff **98** 3, **593** 1, **1515** 1, **2312** 4; Ertragswert, Berücksichtigg bei Erbteil **2049** 1, 2, bei Berechng des ErbErsAnspr **1934**b 2c, bei PflichtteilsErgänzg **2312**; PflichttErgänzg **2325** 2, **2329** 4; Ertragswertfeststellg EG **137** 1; Pacht **593**, **594**; Zubehör **98** 3; bei Berechng des Anfangsu Endvermögens der Zugewinngemsch **1376** 4
Landgüterordnung Hessen EG **64** 2
Landpachtgesetz Einf 2a vor **581**, **581** 3a; Verstoß gg **134** 3a
Landschaften EG **167**
Landschaftsschutz Übbl 2c bb γ γγ vor **903**
Landstraßen, Verkehrssicherungspflicht **823** 8c
Land- u forstwirtschaftliche Grundstücke, Genehmigg z Veräußerg Einl 7b vor **854**; Zwangsversteigerung Einf 5 vor **433**
Landwirtschaftsgericht, Genehmigg der Erbauseinandersetzg, Erbteilsübertragg Einf 6 vor **2032**, **2033** 1; von Grundstücksveräußerungsverträgen Einl 7b dd vor **854**; Erteilg von Hoffolgezeugnis, Erbschein, TestVollstrZeugnis Übbl 8 vor **2353**, **2353** 1, 4, 5, **2368** 3; Entscheid üb Meinungsverschiedenheiten von Testamentsvollstreckern **2224** 2; gerichtl Zuweisgsverfahren Einf 6 vor **2032**, **2042** 10b gg
Landwirtschaftssachen, Verfahren EG **64** 4
Lärm, Schutz gg Übbl 2e vor **903**, **906** 1e, 2a; unterlassene – Schutzmaßnahmen bei Bauplang **633** 1
Lasten, Begriff **103** 2; des Besitzers **995**; Erbschaftskauf **2379**; b Gemeinschaft **748**; Kauf **446** 5; Miete **546**; Nießbrauch **1047**; öffentl, Einl 4f vor **854**; Verteilg **103**; des Vorerben **2124** 2, **2126**; bei Wohngseigentum WEG **16**
Lastenausgleich, Anh zu **1047**; Amtspflichtverletzg beim – **839** 15; Aufbaudarlehen Einf 11b ff vor **535**; Aufteil unter die Erben **2046** 1; AusgleichsAnspr bei irrigen Vorstellgen über Auswirken des L **242** 6 C a cc; Ausgleichsleistgen als Ersatzvorteil bei der Erbschaft **2111** 2b, **2164** 2; bei PflichttBerechng **2311** 2a; Verf über Ausschließg **1922** 6; Beschränkg der Erbhaftg Einf 4 vor **1967**; erbrechtl Vorschr Einl 4g vor **1922**; Erbschein **2353** 1c, **2369** 2c; bei Gesellschaft **730** 4; bei Grundstücksverkauf **157** 5b; fortges Gütergem **1499** 2; Haftg des Auflagebegünstigten **2192** 1, der Gesellschafter nach Auseinandersetzg **730** 4, des Vermächtnisnehmers Einf 7 vor **2147**; Kürzg der Auflage **2192** 1, des Vermächtnisses Einf 7 vor **2147**; Nacherbfolge Einf 9 vor **2100**; Nachlaßverbindlk **1967** 2; bei Nießbrauch **1047** 3c, Anh nach **1047**; bei Verpachtg **546** 2; Pflichtteil **2311** 2; RErbhG, keine Anwendg, Einl 2a vor **1922**; Schuldübernahme **415** 1; Surrogation bei Erbengemsch **2041** 1, bei Vor- u Nachersch **2111** 2b; bei Vorerbsch **2126** 1; vgl auch Vermögensabgabe, HypGewinnabg, Kreditgewinnabg, Soforthilfe
Lastschriftverfahren 270 1e
Laternengarage 905 2b bb
Leasingvertrag Einf 4 vor **535**, **930** 4h, AbzG **6** 2 bb; unsittlicher **138** 5 m
Lebendgeburt 1 1b

Magere Zahlen = Erläuterungen

Lebensalter, Berechng **187** 3
Lebensbedarf 1610 3
Lebensmittelgesetz, Verstoß gg **134** 1 a
Lebensversicherung 330 2; Anrechng v Anspr bei SchadBerechng Vorb 7c vor **249**; Erbenstellg **1922** 3 c, Übbl 2 vor **1942**; Rechtserwerb mit Tod **331** 1, **2301** 4 a; VersorggsAusgl **1587 a** 3 B Ziff 5, **1587 b** 4; Widerruf der Bezeichng des Bezugsberechtigten **330** 2, **1937** 4
Legalhypothek EG **14** 4 i
Legalzession nach ausländ Recht, Anerkenng Vorb 5 c vor EG **12**
Legislatives Unrecht 839 2 B; **903** 5 D c
Legitimation durch nachfolgende Ehe **1719**; Abgrenzg von Ehelicherklärg Einf 1 vor **1719**, **1719** 1; Abkömmlinge, Wirkg auf **1722** 1; altrechtl Wirkg EG **209** 1; Hindernisse für L **1719** 2 a; interlokales Recht EG **22** 5; internat PrivR Einf 2 vor **1719**, EG **22** 1–4 a; Personenstandsregister **1719** 4; staatenlose EG **29**; ÜbergangsR **1719** 5; Voraussetzgen **1719** 2; Vormsch, Beendigg **1883**; Wirkgen **1719** 3, erbrechtl **1924** 3 A; Wohnsitz des Legitimierten **11** 2
Legitimationspapier, Begriff Einf 3 vor **793**; Kraftloserkl EG **102**; qualifizierte **808** 1; Übergangsvorschr EG **177**, **178**; Pfandrecht **1274** 1 c ee
Legitimationsübertragung, Zulässigk **185** 4
Lehrer, Aufsichtspflicht **832** 3 a bb; Züchtiggsrecht **823** 7 B a, **14**, **839** 15, **1631** 5 a
Lehrgangsunternehmer Einf 2 a vor **611**
Lehrverhältnis Einf 5 a vor **611**
Lehrvertrag Einf 5 a vor **611**; Abschluß dch Eltern **1631** 2; Aufsichtspflicht bei **832** 2 a bb; Genehmig der VormschG **1822** 7
Leibesfrucht, Erbfähigk **1923** 3; erzeugte, ungeborene **13**; als Nacherbe **2101**; Pflegschaft für L **1912**, zur Wahrnehmg der Angelegenheiten nach § **1706**, **1708**; einer werdenden Mutter **1912** 1 c; Schadensersatzanspruch **823** 4 b, **1923** 3; Verträge mit Schutzwirkg zG der **328** 2 b, 3 a bb
Leibgedinge Übbl 5 vor **1105**, EG **96** 1
Leibrente, AltenteilsR **759** 2 b; Begriff **759** 1, 2; Entrichtg **760**; Erwerb für ererbten GeschAnteil dch nichtbefreiten VE **2134** 3; Form des Verpflichtgsversprechens **759** 3, **761** 1; Renten auf Grund SchadErsVerpflichtg **759** 2 c; Schenkg **759** 1; Umstellg **759** 4; Veränderg d Geschäftsgrdlage **759** 1 f; Vertr **759**, **761**; Vertr zG Dritter **330**, **759** 1; Vorausleistg **760** 1
Leiche, Bestattg **1968** 2; herrenlose Sache Übbl 4 b vor **90**; L-Öffng **1968** 2 c; Rechtslage Einf 2 vor **1**, **1922** 3 d; Übergabe an Anatomie als Auflage **1940** 2; Umbettg **1968** 2
Leichtfertigkeit als Sittenverstoß **826** 2 g
Leichtsinn, Ausbeutg **138** 4
Leiharbeitsverhältnis Einf 4 a ee vor **611**; Betriebsrisiko **615** 4; Erfüllgsgehilfe **278** 4 a; VerrichtgsGehilfe **831** 3 b
Leihe 598; Abgrenzg zum Darlehen Einf 4 c vor **607**; zur Miete Einf 2 b vor **535**; Beendigg **604** 2; Effektenterminhandel **598** 1; Fruchtzieh **598** 3; Gebrauch, vertragsmäß **603** 1; Gebrauch, vertragswidr **605** 1; Gebrauchsüberlassg an Dr **603** 2; Gefahr des zufälligen Untergangs **603** 1; Gestattg der Verpfändg **598** 3; Künd **604**, **605**; Mängelhaftg **600** 1; Obhutspflicht **602** 1; Rückgabe der Leihsache **604** 1; verbrauchbare Sachen **598** 2; Verjährg der Ansprüche **606** 1; Verschlechterg **602**; Verwendgen **601** 2; Wegnahmerecht **601** 2
Leistung, auf Abruf **271** 2 e; ÄndergsVorbehalt in AGB AGBG **10** 4; Anerkenntnis **812** 2 b; Annahme an Erfüllgs Statt **364** 3; Anrechng bei

Letztwillige Verfügung

Fordergsmehrheit **366** 1–3; Art u Weise **242** 1, 4 A; Begriff **362** 1, **812** 2 a; Bestimmbark des Inhalts **241** 2 b, **315** 1; Bestimmung durch Dritte **317**–**319**, s a Leistgsbestimmg; Bewirkg der geschuldeten **362** 2; an Dritten Einf vor **328**, **362** 3; durch Dritten **267** 1–4; erfüllungshalber **364** 4; Einwand der unzumutbaren **242** 1; Fälligk **271** 1; Frist in AGB AGBG **10** 1; Gefahr **275** 7; Grundlage **315** 2 b; Inhalt **242** 4; Mitwirkg des Gläub **295** 3; Nichtannahme **293** 2 d; an Nichtgläub **362** 3; Prozeßhandlg **241** 6; teilbare **266** 2 a, Übbl 1, 2 vor **420**; Tun **241** 3; Unterlassen **241** 4; Unterlassen der Mitwirkg **293** 2 d; Verzögern, dem Schuldner nicht zurechenbare **285** 2; L unter Vorbehalt, s Vorbehalt
Leistungen, wiederkehrende, HypHaftg **1126** 1; Verjährg **197** 2 f
Leistungsanrechnung 366; Kosten **367** 1; Zinsen **367** 1
Leistungsbestimmung 315 ff; Anfechtg **318** 2; Anwaltshonorar **315** 2 b, **316** 2, **317** 1; durch Dr **317**; Ermessen billiges **315** 2, 4; durch Gläub **315** 3 a; „Preis freibleibend" **315** 2 b; Schiedsgutachter **317** 2 b; Sittenverstoß **319** 3, 4; stillschweigende **315** 2; unbillige **315** 4, **319** 1, 2; Unwirksamk **319** 1, 2; durch Urteil **315** 4, **319** 2; Verlust des Rechts auf **315** 4; Vertragsergänzg **317** 2; dch Vertragsgenossen **315** 2; Verzögerg **319** 2
Leistungskondition 812 2; **951** 2 c a
Leistungsort 269; Aufrechng bei Verschiedenheit **391**; Bringschuld **269** 3; bei Dienstvertrag **269** 5; einheitl **269** 5; bei Geldschuld **270** 1; Holschuld **269** 4; internat PrivR Vorb 2 b vor EG **12**, **269** 2 a; Leistgsstelle **269** 3; für Nebenpflichten **269** 5; Parteivereinbarg **269** 2 a, 4, **270** 3; Schickschuld **269** 3; Verkehrssitte **269** 2 b, **270** 3; Versendg **269** 9
Leistungspflicht, Befreiung **324** 4; persönliche **267** 1
Leistungsstörungen Vorb 1 vor **275**
Leistungstreuepflicht 242 4 B a, **276** 7 c aa
Leistungsverweigerungsrecht 273; kein Ausschluß dch AGB AGBG **11** 2; Erbe **2083** 1; bei ggs Vertrag **320**; Gesellschafter **705** 3 c, **706** 1 b; Leistungsstörungen **320** 2 b; Miterbe **2059** 1, 2; Sukzessivlieferungsvertr **320** 2 b; Verhältnis zur Wandlg Einf 3 b vor **320**, **320** 2 b bb; Verurteilg zur Leistg Zug um Zug **322** 2; Wirkg im Rechtsstreit **320** 3 b
Leistungsvorbehalt 245 4 b, **315** 2 b, Übbl 1 e vor **1105**, **1113** 5 b
Leistungszeit 271; FälligkKlausel **271** 2 d; Fixgeschäft **271** 2 c; Fristbestimmg dch AGB AGBG **10** 1; nach dem Kalender bestimmte **284** 4 a; bestimmt nach Kündigg **284** 4 b; Stundung **271** 2 g; unbestimmte Festlegg **271** 2 e
Leistungszulagen 611 6 d
Letzte Bitte, letzte Wünsche des Erblassers **2084** 3, Einf vor **2192**
Letztwillige Verfügung, Anfechtg **2078** 1, **2079** 1, 2; AnfechtBerecht **2080** 1, 2; AnfechtFrist **2082** 1, 2; Aufhebg durch Erbvertr **2289** 1; Auslegsregel f Bedachte **2065**–**2073**; Auslegg **2084** 1, Übertragg der Auslegg **2065** 2; bedingte Erbeinsetzg **2065** 4; Bedingg **2074** bis **2076**; Begriff **1937** 2, Übbl 1, 2 vor **2064**; Benennng des Vormds **1777**, des Pflegers **1917**; Bezeichng falsche **2078** 1 a; Drittentschdg ü Geltg **2065** 2; Form. Übereinkommen über das auf die Form anzuwendende Recht EG **24**–**26** Anh; Eheauflösg **2077**; Ergänzg, unterbliebene **2086** 1; Irrtum **2078** 2; über religiöse Kindererziehg Anh

2427

lex rei sitae

zu 1631 RKEG 1 3; Selbständk 2065 1, 2; Sittenverstoß 138 5f, o, 2077 1 A b; Teilunwirksamk 2085 1–3, BeurkG 27 5; Testament 1937, Übbl 1 vor 2064; Übergeh eines PflichttBerecht 2079 1, 2; Umdeutg 2084 5; Verlöbn Rücktr 2077 4; VermSperre Einl 9a vor 1922; Verwirkgsklausel 2074 2; Vollmachterteilg in – 167 1, 1937 1; Vorbehalt v Nachzetteln 2086 1; Willensmängel 2077 1 A d; s a Testament, Zuwendung

lex rei sitae im Sachenrecht des internat PrivR Vorb 2 vor EG 13, EG 28 4

Licht, Entziehg 906 2c

Lichtrecht EG 124 3

Liebhaberinteresse, kein Ersatz Vorb 3 e vor 249

Lieferant, kein Erfüllgsgehilfe des Verkäufers 278 4a

„Liefermöglichkeit vorbehalten" 279 4

Lieferschein 929 3d; als Anweisg Einf 2e vor 783, 783 2a

Liegenschaftskataster 919 3

Liquidation des Vereins 47–53

Liquidatoren, Aufgaben 48 1, 49 1; Bestellg 48 1; Beschlußfassg 48 1, 76 1; Eintragg ins Vereinsregister 48 1, 76 1; Haftg 53; Zwangsgeld 78 1

Lizenzvertrag Vorb 6b dd vor 249, Einf 4 j vor 433, Einf 1 vor 581; Lizenznehmer, unerl Handlg 826 8 m gg hh

Lohn 611 6, 7

Lohnabtretungsverbot 399 3

Lohnabzüge 611 6f

Lohnerhöhung 611 6b

Lohnfortzahlung 242 4 Db, 616, 617; Schadensersatz Vorb 7c ee vor 249, 616 5

Lohnkämpfe 826 8k, s Arbeitskampf

Lohnrückzahlung 611 6g; Verjährg 611 6g

Lohnschiebung 826 8i aa

Lohnsteuer, Abzug 611 6 f aa; Erstattung, irrtümliche Einf 6 b vor 812; Gesamtschuldverh von ArbGeber u ArbNehmer 421 1

Lohnsteuerhilfsvereine 21 1 b

Lohnzuschläge 611 6d

Lombardkredit Einf 3c vor 607

Los, Bestimmg des Vermächtnisgegenstands 2154 1

Löschung 875; von dingl Rechten auf Lebenszeit Einf 1c vor 1090; LöschVermerk, Eintr 875 4; Vormerkg 886 1; Zustimmg des berecht Dr 876 4d

Löschungsanspruch des Grundpfandgläub ggü fremden GrdPfandR 1179a, Übergangsregelg 1179a 7; L bei eigenem Recht 1179b; gg EigentümerGrdSchuld 1196 4; ggü Wertpapierhypothek 1187 3

Löschungsfähige Quittung 875 3a, 1144 3b cc

Löschungsvormerkung 1179; Rang 879 2a, 880 2b

Lotse, Dienstvertr Einf 2a vor 611

Lotterie 763 ; Loskauf 763 2a

Lottovertrag 763 1, 4

Lücken, Ausfüllg in letztw Verfüggen 2084 4b, in Verträgen 157 2a

Luftarbeitsrecht Vorb 6 d vor EG 12

Luftbeförderungsvertrag Einf 5 vor 631, Vorb 6 u vor EG 12, EG 12 2c

Luftfahrtunternehmen IPR Vorb 2a cc vor EG 12

Luftfahrzeug, bewegl Sache Übbl 4a vor 90; Ersatzteillager, Verpfändg Einf 8d vor 1204; Freiwerden des Bürgen 776 1; Haftg 276 10b; Kosten bei Kauf 449 1; Luftbeförderungsvertr, int PrivR Vorb 6u vor EG 12; Luftraumbenutzg 905 1a; Lufttestament 2250 2b; Mietvorschr, anwendbare 580a 2; Nießbrauch an eingetragenen Luftfahrz 1030 2a; Notlandg 904 1c; Rechtsmängel bei Kauf 435 3, 439 1; RegisterpfandR Einf 8 vor 1204; Eintragg der Vorerbschaft Einf 6 vor 2100; Zwangsvollstreckg Einf 8e vor 1204

Luftraum Übbl 4a vor 90; Begrenzg des Eigentums 905 1

Luftreinhaltung 906 2 c

Luftschutz, Kündiggsschutz Vorb 3f cc vor 620

Luftschutzstollen, Grundstücksbestandteil 93 7, 95 2

Luftverkehr, Charterflüge Einf 5 vor 631; Gruppenflüge, Sammelflüge Einf 5 vor 631; Sicherg 39 15

LuftverkehrsG, Eigentumsbeschränkgen Übbl 2c vor 903

M

Machtstellg, Ausnutzg 138 5 n

Mädchenname, Beifügg durch Ehegatten 1355 3

Mahnbescheid, Unterbrechung der Verjährung 209 1b, 3; 213

Mahnschreiben, Ersatz der Kosten 286 2b

Mahnung, Begriff 284 3; formularmäßige Freistellg vom Erfordern der – AGBG 11 4; des Gläubigers nach Abtretg 410; Verzugsvoraussetzg 284 3, 4

Mäkler 652; Arten Einf 2a vor 652; Aufklärgs-Pflichten 276 6b cc, 7c dd; Auskunft 654 2b; Doppeltätigk 138 5n, 654 4; Haftg 276 6b, 654 2; jur Person Einf 5 vor 652; mehrere M Einf 5 vor 652, 654 5; OHG Einf 5 vor 652; Schadensersatzpfl 276 4c, 654 2; Untermäkler Einf 5 vor 652; Verpflichtg zum Grdstücksverkauf ggü M 313 2f; Vertrauensmäkler 652 10 B b; Vertretgsmacht Einf 3c vor 652; weitergehende Verpflichtgen 652 10 B c

Mäklerlohn 653; Aufwendungen 652 8; Bereicherungsanspr 652 2b c; Einwendungen 654 1; Fälligkeit 652 7; Heiratsvermittlg 656; Herabsetzg 652 7, 655; Höhe 652 7, 653; Reugeld 652 10 F d; Rücktritt vom abgeschlossenen Gesch 652 4 C c; Vererblichkeit der Anwartsch auf Provision 652 7d; Verjährg 652 7; Verkaufsgebühr Einf 4b vor 652; Vertragsstrafe 652 10 F; Verwirkg 654 3, 4; Voraussetzgen 652 1; Vorvertrag 652 9 A b; Wucher 653 2

Mäklervertrag 652; Abgrenzg Einf 3b vor 652; abweichende Vereinbarg Einf 4 vor 652, 652 9, 10; Alleinauftrag 652 10; AllgGB AGBG 9 3b, Einf 4d vor 652; Dauer 652 2 C; Festanhandgabe 652 10 Bb; finanzierter Ehemäklerertr 656 3; Form 313 2f, 652 2 B; Kundenschutz 652 9 Ac; Mäklerleistg 652 3; M u Rechtsberatg Einf 2b vor 652; Rückfrageklausel 652 9 A a; Sittenwidrigk 138 5n; Treupflichten des AuftrGebers 654, 5, des Mäklers 654 2–4; Vergütg 652 7, 653; im Konkurs 652 7 e; Vermittlungsverbote 134 3a, Einf 2b, 6 vor 652; Vertragsstrafe 652 10 F; VorkenntnKlausel 652 9 A a; Wegfall der Gesch-Grdlage 242 6 D f; Wesen Einf 3 a vor 652; Widerruf 652 2 C; Wirksk 652 2 C; Wohngsvermittlg Einf 6 vor 652, 653 7c; Zustandekommen 652 2 A

Mandantenschutzklausel 611 4c bb

Mangel, Annahme unter Vorbehalt 464 3; arglist Verschweigen 460 4, 478 3; der Kaufsache 459 ; Kenntnis bei VertrAbschluß 460 2, 464 1; der Leihsache 600; Mietsache 537, 538; Unkenntnis, grobfahrl 460 3; der Vertretgsmacht 177–180; des Werks 633–635

Magere Zahlen = Erläuterungen **Mietsache**

Mängelanzeige, erhält Einrede **478**; des Mieters **545**; nicht Voraussetzg der Gewährleistg **462** 2; formularmäßige Ausschlußfrist für – AGBG **11** 10e

Mängelbeseitigung durch Mieter **538** 6; Verzug des Vermieters **538** 4; formularmäßige Klausel üb Vorenthalten der – AGBG **11** 10d

Mängeleinrede, Erhaltg **478** 1, 2 s a, Gewährleistg

Mängelfolgeschäden 276 7b bb, **463** 4; Verjährg **477** 1dd

Mängelrüge beim Kauf Vorb 4f vor **659**, **462** 2; Fristen Vorb 4f vor **459**

Mankohaftung 611 14c aa; Beweislast **282** 2f

Manöverschäden 903 I b

Markenschutz, internationales, interzonales Recht EG **12** 4

Märkisches Provinzialrecht EG **200** 2c

Marktregelung Einf 3a vor **145**

Marktstrukturgesetz Einf 7c vor **854**

Maschinenkauf mit Montageverpflichtg Einf 5 vor **631**

Maschinenschutzgesetz 823 16 D, kein Verbo-iS des § 134 **134** 3a

Massenentlassung s anzeigepflichtige Entlassgn

Masseschuld, Aufwendgn des Erben **1978** 5

Materialien zum BGB Einl I 2 vor **1**

Maurerpolier als Erklärungsempfänger **130** 2

Medikamente, übermäßiger Genuß als Ehescheidungsgrund **1565** 3

Meer, Allgemeingut Übbl 4a, c vor **90**

Meeresstrand Übbl 4c vor **90**, **1004** 1b, EG **65** 3

Mehrarbeit 611 3c, 6d

Mehrarbeitszuschläge 611 6d

Mehrbetragshypothek 1113 4e

Mehrehe, Anerkennung der ausländischen Einf 1 vor **1353**

Mehrfache Staatsangehörigkeit Vorb 7a vor EG **7**; Ehewirkgen EG **14** 2; ErbschErteilg **2369** 2b; Zugewinngemeinsch Grdz 6 vor **1363**

Mehrhausanlage, Gebrauchsregelg bei WE WEG **15** 2, **23** 2 Grdz 6

Mehrrechtsstaaten, Verweisg des IPR auf ROrdng von – Vorb 12 vor EG **7**

Mehrverkehr der Kindesmutter Einf 3 vor **1591**, **1600** o 2 b

Mehrwertsteuer beim Dienst-(Arbeits-)Vertr **612** 1c; beim Kaufpreis **433** 5a cc; in Preisangabe **157** 5b; – Pflicht bei Testamentsvollstreckg **2221** 1b; u Schadensersatz **249** 2b, 3b, **251** 4a aa, b aa; M auf Verzugszinsen **288** 2; Erstattg bei Vergütg des NachlPflegers **1960** 5 C d, des Vormunds **1836** 1; bei Werkvertragsvergütg **631** 1

Meinungsäußerung, freie, Recht zur fr M, Verhältnis zum Schutz des Gewerbebetriebs **823** 15D, **826** 8 u cc

Meinungsverschiedenheiten, mit Beistand **1686** 1, mehrerer TestVollstrecker **2224** 2; mehrerer Vormünder **1797** 4, **1798** 1; elterl Gewalt **1627**; zwischen Eltern und Pfleger **1630** 3; religiöse Kindererziehg Anh zu **1631** RKEG **2** 1, **3** 1; beim Ruhen der elterl Gewalt **1673**; bei Verwirkg der elterl Gewalt **1679**

Meistbegünstigung bei Kauf **433** 3 C

Meistbegünstigungsklausel, internat PrivR, Eheschließg Anh 1 zu EG **13**

Meldebehörde, Amtspflichtverletzg **839** 15

Menschenrechtskonvention, Eigentumsschutz für Inländer Übbl 1 vor **903**; Haftg aus Art 5 V Einf 4 B vor **823**, **852** 1a

Mentalreservation 116 1–3; bei Test **2077** 1a dd; bei Erbvertr **2279** 1

Merkantiler Minderwert, Ersatz **251** 4b aa; beim Werkvertrag **633** 1

Mietbeihilfe s Wohngeld

Miete, Abgrenzg Einf 2 vor **535**; Begriff Einf 1a vor **535**, Berechng Einf 13d vor **535**; internat PrivatR Vorb 6b vor EG **12**; Übergangsvorschrift EG **171**, **172**; Verlängerg **556a**, **556c**, **564** 2, 2. WKSchG **2**; Verlängerungsklausel **565a**; WohngsR u M **1093** 1; Zahlungspflicht **552** 2

Mieter, Angehörige des verstorbenen M, Eintritt **535** 1a; Annahme unter Vorbehalt **539** 4b; Anspr gg Dr **535** 2a bb; Anspr aus unerl Handlg **539** 1; Aufrechnungsbefugnis **552a**, güber Erwerber des Grdst **575** 1, 2; Ausschluß von Ersatzanspr **539** 1; Ausschluß des außerordentl Kündigungsrechts **542** 4, **543** 2; Aufwendgen bei Duldg von Erhaltgs- u Verbesserungsarbeiten **541a** 3c; Behinderg, persönl **552** 2; Belastg des Grdst mit Recht eines Dr **577** 1–3; Benutzungsentschädigg **557**; Beweislast für Mangel **537** 1d; Beweislast für vertragsmäß Gebrauch **548** 3; Gewährleistgsanspr **537–539**; Haftg für ErfGehilfen **278** 4b; für Untermieter **549** 4; Haftg für Zufall **548** 1; Kenntnis d Mangels **539**; Kündigg: außerordentl, Durchführg **543** 1–3, bei Nichtgewährg oder Entziehg d Gebrauchs **542** 1, 2, bei ungesunder Wohng **544** 1–4, bei Versagg der Untervermietg **549** 4; Kündiggsfristen **565**, **565a**; KündiggsSchutz **564b**, 2. WKSchG **2**, **3**, **4**; Mahng **554** 2 A; Mängelanzeige, Unterlassg **545** 3; Mängelbeseitigg dch – **538** 5; Mehrh von – **535** 1 d: Obhutspflicht **535** 3 c, **545** 1; Pflichten **535** 3; Rechte **535** 2; Rechte bei Nichterfüllg der Vermieterpflichten **537** 1, bei Rechtsmängeln **541** 2; Rückgabepflicht **556**, bei Mehrheit von M **556** 1d; Schadensersatzansprüche gg Vermieter **538** 5; Selbsthilfe **538** 5; Sicherheitsleistg **572** 1, 2; Störg **536** 4; Tod eines v mehreren **569** 1; Umbauten, Duldgspfl **535** 3b cc; Unterhaltspflicht **536**; Verhältnis zum Untermieter **549** 6; Verhältn zum GrdstErwerber **571** 4; keine Vertragsstrafe **550a**; Verwendgsersatz **547** 1, 2; Wegnahmerecht **547a**; Weiterveräußerg des Grdst **579** 1, 2; Widerspruch gegen Kündigg des Vermieters **556a**, **b**; Zahlungsunvermögen **554** 2 A; Zahlgsverzug **554** 1, 2; Zurückbehaltungsrecht **552a 556** 2; s auch „Mieterschutz"

Mieterdarlehen Einf 11b dd vor **535**

Mieterhöhung, einseitige, Einf 13c vor **535**; bei Wohnraum, 2. WKSchG **3**, **4**, **5**

Mieterschutz Einf 12a vor **535**, **564b**, 2. WKSchG **2**

Mietkauf Einf 3 vor **535**

Mietkaution Einf 11b hh vor **535**; **537** 1c dd; Übbl 3a vor **1204**; Verfallklausel **550a** 1; Verzinsg Einf 11b hh vor **535**

Mietoptionsvertrag Einf 1 vor **535**

Mietpreisrecht Einf 12 vor **535**, 2. WKSchG **3**, WEG **31** 7

Mietrecht, dingl EG **188** 1, soziales Einf 8, 12 vor **535**

Mietsache, Abnutzg durch vertragsmäß Gebrauch **548** 1, 2; arglist Verschweigen von Mängeln **539** 3, **540** 1; Beleuchtg **536** 4a; Einrichtg in der – **547a**; Erhaltspflicht **536** 4, Erhaltgs- u Verbessergsarbeiten **541a**; Fortfall **536** 5; Fehler **537** 2; Gebrauch zu bestimmtem Geschäftsbetrieb **535** 2a; Gebrauch, Nichtgewährg od

2429

Mietverhältnis Fette Zahlen = §§

Entzieh des vertragsmäß **542** 2; Gebrauchsüberlass an Dritte **549** 2, **552** 4; Gefährdg durch Vernachlässigg **553** 2; gerichtl Zuständigk **564b** 11; Lasten **546** 1, 2; Mangel bei Vertragsabschluß **538** 2; Mängelanzeigepflicht **545** 1, 2; öffrechtl Verbote **537** 2c; Rückgabe **556** 1; ÜbergVorschr EG **171** 1, **172** 1; vertragsmäß Gebrauch **535** 2, Verändergen durch **548** 1; vertragswidr Gebrauch **548** 3, **550** 2, **553** 2; Verwendgersatz **547** 1, 2; Vorenthaltg, SchadErs **557** 1, 2; wesentl Bestandteile **535** 2 b; zugesicherte Eigenschaft, Fehlen **537** 4; Zustand, ordnungsmäß **556** 1 a

Mietverhältnis, Begriff Einf 1a vor **535**; bedingtes **565a** 3; befristetes **565a** 2; einheitliches – über mehrere Wohngen **565a**, **2333** 1; Eintritt von Familienangehörigen **569a**, **2333** 1; u faktischer Vertrag Übbl 1e vor **104**; Kündigungsschutz bei Wohnraum **564b**, 2. WKSchG **2**; Umgestalt u Neubegründg dch das Gericht nach Scheidg Anh zu **1587p** § 5 1, § 9 2, § 12 1

Mietvertrag, Begründg **535** 1a; Doppelvermietg Einf 1g vor **535**, **536** 3; Ende mit Zeitablauf **564** 1, 2; Formmangel **566** 3c; formularmäßiger – Inhaltskontrolle AGBG **1** 2, **3**, **11** 11a; Ggstand **535** 1b; mißbilligte Klauseln Einf 8d vor **535**; GrundstErwerber, Eintritt **571** 1–4; Haftg für Dritte **535** 2d; Kündigg: bei vertragswidrigem Gebrauch **553**; aus wichtigem Grund **554a**; bei Zahlungsverzug des Mieters **554**; bei Ehegatten **569** 1, 3; bei Tod des Mieters **569** 1, 2, **569a**; Fristen bei Grdst **565**; von Beamten usw **570** 1; für länger als ein Jahr **566** 2; langfristiger, KündR **567** 1, der Erbengemsch **2032** 3c; auf Lebenszeit **567** 2; Fortsetzg nach Kündigg bei Widerspruch **556a–c**; Mustermietvertrag Einf 8d vor **535**, **535** 1b, 2a bb, **536** 2, 4c, **538** 1d, **545** 1, **549** 2b, **552a** 1, **556** 1, **565** 3b bb; Nacherfolge, Eintritt **2135** 1; Nebenabreden, mündl **566** 3b; vereinbartes Rücktrittsrecht **570a**; Schriftform **566** 1, 3; Schutzwirkg zGDr **328** 3a ii; stillschweigende Verlängerg **568** 1; unzulässige RAusübg **242** 4 Dh; Verlängerungsklausel **564** 2, **565a**; Verlängerungsvertrag, Form **566** 5; auf bestimmte Zeit 2. WKSchG **2**; auf unbestimmte Zeit **564** 2, **566** 2–4; Verletzg, erhebliche **553** 2; Verwirkg **242** 9f; vormundschaftsgerichtl Genehmigg **1822** 6; Vorvertrag Einf 1d vor **535**, **566** 1c; Wegfall der GeschGrdlage **242** 6 Df; Zahlungspflicht **552** 2

Mietvorauszahlung Einf 11b vor **535**; Rückerstattg **557a**

Mietvorvertrag Einf 1e vor **535**; **535** 1c

Mietwagenkosten, Ersatz bei Kraftfahrzeugbeschädigg **249** 1b

Mietwucher 134 3b bb, **138** 4c

Mietzins 535 3; angemessener **157** 5c; Aufrechng **552a**, **554** 2 C; Aufrechng ggüber Erwerber **575**; Befreiung **537** 3; Behinderg, persönl d Mieters **552** 2; Bemessgszeitraum **565** 2, 4; Bringschuld **270** 3, **551** 1; einseitige Erhöhung Einf 13 c vor **535**; bei Wohnraum 2. WKSchG **3**, **4**; Entrichtg **551** 1, 2; Erfüllungsort **551** 1; Erstreckg der Hypothek auf **1123–1125**; Kündigg wegen Nichtzahlg **554**, **555**; Minderg **537** 4; als Mindestschaden **557** 2; Rechtsgeschäft zw Vermieter u Mieter **574** 1, 2; Rückerstattung b Kündigg **557a**; Teilrückstand **554** 3; Vfgen des Gemeinschuldners **573** 3; Vfgen bei Zwangsverst **573** 3; Verjährg **197** 2b; Vorausverfügg **573** 1, 2, bei Hypothek **1124**; Vorleistgspflicht des Mieters **551** 1

Militärpersonen s Wehrmachtsangehörige

Militärregierungsgesetz 52, s Vermögenssperre
Militärregierungsgesetz 59, s Rückerstattgesetz
Militärtestament Einf 1 vor **2229**
Minderjährigenschutz – Übereinkommen (MSA) EG **23** Anh 4 (fettgedruckte Zahlen sind im folgenden Art. des Abk); allgemeines Anh 4a; AnerkennungsPfl **3**, **7**; AnwendgsBereich, sachl Anh. **4** b, **1** 3, **2** 1, **13**, zeitl **17**; Anzeigepfl **4** 3, **8** 2, **11**; Aufenthalt d Minderj **1** 1, 2, **3** 2, 4, Verlegg **5**; DDR, AnwendgsBereich **14** 1; Eilzuständigk **9**; Heimatbehörde, Eingreifen **4**; Internationale Zustdgk **1** 1, 2, **3** 2, 4, **5** 1, **6** 1; Mehrrechtsstaaten **14**; Mehrstaater Anh 4c; Minderjähriger, Begriff **12**; Ordre public **16**; Rechtsanwendg Anh. 4c, **2**, **3**, **8** 1; Rück- u. Weiterverweisg Anh. 4c, **3** 1; Schutzmaßnahmen **1**, **3**, **2** 1, **3** 2, **3**, Durchführg **6**, **7**; bei Gefährdg **8**; Staatsangehörigkeit, Anknüpfg **3** 1; Verh zu anderen Übereinkünften **18** 1; Vollstreckg **7** 1; Vorfragen Anh 4c.

Minderjähriger, Annahme als Kind **1741ff**; Aufsichtspflicht, Verletzg **832**; Automietvertrag **107** 3; BereicherngsAnspr **812** 4d, **819** 2 e; Dienst- oder Arbeitsverhältnisse **113** 2–4; Ehefrau Rechtsstellg **1633**; Eheschließg EheG **3**; einseit RGeschäft **107** 1b, **111** 1–3; Einwillig bei unerl Handlg gegen M **823** 7 B f; Einwilligg d gesetzl Vertr zu Willenserklärg **107** 1; elterl Gewalt **1626**; Erbschannahme **107** 3, **1943** 3; Erbenstellg bei Test-Vollstrg Einf 3 vor **2197**, **2204** 2, **2215** 1; Erwerbsgeschäft, selbstd Betrieb **112** 1–3; Geschäft mit rechtlichem Vorteil **107** 2; Geschäftsfähigk **106** 1, 2, **112** 1–3; Kreditgewährg **107** 1; Mitverschulden **254** 3a bb; NachlAuseinandersetzg **2042** 2a, 7; nichtehel Kind **1705** 2, **1710**, **1773** 2 b; Prozeßfähig **106** 2; rechtl Vorteil **107** 1, 2; Schenkg **107** 2; Schutz intern PrivatR EG **23** Anh 4; Taschengeld **110** 1–3; Test-Errichtg **2229** 3, **2233** 2, **2247** 3; unerlaubte Handlg **828**, **829**; Vaterschaftsanerkenng **107** 3, **1600d**; Verlöbnis **107** 3; Vertragabschluß **108** 1, 2; Vormund für minderj Ehefrau **1778**; Vormundsch **1773**; Widerruf vor Genehmigg **109** 2; Wohnsitzbegründg u -aufhebg durch minderj Frau **8** 2

Minderjähriger Ehegatte 1633; keine Haftg des anderen Eheg für – Einf 2 vor **1353**; **1356** 3 e

Minderung 462, **465** 1; Ausschluß bei Viehkauf **487** 1; Berechng **472**; Bindg an Erklärg **465** 2; Einrede **465** 2, 3; Einrede trotz Verjährg **478**; Erfüllgsort **472** 5; bei Gattgskauf **480**; des Gesamtguts durch verwaltenden Eheg **1435** 2; Gesamtpreis **472** 3; gestundeter Kaufpreis **472** 4; Mängelrüge **462** 2; mehrere Beteiligte **474** 1; mehrmalige **475** 1, 2; des Mietzinses **537** 4; Sachleistungen als Kaufpreis **473** 1, 2; SchadErsatz statt – **463**; bei Tausch **473** 3; Unabtretbark des Anspruchs **462** 1; Verjährg **477** 1; Vollziehg **465** 1, 3; bei Werkvertrag **633** 2 A b cc, **634**

Mindestarbeitsbedingungen Einf 6a vor **611**

Mindesterbteil, Erbschein **2353** 5

Mineraliengewinnung, GrdstÜberlassg Einf 1 B vor **581**, EG **68**

Mischmietverhältnisse Einf 9 vor **535**

Mischverträge 305 6; mit Miete Einf 3 vor **535**; mit Pacht Einf 1 vor **581**

Mißbrauch des Eigentums **826** 8e; eines Urteils **826** 8o; der Vertretgsmacht **164** 2; des Personensorgerechts **1666**

Mißhandlung, EhezerrüttgsGrd **1565** 3; Pflichtteilsentziehung wegen M **2333** 2

Mißlungenes Scheingeschäft 118 1

Magere Zahlen = Erläuterungen **Musizieren**

Mißverhältnis zw Leistg u Gegenleistg **138** 2a, 4
Mißverständnis 119 2
Mitarbeitspflicht der Ehegatten im Beruf oder Geschäft des anderen **1356** 12; im Haushalt **1356** 4; Entgeltlichk der Mitarb **1356** 4c; der Kinder **1619**; Mitarbeit bei Verlobten Einf 3 vor **1297**
Mitbesitz 866; Herausgabepflicht **866** 3; Pfandbestellg bei – **1206**; des WohngsEigtümers WEG **13** 2 b
Mitbestimmg der Arbeitnehmer, IPR 3 nach EG **10**, Vorb 6d vor EG **12**
Mitbürge, Haftg **769** 1; Verpflichtg zum Ausgleich **774** 2g
Miteigentum, anwendbare Vorschr **1008**; AufhebR, Beschränkg **1010** 1; Begründg durch RGesch **1008** 2; Belastg **1009**; Belastg des Anteils **1008** 3 b; nach Bruchteilen, rechtl Natur **1008** 1; an der Ehewohng nach Scheidg Anh zu **1587p** § 3, am Hausrat **1357** 3a, Anh zu **1587p** § 8; Eintragg von Verwaltgs- u Benutzgsanordngen **1010** 1; Geltendmachg von Anspr aus dem Eigt **1011** 1; an Grundstück, Form der Veräußerg **313** 2e; u Miete an der gemschaftl Sache **748** 1; Nießbrauch am Anteil **1066**; Pfandrecht am Anteil **1258**; Pfändg des Anteils **1008** 3c; u Sondereigentum (nach WEG), Übbl 2 A vor WEG **1, 1**; Teilhaberveinbargen, Wirkg gg RNachf **1010** 1a, 2; Übertragg eines Anteils **1008** 3a
Miterbe, Antrag auf NachlVerw **2062** 1; Aufrechng **2040** 4; AuseinandersetzAnspr **2042** 1; Ausgleichspflicht **2050** 1, 2, **2055** 1, 3, **2316** 1, 2; AuskunftsPfl **2038** 4, **2057** 1; Fruchtanteil **2038** 5; Gemeinschaft der MitE **2032**; Gesamthandklage **2059** 4; Gesamtschuldklage **2058** 3; Haftg, beschränkte im Innenverhältnis **2063** 2; Haftg als Gesamtschuldner **2058** 1, 3; Haftg ggü PflTeilsberecht **2319** 1, 2, **2324** 2; Haftg bis Teilg **2059**; Haftg nach Teilg **2060** 1; Haftgsbeschränkg **2058** 1; Innenverhältnis **2058** 4; InventErrichtg **1994** 1, **2003** 1, **2063** 1, 2; Klagerecht **2039** 1; Lastenausgleich **2046** 1; Lastentragg **2038** b; Mitwirkgspflicht bei VerwaltMaßn **2038** 2; NachlGläub **2046** 4; PflichttBerecht **2319** 1, 2; Pflichtteilslast, Ausgleich **2320** 1, 3, 4; Privataufgebot **2061** 1; Schuldner einer NachlFdg **2039** 3; Teilauseinanders **2042** 7; Teilhaftg, Eintritt **2061** 2; Verfügg üb Anteil an einzelnen NachlGgstand **2033** 4; Verfügg üb Erbanteil **2033** 1; Verfügg üb NachlGgstand **2040** 1, 2; Vergleichsabschluß mit NachlSchuldner **2038** 3d; VorkaufsR **2034**–**2037**; VermLast, Ausgleichg **2320** 2–4; Verwaltg des Nachl **2038**; s auch Zuweisgsverfahren, gerichtl
Mitgesellschafter, Ausscheiden, keine vormundschaftsger Genehmigg **1822** 4; Vererblichk seiner Rechte **1922** 3a cc; Testamentsvollstreck **2205** 1b cc, dd
Mitgift s Aussteuer
Mitgläubigerschaft Übbl 1c vor **420**, **432** 1
Mitgliederversammlung Auflösg des Vereins **41**; Berufg **32** 2; Berufgszwang **36, 37**; Beschlußfassg **32** 1, 3; Bestellg des Vorstands **27**; Satzgsänderg **33**; Sonderrechte **35**; Stimmrecht beteiligter Mitgl **34**; Teilnahme von Nicht-Mitgliedern **32** 1b
Mitgliedschaft, Sonderrechte **35**; Übertragg von MitgliedschRechten **413** 1b; b Verein **38**
Mithaft 875 2b
Mitsondereigentum WEG **5** 3
Mittäter, Begriff **830** 1
Mitteilung der Genehm des VormschG **1829** 2b
Mittelbarer Besitz 868; Abtretg des Herausgabeanspr **870** 2; Begründg durch Selbstkontrahieren **868** 3; Besitzstörgsanspr **869** 3; Gesamtnachfolge **870** 1; mehrfacher **871** 1–3; mehrstufiger **868** 1, **871**; Selbsthilferecht **869** 2; Übergang **870** 1; Übertragg **870** 1a; Verfolgsrecht **869** 4; Wiedereinräumungsanspr an BesMittler **869** 3
Mittelbarer Schaden Vorb 3f, 5d aa vor **249**
Mittelbares Arbeitsverhältnis, Einf 4 a bb vor **611**
Mitverschulden 254; Abwägg **254** 4; Anrechng von Sach- u Betriebsgefahr **254** 1b; Anwendgsbereich **254** 2; des Aufsichtspflichtigen **832** 5c; Pflicht zum Berufswechsel **254** 3b dd; M Dritter **254** 5; bei Enteigng **903** 5 G c; ggü ErfAnspr? **254** 2d; im Geschäfts- u Rechtsverkehr **254** 3a dd; u Handeln auf eigene Gefahr **254** 6c; bei mittelbar Geschädigten **254** 5c; im öff Recht **254** 2c; Operationsduldungspflicht **254** 3b cc; Schadensmindergspflicht **254** 3b cc; im StraßenverkehrIch **254** 3a ee; ggü Verletzg der Verkehrssichergspflicht **254** 3a ff; Warngspflicht **254** 3b bb; des Verletzten bei unerl Handlg **846**; s. a Verschulden
Mitvormund, Bestellg **1775** 1, 2, **1778** 3; gemeinschaftl Führg der V **1775** 2, **1797** 1; Gesamtvertretg **1797** 1; Jugendamt als M **1791b** 3, **1797** 1; Meingsverschiedenheiten **1797** 3, 4; Teilg nach Wirkgskreisen **1797** 2; Verein als – **1791a** 3; s Vormd
Mitwirkendes Verschulden s Mitverschulden
Mitwirkungspflichten 242 4 B c; des Verkäufers **433** 4e
Möblierter Wohnraum 564b 3 d; 2.WKSchG **2** 1 b
Monat, Anfang, Mitte, Ende **192**; halber **189**
Monopolstellung, Ausbeutg **138** 5n; Mißbrauch **826** 8j
Motivirrtum 119 1, 3, 4, **2078** 2
Müllkippe, Brandgefahr **823** 14 „Mieter"
Münchener Ewiggeld 1199 4
Mündel, Anhörg **1827** 1, **1800** 3d; Entlass aus dem Staatsverband **1821** 1a, **1827** 1b; Anspruch gg VormschRichter **1848** 1; AuslagErs bei Anhörg von Verwandten **1847** 2; Begriff **1848** 2; Beschwerde R **1774** 2; Fürsorgeerzieh, Anordng durch VormschG **1838** 1, 2, JWG **64**ff; Haftg für Vormd **1793** 6; Interesse, Gefährd **1778** 2d; Schadensersatzanspruch bei Ablehng der Vormsch **1787** 1; Todeserkl **1884** 2; Unterbringg **1800**, **1838**; Verjähr gegenüber dem Vormund **204**; Verpflichtg dch Vormd **1793** 5; Verschollenh **1884** 1; Vertretg bei SicherhBestellg **1844** 2; Volljährigk **1882** 1b
Mündelgeld, Abhebg **1809** 1; Anlegg **1806** bis **1811**, durch Beistand **1688**; Anwendg der Vorschr auf Kindesvermögen **1642**; Hinterlegg **1808** 1, **1814** 1–4, **1818** 1; Orderpap **1814** 2c, **1819** 1a, **1853** 1; Sparkasse **1807** 2; Sperrvermerk **1809** 2; Verwendg durch Vormund **1805** 1; Zinspfl, Vormd **1805** 1, **1834** 1
Mündelsicherheit 1807 1; bei Erbbaurechtshypothek ErbbRVO **18, 22**; LandesR EG **212** 1
Mündelvermögen, Ausstattg **1902** 2; Hinterlegg **1814** 1–4; HinterleggPfl, Erweiterg **1818** 1, 2; HypBriefe **1819** 1b; InhabPap **1814** 2a, **1815** 1, **1819** 1, **1820** 1, **1853** 1; Kostbarkten **1818** 2b, **1819** 1a; Schuldbuchfdgen **1816** 1; Sperrvermerk **1809** 2, **1816** 1, **1820** 1, **1853** 1; Überschuldg **1836** 2; Umschreibg **1815** 1, **1820** 1; Verwertbark, leichte **1844** 1; Verwaltg **1793** 2b, 5; wiederkehrende Leistgen **1902** 3
Musikverlagsvertrag 242 4 F
Musizieren als Besitzstörg **858** 5; als Immission **906** 2a

Muster

Muster, Kauf nach Muster **494**
Mustermietvertrag Einf 8d vor **535, 535** 1b, 2a bb, **536** 2, 4c, **538** 1d, **545** 1, **549** 2b, **552a** 1, **556** 1, **565** 3b bb
Mutter, EhelichErklärg, Zustimmg **1726, 1727**; Einwillig z Eheschließg EheG **3** 3; elterl Gewalt **1626,** Ausschluß bei Pflegerbestellg **1630**; Meinungsverschiedenheiten zw den Eltern **1627,** mit Pfleger **1630** 3; nichtehel Mutter, Einwillig zur Annahme als Kind **1747,** Rechtsstellg **1705** 2; UnterhPflicht **1606** 3, 4; Vertretg des Kindes **1626** 4 b, **1629,** Ausschluß der Vertretgsmacht **1629** 4, Entziehg der Vertretgsbefugn **1629** 6; Mutter als Vormd **1903, 1904**; s a elterl Gewalt, Kind, nichtehel Kind, nichtehel Mutter
Mutterschutz, im Arbeitsrecht Einf 8c vor **611**; Vorb 3c vor **620**; Geburt, zu erwartende des Erben **1963** 1, **2141**

N

Nachahmung als unerl Handlg **826** 8 u ff; sklavischer Nachbau **826** u ff
Nachbarerbbaurecht ErbbRVO **1** 3, **2** 2 d, **12** 1 b, 3
Nachbarklage Übbl 2 d bb vor **903**
Nachbarliches Gemeinschaftsverhältnis 278 1 b bb, Einl 5 a bb vor **854,** Übbl 2 d aa vor **903, 909** 3b, **910** 1, **912** 2 c, **1004** 2 a
Nachbarmauer, Abstand von, bei Erhöhg des Grund u Bodens EG **124** 2g
Nachbarrecht, AusgleichsAnspr **806** 5b dd; Beschränkgen Übbl 2d vor **903, 906–924**; u –Flugverkehr Übbl 2c vor **903**; Gaststättenrecht u – Übbl 2d, c vor **903**; landesrechtliche Beschränkungen EG **124** 1, 2; Obstbäume EG **122** 1; öffentl – Übbl 2d vor **903**; öffentl Baurechte u – Übbl 2d bb vor **903**; Unterlassgspflichten **278** 1b bb; Unverjährbark **924** 1; u WasserR Übbl 2c ff vor **903**; vorläufiger Schutz Übbl 2d bb vor **903**; s a Abmarkg, Einsturz, Einwirkungen, Giebelmauer, Grenzbaum, Grenzeinrichtg, Grenzscheidungsklage, Notweg, Überbau, Überhang, Vertiefg
Nachbarrechtliche Ausgleichsansprüche 906 5b dd
Nachbarwand 921 5, EG **124** 3; Änderg **922** 4; Benutzg **922** 1, 2; Beseitig **922** 4; Eigentum **94** 5, **921** 5a, b; Unterhaltskosten **922** 3
Nachbesserungsanspruch, Kaufvertr **462** 1b; Aufwendgen bei N **476a**; AGBG **11** 10c; Fehlschlagen des – AGBG **11** 10b; Werkvertr, VOB **633** 2, 3
Nachbürgschaft Einf 2a vor **765**
Nacherbe 2100; Anwartschaftsrecht Einf 4 vor **2100, 2100** 3; Abtretg **2108** 5, Vererbg **2108** 2; Aufwendgen, außergewöhnl **2124** 3; Auskunftsrecht **2127** 1, 2; Ausschlagg der Erbschaft **2142** 1, 2; AusschlaggFrist, Beginn **2306** 4; Einsetzg Einf 3 vor **2100, 2102** 1–3, bedingte Einf 3 vor **2100, 2065** 4, **2108** 4, auf den Überrest **2137** 1; EinwilligPflicht zur Verw **2120** 2; Erbe, gesetzl **2104** 1–3; Erbfähigk **2108** 1; ErbschHerausgabe, Anspr **2127** 3, **2130** 1; Erbschein **2353** 2, **2363** 1; Erbscheinherausgabeanspr **2363** 3; Ersatzberufg **2096** 1, **2102** 1–3; ErsatznachE **2102** 3; Haftg für Nachlaßverbindlk **2144**; Inventar **2144** 4; jur Pers im Entstehen **2101** 3; Konkurs Einf 5 vor **2100**; Mietvertrag **2135** 1; NachlVerwaltg **2144** 3; noch nicht Erzeugter **2101** 1; noch nicht vorhandener **2108** 1b; Pflegsch für noch nicht erzeugten **1913** 2a; Pflichtteilsanspr **2306** 5; nach Schlußerben dch gemeinsch Test **2269** 2b bb; SichhLeistAnspr **2128** 1; Testamentsvollstrecker f N **2222**; Testamentsvollstreckg u Nacherbschaft **2205** 2; Umstellg **2130** 1; Verwendgen, Ersatzpflicht **2125** 1; Wegfall des Bedachten **2069** 3; WidersprKlageEinf 5 vor **2100**; ZwVollstr g N Einf 5 vor **2100**
Nacherbenrecht, angewachsener Erbteil **2110** 1, 2; Eintr im GB Einf 6 vor **2100**; Erbrecht, zukünftiges **2100** 3; Ersatzvorteile **2111** 2; Pfändg Einf 5 vor **2100**; Übertragg des AnwartschaftsR **2108** 5; Übertragg auf VE Einf 6 vor **2100, 2139** 7; Umstellg **2130** 1; Vererblichk **2108** 2; Angabe der Vererblichk im Erbschein **2363** 1; Verzicht **2142** 1; Vorausvermächtn **2110** 3; zeitl Beschränkg **2109** 1, 2
Nacherbenvermerk, Einf 6 vor **2100, 2111** 1; **2113** 1b, 2b; Buchfdgen **2118** 1; bei ErbbauR ErbbRVO **10** 1; Handelsregister Einf 6 vor **2100**; Löschg **2113** 2b; Rangverhältn Einf 6 vor **2100**
Nacherbfolge, Anordg der NachlHerausg **2103**; AnwachsR **2142** 3; Anzeige an NachlGer **2146** 1; Besitz an ErbschSachen **2139** 3; Eintritt **2139** 1, 2; Erbschein Einf 7 vor **2100, 2139** 1, 2, **2363** 1, 2; Geburt des NE **2106** 2; Konkurs Einf 5 vor **2100**; konstruktive Einf 3 vor **2100**; Mietverträge **2135** 2; Mutterschutz **2141** 1; NEFall, Eintritt Einf 4 vor **2100**; prozessuale Wirkg **2139** 4; Schutz Dr **2140** 1–3; Tod des VE **2106** 1; Wegfall **2107** 1–3; Wiederaufleben erloschener RVerhältn **2143**; ZwVollstr Einf 5 vor **2100**; Zweck Einf 2 vor **2100**
Nacherbschaft, Anfall **2106, 2139**; Auseinandersetzg **2130** 1, **2042** 2; Ausschlagg **2142**; Erwerb Einf 4 vor **2100**; Herausgabe **2130,** durch befr Vorerben **2138**
Nachfolgeklauseln in AGB AGBG **11,** 13; beim GesellschVertrag **1922** 3a cc, Übbl 5a vor **2274, 2301** 3a; bei Mietverhältnis **549** 7
Nachforschungen über Schadensfall als Schadensersatz **249** 3b
Nachfrist, Setzg nach Verzugsbeginn **326** 5; Regelg dch AGB AGBG **10** 2, **11** 4; nach Urteil auf Erfüllg **326** 14a
Nachhaltigkeit der Unterhaltssicherung 1573 4, **1575** 2a ee, **1577** 2d
Nachkommenschaft, Verweigerg als Eheverfehlg **1565** 3
Nachkonstitutionelles Recht, IPR, EhegüterR, Ehescheidg, EG **15** 2, **17** 2
Nachlaß, Anteil s Erbteil; Auslieferg von im Ausl eröffn EG **26**; Erschöpfg **2088** 2; Früchte **2038** 5; Gesamtgutsanteil des verstorb Eheg bei fortgesetzter Gütergem **1483**; Gläub, letztwillige, Befriedig **1992** 1; Herausgabe, internat PrivR EG **26** 1; Kosten der Verw **2038** 2; Nutzgen **2111** 3; Sicherg **1960, 1961**; Teilg **2059** 3; Trenng von EigVermög **1991** 1; Überlassg freiw an Gläub **1990**; Überschuldg **1980** 2; Unzulänglichk **1990, 1991,** durch Vermächtnisse u Auflagen **1992**; Verpfleger EG **139** 1; Vertrag über – eines lebenden Dritten **312** 1, 2; Verwaltg bei Miterben **2038**
Nachlaßabkommen, internat EG **25** 4
Nachlaßforderung, Aufrechg, mit Fdg gg MitE **2040** 2; Auskunftspfl **2027** 1, 2; Hinterlegg **2039** 1; KlageR des MitE **2039** 1; MitE als Schuldner **2039** 1; Schutz des gutgl Schuldners **2111** 2c; Streitwert **2039** 1; Verjährg **207** 1–3; s a Erbenhaftg, NachlGläub u NachlVerbindlichk

Magere Zahlen = Erläuterungen

Nachlaßfrüchte bei Erbengemeinschaft **2038** 5, **2042** 7
Nachlaßfürsorge 1960 5
Nachlaßgegenstände, Ersatz **2041** 1, 2; Verfügg über bei Miterben **2040** 1, 2, durch TestVollstr **2205** 2, 3; Vfg über Anteil an einzelnen **2033** 4; Überlassg durch TestVollstr **2217**; Verzeichnis b Nacherbf **2121**; Zuweisg **2042** 3
Nachlaßgericht, allgemein Einl 5 vor **1922**; AnfechtErkl, Mitteilgspflicht **2081** 2; Anordng der Nachlaßverwaltg **1981**–**1988**; Ausschlagg **1945** 2, MitteilPflicht **1953** 3; Ba-Wü (Notariate) Einl 7 vor **1922**; Einschreiten gg TestVollstr Einf 3 vor **2197**; Einsicht in Erkl des TestVollstr **2228** 1; Einziehg des Erbsch **2361** 3; Ermittlg des Erben; **1964** 2; Ermittlgspflicht bei Erbschein **2358**; bei TestAnfechtg **2081** 2, **2358** 1; Ernennd des TestVollstr **2200** 2; Erteilg des Erbscheins **2353**; Ersatzzuständigk Einl 5 vor **1922**; Fürsorge von Amts wegen EG **140** 1; Inventaraufnahme **2003**; Mitteilgspflicht ggü GBA **2260** 3, Übbl 5a vor **2353**; NachlPflegsch **1960** 5 C, **1962** 1; Sicherg des Nachlasses **1960, 1961**; Stundg des ErbErsAnspr **2331a** 4, des PflichttAnspr **2331a** 3a; TestEröffng **2260, 2273**; Zustdgk, internationale, interzonale, s dort; ZuständigkBeschränkg landesrechtl EG **148** 1
Nachlaßgläubiger, Antrag auf NachlPflegsch **1961**, auf NachlVerw **1981** 3; Aufgebot **1970** bis **1974**, Einf 2 vor **1967**; Aufrechng **1977** 1–5; Gefährdg der Befriedigg **1981** 4; InventErrichtgAntrag **1994** 1, 2; Rückgriff ggüb Befriedigten **1979** 5; Vollstr in EigVermög des Erben **1984** 4, **1990** 1; ZwVollstr gg VE **2115** 1–4
Nachlaßhaftung s Erbenhaftg
Nachlaßinventar, Zuständigk EG **148** 1; s a Inventarerrichtg
Nachlaßkonkurs 1975 3; Absonderg der Massen **1976** 1; Antragsberechtigg **1975** 3; Antragspflicht des Erben **1980** 1; Aufrechng **1977** 1–4; bei ausländ Erbstatut **1975** 6; Beendigg, ErbHaftg **1989** 1; bei TestVollstreckg Einf 2 vor **2197**
Nachlaßpfleger 1960 5 C; Antrag auf Bestellg **1961** 3; Auskunftspfl **2012** 1; Auslagen **1960** 5 C d; AufwendgsErs aus Staatskasse **1960** 5 C d; Entlassgsg **1960** 5 C e; Einfluß des Erben **1960** 5 C b, **1964** 2; Einreden, aufschiebde **2017** 1; gerichtl Geltdmachg eines Anspr **1961** 1, 2; Haftg ggü den Erben **1960** 5 C c; keine Inventarfrist **1012**; NachlKonkurs, AntragsR **1980** 1; Rechngslegg vor NachlG **1960** 5 C d; Vergütg **1960** 5 C d; Verzicht auf Haftgsbeschränkg **2012** 1
Nachlaßpflegschaft 1960 5 C; Ausländer **1961** 1, EG **25** 3; zwecks GläubBefriedigg **1975** 2; Personalpflegsch Einf 2 vor **1909**; Prozeßpflegsch **1961**; ÜbergVorschr EG **210** 2
Nachlaßsachen, Benachrichtigg, BeurkG **34** 7; Besitzer **2027** 2; Zuständigk EG **147**, VO zur Vereinheitlichung der Zuständigkeit, Aufhebg Einl 3d vor **1297**, Einl 5 vor **1922**
Nachlaßspaltung EG **24** 2
Nachlaßverbindlichkeit 1967–**1969**, Ausschlie-ßgsEinrede **1973** 3–5; Beerdiggskosten **1968** 1; Berichtigg aus EigMitteln **1979** 2a, NachlMitteln **1979** 2b; Dreißigster **1969** 1; Eingeh durch TestVollstr **2206, 2207**; Einreden, aufschiebende **2014** bis **2017**; ErbErsAnspr als – **1934** 3a; Erschöpfgseinrede **1990, 1991**, gemeinschaftl **2058** 2; Gesamthandklage **2059** 4; Gesamtschuldklage **2058** 3; gutgläub Berichtigg **1979** 2; Haftg s Erbenhaftg; Haftg der MitE **2058, 2059**; Haftg der eins Abkömmlinge **1483** 3; Kosten des Aufgebotsverf **1970** 3; Pflichtteilrestanspr **2305** 1; Verschweiggseinrede **1974**; s auch HöfeO, Zuweisgsverfahren gerichtl

Nachlaßvergleichsverfahren s Vergleichsverfahren
Nachlaßverwalter 1984, 1985; Bestellg durch NachlGer **1981** 5; Befugn bei Gesellschafter-Erben **705** 7c, **1985** 2b; GegVerwalter **1985** 1; „geistiger" **2110** 3; Herausgabe des Nachl an Erben **1986** 1; Inventarfrist **1985** 2; KonkAntrPflicht **1980** 1, **1985** 3; Prozeßführgsbefugnis **1984** 3; Ermächtigg des Erben **1984** 3; SicherhLeistg **1986** 2; Vergütg **1987** 1; Verantwortlk **1986** 3
Nachlaßverwaltung 1975 2; Ablehng, Beschwerde **1981** 6; Ablehng mangels Masse **1982** 1, **1990** 1; Absonderg der Massen **1976** 1; Anfechtg von RGesch **1984** 4; Anordng **1981** bis **1983**; Antrag der Miterben **2062** 1, 2; Anordng, Beschwerde **1981** 6; Aufhebg **1986** 1, **1988**, **1919**, **2062** 3; Aufhebg, Beschwerde **1981** 6; Aufrechng **1977** 1–4; Aufwendgen des Erben **1978** 5; bei ausländ Erbstatut **1975** 6; Beendigg durch NachlKonk **1988** 1; Bekanntmachg **1983** 1; DDR-Recht **1975** 7; internationale Zustdgk **1975** 2, 6, **1981** 1; keine Inventarfrist **2012**; Kosten **1982** 1; Teilg des Nachl **1975** 2; – u TestVollstrekkg Einf 2 vor **2197**; Übernahmepflicht **1981** 5; Verantwortlichkeit des Erben **1978**; VfgBeschränkg des Erben **1984** 2; VollstrHandlg des ErbGläub **1984** 4; Wirkg **1984** 1
Nachlaßverzeichnis, DDR-Recht Vorb 4 vor **1993**; Erteilg durch Hausgenossen **2028** 2; ggü Miterben **2038** 4; Verhältnis zum NachlInventar **2004** 1; Pflicht **2314** 2; TestVollstr **2215** b; Vorerbschaft **2121**
Nachlieferungsanspruch 462 1b; bei Gattgskauf **480** 2
Nachnahmesendung 433 5
Nachrichtenbeschaffung, Vertrag **138** 5o
Nachschieben von AnfGrden **143**, 2; von KündiggsGrden (ArbeitsVertr) Vorb 2 vor **620**
Nachtarbeitszuschlag 611 6d
Nachtestamentsvollstrecker 2197 4
Nachträgliche Eheschließung, EheG **13** 3b, Anh II zu EheG **13**, **1931** 2d, **1924** 7
Nachunternehmer 631 1d
Nachvermächtnis 2191; auflösd bedingtes Vermächtnis **2177** 3
Nachverpfändung 874 1; **890** 4 B, Übbl 2b, c vor **1113, 1132** 4a
Name 12; Adelsprädikat Teil des – **12** 2a; Änderg **12** 2a, Einl 3g vor **1297, 1355** 5, **1616** 2; Allgemeines **12** 1a; Annahme als Kind **1757, 1765**; Ansprüche aus dem Namensrecht **12** 5; Deckname **12** 1b; Ehe- u Familienname **1355** 2, Begleitname **1355** 3; Erwerb **12** 2; Firma des Einzelkaufmanns und der oHG **12** 1b; Funktion des N **12** 1b; Geburts-, Familien-, Begleitname der Eheg **1355** 1, 3; N der geschiedenen Eheg **1355** 4; gesetzl der jurist Personen **12** 1 b, Einf 2 vor **21**; intern PrivR Anh 2 zu EG **7**, EG **14** 4 c; des ehel Kindes **1616**; unbefugter Gebrauch **12** 4a; Eheliklärg **12** 2a, **1740g** 1; Legitimation **12** 2a, **1719** 3; Mißbrauch **12** 4a; nichtehel Kinder **12, 1355** 2a, **1617**, **1618**; Änderg des Mutternamens **1617** 3; als PersönlichkeitsR **12** 1a, **54** 3a; Verletzg des Namensrechts **823** 6c, des PersönlkR **12** 4a; Verwechslungsgefahr **12** 4a bb; Vorname s dort; vgl auch Familienname, Internationales Privatrecht
Namensänderung bei Adoption **1757** 2; G über

Namensaktien

Änderg von Familiennamen und Vornamen v 5. 1. 38 **12** 2a, Einl 3g vor **1297**; IPR Anh 2 zu EG **7**, N von Eheg EG **14** 4a; Übereinkommen über Änderung von Namen u Vornamen v 4. 9. 58 Einl 3g vor **1297**; N vereinbar mit GG **12** 2a, s „Name"

Namensaktien, Verpfändg **1292** 2a
Namensbestandteile, Schutz **12** 2b, 4a
Namensehe 1355 1
Namenserteilung für Mutter bei Ehelicherklärg **1740** g; für nichtehel Kind **1618**; vor Geburt **1** 3
Namensführung, Streit **12** 3, 4
Namensfunktion 12 1b aa, bb
Namenspapier, Begriff Einl 1a vor **793**; Pfandrecht **1274** 1c ee
Namensrecht 12 1c; ehel N **1355**; IPR EG **7** Anh 2; der jur Person **12** 1b aa, Einf 2 vor **21**; Schadensersatzanspr wegen Verletzg **12** 5; Verwirkg der Untersagg unricht Namensführg **242** 9f
Namensschutz IPR EG **7** Anh 2
Namenswahl der Ehegatten **1355** 2a
Narkose, Versehen bei, Körperverletzg **823** 4b
Naturalherstellung, Ablehng **250** 1; Ausschluß bei Amtspflichtverletzg **839** 10b; Begriff **249** 1; ideeller Schaden **249** 1, **253** 2; unmögl oder nicht genügende **251** 1
Naturallohn 611 6c bb
Naturalobligation 138 5o, Einl 4 vor **241**
Naturrecht Einl IV 1 vor **1**; **242** 1
Naturschutzbehörden, Amtspflichtverletzg **839** 15
Naturschutzgesetz, bayerisches EG **109** 1; Eigentumsbeschränkg Übbl 2c bb γ γγ vor **903**; Enteigng **903** 5 H a dd
Nebenberechtigter, Enteignungsentschädigung **903** 5 E a
Nebenbesitz 868 1b, **871** 1, **929** 6 B b aa, **934** 1
Nebenintervenient, Aufrechng **388** 2
Nebenleistungen 241 6; bei Hypothek **1115** 5, Abtretg **1158**, **1159**; Haftg der Hyp **1118**, Erlöschen **1178**
Nebenrechte, Abtretg **399** 4; Schaffg durch den Grundsatz von Treu und Glauben **242** 4 B; bei Schuldübernahme **418**
Nebensorgerecht eines Elternteils **1673** 3
Nebentäter 830 1; Schadensabwägg bei Mitverschulden d Geschädigten **254** 4c bb
Nebentätigkeit eines Arbeitnehmers Einf 4a dd vor **611**
Nebenverpflichtungen 241 6; des Käufers **433** 7; Schaffg durch den Grundsatz von Treu und Glauben **242** 4 B; des Verkäufers **433** 3; Gewähr als – Einf 3 c vor **765**; Verletzg **276** 7 c ee
Negativattest der behördl Gen **275** 9 vor a; bei Gen nach dem GrdStVG Einl 7b bb, cc vor **854**; bei Ersetzg der Zustimmg des Eheg **1365** 6
Negative Immission 906 2c
Negatives Interesse, s Vertrauensinteresse
Nettolohn 611 6b, Grdlage der SchadBerechng bei Verdienstausfall? **843** 4 A b, **249** 3 c, auch Vorb 7c ee vor **249** (SchadBerechng bei Fdgübergang auf ArbG)
Neubaumietenverordnung Einf 13d bb vor **535**
Neubegründung von Rentenanwartschaften beim Versorgungsausgleich **1587b** 3
Neutrale Geschäfte Minderjähriger **107** 2
Nichtberechtigter, Bereicherg bei Leistg an **816** 4; bei wirks Vfg eines – **816** 2, 3; Eigentumserwerb von – s dort; Ersatzleistg an – bei unerl Handlg **851**; Vfg des **185**
Nichtehe Einf 1a vor EheG **16**; Eintrag in FamBuch EheG **11** 2, **14** 3; Fälle EheG **11** 5; Feststell-

Klage Einf 1a vor EheG **16**, **23** 4; Folgen, vermögensrechtl EheG **26** 2; gutgläub Dr EheG **27** 4; Geltdmachg Einf 1a vor EheG **16**, **23** 4, Kinder nehel Einf 1a vor EheG **16**; Nichtmitwirken des StBeamter Einf 1a vor EheG **16**, **17** 2; Scheidg Einf 1a vor EheG **16**

Nichteheliche Mutter 1705; Anerkenng der Muttersch EG **20** 3; Einwilligg zur Annahme als Kind **1747**, **1748**, zur Ehelicherklärg **1726**, **1728**, **1730**; Ersetzg dch VormschG **1727**; Rechtsstellg der Mutter nach Ehelicherklärg **1738**; elterl Gewalt **1705** 2; Personensorge neben Vormund **1705** 2; Einschränkg dch Pfleger **1706**, **1707**; Pfleger: Amtspflegsch, Jugendamt **1709**, **1791** c, JWG **37** ff, **40**, **45**; Aufgaben **1706**; Aufhebg der Pflegsch **1707** 3; Beschränkg des Wirkgskreises **1707** 4; Nichteintritt der Pflegsch **1707** 2; RechtsVerh zum Kinde **1705** 2; internat PrivatR EG **20** 1–3; UnterhAnsprüche gg Vater **1615** k bis **1615** o; einstweil Vfg **1615** o 3, s nehel Vater; Vormd **1705** 2, **1710**, **1773** 2o

Nichtehelichengesetz Einf 2 vor **1705**
Nichtehelicher Vater, Anerkenng der Vatersch **1600** a–**1600** f; intern PrivatR EG **21** 7; Übereinkommen über Erweiterg der Zustdgk der Behörden, vor denen nichtehel Kinder anerkannt w können EG **21** Anh 6; Anfechtg **1600** g, **1600** h, **1600** k, **1600** 1; Beratg dch JugendA vor Adoption, Ehelicherklärg JWG **51** b; Erbrecht, ErbErsAnspr **1924** 3 B b cc, **1934** a 2c, d; Form der Anerkenng **1600** e; gerichtl Feststellg der Vatersch **1593** 3, **1600** n; PflichttR gg Kind Übbl 2 vor **2303**, **2309** 4; Rechtsstellg **1705** 3; bei Annahme seines Kindes als Kind **1747**; ÜbergangsR zur Anerkenng und Aufhebg der Vatersch **1600** o Anh; Unterhaltspflicht ggü dem Kinde **1615** a–**1615** i, Abfindg **1615** e; Bemessg **1615** c Erlaß **1615** i 3, Forderüberang **1615** b, Herabsetzg **1615** h, Regelunterhalt **1615** f, Anrechng **1615** g, Stundg **1615** i 2, für Vergangenh **1615** d, Vereinbg **1615** e; UnterhaltsPfl ggü der Mutter **1615** k bis **1615** o, Beerdiggskosten **1615** m, Entbindgskosten **1615** k, Unterhalt aus Anlaß der Geburt **1615** l, bei Tod des Kindes **1615** n; VaterschVermutg, Anfechtgsverfahren **1600** n, bei gerichtl Feststellg **1600** o; Verkehrsrecht mit dem Kinde **1711**, Verwandtsch mit dem Kinde **1589** 3

Nichteheliches Kind 1705 1; Abfindg für Unterhalt **1615** e; Abkömmling bei fortgesetzter Gütergemsch **1490** 1; Abstammg **1600** a ff; Amtspflegsch, Jugendamt **1709**, JWG **37** ff, **40**, **45**; Amtsvormundsch **1706** 1, **1791** c; JWG **37** ff, **41**, **45**; Anerkenng der Vatersch **1600** a–**1600** m; Anerbenrecht EG **64** 3; Annahme als Kind **1741**, **1747**; EhelichErklärg auf Antr des Kindes **1740** a–**1740** g, auf Antr des Vaters **1723**–**1739**; Einbenenng **1618**; als Erbe **1924** 3 B; Erbausgleich vorzeit **1934** d, **1934** e; Erbeinsetzg dch verheirateten Erzeuger **2077** 1 a bb; Bedenkg als Erbe **2066** 2a, **2067** 1, **2068** 1; ErbErsAnspr **1924** 3 B b, **1934** a–**1934** c; Erbverzicht gg Abfindg **1934** d 1b, Übbl 2e vor **2346**; Familienname **1617**; Feststellg der Nichtehelichk **1593** 2; Geltendmachg der Nichtehelichk **1593** 1; gerichtl Feststellg der Vatersch **1600** n, **1600** o; internationales PrivatR EG **20**, **21**, JWG **40** 7; Legitimation dch nachf Ehe **1719**–**1722**, s dort; Name **1355** 2a, **1617**; Namensertelg **1618**; Pfleger **1706**–**1710**; PflichttR ggüb Vater Übbl 2 vor **2303**, **2303** 2; Rechtsstellung der Mutter **1705** 2, des Vaters **1705** 3; Schwägersch **1590** 2; Übergangsvorschrift EG **208** 1–5, Übbl 7 B vor **1589**, Vorb 2 vor **1600** a

Anh zu **1600** o, **1593** 4, **1615** e 5, **1617** 4, **1705** 4, **1919** 5, **1740** c 3, Anh 1 zu **1924**, bei EG **209**; Unterhalt **1615a–1615i**; interlokales PrivatR EG **20** 2, **21** 8; internat PrivatR EG **21**; Geltendmachg des U Einf 6 vor **1601**; einstweilige Anordng **1615** o; dch Pfleger **1706** 2b, **1709**; Verhältn zur Mutter **1705, 1707**, internat PrivatR EG **20** 1–3, Verh zum Vater **1705** 3; internat PrivatR EG **21** 1–4; Verjährg von Anspr **204** 2; Verkehr mit dem Vater **1711**; Verwandtsch mit dem Vater **1589** 3; vollbürtige Geschwister **1589** 3; Vormsch **1705** 2, **1710, 1773** 2 c; Wohnsitz **11** 1; Rechtsstellg im Zuweisgsverf **2042** 10b bb, dd

Nichtehelichkeit des in der Ehe geb Kindes, Geltendmachung **1593**

Nichterfüllung, bei Kaufvertrag **440, 441**; teilweise **283** 5; wegen Unmöglichk **280**; nach Verurteilg **283**

Nichtigkeit, von AGB AGBG **6** 2b; nach Anfechtg **142** 2, 3; Begriff Übbl 4a vor **104**; Bestätig **141**; der Ehe s. Ehenichtigk; Erleichter der Ehescheidg **138** 5d, **1585** c 3; Erbvertrag **2085** 5, Übbl 10 vor **2270, 2298** 1; mit Erbvertrag verbundener Vertrag **2277** 4b; mangelnde Ernstlichk **118**; Formmangel **125**; gemeinschaftl Testament **2085** 5, **2270** 3; bei GrdstVeräußerg **313** 12, 13; Preisvereinbarg **134** 3; Scheinerklärg **117**; Sittenverstoß **134** 1, **138** 1g; Stimmabgabe in eig Sache **134** 3a, **138** 5s; Teilnichtigk **139**, AGBG **6**, Einl 5b cc vor **854, 2085**; Testament **2077** 1; DDR-Recht **2077** 7; Umdeutg **140**; Umgehgsgeschäft **134** 4; wegen Unmöglichk **306**; Veräußerungsverbot **134** 2; Verbotsgesetz **134** 2; Vermögenssperre **275** 9a, d; Verpflichtgsgeschäft **134** 2c; geheimer Vorbehalt **116**; WillErkl Übbl 4a vor **104**, **117** 2, **118** 1; Zusammentreffen mit Anfechtgsfolg 4a vor **104**

Nichtigkeitsklage, Einf 2 vor EheG **16**, EheG **23, 24**

Nicht rechtsfähiger Verein, 54; Anwendbark der Vorschr über die Gesellschaft **54** 1; Besitz **854** 6a; Erbfähigk **1923** 1b; u Gesellsch **54** 1, 2; Haftg der Mitgl ggüber Dritten **54** 2 A d, 3c; Haftg d im Namen des Vereins Handelnden **54** 2 A e; Haftg für Vertreter **31** 1, **54**, 1, 2; Kartell **54** 4; Name **54** 3b; Namensschutz **12** 1a; Ortsgruppen **54** 4; Parteifähig **54** 2 A a; Übergangsvorschr EG **163** 6

Nichtvermögensschaden, Vorb 2a vor **249, 847** 3; Abgrenzg ggü Vermögensschaden Vorb 2b vor **249**

Niederlassung, gewerbl **7** 1, AGBG **14** 3a

Niederlassungsvertrag zw Baden u Schweiz EG **25** 4

Niederschrift bei notarieller Beurkundg von Willenserklärungen BeurkG **8–16**; Verfügen von Todes weg BeurkG **28–35**

Nießbrauch Übbl 1b vor **1018**, Einf vor **1030**, **1030**; Abgeltgsdarlehen **1047** 4; Abtretg, Auslegg **1059** 1; Aktien, Stimmrecht **1068** 3a; Anlegg des Kapitals **1079** 1; Aufhebg **1062, 1064** 1; Aufhebg des Rechts **1071** 1; Aufrechng **1074** 4; Ausbesserg d Sache **1041–1044**; Ausschl einzeln Nutzgen **1030** 4b; Beeinträchtig, Anspr **1065**; Beendigg **1072** 1; Bergwerk **1038** 1; Besitzrecht **1036**; Bestellg, Fahrnis **1032** 1, 2, an Rechten **1069** 1; Dispositionsnießbr **1030** 4d; Eigtümerrechte, Übersicht Einf 1 vor **1030**; Erbteil, Genehmigg dch LwG **1089** 2, **2033** 1c; Erhaltskosten, gewöhnl **1041**, außergewöhnl **1043**; Erlöschen, Einf 3 vor **1030, 1061–1064**; ErsAnspr, Verjährg **1057** 1; Ersitzg **1033** 1; Feststellg des Zustands der Sache **1034** 1; an Fdg **1074** bis **1079**, Einziehgsbefugnis **1074** 1, 2, Klagebefugnis **1074** 2b, Künd **1074** 2, **1077** 2, Zahlg **1077** 1; Früchte, gebührende **1039** 2a; Geschäftsmigg nach GrdStVG Einf 2a vor **1030**; Geschäftsanteile, Stimmrecht **1068** 3a; kein Gesamt – an mehreren Grdstücken od bewegl Sachen **1030** 2; Grund- u Rentenschulden **1080** 1; guter Glaube **1058**; Handelsgeschäft **1085** 4; an Inbegriff **1035**; Inhaberpapiere Vorb 2 vor **1068, 1081–1084**; Inventar **1048**; jur Person **1059a ff, 1061** 2; Konkurs des Schuldners beim N an Rechten **1072** 1; Landesrecht Einf 4 vor **1030**; Lasten **1047**; Leibrente **1073** 1; LeistgsannahmeR **1075** 1; eingetragene Luftfahrzeuge **1030** 2a; Miteigentumsanteil **1066** 1; Mietverhältnis, KündRecht des Eigtümers **1056** 1; Nachlaß **1089** 1; Nutznießg **1030** 4, **1085** 4; Orderpap Vorb 2 vor **1068, 1081** bis **1084**; Pachtverhältn, KündRecht des Eigtümers **1056** 1; Personalgesellschaft **1068** 4b; Pfändg **1059** 3; Rechte, unübertragbare **1069**; an Rechten **1068** 1–3; Rektapapiere Vorb 2 vor **1068**; Rückgabe **1055**; Schatz **1040** 1; Schiffe **1032** 1; Sicherheitsleistg, Gefährdg des Wertesachen **1067** 2; Sicherungsnießbr **1030** 3b; Soforthilfeabwälzg **1047** 3c; Überlassg zur Ausübg **1059** 2; Übermaßfrüchte **1039**; Übertragbark **1059** 1, **1059a–e**; Umgestaltg **1037** 1; Unterlassgsklage **1053** 1; Unvererblichk **1061** 1; Vermächtnis Einf 4 vor **2147**; Veränderg, wesentl **1037** 1, **1050**; Veräußerg **1059 a–e**; verbrauchb Sachen **1067** 1–3; Vergleichsverfahren über Verm des Schuldners beim N an Rechten **1072** 2; Vermögen **1085** bis **1089**; Versicherungsfdg **1046** 1; Versicherungspflicht **1045**; VersorggsN Einf 1 vor **1030**; Verwendgsersatz **1049** 1; Verwaltg, SichLeistg **1052** 1, Pflichtverletzg **1054** 1; Wald **1038** 1; Wegnahmerecht **1049** 1; Wertpapiere Vorb 2 vor **1068**; Wirtschaft, ordnungsmäß **1039** 2a; Zusammentreffen mit Eigtum **1063** 1, 2; Zusammentreffen mit and Nutzgsrechten **1060** 1, mit TestVollstr **2208** 1; Zubehör **1031** 1, 2, **1062** 2; u Zwangsvollstreckg Einf 7 vor **1030**

Nießbraucher, Absondergsrecht **1049** 1c; Anzeigepflicht **1042** 1; Besitzrecht **1036** 2; Beteiligter im HausratsVerf **1030** 4f; Haftg für Veränderngen od Verschlechtergen **1050** 1; Haftg bei Nießbrauch am Vermögen **1088**; guter Gl an EigtRecht des Bestellers **1058** 1; mehrere, gemeinschaftl Ausübg **1066** 2; mittelbarer Besitz **868** 2c; Sicherheitsleistg **1051** 1; Versicherspflicht **1045** 1; Verwendgen **1049**; Wegnahmerecht **1049** 1d

Nominalismus 242 6 C a aa, **245** 2, **1376** 3

Nord-Ostseekanal, Haftung bei Verwaltung **839** 15

Normativer Schadensbegriff, Vorb 2c vor **249**

Normierter Vertrag Einf 3a vor **145**, Einl 1b vor **241**

Notar, Amtsbezirk, Überschreitg BeurkG **2**; Amtspflichten, Amtspflichtverletzg **839** 2a, 15; Auflassg, Zuständigk **925** 4b, EG **143**; Beglaubigg **129**; Belehrgspflichten **839** 15, **1365** 1, BeurkG **17, 30**; Beurk im Ausland **2231** 4, BeurkG **2** 1; Beurkundg **128, 839** 15, BeurkG **1 ff**; bei Willenserklärgen BeurkG **6–35**; als Erfüllungsgehilfe **278** 6e; Fahrlässigk **276** 4c; selbständiges Antrags- und BeschwerdeR in Angelegenheiten des GüterrechtsReg **1560** 2; keine Haftg für Gehilfen **839** 15; Inventaraufnahme **2002** 1, **2003** 1; MitwirkgsVerbote, Ausschließg BeurkG **3, 6, 7, 27**; NachlSachen Einl 6 vor **1922**; Prüfgs- u Belehrgspflichten BeurkG

Notarassessor

17–21; Rechtsstell 839 15; Staatl Notariate der DDR Vorb 5 vor 1922; Unterschrift bei Erbvertrag 2276 2b bb, BeurkG 35 1, 2; Vfg von Todes wg Errichtg 2231–2233, 2276 BeurkG 28–35; Versagg der Mitwirkg BeurkG 28; Vertrag des Notars Einf 2h vor 611; VersorggsAusgl 1408, 1587 o

Notarassessor Einf 2h vor 611; Haftg 839 15

Notargebühren, Verjährung 196 13

Notarvertreter, Ausschließg BeurkG 27 2; Haftg 839 15

Notarverweser, Amtshandlgen 134 3a

Nothilfe, Begriff 227 1

Notstand 228; aggressiver 904; Einwirkg, sonst verbotene 904 2a; entschuldigender N 228 3; Erforderlichk der Notstandshandlg 228 2; rechtfertigender N 228 3; SchadErsAnspr des Eigtümers 904 3b; vermeintlicher 228 4, 823 7 B d

Nottestament, DDR-Recht 2249 11; Dreizeugentest 2250; Gemeindetest 2249; gemeinschaftl 2266; GültigkDauer 2249, 2250 5, 2252; Lufttest 2250 2b; Seetest 2251; Wehrmachtstest Einf 1 vor 2229; bei Todesgefahr 2249 4, 2250 2b

Nottrauung, Anerkenng EheG 11 Anh I

Notverwaltungsrecht eines Eheg 1429, 1454

Notvorstand, Bestellg 29

Notweg 917, 918; landesrechtl Vorschr EG 116 1, 123 1; Rechtsnatur 917 1; Rechtsschutz 917 3f; Rente 917 4; Währgsreform 917 4; Waldnotweg 917 5

Notwehr 227; Exzeß 227 1d; bei provoziertem Angriff 227 1e; Putativnotwehr 227 3; Überschreitg 823 7 B c

Novation 305 4, s a Schuldumschaffg

NSDAP, Gesetz zur Regelg der Verbindlichkeiten von ns Einrichtgen u der Rechtsverhältnisse an deren Vermögen v 17. 3. 65 839 2 A e;

Nürnberger Eigengeld 1199 4

Nutzkraftfahrzeug, Beschädigg, Zerstörg Vorb 2b bb vor 249, 249 1b, 254 3a ee, b ff

Nutzungen, Begriff 100 1; Besitzer, Herausgabe 987, 988, 990, auch Vorb 1–3 vor 987, Auskunftspflicht 987 1, bösgläub 990 1–3, gutgläub Vorb 3 vor 987, 987 1, 993 1; Besitzmittler 991 1, 2; bei Erbschaftsanspr 2020, 2023; Erbschaftskauf 2379; Gebrauchsvorteile 100 1; formularmäßige Klauseln über Vergütg von − AGBG 10 7; Herausgabe der gezogenen bei Gläubigerverzug 301 2, 302 1; nach BereicherungsR Einf 5b vor 812, 818 3; im Fall des Rücktritts 347 1, 2; Nießbrauch, Ausschluß d Nutzgen 1030 4b; des Pfandes 1213 1–3, 1214 1–4; Übergang bei Kauf 446 5; Vermächtnis 2182; bei Vorerbsch 2111 3; Herausgabe beim dingl VorkaufsR 1098 3; bei Wohnungseigentum WEG 16

Nutzungseigentum Einl 7 c cc vor 854

Nutzungsentschädigung bei Miete 557 3

Nutzungspfand 1213, 1214

Nutzungsrecht, bäuerliches EG 197 1; ÜbergVorschr EG 196 1

Nutzungsschaden Vorb 2 vor 249

Nutzungsverhältnisse, öffentlichrechtliche Einf 2i vor 535

Nutzungsvermächtnis Einf 6b vor 1030, Einf 4a vor 2147

O

Obduktion, Anhörg der Angehörigen 1968 2

Obhutspflicht des Mieters 545 1; des Pächters 581 3b

Obliegenheit, Begriff Einl 4 vor 241; Verletzg einer 254 1 a; Verletzung dch ErfGeh u Repräsentanten 278 4 e; im Versicherngsrecht, unzul RAusübg 242 4 D k; Vorb 2b vor 339

Observanz, Rechtsnorm EG 2 1 f

Obstbaum auf d Grenze EG 122

Offenbare Unmöglichkeit der ehel Abstammg 1591 4

Offenbarungseid ersetzt durch „eidesstattliche Versicherung", vgl dort

Offene Handelsgesellschaft, Anwendbark von § 425, 425 1c, von GesellschaftsR 705 9a; Auflassg von od an 925 2c; Besitz 854 6c; Erbengemeinsch 2032 5; Erbfolge 1922 3a cc; Pflegschaft für Gesellschafter 1910 6 1; Rechtsstell des vermeintlichen Erben in der OHG 2018 2a; des geschäftsführenden Gesellschafters 714 1; Rechte d TestVollstr 2205 1b; Vererblichk der Mitgliedsch 1922 3a cc; Vorbehalt der Schriftform für VertrÄndg 125 2a

Öffentliche Beglaubigung 129, BeurkG 39, 40, 63; der Anmeldungen zum Vereinsregister 77 1; Ausschlagg 1945 3; TestVollstrBestimmg 2198

Öffentliche Bestellung zur Geschäftsbesorgung 663 2a

Öffentliche Darlehen Einf 3 p vor 607

Öffentliche Lasten, Begriff Einl 4f vor 854; beim Kauf 436; Sicherg der Hypothek 1113 4 f; Verteilg 101 2

Öffentliche Sachen Übbl 4c vor 90

Öffentlicher Dienst, Arbeitsrecht des − Einf 4b hh vor 611

Öffentlicher Glaube des Grundbuchs Übbl 6 vor 873, 892; Bestandsangaben 892 4a; Erbschein 2365 3, 2366 3a; Erstreckung auf persönliche Fdg bei Hyp 1138 2; Fideikommiß EG 61 1; Kenntnis der Unrichtigk des GrdB 892 6b; Leistg an Eingetr 893 1, 2; Nichtberecht, Leistgsannahme 893 4, Verfügg 893 1, 3, 4; Unrichtig, aus Brief ersichtl 892 6c; Verfüggsbeschränkg 892 5; Verkehrsgesch 892 3b; Vermutg der Richtigkeit 891; Vormerkg, eingetr 892 6d; Vollständigk des GrdB 892 4; Widerspruch, Eintragg 892 6 a; Zeitpunkt, maßgebender 892 4, 7

Öffentliches Baurecht u Nachbarrecht Übbl 2d vor 903

Öffentliches Eigentum Übbl 4c vor 90; an Wegen FG 181 1

Öffentliches Recht, Abgrenzg Einl III 2 vor 1; Aufrechng 389 1; Auftrag Einf 5 vor 662; Beweislast f Unmöglichk der Leistg 282 3; Geschäftsfähigk Einf 2 vor 104; Haftung innerh von SchuldVertr des 276 8; Kauf Einf 2b vor 433; Prozeßzinsen 291 1; Schuldverhältnisse Einl 6b vor 241; Schuldnerverzug 284 1 a; Treu u Glauben 242 3 b; ungerechtfertigte Bereicherg Einf 6 vor 812; Verjährg Übbl 5 vor 194, 195 2, 209 4, 222 1; Verträge Einf 4 h vor 305; Verwirkg 242 9 f; Verzugszinsen 288 1; Zugehen von Willenserklärgn 130 6

Öffentliches Testament, 2231 2a, 2232, 2232, BeurkG Einf 1, 2 vor 27, 27 ff; GemeindeTest als − 2249 8

Öffentliche Zustellung von Willenserklärgn, Wirksamkeit 132 1, 2271 2 B a

Öffentlich-rechtliche Ansprüche, Vererblichk 1922 6; Sicherg dch Hypothek 1113 4f

Öffentlich-rechtliche Bereicherg Einf 6 d vor 812

Öffentlich-rechtliche Dienstverhältnisse Einf 2 d ee vor 611

Magere Zahlen = Erläuterungen

Öffentlich-rechtliche Geschäftsführung ohne Auftrag 677 1 g
Öffentlich-rechtliche Körperschaften, Name 12 2b; Haftg 89 1, für c.i. c. 276 6b ee
Öffentlich-rechtliche Nutzungsverhältnisse Einf 2j vor 535
Öffentlich-rechtliche Pflegschaft 1910 7, 1915 2
Öffentlich-rechtliche Veräußerungsverbote als Rechtsmangel beim Kauf 434 2c
Öffentlich-rechtliche Verträge u sonstige Verhältnisse 276 8, Einf 4h vor 305, Einf 2i vor 535; Auftrag Einf 5 vor 662; 670 3c; BereichergsAnspr Einf 6b vor 812; Fordergen Übbl 2 vor 398, 398 3c; Formbedürftig 313 2c; Wegfall der GeschGrdlage 242 6 D g; Zurückbehaltungsrecht 273 3
Öffentlich-rechtliche Verstrickung Einf 4c vor 688
Öffentlich-rechtliche Verwahrung Einf 4c vor 688, 868 2c bb aE
Öffentlich-rechtliche Willenserklärungen, Auslegg 133 7
Ölschäden, Haftung 823 14
Öltank 276 4c, 823 14, 831 9
Ölverschmutzungsschäden, Haftg im internationalen Bereich EG 12 2
Operation, Einwilligg 823 7 B f; Schadensersatz bei kosmetischer – 251 2; Vertrag Einf 2 a bb vor 611
Optionsrecht, Einf 4c vor 145, 313 2d, Vorb 4d vor 504, Einf 1f vor 535
Ordensangehörige, keine Arbeitnehmer Einf 1g vor 611; Erwerb EG 87; Wohnsitz 7 2
Orderpapiere, Begriff Einf 1b vor 793; EigtVermutg 1006 2, bei Eheg 1362; Erwerb mit Mitteln des Kindes 1646; Gutglaubensschutz 934 4; Hypothek 1187; Kündigg bei Orderschuldverschr 247; Nießbrauch Vorb 2 vor 1068, 1081 bis 1084; Verpfändg 1292, 1294, 1295; Zinsscheine 795 1
Orderschuldverschreibungen 808a
Ordnungsgelder gegen Mitglieder des Familienrats 1875; gg Vereinsmitglieder 25 4, 5; Vollstreckg bei Tod Einf 6 vor 1967
Ordnungsstrafe, s „Zwangsgeld"
ordre public s Vorbehaltsklausel
Organ des Vereins Einf 3 vor 21, 26 1; Haftg für 31; Mißbrauch der Organstellg 826 81
Ortsdurchfahrten, Verkehrssicherungspflicht 823 8c
Ortsgruppen des nicht rechtsfg Vereins 54 4; bei Vereinen Einf 7 vor 21
Österreich, Vormundschaftsabkommen EG 23 Anh 2
Ost-West-Überweisung Vorb 7b vor EG 12

P

Pacht 581 ff; Abgrenzg Einf 1 vor 581; Apothekenpacht Einf 2e vor 581; Bestellgskosten 592; Entschädigg bei unterbliebener Rückgabe 597; Fischereipacht Einf 2d vor 581; gewerbl Unternehmen 581 1a; von Grundstücken, Kündigg 595, 596; Vorenthaltg 597; von Grundstücken mit Inventar 586–597; Internat PrivR Vorb 6b vor EG 12; Jagdpacht Einf 2c vor 581; Kleingartenpacht Einf 2b vor 581; Kündigg 581 4; KündiggsSchutz 595 1; Landgut, Übernahme zum Schätzwert 594 1; Landpacht Einf 2a vor 581; Zurücklassg von Erträgnissen 593 1; Anwendg von Mietvorschriften 581 4; P bei Nach-

erbfolge 2135; P an Rechten 581 1a; an Sachen 581 1a; Schadensersatz bei Vorenthaltg 597 2, 3; Treuepflicht 581 4; Vorpacht Einf 1 h vor 581
Pächter, Ausbesserg 582; Bestellgskosten, Ersatz 592; Eigentum am Inventar 588 3; Einbau von Sachen in Grundbesitz 946 2; ErhaltgsPfl beim Inventar 586, 588 2; Gefahrtragg 588 2a; mittelbarer Besitz 868 2c; Pfandrecht 590; Pflichten 581 3; Rückgabe von landwirtschaftl Grundstücken 591; VerfüggsRecht über Inventarstücke 588 1; ZbRecht 590 1
Pächterkreditpfandrecht 585 1c bb
Pächterpfandrecht an Inventar 590
Pachtgegenstand 581 1a; Änderg der wirtschaftl Bestimmg 583 1, 2; BenutzgsPfl 581 3c; Entschädigg bei Vorenthaltung 597 2; Gebrauchsgewähr 581 2a; Gewähr des Fruchtgenusses 581 2 b; Obhutspflicht 581 3 b; Zwangsvollstr 581 5
Pachtkredit Einf 3d vor 607
Pachtkreditgesetz 585 1c bb; Einf 2 vor 1204
Pachtrecht, dingl EG 188 1
Pachtschutz Einf 2a, b vor 581
Pachtverhältnis u faktischer Vertrag Einf 5c dd vor 145
Pachtvertrag 581; Genehmigg des VormschG 1822 5, 6; Künd 595 1, 596 1–3, vorzeitige 595 1b, aus wicht Grd 581 4; Nacherbfolge, Eintritt 2135 1; Form 126 2a; stillschw Verlängerg 597 1; Übergangsvorsch EG 171 1, 172 1; Wegfall der GeschGrdlage 242 6 D f
Pachtzins 581 3a; Entrichtg bei landwirtschaftl Grdst 584 1; Ermäßiggs- od Befreigsanspr 581 3a; Erstreckg der Hyp auf – 1123–1125; unangemessen hoher 581 3a; Verjährg 197 2b; VorausVfg b Hyp 1124; Zahlg 581 3a
Parken, Gemeingebrauch, Laternengarage 905 2 b bb; verbotene Eigenmacht 858 3 a
Parkplatz, Besitz 854 3a; Beeinträchtigg durch – 906 3a; Bewachg 305 3a, Einf 2d vor 535
Parlamentsabgeordnete, Staatshaftg 839 2 B
Partei, politische, Bestellg von Notvorstand 29 1; keine Beteiligg der Verwaltungsbehörde bei Eintragg als Verein 61 2
Parteiautonomie im VertragsR Einf 3 vor 145; im internationalen SchuldR Vorb 2a vor EG 12
Parteifähigkeit Übbl 2 vor 1; im IPR EG 7 Anh 1
Parteiwille im Schuldrecht Einl 1b vor 241, im intern PrivR Vorb 2a vor EG 12
Partenreederei Vorb 1b cc vor 929a
Partiarische Rechtsgeschäfte 705 10
Partnerschaftliche Ehe Einf 6 vor 1353
Parzellenbezeichnung, Erstreckg des guten Glaubens auf – 891 4c, 892 4
Parzellierung 883 2b
Parzellierungsverträge, Form 313 4b
Patentanwalt, Vertrag 675 3a
Patente, Ausbeutung fremder 687 2c; Erschleichen 826 8m; Pfandrecht an 1273 1; Schutz 823 6d, 826 8m; ungerechtf Bereicherg bei Verletzg Einf 6b vor 812; Vererbg 1922 3a, 1936 2; Verletzg 823 14, durch Gehilfen 831 2 C g
Patentnichtigkeitsklage gg Erben bei TestVollstreckg 2213 1c
Patientenbrief (Euthanasie-Testament) 1937 6
Pauschalierungsklauseln über Schadensers in AGB 276 5 A b, AGBG 11 5, Vorb 2 f 339
Pauschalreise AGBG 9 7, Einf 5 vor 631
Pension Einf 7 vor 611; von Beamten im VersorgsAusgl 1587 2a
Pensionsgeschäft Einf 4b dd vor 607

Person Fette Zahlen = §§

Person, juristische, s jur Person; natürl Übbl 1 vor **1**, Einf 1 vor **1**
Personalkredit Einf 3a vor **607**; bei Abzahlgs-Gesch AbzG **6** Anh 1 a
Personalrat, Anhörg vor Kündigg, Vorb 2d cc vor **620**
Personalstatut, AnknüpfgsPunkt im IPR, Begriff Vorb **6** vor EG **7**; innerdeutsches P Vorb 7a, 14c vor EG **7**; Einzelfälle: Anh 2 nach EG **7** (Namensrecht); Anh 3 nach EG **10** (Gesellschaftsrecht); EG **20** 3 (Namensrecht des nehel Kindes); EG **21** 7 (Unterhaltspflicht des Vaters, ILR)
Personalvertretungsgesetz Einf 5 c vor **611**
Personenbeförderungsgesetz, erbrechtl Vorschrift Einl 4h vor **1922**
Personengesellschaftsanteil, Vererblichk **727** 1, **1922** 3a cc-ff, **2032** 5, 6, **2059** 3, **2062** 2; Pflichtt-ErgänzungsAnspr **2325** 2; Pflichtt-Feststellg **2311** 3; Stellg des TestVollstr **2205** 1b cc
Personensorgerecht 1626ff; Änderg von Anordnungen des VormschG **1696**; Alleinausüb durch einen Elternteil **1678–1681**; Aufenthaltsbestimmg **1631** 4; Anhörg der Eltern **1695**; Beaufsichtig **1631** 1, 3; bei Ehenichtigk **1671**; bei Ehescheidg **1671**, Entzieh **1666** 5, **1763** 2, Folgen **1680**; kein EntscheidsR des Vaters **1628**; Erzieh **1626** 4a, **1631** 2; Fortführg der Geschäfte **1698**a; Gefährdg des Kindes **1666**; ggseitiges Einvernehmen der Eltern **1627**; bei Getrenntleben **1672**; bei Geschäftsbeschränkth **1673**; bei Geschäftsunfähigk **1673**; Herausgabeanspr **1632** 2; internationales PrR EG **19** 4, EG **23** Anh 4 e; Meinungsverschiedenheiten zwischen den Eltern **1627**, zwischen Eltern u Pfleger **1630**, **1679**; Mißbrauch **1666**; nichtehel Mutter **1705** 2; persönl Verkehr **1634**, des nichtehel Vaters **1711**, s auch Verkehrsbefugn; Pflegerbestell **1630** 1; religiöse Erzieh Anh z **1631**; Ruhen **1673–1675**, **1751**; tatsächl Personenfürsorge **1626** 4a, **1679**; Tod eines Elternteils **1681**; Todeserklärg eines Elternteils **1677**; Tod des Kindes **1698**b; Übergg-Vorschr Einl 4 vor **1616**; Übertragg auf Vormd oder Pfleger **1671**, **1679**; verheiratete Tochter **1633**; Verhinderg der Eltern **1674**; Verkehrsbefugn **1634**; Verlust bei Annahme als Kind **1755** 1b; bei EhelichErklärg **1738**, **1740**f; Vertretg des Kindes **1626** 4b, **1629**; Ausschluß der Vertretgsbefugn **1629** 4; Entzieh der Vertretgsbefugn **1629** 6; Verwirkg **1676**, Folgen **1679**; für Volljährige **1901**; vorläufige Regelg vor **1671** 7; des Vormunds **1793**; vormundschafter (familienger) Maßnahmen **1696**; Zuchtmittel **1631** 5a; vgl auch elterl Gewalt, Mutter, Vater
Personenstandsgesetz Einl 2 vor **1297**, Einf 1, 2a vor **1591**; Erbscheinsantrag **2356** 1; Übereinkommen über Erteilg gewisser für das Ausland bestimmter Auszüge aus Personenstandsbüchern, kostenlose Erteilg von Personenst-Urkunden u Verzicht auf Legalisation sowie Austausch von Auskünften Einl 2 vor **1297**
Persönlichkeitsrecht, allgemeines Einf 2 vor **1**, **823** 15; BereichergsAnspr bei Verletzg **812** 3 a; Datenschutz **823** B d; bei Gebrauch eines Namens **12** 1 b, 4 a; Namenführg der Ehegatten **1355** 2d; der jur Pers Einf 1, 2 vor **21**, **823** 15 f B; unerlaubte Handlg **823** 15; Schmerzensgeldanspruch **253** 1, **823** 15 f; Schutz Verstorbener **1922** 3a ii; Unterlassungsanspruch Einf 8b vor **823**
Pfandfreigabe 1175 3, **1255**
Pfandgläubiger, Ansprüche des PfdGl an Hypothek bei Grundstücksverschlechterg **1133** 1; Anzeigepfl bei drohendem Verderb **1218** 2; Aufgebot der NachlGläub **1971** 1, 2; AuswahlR unter mehreren Pfändern **1230** 1; Befriedigg durch Aufrechng od Hinterlegg **1224** 1; BefriedigR durch Pfandverk **1228** 1; Erhaltgspflicht **1215** 1; Fruchtzieh ohne Ermächtigg **1214** 1; Haftg des bisherigen **1251** 2b; Herausgabeanspr des neueren **1251** 1, Eintritt in bisherige Verpflichtgen **1251** 2a; Nutzungsgewinspflicht **1214** 2b; Nutzungsrecht **1213**; Rechenschaftsleggspflicht **1214** 2b; Verwendgen Ersatzanspr **1216** 1; Verwahrgspflicht **1215**; Wegnahmerecht **1216** 1a
Pfandhaltervertrag 1206 3
Pfandindossament 1292 1b, c
Pfandleihgewerbe, öffentl, Einf 8 vor **1204**; EG **94** 1, 2
Pfandrecht, Begriff Übbl 1 vor **1204**; für Fdg aus Börsentermingeschäft **1204** 3a; der Banken Einf 7b vor **1204**, **1206** 2; des Gastwirts **704**; gesetzl **1257**; gesetzl an Früchten Einf 3 vor **1204**; intern PrivR Übbl 4 vor **1204**, Vorb 2 vor EG **13**; irreguläres Übbl 3 vor **1204**; MitEigtAnteil **1258**; Mitübergang bei Abtretg **401** 1; Nutzungspfand **1213**, **1214**; PfändungspfandR Übbl 2 vor **1204**; Überleitg EG **192–195**; des Unternehmers bei Werkvertrag **647**; Verjährg der gesicherten Fdg **223**; s a Vermieterpfandrecht
Pfandrecht an beweglichen Sachen 1204ff; abhanden gekommene Sachen **1207** 2c; Ablösgsrecht **1249**; Akzessorietät Übbl 1 b aa vor **1204**; Aufgabe **1255** 1; Bankbedinggen Einf 7b vor **1204**; Barkaution Einf 3a vor **1204**; Befriedigg durch Aufrechng u Hinterlegg **1224**; Befriediggsrecht **1228** 1; Besitzschutz **1227** 2a; Bestandteile **1212** 1; Bestellg **1205** 1, bei Mitbesitz **1206** 1; Stellvertretg **1205** 3; Eigentumsvermutg **1248**; EinlösR des Verpfänd **1223** 2; Einreden dauernde **1254** 1; Einreden des Verpfänders gg Fdg **1211**; Erlös aus Pfandverk **1247**; Erlöschen Einf 1b vor **1204**, **1250** 2, **1252**, **1253**, **1255**, **1256**; Erstreckg auf Bestandteile **1212** 1, Früchte **1212** 2, Surrogate **1212** 4, Zubehör **1212** 3; Flaschenpfand Übbl 3 vor **1204**; Fdgen aus Hd Kredit **1204** 3a; Fdg, Gültigk der gesicherten **1204** 3a; Fdg, künftige **1204** 3b; Fdgsübergang auf Verpfänder **1225**; Verhältnis mehrerer Sicherungsgeber **1225** 2b; Fdgswegfall **1252**; Gegenstand **1204** 2; Gläubiger, nachstehende **1232**; Gutglaubensschutz **1207**, **1208**, **1257** 2a; Haftgsumfang **1210**; Herausgabeanspr **1231**, **1251**; HinterlegAnspr des Verpfänders **1217**; irreguläres Übbl 3 vor **1204**; Kosten, Pfandhaftg **1210**; Landesrecht Übbl 4 vor **1204**; MiteigtAnteil **1258**; Nutzgspfand **1213**, **1214**; Pfandsachen, mehrere **1222**, **1230**; Pfandverkauf s dort; Rang Übbl 1 b dd vor **1204**, **1209**, **1232**; Rückgabe **1253**, Rückgabeanspr **1254**; Rückgabeanspr bei drohendem Verderb **1218**; Rückgabepflicht **1223**; Schlüsselaushändigg **1205** 3 b aa, **1206** 2; Schutz **1227**; Sondergesetze Einf 2–8 vor **1204**; Sparbücher **1204** 2a; Surrogation **1212** 4, **1219** 2, **1247**; Übergang **1250**, **1251**; Übergangsvorschr Übbl 4 vor **1204**; Urkunden **1204** 2 a; Verderb, drohender **1218–1221**; Verfallklausel, Verbot **1229**; Verletzg der VerpfändRechte, Anspr **1217** 2; Verjährg der ErsAnspr des Verpfänders **1226**; s a Verpfändg; VersFdgen **1212** 4; VertragspfandR des Spediteurs Einf 7a vor **1204**; Vertragsstrafe, Sicherg **1204** 3; Verwendgen, Pfandhaftg **1210** 1, **1216** 1; Verzicht **1255**; Wegnahmerecht **1216** 1a; Weiterbestehen, Fiktion **1256** 2; Zubehör **1212** 3; Zb-Recht, Umdeutg in **1204** 2a, **1205** 1b; Zusammentreffen mit Eigentum **1256**

Magere Zahlen = Erläuterungen **Pflegschaft**

Pfandrecht an Forderungen 1279 ff; Anlegg geleisteten Geldes 1288 1; Anspr auf GrdstÜbereigng 1287 3a; Anzeigepflicht 1280; Benachrichtigungspflicht des PfandGläub 1285 2b; Bestellg 1280; Einreden des Schuldners gg Gläub 1282 3a; Einziehgspflicht des PfandGläub 1285 2a; Einziehgsrecht des PfandGläub 1281 3, 1282 3; Einziehg von Geldforderg 1288; KündPflicht des PfandGläub 1286; KündRecht 1283; Leistg des Schuldners 1281 2, 1282 2; Leistgswirkg 1287; Mehrbetrag 1288 2b; Mehrheit von PfandR 1290, Mitwirkg bei Einziehg 1285; RStellg des Gläub 1282 4, des Schuldners 1275 1; Spargruthaben 1274 1b bb; Vereinbargen, abweichende 1284; Vfg des PfandGläub über Fdg 1282 3c; Zinsen 1289; s a PfandR an Grundpfandr, Rechten, Wertpapieren

Pfandrecht an Grundpfandrechten, gutgl Erwerb 1274 1a aa; Grundschuld 1291; Hypothek 1274 1c bb, 1275 2; Mitbietgspflicht des PfandGläub 1285 2a; Rentenschuld 1291; Verhältn zw Eigtümer und PfandGläub 1275 2

Pfandrecht an Luftfahrzeugen Einf 6 vor 1204

Pfandrecht an Rechten 1273 ff; Änderg u Aufhebg der Rechte 1276; AnwartschaftsR 1274 1c aa; Anwendg von FahrnisPfandR 1273 2; Bankbedingen Einf 7b vor 1204; Bestellg 1274; Blankoverpfändg 1274 1a; Einreden des Schuldners aus Verhältn zum Gläub 1275 1; Entstehg Einf 1a vor 1273; Erlöschen Einf 2b, 2033 2; Erlöschen Einf 2b vor 1273, 1278; gesetzl PfandR Einf 2a vor 1273; GmbH-Anteil 1274 1c dd, 1276 2c; gutgl Erwerb 1274 1a aa, 1276 1b; GrundpfandR 1274 1c bb, 1291; ImmaterialgüterR 1273 1; künftige Rechte 1273 1c; PfandR 1274 1c cc; PfändgsPfandR Übbl 2 vor 1204; unübertragbare Rechte 1274 2; Verwertg Einf 2c vor 1273, 1277; s a PfandR an Fordergen, GrundpfandR, Wertpapieren

Pfandrecht an Schiffen Einf 5 vor 1204

Pfandrecht an Wertpapieren, Gewinnanteilschein 1296; Inhaberpapier 1293, 1294; Legitimationspapier 1274 1c ee; Namenspapier 1274 1c ee; Orderpapier 1292, 1294, 1295; Rektapapier 1274 1c ee; Traditionspapier 1292 2b; Zinsschein 1296

Pfändungspfandrecht Übbl 2 vor 1204

Pfändungsverbote 394 3, 400 3

Pfandunterstellung, s Nachverpfändg

Pfandverkauf 1228 ff; Ablieferg an Verwahrer 1231 2; Ablösg 1249; Abweichg aus Billigktsgründen 1246; Androhg 1220 1, 1234 1; Benachrichtigg 1220 2, 1237 2, 1241 1; EigtVermutg 1248; Erlös 1247; Erwerbsverbot 457 1; freihändiger 1221, 1235 1b; Gold-u Silbersachen 1240; EigtErwerb, gutgläub 1244, 1245 1 a; Herausgabeanspr 1231 1; MitbietgsR der Beteiligten 1239 1; nachstehender PfGläub, Rechte 1232 1; Nichtgeldfdg 1228 2b; öff Bekanntmach 1237; öff Versteigerg 1235 1; Ordngswidrk 1243 2; PfandRecht Übbl 2 bb vor 1204; PfandR, gleichrangiges 1232 2; Pfandreife 1228 2; Rechtsfolgen 1242 2; übermäßiger 1230 2; Unrechtmäßigk 1235 2, 1243 1; Vereinbarg, abweichende 1245; Verderb, drohder 1219; Verfahren 1233 1, 2; Verfahrensverstoß 1238 2, 1240 2, 1241 2; Verkaufsbedinggen 1238 1; VersteigOrt 1236; Wartefrist 1234 2; Wirkg 1247; Zurückweisg der Gebote 1239 2

Pfarrer, keine Haftg der Kirche für Pf, der Religionsunterricht an öffentl Volksschule erteilt 839 2 B d

Pflanze als wesentl Bestandteil des Grdst 94

Pflege des Erbl als ausgleichspfl bes Leistg 2057a 2b bb

Pflegeeltern, Konflikt mit leibl Eltern 1666 4a

Pflegegeld 1751 3

Pflegekinder, Aufsicht JWG 31; Begriff JWG 27; Erlaubn z Aufnahme JWG 28; Voraussetzgen der Erlaubn JWG 29 1; Schutz dch JgdA JWG 27 ff; vorläufige Unterbringg JWG 33; Widerruf der Erlaubn JWG 29 2; Zuständigk d JgdA JWG 30

Pflegekindschaft, Einf 3 vor 1741, Einl 1 vor JWG 27; altrechtl EG 209 2; s auch Adoptionspflege 1744

Pfleger, Anstaltsunterbringg d Mündels 1910 3b; AufwandErs 1915 2; Auswahl 1909 5; Benenng 1917 1; Befreiung 1917 2; Berufg 1916; Bestellg 1915 2; Dauerpfleger 1909 2a; bei elterl Gewalt 1630 1; bei Ehescheidg u Ehenichtigk 1671 5; Genehmiggspfl 1630 1, 1915 2; Haftg 1915 2; Jugendamt als – 1709, 1791b 3, JWG 37 ff; Leibesfrucht, Wirkgskr 1912 2; Meingsverschiedenheiten 1630 3; für Nacherben, noch nicht erzeugten 1913, 2102 3; für Sammelvermög 1914; Stiftg künftige 80 1; bei Tod eines Eheg für Kind 1671 5; für unbekannte Beteiligte 1791a 3; Unterpfleger 1909 1; Verein als 1791a 3; Vergütg 1915 2; VertrMacht Einf 1b vor 1909; bei Verwirkg der elterl Gewalt 1679; statt Vormund 1909 3

Pfleger für nichtehel Kind 1705 2, 1706; Aufgaben 1706, Regelg von Erb- u PflichttRechten 1706 2c, Übbl 8 vor 2303, Geltendmach von ErbErsAnspr 1934b 6, von UnterhAnsprüchen 1706 2b, Feststellg der Vatersch, Eltern u Kindesverhältn 1706 2a; Bestellg vor Geburt des Kindes 1708; Jugendamt als – 1709, 1791c, JWG 37 ff, 40, 45; ÜbergangsR 1705 4; Beendigg der Vormsch, Vormd wird Pfleger 1710; Beschränkg des Wirkgskreises 1707 1, 2

Pflegschaft 1909 ff; AbwesenhPflegsch 1911, 1921; Amtspflegsch des JugA für nichtehel Kind 1709, 1791c; JWG 37 ff, 40, 45; Anordng 1909 5; Anordngen Dr 1917 1, 2; Anwendbark der Vorschr üb die Vormsch 1915 1-3; Anzeigepflicht 1909 4; Aufhebg 1919–1921; über Ausländer EG 23, EG 23 Anh 4e; Auswirkungen auf elterl Gewalt 1673; Beendigg 1909 7, 1910 6, 1911 6, 1912 4, 1913 5, 1914 5, 1915 2, 1918 1; Berufg 1916 1; Dauerpflegschaft zur Wahrnehmg der Rechte des Minderj in einer Familiengesellsch 1909 2; über Deutschen im Ausland EG 23 4; f Dienststrafverf gg Beamten 1910 7; ErgänzPflegsch 1909, 1918 2; auf Antrag d Finanzamts 1961 4; GebrechlichkPflegsch 1910, 1920; genehmigpflicht Geschäfte 1915 2; GgVormd 1915 3; Geschäftsfähigk, Einfluß auf Einf 1b vor 1909, 1915 2; Güterpflegsch 1914 1; internat PrivR Einf 4 vor 1909, EG 23 1-6, EG 23 Anh 4; interzonales Recht EG 23 7; für Leibesfrucht 1912, 1918 3; für noch nicht erzeugten Nacherben 1913, zur Sicherg der Nacherbenrechte 2116 1a, 2142 1; für nichtehel Kind 1706, 1708-1710, Aufhebg 1707 1, Beschränkg des Wirkgskreises 1707 1, Nichteintritt 1707 1; im öff Interesse Einf 2 vor 1909; zur Geltendmachg des PflichttAnspr 2311 7, 2317 5; Realpflegsch Einf 2 vor 1909; Sammelvermög 1914; Sorgerechtspfleger 1630; Staatenloser EG 29; TestVollstr, Verhinderg Einf 2 vor 1909; Übergangsvorschr Einf 4 vor 1909; für ungewisse Beteiligte 1913; Verhinderg von Gewalthaber oder Vormund 1909 2a; bei Vor- u Nacherbschaft von

2439

Pflichtteil

Elternteil u Kind **2116** 1a, **2142** 2; Vormsch, Beschränkg **1794** 1
Pflichtteil, Abkömmlinge **2303** 1–3, **2311** 4, entferntere **2309**; Anfechtg der Ausschlagg **2308** 1, 2; bei Annahme als Kind **2303** 1a; Anrechng **2306** 2, 4, **2315** 1; Anrechnungsbestimmg des Erbl **2315** 1; Ausgleichg **2316**, bei besonderen Leistgen **2316** 5b; Auskunftspflicht des Erben **2314**; Ausschlagg des Erbteils **2305** 1, **2306** 3, 4; Ausschlagg eines Vermächtn **2307** 1; Ausschlagg eines Erbteils oder Vermächtn durch Eheg bei Zugewinngemeinsch **1371** 2, 4, 5, **1950** 1, 2, **1953** 2b, **2303** 2b, **2305** 1, **2306** 1, 3, 4, 5, **2307** 1; Bewertg des Nachl **2310** bis **2313**; Berechng **2311**, **2315** 3, 4; Beschränkg in guter Absicht **2338** 1–3; Betrag **2311** 1; DDR-Recht Übbl 10 vor **2303**; Ehegatte **2303** 1; Eheg bei Zugewinngemeinsch **1938** 2, **1371** 2, 4, **2280** 2, **2303** 2b, 3; Entziehg **2312** 1, **2333**–**2337**; Eltern **2303**, **2309** 1–3, **2311** 4; Erbeinsetzg, bedingte **2306** 2; Pfl des ErbErsBerechtigten **2303** 2c, **2309** 4, **2338a**; ErbErsAnspr, beschwerter **2306** 6; Erbteil, beschwerter **2306**; Erbteil geringer **2305** 1, **2306** 3; Erbteilsfeststellg **2310** 1, 2; Erbunwürdig **2345** 1; ErgänzAnspr s Pflichtteilsergänzg; bei gemeinschaftl Test **2269** 4; Haftg für **2318** 1; Pflichtt als HaftgsRahmen für den Erben des unterhaltspfl Eheg **1586b**, Übbl 5 vor **2303**; **2303** 3d dd; Pflichtt u HöfeR **2311** 1a; Inhalt Übbl 2 vor **2303**, **2303** 3; internatignales PrR EG **24** 3; Last, Abwälzg **2318** 1, **2322** 1, **2323** 1; Last, ausgleichg **2320** 1–4; Last, Erbl Anordngen **2324** 1; Last, Kürzg **2323** 1; Last bei Verm Ausschlagg **2321** 1; Lastenausgl **2311** 2; Nacherbeneinsetzg **2306** 2, 5; des nichtehel Kindes Übbl 2 vor **2303**, **2303** 2c; des nichtehel Vaters Übbl 2 vor **2303**, **2309** 4; Pfänd **2317** 3; Stundg **2331a**; Umstellg **2311** 1, **2315** 3; Verjährg **2332**; Vermächtnis **2307** 1; Vermächtn bei Zugewinngemeinsch **1371** 2, 4, 5, **2307** 1; VermNehmer als Berecht **2318** 2a; Vertrag üb – eines leb Dr **312**; Verzeichn der NachlGgstände **2314** 2; Verzicht auf PflichttRecht **2346** 3; Voraus **2311** 4; Wahlrecht des Eheg zw großem u kleinem Pflichtt **1371** 4 B, **2303** 3b; bei Zugewinngemeinsch **1371** 2, 4, 5, **1938** 2, **2303** 3b, c, s dort; Wegfall bei Ehescheidg, - Aufhebg **1933** 4; Zusatzanspr **2305** 1; Zuwendg, Auslegg **2304** 1; bei Zugewinngemeinschaft **1371** 4 A, **2304** 3; Zuwendg aus ehel Gesamtgut **2331** 1
Pflichtteilsanspruch 2303 2, 3; Anerkenng des verjährten – dch VorE **2113** 2a aa; Ausschlagg **2317** 1; Ausschluß Übbl 4 vor **2303**; Befriedig aus schuldfreiem Nachl **2311** 2; Entstehg **2303** 2, **2317**, Erbteil, zu geringer **2305** 1; Geltendmachg bei TestVollstr **2213** 1, gerichtl G, zuständ Ger Übbl 5 vor **2303**, **2317** 2; Gewährleistg **493** 1a; NachlVerbindlichk **1967**, **1972**; Pfändbark **2317** 3; Steuerpflicht **2317** 1; Übertragbark u Vererblk **2317** 3; Verjährg **2332** 1–5; Verzicht **2317** 1; Verzicht v Eheg **1432**, **1455**, **2317** 1; bei Zugewinngemeinsch s dort
Pflichtteilsberechtigter Übbl 2 vor **2303**, **2303** 2, **2309**, AnfechtgsR wg Übergeh **2079**–**2082**, **2271** 4; Beschränkgen als Erbe **2306**, **2308**; Erbunwürdig **2345**; als Nacherbe **2306** 5; Übergeh im Erbvertrag **2281** 2b
Pflichtteilsentziehung, Abkömml **2333** 1, 1a, 2; Beweislast **2336** 3; Ehegatte **2335**; Elternteil **2334** 1; Grundangabe **2336** 2; letztwill Vfg **2336** 1; nehel Vater **2334** 1; Verzeihg **2337** 1; Wirkg auf andere Vfgen **2085** 1
Pflichtteilsergänzung 2325; Anstandsschenkgen

2330 1; EigGeschenk, Anrechng **2327** 1–4; bei Entziehg des ErbErsAnspr **2338a** 5; Erbe, selbst pflichtberecht **2328** 1, 2; Fehlen des ordentl PflichttAnspr **2326** 1–3; Haftg des Beschenkten **2329** 1–5; Wirkg **2325** 3; bei Zugewinngemeinsch **2325** 3; Zuwendg aus ehel Gesamtgut **2331**
Pflichtteilsrecht Übbl 2 vor **2303**
Pflichtteilsversicherung Übbl 9 vor **2303**
Pflichtteilsverweisung 2304 1, 2
Pflichtteilsverzicht 2346 3, **2350** 1; zw Vater u unehel Kind Übbl 2e vor **2346**; stillschweigender **2346** 3, **2348** 2
Pflichtteilszuwendung, Auslegg **2304** 1; bei Zugewinngemeinschaft **1371** 4 A, **2304** 3
Pfründerecht, EG **80** 2
Pharmazeutische Industrie, GefährdsHaftg nach dem ArzneimittelG **823** 16 E
Planungsschaden 903 5 H d aa
Politische Parteien, VereinsR **54**, 1; **61** 2
Politische Vereine 21 1a, **25** 5e, **61** 1
Politische Werbung und Gemeingebrauch **905** 2b bb
Politisch Verfolgte, s Rassisch Verfolgte
Polizei- u Ordnungspflichten, Vererbg **1922** 6
Polizeiverordnung, Rechtsnorm EG **2** 1b
Polygame Ehe EG **30** 5
Positive Vertragsverletzung Vorb 1 vor **275**, namentlich **276** 7, **282** 2; Beweislast **282**, 2a; als unerlaubte Handlgen **826** 8q, r; Verjährg der Anspr **195** 2; Verhältnis z Gewährleistg **276** 7b, Vorb 2b vor **459**; Verhältnis z Verzug **284** 1; bei Werkvertrag Vorb 4e vor **633**, **635** 2d
Possessorischer Anspruch 861 1
Post, Aufsichtspflicht **823** 14; Auskunftspflicht **261** 2d aa; Betrieb als Ausübg öffentl Gewalt **839** 2 A b dd, c, 15; Benutzgsvertrag, öffentlrechtl **276** 8, Einf 3 h cc vor **305**; Haftg **823** 14, **839** 2 A b dd, 15
Postanweisung 270 1b, 2c, Einf 3 vor **783**; Haftg **839** 2 A a dd, 15
Postscheck, Überweisg, Zahlg **270** 1b, 2c, **362** 3, **328** 3, **701** 1, Einf 2c vor **783**; Haftg **823** 14, **839** 2 o, 15; Erfüllg dch Postscheck **362** 3; Zahlg auf Postscheckkonto **433** 5 b
Postscheckforderung, Unabtretbark, Pfändbark **399** 2b
Postsparbücher, Aufgebot **808** 3
Postsparguthaben, Schenkg vTw **2302** 3 a
Potestativbedingung Einf 4 vor **158**
Praktikantenverhältnis Einf 5d vor **611**
Prämie 611 2
Preis, „gerechter" Einl 1b vor **241**, **242** 1, Einf 1c aa vor **320**
Preisänderungsklausel 157 5b
Preisausschreiben 661
Preisauszeichnungsverordnung, Verstoß **134** 3b aa
Preisbewerbung 661
Preisbildung, Einl 1b vor **241**, Einf 1c aa vor **320**
Preisbindung, KartellR **138** 5 j; im Mietrecht Einf 12 vor **535**
Preisbindungssystem, Eingriff in – **823** 6g, **826** 8 u gg
Preisindex Übbl 1e vor **1105**
Preisklauseln beim Kauf **433** 5a bb; in AGB AGBG **11** 1; s a Klausel
Preislisten, Bedeutg für Leistgsort **269** 4
Preisrichter bei Auslobung **661** 2
Preisüberwachung, im Grundstücksverkehr, Aufhebg **313** 15

Magere Zahlen = Erläuterungen **Reallast**

Preisunterbietung als unerl Handlg 826 8 u gg
Preisvereinbarung, verbotene 134 3 b
Preisvorbehalt 433 5 a bb
Preisvorschriften 134 3 b, Einl 1 b vor 241; bei GrdstKauf 313 15; im Mietrecht Einf 12 vor 535; im Pachtrecht 581 3 a; Verstoß gg 134 3 b bb; 817 3 c aa; VertrFreiheit Einf 3 vor 145
Presse, Abschlußzwang Einf 3 a vor 145; berechtigt Interesse 824 6 e; Recht auf Gegendarstell 1004 5 b bb, Einf 9 b vor 823; Veröffentlichg, PersönlichkSchutz 823 15 D; Unterlassgsanspruch Einf 8 b vor 823
prima-facie-Beweis Vorb 8 a vor 249, 823 13
Privataufgebot der NachlGläubiger 2061
Privatautonomie, Begriff Übbl 1 a vor 104; Gefahr des Mißbrauchs 138 1 a, Einf 3 vor 145; Haupterscheinungsform Vertragsfreiheit Einf 3 vor 145; verfassungsrechtl Absicherung Übbl 1 a vor 104, Einf 3 a vor 145; s auch „Parteiautonomie"
Privatpfändung EG 89
Privatsphäre 823 15 B
Privilegium Einl IV 3 b vor 1
Probe, Kauf auf 495, 496; Kauf nach 494; Probedienst 620 4
Probearbeitsverhältnis Einf 4 a gg vor 611
Probekauf, Arten Einf 3 h vor 433
Probezeit, s Probearbeitsverhältn
Produktionsbeobachtungspflicht 823 16 D b cc
Produzentengarantie Vorb 4 h vor 459
Produzentenhaftung 823 16; Beweislast 282 2; Drittschadensliquidation Vorb 6 b dd vor 249; u Vertrag mit Schutzwirkg zGDr 328 2 b; intern PrivatR EG 12 2
Prokura, Erlöschen für Mitnacherben 2139 1; Treueverstoß 164 2; Widerruf dch TestVollstr 2205 1 b
Provision 611 7 c
Prozeßbehauptungen, Anspr auf Widerruf 1004 5 b aa
Prozeßbürgschaft Einf 2 d vor 765, 767 2 e
Prozeßfähigkeit Einf 2 vor 104; des geschäftsbeschränkten Eheg im EhescheidgsVerf Einf 4 vor 1564; internat PrivR EG 7 3
Prozeßgericht, Festsetzg der TestVollstr-Vergütg 2221 1 b
Prozeßhandlungen Übbl 5 vor 104; Aufrechng im Prozeß 388 2, 3; Auslegg v Prozeßerklärgen 133 2; als Leistgsinhalt eines Schuldverhältn Übbl 5 vor 104; Sicherheitsleistg aus Prozeßanlaß Einf 2 b vor 372; sittenwidrige Prozeßführg 826 8 n; Vollmachtsmißbrauch 164 2
Prozeßkosten, Ausgleich bei Gesamtschuld 426 2 b bb; bei Gütergemeinsch 1438 3, 1441–1443, 1463–1465; ProzKostenvorschuß eines Eheg 1360 a 3; keine Vorschußpflicht für geschiedenen Eheg 1360 a 3; Prozeßkostenvorschuß des Kindes bei EhelichkAnfechtg 1593 1; und Schadensersatz 249 2 e; Verpflichtg des UnterhVerpflichteten 1610 3 c, 1615 a 1; s a Kosten
Prozeßrecht, Besitzklage 861 6; Verwirkg 242 9 f
Prozeßstandschaft im ScheidgsVerfahren 1629 8
Prozeßvergleich 127 a, 128 3, 779 9, im Übbl 5 vor 104; Auflassg im – 925 4 d; Erbvertr 2276 2 c; Erbverzichtsvertr 2347 2; GeschGrdlage 242 6 D h; Streit über 779 9 b; Testament 2231 4; über VersorggsAusgl 1587 o; im verwaltungsgerichtl Verf Einf 1 vor 779
Prozeßzinsen 291
Prüfungsausschuß, Amtspflichtverletzg bei Ausschreibungen 839 15

Pseudonym, Namensrecht 12 1 b, 4 b bb
Putativnotstand 228 4
Putativnotwehr 227 3

Q

Qualifikation im intern PrivR Vorb 9 vor EG 7; EG 11 2, 3; bei Adoption; EG 22 4; ehel Abstammg EG 18 3; Erlaßvertrag EG 19 4; Eltern u KindesR EG 19 4
Qualifikationsverweisung Vorb 9 vor EG 7
Quantitätsmängel 459 1 d
Quasinegatorische Klage 1004 1 b
Quasi-Splitting 1587 b 3
Quellwasserableitung EG 115 2
Quittung 368; Anspruch auf Erteilg 368 3, bei Hypothekenbefriedigg 1144 3 b; Ausgleichs- 368 1; Blankett 370 2; Erlaßvertrag 368 1; Kosten 369 1; Leistg an Überbringer 370 1, 2; löschgsfähige 875 3 a, 1144 3 b cc; negativer Anerkenngsvertrag 368 1; Schuldscheinrückgabe neben – 371; unter Vorbehalt 368 1; im voraus erteilte 368 1; Vorlegg 370 1
Quotenberichtigung im Wohnungseigentum WEG 6 1, 16 1
Quotennießbrauch 1085 4
Quotenvermächtnis Einf 4 vor 2147
Quotenvorrecht des VersN bei PrivVers Vorb 7 c bb vor 249; der Sozialversichergträger Vorb 7 c cc vor 249

R

Radfahrer, Unfallhaftg 823 14
Radioaktive Störungen 906 2 a
Rang 879, Änderg 880; Bedeutg Übbl 7 vor 873; Eintragg 873 4 c; des Erbbaurechts ErbbRVO 10; der Pfandrechte Übbl 1 b dd vor 1204, 1209, 1290; kein Rangverhältnis zwischen NachEVermerk u Grundstücksrechten Einf 6 vor 2100; Rangklarstellgsverf 880 1 b; Rangvermerk 879 3 c; Rangvorbehalt 881; relatives Rangverhältn 879 6; Teilhyp 1151; Überbaurente 914
Rangänderung s unter Rang
Rangrücktritt, Freiwerden des persönl Schuldners 1165 2, 3
Rassisch und politisch Verfolgte, Freie Ehen von – 1931 2 a, Anh I zu EheG 13; letztw Verfügen 2078 5, 2231 2 b, 2250 5, 2252 4
Raterteilung, Haftg 676, 826 8 c; Vertrag 676 3; beim Kauf 433 4 b; s a Auskunft
Rauch, Abwehr 906 5, 1004
Raumeigentum Übbl 1 a vor WEG 1
Raumordnung Einl 7 a vor 854
Räumung durch Mieter 556; polizeil Einweis in alte Räume 839 4 c
Räumungsfrist, Einf 10 a dd vor 535, 556 1, 556 a 7 g; HausratsVO 2 1 (Anh zu § 1587 p)
Rauschgiftsucht, Entmündigg wegen – 6 4, 106 1, 114 1; Testamentswiderruf 2053 4
Realakt, Übbl 2 d vor 104, 294 1
Realgemeinden, ÜbergVorschr EG 164
Realgewerbeberechtigkeit, EG 113
Reallast 1105; Ablösg Übbl 1 vor 1105, 1105 5 c, EG 113 1 b; Abtretg künftiger Einzelleistgen 1107 3 b, 1111 3; Ausschluß unbekannter Berecht 1112 1; Belastg 1111 2 a; Bestandteil des Grundst 96 2; Eigentümerreallast 1105 3 c; Einschränkg EG 113; Einzelanspruch, Eintragg 1105 5 a, 1107 3 a; Einzelleistgen, Anwendbark der HypVorschr 1107 2; Gesamtbelastg 1105 2; Grdst-Bruchteil 1106;

2441

Realverbandsgesetz Fette Zahlen = §§

Haftg, persönl **1108** 1; landesrechtl EG **115** 1, 2, Übbl 2 vor **1105**; Lasten, öff Übbl 4 vor **1105**; Pfändg **1111** 2a; Rentenbankschuld Übbl 4 vor **1105**; Rentenreallast Übbl 1a vor **1104**; für den Staat EG **121**; subjekt-dingl Übbl 1110, subjekt-persönl **1111**; Teilg des berecht Grdst **1109** 1–3; Teilg des belast Grdst **1108** 2; Übertragg **1105** 5b, **1111** 2; Umstellg Übbl 1d vor **1105**; Umwandlg **1105** 3a, b; Unterhaltg einer Anlage **1105** 4b; Verteilg bei GrdstTeilg EG **121** 1

Realverbandsgesetz, niedersächs EG **113** 1 d

Realverträge, Einf 4e vor **305**; bei Darlehen **607** 1

Reblausbekämpfung, Ausübg öffentl Gewalt **839** 15

Rechenfehler im Angebot **276** 6 b cc

Rechenschaftslegungspflicht 259–261 1, 3

Rechnungserteilung beim Kauf **433** 4 i

Rechnungslegungspflicht, allg **259–261** 1; des Amtsvormunds **1890** 1; des Beauftragten **666**; bei Gefährdg des Kindesvermögens **1667**; des TestVollstr **2218**; der Eltern **1698**; des NachlPflegers **1960** 5 C e; des Vorerben **2130** 3; des Vormundes **1890** 3, **1891**, gegenüber VormschG **1840–1843**, bei abwesenden Vormsch **1854**; des Vereinsvormunds **1890** 1; Verzicht **261** 4 d

Recht, absolutes, Einl 2a vor **854**; absolutes u Verjährg **194** 1c; ausschließl **823** 6; Ausübg u Erhaltg Übbl 1 vor **226**; bedingtes R, Schätzg **1376** 2, **2313**; Beeinträchtigg eines bedingten **160** 1; dingl **823** 6a, Einl 1–3 vor **854**, ÜbergVorschr EG **184**, s a dingl Recht; am eigenen Körper **90** 2; eintraggsbedürftiges Übbl 9, 10 vor **873**; nicht eintragsfähiges Übbl 11 vor **873**; Eintraggsfgk Übbl 8 vor **873**; als GrdstBestandteil **96**; Kauf **433** 2 B, **437**, **451**; an Sachteil **93** 1; Übertragg **413**; Verlust **255** 2

Recht an eigener Sache 889, Einl 4e vor **854**

Rechtliches Gehör bei Ausschließung aus Verein **25** 5b

Rechtsänderung, Einiggsgrundsatz Übbl 3 vor **873, 873** 1

Rechtsanwalt, Beigeordneter im Verf bei Gen der Unterbringg **1800** 3 b; ErfGeh **278** 6 f; Ers von RKosten **249** 2e, **276** 7e aa; im Enteignungsverfahren **903** 5 G a ff; Fahrlässigk **276** 4c; Gebühren **612** 2a, Verjährg **196** 13, **198** 2; Erfolgshonorar **138** 5 e, EG **30** 5; Handakten **810** 3; Haftung wegen schuldhafter Versäumg der Mitwirkg bei TestErrichtg **1937** 3b; – wegen verschuldetem VerjährgsEintritt Übbl 3 aE vor **194**; Haftg von verbundenen **425** 1c; Honorar, Festsetzg nach Ermessen **315** 2b; PraxisVerkauf **138** 5o; Sorgfaltspflichten **276** 4c; Sozietät **705** 9b aa, **714** 1; Vertrag des – Einf 2a ee vor **611**, **675** 3a; Widerruf von Prozeßbehauptungen **1004** 4a; -zwang im ScheidgsVerf Einf 4c vor **1564**

Rechtsanwaltssozietät 705 9 b aa; Auftragserteilg an – **164** 1; gesamtschuldnerische Haftg auf Schadensers **425** 1 c

Rechtsanwendung Einl V 1 vor **1**

Rechtsanwendungsgesetz der DDR Vorb 2, 4, 7a, 14b vor EG **7**; EG **7** 1; EG **8** 1; nach EG **10** 2; EG **11** 1; Vorb 2a, 2d vor EG **12**; EG **12** 5; Vorb 2, 4 vor EG **13**; EG **13** 1, 5; EG **14** 1; EG **17** 7; EG **18** 7; EG **19** 6; EG **20** 2; EG **22** 5; EG **23** 7; EG **25** 5; EG **27** 2

Rechtsausübung, Grenzen Übbl 2 vor **226**, **226**; unzulässige **242** 1, 2a, 4C,D, 6, 9, Gebrauch eines rechtskr Urt **242** 4 E, **826** 8 o; im Hinblick auf früheres Verhalten **242** 4 C e; unzulässige R beim Vergleich **779** 8 e; s a Schikane

Rechtsbestände, Sorgfaltspflichten **276** 4 c; Vergütg **612** 2 a; Vertrag mit Einf 2 a ee vor **611**

Rechtsberater, Dienstvertrag Einf 2 a vor **611**, **675** 3 a

Rechtsberatung, verbotene **134** 3 a

Rechtsbeschwerde, Nachprüfg der Auslegg letztw Vfgen **2084** 4 d

Rechtsbesitz, Begriff Übbl 4b vor **854**; Schutz **1029, 1090**; Buchersitzg **900** 2b

Rechtsbesorgungsvertrag, Nichtigk **134** 3 a

Rechtserneuerung, s Reformbestrebungen

Rechtsfähigkeit, allgemeine Übbl 1 vor **1**, Einf 1 vor **1**; ausländischer Verein **23** 1; Beginn **1** 1; eines Vereins durch Eintragg ins Vereinsregister **21** 1, 2; Ende **1** 1; Genehmigung, staatl bei JP Einf 4 vor **21**; internat PrivR Anh 1 zu EG **7**; der jur Person Einf 2 vor **21**; eines Vereins, Verlust **42** 2, **43**, **44**, **73** 1; Verleihg, staatl Einf 4 vor **21**, **22**

Rechtsfolgenverweisung Einf 6 a vor **812**

Rechtsgeschäft Übbl vor **104**; abstraktes Übbl 3e vor **104**; Anfechtbark Übbl 4d vor **104**; bedingtes Übbl 4c vor **104**, Einf 3 vor **158**; bedinggsfeindliches Übbl 3d vor **104**, Einf 6 vor **158**; befristetes Übbl 4 c vor **104**; Bestätigg **141** 1; dingl Einl 5 vor **854**; einseitiges Übbl 3a vor **104**, Einf 3 vor **305**; entgeltliches u unentgeltliches Einf 3c vor **305**; fehlerhaftes Übbl 4 vor **104**; Form, internationales PrivR EG **11** 1–4; genehmiggspflichtiges **134** 2b; gemeinschaftsschädigendes **138** 3; Gestaltgsgeschäft Übbl 3d vor **104**, Einf 3 vor **305**; kausales Übbl 3e vor **104**; unter Lebenden Übbl 3c vor **104**; mehrseitiges Übbl 3a vor **104**; Minderj **107–111**; nichtiges Übbl 4a vor **104**, **134**, **138**; Prozeßhandlgen Übbl 1b vor **104**; rgeschäftl Wille Einf 2 vor **116**; relativ unwirksames Übbl 4b vor **104**; sittenwidriges **138**; schwebend unwirksames **108** 1, **109** 1, 2, Übbl 4c vor **104**; Tatbestandserfordernisse, besond Übbl 1 vor **104**; des tägl Lebens **196** 1, 2; treuhänderisches Übbl 3 g vor **104**; von Todes wegen Übbl 3c vor **104**; Umdeutg **140** 1; Umgehg von Gesetzen **138** 5 t, Verbotsges **134** 4; unwirksames Übbl 4a vor **104**; Unzulässigk **134** 2; Veräußergsverbot **137** 1; verdecktes RGesch **117** 3; Verfüggsgeschäfte Übbl 3d vor **104**; Verpflichtgsgeschäft Übbl 3d vor **104**; Vertrag Übbl 3a vor **104**, Einf 4 vor **305**; vorgespieltes **117** 1, 2

Rechtsgrund Übbl 3e vor **104**; Fehlen Einf 4b vor **305**

Rechtsgrundverweisung Einf 6 a vor **812**

Rechtshandlungen, Einteilg Übbl 1b vor **104**

Rechtshängigkeit, Besitzer, Haftg **987–989**; Eintragg im Grdbuch **892** 4a, 6b; Eintritt, landesrechtl EG **152** 1; Erbschaftsbesitzer, Haftg **2023** 1–3; bei Herausgabeanspr **292**; des Ehescheidgs-Verf Einf 4e vor **1564**; des SchmerzensgeldAnspr **847** 5c; verschärfte Haftg, BereicherungsAnspr **817** 7; Zinsen seit **291**

Rechtsirrtum, AnfechtgFrist, Hemmg **2082** 2; ErbschAusschlaggsfrist **1944** 2 a; gemeinschaftl –, Fehlen der Geschäftsgrundlage **242** 6 C d aa; Verjährg, Hemmg **203** 1; als Verschulden **276** 3, **285** 2

Rechtskauf 433 1 b, **437**, **451**

Rechtskraft, Erschleichen **826** 8 o; Geltdmachg, unzulässige **242** 4 E **826** 2e; des ScheidgsUrt **1564** 2; Wirkg ggü Zedenten **407** 3; Wirkg bei Bürgschaft **767** 2 e

Rechtsmängel, Anfechtgsrecht **119** 4d; Ausschluß der Gewährleistg **443**; Beweislast **442**; u Einrede des nichterfüllten Vertrages **320** 2c bb;

Magere Zahlen = Erläuterungen

Gewährleistg **434–436**; bekannte **439**; bei Kauf **440**, **441**; bei Miete **541**; Werkvertr **633** 2 B
Rechtsmittel, Begriff **839** 9a; in ScheidgsSachen Einf 41 vor **1564**; bei Wohngszuteilg u Hausratsverteilg Anh zu **1587p** § 14
Rechtsnachfolge, Ersitzg bei **943**; Verjährg bei **221**
Rechtsnorm, Begriff EG **2**, Einteilg Einl IV 2a vor **1**, Inhalt Einl IV 2b vor **1**, unvollständige Einl IV 2c vor **1**
Rechtspfleger, Amtspflichtverletzg **839** 15; unwirksame Beurkundg der Erklärg über Geltg der Gütertrenng dch R Grdz 5 d vor **1363**; in Erbscheinsangelegenheiten **2353** 1, **2361** 2; im Familienrat **1860** 1; in Grundbuchsachen, Übbl 2 vor **873**; GüterrechtsReg **1558** 2; Nachlaßsachen Einl 5 vor **1922**; Vereinssachen **55** 1; Errechng von VersorgsAusglVerpfl **1587 o** 3; Vormundschaftssachen Übbl 5 vor **1773**
Rechtsquellen Einl IV 1 vor **1**
Rechtsschein Vorb 1 vor **932**, **957** 1, **1155** 1, **891** 1, **892** 1; bei Erbschein **2365**, **2366**; bei Gesellschaft **705** 3 d; Haftg für R Übbl 2 d vor **104**; unrichtige Urkunde **405** 2; der Vollmacht **173** 4; Anwendg von Vollmachtsvorschr **173** 5
Rechtsspaltung im IPR Vorb 12 vor EG **7**
Rechtsstellung, Kondiktion einer vorteilhaften – **812** 4 b
Rechtsstreit, Fortsetzg eines anhängigen Rechtsstr bei Gütergem **1433**, **1455**; Führg durch verwaltenden Eheg **1422** 4, bei gemeinschaftl GesamtVerwaltg **1450** 5; Führg bei Verhinderg des anderen Eheg **1454**; Kosten bei Gütergem **1438** 3, **1441–1443**, **1460**, **1463–1465**; Prozeßkostenvorschuß der Eheg **1360a** 2; Rechtsstreitigkeiten im Erwerbsgeschäft eines Eheg **1431**, **1456**
Rechtssubjekt, Einf 1 vor **1**
Rechtsträgerabwicklungsgesetz Einf 2 g vor **929**
Rechtsvergleichung Vorb 1 vor EG **7**
Rechtsverordnung, Rechtsnorm EG **2** 1b
Rechtswahl im intern ErbR Übbl 8 vor **2064**, EG **24** 3; – Klausel in AGB AGBG **10** 8; eheliches Namensrecht EG **14** 4 c; im intern SchuldVertr Vorb 6 vor EG **7**, Vorb 2 a vor EG **12**
Rechtsweg bei Ausschließg aus Verein **25** 3; u Verjährg **210**
Rechtswidrigkeit s Widerrechtlichk
Rechtswidrigkeitszusammenhang Vorb 5c vor **249**
Reederhaftung 847 1a
Referendar, Beiordng im ArmenR, Haftg **839** 15
Reformbestrebungen, ErbR Einl 8 vor **1922**; FamilienR, Einl 6 vor **1297**, EheR Einf 6 vor **1353**; intern PrivR Vorb 17 vor EG **7**; KindesR Einf 4 vor **1626**; zum WEG Übbl 1 vor WEG **1**
Regalien EG **73**
Regelbedarf zum Unterhalt des nichtehel Kindes **1615** f 3
Regelbedarfsverordnung Anh zu **1615f**, **1615g** Einf 3
Regelbetrag beim vorzeit Erbausgleich **1934d** 3b
Regelunterhalt des nichtehel Kindes Einf 3 vor **1601**; **1615f**; Anrechng regelmäßig wiederkehrender Geldleistgen auf R **1615f**; Festsetzg **1615 f**; Herabsetzung **1615h**; keine Anwendg der Vorschr bei Ersatzhaftg des Verpflichteten **1607** 1; Verfahrensrechtliches **1615 f**
Regelunterhalt-Verordnung Einl 3 b vor **1297**; Anh zu **1615f**, **1615 g (fette Zahlen 1–4**, **§§** der VO): Anrechg von Leistgen **2**; Anrechg bei

Repräsentant

Auszahlg an einen anderen **3**; keine Anrechng **4**; Festsetzg d Regelbedarfs **1**, **1615 f** 3
Registerpfandrecht an Luftfahrzeugen Einf 6 vor **1204**
Regreßbehinderungsverbot 1165 4
Rehabilitation, berufliche, als Schadensersatz **249** 2 d
Reichsbahn, nicht jur Person Vorb 1 vor **89**; s a Bundesbahn, Eisenbahn
Reichsgaragenordnung, Übbl 2d bb vor **903**; Schutzgesetz **823** 9f, g
Reichsgesetze, frühere, Verhältn zum BGB EG **32** 1–3
Reichsleistungsgesetz, Entschädigg **903** 5 J b; s a BundesleistgsG
Reichsnaturschutzgesetz, Enteigng, **903** 3 H a dd, EG **109** 1
Reichssiedlungsgesetz, Vorkaufsrecht **504** 1, **505** 3, **506** 2, **507** 1, **508** 1, **509** 1; Übbl 3a vor **1094**, **2033** 1c
Reichsverbindlichkeiten Einl 7 c vor **241**
Reichsvermögen, früheres Einf 2 vor **925**
Reichsversicherungsordnung, § 393 kein SchutzG **823** 9g
Reinigung der Mietsache **536** 4c
Reisebürovertrag AGBG **9**, **7**, Einf 5 vor **631**; Schadensersatz für fehlgeschlagenen Urlaub Vorb 2c dd vor **249**, **631** 1, **634** 3b, **635** 3b; Verjährg **638** 2a
Reisegewerbe, nichtige Geschäfte im – **134** 2a
Reklame, unzulässige **826** 8 u aa
Rektapapier Einf 1a vor **793**; Nießbrauch Vorb 2 vor **1068**; Pfandrecht **1274** 1c ee
Religionsgesellschaften, JP Vorb 1 vor **89**; Vereinsfreiheit u – Vorb 2 vor **21**
Religiöse Kindererziehung, Anh zu **1631** RKEG **1 ff**; durch Vormund **1801**; bei Auswahl des Vormunds **1779** 3
Rembourskredit Einf 3m vor **607**, **675** 3b
Rennen, Vertrag Einf 5 vor **631**
Renovierung der Mietsache **536** 4c
Rentenanspruch 249 2; bei unerl Handlg **843**, **844** 6, Dienstentgang **845** 3a, Höhe **843** 4 A, **844** 6 A, **845** 3a, Mitverschulden des Verletzten **846** 1; Geltendmachg für nehel Kind **1706** 2; PfändSchutz **843** 4 D c, **844** 6 C, **845** 3 e; Verjährg **197** 2 c, **843** 6
Rentenbankgrundschuld Übbl 4 vor **1105**
Rentenformel 1587a 3 B Ziff 2
Rentengut EG **62**; Übbl 1 vor **1105**
Rentenneurose Vorb 5d cc vor **249**
Rentenreallast Übbl 1a vor **1105**
Rentenschein, Bezugsrecht **805** 1 2; Verlust **804** 1, 2
Rentenschuld 1199; Ablösg **1201**; AblösgSumme, Höhe **1199** 2b; Brief, EigtErw **952** 2b, 3; EigtRentSchuld **1200** 2; Grundschuld **1199** 1b; Kündigg **1202**; Münchener Ewiggeld **1199** 4; Nürnberger Eigengeld **1199** 4; Nießbrauch **1080**; Pfandrecht **1291**; Rangrücktritt **880** 3c; Umstellg **1113** 7; Umwandlg **1203** 1; Vorschr, anwendbare **1200** 1
Rentensplitting Einf 2, 3c vor **1587**, **1587b** 2, 3b, 4b
Rentenversicherung u Versorgungsausgleich Einf 3, 8 vor **1587**, **1587** 2, **1587a** ff; s auch unter „VersorgsAusgl"
Rentenversprechen, Form **759** 1, **761** 1
Reparationsschäden G, **903** 5 I g; erbrechtl Best Einl 4g vor **1922**
Reparaturen der Mietsache **536** 4c
Reparaturwerkstatt als Erfüllungsgehilfe **254** 5 b
Repräsentant, Haftg für im VersichergsR **278** 4 e

2443

Republikflüchtlinge Vorb 7 a vor EG **7**, EG **21** 8
Requisitionsschäden s Stationiergsschäden
Reugeld Vorb 2c vor **339**, **336** 1; Rücktritt gegen – **359**
Revenuenhypothek, EG **60** 1
Revisibilität bei AGB AGBG **5** 6; **157** 6; bei AnschBew Vorb 8a aa vor **249**; der Auslegung von Willenserklärungen **133** 1, **157** 6, **780** 2; EhescheidUrteil Einf 4l vor **1564**; letztwill Verfügungen **2084** 4d
Rheinland-Pfalz, HöfeO EG **64** 2
Rhein-Main-Donau Großschiffahrtswasserstraße EG **65** 1b dd
Richterhaftung 839 5 B c, 8, 15; Grundbuchrichter **839** 2 A, 5 B c bb, 15; Spruchrichter **839** 8; VormschR **839** 15; s a Beamtenhaftg, Justizbeamte
Richterliche Vertragshilfe s Vertragshilfe
Ringtausch 515 1
Risiko, gesteigertes Einf 1, 6 vor **823**
Risikosphäre des Gläubigers **324** 2c
Risikozurechnung bei AufwendgsErsatz für Beauftragte **670** 3 b
Röntgenbilder, Vorlagepflicht **810** 3
Rückerstattungsgesetz 123 1d, Übbl 8c vor **1113**, Einl 4d vnr **1922**; Anfechtg der Ausschlag **1954** 1, – v Verfgg von Todes wegen **2078** 5; Beurkundg der Auflassg im RE-Verfahren **925** 4b: Erbausschließg **1938** 1; Erschöpfgseinrede **1990** 5; kein Gutglaubensschutz **892** 2c, Vorb 2d vor **932**; bei Kauf **439** 5; Mangel im Recht **439** 5; Mietkündigg **564** 1, **571** 1c; formlose Testamente **2231** 2b, **2250** 5, **2252** 4; Erbschein **2353** 1d; u Sittenwidrigk **138** 1f ee; Todesvermutg u Erbschein **2356** 1, Staatserbrecht **1936** 2
Rückforderung zuviel erbrachter, öffentl rechtl Leistgen Einf 6 d vor **812**; Leistgen aus Sozialversicherg Einf 6d vor **812**; von Unterhaltsmehrleistgen **1360** b 1; s auch „Rückzahlg"
Rückgabepflicht des Miete s nach Mietbeendigg **556**
Rückgriff des Bürgen **774**, des Dienstherrn, Sozialversicherungsträgers, Versicherers gg Angehörige des Verletzten? Vorb 7c ff vor **249**; Gesamtschuldner **426**; bei unechter (scheinb) Gesamtschuld **421** 2; gg einem vertragl od gesetzl von Haftg freigestellten Gesamtschuldner? **426** 5; des Mitverpfänders **1225** 2 b; Rückgriffshyp **1173** 4; des Staats gg Beamten **839** 14; des VersTräger Vorb 7 b vor **249**, Einf 3 c bb vor **611**, **611** 2 a cc, **618** 3 e; kein R- der Versorgg gewährenden öffentl Verwaltg gg andere Verwaltg **618** 3 e
Rückgriffskondiktion 812 5 B b dd
Rücktritt, Einf vor **346**, **346**; Abwicklgsverhältn Einf 1 vor **346**, **348** 1; Klauseln in AGB über Abwicklg AGBG **10** 7; bei Abzahlungsgeschäften AbzG **1** 6; Ausschluß **327** 1, **350-353**; Beweislast für Erfüllg **358** 1; Dritter Erwerber Einf 1 vor **346**; v Erbvertrag **2293-2297**, Umdeutg **2295** 2; Erbvertrag Übbl 2 vor **2346**; Erfüllg Zug um Zug **348** 1; Erfüllgsort **346** 2; Erklärg **349** 1; Fiktion bei AbzahlgsGesch AbzG **5**; Fixgeschäft **361**; Fristablauf **355**; Fristsetzg **354** 1; ohne Fristsetzg **326** 11; gesetzlicher **327** 1, 2; Haftg **327** 2, **347** 2; Kreditkauf **326** 9, **327** 1; Nutzgsherausgabe **347** 1, 2; gegen Reugeld **359** 1; Rückgewähr Einf 1 vor **346**, **347**, **348**, **354**; R u SchadErs **325** 6; bei Stundg des Kaufpreises **454**; SukzessivliefVertr **327** 1; nach Teilleistg **326** 10; nach Umgestaltg **352** 1; Umstell Einf 2 vor **346**, **346** 2; wegen Unmöglk **325** 6, bei teilweiser Unmöglk **325** 7b, c; bei Unmöglk der Rückgewähr **346** 2, **347** 1; Unwirksamk **354** 2, **357** 2; nach Urteil auf Erfüllg **326** 14a; Verändergen **347**; Verhalten Dr **353** 1; bei VerpflichtVertrag Einf 1 vor **346**; Vertragsauflösg **325** 6, **327** 1, Einf 1 vor **346**, **346** 2; Vertragsrest Einf 1 vor **346**; nicht zu vertretender **327** 2; Verwendgsersatz **347** 1; wegen Verzugs **326** 9; Verzug bei **347** 1; Verzug der Rückgewähr **354** 1, 2; Vorbehalt Einf 2 vor **346**, **346** 1a, **357** 1, 2, **358** 1; formularmäßiger Vorbehalt AGBG **10** 3; bei VertrGDr **334** 1; Wirkungen **346**
Rücktrittsrecht, Entstehg Vorb vor **346**; Erlöschen **355** 1; Erbbaurecht Übbl 4a vor **1012**; Fixgeschäft **360** 2b, **361** 1, 2; gesetzl **327** 1, 2, Einf 2 vor **346**, **347** 3; Gestaltgsrecht Einf 1c vor **346**, **346** 2; Unteilbark **356** 1; bei Verschulden des Berechtigten **351** 1, 2, **354** 1; Verwirkg **242** 9 f; bei Verwirksklausel **360** 1, 2; Vormerkg **883** 2 e aa; vereinbartes R bei Wohnraummiete **570a**
Rückübereignungsverpflichtung bei GrdstVertr **313** 13 a
Rückverkaufsrecht im Eigenhändlervertrag **346** 1a
Rückvermächtnis 2177 4
Rückverweisung auf deutsches Recht EG **27** 1-3, 28; im Eherecht EG **13** 4, **14** 1; bei Ehescheid EG **17** 1; im ErbR EG **24** 2; im Schuldrecht Vorb 2c vor EG **12**; versteckte R EG **27** 1
Rückzahlung zu Unrecht bezahlten Ruhegeldes, Erbenhaftg **1967** 3, **2058** 2
Rückzahlungsklauseln bei Gratifikationen **611** 7e ee
Ruhegehalt Einf 7 vor **611**; Aufrechng gg – **387** 7
Ruhegeld Einf 7 vor **611**
Ruhegeldversprechen 759 2c; keine Schenkg **516** 4d
Ruhen des ArbVerh Vorb 1 vor **620**; der elterl Gewalt **1626** 2, **1673-1679**, **1751**; Fortführg der Geschäfte **1698 a**; Geschäftsbeschränkt **1673**; Geschäftsunfähig **1673** 2; Herausgabe des Vermögens u Rechenschaft **1698**; Meinungsverschiedenheit zw Elternteil u gesetzl Vertreter **1673**; nichtehel Mutter **1705** 2; Übergang der elterl Gewalt auf den anderen Elternteil **1678** 2; Pflegerbestellg **1673** 3; längere Verhinderg **1674** 1; Vertretg **1673** 3; Wirkg **1675**
Ruhestandsverhältnis Einf 7 vor **611**
Ruinengrundstück, Abwehranspr **1004** 2a; Haftg bei Einsturz **836** 3, 8, **838** 1; Straßenreinigspflicht **823** 14 unter „Straßen" b ff
Ruinenhypothek, Übbl 8b vor **1113**, **242** 6 C g hh
Rundfunk, Ausübg hoheitl Gewalt **839** 15; Eingriff in PersönlichkeitsR **823** 15 d; kreditgefährdende Veröffentlichungen **823** 6 g, **824** 6 e; kein Vertragsverhältn zur Post **535** 1 b
Rundfunkstörungen 858 5, **906** 2 c
Rundfunkteilnehmer, Rechtsverhältn **535** 1b
Ruß, Abwehr **906** 2a bb

S

Saarland, Staatsangehörigkeit Vorb 7a vor EG **7**; WohnungseigentumsG Übbl 6 vor WEG **1**
Saatgut 459 4 a bb, **463** 1 c, **477** 1 e, Einf 3 vor **1204**
Sache, Übbl vor **90**, **90**; abhanden gekommene **935** 1a, 4; Aneigng **958-964**; Arten Übbl 3 vor **90**; Bestandteile **93** 2; bewegliche Übbl 3a vor **90**; bewegl, internat PrivR **3** vor EG **13**, EG **28** 4; eingebrachte des Mieters **559** 3, des Gastes **701** 3; Gattgssache **91** 2; gestohlene **935** 2; Hauptsache **470** 1; LastVerteilg **103** 1; Neben-

Magere Zahlen = Erläuterungen   **Schadensersatz wegen Nichterfüllung**

sache 479 1; Nutzgen 100; Sachteil 93 1; Schiff Übbl 3 a vor 90; Urkunde 952 1; Verarbeitg, Vermischg 948–951; verbrauchbare 92 1, 2; verkehrsunfähige Übbl 4 vor 90; verlorene Vorb 1 a vor 965, 935 3; Verlust 255 2; vertretbare 91 1, 3, 4
Sachenrecht, Einl 1 vor 854; interlok PrivR Vorb 2 vor EG 13; internat PrivR Vorb 1–4 vor EG 13; Typenzwang Einl 2b vor 854; unzulässige RAusübg 242 4 D i; Verwirkg 242 9 f; Vorbehaltsklausel EG 30 5
Sachfolgeschaden 249 2b
Sachgesamtheit, Begriff Übbl 3 e vor 90; Kauf 433 1 b cc, Vorb 3 e vor 459; Pfandrecht 1204 2 b
Sachinbegriff, Nießbrauch 1035 1; Verpfändg 1204 2b; Vermächtnis 2155 2; s a Sachgesamtheit
Sachmangel 459; arglist Verschweigen 463 3; s a Sachmängelhaftg; Vorbehalt der Rechte bei der Annahme 464 1; Zeitpunkt, maßgebender 459 6
Sachmängelhaftung, Ausschluß Vorb 3 vor 459; Ausschluß dch AGB AGBG 11 10; Beweislast 459 8, 460 5; Grdlage 459 1; beim Gattgsvermächtn 2183; keine – beim ErbschKauf 2376 2; SchadErs 463 1–5; Verhältn z arglistigen Täuschg 123 1, Vorb 2d vor 459, z Irrtum 119 4 d, Vorb 2e vor 459
Sachnorm, IPR Vorb 8, 11 vor EG 7, EG 22 2; selbstbegrenzte S Vorb 5 vor EG 7, EG 17 2 b
Sachpflege für Sammelvermögen 1914 1
Sachschäden, Haftg der Eisenbahn u Straßenbahn 906 1c, EG 105 1
Sachvermächtnis 2183 2
Sachverständige, gerichtl, Haftg 276 4c, 839 8 d; Haftg öffentl bestellter ggü Dritten Einf 5 vor 631; des TÜV 839 15
Sachverständigengutachten bei Prüfg der Testierfähigk 2229 7
Sachwalter im Vergleich 675 3a
Sättigungsgrenze bei Unterhaltsansprüchen von geschiedenen Ehegatten 1578 2; von Kindern 1610 2
Saldoanerkenntnis 781 2c; als Aufrechnungsvertrag 387 2; Rückfordrg 812 2b; als Umschaffg 305 4
Saldotheorie 818 6 D b
Sammelbestand von Wertpapieren, Übereigng 931 3b
Sammelgarage WEG 3 1 b
Sammellagerung 948 2
Sammelvermögen 1914 2; Vorb vor 80, Einf 7 A vor 929
Samstag, s unter „Sonnabend"
Sanierungsvermerk Übbl 8 vor 873
Satzung, Änderg des rechtsfäl Vereins 33, 71; autonome, Rechtsnorm EG 2 1c; nicht rechtsfg Verein 54 1, 2; des Vereins 25, s a dort; Nichtigk der Satzg 25 3 a
Sauna, VerkSichergsPfl 823 14
S-Bahnbau, EntschädiggsPflicht 903 5 H c aa
Schaden Vorbem 2 vor 249; Aufwendungen Vorb 5 d aa vor 249, fehlgeschlagene Aufwendgen Vorb 2 b cc vor 249; Begriff Vorb 2 vor 249; Belastg mit Verbindlichk Vorb 2 c vor 249; Berechng Vorb 4 vor 249, bei Unmöglichk 325 4, 5; Beweisfragen Vorb 8 vor 249; Differenzhypothese und ihre Fortbildg dch die Rspr Vorb 2 b vor 249; Einzelfälle 249 3 b; einer GmbH Vorb 5 a vor 249; entgangene Gebrauchsvorteile Vorb 2b bb vor 249; entgangener Gewinn 252; gesetzlicher 288 1, 290 2; ideeller Vorb 2a vor 249, 253 1–5; Kosten der Kontrollorganisation Vorb 2c cc vor 249; Ladendiebstahl 249 3b; merkantiler Minderwert 251 4 b aa; mittelbarer Vorb 2f vor 249; normativer Schadensbegriff Vorb 2c vor 249; nicht vorhersehbarer 276 2; objektiver Schadenskern Vorb 2e vor 249; Rentenneurose Vorb 5d cc vor 249; unmittelbarer Vorb 2f vor 249; Vorhaltekosten Vorb 2c cc vor 249; Vorteilsausgleich Vorb 7 vor 249; Ztpkt der Bemessg Vorb 9 vor 249; ZurückbehaltgsRecht 273 6; vgl auch Kraftfahrzeugschaden
Schadensersatz, Vorb 2 vor 249; Abtretg der Anspr der Geschädigten 255; bei AmtspflVerletzg 839; Anspr, Inh u Umfang 823 12a; Anspruch auf Geld 249 2, 250, 251; arglist Täuschg 826 5b; arglist Verschweigen von Sachmängeln 463 3; Auskunft 259–261 2, 823 12h, 826 5c; Berechng, konkret u abstrakt Vorb 4 vor 249, 823 10 a, bei Anfechtg wegen Irrtums 122 2; Besitzerlangg durch unerlaubte Handlg Vorb 3 c vor 987, 992 1, 2; Besitzverletzg 861 7 b; bezugsbeschränkte Waren 251 1; neben Buße 823 12 d, 830 4, 840 2; Ehegatten 1359 1; Ehebrecher Einf 2c vor 1353; ehrkränkende Äußerg 823 12g; entgangener Gewinn 252 3; Erfüllungsinteresse 122 3; Ersatzgsbefugnis des Schuldners 251 2; Erwerbsaussicht 826 5a; Fehlen zugesicherter Eigenschaft 463 1,2; für gebrauchte Sachen 251 4; Geldentschädigg 249 3b; Geldersatz nach Fristsetzg 250 1, 2; Geldrente 843 1, 2, 4, 844 6; bei Insolvenzers 469 3; Höhe Einf 5 vor 823; bei außerordentl Kündigg des Dienstvertrags 626 1f, 628 3; Kreditgefährdg 824 7; NachlKonk Antragspfl, Verletzg 1980 4; Nachteile für Erwerb u Fortkommen 842 2; Namensrechtsverletzg 12 5; Naturalherstellg Vorb 3 vor 249, 249 1, 3; negatives Interesse Vorb 2 g vor 249; wegen Nichterfüllg Vorb 2 g vor 249, s a Schadensersatz w Nichterfüllg; Nichtvermögensschäden Vorb 2a vor 249, 826 5a, 847 3; pauschalierter 276 5 A b, AGBG 11 5, Vorb 2f vor 339; positives Interesse Vorb 2g vor 249; Schmerzensgeld 847; Selbsthilfe vermeintl 231 1; Stichtag 286 3; Täuschg 123 1; Totalreparation Vorb 3 vor 249; Umfang bei unerl Handl 823 12a, 826 5a, 842 1, bei Irrtumsanfecht 122 1, 3; aus unerl Handlg 823 ff; Unmöglichk d Herausgabe 989 1, 2; ursächl Zusammenhang Vorb 5 vor 249, Einf 6 vor 823; auch 839 10a; Unterlassg 826 5d; UnterlassKlage Einf 8 vor 823, 826 5d, vorbeugende Einf 8b vor 823, auf Wiederherstellg Einf 8c vor 823; unzulässige RAusübg 242 4 D j; Veräußergsverbot, rgeschäftl 137 2; Vererblichk der –pflicht 1922 3a ee; Verschlechterung der herauszugebenden Sache 989 2; Verschulden, eigenes 254 5; Verschulden bei Vertragsschluß s dort; VertrSchluß, arglist Verleitg 823 12f; Vertragsuntreue 326 4; bei vertragswidrigem Gebrauch dch Mieter 548 2; Vertrauensschaden Vorb 3 g vor 249; bei Anfechtg weg Irrtums 122 3; Verwirkg 242 9f; Verzinsg 849 1; Vorteilsausgleich Vorb 7 vor 249; 823 12c; Zeitpunkt, maßgebender Vorb 9 vor 249, 463 4, 823 12e, 839 10b; Zurücknahme des Verlangens auf vorzeit Erbausgleich im Prozeß 1934d 6 b
Schadensersatz wegen Nichterfüllung 283 1, 2, 325 3; arglist Verschweig von Mängeln 463 3, 4a, 524 3; Berechng 325 4, 5, 326 8, 463 4; BewLast 463 5; Deckgskauf 325 5a; Deckgsverkauf 325 5b; einredeweise Geltdmachg 326 2a; entgangener Gewinn 325 4; ErfüllVerweigerg 326 5b; Fehlen zugesicherter

Schadensfreiheitsrabatt   Fette Zahlen = §§

Eigenschaft **463** 1, 3 a, 4; Fristsetzg **250** 1, **283** 3 b, **326** 2 e, 5; ohne Fristsetzg **326** 11; ggs Vertrag **283** 4, **325**, **326** namentl 8; Interessewegfall **286** 3; Kaufpreis als Mindestschaden **325** 5 a; Mieter **538**; pauschalierter – Vorb 2f vor **339**; Selbsthilfeverkauf **325** 5 b; Stichtag **325** 4, **326** 8; bei teilw Unmöglk **325** 7 c; bei Unmöglk **280** 4, **325**; Verjährg **195** 2, **198** 2; Vertragsstrafe **340** 3, **341** 1; nach Verurteilg zur Erfüllg **283** 1 b, 2, 3; neb VerzögergsSchad **326** 8; Werkvertr **633** 2 A b, dd, **635**
Schadensfreiheitsrabatt Verlust des als Schaden **249** 3 b; Herausgabe bei Ehescheid Einf 2 b vor **1353**
Schadensgeneigte Arbeit 276 5 d, **611** 14 b
Schadensliquidation des Drittinteresses Vorb 6 b vor **249**, **839** 10 e
Schadensminderungspflicht 254 3 b
Schadensvorsorge Vorb 2 c vor **249**
Schankwirt, Haftg **701** 1
Schatz 984; Recht des Nießbr **1040** 1
Schauspieler, Verjährg der Anspr **196** 8
Scheck 270 1 c, 2 c, Einf 2 b vor **783**; Annahme **784** 1 c, Bedeutg d Annahme **364** 4 b; Einziehg **675** 3 b; Inkassoauftrag **675** 3 b; IPR Vorb 6 s vor EG 12; Kauf **437** 3 c; Pfandindossement **1292** 1 b, c; Postscheck s dort; Scheckhingabe als unerl Handlg **826** 8 t; Übertragg **792** 1; Widerruf **134** 3 a, **665** 2, **790** 1; **812** 5 B b cc; keine Zahlg **799** 1
Scheckkarte 164 1 a, Einf 3 c vor **765**
Scheidung von Tisch u Bett EG 17 2 b bb
Scheidungsantrag s Ehescheid
Scheidungsrecht, Feststellg nach d Tode des Berechtigten **1931** 2 c
Scheinbestandteil s Bestandteil
Scheingeschäft 117; Ausschluß bei Abtretg unter Urkundenvorlegg **405**; fiduz Geschäft Übbl 3 g vor **104**, **117** 1; Nichtigk **117** 2; bei Test **2077** 1 A d; bei Erbvertr **2279** 1
Scheinvollmacht, Einf 2 vor **164**, **173** 4
Schenkung 516 ff; Abgrenzg zum DienstVertr Einf 2 g vor **611**; Ablehng bei Gütergem **1432** 5, **1455**; Angebot **516** 6; Anstandspflicht **534** 1, 3; Arglist des Schenkers **523** 1, **524** 2; unter Auflage **525**–**527**; Ausschlagg von Erbschaft oder Vermächtnis **517** 2; Ausstattg **516** 4 f; belohnende **516** 4; Berechng des Anfangsvermögens bei Zugewinngem **1374** 3 c, des Endvermögens **1375** 3 a; Beweislast **516** 8; unter Ehegatten **516** 4 f; eines Eheg aus Gesamtgut **1425** 2; durch Eltern aus Kindesvermögen **1641**, bei Erbvertr **2287**; Form **518**; des ganzen Vermögens **516** 8; gemischte **516** 7, **525** 2 d, **2325** 2; aus Gesamtgut der Gütergemsch **1425** 2; grober Undank **530**–**533**; Haftg des Schenkers **521**–**524**; Handschenkg **516** 1 b, **518** 1 a, 2 b; Herausgabe des Geschenks **528** 3, **531** 2; Hochzeitsgeschenke **516** 4 f; an Kinder, Verwaltg dch Eltern **1639**; Lastenausgleich Einf 2 vor **516**; Minderjährige **110** 4; Notbedarfseinrede **519**; an Ordensangehörige EG 87; Pacht u – Einf 1 B g vor **581**; Pflichtteilsergänzung **2325**; einer Rente **520** 1; Rechtsmängel **523** 1, 2; Rückfdg wegen Bedürftigk **528** 1–3; RückfdgsRecht, Ausschluß **527** 3, **529** 1; Ruhegeldversprechen **516** 4 d; Schuldversprechen od -anerkenntnis **518** 3; sittl Pflicht **534** 1, 2; Sparkassenguthaben **518** 5 a a, **2301** 3 a; des TestVollstr **2205** 3; von Todes wegen **518** 1 a, **2301** 1–4; Vermögenserwerb Unterlassen **517**; Verschaffg des Schenkgggstands **523** 2, **524** 1, 3; Verschleierte **516** 7 d; Vertr zG Dr **516** 1; Verzeihg **532** 1, 2a; Verzug **521** 2; Verzugszinsen **522** 1; Vollziehg **518** 5 a, durch Vorerben **2113** 2; durch Vormund **1804**; Wegfall der GeschGrdlage **242** 6 D g; Widerruf **530**–**533**; zinsloses Darlehen **516** 4 h; Zuwendg **516** 2
Schenkungsversprechen, Annahme **518** 2; Begriff **518** 2 a; eines Eheg bei Gütergemsch **1425** 3; Form **516** 7 b, **518** 1, 4; Haftg des Schenkers bei arglist Verschweigen von Fehlern **524** 3; Heilg durch Vollziehg **518** 5; mehrere **519** 3; Notbedarf **519** 1, 2; auf den Todesfall **2301**
Scherz, Begriff **116** 1; – Testament **2077** 1 A d
Schickschulden 269 3; Annahmeverzug **243** 3, **300** 3 c; Geld **270**
Schiedsabreden in Vereinssatzgen **25** 4 d
Schiedsgericht bei Streitigk von Vereinsmitgl **25** 4 d; Verjährg der vor – gehörenden Anspr **220**
Schiedsgutachten, Unbilligk, Unrichtigk **319** 2
Schiedsgutachter 317 2 b; Vertrag **675** 3 a, **839** 8 a
Schiedsmann, Amtspflichtverletzg **839** 2 A a, 15
Schiedsrichter, bei Erbauseinandersetzung **2042** 1; bei Vereinen **25** 4 d; Haftg **276** 4 c; Vertrag des – **305** 5 a, Einf 2 a vor **611**, **675** 3 a; IPR Vorb 6 v vor EG **12**; Kündigg **627** 1; bei letztwilligen Verfügen **1937** 1, **2065** 2, **2074** 2 b, **2085** 4 e; Test-Vollstr als – Einf 2 vor **2197**
Schiedsvertrag, Anfechtg **119** 1 c; Begriff **317** 2 a; und Hauptvertrag **139** 2 a; IPR Vorb 6 v vor EG 12; Rechtsverstöße **134** 3 a; in Wohngseigentumssachen WEG 43 2
Schiff, Arten Einf 5 vor **1204**; Dienstleistgg auf Schiffen Vorb 6 d vor EG 12; Eigentumserwerb **929 a**; Entschädigg bei Enteigng EG **53 a**; gutgläubiger Erwerb **932 a**; Nießbrauch **1032** 1; PfandR Einf 5 vor **1204**; Rechtsverhältnisse Vorb vor **929 a**; Untergang SchadensersPfl Vorb 5 e aa vor **249**; Verfügg bei Gütergemeinsch **1424**; Zusammenstoß in ausl Gewässern Anh I z EG 12 1
Schiffsbankgesetz Übbl 2 B d bb vor **1113**
Schiffsbauwerk Vorb 1 b bb vor **929 a**; Verfügg bei Gütergemeinsch **1424**
Schiffsbesatzung Einf 4 b ee vor **611**
Schiffsgläubigerrechte, IPR Vorb 2 vor EG 13
Schiffshypothek Einf 5 vor **1204**
Schiffsliegestellen, Haftg für ordnungsgemäßen Zustand **823** 14
Schiffspart Vorb 2 b cc vor **929 a**
Schiffspfandbriefe, Einf 5 e vor **793**, Übbl 2 B d bb vor **1113**
Schiffsregister, Vorb 1 a cc, 2 vor **929 a**; Berichtigg bei Gütergemeinsch **1416**
Schiffsurkunden Vorb 3 vor **929 a**
Schiffszusammenstoß, intern PrR EG 12 2, EG 12 Anh I 1
Schikane 226
Schleichwerbung bei Fernsehübertragung **812** 5 Ba
Schleppvertrag Einf 5 vor **631**
Schlüssel (bei Miete) **535** 2 a bb, **564** 1
Schlüsselgewalt (Geschäfte zur Deckg des Lebensbedarfs) **1357**; ärztl Behandlg der Ehefrau **677** 2 e; Ausschließg **1357** 4; Beschränkg **1357** 4; Abwehrmittel gg Ausschließg u Beschränkg **1357** 4 b; häusl Wirkgskreis **1357** 2 b; Haushaltsgeschäfte **1357** 3 b; Hauspersonal, Anstellg **1357** 2 b; internat PrivR EG 14 4 d; Rechenschaftspfl **1357** 3 a; Befugnis zum Abschluß von Teilzahlgs-Geschäften **1357** 2 b aa; Überschreitg **1357** 2 b; Umfang **1357** 2; Voraussetzungen **1357** 2; Wirkg **1357** 3; WirtschGeld **1357** 2 b
Schlüsselübergabe, Besitzerwerb **854** 3
Schlußerbe beim ErbVertr **2289** 1 b aa; beim gemsch Testament **2269** 2

Magere Zahlen = Erläuterungen **Schuldübernahme**

Schlußrechnung bei NachlPflegsch 1960 5e; des Vormunds 1890–1892; beim Werkvertrag 632 2
Schlußtermin für Abbau der Wohnzwangswirtschaft Einf 12 vor 535
Schlußzahlung beim Werkvertrag 641 3
Schmerzensgeld 847; Geldschuld 288 1; mitwirkend Verschulden 254 4 c cc, 847 1 c; bei VerkDelikten 847 1 b; bei Verletzg des Persönlichkeitsrechts 823 15 f; vertragl Anerkenng 847 5 b; Verletzg des Urheberrechts 687 2 c, 847 1; Vererblichk 847 5; Verzinsg 290 1, 291 1
Schmiergeld im Arbeitsverh 611 4d aa; Herausgabe an Auftraggeber 667 3a; bei Geschäftsführg oA 687 2 a; und Schadensersatzpflicht Vorb 8 a cc vor 249; Sittenwidrigk 138 5 p, 826 8p; Verstoß gg UWG 134 3 a
Schmuck der Ehefrau, Eigentum 1362 3
Schmuggel, Vertrag 138 5p
Schneeballsystem 762 1; Kundenwerbg 138 5p
Schockschäden Vorb 5 c dd vor 249
Schönheitsreparaturen 536 4 c
Schornsteinfeger, Haftg 276 4 d; Vertrag Einf 5 vor 631, 839 15
Schoßfall, Begriff 1925 2, 1926 2
Schrankfachvertrag Einf 2 vor 688; Besitz 866 1; Verpfänd 1205 5, 1206 2
Schriftform, AbzahlgsGesch AbzG 1a 3; Blankounterschr 126 3b; Briefwechsel 127 2; Ersatz der Unterschr 126 6; gesetzl 126 1; bei Kündigg von Wohnraum 542 3; 564a; bei Mietvertrag 566; Telegramm 127 2; Unterschr, eigenhändige 126 4, bei Testamenten 2247 2c, Einf 4 vor BeurkG 27; vereinbarte 127 1, 2; Vereinbarg dch AGB - Klausel AGBG 5 2b; Vorbehalt für Ändg eines OHG-Vertr 125 2a; s auch unter „Form"
Schriftsachverständiger, Feststell der Eigenhändigkeit des Testaments 2247 4
Schriftstück, Verweigerg der Annahme 130 2; Zugehen 130 2
Schülerlotse 839 15
Schulbaulast EG 132 1
Schulbesuch des Kindes, Bestimmg dch Eltern 1631 6
Schule, Haftg für Schäden 276 8, 839 15 (Schulen)
Schuld, Anerkenntn des Erlöschens 371 2; Begriff Einl 3 vor 241; geteilte 420 1; u Haftg Einl 3 vor 241; Häufg Übbl 5 a vor 420; Verteilg der Leistg auf mehrere Schulden 366, 367
Schuldanerkenntnis 781; Abrechng 782 2; Beweislast 782 5; deklaratorische Wirkg 781 2a; Einreden u Einwendgen 782 1; Form 781 3; Formfreiheit 782 1; über Grd des Anspr 781 2a; konstitutive Wirkg 781 2b; negatives 397 6; prozessuales Einf 3 vor 780, 781 2a; Rückforderg 812 2b; Saldoanerk 781 2c; intern PrivatR Vorb 6p vor EG 12; Schuldbestätiggsvertr Einf 3 vor 780, 781 2a, b, c; durch Umdeutg 781 3; ungerechtf Bereicherg Einf 2 vor 780, 812 2b; vergl 782 4
Schuldausspruch bei Ehescheidg nach ausländR EG 17 5; keine Berücksichtigg bei Übertragg der elterl Gewalt 1671 4
Schuldbefreiung, s unter Befreiungsanspruch
Schuldbeitritt Übbl 2 vor 414, Einf 3b vor 765, 766 3
Schuldbücher 236 1, 1815 1b, 2117, 2118, EG 97 2
Schuldenregelungsgesetz Übbl 12 a vor 873
Schuldenregelungshypothek Übbl 12a vor 873
Schuldfeststellung nach ausländ ScheidgsUrteil EG 17 2 b, 5

Schuldner, Haftg 276 1–10; Zahlgsunfgk 438 3; Mehrheit, Verpflichtgsbeteiligg Übbl 2 vor 414
Schuldnerverzug 284 ff, bei gegenseitigem Vertrag 326; Androhg der Leistgsablehng 326 5b; Androhg des Rücktritts 326 5b, 7b; Begriff 284 1, 285 1; Erfüllgsanspruch neben Anspruch auf Verzögersschaden 326 2b; Einrede d nichterf Vertrages 326 2a; Fristsetzg 326 2 zu c und d, 5a bb; Haftgserweiterg 287 1, 2; HaftgsBeschränkg dch AGB AGBG 11 8; Heilg 326 1; Interessewegfall 326 11; Leistgsablehng 326 2e; Mahng 284 3, 326 5a bb; Nachfrist, fruchtloser Ablauf 326 7; im öffentl Recht 284 1 b; Rücktritt 326 2 d, 7 b, 9; Nachfristsetzg mit Erkl der Ablehng 326 5; SchadErsatz wegen Nichterfüll 326 2 c, 7 b; Umstellg 286 2 b; neben verschärfter BereichergsHaftg 818 7 d, 819 4 b, 820 3 b; Vertragsreue des Gläubigers 326 4, 5a bb
Schuldprinzip im ScheidungsR Einf 4 vor 1353, Einf 2 vor 1564
Schuldrechtlicher Versorgungsausgleich: Abfindg künft AusglAnspr 1587l 1; AbfindgsAnspr 1587l 2; abschließde Aufzählg 1587f 1, 2; Abtretg von VersorgsAnspr 1587i 1; Anrechng der Abfindg 1587n 1; AntrErfordern 1587f 1; Anwendbark von UnterhAnsprVorschr 1587k 2; Aufhebg u Änderg rechtskr Entscheidgen 1587l 1; AusglRente 1587g 2; AuskAnspr 1587k 2; Ausschluß der Barabfindg 1587l 4; Ausschluß v ÜbertraggsBeschränkgen 1587i 2; Bewertgs-Stichtag 1587g 2; Entstehg der AbfindgsPfl 1587g 2; Fällig 1587g 2; fehlende Bedürftigk 1587h 2; Form der Abfindg 1587l 4; Geltendmachg des AbtretgsAnspr 1587i 2; Höhe der Abfindg 1587l 3, der Geldrente 1587g 2; Nachteile 1587f 1; nachträgl Wertänderg des VersorgsAnwartsch 1587g 1, 2; Pfändg des RentenAnspr 1587i 1; Ratenzahlg der Abfindg 1587l 4; Rechtshängigk des AusglAnspr 1587k 2; Rechtsnatur 1587g 1; Rückfall abgetretener Anspr 1587k 3; Schadensers wg Nichterfüll 1587k 2, 3; SchadensersAnspr 1587m 2; Tatbestände 1587f 2; Tod des Berechtigten 1587k 2, 3, 1587 m 1; Tod des Verpflichteten 1587k 3, 1587m 1; unbillige Härte 1587h 2; UnterhAnspr 1587n 1; Unzulänglichk 1587f 1; Urteilstenor 1587g 3; Vereinbarg 1587o 3; Verfahren 1587g 3; Verh zum UnterhAnspr 1587g 1; Verhinderg der Entstehg eigener VersorggsAnspr dch den Berechtigten 1587h 3; Verlust des AusglAnspr 1587h 1; Verzug 1587k; Voraussetzungen 1587f 1; Wiederheirat 1587h 2, 1587 k 2, 3; Zahlg einer Geldrente 1587g 2; ZahlgsWeise 1587k 2; Zeitwert der VersorgsTitel 1587l 3; Ziel 1587l 1; Zweckbindg der Abfindg 1587l 4
Schuldschein, Begriff 952 2; über Darlehen 607 4; Eigentum 1 1, 952; Rückgabeanspr 371 1, 2
Schuldstatut im IPR Vorb 4 vor EG 12
Schuldübernahme, allg Übbl vor 414; Abstraktheit 417 3; Anfechtung 143 4a; befreiende Übbl 1 vor 414, 414 1; Einwendungen des Übern 417 1 b, 3; Erfüllungsübern Übbl 3 vor 414; Erlöschen der Nebenrechte 418 1; Form 313 4b, Übbl 1, 2 vor 414, 414 1, 415 1; Genehmigg des Gläub 415 3; bei GrdstVeräußerg 313 1, Hyp 416 1, 419 4a; internat PrivR Vorb 5d vor EG 12; kumulative Übbl 2 a vor 414; Lastenausgleich 415 1; Mitteilg an Gläub 415 2, 416 2; Stellg des Übern gegenüber Gläub 417; Verjährg 1587 2 a vor 414; Vermögensübernahme 419 2; Verpflichtungsvertrag Übbl 1 vor 414, 414 1; Vertrag zwischen Gläub u Schuldner Übbl 1 vor 414, 414

2447

Schuldumschaffung   Fette Zahlen = §§

1; Vertrag zwischen Schuldner u Übernehmer Übbl 1 vor **414**, **415** 1; Vorzugsrecht **418** 1
Schuldumschaffung, Annahme an Erfüllgs Statt **364** 2b, 3; Begriff **305** 2, 4; bei Darlehen **607** 2b, c; bei Schuldversprechen Einf 1d vor **780**, **780** 5d bb
Schuldverhältnis, Abänderungsvertrag **305** 2; AnwendgsBereich Einl 6 vor **241**; Arten Einf 1-6 vor **305**, Übbl 1, 2 vor **443**; Aufhebg **305** 3; Ausgestaltg Einf 1 vor **241**; Begriff Einl 1 vor **241**; Begründg dch Vertrag Einf vor **305**, **305** 1; Entstehg Einl 1 c vor **241**, Einf 2-6 vor **305**; Dauerschuldverh Einl 5 vor **241**; Erlöschen Übbl vor **362**, **362** 1, **364** 1-3; Inhalt Einl 1 e vor **241**; Inhaltsänderg bei Unmöglichk Vorb 1 e vor **275**; internat PrivR Vorb 1-5 vor EG **12**; Kontrahierungszwang Einf 3a vor **145**, Einl 1 d vor **241**; Kriegseinwirkgen Einl 7 vor **241**; ex lege **242** 5; öffentl Recht Einl 6 b vor **241**; Rechtsbindg Einl 2 vor **241**; Typen Übbl 1 vor **433**; Übergangsvorschr EG **170** 1-4; Übersicht Übbl vor **241**; Währgsref Einl 7b vor **241**
Schuldvermächtnis, Inhalt **2173** 5
Schuldverschreibungen der Bundesrepublik Einf 5d vor **793**; auf den Inhaber, s Inhaberschuldverschreibg; Orderschuldverschreibgen **808a**
Schuldversprechen 780; Abgabe erfüllshalber Einf 1d vor **780**; auf Grund Abrechng **780** 3c, **782** 2; Begründg, selbständ **780** 2; Beweiserleichterg Einf 1a vor **780**, **780** 1; Beweislast Einf 2 vor **780**, **780** 6, **782** 5; zG eines Dr **780** 2b; Einredewirkg **780** 5d, **782** 4; Einwendgen **780** 5, **782** 4; an Erfüll Statt **780** 4a; ErfüllÜbernahme **780** 1; Form **780** 3, **782** 1; mehrere Schuldner Einf 1c vor **780**; mündl Nebenabreden **780** 3; Rückforderg **812** 2b; Selbständk, Grdsatz Einf 2 vor **780**, Ausnahmen **780** 5 b; durch Umdeutg **780** 2 c; Umschaffg Einf 1d vor **780**, **780** 5d bb; Vergleich **782** 3
Schußwaffengebrauch bei Notwehr **227** 1b, 5
Schutzbereich der verletzten Norm Vorb 5c vor **249**, **254** 3a cc, **823** 12a
Schutzbereichsgesetz 903 5 Bc; Einl 3a vor NTS **I**
Schutzforst EG **59** 1
Schutzgesetz, Begriff **823** 9
Schutzland, Anknüpfg an das Recht des – EG **12** 2
Schutzpflichten 242 4 B b; Verletzg **276** 6 b dd; durch ErfGeh **278** 4 b
Schutzrechte, gewerbl als Zubehör **314** 1
Schutzwirkung, Verträge mit – zugunsten Dritter **328** 2 b, Einzelfälle **328** 3a
Schutzzwecklehre beim SchadensersR Vorb 5 c vor **249**
Schwachsinn 6 2; **104** 3
Schwägerschaft, Begriff EheG **4** 3, **1590** 2; Begriff, Anwendbark auf frühere Reichsges EG **33** 1-3; Ehenichtigk EheG **21** 1, 2; Eheverbot, trennendes EheG **4**; Befreig durch VormschG EheG **4** 6; Geltgsgebiet Übbl 4 vor **1589**
Schwangerschaft, der nichtehel Mutter, Verpflichtgen des Vaters **1615k**, **1615l**; Verschweigen bei Arbeitsvertragsabschluß **123** 2c
Schwangerschaftsabbruch, Fortzahlg der Vergütg **616** 2, 4; als EhezerrüttgsUrs **1565** 3; Zustimmg des and Eheg **1353** 2b aa
Schwarzarbeit 134 3a, **252** 2, **254** 3 a dd, **276** 5 C, **611** 2, **631** 1b
Schwarzbau Übbl 2d bb vor **903**
Schwarzfahrt, Haftg **823** 14 unter Kraftverkehr d; Haftg f Gehilfen **831** 2 C i; mit Dienstwagen **839** 2c cc

Schwarzkauf 117 3, **138** 5 s, **313** 8d
Schwarzmarktgeschäft 817 3 c aa, **823** 14; s a Preisüberwachg
Schwebende Unwirksamkeit Übbl 4c vor **104**
Schweigen, Auslegg **133** 5; auf Bestätiggsschreiben **148** 2; intern PrivatR Vorb 4 b vor EG **12**; Klauseln in AGB, die – als Willenserklärg fingieren AGBG **10** 5; als WillErklärg Einf 3 vor **116**; und Willensmängel Einf 3c cc vor **116**; als Zustimmung bei AGB AGBG **2** 4, 6
Schweigepflicht des Arztes, Haftg wg Verletzg dch Hilfspersonen **278** 6a
Schweizer Goldhypotheken 1113 6
Schwengelrecht EG **124** 3
Schwerbehinderter Einf 8f vor **611**; Beschäftiggspflicht **611** 10; Kündiggsschutz Vorb 3b vor **620**, **626** 2e
Schwerbeschädigte s „Schwerbehinderter"
Schwerwiegende Zweifel an der Vaterschaft **1600** o 2b
Schwimmbad, Miete Einf 3 b vor **535**
Seeleute Einf 4b ee vor **611**, **617** 3; Kündigg **622** 1 b, **626** 1 b
Seeschiff, nicht eingetragene **929a**
Seetestament 2251
Sektionsklausel 1968 2c
Selbstaufopferung 677 2 b, **904** 3 b
Selbstbehalt, Begriff **1603** 1; bei Unterhalt unter getrennt lebden Eheg **1361** 2 b cc; nach Scheidg **1581** 2, **1582** 5; gegenüber Kindern **1603** 2 b, 3, 4; im Rahmen der Unterhaltssätze **1610** 1
Selbstbelieferungsklausel 157 5c; **433** 8 A b, AGBG **10** 3 a aa
Selbsthilfe 229; Besitz **859**, mittelbarer **869** 2; Besitzdiener **860** 1, 2; Eigenmacht, verb **859** 1; Grenzen **230** 1-3; Überschreitg **823** 7 B e; vermeintliche, Schadensersatz **231** 1; des Vermieters **561**; vertragl Erweiterg **229** 5
Selbsthilfeverkauf 383, **384**
Selbstkontrahieren 181; entspr Anwendg, Einschränkg **107** 1, **181** 2c; bei Gesellschaftsbeschlüssen, -verträgen **181** 1; IPR Vorb 5a vor EG **12**; des NachlPflegers **1950** 5 C c; bei Schenkg von Todeswegen **2301** 3 b; Sittenwidrigk **138** 5 t; des TestVollstr Einf 1 vor **2197**, **2205** 2; bei Vertretg des Kindes **1629** 4, **1795** 1
Sequestration Einf 3a vor **688**
Serologische Begutachtung bei Vaterschaftsfeststellg Einf 3 b vor **1591**, **1591** 4, **1600** o 2
Sexualkundeunterricht Einf 5a vor **1626**
Sicherheitsgurt, Nichtverwendg als Mitverschulden **254** 3a ee
Sicherheitsleistung zur Abwendg des ZbRechts **273** 7; für Amtsführg EG **90**, **91**; Austauschrecht **235** 1; bewegl Sachen **237** 1; Buchforderungen **236** 1; durch Bürgen **239** 1; Ergänzgspflicht **240** 1; geeignete Wertpapiere **234** 1; Gefährdg des KindVermög **1668** 1; Hinterlegg **233** 1; Höhe Übbl 3 vor **232**; Hypotheken, Grund- u Rentenschulden **238** 1; des Mieters **562**, **572**; Mittel **232** 1; NachlVerwalter **1986** 2; Nießbraucher **1051** 1, wegen Unterh scheid Eheg **1585a**; UnterhVertr **1585c** 2g; Verpflichtg Übbl 2 vor **232**; Vorerbe **2128** 1, **1389**, **1390** 5; Zweck **232** 1; für ZugewinnausglFdg **1382**, **1389**, **1390** 5; Zweck **232** 1; Vormund **1844**; für ZugewinnausglFdg **1382**, **1389**, **1390** 5; Zweck **232** 1 vor **232**
Sicherungsabrede, GeschGrdlage **242** 6 D g
Sicherungsabtretung 398 6, auch Einf 3 vor **164**
Sicherungsgrundschuld 1191 3

Sicherungshypothek, Übbl 2 B b vor **1113, 1184**; Abhängigk von Fdg **1184** 2; Abweichen von Verkehrshyp **1185** 1, 2; Arresthyp, Umwandlg in Zwangshyp **1186** 1; f Bauwerkunternehmer **648**; Beweislast für Entstehen u Bestehen der Fdg **1184** 3; Buchhyp **1185** 1; Entstehen **1184** 4; kraft Gesetzes **1287** 2; Fdgsauswechslg **1184** 2; Grundbuchvertreter **1189**; Höchstbetragshyp **1190**; für öffr Körperschaften EG **91** 1; Umwandlg **1186**; s a WertpapHyp
Sicherungsnießbrauch 1030 3 b
Sicherungsübereignung, Einf 3 vor **164**, Einf 7 A, B vor **929, 930** 4, auch **662** 6a, **1205** 2b; abstraktes Konstitut **930** 4a bb; Anfechtbarkeit **930** 4e; – u Bürgschaft **776** 2; Befriedigung des Sicherungsnehmers **930** 4d; Eigen- oder Fremdbesitz **868** 2c bb, **872** 1; Eigentumsvermutg **1006** 3; Eigentumsvorbehalt **455** 1 2; gutgläubiger EigtErwerb Vorb 1d vor **932**; bei Kapitalanlagegesellschaft **930** 4g; Knebelgsvertrag **138** 5 k; Kraftfahrzeuge **930** 4f; mittelbarer Besitz **868** 2c bb; als Nebenrecht gem § 401 **401** 1c; Rückgabeverpfl des SichNehmers **930** 4d; Schutz gg Gläubigerzugriff Einl 7 B b, c vor **929**; Sittenverstoß **138** 5q, **930** 4e; Täuschg von Gläubigern **138** 5 i; Treuhandverhältnis Einf 3 vor **164**; s auch „Treuhandseigentum"; Umdeutg nichtigen Pfandrechts **1205** 1 b; Vermögen, ganzes **930** 4 e; Verwertgsrecht **930** 4 d; vorweggenommenes Konstitut **930** 4 a aa; Warenlager Übbl 3 e vor **90, 138** 5 a, **930** 4
Sicherungsvereinbarung bei Sichergsübereignmg **929** 4 a cc
Siedlervertrag 675 3 c
Siedlung, vgl Bodenreform, ReichssiedlgsG; VorkRecht Vorb 1d vor **504**, Übbl 3a vor **1094**
Sielrecht EG **66**
Sittenverstoß 138 1–3, 5, **826** 2; Abrede über Unterhalt nach der Scheidg **138** 5d; Ansprüche des geschädigten Dritten **138** 3c; Arglisteinrede, allg **826** 6, 8a; Arglist bei Vertragsschluß **826** 8b; Auskünfte, unwahre **826** 8c; Ausschluß dch Sondergesetze **826** 7 B; Begriff **138** 1b; BereichergsAnspr **817**; Berufg auf eigenen **138** 1g; Boykott **826** 8 u cc; bei dingl Geschäften Einl 5a cc vor **854**; Direktverkäufe **826** 8 u hh; derwörtl Bindg **138** 5e; Einzelfälle **138** 5, **826** 8; Ersatzberecht **826** 4; Erbvertr Übbl 10 vor **2274, 2277** 5b, **2298** 1; Fahrlk **826** 3d; Formmangel, Berufg auf **826** 8g; Gewinn übermäß **138** 2 a; Geschäftsgegner **138** 2; Gläubigerbenachteiligt **138** 5 i, **826** 8 i; der Globalzession **398** 3e; Glücksspiel, Förderg **138** 5 j; Kartelle **826** 8 j; KnebelgsVertr **138** 5h, **826** 8 i bb; KreditsicherngsVertr **826** 8 i bb; Kündigg des Arb-Verh **138** 5m, Vorb 2d aa vor **620**; letztw Vfg **138** 5f, **2077** 1 A b; LohnschiebgsVertr **138** 5 i, **826** 8 i aa; Mißbrauch formaler Rechtsstellg **826** 2 e; Mißbrauch der Machtstellg **138** 5 n; Monopolstellg, Ausnutzg **138** 5 n, **826** 8 j; Praxiskauf **138** 5 o; Preisunterbiegt **826** 8 u gg; Prozeßführg **828** 8 n; SchadErsPfl **138** 2c, 3c, **826** 5; Schmiergelder **138** 5p; Standespfl, Verstoß gg **138** 5r; Treuebruch **138** 5 t; ungerechtfertigt Bereicherg **817**; Urteilsmißbrauch **826** 8 o; Vereinssatzg **25** 2b; Vfgen vTw **138** 5 f, **2077** 1 A b; Verhalten bes leichtfertiges **138** 2g; Vermächtn **2171** 2; Vertragsverletzg **826** 8 r; Verzicht auf Unpfändbark **138** 5k; Umgehsgeschäft zur Vereitelg d Vorkaufsrechts **138** 5 t, **506** 2; Vorbehaltsklausel EG **30** 1–5; Vorsatz **826** 3a; Wucher s dort

Sittenwidrigkeit s Sittenverstoß
Sitz des Vereins **24** 1
Sitz- u Gründungstheorie beim Personalstatut der jur Personen, nach EG **10** 2
Sitzverlegung einer Gesellsch aus der DDR in die BRep Vorb 5 b vor EG **13**; ausländ Aktiengesellsch u inländ Zweigniederlassg nach EG **10** 2; des Vereins **24** 1
Skiläufer, Haftg **823** 14
Skipisten, VerkSicherngPfl **823** 14
Skischleppliftanlage, Haftg **823** 14
Skisportverein 21 1 b
Skontration 387 2
Soforthilfe bei Nießbrauch **1047** 3c; bei Vorerbsch **2126** 1
Soldaten, Dienstfahrt **823** 14; s auch „Wehrmachtsangehörige"
Sonderanknüpfung bestimmter vorkonsessualer Rechte im Schuldstatut Vorb 4 vor EG **12**
Sondereigentum an wesentl Bestandteilen **93** 6; Aufhebg WEG **4** 3; Austausch WEG **6** 1; Begründg WEG **3, 4, 8**; Belastg **6**, Gegenstand WEG **3** 1b, **5** 1, 4; grenzüberschreitendes WEG **1** 4; Inhalt WEG **5** 4, **13** 1; Inhaltsänder **877** 1, WEG **5** 4, **15** 2a; Kfz-Stellplatz WEG **3** 1b; MitSE WEG **5** 3; Übertragg WEG **6** 1
Sondererbfolge, kraft AnerbenR, HeimstättenR **1922** 5, Einf 8, 9 vor **2032**
Sondergut bei Gütergemsch **1417**, bei fortg Gütergemsch **1486** 2, 3; Ausgleich zw Gesamtg u Sonderg **1445, 1446**; Bestandteile **1417** 2; Haftg für Verbindlichk **1437** 3, 4, **1440, 1462**; Haftg für Verbindlichk aus Erbsch od Vermächtn **1439, 1461**; Haftung des Eheg im Innenverh **1441, 1463, 1464**; Inventarerrichtg **1455**; Verwaltg **1417** 3; Verwendungen in oder aus Sondergut **1446, 1467, 1468**
Sonderkonto Einf 3 o vor **607**
Sonderopfer, Aufopferg **903** 4b; Enteigng **903** 5 A a
Sonderrecht der Vereinsmitglieder **35**
Sonderurlaub 611 12
Sonderverbindungen, Haftg **276** 8 a; schuldrechtl Haftg für Erfüllgsgehilfen **278** 1 b
Sondervermögen, internat PrivR EG **28** 3
Sonnabend, G über den Fristablauf am S v 10. 8. 65, **193** 1, 2; Anwendg bei Kündigg v Grdst, Wohnräumen **565** 2, 3, **565 c** 2, bei Entrichtg des Pachtzinses **584** 2; Kündigg des Pachtverhältnisses **595** 1
Sonntag, Fristabl f WillErklärg **193** 1, 2; Kündigung von Dienstverträgen **193** 2
Sorgerecht s Personensorgerecht, Kindesvermögen
Sorgfalt unter Eheg **1359**; wie in eigenen Angelegenh **277** 3; erforderl **276** 4b; VorE **2131**
Sozialadäquates Verhalten 823 7 A
Sozialbindung des Eigentums **903** 5 A b
Soziales Mietrecht Einf 13 vor **535**
Sozialhilfe, Ersatzanspruch des Trägers der S **677** 1f, Einf 1e, 6 vor **812, 1607** 3, **1613** 2; gegen Erben Einf 8 vor **1967**; Träger der S als Erbe **2072** 1; Haftung **839** 15; Kostenerstattung zwischen den Trägern Einf 6 vor **812**; Überleitg von Ansprüchen auf Träger **412** 1; keine Anrechng auf SchadensersAnspr Vorb 7 cc vor **249**
Sozialklausel im Mietrecht **556a** 1, **565 d**; bei stillschweigender Verlängerg des Mietverhältnisses **568** 2; bei Kündigg von Werkwohngen **565 d**
Sozialstaatsklausel 138 1b, **242** 1 d bb, Einf 2a vor AGBG **1**

Sozialtypisches Verhalten

Sozialtypisches Verhalten, Begründg v Vertr-Verhältn Einf 5b vor **145**
Sozialversicherung, Darstellg **1587a** 3 B Ziff 2; Fdgsübergang auf Vorb 7c cc vor **249**; Lohnabzüge **611** 6f bb; keine Prozeßzinsen **291** 1; Unfallversicherung **618** 3e; Verwirkg **242** 9f; Leistgen der S und Vorteilsausgleichg Vorb 7c cc vor **249**
Sozialversicherungsbeiträge, Abzug **611** 6 f bb
Sozialversicherungsträger, Haftg des Unternehmers ggü – **840** 1
Sozialwohnungen, Mieterhöhung Einf 13 c aa vor **535**; Preisbindg Einf 8b vor **535**
Sozietät 705 9 b aa
Spaltgesellschaft Vorb 5 a vor EG **13**
Spannungsklauseln 245 5 b bb, c aa
Sparguthaben, Anlegg für Mündel bei Großbanken **1811** 1 b; Errichtg zugunsten Dritter **328** 3, **331** 1 b, **2301** 4 b; Pfamdrecht **1274** 1 b bb
Sparkasse, öffentl EG **99**; Bezeichng EG **99** 1; Einzahlg als Schenkg **518** 3; PostsparkEinlagen, keine Verpfändg **1273** 1; Sparbuch **808** 1, Eigentum **952** 2 b, Legitimationswirkg **808** 1; Sparkasseneinlage Einf 3 o vor **607**; Zinseszins **248** 2
Sperrjahr f Auskehrg des Vereinsvermögens **51**
Sperrkonto Einf 3 o vor **607**
Sperrvermerk, im Geburtenbuch bei Adoption **1758** 1; im Grundbuch **883** 1c; Kindesvermögen **1642** 1, **1667** 2, **1668** 1; Vormd **1809** 2, **1814** 4, **1853**
Spezifikationskauf Vorb 3b vor **433**
Sphärentheorie (d Arbeitsrechts) **293** 2b, **615** 3,
Spiel 762; Ausspielvertrag **763**; Buchmacher **762** 1b, **763** 4; Darlehen **762** 4; Differenzgeschäft **762** 1a, **764** 1a, d; gewerberechtl Vorschriften **762** 6; internat PrivR Vorb 6 n vor EG **12**; Nebenverträge **762** 4; öff Glücksspiel **762** 1a, 5a; Spielbank **762** 5b; Totalisator **762** 1b, **763** 4; Unverbindlichk **762** 2, 3; verbotenes **762** 2b, 5
Spielautomaten 762 6
Sport, Haftg **823** 14; Sportverletzg **254** 6b, **823** 7 Bf; als Verhinderg an Dienstleistg **616** 3
Sprachkurs, Vertrag Einf 2a vor **611**
Sprengung, Haftung **823** 14
Spruchrichter, Haftg **839** 8
Staatenloser EG **29**; Fürsorgemaßn f Kinder **1666** 1; Ges über Rechtsstellg Einl 3e vor **1297**; Übereinkommen über die Rechtsstellg der – EG **29** 1, EG **29** Anh V
Staatsakt, EigentErwerb Einf 4 vor **929**; PfandR Übbl 4e vor **1204**
Staatsangehörigkeit, Anknüpfg f Eheschließg EG **13** 1, f ErbR EG **24** 1; DDR Vorb 7a vor EG **7**; u Annahme an Kindes Statt EG **22** 4c; effektive – Vorb 7a vor EG **7**, EG **15** 5; beim ErbR Vorb 7a vor EG **7**, EG **15** 5; beim ErbR vor Fiskus **1936** 1; Erwerb der deutschen Vorb 7a vor EG **7**; fremde Vorb 7a vor EG **7**; fremde, kein EheAufhGrd EheG **32** 8; im internat PrivR Vorb 7 vor EG **7**; ausgebürgerter Juden **2369** 2a; jur Person Einf 5 vor **21**; Kind, angenommenes **1754** 2, EG **22** 4c; mehrfache Vorb 7a vor EG **7**; MSA (Anh 4 zu EG **23**) 3 1; früherer Österreicher Vorb 7 vor EG **7**, Übereinkommen über Verringerg der Mehrstaatigk usw Vorb 7a vor EG **7**; im Saarland Vorb 7 vor EG **7**; Sudetendeutscher Vorb 7 vor EG **7**; Staatenlose Vorb 7a vor EG **7**; Übereinkommen üb die Rechtsstellg des St EG **29** Anh V; bei TestErrichtg BeurkG **28** 3; Umsiedler Vorb 7a vor EG **7**; Verlust Vorb 7a vor EG **7**; Wechsel u EheR EG **14** 2, u Ehescheidg EG **17** 3, u Geschäftsfähigk EG **7** 4

Staatsanwalt, Amtspflichtverletzg **839** 15; NichtigkKlage EheG **24** 4
Staatserbrecht 1936; Erbanfall **1942** 5; Ermittlgspflicht des NachlGerichts **1964** 2; Feststellg **1964–1966**; keine Inventarfrist **2011**
Staatshaftung 839 2; Amtspflichtiger **839** 2 B; landesgesetzl Vorschr, Bedeutg EG **77** 1; Rückgriff gg Beamten **839** 14, EG **77** 1; in öffrechtl Sonderverbindgen **276** 8
Staatskasse, Ersatz von Aufwendgen, Vorschuß für Vormund **1835**
Staatsschuldbuch, Landesgesetzgebg EG **97**, **98**
Staatsschulden, Rückzahlg, Umwandlg EG **98**
Staatsverband, Entlassg, Anhörg des Mündels **1827**; v Verwandten **1847**, Genehmigg des VormschG **1821** 1a
Staatsvermögen, Verringerg **134** 3a
Staatsverträge, Einl 2 a vor **1**, Vorb 2 vor EG **7**; Auslegg Vorb 2 vor EG **7**; Bundesstaat, Rechtsverbindlk EG **56** 1; über Eheschließg EG **13** 1, Anh zu EG **13**; über Erbrecht EG **25** 4, EG **24–26** Anh; GeschGrdLage **242** 6 C g gg; Kollisionsnormen Vorb 2, 5 vor EG **7**, EG **27** 3; Qualifikationsfragen Vorb 9 vor EG **7**; als Quelle des IPR Vorb 2 vor EG **7**; Fortgeltg Vorb 2 vor EG **7**; über Mehrstaater Vorb 7 a vor EG **7**; Rechtsnorm EG **2** 1 c; über Unterhalt Anh zu EG **21**; Minderjährigenschutz, Vormsch Anh zu EG **23**
Städtebauförderungsgesetz Einl 7a, 7b bb vor **854**, Übbl 8, 10, 12 d d, ii vor **873**, **883** 1b dd, **885** 1d, Übbl 2c vor **903**, **903** 5 A b, B c, Einf 1c vor **925**, **925** 7c; Einf 7 A vor **929**, Übbl 3b vor **1094**, EG **113** 4
Stahlkammermiete Einf 2d vor **535**, auch Einf 2 vor **688**; Besitz **866** 1; Verpfändg bei **1206** 2
Standesbeamter, Aufgebot EheG **12**; Bezirk EheG **11** 3; Eheschließg vor – EheG **11** 3, 4; Eintraggen im FamBuch EheG **11** 4b, **13** 2; Erklärg der Annahme des Mädchennamens dch nichtehel Mutter **1617**; Erklärg über den Begleitnamen **1355** 3d; Erklärg über den Familiennamen **1355** 2c; Ermächtigg eines an EheG **15** 3; zur Mitwirkg bereiter EheG **11** 3; Nichtmitwirken bei Eheschließg Einf 1 vor EheG **11**, Einf 1a vor EheG **16**; Zuständigk EheG **15**
Standespflicht, dagegen verstoßende Geschäfte **138** 5f, od Haftgsfreistellen AGBG **9** 6c aa
Statiker, Art des Vertrages, Haftg Einf 5 vor **631**; Konkurrenz mit Haftg des Architekten Vorb 3e vor **633**; Verjährg **638** 2c
Stationierungsschäden s 35. Aufl S 2299 ff
Statutenwechsel, intern PrR Vorb 13 vor EG **7**; (Sachenrecht) Vorb 4 vor EG **13**
Stellungssuche, Freizeit bei Dienstverhältnis **629**
Stellvertretung, s Vertretg
Sterilisation, Fortzahlg der Vergütg **616** 2, 4; fehlgeschlagene, Schadensersatz Vorb 2e vor **249**; Schutzwirkg des Vertr über – zugunsten des Eheg **328** 3 a b
Steuerangelegenheiten, Gebrechlichkeitspflegschaft für – **1910** 3b
Steuerberater, Einf 3a vor **611**, Einf 5 vor **631**, **675** 3a; Belehrgspflicht **662** 8a; Praxisverkauf **138** 5f, **459** 2 a; verbotene Tätigkeit **134** 3 a
Steuerbevollmächtigter Einf 2a vor **611**, Einf 5 vor **631**; **675** 3a
Steuerersparnis als Vorteilsausgleichg Vorb 7 d cc vor **249**
Steuerhinterziehung, Nichtigk des Gesch das St dient? **134** 3a, **138** 5 s
Steuern, Tragg bei Nießbrauch **1047** 3; u SchadErs

249 3 b; im StiftgsR Vorb 3 vor 80; bei Vorerbsch 2124 2, 2126 1; Vererbg der Steuerpflicht **1922** 3 a ll, **1967** 2, **2311** 2 a; Verwirkg **242** 9 f

Steuerschuldverhältnis, Gesamtrechtsnachfolge Einl 4 o vor **1922**

Stiefkinder Übbl 2 vor **1589**; **1741** 3; Anspr bei Zugewinngemeinsch auf Ausbildungsbeihilfe **1371** 3; keine Dienstleistgspflicht **1619** 2 a; Unterhalt **1360a** 1 b

Stiftung 80 ff; Anwendbark des Vereinsrechts **86** 1; Aufhebg **87** 1, 2; Aufsicht **85** 1; Entsteh **80** 1; Erbfähigk **1923** 3, **2101** 3; Erlöschen **87** 1; Errichtg dch Erbvertr **83** 1, **1942** 3; Übbl 5 b vor **2274**; Familien- Vorb vor **80**, EG **59** 1 b; Fideikommißauflösgsstiftg Vorb 1 vor **80**, **80** 1, **85** 1, **87** 1, **88** 1; Genehmigg **80** 1, 63, 84; Genußberechtigte **85** 3; GmbH zur Verwaltg von Stiftgsvermögen Vorb 1 vor **80**; Haftg **89** 1; Haftg des Stifters **82** 1; Konkurs **86** 1; Landesrecht Vorb 1 d vor **80**; milde Vorb 1 vor **80**; des öff Rechts Vorb 1 vor **80**; privatrechtliche Vorb 1 vor **80**, **86** 2; Rückwirkg der Genehmigg **84** 1; Staatsaufsicht **85** 1; Sitz **80**; SteuerR Vorb 3 vor **80**; Stiftgsgeschäft s dort; TestVollstr für Stiftg als Alleinerbin **2109** 5; Unmöglichwerden des Zwecks **87** 2; unselbständige Vorb vor **80**; Umwandlg **87** 1, 2; Verein mit Stiftgscharakter **21** 1; Verfassg **85** 1; VermögAnfall bei Auflösg **88** 1, EG **85** 2; Vermögensübergang **82** 1; Widerrufsrecht **81** 2; Zweckänderg **87**

Stiftungsgeschäft 81; Ausleg **85** 2; Genehmiggserfordernis **80** 1; durch Verfügg von Todes wegen **83** 1, Einl 4 a vor **1922**

Stille Gesellschaft **705** 8; Beteiligg Minderjähriger **1822** 4 b; Vererblichk der Rechtsstellg des stillen Gesellschafters **1922** 3 a ff; Verw dch TestVollstr **2205** 1 b ee

Stillschweigender Haftungsausschluß **254** 6 a
Stillschweigende Vollmacht **167** 1, der Ehegatten **1357** 2
Stillschweigende Zusicherg einer Eigensch beim Kauf **459** 7

Stimmrecht der Miterben **2038** 3 b; bei Gemeinschaft **745** 1; der Gesellschafter Vorb 5 c vor **709**; Verstoß gg Regelg **134** 3 a, des Pfandgläubigers **1274** 1 c dd; der Vereinsmitgl bei Interessenwiderstreit **34** 1

Stimmrechtsbindung im GesellschaftsR, IPR nach EG **10** 3

Stimmrechtskonsortium, Vererblichkeit der Rechte der Konsortengesellschafter **1922** 3 a gg, **2032** 8

Stockwerkseigentum, ÜbergVorschr EG **182** 1; uneigentl EG **131** 1

Störer 1004 4

Störungsschutz bei der Miete **535a**

Strafantrag des Kindes **1626** 4 b, **1629** 4, 5 a, 6

Strafgedinge, selbständiges Vorb 2 a vor **339**

Strafgesetz, Verstoß gegen **134** 2 a, **138** 5 s, **823** 9 f

Strafrichter, Amtspflichtverletzg **839** 5 c gg

Strafverfahren, Kostentragg im Innenverh der Eheg **1441**, **1463**; Kostenvorschußpflicht der Eheg **1360a** 3; Kosten als Schaden Vorb 5 c ee vor **249**

Strafverfolgungskosten, keine ErsPfl Vorb 5 c vor **249**

Strafverfolgungsmaßnahmen, Ges. über Entschädigg **903** 4 i

Strafverteidiger, Geschäftsbesorggsvertrag, Einf 2 a vor **611**; Ers der SKosten als SchadErs? Vorb 5 c bb vor **249**

Strandrecht Vorb 3 vor **965**; Schatzfund **984** 1

Straße, Sicherg spfl, **823** 8 c; Einzelfälle **823** 14 Verschmutzg **823** 14; s auch Gemeingebrauch

Straßenbahn, Haftg f Sachschäden EG **105** 1, **906** 1 c, e, 3 a bb; Unfallhaftg, Einzelfälle **823** 14 unter „Eisenbahn", „Straßenbahn"; Verkehrssicherungspflicht **823** 14

Straßenbau, Haftg **823** 14; und Nachbarrecht Übbl 2 d dd vor **903**

Straßensperren 903 5 D a

Straßenverkehr, allg Verkehrspflichten **823** 8; Einzelfälle: Fuhrwerke, Fußgänger, Kraftverkehr, Radfahrer **823** 14; Mitverschulden **254** 3 a ee; Schutzgesetz **823** 9 f; s a Kraftverkehr

Strauch, Grenzstrauch **923**; auf Nachbargrdst **907** 2 a; Überfall **911**; Überhang **910**

Streckengeschäft 433 2 C c

Streifbanddepot, Übereign, **931** 3 b

Streik Einf 6 b cc vor **611**, **611** 3 e, Vorb 1 e vor **620**, **626** 5 b, **826** 8 k

Streikarbeit 611 3 e

Streitverkündung u Mängeleinrede **478**; Unterbrechg der Verjährg **209** 3, **215** 1, 2

Streitwert, Ausgleich unter Miterben **2055** 1; bei Erbteilsklage **2042** 5 b; bei NachlAnspr **2039** 1 b; bei Schmerzensgeldanspr **847** 5 f; bei UnterlassgsKlage gg AGB-Verwender AGBG **22**; bei Klage des VorE gg NE auf Zust zum GrdStVerkauf **2113** 1 a hh, **2120** 4

Streupflicht, Rechtsgrundlage u Umfang **823** 14; des Vermieters **536** 4 a

Strohmann, 117 1, Einf 1, 3 vor **164**; ungerechtf Bereicherg **812** 5 B b

Stromkabel, Beschädig **823** 9 b, Vorb 5 d aa vor **249**; s auch Elektrizitätsversorgungsleitungen

Stückkauf 243 1

Studienplätze, Tausch **138** 5 k

Studium, Unterhalt **1610** 4

Stumme, notarielle Beurk von Willenserklärgen BeurkG **22**, 24; TestErrichtg, **2229** 6 d aa, **2233** BeurkG **22**, 24, 29 2, 30 4

Stundung, Rechtsnatur **271** 2 g; ErbErsAnspr **1934** b 3 a cc, **2331a** 4; FälligkVO Übbl 6 vor **1113**; gesetzl f Hyp Übbl 8 vor **1113**; des Kaufpreises **452** 3, **454** 3; PflichttAnspr **2331a**; Unterhalt **1615** i; hemmt Verjährg **202** 2; Widerruf **271** 2 g; ZugewinnausglFdg **1382**

Subunternehmer 631 1 d

Sudetendeutsche, Erbschein für – **2353** 1 b, **2369** 2 b; Staatsangehörigk Vorb 7 a vor EG **7**

Sukzessivlieferungsvertrag, Begriff **326** 13, auch Einl 5 vor **241**, Einf 3 m vor **433**; Einrede des nicht erfüllten Vertrages **320** 2 b; Gewährleistgsanspr, Verjährg **477** 2, **480** 2; positive Vertragsverletzg **276** 7 a, c; Rücktritt u Verzug **326** 13, **327** 1; Teilleistg **266** 4 a; teilweise Unmöglichk **325** 7 c; Verjährg **477** 1 d dd; Wiederkehrschuldverhältnis **326** 13; s a Schuldverhältnis

Surrogat, Herausgabe wegen ungerechtfert Bereicherg **818** 4; PfandR **1212** 4

Surrogation, dingl u obligatorische Einl 5 e vor **854**; in Enteignungsentschädigg EG **52** 1; bei Erbengemeinsch **2041**; ErbschAnspr **2019**; im Flurbereinigungsverf EG **113** 1 a; Gesamtgut der Gütergemeinsch **1473**; ErsatzpfandR **1287**; Hausrat bei Zugewinngemeinsch **1370**; Kindesvermögen **1638** 3, **1646**; beim Nießbrauch **1075**; bei PfandR **1212** 4, **1219** 2, **1247** 2; Treugutwerb Einf 7 E vor **929**; Vorbehaltsgut **1418** 3 c; Vorerbsch **2111** 2

Syndikat, als nicht rechtsfhg Verein **54** 4

T

Tagesmutter 1606 4 b
Tankstelle als Zubehör 97 8
Tankstellendienstbarkeit Einf 2 c vor **1018**, **1018** 5 b, 6; Einf 1 b vor **1090**
Tankstellenvertrag, Kündigg 624 1
Tankstellenvertriebsverbot 874 3 b, **1018** 6 a
Tankwart, Haftg 276 4 c
Tantieme 611 7 b
Tarifliche Ausschlußfrist 242 4 D b, 611 6 k
Tariflohn 611 6 b
Tarifvertrag Einf 6 b vor **611**, EG 2 1 d; Fristen im TV 186 2; Schriftform laut T 126 1
Taschengeld der Ehegatten 1360 a 1 c; Pfändbarkeit 1360 2 c
Taschengeldparagraph 110
Tathandlungen, Übbl 2 d vor **104**
Tatort bei unerlaubten Handlgen im IPrR 12 2
Tatsachen, Unterdrückg wahrer 123 2 c; Vorspiegelg falscher 123 2 b
Tatsächliche Gesellschaft 705 3 d
Tauben, Aneigng EG 130
Tauber, Begriff BeurkG 22 2; notarielle Beurkdg von WillensErkl BeurkG **22–24**; von Vfgen von Todes wegen 2229 6 d bb, **2276** 2 b cc, BeurkG 29 2 a
Taubstummer, TestErrichtg 2233 4; unerl Handlg 828, 829
Taufe des Kindes, fehlende Einigg der Eltern Anh zu **1631** RKEG 2 1
Tausch 515; Grdst-Tausch 313 13; Wohngstausch 515 1; von Räumen unter WE-Eigentümern WEG 6 1
Täuschung, Anfechtung 123, 124; von Behörden 138 5 s; durch Dritte 123 1 d; Erbunwürdigk 2339 2 c; fahrlässige als c. i. c. 276 6 b cc; Verhältnis zu Sachmängelhaftg 123 1 b, Vorb 2 d vor **459;** Vertreter 123 1 d; arglistige als Eheaufhebgsgrund EheG 33
Taxe 612 3 a
Technischer Überwachungsverein, Amtspflichtverletzg 839 15
Technischer Verbesserungsvorschlag 611 13
Teilbarkeit der Leistg 266 2 b, Übbl 1 a, c vor **420;** des NachlÜberschusses 2047 1; eines Rechtsgeschäfts 139 2
Teilbesitz 865
Teileigentum WEG 1 3
Teilerbschein Übbl 1 a vor **2353,** 2353 5
Teilgrundstück, Enteignung 903 5 G a bb; Vormerkg 883 2 a, b, 885 4 b
Teilhypothek, Brief 1152; Rang **1151**
Teilkündigung Vorb 2 vor **620**
Teilleistung 266; Verweigerg der Annahme 295 2
Teilnachlaßpflegschaft 1960 5 C a aa
Teilnehmer, Begriff u Haftg 830 2
Teilnichtigkeit 139, 2085, AGBG 6; von Test wegen Sittenwidrigkeit 2077 1 A b bb
Teilrechtsfähigkeit Einf 1 vor **21**
Teilung der elterl Gewalt 1671; des Erbbaurechts ErbbRVO 1 1 a; des Gesamtguts vor Berichtigg der Verbindlk 1480, 1481; kein Anspruch auf – während Gütergemsch 1419; v Grdst 890 5, EG 119; bei Grddienstbark 1025, 1026; v Hypotheken 1151; des Überschusses bei Gesamtgutauseinandersetzg 1476; eines mit VorkaufR belasteten Grdstücks 1103 1; eines in WE-Gemsch stehenden Grdstücks 890 5 f, WEG 8; von WohngsEigt Übbl 1 B c bb vor WEG **1**
Teilungsanordnung des Erblassers 2048; Beschränkg des Erben 2306; Teilgsverbot, zeitl Grenzen 2044 4; Übernahme eines Landguts 2049 1; unwirksame ggüb Pflichtteilberecht 2044 2, 2048 2
Teilungserklärung WEG 81, **10** 1 b
Teilungsversteigerung, Einwillig des anderen Eheg 1365 2; Mißbrauch 242 4 D j; bei Nachl-Auseinandersetzg 2042 7, währd Testamentsvollstreckg 2212 3; Vorerbsch 2011 2 b; kein VorkaufsR der Miterben 2034 2
Teilunwirksamkeit 139; bei AGB AGBG 6; bei Gesellschaftsvertrag 705 3 d; Klauseln zur Vermeidg voller Unwirksamk 139 3; bei letztwill Vfg 2085, BeurkG 27 5 a; bei Vfg des VorE über Grdstücke 2113 1 a
Teilurlaub 611 12 d
Teilurteil bei PflichttAnspruch 2317 2
Teilvaterschaft 1600 a 3
Teilvergütung beim Arbeitsvertrag 611 6 n
Teilzahlungsabrede Einl 2 b cc vor AbzG **1**
Teilzahlungskredit 607 3 d
Termin, Begriff 186 1; s a Zeitbestimmg
Terrasse, Begriff iS des NachbarR EG 124 2 b
Territorialitätsprinzip bei Enteigng Vorb 5 a vor EG 13
Testament, AbliefergsPfl 2259; Anfechtbark 2077 1 A d, 2078 ff, 2271 4; Aufbewahrg 2259 5; Aufhebg 2253 ff, durch Erbvertrag 2289 1; Ausländer 2229 5, EG 24 3, EG **24–26** Anh, Eröffng 2260 1 c, Verwahrg BeurkG 34 2; Auslegg 2084, IPR EG 24 3; AusleggsRegeln für Bedachte **2066–2073;** Ausschließg von der Mitwirkg bei Errichtg durch Notar BeurkG 3, 6, 7, 16, 24, 26, 27; Bedachte, Ausschließg BeurkG 27 4; Bezeichng mehrdeutige 2073; Bedenken des Notars gg Errichtg BeurkG 11, 28 **3–5,** 30 2 c bb; Bedingg **2074–2076;** Begriff 1937, Übbl 1, 2 vor **2064;** Berliner Test 2269; Blinde 2269 6 d aa, 2233 3, 2247 2 a a, BeurkG 22, 29 2; BürgermeisterTest 2249; DDR-Recht 1937 5, Einf 9 vor **2229,** s auch unter „Deutsche Demokratische Republik"; Dolmetscher BeurkG 32 3 b, KonsG 10, 11 (Anh zu **2231**); Dreizeugen-Test 2250; Durchschrift als eigenhänd Test 2247 2 a; eigenhänd Test, s dort selbst; Einsicht 2264, BeurkG 34 8; Entmündigg 2229 6 c cc, 2230, 2253 4; Ergänzg unterbliebene, 2086; Eröffng **2260–2263 a, 2273,** BaWü 2260 1; Eröffngsfrist **2263 a**; EröffngsVerbot 2263; Errichtg durch öffentl Test **2231–2233**; BeurkG **27–32**, 35; Feststellg der Person BeurkG 10, 28 1 b; Form, IPR EG 24 3, Übereinkommen über das auf die Form letztw Vfg anzuwendende Recht EG **24–26** Anh; Geltg, Bestimmg der 2065 1, 2; GemeindeTest 2249; gemschaftl Test s dort selbst; HinterleggsSchein **2258 b** 3; HinterlegungsStellen **2258 a;** Irrtum, AnfechtgsGrund 2078 2; Test vor Konsul KonsG 10, 11 (Anh zu **2231**); Lesensunkundige 2233 3, 2247 3, BeurkG 30 4 b; letztwVfg 1937 2, Übbl 1, 2 vor **2064;** s unter **2064**; LuftTest 2250 2 b; MilitärTest Einf 1 vor **2229;** Minderj 2229 3, 2233 2, 2247 3; Nichtigkeit 2077 1, DDR-Recht 2077 7; Niederschrift über Errichtg 2249, 2250 4, BeurkG **8–11, 13, 16, 17, 22–25, 28–33;** fremdsprachige Niederschrift 2232 3 c, BeurkG 5, 31 4 b, 32; Notar als Urkundsperson Einf 6 vor **2229,** 2231 4, BeurkG Einf 3 vor **1,** Einf 2 vor **27**; offenes Test 2232 2, BeurkG 30; NotTest **2249–2252;** öffentl Test, s oben unter „Errichtg"; ordentl Test 2231; Ortsangabe 2247 2 b, 2267 4, BeurkG 9; persönl Errichtg 2064; Errichtg im Prozeßvergl

2231 4, 2247 1; Rücknahme aus amtl Verwahrg 2256; Schreibhilfe 2247 2a aa; Schreibunfähigkeit 2232 3c, BeurkG 24, 29 2 A b; Sittenwidrigkeit 138 5f, 2077 1 A b; Sprechunfähigkeit 2233 4, BeurkG 22, 29 2 A, 31; Testierunfähigk, s dort; Teilunwirksamkeit 2085, BeurkG 27 5a; Übergangsvorschr Einf 3, 7 vor 2229; TestG 51 (Anh zur Einf vor 2229); EG 213, 214; Umdeutg 2084 5, s auch dortselbst; Unkenntn der deutschen Sprache BeurkG 16, 32; Unterschrift des Erbl 2247 2c, BeurkG 13; Unterschrift der mitwirkenden Personen 13, 22, 24, 25, 35; Unvollständig des Test 2065 3, 2086 2; Unwirksamk 2077 1, durch Eheauflösg 2077 2, 3, 5, 2268, durch Verlöbnisauflösg 2077 4; VerfolgtenTest 2078 5, 2231 2b, 2250 6, 2252 4; Verkündg 1944 3, 2260 3, 2273 2; verlorenes Test, Erbscheinerteilg 2356 3, 2359 1; Vernichtg 2255; Verschließg BeurkG 34 2; Verwahrg, amtl 2258 a, 2258 b, BeurkG 34 3, DDR-Recht 2258 a 5; Verwirkgklausel 2074 2; Vollmachtserteilg in — 167 1, 1937 1; Vorbehalt von Nachzetteln 2086 1; WehrmachtsTest Einf 1 vor 2229; Widerruf 2253—2258, DDR-Recht 2253 7; Widerrufsbeseitigg 2257; Widerrufsanfechtg bei Zurücknahme des Test aus amtl Verwahrg 2081 4, 2256 2; widerspruchsvolle Test 2085 1; Wiederverheiratungsklauseln 2269 5; Willensmängel 2077 1 A d; Zeitangabe 2247 2b, 2267 4, BeurkG 9; Zeugen 2249 4, 5b, 6, 7, 2250 3, 4, BeurkG 22, 24, 25, 26, 27, 29

Testamentsgesetz, Übergangsvorschr TestG 51, Anh zu Einl vor 2229; Wiedereinfügg in das BGB Einl 2c vor 1922, Einf 1 vor 2229

Testamentsvollstrecker, 2197 ff; Ablehng 2202 1—3; Abwicklungsvollstreckung 2203 1; Amtsbeendigung 2225 1—3; Annahme 2202 1—3, 2368 1; Anstandsgeschenke 2205 3; Antrag auf Erbscheinerteilg 2353 3b; Anweisgn, besond des Erbl 2216 2; Armenrecht 2212 1; Aufgaben Einf 2 vor 2197, 2199 1—4, 2203—2205; Aufhebg der TestVollstreckg als solcher 2227 5; Aufsichtsrecht des NachlGerichts 2216 1, 2, Einf 3 vor 2197; AufwandErs 2218 2e; Auseinandersetzg 2042 8, 2204 1; Auskunfts- u Rechenschaftspfl 2218 2 b; Befreiungsverbot 2220 1; u Besteuerungs-Verfahren 2212 1 b; Befugnisbeschränkg 2208 1, 2; Berichtign von NachlVerbindlk 2205 1 b; Besitz 2205 2 a; Beteiligg an AG 2205 1 b gg; Bezeichng im EfSchein 2364 1; Dauervollstr 2209, 2210; für als Alleinerbin eingesetzte Stiftg 2109 5; DDR-Recht Einf 11 vor 2197; Einsicht in Erklgn 2228 1; Einzelhandelsgeschäft 2205 1b bb; Entlassg 2227 1 bis 4; Kosten 2227 4a; Erbschaftssteuer 2203 2, 2205 1b, 2217 1b; Erbschein Einf 5 vor 2197; Erbscheinsantrag Einf 4c vor 2197, 2205 1a, 2216 1b, 2353 3b; Ernenng 2197, durch Dr 2198, gerichtl 2200, durch Mitvollstr 2199; ErsErnenng 2197 5, sittenwidrige Ernenng 2197 3, intern, interlokales Recht EG 24 3; Fortdauer des Amtes 2218 2f; Fortführg des Amtes 2226 1; Geldanlage 2205 1c; Genossenschaftsbeteiligg 2205 1b hh; Gesamtvollstrecker 2224 1; Gesellschafterrechte 2205 1b cc, ee; GmbH-Anteil 2205 1b ff; GBEintr Einf 6 vor 2197; gutgläub Erwerb 2205 4; Haftg Einf 2 vor 2197; Handelsgeschäft Einf 7 vor 2197, 2205 1 b; Handelsregister Einf 7 vor 2197; Herausgabeanspr 2216 2; irrtüml Herausgabe v NachlGegenständen 812 5f; Kommanditbeteiligg 2205 1b dd; Kündigg 2221 1b aE; 2226 1; mehrere, gemeinschaftl Amts-

führg 2224, Meingsverschiedenhten 2224 2; minderjähriger Erbe Einf 3 vor 2197, 2204 2; Mit VE als TV u NETV 2197 3; Nacherbenvollstr 2222; Nachfolger, Rechtspflichten ggü — 2218 4; Nachtestamentsvollstr 2197 4; NachlAuseinandersetzg 2204, 2205 3a, b; NachlVerwaltg 2205 1 d, 2206 1, 2209 1, 3; NachlGgstände, Überlassg 2217 1; Verfügg 2205, 2211 1 d; NachlVerzeichn 2215 1; Nebenvollstrecker 2224 4; eidesstattl Versicherg 2215 1; Pflichtteilsanspr 2213 1; Pflichtverl 2227 2a; Prozeß üb Erbrecht Einf 4c vor 2197; Prozeßführgsrecht Aktivprozeß Einf 4a vor 2197, 2205 1a, 2212 1, Passivprozeß Einf 4b vor 2197, 2213 1; SicherhLeistg 2217 2; Sittenwidrigk 2216 4; TestErrichtg, Mitwirksverbot BeurkG 27; Umwandlg v GmbH in AG 2205 1b ff; unentgeltl Verfügg 2205 3, 2217 1a bb; Unfgk zur ordnungsmäß Geschführg 2227 2b; Unfähigk, persönl 2201 1; Untauglk 2201 2; Ausübung des Urheberrechts dch TV 2210 3; Verantwortlk 2219 1—3; Vfg üb NachlGgstände 2205 2, 3; Verhältnis gegenüber Erben 2206 3, 2207 2, 2218 1; Vergütg 2221 1—5; Verwirkg der Vergütg 2221 1b; Vermächtnisverwalter 2223 1; 2; vermeintlicher TV 2221 5; VerpflichtgsBefugnis 2206, 2207; Verwaltg, ordngsgemäß 2205 1; Vertragshilfeantrag 2205 1b; VerwaltgsAnordgen 2203 2, 2216 2; VerwaltgsPflicht 2207 2, 2216 1; Verzicht auf Eintragg des NE-Vermerks 2205 2; Vollmacht über Tod hinaus Einf 8 vor 2197; TV u VorE 2112 1, 2205 1 b, 2222 2; Wiedereinsetzg 2227 6; Zeugnis 2217 3, 2368, beschränktes 2369 4, EG 25 2; Hinweis auf ausländ R 2368 4; ZbRecht 2217 1 b bb, 2221 4

Testamentum mysticum 2247 2 a aa

Testierfähigkeit, 2229, 2230; DDR-Recht 2229 8; bei Erbvertr 2275; internat PrivR EG 24 3; partielle 2229 6c bb; Prüfg BeurkG 11, 28; ÜbergVorschr EG 215 1; u Volljährigk 2229 3

Testierfreiheit Übbl 3 vor 2064; des nichtehel Kindes, Vaters 1924 3 B b gg; und Pflichtteil Übbl 1 vor 2303; Schutz 2302; des Vorerben 2112

Testkäufe, Hausverbot 826 8 u gg

Theaterkarten 807 2; Schadensersatz bei Verlust Vorb 2b aa vor 249

Tier, Aneignung 960; Haftg 833, 834; Haustier 833 6

Tierhalter, Begriff 833 4; EntlastgsBeweis 833 6; Haftg 833; jur Person des öffentl Rechts 833 7d

Tierhüter, Haftg 834

Tilgungsfondshypothek, Übbl 2 d cc vor 1113

Tilgungsgrundschuld 1191 1

Tilgungshypothek, Übbl 2 B d vor 1113, 1163 5; Tilgsbeträge Eintragg 1115 5, Verjährg 197 2

Tilgungsplan, Berücksichtigg bei Unterhaltspflicht 1603 3 b

Titel, Verbotsrecht bei unbefugter Führung durch andere 12 7

Tochter, minderjährige, Personensorge 1633

Tod des Auftraggebers 672; des Beauftragten 673; des überlebenden Eheg bei fortges Gütergemsch 1494; Beendigg der Gütergemsch durch Tod eines Eheg 1472; Beendigg der Zugewinngemsch durch Tod 1371; Eheauflösg durch Tod 1482; Erbfall 1922 1; – gleichzeit von Eheg bei Zugewinngemsch 1371 4; des Kindes bei elterl Gewalt 1698 b; Überg der elterl Gewalt auf den anderen Elternteil 1681 1; Name des überlebden Eheg 1355 4; Verzeichn des Kindesvermögens beim Tod eines Elternteils 1682; des Mieters, Kündigg 569

Todeserklärung   Fette Zahlen = §§

Todeserklärung, Beendigg der elterl Gewalt **1677, 1681**; Erbschaftsanspr bei Scheinerbfolge **2031**; Erbschein bei irrtüml Todeserkl **2370**; interlokales PrivR EG **7** Anh 1; Mündel **1884** 2; Todesvermutg im Rückerstattgsverf **2356** 1; des überlebenden Eheg bei fortg Gütergemsch **1494**; Übergang der elterl Gewalt auf den anderen Elternteil **1681**; Übergangsvorschr EG **158–162**; Feststellg der Nichtehelichk nach T des Ehemanns empfangener Kinder **1593** 1; Vormund **1894** 1; Wiederverheiratg EheG **39–40**
Todesnot, Ausnutzg der – **2078** 3, Übergangsrecht Einf 3 vor **2229**
Todeszeitfeststellung, Beendigung der elterl Gewalt **1677, 1681**; der Pflegschaft **1921**; der Vormundschaft **1884**
Tonbandaufnahme, heimliche Einf 2 vor **1**, **826** 8h
Totalisator, Spiel **762** 1b, **763** 4
Totalschaden 251 4 b cc
Totovertrag 763 1
Tötung, Anspr bei **844, 845**
Trächtigkeitsgarantie 492 2
Traditionspapiere, Wirkg der Übergabe **870** 1b, **929** 3d, **931** 3c, Vorb 4 vor **932**, **1205** 3, **1292** 2b
Träger-Bewerber-Vertrag Übbl 2 E b cc vor WEG **1**
Träger-Siedler-Vertrag 675 3c
Tragezeit bei Kindern Einf 3 a vor **1591**, **1592** 1, 2
Transfer eines Berufssportlers Einf 4a vor **433**
Transferabkommen mit der DDR Vorb 7b vor EG **12**, EG **12** 5, EG **19** 6
Transferagent 675 3 a
Transplantation von Körperorganen Verstorbener Übbl 4 b vor **90**, **823** 15 C, **1922** 3 d, **1940** 2
Traurecht EG **124** 3
Trauung EheG **14**; s a Eheschließg, Standesbeamter
Trennung v Erzeugnissen u Bestandteilen **953**
Trennung von Tisch und Bett von Ausländern EG **16** 2; altrechtl, Wirkg EG **202** 1
Trennungsentschädigung 611 6d
Trepprecht EG **124** 3
Treu und Glauben, Abgrenzg **242** 2; Art u Weise der Leistg **242** 4 A; Bedeutg des Grundsatzes **242** 1a; Begriff **242** 1c; Beschränkg u Erweiterg des Anspruchsinhalts **242** 1b, 4C; Einzelfälle **242** 4 D, 6 D g, 9f; Anwendg im FamilienR Einf 1b vor **1353**; bei Formfehlern gemeindl VerpflErklärgen **125** 6; Funktionskreise **242** 4; Geltgsbereich **242** 3; im öffentlichen R **242** 3b; SachenR **242** 4 D i, Übbl 2d aa vor **903**; Grundrechte, Verhältn, **242** 1 d; Schaffg von Nebenrechten u -verpflichtungen **242** 4B; bei ungerechtfertigter Bereicherg Einf 1, 8 a vor **812**, **817** 3 a ff; Unzulässigk der Ausübg eines rechtskr festgest Anspr **242** 4 E; beim Vermächtnis **2174** 2; bei Vertragsauslegg **157** 3; Verwirkg **242** 9; Wirkg **242** 1 b
Treubruch 138 5 t
Treuepflicht im Arbeitsverhältnis **611** 4; ehel **1353** 1b; im Ruhestandsverhältn Einf 7d ee vor **611**
Treueprämie 611 7 a, e
Treugeber, Aussondergsrecht Einf 3 vor **164**; Schutz gg Gläubigerzugriff Einf 7 B b vor **929**
Treugut, Begriff Einf 3 vor **164**; Vererblk **1922** 3 a mm
Treuhandeigentum Übbl 5 vor **903**, Einf 7 vor **929**; Beendigg Einf 7 B e vor **929**; doppelseitige Treuhand Einf 7 B d vor **929**, eigennützige Einf 7 A vor **929**, fiduziarische Einf 7 B vor **929**; Konkurs Einf 7 B b bb vor **929**; SichergsTreuhand Einf 7 A vor **929**, Bestellg Einf 7 C vor **929**;

Treugeber Schutz Einf 7 B b vor **929**; Treugut, Erwerb dch Surrogation Einf 7 E vor **929**; Treuhänder, Schutz Einf 7 B c vor **929**, Vertragspflichtverletzg Einf 7 B a vor **929**; Treuhandvergleich Einf 7 B d vor **929**; uneigennütz.Treuhand Einf 7 A vor **929**; Verwaltungstreuhand Einf 7 A vor **929**
Treuhänder Einf 3 vor **164**, **398** 6; Abtretg durch **398** 6b; BereichergsAnspr bei Leistg an – **812** 5 B b bb; Haftg **662** 5 c, **823** 14, **839** 3 b, 15; als Hypothekengläubiger **1113** 3b; kein Veräußergsverbot **137** 1; für Sammelvermögen Einf 7 A vor **929**; Schutz gg Gläubigerzugriff Einf 7 B c vor **929**; Pflicht zu Sicherungsmaßnahmen **662** 5a; s a Custodian
Treuhandverhältnis, Übbl 3g vor **104**, **117** 1, namentl Einf 3 vor **164**, **675** 3a, Einf 7 vor **929**
Treuhandvertrag zw Erblasser und Bank, Schenkung von Todeswegen **1922** 3 a hh; **2301** 3 a
Trichinenbeschauer, Amtshaftg **839** 15
Trimmanlage 839 15
Truckverbot 611 6 c bb
Trümmergrundstück, Abwehranspr **1004** 2a; s a Ruinengrdst
Trunksucht, Begriff u Entmündigg wegen **6** 4; Eheverfehl **1565** 3; beschränkte Geschäftsfähigk **114**; Testierfähig bei Entmündig **2229** 6 c cc, **2253** 4; als ZerrüttgsUrs bei Ehescheid **1565** 3
Trustguthaben, amerikanisches ErbR **1922** 3a pp, **2050** 3d dd
Tuberkulose, Irrtum als EheaufhebgsGrund EheG **32** 8
Tumultschädengesetz, Entschädigg **903** 4 i, EG **108**
Turnunterricht, Verletzg im – Aufopfergsanspr **903** 4 b dd; VersichergsSchutz **276** 8 a
Türöffnung bei haltendem Fahrzeug, Haftg **823** 14
Typenzwang im SachR Einl 2 vor **854**; kein – bei schuldrechtl Verträgen Einf 4 vor **305**, **305** 5

U

U-Bahnbau, Entschädiggspflicht **903** 5 H c aa
Überarbeit 611 3c, 6d
Überbau 912; Abkauf **915** 1; Beeinträchtigg v Dienstbark Vorb 1 b vor **912**; **916** 1; Duldgspfl **912** 3; Eigt **94** 5, **912** 4; Erbbaurecht **916** 1; landesrechtl Vorschr EG **116** 1; Rentenpflicht **912** 5; unrechtmäßiger Vorb 1a vor **912**, **912** 4b, s a Überbaurente
Überbaurente 912 5; Eintragg **914** 2; Erlöschen **914** 3, **915** 1; Rang **914** 1; Vorauszahlg **913** 1; Währgsreform **912** 5
Übereignung an anderen Eheg **929** 3a; an den, den es angeht **929** 5a bb; s a Übertragg, Eigentumserwerb, Eigentumsübertragg
Übereinkommen betr Auskünfte über ausländisches Recht Vorb 16 vor EG **7**
Übereinkommen zur Erleichterg der Eheschließg im Ausland Anh 3 zu EG **13**
Übereinkommen über das auf die Form letztw Verfüggen anzuwendde Recht EG **24–26** Anh
Übereinkommen über die Erweiterg der Zuständigk der Behörden, vor denen nichtehel Kinder anerkannt w können EG **21** Anh 3
Übereinkommen der Europäischen Gemeinschaft über die gerichtl Zuständigk u Vollstreckg in Zivil- u Handelssachen EG **21** Anh 4c, AGBG **14** 3
Übereinkommen über die Rechtsstellung des Staatenlosen EG **29** Anh V

Magere Zahlen §§ = Erläuterungen

Überfall v Früchten **911**
Übergabe, bei Abzahlgeschäften AbzG **1** 3 b aa; Begriff Einf 2b vor **929**, **929** 3; Eigentumsvoraussetzg **929** 3, 4; Ersatz **929** 3 d, **930** 1 b; **931**; d Kaufsache **2 A** a, **446** 3, Kosten **448**; z Pfandbestellg **1205** 3, bei Mitbesitz **1206**; Stellvertretg **929** 3c
Übergabepflicht des Verkäufers **433** 2a
Übergabevertrag Übbl 5 vor **2274**; Umdeutg in Erbvertrag **2084** 5
Übergang der Fdg auf Bürgen **774**, auf Eigentümer bei Hypothekenbefriedigg **1143** 3, auf Verpfänder **1225**; der Hypothek auf Schuldner **1164**; d mittelb Besitzes **870** 1; der Nebenrechte mit Abtretg **401**; des Pfandrechts mit Abtretg **1250**, **1251**; von SchadensersatzAnspr nach Versicherungs-, Sozialversichergs-, BeamtenR u LohnfortzahlsG Vorb 7c, bc, cd, ee vor **249**
Übergangsrecht zum Erbrecht des ZGB-DDR EG **213** 4
Übergangsvorschriften zum AdoptionsG Einf 5 vor **1741**; erbrechtl Verhält EG **213** 3
Übergangsvorschriften zum Ersten EheRG Einf 6 vor **1564**; erbrechtl Verh EG **213** 3
Übergangsvorschriften zum G über die rechtl Stellg der nichtehel Kinder: EhelErklärg auf Antrag des Kindes **1740** e 3; erbrechtl Verhältnisse Anh zu **1924** 2; grundsätzl Regelg Übbl 7b vor **1589**, bei EG **209**; Legitimation dch nachfolgde Eheschließg **1719** 5, bei EG **209**; Namensrecht des Kindes **1617** 4; nichtehel Vatersch Vorb 2 vor **1600a**; Anerkenng, Aufhebg der Vatersch, Anh zu **1600** o; Unterhaltsabfindg **1615** e 5; UnterhaltsR Anh zu **1924** 3; Vormsch über nichtehel Kinder **1705** 4
Überhang 910
Überholende Kausalität Vorb 5 f vor **249**
Übermittlung, Übermittlgsperson **120** 1, 4; unrichtige **120** 12
Übernahmerecht, bei Gesellschaft **736** 1; Einräumg in letztw Verfügeen **2048** 1a, Einf 4 vor **2147**, **2278** 2a; bei Enteign **903** 5 G a
Überschuldung, Anfechtg d ErbschAnnahme **1954** 1; erbrechtl Beschränkg eines Abkömml wegen — **2338** Klagegrund für Aufhebg der Gütergemsch **1447**, **1448**, **1469**; des Nachl **1980** 2; des Vereins **42**
Überstunden 611 3c, 6d; Berücksichtigg beim Unterhalt **1603** 2
Übertragung der Anweisg **792**; des Auftrags **664**; von beschr pers Dienstbark **1092**; des mittelbaren Besitzes **870**; des Eigentums an bewegl Sachen **929**–**936**, an Grdst **925**; einzelner Ggstände beim Zugewinnausgleich **1383**; der elterl Gewalt auf einen Elternteil **1671**, **1672**, **1678**; von Forderger s Abtretg; Gehaltsanspr der Beamten EG **81**; von Grundstücksbestandteilen, Form **313** 2e; v GrdstRechten **873**; v Hypotheken **1153**–**1156**; des Nießbrauchs **1059**, bei jur Pers **1059** a–e; von Rechten **413**; der Vermögensverwaltg auf Beistand **1690**; von Vorkaufsrechten **1094** 5b, **1098** 6
Überwachungspflicht leitender Angestellter **611** 4 d cc
Überweisung 270 1d; fehlerhafte –, BereichergsAnspr **812** 5 B b cc; steckengebliebene **270** 1d, **675** 3b
Überweisungsauftrag 665 2, **675** 3a
Überwölbungsrecht 877 3a
Umbauten des Mieters **550** 2
Umbildung s Verarbeitg
Umdeutung 140; Einzelfälle **140** 2; in Erbverzicht

Unerlaubte Handlung

2352 1; bei letztw Verfügeen **2084** 5, **2085** 4, **2090** 1, **2136** 1, **2268** 1, **2276** 2, **2301** 1, **2336** 1
Umgangsverbot 1631 3a
Umgehung v Verbotsgesetzen **134** 4, s Gesetzesumgehung
Umgehungsgeschäfte 138 5t, AGBG **7**
Umkehrschluß Einl V 3 b vor **1**
Umlegung v Grundbesitz EG **113**; Einl 7a vor **854**, Übbl 12 b dd vor **873**; u Enteigng **903** 5 H a bb; Begründg v Dienstbark Einf 2 d vor **1018**
Umlegungsvermerk Übbl 9c vor **873**
Umsatzklauseln 245 5 b ee
Umsatzpacht 581 3a
Umschaffung s Schuldumschaffg
Umschreibung v Schuldverschreibg auf d Inh **806**, öffentl EG **101**
Umsiedler, Staatsangehörigk Vorb 7 vor EG **7**
Umsiedlung d Volksdt Vorb 7 vor EG **7**
Umstellung, allgemein Einl 7 vor **241**; Altenteilsverträge EG **96** 3; Auseinandersetzg Vorb 1 vor **1471**, **2042** 9; Ausgleichspflicht **2055** 2; Eigentümergrundsch **1113** 7; Eintrag ins Grundbuch **1113** 7; Erbauseinandersetzg **2042** 9; ErbschKauf Übbl 1 vor **2371**; Grundschuld **1113** 7; Höchstbetragshyp **1113** 7; Hypotheken **1113** 7; interlok Recht Vorb 7b vor EG **12**; Leibrente **759** 4; Nacherbfolge **2130** 1; Pflichtteil **2311** 1, **2315** 3; Reallasten Übbl 1 d vor **1105**; Rentenschulden **1113** 7; Schuldverschreibungen Einf 5 vor **793**; Vermächtnis **2174** 2e; Verwahrg **700** 5; Vorempfänge **2055** 2, **2315** 3; Währgsstatut Vorb 7 vor EG **12**; s a Währgsreform
Umstellungsgrundschulden 1113 7
Umtauschvertrag, Vorb vor **494**; u NachliefPflicht **480** 2
Umtauschvorbehalt, Begriff Einf 3f vor **346**; Vorb vor **494**
Umwandlung von Hypotheken in Grundschulden **1197** 4; **1198**; von Kapitalgesellschaften **311** 3; Haftg **419** 3a; – in Wohnungseigentum WEG **4** 1, **6** 3
Umweltschutz 823 14, **839** 15, Übbl 2d gg vor **903**, **906** 1e, EG **109** 1
Umzugsfristen 556 1, **557** 1
Unbedenklichkeitsbescheinigung bei Auflassg **925** 9; bei Grundbuchberichtigg **894** 1b; Gleichstellg mit Genehmigg **275** 9 vor a; bei Übertragg eines Erbbaurechts Übbl 7 vor **1012**; des Notars BeurkG **19**
Unberechtigte Verfahrenseinleitung 826 8n
Unbestellte Waren 145 1, Vorb 1c vor **987**
Unbilligkeit, offenbare **319** 1, 2, **2151** 1; Verweigerung der Erfüll der ZugewinnauslFdg wegen grober Unbilligk **1381**
Undank, Widerruf der Schenkg **530**–**533**
Unechter Zugewinn 1376 3, **1381** 2d
Uneheliche Kinder, s nichtehel Kinder
Uneheliche Mutter, s nichtehel Mutter
Unentgeltlichkeit, Einf 4c vor **305**, **516** 4; des Auftrags **662** 4; bei Besitzerwerb **937** 3; der Mitarbeit eines Eheg im Beruf u Geschäft des anderen **1356** 3; Unterhaltsverzicht des nehel Kindes **1615** e 3a; Verfügeen des Nichtberechtigten **816** 3, **822** 2, des Vorerben **2113** 2, im TestVollstr **2205** 3; unentgeltl Zuwendungen bei Berechn des Endvermögens **1375** 3a; Herausgabepflicht des Dritten **1390** 2
Unerfahrenheit, Ausbeutg **138** 4
Unerlaubte Handlung, allgem Verkehrspflichten **823** 8; Aufrechng bei **393**; Aufopfergsanspr **903** 4, 5; Aufsichtspflicht Verletzg **832**; Ausgleichsanspruch **840** 3; ausländische Streitkräfte, Sta-

2455

Unfallhelferring

tionierungsschäden, s unter „Stationierungsschäden"; ausschließliche Rechte Einf 8 a vor 823; Beamtenhaftg 839; Beweislast 823 13; Beseitiggsanspr Einf 9 vor 823; Bildnisschutz 823 6 i; Billigk Haftung 829; Dienste, entgangene 845; Ehegatten Haftg im Innenverhältn 1441, 1463; Ersatzanspr bei Eheg 843 4 A d, 1359 1; Eigentumsverletzung 823 5; Einzelfälle 823 14; Ersatzanspr Inhalt 823 12 a; Ersatzberecht 823 10; Ersatzleistg an Nichtberechtigten 851; Ersatzpflichteter 823 11; Fahrlässigk 823 3; Fdg, Arglisteinrede 853 1; Fordergsrechte 823 6 h; Freiheit 823 4 c; Gebäudeeinsturz 836–838; Gefährdgshaftung neben Verschulden 840 3 B a; GefälligkFahrt 254 6 b; Geldrente 843 4, 844 6; Gerichtsstand Einf 11 vor 823; Gesamtschuld 840 2; Geschädigter 823 10 a; Geschlechtsehre 825; Gesundheitsverletzg 823 4 b; Gewerbebetrieb 823 6 g; Haftg f Angestellte u Gehilfen 831; Haftg ohne Verschulden Einf 4 vor 823; Haftausschluß 254 6; Haftgsbeschränkg, gesetzl Einf 2 d vor 823; Handeln auf eig Gefahr 254 6; internat PrivR Einf 11 vor 823, EG 12 1–4; interzonales Recht EG 12 5; Kapitalabfindg 843 6; Körperverletzg 823 4 b; Kreditgefährdg 824; gegen das Leben 823 4 a; mehrere Verletzte 823 10 b; Minderjähriger 828; Mittäter 830 1; Mitverschulden 846; Namensrecht 823 6 c; Persönlk Recht 823 15; Recht, sonstiges 823 1, 6; Sachentziehg 848 1; Schutzges 823 9; Schmerzensgeld 847; sittenwidriges Verhalten 826 2, Einzelfälle 826 6; Streupflicht 823 8 a, 823 14; Taubstummer 828; Teilnehmer 830; Tierhalter 833; Tierhüter 834; Umfang der Ersatzpflicht 823 12, 842 bis 845; Unterlassgsanspr Einf 1 a, 8 vor 823; Unzurechngsfähig 827; Urheberrechte 823 6 d; Ursachenzusammenhang Vorb 5 vor 249; Verjährg 852 1–4, bei Vererbg 2039 1; Vertrag Einf 2 vor 823; Vertreter 823 11; Verschulden Einf 1 a vor 823; Verzinsg 849; Vorsatz 276 3; Vorteilsausgleich 823 12 c; Widerrechtlk, objektive Einf 1 a vor 823, 823 7

Unfallhelferring 134 3, 675 3 a

Unfallhilfekredit Einf 3 q vor 607

Unfallneurose, ursächl Zusammenhang Vorb 5 d cc vor 249

Unfallverhütungsvorschriften, Verstoß gg, Beweislast Vorb 8 a cc vor 249, 823 13 a

Unfallversicherung, Haftgsbeschränkg des Unternehmers 611 14 a; vertragl U, Anrechng auf Schaden Vorb 7 b cc vor 249

Unfallversicherungsneuregelungsgesetz 618 3 e, 683 4

Unfruchtbarkeit als EheaufhebgsGrund EheG 32 8

Ungarn-Flüchtlinge, Gerichtsstand für Ehescheidung EG 17 6 a

Ungeborener 1 3

Ungerechtfertigte Bereicherung 812 ff; Anerkenntn 812 2 b; Anfechtbark 812 6 A c bb, 813 2 b; Anspruchskonkurrenz Einf 4, 5 vor 812, 818 1 c; Anstandspflicht 814 2; aufgedrängte – 951 2 c dd; Auflassg 812 4 b; ArbeitsR Einf 6 c vor 812; Aufwendgen 818 6 C d; Aushilfshaftg des Dritten 822 3; AuskPflicht 812 7; 818 3 f; Ausschluß des BerAnspr Einf 5 vor 812; Autovermietg an Minderjährige 812 4 d, 819 2 e; bedingte Verbindlichk 813 3; Befreig v Verpflichtgen 812 4 c; Begriff der Bereicherg 818 6 A a; Bereicherungseinrede 821; Bereicherungskette 812 5 B b aa; Besitz 812 4 b, 861 7 a; betagte Verbindlichk 813 3; Beweislast 812 8, 813 4, 814 4, 815 4, 816 4, 817 4, 818 8, 819 5, 820 4, 822 5; BewirtschaftgsVorschr 817 3 c aa; Bewußtsein unsittl Handelns 817 2 c; Bordellkauf 817 3 c cc; Bösgläubigk des Empfänger 819 1, 2; Deckungsverhältn 812 5 B b cc; Doppelkondiktionslehre 812 5 B b ee; beim Doppelmangel 812 5 B b ee; Doppelmangel 812 5 B b ee; Dreiecksverhältn, bereichergsrechtl 812 5 B b cc; Drittbeziehgen 812 5 B b; Durchgriff 812 5 B b ee; nach Ehescheidg 812 6 A c bb; Eingriffskondiktion 812 1, 3; Einheitlichk des BerVorgangs 812 5 B, 822 1; Einheitskondiktionslehre 816 3 b; Einrede, dauernde 893 2 a; Einrede der Ber 821; Eintragg im GB 812 4 b; einspr Anwendg Einf 6 vor 812; Erfolg, Nichteintritt des mit der Leistg bezweckten 822 6 A d; Erfolgseintritt, ungewisser 820 1, 2; Erfüllg einer Nichtschuld 812 6 A b, 813; das Erlangte 812 4, 818 2; Erlanggvorteilh RStellg 813 4 b; Ersitzg Einf 5 b vor 812; Erspargvon Aufwendgen 812 4 d; Erwerbssurrogat 818 4; Erwerb von Rechten 812 4 a; „etwas" erlangt 812 4; Fehlen gültigen GrundGesch 812 6 A a; Fortfall der Ber 818 6 A; Gegenleistg, Berücksichtigt 818 6 D; ggseitig Vertr 812 6 A d; Geldentwertg 818 5 d; Genehmigg des Berecht 816 2 c, 4; Gerichtsstand Einf 8 f vor 812; gewerbl Rechtsschutz Einf 6 b vor 812; Grundbuchberichtigg 812 4 b; Güterzuordng 812 6 B; Haftg, verschärfte 818 7, 819 4, 820 3; Hauptfälle Einf 2 vor 812; HerausgPfl 812 7, 816 5 b, 818 2; Inhalt des BerAnspr 812 2; Internat PrivR Einf 8 g vor 812, Vorb 6 r vor EG 12; Kenntn des RMangels 819 2, von Einwendgen 814 2 a, der Nichtschuld 814 2; Konkurrenz mit and Anspr Einf 4, 5 vor 812, 818 1 c; „auf Kosten" des anderen 812 5; Leistg 812 4, Leistg in Erwartg späterer Heilg d Vertr 814 2 c, Leistg dch (an) Vertreter 812 5 B b bb, 814 2 d, Leistg unter Vorbeh 814 2 b, 820 2 d; Leistgsannahme dch N 816 4; Nichteintritt des Erfolgs 812 6 A d, 815, 820 1, 2; Nichtschuld, Erfüllg 812 6 A b, 813; Nutzgen 818 3; öffentl Recht Einf 6 d vor 812; Patentverletzg Einf 6 b vor 812; Preisvorschr, Verstoß 817 3 c aa; Rechtsfolgenverweis Einf 6 a vor 812; RechtsGrdVerweig Einf 6 a vor 812; Rechtshängigk, verschärfte Haftg 818 7; rechtskräft Urteil 812 6 B c; Rechtsstellg vorteilh 812 4 b; RVerändergen kraft Ges 812 6 B c; RückfordergsAnspr bei sittenwidrig Grd – aber wirks ErfGesch Einf 5 a n vor 854; Rückgriffskondiktion 812 5 B b dd; Saldoanerkenntn 812 2 b; Saldotheorie 818 6 E b, c; Schuldanerkenntn 812 2 b; Schuldentilgg s Tilgg; Schuldnerverzug neben verschärfter Haftg 818 7 d, 819 4 b, 820 3 b; Schuldversprechen 812 2 b; Schwarzmarkt-Gesch 817 3 c aa; Sittenverstoß 817; sittl Pflicht 814 3; Surrogate 818 4; Tatbestände der ungerechtfert Ber 812 1; tatsächl Vorgänge 812 3; Tilgg eigener Schulden 818 6 B d, fremder Schulden 812 5 B b dd; Treu u Glauben Einf 1, 8 a vor 812, 817 3 a ff; Umfang d Ber Anspr 818; Umstellg 818 5 d; uneingetetlt Vfg 816 3, 822 2; Unkenntn der Aufrechngsbefugn 813 2 b; unmittel Vermögensverschiebg 812 5 B; Unmöglichk des Erfolgseintritts 815 2; unzulässige Rechtsausübg 242 4 D d, Einf 8 a vor 812; UrheberR Einf 6 b vor

Magere Zahlen = Erläuterungen **Unterhalt**

812; Urteil s rechtskräft Urt; Valutaverhältn 812 5 B b cc; verbotswidrige Leistg 817; Vfg eines (an) Nichtberecht 816; Vfg im Wege der Zwangsvollstreckg 812 5 B a bb; Verhältn zu anderen Anspr Einf 4, 5 vor 812; Verhinderg des ErfolgsEintr 815 3; Verjährg des BerAnspr Einf 7 vor 812, 822 4 b; VerjährungsEinrede 813 2 b; VermNachteile der Empfänger 818 6 C d; VermVerschiebg (VermVorteil) 812 4; Vertreter 812 5 B bb; Verwendgen 816 6 C a; Verzicht Einf 8 b vor 812; Verzinsg 818 3 c, 7 b, 820 3 a; Verzug, s Schuldnerverzug; Vorbehalt der Rückforderg, s Leistg unter Vorbehalt; Vorenthaltg der Mietsache 557 5 a, Einf 5 a vor 812, des Pachtgegenstands 597 3; Vorteilsanrechng (-ausgleich) Einf 8 c vor 812, 818 6 A a; WarenzeichenR Einf 6 b vor 812; Wegfall der Ber 818 6 A; des Rechtsgrundes 812 6 A c; Weitergabe, unentgeltliche 822 2; Wertersatz bei Herausgabe 818 5; Wettbewerbs R Einf 6 b vor 812; Wucher 817 3 c bb; Zinsen, s Verzinsg; Zurückbehaltgs R Einf 8 d vor 812; Zuwendg (LeistgsKondition) 812 2, an Dritte 822 2; Zwangsvollstreckg 812 5 B a bb; Zweckerreichg 812 6 A; Zweckerreichg 812 6 A; Zweifel am Bestehen der Schuld 814 2 a; Zweikonditionenlehre 818 6 E a

Universalvermächtnis eines Unternehmens Einf 4 vor 2147

Unklarheitenregel AGBG 5, 157 5b

Unmöglichkeit, anfängl 275 3, 306-308; anfängl teilweise 306 5, 307 3; kein Annahmeverzug 293 2 b, 297; Begriff Vorb 2 vor 275, 275 1; behördl Genehmigg 275 9; Beschränkg d Haftg für Unmöglichk bei AGB AGBG 11 8, 10; dauernde 275 4, 306 3; Dienstvertrag 293 2 b; Draufgabe bei - 338; Ersatzanspr des Gläub 323 5, 325 8; bei Gattgsschulden 275 2, 279; bei Gesamtschuld 425 2; vom Gläub zu vertretende 324; Herausgabe des Ersatzes 281 1, 2; Klage auf Erfüllg 280 6, 283 2 b, 3; Klage auf Schadenersatz 283 2 a; der Leistg 275 1, 306 3; nachträgl 275 3, 323; v keiner Partei zu vertreten 323; Nebenleistg 275 5; offenbare 1591 4; infolge öffentl-rechtlicher Anordnungen 275 9; Opfergrenze 275 1 b, 279 2; rechtl 275 1 b, 306 1; Rückgabe der GgLeistung 325 8; Rücktritt vom Vertrag 325 6; vom Schuldner zu vertretende 275 6, 280 1, 2, Beweislast 282, Rechte des Gläub 325 1, 2; teilweise 275 5, 280 5, 306 5, 325 7; bei Veränderg der Geschäftsgrundlage 275 1b; Verhältn z Gewährleistg Vorb 2 a vor 459; bei Vermächtnis 2171 1, 2172 1; keine Unmöglichk bei Vermögenssperre 275 4; Verschulden beider Teile 280 3; nach Vertragsschluß behobene 308 1; völlige 275 5; vorübergehende 275 4, 5; bei Wahlschuld 255; wirtschaftl 275 1 e; dch Zweckerreich od Zweckfortfall 275 1 d

Unpfändbare Sachen, Sicherg übereign 930 4 e

Unpfändbarkeit 394, 1204 2 b, 1273 1 b; Nichtabtretbark 400; Verzicht auf 138 5 k

Unregelmäßiger Verwahrgsvertrag 700; Werkliefergsvertrag 551 1; unregelm Pfand Übbl 1 vor 1200, 1205 2c, d

Unregelmäßiges Pfandrecht Übbl 3 vor 1204

Unrichtigkeit der Beurk des Grundstücks VerpflVertr 313 8 d, e; des Erbscheins 2361 1, 2; des Grundbuchs 894 3, aus Hypothekenbrief ersichtlich 1140; des TestVollstrZeugnisses 2368 8 h

Unschädlichkeitszeugnis, GrdstTeilveräußerung EG 120

Unterbeteiligung 705 8; Vererblichkeit 1922 3 a ff

Unterbrechung der Verjährg 208-217, Wegfall 211-216, Wirkg 217; „Unterbrechg" des ursächl Zusammenhangs Vorb 5 d cc, dd, ff vor 249

Unterbringung des Kindes durch Eltern 1631 4; des Mündels mit Freiheitsentzieh 1800 3, 1910 3b; Genehmigg des VormschG 1800 3; keine U durch Familienrat 1872 1; des Mündels dch JugA od Verein als Vormd, Rücksichtnahme auf religiöses Bekenntn 1801 2, dch VormschG 1838; s a „Anstaltsunterbringung"

Untererbbaurecht Übbl 5 c vor 1012, WEG 30 7

Unterhalt zwischen Ehegatten, Eltern u Kindern 1360 ff, 1601 ff; Änderungsbefugn d VormdschG 1612 2; angemessener 829 3, 1603 3, 1610 3; angemessener der Mutter des zu erwartenden Erben 1963 2; Annahme als Kind 1751 2; einstw Anordng Einf 6 vor 1601, 1615 o; Arbeitskraft, Verwertgs Pfl 1602 2b; Arbeitsleistg, zumutbare 1602 2b; Art des - 1360a 2, 1361, 1612; Ausgleich bei Leistg dch Dritte Einf 5 vor 1601, 1607 3; Bedarfstabellen 1610 1; BeerdiggsKosten für Berecht 1615 3; Bedürftige, mehrere 1609 1; Bedürftigk, Begr 1602 2; Befreiung durch Vorauslstg 1614 3 b; Beitrag der mitverdienenden Ehefrau 1360 3; BereicherungsAnspr bei Erfüllg dch Dritte 812 4 c; Berücksichtigg d sonst Verbindlk 1603 3b; Berufsbestimmg 1611 2; Bestimmgsrecht d Eltern 1612 2; Dauer 1602 2, 1612 1; Ehegatten 1360; Ehegatten, getrenntlebde 1361; Unterh zw geschiedenen Ehegatten, s „Unterhalt der geschiedenen Ehegatten"; Ersatz f Entziehg 844 4, 5; Ende 1615; Ersatz für Unterh aus öff Mitteln EG 103 1; ErsAnspr, Abtretbark 1607 3; ErsAnspr Dr für geleisteten Einf 5a vor 1601, 1607 3; Begrenzg aus erzieherischen Gründen 1610 2; Erziehgskosten 1610 4; FamilienUnterh 1360-1360b s dort; freiw Leistg Dr 1602 2; freiw Zuwendungen 1603 2b; Gefährdg des eig 1603 3; Geldrente 1360a 2, 1361 4, 1612 1; Gefährdg 1666 6, Aufhebgsgrund bei Gütergemeinschaft 1447, 1469, bei fortges Gütergemsch 1495; Gutachten d Jugendamt JWG 48d; interlok PrivR EG 19 6, 21 8; internat PrivR EG 14 4e, EG 19 1, Einf 7 vor 1601; Kinder, unverheiratete 1360a 1, 1603 4, 1612 2, 1649; Kl auf künft Entrichtg Einf 6 vor 1601; Leistgsfgk, Beweislast 1602 1, 1603 1; Leistgsfgk des Verpflichteten 1603 2, 3; Mehrleistg 1360b 1; Naturalleistg 1360a 2, 1612 1; notdürftiger 1611; aus öff Unterstütz Mitteln Einf 5 b vor 1601; Prozeßkosten 1360a 3, 1610 3; Rechtshängigk des Anspr 1613 2b; Rangordng der Bedürftigen 1609 2, der Verpflichteten 1606 1-3; Rückfälle 1602 4; Sättiggs Grenze 1610 2; sittenwidrige Vereinbargen 138 5 u; Sonderbedarf 1613 2 d; Stiefkinder 1360a 1, 1371 3; Täuschg durch Berecht 1602 4; Tod des Berecht 1615 1; Übereinkommen, Haager, über das auf Unterhaltsverpflichtungen gegenüber Kindern geltende Recht Anh zu EG 21; weitere Übereinkommen Anh zu EG 21 4; Umfg 1360 3, 1610 3; Übergangsrecht Einf 7 vor 1601; Veränderg d Verhältn 1610 2, 1612 1; Vergangenh 1613 1-3; Verjährg 197 2e, Einf 3 vor 1601; Verwdg von KindEinkünften 1602 3; Verurteilg auf unbest Zeit 1602 1; Verzicht für Zukunft 1614 1, 2, Vergangenh 1613 3, 1614 2; Verzug des Verpflichteten 1613 2a; Vorausleistg 1614 3; Zuvielfdg 1611 3; Zuvielleistg 1360b 1; s a UnterhAnspruch, UnterhPflicht

Unterhalt des geschiedenen Ehegatten Fette Zahlen = §§

Unterhalt des geschiedenen Ehegatten: Allgem **1569**; Altersversicherg **1578** 3; angemessene ErwTätigk **1574**; Anrechng von Nebeneinnahmen **1578** 2; Anschlußunterh **1569** 2; Art der Zahlg **1585**; U aus BilligkGrden **1576**; AuskPflicht über Vermögen u Einkünfte **1580** 1; Ausschluß des U bei grober Unbilligk **1579**; BestattgsKosten **1586** 1; U der Beamtenehefrau Einf 1 vor **1569**; bei Doppelverdienerehe **1578** 2; Einkünfte des unterhberechtigten Eheg **1577**; ErsHaftg der Verwandten **1584** 4; U für die Vergangenheit **1585** b; GüterGemsch mit neuem Eheg **1583**; Kapitalabfindg **1585** 3; Krankenvers **1578** 3; kurze Ehedauer **1579** 2; mangelnde Leistgsfähigk des Verpflichteten **1581**; U mangels angemessener ErwTätigk **1573**, **1574**; Maß des U **1578**; mutwillige Herbeiführg der Bedürftk **1579** 2; neue Ehe des Verpflichteten **1582**; neue Lebensgemeinschaft des Berechtigten **1579** 2; Rente **1585** 2; SättiggsGrenze **1578** 2; SicherhLeistg **1585** a; Sonderbedarf **1585** 2, **1585** b 2; Stammunterh **1569** 2; Straftat gg den Verpflichteten **1579** 2; Tod des Berechtigten **1585** 2, **1586**; Tod des Verpflichteten **1586** b; UnterhPfl der Verwandten **1584**; UnterhVerträge **1585** c; Verh zum Kinderunterh **1582** 2, u Vermögen des Unterhberechtigten Eheg **1577**, des unterhverpfl Eheg **1581** 3; U wegen Berufsausbildg **1575**; wegen Erziehg eines gemeinsch Kindes **1570**, **1579** 3; wegen Krankh **1572**; Wiederheirat des Berechtigten **1585** 2, **1586**, des Verpflichteten **1582**, **1583**; früheres Recht EheG **58** ff

Unterhalt, nichtehel Kind 1615a–1615o; Abfindg **1615** e; allg Vorschriften **1615** e; Altersgrenze **1615** a 1; **1615** f; Bemessg **1615** c; Erlaß **1615** e 3; einstweilige Anordg **1615** o; Fordergsübergang bei Gewährg dch Dritte **1615** b, **1615** i 4; internat PrivatR EG **20** 1, **21** 3a; Regelbedarf **1615** f 3; RegelbedarfsVO Anh 3 zu **1615** f, **1615** g; Regelunterhalt **1615** f 2; Regelunterhalt-VO Anh zu **1615** f, **1615** g; Anrechng von Kindergeld, Kinderzuschlägen, wiederkehrenden Leistgen **1615** g; Herabsetzg **1615** h; Klage **1615** f 4; Sonderbedarf **1613**, **1615** h 3; Stundg **1615** c 2; Übergangsrecht NEhelG **Art 12 § 5**, **1615** e 5; NEhelG **Art 12 § 10**, Anh I zu **1924** 3; für Vergangenh **1615** d; Vereinbg für Zukunft **1615** e; Verjährg **1615** d 2; Verpflichtg zur -Zahlg, keine vormundschaftsgerichtl Gen **1822** 6 b; kein Verzicht **1615** e; vormschG Gen **1615** e; nichtehel Mutter, Beerdiggskosten **1615** m, Entbindgskosten **1615** k, Unterh aus Anlaß der Geburt **1615** l; Tod des Vaters **1615** n

Unterhaltsanspruch, AbändKl Einf 6 vor **1601**; Abtretbark Einf 4 vor **1601**; Anpassg von Unterhaltsrenten Minderjähriger **1612** a 3; Aufrechng Einf 3 vor **1601**; Bedürftigk **1602** 2, selbstversch **1611**, EheG **65** 3; Geltendmachg durch Beistand **1690**; Erfüllg **1601** 1; Erlöschen **1615** 1, 2; gerichtl Geltdmachg **1360** 2, Einf 6 vor **1601**; Geltdmachg im Ausland EG **21** 1; gesetzl, rechtl Natur Einf 1 vor **1601**; bei Gütergemsch **1604**; höchstpersönl R **1615** 1; des Kindes gg einen Elternteil **1629**; des Kindes bei Getrenntleben der Eheg **1629** 5; Konk des UnterhPflichtigen Einf 3 vor **1601**, **1603** 3; keine Minderg von Schadensersatzanspr durch U Vorb 7 cff vor **249**; Mutter des zu erwartenden Erben **1963** 1; Reihenfolge der Bedürftigen **1609**; Reihenfolge der Berücksichtg **1603** 3; Tod des Berecht **1615** 1, 2, des Verpflichteten **1615** 1, 2; Übergang kr Ges **1607** 3, **1608** 2, **1615** b; Unpfändbark Einf 3 vor **1601**; Verjährg **194** 5, **197** 2, **200** 5, Einf 3 vor **1601**; kein Vermögen **1626** 4b, c; Verwirkg EheG **66** 1, 2; Verzicht **1614**; Voraussetzg **1602**; Währgsstatut im interlokalen Recht Vorb **14**l, n vor EG **7**; Zuständigk Einf 6 vor **1601**

Unterhaltsanspruch der geschiedenen Ehegatten Einf 2 vor **1569**, **1569**; Prozeßkostenvorschuß Einf 4e vor **1569**; Rechtsnatur Einf 2 vor **1569**; Verh zum UnterhAnspr gg die Verwandten **1584**; Wiederaufleben **1586** a; zuständ Gericht Einf 4c vor **1569**

Unterhaltsanspruch des nichtehel Kindes 1615 a ff; FordergsÜbergang **1615** b, **1615** i 4; Geltendmachg dch Pfleger **1706** 2b; dch Jugendamt **1709** 2; der nehel Mutter **1615** l 2

Unterhaltspflicht, allgem Einf vor **1601**; Abkömml **1606** 2; bei Annahme an Kindes Statt **1766**; EheG **1360–1360** b, **1608**; Belastg mit – als Schaden Vorb 2 d vor **249**; u Berufsfreiheit **1360** 1, 3 a, **1603** 2; bei Getrenntleben **1361**; EhelichErkl **1739** 1; Einfluß des Güterstandes **1604**; Eltern **1602** 3, **1603** 4, **1604** 1–3, **1606** 4; zw Eltern u ehel Kindern, internat PrivR EG **19** 4; Haager Übereinkommen Anh 1 zu EG **21**; Geschwister **1601** 2; Geschwisterausgleich Einf 5 vor **1601**; Haftg der Eheg als Gesamtschuldner **1604** 2; Gütergemeinsch **1604** 2; ggü nichtehel Kind **1615** a ff; ggü nichtehel Mutter **1615** l; internat PrivatR EG **21**; Rangordng der Pflichtigen **1606–1608**; Selbstbehalt **1603** 1, 2, **1581** 1 b; Stiefvater **1601**; Tod des Verpflichteten, Übergang auf Erben **1586** b; ÜbergVorschr Einf 7 vor **1601**; Umgehg **1603** 2 a; Unterlaß zumutbarer Arbeit **1603** 2; als Vermögensschaden Einf 3 vor **1601**; Verwandte, Ersatzhaftg **1608** 1, 2; – u VersorgsAusgl Einf 1, 7 vor **1587**; Verwandte in gerader Linie **1601** 1, 2; Verletzg dortch Eltern **1666** 6; Voraussetzg **1603**; Wiederverheirat **1604** 1

Unterhaltsrenten, gesetzl, Unpfändbarkeit Einf vor **1601**

Unterhaltsrichtsätze 1361 4, **1610** 1, **1615** 1f

Unterhaltsübereinkommen, Haager Anh zu EG **21**

Unterhaltsvereinbarung zw getrennt lebden Eheg **1361** 4e; bezügl ScheidgsUnterhalt **1585** c; Übergangsregel Einf 6 vor **1569**; zw Vater u nichtehel Kind **1615** e

Unterhaltsvergleich zwischen Vater u nichtehel Kind **1615** e 3a

Unterhaltsvertrag Einf 4 vor **1601**; für die Zeit des Getrenntlebens **1361** 4e; u clausula rebus sic stantibus **242** 6 A; u Ehescheidg **1585** c; ÜbergangsR **1615** e 5, **1585** c 1

Unterhaltsverzicht, nacheheticher **1569** 3, unentgeltlicher **1615** e 3a; s auch „Unterhaltsvereinbarg"

Unterhaltsvorschußkassen Einf 9 vor **1601**

Unterkundengeschäfte 826 a hh

Unterkünfte, Haftg im Arbeitsverhältnis **618** 2

Unterlassung, Bedeutg **241** 4; als Gegenstand einer Dienstbark **1018** 6; als Haupt- od Nebeninhalt der Leistg **241** 4; Klagbark **241** 4, 5; U als Schadensverursachung Vorb 5 d dd vor **249**; Verjährg v UnterlassAnspr **198** 1; Vergleich über Anspr **779** 2c

Unterlassungsklage, gg Besitzstörg **862** 2; bei Ehebruch Einf 1 vor **1353**; des Eigentümers **1004** 6; gegen Mieter **550**; gegen Nießbraucher **1053**; der Eltern gg Dritten wegen Verkehrs mit Kind **1631** 3a; Verletzg des Namensrechts **12** 5; vorbeugende **241** 5, Einf 8b vor **823**; wiederher-

Magere Zahlen = Erläuterungen

Vaterschaftsvermutung

stellende **249** 1, Einf 8 c vor **823**; Wiederholgsgefahr Einf 8 b ee vor **823**
Unterlassungsklage gegen AGB-Verwender AGBG **13** 2; Anspr gegen Empfehler AGBG **13** 3; gegen Verwender AGBG **13** 2; einstweilige Vfg **15** 4; Klageantrag **15** 2; Klageberechtigg AGBG **13** 4; MitteilgsPfl ggü Bundeskartellamt AGBG **20**; Streitwert **22**; Urteilsformel AGBG **17**; Bekanntmachg der Urteilsformel AGBG **18**; VollstreckgsGegenklage AGBG **19**; Wirkg des UnterlassgsUrt für den Individualprozeß AGBG **22**; Zuständigk AGBG **14**
Untermiete Einf 1 c vor **535**; **549**
Unternehmen, Bewertg bei PflichttFeststellg **2314** 1 b; Übereigng **930** 2 c; Verpfändg Übbl 1 bb vor **1204**
Unternehmensanteile, Kauf **437** 2 e, Vorb 3 vor **459**; vererbl R **1922** 3 a
Unternehmenskauf 433 1 c aa, 5 f, **462** 1 b
Unternehmensnachfolge, Arbeitsverh **611** 1 g, **613** a; erbrechtl, Auswahl der Nachfolgers dch Dritte **2065** 2 b; Vermächtnis **2087** 1 c, Einf 4 vor **2147, 2151** 1, **2385** 1
Unternehmensnießbrauch 1068 4, **1085** 4
Unternehmer, Begriff Einf 1 k vor **611**; Werk-Vertr **631**; Mehrheit von U **631** 1 b; Zugehen von Willenserklärungen **130** 2 a
Unterschrift, Beglaubigg **129** 3, Form BeurkG **39, 40**; Bevollmächtigter **126** 4; eigenhändige **126** 4, **2247** 2 c; notariell beglaubigtes Handzeichen **126** 6, Form BeurkG **39, 40**; Namen **126** 5; – unter nicht gelesene Urkunde **119** 2 b
Untervermächtnis 2186, 2187
Unvermögen, anfängliches **306** 3, Vorb 2 vor **323**; Begriff **275** 2, **279** 2; v Schuldner zu vertretendes **275** 2, 6, **279** 1–3, **280** 1, 2; kein – bei Vermögenssperre **275** 4
Unverzüglich, Begriff **121** 3
Unvollkommene Verbindlichkeit, Einl 4 vor **241**; Grundschuld **1191** 2 b aa; Pfandrecht **1204** 3 a
Unvollständige Beurkundung von Grundstückskaufverträgen **313** 8 f
Unvollständige Rechtssätze Einl IV 2 c vor **1**
Unwandelbarkeit, im IPR Vorb 6 b vor EG **7**; des GüterR EG **15** 3 a; des UnterhaltR des nehel Kindes ggüber Vater EG **21** 2
Unwirksamkeit, Arten Übbl 4 vor **104**; der Leistungsbestimmg eines Dr **319**; eines Teils **139**, s a Teilunwirksamk; v Testamenten **2077** 1, **2085** 2; v Vfg entgegen Veräußergsverbot **135, 136**; von Verfüggen des Vorerben **2113** 1 a; Zusammentreffen mit Anfechtbark Übbl 4 d vor **104**
Unzulänglichkeitseinrede 1990, 1991
Unzulässige Rechtsausübung 242 1, 2 a, 4 C, D, 6, 9; bei fehlender vormundschaftsger Genehmigg **1643** 2 d; s a „Rechtsausübung"
Unzumutbare Härte bei Scheidg vor Ablauf des TrenngsJahres **1565** 4 b bb; zur Aufrechterhaltg der Ehe **1568**
Unzurechnungsfähigkeit, unerl Handlg **827, 829**
Urheberrecht Übbl 2 vor **90**; Gewinnherausgabe bei Verletzg **687** 2 c; Ersatz von Nichtvermögensschaden **687** 2 c, **847** 1, Kauf **433** 1; als geschütztes Recht **823** 6 d; Schadensersatzberechng nach Lizenzgebühr **249** 3 b; Ausübg dch TestVollstr **2210** 3; Übertragg **413** 1 b, an Miterben **2042** 2 d; ungerechtf Bereicherg bei Verletzg Einf 6 b vor **812**; Vererblichk **1922** 3 a, **1936** 2; Vermächtnis Einf 4 a vor **2147, 2174** 2 b

Urkunde über Abtretg **405, 409, 410**; Begriff **126** 2; Eigtum **952**; Einsicht **810**; Errichtg notarieller BeurkG **1** ff; fr Errichtg gerichtl od notarieller fr EG **151** 1–4; Übergabepflicht bei Kauf **444**; Vermutg der Vollständigk u Richtigk **125** 5
Urkundensprache BeurkG **5, 16**
Urkundsbeamter, Amtspflichtverletzg **839** 5 B a, c, **15**
Urlaub 611 12; Beeinträchtigg, Vereitelg dch mangelhafte Leistgen eines Reiseveranstalters Vorb 2 b dd vor **249**; entgangener als Schaden Vorbem 2 b dd vor **249**
Urlaubsabgeltungsanspruch 611 12; Aufrechng dagg **394** 1; Verzicht, Nichtigk **134** 3 a
Urlaubsentgelt 611 12 i
Urlaubsgeld 611 7 e
Ursachenzusammenhang Vorb 5 vor **249**, **282** 2 c; Beweis Vorb 8 vor **249**; **823** 13; alternative Kausalität Vorb 5 e cc vor **249**, **830** 3 c aa; kumilative Kausalität **830** 3 c bb; hypothet Schadensursachen Vorb 5 f vor **249**; bei mehreren schädigenden Ereignissen Vorb 5 e vor **249**; bei Mit-Versch **254** 3 a cc; Schutzzweck der Norm Vorb 5 c vor **249**; schadensgeneigte Konstitution Vorb 5 d cc vor **249**
Urteil, güber Altgläubiger nach Abtretg **407, 408**; Begriff **839** 8 b; Bekanntmachg der Urteile im Namens-Rechtsstreit **12** 5; der U gg AGB-Verwender AGBG **18**; im EhescheidProzeß Einf 4 vor **1564**; im Mietprozeß Einf 10 a vor **535**; Haftg f unrichtiges **839** 8; Mißbrauch **826** 8 o; rechtfertigender Grund für Leistg **812** 6 B c; SchadErs wegen Nichterfüllg nach Urteil **283**; treuwidr herbeigeführtes **242** 4 E ; Wirkg bei Aufhebg der Gütergemeinsch **1449, 1470, 1479**
Urteilsvermögen: Ausbeutg des Mangels an – **138** 4 a bb

V

Valutakredit Einf 1 b vor **607**
Valutaschuld 245 4; unechte **245** 3, 4 b, 5 b
Valutaverhältnis, Einf 2 b vor **328**, Einf 1 b vor **783**; bei Anweisg **788** 2; im BereicherngsR **812** 5 B b cc; Einwendgen aus – **334** 2
Vater, Ausschluß der elterl Gewalt bei Pflegerbestellung **1630**; elterl Gewalt **1626** 3; Heirat während der elt Gewaltausübg **1683, 1740**; Meinungsverschiedenheiten mit Mutter **1627** 1, mit Pfleger **1630** 3; kein Stichentsch **1628**; als Testvollstrecker seiner als Erben eingesetzter Kinder Einf 3 vor **2197**; UnterhPflicht **1606** 4; Vertretgsmacht **1629** 7, Vertreter ohne Vertretgsmacht **1629** 7 B, Entziehg **1629** 6; s auch elterl Gewalt, Eltern, Mutter, nichtehel Vater
Vaterschaft, biologische **1600** o 1; sittenwidrige Vereinbargen **138** 5 u
Vaterschaftsanerkenntnis 1600 a–**1600** m; Anfechtg **1600** f–**1600** m, Berechtigg **1600** g; falsches **134** 3 a, **1600** f 1; Fristen **1600** h, **1600** i; Geschäftsunfähigk, beschr Geschäftsfähigk **1600** k, Geltendmachg **1600** l, VaterschVermutg **1600** m; Bedinggsfeindlichk **1600** b; Form **1600** e; Geschäftsfähigk, beschr GeschFähigk **1600** d; Kondiktion **812** 2; Minderjährige **107** 3, **1600** d; unrichtiges **1600** f 2 a; IPR EG **22** 3; Unwirksamk **1600** f; Zustimmg des Kindes **1600** c
Vaterschaftsbeweis Einf 3 vor **1591**, **1600** o 2
Vaterschaftsfeststellung, interlokales R EG **21** 8; internat PrG EG **21** 4
Vaterschaftsvermutung, ehel Abstammg **1591**;

2459

Veränderungsnachweis Fette Zahlen = §§

nichtehel Abstammg **1600 o**, Anh zu **1600 o**; Beweisfragen **1600 o** 2, Anh zu **1600 o** 2
Veränderungsnachweis Übbl 1 vor **873**
Veränderungssperre nach BBauG Übbl 12b dd vor **873**
Verantwortlichkeit, Ausschluß **827** 1; Begriff Einf 1 vor **1**, Einf 1 vor **104**, **276** 1a bb; BilligkHaftg **829** 1, 3; des Erben bei NachlVerwaltg u NachlaßKonk **1978**; Jugendlicher **135** 1; des NachlVerwalters **1985** 3; des TestVollstr **2219**
Verarbeitung 950; BereichAnspr **951** 2
Verarbeitungsklausel 950 3a
Veräußerung v beschränkten persönl Dienstbark **1092** 1; v Grdst **313**; Genehmigg nötig Einl 7b vor **854**, Übbl 12 vor **873**, **925** 7; landesrechtl Vorschr EG **119**; Miete bei – des Grdst **571**, **572**; Nießbrauchsrechte jur Pers **1059a-e**; v Wohngs-Eigt WEG **12**
Veräußerungsverbot, absolutes **1365** 1; behördliches **136** 1; gesetzl **135** 1; Gutglaubensschutz **136** 3; Konkurs **136** 2; Nichtigk **134** 2d; rgeschäftl **137** 1, 2; relative Unwirksamk **135** 1; richterl **136** 1; Vormerkgsregeln, Anwendbark **888** 4
Veräußerungsvertrag, Aufhebg **313** 9; Nichtigk **313** 12; unrichtige Bezeichng **313** 8 d, e
Verbesserungsdarlehen EG **118**
Verbesserungsvorschläge, technische, des Arbeitnehmers **611** 13
Verbindlichkeit, Befreiungsanspruch **257** 1–3; Belastg mit als Schaden Vorb 2d vor **249**; betagte Einf 5 vor **158**, **163** 1; unvollkommene Einl 4 vor **241**, **762** 2
Verbindung, Abtrenngsrecht **997** 2, 3; in Ausübung eines Rechts **95** 3; BereichAnspr **951** 2; Bestandteil, wesentl **946** 2, **997** 1; Fahrnis mit Fahrnis **947** 2; Fahrnis mit Grdst **946** 2; Gebäude **94** 4a, d; mit Grund u Boden **94** 2; Rechte Dr, Erlöschen **949** 1; Erwerb von Miteigt **949** 2, Alleineigt **949** 1; v Vereinbarg, entgegenstehende **946** 3; zu vorübergehendem Zweck **94** 2c, 3 aE **95** 1, 2; Wegnahmerecht **951** 3d; Wirkg **946** 3, **947** 3; von Sondereigentum mit Miteigentumsanteilen WEG **1** 4
Verbotsgesetz, Auslegg **133** 7, **134** 2; Einfluß auf Pacht **581** 3a; Haftg bei Vertrag **309**; Nichtigk **134** 2; Ordngsvorschrift **134** 2a; schwebende Unwirksamk **125** 4b–e, 5a; Umgehg **134** 2; Vermächtnis u gesetzl Verbot **2171**
Verbotswidrige Kündigung Vorb 2d vor **620**
Verbotswidrige Leistung 817
Verbraucher, SchadensersAnspr wegen sittenwidriger Wettbewerbshandlg **826** 8 u
Verbürgung der Gegenseitigkeit bei Staatshaftg für Beamte **839** 2a
Verdienstausfall, Schadensersatz Vorb 2c vor **249**, **249** 2c
Verdienstsicherungsklausel 611 6c dd
Verdingungskartelle 138 5 v
Verein, Anmeldg zur Eintragg **59** 1, **67** 1, **72**, **74**, **76** 1; Auflösg **41**, Eintragung der Auflösg **74** 1; Aufnahme **38** 1; Aufnahmezwang **25** 3e; ausländischer **23** 1; Austritt **39** 1, **58** 1; Ausschließg **25** 4, 5; Begriff Vorb 1 vor **21**; Beitritt Einf 1 c bb vor **320**; Bekanntmachg der Auflösg **50** 1; eingetragener **55**–**79**; Einschränkg des Stimmrechts von Mitgl **34** 1; Einspruch gg Eintragg **61**–**63**; Eintragg **64**–**66**, s a Vereinsregister; Entziehung d Rechtsfähig **21** 2, **43**, **44**; Geschäftsordng **27** 2; Gründergesellsch **21** 2; Haftg des Anfallsberechtigten für Vereinsschulden **45** 2, **46**; Haftg der Mitglieder Vorb 4 vor **21**; Haftg für Vertreter **31** 1–3; persönl Haftg d Vorstands **31** 4; Idealverein, Bestandsschutz **823** 6h; intern PrivR nach EG **10**; Konkurs **42** 1, 2; Kündigung **39**; Liquidatoren, Bestellung u Aufgaben **48** 1, **49** 1, Eintragung **76** 1; Liquidationsverein **42** 2, **47** 1; Mindestmitgliederzahl **56** 1, **73**; MitgliederVers, Berufg **32** 1, 2, **36**, **37** 1, 2, **58** Z 4; BeschlFassg **32** 1, **33** 1, **41** 2, richterl Prüfg v Beschlüssen **32** 3, Tagesordng **32** 2, Ungültig v Beschlüssen **32** 3, **34** 1; Mitgliedsch **35** 1, **38** 1; Mitgliedschaftsrechte, höchstpersönl **38** 2; Mitgl-Zahl, Mitteilg **72** 1; Monopolcharakter **25** 3 e, 4 b; Name **57** 1; nichtwirtschaftl **21** 1; Ordngsstrafgewalt **25** 4; Organisationsform **25** 3 a, b; Ortsgruppen Einf 7 vor **21**; politischer **21** 1, **61** 2; nicht rechtsfähiger s dort; Rechtsweg bei Ausschließg **25** 5; Satzg s Vereinssatzg; Schiedsgericht **25** 4 a; Sicherstellg der Gläubiger **52** 1; Sitz **24** 1; Sonderrechte eines Mitgl **35**; Sperrjahr bei Auflösg **51** 1; Stiftungscharakter **21** 1; Treuhänderbestellg **29** 2; Übergangsvorschr EG **165**, **166**; Verfahren d Vereinsorgane **25** 4c; Verfassg **25**, Begriff **25** 1a, s unter „Vereinssatzung"; Verleihg, staatl **22**, EG **82**; Verlust der Rechtsfgk **42** 2, **43**, **44**, 1, **73** 1; VermögAnfall bei Auflösg **45** 1, 2, **46**, EG **85** 1; Vertreter, besondere **30** 1; Vertreterversammlg **32** 1 a, **37** 3; Verwaltungssitz **24** 1; Vorstand s Vereinsvorstand; Vorverein **21** 2; wirtschaftl **21** 1, **22** 1, landesrechtl Vorbehalt EG **82** 1, 2; Wegfall der Mitglieder **41** 1, 2; Zulassg z Eintragg **61**; Zustimmg, schriftl der Mitgl zu einem Beschl **32** 1; Zweigstellen Einf 7 vor **21**; Zweck des – **21** 1, **22** 1, **23** 1, **33** 1, **57** 1; Zurückweisg der Anmeldg **60**
Vereinbarung über vorzeit Erbausgleich **1934d** 5; der WE-Eigtümer WEG **10** 2, 3
Vereinbarungsdarlehen 607 2
Vereinigung, von Forderg u Schuld Übbl 1 vor **362**, bei PflichttBerechng **2311** 1, beim Erbfall Übbl 2b vor **1942**; v Grdst **890** 2, 3, EG **119**; bei Hyp **1131** 1; der Hyp mit Eigentum **1177**; keine V beim BauR VO **1** 1c; mehrerer Wohnungseigentumsrechte WEG **3** 1f; mehrerer WE-Grundstücke Übbl 2 B c aa vor WEG **1**
Vereinsautonomie 25 3; Nachprüfg v Vereinsmaßnahmen **25** 4b–e, 5a
Vereinsfreiheit, Beschränkg Einf 6 vor **21**, Vorb 2 vor **21**, **25** 3a; Grundrechtsschutz **25** 3a
Vereinsgesetz Einf 6 vor **21**, Vorb 1, 2 vor **21**
Vereinsgesetze 25 3c
Vereinsregister, Ändergen des Vorstands **67** 1, **68** 1; Anmeldg zur Eintragg **59** 1; Beschwerde **60**; Einsicht **79** 1; Eintragg **21** 2a, der Auflösg des Vereins **74**, des Erlöschens des Vereins Vorb 1 vor **55**, der Liquidatoren **76** 1, **48** 1, des Vereins **21** 2, **63**–**66**; Eintraggszeugn **69**; Einspruch gg die Eintragg **61**, **62**, **63**; Entziehg d Rechtsfgk **74**; Form der Anmeldg **77** 1; Inhalt **64**; KonkEröffng **75** 1; Löschg **21** 2; Rechtsmittel **65** 2; Satzgsändergen **68** 1, **71** 1; Veröffentlichg d Eintragg **66** 1, **71**; Wirkg der Eintragg des Vereins **68** 1; Zulassg der Anmeldg **61** 3; Zuständigk **55**; Zurückweisg der Anmeldg **60** 1
Vereinssatzung, Änderung **25** 3 b, **33** 1, 2, **35** 1, **71** 1; Auslegg **25** 2 c; Begriff **52** 2 a; Inhalt **25** 1 a, **57** 1, 2, **58** 1; Inhaltskontrolle **25** 3 a, b; Nichtigkeit **25** 3 a; Rechtsnatur EG **2** 1 d; Verstoß gg – **25** 5 b
Vereinsstrafe 25 5a, Vorb 2d vor **339**
Vereinsvormund Einl 3b vor **1297**, Übbl 4a vor **1773**, Grdz 1 vor **1773**, **1791a**, JWG **53**; keine Anwendg der §§ **1850**, **1851**, **1851a**; Befreiung

Magere Zahlen = Erläuterungen **Verjährung**

1857a; Einwilligg zur Bestellg **1785** 1; **1791a** 3; Entlassg **1791a** 5, **1887, 1889**; Ermächtigg eines Vereins z Übern von Vormundsch, Pflegsch, Beistandsch JWG **53**; Führg der Vormsch **1791a** 4; keine Ordngsstrafen **1837**; Rechngslegg **1840** 1; Rücksichtnahme auf religiöses Bekenntn **1779** 4c; über Volljährige **1791a** 1, **1897** 1

Vereinsvorstand 26–28; Abberufg durch AG **29** 3; Anmeldepflicht **59** 1, **67** 1, **72, 74, 76** 1; Anmeldg d Änderg **67** 1; Beschlußfassg **28** 1; Bestellg **27** 1; – auf Antrag eines Beteiligten **29** 1, 3; – durch Dritte **27** 1; Beschränkgen d Vertretgsmacht **70** 1; Eintraggszeugnis **69** 1; Entlassg **27** 2; Geschäftsführg **26** 2, **27** 3; Haftg bei verzögertem Konkursantrag **42** 3; Haftg des Vereins für **31**; JurPerson **26** 1; als Liquidator **48** 1; Löschg des – im Vereinsregister **67** 2; mehrgliedriger **26** 2; Minderjähriger **26** 1; Notvorstand **29**; Organ **26** 1; Passivvertretg **28** 2; Vertreter besond **30**; Vertretgsmacht, Umfang **26** 2, **30**, 2 **64, 70** 1; Widerruf der Bestellg **27** 2; Zwangsgeld **78**

Vereinte Nationen, Umstellg v Grundpfandrechten **1113** 7

Vererblichkeit, Anwartsch des Nacherben **2108** 2, 3; ErbErsAnspr **1934b** 3a cc; GesellschAnteil an OHG, KG **1922** 3a cc, an BGB-Gesellsch **1922** 3a ee, an stillen Gesellsch **1922** 3a ff; Handelsgesch **1922** 3a bb; Zugewinnausgleichsanspr **1378, 1922** 3a ee; Erbannahme- u AusschlagssR **1822** 3a ee; höchstpersönl R **1922** 3b; PflichtAnspr **2317** 3; UnterhPfl **1586b**; VermögR Übbl 1 vor **1922, 1922** 3a; vorzeit Erbausgleich **1934d** 8; Wohngseigt Übbl 2 B b vor WEG 1

Verfahrensrecht, in Ehesachen Einf 4 vor **1564**, Einf 4 vor **1569**, Einf 5 vor **1587**; unzulässige RAusübg **242** 4 D j; Verwirkg **242** 9f; Verträge über – **138** 5v

Verfahrensstandschaft des Verwalters WEG **27** 3e

Verfallklausel, Vorb 2b vor **339**; bei Abzahlgsgeschäften AbzG **4** 3; in AGB AGBG **11** 6a cc; Einzelverfallklausel Vorb 2b vor **339**; bei Hyp **1149**; bei Pfandrecht **1229**; bei SichÜbereigng **930** 4d; als Rücktrittsvorbehalt **360**; bei Stundg des vorzeit Erbausgleichs **1934d** 9c aa, des PflichttAnspr **2331a** 3a; s a Verwirkgsklausel

Verfassung des rechtsf Vereins **25** 1; der Stiftg **85** 1; Bundesverfassg vgl Grundgesetz

Verfassungsbeschwerde, keine Unterbrechg der Verjährg **209** 4

Verfassungsgerichte, Gesetzeskraft EG **2** 1g

Verfassungsmäßig berufener Vertreter, Haftg für – **31, 89**

Verfolgungsrecht des Besitzers **867**; mittelb Besitzer **869** 4

Verfügende Verträge, Übbl 3 d vor **104**

Verfügung, bedingte **158** 1, **161** 1; Begriff Übbl 3d vor **104, 185** 1, **816** 2; eines Eheg über Vermögen im ganzen **1365** 2, über HaushaltsGgstände bei ZugewinnGemsch **1369**; Einwilligg **185** 2; Genehmigg **185** 2; über Gesamtgut **1422** 1, **1450**; keine – über Gesamtgutsanteile u einzelne GesamtgGgstände **1419** 2; über Gesamtgut im ganzen **1423**; über Gesamtgutsgrdst **1424**; nachträgl Erwerb **185** 3; über Mietzins im voraus **573**; des Miterben **2033** 1–3, **2040** 1, 2; eines (an einen) Nichtberechtigten **185** 1, **816**; Prozeßführg **1812** 3, Einf 5 vor **2100**; TestVollstr **2205** 2; Veräußer Übbl 3d vor **104**; Veräußergsverbot, rgeschäftl **137** 1; verbotswidr **135, 136** 2; Verhältnis mehrerer Verfügungen **185** 3; im Wege der Zwangsvollstr **816** 5 B a bb

Verfügung, schriftliche des VormschG über Bestellg zum Vormd **1791a, 1791b**; Rückg **1893**

Verfügung von Todes wegen, altrechtl EG **214** 1; Begriff Übbl 1 vor **2064**; Bestimmg der Geltg **2065** 2; Beurk dch Notar BeurkG **27–35**; Nichtigkeit u Unwirksamk **2077** 1; Sittenwidrigk **138** 5 f, **2077** 1 A b

Verfügungsbeschränkung, Übbl 12 vor **873**; Einfluß auf Eintraggserklärgen **878**; gutgl Erwerb bei unbedingter **892** 5c; relative **878** 3b, **892** 5a; Übergangsvorschr EG **168** 1; wg Güterstand **1365, 1369**; intern PrivR EG **15** 4; übermäßige des HypSchuldners **1136** 1; wegen TestVollstr **2211**; Vorerbe **2113** 1, 2, **2114** 1–4; Wirkg relativer **892** 5b

Verfügungseigentum Einl 7 c cc vor **854**

Verfügungsfähigkeit, Einf 3 vor **104**

Verfügungsunterlassungsvertrag beim ErbVertr **2286** 1, 2

Vergeltungsrecht, internat PrivR EG **31** 1

Vergleich 779; Abgrenzg Einf 4g vor **433**; Anfechtbark **779** 5, 8; arglist Täuschg **779** 8b; Auflassg im gerichtlichen – **925** 4c; Aufwertgsvergl Einf 1 vor **779, 779** 9c; außergerichtl Akkord Einf vor **779**; Beweismittel, nachträgl Auffinden neuer **779** 6; als feststehd angesehene Grundlage **779** 5; Form **313** 4b, **779** 1b; Irrtum **779** 5, 6, 8 a; Nichtigk **779** 8 d; Prozeßvergleich Einf vor **779, 779** 1 b, 9, **2038** 3d; Rücktrittsvorbehalt **779** 9; Scheidgserleichterg **779** 2c aa, **1585c** 2, 3; bei Stundg des vorzeit Erbausgleichs **1934d** 9c aa, des PflichttAnspr **2331a** 3a; Sittenverstoß **138** 5 v; auf Rücknahme der Strafantr **779** 2 c; Auslegg, Gültigk eines Testaments **779** 2 b, **2359** 1; Unrichtigk der Grundlage **779** 5 c; Unterhaltsanspr der geschied Ehegatten **779** 2 c aa, **1585 c** 2; Unwirksamk **779** 5, 6; nach Urteil **779** 2 c bb; unzulässige Rechtsausübung **242** 1, 2, **779** 4; Wegfall der GeschGrdlage **242** 6 D h; Widerruf dch MitE bei V über NachlForderg **2038** 3e, **2040** 1; zu Protokoll des Wiedergutmachgsamtes **779** 1 b; Zwangsvergl Einf 1 vor **779**; s a gerichtl Vergleich

Vergleichsverfahren, Antragspfl des Erben **1980** 1; ErbHaftg **1975** 4; – u TestVollstreckg Einf 2 vor **2197**

Vergleichsverhandlungen, Verjährgshemmg Übbl 3 vor **194, 208** 2, **852** 4 b

Vergleichszahlungen, Rückzahlg bei Konkurseröffng **812** 6 A d dd

Vergütung des Beistandes **1691**; NachlPflegers **1960** 5C d; NachlVerwalters **1987**; TestVollstr **2221**; für Verbindg u Vermischg **951**; des Vormundes **1836**

Verhalten, Auslegg schlüssigen V Einf 3a vor **116**; ehezerrüttendes infolge geist Störg **1565** 3; ehrloses **1565** 3, 4

Verhaltenspflichten, weitere **241** 6, **242** 2b

Verhältnismäßigkeit, Verletzg des GrdS **242** 4 C d

Verhinderung, bei elterl Gewalt **1674**; eines Eheg bei Gesamtgutsverwaltg **1429, 1454**; Pflegschaft bei Verhinderg der Eltern oder des Vormds **1909** 2; an der Übernahme der Vormdsch **1778** 2c

Verjährung, Abkürzg dch AGB AGBG **9** 7; Ablaufshemmg **206, 207** 1–3; AbzahlungsG **195** 2, **196** 4 a; Anspruch **194** 1; Anspr des Käufers wegen Sachmängel **477** 1; Anspr aus Verlobg **1302** 1; bei Anspruchskonkurrenz **194** 3; Arglist, Wegfall Übbl 3 vor **194**;

2461

Verkauf

Aufopfergsanspr **195** 2, **903** 4 e; Aufrechng bei **390**; des Ausgleichsanspruchs bei Gesamtschuld **426** 2 a; Ausgleichsfdg der Eltern für Unterhalt **197** 2 f; bei gesetzl Güterstd **1378** 3; Beginn regelm **198** 1-3, bei Kündigg u Anfechtg **199**, **200**, der kurzen **201** 1, bei unerl Handlg **852** 2; Begriff Übbl 1 vor **194**; des BereichersAnspr Einf 7 vor **812**, **822** 4 b; v eingetr Rechten **902**; bei c. i. c. **195** 2, **477** 1, **638** 1; Einrede der Verjährg **222** 1, 2, von Behörden bei Gehaltsanspruch **210** 1; von Einreden **194** 2; erwerbende Übbl 1 a vor **194**; erlöschende Übbl 1 b vor **194**; von Bürgschaftsschuld **765** 1; ErbErsAnspr **1934 b** 3 c; ErsAnsprüche bei Miete **558**; ErsAnspr des Verpfänders **1226** 1; familienrechtl Ansprüche **194** 5; Frist, regelmäßige **195** 1; Gegenstand der **194** 1-5; Geschäfte des tägl Lebens **196** 1, 2; bei Gesamtschuld **425** 2; gesicherte Rechte **223** 1, 2; Gewährleistungsanspr bei Kauf **477**, formularmäßige Abkürzg unzulässig AGBG **11** 10 f; bei Viehkauf **490**; Grddienstbk **1028** 1-3 a; Grundstücksrechte, gelöschte **901** 1, 2, kraft Ges entstandene **901** 1 b; Güteantrag **212 a**; Hemmg: aus Pietätsgründen **204** 1, 2, aus tatsächl Gründen **203** 1, 2, aus Rechtsgründen **202** 1-3, bei Werkvertr **639** 1, 2; bei Ansprüchen aus unerlaubter Handlg **852** 4 b; Hemmgswirkg **205** 1; internat PrivR Vorb 5 b vor EG **12**; Kenntnis v der Pers des Ersatzverpflicht u v Schaden **852** 2; Kriegsu Nachkriegsrecht **202** 5, **203** 1; kurze, Vorrang **194** 3; der Mietzinsforderung **551** 1 c; nachbarrechtl Anspr **924**; der Nebenleistgen **224** 1; öffentlrechtl Anspr Übbl 5 vor **194**, **195** 2, **222** 1; nicht vor die ordentl Gerichte gehörende Ansprüche **220** 1; PflichtteilsAnspr **2332**; des rechtskräftig festgestellten Anspruchs **218** 1, 2, **219**; Reallast **1105** 5 c; bei Rechtsnachfolge **221** 1; Schadensersatz wg Nichterfüll **195** 2; Stundg **202** 2; Übergangsvorschr EG **169** 1; unentgeltl Zuwendgen an Dritte bei Zugewinngem **1390** 4; Unterbrechg **208-217**, durch Anerkenntnis **208** 2, 3, durch Aufrechnungseinrede im Prozeß **209** 3 d, durch Anmeldg im Konkurs **209** 3 c, Beendigg **211** 1, 2, durch Klage **209** 1, 2, durch Vollstreckgshandlg **209** 3 f; des UnterlassgsAnspr AGB-Verwender AGB **13** 5; der Ansprüche von Vorstandsmitgliedern einer AG **196** 9; bei Werkvertr **638**, **639** 1; Unterbrechgswirkg **217** 1; Unzulässigk der Einrede Übbl 3 vor **194**; unerl Handlg V Übbl 1 a vor **194**; Vereinbarg über **225** 1, 2; Verlängerg der Frist **477** 2, 4; bei Vermächtnis **2174** 2 b; Verzicht auf Einrede der - **222** 2, **225** 1, **397** 1 a; vierjährige **197** 1, 2; vorzeit Erbausgleich **1934 d** 4; Wegfall der Unterbrechg **212-216**; wiederkehrender Leistungen **197**, rechtskräftig festgestellter **197** 2 f; Wirkg der vollendeten **222** 1-4, **639** 1 b; Zinsen **197**; ZugewinnausglAnspr **1378** 2; Zweck Übbl 2 vor **194**

Verkauf, freihändiger - hinterleggsunfähiger Sachen **383** 1; s a Kauf u Pfandverkauf

Verkäufer, Auskunftspflicht **444**; Gewährleistg **459**; Haftg f Zahlgsfähigk **438**; Pflichten **433** 2, 3; Nebenpflichten **433** 4; Verwendgen **450**

Verkehrsampel 839 15 „Polizei"

Verkehrsbefugnis mit Kind, Ausschluß bei Adoption **1741** 4 b, **1744** 3; für nicht sorgeberecht Elternteil **1634**; Anwesenheit Dritter **1634** 3 a, cc; Ausschließg **1634** 3 b; Eingreifen des FamilienG **1634** 2 b, 3; der Großeltern **1634** 1 c; Inhalt **1634** 1 b, 3; IPR EG **19** 4; Kosten **1634** 5; der Mutter bei EhelichErklärg **1738** 1; des nichtehel Vaters **1711**; Überwachgspfleger **1634** 3 a cc

Verkehrsgeld 245 1 a

Verkehrsgerechtes Verhalten **823** 7 A, B g

Verkehrsgeschäft u öff Glaube **892** 3 b cc

Verkehrslärm als Immissions- od Enteignungseingriff **906** 2 a, 3 a, b aa, 5 a aa, cc, 5 b cc, 8 b

Verkehrsopfer, Schutzgesetze zugunsten der - **823** 9 f

Verkehrspflichten 823 8

Verkehrsrecht s Verkehrsbefugnis

Verkehrssicherungspflichten 823 8, 14; bei der Miete **535** 2 b; innerh von Schuldverträgen **276** 7 c bb

Verkehrssitte, Ausleggmittel **157** 3; kein Gewohnheitsrecht EG **2** 1 e; bestimmt Leistgsinhalt **242** 1

Verkehrstypische Verträge 305 5

Verkehrsunfälle, IRP **12** 2 b; Anh I zu EG **12** 4; Schadensdeckg, Vertrag zwischen BRep Deutschland u der schweizer Eidgenossenschaft EG **12** Anh II

Verkehrsunternehmung, landesrechtl Vorschr EG **125** 1, 2

Verkehrswert für Grundstücke **903** 5 G a

Verlagsrecht, EG **76** 1; Vererblichk **1922** 3 a

Verlagsrechtlicher Lizenzvertrag, intern PrR Vorb 6 t vor EG **12**

Verlängerung des Mietverhältnisses **565** a

Verleiher, Arglist **600** 1; Haftg **599** 1; Herausgabeanspr gg Dr **604** 3, **605** 1; Mängelhaftg **600**; Verjährg der Ersatzanspr **606**

Verleihung der Rechtsfgk an ausländischen Verein **23** 1; an wirtschaftl Verein Einf 4 vor **21**, **22** 1

Verlöbnis, Aufwendgen, Ersatz bei Rücktritt **1298** 2-4; Beendigg Einf 4 vor **1297**, **1298** 1; bedingtes Einf 1 vor **1297**; Begriff Einf 1, 2 vor **1297**; Brautbriefe **1301** 1; Brautkinder Einf 3 vor **1297**; Erbvertr **2275** 3, **2276** 3, **2279** 2; Geschäftsfgk Einf 1 b vor **1297**, **1298** 1; Geschenke, RückgAnspr **1301** 1-3; interlokales PrivatR **13** 1; internat PrivR EG **13** 8; Kranzgeld **1300** 1-3; letztwill Vfg **2077** 4; Minderjähriger **107** 3; Mitarbeit Einf 3 vor **1297**; Nichtigk Einf 1 vor **1297**, **1740 a** 2; Pflichten **1298**, **1299**; SchadErs, Umfang bei Rücktritt **1298** 2-5, **1299** 1, **1300** 1; Stellvertretg Einf 1 vor **1297**, **1298** 1; Unklagbark **1297** 1; Unterhaltskosten bei Rücktritt **1298** 4; Verjährg **1302** 1; Vertragsstrafe **1297** 1

Vermächtnis 1939, **2147** ff; alternatives **2148** 4, **2152** 1; Anfall **2176** 1; Anfechtg **2081** 4; Annahme **2180** 1-3, bei Gütergemeinsch **1432** 2, **1455**; Anordng **2147** 1; Anspr Einf 3 vor **2147**, **2174** 1; Anwachsg **2158**, **2159** 1; Anwartsch **2177** 1, **2179** 1; Arten Einf 4 vor **2147**; aufschieb bedingtes **2162** 1; Aufwertg **2174** 2 e; Ausbildgsbeihilfe an Stiefkinder beim gesetzl Güterstd **1371** 3, Einf 2 vor **2147**; Ausschlagg **2180** 1-3, **2307** 1, bei elterl Gewalt **1643** 2 c, bei Vormundsch **1822** 3, bei Gütergemeinsch **1432** 2, **1455**, **2180** 1; Bedachte, mehrere **2151-2153**; bedingtes **2162** 1, **2177** 1, 3, **2179** 1; Befreiungsverm **2173** 4; befristetes **2177** 2; Begriff Einf 2 vor **2147**; Belastg **2165-2168**; Besitz **2169** 2; Beschwerte, mehrere **2148** 1; Beschwerg **2147** 1; billiges Ermessen **2156** 1; Bruchteil **2087** 1; DDR-Recht **1939** 5, Einf 9 vor **2147**; Dreißigster **1969**, Einf 2 vor **2147**; dch Erbvertr **1941**, **2276** 6, **2288** 2; Erbunwürdigk **2345** 1; ErsAnspr **2164** 2; Ersatzvermächtnis

2190; Fälligk 2174 2b, 2176 1, 2177 2, 2181 1; Fälligk eines Unterverm 2186 1; Fdg gg Erben 2174 1; Fdgsverm 2173 1–3; fremder Gegenstand 2169; Gattgsverm 2155, 2182, 2183; gemeinschaftl 2157 1; Gesamtgrundschuld 2168 1; Gesamthyp 2167 1; gesetzl Erbe ErgänzRegel 2149 1; gesetzl Vermächtn Einf 2 vor 2147; Grdst, vermachtes 2166–2168; Genehmiggspflicht 2171 3, 2174 2g; u HöfeR Einf 4b, 5a vor 2147; Höhe Einf 3 vor 2147; Hyp 2166 1; Inhalt 2174 2a; Kürzg der Beschwer 2188 1; Lasten 2185 2; Lastenausgleich Einf 7 vor 2147; NachlVerbindlk 1967, 1972, 2174 2c; Nachverm 2177 3, 2191, s a dort; nasciturus 2178 1; Nutzgen 2184 1, 2; Pflichtteilsanspr Einf 4 vor 2147, 2307 1; u Pflichtteilslast 2318, 2321; Quotenverm Einf 4 vor 2147; Rangordng 2189; – Recht, Anwendg beim ErbErsAnspr 1934b 3b; Rechtsmängel 2182; Rentenverm Einf 4 vor 2147, 2177 2; Rückvermächtnis 2177 1; Sachmängel 2183; Schuldverm 2173 5; Schutz des vertragsmäßigen Verm 2288; Sittenwidrigk 2171 2; Sorgfaltspflicht des Beschwerten 2184 1; TestVollstr 2223; Treu u Glauben 2174 1a; Umstell 2174 2e; Ungewißh des Bedachten 2178, 2179; Unmöglich 2171 1; Unterverm 2186, 2187 Unwirksamk 2169 1; Unwirksamk durch Zeitablauf 2162, 1, 2163 1; Verarbeitg 2172 1; Verbindg 2172 1; verbotenes 2171 1; Verjährung 2174 1b; VermVorteil Einf 4 vor 2147; Verschaffsverm 2169 1, 2170; Vertrag über 312; Verwendungsansp 2169 1; Verzicht 2352 1b; Voraus 1932 4, Ein 2 vor 2147; Vorausvermächtn 2150 1–3; Vormerkg 2174 2d, 2286 2; Vorversterben des Bedachten 2160 1; Wegfall des Beschwerten 2161 1; Wahlverm 2154 1; Wirkg 2174; Zubehör 2164 1; Zweckbestimmg bei – 2156

Vermengung s Vermischg

Vermessungsingenieur, Vertrag mit – Einf 5 vor 631; Haftung, Verjährung 638 2c

Vermessungswesen 919 3

Vermieter, Anrechng ersparter Aufwendgen 552 3; Anzeige vom EigtÜbergang 576 1; Befriedigg durch Pfandverk 561 1; Beleuchtgspflicht 535 2b; Besitznahmerecht bei Ausziehen des Mieters 561 2; bisheriger, Mitteilg an Mieter von EigtÜbergang 571 5; Erhaltgspflicht 536 4; Entschädiggsanspr bei Vorenthaltg der Mietsache 557; Fürsorgepflicht 535 2b aa; Haftg des bisherigen nach Veräußerg des Grdst 571 5, 579 2; Haftung für Dr 535 2d; Haftg für Rechtsmängel 541 1, 2; Haftgsausschluß, vertragl 538 1d; Haftgvereinbarg 540 1; Herausgabeanspr ggüber Dr 556 3; Kündigg wegen Eigenbedarf 564b 1, 2, 7; bei Leistgsverzug des Mieters 554 1–3; Kündigg bei vertragswidr Gebrauch 553 1, 2; wegen wirtschaftl Verwertg 564b 1, 2, 8; K aus wichtigem Grund 554a; Kündigungsbeschränk 564b; Machtstellg, Ausnutzg 1385 n; mehrere 535 1d; Pflichten 535 2; Rückschaffgsanspr 561 3; SchadErsAnspr bei Kündigg 553 4; SchadErsPflicht bei Mangel der Mietsache 538 5; Streupflicht 535 2b bb; Überlassgspflicht 536 3; Unterlassgsanspr bei vertragswidr Gebrauch 550 1–3; Untermieter, Verhältn zum 549 5; Verjährg der EntschädAnspr 558; Verzug 538 1; Vorausverfg über Mietzins 573, 574; Vorleistgspflicht 536 3; Widerspruchsrecht bei Entfernung von eingebrachten Sachen 560 3

Vermieterpfandrecht 559 ff; Entsteh 559; Erlöschen 560; Fortbestand 560 3; bei RäumgsVollstreckg 560 4c; Selbsthilfe 561; Sicherheitsleistg 562; Zusammentreffen mit Pfändg 563

Vermietung auf Zeit 566, 567, 2. WKSchG 2

Vermischung 948, 949; Alleineigt, Erwerb 949 3; BereichAnspr 951 2; Ersatzanspr, weitergehende 951 3; der vermachten Sache 2172; Wertpapiere in Sammelverwahrg 948 1, 949 2

Vermittler ohne Abschlußvollmacht Einf 1 b vor 164

Vermittlung der Annahme an Kindes Statt Einf 2 vor 1741; gerichtl, der Erbauseinandersetzg 2042 3

Vermögen, Begriff des im SchadErsR Vorb 2b vor 249; gegenwärtig, Verpflichtg zur Übertragg 311 2; des Erbl, Erhaltg, Vermehrg, bes ausgleichspfl Leistg 2057a; des Kindes s Kindesvermögen; künftiges 310 2; Nießbrauch 1085 bis 1088; Übertragg der Vermögensverwaltg an den anderen Eheg 1413, ÜbergVorschr 1413 4; Übertragg s Vermögensübertragg; Unterlassen eines Erwerbs nicht Schenkg 517 1; Verfgg eines Eheg über Vermögen im ganzen 1365, 1368; Vermögensminderg u -verschwendung durch Eheg 1386; 1375, Verwertung des Vermögensstammes bei Eheg 1360; Verwertg des Vermögensstammes bei gesch Eheg, des UnterhBerecht 1577 3i, des UnterhVerpfl 1581 3; Vermögensverwaltg bei Gütergemeinsch 1421 ff, bei Gütertrenng Grdz 1 vor 1414, bei Zugewinngemeinsch 1364; vormgerichtl Genehmigg zur Vfg über 1822 2

Vermögensabgabe (Lastenausgleich), Aufteilg unter die Erben 2046 1; Beschränkg der Erbenhaftg Einf 4 vor 1967; Haftg des Auflagebegünst 2192 1, der Gesellschafter nach Auseinandersetzg 730 5, des Vermächtnisnehmers Einf 7 vor 2147; Kürzg der Aufl 2192 1, des Vermächtn Einf 7 vor 2147; NachlVerbindlich 1967 2; bei Nießbrauch 1047 3c, Anh zu 1047; keine öffentl Last 436 2b, 4; Pflichtteil 2311 2; bei Vorerbsch 2126 1; vgl auch Lastenausgleich

Vermögensbildung, Förderung der V der Arbeitnehmer 611 7d; VermögensbildungsG v. 1. 7. 65/1. 10. 69/15. 1. 75 611 7d

Vermögensschaden, Begriff Vorb 2b vor 249; Unterhaltspflicht als – Vorb 2 d vor 249, Einf 3 vor 1601

Vermögensschädigung, Schadenersatz 826 1

Vermögenssperre, AbwesenhPflegsch Anh 1 zu 1911; Ausschlagg d Erbschaft Einf 2 vor 1942; Auseinandersetzg der Erbschaft Einf 5 vor 2032; Bürgschaft 765 3b; Erbrecht Einl 9a vor 1922; Erbverzicht Übbl v 2346 3; Grundstücke, Genehmigg Übbl 12d vor 873, 892 2c, Vorb 2c vor 932; kein Gutglaubensschutz, Vorb 2c vor 932; Hypotheken, Genehmigg 1180 3; letztwillige Verfügungen Einl 8a vor 1922; Nichtigk oder schwebende Unwirksamk 134 2d, 275 9a; Sperre zur DDR Vorb 7 b vor EG 12; weder Unvermögen noch Unmöglichkeit 275 4

Vermögensstatut, Einheitlichk beim Güterrecht EG 15 3b

Vermögensübernahme 419; nur Aktiva 311 4; Haftg bei Kauf 434 2 b; Haftg d Übernehmers 419 4; mit Leistg an Dritte 330 5; Schuldnerhaftg aus VerpflichtGesch 311 4; sichergshalber 419 4, c, d; Sondervermögen 419 2 b, 3 a; dch Treuhänder 419 1; Vorwegbefriedigg wegen eigener Fdgen 419 4 c

Vermögensübertragung dch Eheg bei Zugewinngemeinsch 1365; Rückforderg bei Scheidg 242 6 D c; Genossenschaften, Verschmelzung

2463

Vermögensverlust Fette Zahlen = §§

311 3; Gewinnanteilsverträge 310 3; Haftg des Übernehmers 419; des künftigen 310 1–4; Sondervermögen 310 2, 311 2; Umwandlg von Kapitalgesellsch 311 3; Verpflichtg zur Übertragg des gegenwärtigen 311 1–4; Verschmelzg von Kapitalgesellsch 311 3
Vermögensverlust, Wegfall der GeschGrdlage 242 6 C c
Vermögensverschiebg (VermVorteil) als Grdlage d BereicherngsAnspr 812 4
Vermögensverwaltung der Eltern s Kindesvermögen; des Vormundes s Vormund
Vermögensverzeichnis, Annahme an Kindes Statt 1760; bei Gefährdg des Kindesvermögens 1667; über Kindesvermögen beim Tod eines Elternteils 1682, bei Wiederverheiratung 1683; Vormund 1802; Zuziehg des Beistandes 1689
Vermögenswirksame Leistungen 611 7d; RückzahlgsPfl 812 6 Ab bb
Vermutung, Beiwohnungsvermutg 1591 3, 1600 o 2; Eigentumsvermutg bei Eheg 1362; bei Endvermögen 1377; der Zugewinngemeinsch Grdz 1 vor 1363; Erbschein 2365; des Grundbuchs s Grundbuchvermutg; Urkunde Vollständigk u Richtigk 125 5; s a Todeserklärung
Vernichtung der Testamentsurkunde als TestWiderruf 2255; bei Erbscheinsantrag 2358 1a
Verpächter, AblehngsR bei Rückgewähr des Inventars 589 1; Erlaubnis zur Änderg der wirtschaftl Bestimmg 583 1; Pflichten 581 2; s a Pacht
Verpächterpfandrecht b landw Grdst 585
Verpackung 433 4g, 7g
Verpfänder, Rechtsverhältnis Übbl 1 b vor 1204; Einreden 1211
Verpfändung 1205; Anzeige an Besitzmittler 1205 5 b; Bösgläubigk, Heilg 1207 3; Briefhyp 1274 2; Geld 1205 2c; guter Gl 1207; Gutglaubensschutz in Ansehg der Rechte Dr 1208 2; Mitbesitzeinräumg 1206 2; – klauseln in AGB AGBG 9 7; Mitverschluß 1205 3 b; 1206 2; durch Nichtberecht 1207; nach Pachtkreditges, guter Glaube Einf 2b vor 1208; Pfandhalterverlr 1206 3; Pfandschein 1204 2a; Sache, unpfändbare 1204 2, verbrauchbare 1204 2, vertretbare 1204 2; Scheingeschäft 1205 1b; Schuldverhältn, gesetzl Übbl 1c bb vor 1204; Stahlkammerfachvertr 1205 5, 1206 2; Stellvertretg bei Besitzerlangg 1205 3; Traditionspap, Übergabe von 1205 3, 1207 2; Übergabeerfordernisse 1205 3; Warenlager Übbl 1b bb vor 1204, 1204 2b; Wertpap im Effekten-Giro-Depot 1205 4; s a Pfandrecht an bewegl Sachen, Luftfahrzeugen, Forderngen, Rechten, Wertpapieren
Verpflichtende Verträge Übbl 3 d vor 104
Verpflichtungsgeschäfte Übbl 3d vor 104; keine pers Verpflichtg eines Eheg durch Verwaltgshandlg des anderen 1422; zur Übertragg künftigen Vermögens 310 1–4; des Gesamtguts im ganzen 1423, des Vermögens im ganzen 1365, zur Verfügg über Gesamtgutsgrdst 1424
Verrechnungsscheck, Haftung für Verlust von Beträgen 990 1a
Verrichtungsgehilfe, Haftg für 278 1, namentl 831
Versammlung der Wohnseigtümer WEG 23–25
Versandhandel, Teilzahlgen AbzG 1a 6
Versäumnis, AusschlaggFrist, Anfechtg 1956 1
Verschaffungsvermächtnis 2169 1, 2170
Verschleppte Personen, s Flüchtlinge u Heimatlose
Verschmelzung von Kapitalgesellsch 311 3, Haftg bei – 419 3 a; von Vereinen 41 3

Verschollenheit und ErbR 1923 2 b; Mündel 1884 1; Wiederverheirat EheG 38–40; s a Todeserklärung
Verschulden 276 2–6; Abwägg 254 4; bei der Auswahl des Gehilfen 278 3c, 664 1; beiderseitiges entspr Anwendg 254 2b; bei Erfüllg einer Verbindlichk des Schuldners 278 4; bei Gesamtschuld 425 2; des gesetzl Vertreters u des Erfüllungsgehilfen 278; Haftg 276; mitwirkendes des Beschädigten 254 3; bei Unmöglichk 275 6, 7; bei Vertragsschluß Einf 4 vor 145, 276 6a auch 242 5; als Einwand gegenüber Schadensersatzanspr des Verk 463 4b; eines Eheg am Scheitern der Ehe 1565 1, 1579 2d; bei Vertragsabschluß üb unmögl Leistg 307 1; – Verjährg der Anspr 195 2; des Vertreters bei Vertragsschluß 164 3; bei Verzug 285
Verschuldungsgrenze EG 117 2
Verschuldensprinzip bei Ehescheidung Einf 4 vor 1353, Einf 2 vor 1564
Verschweigen, arglistiges eines Mangels 463 3, bei Gattgskauf 480 3; Täuschg durch 123 2c
Verschwendung, Begriff 6 3; Berechng des Endvermögens bei Zugewinngemeinsch 1375; Entmündigg wegen 6 3; 114, erbrechtl Beschränkgen wegen 2338; Testierfähigk bei Entmündigg 2229 6c cc, 2253 4
Verschwiegenheitspflicht des Arbeitnehmers 611 4b
Versendungskauf 433 4h, 447; Gefahr 447 5, 6; Vergütgsgefahr bei GläubVerzug 300 3a; Versendg zur Unzeit 447 8
Versendungskosten 269 9, 448 3; bei Wandelung 467 2b
Versetzung des Arbeitnehmers 611 3d, 5
Versicherungsagent, Vollmacht 167 3a
Versicherungsaufsicht, Amtspflichtverletzg 839 5 B b, 15
Versicherungsforderung, Anrechng bei SchadBerechng Vorb 7 vor 249; HypHaftg 1127–1130; Nießbrauch 1046; als Surrogat bei Vor- u Nacherbschaft 2111 2b, 2164 2
Versicherungsleistungen und Vorteilsausgleich bei Schadensersatz Vorb 7c bb vor 249
Versicherungspflicht des ArbG 242 4 B b; des Eigentümers 1127 1a, 1128 2; des Nießbrauchers 1045; des Vorerben 2131 1
Versicherungsrecht 1187 1, EG 75; Anscheinsvollmacht 173 4 f; Haftung für Repräsentanten 278 4 e; unzulässige RAusübg 242 4 D k; Verwirkg 242 9 f; Wiederaufbauklausel 1130 1
Versicherungsschein 808 1a
Versicherungsvertrag, Anfechtg 123 2c cc; Anwendg von Treu u Glauben 242 4 D k; Repräsentant 278 4 e; als VzGDr 328 3 b, 330; auf den Todesfall 2301 4
Versorgungsansprüche 839 12m; Rechtsübergang 843 4 A e, 844 6 B a
Versorgungsausgleich bei Ehescheidung, allgem Einf vor 1587; Anordng der Entrichtg v Beiträgen Einf 3c vor 1587; Aufgabe eigener VersorgsAnwartsch 1587c 3; AusglHöchstBetrag 1587b 6; ausglpflichtige VersorgsTitel 1587 2a; AusglRente Einf 3c vor 1587; AuskAnspr 1587e 1, 3; Ausschließlichk-GrdSatz 1587 4; Ausschluß, dch Ehevertrag 1408 3b, im Rahmen der Scheidg 1587o 3, 2; BarwertVO Anh II zu 1587a; Beamte u ihnen gleichgestellte Personen 1587b 3; beamtenähnl Dienstverh 1587 b 3; Beamtenpension 1587 b 3; Berechng Einf 3d, 4 vor 1587, 1587a 2, 3 B; Lebensversicherg auf Rentenbasis 1587a 3 B

2464

Ziff 5, bei ungleichmäßig wertgesteigerten VersorgsSystemen **1587a** 4; BerechngsZeitraum **1587** 3; Bereiterklärg zur Zahlg von RentenversichergsBeiträgen **1587b** 4d; Besteuerg Einf 9 vor **1587**; betriebl Altersversorgg **1587b** 4; Bewertg der VersorgsTitel **1587** 3; BewertgsStichtag Einf 3a vor **1587**, **1587** 3, 3 B Ziff 2, **1587g** 2; Bekanntmachg von Rechengrößen zur Durchführg des VA Anh I zu **1587a**; Durchführg Einf 3c vor **1587**; dynamische Leistgn Einf 3a vor **1587**; Ehezeit **1587**; erhebl Belastg des Verpflicht **1587d** 1; – u ErbR Einl 4a vor **1922**, **1922** 3b, **1587e** 3, **1587k** 3, **1587m** 1; fehlerhafte Rentenübertragg **1587b** 2d; fiktive NachVersicherg Einf 3c vor **1587**, s auch Quasi-Splitting; Form der Vereinbarg **1587o** 4; Genehmigg d Vereinbarg dch FamilienGer **1587o** 4; grobe Unbilligk **1587c** 2; Grdsatz der Ausschließlk **1587** 1; Güterstand **1587** 1, **1587c** 1; Härteklausel **1587c** 1; Herabsetzg für vor dem 1. 1. 77 geschlossene Ehen Einf 6 vor **1564**; im Falle nicht erfolgter Heimtrennungsscheidg Einf 7 c vor **1587**; ILR EG **17** 7; IPR **1597a** 3 Ziff 2, EG **14** 2, 4 e, EG **15** 4, EG **17** 5, 7; Kritik Einf 9 vor **1587**; Kumulieren von Versorgs-Leistgen Einf 3 vor **1587**; Lebensversicherg **1587b** 4; LeistgsPfl Einf 3 a vor **1587**; Nachentrichtg von RentenversichergsBeiträgen **1587** 3; Neubegründg von Rentenanwartschen s Quasi-Splitting; Parteidisposition Einf 2, 3 a, c, 5 vor **1587**; bei Pensionären u Rentnern **1587** 2; Privatautonomie **1587o** 1; Quasi-Splitting **1587b** 3, 4, 4b; ratenweise Zahlg **1587d** 3; reale Teilg Einf 3c vor **1587**, **1587b** 2, s auch Renten-Splitting; Rentenformel **1587a** 3 B Ziff 2; Renten-Splitting Einf 2, 3c vor **1587**, **1587b** 2, 3b, 4b; Renten-Splitting bei geringen AusglWerten **1587b** 2b; Ruhen der AusglPfl **1587b** 1–4, **1587e** 5, der Verpfl bei ZahlgsAO **1587b** 4a; Ruhestandsbeamter **1587a** 6; Schätzg der Rentenanwartschaft **1587a** 3 B Ziff 2; VA als ScheidgsFolgesache **1587b** 2c; schuldrecht l VA Einf 3c vor **1587**, **1587** 3, **1587b** 1, 4–6, **1587d** 3, **1587e** 1, 4, s auch schuldrechtlicher Versorgungsausgleich; Schutz der VersichergsTräger vor doppelter Leistg **1587p** 1; Stellg im Rahmen sozialer Sicherg Einf 8 vor **1587**; TenorierungsVorschlag beim Quasi-Splitting **1587b** 3c, beim Renten-Splitting **1587b** 2c; bei ZahlgsAO **1587b** 4a; Tod des AusglBerechtigten **1587b** 2d, **1587d** 3, 4, **1587e** 1, 3, 5, **1587k** 3; ÜbergangsR Einf 7 vor **1587**; Umfang der AusglPfl **1587f** 1; unbillige Belastg **1587d** 2, der Erben **1587e** 5; Vereinbarg **1587** 2, **1587b** 2c, 4a, **1587f** 2, eines schuldrechtl VA **1587o** 3, Genehmigg dch FamilienGer **1587o** 4, zulässiger Inh **1587o** 3; Vereinbargen üb Höhe des Splittings od der fiktiven Nachversicherg **1587o** 3; Verfahren Einf 9 vor **1587**; verfassungsrechtl Bedenken Einf 9 vor **1587**; Verh zum UnterhAnspr **1587d** 2; Verhinderg eigener AusglPfl **1587c** 2; Verletzg der UnterhPfl **1587c** 4; Verlust des VersorgsAusglR **1587c** 1; Verpflichtg der Erben **1587e** 5; versichergsrechtl VA **1587b** 1; VersorgsGewährleistg **1587o** 3; Verwirkg **1587c** 3; Verzicht **1408** 3 b, Einf 7b vor **1587**, **1587o** 3; Vollzug Einf 3a vor **1587**, **1587b** 1–5; Wertausgleich Einf 3c vor **1587**; Wertbestimmg nach billigem Ermessen **1587a** Ziff 5; Wiederheirat des Berechtigten **1587e** 3; Wiederherstellg **1408** 3 b; Wirkg des Renten-Splittings **1587 b** 2 d; ZahlgsAO zur Begründg v Rentenanwartsch **1587 b** 4, **1587 c** 1; Zugewinnausgl **1587 c** 2; ZugewinnausglGedanke Einf 3 b vor **1587**, **1587** 1; Zusam-

Vertrag zugunsten Dritter

mentreffen mehrerer VersorggsAnwartschten **1587 a** 6; Zweck Einf 3 b vor **1587**
Versorgungsleistungen, Anspr auf Rückzahlg überzahlter Einf 6 d vor **812**
Versorgungsleitungen, Beschädigg **823** 5 b; auf Belastg Erbbaurecht Übbl 5 c vor **1012**; Enteigng wg V **903** 5 Ha bb; Notweg **917** 3 d; Verlegg Übbl 4 vor **1018**, **1023** 6, Einf 2 vor **1090** Folgekosten **1023** 6; Duldg **1004** 7 c gg
Versorgungstitel, Begriff Einf 3 a vor **1587**
Versorgungsunterhalt der Ehegatten **1578** 3
Versteigerer 675 2 b
Versteigerung, Einf 3i, 4h vor **433**; Eigentumserwerb Vorb 3 vor **932**, **935** 5c; Erwerbsverbot **456–458**; freiwillige **457** 1 b; Fundsachen **979–982**; Gewährleistg bei **461**; hinterleggsunfähiger Sachen **383–386**; Pfandsachen, Verfahren **1233–1241**; Verpflichtg, in V nicht zu bieten **143a**; Wirkg **1242–1248**; Tier **489** 1; Vertragsschluß bei **156**; des Wohngseigt WEG **53 ff**
Versteigerungserlös, keine Aufrechng gg Forderg auf V-Erlös **392** 1
Verstoßung des Ehegatten 1565 4
Verteidigung, Vorschußpflicht der Eheg **1360a**
Vertiefung 909
Vertrag Übbl 3 vor **104**, Einf 1, 2 vor **145**; Abändern **305** 2, **313** 10; Abschluß- u Gestaltgszwang Einl 1b vor **241**, Einf 3 vor **145**, **305** 7; abstrakter Übbl 3 d vor **104**; Arten Einf 1 b vor **145**; Ausslegg **157** 2–6; Begriff Einf 1a vor **145**, **154** 1; diktierter Einf 2 b ee vor **145**; dingl Einl 5 vor **854**; einseit verpflichtender Einf 1a vor **320**; Einteilg Einf 2 vor **145**, Einf 4 vor **305**; Entstehg Übbl 3a vor **104**; Entstehg durch sozialtypisches Verhalten Einf 5b vor **145**; faktischer Einf 5 vor **145**; formgebundener Einf 4d vor **305**; formloser Einf 4d vor **305**; gegenseitiger Einf vor **320**, Verhältn zu Sondervorschr Einf 3 vor **320**, Einr d ZurückbehaltgsR **320**; gemischter Einf 4g vor **305**, **305** 5, **313** 8c, Übbl 5 vor **433**; über GrdstVeräußerg **313**; IPR Vorb 2 vor EG **12**; Handgesch Einf 4 e vor **305**; Klauseln **157** 5c, s a Klauseln; kaufähnlicher **445** 1–3; Minderjähr **107** 1, **108–110**; üb Nachlaß eines lebenden Dritten **312** 1, 2, **1922** 1; normierter Vertr Einf 3a vor **145**; öff Recht Einf 2 vor **145**, Einf 4h vor **305**; privatrechtl Einf 2 vor **145**; Leistgsändergsrecht **242** 6; syst Behandlg im BGB Einf 4 vor **305**; Typenzwang Einf 4a vor **305**, Einl 2b vor **854**; typischer Einf 6 vor **145**, **305** 5; unerl Handlg Einf 2 vor **823**; auf unmögl Leistg **306–308**, **323–325**; unvollkommen zweiseitig verpflichtender Einf 1b vor **320**; verbotener **309** 1; Vertragsfreiheit s dort; – für wen es angeht **164** 1a; Widerruf mangels Einwilligg des anderen Eheg **1366** 3a, **1427**, **1453**
Vertragscharakteristische Leistung, IPR Vorb 2a, 2d vor EG **12**
Vertrag zugunsten Dritter 328; Abtretg des Befriediggsanspr **329** 1a; Änderg des Vertrages **328** 4; Änderung kraft Vorbehalts **331** 2, **332** **332** 1, 2; Aufhebg **328** 4; Auslegsregel **329**; Auswechslg des Berechtigten **332** 1; Bestimmbark bei Dr **328** 1, **331** 2; Deckgsverhältnis Einf 2a vor **328**, **334** 1; dingl Rechtsgesch Einf 5c vor **328**; echter Einf 1 vor **328**, **328** 2; ehegüterrechtl u Erbverträge Einf 5d vor **328**; Einwendgen des Schuldners ggü Dr **334** 1; Einzelfälle **328** 2; Form Einf 4 vor **328**; Fordergsrecht des Dr Einf 2c, 5 vor **328**, **328** 2; Fordergsrecht des Gläub **335**; Haftausschluß zGDr **276** 5

Vertrag zu Lasten Dritter

B a cc; LebensversVertrag 330 2, 331 1 b; Leibrentenvertrag 330 3; Rechtserwerb mit Tod 331 1; Schenkgszusage Einf 4 vor 328, 516 1 b; Schuldmitübernahme 329 1 b; V mit Schutzwirkg zg Dr 328 2 b; – auf den Todesfall 2301 4; unechter Einf 1 vor 328, 329 1, 2; unentgeltl Zuwendg 330 4, 516 1; ungerechtfert Bereicherg 812 5 B b cc; Valutaverhältnis Einf 2 b vor 328; Verfüggsverträge Einf 5 b, c vor 328; Vermögensod Gutsübernahme 330 5; Vermutg der Erfüllgsübernahme 329 1 b, 2; auf Verwaltungsakte nicht anwendbar Einf 5 e vor 328; bei Vormerkg 833 3 b; Zurückweisg des Rechts 333 1–3; Zweck Einf 2 vor 328

Vertrag zu Lasten Dritter Einf 5 a vor 328

Vertrag mit Schutzwirkung zugunsten Dritter 328 2 b, 3 a

Vertragsähnliche Schuldverhältnisse Einf 6 vor 305

Vertragsannahme 147, 148; unter Abwesenden 148 5; mit Änderungen 150 2; unter Anwesenden 148 4; Bestätiggsschreiben 148 2; Form 126 3 a, 313 3; Frist 148 3; b öff Beurkundg 152 1; stillschweigende 148 1; Fristbestimmg in AGB AGBG 10 1; nach Tod des Gegners 153; verspätete 149 1, 150; ohne Zugehen der Erkl 151 1, 2; Zuschlag bei Versteigerg 156 1

Vertragsantrag 145, 146; Ablehng 146 1, 148 1; Ablehng durch Eheg bei Gütergemeinsch 1432, 1455; Annahmefähig, Dauer 151 4; Aufforderg zu 145 1; Ausstellen von Waren 145 1; Automat 145 1; Bindg 145 2, 156 1; Erlöschen 146 1; Form 128, 313 8 a; Fristablauf 146 1; Gebot bei Versteigerg 156 1; Geschäftsunfgk des Antraggegners 153 3; an Mehrere 145 4; Recht aus 145 3; durch schlüssige Handlg 145 1; schriftl, persönl überreichter 148 4; telegraphischer 148 3; Tod, Geschäftsunfähigk od Verfüggsbeschränkg des Antragenden or Annahme 153 1; unbestellte Waren, Zusendg 145 1; VertrAnnahme verspätete 149 1, 150 1

Vertragsauslegung 157, auch 133; Änderg der Verhältnisse, nachträgl eingetretene 157 4; Ergänzung des Vertragsinhalts 157 2 a; allg geschäftsbedingungen AGBG 4, 5; 157 5 a; gesetzl Regeln u Vermutungen 157 2 b; Klauseln, einzelne 157 5 c; Vorverhandlungen Einf 4 vor 145

Vertragserfüllung 362 ff; Haftg des Schuldners nach – 276 7 d

Vertragsfreiheit, Ausschluß im Sachenrecht Einl 2 b vor 854; Grundsatz Einf 3 vor 145, Einl 1 d vor 241; u ehel Güterrecht Einf 1 vor 1363, 1408 4; im IPR Vorb 2 vor EG 12; Verfassgsschutz Einf 3 a vor 145, Einf 4 vor 305

Vertragsgerechtigkeit Einf 3 vor 145, Einl 1, 2 vor AGBG 1

Vertragsgestaltung durch Gesetz oder Verwaltgsakt Einf 3 b vor 145, Einl 1 vor 241; durch den Richter 343 1, auch Einl 7 a vor 241 (Kriegsrecht)

Vertragshändlervertrag 675 2 a; internat PrivatR Vorb 6 g vor EG 12

Vertragshilfe, richterliche 242 7, Übbl 8 b vor 1113; bei Hausratsteilg nach Scheidg Anh zu 1587 p § 2; in Nachlaßsachen 1922 3 f, 2058 3, 2174 2 e, 2205 1 b, 2311 1; Antragsrecht des NachlVerwalters 1985 2; des TestVollstr 2205 1 b aa

Vertragsinteresse, Begriff 122 3

Vertragsmäßiges Güterrecht 1408 ff, allgem Vorschr 1408–1413; Ehevertr s dort; Gütergemeinsch s dort, Gütertrennung s dort, Vertragsfreiheit 1408 4

Vertragsschluß Einf 1 vor 145, 148 1–5, 154 1; Arglist bei 826 8 b; Bestätigg 148 2; Beurkundg, fehlende 154 2; Draufgabe als Zeichen des 336; Einiggsmangel 154 1, versteckter 155 1, 2; über unmögl Leistg 306 3, 307 1; Verschulden bei Einf 4 vor 145, 276 6 a, Vorb 2 c vor 459, 611 1 b dd; Verschulden des Erfüllgsgehilfen bei 278 1; bei Versteigerg 156 1; ohne Vertretgsmacht 177–179; Vorverhandlungen Einf 4 vor 145; Weigerg, sittenwidrige Einf 3 b vor 145

Vertragsstrafe 339 ff; Abzahlgsgeschäfte AbzG 4 A 1–5; andere als Geldstrafe 342 1; Auslegg, einschränkende 133 5; Begriff Vorb 1 vor 339; Beweislast 345; nicht gehörige Erfüllg 341 1; Herabsetzg 343 1; – klausel in AGB AGBG 11 6; keine des Mieters 550 a; für Nichterfüllg 340 1, 2; und pauschalierter Schadensersatz 276 5 A b; Pflichtverl, geringfügige 339 4; Reugeld Vorb 2 c vor 339; Rücktrittsrecht Vorb 2 b vor 339; SchadErs wg Nichterfüllg 340 3; Strafgedinge, selbständiges Vorb 2 a vor 339; Unwirksamk 343 1 b, 344 1, 2; Veräußergsverbot 137 2; Verfallklausel Vorb 2 b vor 339; Verwirkg 339 1–4; Vorbehalt bei Annahme der Erfüllg 341 2; Wettbewerbsverbot Vorb 1 vor 339, 339 4

Vertragstreue des Gläubigers bei Ansprüchen wegen Schuldnerverzug 326 4

Vertragsübernahme 398 4; Klauseln über – in AGB AGBG 11 13

Vertragsverhandlungen, Verschulden bei 276 6

Vertragsverletzung, positive, s positive VertrVerletzg

Vertragszinsen, Herabsetzg 246 3 b

Vertrauensinteresse, Vorb 2 g vor 249, bei Anfechtg 122; bei EiniggsMangel 155 3 c; bei Vertrag über unmögl Leistg 307; Verjährg 195 2

Vertrauensmakler 652 1 b, 654 2

Vertrauensstellung, Ausnutzung 138 5 v

Vertreter, Abschluß mit sich selbst 181; BereicherungsAnspr bei Leistg an – 812 5 B b bb; Bote Einf 2 vor 164; formularmäßige Klauseln über Haftg der – AGBG 11 14; Gesamtvertreter 173 4 f; Geschäftsfähig 165 3; Geschäftsführgsbefugnis 164 2; gesetzl s Vertretgsmacht; gesetzl Verwalter Einf 3 vor 164; guter Glaube 166 1; Haftg 164 3, 166 1; Haftg des machtlosen 179; Haftg des Vereins f 31; Haftg f Verschulden der gesetzl 278 2; Haftg f Verschulden b Vertragsschluß 164 3; f Hypothekenrechte 1189; Kenntnis od Kennenmüssen 166 1, 3; machtloser 166 2, 177–180; mehrere 166 1; Pflicht zur Mitteilg des Namens des Vertretenen 164 1 a; Treuhänder Einf 3 vor 164; Verein, besondere Vertreter 30 1, 66 1; bei Vfggen v Todesw 2064 2, 2274 2, 2276 2; Vermittler Einf 2 vor 164; Verschulden 164 3; Willensmängel 166 1

Vertretung, Begriff Einf 1 vor 164; Besitzerwerb 854 5; bei Eigentumserwerb 929 5; nicht erkennbare 164 4; der Gesellschaft 714, 715; des Kindes 1626 4 b, 1629, 1638, 1673, Ausschluß 1629 4, Entziehg 1629 6; mittelbare Einf 1 vor 164; bei Pfandbestellg 1205 3; Schadensliquidation in fremdem Interesse Einf 1 vor 164, Vorb 6 b aa vor 249; stille 164 1; unmittelbare Einf 1, 2 vor 164, 164 1; unzulässige Einf 1 vor 164; einer verheir Tochter 1633; ohne Vertretgsmacht 177–180; des verwaltenden Eheg durch Vormd 1436; Willenserklärg des Vertreters 164; Wirkg 164 3

Vertretungsmacht 164 2; der Eheg untereinander Einf 2 b vor 1353, EG 14 4 k; der Eltern 1626

4b, **1629, 1638, 1673,** Beschränkg **1643**; u GeschäftsführgsBefugn **164** 2; gesetzl Einf 2 vor **164**; Mißbrauch **164** 2; für Prozeßhandlgen **164** 2; rgeschäftl Einf 2 vor **164**; des Vereinsvorstandes **26** 2, **30** 2, **64, 70** 1; Vertretg ohne **177–180**; des Vormundes **1793** 3, s a Vormundschaft; Weisungen bei rgeschäftl **166** 3; WiderrufsR des Geschäftsgegners **178** 4, **180** 1; Willensmängel **166**

Vertriebene, Erbrechtsnachweis **2356** 1; Güterstand Übbl 7 vor **2353**, Anh II zu EG **15**; PflichttForderg gg V **2311** 2

Verunstaltende Wirkung der Anbringg von Schildern **535** 2b

Verwahrung 688; Abgrenzg zum DienstVertr Einf 2f vor **611**, zur Miete Einf 2d vor **535**; Ändergsrecht **692** 1; Anzeigepflicht bei Änderg **691** 1, **692** 1; Aufwendg·ersatz **693**; AussondR der Hinterlegers in Konkurs **695** 1; darlehnsartige **700** 1–3; Depositenvertr **700** 1; zugunsten Dr Einf 2 vor **688**; des Erbvertr **2277, 2300, 2300a**; Haftg bei unentgeltl **690** 1; Haftgsausschluß Einf 2 vor **688**; Hinterlegg Einf 2b, 3 vor **372**, Einf 4b vor **688, 700** 5; Hinterlegg bei Dr **691** 1; Hinterlegerhaftg **692** 1, **694** 1; internat PrivR Vorb 6h vor EG **12**; Lagergeschäft Einf 3b vor **688**; Nebenverpfltgen Einf 2 vor **688**; öffr Verw Einf 4c vor **688**; Rechtsnatur Einf 1 vor **688**; RückfordR des Hinterlegers **695** 1; Rücknahmeverlangen des Verwahrers **696** 1; Rückgaberot **697** 1; Sequestration Einf 3a vor **688**; Testament **2258a, b, 2263a**, BeurkG **34**; Umstellg **700** 5; unregelmäßige Einf 4a vor **688, 700** 1–3; Verbrauchsgestattg **700** 2; Vergütg **689** 1, Fälligk **699** 1; verwendetes Geld **698** 1; Weitergabe, unbefugte **691** 1; von Wertpapieren Einf 3c vor **688, 700** 4

Verwalter des gemschaftl Eigt bei WohngsEigt WEG **20**ff; Abberufg WEG **26**; Aufgaben WEG **27**; Bestellg WEG **26**; Einberufg der WEigtümerversammlg WEG **24**; Rechngslegg WEG **28** 4; Vertrag **675** 3a WEG **26** 1b, 2b; WirtschPlan WEG **28**

Verwaltung der Gemeinschaft **744–746**; des Gesamtguts s dort; der Gesellschaft **705** 7c, **709** ff; des Kindesvermögens s dort; Rechenschaftslegg bei – **259**; des Sonderguts **1417**; des Vorbehaltsguts **1418**; bei Wohngseigentum WEG **20** ff; Abberufg des Verwalters WEG **26**

Verwaltungsakt, Anfechtg **823** 7Bb, fehlerhafter Einl 7b cc vor **854**, Einf 4 vor **929**; Anfechtg dch Erbengemeinschaft **2039** 2; zur Hilfeleistg **670** 3c

Verwaltungsbehörde, Beteiligg bei Eintragg ins Vereinsregister **61–63**; EigentErwerb durch Verwaltgsakt Einf 4 vor **929**; Genehmigg u Unmöglichk **275** 9

Verwaltungsbeirat der Wohngseigtümer WEG **29**

Verwaltungs- u Nutznießungsrecht nach HöfeO **14** Übbl **11** vor **873**; Aufnahme in Erbschein **2353** 4a

Verwaltungsrecht, unzulässige RAusübg **242** 4D 1

Verwaltungsvermögen Übbl 4d vor **90**

Verwandte, Anhörg durch VormschG **1847**; Unterhalt an bedürftige V des anderen Eheg **1360a** 1b; UnterhPflicht **1601, 1604, 1606** 3; Zuwendg **2067**

Verwandtschaft Übbl vor **1589, 1589**; Annahme als Kind **1754, 1755, 1756, 1764, 1770**; Begriff Übbl 2 vor **1589, 1589** 1, Anwendbkt auf frühere Reichsgesetze EG **33** 1–3; Begriff außerhalb des BGB Übbl 4 vor **1589**; Blutsverwandtschaft Übbl 1 vor **1589**, EheG **4** 2; Ehenichtigk EheG **21**; Eheverbot EheG **4** 2; Gradesnähe **1589** 2; Klage auf Feststellg Übbl 6 vor **1589**; Legitimation **1589** 3; nichtehel Kind zum Vater **1589** 3; nichtehel Mutter **1705** 2; nichtehel Vater **1589** 3, Einf 2 vor **1705**; Unterhaltspflicht **1601–1615**; s a Ehelichkeit

Verweigerung der Erfüllg **276** 7c aa; **326** 6d, der Herstellg des ehel Lebens **1361** 3a; der Zustimmung des anderen Eheg **1366, 1426, 1427, 1452**

Verweisung auf anderes Recht bei Ehevertr **1409**; auf bisherige Vorschr EG **4** 1

Verwender von AGB, Begriff AGBG **1** 2c; Schadensersatzpflicht bei Verwendg unwirks Klauseln Vorb 3a vor AGBG **8**; Unterlassungsklage gg – AGBG **13**

Verwendungen des Besitzers Vorb vor **994, 994** bis **996**; Befriediggsrecht **1003**; Bösgläubigk **994** 3; Genehmigg **1001** 3, Genehmiggsfrist **1003** 2; Klage des Besitzers **1001, 1002**, bei Rechtsnachfolge **999**, WegnahmeR **997** 1c. ZurückbehR **1000**; bei Erbschaftsanspr **2022, 2023**; bei Erbschaftskauf **2381**; Ersatz bei Rechtshängigk **292**, **993** 3, **2023**, bei unerl Handlg **850**, bei Wiederkauf **500**; des Mieters **547, 558**; d Nießbrauchers **1049**; Pfandgläub **1216** 1; des Verkäufers **450**; bei Vermächtnis **2185** 1; Verrechng ggü BereicherungsAnspr **818** 6 C d; aus Vorbehalts- oder Sondergut in das Gesamtgut u umgekehrt **1445, 1467**; des Vorerben **2125**; ZurückbehR wegen – **273** 6

Verwertungsrechte, Einl 4b bb vor **854**, Übbl 1a vor **1105**, Übbl 1a vor **1113**

Verwirkung 242 9; Arbeitsrecht **242** 9f; Begriff **242** 9a; bei Ruhegeld Einf 7e dd vor **611**; der elterl Gewalt **1676, 1679, 1495**; V – Klausel bei Erbeinsetzg **2074** 2; der beschränkten Erbenhaftg **2013**; des Erbrechts Übbl 1 aE vor **1922**; keine – der Beschwerde in GrdBSachen Übbl 3 vor **873**, im ErbSchVerf **2353** 6c; bei Lohnanspr **242** 9, **611** 6 i; des Mäklerlohns **654** 1, 3, 4; der Mietzinsforderg **551** 1d; prozeßrechtlcha **242** 9f; bei Ruhegehalt Einf 7 e dd vor **611**; Sachmängelrechte **464** 1, 5; der TestVollstr-Vergütg **2221** 1b; UnterhAnspr **1579**; der Vertragsstrafe **339**; Voraussetzgen **242** 9 f

Verwirkungsklausel, Vorb 2b vor **339**; in AGB AGBG **11** 6a cc; bei Abzahlgeschäften AbzG **1** 6c bb; Rücktrittsvorbehalt **360** 1, 2; in Tarifverträgen Einf 6b vor **611**; in letztwilliger Vfg **2074** 2; Verjährg der PflichttAnspr **2332** 1; Zuwiderhandlg **2074** 2, **2075** 4; Erbschein **2074** 2 d

Verzeichnis des Anfangs- u Endvermögens **1377, 1379**; der Erbschaftsgegenstände bei Nacherbfolge **2121, 2122**; des Kindesvermögens bei Eingehg einer neuen Ehe **1683**, bei Gefährdg **1667**, beim Tod eines Elternteils **1682**, Zuziehg des Beistandes **1689**; bei Nießbrauch an Inbegriff **1035**; Pflicht zur Vorlegg **259–261**, 4; TestVollstr **2215**; Vormd **1802**; s a Vermögensverzeichnis

Verzeihung, Begriff **2337** 1; bei Erbunwürdigk **2343**; des Pflichtteilsentziehgsgrundes **2337**

Verzicht, bei Anfechtg **144** 1; Anfechtg der letztw Vfg **2081** 5; auf Dienstleistgspflicht hausangehöriger Kinder **1617** 1; auf Eigentum an Grdst **928**; Eigentumsvorbehalt **455** 3; auf Einrede der Verjährg **222** 1, **397** 1a; auf ErbErsAnspr **2346** 3a; auf Erbrecht s Erbverzicht; auf ErbR oder Pflichtt beim gesetzl Güterst **1371** 5, **2303** 2b; auf eingetretenen Erlöschensgrund Übbl 2 vor **362**; auf

Verzinsung

FahrnEigt 959; auf HoferbR 2346 5; auf Hyp 1165 2, 1168 1-5; auf Lohn 611 6h; LohnfortzahlgsAnspruch 397 4d; auf Pflicht 2317 1, bei Gütergemeinschaft 1432, 1455; auf Kündiggsschutz Vorb 3a vor 620; auf Nacherbenanwartschaft 2108 5; auf Pflichtt für Kind 1643; im Prozeß Übbl 5 vor 104; Reallast 1105 5c; eingelegte RMittelEinf 2a vor EheG 49; auf Ruhegeld Einf 7e vor 611; Rückauflassungsanspr 313 9; Sachmängelrechte 464 1; im Schuldrecht 397 1; Tariflohn 611 6h; Unterh 1360 1; Unterh nach Scheidg 1585c 2d; UnterhAnspr 1613 3, 1614 1-3, 1615e 3a; Vermutg für Verzicht bei Familienunterh 1360b; auf VersorgsAusgleich 1408 3b, Einf 7b vor 1587, 1587o 3; Vertragsannahmeerklärg 151 3; vorzeit Erbausgleich 1934d 6a; Zugewinnausgleich bei Gütergemeinschaft 1432, 1455; auf Zugewinnausgleichsforderg 1378 1

Verzinsung des Aufwendgsersatzes 256; verwendeten Geldes dch Beauftragten 668, dch Vormd 1834, dch Verwahrer 1834; des Kaufpreises 452; beim Rücktritt vom Vertrag 347; bei Herausgabe der ungerechtf Bereicherg 818 3c, 7b, 820; der Vergütg beim Werkvertrag 641; der Wertminderg bei unerl Handlg 849 1; der gestundeten ZugewinnausglFdg 1382; EnteigngsEntschädigg 903 5 Gd

Verzug, Abnahme 293 5; Beschränkg der Haftg dch AGB AGBG 11 8, 9 Einrede 284 2, 285 2; Ersatz von Ausgaben 286 2; Folge 286, 287; ggs Vertrag 284 1, 326; Heilg 284 5, 554 3b; Rechtshängigk 291 1; Rechtsirrtum 285 2; Schadeners wegen Nichterfüllg 286 1; Spezifikationskauf 293 5; Teilleistg 326 3a, 10; Verschulden als Voraussetzg 285; Verzögergsschaden 286 1, 2; Voraussetzg 284; vorübergehendes Unvermögen 306 3; Währgsreform 286 2b, 293 3; Werkvertrag 636 3; s a GläubigVerzug, Schuldnerverzug

Verzugszinsen 288; Schenker 522; des Wertersatzes 290; Zineszinsen 289

Viehkauf 481 ff; Anzeigepflicht bei Mängeln 485; Beweislast für Ablauf der Ausschlußfrist 485 1b; Gewährfrist, Dauer 481 1, 482 2, 3; 492 3; Gewährfrist, Veränderg 486 1; Gewährleistg 482; Hauptmängel 482 1, 3; Mängelvermutg 484 1; Mindersausschluß 487 1; SchadErsAnspr des Käufers 488 2; ViehmängelVO bei 482; Verjährung 490 1-3; Verschweigen eines Mangels 485 3; Wandelg 481 2, 487 2

Viehmastvertrag Einf 5 vor 631

Viehseuchengesetz, Enteign 903 5 H b; als Schutzgesetz 823 9f

Vindikationslegat EG 24 3

VOB Einf 3c vor 631, 631 4, 632 2, 5, Vorb 5 vor 633, 633 6, 634 6, 635 5, 636 3, 638 5c, 639 3, 641 3, 642 3, 643 3, 644 u 645 6, 647 4, 649 5b, Einf 1e vor 812; AGBG 10 5a, 11 10g

Völkerrecht, gesetzliches Verbot 134 2 d

Volksdeutsche Flüchtlinge, Güterstand Anh II zu EG 15; Staatsangehörigkeit Vorb 7a vor EG 7, Anh II zu EG 29 1; Unwandelbarkeit des Güterrechts EG 153, Übbl 7 vor 2353

Volksgesundheit 906 5a cc

Volljährigkeit, Annahme als Kind 1743, 1767; bei Ausländern EG 7; Eintritt 2 1; Beendigg der Vormsch 1882 1b; Herabsetzg in der DDR 2 3, 2229 3; VolljährigkErklärg von Ausländern EG 7 2

Vollmacht, Abschlußvollm 313 6; Anfecht 167 2, 173 4; Anscheinsvollmacht 173 4; Arten 167 3; Auflassgsvollm 313 7, 1937 1; u Auftrag Einf 3 vor 662; Begriff Einf 2 vor 164, 164 2, 167 1; Duldungsvollm 173 4; Einwilligg 185 2; zur Erbschaftsausschlagg 1948 3d; durch Erklärg an Geschäftsgegner 170, 173 3; Erlöschen 168 1, 176 1, 672 1; Erteilg 167 1; in AGB AGBG 1 2a; Form 167 1, 178 3; Formzwang 313 6, 7; Fortwirken nach Erlöschen 169-173; Grundgeschäft 167 2; intern PrivR Vorb 5a vor EG 12; isolierte 167 2, 168 2; Kraftloserkl 176 1; in letztw Verfügg 167 1, 1937 1; Prozeßvollmacht Übbl 5 vor 104; Prokura 167 3a; Quittgsüberbringer 173 4; bei einseitigem RGeschäft 174; Rechtsschein 173 4; Scheinvollmacht Einf 2 vor 164; Schutz des gutgläubigen Geschäftsgegners 170-173; üb Tod hinaus 168 1, 672 1, 1922 3a kk, 1937 1, 2112 1e, 2139 1, Einf 8 vor 2197, an TestVollstr Einf 8 vor 2197, 2205 3, 2368 4a; auf den Todesfall Einf 8 vor 2197; Übertragg eines Erbanteils 2033 3; Überlassg d Geschführg 173 4; Umfg 167 3a; unwiderrufl 167 3d, 168 2, 313 6b; verdrängende 137 1d, Einf 7 B vor 929; mit nichtigem Vertrag verbundene 313 7, 8c, d, 12, 13; Verfüggsbeschränkg des VollmGebers 168 1; Weisgen des VollmGebers 166 3; Widerruf 167 3d, 168 1, 2, 173 3, 176 1; Widerrufsrecht des Erben 1922 3a kk, Einf 8c vor 2197; Willensmangel bei – 166

Vollmachtsurkunde, Vorlegg 172, 173 2, 174; Aushändigg 172; Kraftloserklärg 176; Rückgabe 175 1

Vollstreckung, verbotswidrige 136 2, 826 8 o

Vollstreckungshandlungen, Hemmg, Unterbrechg der Verjährg 209 3 f, 216

Vollstreckungspreisgabe 1973 3

Vollstreckungsvereitelung 134 3a

Vollzugsgeschäft, Nichtigk, Übbl 3f vor 104, 139 4

Volontärverhältnis Einf 5c vor 611

Voraus 1932; bei Berechng der ErbErsAnspr 1934 b 2, 1932 4; bei PflichttBerechng 2311 4; neben Verwandten der ersten Ordng 1932 1

Vorausabtretung, Sichergsmittel 398 3c, d, e

Vorausklage, Einrede der – 771-773

Vorausverfügung über Mietzins 573, bei HypHaftg 1124

Vorausvermächtnis 2150; u Nacherbfolge 2110 3, 2363 1b; Teilgsanordng 2048 1a, 2150 2

Vorbehalt, bei Annahme mangelhafter Sache 464, bei Erfüllg 362 3; bei Gattgskauf 480; geheimer 116 1-3; bei Erbvertr Übbl 2 vor 2274; geheimer Vorbehalt bei Erbvertr 2279 1, bei Test 2077 1a dd; bei Rückforderg 814 2b, 820 2d; stillschweigender WillErkl 116 3

Vorbehaltsgut, bei Gütergemsch 1418, bei fortges Gütergemsch 1486; Ausgleich zw Gesamt-, Vorbehalts- und Sondergut 1467; Bestandteile 1418 2, 3; Bestimmg Dritter 1418 3b; Eheverträg 1418 3a; Einkünfte, Reihenfolge der Verwendg 1420; Eintragg im GüterRReg 1418; Ersatzstücke 1418 3c; Haftg 1437 3, 4; Haftg aus Erbsch oder Vermächtn 1439, 1461; Haftg im Innenverhältn 1441, 1463, 1464; Haftg für Verbindlkeiten des Vorbehaltsg 1440, 1462; Inventarerrichtg 1432, 1455, 1993 2; Verbindlichkeiten des Vorbehaltsg 1440, 1446 2; Verwaltg 1418 1; Verwendungen 1467, 1468

Vorbehaltskauf 929 6; und Konkurs 929 6 B f; Rückabwicklung 986 2c; s auch „Eigentumsvorbehalt"

Vorbehaltsklausel im interlok Privatr EG 30 3; im internat PrivR EG 23 Anh 4c, EG 30

Vorbescheid im Erbscheinverfahren 2353 6c

Vorbürge 769 1, 774 2b

Magere Zahlen = Erläuterungen **Vormund**

Vorempfang, Anrechng auf Erbteil 2050–2057, auf Pflichtteil 2315; Ausgleich bei fortges Gütergemsch 1483 2, 3
Vorentwurf für Bauvorhaben, Vergütg 632 2
Vorerbe, Anstandsschenkgen 2113 3; Anzeigepflicht 2146 1; Arrestvollziehg 2115 1–4; Aufrechng 2114 4; Aufwendungen 2124; Auskunftspflicht 2127 1, 2; befreiter 2136; befreiter, Fdgseinziehg 2114 5; Begriff 2100 2; Buchfdgen 2118 1; Eintritt in Personalgesellschaft 2112 1 c; Entziehg der Vfg und Verwaltg 2129; ErbschGgstände, verbrauchte 2134 1–3; Erbschein 2363 1; Feststellg des Zustandes der ErbschSachen 2122 1; Fruchtbezug ordngswidr 2133 1, 2; Fürsorgepflicht 2130 2; Geldanlage 2119 1; gesetzl Erben 2105 1, 2; Grdbucheintragg Einf 6 vor 2100; Grund- u Rentenschulden 2113 1, 2, 2114 1–4; GrdstVfgen 2113 1 a; Haftg 2145; Herausgabepfl 2130 1; Herausgabepfl des befreiten 2138 1; Hinterlegg von Wertpap 2116 1–4; Hyp 2113 1, 2, 2114 1–4; Konkurs Einf 5 vor 2100; Lasten 2126; Lastenausgleich 2126 1; Miet- und Pachtverträge 2135; Nachlaßverzeichnis 2121 2; Nießbrauch 2100 4; Nutzgsrecht 2134 3; ordngsmäß Verwaltg, EinwilligAnspr 2120 2; Prozeßführg 2112 3; Rechenschaftspflicht 2130 3; SchadErsatzpflicht 2138 2; Schenkungen 2113 2, 3; SicherheitsleistPflicht 2128 1; Sichergsmaßregeln 2129; Soforthilfeabgabe 2126 1; Sorgfaltspflicht 2131 1, 2; Überrest, Einsetzg auf 2137; Übertragg d Nachl v NE v NEFall 2139 7; Umschreibg v InhPap 2117 1; Testierfgk 2112 1; TestVollstr u VE 2502 1b dd, 2222 2; Vfg, unentgeltl 2113 2; Vfgsbefugnis 2112–2115; Verwendgsersatz 2125 1; Verwaltg des Nachl 2120 1, 2; Verzeichn der ErbschGgstände 2121, 2122; Wegnahmerecht 2125 2; Wirtschaftsplan 2123 1; Zwangsverwaltg 2128 2, 2129; Zwangsvollstr Einf 5 vor 2100, 2115 1–4; zwischenzeitl Vfg 2140
Vorfragen, Anknüpfg in IPR Vorb 10 vor EG 7
Vorgeburtliche Verletzung 823 4b, 1922 auch 328 3 a aa
Vorhand Einf 4d vor 145, Vorb 4b vor 504
Vorkaufsrecht, dingliches 1094; Ausschluß unbekannter Berechtigter 1104; Ausschlußfrist 1098 2; Ausüb g 1098 2; Bedeutg Übbl 2 vor 1094; Begriff Übbl 1 vor 1094; Begründg 1094 4; als Belastg des Wohngseigentums WEG 12 1 d; Bestandteil 96 2; auf Bruchteil des Grdst 1095; Erlöschen 1094 6; Erstreckg auf Zubehör 1096; nach BBauG u StBauFG Übbl 3 c, d vor 1094; 2042 2c; jur Pers 1098 6; Mitteilg 1099; V nach RSiedlungsG Übbl 3a vor 1094; Übertragbk 1094 5; Vorkaufsfälle 1097; VormerkgsSchutz gg Belastg 1098 4; Wirkg 1098; Zahlung des Kaufpreises 1100–1102; d Miterben 2034–2037, Schuldenhaftg 2036, Weiterveräußerg 2037; **schuldrechtl:** 504ff; Abgrenzg Vorb 4 vor 504; Anzeigepflicht 510; Ausübung 504 2, 505; Begriff Vorb 1a vor 504; Erlöschen 524; Genehmiggspflicht 505 1, 510 2; Gesamtpreis 508; gesetzl Vorb 1d vor 504, 925 8, Übbl 3 vor 1094, 1103 1b; bei Grdst 510 II; Kaufpreisstundg 509; mehrere Vorkäufer 513; Nebenleistgen 507; öffentlrechtl Körperschaften Vorb 1 vor 504, 508 1, Unübertragbark 514; bei Verkauf an Erben 511, dch Konkursverwalter 512, durch Zwangsvollstr 512; Vorkaufsfall 504 2; Vormerkg 883 2 e aa; Wirkg 505 2
Vorkenntnisklausel bei Mäklervertrag 652 9 A a
Vorkonstituelles Recht, IPR der Adoption, Legitimation EG 22 2; Enteigng 903 5 B a

Vorläufige Anordnung nach § 1666 gg Ausländer EG 19 5
Vorläufige Besitzeinweisung 854 1a
Vorläufige Fürsorgeerziehung JWG 67; 1666 8; Aufhebg JWG 67 6, dch Aussetzg des FürsorgeerziehgsVerfahrens JWG 68 2; Ausführg JWG 69 2, 3; Bekanntmachg d Entscheidg JWG 67 4; Beschwerde JWG 67 4, 6d; Entscheidg d VG JWG 67 4; Verfahren JWG 67 3; Voraussetzgen JWG 67 2; Wesen JWG 67 1; Zuständigk des VG JWG 67 4, 77 3; Eilzuständigk JWG 77 2
Vorlegung von Sachen 809, 811; v Urkunden 810, 811
Vorleistung, kein Zwischenzins bei – 272
Vorleistungspflicht, Annahmeverzug 322 3b; beim Dienstvertrag 614; Begründg dch AGB AGBG 11 2; Gefährdg des Ggleistgsanspr 321 2b; bei gegenseitigem Vertr 320 4, 322 3; Klage auf Leistg nach Gg leistg 322 3b; Rücktritt 321 3; SicherstellgsR 320 4b, 321 1–3; veränderte Umstände 321; Zug-um-Zug-Leistg 320 4b; ZbR 273 5b
Vormerkung 883; gesicherter Anspr 883 2; Ausschluß unbekannter Berecht 887; Begründg 885 1a; BeseitiggsAnspr 886 2; Bewilligg 885 3; Durchsetzg des gesicherten Anspr 888 1 b, 2, 3; einstw Vfg 885 2; Eintragg im GB 885 4; ErbbauR ErbbRVO 6 1; Erbbauzins ErbbRVO 9 1 b cc; Erbenhaftg 884; Erbrecht 883 2 e, 2174 2 d, 2286; Erlöschen 886 1 b; Genehmiggserfordernis 885 1 b; Gutglaubenserwerb 885 2 d, 3 d, 5 b; Inhaltsänderg 885 1, 4 a; Löschg 886 1 c; unrechtmäßige Löschg 883 3, 886 1; LöschgsVormerkg 1179; Rangwirkg 883 5; Rechtsmittel 885 4 e; Sichergswirkg 883 3, 4; TeilGrdst 883 2 a, b, 885 4 b; Übertragg 885 5; Umschreibg in gesichertes Recht 886 1 c, stufenweise 888 1 a; Wesen 883 1 a; WohngsEigt WEG 8 3; Widerspr gg Eintragg u Löschg 899 3 b
Vormiete Einf 1 e vor 535
Vormund, Ablehng, unbegrdete 1787 1; AblehnGrde 1786; Amtsfortführg 1893 1a; Amtsvormundschaft, s dort; Anhörg des JugA bei Auswahl 1779 2; Anlegg von MdlGeld 1806–1811; Annahme des Mündels an Kind Statt 1752 1; Anstandsschenkgen 1804 2; Anzeigepfl bei Bedürfnis nach Pflegsch 1794 1; Aufenthaltsbestimmg 1800 2; Aufsicht des VormschG 1837; AufwendErsatz 1835, aus Staatskasse 1835 1; Auskunftspfl 1839, eidesstattl Versicherg 1839 1; Ausschließg 1780–1782; Auswahl 1779; Beamter, Genehmigg 1784 1, 2; Beendigg des Amtes 1885–1889; Befreiung 1852–1857a; Benenng 1776–1778, 1856, 1898; Benenng verschiedener Personen durch Vater u Mutter 1776; Beschwerde gg Auswahl 1779 5; Bestallg 1791, Rückgabe 1893 2; Bestellg 1789, bei Verwirkg der elterl Gewalt 1679, vor Geburt des Kindes 1774; Bestellg unter Vorbehalt 1790 1; BestellGrdsatz 1774 1; Berufswahl 1800 2; Berufung 1776, 1899; Beweislast für Kenntnis von Fehlen der Genehmigg 1830 3; Dienste, eigene 1835 2; Dienstvertr 1822 7; bei Ehevertr 1411; bei elterl Gewalt 1671 5; Entlassg auf Antrag 1889 1; Entlassg, Beamter 1888 1; Entlassg, Verfahren 1886 3; Entlassgsgründe 1886 2; Entlastg 1843 2, 1892 5; ErklärFrist über Genehm des VormschG 1829 3; Ermächt, allg durch VormschG 1825 1; Erwerbsgesch 1823 1; ErziehR 1800 2; Gefährdg des MdlInteresses 1886 2 a; Gegenvormd s dort; Genehmigg als gesetzl Vertreter 1793 3; geneh-

2469

Vormundschaft

migungspflichtige Geschäfte **1812** 2, **1819–1822**; Gesamtgutsverwaltg **1436**; Geschwistervormd **1775** 1, **1795** 1; gesetzl Vertretg **1793** 3; GrdstGeschäfte **1821**; Haftg **1833**; Haftg f Hilfspers **1793** 4; Hinterlegg **1814**; Hinterlegg, Genehmigg z Vfg **1819** 1; HinterlegPfl **1818–1820**, Befreiung **1814** 1, **1817** 1; HypBestellg bei GrdstKauf **1821** 2 a; HypFdg, Künd u Einziehg **1795** 2; InhPapiere, Verwaltg **1814–1820**; InteressGgsatz **1795** 1, 2, **1796** 2; Jugendamt als Vorm bei Kindesannahme **1751**; Konk Übbl 3 vor **1773**; Kontrahieren mit sich selbst **1795** 1; Lehrvertr **1822** 7; Leistgsannahme **1813**; Maßregeln, vorläufige des VormschG **1846**; mehrere **1775** 1, 2, **1797**; Meingsverschiedenheiten mehrerer **1797** 4, **1798** 1; für minderj Ehefr **1778**; Mitteilg der Genehmigg **1829** 2b; MdlGeld, Genehm zur Erhebg **1809** 1; Mündelgeld, Anlegg **1806–1811**; Mündelinteressen, Gefährdg **1778** 2 d; Mündelsicherh **1807** 1; Mutter **1903**, **1904**; für nichtehel Kind **1705** 2, **1709**, **1710**, **1791** c; PersonSorgerecht **1793** 1, 2, **1800**, Übertragg bei Ehescheidg u -nichtigk **1671** 5; PersonSorge bei Volljähr **1901** 1, bevormund Ehefrau **1901** 2; PflVerletzg **1833** 2, **1837** 3; RechenschPfl **1890** 3, Mitwirkg d Ggvormd **1891** 1; Rechngseinreichg **1892** 2; Rechnglegg **1840**, **1841**; Rechngsprüfg **1892**; RGesch, einseit **1831**; relig Erziehg **1801**; religiöses Bekenntnis, Berücksichtigg **1779** 4b; Sammelvormsch Übbl 5 vor **1773**; SchadErsPfl bei Pflichtverletzg **1833** 2; SchadErsPfl bei Verstoß gg AnleggVorschr **1809** 1; SchenkVerbot **1793** 3c, **1804**; Schuldbuchfdg **1816**, **1817**; Selbständk Einf 1 vor **1837**, **1837** 1; Selbstkontrahieren **1795** 1; SicherhAufhebg **1822** 13; SicherhLeistg **1844**; Sichergshyp für künftige Anspr des Mdl **1795** 2; Sperrvermerk **1809** 2, **1814**; bei Tod eines Eheg für Kind **1671** 5; Todeserkl **1884** 2; Übergeh des Berufenen **1776** 1, **1778** 1; Überlassg von Ggständen an Mdl **1824** 1; Übernahmepfl **1785** bis **1788**; Umschreibg von Inhaber- in Namenspap **1815**; Unfähigk **1780**; unrichtige Behauptg der Genehm des VormundschG **1830** 1; Untauglk **1781** bis **1784**; Unterbringg des Mündels mit Freiheitsentziehg **1800** 3; Unterstützg durch VormschG **1837** 4; Vater **1903**, **1904**; Vereinsvormd **1791** a; Vfg über Fdg u Wertpapiere **1812**, **1813**; Vfgen, genehmfreie **1813** 1, 2; Vfgen, genehmpflichtige **1812** 2, 3; Vfg üb MdlGeld **1809** 1; Vfg üb VormschZeit hinaus **1793** 5; Vfg nach Umschreibg **1820** 1; Vergütg **1836**; Vergütgsanspr bei fehlhafter Anordng Grdz 2 vor **1773**; Verkehrsregelg **1800** 2; VerpflichtVerhandlg **1789** 1, **1791** 1; VermögHerausgabe **1890** 1, 2; VermögSorge **1793** 2b; VermögVerzeichnis **1802**; Verschulden, Pflichtverletzung **1833** 2; VertretMacht, Beschränkg **1793** 3, **1821** 1c, **1828** 2a, durch Pflegschaft **1794** 1, gesetzl Ausschluß **1795** 1–3; VertretMacht, Entziehg **1796** 1, InteressenGgsatz **1796** 2; Verwendg von MdlVermög **1805** 1; bei Verwirkg der elterl Gewalt **1679**; Verzinsgspflicht **1805** 1, **1834** 1; VollmErteilg **1793** 4; Vorschuß aus Staatskasse **1835**; Wechsel **1802** 1; WiderrufsR des GeschGegners **1830** 1; Wirkgskreis, Übersicht Grdz 1, 2 vor **1793**, **1793**; Zwangsgeld gg Vormund **1837** 5; Zwangsgeld bei Verstoß gg Übernahmepflicht **1788** 1; s a Amtsvormd, GgVormd, Mitvormd, Vereinsvormd, Vormsch

Vormundschaft, allgem Übbl vor **1773**, Grdz vor **1793**; Amtsvormsch Übbl 4 vor **1773**, Grdz 1 vor **1773**, **1779** 4b, **1785** 1, **1789** 1, **1791** c, JWG **37** ff; Anordng Grdz vor **1773**, **1773**, **1774**; Anordng, fehlerhafter Grdz 2 vor **1773**; Anordng vor Geburt **1774**; Aufhebg **1883**, **1884**; Ausländer **1773** 1, **1785** 2, EG **23**; AusschließR der Eltern **1782** 1, 2; Beendigg **1882–1895**; Fortführg der Geschäfte **1893**; Beendigg bei Volljährigk der Vorb 2 vor **1896**; befreite s Vormsch, befreite; üb Deutsche im Ausland EG **23** 4; üb Ehefrau **1778** 2e, **1901** 2; Ehehindernis **1845** 1, EheG **9**; Eheg, Berufg bei Volljähr **1900** 1, 2; ehel Kinder **1626** 2; Familienrat s dort; Ehrenamt **1836** 1; Elternberufg bei Volljähr **1899** 1, 2; elterl Gewalt, Eintritt **1882** 1c, **1883** 1b; Entmündigg **1896** 1; Haftg des Richters **1848**; interlokales Recht Vorb 14 n vor EG **7**; internat PrivR EG **23** 1–6; Legitimation des Mdl **1883** 1, 2; über Minderj **1773–1895**; nichtehel Kind **1705** 2, **1706** 1, **1709**, **1710**, **1791** c, JWG **37** ff; Tod des Mdl **1882** 1a; Todeserkl des Mdl **1884** 2; Übergangsvorschr Einf 4 vor **1616**, EG **210–212**; Übernahme, Staatsbürgerpflicht **1779** 1, **1785** 1, 2, **1836** 1; Übernahme, Verzögerg **1778** 2c; Unentgeltlichk **1836** 1; Unfähigk **1778** 2b, **1780** 1; Untauglk **1778** 2b, **1781** 1, 2; Vereinsvormsch Übbl 4a vor **1773**, Grdz 1 vor **1773**, **1791** a; über verheiratete oder verheir gewesene Frau **1901**; Verschollenheit des Mdl **1884** 1; über Volljährige Vorb 1 vor **1896**, **1896**; Volljährigk des Mdl **1882** 1b

Vormundschaft, befreite 1852 ff; Anordng durch Vater **1852**, durch Mutter **1855**; Aufhebg der Befreiung **1857**; Ausschluß des Gegenvormundes **1852** 2; Hinterlegg **1853**; JugA als Vormd **1857** a; JWG **38**; Rechngslegg **1854**; Sperrvermerk **1853**; Vereinsvormd **1857** a

Vormundschaft, vorläufige 1906; Beendigg **1908** 1, 2; Berufg **1907** 1; TestErrichtg bei **2229** 4; Verfahren **1906** 4; Voraussetzg **1906** 2; Wirkg **1906** 3, hinsichtl Geschäftsfähigk **114**, **115** 1

Vormundschaftsabkommen, Haager EG **23** Anh 3, mit Österreich EG **23** 1, Anh 2

Vormundschaftsgericht, Übbl 5 vor **1773**; Akteneinsicht, Gewährg **1695** 4; Änderg der Anordnungen **1696**, **1707**; Entscheidg über Anfechtg der Ehelichkeit des Kindes **1599**, der Anerkennung der nichtehel Vatersch **1600** I; Annahme als Kind, Aufgaben **1746**, **1748**, **1751**, **1752**, **1757**, **1760**, **1763**, **1765**, **1768**, **1771**, **1772**, s auch „Adoption"; Anhörg von Eltern u Verwandten **1695**, **1712**, **1847**, des Gegenvormds **1826** 1, des Jugendamts **1630** 4, **1671** 7, **1695** 1, **1696** 1, **1779** 2; des Mündels **1827** 1; Anhörg, unterbliebene **1847** 1; Anlegg von Geld, Mitwirkg **1642** 2; **1810** 1, **1811**; Anordng der Vormsch **1774**; Aufhebg von Anordnungen **1696**; Aufsicht u Fürsorge **1837–1843**; Auskunftsanspr **1839**; Ausländer, vorl Maßnahmen EG **23** 6; Ausschlagg v Erbsch durch Eltern **1643** 2c; Auswahl des Vormds **1779**; BeschwerdeR des Angehörigen **1666** 7; Beistandsbestellg **1685**; Bindg an eigene Entscheidungen **1666** 7; EhelErklärg **1723**, **1740** a; Ersetzg der Einwilligg **1726** 4, **1727** 2, Genehmigg **1728**, **1729**; Ehemündigk Befreiung EheG **1** 4; Eheverbot der Schwägerschaft EheG **4** 6; Ehevertr, Zustimmg **1411**; Eilzuständigk bei ErzBeistandsch, FürsErz JWG **77**; Eingreifen bei Gefährdg des Kindes **1666**; Entlassg des Vormds **1886–1889**; Entziehg der Personensorge **1666** 5, der Vermögensverwaltg **1667** 2, **1669**, **1670**, **1684**; der elterl Vertretgsmacht **1629** 6; Ermächtigg, allgem **1825** 1; Ersetzg v Anordnungen Dritter **1803** 2; Ersetzg der Zustimmg s Zustimmgsersetzg; Erwerbsgeschäft, neues **1645**; ErzBeistand,

Bestellg JWG **57**; Aufhebg d ErzBeistandsch JWG **61**; Familienrat **1858–1881**, Einsetzg **1858**, Rechtsstellg **1872** 1; Feststell des Ruhens der elterl Gewalt **1674** 2; FestStell der nichtehel Vatersch **1600 n**; Fürsorgeerziehg **1666** 8, **1838**; JWG **64–68, 75**; Fühlgnahme mit Kind **1695**; Gefährd des Kindes, Schutzmaßnahmen **1666** 5, des Kindesvermögens **1667 ff**; Genehmigg s vormundschger Gegenvormd, Bestellg **1792**, Beaufsichtigg **1799** 1; Haftg **839** 15 (Richter), **1809** 1, **1848**; Hinterlegg, erweiterte Anordng **1818** 1, 2; Hinterleggspflicht, Befreiung **1814** 1; intern Zuständigk EG **19** 5; EG **23** Anh 4f; Jugendamt, Bestellg zum Vormd **1791 b**; Kosten Übbl 6 vor **1773**; Maßnahmen bei Kindesgefährdg **1666** 5–8; Maßregeln bei Gefährdg des Kindesvermögens **1667 ff**, bei letztwill Verfgen u Schenkungen **1639**, bei Verwirk der elterl Gewalt **1679**; Maßregeln, vorläufige **1846**, für Ausländer EG **23** 6; Meinungsverschiedenheiten zw Eltern **1627** 2, zw Mitvormündern **1797** 4, **1798** 1, zw Eltern u Pfleger **1630** 4; Mitwirkg bei Sicherh Bestellg **1668** 2; Namenserteil an Mutter bei EhelErklärg **1740 g**; Pflegerbestellg **1707, 1708, 1915** 2; PflichttVerzicht durch Eltern **1643** 2 c; Rechtshilfe Übbl 6 vor **1773**; Rechtskraft der Entscheidungen **1696** 1; religiöse Erziehg RKEG **2** 2, 3, Anh zu **1631**; Rechngsprüfg **1843** 1, **1892**; Rückübertragg der elterl Gewalt nach Annahme an Kindes Statt **1765**; nach EhelErklärg **1738**; Schlüsselgewalt **1357** 5; Schlußrechng, Abnahme **1892** 4; SicherhLeistg, Anhaltg **1844** 1; SicherhLeistg der Eltern **1668** 1; Sperrvermerk **1667** 2, **1668** 1, **1809** 2, **1814** 4; Stundg des vorzeit Erbausgleichs **1934 d** 9 c aa; Überlassg v Vermögen an Kind **1644** Überleitgsbestimmungen Einf 4 vor **1616**; Übertragg der elterl Gewalt zur Alleinausüb **1678, 1679**; Unterbringg dch VormschG **1838**; Unterhaltsregelg für unverheiratetes Kind **1612** 3; unterstützende Tätigk **1631** 5 b, **1837** 4; Vergütg, Entscheidg über **1836** 3; Vereinsvormd, Bestellg **1791 a**; Verhinderg der elterl Gewalthaber **1674, 1693**; Verkehrsregelg **1711**; Verwirk der elterl Gewalt, Maßnahmen **1679**; Verzeichn des Kindesverm **1682**; Zuständigk Übbl 5 vor **1773, 1774** 3; Zwangsgeld **1788** 1, **1837** 5; s auch Fürsorgeerziehg, Pflegschaft, Vormsch

Vormundschaftsgerichtliche Genehmigung, **1821** 1a; allgemeine **1825** 1; Anlegg von Geld **1642** 2; Anfechtg der Anerkenng der nichtehel Vatersch **1600 k**; Anstaltsunterbringg des Mündels **1800** 3, **1837** 3, **1901** 1, **1910** 3 b; Aufforderg zur Mitteilg **1829** 3a, Auseinandersetzg über Kindesvermögen bei Wiederverheiratg **1683**; bedingte Genehmigg **1828** 2a; u Beendigg der Vormundsch **1893** 1a; Beistand **1687**; B chwerdeR **1828** 5; Darlehensaufnahme **1643** 2f, **1822** 8; Dienstvertr **1822** 7; Ehelich Erklärg **1728** 1, **1729** 1, **1731**; Erbschaft, Vertr über angefallene **1643** 2b, **1822** 3; ErbschAusschlagg **1643** 2c, **1822** 3d; bei Erbvertrag **2275, 2282, 2290**; Erklärg ggüber Vormd **1828** 4b; Ermächtig des Vormds **1829** 1a; neues Erwerbsgeschäft des Kindes **1645**; selbständ Erwerbsgeschäft **112** 1, **1643**, **1822** 4; GesellschVertr **1822** 4b; Gewerbebetrieb **1822** 4, 5 b, **1823** 1; GrdstGeschäfte **1643** 2a, **1821** 2; InhSchuldverschreibg **1643** 2f, **1822** 9; IPR EG **22** 2, 3, 4 c; Landgutpacht **1822** 5a; Lehrvertrag **1822** 7; Mangel bei einseitigem RGeschäft **1831**; Mangel, Folgen **1829** 2a; Mietvertr, langdauernder **1822** 6a; Mitteilg **1829** 2b; Mündelgeld, Erhebg **1809** 1, **1810** 1; für Nacherbe **2120** 2; obrigkeitl Akt **1828** 2a; Orderpap **1643** 2f, **1822** 9; Pachtvertr **1822** 6a; persönl Angelegenheiten **1821** 1a; Prokuraerteilg **1643** 2f, **1822** 11; Rechtsnatur **1821** 1 b, ; Schiedsvertr **1822** 12; Schuldübernahme **1643** 2f, **1822** 10; Sicherheit, Aufhebg **1822** 13; bei TestVollstrg Einf 3 vor **2197, 2204** 2; keine – nach Tod des Mündels **1829** 4; Überlassg von GgStänden **1644, 1824** 1; Umschreibg **1815** 1; Verfgg nach Umschreibg oder Umwandlg **1820** 1; Unterhaltsvereinbg **1615 e**; Vermächtn Ausschlagg **1643** 2c, **1822** 3e; Vermögen, Verfgg über ganzes **1643** 2b, **1822** 2; über zukünftiges Verm **1822** 3b; Verweigerg **1828** 2c; **1829** 5; Volljährigk des Mündels **1829** 4; wahrheitswidrig behauptete **1830** 1; Wertpapiere, Verfggen **1812** 1, 4; wiederkehrende Leistungen **1822** 6b; Wirksamwerden **1828** 5

Vormundschaftsrecht, Ggstand Übbl 2 vor **1773**; internat PrivR EG **23** mit Anh; JugendwohlfahrtsG Übbl 6 vor **1773**; landesrechtl Vorbehalte Übbl 7 vor **1773**, EG **147**; als Teil des FamilienR Einl 1 vor **1297**; Übergangsvorschr Einf 4 vor **1616**, Übbl 8 vor **1773**, EG **210–212**

Vormundschaftsrichter, AmtspflVerletzg **839** 5 B c hh, 15

Vorname, Änderg **12** 2a, **1616** 3, auch Einl 3g vor **1297**; bei Annahme als Kind **1757**; ehel Kinder **1616** 3, **1626** 4a; Erwerb **12** 2a; Erteilg, IPR EGW 3

Vorpacht Einf 1h vor **581**

Vorsatz, bedingter **276** 3; Begriff **276** 3, **826** 3a

Vorschuß, Anspr des Beauftragten **669**; kein Anspr des TestVollstr **2218** 2e; zur Behebg von Mängeln beim Werkvertr **633** 4; Vorschußpfl der Eheg für Kosten von Rechtsstreitigkeit u Strafverfahren **1360 a**; Vorschußzahlg nicht Darlehen **362** 1, Einf 4 e vor **607**; für Vormd **1835**, aus der Staatskasse **1835** 1

Vorspannangebot 826 8 u aa

Vorspiegelungen falscher Tatsachen als arglistige Täuschg **123** 2

Vorstand s Vereinsvorstand

Vorteilsanrechnung (-ausgleichung) Abtretg der Anspr des Beschädigten **255** 1; kein Ausschluß der – dch AGB-Klauseln AGBG **9** 3; Begriff Vorb 7 vor **249**, auch **823** 12c; im BereicherngsR Einf 8c vor **812**, **816** 6 A a; Enteignng **903** 5 G c; V durch Erbschaft Vorb 7d aa vor **249**; entgangener Gewinn **252** 4; Leistgen Dritter Vorb 7c vor **249**; Versicherungsleistgen Vorb 7c bb, cc vor **249**

Vorverein, Rechtsstellg **21** 2 b

Vorverhandlungen, Pflichten Einf 4 vor **145**

Vorvertrag, Begriff Einf 4 vor **145**, Einf 4f vor **305**; Form **125** 1, Einf 4 vor **145**, Einf 4f vor **305**; über GrdstErwerb, Veräußerg **313** 2d; Maklerprovision **652** 9 A b; Miete Einf 1d vor **535**; Pacht Einf 1h vor **581**; Verjährg der Ansprüche **195** 2

Vorzeitiger Ausgleich des Zugewinns s Zugewinnausgleich

Vorzeitiger Erbausgleich s „Erbausgleich"

Vorzugsrecht, Mitübergang bei Abtretg **401** 2; bei Schuldübernahme **418**

W

Wahlmöglichkeiten beim Ehenamen **1355** 2
Wahlschuld 262–265; Anfechtg der Wahl **263** 1;

Wahlvermächtnis
Fette Zahlen = §§

Befugnis **262**; Entstehg **262** 2; Klage auf Leistg **264** 2; Unmöglichk **265** 2; Verzug des Berecht **264** 1, 3; Vornahme der Wahl **263** 1
Wahlvermächtnis 2154; Rechtsmängelhaftung **2182** 1
Wahrnehmung berechtigter Interessen bei unerlaubter Handlg **823** 7 B a
Währung, deutsche **245** 1 b; Währungsklausel bei Darlehen **607** 1 b; Geldschulden mit Wertsichergsklausel **245** 5, **1113** 5b; Geldschuld in ausländ **245** 3, 4; Hyp in ausländ **1113** 6; Bestimmg dch Schuldstatut im IPR Vorb 4 vor EG **12**
Währungsklauseln 1113 6
Währungsreform s auch Umstellg; ferner: Einf 7 vor **241**, **245** 1b; Aufrechng **389** 1; DDR **245** 1b; Deutsche Währg **245** 1b; Eigentümergrundschuld **1113** 7; Enteignungsentschädigg **903** 5 G d dd; Erbauseinandersetzg **2042** 3; Grundpfandrechte **1113** 7; Grundschuld **1113** 7; Höchstbetragshyp **1113** 7; Reallast Übbl 1d vor **1105**; Rentenschulden **1113** 7; Schuldverhältnisse Einl 7b vor **241**; Teilungsanordnungen **2048** 1c; Rückgabe von Testamenten **2256** 1; Wertsichergsklausel **245** 5, Übbl 1e vor **1105**, **1113** 5b
Währungsstatut Vorb 7 vor EG **12**
Waisenrenten, keine Anrechng auf Regelunterhalt **1615** g
Wald, Gemeingebrauch **903** 3d; bei Nacherbfolge **2123**; Nießbrauch **1038**; Notweg **917** 5; ÜbergVorschr f Waldgrdst EG **183**; Waldgenossensch EG **83** 1; Waldschutz EG **59** 1; Waldwüstg Übbl 2c vor **903**
Waldgesetze 903 3d; EG **109** 2; **124** 2b
Wandelung 462 2, 3; – u Anfechtg Vorb 2d vor **459**; Anspruchskonkurrenzen **462** 1; Ausschluß **467** 2, **474** 2, **634** 3, vertragl **476**; Ausschlußfrist **466** 1, 2; Beteiligte, mehrere **467** 3 aE; Beweislast **467** 1 e; Bindg an Erklärg **465** 2; Durchführg **467** 1, 3; Einrede **465** 2, 3, Einrede nach Verjährg **478**, **490** 3; – u Einrede des nicht erfüllt Vertr **320** 2 b bb; Einverständniserklärg **465** 2; Einwilligg des Verk **462** 3; Einzel- **469** 1; Erfüllungsort **467** 1 d; Fehlen zuges Grdstücksgröße **468** 2; Form des Verlangens **465** 2; Gattgskauf **480**; Gesamtpreis **469** 1, 2, **471** 1, 2; Gesamt- **469** 1; eines Grundstückskaufs **313** 2; GrundstGröße **468** 2; Hauptsache **470** 2; Klage auf **462** 3; Mängelrüge **462** 2; Nebenkosten **488** 1; Nebensache **470** 2; Verhältnis zum Rücktritt **467** 1; Sachleistg als Kaufpreis **473** 1, 2; Schadensers statt **463**; bei Tausch **473** 3; Theorien **465** 1; Unabtretbark des Anspruchs **462** 1; Unmöglichk der Herausgabe **467** 2; Verarbeit der Kaufsache **467** 2 b; Vertragl **465** 2; Vertragskosten **467** 3; Verwirkg des Anspruchs **467** 2d, **487** 2; bei Viehkauf **487** 2, **488** 1; Vollziehg **465** 1, 2; Werkvertrag **633** 2 A b cc, **634**
Wappenrecht, NamensschutzR, entspr Anwendbark **12** 7
Waren, Begriff **196** 4 zu Z 1; unbestellte – **145** 1, Vorb 1 c vor **987**
Warenbegleitschein 444 1
Warenhaus, Haftg für in Garage abgestellte Fahrzeuge **276** 4c, bei Unfällen **823** 14
Warenhersteller, Haftg **823** 16
Warenlager, Sicherungsübereigng Übbl 3e vor **90**, **930** 3, 4 a; verbrauchbare Sachen **92** 1 c; Verpfändg Übbl 1 b bb vor **1204**
Warentest in Zeitschriften **823** 6g, **826** 8 u ll
Warenzeichen, Gewinnherausgabe bei Verletzg **687** 2c, Einf 4b vor **812**; Verletzg **826** 8 s, durch Gehilfen **831** 2 C g, durch Namensmißbrauch **12** 4a
Wärmelieferungsvertrag 271 2b, **433** 1c bb, AGBG **27**
Warmwasserbereiter, wesentl Bestandteil des Hauses **93** 7
Wartezeit, Eheverbot, EheG **8**; internationales PrivatR EG **13** 5 c
Waschmaschinen, Aufsichtspflicht **823** 14; Verwendg in Mietwohngen **535** 2c bb
Wasseraufsicht 839 15
Wasserbenützungsrecht, Schutz **1004** 1b
Wasserlauf, Eigentum am EG **65** 2
Wasserleitung, Beschädigg **823** 9b
Wasserleitungsrohrnetz einer Gemeinde, Grdst-Bestandteil **93** 7
Wasserlieferung, Haftg aus unerl Handlg **823** 14
Wassernutzung EG **65** 1c
Wasserrecht EG **65**, Übbl 4a vor **90**, auch **905** 2b, **823** 14; Anlandg EG **65** 1; BundeswasserstraßenG EG **65** 1b bb; Ges zur Reinhaltg der Bundeswasserstraßen **823** 14b, EG **65** 1b cc; u Nachbarschutz Übbl 2 d dd vor **903**, **905** 1 b; WasserhaushaltsG EG **65** 1, **906** 5a ee, Einf 1 vor **823**, **823** 14b, als Schutzgesetz **905** 1a, **823** 9f; Wasserverbände EG **65** 1
Wasserschutzgebiet EG **65** 1d, e
Wasserstraßen EG **65** 2; Verkehrssicherh **823** 14
Wasserwirtschaftsverband, Haftg **839** 15
Wechsel, bei AbzahlgsGesch AbzG Einl 2b cc vor **1**, **1** 6c, **6** Anh 4c; Annahme nur Erfüll halber **364** 4 b; Diskontierung **305** 5a, Einf 4b bb vor **607**; – Wechselrechtsfähigk der Gesellsch **705** 5; Herausgabeanspr **812** 6 A d; Hingabe als unerl Handlg **826** 8t; intern PrivR Vorb 5b, 6o vor EG **12**; Kauf **437** 3 c; SichHyp **1187**; SichÜbertragg **1292** 2c, d; Sittenwidrgk **138** 5 v; Umdeutung nichtiger Wechsel **140** 2; Verpfändung **1292**, **1294**, **1295**; Vollmachtsindossament **1292** 2c
Wechselbezügliche Verfügungen im gemschaftl Test Einf 3c vor **2265**, **2270** 1, 2, **2271** 1, 2, 3c dd
Wechselbürgschaft Einf 3e vor **765**, **768** 1b
Wechselkurs, DDR Vorb 7 b vor EG **12**
Weg Übbl 4c vor **90**, **905** 2b; Beleuchtg **823** 14; Sicherungspfl
Wegerecht als Grunddienstbark **1018** 5b
Wegfall, Abkömml **2069** 2; Anwachsg **2094** 2; Ersatzerbf **2096** 1; gesetzl Erbe **1935** 2; NEFolge **2107** 1
Wegnahmepflicht des Mieters **547a** 2
Wegnahmerecht d Besitzers **997**; d Entleihers **601** 2; d Mieters **547a**, bei gewerbl Räumen **547a** 3; d Nießbrauchers **1049** 1; d Pfandgläub **1216** 2; d Vorerben **2125** 2; Wesen und Inhalt **258**
Wehrersatzamt, Haftpfl Haftpfl **839** 15
Wehrmachtsangehörige, Ermächtigg nach § 113, **113** 2; Testament Einf 1 vor **2229**; s auch Soldaten
Weibliche Arbeitnehmer Einf 8c vor **611**; Kündigungsschutz Vorb 3c vor **620**
Weihnachtsgeld 611 7e; als Teil des Verdienstausfallschadens Vorb 7c ee vor **249**
Weisung beim Auftrag **665** 2
Weiterverkauf Einf 3j vor **433**
Weiterverweisung im internat Privatrecht EG **27** 1-3, **28**; im EherechtEG **13** 4, **14** 1; bei Ehescheidg EG **17** 1; im ErbR EG **24** 2; im Schuldrecht Vorb 2c vor EG **12**
Werbung, bezugnehmende **826** 8 u aa; irreführende **826** 8u cc; vergleichende **826** 8u aa;

Magere Zahlen = Erläuterungen **Widerruf**

Vertrag Einf 5 vor **631**; in Form von Zeitsartikeln **134** 3a;
Werk, Abnahme **640**; Bestandteil eines Grdst **94, 95**; Einsturz **836** 2, **837, 838**; Einsturzgefahr **908**
Werkdienstwohnung, Begriff Vorb 2b vor **565b**; Kündigg **565e**; nach Ehescheidg Anh zu **1587p** § 4
Werkförderungsvertrag Einf 11b ee vor **535, 812** 6 A a; Abtretg **399** 2a
Werklieferungsvertrag 651, unregelmäß **651** 1
Werkmietwohnung, Begriff Vorb 2a vor **565b**; Kündigg **565b–565d**
Werkstoffe, Grundstücksbestandteil **94** 4b
Werkvertrag 631; Abgrenzung zu anderen Verträgen Einf 4, 5 vor **631**; Abnahme **640, 646**; Abschlagszahlung **641** 1c, 3; Abschluß **631** 1b; Annahmeverzug des Bestellers **642** 1; Anspruch auf Sicherungshypothek **648**; Anspruch auf Neuherstellung Vorb 3 vor **633**; Anspruch aus positiver Vertragsverletzung Vorbem 4e vor **633**, entgeltliche Auskunft **676** 3; Bauvertrag Einf 3 vor **631**; Begriff Einf 1 vor **631**; Bestellerpflichten **631** 3; Dauerschuldverhältnis **649** 3; Einrede des nicht erfüllten Vertrages Vorbem 4a vor **633**; Entschädigungsanspruch des Unternehmers **642** 2; Fälligkeit der Vergütung **641**; Fristsetzung durch Besteller **634** 2b, c; Fristsetzung durch Unternehmer **643** 1, 2; Garantieübernahme Vorbem 3d vor **633**; Haftungsausschluß **637**; Gefahrtragung **324** 2d, **644, 645**; Höhe der Vergütung **632**; Internationales Privatrecht Vorb 6e vor EG **12**; Kalkulationsirrtum **632** 1; Konkurrenz des Gewährleistungsanspruches **634** 4; Konkurrenz der Ansprüche gegen mehrere Unternehmer **631** 1d, Vorb 3e vor **633**; Kostenanschlag **650**; Kündigungsrecht des Bestellers **649**; Kündigungsrecht des Unternehmers **643**; Leistungsgefahr **645** 1, 2a, 3; Mängelanzeige **639** 1c; Mängelhaftung Vorb 2–4 vor **633**, **633–635**; AGBG **11** 11; mehrere Unternehmer **631** 1d, Vorb 3f vor **633**; Minderung Vorbem 3c vor **633, 634**; Mitwirkung des Bestellers **642** 1; Nachbesserungsanspruch Vorbem 3b vor **633, 633**; Nichtigkeit **631** 1b; persönliche Leistung des Unternehmers **631** 2a; Rechtsbehelfe des Bestellers Vorb 1–4 vor **633**; Rechtsmängel Vorb 2 vor **633**; Rücktritt des Bestellers **636** 1; Schadensersatz Vorb 3c, 4e vor **633, 635**; Schadensminderung **635** 3c; Schlußzahlung **641** 3; Schutzwirkg zGDr **328** 3b 1 l; Selbstbeseitigungsrecht **633** 4; Selbständigkeit des Unternehmers Einf 1 vor **631**; Sondermaterien Einf 2 vor **631**; Unternehmerpfandrecht **647**; Unternehmerpflichten **631** 2; Vergütung **632**; Vergütung bei Kündigung des Bestellers **649** 2; Vergütungsgefahr **645** 1, 2b, 4; Verhältnis zu außerwerkvertraglichen Ansprüchen Vorb 4e vor **633**; Verjährungsfristen **194** 3, **638, 639**, AGBG **11** 11g; verspätete Herstellung **636**; VOB Einf 3c vor **631**, s a „VOB"; Vollendung statt Abnahme **640** 1a, **646**; Vorarbeiten **632** 2; Vorleistung des Unternehmers **641** 1b; Wandelung Vorbem 3c vor **633, 634**; Werklieferungsvertrag **651**; Wesen Einf 1 vor **631**; Zurückbehaltungsrecht des Bestellers Vorb 4a vor **633, 647** 3
Werkwohnung 565b ff; Arten Vorb 2 vor **565b, 565c** 2, 3; öffentl geförderte Vorb 2d vor **565b**; s a Werkdienst-, Werkmietwohng; Zuteilg nach Scheidg EheG Anh zu **1587p** 4 1
Wert, bei Ausgleich **2055** 2; des Eingebrachten bei Ehescheidg **1478**; bei PflichttBerechng **2311** 3; bei Berechng des Zugewinns **1376**; Hinzurechng von Zuwendungen **1380**
Wertausgleich beim Versorgungsausgleich Einf 3c vor **1587**
Wertausgleichsgesetz 903 5 I g, Einf 1c vor **925**
Wertbeständige Hypotheken 1113 5
Wertbestimmung des Erblassers bei PflichttBerechng **2311** 3a
Wertermittlungsverordnung 903 5 G a aa, **2311** 3
Wertersatz, im BereicherngsR **818** 5; Höchstbetrag bei GrdstRechten **882**; Klauseln über – in AGB AGBG **10** 7, **11** 5; bei Rücktritt **346** 3; für Übernahme von Ggständen bei Gütergemeinsch **1477**; Verzinsg **290** 1, 2
Wertpapier, Begriff Einf 1 vor **793**; Berechtiggsnachweis im Affidavitverfahren Einf 5b vor **793**; Haftg bei Kauf **437** 3; Hinterleggsgegenstand **372** 1; Mündelsicherh **1807** 2, EG **212** 1; Nießbrauch Vorb 2 vor **1068**; Schenkg vTw **2301** 3a; Schutz des Wertpapierhandels Einf 5b vor **793**; Sicherheitsleistg **233, 234, 235**; Vermächtnis **2173** 1; Verwahrg Einf 3c vor **688, 700** 4; Wertpapierbereiniggsges Einf 5c vor **793, 798** 2, **799** 4, **806** 2; s auch Pfandrecht an W
Wertpapierhypothek 1187–1189; GläubVertreter **1189**; Inhaberschuldverschreibgn **1187** 2; Pfändg **1187** 5; Unbestimmth des Gläub **1188** 2; Wechsel **1187** 2
Wertsicherungsklauseln 245 5, **433** 5a bb, ErbbRVO **9** 2, **1113** 5, Übbl 1e vor **1105**; Pacht **581** 3a; in letztw Verfügungen Einf 9d vor **1922**; Unwirksamkeit, Rechtsfolgen **139** 3
Wertvindikation 985 3c
Wesenseigene Zuständigkeit, IPR EG **22** 4c
Westfälische Gütergemeinschaft, Erbvertr **2275** 4; Testamentvollstreckg **2200** 4; Ausschluß des Abschlusses eines Übergabevertrages dch gemeinsch Test **2286** 6
West-Ost-Überweisung Vorb 7b vor EG **12**
Wettbewerbsabwehr 227 1a
Wettbewerbsbeschränkungen 134 3a, **138** 5j, **705** 9b bb, **823** 9f, **826** 8j, m hh, u gg
Wettbewerbsrecht, BereicherngsAnspr bei Verletzg Einf 6b vor **812**
Wettbewerbsschutz bei Geschäftsmiete **535** 2a
Wettbewerbsverbot 138 5w; im Arbeitsverhältn **611** 4c, **626** 5c; als GrdDienstb **1018** 6; Mietvertrag u **535** 2a; anzuwendendes Recht EG **12** 2; bei Treuverstoß **242** 4 D e; Verkäufer eines Unternehmens **242** 4 B a; u Vertragsstrafe **340** 1; Unsittlichk **138** 1f, 5w, **826** 8 u nn
Wette 762 1b; internat PrivR Vorb 6n vor EG **12**; Unsittlichk **138** 1f, 5w, **826** 8 u nn
Widerklage gg Besitzklage **863** 2
Widerrechtlichkeit, Ausschluß **823** 7B; Begriff **823** 7A; Beweislast **823** 13b; objektive Einf 1a vor **823**; bei Verletzg des Persönlichkeitsrechts **823** 15 D
Widerruf von unwirks AGB dch Empfehler AGBG **13** 3b; der Anweisg **790**; Auftrag **671**; Begriff Einf 3b vor **346**; durch Dritte bei Verträgen von Eheg **1366** 3a, **1427, 1453**; eines Darlehensversprechens **610** 2; beim Erwerbsgeschäft eines Eheg **1431**; von ehrenkränkenden Behauptgen Einf 9 vor **823**; von Presseveröffentlichgn Einf 9b vor **823, 824** 6, **1004** 5b, 7a; von Prozeßbehauptgen **1004** 5b; von Schenkgen **530–534**; unwahrer Behauptgn Einf 9 vor **823**; bei Überlassg der Vermögensverwaltg an den anderen Eheg **1413**; der Bestellg eines Vereinsvorst **27** 2;

2473

Widerrufsklage Fette Zahlen = §§

des Stiftgsgeschäfts **81** 2; Testament **2253–2258, 2271**; Anfechtg des W **2081** 4, **2256** 2; des Test aus der amtl Verwahrg **2081** 4, **2256** 2; des Vertr mit Minderj **109**, des Vertr bei mangelnder Vertretgsmacht **178** 4; der Vollm **168** 1, 2, **173** 3; **176** 1, Einf 8 c vor **2197**; bei unerl Handlg Einf 9 vor **823, 824** 8; s a letztwill Verfügg, Testament, Schenkg, Willenserklärg

Widerrufsklage ggüber unwahren Behauptungen **249** 1, Einf 9 vor **823, 1004** 5 b; ggü dem Empfehler unwirks AGB AGBG **13** 3 b

Widerspruch bei Darlehenshyp **1139**; der Gesellschafter gg GeschFührg **711**; gg Kündigg des Mietverhältnisses **556 a, b**; gg Richtigk des Grundbuchs **899**, bei Hypothekenbrief **1140**, Verhinderg gutgl Erwerbs **892** 6 a, **899** 4 a; gg Scheidg EheG **48** 4, 5; gg Vormerkg **899** 3

Widersprüchliches Verhalten 242 4 C e

Widmung, für den öffentl Verkehr **1004** 7 c dd; Zubehör s dort

Wiederaufnahme der Erwerbstätigkeit nach Ruhestandseintritt Einf 7 e hh vor **611**; des Verfahrens u Erbschein Übbl 1 vor **2353**; in WE-Sachen WEG **43** 1

Wiederbeschaffungswert 251 4 a aa

Wiedereinsetzung, InventFrist **1996** 1; gegen Versäumung der Ausschlußfrist bei Anträgen auf UngültigkErklärg eines Wohnungseigtümer-versammlgsBeschl WEG **23** 5 c

Wiedereinstellung eines Arbeitnehmers **611** 8 a

Wiedergutmachung, erbrechtl Vorschr Einl 4 d–f vor **1922**; Geltendmachg dch Miterben **2039** 1 a; Erbschein für W **2353** 1 d; Vermächtn von WiedergutmachgsLeistgen Einf 4 vor **2147**

Wiederherstellung der Ehelichkeit **1593** 2

Wiederholungsgefahr 1004 6 b bb, c, Einf 8 b ee vor **823, 862** 2, AGBG **13** 2 d

Wiederkauf 497–503; Bindg des WdVerk **499** 1; Herausgabe der Kaufsache **498** 1; Preis **497** 4; Rechte Dr an der Sache **499** 1, 2; Schätzswert **497** 4, **501** 1; Veränderungen u Verschlechtergen **498** 2; Verfügg des Wiederverk **499** 1, 2; Verwendgsersatz **500** 1, **501** 2; s a WiederkRecht

Wiederkaufsrecht 497 1; Ausüb **497** 2; Befristg **503** 1; dingl **497** 1, Übbl 4 vor **1094**; gemeinsames **502** 1, 2; gesetzl **497** 1; bei Grds **497** 1; Haftg nach Ausübg **498** 3; Haftg für Bestand des KaufGgstand **501** 1; Übergang **502** 2; Vormerkg **499** 3, **883** 2 e aa

Wiederkehrende Geldleistungen, Anrechn auf Regelunterhalt **1615 g**

Wiederkehrschuldverhältnis 326 13

Wiederverheiratung, Anzeige- u Auseinanders-Pflicht des Elternteils **1683**, EheG 9, **2044** 2; des zum TestVollstr berufenen Elternteils **2204** 1 a; des zum Vormund bestellten Elternteils **1845**; elterl Gewalt bei Auflösg einer Ehe durch Wiederverheiratg **1681**; bei fortges Gütergemsch **1493**, EheG 9 3 b; Wiederverheiratgsklausel im gemeinschaftl Test **2269** 5, im Erbschein **2269** 5 f, Sittenwidrigk **2269** 5

Wiederverheiratung im Falle der Todes-erklärung EheG 38; Aufhebg der neuen Ehe EheG **39**; elterl Gewalt **1681**; Gutgläubigk EheG **38** 3, 4; Übergangsvorschr Einf 3 vor EheG **38**; Wirkg der Aufhebg der zweiten Ehe für Kinder **1681**

Wiederverkaufsrecht 497 1

Wildschaden 835

Wildwechsel, Sicherungspflicht **823** 14

Wille, Erforschg **133** 4, **2084** 4 a, b; hypothetischer mutmaßlicher Wille des Erbl bei TestAuslegg

2084 4 a, b; Niederlegg des Willen des Erbl dch Notar **2241 b** 2

Willens- (Potestativ-) Bedingungen, Einf 4 vor **158**

Willensbestimmung s Geschäftsunfgk

Willenserklärung, allg Übbl 1 c, 3 a vor **104**, Einf 1 vor **116**; Abgabe **130** 1 a, bei gemeinsch Verwaltg des Gesamtguts **1450**; unter Abwesenden **130** 1, 2; amtsempfangsbedürftige Übbl 3 a vor **104**, **130** 5; unter Anwesenden **130** 1 b; Anfechtg wegen Irrtums **119** 1 b, Drohg, Täuschg **123, 124**; Auslegg Einf 2 vor **116**, **133** 1; Ausleggregeln **133** 4 c; Beurkundg dch Notar BeurkG **6–35**; bewußt falsche Übermittlg **120** 2; eines Bewußtlosen **105** 3; durch Boten **130** 1 b; empfangsbedürftige Übbl 3 a vor **104**, **130** 1 b; Erklärgsbewußtsein Einf 4 b vor **116**; Fernsprecher **130** 1 b; fingierte Einf 3 c vor **116**; formularmäßige Klausel üb fingierte AGBG **10** 5; ggüber geschäftsbeschränkter Person **131** 1; eines Geschäftsunfähigen Übbl 4 a vor **104, 105** 2; irrige Übermittlg **120** 1; Irrtum Einf 4 vor **116**, **119** 1; Kenntnis vom Inhalt **130** 1 c; nicht ernstliche Einf 4 vor **116**, **118** 1; mündliche **130** 2; scheinbare Einf 4 vor **116**, **117** 1, 2; schlüssiges Verhalten Einf 1, 3 a vor **116**, Schweigen Einf 3 b vor **116**, **133** 5, AGBG **10** 5; stillschweigende Einf 3 vor **116**; streng einseitige Übbl 3 a vor **104**; Vertragsannahme **148** 1; an Vertreter **130** 2; durch Vertreter **164** 1, **165, 166**; Vorbehalt, geheimer Einf 4 vor **116**, **116** 1–3; bei vorübergehender Störg der Geistestätigk **105** 3; Widerruf **130** 3; Willensmangel Einf 4 vor **116**; Wirksamwerden Einf 6 vor **116**, **130** 1–3; Zugehen **130** 1 b, 2; Zustellg **132** 1

Willensmangel Einf 4 vor **116**; bei Vfgen v Todesw **2077** 1 a dd; des Vertreters **166** 1; Anfechtg der Vollmacht wegen **167** 2

Willensschwäche, erhebl, Ausbeutung **138** 4, s auch Wucher

Willkürbedingung Einf 4 vor **158**

Winkzeichen im Kfz-Verkehr **676** 1

Wirbelsäulenmethode zur Feststellg der Vaterschaft Einf 3 c vor **1591**

Wirkungsstatut IPR EG **11** 1, 2

Wirtschaftsgeld des haushaltführden Eheg **1360** 1 c, 2

Wirtschaftslenkung, staatliche **242** 6 D h, **903** 5 H a aa

Wirtschaftsprüfer, Haftg **276** 4 c; Nichtigk der Rechtsbesorgg **134** 3 a; übliche Vergütg **612** 2 b; Vertrag **328** 3 a, Einf 5 vor **631**; Verschwiegenheitspflicht **611** 4 b

Wirtschaftsrecht, Verstoß gg – **134** 3 b, **817** 3 c

Wirtschaftswert des Hofes EG **64** 2

Wissensvertreter Einf 1 vor **164**

Witwenrente bei nichtiger Ehe EheG **13** 6 a

Wohnbesitz 433 5 a bb, Einf 2 i vor **535**, Einl 7 c vor **854**

Wohnboote EG **65** 1 c

Wohngeld (Zuschuß zur Miete) Einf 8 c bb vor **535**

Wohnheim, Kündigg **564 b** 2 c

Wohnheim für Gastarbeiter, Sachmängel **537** 2 c

Wohnraum, Kündigungsschutz Einf 13 a vor **535, 564 b**, 2. WKSchG **2**

Wohnraumbewirtschaftung Einf 12 vor **535**

Wohnraummiete Einf 8 vor **535**

Wohnsitz, Anstaltsort **8** 1; Aufhebg **7** 3, **11**; im Ausland bei EhevertrAbschluß **1409**; Begründung **7** 2; dienstlicher **7** 1; Doppelwohnsitz **7** 4,

Magere Zahlen = Erläuterungen **Zeugnis**

11 1 a; der Ehegatten **1353** 2 b bb; ehel Kinder **11** 1, **1631** 4; für ehel erklärte Kinder **11** 2; Eintragg der Verlegg im GüterRReg **1559**, **1561**; Findelkinder **11** 3; Geschäftsunf und -beschränkter **8** 1; gesetzl Wohnsitz **7** 1, **9** 2, **11**; IPR Vorb **7** vor EG **29** Anh III, Anh V; Kinder **11**; als Kind angen Kinder **11** 2; Legitimation, Adoption eines vollj Kindes **11**; als Leistgsort **269**, **270** 2 b; minderj Frau **8** 2; nichtehel Kinder **11** 1; Soldaten **9**; ÜbergVorschr EG **157** 1; Verfolgter **7** 3

Wohnung, Begriff Einf **8** vor **535**; Ehewohng nach Scheidg **753** 2, **535** 1 a, Anh **1587** p, HausratsVO; Kündigg **565**, der Miete bei ungesunder **544**; Tausch **515** 1; Teilbesitz an Wohnräumen **865**

Wohnungsbaugesetz, zweites Übbl 2 B d vor WEG **1**; keine Vererbg des Anspruchs **1922** 6

Wohnungsbindungsgesetz 134 3 a, Einf **8** b, c aa, **12** vor **535**, Übbl **11** vor **873**; u VorkaufsR **1094** 1

Wohnungseigentum (Fette Zahlen sind Paragraphen der WEG), Abgabe des Verf von ProzeßGer an FG-Ger **46**; Abschlußmängel **3** 4, **11** 2; Abveräußerg, Hinzuerwerb eines Grdstückssteils Übbl 2 B c vor **1**; Abstellplätze **3** 1 b; Änderg von ME-Anteilen **6** 1; AufteilgsPlan **7** 2, **8** 2 a, Belastgsart Übbl 2 B d ee vor **1**; Begriff **1**; Begründg **4** 1, **8**; Ehewohng **60**; Entstehg Übbl 2 C vor **1**, **3**, **8**; Entziehg **18**, **19**; Erwerbsverpflichtg **4** 2; Gebrauchsregelg **15**; Gesamtbelastg Übbl 2 B c bb vor **1**; Gewährleistg bei Erwerb Übbl 2 E d vor **1**; AGBG **11** **11**; Grundbuchvorschr **7**, **9**; Gründgsmängel **3** 4; Heimstätte Übbl 2 G vor **1**; Inhalt Übbl 2 B vor **1**, **5**; Inhaltsänderg **5** 4; **10** 2 a; Kosten und Lasten **16**; Kostenentscheidg in WEG-Sachen **47**; WE mehrere **3** 3, **25** 2 c; Nutzgen **16**; Pflichten **14**; Rechte **13**; SichergsHypothek des Bauunternehmers **648** 2 b; Sondereigtum **3**–**8**; Sondernutzg **15** 2 a; steuerl Begünstigg Übbl 8 vor **1**, **61** 3; Streitsachen **43**; Teilg Übbl 2 B c, d bb, cc vor **1**, **8**; Teilg eines in WE-Gemsch stehenden Grdstücks **890** 5 f, WEG **12**; Teileigentum **1** 3; Teilveräußerg **12** 1 a bb; Umwandlg offener Abstellplätze in Garagenreihe **22** 1; Unauflöslichk **11**; Unselbständigk **6**; Unterteilg Übbl 2 B d bb cc vor **1**; Veräußerlichk Übbl 2 B d aa vor **1**, **12** 1; Veräußergsbeschränkg **12**; im Wege der Zwangsvollstreckg, dch Konkursverwalter **12** 4 b; Verbindg von Sondereigentum mit MiteigenAnteilen an mehreren GrdSt **1** 4; Vereinigg von WE-Rechten **3** 1 f; Vereinigg mehrerer WE-GrdSt Übbl 2 B c aa vor **1**; Vererblichk Übbl 2 B b vor **1**; **12** 1 a; Verfahrensvorschr **43** ff, Abgabe **46**, Antragsverf **43** 1, Beteiligte **43** 4, Grdsätze **44**, Kosten **47**–**50**, Rechtsmittel **45**, Wiederaufnahme **45** 5; Verfahren-Zuständigk **43** 1, 4, Zwangsvollstreckg **45** 4; Verpflichtgsvertrag **4** 2; Versammlg der Eigentümer **23**; Verwalter **26** ff; Vergütung **20** ff, Begriff **21** 1; VerwBeirat **29**; Versteigerg **53** ff; Zuständigk in WE-Sachen **43**, **51**

Wohnungseigentümergemeinschaft, faktische Übbl 2 E b vor WEG **1**; werdende Übbl 2 E b vor WEG **1**; Gewährleistgsanspr Übbl 2 E d vor WEG **1**; Vorb 5 vor **633**; Beendigg Übbl 2 F vor WEG **1**

Wohnungseigentümerversammlung WEG **23**–**25**; Beschlüsse WEG **21** 3, **22**–**25**, Ungültigk-Erklärg **23** 5; Einberufg WEG **24**; Stimmrecht **25** 2 a

Wohnungseigentumsverwalter WEG **26**–**28**;

Abberufg WEG **26** 2; Aufgaben WEG **27**, **28**; Bestellg WEG **26** 1; Haftg WEG **27** 1 b; Vertrag **26** 1 b; Wohnungsvermietg dch – **652** 3 b; Wirtschaftsplan **28**

Wohnungserbbaurecht, WEG Übbl 1 a vor WEG **1**, **30**

Wohnungsgemeinnützigkeitsgesetz 134 3 a

Wohnungsgenossenschaften, Miete an Mitglieder Einf **2** g vor **535**

Wohnungsgrundbuch WEG **4**, **7**–**9**

Wohnungsmodernisierung 541 a; Duldg **541** a 2 a, 3 a, 4; Mieterhöh **541** a 4

Wohnungsnotrecht, Einf **12** vor **535**

Wohnungsrecht, dingl **1093**; Mehrheit von Berechtigten **1093** 2; und Miete **1093** 1; Sicherung **1093** 3 d; Unterhaltspflicht **1093** 4; Vermächtnis Einf **4** vor **2147**, **2174** 2 i

Wohnungstausch 515 1

Wohnungsvermittlung, Einf 2 b vor **652**; G zur Regelung der – Einf 6 vor **652**; Vergütung **652** 7 c

Wohnungszwangswirtschaft Einf **12** vor **535**

Wucher, Begriff **138** 4 a; BereicherungsAnspr **817** 3 c bb; beim Darlehen **138** 4 b, Einf 1 b vor **607**; Erfüllgsgeschäft **138** 4 b; Mietwucher **134** 3 b bb, **138** 4 c; Mißverhältnis zwischen Leistg u Gegenleistg **138** 4 a

Wucherähnliche Geschäfte 138 2 a

Wünsche letzte, 2084 3 c Einf 1 vor **2192**; bei TestVollstreckg **2216** 2

Z

Zahlenlotto 763 1, 2 a, 4

Zahlkarte 270 2 c

Zahlung gg Dokumente **157** 5 c, **271** 2 f, **320** 4 a; auf Grd einstw Vfg **362** 2; unter Vorbehalt **362** 2

Zahlungsbefehl siehe jetzt Mahnbescheid

Zahlungsort 244, **1119** 3, **1177**

Zahlungsverkehr zwischen BRep u DDR Vorb 7 b vor EG **12**

Zahnarzt 305 6 b; Dienstvertrag Einf 2 a vor **611**, Einf 5 vor **631**

Zaunrecht EG **124** 2 f

Zeitbestimmung, Begriff Einf 1, 5 vor **158**, **163** 1; festbestimmte **361**; f d Leistg **271**

Zeitlohn 611 6 c cc

Zeitraum, Berechng **191**

Zeitschriften: Bezug **433** 1 a; Verlust **249** 3 b

Zerrüttungsprinzip Einf 4 vor **1353**; Auswirkg auf UnterhAnspr des geschied Eheg **1569** 1; einziger ScheidgsGr **1564** 3, **1565** 1; Voraussetzgen d Zerrüttg **1565** 2

Zerrüttungsursachen 1565 2 b, 3

Zerrüttungsvermutungen 1564 3, **1566**

Zertifikat über Echtheit von Kunstwerken **459** 5 e

Zession s Abtretg

Zessionsgrundstatut Vorb 5 c vor EG **12**

Zeugen bei Eheschließg EheG **14** 2; bei öffentl Test, ErbVertr: Ausschließg, BeurkG **26**, **27** 3; bei Errichtg **2249** 4, 5 b, 6, 7, **2250** 3, 4, BeurkG **22**, **24**, **25**, **29**; auf Verlangen Beteiligter BeurkG **29** 2 B; Sonderfälle BeurkG **29** 2A, **2249** 5, **2250** 3, **2276** 2 b cc; Befreiung von der Verpflichtung zur Verschwigenh dch Vfg von Todes wegen **1937** 1; bei Beurk von Willenserklärgen BeurkG **22**–**25**

Zeugenbeeinflussung 138 5 k

Zeugnis über Dienstleistgen **630**, Schadensersatz **630** 4; über Eintragg des Vereins **69**; üb Erb-

Zeugnisverweigerungsrecht

ausschlagg **1945** 4; Haftg d Arbeitgebers für – **826** 8c cc; über fortges Gütergemeinsch **1507**; TestVollstr **2368**

Zeugnisverweigerungsrecht des adoptierten Kindes **1755** 1; der Kinder im Scheidgsstreit der Eltern **1626** 4b, **1629** 4, 5a, 6

Zins, Aufrechng gg **396**; Begriff **246** 1; banküblicher **1575** b; Darlehen **608**; Entstehung der Zinspflicht **246** 3; gesetzl **246** 3a; Herabsetzg u Beschränkg **246** 3b; Hypothek, Haftg des GrdSt f Z **1118**; hoher, Kündiggsrecht **247** 1, 2; Pfandrecht, Erstreckg auf Z. **1289**; rgeschäftl **246** 3b; beim Schmerzensgeldanspr **847** 5e; bei Herausgabe einer ungerechtf Bereicherg, s Verzinsg; in Urteil festgesetzter **246** 3a; Verjährg **197** 2a; Verteilg der Leistg auf **367**; s auch „Verzinsg, Verzugszinsen"; Zinseszinsen **248** 1, 2; Zinsverlust, Schadensberechng **289** 2; Zwischenzins s Zins

Zinsschein, Bezugsrecht **805** 1, 2; Erneuergsschein **805**; Pfandrecht bei **1296**; Rechtsnatur **803** 1; Verjährg des Anspr **804** 3, 4; Verlust **804** 1, 2

Zinssenkung f Hyp Übbl 5 vor **1113**; Zinsherabsetzg **246** 3b

Zivilgesetzbuch der Deutschen Demokratischen Republik Einl I 3f vor **1**, Einf 3f vor **1922**, Vorb 14 vor EG **7**; EG **7** 5, EG **15** 5, EG **30** 3, Anh (ErbR) 35. Aufl, S **2327**

Zölibatsklausel 134 3a, **626** 5j

Zollrecht, Verstöße **134** 3a

Zubehör 97 1, **98** 1; Anwartschaftsrecht am Z, Erstreckg der Hypothek **1120** 4a; Ausleggsregel **314** 1; u Bestandteil **97** 2, 5, **98** 1; Dünger **98** 1; Einigg Erstreckg auf **926**; Einzelfälle **97** 8; Erwerb, gutgläub **926** 3; Grundstück **97** 3c, 9, **926**; Haftg für Hyp **1120** 4; Hauptsache **97** 3, **98** 1b; Inventarstücke **97** 4e, **98** 1–3; Nebensache, Verhältn zur **97** 1; Nießbrauch **1031** 1, 2; PfandR **1212** 2; räumliches Verhältnis zur Hauptsache **97** 5, **98** 1; Veräußer, Erstreckg auf **314**, Vermächtnis **2164**; Vorkaufsrecht **1096**; Widmg **97** 4 b, c, **98** 1; Wiederkauf **498** 1

Züchtigungsrecht 1631 5a, **823** 7 B a

Zufall, Begriff **276** 10a, **350** 1; Haftg Einf 4 D vor **823**, **848** 1, bei Verzug **287** 2

Zuflurstück 890 Vorb

Zugehen 130 2; unter Abwesenden **130**; Fiktion des Zugangs gem Klausel in AGB AGBG **10** 6; an Geschäftsbeschränkten **131**; verspätetes **149**; durch Zustellg **132**; s WillErkl

Zugewinn, Anfangsvermögen **1374**, Berechng **1376**, Verzeichn **1377**; Ausgleich s Zugewinnausgleich; Begriff **1373**; Benachteiliggsabsicht **1375** 3c; Ehescheidg u -aufhebg, maßgebender Zeitpunkt **1384**; Endvermögen **1375**, Berechng **1376**, Verzeichn **1379**; Erwerb während des Güterst **1374** 3; Gegenstand **1375** 2; good will **1376** 2; Hinzurechnungen zum Anfangsverm **1374** 4; zum Endverm **1375** 3; land- u forstwirtsch Grundst **1376** 4; Handelsvertretung **1376** 2; passives Endverm **1375** 5; Übertragg bestimmter Gegenstände **1383**; unechter Z **1376** 3, **1381** 2d; unentgeltl Zuwendungen **1375** 3a, **1390** 2; Vermutg für Umfang des Endverm **1374** 4; Verschwendg **1375** 3b; Wertschwankungen **1376** 3

Zugewinnausgleich, Abänderg der gesetzl Regelg **1378** 4; Anrechng von Vorempfängen **1380**; Ausgleichsfdg, Begriff **1378** 1; Ausgleich beim Tod eines Eheg **1371**; bei Beendigg des Güterst auf andere Weise **1372**; Auskunftspflicht über Endverm **1379** 2; Ausschluß des Ausgleichs (Gütertrenng) **1414**; Ausschluß durch Geschäftsbeschränkten **1411**; Benachteiliggsabsicht **1375** 3c; Ehescheidg u -aufhebg, Berechnungszeitpunkt **1384**; bei Klage auf Ehescheidg u -Aufhebg **1933** 4; Einrede auf Grd Verletzg ehel Pflichten **1381** 2; Entstehg des Anspr **1378** 1; bei Erbunwürdigk **1371** 4, **2344** 2; bei Erbverzicht **1371** 4, **2346** 2, 4; Getrenntleben, vorzeitiger Ausgl **1385**; grobe Unbilligk, Verweigerg der Erfüllg **1381**; Grundstücksversteigerg **1372** 1; Gütertrenng inf Ausschluß des ZugewAusgleichs **1414**, inf vorzeitigen Ausgl **1388**; Haftg Dritter bei unentgeltl Zuwendungen **1390**; Höhe der Fdg **1378** 2; intern PrivR EG **15** 4; als NachlVerbindlichk **1967** 2; **2317**; Pflicht neben Zugewinnausgl **1371** 4, 5, **2303** 2b, 3; Pfändbk **1378** 1; SicherhLeistg für künftig Fdg **1389**, durch Dritte bei unentgeltl Zuwendungen **1390** 5; Stundung **1382**, Zuständigk **1382** 3, 4, Änderg u Aufhebg **1382** 5, **1390** 5, einstw Anordnungen **1382** 6, Bedeutg der Erbfolge **1382** 5; ÜbergVorschr GleicherG **8** I 6, Grdz 3 vor **1415**; Übertragbk **1378**; Übertragg bestimmter Ggstände **1383**; Verbindlkeiten bei Berechng des Anfangsvermögens **1374**, **1376**, des Endvermögens **1375**, **1376**; Vereinbarg über Abfindg **1378** 4; Vererblichk **1378** 1, **1922** 3a ee; Verjährg **1378** 3, **1390** 4; u VersorgsAusgl Einf 3b vor **1587**, **1587c** 2; Verweigerg weg grober Unbilligk **1381**; Verzicht auf Gewinnausgl **1378** 4; bei Gütergemsch **1432**, **1455**; vorweggenommener – **1374** 3c; vorzeitiger Ausgl bei Getrenntleben **1385**, in anderen Fällen **1386**; Zeitpunkt der Entstehg des Anspr **1378** 1; Zustdgk des FamilienG, ProzeßG **1382** 3, 4, **1383** 3

Zugewinngemeinschaft 1363–**1390**; Anfechtg der Annahme od Ausschlagg der dem überlebenden vom erstverstorbenen Eheg zugewendeten Erbschaft **1954** 2a; Ausgleich des Zugewinns s Zugewinnausgl; Aufhebg **1414**; Ausbildgsbeihilfe f einseitige Abkömml **1371** 3; Auskunftspflicht über Endvermögen **1379** 2; Ausländer Grdz 6 vor **1363**; Ausschlagg von Erbsch oder Vermächtn **1371** 5, **1945** 1, **1950** 2, **2303**, **2305**, **2306**, **2307**; Ausschließg **1414**; Eintragg der Ausschließg im GüterRReg **1412**; Beendigg durch Tod **1371** 1, auf andere Weise **1372** ff; auf einseitiges Verlangen **1385** ff; Beginn **1363** 3; Begriff Grdz 3 vor **1363**, **1363** 5; einseitige Rechtsgesch eines Eheg **1367** 2; ErbErsAnspr des nichtehel Kindes **1934a** 2a; 3; Einwilligg **1365** 2–4, **1366** 2, Beweislast **1365** 2; u Grundbuchamt **1365** 7; erbrechtl Lösg **1371** 1,2; ErbErsAnspr des nichtehel Kindes **1934a** 2a; Erbschein, Glaubhaftmach des Güterst **2356** 4; Erbteil, gesetzl des Eheg **1371** 1, 2; Erbverzicht **2364** 4; Genehmigg des anderen Eheg **1366**; Verfügg über Vermögen im ganzen **1356** 2; kein gutgläubiger Erwerb **892** 5c, Vorb 4 vor **932**; gesetzl Güterst Grdz 1 vor **1363**, **1363** 2; güterrechtl Lösg **1371** 1, 4; Haushaltsgstände, Eigentum, **1370** 2, Ersatzbeschaffg **1370**, Verfügg **1369**; kein gutgläubiger Erwerb Vorb 4 vor **932**; Hausratsübereignng an anderen Eheg **929** 3a; Personenkreis **1363** 2; Pflicht des überlebenden Eheg **1371** 2, 4, Übbl 5 vor **2303**, **2304** 3, **2305** 1, **2306** 3b, **2307** 1b, 2, **2316** 2b, **2325** 2, **2328** 2; Staatenlose Grdz 6 vor **1363**; Tod eines Eheg **1371**; ÜbergVorschr **1363** 2c, Grdz 5a, b vor **1363**, Grdz 2 vor **1414**; Verfügg über Vermögen im ganzen **1365** 2; Vermögensverwaltg **1364**; vertragl Änderg des Güterst **1363** 6; Wahlrecht des überlebenden Eheg **2303** 3 b bb; Zustimmg des anderen Eheg

Magere Zahlen = Erläuterungen   **Zwangsvollstreckung**

1365, 1366, 1369, Ersetzg der Zustimmg **1365** 5, **1369** 4; Zugewinn s dort
Zug-um-Zug-Erfüllung 274, bei Abzahlgsgeschäften AbzG **3**; bei gegens Vertrag **322**; bei Rücktritt **348**
Zurechnungsfähigkeit bei Verschulden **276** 2; Voraussetzg f mitwirkendes Verschulden **254** 3a bb
Zurückbehaltungsrecht 273; Ausschluß durch AGB-Klausel AGBG **11** 2; ggü BereicherungsAnspr Einf **8** d vor **812**; ggüber dinglichen Ansprüchen **273** 1, 6; an Dienstleistg **611** 1 e cc; Einrede **273** 1; Einrede des nichterf Vertrages **320** 1; bei ErbschAbwicklg **1932** 4; **1963** 3; **1969** 2, **2039** 3, **2174** 2b cc, **2317** 1; des ErbschBesitzers **2022** 1, 2; an Früchten **102** 1, bei Auseinandersetzg der Gesellschafter **732** 1; des Mieters **552a**, **556** 2, **559** 5; statt Pfandrecht **1204** 2 a, **1205** 3; im Rechtsstreit **274**; TestVollstr **2217** 1 b bb; **2221** 4; Verwendgen **1000** 2; in der Zwangsvollstr **274** 3
Zurücknahme der Klage, des Antrags auf EhelichAnfechtg **1599** 4; des Antrags auf Ehescheidg, ErbR **1933** 2; des Verlangens auf vorzeit Erbausgleich **1934 d** 6
Zurückweisung von Rechtsgeschäften **111** 1, 2, mangels Vollmachtsurkunde **174**; bei Vertr zg Dritter **333**
Zusage erbrechtl Bedenkg **2302** 1
Zusammenlegung von Grdst EG **113**
Zusammenschreibung von Grdst **890** 1
Zusammenstoß von Fahrzeugen, Gefahrensicherung **823** 14
Zusatzhypothek Übbl **2** B f vor **1113**
Zusatzurlaub 611 12a aa, c
Zuschlag, Erstreckg auf wesentl Bestandteile **93** 6; des gesamthaftenden Grdst bei Gesamthypothek **1181** 1 b
Zuschreibung als Bestandteil **890** 4; HypErstreckg **1131** 2; landesrechtl Vorschr EG **119**; Rangverhältnisse **1131** 3; s a Vereinigg
Zusicherung 459 4a; Grundstücksgröße **468** 1; bei Gattgkauf **480** 3; Viehkauf **492** 1, 2
Zuständigkeit der Behörden auf dem Gebiet des Minderjährigenschutzes EG **23** Anh **4**, MSA **1, 4, 5, 6, 8, 9, 14**, vor denen nehel Kinder anerkannt werden können (Übereinkommen) EG **21** Anh 6; bei Behandlg der Ehewohng u Hausratsverteilg Anh zu **1587p** § 1 3, **11**; Ersatzzustandigk in NachlSachen Einl 5a vor **1922**; f öffentl Test **2232**; VO z Vereinheitlichg in Familien- u NachlSachen Einl 3d vor **1297**; in WE-Sachen WEG **43, 51**; s auch „interlokale, internationale Zustdgk"
Zuständigkeitsergänzungsgesetz, Anh nach **1911**, Einl 5a vor **1922**, **2081** 2, **2353** 1
Zustandshaftg 1004 4b
Zustellung, Zugehen, Ersatz **132** 1
Zustimmung Einf 1, 2 vor **182, 182**; des Betriebsrats zur Einstellg von Arbeitnehmern **611** 1b ee, zur Kündigg Vorb 2a kk vor **620**; zur Aufhebg eines belasteten GrdstRechts **876** 4; des nicht verwaltenden Eheg bei Verfgg über Gesamtgut im ganzen **1423**, bei Verfgg über Grdst **1424**, bei Schenkungen **1425**; des anderen Eheg bei Zugewinngemeinsch **1365**, bei Verfgg über Haushaltggstände **1369**; Ersetzung s Zustimmgsersetzg; Mutter bei EhelErklärg **1726**; Wirkg Einf 4 vor **182**; s a Genehmigg, Einwilligg
Zustimmungsersetzung, bei Eheschließg eines Minderj Eheg **3** 5; bei Gütergemeinsch **1426**,

1430, **1452**; bei Verfügg über Haushaltsggstände **1369** 3; Mutter bei EhelichErklärg **1727**; bei Zugewinngemeinsch **1365** 5, **1366**, **1369**; des Zuwendenden bei Pflegsch **1917**; der Eltern bei Adoption **1748**
Zuverdienerehe, Begriff **1360** 3b cc
Zuweisungsverfahren, gerichtl, zwecks Zuweisg eines landwirtschaftl Betriebs an einen Miterben, Einl 4i vor **1922**, Einf 6 vor **2032**, **2042** 10; Abfindg der MitE **2042** 10b dd; Abfindgergänzg **2042** 10b ee; Ansetzg des Betriebs zum Ertragswert **2049** 3, **2042** 10b dd; Ausgleichg der Vorempfänge **2042** 10b dd, **2050** 5; Bedeutg bei der Erbauseinandersetzg Einf 6 vor **2032**, **2042** 10; Haftg für NachlVerbindlichk Einf 5 vor **1967**, **2046** 5, **2058** 6; Unzulässigkeit bei Testamentsvollstreckg **2042** 10b aa, **2204** 1; Verfahren **2042** 10b bb, gg
Zuwendung, abstrakte Übbl 3e vor **104**; Anrechng **2315**, auf ZugewinnauslgFdg **1380**; Ausgleichg **2050** 3, **2316**; Begriff Übbl 3e vor **104**; im BereichergsR **812** 2a, **822** 2; zwischen Ehegatten, RückfordergsAnspruch **242** 6 D c; – des ErbErsAnspr **2304** 2a; aus Gesamtgut, Ausgleichg **2054**, **2331**; kausale Übbl 3e vor **104**; an Kinder **1639**; unter Lebenden auf den Todesfall **2301**; nachträgl Belohng geleisteter Dienste **516** 4d; – des Pflichtteils **2304**; bei Schenkg **516** 2; treuhänderische Übbl 3g vor **104**; unentgeltl Einf 1 vor **515**, **516** 2, 3; Berechng des Endvermögens beim gesetzl Güterstd **1375**; Herausgabepflicht der Begünstigten **1390**; in Vertr zg Dritter **516** 1
Zuwendungsverzicht 2352
Zwangsgeld in Familiensachen **1632** 4; **1634** 4, **1671** 7; gg Liquidatoren eines Vereins, Vereinsvorstand **78**; gg Vormund **1837** 5; zur Übernahme d Vormundsch **1788**; nicht gg Amts- u Vereinsvormund **1837** 5; zur Erzwingg von Auskünften im VersorggsAusgleich Einf 5 vor **1587**; **1587** 2 e
Zwangshypothek bei Verurteilg z Hinterlegg **1113** 4 c
Zwangslage, Ausbeutg **138** 4, s auch Wucher
Zwangspflegschaft 1910 2 d
Zwangs- u Bannrechte EG **74**
Zwangsversteigerung, Abhalten v Bieten **134** 3a, **138** 5v, **826** 8v; Eigentumserwerb Einf 1 c vor **925**, Vorb 3 vor **932**; d Erbbaurechts ErbbRVO **24**; u Mietverh **571** 2b; u NachER **2115** 4; Kündigg gem ZVG **57a 242** 4 Ca; u Nießbrauch Einf 7 vor **1030**
Zwangsverwaltung, Stellg des Verwalters Einf 3 vor **164**, **1179** 5b; u Nießbrauch Einf 7 vor **1030**; Vorerbsch **2128** 2
Zwangsvollstreckung, Ablösgsrecht des Dritten **268**; bei Auskunftspflicht der Erben **2314** 5; des HypGläub Übbl 3 D vor **1113**, **1147** 3; BereichergsAnspr bei fehlerh Z **812** 5 B a bb; bei Dienst- u Arbeitsvertrag **611** 1f; gg Eheg Einf 6 vor **1363**; EigtErwerb Vorb 3 vor **932**; u Enteigng **903** 5 A a; Erbe, Rechtsstellg in der Z **1922** 3a ss, Schrift vor **2058**; Erwerb v Nichtberecht Übbl 3d vor **104**; bei Gütergemeinsch **1422** 4b, **1437** 5, **1459** 4; Fortsetzg Gütergemeinsch **1488** 2; aus Urkunden des JgdAmts JWG **50**; in Hausratsgegenstände v Eheg bei Zugewinngemsch **1369** 1; auf Herausgabe eines Kindes **1632** 3 a; in Luftfahrzeuge Einf 6 a vor **1204**; Nachlaßverwaltg **1984** 4; u Nießbrauch Einf 7 vor **1030**,¹ und Pacht **581** 5; Unterhaltstitel, DDR EG **19** 6, **21** 8; Schiffe Vorb 6 vor **929a**; Ver-

2477

Zweckerreichung

Fette Zahlen = §§

äußerungsverbot **135**; in Vermögen von Eheg in Zugewinngemsch **1365** 2; Vorerben **2115** 1, 4; Widerspr bei gemeinsamer Gesamtgutsverwaltg **1455**; Veräußerg v Wohnungseigentum im Weg der – WEG **12** 6; bei Wohngsräumg **556a** 7g; Zug-um-Zug-Urteil **274** 3
Zweckerreichung 275 1d, **323** 1, Vorb 1b vor **620**; als Erlöschensgrund Übbl 1 vor **362**; bei Gesellschaft **726**; Verfehlg BereichergsAnspr **812** 6 A
Zweckfortfall, Unmöglichkeit der Leistg **275** 1d
Zweckgemeinschaft 421 1, 2
Zweckschenkung 525 2 g
Zweckstörung u Unmöglichk der Leistg **275** 1d; und Wegfall der GeschGrdLage **242** 6 C b
Zweckvermächtnis 2156
Zweigstelle einer JurPers Einf 7 vor **21**
Zweikondiktionenlehre 816 6 D a
Zweimanngesellschaft, Auseinandersetzung **738** 2 b
Zweistufenbegutachtung zur Aufklärg der Abstammg Einf 3d aa vor **1591**
Zweistufentheorie bei öffentlicher Kreditgewährg Einf 4h dd vor **305**
Zweitausbildung, Unterhalt **1610** 4a ff
Zwischenbau 94 5
Zwischenentscheidungen, Anfechtbark Anh zu **1587p** 14 1
Zwischenfinanzierung 1163 4d bb
Zwischenfristen 193 2
Zwischenkreditsicherung 1179 2c cc δ
Zwischenrechte bei Rangänderg **880** 5c
Zwischenzeugnis 630 2
Zwischenzins, Berechng **272** 3; Kassenskonto **272** 1, bei Vorleistg **272** 1, 2

Das neue Formularbuch für hohe Ansprüche

Beck'sches Formularbuch zum Bürgerlichen, Handels- und Wirtschaftsrecht

Herausgegeben von Dr. Michael Hoffmann-Becking, Rechtsanwalt in Düsseldorf, und Professor Dr. Helmut Schippel, Notar in München

1978. XXX, 958 Seiten gr. 8⁰. In Leinen DM 118.–
Subskriptionspreis bis zum 31.12.78 DM 98.–

Dieses neue Formularbuch dient der Vertragsberatung im Zivil-, Handels- und Gesellschaftsrecht. Es ergänzt Kommentare und Lehrbücher zu diesen Rechtsgebieten durch Muster für Verträge und rechtsgeschäftliche Erklärungen und hilft damit dem Praktiker – insbesondere dem Notar, Rechtsanwalt, Wirtschaftsprüfer, Steuerberater, Syndikus, Personalberater und Wirtschaftsjuristen – beim Suchen und Abwägen der vielfältigen Möglichkeiten, Rechtsverhältnisse sachgerecht und vorausblickend richtig zu gestalten.

Die einzelnen Formulare werden jeweils am Ende des Textes in Fußnoten erläutert. Dabei werden vor allem die Grenzen der Gestaltungsfreiheit aufgezeigt, wie sie sich aus Gesetz, Rechtsprechung und Schrifttum ergeben. Besonders ist darauf geachtet, dem Benutzer den rechtlichen und tatsächlichen Hintergrund der einzelnen Gestaltungsvorschläge zu erhellen und ihm andere Varianten aufzuzeigen.

Im handelsrechtlichen Teil sind die Formulierungsvorschläge für die Rechtsgeschäfte ergänzt durch die Formulare für die entsprechenden Anmeldungen zum Handelsregister. Im Bereich des Grundbuchrechts werden im Anschluß an die Vertragstexte Eintragungsvorschläge für das Grundbuchamt wiedergegeben.

Die Herausgeber des Beck'schen Formularbuchs Notar Professor Dr. Helmut Schippel, Vizepräsident der Bundesnotarkammer, Präsident der Landesnotarkammer Bayern, und Rechtsanwalt Dr. Michael Hoffmann-Becking bürgen zusammen mit ausgewählten Experten des Vertragsrechts, die als Autoren mitwirken, für den hohen qualitativen Standard dieses Werkes.

C. H. Beck'sche Verlagsbuchhandlung München

Beck'sche Kurzkommentare – Eine Auswahl

Baumbach/Duden, Handelsgesetzbuch
mit Nebengesetzen ohne Seerecht. 23., durchgesehene Auflage. 1978. XXI, 1281 Seiten 8^0. In Leinen DM 88.–

Horber, Grundbuchordnung
14., neubearbeitete Auflage. 1977. Mit Ergänzungsheft 1978. XVI, 1040 und 22 Seiten 8^0. In Leinen DM 78.–

Hartmann, Kostengesetze
19., neu bearbeitete Auflage des von Baumbach begründeten und von Lauterbach von der 10.–16. Auflage fortgeführten Werkes. 1977. XXXIX, 1132 Seiten gr. 8^0. In Leinen DM 85.–

Baumbach/Hefermehl, Wechselgesetz und Scheckgesetz
mit Nebengesetzen. 12., neubearbeitete Auflage. 1978. XXVIII, 691 Seiten 8^0. In Leinen DM 58.–

Baumbach/Hefermehl, Wettbewerbsrecht
12., neubearbeitete Auflage. 1978. XXXVI, 1843 Seiten 8^0. In Leinen DM 178.–

Baumbach/Lauterbach/Albers/Hartmann, Zivilprozeßordnung
37., neubearbeitete Auflage. 1979. Rund 2470 Seiten 8^0. In Leinen DM 118.–

Zeller, Zwangsversteigerungsgesetz
10., völlig neubearbeitete Auflage. 1979. Rund 1750 Seiten 8^0. In Leinen DM 148.–

Böhle-Stamschräder, Konkursordnung
12., neubearbeitete Auflage. 1976. XVIII, 632 Seiten kl. 8^0. In Leinen DM 42.–

Böhle-Stamschräder, Vergleichsordnung
9., neubearbeitete Auflage. 1977. XV, 339 Seiten kl. 8^0. In Leinen DM 35.–

Böhle-Stamschräder, Anfechtungsgesetz
4., neubearbeitete Auflage. 1975. XII, 153 Seiten kl. 8^0. In Leinen DM 18.50

Beck'sche Verlagsbuchhandlung München